2002-2012

全国文化信息资源共享工程

National Cultural Information Resources Sharing Project

概 览

Overview

第1卷：国家中心

文化部全国公共文化发展中心 编

中国文史出版社

图书在版编目（CIP）数据

全国文化信息资源共享工程概览 ：全4册 / 文化部全国公共文化发展中心编. -- 北京 ：中国文史出版社，2014.4

ISBN 978-7-5034-4875-1

Ⅰ. ①全… Ⅱ. ①文… Ⅲ. ①文化事业-资源共享-中国 Ⅳ. ①G12

中国版本图书馆CIP数据核字(2014)第059452号

责任编辑：梁　洁
装帧设计：童　昊　　李玉琴

出版发行：中国文史出版社
网　　址：www.wenshipress.com
社　　址：北京市西城区太平桥大街23号　**邮编：**100811
电　　话：010-66173572　66168268　66192736（发行部）
传　　真：010-66192703
印　　装：北京亮点印像印刷设计有限公司
经　　销：全国新华书店
开　　本：16
印　　张：140
印　　数：1-2600
版　　次：2014 年 4 月 北京第 1 版
印　　次：2014 年 4 月 第 1 次印刷
定　　价：1198.00元(全四册)

审稿：（按姓氏笔画排序）

王 珊	王丽华	王曙光	邓菊英
冯锦福	司建华	刘 刚	刘正伟
许俊松	许新龙	杨向明	苏 建
李 茁	严 轩	肖贵中	吴 昊
张 勇	张永环	张鹤明	邹序明
周小平	周玉山	郑智明	胡晓峰
荀 晋	赵保颖	夏 磊	秦 升
曹 旻	梁海燕	黄蕴翘	琚存华
蒋卫东	詹利华	靳志军	

组稿：（按姓氏笔画排序）

丁 枫	马 丽	王 茜	王文杰
王菲菲	史 画	包格根	朱学武
刘 平	刘 红	闫卫军	孙振东
李 臻	李亚男	严春子	余欣夤
邹文欣	沈丽丹	宋建增	张 珊
张 娇	张尔宁	张弘晞	张利民
杜麓舟	陈 旭	陈 顺	陈 瑛
周 娴	周 蕾	孟 洁	相国民
赵晓星	钟丽峰	尚 晋	姬 黛
徐小芳	袁 庚	高 平	高 峰
程志峰	谭 苹		

目录

3.2 资源建设

3.3 技术支撑

3.4 培训工作

全国文化信息资源共享工程

10周年

概　述

公共·公益·公众：全国文化共享工程建设发展

文化部全国公共文化发展中心

一、文化共享工程概述

（一）基本情况

全国文化信息资源共享工程是我国公共文化服务建设和国家重大文化惠民工程，2002年起，由文化部和财政部共同组织实施。该工程利用现代信息技术，依托各级图书馆、文化馆等公共文化设施，通过互联网、卫星网、广播电视/数字电视网、移动通信网等新型传播载体，在全国范围内实现中华优秀文化资源的共建共享。启动十余年来，文化共享工程取得了全面、快速发展，基本实现了“十一五”期间建成“资源丰富、技术先进、服务便捷、覆盖城乡的数字文化服务体系，实现‘村村通’”的目标，在丰富基层群众文化生活、保障基层群众的基本文化权益、缩小城乡“数字鸿沟”等方面发挥了重要作用，有力地推动了公共文化服务体系建设。

截至2011年底，文化共享工程通过广泛整合图书馆、文化馆（群艺馆）、博物馆、美术馆、专业艺术院团及广电、教育、科技、农业等部门的优秀数字资源，数字资源建设总量累计达到136.4TB，包括艺术欣赏、农业科技、文化教育、知识讲座、少儿动漫等视频类资源34809部（场）、21964小时，少数民族语言资源1956小时；建成207个地方特色专题资源库，成为文化共享工程资源建设的品牌和亮点；建成了1个国家中心，33个省级分中心（覆盖率达100%），2840个县级支中心（覆盖率达99%），28595个乡镇基层服务点（覆盖率达83%），60.2万个行政村基层服务点（覆盖率达99%），部分省（区、市）村级覆盖范围已经延伸到自然村；构建了以互联网、卫星网、广播电视/数字电视网、移动通信网、政务外网、移动存储为依托的服务框架；初步建立了层次分明、互联互通、多种方式并用的数字文化服务网络；据不完全统计，全国累计有11.2亿多人次享受到文化共享工程的服务。作为保障文化民生的重要工程，文化共享工程被广大人民群众，特别是农村基层群众所接受和喜爱，已成为公共文化服务的基础工程，政府提供公共数字文化服务的重要手段，实现广大人民群众基本文化权益的主要途径，改善城乡基层群众文化服务的创新工程和构建覆盖城乡的公共文化服务体系的惠民工程。

（二）工程性质

文化共享工程的出发点和落脚点，是努力保障和实现人民群众的基本文化权益，最大限度地满足不同地区、不同层次、不同年龄群体的多方面、多样化的基本文化需求。最大限度地体现公共文化服务体系建设中所要求的公益性、基本性、均等性和便利性。

1. **重点文化惠民工程。**文化共享工程是针对我国东西部之间、中心城市和偏远农村之间、经济发达和欠发达地区之间文化发展不平衡的实际，通过多种服务方式，将整合起来丰富的优秀数字文化资源传递到基层，通过互联网络等技术手段和各种公共文化服务基础设施（如公共图书馆、文化馆、文化站及社区、村文化室暨公共电子阅览室等）与公益性网站，免费向所有公民提供丰富的数字文化服务，让人民群众及时、方便、快捷地享受到更多的文化成果，直接惠及广大群众特别是基层群众。

2. **重要文化基础工程。**文化共享工程是在全球信息化和经济一体化背景下，国家应对信息化挑战，缩小数字鸿沟，依托信息化基础设施，构建的面向基层的信息化文化基础工程。文化共享工程也是公共文化服务体系的数字化基础工程，它通过将公共文化服务的内容数字化，形成数字内容体系，丰富和发展了公共文化服务的内容，更好地满足网络条件下人民群众的基本文化需求。文化共享工程还承担了公共文化服务技术平台建设任务和责任，是保障基本文化权益的基础工程。

3. **重大文化创新工程。**文化共享工程将中华优秀文化信息资源进行数字化加工整合，通过互联网、卫星、有线电视/数字电视、手机等新型传播载体，创新了公共文化服务的传播渠道。文化共享工程依托各级公共图书馆、文化馆和乡镇文化站（城市社区活动中心）、村文化室等公共文化基础设施开展信息化服务，创新了公共文化服务方式。文化共享工程与国家实施的重大信息化基础工程相结合，实现优秀数字文化资源在全国范围内的共建共享，创新了文化服务参与国家信息化进程的途径。文化共享工程以现代化的方式，推动公共文化服务变革，创新了公共文化服务观念和模式。

4. **文化科技融合典范。**文化共享工程采用现代数字化科技手段，建设丰富的数字文化资源，实现文化服务数字化，形成文化信息化基础设施体系、流动服务体系与数字服务体系，构成数字文化服务体系，是文化融入科技的示范工程。同时，文化共享工程开辟了现代信息技术广泛应用于公共文化服务的先河，使现代科技成果与优秀文化内容相结合，推动公共文化网络内容建设，成为公共文化服务新的增长点，为科技成果转化为文化生产力提供了典型示范。

5. **战略性、全局性工程。**文化共享工程是党和政府按照结构合理、发展均衡、网络健全、运行高效、惠及全民的原则建设公共文化服务体系的信息化基础设施，惠及全民、涉及全局。文化共享工程建设是各级政府采用现代科技手段，履行公共服务职责，提供公共文化产品和服务的长期性任务，是现代化、信息化条件下，公共文化服务不可或缺的可持续发展工程，对于保障人民群众基本文化权益具有战略性意义。

二、文化共享工程发展历程

进入21世纪，互联网在全球快速广泛应用，信息覆盖的范围、传播的速度、渗透的深度达到前所未有的程度。在世界各国争相运用现代信息技术强化文化传播手段，抢占舆论制高点时，网上信息能力问题成为各国关注的焦点。如何消除数字鸿沟，缩小国家之间、城乡之间信息综合能力的差距，成为世界各国共同面临的一个十分急迫而重大的现实课题。

由文化部和财政部共同启动的文化共享工程建设，蕴含着深刻的时代背景，体现着长远的战略部署和国家的文化意志。文化共享工程采用现代高新技术，建设互联网上的中华文化信息基地，迅速扭转网上中文信息匮乏的状况，形成整体优势，充分展示中华文化在新世纪的发展和创新，缩小数字鸿沟。同时，进一步改变我国文化建设的现状，把群众喜闻乐见的优秀文化作品通过互联网方便快捷地传送到广大人民群众身边，填补基层文化需求的空白，以先进的文化占领基层思想文化阵地，丰富活跃基层群众的文化生活，提高人民群的思想道德素质和科学文化素质。截至2012年底，文化共享工程建设经历了三个不同的发展阶段。

（一）筹备试点阶段

2001年6−7月，文化部在全国开展基层文化调研工作中提出，可否采用现代信息技术，将文化系统拥有的海量图书、影视、戏曲、民间艺术等优秀资源进行数字化加工整理，传送到基层文化单位，为广大基层群众提供服务。在得到财政部支持后，文化部开展了资源调查，研发了试验系统，提出了最初的《实施方案》。

2002年1月，文化部、财政部联合成立文化共享工程领导小组，标志着筹备任务完成。2002年4月文化部、财政部联合下发的《关于实施全国文化信息资源共享工程的通知》及《全国文化信息资源共享工程实施方案》（文社图发【2002】14号）和文化部制定下发的《全国文化信息资源共享工程管理暂行办法》（文社图发【2002】26号），标志着文化共享工程的正式启动。

该阶段的主要特点是，提出了总体规划、分步实施、逐步推广的试点工作方针，确立了2002年、2003−2004年和2005年三个时段内的试点工作内容，明确了建立由国家中心、省级分中心、基层中心组成的网络和数字资源建设的任务，通过成立文化共享工程领导小组、专家咨询委员会等组织机构，落实专项资金等措施，为文化共享工程实施提供了重要保障。

2004年2月，中编办批准成立"文化部全国文化信息资源建设管理中心"（以下简称"国家中心"），专门负责组织实施文化共享工程。国家中心的成立，为文化共享工程在更大范围进行资源整合、开展合作共建开辟了更加广阔的空间。

2005年2月，中办、国办转发《文化部、财政部关于进一步加强全国文化信息资源共享工程建设的意见》（厅字【2005】5号），表明文化共享工程上升到更高决策层次，得到了更大的支持，也承担了更为重要的使命。

2006年4月，经国务院批准成立了全国文化信息资源共享工程部际联席会议，由文化部牵头，教育部、财政部、国家发展改革委、科技部、农业部、卫生部、国家广电总局、国家新闻出版总署（国家版权局）和国务院法制办等10家部委共同组成，标志着协调推进文化共享工程和合作共建机制的形成。

文化共享工程建设启动阶段进展顺利，取得明显成效，初步形成了技术传输和基本服务模式，代表技术是"互联网"中的"网站应用"与"卫星传输"。"卫星传输"是该阶段的重要技术手段，在网络不发达地区，通过卫星通道进行资源传输，各地使用卫星接收设备接收资源，同时"发放光盘"也是资源传输的辅助手段。该阶段还开展了数字资源建设并提供网络文化信息服务，探索了建设全国性数字文化网络工程的发展道路。

（二）快速发展阶段

2007年1月，中央宣传思想工作领导小组听取了文化部开展文化共享工程建设的专题汇报，确定了下一步的发展目标和工作思路。

2007年4月10日，《文化部财政部关于进一步推进全国文化信息资源共享工程的实施意见》（文社图发[2007]14号）出台，标志着文化共享工程进入成熟期和快速发展阶段。

1. 目标任务更加明确。明确提出了以科学发展观为指导，大胆创新，以数字资源建设为核心，以基层服务网点建设为重点，以多种传播方式为手段，以共建共享为基本途径，全面实施文化共享工程，到2010年，基本建成资源丰富、技术先进、服务便捷、覆盖城乡的数字文化服务体系，努力实现“村村通”的总体目标。

2. 地位和作用得到肯定。党中央、国务院多次在国家政策法规和规范性文件中，反复强调和部署文化共享工程，连续六年被写入中央一号文件。先后被列入《国民经济和社会发展第十一个五年规划纲要》、《国家“十一五”时期文化发展规划纲要》、《2006-2020年国家信息化发展战略》、《国家中长期教育改革和发展规划纲要（2010—2020）》、《国家“十二五”时期文化发展规划纲要》、《关于贯彻实施<中国农村扶贫开发纲要（2011—2010年）>重要措施分工方案的通知》等。中央领导同志多次到基层服务点视察，党和国家领导人就文化共享工程建设多次作出重要指示。

在党中央、国务院的高度重视下，各地党委、政府加强了对文化共享工程的组织领导，按照中央的统一要求，将文化共享工程作为推进社会主义新农村建设的一件大事，纳入各级党委、政府的议事日程，纳入经济社会发展总体规划，纳入财政预算，纳入目标考核体系，纳入扶贫攻坚计划。各级文化行政部门将文化共享工程，作为公共文化服务体系建设的重要内容，列入重要议事日程，列为衡量地方文化事业发展的重要指标。

3. 社会效益得到体现。在这一阶段，文化共享工程取得了快速、全面的发展。截至2010年底，文化共享工程通过广泛整合图书馆、博物馆、美术馆、艺术院团及广电、教育、科技、农业等部门的优秀数字资源，资源总量达到108.04TB。

其中，文化共享工程国家中心建设的资源达28.9TB，包括艺术欣赏、农业科技、文化教育、知识讲座、少儿动漫等视频类资源30909部（场）、19390小时，少数民族语言资源1956小时；各地建设的资源总量达到76.4TB。国家图书馆为文化共享工程提供了2.74TB的数字资源。

除个别省份外，全国绝大多数省份基本完成文化共享工程“十一五”规划确定的县级支中心全覆盖和“村村通”目标。其中，北京、天津、山西、吉林、黑龙江、上海、江苏、浙江、安徽、江西、山东、河南、湖北、湖南、广东、海南、广西、重庆、贵州、陕西、甘肃、青海、宁夏、新疆等24个省（区、市）完成县级支中心的全覆盖和“村村通”。

构建了以互联网、卫星、移动存储、镜像、光盘、有线电视/数字电视网为依托的服务框架。初步建立了层次分明、互联互通、多种方式并用的数字文化服务网络。

据不完全统计，全国累计有9.6亿多人次享受到文化共享工程的服务。

（三）深化拓展阶段

进入“十二五”时期，随着建设中国特色社会主义文化强国目标的提出，文化发展的社会环境更加优越，公共文化服务体系建设全面提速，文化共享工程从深度和广度上进一步拓展了发展道路。文化共享工程在这一阶段的主要特征是，推动和促进形成了“三大公共数字文化工程”，成为国家公共数字文化服务建设的重要支撑项目和国家公共文化服务体系建设的重点工程。

1. 数字文化工程。2011年11月，文化部、财政部联合发布《关于进一步加强公共数字文化建设的指导意见》（文社文发〔2011〕54号），明确提出在“十二五”时期，重点实施“文化共享工程”、“数字图书馆推广工程”和“公共电子阅览室建设计划”三大公共数字文化惠民工程。

三大公共数字文化惠民工程是公共文化服务体系的基础性工程，是政府提供公共文化服务重要手段，是实现广大人民群众基本文化权益重要途径，是改善城乡基层群众文化服务的创新工程。三大惠民工程既有内在联系又各有侧重，在组织实施上，统一规划，统筹兼顾，在技术平台和网络建设上，做好协调，不重复建设；在资源建设上，各有侧重，突出特色；在标准规范上，统一规则，相互兼容；三大公共数字文化工程互为支撑，互相促进，形成合力，共同在公共文化服务体系建设中发挥作用。

文化共享工程作为国家三大公共数字文化惠民工程之一，在公共文化服务体系的基础性工程中的地位作用进一步得到提升。文化共享工程与公共电子阅览室建设计划相结合，加快建设以公共图书馆、社区文化活动中心为载体的未成年人公益性上网场所，更好地满足人民群众特别是广大青少年的精神文化需求，成为“十二五”时期新的重要使命。

2. 技术手段提升。文化共享工程充分应用云计算、智能服务、移动互联网等最新适用技术，与“三网融合”发展战略紧密结合，在现有技术管理平台基础上，建立先进实用、安全可靠、开放互联的公共电子阅览室技术平台，进入全网技术系统深化完善阶段，从硬件配置到软件设计，实现“传输快捷化、操作简易化、接收方便化”，形成了层次分明，互联互通，多方并举的技术应用特点。

要依托云计算等最新信息技术，建设可统一管理、可伸缩调度、开放互动、共建共享的国家公共文化数字支撑平台，形成“1+32+N”的体系架构，其中1代表国家中心、32代表32个省级分中心，N代表平台支撑的各级站点（县、乡镇、村站点）。

3. 基层服务深化。公共电子阅览室是依托文化共享工程的服务网络和设施，开展基层数字文化服务的重要窗口，是汇聚文化共享工程、数字图书馆及互联网海量信息资源的公共数字文化服务终端，是努力构建内容安全、服务规范、环境良好、覆盖广泛的公益性互联网服务体系的重要载体，对于深化文化共享工程的基层服务具有重要意义。

特别是在城乡基层大力推进公共电子阅览室建设，实施公共电子阅览室建设计划，为广大人民群众特别是未成年人提供公益性上网场所，吸引广大人民群众参与积极、健康的网络文化活动，对于把更多适应人民群众需求的数字资源传送到社区、城镇和农村，活跃基层群众的文化生活，推进全社会的信息化，将起到重要示范带动作用。

同时，结合“三馆一站”免费开放工作，促进已建公共电子阅览室免费开放，进一步研究基层公众的信息需求，加大整合共建力度，建设先进性、知识性、趣味性为一体的、基层群众喜闻乐见的公共互联网数字资源库群，更好地保障广大社会公众特别是未成年人、老年人、进城务工人员等城乡低收入群体的公共数字文化服务需求。

三、文化共享工程主要特征

文化共享工程以现代信息技术为手段，以全面提升公共文化的覆盖能力、传播能力和服务能力为目标，努力成为社会主义核心价值体系的宣传阵地，全民文化信息素质提升的公共课堂，弘扬中华优秀文化的重要窗口，公共文化服务体系的基础平台。其鲜明的特点贯穿于建设、服务和管理的各个方面，可以归纳为：以政府主导为前提、数字资源建设为核心、网络传播为特征、分级管理为手段、合作共建为机制、组织支撑为保障、队伍建设为基础、均等化服务为目标等8大特征。

（一）以政府主导为前提

文化共享工程受到党中央、国务院的高度重视，是其快速发展的基本前提。作为政府主导的文化惠民工程和创新工程，采取了多种手段大力推动。

1. 思想组织发动。中央领导多次在中央政治局会议、中央宣传思想工作领导小组会议上，以及政治局集体学习会议上，反复强调文化共享工程的重要作用和发展方向。特别是在党的十七届六中全会通过的《中共中央关于深化文化体制改革推动社会主义文化大发展大繁荣若干重大问题的决定》中，明确要求深入实施文化共享工程等文化惠民工程，扩大覆盖、消除盲点、提高标准、完善服务、改进管理，为全国开展文化共享工程进行了思想发动和组织动员。

2. 纳入政府规划。从2005年到2011年，文化共享工程连续6年写入中央一号文件； 3次在国务院《政府工作报告》中部署；国民经济与社会发展“十一五”规划和“十二五”规划中都明确了文化共享工程的任务目标，文化共享工程成为中央政府公共服务的重要项目和国家发展目标的重要组成部分，使文化共享工程发展有“规”可依，任务更加刚性。

3. 明确指导意见。党中央、国务院从未成年人思想道德、新农村建设、少数民族事业、国家信息化发展战略，从公共文化建设、学习型党组织建设，以及和谐社会建设、国家中长期人才发展规划纲要等一系列指导意见中，对文化共享工程的基础地位进行强调，特别是中办、国办下发《文化部、财政部关于进一步加强全国文化信息资源共享工程建设的意见》，为文化共享工程建设实施制定了基本要求。

4. 保障经费投入。在文化部、财政部等有力组织与协调、在地方各级政府积极主导与推动下，按照公益性、基本性、均等性、便利性的要求，不断加强文化基础设施建设。文化共享工程经费纳入财政公共文化服务经费中统筹安排，并由公共财政承担主要投入责任。截至2011年底，文化共享工程经费投入总额达66.87亿元，其中，中央财政投入30.64亿元，各地累计投入资金37.12亿元。正是在党和政府的大力主导推动下，文化共享工程建立起了覆盖城乡的比较完善的公共文化服务网络，让群众广泛享有免费或优惠的基本公共文化服务。

（二）以数字资源建设为核心

文化共享工程整合公共图书馆、文化馆、博物馆、美术馆、艺术院团及广电、教育、科技、农业等部门优秀数字资源，深入挖掘、整合、制作具有各地特色的优秀资源库，形成内容包括视频资源、图文资源、电子书报刊等在内的海量数字资源体系。

除了数量庞大外，内容特色明显。一是服务农村的资源丰富，农业专题片的时长约占工程资源总时长的24%，部/集数约占18%；二是引导少年儿童健康成长资源多样，整合建设了一批少年儿童喜爱的动漫资源和寓教于乐的素质教育资源，并针对引导少年儿童健康上网，开辟了“少年文化”网站专栏，举办少年网页设计、电脑小报设计竞赛等活动；三是少数民族文化资源独特，国家中心与新疆、内蒙古、西藏、青海、吉林延边等少数民族地区的分支中心和有关机构密切合作，陆续开展了蒙古语、藏语（含卫藏、安多、康巴方言）、维吾尔语、哈萨克语、朝鲜语文字的译制工作，取得了良好的服务效果，受到了少数民族群众喜爱；四是建设一批红色历史文化资源库，如《党史资源库》和《辛亥革命资源库》等。

（三）以网络传播为特征

文化共享工程将互联网、卫星网、广播电视/数字电视网、移动通信网、政务外网、移动存储（光盘、移动硬盘、存储播放器等）多种传输手段有机结合起来，通过天网、地网、骨干网和地方分支网络的协同，把逻辑工作网络演变为四通八达的物理协同传输网络，形成各种技术服务模式兼容的、方便快捷的文化信息服务传输体系。

同时，结合三网融合趋势，不断地创新和探索，广辟传输渠道，使资源传输和服务更加及时、方便和具有针对性，特别是对网络基础设施薄弱的偏远落后地区进行重点建设，形成覆盖城乡、传输畅通的格局，确保丰富的文化信息资源源源不断、及时方便地送到广大基层群众的手中，从进村走向入户。

（四）以分级管理为手段

文化共享工程采取统一领导、统筹规划、分级管理、分级负责的原则，建设以国家中心、省级分中心和市县级支中心为骨干，以乡镇(街道)、村（社区）基层服务点为支撑的公共服务网络管理体系。

文化共享工程资源建设管理采取实行统一规划、统一标准、宏观协调，避免重复建设。各分支中心负责本区域文化信息资源建设、服务与管理。在工作网络上采取了分级管理与树状网络结构策略，对各分支中心存储容量、终端计算机、网络带宽提出明确要求，保证服务质量，对基层服务点终端计算机、投影机（配备音箱和幕布）、移动播放器等设备组成制定服务标准，加强服务内容管理。

（五）以合作共建为机制

文化共享工程以共建共享为核心理念，与全国农村党员干部现代远程教育工作、农村中小学现代远程教育工程、广播电视“村村通”工程等建立和完善合作共建机制，扩展覆盖范围，充实设备设施，丰富资源内容，提升基层服务点的综合服务能力。

在由文化部牵头，财政部、农业部、教育部等中央10部委组成的文化共享工程部际联席会议的指导下，文化共享工程与中组部全国农村党员干部现代远程教育工程、教育部农村中小学现代远程教育工程、广播电视部村村通工程、新闻出版署农家书屋工程等实现了合作共建。与国家图书馆合作，组织实施了数字图书馆推广计划，将数字图书馆资源通过文化共享工程平台向基层提供服务。此外，与工信部、科技部、军警系统等广泛开展合作共建，文化共享工程的数字资源通过信息大篷车、农村文化大院走进千村万户，走进边防连队。

（六）以组织支撑为保障

文化共享工程建设充分体现了中国特色社会主义“集中力量办大事”的制度优势和特色，发挥了在建设社会主义先进文化中政府组织管理的巨大推动和保障力量。

1. 国务院建立由文化部牵头的“全国文化信息资源共享工程部际联席会议制度”（以下简称“部际联席会议”），在国家顶层制度设计中，建立了协调保障机制，为跨部门合作共建奠定组织基础。

2. 中共中央办公厅、国务院办公厅转发的《文化部、财政部关于进一步加强全国文化信息资源共享工程建设的意见》（厅字 [2005] 5号），就组织管理的建设，提出了明确要求。

3. 在地方各级政府建立了领导小组或厅（局）际联席会议制度，成为推动文化共享工程建设的“指挥部”。

4. “国家中心/省级分中心/地（市）级支中心/县（市）级支中心/乡镇（街道）基层服务点/村（社区）基层服务点”的分级管理体系，职责明确，功能日益完善。

5. 不断探索试点完善的管理制度体系，为提高建设水平和质量，多次开展项目试点，探索组织管理办法。在公共文化服务体系建设中，首创了文化共享工程的内部、外部督导评估机制，为文化共享工程的快速、健康发展，提供了保障。

（七）以队伍建设为基础

文化共享工程以基层和农村公共文化技术服务队伍建设为重点，整合资源、完善机制、创新内容、扩大规模，构建多层次、多渠道、多门类的人才培养长效机制。

国家中心和各省级分中心通过集中与分散、面授与网络教学、自主学习与知识竞赛等不同方式，从工程管理、系统构建、资源制作、基层服务等方面对文化共享工程各级从业人员进行系统培训。同时，加强技术考核与管理，为公共文化服务培养了一大批专业的信息化服务队伍。截至2011年底，已建设一支68万人的专兼职骨干队伍。

（八）以均等化服务为目标

文化共享工程通过建设资源优质、技术先进、传播高效、服务便捷、管理科学的数字文化服务体系，推动覆盖城乡的公共文化服务体系数字化和信息化，有效消除和缓解“数字鸿沟”，改变城乡之间文化发展的不平衡现象，保障边缘社会群体的文化权益，促进公共文化服务体系均等化。

文化共享工程基于公共网络信息和数字资源提供服务、服务对象社会教育和技术技能培训服务、基层文化推广和文化娱乐活动组织服务，通过走进农村、走进社区、走进军营、走进学校、走进企业，提供丰富的优秀数字文化资源，不断满足基层群众“求知识、求富裕、求健康、求快乐”的基本需求，初步缓解了农民群众看书难、看戏难、看电影难的问题。针对少数民族群众、少年儿童、农民工、下岗职工、老龄群体、残障人群等重点服务对象实际需求，开展多种形式专项数字文化服务，从根本上影响着基层群众应有的文化权益。

四、文化共享工程与公共数字文化服务体系

党的十七届六中全会把“覆盖全社会的公共文化服务体系基本建立，努力实现基本公共文化服务均等化”作为2020年文化改革发展的重要目标之一，明确了公共文化服务体系建设在当前我国文化建设中的战略性地位。

公共数字文化服务体系建设是信息化、数字化、网络化环境下文化建设的新平台。国家对公共数字文化服务体系建设高度重视：坚持把公共数字文化服务体系建设作为政府的基本职责，作为信息时代满足广大群众基本文化权益的重要手段，作为公共文化服务体系现代化的核心和提高公共文化服务质量的关键，进行统筹规划和合理布局；围绕中国特色公共文化服务的客观需求，把握信息技术为公共文化服务的基本规律，采用实用先进技术，建设文化信息资源，消除数字鸿沟，推进公共数字文化服务体系化，提高公共服务水平和质量；突出信息化、数字化建设的体统化特征，加强顶层设计和制度安排，对公共数字文化建设的重点领域、实现途径进行统筹规划。

（一）文化共享工程是构建公共数字文化服务体系的重要组成部分

文化共享工程在建设过程中始终坚持四个原则：公益性，对公众提供的服务全部免费；均等性，不分男女老少，不分贫富、不分城市农村，不分东中西部，都能平等地享受文化共享工程的公共文化服务；基本性，提供的是基本文化服务，围绕着丰富基层群众的文化生活、提升信息素养，提高生产、生活所需要知识技能等基本文化需求展开；便利性，一方面是网点化，在一定空间范围内都有服务场所，方便群众就近参与，一方面通过丰富的数字载体开展服务，使基层群众容易获取，便于使用。

文化共享工程成为政府构建公共数字文化服务体系的重要组成部分，列入《中共中央、国务院关于推进社会主义新农村建设的若干意见》《国民经济和社会发展第十一个五年规划纲要》《国家“十一五”时期文化发展规划纲要》《国民经济和社会发展第十二个五年规划纲要》《国家“十二五”时期文化改革发展规划纲要》和党的十七届六中全会《中共中央关于深化文化体制改革、推动社会主义化大发展大繁荣若干重大问题的决定》等一系列党和国家的大政方针之中。包括文化共享工程在内的公共数字文化服务体系建设，从部门规划、持续推动，逐步上升到行业战略、社会参与，最后成为国家的战略决策。

（二）文化共享工程在公共数字文化服务体系建设中的地位

2011年11月，文化部、财政部联合下发的《关于进一步加强公共数字文化建设的指导意见》指出，“十二五”时期，要重点实施文化共享工程、公共电子阅览室建设计划以及数字图书馆推广工程这三大公共数字文化惠民工程，在此基础上，带动数字美术馆、数字文化馆、数字博物馆、数字爱国主义教育基地等建设，丰富内容，拓展阵地，整合资源，创新手段，提高公共文化服务水平。进一步明确了文化共享工程在我国公共数字文化服务体系建设中的地位，为文化共享工程开辟了新的发展空间。

1. 文化共享工程是构建社会主义核心价值体系的重要组成部分

文化共享工程是党和政府组织实施的重大文化建设工程，建设社会主义核心价值体系的要求，贯穿于文化共享工程建设与服务的全过程。自实施以来，工程通过多种形式的数字化加工、整合和系统揭示，形成一批反映革命历史、社会主义思想道德、优秀传统文化、地方特色等内容的文化信息资源，依托覆盖城乡的服务网络和现代传播体系，在基层群

众中广泛持久地开展服务活动，对于构建社会主义核心价值体系，增强社会主义先进文化的辐射力、吸引力和感召力，具有重要意义，成为开展理想信念、形势政策、国情教育、营造积极健康思想舆论氛围的重要阵地。

2. 文化共享工程是实现人民群众基本文化权益的重要途径

满足人民群众基本文化需求是社会主义文化建设的基本任务。公共文化服务体系建设的重点在基层，难点也在基层。文化共享工程以现代信息技术为支撑，具有建设周期短、覆盖广、见效快的优势。十余年来，工程以农村和中西部地区为重点，大力推进国家、省、地市、县市、乡镇（街道）、村（社区）多级服务网络的建设，探索了一条符合国情的基层公共数字文化服务的建设道路，成为改善我国基层公共文化服务的不均衡状况，促进文化民生和城乡一体化、实现人民群众基本文化权益的重要途径。

3. 文化共享工程是网上思想文化建设的前沿阵地

随着互联网的快速扩张，网络成为汇聚各种社会思潮和利益诉求举足轻重的思想文化阵地。引导基层群众特别是青少年的文化价值取向、满足正当的网络文化需求，成为公共文化服务体系建设日益重要的内容和任务。目前，我国网上优秀文化产品供给不足、公共数字文化服务能力不足的矛盾比较突出，发展丰富多彩、积极健康的网络文化，任务繁重而紧迫。文化共享工程以网络为主要传播渠道，充分利用网络平台，大力推进公共电子阅览室建设，积极开展基于网络的宣传、服务活动，对于加强网上思想文化阵地建设，唱响网上思想文化主旋律，促进社会和谐稳定，具有重要意义。

4. 文化共享工程是推动公共文化服务科技创新的重要力量

科技创新是文化发展的引擎。文化共享工程是近年来文化部实施的科技含量最高的文化创新工程之一。随着工程建设的不断深入，不仅推动了服务信息化、数字化水平的跨越式发展，提高了基层群众的信息素养，造就了一支掌握现代信息技术的基层文化工作队伍，而且带动了公共文化服务的观念创新、内容创新和手段创新。在数字化、信息化、网络化时代背景下，文化与科技的结合日趋紧密，现代信息技术对文化传播与发展的推动作用日益显现，深入研究现代科技对共享工程建设的影响，跟踪国际发展动向，加强技术攻关和应用，对于推动公共文化服务创新，均具有重要引领作用。

（三）文化共享工程在公共数字文化服务体系建设中的作用

文化共享工程建设基于现代信息技术和国家网络通信平台的基本技术体系，正采用“三网融合”和云计算等新兴技术手段，全面提升服务领域和服务效益。工程建立的一套行之有效技术管理、信息服务和运行保障的独特体系，成为支撑公共数字文化服务体系建设、引领公共数字文化传播网络创新实践和推进城乡公共数字文化一体化的重要力量。文化共享工程的建设发展，将进一步完善结构合理、发展均衡、网络健全、运行有效的服务体系，提高文化产品供给服务能力，面向基层群众提供系统性、制度性、公平性、可持续的公共数字文化服务。

1. 支撑公共数字文化服务体系建设的重要平台

（1）支撑公共数字文化服务范围的拓展。文化共享工程依托基本覆盖城乡的基层服务网点，不断拓展公共数字文化服务范围，面向基层群众，以农民、青少年、老年人群、进城务工人员为主要服务对象开展公共数字文化服务，帮助获取知识和信息，提高修养与品位，成为基层群众熟知的信息中心、学习中心和公共数字文化服务中心。

（2）支撑公共数字文化服务资源的建设。文化共享工程建成的内容和形式丰富的文化资源，初步满足了基层群众对公共数字文化服务资源的基本需求；工程致力解决资源建设中技术应用、资源版权、资源标准问题，破解公共互联网服务中资源适用性、资源管理、资源调配技术难关，为在三网融合条件下开展资源服务开辟了空间和渠道。

（3）支撑公共数字文化服务技术的更新。文化共享工程在跟踪国内外适用信息传播技术基础上，结合自身实际探索实践，为公共数字文化服务提供稳定、便捷的技术手段，初步形成适应三网融合、3G手机网站、电子政务外网、支持公共电子阅览室的技术规范和标准，整体提升了公共数字文化服务体系的综合服务能力和技术水平；

（4）支撑公共数字文化服务。文化共享工程通过运行管理系统建设，对资源、网点、资金、设备、队伍等方面情况进行网络化管理，同时加强对支撑公共数字文化服务基层队伍的建设，培养一批从事数字资源建设、技术保障、信息服务等方面的专业人员，为公共文化服务体系现代化提供人才保障，极大地支撑了公共数字文化服务的发展。

2. 引领公共数字文化传播网络的创新实践

通过多年建设，文化共享工程形成了资源优质丰富、技术先进实用、传播高效互动、服务便捷贴近、管理科学规范、体系完整可控的公共数字文化传播服务体系，成为引领公共数字文化传播网络创新实践的先锋。

（1）内容调度系统：公共数字文化资源的交换枢纽，实现指定内容按规则由传输系统向应用系统、应用系统向资源管理系统、应用系统对应用系统的资源推送，借助内容调度系统调用，丰富信息资源服务手段；

(2)互联网传播系统：通过融合CDN与P2P技术，兼容IPv4/IPv6双协议，实现数字视频资源大容量快速传输，音视频直播、点播实时高流畅传输，以及接入互联网终端用户获得良好的视听体验；

(3)数据播发系统：采用模块化设计，将播发管理、播发监视、客户信息管理、文件播发、流媒体播发、公共信息播发、数据存储等模块化，同时完成文件、视频和频道节目信息的播发，以及网站数据更新；

(4)全网联动传播系统：统一规划建设多级分布式互联网网站群，设立共享工程网络视听台，开展网络视频直播、点播和视频分享服务，打造成国内资源总量大、参与用户多、内容权威、支持各种传播媒体的公共数字文化传播门户集群。

3. 推进城乡文化一体化发展的重要力量

促进城乡文化一体化发展是文化共享工程的重要使命。文化共享工程以增加农村文化服务总量，推动中西部老少边穷地区公共文化设施、资源、服务现代化建设，促进农民工一体享受城市公共文化服务等多种方式，促进城乡文化一体化发展。

(1)资源建设一体。文化共享工程广泛整合文化、教育、科技、农业、卫生等公共信息资源，依托文化系统资源充足、底蕴深厚的优势，结合国家数字图书馆工程、非物质文化遗产工程、文化精品工程等，统筹规划建设丰富的面向农村、面向社区、面向少数民族群众、面向未成年人的资源库群，促进了城乡文化资源一体。

(2)信息网络一体。文化共享工程一方面统筹推动城市街道、社区文化中心、乡镇、村基层服务网点建设；一方面基于多网融合技术架构，实现文化信息资源在互联网、广播电视网、移动通讯网、卫星网等多种传输渠道上的统一调度、统一管理、按需分配，探索发展和推进“进村入户”，促进城乡居民使用现代文化服务的一体化。

(3)城乡服务一体。文化共享工程通过建设大量的农村实用技术信息库，为农业生产提供了有效帮助，促进农民增收；通过提供丰富的数字文化资源和优秀文化素材，推动基层开展各类民族民间活动；面对自然灾害，利用灾后自救、食品安全、疾病预防等数字资源，帮助抢险救灾，同时通过数字放映等，帮助灾区群众化解心灵创伤、树立重建信心，这些推动城乡群众文化信息获取一体和城乡精神文化建设一体。

(4)特殊人群一体。文化共享工程通过建立公益性电子阅览室等方式，直接满足基层群众，特别是农民工、城市下岗人员等特殊群体的文化需求；通过绿色网络空间建设，规范管理，引导城乡青少年健康上网风尚；有计划、有步骤地开展国民信息素养培训，帮助老龄、残障边缘化群体融入信息时代，促进特殊群体与普通人群文化一体化发展。

(5)建设管理一体。文化共享工程通过广泛开展与数字图书馆推广工程、公共电子阅览室建设计划、广播电视村村通，农村党员远程教育工程等国家惠民项目合作，取长补短、统筹兼顾，避免重复建设，提高服务效益。通过创新服务，扩大城乡覆盖范围，消除服务盲点，提高服务标准，完善服务手段，改进管理绩效，促进城乡惠民工程建设管理一体化。

五、文化共享工程的未来发展

全国文化共享工程经过多年发展，取得了丰硕成果，覆盖城乡的服务网络基本建成，数字资源初具规模，技术平台日趋成熟，管理体系不断完善，服务效果成绩显著，初步实现了优秀文化信息资源在全国范围的共建共享。

2012年，全国文化信息资源共享工程实施10周年，年末文化共享工程国家中心——文化部全国文化信息资源建设管理中正式更名为“文化部全国公共文化发展中心”，文化共享工程进入新的发展时期。面对新形势、新任务，发展中心提出了文化共享工程将从铺摊建点的规模化建设向专业化和品牌化转变、从侧重工程设施建设向侧重管理服务转变、从单一化发展模式向社会化发展模式转变的发展战略。

为深入贯彻党的十八大、十七届六中全会精神，全面实现国家文化发展“十二五”奋斗目标，文化部于2013年2月正式颁布了《全国文化信息资源共享工程“十二五”规划纲要》，规划了文化共享工程的未来发展。主要内容如下：

(一)指导思想

以邓小平理论和“三个代表”重要思想为指导，深入贯彻落实科学发展观，坚持社会主义先进文化前进方向，以满足人民精神文化需求为出发点和落脚点，坚持公益性、基本性、均等性、便利性原则，坚持以政府为主导，以资源建设为核心，以技术支撑平台为保障，以共建共享为途径，　面向基层、服务群众，　努力实现优秀文化信息资源的全民共享。

(二)发展目标

在巩固完善文化共享工程基础设施建设基础上，丰富数字资源，扩展服务网络，优化技术平台，创新机制，完善管理，加强服务，提升效益，将文化共享工程建成资源丰富、传播高效、服务便捷、管理科学的公共数字文化品牌工程。到

2015年，文化共享工程数字资源总量达到530百万兆字节；服务网络实现从城市到农村的全面覆盖，公共电子阅览室基本覆盖全国所有乡镇和街道、社区，入户率达到50%。

（三）主要任务

1. 完善覆盖城乡的六级服务网络

继续以农村和中西部地区为重点，扩大覆盖，消除盲点，提高标准，完善文化共享工程国家、省、市、县(区)、乡镇(街道)、村(社区)六级服务网络。在各级文化馆、城市街道社区新建文化共享工程基层服务点与公共文化服务示范区建设相结合，评选命名一批“文化共享工程·公共电子阅览室示范点”，发挥其在设施建设、管理与基层服务方面的示范作用，实现文化共享工程基层服务点建设的品牌化、科学化、规范化。

2. 推进文化共享工程进入居民家庭

紧密结合国家“三网融合”发展战略，加强与广播电视和信息产业等部门的合作共建，推广各地文化共享工程“进村入户”的先进经验，结合各地实际，通过直播卫星、互联网、通信网、有线(数字)电视、网络电视等多种方式，将文化共享工程的资源送入居民家庭。加强入户资源的建设与整合，完善相关技术标准、技术模式和制播流程，强化资源内容和节目播出的安全管理，确保入户资源的顺畅推送及节目编播的自主可控。

3. 实施“公共电子阅览室建设计划”

按照文化部、财政部印发的《“公共电子阅览室建设计划”实施方案》(文社文发〔2012〕5号)的要求，以未成年人、老年人、进城务工人员等特殊群体为重点服务对象，依托文化共享工程的服务网络和设施，与乡镇文化站建设、街道(社区)文化中心(文化活动室)建设以及中央文明办组织实施的“绿色电脑进西部”工程结合，与共青团中央、全国总工会、全国妇联等密切合作，组织实施“公共电子阅览室建设计划”。以乡镇、街道、社区为重点，提高配置标准，完善公共电子阅览室建设的设施条件。坚持建设、管理与服务并重，丰富公共电子阅览室的资源内容，完善技术支撑平台，健全管理制度，推进 免费开放，加强惠民服务，努力构建内容安全、服务规范、环境良好、覆盖广泛的公益性互联网服务体系。

4. 加强数字资源建设的统筹规划和管理

(1)建设公共数字文化资源基础库。以基层群众为对象，以服务和需求为牵引，大力建设体现社会主义核心价值、弘扬中华民族传统文化、关系文化民生的公共数字文化资源。深入研究基层群众的数字文化需求，研究制定《文化共享工程2013—2015年资源建设规划》，明确资源建设的目标、任务、分类体系、建设重点和建设方法，提高资源建设工作的整体水平。加大资源征集力度，确保资源增量。以文化艺术类、群众文化类、进城务工及农业科技类、生活服务类、少儿教育类等资源为重点，建设若干主题鲜明、体系完整、质量上乘、具备公共文化服务基础性的专题资源库，提高资源建设的系统性、针对性、实用性。贯彻落实中宣部有关文件精神，加强“红色历史文化”多媒体资源库的建设。统筹开展“中国戏曲多媒体资源库”等全国性资源建设项目的规划与实施。

(2)加强少数民族文化产品译制工作。重点整合译制藏语、维吾尔语、哈萨克语、蒙语、朝鲜语资源。在新疆维吾尔自治区、西藏自治区、内蒙古自治区、青海省、四川省、吉林省等建立少数民族语言资源建设中心，在文化共享工程国家中心组织协调下，开展相关少数民族语言数字资源的征集、整合、译制及服务工作，建设一批贴近少数民族群众生活、反映少数民族特色、帮助少数民族农牧民群众生产致富的数字文化资源。逐步丰富少数民族语言资源的种类。 到2015年，建成藏汉、维汉、哈汉、蒙汉、朝汉等文化共享工程双语网站。

(3)推进数字资源共建共享。建立、完善文化共享工程资源建设标准规范体系，开展文化共享工程资源联合编目工作，编制文化共享工程资源总目录，推动文化共享工程全系统资源的共建共享。鼓励各省结合实际，采取灵活多样的办法，加强各省之间及本省范围内的资源共享。建设分布式数字资源共建共享系统，采用开放式、分级管理方式，实现数字资源的分布式加工、存储和元数据的统一管理以及跨库使用。建立数字资源异地灾备系统，实现数字资源的长期安全保存。

(4)建立健全资源建设机制。研究制定《文化共享工程资源建设管理办法》，全面提高资源建设的科学化、制度化、规范化水平。组建“文化共享工程资源建设领导小组”，加强对资源建设工作的组织领导，形成国家中心负责规划、统筹、指导，各省级分中心具体组织实施，市(县)级支中心共同参与的资源建设工作格局。组建“文化共享工程资源建设专家委员会”，发挥专家在资源建设规划、项目策划、方案实施、成果验收等方面的作用。建立健全资源建设的项目申报和立项审批机制，提高项目策划水平和建设质量。创新资源征集机制，加大对文艺院团、群艺馆、文化馆、美术馆、艺术院、博物馆等以及社会资源的征集力度，组织开展资源捐赠活动，鼓励机关事业团体、企业、个人向文化共享工程捐赠资源。探索建立资源使用效果的调查与反馈机制。

（5）切实做好资源的推送、揭示和服务。因地制宜，广开渠道，面向基层，加大资源的推送、更新、揭示和服务力度。制定《文化共享工程资源服务手册》，规范资源服务工作流程和管理。整合、开发、制作一批系列化的资源服务产品。按照中组部党员教育中心的要求，继续做好党员教育相关教材的制播工作。积极主动地向相关部门、企事业单位、社会组织等提供公益性资源服务。保护知识产权，妥善解决资源建设与服务中的版权问题。

5. 打造先进实用的技术支撑平台

（1）建设国家公共文化数字支撑平台。加强科研开发和应用的研究，采用云计算等最新适用技术，发挥文化共享工程基础设施作用和规模优势，建设管理统一、开放互动、共建共享的国家公共文化数字支撑平台，增强数字资源共享能力，提高数字资源的传播效率和信息基础设施的综合利用率，改善资源服务的针对性、便捷性和时效性，实现公共文化服务数字化评估管理，为提升文化共享工程服务效能、推动公共文化服务体系长效发展提供整体有效的数字化支撑。

（2）建设全国公共电子阅览室管理信息系统。运用先进技术手段，建立国家级公共电子阅览室建设管理平台，有效监督和管理全国各级公共电子阅览室的服务和使用情况，确保公共电子阅览室网络信息服务的安全，资源的及时更新以及服务导航的方便实用性，构建 健康、文明的网络访问环境，杜绝反动、淫秽、暴力等不良信息的侵入和传播。

（3）建设公共文化信息服务门户。构建资源丰富、内容权威、基于现代新技术以全媒体数字文化服务新业态为主导的公共文化信息服务门户。建设国家、省、市、县/区四级分布式互联网网站群，打造“国家数字文化网”，满足基层群众多样化的网络文化信息需求。

6. 推动国家中长期人才培训计划的实施

（1）开展国民信息素养教育培训。根据国家信息化发展战略确立的利用文化共享工程开展提高国民信息素养培训的要求，利用覆盖城乡的文化共享工程服务网络，通过建设与整合各类标准化、高质量的培训课件，因地制宜，有步骤、有组织地开展提高国民信息素养的教育培训。制作并翻译少数民族语言的培训课件，加大少数民族地区的培训力度。

（2）推进农村实用人才和进城务工人员培训。根据《国家中长期人才发展规划纲要(2010—2020年)》和《关于进一步加强农民工文化工作的意见》要求，发挥文化共享工程服务网络优势，通过合作共建等方式推进基层服务品牌项目实施，大规模开展农村实用人才培养和进城务工人员培训。“十二五”期间，培训农村实用人才和进城务工人员1000万人次。

（3）继续实施文化共享工程基层队伍培训。根据文化部《关于开展全国基层文化队伍培训工作的意见》和文化共享工程基层队伍培训工作规划，完善工程培训体系，提升远程培训能力，实现培训工作的科学化、规范化、常态化。按照分级负责、分类实施、全员学习的原则，培训各级各类工作人员500万人次。

7. 促进基层惠民服务品牌化专业化

（1）创建“公共数字文化服务体验区”。围绕公共文化服务体系建设总体目标，依托文化共享工程服务网络及公共电子阅览室平台，以新思路、新技术、新产品、新内容为引导，着力推动公共文化服务与科技创新融合，试点推进、打造多种模式的集知识性、趣味性、互动性、娱乐性为一体的公共数字文化体验区，大幅度提升公共文化服务的吸引力、感染力。

（2）构建“边疆万里数字文化长廊”。依托边疆地区文化共享工程基层服务网点和公共电子阅览室构建“边疆万里数字文化长廊”，通过提高边疆地区文化共享工程基层点和公共电子阅览室的覆盖率，改善边疆地区文化设施薄弱，基层群众、部队官兵的精神文化生活匮乏、单调的状况，增强文化实力 。

（3）联合打造基层惠民服务品牌。深入总结各地经验，大力推广“东方社区信息苑”、“数字文化讲师团”、“农文网培学校”、“市民艺术培训学校”、“戏曲动漫暨传统文化进校园”等服务模式，推动文化共享工程服务多样化、品牌化，不断满足基层群众“求知识、求富裕、求健康、求快乐”的需求。

（4）广泛开展公共数字文化惠民服务。充分发挥文化共享工程基层服务点和公共电子阅览室阵地优势，结合国家重大事件、重要节日、假日和纪念日，策划开展持续时间长、参与人数多、举办规模大、对外影响广的公共文化服务活动，改进、丰富和加强公共数字文化惠民服务。

（三）保障措施

1. 加强组织领导和管理机制创新

各级政府作为公共文化服务体系建设的领导者和组织者，要把文化共享工程纳入当地经济和信息化发展规划及创建文明城市、文明乡村的重要内容。各级文化主管部门要将文化共享工程纳入创建文化先进县(市)和乡镇的评比标准，并作为衡量当地文化事业发展的重要指标。文化共享工程各级单位，要在争取政策支持的同时，认真抓好各项任务的落实。要 加强文化共享工程建设的制度设计，建立绩效评估体系，提高工程管理的科学化水平。

2. 争取财政持续加大投入

文化共享工程作为我国公共文化服务基础性、战略性工程，应积极争取中央财政投入，对文化共享工程运行保障、六级网络体系建设、资源建设、技术平台建设等给予经费支持，保障工程各项工作的顺利实施。通过补贴机制和奖励机制，对开展文化共享工程公益性服务和工作突出的地区和单位予以补贴和奖励，调动各地工作的积极性。各级地方财政要按照规划任务，确保配套资金的落实，同时结合本地实际，进一步加大对文化共享工程的投入力度。

3. 广泛开展共建共享

加大文化系统内的资源整合力度，争取由国家财政投入生产的文化产品向文化共享工程无偿提供。与教育、广电、信息产业、农业、科技、新闻出版等部门广泛合作，努力以免费或优惠的价格获取各系统的相关资源。建立捐赠人激励机制，对捐赠著作、资金、设备的个人、集体颁发荣誉证书，并协调相关部门，综合采取多项激励政策，鼓励和保护对公益性文化事业的捐助。

4. 健全人才队伍

加强文化共享工程各级中心的机构建设，建立文化共享工程人力资源支持保障体系，培养一支既具备较高技术素质和专业知识，掌握数字文化服务的基本理念，又能熟练运用数字文化服务技能的人才队伍。国家中心组织力量编制教材，面向省级分中心、地市(县)级支中心开办骨干培训班。各地组织本地区的培训工作，重点建设一批爱岗敬业、善于管理服务设施和组织基层文化服务项目的专业队伍。评选、表彰一批“文化共享之星”。把社会工作者、志愿者作为人才队伍建设的有机组成部分，切实做好人才配置工作。

5. 扩大宣传推广

提升高度、把握角度，下基层、接地气，找准切入点，突出宣传文化共享工程文化惠民的本质、特色和实效，以形成宣传推广品牌。积极发挥网站窗口作用，同时通过广播电视、平面媒体同步推送，参与组织举办主题晚会、制播公益广告及专题节目、开展知识竞赛等，进一步扩大文化共享工程的社会影响力。

全国文化信息资源共享工程走过了十年建设发展历程。文化共享工程建设者要以党的十八大精神为指导，以公共、公益、公众为导向，面向基层、服务民生，为实现文化共享工程“十二五”发展目标，为加快建成覆盖城乡的公共文化服务体系、促进社会主义文化大发展大繁荣作出新的更大贡献。

参考文献

1. 《中共中央关于深化文化体制改革推动社会主义文化大发展大繁荣若干重大问题的决定》北京：人民出版社，2011.

2. 《中华人民共和国国民经济和社会发展第十二个五年规划纲要》 北京：人民出版社，2011.

3. 《国家“十二五”时期文化改革发展规划纲要》新华社，2012-2-15

4. 刘云山.坚持中国特色社会主义文化发展道路,努力建设社会主义文化强国.人民日报，2011-10-28.

5. 蔡 武..为建设社会主义文化强国打下坚实基础 人民日报(海外版).，2011-11-25.

6. 杨志今.创新传播手段，建设文化惠民工程[N]. 人民日报，2010-12-24.

7. 《公共文化服务的创新与跨越：全国文化信息资源共享工程建设研究论文集》北京：国家图书馆出版社,2010.12.

8. 《蓝皮书-2012年中国公共文化服务发展报告》北京：社会科学文献出版社，2012.10.

9. 全国基层文化伍培训教材：文化共享工程建设与服务》北京：北京师范大学出版，2013.3.

10. 《文化部关于全国文化信息资源共享工程暨公共电子阅览室建设试点工作督导情况的通报》(内部资料)2011-12-12

全国文化信息资源共享工程

10周年

国家部委文件

中共中央办公厅国务院办公厅转发《文化部、财政部关于进一步加强全国文化信息资源共享工程建设的意见》的通知（摘要）

厅字〔2005〕5号

《文化部、财政部关于进一步加强全国文化信息资源共享工程建设的意见》指出：全国文化信息资源共享工程是一项繁荣社会主义先进文化的创新工程，它采用现代信息技术手段，对中华优秀文化信息资源进行数字化加工和整合，利用覆盖全国的网络化管理和服务体系，实现文化信息资源在全国范围内的共建共享。“工程”从2002年4月实施以来取得了显著成效，在丰富和活跃群众文化生活、传播社会主义先进文化，促进经济社会协调发展等方面发挥了积极作用，受到基层广大群众的欢迎。为加大实施“工程”的力度，扩大覆盖面，提高影响力，使广大人民群众享受到便捷的文化服务，现就进一步加强“工程”建设提出如下意见：充分认识加强“工程”建设的重要意义；加强资源建设，形成适合群众需要的数字文化资源；建立科学的管理体制和工作机制；加快基层网点建设，强化“工程”的服务功能；积极采用数字图书馆技术，不断完善“工程”技术平台；进一步完善保护机制，推动“工程”持续健康发展。

二〇〇五年二月二十五日

《国家“十一五”时期文化发展规划纲要》（摘要）

中办发（2006）24号

三、公共文化服务

（八）完善公共文化服务网络。积极推进政府职能转变，实行政企分开、政事分开、政资分开和管办分离，切实把政府的职能由主要办文化转到社会管理和公共服务上来。要从现阶段经济社会发展水平出发，以实现和保障公民基本文化权益、满足广大人民群众基本文化需求为目标，坚持公共服务普遍均等原则，兼顾城乡之间、地区之间的协调发展，统筹规划，合理安排，形成实用、便捷、高效的公共文化服务网络。

1.完善公共文化设施网络布局。以大型公共文化设施为骨干，以社区和乡镇基层文化设施为基础，优先安排关系人民群众切身文化利益的设施建设，加强图书馆、博物馆、文化馆、美术馆、电台、电视台、广播电视发射转播台（站）、互联网公共信息服务点等公共文化基础设施建设。

——建设一批代表国家文化形象的重点文化设施，大力推进文化信息资源共享工程等重大文化工程建设，加大对重要社科研究机构、体现民族特色和国家水准的艺术院团、承担政治性和公益性出版任务的出版单位的扶持力度。

——完善大中城市公共文化设施，加强图书馆、博物馆和文化馆（中心）建设。

——在巩固县县有图书馆、文化馆的基础上，基本实现乡镇有综合文化站，行政村有文化活动室。

——加强各级广播电视无线发射转播台（站）的维护，更新设备，保障正常运行。

——在中西部及其他老少边穷等地广人稀的地区配备流动文化服务车，建设流动服务网络。

中华人民共和国国民经济和社会发展第十一个五年规划纲要（摘要）

第四十四章　社会主义文化建设

村村通广播电视　全面实现20户以上已通电自然村通广播电视。

农村电影放映　基本实现全国农村一村一月放映一场电影。

乡镇综合文化站建设　基本实现全国乡镇均建有综合文化站。

文化信息资源共享　推进文化资源数字化，以农村为重点促进文化信息资源共享。

重大文化自然遗产保护　加强世界遗产、国家重点文物保护单位、国家重点风景名胜区、国家历史文化名城（镇、村）等保护和利用设施建设，建设抢救性文物保护设施。

“西新工程”　加强西藏、新疆等地区广播电视设施建设，扩大覆盖范围，提高收听收看质量，增强播出传输安全保障能力。

重大文化设施建设　推进国家博物馆、中国美术馆（二期）、国家话剧院等和地方重点文化设施建设。

二〇〇六年三月十四日

中共中央办公厅、国务院办公厅关于加强公共文化服务体系建设的若干意见

2007年8月21日

加强公共文化服务体系建设，是深入贯彻落实科学发展观、从中国特色社会主义事业总体布局和全面建设小康社会全局出发提出的一项重要任务，是繁荣发展社会主义先进文化、建设和谐文化、构建社会主义和谐社会的必然要求。为加快建立覆盖全社会的公共文化服务体系，经党中央、国务院同意，现提出如下意见。

一、提高对公共文化服务体系建设重要性的认识

加快建立覆盖全社会的公共文化服务体系，是维护好、实现好、发展好人民群众基本文化权益的主要途径，反映了广大人民群众的意愿，体现了社会主义制度的优越性，对于促进人的全面发展、提高全民族的思想道德和科学文化素质、建设富强民主文明和谐的社会主义现代化国家，具有重要意义。

党的十六大以来，党中央、国务院高度重视文化建设，采取了一系列政策措施，加强公共文化基础设施和服务网络建设，公共文化服务能力和水平不断提高，人民群众的精神文化生活显著改善。随着社会主义市场经济不断发展，人民群众的文化需求日益增长，文化消费方式发生了深刻变化。这为文化发展注入了新的活力，有力地促进了文化产业的发展和文化市场的繁荣，同时对公共文化产品、基础设施、服务网络、资源配置等提出了新的要求。特别是广大农村和西部地区，文化设施还比较落后，公共文化产品供给严重不足，农民群众以及城镇低收入居民、农民工等特殊群体文化生活还很匮乏，实现和保障人民群众基本文化权益的任务十分艰巨。对此，各级党委和政府一定要高度重视，采取有效措施，立足当前，着眼长远，有重点分阶段地把公共文化服务体系建设抓紧抓好。

二、明确公共文化服务体系建设的指导思想和目标任务

（一）指导思想。以邓小平理论和“三个代表”重要思想为指导，深入贯彻落实科学发展观，坚持社会主义先进文化的前进方向，坚持以政府为主导、鼓励社会力量积极参与，坚持城乡、区域文化协调发展，逐步实现公共文化服务均等化，坚持把建设的重心放在基层和农村，充分利用现有设施，统筹规划、加大投入、因地制宜、分步实施，着力改善农村和中西部地区公共文化服务网络，着力提高公共文化产品供给能力，着力解决人民群众最关心、最直接、最现实的基本文化权益问题，推动文化建设与经济建设、政治建设、社会建设协调发展。

（二）目标任务。与中国特色社会主义事业和全面建设小康社会的历史进程相适应，按照结构合理、发展均衡、网络健全、运行有效、惠及全民的原则，以政府为主导、以公益性文化单位为骨干、鼓励全社会积极参与，努力建设以公共文化产品生产供给、设施网络、资金人才技术保障、组织支撑和运行评估为基本框架的覆盖全社会的公共文化服务体系，切实保障人民群众看电视、听广播、读书看报、进行公共文化鉴赏、参加大众文化活动等基本文化权益。东部及有条件的地区要加快发展，率先建成比较完备的公共文化服务体系；中西部欠发达地区要积极创造条件，加大建设力度，基本形成与经济社会发展水平相适应的公共文化服务保障能力。当前，要大力发展公益性文化事业，实施文化惠民工程，优先安排关系人民群众切身利益的重大公共文化服务项目，逐步解决农民群众收听收看广播难、看书难、看电影难的问题，基本满足城镇居民就近便捷享受公共文化服务的需求。

三、实施重大公共文化服务工程

（一）广播电视村村通工程。在巩固已有成果的基础上，按照《国家"十一五"时期文化发展规划纲要》要求，进一步明确责任，加大力度，因地制宜，讲求实效，以消灭覆盖盲区和增强覆盖效果为重点，采用地面无线、直播卫星和有线网络等方式，扩大对农村广播电视的有效覆盖。加快对现有无线台站设备的更新改造，加强日常维护，确保有效运行。完善农村广播电视基础设施建设，积极创造条件，推进县对乡镇广播电视的垂直管理运营体制建设。建立以县为中心、乡镇为依托、服务农户的农村广播电视公共服务覆盖网络。到2010年底全面实现20户以上已通电自然村广播电视村村通，到2020年基本实现农村广播电视户户通。

（二）全国文化信息资源共享工程。以数字资源建设为核心，以基层服务网点建设为重点，运用多种传播方式，在试点工作的基础上，加快推进全国文化信息资源共享工程建设。各级图书馆和乡镇综合文化站、社区文化中心要发挥自身优势，充实完善设备配置，成为文化信息资源共享工程的各级分中心、支中心和基层服务点。加强数字资源库内容建设，不断丰富电子图书、舞台艺术、知识讲座和影视节目等数字资源。农村文化信息资源共享工程的建设要与广播电视村村通工程、农村党员干部现代远程教育、农村中小学现代远程教育和村村通电话工程相结合，实现共建共享。文化信息资源共享工程要不断提高信息化、网络化水平，做到资源互联互通。到2010年基本建成覆盖城乡的文化信息资源共享工程服务网络。

（三）乡镇综合文化站和基层文化阵地建设工程。组建集书报刊阅读、宣传教育、文艺演出、科普教育、体育和青少年校外活动等于一体的乡镇综合文化站，配备一定数量的专职人员和相应的设施设备，建立长效工作机制，就近便捷开展公共文化服务。乡镇综合文化站要坚持公益性事业单位的性质，认真履行社会服务、指导基层、协助管理农村文化市场的职能，其业务由县（市）、区文化部门指导，日常工作由乡镇管理。加强社区文化中心、村文化活动室等基层文化阵地建设，根据城乡经济社会发展水平、人口状况和服务要求，确定设施建设标准，明确基本职责，完善管理办法。加强对现有基层文化阵地的调研，摸清底数，对不符合标准的进行调整改造，到2010年基本实现乡镇有综合文化站、村有文化活动室、社区有文化中心。

（四）农村电影放映工程。按照企业经营、市场运作、政府购买、农民受惠的原则，推进农村公益性电影放映服务体制的改革。重塑农村电影放映市场主体，推动国有电影放映单位转企改制和院线制、股份制改造，支持民营电影放映企业发展。继续配备流动电影放映车和数字电影放映设备，建立公益放映补贴的新机制，扶持中西部地区电影放映企业，推广农村电影数字化放映服务。鼓励电影放映企业和个人在完成政府购买的放映服务的前提下，努力开拓市场、搞活经营。到2010年，基本实现每个行政村每月放映1场电影。

（五）农家书屋建设工程。按照政府资助建设、鼓励社会捐助、农民自我管理的要求，与农村基层组织活动场所建设等相结合，稳步推进农家书屋工程建设。每个书屋要拥有一定数量的党报党刊和适合农民阅读的经济、科技、法律、卫生、文化类图书、期刊和音像制品，做到内容丰富、服务规范、农民满意。到2010年建成农家书屋20万个，2015年基本覆盖每个行政村。

四、增强公共文化产品的生产供给能力

（一）建立健全公共文化设施网络。以大中城市公共文化设施为骨干，以县、乡（镇）和社区基层文化设施为基础，统筹规划，合理布局，加强各类文化管（站）、博物馆、图书馆、美术馆、艺术馆、纪念馆和广播电视台（站）、互联网的公共信息服务点和卫星接收设施公共服务管理系统等公共文化设施建设，优化社区和乡村公共文化资源配置，形成覆盖城乡、结构合理、功能健全、实用高效的公共文化设施网络。要把社区文化中心建设纳入城市规划，从城市住房开发投资中提取1%，用于社区公共文化设施建设，同时注意合理布局、综合利用。要在城镇主要街道、大专院校、公共场所、居民小区规划建立党报阅报栏、售报亭。图书馆、文化馆等公共文化服务单位和宾馆、机场、火车站、客轮等人员流动较大的场所，要摆放一定种类和数量的党报党刊供读者阅读。各出版发行企业要按普通服务原则，加强农村和少数民族地区农村和少数民族地区分销网点建设予以扶持。在地广人稀的地区，积极建设流动文化服务网络，配备流动文化车，开展流动文化服务。要统筹文化、教育、科技、广电、体育和青少年、老年活动场所的规划建设，实现相关设施的综合利用、共建共享。

（二）充分发挥现有文化设施的作用。各类公共文化设施要进一步明确服务标准，创新服务方式，为城乡居民提供优质高效、普遍均等的公共文化服务。县级文化馆（站）、图书馆要发挥综合功能，辐射和带动群众性文化活动的开展。博物馆、美术馆、纪念馆、爱国主义教育基地等要尽可能做到免费或优惠向社会开放。推进公共文化设施服务公示制度，在窗口接待、场所引导、资料提供以及内容讲解等方面，创造良好的服务环境，增强吸引力。政府投资的博物馆、美术馆、纪念馆、文化馆、图书馆和乡镇综合文化站等要坚持公益性事业单位的性质，不得企业化或变相企业化，不得以拍卖、租赁等形式改变其文化设施用途，以挪作他用的要限期收回。要充分发挥工人文化宫、青少年宫、妇女儿童活动场所在公益性文化服务中的作用。

（三）加强公共文化产品生产。公益性文化单位要充分发挥在公共文化服务中的骨干作用，面向基层、面向群众，着力提高生产能力和服务水平，提供适应人民群众需要的公共文化服务。要采取政府购买、项目补贴的方式，支持文化企业生产质优价廉、安全适用的公共文化产品，参与公共文化服务。要紧密结合社会主义新农村建设实践，逐步增加广播电视、电影、报刊为农村服务的资源总量，加强“三农”出版物的出版发行，购买优秀剧本提供给基层艺术团体使用、改编并为农民群众演出。加强少数民族语言广播影视节目的译制和少数民族文字出版物的出版发行。国家投资、资助或拥有版权的文化产品要无偿用于公共文化服务。

（四）积极开展公益性文化活动。广泛动员社会力量，利用各种有效形式，在社区、乡村、企业、校园和军营搭建公益性文化活动平台。继续开展文化科技卫生“三下乡”、“心连心”、“送欢乐”、“下基层”等公益性文化活动，建立长效机制，做到经常化、制度化。精心安排适合农民工需要的广场文化，组织实施送书、送戏、送电影到工地。鼓励和支持国家投资建设的影剧院每年安排一定场次，为低收入居民、农民工及其他特殊群体免费或低价演出。广泛开展文化志愿者活动，在“高校毕业生到农村服务计划”中增加文化服务内容，鼓励离退休文艺工作者、艺术院校学生和其他热心公益事业的各界人士为社区和乡村提供志愿文化服务。加强企业文化建设，丰富职工文化生活。不断创新群众文化内容，依托传统节日、重大节庆和民族民间文化资源，组织开展群众乐于参加、便于参与的歌咏、读书、朗诵、文艺演出、陈列展览、书画摄影比赛等文化活动。城市公园要为群众性文化活动提供方便。

（五）提高产业支撑和市场供给能力。大力发展影视制作业、出版业、发行业、印刷复制业、广告业、演艺业、娱乐业、文化会展业、数字内容和动漫产业等重点文化产业，为公共文化服务提供坚实的产业支撑。充分利用市场机制的作用，引导文化资源向公共文化服务领域合理流动，拓宽选择公共文化产品的空间，增强公共文化服务效能。鼓励兴建大众化的影剧院，鼓励经营单位薄利多销，改变票价过高、群众消费不起的状况。发展专、精、特、新中小文化企业，鼓励、引导农民和社区居民自办文化，开发独特文化资源，丰富面向基层、面向群众的文化产品种类和数量。支持各类市场主体积极开发农村出版物发行、电影放映、文艺表演等文化市场。

五、创新公共文化服务运行机制

（一）推进公益性文化事业单位改革。按照增加投入、转换机制、增强活力、改善服务的要求，深化公益性文化事业单位人事和内部收入分配制度改革，全面实行聘用制度和岗位管理制度，加强财务管理和经济核算，建立健全竞争、激励、约束机制，努力提高公共文化服务能力和水平。党报党刊、电台、电视台、通讯社、重点新闻网站和时政类报刊等新闻媒体，要优化组织结构，整合内部资源，增加公共文化服务总量。承担政治性、公益性出版任务的出版单位和体现民族特色、国家水准的艺术院团，要面向群众、开拓市场，提供更多位广大群众喜闻乐见的文化产品。

（二）创新公共文化服务方式。积极探索适应社会主义市场经济要求、保障社会公平正义的公共文化服务方式。引入竞争机制，对重要公共文化产品、重大公共文化服务项目和公益性文化活动，要实行政府采购、项目补贴、定向助资、贷款贴息等，扩大服务范围，提高服务质量，增强服务效益。鼓励具备条件的城市图书馆采用通借通还等现代服务方式，推动公共文化服务向社区和农村延伸。完善相关管理制度，简化审批登记程序，积极引导社会力量以兴办实体、赞助活动、免费提供设施等多种形式参与公共文化服务。支持境内各类文化基金会和文化投资公司参与公共文化服务。支持民办公益性文化机构的发展，鼓励民间开办博物馆、图书馆等，促进公共文化服务方式的多元化、社会化。

（三）提高公共文化服务技术水平。加快现代科技应用步伐，提高公共文化服务的信息化、网络化水平。以积极的态度、创新的精神，大力加强互联网建设，提供更多具有自主知识产权的网络文化产品，发展和传播健康向上的网络文化，使之成为传播社会主义先进文化的新途径、公共文化服务的新平台、精神文化生活的新空间。以国家数字图书馆建设为龙头，加快国家图书馆、省级图书馆与各地公共图书馆的联网步伐。加强市（地）、县图书馆镜像站建设，增强文化信息资源的传输、存储和供给能力，为基层提供方便快捷的文化服务。加快广播电视、直播卫星和移动多媒体系统建设，推进城市有线电视和地面无线广播电视数字化，改善和提高广播电视覆盖效能。积极推进数字化出版、印刷以及现代物流技术的研发应用，构建数字化出版物的生产、传播和网络平台。

六、加强对公共文化服务体系建设的领导

（一）健全领导和工作机制。各级党委和政府要把公共文化服务体系建设作为提高党的执政能力、建设服务型政府的重要任务，放在全局工作的突出位置，把握方向，制定政策，整合力量，营造环境，切实担负起领导责任。要建立健全党委和政府统一领导，发展改革、财政、文化、广电、新闻出版等部门分工负责，工会、共青团、妇联、文联、作协等人民团体积极参与的工作机制，形成推动公共文服务体系建设的合力。要把公共文化服务体系建设纳入各地经济社会发展规划，纳入财政预算、扶贫攻坚计划，作为评价地区发展水平、发展质量和领导干部工作实绩以及创建文明城市、文化先进县（市）的重要内容。要进一步建立健全相关法律法规，推动公共文化服务体系建设的制度化、规范化和法制化。

（二）切实转变政府职能。各级政府要认真履行公共文化服务职责，转变职能、强化服务、改进管理、明确责任、提供效能，重点加强公共文化服务体系建设规划和标准的制定，加强对重大公共文化服务工程和项目实施情况的监督检查。要根据图书馆、博物馆、文化馆、乡镇综合文化站、电台、电视台和广播电视发射转播台等公共文化服务机构的特点，分类制定建设标准和服务标准，加强绩效评估。要进一步推进政企分开、政事分开、政资分开、政府与中介组织分开，支持各级各类文化单位开展公共文化服务。要减少和规范行政审批事项，简化办事程序，提高办事效率，及时发布公共文化信息，为群众参与公共文化生活创造便利条件。要深入开展文化法制政策宣传教育，增强法制观念，规范执法行为，提高依法行政和维护文化权益的自觉性。

（三）完善公共文化服务投入机制。中央和省级财政每年对文化建设的投入增幅不低于同级财政经常性收入的增幅。要切实保障实施重大公共文化工程、购买重要公共文化产品、开展重要公共文化活动所必需的资金。要明确中央与地方的事权，改进公共文化服务投入方式，中央财政通过转移支付对中西部地区给于适当支持。要建立健全有关文化发展的各类专项资金和基金，用好公益性福利彩票分成，加大对公益性文化事业的扶持力度，支持少数民族公益性文化事业的发展。进一步完善支持公共文化服务的相关经济政策，吸引和鼓励社会力量投资兴办公共文化实体，建设公共文化设施、提供公共文化服务，形成以政府投入为主、社会力量积极参与的稳定的公共文化服务投入机制。

（四）加强公共文化服务队伍建设。建立健全以培养、实用、激励、评价为主要内容的政策措施和制度保障，实行职业资格管理制度，加强对从业人员的规范化管理，运用多种方式加大培训、轮训力度，着力提高公共文化服务队伍的思想政治素质和新形势下做好公共文化服务工作的能力。采取各种措施吸引各类优秀人才进入公共文化服务领域发展，鼓励高校毕业生到基层从事公共文化服务工作；鼓励和支持专业文艺院团改革中的分流人员到社区、乡镇和红色旅游纪念馆工作，担任文艺辅导员、文化指导员和讲解员；注意发挥基层文化骨干、文化能力的积极作用，培育和发展农村业余演出队、文化中心户、义务文化管理员等，形成一支扎根基层、服务群众的专兼职公共文化服务队伍。

各地区和有关部门要按照本意见的精神，结合实际，制定贯彻落实的具体措施。宣传文化、发展改革、财政等综合管理部门要加强调查研究，总结推广经验，做好对本意见贯彻落实情况的跟踪分析和具体指导。

2012年国家"十二五"文化改革发展规划纲要

三、加快构建公共文化服务体系

（三）加快城乡文化一体化发展。增加农村文化服务总量，缩小城乡文化发展差距，以农村和中西部地区为重点，加强县级文化馆和图书馆、乡镇综合文化站、村文化室建设，深入实施广播电视村村通、**文化信息资源共享**、农村电影放映和农家书屋等重点文化惠民工程，扩大覆盖、消除盲点、提高标准、完善服务、改进管理。大力推进农民体育健身工程。加大对革命老区、民族地区、边疆地区、贫困地区文化服务网络建设支持和帮扶力度。引导企业、社区积极开展面向农民工的公益性文化活动，尽快把农民工纳入城市公共文化服务体系，努力丰富农民工精神文化生活。建立以城带乡联动机制，合理配置城乡文化资源，鼓励城市对农村进行文化帮扶，把支持农村文化建设作为创建文明城市基本指标。鼓励文化单位面向农村提供流动服务、网点服务，推动媒体办好农村版和农村频率频道，做好主要党报党刊在农村基层发行和赠阅工作。扶持文化企业以连锁方式加强基层和农村文化网点建设，推动电影院线、演出院线向市县延伸，支持演艺团体深入基层和农村演出。

国家基本公共服务体系十二五规划

第十章 公共文化体育

国家建立公共文化体育服务制度，保障人民群众看电视、听广播、读书看报、进行公共文化鉴赏、参加大众文化活动和体育健身等权益。

第一节 重点任务

围绕建设社会主义核心价值体系和满足城乡居民精神文化需求的要求，坚持公益性、基本性、均等性、便利性，建立健全公共文化服务体系，扩大公共文化产品和服务的供给。推进全民健身公共服务体系建设。

——公益性文化。继续实施文化惠民工程，以农村基层和中西部地区为重点，加快公共文化基础设施建设。推进建立公共电子阅览室和未成年人公益性上网场所。促进城乡基层公共文化服务资源的共建共享。逐步实现公共文化场馆向全社会免费开放。推动文化科技卫生“三下乡”、“送欢乐下基层”等活动制度化，充分发挥流动文化服务车、流动电影放映车作用。广泛开展社区文化、村镇文化、校园文化、家庭文化等群众性文化活动，积极开展面向农民工和残疾人等群体的公益性文化服务。完善公益性演出补贴制度。加大对地方特色和民族特色文化的支持力度。加大文化和自然遗产、非物质文化遗产保护力度，逐步提高面向公众开放、展示的水平。

国务院办公厅关于印发少数民族事业“十二五”规划的通知

国办发〔2012〕38号

三、政策措施

（七）文化政策。

全国地市级公共文化设施建设规划、全国文化信息资源共享工程、公共电子阅览室建设计划、数字图书馆推广工程、公共图书馆文化馆免费开放计划、农家书屋建设工程等，向民族地区倾斜。加大对民族地区文物保护的财政支持力度。国家文化出口重点企业和项目认定、“文化部文化产业投融资公共服务平台”，向民 族地区倾斜。

对少数民族题材电规剧，在备案公示、完成剧审查、播出调控等管理环节给予支持。对民族地区广播影规节目制作和广告经营活动给予支持，对符合条件的机构 优先晋升《电规剧制作许可证（甲种）》资质。广播电规村村通工程、农村电影放映工程、城市数字影院建设工程等，向民族地区倾斜。

“十二五”国家自主创新能力建设规划

五、提高重点社会领域创新能力

（三）文化领域。

2.创新公共文化服务手段和服务内容。充分利用信息技术，大力开发新型文化产品，增强公共文化产品供给能力，满足人民群众多样化文化需求，使城乡居民平等享受公共文化服务。加快现代科技在图书馆、文化馆（站）等公共文化场馆中的普及和应用，充分发挥信息技术和直播卫星技术在农家书屋、全民阅读、文化信息资源共享、数字图书馆推广、公共电子阅览室、国家公共文化服务体系示范区（项目）创建等重点文化惠民工程建设中的作用，完善公共文化服务网络，构建技术先进、传输快捷、覆盖广泛的现代传播体系。加强国际传播能力建设，构建网络化国际文化交流服务平台，创新中国文化“走出去”方法和手段，提升中国文化的表现力和传播力。

“十二五”国家政务信息化工程建设规划

三、重点任务

(二)深化国家基础信息资源开发利用。

5.文化信息资源库。

建设目标：推动文化信息资源共享和开发利用，促进中华文化的传承和传播，提升国家文化软实力。

建设内容：完善文化信息资源共享工程，逐步建设以国家物质和非物质文化遗产信息、少数民族传统文化、国家重要文物、国家档案信息等为主要内容的信息库。完善文化市场信息监管平台，加强重点新闻网站建设，推动新闻信息搜索引擎发展，完善国家级网络视频内容传播和共享平台。

关于印发《中央补助地方农村文化建设专项资金管理暂行办法》的通知

财教[2013]25号

中央补助地方农村文化建设专项资金管理暂行办法

第二章 支出范围与标准

第六条 专项资金包括补助资金和奖励资金，其中：

(一)补助资金主要用于补助行政村文化设施维护和开展文化体育活动等支出，包括：

1.全国文化信息资源共享工程村级基层服务点运行维护和开展宣传培训等支出；

第七条 行政村文化设施维护和开展文化体育活动等支出基本补助标准为每个行政村每年10000元，其中：

1.全国文化信息资源共享工程村级基层服务点每村每年2000元；

第九条 奖励资金实行因素分配法，根据各省（自治区、直辖市、计划单列市、兵团，以下简称省）区域内农村基本情况、财政文化投入水平、农村文化体育活动开展情况等因素进行分配，具体因素和权重如下：

(三)工作因素（权重30%）：

1.全国文化信息资源共享工程村级基层服务点年均服务人次（6%）；

文化部“十二五”时期公共文化服务体系建设实施纲要

一、总体思路

（三）发展目标

——到“十二五”期末，全国人均拥有公共图书馆藏书达到0.7册。各级文化馆（站、室）、公共图书馆和文化共享工程基层服务点基本建有公共电子阅览室。文化共享工程资源量争取达到530百万兆字节以上，入户率达到50%左右。国家数字图书馆资源总量争取达到1000百万兆字节以上。

二、重点任务

（一）继续提高基层公共文化设施建设水平，实现有效覆盖

2.行政村文化活动场所。与城乡统筹、小城镇建设、新农村建设等政策相衔接，与村级组织办公场所、村小学、文化信息资源共享工程基层服务点建设相结合，统筹村级文化活动场所规划、修建、管理、运营和维护，体现多功能、综合性。

5.数字文化阵地。统筹实施文化共享工程、数字图书馆推广工程和公共电子阅览室建设计划等公共数字文化工程，

努力形成内容丰富、技术先进、覆盖城乡、传播快捷的公共数字文化服务网络。

（五）促进公共文化领域文化和科技融合发展，强化公共文化服务的技术支撑

1. 深入实施全国文化信息资源共享工程。在各级文化馆、城市社区新建基层服务点，加强管理，发展完善服务网络。进一步加大整合力度，丰富公共数字文化资源。利用“云计算”和“三网融合”技术，提升整个网络的管理水平和服务能力。大力推进工程资源进村入户，广泛开展惠民服务，实施以“农村实用技术人才培养计划”为重点的网络培训。

3. 加快推进公共电子阅览室建设。实施“公共电子阅览室建设计划”，利用文化信息资源共享工程工作网络，依托公益性文化单位，建立公共电子阅览室，为基层群众特别是广大青少年提供内容健康、服务规范、环境良好的公益性互联网服务。

4. 加强公益性文化单位网络服务平台建设。加强公益性文化单位基础数据库建设，发展网络服务平台，提高公共文化服务的数字化、网络化水平。将文化馆的数字化建设纳入文化共享工程建设体系，促进群众文化活动资源的数字化和网络化，开展网上展览、网上辅导、远程指导等数字文化服务。推动全国数字美术馆建设。实施国家文物博物馆资源基础数据库建设工程。

（十）探索完善文化志愿服务机制，广泛开展文化志愿服务活动

2.发展壮大文化志愿者队伍。鼓励热心公益事业的社会人士参与基层文化建设和群众文化活动，担任文化指导员、辅导员或文化管理员。招募大学生志愿者到西部地区乡镇文化站协助做好日常管理、政策宣传教育和开展基层文化活动等工作。依托全国文化信息资源共享工程、公共电子阅览室建设工程等重点文化惠民工程，招募文化志愿者做好技术指导、资源搜集整理、活动开展、政策宣传等志愿服务。开展常规培训与岗前培训，提升文化志愿者的服务意识、服务能力和服务水平。

3.广泛开展文化志愿服务活动。依托各类公益性文化单位，招募文化志愿者做好图书借阅管理、读者咨询、展览布展、讲解讲座、群众文化活动组织等志愿服务工作。组织志愿者深入全国文化信息资源共享工程县级支中心和乡镇街道服务点，辅导群众学习网络知识，检修电子设备，开展业务培训。组织文化志愿者在重要节日纪念日深入基层开展民俗活动、文化娱乐活动、主题教育实践活动等各具特色的文化志愿服务活动。以关爱空巢老人、留守儿童、农民工、残疾人、边疆民族地区群众为重点，培育和打造一批文化志愿服务品牌。

《文化部“十二五”时期文化改革发展规划》（摘要）

二、发展目标和主要指标

（二）主要指标

——到“十二五”期末，全国人均拥有公共图书馆藏书达到0.7册左右。各级公共图书馆，文化共享工程乡镇、街道、社区基层服务点基本建有公共电子阅览室。**文化信息资源共享工程资源量争取达到530百万兆字节以上**，入户率达到50%左右。国家数字图书馆资源总量争取达到1000百万兆字节以上，并提供全媒体服务。中西部地区争取每县配备1台流动文化车，中西部地区已完成转制的县级剧团每团配备1辆流动舞台车。

四、加快构建公共文化服务体系

（四）大力推动数字文化建设。大力推进全国文化信息资源共享工程，充分发挥其在公共文化服务中的战略性、基础性作用，建立公共文化资源提供平台，推进数字服务进入家庭。建立内容丰富的数字文化资源库群，加强少数民族语言数字资源译制工作。实施公共电子阅览室建设计划，利用文化信息资源共享工程工作网络，依托公益性文化单位，建立公共电子阅览室，为基层群众特别是广大青少年提供内容健康、服务规范、环境良好的公益性互联网服务。加强数字图书馆建设，借助“三网融合”工程，实现全国图书馆资源的无障碍共享。实施数字图书馆推广工程，以技术手段整合国家数字图书馆与全国各级公共图书馆数字资源，形成覆盖全国的数字图书馆服务网络。搭建满足不同需求的全媒体数字图书馆服务平台。推进数字博物馆建设工程，建立博物馆信息资源共享平台。努力形成覆盖城乡的数字文化服务体系。

全国公共图书馆事业发展“十二五”规划

一、序言

公共图书馆是保障人民基本文化权益的重要阵地，是开展社会教育活动的终身课堂，是国家公共文化服务体系的重要组成部分，是城市文明进步的标志。“十一五”以来，中央和地方各级政府进一步加大对公共图书馆建设的支持力度，公共图书馆财政投入稳步增加，法制化、规范化建设取得重要进展。通过实施县级图书馆建设、县级图书馆修缮、全国文化信息资源共享工程（以下简称“文化共享工程”）、乡镇综合文化站建设等重点文化工程，各地公共图书馆服务设施网络不断完善，文献资源日益丰富，服务理念不断创新，服务手段不断增加，服务能力显著提升，队伍素质稳步提高，社会效益明显增强，公共图书馆事业呈现出蓬勃发展、整体推进的良好发展局面。同时，我们还必须看到，公共图书馆事业发展在总体上还滞后于经济社会发展，还不能满足社会公众日益增长的精神文化需求，与全面提供公益性、基本性、均等性和便利性的图书馆服务，构建覆盖城乡的公共文化服务体系，全面提高全民族文明素质，实现文化大发展大繁荣的要求还不相适应，主要表现在：设施网络尚需完善，服务网络有待健全，地区差异和城乡差异比较明显，文献资源保障能力有待提高，队伍建设需要加强，保障机制尚不健全。

二、“十二五”时期公共图书馆事业发展总体思路

（三）发展目标

——数字图书馆建设与服务加快推进。积极推进公共数字文化服务体系建设，以文化共享工程、数字图书馆推广工程、公共电子阅览室建设计划等重大项目为抓手，在全国形成一个资源丰富、服务快捷、技术先进、稳定可靠的分布式数字图书馆服务网络，催生网络环境下新的文化服务业态。

三、“十二五”时期重点任务

（三）深入开展公共数字文化建设与服务，培育基于新媒体的新型图书馆服务业态

依托文化共享工程、公共电子阅览室建设计划、数字图书馆推广工程等，建立公共数字文化设施网络，加强公共数字文化资源生产，大力提高网络环境下公共图书馆的数字文化产品供给与服务能力，努力建设资源丰富、技术先进、服务便捷、覆盖全媒体的数字文化服务网络，培育基于新媒体的新型图书馆服务业态。

1. 继续实施文化共享工程。进一步发挥各级公共图书馆在全国文化信息资源共享工程中的主体作用，在“十一五”基本实现“村村通”的基础上，以有效开展服务为重心，以打造精品、优化应用为重点，以可持续发展的体制机制为保障，进一步加大整合力度，建设“公共文化数字资源基础库群”，资源总量达到530TB；在城市社区、文化馆新建基层服务点，加强已建基层点的管理，发展完善覆盖城乡的服务网络，到“十二五”末达到基层服务点100万个，入户覆盖全国50%以上的家庭；利用“云计算”和“三网融合”技术，提升整个网络的服务能力与管理能力；大力推进进村入户，广泛开展惠民服务，实施以“农村实用技术人才培养计划”为重点的网络培训；与公共电子阅览室建设计划相结合，加快建设以公共图书馆、学校电子阅览室、社区文化活动中心为载体的未成年人公益性上网场所，更好地满足人民群众特别是广大青少年的精神文化需求，将文化共享工程建成技术先进实用、传播高效互动、服务便捷贴近、管理科学规范、体系完整可控的公共数字文化建设重点工程。

3. 实施公共电子阅览室建设计划。以保障人民群众的基本网络文化权益为目标，以未成年人、老年人、进城务工人员等群体为重点服务对象，依托文化共享工程的服务网络和设施，以及文化共享工程、数字图书馆推广工程丰富的数字资源，与文化共享工程建设、乡镇文化站建设、街道（社区）文化中心（文化活动室）建设，以及中央文明办组织实施的“绿色电脑进西部活动”相结合，在城乡基层大力推进公共电子阅览室建设，努力构建内容安全、服务规范、环境良好、覆盖广泛的公益性互联网服务体系。实施公共电子阅览室建设计划，将为广大人民群众特别是未成年人提供公益性上网场所，吸引广大人民群众参与积极、健康的网络文化活动；将进一步完善全国各级公共图书馆、文化馆（站、室）的软硬件设施，增强各级公共图书馆、文化馆（站、室）的数字文化服务能力，把更多适应人民群众需求的数字资源传送到社区、城镇和农村，活跃基层群众的文化生活，推进全社会的信息化。到“十二五”末，努力实现公共电子阅览室在全国乡镇、街道、社区的全覆盖。

全国文化信息资源共享工程

10周年

文化部及国家中心文件

综合类

关于实施全国文化信息资源共享工程的通知

文社图发〔2002〕14号

各省、自治区、直辖市文化厅（局）、财政厅（局），新疆生产建设兵团文化局、财政局，国家图书馆：

为贯彻落实《图书馆办公厅转发文化部国家计委财政部关于进一步加强基层文化建设指导意见的通知》（国办发〔2002〕7号）精神，采用先进的科学技术手段，向广大人民群众传送丰富的文化信息，进一步巩固基层文化阵地，充实基层文化建设内容，活跃城乡人民群众文化生活，充分发挥文化信息资源在发展经济、提高人民群众思想道德和科学文化素质等方面的重要作用，文化部、财政部将在全国实施文化信息资源共享工程（以下简称“共享工程”）。为此，特制定《全国文化信息资源共享工程实施方案》（以下简称《方案》）。现印发给你们，并就有关事项通知如下：

一、充分认识实施“共享工程”的重要意义，加强领导与协调

“共享工程”是采用现代信息技术，对文化信息资源进行数字化加工和整合，通过网络最大限度地为社会公众享用的文化工程。它开辟了一个不受地域、时空限制的崭新的文化传播渠道，这对于迅速扭转我国广大中西部地区特别是贫困地区的信息匮乏和经济、文化落后的状况将起到显著的作用。实施“共享工程”是贯彻江泽民同志“三个代表”重要思想的有力措施，对于继承和弘扬中华优秀文化，实施“科教兴国”、“以德治国”战略，将产生深远而巨大的影响。各级文化部门要对“共享工程”给予高度重视并积极组织实施；各级财政部门应积极支持和配合，共同推进工程的顺利开展。为加强领导和协调，文化部、财政部共同组建了全国文化信息资源共享工程领导小组，各地也应成立相应的领导机构。

二、调动各有关方面的积极性，统筹规划，统一标准，共建共享

“共享工程”的建设目标是把文化信息资源传送到城乡基层文化网点和群众身边，要坚持以公益性为主，充分发挥各级文化、财政部门的积极性。中央财政投入重点支持“共享工程”公共项目和国家中心的建设，对地方补助资金要体现向西部地区倾斜的政策。省级分中心、基层中心的建设主要依靠地方财政的支持。

“共享工程”的实施涉及到各级各类文化单位，覆盖地域广，要充分体现统一规划、统一标准、资源共享的原则。要利用现有的网络和软硬件环境，整合现有的文化艺术资源来实现共建共享，不搞重复建设。各地要在统一规划的前提下因地制宜，发挥各自的优势与特色。

“共享工程”采用现代先进技术，技术含量高，为保证工程顺利实施，组建全国文化信息资源共享工程专家咨询委员会，在制定规划、实施方案、技术标准与资源建设等问题上要充分听取专家意见，进行科学论证。在建设过程中，有关单位要遵循国家中心制定的统一的技术标准和规范，并做好人员培训工作。

三、积极创造条件，尽快开展试点工作

为积极稳妥地实施“共享工程”，将采取总体规划、分步实施、逐步推广的方针。希望各地努力创造条件，积极参加试点。省级分中心试点单位要求具备一定的条件，即：馆域网主干通讯能力不低于100兆；对外网络接口不低于2兆；馆域网工作站总数不少于60台，配置专用服务器的硬盘容量不少于500千兆；配有专职技术人员与资源加工人员；设备条件可支持30个以上基层中心的建设。

各地应尽快开展对本地文化资源状况、计算机网络连接状况、文化设施状况等方面的调查研究，在此基础上，制定出本地区的试点工作方案，报全国文化信息资源共享工程领导小组批准后实施。拟参加首批试点的地区应于2002年6月底前将方案上报。暂不具备试点条件的地区也要积极开展调研工作，为下一步实施“共享工程”做好准备。

四、把实施“共享工程”与加强基层文化建设、促进图书馆事业发展紧密结合起来

实施“共享工程”要依托现有的文化设施网点，以各级公共图书馆为实施主体。因此，它与基层文化设施网点建设、图书馆网络化、数字化建设紧密相关，互为促进。各地要把“共享工程”的实施纳入文化事业建设整体规划，在设备、人员、资金等方面统筹考虑，给予保障。各级公共图书馆要加强文献信息资源建设和自动化、网络化建设，加强对专业技术人员的培养，为实施“共享工程”打好基础。

“共享工程”是新型的文化建设项目，在实施过程中要加强情况沟通与协调，并注意总结经验，不断改进、创新。

附件：全国文化信息资源共享工程实施方案

文化部　财政部

二〇〇二年四月十七日

附件：

全国文化信息资源共享工程实施方案

一、前言

（一）建设意义

（二）建设条件

1.技术基础

2.资源基础

3.网络基础

4.实施主体

二、总体目标

（一）网络框架

（二）资源框架

（三）服务框架

三、实施内容

（一）建立由国家中心、省级分中心、基层中心组成的网络

1.网络总体构成

2.国家中心

3.省级分中心

4.基层中心

（二）数字资源建设

1.数字资源整合

(1) 资源整合思路

(2) 资源整合步骤

2.数字资源建设标准

3.资源共建共享模式

(1) 资源共建

(2) 资源查询

(3) 资源服务

(4) 资源索取

(5) 资源发送服务

4.知识产权保护

（三）技术实现

1.网络平台

2.国家中心系统

3.省级分中心系统

4.基层中心系统

四、实施步骤

（一）第一阶段（2002年）

（二）第二阶段（2003—2004年）

（三）第三阶段（2005年）

五、保障措施

（一）组织机构

1.成立全国文化信息资源共享工程领导小组

2.成立全国文化信息资源共享工程专家咨询委员会

3.成立全国文化信息资源共享工程国家中心

（二）建立全国文化信息资源共享工程专项资金

1.专项资金的使用原则

2.专项资金的管理

一、前言

中华民族具有辉煌灿烂、博大精深的文化，对人类文明做出过重大贡献，在人类进入新世纪之际，如何始终坚持中国先进文化的前进方向，实现中华民族的伟大复兴，是摆在我们面前一个十分严肃而重大的历史课题。国家《国民经济和社会发展第十个五年计划纲要》明确地将繁荣发展社会主义文化事业，不断提高全民族的文化素质纳入了“十五”计划建设目标，作为社会主义现代化建设的重要内容。

针对当前我国文化事业的实际情况和科技发展的水平，整合包括图书馆、博物馆、美术馆、艺术院团、研究机构等现有的文化信息资源，形成互联网上中华文化信息资源的整体优势，对于顺利实现“十五”计划确定的文化建设目标是至关重要的。为此，拟在全国范围内实施“全国文化信息资源共享工程”（以下简称“共享工程”）。

“共享工程”将充分利用现代高新技术手段，将中华民族几千年来积淀的各种类型的文化信息资源精华以及贴近大众生活的现代社会文化信息资源，进行数字化加工处理与整合；建成互联网上的中华文化信息中心和网络中心，并通过覆盖全国所有省、自治区、直辖市和大部分地（市）、县（市）以及部分乡镇、街道（社区）的文化信息资源网络传输系统，实现优秀文化信息在全国范围内的共建共享。

（一）建设意义

1.“共享工程”是贯彻江泽民总书记“三个代表”重要思想的新型文化建设项目

实施“共享工程”，实际上是互联网上中华文化信息基地的建设，它将迅速扭转网上中文信息匮乏的状况，形成整体优势。这不仅可以弘扬博大精深的优秀中华文化，而且必将极大地促进其发展和创新。“共享工程”将广泛应用计算机、网络、通讯和多媒体等高新科技成果，用这些先进技术来传播先进文化。因此，“共享工程”的实施正是结合新的实践和时代的要求，根据人民群众精神文化生活的需要而进行的文化创新工程；是努力繁荣先进文化，把亿万人民紧紧吸引在有中国特色社会主义文化的伟大旗帜下的宏大工程；是先进生产力的实践，代表了先进文化的前进方向，是文化战线落实江总书记“三个代表”重要思想的具体措施。

2.“共享工程”是抵制西方发达国家文化渗透，占领基层文化阵地的有力措施

当今世界，西文发达国家凭借在互联网上的优势，向发展中国家展开了文化渗透。“共享工程”的实施，将在互联网上充分展示中华文化在新世纪的发展和创新，以此抵御西方国家的文化渗透。改革开放以来人民群众的生活水平不断提高，文化需求日益增长，但由于历史、地域、经济等多方面原因，一些地区、特别是贫困地区基层群众的文化生活十分贫乏。“共享工程”的实施，将把群众喜闻乐见的优秀文化作品通过互联网方便快捷地传送到广大人民群众身边，填补基层文化需求的空白，以进行的文化占领基层思想文化阵地，改造落后文化，抵制腐朽文化，丰富、活跃基层群众的文化生活。

3.“共享工程”是“以德治国”的迫切需要

当前，我国社会主义市场经济发展进入了新的历史时期，迫切需要增强先进文化的渗透力、辐射力和感染力。“共享工程”的实施，将通过网络广泛传播中华文化的精髓，实现“以科学的理论武装人，以正确的舆论引导人，以高尚的精神塑造人，以优秀的作品鼓舞人”。以进行文化教育广大群众，提高人民群众的思想道德素质和科学文化素质。

4.“共享工程”的实施是科技创新的内在要求

蓬勃发展的高新技术，广泛而深刻地影响着人类的生产方式、生活方式和思维方式。当前国际竞争，说到底是综合国力的竞争，关键是科学技术的竞争，在文化建设上也是如此。互联网的应用，使用信息达到的范围、传播的速度都有显著增长和提高。世界各国争相运用现代信息技术强化对传播手段，力争在21世纪的世界舆论格局中占据有利位置。“共享工程”的实施，就是适应这一发展趋势，采用现代高新技术，推动文化建设中传播手段的升级换代，从而推动文化事业的更快发展，逐步形成以文化信息的网上服务为基础的新的知识经济增长点。

5.“共享工程”的实施将改变我国文化建设的现状

目前，我国文化建设面临着许多困难和问题。据统计，到2000年底，全国仍有57个县无文化馆、有144个县无图书馆、5000多个乡镇无文化站；还有相当数量的图书馆、文化馆、站有馆无舍或设施简陋，这种状况在西部地区尤为突出。

截止2000年，全国共有公共图书馆2675个，人均拥有图书0.3册；到馆读者18854万人次，占全国总人口的15%；有756个县级图书馆全年无一分购书费，占全国公共图书馆总数的28.3%。全国文化部门共有艺术表演场所1900个，2000年演出场次6.4万场，观众3738万人次，直接到剧场观看演出的人次仅占全国人口的3%。全国共有博物馆1384年，2000年举办陈列、展览17752个，共8540万人次参观，仅占全国人口的6%，这些困难和问题严重阻碍了文化信息的传播。“共享工程”将通过采用现代通信技术和网络技术，彻底消除不同地区在获取文化信息资源上的不平等，使用文化信息能够经济、快速地传送到各地，使老少边穷地区的群众也能享受到优秀文化精品，实现文化信息资源在全国范围的共建共享。在一定程度上改变我国文化建设的现状，满足基层群众的文化需求。

此外，一些重要文化机构收藏的文化珍品，由于传播条件的制约，无法充分利用，有些已面临损坏。“共享工程”将使这些濒临灭绝的文化艺术珍品以数字化的方式永久保存，并得以广泛传播。

（二）建设条件

1.技术基础

国内已有软/硬件开发能力，一大批国家“863”的科研成果，为“共享工程”的建设提供了技术支撑。国内外有关数字化资源建设的相关科研课题的进展，为“共享工程”的建设积累了一定的经验。如国家图书馆联合上海图书馆等七馆共同完成的国家重点科技项目“中国试验型数字图书馆”，在数字信息资源库设计、专用软件工具和检索标准等方面取得的初步成果，为在全国范围内实施“共享工程”奠定了技术基础。

2.资源基础

近年来全国图书馆、博物馆、文化馆、艺术院团、研究机构等计算机网络建设取得了显著进展，通过引进和数字化加工积累了一大批数字文化资源。以国家图书馆为例，截止目前已上网提供读者免费使用的书目数据1078万条，运行在馆域网及局域网上的书目数据上亿条；并建立了中国数字图书馆服务网站，向读者提供全文影像数据6000万页。国家图书馆书目数据中心已有成员馆565家，书目数据120余万条。这些都是“共享工程”的建设做了必要的前期数字资源准备。

3.网络基础

目前，我国主要骨干通信网络已具有相当规模，已建和在建的全国性主要互联网络有：

中国计算机公用互联网（ChinaNet）为国家电信骨干通信网，覆盖全国200多个城市的多层网络结构，已实现全网互联。中国教育和科研计算机网（CERNET）已通达各省、市、自治区的160个城市，联网的大学、中小学等教育和科研单位已达895个。中国网通高速宽带互联网（CNCnet）采用目前国际上最先进的网络技术，已贯通东南部的17个重点城市。中国科技网（CSTNet）已完成与国内其它骨干网的互连互通，可接入全国各地45个城市、共1000多家科研院所、科技部门和高新技术企业。中国金桥网（ChinaGBN）目前已有600多家政府部门、企事业单位和ISP接入。中国远程教育卫星宽带网（CEBsat）由教育部为满足国民对教育日益增长的需求，构建全民终身学习体系而兴建的开放式网络。系统采用宽带和数字压缩技术，将多套电视、IP、语音广播同时通过鑫诺1号卫星向全国传送。它将联通全国67万所中小学，2千余所高校和电视大学。中国有线电视网（CATV）现已覆盖了31个省（市），335个地市，2614个县市，4.5万个乡镇，72万个行政村。是全球最大的有线电视网。中广电信有限公司的“天网通”（CBT）是中国卫星高速宽带多媒体通信系统。随着国家骨干通信网络速度的大幅度提高，宽带城域网的发展如火如荼。北京、广州、宁波等城市已经开始提供宽带接入服务。

可以说，在全国大部分城市与部分县、乡都已具备了网络条件，只要配备计算机设备，就可以接入国家骨干通信网。此外，我国的电视人口覆盖率已达92%，电视机社会拥有量达3.2亿台，在不具备计算机设备的偏远地区，可以使用电视机加机顶盒接入网络，以确保群众能够获取“共享工程”所提供的丰富文化信息资源。

4.实施主体

目前，我国已建成了遍及城乡的文化设施网点，至2000年底，我国共有公共图书馆2675个，群众艺术馆390个，文化馆2907个，文化站42024个，农村集镇文化中心22171个，图书室59312个，基本形成了覆盖城乡的群众文化网络。“共享工程”主要依托这些现有文化设施进行文化信息资源的传播，提供给社会大众利用。

二、总体目标

充分利用现代高新技术手段、国家骨干通讯网络系统，整合中华优秀传统文化以及现有的各类文化信息资源，扩大网上中华文化信息资源的存储、传播和利用，实现全国文化信息资源的共建共享，建成互联网上的中华文化信息中心和网络中心，实现优秀文化信息通过网络为大众服务的目标。

（一）网络框架

实现网络联网的“135”计划，即实现1个国家中心、30个以上省级分中心和5000个以上县、乡、街道和社区基层网点的联网。

在建设国家中心的基础上，建设30个以上省级分中心或专业分中心；借助国家骨干通讯网，在分中心的周围搭建起一个包括全国5000个以上的县、乡、街道和社区图书馆或文化馆、文化站的联网系统，实现数字文化信息资源的广泛传播与利用。

（二）资源框架

1.完成全国图书馆、博物馆、美术馆、艺术研究等机构的文化信息资源联合目录。

联合全国图书馆、博物馆、美术馆、艺术院团、科研机构等，有计划的对原有数据整合及新数据制作，建成上述机构的文化信息资源联合目录，搭建起一个公益性的元数据交换平台，在充分揭示这些机构文化信息资源收藏的基础上，逐步实现全国的数字资源调度与指向系统，为实现文化信息资源的共知、共建、共享及开展网上服务奠定基础。

2.完成以“百万册（件）文献共建”与“四个一优秀作品”为核心的数字资源建设，即完成100万册（件）文献、1000台优秀地方剧目、1000部优秀音乐作品、1000部优秀美术作品、1000件珍贵文物的数字化，并提供网上服务。

数字资源建设是“共享工程”的核心内容，要根据社会需求，通过已有数字资源的整合与采购、新建各类资源库、网上信息的抓取与加工等多种方式和渠道，建设包括文化法规、图书、音乐、美术、戏剧、戏曲、文物、文化旅游、文化科技、艺术教育、文化市场、对外文化交流、文化史料、全国知名艺术家等信息的全方位文化数字资源库，力争在“十五”期间实现资源库总量达5TB。

3.整合贴近大众生活的社会文化信息资源。

数字资源建设除包括优秀文化信息资源外，还要建设一批贴近大众日常生活的社会文化资源，围绕与人们日常生活息息相关的内容，以潜移默化的方式传播先进文化。社会文化信息资源包括科普知识、法律常识、生活礼仪、农业科技、卫生保健以及百科知识等资源库。

4.建设支持文化信息资源共建的基础信息资源。

为避免信息资源的重复建设，“共享工程”可以把一些具有共性的信息资源集中进行建设，形成基础信息资源库提供有关的资源建设单位共同使用。

（三）服务框架

通过文化信息资源联合目录，建立网上文化信息资源导航系统；利用由国家中心、省级分中心以及基层中心组成的网络开展服务。

通过在各级中心之间建立交换和通信机制，在各中心之间实现信息的高速共享，从而充分发挥各级中心的服务职能，满足基层群众资源联合目录和各级中心的信息导航功能，建立网上资源导航系统，促进科技、教育、农业等已有专业网络信息资源的传播，并开展网上参考咨询工作。

三、实施内容

（一）建立由国家中心、省级分中心、基层中心组成的网络

1.网络结构

“共享工程”的网络体系建立在国家现有的骨干通讯网络上，包括由光缆连接的传输网络以及由卫星接发的网络。网络节点由一个国家中心、若干省级分中心以及基层中心组成。结构为：

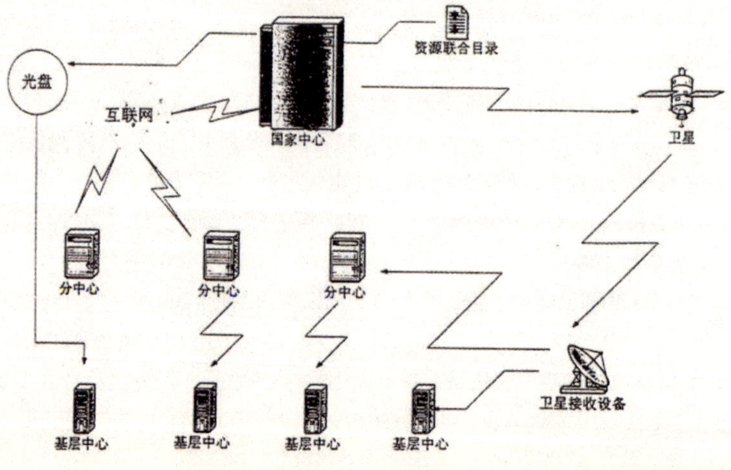

2.国家中心

国家中心为全国文化信息资源的管理中心，包括汇总资源和提供资源服务两方面的工作。各地加工后的数字资源提交给国家中心，由国家中心把所有资源进行数据整合并装入中心服务器，对外提供网络资源服务。

国家中心除了进行资源建设，还要提供以下网上服务。

(1) 提供信息资源联合目录，方便用户得到资源目录。国家中心在更新数字资源的同时要更新信息资源联合目录。联合目录的发布主要包括以下几种模式：

·国家中心的服务器发布

·刻成光盘对外发布

(2) 提供数据同步接口，使各省级分中心和基层中心可以通过网络进行数据的同步。对于网络条件较好的省级分中心和基层中心，可以通过互联网的双向交互，请求资源服务，进行数据下载，更新本地数字资源。

(3) 国家中心根据用户请求对资源进行打包通过卫星广播方式发送。由于卫星广播方式没有用户数的限制，属于无冲突共享机制。形成相当规模后，成本较低，比较适合互联网不发达的地区。

(4) 国家中心根据用户请求，定期将数据打包成光盘或磁盘介质，发送给其他分中心进行数据更新。

3.省级分中心

在全国各省、自治区、直辖市建立省级分中心，负责为本地区的网络用户提供服务；根据需要建立以行业划分的分中心，负责对某一类行业的用户提供服务。

(1) 数字更新

省级分中心的数字资源来源于国家中心，根据各地方的网络条件，数据的同步方式分为以下几类：

·在网络条件较好的地方，省级分中心可以通过互联网得到数字资源。

省级分中心根据国家中心发布的信息资源联合目录，选择所要同步的数字资源，发出同步请求，把中心服务器上的数字资源同步到本地，通过装入系统把数据装入本地。

·数据同步的另一种方式是通过卫星传输。

省级分中心根据国家中心发布的信息资源联合目录，提交同步的数字资源请求。国家中心根据请求，通过卫星传输网频道定期发送相应的数字资源，省级分中心通过卫星接收设备接收数据，下载后的数据通过装入系统同步到省级分中心的网站。

(2) 对外服务

由于网络条件的不同，各省级分中心对外提供网络服务的模式也有所不同。

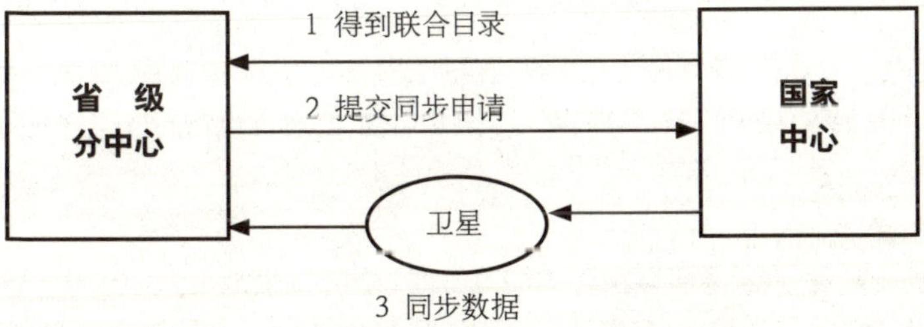

·不具备网络服务条件的省级分中心，元数据和对象数据都放在本地服务器上，用户访问时连接到本地服务器。

·具备网络服务条件的省级分中心，它的对外服务方式除上述方式外，还有：

元数据放在本地服务器上，而对于占用数据空间较大的对象数据不下载到本地，当用户访问到对象资源时，系统自动链接到中心服务器上提供服务。各省级分中心要对基层中心提供数据更新服务。

4.基层中心

建立基层中心（地、市、县、乡、街道、社区、具有局域网的单位、中小学等等），主要任务是方便、快捷地对本地用户提供资源服务。

(1) 数据更新

基层中心除了少数具备双向网络通讯能力的以外，大多采用以下两种模式进行数据更新。

·通过卫星传输网，基层中心根据上级中心发布的数据联合目录，提交选择同步的数字资源请求。通过卫星接收设备接受数据，下载后的数据通过装入系统同步到本地中心。

·对于网络条件不好或是通讯较为封闭的地方，基层中心可以通过获得国家中心或上级中心发布的数据光盘，通过装入系统把光盘上的数据资源导入到本地中心。

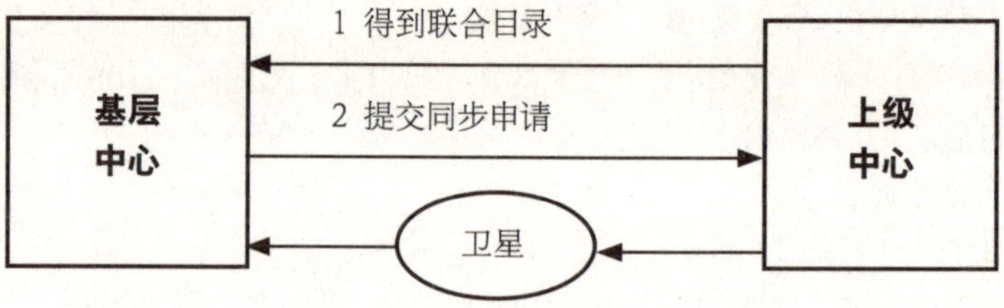

(2) 对外服务

基层中心的数据资源放在本地服务器上，用户直接访问本地服务器。

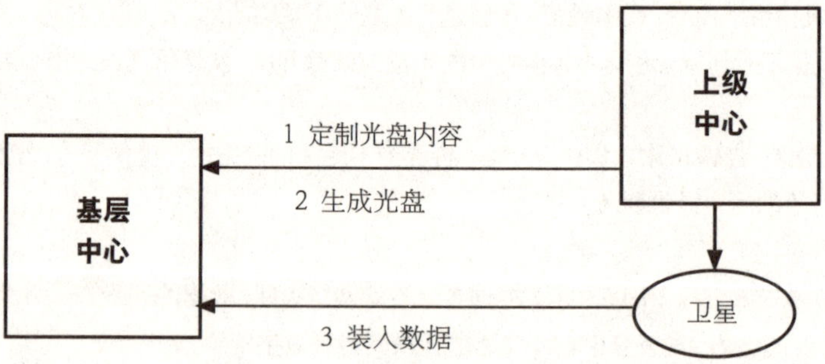

(二) 数字资源建设

1.数字资源整合

(1) 资源整合思路

·以大文化的概念为背景，建立一套科学的分类体系，既体现全面性，又体现层次性。

·以文化系统的可控资源数据为基础，突出文化信息资源特色，同时组织并整合与大众日常生活密切相关的社会文化信息；在资源整合过程中应充分利用数字图书馆建设的资源基础，发挥国家图书馆等重点单位的资源优势。

·发挥图书馆对内容资源的组织优势，通过纵、横两条线索组织贯穿资源内容，充分体现信息内容的关联性和信息组织的条理性，避免重复劳动。

·实现资源整合的多样性和整体性，除整合共享资源的联合目录及图文、声像等多媒体数字资源外，还应重点整合作为底层资源的基础信息资源，如来自图书、期刊等的基本条目库资源，以便在以后的资源建设中达到更大范围的资源共享。

(2) 资源整合步骤

数字数据的整合分为两个阶段，前期是内容获取与内容管理的过程，即把各种数字资源专题库及无序的离散信息整合到结构统一、内容独立的数字资源加工库；后期是内容的挖掘、分析、发布、增值的过程，即把内容独立的各个加工库的内容，通过不同线索的关联整合到统一的发布库中，对外提供专栏专题服务。在这一过程中，首先是对数据内容进行分类整理，分类可粗可细，每大类下可包含若干小类。例如法律、技术、教育、文化、体育、生活、旅游、健康等。每一个分类涵盖资源库中该领域的最新资源内容，可随时更新，可根据自身的需要从中选择编辑所需内容，可以进行定题服务，可以创建可预见的专题，充分体现资源的丰富性、广泛性、完整性，时效性。

因为有跟踪新信息和新数据的技术的支持，所以面对如卫星频道接收、生活小区、光盘专递等特定用户可以进行连续的个性化服务，成为周刊、日报式的连续数字资源服务。

2.数字资源建设标准

为达到数字资源的高度共享，“共享工程”的文化信息资源建设应该在统一的标准下进行，要从数字资源元数据与对象数据两方面明确资源建设的具体标准。

需要整合的资源主要来自以下几个方面：

·数字图书馆资源库

·图书、期刊等的书目数据

·其他系统建立的资源库

·素材资料

资源的组织形式主要有以下几种格式：

·MARC数据

·格式文本文件

·数据库文件

·HTML文件

·文本全文

·多媒体文件

经过整合后数字资源在中文元数据与对象数据方面都应该符合“共享工程”提出的统一标准。

3.资源共建共享模式

(1) 资源共建

资源加工一般在国家中心和特定分中心进行，工作人员使用统一的资源加工软件创建若干特色资源库。特定分中心创建的资源通过互联网等方式将元数据和对象数据传递到中间节点。其它中心主要利用国家中心创建的资源数据。

(2) 资源查询

系统采用元数据同步技术，国家中心建为资源门户网站，存放全部元数据，提供对所有资源统一的查询入口。其它中心可以在上级中心或国家中心选择部分或全部元数据，通过互联网等方式进行元数据同步，并提供对本地存放的元数据的查询入口，条件允许的可以通过互联网的方式访问国家中心或上级中心的门户网站，对相应中心的元数据进行查询。

(3) 资源服务

系统采用对象数据同步技术，国家中心的资源门户网站，存放全部对象数据，提供对所有资源的应用服务界面。其它中心可以在上级中心或国家中心选择部分或全部对象数据，通过互联网等方式进行对象数据同步，并提供对本地存放的对象数据的应用服务，条件允许的可以通过互联网的方式访问国家中心或上级中心的门户网站，使用相应中心对象数据提供的应用服务，对于元数据在本地存放而对象数据不在本地的资源，可以通过互联网等方式激活上级中心或国家中心的资源发送服务，同步相应对象数据。或者直接访问存放在上级中心或国家中心的对象数据。对于不具备网络条件的基层中心可提供单机光盘版的服务系统。

(4) 资源索取

下级中心在本地元数据集、对象数据集不足的情况下，在工作人员的干预下，激活本地的资源索取服务，提交索取请求。通过互联网等方式激活上级中心或国家中心的资源发送服务，传递请求，获取相应数据，并将获取的数据装入本地资源库。

发送服务的激活方式包括：

通过互联网等直接激活，发送索取请求，相应数据批量下载，装入到本地。

以e-mail等方式发送索取说明，由工作人员激活发送服务，将相应数据卸出为文件，传递到下级中心，并装入本地服务器。

(5) 资源发送服务

国家中心或分中心启动资源发送服务，分析、响应下级中心的索取要求，将元数据或对象数据卸出、封装，通过互联网等方式将数据传递到下级中心。

4.知识产权保护

知识产权保护需要从法律、运营、技术三个方面去考虑和解决，“共享工程”的涉及的数字资源的知识产权有很大部分在法律上难于很快明确，需要在实践的过程逐步解决。为此，在遵循现有有关法律的前提下，要尽快从运营和技术两个方面出发，建立公正和实用的运营模式和技术平台，为最终合法地解决数字版权保护问题提供一定的基础。

(三) 技术实现

1.网络平台

"共享工程"将充分利用我国现有的通讯主干网络，通过在各级中心运行的系统，实现文化信息资源的共享。

2.国家中心系统

国家中心包含资源数字化、资源加工、资源转换、资源查询、资源服务、资源发送六个模块。

·资源数字化主要功能为将来数字化资源数字化，将已数字化资源转换为指定格式。

·资源加工主要功能为通过资源加工软件创建特色资源库。

·资源转换主要功能为将指定格式的资源文件批量装入资源库。

·资源查询主要功能为对本地存放的元数据提供查询功能。

·资源服务主要功能为对本地存放的对象数据提供应用服务。

·资源发送主要功能为响应下级中心的索取要求，提供相应数据。

资源上送到国家中心后，国家中心负责将资源数字化，经过资源加工、资源转换将资源装入资源库。用户通过资源查询在元数据中查询记录，通过资源服务得到数字资源的最终服务。国家中心通过资源发送响应下级中心的元数据、对象数据索取要求，解析索取要求，动态生成结果返回下级中心。

3.省级分中心系统

省级分中心包含资源查询、资源服务、资源发送、资源索取四个模块。

资源索取主要功能为向国家中心提出资源索取请求，得到所需数据后装入本地资源库。

其他模块主要功能同国家中心。

4.基层中心系统

基层中心系统包含资源查询、资源服务、资源索取三个模块。

模块主要功能同国家中心与省级分中心。

四、实施步骤

(一) 第一阶段 (2002年)

·组建"共享工程"领导小组和专家咨询委员会

·制定"共享工程"专项资金管理办法

·调研并制订有关标准规范

·开展全国文化信息资源现状调研，提出资源建设方案

·建立项目试验系统，就网络平台、系统开发、资源建设、用户服务、项目管理等方面开展试验性运行

·完成国家中心与若干省级分中心、以及300个基层中心的联网；完成国家中心与文化部直属试点单位的联网

·建立文化信息资源共享结算系统

·完成资源建设总量的20%，并提供服务

(二) 第二阶段 (2003—2004年)

·采购、制作、整合各类数字文化信息资源

·搭建元数据共享平台，联合目录系统投入试运行

·完成国家中心与所有分中心的联网，以及分中心下属3000个基层中心的联网

·完成文化部直属单位的联网

·完成资源建设总量的60%，并提供服务

(三) 第三阶段 (2005年)

·全部完成资源建设规划，并提供服务

·完成总结目标中的县、乡、街道、社区、基层中心的建设与联网

五、保障措施

"共享工程"既是一项文化建设项目，也是一项政府工程，应坚持公益性为主，科学规划，统一标准，加强管理，分步实施。

(一) 建立健全组织机构

1.成立全国文化信息资源共享工程领导小组

职责是：宏观规划建设方向；组织协调、指导资源建设和信息服务；协调网络通道使用；协调与有关部委、单位、地方主管部门的关系等事宜。

组　长：孙家正（文化部部长）

副组长：金立群（财政部副部长）

周和平（文化部副部长）

成　员：张少春（财政部教科文司司长）

李　雄（文化部计划财务司司长）

陈琪林（文化部社会文化图书馆司司长）

周小璞（文化部社会文化图书馆司副司长）

杨炳延（国家图书馆党委书记、常务副馆长）

领导小组下设办公室，办公室在文化部。其职责是：组织起草建设规划和编制实施方案；负责专项资金的管理与使用；制定年度工作计划；制定国家中心章程，监督国家中心的运行；承担领导小组的日常工作等。

2.成立全国文化信息资源共享工程专家咨询委员会

职责是：协助领导小组对“共享工程”的规划、实施方案、资源建设、标准规范、技术路线等重大问题给予咨询。专家咨询委员会由文化部聘请有关专家组成。

顾问：

胡启恒（中国科学院院士）

李国杰（中国科学院院士）

汪成为（中国科学院院士）

主任委员：

孙承鉴（中国数字图书馆工程建设专家委员会委员、研究员）

成员：

镇锡惠（中国数字图书馆有限责任公司技术总监、高级工程师）

杨力舟（中国美术馆馆长、一级美术师）

薛若琳（中国艺术研究院副院长、研究员）

韩宝强（中国艺术研究院音乐研究所副所长、副研究员）

缪其浩（上海图书馆副馆长、研究员）

陆行素（天津图书馆馆长、研究馆员）

李东来（辽宁省图书馆副馆长、研究馆员）

莫少强（广东省立中山图书馆副馆长、副研究馆员）

常　林（首都图书馆副馆长、副研究馆员）

郑智明（福建省图书馆馆长助理、副研究馆员）

赵红川（四川省图书馆馆长助理、副研究馆员）

3.建立全国文化信息资源共享工程国家中心

国家中心设在国家图书馆内。主要职责是：负责工程实施的技术路线；组织起草有关项目管理办法与验收办法；制定、推广有关标准规范；具体组织全国性的数字资源建设；指导各省级分中心的业务建设；承担“共享工程”系统的日常运转工作。

（二）建立“共享工程”专项资金

1.专项资金的使用原则

中央财政专项资金主要用于国家中心的软、硬件基础设施建设、资源建设、技术研发及人员培训；重点支持具有使用价值、能够体现中华民族优秀文化的重大项目；重点资助西部地区及其它老少边穷地区的基层中心建设。各地也应设立相应的专项资金。

2.专项资金的管理

参照财政部印发的《中央部门项目支出预算管理试行办法》的有关规定，制定具体的全国文化信息资源共享工程项目专项资金管理办法。专项资金的使用要符合国家文化政策，遵守国家财务制度，坚持诚实申请、公证受理、科学评估、择优支持、专款专用的原则，建立项目与经费管理相互监督制约的机制，建立项目事前审核、事中监督和事后考核的管理体系，充分发挥政府有关部门、中介机构在决策管理过程中的管理、评议和咨询作用。

关于印发《全国文化信息资源共享工程专项资金管理暂行办法》的通知

文计发〔2002〕27号

各省、自治区、直辖市和计划单列市文化厅（局）、财政厅（局），全国文化信息资源共享工程国家中心：

为保证全国文化信息资源共享工程的顺利实施，规范和加强全国文化信息资源共享工程专项资金的管理，提高资金使用效益，根据有关财经制度和全国文化信息资源共享工程实施方案，我们制订了《全国文化信息资源共享工程专项资金管理暂行办法》。现印发给你们，请遵照执行：

文化部　财政部
二〇〇二年七月一日

全国文化信息资源共享工程专项资金管理暂行办法

第一章　总则

第一条　为保护全国文化信息资源共享工程的顺利实施，规范和加强全国文化信息资源共享工程专项资金（以下简称专项资金）的管理，提高资金使用效益，根据有关财经制度和全国文化信息资源共享工程实施方案，制订本办法。

第二条　专项资金是中央财政安排用于对全国文化信息资源进行数字化加工、整合，并通过网络为社会公众享用的文化工程及其相关管理工作的补助经费。

第三条　专项资金遵循统一领导、分级管理、分级负责的原则。

第四条　专项资金必须按照规定用途，专款专用。任何部门和单位不得挤占、挪用。

第五条　专项资金的使用必须接受文化、财政、审计等部门的监督检查。

第二章　专项资金的使用范围

第六条　专项资金重点用于全国文化信息资源共享工程国家中心（以下简称国家中心）、西部及老少边穷地区的省（区、市）级分中心和基层中心的补助。

第七条　专项资金的具体使用范围包括：

一、国家中心文化信息资源的采集、加工费；

二、国家中心设备购置、网络系统运行和维护经费；

三、国家中心软件研制和开发费用；

四、国家中心知识产权购置费用；

五、需要重点扶持地区的省（区、市）级分中心和基层中心设备购置补助费用；

六、人员培训费用；

七、工程管理费用；

八、其他相关费用。

第八条　全国文化信息资源共享工程领导小组（以下简称领导小组）按照专项资金的5%提取工程管理费，其开支范围包括会议经费、调研经费、审计检查费用、其他相关费用等。

第九条　全国文化信息资源共享工程专家咨询委员会的咨询、论证等费用在国家中心的有关经费中列支。

第三章　专项资金的申请和审批

第十条　申报专项资金的单位必须具备规定的基础条件。凡具备基础条件且符合补助范围的单位可申请专项资金，申请时间为每年1月1日至5月30日。

第十一条　申请单位应认真填写“全国文化信息资源共享工程专项资金申报书”。

第十二条　国家中心的经费直接向文化部计划财务司申请。

第十三条　省（区、市）文化行政部门所属单位以及地（市）、县（市）文化部门所属单位申请专项资金时，均需逐级上报省（区、市）文化行政部门，经省（区、市）文化行政部门和财政部门审核汇总后，向文化部、财政部提出申请。凡越级上报或单独自行上报的申请均不予受理。

第十四条　对国家中心、各省（区、市）文化行政部门和财政部门报来的申请，由文化部计划财务司审核汇总，根据当年专项资金的经费预算，制定资金分配方案，报经领导小组批准后，下达补助经费指标。

第四章　专项资金的管理与监督

第十五条　专项资金实行专项申报、逐项核定、专款专用、直接支付、跟踪反馈的管理办法。

第十六条　文化部、财政部负责国家中心使用的专项资金的管理和监督。省（区、市）文化行政部门和财政部门负责本地区使用的专项资金的管理和监督。

第十七条　对需要采取政府采购的设备、物资，按照政府采购的有关规定办理。

第十八条　专项资金由财政部直接支付，根据项目实施进度，一次或分次拨付用款单位。

第十九条　当年未完工项目，结余资金结转下年度继续使用。

第二十条　每年第一季度，国家中心、省（区、市）文化行政部门和财政部门应将上年专项资金使用情况上报文化部、财政部。

第二十一条　文化部、财政部对专项资金的使用实施定期和不定期检查。对补助金额较大的单位或者项目，作重点检查或审计。

第二十二条　凡有下列行为之一的，文化部、财政部将暂停核批申报单位的补助项目，收回已拨经费，并根据财政部有关规定追究相关人员的责任：

一、虚报基础条件而取得补助经费；

二、虚列补助经费预算；

三、擅自变更补助项目内容；

四、挪用专项资金；

五、因管理不善，造成国家财产浪费和损失。

第五章　附则

第二十三条　本办法由文化部、财政部负责解释。

第二十四条　本办法自发布之日起施行。

文化部关于印发《全国文化信息资源共享工程第一阶段实施方案》的通知

文社图发〔2002〕25号

各省、自治区、直辖市文化厅（局），计划单列市文化局，国家图书馆、全国文化信息资源共享工程国家中心：

为贯彻落实文化部、财政部联合印发的《关于实施全国文化信息资源共享工程的通知》（文社图发〔200214号〕精神，做好全国文化信息资源共享工程第一阶段的试点工作，我部制订了《全国文化信息资源共享工程第一阶段实施方案》。现印发给你们，请结合本地实际，认真贯彻执行。

文化部

二〇〇二年六月三十日

全国文化信息资源共享工程第一阶段实施方案

2002年是全国文化信息资源共享工程（以下简称“共享工程”）正式启动的第一年，实施的顺利与否，直接关系到今后几年“共享工程”的全面开展。2001年“全国文化信息资源共享工程试验系统”已经完成，2002年的工作将据此为基础展开，主要目标是依托现有的各种网络方式，从实现数字资源共享入手，建立一个初步可行的“共享工程”服务模式，通过资源共享的实现，在更大范围内引起各级政府和社会各界对“共享工程”的关注与支持，为工程的后续建设与发展打下坚实的基础。

一、实施原则

2002年是“共享工程”实施的试点阶段，为保证工程能够持续顺利地发展，应遵循下列原则：

（一）从开展资源共享入手，通过广泛的共享在社会上引起更大的关注，为“共享工程”树立一个良好的社会形象；

（二）从用户服务出发，更好地了解社会对文化信息资源的真实需求，从而避免在数字资源建设上的盲目投入；

（三）通过在联网范围之内的试验运行，对“共享工程”实施所涉及到的各方面进行综合评估。

二、工作目标

（一）制定“共享工程”管理办法和专项资金管理办法。

（二）组建国家中心；在有条件的部分省、自治区、直辖市建立省（区、市）分中心（以下简称分中心）和300个基层中心；建立“共享工程”的运行机制；

（三）实现国家中心与分中心的联网、分中心与300个基层中心的联网；实现国家中心与文化部直属试点单位的联网。

（四）制定“共享工程”有关技术、业务标准规范。

（五）完成500GB数字资源的建设。

（六）初步完成可扩展的、实用的系统技术平台建设。在已实现联网的范围内开展以数字资源共享为重点的试验运行。

（七）在现行法律框架下，积极探索解决“共享工程”有关知识产权问题的方式，建立文化信息资源共享结算系统。

（八）培训分中心与基层中心的有关工作人员，培养一批“共享工程”的业务骨干和技术骨干队伍。

三、实施内容

（一）调研、制定“共享工程”有关标准规范数字资源共建共享的首要条件是要遵循统一的标准规范。要尽早开始调研与制定有关标准规范，重点制定与资源建设相关的系列标准和规范，并在各试点单位推广。

（二）提出资源建设实施方案，经专家咨询委员会论证后实施。完成不少于500GB的数字资源建设，并提供服务。

1. 确定资源建设思路

充分利用图书馆已经形成的资源建设能力，以文化系统可控资源为主、突出文化特色，辅之以与大众生活、学校基础教育密切相关的百科类、科普类、法律类知识，迅速展开共享工程的资源建设。同时，进行部分基础信息资源的建设，为大规模的资源建设提供一个公共基础。

2. 研制科学的文化信息资源分类体系，完善资源整合框架。

在深入调研的基础上，确定文化信息资源的分类体系，进一步完善资源整合框架。

3. 资源建设具体内容

——补充大量文化特色资源，即“共享工程”试验系统中文化源流和艺苑奇葩栏目中的内容，包括文物、善本特藏、典籍文化、古代诗词、戏剧戏曲、美术、音乐舞蹈等。

——增加曲艺杂技、生活文化（包括服饰文化、茶文化等）资源内容。

——增加或充实其它与基层文化密切相关的资源内容，包括现有的地方文艺、知识百科、大众科技等。

——增加部分相关的图书、期刊等各种原文内容和基本条目库。

——建立文化信息资源联合目录。

——完成数字资源的数据总量500GB。

4. 资源共享服务

通过资源共享联合目录，为已经联网的各级中心提供资源查询和索取服务；通过资源传输系统，在各级中心之间实现文化信息资源的交换和共享，国家中心进行全局管理，分中心对基层中心实行管理；通过资源发布系统，在各级中心实现对本地局域网用户的服务。

（三）建立项目试验系统，就网络平台、系统开发、资源建设、用户服务、项目管理等方面开展试验性运行。

1. 项目试验系统

国家中心和分中心、基层中心、卫星终端用户共同组成。

2. 网络平台

国家中心和分中心通过国家骨干网络互连，分中心分别和本省（区、市）的基层中心通过当地网络连通，卫星终端用户通过卫星接收设备接收国家中心或分中心发送的资源。

3. 系统开发

以“共享工程”试验演示系统为基础，继续开发和完善原有的资源联合目录系统、资源传输和接收系统，卫星上传资源管理系统等。

4. 资源建设

试验系统的资源建设集中在国家中心的自身资源建设和各地方特色资源建设。

5. 用户服务

(1) 国家中心用户服务

国家中心在资源目录页上发布资源清单，分中心用户可以在资源清单页上直接选择所需的资源，选择完成后提交国家中心，国家中心联合目录服务系统可以根据分中心提交的选择清单进行资源数据的打包和传送。

国家中心联合目录服务系统还包括分中心资源申请服务功能，国家中心的管理员可以通过这个功能对分中心资源的申请情况进行进一步处理，所有申请和管理员的操作都要作为日志记录保存。

国家中心联合目录服务系统还要对分中心用户的有效性进行检验和管理。

国家中心除了对基于互联网的分中心进行用户服务以外，要对使用卫星的用户进行服务，包括卫星数据加密、解密，卫星用户的维护。

(2) 分中心用户服务

分中心要为下级基层中心用户提供资源联合目录，把分中心的资源联合目录系统发布到资源目录页上。

分中心向国家中心提交资源申请，国家中心负责把数据进行打包处理后，通过资源传输系统发送到分中心。分中心要通过资源接收系统对这些打包的资源进行解包处理，同时把资源发布到基层中心。

6. 项目管理

包括分中心的网络拓扑，硬件构成，操作系统和应用系统的安装，“共享工程”有关软件的使用培训，国家中心与分中心的运行维护与管理。

（四）完成国家中心与若干分中心以及300个基层中心的联网；完成国家中心与文化部直属试点单位的联网。

1. 建立国家中心

国家中心设在国家图书馆，在“共享工程”领导小组的领导下开展工作，经费实行单独核算。国家中心是全国文化信息共享工程的资源整合中心、数据交换中心、资源管理中心和对外服务中心。

2. 确定文化部直属试点单位

文化部直属试点单位，将从参加2001年试验系统并具有一定条件的文化部直属单位中选取3－5个作为试点单位。

根据试点单位的实际情况，完成试点单位的联网、软硬件设备购置、内部的加工与应用系统。

3. 建立若干个分中心

分中心的建立必须具备一定的条件。第一阶段建立的分中心不少于12个（分中心的设备配置与基本预算方案附后）。

分中心的工作包括：

——完成与国家中心的联网和与基层中心的联网。

——建立必要的网络通道和运行系统，并负责基层中心的日常维护，　以保证整体系统的有效运行。

——与国家中心的资源建设相对应，根据本省文化信息资源建设的需求，补充地方特色资源。

——通过资源发布系统，实现对基层中心的服务；通过资共享联合目录，为已经联网的各基层中心提供资源查询和索取服务；通过资源传输系统，在各基层中心之间实现文化信息资源的交换和共享。

4. 建立若干个基层中心

基层中心建设的具体实施，要在分中心的指导下进行。第一阶段建立的基层中心总数要不少于300个（基层中心的设备配置与基本预算方案附后）。

基层中心的建设可以分成两类，一类是具有本地局域网的规模较大的基层中心，另一类是配备单机系统的基层中心。

5. 实现联网

“共享工程”的网络体系建立在国家现有的骨干通讯网络之上，包括由光缆连接的传输网络以及由卫星接发的网络，网络节点由一个国家中心、若干个分中心、以及若干个基层中心组成。

目前国家图书馆已建立若干网络出口，包括北京电信

（12MB）、网通（100MB）、CERNET（100MB）等。国家中心与分中心、分中心与基层中心之间可以通过有线网络或卫星网络建立连接。

国家中心将对分中心提供技术支持和维护服务，以保证国家中心和分中心整体系统的有效运行。

（五）在现行法律框架下积极探索“共享工程”有关知识

产权保护问题的解决方式。

“共享工程”充分利用现代信息技术成果，依托网络，以数字方式传播先进文化信息，使社会公众以前所未有的便利享用这些文化信息资源。与此同时，信息的扩散比以往任何时候都要容易，因此，必须充分考虑在此过程中的知识产权保护问题。妥善解决知识产权保护问题，对于实现工程的总体目标与资源建设的长足发展，以及实现优秀文化信息资源在全国范围内的共享，都具有重大的意义。

1. 积极探索有关知识产权保护问题的解决方式

在现行法律框架下，一方面应充分考虑版权保护方面的经费投入，以用于合法获取所需资源的知识产权或使用权；另一方面可通过委托版权代理中心、建立共享结算系统等技术支持系统、以及建立版权管理中心等手段，有限度地实现对知识产权的保护。

2. 在实现信息资源共享的同时，引入共享结算机制

知识产权保护机制应该与信息资源共享机制同步建立，作为最终解决知识版权保护问题的一种过渡，在目前各级中心之间文化信息资源交换和共享的同时，引入基于版权保护的共享结算机制，以公正和安全的方式管理数字内容，记录对数字资源的使用。

（六）培训分中心与基层中心的有关工作人员，培养一批“共享工程”的业务骨干和技术骨干队伍。

分中心应至少配备1名专职人员，负责“共享工程”的日常管理工作；同时，配备专门的计算机与网络技术人员和资源建设人员。基层中心也应配备专门的管理人员。

国家中心承担对分中心人员的培训，主要培训内容包括工程技术环境与系统构成、数字资源建设有关标准与加工流程、服务模式等等。分中心承担对基层中心人员的培训。

四、经费

“共享工程”第一阶段建设需要大量资金，要发挥各有关方面的积极性。2002年中央财政拨付“共享工程”专项资金2000万元，将主要用于国家中心的软、硬件基础设施建设、资源建设、技术研发及人员培训；用于文化部直属单位的基础建设；重点支持具有使用价值、能够体现中华民族优秀文化的重大项目；重点资助中西部地区及其它老少边穷地区的分中心与基层中心建设。

试点阶段，将免费提供文化信息资源共享应用软件和国家中心的有关资源。

各地也应设立相应的专项资金。除依靠各级政府投入外，要通过多种渠道、采取各种措施，筹措一定的社会资金。

省（区、市）分中心和基层中心设备配置与基本预算方案

建立“共享工程”省（区、市）分中心（以下简称分中心）和基层中心需要一定的设备与资金支持，现提出一个以新建中心为对象的设备配置与基本预算方案，仅供参考。实际上，各中心可充分利用现有的设备与网络条件，实施“共享工程”。

一、分中心的设备配置与基本预算方案

（1）硬件。包括：一台资源加工服务器、一台资源发布服务器、一台多媒体点播服务器、多媒体制作设备、数字资源加工设备等。 132万元

（2）系统软件。包括WIN2000 AdvanceServer 中文版、SQL SERVER 2000企业版等。 12万元

（3）文化信息资源共享应用软件 30万元

（4）网络建设与运行 50万元

（5）不可预见费用 15万元

合计： 239万元

二、基层中心的设备配置与基本预算方案

基层中心的建设可以分成两类，一类是具有本地局域网的规模较大的中心，另一类是配备单机系统的基层中心。

1．具备局域网条件的基层中心

（1）硬件。包括一台资源发布服务器、一台多媒体点播服务器等。 30万元

（2）系统软件。包括WIN2000 AdvanceServer 中文版、SQL SERVER 2000企业版等。 12万元

（3）网络建设与运行 15万元

（4）不可预见费用 5万元

合计： 62万元

2．配备单机系统的基层中心

（1）硬件。包括一台多媒体PC、一套数字投影仪以及相关的软件。 3．4万元

（2）卫星接收设备与运行 0．5万元

（3）不可预见费用 0．1万元

合计： 4万元

文化部关于印发《全国文化信息资源共享工程管理暂行办法》的通知

文社图发〔2002〕26号

各省、自治区、直辖市文化厅（局）、计划单列市文化局，国家图书馆、全国文化信息资源共享工程国家中心：

为保证全国文化信息资源共享工程的顺利实施，规范和加强工程的组织、管理工作，根据文化部、财政部联合印发的《关于实施全国文化信息资源共享工程的通知》和全国文化信息资源共享工程实施方案，我部制定了《全国文化信息资源共享工程管理暂行办法》。现印发给你们，请遵照执行。

文化部

二〇〇二年六月三十日

全国文化信息资源共享工程管理暂行办法

第一章　总则

第一条　为保证全国文化信息资源共享工程（简称"共享工程"）的顺利实施，规范和加强工程的组织、管理工作，根据文化部、财政部联合下发的《关于实施全国文化信息资源共享工程的通知》和全国文化信息资源共享工程实施方案，制定本办法。

第二条　全国文化信息资源共享工程是一项利用现代高新技术手段，整合中华优秀传统文化和全国各类文化信息资源，通过通讯网络为社会公众享用的文化工程，遵循公益性为主、社会效益第一的原则。

第三条　"共享工程"遵循统一领导、统筹规划、分级管理、分级负责的原则。

第四条　"共享工程"专项资金的使用与管理，按照文化部、财政部印发的《全国文化信息资源共享工程专项资金管理暂行办法》执行。

第二章　组织管理

第五条　为加强工程的组织领导，全国文化信息资源共享工程成立领导小组和专家咨询委员会。在国家图书馆建立全国文化信息资源共享工程国家中心（简称国家中心）。

第六条　全国文化信息资源共享工程领导小组主要职责是：

（一）负责制定工程有关政策和工程建设规划，审定实施方案。

（二）组织专家对重大技术问题进行论证。

（三）指导、协调全国性的资源建设和技术研发。

（四）负责与有关部委的协调。

（五）审定年度工作计划并监督执行。

（六）制定国家中心职责，指导、监督国家中心的运行。

(七) 制定工程管理办法，审定项目管理实施细则。

(八) 批准工程有关技术标准规范的实施，指导人员培训工作。

(九) 制定工程专项资金管理办法，审定专项资金预算方案，指导、监督、检查专项资金的使用。

(十) 指导各地制定工程实施方案。

"共享工程"领导小组下设办公室，承担日常工作。

第七条　全国文化信息资源共享工程专家咨询委员会主要职责是：协助领导小组对"共享工程"的规划、实施方案、资源建设、标准规范、技术路线等重大问题进行咨询与论证。

第八条　全国文化信息资源共享工程国家中心主要职责是：

(一) 负责规划、设计和实施"共享工程"的总体技术方案，编制经费预算草案。

(二) 负责组织有关技术标准规范的研发、制定、推广工作。

(三) 负责文化信息资源整合总体方案的设计和分步实施，并负责资源库的管理。

(四) 负责指导省(区、市) 分中心 (以下简称分中心) 的业务建设，包括技术指导、资源建设、人员培训、服务指导等。

(五) 负责国家中心与各分中心之间数字资源的同步与更新，"共享工程"系统正常运转的各项工作。

(六) 根据"共享工程"领导小组的要求，制定具体项目的实施细则，负责项目质量控制和验收工作。

(七) 完成"共享工程"领导小组交办的其他工作。

第四章　分中心和基层中心的管理

第十五条　分中心应当具备如下条件：

(一)　局域网主干通讯能力不低于100MB。

(二)　对外网络接口不低于2MB。

(三)　局域网工作站总数不少于60台。

(四)　配置专用服务器的硬盘容量不少于500GB。

(五)　配有专职技术人员与资源加工人员。

(六)　设备条件可支持30个以上基层中心的建设。

第十六条　分中心负责本省 (区、市) 文化信息资源的建设与服务，负责本省 (区、市) 网络运行的维护，指导基层中心的建设，培训基层中心工作人员。

第十七条　基层中心可设在地、市、县、乡镇、街道、社区、村等各级文化设施内，应当有专门的服务场所和设备，应保证阅读书、报、刊和文化娱乐动静分开。

第十八条　基层中心应配备专人 (专职或兼职) 对设备进行操作和管理，同时负责监督和制止制作、查阅、传播、复制有害信息和危害网络安全的行为。工作人员应具有高中以上学历并经过专门培训。

第十九条　各级中心均要建立用户用机登记制度，对用户名称、证件代码、用机代码、用机起止时间等内容进行登记，登记记录保存时间不得少于60日。服务系统必须具备完善的日志文件管理功能，日志文件保存时间不得少于60日。

第二十二条　对服务效果显著、资源建设工作突出的分中心，经"共享工程"领导小组办公室和国家中心评选，给予表彰和奖励。

第二十三条　分中心和基层中心如果无特殊故障不能正常开展活动或有与"共享工程"服务宗旨相违背的行为，一经发现，将酌情予以通报批评或停止提供资源、收回补助资金。

第六章　附则

第二十四条　本管理办法由全国文化信息共享工程领导小组负责解释。

第二十五条　本管理办法自发布之日起施行。

教育部　文化部关于在农村中小学实施全国文化信息资源共享工程的通知

教基〔2005〕1号

各省、自治区、直辖市教育厅（教委）、文化厅（局），新疆生产建设兵团教育局、文化局：

2003年以来，教育部、国家发展改革委、财政部共同实施农村中小学现代远程教育工程，在农村中小学初步搭建信息化环境。2002年，文化部、财政部共同实施了全国文化信息资源共享工程，利用现代高新技术手段，将优质文化信息资源进行数字化加工整合，通过互联网和卫星等通道传送到基层服务网点，让基层群众就近方便地享受文化服务，促进了农村文化服务手段和方式的创新。为进一步向广大农村地区提供优质文化教育资源，教育部、文化部决定将农村中小学现代远程教育工程与全国文化信息资源共享工程的实施结合起来，搭建资源共享平台，将全国文化信息资源共享工程的优秀文化资源，通过中国教育卫星宽带网传输到农村中小学，丰富农村中小学和广大农民群众的文化生活，促进农村先进文化的传播。把农村中小学建设成为农村教育中心、文化中心和信息传播中心，为农村教育服务，为农村经济和社会发展服务。现将有关事项通知如下：

一、全国文化信息资源共享工程要充分发挥数字资源较为丰富的优势，精心挑选适合农村中小学学生和教师、适合广大农民特点的精品资源，为农村中小学提供影视、数字图书、艺术节目等旨在提高中小学生思想道德素质和科学文化知识的数字资源。

二、教育部提供中国教育卫星宽带传输网作为资源传输平台，依托农村中小学现代远程教育专用数字频道，建立全国文化信息资源共享工程专题栏目，免费向农村中小学学生传输共享工程的数字资源。

三、实施农村中小学现代远程教育工程的农村中小学校，同时也是全国文化信息资源共享工程的基层中心，其设施设备在课余时间、节假日、寒暑假应向当地广大农民开放，并公布开放时间，让农民收看全国文化信息资源共享工程提供的数字资源。

四、各级教育、文化行政部门要高度重视文化资源接收工作。要使具备接收条件的每所农村中小学校都能接收到优秀文化资源，当地文化行政部门要提供业务上的指导。

教育部　文化部
二〇〇五年一月十四日

文化部办公厅、国家文物局办公室关于印发《文化部、国家文物局各司（局）、直属单位贯彻落实〈文化部、财政部关于进一步加强全国文化信息资源共享工程建设的意见〉的目标任务分工》的通知

办社图发〔2005〕15号

各省、自治区、直辖市文化厅（局），文化部、国家文物局各司局、各直属单位：

2005年2月25日，中共中央办公厅、国务院办公厅转发了《文化部、财政部关于进一步加强全国文化信息资源共享工程建设的意见》（厅字［2005］5号）。为了积极贯彻落实文件精神，现将《文化部、国家文物局各司（局）、直属单位贯彻

落实〈文化部、财政部关于进一步加强全国文化信息资源共享工程建设的意见〉的目标任务分工》印发给你们，请各司局、直属单位遵照执行。各省、自治区、直辖市文化厅（局）可参照此件，对本厅（局）和直属单位贯彻落实文件的任务进行分工，确保工程建设的各项任务落到实处。

特此通知。

文化部办公厅国家文物局办公室
二〇〇五年四月十三日

文化部、国家文物局各司（局）、直属单位贯彻落实《文化部、财政部关于进一步加强全国文化信息资源共享工程建设的意见》的目标任务分工

中共中央办公厅、国务院办公厅转发的《文化部、财政部关于进一步加强全国文化信息资源共享工程建设的意见》对加强和推进全国文化信息资源共享工程建设做了全面部署。为明确任务、落实责任，确保《意见》提出的各项要求落到实处，提出如下分工意见：

一、加强资源建设，形成适合群众需要的数字文化资源

工作任务：

1.要采用现代信息技术手段，对优秀文化资源进行数字化加工与整合，形成包括图书期刊、舞台艺术、音乐美术、影视作品、科普知识、文物鉴赏等内容的分布式文化信息资源库群。

责任单位：**社会文化图书馆司、政策法规司、文化部各直属单位**

2.每年提供不少于1万册的电子图书，每年采集制作1000小时舞台艺术、知识讲座、影视节目等视频资源。到2010年，文化部全国文化信息资源建设管理中心完成20TB的数字资源建设。

责任单位：**文化部全国文化信息资源建设管理中心**

3.数字资源建设要坚持“需求牵引”的原则，制定规划、统一标准、共同实施。

责任单位：**社会文化图书馆司、文化部全国文化信息资源建设管理中心**

4.要系统整合各类优秀文化资源，并将科普知识、农业技术等群众急需的优秀资源整合进来，以丰富资源内容，满足群众需要。

责任单位：**社会文化图书馆司、文化部全国文化信息资源建设管理中心**

5.各地区要积极建设具有地方特色的数字文化资源，形成分布式资源库，以“工程”为平台，实现全国文化信息资源共享。

责任单位：**社会文化图书馆司、文化部全国文化信息资源建设管理中心**

6.改革开放前由国家投资生产的电影等，“工程”可以无偿使用。

责任单位：**社会文化图书馆司、政策法规司、文化部全国文化信息资源建设管理中心**

7.今后各级政府和有关部门投资或部分投资创作的各类作品，应当事先与有关单位或者个人就该作品的著作权归属问题签定协议，协议确定由政府或者政府有关部门享有著作权的，“工程”可以无偿使用该作品。

责任单位：**国家文物局、艺术司、教育科技司、社会文化图书馆司、对外文化联络局、政策法规司、文化部各直属单位**

8.要充分利用“工程”作为公益性事业的影响力，积极动员著作权人和有关企事业单位、社会团体向“工程”捐赠作品的使用权。对不能通过无偿方式获得使用许可的作品，可通过著作权集体管理组织取得使用许可。

责任单位：**社会文化图书馆司、政策法规司、文化部全国文化信息资源建设管理中心**

9.要制定奖励政策，鼓励各地建设特色文化资源。要继续探索与数字内容提供商的合作，拓宽资源来源渠道，以较低成本获取数字资源。

责任单位：**社会文化图书馆司、政策法规司、文化部各直属单位**

二、建立科学的管理体制和工作机制，建好国家与省、市、县各级技术服务平台

工作任务：

1.要依托国家图书馆以及省、市、县级图书馆建设统一的全国性技术服务平台，实行统一服务、分级管理。

责任单位：**社会文化图书馆司、国家图书馆、文化部全国文化信息资源建设管理中心**

2.文化部全国文化信息资源建设管理中心要利用先进的数字图书馆技术、计算机与网络技术，建成“工程”的资源建设中心、管理服务中心、技术支持中心。

责任单位：**文化部全国文化信息资源建设管理中心**

3.负责制定统一的技术标准和规范，分层次、有重点地做好对各级分中心、基层中心的技术指导与支持。

责任单位：**文化部全国文化信息资源建设管理中心**

4.按照“科学设计，合理布局”的方针，在全国建立若干个镜像站点。省级分中心和有条件的市、县分中心要按照文化部全国文化信息资源建设管理中心制定的规划和标准，做好镜像站点的建设。

责任单位：**文化部全国文化信息资源建设管理中心、社会文化图书馆司、计划财务司**

5.市、县分中心担负着对基层中心的管理、资源更新、日常技术维护、人员培训等职责，要建立电子阅览室，把数字图书服务作为重要内容。在2010年以前，基本完成全国市、县分中心的建设。

责任单位：文化部全国文化信息资源建设管理中心、社会文化图书馆司、计划财务司

三、加快基层网点建设，强化“工程”的服务功能

工作任务：

1.在2010年以前，基本完成全国大部分城市社区、农村乡镇基层中心的建设，并在有条件的村文化室建立基层服务点。

责任单位：文化部全国文化信息资源建设管理中心、社会文化图书馆司、计划财务司

2.依托实施“农村中小学现代远程教育工程”的农村中小学校，开展基层服务，通过两个工程的结合基本建成遍布全国的工作网络，实现文化信息资源在全国范围内的共享。

责任单位：文化部全国文化信息资源建设管理中心、社会文化图书馆司

3.在具备卫星接收条件的基层服务点，要通过卫星传送方式传输资源；在开通城域网、局域网的地区，要采用镜像方式传输资源；在具备网络条件的地方，要发挥互联网互动式服务的优势，通过互联网为广大群众提供内容丰富的优秀文化信息资源。不具备以上条件的边远地区，可采用光盘复制的方式传输资源。

责任单位：**文化部全国文化信息资源建设管理中心**

4.要与“农村党员干部现代远程教育试点工作”、“农村中小学现代远程教育工程”相结合，积极为其提供各类优秀的数字文化资源，并要以共建的基层站点为依托，采取多种方式，为广大农村基层群众提供实用性、知识性、娱乐性的文化信息服务，为广大未成年人提供课外精神食粮。

责任单位：**社会文化图书馆司、文化部全国文化信息资源建设管理中心**

5.适应数字电视技术的发展，与有线电视数字化推进工作相结合，利用数字电视技术将“工程”的优秀文化资源送入千家万户。

责任单位：**社会文化图书馆司、文化部全国文化信息资源建设管理中心**

四、积极采用数字图书馆技术，不断完善“工程”技术平台

工作任务：

1.要在数字图书馆技术体系框架下，按照统一规划、统一标准、统一格式进行建设。

责任单位：**国家图书馆、文化部全国文化信息资源建设管理中心**

2.要将已建的数字图书馆资源通过“工程”为群众提供服务。

责任单位：**国家图书馆、文化部全国文化信息资源建设管理中心**

3.“工程”基础设施建设要与各地图书馆自动化、网络化设施建设紧密结合，并按照基本建设程序办理，科学规划，避免重复建设。

责任单位：**社会文化图书馆司、文化部全国文化信息资源建设管理中心、国家图书馆**

4.全国文化信息资源建设管理中心要重点建设“工程”网站，各地分中心要加强和完善分中心网站建设，使之适应

计算机网络技术的发展，成为“工程”资源发布和服务的重要窗口。

责任单位：文**化部全国文化信息资源建设管理中心**

五、进一步完善保障机制，推动“工程”持续健康发展

工作任务：

1.要将“工程”列入国家文化发展纲要，列入国家“十一五”国民经济与社会发展规划和国家信息化建设规划。

责任单位：**政策法规司、计划财务司、办公厅、社会文化图书馆司**

2.中央财政要逐步加大投入，重点支持全国文化信息资源建设管理中心数字资源加工与整合、软硬件平台建设和技术管理人员的培训工作。

责任单位：**文化部全国文化信息资源建设管理中心、计划财务司**

3.信息产业部要将“工程”基层站点的基础设施建设与电话“村村通”工程的实施结合，引导和鼓励电信运营企业优先把“工程”基层网点接入互联网。广播影视部门要加强与“工程”的合作，把“2131工程”、广播电视“村村通”工程与“工程”相结合。新闻单位要发挥新闻媒体的舆论导向作用，加大对“工程”的宣传力度，为“工程”建设营造良好的舆论氛围。

责任单位：**文化部全国文化信息资源建设管理中心、社会文化图书馆司、办公厅**

4.加强技术培训、咨询和服务工作，各级分中心和基层服务网点工作人员上岗前必须经过培训、通过考试，获得从业资格。

责任单位：**社会文化图书馆司、人事司、文化部全国文化信息资源建设管理中心**

5.实行积极的人才政策，引进专业技术人才，组建一支高水平的资源建设、软件开发、网站维护的技术骨干队伍，为“工程”的顺利实施提供坚强的人才保证。

责任单位：**社会文化图书馆司、人事司、文化部全国文化信息资源建设管理中心**

关于做好农村党员干部现代远程教育工程与全国文化信息资源共享工程资源整合工作的通知

远通联发〔2006〕1号

山西、辽宁、吉林、黑龙江、江苏、浙江、山东、河南、湖南、四川、贵州省和新疆维吾尔自治区农村党员干部现代远程教育试点工作领导协调小组办公室，文化厅（局）：

开展农村党员干部现代远程教育试点工作以来，试点地区已建成了19万多个乡镇、村终端接收站点，其中建在党员活动室等场所的有11万多个；开发了一批门类齐全、内容丰富的教学资源，开展了农村党员干部和农民群众的学习培训。文化部从2002年开始，组织实施了全国文化信息共享工程，通过卫星和互联网等手段，将优质文化信息共享工程，通过卫星和互联网等手段，将优质文化信息资源传送到基层，目前已在部分县、乡镇建成了卫星基层服务点。为了充分整合、利用两个工程资源，避免重复建设，推动工程的顺利开展，现就有关事项通知如下：

一、农村党员干部现代远程教育卫星数字专用频道设置全国文化信息资源共享工程专题栏目，免费播出由全国文化信息资源建设管理中心提供的适合农村党员干部和广大农民群众特点的文化信息精品资源。

二、建在农村党员活动室的终端接收站点，可作为全国文化信息资源共享工程的卫星基层服务点，安排时间播放全国文化信息资源供当地党员干部和广大农民群众收看；全国文化信息资源共享工程的卫星基层服务点可作为远程教育终端接收站点，接收农村党员干部现代远程教育卫星数字专用频道的节目，开展农村党员干部现代远程教育工作。

三、各级在选配这两项工作的骨干人员时应统筹考虑，加强管理，实现人力资源的有效整合。在开展业务培训时，各级远程办和文化部门可发挥各自优势，在培训师资、教材、场地、设备等方面互相支持，互为补充。

四、各级远程办、文化部门要加强领导和工作指导，密切联系，形成工作合力。要加强对共建共享工作的指导和督促检查，保证各项工作的健康顺利开展。

全国农村党员干部现代远程教育试点工作领导协调小组办公室
全国文化信息资源共享工程领导小组办公室
二〇〇六年十二月四日

文化部办公厅关于印发《全国文化信息资源共享工程试点工作方案》等文件的通知

办社图函〔2006〕437号

各省、自治区、直辖市文化厅（局），新疆生产建设兵团文化局，文化部全国文化信息资源建设管理中心：

为加快文化共享工程建设，文化部决定于2006年7月至2007年6月在全国开展文化共享工程试点工作。现将《全国文化信息资源共享工程试点工作方案》、《全国文化信息资源共享工程试点工作资源建设经费管理办法》、《全国文化信息资源共享工程试点工作验收标准》印发给你们，请遵照执行。

附件：1.《全国文化信息资源共享工程试点工作方案》
2.《全国文化信息资源共享工程试点工作资源建设经费管理办法》
3.《全国文化信息资源共享工程试点工作验收标准》

文化部办公厅
二〇〇六年九月二十八日

附件1

全国文化信息资源共享工程试点工作方案

全国文化信息资源共享工程是一项文化创新工程。其主要内容是，应用计算机、网络通讯和多媒体等高新技术，将中华民族的优秀文化信息资源进行数字化加工和整合，建成互联网上的中华文化信息中心和网络中心，通过共享工程网络体系实现优秀文化信息资源在全国范围内的共建共享。工程在提高农村信息化水平，形成互联网上中华文化信息资源的整体优势，丰富广大人民群众特别是经济欠发达地区群众的精神文化生活，保障人民群众的文化权益，满足群众不同层次的文化需求，缩小东西部地区之间、城乡之间文化发展上的差距，建设社会主义新农村，构建和谐社会等方面发挥了重要作用。

推进文化共享工程建设，是一项艰巨而复杂的系统工程。为加快建设速度，根据中央领导“发展文化信息资源共享工程农村基层服务点，构建农村公共文化服务体系”的指示精神，推进社会主义新农村信息化建设，“十一五”期间，文化共享工程的建设以农村为重点，以县级图书馆、文化馆等公共文化设施为依托，增强县级分中心接收、整理和向乡村配送资源的能力。为此，文化部经过认真调研和论证，按照《全国文化信息资源共享工程“十一五”发展规划》要求，决定自2006年7月至2007年6月进行为期一年的试点工作，全面探索“十一五”期间文化共享工程在不同的社会发展地区、不同的地理环境下的建设、服务、运行和管理模式；进一步探索在东部、中部和西部三种区域发展文化共享工程的长效机制，为下一步全面推进积累经验。

一、试点任务

通过试点，进行资源建设、服务模式、技术环境、管理方式、人员培训等多方面的实验，探索以多种方式开展基层点建设与服务的经验，努力达到以下几个方面的效果：

（一）重点建设一批能够满足农村需要的讲座、戏曲、图书、电影、专题资源库，特别要将科普知识、农业技术等群众急需的优秀资源整合进来，以丰富资源内容，满足群众需要。

（二）进一步强化县级分中心的作用，使它们具备提供数字化文化信息服务的基本能力，形成有梯度的人员、技术、服务保障，使其能够切实承担起对乡镇、村基层中心、服务点的指导和辐射作用。

（三）进一步增强文化共享工程在农村的辐射力和影响力，体现网络服务的优势，让数字信息进乡村，直接为农民服务。

二、试点范围

根据文化共享工程"十一五"建设目标和构建公共文化服务体系的要求，试点工作重点放在县级分中心建设上，以县级图书馆、文化馆等公共文化设施为依托，增强县级分中心接收、整理和向乡村配送资源的能力。在各省、自治区、直辖市申报的基础上，确定试点范围。试点地区要具备的条件是：当地领导重视，有一定的经济基础，群众文化工作开展较好，县、乡（镇）、村三级文化网络健全；有符合开展文化共享工程工作的设施场所；有专（兼）职工作人员；有基本经费保障。

三、2006年中央财政对试点工作的专项资金支持

中央财政的专项资金主要用于支持西部地区数字文化资源建设和中西部试点地区县级分中心建设。

四、加强组织领导

（一）健全工作机制。在文化共享工程部际联席会议的指导下，各部门加强协调，密切配合、共同推进文化共享工程的实施。试点工作涉及的重大问题需经过部际联席会议研究决定。各省、自治区、直辖市要根据本地实际，建立相应的领导协调机制，对试点工作进行统一部署，协调建设中的重大问题。

（二）经费保障。试点所需经费以地方投入为主。试点单位的基础设施、人员培训、日常运行和人员经费由地方财政负担。中央财政对中西部地区给予一定补助。

（三）加强服务。试点地区各级文化主管部门应认真抓好基层服务工作，重点做好乡镇、行政村的服务，建立和完善基层中心和服务网点环境设施要求、资源服务细则、管理运行办法等管理与服务规范。积极引导农民群众通过文化共享工程基层点欣赏文化精品、学习实用技术、广开致富途径，把文化共享工程与社会主义新农村建设结合起来，推动新农村建设。

（四）认真总结试点经验。各地文化部门应及时发现试点过程中出现的困难和问题，研究解决方案，落实解决措施；对好的典型，及时总结经验，加以宣传和推广。建立信息沟通机制，定期通报进展情况，及时发布试点工作信息。文化部将制定标准，组织评估验收，对验收合格并取得显著成绩的试点地区，命名为文化共享工程建设示范地区。

附件2

全国文化信息资源共享工程试点工作资源建设经费管理办法

第一章　总则

第一条　为了加快推进全国文化信息资源共享工程（以下称文化共享工程）建设，规范和加强文化共享工程试点县资源建设经费（以下称资源建设费）的管理，提高资金使用效益，根据有关法律法规和《文化共享工程试点县工作方案》，特制定本办法。

第二条　资源建设费，是指中央财政拨付给各省、自治区、直辖市，用于建设文化共享工程资源的专项经费。

第三条　资源建设应遵循统一规划、分级负责、规范制作的原则。

第四条　各省、自治区、直辖市必须按照文化部全国文化信息资源建设管理中心（以下称管理中心）下发的资源建设目录、标准规范开展资源建设工作，确保资源建设费专款专用，任何部门和单位不得挤占、挪用专项资金。

第二章　组织领导

第五条　全国文化共享工程领导小组负责审定资源建设目录、资源建设标准、规范、中央财政补助资金分配方案及资源验收办法。

第六条 管理中心负责具体指导开展资源建设工作，具体组织验收资源。

第七条 各省、自治区、直辖市文化厅、局负责组织所辖地区具体的资源建设工作，并协助管理中心开展验收工作。

第三章 使用范围

第八条 资源建设费的具体使用范围包括：

(一) 资源许可使用费；

(二) 资源加工制作费；

(三) 与资源建设相关的设备及软件购置费；

(四) 资源选题论证及验收等相关费用。

第九条 各省、自治区、直辖市应尽量使用现有软硬件条件开展资源建设工作，资源许可使用费及加工制作费不得低于全部资源建设费的85%。

第四章 资源建设内容

第十条 资源建设应侧重以下内容：

(一) 有关农业先进适用技术和农民务工技能培训方面的资源库。

(二) 农民喜爱的地方戏曲、农村新戏和爱国主义、农村题材的国产影视资源库。

(三) 有关农民思想道德素质、民主法律知识方面的资源库。

(四) 有关农民医疗保健知识方面的资源库。

(五) 传播和弘扬民族优秀文化的资源库。

第十一条 管理中心应对已申报的选题进行统筹协调，避免重复建设。

第十二条 在资源建设中，应妥善解决版权问题，确保所建资源能在全国文化共享工程系统内使用。

第五章 工作流程

第十三条 管理中心下发资源建设目录、资源建设标准规范。

第十四条 各省、自治区、直辖市拟定资源建设方案，明确选题、建设方式、建设的具体内容、具体预算等，并上报管理中心；管理中心组织有关专家论证后，将论证报告报送全国文化信息资源共享工程领导小组核准。

第十五条 资源建设方案经核准后，各省、自治区、直辖市据此签订资源建设合同，并按照批准的建设方案组织实施。

第六章 验收与监督

第十六条 使用资源建设费，必须接受上级文化、财政、审计部门的监督检查。

第十七条 各省、自治区、直辖市按规定完成资源建设后，将所建资源送交管理中心；管理中心负责进行验收工作。

验收过程中，发现不符合要求的资源，应限期修改直至合格。

第十八条 验收完成后，管理中心向全国文化共享工程领导小组出具验收报告。

第十九条 若挪用、挤占资源建设费，应按原渠道退回全部资金，并暂停拨付各项补助资金；对于其他违规行为，应按要求限期改正。

第七章 附则

第二十条 本办法由文化部负责解释。

第二十一条 本办法自发布之日起施行。

附件3

全国文化信息资源共享工程试点工作验收标准

示范省标准

1、下辖90%的县建成支中心，100%乡镇、行政村建立基层服务点；

2、所有县级支中心达到一级，所有乡镇、村基层服务点达到三级以上。

示范市标准

1、下辖所有县建成支中心，100%乡镇、50%行政村建立基层服务点

2、所有县级支中心达到一级，所有乡镇、村基层服务点达到二级以上。

示范县标准

1、试点县下辖100%乡镇、50%行政村建立基层服务点；

2、东、中部地区试点县,县级支中心达到一级，所有乡镇、村基层服务点达到二级以上；西部地区试点县,县级支中心达到二级以上，所有乡镇、村基层服务点达到三级以上。

评估定级条件

县级支中心

一级

1、设施设备达到文化共享工程试点工作方案所要求的配置标准；

2、年运行经费不低于20000元；

3、有三名以上工作人员经过培训，并能够胜任工作；

4、免费服务；

5、开放时间平均每周不低于60小时；

6、年服务达到10000人次以上；

7、标识规范，工作记录完整；

8、对所有乡、村基层服务点工作人员进行培训。

二级

1、设施设备达到文化共享工程试点工作方案所要求的配置标准；

2、年运行经费不低于10000元；

3、有两名以上工作人员经过培训，并能够胜任工作；

4、免费服务；

5、开放时间平均每周不低于50小时；

6、年服务达到8000人次以上；

7、标识规范，工作记录完整；

8、对90%乡、村基层服务点工作人员进行培训。

三级

1、设施设备达到文化共享工程试点工作方案所要求的配置标准；

2、年运行经费不低于5000元；

3、有一名以上工作人员经过培训，并能够胜任工作；

4、免费服务；

5、开放时间平均每周不低于40小时；

6、年服务达到5000人次以上；

7、标识规范，工作记录完整；

8、对80%的乡、村基层服务点工作人员进行培训。

乡级基层服务点

一级

1、设施设备达到本省（自治区、直辖市）所要求的配置标准；

2、年运行经费不低于10000元；

3、有专兼职工作人员两名以上经过培训，并能够胜任工作；

4、免费服务；

5、开放时间平均每周不低于40小时；

6、年服务达到1000人次以上；
7、标识规范，工作记录完整。

二级

1、设施设备达到本省（自治区、直辖市）所要求的配置标准；
2、年运行经费不低于5000元；
3、有专兼职工作人员一名以上经过培训，并能够胜任工作；
4、免费服务；
5、开放时间平均每周不低于30小时；
6、年服务达到800人次以上；
7、标识规范，工作记录完整。

三级

1、设施设备达到本省（自治区、直辖市）所要求的配置标准；
2、年运行经费不低于3000元；
3、有专兼职工作人员一名以上经过培训，并能够胜任工作；
4、免费服务；
5、开放时间平均每周不低于20小时；
6、年服务达到500人次以上；
7、标识规范，工作记录完整。

村级基层服务点

一级

1、设施设备达到本省（自治区、直辖市）所要求的配置标准；
2、年运行经费不低于1000元；
3、有专兼职工作人员一名经过培训，并能够胜任工作；
4、免费服务；
5、开放时间平均每周不低于30小时；
6、年服务达到500人次以上；
7、标识规范，工作记录完整。

二级

1、设施设备达到本省（自治区、直辖市）所要求的配置标准；
2、年运行经费不低于500元；
3、有专兼职工作人员一名经过培训，并能够胜任工作；
4、免费服务；
5、开放时间平均每周不低于20小时；
6、年服务达到500人次以上；
7、标识规范，工作记录完整。

三级

1、设施设备达到本省（自治区、直辖市）所要求的配置标准；
2、年运行经费不低于300元；
3、有专兼职工作人员一名经过培训，并能够胜任工作；
4、免费服务；
5、开放时间平均每周不低于15小时；
6、年服务达到300人次以上；
7、标识规范，工作记录完整。

文化部关于印发《全国文化信息资源共享工程“十一五”规划》的通知

文社图发〔2006〕16号

各省、自治区、直辖市文化厅（局），新疆生产建设兵团文化局：

《全国文化信息资源共享工程“十一五”规划》经全国文化信息资源共享工程部际联席会议讨论通过，现印发给你们，请认真贯彻执行。

特此通知。

文化部

二○○六年六月十五日

全国文化信息资源共享工程“十一五”发展规划（2006年—2010年）

全国文化信息资源共享工程（以下简称文化共享工程）采用现代信息技术手段，对中华优秀文化信息资源进行数字化加工和整合，利用覆盖全国的网络化管理和服务体系，实现文化信息资源在全国范围内的共建共享，它是新形势下构建我国公共文化服务体系、惠及千家万户的一项重要文化基础工程。

文化共享工程“十一五”规划，主要阐明文化共享工程的指导思想和总体目标，明确工作任务和保障措施，是“十一五”期间文化共享工程的工作指南，是实施部门、单位履行各自职责的重要依据。

一、面临的形势

改革开放以来，我国经济社会不断发展，综合国力不断提高，文化建设也有了很大发展。但是，由于长期以来文化设施基础较为薄弱，各级文化单位，尤其是基层文化单位提供公共文化服务的能力尚有不足。作为政府实现公共文化服务职能的重要手段，文化共享工程对激发各级文化单位的活力，转变工作机制，提高服务能力，满足广大人民群众的精神文化需求具有重要作用。

近年来，我国的信息化进程加快，文化信息化也取得了很大成绩。但是，由于我国经济社会发展不平衡，文化信息资源建设也呈现出不平衡的状况，东西部地区之间、城乡之间存在着较大差距，边远地区和农村面临“信息贫困”的局面，难以获取和利用丰富的优秀数字文化资源。文化共享工程的实施，将开辟一条不受地域、时间限制的崭新的文化传播渠道，将丰富的文化资源以先进的传播方式传输到广大基层群众，尤其是欠发达地区的农民群众手中，对于打破落后地区信息闭塞的状况，消除“数字鸿沟”，提高广大人民群众的科学文化素质，加强基层精神文明建设，促进经济、社会协调发展、区域协调发展、城乡协调发展将起到积极作用。

党中央、国务院高度重视文化共享工程建设。在《中共中央办公厅国务院办公厅转发〈文化部财政部关于进一步加强全国文化信息资源共享工程建设的意见〉》（厅字〔2005〕5号）、《中共中央办公厅国务院办公厅关于进一步加强农村文化建设的意见》（中办发〔2005〕27号）、《中共中央国务院关于推进社会主义新农村建设的若干意见》（中发〔2006〕1号）以及《中华人民共和国国民经济和社会发展第十一个五年（2006—2010年）规划纲要》等文件中，对推进文化共享工程建设都提出了明确的要求。

贯彻落实党中央、国务院关于文化共享工程的一系列指示精神，制定“十一五”时期文化共享工程的建设规划，进一步加快建设步伐，是改善城乡基层群众文化服务条件，建立公共文化服务体系，实现广大人民群众基本文化权益的客观需要，是缩小城乡差距，消除数字鸿沟，保障广大人民群众共享文化发展成果的客观需要，是促进经济社会协调发展，构建和谐社会的客观需要。

二、发展现状

文化共享工程自2002年实施以来，取得了明显进展。

——工程建设顺利起步。各级党委、政府高度重视文化共享工程建设，将其列入重要议事日程，加强领导，积极落实各项保障措施，保证了文化共享工程的顺利起步和推进。到2005年底，中央财政共投入1.45亿元，全国各级地方财政配套落实资金超过2.5亿元。

——服务网络基本形成。到2005年底，建成了国家中心，32个省级分中心，1560多个市、县级分中心，2600多个乡镇/街道基层中心和村/社区基层服务点，与农村中小学现代远程教育工程、农村党员干部现代远程教育、有线数字电视等合作建设了一批服务点。初步形成了覆盖全国的服务网络，培养了一批从事资源建设、技术维护的专业队伍。

——资源建设初具规模。整合加工了34TB数字资源，建设了一批具有地方特色的专题资源库，汇集了全国图书馆、博物馆、美术馆、艺术研究机构、艺术表演团体等机构的各类优秀文化信息资源，逐步构建起具有一定规模的文化信息资源库群。视频节目达6440余部，文字总量约46亿字、图片5万多幅。

——技术保障逐步完善。与数字图书馆建设紧密结合，在资源建设、用户服务等方面应用数字图书馆成熟技术和我国拥有自主知识产权的技术，依托国家现有的骨干通讯网络，搭建了由光缆连接和卫星接发两种网络通道，开通了文化共享工程网站。通过互联网、卫星、镜像、移动存储、光盘复制等多种形式提供服务。

——服务效果初步显现。文化共享工程的实施，丰富了公共文化服务的方式和手段，改善了服务质量，提高了公共文化服务水平，对于满足城乡群众的精神文化需求，特别是在缓解农民看书难、看戏难、看电影难，丰富农民群众的精神文化生活，满足广大农民求富裕、求健康、求文明的需要，抵御腐朽没落文化，培育文明乡风等方面发挥了重要作用。

三、指导思想、总体目标和工作原则

1、指导思想。以邓小平理论和“三个代表”重要思想为指导，认真贯彻党的十六大和十六届三中、四中、五中全会精神，全面树立和落实科学发展观，坚持体制创新、机制创新、管理创新和服务创新，充分利用先进信息技术手段，努力扩大优秀文化资源的传播，逐步缩小东西部地区之间、城乡之间文化发展上的差距，不断满足广大人民群众日益增长的精神文化需求。

2、总体目标。以数字资源建设为核心，以农村服务网点建设为重点，以共建共享为基本途径，全面实施文化共享工程，到2010年，基本建成资源丰富、技术先进、服务便捷、覆盖城乡的数字文化服务体系，成为公共文化服务体系的重要支撑，使广大基层群众能够普遍享受到数字文化服务。

具体目标是：

——与数字图书馆建设紧密结合，基本建成国内较大规模的分布式文化信息资源库群，数字资源建设总量不少于100TB；

——通过与农村中小学现代远程教育工程、农村党员干部现代远程教育的结合，建成覆盖城乡的服务网点，实现县县建有分中心、乡乡建有基层中心、50%以上的行政村建有基层服务点，使基层服务网点成为具有信息服务、教育培训、文化娱乐等多种功能的文化中心；

——利用先进的数字图书馆技术、计算机与网络技术，建成文化共享工程技术网络和应用系统。

3、工作原则。

——政府主导，社会参与。充分发挥中央和地方两个积极性，明确各级政府责任，加大政府投入力度。同时采取各种有效措施，吸引社会力量广泛参与，努力形成政府为主，社会各方面积极支持的良好局面。

——统筹规划，共建共享。加强与全国农村党员干部现代远程教育、农村中小学现代远程教育、广播电视村村通、有线数字电视和乡镇综合文化站建设等国家重点项目，以及科技、农业信息化等相关项目的共建共享，实现优势互补。

——因地制宜，分类指导。根据区域经济社会发展水平和文化基础设施条件，分别制定区域发展目标和具体实施方案，本着以点带面，先易后难，逐步推进的方针，积极建设农村基层服务点。鼓励有条件的地区集中布点，连片实施，率先建成县、乡、村三级服务网络。加大对经济欠发达地区文化共享工程建设的扶持力度。

——以人为本，强化服务。丰富服务方式，注重服务效果。加强特色数字文化资源建设。强化服务的针对性，普遍服务与个性服务相结合，努力满足广大群众的多样化文化需求。

——重视版权，依法建设。按照《信息网络传播权保护条例》等法律法规的有关规定，高度重视并妥善解决文化共享工程建设中的版权问题，保障文化共享工程的顺利实施。

四、主要任务

1、建设数字文化资源。通过自建、共建等多种方式，系统整合各类优秀文化资源，建立《全国文化共享工程资源联合目录》。重点整合农村需要的各类资源，精心打造广大农民看得懂、用得上、实用性强的多媒体资源库。

国家中心整合不少于5万种电子图书，提供不少于1万小时文艺演出、知识讲座、实用技术和影视节目等视频作品，建成40个多媒体数字资源库，数字资源总量不少于20TB；

各级分中心整合不少于1万种电子图书，提供不少于1万小时的文艺演出、知识讲座、实用技术和影视节目等视频作品，建设不少于300个具有地方特色的多媒体数字资源库，数字资源总量不少于80TB。

2、发展基层服务网络。以农村服务网点建设为重点，以图书馆、群艺馆、文化馆、乡镇/街道文化站、村/社区文化室（文化中心）、校园网、有线电视网为依托，建设遍及城乡的服务网络。加强省、市、县各级分中心对基层服务网点的技术指导与管理，着力提高乡镇和行政村基层网点的服务能力。鼓励和引导社会力量参与基层网点建设。

更好地运用卫星传播、互联网站、镜像站、移动硬盘、光盘等手段，提高资源传输质量和服务水平。有条件的地区，要通过有线数字电视开展服务。市、县级分中心要建设数字阅览室，使之成为辐射城乡的数字图书馆基层服务平台。

建立需求反馈迅速、资源提供及时、群众使用方便的服务机制，实现技术有保障、服务有标准、管理有规范，不断拓展服务领域，提高服务水平。各级分中心要建设网上知识导航系统，开展网上咨询与文献提供服务。

与农村党员干部现代远程教育、农村中小学现代远程教育工程、农村电影放映工程密切合作，实现基层服务点设施设备、数字资源、人力资源的共建共享，共同发展。

3、构建先进实用技术体系。加快现代信息技术的应用及标准规范体系的建立，依托国家骨干通讯网络及国家数字图书馆工程技术平台，建成文化共享工程的技术支持中心，充分利用先进成熟的信息技术，构建技术先进、稳定可靠、覆盖与支持工程服务网络的分布式开放性实用技术体系。

依托国家骨干通讯网络，采用数字图书馆技术和标准规范研究成果，逐步建设功能完备、技术先进、安全可靠、经济实用的系统网络平台，保障网络平台安全，满足双向互动、按需服务的要求，使全国县级以上公共图书馆具备提供数字图书馆服务的技术能力。

国家中心在计算机技术、网络通讯技术、数字化技术及网格技术等基础上，选择成熟、可靠、实用的高新技术，围绕及时获悉需求、按需提供资源的要求，完善文化共享工程整体技术框架。

由国家中心主持，各省级分中心和有条件的市、县级分中心共同参与，共同构建元数据统一管理、对象数据分布建设的技术平台，实现远程支撑个性需求、资源建设网上呈现的功能。

国家中心要依托国家图书馆以及省、市、县级图书馆建设统一、交互式的网络管理平台，实行网络管理，及时了解服务需求，掌握服务状况，进行远程指导，加强技术监管。

国家中心要确立网络及软硬件设备、网站建设、网络传输、技术支持和资源建设等方面的标准规范。通过选用成文适用标准，以及扩展建立专用标准等，逐步建立符合需要的相关技术与数字资源标准规范。各省级分中心要编制适合当地实际的技术手册。

4、建设管理与技术骨干队伍。积极采取培养与引进、自有队伍和社会队伍相结合的方式，组建一支适合文化共享工程建设需要的管理、技术保障和基层服务队伍。

组建一支高水平的资源建设、软件开发、网站维护等专业技术骨干队伍。充分发挥县图书馆、文化馆、乡镇文化站等基层文化单位工作人员在文化共享工程建设与管理中的作用，加快建立专、兼职结合的农村基层服务点工作队伍，使每个基层中心、基层服务点拥有1–2名考试合格、操作熟练的专业人员。

加强人员培训，通过集中授课、卫星广播、网络互动、光盘教学等方式，五年内完成对省、市、县、乡镇、村约40万人次的专业培训。

5、创新工作机制。充分发挥全国文化共享工程部际联席会议的协调、指导作用，加强全国文化共享工程领导小组对工程的领导，调动各级地方政府领导机构的积极性，加强其对各省级中心和基层服务网点的指导管理。

加强资源建设与管理的规范性和连续性，逐步建立完善合作互利的共建共享机制。国家中心要积极采用社会建设与自身建设相结合、集中建设与各地分散建设相结合等方式，保证内容的丰富性、专业性和特色化。通过委托加工、公开招标、版权转让等形式开展资源建设。

建立有效的工作机制，依托国家图书馆及省、市、县级图书馆建设统一的全国性工作网络，实行统一规划、分级管理。提高国家中心的管理能力，加强对各级服务网点的技术监管，形成有效互动的工作机制，同时建立健全各省级分中心的工作机制，建立并完善乡镇/街道基层中心和村/社区基层服务点的服务与管理制度。

6、开展试点工作。通过试点，探索建设省、市、县、乡镇、村文化共享工程服务网络的多种模式，建立一套符合实际的文化共享工程工作评估体系，为全面推进文化共享工程、建成完善的文化共享工程服务网络提供经验。

自2006年7月至2007年6月进行为期一年的试点工作，开展包括资源建设、服务模式、技术环境、管理方式、人员培训等多方面的实验，总结以多种方式开展基层点建设与服务的经验，包括与农村党员干部现代远程教育、农村中小学现代远程教育工程等共建基层服务点的方式、卫星服务模式、互联网服务模式、移动硬盘/光盘服务模式、广电有线网络系统/有线数字电视服务模式。

五、保障措施

1、加大投入。各级政府要按照规划任务，加大对数字资源和基层服务网点建设的投入力度，确保文化共享工程建设所需的设施设备经费、资源建设经费、网络维护经费、日常运行经费等。

中央财政资金主要用于支持数字资源建设，并对中西部地区的基层服务点建设给予适当补助。各省文化、财政主管部门也要制定相应的投入办法和激励机制。

2、完善机制。各级政府有关部门要在职责范围内，积极支持文化共享工程建设。广电部门要在广播电视村村通工程和有线数字电视整体转换，新闻出版（版权）部门在媒体宣传、出版物资源，科技部、农业部在有关方面对文化共享工程建设给予支持。文化共享工程要与农村党员干部现代远程教育、农村中小学现代远程教育工程在基层网点建设、资源建设等方面进行合作，实现共建共享。各级文化主管部门要统筹规划本地区、本行业的文化资源建设，采用行政手措施与市场机制相结合的办法，加强对文化系统文化艺术资源的整合力度。

3、加强领导。各级政府要把文化共享工程建设纳入重要议事日程，纳入当地经济社会发展的规划，纳入当地信息化建设规划及创建文明城市、文明村镇、社区的工作要求。各级文化主管部门要将文化共享工程纳入创建文化先进县（市）、乡镇等相关评比标准，将文化共享工程的实施情况作为衡量各地文化事业发展的重要指标。

各级文化行政部门要承担主管责任，加强对各级分中心和基层服务网点的管理。国家中心要切实履行资源建设、管理服务、技术支持的中心职能。有重点地选择一批示范点，加强技术指导与支持，总结经验、推广普及。省级分中心要完善管理机制，承担对本省各级网点的组织协调、管理服务和绩效考核工作。市、县级分中心承担对乡镇基层中心、村基层服务点的管理、资源更新、技术维护、人员培训和绩效考核等职责。乡镇基层中心承担资源服务和对村基层服务点的管理。村基层服务点承担信息服务和需求反馈的任务。

关于规范全国文化信息资源共享工程各级机构名称与标牌的通知

共享办〔2007〕2号

各省、自治区、直辖市文化厅（局）、新疆生产建设兵团文化局，文化部全国文化信息资源建设管理中心：

根据《文化部　财政部关于进一步推进全国文化信息资源共享工程的实施意见》中“建立和完善以国家中心、省级分中心、市县支中心、社区和乡镇、村基层服务点为主体的四级服务体系”的要求，现将有关全国文化信息资源共享工程（以下简称“文化共享工程”）各级机构的名称与标牌内容规范如下：

一、名称

1、省级分中心。

各省、自治区、直辖市、新疆生产建设兵团设立文化共享工程省级分中心。

2、支中心。

地（市、盟、州）、县（市、区、旗）、新疆生产建设兵团师（团）设立文化共享工程支中心。

3、基层服务点。

乡镇（街道）、村（社区）设立文化共享工程基层服务点。

二、标牌

（一）材质：采用银灰色底的不锈钢或铝合金材质制作。

（二）规格：宽600mm，高400mm。

（三）文化共享工程标识颜色：蓝色90 M 10 Y50 K20；橙色Y100 M60；

（四）字体：文字使用红色。第一排为“宋黑”字体的“全国文化信息资源共享工程”，第二排为“隶书”字体分别为“XX省级分中心”、“支中心”、“基层服务点”。

（五）规范的标牌样式可从文化共享工程网站“社文处长专栏”下载。

特此通知。

全国文化信息资源共享工程领导组办公室

二〇〇七年五月二十一日

标牌样式：

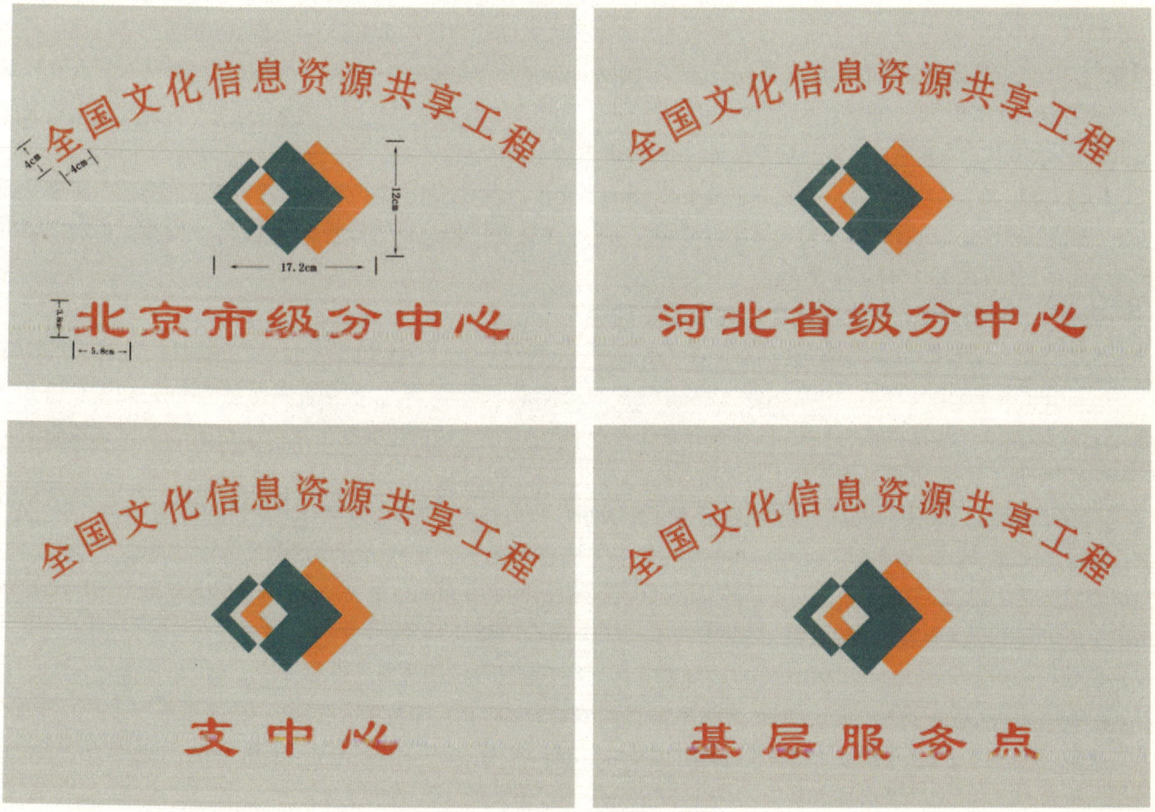

文化部　财政部关于进一步推进全国文化信息资源共享工程的实施意见

文社图发〔2007〕14号

各省、自治区、直辖市文化厅（局）、财政厅（局）、新疆生产建设兵团文化局、财政局，文化部全国文化信息资源建设管理中心：

全国文化信息资源共享工程（以下简称"文化共享工程"）是2002年起文化部、财政部组织实施的一项社会主义文化建设标志性工程。近年来，在党中央、国务院和各级党委、政府的重视和支持下，文化共享工程建设顺利推进。按照中央关于建设社会主义新农村、构建社会主义和谐社会的战略部署和中央关于推进文化共享工程建设的要求，为贯彻落实中央宣传思想工作领导小组关于全国文化信息资源共享工程专题会议精神，进一步加大力度，加快进度，大力推进文化共享工程建设，现提出如下实施意见：

一、充分认识文化共享工程的重要性和紧迫性

（一）文化共享工程应用现代科学技术，将中华优秀文化信息资源进行数字化加工和整合，通过工程网络体系，以互联网、卫星网、有线电视/数字电视网、镜像、移动存储、光盘等方式，实现优秀文化信息资源在全国范围内的共建共享。它是公共文化服务体系的基础工程，是政府提供公共文化服务的重要手段，是实现广大人民群众基本文化权益的重要途径，是改善城乡基层群众文化服务的创新工程，对于打破落后地区信息闭塞的状况，缩小"数字鸿沟"，提高广大人民的科学文化素质，推进社会主义新农村建设和建设和谐社会，具有重要作用。

（二）党的十六届六中全会作出的《中共中央关于构建社会主义和谐社会若干重大问题的决定》及先后下发的《中共中央办公厅国务院办公厅转发〈文化部财政部关于进一步加强全国文化信息资源共享工程建设的意见〉》（厅字〔2005〕5号）、《中共中央办公厅国务院办公厅关于进一步加强农村文化建设的意见》（中办发〔2005〕27号）、《中共中央国务院关于推进社会主义新农村建设的若干意见》（中发〔2006〕1号）以及《中华人民共和国国民经济和社会发展第十一个五年（2006~2010年）规划纲要》等文件中，对推进文化共享工程建设都提出了明确的要求。各地要以上述文件精神为指导，充分认识文化共享工程的重要意义，加快推进工程建设。

（三）当前，文化共享工程还存在资源总量不足、基层服务网点发展很不平衡等问题，许多基层群众还不能享受到文化信息资源的服务，与党中央关于把工程建设成为社会主义文化建设标志性工程的要求还有较大差距，迫切需要进一步加大力度，加快进度，取得实质性进展。

二、明确目标，加大力度，加快推进文化共享工程建设

（四）明确工作目标，分步实施文化共享工程。

今后，文化共享工程工作的总体目标是：以科学发展观为指导，大胆创新，以数字资源建设为核心，以基层服务网点建设为重点，以多种传播方式为手段，以共建共享为基本途径，全面实施文化共享工程。到2010年，基本建成资源丰富、技术先进、服务便捷、覆盖城乡的数字文化服务体系，努力实现"村村通"。

在总结2006年试点工作的基础上，加快建设基层服务网点，形成覆盖全国的服务网络。东部地区根据各地实际，县、乡、村服务网络覆盖率2007年要不低于30%，2008年不低于60%，2009年不低于90%，2010年实现100%全覆盖。中西部地区各省服务网络建设要分级逐步推进。县级支中心建设2007年要建成30%，2008年建成60%，2009年建成90%，2010年实现县县建有支中心；乡镇基层服务点建设将与国家发改委、文化部即将实施的"乡镇综合文化站"建设项目统筹安排；文化系统不再新建村级基层服务点。村级基层服务点要随着农村党员干部现代远程教育工程基层点建设同步推进：2007年，将吉林、黑龙江、山西、湖南、贵州、河南、四川、新疆等8个农村党员干部现代远程教育试点省份已建的基本型基层点全部升级为扩展型。2008年，河北、安徽、江西、湖北、海南、内蒙古、广西、重庆、云南、西藏、陕西、甘肃、青海、宁夏等14个省份村级基层点覆盖率达到15%。2009年至2010年，上述14省完成剩余85%的村级基层点的建设任务。

（五）加快数字资源建设步伐。

要抓好数字资源建设这一核心，力争到2010年资源总量达到100TB，提供不少于5万种的电子图书，采集制作不少于

14000场/个舞台艺术、知识讲座、影视节目等视频资源。文化部全国文化信息资源建设管理中心（以下简称“国家中心”）2010年前建设完成20TB。各省（区、市）分中心着力建设具有特色的文化资源，形成规模，尽可能提供全国共享。中央财政将对中西部地区资源建设给予补助，中西部地区应将中央财政补助建成的资源及时上交国家中心，提供全国无偿使用。

资源内容建设要充分体现“三贴近”的原则，把着力点放在面向农村、面向基层、面向普通百姓上，增加农业科技知识、农村生产生活等方面内容，做到雅俗共赏，增强大众性、实用性。同时，对少数民族群众、少年儿童的文化需求给予高度重视，加强少数民族语言的数字资源建设和文化共享工程少年版的资源建设。

各地要处理好本地区信息资源的著作权问题，本着先易后难的原则，逐步加以解决。由国家投资的文化产品和文化系统拥有自主版权的文化产品，要无偿提供给工程使用。同时，各地也要创造条件，动员和鼓励著作权人将其作品版权捐赠或低价转让给文化共享工程。对于农村急需的其他文化产品，可由政府购买作品使用权，提供给广大农民群众。

要加强资源配送和资源管理。国家中心每月定期发布一次新资源，各省接收后两月内发送市县支中心，市县支中心尽快送到基层服务点。各省（区、市）分中心按照国家中心印发的资源建设目录、标准规范开展资源建设。在开展资源建设之前，要将建设目录报送国家中心审核，经文化部批准后，与国家中心签定资源建设合同，并按照批准的建设方案组织实施。

（六）以农村基层服务点建设为重点，建成完善的文化信息服务网络。

为充分发挥文化共享工程在社会主义新农村建设和构建和谐社会进程中的重要作用，要大力发展以农村基层服务点为重点的基层服务网络。到2010年，实现县县建有支中心，乡乡建有基层服务点，努力实现“村村通”。

根据东、中、西部不同地区的经济社会发展水平，主要依托各级图书馆和社区、乡镇、村文化活动站（室），建立和完善以国家中心、省级分中心、市县支中心、社区和乡镇、村基层服务点为主体的四级服务体系。

国家中心是文化共享工程资源建设中心、技术支持中心、管理服务中心。要建立需求反馈迅捷、资源提供及时、群众使用方便的服务机制，加强工程网站建设，实现技术有保障、服务有标准、管理有规范。

各省级分中心是各省开展技术服务、数字资源建设、人员培训的中心，要加强资源镜像站建设和特色数字资源建设，完善管理机制，承担对本省各级网点的组织协调、管理服务和绩效考核工作。

市县支中心是文化共享工程服务网络建设中的重要环节。要尽快建立市县支中心镜像站。从2007年至2009年，全国分3批实现县县建成规范化的县级支中心，使之具备数字资源的存储能力、传输能力和服务能力。市县支中心要与图书馆自动化、网络化建设紧密结合，加强公共上网场所建设，建设完成配置先进的电子阅览室，为广大基层群众，尤其是青少年提供文化信息服务和绿色上网空间。同时，担负起对乡镇、村基层服务点的管理、资源更新、技术维护、人员培训和绩效考核等职责。

乡镇、村基层服务点应具有信息服务、教育培训、文化娱乐等多种文化服务能力。村级基层服务点建设要依托农村党员干部现代远程教育工程建设的村级基层点，使之由基本型升级为扩展型，最大限度地满足基层群众的精神文化需求。

（七）完善合作共建机制。

2005年1月，文化部和教育部联合印发了《教育部、文化部关于在农村中小学实施全国文化信息资源共享工程的通知》，部署农村中小学现代远程教育与文化共享工程共建共享工作。2006年12月，全国农村党员干部现代远程教育试点工作领导协调小组办公室与全国文化信息资源共享工程领导小组办公室联合印发了《关于做好农村党员干部现代远程教育工程与全国文化信息资源共享工程资源整合工作的通知》，要求做好农村党员干部现代远程教育工程与全国文化信息资源共享工程的资源整合工作。各地文化行政部门要主动与当地组织部门、教育部门沟通，推进文化共享工程与农村党员干部现代远程教育工程、农村中小学现代远程教育工程的合作共建。同时，要积极与广播电视部门合作，总结、推广青岛、佛山、遵义等地文化共享工程与数字电视、有线电视相结合的经验，推进优秀文化资源进入千家万户。要积极利用一切传输平台，最大范围地传播先进文化资源。

（八）构建先进实用的技术体系。

加快现代信息技术的应用及标准规范的建立，依托国家骨干通讯网络及国家数字图书馆工程技术平台，与数字图书馆技术紧密结合，建设功能完备、技术先进、稳定可靠、经济实用的分布式开放性实用技术体系。各地要按照统一规划、统一标准、统一格式进行工程建设，不断完善工程技术平台，2010年前，使县级以上各级中心具备提供数字图书馆服务的技术能力。要积极采用各种现代信息技术，始终保持工程技术的先进性、实用性。要积极探索与“电话村村通”技术相结合，推动互联网进入广大农村地区。在工程建设中要坚持优先选用国产设备和我国拥有自主知识产权的先进技术。国家中心要选择成熟、可靠、实用的高新技术，制定和完善文化共享工程整体技术框架。各地要根据实际情况制定具有前瞻性、扩展性、实用性的本省文化共享工程技术体系，报送国家中心备案。国家中心每年要组织技术交流会议，加强沟通，推广先进实用技术。

（九）加强管理，改善服务，强化工程服务效果。

各级文化行政部门要确保文化共享工程的公益性服务性质，任何单位和个人，都不得利用文化共享工程的设备设施从事经营性活动。同时，要承担起主管责任，加强对各级分中心和基层服务网点的业务指导和监督管理。国家中心和各省分中心要结合实际开展业务培训，制订工作人员工作手册，方便基层管理与服务人员使用。各级分、支中心要定期向上一级中心报送统计报表。

各级分、支中心要明确服务内容、方式和范围，采取多种手段，为群众提供多样化、个性化服务，满足群众的基本文化需求。国家中心要加强工程网站建设，充实数字资源内容，提供丰富的文化信息服务；省分中心、市县支中心要依托图书馆计算机网络环境，积极开展网上参考咨询服务，并为乡、村基层服务点提供硬盘镜像、光盘发送等服务。县级支中心、乡、村基层服务点要制定统一的服务制度和服务规范，明确开放时间，维护好设备设施，发挥好设备设施的使用效益。

（十）加强队伍建设。

各地要积极采取培养与引进、自有队伍和社会队伍相结合的方式，组建一支稳定的、适合文化共享工程建设需要的管理队伍、技术保障队伍和基层服务队伍。培训工作要经常化、规范化，统一制定培训标准，按照分级分批的原则，通过集中授课、卫星广播、网络互动、光盘教学等方式，开展培训工作。国家中心负责省级分中心人员培训工作，各省（区、市）培训工作由省级文化主管部门负责安排。要充分发挥县图书馆、文化馆、乡镇文化站等基层文化单位工作人员在文化共享工程建设与管理中的积极作用，通过分级培训逐步形成国家中心、省分中心、市县支中心、乡镇和村基层服务点四级管理人员队伍。建设高水平的资源建设、软件开发、网站维护等专业技术骨干队伍。县级支中心要配备专职人员。要加快建立专、兼职结合的农村基层服务点工作队伍，使每个基层服务点都有获得上岗资格的操作人员。省级分中心人员上岗资格证书由文化部颁发，省级以下人员上岗资格证书由省级文化行政部门颁发。

三、加强领导，切实保障文化共享工程顺利推进

（十一）加强领导，建立行之有效的工作机制。

各地要切实加强组织领导，建立联席会议制度，形成政府统一领导、部门密切配合的工作协调机制。要按照中央宣传思想工作领导小组《关于加强全国文化信息资源共享工程建设会议纪要》中的要求，“各级党委和政府要进一步提高对文化共享工程重要意义的认识，高度重视，加强领导，将文化共享工程作为推进社会主义新农村建设的一件大事，纳入各级党委、政府的议事日程，纳入经济社会发展总体规划，纳入财政预算，纳入目标考核体系，纳入扶贫攻坚计划。”

各地文化、财政行政部门要加强沟通，互相配合，互相支持，根据中央关于文化共享工程建设的总体目标和工作部署，制定本地区工程建设发展规划，落实年度工作任务，明确具体工作措施。各级文化行政部门要将文化共享工程作为公共文化服务体系建设的重要内容列入重要议事日程，列为衡量地方文化事业发展的重要指标。要将文化共享工程的实施情况纳入创建文化先进县（市）、文化先进乡镇等相关评比标准。

（十二）建立长效机制，加大投入力度，为文化共享工程建设提供有力保障。

各级财政部门要建立长效机制，进一步加大对文化共享工程的投入，更好地履行政府向人民群众提供公共文化服务的职能。中西部地区的县级支中心、村级基层服务点建设经费由中央财政和地方财政共担，中部地区按五五开比例分担，西部地区按八二开比例分担，中央财政对省级分中心资源建设将予以一定补助。对东部工作成效突出的省份中央财政将给予适当奖励。地方财政部门要按照规划任务，加大对数字资源和基层服务网点的投入力度，并确保文化共享工程建设所需的网络维护经费、日常运行经费等。

中央财政补助经费的分配，将对工作基础好，准备工作扎实，经费落实到位的地区予以倾斜。具体补助数额，将根据各地拟建县级支中心、待完善的村基层服务点的数量，以及地方配套资金落实情况进行分配。各地完成当年任务的情况将作为下一年度拨付补助经费的参考依据。

（十三）加大宣传力度。

各地要及时总结工程建设和服务经验，加强交流，推广先进典型经验，促进工程发展。国家中心和各省级分中心要发挥牵头和组织作用。同时，各地要制定具体的宣传方案，采取多种方式，进一步扩大文化共享工程的影响，为加快工程建设创造有利条件。

文化部　财政部

二〇〇七年四月三日

文化部　信息产业部关于全国文化信息资源共享工程与农村信息化综合信息服务工程开展合作共建的通知

文社图发〔2007〕36号

国家邮政局，各省、自治区、直辖市文化厅（局）、信息产业主管部门、通信管理局，新疆生产建设兵团文化局、信息办，全国文化信息资源建设管理中心：

为加大向广大农村地区提供优质文化信息资源的力度，提高农村信息化水平，文化部和信息产业部决定将全国文化信息资源共享工程（以下简称“文化共享工程”）与农村信息化综合信息服务工程（以下简称“综合信息服务工程”）紧密结合，加强信息技术在农村公共文化服务体系建设中的应用，创新农村文化工作手段，推动文化信息资源的共建共享。现就有关工作要求通知如下：

一、文化共享工程是2002年起文化部、财政部组织实施的一项社会主义文化建设标志性工程，旨在通过采用现代科学技术，将中华优秀文化信息资源进行数字化加工与整合，通过互联网、卫星、光盘等方式，实现优秀文化信息资源在全国范围内的共建共享。文化共享工程要充分发挥丰富数字资源的优势，精心挑选、定期更新适合农村地区需要的地方戏曲、专题讲座、影视作品以及科技致富、农民进城务工技能培训等优质资源，为当地农民开展服务。综合信息服务工程为文化共享工程提供信息网络、技术、产品、人才和服务支撑。

二、综合信息服务工程是2006年起信息产业部组织实施的信息产业推进社会主义新农村建设的重点工程，旨在提高农村综合信息服务的技术水平和服务能力，探索农村综合信息服务的多种路径和运营维护模式，推动信息技术的应用和普及，促进农村信息化建设。文化共享工程可通过综合信息服务工程用健康向上、形式多样的数字产品，满足农民群众多层次、多方面的精神文化需求。

三、各级文化行政部门要积极向综合信息服务工程提供文化共享工程的数字资源，通过信息大篷车、培训教室、农村信息化示范点等，为当地群众开展服务。同时，可在具备条件的信息大篷车和农村信息化示范点，加挂文化共享工程基层服务点牌子。

四、各级信息产业主管部门要研究制定利用农村信息化综合信息服务平台提供文化服务的技术标准和服务规范，组织、协调电信运营、邮政物流配送、信息技术企业对文化共享工程各级中心和基层服务点提供互联网优先接入、优惠资费、优质服务，并推荐先进适用的技术和产品。

五、各级文化行政部门和信息产业主管部门在选配这两项工程工作队伍时应统筹考虑，加强管理，实现人力资源的有效整合。在开展业务培训时，各级文化行政部门和信息产业主管部门可发挥各自优势，在培训师资、教材、场地、设备等方面互相支持，互为补充。

六、各级文化行政部门和信息产业主管部门要加强联系，建立并完善合作共建机制，因地制宜地开展多种形式的合作，推进共建共享，更好地服务于社会主义新农村建设。

文化部　信息产业部

二〇〇七年九月二十九日

文化部关于命名全国文化信息资源共享工程示范省、示范市、示范县（市、区）的决定

文社图发〔2008〕18号

各省、自治区、直辖市文化厅（局），新疆生产建设兵团文化局，文化部全国文化信息资源建设管理中心：

全国文化信息资源共享工程（以下简称“文化共享工程”）是一项社会主义文化建设标志性工程，是公共文化服务体系的基础工程，是政府提供公共文化服务的重要手段，是实现广大人民群众基本文化权益的重要途径，是改善城乡基层文化服务的创新工程。文化共享工程实施以来，各级党委、政府高度重视，积极推进文化共享工程建设，文化共享工程建设取得很大成绩，为保障广大人民群众基本文化权益，活跃城乡群众精神文化生活发挥了重要作用。

2006年，文化部与财政部部署开展工程试点工作。2007年12月，文化部组织了15个督导组，对各省、自治区、直辖市、新疆生产建设兵团文化共享工程建设情况进行督导并对试点工作进行检查验收。根据各地申报，经研究，决定命名山东省为“全国文化信息资源共享工程示范省”，浙江省嘉兴市和宁波市、广东省深圳市为“全国文化信息资源共享工程示范市”，北京市大兴区等49个县（市、区）为“全国文化信息资源共享工程示范县”。

希望各示范省、示范市、示范县巩固建设成果，不断开拓创新，充分发挥文化共享工程在构建社会主义和谐社会与全面建设小康社会进程中的积极作用，不断取得新的更大的成绩。

附件：全国文化信息资源共享工程示范省、示范市、示范县（市、区）名单

文化部

二〇〇八年五月二十日

附件

全国文化信息资源共享工程示范省、示范市、示范县（市、区）名单

一、示范省

山东省

二、示范市

浙江省：宁波市、嘉兴市

广东省：深圳市

三、示范县（市、区）

北京市：大兴区

天津市：和平区、河西区、塘沽区、大港区、东丽区、津南区、北辰区

山西省：曲沃县、襄垣县

内蒙古自治区：乌审旗

吉林省：桦甸市、前郭县、敦化市、抚松县、永吉县

江苏省：常熟市、张家港市、大丰市

浙江省：绍兴县、长兴县

安徽省：太湖县、蒙城县、繁昌县

河南省：安阳县、孟州市、偃师市、渑池县、淅川县、鄢陵县、温县

湖北省：秭归县、蕲春县、崇阳县、兴山县、安陆县、当阳市

湖南省：长沙县、望城县

广东省：乳源县、德庆县

四川省：都江堰市、峨眉山市、绵竹市

贵州省：遵义县、都匀市

陕西省：定边县、眉县、泾阳县

甘肃省：张掖市甘州区

宁夏回族自治区：贺兰县、盐池县

新疆维吾尔自治区：阜康县

文化部关于做好2008年全国文化信息资源共享工程建设工作的通知

文社图发〔2008〕17号

各省、自治区、直辖市文化厅（局）、新疆生产建设兵团文化局，国家图书馆，文化部全国文化信息资源建设管理中心：

2008年是全面贯彻落实党的十七大做出战略部署的第一年，是实施全国文化信息资源共享工程（以下简称“文化共享工程”）“十一五”发展规划的重要一年。按照《全国文化信息资源共享工程“十一五”发展规划》、《文化部财政部关于进一步推进全国文化信息资源共享工程的实施意见》（文社图发〔2007〕14号）等文件精神，贯彻中央领导同志关于文化共享工程要“继续加大力度，狠抓落实”的批示精神，现就做好2008年度文化共享工程建设工作通知如下：

一、深入贯彻党中央和国务院的指示精神，增强推进文化共享工程建设的责任感和自觉性

文化共享工程是党中央、国务院高度重视的一项文化创新工程，是深受人民群众欢迎的惠民工程，是构建公共文化服务体系、推进农村信息化、推动社会主义文化大发展大繁荣的重要抓手。党的十七大明确提出了“兴起社会主义文化建设新高潮”、“推动社会主义文化大发展大繁荣”的战略任务。温家宝总理在十一次全国人民代表大会的政府工作报告中强调，要加快构建覆盖全社会的公共文化服务体系，推进全国文化信息资源共享工程建设。各级文化行政管理部门要认真学习，深入领会党中央、国务院有关文件精神，进一步提高对加快推进文化共享工程建设的重要性、紧迫性的认识，增强工作的使命感、责任感和自觉性，以饱满的工作热情和扎实的工作作风，努力开拓文化共享工程建设新局面。

二、加快推进基层网点建设，大力实施“村村通”

各地要按照《文化部财政部关于进一步推进全国文化信息资源共享工程的实施意见》、《关于做好全国文化信息资源共享工程2007年度基层服务网点建设工作的通知》（文社图发〔2007〕21号）要求，尽快完成2007年度建设任务。2008年，文化部将对2007年度各地区基层服务网点的建设与服务情况进行检查验收。

各地要积极落实文化共享工程的建设资金。中西部地区要根据规定的比例及时落实地方投入经费。中西部的县级支中心、乡镇和村基层服务点的软硬件配置需达到文化部制定的配置标准，东部地区参照此标准执行。中央财政补助资金的分配将体现激励作用，对中西部地区2008年的资金分配将优先安排2007年度工作任务完成情况好的省份，对东部地区工作先进的省份，将由中央财政统筹考虑另行安排资金予以奖励。各地要及时制定和上报2008年工作方案和经费使用计划，资金下达后要抓紧时间统一组织设备招投标、安装和人员培训，确保2008年度工作任务的圆满完成。

中央财政下达的基层网点建设经费应用于设备采购，如有节余，须继续用于文化共享工程建设，不得挪作他用。在设备采购中，应遵循政府采购有关规定，优先选择国产化产品，以先进、主流、成熟、适用为基本原则，要注重品牌的声

誉和厂家的持续经营能力，确保产品的售后服务。

积极推进2008年度基层服务网点建设。为支持文化共享工程基层网点建设，中央财政已下达补助中西部地区专项资金7.38亿元，各地要根据文化部印发的建设标准抓紧实施，使文化共享工程县级支中心覆盖率达到60%。同时，根据农村党员干部现代远程教育工作和有关地区信息化建设的工作安排，除山东、湖南、贵州已基本实现乡村全覆盖，2008年，北京、天津、黑龙江、吉林、辽宁、山西、新疆、河南、江苏、浙江、上海、四川、宁夏、安徽、广东等15省（区、市）将基本实现乡村全覆盖，其他省（区、市）将完成覆盖60%的任务。各地要积极开展相关工作，保证文化共享工程村级基层服务点与农村党员干部现代远程教育工作村级基层服务点建设的同步发展。

今年，财政部将新增乡镇综合文化站内容建设专项补助经费2.59亿元，其中含文化共享工程设备购置费。文化部将结合乡镇综合文化站建设进度和经费安排情况，修订完善乡镇基层服务点的配置标准，研究制定乡镇基层服务点的经费补助方案。各地要按照建设标准和进度要求，做好文化共享工程乡镇基层服务点的建设工作。

三、加强培训，努力提高文化共享工程各级工作人员素质

要加强培训工作，努力培养一支责任心强、熟练掌握设备操作技术与服务要领的人员队伍。

分级分类开展对省、市（县）、乡镇、村文化共享工程专兼职人员的培训。2008年，国家中心要组织3−4次、对每省4−5名骨干人员的集中培训任务，并通过卫星，向各省、市（县）、乡镇、村工程管理和服务人员提供不少于130小时的远程培训。各省要结合网点建设，对已建和2008年拟建县级支中心骨干人员进行培训，完成2次/人、人均不少于48学时，乡镇、村基层点骨干人员1次/人、人均不少于24学时的培训任务。

要坚持培训先行的原则，在软、硬件设备安装前对相关人员进行培训，并做到培训考核合格。要注重培训与实践相结合，使培训人员切实掌握设备操作技能，具有开展服务的能力。

培训工作要加强针对性，不断改进培训方法，切实提高培训工作的质量。要针对不同岗位的要求，分类实施技术支持、资源使用、服务开展等内容的培训，将集中授课、现场培训、卫星广播、网络互动、光盘教学等方式有机地结合起来，逐步使培训工作实现制度化和规范化。

四、进一步加大资源建设力度，提高资源的适用性

加强资源建设的科学性、针对性、规范化，提高资源建设质量，防止重复建设。国家中心和各省级分中心要根据不同地域、不同用户群体的特点，分地域有针对性地提供资源，形成若干适用性强的资源版块。要注重资源的需求收集分析工作，加工制作符合广大基层群众需求的数字化资源，不断提高资源的吸引力。

2008年的资源总量要达到76TB。其中，国家中心达到16TB，各省级分中心达到60TB。中央财政资金补助的中西部省份要按时完成国家中心下达的资源建设任务，并及时上交。继续加大适农类、少儿类及少数民族语言文字资源建设力度，依托有条件的省级分中心和市支中心设置文化共享工程少数民族语言文字资源编译工作室，2008年整合、译制不少于1000小时的少数民族语文多媒体资源。

加强资源整合。自2008年7月1日起，国家数字图书馆的电子书刊、年画、地方志、展览、讲座、送书下乡精选图书等数字资源，将通过文化共享工程平台，以互联网、馆域网、资源镜像等方式，向文化共享工程各级中心和基层服务点提供服务。国家中心要与国家图书馆配合做好资源整合和传输工作，各省级分中心要做好接收、存储、提供服务等相关工作。

五、积极推广技术成果，完善文化共享工程的技术支持体系

要积极采用先进成熟的现代信息技术，积极推进技术创新工作。

国家中心要进一步加强与国家图书馆的合作，共同搭建和完善技术平台。要不断改进和完善视频流媒体播放技术，探索网络电视的发展应用，密切跟踪网络、传输、存储、检索、共享、终端服务等方面的技术与应用进展，研究利用第三代移动通讯技术开展文化信息资源服务。要适时举办技术交流会议，广泛交流各地的先进经验。要根据信息技术的发展和各地实际运行情况，及时对各级网点的参考配置标准做出修订完善。要加快建设文化共享工程运行管理系统，年内投入使用。

各省级分中心要在工程总体技术框架的基础上，根据相关标准，选择适用本地区的技术路线，逐步建立健全本省技术支持体系。尚未接入国家政务外网的省级分中心要积极与本省有关单位联系，尽快实现接入。浙江省级分中心要做好南方镜像站的运行维护，其他各省（区、市）要进一步加强省级镜像站建设工作。各地要在已有的互联网（含IPTV、VPN、VOD等）、卫星、有线数字电视、有线电视等模式的基础上，进一步开拓思路，积极引进先进的技术与产品，快速推进基层服务网络建设。

六、切实加强和改善服务，提高文化共享工程的社会效益

国家中心要进一步加强文化共享工程网站建设，充实数字资源内容，不断提升网站的服务能力与服务水平。省级分中心、市县级支中心要依托图书馆计算机网络环境，积极开展文化信息资源服务，并为乡镇、村基层服务点提供资源镜像、光盘发送等服务。要采取多种方式，在广大基层群众中普及工程相关知识，要让群众了解工程的资源内容，熟悉设备使用方法，不断提高基层群众对文化共享工程的利用率，进一步发挥工程的社会效益。

加强农村服务工作。要深入基层，深入农村，因地制宜，依托各类文化设施和场所，利用广场、集市等公共设施开展服务。要积极配合抗震救灾工作，为灾区重建工作提供支持。围绕纪念改革开放三十周年、奥运会等党和国家的重大活动，组织开展丰富多样的服务活动。要有针对性地开展各种知识讲座、技能培训和咨询，提高基层群众特别是农民群众的职业技能和致富能力。

要做好服务统计工作，定期将开展服务的次数、内容、参与人数、服务效果进行统计上报。文化部将把服务工作作为各地开展文化共享工程建设的重要指标进行考核。

七、积极推进共建共享，进一步形成工作合力

认真总结与农村党员干部现代远程教育工作合作共建的经验，因地制宜地推广山东、河南等地做法，切实加强组织领导。各省级分中心要进一步加强与农村党员干部现代远程教育工作的合作，从网络传输、资源展现、服务模式、设备配置、运行机制等方面进行规划设计，充分发挥文化共享工程的资源优势。省级分中心、市县级支中心要定期到乡村开展巡回流动服务与辅导，及时向本地农村党员干部现代远程教育机构提供适合当地需要的文化信息、种植养殖、防病治病、防灾减灾等资源，共同组织开展丰富多彩的活动，使合作共建的基层服务点成为面向当地农民开展文化信息服务的中心。

继续做好与教育部实施的农村中小学现代远程教育工程的合作共建。国家中心要定期提供资源，通过农村中小学现代远程教育工程宽带卫星网络系统，服务广大农村中小学学生和农民群众。继续做好与工业与信息化部等部门，以及各地区信息化建设、科技扶贫、数字电视推广等工作的合作，扩大文化共享工程服务范围。

八、加强管理，促进文化共享工程建设的规范化

各地要根据《全国文化信息资源共享工程管理暂行办法》，进一步明确文化共享工程各级中心、基层服务点的职责、任务，加强和规范管理、培训、服务等工作。

文化部将会同有关部门，修订、完善《全国文化信息资源共享工程专项资金管理暂行办法》，规范设备采购工作，加大对资金使用的监控，确保专款专用。

建立文化共享工程各级中心、基层服务点的绩效考核机制，将督导工作制度化、规范化，加强对文化共享工程建设的监督考核。

进一步规范村级基层服务点的合作共建。各地要结合实际，积极主动地与当地农村党员干部现代远程教育沟通、协调，共同制定合作共建的村级基层服务点有关设施设备使用、维护、管理的制度和规范，确保设施设备的正常运转，充分发挥设施设备的效益。要在合作共建的乡村基层服务点的显著位置加挂文化共享工程标牌，公告活动信息、服务与管理方面的规章制度等。

特此通知。

文化部

二〇〇八年五月二十日

文化部关于做好全国文化信息资源共享工程2009年度工作的通知

文社图函〔2009〕41号

各省、自治区、直辖市文化厅（局），新疆生产建设兵团文化局，文化部全国文化信息资源建设管理中心，国家图书馆：

2009年是实施全国文化信息资源共享工程（以下简称“文化共享工程”）“十一五”发展规划的关键一年，文化共享工程县级支中心、村级基层服务点建设将实现覆盖90%的目标。按照《全国文化信息资源共享工程“十一五”发展规划》、《文化部财政部关于进一步推进全国文化信息资源共享工程的实施意见》（文社图发〔2007〕14号）等文件精神，针对目前工程建设中存在的问题，现就做好2009年度文化共享工程建设工作通知如下：

一、深入贯彻党中央、国务院的指示精神，增强推进文化共享工程建设的责任感和紧迫感

文化共享工程是党中央、国务院高度重视的一项文化创新工程，是深受人民群众欢迎的惠民工程，是构建公共文化服务体系、加强农村文化建设、推动社会主义文化大发展大繁荣的重要抓手。温家宝总理在2008年《政府工作报告》中指出，要推进全国文化信息资源共享。十七届三中全会通过的《中共中央关于推进农村改革发展若干重大问题的决定》强调，要推进文化共享工程建设等重点文化惠民工程，尽快形成完备的农村公共文化服务体系。各级文化主管部门要认真学习。深入领会党中央、国务院有关文件精神，进一步提高对加快推进文化共享工程建设的重要性、紧迫性的认识，增强工作的使命感、责任感和自觉性，继续加大力度，狠抓落实，努力使文化共享工程建设再上新台阶，确保工程“十一五”建设目标的顺利实现。

二、用好年度项目资金，确保按时、高质量完成2009年建设任务，实现覆盖90%的规划目标

中央财政已下达2008年度项目资金，各地要在2009年上半年完成建设任务。文化部将与财政部协调，尽快落实并下拨2009年度建设资金。文化共享工程设备购置由各省（区、市）文化厅（局）统一组织，各地要提早做好相关准备工作，提高工作效率，采取有力的措施，确保在2009年底前完成本年度建设任务，实现县级支中心和村级基层服务点覆盖90%的目标。

2009年将继续配合乡镇综合文化站建设工程，下达乡镇综合文化站设备购置专项资金。各地要依照《关于加强乡镇文化站设备购置专项资金管理和使用有关问题的通知》（财办教〔2008〕42号）中关于共享工程设备采购的有关要求，提前做好乡镇综合文化站项目规划，并根据国家中心确定的备选设备参数及详细目录，做好采购工作，确保文化共享工程乡镇基层服务点与乡镇综合文化站建设配套实施工作组织好、建设好。

落实运行经费是保证文化共享工程各级中心、基层服务点开展服务工作的重要条件。各地要积极与财政部门沟通，争取各级财政的支持，将文化共享工程各级中心、基层服务点的运行费用列入财政预算，确保工程的可持续发展。

为督促、检查各地推进工作的力度，2009年年中将组织对文化共享工程建设情况进行抽查。第四季度将组织文化共享工程督导工作，对本年度及近几年来文化共享工程建设情况进行全面检查。

三、进一步做好资源建设工作，提高资源的针对性和质量

2009年，文化共享工程的资源总量要达到90 TB。其中，国家中心达到20TB，各地达到70 TB。得到中央财政资金补助的中西部省份要按照国家中心下达的资源建设任务，按时、保质、保量地完成。

要加大资源版权解决的力度，特别是随着传输渠道不断拓展，服务模式的不断丰富，对解决资源版权问题提出了更高的要求，国家中心和各省级分中心要依据相关政策，下大力气加以解决。

要进一步加强资源建设的针对性。国家中心和各省级分中心要根据不同地域、不同用户群体的特点，有针对性地征集资源、整合资源，不断提高资源对广大基层群众的吸引力，不断增加资源供给量，提高资源质量。要继续加大适农类、少儿类及少数民族语言文字资源建设力度。

国家中心要会同各省级分中心，建设文化共享工程资源检索平台，使国家中心资源、各省级分中心资源能够在一个平台上进行检索，实现中央与地方之间、地方与地方之间资源的快速、准确查找，提高分布式资源库群的整体服务能力。

四、拓展传输渠道，做好资源传输工作

各地要高度重视资源传输工作，建立健全资源传输机制，确保资源的及时更新和提供服务。国家中心要进一步推进通过国家电子政务外网传输资源的工作，海南、西藏、新疆生产建设兵团要尽快连通国家电子政务外网。要积极探索在具备条件的县级支中心利用政务外网开展资源传输工作。

各省级分中心要根据工程几年来逐步形成的传输服务模式，结合本地区实际，认真研究、合理选择传输路线，建立省、市（县）、乡（镇）、村的传输通道，使工程资源畅通无阻地传送到基层。

要高度重视资源预装工作。各地在建设县级支中心和乡、村基层服务点时，要将适合本地需要的工程资源预装到存储系统中，使其在建成之时就拥有一定数量的数字资源，为开展服务创造条件。

五、组织技术研发，不断提高工程技术水平

要对工程发展影响重大的前沿性技术问题开展技术研发，突破技术瓶颈，创新技术服务方式，用先进的技术支撑文化信息资源的共建共享。要积极与高校、科研院所合作，共同组织技术攻关。

要着重加强以下几个方面的研发：一是资源共享平台的研发，实现数字资源的无缝链接、跨库检索；二是多网融合，积极探索利用电视网、卫星网的广播式传输优势，结合互联网的互动性优势，实现通用资源广播、个性化资源按需分配的多网融合模式；三是分布式存储技术，将分布在各地的存储载体通过网络整合起来，实现统一的调度和管理；四是文化网格技术，通过多种技术手段实现文化资源的传播、存储与服务；五是分布式流媒体播放技术，采用更为先进的流媒体播放技术，通过遍布全国的文化共享工程网络，实现视频节目的清晰、流畅播放；六是远程管理技术，通过远程管理方式，协助县级支中心解决有关技术问题。

六、进一步完善共享机制

国家中心要与国家图书馆进一步合作，建立长效合作机制，在技术平台、资源共享、人员培训等方面开展更加深入的合作。国家中心要通过数字图书馆联席会议平台，进一步开展与有关单位的合作，拓展工程的服务面。

进一步加强与农村党员干部现代远程教育工作、与农村中小学远程教育工程的合作，完善合作共建机制。各地要认真总结合作共建的经验，建立起与两个远程教育工程合作的长效机制，确保资源的及时提供、服务的有效开展、人员队伍的有力保障。各地还要进一步开展与教育、信息产业、科技等部门的合作共建、资源共享工作。

要不断探索、拓展通过国家公益性网络开展公益性服务的渠道，积极推进辽宁省通过广播电视村村通工程进村入户试点工作，及时总结推广经验。

七、加强人员培训，提高队伍的业务能力

要坚持培训先行原则，继续分级、分类开展培训。要以基层为重点，积极做好县、乡、村三级人员的培训工作，努力建设一支适应工程发展需要的、稳定的基层工作队伍。

文化共享工程培训工作由国家中心统一指导，各地分级负责实施。国家中心负责编制、修订培训教材和培训师资。各省（区、市）文化厅（局）负责制定县、乡、村三级工作人员培训计划，并组织实施。鉴于目前县级支中心工作人员培训尤为急需，自2009年4月开始，由国家中心指导各省（区、市）分期举办县级支中心人员培训班，国家中心将在师资及经费上给予支持，各地要做好组织工作，确保每个县级支中心参训人员不少于3人。

要通过集中面授、网络教学、卫星播放、光盘课件等方式加大基层服务人员的培训，使其在掌握现代信息技术的同时，掌握图书馆业务知识和技能。要借鉴吉林省依托高校开展合作共建培训人才的经验，发挥高校师资力量雄厚的优势，通过各种培训形式开展培训。要与有关部门协调，积极发挥大学生志愿者在文化共享工程基层服务中的作用。鼓励东部地区与西部地区结对子，为西部地区提供人才和智力支持。

八、加强组织策划，改善基层服务

文化共享工程国家中心、各省级分中心要结合庆祝新中国成立60周年，专门组织资源，专题策划、开展各种丰富多彩的活动，集中宣传、展示新中国成立60年来我国各项事业取得的成就。

要认真贯彻落实全国文化、教育、科技系统资源共享、服务基层会议精神，进一步推进文化共享工程进校园、进科研院所，主动为教育、科研单位做好服务。要结合应对金融危机的需要，有针对性地建设专题资源，推动文化共享工程进企业，为国家经济建设服务。

要结合重大节庆活动、民俗活动等，深入基层，深入农村，广泛开展各种文化娱乐活动、知识讲座、技能培训和咨询，丰富广大人民群众的文化生活，提高他们的致富能力，更好地满足基层群众特别是农民群众求知识、求富裕、求健

康的需要。

九、进一步提高文化共享工程的管理水平

要强化管理，提高工程设备采购的效率和质量。各地要认真总结在招投标工作中的经验，提高资金的使用效益和招投标工作效率，不能擅自改变招投标方式。要严防设备采购中的腐败行为，如发现问题，要严肃处理。

要将文化共享工程纳入有关考核评估体系中。文化部将进一步加大文化共享工程在第四次全国公共图书馆评估工作中的比重，并会同有关部门，在评选、复查全国文化先进单位（县）时，建立文化共享工程不达标一票否决机制。各地要按照要求，建立文化共享工程各级中心、基层服务点的绩效考核机制，加强对文化共享工程建设的监督考核。

要进一步完善各项管理制度。要制定和完善有关工程服务、设施设备管理、维护、工作人员岗位职责等规章制度，提高工程的管理水平。要进一步加强文化共享工程对未成年人服务的管理，为未成年人利用文化共享工程营造良好氛围。要加强信息报送和统计工作，责成专人负责，将各地工程进展情况、有关统计数据及时报送文化部和国家中心。

要进一步加强宣传工作。要采取多种方式，在广大基层群众中宣传共享工程、普及工程相关知识，让更多的群众了解工程的服务内容和方式，进一步提高工程的社会效益。

特此通知。

文化部

二〇〇九年一月二十四日

文化部关于进一步做好全国文化信息资源共享工程2010年度工作的通知

文社文函〔2010〕859号

各省、自治区、直辖市文化厅（局），新疆生产建设兵团文化局，文化部全国文化信息资源建设管理中心，国家图书馆：

2010年是实施全国文化信息资源共享工程（以下简称“文化共享工程”）“十一五”发展规划的最后一年，文化共享工程县级支中心、乡村基层服务点建设将实现全覆盖的目标。按照《全国文化信息资源共享工程“十一五”发展规划》、《文化部财政部关于进一步推进全国文化信息资源共享工程的实施意见》（文社图发〔2007〕14号）等文件精神，针对目前文化共享工程建设中存在的问题，现就进一步做好文化共享工程2010年度工作通知如下：

一、进一步增强文化共享工程建设的使命感、责任感和紧迫感

文化共享工程作为新时期政府提供公益性服务的重大文化工程，是构建我国公共文化服务体系的基础工程，是改善城乡基层文化服务的创新工程，也是用先进文化占领新媒体阵地的重要举措。2010年《中共中央国务院关于加大统筹城乡发展力度 进一步夯实农业农村发展基础的若干意见》明确要求推进文化共享工程这一重点文化惠民工程，赋予文化共享工程重要使命。中央领导同志多次对文化共享工程建设工作作出明确指示。今年是“十一五”规划最后一年，各级文化行政部门要认真学习、深入领会党中央、国务院有关文件精神，进一步提高对完成文化共享工程“十一五”建设任务的重要性、紧迫性的认识，加大力度，狠抓落实，确保实现既定目标。

二、落实配套资金，确保按时、高质量完成2010年建设任务

各地要在2010年6月1日前完成文化共享工程2009年度项目建设任务。文化部将与财政部协调，尽快落实下拨文化共享工程2010年度建设资金，并下发文化共享工程2010年设备配置标准。文化共享工程设备购置由各省（区、市）文化厅（局）统一组织，各地要提早做好有关准备工作，提高工作效率，采取有力的措施，确保在2010年10月1日前完成本年度建设任务，实现县级支中心全覆盖和“村村通”目标。东部地区要按照国家统一标准，进一步加强服务网点的规范化建设工作。各地要按照《财政部 文化部关于印发〈城市社区文化中心（文化活动室）设备购置专项资金管理办法〉的通知》（财教〔2009〕447号）要求，做好城市社区文化中心（街道文化站）及文化活动室文化共享工程设备配置工作。各地要积极与财政部门沟通，建立运行经费保障机制，确保文化共享工程的可持续发展。

为督促、检查各地推进文化共享工程工作的力度，2010年年中文化部将对文化共享工程建设情况进行抽查，第四季度将开展文化共享工程督导工作，对2010年度及"十一五"期间文化共享工程建设情况进行全面检查。2010年底，文化部将召开文化共享工程"十一五"建设总结会，对工作突出的地区将予以表彰，对未按时完成任务的地区将予以通报，并在安排"十二五"建设资金时酌情减少。

三、增强质量意识，进一步做好资源建设工作

2010年，文化共享工程的资源总量要达到100TB。得到中央财政资金补助的中西部省份要按照国家中心下达的资源建设任务，按时、保质、保量地完成，资源建设情况将作为2010年督导工作的重要内容。随着传输服务模式的不断丰富，对资源建设的格式、版权提出了新的要求，各级文化行政部门要加强指导协调，提高资源的标准化、规范化水平，进一步解决好版权问题。各地要建立资源建设经费保障机制，将地方特色资源建设经费纳入地方财政预算。要进一步调动各支中心的积极性，提高各支中心在地方特色资源建设中的参与程度。

四、创新技术模式，做好资源传输工作

各地要高度重视资源传输工作，不断完善资源传输机制，确保文化共享工程资源的及时更新。要进一步完善政务外网传输体系，更新资源要有目录和通知，逐步建立完备的资源更新下载制度。要积极探索在具备条件的市、县支中心利用政务外网开展资源传输工作。各地要结合本地实际，认真研究，建立从省到市、县、乡镇、村的资源传输通道，全面实现互连互通。要对资源传输中存在的技术问题进行研究，及时加以解决。

五、进一步完善共享机制，扩大共享成果

国家中心与国家图书馆要继续深化合作，重点做好"县级数字图书馆推广计划"的实施，要在总结经验的基础上，不断优化资源内容，丰富传输形式，创新服务手段，2010年底前，使全国县级图书馆的读者都能享用到国家数字图书馆资源。进一步加强与农村党员干部现代远程教育工作的合作，完善合作共建机制。各地文化行政部门要积极协调，建立定期沟通机制，加强合作共建站点的管理。各地文化行政部门要积极向当地远程办提供具有地方特色的文化信息资源，通过当地农村党员远程教育的传输渠道服务基层群众。各地要进一步加强与广电、电信等有关部门的合作，借鉴辽宁经验，因地制宜，在条件成熟的地区推进文化共享工程入户工作。

六、完善培训制度，加强队伍建设

要坚持培训先行原则，不断完善文化共享工程人员培训体系，加大培训力度，建立起一支有责任心、懂技术、善管理的人才队伍。各地要制订年度培训计划，通过集中培训、现场培训、远程培训等方式，有区别、分层次地进行培训，增强针对性、操作性。要充分调动基层人员参与的积极性，采取与职业教育和继续教育挂钩的方式，推广持证上岗。要将基层人员培训常规化、制度化、专业化，为文化共享工程的可持续发展提供保障。要与有关部门协调，积极发挥大学生志愿者在文化共享工程基层服务中的作用。鼓励东部地区与西部地区结对子，为西部地区提供人才和智力支持。

七、加强组织策划，推动基层服务活动的开展

要大力推动文化共享工程服务工作的开展，为群众提供多样化、个性化服务，满足不同人群对文化信息的需求。要配合党和国家的重点工作，积极开展宣传服务工作，如配合世博会的举办开展系列宣传活动。文化共享工程各级服务网点要为基层群众，特别是未成年人和农民工等弱势群体开展公益性互联网服务，大力开展社会主义核心价值体系学习教育，强力净化社会文化环境。要通过组织多种形式的服务活动丰富基层群众文化生活。要结合当地的农业生产实际，适时提供农业种植、养殖技术知识和信息，并积极开展面向基层群众的信息化培训，帮助他们掌握计算机及网络知识，培育有文化、懂技术、会经营的新型农民。

八、认真总结工程"十一五"建设经验，研究工程"十二五"规划

各级文化行政部门要认真总结"十一五"工作，总结推广好的工作经验，分析存在的问题和困难，研究解决的办法和措施，及时加以解决。各省级文化行政部门要开展专题调研，以科学发展观为指导，积极谋划本地区文化共享工程"十二五"规划，使文化共享工程在"十二五"期间更好更快地发展。

特此通知。

文化部

二〇一〇年五月五日

文化部 财政部关于进一步加强公共数字文化建设的指导意见

文社文发[2011]54号

各省、自治区、直辖市文化厅（局）、财政厅（局），新疆生产建设兵团文化广播电视局、财政局，国家图书馆、文化部全国文化信息资源建设管理中心：

构建覆盖全社会的公共文化服务体系，是深入贯彻落实科学发展观，开创经济、政治、文化、社会四位一体的社会主义建设新局面、实现全面建设小康社会奋斗目标的重要任务。公共数字文化建设作为公共文化服务体系建设的重要组成部分，是数字化、信息化、网络化环境下文化建设的新平台、新阵地，是利用信息技术拓展公共文化服务能力和传播范围的重要途径，对于消除数字鸿沟，满足人民群众不断增长的精神文化需求、提高全民族文明素质，构建社会主义核心价值体系具有重要意义。现就进一步加强公共数字文化建设提出如下意见：

一、提高对公共数字文化建设重要性的认识

文化是一个民族的精神和灵魂，是国家发展和民族振兴的强大力量。文化建设是我国现代化建设总体布局的重要组成部分，加快公共文化服务体系建设是我国“十二五”时期经济社会发展的重要任务。近年来，党中央、国务院做出一系列关于公共文化服务体系建设的重大战略部署，我国公共文化服务体系建设呈现出蓬勃发展的良好态势，文化事业投入大幅增长，公共文化基础设施发展迅速，一批重点文化工程取得丰硕成果，覆盖城乡的公共文化服务体系正在形成。在党中央、国务院的高度重视下，在各级党委、政府的支持下，我国公共文化服务体系建设已进入整体推进、科学发展、全面提升的新时期新阶段，面临重要的战略发展机遇。

在数字化、信息化、全球化的时代背景下，深刻认识并准确把握国内外形势新变化新特点，结合人民群众不断增长的精神文化需求，将信息技术、数字技术、网络技术等现代科学技术和传播手段应用于公共文化服务体系建设，进一步加强公共数字文化建设，是适应时代发展的必然要求和战略选择。公共数字文化服务具有辐射面广、传播速度快、资源广泛共享等特点，有利于解决当前制约公共文化服务体系发展的突出矛盾和问题，对公共文化服务体系建设具有十分重要的意义。近年来，文化部、财政部共同组织实施了全国文化信息资源共享工程（以下简称“文化共享工程”）、数字图书馆推广工程和公共电子阅览室建设计划，并取得积极进展，为“十二五”时期的公共数字文化建设奠定了基础。但同时也必须看到，当前公共数字文化建设还不能满足人民群众日益增长的精神文化需求，在制度设计、资源整合、服务机制建设等诸多方面均有待加强。

进一步加强公共数字文化建设，是加快公共文化服务体系建设，全面提升公共文化服务能力和服务水平，使人民基本文化权益得到更好保障，让人民共享文化发展成果的需要；是深入推进文化体制改革，创新文化发展体制机制，增强文化发展活力与动力的需要；是维护文化安全，积极抢占网络文化阵地，把握信息技术环境下文化发展主导权的需要；是繁荣发展社会主义先进文化、全面提高人民思想道德素质和科学文化素质，构建社会主义核心价值体系的需要。各地文化厅（局）、财政厅（局）要高度重视公共数字文化建设工作，将其纳入当地政府文化发展规划和公共文化服务体系建设，加强领导，科学规划，加大投入，完善机制，全面推进公共数字文化建设。

二、明确公共数字文化建设的指导思想、建设原则和目标任务

（一）指导思想。

以邓小平理论和“三个代表”重要思想为指导，深入贯彻落实科学发展观，坚持开拓创新、与时俱进，坚持为人民服务、为社会主义服务的方向，以重点公共数字文化惠民工程为抓手，以现代信息技术为支撑，以资源建设为重点，以打造基于新媒体的服务新业态为目标，努力满足信息化环境下人民群众日益增长的精神文化需求，充分发挥公共数字文化建设在传承先进文化、传播科学知识、提高公民文明素质、增强民族凝聚力和创造力、提升国家文化软实力等方面的重要作用。

（二）建设原则。

坚持政府主导、社会参与的原则，突出公益性，维护和保障广大公众的基本文化权益；坚持统筹规划、协调发展的

原则，发挥重点公共数字文化惠民工程的整体优势；坚持需求主导、服务为先的原则，了解群众对公共数字文化的需求，建设丰富适用的数字资源，加强公共数字文化的惠民服务；坚持规范建设，科学管理的原则，发挥先进信息技术和标准规范在公共数字文化建设中的基础作用；坚持共建共享、开放共赢的原则，加强合作共建，鼓励、引导社会力量参与公共数字文化建设，开创互利共赢的局面。

（三）目标任务。

公共数字文化建设包括数字化平台、数字化资源、数字化服务等基本内容，以制度体系、网络体系、资源体系、管理体系和服务体系建设为着力点，构建海量分级分布式公共数字文化资源库群，建成内容丰富、技术先进、覆盖城乡、传播快捷的公共数字文化服务体系，为广大群众提供丰富便捷的数字文化服务，切实保障信息技术环境下公共文化服务的公益性、基本性、均等性、便利性。重点实施文化共享工程、数字图书馆推广工程和公共电子阅览室建设计划三大公共数字文化惠民工程，在此基础上，广泛动员各方面力量，逐步拓展范围，带动数字美术馆、数字文化馆、数字博物馆、数字爱国主义教育基地等建设，大力整合汇聚非物质文化遗产、国有艺术院团、民间文艺社团等方面的数字化资源，不断丰富和加强公共数字文化建设，从而丰富公共文化服务内容，拓展公共文化服务阵地，整合公共文化服务资源，创新公共文化服务手段，提高公共文化服务水平，完善公共文化服务体系。

三、实施重点公共数字文化惠民工程

“十二五”时期，重点实施文化共享工程、数字图书馆推广工程和公共电子阅览室建设计划，加强统筹，协调发展，提升三大公共数字文化惠民工程的整体效能。三大公共数字文化惠民工程是公共文化服务体系的基础性工程，是政府提供公共文化服务的重要手段，是实现广大人民群众基本文化权益的重要途径，是改善城乡基层群众文化服务的创新工程。文化共享工程实施多年，初步构建起覆盖城乡的公共数字文化服务网络，初步实现了优秀文化信息资源的全民共享；数字图书馆建设经过十多年的发展，在数字资源、技术与标准规范方面成果显著，为公共数字文化建设提供强有力的服务资源保障与技术、标准支撑；公共电子阅览室作为基层服务窗口，是汇聚共享工程、数字图书馆及互联网海量信息资源的公共数字文化服务终端。三大惠民工程既有内在联系又各有侧重，在组织实施上，应统一规划，统筹兼顾；在技术平台和网络建设上，应做好协调，不重复建设；在资源建设上，应各有侧重，突出特色；在标准规范上，应统一规则，相互兼容。三大惠民工程互为支撑，互相促进，形成合力，共同在公共数字文化建设中发挥重要作用。

（一）文化共享工程

文化共享工程作为公共文化服务体系的基础工程和重要平台，相继列入国家“十一五”规划和“十二五”规划。经过九年来的建设，文化共享工程已初步建成国家、省、市/县、乡镇/街道、村/社区五级服务网络，包括1个国家中心、33个省级分中心、2867个县级支中心、22963个乡镇基层服务点，以及与全国农村党员干部现代远程教育工作和农村中小学现代远程教育工程合作共建的59.7万个基层服务点，数字资源建设总量达到108TB。

“十二五”时期，文化共享工程将进一步加大整合力度，建设“公共文化数字资源基础库群”，资源总量达到530TB；在城市社区、文化馆新建基层服务点，加强已建基层点的管理，发展完善覆盖城乡的服务网络，到“十二五”末达到基层服务点100万个，入户覆盖全国50%以上的家庭；利用“云计算”和“三网融合”技术，提升整个网络的服务能力与管理能力；大力推进进村入户，广泛开展惠民服务，实施以“农村实用技术人才培养计划”为重点的网络培训；与公共电子阅览室建设计划相结合，加快建设以公共图书馆、学校电子阅览室、社区文化活动中心为载体的未成年人公益性上网场所，更好地满足人民群众特别是广大青少年的精神文化需求。

（二）数字图书馆推广工程

数字图书馆推广工程的核心内容是建设覆盖全国的数字图书馆虚拟网、互联互通的数字图书馆系统平台和海量分布式数字资源库群，形成完整的数字图书馆标准规范体系，借助全媒体提供数字文化服务。数字图书馆推广工程将进一步加强资源共享，扩大资源总量，形成规模效益，有效扩充全国各级公共图书馆的数字资源，避免重复建设；将全面提升各级公共图书馆的文献保障水平和信息服务能力，拓展服务渠道，丰富服务手段；将推广我国在数字图书馆软硬件平台建设方面的成果，搭建标准化和开放性的数字图书馆系统；将为广大公众提供多层次、多样化、专业化、个性化的数字图书馆服务，打造基于新媒体的图书馆服务新业态。到“十二五”末，全国各级公共图书馆可用数字资源量将得到较大、均衡的增长，工程数字资源总量达到10000TB，其中国家图书馆数字资源总量达到1000TB，与2010年底的480TB相比翻一番；每个省级数字图书馆可用数字资源量达100TB，每个市级数字图书馆可用数字资源量达30TB，每个县级数字图书馆可用数字资源量达4TB。工程的实施将整体提升我国各级图书馆的服务能力和服务水平，到“十二五”末，以互联网、移动通信网、广电网为通道，借助手机、数字电视、移动电视等新兴媒体，使数字图书馆的服务覆盖全国省、市、县、乡镇（街道）、村（社区），促进公共文化服务新业态的形成。

（三）公共电子阅览室建设计划

公共电子阅览室建设计划以保障人民群众的基本网络文化权益为目标，以未成年人、老年人、进城务工人员等群体为重点服务对象，依托文化共享工程的服务网络和设施，以及文化共享工程、国家数字图书馆丰富的数字资源，与文化共享工程建设、乡镇文化站建设、街道（社区）文化中心（文化活动室）建设，以及中央文明办组织实施的“绿色电脑进西部活动”相结合，在城乡基层大力推进公共电子阅览室建设，努力构建内容安全、服务规范、环境良好、覆盖广泛的公益性互联网服务体系。实施公共电子阅览室建设计划，将为广大人民群众特别是未成年人提供公益性上网场所，吸引广大人民群众参与积极、健康的网络文化活动；将进一步完善全国各级公共图书馆、文化馆（站、室）的软硬件设施，增强各级公共图书馆、文化馆（站、室）的数字文化服务能力，把更多适应人民群众需求的数字资源传送到社区、城镇和农村，活跃基层群众的文化生活，推进全社会的信息化。到“十二五”末，努力实现公共电子阅览室在全国乡镇、街道、社区的全覆盖。

四、提高公共数字文化供给能力，创新公共数字文化服务机制

在实施重点公共数字文化惠民工程的基础上，全面加强公共数字文化的制度体系、网络体系、资源体系、管理体系和服务体系建设，提高公共数字文化供给能力，创新公共数字文化服务机制。

（一）推进公共数字文化建设制度设计，实现科学规划。

开展专题调研，推进公共数字文化建设的制度设计和机制研究，实现科学规划和全面可持续发展。充分发挥专家作用，成立专家委员会，加强宏观研究工作，包括顶层设计、总体规划、技术创新、绩效评估等；积极开展公共数字文化建设管理体制创新研究，坚持政府主导、多方参与、统筹兼顾、动态协调的原则，不断完善管理格局，创新管理机制，提升管理和服务水平；探索并创建科学的运行机制，推进建立各部门协调联动机制，加强各有关部门的责任分工、协调与合作；构建纵横联合的区域联动机制，加强协调合作，推动公共数字文化建设的顺利实施。

（二）发展完善公共数字文化设施网络，实现双向互动。

依托各级公共图书馆、文化共享工程各级中心、公共电子阅览室以及文化馆（站、室）、社区文化中心等公共文化基础设施，发展完善公共数字文化设施网络；以文化共享工程的服务网络和数字图书馆的虚拟网为基础，构建覆盖城乡、便捷高效的数字文化服务网，将各类数字资源，包括电子图书、电子期刊、电子报纸、图片、音视频等，分发推送到基层，实现全国用户对资源的统一搜索和主动获取；在提供资源服务的同时，采集用户的个性化行为需求和数字资源使用信息，从而掌握舆情信息和文化需求，引导资源投放和服务侧重，形成双向互动的良性循环，保障公共数字文化服务的高效运行。

（三）加强公共数字文化资源建设，实现共建共享。

统筹规划文化共享工程与数字图书馆推广工程的数字资源建设，调动各地积极性，拓展资源征集渠道，提高公共数字文化资源供给能力；建立群众对数字文化服务需求的反馈机制，突出精品，体现特色，适应群众文化需求，有针对性地开展资源建设；注重建立资源之间的关联，实现数字资源的深层揭示与知识组织，以文本、动画、影像、音视频、在线讲座和在线展览等多种手段展现优秀文化资源，弘扬中华优秀文化；构建分级分布式公共文化资源库群和全国数字资源保障中心，在全国范围内形成有效的数字资源保障体系。

（四）搭建集中统一的运行管理平台，实现规范管理。

采取科学化、系统化、规范化的管理手段，确保公共数字文化体系的稳定运行和有效监管。搭建中央控制管理平台，实时采集各级各类终端的运行情况信息及用户的个性化需求信息，实现对各级服务站点和个人用户的精细化管理；构建公共数字文化安全管理平台，应用网络安全技术、网络安全设施，保障用户上网安全；建立健全管理制度，通过统一管理、专业化培训、标准化服务以及统一标识、树立品牌形象等管理及推广手段，扩大公共数字文化在社会上的影响力。

（五）打造基于新媒体的服务新业态，实现创新发展。

打造基于互联网、广播电视网和移动通信网的跨网络、跨终端的服务新业态，通过服务模式创新、新技术与新媒体应用、系统平台搭建与推广等方式，建设基于互联网的综合服务系统、覆盖全国移动通信网的数字内容体系，借助新兴媒体，提供多层次、多样化、专业化、个性化的数字文化服务，扩大公共文化服务的覆盖面和辐射力，切实保障人民群众获取公共文化服务的普遍性和均等性。建设满足不同层次用户需要的开放式数字文化服务平台，使数字文化建设成果能够融入人民群众日常生活与工作学习，为全民共享。

（六）鼓励开放合作的数字文化建设新局面，实现互利共赢。

在资源建设、技术平台建设等方面，加强与教育、科研等系统数字图书馆建设项目的合作共建、互联互通；吸引群众参与数字资源建设，探索、引导社会力量参与公共数字文化建设，鼓励企业开发和推广弘扬民族精神、反映时代特点、有益于未成年人健康成长的数字文化产品；鼓励企业以优惠条件参与公共数字文化建设，通过与电视媒体、网络媒体和通讯运营商的合作，拓展公共数字文化的服务渠道，同时扩大合作者的用户群体，开创互利共赢的局面；积极探索国际间文化交流与合作模式，进一步扩大中华文化的传播范围。

五、加强领导，完善投入和保障机制

（一）加强组织领导和统筹规划。

各地要高度重视公共数字文化建设工作，将其纳入当地政府文化发展规划和公共文化服务体系建设，切实加强组织领导，做好统筹规划，充分发挥文化共享工程、数字图书馆推广工程、公共电子阅览室建设计划三大数字文化惠民工程的整体优势，依托各级公共图书馆、文化共享工程各级中心、公共电子阅览室以及文化馆（站、室）、社区文化中心等公共文化基础设施，注重与教育、科研等系统的合作共建，形成合力，共同促进公共数字文化的建设。要重点做好资源建设，开展惠民服务，加大宣传力度，营造全社会共同关注、参与和支持公共数字文化建设的良好氛围，让群众充分享受公共数字文化服务，使公共数字文化建设成果惠及更广泛的基层群众。

（二）完善投入和保障机制。

中央财政设立专项资金，对三大公共数字文化惠民工程建设所需经费予以补助。各地要积极争取地方党政领导的重视和支持，确保地方财政资金足额按时到位，并做好经费管理和使用，使财政资金充分发挥效益。要研究制定政策措施，鼓励社会力量投资文化建设，逐步形成政府投入为主、社会多渠道筹资为辅的投入格局；加强对公共数字文化建设有关政策法规的研究，完善法律法规，加强政策保障。各级文化主管部门要建立管理和考核机制，对公共数字文化建设工作进行督导和检查。

（三）注重人才培养和队伍建设。

建立人才培养机制，为公共数字文化建设提供人力资源基础。充分发挥中央和地方文化单位积极性，通过分级培训的方式，不断提高从业人员的思想水平和业务素质，培养一支既具备较高技术素质和专业知识，又具备实际技能的人才队伍。国家图书馆和全国文化信息资源建设管理中心要组织力量编制教材，面向省级图书馆和省级支中心开办骨干培训班；各地要组织好本地区的培训工作，重点建设一批爱岗敬业、善于管理服务设施和组织基层文化服务项目的专业队伍；要拓宽视野，把社会工作者、志愿者作为人才队伍建设的有机组成部分，切实做好人才配置工作，以适应公共数字文化建设工作的需要。

各地文化厅（局）、财政厅（局）要按照本意见的精神，结合当地实际，加强调查研究，认真贯彻落实，及时总结经验，不断完善提高，积极探索新时代公共文化服务新方式，进一步加强公共数字文化建设，为文化发展注入新的活力，繁荣和传播社会主义先进文化，推动社会主义文化大发展大繁荣。

文化部　财政部

二〇一一年十一月十五日

文化部　财政部关于印发《“公共电子阅览室建设计划”实施方案》的通知

文社文发〔2012〕5号

各省、自治区、直辖市文化厅（局）、财政厅（局），新疆生产建设兵团文化广播电视局、财政局，国家图书馆、文化部全国文化信息资源建设管理中心：

为进一步加强公共数字文化建设，提高公共文化服务能力，推动覆盖城乡的公共文化服务体系建设，切实保障数字化、信息化、网络化环境下公共文化服务的公益性、基本性、均等性、便利性，更好地满足人民群众日益增长的精神文化需求，提高公民思想道德素质和科学文化素质，文化部、财政部决定于“十二五”期间在全国实施“公共电子阅览室建设计划”。

“公共电子阅览室建设计划”以科学发展观为指导，以保障人民群众基本文化权益为宗旨，以未成年人、老年人、进城务工人员等群体为重点服务对象，依托全国文化信息资源共享工程（以下简称“文化共享工程”）的服务网络、文化共享工程及国家图书馆的数字资源，与文化共享工程建设、乡镇文化站建设、街道（社区）文化中心（文化活动室）建设以及中央文明办组织实施的“绿色电脑进西部”工程相结合，在城乡基层大力推进公共电子阅览室建设，努力构建内容安全、服务规范、环境良好、覆盖广泛的公益性互联网服务体系。

实施“公共电子阅览室建设计划”，为广大人民群众特别是未成年人提供公益性上网场所，吸引广大人民群众参与积极、健康的网络文化活动，是牢牢把握网络文化建设主动权的需要，是保障人民群众的基本文化权益、弘扬社会主义核心价值观、用先进文化占领新媒体阵地的客观要求，是公共文化服务体系建设的应有之义。各级文化行政部门和财政部门要充分认识实施“公共电子阅览室建设计划”的重要意义，高度重视，加强领导，统筹协调，紧密结合当地实际，认真制定本地区实施方案，科学规划实施进度，落实经费保障，注重人才培养，加大宣传力度，加强督导检查，确保“公共电子阅览室建设计划”的顺利实施。

现将《“公共电子阅览室建设计划”实施方案》印发给你们，请遵照执行。

特此通知。

附件：“公共电子阅览室建设计划”实施方案

文化部　　财政部

二○一二年二月三日

附件：

“公共电子阅览室建设计划”实施方案

为适应信息化、数字化、网络化的发展要求，进一步加强公共数字文化建设，提高公共文化服务能力，推动覆盖城乡的公共文化服务体系建设，切实保障人民群众的基本文化权益，提高公民的思想道德素质和科学文化素质，文化部、财政部决定于“十二五”期间在全国实施“公共电子阅览室建设计划”。

一、总体目标

"公共电子阅览室建设计划"以科学发展观为指导，坚持公益性、基本性、均等性、便利性原则，以保障人民群众基本的文化权益为目标，以未成年人、老年人、进城务工人员等特殊群体为重点服务对象，依托文化共享工程的服务网络和设施，以及文化共享工程、国家数字图书馆丰富的数字资源，与文化共享工程建设、乡镇文化站建设、街道（社区）文化中心（文化活动室）建设以及中央文明办组织实施的"绿色电脑进西部"工程相结合，在城乡基层大力推进公共电子阅览室建设，努力构建内容安全、服务规范、环境良好、覆盖广泛的公益性互联网服务体系。

二、实施意义

实施"公共电子阅览室建设计划"，是满足未成年人基本文化需求的重要手段。通过实施"公共电子阅览室建设计划"，建设免费、"绿色"、安全的公益性上网场所，以及一批弘扬中华优秀民族文化、体现社会主义核心价值观、雅俗共赏的优秀文化信息资源，吸引未成年人及广大社会公众参与积极、健康的网络文化活动，对于扩大思想文化阵地，净化网络环境，提高未成年人及广大社会公众的思想道德素质和科学文化素质，具有重要意义。

实施"公共电子阅览室建设计划"，是加快构建公共文化服务体系的重要举措。公共电子阅览室以计算机技术、互联网技术、数字图书馆技术为支撑，以中华优秀数字资源为内容，以现有公共文化服务网络为依托，在充实基层公共文化服务资源、丰富服务手段、创新服务形式、拓展服务范围等方面具备独特优势，对于健全我国公共文化服务体系网络，提升我国公共文化服务体系建设的水平，具有重要作用。

实施"公共电子阅览室建设计划"，是推进全社会信息化建设的重要途径。大力实施"公共电子阅览室建设计划"，进一步完善全国各级公共图书馆、文化馆（站、室）的软硬件设施，增强各级公共图书馆、文化馆（站、室）的数字文化服务能力，把更多适应人民群众需求的数字资源传送到社区、城镇和农村，对于活跃基层群众的文化生活、推进全社会的信息化具有重要意义。

三、实施条件

（一）设施条件

"十一五"期间，我国已经初步形成了覆盖乡镇和社区的公共文化服务体系。目前，全国共有县以上公共图书馆2884个，文化馆、群艺馆3264个，文化站40118个，社区、村文化室137665个。文化共享工程已建设各级中心和基层服务点89.1万个，包括1个国家中心、33个省级分中心、2840个县市级支中心、28595个乡镇基层服务点、1092个街道基层服务点、6022个社区基层服务点、60.2万个村基层服务点，另有25万所农村中小学可接受并使用工程提供的资源。

（二）网络与技术条件

近年来，文化共享工程应用现代科学技术，将中华优秀文化信息资源进行数字化加工整合，通过工程网络体系，已形成互联网、卫星网、有线（数字）电视、移动通讯网、电子政务专网、光盘(移动硬盘)等多种技术服务模式，并积极探索和应用面向"三网融合"的网络电视、IPTV、3G等新兴技术手段开展服务，初步建立了层次分明、互联互通、多种方式共用的信息传输网络，使基层文化单位的信息化水平和数字资源服务能力得到跨越式提升，实现优秀文化信息资源在全国范围内的共建共享。

（三）数字资源条件

文化共享工程和国家数字图书馆已经积累了近700TB数字文化资源。其中，文化共享工程数字资源总量达136.4TB，国家数字图书馆资源达561.3TB，主要内容涵盖了中文电子图书、电子期刊、电子报纸、地方志、舞台艺术、非物质文化遗产、电影、电视剧、文化讲座、精品文化专题库、少儿动漫、农业技术、科普、医疗卫生、法律法规、生活百科等方面。

四、实施内容

（一）推进免费开放。"十二五"期间，结合文化部、财政部组织实施的"三馆"免费开放工作，推动已建公共电子阅览室的免费开放，彰显其公益特性，满足广大社会公众特别是未成年人与老年人、进城务工人员等城乡低收入群体的需求。

（二）完善设施条件。"十二五"期间，将在文化共享工程县级支中心及基层服务点的基础上，按照文化部制定印发的《公共电子阅览室设备配置标准（试行）》，提升、完善设施条件，配备统一标准的信息安全管理软件，建设一批标准、规范的公共电子阅览室。

1. 重点推进乡镇和街道、社区公共电子阅览室的建设。按照面积不少于40平方米、终端计算机不少于10台、局域网存储空间不少于1TB、互联网出口带宽不低于2M的标准，建设规范的乡镇、街道（社区）级公共电子阅览室。目前，文化共享工程乡镇、街道、社区基层点的计算机配置分别为4台、7台、3台，“十二五”期间，有计划地增加至10台以上，使其达到公共电子阅览室设备配置标准，到“十二五”末，努力实现公共电子阅览室在全国所有乡镇和街道、社区的全面覆盖。

2. 加强与共青团中央、全国总工会、全国妇联的合作，鼓励有条件的青少年宫、工人文化宫、妇女儿童活动中心及其他企事业单位，按照有关标准，建设公共电子阅览室，文化行政部门对其进行业务指导，并在设备、数字资源、技术等方面给予支持。

（三）丰富数字资源内容。认真研究基层群众的网络信息资源需求，依托文化共享工程和国家数字图书馆资源，加大整合共建力度，建设先进性、知识性、趣味性为一体的、基层群众喜闻乐见的公共互联网数字资源库群。

1. 丰富资源总量。“十二五”期间，整合建设适合开展公共电子阅览室服务的优秀数字资源达到500TB。其中文化共享工程整合建设不少于30万小时的视频资源，国家数字图书馆整合建设不少于100万册中文电子图书。数字资源建设以农业技术、务工培训、少儿动漫、红色历史、经典影视、文化专题、舞台艺术、知识讲座、医疗卫生、电子书刊、益智游戏为主要内容，重点建设一批未成年人喜爱的动漫故事、益智类游戏、进城务工人员实用技能资源、少数民族语文资源、地方特色资源等，采购一批群众喜闻乐见的电影、电视节目。

2. 加大整合共建力度，形成全社会共建机制。进一步加大文化系统内文化资源的征集整合力度，加强与教育、广电、信息产业、农业、科技、新闻出版等部门的合作，争取以免费或者优惠的价格得到各系统资源，丰富资源总量。创新资源建设机制，发展面向全社会机构、个人的资源共建体系，综合采取多项激励政策，促进公共互联网数字资源库群的共同建设。

3. 认真研究基层群众网络文化信息资源需求，提高资源建设与服务的适用性与针对性。与国家公共文化服务体系制度设计研究成果相结合，加强基层群众网络文化信息资源需求的采集与分析，建立公共电子阅览室资源供给与需求反馈机制。各级文化行政部门和各公共电子阅览室要指定资源需求负责人，结合技术手段实现基层群众资源需求的自动化采集与人工填报。文化部全国文化信息资源建设管理中心与国家图书馆根据需求反馈，重点加强基层群众需求强烈的数字资源建设。

4. 有效解决面向公共互联网服务的资源版权。充分利用《信息网络传播权保护条例》对农村地区基层群众开展网络信息资源服务的扶持政策，进一步争取公共电子阅览室数字资源服务版权的政策支持。针对公共互联网服务模式，积极探索解决版权的灵活有效模式。

（四）建立和完善技术支撑平台。充分应用云计算、智能服务、流媒体、移动互联网等最新适用技术，与“三网融合”发展战略紧密结合，依托已有技术管理平台，建立先进实用、安全可靠、开放互联的公共电子阅览室技术平台。

1. 建立信息安全管理平台。公共电子阅览室信息安全管理平台包括用户登记管理系统、内容监控管理系统、软硬件设备运行管理系统、工作人员档案管理系统和服务统计分析系统。通过信息安全管理平台，对上机用户进行实名登记、限制上机时长，通过技术手段保障公共电子阅览室内容服务的健康、文明，杜绝反动、淫秽、暴力等不良信息的侵入和传播，确保公共电子阅览室网络信息安全。文化部全国文化信息资源建设管理中心负责制定公共电子阅览室信息安全管理平台技术规范，对全国公共电子阅览室服务情况进行统计分析；文化共享工程各省级分中心在本区域内形成一致的技术平台；各公共电子阅览室负责本电子阅览室的用户登记管理、内容监控和服务数据采集。

2. 建立资源传输调配体系。与“三网融合”发展战略相结合，因地制宜，充分利用互联网、国家电子政务专网、卫星网、有线/数字电视网，广开传输渠道，创新传输手段，各省要制定资源传输调配方案和管理办法，确保公共电子阅览室资源更新的及时性。

3. 实现公共电子阅览室用户的资源导航与信息采集。建立公共电子阅览室信息资源导航系统，提升导航的实用性和针对性，引导基层用户访问互联网上优秀的文化信息资源。文化部全国文化信息资源建设管理中心负责制定信息资源导航系统模板，各省根据本地实际进行配置。各地要根据统一规范建设公共电子阅览室用户访问信息采集系统，及时收集并上报基层文化信息需求和利用文化信息资源开展服务的情况。

（五）强化管理与服务。坚持建设、管理与服务并重，建立健全制度规范，树立良好形象，努力提高公共电子阅览室建设水平。

1.建立健全管理规范。制定出台《公共电子阅览室管理规范》，建立健全公共电子阅览室的统一标识、用户上网实名登记、巡查监督、限时上网、工作信息填报、资源利用统计与反馈等制度，防止不良信息的侵入和传播，采取措施，重点加强对未成年人上网的管理，确保公共电子阅览室安全运行。

2.切实加强惠民服务。充分利用公共电子阅览室的设施条件，建立和完善公共文化服务平台，广泛开展内容丰富、形式多样的辅导、咨询、培训等惠民服务，引导社会公众特别是未成年人正确地认识和使用互联网，为广大人民群众的学习、工作和生活服务。加强少数民族语言数字资源及相关网站建设，做好为少数民族群众的服务。

3.加强整合，避免重复建设。充分利用已有设备设施、数字资源、网络条件和人才队伍开展工作，加强与中组部农村党员干部现代远程教育、教育部农村中小学现代远程教育工程，以及广电、信息产业、农业、科技、新闻出版等部门的共建共享。

（六）建立公共电子阅览室长效运行保障机制，促进可持续健康发展。结合“三馆”免费开放工作，建立健全经费保障机制，为公共电子阅览室的建设和运转提供经费保障。同时，积极探索社会力量参与公共电子阅览室建设的新路，在保障公共电子阅览室公益性的前提下，争取社会力量的支持。

五、实施步骤

（一）试点阶段（2010年11–2011年12月）

大力推进试点工作，为计划全面实施积累经验、奠定基础。组建“公共电子阅览室建设计划”专家咨询机构，制定公共电子阅览室管理办法、公共电子阅览室技术平台规范。对55%以上的已配备文化共享工程设备的乡镇/街道、社区公共电子阅览室进行设备升级。完成公共电子阅览室信息资源导航系统建设，完成资源建设总量的20%，并提供服务。

（二）逐步推进阶段（2012–2013年）

全面推进已有公共电子阅览室的免费开放。完成已配备文化共享工程设备的乡镇/街道、社区公共电子阅览室的设备升级。完成公共电子阅览室信息信息管理平台建设。完成“十二五”期间资源建设总量的60%，并提供服务。

（三）全面完成阶段（2014–2015年）

对符合条件的公共互联网服务场所进行认定，推进全社会共同参与建设公共电子阅览室。发展完善面向三网融合的资源传输调配体系。全部完成资源建设计划，并提供服务。

六、保障措施

（一）加强组织领导。文化共享工程领导小组负责“公共电子阅览室建设计划”的实施，领导小组办公室设在文化部社会文化司，负责有关日常工作。文化部全国文化信息资源建设管理中心负责资源建设、技术支持和工作人员培训。省级文化行政部门负责本省（区、市）公共电子阅览室建设计划的规划、组织实施和管理，文化共享工程各省级分中心负责本省（区、市）公共电子阅览室的资源建设、技术支持和工作人员培训。

（二）落实经费保障。“公共电子阅览室建设计划”所需经费由中央和地方财政共同负担。中央财政专项资金重点用于为中、西部地区乡镇、街道和社区公共电子阅览室补充设备，建立和完善服务和技术平台管理。中央财政对中、西部地区公共电子阅览室补充设备所需经费分别负担50%、80%，对东部地区给予适当奖励。地方财政也要按照规定足额落实应负担资金。

（三）加强人才培养，提高工作队伍素质。结合《文化部关于开展全国基层文化队伍培训工作的意见》（文社文发〔2010〕33号）有关要求，建立“公共电子阅览室建设计划”基层人员培训长效机制，大力开展人才培养，着力造就一批熟悉和掌握计算机、网络知识的业务骨干，提高公共电子阅览室工作人员的素质，为“公共电子阅览室建设计划”的顺利实施提供人才保障。

（四）加大宣传和推广。要广泛宣传，营造良好的舆论氛围，使广大社会公众了解“公共电子阅览室建设计划”，进一步增强公共电子阅览室的辐射力和影响力，吸引更多的社会公众到公共电子阅览室享受公益性上网服务。要注重总结工作经验，发现好的典型，及时加以宣传和推广。

文化部关于印发
《全国文化信息资源共享工程“十二五”规划纲要》的通知

文公共发〔2013〕7号

各省、自治区、直辖市文化厅(局),新疆生产建设兵团文化广播电视局,各计划单列市文化局,本部各司局、国家文物局,各直属单位:

《全国文化信息资源共享工程“十二五”规划纲要》已经文化部审定,现印发给你们,请结合实际认真贯彻执行。

特此通知。

文化部

2013年1月30日

全国文化信息资源共享工程“十二五”规划纲要

全国文化信息资源共享工程(以下简称文化共享工程)是国家重大文化惠民工程,在我国公共文化服务体系建设中具有战略性、基础性地位。“十一五”期间,在党中央、国务院的正确领导下,在各级文化行政部门的大力推动下,文化共享工程建设取得了丰硕成果,覆盖城乡的服务网络基本建成,数字资源初具规模,技术平台日趋成熟,管理体系不断完善,初步实现了优秀文化信息资源在全国范围的共建共享。当前,文化共享工程已从共建进入到全面共享的发展阶段,面临着三个重要转变,即工作重点从侧重设施建设向侧重管理服务转变;建设方式从铺摊建点的规模化建设向专业化和品牌化转变;发展模式从单一化向社会化转变。为深入贯彻党的十八大及十七届六中全会精神,进一步推动“十二五”时期文化共享工程建设,切实保障人民群众的基本文化权益,推动社会主义文化大发展大繁荣,促进我国经济社会协调发展,编制本规划纲要。

一、指导思想与发展目标

(一)指导思想

以邓小平理论和“三个代表”重要思想为指导,深入贯彻落实科学发展观,坚持社会主义先进文化前进方向,以满足人民精神文化需求为出发点和落脚点,坚持公益性、基本性、均等性、便利性原则,坚持以政府为主导,以资源建设为核心,以技术支撑平台为保障,以共建共享为途径,面向基层、服务群众,努力实现优秀文化信息资源的全民共享。

(二)发展目标

在巩固完善文化共享工程基础设施建设基础上,丰富数字资源,扩展服务网络,优化技术平台,创新机制,完善管理,加强服务,提升效益,将文化共享工程建成资源丰富、传播高效、服务便捷、管理科学的公共数字文化品牌工程。到2015年,文化共享工程数字资源总量达到530百万兆字节;服务网络实现从城市到农村的全面覆盖,公共电子阅览室基本覆盖全国所有乡镇和街道、社区,入户率达到50%。

二、主要任务

(一)完善覆盖城乡的六级服务网络

继续以农村和中西部地区为重点,扩大覆盖,消除盲点,提高标准,完善文化共享工程国家、省、市、县(区)、乡镇(街道)、村(社区)六级服务网络。在各级文化馆、城市街道社区新建文化共享工程基层服务点。与公共文化服务示范区建设相结合,评选命名一批“文化共享工程·公共电子阅览室示范点”,发挥其在设施建设、管理与基层服务方面的示范作用,实现文化共享工程基层服务点建设的品牌化、科学化、规范化。

(二)推进文化共享工程进入居民家庭

紧密结合国家“三网融合”发展战略,加强与广播电视和信息产业等部门的合作共建,推广各地文化共享工程“进村入户”的先进经验，结合各地实际，通过直播卫星、互联网、通信网、有线(数字)电视、网络电视等多种方式，将文化共享工程的资源送入居民家庭。加强入户资源的建设与整合，完善相关技术标准、技术模式和制播流程，强化资源内容和节目播出的安全管理，确保入户资源的顺畅推送及节目编播的自主可控。

(三)实施“公共电子阅览室建设计划”

按照文化部、财政部印发的《“公共电子阅览室建设计划”实施方案》(文社文发〔2012〕5号)的要求，以未成年人、老年人、进城务工人员等特殊群体为重点服务对象，依托文化共享工程的服务网络和设施，与乡镇文化站建设、街道(社区)文化中心(文化活动室)建设以及中央文明办组织实施的“绿色电脑进西部”工程结合，与共青团中央、全国总工会、全国妇联等密切合作，组织实施“公共电子阅览室建设计划”。以乡镇、街道、社区为重点，提高配置标准，完善公共电子阅览室建设的设施条件。坚持建设、管理与服务并重，丰富公共电子阅览室的资源内容，完善技术支撑平台，健全管理制度，推进免费开放，加强惠民服务，努力构建内容安全、服务规范、环境良好、覆盖广泛的公益性互联网服务体系。

(四)加强数字资源建设的统筹规划和管理

1.建设公共数字文化资源基础库

以基层群众为对象，以服务和需求为牵引，大力建设体现社会主义核心价值、弘扬中华民族传统文化、关系文化民生的公共数字文化资源。深入研究基层群众的数字文化需求，研究制定《文化共享工程2013-1015年资源建设规划》，明确资源建设的目标、任务、分类体系、建设重点和建设方法，提高资源建设工作的整体水平。加大资源征集力度，确保资源增量。以文化艺术类、群众文化类、进城务工及农业科技类、生活服务类、少儿教育类等资源为重点，建设若干主题鲜明、体系完整、质量上乘、具备公共文化服务基础性的专题资源库，提高资源建设的系统性、针对性、实用性。贯彻落实中宣部有关文件精神，加强“红色历史文化”多媒体资源库的建设。统筹开展“中国戏曲多媒体资源库”等全国性资源建设项目的规划与实施。

2.加强少数民族文化产品译制工作

重点整合译制藏语、维吾尔语、哈萨克语、蒙语、朝鲜语资源。在新疆维吾尔自治区、西藏自治区、内蒙古自治区、青海省、四川省、吉林省等建立少数民族语言资源建设中心，在文化共享工程国家中心组织协调下，开展相关少数民族语言数字资源的征集、整合、译制及服务工作，建设一批贴近少数民族群众生活、反映少数民族特色、帮助少数民族农牧民群众生产致富的数字文化资源。逐步丰富少数民族语言资源的种类。到2015年，建成藏汉、维汉、哈汉、蒙汉、朝汉等文化共享工程双语网站。

3. 推进数字资源共建共享

建立、完善文化共享工程资源建设标准规范体系，开展文化共享工程资源联合编目工作，编制文化共享工程资源总目录，推动文化共享工程全系统资源的共建共享。鼓励各省结合实际，采取灵活多样的办法，加强各省之间及本省范围内的资源共享。建设分布式数字资源共建共享系统，采用开放式、分级管理方式，实现数字资源的分布式加工、存储和元数据的统一管理以及跨库使用。建立数字资源异地灾备系统，实现数字资源的长期安全保存。

4. 建立健全资源建设机制

研究制定《文化共享工程资源建设管理办法》，全面提高资源建设的科学化、制度化、规范化水平。组建“文化共享工程资源建设领导小组”，加强对资源建设工作的组织领导，形成国家中心负责规划、统筹、指导，各省级分中心负责具体组织实施、市(县)级支中心共同参与的资源建设工作格局。组建“文化共享工程资源建设专家委员会”，充分发挥专家在资源建设规划、项目策划、方案实施、成果验收等方面的作用。建立健全资源建设的项目申报和立项审批机制，提高项目策划水平和建设质量。创新资源征集机制，加大对文艺院团、群艺馆、文化馆、美术馆、艺术院、博物馆等以及社会资源的征集力度，组织开展资源捐赠活动，鼓励机关事业团体、企业、个人向文化共享工程捐赠资源。探索建立资源使用效果的调查与反馈机制。

5.切实做好资源的推送、揭示和服务

因地制宜，广开渠道，面向基层，加大资源的推送、更新、揭示和服务力度。制定《文化共享工程资源服务手册》，规范资源服务工作流程和管理。整合、开发、制作一批系列化的资源服务产品。按照中组部党员教育中心的要求，继续做好党员教育相关教材的制播工作。积极主动地向相关部门、企事业单位、社会组织等提供公益性资源服务。保护知识产权，妥善解决资源建设与服务中的版权问题。

(五)打造先进实用的技术支撑平台

1.建设国家公共文化数字支撑平台

加强科研开发和应用的研究，采用云计算等最新适用技术，发挥文化共享工程基础设施作用和规模优势，建设管理统一、开放互动、共建共享的国家公共文化数字支撑平台，增强数字资源共享能力，提高数字资源的传播效率和信息基础设施的综合利用率，改善资源服务的针对性、便捷性和时效性，实现公共文化服务数字化评估管理，为提升文化共享工程服务效能、推动公共文化服务体系长效发展提供整体有效的数字化支撑。

2.建设全国公共电子阅览室管理信息系统

运用先进技术手段，建立国家级公共电子阅览室建设管理平台，有效监督和管理全国各级公共电子阅览室的服务和使用情况，确保公共电子阅览室网络信息服务的安全，资源的及时更新以及服务导航的方便实用性，构建健康、文明的网络访问环境，杜绝反动、淫秽、暴力等不良信息的侵入和传播。

3. 建设公共文化信息服务门户

构建资源丰富、内容权威、基于现代新技术以全媒体数字文化服务新业态为主导的公共文化信息服务门户。建设国家、省、市、县/区四级分布式互联网网站群，打造“国家数字文化网”，满足基层群众多样化的网络文化信息需求。

(六)推动国家中长期人才培训计划的实施

1.开展国民信息素养教育培训

根据国家信息化发展战略确立的利用文化共享工程开展提高国民信息素养培训的要求，利用覆盖城乡的文化共享工程服务网络，通过建设与整合各类标准化、高质量的培训课件，因地制宜，有步骤、有组织地开展提高国民信息素养的教育培训。制作并翻译少数民族语言的培训课件，加大少数民族地区的培训力度。

2.推进农村实用人才和进城务工人员培训

根据《国家中长期人才发展规划纲要(2010—2020年)》和《关于进一步加强农民工文化工作的意见》要求，发挥文化共享工程服务网络优势，通过合作共建等方式推进基层服务品牌项目实施，大规模开展农村实用人才培养和进城务工人员培训。“十二五”期间，培训农村实用人才和进城务工人员1000万人次。

3.继续实施文化共享工程基层队伍培训

根据文化部《关于开展全国基层文化队伍培训工作的意见》和文化共享工程基层队伍培训工作规划，完善工程培训体系，提升远程培训能力，实现培训工作的科学化、规范化、常态化。按照分级负责、分类实施、全员学习的原则，培训各级各类工作人员500万人次。

(七)促进基层惠民服务品牌化专业化

1.创建“公共数字文化服务体验区”

围绕公共文化服务体系建设总体目标，依托文化共享工程服务网络及公共电子阅览室平台，以新思路、新技术、新产品、新内容为引导，着力推动公共文化服务与科技创新融合，试点推进、打造多种模式的集知识性、趣味性、互动性、娱乐性为一体的公共数字文化体验区，大幅度提升公共文化服务的吸引力、感染力。

2.构建“边疆万里数字文化长廊”

依托边疆地区文化共享工程基层服务网点和公共电子阅览室构建“边疆万里数字文化长廊”，通过提高边疆地区文化共享工程基层点和公共电子阅览室的覆盖率，改善边疆地区文化设施薄弱，基层群众、部队官兵的精神文化生活匮乏、单调的状况，增强文化实力。

3.联合打造基层惠民服务品牌

深入总结各地经验，大力推广“东方社区信息苑”、“数字文化讲师团”、“农文网培学校”、“市民艺术培训学校”、“戏曲动漫暨传统文化进校园”等服务模式，推动文化共享工程服务多样化、品牌化，不断满足基层群众“求知识、求富裕、求健康、求快乐”的需求。

4.广泛开展公共数字文化惠民服务

充分发挥文化共享工程基层服务点和公共电子阅览室阵地优势，结合国家重大事件、重要节日、假日和纪念日，策划开展持续时间长、参与人数多、举办规模大、对外影响广的公共文化服务活动，改进、丰富和加强公共数字文化惠民服务。

三、保障措施

(一)加强组织领导和管理机制创新

各级政府作为公共文化服务体系建设的领导者和组织者，要把文化共享工程纳入当地经济和信息化发展规划及创建文明城市、文明乡村的重要内容。各级文化主管部门要将文化共享工程纳入创建文化先进县(市)和乡镇的评比标准，并作为衡量当地文化事业发展的重要指标。文化共享工程各级单位，要在争取政策支持的同时，认真抓好各项任务的落实。要加强文化共享工程建设的制度设计，建立绩效评估体系，提高工程管理的科学化水平。

(二)争取财政持续加大投入

文化共享工程作为我国公共文化服务基础性、战略性工程，应积极争取中央财政投入，对文化共享工程运行保障、六级网络体系建设、资源建设、技术平台建设等给予经费支持，保障工程各项工作的顺利实施。通过补贴机制和奖励机制，对开展文化共享工程公益性服务和工作突出的地区和单位予以补贴和奖励，调动各地工作的积极性。各级地方财政要按照规划任务，确保配套资金的落实，同时结合本地实际，进一步加大对文化共享工程的投入力度。

(三)广泛开展共建共享

加大文化系统内的资源整合力度，争取由国家财政投入生产的文化产品向文化共享工程无偿提供。与教育、广电、信息产业、农业、科技、新闻出版等部门广泛合作，努力以免费或优惠的价格获取各系统的相关资源。建立捐赠人激励机制，对捐赠著作、资金、设备的个人、集体颁发荣誉证书，并协调相关部门，综合采取多项激励政策，鼓励和保护对公益性文化事业的捐助。

(四)健全人才队伍

加强文化共享工程各级中心的机构建设，建立文化共享工程人力资源支持保障体系，培养一支既具备较高技术素质和专业知识，掌握数字文化服务的基本理念，又能熟练运用数字文化服务技能的人才队伍。国家中心组织力量编制教材，面向省级分中心、地市(县)级支中心开办骨干培训班。各地组织本地区的培训工作，重点建设一批爱岗敬业、善于管理服务设施和组织基层文化服务项目的专业队伍。评选、表彰一批“文化共享之星”。把社会工作者、志愿者作为人才队伍建设的有机组成部分，切实做好人才配置工作。

(五)扩大宣传推广

提升高度、把握角度，下基层、接地气，找准切入点，突出宣传文化共享工程文化惠民的本质、特色和实效，以形成宣传推广品牌。积极发挥网站窗口作用，同时通过广播电视、平面媒体同步推送，参与组织举办主题晚会、制播公益广告及专题节目、开展知识竞赛等，进一步扩大文化共享工程的社会影响力。

文化部办公厅关于公布全国文化信息资源共享工程·公共电子阅览室示范点和文化共享之星名单的通知

办公共发〔2012〕29号

各省、自治区、直辖市文化厅（局），新疆生产建设兵团文化广播电视局：

全国文化信息资源共享工程（以下简称文化共享工程）是我国公共文化服务体系建设的基础性、战略性工程，是国家重大文化惠民工程、文化创新工程。文化共享工程实施10年来，经过广大工程建设者的积极探索和不懈努力，在传播优秀文化、服务城乡基层等方面，取得了丰硕成果，为构建公共文化服务体系、保障和实现人民群众的基本文化权益、推动社会主义文化大发展大繁荣发挥了积极作用。 为进一步推动文化共享工程和公共电子阅览室建设，文化部开展了“全国文化信息资源共享工程·公共电子阅览室示范点”和“文化共享之星”评选活动。经各地推荐和专家评审，决定命名文化共享工程北京市东城区支中心等200个单位为“全国文化信息资源共享工程·公共电子阅览室示范点”，张玉霞等32名个人为“文化共享之星”。

希望“全国文化信息资源共享工程·公共电子阅览室示范点”再接再厉，巩固建设成果，不断开拓创新，发挥典型示范作用。希望“文化共享之星”继续发扬锐意进取、勤勉敬业的精神，取得新的成绩。各级文化行政部门要认真总结典型经验，不断提高文化共享工程建设水平。全国广大基层文化工作者要以“文化共享之星”为榜样，扎实工作，开拓进取，为加快建成惠及全社会的公共文化服务体系建设做出更大贡献。

特此通知。

附件：1.“全国文化信息资源共享工程·公共电子阅览室示范点”名单

2.“文化共享之星”名单

文化部

2012年12月18日

附件1

"全国文化信息资源共享工程·公共电子阅览室示范点"名单

（200个）

北京

东城区支中心
石景山区少儿支中心
朝阳区潘家园街道基层服务点
西城区金融街街道基层服务点
西城区宣武大栅栏街道基层服务点

天津

宝坻区支中心
北辰区天穆镇基层服务点
武清区南蔡村镇基层服务点
和平区南市街道庆有西里居委会基层服务点
红桥区西沽街河怡花园社区基层服务点

河北

承德县支中心
张家口市宣化区支中心
霸州市信安镇基层服务点
磁县磁州镇黄官营村基层服务点
黄骅市南排河镇西高头村基层服务点
卢龙县木井乡邸柏各庄村基层服务点
承德市双桥区西大街街道碧园社区基层服务点

山西

清徐县支中心
静乐县支中心
沁源县李元镇基层服务点
阳城县润城镇基层服务点
高平市野川镇基层服务点
襄垣县王桥镇王桥村基层服务点
古县岳阳镇湾里村基层服务点
长治县韩店镇韩店村基层服务点

内蒙古

扎鲁特旗支中心
呼和浩特市新城区支中心
巴林左旗林东镇基层服务点
察右后旗贲红镇基层服务点
杭锦后旗双庙镇基层服务点
鄂托克旗乌兰镇政和园社区基层服务点
鄂尔多斯市东胜区罕台镇田园社区基层服务点

辽宁

鞍山市铁东区支中心
彰武县前福兴地镇基层服务点
铁岭县熊官屯镇基层服务点
朝阳县羊山镇基层服务点
大连市普湾新区三十里堡街道基层服务点
凤城市宝山镇小四台村基层服务点
大石桥市金桥管理区后砬山村基层服务点

吉林

敦化市支中心
前郭尔罗斯蒙古族自治县支中心
桦甸市二道甸子镇基层服务点
公主岭市八屋镇基层服务点
敦化市翰章乡新乡村基层服务点
抚松县抚松镇中心街村基层服务点
白城市红叶社区基层服务点

黑龙江

绥芬河市支中心
萝北县支中心
东宁县支中心
逊克县车陆镇基层服务点
东宁县北河沿村基层服务点
哈尔滨市南岗区芦市办事处三姓社区基层服务点
黑龙江省农垦总局红旗岭农场基层服务点
黑龙江省军区65951部队基层服务点

上海

虹口区支中心
东方社区信息苑诗乡苑基层服务点
东方社区信息苑太平村苑基层服务点
东方社区信息苑莘工苑基层服务点
东方社区信息苑殷行苑基层服务点

江苏

南京市江宁区支中心
昆山市支中心
射阳县海通镇基层服务点
徐州市铜山区铜山镇基层服务点
南通市崇川区任港街道文化站

无锡市新区江溪街道基层服务点
常熟市支塘镇蒋巷村基层服务点
宿迁市宿豫区顺河镇雨露社区基层服务点

浙江

桐庐县支中心
杭州市萧山区支中心
永康市支中心
绍兴县杨汛桥镇基层服务点
舟山市普陀区虾峙镇基层服务点
海宁市马桥街道基层服务点
宁波市江东区新城社区基层服务点
临海市两水村基层服务点

安徽

太湖县支中心
繁昌县支中心
郎溪县十字镇基层服务点
铜陵县天门镇基层服务点
凤阳县小岗村基层服务点
桐城市大关镇青龙村基层服务点
马鞍山市花山区东苑社区基层服务点

福建

永安市支中心
南靖县支中心
石狮市支中心
光泽县崇仁乡基层服务点
永安市安砂镇基层服务点
厦门市同安区新民镇基层服务点
厦门市集美区灌口镇田头村基层服务点
南安市梅山镇蓉中村基层服务点

江西

靖安县支中心
南康市支中心
庐山管理局支中心
武宁县鲁溪镇基层服务点
彭泽县定山镇定山村基层服务点
吉安市吉州区古南镇街道桃树下社区基层服务点
新余市渝水区通洲办桥下管理处基层服务点

山东

青岛市城阳区支中心
寿光市支中心
龙口市支中心
垦利县兴隆街道渔洼村基层服务点
济南市市中区十六里河街道大涧沟西村基层服务点
枣庄市山亭区冯卯镇南赵庄村基层服务点
齐河县桑园赵村基层服务点
曲阜市南池社区基层服务点
荣成市恒茂实业集团有限公司基层服务点

河南

鄢陵县支中心
宝丰县支中心
灵宝市大王镇基层服务点
温县祥云镇基层服务点
信阳市平桥区长台关乡基层服务点
南乐县西街关村基层服务点

湖北

五峰县支中心
武汉市江汉区支中心
安陆市王义贞镇基层服务点
秭归县沙镇溪镇基层服务点
谷城县石花镇基层服务点
鹤峰县下坪乡基层服务点
武汉市江夏区五里界街锦绣村基层服务点

湖南

衡阳县支中心
长沙市雨花区支中心
长沙县开慧镇基层服务点
衡南县泉溪镇基层服务点
衡东县大浦镇堰桥村基层服务点
长沙县黄花镇黄龙新村基层服务点

广东

广州市越秀区支中心
深圳市宝安区支中心
佛山市南海区支中心
东莞市莞城基层服务点
东莞市虎门镇基层服务点
梅州市梅江区三角镇基层服务点
佛山市禅城区张槎街道基层服务点

广西

柳城县支中心
靖西县支中心
象州县支中心
北海市铁山港区南康镇基层服务点
贺州市平桂区沙田镇基层服务点
灵川县灵田镇基层服务点

罗城县龙岸镇基层服务点
兴业县葵阳镇四新村基层服务点

海南
海口市秀英区石山镇基层服务点
定安县定城镇多校村基层服务点

重庆
巴南区支中心
涪陵区李渡街道基层服务点
大足区棠香街道和平村基层服务点
渝中区南纪门劳务市场基层服务点
重庆市扶贫指导中心基层服务点

四川
成都市龙泉驿区支中心
西昌市支中心
邻水县支中心
邛崃市高埂镇基层服务点
峨眉山市胜利镇基层服务点
营山县东升镇锁水村基层服务点
宜宾县柏溪镇岷江社区基层服务点
罗江县家和社区基层服务点

贵州
正安县支中心
麻江县支中心
普安县三板桥镇基层服务点
江口县双江镇基层服务点
威宁县黑石头镇基层服务点
安顺市西秀区刘官乡基层服务点
都匀市文峰办事处云宫社区基层服务点

云南
玉溪市红塔区支中心
泸西县支中心
鹤庆县支中心
弥勒县巡检司镇基层服务点
广南县南屏镇基层服务点
禄丰县一平浪镇基层服务点
腾冲县中和镇大村基层服务点
曲靖市麒麟区南宁街道瑞东社区基层服务点

西藏
安多县支中心
扎达县支中心
米林县南伊乡才召村基层服务点

陕西
定边县支中心
安康市汉滨区少儿支中心
蓝田县焦岱镇基层服务点
眉县横渠镇基层服务点
黄陵县店头镇基层服务点
韩城市龙亭镇基层服务点
蒲城县翔村镇基层服务点

甘肃
陇西县支中心
兰州市安宁区支中心
肃南县支中心
定西市安定区青岚乡大坪村基层服务点
华亭县山寨乡新庄村基层服务点
金昌市金川区桂林路街道宝林里社区基层服务点

青海
贵德县支中心
西宁市城东区文化馆支中心
乐都县共和乡基层服务点

宁夏
青铜峡市支中心
海原县支中心
银川市金凤区丰登镇基层服务点

新疆
察布查尔锡伯自治县支中心
喀什地区支中心
新和县支中心
哈巴河县支中心

新疆生产建设兵团
农三师支中心
农五师89团支中心
农七师129团6连基层服务点
农八师石河子总场清泉集11连基层服务点

附件2

“文化共享之星”名单

（32名）

北　京	张玉霞（怀柔区马道峪村基层服务点）
天　津	贾金伟（和平区南市街道基层服务点）
河　北	赵兴善（涉县井店镇基层服务点）
山　西	权　勇（祁县权勇文化大院基层服务点）
内蒙古	马　荣（开鲁县麦新镇基层服务点）
辽　宁	刘同云（东港市长安镇基层服务点）
吉　林	王　晶（长春市朝阳区重庆街道基层服务点）
黑龙江	杜东林（漠河县北极镇基层服务点）
上　海	武德芹（东方社区信息苑打浦苑基层服务点）
江　苏	吴　虹（张家港市金港镇基层服务点）
浙　江	李凤琴（平湖市当湖街道基层服务点）
安　徽	喻小祥（太湖县桥东村基层点）
福　建	张水荣（龙岩市新罗区红坊镇基层服务点）
江　西	李炳南（武宁县甫田乡基层服务点）
山　东	胡延福（定陶县陈集镇基层服务点）
河　南	张省伟（偃师市岳滩镇基层服务点）
湖　北	陈国安（大冶市金牛镇基层服务点）
湖　南	彭光照（茶陵县东山村基层服务点）
广　东	彭桑子（广州市越秀区登峰街基层服务点）
广　西	苫相杰（北海市铁山港区南康镇基层服务点）
海　南	邓献进（琼山区大坡镇基层服务点）
重　庆	唐　余（渝北区悦来街道基层服务点）
四　川	阳秀英（荣县旭阳镇一碗水村基层服务点）
贵　州	罗联香（都匀市河阳乡基层服务点）
云　南	郭建德（禄丰县广通镇基层服务点）
西　藏	米玛多吉（当雄县公塘乡基层服务点）
陕　西	刘文利（泾阳县太平镇基层服务点）
甘　肃	杨　津（榆中县清水驿乡基层服务点）
青　海	王克芬（乐都县碾伯镇基层服务点）
宁　夏	刘　成（银川市兴庆区通贵乡基层服务点）
新　疆	阿巴斯·阿布都如苏力（喀什地区帕合太克里乡基层服务点）
新疆生产建设兵团	黄　英（农四师62团3连基层服务点）

全国文化信息资源共享工程

10周年

文化部及国家中心文件

资源建设类

关于印发《优秀地方戏作品征集奖励办法》的通知

文全信资发[2006] 3号

文化共享工程各省级分中心：

自2006年4月下发了《文化部全国文化信息资源建设管理中心关于印发<征集各省优秀地方戏剧目暂行办法>的通知》(文全信资发[2006]2号)后，此项工作得到了各省级分中心的大力支持，征集了一批为基层群众喜闻乐见的优秀地方戏曲作品，对共享工程更好地开展资源服务起了重要作用。为进一步推进地方戏资源共建共享工作，我中心决定于2006年7月底对在作品征集工作中表现突出的单位给予奖励补贴，具体办法如下：

一、奖励办法

（一）杰出奖

在2006年7月20日前，完成本省定向剧目和推荐剧目总数的1/6以上征集工作的单位，将获得杰出奖。管理中心对已经征得的作品按每部1000元的标准，给予获杰出奖的单位奖励补贴。

（二）优秀奖

在2006年12月31日前，完成本省定向剧目和推荐剧目总数的1/3以上征集工作的单位，将获得优秀奖。管理中心对已经征得的作品按每部800元的标准，给予获优秀奖的单位奖励补贴。

二、作品授权

所提交作品版权责任明确，无版权纠纷。授权书符合管理中心文全信资发[2006]2号文件中的附件三的要求。

三、作品质量

作品视频质量符合管理中心文全信资发[2006]2号文件附件四《优秀地方戏资源征集、加工标准》的要求，作品载体形式基本以VCD\DVD\BETACOM\DIGITALBETA等为主。

四、关于定向剧目的征集

《优秀地方戏剧目表》中所列的定向剧目，为中国艺术研究院戏曲研究所确定的我国地方戏优秀代表性剧目。各省级中心在认真调研的基础上，如确认这些剧目的视频资料已经不存或片源质量较低、不符合技术标准的，可由当地省中心的主要负责人推荐，征集其它曾获省部级以上奖项（含非政府奖）、深受当地群众喜爱的地方戏作品，数量一般不超过本省原列定向剧目的数量。

文化部全国文化信息资源建设管理中心

二00六年六月十五日

文化部全国文化信息资源建设管理中心关于印发《征集各省优秀地方戏剧目暂行办法》的通知

文全信资发[2006] 2号

文化共享工程各省中心：

为进一步满足各地基层群众，特别是农民对地方特色资源的需求，文化部全国文化信息资源建设管理中心（以下简称管理中心）特委托全国各省中心征集使用本省优秀地方戏剧目。为更好地完成这项工作，特制订以下暂行办法。

一、征集剧目选择原则。

（一）定向选择。各省按照管理中心委托中国艺术研究院戏曲研究所确定的《中国优秀地方戏剧目表》（详见附件一）所选剧目征集。

（二）各省推荐。在《中国优秀地方戏剧目表》之外，各省级中心根据本省区基层群众的需要，由各省图书馆主要负责人推荐（详见附件二《优秀地方戏曲剧目推荐书》）10部优秀地方戏曲目录，报管理中心备案协调。

二、征集、加工、质量控制与评审方式。

（一）征集方式。管理中心应与作品权利单位签署授权书或合同书。主要由国家投资生产的剧目，也可由相关文化主管部门签署授权书或合同书（详见附件三），授予管理中心对其作品进行数字化加工与编辑的权利，通过全国文化信息资源共享工程各级中心及合作单位开展公益性的广播、信息网络传输与公开播映服务的权利，使用期限不低于10年。

凡授权共享工程使用的剧目，可获得管理中心相关证书。

（二）征集作品质量及加工标准。各省应按照《优秀地方戏资源征集、加工标准》（详见附件四）征集作品。各省中心可自行决定是否由省中心加工。加工则应按照附件四要求实施，管理中心按征集补贴的5%给予加工补贴。

（三）质量控制。各省中心负责对本地征集上交的资源实施质量控制。剧目一般应由较高水准的地市级以上剧团演出，获得过地市级以上奖励。数字化加工的质量标准以附件一、附件二、附件三、附件四为依据。各省上交资源时附省中心出具的《质量验收报告》。（详见附件五）

（四）评审方式。管理中心聘请专家，对各省征集加工的资源做最后验收，并反馈《终审报告》（详见附件六）。

1、征集进度。2006上半年完成本省定向剧目和推荐剧目的1/6以上，2006年全年完成1/3以上。根据各省级中心征集上报剧目的进度，管理中心对进度较快的单位给予一定的奖励。

2、凡因条件限制，拟不承担此项委托代理征集工作的省级中心，请在2006年5月10日之前填报回执单（详见附件七），以便管理中心通过多种渠道完成征集优秀剧目的任务。

三、补贴标准。

管理中心征集使用作品采取有偿优惠使用的原则。即由管理中心向代理征集的各省级中心支付一定的经费补贴，各省级中心用其处理代理征集工作中发生的费用。

（一）《中国优秀地方戏剧目表》包含剧目，管理中心给予10000元/部的征集补贴，若提交成果已加工，则另支付5%的加工补贴。

（二）管理中心选定的各省推荐优秀地方戏曲剧目，按照8000元/部的额度给予征集补贴，若提交成果已加工，另支付5%的加工补贴。

（三）对于不符合质量要求的资源，管理中心将退回原地并不予补贴。

四、委托代理。

为动员有关方面协助管理中心征集作品，管理中心委托各省中心或相关机构开展征集工作。为此，管理中心将支付一定的劳务费，其标准为管理中心支付该作品征集补贴费用的5%。

五、实施时间。

本暂行办法于发布之日起实施。

注：本办法征集范围以外的作品（如文华奖、群星奖、五个一工程奖、部级获奖作品及其他优秀剧目等）仍按原相关办法执行。

附件： 一、中国优秀地方戏剧目表（略）
二、优秀地方戏曲剧目推荐表（略）
三、授权书（样式）（略）
四、优秀地方戏资源征集、加工标准（见193页）

文化部全国文化资源建设管理中心
二OO六年四月五日

关于印发文化共享工程优秀资源少数民族语言译制暂行办法的通知

文全信资发〔2007〕8号

文化共享工程内蒙古、吉林、西藏、青海、新疆各省、自治区分中心：

为扩大文化共享工程资源的传播范围，增强传播力度，丰富少数民族人民的精神文化生活，加强民族团结和民族和谐，管理中心特委托相关省、自治区分中心分别承担蒙古语、朝鲜语、藏语、维吾尔语等少数民族语言的译制工作。为更好地完成这项工作，特制订以下暂行办法。

一、译制内容

（一）讲座类资源

各省、自治区分中心从管理中心网站上公布的《讲座类资源目录》中选择60场适合本地少数民族地区使用的讲座。

（二）农业视频资源

各省、自治区分中心从管理中心网站上公布的《农业视频类资源目录》中选择或由分中心主要负责人推荐（推荐表格样式详见附件一）适合本地少数民族地区使用的农业视频资源40个。

（三）资源目录发布地址

管理中心的待选目录发布在全国文化信息资源共享工程网站以下网址的"资源目录"栏目中：

http://www.ndcnc.gov.cn/libportal/main/libportal/shidian/。

（四）藏语译制由西藏、青海两地共同承担。资源选择范围同上，资源选择数量两地各占一半。

二、任务分配

（一）内蒙古自治区分中心：蒙古语；讲座60场、农业视频40个。

（二）吉林省分中心：朝鲜语；讲座60场、农业视频40个。

（三）西藏自治区分中心：藏语（拉萨语系）；讲座30场、农业视频20个。

（四）青海省分中心：藏语（安多语系）；讲座30场、农业视频20个。

（五）新疆自治区分中心：维吾尔语；讲座60场、农业视频40个。

三、制作要求及质量控制

（一）译制标准

各省、自治区分中心应根据本通知附件二《少数民族语言资源译制标准》的要求译制资源。

（二）时间要求

1、5月31日前各省、自治区分中心以电子及书面形式上报最终确定实施译制的资源目录（表格样式详见附件三）。

2、管理中心于6月30日前向各省下发资源母盘或母带。

3、各省、自治区分中心于11月30日前提交按附件一要求制作的译制成果，其中包括制作完毕的节目BETA带、翻译文稿（中文字幕、少数民族语言字幕对照）、附件一、附件四。如有提前完成的成果可于9月30日前提交一次。

（三）质量控制

各省、自治区分中心负责对译制成果实施质量控制。省、自治区可与本地高水准的企事业单位合作完成资源的译制工作。提交资源成果时附本省、自治区分中心出具的《质量验收报告》（报告样式详见附件四）。

四、补贴标准

管理中心为译制工作向各省、自治区分中心支付一定的经费补贴。

（一）讲座资源按每小时9000元予以补贴。

（二）农业视频资源按150元/分钟予以补贴。

五、实施时间

本暂行办法于发布之日起实施。

附件

一、《译制农业视频类资源推荐书》（略）
二、《少数民族语言资源译制标准》（略）
三、《译制资源成果目录》（略）
四、《质量验收报告》（略）

联 系人： 薛鑫卉
传真电话：010－68475713
办公电话：010－88545143
电子邮箱：xuexh@ndcnc.gov.cn

文化部全国文化信息资源建设管理中心
二〇〇七年五月二十五日

关于提高资源征集格式要求的通知

文全信资发〔2008〕3号

文化共享工程各省级分中心、副省级分中心、各相关少儿馆：

管理中心自成立以来委托省各单位征集了大量讲座、地方戏、综艺汇演、文化专题片等基层群众喜闻乐见的资源，在丰富基层群众文化生活方面发挥了重要作用。

随着信息存储技术的发展以及资源使用模式的不断创新，文化共享工程资源的使用范围及影响力逐步扩大，深入人心，基层群众的资源鉴赏水平得到了大幅度提高。为了满足基层群众对资源内容与质量的更高要求，管理中心要求：自2008年1月1日起，各省单位提交的各类型视频资源均以DVD格式（4M码流）为最低标准。今后管理中心将不在接受低于此标准格式的光盘资源。

特此通知，请各单位予以大力支持！

文化部全国文化信息资源建设管理中心
二00八年一月十四日

关于印发《关于实施讲座资源征集与编辑加工的暂行办法的通知》的补充通知

文全信资发〔2007〕15号

文化共享工程各省级、副省级分中心：

管理中心2006年9月印发了《关于实施讲座资源征集与编辑加工的暂行办法的通知》（文全信资发[2006]7号），有效地推动共享工程讲座工作迈上了一个新台阶。为了进一步加强讲座资源建设的力度，规范制作方法，提高资源质量，特发布本补充通知。

一、常见问题及具体要求

2006年8月以来，文化共享工程征集到各级图书馆大量的讲座用于全国范围的共享，所征集的讲座，在题材的多样性、主讲人层次和制作水平等方面都有较大程度的提高，较大地丰富和充实了共享工程的讲座库，对于传播优秀文化、服务基层群众、实现共建共享、促进社会和谐发挥了重大作用。同时，管理中心在对这些讲座资源的验收中也集中出现了不少问题，亟需改进提高。

（一）字幕不规范。讲座字幕的错字、别字现象普遍，不能体现图书馆这一重要文化单位的文字水平。现要求各制作单位，每场讲座（90分钟，分三集）所加字幕文字错误不得超过5处。字幕应加在与画面、声音相符的合适位置。

（二）题材重复现象。因提交讲座题材重复导致无法征集的情况呈现增加的趋势。比如，儒家道家文化系列，历史类，经典名著解读，常见病防治等题材出现重复的几率比较大。为避免选题重复，建议各单位在所选题材中增加地方因素，更多体现地方特色。

（三）拍摄质量问题。部分讲座录制的现场音，旁音嘈杂，影响讲座收听效果；部分讲座拍摄图像比较模糊，主讲人在镜头中的位置有的太小，有的太大，画面不够美观；主讲人或PPT主画面被观众或其他人物遮挡。现强调指出各制作单位必须采用双机拍摄的方法，并通过非线性编辑的手段认真弥补拍摄中的缺憾。

（四）内容把关问题。图书馆阵地的讲座具有博采众长、广泛交流、百家争鸣的特点。但其内容一旦拍摄、制成公共文化产品，就需要在政治上严格把关。比如涉及到政治敏感话题、社会热点事件点评等都要符合党的方针政策；主讲人为了渲染现场气氛，有些提法不妥，或者不严谨，或者是言过其实的，要在讲座制作时予以删除。各制作单位要高度重视讲座内容审查及后期制作，严肃对待讲座内容质量问题。（具体的常见问题，详见《讲座资源制作常见问题手册》）

二、奖励与退改措施

为严把质量关，鼓励先进，管理中心将对以后提交讲座质量优秀的单位进行奖励。具体措施如下：

（一）奖励措施

管理中心将根据提交讲座的制作质量，选出符合样盘标准的讲座，按每部1000元的标准给予制作单位奖励。

（二）讲座验查

为加强讲座质量管理，严肃把关程序，请各单位针对上述常见问题，对今后提交的讲座验查。

1、各单位在检验中发现错误及时更正。若是发现主讲人某些提法不妥当，请相关单位予以修改。若发现讲座中有政治敏感话题的，请勿提交，按党的方针政策做好处理工作。

2、管理中心在后期审查或使用过程中，发现字幕错误，错一处的，将提请相关单位修改，并按每处50元扣除所支付补贴；字幕错误超过10处的，该讲座退回不予征集。

三、其他要求

（一）讲座资源须有较高的拍摄、字幕制作和编辑加工质量。

（二）讲座的拍摄和加工仍然按照管理中心下发的《全国文化信息资源共享工程讲座资源建设暂行规范》的要求实施。

（三）本通知发放后所提交的样盘建议按如下样式设计包装，管理中心将一次性支持2000元包装设计制作费用以长期使用：

1、每套盘一个独立包装

2、每套盘的包装含盘盒（盘封、盘底）和盘面设计

(1) 盘封文字应体现：

全国文化信息资源共享工程××分中心；

讲座题目（题目和光盘内的讲座题目一致，如果多集，需要标明集数）；

文化部全国文化信息资源建设管理中心监制。

(2) 盘底文字应体现：

主讲人简介

讲座内容简介

(3) 盘面和盘封保持一致

(4) 盘脊文字要求为：

全国文化信息资源共享工程的字样和logo

注：上述要求可参考样盘。

（四）各单位要认真学习参照本次配套下发的样盘，认真分析对照《讲座资源制作常见问题手册》进行整改。

四、附带材料的变更

根据管理的需要，讲座附带材料有所变更。今后提交讲座资源时请提供：

附件一 ：讲座推荐函

附件二 ：授权书

附件三 ：主讲人信息表

附件四 ：资源工作单

附件五 ：上报资源目录

其中，讲座推荐函和授权书需要以纸质版提交。其他的表格提交电子版即可。

另外，请各单位提供讲座现场照片和主讲人的照片一张（电子版）。

五、资源建设规范

管理中心根据实际调研情况，对2006年下发的《全国文化信息资源共享工程讲座资源建设暂行规范》作了部分调整，各馆提交讲座请严格参照《全国文化信息资源共享工程讲座资源建设规范》（附件六）的要求执行。

本通知自发布之日起施行。

联 系 人：赵海燕

联系电话：010－88545191

传　　真：010－68475713

电子邮件：prince_sea@126.com

附件一 ：讲座推荐函（略）

附件二 ：授权书（略）

附件三 ：主讲人信息表（略）

附件四 ：资源工作单（略）

附件五 ：上报资源目录（略）

附件六 ：全国文化信息资源共享工程讲座资源建设规范（见191页）

文化部全国文化信息资源建设管理中心

二〇〇七年十一月一日

关于试行新讲座征集办法的通知

文全信资发〔2009〕8号

全国文化信息资源共享工程各省级分中心：

在各省级分中心的大力支持和帮助下，近年讲座征集出现比较繁荣的局面，数量逐年有所上升。截止2009年7月底，文化部全国文化信息资源建设管理中心（以下简称“管理中心”）已拥有各地图书馆提交的合格讲座2101场/集，加上近年来征集外单位讲座，合计总数已达到4347场/集。这些讲座资源很大程度上丰富共享工程的资源内容，并在文化共享工程资源服务工作中发挥了重要作用。

近几年征集工作中也出现了一些不平衡的状态。其一，题材不平衡。有的题材的讲座数量趋于饱和，重复几率较高；有的题材的讲座还很不足。其二，拍摄制作质量不平衡。讲座提交单位中，有的制作质量精良，有的质量难以达到精品资源的要求。

根据文化部领导的相关指示，资源建设要不断提高质量、加强计划性。因此，管理中心拟在讲座资源建设上，调整征集政策，使讲座题材更加丰富和多样，促进讲座拍摄制作质量的不断提高，逐步走出建设精品讲座的路线。征集办法如下：

一、内容选题

增强计划性，调节选题内容的平衡性，树立精品意识。为了增强讲座资源征集的计划性，请各省级分中心在2009年9月30之前，提交至今年底的讲座计划，相关格式见附件1。如具体的讲座题目无法确定，可以提交拟举办讲座主题系列名称，如“城市文化系列”，并提供该系列的介绍。这次集中征集的主要方向为普法教育、地方特色文化、文艺欣赏、素质教育、科普知识等方面的讲座。

对各地提交的计划，管理中心将选择出题材适宜，演讲内容不枯燥，逻辑严密且能深入浅出地传播先进文化的精品讲座资源。

明年，管理中心拟请各省级分中心按半年一次上报讲座计划，管理中心将采取集中评审的方式进行征集。

二、专家评审

管理中心对于各地提交的讲座计划首先进行查重，查重后的资源，将与本年度讲座资源公开征集工作同时进行，邀请业内有讲座服务经验以及电视台拍摄、制作方面的专家，对讲座的内容题材和各馆提供样片的质量等进行评审筛选。

三、技术把关

管理中心在2006年和2007年分别下发文件，提出对各地讲座建设的要求，并下发样盘。随着文化共享工程视频资源质量的不断提高，拟在以后的征集工作中，技术上严格把关，要求所提交的讲座资源技术上要符合样盘的要求，即达到画面、声音清晰稳定，字幕规范，编辑优良的标准，视频码率不得低于6 M。

请各省级分中心做好安排，并负责通知有讲座制作能力的市级支中心在2009年9月30日前，将至年底拟提交的讲座资源计划发到gxgcjiangzuo@126.com，管理中心将回复邮件确认。若未收到确认收到的回复邮件，请来电咨询。

联 系 人：赵海燕
联系电话：010－88545191
传真电话：010－68475713
电子邮箱：gxgcjiangzuo@126.com
特此通知。

文化部全国文化信息资源建设管理中心
二OO九年九月九日

关于印发《全国文化信息资源共享工程2008年—2010年资源建设规划》的通知

文全信资发〔2008〕8号

文化共享工程各省级分中心：

为深入贯彻党的十七大精神，加强全国文化信息资源共享工程（以下简称“文化共享工程”）数字资源库内容建设，不断丰富电子图书、舞台艺术、知识讲座和影视节目等数字资源，依据《文化部关于印发〈全国文化信息资源共享工程"十一五"规划〉的通知》（文社图发[2006]16号）文件精神，特制定《全国文化信息资源共享工程2008年—2010年资源建设规划》，请各省级分中心认真贯彻执行。

特此通知。

文化部全国文化信息资源建设管理中心

二OO八年七月二日

全国文化信息资源共享工程2008年—2010年资源建设规划

为深入贯彻党的十七大精神，加强全国文化信息资源共享工程（以下简称"文化共享工程"）数字资源库内容建设，不断丰富电子图书、舞台艺术、知识讲座和影视节目等数字资源，依据《全国文化信息资源共享工程"十一五"发展规划》（文社图发[2006]16号），制定本规划。

一、指导思想

全国文化信息资源共享工程是中国公共文化服务体系的基础工程，是政府提供公共文化服务的重要手段，是实现广大人民群众基本文化权益的主要途径，是改善城乡基层群众文化服务的创新工程。资源建设是文化共享工程的核心工作，要以中国特色社会主义理论为指导，以建设和谐文化为目标，以基层群众最关心、最直接、最现实的需求为导向，以文化资源为主干，坚持社会主义先进文化前进方向，大力组织、整合与传播丰富多样、优质适用的数字资源，通过快速、便捷的信息化社会公共文化服务，努力丰富人民群众特别是农村、偏远地区、进城务工人员精神文化生活，切实保障基层人民群众基本文化权利，在弘扬中华文化，鼓舞人民精神，推进文化创新，消除数字鸿沟，增进社会和谐，促进社会主义文化建设大发展大繁荣和社会主义新农村建设等方面，发挥积极而重要的作用。

二、目标与任务

（一）总体目标

到2010年，基本建成国内规模较大的、满足基层群众基本文化需求的分布式数字资源库群。全国数字资源建设总量不少于100TB。2008年的资源总量要达到76TB，其中文化部全国文化信息资源建设管理中心（以下简称"国家中心"）达到16TB，各省级分中心共达到60TB；2009年资源总量达到88T，其中国家中心达到18TB，各省级分中心共达到70TB；2010年资源总量达到100TB，其中国家中心达到20TB，各省级分中心共达到80TB。同时注重少数民族语言文字类资源的整合与译制工作，到2010年完成3000小时蒙、维、藏、哈、朝鲜等少数民族语言的视频建设任务。

通过互联网、卫星、镜像站点、移动存储、光盘等多种形式，努力实现全国所有行政村可享用不少于5万种电子图书、1.5万部视频作品、60个多媒体资源库(参见专栏一)。

专栏一：资源建设类别与数量

内容＼数量	视频资源（个）	多媒体资源库（种）	电子图书（种）	网站深度链接（个）
文化遗产	1000	6	5000	20
典籍善本	200	2	1500	10
中国戏剧	1000	4	2000	60
曲艺杂技	1500	4	1000	50
中国音乐	500	3	1000	50
中国舞蹈	500	2	500	50
中国美术	300	4	2000	60
影视文化	800	2	1000	70
民族文化	500	3	1000	50
少儿文艺	500	3	3000	70

旅游文化	300	1	1500	60
社会文化	300	3	1500	50
中国文学	500	3	7000	60
中国历史	300	3	2000	20
农业技术	2000	2	6000	50
法规政务	500	1	1000	10
市场经营	500	1	1000	30
社会教育	800	1	1000	50
科学普及	1500	3	4000	50
医药卫生	500	2	3000	30
扶贫社保	100	1	500	30
人居环境	200	1	1000	30
生活常识	500	2	1000	30
体育健身	100	1	1000	30
国防军事	100	2	500	30
合计	15000	60	50000	1000

（二）建设重点

资源建设按照“突出重点、兼顾一般”的原则有序推进。资源建设要重点突出文化特色，增强资源的针对性、适用性、时效性，积极有效地为中国特色社会主义建设提供精神支撑和知识信息保障。围绕“使人民基本文化权益得到更好保障，使社会文化生活更加丰富多彩，使人民精神风貌更加昂扬向上”的基本要求，重点建设一批基层群众特别是广大农民迫切需要的资源库群，有针对性地建设适合于开展农村互动文化活动的视频资源。

资源建设的重点包括：

1、有利于满足广大城乡群众精神文化生活的文化遗产、戏剧戏曲、音乐舞蹈、曲艺杂技、民族文化、少儿文艺、影视作品及有关知识；

2、有利于广大农民增产增收的种植养殖、城镇务工技能和市场营销等知识；有利于广大农民及时了解党中央、国务院有关“三农”政策法规等信息；

3、有利于提高广大城乡群众整体素质和生活质量的科学普及、医疗保健及生活常识等；

4、有利于丰富边疆及少数民族地区基层群众文化生活的少数民族语言文字类资源。

专栏二：资源建设重点任务

资源类别	重点资源库
文化遗产	中国文化、自然遗产的知识 中国非物质文化遗产名录及相关知识 中国考古成就、文物鉴赏、博物馆事业 中国古代重要典籍善本及相关知识
戏剧戏曲	中国京剧、话剧、歌剧、舞剧和地方戏重要作品、剧作家、流派、表演艺术家及理论研究
曲艺杂技	中国曲艺、杂技、魔术、皮影、木偶等代表节目、著名表演艺术家及理论研究
民族文化	中国少数民族歌舞鼓乐、节庆婚俗、风物传说、民居服饰等 中国蒙、藏、维、朝等少数民族语言的文化教育音视频资料、讲座、图文资源库等。
少儿文艺	中国优秀的未成年人读物和音乐、舞蹈、戏剧、美术、影视、动漫作品及学习辅导讲座
影视文化	国产优秀爱国主义及农村题材的故事片、纪录片、动漫片
农业政策 适用技术农业经济	1. 中国有关“三农”问题的方针政策、法律法规 2. 农业种植技术、养殖技术和农副产品加工技术 3. 农村劳动力进城务工技能培训 4. 农民劳动保障、融资贷款、经济管理、市场营销等相关知识

科普知识	信息科学、生命科学、物质科学、地球科学、自然资源管理、重大科学发现和著名科学家、科学技术与社会发展等普及性知识
旅游文化	中国各地名山大川、重要文化景点、红色旅游景区、民俗风情、土特产品等
生活常识与人居环境	各种健康科学的生活常识，环境生态保护，村庄规划和住宅设计图样等
医药卫生	医药知识、防疫知识、保健知识等

三、原则与方法

资源建设坚持需求牵引、科学规划，标准统一、共建共享、突出特色、避免重复的工作原则。资源建设采取以下方法：

（一）开展需求调查。深入开展调查研究，及时掌握城乡基层群众特别是广大农民最关心、最直接、最现实的问题，准确了解群众希望得到、愿意使用、具有实效的资源需求，围绕改善民生、求富求知求乐的基本需求，有针对性地制定和实施资源建设规划。规划要突出特色，突出重点。

强化和完善资源需求上报与响应机制。基层服务点工作人员要及时把基层需求信息上传到上级中心。上级中心尽可能快速提供资源，使群众个性化需求得到最大程度的满足。基层服务点工作人员要积极主动开展资源服务，特别要注重

专栏三：资源需求上报与反馈机制图

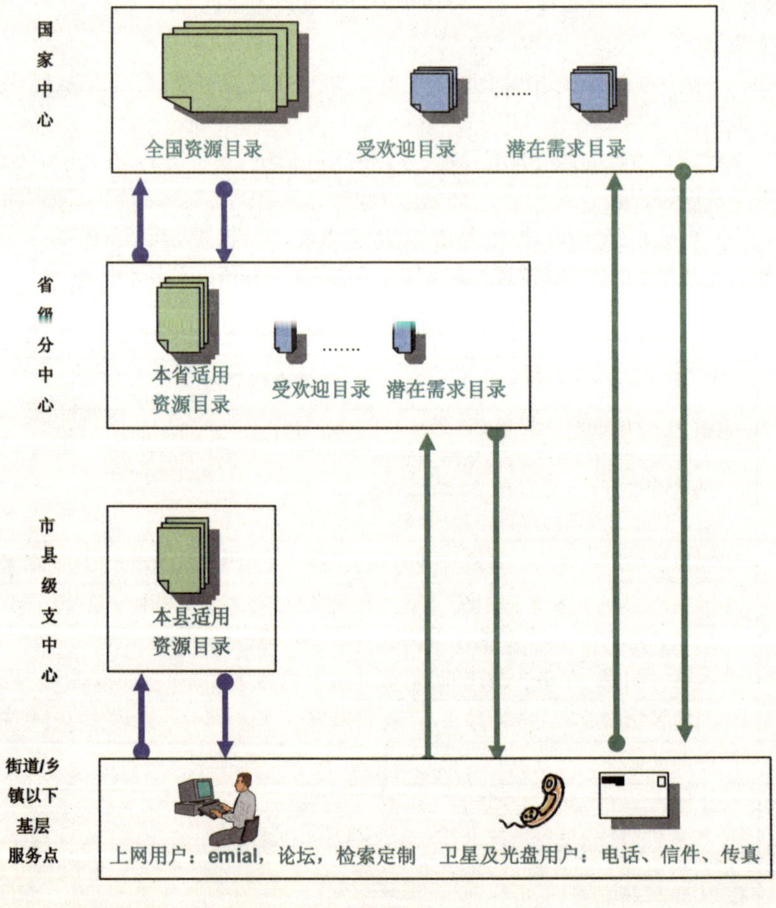

把时效性强的适用信息及时传播给基层群众。

（二）坚持标准统一、共建共享。为保证文化共享工程资源的标准化表述、有序化存储、规范化应用，文化共享工程资源建设执行统一的标准规范，努力实现通畅的互操作和资源库的跨库检索与无缝链接，建成国内较大规模的分布式资源库群。

资源建设立足于积极协作，共建共享。国家中心负责协调并承担全国普遍适用资源的建设。各省级分中心主要承担本地区特色资源建设，并兼顾对周边省份的相关资源建设，同时协助国家中心整合一定数量的普遍适用资源。中央财政支持各省级分中心建设的资源成果要及时提交国家中心用于全国范围的服务。有资源建设条件的市、县级支中心，可在各省级分中心的指导下开展资源建设工作。国家中心和省级分中心要建立文化共享工程的资源查重目录，完善网上查重机制，避免重复建设和资金浪费。

文化共享工程各省级分中心、市（县）级支中心应在各级文化行政主管部门的领导下，有计划、有重点、有步骤、有协作、有检查验收地开展资源建设工作。要树立精品意识，确保文化共享工程资源内容健康，形式多样，质量优良。要在统一资源加工、整合、存储、服务等标准规范的基础上，逐步建立并完善资源总目录。

（三）发动社会参与。引入社会参与机制，建立开放、竞争的资源建设环境。国家中心和省级分中心要根据资源建设规划积极开拓各种资源整合渠道，鼓励、吸引社会力量参与资源建设。采用社会捐赠、合作共建、市场购买等方式开展工作，有效组织资源的征集、加工、管理、发布，努力形成社会力量广泛参与的资源建设机制和环境，增强资源的适用性，提高资源质量。

（四）妥善解决版权。要结合文化共享工程实际，认真研究和充分利用中国著作权法律法规中有利于推动文化共享工程发展的有关条款，合理利用社会资源，促进信息传播。在著作权法框架下，按照中办、国办转发《文化部、财政部关于进一步加强全国文化信息资源共享工程建设的意见》（厅字[2005]5号）精神及《信息网络传播权保护条例》等的有关规定，妥善解决版权问题。

1、积极宣传文化共享工程公益性服务的性质和意义，鼓励著作权人授权文化共享工程无偿使用作品。

2、积极与相关部门协商，争取国家投资的文化产品和文化系统拥有自主版权的文化产品，由文化共享工程无偿或优惠使用。

3、采用定向委托与合作共建方式建设资源。凡由文化共享工程投入资金建设的资源，著作权或著作使用权归文化共享工程所有。

4、商业性采购的数字资源，基于资源共享的原则，根据资源的性质和适用范围，尽量延长使用时间，扩大使用范围。

5、依据《信息网络传播权保护条例》第九条的规定，积极稳妥地实行“公告制”法定许可使用。

6、依据相关法律法规，按照合理使用原则将中国公民、法人或者其他组织已经发表的以汉语言文字创作的作品翻译成少数民族语言文字作品。

（五）建立资金保障机制。文化共享工程资源建设经费由各级公共财政支持。国家中心的资源建设经费由中央财政拨付，各省级分中心的资源建设经费由本省财政拨付。中央财政对中西部地区资源建设给予支持。中央财政支持的资源建设经费，各地要严格执行《全国文化信息资源共享工程专项经费管理办法》，确保专款专用。

四、资源建设技术标准（见119页）

文化部全国文化信息资源建设管理中心

二OO八年七月二日

全国文化信息资源共享工程

10周年

文化部及国家中心文件

技术支撑类

关于文化共享工程卫星带宽扩容的通知

文全信运发[2006]5号

文化共享工程各省级分中心：

管理中心计划于2006年7月25日将卫星带宽由2M扩容至4M.基层点用户需要做相应设置，设置方法详见下。请各省级分中心通知基层用户在7月20 日至7月25日期间保证全天开机。此次调整仅适用于使用百年树人公司的接收软件的用户。

一、手动设置方法

(一) 打开“卫星监控系统”图标；

(二) 点击“文化共享工程”点击“修改”；

(三) 将参数设置如下：

下行频率：12603　　本振频率：11300　　符号率：3.0000

二、自动设置方法

管理中心将于7月20凌晨至7月24日24点期间不断投递自动更新包，用户在此期间需要保证机器正常开启，并锁定“共享工程”频道。在接受一段时间后，重新启动机器，如果在“卫星监控系统”中，参数已被自动修改为：

下行频率：12603　　本振频率：11300　　符号率：3.0000则表明，　　参数已经自动修改成功。

三、网上下载自动升级包

在www.ndcnc.gov.cn 上可自行下载UPDATA.RAR 解压缩后将获得使用说明 (readme.txt) 和升级程序 (updata.exe)。按照使用说明操作即可顺利升级。

注意：无论使用何种办法升级成功后，在7月25日之前将无法接受到卫星投递节目。

管理中心技术支持联系人：胡晓峰、刘平、范雪
联系电话：800-810-9109　密码：5429
010-88545429
电子邮箱：gxjsb@nlc.gov.cn

文化部全国文化信息资源建设管理中心
二OO六年七月十九日

关于管理中心政务外网下载专区开通及使用的通知

文全信技发〔2008〕4号

文化共享工程各省级分中心：

为了更方便快捷地实现资源的传输，在管理中心的积极推动下，中心政务外网下载专区于2008年6月5日正式开通并开始使用。

为了保证暂时未接入政务外网的用户可以方便的下载资源，管理中心开放了互联网和政务外网专网两种下载方式，已连通的省级分中心可通过政务外网专网下载资源，暂未连通的省级分中心可暂时通过互联网方式下载资源。下载专区提供的资源包括管理中心每月向各省下发的最新资源和专题资源。

管理中心为每个省级分中心配置了本省专用的用户名及口令，请各省级分中心自行向管理中心索取。

希望各省级分中心积极使用政务外网下载资源，管理中心会继续追踪各省的使用情况，及时总结经验，更好的为各省提供方便快捷的资源传输方式。

联 系 人：范 雪
联系电话：010－88545350
电子邮箱：fanxue831122@163.com

附件：政务外网下载资源使用方法

文化部全国文化信息资源建设管理中心
二00八年六月五日

附件

政务外网下载资源使用方法

一、视频网站浏览的使用方法

所有接入政务外网的单位用户均可通过登陆http://www.ndcnc.cegn.cn浏览优秀的文化资源，图1即为专网服务的视频网站主页面。

我们精选了文化共享工程启动以来制成的文艺演出、专题知识讲座、医疗普法及农村实用技术、农村权益保障、未成年人素质教育、少数民族专题片和国内、外影视佳作等1000余部视频资源，以及大量文化专题、爱国主义教育专题资源库等近1TB的数字资源，向政务外网的广大用户提供公益服务。

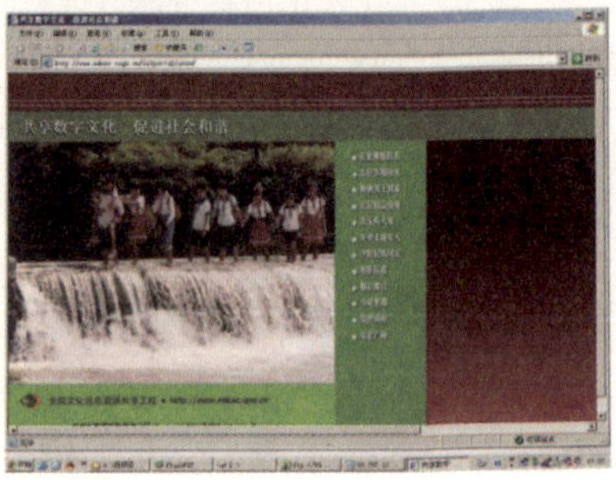
图1

二、ftp资源下载的使用方法

1、通过互联网下载资源的使用方法

输入ftp地址：ftp://59.252.172.16 出现如图2所示的对话框；

输入用户名及密码，即可进入下载页面，在下载页面中您可以直接将您所需要的资源下载到本地。

您也可以使用ftp工具进行下载，如FlashFXP,CuteFTP等，下面以FlashFXP为例讲解ftp工具的使用方法。

首先，点击“站点”——“站点管理器”；

弹出站点管理器对话框，点击“新建站点”，并输入站点名称，如“电子政务外网”，后点击确定；

在“IP地址”中输入59.252.172.16，并输入用户名及密码，然后点击“应用”按钮后关闭该对话框。

点击“电子政务外网”即可连接到电子政务外网下载文件夹。

即可以将您所需要的资源下载到本地，在红色画圈的地方选择下载到本地的资源的存放地址。

2、通过政务外网专网下载资源的使用方法

输入ftp地址：ftp://59.255.39.16出现。

输入用户名及密码即可进入下载页面，在下载页面中您可以直接将您所需要的资源下载到本地。

您也可以使用ftp工具进行下载，如FlashFXP,CuteFTP等，下载方法同上。

三、联系方式

联 系 人：范 雪
联系电话：010－88545350
电子邮箱：fanxue831122@163.com

文化部办公厅关于印发《公共电子阅览室建设试点工作方案》的通知

办社文发[2010] 31号

各省、自治区、直辖市文化厅（局）、新疆生产建设兵团文化广播电视局，国家图书馆、文化部全国文化信息资源建设管理中心：

为满足人民群众的基本文化需求，文化部拟于“十二五”期间组织实施“公共电子阅览室建设计划”，为积极稳妥地推进这项工作，先在北京等9个省（市）开展公共电子阅览室建设试点工作。现将《公共电子阅览室建设试点工作方案》印发给你们，

请遵照执行。

各试点省（市）要高度重视公共电子阅览室试点工作，积极贯彻全国公共电子阅览室建设试点工作会议精神，认真制定本省（市）公共电子阅览室建设试点工作实施方案，落实配套措施，推进公共电子阅览室试点工作顺利开展，请将公共电子阅览室试点工作实施方案于2010年11月15日前报文化部社会文化司。

其它未参加试点工作的省份，亦要按照全国公共电子阅览室建设试点工作会议的有关要求，结合实际，开展公共电子阅览室建设试点工作，总结经验，为“公共电子阅览室建设计划”的实施打好基础。

为加强信息沟通，请各试点省（市）文化厅（局）确定一名联络员，负责信息报送工作。文化部社会文化司将印发试点工作简报，及时反映工作进展情况。

特此通知。

联系人：文化部社会文化司耿斌、张剑
电　　话：010-59881732
传　　真：010-59881776
电子邮箱：whb17 32@sina．com

附件：公共电子阅览室建设试点工作方案

文化部
二O一O年十一月四日

附件：

公共电子阅览室建设试点工作方案

为满足人民群众的基本文化需求，文化部拟于“十二五”期间组织实施“公共电子阅览室建设计划”。该计划以科学发展观为指导，以保障人民群众基本的文化权益为宗旨，依托图书馆、文化馆、全国文化信息资源共享工程（以下简称“文化共享工程”）基层服务点等公共文化服务网络，以及文化共享工程和国家数字图书馆的资源，建设内容健康、服务规范、环境良好的公共电子阅览室，重点解决未成年人上网问题，为广大人民群众提供健康、便捷的网络文化服务，使其成为网络环境下公共文化服务的新平台、新渠道。为此，拟先在部分省份组织开展试点工作，总结经验，为“公共电子阅览室建设计划”的全面实施奠定基础。

一、试点时间、范围

（一）试点时间：2010年10月至2011年12月。

（二）试点范围：在北京、天津、辽宁、山东、上海、浙江、广东、安徽、陕西等9省（市）开展试点工作。各试点省（市）要结合国家公共文化服务体系示范区的建设，确定1-2个地级市，选择不同层级、不同类别、具有一定代表性的单位开展试点，包括各级图书馆、文化馆、工人文化宫、少年宫、妇女儿童活动中心、乡镇（街道）文化站、社区文化中心（村文化室）、各类学校、工业（产业）园区以及其他具备条件的企事业单位等。

二、试点工作的主要任务

试点工作的主要任务包括以下六个方面：

（一）建设一批规范化的公共电子阅览室。按照地市级不少于40台，县级不少于25台，乡镇、街道、社区不少于10台，行政村不少于5台电脑终端的标准配置设备，以宽带形式接入互联网，建立电脑桌面一站式导航服务，改造配套设施，建设规范化的公共电子阅览室。

鼓励有条件的青少年宫、工人文化宫、妇女儿童活动中心及其他企事业单位，按照文化行政主管部门的要求，建设公共电子阅览室，开展公益性服务。

公共电子阅览室应具备以下基本功能：互联网信息浏览与查询服务；电子文献阅览、信息资源导航、检索、参考咨询等数字图书馆服务；影视欣赏、健康益智类游戏等休闲娱乐服务；与计算机、网络应用有关的各类学习、培训服务。

（二）推进免费开放。各试点单位的公共电子阅览室首先要对未成年人实行免费开放，具备条件的，要向社会公众免费开放。

（三）丰富数字资源供给。为推动试点工作，全国文化信息资源建设管理中心和国家图书馆提供一批专题资源，分批发送到试点省（市）使用，同时，对这批资源的使用情况进行跟踪，根据各地反馈情况，及时进行调整和补充。各试点省份要结合当地实际，建设适合未成年人和其他群体需要的特色资源。

（四）建立技术支撑平台。各试点省（市）要运用现代技术手段，安装信息浏览监控和屏蔽软件，加强对未成年人的保护。要建立和完善网络安全和资源管理的技术平台，实现对全网的即时监控、资源利用情况的统计与反馈。

（五）建立健全公共电子阅览室管理制度。制定出台《公共电子阅览室管理规范》，建立健全用户上网实名登记、巡查监督、限时上网、工作信息填报、资源利用统计与反馈等制度，确保公共电子阅览室安全运行。

（六）探索社会力量参与公共电子阅览室建设的机制。制定相关政策，鼓励、支持国有、民营企业，开发和推广弘扬民族精神、反映时代特点、有益于未成年人健康成长的数字文化资源、游戏软件产品；鼓励企业以优惠条件为公共电子阅览室提供网络接入等服务。

三、试点工作步骤

公共电子阅览室建设试点工作分以下步骤实施：

（一）部署阶段（2010年9—11月）

组织召开座谈会，研究试点工作方案；召开试点工作会议，部署试点工作；各试点省（市）明确试点任务，上报工作实施方案。

（二）实施阶段（2010年12月—2011年10月）

各试点省（市）根据试点工作实施方案，开展试点工作。适时召开经验交流会，推动试点工作的开展。

（三）检查验收阶段（2011年11月）

文化部组织验收组，根据公共电子阅览室建设标准与试点工作方案，对各试点省（市）的试点工作进行检查验收。

（四）总结、推广阶段（2011年12月）

召开全国公共电子阅览室建设试点工作总结会议，对试点工作进行总结，就推进“公共电子阅览室建设计划”下一阶段的工作进行部署。

四、有关要求

（一）高度重视，加强领导。各试点省（市）要本着积极、稳妥的原则，认真研究制定具体实施方案，大力推进公共电子阅览室建设试点工作的实施。各试点省（市）文化厅（局）要切实履行领导职责，建立协调机制，认真做好试点的组织、领导和协调工作，统一部署，加强督促，及时协调、解决试点工作中出现的具体问题。各试点省（市）文化共享工程分中心要做好有关的资源建设、技术支持等相关工作。要发扬创新精神，围绕试点任务，努力探索适合本地区实际的建设模式，为“公共电子阅览室建设计划”的全面实施积累经验。

（二）加强管理，做好服务。要切实加强对公共电子阅览室的管理，建立健全各项规章制度，防止不良信息的侵入和传播。要重点加强对未成年人上网的管理。要高度重视服务工作，对未成年人、进城务工人员等重点服务人群，要有针对性地研究制定相应的服务措施。

（三）加大宣传推广。试点期间，要组织策划和举办各类宣传活动，广泛宣传公共电子阅览室建设的意义、作用及试点工作的进展，围绕公共电子阅览室为未成年人等社会群体提供公益性上网服务的做法与成效进行深入、广泛的宣传报道。

（四）建立信息沟通机制。各试点省（市）要通过工作简报等形式，定期上报试点工作进展情况。要注意发现和总结试点经验，对好的典型，要及时总结、宣传和推广。

（五）落实经费。试点经费主要由各试点省（市）负担，中央给予适当奖励。

附件：1. 公共电子阅览室设备配置标准（试行）（略）
2. 公共电子阅览室配发资源目录（试行）
3. 公共电子阅览室管理规范（试行）

附件2：

公共电子阅览室配发资源目录（试行）

序号	名称	类型	内容	数量	容量
1	少儿专题	视频	适合未成年人的音乐、舞蹈、戏剧、美术、电影、动漫等，指导未成年人健康成长的讲座、教学辅导课件等	1000部/集，200小时	216GB
2	影视作品	视频	爱国主义、农村题材的优秀国产故事片、优秀电视剧、外国优秀影片等	200部/集，400小时	432GB
3	舞台艺术	视频	中国戏剧戏曲、曲艺、音乐、舞蹈、综艺晚会等	100部/集，200小时	216GB
4	知识讲座	视频	文学欣赏、艺术鉴赏、传统文化、中外文化交流、文物知识、历史地理、人物解读、医疗保健、素质教育、科普知识、普法教育等讲座	500部/集，750小时	810GB
5	农业技术	视频	农业生产技术、农副产品加工技术、农作物、林木保护技术、养殖技术、农田水利技术、能源技术（地热、太阳能、小水电、沼气等）等的讲座、科教影视片	1000部/集，300小时	324GB
6	农村实用人才培训	视频	建筑装修技术；机动车、农机具使用和修理；水电、电器安装与维修技术；餐饮、缝纫、家政技术、手工艺制作技术；计算机与互联网知识；保安、物业管理、绿化、保洁、保健医护、理发美容等其它务工实用技术讲座、教学资料片	200部/集，100小时	108GB
7	文化专题	视频	社会文化、文化遗产、民族文化、旅游文化、中国文学、中国历史等	500部/集，400小时	432GB
8	红色历史文化	视频	中国共产党革命、建设和改革发展的历程、革命历史人物、红色文艺作品等	100部/集，50小时	54GB
9	医疗卫生	视频	常见病、疑难病、传染病的防治，意外伤害与急救知识，地方病与职业病特征与防治，家庭用药知识，家庭护理知识，农村环境卫生知识，计划生育与性健康知识，突发公共卫生事件应对知识，合作医疗制度的政策和相关宣传、实施的知识等	200部/集，100小时	108GB

10	精品资源库	多媒体资源库	抗日战争、红军长征史诗、中国电影中国园林、中国漫画、中国舞蹈、中国古琴、中国壁画、中国壁画、国画、中国地方戏、昆曲	83万字，5500图片，550条词条	100 GB
11	益智游戏	数据库	思想主题积极向上、有益学习的游戏	20个	200 GB
12	其他	视频	社会教育、科学普及、法律政策、市场经营、生活常识等	800部/集，463小时	500 GB
合　计				视频4600部/集，2963小时	3500 GB

附件3：

公共电子阅览室管理规范（试行）

一、公共电子阅览室是面向社会公众开放的公共互联网服务场所，是保障人民群众的基本文化权益、弘扬社会主义核心价值观、传播社会主义先进文化的重要阵地。

二、公共电子阅览室应当遵守国家有关法律法规的规定，以公益性、基本性、均等性、便利性为原则，为未成年人及广大人民群众提供免费、便利、内容健康的公益性互联网服务。

三、公共电子阅览室由当地文化行政部门依照职责分工负责监督管理。

四、公共电子阅览室对未成年人实行免费开放。开放时间应根据各地实际情况制定，并报当地文化行政部门备案。

五、公共电子阅览室要配备合格的工作人员专人管理。

六、公共电子阅览室实行实名登记管理。对上机用户的身份证等有效证件进行核对、登记，相关数据保存时间不少于60日。未成年人上机需经监护人授权同意。

七、公共电子阅览室实行限时服务。为保障公益性互联网服务的普遍均等性，确保未成年人的身心健康，每人每日上网时间不得超过2小时。

八、公共电子阅览室实行巡查制度。发现上网用户有违反国家相关法律法规行为的，工作人员应当立即予以制止并向文化行政部门、公安机关举报。

九、公共电子阅览室要积极开展内容推荐工作。结合用户群体的特点开展实用技术、科普教育、政策法规等方面的辅导与培训。定期组织群众收看文化共享工程节目，对服务情况进行记录，了解群众对信息服务的意见和需求，定期上报。

十、公共电子阅览室可通过局域网开展益智类游戏服务，禁止提供大型多人在线游戏服务。

十一、公共电子阅览室应采取有效的技术手段，配备信息浏览监控软件和防病毒软件，并及时进行更新升级，确保内容资源传输与服务安全，防止不良信息侵入。

十二、公共电子阅览室应履行治安和消防安全职责，并进行安全巡检，确保室内的环境安全。

十三、公共电子阅览室要在显著位置贴挂统一标识和管理制度。

十四、公共电子阅览室要具备并保持良好的服务环境，提供良好的照明、通风、供暖等设施，为群众提供舒适的服务空间。

十五、公共电子阅览室应保持整洁、安静，禁止在室内吸烟、大声喧哗。

十六、公共电子阅览室应做好设备设施的保护维护，定期进行设备检查，确保系统的正常运转。

文化部办公厅关于做好公共电子阅览室技术平台建设工作的通知

办公共函[2012] 559号

各省、自治区、直辖市文化厅（局），新疆生产建设兵团文化广播电视局，文化部全国公共文化发展中心：

实施“公共电子阅览室建设计划”，是保障人民群众基本文化权益的重要手段，是加快构建公共文化服务体系的重要举措，是推进全社会信息化建设的重要途径。2012年2月，文化部、财政部联合印发了《关于印发<“公共电子阅览室建设计划”实施方案>的通知》其中明确要求建立先进实用、安全可靠、开放互联的公共电子阅览室技术平台（以下简称技术平台），实现在全国范围内各级公共电子阅览室的安全信息管理、资源传输调配、资源导航和信息采集等功能，保障全国各级公共电子阅览室的网络化安全运行管理和文化信息资源服务。

目前，中央财政转移支付公共电子阅览室技术平台建设专项资金已经拨付各省（区、市）。文化部全国公共文化发展中心作为公共电子阅览室建设工作的国家中心（以下简称国家中心），已完成国家中心硬件平台的建设工作，并将于近期下发公共电子阅览室管理信息系统软件。为加快推进各省技术平台的建设工作，确保各省（区、市）技术平台能够与国家中心技术平台有效对接，现就有关工作通知如下：

一、工作分工

各省（区、市）文化行政部门负责协调本地区财政部门落实专项资金到位，按照科学规划、统一标准的工作原则，指导本省（区，市）全国文化信息资源共享工程省级分中心（以下简称省级分中心）制定本省（区、市）技术平台建设方案，并监督技术平台的建设与验收。

国家中心负责制定公共电子阅览室技术平台建设的相关标准规范；开发公共电子阅览室管理信息系统软件；验收各省（区、市）技术平台建设工作及各省（区、市）技术平台与国家中心技术平台对接工作，各省级分中心承担本省范围内公共电子阅览室技术平台建设任务。负责本省（区，市）公共电子阅览室技术平台总体建设方案的制定，申报备案、实施和验收；在本省（区、市）范围内形成标准一致的技术平台，实现与国家中心平台系统对接。重点做好本省(区、市）公共电子阅览室建设工作的过程控制、各级技术平台系统对接及技术平台验收工作。

二、工作要求

（一）制定方案

各省级分中心要按照国家中心《关于印发<2012年度省级公共电子阅览室技术平台配置标准>等的通知》要求，认真贯彻《2012年度省级公共电子阅览室技术平台配置标准》、《2012年度省级公共电子阅览室技术平台集成方案》、《2012年度乡镇、街道（社区）公共电子阅览室增补配置标准>、《2012年度乡镇、街道（社区）公共电子阅览室系统集成方案》等相关标准。各省级分中心须以此为基本要求，结合本省（区，市）实际，制定本省（区、市）的技术平台总体建设方案，包括本省（区、市）各级的硬件平台建设方案、软件平台建设方案、建设管理和验收方案等，于2013年1月31日前完成总体建设方案，并向国家中心申报备案。

（二）建设实施

为保证公共电子阅览室技术平台建设工作的顺利开展，各省（区，市）要依据本省（区、市）制定的公共电子阅览室技术平台总体建设方案，结合本省（区、市）公共电子阅览室年度建设任务，明确工作步骤，分级分步组织开展全省（区、市）范围内的公共电子阅览室技水平台建设。首先完成公共电子阅览室技术平台硬件系统建设，再部署安装省级公共电子阅览室管理信息系统软件（包括省级信息安全管理系统和公共电子阅览室管理信息系统两部分，以下简称平台软件）。各省级平台软件可自行组织开发建设，也可使用国家中心组织开发的软件。如果使用自行开发的平台软件，要按照公共电子阅览室管理信息系统数据交换标准，完成接口软件的开发，与国家中心技术平台进行系统连接和数据交换测试，确保本省（区、市）技术平台与国家中心技术平台实现系统对接、协同工作。如果选用国家中心组织开发的软件，需提前向国家中心提出使用申请。

（三）系统对接及验收

各省(区、市)须首先完成与国家中心的技术平台对接验收对已建或自建平台软件的省（区、市），须预留资金，自行组织技术力量，完成与国家中心平台软件的接口开发与联调工作，确保实现系统对接；对于使用国家中心组织开发的平台软件的省（区、市），可按照公共电子阅览室管理信息系统平台软件安装手册，完成系统对接工作。各省（区、市）应于2013年9月30日前完成技术平台对接验收。

各省（区、市）在对接验收的基础上，实现分级注册入网并完成本省（区市）各级公共电子阅览室技术平台建设任务后，方可进行本省（区、市）技术平台建设的总体验收工作。验收过程中，各省（区、市）要严格按照本省（区、市）制定的公共电子阅览室技术平台总体建设方案中规定的验收办法，对本省（区，市）的公共电子阅览室技术平台建设工作进行验收、发现问题，及时解决。在验收过程中做好工作记录，组织完成竣工资料和验收材料的整理工作。在验收工作全部完成后，将本省（区、市)完整的公共电子阅览室技术平台建设竣工资料向国家中心备案。各省（区、市）应于2013年12月31日前完成本省（区、市）技术平台总体验收工作。

三、经费使用

中央财政分两年投入了公共电子阅览室技术平台建设专项建设资金，每省（区、市）每年100万元。其中，2011年已为12个试点省（区、市）的公共电子阅览室技术平台建设投入专项资金每省（区、市）100万元；2012年已为31个省（区、市）投入专项资金每省（区、市）100万元：2013年将完成其余19个非试点省（区、市）专项资金投入。

对于选用国家中心开发的平台软件的省（区、市），在公共电子阅览室技术平台建设过程中须预留软件运行维护经费（不超过5万元／年），以便与软件开发商签订软件运行维护合同，运行维护工作内容包含省级分中心平台软件的安装部署工作。

各省（区、市）要高度重视，确保专款专用，按时并商质量地完成公共电子阅览室技术平台建设任务。

请各省、自治区、直辖市文化厅（局），新疆生产建设兵团文化广播电视局接到通知后遵照执行。

联系人：文化部公共文化司韩沫

电　话：010－59881732

联系人：文化部全国公共文化发展中心

蒋卫东、焦延杰

电　话：010－88003024、88003037

传　真：010－68475713

电子邮箱：jiangwd@ndcnc. gov. cn

特此通知。

文化部办公厅

2012年12月19日

全国文化信息资源共享工程

10周年

文化部及国家中心文件

培训工作

关于印发《2008年文化共享工程培训计划》的通知

文全信运发〔2008〕1号

文化共享工程各省级分中心：

为了全面贯彻落实党的"十七大"精神，以文化部党组要求为指导，加快文化共享工程培训体系建设，建设一支适应工程建设与发展需要的、高素质的管理和技术服务队伍。管理中心根据有关规定，结合工作实际，特制订《文化共享工程2008年培训计划》。

请各省级分中心认真学习，根据本地实际情况，建立完善分级培训机制，全面推动文化共享工程的各项培训工作。

文化部全国文化信息资源建设管理中心

二OO八年二月二十七日

文化共享工程2008年培训工作计划

一、指导思想

文化共享工程培训工作要以党的"十七大"精神为方向，以文化部党组要求为指导，全面贯彻落实科学发展观，加快文化共享工程培训体系建设，重点培养师资力量，针对各地不同特点和实际需求，促进对省、市、地、县、乡、村专、兼职人员的常态培训。文化共享工程培训工作要坚持着眼于各级技术人员履行岗位职责的实际需要，建立完善分级培训机制，创新培训方式和手段，通过举办各种培训班、编制多媒体课件、发放教材等多种形式全面推动文化共享工程的技术培训工作。

二、工作目标

文化共享工程培训工作的目标是建设一支适应工程建设与发展需要的、高素质的管理和技术服务队伍。为此，加快工程分级培训体系建设，建立省级分中心从业人员资格准入和持证上岗制度。运用现代化信息技术手段，以省分中心师资骨干培训为重点，逐步形成目标明确、形式规范、标准量化的培训模式，使之适应文化共享工程各级中心、服务网点的实际需求。

三、主要内容

（一）举办"三期骨干培训班"

1、文化共享工程第二、三期省级分中心师资培训班。6月、10月，分别举办两期文化共享工程省级分中心师资培训班，参训人员为各省级分中心技术骨干，为期4-5天，约70人。

2、文化共享工程优秀基层服务人员技术培训班暨经验交流会。7月，举办第一期全国优秀基层服务人员参加的技术培训班与暨经验交流会，参训人员由各省推荐，中心审核的方式产生，为期3天，约30人。

（二）其它常项工作

1、制作培训教材及多媒体课件。编印、下发三套培训教材：资源使用手册、师资培训教材、技术服务与管理教材，每3个月一套，每套教材印刷1000本，下发至各省级分中心。采用VCD、DVD和WMV的格式，制作、下发5套普适性多媒体课件：技术技能类2套、维护服务类1套、资源加工与管理类1套、技术师资培训类1套，每2个月一套，每套课件印制光盘1000张，下发至各省级分中心。

2、利用卫星主站进行视频培训课件的定期播发。根据电子课件的制作进度，安排进行卫星播发和下载培训课件，更新各级基层中心、站点的培训课件资源，开展卫星广播远程培训。

3、编印12期运行保障月参考。每月收集各省先进技术、管理经验，充实运行保障月参考内容，提供工作中的实际操作的技术交流与培训，编写包括月工作通报、问题解答、技术专题、技术点滴等相关栏目的月刊，每月12日前编印完成，下发至各省份中心。每期70本，60页以内。

（三）开展2008年培训评估及奖励工作

为加强培训工作管理，各省级分中心根据本省实际，制定切实可行的2008年培训计划，于4月11日前报管理中心备案。管理中心负责收集、备案各省培训工作年度计划及培训过程反馈资料，根据各省培训工作的完成情况进行评估、考核，并对优秀省份及先进个人通报表彰和奖励。

四、组织实施

管理中心运行保障处负责培训工作的具体组织、实施。积极借助外力，与国家图书馆等相关单位合作。

关于做好向汶川地震灾区县（市）级支中心开展对口业务培训工作的通知

文化共享工程各省级分中心：

为做好向汶川地震灾区县（市）级支中心开展对口业务培训工作，根据《关于向汶川地震灾区县（市）级支中心开展对口业务培训的通知》（共享办〔2008〕21号）文件精神，管理中心现就有关事项通知如下：

一、2008年10月—2008年12月，各承办单位选择开班时间，培训周期为3—4周，要求12月底前完成。

二、各承办单位根据本地实际与相关受训人员联系。具体联系方式详见附件。

三、要求参训人员写出1000字左右的培训小结；承办单位给出学员评语、颁发国家图书馆结业证书、及时总结培训情况，报文化部全国文化信息资源建设管理中心。

管理中心联系人：
徐小芳　联系电话：010-88545425
电子邮箱：xuxiaofang_js@sina.com
蒋卫东　联系电话：010-88545819
电子邮箱：jwd@nlc.gov.cn
传真电话：010-68475713

附件：向汶川地震灾区县（市）级支中心开展对口业务培训名单

文化部全国文化信息资源建设管理中心
二〇〇八年十月六日

附件：

向汶川地震灾区县（市）级支中心开展对口业务培训名单

受灾省份	序号	对口支援承办单位	受灾县支中心	受训人员详细情况			
				姓名	性别	联系方式	职务或通信地址
四川	1	山东	北川县级支中心	唐　成	男	15908202707	副馆长
				李富筠	女	13881106633	馆　员
	2	广东	汶川县级支中心	陈红丽	女	13668292095	馆　长
				郭　健	男	13309042120	助理馆员
	3	浙江	青川县级支中心	蒋明强	男	13981255433	新进技术人员
				郭　莹	女	13980155320	新进技术人员
	4	江苏	绵竹市级支中心	代　敏	女	13548252332	副馆长
				谢　东	男	0838–8969606	技术人员
	5	北京	什邡市级支中心	李文忠	男	08388616668	自动化主任
	6	上海	都江堰市级支中心	谢金柯	男	13708010807	技术人员
	7	河北	平武县级支中心	杨　茗	女	13518304678	技术人员
				罗　勇	男	13989298543	技术人员
	8	辽宁	安县县级支中心	史　荣	女	13088259872	馆　长
				赵　琨	男	15928219075	新进技术人员
	9	河南	江油市级支中心	王慧民	男	13009604083	共享工程技术人员
				董　慧	男	13981168146	新进计算机人员
	10	福建	彭州市级支中心	张　丽	女	13618011555	副馆长
				申　艳	女	13550118677	办公室主任
	11	山西	茂县县级支中心	温　勇	男	0837–8873961	副馆长
				陈　燕	女	0837–8873961	技术人员
	12	湖南	理县县级支中心	杨秀琼	女	13990403852	电子阅览室管理员
				银福忠	男	13882490733	馆　长
	13	吉林	黑水县级支中心	她　木	女	15884078333	办公室副主任
				周　毛	女	15984726918	文化股工作人员
	14	安徽	松潘县级支中心	窦　华	男	13990443506	图书馆馆长
				李树琴	女	13990420012	图书专干
	15	江西	小金县级支中心	杨克明	男	0837–2782480	馆　长
				马善忠	男	0837–2782480	副馆长
	16	湖北	汉源县级支中心	任　敏	女	08358359536	馆　长
				刘　效	男	08358392703	技术人员
	17	重庆	崇州市级支中心	苟　敏	女	028–82278367	新进计算机人员
				彭真强	男	028–82278367	新进计算机人员

	18	黑龙江	剑阁县级支中心	钟清红	男	15883523622	馆　长
				雍　涛	男	15883993667	馆　员
陕西	19	天津	汉中市宁强县支中心	牟君诚	男	13309166934	陕西省汉中市宁强县图书馆
				吴洪英	女	0916–5838829	
	20	国家图书馆管理中心	汉中市略阳县图书馆	梁　惠	女	13992609880	汉中市略阳县图书馆
				王淑英	女	13772846916	
	21		汉中市勉县支中心	程菊红	女	13992699560	汉中市勉县图书馆
				杨新卫	女	13186343226	
甘肃	22		陇南市康县	樊康琴	女	13519393972	康县图书馆馆长
				王玉霞	女	13195800228	
				何　虹	女	13993913890	
	23		甘南州舟曲县	王俊兰	女	13321245216	舟曲县图书馆
				闫永玉	女	0939–3363528	
	24		陇南市武都区	徐立荣	男	13519090695	陇南市武都区图书馆馆长
				张淑霞	女	13809398063	
	25		陇南市文县	罗愚频	男	13519395685	文县图书馆馆长

关于印发2009年度全国文化信息资源共享工程培训工作指导意见的通知

文全信培发〔2009〕2号

全国文化信息资源共享工程各省级分中心：

2009年是全国文化信息资源共享工程（以下简称“文化共享工程”）完成“十一五”建设任务的关键一年。随着工程建设的快速推进，基层服务网点遍及全国，资源建设全面展开，培训工作日趋重要。2008年，文化部全国文化信息资源建设管理中心（以下简称“国家中心”）和各级中心通过集中培训、远程培训和互动交流等形式，开展了形式多样、内容充实的培训，使培训工作的规范化、资料的实用化、手段的多样化和服务的可持续化程度不断提高，培训工作管理机制初步形成。

根据《文化部关于做好全国文化信息资源共享工程2009年度工作的通知》（文社图函〔2009〕41号）和《全国文化信息资源共享工程培训工作规划（2008年—2010年）》（共享办〔2008〕18号）等文件精神，为进一步加强对培训工作的组织管理，国家中心现提出以下指导意见：

一、目标任务

按照文化部关于文化共享工程培训工作的总体要求，围绕2009年度重点工作，以基层需求为导向，以提高业务骨干的服务技能、推广文化共享工程为目的，对省级分中心领导和业务骨干以及2008—2009年度建设的县级支中心和乡镇基层服务点人员开展培训；通过合作共建等方式，对村基层服务点人员实施培训。力争培训不少于1.4万人次。其中，省级分中心100人次，市县级支中心9000人次（每个达标县级支中心不少于3人），乡镇基层服务点5000人次。村基层服务点的培训工作应与当地农村党员干部现代远程教育工作的培训同步进行。

二、培训原则

（一）分级培训，创新机制。以分级培训为指导，国家中心、省级分中心、市县级支中心和基层服务点在分别承担相关工作的基础上，要统筹培训资源，完善培训体系，创新培训机制。

（二）分类培训，注重实效。以工程建设与服务需求为导向，根据培训对象开展工作，不断改进培训方法，增强培训的针对性和实效性，切实提高培训质量。

（三）合作共建，优势互补。要通过合作共建，多途径开展培训。积极推动培训工作纳入当地农村信息化建设的培训体系、纳入农村党员干部现代远程教育工作的培训内容，积极开展与国家图书馆、中国图书馆学会以及高等院校等单位与有关系统的合作共建。

（四）典型示范，引导培训。积极宣传各地开展培训的典型案例，完善奖励机制，激发各地开展培训的热情，营造良好的培训环境。

三、培训内容

根据文化共享工程建设任务，结合各地建设需求，将文化共享工程建设与图书馆现代化建设紧密结合，积极开展培训工作。

（一）管理与组织培训。以各级中心组织管理者为培训重点，通过介绍国内外开展文化资源建设与服务的基础理论、工作案例等，拓展文化视野，开阔工作思路，提高创新能力，提升综合素质，又好又快地开展工程建设。

（二）技术与标准培训。以各级中心技术骨干为培训对象，讲授工程建设需要的、先进而适用的现代信息技术和工作案例，讲授与资源建设有关的标准规范等内容，提高他们掌握现代信息技术与数字资源建设的能力。

（三）基层服务培训。以各级中心和基层服务点工作人员为培训重点，通过展示工程资源、推介开展服务的基本方法、宣传典型经验等，使其熟悉工程资源，掌握开展服务技能，提升服务的主动性、创造性，不断提高服务质量。

（四）宣传能力培训。以各级中心从事宣传工作的人员为主要对象，传授有关新闻工作的基本知识，分析案例、分享经验等，培养与提高写作能力、摄影水平、扑捉新闻的技能等，掌握开展宣传工作所需要的手段与方法，增强工程宣传的针对性、时效性、准确性。

（五）师资队伍培训。以省级分中心业务骨干为主，以提升综合素质为切入点，重点提高培训技巧和授课能力，完善知识结构，更好地完成对市县级支中心的培训工作。

四、培训方式

充分发挥国家中心、省级分中心、市县级支中心、乡镇和村基层服务点在培训工作中的作用。要积极开展与有关行业、部门和单位的合作，提高培训效率与质量。要因地制宜地开展培训，可通过集中面授的培训班、交流会和参观学习等活动，通过面对面的讲授和现场演示，使学员获得其他培训方式难以掌握的知识；也可充分利用互联网、卫星、有线电视/数字电视、光盘、移动播放等手段开展培训，通过跨层级大众传播，进行普适性培训。同时，要利用好互联网站平台、热线电话、即时在线工具等手段，进行互动和交流，促进信息的快速沟通，作为上述培训的补充形式。

五、组织实施

（一）加强管理，分工责任。各地应进一步加强对培训工作的组织领导，落实培训经费，保障培训工作顺利开展。国家中心负责指导文化共享工程的整体培训工作，编辑培训教程，在重点对省级分中心业务骨干实施培训的基础上，与有关省级分中心和相关机构开展对部分县级支中心的培训。省级分中心应结合本省情况，完善培训机制，开展对市县级支中心的培训。市县级支中心应选派适合人员参加培训，与合作共建单位开展对乡村基层服务点人员的培训。基层服务点应充分利用文化共享工程设备设施开展服务，针对农民开展种植养殖、进城务工等技能培训。

（二）充实内容，强化培训。国家中心将进一步充实培训内容，将有关培训内容通过卫星直播、网络电视、线上“培训专栏”等方式提供各地用于培训。要通过调研进一步完善激励机制，统计和研究各地培训情况。（附件1）

各省级分中心应健全本地培训工作制度，保证培训资料的完整性和可用性。要建立与完善本地培训工作流程，统筹协调本地培训工作，形成不同的培训模式，提高培训效率和质量。（附件2）

（三）注重考核，提升质量。各级中心要尽快形成适合本地区的培训考核标准，建立与完善本地区的培训考核体系，不断提升培训工作质量，推进人才队伍建设。省级分中心要采用培训考核及调研抽查的办法检查各级中心的培训成果，在深入总结的基础上，完成国家中心《2009年度培训工作年终评审报表》（附件3），并于2009年11月底前将该报表及相关材料报送国家中心，接受国家中心关于培训工作的总体评审考核。

（四）奖励先进，推广经验。为进一步加大各地开展培训工作的力度，推动培训工作落到实处，切实提高工作人员的综合素质与服务技能，文化部将把培训工作纳入年内的督导工作范围，纳入公共图书馆评估定级的考核范围。为指导各地开展培训，推广各地培训先进经验，国家中心将督促、检查与交流各地培训情况，并在年底开展培训工作先进单位的评选表彰工作，推动文化共享工程培训工作不断取得新进展。

文化部全国文化信息资源建设管理中心

二OO九年三月五日

全国文化信息资源共享工程培训工作规划（2008年—2010年）

为贯彻落实《全国文化信息资源共享工程“十一五”发展规划》和文化部、财政部《关于进一步推进全国文化信息资源共享工程的实施意见》等文件要求，进一步加强全国文化信息资源共享工程（以下简称“文化共享工程”）队伍建设，扎实推进文化共享工程，结合实际，制定本规划。

一、指导思想

文化共享工程培训工作要以党的“十七大”精神为指导，全面贯彻落实科学发展观，解放思想，实事求是，针对文化共享工程建设与发展的实际需要，规范培训内容，统一培训标准，创新培训方式，按照分级管理、分类培训原则，通过集中授课、卫星广播、网络互动、光盘教学等方式，大力培训文化共享工程工作人员，逐步建立一支适应工程建设需要的人才队伍，为2010年基本建成资源丰富、技术先进、服务便捷、覆盖城乡的数字文化服务体系提供人才保障和智力支持。

二、总体要求

（一）建立分级培训体系

以属地管理为原则，开展国家、省、市（县）、乡镇（街道）、村（社区）的分级培训，形成由各级文化行政主管部门负责、各级中心具体实施、职责清晰、管理规范、标准统一的分级培训工作体系。各级文化行政主管部门是文化共享工程建设的主管部门，承担着工程培训工作的组织、管理工作；文化部全国文化信息资源建设管理中心（以下简称“国家中心”）是文化共享工程培训工作的组织实施机构，负责对省级分中心工作人员的培训，负责指导文化共享工程市（县）级支中心及基层服务点工作人员的培训；各省级分中心负责本地区范围培训工作的组织和实施工作。

（二）开展分类培训

培训的对象是工程建设的各级管理人员、技术人员和服务人员。其中，省级分中心和市（县）级支中心重点培训管理人员、技术人员及师资队伍；基层服务点重点培训设备操作、维护与服务人员。各级中心对相应培训人员进行备案管理，并将培训情况纳入各级中心的绩效考核指标。省级分中心人员上岗资格证书由国家中心颁发，市（县）级支中心和基层服务点工作人员上岗资格证书由省级分中心颁发。

（三）规范培训内容，创新培训方式

要结合本地区实际需求开展培训工作，制订培训大纲，编写通俗易懂的培训教材，探索简单易学的培训方式，实现培训工作的系统化、网络化、常规化和个性化。各级中心应编制适合本地的专用培训教材和多媒体课件，规范培训内容；借助互联网、卫星、有线/数字电视、光盘、印刷教材等多种手段和形式开展培训；根据文化共享工程与数字图书馆相结合的特点，将数字图书馆的相关内容纳入各级培训工作。

（四）积极开展合作共建

按照工程建设规划的要求，文化共享工程村级基层服务点与全国农村党员干部现代远程教育工作同步发展。各级文化行政主管部门要积极与农村党员干部现代远程教育主管部门开展合作，整合培训资源，做到统筹兼顾、相互配合，形成优势互补，具体有效的培训协调机制。

三、培训目标

文化共享工程培训工作的目标是：通过分级分类培训，形成一支热爱文化共享工程工作、熟悉文化共享工程资源内容、熟练掌握文化共享工程操作技术与服务手段的人员梯队，确保文化共享工程各级中心和基层服务点均具有熟练掌握并使用本级工程应用系统开展服务、熟悉本地设备维护及日常操作的人员。

根据各级中心的工作特点及培训对象情况，结合数字图书馆建设，到2010年前，通过分级分类培训使文化共享工程管理服务队伍达到以下目标：管理人员，每个省级分中心不少于1人；师资人员，每个省级分中心不少于3人、每个市（县）级支中心不少于2人；资源建设人员，每个省级分中心不少于2人、每个市（县）级支中心不少于1人；技术与服务人员，每个省级分中心不少于3人、每个市（县）级支中心不少于2人、每个基层服务点不少于1人。

（一）省级分中心人员

师资人员应具备掌握授课技巧、组织培训、分析本省培训需求、编写本省培训大纲、制定培训计划、独立开发适应本省培训需求的课程、教材和多媒体课件的能力；资源建设人员应具备本地特色资源的策划与制作能力，掌握相关法律知识，具有通过多种途径接收文化共享工程数字资源，进行本地化加工、入库、管理、传输、发布与应用，适应本省的传输与发布的能力；技术与服务人员应具备本省文化共享工程网站的资源更新、日常管理、应用维护及充分利用文化信息资源开展综合服务的能力。

（二）市（县）级支中心人员

师资人员应具备对基层服务点工作人员进行培训与业务指导能力；资源建设人员应具备一定的资源制作能力，具备对接收的文化信息资源进行本地化加工、入库、管理、传输、发布与应用能力；技术与服务人员应具备利用现有系统、设备设施及数字资源开展综合服务及对设备设施的维护能力。

（三）基层服务点人员

应掌握并熟练使用配发的系统与设备，具备本地化的技术操作、日常管理、应用维护及充分利用文化信息资源开展服务的能力。

四、实施要求

（一）分级实施

国家中心负责制订培训大纲、编写通用培训教材、建设在线培训课件及考核题库，每年举办不少于两期省级分中心有关人员的集中培训，定期向文化部报送文化共享工程的培训工作情况；各省级分中心应根据本省设备设施及群众需求情况制订本省培训大纲、编制本地教材。针对本省基层点建设、资源需求与服务情况开展常态调研，分析培训需求，参考国家中心提供的各类教材，根据实际适当补充，制作适合本地的系列化培训教材，逐步形成本地工程培训教材库，每年举办不少于两期本省市（县）级支中心人员的集中培训，定期向国家中心汇总报送本省的培训工作情况。

（二）建立健全考核制度

培训工作是文化共享工程建设的一项重要工作，各级文化行政主管部门要高度重视，加强指导，将培训工作纳入各级工程建设的绩效考核体系。要制定考评办法，将人员的培养、培训大纲的制定及其完成的效果等内容纳入本级文化行政主管部门对文化共享工程的考核范围；要根据本级培训工作考核办法和年度培训计划进行年度考核，对表现突出的单位和个人进行表彰和奖励。国家中心在每年第一季度向文化部报送本年度培训计划，省级分中心在每年第一季度向国家中心提交年度培训方案。

（三）多途径开展培训

各级中心要探索并逐步形成适合本地的培训模式；充分利用现代信息技术，结合网络教学、卫星广播、有线/数字电视、光盘播放、在岗培训等手段，借助数字图书馆相关资源开展常态培训；通过共享培训师资、提供培训教材等办法，积极与全国农村党员干部现代远程教育工作及各地信息化建设相结合，实现培训的资源共享。

（四）加强师资队伍建设

国家中心应在全国范围内建立师资人员数据库；各级中心要选调技术过硬、懂管理、服务意识强的工作人员作为师资的重点培养对象。除参加上级中心举办的师资培训班外，还应鼓励其参加专业培训机构组织的相关业务培训，并为之提供条件。要开拓思路，制定培训计划，运用多种手段拓展和强化培训能力。

（五）定期调研，及时掌握培训动态

为适应文化共享工程建设，各级中心应针对本地的基层点建设、资源需求、服务情况、培训意见及需求的收集、受训人员的考核等方面开展常态调研，分析研究培训需求，定期（每个季度）汇总，向上级中心反馈，以及时调整培训内容，适时修订培训大纲、修改培训教材。

（六）保证培训专项经费

各级文化行政主管部门应将培训工作纳入文化共享工程建设经费预算，建立培训专项资金，加强对培训经费的管理，确保专款专用。

全国文化信息资源共享工程

10周年

标准与规范

资源建设指南与标准

文化部全国文化信息资源建设管理中心资源采购管理暂行办法

（管理中心 文全信资发[2005]1号 文件发布）

第一章　总则

第一条：为规范文化部全国文化信息资源建设管理中心（以下称管理中心）的资源采购工作，加强资源建设管理，促进资源的有效利用，特定本暂行办法。

第二条：资源采购是指根据管理中心资源建设需求，通过相关途径从全国文化信息资源共享工程各省级中心和各级分中心或社会有关机构（以下简称供应商）有偿得到有关资源。

第三条：本暂行办法所称资源，是指符合管理中心需要的文本、图像、动画、多媒体、资源库等形式的产品。

第四条：资源采购工作在管理中心主任的领导下进行，以资源建设处为主，其他部门配合。

第五条：对于数额和项目不在政府采购范围之内的资源采购，参照执行本暂行办法。

第二章　采购原则

第六条：资源采购以需求牵引、综合比对为原则，严格执行有关政府采购的法律法规，按照《全国文化信息资源共享工程资源建设大纲》、《全国文化信息资源共享工程资源建设目录》和管理中心资源建设年度计划实施采购。

第三章　采购方式

第七条：资源建设处可根据资源建设的具体情况，选择以下方式进行实施采购，保证最大限度地发挥资金的使用效益：

（一）公开招标；

（二）邀请招标；

（三）竞争性谈判；

（四）单一来源采购；

（五）询价；

（六）管理中心认定的其他采购方式。

第八条：公开招标应作为资源采购的主要方式。

第九条：符合下列情形之一的，可以依照本暂行办法采用邀请招标方式采购：

（一）具有特殊性，只能从有限范围的供应商处采购；

（二）采用公开招标方式的费用占管理中心项目总价值的比例过大。

第十条：符合下列情形之一，可依照本暂行办法采用竞争性谈判方式采购：

（一）招标后没有供应商投标或者没有合格标的或者重新招标未能成立的；

（二）资源建设复杂或者性质特殊，不能确定详细规格或者具体要求的；

（三）采用招标所需时间不能满足管理中心紧急需要的；

（四）不能事先计算出价格总额的。

第十一条：符合下列情形之一的，可以依照本暂行办法采用单一来源方式采购：

（一）只能从唯一供应商处采购；

（二）发生不可预见的紧急情况不能从其他供应商处采购；

（三）必须保证原有采购项目一致性或者服务配套的要求，需要继续从原供应商处添购，且添购资金总额不超过原合同采购金额百分之三十；

（四）发挥全国文化信息资源共享工程省级分中心和其他分中心的合作优势，资助与鼓励其参与资源共建。

第十二条：采购资源的规格、标准统一，现有可采购资源充足且价格变化幅度小的项目，可以依照本暂行办法采用询价方式采购。

第十三条：采取邀请招标方式采购，资源建设处应当从符合相应资格条件的供应商中选择三家以上的供应商，并向其发出投标邀请书。

第十四条：实行招标方式采购，自招标文件开始发出之日起至投标人提交投标文件截止之日止，不得少于二十日。

第十五条：在招标采购中，出现下列情形之一的，应予以废标：

（一）符合专业条件的供应商或者对招标文件作实质响应的供应商不足三家；

（二）出现影响采购公正的违法、违规行为；

（三）投标人的报价均超过了采购预算，管理中心不能支付；

（四）因重大变故，采购任务取消。

废标后，管理中心应当将废标理由通知所有投标人。

第十六条：采用竞争性谈判方式采购，应当遵循下列程序：

（一）成立采购谈判小组。小组成员由管理中心三人以上的单数组成，必要时可邀请有关专家参加小组。

（二）制定采购谈判文件。文件应当明确谈判程序、谈判内容、合同草案的条款以及评定成交的标准等事项。

（三）确定邀请参加谈判的供应商名单。小组从符合相应资格条件的供应商名单中确定不少于三家的供应商参加谈判，并向其提供谈判文件。

（四）谈判。小组成员应集中与单一供应商分别进行谈判。在谈判中，谈判中的任何一方不得透露与谈判有关的其他供应商的价格和其他信息。谈判文件有实质性变动的，小组应当以书面形式通知所有参加谈判的供应商。

（五）确定成交供应商。谈判结束后，小组应当要求所有参加谈判的供应商在规定时间内进行最后报价，管理中心从小组提出的成交候选人中经过综合比对后确定成交供应商，并将结果通知所有参加谈判的供应商。

第十七条：采取单一来源方式采购，资源建设处应按照本暂行办法的相关规定，在保证采购资源质量和双方商定合理价格的基础上进行采购。

第十八条：采取询价方式采购，应当遵循下列程序：

（一）成立询价小组。小组由管理中心三人以上的单数组成，必要时可邀请有关专家参加小组。小组应当对采购资源的价格构成和评定成交的标准等事项做出规定。

（二）确定被询价的供应商名单。小组根据采购需求，从符合相应资格条件的供应商名单中确定不少于三家的供应商，并向其发出询价通知书让其报价。

（三）询价。小组要求被询价的供应商一次报出不得更改的价格。

（四）确定成交供应商。管理中心从小组提出的成交候选人中经过综合比对后确定成交供应商，并将结果通知所有参加询价的供应商。

第四章　采购组织与管理

第十九条：采购工作实行分级管理。

第二十条：管理中心主任履行下列职责：

（一）审批申请采购报告，在规定期限内做出是否进行采购的决定，并确定采购方式；

（二）确定采购小组的构成；

（三）负责协调采购争议和对采购工作的申诉；

（四）确定参加采购工作专家的劳务费标准；

第二十一条：资源建设处履行下列职责：

（一）在管理中心主任领导下实施资源采购工作；

（二）提出采购报告，对采购中发现的问题应如实反映，并提出解决方法的建议，资源处负责人和参与验收工作的人员须在采购报告上签字。

（三）履行采购工作结束后的合同签订及组织实施等工作。

第二十二条：参加采购的管理中心有关人员，未经管理中心主任许可，不得披露采购过程中管理中心内部讨论、决策和验收会议情况。

第五章　文件归档

第二十三条：资源建设处应在每项采购活动结束后，应及时将采购文件整理后交综合管理处存档。采购文件的保存期限为从采购结束之日起至少十五年。

第二十四条：采购文件包括采购活动记录、采购预算、招标文件、投标文件、评标标准、评估报告、定标文件、合同文本、验收证明、质疑答复、投诉处理决定及其他有关文件、资料。

第二十五条：采购活动记录至少应当包括下列内容：

（一）采购项目类别、名称；

（二）采购项目预算、资金构成与合同价格；

（三）采购方式，采用公开招标以外的采购方式，应当载明原因；

（四）邀请和选择供应商的条件及原因；

（五）评标标准及确定中标人的原因；

（六）废标的原因；

（七）采用招标以外采购方式的相应记载。

第六章　罚则

第二十六条：在采购过程中，管理中心有关人员如徇私舞弊、弄虚作假，并给管理中心造成经济损失，一经查实，由管理中心给予直接责任人员经济或行政处罚；情节严重者，提交司法机关处理。

第二十七条：参加采购的管理中心有关人员，未经管理中心主任许可，擅自披露采购情况，造成不良后果者，管理中心应给予批评教育或经济与行政处罚，直至予以开除。

第七章　附则

第二十八条：本暂行办法由资源建设处负责解释。

第二十九条：本暂行办法经管理中心主任批准，于2005年7月1日起开始实施。

文化部全国文化信息资源建设管理中心资源建设验收管理暂行办法

（管理中心　文全信资发[2005]1号　文件发布）

第一章　总则

第一条：为规范文化部全国文化信息资源建设管理中心（以下称管理中心）的资源验收工作，强化资源管理，促进资源的有效使用，特制定本暂行办法。

第二条：资源验收是指根据管理中心的有关规定并结合管理中心与资源提供方签订的合同，对所采集的资源进行综合审查和评价，并做出相应结论。

第三条：本暂行办法所称资源，是指符合管理中心需要的文本、图像、动画、多媒体、资源库等形式的产品。

第四条：资源验收工作通常由资源建设处负责实施，管理中心主任负责监督管理。

第二章　验收范围和原则

第五条：凡列入管理中心采购、制作范围的资源验收工作，均应执行本暂行办法。

第六条：资源验收工作要坚持严谨求实、客观公正、科学民主的原则，保证验收工作的准确性、科学性和严肃性。要特别注重资源产品的质量，保证管理中心的利益不受损害。

第七条：资源验收结论是使用、付款的依据。

第三章　验收方式

第八条：资源建设处可以根据资源建设的具体情况，选择以下方式进行验收：

（一）检测验收：根据国家、行业标准规定的有关指标，对资源进行检查分析，并提出验收报告；

（二）会议验收：由管理中心聘请有关方面的专家组成验收委员会，以会议形式对资源进行审查验收，并做出结论；

（三）合同验收：由资源建设处自行或管理中心聘请有关方面专家组成验收小组，按照合同约定的验收标准和方法进行验收，并做出结论。

第九条：管理中心发现并查实验收工作中存在弄虚作假行为的，有权宣布验收结论无效。并追究有关当事人的责任。

第四章 验收组织和管理

第十条： 验收工作实行分级管理。

第十一条：管理中心主任履行下列职责：

（一）审批申请验收报告，在规定期限内做出是否进行验收的决定，并确定验收方式；

（二）采用会议验收方式，根据需要确定会议规模及验收委员会成员的构成；

（三）验收委员会提交的验收报告如有重大缺陷，责成原验收委员会补充验收意见和评价；

（四）负责协调验收争议和对验收工作的申诉；

（五）确定参加验收工作专家的劳务费标准；

（六）必要时颁发验收证书，并在综合管理处备案。

第十二条： 验收委员会应当由具有比较丰富的专业知识和良好的职业道德、求实公正的专家组成。

第十三条： 验收委员会成员原则上为单数。

第十四条： 验收委员会履行下列职责：

（一）接受管理中心的领导，并对其负责；

（二）坚持实事求是、科学严谨的态度，对资源进行审查和评价；

（三）提出验收报告。对结论持有异议的问题要在报告中注明，全体成员要在验收报告上签字。

验收委员会负责人对验收结论要承担相应的责任，每个成员有权充分发表个人意见。

第十五条：资源建设处履行下列职责：

（一）在管理中心主任领导下实施资源验收工作；

（二）严格按照管理中心有关规定或与资源提供方签订的合同进行验收；

（三）提出验收报告，对验收中发现的问题应如实反映，并提出解决方法的建议，资源处负责人和参与验收工作的人员须在验收报告上签字。

第十六条：参加验收的有关人员，未经管理中心许可，不得披露验收会议情况。

第五章 文件归档

第十七条：资源建设处应在每项验收工作结束后，及时整理验收文件，交综合管理处与该项目的资源采购文件合并归档保存。验收文件的保存期限为从验收通过之日起至少十五年。

第十八条：验收文件包括验收活动记录、验收报告、质疑答复、投诉处理决定及其他有关文件、资料。

第六章 罚 则

第十九条：在验收过程中徇私舞弊、弄虚作假，一经查实，管理中心可中止验收工作；已经完成验收的予以撤销；给管理中心造成损失的，由管理中心给予直接责任人员经济或行政处罚；情节严重者，提交司法机关处理。

第二十条：参加验收工作的专家玩忽职守，或故意做出虚假结论，造成不良后果的，取消其验收资格，并由管理中心通报给所在单位或上级主管部门；情节严重者，提交司法机关处理。

第二十一条：参加验收的管理中心有关人员，未经管理中心主任许可，擅自披露验收情况，造成不良后果者，管理中心应给予批评教育或经济与行政处罚；情节严重者，提交司法机关处理。

第七章 附 则

第二十二条：本暂行办法由资源建设处负责解释。

第二十三条：本暂行办法经管理中心主任批准，于2005年7月起开始实施。

文化部全国文化信息资源建设管理中心接受捐赠作品暂行管理办法

（管理中心文全信资发[2005]2号 文件发布）

第一章 总则

第一条 接受捐赠是文化部全国文化信息资源建设管理中心（以下简称管理中心）资源建设来源的重要途径，根据《中华人民共和国公益事业捐赠法》的有关规定，为规范捐赠作品接受工作，特制定本管理办法。

第二章 接受捐赠作品的范围

第二条 凡符合管理中心资源建设需求的各类资源。

第三条 捐赠作品中的文字作品一般应为正式出版物。

第四条 摄影、绘画等平面作品酌情接受捐赠。

第三章 接受捐赠作品原则

第五条 合法捐赠原则。捐赠人所捐赠的作品应合法有效。

第六条 享有相关权益原则。捐赠作品一经接受并办妥有关手续，其所有权和处理权等所有相关权益即归管理中心所有。

第七条 选择入藏原则。捐赠作品按管理中心资源建设需要选择接受。不符合需要的作品谢绝捐赠，或奉还捐赠者本人，或向捐赠者说明作品接受后将被调拨其它作品使用单位。

第八条 作品利用原则。受赠作品在经过数字化加工后将通过全国文化信息资源共享工程等途径提供公益性服务。

第九条 发放捐赠凭证原则。捐赠作品不论如何利用，一经接受，均向捐赠者发放接受凭证。接受凭证分“荣誉证书”和“感谢函”(附件一)两类，受赠作品凡被管理中心接受，向捐赠者发放“荣誉证书”；不符合管理中心需要、管理中心已有相同作品、接受后将用于调拨其它作品使用单位的，向捐赠者发放“感谢函”。

第十条 非接受作品谢绝捐赠并妥善处理原则。捐赠作品凡不符合管理中心需要范围，谢绝捐赠。接受部门应向捐赠者说明情况，取得谅解。捐赠如通过邮寄、转交等方式得到，接受部门无法与捐赠者直接沟通时，可以采取发“感谢函”的方式通知捐赠者自行或委托他人在规定时间内将赠品领回，如“感谢函”发出60日后(以邮戳日期为准)赠品仍未领回或未得到答复，受赠作品即由管理中心自行处理。

第四章 接受捐赠作品办法

第十一条 资源建设处作为管理中心委托的捐赠作品接受部门，负责办理相关事宜。

第十二条 资源建设处接待到管理中心捐赠者时，应向捐赠者说明管理中心有关政策，并对管理中心现有资源进行查看，一般每种作品接受一册/件。

第十三条 管理中心其他部门应了解管理中心接受捐赠的有关政策，能够接待一般性咨询，答复有关捐赠事宜，并指引捐赠者前往资源建设处。

第十四条 捐赠者自行组织举办捐赠仪式邀请管理中心有关领导参加，由综合管理处负责协调。如捐赠者本人提出要求，并符合下列条件之一，由资源建设处提出书面申请，经管理中心主任审批，管理中心也可为其举办适当形式的捐赠仪式：

1、捐赠者为党和国家领导人、民主党派主要负责人；国内外著名学者、社会知名人士、著名机关团体等。

2、捐赠数量超过5000册/件(一次性或累计达到)。

3、捐赠价值超过人民币10000元(一次性或累计达到)，或虽无标价但赠品属于较为珍贵作品。

第十五条 凡捐赠珍贵作品，如捐赠者提出要求，而管理中心又确有使用的必要，可给予适当的奖励。奖励标准由资源建设处提出，按资源采购程序审批。

第十六条 凡捐赠价值超过人民币10000元，或虽无标价但属较为珍贵的作品，管理中心应与捐赠者签订“捐赠协议书”(附件二、三)。协议书的填写与签订，由资源建设处负责。

第十七条 资源建设处应及时拆包验收寄、送到管理中心的赠品。其他部门收到寄、送到本部门的捐赠作品，以及管理中心领导、部门领导参加捐赠活动代为接受的捐赠作品，应在5个工作日内转交资源建设处。

第十八条 “荣誉证书”及“感谢函”由资源建设处设专人统一管理，按规定(附件四)发放，不得滥发或浪费。凡收到捐赠作品应在登记之日起5个工作日内向捐赠者寄、发“荣誉证书”或“感谢函”。

第十九条 资源建设处收到捐赠作品，应进行详细登记，项目包括：接收日期，作品名称、载体形态及数量，捐赠者及捐赠者地址、邮编、电话等联系信息，赠送方式(直送、邮寄、转交等)，经手人，证书编号、寄出日期等。

第五章 捐赠作品的保存与管理

第二十条 捐赠作品中的录像带和光盘可长期保存，印刷型和其他类型的作品在利用后一般保存三年。

第二十一条 管理中心接受的捐赠作品，资源建设处应按管理中心所定有关标准和时限要求进行加工并提供服务。

第二十二条 未被收入管理中心的捐赠作品，资源建设处应在规定的领取时限(60日)内妥善保管。

第二十三条 捐赠者同意管理中心自行处理、以及未领回的未被管理中心接受的捐赠作品，由资源建设处负责调拨或作废品处理。处理前均须按规定上报审批，并办理相关剔除手续。

第二十四条 对于达到保存期限的作品可调拨给其他单位继续使用或作废品处理，资源建设处应按规定上报审批，并办理有关手续。

第二十五条 资源建设处填写的“捐赠作品登记表”(含赠书清单)在本部门保存至当年年底，来年一月底前与捐赠者签订的“捐赠协议书”连同捐赠清单一同交综合管理处档案室长期保存。

第六章 附 则

第二十六条 资源建设处应严格执行本管理办法，加强对捐赠作品工作的管理。凡违反本办法并造成不良影响者，按管理中心有关规定处理。

第二十七条 本办法自管理中心主任批准，于2005年7月起实施，解释权在资源建设处。

附件一

证书编号：______________

发函日期：______________

感 谢 函

__________先生/女士

您赠送的____

____种 ________册已收到。感谢您对文化部全国文化信息资源建设管理中心的关心和支持。鉴于您的赠品不在我中心的使用范围( )、我中心已有该作品( )，故未能收入并予以退回，请您在此函发出60日内(邮戳日期)凭此函自行或委托他人前来领取，或请允许我们转赠其他作品使用单位使用。

文化部全国文化信息资源建设管理中心

联系人：

通信地址：北京市海淀区中关村南大街33号J楼403室

邮政编码：100081

联系电话：

Email：

附件二

文化部全国文化信息资源建设管理中心
接受捐赠协议书

甲方：______________________（捐赠方）

乙方：文化部全国文化信息资源建设管理中心

甲方自愿将属于甲方所有的 ____

____ 等共计 _____种_____册/件(见清单)无偿捐赠乙方，为明确双方的权利和义务，经协商一致，签订本协议。

一、甲方对其所捐赠品拥有合法所有权。

二、甲方所捐赠品所有权自本协议书签字之日起，转移为乙方所有。

三、乙方收到赠品，在进行必要的数字化加工后，可根据乙方内部有关规定自行处理。

四、一切与本协议有关的纠纷，可由双方协商解决，协商不成，可通过仲裁或法律程序解决。

五、本协议书一式两份，双方各持一份。

甲方签字(盖章)：　　　　乙方签字(盖章)：

年　月　日　　　　年　月　日

附件三

文化部全国文化信息资源建设管理中心
接受捐赠协议书

甲方：______________________（捐赠方）

乙方：文化部全国文化信息资源建设管理中心

甲方自愿将属于甲方所有的 ____

____等共计________种______册/件(见清单)，无偿捐赠乙方，乙方给予一次性奖励________元(人民币)，以资表彰。为明确双方的权利和义务，经协商一致，签订本协议。

一、甲方对其所捐赠品拥有合法所有权。

二、甲方所捐赠品所有权自本协议书签字之日起，转移为乙方所有。

三、乙方收到赠品，在进行必要的数字化加工后，可根据乙方内部有关规定自行处理。

四、一切与本协议有关的纠纷，可由双方协商解决。协商不成，可通过仲裁或法律程序解决。

五、本协议书一式两份，双方各持一份。

甲方签字(盖章)：　　　　乙方签字(盖章)：

年　月　日　　　　年　月　日

附件四

赠书凭证发放办法

一、赠书凭证的类型及用途

赠书凭证分为"荣誉证书"和"感谢函"　两种类型，按不同用途分别发放。

1."荣誉证书"是管理中心接受捐赠作品并正式使用而发给捐赠者的凭证。"荣誉证书"分为黄边证书(规格　cm×　cm)、兰边证书(规格　cm×　cm)、两种规格。黄边证书用于个人捐赠者，兰边证书用于举办捐赠仪式或团体捐赠者。

2."感谢函"是管理中心收到捐赠作品但不准备使用而发给捐赠者的收到凭证。"感谢函"正文注明收到捐赠的品种及数量，说明文字注明赠品未入藏将退回，逾期未取回或未答复的，管理中心将自行处理。

二、"荣誉证书"和"感谢函"均需编号并实行由管理中心统一配号。规则为：

配号采用8位阿拉伯数字:年代号(第1–4数字位)+作品类型代码(第5数字位)+顺序号(第6–8数字位)。各作品类型配号规则为：

1.中文图书：年代号+作品类型代码"1"+顺序号3位。例：20031001　。

2.其它文种图书：年代号+　作品类型代码"2"+顺序号3位。例：20032001。

3.录像资料：年代号+作品类型代码"3"+顺序号3位。例：20033001。

4.光盘资料：年代号+作品类型代码"4"+顺序号3位。例：20034001。

5.其他资料：年代号+作品类型代码"5"+顺序号3位。例：20035001。

三、"荣誉证书"和"感谢函"填写标准

用黑色签字笔填写或打印，书写工整美观，不得涂改。字体大小与证书正文字体大小相仿。

1.捐赠者名称项：填写捐赠者个人姓名或团体名称全称，根据捐赠者身份可在姓名后加同志、先生、小姐、女士或职位职称等称呼。名称过长，可分两行填写。

2.作品名称项：包括作品名称和数量，作品名称填写全称，并加书名号。如属精装或非纸制载体，应在作品名称后注明，名称过长，可分两行填写。

3."感谢函"中不入藏原因项的填写，选择相对应的不入藏原因在括号内划勾。

4.发放日期：用阿拉伯数字填全年月日。

5.证书编号：使用与证书正文字体大小相仿的字体填写于证书左下方或预留位置，编号不得重复。

全国文化信息资源共享工程试点工作资源建设指南

（管理中心　文全信资发[2006]11号文件发布）

为加快推进全国文化信息资源共享工程（以下简称文化共享工程），加强对文化共享工程试点工作中资源建设的规范管理，确保各省级中心能够又好又快地建设资源，增大数量、提高质量，统一规范标准、扩大服务范围，避免重复建设、加强资金监管，以丰富的优秀资源满足基层群众的需求，特制定本指南。

一、建设原则

坚持科学规划、需求牵引，标准统一、共建共享，突出特色、避免重复的工作原则。

二、建设要求

（一）坚持协调共建。在资源建设指南的指导下，各省级中心开展联合共建。围绕选题重点，由国家中心承担全国普遍适用资源的建设。省级中心主要承担本地区特色资源建设，并兼顾对周边省份的区域性辐射，开展特色资源服务；同时协助国家中心整合一定数量的普适资源。各省级中心的资源建设成果要提交国家中心统一整合、使用，以便实现文化共享工程全国范围内的共享。

（二）加强需求调研。各省级中心要深入基层，深入农村，认真调研基层群众的资源需求，特别关注农民最关心、最直接、最现实的资源需求问题，通过综合分析，掌握需求动向和变化规律，有针对性地确立资源建设的选题。

（三）妥善解决版权。在著作权法和知识产权保护原则框架下，按照中办、国办转发《文化部、财政部关于进一步加强全国文化信息资源共享工程建设的意见》（厅字[2005]5号）精神，和国务院颁布的《信息网络传播权保护条例》的有关规定，通过争取捐赠、政策性免费使用、自创自建、合作共建、优惠采购、市场化购买等多种方式，解决资源的著作权使用问题，要力争获得在文化共享工程全国范围内的著作使用权。

（四）接受统一管理。按照《全国文化信息资源共享工程试点工作资源建设经费管理办法》的有关规定，各省级中心制订本地区资源建设规划，并接受上级主管部门的管理、监督与检查。

三、选题重点

按照“满足广大人民群众的基本文化权利，促进经济社会协调发展，构建社会主义和谐社会”的目标，大力建设满足基层群众迫切需要的数字文化资源，特别要以建设社会主义新农村为工作重点，按照“生产发展、生活宽裕、乡风文明、村容整洁、管理民主”的要求，建设一批能够满足农民需要的讲座、戏曲、影视、图书、期刊和专题资源库。

资源建设选题侧重以下内容：

（一）农业先进适用技术和农民务工技能培训方面的资源；

（二）农民喜爱的地方戏曲、农村新戏、曲艺杂技和爱国主义、农村题材的优秀的国产影视资源；

（三）提高农民的政策法律意识、思想道德素质方面的资源；

（四）农村医疗保健、农业科普知识方面的资源；

（五）弘扬我国民族民间优秀历史文化遗产和宣传社会主义核心价值体系、展示改革开放时代精神的资源。

四、选题指南

（一）农村实用技术、农经市场信息类

1、农村先进适用技术。包括农业种植技术、农村养殖技术等。

2、农经市场信息。包括农产品市场的需求动态、经销模式，以及每天各类农副产品的价格及其动态分析。

3、城镇务工技能。包括家电维修、家政医护、社区物业、建筑装修、美容美发、餐饮旅游、手工制作、餐饮旅游、机械保养与维修等专业技能知识等。

（二）农村政策法规、道德文明、医疗卫生、科普知识类

1、农村政策法规。包括党中央国务院和各地颁布的关于“三农”工作的方针政策、法律法规等。

2、农村医疗卫生。包括计划生育和常见病预防、意外伤害与急救常识、营养与食品卫生、地方病防治知识、用药常识等。

3、村民道德文明。包括家庭伦理道德、文明礼仪、健康生活习惯等。

4、农业科普知识。包括基本科学常识、当代科学技术成就与现代农业科技革命等。

（三）地方戏曲、知识讲座、优秀影视类

1、中国优秀戏曲精品。包括京剧、昆曲、评剧、二人转、秦腔、川剧、皮影戏、豫剧、越剧、黄梅戏、汉剧等各地人民群众喜闻乐见的优秀戏曲作品。

2、农村新戏。包括反映当代农村新人新事新风尚的小品、相声、表演唱、歌舞、音乐剧等。

3、知识讲座。包括经济管理、司法维权、科普教育、文艺欣赏、历史文物、地理民俗、哲学宗教、外交军事等。

4、优秀影视。包括国内优秀的电影、电视剧、纪录片、娱乐片等。

（四）重大宣传教育主题类

围绕中国特色社会主义建设不同时期不同阶段重大宣传教育主题，确定相关选题，建设大型主题资源库。

（五）中国民族民间文化精华类

包括杂技艺术、皮影艺术、木偶艺术、民族音乐、民俗摄影、民族舞蹈、国画艺术、壁画艺术、漫画艺术、年画艺术、书法艺术、民族建筑、刺绣艺术、印染艺术、风筝艺术、民间花会以及其它自然、历史和非物质文化遗产。

（六）文化旅游类

包括各地特色景区景点及相关历史地理、风俗传说、人物事件等。

（七）少数民族语言影视和文献类

包括以各少数民族语言创作的影视作品、文献典籍和以少数民族语言（如藏语、蒙语、维吾尔语、朝鲜语等）译制的汉语影视作品。

五、资源形式指南

资源建设不仅要从内容上贴近群众，还要注意采用受基层群众欢迎的并与设备技术特性相匹配的资源形式。现推荐下列各类资源的主要形式如下（参见表一）：

表一：各类资源推荐形式

说明：打✓项为本指南该类资源的主要推荐形式

选题分类		资源形式		
一级	二级	视频	图文	多媒体库
(一) 农村实用技术、农经 市场信息类	农村先进适用技术	✓		
	农经市场信息	✓	✓	
	城镇务工技能	✓		
(二) 农村政策法规、道德文明、医疗卫生、科普知识类	农村政策法规	✓		
	农村卫生医疗保健	✓		
	村民道德文明	✓		
	农村科普知识	✓		✓
(三) 地方戏曲、优秀影视、文化讲座类	中国优秀戏曲精品	✓		✓
	农村新戏	✓		
	知识讲座	✓		
(四)重大宣传教育主题类	——		✓	✓
(五) 民族民间文化精华类	包括杂技艺术、皮影艺术、木偶艺术、民族音乐、民俗摄影、民族舞蹈、国画艺术、壁画艺术、漫画艺术、年画艺术、书法艺术、民族建筑、刺绣艺术、印染艺术、风筝艺术、民间花会以及其他自然、历史和非物质文化遗产类。		✓	✓
(六) 文化旅游类	包括各地特色景区景点及相关历史地理、风俗传说、人物事件等。	✓		✓
(七) 少数民族语言影视和文献类	藏语、蒙语、维吾尔语、朝鲜语等	✓	✓	

(一) 主要建设适合农民收看的形象活泼、直观易懂的视频资源；

(二) 以各省中心馆藏资源为基础，辅助制作图文、声像并茂的，富有地方特色和浓郁乡土气息的专题多媒体数据库。

六、标准规范指南

(一) 标准规范指南设计原则

1. 指导性。标准规范指南为指导试点期间各省级中心提供资源建设工作技术标准而制定。各地要在统一标准框架下开展资源共建。

2. 通用性。为确保标准规范在图书馆行业的通用性，原则上以现有研究成果为基础，避免创建新标准。本指南以"科技部科技基础条件平台专项——数字图书馆标准与规范建设"研究成果为依据，选择适用标准。

3. 灵活性。各省级中心根据实际情况，在指南范围内选择适用标准。特殊类型资源的建设，可考虑在"科技部科技基础条件平台专项——数字图书馆标准与规范建设"研究成果的框架下，选用其它行业成文标准，或扩展建立专门规范。

(二) 数字资源加工指南

分为数字资源加工标准规范、数字资源加工操作指南两部分。

1.《数字资源加工标准规范》。从服务和长期保存的角度，提供对基于各种载体的文字、图形、图像、音频、视频等资源实施数字化加工的参考技术指标。标准规范所面向的各类资源为各省级中心普遍拥有的，各省级中心可依据实际情况选择适宜的加工标准。

源文档下载地址：http://cdls.nstl.gov.cn/cdls2/w3c/2003/Process/

文化共享工程网站下载地址：http://www.ndcnc.gov.cn/libportal/main/libpage/bzgf/index.htm

2.《数字资源加工操作指南》。它是各省级中心提供数字化设备、数字资源处理方法的决策依据，是《数字资源加工标准规范》的操作指南，为其中列举的文献类型提供加工处理办法，同时提供数字化常用设备及不同类型资源的数字化加工实例。

源文档下载地址：http://cdls.nstl.gov.cn/cdls2/w3c/2003/Process/

文化共享工程网站下载地址：http://www.ndcnc.gov.cn/libportal/main/libpage/bzgf/index.htm

（三）元数据标准规范指南

1. 基本元数据部分

基本元数据标准规范包括一系列标准、规范、指南及映射规则，用于在开放、分布和异构的环境中建设数字图书馆系统，确保可持续地提供统一的数字信息服务，为数字图书馆系统下的信息资源建设、保存、服务与交换提供一个统一的、可供参考的、根据信息资源共同特点确定的基本元数据集合。

(1)《基本数字对象描述元数据标准》。根据信息资源的共同特点确定的基本元数据的核心集，作为各领域元数据互操作的基础集，适用于各类信息资源的基本特征描述。通过这些基本元数据，可以更好地检索、利用、管理和保存信息资源。

源文档下载地址：

http://cdls.nstl.gov.cn/cdls2/w3c/2003/Metadata/

文化共享工程网站下载地址：

http://www.ndcnc.gov.cn/libportal/main/libpage/bzgf/index.htm

(2)《基本数字对象描述元数据扩展集规范》。根据《基本元数据应用规范》的扩展原则，提供基本元数据的扩展集标准，以确保信息资源基本属性的相对一致，实现资源的共享和最大效率的发现。扩展集是上述基于核心元数据集的扩展，可对一般信息资源进行较为全面的描述。

源文档下载地址：

http://cdls.nstl.gov.cn/cdls2/w3c/2003/Metadata/

文化共享工程网站下载地址：

http://www.ndcnc.gov.cn/libportal/main/libpage/bzgf/index.htm

(3)《基本元数据应用规范与著录规则》。在基本元数据及其扩展集不能满足信息资源描述需求时，可通过应用规范进行补充。同时应用规范还对元素扩展的流程、管理办法、元数据方案的形式的等作了原则规定。

源文档下载地址：

http://cdls.nstl.gov.cn/cdls2/w3c/2003/Metadata/

文化共享工程网站下载地址：

http://www.ndcnc.gov.cn/libportal/main/libpage/bzgf/index.htm

(4)《其他元数据到基本元数据的映射规则》、《基本元数据于其他元数据集映射指南》。为实现多种类型元数据描述的资源共享和互操作，分别建立的其他元数据与基本元数据的相互映射规则。另外，通过《MARC—基本元数据的映射指南》与《基本元数据与CCFC映射指南》，分别解决图书馆界在MARC标准规范下建立的资源与基本元数据规范体系的共享与交换，以及科技情报界在CCFC标准规范下建立的资源与基本元数据规范体系的共享与交换问题。

源文档下载地址：

http://cdls.nstl.gov.cn/cdls2/w3c/2003/Metadata/

文化共享工程网站下载地址：

http://www.ndcnc.gov.cn/libportal/main/libpage/bzgf/index.htm

(5)《专门数字对象元数据规范设计指南》。用于指导各种专门元数据规范的设计与应用。

源文档下载地址：

http://cdls.nstl.gov.cn/cdls2/w3c/2003/SpcMetadata/

文化共享工程网站下载地址：

http://www.ndcnc.gov.cn/libportal/main/libpage/bzgf/index.htm

2. 电影、电视、音像出版物等视频资源元数据部分

对于电影、电视、音像出版物等视频资料的元数据描述，“科技部科技基础条件平台专项——数字图书馆标准与规范建设”研究成果中未涉及。文化共享工程推荐使用国家广电总局颁布的《中国广播电视音像资料编目规范》标准，并规定根据资源管理和应用的要求对资源进行节目层、片断层的两级描述。

标准号：GY/T 202.1—2004

3. 基于图书馆馆藏文献的专门元数据部分

对于包括古籍、家谱、拓片、舆图、地方志、期刊论文、会议论文、学位论文、电子图书、音频资料、网络资源等在内

的各类图书馆馆藏文献资源的元数据进行规范。

(1)《古籍描述元数据规范》

(2)《古籍描述著录规则》

(3)《家谱描述元数据规范》

(4)《家谱描述著录规则》

(5)《拓片描述元数据规范》

(6)《拓片描述著录规则》

(7)《舆图描述元数据规范》

(8)《舆图描述著录规则》

(9)《地方志描述元数据规范》

(10)《地方志描述著录规则》

(11)《期刊论文描述元数据规范》

(12)《期刊论文描述著录规则》

(13)《会议论文描述元数据规范》

(14)《会议论文描述著录规则》

(15)《学位论文描述元数据规范》

(16)《学位论文描述著录规则》

(17)《电子图书描述元数据规范》

(18)《电子图书描述著录规则 》

(19)《音频资料描述元数据规范》

(20)《音频资料描述著录规则》

(21)《网络资源描述元数据规范》

(22)《网络资源描述著录规则》

上述源文档下载地址:

http://cdls.nstl.gov.cn/cdls2/w3c/2003/SpcMetadata/

文化共享工程网站下载地址:

http://www.ndcnc.gov.cn/libportal/main/libpage/bzgf/index.htm

(四)其他参考标准及其相关规定

相关标准、规定包括但不限于以下12种,个别问题可个案研究解决:

(1)《第一批异形词整理表》

(2)《现代汉语通用字表》

(3)《简化字总表》

(4)《国家标准标点符号用法》

(5)《国家标准出版物上数字用法的规定》

(6)《中国图书馆分类》

(7)《汉语主体词表》

(8)《人名规范》

(9)《地名规范》

(10)《组织机构规范》

(11)《广播电视节目资料分类法》

(12)藏文、蒙文、维吾尔文、朝鲜文、哈萨克文等语言文字相关标准及原则用法

资源建设是复杂的系统工程,涉及到汉字、少数民族语言文字、标点符号、名称规范、词表、分类法等多种标准规范的使用,各省、自治区、直辖市分中心应该严格参照现行相关标号及规定执行。

本指南用于指导试点期间各省的资源共建共享。各省、自治区、直辖市分中心在工作中要注意总结经验,加强交流,使本指南在实践中不断补充完善。

本指南由文化部全国文化信息资源建设管理中心负责解释,并自发布之日起实行。

资源建设技术标准

（管理中心 文全信资发〔2008〕8号文件发布）

文化共享工程资源建设的标准要具有前瞻性和兼容性，以应对不断发展的需要。资源建设标准要依托中国数字图书馆资源建设的标准规范体系，依据科技部《数字图书馆标准与规范建设》等研究成果。

鉴于目前数字图书馆标准规范体系中视频资源标准、特别是元数据应用标准有待进一步研究深化，根据文化共享工程视频资源量较大且发展较快的现状，国家中心推荐使用国家行业标准，即国家广播电影电视总局颁布的《中国广播电视音像资料编目规范》(GY/T202.1-2004)。根据指导性、通用性和灵活性相结合的原则，地方各级中心可在文化共享工程元数据标准、对象数据数字化标准的基础上适当选用和扩展，并报国家中心备案。

（一）《数字资源加工标准规范》

它是从服务和长期保存的角度，提供对基于各种载体的文字、图形、图像、音频、视频等资源实施数字化加工的参考技术指标。标准规范解决文化共享工程各级中心的各类资源加工的普遍性问题，各单位可依据实际情况选择适宜的加工标准。

源文档下载地址：http://cdls.nstl.gov.cn/cdls2/w3c/2003/Process/

文化共享工程网站下载地址：http://www.ndcnc.gov.cn/libportal/main/libpage/bzgf/index.htm

（二）《数字资源加工操作指南》

它是文化共享工程各级中心提供数字化设备、数字资源处理方法的决策依据，是《数字资源加工标准规范》的操作指南，为其中列举的文献类型提供加工处理办法，同时提供数字化常用设备及不同类型资源的数字化加工实例。

专栏四：基本元数据核心集（15个元素）

名称 (Title) *	格式 (Format) *
创建者 (Creator) *	标识符 (Identifier) *
主题 (Subject) *	来源 (Source) *
描述 (Description) *	语种 (Language) *
出版者 (Publisher) *	关联 (Relation) *
其他责任者 (Contributor) *	时空范围 (Coverage) *
日期 (Date) *	权限 (Rights) *
类型 (Type) *	

源文档下载地址：http://cdls.nstl.gov.cn/cdls2/w3c/2003/Process/

文化共享工程网站下载地址：http://www.ndcnc.gov.cn/libportal/main/libpage/bzgf/index.htm

（三）元数据标准规范指南

1、基本元数据部分

(1)《基本数字对象描述元数据标准》。它是根据信息资源的共同特点确定的基本元数据的核心集。

它作为各领域元数据互操作的基础集，适用于各类信息资源的基本特征描述。通过这些基本元数据，可以更好地检索、利用、管理和保存信息资源。

源文档下载地址：

http://cdls.nstl.gov.cn/cdls2/w3c/2003/Metadata/

文化共享工程网站下载地址：

http://www.ndcnc.gov.cn/libportal/main/libpage/bzgf/index.htm

(2)《基本数字对象描述元数据扩展集规范》。它是上述基于核心元数据集的扩展，可对一般信息资源进行较为全面的描述。根据《基本元数据应用规范》的扩展原则，提供基本元数据的扩展集标准，以确保信息资源基本属性的相对一致，实现资源的共享和最大效率的发现。

源文档下载地址：

http://cdls.nstl.gov.cn/cdls2/w3c/2003/Metadata/

文化共享工程网站下载地址：

http://www.ndcnc.gov.cn/libportal/main/libpage/bzgf/index.htm

(3)《基本元数据应用规范与著录规则》。在基本元数据及其扩展集不能满足信息资源描述需求时，可通过应用规范进行补充。同时还对元素扩展的流程、管理办法、元数据方案的形式等作了原则规定。

源文档下载地址：

http://cdls.nstl.gov.cn/cdls2/w3c/2003/Metadata/

文化共享工程网站下载地址：

http://www.ndcnc.gov.cn/libportal/main/libpage/bzgf/index.htm

(4)《其他元数据到基本元数据的映射规则》、《基本元数据与其他元数据集映射指南》。它们是为实现多种类型元数据描述的资源共享和互操作，分别建立的其他元数据与基本元数据的相互映射规则。另外，通过《MARC—基本元数据的映射指南》与《基本元数据与CCFC映射指南》，分别解决图书馆界在MARC标准规范下建立的资源与基本元数据规范体系的共享与交换以及科技情报界在CCFC标准规范下建立的资源与基本元数据规范体系的共享与交换问题。

源文档下载地址：

http://cdls.nstl.gov.cn/cdls2/w3c/2003/Metadata/

文化共享工程网站下载地址：

http://www.ndcnc.gov.cn/libportal/main/libpage/bzgf/index.htm

(5)《专门数字对象元数据规范设计指南》。它是用于指导各种专门元数据规范的设计与应用的指南。

源文档下载地址：

http://cdls.nstl.gov.cn/cdls2/w3c/2003/SpcMetadata/

文化共享工程网站下载地址：

http://www.ndcnc.gov.cn/libportal/main/libpage/bzgf/index.htm

2、电影、电视、音像出版物等视频资源元数据部分

对于电影、电视、音像出版物等视频资源的元数据描述，科技部国家科技基础条件平台建设专项支持项目《数字图书馆标准与规范建设》的研究成果涉及较少，国家中心推荐使用国家广电总局颁布的《中国广播电视音像资料编目规范》标准，并规定根据资源管理和应用的要求对资源进行节目层、片断层的两级描述。标准号：GY/T 202.1—2004

3、基于图书馆馆藏文献的专门元数据部分

对于包括古籍、家谱、拓片、舆图、地方志、期刊论文、会议论文、学位论文、电子图书、音频资料、网络资源等在内的各类图书馆馆藏文献资源的元数据进行规范。

(1)《古籍描述元数据规范》

(2)《古籍描述著录规则》

(3)《家谱描述元数据规范》

(4)《家谱描述著录规则》

(5)《拓片描述元数据规范》

(6)《拓片描述著录规则》

(7)《舆图描述元数据规范》

(8)《舆图描述著录规则》

(9)《地方志描述元数据规范》

(10)《地方志描述著录规则》

(11)《期刊论文描述元数据规范》

(12)《期刊论文描述著录规则》

(13)《会议论文描述元数据规范》

(14)《会议论文描述著录规则》

(15)《学位论文描述元数据规范》

(16)《学位论文描述著录规则》

(17)《电子图书描述元数据规范》

(18)《电子图书描述著录规则 》

(19)《音频资料描述元数据规范》

(20)《音频资料描述著录规则》

(21)《网络资源描述元数据规范》

(22)《网络资源描述著录规则》

上述源文档下载地址：http://cdls.nstl.gov.cn/cdls2/w3c/2003/SpcMetadata/

文化共享工程网站下载地址：http://www.ndcnc.gov.cn/libportal/main/libpage/bzgf/index.htm

（四）其他参考标准及其相关规定

相关标准、规定包括但不限于以下15种，个别问题可个案研究解决。

1、《第一批异形词整理表》（GF 1001-2001）

2、《现代汉语通用字表》（国家语言文字工作委员会、中华人民共和国新闻出版署1988年3月发布）

3、《简化字总表》（1986年国务院批准重新发表）

4、《国家标准标点符号用法》（GB/T 15834-1995）

5、《出版物上数字用法的规定》（GB/T 15835-1995）

6、《中国图书馆分类法（第4版）》（本书编委会编，北京图书馆出版社，1999）

7、《汉语主题词表》（中国科学技术情报研究所、北京图书馆主编，科学技术文献出版社，1980）

8、《广播电视节目资料分类法》（GY/Z 199-2004）

9、《中国人名汉语拼音字母拼写法》（中国文字改革委员会1976年修订）

10、《中国地名汉语拼音字母拼写规则(汉语地名部分)》(中国地名委员会、中国文字改革委员会、国家测绘局1984年发布)

11、《中文书刊名称汉语拼音拼写法》（GB 3259-92）

12、《国际单位制及其应用》（GB 3100-93）

13、《有关量、单位和符号的一般原则》（GB 3101-93）

14、《新闻出版保密规定》（国家保密局、中央对外宣传小组、新闻出版署、广播电影电视部，国保[1992]34号）

15、藏文、蒙文、维吾尔文、朝鲜文、哈萨克文等语言文字相关标准及原则用法

资源建设涉及的知识、语言种类和数字技术很多，是复杂的系统工程，涉及到汉字、少数民族语言文字、标点符号、名称规范、词表、分类法等多种标准规范的使用，文化共享工程各级中心应该严格参照现行相关标号及规定执行。

本规划未尽事项由文化部全国文化信息资源建设管理中心负责解释。

附件：资源建设框架表

资源建设框架表

说　明

1 类目设置

1.1一级大类共有25个，它是根据容纳原则、实用原则、科学原则立类的。

1.2二级类目各类数量不等，根据基本需求设立，类名一般使用短语。二级类目划分两个层次：知识层与信息层。

知识层的资源主要指经过原创的、具有智力成果形态的、使人能获取正确与合理认知的以及通常享有知识产权保护的资源类型。知识层的资源一般对社会个体具有广泛的普遍适用度。

信息层的资源主要指对数据加工形成的、不包含原创的、通常提供检索查考的以及一般情况下不享有知识产权保护的资源类型。信息层的资源对社会个体的普适性要远远低于知识层的资源，一般具有地方性和专门性的特征。

1.3信息类的资源可根据各地的实际有重点地择要建设。

2 资源形式

2.1视频：主要指影像一类的资源。此类资源供观看。

2.2图文：主要指电子书、电子图画一类的资源。此类资源供阅读。

2.3多媒体库：主要指基于特定专题的，由各类资源形式素材组织的信息数据库。此类资源供阅读、查检。

2.4网页：主要指实用信息一类的资源。此类资源供阅览和查检。

“视频”、“图文”资源主要属于知识层资源。“多媒体库”既属于知识资源形式，也属于信息资源形式，即如果需要，某类知识、信息资源都可以组织成多媒体库。“网页”主要属于信息资源形式。

3 资源服务

3.1各种形式、层次资源均要确保在标准上和内容上都能满足共享工程的多种信息服务手段在基层服务点开展服务。

3.2原则上国家中心主要负责组织协调并承担普遍适用知识信息资源建设，各省级分中心负责反映本地需求以及地方特色的知识信息资源的建设，并协助上国家中心做好普遍适用知识信息资源建设。

3.3除国家中心、省级中心以外，有条件的副省级以下各级中心应建立起本地共享工程的网站，通过网站主页发布大量实用信息，以吸引读者。而且网页信息要有维护，动态信息要及时更新，同时能够链接其他相关网站。

附件

资源建设框架表

资源内容			资源形式			
一级	二级		视频	图文	多媒体库	网页
	知识层	信息层				
1 文化遗产	中国文化、自然遗产的图书、影视片、讲座、知识资源库，物质文化遗产保护法规与相关知识	文化、自然遗产的名录和相关书目，相关影视片、讲座、知识资源库的内容介绍，物质文化遗产管理机构的联系及服务信息	✓	✓	✓	✓
	中国非物质文化遗产的相关图书、影视片、讲座、知识资源库，非物质文化遗产保护法规与相关知识	非物质文化遗产的名录及相关书目，相关影视片、讲座、知识资源库的内容介绍，非物质文化遗产管理机构的联系及服务信息	✓	✓	✓	✓
	中国考古成就、文物鉴赏、博物馆事业的图书、影视片、讲座、知识资源库	考古、文物、博物馆相关书目，相关影视片、讲座、知识资源库的内容介绍，中国有代表性的博物馆藏品介绍、陈列展览、观众服务等信息	✓	✓	✓	✓
2 典籍善本	中国古代重要典籍善本及相关讲座、影视片、知识资源库	中国有代表性的典籍善本书目，相关影视片、讲座、知识资源库的内容介绍	✓	✓		✓
	中国近代书刊及相关讲座、知识资源库	有代表性的近代书刊目录，相关讲座、知识资源库内容介绍	✓	✓		✓
	中国书史、版本知识、图书馆事业的相关图书、讲座、知识资源库	书史、版本学、图书馆学情报学等相关图书书目，相关讲座、知识资源库的内容介绍，中国有代表性的图书馆藏介绍、讲座展览、读者服务信息	✓		✓	✓
3 中国戏剧戏曲	中国戏剧戏曲史，古代代表性剧种、戏剧戏曲作品、剧作家、表演艺术家、戏剧戏曲理论的图书文献、相关音视频资料、知识资源库	中国戏剧戏曲史，古代代表性剧种、戏剧戏曲作品、剧作家、表演艺术家、戏剧戏曲理论的相关图书文献书目，相关音视频资料、讲座、知识资源库的内容介绍，相关研究的重要学者和研究机构名录	✓	✓	✓	✓
	中国话剧代表性作品、剧作家、表演艺术家及理论研究的音视频资料、相关讲座、图书、知识资源库	中国话剧代表性作品、剧作家、表演艺术家及理论研究的相关图书文献书目，相关音视频资料、剧照、讲座、知识资源库的内容介绍，代表性表演团体、剧作家、表演艺术家、奖项、相关研究的重要学者和研究机构名录	✓	✓	✓	✓
	中国京剧代表性作品、流派、剧作家、表演艺术家及理论研究的音视频资料、相关讲座、图书、知识资源库	中国京剧代表性作品、流派、剧作家、表演艺术家及理论研究相关图书文献书目，相关音视频资料、剧照、讲座、知识资源库的内容介绍，代表性表演团体、剧作家、表演艺术家、奖项、相关研究的重要学者和研究机构名录	✓	✓	✓	✓
	中国地方戏（包括昆曲、评剧、川剧、豫剧、越剧、黄梅戏等129种）代表性作品、流派、剧作家、表演艺术家及理论研究的音视频资料、相关讲座、图书、知识资源库	中国地方戏代表性作品、流派、剧作家、表演艺术家及理论研究的相关图书文献书目，相关音视频资料、剧照、讲座、知识资源库的内容介绍，代表性表演团体、剧作家、表演艺术家、奖项、相关研究的重要学者和研究机构名录	✓	✓	✓	✓

	中国地方戏(包括昆曲、评剧、川剧、豫剧、越剧、黄梅戏等129种)代表性作品、流派、剧作家、表演艺术家及理论研究的音视频资料、相关讲座、图书、知识资源库	中国地方戏代表性作品、流派、剧作家、表演艺术家及理论研究的相关图书文献书目,相关音视频资料、剧照、讲座、知识资源库的内容介绍,代表性表演团体、剧作家、表演艺术家、奖项、相关研究的重要学者和研究机构名录	✓	✓	✓	✓
4曲艺杂技	中国曲艺、杂技、皮影、木偶、魔术等发展史、理论研究的图书、讲座、知识资源库	中国曲艺、杂技、皮影、木偶、魔术等发展史、理论研究的相关图书文献书目,相关音视频资料、剧照、讲座、知识资源库内容介绍,相关研究的重要学者和研究机构名录	✓	✓	✓	✓
	中国曲艺代表性作品、表演艺术家的音视频资料、相关讲座、图书、知识资源库	中国曲艺代表性作品、表演艺术家及理论研究的相关图书文献书目,相关音视频资料、剧照、讲座、知识资源库的内容介绍,代表性表演团体、表演艺术家、奖项、相关研究的重要学者和研究机构名录	✓	✓	✓	✓
	中国杂技、魔术等代表性作品、演员的音视频资料、讲座、图书、知识资源库	中国杂技、魔术等代表性作品、演员及理论研究的相关图书文献书目,相关音视频资料、剧照、讲座、知识资源库的内容介绍,代表性表演团体、演员、奖项、相关研究的重要学者和研究机构名录	✓	✓	✓	✓
	中国皮影代表性作品、表演艺术家的音视频资料、讲座、图书、知识资源库	中国皮影代表性作品、表演艺术家及理论研究的相关图书文献书目,相关音视频资料、剧照、讲座、知识资源库的内容介绍,代表性表演团体、演员、奖项、相关研究的重要学者和研究机构名录	✓	✓	✓	✓
	中国木偶代表性作品、表演艺术家的音视频资料、讲座、图书、知识资源库	中国木偶代表性作品、表演艺术家及理论研究的相关图书文献书目,相关音视频资料、剧照、讲座、知识资源库的内容介绍,代表性表演团体、演员、奖项、相关研究的重要学者和研究机构名录	✓	✓	✓	✓
5中国音乐	中国音乐史,古代音乐重要作品、乐器、音乐理论的图书、曲谱、音视频资料、讲座、知识资源库	中国音乐史,古代音乐代表性作品、乐器、音乐理论、曲谱的图书书目,相关音视频资料、讲座、知识资源库的内容介绍,相关研究的重要学者和研究机构名录	✓	✓	✓	✓
	中国民族民间音乐代表性作品、音乐家、歌唱家、乐器、音乐理论的图书、曲谱、音视频资料、讲座、知识资源库	中国民族民间音乐代表性作品、音乐家、歌唱家、乐器、曲谱、音乐理论的图书书目,相关音视频资料、讲座、知识资源库的内容介绍,代表性表演团体、音乐家、歌唱家、奖项、相关研究的重要学者和研究机构名录	✓	✓	✓	✓
	中国当代流行音乐、MTV等代表性作品、音乐家、歌手、乐器、音乐理论、曲谱的图书、曲谱、音视频资料、讲座、知识资源库	中国当代流行音乐介绍,著名音乐家、歌手、图片、奖项、歌曲及专辑介绍,音乐会信息、音乐专辑排行表等	✓			✓

	中国歌剧代表性作品、音乐家、歌唱家、歌剧理论的音视频资料、剧本、曲谱、讲座、图书、知识资源库	中国歌剧代表性作品、音乐家、歌唱家、歌剧理论的图书书目，相关音视频资料、讲座、剧照、知识资源库的内容介绍，代表性表演团体、音乐家、歌唱家、奖项、相关研究的重要学者和研究机构名录	✓	✓		✓
6 中国舞蹈	中国舞蹈史，古代代表性舞蹈作品、舞蹈艺术家的图书文献、相关音视频资料、知识资源库	中国舞蹈史，古代代表性舞蹈作品、舞蹈艺术家的相关图书文献书目，相关音视频资料、讲座、知识资源库的内容介绍，相关研究的重要学者和研究机构名录	✓	✓	✓	✓
	中国近现代代表性舞蹈作品、舞蹈艺术家的音视频资料、相关图书文献、知识资源库	中国近现代代表性舞蹈作品、舞蹈艺术家的相关图书文献书目，相关音视频资料、讲座、剧照、知识资源库的内容介绍，相关研究的重要学者和研究机构名录	✓	✓	✓	✓
	中国当代代表性舞蹈作品、舞蹈艺术家的音视频资料、相关图书文献、知识资源库	中国当代代表性舞蹈作品、舞蹈艺术家的相关图书文献书目，相关音视频资料、讲座、剧照、知识资源库的内容介绍，代表性表演团体、舞蹈家、奖项、相关研究的重要学者和研究机构名录	✓	✓	✓	✓
	中国芭蕾舞发展史、代表性舞蹈作品、舞蹈艺术家的音视频资料、相关图书文献、知识资源库	中国芭蕾舞发展史、代表性舞蹈作品、舞蹈艺术家的相关图书文献书目，相关音视频资料、讲座、剧照、知识资源库的内容介绍，代表性表演团体、舞蹈家、奖项、相关研究的重要学者和研究机构名录	✓	✓		✓
	中国舞剧代表性作品、舞蹈艺术家、音乐家、舞剧理论的音视频资料、相关讲座、图书、知识资源库	中国舞剧代表性作品、舞蹈艺术家、音乐家、舞剧理论的相关图书文献书目，相关音视频资料、剧照、讲座、知识资源库的内容介绍，代表性表演团体、舞蹈家、奖项、相关研究的重要学者和研究机构名录	✓	✓		✓
7 中国美术	中国美术史、美术理论的图书、讲座、知识资源库	中国美术史、美术理论的图书的相关图书文献书目，相关图片、音视频资料、讲座、知识资源库的内容介绍，相关研究的重要学者和研究机构名录，中国代表性的美术馆和美术教育、研究机构名录	✓	✓	✓	✓
	中国古代绘画代表性作品、画家的图片音像资料、图书、讲座、知识资源库	中国古代绘画代表性作品、画家的相关图书文献书目，相关图片、音视频资料、讲座、知识资源库的内容介绍，画家、相关研究的重要学者和研究机构名录，重要画展、收藏、拍卖信息	✓	✓	✓	✓
	中国近现代绘画代表性作品、画家的图片音像资料、图书、讲座、知识资源库	中国近现代绘画代表性作品、画家的相关图书文献书目，相关图片、音视频资料、讲座、知识资源库的内容介绍，画家、相关研究的重要学者和研究机构名录，重要画展、收藏、出版、拍卖信息	✓	✓	✓	✓
	中国当代绘画代表性作品、画家的图片音像资料、图书、讲座、知识资源库	中国当代绘画代表性作品、画家的相关图书文献书目，相关图片、音视频资料、讲座、知识资源库的内容介绍，画家、代表性创作机构、刊物、相关研究的重要学者和研究机构名录，重要画展、评奖、收藏、出版、拍卖信息	✓	✓	✓	✓

	中国漫画代表性作品、画家的图片音像资料、图书、讲座、知识资源库	中国漫画代表性作品、画家的相关图书文献书目，相关图片、音视频资料、讲座、知识资源库的内容介绍，画家、代表性刊物、相关研究的重要学者和研究机构名录，重要画展、评奖、出版信息	✓	✓	✓	✓
	中国年画代表性作品、出产地、艺人的图片音像资料、图书、讲座、知识资源库	中国年画代表性作品、出产地、艺人的相关图书文献书目，相关图片、音视频资料、讲座、知识资源库的内容介绍，传承艺人、相关研究的重要学者和研究机构名录	✓	✓	✓	✓
8 影视文化	中国电影史，代表性影片、剧作家、表演艺术家及理论研究的音像视频资料、图片图书、讲座、知识资源库	中国电影史，代表性影片、剧作家、表演艺术家及理论研究的相关图书文献书目，相关图片剧照、音视频资料、讲座、知识资源库的内容介绍，剧作家、导演、表演艺术家和相关研究的重要学者和研究机构名录，中国代表性的影视片生产出品、放映播放、收藏展览奖项和研究机构名录，代表性的影视片出品、放映播放的电视专题、广播专题、节目预告等信息	✓	✓	✓	✓
	爱国主义、农村题材的优秀国产故事片、纪录片、动画片和相关研究文献资料	爱国主义、农村题材的优秀国产故事片、纪录片、动画片和相关研究的图书文献书目篇目，相关图片剧照、音视频资料、讲座、知识资源库的内容介绍	✓	✓		✓
	优秀电视剧、电视专题片、广播专题节目和相关评论文献资料	优秀电视剧、电视专题片、广播专题节目和相关评论文献资料的图书文献书目篇目，相关图片剧照、音视频资料、奖项、讲座、知识资源库的内容介绍	✓	✓	✓	✓
	外国优秀电影影片、影星和相关评论文献资料	外国优秀电影影片、导演、影星和相关评论文献资料的图书文献书目篇目，相关图片剧照、音视频资料、奖项、讲座、知识资源库的内容介绍	✓	✓		✓
9 民族文化	中国少数民族概况、民族历史、民族理论、民族政策、民族团结、民族工作等图书文献、讲座、音像资料、知识资源库	中国少数民族概况、民族历史、民族理论、民族政策、民族团结、民族工作等图书文献书目，相关图片、音视频资料、讲座、知识资源库的内容介绍，相关研究的重要学者和研究机构名录，民族工作机构的设置、职能、联络方式	✓	✓		✓
	中国少数民族传说、史诗、故事、传记等图书文献、讲座、音像资料、知识资源库	中国少数民族传说、史诗、故事、传记等图书文献书目，相关图片、音视频资料、讲座、知识资源库的内容介绍，相关研究的重要学者和研究机构名录，	✓	✓		✓
	中国少数民族音乐、舞蹈、乐器、工艺品等音像资料、图书文献、讲座、知识资源库	中国少数民族音乐、舞蹈、乐器、工艺品等图书文献书目，相关图片、音视频资料、讲座、知识资源库的内容介绍，相关研究的重要学者和研究机构名录	✓	✓	✓	✓
	中国少数民族语言、信仰、风俗、服饰、装饰品、节日、建筑等音像、图片资料、图书文献、讲座、知识资源库	中国少数民族语言、信仰、风俗、服饰、装饰品、节日、建筑等图书文献书目，相关图片、音视频资料、讲座、知识资源库的内容介绍，相关研究的重要学者和研究机构名录	✓	✓		✓
	中国少数民族语言文字的文化教育音像资料、讲座、图文资源库	中国蒙、藏、维、朝等少数民族教育读物相关图片、音视频资料、讲座、知识资源库的内容介绍，民族教育及研究机构名录	✓	✓		✓
	中国文艺作品中的优秀的适合未成年人读物、音乐、舞蹈、戏剧、美术、电影、动漫等图书、讲座、音像资料、知识资源库	中国优秀的未成年人读物、音乐、舞蹈、戏剧、美术、电影、动漫等图书书目，相关图片、音视频资料、讲座、知识资源库的内容介绍，相关研究的重要学者和研究机构名录，未成年人先进事迹、课外培训、假日活动等信息	✓	✓		✓

10 少儿文艺	指导未成年人健康成长的图书、讲座、教学辅导课件	指导未成年人健康成长的图书书目，相关图片、音视频教学辅导课件、讲座、知识资源库的内容介绍，相关研究的重要教师、学者和研究机构名录	✓	✓		✓
11 旅游文化	中国有代表性的名山大川、重要文化景点、红色旅游景点等音像图片资料、图书文献、讲座、知识资源库	中国有代表性的名山大川、重要文化景点、红色旅游景点等图书文献书目，相关图片、音视频资料、讲座、知识资源库的内容介绍，相关研究的重要学者和研究机构名录	✓	✓	✓	✓
	中国各地有代表性的民俗风情、土特产品等音像图片资料、图书文献、讲座、知识资源库	中国各地有代表性的民俗风情、土特产品等图书文献书目，相关图片、音视频资料、讲座、知识资源库的内容介绍，相关研究的重要学者和研究机构名录	✓	✓	✓	✓
	国外有代表性的旅游景点音像图片资料、图书文献、讲座、知识资源库	国外有代表性的旅游景点图书文献书目，相关图片、音视频资料、讲座、知识资源库的内容介绍，相关研究的重要学者和研究机构名录	✓	✓		✓
	旅游安全、出行、住宿、医疗卫生知识等图书文献、地图、讲座、音像资料、知识资源库	旅游安全、出行、住宿、医疗卫生知识等图书文献、地图等书目图录，相关图片、音视频资料、讲座、知识资源库的内容介绍，有关旅游的动态信息	✓	✓		✓
12 社会文化	中国有代表性的群众性歌舞鼓乐、文学戏剧、曲艺说唱、书法绘画、民间特色工艺、摄影制作及综艺活动等音像图片资料、图书文献、讲座、知识资源库	中国有代表性的群众性歌舞鼓乐、文学戏剧、曲艺说唱、书法绘画、民间特色工艺、摄影制作及综艺活动等图书文献书目，相关图片、音视频资料、讲座、知识资源库的内容介绍，代表性艺术家、传承人、群众文化表演团体、文化馆、群艺馆和其它学习培训机构与信息、相关研究的重要学者和研究机构名录	✓	✓		✓
	中国重要的节庆文化、饮食文化、婚俗文化、民居建筑、风物传说、服饰文化等音像图片资料、图书文献、讲座、知识资源库	中国重要的节庆文化、饮食文化、婚俗文化、民居建筑、风物传说、服饰文化等图书文献书目，相关图片、音视频资料、讲座、知识资源库的内容介绍，学习培训机构与信息、相关研究的重要学者和研究机构名录	✓	✓		✓
13 中国文学	中国古代文学史，重要作家和作品、文艺理论的图书、讲座、知识资源库	中国古代文学史，重要作作品、文艺理论的书目，相关讲座、知识资源库的内容介绍，中国古代文学研究重要学者和研究机构名录	✓	✓	✓	✓
	中国近代文学史，重要作家和作品、文艺理论的图书、讲座、知识资源库	中国近代文学史，重要作品、文艺理论的书目，相关讲座、知识资源库的内容介绍，中国近代文学研究重要学者和研究机构名录	✓	✓	✓	✓
	马克思主义文艺理论，中国现代文学史、重要作家和作品，相关图书、讲座、知识资源库	马列文论和中国近代文学史、重要作品的书目，相关讲座、知识资源库的内容介绍，中国近代文学研究重要学者和研究机构名录	✓	✓	✓	✓
	中国当代文学史，重要作家和作品、文艺理论的图书、讲座、知识资源库	中国当代文学史，重要作品、文艺理论的书目，相关讲座、知识资源库的内容介绍，重要作家、奖项、重要学者和研究机构名录	✓	✓		✓

14 中国历史	中国古代史，古代重要历史事件，著名政治家、军事家、科学家和杰出文化人物的图书文献、讲座、音像资料、知识资源库	中国古代史，古代重要历史事件，著名人物的图书文献书目，相关图片、音视频资料、讲座、知识资源库的内容介绍，相关研究的重要学者和研究机构名录	√	√	√	√
	中国近代史，近代重要历史事件，著名政治家、军事家、科学家和杰出文化人物的图书、讲座、音像资料、知识资源库	中国近代史，近代重要历史事件与人物的图书文献书目，相关图片、音视频资料、讲座、知识资源库的内容介绍，相关研究的重要学者和研究机构名录	√	√	√	√
	中国现代史，反映中国共产党领导中国人民为国家独立、民族解放奋斗的光辉历程的图书、讲座、音像资料、知识资源库	中国现代史反映中国共产党领导中国人民为国家独立、民族解放奋斗的图书文献书目，相关图片、音视频资料、讲座、知识资源库的内容介绍，相关研究的重要学者和研究机构名录	√	√	√	√
15 农业适用技术	农业生产技术的讲座、科教影视片、图书等	农业生产技术书目，讲座节目和科教片内容介绍，农业技术培训信息，农科院所名址及联系方式，农业生产服务机构名址及联系方式	√	√		√
	农副产品加工技术讲座、科教影视片、图书	农副产品加工技术书目，讲座节目和科教片内容介绍，农副产品加工培训信息，农副产品市场信息	√	√		√
	农作物、林木保护技术讲座、科教影视片、图书	农作物保护技术书目，讲座节目和科教片内容介绍，农作物保护技术培训信息，自然灾害及病虫害预报，植保机构名址及联系方式	√	√		√
	养殖技术讲座、科教影视片、图书	养殖生物及疾病防治技术书目，讲座节目和科教片内容介绍，养殖生物疾病防治技术培训信息，兽医机构名址及联系方式	√	√		√
	农田水利技术讲座、科教影视片、图书	农田水利技术书目，讲座节目和科教片内容介绍，农田水利技术培训信息	√	√		√
	能源技术（地热、太阳能、小水电、沼气等）讲座、科教影视片、图书等	能源技术书目，讲座节目和科教片内容介绍，能源技术培训信息	√	√		√
	建筑装修技术图书、讲座、教学资料片	建筑装修技术书目，讲座节目和科教片内容介绍，技术培训信息	√	√		√
	机动车、农机具使用和修理图书、讲座、教学资料片	机动车、农机具使用和修理的书目，相关讲座和科教片内容介绍，相关培训信息	√	√		√
	水电、电器安装与维修技术图书、讲座、教学资料片	水电维修、电器安装和修理技术书目，相关讲座和科教片内容介绍，相关培训信息	√	√		√
	餐饮、缝纫、家政技术图书、讲座、教学资料片	餐饮、缝纫、家政技术书目，相关讲座和科教片内容介绍，相关培训信息	√	√		√
	手工艺制作技术图书、讲座、教学资料片	各种手工艺制作技术书目，制作技术讲座和教学片内容介绍，相关培训信息	√	√		√
	计算机与互联网知识	计算机使用和维修书目，相关讲座内容介绍，计算机使用技能培训机构与培训信息	√	√		√
	保安、物业管理、绿化、保洁、保健医护、理发美容等其它进城务工实用技术图书、讲座、教学资料片	进城务工实用技术书目，相关讲座内容介绍，进城务工实用技术培训信息	√	√		√

16 法规政务	中国法律、法规、司法解释	中国法律、法规、司法解释的图书文献书目，相关音视频资料、讲座、知识资源库的内容介绍，国家与地方司法机构的设置、职能、联络方式，相关研究的重要学者和研究机构名录	√	√		√
	普法知识，法的解释、问答、说明，法律文书格式及写作要求，各种法律案例、刑侦纪实等	普法知识的图书文献书目，相关图片、音视频资料、讲座、知识资源库的内容介绍，相关研究的重要学者和研究机构名录	√	√		√
	法律援助，包括如预防犯罪、法律援助知识等	各级地方政府的设置、职能、公告、联络方式，其他需要政务公开的内容，各地法律援助机构设置、联络方式	√	√		√
	中国各级政府的发展规划及各部门的工作报告	中国家各级政府规划、工作报告的相关图书书目与宣传报道信息，相关图片、音视频资料、讲座、知识资源库的内容介绍，相关宣传研究的重要学者和机构名录	√	√		√
17 市场经营	进城务工的劳动保护、劳动合同、劳动仲裁等知识及其政策的图书、文献、图片、音像资料、讲座、知识资源库等	进城务工权益保护知识相关图书文献书目，相关图片、音视频资料、讲座、知识资源库的内容介绍，农民进城务工需求信息	√	√		√
	投资、理财、贷款、兑汇　费、保险等相关知识及其政策的图书、文献、图片、音像资料、讲座、知识资源库等	投资、贷款、理财、兑汇　费、保险等方法、信息，相关图书文献书目，相关图片、音视频资料、讲座、知识资源库的内容介绍	√	√		√
	生产、经营、管理、用工等相关知识及其政策的图书、文献、图片、音像资料、讲座、知识资源库等	生产、经营、管理、用工等各种信息，相关图书文献书目，相关图片、音视频资料、讲座、知识资源库的内容介绍	√	√		√
	产品流通、销售等相关知识的图书、文献、图片、音像资料、讲座、知识资源库等	产品流通、销售等相关知识图书文献书目，相关图片、音视频资料、讲座、知识资源库的内容介绍，中国各地主要农产品市场价格	√	√		√
	农村经济合同、契约等相关知识的图书、文献、图片、音像资料、讲座、知识资源库等	农村经济合同、契约等相关知识图书文献书目，相关图片、音视频资料、讲座、知识资源库的内容介绍，相关公证、仲裁机构的联系方式	√	√		√
	农村基础设施建设，包括节水灌溉、人畜饮水、乡村道路、农村沼气、农村水电、草场围栏等规划、设计知识	农村基础设施建设相关图书文献书目和项目信息，相关图片、音视频资料、讲座、知识资源库的内容介绍	√	√		√
	乡镇企业建设与发展知识的图书、文献、图片、音像资料、讲座、知识资源库等	乡镇企业建设与发展相关图书文献书目和项目信息，相关音视频资料、讲座、知识资源库的内容介绍，乡镇主要产品介绍、乡镇企业名录，地方土特产介绍		√		√
18 社会教育	思想道德教育的图书、文献、图片、音像资料、讲座、知识资源库等	思想道德教育图书文献书目与活动信息、联系方式，相关图片、音视频资料、讲座、知识资源库的内容介绍	√	√	√	√
	未成年人安全常识、犯罪预防、失足少年管教与帮扶的知识、方法的图书、文献、图片、音像资料、讲座、知识资源库等	未成年人安全、犯罪预防方法、失足少年管教帮扶的图书文献书目与教育信息、联系方式，相关图片、音视频资料、讲座、知识资源库的内容介绍，相关宣传提纲、目录	√	√	√	√

	家庭与幼儿教育知识的图书、文献、图片、音像资料、讲座、知识资源库等	家庭与幼儿的图书文献书目与教育信息，幼儿教育机构联系方式，相关图片、音视频资料、讲座、知识资源库的内容介绍	✓	✓	✓	✓
	职业教育与职业培训知识的图书、文献、图片、音像资料、讲座、知识资源库等	职业教育与职业培训机构介绍和培训信息，相关图书文献书目，相关音视频资料、讲座、知识资源库的内容介绍	✓	✓		✓
	农民业余教育、自学信息	农民业余教育机构、招生信息，自学考试信息，有关扫盲、冬学、农民夜校、自学考试、老年自学等图书文献书目，相关音视频资料、讲座、知识资源库的内容介绍	✓	✓		✓
19 科学普及	科学普及知识信息，包括生命科学、物质科学、地球科学、自然资源管理、日常生活生产、重大科学发现和著名科学家、科学技术与社会发展等的图书、文献、图片、音像资料、讲座、知识资源库等	科学普及图书文献书目，相关音视频资料、讲座、远程教育课程和课件、知识资源库的内容介绍，中国科技馆、自然科学博物馆、天文馆的馆藏、展览、服务信息，科学生活中的新发现、新消息等	✓	✓		✓
	破除迷信、反对邪教等宣传教育	破除迷信、反对邪教等宣传教育的图书文献书目，相关音视频资料、讲座、知识资源库的内容介绍	✓	✓		✓
20 医药卫生	西医、中医基本知识的图书、文献、图片、音像资料、讲座、知识资源库等	西医、中医基本知识的图书文献书目，相关音视频资料、讲座、知识资源库的内容介绍，医学检查正常指标，专科治疗机构、医疗专家分布、医疗卫生服务的咨询联系信息	✓	✓		✓
	农村常见病、疑难病的防治的图书、文献、图片、音像资料、讲座、知识资源库等	农村常见病、疑难病的图书文献书目，相关音视频资料、讲座、知识资源库的内容介绍，农村常见病、疑难病防治方法介绍，治疗机构和医疗专家分布与联系信息	✓	✓		✓
	传染病防治，包括呼吸道传染病、消化道传染病、虫媒传染病、人畜共患传染病等的图书、文献、图片、音像资料、讲座、知识资源库等	传染病防治的图书文献书目，相关音视频资料、讲座、知识资源库的内容介绍，计划免疫机构介绍，预防接种服务信息，治疗机构和医疗专家分布与联系信息	✓	✓		✓
	意外伤害与急救知识，包括农药中毒、中暑、冻伤、毒虫咬蜇伤、毒蛇咬伤、狗咬伤、煤气中毒、气管异物、溺水、电击、骨折、心脏骤停等的处理等的图书、文献、图片、音像资料、讲座、知识资源库等	意外伤害与急救知识的图书文献书目，相关音视频资料、讲座、知识资源库的内容介绍，相关急救电话、服务信息等	✓	✓		✓
	地方病与职业病特征与防治，包括碘缺乏病、血吸虫病、克山病、大骨节病、金属中毒、矽肺病等的图书、文献、图片、音像资料、讲座、知识资源库等	地方病与职业病的图书文献书目，相关音视频资料、讲座、知识资源库的内容介绍，防治机构、医疗专家分布与联系信息	✓	✓		✓
	家庭用药知识，包括家庭常备药品及其功能、用法，家庭药品保管常识，药品变质和真伪识别常识等的图书、文献、图片、音像资料、讲座、知识资源库等	家庭用药知识常备药品的图书文献书目，相关音视频资料、讲座、知识资源库的内容介绍，当地药品监督管理部门联系及服务信息	✓	✓		✓

	农村环境卫生知识，包括家庭消毒，饮水卫生、垃圾和污水处理、厕所改造，老鼠、蚊虫、苍蝇、蟑螂等的防治，杀虫剂的选择和安全使用等的图书、文献、图片、音像资料、讲座、知识资源库等	农村环境卫生的图书文献书目，相关音视频资料、讲座、知识资源库的内容介绍，有关环境卫生管理服务机构分布与联系信息	√	√		√
	营养与食品卫生，包括营养知识、食品安全与食物中毒预防、合理膳食与饮食卫生等	营养与食品卫生的图书文献书目，相关音视频资料、讲座、知识资源库的内容介绍，食品卫生监督部门联系及服务信息	√	√		√
	计划生育与性健康知识，包括避孕节育、青春期性教育、新婚保健、孕产期保健、育儿期保健、更年期保健，优生优育、性病与艾滋病预防等	计划生育与性健康的图书文献书目，相关音视频资料、讲座、知识资源库的内容介绍，计划生育与性健康机构分布与联系信息	√	√		√
	突发公共卫生事件应对知识的图书、文献、图片、音像资料、讲座、知识资源库等	突发公共卫生事件应对的图书文献书目，相关音视频资料、讲座、知识资源库的内容介绍，突发公共卫生事件报告机构及联系方式	√	√		√
	合作医疗制度的政策和相关宣传、实施的知识信息的图书、文献、图片、音像资料、讲座、知识资源库等	合作医疗制度政策与宣传、实施的图书文献书目、文章篇目，相关音视频资料、讲座、知识资源库的内容介绍，合作医疗点联系及服务信息	√	√		√
21 扶贫社保	扶贫、减贫政策、规划与方式，重点在政府、国际组织的扶贫规划的宣传、介绍的图书、文献、图片、音像资料、讲座、知识资源库等	各级政府扶贫减贫政策、规划与方式的图书文献书目、文章篇目，相关音视频资料、讲座、知识资源库的内容介绍，扶贫、减贫机构联系及服务信息	√	√		√
	国家、非政府组织、基金会的扶贫项目及内容介绍的图书、文献、图片、音像资料、讲座、知识资源库等的图书、文献、图片、音像资料、讲座、知识资源库等	国家、非政府组织、基金会扶贫项目的图书文献书目、文章篇目，相关音视频资料、讲座、知识资源库的内容介绍，相关活动的宣传信息，乡村扶贫自助组织活动与参与信息		√		√
	农村社会保障与残疾人政策，包括社会救济、福利院、养老院、残疾人、移民、救灾、收容遣返等的图书、文献、图片、音像资料、讲座、知识资源库等	农村社会保障与残疾人政策的图书文献书目、文章篇目，相关音视频资料、讲座、知识资源库的内容介绍，农村社会保障和残联机构的联系及服务信息	√	√		√
22 人居环境	环境保护知识与相关法规知识的图书、文献、图片、音像资料、讲座、知识资源库等	环境保护知识与相关法规的图书文献书目、文章篇目，相关音视频资料、讲座、知识资源库的内容介绍，环保机构的联系及服务信息	√	√		√
	农林业生态建设知识的图书、文献、图片、音像资料、讲座、知识资源库等	农林业生态建设的图书文献书目、文章篇目，相关音视频资料、讲座、知识资源库的内容介绍，农林业生态机构的联系及服务信息	√	√		√
	农村环境污染的影响及其控制，包括集约化畜禽养殖污染，化肥、农药污染，农用膜污染，工业污染等，以及自然保护区保护法规与知识的图书、文献、图片、音像资料、讲座、知识资源库等	农村环境污染的影响及其控制治理的图书文献书目、文章篇目，相关音视频资料、讲座、知识资源库的内容介绍，相关环保机构的联系及服务信息，以及自然保护区管理机构的联系及服务信息	√	√		√

	农业废弃物综合利用，包括自制沼气、秸秆青贮、生物有机肥制作、食用菌生产等的图书、文献、图片、音像资料、讲座、知识资源库等	农业废弃物综合利用的图书文献书目、文章篇目，音视频资料、讲座、知识资源库的内容介绍，农业废弃物综合利用推广机构的联系及培训、服务信息	✓	✓		✓
	农业清洁生产和有机食品、绿色食品开发的知识的图书、文献、图片、音像资料、讲座、知识资源库等	农业清洁生产和食品开发的图书文献书目、文章篇目，相关音视频资料、讲座、知识资源库的内容介绍，有机食品认证机构的联系及服务信息	✓	✓		✓
	农村旅游文化建设、观光农林业开发组织、景点管理知识的图书、文献、图片、音像资料、讲座、知识资源库等	农村旅游的图书文献书目、文章篇目，相关音视频资料、讲座、知识资源库的内容介绍，旅游景点路线图、旅游服务机构的联系及服务信息	✓	✓		✓
23生活常识	食品储存、运输知识的图书、文献、图片、音像资料、讲座、知识资源库等	食品储存、运输的图书文献书目、文章篇目，相关音视频资料、讲座、知识资源库的内容介绍，各地粮油副食品销售点的联系及服务信息	✓	✓		✓
	日用品质量与购买知识的图书、文献、图片、音像资料、讲座、知识资源库等	日用品质量与购买的图书文献书目、文章篇目，相关音视频资料、讲座、知识资源库的内容介绍，各地日用品销售点的联系及服务信息	✓	✓		✓
	交通出行知识的图书、文献、图片、音像资料、讲座、知识资源库等	交通出行知识的地图、图书文献书目、文章篇目，相关音视频资料、讲座、知识资源库的内容介绍，各地交通线路、交通工具时刻表	✓	✓		✓
	防灾减灾、突发事件应对知识的图书、文献、图片、音像资料、讲座、知识资源库等	防灾减灾、突发事件应对的手册、图书书目、文章篇目，相关音视频资料、讲座、知识资源库的内容介绍，突发事件报告与联系方式	✓	✓		✓
	人身安全、自我保护常识，包括交通、家庭急救、信息、财产、公共场所安全等的图书、文献、图片、音像资料、讲座、知识资源库等	人身安全、自我保护常识的手册、图书书目、文章篇目，相关音视频资料、讲座、知识资源库的内容介绍，相关机构的联系及服务信息	✓	✓		✓
	现代通讯知识的图书、文献、图片、音像资料、讲座、知识资源库等	现代通讯的知识手册、图书书目、文章篇目，相关音视频资料、讲座、知识资源库的内容介绍，电话与手机使用方法、资费信息，全国邮政编码等信息	✓	✓		✓
	中长期天气预测，包括中长期天气预报、地质灾害预报，森林火险等级预报，病虫害预报等	天气预测、地质灾害预报、森林火险预报的知识手册、图书书目、文章篇目，相关音视频资料、讲座、知识资源库的内容介绍，相关机构的布局、联系及服务信息		✓		✓
	奥运会知识，包括奥运会历史，2008年北京奥运会宣传信息	历届奥运会及北京奥运会的图书、宣传手册书目、文章篇目，相关音视频资料、图片、讲座、知识资源库的内容介绍，相关机构的布局、联系及服务信息	✓	✓		✓

24 体育健身	亚运会、全运会、农民运动会知识	历届亚运会、全运会、农民运动会知识的图书、宣传手册书目、文章篇目，相关音视频资料、图片、讲座、知识资源库的内容介绍，相关机构的布局、联系及服务信息	√	√		√
	全民健身运动知识	全民健身运动知识及各种健身方法介绍的图书、宣传手册书目、文章篇目，相关音视频资料、图片、讲座、知识资源库的内容介绍，相关机构的布局、联系及服务信息	√	√		√
	竞技体育运动知识	各种竞技体育项目相关知识的图书、宣传手册书目、文章篇目，相关音视频资料、图片、讲座、知识资源库的内容介绍，相关机构的布局、联系及服务信息	√	√		√
25 国防军事	国防、军事知识	国防、军事知识的图书、宣传手册书目、文章篇目，相关音视频资料、图片、讲座、知识资源库的内容介绍	√	√		√
	农村武装工作知识	农村武装工作知识的图书、宣传手册书目、文章篇目，相关音视频资料、图片、讲座、知识资源库的内容介绍，相关管理服务部门的布局、联系及服务信息	√	√		√

全国文化信息资源共享工程2007年度地方资源建设指南

（共享工程领导小组办公室 共享办〔2007〕12号 文件发布）

为加大全国文化信息资源共享工程（以下简称“文化共享工程”）资源建设的力度，加强地方资源建设的规范管理，确保各省级分中心又好又快地建设资源，增加数量、提高质量，统一规范标准、推进共建共享，加强资金管理、避免重复建设，以丰富、适用、优质、多样的数字资源，满足广大城乡基层群众的需求，在总结2006年试点工作资源建设经验的基础上，制定本指南。

一、 建设原则

坚持需求牵引、科学规划，标准统一、共建共享，突出特色、避免重复的工作原则。

二、建设要求

（一）科学制定选题。各省级分中心要认真调研城乡基层群众的资源需求，特别关注农民最关心、最直接、最现实的资源需求问题，围绕城乡群众的需求，依据本地区具有代表性的优秀的特色资源，在征求专家意见的基础上，有针对性地确立资源建设的内容选题，组织水平较高、富有经验的人员队伍，搞好成本核算，在本地区文化主管部门的指导监督下，有计划有步骤地开展资源建设。

（二）坚持共建共享。在资源建设指南的指导下，各省级分中心积极协作共建。围绕选题重点，文化部全国文化信息资源建设管理中心（以下简称“国家中心”）负责协调并承担全国普遍适用资源的建设，省级分中心主要承担本地区特色资源建设，并兼顾对周边省份的相关区域性资源辐射，同时协助国家中心整合一定数量的普遍适用资源。中央财政支持的各省级分中心的资源建设成果要提交国家中心统一整合、使用，以实现优秀资源在全国范围内的共享。

（三）妥善解决版权。认真研究和充分利用我国版权法中有利于推动文化共享工程发展的有关条款，合理利用社会资源，促进信息传播。

在版权法框架下，按照中办、国办转发《文化部、财政部关于进一步加强全国文化信息资源共享工程建设的意见》（厅字〔2005〕5号）精神，和国务院颁布的《信息网络传播权保护条例》的有关规定，通过争取捐赠、合作共建、优惠征集与市场购买等多种方式，解决资源的版权问题，使所建资源可通过互联网、卫星、光盘、有线电视/有线数字电视等途径开展服务。

（四）严格财务管理。中央财政支持的各省级分中心的资源建设费用，应按照2006年《全国文化信息资源共享工程试点工作资源建设经费管理办法》的有关规定，专款专用，保障资源建设顺利进行。各省级分中心在当地文化主管部门的指导管理、监督检查下，尽量节省资金，严格财务管理。

三、选题重点

根据“满足广大人民群众的基本文化权利，促进经济社会协调发展，构建社会主义和谐社会”的宗旨，大力建设有利于满足城乡群众精神生活的文学艺术、影视戏剧、音乐舞蹈、曲艺杂技、文化遗产、社会文化及有关人文知识的数字资源，有利于提高城乡群众整体素质和生活质量的科普知识、医疗保健及生活常识等方面的数字资源。同时要重视建设有利于广大农民及时了解党中央国务院关于解决“三农”问题的法规政务信息，有利于广大农民增产增收的农业种植技术、养殖技术、城镇务工技能和市场经营的数字资源。

资源建设选题侧重以下内容：

（一）文化遗产：包括文化、自然遗产及非物质文化遗产等；

（二）中国戏剧：包括京剧、话剧、歌剧、舞剧和地方戏重要作品、剧作家、流派、表演艺术家等；

（三）曲艺杂技：包括曲艺、杂技、魔术、皮影、木偶等代表节目、著名表演艺术家等；

（四）民族文化：包括少数民族歌舞鼓乐、节庆婚俗、风物传说、民族服饰等；

（五）少儿文艺：包括我国优秀的未成年人读物、音乐、舞蹈、戏剧、美术、影视、动漫作品和学习辅导讲座等；

（六）影视文化：包括农村及爱国主义题材的优秀国产故事片、纪录片等；

（七）农村适用技术及经济管理、市场营销知识：包括农业种植技术、养殖技术、农民进城务工技能培训知识以及劳动保障、融资贷款、经济管理、市场营销相关知识；

（八）科普知识：信息科学、生命科学、物质科学、地球科学、自然资源管理、重大科学发现和著名科学家、科学技术与社会发展等；

（九）旅游文化：包括各地名山大川、重要文化景点、红色旅游景区及景点、民俗风情、土特产品等；

（十）生活常识与人居环境：包括日常生活知识以及村庄规划和住宅设计图样等；

（十一）医药卫生：包括医药知识、防疫知识、保健知识等。

四、选题指南

资源分类		资源主要形式			
一级	二级	视频	图文	多媒体库	网页
1 文化遗产	我国文化、自然遗产相关知识	✓	✓	✓	✓
	我国非物质文化遗产相关知识	✓	✓	✓	✓
	我国考古成就、文物鉴赏、博物馆事业	✓	✓	✓	✓
2 典籍善本	我国古代重要典籍善本及相关讲座、影视片、知识资源库	✓	✓		✓
	我国近代书刊及相关讲座、知识资源库	✓	✓		✓
	中国书史、版本知识、图书馆事业的相关图书、讲座、知识资源库	✓		✓	✓
3 中国戏剧	中国戏剧史，古代代表性剧种、戏剧作品、剧作家、表演艺术家	✓	✓	✓	✓
	中国话剧代表性作品、剧作家、表演艺术家	✓	✓		✓
	中国京剧代表性作品、流派、剧作家、表演艺术家	✓	✓	✓	✓
	中国地方戏（包括昆曲、评剧、川剧、豫剧、越剧、黄梅戏等129种）代表性作品、流派、剧作家、表演艺术家	✓	✓	✓	✓
4 曲艺杂技	中国曲艺、杂技、皮影、木偶	✓	✓		✓
	中国曲艺代表性作品、表演艺术家	✓	✓		✓
	中国杂技、魔术等代表性节目、演员	✓	✓	✓	✓
	中国皮影代表性节目、表演艺术家	✓	✓	✓	✓
	中国木偶代表性节目、表演艺术家	✓	✓		✓
5 民族文化	我国少数民族概况、民族历史、民族理论、民族政策、民族团结、民族工作等	✓	✓		✓
	我国少数民族传说、史诗、故事、传记等	✓	✓		✓
	我国少数民族音乐、舞蹈、乐器、工艺品等	✓	✓	✓	✓
	我国少数民族语言、信仰、风俗、服饰、装饰品、节日、建筑等	✓	✓		✓
	我国少数民族教育读物、讲座、音像资料、知识资源库	✓	✓		✓
6 少儿文艺	我国优秀的未成年人读物、音乐、舞蹈、戏剧、美术、电影、动漫	✓	✓		✓
	指导未成年人健康成长的图书、讲座、教学辅导课件	✓	✓		✓
7 影视文化	中国电影史、代表性影片、剧作家、表演艺术家	✓	✓	✓	✓
	爱国主义、农村题材的优秀国产故事片、纪录片、动画片	✓	✓		✓
	优秀电视剧、电视专题片、广播专题节目	✓	✓		✓
	外国优秀电影影片、影星	✓	✓		✓

8 适用技术	农业生产技术	√	√		√
	农副产品加工技术	√	√		√
	农作物、林木保护技术	√	√		√
	养殖技术	√	√		√
	农田水利技术	√	√		√
	能源技术（地热、太阳能、小水电、沼气等）	√	√		√
	建筑装修技术	√	√		√
	机动车、农机具使用和修理技术	√	√		√
	水电、电器安装与维修技术	√	√		√
	餐饮、缝纫、家政技术	√	√		√
	手工艺制作技术	√	√		√
	计算机与互联网知识	√	√		√
	保安、物业管理、绿化、保洁、保健医护、理发美容等其他进城务工实用技术	√	√		√
9 农村经济	进城务工的劳动保护、劳动合同、劳动仲裁等知识及其政策	√	√		√
	投资、理财、贷款、兑汇 费，保险等相关知识及其政策	√	√		√
	生产、经营、管理、用工等相关知识及其政策	√	√		√
	产品流通、销售等相关知识	√	√		√
	农村经济合同、契约等相关知识	√	√		√
	农村基础设施建设，包括节水灌溉、人畜饮水、乡村道路、农村沼气、农村水电、草场围栏等规划、设计知识	√	√		√
	乡镇企业建设与发展知识		√		√
12 生活百通	食品储存、运输知识	√	√		√
	日用品质量与购买知识	√	√		√
	交通出行知识	√	√		√
	防灾减灾、突发事件应对知识	√	√		√
	人身安全、自我保护常识，包括交通、家庭急救、信息、财产、公共场所安全等	√	√		√
	现代通讯知识	√	√		√
	中长期天气预测，包括中长期天气预报、地质灾害预报，森林火险等级预报，病虫害预报等		√		√
13 人居环境	环境保护法规与相关知识	√	√		√
	农林业生态建设知识	√	√		√
	农村环境污染的影响及其控制，包括集约化畜禽养殖污染，化肥、农药污染，农用膜污染，工业污染等，以及自然保护区保护法规与知识	√	√		√
	农业废弃物综合利用，包括自制沼气、秸秆青贮、生物有机肥制作、食用菌生产等	√	√		√
	农业清洁生产和有机食品、绿色食品开发的知识	√	√		√
	农村旅游文化建设、观光农林业开发组织、景点管理知识	√	√		√

14 医药卫生	西医、中医基本知识	√	√		√
	农村常见病、疑难病的防治	√	√		√
	传染病防治，包括呼吸道传染病、消化道传染病、虫媒传染病、人畜共患传染病等	√	√		√
	意外伤害与急救知识，包括农药中毒、中暑、冻伤、毒虫咬蜇伤、毒蛇咬伤、狗咬伤、煤气中毒、气管异物、溺水、电击、骨折、心脏骤停等的处理等	√	√		√
	地方病与职业病特征与防治，包括碘缺乏病、血吸虫病、克山病、大骨节病、金属中毒、矽肺病等	√	√		√
	家庭用药知识，包括家庭常备药品及其功能、用法，家庭药品保管常识，药品变质和真伪识别常识等	√	√		√
	家庭护理知识，包括护理基本常识、婴幼儿护理、老年人护理等	√	√		√
	农村环境卫生知识，包括家庭消毒，饮水卫生、垃圾和污水处理、厕所改造，老鼠、蚊虫、苍蝇、蟑螂等的防治，杀虫剂的选择和安全使用等	√	√		√
	营养与食品卫生，包括营养知识、食品安全与食物中毒预防、合理膳食与饮食卫生等	√	√		√
	计划生育与性健康知识，包括避孕节育、青春期性教育、新婚保健、孕产期保健、育儿期保健、更年期保健、优生优育、性病与艾滋病预防等	√	√		√
	突发公共卫生事件应对知识	√	√		√
	合作医疗制度的政策和相关宣传、实施的知识信息	√	√		√

五、标准规范指南

（一）标准规范指南设计原则

1、指导性。标准规范指南为指导各省级分中心提供资源建设工作技术标准而制定。各地在统一标准框架下开展资源共建。

2、通用性。为确保标准规范在图书馆行业的通用性，原则上以现有研究成果为基础，避免创建新标准。本指南依据科技部国家科技基础条件平台建设专项支持项目《数字图书馆标准与规范建设》的研究成果，选择适用标准。

3、灵活性。各省级分中心根据实际情况，在指南范围内选择适用标准。特殊类型资源的建设，可考虑在《数字图书馆标准与规范建设》的框架下，选用其它行业成文标准，或扩展建立专门规范。

（二）数字资源加工指南

分为数字资源加工标准规范、数字资源加工操作指南两部分。

1、《数字资源加工标准规范》。它是从服务和长期保存的角度，提供对基于各种载体的文字、图形、图像、音频、视频等资源实施数字化加工的参考技术指标。标准规范解决文化共享工程各级中心的各类资源加工的普遍性问题，各单位可依据实际情况选择适宜的加工标准。

源文档下载地址：

http://cdls.nstl.gov.cn/cdls2/w3c/2003/Process/

文化共享工程网站下载地址：

http://www.ndcnc.gov.cn/libportal/main/libpage/bzgf/index.htm

2、《数字资源加工操作指南》。它是文化共享工程各级中心提供数字化设备、数字资源处理方法的决策依据，是《数字资源加工标准规范》的操作指南，为其中列举的文献类型提供加工处理办法，同时提供数字化常用设备及不同类型资源的数字化加工实例。

源文档下载地址：

http://cdls.nstl.gov.cn/cdls2/w3c/2003/Process/

文化共享工程网站下载地址：

http://www.ndcnc.gov.cn/libportal/main/libpage/bzgf/index.htm

（三）元数据标准规范指南

1、基本元数据部分

基本元数据标准规范包括一系列标准、规范、指南及映射规则，用于在开放、分布和异构的环境中建设数字图书馆系统，确保可持续地提供统一的数字信息服务，为数字图书馆系统下的信息资源建设、保存、服务与交换提供一个统一的、可供参考的、根据信息资源共同特点确定的基本元数据集合。

(1)《基本数字对象描述元数据标准》。它是根据信息资源的共同特点确定的基本元数据的核心集。它作为各领域元数据互操作的基础集，适用于各类信息资源的基本特征描述。通过这些基本元数据，可以更好地检索、利用、管理和保存信息资源。

源文档下载地址：

http://cdls.nstl.gov.cn/cdls2/w3c/2003/Metadata

文化共享工程网站下载地址：

http://www.ndcnc.gov.cn/libportal/main/libpage/bzgf/index.htm

(2)《基本数字对象描述元数据扩展集规范》。它是上述基于核心元数据集的扩展，可对一般信息资源进行较为全面的描述。根据《基本元数据应用规范》的扩展原则，提供基本元数据的扩展集标准，以确保信息资源基本属性的相对一致，实现资源的共享和最大效率的发现。

源文档下载地址：

http://cdls.nstl.gov.cn/cdls2/w3c/2003/Metadata

文化共享工程网站下载地址：

http://www.ndcnc.gov.cn/libportal/main/libpage/bzgf/index.htm

(3)《基本元数据应用规范与著录规则》。在基本元数据及其扩展集不能满足信息资源描述需求时，可通过应用规范进行补充。同时还对元素扩展的流程、管理办法、元数据方案的形式等作了原则规定。

源文档下载地址：

http://cdls.nstl.gov.cn/cdls2/w3c/2003/Metadata

文化共享工程网站下载地址：

http://www.ndcnc.gov.cn/libportal/main/libpage/bzgf/index.htm

(4)《其他元数据到基本元数据的映射规则》、《基本元数据与其他元数据集映射指南》。它们是为实现多种类型元数据描述的资源共享和互操作，分别建立的其他元数据与基本元数据的相互映射规则。另外，通过《MARC—基本元数据的映射指南》与《基本元数据与CCFC映射指南》，分别解决图书馆界在MARC标准规范下建立的资源与基本元数据规范体系的共享与交换以及科技情报界在CCFC标准规范下建立的资源与基本元数据规范体系的共享与交换问题。

源文档下载地址：

http://cdls.nstl.gov.cn/cdls2/w3c/2003/Metadata

文化共享工程网站下载地址：

http://www.ndcnc.gov.cn/libportal/main/libpage/bzgf/index.htm

(5)《专门数字对象元数据规范设计指南》。它是用于指导各种专门元数据规范的设计与应用的指南。

源文档下载地址：

http://cdls.nstl.gov.cn/cdls2/w3c/2003/SpcMetadata/

文化共享工程网站下载地址：

http://www.ndcnc.gov.cn/libportal/main/libpage/bzgf/index.htm

2、电影、电视、音像出版物等视频资源元数据部分

对于电影、电视、音像出版物等视频资源的元数据描述，科技部国家科技基础条件平台建设专项支持项目《数字图书馆标准与规范建设》的研究成果涉及较少，本指南推荐使用国家广电总局颁布的《中国广播电视音像资料编目规范》标准，并规定根据资源管理和应用的要求对资源进行节目层、片断层的两级描述。

标准号：GY/T 202.1—2004

3、基于图书馆馆藏文献的专门元数据部分

对于包括古籍、家谱、拓片、舆图、地方志、期刊论文、会议论文、学位论文、电子图书、音频资料、网络资源等在内的各类图书馆馆藏文献资源的元数据进行规范。

(1)《古籍描述元数据规范》

(2)《古籍描述著录规则》

(3)《家谱描述元数据规范》

(4)《家谱描述著录规则》
(5)《拓片描述元数据规范》
(6)《拓片描述著录规则》
(7)《舆图描述元数据规范》
(8)《舆图描述著录规则》
(9)《地方志描述元数据规范》
(10)《地方志描述著录规则》
(11)《期刊论文描述元数据规范》
(12)《期刊论文描述著录规则》
(13)《会议论文描述元数据规范》
(14)《会议论文描述著录规则》
(15)《学位论文描述元数据规范》
(16)《学位论文描述著录规则》
(17)《电子图书描述元数据规范》
(18)《电子图书描述著录规则 》
(19)《音频资料描述元数据规范》
(20)《音频资料描述著录规则》
(21)《网络资源描述元数据规范》
(22)《网络资源描述著录规则》

上述源文档下载地址：

http://cdls.nstl.gov.cn/cdls2/w3c/2003/SpcMetadata/

文化共享工程网站下载地址：

http://www.ndcnc.gov.cn/libportal/main/libpage/bzgf/index.htm

(四)其他参考标准及其相关规定

相关标准、规定包括但不限于以下12种，个别问题可个案研究解决。

1.《第一批异形词整理表》(GF 1001-2001)

2.《现代汉语通用字表》(国家语言文字工作委员会、中华人民共和国新闻出版署1988年3月发布)

3.《简化字总表》(1986年国务院批准重新发表)

4.《国家标准标点符号用法》(GB/T 15834-1995)

5.《出版物上数字用法的规定》(GB/T 15835-1995)

6.《中国图书馆分类法(第4版)》(本书编委会编，北京图书馆出版社，1999)

7.《汉语主题词表》(中国科学技术情报研究所、北京图书馆主编，科学技术文献出版社，1980)

8.《广播电视节目资料分类法》(GY/Z 199-2004)

9.《中国人名汉语拼音字母拼写法》(中国文字改革委员会1976年修订)

10.《中国地名汉语拼音字母拼写规则(汉语地名部分)》(中国地名委员会、中国文字改革委员会、国家测绘局1984年发布)

11.《中文书刊名称汉语拼音拼写法》(GB 3259-92)

12.《国际单位制及其应用》(GB 3100-93)

13.《有关量、单位和符号的一般原则》(GB 3101-93)

14.《新闻出版保密规定》(国家保密局、中央对外宣传小组、新闻出版署、广播电影电视部，国保〔1992〕34号)

15.藏文、蒙文、维吾尔文、朝鲜文、哈萨克文等语言文字相关标准及原则用法

资源建设是复杂的系统工程，涉及到汉字、少数民族语言文字、标点符号、名称规范、词表、分类法等多种标准规范的使用，应严格参照现行相关标准及规定执行。

本指南用于指导文化共享工程各省的资源建设工作。各省级分中心在工作中要注意总结经验，加强交流，使本指南在实践中不断补充完善。

本指南由文化部全国文化信息资源建设管理中心负责解释，并自发布之日起实行。

关于下发《全国文化信息资源共享工程地方资源建设指南(2008年度项目)》的通知

文全信资发〔2009〕3号

河北、山西、内蒙古、吉林、黑龙江、安徽、江西、河南、湖北、湖南、海南、重庆、贵州、云南、西藏、甘肃、青海、宁夏、新疆维吾尔自治区文化共享工程各省级分中心、新疆生产建设兵团:

为加快文化共享工程资源建设,加强地方特色资源的针对性,中央财政于2008年再度下拨资源建设专项经费。为了确保各省级分中心又好又快地建设资源,加强资金管理、避免重复建设,文化部全国文化信息资源建设管理中心特下发《全国文化信息资源共享工程地方资源建设指南(2008年度项目)》,请各省级分中心认真阅读,并根据相关要求,拟定本地区资源建设项目方案并填写《全国文化信息资源共享工程2008年地方资源建设项目申报书》。请将申报书经文化厅(局)审核通过后,于2009年5月25日前向文化部全国文化信息资源建设管理中心申报。

联 系 人:罗云川

联系电话:010-88545909

电子邮箱:lychuan@vip.sina.com

联 系 人:程志峰

联系电话:010-88545323

电子邮箱:zhifeng329@gmail.com

传　　真:010-68475713

附件:《全国文化信息资源共享工程地方资源建设指南(2008年度项目)》

文化部全国文化信息资源建设管理中心

二OO九年四月十六日

附件

全国文化信息资源共享工程地方资源建设指南(2008年度项目)

为加大全国文化信息资源共享工程(以下简称"文化共享工程")资源建设的力度,加强地方资源建设的规范管理,确保各省级分中心又好又快地建设资源,增加数量、提高质量,统一规范标准、推进共建共享,加强资金管理、避免重复建设,以丰富、适用、优质、多样的数字资源,满足广大城乡基层群众的需求,在总结2006、2007年地方资源建设经验的基础上,制定本指南。

一、建设原则

坚持需求牵引、科学规划,标准统一、共建共享,突出特色、避免重复的工作原则。

二、建设要求

(一)突出特色,科学选题。

各省级分中心要认真贯彻党的十七大、十七届三中全会和中央农村工作会议精神,深入贯彻落实科学发展观,分析当前形势,认真调研围绕本地区城乡基层群众的资源需求,特别是促进农业稳定生产、农民持续增收的资源需求,根据本地区具有代表性的优秀特色资源，在征求专家意见的基础上，有针对性地确立资源建设的内容选题，组织专业水平高、富有经验的人员队伍，搞好成本核算，在本地区文化主管部门的指导监督下，有计划有步骤地开展资源建设。

（二）分工建设，避免重复。

国家中心和省级分中心根据职责分工，统筹规划，立足共建，避免重复。围绕选题重点，文化部全国文化信息资源建设管理中心（以下简称“国家中心”）负责协调并承担全国普遍适用资源的建设，省级分中心主要承担本地区特色资源建设，并兼顾对周边省份的相关区域性资源辐射，同时协助国家中心整合一定数量的普遍适用资源。中央财政支持的各省级分中心的资源建设成果要提交国家中心统一整合、使用，以实现优秀资源在全国范围内的共享。

（三）提高质量，加大原创。

坚定精品意识，不断提高资源建设水平。在资源征集、拍摄、制作、数字化加工等各个环节严把质量关。大幅度提高视频资源清晰度，着力建设出一批高质量、达到广播级标准的资源。

加大视频原创资源的拍摄制作力度，特别要重视选题策划创新，抓住本省的文化资源优势，对资源进行深度挖掘，创作出具有特色、形式新颖的文化资源。积极探索广播电视技术与数字图书馆技术结合的资源建设新方法，兼顾两者之长，既有广播电视的直观性、生动性，又要有数字图书馆的知识性、关联性。

（四）综合考虑，妥善解决版权。

资源的权利需求随着工程建设的不断深入在不断变化，各省级分中心要综合考虑各方面因素，认真研究和充分利用中国著作权法律法规中有利于推动文化共享工程发展的相关条款，动态、灵活地解决版权问题。在著作权法框架下，按照中办、国办转发《文化部、财政部关于进一步加强全国文化信息资源共享工程建设的意见》（厅字[2005]5号）精神，和国务院颁布的《信息网络传播权保护条例》的有关规定，通过争取捐赠、合作共建、优惠征集与市场购买等多种方式，解决资源的版权问题，

要根据各地资源使用情况，在权利方式上争取更全面、更具优势。尽量确保中央财政经费支持建设的资源解决网络传播权、复制权、放映权、展览权、翻译权、汇编权、广播权等各类全国范围内的授权，确保所建资源可以在文化共享工程不断拓展的传输渠道和服务模式中使用。

要在认真研究各类资源的使用效率和长期保存价值的基础上，合理确定资源授权使用年限，力争将有限的版权经费花好用足。

（五）公开招标，引入竞争。

要在资源建设上积极引入社会力量，建立开放、竞争的资源建设环境。要调整建设方式，尝试在资源拍摄、征集、加工等各个环节通过招投标选优外包，让规模化、专业化机构参与资源建设。

（六）完善流程，严格管理。

各省级分中心根据本省资源建设特点，制定建设计划，完善建设流程，对各个建设环节严格管理，尤其是财务管理。中央财政支持的各省级分中心的资源建设费用，应按照《全国文化信息资源共享工程试点工作资源建设经费管理办法》（办社图函[2006]437号）的有关规定，专款专用，确保资源建设经费（包括许可使用费、加工制作费和专家论证验收费）所占比例不低于建设项目总金额的85%，保障资源建设顺利进行。各省级分中心在当地文化主管部门的指导管理、监督检查下，尽量节省资金，严格财务管理。

三、选题重点

根据“满足广大人民群众的基本文化权利，促进经济社会协调发展，构建社会主义和谐社会”的宗旨，大力建设有利于满足城乡群众精神生活的文学艺术、影视戏剧、音乐舞蹈、曲艺杂技、文化遗产、社会文化及有关人文知识的数字资源，有利于提高城乡群众整体素质和生活质量的科普知识、医疗保健及生活小常识等方面的数字资源。要重视建设有利于广大农民及时了解党中央国务院关于解决“三农”问题的法规政务信息，有利于广大农民增产增收的农业种植技术、养殖技术、城镇务工技能和市场经营的数字资源。要重视建设有利于人民群众了解、应对金融风险，提高防灾减灾、应对公共自然灾害事件等数字资源。

资源建设选题侧重以下内容：

（一）文化遗产：包括文化、自然遗产及非物质文化遗产等；

（二）中国戏剧：包括京剧、话剧、歌剧、舞剧和地方戏重要作品、剧作家、流派、表演艺术家等；

（三）曲艺杂技：包括曲艺、杂技、魔术、皮影、木偶等代表节目、著名表演艺术家等；

（四）民族文化：包括少数民族歌舞鼓乐、节庆婚俗、风物传说、民居服饰等；

（五）少儿文艺：包括我国优秀的未成年人读物、音乐、舞蹈、戏剧、美术、影视、动漫作品和学习辅导讲座等；

（六）影视文化：包括农村及爱国主义题材的优秀国产故事片、纪录片等；

（七）农村适用技术、经济管理、市场营销知识：包括农业种植技术、养殖技术、农民进城务工技能与就业培训知识、以应对金融风险为重点的劳动保障、融资贷款、经济管理、市场营销相关知识；

（八）科普知识：地球科学（以防震抗震为重点）、信息科学、生命科学、物质科学、自然资源管理（以预防自然灾害为重点）、重大科学发现和著名科学家、科学技术与社会发展等；

（九）旅游文化：包括各地名山大川、重要文化景点、红色旅游景区及景点、民俗风情、土特产品等；

（十）生活常识与人居环境：包括家庭理财、日常生活小窍门、小知识；

（十一）医药卫生：包括医药知识、防疫知识、保健知识、心理疏导等。

四、选题指南

选题指南

资源分类		资源主要形式			
一级	二级	视频	图文	多媒体库	网页
1 文化遗产	我国文化、自然遗产相关知识	✓	✓	✓	✓
	我国非物质文化遗产相关知识	✓	✓	✓	✓
	我国考古成就、文物鉴赏、博物馆事业	✓	✓	✓	✓
2 中国戏剧	中国戏剧史，古代代表性剧种、戏剧作品、剧作家、表演艺术家	✓	✓	✓	✓
	中国话剧代表性作品、剧作家、表演艺术家	✓	✓		✓
	中国京剧代表性作品、流派、剧作家、表演艺术家	✓	✓	✓	✓
	中国地方戏（包括昆曲、评剧、川剧、豫剧、越剧、黄梅戏等129种）代表性作品、流派、剧作家、表演艺术家	✓	✓	✓	✓
3 曲艺杂技	中国曲艺、杂技、皮影、木偶	✓	✓		✓
	中国曲艺代表性作品、表演艺术家	✓	✓		✓
	中国杂技、魔术等代表性节目、演员	✓	✓	✓	✓
	中国皮影代表性节目、表演艺术家	✓	✓	✓	✓
	中国木偶代表性节目、表演艺术家	✓	✓		✓
	中国曲艺、杂技、皮影、木偶	✓	✓		✓
	中国曲艺代表性作品、表演艺术家	✓	✓		✓
	中国杂技、魔术等代表性节目、演员	✓	✓	✓	✓
	中国皮影代表性节目、表演艺术家	✓	✓	✓	✓
	中国木偶代表性节目、表演艺术家	✓	✓		✓
4 民族文化	我国少数民族概况、民族历史、民族理论、民族政策、民族团结、民族工作等	✓	✓		✓
	我国少数民族传说、史诗、故事、传记等	✓	✓		✓
	我国少数民族音乐、舞蹈、乐器、工艺品等	✓	✓	✓	✓
	我国少数民族语言、信仰、风俗、服饰、装饰品、节日、建筑等	✓	✓		✓
	我国少数民族教育读物、讲座、音像资料、知识资源库	✓	✓		✓
5 少儿文艺	我国优秀的未成年人音乐、舞蹈、戏剧、美术、电影、动漫	✓	✓		✓
	指导未成年人健康成长的讲座、教学辅导课件	✓	✓		✓

6 影视文化	中国电影史、代表性影片、剧作家、表演艺术家	√	√	√	√
	爱国主义、农村题材的优秀国产故事片、纪录片、动画片	√	√		√
	优秀电视剧、电视专题片、广播专题节目	√	√		√
	外国优秀电影影片、影星	√	√		√
7 适用技术	农业生产技术	√	√		√
	农副产品加工技术	√	√		√
	农作物、林木保护技术	√	√		√
	养殖技术	√	√		√
	农田水利技术	√	√		√
	能源技术(地热、太阳能、小水电、沼气等)	√	√		√
	建筑装修技术	√	√		√
	机动车、农机具使用和修理技术	√	√		√
	水电、电器安装与维修技术	√	√		√
	餐饮、缝纫、家政技术	√	√		√
	手工艺制作技术	√	√		√
	计算机与互联网知识	√	√		√
	保安、物业管理、绿化、保洁、保健医护、理发美容等其他进城务工实用技术	√	√		√
8 农村经济	进城务工的劳动保护、劳动合同、劳动仲裁等知识及其政策	√	√		√
	投资、理财、贷款、兑汇　费、保险等相关知识及其政策	√	√		√
	生产、经营、管理、用工,特别是以应对金融风险为重点的劳动保障等相关知识及其政策	√	√		√
	产品流通、销售等相关知识	√	√		√
	农村经济合同、契约等相关知识	√	√		√
	农村基础设施建设,包括节水灌溉、人畜饮水、乡村道路、农村沼气、农村水电、草场围栏等规划、设计知识	√	√		√
	乡镇企业建设与发展知识		√		√
9 科学普及	科学普及知识信息,包括地球科学(以防震抗震为重点)、信息科学、生命科学、物质科学、自然资源管理(以预防自然灾害为重点)、日常生活生产、重大科学发现和著名科学家、科学技术与社会发展等	√	√		√
	破除迷信、反对邪教等宣传教育	√	√		√
	环境保护知识	√	√		√
10 旅游文化	我国有代表性的名山大川、重要文化景点、红色旅游景点	√	√		√
	我国各地有代表性的民俗风情、土特产品	√	√		√
	旅游安全、出行、住宿、医疗卫生知识	√	√		√

11 生活百通	食品储存、运输知识	√	√		√
	日用品质量与购买知识	√	√		√
	交通出行知识	√	√		√
	防灾减灾、突发事件应对知识	√	√		√
	人身安全、自我保护常识，包括交通、家庭急救、信息、财产、公共场所安全等	√	√		√
	现代通讯知识	√	√		√
	中长期天气预测，包括中长期天气预报、地质灾害预报，森林火险等级预报，病虫害预报等		√		√
12 人居环境	环境保护法规与相关知识	√	√		√
	农林业生态建设知识	√	√		√
	农村环境污染的影响及其控制，包括集约化畜禽养殖污染，化肥、农药污染，农用膜污染，工业污染等，以及自然保护区保护法规与知识	√	√		√
	农业废弃物综合利用，包括自制沼气、秸秆青贮、生物有机肥制作、食用菌生产等	√	√		√
	农业清洁生产和有机食品、绿色食品开发的知识	√	√		√
	农村旅游文化建设、观光农林业开发组织、景点管理知识	√	√		√
13 医药卫生	西医、中医基本知识	√	√		√
	农村常见病、疑难病的防治	√	√		√
	传染病防治，包括呼吸道传染病、消化道传染病、虫媒传染病、人畜共患传染病等	√	√		√
	意外伤害与急救知识，包括农药中毒、中暑、冻伤、毒虫咬蜇伤、毒蛇咬伤、狗咬伤、煤气中毒、气管异物、溺水、电击、骨折、心脏骤停等的处理等	√	√		√
	地方病与职业病特征与防治，包括碘缺乏病、血吸虫病、克山病、大骨节病、金属中毒、矽肺病等	√	√		√
	家庭用药知识，包括家庭常备药品及其功能、用法，家庭药品保管常识，药品变质和真伪识别常识等	√	√		√
	家庭护理知识，包括护理基本常识、婴幼儿护理、老年人护理等	√	√		√
	农村环境卫生知识，包括家庭消毒，饮水卫生、垃圾和污水处理、厕所改造，老鼠、蚊虫、苍蝇、蟑螂等的防治，杀虫剂的选择和安全使用等	√	√		√
	营养与食品卫生，包括营养知识、食品安全与食物中毒预防、合理膳食与饮食卫生等	√	√		√
	计划生育与性健康知识，包括避孕节育、青春期性教育、新婚保健、孕产期保健、育儿期保健、更年期保健、优生优育、性病与艾滋病预防等	√	√		√
	突发公共卫生事件应对知识、心理疏导	√	√		√
	合作医疗制度的政策和相关宣传、实施的知识信息	√	√		√

五、标准规范指南

（一）标准规范指南设计原则

1. 指导性。标准规范指南为指导各省级分中心提供资源建设工作技术标准而制定。各地在统一标准框架下开展资源共建。

2. 通用性。为确保标准规范在图书馆行业的通用性，原则上以现有研究成果为基础，避免创建新标准。本指南依据科技部国家科技基础条件平台建设专项支持项目《数字图书馆标准与规范建设》的研究成果，选择适用标准。

3. 灵活性。各省级分中心根据实际情况，在指南范围内选择适用标准。特殊类型资源的建设，可考虑在《数字图书馆标准与规范建设》的框架下，选用其它行业成文标准，或扩展建立专门规范。

（二）数字资源加工指南

分为数字资源加工标准规范、数字资源加工操作指南两部分。

1.《数字资源加工标准规范》。它是从服务和长期保存的角度，提供对基于各种载体的文字、图形、图像、音频、视频等资源实施数字化加工的参考技术指标。标准规范解决文化共享工程各级中心的各类资源加工的普遍性问题，各单位可依据实际情况选择适宜的加工标准。

源文档下载地址：

http://cdls.nstl.gov.cn/cdls2/w3c/2003/Process/

文化共享工程网站下载地址：

http://www.ndcnc.gov.cn/libportal/main/libpage/bzgf/index.htm

2.《数字资源加工操作指南》。它是文化共享工程各级中心提供数字化设备、数字资源处理方法的决策依据，是《数字资源加工标准规范》的操作指南，为其中列举的文献类型提供加工处理办法，同时提供数字化常用设备及不同类型资源的数字化加工实例。

源文档下载地址：

http://cdls.nstl.gov.cn/cdls2/w3c/2003/Process/

文化共享工程网站下载地址：

http://www.ndcnc.gov.cn/libportal/main/libpage/bzgf/index.htm

3.《全国文化信息资源共享工程视频资源数字化加工格式规范》V2.0

文化共享工程的数字资源内容丰富、类型多样，其中视频资源是最重要的组成部分，因此视频资源建设的规范化是文化共享工程资源建设标准化工作的重中之重。管理中心吸收广电和数字图书馆各家之长，在广泛调研的基础上，制定此格式规范，作为文化共享工程各级中心视频资源数字化加工的依据，共建共享的基础和保障。各级中心可根据视频资源的源质量、用途选用加工格式。

（三）元数据标准规范指南

1. 基本元数据部分

基本元数据标准规范包括一系列标准、规范、指南及映射规则，用于在开放、分布和异构的环境中建设数字图书馆系统，确保可持续地提供统一的数字信息服务，为数字图书馆系统下的信息资源建设、保存、服务与交换提供一个统一的、可供参考的、根据信息资源共同特点确定的基本元数据集合。

(1)《基本数字对象描述元数据标准》。它是根据信息资源的共同特点确定的基本元数据的核心集。它作为各领域元数据互操作的基础集，适用于各类信息资源的基本特征描述。通过这些基本元数据，可以更好地检索、利用、管理和保存信息资源。

源文档下载地址：

http://cdls.nstl.gov.cn/cdls2/w3c/2003/Metadata/

文化共享工程网站下载地址：

http://www.ndcnc.gov.cn/libportal/main/libpage/bzgf/index.htm

(2)《基本数字对象描述元数据扩展集规范》。它是上述基于核心元数据集的扩展，可对一般信息资源进行较为全面的描述。根据《基本元数据应用规范》的扩展原则，提供基本元数据的扩展集标准，以确保信息资源基本属性的相对一致，实现资源的共享和最大效率的发现。

源文档下载地址：

http://cdls.nstl.gov.cn/cdls2/w3c/2003/Metadata/

文化共享工程网站下载地址：

http://www.ndcnc.gov.cn/libportal/main/libpage/bzgf/index.htm

(3)《基本元数据应用规范与著录规则》。在基本元数据及其扩展集不能满足信息资源描述需求时，可通过应用规范进行补充。同时还对元素扩展的流程、管理办法、元数据方案的形式等作了原则规定。

源文档下载地址：

http://cdls.nstl.gov.cn/cdls2/w3c/2003/Metadata/

文化共享工程网站下载地址：

http://www.ndcnc.gov.cn/libportal/main/libpage/bzgf/index.htm

(4)《其他元数据到基本元数据的映射规则》、《基本元数据与其他元数据集映射指南》。它们是为实现多种类型元数据描述的资源共享和互操作，分别建立的其他元数据与基本元数据的相互映射规则。另外，通过《MARC—基本元数据的映射指南》与《基本元数据与CCFC映射指南》，分别解决图书馆界在MARC标准规范下建立的资源与基本元数据规范体系的共享与交换以及科技情报界在CCFC标准规范下建立的资源与基本元数据规范体系的共享与交换问题。

源文档下载地址：

http://cdls.nstl.gov.cn/cdls2/w3c/2003/Metadata/

文化共享工程网站下载地址：

http://www.ndcnc.gov.cn/libportal/main/libpage/bzgf/index.htm

(5)《专门数字对象元数据规范设计指南》。它是用于指导各种专门元数据规范的设计与应用的指南。

源文档下载地址：

http://cdls.nstl.gov.cn/cdls2/w3c/2003/SpcMetadata/

文化共享工程网站下载地址：

http://www.ndcnc.gov.cn/libportal/main/libpage/bzgf/index.htm

2、电影、电视、音像出版物等视频资源元数据部分

对于电影、电视、音像出版物等视频资源的元数据描述，科技部国家科技基础条件平台建设专项支持项目《数字图书馆标准与规范建设》的研究成果涉及较少，本指南推荐使用《全国文化信息资源共享工程视频资源编目规范》标准、并根据《电影类节目编目实施细则》、《动画片类节目编目实施细则》、《讲座类编目实施细则》、《舞台艺术类节目编目实施细则》、《专题类节目编目实施细则》著录各类视频资源。

3、基于图书馆馆藏文献的专门元数据部分

对于包括古籍、家谱、拓片、舆图、地方志、期刊论文、会议论文、学位论文、电子图书、音频资料、网络资源等在内的各类图书馆馆藏文献资源的元数据进行规范。

(1)《古籍描述元数据规范》

(2)《古籍描述著录规则》

(3)《家谱描述元数据规范》

(4)《家谱描述著录规则》

(5)《拓片描述元数据规范》

(6)《拓片描述著录规则》

(7)《舆图描述元数据规范》

(8)《舆图描述著录规则》

(9)《地方志描述元数据规范》

(10)《地方志描述著录规则》

(11)《期刊论文描述元数据规范》

(12)《期刊论文描述著录规则》

(13)《会议论文描述元数据规范》

(14)《会议论文描述著录规则》

(15)《学位论文描述元数据规范》

(16)《学位论文描述著录规则》

(17)《电子图书描述元数据规范》

(18)《电子图书描述著录规则 》

(19)《音频资料描述元数据规范》

(20)《音频资料描述著录规则》

(21)《网络资源描述元数据规范》

(22)《网络资源描述著录规则》

上述源文档下载地址：

http://cdls.nstl.gov.cn/cdls2/w3c/2003/SpcMetadata/

文化共享工程网站下载地址：

http://www.ndcnc.gov.cn/libportal/main/libpage/bzgf/index.htm

（四）其他参考标准及其相关规定

相关标准、规定包括但不限于以下12种，个别问题可个案研究解决。

1.《第一批异形词整理表》(GF 1001-2001)

2.《现代汉语通用字表》(国家语言文字工作委员会、中华人民共和国新闻出版署1988年3月发布)

3.《简化字总表》(1986年国务院批准重新发表)

4.《国家标准标点符号用法》(GB/T 15834-1995)

5.《出版物上数字用法的规定》(GB/T 15835-1995) 6.《中国图书馆分类法（第4版）》(本书编委会编，北京图书馆出版社，1999)

7.《汉语主题词表》(中国科学技术情报研究所、
北京图书馆主编，科学技术文献出版社，1980)

8.《广播电视节目资料分类法》(GY/Z 199-2004)

9.《中国人名汉语拼音字母拼写法》(中国文字改革委员会1976年修订)

10.《中国地名汉语拼音字母拼写规则（汉语地名部分）》(中国地名委员会、中国文字改革委员会、国家测绘局1984年发布)

11.《中文书刊名称汉语拼音拼写法》(GB 3259-92)

12.《国际单位制及其应用》(GB 3100-93)

13.《有关量、单位和符号的一般原则》(GB 3101-93)

14.《新闻出版保密规定》(国家保密局、中央对外宣传小组、新闻出版署、广播电影电视部，国保[1992]34号)

15. 藏文、蒙文、维吾尔文、朝鲜文、哈萨克文等语言文字相关标准及原则用法

资源建设是复杂的系统工程，涉及到汉字、少数民族语言文字、标点符号、名称规范、词表、分类法等多种标准规范的使用，文化共享工程各级中心应该严格参照现行相关标号及规定执行。

本指南用于指导文化共享工程各省的资源建设工作。各省级分中心在工作中要注意总结经验，加强交流，使本指南在实践中不断补充完善。

本指南由文化部全国文化信息资源建设管理中心负责解释，并自发布之日起实行。

文化部办公厅关于做好2012年度全国文化信息资源共享工程地方资源建设工作的通知

办公共函〔2012〕443号

各省、自治区、直辖市文化厅（局），新疆生产建设兵团文化广播电视局，文化部全国文化信息资源建设管理中心：

“十二五”期间，中央财政进一步加大对全国文化信息资源共享工程（简称文化共享工程）地方资源建设的支持力度，在2011年已下拨1.2亿元的基础上，2012年计划投入1.62亿元用于地方资源建设，目前该专项资金已下拨至各省（区、市）财政（厅）局（财教〔2012〕151号）。根据文化部、财政部有关文件精神，现就做好2012年度文化共享工程地方资源建设工作通知如下：

一、提高认识，加强组织领导

数字资源建设是文化共享工程建设的核心，是公共数字文化建设的战略性、基础性工作，是公共文化服务体系建设的重要内容，对于提高公共文化资源供给能力、满足人民群众日益增长的精神文化需求具有重要意义。近年来，在中央财政专项经费的支持下，各地深入挖掘、整合、制作出一批具有本地特色文化内涵的优秀资源，共建成207个地方特色专题资源库，成为文化共享工程建设的亮点。但另一方面，文化共享工程地方资源建设也存在建设进度偏慢，建设质量参差不齐，资源内容的系统性、整体性、针对性不强等问题。各省（区、市）要进一步提高对资源建设重要性的认识，切实加强组织领导，将资源建设纳入公共文化服务体系建设的重要内容，认真总结经验，针对存在的问题，采取切实有力的措施，统筹规划，加强管理，增强资源选采的系统性和逻辑性、资源服务的针对性，不断提高资源建设质量。

为进一步加强资源建设工作，文化部全国文化信息资源建设管理中心（以下简称管理中心）将组建全国文化共享工程资源建设专家委员会，负责对全国文化信息资源建设项目的评审、指导、验收。各省（区、市）文化厅（局）要组建本省（区、市）文化共享工程资源建设工作领导小组，组长由文化厅（局）主要领导担任，负责本地区资源建设工作的组织领导、统筹规划。

二、2012年度地方资源建设重点

2012年度地方资源建设应以社会主义核心价值体系为引领，以基层群众文化为落脚点，突出地域文化特色，围绕以下主题开展：

（一）地方特色文化专题。重点建设具有鲜明地域特色、有较大影响力和深厚群众基础的地方艺术、风土人文、民族民间文化等类资源，建设方式以自建为主。

（二）红色历史文化专题。以中国共产党在革命、建设、改革过程中的重要事件、主要人物、历史资料、文艺作品为主要内容，深入挖掘本地红色历史文化内涵，注重与当地相关部门合作，广泛整合红色数字资源，建设方式以自建为主。

（三）少数民族语言资源专题。重点建设藏语、蒙古语、维吾尔语、哈萨克语、朝鲜语数字资源，选择体现中华民族团结和谐、本区域少数民族群众喜爱的优秀资源进行译制。可选择文化共享工程已有资源译制，也可选择当地群众急需且已解决版权问题的其他资源。

（四）“进村入户”资源专题。“进村入户”资源应选择能够达到广播电视播出标准，适合通过有线（数字）电视方式播放的群众喜闻乐见的资源，建设方式以征集为主。

三、项目申报及工作要求

（一）各省（区、市）要立足本地文化特色，注重挖掘文化内涵，充分开展需求调研，做好本省（区、市）资源建设2012年度计划。在此基础上，各省（区、市）领导小组对项目建设的可行性、项目内容、建设方法严格把关，组织专家对建设项目进行策划、论证后，完成《全国文化信息资源共享工程2012年地方资源建设项目申报书》（样式见附件），形成申报意见，加盖本省（区、市）文化厅（局）公章，提交管理中心。

（二）管理中心将组织专家委员会对各省（区、市）申报项目进行评审，形成资源项目申报评审意见，报文化部审批，并与项目通过的评审省（区、市）签订《全国文化信息资源共享工程2012年地方资源建设任务书》；项目未通过评审的省

（区、市）按照资源项目申报评审意见调整项目建设方案，再次提交评审，再次评审仍未通过的省（区、市）将不能申报2013年地方资源建设项目。

（三）各省（区、市）要根据《全国文化信息资源共享工程2012年地方资源建设任务书》的要求，组织项目实施，并及时与管理中心通报资源建设进展情况，管理中心将根据建设情况，组织专家进行阶段性督查。

（四）各省（区、市）项目建设初步完成后，应先由本省（区、市）领导小组组织专家评审，通过评审后，提交管理中心。管理中心将组织专家进行项目验收，验收结果将作为本年度项目结项依据和下一年度项目申报的参考。

各省（区、市）资源建设领导小组应于2012年9月15日前，将本省（区、市）资源建设2012年度计划和《全国文化信息资源共享工程2012年地方资源建设项目申报书》提交管理中心。

联系人：文化部公共文化司图书馆处 韩沫

电话：010-59881732

联系人：文化部全国文化信息资源建设管理中心资源处　琚存华、王丽华

电话：010—88003021，88003053

传真：010—68475713

电子邮箱：resource@ndcnc.gov.cn

特此通知。

附件：全国文化信息资源共享工程2012年地方资源建设项目申报书（略）

文化部办公厅

2012年8月24日

全国文化信息资源共享工程2013年度地方资源建设选题范围

资源内容		
一级	二级	
	知识层	信息层
1 文化遗产	中国物质文化遗产的图书、影视片、讲座、知识资源库，物质文化遗产保护法规与相关知识	物质文化遗产（包括古遗址、古墓葬、古建筑、石窟寺、石刻、壁画、近代现代重要史迹及代表性建筑等不可移动文物，历史上各时代的重要实物、艺术品、文献、手稿、图书资料等可移动文物；以及在建筑式样、分布均匀或与环境景色结合方面具有突出普遍价值的历史文化名城（街区、村镇）。的名录和相关书目，相关影视片、讲座、知识资源库的内容介绍，物质文化遗产管理机构的联系及服务信息
	中国非物质文化遗产的相关图书、影视片、讲座、知识资源库，非物质文化遗产保护法规与相关知识	非物质文化遗产（包括口头传统、传统表演艺术、民俗活动和礼仪与节庆、有关自然界和宇宙的民间传统知识和实践、传统手工艺技能等以及与上述传统文化表现形式相关的文化空间。）的名录及相关书目，相关影视片、讲座、知识资源库的内容介绍，非物质文化遗产管理机构的联系及服务信息
2 社会文化	中国有代表性的群众性歌舞鼓乐、文学戏剧、曲艺说唱、书法绘画、民间特色工艺、摄影制作及综艺活动等音像图片资料、图书文献、讲座、知识资源库	中国有代表性的群众性歌舞鼓乐、文学戏剧、曲艺说唱、书法绘画、摄影制作及综艺活动等图书文献书目，相关图片、音视频资料、讲座、知识资源库的内容介绍，代表性艺术家、群众文化表演团体、文化馆、群艺馆和其它学习培训机构与信息、相关研究的重要学者和研究机构名录
	中国重要的节庆文化、饮食文化、婚俗文化、民居建筑、风物传说、服饰文化等音像图片资料、图书文献、讲座、知识资源库	中国重要的节庆文化、饮食文化、婚俗文化、民居建筑、风物传说、服饰文化等图书文献书目，相关图片、音视频资料、讲座、知识资源库的内容介绍，学习培训机构与信息、相关研究的重要学者和研究机构名录
3 中国戏剧戏曲	中国戏剧戏曲史，古代代表性剧种、戏剧戏曲作品、剧作家、表演艺术家、戏剧戏曲理论的图书文献，相关音视频资料、知识资源库	中国戏剧戏曲史，古代代表性剧种、戏剧戏曲作品、剧作家、表演艺术家、戏剧戏曲理论的相关图书文献书目，相关音视频资料、讲座、知识资源库的内容介绍，相关研究的重要学者和研究机构名录
	中国京剧代表性作品、流派、剧作家、表演艺术家及理论研究的音视频资料、相关讲座、图书、知识资源库	中国京剧代表性作品、流派、剧作家、表演艺术家及理论研究相关图书文献书目，相关音视频资料、剧照、讲座、知识资源库的内容介绍，代表性表演团体、剧作家、表演艺术家、奖项、相关研究的重要学者和研究机构名录
	中国地方戏代表性作品、流派、剧作家、表演艺术家及理论研究的音视频资料、相关讲座、图书、知识资源库	中国地方戏（包括昆曲、评剧、川剧、豫剧、越剧、黄梅戏等129种）代表性作品、流派、剧作家、表演艺术家及理论研究的相关图书文献书目，相关音视频资料、剧照、讲座、知识资源库的内容介绍，代表性表演团体、剧作家、表演艺术家、奖项、相关研究的重要学者和研究机构名录
	中国话剧代表性作品、剧作家、表演艺术家及理论研究的音视频资料、相关讲座、图书、知识资源库	中国话剧代表性作品、剧作家、表演艺术家及理论研究的相关图书文献书目，相关音视频资料、剧照、讲座、知识资源库的内容介绍，代表性表演团体、剧作家、表演艺术家、奖项、相关研究的重要学者和研究机构名录

4中国曲艺及其他	中国曲艺、杂技、皮影、木偶、魔术等发展史、理论研究的图书、讲座、知识资源库	中国曲艺、杂技、皮影、木偶、魔术等发展史、理论研究的相关图书文献书目，相关音视频资料、剧照、讲座、知识资源库内容介绍，相关研究的重要学者和研究机构名录
	中国曲艺代表性作品、表演艺术家的音视频资料、相关讲座、图书、知识资源库	中国曲艺代表性作品、表演艺术家及理论研究的相关图书文献书目，相关音视频资料、剧照、讲座、知识资源库的内容介绍，代表性表演团体、表演艺术家、奖项、相关研究的重要学者和研究机构名录
	中国杂技、魔术等代表性作品、演员的音视频资料、讲座、图书、知识资源库	中国杂技、魔术等代表性作品、演员及理论研究的相关图书文献书目，相关音视频资料、剧照、讲座、知识资源库的内容介绍，代表性表演团体、演员、奖项、相关研究的重要学者和研究机构名录
	中国皮影代表性作品、表演艺术家的音视频资料、讲座、图书、知识资源库	中国皮影代表性作品、表演艺术家及理论研究的相关图书文献书目，相关音视频资料、剧照、讲座、知识资源库的内容介绍，代表性表演团体、演员、奖项、相关研究的重要学者和研究机构名录
	中国木偶代表性作品、表演艺术家的音视频资料、讲座、图书、知识资源库	中国木偶代表性作品、表演艺术家及理论研究的相关图书文献书目，相关音视频资料、剧照、讲座、知识资源库的内容介绍，代表性表演团体、演员、奖项、相关研究的重要学者和研究机构名录
5中国音乐	中国音乐史，古代音乐重要作品、乐器、音乐理论的图书、曲谱、音视频资料、讲座、知识资源库	中国音乐史，古代音乐代表性作品、乐器、音乐理论、曲谱的图书书目，相关音视频资料、讲座、知识资源库的内容介绍，相关研究的重要学者和研究机构名录
	中国民族民间音乐代表性作品、音乐家、歌唱家、乐器、音乐理论的图书、曲谱、音视频资料、讲座、知识资源库	中国民族民间音乐代表性作品、音乐家、歌唱家、乐器、曲谱、音乐理论的图书书目，相关音视频资料、讲座、知识资源库的内容介绍，代表性表演团体、音乐家、歌唱家、奖项、相关研究的重要学者和研究机构名录
	中国近、现、当代音乐代表性作品、音乐家、歌唱家、乐器、音乐理论、曲谱的图书、曲谱、音视频资料、讲座、知识资源库	中国近、现、当代音乐代表性作品、音乐家、歌唱家、乐器、音乐理论、曲谱的图书书目，相关音视频资料、讲座、知识资源库的内容介绍，代表性表演团体、音乐家、歌唱家、相关研究的重要学者和研究机构名录
	中国当代流行音乐、MTV等代表性作品、音乐家、歌手、乐器、音乐理论、曲谱的图书、曲谱、音视频资料、讲座、知识资源库	中国当代流行音乐介绍，著名音乐家、歌手、图片、奖项、歌曲及专辑介绍，音乐会信息、音乐专辑排行表等
	中国歌剧代表性作品、音乐家、歌唱家、歌剧理论的音视频资料、剧本、曲谱、讲座、图书、知识资源库	中国歌剧代表性作品、音乐家、歌唱家、歌剧理论的图书书目，相关音视频资料、讲座、剧照、知识资源库的内容介绍，代表性表演团体、音乐家、歌唱家、奖项、相关研究的重要学者和研究机构名录
6中国舞蹈	中国舞蹈史，古代代表性舞蹈作品、舞蹈艺术家的图书文献、相关音视频资料、知识资源库	中国舞蹈史，古代代表性舞蹈作品、舞蹈艺术家的相关图书文献书目，相关音视频资料、讲座、知识资源库的内容介绍，相关研究的重要学者和研究机构名录
	中国近现代代表性舞蹈作品、舞蹈艺术家的音视频资料、相关图书文献、知识资源库	中国近现代代表性舞蹈作品、舞蹈艺术家的相关图书文献书目，相关音视频资料、讲座、剧照、知识资源库的内容介绍，相关研究的重要学者和研究机构名录
	中国当代代表性舞蹈作品、舞蹈艺术家的音视频资料、相关图书文献、知识资源库	中国当代代表性舞蹈作品、舞蹈艺术家的相关图书文献书目，相关音视频资料、讲座、剧照、知识资源库的内容介绍，代表性表演团体、舞蹈家、奖项、相关研究的重要学者和研究机构名录

	中国芭蕾舞发展史、代表性舞蹈作品、舞蹈艺术家的音视频资料、相关图书文献、知识资源库	中国芭蕾舞发展史、代表性舞蹈作品、舞蹈艺术家的相关图书文献书目，相关音视频资料、讲座、剧照、知识资源库的内容介绍，代表性表演团体、舞蹈家、奖项、相关研究的重要学者和研究机构名录
	中国舞剧代表性作品、舞蹈艺术家、音乐家、舞剧理论的音视频资料、相关讲座、图书、知识资源库	中国舞剧代表性作品、舞蹈艺术家、音乐家、舞剧理论的相关图书文献书目，相关音视频资料、剧照、讲座、知识资源库的内容介绍，代表性表演团体、舞蹈家、奖项、相关研究的重要学者和研究机构名录
7 中国美术	中国美术史、美术理论的图书、讲座、知识资源库	中国美术史、美术理论的图书的相关图书文献书目，相关图片、音视频资料、讲座、知识资源库的内容介绍，相关研究的重要学者和研究机构名录，中国代表性的美术馆和美术教育、研究机构名录
	中国古代绘画代表性作品、画家的图片音像资料、图书、讲座、知识资源库	中国古代绘画代表性作品、画家的相关图书文献书目，相关图片、音视频资料、讲座、知识资源库的内容介绍，画家、相关研究的重要学者和研究机构名录，重要画展、收藏、拍卖信息
	中国近现代绘画代表性作品、画家的图片音像资料、图书、讲座、知识资源库	中国近现代绘画代表性作品、画家的相关图书文献书目，相关图片、音视频资料、讲座、知识资源库的内容介绍，画家、相关研究的重要学者和研究机构名录，重要画展、收藏、出版、拍卖信息
	中国当代绘画代表性作品、画家的图片音像资料、图书、讲座、知识资源库	中国当代绘画代表性作品、画家的相关图书文献书目，相关图片、音视频资料、讲座、知识资源库的内容介绍，画家、代表性创作机构、刊物、相关研究的重要学者和研究机构名录，重要画展、评奖、收藏、出版、拍卖信息
	中国漫画代表性作品、画家的图片音像资料、图书、讲座、知识资源库	中国漫画代表性作品、画家的相关图书文献书目，相关图片、音视频资料、讲座、知识资源库的内容介绍，画家、代表性刊物、相关研究的重要学者和研究机构名录，重要画展、评奖、出版信息
	中国年画代表性作品、出产地、艺人的图片音像资料、图书、讲座、知识资源库	中国年画代表性作品、出产地、艺人的相关图书文献书目，相关图片、音视频资料、讲座、知识资源库的内容介绍，传承艺人、相关研究的重要学者和研究机构名录
	中国雕塑代表性作品、雕塑家的图片音像资料、图书、讲座、知识资源库	中国雕塑代表性作品、雕塑家的相关图书文献书目，相关图片、音视频资料、讲座、知识资源库的内容介绍，雕塑家、相关研究的重要学者和研究机构名录，重要雕塑展、出版信息
	中国书法史、历代著名书法家和代表性作品、书法研究的图片音像资料、图书、讲座、知识资源库	中国书法史、历代著名书法家和代表性作品、书法研究的相关图书文献书目，相关图片、音视频资料、讲座、知识资源库的内容介绍，代表性书法家、刊物、相关研究的重要学者和研究机构名录，重要书展、评奖、收藏、出版、拍卖信息
	中国摄影史、优秀摄影作品和著名摄影家、摄影研究的图片资料、图书音像、讲座、知识资源库	中国摄影史、优秀摄影作品和著名摄影家、摄影研究的相关图书文献书目，相关图片、音视频资料、讲座、知识资源库的内容介绍，代表性摄影家、刊物、相关研究的重要学者名录，重要摄影展、评奖出版、信息
8 少数民族文化	中国少数民族概况、民族历史、民族理论、民族政策、民族团结、民族工作等图书文献、讲座、音像资料、知识资源库	中国少数民族概况、民族历史、民族理论、民族政策、民族团结、民族工作等图书文献书目，相关图片、音视频资料、讲座、知识资源库的内容介绍，相关研究的重要学者和研究机构名录，民族工作机构的设置、职能、联络方式

	中国少数民族传说、史诗、故事、传记等图书文献、讲座、音像资料、知识资源库	中国少数民族传说、史诗、故事、传记等图书文献书目，相关图片、音视频资料、讲座、知识资源库的内容介绍，相关研究的重要学者和研究机构名录，
	中国少数民族音乐、舞蹈、乐器、工艺品等音像资料、图书文献、讲座、知识资源库	中国少数民族音乐、舞蹈、乐器、工艺品等图书文献书目，相关图片、音视频资料、讲座、知识资源库的内容介绍，相关研究的重要学者和研究机构名录
	中国少数民族语言、信仰、风俗、服饰、装饰品、节日、建筑等音像、图片资料、图书文献、讲座、知识资源库	中国少数民族语言、信仰、风俗、服饰、装饰品、节日、建筑等图书文献书目，相关图片、音视频资料、讲座、知识资源库的内容介绍，相关研究的重要学者和研究机构名录
	中国少数民族语言文字的文化教育音像资料、讲座、图文资源库	中国蒙、藏、维、朝等少数民族教育读物相关图片、音视频资料、讲座、知识资源库的内容介绍，民族教育及研究机构名录
9 少儿文艺	中国文艺作品中的优秀的适合未成年人读物、音乐、舞蹈、戏剧、美术、电影、动漫等图书、讲座、音像资料、知识资源库	中国优秀的未成年人读物、音乐、舞蹈、戏剧、美术、电影、动漫等图书书目，相关图片、音视频资料、讲座、知识资源库的内容介绍，相关研究的重要学者和研究机构名录，未成年人先进事迹、课外培训、假日活动等信息
	指导未成年人健康成长的图书、讲座、教学辅导课件	指导未成年人健康成长的图书书目，相关图片、音视频教学辅导课件、讲座、知识资源库的内容介绍，相关研究的重要教师、学者和研究机构名录
10 旅游文化	中国有代表性的名山大川、重要文化景点、民俗风情、土特产品等音像图片资料、图书文献、讲座、知识资源库	中国有代表性的名山大川、重要文化景点、民俗风情、土特产品等图书文献书目，相关图片、音视频资料、讲座、知识资源库的内容介绍，相关研究的重要学者和研究机构名录
	旅游安全、出行、住宿、医疗卫生知识等图书文献、地图、讲座、音像资料、知识资源库	旅游安全、出行、住宿、医疗卫生知识等图书文献、地图等书目图录，相关图片、音视频资料、讲座、知识资源库的内容介绍，有关旅游的动态信息
11 中国文学	中国古代文学史，重要作家和作品、文艺理论的图书、讲座、知识资源库	中国古代文学史，重要作作品、文艺理论的书目，相关讲座、知识资源库的内容介绍，中国古代文学研究重要学者和研究机构名录
	中国近代文学史，重要作家和作品、文艺理论的图书、讲座、知识资源库	中国近代文学史，重要作品、文艺理论的书目，相关讲座、知识资源库的内容介绍，中国近代文学研究重要学者和研究机构名录
	马克思主义文艺理论，中国现代文学史、重要作家和作品，相关图书、讲座、知识资源库	马列文论和中国近代文学史、重要作品的书目，相关讲座、知识资源库的内容介绍，中国近代文学研究重要学者和研究机构名录
	中国当代文学史，重要作家和作品、文艺理论的图书、讲座、知识资源库	中国当代文学史，重要作品、文艺理论的书目，相关讲座、知识资源库的内容介绍，重要作家、奖项、重要学者和研究机构名录
12 中国历史	中国古代史，古代重要历史事件，著名政治家、军事家、科学家和杰出文化人物的图书文献、讲座、音像资料、知识资源库	中国古代史，古代重要历史事件，著名人物的图书文献书目，相关图片、音视频资料、讲座、知识资源库的内容介绍，相关研究的重要学者和研究机构名录

全国文化信息资源共享工程

10周年

标准与规范

编目标准

文化部全国文化信息资源建设管理中心 多媒体资源著录暂行规范

（文全信资发[2005]3号 文件发布）

一、适用范围

本暂行规范适用于管理中心所采集、制作、使用的多媒体资源。

二、参照依据

1、Dublin Core Metadata Element Set V1.1（《都柏林核心元素集11版》上海图书馆翻译）

2、科技部科研项目——《我国数字图书馆标准与规范建设》有关内容。

3、广播电视音像资料编目规范及细则。

三、定义

本标准采用下列定义。

1、著录。在多媒体资源著录时，对资源内容和形式特征进行分析、选择和记录的过程。

2、著录项目。揭示多媒体资源内容和形式特征的记录事项。

3、著录单元。多媒体资源内容和形式特征著录项目的组合。

4、著录格式。著录项目在条目中的排列顺序和表达方式。

5、多媒体资源目录。按照一定次序编排而成的著录单元的汇集。

四、著录项

1、题名

2、责任者

3、出版者

4、出品者

5、提供者

6、资源描述

7、获奖情况

8、主题

9、语种

10、类型

11、时空范围

12、标识符

13、受众范围

14、版权状况

15、来源

16、使用范围

17、采集载体状况

18、加工后载体状况

五、著录用文字

1. 使用文字：

(1) 著录用文字，严格按照国家文改委、教育部的相关规定执行。原则上不使用繁体字、异体字和异形字。

(2) 具体参照标准：

简化字标准：《简化字总表》（国务院，1986年新版）

字型标准：《现代汉语通用字表》（国家语委、新闻出版署，1988年）

异体字标准：《第一批异体字整理表》（文化部、文改会，1955年）

异形词标准：《第一批异形词整理表》

汉字字符集:UTF-8

参考文献：语言文字规范适用指南/李行健，费锦昌执笔.-上海：上海辞书出版社，2001.7

(3) 表外汉字的处理方法：如果著录文字为字符集外汉字，将汉字拼音罗马化，并置于方括号中，无法用拼音注音的，用"〓"标注，然后在资源描述项中说明。

示例：　题名 ：[tao] 杌闲评　　题名说明：[tao]=[木 寿]

2. 标点符号的位置

(1) 句号、问号、叹号、逗号、顿号、分号和冒号一般占一个字的位置，不出现在一行之首。

(2) 引号、括号、书名号的前一半不出现在一行之末，后一半不出现在一行之首。

(3) 破折号和省略号都占两个字的位置，中间不能断开。连接号("–"、"~")和间隔号("·")一般占一个字的位置。

3. 数字用法

(1) 统计表中的数值，如正负数、小数、百分比、分数、比例等，必须使用阿拉伯数字。

〖例〗48　-125.03　1/4　63%

(2) 定型的词、词组、成语、惯用语、缩略语或有修辞色彩的词语中作为语素的数字，必须使用汉字。

〖例〗一律　十滴水　"八五"计划　五四运动　二万五千里长征　第三季度

(3) 年份一般不用简写。如1990年不应简作"90年"。

(4) 中国干支纪年和夏历月日。

〖例〗腊月十三日　正月初五　丙寅年十月十五日

(5) 如果涉及一月、十一月、十二月，应用间隔号"·"将表示月和日的数字隔开，并外加引号，避免歧义。涉及其它月份时，不用间隔号，是否使用引号，视事件的知名度而定。

〖例1〗"一·二八"事变　"一二·九"运动

〖例2〗五四运动　七七事变　五一国际劳动节　"九一三"事件

(6) 物理量量值必须用阿拉伯数字，并正确使用法定计量单位。

(7) 非物理量在一般情况下应使用阿拉伯数字。

〖例〗21.35元 270美元 290亿英镑 48岁 1480人 4.6万册 600幅 500名 11个月

(8) 整数一至十，如果不是出现在具有统计意义的一组数字中，可以用汉字，但要照顾到上下文，求得局部体例上的一致。

〖例1〗一个人　四种产品　五个百分点　六条意见

〖例2〗截止1984年9月，我国高等学校有新闻系6个，新闻专业7个，新闻班1个，新闻教育专职教员287人。

(9) 数值可以"万"、"亿"作单位，但不得同时使用。只有当数值巨大且需精确表示的数字，作为特例可以同时使用"亿、万"作单位。

〖例1〗三亿四千五百万

可写成345,000,000，也可写成34,500万或3.45亿，但一般不得写作3亿4千5百万。

〖例2〗我国1982年人口普查人数为10亿817万5288人。

(10) 一个用阿拉伯数字书写的数值应避免断开移行。

(11) 阿拉伯数字书写的数值在表示数值的范围时，使用浪纹式连接号"~"。

〖例〗150~200千米　2500~3000元

(12) 相邻的两个数字并列连用表示概数，必须使用汉字，连用的两个数字之间不得用顿号"、"隔开。

〖例〗二三米　一两小时　三四个月　十三四吨　七八十种　一千七八百元

(13) 带有"几"字的数字表示约数，必须使用汉字。

〖例〗几千年　十几天　一百几十次　几十万分之一

(14)用"多""余""左右""上下""约"等表示的约数一般用汉字。如果文中出现一组具有统计和比较意义的数字，其中既有精确数字，也有用"多"、"余"等表示的约数时，为保持局部体例上的一致，其约数也可以使用阿拉伯数字。

〖例1〗协会举行全国性评奖十余次，获奖作品有一千多件。

〖例2〗该省从机动财力中拿出1900万元，调拨钢材3000多吨，用于农田水利建设。4、著录信息源

(1) 磁带资料：磁带资料是指磁带入库单、登记卡、标签、附件等资料。

(2) 视音频资料：视音频资料是指节目播放表现的画面和声音内容。

项目	字段名称	属性	著录说明
题名	中文正题名	必备	例：马蒂；
	并列正题名		Marty（马蒂的英文题名）
	其他题名		君子好逑（马蒂的其他题名）
	副题名		
	系列题名		
	分集总数		
	分集次		
	并列系列题名		
责任者	作者	必备	
	主讲人		讲座的主讲人。
	编剧		
	主要演员		
	主持人		
	导演		
	辅导		
	摄影		
	作曲		
	美术		
	录音		
	其他作者		
出版者	出版/制作地		著录其所在地。
	出版/制作者		正式出版物著录出版社名称。如广东俏佳人音像出版社。 制作者著录具体单位名称。如国家图书馆、天津图书馆。
	出版/制作日期		YYYY—MM
出品	出品者		
	出品地		
提供	提供机构	必备	应注明提供单位，如文化部外联局、湖北图书馆等。
	提供时间	必备	管理中心收到的时间，YYYY—MM
资源描述	内容	必备	介绍编目对象的主要内容。可按照内容的顺序著录或自由行文。
	艺术表演形式	必备	舞剧、歌剧、芭蕾、小品等。
	主题人物		
	版本		包括外文原版、译制版、素材版等。
获奖情况	名称		文华奖
	奖项		文华大奖、文华新剧目奖
	获奖者		河南豫剧团
	获奖年度及届次		2004年第7届
	颁奖日期		YYYY—MM

主题	分类词	必备	依据《中国图书馆分类法》
	主题词	必备	根据汉语主题词表、中国分类主题词表等
	关键词	必备	以准确、科学、使用频率高为原则选词
语种	原文语种		有则著录。中文不著录。
	配音语种		有则著录。
	字幕语种		有则著录。
类型	内容形态	必备	讲座、综艺节目、专题片、戏曲片、国产电影、港台电影、合拍电影、外国电影等。
时空范围	时间范围		包括开始年份、结束年份、年代描述。
	空间范围		
标识符	URI		统一资源标识符（含统一资源定位器URL）
	DOI		数字对象标识符
	ISRC		国际标准音像制品编码，有则著录。
受众范围	按行业		全部、农业、教育、部队、社区、企业。
	按年龄		全部、未成年人、成人。
版权状况	版权所有者	必备	根据情况著录。管理中心、其他单位。
	授权使用者	必备	根据情况著录。 管理中心自主版权的不用著录。
	授权使用方式		工程自用、工程与合作者。 管理中心自主版权的不用著录。
	授权起始日期		根据情况著录： YYYY—MM。 管理中心自主版权的不用著录。
	授权截止日期		根据情况著录： YYYY—MM。 管理中心自主版权的不用著录。
	授权使用范围		全面、互联网、局域网、卫星广播等。 管理中心自主版权的不用著录。
	授权使用次数		管理中心自主版权的不用著录。
	版权文件号	必备	管理中心文件登记号，可随时浏览扫描合同复印件。
来源	自制		自行制作。
	合作		著录合作对象，如与XXX合作制作。
	调拨		著录调拨者，如文化部外联局调拨。
	受赠		著录赠送者，如广西桂林市电视台赠送。
	交换		著录交换者，如与青岛电视台交换。
	购置		著录购置者，如从长春电影制片厂购置。
	其他		

使用范围	1、资源库	必备	注明该资源应用于哪个资源库。如舞台缤纷。
	2、资源库	必备	同上。
采集载体状况	财产登记号	必备	
	购置经费	必备	
	载体形态	必备	录音带、录像带、光盘等
	时间长度	必备	时 分 秒
	视频色彩		黑白著录，彩色不著录;黑白彩色混合,著录彩色。
	文件格式	必备	AVI、MPGE、ASF、MP3、WMV等
	码流	必备	56K，300K，1MB等
	文件容量	必备	MB。录像带不著录。
加工后载体状况	载体1：财产登记录号	必备	
	加工费用	必备	
	载体1：载体形态	必备	录音带、录像带、光盘等
	载体1：时间长度	必备	时 分 秒
	载体1：文件格式	必备	AVI，MPGE，ASF等
	载体1：文件码流	必备	56K，300K，1MB等
	载体1：文件容量	必备	MB
	载体1：浏览	必备	根据需要可随时浏览加工入库的资源。
	载体2：		如有载体2，则著录载体1的所有项目。
	载体3：		如有载体3，则著录载体1的所有项目
	载体4 “		
著录人			记录著录操作人员。

文化部全国文化信息资源建设管理中心
图片资源著录暂行规范

（文全信资发[2005]3号 文件发布）

一、适用范围

本暂行规范适用于管理中心所采集、制作、使用的图片（含照片、绘画等平面图片）资源。

二、参照依据

1、Dublin Core Metadata Element Set V1.1（《都柏林核心元素集11版》上海图书馆翻译）

2、科技部科研项目——《我国数字图书馆标准与规范建设》有关内容。

三、定义

本标准采用下列定义。

1、著录。在图片资源著录时，对资源内容和形式特征进行分析、选择和记录的过程。

2、著录项目。揭示图片资源内容和形式特征的记录事项。

3、著录单元。图片资源内容和形式特征著录项目的组合。

4、著录格式。著录项目在条目中的排列顺序和表达方式。

5、图片资源目录。按照一定次序编排而成的著录单元的汇集。

四、著录项

1、题名

2、责任者

3、出版者

4、出品者

5、提供者

6、资源描述

7、获奖情况

8、主题

9、语种

10、类型

11、时空范围

12、标识符

13、受众范围

14、版权状况

15、来源

16、使用范围

17、采集载体状况

18、加工后载体状况

五、著录用文字

1. 使用文字：

(1) 著录用文字，严格按照国家文改委、教育部的相关规定执行。原则上不使用繁体字、异体字和异形字。

(2) 具体参照标准：

简化字标准：《简化字总表》（国务院，1986年新版）

字型标准：《现代汉语通用字表》（国家语委、新闻出版署，1988年）

异体字标准：《第一批异体字整理表》（文化部、文改会，1955年）

异形词标准：《第一批异形词整理表》

汉字字符集:UTF-8

参考文献:语言文字规范适用指南/李行健,费锦昌执笔.-上海:上海辞书出版社,2001.7

(3) 表外汉字的处理方法:如果著录文字为字符集外汉字,将汉字拼音罗马化,并置于方括号中,无法用拼音注音的,用"〓"标注,然后在资源描述项中说明。

示例:题名 : [tao] 杌闲评　　题名说明:[tao]=[木 寿]

2. 标点符号的位置

(1) 句号、问号、叹号、逗号、顿号、分号和冒号一般占一个字的位置,不出现在一行之首。

(2) 引号、括号、书名号的前一半不出现在一行之末,后一半不出现在一行之首。

(3) 破折号和省略号都占两个字的位置,中间不能断开。连接号("–"、"~")和间隔号("　")一般占一个字的位置。

3. 数字用法

(1) 统计表中的数值,如正负数、小数、百分比、分数、比例等,必须使用阿拉伯数字。

〖例〗48　–125.03　1/4　63%

(2) 定型的词、词组、成语、惯用语、缩略语或有修辞色彩的词语中作为语素的数字,必须使用汉字。

〖例〗一律　十滴水　"八五"计划　五四运动　二万五千里长征　第三季度

(3) 年份一般不用简写。如1990年不应简作"90年"。

(4) 中国干支纪年和夏历月日。

〖例〗腊月十三日　正月初五　丙寅年十月十五日

(5) 如果涉及一月、十一月、十二月,应用间隔号"　"将表示月和日的数字隔开,并外加引号,避免歧义。涉及其它月份时,不用间隔号,是否使用引号,视事件的知名度而定。

〖例1〗"一　二八"事变　"一二　九"运动

〖例2〗五四运动　七七事变　五一国际劳动节　"九一三"事件

(6) 物理量量值必须用阿拉伯数字,并正确使用法定计量单位。

(7) 非物理量在一般情况下应使用阿拉伯数字。

〖例〗21.35元 270美元 290亿英镑 48岁 1480人 4.6万册 600幅 500名 11个月

(8)整数一至十,如果不是出现在具有统计意义的一组数字中,可以用汉字,但要照顾到上下文,求得局部体例上的一致。

〖例1〗一个人　四种产品　五个百分点　六条意见

〖例2〗截止1984年9月,我国高等学校有新闻系6个,新闻专业7个,新闻班1个,新闻教育专职教员287人。

(9) 数值可以"万"、"亿"作单位,但不得同时使用。只有当数值巨大且需精确表示的数字,作为特例可以同时使用"亿、万"作单位。

〖例1〗三亿四千五百万

可写成345,000,000 ,也可写成34,500万或3.45亿,但一般不得写作3亿4千5百万。

〖例2〗我国1982年人口普查人数为10亿817万5288人。

(10) 一个用阿拉伯数字书写的数值应避免断开移行。

(11) 阿拉伯数字书写的数值在表示数值的范围时,使用浪纹式连接号"~"。

〖例〗150~200千米　2500~3000元

(12) 相邻的两个数字并列连用表示概数,必须使用汉字,连用的两个数字之间不得用顿号"、"隔开。

〖例〗二三米　一两小时　三四个月　十三四吨　七八十种　一千七八百元

(13) 带有"几"字的数字表示约数,必须使用汉字。

〖例〗几千年　十几天　一百几十次　几十万分之一

(14) 用"多""余""左右""上下""约"等表示的约数一般用汉字。如果文中出现一组具有统计和比较意义的数字,其中既有精确数字,也有用"多"、"余"等表示的约数时,为保持局部体例上的一致,其约数也可以使用阿拉伯数字。

〖例1〗协会举行全国性评奖十余次,获奖作品有一千多件。

〖例2〗该省从机动财力中拿出1900万元,调拨钢材3000多吨,用于农田水利建设。4、著录信息源

(1) 图片资料:图片资料是指图片入库单、登记卡、标签、附件等资料。

(2) 说明资料:说明资料是指图片提供者提供的有关对该图片的说明文字。

项目	字段名称	属性	著录说明
题名	中文正题名	必备	
	并列正题名		
	其他题名		
	副题名		
责任者	作者		
	其他作者		
出版者	出版/制作地		
	出版/制作者		
	出版/制作日期		YYYY—MM
出品	出品者		
	出品地		
提供	提供机构	必备	应注明提供单位，如文化部外联局、湖北图书馆等。
	提供时间	必备	管理中心收到的时间，YYYY—MM
描述	内容	必备	简述图片主要内容。
	主题人物		
获奖情况	名称		如，群星奖
	奖项		如，优秀美术作品奖
	获奖年度及届次		如，2004年第7届
	颁奖日期		YYYY—MM
主题	分类词	必备	依据《中国图书馆分类法》。
	主题词	必备	根据汉语主题词表、中国分类主题词表等
	关键词	必备	以准确、科学、使用频率高为原则选词
类型	内容形态	必备	摄影、书法、图表等。
时空范围	时间范围		开始年份、结束年份、年代描述。
	空间范围		
标识符	URI		统一资源标识符（含统一资源定位器URL）
	DOI		数字对象标识符
受众范围	按行业		全部、农业、教育、部队、社区、企业。。
	按年龄		全部、未成年人、成人。
版权状况	版权所有者	必备	根据情况著录。管理中心、其他单位。
	授权使用者	必备	根据情况著录。管理中心自主版权的不用著录。
	授权使用方式	必备	工程自用、工程与合作者。管理中心自主版权的不用著录。
	授权起始日期	必备	根据情况著录： YYYY—MM。管理中心自主版权的不用著录。
	授权截止日期	必备	根据情况著录： YYYY—MM。管理中心自主版权的不用著录。
	授权使用范围	必备	全面、互联网、局域网、卫星广播等。管理中心自主版权的不用著录。
	授权使用次数		管理中心自主版权的不用著录。
	版权文件号	必备	管理中心文件登记号，可随时浏览扫描合同复印件。

来源	自制		自行制作。
	合作		著录合作对象，如与XXX合作制作。
	调拨		著录调拨者，如文化部外联局调拨。
	受赠		著录赠送者，如XXX赠送。
	交换		著录交换者，如与XXX交换。
	购置		著录购置者，如从XXX购置。
	其他		
使用范围	1、资源库	必备	注明该资源应用于哪个资源库。如抗日战争。
	2、资源库	必备	同上。
采集载体状况	财产登记号	必备	
	购置经费	必备	
	载体形态	必备	照片、数字图片等
	色彩		黑白著录，彩色不著录；黑白彩色混合，著录彩色。
	文件格式	必备	TIFF、JPEG、JBIG等，照片不著录。
	分辨率	必备	如xxxDPI，照片不著录。
	色彩位深	必备	如8位灰度，24位彩色
	文件容量	必备	MB。照片不著录。
加工后载体状况	载体1：财产登记录号	必备	
	加工费用	必备	
	载体1：载体形态	必备	
	载体1：文件格式	必备	TIFF、JPEG、JBIG等
	载体1：分辨率	必备	如xxxDPI
	载体1：色彩位深	必备	如8位灰度，24位彩色
	载体1：文件容量	必备	MB
	载体1：加工费用	必备	
	载体1：浏览	必备	根据需要可随时浏览加工入库的资源。
	载体2：		如有载体2，则著录载体1的所有项目。
	载体3：		如有载体3，则著录载体1的所有项目
	载体4：		
著录人			记录著录操作人

讲座类节目编目实施细则

1、总则

1.1 说明

讲座类节目著录标引以全国文化信息资源共享工程（以下简称：文化共享工程）的相关编目规范为基本标准，编目基本元数据要反映讲座类节目的特点，方便该类节目的检索。

1.2 著录信息源

各著录项的信息来源于以下途径：

(1) 磁带资料信息：磁带资料信息是指来源于磁带入库单、登记卡、标签、附件、磁带封面信息等。

(2) 视音频资料信息：视音频资料是指节目播放表现的画面和声音内容反映的信息。

(3) 复制数据信息：复制数据是指通过系统从其它数据库中复制获取的信息。

(4) 场记单信息：场记单一般是记录每一个完成的镜头的信息。内容包括场次、镜号、景别、所拍内容、磁码。

1.3 著录原则

1.3.1 忠实著录原则

所谓著录标引就是对视音频数据的形式和内容特征进行信息分析、归纳、记录并赋予检索标识的过程。在著录标引时一定要遵循忠实著录的原则，记录和描述视音频数据的所有形式和内容特征信息，客观、全面地向使用者展现视音频数据的基本信息，以便使用者能准确地找到自己需要的视音频数据。

1.3.2 规范著录原则

在著录标引时要遵循编目数据的规范性原则。规范性原则主要包括如下几个方面：

(1) 著录用文字要规范，要采用国家语言文字工作委员会正式颁布的简化字；

(2) 著录用名词术语要规范，人名、地名、机构名、会议名等应尽量采用全称；

(3) 著录的主题标引、分类标引要规范，应采用标准的主题词表和分类表；

(4) 数字和标点符号的用法要规范，应该遵循《语言文字规范手册》中的规定进行著录。

1.3.3 实用著录原则

在著录编目数据时，要依据实用性原则。尤其是在进行主题标引时，要从使用者的角度考虑，分析使用者的使用习惯和检索角度，以便于标引出的数据很容易被检索者掌握，并能够比较容易地找到所需要的视音频数据。

1.4 著录用文字

1.4.1 标点符号的位置

(1) 句号、问号、叹号、逗号、顿号、分号和冒号一般占一个字的位置，不出现在一行之首。

(2) 引号、括号、书名号的前一半不出现在一行之末，后一半不出现在一行之首。

(3) 破折号和省略号都占两个字的位置，中间不能断开。连接号（“–”、“~”）和间隔号（“·”）一般占一个字的位置。

1.4.2 数字用法

(1) 统计表中的数值，如正负数、小数、百分比、分数、比例等，必须使用阿拉伯数字。

〖例〗56　−68.97　2/5　76%

(2) 定型的词、词组、成语、惯用语、缩略语或有修辞色彩的词语中作为语素的数字，必须使用汉字。

〖例〗一致　八斗米　“九五”计划　七七事变　二万五千里长征　三十挂零　第四季度

(3) 年份一般不用简写。如1980年不应简作“80年”。

(4) 中国干支纪年和夏历月日，必须使用汉字。

〖例〗腊月十二日　大年三十　子丑年二月八日

(5) 如果涉及一月、十一月、十二月，应用间隔号“·”将表示月和日的数字隔开，并外加引号，避免歧义。涉及其他月份时，不用间隔号，是否使用引号，视事件的知名度而定。

〖例1〗“一·二八”事变　“一二·九”运动

〖例2〗五四运动　七七事变　六一国际儿童节　“九一一”事件

(6) 物理量量值必须用阿拉伯数字，并正确使用法定计量单位。

(7) 非物理量在一般情况下应使用阿拉伯数字。

〖例〗26.98元　760日元　360亿英镑　21岁　8200人　9.9万册　230幅　6000名　12个月

(8) 整数一至十，如果不是出现在具有统计意义的一组数字中，可以用汉字，但要照顾到上下文，求得局部体例上的一致。

〖例1〗六个人　五种产品　八个百分点　九条意见

〖例2〗截至2004年6月，北京师范大学共有师范系3个，师范专业8个，师范班2个，师范类专职教员1860人。

(9) 数值可以“万”、“亿”作单位，但不得同时使用。只有当数值巨大且需精确表示的数字，作为特例可以同时使用“亿、万”作单位。

〖例1〗五亿二千七百万，可写527,000,000 ，也可写成52,700万或5.27亿，但一般不写作5亿2千7百万。

〖例2〗我国1999年人口普查人数为12亿823万6831人。

(10) 一个用阿拉伯数字书写的数值应避免断开移行。

(11) 阿拉伯数字书写的数值在表示数值的范围时，使用浪纹式连接号“~”。

〖例〗260~560公里　6700~40000元

(12) 相邻的两个数字并列连用表示概数，必须使用汉字，连用的两个数字之间不得用顿号“、”隔开。

〖例〗五六米　一两天　七八个月　十七八吨　三四十种　一千五六百元

(13) 带有“几”字的数字表示约数，必须使用汉字。

〖例〗几万年　十几小时　三百几十次　几百万分之一

(14) 用“多”“余”“左右”“上下”“约”等表示的约数一般用汉字。如果文中出现一组具有统计和比较意义的数字，其中既有精确数字，也有用“多”、“余”等表示的约数时，为保持局部体例上的一致，其约数也可以使用阿拉伯数字。

〖例1〗李云参加全国性赛马比赛二十余次，获得金牌有一百多块。

〖例2〗北京市政府从税收中拿出100万元，购买树苗9000多株，用于北京市环境治理。

2 讲座类节目编目原则

2.1 编目对象

编目对象主要针对文化共享工程的讲座类节目，例如：《郑和下西洋》《敦煌与粟特》《中国开封犹太人》《俄罗斯汉学漫谈》《封建士子的白日梦》《东来的和尚》《浅谈京剧文化》等。

2.2 编目层次

讲座类节目编目层次设定为两层：即节目层、片段层。

2.3 层次切分原则

2.3.1 节目层切分原则

对讲座类节目进行综合著录，即将上载完成的讲座节目作为节目层编目单元，进行节目层著录标引。

〖例1〗讲座《郑和下西洋》

〖例2〗讲座《敦煌与粟特》

〖例3〗讲座《中国开封犹太人》

〖例4〗讲座《俄罗斯汉学漫谈》

〖例5〗讲座《封建士子的白日梦》

〖例6〗讲座《东来的和尚》

〖例7〗讲座《浅谈京剧文化》

〖例8〗讲座《从文化视角看几首唐宋诗词》

……

2.3.2 片段层切分原则

片段层隶属于节目层，它在内容和表现形式上可自成一体，是节目中具有独立主题意义的一个段落。它可根据节目的主题内容、形式特征等作为片段层编目单元，进行片段层著录标引。

备注：1、若一期讲座包含一个以上主题内容，则按照主题内容进行片段切分；

2、根据视频中明显的大纲段落字幕进行片段切分；

3、单一主题讲座不进行片段切分。

2.4 各层著录项

2.4.1 节目层著录项

题名项：正题名、并列正题名、副题名、交替题名、题名说明、系列题名、并列系列题名、分集总数、分集次；

主题项：广播电视节目资料分类（分类名、分类号）、中国图书馆图书分类（分类名、分类号、）文化共享工程分类、关键词、主题词；

描述项：内容描述、主题人物、事件发生日期、版本说明、获奖（奖名、奖项、获奖者、获奖年度或届次、颁奖日期）、栏目（栏目名称、期次、年度）、受众、附加块（附加块类型、附加块描述）、声道（声道编号、声道内容）、附件；

责任者项：责任者名称、责任者并列名、责任方式、责任者说明；

出版者项：出版者名称、出版地、出品者名称、出品地；

版权项：版权所有者名称、版权声明、授权使用描述（授权使用者名称、授权使用方式、授权起始时间、授权使用期限、授权使用地域、授权文件、其他信息）；

语种项：声道（声道编号、声道语种）；字幕（字幕编号、字幕语种）；

日期项：摄制日期、出版日期；

类型项：节目类型、节目形态；

格式：实长、入点、色彩、字幕形式、声道格式、声音质量、画面质量、画面宽高比、载体类型、制式、音频数据码率、音频编码格式、音频采样频率、音频位深度、视频数据码率、视频编码格式、视频取样格式、文件格式；

标识符：国际标准音像制品编码、标识代码、库房编号；

时空覆盖范围：时间范围（开始年份、结束年份、年代描述）、空间范围；

来源：资料获取方式、资料提供者；

关联：系列组成部分、组成部分、部分为、参考、被参考、替代、被替代、需求、被需求、版本继承、版本关联；

管理信息：资源加工（征集人、加工单位）、资源服务（服务方式、服务栏目、服务时间、服务地址、服务对象）、资源验收（验收方式、验收意见、验收时间、验收人、验收报告）。

2.4.2 片段层著录项

题名项：正题名、并列正题名、系列题名；

主题项：广播电视节目资料分类（分类名、分类号）、中国图书馆图书分类（分类名、分类号）、文化共享工程分类、主题词、关键词；

描述项：内容描述、现场同期声、获奖（奖名、奖项、获奖者、获奖年度或届次、颁奖日期）、现场同期声；

责任者项：责任者描述（责任者名称、责任者并列名、责任方式、其他信息）；

语种项：声道、字幕；

类型项：节目类型；

格式：实长、入点、字幕形式；

时空覆盖范围：时间范围（开始年份、结束年份、年代描述）、空间范围。

2.5 关键帧选取原则

2.5.1 节目层关键帧选取原则

节目层关键帧由片段层关键帧组成,，另外补充抽取具有节目层标示的画面，如节目层标题字幕、片尾责任者项等。不做切分的节目，节目层关键帧参照片段层的关键帧选取原则抽取。

节目层关键帧，依据以下标准进行关键帧选取：

1、进行切分的节目，节目层关键帧在由片段层关键帧组成的同时，另外补充抽取具有节目层标示的画面，如节目层标题字幕帧、片尾责任者满屏第一帧、片尾最后一帧等。

2、不做切分的节目，节目层关键帧参照片段层关键帧选取原则选取：

① 具有参考及代表意义，如主讲人、题板、标题、标注性字幕以及演播室现场、宣传片、片尾、片花等（节目的宣传片、片花只抽取标示性一帧）。

② 能够表现节目的主要内容，并且具有再利用价值画面等。

2.5.2 片段层关键帧选取原则

针对讲座类节目的特点，片段层关键帧依据以下标准进行选取：

1、具有参考及代表意义，如题板、标题、标注性字幕以及演播室现场、片头、片尾、片花等（节目的宣传片、片花只抽取标示性一帧）。

2、能够表现片段的主要内容，并且具有再利用价值画面等。

3 讲座类节目编目细则

3.1 节目层著录项

3.1.1 题名项

讲座类节目的正式名称。

3.1.1.1 正题名

【项目说明】讲座类节目层的节目层名称的汉语描述。

【著录规则】必选项，不可重复，数据类型为字符型。

【著录说明】著录讲座类节目的正式名称。

【数据录入】直接录入。

〖例1〗讲座《郑和下西洋》

正题名：郑和下西洋

〖例2〗讲座《京味儿漫谈》下

正题名：京味儿漫谈 下

〖例3〗讲座《从文化视角看几首唐宋诗词》

正题名：从文化视角看几首唐宋诗词

〖例4〗讲座《敦煌与粟特》上

正题名：敦煌与粟特 上

〖例5〗讲座《敦煌与粟特》下

正题名：敦煌与粟特 下

备注：当讲座分为上或下情况时，正题名著录格式：讲座名称+空格+上/下

3.1.1.2 并列正题名

【项目说明】讲座类节目层正题名的非汉语名称。

【著录规则】有则必选项，可重复，数据类型为字符型。

【著录说明】如讲座类节目有其他语种名称，则原文著录。

【数据录入】直接录入。

备注：如讲座分几部分播出时，节目的并列正题名体现该讲座完整的非汉语名称即可，不用标注“上/下。”

3.1.1.3 副题名

【项目说明】从属于讲座类节目层正题名的另一题名，是对正题名的解释和补充。

【著录规则】有则必选项，不可重复，数据类型为字符型。

【著录说明】副题名是从不同角度共同揭示讲座类节目的主题或特征，也称为副标题。

【数据录入】直接录入。

3.1.1.4 交替题名

【项目说明】讲座类节目层正题名的别名。

【著录规则】有则必选项，可重复，数据类型为字符型。

【著录说明】有则著录，无则空缺。

【数据录入】直接录入。

3.1.1.5 题名说明

【项目说明】讲座类节目题名项的补充说明和备注信息。

【著录规则】可选项，不可重复，数据类型为字符型。

【著录说明】有则著录，无则空缺。

【数据录入】直接录入。

3.1.1.6 系列题名

【项目说明】讲座类节目所属系列的汉语总名称。

【著录规则】有则必选项，不可重复，数据类型为字符型。

【著录说明】系列题名是该讲座类节目所属系列的汉语总名称。

【数据录入】直接录入。

〖例1〗讲座《德国吐鲁番探险》

正题名：德国吐鲁番探险

系列题名：中外关系史

〖例2〗讲座《古琴与中国文化》

正题名：古琴与中国文化

系列题名：典籍与文化

3.1.1.7 并列系列题名

【项目说明】讲座类节目所属系列的非汉语名称。

【著录规则】可选项，可重复，数据类型为字符型。

【著录说明】如讲座类节目所属系列有其他语种名称，则原文著录。

【数据录入】直接录入。

3.1.1.8 分集总数

【项目说明】讲座类节目所属系列的集数总和。

【著录规则】有则必选项，不可重复，数据类型为字符型。

【著录说明】分集总数以阿拉伯数字表示。

【数据录入】直接录入。

3.1.1.9 分集次

【项目说明】讲座类节目所属系列的分集序号。

【著录规则】有则必选项，不可重复，数据类型为字符型。

【著录说明】分集序号以阿拉伯数字表示，如没有分集序号，此项可空缺。

【数据录入】直接录入。

3.1.2 主题项

3.1.2.1 广播电视节目资料分类

3.1.2.1.1 分类名

【项目说明】能够表达讲座类节目内容范围的类目名称。

【著录规则】必选项，不可重复，枚举型。

【著录说明】分析节目主题，依据广播电视节目资料分类法，在系统分类表中选取分类名。具有总论复分特征的节目，可以复分。

【数据录入】在系统提供的分类法列表中选择相对应的分类，系统自动录入。

〖例1〗讲座《郑和下西洋》

分类名：历史地理：中国历史：中国古代史（—1840）+讲座

〖例2〗讲座《浅谈京剧文化》

分类名：文学艺术：戏曲：京剧+讲座

〖例3〗讲座《京味儿漫谈》

分类名：文化、教育、宗教、哲学：文化 +讲座

〖例4〗讲座《从文化视角看几首唐宋诗词》

分类名：文学艺术：文学：诗歌散文 +讲座

3.1.2.1.2 分类号

【项目说明】能够表达讲座类节目内容范围的类目符号。

【著录规则】必选项，不可重复，数据类型为字符型。

【著录说明】分析节目主题，依据广播电视节目资料分类法，赋予分类号。

【数据录入】根据分类名在分类表中的位置，在系统提供的分类表中选择对应的分类号，系统自动录入。

〖例1〗讲座《郑和下西洋》

分类号：K1211

〖例2〗讲座《浅谈京剧文化》

分类号：J2213

〖例3〗讲座《京味儿漫谈》

分类号：G12

〖例4〗讲座《从文化视角看几首唐宋诗词》

分类号：J1413

3.1.2.2 中国图书馆图书分类

3.1.2.2.1 分类名

【项目说明】能够表达讲座类节目内容范围的类目名称。

【著录规则】必选项，不可重复，数据类型为枚举型。

【著录说明】分析节目主题，依据中国图书馆图书分类法，在系统分类表中选取分类名。具有总论复分特征的节目，可以复分。

【数据录入】在系统提供的分类法列表中选择相对应的分类，系统自动录入。

〖例1〗讲座《郑和下西洋》

中国图书馆图书分类：历史地理：中国史：隋唐至清前期（581—1840年）：明（1368—1663年）

〖例2〗讲座《浅谈京剧文化》

中国图书馆图书分类：艺术：戏剧艺术：中国戏剧艺术：京剧艺术

〖例3〗讲座《京味儿漫谈》

中国图书馆图书分类：文化、科学、教育、体育：世界各国文化与文化事业：地方文化与文化事业

〖例4〗讲座《从文化视角看几首唐宋诗词》

中国图书馆图书分类：文学：中国文学：：各体文学评论和研究

3.1.2.2.2 分类号

【项目说明】能够表达讲座类节目内容范围的类目符号。

【著录规则】必选项，不可重复，数据类型为字符型。

【著录说明】分析节目主题，依据中国图书馆图书分类法，赋予分类号。

【数据录入】根据分类名在分类表中的位置，在系统提供的分类表中选择对应的分类号，系统自动录入。

〖例1〗讲座《郑和下西洋》

分类号：K248

〖例2〗讲座《浅谈京剧文化》

分类号：J812

〖例3〗讲座《京味儿漫谈》

分类号：G127

〖例4〗讲座《从文化视角看几首唐宋诗词》

分类号：I207

3.1.2.3 文化共享工程分类

【项目说明】文化共享工程根据讲座类节目的内容对该类节目进行的分类。

【著录规则】必选项，可重复，数据类型为枚举型。

【著录说明】分析节目主题，依据文化共享工程分类表，在系统分类表中选取分类名。

【数据录入】在系统提供的分类法列表中选择相对应的分类，系统自动录入。

〖例1〗讲座《郑和下西洋》

文化共享工程分类：知识讲座：历史地理

〖例2〗讲座《浅谈京剧文化》

文化共享工程分类：知识讲座：艺术鉴赏：戏剧戏曲

知识讲座：传统文化

〖例3〗讲座《京味儿漫谈》

文化共享工程分类：知识讲座：传统文化

〖例4〗讲座《从文化视角看几首唐宋诗词》

文化共享工程分类：知识讲座：文学欣赏

3.1.2.4 主题词

【项目说明】能够正确表述讲座类节目主要内容的词或词组。

【著录规则】必选项，可重复，数据类型为字符型。

【著录说明】主题词是反映专题类节目中心内容的词汇，主题词选词应从国家标准、行业标准主题词表中选取。

【数据录入】根据主题词表选择录入。

3.1.2.5 关键词

【项目说明】能够正确描述讲座类节目主要内容的、具有检索意义的词或词组。

【著录规则】必选项，可重复，数据类型为字符型。

【著录说明】关键词由著录人员根据讲座类节目的主题、内容、特征自拟。

1、选词原则：关键词选词时应遵循准确性、科学性的原则，选用使用频率高，言简意赅的名词性词汇。

2、单个词或词组的字数不超过15个汉字，词（组）与词（组）之间用空格分隔。

3、选词角度：主讲人、主题人物、主题思想。

【数据录入】直接录入。

〖例1〗讲座《性别与社会性别和公民意识》

正题名：性别与社会性别和公民意识

关键词：吴青 宪法 人口比例 公民权利

〖例2〗讲座《“文革”时期的地下文学》

正题名：“文革”时期的地下文学

关键词：熊忠武 “文革” 地下文学

〖例3〗讲座《京味儿漫谈》

正题名：京味儿漫谈

关键词：京味儿文化 北京 赵大年

〖例4〗讲座《从文化视角看几首唐宋诗词》

正题名：从文化视角看几首唐宋诗词

关键词：唐诗宋词 古典文学 冷成金

3.1.3 描述项

3.1.3.1 内容描述

【项目说明】对讲座类节目主要内容的概括性描述。

【著录规则】必选项，不可重复，数据类型为文本型。

【著录说明】对讲座类节目的主题、背景、人物、情节等进行简单概括描述，文字力求准确、清晰、简练。

【数据录入】直接录入。

〖例1〗讲座《郑和下西洋》

内容描述：主讲人XX讲述在明代初年，中国作为世界上首屈一指的强国，已经拥有了当时海上最强大的军事武装。为宣扬中华文化树立大国形象，三宝太监郑和率领舰队七次出海远征，横跨中国海、印度洋，足迹遍及东南亚诸国、波斯、阿拉伯、非洲东海岸，将中国的工艺技术和文化思想散播到了世界各地。

〖例2〗讲座《从文化视角看几首唐宋诗词》

内容描述：主讲人冷成金从文化视角探讨了唐宋诗词的永恒的文学美感，并分析了《登幽州台歌》、《登高》、《念奴娇·赤壁怀古》、《水调歌头》等几首诗词中所蕴含的民族文化。

〖例3〗讲座《性别与社会性别和公民意识》

内容描述：(1) 性别与社会性别

(2) 公民意识

(3) 主讲人吴青与观众互动

〖例4〗讲座《京味儿漫谈》

内容描述：(1) 什么是京味儿

(2) 北京话的形成

(3) 北京人的特点

包含电影《城南旧事》、《有话好好说》，音乐电视《故乡是北京》、《火火的北京》的片段。

备注：1、讲座分上、下时，内容介绍分别著录/标引。

2、“内容描述”字样不体现在著录/标引中。

3、当讲座切分片段时，概括主要内容并将片段正题名在节目层的内容介绍中条目化列出。

3.1.3.2 主题人物

【项目说明】讲座类节目内容所反应的主要人物。

【著录规则】有则必选项，可重复，数据类型为字符型。

【著录说明】对讲座节目内容所体现的主要人物进行著录。无主要人物时，此项可空缺。

【数据录入】直接录入。

3.1.3.3 事件发生日期

【项目说明】讲座类节目主要内容所表述的事件发生的日期。

【著录规则】有则必选项，不可重复，数据类型为字符型。

【著录说明】指事件的发生日期。

【数据录入】直接录入。

3.1.3.4 版本说明

【项目说明】对讲座类节目原始视频不同版本的分类说明。

【著录规则】有则必选项，可重复，数据类型为枚举型。

【著录说明】版本说明包括外文原版、译制版、素材版、资料版、播出版、母版、修订版、修复版、复制版、文化共享工程成品版、音像制品版。著录时，可根据讲座类节目的实际情况选择一至多项进行著录。用受控词表规范著录。

【数据录入】根据规范词表选择录入。

〖例〗讲座《京味儿漫谈》

版本说明：播出版

备注：此项是对节目原始盘/带的版本情况说明。素材版是画面没有任何附加标志的视频资料；播出版是指带有播出信息（台标、栏目信息等）的视频资料；文共享工程成品版是有文化共享工程片头、片尾、台标，无须再进行非线性编辑的视频资料；音像制品版是出版制品形式，带有出版信息等的视频资料；外文原版为指从国外引进的、未经配音、未另外叠加字幕的外语节目；译制版为对外文原版节目译制后的节目，含字幕译制版；资料版为指制作、播出版的工作版，相关主题节目集合、切换版、单机拍摄版入此；修订版为指由于某种原因，对以前的播出版进行了修改，并重新制作一版播出的节目；修复版为经技术修复的版本；复制版为母版的复制版。

3.1.3.5 获奖

【项目说明】描述讲座类节目的获奖情况。

【著录规则】有则必选项，可重复。

【著录说明】获奖包括：奖名、奖项、获奖者、获奖年度/届次、颁奖日期。其中奖名、奖项、获奖者著录全称；获奖年度用四位数字著录；颁奖日期用四位数字著录到年。

【数据录入】直接录入。

备注：1、各项著录格式见《电影类节目编目实施细则》。

2、电视播出的讲座可在互联网上查获奖信息，图书馆提供的讲座可按提供资料著录。

3.1.3.5.1 奖名

【项目说明】讲座类节目所获奖项的名称。

【著录规则】有则必选项，不可重复，数据类型为字符型。

【著录说明】根据入库单或者其他资料上提供的信息，录入获奖的完整名称。

【数据录入】直接录入。

3.1.3.5.2 奖项

【项目说明】讲座类节目获得奖项的项目名称。

【著录规则】有则必选项，不可重复，数据类型为字符型。

【著录说明】根据入库单或者其他资料上提供的信息，录入奖项的名称，标点、符号均需要录入。

【数据录入】直接录入。

3.1.3.5.3 获奖者

【项目说明】获得讲座类节目奖项的个人或团体的名称。

【著录规则】可选项，可重复，数据类型为字符型。

【著录说明】根据入库单或者其他资料上提供的信息，著录获得奖项的个人或团体的名称。

【数据录入】直接录入。

3.1.3.5.4 获奖年度或届次

【项目说明】讲座类节目所获奖项的年度或届次。

【著录规则】有则必选项，不可重复，数据类型为数值型。

【著录说明】填写获奖时间，如有年度的，应当照录，如没有空缺；获奖届次，应当照录，如没有空缺。

【数据录入】直接录入。

3.1.3.5.5 颁奖日期

【项目说明】颁发讲座类节目所获奖项的日期。

【著录规则】有则必选项，不可重复，数据类型为字符型。

【著录说明】填写讲座类节目获得奖项颁发的时间。用四位数字著录到年。

【数据录入】直接录入。

3.1.3.6 栏目

指按照讲座类原始节目播出、出版、公演的内容、性质划分，具有固定的特定名称、标志、内容范围和相对固定的组织编排形式。如讲座类节目没有相关播出、出版、公演等信息，该项可空缺。

备注：1. 著录讲座类节目原始播出的栏目名称。

2. 未经电视播出的由各地方或团体制作的相关栏目也应对位著录到栏目项中。

〖例〗讲座《从文化视角看几首唐宋诗词》

栏目名称：百家讲坛　栏目期次：8　栏目所属年份：2004

3.1.3.6.1 栏目名称

【项目说明】栏目的正式名称。

【著录规则】有则必选项，不可重复，数据类型为字符型。

【著录说明】讲座类节目所属栏目的正式名称。

【数据录入】直接录入。

备注：著录讲座类节目原始播出的栏目名称。

3.1.3.6.2 栏目期次

【项目说明】栏目的序次。

【著录规则】有则必选项，不可重复，数据类型为数值型。

【著录说明】有明确期次表示的才著录。

【数据录入】直接录入。

3.1.3.6.3 栏目所属年度

【项目说明】节目在栏目播出的年度描述。

【著录规则】有则必选项，不可重复，数据类型为数值型。

【著录说明】著录节目播出日期的公元年序数值。

【数据录入】直接录入。

3.1.3.7 受众

【项目说明】观众类型的说明。

【著录规则】必选项，可重复，数据类型为枚举型。

【著录说明】受众按照受控词表规范著录，此项如无特别指向则无需著录。

【数据录入】根据规范词表选择录入。

〖例〗讲座《郑和下西洋》

受众：大众

3.1.3.8 附加块

叠加在节目视频上的特殊标记或结构块。著录顺序：按照出现的先后顺序条目化。

备注：附加块中将栏目标识更改为标识（标识项中包括系列标识、栏目标识、文化共享工程标识等）；附加块中的文字信息包括资料、重播、热线电话等节目中出现的与本节目播出内容无关的文字信息。

〖例1〗讲座《但愿不再失之交臂》

附加块类型：片头　　附加块描述：文化部全国文化信息资源建设管理中心片头

附加块类型：片头　　附加块描述：讲座《但愿不再失之交臂》片头

附加块类型：片尾　　附加块描述：讲座《但愿不再失之交臂》片尾

附加块类型：片尾　　附加块描述：文化部全国文化信息资源建设管理中心片尾

〖例2〗讲座《“文革”时期的地下文学》

附加块类型：标识　　附加块描述：文化共享工程

附加块类型：片头　　附加块描述：武汉图书馆片头

附加块类型：片尾　　附加块描述：武汉图书馆片尾

〖例3〗讲座《京味儿漫谈》

附加块类型：标识　　附加块描述：文化共享工程

附加块类型：标识　　附加块描述：《百家讲坛》栏目标识

附加块类型：片头　　附加块描述：讲座《京味儿漫谈》片头

附加块类型：片尾　　附加块描述：文化部全国文化信息资源建设管理中心片尾

〖例4〗讲座《从文化视角看几首唐宋诗词》

附加块类型：标识　　附加块描述：文化共享工程

附加块类型：标识　　附加块描述：《百家讲坛》栏目标识

附加块类型：片头　　附加块描述：讲座《从文化视角看几首唐宋诗词》片头

附加块类型：片尾　　附加块描述：文化部全国文化信息资源建设管理中心片尾

3.1.3.8.1 附加块类型

【项目说明】叠加在讲座类节目上的特殊标记或结构块类型，如片头、广告、片尾、台标等。

【著录规则】有则必选项，可重复。数据类型为枚举型。

【著录说明】附加标志类型包括片头、广告、片尾、台标、频道名称、标识、模拟时钟等。

【数据录入】直接著录。

3.1.3.8.2 附加块描述

【项目说明】叠加在讲座类节目上的特殊标记或结构块说明。

【著录规则】有则必选项，可重复。数据类型为字符型。

【著录说明】对讲座类节目的附加标志类型进行描述说明。

【数据录入】直接著录。

3.1.3.9 声道

【项目说明】对讲座类节目声道的描述。

【著录规则】有则必选项，可重复。

【著录说明】声道包括声道编号和声道内容，两项需对应著录。

【数据录入】直接著录。

3.1.3.9.1 声道编号

【项目说明】声音通道的序号。

【著录规则】有则必选项，不可重复，数据类型为数值型。

【著录说明】声道编号必须与声道内容捆绑使用。声道编号以阿拉伯数字表示，顺序著录。

【数据录入】直接录入。

〖例〗声道编号：1

3.1.3.9.2 声道内容

【项目说明】描述讲座类节目声道内所记录声音内容的分类。

【著录规则】有则必选项，不可重复，数据类型为枚举型。

【著录说明】声道内容类型分为现场同期声、解说声、音乐声、效果声、国际声、同期翻译声、混合声。

【数据录入】根据规范词表选择录入。

〖例〗声道内容：混合声

备注：根据节目自行判断。

3.1.3.10 附件

【项目说明】与讲座类节目主体内容紧密相关的附加材料的描述。

【著录规则】有则必选项，可重复，数据类型为字符型。

【著录说明】指磁带登记时与磁带共同保存的节目主体相关的附加材料，如讲座原稿、主讲人简历、讲座PPT等。如果节目没有附加材料则不填写。

【数据录入】直接录入。

备注：未提供附件信息的节目，按照视频中的附件信息忠实著录，无则空缺。

3.1.4 责任者项

节目内容的主要责任者，可以是个人或团体。

备注：各项著录格式见《电影类节目编目实施细则》。

备注：责任者项中的协助拍摄等不具检索意义的著录项，选取重要或知名的责任者著录三个即可。

3.1.4.1 责任者描述

【项目说明】描述责任者的信息。

【著录规则】必选项，可重复。

【著录说明】责任者名称、责任者并列名称、责任方式、其他信息对应著录。

〖例〗讲座《从文化视角看几首唐宋诗词》

责任者名称：冷成金　责任方式：主讲人　其他信息：中国人民大学中文系教授

3.1.4.1.1 责任者名称

【项目说明】责任者的汉语名称。

【著录规则】必选项，不可重复，数据类型为字符型。

【著录说明】著录责任者的全名或全称。责任者负有两种或两种以上责任方式时，按对应的责任方式分次著录责任者名称。

【数据录入】直接录入。

3.1.4.1.2 责任者并列名

【项目说明】责任者的其他语种的名称。

【著录规则】有则必选项，可重复，数据类型为字符型。

【著录说明】著录责任者的非汉语全称。必须使用非汉语著录，著录时应忠于原文。

【数据录入】直接录入。

3.1.4.1.3 责任方式

【项目说明】责任者在节目中所负责任的方式。

【著录规则】可选项，不可重复，数据类型为枚举型。

【著录说明】责任者负有两种或两种以上责任方式时，则分别著录。

【数据录入】根据规范词表选择录入。

3.1.4.1.4 其他信息

【项目说明】对责任者信息的补充说明。

【著录规则】有则必选项，不可重复，数据类型为字符型。

【著录说明】补充说明的身份等，例如所属单位、国别地区、身份职务或其他的相关信息。

【数据录入】直接录入。

备注：责任者按照字幕忠实著录，如字幕所给某个责任者部分信息模糊不清，在无法查证的情况下，该责任者则不予著录。

3.1.5 出版者项

出版者项是描述节目的出版者信息，包括出版者名称、出版国、出品者名称、出品国

四项。(此项只针对正式出版的音像资料。)

3.1.5.1.1 出版者名称

【项目说明】描述出版者个人或团体的名称。

【著录规则】有则必选，不可重复，数据类型为字符型。

【著录说明】填写个人或团体的正式名称，一般不用简写称呼。

【数据录入】直接录入。

3.1.5.2 出版者描述

说明出版者的情况，如有多个出版者，则分别著录。出版者的描述包括出版者名称和出版地，两项需对应著录。有则必选项，可重复。

备注：各项著录格式见《电影类节目编目实施细则》。

3.1.5.2.1 出版地

【项目说明】描述出版者所属地区。

【著录规则】有则必选项，不可重复，数据类型为字符型。

【著录说明】指出版物的出版国家或地区，应照录。标注地区时应冠以国名，如：中国北京，中国上海。国家和地区名称按国家标准规范著录。以下各项应参照此办法著录。

【数据录入】直接录入。

3.1.5.3 出品者描述

说明出版者的情况，如有多个出品者，则分别著录。出品者描述包括出品者名称和出品地，两项需对应著录。有则必选项，可重复。

备注：各项著录格式见《电影类节目编目实施细则》。

3.1.5.3.1 出品者名称

【项目说明】描述出品者个人或团体的名称。

【著录规则】有则必选项，不可重复，数据类型为字符型。

【著录说明】填写个人或团体的正式名称，一般不用简写称呼。

【数据录入】直接录入。

3.1.5.3.2 出品地

【项目说明】描述出品者所属地区。

【著录规则】有则必选项，不可重复，数据类型为字符型。

【著录说明】指出版物的出品国家或地区，应照录。标注地区时应冠以国名，如：中国北京，中国上海。国家和地区名称按国家标准规范著录。以下各项应参照此办法著录。

【数据录入】直接录入。

3.1.6 版权项

【项目说明】讲座类节目的版权信息。

【著录规则】必选项，不可重复。

备注：各项著录格式见《专题类节目编目实施细则》。

3.1.6.1 版权所有者名称

【项目说明】描述版权所有者个人或团体的名称。

【著录规则】有则必选项，可重复，数据类型为字符型。

【著录说明】根据节目的内容显示或者节目的有关说明材料著录，版权所有者名称的汉语或非汉语表达均入此，若版权所有者为单位，名称必须用全称。

【数据录入】直接录入。

〖例1〗讲座《京味儿漫谈》

版权所有者名称：中国中央电视台

版权所有者名称：中国国际电视总公司

〖例2〗讲座《从文化视角看几首唐宋诗词》

版权所有者名称：中国中央电视台

版权所有者名称：中国国际电视总公司

3.1.6.2 版权声明

【项目说明】版权声明是版权拥有者对作品的归属、使用权、使用范围、违规使用后果等权力的说明。

【著录规则】可选项，不可重复，数据类型为文本型。

【著录说明】只著录用于声明节目受版权保护的文字信息，版权声明用一段自由行文的文字来著录。

【数据录入】直接录入。

备注：未提供版权信息的节目，按照视频中的版权声明信息忠实著录，无则空缺。

3.1.6.3 授权使用描述

【项目说明】讲座类节目被授权使用的情况。

【著录规则】必选项，不可重复。

3.1.6.3.1 授权使用者名称

【项目说明】被授权使用讲座类节目的个人或团体的名称。授权使用者名称的汉语或非汉语表达均入此，若版权所有者为单位，名称必须用全称。

【著录规则】有则必选项，不可重复，数据类型为字符型。

【著录说明】著录个人全名或单位名称。

【数据录入】直接录入。

〖例1〗讲座《京味儿漫谈》

授权使用者名称：文化部全国文化信息资源建设管理中心

〖例2〗讲座《从文化视角看几首唐宋诗词》

授权使用者名称：文化全国部文化信息资源建设管理中心

3.1.6.3.2 授权使用方式

【项目说明】使用讲座类节目授权方式的说明。

【著录规则】有则必选项，可重复，数据类型为枚举型。

【著录说明】授权使用方式依据讲座类节目授权合同著录。包括可否用于互联网传播使用、可否用于系统内局域网传播使用、可否用于系统内卫星使用、可否用于县级及以下有线数字电视使用、可否用于系统内传播使用、可否用于系统内有线无线传输使用、可否用于系统内通光盘传输、可否用于系统内通硬盘传输、信息网络传播权、放映权、广播权、复制及建立镜像、翻译权、汇编权、展览权。根据节目实际情况可选择多项。

【数据录入】根据规范词表选择录入。

备注：依据客户方提供的信息为著录依据。

〖例1〗讲座《京味儿漫谈》

授权使用方式：系统内局域网传播使用

授权使用方式：系统内卫星使用

3.1.6.3.3 授权起始时间

【项目说明】授权起始时间按日期著录格式著录。

【著录规则】有则必选项，不可重复，数据类型为日期型。

【著录说明】对节目被授权使用的开始时间，著录到日。

【数据录入】直接录入。

〖例1〗讲座《京味儿漫谈》

授权起始时间：2008-01-01

〖例2〗讲座《从文化视角看几首唐宋诗词》

授权起始时间：2008-01-01

3.1.6.3.4 授权使用期限

【项目说明】授权使用期限用文字著录。

【著录规则】有则必选项，不可重复，数据类型为字符型。

【著录说明】分为永久、限年播出、限次播出。永久使用者著录“永久”，限年播出者著录年数（单位：年）。须同时标出授权起始日期。

【数据录入】直接录入。

〖例1〗讲座《京味儿漫谈》

授权起始时间：2008-01-01

授权使用期限：10

〖例2〗讲座《从文化视角看几首唐宋诗词》

授权起始时间：2008-01-01

授权使用期限：永久

3.1.6.3.5 授权使用地域

【项目说明】授权使用地域包括国家和地区的名称，国家和地区的名称按国家标准规范著录。

【著录规则】有则必选项，不可重复，数据类型为字符型。

【著录说明】著录地域名称。分为国内（大陆、港澳、台湾）、国外（欧洲、北美洲、南美洲、亚洲、东南亚、中东、非洲、澳洲）。

【数据录入】直接录入。

3.1.6.3.6 授权文件

【项目说明】讲座类节目被授权使用的相关合同文件的名称。

【著录规则】可选项，不可重复，数据类型为字符型。

【数据录入】直接录入。

3.1.6.3.7 其他信息

【项目说明】其他信息用一段自由行文的文字来补充说明授权使用的情况。

【著录规则】可选项，不可重复，数据类型为字符型。

【数据录入】直接录入。

3.1.7 语种项

【项目说明】对讲座类节目内容表达所使用语言种类的描述。

【著录规则】有则必选项，不可重复。

备注：字幕语种、声道语种项以及节目中的主要语种作为著录依据，但对语种的划分需细化，包括少数民族文字和方言。

3.1.7.1 声道

【项目说明】声音通道的语种信息。

【著录规则】有则必选项，可重复。

【著录说明】声道包括声道编号和声道语种，两项必须对应著录。

【数据录入】直接录入。

3.1.7.1.1 声道编号

【项目说明】声音通道的序号。

【著录规则】有则必选项，不可重复，数据类型为数值型。

【著录说明】声道编号必须与声道语种捆绑使用。声道编号以阿拉伯数字表示，顺序著录。

【数据录入】直接录入。

3.1.7.1.2 声道语种

【项目说明】被捆绑声道号内使用的语言种类。

【著录规则】有则必选项，不可重复，数据类型为字符型。

【著录说明】声道语种以中文表达，中文语种名称按国家标准规范缩写著录。

【数据录入】直接录入。

〖例〗声道编号：1　声道语种：汉语

声道编号：2　声道语种：粤语

声道编号：3　声道语种：上海方言

备注：声道语种按照各语种在节目中所占比例进行著录/标引。

3.1.7.2 字幕

【项目说明】字幕的语种信息。

【著录规则】有则必选项，可重复。

【著录说明】字幕包括字幕编号和字幕语种，两项必须对应著录。

【数据录入】直接录入。

3.1.7.2.1 字幕编号

【项目说明】字幕的序号。

【著录规则】有则必选项，不可重复，数据类型为数值型。

【著录说明】字幕编号必须与字幕语种捆绑使用。字幕编号以阿拉伯数字表示，顺序著录。

【数据录入】直接录入。

3.1.7.2.2 字幕语种

【项目说明】字幕使用的语言种类。

【著录规则】有则必选项，不可重复，数据类型为字符型。

【著录说明】字幕语种以中文表达，中文语种名称按国家标准规范缩写著录。

【数据录入】直接录入。

〖例〗字幕编号：1　　字幕语种：中文

字幕编号：2　　字幕语种：蒙古族文字

字幕编号：3　　字幕语种：维吾尔族文字

备注：字幕语种按照各语种在节目中所占比例进行著录/标引。

3.1.8 日期项

【项目说明】节目制作、播出和出版的日期。

【著录规则】有则必选项，不可重复。

3.1.8.1 摄制日期

【项目说明】摄制日期著录讲座类节目拍摄制作结束的日期。如果是正式出版物的讲座类节目，不必著录此项。

【著录规则】有则必选项，不可重复，数据类型为字符型。

【著录说明】根据讲座的拍摄制作结束日期填写。

【数据录入】直接录入。

备注：讲座的拍摄日期即为讲座的举办日期（拍摄日期），可从视频中获取或者由中心讲座提供者提供。

3.1.8.2 出版日期

【项目说明】出版日期只用于正式出版的音像制品。

【著录规则】有则必选项，不可重复，数据类型为日期型。

【著录说明】根据讲座的出版日期填写。

【数据录入】直接录入。

备注：1. 图书馆举办的讲座不涉及此项。

2. 当日期精确到“日”时，才对该项进行著录/标引。

3.1.9 类型项

【项目说明】描述节目内容的特征和类型。

【著录规则】有则必选项，不可重复。

【著录说明】包括：讲座类节目内容的分类范畴、功能、特性或集合层次的术语。

【数据录入】根据规范词表选择录入。

3.1.9.1 节目类型

【项目说明】节目类型是对节目内容的形式特征进行的描述。

【著录规则】必选项，可重复，数据类型为枚举型。

【著录说明】根据具体节目的类型在分类表中选择相对应的类别。

【数据录入】根据规范词表选择录入。

〖例1〗讲座《郑和下西洋》

节目类型：中国历史

〖例2〗讲座《京味儿漫谈》

节目类型：社会文化

〖例3〗讲座《从文化视角看几首唐宋诗词》

节目类型：中国文学

3.1.9.2 节目形态

【项目说明】节目形态是对节目内容表现形式特征的描述。

【著录规则】必选项，可重复，数据类型为枚举型。

【著录说明】根据节目具体内容，在“节目形态规范词表”中选择该节目所对应的节目形态。

【数据录入】根据规范词表选择录入。

〖例1〗讲座《郑和下西洋》

节目形态：讲座

〖例2〗讲座《京味儿漫谈》

节目形态：讲座

〖例3〗讲座《从文化视角看几首唐宋诗词》

节目形态：讲座

3.1.10 格式

【项目说明】对视频节目与制作技术和资料利用有关数据格式的描述。

【著录规则】必选项，不可重复。

3.1.10.1 实长

【项目说明】讲座类节目正式有效内容的实际时间长度。

【著录规则】必选项，不可重复，数据类型为时间型。

【著录说明】实长著录精确到帧。讲座类节目的实际长度应按照HH:MM:SS:FF的格式表示。其中HH为节目累计整数小时，大小不限，MM表示分钟（00-59），SS表示秒（00-59），FF表示图像对应的帧编号（PAL制：00-24，NTSC制：00-29），首位为0时，应用0填满，中间的分隔符为半角冒号。

【数据录入】系统自动按规则生成，自动录入。

备注：日期著录格式应符合GB/T 7408-1994 中的有关规定。

〖例〗讲座《从文化视角看几首唐宋诗词》

实长：00:41:27:16

3.1.10.2 入点

【项目说明】讲座类节目正式有效内容的起始点时间。

【著录规则】必选项，不可重复，数据类型为时间型。

【著录说明】入点的著录格式与实长的著录格式相同。

【数据录入】系统自动录入。

备注：日期著录格式应符合GB/T 7408-1994 中的有关规定。

〖例〗讲座《从文化视角看几首唐宋诗词》

实长：00:00:00:00

3.1.10.3 色彩

【项目说明】描述讲座类节目主要内容显现的色彩种类。

【著录规则】必选项，不可重复，数据类型为枚举型。

【著录说明】色彩著录为："彩色"或"黑白"。

【数据录入】选择"彩色"或"黑白"。

〖例〗讲座《从文化视角看几首唐宋诗词》

色彩：彩色

3.1.10.4 字幕形式

【项目说明】讲座类节目的字幕表现形式。

【著录规则】必选项，不可重复，数据类型为枚举型。

【著录说明】字幕形式包括无字幕、只有画面叠加字幕、只有隐藏字幕、既有画面叠加字幕也有隐藏字幕。

【数据录入】根据讲座类节目选择字幕形式。

〖例〗讲座《从文化视角看几首唐宋诗词》

字幕形式：只有画面叠加字幕

3.1.10.5 声道格式

【项目说明】描述讲座类节目的声音通道之间的关系。

【著录规则】可选项，不可重复，数据类型为枚举型。

【著录说明】声道格式主要包括：单声道、双声道、立体声、杜比定向逻辑、杜比逻辑、DTS等。按受控词表规范著录。

【数据录入】选择录入。

〖例〗讲座《从文化视角看几首唐宋诗词》

声道格式：双声道

3.1.10.6 声音质量

【项目说明】对讲座类节目整体声音质量的主观评价。

【著录规则】必选项，不可重复，数据类型为枚举型。

【著录说明】声音质量应按GB/T 16463-1996 规定的声音质量等级著录。

【数据录入】选择录入。

〖例〗讲座《从文化视角看几首唐宋诗词》

声音质量：4质量好，比较满意

3.1.10.7 画面质量

【项目说明】对讲座类节目的整体画面质量的主观评价。

【著录规则】必选项，不可重复，数据类型为枚举型。

【著录说明】画面质量的主观评价应符合GY/T 134-1998 、GB/T 7401-1996的有关规定。

【数据录入】选择录入。

〖例〗讲座《从文化视角看几首唐宋诗词》

画面质量：4质量好，比较满意

3.1.10.8 画面宽高比

【项目说明】讲座类节目显示画面的宽度与高度之比。

【著录规则】必选项，不可重复，数据类型为枚举型。

【著录说明】画面宽高比按屏幕显像效果著录为16:9、4:3。按受控词表规范著录。

【数据录入】选择录入。

〖例〗讲座《从文化视角看几首唐宋诗词》

画面高宽比：4：3

3.1.10.9 载体类型

【项目说明】存储讲座类节目的介质的类型。

【著录规则】必选项，不可重复，数据类型为枚举型。

【著录说明】载体类型是指各种讲座类节目原始载体的名称。按受控词表规范著录。

【数据录入】选择录入。

〖例〗讲座《从文化视角看几首唐宋诗词》

载体类型：Betacam SP（金属）

3.1.10.10 制式

【项目说明】电视系统发送端和接受端共同采用的特定的信号处理方式，主要包括图像信号的形式、传送和图像重现的方法。

【著录规则】必选项，不可重复，数据类型为枚举型。

【著录说明】制式仅适用于模拟电视资料信息，目前主要制式有PAL制、NTSC制、SECAM制等，按受控词表规范著录。

【数据录入】选择录入。

〖例〗讲座《从文化视角看几首唐宋诗词》

制式：PAL制

3.1.10.11 音频数据码率

【项目说明】音频数据码流的每秒传输比特值。

【著录规则】可选项，不可重复，数据类型为字符型。

【著录说明】音频数据码率仅适用于数字讲座类节目，用数字著录，单位：Kbit/s。

【数据录入】选择录入。

〖例〗讲座《从文化视角看几首唐宋诗词》

音频数据码率：11

3.1.10.12 音频编码格式

【项目说明】数字音频采样序列的编码格式。

【著录规则】可选项，不可重复，数据类型为枚举型。

【著录说明】音频编码格式仅适用于数字讲座类节目，主要有:PCM编码、MPEG 1 Layer2（MUSICAM）、MPEG 1 Layer 3（MP3）、MPEG 2等。按受控词表规范著录。

【数据录入】选择录入。

〖例〗讲座《从文化视角看几首唐宋诗词》

音频编码格式：PCM

3.1.10.13 音频采样频率

【项目说明】在讲座类节目数字化时的音频采样频率（或称取样率）。

【著录规则】可选项，不可重复，数据类型为枚举型。

【著录说明】音频采样频率仅适用于数字讲座类节目，常用的采样频率有：32KHz、44.1KHz、48KHz、96KHz、192KHz。按受控词表规范著录。

【数据录入】选择录入。

〖例〗讲座《从文化视角看几首唐宋诗词》

音频采样频率：96 KHz

3.1.10.14 音频位深度

【项目说明】在讲座类节目数字化时，样本信息使用的比特数，也称为声音样本量的量化深度。

【著录规则】可选项，不可重复，数据类型为枚举型。

【著录说明】音频位深度仅适用于数字讲座类节目，常用的采样位深度有：8bit、16bit、24bit。按受控词表规范著录。

【数据录入】选择录入。

〖例〗讲座《从文化视角看几首唐宋诗词》

音频位深度：8bit

3.1.10.15 视频数据码率

【项目说明】视频数据码流的每秒传输比特值。

【著录规则】必选项，不可重复，数据类型为字符型。

【著录说明】视频数据码率仅适用于数字讲座类节目的原始素材码率，用数字著录，单位：Mb/s。

【数据录入】选择录入。

〖例〗讲座《从文化视角看几首唐宋诗词》

视频数据码率：12

3.1.10.16 视频编码格式

【项目说明】视频数字化的编码方式。

【著录规则】必选项，不可重复，数据类型为枚举型。

【著录说明】视频编码格式仅适用于数字讲座类节目，主要有：MPEG-1、MPEG-2、MPEG-4、DV等。按受控词表规范著录。

【数据录入】选择录入。

〖例〗讲座《从文化视角看几首唐宋诗词》

视频数据码率：MPEG-2

3.1.10.17 视频取样格式

【项目说明】视频信息编码时，编码信息从原始图像信息中取样的方式。

【著录规则】必选项，不可重复，数据类型为枚举型。

【著录说明】视频取样格式仅适用于数字讲座类节目，可分为：4:1:1，4:2:0，4:2:2，4:4:4，4:4:4:4等。按受控词表规范著录。

【数据录入】选择录入。

〖例〗讲座《从文化视角看几首唐宋诗词》

视频取样格式：4:2:0

3.1.10.18 文件格式

【项目说明】讲座类节目文件的数据格式，用于注明需要用什么软件或硬件来显示和执行此文件。

【著录规则】必选项，不可重复，数据类型为字符型。

【著录说明】文件格式仅适用于数字讲座类节目的原始文件格式，按文件后缀加视频卡型号著录。

【数据录入】选择录入。

〖例〗讲座《从文化视角看几首唐宋诗词》

文件格式：WMV

3.1.11 标识符

【项目说明】用来标识讲座类节目片段的字符串或数字，采用符合正式标识体系的规范的字符串及数字组合。

【著录规则】必选项，不可重复。

3.1.11.1 国际标准音像制品编码

【项目说明】国际标准音像制品编码是针对音像制品出版物制定的且仅适用于正式出版发行的讲座类节目的，按照国际标准组织机构批准使用的国际标准音像制品的编号。

【著录规则】有则必选项，不可重复，数据类型为字符型。

【著录说明】ISRC是针对音像制品出版物制定的，仅适用于正式出版发行的讲座类节目，按照国际标准组织机构批准使用的国际标准音像号全称著录。

【著录规则】直接录入。

备注：应符合GB/T 13396-1992 的有关规定。

3.1.11.2 标识代码

【项目说明】检索结果与数据或存储介质之间的唯一标识。

【著录规则】必选项，不可重复，数据类型为字符型。

【著录说明】由存储管理讲座类节目的单位自定义，进行数据交换和共享时使用。不作为检索项。

【著录规则】直接录入。

〖例〗讲座《从文化视角看几首唐宋诗词》

标识代码：YS-B-0001541《百家讲坛》从文化视角看几首唐宋诗词_19BA0B59-36EA-4509-A019-259E79993B89

备注：将节目的原上载题名著录到标识代码中。

3.1.11.3 库房编号

【项目说明】讲座类节目存放的物理位置。

【著录规则】必选项，不可重复，数据类型为字符型。

【著录说明】讲座类节目存放的地点，可以用单位的名称、符合国家标准或规范的机构代码表示。

【著录规则】直接录入。

〖例〗讲座《从文化视角看几首唐宋诗词》

库房编号：YS-B-0001541

3.1.12 时空覆盖范围

讲座类节目内容所涉及的时间或空间的覆盖范围。有则必选，不可重复。

3.1.12.1 时间范围

【项目说明】讲座类节目讲座内容时间特征的描述。

【著录规则】有则必选项，不可重复。

3.1.12.2 开始年份

【项目说明】讲座类节目内容所反映的时间的起始年代。

【著录规则】有则必选项，不可重复，数据类型为数值型。

【著录说明】讲座的内容有明确的起止年份，著录开始的年份，只记录到年。

【数据录入】直接录入。

3.1.12.3 结束年份

【项目说明】讲座类节目内容的时间的终止年代。

【著录规则】有则必选项，不可重复，数据类型为数值型。

【著录说明】讲座的内容有明确的起止年份，著录结束的年份，只记录到年。

【数据录入】直接录入。

3.1.12.4 年代描述

【项目说明】对讲座类节目内容的时间年代的习惯称谓。

【著录规则】有则必选项，不可重复，数据类型为字符型。

【著录说明】讲座类节目内容覆盖的时间段落有约定俗成的称谓的，应著录该称谓；对于无法具体标注节目内容中的时间覆盖范围者，可采用文字描述的方法标注时间范围。此项应参照《中图图书馆分类法》所附年代表。

【数据录入】直接录入。

3.1.12.5 空间范围

【项目说明】讲座类节目内容所涉及的地点或事件发生的地点。

【著录规则】可选项，可重复，数据类型为字符型。

【著录说明】著录讲座类节目内容发生的地点，可以是国家、城市等大范围的地方名称，也可以是某个具体的地点名称。空间范围有多个时用“，”号隔开。填写标准是：国家、地域的称谓，覆盖地区应记录为：洲际、国家、地区、省（郡、州）、市县等。有具体国家、地区的，应标注具体国家和地区，无具体国家和地区的应标注区域。如涉及几个地域范围的，世界各国排在前，中国排在后；要写明地域的所在国，如：英国伦敦；市、县的所在地；省会、直辖市等。如：江西景德镇；省会、直辖市可从简，如：上海、昆明等。著录时可按照节目发生地域的顺序依次排列。属可选著录项。

【数据录入】直接著录。

3.1.13 来源

【项目说明】讲座类节目来源的描述。

【著录规则】必选项，不可重复。

3.1.13.1 资料获取方式

【项目说明】讲座类节目取得方式的描述。

【著录规则】必选项，不可重复，数据类型为枚举型。

【著录说明】资料获取方式的类型有自拍（制）、合作、经下级中心购买、市场购买、交换、受赠等。

【数据录入】根据规范词表选择录入。

〖例〗讲座《从文化视角看几首唐宋诗词》

资料获取方式：市场购买

3.1.13.2 资料提供者

【项目说明】提供讲座类节目的单位或个人名称的描述。

【著录规则】必选项，不可重复，数据类型为字符型。

【著录说明】资料提供者是资料提供方式的对应项，当著录了资料提供方式时此项必须著录，有多个资料提供者可重复著录，资料提供者的名称必须著录全称。收录的讲座类节目的资料提供者应著录收录时播放该片的广播电视机构名称。

【数据录入】直接录入。

〖例〗讲座《从文化视角看几首唐宋诗词》

资料提供者：北京市阳和文化传媒有限责任公司

3.1.14 关联

关联包括：系列组成部分、组成部分、部分为、参考、被参考、替代、被替代、需求、被需求、版本继承、版本关联。所著录的本讲座类节目如与其他讲座类节目有关联，可在此著录说明其间的关系。可选，不可重复。

备注：不做重点著录。

3.1.15 管理信息

【项目说明】对讲座类节目征集、服务、验收等状态的描述。

【著录规则】必选项，不可重复。

【著录说明】指与资源加工、服务与验收相关的必要的管理型信息。

【数据录入】直接录入。

备注：各项著录格式见《电影类节目编目实施细则》。

3.1.15.1 资源加工

【项目说明】对讲座类节目征集人和加工单位描述。

【著录规则】必选项，不可重复。

3.1.15.1.1 征集人

【项目说明】讲座类节目的征集人。

【著录规则】必选项，不可重复，数据类型为字符型。

【著录说明】可以是个人或团体、单位。

【数据录入】直接录入。

3.1.15.1.2 加工单位

【项目说明】讲座类节目的数字化、编目公司。

【著录规则】必选项，不可重复，数据类型为字符型。

【著录说明】著录讲座类节目的数字化、编目公司全称。

【数据录入】直接录入。

3.1.15.2 资源服务

【项目说明】对讲座类节目服务情况的描述。

【著录规则】有则必选项，可重复。

3.1.15.2.1 服务方式

【项目说明】讲座类节目的服务方式。

【著录规则】有则必选项，不可重复，数据类型为枚举型。

3.1.15.2.2 服务栏目

【项目说明】讲座类节目在网站、基层版系统、卫星等服务平台中所属栏目。

【著录规则】有则必选项，不可重复，数据类型为字符型。

3.1.15.2.3 服务时间

【项目说明】讲座类节目进入网站、基层版系统、卫星等平台服务的时间。

【著录规则】有则必选项，不可重复，数据类型为日期型。

3.1.15.2.4 服务地址

【项目说明】讲座类节目在网站、基层版系统、卫星等平台服务的地址，可以是url。

【著录规则】有则必选项，不可重复，数据类型为字符型。

3.1.15.2.5 服务对象

【项目说明】讲座类节目在网站、基层版系统、卫星等平台服务和资源下发时的服务单位。

【著录规则】有则必选项，可重复，数据类型为字符型。

3.1.15.3 资源验收

【项目说明】对讲座类节目初审、数字化和编目验收情况的描述。

【著录规则】必选项，可重复。

3.1.15.3.1 验收方式

【项目说明】讲座类节目的验收方式包括初审、数字化验收、编目验收等（抽样或专项）。

【著录规则】有则必选项，不可重复，数据类型为枚举型。

3.1.15.3.2 验收人

【项目说明】讲座类节目初审、数字化和编目验收的人员或单位。

【著录规则】有则必选项，可重复，数据类型为字符型。

3.1.15.3.3 验收意见

【项目说明】讲座类节目初审、数字化和编目验收的结果，合格或不合格。

【著录规则】有则必选项，不可重复，数据类型为字符型。

3.1.15.3.4 验收时间

【项目说明】讲座类节目初审、数字化和编目验收的时间。

【著录规则】有则必选项，不可重复，数据类型为日期型。

3.1.15.3.5 验收报告

【项目说明】讲座类节目初审、数字化和编目验收的产生的记录单或验收报告。

【著录规则】有则必选项，不可重复，数据类型为字符型。

3.2 片段层著录项

3.2.1 题名项

【项目说明】讲座类节目片段的正式名称。

【著录规则】必选项，不可重复。

3.2.1.1 正题名

【项目说明】讲座类节目片段层名称的汉语描述。

【著录规则】必选项，不可重复，数据类型为字符型。

【著录说明】著录讲座类片段的正式名称，如果节目片段本身没有名字，可用简洁的一句话或几个词概括片段的内容作为片段正题名。

【数据录入】直接录入。

〖例〗讲座《性别与社会性别和公民意识》

片段1：正题名：性别与社会性别

片段2：正题名：公民意识

片段3：正题名：主讲人吴青与观众互动

3.2.1.2 并列正题名

【项目说明】讲座类节目片段层正题名的非汉语名称。

【著录规则】可选项，可重复，数据类型为字符型。

【著录说明】如讲座类节目片段有其他语种名称，则原文著录。

【数据录入】直接录入。

3.2.1.3 系列题名

【项目说明】讲座类节目片段所属系列的汉语总名称。

【著录规则】有则必选项，不可重复，数据类型为字符型。

【著录说明】系列题名是该讲座类节目片段所属系列的汉语总名称。

【数据录入】直接录入。

3.2.2 主题项

【项目说明】讲座类节目片段层主题的描述。

【著录规则】必选项，不可重复

3.2.2.1 广播电视节目资料分类

3.2.2.1.1 分类名

【项目说明】能够表达讲座类节目片段内容范围的类目名称。

【著录规则】必选项，不可重复，数据类型为枚举型。

【著录说明】分析节目主题，依据广播电视节目资料分类法，在系统分类表中选取分类名。具有总论复分特征的节目，可以复分。

【数据录入】在系统提供的分类法列表中选择相对应的分类。

〖例〗讲座《性别与社会性别和公民意识》

片段1：性别与社会性别

分类名：文化、教育、哲学、宗教/文化+讲座

片段2：公民意识

分类名：文化、教育、哲学、宗教/文化+讲座

片段3：主讲人吴青与观众互动

分类名：文化、教育、哲学、宗教/文化+讲座

3.2.2.1.2 分类号

【项目说明】能够表达讲座类节目片段内容范围的类目符号。

【著录规则】必选项，不可重复，数据类型为字符型。

【著录说明】分析节目主题，依据广播电视节目资料分类法，赋予分类号。

【数据录入】根据分类名在分类表中的位置，在系统提供的分类表中选择对应的分类号，系统自动录入。

〖例〗讲座《性别与社会性别和公民意识》

片段1：性别与社会性别

分类号：G12+14

片段2：公民意识

分类号：G12+14

片段3：主讲人吴青与观众互动

分类号：G12+14

3.2.2.2 中国图书馆图书分类

【项目说明】各单位根据讲座类节目的内容对该类片段进行的分类。

【著录规则】必选项，可重复。

【著录说明】分析片段主题，依据中国图书馆图书分类法，在系统分类表中选取分类名。

【数据录入】在系统提供的分类法列表中选择相对应的分类，系统自动录入。

3.2.2.2.1 分类名

【项目说明】能够表达讲座类节目片段内容范围的类目名称。

【著录规则】必选项，不可重复，数据类型为枚举型。

【著录说明】分析节目主题，依据中国图书馆图书分类法，在系统分类表中选取分类名。

【数据录入】在系统提供的分类法列表中选择相对应的分类，系统自动录入。

〖例〗讲座《性别与社会性别和公民意识》

片段1：性别与社会性别

分类名：社会科学总论：社会学：社会生活与社会问题

片段2：公民意识

分类名：社会科学总论：社会学：社会生活与社会问题

片段3：主讲人吴青与观众互动

分类名：社会科学总论：社会学：社会生活与社会问题

3.2.2.2.2 分类号

【项目说明】能够表达讲座类节目片段内容范围的类目符号。

【著录规则】必选项，不可重复，数据类型为字符型。

【著录说明】分析节目主题，依据中国图书馆图书分类法，赋予分类号。

【数据录入】根据分类名在分类表中的位置，在系统提供的分类表中选择对应的分类号，系统自动录入。

〖例〗讲座《性别与社会性别和公民意识》

片段1：性别与社会性别　　分类号：C913

片段2：公民意识　　分类号：C913

片段3：主讲人吴青与观众互动　分类号：C913

3.2.2.3 文化共享工程分类

【项目说明】文化共享工程根据讲座类节目片段的内容对该类片段进行的分类。

【著录规则】必选项，可重复，数据类型为枚举型。

【著录说明】分析片段主题，依据文化共享工程分类表，在系统分类表中选取分类名。

【数据录入】在系统提供的分类法列表中选择相对应的分类，系统自动录入。

〖例〗讲座《性别与社会性别和公民意识》

片段1：性别与社会性别

文化共享工程分类名：知识讲座/素质教育（社会广角）

片段2：公民意识

文化共享工程分类名：知识讲座/素质教育（社会广角）

片段3：主讲人吴青与观众互动

文化共享工程分类名：知识讲座/素质教育（社会广角）

3.2.2.4 主题词

【项目说明】能够正确表述讲座类节目片段主要内容的词或词组。

【著录规则】可选项，可重复，数据类型为字符型。

【著录说明】主题词是反映节目片段中心内容的词汇，主题词选词应从国家标准、行业标准主题词表中选取；

【数据录入】根据主题词表选择录入。

3.2.2.5 关键词

【项目说明】能够正确描述讲座类节目片段主要内容的、具有检索意义的词或词组。

【著录规则】必选项，可重复，数据类型为字符型。

【著录说明】关键词由著录人员根据讲座类节目的主题、内容、特征自拟。

1、选词原则：关键词选词时应遵循准确性、科学性的原则，选用使用频率高，言简意赅的名词性词汇。

2、单个词或词组的字数不超过15个汉字，词（组）与词（组）之间用空格分隔。

3、选词角度：主题人物、主题思想。

【数据录入】直接录入。

〖例〗讲座《性别与社会性别和公民意识》

片段1：性别与社会性别

关键词：宪法 社会性别 人口比例 男女平等

片段2：公民意识

关键词：民主宪法 公民权利 天赋人权

片段3：主讲人吴青与观众互动

关键词：交通堵塞 独生子女 人大代表

3.2.3 描述项

【项目说明】对讲座类节目片段内容的说明。

【著录规则】有则必选项，不可重复，数据类型为文本型。

【著录说明】对节目片段的主题、背景、人物、情节等进行简单概括描述，文字力求准确、清晰、简练。

【数据录入】直接录入。

3.2.3.1 内容描述

【项目说明】对讲座类节目片段主要内容的概括性描述。

【著录规则】可选项，不可重复，数据类型为文本型。

【著录说明】内容描述可填写片段描述事件的时间、地点、人物、过程、原因或结果，表现主体相关的背景资料等。文字力求准确、清晰、简练。

【数据录入】直接录入。

〖例〗讲座《性别与社会性别和公民意识》

片段1：性别与社会性别

内容描述：介绍以下内容：

(1) 性别差异在生理上的表现

(2) 我国男女人口比例严重不平衡

(3) 女性受教育机会比男性少

(4) 女性在社会、家庭中的地位比男性低很多

片段2：公民意识

内容描述：介绍以下内容：

(1) 主讲人吴青结合自身经历谈公民权利和民主

(2) 主讲人吴青谈自己对经济问题的看法

(3) 主讲人吴青呼吁人们要拿起法律武器，找回公民意识

片段3：主讲人吴青与观众互动

内容描述：主讲人吴青就交通堵塞、独生子女等我国社会现象回答现场观众提出的问题。

3.2.3.2 现场同期声

【项目说明】本片段的现场录制的同期声描述。

【著录规则】可选项，不可重复，数据类型为逻辑型。

【著录说明】只说明有无现场同期声。

【数据录入】在数据栏的词典中选择有或无，自动输入。

3.2.4 责任者项

【项目说明】讲座类节目片段内容的主要责任者，可以是个人或团体。

【著录规则】必选项，不可重复。

备注：1、讲座类节目片段层的责任者项在节目层著录，无特殊说明片段层不著录。

2、责任者项中的不具检索意义的著录项，选取重要或知名的责任者著录三个即可。

3、讲座类节目各片段相同的责任者项在节目层著录，不同的在片段层著录。

3.2.4.1 责任者描述

【项目说明】描述责任者的信息。

【著录规则】必选项，可重复。

【著录说明】责任者名称、责任者并列名称、责任方式、其他信息对应著录。

3.2.4.1.1 责任者名称

【项目说明】责任者的汉语名称。

【著录规则】必选项，不可重复，数据类型为字符型。

【著录说明】著录责任者的全名或全称。责任者负有两种或两种以上责任方式时，按对应的责任方式分次著录责任者名称。

【数据录入】直接录入。

3.2.4.1.2 责任者并列名

【项目说明】责任者的其他语种的名称。

【著录规则】有则必选项，可重复，数据类型为字符型。

【著录说明】著录责任者的非汉语全称。必须使用非汉语著录，著录时应忠于原文。

【数据录入】直接录入。

3.2.4.1.3 责任方式

【项目说明】责任者在节目中所负责任的方式。

【著录规则】必选项，不可重复，数据类型为枚举型。

【著录说明】当责任者负有两种或两种以上责任方式时，则分别著录。

【数据录入】根据规范词表选择录入。

3.2.4.1.4 其他信息

【项目说明】对责任者信息的补充说明。

【著录规则】可选项，不可重复，数据类型为字符型。

【著录说明】补充说明的身份等，例如所属单位、国别地区、身份职务或其他的相关信息。

【数据录入】直接录入。

备注：责任者项按照字幕忠实著录，如字幕所给某个责任者部分信息模糊不清，在无法查证的情况下，该责任者则不予著录。

3.2.5 语种项

【项目说明】对讲座类节目片段内容表达所使用语言种类的描述。

【著录规则】可选项，不可重复。

3.2.5.1 声道

【项目说明】声音通道的语种信息。

【著录规则】可选项，不可重复。

【著录说明】声道包括声道编号和声道语种，两项必须对应著录。

3.2.5.1.1 声道编号

【项目说明】声音通道的序号。

【著录规则】可选项，不可重复，数据类型为数字型。

【著录说明】声道编号必须与声道语种捆绑使用。声道编号以阿拉伯数字表示，顺序著录。

【数据录入】直接录入。

3.2.5.1.2 声道语种

【项目说明】被捆绑声道号内使用的语言种类。

【著录规则】可选项，不可重复，数据类型为文字枚举型。

【著录说明】声道语种以中文表达，中文语种名称按国家标准规范缩写著录。

【数据录入】直接录入。

〖例〗声道编号：1　声道语种：汉语

声道编号：2　声道语种：粤语

声道编号：3　声道语种：上海方言

备注：声道语种按照各语种在节目中所占比重大小进行著录。

3.2.5.2 字幕

【项目说明】字幕的语种信息。

【著录规则】可选项，可重复。

【著录说明】字幕包括字幕编号和字幕语种，两项必须对应著录。

3.2.5.2.1 字幕编号

【项目说明】字幕的序号。

【著录规则】可选项，不可重复，数据类型为数值型。

【著录说明】字幕编号必须与字幕语种捆绑使用。字幕编号以阿拉伯数字表示，顺序著录。

【数据录入】直接录入。

3.2.5.2.2 字幕语种

【项目说明】字幕使用的语言种类。

【著录规则】可选项，不可重复，数据类型为字符型。

【著录说明】字幕语种以中文表达，中文语种名称按国家标准规范缩写著录。

【数据录入】直接录入。

〖例〗字幕编号：1　　字幕语种：中文

字幕编号：2　　字幕语种：蒙古族文字

字幕编号：3　　字幕语种：维吾尔族文字

备注：字幕语种按照各语种在节目中所占比重大小进行著录。

3.2.6 类型项

3.2.6.1 节目类型

【项目说明】节目类型是对讲座类节目片段内容表现形式特征的描述。

【著录规则】必选项，可重复，数据类型为枚举型。

【著录说明】根据节目具体内容，在“节目类型规范词表”中选择该节目所对应的节目类型。

【数据录入】根据规范词表选择录入。

〖例〗讲座《性别与社会性别和公民意识》

片段1：性别与社会性别

节目类型：社会文化

3.2.7 格式

【项目说明】对视频节目与制作技术和资料利用有关数据格式的描述。

【著录规则】可选项，不可重复。

3.2.7.1 实长

【项目说明】讲座类节目片段正式有效内容的实际时间长度。

【著录规则】必选项，不可重复，数据类型为时间型。

【著录说明】实长著录精确到帧。片段讲座类节目的实际长度应按照HH:MM:SS:FF的格式表示。其中HH为节目累计整数小时，大小不限，MM表示分钟（00–59），SS表示秒（00–59），FF表示图像对应的帧编号（PAL制：00–24，NTSC制：00–29），首位为0时，应用0填满，中间的分隔符为半角冒号。

【数据录入】系统自动按规则生成，自动录入。

备注：日期著录格式应符合GB/T 7408–1994 中的有关规定。

3.2.7.2 入点

【项目说明】讲座类节目片段正式有效内容的起始时刻。

【著录规则】必选，不可重复，时间型。

【著录说明】入点的著录格式与实长的著录格式相同。

【数据录入】系统自动录入。

3.2.7.3 字幕形式

【项目说明】讲座类节目的字幕表现形式。

【著录规则】可选项，不可重复，数据类型为枚举型。

【著录说明】字幕形式包括无字幕、只有画面叠加字幕、只有隐藏字幕、既有画面叠加字幕也有隐藏字幕。

【数据录入】根据讲座类节目选择字幕形式。

全国文化信息资源共享工程讲座资源建设规范

（文全信资发[2007]15号 文件发布）

第一章 基本要求

第一条 建设范围

文化共享工程各级分中心以及相关单位举办的适合文化共享工程需要的各类专题讲座。

第二条 内容要求

（一）符合国家的法律法规，并与党和国家的方针政策保持一致。

（二）讲座内容应以普及性为主，专业程度适当；无科学性、常识性方面的错误，无过时陈旧的内容。

（三）讲座内容不得侵犯第三人的合法权利。

（四）使用的文字、符号、单位和公式等应符合国家（国际）标准。

第三条 讲座方法

（一）表述清楚，主题明确。应注意对一些重大事件、重点事物进行讲解。

（二）逻辑严密，思路清晰，形式生动。注意讲座的逻辑性，引导听众的注意力，启发听众的积极思考和反应，避免长篇大论、空洞无物。

（三）突出重点，案例适当。在讲座过程中应通过列举一些具有代表性的案例，帮助听众理解讲座内容。

（四）语言准确，语速适中。一般应使用普通话。

第四条 签署合同

讲座主办单位须与主讲人签署合同书或由主讲人签署授权书，明确约定主讲人应将本场讲座的复制权、放映权、广播权、信息网络传播权和摄制权等提供给文化部全国文化信息资源建设管理中心和共享工程使用，且使用期限不少于10年。

第二章 制作要求

第五条 制作设计

（一）构图合理，背景选用适当，字幕板书规范，画面视觉效果突出。

（二）镜头运用流畅，组接合理，推、拉、摇、移和切换等操作不丢失有效画面，不出现没有准备好的画面或空画面。画面无明显抖动、摇晃、倾斜、虚焦等现象。

（三）曝光适当，灯光运用合理，无阴影，无布光不均现象。

（四）在录像过程中注重采用现场、图解、表演、模拟、示范、访谈、案例分析等表现手法。

（五）一般应有两台以上的摄像设备进行现场录制，并要进行必要的后期编辑。

第六条 录像摄制

讲座录像磁带采用Betacam-SP、DVCPRO25/50（推荐使用DVCPRO50）、DVCAM等任一种形式。录制标准如下所示：

（一）讲座长度

讲座长度指从讲座开始的第一帧画面开始到最后一帧画面为止的时间。每场讲座的长度一般为90分钟左右。制作讲座时间长度精确到帧。

（二）图像

1、图像画面稳定，图像清晰、层次丰富、色彩清晰、自然、无杂乱信号（闪烁、掉色、偏色、拉道、拉毛、波纹、花屏、不同步、噪波大等现象）。正式讲座图像中不可出现彩条、彩底。讲座内容图像不能出现夹帧、磁迹中断、偏磁等现象。

2、图像信号的峰值电平为0.7Vp－p，视频全电视信号幅度为1Vp－p。

3、讲座最后一帧画面要求静帧2秒以上，其后不允许有任何其它内容。

4、讲座片尾长度不超过30秒。片尾内容能够见第七条相关规定。

5、讲座记录段落内禁止出现彩条和其它杂乱信号。

6、讲座中不能带营利性广告内容。

（三）声音

1、声音不失真，无明显过大、过小或时大时小，无明显背景噪声。

2、解说声与背景音乐无明显比例失调（即背景音乐过大导致无法听清解说声）。解说声与现场声无明显比例失调（即现场声过大导致无法听清解说声）。

3、声音和画面同步。

（四）其它

1、提交带不能一盘多集。讲座需要分盘时，两盘接点没有重复画面。

2、讲座的第一幅画面背景色不能与黑底（或彩底）相近，便于准确计时。

3、时码要连续。

4、数字化转换格式：用于数字电视播出时硬盘播出采集编码速率为8Mbps。

（五）录像声音

1、讲座伴音清晰、饱满、圆润，无失真、噪声杂音干扰、音量忽大忽小现象。

2、DVPRO录像机的播出声道为CH1。dBFs是DVCPRO50（PAL制）放像机音频幅度单位。

音频要求：语言≤-10dBFs　瞬间=-10dBFs

音乐≤-5dBFs　瞬间=-5dBFs

最低音频幅度不能长时间≤-25dBFs

3、解说声与现场声无明显比例失调（即现场声过大导致无法听清解说声）。解说声与背景音乐无明显比例失调（即背景音乐过大导致无法听清解说声）。

4、声音和画面同步（配合协调一致）。

（六）其它

1、讲座带不能一盘多集。讲座需要分盘时，两盘接点没有重复画面。

2、讲座的第一幅画面背景色不能与黑底（或彩底）相近，便于准确计时

第七条　后期编辑

（一）后期编辑要求手法比较丰富，能通过适当的镜头切换和与讲座主题相关内容的加入，避免观众的视觉疲劳，并帮助观众理解讲座内容。各馆根据本馆加工能力，制作浅度编辑或者深度编辑类的讲座，具体要求如下：

浅度编辑的讲座，应该有镜头的远近和角度的变换，并在合适的位置添加主讲人和听众近距和大场景的镜头转换画面。要求一集30分钟中，有不少于6个编辑点；如果是一集90分钟以上，根据讲座的情况，在合适的位置添加不少于20个点的镜头切换。

深度编辑的讲座，在浅度编辑的基础上，添加符合讲座内容的图片、文字、视频或者主讲人的PPT文件等。其主要目的是帮助听众理解讲座内容，并能达到吸引其注意力的目的。

（二）讲座画面添加字幕。字幕清晰，无错别字。字幕规范，字幕（唱词）本身用黑体字，字号大小在30磅到32磅之间，字符间距2磅，字体颜色为白色加黑边，黑边宽度为1磅，每屏字幕不要超过14个字，不要标点符号，以空格断句。

（三）讲座片头：

讲座的开始部分添加各馆的片头，片头后至少加一个静帧画面，画面上有讲座名称、主讲人姓名、主讲人简介等，要求前后景搭配协调，画面清晰，主讲人简介不超过150字。

另，各制作单位根据讲座需要，酌情添加讲座简介等相关内容。如果是系列讲座，静帧画面的内容至少包含信息有讲座提名和本讲讲座的名称和集次，如3-1，3-2，3-3。

（四）讲座片尾：片尾应有讲座主办单位的名称，讲座举办时间，其他内容各制作单位酌情加入。

（五）有编辑的能力的提交单位将每场讲座编辑成30分钟一集的形式提交，即每场讲座分成2-3集提交。

（六）辅助镜头：无编辑能力的单位，应在讲座片尾之后单独拍摄3-5个讲座前后主讲人和现场观众的交流镜头（时间不少于20秒）用于管理中心的后期制作。

第八条　数字化制作

对于上述经过后期编辑加工的录像带进行数字化制作，提交8M码流DVD格式光盘，并应达到以下要求。

应用场景	主观质量描述	文件级别	主要参数					
			分辨率(像素)	帧数(帧/秒)	视频速率(kbps)	音频设定(k/通道)	音频速率(kbps)	格式
保存使用	相当于高清晰电视质量	保存	1920x1080	25—50	40000	384	立体声、量化级24bit、48KHz	DVD

第三章　工作程序

第九条　申报

(一) 共享工程省级、副省级分中心应充分发挥组织领导作用，积极组织讲座资源提供给管理中心。

(二) 各级分中心应将拟提供的讲座资源填写《讲座申报表》，提供给管理中心。

第十条　遴选

管理中心在收到《讲座申报表》后，将审核、遴选确定，并下发制作通知书。

第十一条　制作

讲座提供单位依据本暂行规范进行资源制作。

第十二条　提交

讲座提供单位完成资源制作工作后，填写《讲座推荐函》、《主讲人信息表》、《讲座资源工作单》以及提交讲座的目录和讲座相关信息，连同由主讲人签署的授权书/合同书，与讲座录像带/光盘、ppt电子文档、讲座内容文档一并提交管理中心。

第十三条　验收

管理中心依据本暂行规范进行验收。对于不合格的讲座，将由提供单位重新制作；制作达不到要求，予以退回。

第四章　其它

第十四条　本规范自2008年1月开始执行，之前以往如有与本规范不一致者，以本规范为准。

第十五条　本规范的解释权在文化部全国文化信息资源建设管理中心。

文化部全国文化信息资源建设管理中心《优秀地方戏资源征集、加工标准》

（文全信资发[2006]2号　文件发布）

一、节目制作技术标准

(一) 节目制作格式

节目制作原则上要求为BetacamSP/SX或不低于BetacamSP/SX的数字格式（DVDpro或DVDcam格式）。若有特殊情况不能达到上述标准，则提交较高品质的VCD格式，此种格式是否合格、可用则由管理中心专家组最终审定。

（二）节目版本

应为第一代完整版，即由素材通过线形编辑或非线形编辑系统编辑而成的原版节目。

（三）节目采用时间码

TCL计时，要求时码连续，控制磁迹连续。

（四）信号质量要求

1. 节目图像画面应无跳动（特别是编辑点）、无闪动或变色、无信号失落，视频电平峰值不超过0.7V。

2. 节目声音无异常起伏，无失真，无背景噪声和干扰，音频电平峰值不超过+3Db。

3. 节目带一声道（CH1）为解说，二声道（CH2）为音乐和效果。

4. 磁带无磁粉脱落或划痕。

（五）字幕版式要求

1. 开头加剧目名称、表演单位字幕。剧中加台词、唱词字幕。剧尾加演职员字幕。

2. 字幕为中文简体汉字，句中不出现标点符号。

3. 职员表字幕中只允许出主创人员，每个工种不得超过2人。

4. 职员表后的协拍单位最多不得超过3家。

（六）剧目介绍文档

1、提供1500字以下剧情介绍、主要演职员介绍。

2、需提供jpeg格式剧照2-5幅。

二、数字化加工技术标准

（一）存档格式

1. 光盘载体资源

对于DVD和VCD光盘的多媒体资源，应在保持原码流的基础上加工为MPEG2格式。

2. β录像带、录像带

采集成MPEG2的4M流形式做成光盘保存，详细编码待定。

（二）、传输、发布格式（压缩格式）

1. 推荐压缩软件

流式视频编码必须用Windows Media 编码器 9 进行编码流式文件采用WMV格式。下载地址：http://www.microsoft.com/downloads/details.aspx?FamilyID=5691ba02-e496-465a-bba9-b2f1182cdf24&displaylang=zh-cn

2. 压缩标准

视频资源压缩为低、高两类及三种不同码流格式，以便于支持拨号上网、家庭宽带和本地网等不同传输条件。

(1) 低码流

Windows Media 服务器(流式处理)

多比特率视频(CBR)

多比特率音频(CBR)

选择两次通过编码

①300K

总比特率：340Kbps

视频大小：320 x 240

音频编解码器：Windows Media Audio 9

采样频率：32000

声道：2

平均比特率：40.00Kbps

视频编解码器：Windows Media Video 9

最大FPS：29.97

平均FPS:25

②56K

总比特率:43Kbps

视频大小:160 x 120

音频编解码器:Windows Media Audio 9

采样频率:16000

声道:1

平均比特率:10.00Kbps

视频编解码器:Windows Media Video 9

最大FPS:15.00

平均FPS:14.80

(2) 高码流

①原是VCD 普通录像带的和其他不高于2M码流的按以下编码

全屏视频 (CBR)

多比特率音频(CBR)

选择两次通过编码

总比特率:1128Kbps

视频大小:与输入相同

音频编解码器:Windows Media Audio 9

采样频率:48000

声道:2

平均比特率:128.00Kbps

视频编解码器:Windows Media Video 9

最大FPS:29.97

平均FPS:25

②原是DVD β录像带和其他高于2M码流的按以下编码

DVD质量视频 (CBR)

多比特率音频(CBR)

选择两次通过编码

总比特率:1128Kbps

视频大小:640x480

音频编解码器:Windows Media Audio 9

采样频率:48000

声道:2

平均比特率:128.00Kbps

视频编解码器:Windows Media Video 9

最大FPS:29.97

平均FPS:25

三、数字化文件命名规则

(一) 命名规则

1、文件属性命名部分

①文件类型: 第一位用英文字母为“V”代表视频。

②制作时间: 用阿拉伯数字表示, 前2位表示年, 中间2位表示月, 最后2位表示日。

③码流：用英文字母表示码流，"A"表示43Kbps，"B"表示340KBPS，"C"表示1128KBPS，"D"表示2137KBPS，"H"表示5137Kbps（具体参照流视频编码标准规范）。

④文件播放格式：用英文字母"W"表示微软流媒体格式。

2、文件内容命名部分

①用"-YSZS"这4位英文字母表示大分类"艺术知识"，用"-DFX"这3位英文字母表示小分类"地方戏"。

②用"-中文描述剧目名称"表示视频内容。

③以阿拉伯数字描述文件的集数（没有集数的用0表示），例如上集用1表示，下集用2表示，连续剧用1，2，3……顺序表示。

④用"-56K"、"-300K"和不加后缀分别表示为拨号上网、家庭宽带和本地网(C、D、H都表示为本地网)。

（二）命名范例

例：V050101AW-YSZS-DFX打金枝1-56K.WMV

V表示：视频

050101表示：文件05年1月1号制作

A：表示码流43Kbps

W：表示微软流媒体格式

YSZS：表示艺术知识

DFX：表示地方戏

打金枝：表示剧目中文名

1：表示上集

-56K：表示拨号上网

四、送交成果要求

（一）不进行加工的情况。

各省若不自行数字化加工，则提交：

1、复合要求的BetacamSP/SX、DVDpro、VCD等；

2、剧情介绍及剧照文档电子文档（三寸软盘装载）。

3、各剧目授权书原件。

4、各剧目《质量验收报告》。

（二）进行加工的情况

各省若自行数字化加工，则提交：

1. 符合要求的数字化剧目存档格式文件以及三种压缩格式文件。（存档格式用单独DVD-R光盘装载，其他格式可混为一盘DVD- R光盘装载）；

2. 剧情介绍及剧照文档电子文档（三寸软盘装载）。

3. 各剧目授权书原件。

4. 各剧目《质量验收报告》。

全国文化信息资源共享工程
视频资源数字化加工格式规范V2.0

全国文化信息资源共享工程(文化共享工程)的数字资源内容丰富、类型多样,其中视频资源是最重要的组成部分,因此视频资源建设的规范化是文化共享工程资源建设标准化工作的重中之重。由于视频资源有来源介质类型多,质量差别大,内容价值不同等特点,使得视频资源的数字化加工变得纷繁复杂,难以操作,为了解决这些问题,文化部全国文化信息资源建设管理中心在广泛调研的基础上,制定出《视频资源数字化加工格式规范》(简称格式规范),供文化共享工程各级中心根据自身资源情况参照选用,以进一步统一文化共享工程数字资源标准,推动文化共享工程资源建设的规范化。

1 视频资源概述

与语音、文本信息相比较,视频资源具有直观性强、信息量大,易于被人理解的特点,但其结构复杂,涉及的参数较多,数字化加工也就要求更高。

1.1 磁带格式

视频(Video)一词源于电视技术,是与动画类似的一种运动图像,也是由一系列连续的画面组成的。通常把采集于自然景物的动态影像称为视频,而这一过程是借助摄像机来完成的,来自摄像机的视频信号被传送到录像机,录像系统采用电磁转换的方式将视频信号记录在磁带上。我们常见的磁带格式有:

1.1.1 类比磁带格式

Amex
VERA (BBC实验性实作,1958年)
U-matic (Sony)
Betamax (Sony)
Betacam
Betacam SP
2" Quadruplex videotape (Ampex)
1" Type C videotape (Ampex and Sony)
VCR, VCR-LP, SVR
VHS (JVC)
S-VHS (JVC)
VHS-C (JVC)
Video 2000 (飞利浦公司)
Video8
Video Hi8

1.1.2 数位磁带格式

D1 (Sony)
D2 (Sony)
D3
D4
D5 HD
Digital Betacam (Sony)
Betacam IMX (Sony)
HDV
ProHD (JVC)
D-VHS (JVC)
DV
MiniDV

MicroMV

Digital8 (Sony)

1.1.3 光盘储存格式

DVD

镭射影碟（Laserdisc，MCA与飞利浦公司）

Blu-ray Disc (Sony)

增强型通用光盘（EVD，中国政府推动的格式）

HD DVD（日立与东芝）

（注：其他类型可根据文化共享工程的发展和广电行业实际情况灵活掌握。）

1.2 数字视频文件格式

视频分为模拟信号视频和数字信号视频。数字视频有很多优点，可以直接进行随机存储，使得视频图像检索变得很方便，数字视频的复制和传输都不会造成质量下降，很容易进行非线性编辑等。数字视频资源文件格式主要为计算机及其相关外设所应用。数字视频文件可以分成两大类：其一是影像文件，比如说常见的DVD、VCD。其二是流式视频文件，这是随着国际互联网的发展而诞生的“后起之秀”。主要服务方式和功能包括视频点播、新闻点播、远程教学和数字图书馆等。目前流行的数字视频资源文件格式有AVI格式、MOV格式、MPEG/MPG/DAT格式、VOB格式、RM格式、WMV格式、ASF格式、MP4格式（手机常用视频）、3GP格式（手机常用视频）、AMV格式（一种mp4专用的视频格式）等。

2 格式规范说明

2.1格式规范制定原则

加工格式的统一是视频资源共建共享的基础和保障。在制定视频格式规范时我们遵循以下原则：

2.1.1通用性

文化共享工程的视频资源来源广泛，涉及电视台、出版发行单位、图书馆、其他视频制作单位，并且视频资源服务模式多样，服务范围涉及领域较多。必须采用最通用的格式标准指导视频资源建设，以达到兼顾更多复杂情况的目的。

2.1.2开放性

虽然本规范主要为文化共享工程服务，但要考虑到与广电系统的紧切关系，在制定本规范时，坚持开放原则，吸收广电和数字图书馆各家之长，是标准规范更能够经受技术的变迁和时间的考验。

2.1.3实用性

本规范的研究制定源于文化共享工程国家中心与各级分中心视频资源应用的现实需求，标准规范在研制过程充分考虑了能够满足普遍应用需求，也考虑到特殊应用需求的可扩展性，并已在文化共享工程各省中心进行应用调研测试。

2.1.4阶段性

本规范在文化共享工程视频应用实践的基础上，对原有标准进行修改扩展，逐步完善。因为它是为视频资源建设和应用而服务，所以随着视频资源建设及应用的不断变化格式规范，还将被进一步扩展修正。

2.2视频分类

根据文化共享工程视频源质量，将原始资源分为三类，第一类为广电播出级质量视频资源，这类资源一般为电视台录播、现场拍摄形成，介质多为磁带（DVCPRO25、DVCPRO50、较高质量的BETACAM磁带）；第二类为准广电播出级质量视频资源，这类资源多来自出版发行单位，有的是机构自己保存的资料等，介质多为（DVD，质量较差的BETACAM磁带）；第三类为浏览级质量的视频资源，这类资源介质多为VCD光盘和流媒体格式资源。

2.3数字视频资源的级别

根据数字化目的和要求的不同，本规范将数字视频分为两个级别，即保存级和应用级。

2.3.1保存级

保存级数字视频资源用于资源的长期保存，可作格式转换和复制的母本，以备必要时再利用。该级别的视频资源为视频、音频分开，视频文件格式为AVI，音频文件为WAV。根据视频源的不同可有不同码率参数。

2.3.2应用级

应用级数字视频资源因用途和使用对象不同又可分为以下3个级别：

(1) L级：多用于投影仪、计算机、移动播放器、共享机等。低端非编设备以及电子政务外网（或硬盘方式）下发

(2) M级：多用于局域网、卫星广播及投包、卫星播发、政务外网（或硬盘方式）下发。

(3) S级：多用于互联网访问。

3 推荐格式规范

用于保存的视频格式建议选择与视频源质量接近的标准，就高不就低，同时考虑存储成本灵活应用。用于服务的视频格式标准建议从适应应用环境的角度出发，选择合适的格式标准。

3.1一级推荐标准 （视频源质量达到广电播出级质量的资源）

级别		格式类型	对象名称	数据格式参数	建立方式
存储	——	标清视频 (AVI格式, MPEG2编码, 码率25M)	标清存储视频	分辨率：720×576　幅宽比：4：3 帧率：50i　量化：8bit 取样结构：4：2：2 压缩格式：Mpeg2 IBP GOP=4 Ref=2 文件格式：AVI 码率：23.4Mbps	信号采集或DVD文件转码
			高质量音频	声道格式：立体声左右声道 取样频率：48Khz　量化：16bit 存储格式：PCM WAV 码率：1.6Mbps	信号采集或DVD文件转码
应用	L	标清视频 (PS格式, MPEG2编码, 码率6M，视音频合一)	标清应用视音频	分辨率：720×576　幅宽比：4：3 帧率：25 取样结构：4：2：0 压缩格式：Mpeg2 IBP GOP=12 Ref=2 文件格式（后缀）：MPG 码率：6Mbps　内嵌音频： 声道格式：MP2立体声左右声道 取样频率：48Khz 量化：16bit　码率：128kb/s	信号采集或文件转码
	M	标清视频 (WMV,1.5M)	标清应用视音频	分辨率：720×576 幅宽比：4：3 帧率：25fps 量化：8bit 取样结构：4：2：0 压缩格式：WMV9(VC-1) 文件格式：WMV 码率：1.372Mbps 内嵌音频 声道格式：立体声左右声道 采样频率：48KHz 量化：16bit 码率：128Kbps	由标清存储视频Offline转码生成
	S	标清视频 (WMV,300K)	标清应用视音频	分辨率：352×288 (CIF) 幅宽比：4：3 帧率：25fps 量化：8bit 取样结构：4：2：0 压缩格式：WMV9 (VC-1) 文件格式：WMV 码率：260Kbps 内嵌音频 声道格式：立体声左右声道 采样频率：32KHz 量化：16bit 码率：40Kbps	由标清存储视频Offline转码生成

3.2二级推荐标准 （视频源质量达到准广电播出级的资源）

级别		格式类型	对象名称	数据格式参数	建立方式
保存	——	标清视频 (AVI格式，MPEG2编码，码率6M)	标清存储视频	分辨率：720×576 幅宽比：4：3 帧率：50i 量化：8bit 取样结构：4：2：0 压缩格式：Mpeg2 IBP GOP=12 Ref=3 文件格式：AVI 码率：4.4Mbps	信号采集或DVD文件转码
			高质量音频	声道格式：立体声左右声道 取样频率：48Khz 量化：16bit 存储格式：PCM WAV 码率：1.6Mbps	信号采集或DVD文件转码
应用	L	3、标清视频 (PS格式，MPEG2编码，码率6M，视音频合一)	标清应用视音频	分辨率：720×576 幅宽比：4：3 帧率：25 取样结构：4：2：0 压缩格式：Mpeg2 IBP GOP=12 Ref=2 文件格式（后缀）：MPG 码率：6Mbps 内嵌音频： 声道格式：MP2立体声左右声道 取样频率：48Khz 量化：16bit 码率：128kb/s	信号采集或文件转码
	M	4、标清视频 (WMV,1.5M)	标清应用视音频	分辨率：720×576 幅宽比：4：3 帧率：25fps 量化：8bit 取样结构：4：2：0 压缩格式：WMV9(VC-1) 文件格式：WMV 码率：1.372Mbps 内嵌音频 声道格式：立体声左右声道 采样频率：48KHz 量化：16bit 码率：128Kbps	由标清存储视频Offline转码生成
	S	5、标清视频 (WMV,300K)	标清应用视音频	分辨率：352×288 (CIF) 幅宽比：4：3 帧率：25fps 量化：8bit 取样结构：4：2：0 压缩格式：WMV9 (VC-1) 文件格式：WMV 码率：260Kbps 内嵌音频 声道格式：立体声左右声道 采样频率：32KHz 量化：16bit 码率：40Kbps	由标清存储视频Offline转码生成

3.3三级推荐标准 （视频源质量相当于浏览级的视频资源）

级别		格式类型	对象名称	数据格式参数	建立方式
应用	M	4、标清视频(WMV,1.5M)	标清应用视音频	分辨率：720×576 幅宽比：4：3 帧率：25fps 量化：8bit 取样结构：4：2：0 压缩格式：WMV9(VC-1) 文件格式：WMV 码率：1.372Mbps 内嵌音频 声道格式：立体声左右声道 采样频率：48KHz 量化：16bit 码率：128Kbps	由标清存储视频Offline转码生成
	S	5、标清视频(WMV,300K)	标清应用视音频	分辨率：352×288 (CIF) 幅宽比：4：3 帧率：25fps 量化：8bit 取样结构：4：2：0 压缩格式：WMV9 (VC-1) 文件格式：WMV 码率：260Kbps 内嵌音频 声道格式：立体声左右声道 采样频率：32KHz 量化：16bit 码率：40Kbps	由标清存储视频Offline转码生成

4 文化共享工程视频应用对应格式

格式	用途	使用频率	特点	编码	播放质量	播放软件	备注
1.5m-wmv	卫星、基层版、政务外网	高	流媒体	Wmv9	一般	WinMedia	
300k-wmv	中心网站、基层网站	高	流媒体	Wmv9	较差	WinMedia	
6m-mpg	移播宝、基层加工	一般	可编辑	MPEG2	好	WinMedia	
6m-avi	存储	一般	音视频分开，便于编辑、存储	MPEG2	好	专业软件	
8m-avi	存储	一般	音视频分开，便于编辑、存储	MPEG2	好	专业软件	15号千里马有此格式
25m-avi	存储	一般	音视频分开，便于编辑、存储	MPEG2	好	专业软件	

全国文化信息资源共享工程视频资源编目规范

（暂　行）

引言

本规范从全国文化信息资源文化共享工程（简称“文化共享工程”）视频资源管理应用的需要出发，依据科技部国家科技基础条件平台建设专项支持项目“我国数字图书馆标准与规范建设”的研究成果以及广播电视行业标准《广播视频资源编目规范第1部分：电视资料》（标准号：GY/T 202.1—2004），在总结文化共享工程国家中心4400小时视频资源编目的实践经验并吸取国内主要视频资源管理单位编目经验的基础上，研究制定。

编目规范

1 范围

本规范规定了共享工程视频资源编目的著录项目（元数据）、著录项目的使用规则和数据表达方式。

本规范适用于共享工程视频资源采编、制作、播出、存储、交换、共享等环节的资源编目。

2 规范性引用文件

《广播视频资源编目规范第1部分：电视资料》（标准号：GY/T 202.1—2004）中的条款通过本规范的引用而成为本规范的条款，其最新版本适用于本规范。（描述分类法选用）

3 术语和定义

下列术语和定义适用于本规范。

3.1 素材 material

具有使用价值的、可用于制作节目的视频资料。

3.2 节目 program

具有独立主题意义的、已经制作完成的完整的视频资料。

3.3 片段 sequence

节目或素材中一段连续的视频，由一个以上相互关联的场景构成。

3.4 栏目 column

按照视频节目播出、出版、公演的内容、性质划分，视频节目原始的特定名称、标志、内容范围和相对固定的组织编排形式。

3.5 著录/标引 descriptive cataloguing /indexing

对视频资源的内容和形式特征进行分析、归纳和记录的过程。

3.6 著录项 indexing item

用以揭示视频资源内容和形式特征的记录项目。

3.7 元数据 metadata

描述数据的数据。本规范中指对视频资源的描述信息。

3.8 编目 cataloguing

对视频资源进行著录、标引，并组织、制作各种检索目录或检索途径和工具的工作。是视频资源管理工作中的重要内容。

3.9 受控词 controlled term

从专业的角度将同一概念的主题进行归类后形成的词条。

4 视频资源著录项目结构层次表

本规范规定共享工程视频资源编目的元数据项总体上分为两个层次，从上到下分别是节目层、片段层。每个层次分别包含相应的元数据项。各层元数据项由下表表示：

表1 视频资源编目节目层元数据项

元素名称	修饰词		英文标识	是否必选	是否可重复
1.题名			Title	必选	不可重复
	正题名		Proper Title	必选	不可重复
	并列正题名		Parallel Proper Title	有则必选	可重复
	副题名		Subordinate Title	有则必选	不可重复
	交替题名		Alternative Title	有则必选	可重复
	题名说明		Title Description	可选	不可重复
	系列		Series	有则必选	不可重复
		系列题名	Series Title	有则必选	不可重复
		并列系列题名	Parallel Series Title	可选	可重复
		分集总数	Number of Episodes	有则必选	不可重复
		分集次	Episode Number	有则必选	不可重复
2.主题			Subject	必选	不可重复
	广播电视节目资料分类		Class of GYZ 199-2004	必选	可重复
		分类名	Class Name	必选	不可重复
		分类号	Class Number	必选	不可重复
	中国图书馆图书分类		Class of CLC	必选	可重复
		分类名	Class Name	必选	不可重复
		分类号	Class Number	必选	不可重复
	文化共享工程分类		Class of GXGC	必选	可重复
	主题词		Subject Term	必选	可重复
	关键词		Key Word	必选	可重复
3.描述			Description	必选	不可重复
	内容描述		Description of Content	必选	不可重复
	主题人物		Character	有则必选	可重复
	事件发生日期		Date of Event	有则必选	不可重复
	版本说明		Version Description	有则必选	可重复
	获奖		Award	有则必选	可重复
		奖名	Name of Award	有则必选	不可重复
		奖项	Item of Award	有则必选	不可重复
		获奖者	Awardee	可选	可重复
		获奖年度或届次	Year or Time of Award	有则必选	不可重复
		颁奖日期	Date of Award	有则必选	不可重复
	栏目		Column	有则必选	不可重复
		栏目名称	Column Name	有则必选	不可重复
		期次	Issue Number	有则必选	不可重复
		年度	Issue Year	有则必选	不可重复
	受众		Audience	必选	可重复

	附加块		Additional logo	有则必选	可重复
		附加块类型	Type of Additional Logo	有则必选	不可重复
		附加块描述	Description of Additional Logo	有则必选	不可重复
	声道		Audio Channel	可选	可重复
		声道编号	Audio Channel Number	可选	不可重复
		声道内容	Audio Channel Description	可选	不可重复
	附件		Attachment	有则必选	可重复
4.责任者			Contributor	必选	不可重复
	责任者描述		Description of Contributor	必选	可重复
		责任者名称	Name of Contributor	必选	不可重复
		责任者并列名	Parallel Name of Contributor	有则必选	可重复
		责任方式	Role	必选	不可重复
		其他信息	Other Information	有则必选	不可重复
5.出版者			Publisher	有则必选	不可重复
	出版者描述		Description of Publisher	有则必选	可重复
		出版者名称	Name of Publisher	有则必选	不可重复
		出版地	Place of Publication	有则必选	不可重复
	出品者描述		Description of Producer	有则必选	可重复
		出品者名称	Name of Producer	有则必选	不可重复
		出品地	Place of Production	有则必选	不可重复
6.版权			Copyright	必选	不可重复
	版权所有者名称		Name of Copyright Owner	有则必选	可重复
	版权声明		Copyright Statement	可选	不可重复
	授权使用描述		Description of Authorized Use	必选	不可重复
		授权使用者名称	Name of Authorized User	有则必选	不可重复
		授权使用方式	Authorizcd Way of Usage	有则必选	可重复
		授权起始日期	Authorized Date of Start	有则必选	不可重复
		授权使用期限	Authorized Deadline	有则必选	不可重复
		授权使用地域	Authorized Geographic Area	有则必选	不可重复
		授权文件	Authorized file	可选	不可重复
		其他信息	Other Information	可选	不可重复
7.语种			Language	有则必选	不可重复
	声道		Audio Channel	有则必选	可重复
		声道编号	Audio Channel Number	有则必选	不可重复
		声道语种	Audio Channel Language	有则必选	不可重复
	字幕		Subtitle	有则必选	可重复
		字幕编号	Subtitle Number	有则必选	不可重复
		字幕语种	Subtitle Language	有则必选	不可重复

8.日期		Date	有则必选	不可重复
	摄制日期	Screening Date	有则必选	不可重复
	出版日期	Publishing Date	有则必选	不可重复
9.类型		Type	必选	不可重复
	节目类型	Program Type	必选	可重复
	节目形态	Program Form	必选	可重复
10.格式		Format	必选	不可重复
	实长	Duration	必选	不可重复
	入点	Starting Point	必选	不可重复
	色彩	Color	必选	不可重复
	字幕形式	Subtitle Form	必选	不可重复
	声道格式	Audio Channel Format	可选	不可重复
	声音质量	Audio Quality	必选	不可重复
	画面质量	Video Quality	必选	不可重复
	画面宽高比	Aspect Ratio	必选	不可重复
	载体类型	Physical Media Type	必选	不可重复
	制式	System	必选	不可重复
	音频数据码率	Audio Data Rate	可选	不可重复
	音频编码格式	Audio Coding Format	可选	不可重复
	音频采样频率	Audio Sampling Frequency	可选	不可重复
	音频位深度	Audio Bit Depth	可选	不可重复
	视频数据码率	Video Data Rate	必选	不可重复
	视频编码格式	Video Coding Format	必选	不可重复
	视频编码格式	Video Coding Format	必选	不可重复
	视频取样格式	Video Sampling Type	必选	不可重复
	文件格式	File Format	必选	不可重复
11.标识符		Identifier	必选	不可重复
	国际标准音像制品编码	International Standard Recording Code (ISRC)	有则必选	不可重复
	库房编号	Storeroom ID	必选	不可重复
	标识代码（上载文件名）	Relations ID	必选	不可重复

12.时空覆盖范围			Coverage	有则必选	不可重复
	时间范围		Years Covered	有则必选	可重复
		开始年份	Year of Start	有则必选	不可重复
		结束年份	Year of End	有则必选	不可重复
		年代描述	Description of Years Covered	有则必选	不可重复
	空间范围		Spatial	可选	可重复
13.来源			Source	必选	不可重复
	资料获取方式		Acquiring Method of Source	必选	不可重复
	资料提供者		Source Provider	必选	不可重复
14.关联			Relations	可选	不可重复
	系列组成部分		Part of Series	可选	不可重复
	组成部分		Is Part of	可选	不可重复
	部分为		Has Part	可选	可重复
	参考		References	可选	可重复
	被参考		Is Referenced by	可选	可重复
	替代		Replaces	可选	不可重复
	被替代		Is Replaced by	可选	不可重复
	需求		Requires	可选	可重复
	被需求		Is Required by	可选	可重复
	版本继承		Is Version of	可选	不可重复
	版本关联		Has Version of	可选	可重复
			Management Information	必选	不可重复
	资源加工		Processing of resource	必选	不可重复
		征集人	Collector	必选	不可重复
		加工单位	Processing Institution	必选	不可重复
	资源服务		Resource service	有则必选	可重复
		服务方式	Service type	有则必选	不可重复
		服务栏目	Service program	有则必选	不可重复
		服务时间	Service date	有则必选	不可重复
		服务地址	Service address	有则必选	不可重复
		服务对象	Service object	有则必选	可重复
	资源验收		Resource inspection	必选	可重复
		验收方式	Inspection type	有则必选	不可重复
		验收人	Inspector	有则必选	可重复
		验收意见	Inspection opinion	有则必选	不可重复
		验收时间	Inspection date	有则必选	不可重复
		验收报告	Inspection report	有则必选	不可重复

表2　视频资源编目片段层元数据项

元素名称	修饰词		英文标识	是否必选	是否可重复
1.题名			Title	必选	不可重复
	正题名		Proper Title	必选	不可重复
	并列正题名		Parallel Proper Title	可选	可重复
	系列题名		Series Title	有则必选	不可重复
2.主题			Subject	必选	不可重复
	广播电视节目资料分类		Class of GYZ 199-2004	必选	可重复
		分类名	Class Name	必选	不可重复
		分类号	Class Number	必选	不可重复
	中国图书馆图书分类		Class of CLC	必选	可重复
		分类名	Class Name	必选	不可重复
		分类号	Class Number	必选	不可重复
	文化共享工程分类		Class of GXGC	必选	可重复
	主题词		Subject Term	可选	可重复
	关键词		Key Word	必选	可重复
3.描述			Description	有则必选	不可重复
	内容描述		Description of Content	可选	不可重复
	事件发生日期		Date of Event	可选	不可重复
	获奖		Award	可选	可重复
		奖名	Name of Award	可选	不可重复
		奖项	Item of Award	可选	不可重复
		获奖者	Awardee	可选	可重复
		获奖年度或届次	Year or Time of Awards	可选	不可重复
		颁奖日期	Date of Awards	可选	不可重复
	现场同期声		Natural Sound	可选	不可重复
4.责任者			Contributor	必选	不可重复
	责任者描述		Description of Contributor	必选	可重复
		责任者名称	Name of Contributor	必选	不可重复
		责任者并列名	Parallel Name of Contributor	有则必选	可重复
		责任方式	Role	必选	不可重复
		其他信息	Other Information	可选	不可重复

5.语种			Language	可选	不可重复
	声道		Audio Channel	可选	可重复
		声道编号	Audio Channel Number	可选	不可重复
		声道语种	Audio Channel Language	可选	不可重复
	字幕		Subtitle	可选	可重复
		字幕编号	Subtitle Number	可选	不可重复
		字幕语种	Subtitle Language	可选	不可重复
6.类型			Type	可选	不可重复
	节目类型		Program Type	必选	可重复
7.格式			Format	必选	不可重复
	实长		Duration	必选	不可重复
	入点		Starting Point	必选	不可重复
	字幕形式		Subtitle Form	可选	不可重复
8.时空覆盖范围			Coverage	可选	不可重复
	时间范围		Years Covered	可选	可重复
		开始年份	Year of Start	可选	不可重复
		结束年份	Year of End	可选	不可重复
		年代描述	Description of Years Covered	可选	不可重复
	空间范围		Spatial	可选	可重复

5 节目层元数据项

5.1 题名

英文名称：Title；

解释：创作者或出版者赋予一个视频资源的正式名称信息；

使用方式：必选；

最大使用频率：不可重复。

5.1.1 正题名

英文名称：Proper Title；

解释：用汉语文字表示的视频资源的正式名称；

使用方式：必选；

最大使用频率：不可重复；

数据类型：字符型。

5.1.2 并列正题名

英文名称：Parallel Proper Title；

解释：视频资源正题名的非汉语名称；

使用方式：有则必选；

最大使用频率：可重复；

数据类型：字符型。

5.1.3 副题名

英文名称：Subordinate Title；

解释：从属于视频资源正题名的解释和补充性题名；

使用方式：有则必选；

最大使用频率：不可重复；

数据类型：字符型。

5.1.4 交替题名

英文名称：Alternative Title；

解释：视频资源正题名的别名；

使用方式：有则必选；

最大使用频率：可重复；

数据类型：字符型。

5.1.5 题名说明

英文名称：Title Description；

解释：视频资源题名项的补充和备注信息；

使用方式：可选；

最大使用频率：不可重复；

数据类型：字符型。

5.1.6 系列

英文名称：Series；

解释：视频资源的内容所属的系列；

使用方式：有则必选；

最大使用频率：不可重复。

5.1.6.1 系列题名

英文名称：Series Title；

解释：视频资源所属系列的汉语总名称；

使用方式：有则必选；

最大使用频率：不可重复；

数据类型：字符型。

5.1.6.2 并列系列题名

英文名称：Parallel Series Title；

解释：视频资源所属系列的非汉语名称；

使用方式：可选；

最大使用频率：可重复；

数据类型：字符型。

5.1.6.3 分集总数

英文名称：Number of Episodes；

解释：视频资源所属系列的集数总和；

使用方式：有则必选；

最大使用频率：不可重复；

数据类型：字符型。

5.1.6.4 分集次

英文名称：Episode Number；

解释：视频资源所属系列的分集序号；

使用方式：有则必选；

最大使用频率：不可重复；

数据类型：字符型。

5.2 主题

英文名称：Subject；

解释：描述视频资源的主要内容；

使用方式：必选；

最大使用频率：不可重复。

5.2.1 广播电视节目资料分类；

英文名称：Class of GYZ 199-2004；

解释：能够正确表达视频资源主要内容范围的类目信息；

使用方式：必选；

最大使用频率：可重复。

5.2.1.1 分类名

英文名称：Class Name；

解释：对视频资源进行分类标引时所采用的分类检索工具。选用广电行业标准分类表；

使用方式：必选；

最大使用频率：不可重复；

数据类型：枚举型。

5.2.1.2 分类号

英文名称：Class Number；

解释：能够正确表达视频资源主要内容范围的类目符号。

使用方式：必选；

最大使用频率：不可重复；

数据类型：字符型。

5.2.2 中国图书馆图书分类；

英文名称：Class of CLC；

解释：能够正确表达视频资源主要内容范围的类目信息；

使用方式：必选；

最大使用频率：可重复。

5.2.2.1 分类名

英文名称：Class Name；

解释：对视频资源进行分类标引时所采用的分类检索工具。选用中国图书馆图书分类表；

使用方式：必选；

最大使用频率：不可重复；

数据类型：枚举型。

5.2.2.2 分类号

英文名称：Class Number；

解释：能够正确表达视频资源主要内容范围的类目符号。

使用方式：必选；

最大使用频率：不可重复；

数据类型：字符型。

5.2.3 文化共享工程分类

英文名称：Class of GXGC；

解释：能够正确表达视频资源主要内容范围的类目信息；

使用方式：必选；

最大使用频率：可重复；

数据类型：枚举型。

注：选用中心自定义的分类表，见附录B

5.2.4 主题词

英文名称：Subject Term；

解释：能够正确表述视频资源主要内容的词或词组。主题词选词应从国家标准、行业标准主题词表中选取；

使用方式：必选；

最大使用频率：可重复；

数据类型：字符型。

5.2.5 关键词

英文名称：Key Word；

解释：能够正确描述视频资源主要内容的、具有检索意义的词或词组。关键词选词可由

使用方式：必选；

最大使用频率：可重复；

数据类型：字符型。

5.3 描述

英文名称：Description；

解释：对视频资源内容的说明；

使用方式：必选；

最大使用频率：不可重复。

5.3.1 内容描述

英文名称： Description of Content；

解释：对视频资源主要内容的概括性描述，包括：主题、背景、人物、情节、内涵、结构、表现手法等内容；

使用方式：必选；

最大使用频率：不可重复；

数据类型：文本型。

5.3.2 主题人物

英文名称： Character；

解释：视频资源中所表现的主要人物；

使用方式：有则必选；

最大使用频率：可重复；

数据类型：字符型。

5.3.3 事件发生日期

英文名称：Date of Event；

解释：视频资源主要内容所表述的事件发生的日期；

使用方式：有则必选；

最大使用频率：不可重复；

数据类型：字符型。

5.3.4 版本说明

英文名称：Version Description；

解释：对视频资源不同版别的分类说明；
使用方式：有则必选；
最大使用频率：可重复；
数据类型：枚举型。
注：参见附录B的版本说明。

5.3.5 获奖

英文名称：Award；
解释：描述视频资源的获奖情况；
使用方式：有则必选；
最大使用频率：可重复。

5.3.5.1 奖名

英文名称：Name of Award；
解释：视频资源所获奖项的名称；
使用方式：有则必选；
最大使用频率：不可重复；
数据类型：字符型。

5.3.5.2 奖项

英文名称：Item of Award；
解释：视频资源获得奖项的项目名称；
使用方式：有则必选；
最大使用频率：不可重复；
数据类型：字符型。

5.3.5.3 获奖者

英文名称：Awardee；
解释：获得视频资源奖项的个人或团体的名称；
使用方式：可选；
最大使用频率：可重复；
数据类型：字符型。

5.3.5.4 获奖年度或届次

英文名称：Year or Time of Award；
解释：视频资源所获奖项的年度或届次；
使用方式：有则必选；
最大使用频率：不可重复；
数据类型：数值型。

5.3.5.5 颁奖日期

英文名称：Date of Award；
解释：颁发视频资源所获奖项的日期；
使用方式：有则必选；
最大使用频率：不可重复；
数据类型：字符型。

5.3.6 栏目

英文名称：Column；
解释：按照视频节目播出、出版、公演的内容、性质划分的，视频节目原始具有的特定名称、标志、内容范围和相对固定的组织编排形式；

使用方式：有则必选；

最大使用频率：不可重复。

5.3.6.1 栏目名称

英文名称：Column Name；

解释：栏目的正式名称；

使用方式：有则必选；

最大使用频率：不可重复；

数据类型：字符型。

5.3.6.2 期次

英文名称：Issue Number；

解释：栏目的播出序次；

使用方式：有则必选；

最大使用频率：不可重复；

数据类型：数值型。

5.3.6.3 年度

英文名称：Issue Year；

解释：栏目播出序次所在的年度；

使用方式：有则必选；

最大使用频率：不可重复；

数据类型：数值型。

5.3.7 受众

英文名称：Audience；

解释：对视频资源收视对象的分类定位描述；

使用方式：必选；

最大使用频率：可重复；

数据类型：枚举型。

注：参见附录B的受众。

5.3.8 附加块

英文名称：Additional logo；

解释：叠加在视频资源上的特殊标记或结构块；

使用方式：有则必选；

最大使用频率：可重复。

5.3.8.1 附加块类型

英文名称：type of Additional Logo；

解释：叠加在视频资源上的特殊标记或结构块类型，如片头、广告、片尾、台标、文字信息、频道、名称、栏目标识、模拟时钟等；

使用方式：有则必选；

最大使用频率：不可重复；

数据类型：枚举型。

注：参见附录B的附加标志类型

5.3.8.2 附加块描述

英文名称： description of Additional Logo；

解释：叠加在视频资源上的特殊标记或结构块说明；
使用方式：有则必选；
最大使用频率：不可重复；
数据类型：字符型。

5.3.9 声道

英文名称：Audio Channel；
解释：对视频资源声道的描述；
使用方式：可选；
最大使用频率：可重复。

5.3.9.1 声道编号

英文名称：Audio Channel Number；
解释：声道的序次号；
使用方式：可选；
最大使用频率：不可重复；
数据类型：数值型。

5.3.9.2 声道内容

英文名称：Audio Channel Description；
解释：描述视频资源声道内所记录声音内容的分类；
使用方式：可选；
最大使用频率：不可重复；
数据类型：枚举型。
注：参见附录B的声道内容。

5.3.10 附件

英文名称：Attachment；
解释：与视频资源主体内容紧密相关的附加材料的名称；
使用方式：有则必选；
最大使用频率：可重复；
数据类型：字符型。

5.4 责任者

英文名称：Contributor；
解释：创建视频资源内容的责任者，可以是个人或团体；
使用方式：必选；
最大使用频率：不可重复。

5.4.1 责任者描述

英文名称：Description of Contributor；
解释：描述责任者的信息；
使用方式：必选；
最大使用频率：可重复。

5.4.1.1 责任者名称

英文名称：Name of Contributor；
解释：责任者的汉语名称；
使用方式：必选；
最大使用频率：不可重复；

数据类型：字符型。

5.4.1.2 责任者并列名

英文名称：Parallel Name of Contributor；

解释：责任者的非汉语名称；

使用方式：有则必选；

最大使用频率：可重复；

数据类型：字符型。

5.4.1.3 责任方式

英文名称：Role；

解释：责任者的职责属性；

使用方式：必选；

最大使用频率：不可重复；

数据类型：枚举型。

注：参见附录B的责任方式。

5.4.1.4 其他信息

英文名称：Other Information；

解释：责任者的其他补充信息；

使用方式：有则必选；

最大使用频率：不可重复；

数据类型：字符型。

5.5 出版者

英文名称：Publisher；

解释：正式出版或出品视频资源的团体或个人；

使用方式：有则必选；

最大使用频率：不可重复。

5.5.1 出版者描述

英文名称：Description of Publisher；

解释：描述出版者的信息；

使用方式：有则必选；

最大使用频率：可重复。

5.5.1.1 出版者名称

英文名称：Name of Publisher；

解释：正式出版视频资源的单位的名称；

使用方式：有则必选；

最大使用频率：不可重复；

数据类型：字符型。

5.5.1.2 出版地

英文名称：Place of Publication；

解释：视频资源出版的所在国家或地区；

使用方式：有则必选；

最大使用频率：不可重复；

数据类型：字符型。

注：国家和地区的代码应符合GB/T 2659-2000的有关规定。

5.5.2 出品者描述

英文名称：Description of Producer；

解释：策划组织实施视频资源制作的团体或个人的描述信息；

使用方式：有则必选；

最大使用频率：可重复。

5.5.2.1 出品者名称

英文名称：Name of Producer；

解释：出品团体或个人的名称；

使用方式：有则必选；

最大使用频率：不可重复；

数据类型：字符型。

5.5.2.2 出品地

英文名称：Place of Production；

解释：视频资源出品团体或个人所在的国家或地区；

使用方式：有则必选；

最大使用频率：不可重复；

数据类型：字符型。

注：国家和地区的代码应符合GB/T 2659-2000的有关规定。

5.6 版权

英文名称：Copyright；

解释：编目对象所有的或被赋予的权限信息；

使用方式：必选；

最大使用频率：不可重复。

5.6.1 版权所有者名称

英文名称：Name of Copyright Owner；

解释：拥有视频资源版权的团体或个人的名称；

使用方式：有则必选；

最大使用频率：可重复；

数据类型：文本型。

5.6.2 版权声明

英文名称：Copyright Statement；

解释：版权所有者公开发布的受其保护的视频资源的版权方面的信息；

使用方式：可选；

最大使用频率：不可重复；

数据类型：字符型。

5.6.3 授权使用描述

英文名称：Description of Authorized Use；

解释：视频资源被授权使用的情况描述；

使用方式：必选；

最大使用频率：不可重复。

5.6.3.1 授权使用者名称

英文名称：Name of Authorized User；

解释：被授权使用视频资源的个人或团体的名称；

使用方式：有则必选；

最大使用频率：不可重复；

数据类型：字符型。

5.6.3.2 授权使用方式

英文名称：Authorized Way of Usage；

解释：视频资源被授权使用的方式和方法；

使用方式：有则必选；

最大使用频率：可重复；

数据类型：枚举型。

注：参见附录B的授权使用方式

5.6.3.3 授权起始日期

英文名称：Authorized Date of Start；

解释：视频资源被授权使用的有效开始时间；

使用方式：有则必选；

最大使用频率：不可重复；

数据类型：日期型。

5.6.3.4 授权使用期限

英文名称：Authorized Deadline；

解释：视频资源被授权使用的时间范围；

使用方式：有则必选；

最大使用频率：不可重复；

数据类型：字符型。

5.6.3.5 授权使用地域

英文名称：Authorized Geographic Area；

解释：视频资源被授权使用的地域范围；

使用方式：有则必选；

最大使用频率：不可重复；

数据类型：字符型。

5.6.3.6 授权文件

英文名称：Authorized file

解释：视频资源被授权使用的相关合同文件名称；

使用方式：可选；

最大使用频率：不可重复；

数据类型：字符型。

5.6.3.7 其他信息

英文名称：Other Information；

解释：关于视频资源被授权使用的其他补充说明；

使用方式：可选；

最大使用频率：不可重复；

数据类型：字符型。

5.7 语种

英文名称：Language；

解释：表达视频资源主要内容的语种信息；

使用方式：有则必选；

最大使用频率：不可重复。

5.7.1 声道

英文名称：Audio Channel；

解释：描述视频资源的声道中的语种信息；

使用方式：有则必选；

最大使用频率：可重复。

5.7.1.1 声道编号

英文名称：Audio Channel Number；

解释：视频资源的声道的序次号；

使用方式：有则必选；

最大使用频率：不可重复；

数据类型：数值型。

5.7.1.2 声道语种

英文名称：Audio Channel Language；

解释：视频资源的声道中的语种名称；

使用方式：有则必选；

最大使用频率：不可重复；

数据类型：字符型。

注：语种名称应符合GB/T 4880-1991、GB/T 4881-1985的有关规定。

5.7.2 字幕

英文名称：Subtitle；

解释：视频资源中字幕的语种信息；

使用方式：有则必选；

最大使用频率：可重复。

5.7.2.1 字幕编号

英文名称：Subtitle Number；

解释：视频资源中字幕的序次号；

使用方式：有则必选；

最大使用频率：不可重复；

数据类型：数值型。

5.7.2.2 字幕语种

英文名称：Subtitle Language；

解释：视频资源字幕的语种名称；

使用方式：有则必选；

最大使用频率：不可重复；

数据类型：字符型。

注：语种名称应符合GB/T 4880-1991、GB/T 4880.2-2000、GB/T 4881-1985的有关规定。

5.8 日期

英文名称：Date；

解释：视频资源的制作和出版的日期；

使用方式：有则必选；

最大使用频率：不可重复；

注：日期著录格式应符合GB/T 7408-1994 中的有关规定。

5.8.1 摄制日期

英文名称：Screening Date

解释：视频资源拍摄制作完成的日期；

使用方式：有则必选；

最大使用频率：不可重复；

数据类型：字符型。

5.8.2 出版日期

英文名称：Publish Date；

解释：视频资源正式出版的日期；

使用方式：有则必选；

最大使用频率：不可重复；

数据类型：日期型。

5.9 类型

英文名称：Type；

解释：描述视频资源内容的特征和类型。包括：视频资源内容的分类范畴、功能、特性或集合层次的术语；

使用方式：必选；

最大使用频率：不可重复。

5.9.1 节目类型

英文名称：Program Type；

解释：描述视频资源主要内容的分类特征；

使用方式：必选；

最大使用频率：可重复；

数据类型：枚举型。

注：参见附录B的节目类型

5.9.2 节目形态

英文名称：Program Form；

解释：描述视频资源的表现形式；

使用方式：必选；

最大使用频率：可重复；

数据类型：枚举型。

注：参见附录B的节目形态

5.10 格式

英文名称：Format；

解释：描述视频资源制作、保存或再利用有关的数据信息；

使用方式：必选；

最大使用频率：不可重复。

5.10.1 实长

英文名称：Duration；

解释：视频资源正式有效内容的实际时间长度；

使用方式：必选；

最大使用频率：不可重复；

数据类型：时间型。

注：日期著录格式应符合GB/T 7408-1994 中的有关规定。

5.10.2 入点

英文名称：Starting Point；

解释：视频资源正式有效内容的起始点时间；

使用方式：必选；

最大使用频率：不可重复；

数据类型：时间型。

注：日期著录格式应符合GB/T 7408-1994 中的有关规定。

5.10.3 色彩

英文名称：Color；

解释：描述视频资源主要内容显现的色彩种类；

使用方式：必选；

最大使用频率：不可重复；

数据类型：枚举型。

注：参见附录B的色彩。

5.10.4 字幕形式

英文名称：Subtitle Form；

解释：视频资源的字幕表现形式；

使用方式：必选；

最大使用频率：不可重复；

数据类型：枚举型。

注：参见附录B的字幕形式。

5.10.5 声道格式

英文名称：Audio Channel Format；

解释：描述视频资源的声道之间的关系；

使用方式：可选；

最大使用频率：不可重复；

数据类型：枚举型。

注：参见附录B的声道格式。

5.10.6 声音质量

英文名称：Audio Quality；

解释：对视频资源整体声音质量的主观评价；

使用方式：必选；

最大使用频率：不可重复；

数据类型：枚举型。

注：声音质量的主观评价应符合GB/T 16463-1996 的有关规定。参见附录B的声音质量

5.10.7 画面质量

英文名称：Video Quality；

解释：对视频资源的整体画面质量的主观评价；

使用方式：必选；

最大使用频率：不可重复；

数据类型：枚举型。

注：画面质量的主观评价应符合GY/T 134-1998 、GB/T 7401-1996的有关规定。

参见附录B的画面质量

5.10.8 画面宽高比

英文名称：Aspect Ratio；

解释：视频资源显示画面的宽度与高度之比；

使用方式：必选；

最大使用频率：不可重复；

数据类型：枚举型。

注：参见附录B的画面宽高比。

5.10.9 载体类型

英文名称：Physical Media Type；

解释：存储视频资源的介质的类型；

使用方式：必选；

最大使用频率：不可重复；

数据类型：枚举型。

注：参见附录B的载体类型。

5.10.10 制式

英文名称：System；

解释：电视系统发送端和接受端共同采用的特定的信号处理方式，主要包括图像信号的形式、传送和图像重现的方法；

使用方式：必选；

最大使用频率：不可重复；

数据类型：枚举型。

注：参见附录B的制式。

5.10.11 音频数据码率

英文名称：Audio Data Rate；

解释：音频数据码流的每秒传输比特值；

使用方式：可选；

最大使用频率：不可重复；

数据类型：字符型。

5.10.12 音频编码格式

英文名称：Audio Coding Format；

解释：数字音频采样序列的编码格式；

使用方式：可选；

最大使用频率：不可重复；

数据类型：枚举型。

注：参见附录B的音频编码格式。

5.10.13 音频采样频率

英文名称：Audio Sampling Frequency；

解释：在视频资源数字化时的音频采样频率（或称取样率）；

使用方式：可选；

最大使用频率：不可重复；

数据类型：枚举型。

注：参见附录B的音频采样频率。

5.10.14 音频位深度

英文名称：Audio Bit Depth；

解释：在视频资源数字化时，样本信息使用的比特数，也称为声音样本量的量化深度；

使用方式：可选；

最大使用频率：不可重复；

数据类型：枚举型。

注：参见附录B的音频采样频率。

5.10.15 视频数据码率

英文名称：Video Data Rate；

解释：视频数据码流的每秒传输比特值；

使用方式：必选；

最大使用频率：不可重复；

数据类型：字符型。

5.10.16 视频编码格式

英文名称：Video Coding Format；

解释：视频数字化的编码方式；

使用方式：必选；

最大使用频率：不可重复；

数据类型：枚举型。

注：参见附录B的视频编码格式。

5.10.17 视频取样格式

英文名称：Video Sampling Type；

解释：视频信息编码时，编码信息从原始图像信息中取样的方式；

使用方式：必选；

最大使用频率：不可重复；

数据类型：枚举型。

注：参见附录B的视频取样格式。

5.10.18 文件格式

英文名称：File Format；

解释：视频资源文件的数据格式，用于注明需要用什么软件或硬件来显示和执行此文件；

使用方式：必选；

最大使用频率：不可重复；

数据类型：字符型。

5.11 标识符

英文名称：Identifier；

解释：用来标识视频资源的字符串或数字，采用符合正式标识体系的规范的字符串及数字组合；

使用方式：必选；

最大使用频率：不可重复。

5.11.1 国际标准音像制品编码

英文名称：International Standard Recording Code （ISRC）；

解释：国际标准音像制品编码是针对音像制品出版物制定的且仅适用于正式出版发行的视频资源的，按照国际标准组织机构批准使用的国际标准音像制品的编号；

使用方式：有则必选；

最大使用频率：不可重复；

数据类型：字符型。

注：应符合GB/T 13396-1992 的有关规定。

5.11.2 库房编号

英文名称：Storeroom ID；

解释：视频节目源带/盘的编号；

使用方式：必选；

最大使用频率：不可重复；

数据类型：字符型。

5.11.3 标识代码

英文名称：Relations ID；

解释：检索结果与数据或存储介质之间的唯一标识；(上载文件名)

使用方式：必选；

最大使用频率：不可重复；

数据类型：字符型。

5.12 时空覆盖范围

英文名称：Coverage；

解释：视频资源内容所涉及的时间或空间的覆盖范围；

使用方式：有则必选；

最大使用频率：不可重复；

5.12.1 时间范围

英文名称：Years Covered；

解释：视频资源内容所体现的时间跨度；

使用方式：有则必选；

最大使用频率：可重复。

5.12.1.1 开始年份

英文名称：Year of Start；

解释：视频资源内容所反映的时间的起始年代；

使用方式：有则必选；

最大使用频率：不可重复；

数据类型：数值型。

5.12.1.2 结束年份

英文名称：Year of End；

解释：视频资源内容所反映的时间的终止年代；

使用方式：有则必选；

最大使用频率：不可重复；

数据类型：数值型。

5.12.1.3 年代描述

英文名称：Description of Years Covered；

解释：对视频资源内容所反映的时间年代的习惯称谓；

使用方式：有则必选；

最大使用频率：不可重复；

数据类型：字符型。

5.12.2 空间范围

英文名称：Spatial；

解释：视频资源内容所涉及的地点或事件发生的地点；

使用方式：可选；

最大使用频率：可重复；

数据类型：字符型。

注：应符合GB/T 2659-2000、GB/T 2260-2002的有关规定。

5.13 来源

英文名称：Source；

解释：视频资源的获取途径和提供者信息；

使用方式：必选；

最大使用频率：不可重复。

5.13.1 资料获取方式

英文名称：Acquiring Method of Source；

解释：获得视频资源的途径和方法；

使用方式：必选；

最大使用频率：不可重复；

数据类型：枚举型。

注：参见附录B的资料获取方式。

5.13.2 资料提供者

英文名称：Source Provider；

解释：提供该视频资源的单位或个人的名称；

使用方式：必选；

最大使用频率：不可重复；

数据类型：字符型。

5.14 关联

英文名称：Relation；

解释：注明本编目对象与其他相关资料之间的相互关系；

使用方式：可选；

最大使用频率：不可重复。

5.14.1 系列组成部分

英文名称：Part of Series；

解释：本视频资源是某一系列视频资源的组成部分；

使用方式：可选；

最大使用频率：不可重复；

数据类型：字符型。

5.14.2 组成部分

英文名称：Is Part of；

解释：本视频资源是另一视频资源的组成部分；

使用方式：可选；

最大使用频率：不可重复；

数据类型：字符型。

5.14.3 部分为

英文名称： Has Part；

解释：注明哪些视频资源或其中的片段、场景、镜头是本视频资源的组成部分；

使用方式：可选；

最大使用频率：可重复；

数据类型：字符型。

5.14.4 参考

英文名称：References；

解释：注明本视频资源参考或引用了哪些其他视频资源的内容；

使用方式：可选；

最大使用频率：可重复；

数据类型：字符型。

5.14.5 被参考

英文名称：Is Referenced by；

解释：注明哪些其他视频资源参考了本视频资源的内容；

使用方式：可选；

最大使用频率：可重复；

数据类型：字符型。

5.14.6 替代

英文名称：Replaces；

解释：注明被本视频资源替代的视频资源的内容；

使用方式：可选；

最大使用频率：不可重复；

数据类型：字符型。

5.14.7 被替代

英文名称：Is Replaced by；

解释：注明哪些其他视频资源替代了本视频资源；

使用方式：可选；

最大使用频率：不可重复；

数据类型：字符型。

5.14.8 需求

英文名称：Requires；

解释：注明本视频资源采用了哪些其他视频资源的内容；

使用方式：可选；

最大使用频率：可重复；

数据类型：字符型。

5.14.9 被需求

英文名称：Is Required by；

解释：注明哪些视频资源采用了本视频资源的内容；

使用方式：可选；

最大使用频率：可重复；

数据类型：字符型。

5.14.10 版本继承

英文名称：Is Version of；

解释：注明本视频资源是由某个原创视频资源的译制或改编而获得的信息；
使用方式：可选；
最大使用频率：不可重复；
数据类型：字符型。

5.14.11 版本关联

英文名称：Has Version of；
解释：注明本原创视频资源有哪些其他译本或改编本；
使用方式：可选；
最大使用频率：可重复；
数据类型：字符型。

5.15. 管理信息

英文名称：Management Information；
解释：对视频资源征集、服务、验收等状态的描述；
使用方式：必选；
最大使用频率：不可重复；

5.15.1 资源加工

英文名称：Processing of Resource；
解释：对视频资源征集人和加工单位描述；
使用方式：必选；
最大使用频率：不可重复。

5.15.1.1 征集人

英文名称：Collector；
解释：视频资源的征集人；
使用方式：必选；
最大使用频率：不可重复；
数据类型：字符型。

5.15.1.2 加工单位

英文名称：Processing Institute；
解释：视频资源的数字化、编目机构；
使用方式：必选；
最大使用频率：不可重复；
数据类型：字符型。

5.15.2 资源服务

英文名称：Resource Service；
解释：对视频资源服务情况的描述；
使用方式：有则必选；
最大使用频率：可重复。

5.15.2.1 服务方式

英文名称：Service Means；
解释：视频资源的服务方式；
使用方式：有则必选；
最大使用频率：不可重复；
数据类型：枚举型。

注：参考附录B的服务方式

5.15.2.2 服务栏目

英文名称：Service Program；

解释：视频资源在网站、专栏、专版卫星等服务平台中所属栏目；

使用方式：有则必选；

最大使用频率：不可重复；

数据类型：字符型。

5.15.2.3 服务时间

英文名称：Service Date；

解释：视频资源进入网站、专栏、专版卫星等平台服务的时间；

使用方式：有则必选；

最大使用频率：不可重复；

数据类型：日期型。

5.15.2.4 服务地址

英文名称：Service Address；

解释：视频资源在网站、专栏、专版卫星等平台服务的地址，可以是url；

使用方式：有则必选；

最大使用频率：不可重复；

数据类型：字符型。

5.15.2.5 服务对象

英文名称：Service Object；

解释：视频资源在网站、专栏、专版卫星等平台服务和资源下发时的服务单位；

使用方式：有则必选；

最大使用频率：可重复；

数据类型：字符型。

5.15.3 资源验收

英文名称：Resource Inspection；

解释：对视频资源初审、数字化和编目验收情况的描述；

使用方式：必选；

最大使用频率：可重复。

5.15.3.1 验收方式

英文名称：Inspection Fashion；

解释：视频资源的验收方式包括初审、数字化抽样验收、数字化专项验收；

使用方式：有则必选；

最大使用频率：不可重复；

数据类型：枚举型。

注：参考附录B的验收方式

5.15.3.2 验收人

英文名称：Inspector；

解释：视频资源初审、数字化和编目验收的人员或单位；

使用方式：有则必选；

最大使用频率：可重复；

数据类型：字符型。

5.15.3.3 验收意见

英文名称：Inspection Opinion；

解释：视频资源初审、数字化和编目验收的的结果，合格或不合格；

使用方式：有则必选；

最大使用频率：不可重复；

数据类型：字符型。

5.15.3.4 验收时间

英文名称：Inspection Date；

解释：视频资源初审、数字化和编目验收的时间；

使用方式：有则必选；

最大使用频率：不可重复；

数据类型：日期型。

5.15.3.5 验收报告

英文名称：Inspection Report；

解释：视频资源初审、数字化和编目验收产生的记录单或验收报告；

使用方式：有则必选；

最大使用频率：不可重复；

数据类型：字符型。

6 片段层元数据项

6.1 题名

英文名称：Title；

解释：创作者或出版者赋予视频资源片段的正式名称信息；

使用方式：必选；

最大使用频率：不可重复。

6.1.1 正题名

英文名称：Proper Title；

解释：视频资源片段的汉语名称；

使用方式：必选；

最大使用频率：不可重复；

数据类型：字符型。

6.1.2 并列正题名

英文名称：Parallel Proper Title；

解释：视频资源片段正题名的非汉语名称；

使用方式：可选；

最大使用频率：可重复；

数据类型：字符型。

6.1.3 系列题名

英文名称：Series Title；

解释：视频资源片段所属系列的名称；

使用方式：有则必选；

最大使用频率：不可重复；

数据类型：字符型。

6.2 主题

英文名称：Subject；

解释：描述视频资源片段主要内容的分类名、主题词或关键词；

使用方式：必选；

最大使用频率：不可重复。

6.2.1 广播电视节目资料分类；

英文名称：Class of GYZ 199—2004；

解释：能够正确表达视频资源片段主要内容范围的类目信息；

使用方式：必选；

最大使用频率：可重复；

6.2.1.1 分类名

英文名称：Class Name；

解释：对视频资源片段进行分类标引时所采用的分类检索工具。选用广电行业标准分类表；

使用方式：必选；

最大使用频率：不可重复；

数据类型：枚举型。

6.2.1.2 分类号

英文名称：Class Number；

解释：能够正确表达视频资源片段主要内容范围的类目符号；

使用方式：必选；

最大使用频率：不可重复；

数据类型：字符型。

6.2.2 中国图书馆图书分类；

英文名称：Class of CLC；

解释：能够正确表达视频资源片段主要内容范围的类目信息；

使用方式：必选；

最大使用频率：可重复；

6.2.2.1 分类名

英文名称：Class Name；

解释：对视频资源片段进行分类标引时所采用的分类检索工具。选用中国图书馆图书分类表；

使用方式：必选；

最大使用频率：不可重复；

数据类型：枚举型。

6.2.2.2 分类号

英文名称：Class Number；

解释：能够正确表达视频资源片段主要内容范围的类目符号。

使用方式：必选；

最大使用频率：不可重复；

数据类型：字符型。

6.2.3 文化共享工程分类

英文名称：Class of GXGC

解释：能够正确表达视频资源主要内容范围的类目信息；

使用方式：必选；

最大使用频率：可重复；

数据类型：枚举型。

注：选用中心自定义的分类表，见附录B

6.2.4 主题词

英文名称：Subject Term；

解释：能够准确表述视频资源片段主要内容的词或词组；主题词选词应从国家标准、行业标准主题词表中选取；

使用方式：可选；

最大使用频率：可重复；

数据类型：字符型。

6.2.5 关键词

英文名称：Key Word；

解释：能够正确描述视频资源片段主要内容的具有检索意义的词或词组；关键词选词可

使用方式：必选；

最大使用频率：可重复；

数据类型：字符型。

6.3 描述

英文名称：Description；

解释：对视频资源片段内容的说明；

使用方式：有则必选；

最大使用频率：不可重复。

6.3.1 内容描述

英文名称：Description of Content；

解释：对视频资源片段主要内容的概括性描述。包括：主题、背景、人物、情节、内涵、结构、表现手法等内容；

使用方式：可选；

最大使用频率：不可重复；

数据类型：文本型。

6.3.2 事件发生日期

英文名称：Date of Event；

解释：视频资源片段主要内容所表述事件发生的日期；

使用方式：可选；

最大使用频率：不可重复；

数据类型：字符型。

6.3.3 获奖

英文名称：Award；

解释：描述视频资源片段的获奖情况；

使用方式：可选；

最大使用频率：可重复。

6.3.3.1 奖名

英文名称：Name of Award；

解释：视频资源片段所获奖项的名称；

使用方式. 可选；

最大使用频率：不可重复；

数据类型：字符型。

6.3.3.2 奖项

英文名称：Item of Award；
解释：视频资源片段获得奖项的项目名称；
使用方式：可选；
最大使用频率：不可重复；
数据类型：字符型。

6.3.3.3 获奖者

英文名称： Awardee；
解释：获得视频资源片段奖项的个人或团体的名称；
使用方式：可选；
最大使用频率：可重复；
数据类型：字符型。

6.3.3.4 获奖年度或届次

英文名称：Year or Time of Award；
解释：视频资源片段所获奖项的年度或届次；
使用方式：可选；
最大使用频率：不可重复；
数据类型：数值型。

6.3.3.5 颁奖日期

英文名称：Date of Award；
解释：颁发视频资源片段所获奖项的日期；
使用方式：可选；
最大使用频率：不可重复；
数据类型：字符型。

6.3.4 现场同期声

英文名称：Natural Sound；
解释：描述本视频资源片段是否含有现场录制的同期声音；
使用方式：可选；
最大使用频率：不可重复；
数据类型：逻辑型。

6.4 责任者

英文名称：Contributor；
解释：创建视频资源片段内容的责任者，可以是个人或团体；
使用方式：必选；
最大使用频率：不可重复。

6.4.1 责任者描述

英文名称：Description of Contributor；
解释：描述责任者的信息；
使用方式：必选；
最大使用频率：可重复。

6.4.1.1 责任者名称

英文名称：Name of Contributor；
解释：责任者的汉语名称；
使用方式：必选；

最大使用频率：不可重复；

数据类型：字符型。

6.4.1.2 责任者并列名

英文名称：Parallel Name of Contributor；

解释：责任者的非汉语名称；

使用方式：有则必选；

最大使用频率：可重复；

数据类型：字符型。

6.4.1.3 责任方式

英文名称：Role；

解释：责任者的职责属性；

使用方式：必选；

最大使用频率：不可重复；

数据类型：枚举型。

注：参见附录B的责任方式。

6.4.1.4 其他信息

英文名称：Other Information；

解释：责任者的其他补充信息；

使用方式：可选；

最大使用频率：不可重复；

数据类型：字符型。

6.5 语种

英文名称：Language；

解释：表达视频资源片段主要内容的语种名称；

使用方式：可选；

最大使用频率：不可重复。

6.5.1 声道

英文名称：Audio Channel；

解释：描述视频资源片段的声道中的语种信息；

使用方式：可选；

最大使用频率：可重复。

6.5.1.1 声道编号

英文名称：Audio Channel Number；

解释：视频资源片段声道的序次号；

使用方式：可选；

最大使用频率：不可重复；

数据类型：数值型。

6.5.1.2 声道语种

英文名称：Audio Channel Language；

解释：视频资源片段声道中的语种名称；

使用方式：可选；

最大使用频率：不可重复；

数据类型：字符型。

注：语种名称应符合GB/T 4880-1991、GB/T 4881-1985 的有关规定。

6.5.2 字幕

英文名称：Subtitle；

解释：视频资源片段中字幕的语种信息；

使用方式：可选；

最大使用频率：可重复。

6.5.2.1 字幕编号

英文名称：Subtitle Number；

解释：视频资源片段中字幕的序次号；

使用方式：可选；

最大使用频率：不可重复；

数据类型：数值型。

6.5.2.2 字幕语种

英文名称：Subtitle Language；

解释：视频资源片段中字幕使用的语种名称；

使用方式：可选；

最大使用频率：不可重复；

数据类型：字符型。

注：语种名称应符合GB/T 4880-1991、 GB/T 4880.2-2000、GB/T 4881-1985的有关规定。

6.6 类型

英文名称：Type；

解释：视频资源片段的内容的形态特征；

使用方式：可选；

最大使用频率：不可重复。

6.6.1 节目类型

英文名称：Program Type；

解释：描述视频资源片段主要内容的分类特征；

使用方式：必选；

最大使用频率：可重复；

数据类型：枚举型。

注：参见附录B的节目类型

6.7 格式

英文名称：Format；

解释：描述视频资源片段的实长和入点信息；

使用方式：可选；

最大使用频率：不可重复。

6.7.1 实长

英文名称：Duration；

解释：视频资源片段正式有效内容的实际时间长度；

使用方式：必选；

最大使用频率：不可重复；

数据类型：时间型。

6.7.2 入点

英文名称：Starting Point；

解释：视频资源片段正式有效内容的起始时刻；

使用方式：必选；

最大使用频率：不可重复；

数据类型：时间型。

6.7.3 字幕形式

英文名称：Subtitle Form；

解释：视频资源片段的字幕表现形式；

使用方式：可选；

最大使用频率：不可重复；

数据类型：枚举型。

注：参见附录B的字幕。

6.8 时空覆盖范围

英文名称：Coverage；

解释：视频资源片段内容所涉及的时间或空间的覆盖范围；

使用方式：可选；

最大使用频率：不可重复。

6.8.1 时间范围

英文名称：Years Covered；

解释：视频资源片段主要内容所反映的时间跨度；

使用方式：可选；

最大使用频率：可重复。

6.8.1.1 开始年份

英文名称：Year of Start；

解释：视频资源片段内容所反映事件的开始年代；

使用方式：可选；

最大使用频率：不可重复；

数据类型：数值型。

6.8.1.2 结束年份

英文名称：Year of End；

解释：视频资源片段内容所反映事件的终止年代；

使用方式：可选；

最大使用频率：不可重复；

数据类型：数值型。

6.8.1.3 年代描述

英文名称：Description of Years Covered；

解释：视频资源片段的内容中涉及时间年代的习惯称谓；

使用方式：可选；

最大使用频率：不可重复；

数据类型：字符型。

6.8.2 空间范围

英文名称：Spatial；

解释：视频资源片段内容所涉及的地点或事件发生的地点。

使用方式：可选；

最大使用频率：可重复；

数据类型：字符型。

注：应符合GB/T 2659-2000、GB/T 2260-2002 的有关规定。

附录A：分类附录

文化共享工程分类

一级	二级	三级
知识讲座		
	科学发展观	
	关爱未成年健康成长	
	医疗保健	
	普法教育	
	科普知识	
	经济管理	
	文学欣赏	
	艺术鉴赏	
		戏剧戏曲
		音乐美术
		其他
	传统文化	
	人物解读	
	文物遗产	
	历史地理	
	素质教育（社会广角）	
	中外文化交流	
	其他	
舞台艺术		
	京剧	
	地方戏（黄梅戏、豫剧、川剧、秦腔……）	
	话剧	
	歌剧	
	舞剧	
	芭蕾舞	
	古典、民族民间舞蹈	
	相声	
	小品	
	杂技	
	皮影	
	木偶	
	魔术	
	其他曲艺（二人转、快板书、梅花大鼓……）	
	音乐会	
	其他音乐节目	
	综艺汇演	
	其它	
农业专题片		
	农业种植技术	粮食作物种植
		经济作物种植
		蔬菜种植
		果树栽培
		观赏植物栽培
		其他
	农业养殖技术	
		家畜养殖
		家禽养殖
		水产养殖
		特种养殖

		畜产品综合利用
		动物医学
		养殖饲料
		其他
	城镇务工技能	
		家政物业服务
		建筑装修
		车辆、电器维修
		营销技能
		美容保健
		手工艺
		餐饮
		机械加工
		其他
	农业普法知识	
	农村医疗卫生	
	农业科普知识	
	其他	
电影		
	故事片	
		喜剧片
		科幻片
		警匪片
		动作片
		灾难片
		伦理片
		传记片
		体育片
		爱情/情感片
		武侠/古装片
		恐怖/惊险片
		历史/战争片
		政治/宗教片
		侦探/推理片
		悬念/心理片
		西部/传奇片
		另类/荒诞片
		儿童片
		其他
	舞台艺术片	
		电影歌舞艺术片
		电影戏曲艺术片
		电影艺术短片
		其他
	其他	
文化专题片		
	文学欣赏	
	艺术鉴赏	
		戏剧戏曲
		音乐美术
		其他
	传统文化	

	人物解读	
	文物遗产	
	历史地理	
	素质教育(社会广角)	
	中外文化交流	
	其他	
电视剧		
动漫		
其他		

附录B：资料性附录

受控词表(规范词表)

本受控词表主体参照广播电视行业标准——《广播视频资源编目规范第1部分：电视资料》(标准号：GY/T 202.1—2004)，从文化共享工程视频资源管理应用的需要出发进行了适当扩充。

词表		注释
版本说明（按原始节目选择）	外文原版	指从国外引进的、未经配音、未另外叠加字幕的外语节目
	译制版	对外文原版节目译制后的节目，含字幕译制版
	素材版	画面没有任何附加标志的视音频资料
	资料版	指制作、播出版的工作版，相关主题节目集合、切换版、单机拍摄版入此
	播出版	指带有播出信息（台标、栏目信息等）的版
	母版	
	修订版	指由于某种原因，对以前的播出版进行了修改，并重新制作一版播出的节目
	修复版	经技术修复的版本
	复制版	母版的复制版
	共享工程成品版	
	音像制品版	
授权使用方式	互联网传播	
	系统内局域网传播	
	系统内卫星	
	县及以下有线数字电视	
	系统内传播使用	
	系统内有线无线传输	
	系统内光盘传输	
	系统内硬盘传输	
	其他使用方式	

受众	大众	
	婴幼儿	
	儿童	
	少年	
	青年	
	中年	
	老年	
字幕形式	无字幕	
	只有画面叠加字幕	
	只有隐藏字幕	
	既有画面叠加字幕也有隐藏字幕	
声道内容	现场同期声	
	混合声	几种声音的合成
	解说声	
	音乐声	
	效果声	
	国际声	除人声配音之外的所有声音，即国际交换的声音版
	同期翻译声	
责任方式	主编	编著者入此
	撰稿	总撰稿等具有该类职能的创作者均入此
	编剧	改编入此
	作者	原作者、译制者入此
	总体设计	
	导演	含总导演、合成导演、导演组、电视导演、外拍导演、执行导演、录音导演、配音导演、舞台导演、原排导演、译制导演等具有该类职能的创作者均入此
	导演助理	
	导演组	
	导播	
	编辑	译本编辑、音乐编辑、责任编辑、执行主编、策划编辑、助理编辑、文学编辑、栏目主编等具有该类职能的创作者均入此
	记者	
	摄影	
	摄像	
	编舞	
	编曲	
	策划	总策划入此
	作词	
	作曲	创作
	音乐总监	
	音乐编辑	

	音乐总监	
	音乐编辑	
	音乐录音	
	总录音师	
	扩音调音师	
	播出调音	
	剧务	
	剧务主任	
	制片主任	
	制片人	含总制片人
	制片	
	监制	含总监制、执行监制等
	技术监制	含技术总监等
	主持人/播音	含播音员
	主演	领衔主演、男主角、女主角、男配角、女配角等入此；讲座类节目主讲人入此
	主讲人	
	歌舞统筹	
	舞蹈	
	演唱	
	表演	指除舞蹈、演唱以外的个人文艺表演，如小品、相声、杂技等
	团体演出	含乐队、团体舞蹈、合唱等
	场记	
	翻译	
	剪辑	
	配音	
	美工	
	美术总设计	
	美术设计	
	舞美监制	
	化装/造型	
	化装设计	
	服装	
	服装设计	
	道具设计	
	道具	

	武术指导	含动作指导
	灯光	
	灯光总设计	
	音效	含拟音
	电脑灯	
	激光技术	
	录音合成	
	音频技术	
	视频技术	含特技、字幕、动画、电编等
	升降臂技术	
	音频制作	
	后期制作	
	图文字幕	
	片头制作	
	解说	
	受访者	
色彩	彩色	
	黑白	
声道格式	单声道	mono
	双声道	
	立体声	stereo
	杜比定向逻辑	Dolby Pro Logic
	杜比数字	Dolby AC-3
	DTS	Digital Theater System
声音质量	质量低劣，无法忍受	应按GB/T 16463-199 的有关规定执行
	质量差、勉强能听	
	质量一般，可接受	
	质量好，比较满意	
	质量极佳，十分满意	
	质量低劣，无法观看	应按有关规定执行
画面质量	质量差，勉强能看	
	质量一般，可接受	
	质量好，比较满意	
	质量极佳，十分满意	
画面宽高比	16:9	
	4:3	
	其他	

载体类型	1inch	
	U-matic	
	Betacam	
	Betacam SP	
	Betacom SX	
	Digital Betacam	
	IMX	
	MⅡ	
	DVCPRO 25	
	DVCPRO 50	
	HDCAM	
	DVCPRO100	
	H D-D5	
	D-1	
	D-3	
	D-5	
	VHS	
	S-VHS	
	LD	
	VCD	
	DVD	
制式	PAL	
	NTSC	
	SECAM	
音频编码格式	PCM	
	MPEG 1 Layer 1	
	MPEG 1 Layer 2	
	MPEG 1 Layer 3	
	MPEG 2 Layer 1	
	MPEG 2 Layer 2	
	MPEG 2 Layer 3	
	OGG	
	MPC	
音频采样频率	32KHz	
	44.1KHz	
	48KHz	
	96KHz	
	192KHz	

音频位深度	8bit	
	16bit	
	24bit	
视频编码格式	MPEG2	
	MPEG4	
	M_JPEG	
	DV	
视频取样格式	4:1:1	
	4:2:0	
	4:2:2	
	4:4:4	
	4:4:4:4	
资料获取方式	自拍（制）	指文化共享工程国家中心自己组织拍摄、制作的视频资源
	合作	指由一个以上的制作单位，合作拍摄、联合摄制、联合制作的视频资源（包括与分中心系统内外单位合作）
	经下级中心购买	指委托下级中心通过著作权人提供授权书方式购买的节目和素材
	市场购买	指从该制作、播出机构之外购买的节目或素材
	收录	指中心通过相关技术手段收录的图像节目或素材
	交换	指根据某种协议或协定，互相交换的节目
	受赠	为某种目的或协议而无偿赠与的节目
	其他	凡不属于以上七种来源、渠道的节目或素材，均可归入此项
附加块类型	广告	
	台标	
	频道名称	
	栏目标识	
	文字信息	
	片头	
	片尾	
	模拟时钟	
	其他	

节目形态	新闻	
	专题	
	综述	
	评论	
	谈话	
	赛事	
	集锦	
	教学	
	动画	
	游戏竞赛	
	电视剧	
	小品	
	电影	
	讲座	
	舞台	
	其他	
节目类型	文化遗产	
	典籍善本	
	中国戏剧戏曲	
	曲艺杂技	
	中国音乐	
	中国舞蹈	
	中国美术	
	影视文化	
	民族文化	
	少儿文艺	
	旅游文化	
	社会文化	
	中国文学	
	中国历史	
	农业适用技术	
	法规政务	
	市场经营	
	社会教育	
	科学普及	
	医药卫生	
	扶贫社保	
	人居环境	
	生活常识	
	体育健身	
	国防军事	
	其他	
验收方式	初审	
	复审	
	数字化抽样验收	
	数字化专项验收	
	其他验收	

服务方式	卫星直播	
	卫星投包	
	中心主站	
	基层版	
	移播宝	
	光盘下发	
	移动硬盘	
	镜像	
	政务外网	
	IPTV	
	有线数字电视	
	共享机	
	合作单位共享	
	其他服务	

全国文化信息资源共享工程

10周年

标准与规范

基层服务网点配置标准

公共电子阅览室建设试点工作方案

（文化部 办社文发[2010] 31号文件发布）

为满足人民群众的基本文化需求，文化部拟于“十二五”期间组织实施“公共电子阅览室建设计划”。该计划以科学发展观为指导，以保障人民群众基本的文化权益为宗旨，依托图书馆、文化馆、全国文化信息资源共享工程（以下简称“文化共享工程”）基层服务点等公共文化服务网络，以及文化共享工程和国家数字图书馆的资源，建设内容健康、服务规范、环境良好的公共电子阅览室，重点解决未成年人上网问题，为广大人民群众提供健康、便捷的网络文化服务，使其成为网络环境下公共文化服务的新平台、新渠道。为此，拟先在部分省份组织开展试点工作，总结经验，为“公共电子阅览室建设计划”的全面实施奠定基础。

一、试点时间、范围

（一）试点时间：2010年10月至2011年12月。

（二）试点范围：在北京、天津、辽宁、山东、上海、浙江、广东、安徽、陕西等9省（市）开展试点工作。各试点省（市）要结合国家公共文化服务体系示范区的建设，确定1–2个地级市，选择不同层级、不同类别、具有一定代表性的单位开展试点，包括各级图书馆、文化馆、工人文化宫、少年宫、妇女儿童活动中心、乡镇（街道）文化站、社区文化中心（村文化室）、各类学校、工业（产业）园区以及其他具备条件的企事业单位等。

二、试点工作的主要任务

试点工作的主要任务包括以下六个方面：

（一）建设一批规范化的公共电子阅览室。按照地市级不少于40台，县级不少于25台，乡镇、街道、社区不少于10台，行政村不少于5台电脑终端的标准配置设备，以宽带形式接入互联网，建立电脑桌面一站式导航服务，改造配套设施，建设规范化的公共电子阅览室。

鼓励有条件的青少年宫、工人文化宫、妇女儿童活动中心及其他企事业单位，按照文化行政主管部门的要求，建设公共电子阅览室，开展公益性服务。

公共电子阅览室应具备以下基本功能：互联网信息浏览与查询服务；电子文献阅览、信息资源导航、检索、参考咨询等数字图书馆服务；影视欣赏、健康益智类游戏等休闲娱乐服务；与计算机、网络应用有关的各类学习、培训服务。

（二）推进免费开放。各试点单位的公共电子阅览室首先要对未成年人实行免费开放，具备条件的，要向社会公众免费开放。

（三）丰富数字资源供给。为推动试点工作，全国文化信息资源建设管理中心和国家图书馆提供一批专题资源，分批发送到试点省（市）使用，同时，对这批资源的使用情况进行跟踪，根据各地反馈情况，及时进行调整和补充。各试点省份要结合当地实际，建设适合未成年人和其他群体需要的特色资源。

（四）建立技术支撑平台。各试点省（市）要运用现代技术手段，安装信息浏览监控和屏蔽软件，加强对未成年人的保护。要建立和完善网络安全和资源管理的技术平台，实现对全网的即时监控、资源利用情况的统计与反馈。

（五）建立健全公共电子阅览室管理制度。制定出台《公共电子阅览室管理规范》，建立健全用户上网实名登记、巡查监督、限时上网、工作信息填报、资源利用统计与反馈等制度，确保公共电子阅览室安全运行。

（六）探索社会力量参与公共电子阅览室建设的机制。制定相关政策，鼓励、支持国有、民营企业，开发和推广弘扬民族精神、反映时代特点、有益于未成年人健康成长的数字文化资源、游戏软件产品；鼓励企业以优惠条件为公共电子阅览室提供网络接入等服务。

三、试点工作步骤

公共电子阅览室建设试点工作分以下步骤实施：

（一）部署阶段（2010年9—11月）

组织召开座谈会，研究试点工作方案；召开试点工作会议，部署试点工作；各试点省（市）明确试点任务，上报工作实施方案。

（二）实施阶段（2010年12月—2011年10月）

各试点省（市）根据试点工作实施方案，开展试点工作。适时召开经验交流会，推动试点工作的开展。

（三）检查验收阶段（2011年11月）

文化部组织验收组，根据公共电子阅览室建设标准与试点工作方案，对各试点省（市）的试点工作进行检查验收。

（四）总结、推广阶段（2011年12月）

召开全国公共电子阅览室建设试点工作总结会议，对试点工作进行总结，就推进“公共电子阅览室建设计划”下一阶段的工作进行部署。

四、有关要求

（一）高度重视，加强领导。各试点省(市)要本着积极、稳妥的原则，认真研究制定具体实施方案，大力推进公共电子阅览室建设试点工作的实施。各试点省（市）文化厅（局）要切实履行领导职责，建立协调机制，认真做好试点的组织、领导和协调工作，统一部署，加强督促，及时协调、解决试点工作中出现的具体问题。各试点省（市）文化共享工程分中心要做好有关的资源建设、技术支持等相关工作。要发扬创新精神，围绕试点任务，努力探索适合本地区实际的建设模式，为“公共电子阅览室建设计划”的全面实施积累经验。

（二）加强管理，做好服务。要切实加强对公共电子阅览室的管理，建立健全各项规章制度，防止不良信息的侵入和传播。要重点加强对未成年人上网的管理。要高度重视服务工作，对未成年人、进城务工人员等重点服务人群，要有针对性地研究制定相应的服务措施。

（三）加大宣传推广。试点期间，要组织策划和举办各类宣传活动，广泛宣传公共电子阅览室建设的意义、作用及试点工作的进展，围绕公共电子阅览室为未成年人等社会群体提供公益性上网服务的做法与成效进行深入、广泛的宣传报道。

（四）建立信息沟通机制。各试点省（市）要通过工作简报等形式，定期上报试点工作进展情况。要注意发现和总结试点经验，对好的典型，要及时总结、宣传和推广。

（五）落实经费。试点经费主要由各试点省（市）负担，中央给予适当奖励。

公共电子阅览室配发资源目录（试行）

序号	名称	类型	内容	数量	容量
1	少儿专题	视频	适合未成年人的音乐、舞蹈、戏剧、美术、电影、动漫等，指导未成年人健康成长的讲座、教学辅导课件等	1000部/集，200小时	216GB
2	影视作品	视频	爱国主义、农村题材的优秀国产故事片、优秀电视剧、外国优秀影片等	200部/集，400小时	432GB
3	舞台艺术	视频	中国戏剧戏曲、曲艺、音乐、舞蹈、综艺晚会等	100部/集，200小时	216GB
4	知识讲座	视频	文学欣赏、 艺术鉴赏、传统文化 、中外文化交流、文物知识、历史地理、人物解读、 医疗保健、素质教育、科普知识 、普法教育等讲座	500部/集，750小时	810GB
5	农业技术	视频	农业生产技术、农副产品加工技术、农作物、林木保护技术、养殖技术、农田水利技术、能源技术（地热、太阳能、小水电、沼气等）等的讲座、科教影视片	1000部/集，300小时	324GB
6	农村实用人才培训	视频	建筑装修技术；机动车、农机具使用和修理；水电、电器安装与维修技术；餐饮、缝纫、家政技术、手工艺制作技术；计算机与互联网知识；保安、物业管理、绿化、保洁、保健医护、理发美容等其它务工实用技术讲座、教学资料片	200部/集，100小时	108GB
7	文化专题	视频	社会文化、文化遗产、民族文化、旅游文化、中国文学、中国历史等	500部/集，400小时	432GB
8	红色历史文化	视频	中国共产党革命、建设和改革发展的历程、革命历史人物、红色文艺作品等	100部/集，50小时	54GB
9	医疗卫生	视频	常见病、疑难病、传染病的防治，意外伤害与急救知识，地方病与职业病特征与防治，家庭用药知识，家庭护理知识，农村环境卫生知识，计划生育与性健康知识，突发公共卫生事件应对知识，合作医疗制度的政策和相关宣传、实施的知识等	200部/集，100小时	108GB

10	精品资源库	多媒体资源库	抗日战争、红军长征史诗、中国电影中国园林、中国漫画、中国舞蹈、中国古琴、中国壁画、中国壁画、国画、中国地方戏、昆曲	83万字，5500图片，550条词条	100 GB
11	益智游戏	数据库	思想主题积极向上、有益学习的游戏	20个	200 GB
12	其他	视频	社会教育、科学普及、法律政策、市场经营、生活常识等	800部/集，463小时	500 GB
合　计				视频4600部/集，2963小时	3500 GB

公共电子阅览室管理规范（试行）

一、公共电子阅览室是面向社会公众开放的公共互联网服务场所，是保障人民群众的基本文化权益、弘扬社会主义核心价值观、传播社会主义先进文化的重要阵地。

二、公共电子阅览室应当遵守国家有关法律法规的规定，以公益性、基本性、均等性、便利性为原则，为未成年人及广大人民群众提供免费、便利、内容健康的公益性互联网服务。

三、公共电子阅览室由当地文化行政部门依照职责分工负责监督管理。

四、公共电子阅览室对未成年人实行免费开放。开放时间应根据各地实际情况制定，并报当地文化行政部门备案。

五、公共电子阅览室要配备合格的工作人员专人管理。

六、公共电子阅览室实行实名登记管理。对上机用户的身份证等有效证件进行核对、登记，相关数据保存时间不少于60日。未成年人上机需经监护人授权同意。

七、公共电子阅览室实行限时服务。为保障公益性互联网服务的普遍均等性，确保未成年人的身心健康，每人每日上网时间不得超过2小时。

八、公共电子阅览室实行巡查制度。发现上网用户有违反国家相关法律法规行为的，工作人员应当立即予以制止并向文化行政部门、公安机关举报。

九、公共电子阅览室要积极开展内容推荐工作。结合用户群体的特点开展实用技术、科普教育、政策法规等方面的辅导与培训。定期组织群众收看文化共享工程节目，对服务情况进行记录，了解群众对信息服务的意见和需求，定期上报。

十、公共电子阅览室可通过局域网开展益智类游戏服务，禁止提供大型多人在线游戏服务。

十一、公共电子阅览室应采取有效的技术手段，配备信息浏览监控软件和防病毒软件，并及时进行更新升级，确保内容资源传输与服务安全，防止不良信息侵入。

十二、公共电子阅览室应履行治安和消防安全职责，并进行安全巡检，确保室内的环境安全。

十三、公共电子阅览室要在显著位置贴挂统一标识和管理制度。

十四、公共电子阅览室要具备并保持良好的服务环境，提供良好的照明、通风、供暖等设施，为群众提供舒适的服务空间。

十五、公共电子阅览室应保持整洁、安静，禁止在室内吸烟、大声喧哗。

十六、公共电子阅览室应做好设备设施的保护维护，定期进行设备检查，确保系统的正常运转。

文化部办公厅关于印发2010年全国文化信息资源共享工程各级分支中心和基层服务点建设配置标准的通知

办社文函[2010]452号

各省、自治区、直辖市文化厅（局），新疆生产建设兵团文化局：

根据《全国文化信息资源共享工程"十一五"发展规划（2006年——2010年）》、《文化部 财政部关于进一步推进全国文化信息资源共享工程的实施意见》和《文化部关于进一步做好全国文化信息资源共享工程2010年度工作的通知》等文件要求，为做好2010年全国文化信息资源共享工程（以下简称"文化共享工程"）建设工作，特制定2010年文化共享工程各级分支中心和基层服务点建设配置标准（详见附件）。现印发你们，请参照执行。

特此通知。

附件：1.2010年度省级分中心配置标准

2.2010年度市支中心配置标准

3.2010年度县支中心配置标准

4.2010年度乡镇基层服务点配置标准

5.2010年度村基层服务点配置标准

文化部办公厅

二〇一〇年九月一日

附件1：

2010年度省级分中心配置标准

一、必配项

分类	序号	设备名称	配置及关键特性	单位	数量	备注
中控机房	1	服务器	2个INTEL Xeon E5520或AMD Opteron 2400以上处理器， ECC DDR3内存 4G，SAS 硬盘2*300G，双1000M网卡，支持远程管理，配windows或linux操作系统，原厂商3年以上免费现场质保，省内提供备件功能。	台	15	根据省分中心内部业务需求和系统的性能要求进行设备分配，应保证政务外网、资源加工、资源发布、资源传输等基础业务的正常运转。
	2	存储（磁盘阵列）	能够实现SAN网络，标准19"工业机架；支持SATA，SAS或FC盘，至少可扩展到128块磁盘；至少提供4个以上主机接口，主机连接数量不少于100，硬件需通过主流服务器厂商的兼容性测试；高速缓存4GB，具备高速缓存保护功能；支持3年原厂现场保修。	套	1	存储设备可用容量 30TB，设备指标可根据实际情况适当提高。应保证政务外网、卫星接收系统及资源发布系统有足够空间。

中控机房	3	备份系统	方案一（虚拟带库）：能够实现SAN网络，磁盘驱动器基于RAID技术，能够实现仿真磁带库和磁带驱动器，允许客户配置虚拟磁带驱动器、虚拟磁带盒和指定磁带盒容量。对于省级分中心关键数据及数据库提供实时的数据备份措施，并可通过自动或手动方式进行连续备份功能，可在管理软件的支持下实现智能恢复、实时监控和统计。中英文多语言界面管理，3年原厂现场保修。 方案二（磁带库）：能够实现SAN网络，对于省级分中心关键数据及数据库提供实时的数据备份措施，并可通过自动或手动方式实现连续备份、自动搜索磁带等功能，可在管理软件的支持下实现智能恢复、实时监控和统计。中英文多语言界面管理，3年原厂现场保修。	套	1	省级分中心可选择一种方案进行备份，也可同时选择虚拟带库及磁带库进行备份。存储（磁盘阵列）+虚拟带库+磁带库设备可用容量 50TB，设备指标可根据实际情况适当提高。
	4	系统备份软件	针对核心软件系统提供实时或基于策略的备份保护，当系统发生故障时，可快速恢复系统并保留原有配置，中文图形界面，无须编写脚本。	套	5	建议具备网络远程恢复功能。
	5	网络设备	主干采用双核心结构，核心达到千兆或万兆，支持设备堆叠，支持SNMP 网管，百兆以上接入端口数量应超过所配置接入终端数量，主要服务区提供802.11a/b/g无线接入能力。	套	1	交换机的配置和数量要根据当地环境决定。建议无线设备需具备漫游能力
	6	安全设备	自主知识产权，具有完备的状态检测防火墙、入侵防御、防病毒及VPN功能，支持IPSec、SSL及L2TP VPN，病毒库和入侵防御库可更新，具备对P2P应用的控制功能，具备对IM软件的控制功能，支持远程管理和实时监控。	套	1	设备具体数量根据出口线路数量决定，要为政务外网接入预留端口。
	7	42U标准机柜	用于安装中心机房服务器、网络设备，包括必要的盲板、滑轨、电源插座、螺丝、底板、密网门、风扇等规定部件。	个	8	具体数量可以根据机房空间和设备占用空间调整。
	8	UPS电源设备	30KVA 断电后电池维持2小时以上，UPS设备、净化稳压电源。	套	1	负责中控室设备供电。
	9	资源应用系统	能够自动识别、导入国家中心下发的数据资源，对资源管理系统提供的资源进行有效的展示，能够对资源进行统一管理和控制和服务。	套	1	主要用于资源服务。
	10	资源管理软件	能够对分中心制作和加工的数据进行有效的管理和检索，提供资源的上载、下载、转码和编目能力，数据加工标准应完全符合国家中心下发的数据格式规范要求。	套	1	主要用于分中心内部资源管理。
	11	信息浏览监控软件	能够屏蔽不良网站，抵御网络攻击；能够制定访问策略，具备上网行为管理和访问控制功能；具备用户上网信息数据采集能力。	套	1	系统应具备数据上传功能，提供给国家中心统计，并符合相关规范。
	12	设备远程管理软件	对相关设备进行桌面服务、网络管理和硬件诊断的远程管理和维护。	套	1	
	13	办公软件	金山Office、永中Office、 Windows Office等。	套		按照实际用户量配置。
	14	网站管理软件	多级内容维护人员支持，模板管理功能，文件管理功能，静态/动态页面，专题管理，并具备基本的用户访问统计。	套	1	提供文化共享工程网站服务。
	15	网络杀毒软件	保障所有客户端和服务器能够受到保护。	套	1	具体数量可根据分中心实际配置数量调整。提供3年内免费升级。

	16	配电箱	具备60KW以上三相交流电（AC 380V）。	套	1	
	17	地线系统	按照国家相关标准。	套	1	
	18	防雷系统	按照国家相关标准。	套	1	
	19	机房空调	根据当地自然状况而定，确保机房温度适合。	套	3	
	20	防火器材	按照国家相关标准。	套	3	
	21	互联网接入	互联网出口带宽不低于100M。	套	1	
	22	政务外网接入	提供不低于10M的接入带宽。	套	1	
	23	机房设备集成安装	按照国家相关标准。	套	1	
	24	防静电地板	按照国家相关标准。	套	1	
	25	综合布线	按照国家相关标准。	套	1	
	26	机房装修	按照国家相关标准。	套	1	
多媒体演示厅	27	投影机	标准显示分辨率1024*768，亮度大于3500 ANSI LM，灯泡寿命不小于4000小时。	台	1	一台在多媒体室，一台用于移动播放。
	28	投影幕	100英寸以上电动幕布。	套	1	幕布尺寸应根据环境大小明确。
	29	中央控制台	用于多路信号源输入和切换，提供VGA和复合端口	套	1	用于多媒体室。
	30	有源音箱	5.1声道高保真有源音箱（200W以上）。	套	1	安装在多媒体室。
	31	大屏幕电视机	52英寸以上大屏幕电视，HDMI输入1组，可视比例16:9、4:3， 制式PAL/NTSC/SECAM。	台	2	
流动服务	32	投影机	标准显示分辨率1024*768，投影灯泡寿命不小于4000小时，亮度不小于3500 ANSI LM。	台	1	
	33	投影幕	不小于100英寸，具体尺寸根据场地环境确定。	套	1	
	34	有源音箱	高保真有源音箱，选择适合开放环境下使用设备。	套	1	
	35	多媒体播放器	能够识别和播放共享工程的视频和flash10资源，并具备日志记录，统计汇总等功能，数据格式符合运行管理系统相关要求。	台	1	应具备良好的便携性和安装简易性。
电子阅览室	36	终端计算机	Intel Core i3 530或AMD Phenom II X4 965处理器，内存2G，硬盘容量160GB，光驱类型：DVD-ROM，19英寸以上液晶显示器，配操作系统，具备系统还原功能，原厂商3年以上免费现场质保，附加耳麦、USB摄像头。建议具备主动管理或同等远程管理技术。			省会城市（直辖市）人口与终端计算机对应数量如下： 100万人口以下——100台以上； 100万人至200万人——130台以上； 200万人至500万人——150台以上； 500万人至1000万人——200台以上； 1000万人以上——300台以上。
资源加工及办公区域	37	非线编系统	支持12Bit 10Bit 双通道 无压缩、HD/SD视频编/解码器，高/标清全兼容的系统：支持从标清的DV、DVCAM、DVCPRO25/50、MPEG-IMX、Digital Betacam到高清的HDV、HDTV、1080/50i/60i、720P、电影格式24P、电视电影格式25P、兼容NTSC和PAL，配套监视器。	套	2	用于视频资源的编辑处理，该系统应包含软件和配套硬件设备。
	38	多功能扫描仪	光学分辨率2400dpi/范围216mmx356mm/扫描元件CCD。	台	2	

	39	激光网络打印机	具备传真、复印、打印功能，提供网络接口模块。	台	6	
	40	移动硬盘	500GB USB2.0接口，配带USB数据线及电源线，带eSATA接口。	块	8	
	41	数码照相机	CCD 有效像素:1200万以上，光学变焦倍数: 可选择镜头。	台	6	用于各地采集和制作节目。其中入门单反相机不少于3台
	42	数码广播级摄录像机	具备60万像素以上3CCD，记录格式达到DVCPRO50、DVCPRO HD同等水平，高清、标清、DV格式全程记录，具备HD/SD-SDI输出，USB和IEEE1394接口，能够与非线编系统上载，具备16:9和4:3幅面可选，专用三脚架，不低于3小时的备用电池3块等附属设备。	台	2	用于各地采集和制作节目，资金充裕的情况下，建议采购3台。
	43	录放机	具备回放功能。	台	2	需要与摄像机配合使用。
	44	便携式计算机	Intel i5-520处理器，14.1英寸宽屏显示器，2GB DDR3， 320GHDD，DVD刻录光驱，10-100-1000M内置以太网卡，中文Windows ，802.11g无线局域网卡，集成显卡，3年以上免费现场质保。	台	6	

二、选配项

选配项一

分类	序号	设备名称	配置及关键特性	单位	数量	备注
中控机房	1	卫星接收系统	天线、Ku波段高频头、卫星数据接收设备、馈线等器材构成。	套	1	用于卫星接收模式，卫星接收软件可由国家中心提供

选配项二

分类	序号	设备名称	配置及关键特性	单位	数量	备注
多媒体演示厅	1	移动存储播放器	容量250GB以上，具备身份认证、资源录入、日志记录、统计汇总功能，支持共享工程的视频、flash10资源的播放。	台	20	用于本地移动播放模式，播放高清资源。
	2	高清视频播放机	2GB内存，750G硬盘；10/100M网卡；支持用户使用记录监管，自动升级；支持高清数字电影放映；支持遥控器操作；支持共享工程的视频、flash10资源的播放。	台	1	

选配项三

分类	序号	设备名称	配置及关键特性	单位	数量	备注
多媒体演示厅	1	IP机顶盒	支持共享工程的视频、flash10资源的播放；支持网络接口：双RJ45 10/100Base-T接口；视频输出格式：PAL/NTSC。	台	1	用于IPTV模式。

选配项四

分类	序号	设备名称	配置及关键特性	单位	数量	备注
中控机房	1	IP网关	64M内存，支持H.323中的编解码，1个以太网口，4个以上FXS接口，支持回波抵消、舒适噪声、防抖动（Jitter Buffer）等功能。	套	1	该设备用于IP语音通讯，具体部署数量和位置要根据基层站点数量而定。
	2	IP通讯服务器	2个10/100M以太网口，600MCPU，1G内存，支持的信令协议SIP、H323，设备可级联数目不少于8台，同时允许在线网关数4000。	台	1	

选配项五

分类	序号	设备名称	配置及关键特性	单位	数量	备注
中控机房	1	多媒体网关	通讯标准：ITU-T H.323/IETF SIP；活动图像分辨率CIF、QCIF；会议带宽：IP可达2Mbps；具备数据会议；幻灯、文档观看；即时消息；白板；文件传输。	台	1	该设备用于实现视频、普通语音、IP语音等功能，具体部署数量和位置要根据基层站点数量而定。
	2	多点控制器（MCU）	实现多媒体信号合成和会议控制；支持H.323协议架构；H.264和H.239双流协议；可实现双机通过IP网的热备；能够与主流MCU和终端设备兼容；实现互联互通。	台	1	

选配项六

分类	序号	设备名称	配置及关键特性	单位	数量	备注
资源加工及办公区域	1	光盘刻录塔	可以同时刻录10张以上的DVD光盘	台	1	

选配项七

分类	序号	设备名称	配置及关键特性	单位	数量	备注
中控机房	1	多功能一体机	大屏幕电视和电脑一体机，可以接收多种信号，访问互联网资源，可以通过硬盘导入数据，可以实现日志统计和上传数据功能。	台	1	

说明：

1. 本方案分为必配项和选配项。必配项为各地应达到的基本要求；选配项中的设备，各地可以根据当地的具体应用方案选择一至多种。
2. 为保证省级分中心设备的可靠运行，各省应通过集成商的方式，对所有设备进行统一管理和维护。
3. 除卫星接收软件可由国家中心提供外，其他软件由当地自行采购或开发。

附件2：

2010年度地（市）支中心配置参考标准

一、必配项

分类	序号	设备名称	配置及关键特性	单位	数量	备注
中控机房	1	应用服务器	2个INTEL Xeon E5520或AMD Opteron 2400以上处理器，ECC DDR3内存 4G，SAS 硬盘2*300G，双1000M网卡，支持远程管理，配windows或linux操作系统，原厂商3年以上免费现场质保，省内提供备件功能。	台	2	用于文化共享工程应用管理系统和网站服务。
	2	业务服务器	2个INTEL Xeon E5520或AMD Opteron 2400以上处理器，ECC DDR3内存 4G，SAS 硬盘2*300G，双1000M网卡，支持远程管理，配windows或linux操作系统，原厂商3年以上免费现场质保，省内提供备件功能。	台	1	用于业务自动化等管理。
	3	资源加工服务器	2个INTEL Xeon E5520或AMD Opteron 2400以上处理器，ECC DDR3内存 4G，SAS 硬盘2*300G，双1000M网卡，支持远程管理，配windows或linux操作系统，原厂商3年以上免费现场质保，省内提供备件功能。	台	1	用于本地特色资源加工。
	4	流媒体点播服务器	1个INTEL Xeon E5520或AMD Opteron 2400以上处理器，ECC DDR3内存 4G，SAS 硬盘2*300G，双1000M网卡，支持远程管理，配windows或linux操作系统，原厂商3年以上免费现场质保，省内提供备件功能。	台	1	如采用卫星接收方案，可将相应设备和软件安装到该服务器上。
	5	存储（磁盘阵列）	方案一（IP-SAN）：能够实现IP SAN，标准19”工业机架；SATA盘，至少可扩展到16TB；至少提供4个以上主机接口，主机接口支持聚合，支持以太网交换机Trunking功能；硬件需通过主流服务器厂商的兼容性测试；高速缓存2GB，具备高速缓存保护功能；支持VLAN功能；支持3年原厂现场保修。 方案二（FC-SAN）：标准19”工业机架，SAS或FC硬盘，具备至少4个4Gb光纤主机接口，每台连接的服务器至少一块HBA卡（4Gb/s速率），至少具备16TB扩容能力，支持SAS或FC、SATA混插，支持RAID1，5，6，10等，支持在线RAID级别变更、在线数据迁移、中英文多语言界面管理等，硬件需通过主流服务器厂商的兼容性测试，3年原厂现场保修。光纤交换机根据接入设备数量而定。	套	1	存储设备可用容量8TB，设备指标可根据实际情况适当提高。
	6	网络设备	具备96个百兆以上端口，场馆主要服务区内提供802.11a/b/g无线接入能力。支持设备堆叠，支持SNMP 网管。	套	1	交换机的配置和数量要根据当地环境决定。
	31	网络杀毒软件	100以上pc客户端，5服务器客户端。	套	1	具体数量可根据分中心实际配置数量调整。提供3年内免费升级。
多媒体演示厅	32	投影机	标准显示分辨率1024*768，投影灯泡寿命不小于4000小时，亮度不小于2500 ANSI LM。	台	1	安装在多媒体室。
	33	投影幕	不小于100英寸，具体尺寸根据场地环境确定。	套	1	用于多媒体室和开放环境
	34	4路VGA输入切换器	用于多路VGA信号源输入，切换一路输出到投影机上显示用	套	1	

	35	有源音箱	5.1声道高保真有源音箱（200W）。	套	1	安装在多媒体室。
	36	大屏幕电视机	52英寸以上大屏幕电视，HDMI输入1组，可视比例16:9、4:3，　制式PAL/NTSC/SECAM。	台	2	用于多媒体室或门厅。
流动服务	37	投影机	标准显示分辨率1024*768，投影灯泡寿命不小于4000小时，亮度不小于3500 ANSI LM。	台	1	以上设备用于流动视频播放，设备的选择应充分考虑便携性和安装简易性。
	38	投影幕	不小于100英寸，具体尺寸根据场地环境确定。	套	1	
	39	有源音箱	高保真有源音箱，选择适合开放环境下使用设备。	套	1	
	40	多媒体播放器	能够识别和播放共享工程的视频和flash10资源，并具备日志记录、统计汇总等功能，数据格式符合运行管理系统相关要求。	台	1	
电子阅览室	41	终端计算机	Intel Core i3 530或AMD Phenom II X4 965处理器，内存2G，硬盘容量160GB，光驱类型：DVD-ROM，19英寸以上液晶显示器，配操作系统，具备系统还原功能，原厂商3年以上免费现场质保。	台	40	40台是最低要求，各地可根据场地环境需要适当增加。建议具备主动管理或同等远程管理技术。
资源加工及办公区域	42	非线编系统	支持12Bit 10Bit 双通道 无压缩、HD/SD视频编/解码器，高/标清全兼容的系统：支持从标清的DV、DVCAM、DVCPRO25/50、MPEG-IMX、Digital Betacam到高清的HDV、HDTV、1080/50i/60i、720P、电影格式24P、电视电影格式25P、兼容NTSC和PAL。	套	1	用于视频资源的编辑处理，该系统应包含软件和配套硬件设备，硬件配置根据业务需要而定。
	43	移动硬盘	500GB USB2.0接口，配带USB数据线及电源线，带eSATA接口。	块	2	
	44	数码照相机	入门级单反相机和卡片式相机各1台	台	2	用于各地采集和制作节目
	45	多功能扫描仪	光学分辨率2400dpi/范围216mmx356mm/扫描元件CCD	台	1	
	46	激光网络打印机	具备传真、复印、打印功能，提供网络接口模块。	台	1	
	47	数码广播级摄录像机	具备60万像素以上3CCD，记录格式达到DVCPRO50、DVCPRO HD同等水平，高清、标清、DV格式全程记录，具备HD/SD-SDI输出，USB和IEEE1394接口，能够与非线编系统上载，具备16：9和4：3幅面可选，专用三脚架，不低于3小时的备用电池3块等附属设备。	台	2	用于各地采集和制作节目，资金充裕的情况下，建议采购3台。
	48	录放机	具备回放功能。	台	2	需要与摄像机配合使用。
	49	日常管理工作站	Intel Core i3 530或AMD Phenom II X4 965处理器，内存2G，硬盘容量320GB，光驱类型：DVD-ROM，19英寸以上液晶显示器，配操作系统，具备系统还原功能，原厂商3年以上免费现场质保。	台	20	建议具备主动管理或同等远程管理技术。
	50	便携式计算机	Intel i5-520处理器，14.1英寸宽屏显示器，2GB DDR3，　320GHDD，DVD刻录光驱，10-100-1000M内置以太网卡，中文Windows　，802.11g无线局域网卡，集成显卡，3年以上免费现场质保。	台	2	

二、选配项

选配项一

分类	序号	设备名称	配置及关键特性	单位	数量	备注
中控机房	1	卫星接收系统	天线、Ku波段高频头、外置USB接口DVB卡、馈线等器材构成。	套	1	用于卫星接收模式，卫星接收软件可由国家中心提供。

选配项二

<table>
<tr><th>分类</th><th>序号</th><th>设备名称</th><th>配置及关键特性</th><th>单位</th><th>数量</th><th>备注</th></tr>
<tr><td rowspan="2">多媒体演示厅</td><td>1</td><td>移动存储播放器</td><td>容量250GB以上，具备身份认证、资源录入、日志记录、统计汇总功能，支持共享工程的视频、flash10资源的播放。</td><td>台</td><td>20</td><td rowspan="2">用于本地移动播放模式，播放高清资源。</td></tr>
<tr><td>2</td><td>高清视频播放机</td><td>2GB内存，750G硬盘；10/100M网卡；支持用户使用记录监管，自动升级；支持高清数字电影放映；支持遥控器操作；支持共享工程的视频、flash10资源的播放。</td><td>台</td><td>1</td></tr>
</table>

选配项三

分类	序号	设备名称	配置及关键特性	单位	数量	备注
多媒体演示厅	1	IP机顶盒	支持共享工程的视频、flash10资源的播放；支持网络接口：双RJ45 10/100Base-T接口；视频输出格式：PAL/NTSC。	台	1	用于IPTV模式。

选配项四

<table>
<tr><th>分类</th><th>序号</th><th>设备名称</th><th>配置及关键特性</th><th>单位</th><th>数量</th><th>备注</th></tr>
<tr><td rowspan="2">中控机房</td><td>1</td><td>IP网关</td><td>64M内存，支持H.323中的编解码，1个以太网口，4个以上FXS接口，支持回波抵消、舒适噪声、防抖动（Jitter Buffer）等功能。</td><td>套</td><td>1</td><td rowspan="2">该设备用于IP语音通讯，具体部署数量和位置要根据基层站点数量而定。</td></tr>
<tr><td>2</td><td>IP通讯服务器</td><td>2个10/100M以太网口，600MCPU，1G内存，支持的信令协议SIP、H323，设备可级联数目不少于8台，同时允许在线网关数4000。</td><td>台</td><td>1</td></tr>
</table>

选配项五

<table>
<tr><th>分类</th><th>序号</th><th>设备名称</th><th>配置及关键特性</th><th>单位</th><th>数量</th><th>备注</th></tr>
<tr><td rowspan="2">中控机房</td><td>1</td><td>多媒体网关</td><td>通讯标准：ITU-T H.323/IETF SIP；活动图像分辨率CIF、QCIF；会议带宽：IP可达2Mbps；具备数据会议；幻灯、文档观看；即时消息；白板；文件传输。</td><td>台</td><td>1</td><td rowspan="2">该设备用于实现视频、普通语音、IP语音等功能，具体部署数量和位置要根据基层站点数量而定。</td></tr>
<tr><td>2</td><td>多点控制器（MCU）</td><td>实现多媒体信号合成和会议控制；支持H.323协议架构；H.264和H.239双流协议；可实现双机通过IP网的热备；能够与主流 MCU和终端设备兼容；实现互联互通。</td><td>台</td><td>1</td></tr>
</table>

选配项六

分类	序号	设备名称	配置及关键特性	单位	数量	备注
资源加工及办公区域	1	光盘刻录塔	可以同时刻录10张以上的DVD光盘。	台	1	

选配项七

分类	序号	设备名称	配置及关键特性	单位	数量	备注
中控机房	1	多功能一体机	大屏幕电视和电脑一体机，可以接收多种信号，访问互联网资源，可以通过硬盘导入数据，可以实现日志统计和上传数据功能。	台	1	

说明：

1. 本方案分为必配项和选配项。必配项为各地应达到的基本要求；选配项中的设备，各地可以根据当地的具体应用方案选择一至多种。
2. 为保证市级支中心设备的可靠运行，建议各地通过集成商的方式，对所有设备进行统一管理和维护。
3. 除卫星接收软件可由国家中心提供外，其他软件由当地自行采购或开发。

附件3：

2010年度县支中心配置标准

文化共享工程县支中心按照68万元标准进行配置。

一、必配项

分类	序号	设备名称	配置及关键特性	单位	数量	备注
中控机房	1	应用服务器	2个INTEL Xeon E5520或AMD Opteron 2400以上处理器，ECC DDR3内存 4G，SAS 硬盘2*300G，双1000M网卡，支持远程管理，配windows或linux操作系统，原厂商3年以上免费现场质保，省内提供备件功能。	台	1	用于运行文化共享工程应用管理系统。
	2	业务服务器	2个INTEL Xeon E5520或AMD Opteron 2400以上处理器，ECC DDR3内存 4G，SAS 硬盘2*300G，双1000M网卡，支持远程管理，配windows或linux操作系统，原厂商3年以上免费现场质保，省内提供备件功能。	台	1	用于运行业务自动化系统。
	3	传输服务器	2个INTEL Xeon E5520或AMD Opteron 2400以上处理器，ECC DDR3内存 4G，SAS 硬盘2*300G，双1000M网卡，支持远程管理，配windows或linux操作系统，原厂商3年以上免费现场质保，省内提供备件功能。	台	1	用于数据资源管理或数据远程传输。
	4	管理服务器	1个INTEL Xeon E5520或AMD Opteron 2400以上处理器，ECC DDR3内存 4G，SAS 硬盘2*300G，双1000M网卡，支持远程管理，配windows或linux操作系统，原厂商3年以上免费现场质保，省内提供备件功能。	台	1	用于设备的远程管理。

分类	序号	设备名称	配置及关键特性	单位	数量	备注
中控机房	5	存储（磁盘阵列）	方案一（IP-SAN）： 能够实现IP SAN，标准19”工业机架；SATA盘，至少可扩展到8TB，支持RAID1、5、10等；至少提供4个以上主机接口，主机接口支持聚合，支持以太网交换机Trunking功能；硬件需通过主流服务器厂商的兼容性测试；高速缓存2GB，具备高速缓存保护功能；支持VLAN功能；支持3年原厂现场保修。	套	1	请在选型时遵循以下原则： 1、可用容量≥3.6TB； 2、可扩展； 3、不附属于服务器设备； 4、交换机可选。
	6	交换机	方案一：提供48个10/100M Base-T以太网接口，4个千兆以太网口。场馆服务区内提供802.11a/b/g无线接入能力。支持设备堆叠，支持SNMP 网管。	台	1	交换机的配置和数量要根据当地机房环境决定。
			方案二：提供24个10/100M Base-T以太网接口，2个1000Base-X SFP千兆以太网口，2个10/100/1000M Base-T以太网接口。场馆服务区内提供802.11a/b/g无线接入能力。支持设备堆叠，支持SNMP 网管。	台	2	
	7	安全设备	自主知识产权，具有完备的状态检测防火墙、入侵防御、防病毒及VPN功能，支持IPSec、SSL及L2TP VPN，病毒库和入侵防御库可更新，具备对P2P应用的控制功能， 具备对IM软件的控制功能，支持远程管理和实时监控。	台	1	要为政务外网接入预留端口。建议能够和信息浏览监控软件进行联动实现终端准入控制、安全状态检测访问控制，如需建设全网VPN，应通过兼容性测试
	8	网络专用配线架	24端口网络专用配线架，用于灵活连接业务终端计算机、服务器、管理工作站等物理设备，提高系统配置的灵活性。	套	2	
	9	键盘、鼠标、显示器	1U机架式可折叠键盘/鼠标/15英寸或17英寸液晶显示器。	套	1	
	10	4路KVM切换器	支持电动四路KVM切换功能	台	1	
	11	42U标准机柜	用于安装中心机房服务器、网络设备，包括必要的盲板、滑轨、电源插座、螺丝、底板、密网门、风扇等规定部件。	个	1	
	12	配电箱	具备15KW以上三相交流电（AC 380V）。	套	1	
	13	地线系统	按照国家相关标准。	套	1	
	14	防雷系统	按照国家相关标准。	套	1	
	15	机房空调	根据当地自然状况而定，确保机房温度适合。	套	3	
	16	防火器材	按照国家相关标准。	套	3	
	17	电话及互联网接入	互联网出口带宽不低于2M，至少提供一部电话。	套	1	
	18	政务外网接入	本地具备政务外网接入条件的地区，应提供不低于2M的接入带宽，接入方式根据当地政务外网建设情况而定，并配置相关接入设备。	套	1	网络带宽应根据当地政务外网设计具体调整，可选2M、4M、10M等。
	19	机房设备集成安装	按照国家相关标准。	套	1	

	20	防静电地板	按照国家相关标准。	套	1	
	21	综合布线	按照国家相关标准。	套	1	
	22	机房装修	按照国家相关标准。	套	1	
	23	UPS电源设备	10KVA 断电后电池维持1小时以上，UPS设备、净化稳压电源，机头为机架式。	套	1	为中控室和电子阅览室设备供电。
	24	网络杀毒软件	30以上pc客户端，4服务器客户端。	套	1	
	25	信息浏览监控软件	能够屏蔽不良网站，抵御网络攻击；能够制定访问策略，具备 上网行为管理和访问控制功能；具备用户上网信息数据采集能力。	套	1	系统应具备数据上传功能，提供给国家中心统计，并符合相关规范。
	26	业务自动化系统	具备对馆藏各类资源（含数字资源）的采访、编目、检索、流通等管理功能；具备读者管理功能；对人员、网络及硬件设备要求不高，客户端免维护。	套	1	如业务需要实现总分馆模式，可选用统一图书馆自动化业务平台。
			具备对文化共享工程资源的有效管理和控制，能够播出文化共享工程提供的数据资源，提供节目单的编排和管理、按单播出等功能。	套	1	适用于以电视台等为县级支中心的地区。
	27	资源应用管理系统	能够自动识别、导入国家中心通过多种途径下发的数据资源，对资源管理系统提供的资源进行有效的展示，能够对资源进行统一管理和控制，需要具备资源的生命周期管理、实时使用统计、资源接收和导入、版权控制等功能。	套	1	各地根据当地技术方案自行采购，可采用集中部署或各地分别部署的架构。
	28	设备远程管理软件	对支中心内部的主要设备进行桌面服务、网络管理和硬件诊断的远程管理和维护。	套	1	
多媒体演示厅	29	投影机	标准显示分辨率1024*768，投影灯泡寿命不小于4000小时，用于室内的亮度不小于2500 ANSI LM，用于室外的亮度不小于3500。	台	1	安装在多媒体室。
	30	投影幕	不小于100英寸，具体尺寸根据场地环境确定。	套	1	用于多媒体室和开放环境。
	31	电视机	52英寸以上大屏幕电视，HDMI输入1组，可视比例16:9、4:3，制式PAL/NTSC/SECAM。	套	2	用于多媒体室或门厅。
	32	触摸屏	15英寸以上，具备较好的防尘功能。	套	1	用于门厅，为用户提供共享工程简介和基本信息。
	33	4路VGA输入切换器	用于多路VGA信号源输入，切换一路输出到投影机上显示用。	套	1	
	34	有源音箱	高保真有源音箱（200W）。	套	1	安装在多媒体室。
流动服务	35	投影机	标准显示分辨率1024*768，投影灯泡寿命不小于4000小时，用于室内的亮度不小于2500 ANSI LM，用于室外的亮度不小于3500。	台	1	以上设备用于流动视频播放，设备的选择应充分考虑便携性和安装简易性。
	36	投影幕	不小于100英寸，具体尺寸根据场地环境确定。	套	1	
	37	有源音箱	高保真有源音箱，选择适合开放环境下使用设备。	套	1	
	38	多媒体播放器	能够识别和播放共享工程的视频和flash10资源，并具备日志记录、统计汇总等功能，数据格式符合运行管理系统相关要求。	台	1	

电子阅览室	39	终端计算机	Intel Core i3 530或AMD Phenom II X4 965处理器，内存2G，硬盘容量160GB，光驱类型：DVD-ROM，19英寸以上液晶显示器，配操作系统，具备系统还原功能，原厂商3年以上免费现场质保。	台	25	25台是最低标准，各地可根据实际应用予以增加。建议具备主动管理或同等远程管理技术。
资源加工及办公区域	40	多功能扫描仪	光学分辨率2400dpi/范围216mmx356mm/扫描元件CCD。	台	1	
	41	激光网络打印机	具备传真、复印、打印功能，提供网络接口模块。	台	1	
	42	移动硬盘	1TB USB2.0接口，配带USB数据线及电源线，带eSATA接口。	块	2	
	43	数码照相机	入门级单反相机和卡片式相机各1台	台	2	用于各地采集和制作节目
	44	数码摄像机	一台专业级摄像机，一台家用级DV，配套专用三脚架，和电池等附属设备。	台	2	摄像机制式需考虑与相关机构进行文件和内容交互的方便性。
	45	日常管理工作站	Intel Core i3 530或AMD Phenom II X4 965处理器，内存2G，硬盘容量320GB，光驱类型：DVD-ROM，19英寸以上液晶显示器，配操作系统，具备系统还原功能，原厂商3年以上免费现场质保。	台	5	5台是最低标准，各地可根据实际应用予以增加。建议具备主动管理或同等远程管理技术。
	46	便携式计算机	Intel i5-520处理器，14.1英寸宽屏显示器，2GB DDR3， 320GHDD，DVD刻录光驱，10-100-1000M内置以太网卡，中文Windows ，802.11g无线局域网卡，集成显卡，3年以上免费现场质保。	台	2	
政务外网接入	47	政务外网接入设备	根据各地政务外网建设和连接方案，具体选定所需设备。	套	1	

二、选配项

选配项一

分类	序号	设备名称	配置及关键特性	单位	数量	备注
中控机房	1	卫星接收系统	大线、高频头、外置USB接口DVB卡、馈线等器材构成。	套	1	用于卫星接收模式，卫星接收软件可由国家中心提供。

选配项二

分类	序号	设备名称	配置及关键特性	单位	数量	备注
多媒体演示厅	1	移动存储播放器	容量250GB以上，具备身份认证、资源录入、日志记录、统计汇总功能，支持共享工程的视频、flash10资源的播放。	台	20	用于本地移动播放，播放高清资源。
	2	高清视频播放机	2GB内存，750G硬盘；10/100M网卡；支持用户使用记录监管，自动升级；支持高清数字电影放映；支持遥控器操作；支持共享工程的视频、flash10资源的播放。	台	1	

选配项三

分类	序号	设备名称	配置及关键特性	单位	数量	备注
多媒体演示厅	1	IP机顶盒	支持共享工程的视频、flash10资源的播放；支持网络接口：双RJ45 10/100Base-T接口；视频输出格式：PAL/NTSC。	台	1	用于IPTV模式。
	2	电视机	42英寸等离子屏幕，屏幕比例16：9，分辨率1366*768，兼容1080P信号，反映时间8ms，输出：AV端子和音响，输入：即插即用PC接口，数字音频HDMI。	台	1	

选配项四

分类	序号	设备名称	配置及关键特性	单位	数量	备注
中控机房	1	IP网关	64M内存，支持H.323中的编解码，1个以太网口，4个以上FXS接口，支持回波抵消、舒适噪声、防抖动（Jitter Buffer）等功能。	套	1	该设备用于IP语音通讯，具体部署数量和位置要根据基层站点数量而定。
	2	IP通讯服务器	2个10/100M以太网口，600MCPU，1G内存，支持的信令协议SIP、H323，设备可级联数目不少于8台，同时允许在线网关数4000。	台	1	

选配项五

分类	序号	设备名称	配置及关键特性	单位	数量	备注
中控机房	1	多媒体网关	通讯标准：ITU-T H.323/IETF SIP；活动图像分辨率CIF、QCIF；会议带宽：IP可达2Mbps；具备数据会议；幻灯、文档观看；即时消息；白板；文件传输。	台	1	该设备用于实现视频、普通语音、IP语音等功能，具体部署数量和位置要根据基层站点数量而定。
	2	多点控制器（MCU）	实现多媒体信号合成和会议控制；支持H.323协议架构；H.264和H.239双流协议；可实现双机通过IP网的热备；能够与主流 MCU和终端设备兼容；实现互联互通。	台	1	

选配项六

分类	序号	设备名称	配置及关键特性	单位	数量	备注
资源加工及办公区域	1	光盘刻录塔	可以同时刻录10张以上的DVD光盘。	台	1	

选配项七

分类	序号	设备名称	配置及关键特性	单位	数量	备注
中控机房	1	多功能一体机	大屏幕电视和电脑一体机，可以接收多种信号，访问互联网资源，可以通过硬盘导入数据，可以实现日志统计和上传数据功能。	台	1	

说明：1. 本方案分为必配项和选配项。必配项为各地应达到的基本要求；选配项中的设备，各地可以根据当地的具体应用方案选择一至多种。

2. 为保证县级支中心设备的可靠运行，建议各地通过集成商的方式，对所有设备进行统一管理和维护。

3. 除卫星接收软件可由国家中心提供外，其他软件由当地自行采购或开发。

附件4：

2010年度乡镇基层服务点配置标准

文化共享工程乡镇基层服务点按照5万元标准配置。

一、必配项

序号	用途	设备名称	配置及相关标准	单位	数量	推荐使用条件	备注
信号接入	1	网络	互联网络或专网，带宽不低于1M	条	1		
		电视信号	电视电缆接口入室	条	1	没有有线信号的地区可以使用卫星电视信号接入。	电视信号应能够接收到包括中央1台等的20套以上电视节目内容
资源管理	2	PC服务器	1个AMD1385 /INTEL3430四核处理器或以上，2G DDR3内存，SATA硬盘1TB，支持RAID5，双千M网卡，支持远程管理，配windows或linux操作系统，原厂商3年以上免费现场质保。	台	1	如果采用NAS设备，则可以降低硬盘容量，或采用高端PC机。	
资源展示	3	大屏幕电视机	52英寸以上大屏幕电视，HDMI输入1组，可视比例16:9、4:3，制式PAL/NTSC/SECAM。	台	1	在不使用移动播放器的地区，建议使用可识别和播放移动硬盘的电视机	
		投影机	DLP显示，标准显示分辨率1024*768，对比度2000：1，光亮度不低于2500流明，投影灯泡寿命不小于3000小时，配100英寸以上幕布	台	1	建议用于移动播放环境	
		PC机	Intel Core i3 530或AMD Phenom II X4 965处理器，内存2G，硬盘容量160GB，光驱类型：DVD-ROM，19英寸以上液晶显示器，配操作系统，具备系统还原功能，原厂商3年以上免费现场质保。	台	≥4	PC机数量视具体方案而定，不应少于4台。建议具备主动管理或同等远程管理技术。	
		音箱	2.0声道以上音箱，有源，输出功率：150W，信噪比：≥80dB	套	1		
		DVD	兼容可播放碟片DVD/DVD-R/DVD-RW/SVCD/VCD/CD/CD-R/CD-RW/DVD+R/ DVD+RW/DVD-R DL，防尘、防震、纠错能力强。	套	1		
网络连接	4	方案1：VPN	支持802.11 b/g，支持至少一个三层以太网接口，12个以上二层以太网接口。支持VPN，支持DHCP Server/client，支持NAT功能。支持内置防火墙。	台	1	用于支持VPN连接的环境，如连接政务外网等。	要求都要支持802.11b/g无线环境。交换机的端口数应根据设备具体数量确定
		方案2：1台小型无线路由器+1台交换机。	小路由器：支持1个WAN口和4个10/100M全双工LAN口，支持802.11g 54M无线AP，支持NAT、DHCP服务器、动态DNS、域名过滤、MAC地址过滤和时间过滤等功能 交换机：提供10/100M端口，全双工/半双工自适应。	台	2	用于一般环境，不做VPN，交换机用于扩充接口数量	

办公设备	5	打印机	A4打印机；长寿命硒鼓。	台	1		
控制台	6	中央控制台	用于切换多路视频信号，可控制DVD、投影机、音响设备，可以切换AV信号和VGA信号等。	台	1	应至少提供 4台PC和1-2个扩展输入端口，和同等数量音频接口。	
软件	7	工程应用软件	可以接收、识别并管理符合国家中心要求的资源数据，具备资源管理功能，提供良好的日志统计功能。	套	1	对于有闭路电视需求的乡镇应提供电视播出和管理功能。	
		信息浏览监控软件	能够屏蔽不良网站；具备防火墙功能，抵御网络攻击；能够制定访问策略，具备 上网行为管理和访问控制功能；具备用户上网信息数据采集能力。	套	1	系统应具备数据上传功能，提供给国家中心统计。	
		杀毒软件	5客户端以上。	套	1		
		设备远程管理软件	对服务点的主要设备进行桌面服务、网络管理和硬件诊断的远程管理和维护。	套	1		

二、选配项

选配项一

分类	序号	设备名称	配置及关键特性	单位	数量	备注
信息接入	1	卫星数据接收	天线、Ku波段高频头、卫星DVB数据接收设备、馈线等器材构成。	套	1	接入条件视各地情况而定

选配项二

分类	序号	设备名称	配置及关键特性	单位	数量	备注
资源管理	1	小型NAS存储	提供4个盘位，提供NAS功能，支持DHCP，数据同步，自动数据备份功能等，中文WEB界面，3TB物理容量。	台	1	

选配项三

分类	序号	设备名称	配置及关键特性	单位	数量	备注
资源展示	1	IPTV	支持共享工程的视频、flash10资源的播放；支持网络接口：双RJ45 10/100Base-T接口；视频输出格式：PAL/NTSC。	台	1	
	2	卫星机顶盒	能够接受文化共享工程卫星信号，能够直接连接电视机或PC机。	台	1	可选用广电直播星模式机顶盒。

选配项四

分类	序号	设备名称	配置及关键特性	单位	数量	备注
资源展示	1	移动播放器	容量250GB以上，具备身份认证、资源录入、日志记录、统计汇总功能，支持共享工程的视频、flash10资源的播放。	台	1	IPTV、互联网、卫星、有线/数字电视。
	2	电视机投影机	电视机：32英寸以上。 投影机：标准显示分辨率800*600，对比度2000:1，光亮度不低于2200流明，投影灯泡寿命不小于3000小时，配100英寸以上幕布	台	1	

选配项五

分类	序号	设备名称	配置及关键特性	单位	数量	备注
资源展示	1	移动播放器	容量250GB以上，具备身份认证、资源录入、日志记录、统计汇总功能，支持共享工程的视频、flash10资源的播放。	台	1	IPTV、互联网、卫星、有线/数字电视。
	2	电视机 投影机	电视机：32英寸以上。 投影机：标准显示分辨率800*600，对比度2000：1，光亮度不低于2200流明，投影灯泡寿命不小于3000小时，配100英寸以上幕布	台	1	

选配项六

分类	序号	设备名称	配置及关键特性	单位	数量	备注
中控机房	1	多功能一体机	大屏幕电视和电脑一体机，可以接收多种信号，访问互联网资源，可以通过硬盘导入数据，可以实现日志统计和上传数据功能。	台	1	

说明：本方案分为必配项和选配项。必配项为各地应达到的基本要求；选配项中的设备，各地可以根据当地的具体应用方案选择。

附件5：

2010年度村基层服务点配置标准

文化共享工程村基层服务点按照5000元、6000元两种预算提供配置方案，各地可根据本地实际情况自行选择。

一、5000元配置方案

选配项一

分类	序号	设备名称	配置及关键特性	单位	数量	备注
普通PC	1	PC	Intel Core i3 530或AMD Phenom II X4 965处理器，内存2G，硬盘容量160GB，光驱类型：DVD-ROM，19英寸以上液晶显示器，配操作系统，具备系统还原功能，原厂商3年以上免费现场质保，建议具备主动管理或同等远程管理技术。	台	1	IPTV。

选配项二

分类	序号	设备名称	配置及关键特性	单位	数量	备注
投影机	1	投影机	DLP显示，标准显示分辨率1024*768，对比度2200：1，光亮度不低于2500流明，投影灯泡寿命不小于3000小时，配100英寸以上幕布。	台	1	互联网、卫星、有线/数字电视。

选配项三

分类	序号	设备名称	配置及关键特性	单位	数量	备注
IPTV	1	电视机	32英寸以上， 屏幕比例16:9， 分辨率1366*768，兼容1080P信号，	台	1	互联网、有线/数字电视。
	2	IPTV机顶盒	支持共享工程的视频、flash10资源的播放；支持网络接口：双RJ45 10/100Base-T接口；视频输出格式：PAL/NTSC。	台	1	

选配项四

分类	序号	设备名称	配置及关键特性	单位	数量	备注
移动播放器	1	移动播放器	容量250GB以上，具备身份认证、资源录入、日志记录、统计汇总功能，支持共享工程的视频、flash10资源的播放。	台	1	IPTV、互联网、卫星、有线/数字电视。
	2	电视机/投影机	电视机32英寸以上或投影机标准显示分辨率800*600，对比度2000：1，光亮度不低于2200流明，投影灯泡寿命不小于3000小时，配100英寸以上幕布。	台	1	

选配项五

分类	序号	设备名称	配置及关键特性	单位	数量	备注
电视机	1	等离子电视机	42英寸，分辨率1366×768，等离子电视比例16:9，面板寿命60000小时， PAL、NTSC、SECAM接收制式，TV端子/ AV端子/ 分量/ HDMI/ D-Sub/ S-Video输入至少各一组。	台	1	IPTV、卫星、有线/数字电视

选配项六

分类	序号	设备名称	配置及关键特性	单位	数量	备注
高清播放	1	高清视频播放机	1GB内存，500G硬盘；10/100M网卡；支持用户使用记录监管，自动升级；支持高清数字电影放映；支持遥控器操作；支持共享工程的视频、flash10资源的播放。	台	1	IPTV、互联网、卫星、有线/数字电视

二、6000元配置方案

选配项一

分类	序号	设备名称	配置及关键特性	单位	数量	适用类型	备注
普通PC	1	PC	Intel Core i3 530或AMD Phenom II X4 965处理器，内存2G，硬盘容量300GB，光驱类型：DVD-ROM，19英寸以上液晶显示器，独立显卡显存不少512MB，配操作系统，具备系统还原功能，原厂商3年以上免费现场质保，建议具备主动管理或同等远程管理技术。	台	1	IPTV	相比5000元版本，要求独立显卡且显存不少512MB，磁盘增加到300GB。

选配项二

分类	序号	设备名称	配置及关键特性	单位	数量	适用类型	备注
投影机	1	投影机	DLP显示，标准显示分辨率1024*768，对比度2200：1，光亮度不低于3000流明，投影灯泡寿命不小于4000小时。配100英寸以上幕布2套。	台	1	互联网、卫星、有线/数字电视	相比5000元版本，光亮度从2500流明增加到3000流明，灯泡寿命从3000增加到4000小时。多配一套幕布。

选配项三

分类	序号	设备名称	配置及关键特性	单位	数量	适用类型	备注
IPTV	1	电视机	37英寸液晶屏幕，屏幕比例16：9，分辨率1366*768，兼容1080P信号，反映时间8ms，输出：AV端子和音响，输入：即插即用PC接口，数字音频HDMI。	台	1	互联网、有线／数字电视	相比5000元版本，电视机屏幕从32英寸增大为37英寸。
	2	IPTV机顶盒	支持共享工程的视频、flash10资源的播放；支持网络接口：双RJ45 10/100Base-T接口；视频输出格式：PAL/NTSC。	台	1		

选配项四

分类	序号	设备名称	配置及关键特性	单位	数量	适用类型	备注
移动播放器	1	移动播放器	容量250GB以上，具备身份认证、资源录入、日志记录、统计汇总功能，支持共享工程的视频、flash10资源的播放。	台	1	IPTV、互联网、卫星、有线／数字电视	相比5000元版本，电视机由普通CRT变成液晶电视。
	2	电视机／投影机	平板电视32英寸以上或投影机最高显示分辨率800*600，对比度2200：1，光亮度不低于2500流明，投影灯泡寿命不小于3000小时，配100英寸以上幕布。	台	1		

选配项五

分类	序号	设备名称	配置及关键特性	单位	数量	适用类型	备注
电视机	1	等离子电视机	42英寸以上，分辨率1366×768，等离子电视比例16:9，面板寿命60000小时，PAL、NTSC、SECAM接收制式，TV端子／AV端子／分量／D-Sub／S-Video输入至少各一组，HDMI输入3组。	台	1	IPTV、卫星、有线／数字电视	相比5000元版本，电视机屏幕从32英寸增大为42英寸。

选配项六

分类	序号	设备名称	配置及关键特性	单位	数量	适用类型	备注
高清视频播放机	1	高清视频播放机	2GB内存，750G硬盘；10/100M网卡；支持用户使用记录监管，自动升级；支持高清数字电影放映；支持遥控器操作；支持共享工程的视频、flash10资源的播放。	台	1	IPTV、互联网、卫星、有线／数字电视	相比5000元版本，内存由1G增加至2G，硬盘由500G增加至750G。

选配项七

分类	序号	设备名称	配置及关键特性	单位	数量	适用类型	备注
5000元增值方案	1	IP电话	2个以太网接口（RJ45）：10Base-T /100Base-TX，10/100 Mbps 自协商，MDI/MDIX自适应，兼容IEEE802.3/802.3u，VLAN标记。其中LAN口支持IEEE802.3af标准以太网供电（PoE）。	部	1	IPTV、互联网	该方案是在5000元方案的基础上增加IP电话设备。要求当地要有网络条件，且县中心需要选择相关设备
		5000元方案	相关标准参见上表。	台	1		

文化部办公厅关于印发《2011年度公共电子阅览室设备配置标准》及《公共电子阅览室标牌样式及制作标准》的通知

办社文发〔2011〕31号

各省、自治区、直辖市文化厅（局），新疆生产建设兵团文化广播电视局，文化部全国文化信息资源建设管理中心：

为进一步推进公共电子阅览室建设工作，树立并规范公共电子阅览室的整体形象，让公共电子阅览室的品牌、服务和形象深入人心，文化部经与财政部审议制定了2011年度公共电子阅览室设备配置方案和统一的公共电子阅览室标识和标牌的标准样式。现将《2011年度公共电子阅览室设备配置标准》及《公共电子阅览室标牌样式及制作标准》印发给你们，请遵照执行。

各地在推进实施公共电子阅览室建设工作中，要统一管理，严格根据规范建设，大力宣传并加以使用，要建立公共电子阅览室内部管理、外部服务的长效机制，注意树立和维护公共电子阅览室的良好形象，进一步保障基层群众的网络文化权益，满足广大人民群众日益增长的精神文化需求。

特此通知。

附件：1.《公共电子阅览室标牌样式及制作标准》
2.《2011年度公共电子阅览室设备配置标准》

文化部办公厅

二〇一一年九月十六日

附件1：

公共电子阅览室标牌样式及制作标准

公共电子阅览室标牌为银灰色金属牌，公共电子阅览室标识为全国文化信息资源共享工程Logo，具体样式及制作标准如下：

一、标牌设计要求：

1. 标牌为银灰色底色的金属制作；
2. 标牌尺寸为宽600mm，高400mm ；
3. 文字使用红色，字体字号如下：

“文化部 财政部 全国文化信息资源共享工程”黑体48点“公共电子阅览室”方正隶书简体160点LOGO 宽 7.5CM 高 5.4CM4. LOGO标识颜色：蓝色 90 M 10 Y 50 K 20； 橙色：Y100 M 60；

二、标牌样片（参见图1）

三、相关文件可登陆全国文化信息资源共享工程网站（www.ndcnc.gov.cn）查看并下载。

图1

附件2：

2011年度公共电子阅览室设备配置标准

一、乡 镇

（一）必配项

序号	用途	设备名称	配置及相关标准	单位	数量	推荐使用条件	备注
1	信号接入	网络	互联网络或专网，带宽不低于2M	条	1		
		电视信号	电视电缆接口入室	条	1	没有有线信号的地区可以使用卫星电视信号接入。	电视信号应能够接收到包括中央1台等的20套以上电视节目内容。
2	资源管理	PC服务器	1个Intel Xeon E3-1230 或AMD Opteron 1389四核处理器，2G ECC DDR3内存，SATA硬盘1TB，支持RAID5，双千M网卡，支持远程管理，配操作系统及备份软件，原厂商3年以上免费现场质保。	台	1	如果采用NAS设备，则可以降低硬盘容量，或采用高端PC机。	
3	资源展示	大屏幕电视机	52英寸以上大屏幕电视，HDMI输入1组，可视比例16:9、4:3，制式PAL/NTSC/SECAM。	台	1	在不使用移动播放器的地区，建议使用可识别和播放移动硬盘的电视机。	
		投影机	DLP显示，标准显示分辨率1024*768，对比度2000：1，光亮度不低于3000流明，投影灯泡寿命不小于3000小时，配100英寸以上幕布。	台	1	可用于移动播放环境	
		终端计算机	Intel i5-2400或AMD X6 1100T处理器，内存2G，硬盘容量500GB，光驱类型：DVD-ROM，17英寸以上液晶显示器，配操作系统，具备系统还原功能，原厂商3年以上免费现场质保。	台	≥10	根据公共电子阅览室服务要求，PC机最低数量不应少于10台（在原有配置基础上增加6台）。 建议具备主动管理或同等远程管理技术。	
		音箱	2.0声道以上音箱，有源，输出功率：150W，信噪比：≥80dB	套	1		
		DVD	兼容可播放碟片DVD/DVD-R/DVD-RW/SVCD/VCD/CD/CD-R/CD-RW/DVD+R/ DVD+RW/DVD-R DL，防尘、防震、纠错能力强。	套	1		
4	网络连接	网络设备	支持802.11 b/g，支持至少一个三层以太网接口，12个以上二层以太网接口。支持VPN，支持DHCP Server/client，支持NAT功能。支持内置防火墙。	台	1		端口数应根据设备具体数量确定。

5	办公设备	打印机	A4打印机；长寿命硒鼓。	台	1		
6	控制台	中央控制台	用于切换多路视频信号，可控制DVD、投影机、音响设备，可以切换AV信号和VGA信号等。	台	1	应至少提供 4台PC和1-2个扩展输入端口，和同等数量音频接口	具体接口数量根据实际使用环境调整。
7	软件	资源服务软件	能够应用和管理符合国家中心要求的资源数据。功能包括：资源分类浏览、检索、上传、下载、管理、播放、重点推荐及讨论区；用户日志；热点视频；系统设置；在线升级	套	1		具体数量根据计算机数量决定，软件由各地根据需求自行采购
		信息浏览监控软件	能够屏蔽不良网站；具备防火墙功能，抵御网络攻击；能够制定访问策略，具备上网行为管理和访问控制功能；具备用户上网信息数据采集能力。	套	1	系统应具备数据上传功能，提供给国家中心统计。	
		杀毒软件	3年免费升级病毒库。	套	1		具体客户端数根据计算机数量决定
		设备远程管理软件	对服务点的主要设备进行桌面服务、网络管理和硬件诊断的远程管理和维护。	套	1		
8	光盘架	光盘架	宽度不小于1.2米，至少提供4层展架，其中至少有两层层高不低于40CM	套	1	可用于摆放光盘、光盘套装及光盘箱等。	

（二）选配项

选配项一

序号	用途	设备名称	配置及关键特性	单位	数量	备注
1	信息接入	卫星数据接收	天线、Ku波段高频头、卫星DVB数据接收设备、馈线等器材构成。	套	1	接入条件视各地情况而定。

选配项二

序号	用途	设备名称	配置及关键特性	单位	数量	备注
1	资源管理	小型NAS存储	提供4个盘位，提供NAS功能，支持DHCP，数据同步，自动数据备份功能等，中文WEB界面，3TB物理容量。	台	1	

选配项三

序号	用途	设备名称	配置及关键特性	单位	数量	备注
1	资源服务	IPTV	支持共享工程的视频、flash10资源的播放；支持网络接口：双RJ45 10/100Base-T接口；视频输出格式：PAL/NTSC。	台	1	
2	资源服务	卫星机顶盒	能够接受文化共享工程卫星信号，能够直接连接电视机或PC机。	台	1	可选用广电直播星模式机顶盒。

选配项四

序号	用途	设备名称	配置及关键特性	单位	数量	备注
1	资源服务	移动播放器	容量250GB以上，具备身份认证、资源录入、日志记录、统计汇总功能，支持共享工程的视频、flash10资源的播放。	台	1	IPTV、互联网、卫星、有线/数字电视。
2	资源展示	电视机/投影机	电视机：32英寸以上。 投影机：标准显示分辨率800*600，对比度2000：1，光亮度不低于2200流明，投影灯泡寿命不小于3000小时，配100英寸以上幕布。	台	1	

选配项五

序号	用途	设备名称	配置及关键特性	单位	数量	备注
1	资源管理	光盘刻录塔	可以同时刻录10张以上的DVD光盘。	台	1	

选配项六

序号	用途	设备名称	配置及关键特性	单位	数量	备注
1	资源服务	多功能一体机	大屏幕电视和电脑一体机，可以接收多种信号，访问互联网资源，可以通过硬盘导入数据，可以实现日志统计和上传数据功能。	台	1	

二、街 道

（一）必配项

序号	用途	设备名称	配置及相关标准	单位	数量	推荐使用条件	备注
1	信号接入	网络	互联网络或专网，带宽不低于2M	条	1		
		电视信号	电视电缆接口入室	条	1		
2	资源服务	投影机	DLP显示，标准显示分辨率1024*768，对比度2000：1，光亮度不低于3000流明，投影灯泡寿命不小于3000小时，配幕布。	台	1	可以用于移动播放环境。	幕布大小根据场地决定。
		管理计算机	1个Intel Xeon E3-1220 或AMD 1389四核处理器，内存2G，硬盘容量2TB以上， DVD刻录光驱，19英寸以上宽屏液晶显示器，配操作系统，具备系统还原功能，原厂商3年以上免费现场质保。	台	1	建议具备主动管理或同等远程管理技术。	
		终端计算机	Intel i5 2400或AMD X6 1100T处理器，内存2G，硬盘容量500GB以上， DVD-ROM，17英寸以上宽屏液晶显示器，配操作系统，具备系统还原功能，原厂商3年以上免费现场质保。	台	10—12	建议具备主动管理或同等远程管理技术。	根据公共电子阅览室服务要求，PC机数量在原有配置基础上增加5台。

		移动终端自助服务设备	15寸以上的触摸屏控制，能够通过WIFI、USB等方式，为多种笔记本、手机、MP4等移动终端设备提供文化信息资源的自助服务功能，能够发布通知和消息等，能够展示社区信息，具备良好的日志记录管理功能。	台	1		移动终端自助服务设备是通过笔记本、手机、MP4等移动终端提供文化信息服务的服务设备，目前可用传统触摸屏控制台加WIFI，并配合信息检索和浏览软件实现，后期可通过软件升级方式提升设备服务能力。
3	网络连接	网络设备	支持802.11 b/g，支持至少一个三层以太网接口，12个以上二层以太网接口。支持DHCP Server/client，支持NAT功能。支持内置防火墙。	台	1		端口数应根据设备具体数量确定。
4	控制台	中央控制台	用于切换多路视频信号，可控制DVD、投影机、音响设备，可以切换AV信号和VGA信号等。	台	1	应至少提供4台PC和1–2个扩展输入端口	具体接口数量根据实际使用环境调整。
5	软件	资源服务软件	能够应用和管理符合国家中心要求的资源数据。功能包括：资源分类浏览、检索、上传、下载、管理、播放、重点推荐及讨论区；用户日志；热点视频；系统设置；在线升级	套	1		具体数量根据计算机数量决定，软件由各地根据需求自行采购
		杀毒软件	3年免费升级病毒库。	套	1		具体客户端数根据计算机数量决定
		信息浏览监控软件	能够屏蔽不良网站；具备防火墙功能，抵御网络攻击；能够制定访问策略，具备上网行为管理和访问控制功能。	套	1	系统应具备数据上传功能。	
6	光盘架	光盘架	宽度不小于1.2米，至少提供4层展架，其中至少有两层层高不低于40CM	套	1	可用于摆放光盘、光盘套装及光盘箱等。	

（二）选配项

选配项一

序号	用途	设备名称	配置及关键特性	单位	数量	备注
1	资源服务	IPTV机顶盒	支持视频格式：MPEG–2MP/ML、MPEG4 SP/ASP、MPEG4 AVC/H.264、AVS、WMV等；支持音频格式：MPEG–1/2/3，MPEG–4 AAC；支持图像格式：JPEG、BMP、PNG、GIF；支持网络接口： RJ45 10/100Base–T接口；视频输出格式：PAL/NTSC。	台	1	

选配项二

序号	用途	设备名称	配置及关键特性	单位	数量	备注
1	资源服务	移动播放器	容量250GB以上，支持高清数字资源播放，具备身份认证、资源录入、日志记录、统计汇总功能。	台	1	

选配项三

序号	用途	设备名称	配置及关键特性	单位	数量	备注
1	资源服务	数字机顶盒	能够展示管理中心提供的各类资源，包括视频、图片、网页、FLASH等。	台	1	能够从社区的资源PC工作站上获得资源，或者通过网络从上级机构获得。

选配项四

序号	用途	设备名称	配置及关键特性	单位	数量	备注
1	资源服务	DVD	兼容可播放碟片DVD/DVD-R/DVD-RW/SVCD/VCD/CD/CD-R/CD-RW/DVD+R/DVD+RW/DVD-R DL，防尘、防震、纠错能力强。	套	1	

三、社 区

(一) 必配项

序号	用途	设备名称	配置及相关标准	单位	数量	推荐使用条件	备注
1	信号接入	网络	互联网络或专网，带宽不低于2M	条	1		
		电视信号	电视电缆接口入室	条	1		
2	资源服务	投影机	DLP显示，标准显示分辨率1024*768，对比度2000:1，光亮度不低于3000流明，投影灯泡寿命不小于3000小时，配幕布。	台	1	可以用于移动播放环境。	幕布大小根据场地决定。
		管理计算机	1个Intel Xeon E3-1220 或AMD 1389四核处理器，内存2G，硬盘容量2TB以上， DVD刻录光驱，19英寸以上宽屏液晶显示器，配操作系统，具备系统还原功能，原厂商3年以上免费现场质保。	台	1	建议具备主动管理或同等远程管理技术。	
		终端计算机	Intel i5-2400或AMD X6 1100T处理器，内存2G，硬盘容量500GB以上， DVD-ROM，17英寸以上宽屏液晶显示器，配操作系统，具备系统还原功能，原厂商3年以上免费现场质保。	台	10	建议具备主动管理或同等远程管理技术。	根据公共电子阅览室服务要求，PC机数量在原有配置基础上增加7台。
3	网络连接	网络设备	支持802.11 b/g，支持至少一个三层以太网接口，12个以上二层以太网接口。支持DHCP Server/client，支持NAT功能。支持内置防火墙	台	1		端口数应根据设备具体数量确定。
4	控制台	中央控制台	用于切换多路视频信号，可控制DVD、投影机、音响设备，可以切换AV信号和VGA信号等。	台	1	应至少提供 4台PC和 1-2个扩展输入端口。	具体接口数量根据实际使用环境调整。
5	软件	资源服务软件	能够应用和管理符合国家中心要求的资源数据。功能包括：资源分类浏览、检索、上传、下载、管理、播放、重点推荐及讨论区；用户日志；热点视频；系统设置；在线升级	套	1		具体数量根据计算机数量决定，软件由各地根据需求自行采购。
		杀毒软件	3年免费升级病毒库。	套	1		具体客户端数可根据计算机数量调整。
		信息浏览监控软件	能够屏蔽不良网站；具备防火墙功能，抵御网络攻击；能够制定访问策略，具备上网行为管理和访问控制功能。	套	1	系统应具备数据上传功能。	

(二)选配项

选配项一

序号	用途	设备名称	配置及关键特性	单位	数量	备注
1	资源服务	IPTV机顶盒	支持视频格式：MPEG-2MP/ML、MPEG4 SP/ASP、MPEG4 AVC/H.264、AVS、WMV等；支持音频格式：MPEG-1/2/3，MPEG-4 AAC；支持图像格式：JPEG、BMP、PNG、GIF；支持网络接口： RJ45 10/100Base-T接口；视频输出格式：PAL/NTSC。	台	1	

选配项二

序号	用途	设备名称	配置及关键特性	单位	数量	备注
1	资 源服务	移动播放器	容量250GB以上，支持高清数字资源播放，具备身份认证、资源录入、日志记录、统计汇总功能。	台	1	

选配项三

序号	用途	设备名称	配置及关键特性	单位	数量	备注
1	资源服务	数字机顶盒	能够展示管理中心提供的各类资源，包括视频、图片、网页、FLASH等。	台	1	能够从社区的资源PC工作站上获得资源，或者通过网络从上级机构获得

选配项三

序号	用途	设备名称	配置及关键特性	单位	数量	备注
1	资源服务	移动终端自助服务设备	15寸以上的触摸屏控制，能够通过WIFI、USB等方式，为多种手机、MP4等移动终端设备提供文化信息资源的自助服务功能，能够发布通知和消息等，能够展示社区信息，具备良好的日志记录管理功能。	台	1	移动终端自助服务设备是通过手机、笔记本、MP4等移动终端提供文化信息服务的服务设备，目前可用传统触摸屏控制台加WIFI，并配合信息检索和浏览软件实现，后期可通过软件升级方式提升设备服务能力。

选配项四

序号	用途	设备名称	配置及关键特性	单位	数量	备注
1	资源服务	DVD	兼容可播放碟片DVD/DVD-R/DVD-RW/SVCD/VCD/CD/CD-R/CD-RW/DVD+R/ DVD+RW/DVD-R DL，防尘、防震、纠错能力强。	套	1	

选配项五

序号	用途	设备名称	配置及关键特性	单位	数量	备注
1	资源陈列	光盘架	宽度不小于1.2米，至少提供4层展架，其中至少有两层层高不低于40CM	套	1	可用于摆放光盘、光盘套装及光盘箱等。

四、行政村

(一) 必配项

序号	用途	设备名称	配置及相关标准	单位	数量	推荐使用条件	备注
1	信号接入	网络	互联网络或专网，带宽不低于1M	条	1		
2	资源服务	终端计算机	Intel i3-2120或AMD X6 1090T处理器以上，内存2G，硬盘容量500GB，光驱类型：DVD-ROM，17英寸以上液晶显示器，配操作系统，具备系统还原功能，原厂商3年以上免费现场质保。	台	≥4	建议具备主动管理或同等远程管理技术。	其中一台兼作网络管理服务器，如业务需要可选用Intel Xeon E3-1220或AMD 1389单路服务器。根据公共电子阅览室服务要求，PC机数量在原有配置基础上增加4台（原配置为1台选配）。
3	网络连接	网络设备	支持802.11 b/g，支持至少一个三层以太网接口，4个以上二层以太网接口。支持DHCP Server/client，支持NAT功能。支持内置防火墙。	台	1		网络接口数量不应少于终端计算机数量。
4	软件	资源服务软件	能够应用和管理符合国家中心要求的资源数据。功能包括：资源分类浏览、检索、上传、下载、管理、播放、重点推荐及讨论区；用户日志；热点视频；系统设置；在线升级。	套	1		具体数量根据计算机数量决定，软件由各地根据需求自行采购。
		杀毒软件	3年免费升级病毒库。	套	1		具体客户端数根据计算机数量决定
		信息浏览监控软件	能够屏蔽不良网站；具备防火墙功能，抵御网络攻击；能够制定访问策略，具备上网行为管理和访问控制功能。	套	1	系统应具备数据上传功能。	
5	其他	已有配置项	投影机/电视机/移动播放器/IPTV机顶盒等。	套	1		原有配置应与新增配置集成应用

(二) 选配项

选配项一

序号	用途	设备名称	配置及关键特性	单位	数量	备注
1	资源服务	IPTV机顶盒	支持视频格式：MPEG-2MP/ML、MPEG4 SP/ASP、MPEG4 AVC/H.264、AVS、WMV等；支持音频格式：MPEG-1/2/3，MPEG-4 AAC；支持图像格式：JPEG、BMP、PNG、GIF；支持网络接口： RJ45 10/100Base-T接口；视频输出格式：PAL/NTSC。	台	1	

选配项二

序号	用途	设备名称	配置及关键特性	单位	数量	备注
1	资源服务	移动播放器	容量250GB以上，支持高清数字资源播放，具备身份认证、资源录入、日志记录、统计汇总功能。	台	1	

选配项三

序号	用途	设备名称	配置及关键特性	单位	数量	备注
1	资源服务	数字机顶盒	能够展示管理中心提供的各类资源，包括视频、图片、网页、FLASH等。	台	1	能够从社区的资源PC工作站上获得资源，或者通过网络从上级机构获得。

选配项四

序号	用途	设备名称	配置及关键特性	单位	数量	备注
1	资源服务	移动终端自助服务设备	15寸以上的触摸屏控制，能够通过WIFI、USB等方式，为多种手机、MP4等移动终端设备提供文化信息资源的自助服务功能，能够发布通知和消息等，能够展示社区信息，具备良好的日志记录管理功能。	台	1	移动终端自助服务设备是通过手机、笔记本、MP4等移动终端提供文化信息服务的服务设备，目前可用传统触摸屏控制台加WIFI，并配合信息检索和浏览软件实现，后期可通过软件升级方式提升设备服务能力。

选配项五

序号	用途	设备名称	配置及关键特性	单位	数量	备注
1	资源服务	DVD	兼容可播放碟片DVD/DVD-R/DVD-RW/SVCD/VCD/CD/CD-R/CD-RW/DVD+R/ DVD+RW/DVD-R DL，防尘、防震、纠错能力强。	套	1	

选配项六

序号	用途	设备名称	配置及关键特性	单位	数量	备注
1	资源陈列	光盘架	宽度不小于1.2米，至少提供4层展架，其中至少有两层层高不低于40CM	套	1	可用于摆放光盘、光盘套装及光盘箱等。

关于印发《2012年度省级公共电子阅览室技术平台配置标准》等的通知

文全信技发[2012]3号

全国文化信息资源共享工程各省级分中心：

根据《“公共电子阅览室建设计划”实施方案》的要求，为加强指导，明确标准，规范管理，进一步推进公共电子阅览室技术与服务平台的建设，文化部全国文化信息资源建设管理中心组织制定了《2012年度省级公共电子阅览室技术平台配置标准》

《2012年度省级公共电子阅览室技术平台集成方案》《2012年度乡镇、街道（社区）公共电子阅览室增补配置标准》和《2012年度乡镇、街道（社区）公共电子阅览室系统集成方案》。现将该标准印发各地，请遵照执行。执行中如有问题和建议，请及时反馈。

联系人：文化部全国文化信息资源建设管理中心　　蒋卫东、焦延杰
电　话：010-88003024、010-88003037

特此通知。

附件：1.《2012年度省级公共电子阅览室技术平台配置标准》
2.《2012年度省级公共电子阅览室技术平台集成方案》
3.《2012年度乡镇、街道（社区）公共电子阅览室增补配置标准》
4.《2012年度乡镇、街道（社区）公共电子阅览室系统集成方案》

文化部全国文化信息资源建设管理中心
2012年12月11日

附件1：

2012年度省级公共电子阅览室技术平台配置标准

本标准是2012年度中央财政支持的省级公共电子阅览室技术平台建设的参考配置文件，用于指导2012年度全国各省级公共电子阅览室管理信息系统的建设工作。本标准包括基础环境配置、硬件设备配置和系统软件配置三个方面。具体说明如下：

1.中央财政为各省（区、市）的省级公共电子阅览室技术平台建设投入的专项资金总额为200万元，共分两年投入，每年投入100万元。其中，2011年已为北京、天津、辽宁、上海、浙江、安徽、山东、广东、黑龙江、陕西，西藏、新疆等12个试点省（区、市）的公共电子阅览室技术平台建设投入专项资金每省100万元；2012年为全部31个省（区、市）投入专项资金每省100万元；2013年将完成其余19个非试点省（区、市）专项资金投入。为此，12个试点省（区、市）须按照《2012年度省级公共电子阅览室技术平台配置标准》中给出的200万配置标准进行建设；其余19省（区、市）须按照《2012年度省级公共电子阅览室技术平台配置标准》中给出的100万配置标准进行建设，并于2013年在专项资金投入完成的基础上，完成剩余100万的建设任务。

2.各省须参照本标准，以及本省选定的省级公共电子阅览室管理信息系统应用软件运行环境的要求，结合实际，设计制订合理的系统配置与技术实施方案，建设本级公共电子阅览室管理信息系统。该系统的建设包括基础环境、硬件支撑和系统软件三个部分的集成工作。

3.本标准中的系统软件分为两类。一是系统支撑软件　，包括操作系统、数据库、备份软件和杀毒软件等；二是省级公共电子阅览室管理信息系统平台软件（后简称：“平台软件”）。平台软件可由本省自建，也可使用国家中心提供的软件。

4.支撑软件须随本系统集成建设工作同步采购与部署；平台软件须根据本省实际，完成新系统部署或原有系统迁移。

5.本标准按照中控区、监控区、UPS电池区和配电区四个区域划分，各省可根据实际将省图书馆的公共电子阅览室区域的系统改造纳入其中，在此不做统一规定。每个区域按照硬件（包括辅材）和软件配置两个部分划分。

6.100万配置方案简称“方案一”，200万配置方案简称“方案二”。为提高技术维护能力，降低设备管理复杂度，确

保系统成套，对2012年度公共电子阅览室省级技术平台建设适用“方案一”的省来说，在开展2013年省级技术平台扩展建设时，需要注意采购与2012年品牌和规格相同的设备，主要指的是服务器、存储、防火墙、核心交换、VPN等设备。

7.对配置标准表格中的“方案”一项的说明：仅适用于“方案一”的配置项用“A”表示，仅适用于“方案二”的配置项用“B”表示，可选配置项用“X”表示，必配项用“Q”表示。

8.如本标准中的配置未能满足实际要求的，可以适当提高配置或增加设备容量。

分区	分类	序号	名称	详细参数	数量	单位	方案	备注
中控区	硬件	1	应用服务器	标准19”工业机架，高度2U；电源线插头：IEC320 C14；满配冗余电源；2个INTEL Xeon E5-2620或2个AMD Opteron 6238及以上处理器；ECC DDR3内存 16G，SAS/SATA 硬盘3*1TB，转速：7200rpm以上；4个USB接口；支持RAID0、1、5等，首选支持断电RAID保护；双1000M网卡；支持电源延时开机控制，与PDU的延时开机功能相匹配；内置IPMI2.0或兼容规范远程管理，并配备独立RJ45管理接口；配备导轨或机架安装附件。原厂3年以上免费现场质保，省内提供备件服务。	8/0	台	B	方案二有两种选择：①4台四路和8台两路服务器；②8台四路服务器；用于公共电子阅览室管理信息系统、本级电子阅览室平台软件、资源导航发布、数据库、杀毒、备份、虚拟化和WAF备份等。
				标准19”工业机架，高度4U；电源线插头：IEC320 C14；满配冗余电源；4个INTEL Xeon E5-4620或4个AMD Opteron 6284SE及以上处理器；ECC DDR3内存 64G，SAS/SATA 硬盘3*1TB ，转速：7200rpm以上；4个USB接口；支持RAID0、1、5等，首选支持断电RAID保护；双1000M网卡；支持电源延时开机控制，与PDU的延时开机功能相匹配；内置IPMI2.0或兼容规范远程管理，并配备独立RJ45管理接口；配备导轨或机架安装附件。原厂3年以上免费现场质保，省内提供备件服务。	2	台	A	
					4/8	台	B	
		2	运维服务器	标准19”工业机架，高度1U；电源线插头：IEC320 C14；满配冗余电源；2个INTEL Xeon E5-2420或2个AMD Opteron 8425及以上处理器；ECC DDR3内存 8G，SAS/SATA 硬盘3*1TB，转速：7200rpm以上；4个USB接口；支持RAID0、1、5等，首选支持断电RAID保护；双1000M网卡；支持电源延时开机控制，与PDU的延时开机功能相匹配；内置IPMI2.0或兼容规范远程管理，并配备独立RJ45管理接口；配备导轨或机架安装附件。原厂3年以上免费现场质保，省内提供备件服务。	1	台	Q	网装络安全与运维管理软件并承载其运行。
		3	存储设备 机头	标准19”工业机架，高度3U；电源线插头：IEC320 C14；满配冗余电源；16个3.5寸或2.5寸SAS/SATA硬盘位（支持3TB/SATA3.0硬盘），支持RAID1、5、10等，首选支持断电RAID保护；2个以上USB接口；4个1000M 网口并允许TRUNK，硬件需通过主流服务器厂商的兼容性测试；高速缓存8GB，具备高速缓存保护功能，高数据吞吐率；支持扩展磁盘柜数量大于3个（即支持192TB以上磁盘阵列容量）；通过本地KVM接口配置系统管理界面；支持电源延时开机控制，与PDU的延时开机功能相匹配；配备导轨或机架安装附件。原厂3年以上免费现场质保，省内提供备件服务。	1	台	Q	由存储机头扩展3台存储磁盘阵列柜（优选双路并联扩展方式），提供4*16*3TB（192TB）的存储空间；用于方案二存储扩容。用于本省公共电子阅览室资源导航服务、资源传输与保存、综合信息转储和备份等。
			磁盘柜	标准19”工业机架，高度3U；电源线插头：IEC320 C14；满配冗余电源；16个3.5寸或2.5寸SAS/SATA硬盘位（支持3TB/SATA3.0硬盘），支持RAID1、5、10等，首选支持断电RAID保护；高速缓存8GB，具备高速缓存保护功能，高数据吞吐率；配置扩展柜连接电缆及相关附件；配备导轨或机架安装附件。原厂3年以上免费现场质保，省内提供备件服务。	3	台	Q	

分区	分类	序号	名称	详细参数	数量	单位	方案	备注
中控区	硬件			硬盘：硬盘容量：3TB ；接口类型：SATA3.0 ；转速：7200rpm以上；缓存：64MB以上；硬盘尺寸：3.5英寸；平均无故障时间：120万小时以上	16	块	A	
					64		B	
		4	防火墙	标准19”工业机架，高度2U；电源线插头：IEC320 C14；满配冗余电源； 千兆电口≥4个，千兆多模光口≥2个，不少于4个电口、4个光口（多模及单模）扩展能力，1个Console口。实际数据吞吐≥3Gbps，并发会话数：≥ 100万，安全策略数：≥ 5,000，安全区数量：≥ 100，基于IP的带宽管理功能；支持多机并行、主备模式；优选支持液晶模式以显示设备运行状态、支持接口联动和可集成IDS/IPS功能的设备。原厂3年以上免费现场质保服务。	1	台	Q	关键网络核心设备；选配两台时作为主备模式使用，增加可用性。为实现可管理性
					1		X	
		5	核心交换	标准19”工业机架，高度1U；电源线插头：IEC320 C14；满配冗余电源； 千兆电口≥24个；千兆多模光口≥2个；每端口双向各1Gbps吞吐能力；交换机总处理性能≥全部端口吞吐量总和； 三层交换功能；支持虚拟化；1个Console口；具备背板级联（堆叠）接口；支持多机并行、主备模式。原厂3年以上免费现场质保服务。	1	台	Q	网络核心的数据交换；选配两台时作为关键设备主备模式使用，增加可用性。
					1		X	
		6	接入交换	标准19”工业机架，高度1U ；电源线插头：IEC320 C14；支持冗余电源； 千兆电口≥48个；每端口双向各1Gbps吞吐能力；交换机总处理性能≥全部端口吞吐量总和；三层交换功能；1个Console口。原厂3年以上免费现场质保服务。	3	台	Q	分别作为服务器接入和存储接入使用。
		7	管理交换	标准19”工业机架，高度1U；电源线插头：IEC320 C14； 千兆电口≥24个；每端口双向各1Gbps吞吐能力。 原厂3年以上免费现场质保服务。	1	台	Q	用于各类网络设备的独立管理。
		8	KVM	主机：标准19”工业机架，高度1U；电源线插头；IEC320 C14； KVM接口数量：40个；支持KVM Over IP远程操作与管理；支持分辨率：1600x1200；切换方式支持按键、GUI、热键操作；满配40个KVM端口适配器（USB终端接入方式）；允许4个以上独立用户操作和管理；同时支持本地和远程控制；支持RADIUS认证通信协议，确保远程数据安全；原厂3年以上免费现场质保服务。	1	台	Q	用于技术平台的所有服务器、存储设备的人机交互操作。 因KVM操作台与主机是配套设备，故只能用同品牌的设备搭配使用。
				操作台：标准19”工业机架，高度1U；电源线插头：IEC320 C14； 19寸LCD显示器；标准键盘及触控鼠标；可在1U机架空间轻松抽拉操作；配置KVM操作台与主机的控制连接电缆；原厂3年以上免费现场质保服务。	1	台	Q	

分区	分类	序号	名称	详细参数	数量	单位	方案	备注
中控区	硬件	9	VPN	标准19'工业机架，高度1U；电源线插头：IEC320 C14； 单臂及桥接接入方式；　两组（四个）电口，一个管理口，1个串口、1个HA接口，另有2个扩展插槽，5000个VPN隧道以上；IPSECVPN功能，商密及国密加密算法；SSL VPN功能，设备加解密处理性能≥50Mbps；网络处理能力5G，并发连接≥200万，单电源；支持IPv6功能，包括DHCPv6、IPv6路由、策略路由和基于IPv6的安全策略控制，支持多路由负载均衡，最大可支持16条链路负载，支持自定义负载权重；支持多机并行和非对称集群。（实现跟国家中心VPN设备进行无缝对接；为确保后续电子阅览室平台软件运行的稳定性，还需支持跟国家中心VPN进行断线重连和集中配置）；包括三年在线升级及硬件维修服务。	1	台	B	VPN专网设备； 可参照国家中心统一的全国VPN网络方案标准采购标准一致的设备。
					1		X	
		10	行为管理	标准19”工业机架，高度1U；电源线插头：IEC320 C14； 支持路由、网桥混杂部署，串联、旁路混杂部署；6个千兆电口，一个管理口，一对硬件bypass；基于IP的网络访问流量控制，提供安全桌面功能，P2P下载流量控制，屏蔽不良信息访问，支持单独用户策略；≥500用户，300M有效带宽（包括有效流控策略），P2P识别库，不良信息识别库等更新及时；支持集中管理部署模式设置，支持即插即用功能，支持在设备本机进行全文检索，合理利用系统剩余资源，并有进度条显示，保障系统运行高效。包括三年系统版本升级及URL和应用识别库升级许可及原厂免费硬件维修服务。高可用性；支持多机并行。 其它方面： 网管支持：以HTTP及SSL加密的WEB图形化接口进行设备配置和管理、简体中文、SSH 命令行管理方式和Console管理。 网络功能：支持静态路由、策略路由、主备链路的备份、多条PPPOE拨号做负载均衡、DHCP 服务器及中继、 DNS 代理、VLAN功能和支持流量控制与实施监控。	1	台	X	当选择省馆电子阅览室服务区接入交换设备接入本平台核心交换时，必须选择网络行为管理设备，并串接于接入交换和核心交换之间； 可参照国家中心统一的全国上网行为安全管理方案标准采购标准一致的设备。
		11	无线设备	标准19”工业机架，高度1U；电源线插头：IEC320 C14； 支持IEEE802.11a/b/g；54Mbps或108Mbps；4个以上10/100/1000Mbps的 RJ45端口，并支持POE；包括3个以上的外部配套AP设备（双频三模），室内有效工作距离不小于100米（无遮挡）； 频率范围：5.15GHz-5.875GHz、2.4GHz-2.4835GHz； 支持安全、管理、QoS特性及RAIDUS认证； 安全性能：WEP数据加密 64/128/152位、WPA TKIP/PSK、WPA2 AES； 支持自动信道选择、可调整的输出功率、外置天线接口、IEEE 802.1X鉴权、 基于用户及进程的动态密钥更替、未经授权的接入点监测及报告、支持SNMPv3、SSL、SSH等安全管理接口、同服务区内部阻隔以及通过SNMPv3、HTTPS和Telnet实现安全的远程管理等。	1	台	X	当选择省馆电子阅览室接入交换设备接入本平台核心交换时，必须选择无线设备，并单臂接入本平台核心交换。 用于为省馆电子阅览室服务区提供802.11a/b/g无线接入能力。

分区	分类	序号	名称	详细参数	数量	单位	方案	备注
中控区	硬件	13	IPS	标准19”工业机架，高度1U；电源线插头：IEC320 C14； 参照IDS设备的选择原则，重点考虑网络性能、安全精准度和安全效率等方面（总的通过量、会话速率和漏判误判率）； “如：千兆电口≥8，设备在满配情况下支持的最大网络接口数量≥8个千兆口+1个百兆管理/HA口；最大并发连接数≥30万，每秒新建连接数 ≥12,000，最大吞吐量（bps）≥2G，AV吞吐量（bps）≥1.8G，IPS吞吐量（bps）≥1.8G，AV+IPS吞吐量（bps）≥1.8G，UTM GoodPut（bps）≥800M，168位3DES加密（bps）≥600M，用户数无限制；支持多机并行、主备模式。”包括三年规则库在线升级及硬件维修服务。	1	台	X	为等保选配的安全设备；由省分中心结合实际，自行选择设备级别。
中控区	硬件	12	IDS	标准19”工业机架，高度1U；电源线插头：IEC320 C14； 选择该设备时，除考察其功能和易用性外，还应测试该设备的工作性能指标，重点在漏报率、误报率、事件库、延迟时间、资源占用和自身安全性等方面；该设备的指标着重以下几点：每秒数据流量、每秒抓包数、每秒能监控的网络连接数、每秒能够处理的事件数，这些指标根据本省业务实际进行选择，总的原则是这些数值越大越好，但造价会提升；“如：入侵保护/检测链路数（包含扩展接口在内，电口默认配置硬件BYPASS）：默认6路（电口或光口），带外管理口≥1（百兆电口），最大并发连接数≥30万，每秒新建HTTP连接数≥9,000，最大吞吐量≥2G，用户数无限制；支持多机并行、主备模式。” 包括三年规则库在线升级及硬件维修服务。	1	台	X	为等保选配的安全设备；由省分中心结合实际，自行选择设备级别。
中控区	硬件	13	IPS	标准19”工业机架，高度1U；电源线插头：IEC320 C14； 参照IDS设备的选择原则，重点考虑网络性能、安全精准度和安全效率等方面（总的通过量、会话速率和漏判误判率）； “如：千兆电口≥8，设备在满配情况下支持的最大网络接口数量≥8个千兆口+1个百兆管理/HA口；最大并发连接数≥30万，每秒新建连接数 ≥12,000，最大吞吐量（bps）≥2G，AV吞吐量（bps）≥1.8G，IPS吞吐量（bps）≥1.8G，AV+IPS吞吐量（bps）≥1.8G，UTM GoodPut（bps）≥800M，168位3DES加密（bps）≥600M，用户数无限制；支持多机并行、主备模式。”包括三年规则库在线升级及硬件维修服务。	1	台	X	为等保选配的安全设备；由省分中心结合实际，自行选择设备级别。
中控区	硬件	14	WAF	标准19”工业机架，高度1U；电源线插头：IEC320 C14；满配冗余电源；4个以上1000M电口和2个以上SFP插槽，1个HA口和1个Console口； 2个以上可插拔的扩展槽，可扩展至8个光口或4光口/4串口；并发连接>120万；吞吐率>2000Mbps； 包括三年规则库在线升级及硬件维修服务。	1	台	X	为公共电子阅览室平台资源导航发布系统配置的WEB应用防火墙
中控区	硬件	15	环境监控设备(1)　主机	标准19”工业机架，高度1U；电源线插头：IEC320 C14；高性能嵌入式操作系统；如需要则自带操作系统、安装软件及其安装介质、安装及使用说明书； RS-485/CAN总线相连；单一Web界面，无需安装，立体电子地图；包括随机附带的综合环境监控软件。	1	套	Q	对机房内烟感、温湿度、水浸等进行监控。不单独列项采购综合环境监控软件。
中控区	硬件	15	环境监控设备(1)　温湿度探头	传感器类型：进口数字温湿度敏感元件；工作电源：24VDC或12VDC；工作电流：≤100mA（带4路继电器控制输出功能时）；通讯接口： RS485；控制输出：无源开关量，温度上限，温度下限，湿度上限，湿度下限；节点负载能力：AC250V1A；数字温度探头接口，测量范围 −20℃—60℃，测量精度≤±0.5℃@25℃；数字湿度探头接口，测量相对范围 20%—80%，测量精度 ±2%RH，25℃；结构模式：变送、探头一体式；工作环境：20℃—70℃；	3	套	Q	分布安装于机柜的后部上方区域和前部上方区域；可检测到机柜的前后部温度情况。

分区	分类	序号	名称	详细参数		数量	单位	方案	备注
中控区	硬件	16	视频监控设备	主机	标准19” 工业机架，高度1U；电源线插头：IEC320 C14； 自带操作系统、安装软件及其安装介质、安装及使用说明书； 硬盘：SATA 1TB，保证4路3个月的录像记录存储； 视频输入：16路，BNC接口，1.0Vp-p，75Ω； 视频输出：2路，BNC接口，1.0Vp-p，75Ω，1路VGA输出，16路环通输出； 音频输出：1路，BNC接口；报警输入：16路报警输；报警输出：4路报警输出； 其它接口：RS232，RS485，RJ-45，3个USB2.0 包括随机附带的视频监控与录像回放软件，实现本地化和网络化的1、4、9、16画面分割、动态侦测、录像回放、变焦头控制等功能。	1	台	Q	对视频图像的采集保存以及预警； 不单独列项采购视频监控软件。
				一体球	彩色室内红外一体球摄像头；统一配置设备供电24VDC或12VDC电源；RS485通信接口； 摄像头：1/3HAD 彩色CCD，18~36倍光学变焦，480TVL以上；最低照度0.7 Lux（彩） / 0.01 Lux（黑白）； ·水平360度连续，垂直90度自动·手动速度：0.01-120度/s，低速下运行平稳；·内置红外灯阵列，红外照射距离120-150m；·全铸铝设计，金属机芯，防护等级IP66；·混合式步进电机，PWM算法，运行平稳，预置位精度0.05度；·红外寿命30000小时；·双灯板设计，变倍联动红外灯分组启动，避免了“手电筒效应”；·合叶式安装结构，拆卸方便。	1	套	Q	安装于3号机柜的正前方上方。
				定焦摄头	彩色室内红外定焦半球摄像头；统一配置设备供电24VDC 或12VDC电源； 1/3英寸 Super HAD 彩色 CCD；定焦镜头：3.7mm；24/7全天候日夜切换功能；分辨率：600TV线； 最低照度：0.15Lux @ F1.2(彩色)，0.0003 Lux @ F1.2(感光度模式)。	2	套	Q	分别安装于机柜的前门上方和后门上方。
		17	UPS	标准19” 工业机架，高度3U； UPS类型：双变换在线式；支持直接双机并机；额定功率：20KVA ； 输入电压范围：三相228Vac～478Vac；输入频率范围：50/60(±3Hz)Hz；输出电压：三相、单相可调，三相380Vac，单相220Vac；输出频率范围：50/60(±0.05Hz)Hz；电池类型：铅酸免加水免保养电池；配置并机通讯电缆及相关组件；USB/智能卡槽(干接点卡/干接点扩展卡/SIC卡/Modbus卡/RS485卡)；原厂3年以上免费现场质保服务。		2	套	Q	以1+1模式，提供不间断电源。
		18	PDM	标准19” 工业机架，高度8U—10U；液晶字母数字仪表显示屏/彩色触摸屏；支持网络（RJ45接口）通信；可将采集的输入电压/电流值，输出电压/电流值及PDM工作状态信息发送给MM(信号采集器)，通过WEB方式实现远程网络监控；也可本地显示总的输入、输出电流/电压值。 输入插头标准：IEC 309 3P+N+E/125A防溅插座（配插头），输出插座标准：8位IEC 309 3P+N+E/32A防溅插座（配插头）；主路空开1路， 支路输出空开8路 ；原厂3年以上免费现场质保服务。		1	台	Q	机柜专用配电管理模块，用于集中监控各机柜动态负载情况。通过本地、管理软件和WEB三种方式完成。

分区	分类	序号	名称	详细参数		数量	单位	方案	备注
中控区	硬件	19	PDU	数字PDU模式，支持WEB远程监控； 输出：提供22个IEC 320 C13插座和2个IEC 320 C19插座，各插座均有单一控制开关，用于支持延时开关功能； 输入：1路3P+N+E/32A防濺插座（配插头）；带有机柜门开关传感接收端（配备2只传感开关）；过载保护、防雷保护； 最大输出电流：32A； 电流表：数字式真实均方根(True RMS)电流表； 电流监视：总电流监视可透过电流表，网页，SNMP，免费专业管理软件； 通讯协议：Http，Https，SNMP，DHCP，UDP ； 警示界限：使用者可自行设定二阶段：告警与过载； 警示方式：声响告警、电子邮件，Trap		5	套	Q	机柜智能电源供给模块，用于机柜各设备的电力供给与监控，支持集中和远程管理。
		20	机柜及辅件	机柜	高度42U，深度 1.1米，宽度0.8米或0.6米服务器机柜（若机房空间允许，则选择宽度为0.8米的机柜，否则，选择宽度为0.6米的机柜），黑色； 满足采购的网络、服务器、存储等设备的上架安装标准； 设备上架后，机柜内两侧有足够的走线空间，前后门板采用网格式通风金属门。	5	套	Q	用于承载服务器、存储、网络及配电等设备
				盲板	标准19”工业机架，高度1U，颜色与机柜同色。	130	片	A	美观、整齐，保持空气循环。
						90		B	
				网线配线架	标准19”工业机架，高度2U； 48口配线架；面板颜色最好与机柜同色。	10	套	Q	用于规范柜间连线，柜内灵活配置
				光纤配线架	标准19”工业机架，高度1U，颜色与机柜同色；12口光纤配线架。	1	套	Q	与外部网络光纤连接
				理线架	标准19”工业机架，高度1U，颜色与机柜同色；24档金属理线架。	15	套	Q	辅助柜内走线，合理分担线缆张力。
		21	跳线	长度为1.5米； 跳线规格标准不低于CAT.6UDP，由专业工厂制作完成。		125	条	Q	用于机柜内上、下区域设备连接。
				长度为3.0米； 跳线规格标准不低于CAT.6UDP，由专业工厂制作完成。		180			
		22	桥架	200mmX50mm镀锌金属桥架。 部署过程中注意金属桥架的可靠金属连接，并可靠接地。		若干	套	Q	承载强弱电线缆，到达机房指定位置
		23	其它辅料	包括中控区、监控区、电池区和配电区系统集成过程中的所有辅助部件和辅助材料。 如果省分中心增加本省馆公共电子阅览室的系统改造区域，则须配套增加相应辅料。		若干	套	Q	集成项目不单独为辅材增项。

分区	分类	序号	名称	详细参数		数量	单位	方案	备注
中控区	软件	27	备份软件	针对操作系统和数据库提供实时或基于策略的备份保护，当服务器操作系统或数据库系统发生故障时，可快速恢复操作系统或数据库并保留原有配置，中文图形界面，无须编写脚本。		1	套	Q	用于业务数据备份和系统备份。
		28	网络安全与运维管理	基于ITIL运维管理理念，采用B/S架构，支持对网络设备、安全设备、服务器主机、存储、数据库、中间件、通用服务、业务系统等的运行状态及安全事件的监控、报警、关联分析，提供服务器存储采集组件、网络安全采集组件。 可全面监控与之相关的机房电力、温湿度、烟感、漏水检测、CCTV、空调、KVM等硬件系统的运行状态；可监控、统计和分析网络攻击及相关安全事件；可与国家中心网络安全与运维管理系统平滑连接构成分布式二级系统。 提供安全事件的采集和关联分析，提供可视化图形展现； 可管理最大节点数：单级部署可监控节点数满足省级技术平台的监控点的要求（>1000点），最大并发客户端访问数：≥50； 支持单级和多级部署，支持分布式部署，自带数据库，不需要另外安装数据库。 包括三年标准服务。具有公安部销售许可证、国家信息安全认证产品型号证书、计算机软件著作权登记证书、国家CCC认证等。		1	套	X	全面监控网络、安全、服务器、环境等设备级数据库、中间件、通用服务、业务系统等的运行状态，提供安全事件的采集和关联分析；提供可视化展现；与国家中心系统互联，实现二级管控。
		29	虚拟化软件	服务器主机虚拟化，含对应产品的原厂虚拟化服务管理平台软件；上门安装服务和1年售后服务。		若干	套	X	服务器主机虚拟化，可参照国家中心的虚拟化方案。
		30	公共电子阅览室平台	省分中心可以采用已经自主研发的平台软件系统，也可采用国家中心组织开发的平台软件系统； 省分中心自行组织研发的平台软件系统须符合“公共电子阅览室建设计划实施方案”和《公共电子阅览室管理信息系统功能规范》的要求，并按《公共电子阅览室管理信息系统数据交换标准》，开发接口软件。		1	套	Q	软件采购时建议打包集成，包含配套的数据库及相关中间件等软件系统部署。
	硬件	31	监视设备	电视	全高清3D、LED智能电视；屏幕尺寸：55英寸；屏幕比例：16:9；分辨率：1920*1080； 液晶面板：无边硬屏；配置电视挂架和支架；背光灯类型：LED发光二极管；支持格式：1080p（全高清）；图像特点：三重XD引擎；整机保修1年，电视屏幕3年保修。	1	台	Q	用于机房监控、管理及视频显示
				电脑	迷你超薄机箱，可挂装于液晶电视后部； Intel Atom D525及以上 内存≥4GB DDR3；显卡Intel GMA HD 3600 视频接口支持VGA和HDMI模式； RJ45（网络接口）硬盘容量≥500GB 5400转，SATA；整机保修1年。	1	台	Q	用于液晶电视的显示输出驱动；利用HDMI接口与电视连接。
		32	管理终端	Intel i5-3470或AMD FX 8150处理器，内存2G，硬盘容量500GB，光驱类型：DVD-ROM，19英寸以上液晶显示器，配桌面操作系统，具备系统还原功能，原厂商3年以上免费现场质保。		6	台	Q	用于省级公共电子阅览室的综合业务与运维监控管理。
		33	监控交换	千兆以太网交换机；16个1000M电口；整机保修1年。		1	台	Q	用于连接计算机与监控大屏

分区	分类	序号	名称	详细参数	数量	单位	方案	备注
监控区	硬件	31	监视设备：电视	全高清3D、LED智能电视；屏幕尺寸：55英寸；屏幕比例：16:9；分辨率：1920*1080；液晶面板：无边硬屏；配置电视挂架和支架；背光灯类型：LED发光二极管；支持格式：1080p（全高清）；图像特点：三重XD引擎；整机保修1年，电视屏幕3年保修。	1	台	Q	用于机房监控、管理及视频显示
			监视设备：电脑	迷你超薄机箱，可挂装于液晶电视后部；Intel Atom D525及以上 内存≥4GB DDR3；显卡Intel GMA HD 3600 视频接口支持VGA和HDMI模式； RJ45（网络接口）硬盘容量≥500GB 5400转，SATA；整机保修1年。	1	台	Q	用于液晶电视的显示输出驱动；利用HDMI接口与电视连接。
		32	管理终端	Intel i5-3470或AMD FX 8150处理器，内存2G，硬盘容量500GB，光驱类型：DVD-ROM，19英寸以上液晶显示器，配桌面操作系统，具备系统还原功能，原厂商3年以上免费现场质保。	6	台	Q	用于省级公共电子阅览室的综合业务与运维监控管理。
		33	监控交换	千兆以太网交换机；16个1000M电口；整机保修1年。	1	台	Q	用于连接计算机与监控大屏
	软件	34	OS	Windows桌面操作系统。	7	套	Q	随机附带。
		35	杀毒软件	与主机区服务器设备使用的杀毒软件同品牌；病毒特征库支持更新周期与服务器杀毒软件相同。	7	个	Q	与服务器杀毒软件同时采购与部署。
电池区	硬件	36	电池柜	具备相应资质的正规企业生产；材质：全冷扎钢板或环保镀锌板；整柜静电喷塑、柔光、承重、耐磨、防腐蚀、防火性能好。	2	组	Q	承载2套UPS供电的1小时蓄电池组。
		37	电池	类型：铅酸免维护；标准电压：12V；准容量：100Ah/10HR(C10)；重量kg/lbs≤27；使用寿命≥7年；内阻≤4mΩ。电池总数满足每套UPS独立供电不小于1小时的块数。	64	块	Q	1+1冗余供电。
配电区	硬件	38	配电箱	具备相应资质的正规企业生产；材质：全冷扎钢板或环保镀锌板；整柜静电喷塑、柔光、承重、耐磨、防腐蚀、防火性能好；具备三相电输入/输出指示；安装防雷浪涌开关；可靠接地；供电线缆要求可为70KW供电负载直接供电（要求线缆余量>50%）。	1	套	Q	为2台UPS供电。配电柜接线按集成方案设计图施工。要求线缆余量>50%
系统集成				完成硬件、软件集成项目，试运行1年；编写完成《公共电子阅览室省级技术平台集成项目竣工资料》、《系统日常运行操作手册》、《系统维护操作手册》、《系统配置与安装指南》、《常见问题解答》等相关文档，以上文档作为项目竣工验收的必选项。	1	项	Q	根据各省实际，可分阶段完成硬件、软件系统集成。

附件2

2012年度省级公共电子阅览室技术平台集成方案

本方案是2012年度中央财政支持的省级公共电子阅览室技术平台建设的系统集成参考方案，用于指导2012年度全国各省级公共电子阅览室管理信息系统集成建设工作。本方案（简称“集成方案”）依据“公共电子阅览室建设计划”实施方案，结合省级公共电子阅览室技术平台承担的主要业务和《2012年度省级公共电子阅览室技术平台配置标准》（简称“配置标准”）设计形成，包括系统集成工作要求、软件系统集成、硬件系统集成和集成项目验收四个方面。

省级公共电子阅览室技术平台包括硬件平台和软件平台两部分。

一、系统集成工作要求：

（一）制定切实可行的建设方案

省级公共电子阅览室技术平台建设是“公共电子阅览室建设计划”的关键组成部分，是全省范围内所有公共电子阅览室管理与服务的后台支撑系统，也承担着全省公共电子阅览室管理信息系统与国家中心公共电子阅览室管理信息系统数据交换的枢纽任务。各省须结合本省建设的统分方式（参照“配置标准”的说明，选则适用方案），注重本省公共电子阅览室管理信息系统软件（简称“平台软件”）建设方案的选择、配置标准的把握、建设过程的控制、系统联调的流程、系统试运行和项目验收等诸环节的设计与配合，制定本省切实可行的技术平台建设方案，为该项目的有效实施，提高工作效率打下基础。

（二）确定本省平台软件方案

各省可自行开发本省平台软件或采用国家中心组织开发的平台软件，完成本省各级公共电子阅览室管理信息系统软件的建设工作。对已建或自建平台软件的省份，须预留资金，自行组织技术力量，按照《公共电子阅览室管理信息系统数据交换标准》，完成接口软件的开发，实现与国家中心平台软件的对接；对已建平台软件的省份，需完成原平台软件到新建硬件支撑系统的迁移工作。

（三）设计适应本省的系统集成方案

各省须结合本省实际，组织技术力量，参照“配置标准”、“集成方案”、本省平台软件方案和建设方案，完成本省公共电子阅览室管理信息系统技术平台集成方案的设计，适应本省技术平台的建设工作。根据本省建设的实际，可增加市级、县级的技术平台集成方案的设计。

（四）开展集成建设工作

根据本省的建设方案和集成方案，组织力量，开展项目招投标、施工方案确认、设备到货验收、现场施工监理、硬件系统调试、软件系统部署、技术平台试运行和与上/下级系统联调运行等工作，实施各级系统集成的过程控制；通过有效手段完成该系统集成项目的验收。如因本省平台软件定制开发进度等原因，可采取分阶段验收的方法，即将系统集成工作分为硬件集成和软件部署两个阶段完成。

（五）完成平台软件的对接

当使用本省自行组织开发的平台软件时，须组织技术力量，完成与国家中心平台软件的接口开发与联调工作，确保实现系统对接；

当使用国家中心组织开发的平台软件时，可按照《公共电子阅览室管理信息系统平台软件安装手册》，完成系统对接工作。

（六）整理提交项目验收单

完成系统试运行工作，确保本系统与上下级系统的可靠连接与稳定运行，实现方案设计目标并通过验收。整理省级公共电子阅览室管理信息系统集成项目验收单和项目竣工资料（包括《公共电子阅览室省级技术平台集成项目竣工资料》、《系统日常运行操作手册》、《系统维护操作手册》、《系统配置与安装指南》、《常见问题解答》等相关文档）；在项目完成验收后，提交国家中心。

二、软件系统集成

省级平台软件包括省级信息安全管理系统和公共电子阅览室管理信息系统两部分。其中，省级信息安全管理系统包含信息安全管理软件和资源导航发布软件，公共电子阅览室管理信息系统包含管理端软件和终端软件。各省须将省级平台软件集成部署于省级硬件平台上，构成完整的技术平台系统。

软件系统集成工作的全面完成，将标志着省级技术平台集成工作的完成。

（一）省级平台软件建设任务

根据文化部 财政部关于印发《“公共电子阅览室建设计划”实施方案》的通知，公共电子阅览室技术支撑平台包括：信息安全管理平台、资源传输调配体系、资源导航与信息采集三个部分。本次建设的省级平台软件主要实现信息安全管理平台的功能，同时提供基本的资源导航与信息采集能力。资源传输调配体系将纳入国家公共数字文化服务支撑平台的建设。

（二）省级平台软件建设的原则

1、已建或在建平台软件的省份，可继续采用本省的平台软件。

2、未建平台软件的省份，可自主定购平台软件；也可采用国家中心提供的省级平台软件。

3、使用本省自建平台软件的省份应：

满足《公共电子阅览室管理信息系统功能规范》；

满足《公共电子阅览室管理信息系统数据交换标准》；

自行开发数据交换软件，实现国家中心与省分中心平台软件的信息交换。

（三）省级平台软件建设的目标

1、在全省范围内建成标准统一的公共电子阅览室管理信息系统技术支撑平台，实现信息安全交换；

2、完成省级平台软件到国家中心的数据对接，实现交互信息的安全可靠传输；

3、实现全省范围内各级公共电子阅览室的安全监管、综合信息收集统计汇总管理和独立的资源导航网站系统发布与维护能力；

4、实现省级技术平台的集中化安全运维，提供与国家中心安全运维系统的平滑连接能力，实现二级系统集散管控。

（四）软件系统集成

软件系统分为两类：一是系统支撑软件 ，包括操作系统、数据库系统、备份软件和杀毒软件等；二是业务应用软件，包括省级平台软件与资源传输调配软件，本方案的软件系统集成特指系统支撑软件与省级平台软件的集成。

系统支撑软件须随硬件平台的系统集成工作同步采购与部署，但需满足平台软件部署的技术要求。如果本省分中心已建省级平台软件，则在硬件系统集成后，完成原省级平台软件到新建硬件系统的迁移工作；如果使用国家中心配发的平台软件，则在硬件系统集成后，完成该平台软件的安装部署。两种平台软件在安装部署完后，需要进行与国家中心管理信息系统和本省各级公共电子阅览室管理信息系统进行连接，完成连接后进行系统试运行，并完成最后终验。

（五）软件集成规范

软件建设与集成规范参照以下相关标准：

GB/T 2260–1995《中华人民共和国行政区划代码》

GB/TI1457–89《软件工程术语》

GB/T 26239–2010《软件工程开发方法元模型》

GB/T 18491.2–2010《信息技术软件测量功能规模测量》

GB/T 25644–2010《信息技术软件工程可复用资产规范》

GB/T 26236.1–2010《信息技术软件资产管理》

GB8567《计算机软件产品开发文件编制指南》

《国家档案管理标准汇编》

《国家重点项目档案管理办法》（档发安【1997】15号）

《软件工程文档管理办法》

（六）软件系统集成工作步骤

1、软件系统的准备

1）准备好系统支撑软件：包括操作系统、数据库系统、备份软件和杀毒软件的种类、数量、安装介质、升级方式和等。确定是否采用主机虚拟化技术，如果采用则须做相应设计；确定操作系统、数据库、备份系统和杀毒软件的具体名称、版本及补丁文件，测试平台软件与支撑软件的兼容性，有效避免平台软件与各支撑软件的冲突；

2) 准备好省级平台软件：包括省级公共电子阅览室信息安全管理系统软件、资源导航发布软件、公共电子阅览室管理信息系统软件。无论是采用已建/自建方式还是采用国家中心的平台软件，都需要按照上述三个软件模块进行准备。

2、硬件平台的核验

1) 核验服务器、存储、网络是否已经安装配置完成；

2) 核验服务器、存储是否已完成存储区域初始化和逻辑空间划分；

3) 核验服务器是否已经分配内网IP地址并预留互联网和电子政务外网的出口IP地址；

4) 核验各服务器的存储空间是否已经划分了做系统备份 (GHOST) 的隐藏分区。

3、软件系统的部署

自建或已建平台软件系统的省份，请参照所选定的平台软件安装方法完成软件角色和服务器对应，自行确定自建平台软件的集成部署方案。对于选用国家中心配套的平台软件的省份，按照以下步骤完成该平台软件的部署。与硬件相关的规定参见下节："硬件系统集成"。

1) 按照"服务器存储空间规划"划分主分区，安装服务器操作系统，打好相应补丁包；

2) 按照"服务器内网IP配置要求"完成内网IP的设置；

3) 按照"服务器与平台软件的角色划分"　分别安装数据库系统、备份软件、杀毒软件；

4) 按照"服务器与平台软件的角色划分"和《公共电子阅览室管理信息系统平台软件安装手册》的具体要求，分别划分各服务器的逻辑分区，分配逻辑盘符后，安装"省级公共电子阅览室信息安全管理系统"、"省级资源导航发布系统"和以上两个系统数据库应用部署，并在省图书馆的电子阅览室安装"公共电子阅览室管理信息系统"，将各终端链接到"省级资源导航发布系统"上；

5) 如果选择了网络安全与运维管理软件，则完成该软件在运维管理服务器上的安装；配置VPN设备，通过互联网实现对该系统的访问控制；

6) 分别给"省级公共电子阅览室信息安全管理系统"、"省级资源导航发布系统"两个系统的服务器配置互联网外网IP。电子政务外网留做它用；

7) 在平台软件基本部署完成后，按要求完成与国家中心管理信息系统对接；对已建成公共电子阅览室管理信息系统的省份（未使用国家中心开发的软件的省份），按照《公共电子阅览室管理信息系统数据交换标准》，由本省分中心组织力量，开发软件接口，完成本省公共电子阅览室管理信息系统与国家中心管理信息系统的接口工作。

4、软件系统的配置与调优

1) 为"省级公共电子阅览室信息安全管理系统"配置基本信息，使系统具备开始服务的条件；

2) 为"省级资源导航发布系统"配置网络参数（如：端口、URL、DNS等），定制修改导航发布界面及栏目；安装各栏目的导航资源，并完成内容发布；

3) 完成操作系统、DBMS、备份软件与平台软件配合运行的系统调优。

5、软件系统的备份

1) 备份"省级公共电子阅览室信息安全管理系统"、"省级资源导航发布系统"两个服务器的系统，并保存在系统备份 (GHOST) 的隐藏分区内。

2) 建议将镜像文件复制出来，放在专门的系统备份存储服务器的磁盘中，由专人管理；或设置为只读或隐藏防止误删除。

3) 其它各系统的备份由各省根据实际酌情考虑。

6、软件手册的编写

参照国家中心提供的《公共电子阅览室管理信息系统平台软件安装手册》、《公共电子阅览室管理信息系统运行维护手册》，由集成方编写适应本省技术平台的《省级软件平台安装手册》和《省级技术平台运行维护手册》，这两本手册将作为项目验收中不可或缺的内容，需要集成方在终验时提交给省分中心。

7、软件系统试运行

1) 开展对平台软件系统的日常操作和记录。监视各服务器的CPU、内存、网络的占用率和系统日志的异常情况，发现问题，及时做系统修改和调整。

2) 完成省级信息安全管理系统功能性验证、数据准确性验证、压力测试和稳定性测试。

3) 对本省资源导航发布系统的测试内容包括：定制本省资源导航发布界面及相关栏目；上载本省资源导航资源；完成数据的导入/导出功能操作；检查资源导航页面在互联网上的访问效果、速度等相关内容。试运行结束后，确保省级资源导航发布正常运行。

4) 软件系统试运行结束时，需要通过"省级公共电子阅览室信息安全管理系统"生成并打印出软件试运行期间（包括起止时间）的平台软件系统的历史工作运行图，明确表示出系统的正常运行的起止时间、停机时间、停机次数及服务器的外网IP值，作为试运行结束的标志，同时也作为项目验收的标准。

5) 初始化本级系统基本信息，并完成基本信息资料向国家中心的上传；确定系统部署完成的并网时间。

（七）软件系统集成工作要求

1、为确保该平台软件系统在全省范围内实现标准统一的信息安全交换，降低项目实施的复杂度，要求无论是自建省级平台软件还是使用国家中心提供的平台软件的省份，在省辖区内统一公共电子阅览室管理信息系统平台软件。

2、省级平台软件系统集成工作要先于本省各级公共电子阅览室系统的集成建设工作前完成，以利于本省各级公共电子阅览室系统的集成后的入网注册。对于已建完的基层网点，在省级技术平台完成后，要重新进行系统的入网注册工作，最终使各省实现分级构建技术平台网络系统框架的目标，完成各级网点的入网授权及系统基础数据初始化。

3、软件系统试运行工作是保证日后系统正常运行不可或缺的一部分，也是检验集成方对省级技术平台集成质量的关键步骤之一，各省须注重此项工作的开展，确保其完整性。

4、省级软件平台系统与国家中心软件平台对接是已建或自建各省的必须完成的关键任务，也是确保本省接入网络的必要步骤，相关省份需要投入力量，确保此项工作的完成。

5、省级软件平台系统需永久完整保存本省范围内各级公共电子阅览室管理信息系统（包括平台结点）的部署完成与注册入网时间等基本信息。

三、硬件系统集成

(一)建设原则

1、系统建设应相对独立

省级技术平台是构造全国范围内公共电子阅览室网络的关键节点，也是承载省级软件平台和公共数字文化支撑平台的基础，其硬件平台的规范化、可管理、可用性和稳定性程度直接影响全网运行。因全国各省图书馆机房已建自动化系统的差异性，不能保证将省级技术平台融入其中又能同时实现具备全网协同能力的综合设计要求； 为此，省级硬件平台须以相对独立的原则进行建设，即，尽可能提供和配置相对独立的机房空间、网络规划、网络机柜、硬件设备、配电系统、环境保障等条件，统一建设标准，完成技术平台的建设，并可独立运行。

2、系统集成应完善基础

为提高省级硬件平台系统的可用性、稳定性、安全性和可管理性，省级硬件平台的建设须将基础环境和网络安全两方面的内容纳入设计。基础环境包括机柜、KVM、供电、接地、防雷、消防、空调、视频监控、环境监控和安全运维等部分；网络安全包括核心网络设备的坚固性、系统自愈能力、安全防护能力和安全监管能力等方面，也为实现省级技术平台的计算机信息系统安全保护等级（三级）要求打下基础。

基础环境建设须充分考虑：

1) 集成系统的节能化及新技术的应用，以节约日后的运行成本；

2) 结构紧密的供配电设计，以减少网络设备的电磁干扰；

3) 系统防雷和接地设计，以防止雷击、开关浪涌电流、高压静电及电磁骚扰对硬件系统的破坏；

4) 计算机系统、网络、空调、UPS等设备的安全性、先进性的前提下，实现省级平台系统的集中化安全运维管理，提供与国家中心安全运维系统的平滑连接；

5) 部署空间、机柜的紧密机械连接和机柜散热通风等因素，达到高雅、大方、简朴的风格。

3、技术平台应与原系统结合

为充分整合省级技术平台系统与省图书馆机房原有自动化系统的资源，实现优势资源互补，发挥整合后系统的最大效益和功能的相对独立性和灵活性，省级技术平台与原系统须从以下几方面进行整合。

1) 基础环境整合：外网接入条件、供配电容量、安防及环境监控；

2）网络边界整合：因省级技术平台相对独立，若无独立外网条件，则需要通过省级分中心的网络边界设备（路由、链路负载均衡等）与外网相连；同时考虑与电子政务外网和卫星播发网络的整合；

3）省图电子阅览室服务与平台软件业务的整合：信息安全管理软件、资源库发布与服务、资源数据库共享等。

（二）遵循的法规标准

省级公共电子阅览室管技术平台集成建设应以计算机信息系统安全保护三级的标准为约束，并遵循以下相关法规及标准：

《中华人民共和国计算机信息系统安全保护条例》（国务院令147号）

《中华人民共和国计算机信息网络国际联网管理暂行规定》（国务院令195号）

《计算机信息系统安全专用产品检测和销售许可证管理办法》（公安部令32号）

《计算机信息系统保密管理暂行规定》（国家保密局 国保发[1998]1号）

《计算机信息系统国际联网保密管理规定》（国家保密局）

《计算机信息网络国际联网安全保护管理办法》（公安部）

《商用密码管理条例》（国务院令273号）

《计算机病毒防治管理办法》

《中华人民共和国电子签名法》

《GB17859-1999 计算机信息系统安全保护等级划分准则》

《GB50174-2008 电子信息系统机房设计规范》

《GB9361-1988 计算站场地安全要求》

《GB2887-1989 计算站场地技术条件》

（三）硬件集成工作内容

1、实施步骤

1）制定硬件集成方案与实施方案。

依据硬件配置标准，结合本省的实际情况，制定相应的硬件设备采购配置标准，设计集成和验收方案，设计本省项目工作流程和实施方案并按照实施。

2）分段实施，分段验收，最后整体验收。

各阶段实施前应先确定实施方案，包括施工材料（设备）的确定、时间、施工工艺等；每个阶段施工完成后，形成阶段性验收，验收通过后方可进行下一步工作。项目全部完成后，进行整体运行调试，按照本省常规的项目测试运行周期（建议30天）进行设备带电不间断试运行（包括技术平台系统整体上下电测试运行），以运行结果为依据作为设计指标的达标判定。

3）硬件及网络资源规划与软件系统部署相结合。

主机虚拟化、操作系统、备份和杀毒软件安装工作需要配合公共电子阅览室平台软件的部署统一调试（见软件系统集成）。省中心应充分考虑到这部分工作，需要集成商、供货商和软件厂商共同提供技术支持。

2、机房环境要求

省级硬件平台系统包括：设备设施、网络资源、机房空间、综合布线、电力调配、接地防雷、安防监控、系统运维及安全等保等方面。省分中心（省图书馆）机房是承载和部署省级技术平台的地点，在项目实施前应准备好相应的配套机房环境。具体要求如下：

1）机房定级标准：

按照GB50174-2008《电子信息系统机房设计规范》规定，结合实际，省级公共电子阅览室技术平台系统机房参照B级的标准来建设实施。具体B级的要求，参见GB50174-2008，各省需按此标准进行并完成机房环境整改。

2）网络接入要求：

尽量采用独占带宽的互联网外网线路，带宽大于40M，5个以上的外网IP；无法提供独立外网线路接入的省份，须省分中心配置相应边界设备（如Router、LP等），并预留足够物理接口，接入千兆电口或光口。由于该技术平台的相对独立性，要求在进行本技术平台与省馆原技术系统的边界设备对接时，使用光纤连接。

3）电力供给要求：

提供不小于70KW的供电能力；如省分中心供电容量不足以支撑70KW，则可降低至40KW，满足五个机柜的基本设备供电需要。

如果省馆机房原配电机柜空间允许，且配电工程规范，则可利用原有机柜的空间，划定并显著标注该区间，独立装配相应配电空开和防雷浪涌开关（按本方案施工）；否则，须确保在省馆机房配电机柜附近安装本方案要求的增配配电箱。

对于省馆机房原有UPS来说，不参与此次项目的设备改造。新增UPS电池柜组须预先在原UPS电池柜组的空间内选定预装空间，安装空间的地板要保证必要的承重能力。

4）空调制冷要求：

参照国标，空调制冷应能配套提供5个网络和服务器机柜的散热容量，此方案中不考虑机房空调的采购与建设；机房空调建议采用机房专用精密空调，如果是家用空调，则建议在项目验收完成后增配适当机房精密空调。

5）接地防雷要求：

参照国标，机房建筑具备独立、可靠、规范、有效的接地、防雷系统，省级硬件平台将依靠此接地防雷系统作为保障。在集成商机场施公前，须要求其对接地防雷系统按照国标进行检测，不合格则须进行整改，原则上此部分整改工作不纳入本项目预算。

6）防静电地板要求：

各省须要求集成商在进场前，仔细检查防静电地板安装的质量，包括与楼层地面的高度、防静电地板安装的整体平整度、楼层地板的承重能力等基本情况，确保地面平整、紧密、干燥、无杂物、无灰尘。如果省馆机房的地板已经年久老旧，建议在安装区域内更换无边全钢防静电地板（规格尺寸600X600）和地板支架。如果采用地面通风系统，建议网孔防静电地板的网孔总面积大于20%，确保通风量。网孔防静电地板的采购可纳入本项目建设经费。

7）应急照明要求：

各省应按照国标配备足够数量的受控应急照明灯，确保主控区域内的断电应急照明。

8）部署空间要求：

省级硬件平台涉及中控区、监控区、电池区和配电区四个空间区域。关于本馆电子阅览室，各省可根据实际，设计本省技术平台方案，确定是否将省馆电子阅览室纳入技术平台。如果纳入本技术平台，则需将上网行为管理和无线网络接入设备设计在方案内。

中控区域是面积为24—30平米的矩形区域，用于承载5个0.6米或0.8米宽度的机柜；监控区是操作管理人员的独立工作空间；电池区和配电区仅需服从机房现有环境，能够容纳新设备设施即可。

如果中控区域的机柜安装空间允许，则建议采用0.8米宽度的标准服务器或网络机柜，以方便随后的网络机柜侧面布线的要求和增大通风空间的要求。

下图为省级硬件平台机柜摆放布局图和桥架设计示意图。

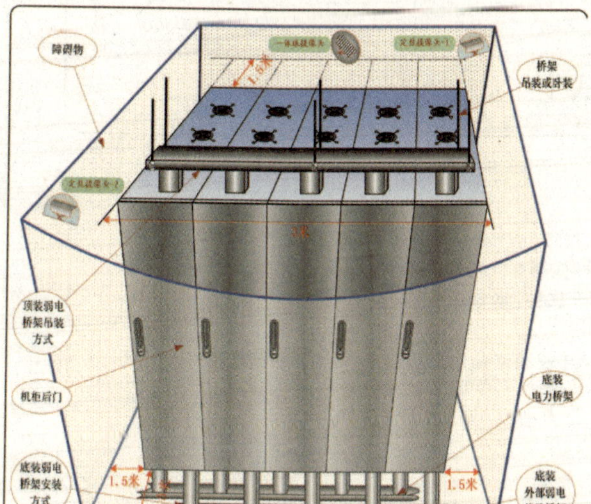

省级公共电子阅览室硬件平台机柜空间布局与桥架设计示意图

基础设施安装说明：

1、机柜组安装空间：长X宽X高=6米X4.1米X3米。机柜四周与障碍物的距离为1.5米，用于方便安装机柜设备，也根据机房环境与其他机柜并排安装；如确因机房空间局限原因，也可将机柜打散安装，此方式不推荐，即尽量采用独立空间安装方式；

2、机柜摆放顺序：左序或右序均可，根据机房条件决定；

3、机柜间连接方式：靠机械力紧密结合；柜间可采用螺栓固定；

4、桥架安装方式：(1) 弱电线缆桥架（200X50镀锌金属桥架）根据防静电地板高度、空调送风通道、地板下原有桥架挡碍等综合情况进行综合评估后，确定采用桥架的敷设方式。可采用顶装方式（吊装或卧装）或底装方式。(2) 电力线桥架（镀锌金属桥架）采用底装方式，延伸至配电柜和UPS电池柜；

5、所有机柜和所有桥架要求统一可靠接地；每个机柜安装前后门开关传感器，接入各机柜的PDU上，以方便监测管理；

6、机柜组的后门顶部（一侧）和前门顶部（另一侧）附近各安装一个定焦摄像头；3号机柜前门顶部安装一套一体球摄像头；温湿度传感器、烟感报警器根据机房情况均匀分布在机柜组周围安装；漏水报警线缆围绕机柜安装面积范围，在地板下进行环形安装。

7、所有外部器材、设备的连接线缆均采取布线槽，以安全、可靠、简洁、美观为原则。

下图为省级硬件平台空间区域关系示意图。具体说明如下：

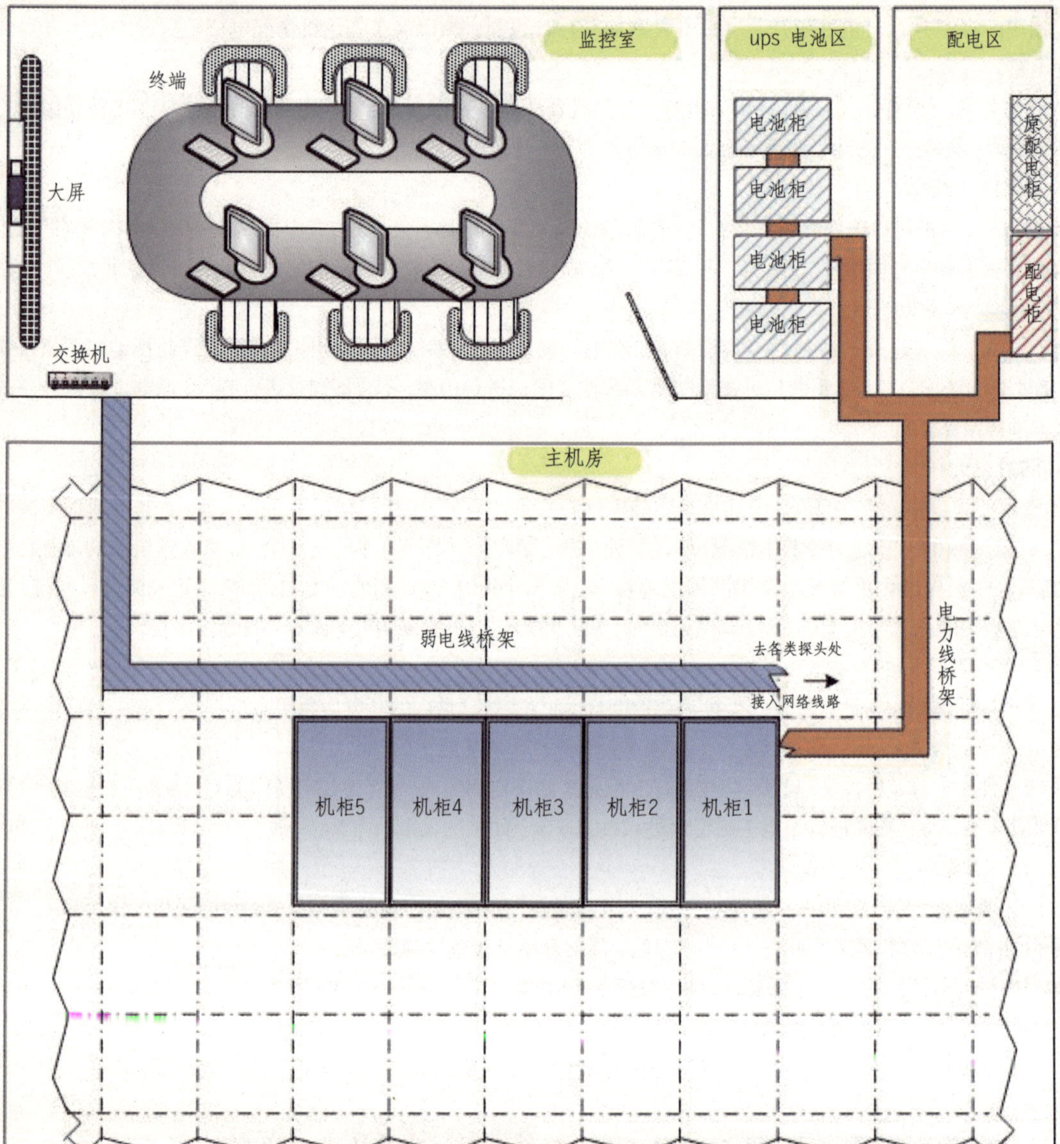

省级公共电子阅览室硬件平台空间布局关系示意图

说明：

1、省级公共电子阅览室硬件平台被划分成4个区域：主机房、监控室、ups电池柜区和配电区；

2、弱电桥架与电力桥架分开敷设，但不影响地面风道通风为原则。弱电桥架连接1号机柜、监控室、各类传感器和省图其他系统区域，用于承载所涉及的弱电线路；电力桥架连接1号机柜、ups电池柜区和配电区，用于承载2台ups的电池充电线路和AC380V供电线；

3、传感器线路由一端上墙，进入主机房天花板后分散布线，完成于视频探头、温湿度探头、烟感探头的连接。

各省在设计集成实施方案时，须充分考虑上述机房空间与设备、设施的布局设计要求。

3、硬件平台设计

省级硬件平台的设计分为电力供配电原理、硬件平台环境监控系统原理和网络原理三个部分。具体如下：

1）电力供配电原理

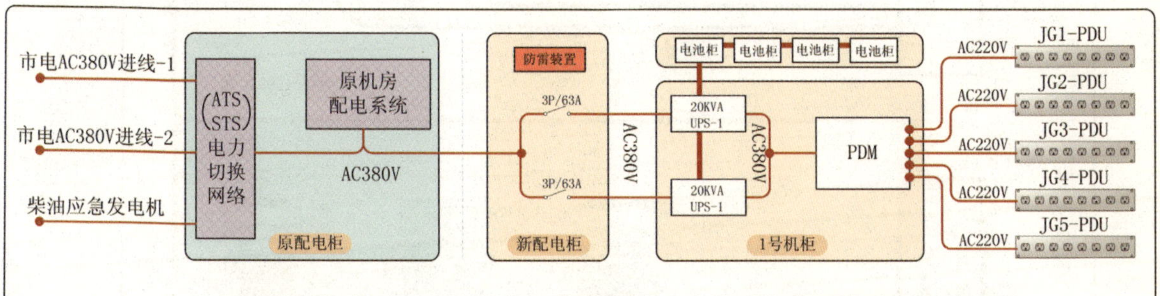

省级公共电子阅览室硬件平台供电原理示意图

说明：

1、省级公共电子阅览室硬件平台的电力供给是由多路机房供电切换网络的输出级给出的AC380V电源，额定总功率不小于70KW；

2、配电柜要求：根据原配电柜的综合情况决定新增配电柜或是沿用原配电柜；为用电安全起见，建议以新增配电柜为优先考虑；配电柜内加装防雷装置（浪涌保护器）；

3、UPS设备的输出级允许直接并机工作；UPS的输出级为三相或单相可调；图中UPS使用三相输出；

4、PDM的输入采用IEC309 100A 3P+N+PE插头（配防溅座），输出采用IEC309 32A 2P+E插头（配防溅座）；

5、PDU的输入采用IEC309 32A 2P+E插头（配防溅座），输出采用IEC320 C13防溅座（16A，2P+E）。

各省在设计集成实施方案时，须充分考虑与机房原有配电机柜之间的布线关系。要求配置独立配电箱，并在方案设计时充分考虑从新配电箱到网络服务器机柜区的电力线负载能力，新老配电箱之间的电力线缆直径不小于信配电箱的输出供电电缆，充分预留负载余量；机房地板下电力布线不允许做线路转接（不出现断头）。

2）环境监控系统原理

本方案的环境监控系统仅包括：电力、温湿度、烟感、漏水、CCTV等部分的监控，其中环境监控主机具备短信报警功能，需要省分中心配备SIM卡，并将技术平台系统运维管理人员的手机号码与该系统关联。

环境监控主机与CCTV主机需要联动，即可以通过环境监控主机操作CCTV主机，调取录像数据资料，实现本地和远程通过内、外网络通道操控视频摄像头的功能等，摄像头按图安装。

电力监控是指对UPS、PDM、PDU的监控完成的，通过网络与环境主机关联，并通过环境主机的组态软件实现独立监控，监视各电力参数、控制各设备开关的通断。

漏水线须封闭布置在机柜安装范围的楼层地板上，安装完后须做漏水测试并通过验收；温湿度和烟感传感器须均匀分布安装在机柜的顶部天花板上并测试。

原理示意如下：

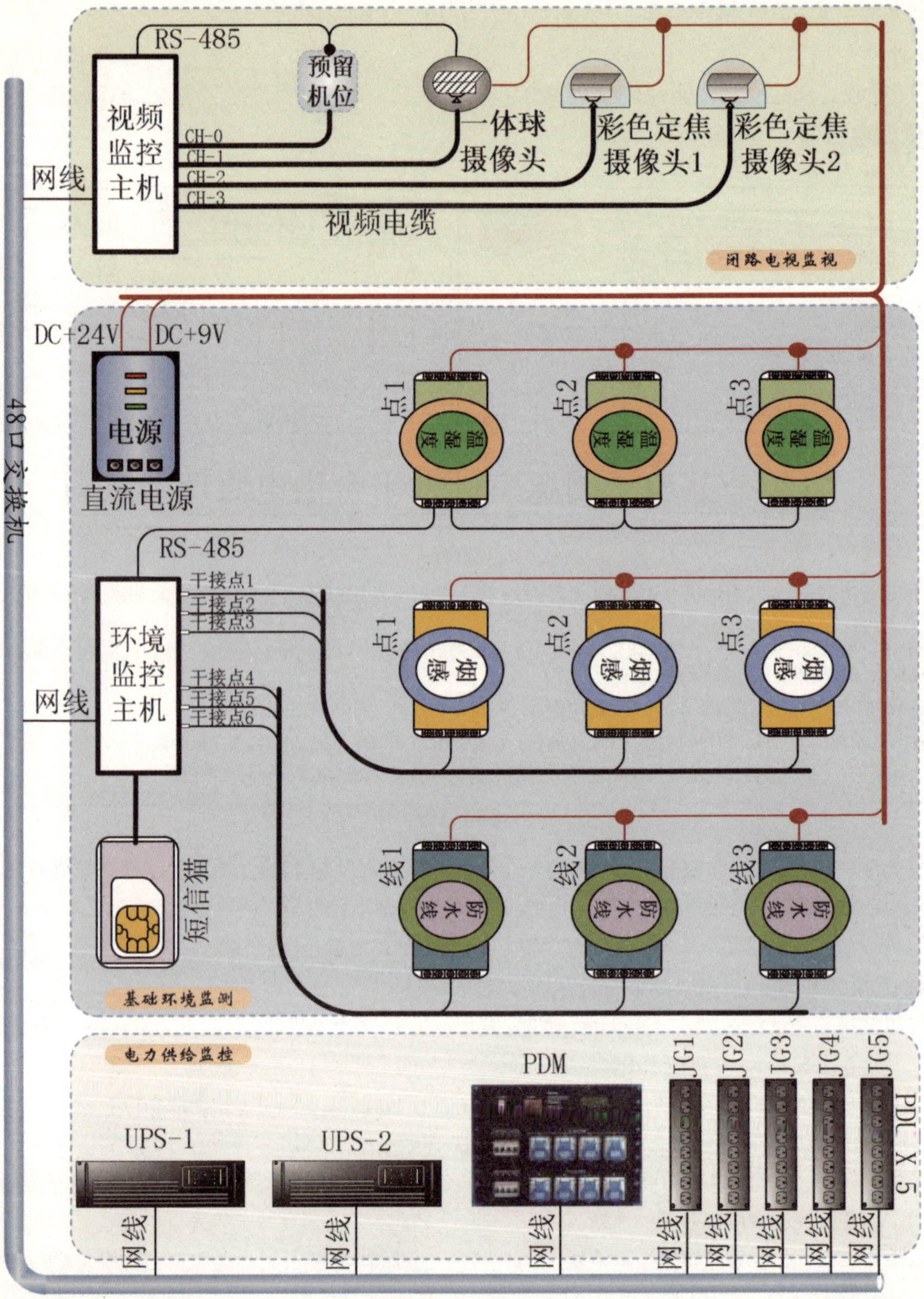

省级公共电子阅览室硬件平台视频及环境监控原理示意图

设备说明：

1、视频监控主机和环境监控主机可以采用“二合一”设备，也可采用独立设备，传感器和主机网络接线方式需做相应调整；

2、直流电源根据传感器供电电压、电流要求选取多路或单路输出开关电源；该电源安装于1号机柜的监控主机附近空余空间；

3、UPS、PDM、PDU设备须支持IP访问方式。

说明：

① 平台硬件网络原理涉及9个部分：外部链路区、接入区、机房现有系统、核心交换、网络安全、基础环境监控、服务器区、存储设备区和网络监控区。

② 须注意提前做好规划，着重接入区的边界设备及其可用空余资源的准备和机房原有系统必要的网络资源分配变更的准备。

③ 当省图书馆原有的边界设备的网络接口资源不足时，如果省图书馆的自动化系统暂时未使用电子政务外网，可以将电子政务外网直接接入本硬件平台的核心防火墙；如果须为此次技术平台建设新配套路由器或链路负载均衡等边界设备，则需要考虑该设备网络接口资源配置，必须满足各互联网外网接入线路、政务外网接入线路、省馆原有自动化网络接入和本技术平台的双网络链路的接入的容量需求。

④ 网络安全设备根据实际选择，通过业务分析，设计恰当的接入位置和接入防护策略。

⑤ 省图书馆内的公共电子阅览室如果需要接入本硬件平台，则需要配置网络行为管理、无线设备等条件，同时考虑与省馆原有信息资源库的共享问题，即VLAN路由转发等。

⑥ 服务器、KVM主机和其它所有具备IPMI接口的设备通过接入交换机接入核心交换，划分为一个网段；PDU、PDM、UPS和监控主机通过接入交换机接入核心交换，划分为一个网段。

⑦ VPN设备用于构造省级技术平台到国家中心和省际技术平台的虚拟专网，用于安全运维管理专网和随后建设的公共数字文化支撑平台的各种业务的专网网络平台支撑的通道。

4)监控室设备连接原理

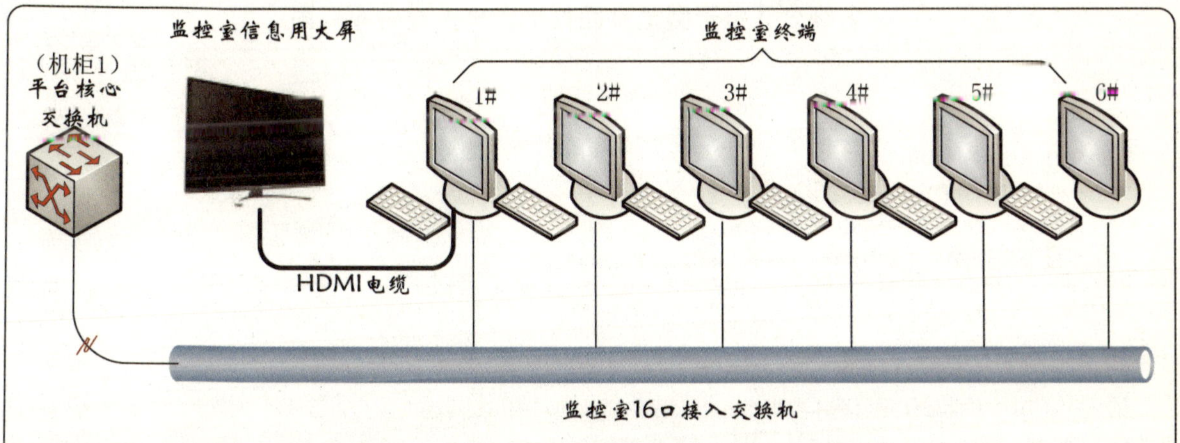

省级公共电子阅览室硬件平台监控室设备连接示意图

说明：

1、监控室设备包括：1台16口交换机、6台终端、1台大屏电视（最好包括其支持主机，HDMI连接）；

2、监控室的16口交换机通过网线接入机房1号机柜的核心交换机；

3、连接大屏电视的主机采用体积小巧（较薄的）的高性能PC，后背于大屏电视的背后，使用无线键鼠。

说明：

① 硬件平台监控室由6台终端、1个带电脑无边大屏和监控终端接入交换机组成。

② 考虑到核心网络安全与方便系统运维管理，监控室接入网络须划分为独立VLAN，分别考虑该网段与其它各网段路由交换及其相关配置策略。

4、机柜及设备布局

1)机柜及设备全局图

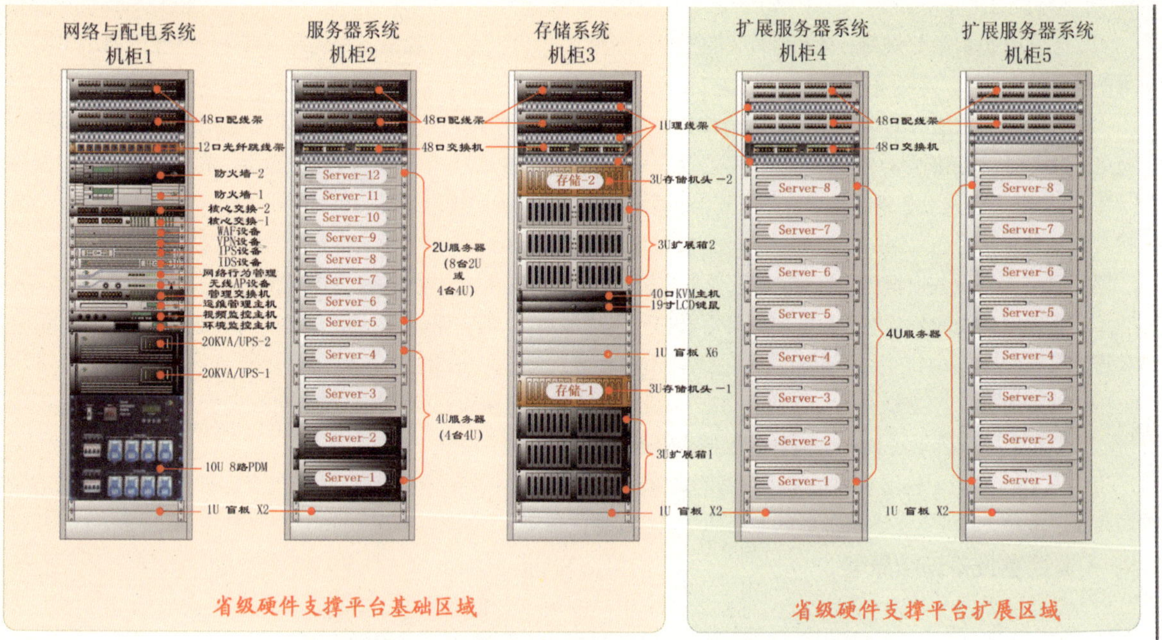

省级公共电子阅览室硬件平台机柜设备布局图

说明：

1、省级公共电子阅览室硬件平台分为基础区和扩展区两部分，基础区包括网络与配电系统、服务器系统和存储系统三个机柜，扩展区包括两个服务器扩展机柜；

2、各机柜中机架设备的自身高度和安装位置须严格符合上图要求；

3、机柜前方未安装机架设备的位置须安装1U盲板（补齐空位）；

4、机柜2中的服务器设备可以选择8台4U服务器（4路CPU）或4台4U服务器（4路CPU）和8台2U服务器（2路CPU）。

说明；

第1章　上图为省级硬件平台具体的机柜和内部设备摆放布局的设计示意，分为省级硬件支撑平台基础和省级硬件支撑平台扩展两个区域，省级硬件支撑平台基础区为公共电子阅览室管理信息系统软件平台的硬件支撑，省级硬件支撑平台扩展区为预留的区域分中心公共数字文化支撑平台或与区域分中心支撑平台配套的扩展硬件支撑平台。

第2章　上图各机柜内部所标出的各设备为预装或预留的位置，而且对各类设备限定了高度，在采购设备时需要指定各类设备的高度。

第3章　机柜2内Server5到Server12为双路2U服务器安装位置。根据各省实际，此位置也可选用四路4U服务器，分别命名为Server5到Server8。选用四路4U服务器的目的是为了统一服务器配置后，方便采用主机虚拟化方案，形成计算、存储、网络等资源池。

第4章　各机柜内未安装设备的前面使用统一的1U盲板封堵，保证机柜内各设备内部可形成有效通风风道。

第5章　各机柜上部的跳线架在装配机柜内跳线时，须纵向两两绑扎，埋入对应的理线架内。

2)各机柜设备密集排列规划图

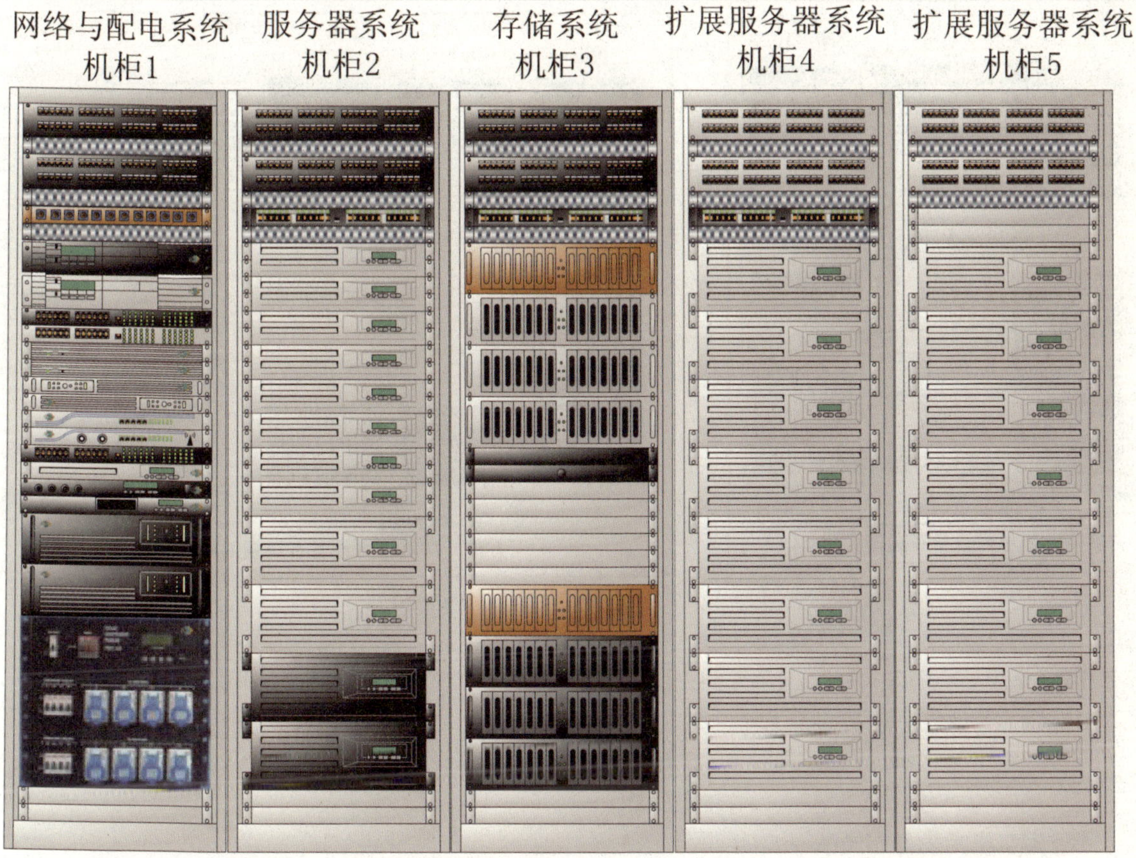

省级公共电子阅览室硬件平台机柜密集排列图

说明：

① 上图为机柜极其内部设备密集排列设计图。省硬件平台配置5个机柜，机柜1为网络与配电系统，机柜2为服务器系统，机柜3为存储系统，机柜4、5为扩展服务器系统，为随后系统扩展预留；KVM设备安装到存储机柜。

② 机柜安装要求：·各机柜四角稳定固定，通过水平仪抄平。·机柜间用紧固螺栓机械连接，目的是使其稳固，降低设备运行时产生的共振现象，提高设备使用寿命。·机柜底部开口为综合布线的走线路由，机柜内的强、弱电布线系统均可从此接入（如果采用顶装桥架，则从上方出口接入弱点线路）。

③ 各机柜内深色背景的设备为方案一（100万的方案）须安装的设备，浅灰色设备为方案二（200万的方案）须安装的设备（或预留设备安装区）。

④ 为机柜和设备布局的整齐大方与对称要求，各设备密集摆放图满足中，KVM主机和KVM操作台安装于三号机柜的第22U和21U的位。

⑤ 各机柜后面左侧设计纵向安装PDU，并对各机柜的PDU进行可靠固定；各机柜PDU允许连接机柜前/后门开门传感开关，以方便通过远程管理接入的PDU设备，采集各机柜柜门的开关状态。

3)方案一机柜设备布局图

方案一，机柜内设备布局施工图-（1）

方案一，机柜内设备布局施工图-（2）

说明：

方案一适用于100万建设标准，分为3机柜配置和5机柜配置两个子方案。在建设时尽可能采用5机柜建设标准，为随后的技术平台扩展做好基础性准备；如空间、电力、空调、消防等条件不允许，则可选择3机柜方案，但该方案也客观限制了未来该省技术平台的支撑角色与功能的扩展性。

4)方案二机柜设备布局图

方案二，机柜内设备布局施工图—（1）

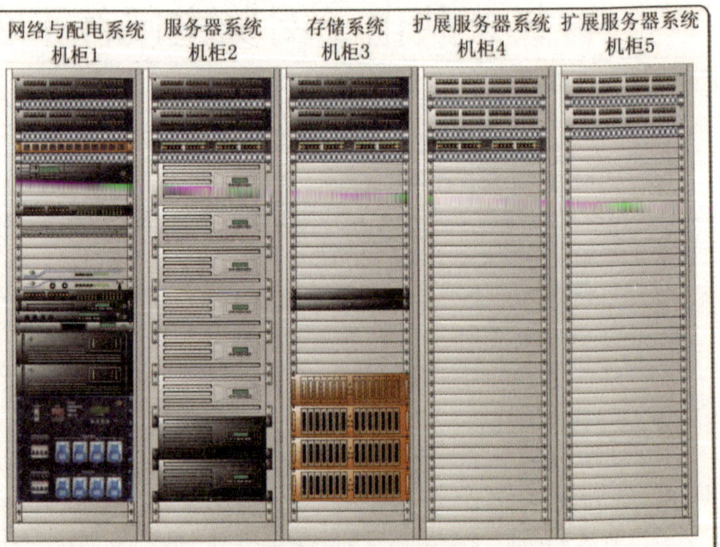

方案二，机柜内设备布局施工图—（2）

说明：

方案二适用于200万建设标准，是以方案一为基础上增配配置形成的，见方案一。

5)设备与机柜的对应位置关系表

机柜——1

位置	设备名称	逻辑名称
42U 41U	配线架-11	JP-11
40U	理线架-11	CM-11
39U 38U	配线架-12	JP-12
37U	理线架-12	CM-12
36U	光纤配线架-1	FJP-1
35U	理线架-13	CM-13
34U 33U	盲板X2/(防火墙-2)	MB X 2/(Firewall-2)
32U 31U	防火墙-1	Firewall-1
30U	盲板/(核心交换-2)	MB/(CSW-2)
29U	核心交换-1	CSW-1
28U	VPN设备-1	VPN-1
27U	盲板/(Web应用防火墙)	MB/(WAF-1)
26U	盲板/(入侵检测-1)	MB/(IDS-1)
25U	盲板/(病毒防护-1)	MB/(IPS-1)
24U	盲板/(上网行为管理)	MB/(NAC-1)
23U	盲板/(无线设备-1)	MB/(AP-1)
22U	管理交换机	MSW-1
21U	运维管理主机	OMH-1
20U	视频监控主机	VMH-1
19U	环境监控主机	EMH-1
18U 17U 16U	不间断电源-2	UPS-2
15U 14U 13U	不间断电源-1	UPS-1
12U 11U 10U 09U 08U 07U 06U 05U 04U 03U	配电模块	PDM
02U 01U	盲板 X2	MB X 2

机柜——2

位置	设备名称	逻辑名称
42U 41U	配线架-21	JP-21
40U	理线架-21	CM-21
39U 38U	配线架-22	JP-22
37U	理线架-22	CM-22
36U	48口交换机-1	Switch-1
35U	理线架-23	CM-23
34U 33U	盲板X2/服务器-12	MB X2/ JG2-Server-12
32U 31U	盲板X2/服务器-11	MB X2/ JG2-Server-11
30U 29U	盲板X2/服务器-10	MB X2/ JG2-Server-10
28U 27U	盲板X2/服务器-9	MB X2/ JG2-Server-9
26U 25U	盲板X2/服务器-8	MB X2/ JG2-Server-8
24U 23U	盲板X2/服务器-7	MB X2/ JG2-Server-7
22U 21U	盲板X2/服务器-6	MB X2/ JG2-Server-6
20U 19U	盲板X2/服务器-5	MB X2/ JG2-Server-5
18U 17U 16U 15U	盲板X4/服务器-4	MB X4/ JG2-Server-4
14U 13U 12U 11U	盲板X4/服务器-3	MB X4/ JG2-Server-3
10U 09U 08U 07U	服务器-2	JG2-Server-2
06U 05U 04U 03U	服务器-1	JG2-Server-1
02U 01U	盲板 X2	MB X 2

机柜——3

位置	设备名称	逻辑名称
42U	配线架-31	JP-31
41U		
40U	理线架-31	CM-31
39U	配线架-32	JP-32
38U		
37U	理线架-32	CM-32
36U	48口交换机-2	Switch-2
35U	理线架-33	CM-33
34U	盲板X3/ IP存储控制器-2	MB X3/ StorageM-2
33U		
32U		
31U	盲板X3/ IP存储扩展箱-21	MB X3/ StorageB-21
30U		
29U		
28U	盲板X3/ IP存储扩展箱-22	MB X3/ StorageB-22
27U		
26U		
25U	盲板X3/ IP存储扩展箱-23	MB X3/ StorageB-23
24U		
23U		
22U	KVM主机	KVM-S
21U	LCD键鼠操作台	KVM-C
20U	盲板X6	盲板X6
19U		
18U		
17U		
16U		
15U		
14U	IP存储控制器-1	StorageM-1
13U		
12U		
11U	IP存储扩展箱-11	StorageB-11
10U		
09U		
08U	IP存储扩展箱-12	StorageB-12
07U		
06U		
05U	IP存储扩展箱-13	StorageB-13
04U		
03U		
02U	盲板 X2	MB X 2
01U		

机柜——4

位置	设备名称	逻辑名称
42U	配线架-41	JP-41
41U		
40U	理线架-41	CM-41
39U	配线架-42	JP-42
38U		
37U	理线架-42	CM-42
36U	48口交换机-3	Switch-3
35U	理线架-43	CM-43
34U	盲板X4/服务器-8	MB X4/ JG4-Server-8
33U		
32U		
31U		
30U	盲板X4/服务器-7	MB X4/ JG4-Server-7
29U		
28U		
27U		
26U	盲板X4/服务器-6	MB X4/ JG4-Server-6
25U		
24U		
23U		
22U	盲板X4/服务器-5	MB X4/ JG4-Server-5
21U		
20U		
19U		
18U	盲板X4/服务器-4	MB X4/ JG4-Server-4
17U		
16U		
15U		
14U	盲板X4/服务器-3	MB X4/ JG4-Server-3
13U		
12U		
11U		
10U	盲板X4/服务器-2	MB X4/ JG4-Server-2
09U		
08U		
07U		
06U	盲板X4/服务器-1	MB X4/ JG4-Server-1
05U		
04U		
03U		
02U	盲板 X2	MB X 2
01U		

机柜——5

位置	设备名称	逻辑名称
42U	配线架-51	JP-51
41U		
40U	理线架-51	CM-51
39U	配线架-52	JP-52
38U		
37U	理线架-52	CM-52
36U	盲板 X2	MB X 2
35U		
34U	盲板X4/服务器-8	MB X4/ JG5-Server-8
33U		
32U		
31U		
30U	盲板X4/服务器-7	MB X4/ JG5-Server-7
29U		
28U		
27U		
26U	盲板X4/服务器-6	MB X4/ JG5-Server-6
25U		
24U		
23U		
22U	盲板X4/服务器-5	MB X4/ JG5-Server-5
21U		
20U		
19U		
18U	盲板X4/服务器-4	MB X4/ JG5-Server-4
17U		
16U		
15U		
14U	盲板X4/服务器-3	MB X4/ JG5-Server-3
13U		
12U		
11U		
10U	盲板X4/服务器-2	MB X4/ JG5-Server-2
09U		
08U		
07U		
06U	盲板X4/服务器-1	MB X4/ JG5-Server-1
05U		
04U		
03U		
02U	盲板 X2	MB X 2
01U		

说明：

① 上表是按照机柜密集排列规划图，列出的各设备与各机柜的位置对应关系表，不但给出了设备所处的位置，也给出了设备名称和对应的设备逻辑名称的对应关系。

② 该表格包含了两种方案的机柜配置数量，如果仅使用“3个机柜”的方案，则仅需参考机柜——1、2、3的表格即可。

③ 表格中的“盲板 X2”、“盲板 X4”、“盲板 X n”等表示为“2、4、n块1U的盲板”，其对应的逻辑名称同上。

④ “机柜——2”的表格中，带阴影的服务器安装区域表示：除了按表格安装2台2U服务器外，还可以统一安装成1台4U服务器，服务器的序号按此表格的编码方式和顺序递增。

⑤ 在施工时要求施工方严格按照此表和各省修改的表格确定设备的安装位置，后安装相应设备。

⑥ 设备的安装要保持紧密、均匀，保证设备间缝隙均匀、美观，盲板安装整齐、大方，设备端和跳线架端的网线裸露部分（未入理线架或机柜内部）颜色统一、长短统一、弧度一致、线间平行，保持美观大方的统一外观。验收时，作为目测项检查，明显问题及时纠正。

⑦ 在方案涉及的所有设备、部件、布线安装完成后，需要在各设备（其中，盲板和理线架不用标识）前面板相同的部位醒目标识设备的逻辑名称，可采用贴牌或挂牌的方式，但需外观美观，整齐划一。验收时须查验各设备标签与设备的对应关系的准确性，发现问题及时解决。

⑧ 在该硬件平台IP划分完成后，将各服务器、存储、网络设备的IP地址（段）标明。验收时须查验各设备标签与该设备实际使用的IP对应关系的准确性，发现问题及时解决。

⑨ 设备安装位置验收时，应按照此表和各省具体设备上架安装方案来验收。具体核对设备的高度、位置、标签是否一致，发现问题，及时返工。

5、机柜及设备连接

1） 机柜间总线连接设计

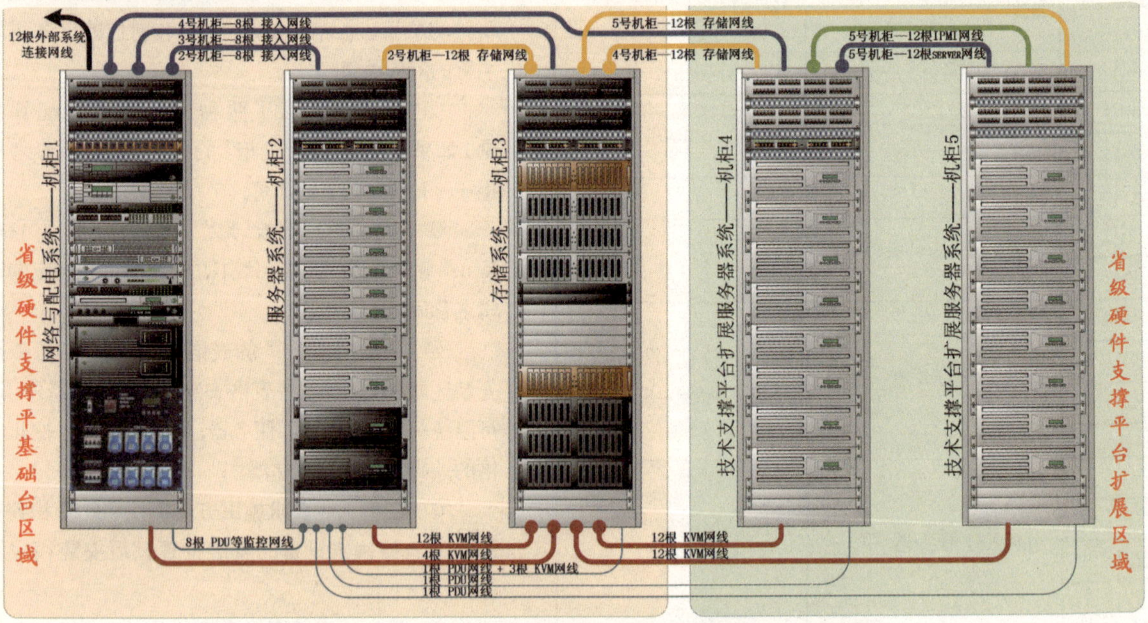

省级公共电子阅览室硬件平台机柜连接示意图

说明：

1、5个机柜的上部37U—42U位置均安装2个48口配线架和2个理线架，柜间联线要在机柜两侧均分，绑好线束并固定，每根线两头需打标签；每个机柜跳线架引出的连线需两个一组绑定，平滑放置于下方的理线架内；

2、其中2、4、5号机柜每个最多允许配置12台服务器设备，由安装于3号机柜的40口KVM（Over IP）设备操控；

3、3号机柜设计配置两台IPSAN存储设备，设计物理扩展容量为384TB（16X4X3X2）；

4、所有PDU、PDM、UPS、环境监控、视频监控、管理主机和网络设备均被分区规划，以方便统一监控管理；

5、机柜组供电的电力线由1号机柜下方的电力线槽进入该机柜，连接两台UPS设备的电源输入端；其输出并联后接入PDM设备电力输

说明：

① 上图为硬件平台各机柜间网络总线连接设计示意图，表明了各机柜内各设备的可能连接和控制关系，也标明了个总线的网线组成数量。

② 各省在设计本省技术集成方案时，可以根据需要补充柜间网线连接，但仅允许在未使用的网络跳线架的端口增加相应补充柜间网线，原理图中所涉及的所有柜间网络总线的位置和具体跳线架端口的位置均不允许该变。

③ 如果选择“3个机柜”的方案（省级硬件基础支撑平台），则只使用机柜——1、2、3的柜间网络总线连接原理，其余的连接取消即可，但机柜间网络线路与各机柜的跳线架端口的连接位置不能改变。

2） 机柜间总线连接施工设计图

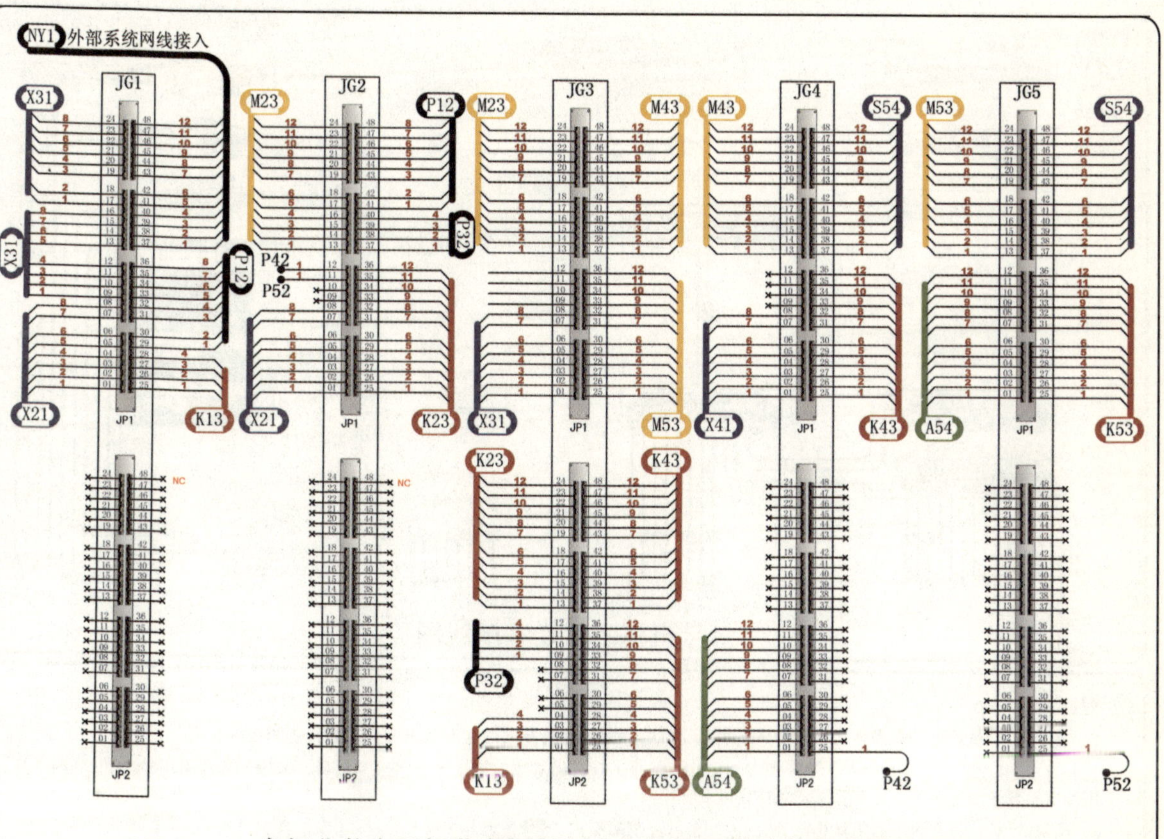

省级公共电子阅览室硬件平台机柜间网线连接施工图

注释：

1、JG（n），表示第n个机柜；共5个1.1米深、42U标准机柜。可以分两次配置机柜。第一次配置三个机柜，即JG1、JG2、JG3；第二次配置二个机柜，即JG4、JG5；柜间布线要求。先布JG1、JG2、JG3，再布JG4、JG5；
2、JP（m），表示某机柜内的第m个配线架；未投入使用配线架为备用器材，不允许施工方省略安装；
3、配线架规格为48口；
配线架端口排序顺序：从左向右、从上向下一次升序排列。即：第一排，1——24；第二排，25-48；
4、机柜间线路命名规则：

字母	数字1	数字1	——	数字3

其中，

- 字母：X表示核心接入6类网线，K表示KVM控制网线，M表示存储6类网线，S表示服务器6类网线，A表示IPMI类监控网线，P表示PDU类监控网线；
- 数字1表示目的机柜号，数字2表示源机柜号，数字3表示线序号；
- “_”为分隔符；
  例如：“K23-7”，表示“从JG3发出到JG2结束的KVM设备的第七根网线”。

5、端口符号“X”表示端口未投入使用；
6、此图作为验收标准，施工方要严格按照此图定义施工。

说明：

① 上图为“机柜间总线连接施工设计图”，是具体指导施工方进行综合网络布线的实施方案设计，要求施工方按照此图和各省增补的机柜间网络线路连接图进行网络布线。验收时需要按照此图一一核对，发现错误连接及时纠正。

② 如果选择“3个机柜”的方案（省级硬件基础支撑平台），则只使用机柜——1、2、3的柜间网络总线连接原理，其余的网络连接取消即可，但机柜间网络线路与各机柜的跳线架端口的连接位置不能改变。

③ 机柜间的网络连接完成后，需要用网络仪表进行逐条网线的测试，确定网线的类型是否符合CAT.6 UDP标准，发现不符及时替换网线；测试网线的最高速率，并出具测试书面综合测试报告。完成测试后，要求按照上图“注释”的机柜间线路命名规则给每根网线逐个打上标签，并严格对应验收。

3） 1号机柜内设备连接设计

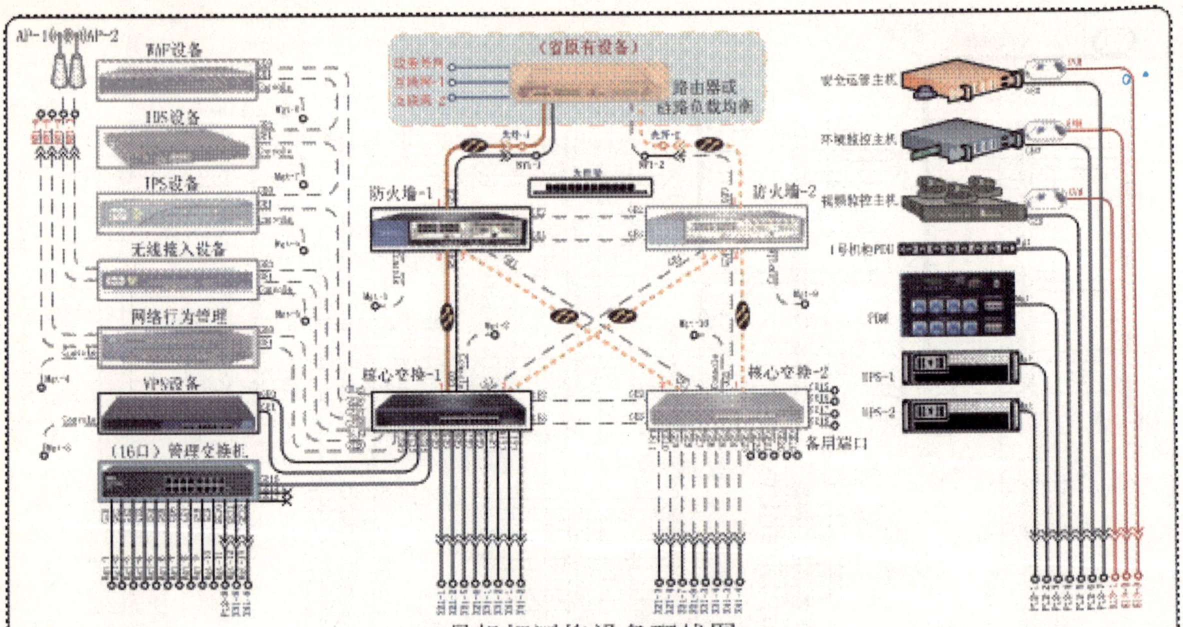

1号机柜网络设备配线图

说明：

1、上图为1号机柜中所有设备的核心网络接线图，其中浅灰色设备及其连接表示未来扩展的设备和连接方案；

2、本机柜网络跳线数量共64根，跳线长度为1.5米或3米两种，根据实际确定各类跳线的数量，未用部分均采用3米长度；跳线规格标准不低于CAT.6UDP，由专业工厂制作完成；

3、图例：“⋯⋯>”表示线缆插头；“>⋯⋯”表示线缆插座；“ ”表示多模光纤；“GEx”表示设备的第x个网络电口；“Console”表示设备的管理端口；“ ”表示KVM的网络适配器，用于连接被控设备；“——”表示千兆网线；“——”表示多模光纤；“— —”表示扩展用千兆网线；“----”表示扩展用多模光纤；“——O”表示接线端；“——X”表示线路未用；

4、建议核心交换设备、防火墙和边界网络设备间采用光纤连接。

说明：

① 上图为按照“省级公共电子阅览室硬件平台网络原理示意图”设计的“1号机柜内设备配线图”，明确定义了1号机柜内各设备间的网络跳线连接关系和各设备的连接端口关系，除非有明确的理由和必要性，施工方须严格遵守并验收。

② 图中浅灰色的图示代表选配设备，深色的图示代表必配设备。如果未用某类选配设备，那么选配设备连接到必配设备的网络接口须按图预留出来，不允许占用。

③ 图中的“WAF、IDS、IPS”三种选配设备仅是一种接入方式，各省可根据实际需要桥接或单臂连接入核心网络。

④ “VPN”设备原则上采用单臂连接，目的是仅通过物理连接和网络策略的配置，构成省技术平台对外的局部VPN网络，而不影响本省的资源发布应用、省信息安全管理系统对省辖区的互联网通信与管理。

⑤ “上网行为管理”选配设备与“无线接入”选配设备是为省馆的公共电子阅览室硬件系统接入该硬件平台时准备的选配设备，当作此种整系统切换接入时，必须选择以上两个设备，用以覆盖省馆公共电子阅览室的网络服务。

⑥ 若省馆无法提供独立的互联网接入线路，则机房应确保网络边界设备的可用性，并核对该边界设备与硬件平台防火墙是否采用光纤连接。政务外网线路也可接入防火墙。

4） 2号机柜内设备连接设计

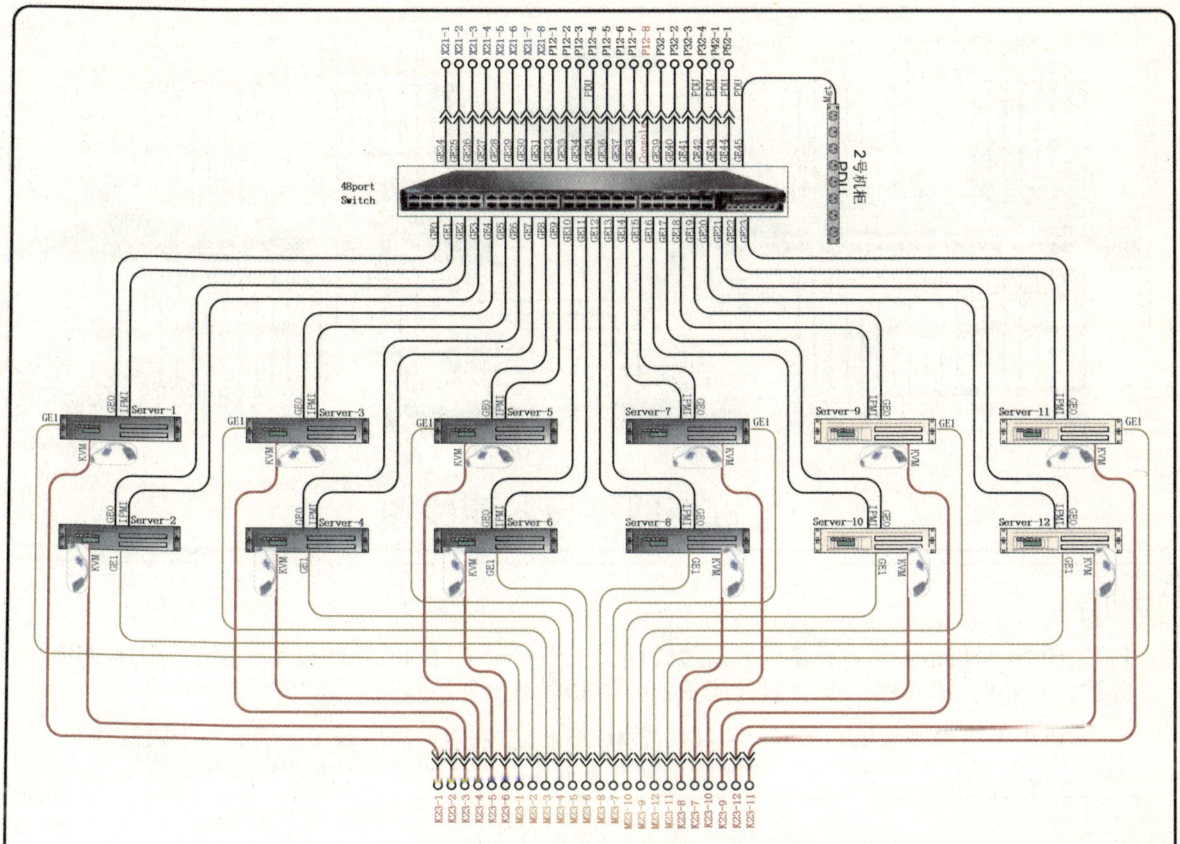

2号机柜网络设备配线图

说明：

1、上图为2号机柜中所有设备的网络接线图。其中当配置浅色服务器设备时，表示选择了“8台2路+4台4路服务器”方案；

2、本机柜网络跳线数量共60根，跳线长度为1.5米或3米两种，根据实际确定各类跳线的数量，未用部分均采用3米长度；跳线规格标准不低于CAT.6UDP，由专业工厂制作完成；

3、若选择“8台4路服务器”方案时，本机柜网络跳线数量为44根，跳线制作要求同上。

说明：

① 上图为按照“省级公共电子阅览室硬件平台网络原理示意图”设计的“2号机柜内设备配线图”，明确定义了2号机柜内各设备间的网络跳线连接关系和各设备的连接端口关系，除非有明确的理由和必要性，施工方须严格遵守并验收。

② 图中浅色的图示代表选配服务器设备，深色的图示代表必配设备。如果未用某类选配设备，那么选配设备连接到必配设备的网络接口须按图预留出来，不允许占用。

③ PDU供电单元独占接入交换机的1个网络接口，供环境监控主机做网络信息交换。

④ 图示出的“Console”线为接入交换机的控制台数据交换网线，也是作为远程设备状态查看和网络参数配置的主要操作入口。

5） 3号机柜内设备连接设计

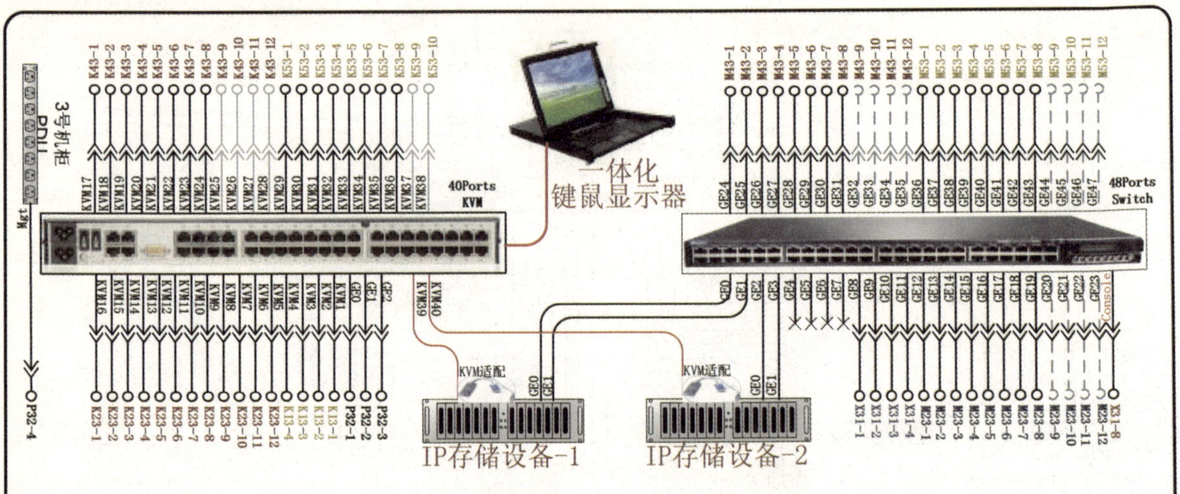

3号机柜网络设备配线图

说明：

1、上图为3号机柜中所有设备的网络接线图。其中配置了1台40口KVM设备，用于为所有的服务器、计算机提供切换控制，设计配置2台IPSAN存储设备；

2、本机柜网络跳线数量共90根，跳线长度为1.5米或3米两种，根据实际确定各类跳线的数量，未用部分均采用3米长度；跳线规格标准不低于CAT.6UDP，由专业工厂制作完成。

说明：

① 上图为按照"省级公共电子阅览室硬件平台网络原理示意图"设计的"3号机柜内设备配线图"，明确定义了3号机柜内各设备间的网络跳线连接关系和各设备的连接端口关系，除非有明确的理由和必要性，施工方须严格遵守并验收。

② 图中"IP存储设备——2"为后续系统扩展设备，其它代表必配设备。如果采用其它选配设备，那么选配设备连接到必配设备的网络接口须按图预留出来，不允许占用。

③ PDU供电单元独占接入交换机的1个网络接口，供环境监控主机做网络信息交换。

④ 图示出的"Console"线为接入交换机的控制台数据交换网线，也是作为远程设备状态查看和网络参数配置的主要操作入口。

⑤ 两台IP存储设备分别配置KVM终端接入适配器，通过KVM设备可对该存储设备进行人机交互操作操作。

⑥ KVM设备的40套终端接入适配器必须满配，未用完的适配器由省分中心专人保管，在进行设备签验时一一清点。

⑦ 为提高存储设备的网络吞吐率，IP存储设备的接入网线需要做TRUNK，以扩充网络存储带宽；IP存储设备的机头与所连接的三个存储扩展箱应通过专用通信电缆星形连接，以减小该设备内的数据通信瓶颈。

6） **4号机柜内设备连接设计**

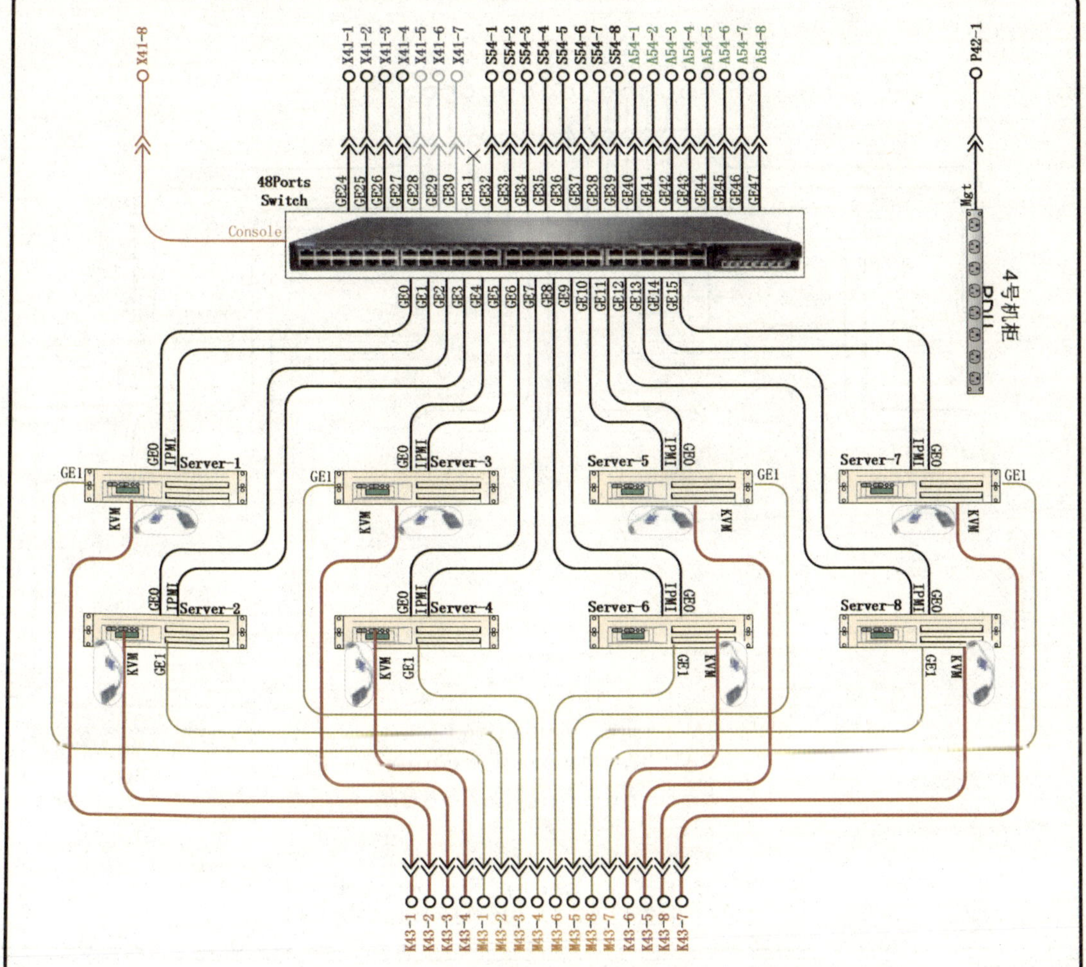

4号机柜网络设备配线图

说明：

1、上图为4号机柜中所有设备的网络接线图。其中配置了8台4路服务器和1台48口接入交换机，为5号机柜内服务器提供接入服务；

2、本机柜网络跳线数量共58根，跳线长度为1.5米或3米两种，根据实际确定各类跳线的数量，未用部分均采用3米长度；跳线规格标准不低于CAT.6UDP，由专业工厂制作完成。

说明：

① 上图为按照“省级公共电子阅览室硬件平台网络原理示意图”设计的“4号机柜内设备配线图”，明确定义了4号机柜内各设备间的网络跳线连接关系和各设备的连接端口关系，除非有明确的理由和必要性，施工方须严格遵守并验收。

② PDU供电单元独占接入交换机的1个网络接口，供环境监控主机做网络信息交换。

③ 图示出的“Console”线为接入交换机的控制台数据交换网线，也是作为远程设备状态查看和网络参数配置的主要操作入口。

7） 5号机柜内设备连接设计

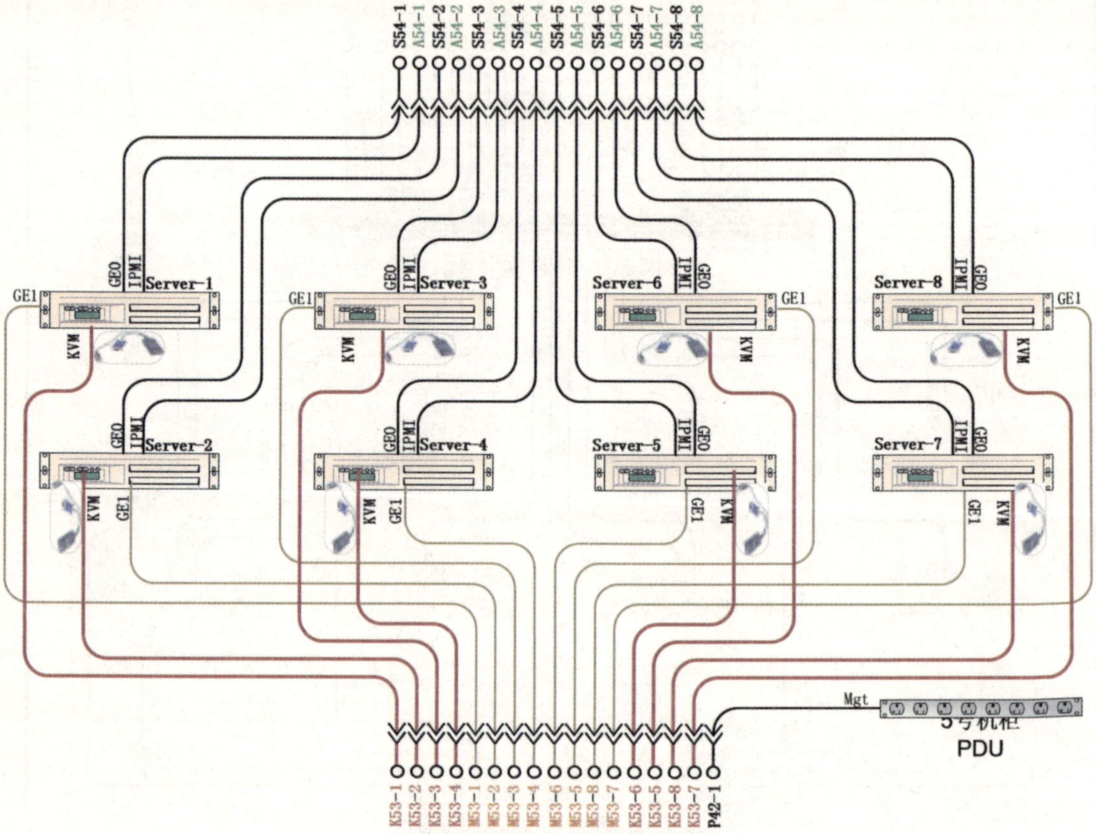

5号机柜网络设备配线图

说明：

1、上图为5号机柜中所有设备的网络接线图。其中配置了8台4路服务器，接入4号机柜内交换机；

2、本机柜网络跳线数量共33根，跳线长度为1.5米或3米两种，根据实际确定各类跳线的数量，未用部分均采用3米长度；跳线规格标准不低于CAT.6UDP，由专业工厂制作完成。

说明：

① 上图为按照“省级公共电子阅览室硬件平台网络原理示意图”设计的“5号机柜内设备配线图”，明确定义了5号机柜内各设备间的网络跳线连接关系和各设备的连接端口关系，除非有明确的理由和必要性，施工方须严格遵守并验收。

② 所有机柜未使用的网络跳线、盲板、装配部件均列表并核验数量，交由省分中心保管。

6、IP地址分配

1) VLAN的划分原则

为保证日后技术平台安全与运维系统部署和日常管理的需要，方便实现国家中心到省分中心运维系统的二级集散管控，建议按照“服务器设备区”、“存储设备区”、“网络监控设备区”、“环境监控及电源设备区”、“管理地址区”、“电子阅览室访问管理区”、“网络安全设备区”、“VPN管理区”等粗线条划分；

完成初步VLAN划分后，按顺序定义其内网IP地址段，余留足量VLAN域内IP地址。确定VLAN划分后，需要完成各个VLAN的防火墙配置策略的设计，通过测试验证各个VLAN自身功能的准确性和完备性，通过路由策略验证VLAN间的互操作能力。

在部署软件后，如需要增加或变更VLAN，需要重新做网络应用系统统筹，再确定VLAN规划的变更。

2）外网IP地址分配

省级技术平台要求互联网出口地址5个以上；政务外网出口地址5个以上；

最好提供独立接入的互联网出口；如果不具备独立互联网接入条件，则须利用原有的边界设备与省技术平台对接。

按照平台软件与设备对应角色，分配网络资源和各系统对应的存储空间，填入下表。

角色	服务器名称	存储设备空间占用	操作系统名称	杀毒软件	外网IP	内网IP	VLAN号
数据库管理							
信息安全管理							
资源导航发布							
备份系统							
（安全运维系统）							
（其它系统）							

服务器与平台软件的角色划分：

对于方案一，JG2-Server-1安装数据库管理系统；JG2-Server-2安装信息安全管理系统和资源导航发布系统；其它暂时不安装，待补充服务器后按方案二安装。

对于方案二，JG2-Server-1安装数据库管理系统；JG2-Server-2安装信息安全管理系统；JG2-Server-3安装资源导航发布系统；JG2-Server-4安装系统和数据备份软件；JG2-Server-5安装未来建设的资源存储数据库系统；JG2-Server-6安装未来建设的资源管理系统；JG2-Server-7安装未来建设的资源推送服务系统；JG2-Server-8安装杀毒软件系统；其它服务器留作他用。各对外发布服务系统根据需要分配互联网外网IP地址；

如果选择主机虚拟化方案，则由省分中心按此模式设计虚拟化后的主机分配。

3）内网IP地址分配

为了避免与省馆原网络系统IP地址冲突，首先根据省馆内网IP地址的划分原则，划分省级硬件平台内网IP；如果内网IP不足以支持本硬件平台网络IP的划分，那么建议采用额外的IP保留地址段，如另选192段或10段。确保不与省馆原有其它网络系统的内部IP地址冲突即可。为了方便网络管理，建议以省为单位选择统一的内网IP地址段进行规划和分配。

服务器内网IP配置要求

按照省技术平台内网地址分配方案进行分配。

原则上按照JG2-Server-1、JG2-Server-2、JG2-Server-3、JG2-Server-4、JG2-Server-5、JG2-Server-6、JG2-Server-7、JG2-Server-8……的顺序分配内网IP地址。

4）关于VPN的应用

VPN设备在完成安装后，须完成与国家中心VPN设备的连通性测试，为后续工作打下基础。

7、存储空间规划

1）存储设备空间

对存储设备的可用空间，须按照《公共电子阅览室管理信息系统平台软件安装手册》要求，根据平台软件的数据占用预估进行合理划分。

对方案一，16块硬盘做RAID50，可用空间约为36TB；其中2块硬盘分别做热备盘。

对方案二，64块硬盘做RAID50，可用空间约为144TB；其中8块硬盘分别做热备盘。

2）服务器存储空间

对服务器的三块硬盘做RAID1+1块热备盘。

划分200GB磁盘空间作为系统分区，其它根据安装软件的要求自行划分。

8、系统试运行

在省级硬件系统集成与软件系统及时同时完成后，方可进入系统试运行期。系统试运行周期为30天。

硬件系统试运行工作由各省与集成方共同确定。试运行期间，需要完成完整的系统开关机测试。

软件系统试运行工作内容及要求 参照上节“软件系统集成”，完成本级系统与各角色之间的互联功能性验证。

四、集成项目验收

（一）验收依据

1、《2012年度省级公共电子阅览室技术平台配置标准》

2、《2012年度省级公共电子阅览室技术平台集成方案》

3、《公共电子阅览室管理信息系统功能规范》

4、《公共电子阅览室管理信息系统数据交换标准》

5、各省依据《2012年度省级公共电子阅览室技术平台配置标准》、《2012年度省级公共电子阅览室技术平台集成方案》编制的招标文件及最终与承建单位签署的合同。

（二）验收方式

省分中心按《2012年度省级公共电子阅览室技术平台配置标准》、《2012年度省级公共电子阅览室技术平台集成方案》进行采购、安装、集成后，各省分中心自行组织包括省分中心、专家和承建单位等在内的项目验收小组来进行项目验收，验收小组具体成员、验收地点和验收组织形式由各省分中心确定。

验收完成后，各省须向国家中心提交《2012年度省级公共电子阅览室技术平台验收单》及竣工文档。

（三）验收流程

1、到货验收

省分中心组织、完成招标工作，货物到货后，进行到货验收，并开具到货验收合格单。

到货验收工作要点包括：

1）核对货物清单：依本标准及合同要求对全部产品的型号、数量、技术指标、包装、文件及相关配件进行核对；

2）加电验收：对货物进行加电运行，检查货物的质量、技术性能是否符合要求。

当出现货物数量不全、货物指标不符或货物损坏等问题时，各省要保留索赔及退货权利；

到货验收合格后，各省可启动软硬件系统集成工作。

2、初步验收

所有软硬件系统安装、调试完成，并达到了全部设计要求，通过联调测试，各省可组织项目初步验收。

初步验收工作要点包括：

1）环境验收：机房空间、网络、电力、温湿度、烟感、漏水、CCTV、空调、接地防雷等是否满足机房环境要求。

2）硬件集成验收：产品的型号、数量、规格、技术指标、包装及资料是否符合《2012年度省级公共电子阅览室技术平台配置标准》；电力供配电、环境监控、网络连接、机柜及设备布局、机柜及设备连接、IP地址配置、存储空间规划是否符合《2012年度省级公共电子阅览室技术平台集成方案》。

3）软件集成验收：对自建平台软件的省份，平台软件功能是否符合《公共电子阅览室管理信息系统功能规范》；数据交换接口是否符合《公共电子阅览室管理信息系统数据交换标准》。

4）系统联调验收：省级公共电子阅览室技术平台是否实现与上下级系统的对接互联、信息共享。

初步验收通过后，出据《省级公共电子阅览室技术平台初步验收报告》，系统进入试运行期。

3、试运行

所有软硬件安装部署、调试完成、初步验收评审通过后，则进入试运行期。

试运行工作要点包括：

1）成立试运行组织机构，要求在试运行期内，至少指派一人专门负责系统试运行期的系统巡检及故障处理等相关工作。

2)制定《省级公共电子阅览室技术平台试运行巡检制度》规范试运行巡检工作。该制度包括巡检周期（要求每周巡检一次）、巡检内容、巡检步骤及记录单。

3)制定《省级公共电子阅览室技术平台运行维护手册》指导巡检员进行故障处理。该手册明确常见故障处理流程及办法。

4)日常巡检：试运行过程中，故障处理

5)试运行报告，试运行期结束时，各省分中心需编制、提交《省级公共电子阅览室技术平台试运行报告》。

在试运行期内，系统连续30天无故障，则标志试运行期结束。各省分中心可以组织项目验收工作。

在试运行期内，如出现一般故障，各省分中心要组织力量对故障进行恢复，恢复时间不能超过24小时，故障恢复期间应确保系统不中断；如系统出现24小时中断服务等重大故障，则试运行期从故障修复之日起重新计算，顺延30天，若仍达不到要求，继续顺延，一直到系统连续30天无故障为止。

4、最终验收

系统连续30天无故障试运行结束后，各省可组织项目最终验收。

最终验收工作要点包括：

1) 技术平台试运行验收：软、硬件系统试运行报告是否完整、有效、合格；

2) 文档验收：各阶段文档是否齐全，至少包括《省级公共电子阅览室技术平台集成项目竣工资料》、《系统日常运行操作手册》、《系统维护操作手册》、《系统配置与安装指南》、《常见问题解答》、《省级公共电子阅览室技术平台初步验收报告》、《省级公共电子阅览室技术平台试运行报告》等相关文档，建议文档内容应符合ISO9001质量标准。

3) 项目目标验收：依据相关材料，最终评估项目是否达到预期目标。

最终验收通过后，出据《省级公共电子阅览室技术平台最终验收报告》，系统进入质保期。

(四)验收最终交付物要求

序号	类别	交付物内容	交付物形式
1	硬件设备	包括设备、配件、辅材、操作手册、系统集成实施方案	实物+介质+电子及纸质文档
2	支撑软件	包括安装程序、可执行程序、产品登记或认证证书、授权许可、操作手册	
3	平台软件	平台软件安装介质和《公共电子阅览室管理信息系统平台软件安装手册》	
4	验收材料	1、《省级公共电子阅览室技术平台集成项目竣工资料》、《系统日常运行操作手册》、《系统维护操作手册》、《系统配置与安装指南》、《常见问题解答》等相关文档； 2、《省级公共电子阅览室省级技术平台验收单》、《省级公共电子阅览室省级技术平台到货验收报告》、《省级公共电子阅览室省级技术平台初步验收报告》、《省级公共电子阅览室省级技术平台试运行报告》、《省级公共电子阅览室省级技术平台最终验收报告》	

(五)验收单

2012年度省级公共电子阅览室技术平台验收单

基本信息	结点编码		省份			
	所属行政区划		负责人		手机	
	网络带宽		电话		Email	
	外网IP 1		邮政编		地址	
	外网IP 2		外网IP 3		接入方式	□独立/□共享
	电子阅览编码		管理端数量		终端数量	
	电子阅览面积	(M2)	电子阅览室网络是否接入省级技术平台			□是/□否

验收材料	材料名称	有或无	说明
	到货验收报告		
	初步验收报告		
	试运行记录及报告		
	最终验收申请报告		

配置及技术指标验收

序号	对象		□方案一	□方案二	选配项	数量是否达标	配置是否达标
1	应用及数据服务器		2台4U	4台4U和8台2U			
2				8台4U			
3	运维服务器		1台	1台			
4	存储设备	机头	1台	1台			
5		磁盘柜	——	3台			
6		硬盘	16块	64块			
7	防火墙		1台	1台	(1台),□有/□无		
8	核心交换		1台	1台	(1台),□有/□无		
9	接入交换		3台	3台			
10	管理交换		1台	1台			
11	KVM	主机	1台	1台			
12		操作台	1台	1台			
13	VPN		——	1台	(1台),□有/□无		
14	上网行为管理		——	——	(1台),□有/□无		
15	无线设备		——	——	(1台),□有/□无		
16	IDS		——	——	(1台),□有/□无		
17	IPS		——	——	(1台),□有/□无		
18	WAF		——	——	(1台),□有/□无		
19	环境监控设备	主机	1套	1套			
20		温湿度探头	3套	3套			
21		烟感报警器	1套	1套			
22		浸水传感器	1套	1套			

23	视频监控设备	主机	1台	1台			
24		一体球	1套	1套			
25		定焦摄头	2套	2套			
26	UPS		2套	2套			
27	PDM		1台	1台			
28	PDU		5套	5套			
29	机柜及辅件	机柜	5套	5套			
30		盲板	130片	90片			
31		网线配线架	10套	10套			
32		光纤配线架	1套	1套			
33	跳线	1.5米	125条	125条			
34		3米	180条	180条			
35	数据库		1套	1套			
36	备份软件		1套	1套			
37	网络安全与运维管理软件		——	——	(1套),□有/□无		
38	公共电子阅览室管理信息系统		1套	1套			
39	监视设备	电视	1台	1台			
40		电脑	1台	1台			
41	管理终端		6台	6台			
42	监控交换		1台	1台			
43	电池柜		2组	2组			
44	电池		64块	64块			
45	配电箱		1套	1套			

系统集成验收

硬件	电力供配电	□是/□否达标	环境监控	□是/□否达标	视频监控	□是/□否达标
	网络连接	□是/□否达标	机柜及设布局	□是/□否达标	机柜及设连接	□是/□否达标
	IP地址配置	□是/□否达标	存储空间规划	□是/□否达标		
软件	功能与数据	□是/□否达标	压力与稳定性测试	□是/□否达标	试运行历史工作运行图	□是/□否达标

验收结论：

省分中心意见：

承建单位签字：(公章)
签字日期：　　年　　月　　日

省分中心签字：(公章)
签字日期：　　年　　月　　日

附件3：

2012年度乡镇、街道（社区）公共电子阅览室增补配置标准

本标准是2012年度中央财政支持的乡镇、街道（社区）公共电子阅览室增补配置参考文件，用于指导2012年度全国各省的乡镇、街道（社区）公共电子阅览室管理信息系统的建设工作。本标准包括网络配置、硬件设备配置和系统软件配置三个方面。具体说明如下：

公共电子阅览室乡镇、街道（社区）基层服务点增补配置方案是在原有建设基础上的补充和完善，增补配置预算为乡镇（社区）2元万、街道1.5万元。各省应根据已有设备配置和使用情况，合理升级设备配置，达到乡镇（社区）基层服务点10台计算机、街道基层服务点12台计算机的配置标准。

公共电子阅览室建设工作，建议由省分中心依据本标准，以及本省开发的平台软件或采用国家中心提供的平台软件的运行环境要求，对本省公共电子阅览室建设制订统一的技术方案，以实现公共电子阅览室的系统硬件、系统软件、电子阅览室软件能够达到最好的兼容性，实现最优的运行效果。

1、对配置标准表格中的"方案"一项的说明：可选配置项用"X"表示，必配项用"Q"表示。

2、如本标准中的配置未能满足实际要求的，可以适当提高配置或增加设备容量。

分类	序号	名称	详细参数	数量	单位	方案	备注
网络	1	网络接入带宽	互联网接入带宽大于等于2Mbps	1	套	Q	保证12台以上计算机上网能力。
计算机	2	服务器	塔式服务器，1个INTEL Xeon 5620/E5或AMD Opteron 2400以上处理器， ECC DDR3内存 8G，SATA 硬盘2*1TB，支持RAID0、1，双1000M网卡，含17英寸以上液晶显示器及键盘鼠标，配Windows 2008 server操作系统。原厂3年以上免费现场质保，省内提供备件服务。	1	台	X	用于运行本级公共电子阅览室管理信息系统软件的运行。
	3	计算机终端	Intel Core i3 2120或AMD Phenom II X4 965处理器，内存2G，硬盘容量500GB，光驱类型：DVD-ROM，90-265V宽幅电压电源350W，17英寸以上液晶显示器，配操作系统，具备系统还原功能，平均无故障运行时间MTBF 50万小时认证，原厂商3年以上免费现场质保。	增至10-12	台	Q	乡镇和社区在原有基础上达到10台。街道在原有基础上达到12台。
软件	4	公共电子阅览室管理软件	符合《公共电子阅览室建设计划实施方案》和《公共电子阅览室管理信息系统功能规范》的要求。 按照2012年度省级公共电子阅览室建设方案选用应用系统软件。	1	套	Q	用于管理本级公共电子阅览室。
	5	杀毒软件	随计算机终端机自带，3年免费升级病毒库。	若干	套	Q	与公共电子阅览室计算机数量配套
	6	OS	Windows 2008 server（及以上版本）操作系统	1	套	X	用于管理软件安装运行

附件4：

2012年度乡镇、街道（社区）公共电子阅览室系统集成方案

本方案是2012年度中央财政支持的全国各省乡镇、街道（社区）公共电子阅览室建设的系统集成参考方案，用于指导2012年度全国各省乡镇、街道（社区）公共电子阅览室管理信息系统集成建设工作。本方案（简称“集成方案”）依据“公共电子阅览室建设计划”实施方案，结合《2012年度乡镇、街道（社区）公共电子阅览室增补配置标准》（简称“配置标准”）设计形成，包括集成工作要求、系统集成方案和系统集成项目验收三个方面。

一、集成工作要求

各省负责本省2012年度《乡镇、街道（社区）公共电子阅览室系统集成方案》的制订，并按本省建设计划组织开展乡镇、街道（社区）公共电子阅览室增补配置和集成项目的采购、部署、培训与验收工作。

按照建设计划完成本省所有乡镇、街道（社区）的系统集成工作后，由承建单位向省分中心提交《乡镇、街道（社区）公共电子阅览室系统集成验收单》。

二、系统集成方案

（一）整体实施步骤

1、 依据配置标准和集成方案，结合本地的实际情况，设计制定适合本省的《乡镇、街道（社区）公共电子阅览室系统集成和验收方案》，设计编制本省的《乡镇、街道（社区）公共电子阅览室系统集成验收单》。

2、 完成乡镇、街道（社区）公共电子阅览室系统集成的招标工作。

3、按照2012年度建设计划，组织集成单位开展本省乡镇、街道（社区）公共电子阅览室系统集成工作。包括硬件集成和软件部署两部分，其中部署在乡镇、街道（社区）基层服务点的公共电子阅览室管理信息系统软件须按照本省的系统集成方案的要求，统一标准。

4、系统软件部署后，要求集成方完成本级系统与各角色之间的互联功能性验证。完成系统集成和系统试运行后，由集成方帮助初始化本级系统基本信息，并完成基本信息资料的上传；注册系统部署完成的并网时间。

系统试运行时间由本省制定的《乡镇、街道（社区）公共电子阅览室系统集成和验收方案》中明确给出。

5、由集成单位负责现场培训，保证基层服务点工作人员学会系统的日常运行的基本操作流程、基本使用方法和开关机顺序。现场向工作人员发放《公共电子阅览室管理信息系统使用和维护手册》，该手册应在省分中心的指导下，由集成单位编制印刷。

6、签署《乡镇、街道（社区）公共电子阅览室系统集成验收单》，完成该基层服务点的系统集成工作。

（二）集成要求及内容

1、网络及服务设备环境要求

1）基层服务点如有条件应考虑独立的设备运行空间，与读者终端阅览室隔离，如不能满足，应将设备安置易于看管的位置。

2）设备安放应避免阳光直射的位置，顶棚、墙壁和地面需要经过防尘防潮处理，地面可采用防静电地板或防静电漆方式，个别地区需有防蛇鼠虫蚁措施。

3）供电标准：通过UPS或净化稳压电源等设备，满足输出220V国标供电；UPS供电延时不小于半小时。

4）温湿度：恒温（恒湿可选），常年温度变化范围在20℃−25℃，湿度30%−50%，无凝霜。如不能满足条件，应至少满足已购置和新购置设备运行的温湿度要求下限，以防损坏设备。

5）综合布线要求：强电（动力、照明、取暖等）和弱电（信息、控制）电缆的敷设间距要在50cm以上，并分别以金属或PVC材质线槽或管道进行固定，强电进线端、设备供电的输出端均配合断路器。如使用机柜和防静电地板来安放设备，机柜前端地板下适合敷设强电电缆，后面则适合敷设弱电电缆（或桥架走线）。

6）网络设备与计算机或服务器之间网络连接不低于CAT.5 UDP标准。

7）如有独立机房：机房由专人进行管理，有门锁（或门禁），无人操作期间须处于锁闭状态。

2、电子阅览室及终端安装要求

1）选址标准、装修标准，以及材料均要满足当地的消防要求，配置适合计算机设备使用的消防设施，符合消防标准的出入口指示标志。

2）电子阅览室桌椅坚固可靠排布合理，室内有主动照明。

3）入口处配备管理值班席，配备管理值班人员使用的管理用终端电脑等设备，以及视频监控系统，入口明显位置张贴《电子阅览室管理规定》等管理制度。

4）综合布线要求：综合布线系统的干线和接口应选择读者不易接触到的地方。强电（动力、照明、取暖等）和弱电（信息、控制）电缆的敷设间距要在50cm以上，并分别以金属或PVC材质线槽或管道进行固定，不可裸露。强电进线端使用断路器，整体要有规范的接地系统。终端的强电接口使用带有防水保护盖的明盒或暗盒直接连接到综合布线系统，尽量不使用插排二次转接，严禁使用临时性质的、不安全的供电连接方式。

5）网络结构：采用网络交换机连接所有终端、服务器、上网接入设备和无线接入AP。见右图。其中服务器是选配项，有条件的地区建议采购服务器以更好地支撑本地电子阅览室管理信息系统的正常运行。

网络布线基本以CAT.5 UDP及以上标准。台终端设备的IP地址与MAC地址进行绑定，以便记录上网者使用的终端设备及上网内容记录。

3、电子阅览室终端及管理端的安装要求

1）管理端及终端磁盘空间划分要求

管理端与终端的硬盘容量均为320GB，建议划分为两个逻辑盘，并采用NTFS格式。

系统分区（C：）可划分为120GB；其余作为数据分区（D：）。

2）在管理端和各终端计算机上分别安装操作系统。

3）数据库

乡镇级的数据库系统原则上采用免费系统，例如：MYSQL。根据集成规范，进行数据库（MYSQL）的安装、调试。

4）管理信息系统软件集成

乡镇（社区）、街道采用本省确定的平台软件，完成本乡镇（社区）、街道公共电子阅览室管理信息系统软件的建设工作。

具体集成工作如下：

①运行公共电子阅览室管理端安装程序，部署公共电子阅览室管理端程序，在管理端使用默认管理员账户和密码登录管理系统，创建电子阅览室（包括电子阅览室名称、类别，级别、地理位置、负责人、负责人联系方式等基本信息）

②电子阅览室负责人凭自己账户和密码登录管理系统，对电子阅览室进行维护配置，如设置本电子阅览室上机时间规则、对电子阅览室终端计算机的监控和管理等。

③如果配置读卡器设备，则安装部署刷卡端软件，验证并实现用户的自助式刷卡认证上机功能。

④在电子阅览室的所有终端上安装终端软件，验证并实现对电子阅览室所有终端软硬件的监控和管理。

⑤基于IIS服务环境，部署公共电子阅览室WEB管理端，用于对公共电子阅览室的基本信息维护、对本节点的实时状态查看、记录查询以及报表的统计。

⑥完成基本信息上传和该公共电子阅览室的入网注册。

三、系统集成项目验收

参照本省制定的《乡镇、街道（社区）公共电子阅览室系统集成和验收方案》执行。

全国文化信息资源共享工程

10周年

宣传培训活动

文化共享奥运行

关于开展"文化共享奥运行"活动的通知

文全信规发〔2008〕4号

文化共享工程各省级分中心：

为贯彻党的十七大和胡锦涛总书记关于做好奥运会筹办工作的重要讲话精神，发展社会主义文化，建设社会主义精神文明，宣传奥运，使奥运知识和奥运精神深入基层群众人心，使文化共享工程深入基层群众人心，文化部全国文化信息资源建设管理中心（以下简称"管理中心"）拟联合奥运火炬经过省区的文化共享工程省级分中心共同组织开展"文化共享奥运行"服务活动，特制定了《全国文化信息资源共享工程"文化共享奥运行"服务活动方案》，现印发给各省，请结合当地政府的具体要求和实际情况，认真组织参与。

联系人：李晓松　010-88545571

张　博　010-88545858

韩　沫　010-88545420

文化部全国文化信息资源建设管理中心

二〇〇八年四月三日

全国文化信息资源共享工程"文化共享奥运行"服务活动方案

一、活动背景

2008年3月24日，象征着和平、友谊、希望的奥林匹克圣火，将再次在希腊点燃。随后举行的火炬接力活动将奏响北京2008年奥运会精彩的序曲，点燃世界迎接奥运会的激情。北京奥运会火炬接力将以"和谐之旅"为主题、以"点燃激情　传递梦想"为口号，前往五大洲（国家、地区）的21个城市和中国境内31个省、自治区、直辖市，并抵达世界最高峰——珠穆朗玛峰，于2008年8月8日到达北京奥运会开幕式会场，点燃奥运会主火炬塔。北京奥运会火炬接力将是奥运史上传递路线最长、传递范围最广、参与人数最多的一次火炬接力，将在奥林匹克运动史上谱写辉煌的篇章。

全国文化信息资源共享工程（以下简称"文化共享工程"）是一项创新文化传播手段、缩小数字鸿沟的信息化文化工程，对于建设和谐文化、弘扬中华文明、促进文化大发展大繁荣具有重要意义。文化共享工程作为公共文化建设重点工程列入了我国《国民经济和社会发展第十一个五年规划纲要》。

火炬接力作为奥运盛会的序曲，是奥运会前最大的宣传推广活动，是各地群众直接参与奥运会的重要途径。在众所瞩目的奥运年，文化部全国文化信息资源建设管理中心（以下简称"管理中心"）联合奥运火炬经过省区的文化共享工程省级分中心共同开展"文化共享奥运行"系列服务活动，对于贯彻党的十七大和胡锦涛总书记关于做好奥运会筹办工作的重要讲话精神，发展社会主义文化，建设社会主义精神文明，宣传奥运，使奥运知识和奥运精神深入基层群众人心具有重要意义。同时，通过这次活动，也是对文化共享工程的一次集中宣传和展示。

二、活动规划

（一）宗旨

开展文化共享工程服务活动，宣扬奥运精神，传播奥运知识。

（二）主题口号

情系奥运，文化共享。

奥运火炬接力，共享工程传递。

开展共享工程服务，传播奥运文化知识。

（三）主要形式

管理中心负责组织相关的资源内容，省级分中心利用文化共享工程设备和下发资源开展迎奥运相关活动，配合奥组委“奥运火炬接力”路线和时间，在火炬到达本省的一段时间将活动推向高潮。“奥运火炬接力”具体传递路线及时间见附件1。

（四）时间：2008年5月4日（海南省）—8月8日（北京市）

三、活动组织

（一）指导单位

文化部社会文化司

（二）承办单位

文化部全国文化信息资源建设管理中心、“奥运火炬接力”经过地区的文化共享工程省级分中心。

四、活动内容

（一）管理中心

1、网上活动。在文化共享工程网站上建设奥运板块，提供奥运相关节目，并及时发布各地活动相关新闻。

2、举办文化共享工程奥运展览。提供展板电子版给各省级分中心，用于当地的巡回展出。

3、资源提供。为各省级分中心提供奥运相关数字资源。包括奥运相关电子图书、视频节目等，每省一箱光盘，4月中旬下发，具体内容见附件2。

4、根据情况，通过卫星播发有关资源。

（二）省级分中心

省级分中心根据管理中心下发资源和本地实际情况，有选择地开展视频播放、展览、发放文化共享工程宣传资料等活动。

在活动开展前，各省级分中心应根据此次活动的总体方案，确定本地区活动的重点和主题，同时将本地区活动的策划方案及时提交管理中心备案。

在活动开展过程中，各地要将活动新闻稿、图片、视频等资料及时发送管理中心，以便在国家级媒体组织整体宣传报道。各地要做好活动记录工作，认真填写《“文化共享奥运行”活动记录表》并加盖公章后报送管理中心。

五、总结评比

在活动结束后，管理中心将根据各地组织活动次数、活动规模、社会影响、宣传效果等指标进行评比，并对服务活动开展优秀地区进行表彰。

全国文化信息资源共享工程

10周年

宣传培训活动

文化共享世博行

关于开展“文化共享世博行”服务活动的通知

全国文化信息资源共享工程各省级分中心：

为贯彻胡锦涛总书记关于“举全国之力，集世界智慧，高标准、高质量、高效率做好各项筹办工作，真正把上海世博会办成一届成功、精彩、难忘的世博会。”的指示精神，文化部全国文化信息资源建设管理中心与上海省级分中心共同发起“文化共享世博行”活动，现将活动方案下发至各省级分中心，请各地参照活动方案，以中国2010世博会为契机，从2010年1月起至10月，利用共享工程设备及资源，结合世博主题，根据各地实际情况策划形式多样的“文化共享世博行”活动。(活动方案见附件1、附件2)

活动联系人及联系方式

规划发展处：耿　斌　　联系电话：010—88545420

新闻稿电子邮箱：wh88545858@sina.com

资源建设处：琚存华　　联系电话：010—88545492

特此通知。

附件：1全国文化信息资源共享工程“文化共享世博行”活动方案；

文化部全国文化信息资源建设管理中心

二〇一〇年一月十二日

附件

全国文化信息资源共享工程“文化共享世博行”活动方案

一、活动背景

将于2010年5月1日至10月31日在上海举办的中国2010年上海世博会，是我国在21世纪初继北京奥运会之后的又一件盛事，举世瞩目。党中央、国务院高度重视上海世博会的筹备工作。胡锦涛总书记在参观“走进世博会——中国2010年上海世博会暨世博会历史回顾展览”时强调：“举全国之力，集世界智慧，高标准、高质量、高效率做好各项筹办工作，真正把上海世博会办成一届成功、精彩、难忘的世博会。”以“城市，让生活更美好”为主题的中国2010上海世博会，将展现城市多元文化的融合、城市经济的繁荣、城市科技的创新、城市社区的重塑和乡村的互动的未来现代发展的理念。中国2010年上海世博会将成为世博会历史上参展国家和国际组织最广、参观人数最多的一次世博会，将在世博会历史上谱写辉煌的篇章。

全国文化信息资源共享工程(以下简称“文化共享工程”)是一项创新文化传播手段、缩小数字鸿沟的信息化文化工程，对于建设和谐社会、弘扬中华文明、促进文化大发展大繁荣具有重要意义。为了创新文化共享工程的服务内容和服务方式，我们要以中国2010世博会在上海举办为契机，在世博筹办和举办期间将文化共享工程服务与迎接世博、举办世博结合起来，在全国各省级分中心广泛开展“文化共享世博行”活动。

二、活动规划

（一）宗旨　开展文化共享工程服务活动，宣传世博文化、传播世博知识，参与世博活动，共享世博成果。提高社会大众对中国上海世博会的知晓度、喜爱度和参与度。

（二）主题口号　了解世博，参与世博，奉献世博，共享世博　相约世博，文化共享

（三）主要形式　由文化部全国文化信息资源建设管理中心（以下简称“管理中心”）与上海各级分支中心共同发起并负责组织相关的资源内容和活动内容，联合全国各省级分中心利用文化共享工程设备和下发资源，根据活动要求，持续组织开展多种形式、多种类型的与大众直接接触和互动的活动。

管理中心联合上海市分中心，在文化共享工程网站和上海分中心数字文化网上开设世博频道，提供世博相关节目，并及时发布各地活动相关新闻。

管理中心联合上海市分中心，为各省级分中心提供世博相关数字资源包，包括世博相关的世博展览、讲座视频、电子图书等。用于当地的巡回展出和推广宣传。具体内容见附件1-1

（四）时间：2010年1月—10月

三、活动组织

（一）指导单位　文化部社会文化司、上海世博会事务协调局、上海市文化广播影视管理局

（二）主办单位　文化部全国文化信息资源建设管理中心、文化共享工程上海市分中心

（三）协办单位　全国各省级分中心

四、主要活动内容

根据世博会组委会重大活动节点，配合世博会主题内容，综合各种渠道优势，举办全国性的、或跨地区的、或区域性的相关活动，激发社会各界积极关注。如：

1、“你我参与”系列活动

各省级分中心开展“我看世博（参观上海世博，举办世博展览、网上世博展、世博摄影展等）、我听世博（举办世博讲座、报告会等）、我写世博（开展世博征文、书法、绘画等活动）、我讲世博（举办世博演讲和诗歌朗诵、知识竞赛、文艺表演等）”、我为世博（开展世博宣讲、礼仪培训等志愿者实践活动）等系列活动。

2、东西南北中五省市世博宣传月活动

在东部（上海）、西部（四川省）、南部（广东省）、北部（辽宁省），中部（湖北省）等五省(市)，分别开展“世博宣传月”推广活动。具体活动与时间安排见附件1-2。

3、“文化共享东方万里行”活动

上海市省级分中心与东方航空公司合作，共同推出“文化共享东方万里行”活动。在世博会倒计时100天开始，在东航凌燕组率先推送文化共享工程优质讲座等资源，并逐步推广。

4、“2010相聚上海”读书征文活动

由上海市省级分中心联合“上海之窗”、长宁区支中心国际友谊图书馆等单位，通过“上海之窗”，征集国内外读者阅读相关书籍后对中国、对上海的认识和了解撰写读后感、评论、体会等。

5、志愿者世博园实践活动

由上海市省级分中心联合上海市图书馆学会，在全市各系统图书馆内公开招募50名志愿者，以其知识与专业所长，亲身参与世博志愿者活动行列。全国各省级分中心也可积极开展各类志愿者活动。

6、主题馆日活动

各省参加中国馆布展内容及主题口号，是世博知识与世博精神深入基层群众的抓手，也是各地群众直接参与上海世博会的重要途径。各省级分中心可以此作为开展世博宣传活动的切入点，通过“文化共享世博行”活动，让世博宣传深入人心。

五、活动要求

各省级分中心根据管理中心下发资源和本地实际情况，有选择地开展视频播放、展览、发放文化共享工程宣传资料活动。

在活动开展前，各省级分中心应根据此次活动的总体方案，确定本地区活动的重点和主题，同时将本地区活动的策划方案及时提交管理中心备案。

在活动开展过程中，各地要将活动新闻稿、图片、视频等资料及时发送管理中心，以便在国家级媒体组织整体宣传报道。各地做好活动记录工作，认真填写《文化共享世博行活动记录表》并加盖公章报送管理中心。

六、总结评比

管理中心将在2010年底，根据各地组织活动的次数、活动规模、社会影响、宣传效果等指标进行评比，并对服务活动开展优秀地区进行表彰。

文化部全国文化信息资源建设管理中心
文化共享工程上海市分中心
2009.12.31

全国文化信息资源共享工程

10周年

宣传培训活动

文化志愿者边疆行

文化部全国文化信息资源建设管理中心
2011年文化共享志愿者边疆行活动方案

为响应并积极参与文化部2011年“春雨工程”——全国文化志愿者边疆行活动，充分发挥全国文化信息资源共享工程（以下简称文化共享工程）惠民服务的优势，推进边疆民族地区公共文化服务体系建设，文化部全国文化信息资源建设管理中心（以下简称“管理中心”）拟组织开展“文化共享志愿者边疆行”活动。

一、活动组织

在文化部2011年“春雨工程”——全国文化志愿者边疆行活动的总体框架下，由文化部全国文化信息资源建设管理中心组织，联合文化共享工程有关省级分中心共同实施。为做好相关工作，管理中心成立工作小组。

二、形式内容

2011年文化共享志愿者边疆行活动安排地区：黑龙江省、云南省、西藏自治区、新疆维吾尔自治区和新疆生产建设兵团；管理中心和内地部分省（市）对口支援的分中心、企业为志愿单位。志愿者单位根据上述边疆民族地区特点，组织招募相关文化志愿者和企业志愿者，通过组织培训、发放资源、技术服务、巡回宣传等形式开展文化共享志愿者边疆行活动。

（一）开展培训

以活动地区的县级支中心和乡镇基层服务点为平台，组织业内专家、技术人员，在基层群众中开展专题、短期、内容涉及群众文化、农牧科技、务工技术、法律知识、卫生保健等方面的讲座和培训。预计培训四省（区）和新疆生产建设兵团的县、乡基层文化骨干500人次左右。

（二）发放资源

根据黑龙江、云南、西藏、新疆等边疆民族地区的实际需求，由管理中心、对口支援的省（市）分中心和企业志愿者单位组织文化、农牧业、科普、法律、卫生等方面的数字资源发放给开展志愿者服务活动地区的基层点和群众。计划下发数千张数字资源光盘。

（三）巡回展览

作为国家重点文化建设工程，全国文化信息资源共享工程“十一五”期间在传播优秀文化、服务社会主义新农村建设、构建覆盖城乡的公共文化体系方面取得了卓有成效的成果。去年年底，文化部、财政部联合举办了文化共享工程“十一五”成果展，收到了积极的社会反响。拟在2011年文化共享志愿者边疆行活动中，将该成果展制作成宣传展板巡回展出，以广泛宣传党中央、国务院实施的文化惠民行动。预计将有近万人次的群众观看展览。

（四）技术服务

在2011年文化共享志愿者边疆行活动中，由管理中心、对口支援的省（市）分中心和企业志愿者单位联合选派技术人员对开展志愿者服务活动边疆民族地区基层服务点的设备设施进行维护检修、软件安装、面对面地操作辅导、答复咨询，提供相应的技术服务。计划安排50多人次的文化共享志愿者前往四省（区）开展服务活动。

三、工作安排

按照文化部关于2011年“春雨工程”——全国文化志愿者活动整体安排，循序推进文化共享志愿者边疆行活动。根据边疆民族地区开展该项活动先后时间不同步的情况，活动时间段设定为2011年6–10月间，各地开展活动时间不超过一个月。

（一）由管理中心招募对口分中心和企业志愿单位，开展调查研究，根据实际情况和服务能力确定服务项目、时间、人员，做好各项准备工作。

（二）边疆民族省区根据文化共享志愿者边疆行的服务内容和本地的实际需求，提出本地区可实施的项目、时间、地点、人数，以及相关工作。

（三）管理中心牵头志愿者单位和边疆民族省区对口研究商定文化共享边疆行活动的具体实施方案，统筹协商开展活动的相关经费。

（四）在开展文化共享边疆行活动过程中，将充分借助中央及地方新闻媒体的力量，加大宣传力度。使文化共享志愿者边疆行活动既能受到边疆民族地区基层群众的欢迎，推动当地文化建设，也能收到引导全社会关注文化建设、积极参与文化惠民服务的良好社会效益。

“春雨工程”——全国文化志愿者边疆行2011年行动硕果累累

2011年7月至8月，文化部全国文化信息资源建设管理中心（以下简称“管理中心”）在云南、黑龙江、西藏、青海四省和新疆生产建设兵团实施了2011年“春雨工程”—全国文化志愿者边疆行活动。这次活动是文化部、中央文明办统一组织实施的“春雨工程”——全国文化志愿者边疆行活动的重要组成部分，旨在充分发挥全国文化信息资源共享工程（以下简称“文化共享工程”）惠民服务的优势，推进边疆民族地区公共文化服务体系建设，保障提升边疆群众文化权益，推动文化共享工程在边疆民族地区的发展。在一个多月时间里，管理中心组织数十位文化志愿者在祖国边境民族地区开展了一系列富有文化共享工程特色活动。

在云南省德宏州的芒市、畹町经济开发区、瑞丽市、陇川县和盈江县等5个边境县及其所辖24个乡镇，黑龙江省黑河市的爱辉区、孙吴县和逊克县等3个边境县及其所辖10个乡镇累计检修调试计算机、打印机等设备近300台，培训各级骨干近320人。在西藏拉萨、新疆生产建设兵团农十三师培训了180余名县级支中心骨干。同时积极辅导基层群众上网，并为广大边疆群众播放影视作品。为西藏、青海和新疆基层服务点提供100台投影机。这些丰富多彩的活动引起了边疆民族地区广大群众极大反响，取得了良好的社会效果。

2011年“春雨工程”—全国文化志愿者边疆行动取得极大成功主要基于以下几个做法：

一、加强领导，明确责任。为作好相关工作，管理中心成立了由主任牵头、有关处长参与的工作小组，根据文化部的统一要求，精心策划，周密设计，积极与有关省区文化厅和省级分中心沟通，制定了切实可行的工作方案。支持活动的开展，管理中心下拨了专项活动经费，保障活动顺利开展。同时，各省也分别成立了由主管领导担任组长的工作小组，从各地实际情况出发，制定了科学的实施方案。各省级分中心发挥枢纽作用，积极招募志愿者，特别是企业志愿者。落实好培训教材编写印刷、文化共享工程成果巡回展、宣传材料制作、志愿者安排等前期准备工作。各县支中心将其作为本地重要文化工作任务来抓，拟订了各自的实施方案，明确了相关部门职责，及时解决存在的问题和困难。

二、多方协调，深入培训。“春雨工程”——文化志愿者边疆行活动是文化共享工程建设以来纵贯线较长的一次活动，时间贯通一个多月，涉及文化主管部门、文明办、文化共享工程省级分中心直至乡镇等各级多个部门。为了保证活动有序顺利开展，管理中心通过文件形式对活动的宗旨、任务、部门责任提出明确要求，并与国家有关部门作了大量协调沟通工作，制定了操作性较强的实施方案。同时，管理中心聘请了北大教授李国新、文化共享工程浙江省级分中心副主任刘晓清和苏州市支中心主任邱冠华前往黑龙江省黑河市授课。管理中心骨干先后到西藏、新疆生产建设兵团开展培训。云南、黑龙江、新疆生产建设兵团省级分中心领导和骨干也承担了相关培训任务。

三、吸纳企业，鼓励捐赠。管理中心从活动需要出发，吸收中数创新公司、百年树人公司、熙菱公司的志愿者参加西藏技术培训班。同时，积极协调深圳雅图数字视频技术有限公司向西藏、新疆、青海文化共享工程基层服务点捐赠了100台投影机。云南、黑龙江省级分中心则协调浪潮公司等企业人员作为志愿者随队前往基层巡回检修设备。据不完全统计，检修计算机、打印机等各种设备近300台，重装、调试应用系统近百台套。

四、服务边疆，彰显特色。这次行动所选择的地区都是少数民族聚居或边疆省份，边疆地域特征明显、民族文化多样、边贸经济较为发达的地区。其中，特别选择云南德宏州的五个边境县、黑龙江黑河三个边境县开展服务。西藏、青海、新疆生产建设兵团是藏族和维吾尔族集中的地区。云南是多民族聚居的省份，同时与黑龙江省分别地处祖国西南、东北边陲，边境线长，数十个边境县（区）与缅甸、老挝、越南、俄罗斯山水相连，沿边有数十个国家级、省级口岸。选择这些地区实施“春雨工程”——文化志愿者边疆行动，充分体现出了边疆民族地区特点。

五、精心组织，精心实施。“春雨工程”——文化志愿者边疆行行动，前期经过调查，了解了边疆地区群众的文化生活需求，摸清了基层文化工作的形式及存在的困难，确定了工作重点，作到想群众所想，送群众所需，志愿者队伍沿着边境线走一路，服务一路，所到之处，欢迎如潮，好评如潮。8月10日8点30分，“春雨工程”文化志愿者黑龙江省小分队赶到逊克县，拉开了黑龙江省2011年“春雨工程”全国文化志愿者边疆行逊克站活动的帷幕。上午9:00时，志愿者们对逊克共享工程阅览室所有设备进行了维护，然后对图书馆业务进行了指导。下午2:00时，参观了逊克边防三连流动图书馆，对图书馆建设提出建议和意见，并向全体官兵致以亲切的问候，赠送专家讲座光盘一套。晚6点30分在逊克江畔文化广场正式启动边疆行仪式。向逊克图书馆赠送图书、发放传单、展览共享工程图片，展放了两部电影。11日上午，志愿者队伍来到车陆乡文化站，对共享工程设备进行了维护，同时专家为15个村级站点的共享工程负责人进行了技术培训。下午展播电影两部，发送了数字资源。12日，志愿者队伍赶往松树沟乡、干岔子乡，对文化共享工程设备进行了维护，同时志愿者为30多个村基层服务点的负责人进行了技术培训。为群众集中播映了六部优秀爱国主义电影、刻录制作了一批适合边疆实际、适合百姓使用的农业种植、养殖视频光盘和图书，广泛发放。其中在黑龙江省爱辉区、孙吴县、逊克县国家管理中心赠送了800张光盘、浙江和苏州图书馆赠送图书2000余册、黑龙江省分中心赠送了3000张数字资源卡和600张光盘及9000册图书。全国文化信息资源建设管理中心联合深圳雅图数字视频技术有限公司向西藏、青海分中心赠送了60台投影机设备。

六、体现“志愿”，热情服务。参与活动的志愿者本着“奉献、友爱、互助、进步”的志愿精神，通力合作，满腔热忱的为边疆民族地区广大群众服务。他们有的顶着酷暑炎热坚持服务、有的带病坚持讲课、有的一天维护机器超过14个小时候不离岗位。他们为边疆民族地区的群众送去精神食粮，同时也更加深刻地感受、了解到文化建设、文化服务对基层群众的重要性、实用性。

“春雨工程”——文化志愿者边疆行2011年行动给边疆民族地区各族群众送去了美好的文化生活，也为边疆民族地区基层文化工作者解决了许多实际困难，这一阵阵“文化春雨”滋润了边疆民族地区百万群众。正如基层干部群众反映的那样：这次行动有利于团结教育各族群众树立对祖国、对党、对社会主义、对中华文化的认同，有利于先进文化的引领，有利于丰富少数民族和边疆地区群众的精神文化生活，促进少数民族和边疆民族地区文化大发展大繁荣。

惠民春雨润边疆 文化共享在行动
2012年“春雨工程”——文化共享志愿者边疆行活动工作总结

2012年4月至8月，文化部全国文化信息资源建设管理中心（以下简称“管理中心”）响应文化部、中央文明办决定，积极参与2012年“春雨工程”——全国文化志愿者边疆行活动（以下简称“春雨工程”）。管理中心于2011年首次响应并参与了“春雨工程”，成功开展了一系列富有全国文化信息资源共享工程（以下简称“文化共享工程”）特色的志愿服务活动，受到了基层群众的普遍欢迎并获得良好社会反响。2012年“春雨工程”，管理中心以深入贯彻落实十七届六中全会精神、全面构建公共文化服务体系为指导，以保障边疆民族地区人民群众基本文化权益为出发点和落脚点，通过组织实施文化共享志愿者边疆行活动，充分发挥文化共享工程惠民服务优势，着力加强边疆民族地区公共文化服务资源供给和队伍建设，加大文化志愿服务在支持边疆民族地区文化建设中的重要作用。在开展上述活动的同时，文化共享志愿者团队积极开展“践行雷锋精神，推动惠民服务”活动，促进思想道德建设和精神文明创建。

一、基本情况

2012年管理中心联合目标地区的文化共享工程省级分中心、企业志愿者单位，组织招募文化共享工程文化志愿者和企业文化志愿者，在内蒙古、黑龙江、广西、云南、西藏、新疆和新疆生产建设兵团沿边境县、乡镇基层服务点，通过组织培训、技术服务、发放资源、举办展览、春雨讲堂、文化采风等形式，开展文化共享志愿者边疆行活动。

在文化部公共文化司的组织指导下，管理中心策划部署，开展志愿者服务省（区）文化厅（局）重视支持，相关文化共享工程省级分中心通力配合，文化共享工程志愿者团队以积极的态度和卓有成效的工作，深入6省区和新疆建设兵团基层少数民族地区，开展系列文化志愿服务，积极践行雷锋精神，确保了各项活动取得实质性的成效。在总结发扬2011年春雨工程的实践经验上，2012年的活动在服务内容上更丰富、服务形式上更多样、参与规模更大、群众受惠面更广、社会反响更热烈，影响更深远，有效提升了这次活动的意义与效果，带给基层群众和基层文化工作者真正的实惠，强力推进了基层公共文化建设发展。

5个月的时间里，文化共享志愿者从祖国大陆最南端的防城港到最北端的黑河，穿越滇藏茶马古道，经途丝绸之路，越过广袤草原，奔波数万平方公里，由春至夏，将服务边疆的热情、常年积累的知识及辛勤工作的汗水化作点点文化春雨，播洒进基层群众的心里，浸润出文化的土壤。此次边疆行活动中，文化共享志愿者在7个地区培训了42县市96个乡镇的基层文化工作者620人、检修设备200逾台，指导群众上机近千人、近万人的基层群众参与观看了文化共享工程巡回展。

首站广西行，拉开2012年春雨工程的帷幕。文化共享志愿者组成“学雷锋”服务小分队，兵分三路赴中越边境5个支中心及12个乡镇基层服务点，开展培训36人，设备检修33台，在受援地区举办文化共享惠民服务主题展览，吸引受众1000逾人，发放奖品及“春雨工程”宣传册共3000份，赠送光盘140张；其间，在南宁和桂林分别举行春雨讲堂，特邀著名作家、山东省作协主席、第八届茅盾文学奖获得者张炜，以“文学创作与文化建设”为主题做专题讲座，获得当地听众的高度评价和热烈喜爱。

云南行的文化共享志愿者奔波走近4000公里，对滇西区的怒江3个边境县、保山市2个边疆县开展了资源光盘发放、农文网培学校培训、文化共享工程设备技术维护、文化共享工程成果巡回展、边疆行影像记录展等“六个一”活动，培训了5个县及其49个乡镇的基层文化工作者近200人，指导群众上机300人，维护计算机设备过百台，超过2000人次观看了文化共享工程成果巡回展。

“西藏文化共享工程建设成果展”在拉萨隆重举行，标志着西藏行启程。展览系统展示了西藏文化共享工程自2006年以来的建设发展历程和建设成果，以及春雨工程2011年走进西藏的相关活动；揭幕当天，数百人参观了展览。在米林县，来自林芝地区7个县支中心及6个乡镇基层点的近30位工作人员参加了“文化共享工程林芝地区基层技术骨干技能培训班”。

新疆行在南北分别开办文化共享工程县级支中心骨干培训班，“北疆班”在伊犁哈萨克自治州新源县举办，7个地州、县市89名共享工程从业学员参加了培训；“南疆班”开设在阿克苏地区拜城县，学员包括来自南疆、东疆片区7个地州的100余名从事共享工程的技术人员以及武警边防支队的8名警官。同时，由中国文化报、管理中心和新疆维吾尔自治区文化厅主办的“2012中国公共文化论坛”在乌鲁木齐开幕，来自全国近30个省（市、自治区）的80余名公共文化服务知名专家学者参会，共商新疆公共文化发展大计，进一步扩大新疆与内地在文化领域交流与合作，不断开创新疆文化工作新局面。”

在新疆生产建设兵团行中，文化共享志愿者深入农九、五、四师地处边境地区的部分团场和连队，调研工程发展，慰问工程建设者，并在乌鲁木齐举办“新疆生产建设兵团技术培训班”，来自兵团14个师和81个团（场）支中心的近百名骨干参加了培训学习。

内蒙行总行程1500多公里，文化共享志愿者在呼伦贝尔市5个边境旗市宣传文化共享工程成果和当地文化建设成果，并在8个支中心及9个基层点辅导培训140余人，指导开展各类文化服务活动，赠送共享工程数字文化资源，放映农牧业使用技术和培训的影片，各项活动深受当地农牧民的热烈欢迎。

黑龙江行在牡丹江地区、绥芬河市举行。在绥芬河市支中心，来自3个市县20多个乡镇基层服务点的45名技术骨干参与了业务培训、接受了技术辅导，以及农村实用人才培训。有关领导先后到部队、市县、社区的基层服务点进行调研工作。

至此，2012年“春雨工程”——全国文化志愿者边疆行活动圆满结束。文化共享志愿者队伍受到基层群众的欢迎和喜爱，他们给边疆民族地区各族群众送去了丰富的文化资源，也为边疆民族地区文化共享工程基层服务点解决了许多实际的问题。

二、主要做法及收获

（一）精心组织，强力推进。2012年春雨工程采用以政府为主导、社会力量积极参与、文化部门牵头协调、基层服务单位提供平台、文化志愿者深入实际的工作机制。各部门、各方面责任清晰、任务明确，全国上下协调一致，统一行动，统筹安排，集中力量和资源，全力以赴地加以推进，争取新的突破。管理中心于2011年成立了“文化共享志愿者边疆行”工作小组，2012年继续在管理中心工作小组的领导下，由主任牵头并亲自挂帅、有关处长参与，根据文化部的统一部署，精心策划，周密设计，有力部署，积极与有关省区文化厅和省级分中心沟通，在深入贯彻落实十七届六中全会精神的认识高度上，制定切实可行的工作方案，调出专项经费，组织各分支中心和社会企业组成的文化志愿者单位和文化志愿者，组成精干的“学雷锋”志愿服务小分队，开展系列文化援疆惠民服务。活动得到各级政府和行政部门的高度重视、共享工程分支中心和乡镇基层点的积极配合，保证了活动开展所需要的人、财、物的投入。在实践中，各实施单位协调有力，通过各方通力合作、上下对接，环环相扣，确保了各项工作顺利、高效、到位，实现了此次活动服务成效最大化。

（二）重点突出，覆盖面广。2012年春雨工程扩大了文化共享志愿者边疆行活动的覆盖面，在工作布局上突出重点。这次活动的服务地区均选择在边疆少数民族聚居、地域特征明显、民族文化多样、边贸经济较为发达的6个边境地区及兵团开展。其中，黑龙江、云南、西藏和新疆生产建设兵团已于2011年开展文化共享志愿者边疆行活动，在这些省区，春雨工程继续以省级分中心为实施主体，以所在地的边疆民族地区基层服务点为服务客体，推动活动的深入开展；同时，内蒙古、广西和新疆是管理中心2012年拓展服务活动的新增地区，此次活动在这些地区进行了新的推广工作。上述目标地区，地处祖国边陲，与周边邻邦国家山水相连，沿边境有多处国家级、省级口岸，且少数民族聚居集中。这些年来，随着边贸的发展，这些地区对文化的需求迅速上升。文化共享工程的推进，使这些地区的乡镇都建立了基层服务点，但由于地处偏远，这里的群众对计算机及网络了解程度偏低，缺乏具备一定专业知识的工作人员，对利用新技术的优势开展文化活动的经验不足，局限了文化共享工程服务工作的开展。2012年春雨工程的实施，使当地少数民族群众进一步了解党的文化惠民政策，了解了文化共享基层服务点的服务内容，满足了边境群众的文化需求。

（三）创新形式，提升品质。2012年春雨工程继续本着少花钱、多办事、办实事的原则，开展文化共享志愿者边疆行活动。同时，挖掘新思路、采用新策略、发挥新理念，在开展送资源、作培训、搞展览、维修设备等服务活动规定动作的基础上，探索出更多适宜有效、满足基层单位和群众需求的，互动、双向、多元的文化活动，从方方面面保证活动的实施效果。

“春雨大讲堂”作为2012年的春雨工程的一大亮点，旨在邀请文化各界德艺双馨的知名文化人士担任主讲；选题包括历史文化、文学艺术、民族融合等；讲座风格走“文化人讲文化事”亲民路线，建立内地与边疆民族地区文化传播和交流的独特通道。首次春雨讲堂在广西开讲，管理中心邀请到山东省作家协会主席、第八届茅盾文学奖得主张炜先生，从“文化人讲文化事”为切入点，分别在南宁和桂林，以“文学创作与文化建设”为主题，对文学创作的使命和当下文化建设等问题进行了独到而精彩的演讲。活动取得了圆满成功，两场讲座吸引了普通市民、部队官兵、大专院校在校学生、文化系统工作人员、文学作家以及文化爱好者等共计2000逾名群众前来聆听，收到了极好的社会效果。许多听众表示，活动为基层群众近距离地接触当代文学大师，感受文化人的风采，创造了十分难得的机会。在云南，针对当地特色、结合当地基层群众实际文化需求，文化共享志愿服务以全国首创的“农文网培学校”为重点阵地，组织开展培训及有针对性的宣传活动，加大推动云南“文化乐民服务农村、文化育民服务农民、文化富民服务农业”。西藏则以图文展为主题，举办了西藏文化共享工程最大规模的一次展览。图文中揭示了西藏文化资源建设，尤其是在非物质文化遗产资源方面取得的显著成绩。在新疆，2012中国公共文化论坛成功举办； 此次论坛是首次召开的全国高规格文化论坛，是文化志愿者服务边疆行活动又一次创新，通过与中国文化报、管理中心及全国公共文化建设知名专家学者沟通与交流，建立强大的文化交流资源信息平台，扩大交流、合作、援助的范围，共商新疆文化发展的大计，加速实现新疆公共文化服务体系建设跨越式发展。

在开展文化服务中，志愿者同步开展了主题为“幸福瞬间”的摄影采风，分别以难忘瞬间之“八桂山水”、“七彩云南”，“天南地北”、“兵团写真”、“草原人家”，“龙疆风情”7个副主题拍摄反映6省区与兵团基层群众民俗风情、生产生活、文化娱乐新面貌的照片，于日后在文化共享工程“春雨工程”网站专栏展示，以此直观而生动地反映文化的独特性、多样性和原真性，唤起人们对边疆民族地区的热爱和对美好精神家园的向往。

（四）深度服务，注重实效。文化共享志愿者边疆行活动的工作重点之一是对共享工程基层文化设备设施维护检修、软件安装、面对面的操作辅导、答复咨询等开展一系列技术服务，为边疆地区基层文化工作者解决实际困难。在很多边疆民族地区，由于技术力量短缺、人才匮乏，很多基层服务点往往因为设备的一些小故障影响了服务的正常开展。相关志愿者单位和志愿者经过前期缜密调查，在摸清基层服务点工作情况、工作条件和存在的困难前提下，确定了切实可行的服务内容。志愿者们每一天的工作都安排得十分紧凑，白天组织县级支中心和乡镇基层点的工作人员开展以计算机软硬件使用及文化服务工作指导等为内容的培训，晚上要对各乡镇的计算机设备进行维护和检修。在云南福贡县，志愿者们连续两天检修设备、优化系统直到凌晨。大家表示“我们当时一点都不觉得辛苦，反而将维修维护好文化站的设备，当成是对自己技术的一次挑战，是一种快乐。”从福贡县到贡山县需要五、六个小时的车程，中间有一段路正在维修，每天分时间段放行。为了避免在路上耽搁时间而影响下一个县的服务，志愿者们不顾前一天的辛劳，清晨早早就起来就上路。志愿者们离家半月有余，言谈中偶尔也流露出对父母的牵挂、对妻儿的依恋，但在基层的时间里，也更加深刻地感受、了解到文化建设、文化服务对基层群众的重要性。志愿者的工作感动了当地的工作人员，怒江州图书馆负责人动情地说，这是她第一次在怒江州接待来自北京的人员。

文化志愿者团队在开展服务中，就当地文化共享工程的建设情况、公共电子阅览室的组织管理和使用情况、存在的困难以及今后的工作部署等方面做了进一步了解，对文化共享工程下一步工作的完善进行及时地经验总结。为参加“文化共享工程西藏林芝地区基层技术骨干技能培训班"学习，察隅县察瓦龙乡的学员，经过三天跋涉才来到米林县，还有一些学员的路途也需要1至2天。在培训班结束的座谈会上，学员们介绍了各自的工作情况，其中，不乏感人的事情。如工布江达县的江达乡基层服务点人员主动为包村干部提供适用的农业种植技术视频资源，帮助他们从网络上检索有关信息，大大方便了驻村干部为当地藏族群众的服务。墨脱县支中心人员主动下乡为藏族群众放映电影，有时需要自己支付车费。他们的服务得到藏族群众热烈欢迎，他们曾在一个晚上连续播放4部电影，直到次日凌晨当地群众才依依不舍的离去，并期待他们早日再来。

（五）媒体关注，全面宣传。在2012年春雨工程开展中，文化共享工程积极发挥宣传工作推广作用，结合"走、转、改"，借助中央及地方新闻媒体力量，在促进当地文化工作的同时，引导全社会关注并参与文化建设。在6个省区和兵团的活动得了中央及地方新闻媒体力量的持续关注，扩大了活动的影响力。广西行中，中国文化报派出记者李静，对广西"春雨大讲堂"活动进行了全程采访，并在2012年4月25日的中国文化报"公共文化"版块发表题为《听文化人讲文化事——走进广西"文化春雨大讲堂"》的文章。据不完全统计，活动得到了宣传媒体共发稿约48篇（条），其中中国文化报、中国民族报、广西日报、南国早报、当代生活报等报纸24篇，中央电视台第七频道、广西电视台《广西新闻》等电视共播出8条，中央人民政府网站、人民网、新华网等网络（网站）发表原创作品16条（不含转载）。媒体的热情报道与参与，扩大了活动的影响力，在促进当地文化工作的同时，引导全社会关注并参与文化建设。西藏行中，农民日报高级记者程天赐跟随文化共享志愿者队伍，全程记录服务活动在西藏的开展，并于2012年6月30日在农民日报07版上刊登了题为《为了雪域高原文化服务力的提升——文化共享"春雨工程"志愿者西藏行记实》的文章。内蒙行中，中央人民广播电台高级记者张庶卓跟随文化共享志愿者队伍前往海拉尔，参与内蒙古活动。他对活动进行了深度采访，并在现场与中国之声《央广新闻》节目直播连线，向听众介绍了此次春雨工程内蒙行的启动背景、文化服务内容以及亮点，并在采访中表示，春雨工程的各项活动深受当地农牧民的热烈欢迎，带给基层群众和基层文化工作者真正的实惠。

与此同时，文化共享工程网站上开辟了"春雨工程"——文化志愿者边疆行活动专栏。管理中心及时报道并转载全国各地开展活动的信息。加大网络宣传，上下互动，扩大春雨工程的社会影响，及时地为各地实施春雨工程提供经验，推动该项活动的深入开展。

三、启示和展望

2012年春雨工程活动通过共享工程志愿服务行动、文化讲座、文化互助等形式，进一步推动了边疆民族地区和内地各民族间文化交流交往交融，丰富了边疆民族地区人民群众精神文化生活，促进了边疆民族地区的公共文化服务体系建设及文化事业的繁荣发展。管理中心按照文化部关于2012年"春雨工程"——全国文化志愿者活动整体安排，循序推进文化共享志愿者边疆行的惠民服务活动，把文化、志愿、边疆三个元素统一起来，以十七届六中全会精神为指导思想，以促进边疆少数民族地区公共文化建设为出发点，以志愿文化服务为宗旨，以文化志愿者为骨干，以各类文化艺术形式为载体，弘扬社会主义核心价值体系，丰富边疆地区公共文化生活，让边疆各族人民共享文化发展成果。

管理中心在全面总结2011年、2012年春雨工程的经验基础上，将借助党的十八大胜利召开这一强劲东风，抓住党和政府进一步加强公共文化服务体系建设、保障人民群众基本文化权益、促进区域文化均衡发展、推动全社会文化大发展大繁荣的政策和环境支持，指导下一步春雨工程工作的开展：

（一）春雨工程为文化共享工程创新服务基层开辟了一条新路。春雨工程是文化工作社会化运作的成功实践，是政府和各级行政部门的高度重视、人力和财物的保证、各方积极配合的综合体现。文化共享工程在我国公共文化服务体系建设中具有战略性、基础性地位。文化共享工程面向基层、植根于基层，尤其以面向西部及边疆民族地区为主要切入点。文化共享工程通过大力开展对边疆民族地区的文化志愿服务活动，使文化共享工程的资源和服务优势得以有效发挥，建立起一支素质优良、结构合理、积极奉献的文化共享志愿者队伍，推出了一批惠及边疆民族地区人民群众的文化志愿服务品牌活动，形成一套设计科学、行之有效的文化志愿服务机制，促进了文化共享工程服务基层触角的延伸，拓宽了服务形式和领域，促进了先进数字文化在边疆地区的传播与共享，提升了文化共享工程边疆基层工作队伍的素质，满足了广大边疆基层群众的精神文化需求，不断深化了内地与边疆文化交流，拓宽了文化帮扶和文化援助渠道，积极促进了边疆民族地区公共文化服务体系建设。在春雨工程黑龙江行中，祖国边防口岸65911部队6连的官兵这样说，文化提高了战斗力，文化共享工程给边防哨所的士兵们送去了他们渴望的数字文化资源，给他们的文化生活带去了娱乐与欢笑。

（二）管理中心将在文化部的统一领导下，继续建立强有力的文化共享志愿者边疆行活动机制。在组织开展文化共享工程志愿服务时，明确活动定位，注重弘扬中华民族优秀文化，加强内地与边疆民族地区文化交流，强调民族平等、相互学习、双向互动、提供服务；坚持需求导向，在认真调查了解边疆民族地区各族群众的实际文化需求的基础上，把活跃各族群众文化生活、促进民族团结和社会和谐作为工作重点；精心设计，考虑活动效果预期和保障措施，尊重当地宗教和民俗，具有针对性和可操作性；注重资源统筹，将活动纳入援藏、援疆等对口支援总体计划，纳入公共文化服务体系示范区（项目）、文化共享工程公共电子阅览室等创建内容，实现资源整合，争取多渠道经费支持；注重与当地节庆民俗文化活动相结合，找准活动实施的最佳契机和时间节点，节约成本，提升效果；创新内容形式，为各族群众提供乐于参与、便于参与的活动内容，打造活动品牌；注重民族文化传承与发展，在民族文化基础上鼓励创新，突出互动性和便利性；拓展招募范围，在吸引企业志愿者单位和个人参与的现有特点上，将招募专业文化机构志愿者与招募社会文化志愿者相结合，不断拓展文化志愿者招募范围，壮大文化志愿者队伍；保证经费预算合理，对活动在交通、食宿等方面给予基本保障，本着节俭、高效的原则，热忱为边疆各族群众服务，提供志愿服务。

（三）2013年的春雨工程的开展，要在往年春雨工程的成功实践下，拓展服务范围、坚定走志愿者服务的形式。一要扩大文化共享志愿者边疆行活动的覆盖面，在工作上突出重点；“十二五”期间，在条件允许的情况下，争取对边境地区的县、乡开展巡回服务；推动活动在现目标受援省（区）深入开展的基础上，在更多边疆民族地区推广新的工作。二要将文化共享志愿者活动与学雷锋活动有机的结合起来；春雨工程响应了推动社会进步的时代呼唤，开展文化志愿服务是文化领域学雷锋活动的发展和延续，志愿者服务所凝结成的奉献、友爱、互助、进步精神，为现代文明所提倡，体现了中华民族的传统美德，生动实践了社会主义核心价值体观；从边疆民族地区实际条件出发，组建了素质较高、精干专业的“学雷锋”服务小分队，深入到条件艰苦、文化资源短缺，人才匮乏的边疆地区，走一路，服务一路。在服务群众的同时，志愿者们也受到了很深的教育，他们深刻地感受到文化建设、文化服务对基层群众的重要性、实用性，也体会了志愿者服务的价值，提升了思想境界，增强了社会责任感。

（四）做好宣传推广工作，是提升文化志愿者边疆行活动社会影响力的重要手段。管理中心根据文化共享志愿者边疆行活动年度工作重点，负责好活动宣传推广的总体策划和方案制定，做好整体宣传推广工作；各级文化部门和文化共享工程各级分支中心负责本级宣传推广工作。在开展春雨工程中，通过组织举办文化惠民服务流动展览，以及开展征文活动等方式，进一步普及文化志愿服务理念，扩大活动影响。加强与新闻媒体协调联络，及时提供宣传资料和报道线索，形成与媒体的良性互动。借助中央及地方媒体力量，充分运用报纸、广播、电视等传统媒体以及新闻网站等其他新兴载体，采取动态报道、评论报道、典型报道、图片报道以及专题报道、系列报道等多种宣传形式，充分展现文化共享志愿者边疆行活动成果和文化志愿者风采。管理中心与共享工程各级分支中心要采取调研报告、工作信息等方式，及时反映各地开展边疆行活动的动态进展、典型经验和工作成效。宣传推广工作中，要大力弘扬文化志愿服务精神，奠定文化志愿服务的社会思想基础；推动边疆行活动范围逐步扩大到全国，提升活动知名度和影响力，引导人们参与的积极性和创造性；及时报道活动实施过程中的典型做法和成功经验，供各地学习交流借鉴；组织媒体对涌现出的先进典型进行深入报道，通过媒体宣传扩大典型的示范带动效应；对重点活动内容组织媒体进行跟踪报道，发掘工作亮点，打造活动品牌，树立和展示活动品牌形象；鼓励各地各有关单位以多种形式开展社会宣传，在开展工作中广泛使用统一标识，各地在仪式、工作手册等宣传文化共享工程的文化产品；管理中心和共享工程各级分支中心负责分类收集整理宣传推广成果，并形成书面材料逐级上报。

全国文化信息资源共享工程

10周年

宣传培训活动

十一五成果展

全国文化信息资源共享工程
“十一五”成果展示活动总体方案

一、活动背景

全国文化信息资源共享工程（以下简称“文化共享工程”）是2002年起文化部、财政部组织实施的一项社会主义文化建设标志性工程。文化共享工程应用现代科学技术，将中华优秀文化信息资源进行数字化加工和整合，通过工程网络体系，以互联网、卫星网、有线电视/数字电视网、镜像、移动存储、光盘等方式，实现优秀文化信息资源在全国范围内的共建共享。它是公共文化服务体系的基础工程，是政府提供公共服务的重要手段，是实现广大人民群众基本文化权益的重要途径，是改善城乡基层文化服务的创新工程。

文化共享工程自启动以来，得到了党中央、国务院和各级党委、政府的高度重视。党和国家领导同志多次作出指示，对推进文化共享工程建设提出了明确要求。数年来，特别是国家“十一五”建设期间，在文化部的正确领导下，经过全国文化信息资源共享工程战线上同志们的不懈努力，共享工程以现代信息技术为手段，以公益性、基本性、均等性、便利性为原则，以覆盖广泛， 传输快捷，资源丰富，服务优质为目标，在传播优秀文化、服务社会主义新农村建设、搭建公共文化服务体系方面，取得了卓有成效的成果，为构建社会主义核心价值体系，提升全民文化信息素质，弘扬中华优秀文化，保障和实现人民群众的基本文化权益，维护国家政治稳定和社会和谐，推动社会主义文化大发展大繁荣发挥了积极的作用。

二、活动目的

2010年是“十一五”规划的收官之年，也是为“十二五”工作夯实基础、承上启下的一年。全面总结全国文化信息资源共享工程“十一五”期间的经验，面向社会展示和宣传工程建设的成果，提炼理论、推广成果，开阔思路，对规划文化共享工程“十二五”期间新的发展蓝图，推动工程可持续发展具有重要的现实意义。此外，总结、展示全国文化信息资源共享工程“十一五”期间的经验和成果，对于宣传党中央、国务院为打破落后地区信息闭塞的状况，缩小“数字鸿沟”，提高广大人民的科学文化素质，推进社会主义新农村建设和建设和谐社会而实施的文化惠民行动，引导全社会支持和参与文化信息资源的共建共享具有深远的战略意义。

三、活动名称

活动主题概念

共享数字文化，共建和谐家园

整体活动名称

全国文化信息资源共享工程“十一五成果展示活动

分项活动名称

全国文化信息资源共享工程研究论文集出版

全国文化信息资源共享工程建设与发展论坛

全国文化信息资源共享工程“十一五”成果展览

全国文化信息资源共享工程先进评选表彰活动

四、主承办单位

主办单位 中华人民共和国文化部

承办单位 文化部社会文化司

文化部全国文化信息资源建设管理中心

协办单位 各省、自治区、直辖市文化厅（局）

各省文化共享工程分中心

五、组织机构

活动组委会 名誉主任　蔡　武

主　　　任 杨志今

副　主　任 高树勋

委　　　员 杨建昆 赵　雯 于　群 刘小琴
张彦博

秘　书　长 张彦博

筹备办公室 主　　任 张彦博
副 主 任 崔建飞 刘惠平 张晓星 罗云川
成　　员 赵保颖 黄蕴翘 王芬林
蒋卫东 刘　刚 薄　亮

展览组 负 责 人：王芬林（规划处）
工作内容：负责整体展览工作策划、组织、实施

出版组 负 责 人：刘　刚（培训处）
工作内容：负责论文集策划、组织、实施

论坛组 负 责 人：刘　刚（培训处）
工作内容：负责高层论坛策划、组织、实施

宣传组 负 责 人：王芬林（规划处）
工作内容：负责活动整体宣传策划、组织、实施；组织评选表彰活动

会务组 负 责 人：赵保颖（综合处）
工作内容：负责评选表彰大会策划、组织、实施；配合论坛组完成论坛会务组织

技术组 负 责 人：蒋卫东（技术处）
工作内容：重点配合展览组，为整体活动提供技术保障

集资组 负 责 人：黄蕴翘（财务处）
工作内容：负责整体活动的资金保障和集资工作的策划、组织、实施

六、活动内容

（一）出版论文集（详见附件一）

编 委 会 设主任委员（待定）、编委（待定）

文集名称 全国文化信息资源共享工程建设研究论文集

论文选题 （见《论文集出版方案》）

征集方式 以特约稿件、专家评审的方式结集论文；以文化享工程领导小组办公室和管理中心名义联合致函约稿；约稿对象为部司局级领导、相关行业的专家、共享工程各级管理中心管理者等；约稿50–60人，遴选40　45篇

应征要求 论文需未公开发表的原创性研究成果；可采用实践总结；论文字数在5000字以内；8月31日征文截稿

编辑出版 由文化部领导题写书名和前言；由国图出版社编辑；出版印刷数量为4500册；2010年12月出版

（二）建设与发展论坛（详见附件二）

主　　题 信息社会公民文化权益均等化的逐步实现

地　　点 湖北饭店

时　　间 2010年12月16日–12月18日

会　　期 2.5天

参 会 者 相关部门领导 行业专家 媒体约70人

会议日程 12月15日全天 会议报到
12月16日上午 论坛开幕
部领导致辞
第一单元演讲 互动交流

12月16日下午 第二单元演讲 互动交流

12月17日上午 第三单元演讲 互动交流

12月17日下午 论坛总结

联谊活动

12月18日上午 参加“成果展览”开幕式

12月18日下午 代表离会

演讲确定 8月31日出版论文汇总，经专家审阅后，从中遴选参加论坛演讲的人员。

（三）成果展览（详见附件三）

展览时间 2010年12月17日—12月28日（12天）

展览地点 中国美术馆

展览名称 全国文化信息资源共享工程“十一五”成果展

展览内容 包括前言、关怀篇、网络篇、资源篇、技术篇、合作篇、服务篇、管理篇、展望篇九个单元。

展现方式 文字、图片、图表、实物、LED显示屏幕、电子示图、电子沙盘、电子显示屏、电子触摸屏、工程技术模拟演示环境（包括网络环境、电视直播等）、资源服务展示环境。

相关工作 脚本撰写：展览所需的文字稿、配图；宣传册文字、配图；宣传片配音用脚本等。脚本由展览组撰稿，由专业机构进行包装。

设计布展：由内部招标确定专业展览公司承担。

素材征集：展示内容由管理中心拟定，展示素材由管理中心和各省级分中心提供，地方提供的素材将分门别类地展示在各个单元中（每个分中心都有展现）。

技术手段： 采取传统展示方式与多媒体展示方式相结合的，在平面展示的基础上发挥文化共享工程的技术优势，在展示中力求达到内容清晰、层次明确，使参展观众充分体验到文化共享工程在信息传播、获取方面的优势。

整体审查： 活动组织委员会对展览全程指导，活动筹备办公室对展览全程监制；在展览投入制作之前，由活动组织委员会、活动筹备办公室领导对展览脚本进行终审；在展览开幕前，由活动筹备办公室组织验收预展。

观众组织： 本次展览拟组织邀请观众20000人；目标观众为在京中央和地方文化系统工作人员、全国文化共享工程系统工作人员、中央及北京市各企事业单位工作人员、中央及北京市大专院校师生、社区群众、农民工、解放军官兵等。联系中直机关、中央国家机关工委、文化部直属机关党委、北京市委宣传部下发文件组织参观。

领导专场 （待定）

展览开幕式 时间：2010年12月18日10:00—10:30

地点： 中国美术馆一层中厅

来宾： 中央领导同志；文化部、财政部等相关部委领导同志；各省文化厅代表；文化部各司局和直属单位代表；国家中心及地方分中心的代表；国家图书馆及北京市公共、高校图书馆代表；参加高层论坛的与会人员；参加表彰会的代表，共计200余人

议程： 管理中心领导致辞

地方中心代表致辞

文化部领导领导讲话

中央领导讲话

宣布展览会正式开展

邀请中央领导同志、部委领导同志剪

（四）评选表彰活动 （详见附件四和评选通知）

活动名称 全国文化信息资源共享工程先进集体、先进工作者评选表彰活动

评选范围 1. 先进集体评选范围

各省、自治区、直辖市文化共享工程分中心；县（市）支中心；乡镇（街道）基层服务点；村（社区）基层服务点。

文化部全国文化信息资源建设管理中心。

各级政府组织实施文化共享工程的部门。

2. 先进工作者评选范围

全国文化共享工程系统的工作人员

各级政府相关部门管理人员。

评选名额 1. 全国文化共享工程先进集体：50个。

2. 全国文化共享工程先进工作者：200名。

评选方法 1.由文化部发文。各省、自治区、直辖市文化厅（局）组织本地区范围内评选推荐工作，采取自下而上、分级把关的方式开展推选活动，

2.各地报送评选推荐名单和材料。文化共享工程领导小组办公室根据上报材料初选后，报文化部评审小组审定并确定公示名单，经公示后确定表彰名单。

3. 被评定为"全国文化信息资源共享工程先进集体"和"全国文化信息资源共享工程先进工作者"的，将由全国文化信息资源共享工程领导小组授予荣誉号，颁发奖牌、证书和奖金。

表彰大会 1. 时　　间：2010年12月20日上午10：00（初定）

2. 地　　点：人民大会堂小礼堂

3. 参加人员：50个先进集体单位代表

先进工作者代表（每省选派1–2名）

领导和嘉宾

在京各文化单位代表，参会人数约700人。

4. 主要议程：宣读先进单位和先进工作者名单

颁奖

先进集体、先进个人代表发言

领导讲话

领导接见先进集体和先进工作代

合影留念

相关工作 1.《关于表彰全国文化信息资源共享工程先进集体和先进工作者的决定》。

2.制作先进集体、先进工作者奖牌、证书。

3.制作先进事迹视频短片。

4.汇编《先进集体和先进工作者交流材料》。

5.组织表彰大会实况直播。

6.接待和会务准备

七、运作原则

总体设计、统一策划、统一宣传、任务分解、协作实施。

实效性：汇报工作，总结经验，提炼理论，推广成果，创新思维，以推动文化共享工程可持续发展。

社会性：加大宣传，扩大影响，为文化共享工程的建设发展充分造势。

参与性：充分发挥管理中心各处室及省级分中心的积极性。

八、活动实施

启动阶段 5月25日–6月15日

成立活动筹备领导小组，确定各承办部门工作分工

确定总体方案，向部领导汇报并征得同意和支持

调研并初步确定4个板块的策划方案（含经费预算）

落实出版的前期准备工作

第一阶段 6月16日—8月31日

落实出版计划，论文征集工作
展览会地方素材的调研、征集
完成展览脚本的起草工作
完成展览宣传册、宣传彩页、宣传片脚本的起草
确定活动宣传计划
启动宣传
下发评选表彰通知

第二阶段 9月1日—10月31日

完成展览、宣传册、宣传彩页、宣传片脚本的审定
确定展览方案并启动制作
确定展览开幕式方案
召开新闻发布会
确定结集论文
确定参加高层论坛演讲任和参会嘉宾
下发召开表彰大会的通知

第三阶段 11月1日—12月13日

审定先进集体和先进个人名单，确定参加表彰大会代表名单
论文集出版
完成展览制作
完成开幕式制作
完成宣传资料的制作
完成展览观众的组织工作
完成讲解员培训
启动高层论坛会务工作
启动表彰大会会务工作

第四阶段 12月14日—12月28日

举行建设与发展论坛
成果展布展、调试、验收、预展
成果展开幕式、正式开展、撤展
中央领导专场
召开评选表彰大会

九、活动宣传（详见附件五）

宣传工作是本次活动的重要组成部分，要充分运用各种方进行广泛宣传，使本次活动具有较大的社会影响力。宣传要注意突出重点、目的、效果和实施的方法。通过宣传，使这一展示活动成为社会和群众关心的热点，提高人们对文化资源共建共享工程的热情和参与感，并在全国范围形成影响。

十、活动经费（详见附件六、七）

本次活动的主要经费支出为会务费、场租费、广告宣传费、展览制作费、论文集出版费、宣传品印刷费、纪念品制作费、差旅费等。费用主要由中心自筹和赞助筹集。

附件一：论文集出版方案

附件二：高层论坛实施方案

附件三：成果展览实施方案

附件四：宣传策划实施方案

附件一

全国文化信息资源共享工程“十一五”成果展示活动出版方案

一、关于论文的征集

(一) 论文集主题(题目)

信息社会公民文化权益均等化的逐步实现

——全国文化信息资源共享工程建设研究论文集

(二) 结集论文选题

信息社会时代的文化共享工程定位与社会职责

文化共享工程与公民文化权益均等化研究

文化共享工程与公共文化服务体系建设研究

文化共享工程东、中、西部发展模式探讨

文化共享工程与基层图书馆建设发展研究

文化共享工程与数字图书馆建设

文化共享工程资源建设的策略与方法

文化共享工程地方特色资源建设研究

文化共享工程建设中的版权问题及应对策略

数字信息技术的发展与文化共享工程建设的提升与拓展

文化共享工程技术路线探索

文化共享工程服务新农村建设的实践与思考

适应共享工程创新发展的专业队伍建设探讨

文化共享工程的合作机制研究

文化共享工程管理模式问题

文化共享工程控制与评价体系研究

文化共享工程“十二五”期间发展展望

文化共享工程可持续发展对策研究

(三) 论文征集方式

1、以约稿方式结集论文，约稿50－60人，遴选40－45篇。

2、约稿对象：部级、司局级领导；相关行业的专家；共享工程各级管理中心管理者。

3、全国文化信息资源共享工程领导小组办公室和全国文化信息资源建设管理中心联名致函约稿。

4、征文程序：确定约稿对象、下发约稿函、报选题、回馈意见、撰写交稿、专家审阅、作者修改校对。

(四) 应征论文基本要求

1.须为未公开发表的原创性研究成果。

2.可以采用观点鲜明的实证性研究（实践总结），但应有实际材料支持，如统计数据、事实、自己或他人的调研发现、工作中积累的观察记录等。

3.论文字数在5000字以内。

4.论文截稿时间：2010年8月31日。

二、关于编辑出版

(一) 由文化部领导题写前言。

(二) 出版社：国家图书馆出版社

(三) 印刷数量：4500册

(四) 发放对象：全国3306个省、市、县分、支中心

参加“高层论坛”和表彰会的与会人员

参加“成果展览”开幕式来宾
相关部委领导和有关人员
论文作者

三、进度安排

(一) 6月15日 下发约稿函
(二) 8月31日 论文截稿
(三) 9月30日前 专家审阅，作者修改
(四) 10月15日 交出版社编辑
(五) 12月15日 出版

附件二

全国文化信息资源共享工程“十一五”成果展示活动论坛实施方案

一、目的意义

为总结全国文化信息资源共享工程“十一五”期间工作，交流经验，提炼理论，推广成果，认真规划“十二五”期间共享工程新的发展蓝图，推动工程持续发展，特组织本次论坛。

二、论坛名称 全国文化信息资源共享工程建设与发展论坛

三、时　　间 2010年12月16日–2010年12月18日 (2.5天)

四、地　　点 金台饭店 (暂定)

五、主办单位

全国文化信息资源共享工程领导小组办公室
文化部全国文化信息资源建设管理中心

六、参会人员 (约70人)

经推荐，研究论文集撰稿作者；特邀专家
文化共享工程联席会议成员单位代表
农村党员干部远程教育工作领导小组办公室代表
中国数字图书馆联盟成员单位代表
各省分中心代表
北京市公共图书馆、高校图书馆代表

七、论坛主题

信息社会公民文化权益均等化的逐步实现 (暂定)

八、论坛分议题

第一单元 (总论)

信息社会时代的文化共享工程定位与社会职责
文化共享工程与公民文化权益均等化研究
文化共享工程与公共文化服务体系建设研究
文化共享工程东、中、西部发展模式探讨
文化共享工程“十二五”期间发展展望
文化共享工程可持续发展对策研究

第二单元 (建设)

文化共享工程与数字图书馆建设

数字信息技术的发展与文化共享工程建设的提升与拓展

文化共享工程技术路线探索

文化共享工程资源建设的策略与方法

文化共享工程地方特色资源建设研究

文化共享工程服务新农村建设的实践与思考

文化共享工程的合作机制研究

文化共享工程建设中的版权问题及应对策略

第三单元（管理）

文化共享工程与基层图书馆建设发展研究

适应共享工程创新发展的专业队伍建设探讨

文化共享工程管理模式问题

文化共享工程控制与评价体系研究

九、会议日程

12月15日全天 会议报到

12月16日上午 论坛开幕

部领导致辞

第一单元专家演讲

专业主持人与特邀嘉宾互动交流

12月16日下午 **第二单元**专家演讲

专业主持人与特邀嘉宾互动交流

12月17日上午 **第三单元**专家演讲

专业主持人与特邀嘉宾互动交流

论坛总结

12月17日下午 联谊活动

12月18日上午 参加“成果展览”开幕式

12月18日下午 论坛结束、代表离会

十、相关准备工作

（一）8月31日结集论文截稿后，在专家审阅论文后，由活动筹备办公室从中遴选参加论坛演讲的人员。

（二）论坛互动项目的特邀嘉宾，由筹备办公室邀请政府部门各级中心、基层服务点、有关行业专家组成。

（三）高层论坛会议通知、请柬、参会情况反馈。

（四）高层论坛会务准备工作：会场、日程安排、资料、食宿、宴请、交通、纪念品、相关设备设施。

附件三

全国文化信息资源共享工程“十一五”成果展示活动展览实施方案

一、目的意义

在党中央、国务院的高度重视和文化部正确领导下，在各级政府部门和社会各界的关心和支持下，全国文化信息资源共享工程（以下简称“文化共享工程”）自成立以来，特别是国家“十一五”建设期间取得了卓有成效的成果。

为全面总结全国文化信息资源共享工程“十一五”期间的建设经验，向党和国家、社会展示汇报所取得的成果，提炼理论、推广成果，开阔思路，规划文化共享工程"十二五"期间新的发展蓝图，推动工程可持续发展，特组织本次成果展览。

通过本次展览，全方位地宣传党和政府这一文化惠民举措，让更多群众了解、支持并最终获益于文化共享工程，鼓励和引导全社会参与文化信息资源共建共享行动，营造和谐文明的社会环境，为中国经济发展和社会进步提供精神动力和智力支持。

二、展览名称　全国文化信息资源共享工程"十一五"成果展

三、展览主题　共建数字文化　共享和谐家园

四、展览时间　2010年12月18–29日　(12天)

五、展览地点　中国美术馆

六、组织机构

主办：中华人民共和国文化部、财政部
全国文化信息资源共享工程领导小组

承办：文化部社会文化司
财政部教科文司
全国文化信息资源建设管理中心

协办：各省、自治区、直辖市文化厅（局）
各省、自治区、直辖市文化信息资源共享工程分中心

七、展览内容概要

本次展览主要分为，前言、关怀篇、网络篇、资源篇、技术篇、合作篇、服务篇、管理篇、展望篇9个单元。

前　言　共享工程综述：重大意义、指导思想、建设条件、总体目标、实施内容、实施步骤、保障措施
重大事件提点：规划布局、资源建设、技术支持、合作共建、服务管理

关怀篇　党和国家领导同志、各部委、各级党委和政府，在"十一五"期间，针对共享工程给予的亲切关怀和下达的重要指示、文件。

网络篇　共享工程全国5级网点布局，建设规划、示范工程、投资规模、现状成果。

资源篇　全方位展示工程网络资源和地方特色资源（讲座　舞台艺术　农业技术　影视作品　专题片地方特色资源库），以及奥运、长征、建国60年、世博、少年文化等具有现实意义的主题展示单元。

技术篇　全面展示移动存储、卫星、互联网、有线电视/数字电视网、镜像/光盘工程五大共享平台。解构技术平台中各种科技产品的应用和运行方式。

合作篇　展示国家有关部委、单位、地方主管部门，在"十一五"期间，对于共享工程的网络环境、软硬件系统、资源内容、实施方式给予的支持和配合。

服务篇　展示建设管理中心、各省市地方中心和基层网点在文化传播、服务社会中的各种举措、成功案例和突出成果。

培训篇　展示全国文化资源共享工程系统队伍建设的情况。展示建设管理中心、各省市地方中心在员工培训、社会培训中的各种形式举措、成功案例和突出成果。

展望篇　全国文化资源共享工程未来"十二五"期间的发展规划目标、方向和前景。

八、展览形式

本次展览采取传统展示方式与多媒体展示方式相结合，在平面展示的基础上，发挥文化共享工程的技术优势。在展示中力求达到内容清晰、层次明确，使参展观众充分体验到文化共享工程在信息传播、获取方面的优势。地方提供的素材将分门别类地展示在各个单元中（每个分中心都有展现）。

展览除采用文字、图表、照片、实物、展板、展位等传统展示手段外，将充分利用LED显示屏幕、电子示图、电子沙盘、电子显示屏、电子触摸屏等视频、多媒体的现代展示手段，初步设想展示方式有：

设置LED大屏幕，循环连续播放此次活动专题片。以LED大屏幕+触摸屏联动展示现有的网络层级渠道。

设置电子触摸屏，作为参观指南。辅以语音点读系统，对共享渠道进行介绍，凸显共享工程与其他媒体模式的区别。

建设集中展示资源内容的展位（包括历次下发资源光盘箱子/光盘等实物）和资源服务的展示环境。

以视频形式，回放基层终端的重点活动成果。

选择成功案例，设置可互动、体验的模拟基层服务环境展位。

模拟工程培训环境，还原设备安装、调试、使用、维护的过程。设置体验区，指导观众现场操作。

以立体模型直观表现信息传递技术，使抽象概念实物化。

根据工程应用模式，搭建模拟网络环境演示系统（公共网络、局域网络、数码设备三者相结合无边界、高效率、无间断的互动展示平台），在互动中对网络基础建设的现状进行解读。

设置电子多媒体沙盘，立体地展示未来人民群众文化新生活的样貌。实现声音讲解、灯光显示讲解区域、内容等效果。

九、相关准备工作

（一）脚本撰写 展览所需的脚本，含文字、配图说明、展示手段描述；宣传册、宣传彩页脚本，含文字、配图；展览宣传片脚本等。脚本由筹备办展览组撰稿，委托专业公司进行包装。

（二）设计布展 由专业展览公司承担。专业展览公司的遴选，先征集展览设计方案，最终由内部评标确定。

（三）素材征集 **素材内容：**资源建设（名称、视频、文字量、图片量、来源、数据容量）；服务网络（供享中心各级服务点数量、合作点数量）；经费投入（按年度中央和地方）；技术服务（按年度分地区统计设备采购、技术模式）；培训工作（按年度、分地区统计培训数量、培训形式、对象、教材、成功案例）；应用服务（按年度、分地区统计基层服务人数、成功案例）；合作共建（项目名称、成功案例）。

征集方法：由管理中心制订展览素材征集提纲，以全国文化信息资源共享工程领导小组办公室发文各省文化厅和全国管理中心，在规定时间段里提供。

（四）技术准备 鉴于本次展览将充分利用现代展览技术，应尽早投入调研，确定方法，本着投入小，效果好的原则，借助社会力量，进行开发和实验。

（五）整体审查 活动组织委员会对展览全程指导，筹备办公室对展览全程监制；在展览投入制作之前，由活动组织委员会、活动筹备办公室领导对展览脚本进行终审；力争在开幕前12月16日由活动筹备办公室组织验收，12月17日预展一天。

（六）观众组织 本次展览拟组织邀请观众20000人。

目标观众：在京中央和地方文化系统工作人员、全国文化共享工程系统工作人员、中央及北京市各企事业单位工作人员、中央及北京市大专院校师生、社区群众、农民工、解放军官兵等。联系中直机关、中央国家机关工委、文化部直属机关党委、北京市委宣传部下发文件组织参观。

（七）展览讲解 为使本次展览达到预期的效果，拟配备专业讲解员。除专业讲解员全程讲解外，管理中心工作人员将全力以赴，会同设备提供单位的工作人员担当展位讲解和演示工作。讲解员应提前培训和演练。

十、工作日程

（一）第一阶段 （6月22日–8月31日）

1.明确展览组职能，确定工作安排，落实到人，展览组正式启动工作。

2.完成展馆前期预定，确定进入场时间，协调落实开幕式、户外广告、用电、联网、安保、保洁等展会现场事宜。

3.启动内部招标，面向社会召展专业展览设计制作公司，初步确定入围单位。

4.向各省文化厅下达展览素材征集提纲。

5.完成展览脚本、宣传册（宣传彩页）、展览宣传片脚本起草。

6.确定展会现场宣传，包括户外广告、资料派发、互动活动。

7.调研展示用的电子设备，确定展览应用的基本思路。

（二）第二阶段 （9月1日—10月31日）

1.完成素材征集工作。

2.完成展览、宣传册、彩页、宣传片脚本的审定并开始制作。

3.审查并确定展览设计方案。

4.与展览公司签订委托合同并开始制作展览。

5.与展览公司磨合展览内容、形式，结合设计方案确定相应素材的展示形式等具体细节。

6.与电子设备供应商签订租赁合同。

7.完成展览门票设计、印制。

8.完成户外广告的设计、制作。

（三）第三阶段 （11月1日—12月13日）

1.完成展台制作并验收（含硬件制作、文字等）。

2.完成宣传资料的制作，包括宣传册、宣传片、宣传彩页易拉宝等。

3.户外广告制作，安装到位。

4.确定展览解说员；与礼仪公司签订服务合同；完成解说词撰写审定；培训解说员。

5.完成开幕式的准备工作（发放请柬和车证、邀请来宾、确定议程和主持人主持词、代部拟文）。

6.完成开幕式舞台、背景制作并验收。

7.完成展览观众的组织工作和门票的派发。

8.制定展览期间相关责任人及值班表。

（四）第四阶段 （12月14日—12月30日）

12月14日：进场、搭建

12月15日：完成主体结构搭建

12月16日：展示设备安装并调试；现场保洁；展览资料到位

12月17日：预展、完成开幕式准备工作

12月18日：开幕式 正式开展

12月19日—29日：展期

12月30日：撤展

十一、展览期间的活动

（一）展览开幕式

时间：2010年12月18日10:00—10:30

地点：中国美术馆一层中厅

来宾：中央领导同志；文化部、财政部等相关部委领导同志；各省文化厅代表；文化部各司局和直属单位代表；国家中心及地方分中心的代表；国家图书馆及北京市公共、高校图书馆代表；参加高层论坛的与会人员；参加表彰会的代表，共计300余人。

议程：管理中心领导致辞；

地方中心代表致辞；

文化部领导领导讲话；

中央领导讲话；

宣布展览会正式开展；

由领导同志同志剪彩。

（二）领导专场（待定）

附件四

全国文化信息资源共享工程“十一五”成果展示活动宣传策划实施方案

一、宣传主题

共建数字文化 共享和谐家园

二、宣传目标

通过平面媒体、网络媒体、广播电视媒体，对全国文化信息资源共享工程“十一五”成果展示活动进行全方位、深层次、多角度的采访报道，提高工程知名度和影响力，争取社会各界广泛关注和支持，为工程“十二五”发展营造良好的舆论氛围。

三、宣传重点

通过宣传全国文化信息资源共享工程“十一五”期间成果展示活动，重点宣传党中央、国务院为打破落后地区信息闭塞的状况，缩小“数字鸿沟”，提高广大人民的科学文化素质，推进社会主义新农村建设和建设和谐社会而实施的文化惠民行动

四、宣传要求

（一）全面开花

（二）抓住重点

（三）注重效果

五、宣传内容

结合“十一五“成果展示活动-论文集、高层论坛、成果展览，配合不同媒体的受众特点和风格，推荐不同的切入点，并提供相应的素材。

（一）工程意义　/　发展规划　/　工程进展

（二）重要文件　/　重要会议　/　重要活动

（三）服务范围　/　服务内容　/　服务方式

（四）服务活动　/　服务效果　/　服务模式

（五）技术创新　/　管理创新　/　机制创新

六、宣传渠道

（一）大众媒体

报　纸（20）：人民日报 光明日报 中国文化报 中国青年报 中国日报 科技日报
中国财经报 中国科技信息 经济日报 工人日报 人民政协报
计算机世界 农民日报 环球时报 中国电视报 中国信息报
北京日报 北京晚报 中华新闻报 中国企业报 中国劳动保障报

通讯社（2）：新华每日电讯 中新社

广　播（3）：中央人民广播电台 中国国际广播电台
北京人民广电台（北京交通广播、北京文艺广播）

电　视（4）：央视 中国教育电视台 北京电视台 凤凰卫视

网　络（3）：新浪网 搜狐网 腾讯网

（二）内部宣传

文化要情

文化信息

工作简报

文化共享工程国家中心和各地分支中心网站

文化共享工程卫星平台

文化共享工程3G网站

具备条件的地区，通过数字电视、有线电视宣传

（三）展览现场室内宣传

1.展览解说、互动

2.发放宣传册、宣传彩页

3.播放宣传片

4.互动小礼品

5.张贴招贴画

（四）户外宣传

1、美术馆大门外、主楼外、楼内入处醒目位置张贴展览海报。

2、部分公共场所张贴展览海报。

七、宣传日程安排

（一）第一阶段：宣传预热（6月15日—9月30日）

1.设计制作展示活动宣传资料（招贴画、手提袋、宣传光盘盘面、宣传手册/彩页、展览门票）。

2.撰写工程宣传专题片脚本，并委托专业公司制作。

3.策划公益广告。

4.开始在文化报、工程主站、分中心工程网站上连续报道工程取得的成果。

（二）第二阶段：推动实施（10月1日—11月30日）

1.召开新闻发布会。

2.制作完成公益广告，在展览活动正式开始前，在电视/网络媒体播放。

（1）电视媒体（中央1套、4套、教育台）；

（2）工程主站、各省分中心共享工程网站；

（3）共享工程有条件地区的“共享频道”，例如：辽宁、遵义、青岛、深圳、海南等地。

3.设计制作网上展览馆。

4.在北京市各级文化系统/公共报刊栏，张贴成果展览宣传画。

5.各省分中心在本省文化系统范围内（包括各级图书馆/博物馆/文化站/基层服务点），张贴成果展览宣传画。

6.在中国美术馆广告位，张贴成果展览宣传画。

7.在北京市范围内，对合作单位、企事业单位、学校、图书馆读者等发放免费参观票；还可与旅行社合作，邀请外地观光客人参观展览；在工程网站上发放电子展票，可打印下载凭卷参观。

8.各省分中心开展相关预热活动，并在当地媒体报道。

（三）第三阶段：活动高潮（12月1日—12月30日）

成果展览

1.成果展开幕式

（1）邀请相关领导参加（分管文化工作的中央级领导/文化部、财政部部级领导/直属司局领导/相关合作单位领导）。

（2）邀请嘉宾参加（信息化方面的专家，参加此次征文活动的专家学者中邀请）

（3）邀请媒体参加

2.与中央台合作策划专题访谈类节目。

3.览期间，邀请媒体参观展览，连续报道展会活动。

4.展览期间，工程主站同期开展网上成果展览。

5.工程简报连续报道展览情况。

6. 发文化要情或文化信息

论坛

1.即时在媒体上刊发消息。

2.在文化报上连续刊载论文。

3.工程主站上设立论文专题库，刊载高层论坛的论文。

表彰大会

1. 邀请媒体参加表彰大会报道。

2.与中央电视台合作策划专题访谈类节目。

3.中国文化报先进事迹连载。

4.工程主站设专栏同期开展网上宣传。

5.发文化要情或文化信息

6.工程简报连续报道。

（四）第四阶段：后期跟踪（2011年1月–春节期间）

1.组织2–3篇评论文章，对此次展示活动进行总结性报道。

2、展会结束后，将部分展览展示内容在全国分中心巡展，各地进行连续报道。

3.收集媒体相关报道，并汇编成册。

4.整理整体展示活动文档立卷归档。

全国文化信息资源共享工程“十一五”成果展览大纲

一、目的意义

全国文化信息资源共享工程（以下简称“文化共享工程”）是2002年起，由文化部、财政部组织实施的一项社会主义文化建设标志性工程。文化共享工程应用现代科学技术，将中华优秀文化信息资源进行数字化加工和整合，通过工程网络体系，以互联网、卫星网、有线电视/数字电视网、镜像、移动存储、光盘等方式，实现优秀文化信息资源在全国范围内的共建共享。它是公共文化服务体系的基础工程，是政府提供公共服务的重要手段，是实现广大人民群众基本文化权益的重要途径，是改善城乡基层文化服务的创新工程。

文化共享工程自启动以来，得到了党中央、国务院和各级党委、政府的高度重视。党和国家领导同志多次作出指示，对推进文化共享工程建设提出了明确要求。数年来，特别是国家“十一五”建设期间，在文化部的正确领导下，经过全国文化信息资源共享工程建设者的积极探索和不懈努力，共享工程以现代信息技术为手段，以公益性、基本性、均等性、便利性为原则，以覆盖广泛，传输快捷，资源丰富，服务优质为目标，在传播优秀文化、服务社会主义新农村建设、搭建公共文化服务体系方面，取得了卓有成效的成果，为弘扬中华优秀文化，提升全民文化信息素质，保障和实现人民群众的基本文化权益，维护国家政治稳定和社会和谐，推动社会主义文化大发展大繁荣发挥了积极的作用。

为全面总结全国文化信息资源共享工程“十一五”期间的成功经验，面向社会展示工程建设取得的成果，国家文化部、财政部拟于2010年12月联合举办共享工程“十一五”建设成果展示活动，其中将以“共享数字文化，共建和谐家园”为主题，组织“全国文化信息资源共享工程十一五成果展览”。该项展览，对宣传党中央国务院实施的文化惠民行动，引导全社会参与文化信息资源共建共享，推动共享工程在国家“十二五”期间的持续发展，具有重要的现实意义。

二、展览概况

题目：全国文化信息资源共享工程“十一五”成果展

主题：共建数字文化，共享和谐家园

时间：2010年12月18–29日

地点：中国美术馆

主办：中华人民共和国文化部、财政部

全国文化信息资源共享工程领导小组

承办：文化部社会文化司

财政部教科文司

全国文化信息资源建设管理中心

协办：各省、自治区、直辖市文化厅（局）

各省、自治区、直辖市文化信息资源共享工程分中心

三、展览框架

本次展览拟分为：前言、关怀篇、网络篇、资源篇、技术篇、合作篇、服务篇、管理篇、展望篇9个单元。

前　言　共享工程综述：重大意义、指导思想、建设条件、总体目标、实施内容、实施步骤、保障措施。重大事件提点：规划布局、资源建设、技术支持、合作共建、服务管理

关怀篇　党和国家领导同志，各部委、各级党委政府，在国家实施“十一五 ”计划期间，给予文化共享工程的关怀和支持，包括重要指示、文件、考察调研等；中央及各级地方财政的经费投入。

网络篇　文化共享工程全国五级网络服务体系的布局，建设规划、示范工程、现状成果。

资源篇　资源建设的全貌：讲座、舞台艺术、农业技术、影视作品、专题片、地方特色和民族特色资源库；长征、奥运、改革开放三十年、建国60年、世博、少年文化、抗震救灾、中国传统节日等主题资源单元。

技术篇　展示卫星、互联网、有线电视/数字电视网、无线3G网、镜像、移动存储/光盘工程六大共享平台，解构技术平台中各种科技产品的应用和运行方式。

合作篇　国家有关部委、单位、地方主管部门、相关单位，“十一五”期间，对于文化共享工程的网络环境、软硬件系统、资源体系、实施方式给予的支持和配合。

服务篇　文化共享工程建设管理中心、各地方分支中心和基层网点在文化传播、服务社会中的各种举措、成功案例和取得的突出成果。

管理篇　全国文化信息资源共享工程系统队伍建设和管理情况。包括人员培训、标准规范制定、理论研讨、课题研究、业务竞赛、考评督导等成功案例和突出成果。

展望篇　文化共享工程未来“十二五”期间的发展规划目标、方向和前景展望。

四、展览纲要

（一）前言

概要：**2002年启动的文化共享工程，是党中央、国务院高度重视的一项重点文化创新工程。**它利用现代信息技术，将中华优秀文化资源进行数字化加工整合，通过互联网、卫星、电视、手机等新型传播载体，依托各级图书馆和文化站（含城镇社区）、文化室等公共文化基础设施，结合“全国农村党员干部现代远程教育工作、“农村中小学现代远程教育工程”、“广播电视村村通工程”等，实现先进数字文化在全国范围内的共建共享。

“十一五”期间，文化共享工程作为我国公共文化服务体系的基础性工程，在党和国家领导人的亲切关怀下，在文化部、财政部的领导下，在相关部委、司局的有效协调下，在全国各省自治区直辖市文化厅局大力支持和文化共享工程各级分、支中心和基层服务点的积极推动下，在基层群众的广泛关注和热心参与下，取得了全面、快速的发展。

五年来，文化共享工程的基层服务网点逐步覆盖了我国大江南北，其丰富的信息资源，便捷的传播手段悄然改变着人们的生活。基本完成了“十一五”既定目标：到2010年，基本建成资源丰富、技术先进、服务便捷、覆盖城乡的数字文化服务体系；实现县县建有支中心，乡乡建有基层服务点，努力实现“村村通”。

截至2010年（以下数据待微调），中央财政对全国文化共享工程共投入24.76亿元专项资金，各地方累计投入27亿元；已建成五级网络服务体系，包括1个国家中心、33个省级分中心、2814个县级支中心、15221个乡镇基层服务点、75万个合作共建村级基层服务点；逐步形成以文化艺术视频为特色的分布式数字资源库群，资源总量达到92.27TB；初步建立了层次分明、互联互通、多种方式共用的信息传输网络，使基层文化单位的信息化水平和数字资源服务能力得到跨越式提升，不断丰富着各地群众的精神文化生活。

前言篇为整个成果展览的纲领，主要是文化共享工程的综述。文字要求高度概括、点题、精彩、精炼。前言篇位于中国美术馆主厅（13号厅）玄关处，展示方式以平面展示为主。风格大气、色彩庄重。

（二）关怀篇

概要：**文化共享工程得到党中央、国务院高度重视。**党的十六大以来关于公共文化建设的重要文件均明确要

求，推进文化信息资源共享等重点文化惠民工程。文化共享工程先后被列入我国《国民经济和社会发展第十一五年规划纲要》《国家"十一五"时期文化发展规划纲要》《2006-2020年国家信息化发展战略》，连续6年被写入中央一号文件。胡锦涛总书记数次对文化共享工程的建设发表重要意见；温家宝总理多次在《政府工作报告》中对文化共享工程工作给予肯定，并根据社会发展需要对下一步工程建设方向提出明确要求；李长春同志高度重视文化共享工程工作，他从我国文化建设发展和中国特色社会主义文化发展全局着眼，对文化共享工程做出很多重要批示，有力推动了工程建设的快速发展。在考察基层文化工作时，李长春同志经常亲临文化共享工程基层服务点了解情况、指导工作。他对文化共享工程的作用和意义给予高度评价，指出："文化共享工程是公共文化服务体系的基础工程，是政府提供公共文化服务的重要手段，是实现广大人民群众基本文化权益的主要途径，是改善城乡基层群众文化服务的创新工程。"

文化共享工程建设得到各级财政有力支持。财政部根据党中央、国务院的部署，将文化共享工程建设列为"十一五"期间重点支持的文化建设工程，在2006年投入7934万元的基础上，从2007至2010年，共投入24.76亿元专项资金（县级支中心68万元，村0.5-0.6万元）。另外，从2008年始中央财政将文化共享工程设备列入乡镇综合文化站建设项目（5万元），从2009年始中央财政在城市社区文化中心/街道文化站（5万元）、城市社区文化活动室（2.5万元）建设项目中也安排文化共享工程设备资金。中央财政的投入有力地带动了地方各级政府的投入，截至2009年，各地财政累计投入专项资金27亿元。

关怀篇位于三楼主厅（13号厅）。主要展示党和国家领导同志

各部委、各级党委和政府，"十一五"期间，对共享工程给予的亲切关怀，包括下达的重要文件、指示、考察视察情况。主要有综述、重大事件、纲领性文件、财政投资等。关怀篇的布局和展示：平面展示，以文字、图片（巨幅写真、灯箱、动态柱（饼）状图）为主，可展领导视察、重要会议、财政投资等；多媒体展示，可展重大事件报导；实物展示（展柜、展台、挂式展架），可展纲领性文件等。风格要求简洁大气、色彩庄重。

（三）网络篇

概要：**"十一五"期间服务网络布局有效拓展，为共享工程的发展奠定坚实基础**。截至2009年底，文化共享工程已建成1个国家中心、33个省级分中心、2814个县级支中心（县级覆盖率96%）、15221个乡镇基层服务点（乡级覆盖率44%）、与全国农村党员干部现代远程教育工作和农村中小学现代远程教育工程合作共建村级基层服务点75万个，配备文化共享工程专用设备的47.5万个（村级覆盖率75%）。县级支中心电子阅览室68万元设备配置、3.6TB的资源存储极大地提升了县级图书馆的数字服务能力，一些欠发达地区县级图书馆从信息化设施基本空白、数字资源匮乏的状况一跃迈入信息化、数字化服务时代。乡镇文化站、村/社区文化室通过电脑、投影仪、移动播放等信息设备，利用优秀的数字资源开展服务，成为缩小城乡"数字鸿沟"的重要途径。

网络篇位于三楼主厅（13号厅）。主要展示在党中央、国务院以及各级政府的关心和支持下，文化共享工程在网络布局和基层点建设方面取得的成果。主要有，综述、重大事件、5级网络体系、基层点建设布局。展示方式：以文字、图片、灯箱、电子屏幕或沙盘演示为主。风格要求大气、色彩明快。

（四）资源篇

概要：**资源建设是共享工程建设的核心，十一五期间，共享工程数字资源建设初步形成规模**。通过广泛整合图书馆、博物馆、美术馆、艺术院团及广电、教育、科技、农业等部门文化、教育、科技资源，建成一批通过共享工程传输的优秀数字资源。截至2010年7月，数字资源建设总量92.27TB（国家中心25.77TB，各省合计66.5TB），包括视频资源71952小时，电子图书53186种，电子期刊3604种。其中，少数民族语言视频资源1510小时，电子图书1250种，涉及藏语、蒙古语、维吾尔语、哈萨克语、朝鲜语5种语言。在中央财政专项经费的支持下，各地文化共享工程工作者深入挖掘、整合、制作出207个具有本地特色文化内涵的优秀专题资源库。

资源篇位于14号厅中区和北区。该篇是整个展览中的重头戏，主要展示文化共享工程的资源建设情况，包括全媒体形式优秀数字资源以及各具特色的专业资源库。主要有：综述、资源介绍与展示等。展示方式：文字、图片、实物、多媒体演示、触屏点播、互动体验等。风格要求喜庆、色彩明快，包容性强。可供参考的思路：

1. 国家中心制作的文化精品资源库。包括国画、漫画、舞蹈、园林、古琴、昆曲、地方戏、壁画、电影、抗战、长征库。表现形式：(1) 利用大型触摸屏方式展示；(2) 制作成光盘现场发放；(3) 与资源礼品箱、报纸等一起采用实物陈列方式。

2. 少数民族资源及其他有特色的资源。少数民族资源应突出双语。为参观者提供可选声道设备（能选择不同的语言，通过耳麦收听），通过小型视频播放器播放。

3. 各地特色视频资源。包括福建的闽南文化、安徽建筑或安徽红色历史文化、江苏非物质遗产、贵州非物质遗产、

四川年画等，每个省推介3个。表现形式：利用电视墙大屏幕展示，在大屏幕上可同时出现各省资源的画面，也可大画面选择观看，或者通过文化地图形式展示，体现工程资源多、精、并有特色。

4. 光盘资源及资源礼品箱。包括所有资源目录册；各个时期制作的光盘礼品箱，如“乡风文明好戏来”、“共享花开乐万家”、“文化共享助春耕”、“共享书香，欢乐阅读”等；国画、漫画、舞蹈等资源库光盘。表现形式：在展柜或区域以实物陈列方式展示。

5. 其他数字资源。其他图文（电子书、电子期刊、等）、视频（视频库的形式展示）、多媒体资源、网站上特色资源库，能够检索、浏览观看，使参观者感受到文化共享工程海量的资源。表现形式：搭设体验区（局域网），利用PC机和服务器展示。

6. 设置小型放映区。选择各类视频资源中的精品，滚动播放。

（五）技术篇

概要：**文化共享工程技术工作始终以工程的发展需要为诉求，以时下主流的技术手段为模型，开发适合自身的技术应用模式，在实践中不断开拓创新。**通过管理中心本级和各地多年来不断的探索和积累，逐步形成了以管理中心的技术模式为核心，各地文化共享工程因地制宜，基于现代信息技术和国家通信网络（互联网、卫星网、有线电视网、移动通讯网、电子政务专网，多种传输渠道并存），层次分明、互联互通的资源传送平台。目前正在积极探索面向“三网融合”的网络电视、IPTV、3G的新兴技术手段，创新实践入户服务，使基层文化单位的信息化水平和数字资源服务能力得到跨越式提升。

技术篇位于16号展厅。主要展示文化共享工程技术工作的指导思想、发展历程、“十一五”期间应用的现代科技手段，文化共享工程技术服务体系，取得的工作成果、对“十二五”以及未来技术发展的展望。主要有，综述、技术手段展示等。展示方式：平面（文字、写真、灯箱）、电子沙盘、体验（3g终端、无线网络终端、电子阅读器、触屏设备、易播宝等）、互动（绿色上网体验、电子签名照、有奖答题）。风格要求现代前卫，科技性强，色彩明快。可供参考的思路：

技术篇所在的16号展厅布局有主展厅和两侧的小展厅，三个展厅形成了相对独立的展示空间，可将三个展厅设置成相对独立的展示单元，即要突出各独立单元的展示主题，又要与整个技术篇展区形成统一，相互呼应。大部分的技术应用模式主要是体现在实际的服务模式上，各有侧重。

1. 技术主展区：以一幅有动态效果的电子沙盘图展示文化共享工程由国家中心到基层的全面覆盖的技术服务体系，包括互联网（主站）、卫星、等；以触频点播、文字介绍、视频演示、有奖竞答等形式，介绍其他技术服务模式，包括有线电视（机顶盒）、移动存储播放器、IPTV、手机wap网站等，以及技术工作的发展历程；设置答题机，为电子触屏，随机抽取一定数量的题目，答案均出现在整个三层的展区内，根据答对的百分比获得打印出的奖品兑换券；参观者进入展区后，手机将收到一条参观信息提示短信，介绍文化共享工程展览的分布情况，以及设在技术主展区的答题设备。

2. 侧厅分展区1——体验区：以现代感、科技感为主要装饰布局风格，摆放3g终端、无线网络终端、电子阅读器、易播宝、触屏设备等象征着新型服务模式的设备，预装文化共享工程宣传片、数字资源等内容，让参观者在有指导的情况下，体验各种传输方式和服务终端中使用的资源，以体现技术服务手段的立体化、科学化和个性化。

3. 侧厅分展区2——儿童绿色网络空间互动区：绿色温馨的环境布局风格，搭建针对未成年人开放的绿色上网空间，提供在家长陪护下的、限时的绿色上网体验；设置多媒体展示桌，通过互动设备，参观者可将自己的留言以及照片，以电子签名照的方式留下，通过多媒体展示桌进行浏览体验，并在展区出口处的电视墙上进行回放（可作为收集参观留言的一种方式）。

（六）合作篇

概要：**随着工程的深入推进，在创新工作模式的同时，更加注重合作共建机制的建立和衍生服，为持续发展，搭建起一个更为通达的平台。**2005年1月，文化部、教育部联合印发了《关于在农村中小学实施全国文化信息资源共享工程的通知》，开始了农村中小学现代远程教育与共享工程共建共享的工作；2006年12月，全国文化信息资源共享工程领导小组和全国农村党员干部现代远程教育试点工作协调领导小组联合发文，要求做好农村党员干部现代远程教育工程与文化信息资源共享工程资源整合工作；2007年7月，文化共享工程与国家发改委信息中心合作，利用电子政务外网实现了文化共享工程国家中心与33个省级分中心的互联互通；2009年底，文化共享工程从辽宁开始，与国家广电总局“广播电视村村通工程”实现了合作共建；2010年3月起，国家图书馆与共享工程国家中心联手实施县级数字图书馆推广计划。一系列的合作，使文化共享工程扩展了服务范围，丰富了资源建设内容，充实了技术设备设施，提升了信息传输能力，充分发挥了国家投资效益，强化了文化共享工程国家中心、各分支中心和基层服务点的综合服务能力。

合作篇位于14号厅的南区。主要展示与政府部门、信息产业、农业、广电、科技、教育、文化部门广泛开展的合作共建，在资源建设、科研技术、应用服务等方面所取得初步成效。主要有：综述、重大事件提点、合作共建机制的布局。展示方式：文字、图片、实物、合作单位现场展示等。风格要求大气和谐、色彩庄重。

（七）服务篇

概要：**构建社会公共文化服务体系是国家文化建设战略，也是实施共享工程的工作方针。**文化共享工程走进农村、走进社区、走进深山、走进城镇、走进学校、走进军营、走进企业、走进机关……，文化共享工程的触角深入祖国的大江南北。文化共享工程坚持正确的舆论导向，致力于把党中央、国务院的声音传递到全国各地，弘扬社会主义先进文化，促进社会主义核心价值观的传播和社会文明新风尚的树立；文化共享工程通过优秀的数字文化资源的服务，不断满足基层群众"求知识、求富裕、求健康、求快乐"的基本需求，初步缓解了基层群众特别是农民群众看书难、看戏难、看电影难的问题；文化共享工程服务于国家建设大局，在西部大开发、重大自然灾害灾后重建、应对国际金融危机、重大节日和纪念日宣传、"双百人物"和建立学习型党组织等工作中，发挥了积极作用；文化共享工程针对少数民族群众、少年儿童、新一代农民工、低收入人群、残疾人等的实际需求，开展专项以及个性化服务，丰富他们的精神文化生活。截至2009年底，全国文化共享工程累计服务超过6.9亿人次。随着文化共享工程服务的日益深入，已成为深受广大群众欢迎的"民心工程"。文化共享工程正在为筑架我国公共文化服务体系、并成为人民群众内心的精神依托而努力。

服务篇位于15号厅南区和17号厅南区。该篇是本展览中的亮点。主要展示文化共享工程在传播优秀文化、服务社会主义新农村建设、搭建公共文化服务体系方面，保障和实现人民群众的基本文化权益，推动社会主义文化大发展大繁荣等方面取得的成果。主要有：综述、优秀服务案例，共享工程乡镇基层点演示。展示方式有，文字、图片、多媒体触摸演示、实物、展示柜、展示台、展示实景。风格要求：感人向上，色彩温馨。

（八）管理篇

概要：**共享中心将管理置于基础性、先导性地位，将队伍建设作为高效执行的保障；将科研管理作为工程发展的支持；将学术研究作为承上启下的桥梁，推动工程的科学发展。**经过几年的快速发展，截至2009年底，文化共享工程全系统拥有专兼职工作人员65万人，从事管理、资源建设、技术支持、应用服务等工作，成为国家文化共享工程和地方公共文化建设与服务的骨干力量。多年来，国家中心和各地分中心即通过集中与分散，教师面授与远程教育，课堂教学与知识竞赛等不同方式，从工程管理、系统构建、资源制作、信息服务等方面对各级文化共享工程人员进行系统培训，全面提高队伍的业务素质和服务能力。文化共享工程员工坚持开拓创新，坚持理论与实践相结合，融合先进的科学技术，应用在工作中，获得一系列科研成就，也取得了一系列学术研究成果，这些成果极大地提升了工程建设的速度、质量和科学发展水平，使工程始终保持健康和旺盛的发展活力。

管理篇位于17号厅中区和北区。主要展示全国文化资源建设管理中心及各级分支中心、基层服务点"十一五"期间，内部管理、队伍建设、课题研究、学术研究所取得的成果。主要有：综述、发展进程、重大事件、优秀案例、光荣榜。展示方式：文字、图片（灯箱 写真）、实物（教材）、视频演播等。风格积极向上、色彩温馨。可供参考的思路：

管理篇下设三个板块。

1.培训区：展示内容包括，通过文字、照片、图表、视频阐述，工作意义、指导思想、总体目标、培训规划、培训内容、实施措施、成果；重大事件、领导关怀、培训基地建设；培训模式——面授培训、远程培训（互联网、卫星）、活动培训（文化共享杯、共享之春）、会议培训、合作培训（合作共建、志愿者行动）、对口培训（协调重庆、山东、上海分中心安排专业人员对口到西藏、新疆、青海分中心实施培训）、委托培训（新疆生产建设兵团、山东、黑龙江来中心工作等）等。

2.科研区：展示内容主要包括"十一五"期间，管理中心、各省级分中心获得文化部创新奖的有关工程项目、已完成以及正在进行的省部级以上文化共享工程的科研项目、已经完成的获得科技奖项的有关科研项目、制定的相关标准，以及科研成果在工作中的应用效果。

3.学术研究区：展示管理中心和分支中心在全国各学术刊物上发表的有关工程研究的论文分类统计表、部分具有标识性意义的研究成果、成功案例等。

以上板块可采取的展示方式：文字介绍、图片展示、视频演播、灯箱模型、实物展示（培训教材、视频教材、培训器材）、工作覆盖面的柱状和沙盘。

（九）展望篇

概要：**"十二五"时期，文化共享工程作为中国特色的公共文化服务发展模式，要在推动政府职能转**

变、更好地履行社会管理和公共服务职责、满足人民群众日益增长的物质文化需求、提升国家软实力和国际竞争力等方面发挥更加积极的作用；要在更大的范围内弘扬和传承中华优秀文化，成为展现中国文化魅力的重要窗口、维护互联网上国家文化权益的主流渠道、提高国家文化软实力的有力抓手。

发展目标：在“十一五”基本实现“村村通”的基础上，以有效开展服务为重心，以打造精品、优化应用为重点，以可持续发展的体制、机制作保障，到2015年，将文化共享工程建成资源优质丰富、技术先进实用、传播高效互动、服务便捷贴近、管理科学规范、体系完整可控的公共数字文化传播服务体系，实现“时时可看，处处可学，人人可享”，使文化共享工程成为资源最丰富、服务最便捷、使用最安全的网上爱国主义教育基地、中华数字文化资源门户、农民最喜爱的网络培训学校和绿色网络空间，成为基层群众的信息中心、学习中心和数字文化中心。

主要任务：

1.大力加强基层文化服务

—完善六级服务网络。发展完善覆盖城乡、先进规范、有效管理的文化共享工程国家、省、市、县/区、乡镇/街道、村/社区六级服务网络，实现共享工程地市级支中心全国覆盖。

—实施公共电子阅览室建设。建立“文化共享网园”，实现乡镇/街道文化共享工程电子阅览室免费开放。实现乡镇、村基层服务点设备设施升级，使其具备电子阅览室服务能力。

—大力推进“进村入户”。在有条件的地区积极探索、实践“进村入户”，建立联通文化与广电的数字资源整合播发平台。

—开展国民素质培训。利用覆盖城乡的文化共享工程网络，建立“文化网络培训”学校，开展提高国民信息素养的培训工作；按照《国家中长期人才发展规划纲要（2010-2020年）》要求，重点配合“农村实用人才培养计划”的 实施。

—实施文化共享海外传播计划。在海外已建立的“中国文化中心”、“孔子学院”中设文化共享工程镜像服务点，将丰富的中华民族优秀文化数字资源以汉语和英语双语的形式为海外侨胞提供服务。适时推出“中华文化门户网”国际版（英文）网站。

2.全面构建精品数字资源体系

“十二五”期间，文化共享工程数字资源的建设总量要达到530TB，视频资源时长达到33万小时，精品资源库不少于500个。其中，国家中心数字资源建设总量不少于100TB，视频资源时长不少于6万小时，精品资源库不少于100个。各级中心数字资源建设总量不少于400TB，视频资源时长不少于24万小时，地方特色精品资源库不少于400个。

—建立“公共文化数字资源基础库群”

—建设红色历史文化多媒体资源库

—加强少数民族文化产品译制工作

3.打造全国联动的技术体系

—建设“中华文化门户网”。打造国内资源总量最大、参与用户最多、内容最权威、支持各种传播媒体的公共文化信息服务门户。在统一规划的基础上，建设国家、省、市、县/区四级分布式互联网网站群；选择适合通过3G移动终端开展服务的优秀文化信息资源，利用3G移动通讯网，为公众手机开展文化信息服务；在国家中心设立文化共享工程网络视听台，并在全国主要区域设立5家左右网络视听分台，开展网络视频直播、点播和视频分享服务，最大限度满足基层群众多样化的文化信息需求。

—实施“文化祥云”全网优化计划在工程整个网络实施存储层、传输层、应用层、终端接入层技术优化，实现全网联动，整体提升工程技术支撑和服务能力。

—对精品数字资源库群进行异地灾备。与国家数字图书馆、国家电子政务外网等工程合作，发挥政府投资建设的文化共享工程的优势，对精品数字资源库群进行异地灾备。

—建设文化信息监控管理系统。采用成熟的软件监管和远程视频监管两种手段，实现文化共享工程网络信息和服务的监控管理，防止不良信息的侵入。

“十二五”时期是我国全面建设小康社会的关键五年，也是我国文化建设快速推进，社会主义文化大发展、大繁荣的关键五年。在党中央、国务院的坚强领导下，文化共享工程要继续深入贯彻落实科学发展观，围绕大局，开拓创新，扎实推进，全面发展，为构建覆盖城乡的公共文化服务体系，为更好地保障广大人民群众的基本文化权益，为构建社会主义和谐社会贡献更大的力量，让文化共享之花开遍神州大地。

本篇展示方式：文字、图片、图表、视频、投影、互动体验、新技术实验环境（数字学习港、视频会议）。风格大气积极、色彩热烈。

李长春同志参观全国文化信息资源共享工程“十一五”成果展

中共中央政治局常委李长春2010年12月27日下午来到中国美术馆，参观了全国文化信息资源共享工程“十一五”成果展。他指出，全国文化信息资源共享工程是政府提供公共文化服务的重要手段，是保障基层和农村群众基本文化权益的重要途径，是构建覆盖城乡的公共文化服务体系的基础工程、惠民工程、创新工程。要深入总结过去5年工程建设的成功做法和有益经验，科学谋划未来5年工程发展的目标任务和具体措施，推动工程建设不断取得新进展，为满足人民日益增长的精神文化需求作出更大贡献。

中共中央政治局委员、书记处书记、中宣部部长刘云山一同参观展览。

李长春同志在观展时作重要讲话

由文化部、财政部共同主办的全国文化信息资源共享工程“十一五”成果展，分为“关怀·决策”、“资源·共建”、“网络·技术”、“合作·管理”、“服务·惠民”、“展望·发展”6个部分，通过文字、图片、多媒体展示、资源服务演示等多种形式，全面介绍了全国文化信息资源共享工程的发展历程，展示了“十一五”时期工程在服务网络建设、资源建设、基层服务等方面取得的成果。

下午5时许，李长春同志来到中国美术馆，仔细听取全国文化信息资源共享工程建设情况汇报，详细询问工程取得的成果及“十二五”发展规划，并与基层文化工作者和北京海淀行知实验学校的小学生亲切交谈。李长春对“十一五”时期工程建设取得的成绩给予高度评价。他强调，要进一步加强文化信息资源服务网络建设，注重向基层和农村倾斜，构建国家信息资源中心、省级分中心、市县镜像站、乡镇综合文化站、村和社区基层服务点互联互通的服务网络体系，实现从城市到农村服务网络全覆盖。要抓住数字资源建设这一核心，多提供为基层和农村群众喜闻乐见的影视、戏曲、农业科技讲座等，不断增强文化信息资源的针对性、实用性和吸引力、感染力。要建立长效机制，创新服务方式，开展形式多样的惠民服务，努力实现优秀文化信息资源全民共享，最大限度地发挥社会效益。要结合工程建设，广泛动员各方面力量，带动网上数字图书馆、数字博物馆的建设，加快建设以公共图书馆、学校电子阅览室、社区文化活动中心为载体的未成年人公益性上网场所，拓展绿色上网空间，更好地满足人民群众特别是广大青少年的精神文化需求。

李长春同志对“十一五”期间文化共享工程取得的成绩给予高度评价

陪同参观的还有文化部部长蔡武、副部长欧阳坚，中宣部副部长孙志军，财政部副部长李勇，文化部副部长杨志今、王文章。

观展结束后，李长春同志还与全体在场的管理中心工作人员亲切合影，并语重心长地说：“我们拍的合影是决心照！要为广大基层群众服务好！”同时强调，文化共享工程不是权宜之计，而是百年大计。李长春同志的重要指示，为文化共享工程未来的发展指明了方向，是对全体工程建设者的巨大鼓舞和鞭策，必将有力地推动共享工程健康蓬勃发展。

全国文化信息资源共享工程“十一五”成果展示活动受到好评

2010年12月19日至28日，为期十天的全国文化信息资源共享工程“十一五”成果展吸引了社会各界群众纷纷前来参观。12月27日，中共中央政治局常委李长春和中共中央政治局委员、书记处书记、中宣部部长刘云山来到中国美术馆参观了成果展。李长春同志作了重要指示，为文化共享工程未来的发展指明了方向，是对全体工程建设者的巨大鼓舞和鞭策。

杨志今副部长和财政部有关领导等一起为成果展剪彩

在展览中，党和国家领导人对实现基层人民群众基本文化权益的高度重视和亲切关怀，令观众们深受感动。网络技术平台沙盘，全面形象地展示了共享工程多种技术传输模式。而异彩纷呈的LED大型宽频，则展示了共享工程丰富多彩的文化精品内容资源。来自大别山区、贺兰山区的共享工程基层骨干曾玉琴、蔡生福两位同志，结合自身工作，向观众生动介绍了共享工程走进农村和走进社区、走进学校、走进企业、走进军营，以及服务中西部基层、服务三农、服务未成年人、服务少数民族、服务特殊群体的感人事例。趣味有奖问答、电子数字签名、残障有声读物、少儿益智游戏、民族语言视听等互动环节，吸引了众多观众参与。在“展望·发展”篇，“青少年公共电子阅览室”、“县级公共电子阅览室”三维模拟空间，以及红色资源库群展示、三网融合服务模式、3D和高清数字资源欣赏，展示了共享工程在未来五年的主要任务和美好前景，体现了工程将积极推进进村入户、更加深入地为中西部和广大基层农村服务；大力建设内容健康、服务规范、环境良好的公共电子阅览室，重点解决未成年人上网问题，以丰富的先进的数字文化资源为广大人民群众提供健康便捷的网络文化服务，使其成为网络环境下公共文化服务的新平台、新渠道。

从四面八方闻讯赶来的社会各界观众，有高校和中小学师生，有农民和进城务工人员，有机关干部，有武警部队官兵，也有退休的老人，活泼的孩子，行动不便的残障人士，还有一些外国友人。观众通过参观，了解了党中央国务院在保障人民群众基本文化权益、缩小数字鸿沟、开展文化惠民服务等方面所取得的成效，感受到了科技进步和文化繁荣带给千家万户的欢乐。不少观众情不自禁地用摄像机、照相机、手机拍摄拍照，更多的观众用纸和笔，写下了自己的感受。一位来自安徽的农民写道：“文化共享工程造福百姓，给人民群众带来欢乐！”来自房山进城务工人员子弟学校的魏思梦同学说：“我非常喜欢这个展览，因为这是我最快乐的一天。”北京邮电大学数媒艺术学院的同学们留言：“希望我们能与信息文化同行。”家住北京秀水街的一位退休老人写道：“文化共享想你所想。”一位落款为中国工人孙继刚的观众留言：“收获很大，这里展现了伟大的社会进步，改革开放和科学发展观就是好！”

展览序展厅

除了这次展览，文化信息资源共享工

房山民仁学校的同学们将沙盘围得水泄不通

网络技术平台沙盘

LED大屏所展示的丰富精品资源

程“十一五”成果展示活动还举办了“共享数字文化　共建和谐家园——全国文化信息资源共享工程建设论坛”，出版了《公共文化服务的创新与跨越——全国文化信息资源共享工程建设研究论文集》。

杨志今副部长在出席全国文化信息资源共享工程建设论坛的致辞中指出，本次论坛的举办，对于系统总结工程建设的成果和经验，深入分析当前面临的机遇和挑战，对于进一步开阔思路、明确目标，着力推动工程的可持续发展，具有十分重要的意义。他强调，“十二五”期间，文化共享工程将立足于“十一五”的工作基础，坚持以科学发展观为指导，坚持面向基层，面向农村，着力提高数字资源的质量，积极推进进村入户，大力实施公共电子阅览室建设计划，广泛开展惠民服务，把文化共享工程建设成为资源丰富、技术先进、传播高效、服务便捷、管理规范的公共数字文化传播服务体系，使之成为我国公共文化服务体系建设领域充满生机与活力的新平台，努力实现优秀文化信息资源的全民共享。

工业和信息化部、国家广电总局有关负责人，各省（区、市）文化厅（局）、新疆生产建设兵团文化局文化厅（局）的分管厅（局）长、社文处处长，文化共享工程省级分中心负责人、有关专家等近200人参加了本次论坛。会议由文化部社会文化司司长于群主持。

中科院院士、清华大学教授张钹和北京大学教授李国新分别在论坛上致辞。国家图书馆副馆长魏大威代表文化部原副部长、国家图书馆馆长周和平作了演讲。文化部社会文化司巡视员刘小琴、文化部全国文化信息资源建设管理中心主任张彦博、黑龙江省文化厅副厅长宋宏伟、国家信息中心专家委员会主任宁家骏、文化共享工程陕西分中心主任谢林，文化共享工程安徽太湖县支中心主任曾玉琴、CALIS总工王文清、文化共享工程云南省分中心主任李友仁、工信部信息技术研究所博士王志成，围绕全国文化信息资源共享工程的建设与发展发表了精彩演讲。

北大教授李国新向弟子们介绍文化共享工程

北京科学院党委书记李永进对展览兴趣浓厚

中央党校国家机关分校的学员们浏览工程网站

曾玉琴（左幅照片）、蔡生福（右幅照片）向观众讲述共享工程服务基层群众的生

各界群众纷纷赶来参观展览

全国文化信息资源共享工程

10周年

宣传培训活动

十周年庆祝活动

全国文化信息资源共享工程十周年纪念活动方案

一、时间、地点

(一) 2012年12月17日下午15:00—16:00在国家博物馆剧场举办全国文化信息资源共享工程十周年纪念大会。

(二) 2012年12月18日上午9:00—11:30在北京友谊宾馆嘉宾楼举办工作座谈会。

二、主承办单位

主办:中华人民共和国文化部

承办:文化部公共文化司

文化部全国文化信息资源建设管理中心

协办:各省(自治区、直辖市)文化厅(局)

文化共享工程各省级分中心

三、活动内容

(一) 举办全国文化信息资源共享工程十周年纪念大会,总结过去,展望未来。会上为“文化共享之星”颁发证书;为“全国文化信息资源共享工程·公共电子阅览室建设示范点”授牌;管理中心与战略合作单位交换协议文本;开通“国家数字文化网”。

(二) 召开工作座谈会。公共文化司与管理中心共同举办工作座谈会,召集各省(区、市)文化厅(局)、新疆生产建设兵团文广局分管领导就公共文化服务体系体制创新及管理中心职能转变等问题进行座谈。

四、拟邀请参加纪念大会的领导及嘉宾

(一) 中央政治局委员、国务委员刘延东同志;全国人大一位副委员长,全国政协一位副主席。

(二) 文化部及全国文化信息资源共享工程部际联席会议成员单位领导(包括国家发改委、教育部、科技部、财政部、农业部、文化部、卫生部、广电总局、新闻出版总署、法制办);

(三) 相关部委有关司局及单位领导;

(四) 文化部相关司局及直属单位领导;

(五) 各省(区、市)文化厅局、新疆生产建设兵团文广局分管领导、社文处长,计划单列市文化局局长、社文处长;

(六) 各省(区、市)文化共享工程分中心(图书馆)负责人、群艺馆(文化馆)馆长,计划单列市文化共享工程支中心负责人、群艺馆(文化馆)馆长;

(七) “全国文化信息资源共享工程·公共电子阅览室建设示范点”和“文化共享之星”代表;

(八) 媒体记者。

以上共约300人。

“全国文化信息资源共享工程十周年”流程台本

(12月13日)

时　间:2012年12月17日　15:00

地　点:国家博物馆剧院

主持人:徐俐

序

1.(音乐起,礼仪引领各位领导按座位背签入座)

2.（背景音乐毕，三声钟声起，全场灯暗，播放开场视频）

大屏幕视频——【小片《开场》】

（音乐声中，主持人出场）

主持人：尊敬的各位领导、各位来宾，大家好！今天，我们在这里相聚一堂，举行全国文化信息资源共享工程十周年活动。这是一次贯彻落实党的十八大精神，加快推进重点文化惠民工程的动员会，也是一次面向基层、服务群众的总结、交流、表彰会。我们将用我们的故事、我们的感受、以及文化共享工程十年惠民服务的成果，来检阅我们共同的努力和收获！

出席今天会议的来宾有，文化共享工程部际联席会议及合作单位有关部委的领导，来自各地有关文化部门的领导，文化共享工程各级分支中心和基层服务点的代表，一直以来对推进文化共享工程建设发展给予积极支持和合作的社会各界朋友们。

我们特别高兴的是，全国人大常委会副委员长陈至立同志；全国政协副主席孙家正同志应邀出席本次活动，让我们以热烈的掌声对刘延东、陈至立、孙家正等领导同志的到来，表示热烈欢迎和诚挚的感谢！（掌声）

让我们再次以热烈的掌声欢迎各位来宾和朋友们的光临！（掌声）

主持人：首先，有请文化部副部长杨志今同志致辞。掌声欢迎！（掌声）

（音乐起，礼仪小姐引导杨部长上场，致辞）

主持人：感谢杨部长的致辞！（掌声，杨部长退场）

第一单元：共启篇

1. 大屏幕隔断——【全国文化共享工程十年·共启篇】

主持人：十年前，中国社会开始步入快速发展时期，满足广大人民群众日益增长的精神文化需求，让科学文化成果惠及民生，这个历史性课题迅速成为全国性的、持续的文化惠民行动。文化共享工程应运而生，她利用现代高新技术手段，将优秀中华文化信息资源进行数字化整合，努力实现在全国范围内的共建共享。

2. 大屏幕视频——【小片《文化共享十年历程》】

小片字幕：

2002年正式启动的全国文化信息资源共享工程

党中央高度重视

6次写入中共中央一号文件

3次写入政府工作报告

先后被纳入国家“十一五”“十二五”重大发展规划

截至2011年底，中央和地方财政累计投入资金63.87亿

1个国家中心

33个省级分中心

2840个县级支中心

28595个乡镇基层服务点

60.2万个行政村基层服务点

数字资源总量累计达到136.4TB

建成地方特色专题资源库207个

各类视频资源55670部

走进农村 走进社区 走进校园 走进军营 走进企业 走进机关

共创

共建

共享

累计服务人次超过12亿

（大屏幕：点亮文化网络地图）

第二单元：共建篇

1. 大屏幕隔断——【全国文化共享工程十年·共建篇】

主持人：万丈高楼平地起，文化共享工程铺设的这张庞大而忙碌的网络，是一群有着崇高理想、默默奉献的建设者们一针一线织出来的。建立在西部边境省份的万所乡村农文网培学校，一个贫困县的村级公共电子阅览室，一件粗布褡裢里装着的图书光盘……，在城市、在乡村、在边疆、在基层，有多少感人的故事发生在你我身边。下面，让我们先来认识一下这样一位文化厅长。

2. 【大屏幕：人物1——云南省文化厅厅长黄峻】

全场灯暗

播放大屏幕视频——【小片《从“一”到“万”的突破是如何炼成的》】

小片解说：2009年5月22日，对于云南省文化厅厅长黄峻来说，是一个难忘的日子。这天，全国文化信息资源共享工程的第一个农文网培学校，在云南省昭通市水富县正式成立了。从第一次听说文化共享工程，到推动成立共享工程的农文网培学校，黄峻用了两年多的时间，至今他还清楚地记得文化共享工程刚刚进入基层时的情景。

采访：黄峻同期声

小片解说：共享工程网站上丰富的资源让黄俊兴奋不已，他觉得这些内容正是农民所需要的，但在调研后他却兴奋不起来了，他发现基层许多农民的文化水平很低，有的农民甚至连网络是什么都不知道，让他们上网更是无从谈起。

黄峻在想，究竟应该用什么方式拉近与农民的距离，把农民吸引到文化共享工程当中来呢。

采访：黄峻的同期声

小片解说：截止目前，云南省的乡镇农文网培学校总量，已达1099个，村级农文网培分校已达10442个，累计服务农民群众近2000万人次。3年的时间，云南农文网培学校数量实现了从一到万的突破。

（音乐中，掌声起，主持人和访谈嘉宾上台）

主持人：今天，云南省文化厅厅长黄峻也来到现场（同时走向下场门，迎黄峻）。黄厅长：云南省地处边疆民族地区，农村文化建设起步晚、基础差，刚才片子中，也提到了最初很多农民连网络是什么都不知道，那您认为农文网校的建立，农民最大的受益是什么？

黄峻厅长：我认为是观念的转变。你看我这里带了一样东西（黄俊取出道具：刺绣作品），这是腾冲大村的妇女以前在农闲时随意绣制的。现在已发展成为远销海外多个国家、富有民族特点的文化小产业。这些妇女就是通过农文网校的学习，了解了市场的需求，以及如何将传统手工艺与现代时尚审美特点结合，这些农村妇女品尝到了成功的喜悦，也认识到了自己的价值，这就是观念的变化。

主持人：谢谢黄厅长，也期望在文化共享工程的帮助下，我们的农民朋友们都能创造出更美好的生

活，谢谢！

（掌声起，黄厅长退场）

主持人：下面我们要介绍的这位是一名巾帼英雄，她来自风景秀美的安徽省太湖县，我们来看看她的故事。

3.【大屏幕：人物2——共享工程太湖县支中心主任曾玉琴】

全场灯暗

播放大屏幕小片《“共享一个温馨的家”》

小片解说：在安徽省太湖县，提起县图书馆馆长曾玉琴的名字，很多人会情不自禁地竖起大拇指，十年来，她让文化共享工程在这个国家级贫困县里深入人心。十几年前，太湖县基层农民文化生活十分贫乏，这让曾玉琴看在眼里，急在心上，怎样让农民接受到最新的文化科技知识，成了曾玉琴的一块心病。2002年，一个偶然的机会，曾玉琴在安徽省图书馆，听说要在全国启动文化信息资源共享工程，她觉得长久以来困扰她的难题，终于找到了答案，于是她立即申请在太湖试点建立文化共享工程卫星三级站。

采访：曾玉琴同期声

小片解说：卫星三级站建立后，在太湖引发了传统图书馆服务方式的转变。服务工作面向基层的延伸，使农民足不出户就能看到农业专题片、科技讲座等节目，受到了大家的好评。现在，太湖县支中心已经把文化共享工程的触角拓展到太湖县每个村落。作为公共文化事业建设发展的见证人，10年来的点点滴滴变化都让曾玉琴感慨不已。2012年党的十七届六中全会胜利召开，曾玉琴按捺不住内心的激动，提笔给远在北京的蔡武部长写了一封信。令她没有想到的是，不久，蔡部长的回信到了。

（音乐中，掌声起，主持人和访谈嘉宾上台）

主持人：有请曾馆长。我想问您个问题，当时您收到蔡部长的回信后感到意外吗？在这封信里您印象最深的话是什么？

曾馆长（从衣袋里掏出回信，回答）：这就是蔡部长给我们的回信。最让我感动的是部长对我们基层文化工作者的关心和对我们工作的认可。我们馆，也就是共享工程支中心的同志们干劲更大了。现在，太湖县村一级的公共电子阅览室已经从年初的10个增加到20个，很受村民欢迎。

主持人：谢谢曾馆长，我们也希望有更多的乡村建立起公共电子阅览室，让更多的农民兄弟能免费享受到绿色上网！谢谢！（掌声起，嘉宾退场）

主持人：接下来我们要请出的这位是来自西部边疆少数民族地区的一位基层文化工作者，通过大屏幕来认识一下吧。

4.【人物3：新疆 阿巴斯·阿布都肉苏力】

全场灯暗

播放大屏幕小片《走村入户的文化人》

小片解说：阿巴斯·阿布都肉苏力是喀什市帕哈太克里乡文化站站长，30多年来他走村入户，深入基层了解群众的文化需求。为了使群众对农业新科技能看得懂、用得上，自从10年前共享工程来到乡里后，他以此为契机，搭建了乡村文化站的信息沟通平台，利用文化共享工程网络资源内容丰富、实用性强、信息量大、数据传输快捷方便的优势，将信息刻录成光盘或印成宣传资料，装在自制的粗布褡裢里，走上田间地头，为老百姓送去服务。他的足迹已经遍布了喀什市帕哈太克里乡。

采访：阿巴斯维语同期声

小片解说：他把文化站当成了自己的家，把农村文化工作当成了他生活中的一部分。在群众眼里，他就是一个“走村入户”的文化人。

（音乐中，掌声起，主持人和访谈嘉宾上台）

主持人：您好！阿巴斯站长，您觉得共享工程的实施对你们文化站工作最大的支持是什么？

阿巴斯：我觉得让我为乡亲们服务的办法越来越多了，用我们维语讲，就好比……

主持人：我相信这也是千千万万个文化共享工程建设者的心声！谢谢阿巴斯馆长为家乡的父老乡亲们带来知识，也感谢您为文化共享工程事业作出的贡献！

（掌声起，嘉宾退场）

5.【颁奖：33个省区的示范点代表】

主持人：下面我们将举行"全国文化信息资源共享工程公共电子阅览室"示范点"授牌仪式，有请来自全国33个文化共享工程省级分中心代表上台，他们将代表200个示范点接受示范点牌匾！

让我们请出文化部副部长杨志今、财政部副部长张少春……（约四-五位领导）为他们授牌。

（大屏幕：示范点名单；领导上台站位；代表按序上台接牌）

主持人：感谢颁奖领导，也祝贺获得授牌的所有基层文化单位！

（掌声起，颁奖嘉宾退场）

6.来自祖国各地的决心】

主持人：此时此刻，工作在文化共享工程第一线的基层工作者们，也通过视频传来了他们的心声。

大屏幕：小片--《一句话》

看见农民兄弟的笑脸，再苦也值了！

孩子们长了学问见识，我这心里，美！

边防战士们多苦多累，能为最可爱的人服务，我高兴！

我觉得我干的是一件特别美好的工作，特别自豪！

山东：看到那么多人因为我们的工作过的更好了，很满足。

知道有那么多人需要我，真的高兴。

让越来越多的人都享受到文化阳光，这份工作有意义。

不能辜负大家对我们的信任，我会一直做下去！

看到大家期盼的眼神，再累也要坚守下去。

天津：让街坊邻居感受数字文化，我高兴！

陕西：科技助力文化，共享惠及民生！

福建：听见大家说一句，你们干的真不赖，心里甜！

第三单元：共享篇

1.大屏幕隔断——【全国文化共享工程十年·共享篇】

主持人：十年来，文化共享工程播撒下的文化种子，在共和国960万平方公里的土地上生根发芽，其中感受最深的是各地的基层群众。

今天我们向大家介绍几位来自基层的共享工程受益者，让我们一起来听听他们的故事。首先通过大屏幕认识一下来自辽宁锦州市广宁台子屯村的农民兄弟徐加林。

2.【大屏幕小片：人物1辽宁锦州市广宁台子屯村农民徐加林】

小片解说：这两天，辽宁锦州市广宁台子屯村的果苗种植大户徐加林，一直愁眉不展。老徐他们村是辽西有名的苗木繁育基地，有着四五十年的苗木繁育历史，每年苹果、李子、桃、梨等果苗都要出圃近百万株。以前，这个时候，各地贩苗老客早就来了，可今年不知咋的，这么多苗木无人问津，价格更是一落千丈。

村里的乡亲们急得团团转，来到他这个精明人家里商量对策。看到周围无助的眼神，徐加林心急如火，无意之中他打开了电视，而就在这一刹那，转机出现了，电视屏幕上显示的共享工程辽宁平台，正在播放农贸行情供求信息。老徐灵机一动，立即照着显示的信息，试着打了一串电话，果然应验。不久，四五个买家找上门了，而且一张口就要买几十万株。没几日，全村上百万株苗木即告售罄，创造了几百万元的产值。从这以后，乡亲们都对电视上的文化共享工程频道上了心，老徐也由苗木种植户发展成了苗木经纪人，他逢人便说共享工程“两方块”是咱农家的宝。

3.【文化共享之星第一轮颁奖：11人】

主持人：听了徐加林的故事，我们切身地感受到文化共享工程与老百姓的生活如此贴近，如此有价值，这正是实施这项工程的意义所在。说到这里，我们要把荣誉和褒奖送给在这个过程中，挥洒汗水、默默付出的模范人物。文化部特别授予文化共享工程基层工作者中的优秀代表“文化共享之星”荣誉称号。首先请出他们中间的11位代表上台领奖！有请文化部部长蔡武为文化共享之星颁奖。

（大屏幕：共享之星介绍视频）

（颁奖音乐起，领导上台；礼仪小姐端上奖杯；颁奖）

主持人：感谢蔡部长，也祝贺大家！

（掌声，音乐起，颁奖嘉宾退场）

4.【人物2：好妈妈俱乐部】

主持人：未成年人一直是文化共享工程的重点服务对象。每年“六一”国际儿童节和寒暑假，文化共享工程都会面向未成年人策划开展专题服务活动。除此之外，日常生活中，共享工程注重依托各级分支中心和中小学校，为孩子们身心健康、全面发展搭建多样化的教育平台。

大屏幕：小片--《托起明天的希望》

小片字幕：2012年11月10日 星期六

黑龙江省文化共享工程绥芬河市支中心

小片解说：今天是好妈妈俱乐部“让孩子感恩母亲”活动的日子，一大早妈妈们就带着孩子来到了这里。好妈妈俱乐部是文化共享工程绥芬河支中心的一个特殊组织。俱乐部的活动不仅丰富了妈妈们的文化生活，更让妈妈们从文化共享工程提供的服务中，学到了教育孩子的新理念，李波对此深有感受。今天是她第一次带儿子牟春涛来参加活动，看到儿子在现场有些紧张，她就主动和儿子参与到游戏中来。

采访李波、李波儿子：同期声

小片解说：这是一位来自俄罗斯的妈妈玛丽娜，她是绥芬河市的一名俄语老师，在中国生活1年多了，和女儿达莎参加这样的活动，两人都感觉到很新鲜。文化共享工程不仅让妈妈们有了一个相互交流的平台，提升了自己的素质，更让她们从这里学到了与孩子良性沟通的方法。

现场全部同期：我爱你妈妈

小片解说：而作为教育孩子的另一个重要场所——学校，文化共享工程也在发挥着它的作用，在湖南长沙，文化共享工程推出了戏曲动漫进校园的活动，不仅丰富了校园生活，更增加了孩子们的兴趣，真正走进了他们的内心世界。孩子是我们民族的未来，文化共享工程的实施，托起了民族的希望。

5.【文化共享之星第二轮颁奖：11人】

主持人：下面让我们请出第二批文化共享之星上台领奖。有请全国政协副主席孙家正同志为文化共享之星颁奖。

（受奖者上台；大屏幕：共享之星介绍视频）

（领导上台，颁奖音乐起；礼仪小姐端上奖杯）

主持人：感谢孙家正副主席，也祝贺大家！

（掌声起，颁奖嘉宾退场）

6【人物3：山西省农民工一家】

主持人：文化共享工程不只是信息技术的集成，也不只是一个数字资源的组合，它有温度、有情感、可触摸，接下来讲的是，一位远离家乡数年，在外打工的农民工兄弟与家人网上团圆的故事。

大屏幕：小片——《文化共享助团圆》

小片解说：李志飞在外打工已经几年了，半年多时间没有见到远在山西的儿子，今天，在昆明打工的他来到共享工程云南省分中心，准备与在山西的儿子视频连线。这种特殊的见面，正是文化共享工程为解决在外打工的农民工，与老家的亲人无法经常见面的问题而提供的特色服务。儿子李梦宇，一早就在共享工程山西省分中心工作人员的带领下，坐到了公共电子阅览室电脑前，等待着与爸爸的见面。

同期：连线开始

小片解说：刚才还有说有笑的小梦宇，在电脑上一看到爸爸，眼泪就夺眶而出。

同期：爸爸问，孩子哭。

小片解说：作为一家之主，李志飞常年在外打工，孩子就交给了妻子和爷爷照看。为了给家里多赚些钱，节假日他也无法返乡与家人团聚。公共电子阅览室的免费开放，给像李志飞这样的农民工提供了与家人见面的机会，原来一年只能见爸爸一面的小梦宇，现在可以通过共享工程这个平台经常与爸爸见面了。通过文化共享工程人的努力，为在外打工的农民工兄弟增加了与家人沟通的渠道。

主持人：这个故事带给我们的不只是感动，也让我们文化共享工程建设者感受到了肩上沉甸甸的使命和责任！农民工是目前中国城市发展中的重要力量。在中国经济的迅猛发展中，有他们的辛勤付出，也有他们家人的默默奉献。文化共享工程能够时时护佑在他们的左右，让他们感受到社会的温暖，这也是共享工程建设者们欣慰的地方。

7.【文化共享之星第三轮颁奖：10人】

主持人：下面让我们请出第三批文化共享之星上台领奖。

有请全国人大常委会副委员长陈至立同志颁奖。

（受奖者上台；大屏幕：共享之星介绍视频）

（领导上台，颁奖音乐起；礼仪小姐端上奖杯）

主持人：感谢陈至立副委员长，也祝贺大家！

8.【来自祖国各地的致谢】

主持人：除了今天片子里的几位代表，在全国各地还有很多基层群众，也对文化共享工程的服务感受很深，让我们一起听听他们会说些什么。

（大屏幕小片：来自不同地域、不同行业受益者的致谢）

文化共享工程建设者们，你们辛苦了！（同期：各种笑脸，数组话）

第四单元：展望篇

1. 大屏幕隔断——【全国文化共享工程十年·展望篇】

主持人：经历了十年建设历程的文化共享工程，我们在今天收获了果实，同时也翻开了新的一页。在文化部党组的明确指导下，面向未来，文化共享工程提出了三个转变的思路，这就是：（大屏幕同期字幕）建设方式从铺摊建点的规模化建设向专业化和品牌化转变；工作重点从侧重工程设施建设向侧重管理服务转变；发展模式从单一化向社会化转变。

2. 大屏幕【“三个转变”小片】

小片解说：面向未来，文化共享工程将借助“云计算”等高新技术，更多、更好、更便捷地向基层提供数字文化信息，着手打造边疆万里数字文化长廊等一系列新的服务品牌。文化共享工程将在现有的基础上进一步完善科学管理机制，加强队伍建设，提升服务水平。在实现公共文化服务公益性、基本性、均等性、便利性方面迈出坚实的步伐。

3.【合作单位交换文本】

主持人：十年来，全国文化信息资源共享工程的建设发展，得到了党和国家的高度重视和关怀，也得

到了部际联席会议成员单位及有关部门的支持和配合。表示感谢！

未来文化共享工程还将继续推进与合作单位的共建共享。在今天活动中我们特别安排了一个环节，文化部全国公共文化发展中心与新近缔结合作的单位交换合作文本。

有请中国人民解放军政治工作网办公室主任董守礼、全国妇联儿童工作部部长邓丽、中国文化传媒集团董事长兼总经理刘承萱、中国国家京剧院院长宋官林、中国儿童艺术剧院院长周予援、中国国际广播电台电视中心主任郑加强上台，与文化部全国公共文化发展中心主任李宏，交换合作文本！

（合作单位代表上台，与李宏主任交换文本）

主持人：现在我们请合作单位的代表用一句话，来表达对本次合作所寄予的希望。（6家合作单位代表一句话寄语）

（合作单位代表退场）

主持人：各位领导、各位来宾，在这个全社会合作共建的平台中，人与人之间的距离在缩短，城与乡之间的差距在缩小，每一个身在其中的文化共享人，都感受了她的美好，感受了她的使命和责任，来自内蒙古自治区分中心的全体员工们，用歌声唱出了他们对文化共享工程的心声。

5.【大屏幕：小片《共享之歌》MTV】　（大屏幕出指纹，歌曲音渐弱，主持人音）

主持人：此时此刻我们看到所按下的指纹，代表着文化共享人心中的自豪与骄傲，代表着他们面向未来的庄严承诺！让我们在歌声中，共同开通"国家数字文化网"新网站上线，开启文化共享工程新的征程！

主持人结语：各位领导、各位来宾，让我们携手，用知识改变生活，用文化塑造未来。乘着十八大的东风，文化共享工程与人民同心，同德，一路同行！

全国文化信息资源共享工程十周年活动到此结束。谢谢大家！

认真学习贯彻十八大精神　推进文化共享工程持续发展

——"全国文化信息资源共享工程十周年"活动在京举行

在全国上下深入学习贯彻党的十八大精神之际，由文化部、财政部共同实施的国家重大文化建设项目——全国文化信息资源共享工程迎来了工程建设的十周年。2012年12月17日下午，由文化部主办、文化部公共文化司和文化部全国公共文化发展中心承办的"全国文化信息资源共享工程十周年"活动，在北京国家博物馆剧院举行。活动以认真学习贯彻党的十八大精神为主题，总结经验，展望未来，对于进一步推动文化共享工程建设具有重要意义。

全国人大常委会副委员长陈至立和全国政协副主席孙家正出席活动，并与文化部部长蔡武共同为来自全国31个省（区、市）以及新疆生产建设兵团文化共享工程基层服务点的"文化共享之星"颁奖。文化共享工程部际联席会议成员单位及有关部委的领导出席活动，并为"全国文化信息资源共享工程·公共电子阅览室示范点"授牌。来自全国各省（区、市）文化厅（局）的负责人，文化共享工程各级分支中心（图书馆）和基层服务点以及各地群艺（文化）馆的代表，以及一直以来对推进文化共享工程建设发展给予积极支持和合作的社会各界代表参加了此次活动。

文化部副部长杨志今在致辞中指出，文化共享工程在我国公共文化服务体系建设中具有战略性、基础性地位。文化共享工程发展的十年，也是我国公共文化服务体系建设稳步发展的十年。十年来，文化共享工程覆盖城乡的服务网络基本建成，数字资源初具规模，传输模式不断完善，惠民服务扎实推进，成功开辟了一条符合国情、符合时代发展方向、符合广大基层群众需求的公共数字文化服务新途径。在文化共享工程十周年之际，希望广大文化共享工程建设者深入学习贯彻党的十八大精神，以面向基层、服务群众为导向，创新机制，整合资源，不断提升文化共享工程的建设管理水平，不断提高公共数字文化服务能力，不断提供优秀的公共数字文化产品，努力满足城乡基层群众日益增长的数字文化需求，实现好、维护好、发展好人民群众的基本文化权益。

本次活动创新形式，发挥文化共享工程特点和优势，将发展历程、惠民服务成效和未来愿景、发展战略和品牌项目、建设者和受益者等要素，通过视频演播、讲述采访等形式生动呈现；邀请普通群众担任活动主角，走上舞台，讲述自己的亲身经历，抒发真情实感；为“全国文化信息资源共享工程·公共电子阅览室示范点”授牌和为“文化共享之星”颁奖以及文化部全国公共文化发展中心与中国文化传媒集团等六家合作单位交换协议文本的仪式，有机地穿插其中。短短45分钟时间，以新颖的形式、丰富的内容，展示了作为国家公共文化服务基础性、战略性工程的共享工程，如何将党和国家的文化惠民政策转化为群众看得见摸得着的服务内容，让基层群众实实在在受益，展示了文化共享工程68万专兼职队伍爱岗敬业、默默奉献的精神风貌，展示了文化共享工程面向未来，“建设方式从铺摊建点的规模化建设向专业化和品牌化转变、工作重点从侧重工程设施建设向侧重管理服务转变、发展模式从单一化向社会化转变”，加快推进工程持续发展的愿景。

活动期间，新版的文化共享工程网站——“国家数字文化网”也正式启动（www.ndcnc.gov.cn）。该网站集中体现文化信息资源共享工程传播优秀文化、开展社会教育和信息服务等功能的综合性文化平台，以拓展用户终端，创新服务模式，打造基于现代新技术的全媒体公共数字文化服务新业态为主导，信息采集、资源揭示、编辑思路、搭建构架、组织内容、设计版式等，均以充分实现文化共享工程数字资源优势、基层群众参与公共文化活动为目标。网站不仅侧重宣传业内服务动态，而且关注最新国内外文化动态，定期追踪、报道热点时事与重要文化事件，力求打造多元的网络文化宣传平台。新版网站创新运作方式，通过与中国文化传媒网的合作共建，既丰富了信息资源，又提升了服务能力，实现了优势互补、合作共赢。

此外，文化部公共文化司与文化部全国公共文化发展中心于12月18日在京召开“全国文化信息资源共享工程十周年活动工作座谈会”，邀请部分省份的文化厅（局）长、社文处长、省级图书馆（文化共享工程分中心）和群艺馆负责人，围绕促进公共文化管理体制机制创新、公共文化发展中心职能设计及发展思路等议题展开研讨。

由全国公共文化发展中心汇编的《文化共享十年路：共创·共建·共享——优秀服务案例选编》和《文化共享十年路：共创·共建·共享——新闻媒体报道选编》套书在活动期间正式出版。该套书总结了文化共享工程多年来在基层服务中积累的宝贵经验，记录了众多文化工作者的工作足迹，收集整理了从2009年至2012年间，各大媒体对文化共享工程的相关报道，从不同的角度展示了这项创新工程十年来的文化惠民之路。

【背景链接】全国文化信息资源共享工程概况

由文化部、财政部组织实施的全国文化信息资源共享工程，自2002年正式启动以来，利用现代高新技术手段，将优秀

陈至立向优秀基层文化工作者表示祝贺

孙家正为“共享之星”颁奖

蔡武为“共享之星”颁奖

杨志今为活动致辞

中华文化信息资源进行数字化整合，在全国范围内实现共建共享。十年来，工程受到了党中央国务院的高度重视，6次写入中共中央一号文件，3次写入政府工作报告，先后被纳入国家“十一五”和“十二五”发展规划。

截至2011年底，中央和地方财政累计投入资金63.87亿。文化共享工程已建成1个国家中心、33个省级分中心、2840个县级支中心、28595个乡镇基层服务点、60.2万个行政村基层服务点，数字资源总量累计达到136.4TB，建成地方特色专题资源库207个，各类视频资源55670部。服务惠及农村、社区、校园、军营、企业、机关，累计服务人次超过12亿，受到了广大基层群众的普遍欢迎和好评。

十年中，文化共享工程积极探索和实践符合国情、贴近基层的服务模式和服务渠道，得到了部际联席会议成员单位及有关部委的支持和配合，与“全国农村党员干部现代远程教育工作”、“全国农村中小学现代远程教育工程”、“广播电视村村通工程”等实现共建共享，不断拓展工程的服务深度和广度。

十年芳华　文化共享
——全国文化信息资源共享工程走过十年

带农民致富、乐群众生活、长百姓见识，从2002年实施至今，全国文化信息资源共享工程已走过十年，惠及了一批又一批普通老百姓。它连续6年被写入中央一号文件，列入《国民经济和社会发展第十二个五年规划纲要》、《国家基本公共服务体系“十二五”规划》、《国家“十二五”文化改革发展规划纲要》、《文化部“十二五”时期文化改革发展规划》等，写进党的十七届六中全会通过的《决定》，得到了中央领导、文化部领导的持续关注、关心和支持。

截至2011年底，文化共享工程已建成1个国家中心、33个省级分中心、2840个县级支中心、28595个乡镇基层服务点、60.2万个行政村基层服务点，部分省（区、市）村级覆盖范围已经延伸到自然村。目前，共享工程数字资源建设总量达到136.4TB，包括艺术欣赏、农业科技、文化教育、知识讲座、少儿动漫等视频资源。工程经费投入总额达63.87亿元，累计培训591万人次，为超过12亿人次提供了服务。而在10年前共享工程启动之时，我国公共文化服务体系的建设尚处于初级阶段，基层的硬件设施水平还很落后，一些县级图书馆还没有电脑，更不用说乡镇文化站和村文化室了。

在文化共享工程成长的10年里，我国经济、社会和人民生活水平发生了巨大变化，文化建设更是被提到了前所未有的重要高度。2002年，全国文化事业费为83.66亿元，人均文化事业费为6.51元，而在2011年，对应的数字猛增至392.62亿元和29.14元。

文化部全国文化信息资源建设管理中心更名为文化部全国公共文化发展中心后，除继续开展文化信息资源建设管理工作外，还将进一步开展公共文化服务体系建设政策理论研究，群众文化活动指导、组织及相关人员培训等。这是全国文化信息资源共享工程将迎来更大发展的重要标志。

时代的发展对公共文化服务提出了新要求，也给共享工程提出了新挑战。一系列问题在共享工程全面铺点建设完成之后凸显出来，它呼唤着文化共享实现转型升级：从单一的文化信息资源共享到全面的公共数字文化服务。在北京、天津等9个省市开展公共电子阅览室试点的基础上，自2011年底开始，文化共享工程以各级分支中心为依托，在全国范围内全面推进公共电子阅览室建设工作。截至目前，中央财政转移支付地方经费4.77亿元，建设各级站点28612个，其中乡镇级19545个、街道1389个、社区7678个。

文化部全国公共文化发展中心主任李宏就此指出，在“十二五”期间，计划配合乡镇文化站建设，将配备文化共享工程设备的所有乡镇、街道、社区基层服务点都提升为公共电子阅览室。

在文化共享工程十年的发展过程中和公共电子阅览室建设工作的推进过程中，各级分支中心和基层服务点以及公共电子阅览室的广大干部员工锐意进取、开拓创新，涌现出了一批勤勉敬业、扎实工作、业绩突出的集体和个人。为激励这些建设者，推动"十二五"时期文化共享工程和公共电子阅览室建设工作的深入发展，文化部日前开展了"全国文化信息资源共享工程·公共电子阅览室示范点"和"文化共享之星"评选活动，评选出了200个公共电子阅览室示范点和32名文化共享之星。

"十二五"期间，文化共享工程在六级网络基础上，将争取全面进入公共文化服务的各个渠道，在公共文化的各个领域发挥先进性作用，依靠数字文化资源实现公共文化服务均等共享，努力实现"三个转变"，即工作重点从侧重工程设施建设向侧重管理服务转变；建设方式从铺摊建点的规模化建设向专业化和品牌化转变；发展模式从单一化向社会化转变。

不久前，文化部全国公共文化发展中心与华为技术有限公司、天闻数媒科技（北京）有限公司共同签署合作协议，三方将在创新公共文化服务模式、制定标准规范、建设国家公共文化服务数字支撑平台、开发利用数字资源、培养人才队伍等方面开展合作，并充分发挥各自的优势，推进最新信息技术在公共文化服务中的应用，共同开展云计算应用、云平台建设、云桌面推广等相关技术研究。

今后，除了传统的技术和资源建设之外，文化共享工程还将以基层服务为重点，大力促进基层服务品牌化、专业化。这其中包括：创建"公共数字文化服务体验区"，选择一批基础条件好、工作成绩突出的基层服务点，以新思路、新技术、新产品、新内容为引导，着力推动公共文化服务与科技创新融合，打造集知识性、趣味性、互动性、娱乐性为一体的公共数字文化体验区试点；构建"边疆万里数字文化长廊"，进一步提高边疆地区共享工程基层站点的覆盖率，加强少数民族资源建设的力度，丰富边疆地区基层群众、部队官兵的精神文化生活。（摘编自中国文化报）

全国文化信息资源共享工程十周年活动概述

全国文化信息资源共享工程十周年纪念活动分为五个篇章：序、共启篇、共建篇、共享篇、展望篇。以十年为时间轴（2002—2012年），通过视频展示、讲述互动、现场采访、颁奖活动等方式，再现文化共享工程十年建设所取得的丰硕成果，展望未来发展愿景。

《序》：在党和国家领导人的眼中，它是让人牵挂的重要文化惠民工程，是中国公共文化服务体系的基础工程；在受益的基层群众眼中，它是生活和致富的好帮手，闲暇时的好消遣，学电脑、上网、了解天下事的好去处；在参与工程建设的"共享人"眼中，它则是神圣的使命，无悔的承诺，是平凡琐细和伟大目标交汇而成的无数个日日夜夜。

十年风雨兼程，十年励精图治，全国文化共享工程广泛而深刻地影响着人们的生产、生活和思维。

《共启篇》：十六大以来，国家文化建设日新月异。满足广大人民群众日益增长的精神文化需求，让科学文化成果惠及民生，这个历史性课题迅速成为全国性的、持续的文化惠民行动。文化共享工程应运而生，她利用现代高新技术手段，将优秀中华文化信息资源进行数字化整合，实现在全国范围内的共建共享。

1个国家中心，33个省级分中心，2840个县级支中心，60余万乡村基层服务点，贯通神州，纵横华夏，一张跨越地域、跨越时空的文化网络蓝图正在展开。

《共建篇》：在城市，在乡村，在边疆，在基层，多少感人的故事发生在你我身边。一位文化厅长与万所乡村农文网培学校，一个贫困县的10所乡村"豪华"公共电子阅览室，一件粗布褡裢里装着的"精神财富"。

呕心沥血，筚路蓝缕。文化共享工程的建设者们不辱使命，不畏艰难，用脚步丈量大地，用真诚构筑虹桥，让文化滋润百姓心田，让知识走进千家万户。

《共享篇》：随着信息内容不断丰富，传输速度质量不断提升，覆盖范围不断扩大，文化共享工程已经成为广大基层群众的信息宝库和智慧源泉。

辛勤耕读，学以致用。台子屯村的苗木经纪人，绥芬河的好妈妈，山西农民工的团圆，一村一户一家人——黄土地上的人们利用现代信息技术，改变着自己的命运，创造着自己的幸福。文化乐民，文化育民，文化惠民，文化富民的动人景象正在神州大地开花结果。

《展望篇》：十年铸就辉煌，十年创新跨越。文化共享工程启动至今，从无到有、从小到大，不断被赋予新的责任和使命，被注入新的内涵和更崇高的理念。面对新形势，新任务，文化共享工程将从铺摊建点的规模化建设向专业化和品牌化转变；从侧重工程设施建设向管理服务转变；从单一化发展模式向社会化发展模式转变，以全新的姿态为广大人民群众提供更好的公共文化服务，为推动社会主义文化大发展大繁荣谱写新的篇章。

全国文化信息资源共享工程

10周年

宣传培训活动

参办图书馆年会

十年积淀展优势　解读蓝图绘未来
文化共享工程参办2011年中国图书馆年会暨中国图书馆学会年会全方位展示文化惠民服务

由文化部主办的2011年中国图书馆年会暨中国图书馆学会年会于10月26日至27日在贵州省贵阳市召开。文化部副部长杨志今发来贺信。

“会”“展”结合是此次年会的一大亮点，也是今后年会举办的基本模式。文化部全国文化信息资源建设管理中心作为全国文化共享工程代表和承办单位之一，通过现场举办“文化共享工程惠民服务”展，开设“云时代下的文化共享”互动体验区和“公共电子阅览室的建设与服务”分会场，充分发挥文化共享工程近10年来在高新技术应用、网络体系搭建、数字资源建设、惠民服务开展等方面积淀的独特优势，受到了来自各省（区、市）文化行政主管部门、全国各级各类图书馆、国内外图书馆界和公共文化服务领域的负责同志、专家、学者的普遍关注，收到了良好的展示和交流效果，被大会授予“2011年中国图书馆年会展览特别展示奖”。

中国图书馆学会年会是由中国图书馆学会组织举办的我国图书馆界每年一度的学术大会。此次年会首次以中国图书馆年会暨中国图书馆学会年会命名，首次由文化部主办，并在中国图书馆学会年会的基础上，参考借鉴了国际经验，结合实际，在丰富会议内容、创新会议形式等方面进行了有益探索，体现了政府主导与社会参与结合、文化产业与文化事业结合、理论研究与实践工作结合的新思路，是全国图书馆界济济一堂、共商图书馆事业发展大计的盛会，是促进图书馆事业与相关文化产业合作共赢的盛会。

文化共享工程网站对此次年会的重要活动、重要会议进行了网络视频直播，让遍布全国各地的图书馆界同行，以及文化共享工程各级分支中心和基层服务点的工作人员，都能通过收看网络视频，感受此次年会的盛况，共同关注当前公共文化服务体系建设面临的热点问题和难点问题，了解与本行业相关的最新产品、设备、资源和技术。

“文化共享工程惠民服务”展

该展览通过25块展板，136张图片生动展示了文化共享工程多年来通过优秀丰富的数字文化资源和先进便捷的技术传播手段，不断满足基层群众“求知识、求富裕、求健康、求快乐”的具体事例和真实场景，吸引了参加年会的约700余各界代表驻足观看。文化部社会文化司司长于群在参观时对文化共享工程持续为群众提供、创新多种便捷服务手段表示肯定；国家公共文化服务体系建设专家委员会委员、深圳市特区文化研究中心研究员毛少莹认为，文化共享工程项目的投入在提升公共文化服务基本能力方面发挥了重大作用；来自基层的学会会员在看到反映本省共享工程服务的鲜活照片时，个个喜笑颜开，争先恐后地在展板前拍照留念。

“云时代下的文化共享”互动体验区

文化共享工程互动体验区是此次年会展览部分的亮点之一，该区分设云服务中心——公共电子阅览室和全媒体、云应用中心——数字资源采集、加工、整合与发布、云数据中心——智能调度、统一管理三个区域，管理中心通过计算机、互联网及多种新型媒体终端的结合，采用互动体验、调查问卷、有奖答题、现场访谈等多类的形式，充分展示了共享工程在时代的高起点上，利用以云计算为代表的最新适用技术，发挥全网基础设施的规模优势，扩大共享范围，提高信息服务时效性、互动性、针对性和便捷性，加强信息化、网络化管理，进而提升共享工程乃至整个公共文化服务体系的服务能力和管理水平的美好前景。

据统计，在两天的展期内，共有600人次来到文化共享工程互动体验区参观体验，为此次展览之最。文化部社会文化司司长于群、巡视员刘小琴，国家图书馆馆长周和平、副馆长张志清，黑龙江、浙江、福建、河南、重庆、陕西等地的文化厅局长，李国新、巫志南、戴恒、赵红川等公共文化服务体系专家都对体验区的展示理念和互动内容给予肯定。

虚拟演播室访谈嘉宾精彩言论集锦：（依访谈顺序排列）

蒋惠莉（陕西省文化厅副厅长）：以学习贯彻落实十七届六中全会精神为契机，立足基层特别是乡镇、社区，加快推进文化信息资源共享工程、公共电子阅览室建设计划等公共数字文化建设，拓宽为基层群众开展文化服务的途径、渠道，提高公共文化服务的信息化、网络化水平。

徐欣禄（广西壮族自治区图书馆馆长、自治区分中心主任）：文化共享工程是公共文化服务体系的基础工程，是提供公共文化服务的重要手段，与公共文化服务示范区的建设可以有机结合。随着文化共享工程建设的不断深入，其提供公共文化服务的职能必将会不断被提升。

李西宁（山东省图书馆馆长、省分中心主任）：山东省在公共电子阅览室试点中，推出了"一站双网三平台"全媒体服务体系。所谓"一站"就是一站式服务终端；"双网"是指互联网和虚拟网；"三平台"指的是技术平台、休闲娱乐平台和知识平台。

赵泉清（陕西省定边县图书馆馆长、县支中心主任）：定边县支中心将共享工程与农村党员远程教育、农家书屋捆绑在一起建设，将基层服务点建成了农民不出村的图书馆、文化娱乐中心、实用技术培训中心，为农民搭建了开阔眼界、学习知识的好平台。

鲁兴勇（云南省保山市图书馆馆长、市支中心主任）：保山市是一个边疆市，已建成市县乡村四级文化共享工程服务网络，依托文化共享工程的设施设备和数字资源建设农民文化素质网络培训学校，通过文化乐民、文化育民、文化富民，最终实现文化惠民的目标。

康尔平（辽宁省文化厅社文处处长）：辽宁省文化共享工程进村入户模式体现了高度的文化自觉和文化惠民的指导思想，结合了辽宁省的具体实际，打破了行业和部门间的壁垒，走出了一条符合辽宁实际的便捷、经济、实惠的共享工程建设之路。

王洁（新疆维吾尔自治区文化厅社文处处长）：新疆是民族地区，为基层广大群众提供公共文化服务面临着语言沟通的实际问题，少数民族语言的译制工作非常必需而且迫切。"十一五"期间已完成2000小时的译制任务，一定程度上缓解了基层文化资源匮乏的问题。

李国新（国家公共文化服务体系专家咨询委员会副主任，北京大学教授）：党的十七届六中全会提出2020年基本建成覆盖全社会的公共文化服务体系，还提出要加快发展现代传播体系。构建公共文化服务体系不能没有以数字传播为代表的现代传播体系，以文化共享工程为代表的数字传播手段就是公共文化服务体系当中的现代传播体系。

"公共电子阅览室的建设与服务"分会场

根据文化共享工程的重点任务以及基层广泛关注的热点需求，管理中心在此次年会的学术交流部分，精心设计了题为"公共电子阅览室的建设与服务"的分会场，邀请了上海社会科学院研究员、我国公共文化服务体系建设行业专家巫志南作为专家点评人，同时邀请到了图书馆行业颇具影响力的学者、浙江大学公共管理学院信息资源管理系副教授李超平，福建省图书馆馆长郑智明，广东省东莞市图书馆馆长李东来，北京市西城区图书馆副馆长阎峥，云南省楚雄州禄丰县仁兴镇党委书记、县仁兴镇农民素质教育网络培训学校校长张力生，以及管理中心主任助理罗云川，从公共电子阅览室的标准规范，宣传推广，资源整合，功能设计，城市社区学习服务以及农民网络培训等方面进行了深入探讨，总结了很多宝贵的经验，进行了很多积极地探索。

分会场从形式设计上覆盖了公共电子阅览室从管理到服务、从省市到乡镇、从城市到农村的各个方面，内容上贴近实际、贴近基层，吸引了众多参会者前来聆听和交流。据统计，在半天的会议时间里，共有150人次到达分会场聆听专家代表的讲演，有25人次与发言人进行了提问互动。李超平教授感慨地说："这是图书馆年会有史以来最具人气的分会场！"

管理中心主任张彦博解读文化共享工程"十二五"规划

"文化共享工程惠民服务展"概况

"惠民服务"展吸引了众多参会代表

分会场主讲嘉宾主要观点集锦：（依发言顺序排列）

罗云川助理详细解读

罗云川（文化部全国文化信息资源建设管理中心主任助理）：主讲题目“公共电子阅览室的标准规范”。他认为公共电子阅览室建设标准规范体系应包括建设标准规范、技术标准规范、资源整合标准规范、服务标准规范、管理标准规范。与其相关的工作涉及公共电子阅览室的资源导航；公共电子阅览室导航系统；地方特色资源建设；地方特色资源建设工作流程；公共电子阅览室的需求反馈；公共电子阅览室的创新发展。

李超平（浙江大学公共管理学院信息资源管理系）：主讲题目“公共电子阅览室的宣传推广”。她认为策略之一是利用共享工程的管理优势由顶层管理机构部署和实施全国性宣传推广——统一设计Logo，组织面向全国的广告宣传、媒体宣传，组织全国性宣传推广活动；由省中心部署和实施全省的宣传推广。策略之二是重视面向公众的推广活动，并结合数字资源的利用开展公众活动，使公众从活动中获得使用体验并感受到收益。

郑智明（福建省图书馆馆长、省分中心主任）：主讲题目“公共电子阅览室的资源共享——福建省公共电子阅览室资源整合的探索”。她认为福建省公共电子阅览室建设项目要构建资源采编发多点协同云平台—动态数字图书馆，提供高可靠性、易扩展性、易管理的数字文化信息服务；构建海西资讯监测平台，提供主题资源搜索、个性化信息服务功能，为海西经济区建设提供信息支持；构建移动闽图服务平台，实现无所不在的公共数字文化资源服务；实现跨平台统一检索。

李东来（广东省东莞市图书馆馆长、市支中心主任）：主讲题目“公共电子阅览室的功能设计与部署——东莞公共电子阅览室的建设与思考”。他认为在运营方面要易建设、易维护、易管理，要快速构建，一步建设到位；操作傻瓜化、云计算、免客户端维护；减轻基层运营压力。在服务方面要完善体系，依托图书馆和共享工程体系开展立体式网络服务，有线网络+无线网络，资源导航+信息推送，虚实结合、细分读者，支持多终端服务。

闫峥（北京市西城区图书馆常务副馆长、区支中心主任）：主讲题目“公共电子阅览室的城市社区学习服务——北京市西城区的实践”。他认为应注重群体特点，普及信息技术，面向社会需求，创新培训活动。服务外来务工青年，要搭建学习平台；迎接老龄化社会，可以举办老年电脑学习班；关注视障人群，可以提供计算机培训；培养青少年，能够建立信息素养能力，共享工程的资源和个体需求之间需要寻找新结合点。

张万生（云南禄丰县仁兴镇文化共享工程农文网培学校校长）：主讲题目“公共电子阅览室的农民网络培训——云南省楚雄州的实践”。他认为通过建立“农文网培学校”，以“文化乐民、文化育民、文化富民”为宗旨，以公共电子阅览室为重点，使文化共享工程与服务“三农”找到了一个有机的结合点，让文化共享工程设施设备和资源动起来、活起来，在农民网络培训和农民素质教育等方面发挥了重要的作用，成效十分明显，有力地促进了农村公共文化服务体系建设。

罗云川助理示范数字资源播发管理平台

参观共享工程体验区的观众络绎不绝

福建文化厅副厅长陈吉参观互动体验区

从“三个转变”展现文化共享工程惠民新思路
文化部全国文化信息资源建设管理中心
参展2012年中国图书馆年会

由文化部、广东省人民政府共同主办，文化部公共文化司、中国图书馆学会、广东省东莞市人民政府等单位共同承办的“2012年中国图书馆年会——中国图书馆学会年会　中国图书馆展览会”，于11月21日至24日在东莞市举办。

文化部副部长杨志今，广东省副省长林少春，文化部原副部长、国家图书馆馆长、中国图书馆学会名誉理事长周和平在年会期间出席了文化共享工程“公共数字文化体验区”授牌仪式。在仪式上，文化部全国文化信息资源建设管理中心主任李宏向全国首家“公共数字文化体验区”——东莞市图书馆授牌，标志着管理中心正式在东莞设立“公共数字文化实践基地”，并将共同开展公共数字文化实践研究。

出席仪式的还有文化部公共文化司司长于群，东莞市市长袁宝成等有关负责同志。

此次年会以“文化强国——图书馆的责任与使命”为主题，分为工作会议、学术会议、展览会三大板块，汇集了国内外图书馆领域的从业人员、管理者、专家学者及相关企业负责人，展览会面积达15000平方米，参展企业达数百家，是全国图书馆界交流与合作的年度盛会。

管理中心作为此次年会的承办单位之一，在展览会组织搭建了“文化共享工程　公共电子阅览室”数字体验区，展示了全国文化信息资源共享工程在公共电子阅览室建设方面的经验与成果。突出展现了共享工程作为国家公共文化服务体系的基础工程，在十七届六中全会尤其是十八大文化大繁荣大发展方针政策的指引下，科学制定，统筹发展，围绕管理中心提出的“三个转变”的发展思路，即将步上全新的建设和惠民之路，以及目前工程在“专业化、品牌化、社会化”服务方面的各项进展。

“文化共享工程　公共电子阅览室”数字体验区由上机区、体验区、培训区、采访区等7个部分组成。其中，“上机区”模拟了10台服务终端的乡镇公共电子阅览室的服务环境，细分为儿童服务区、特殊人群服务区和成年人服务区三个部分。其中，儿童服务区通过少儿资源导航、少儿电子绘画、少儿绿色游戏等系统平台展示了针对未成年人的服务内容；特殊人群服务区通过盲人资源导航、盲人移动终端服务和残疾人资源导航等系统平台展示了针对特殊人群的服务内容；成年人服务区通过少数民族资源导航、老年人资源导航、务工人员资源导航和普通成年人资源导航等系统平台展示了针对少数民族人员、老年人、进城务工人员和普通成年人的服务内容。

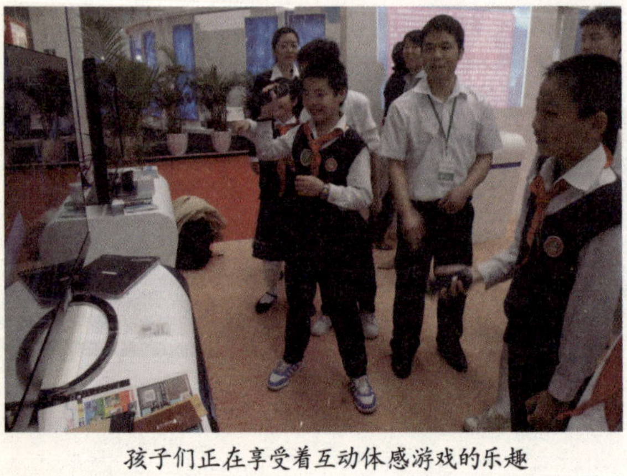

孩子们正在享受着互动体感游戏的乐趣

杨志今、周和平（中）参观共享工程展区

"体验区"模拟了一个公共电子阅览室的服务环境，细分为数字资源导航、移动终端阅读、智能终端应用、文娱体验区和动感体验区等部分，通过新颖便捷、极具科技感的手机、平板电脑和数字电视等智能硬件设备，进行文化知识的学习和游戏娱乐体验，充分体现了数字文化服务的随身性、随时性，充分提高了数字文化资源的利用率。

"采访区"现场通过精心营造的虚拟演播环境及虚拟演播设备，将场景变换为各种设定的环境，并通过大屏幕现场展现合成的效果。不仅可以通过视频形式记录下前来参观的各位领导对文化共享工程和公共电子阅览室建设工作的关怀和祝福，也可以让观众录制自己的参观视频并将转码后的视频下载到手机、电脑等移动设备上带走。展览期间，包括文化部公共文化司副司长张永新，国家公共文化服务体系建设专家委员会副主任、北京大学教授李国新，原管理中心主任张彦博，陕西分中心主任（陕西图书馆馆长）谢林，新疆自治区文化厅公共文化处副处长艾尼瓦尔·艾力，安徽太湖县支中心主任（安徽太湖图书馆馆长）曾玉琴等有关负责同志、领域专家、基层文化工作者、参展合作企业代表及普通参观群众在内的27人接受了现场采访。

"互动培训体验区"通过现场互动培训体验，对文化共享工程的新型培训模式进行了展示，并通过画布的形式展示了文化共享工程专业化的全国基层文化队伍培训基地、展现文化与科技融合的品牌服务活动以及一系列具有社会影响力的社会化服务活动。

此外，"文化共享工程·公共电子阅览室"数字体验区还通过多种手段，向观众展示"国家公共文化数字支撑平台""边疆万里数字文化长廊""品牌服务·精彩活动"三项主要内容，并展现共享工程基层工作者在公共电子阅览室环境下的互动式培训场景。到场观众还可通过"电子签名"设备留下意见、建议和美好祝愿。

年会期间，管理中心主任李宏还在全国公共图书馆工作会上通报了2013年文化共享工程重点工作。为加快文化共享工程转型，2013年，共享工程将围绕管理中心提出的"三个转变"，建设国家公共文化数字支撑平台、公共电子阅览室管理平台两个国家级支撑平台；整合资源、强化顶层设计，提升数字文化资源建设水平；促进基层服务品牌化、专业化，创建"公共数字文化服务体验区"，构建"边疆万里数字文化长廊"等；依托6家基地，开展基层文化工作队伍培训；与中国文化传媒集团优势互补，实现网站改版，共同打造公共数字文化服务的重要网络平台。

管理中心副主任陈胜利在"2012中国图书馆学会年会主题论坛——数字图书馆建设与服务中知识产权挑战"上，作了题为"文化共享工程知识产权保护现状"的主题报告，介绍了管理中心一直努力探索知识产权保护的新路径、新方法，并于今年被国家知识产权战略实施工作部际联席会议命名为"国家知识产权战略实施重点联系单位"，以及在探索知识产权工作、建立并完善管理机制、开展课题研究和项目建设等方面将开展的相关工作。陈胜利还就到场代表提出的一系列相关问题一一作了回答。

"公共数字文化体验区"授牌仪式现场

于群（右）在共享工程展区接受媒体采访

全国文化信息资源共享工程

10周年

宣传培训活动

少年网页设计

关于开展少年网页设计培训暨"全国文化信息资源共享工程少年网页设计竞赛活动"的通知

文全信培发〔2010〕7号

全国文化信息资源共享工程各省级分中心：

2009年10月，中共中央总书记胡锦涛向全国少先队员发出了"争当热爱祖国、理想远大的好少年，争当勤奋学习、追求上进的好少年，争当品德优良、团结友爱的好少年，争当体魄强健、活泼开朗的好少年"号召，掀起了全国少先队员争当"四好少年"热潮。

为贯彻落实胡锦涛总书记指示精神，发挥全国文化信息资源共享工程（以下简称"文化共享工程"）优势，利用少年喜闻乐见的形式传播优秀文化，反映"四好少年"精神风貌，提高少年使用文化共享工程资源的能力，文化部全国文化信息资源建设管理中心（以下简称"管理中心"）决定与文化共享工程省级分中心联合开展少年网页设计培训暨文化共享工程少年网页设计竞赛活动，现将活动方案下发（见附件），请各省级分中心根据本地实际情况，积极组织，认真落实，并于5月15日前提交本地区活动方案，推动文化共享工程为未成年人的服务深入开展。

管理中心联系人：
徐小芳、于　洋　010-88545425
刘　平、薄　亮　010-88545162
电子邮箱：peixun@ndcnc.gov.cn
特此通知。

附件
1.少年网页设计培训工作方案
2.全国文化信息资源共享工程少年网页设计竞赛活动方案

文化部全国文化信息资源建设管理中心
二〇一〇年五月四日

附件一

少年网页设计培训工作方案

一、培训内容

（一）文化共享工程

广泛宣传文化共享工程的建设意义与作用，介绍文化共享工程资源内容，重点推介少年文化板块，使广大少年了解、认识文化共享工程，掌握使用文化共享工程资源的技能，进一步扩大文化共享工程在少年中的知晓度、认知度。

（二）网页制作软件

主要介绍FrontPage、Dreamweaver等网页制作软件使用。

二、培训对象

一是各中心（含少儿图书馆，下同）从事少年网页设计培训的师资人员，二是10—14岁学生。

三、培训组织

（一）管理中心

5月，通过文化共享工程网站的网络直播平台，对各中心从事少年网页设计培训的师资人员进行培训，介绍文化共享工程有关情况，讲授网页制作基本技能，提高各中心师资人员业务水平。

（二）各中心

6—8月，各中心通过独立举办或与当地中小学校等联合举办免费培训班等形式，积极开展适龄学生网页设计培训，提高学生设计制作网页的能力。

四、数据提交

9月10日前，请省级分中心提供本地区开展培训活动的情况统计表。

附件二

全国文化信息资源共享工程少年网页设计竞赛活动方案

一、活动宗旨

发挥文化共享工程资源和平台优势，提高少年使用文化共享工程资源能力，利用少年喜闻乐见的形式传播优秀传统文化，以“四好少年”为主题，丰富少年业余文化生活，展示“四好少年”风采，提高信息技能，促进全面发展。

二、活动组织

主办单位：文化部全国文化信息资源建设管理中心

承办单位：文化共享工程省级分中心

三、活动时间　2010年6月至10月。

四、活动对象　10—14岁学生。

五、活动主题　四好少年。

六、作品要求

（一）参赛作品应符合国家有关规定，充分体现少年的想象力和创造力；作品页面风格统一，设计思路清晰，版面布局合理，色彩搭配协调，作品内容健康向上。

（二）参赛作品页面为1—2级，以静态页面为主，也可使用Flash。全部文件不超过5M。

（三）作品要求在Windows2000或WindowsXP操作系统上运行，显示分辨率为1024×768，网页能在IE5.0及以上浏览（请在作品中注明最佳浏览效果浏览器）。

（四）使用简体中文字库（GB2312）系统。

（五）参赛作品应是个人独立完成或团队（不超过三人）创作完成的原创作品，使用图片库资料不超过50%。

七、活动进程

6–8月，各中心通过各种形式发布竞赛消息，并举办培训活动。

9月15日前，省级分中心收集参赛作品（含未参加培训的适龄学生提交的作品），开展本地区评选。并向管理中心推荐5–10幅作品参加全国范围评选。

9–10月，管理中心对收到的作品进行评选，并公布获奖作品。

八、作品评选

（一）评选方式

评选方式采取专家评审与网络评选相结合的方式。管理中心将组织专家对各省级分中心提交的参赛作品进行评选。同时，将参加全国评选的参赛作品将发布在文化共享工程网站，用户可登陆文化共享工程网站进行投票评选。管理中心将根据专家意见及网络投票结果最终评选出相应的等级的作品。

(二) 评分标准

项目	主要内容	分值
内容质量(20分)	内容健康、充实且积极向上，具有观赏性、普及性、艺术性，突出少年特色。	5分
	设计思路清晰，明确表达设计意图。	5分
	可围绕文化共享工程少年文化专栏设计。具体可登陆文化共享工程网站“少年文化”专栏获取相关信息（http://www.ndcnc.gov.cn/）。	10分
网页结构(10分)	框架结构清楚合理，页面内容清晰明了。	5分
	上下级网页便于双向访问，打开/关闭窗口简便。	5分
版面与视觉感受(40分)	浏览页面时不出现乱码，无因布局不合理而出现的表格错位情况。	10分
	图片色彩美观，文件尽可能较小，适应网站访问。	10分
	页面统一风格，主题突出。	10分
	使用原创的Flash	10分
创 意(25分)	页面具有较强的个人设计创意	10分
	网页整体风格创意，色彩搭配鲜明，内容布局合理，符合少年阅读习惯。	15分

(三) 个人（团队）奖

此次活动设一等奖10名、二等奖20名、三等奖30名，主办单位向获奖选手颁发证书及奖品。同时，在文化共享工程网站“少年文化”板块设置获奖作品栏目，展示获奖作品。

(四) 组织奖

管理中心以省级分中心为单位，根据所开展活动的覆盖率、培训人次和活动效果等，评选出若干组织奖，并颁发证书与奖金。

九、活动要求

(一) 参赛选手提交的作品应为原创作品，凡内容涉及侵权、抄袭他人作品者，管理中心将取消其参赛资格，并由参赛者自行承担由于作品侵权所引发的全部责任。

(二) 各中心应通过相应方法检验提交作品学生的实际能力。如发现所提交作品非适龄学生本人（含团队）独立创作，将取消选手参赛和作品评选资格。

(三) 本次活动参赛作品除署名权之外著作权的其他权利归管理中心所有，管理中心将通过工程网站等途径免费提供社会服务。

(四) 各省级分中心应高度认识活动的重要性，因地制宜，开拓创新，积极开展与有关系统或单位的合作共建，保障活动顺利进行。

(五) 管理中心对本次活动拥有最终解释权。

省级分中心推荐参赛作品表

作品名称							
选手姓名		出生年月		性别		民族	
学校名称				指导老师			
联系地址				邮政编码			
联系电话				电子邮件			
监护人姓名				联系电话			

作品说明（含最佳浏览效果浏览器）：

少年网页设计大赛新闻

“我也可以当设计师”

——全国文化信息资源共享工程少年网页设计竞赛活动圆满结束

“这次学习，对我很有用，原来我不知道怎么把图片或视pin（频）放到网站上，现在知道可以用超链接。”这是福州市乌山小学三年级的陈甘霖小朋友在参加了文化共享工程福建省分中心举办的少儿网页设计培训班后的写下的感言。

自2010年5月起，文化部全国文化信息资源建设管理中心（以下简称管理中心）与文化共享工程省级分中心联合开展了以反映“争当热爱祖国、理想远大的好少年；争当勤奋学习、追求上进的好少年；争当品德优良、团结友爱的好少年；争当体魄强健、活泼开朗的好少年——“四好少年”精神风貌为主题的少年网页设计竞赛活动。活动以培训、竞赛、评选为主要流程，通过喜闻乐见的形式，激发各地少年的参与热情，在潜移默化中提高少年信息技能，将文化共享工程的服务推向深入。

浙江、湖南、陕西、山东、福建、江苏、北京、黑龙江、湖北、上海、吉林、云南、江西、辽宁、安徽、山西、重庆、宁夏、四川、河北、广西、桂林、天津、甘肃、河南、广东、海南、贵州等28个省级分中心积极开展活动，通过各种形式先后培训学生3万余人，并向管理中心推荐了232个参加全国范围的评选作品。

北京市分中心领导高度重视活动的开展，多次召开会议部署工作，连同北京市区县支中心共同策划、组织、开展培训及竞赛工作，先后收到近百幅作品。湖南省的76个分支中心举办了免费少年网页设计培训班，培训适龄少年3640余名，经过预赛，各市（州）支中心推荐63幅优秀作品参加由省分中心举办的决赛，综合专家评分与网络投票结果，以及各支中心组织培训和选拔赛的情况，最终评选出各个奖项。山东省级分中心将活动作为2010年度山东省文化共享工程培训工作的主要任务。一是通过举办师资培训班强化队伍建设，二是通过媒体宣传、举办培训引导适龄儿童参与活动，三是通过与中小学校等联合举办活动，活动开展得有声有色。福建省文化厅、福建省分中心领导多次召集相关人员研究讨论，针对“四好少年”的主题，制定了周密的培训及竞赛方案，并组织经验丰富的老师授课。陕西省级分中心组织所属县级支中心开展相关培训，先后有4000余名学生参加。培训后，各地少年纷纷完成了自己喜爱主题的网页设计，他们高兴地说：“原来，我也可以当设计师。”

管理中心将参评作品通过工程网站开展了为期22天的网络投票，有91.2万张选票参与评选。同时，管理中心聘请文化部、团中央、首都图书馆等从事青少年工作的专家组成评审委员会，对入围作品进行了认真仔细的评选。结合专家评审与网络投票并通过工程网站公示，最终确定了一等奖10名、二等奖20名、三等奖30名。管理中心根据各地开展活动的综合情况，确定浙江、湖南、陕西、山东、福建、江苏、北京、黑龙江、湖北省级分中心荣获本次活动的优秀组织奖。

重庆分中心小学员听课现场

海南省分中心培训

全国文化信息资源共享工程10周年

宣传培训活动

颂歌献给党

关于开展“颂歌献给党——全国文化信息资源共享工程迎接建党90周年群众歌咏活动”作品展播与综合评选的通知

文全信培发[2011]6号

全国文化信息资源共享工程各省级分中心：

“颂歌献给党——全国文化信息资源共享工程迎接建党90周年群众歌咏活动”自启动以来，得到全国文化信息资源共享工程（以下简称“文化共享工程”）各级分、支中心的大力支持和广泛参与。截至目前，已收到各省级分中心提交的歌咏作品数百首。为继续推动此项活动深入开展，并产生积极的社会影响，管理中心拟开展迎接建党90周年群众歌咏活动作品网络展播和综合评选活动。现将有关事项通知如下：

一、作品展播

2011年6月10日至7月10日，在文化共享工程网站（www.ndcnc.gov.cn）的“颂歌献给党”专栏中，全面展播各地提交的迎接建党90周年群众歌咏活动作品。各省级分中心凡在6月16日前，向管理中心提交的群众歌咏活动作品，经审查后将参与网络展播。

为使此次作品展播活动更加缜密，根据目前各地报送的情况，6月16日前，允许各省级分中心对已报送作品，进行添加字幕等完善性调整，但不可调换作品；允许各省级分中心根据报送作品的规定数额，对不足部分进行补充。6月17日之后，为保证评选的公平性，不再进行任何调整。

二、综合评选

为鼓励和褒奖各地积极参与此次迎接建党90周年群众歌咏活动，管理中心拟组织作品综合评选活动。综合评选由专家评选、各省级分中心集体评选和网络投票评选三部分组成，管理中心汇总综合评选的结果，公布最终获奖作品并予以奖励。

（一）奖项设置

1. 综合评选设一等奖10个；二等奖20个；三等奖30个；提名奖30个。

2. 优秀原创作品奖5个（为文化共享工程专门创作词曲作品或填词作品）。

3. 优秀组织奖若干。

（二）评选方法

1.由管理中心组织专家团队，根据评选标准，评选一、二、三等奖、提名奖获奖作品和优秀原创作品奖获奖作品。

2.由各省级分中心根据评选标准，组织本单位开展评选活动，评选一、二、三等奖、提名奖获奖作品和优秀原创作品奖获奖作品，评选结果在指定日期前报送管理中心。参与作品除在文化共享工程网站展播外，还将发布在政务外网上，方便各省级分中心在开展评选活动时下载使用。

3.由管理中心在文化共享工程网站“颂歌献给党”专栏中设置获奖作品评选系统，参与网络评选者经注册后，即可在线参与评选。网络评选只评选一、二、三等奖和提名奖作品。

4.由管理中心根据各地组织“颂歌献给党——全国文化信息资源共享工程迎接建党90周年群众歌咏活动”的实际情况和效果，评选若干优秀组织奖。

（三）评选时间

1. 网络评选时间：6月20日至7月10日，为期20天。届时，文化共享工程网站“颂歌献给党”专栏获奖作品评选系统将开通。

2. 专家评选和各省级分中心集体评选，自6月20日开始，7月10日前将评选结果提交管理中心。

3. 7月15日后，管理中心汇总综合评选结果，确定获奖名单，并通过文化共享工程网站公布最终获奖作品名单。

（四）注意事项

1. 各地提交的迎接建党90周年群众歌咏活动参与作品必须是表演者（单位）自行演唱，如发现虚假演唱，一经查实，即取消展播与评选资格。

2. 获奖作品及原创作品评选标准，6月20日综合评选正式开始时予以公布。

请各省级分中心高度重视此次展播、评选工作，配合管理中心本着公平、公正的原则认真开展评选活动。通过开展文化共享工程群众歌咏活动，寓教于乐，以实际行动迎接中国共产党90周年华诞的到来。

特此通知。

附件：1. 获奖作品推荐表（略）

2. 优秀原创作品推荐表（略）

文化部全国文化信息资源建设管理中心

二〇一一年六月十日

颂歌献给党活动情况综述

由文化部全国文化信息资源建设管理中心与文化共享工程各省级分中心联合开展的“颂歌献给党——全国文化信息资源共享工程迎接建党90周年群众歌咏活动”。活动自2011年5月启动，受到了全国各地的积极响应，文化共享工程全国33个省级分中心纷纷行动起来，组织各地开展了丰富多彩的群众歌咏活动，取得了很好的社会效益，群众反响强烈。

活动开展以来，各省文化厅高度重视和支持，各省级分中心精心组织，各地群众踊跃参与。全国共报送参赛作品267个，符合要求的作品204个，其中由各地为本次活动原创的作品共计24个。（在这里特别感谢浙江、安徽、湖北、广西、云南等省区文化厅给予了本次活动大力支持，才使我们活动搞得如此有声有色，精彩纷呈。）各省大力宣传并积极号召群众参与，有几个省专门为此组织并开展了选拔赛，来推选优秀的作品参加活动。还有的省自筹经费，制作了精美的MTV，在此都提出表扬（感谢）。

本次颂歌献给党活动的参评作品以专家评审、省级分中心评议和网络公众投票三者结合进行综合打分，最终求得获奖排名。

本次活动聘请的专家为：李培智（原国家交响乐团党委副书记，现为中国合唱协会常务副理事长）、闫伯政（中央民族乐团指挥）、姜婷婷（北京文化艺术活动中心副主任）、李双江（解放军艺术学院教授）、刘小琴（文化部社会文化司巡视员）。

本次活动省级分中心评议环节共计19个省级分中心提交了评议结果，分别为北京、天津、河北、山西、内蒙古、辽宁、吉林、黑龙江、上海、江苏、浙江、安徽、江西、山东、湖南和广东。

同时，为扩大本次活动的影响，将作品进行网络展播并请公众进行投票。自6月16日合唱作品上线以来，至7月10日24时，共统计公众参与活动投票数量为305658票，其中投票最多的省为贵州省51041票，获得票数最多的作品为贵州省湄潭县群众合唱团报送的《贵州红军扎营在湄江》33724票。

通过综合评选，最终确定一等奖10名；二等奖20名；三等奖30名；优秀作品提名奖20名，另设最佳原创作品奖5名；优秀原创作品19名。所有获奖作品通过网站进行为期5天的公示，确认无异议。

通过组织“颂歌献给党——全国文化信息资源共享工程迎接建党90周年群众歌咏活动”，在增强基层人民爱党爱国意识，为中国共产党90周年华诞献礼的同时，也加强了文化共享工程在广大基层的号召力和影响力，营造了文明、和谐、积极的文化环境。为巩固文化阵地，促进文化大发展大繁荣尽一份力。

全国文化信息资源共享工程

10周年

宣传培训活动

电脑小报设计

关于在2011年面向全国青少年开展“阳光少年热爱党”主题系列活动的通知

文全信规发〔2011〕2号

全国文化信息资源共享工程各省级分中心：

2011年是中国共产党成立90周年。为隆重庆祝建党90周年，热情讴歌中华民族实现伟大复兴的奋斗历程，追寻革命先辈光辉足迹，颂扬中国共产党的丰功伟绩，高唱共产党好、社会主义好、改革开放好、伟大祖国好的主旋律，营造喜庆热烈氛围，激发全国青少年热爱中国共产党、热爱社会主义、热爱祖国、热爱家乡的情感，文化部全国文化信息资源建设管理中心将联合团中央中国青少年宫协会、中国儿童中心等相关单位，充分利用全国文化信息资源共享工程便捷的数字资源传输渠道和丰富的红色历史文化数字资源，面向全国青少年以“阳光少年热爱党”为主题，组织开展庆祝建党90周年系列活动。

一、系列活动安排

庆祝建党90周年系列活动将于2011年3月陆续启动，6月底、7月初形成高潮。主体活动共计5项。

（一）“阳光少年热爱党”电脑小报设计比赛（活动方案详见附件）

（二）“阳光少年热爱党”动漫设计制作竞赛

（三）“阳光少年热爱党”网上党史知识大赛

（四）“阳光少年热爱党”有奖征文

（五）“阳光少年热爱党”文艺展演

第（二）（三）（四）（五）项活动方案及活动海报电子版近期将陆续下发。

二、活动具体要求

（一）高度重视。开展全国青少年纪念建党90周年系列活动，是扩大文化共享工程社会影响、加强青少年社会教育的有效载体，是提高广大青少年对党的认识的有利时机，文化共享工程各省级分中心要高度重视，做好部署，确保系列活动顺利开展。

（二）精心组织。文化共享工程各省级分中心要按照通知要求，认真做好活动组织发动工作。要发挥少儿图书馆的独特优势；要和当地青少年宫、青少年活动中心、中小学等机构开展合作，充分发挥文化共享工程各级中心和基层服务点的阵地优势，吸引广大青少年积极参加系列活动，掀起活动高潮。

（三）加强宣传。各省级分中心要积极协调当地新闻机构，运用广播电视、报刊网络等多种媒体手段，加强新闻宣传，扩大活动的普及面和社会影响力，使党旗在青少年心中高高飞扬，以实际行动向建党90周年献礼。

（四）信息报送。各省级分中心要及时向管理中心提供本地开展服务活动的新闻稿件、图片等素材，发至《工作简报》专用信箱。

联 系 人：张　博　　刘　红
电　　话：010—88003015　010—88003016
传　　真：010—68482773
电子邮箱：ygsnrad@sina.com

特此通知。

附件：全国文化信息资源共享工程“阳光少年热爱党”电脑小报设计比赛活动方案。

文化部全国文化信息资源建设管理中心
二○一一年三月十日

附件：

全国文化信息资源共享工程“阳光少年热爱党”电脑小报设计比赛活动方案

一、活动意义

今年是中国共产党建党九十周年。文化部全国文化信息资源建设管理中心将依托全国文化信息资源共享工程各地各级分支中心组织开展“2011年电脑小报设计比赛活动”，旨在引导广大少年儿童深刻认识和全面了解中国共产党建党九十年的伟大历程和辉煌成就，利用少年儿童喜闻乐见的形式，结合学校电脑学习课程安排，通过设计“电脑小报”，表现少年儿童在党的关怀下的幸福生活。活动将充分发挥文化共享工程资源和网络服务平台优势，提高少年儿童使用文化共享工程资源的能力。

二、活动组织

主办单位：　文化部全国文化信息资源建设管理中心

承办单位：　全国文化信息资源共享工程各省级分中心

　　　　　　全国文化信息资源共享工程各少儿支中心

三、活动时间　2011年3-7月

四、截稿日期　2011年5月6日之前

五、活动对象　中小学生（分设两个比赛级别——小学组、中学组）

六、活动主题　阳光少年热爱党

七、参赛方法　登录文化共享工程主站并注册成功后，在网上直接提交参赛作品。

八、作品要求

a）比赛统一使用Word软件排版，图片素材可用其他软件处理，规格为2张A4开纸大小。

b）参赛作品必须是电子稿。

c）参赛小报作品应紧扣“庆祝建党九十周年”这一主题。

d）比赛作品要求参赛者自主完成，也可以小组合作完成（不超过3人），作品必须是原创作品，否则取消参赛资格。

e）作品要求主题突出、内容丰富、表达准确，具有鲜明的宣传意义；构思独特，设计合理，有创新意识；版面生动活泼，图文比例安排合理，色彩搭配协调，表现风格要引人入胜。

九、活动进程

第一阶段：3月中旬，管理中心向全国各省分中心下发开展活动通知。

第二阶段：3月31日前，管理中心推出网上活动平台。

第三阶段：4月1日-5月5日，各省分中心组织开展活动，并通过文化共享工程网站直接提交参赛作品。

第四阶段：5月5日-5月15日，开展网上公开投票。

第五阶段：5月16日-5月25日，组织专家评选，参考公投结果，确定获奖作品或直接汇总网络公投结果，确定获奖作品。

第六阶段：6月1日前后，组织颁奖大会。

第七阶段：6月2日-6月10日，汇总参赛作品，制作成光盘或展板类资源。

第八阶段：7月1日前，将此次庆祝建党九十周年活动的网站资源和参赛作品资源打包下发各省级分中心，开展宣传活动。

十、作品评选

a）评选方式：组织专家评选，参考公投结果，确定获奖作品或直接汇总网络公投结果，确定获奖作品。

b）评奖办法：

1、分组安排：按照参赛选手在校学习年级分为2组

　第一组：小学组

　第二组：中学组

2、获奖比例分配：根据所在组别分别进行评选。

一等奖每组各5名，共10名；

二等奖每组各10名，共20名；

三等奖每组各15名，共30名。

c）奖项设置：

1、单项奖：一等奖 10名　　二等奖 20名　　三等奖 30名

2、集体奖：优秀组织奖（省分中心）5名

其它机构如有意愿参与此次活动，也可参与评选集体奖。

阳光少年　童心向党
——管理中心系列庆“六一”活动丰富多彩

为迎接中国共产党建党90周年，庆祝“六一”国际儿童节，积极响应全国妇联、中央文明办、文化部、国家新闻出版总署等18部委《关于庆祝2011年“六一”国际儿童节的联合通知》精神，文化部全国文化信息资源建设管理中心联合团中央中国青少年宫协会、中国儿童中心等相关单位，充分利用文化共享工程便捷的数字资源传输渠道和丰富的红色历史文化数字资源，依托文化共享工程覆盖全国的各级分支中心和

基层服务点，以“阳光少年热爱党”和“童心向党　快乐成长”为主题，从今年3月起，面向全国青少年陆续开展了形式多样，丰富多彩的庆祝建党90周年系列活动，受到了各地中小学生的欢迎和家长的好评。值得一提的是，这两项主题活动都被纳入到18部委“六一”儿童节庆祝活动总体安排中。

全国文化信息资源共享工程“阳光少年热爱党”主题活动主要由“电脑小报设计比赛”、“动漫设计制作竞赛”、“网上党史知识大赛”、“主题征文”等系列活动组成。其中，“电脑小报设计比赛”围绕中国共产党成立90周年，结合“六一”国际儿童节，采用少年儿童喜闻乐见的形式，结合学校电脑学习课程安排，通过设计“电脑小报”，表现少年儿童在党的关怀下的幸福生活，旨在引导广大少年儿童深刻认识和全面了解中国共产党建党九十年的伟大历程和辉煌成就，得到了各地中小学生的热烈响应和积极参评。这些小参赛者既有来自北京、上海等大城市的孩子，也有来自四川、广西、安徽、湖南等地的贫困山区的孩子；既有刚刚背起书包的小学一年级新生，也有即将备战中考的阳光少年。在活动中，小参赛者们利用现代新技术，以他们独特的视角、充满童趣的版面、稚气而感人的语言，融入红色主旋律元素，设计出一幅幅主题突出、内容丰富、构思新颖、设计合理、生动活泼、色彩搭配协调的电子小报作品，尽情抒发了他们热爱伟大祖国、热爱中国共产党、热爱中华民族、热爱当今时代的真挚情感，同时展现了当代少年儿童在文字、审美、独创、新技术应用等方面的综合素养。在众多的参赛作品中，既可以看到党和国家四代领导人以及抗战小英雄、感动中国人物等先驱、前辈的光辉身影，也可以看到国旗党旗、国徽党徽、少先队队徽队旗等飘扬不止的旗帜。还可以看到嘉兴南湖的船、陕西延安的窑洞、上海一大的会址……以及孩子们为党的90岁生日献上的礼物，有生日蛋糕，有航空母舰……经过网投、预审、初评及专家终审四轮评审，“电脑小报设计比赛”评委会从完全符合比赛要求的1500余幅参赛作品中评出一等奖10名，二等奖20名，三等奖30名，优秀奖30名。获奖作品已在文化共享工程网站展示；部分获奖作品于“六一”国际儿童节当天在中国儿童中心展出。

关于开展2012年全国中小学生电脑小报设计比赛活动的通知

文全信规发[2012]2号

全国文化信息资源共享工程各省级分中心：

为认真贯彻落实党的十七届六中全会精神，继承和弘扬雷锋精神，加强中小学生思想道德培育，不断深化爱党爱国爱社会主义主题教育，促进社会主义核心价值体系建设，文化部全国文化信息资源建设管理中心（以下简称“管理中心”）联合文化共享工程各级分支中心，从2012年3月下旬起，至“六一”国际儿童节前，在全国中小学生中组织开展以“像雷锋那样…”为主题的电脑小报设计比赛活动。

“像雷锋那样…”电脑小报设计比赛是文化共享工程2012年学雷锋系列活动中面向中小学生的一项道德教育辅导活动，是扩大文化共享工程的社会影响，提高广大中小学生深刻认识新时代下雷锋精神，鼓励他们以实际行动开展向雷锋同志学习的有利时机。文化共享工程各省级分中心应给予充分重视，认真组织，确保活动的顺利开展。

活动期间，各省级分中心要发挥文化共享工程各级中心和基层服务点的阵地优势，与当地青少年宫、青少年活动中心、中小学等机构开展合作，特别要注意发挥少儿图书馆的独特优势，组织针对性培训，吸引广大中小学生积极参加活动。在开展活动中，应积极协调当地新闻机构，运用多种形式加强新闻宣传，扩大活动的普及面和社会影响力。

为加强信息沟通，请各省级分中心及时将反映本地活动进展情况的新闻稿件、图片等，提交管理中心通过共享工程网站给予报道，加强宣传和工作交流，推动活动的深入展开。

管理中心联系人：李亚男
电　　话：010－88003039
传　　真：010－68475713
电子邮箱：wh88545858@sina.com
特此通知。
附件：全国文化信息资源共享工程“像雷锋那样”电脑小报设计比赛活动方案

文化部全国文化信息资源建设管理中心
二O一一年三月二十三日

附件：

全国文化信息资源共享工程
“像雷锋那样”电脑小报设计比赛活动方案

一、活动意义

雷锋是实践社会主义、共产主义思想道德的楷模。雷锋精神是中华民族精神的重要内容，哺育和激励了一代又一代人的成长。中小学生是国家和民族的未来，加强和改进未成年人思想道德建设是时代的要求、人民的期望。

为响应中宣部关于在全社会广泛深入开展学雷锋活动的号召，引导广大少年儿童做中华传统美德的传承者、社会主义道德规范的实践者、良好社会风尚的创造者，推进社会主义核心价值体系建设，文化部全国文化信息资源建设管理中心联合文化共享工程各级分支中心，在全国中小学生中组织开展以“像雷锋那样…”为主题的电脑小报设计比赛活动。”

开展“像雷锋那样…”全国中小学生电脑小报设计比赛活动，旨在利用少年儿童喜闻乐见的形式，结合学校电脑学习课程安排，通过设计“电脑小报”，表现少年儿童对新时代下雷锋精神的继承和发扬，展现少年儿童在文字、审美、独创、新技术应用等方面的素养。活动将充分发挥文化共享工程资源和网络服务平台优势，进一步提高少年儿童使用文化共享工程资源的能力。

二、活动名称

全国文化信息资源共享工程“像雷锋那样…”电脑小报设计比赛活动

三、活动组织

主办单位：文化部全国文化信息资源建设管理中心

承办单位：全国文化信息资源共享工程各省级分中心

全国文化信息资源共享工程各少儿支中心

四、活动时间 2012年3月—7月

五、参加对象

本次活动参加对象为全国中小学生；比赛分设小学组、中学组。

六、参赛方法和要求

（一）作品要求主题突出、内容丰富、表达准确，具有鲜明的时代意义；构思独特，设计合理，有创新意识；版面生动活泼，图文比例安排合理，色彩搭配协调，表现风格引人入胜。

（二）参赛作品由参赛者独立完成，也可以小组（不超过3人）合作的方式完成。提交的作品必须是原创作品，否则将不予参评。

（三）参赛作品的提交：登录文化共享工程主站并注册成功后，在网上直接提交图片格式的参赛作品。提交的截止时间为2012年5月15日。

（四）参赛作品统一使用Word软件排版，规格为1张A3开纸大小（即两个版面共用一张A3开纸），并制作成相应的图片素材。

七、奖项设置

（一）小学组设

一等奖 5名

二等奖 10名

三等奖 15名

（二）中学组设

一等奖5名

二等奖10名

三等奖各15名

（三）集体奖设

优秀组织奖若干

八、活动进程

第一阶段：3月23日—3月31日。管理中心向全国各省分中心下发开展活动通知；推出网上活动平台。

第二阶段：4月1日—5月15日。各省分中心组织开展活动，并通过共享工程网站直接提交参赛作品。

第三阶段：5月16日—6月1日，组织专家评选；公示评选结果；公布获奖名单；组织颁奖；比赛后期工作。

九、活动报道

本次活动的宣传平台为全国文化共享工程网站。各省级分中心及时向管理中心提供本地活动进展情况的报道，含新闻稿件、图片、视频等发至全国文化信息资源共享工程《工作简报》专用信箱。

全国文化信息资源共享工程
“像雷锋那样…”电脑小报设计比赛活动综述

2012年5月25日，在全国各地儿童喜迎“六一”国际儿童节前夕，由文化部全国文化信息资源建设管理中心主办、全国文化信息资源共享工程各省级分中心和全国文化信息资源共享工程各少儿支中心承办的“像雷锋那样…”电脑小报设计比赛结果揭晓。

全国文化信息资源共享工程“像雷锋那样…”电脑小报设计比赛是文化共享工程响应中宣部关于在全社会广泛深入开展学雷锋活动的号召，结合“六一”国际儿童节，依托全国文化信息资源共享工程各地各级分支中心，精心策划的一项面向中小学生的道德教育辅导活动。活动旨在利用少年儿童喜闻乐见的形式，结合学校电脑学习课程安排，通过设计“电脑小报”，表现少年儿童对新时代下雷锋精神的继承和发扬，展现少年儿童在文字、审美、独创、新技术应用等方面的素养。活动充分发挥了文化共享工程资源和网络服务平台优势，进一步提高少年儿童使用文化共享工程资源的能力。

“像雷锋那样…”电脑小报设计比赛得到了全国文化信息资源共享工程各级中心及基层服务点的热烈响应。活动期间，各省级分中心积极发挥文化共享工程各级中心和基层服务点的阵地优势，与当地青少年宫、青少年活动中心、中小学等机构开展合作，充分发挥少儿图书馆的独特优势，组织针对性培训，吸引广大中小学生积极参加了活动，各地共提交电脑小报作品近4千幅。参赛的少年儿童既有来自北京上海等大都市的孩子，也有来自四川广西安徽湖南甘肃海南等贫困山区的孩子；既有刚刚背起书包的小学一年级学生，也有即将备战中考的学生。

广大少年儿童利用现代电脑技术，以他们独特的视角、充满童趣的版面、稚气而感人的语言，融入主旋律元素，设计出一幅幅主题突出、内容丰富、构思独特、设计合理、版面生动活泼、色彩搭配协调的电子小报作品，尽情抒发了少年儿童对新时代雷锋精神的解读、争做新时代雷锋的真挚情感，同时展现了当代少年儿童在文字、审美、独创、新技术应用等方面的综合素养。

为体现此次比赛活动的客观、公正、公平、公开，管理中心精心设计了评审程序和规则，特别邀请了来自文化部办公厅、文化部社会文化司、中国文化报社、重庆少儿图书馆、北京龙迹九天文化传播有限公司、北京水晶石数字科技有限公司、中国儿童中心等机构的专家代表，同管理中心相关人员组成9人专家评委会，经过预审、初评及专家终审三轮评审，从完全符合比赛要求的3200余幅参赛作品中，从思想性、创造性、艺术性和技术性等方面进行综合考评，评出小学组一等奖5名、二等奖10名、三等奖15名、优秀奖30名，初中组一等奖5名、二等奖10名、三等奖15名、优秀奖15名，优秀组织奖15名。获奖作品将在全国文化信息资源共享工程网站（www.ndcnc.gov.cn）展示。

专家评委们认为，参加本次活动的电脑小报作品总体水平高、主题鲜明、版式优美，尤其是小学组的作品更胜一筹。通过制作电脑小报，培养了中小学生对现代数字技术的运用能力，以及美术、平面设计、艺术鉴赏等综合能力。通过电脑小报的形式来学习雷锋，使得雷锋精神在中小学生中得以宣传和弘扬，活动起到了积极的教育作用。专家们一致肯定了本次活动的意义，并建议全国文化共享工程今后应更多地举办此类适合青少年特点、积极向上、内容丰富、生动活泼、寓教于乐的活动。

“像雷锋那样…”电脑小报设计比赛作为全国文化信息资源共享工程业已开展的“践行雷锋精神、推进惠民服务”系列活动之一。开展这项活动是扩大文化共享工程的社会影响、提高广大中小学生深刻认识新时代下雷锋精神、鼓励他们以实际行动开展向雷锋同志学习的有利时机。

活动通过三个阶段完成。第一阶段从3月1日至3月31日，活动启动并在文化共享工程网站上推出网上活动平台。第二阶段从4月1日至5月15日，由各省分中心组织开展活动，并通过共享工程网站直接提交参赛作品。第三阶段从5月16日至6月1日，组织专家评选、公示评选结果、公布获奖名单、组织颁奖，以及完成比赛后期工作。

全国文化信息资源共享工程

10周年

宣传培训活动

摄影展

关于举办第一届“文化共享杯”全国群众摄影艺术作品征集大展活动的通知

文全信规发[2012] 6号

全国文化信息资源各省级分中心：

为丰富基层群众文化生活，展示公共文化事业发展成果，在党的十八大胜利召开之际，管理中心联合中国艺术摄影学会、中国群众文化学会，依托文化共享工程的信息网络、数字资源、人才队伍等综合优势，举办第一届“文化共享杯全国群众摄影艺术作品征集大展”（以下简称“征集活动”）。现将有关事项通知如下：

一、征集活动以“文化剪影 幸福共享”为主题，通过基层群众的视角，通过一点一滴的镜头语言，讲述身边的文化事、文化人，反映当下火热的群众文化生活和人们对美好精神家园的热爱和向往，讴歌新时代文化建设新成就。举办时间为2012年9月25日至2013年2月5日（实施方案详见附件一）。

二、征集活动分为活动发动、作品征集、组织评审、公布结果、作品展示五个阶段，其中作品提交时间为2012年11月1日至12月20日，为期50天。全国征集活动作品提交窗口，在上述时间段内统一开启至关闭。征集活动设立一等奖10名、二等奖30名、三等奖60名、优秀奖200名。活动另设优秀组织奖20名，由积极组织该项活动，并取得优异成绩的省级分中心和省级群众艺术（文化）馆获得。

三、为使征集活动有序实施，并发挥各省级分中心在活动中的重要组织作用，全国文化共享工程网站将开设应征作品提交总端口，链接各省级分中心网站分端口。作者网上提交作品，可通过总端口从链接地址至所属省（区、市）分端口提交；也可按所属省（区、市）直接从分端口提交。为此，请各省级分中心在本省文化共享工程网站上开设“全国群众摄影艺术作品征集大展” 提交端口，并设立链接地址，同时做好计算机设备支持和网络环境调试工作。后台搭建的技术参数和程序，由管理中心提供。各省级分中心端口链接地址于10月26日前，反馈至管理中心（回执见附件二）。

四、本次征集活动由主办单位管理中心和中国群众文化学会同时向各省级分中心和省级群艺（文化）馆下发通知，由省级分中心牵头实施。各省级分中心及省级群艺（文化）馆应当认真组织本地征集活动，发动基层群众广泛参与，让文化共享工程成为各行各业摄影爱好者交流、共享、展示、提高的平台，使该项活动成为促进群众文化建设的有效载体。

五、各省级分中心、省级群众艺术（文化）馆需先期组织本省提交参展摄影作品的筛选工作，有条件的可自行组织本地区的评选活动。各地最终向管理中心推荐提交的参展作品，每省不超过300幅，并于2012年12月21日至2013年1月5日期间，通过网络报送，具体报送方式另行通知。各省级分中心和省级群众艺术（文化）馆在向管理中心提交参展作品时，同时提交本省活动总结，此项将作为“组织奖”评比的考察指标。

六、活动联系方式

见“文化剪影 幸福共享”第一届“文化共享杯”全国群众摄影艺术作品征集大展方案（附件一）。

专此通知。

附件

1、“文化剪影 幸福共享”第一届“文化共享杯”全国群众摄影艺术作品征集大展方案

2、回执（略）

文化部全国文化信息资源建设管理中心

2012年10月16日

附件1：

“文化剪影 幸福共享”第一届“文化共享杯”全国群众摄影艺术作品征集大展方案

一、活动背景

文化改变着百姓生活，也孕育着文明新风。十七大以来，党和政府更加重视文化建设，公共文化服务的理念不断深入人心，公共文化服务体系基础工程——全国文化信息资源共享工程（以下简称“文化共享工程”）等一批文化惠民工程不断推进，城乡群众的精神文化生活更加活跃并日趋丰富多彩，文化已然渗透到了百姓生产生活的方方面面。

广泛开展群众参与的文化活动，是公共文化服务体系建设的重要内容。党的十七届六中全会《决定》指出：“要发挥人民在文化建设中的主体作用”。随着数码时代的到来，摄影艺术创作已经成为一项具有广泛群众基础的文化活动，摄影艺术以丰富的信息、生动的画面、独特的文化记忆价值和视觉审美效果，受到群众的广泛喜爱。

在庆祝党的十八大胜利召开之际，文化部全国文化信息资源建设管理中心联合中国艺术摄影学会、中国群众文化学会，依托文化共享工程的信息网络、数字资源、人才队伍等综合优势，举办“文化剪影，幸福共享”--第一届“文化共享杯”全国群众摄影艺术作品征集大展（以下简称“征集活动”）。

二、目的意义

一方面，通过组织该项活动，活跃基层群众文化生活，展示我国群众文化事业的繁荣景象。通过参与者的视角，通过一点一滴的镜头语言，讲述身边的文化事、文化人，以小见大，定格美好生活瞬间，刻录真情实感世界，充分反映当下群众对美好精神家园的热爱和向往，讴歌新时代文化建设新成就。

一方面，为各行各业摄影爱好者搭建交流、共享、展示、提高的平台，鼓励大家的摄影创作热情，使该项活动成为促进群众文化建设的有效载体。同时，通过征集展示活动，引导基层群众积极参与到文化信息资源的共建共享中来，进一步丰富工程的数字资源内容，推动文化共享工程的建设发展。

三、活动主题

本届“文化共享杯”全国群众摄影艺术作品征集大展活动主题为：“文化剪影 幸福共享”。

在社会文明高度发展的今天，每个人的生活都无法仅仅被物质所满足，每个人都需要精神食粮，而文化正是其中丰富美味的饕餮大餐。我们需要那种被文化点缀的绚烂生活，我们感激那些为文化传承默默奉献的耕耘者，我们更期待自己能够成为文化记忆的一分子。文化改变生活，文化让生活更美好。

让我们用丰富的镜头语言，随时随地记录身边发生因文化而繁荣的生活点滴，让我们以斑斓的文化剪影记录那些把文明播撒出去、改善文化背景土壤的辛勤耕耘者。举起手中的相机，用我们的双眼去发现，用我们的心灵去感悟，定格精彩瞬间，共享幸福生活！

四、主协办单位

主办单位：文化部全国文化信息资源建设管理中心
中国艺术摄影学会
中国群众文化学会

协办单位：全国文化信息资源共享工程各省级分中心
各省群艺（文化）馆

五、活动组织

（一）举办时间：2012年9月25日-2013年2月5日；
征集时间：2012年11月1日-12月20日，为期50天。

（二）参加范围：全国摄影爱好者均可报名参加，年龄不限，职业不限。

（三）征集活动通知、启事将通过全国文化共享工程网站、《中国文化报》、《中国摄影报》、《大众摄影》发布。

（四）征集活动的组织、宣传、基层群众发动工作，由各省级分中心、省群艺（文化）馆承担。

（五）作品评审以大众投票与专家评审共同进行，评审方式有作品初选、公众评选、专家评审等。

（六）评选结果公布：提名获奖作品将通过全国文化信息资源共享工程网站公示，最终结果也将通过该网站予以公布。

（七）由获奖作品组成的摄影大展以网络展览方式，在全国文化信息资源共享工程网站（www.ndcnc.gov.cn）展出。

六、参与规则

（一）参展作品应符合本次摄影艺术作品征集大展活动的主题，内容健康向上，客观真实，反映当前大众文化生活状态。作品风格、题材不限，具有相应的艺术特色和水准。

（二）作品参展只接受通过数码摄影、以电子文件网上传送的方式投稿，通过全国文化共享工程网站或各省级分中心网站提交，同时需经共享工程省级分中心或省群艺（文化）馆推荐。

（三）参展作品黑白、彩色不限；单幅（1张为1幅作品）或组照（1组为1幅作品，1幅不超过4张）不限，每位参展者提交的作品不超过3幅。

（四）参展作品原始图片使用数码设备拍摄，像素不低于500万，文件格式为JPG，每张容量不小于2　M。为确保文化共享网站安全运行，作者首次通过网络提交的参展作品，单张容量应降为700K–1M，如作品获奖，作者再提供获奖作品的原始图片。

（五）作者提交参展作品时，应同时提交作品的文字说明，包含但不限于标题、拍摄时间、地点，字数在60字以内。已在各类媒体上发表，或参加过各类比赛并获奖的作品，谢绝参加本次摄影艺术作品征集大展。

（六）参展作品应标明作者真实姓名、性别、所在地区、工作单位、联系电话、电子邮箱和推荐单位。参展作品一经提交，不予退回，请参展者自行保留好作品的原始文件。

（七）参展作品不得作合成、添加、大幅度改变色彩等技术处理，谢绝提供电脑创意和改变原始影像的作品，但允许提交的作品通过软件作适当的后期处理。

（八）参展作品应为本人原创，严禁以任何形式抄袭转载他人作品，一旦核实非参展者本人的真实作品，将取消参展资格，如已获得奖项，主办单位将予以撤消和追回。

七、奖项设置

本次活动设立一等奖10名，颁发获奖证书和奖金3000元/人；二等奖30名，颁发获奖证书和奖金1500元/人；三等奖60名，颁发获奖证书和奖金800元/人；优秀奖200名，颁发获奖证书和奖金300元/人。所有获奖作品将被收入《全国群众文化优秀艺术摄影作品资源库》，丰富文化共享工程原创的特色资源。

本次活动设优秀组织奖20名，颁发获奖证书和奖金若干，由积极组织开展该项活动，并取得优异成绩的文化共享工程省级分中心和省级群众艺术（文化）馆获得。

八、实施步骤（分为5个阶段）

（一）活动发动（2012年9月25日—10月31日）

1.确定活动主题，制定活动策划方案；

2.主协办单位明确分工，确定活动实施方案；

3.发布活动通知、启事；

4.各地文化共享工程省级分中心、省群艺（文化）馆，根据实际情况选择有效方式开展征集活动组织、宣传、发动工作。

5.各地文化共享工程省级分中心、省群艺（文化）馆，协商做好计算机设备支持和网络环境搭建调试工作。

（二）作品征集（2012年11月1日—12月20日）

1.各地以多种形式有组织地开展征集、推荐工作；

2.文化共享工程网站开辟专栏，进行摄影技术辅导；

3.文化共享工程网站开启参展作品提交传送端口；

4.主协办单位组织对征集活动的跟踪报道。

（三）组织评审（2012年12月21日—13年1月25日）

1.各文化共享工程省级分中心和省群艺（文化）馆组织对本地提交参展作品的初步筛选，选出完全符合征集活动要求的作品，由各省级中心牵头组织评选，并向管理中心推荐提交参加全国评选的作品不超过300幅；

2.在全国文化共享工程网站专栏，对各地提交参加全国评选的作品进行展示，发起群众网络投票和活动协办单位投票；

3.由管理中心聘请组成专家评审小组对各地提交参加全国评选的作品进行评审，评审细则根据提交作品数量、质量、种类再行确定；

4.根据群众网络投票结果、各协办单位投票结果、专家评审小组评选结果，综合评定获得一、二、三、优秀奖奖项提名名单；

5.依据各地开展征集活动的实际情况和取得的成绩，由主办单位研究确定获得优秀组织奖的单位。

(四) 公布结果 (2013年1月25日—2月5日)

1.在全国文化共享工程网站，公示获得一、二、三、优秀奖奖项提名名单，公示时间5天；

2.根据公示结果，对评选结果或获奖提名有异议的，进行复审，并最终确定获奖名单；

3.在全国文化共享工程网站、各省级分中心和省群艺（文化）馆网站、《中国文化报》等，公布本次征集活动获奖作品名单和优秀组织奖获奖单位名单。

(五) 作品展示 (从2013年春节起)

1.在全国文化共享工程网站举办"文化共享杯·第一届全国群众摄影艺术作品征集大展"网上展览，展示本次征集活动获奖作品；

2.根据本次征集活动的作品质量，确定是否举办网下展览、全国巡展、出版作品集等。

九、相关事项

(一) 鉴于本次活动的公益性质，主办组织单位不收取参展者任何费用。提交参展作品中的肖像权、名誉权等知识产权问题均由作者自行解决并承担相应的法律责任。文化部全国文化信息资源建设管理中心在之后的相关非营利性公益活动中，包括但不限于出版、展览、研究、网站、影视片、公益广告等，有权无偿使用参展作品，不再支付稿酬。参赛作品不予退回。凡提交参展作品的作者，均视为同意并遵守以上约定。

(二) 联系方式

全国文化信息资源建设管理中心规划发展处

地址：北京市西城区文津街7号 临琼楼

邮编：100034

传真：(010) 68482773

联系人：刘　红

电话 (010) 88003016

Email：gxgcphoto@sina.com

联系人：程志峰

电话 (010) 88003048

Email：gxgcphoto@sina.com

一场定格基层百姓生活鲜活的文化活动

——记第一届"文化共享杯"全国群众摄影艺术作品征集大展

2013年4月23日，第18个世界读书日，"文化剪影，幸福共享"第一届"文化共享杯"全国群众摄影艺术作品征集大展获奖作品展览在广东省东莞市顺利开幕。288幅精美摄影作品以其浓郁的文化气息，实实在在的百姓生活和鲜活的镜头语言，讲述了一个个发生在基层群众身边文化事、文化人的故事。展览引起参观者的流连注目和热烈反响，也受到广泛而深入的好评。

由文化部全国公共文化发展中心联合中国艺术摄影学会、中国群众文化学会举办的第一届"文化共享杯"全国群众摄影艺术作品征集大展始于2012年10月，活动从一开始就受到了方方面面的关注和响应。全国文化共享工程省级分中心、各省文化（群艺）馆通过层层发动、宣传推广、组织预赛、专业培训、网络提交等方式迅速地在本地区展开了该项活动。从11月1日到12月20日五十天应征提交时间里，主办单位共收到来自全国31个省市区和新疆建设兵团的参赛作品8260幅(组)。之后，按照征集大展的评选规则，本着公正、公开、公平原则，经各地初选、公众投票、专家评审、网络公示等环节，最终评出了288幅(组）获奖作品，其中一等奖10幅、二等奖30幅、三等奖60幅、优秀奖188幅。

这是一次成功地面向基层开展的群众性文化活动。十七大以来，党和政府高度重视文化建设，公共文化服务理念不断深入人心，城乡群众精神文化生活日趋丰富多彩。本次摄影大展以“文化剪影，幸福共享” 为主题，通过基层群众的视角，讲述发生在他们身边真实而美好的文化人和文化事。活动吸引了基层群众的积极参与，涌现了许多主题鲜明，创意新颖，内容生动，艺术水准高的作品，不仅汇集了基层群众对中华文化的独到“见解”，以及文化为社会营造的美好氛围，更是表现了随着生活水平的提高，人们对文化的需求已经从欣赏到参与的转变。本次活动设置的大众网上推选投票环节，25天时间共收到了28万张优秀作品推选票，充分显示了群众这种参与热情。可以说，社会关注群众文化，群众积极参与文化建设，展示了当下我国群众文化事业的繁荣景象。

本次征集活动的主题和形式引起了专业摄影者的浓厚兴趣，更是调动了一大批业余爱好者的参与热情。随着数码时代的到来，摄影已经成为一项具有广泛群众基础的文化活动。摄影艺术以其丰富的信息、生动的画面、独特的文化记忆价值和视觉审美效果，受到群众的广泛喜爱，这次摄影作品中有赛马会、田间村头的皮影戏、集贸市场等，多是极富百姓生活气息的景象。据了解，目前在全国各地有众多自发组织的摄影协会，基层群众中始终涌动着巨大的创作热情，以摄影艺术为载体开展群众性文化活动，无疑是推进公共文化事业繁荣与发展的一种好形式。可以说，自2007年全国群星奖项目设置做了若干调整后，文化部全国公共文化发展中心这次以全国群众摄影艺术征集大展为抓手，为深受大众喜爱的群众视觉艺术创作搭建了一个高位展示平台。

这次征集大展，是文化共享工程系统第一次以全国分支中心和各省文化馆联手组织开展的群众文化活动。文化共享工程自2002年实施以来，主要依托各级公共图书馆和县以下文化站开展建设。十二五期间，随着公共文化服务体系的构建，特别是文化部全国文化信息资源建设管理中心更名之后，在变革转型中，发展中心不断探索工作职能新的拓展，组织基层群众文化活动是中心拓展工作界面的一个切入点。本次征集活动，中心联合中国群文学会，面向文化共享工程各省级分中心和省群艺(文化)馆下发通知，推动两馆实现优势互补，共同发动群众参与活动。江苏省分中心负责同志说，由于省文化馆经常举办全省性群众摄影大赛，有经验有资源，他们的参与使江苏此次征集活动进行得格外顺利。北京等14个共享工程分中心和上海、江苏、湖北、重庆4个文化（群艺)馆在本次摄影大展中获得了优秀组织奖。

全国群众摄影艺术作品征集大展的成功举办，进一步丰富了共享工程数字资源的内容。经过10年建设，全国文化资源共享工程的资源建设已初具规模，但仍有不少问题亟待研究解决，包括数字资源总量不足，内容针对性不强，使用效率不高;服务模式缺乏创新，没有形成具有广泛社会影响力的服务品牌。去年，十八大召开之后，在深入学习贯彻代表大会精神中，发展中心适时地提出了工作重点、建设方式、发展模式“三个转变”的发展思路。通过举办群众文化活动，引导基层群众直接地、自愿地参与到文化信息资源共建共享中来，使我们能够收集到丰富的、鲜活的、草根的群众文化资源，本次群众摄影艺术作品征集大展，中心共征集到已授权的摄影作品8000多幅（组），这不乏是拓展资源征集方式的积极尝试。

本次征集大展还有一个亮点，即充分发挥文化共享工程的技术支持优势，依托数字文化建设平台开展相关活动。主办单位在国家数字文化网(全国文化共享工程网站)设置了第一届“文化共享杯”全国群众摄影艺术作品征集大展专门网页频道，开设了应征作品提交总端口，链接各省级分中心网站分端口，参展人可通过国家数字文化网或各省级分中心网站提交作品，之后的初评作品展示、公众投票、专家评审、数据统计、优秀入围作品公示，以及最终结果公布等等，都是通过网络和数字技术去实现，大大提高了活动承办的技术含量、效率和推评的透明度。主办方还在网站上开辟专栏，通过远程访问进行专业摄影技术的辅导。这些，也显现了这次群众文化活动社会化、专业化、数字化的特色。

全国文化信息资源共享工程

10周年

宣传培训活动

知识技能竞赛

关于开展"文化共享杯——全国文化信息资源共享工程知识与技能竞赛"活动的通知

文全信培发〔2009〕9号

全国文化信息资源共享工程各省级分中心：

为欢庆建国六十周年，推动各地深入开展全国文化信息资源共享工程培训工作，提高基层人员工作能力，加强各地之间学习与交流，经文化共享工程领导小组办公室同意，文化部全国文化信息资源建设管理中心（以下简称"管理中心"）将举办"文化共享杯——全国文化信息资源共享工程知识与技能竞赛"活动，现印发活动方案（见附件），并就有关工作通知如下：

一、各省级分中心要高度重视此次竞赛活动，在省（区、市）文化厅（局）指导下，切实加强组织领导，将此次竞赛活动作为贯彻落实文化部关于进一步加强培训的指示精神、为文化共享工程培养骨干队伍的重要工作来抓紧抓好。要以此次活动为切入点，逐步形成多种层次、多种形式的工程竞赛体系，推动工程培训工作深入发展。

二、各省级分中心要根据本地实际情况制定具体的竞赛方案，在举办本地区工程知识与技能竞赛活动的基础上，认真做好本地区参加此次竞赛活动的人员选拔工作。

三、各省级分中心在7月10日前将本地区竞赛活动联络人反馈管理中心。联络人要与管理中心保持密切联系，及时通报有关情况，做好相关工作。

联系人：管理中心培训指导处

徐小芳：010—88545425

刘　平：010—88545162

于　洋：010—88545425

电子邮箱：pxc5609@sina.com

传真电话：010—68475713

特此通知。

附件：文化共享杯——全国文化信息资源共享工程知识与技能竞赛活动方案

文化部全国文化信息资源建设管理中心

二〇〇九年七月三日

附件：

文化共享杯——全国文化信息资源共享工程知识与技能竞赛活动方案

为欢庆建国六十周年，进一步普及全国文化信息资源共享工程（以下简称"文化共享工程"）相关知识，提高基层人员服务技能，检验各地开展工程培训情况，推动工程建设与服务，文化部全国文化信息资源建设管理中心（以下简称"管理中心"）将举办"文化共享杯——文化共享工程知识与技能竞赛"活动。现制定以下活动方案。

一、竞赛组织

指导单位：文化共享工程领导小组办公室

主办单位：管理中心

协办单位：文化共享工程各省级分中心

承办单位：文化共享工程培训基地（浙江省萧山区支中心）

二、竞赛奖励

设“文化共享杯”一座，颁发给冠军队。该奖杯为流动奖杯，2009年为首届，以后定期举办。每届冠军获得者的名称将镌刻在奖杯上。冠军、亚军和季军均可获奖状等奖励，竞赛活动还将评选出其他奖项。

三、竞赛时间

2009年10月上旬，竞赛活动为期3天。

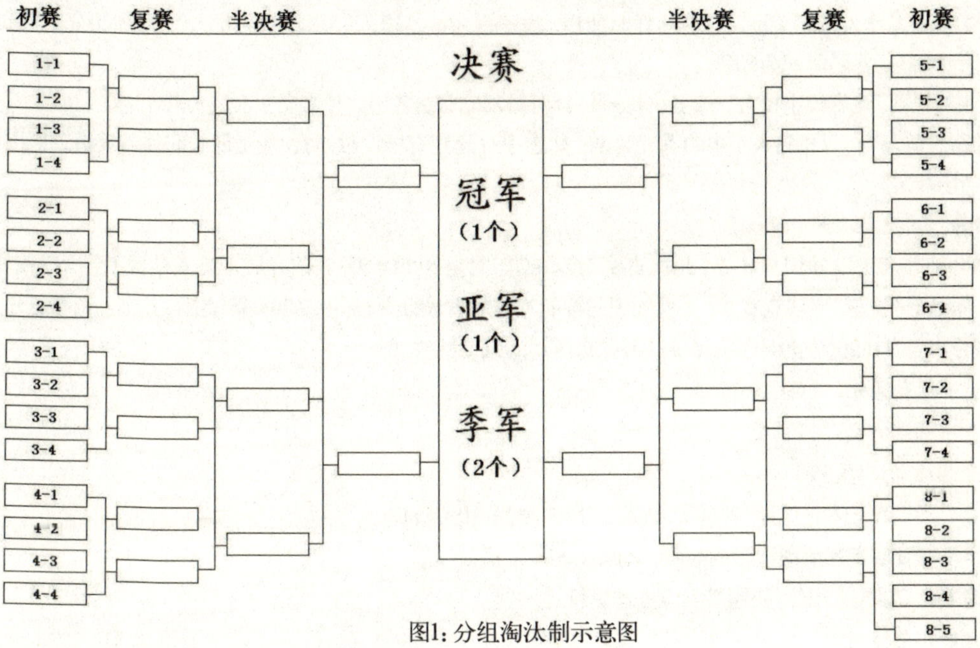

图1：分组淘汰制示意图

四、网络直播

为便于各地参加竞赛以及相互学习交流，此次竞赛将通过文化共享工程网站的网络视频直播栏目播出，各省级分中心可组织人员观看，并参与支持本地区参赛队。

五、参赛单位

每个省级分中心为一队，设领队1名，队员3名。3名队员须由省级分中心正式在编人员1名、支中心正式在编工作人员1名、基层服务点专兼职工作人员1名组成。

六、竞赛内容

（一）党中央、国务院有关文件中关于文化共享工程建设要求。

（二）文化部下发的关于文化共享工程文件。

（三）管理中心编制的《文化共享工程县级支中心基础培训教材》、《文化共享工程乡镇基层服务点基础培训教材》及其他相关标准规范。

（四）省级分中心提供的竞赛内容以及其它相关内容等。

管理中心将根据上述资料编制竞赛参考资料，提供各地参考使用。

七、竞赛形式

（一）竞赛制度。竞赛按分组淘汰制进行。33支省级分中心代表队经抽签分成8组，经初赛后，每组前2名进入复赛；进入复赛的16支代表队分成4个组比赛，每组前2名进入半决赛；进入半决赛的8支代表队分为2个组进行比赛，每组前2名进入决赛；进入决赛的4支代表队经比赛，最后产生1个冠军、1个亚军、2个季军（如图1所示）。

（二）竞赛题型。竞赛的题型分为必答题、抢答题、风险题三种。另准备若干加赛题。

必答题、抢答题包括文字、图片、视频等形式。风险题以操作题为主，需要现场操作。

必答题：每队须回答3题，每题为10分，答对加10分，答错、回答不完整以及超时不得分。由参赛人员依座次轮流作答，队员之间不得提示。答案由主持人公布，答题时间为30秒。

抢答题：每组10题，由各队按抢答器自由抢答，每题为20分，答对加20分，答错、回答不完整以及超时减20分。回答问题时队员可以互相补充。答案由主持人公布，答题时限为60秒。

风险题：题目分值为20分、30分、40分，选择时只报题号即可，答对得相应分值，答错、回答不完整以及超时扣相应分值。答案由主持人宣布，答题时间3分钟。

进入复赛及以后各阶段的风险题可请场外支持，即可请通过网络直播观看比赛的本省级分中心人员，就竞赛现场问题协助提出解决方法。

加赛题：加赛题作为最终个别队比分一样时使用。加赛题为抢答题，共5题，每题20分，答对加20分，答错、回答不完整以及超时扣20分。答题时间为60秒。

（三）评判规则。竞赛设主持人1—2名，计分员、计时员及监督员各1名，仲裁委员会成员若干名。

选手答题正确与否，以主持人手中的答案为准。如选手对评判有异议时，可由场上队长向仲裁委员会提出申述，由仲裁委员会当场裁定。

八、竞赛加分

为鼓励各地普及工程知识与技能，此次竞赛对2008年1月至2009年9月底前开展覆盖本地区（至少覆盖所有支中心）、形式多样（网络答题、现场竞赛等）工程知识与技能竞赛的省级分中心，予以20分的奖励，并带入竞赛总分。

各省级分中心应在2009年9月底前提供开展竞赛活动的以下材料：

（一）竞赛活动通知。

（二）竞赛活动方案。

（三）竞赛活动试题。

（四）竞赛活动覆盖本地区地、县、乡（街道）、社区、村的相关数据。

（五）下发及收回竞赛活动试题的数量，试题合格率。

（六）竞赛活动文字、图片、视频等宣传报道资料。

（七）其他相关材料。

九、竞赛规则

（一）参赛人员要自觉遵守赛场纪律，服从主持人和工作人员安排。参赛选手应着装整洁（少数民族选手可着民族服装），精神面貌良好。中途退场要经主持人员允许，非参赛人员应在观众席就座，不得进入赛场。

（二）选手应起立回答问题。答题时要严格遵守时限要求，使用普通话答题，声音响亮，吐字清晰，逻辑严谨，表达流畅。答题完应说“回答完毕”，并不可再作补充。

（三）回答必答题时，队员之间以及其他人员均不得作任何提示，一经发现将取消该题的回答成绩，并对相关人员予以警告，严重者劝离赛场。

（四）回答抢答题时，主持人读题完毕后说“开始”，“开”字出口即可抢答。若主持人读完题目后10秒内没有队伍回答，此题作废，主持人继续宣布下一道题目。

（五）如出现比分一样的情况，则采取加赛的形式，决出优胜者。

（六）因设备故障无法进行操作时，参赛人员可当场向主持人提出，经确认同意后可暂停操作，计时暂停，待故障排除后重新操作。

（七）当主持人宣布时间已到时，参赛人员应立即停止答题和操作。

（八）各参赛队伍必须服从仲裁委员会及主持人的评判和指挥，若在现场发生争执以及出现影响竞赛正常进行的行为，将取消违纪参赛队伍比赛成绩或资格。

（九）参赛人员应遵守竞赛规则，做到严肃认真，公平竞争，杜绝一切弄虚作假、徇私舞弊。

十、竞赛纪律

（一）全体人员要遵守纪律，讲究文明礼貌，保证赛场的良好秩序。观看比赛的队伍在现场工作人员的安排下有序进出赛场。

（二）各省级分中心领队要做好组织工作，参赛人员和工作人员要佩带参赛证或工作证。

（三）参赛人员不得携带有文字的材料进入赛场，无证人员谢绝入场。与竞赛工作无关人员不得以任何理由进入评判场地规定的范围，不得干扰竞赛工作。

（四）回答必答题中不允许以任何方式进行暗示或提示。如有作弊行为，将按照赛场规则进行处理。

（五）参赛人员在竞赛过程中，除回答主持人提问外，不得对自己操作过程作任何说明。

（六）参赛人员要准时入场，如逾时10分钟则取消参赛资格。

十一、竞赛仲裁

在比赛中，如参赛队对竞赛环节或结果提出异议，可提请仲裁委员会仲裁。仲裁委员会的决定为最终裁决。

十二、竞赛调整

管理中心可根据实际情况对本方案进行调整，并将调整后的情况及时通报文化共享工程领导小组办公室和省级分中心。

关于举办"文化共享杯——全国文化信息资源共享工程知识与技能竞赛"决赛阶段活动的通知

文全信培发〔2009〕11号

全国文化信息资源共享工程各省级分中心：

"文化共享杯——全国文化信息资源共享工程知识与技能竞赛"将于2009年10月22日在浙江省杭州市萧山区支中心举行。自2009年7月3日管理中心下发了《关于开展"文化共享杯——全国文化信息资源共享工程知识与技能竞赛"活动的通知》（文全信培发〔2009〕9号）（以下简称"通知"）以来，各地根据《通知》要求，结合本地实际情况，纷纷开展了形式多样、内容丰富的竞赛活动，有力促进了文化共享工程知识的普及与基层服务人员技能的提高。根据《通知》安排，现将竞赛活动决赛阶段有关具体事项通知如下：

一、竞赛时间

2009年10月22日（周四）至25日（周日）。10月22日报到，23日至25日竞赛，26日中午前离会。

二、竞赛地点

文化共享工程培训基地（浙江省杭州市萧山区支中心）。

三、选手准备

（一）各队应按《通知》第五项要求选派参赛选手，否则视违规程度取消参赛资格或扣分。如选手到达萧山后因无法抗拒的原因难以参赛，可由领队顶替。

（二）各队参赛选手着装应颜色一致、规格统一，少数民族选手可着本民族服装。

四、竞赛安排

（一）10月22日晚，在萧山区支中心召开领队会，安排有关工作，并进行分组抽签。

（二）10月23日，举行8场初赛，决出16个代表队进入复赛。

（三）10月24日，通过4场复赛，决出8个代表队进入复赛；经过2场半决赛，决出4个代表队进入决赛。

（四）10月25日上午决赛。

五、选手报名

9月30日前，请各队将参赛选手名单（见附件1）提交管理中心培训指导处。

联系人：徐小芳：010—88545425

刘　平：010—88545162

于　洋：010—88545425

电子邮箱：pxc5609@sina.com

传真电话：010—68475713

六、参赛人员与报到地点

每队领队1名，选手3名。竞赛期间食宿费由管理中心承担，往返交通费自理。超额人员费用自理。

报到地点：宝盛宾馆（杭州市萧山区市心中路618号）

联系电话：0571—82800888

七、会务接送

10月15日前，请各队将《文化共享杯参赛人员到杭州达时间表》（附件2）、《文化共享杯参赛人员返程列车票订票单》和《文化共享杯参赛人员返程航班订票单》（附件3）提供萧山区支中心。萧山区支中心负责本次活动会务工作。

联系人：戴灿萍：0571—83869048

吴珊珊：0571—83865599

传真电话：0571—83869049

特此通知。

附件：

1.文化共享杯参赛人员报名表（略）

2.文化共享杯参赛人员到杭州达时间表（略）

3.文化共享杯参赛人员返程列车/航班订票单（略）

文化部全国文化信息资源建设管理中心

二OO九年九月十一日

文化共享杯——全国文化信息资源共享工程知识竞赛工作总结

为庆祝建国六十周年，推动各地深入开展文化信息资源共享工程培训工作，提高基层人员业务能力，加强各地之间学习与交流，经全国文化共享工程领导小组办公室同意，文化部文化信息资源建设管理中心于2009年10月23日至25日在浙江省萧山支中心举办了首届文化共享杯——全国文化信息资源共享工程知识与技能竞赛。现将竞赛工作总结如下：

一、文化共享杯知识竞赛基本情况

（一）明确目的，确立以提高队伍素质为竞赛宗旨。全国文化信息资源共享工程自实施已来，将中华优秀的文化信息资源进行数字化加工和整合，通过互联网、卫星、电视、镜像、光盘/移动硬盘等方式，实现文化信息资源在全国范围内的共建共享。随着工程不断推进，特别是3千多个支中心、3万多个乡镇基层点和61万个村基层服务点的建设，需要大批懂技术、会管理、具有开拓创新意识的骨干从事工程建设与服务，加强对基层工作人员的培训和指导显得尤为重要。为建设一支高素质的干部队伍，推动文化共享工程的开展夯实基础，管理中心认真贯彻文化部关于加强文化共享工程培训工作的要求，从工程的实际出发，加强领导，科学规划，狠抓落实，在工程队伍的干部教育培训工作中进行了卓有成效的探索。2009年是执行“十一五”规划的重要一年，为检验各地开展工程培训情况，推动工程建设与服务，管理中心自2009年7月3日下发了《关于开展“文化共享杯——全国文化信息资源共享工程知识与技能竞赛”活动的通知》，标志着首届文化共享杯知识竞赛活动在全国范围内轰轰烈烈地展开起来。

(二)积极筹备，认真作好文化共享杯知识竞赛组织工作。按照管理中心的要求，培训指导处即着手筹备知识竞赛事项，拟订竞赛组织方案，依据党中央、国务院、文化部及管理中心有关文件、服务手册、培训教材编写竞赛试题。经过多次筛选，最终编辑并整理出知识竞赛题库，这些试题涵盖了政策类、技能类、应用类、基础知识类、双百人物知识类的主要知识点。题库下发后，各分中心将此次竞赛作为贯彻落实文化部关于进一步加强培训工作要求、为文化共享工程培养骨干队伍的重要活动，予以高度重视，充分准备，认真实施，积极组织层层选拔，竞赛活动覆盖到乡、镇、村基层服务点。

（三）精心组织，圆满完成总决赛各项工作。2009年10月23日，文化共享杯——全国文化信息资源共享工程知识与技能竞赛全国总决赛在杭州市萧山区图书馆拉开帷幕。总决赛采取单循环淘汰制，分为初赛、复赛、半决赛、决赛四个阶段，来自全国的33支代表队共计99名选手展开激烈角逐。根据各分中心的反馈，参赛的选手不但经过层层选拔而且进行了严格的封闭式训练，各支代表队瞄准总冠军，都抱着志在必得的决心。比赛从开始就进入白热化的争夺，赛场上选手们寸土必争，赛场下领队们加油打气，赛场内，比赛紧张激烈，赛场外，全国各地通过网络直播实时关注比赛。经过三天的比赛，浙江省分中心问鼎首届文化共享杯总冠军，山东省分中心获得亚军，吉林省分中心和贵州省分中心并列季军。在此次知识竞赛中，参赛选手表现出扎实的专业储备、良好的心理素质、默契的团队配合，充分展示了文化共享工程战线积极进取、奋发向上的时代风采。

二、文化共享杯知识竞赛的特点

（一）规模大，范围广，要求高。首届文化共享杯知识竞赛是由全国文化信息资源共享工程领导小组办公室亲自指导，由文化部全国文化信息资源建设管理中心及浙江省文化厅联合主办的。文化部及文化信息资源共享工程领导小组办公室领导对竞赛给予了高度重视，多次指示要思想上重视，措施上落实，赛出水平，促进工作。全国上下利用3—4个月时间，进行了广泛的宣传和动员。各省级分中心、市县支中心和乡、镇、村基层服务点认真组织、积极参与，在文化共享工程系统内迅速掀起参加竞赛的热潮。此次竞赛参赛人数之多、覆盖范围之广，是文化共享工程实施以来前所未有的。可以说，此次竞赛是系统内部培训工作的一次大练兵、大比武。

（二）广泛参与，竞争激烈。自管理中心下发《关于开展“文化共享杯——全国文化信息资源共享工程知识与技能竞赛”活动的通知》后，各省中心从基层服务点开始，采取多种形式，层层选拔，最后选拔出33支代表队。从竞赛过程可以看出，各队选手均是脱颖而出的佼佼者，基本代表了各分中心的最高水平，各代表队都不甘落后，比赛竞争激烈，扣人心弦。

（三）声势浩大，影响深远。文化共享杯知识与技能竞赛历时四个月，遍及全国各地，深入到最基层，是一次涉及面广、影响力大、意义深远的一次活动。此次知识竞赛不仅是全国文化信息资源共享工程系统内部一次深入的培训活动，同时也是一项富有教育意义和实践意义的重要活动。通过竞赛，选手们展现了出色的专业素质、积极向上、开拓进取的精神风貌，全国各地的同行们进行了充分交流、沟通信息，使队伍得到很好的锻炼，业务素质得到进一步提升，对今后深入推进文化信息资源共享工程必将产生积极的重要作用。

三、文化共享杯知识竞赛的几点体会

（一）领导重视，各方支持，是竞赛得以成功的根本保证。为做好竞赛的组织工作，文化部、管理中心成立了领导小组办公室，对竞赛活动的各个环节实施了有效的组织领导。管理中心主任张彦博多次就竞赛筹备组织工作做出重要指示，使各项工作开展得井然有序。总工程师张晓星就竞赛题目拟订认真负责地提出指导性建议，保证了竞赛试题科学、全面、准确；培训指导处、规划发展处、财务处联合组成筹备小组，各部门明确分工，各负其责，把各项具体工作落到实处；各省分中心积极配合，精心组织，层层比赛，选出了最优秀的选手，做到组织落实、人员落实、措施落实；竞赛总决赛中，文化部副部长周和平亲自发来贺信表示热烈祝贺，文化部社会文化司刘小琴副司长、浙江省文化厅陈瑶副厅长、文化部全国文化信息资源建设管理中心张彦博主任亲临竞赛现场观看比赛、指导工作并做重要讲话。竞赛活动得到萧山区支中心的密切配合，他们为比赛的顺利进行付出大量的心血和艰辛的劳动，提供了物质上的保证；福建省分中心千里迢迢携带设备，对竞赛进行全程录象并编辑制作专题片；山东、山西、浙江省分中心为竞赛推荐出了三名主持人；竞赛活动还得到社会有关单位和部门的大力支持，浪潮集团有限公司、北京百树人远程教育有限公司、深圳雅图数字视频技术有限公司、英特尔（中国）有限公司为竞赛提供了赞助。所有这些，都从各个方面保证了决赛的顺利进行。

（二）广泛动员，积极参与，是竞赛顺利进行的坚实基础。为达到推动各地深入开展全国文化信息资源共享工程培训工作，检验各地开展工程培训情况，推动工程建设与服务的目的，全国各地进行了广泛动员，各中心、服务点也都热情高涨，积极响应，展开了热火朝天的层层竞赛、选拔工作，并广泛组织人员学习政策法规和相关知识。各分中心各有高招，组织周密，培训系统，集训严格。据各省级分中心提供的数据，各地共有1946个支中心，11万个基层服务点，13.3万人参加了竞赛活动，通过由基层服务点到支中心再到分中心层层竞赛选拔的方式挑选参赛选手，实现了从下到上文化共享工程相关知识技能的空前普及，也为竞赛顺利进行打下了坚实的基础。

（三）周密部署，精心准备，是竞赛获得成功的关键环节。整个竞赛活动历时四个月，涉及面广，参赛人员众多，组织工作复杂，要想取得圆满成功，一方面要高屋建瓴，整体把握；另一方面要关注细节，周密安排。根据竞赛领导小组办公室的指示，管理中心培训指导处及时下发了关于竞赛工作安排的各项文件；组织多次会议深入研究竞赛的有关议题，修订《竞赛方案》；反复推敲、编写竞赛题库并分发到各分中心；组织各分中心编写竞赛简报，及时沟通信息，督促落实各阶段的工作；派员观摩部分赛区的选拔赛，积累经验；决赛阶段对会场的布置、设备的安装调试到参赛队伍的吃饭、住宿、比赛等，更是仔细考虑、精心安排每一个细节，以保证竞赛顺利进行。

四、下一步工作打算

（一）以竞赛为契机，进一步推动全国文化信息资源共享工程建设和服务。文化共享杯知识竞赛已经圆满结束，所取得的丰硕成果是对大家辛勤劳动的充分肯定，也是对文化信息资源共享工程的成功检验。在欢庆胜利的同时，我们清醒地认识到要实现这样浩大的工程还任重而道远。党的十七大把建设“覆盖全社会的公共文化服务体系”作为实现全面建设小康社会的重要目标之一。文化共享工程已经成为建设社会主义新农村和构建和谐社会的必要手段。路漫漫其修远兮，我们必须以这次竞赛活动为契机，认真总结经验，进一步提升工作水平，推动全国文化信息资源共享工程建设深入发展。

（二）以竞赛为动力，进一步加强业务培训工作。基层人员是文化共享工程的直接承担者，其素质的高低，关系到文化共享工程建设和服务质量。通过本次大赛，发现了一批优秀人才。我们将以竞赛为动力，进一步加大培训工作的力度，努力提高队伍素质，建立一支适应文化信息资源共享工程建设需要的人才队伍，真正为2010年基本建成资源丰富、技术先进、服务便捷、覆盖城乡的数字文化服务体系提供人才保障和智力支持。

关于开展“第二届文化共享杯——全国文化信息资源共享工程知识与技能竞赛”的通知

文全信培发［2011］5号

全国文化信息资源共享工程各省级分中心：

2009年全国文化信息资源共享工程在浙江萧山成功地举办了第一届“文化共享杯——全国文化信息资源共享工程知识与技能竞赛”。该项活动对于提高基层骨干业务能力、促进文化共享工程队伍建设发挥了积极作用。

2010年12月27日，中共中央政治局常委李长春在参观全国文化信息资源共享工程（以下简称“文化共享工程”）“十一五”成果展时指出，文化共享工程是政府提供公共文化服务的重要手段，是保障基层和农村群众基本文化权益的重要途径，是构建覆盖城乡的公共文化服务体系的基础工程、惠民工程、创新工程。要深入总结过去五年工程建设的成功做法和有益经验，科学谋划未来五年工程发展的目标任务和具体措施，推动工程建设不断取得新进展，为满足人民日益增长的精神文化需求作出更大贡献。

2011年是国家“十二五”规划的开局之年，也是文化共享工程实施“十二五”规划的起步之年。为进一步推动各地扎实开展培训工作，实现以赛促训、以赛带训、以赛促用、以赛创新，提升基层工作人员综合素质与业务技能，推动工程建设又好又快持续发展，管理中心拟组织并报经全国文化共享工程领导小组办公室同意，开展“第二届文化共享杯——全国文化信息资源共享工程知识与技能竞赛”活动（方案见附件）。现将有关事项通知如下：

一、各省级分中心要在本省（区、市）文化厅（局）指导下，充分发挥组织协调作用，深入扎实地开展本地区人员培训工作，将此次竞赛活动作为贯彻落实文化部关于进一步加强基层文化队伍建设的部署、检验本地区文化共享工程队伍建设成效的重要举措抓紧抓好，推动工程人才培训工作深入开展。

二、各省级分中心应根据管理中心下发的《第二届文化共享杯——全国文化信息资源共享工程知识与技能竞赛活动方案》，先行组织本地的竞赛活动，并于9月30日前完成。在此基础上，组成参加全国竞赛活动的代表队。开展本地区竞赛活动的省级分中心，在全国竞赛活动初赛阶段可获20分奖励。

三、6月10日前，请各省级分中心将负责本地区竞赛活动的联络人名单反馈管理中心培训指导处，以便我中心及时将有关竞赛活动的具体事宜通知联络人。各省中心联络人应及时通报本地区竞赛活动情况，并提交本地区开展竞赛活动的文件、照片、视频、试题等资料。

管理中心联系人：

徐小芳：010—88003051　　薄　亮：010—88003039

刘　平：010—88003039　　于　洋：010—88003052

电子邮箱：peixun@ndcnc.gov.cn

特此通知。

附件：1．第二届文化共享杯——全国文化信息资源共享工程知识与技能竞赛活动方案

2．第二届文化共享杯——全国文化信息资源共享工 程知识与技能竞赛规则

文化部全国文化信息资源建设管理中心

二○一一年五月二十四日

附件1：

第二届文化共享杯——全国文化信息资源共享工程知识与技能竞赛活动方案

一、活动意义

“十一五”期间，在党中央、国务院的高度重视和各级党委、政府的正确领导下，经过全国文化信息资源共享工程（以下简称“文化共享工程”）建设者的共同努力，文化共享工程基本建成资源丰富、技术先进、服务便捷、覆盖城乡的数字文化服务体系，在传播中华优秀文化、改善基层群众文化生活、帮助农民脱贫致富、构建公共文化服务体系等方面发挥了积极作用。

2010年12月27日，中共中央政治局常委李长春在参观全国文化信息资源共享工程（以下简称“文化共享工程”）“十一五”成果展时指出，文化共享工程是政府提供公共文化服务的重要手段，是保障基层和农村群众基本文化权益的重要途径，是构建覆盖城乡的公共文化服务体系的基础工程、惠民工程、创新工程。要深入总结过去五年工程建设的成功做法和有益经验，科学谋划未来五年工程发展的目标任务和具体措施，推动工程建设不断取得新进展，为满足人民日益增长的精神文化需求作出更大贡献。

2011年3月，全国人大十一届四次会议通过了《中华人民共和国国民经济和社会发展第十二个五年规划纲要》，文化共享工程再次被列入《纲要》，充分体现了党中央、国务院对工程的高度重视和发挥工程在公共文化服务体系建设中积极作用的殷切期望。“十二五”期间，文化共享工程建设任重道远，不断提高工程建设者综合素质和业务技能，培养一支扎根基层、服务基层、懂技术、会管理、具有开拓创新意识的基层骨干队伍，是文化共享工程建设的重要任务。通过组织知识和技能竞赛活动，以赛促训、以赛带训、以赛促用、以赛创新，进一步推动基层队伍建设，提升服务水平和服务能力，为推动文化共享工程又好又快地持续发展，提供智力支持和人才保障。

二、活动组织

指导单位：文化共享工程领导小组办公室

主办单位：文化部全国文化信息资源建设管理中心

协办单位：文化共享工程各省级分中心

承办单位：浙江省杭州市萧山区支中心

三、活动奖项

活动设置一等奖1名，二等奖3名，三等奖4名。一等奖荣获“文化共享杯”流动奖杯和奖牌，并将团队名称镌刻在“文化共享杯”上；二等奖、三等奖团队荣获奖牌。

活动设置参赛队精神文明奖和优秀选手奖等。

四、活动时间

2011年10月，赛期3天。

五、参赛人员

（一）现场选手。33个省级分中心组成现场参赛队，人数4名，设领队1名，选手3名。选手组成：省级分中心正式在编工作人员1名，支中心正式在编工作人员1名，基层服务点专兼职工作人员1名。3名选手中，可有1名参加过2009年“文化共享杯”竞赛的选手。

（二）场外选手。此次竞赛活动设置场外参赛环节，为此，各省级分中心应提供4名场外选手（一个单位1名）及所在单位的固定电话号码。选手组成：支中心正式在编人员2名，基层服务点专兼职人员2名。

六、竞赛内容

（一）党中央、国务院关于文化共享工程建设有关文件内容，参见《全国文化信息资源共享工程文件汇编（2002.4—2010.7）》；2010年7月以后的相关文件。

（二）文化部关于文化共享工程建设有关文件内容，参见《全国文化信息资源共享工程文件汇编（2002.4—2010.7）》；2010年7月以后下发的公共电子阅览室建设、“三馆一站”免费开放、文化共享工程“十二五”规划纲要等文件。

（三）文化部全国文化信息资源建设管理中心（以下简称“管理中心”）编印的有关培训教材，参见《全国文化信息资源共享工程县级支中心基础培训教材》《全国文化信息资源共享工程乡镇基层服务点基础培训教材》《全国文化信息资源共享工程培训教材——网站设计与建设》《全国文化信息资源共享工程培训教材——网页设计与制作》；2010—2011年管理中心举办的部分网络培训课程；管理中心下发的资源建设和技术管理等标准规范。

（四）纪念中国共产党成立90周年、纪念辛亥革命100周年、学习“双百”人物等综合知识。

（五）各省级分中心提供的竞赛题目等。

管理中心将根据上述内容编制竞赛参考资料，提供各地参考使用。

七、活动实施

（一）竞赛模式

1、场外笔试。场外笔试由各参赛队的3名选手共同参与，时间30分钟。笔试成绩作为现场竞赛初赛阶段各参赛队的基础分。

2、现场竞赛。现场竞赛按分组淘汰制进行。本次竞赛设种子队，为2009年文化共享杯进入半决赛的八支参赛队，种子队以抽签形式分别进入8个初赛组；其余25支参赛队亦经过抽签进入相应的8个初赛组。经初赛后，每组前2名进入复赛，参加复赛的16支参赛队组成4个组竞赛。经复赛后，每组前2名进入半决赛，参加半决赛的8支参赛队分为2个组竞赛。经半决赛后，每组前2名进入决赛，参加决赛的4支参赛队最终产生1个一等奖；3个二等奖。另外，进入半决赛但未进入决赛的四个参赛队荣获三等奖。竞赛秩序如图1所示：

（二）竞赛组成

1、竞赛题型。现场初赛阶段的竞赛题型分为必答题、抢答题；复赛、半决赛、决赛阶段增加场外题、风险题。各阶段均准备若干加赛题。

2、答题方式。现场答题方式有口答题、题板题、视频题、竞猜题。口答题由选手根据主持人的提问，口头回答问题；题板题由选手根据主持人的提问，书写题板回答问题；视频题由选手通过观看一段视频后，回答主持人的提问；竞猜题由一名选手作动作演示，其他两名选手观察会意后说出答案。

（三）评判规则

竞赛设仲裁委员会成员若干名。选手答题正确与否，以主持人手中的答案为准。在比赛中，如参赛队对竞赛环节或结果提出异议，可提请仲裁委员会仲裁。仲裁委员会的决定为最终裁决。

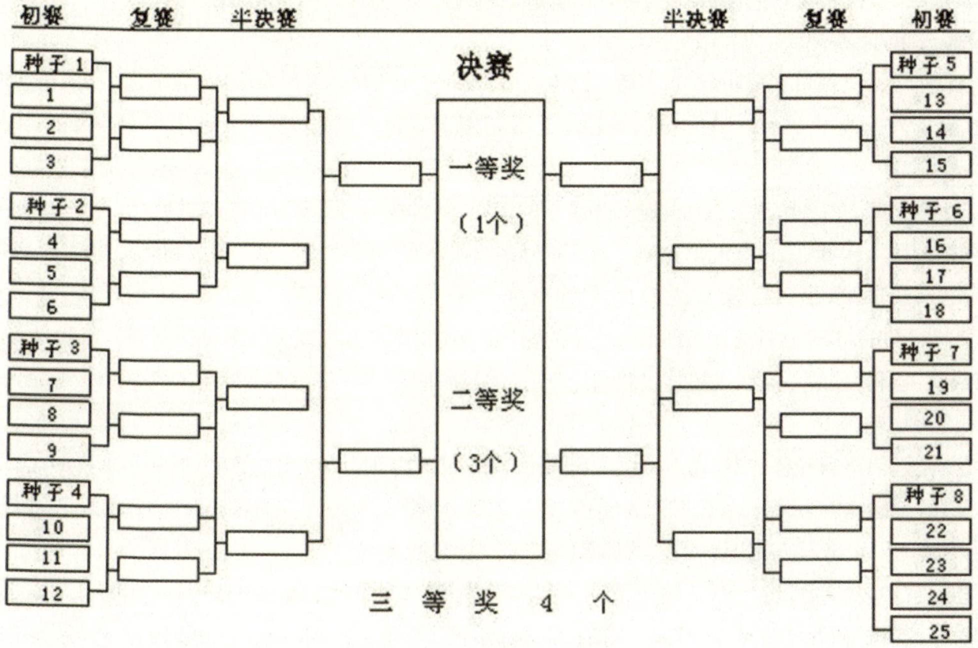

图1：竞赛秩序图

（四）竞赛调整

在组织本次竞赛活动中，如遇特殊情况需要调整方案时，管理中心可根据实际情况进行调整，并将调整后的结果及时通报文化共享工程领导小组办公室和各省级分中心。

九、宣传推广

管理中心在文化共享工程网站设置竞赛专栏，报道各地开展相关活动的情况，同时联系新闻媒体，进行深度宣传并跟踪报道。为便于交流和广泛参与，本次竞赛活动还将通过文化共享工程网站网络直播，各地可组织观看。

活动结束后，管理中心将把“第二届文化共享杯——全国文化信息资源共享工程知识与技能竞赛”的记录，制作成专题片发放至各省级分中心，并通过工程网站、卫星等途径播放。

附件2：

第二届文化共享杯——全国文化信息资源共享工程知识与技能竞赛规则

一、参赛规则

（一）参赛选手应在赛前10分钟到达指定地点，按抽签结果对号入座，逾时10分钟以上将被取消参赛资格。参赛时，不能携带文字资料、手机等通讯工具和其他电子设备进入赛场，未经主持人允许，不能中途退场。

（二）每个参赛队上场队员的座次依序为：1号为基层服务点人员，2号为支中心人员，3号为省级分中心人员。

（三）参赛选手回答问题时应使用普通话，声音响亮，吐字清晰，答题结束时应说“回答完毕”。参赛选手应遵守答题时限要求，当主持人宣布时间已到时，应停止答题。

二、答题规则

（一）必答题。由参赛选手依座次轮流作答；每队应回答3题，每题分值为10分，答题时限为30秒；答对加10分，答错、回答不完整或超时不得分；答案由主持人当场公布。

回答必答题，选手之间不能互相提示，现场其他人员不得作任何提示，如违规，将被取消该题的答题成绩，并对相关人员予以警告，直至劝离赛场。

（二）抢答题。由各队选手按抢答器自由抢答；每场比赛10题，每题分值为20分，答题时限为60秒；答对加20分，答错、回答不完整或超时扣减20分；答案由主持人当场公布。

回答抢答题，选手之间可互相补充。当主持人读题完毕，计时器上出现倒计时数字后，各队选手方可按动抢答器抢答；提前抢按者视为违规，将被扣减20分，同时该题作废；如主持人读题后超过10秒无人应答，该题作废，主持人继续宣布下一道题。

（三）条件抢答题。由各队选手根据答题线索条件的递增，随时按抢答器自由抢答；每题分值为40分，随条件递增分值递减，答题时限为60秒；每队只能抢答1次，回答正确加当前分值，回答错误、不完整或超时扣减10分，将由其他队继续抢答；如答题线索条件提供完毕无人应答，该题作废。

（四）风险题。由参赛队自行选择不同风险分值的题目答题；根据难易程度风险题设20分、30分、40分三种分值，答对得相应分值，答错、回答不完整或超时扣减相应分值，答题时间3分钟，答案由主持人宣布。回答风险题，选手之间可互相补充。

（五）加赛题。当全场答题结束，场上出现参赛队比分相同的情况时，为决出优胜者，将采取加赛形式。加赛题为抢答题，每场3题，每题分值为20分，答题时限为60秒；答对加20分，答错、回答不完整或超时扣减20分；答案由主持人当场公布。如经加赛3题后，仍无法决出优胜者，再加赛1题直至决出优胜者。

（六）场外题。本次竞赛设置场外答题环节，由每队场外选手回答。题目分值为10分，答对加10分，分值计入选手所在参赛队的总分；答错、回答不完整、超时或连续2名场外选手未接听电话，均扣10分。答题时间40秒，答案由主持人宣布。回答正确的场外选手将同时获赠赞助商提供的精美礼品一份。

场外题的回答选手，由场上参赛队顺序为前一队选择指定（按序号指定）。当主持人开始拨打被选中的场外选手电话时，计时开始。如无人接听或占线，20秒后则换第二位选手的电话再次拨打，如仍无人接听或占线，20秒后则视为拒绝回答，扣除选手所在参赛队10分。各参赛队的场外选手应准时在当地参加竞赛活动，并保持电话畅通。

三、其他规则

（一）比赛中出现因设备故障无法进行操作的情况时，参赛选手应当场向主持人提出，经确认同意后可暂停操作和计时，待故障排除后重新开始。回答必答题时，参赛选手若未听清原题，可请主持人重复宣读，重复宣读的时间计入该选手答题时间。

（二）参赛选手应该服从主持人或裁判组的评判和指挥，当主持人难以判断或参赛选手对评判有异议时，可提请裁判组裁决，裁判组的决定为终裁。如果出现不服从裁决或影响比赛正常进行的行为，视情节将当场取消相关队（人员）的比赛成绩或比赛资格。

关于举办“第二届文化共享杯——全国文化信息资源共享工程知识与技能竞赛”决赛阶段活动的通知

文全信培发[2011]11号

全国文化信息资源共享工程各省级分中心：

自2011年5月24日文化部全国文化信息资源建设管理中心（以下简称“管理中心”）《关于开展“第二届文化共享杯——全国文化信息资源共享工程知识与技能竞赛”的通知》（文全信培发〔2011〕5号）（以下简称“通知”）以来，各地根据《通知》要求，结合本地实际情况，纷纷开展了形式多样、内容丰富的预赛和相关准备活动，有力促进了文化共享工程知识的普及与基层服务人员技能的提高。根据《通知》安排，现将竞赛活动决赛阶段有关具体事项通知如下：

一、竞赛时间

2011年10月11日（周二）至15日（周六）。10月11日报到，12日至14日竞赛，15日中午前返程。

二、竞赛地点

全国文化信息资源共享工程培训基地（浙江省杭州市萧山区支中心）。

三、选手准备

（一）各队应按《通知》第五项要求选派参赛选手，如选手到达萧山后因特殊原因难以参赛，报请主办方同意后由领队顶替。

（二）各队参赛选手应统一着装，少数民族选手可着本民族服装。

四、竞赛安排

（一）10月11日晚，在萧山区支中心召开领队会，安排有关工作，并进行分组抽签(本次竞赛设种子队，为2009年“第一届文化共享杯”进入半决赛的八支参赛队，种子队以抽签形式分别进入8个初赛组；其余25支参赛队亦经过抽签进入相应的8个初赛组）。

（二）10月12日全天，首先举行场外笔试（全体参赛选手参与），之后开始8场初赛，决出16个代表队进入复赛。

（三）10月13日上午，举行4场复赛，决出8个代表队进入半决赛。

（四）10月13日下午，举行2场半决赛，决出4个代表队进入决赛。

（五）10月14日上午，举行决赛和颁奖仪式。

五、选手报名

2011年9月25日前，请各队将参赛选手名单及场外答题接听座机电话，提交给管理中心培训指导处（见附件1）。

联 系 人：于　洋：010—88003052

薄　亮：010—88003039

徐小芳：010—88003051

李亚男：010—88003049

电子邮箱：xuxiaofang_js@sina.com

传真电话：010—68482773

六、参赛人员与报到地点

每个参赛队设领队1名，选手3名，竞赛期间食宿费用由管理中心承担；往返交通费自理。参赛队之外所有人员食宿、往返交通费用自理。

报到地点：杭州萧山众安假日酒店（杭州市萧山区山阴路688号）

联系电话：0571—82977777

七、会务接送

9月25日前，请各队将《第二届文化共享杯参赛人员到达杭州时间表》（附件2）、《第二届文化共享杯参赛人员返程列车票订票单》和《第二届文化共享杯参赛人员返程航班订票单》（附件3）以传真形式提供给萧山区支中心。本次竞赛活动的会务工作由文化共享工程浙江省杭州市萧山区支中心承担。

联 系 人：曹晓依：0571—83865599

邵欢欢：0571—83869046

传真电话：0571—83869049

特此通知。

文化部全国文化信息资源建设管理中心

二〇一一年九月五日

第二届"文化共享杯"全国文化信息资源共享工程知识与技能竞赛情况介绍

为庆祝中国共产党建党九十周年，进一步推动全国各地深入实施文化信息资源共享工程，大力开展基层培训工作，不断提高基层人员的业务能力，着力加强各地之间的学习与交流，经全国文化共享工程领导小组办公室批准，文化部全国文化信息资源建设管理中心拟于2011年10月11日至15日在文化共享工程培训基地（浙江省萧山区支中心）举办第二届"文化共享杯"全国文化信息资源共享工程（以下简称"文化共享工程"）知识与技能竞赛总决赛。

一、目的意义

文化共享工程自2002年启动以来，将优秀的中华文化信息资源进行数字化加工和整合，通过互联网、卫星、电视、镜像、光盘和移动硬盘等方式，实现了优秀文化信息资源在全国范围内的共建共享。

文化共享工程能够取得显著的成效，与拥有一支素质过硬的工作队伍密不可分。作为一项文化创新工程，文化共享工程的从业人员不仅要有较高的政治素质，还要具有过硬的业务素质。因此，通过培训、岗位练兵等方式，不断提高队伍的业务素质，建设一支"服务人民、竭诚奉献"的文化共享工程服务队伍，是推动文化共享工程在未来更好开展的有力保障。按照要求，每一位文化共享工程工作者都要了解文化共享工程的基础知识，熟悉资源的内容，熟练掌握设施设备使用的技能，能够不断提高自身的工作能力和服务水平。从这个意义来讲，"文化共享杯"竞赛活动是一项很好的岗位练兵方式，不仅可以检验各地进行人员培训的情况，而且能够促进各地之间的学习与交流，对文化共享工程的队伍建设产生积极的作用。

目前，随着文化共享工程不断推进，特别是2867县级支中心、22963个乡镇基层点和59.7万个村级基层服务点的建设，需要大批懂技术、会管理、具有开拓创新意识的业务骨干从事工程建设与服务，进一步加强基层工作人员的培训显得尤为重要。

2009年，我们成功地举办了全国首届"文化共享杯"竞赛活动。2011年是执行"十二五"规划的开局之年，举办第二届"文化共享杯"竞赛活动具有深远的意义。我们将在认真总结首届竞赛活动的基础上，继续以知识与技能竞赛为动力，进一步加大培训工作的力度，加强队伍建设，提高队伍素质，建立一支与时俱进、能够适应文化共享工程不断发展的高素质人才队伍，为建成资源丰富、技术先进、服务便捷、覆盖城乡的数字文化服务体系提供可持续的人才保障和智力支持。

二、活动简介

本届"文化共享杯"由全国文化共享工程领导小组办公室指导，文化部全国文化信息资源建设管理中心、浙江省文化厅联合主办，文化共享工程各省级分中心协办，文化共享工程培训基地（浙江省萧山区支中心）承办。

本届"文化共享杯"竞赛活动主要由全国各地举行的预赛和全国文化信息资源建设管理中心举办的总决赛两个阶段组成，达到了在全国范围内文化共享工程工作者全体参与的效果。

（一）竞赛的准备工作

1．竞赛得到了各级领导的高度重视和各方的大力支持。

为做好竞赛的组织工作，文化部、全国文化信息资源建设管理中心专门成立了领导小组办公室；全国文化信息资源建设管理中心主任张彦博多次就竞赛的筹备组织工作做出重要指示，使各项工作井然有序；总工程师张晓星就竞赛题目的拟订提出科学的指导性建议，保证了竞赛试题的全面、准确；全国文化信息资源建设管理中心培训指导处、规划发展处、财务处联合组成筹备小组，明确分工，各负其责，把各项具体工作落到实处；全国各省级分中心积极配合，精心组织预赛，选出了最优秀的选手，做到组织落实、人员落实、措施落实。

在即将进行的竞赛总决赛中，文化部副部长杨志今亲自发来贺信表示热烈祝贺，文化部全国文化信息资源建设管理中心主任张彦博、浙江省文化厅副厅长陈瑶将亲临现场观看比赛、指导工作并做重要讲话。

竞赛活动得到了全国各级分、支中心的密切配合。承办单位浙江省萧山区支中心为比赛的顺利进行付出了大量的心血和艰辛的劳动；福建省分中心工作人员千里迢迢携带设备，对竞赛进行全程录象并编辑制作专题片；重庆、山东、浙江省分中心专门推荐了三名比赛主持人。

竞赛活动还得到了社会各界的大力支持。联想集团有限公司、北京阳和文化传播有限公司、英特尔（中国）有限公司为竞赛提供了赞助。所有这些，都从各个方面保证了活动的顺利进行。

2. 竞赛吸引了全国各地踊跃参与。

自关于开展第二届"文化共享杯"竞赛活动的通知下发以后，全国各省级分中心进行了广泛的动员，各级支中心、基层服务点热情高涨，积极响应，开展了热火朝天的层层竞赛、选拔工作，并广泛组织基层人员学习政策法规和相关知识。各个省级分中心采取集中竞赛、网络竞赛等形式，通过由基层服务点到支中心、再到分中心层层竞赛选拔的方式挑选参赛选手，实现了自下而上的文化共享工程知识技能的普及，为竞赛的顺利进行打下了坚实的基础。

3. 部署周密，准备精心。

整个竞赛活动历时四个月，涉及面广，参赛人员众多，组织工作复杂。为确保赛事取得圆满成功，一方面要整体把握；另一方面要关注细节，周密安排。根据竞赛领导小组办公室的指示，全国文化信息资源建设管理中心及时下发了各项文件，多次组织会议深入研究有关议题，修订了《竞赛方案》，反复推敲、编写竞赛题库并分发到各分中心；组织各分中心编写竞赛简报，及时沟通信息，督促落实各阶段的工作；派员观摩部分赛区的选拔赛，积累经验；对总决赛的会场布置、设备安装调试，以及参赛队伍的吃饭、住宿、比赛等进行了精心安排。

（二）开幕式与闭幕式议程

1. 开幕式

10月12日上午9时在萧山世纪剧场举行，浙江省文化厅、文化部全国文化信息资源建设管理中心等领导将致开幕辞。并代读杨志今副部长的贺信。

2. 颁奖及闭幕式

于10月14日11:00—12:00在萧山世纪广场举行。

（三）总决赛的赛制

1. 时间地点

10月11日报到，12日—14日竞赛。竞赛第一日（12日）：8:00—8.30在萧山图书馆四楼北自修室进行笔试，9:00—12:00在世纪剧场进行3场初赛，13:30在世界剧场进行5场初赛。竞赛第2日（13日）：9:00—12:00在世纪剧场进行4场复赛，13:30—16:00在世纪剧场进行2场半决赛。竞赛第3日（14日）：9:00—10:30在世纪剧场进行决赛。

2. 参赛单位

每个省级分中心为一队，参与现场竞赛设领队1名、队员3名，场外设队员3名。竞赛现场的3名队员由省级分中心正式在编人员1名、支中心正式在编工作人员1名、基层服务点专兼职工作人员1名组成。场外参赛选手4位人员则由不同的支中心、基层服务点各2名组成。

3. 题目内容

全国文化信息资源建设管理中心根据以下内容编制竞赛题目：

(1) 党中央、国务院有关文件中关于文化共享工程建设的要求；

(2) 文化部下发的关于文化共享工程的文件；

(3) 全国文化信息资源建设管理中心编制的《文化共享工程县级支中心基础培训教材》、《文化共享工程乡镇基层服务点基础培训教材》及其他相关标准规范；

(4) 各省级分中心提供的竞赛内容以及其它相关内容等。

4. 竞赛形式

本次竞赛采取单循环淘汰制，分为初赛、复赛、半决赛、决赛四个阶段，来自全国的33支代表队共计99名选手展开激烈角逐。在初赛阶段设置笔试环节，全体参赛人员参与。通过分组抽签，33支省级分中心代表队分别进入8个初赛组。经初赛后，每组前2名进入复赛，参加复赛的16支参赛队组成4个组竞赛。复赛后，每组前2名进入半决赛，参加半决赛的8支参赛队分为2个组竞赛。半决赛后，每组前2名进入决赛，参加决赛的4支参赛队最终产生1个一等奖，3个二等奖。另外，进入半决赛但未进入决赛的四个参赛队荣获三等奖。

5. 竞赛题型

现场竞赛题目类型包括必答题、抢答题（条件抢答题）、视频题、风险题、竞猜题以及场外题。

6. 评判规则

每场竞赛设主持人2名，计分员、计时员及监督员各1名，仲裁委员会成员若干名。选手答题正确与否，以主持人手中的答案为准。如选手对评判有异议时，可由场上队长向仲裁委员会提出申述，由仲裁委员会当场裁定。

6. 奖项设置

本次竞赛设一等奖一位，二等奖三位，三等奖四位，优秀组织奖（含萧山支中心）九位，优秀选手奖二十位。

（四）网络直播

为便于全国各地参加竞赛以及加强学习交流，竞赛总决赛将通过文化共享工程网站的网络视频直播栏目播出，各省级分中心可组织人员观看比赛，并参与支持本地区参赛队。

（五）工作小组

为研究审议总决赛阶段的重大事项，组织协调参赛单位有关工作，保障竞赛活动的顺利实施，总决赛特设了5个工作小组以协助竞赛组委会开展工作，分别是仲裁委员会、会务组、竞赛组、宣传组、技术组、摄影组。

三、全国各地开展竞赛预赛的情况

自2011年5月24日全国文化信息资源建设管理中心下发《关于开展“第二届文化共享杯——全国文化信息资源共享工程知识与技能竞赛”的通知》（以下简称“通知”）以来，全国各地根据《通知》要求，结合本地实际情况，纷纷开展了预赛和相关准备活动，有力促进了文化共享工程知识的普及与基层服务人员技能的提高。

此届竞赛活动在全国各地的预赛内容丰富，主题鲜明，形式多样，具有地方特色。在边疆地区，题型具有趣味性和民族性两大特点；在东南部等地区，其多媒体设备的优势令竞赛过程更为专业。

整体上来看，各地选拔出的参赛选手均表现出扎实的专业能力、良好的心理素质、默契的团队配合，充分展示了文化共享工程战线积极进取、奋发向上的时代风采。

四、第二届“文化共享杯”的主要特点

相较于首届而言，本届赛事呈现以下几个特点：

（一）规模更大，范围更广，要求更高。

本届竞赛得到了文化部及文化信息资源共享工程领导小组办公室领导的高度重视。相较于首届赛事，本届竞赛在宣传和动员上更为广泛，参赛人数更多、覆盖范围更广。各省级分中心、市县支中心和乡、镇、村基层服务点均认真组织、积极参与，再度迅速掀起了参加竞赛的热潮。

（二）参与更广泛，竞争更激烈。

各省级分中心从基层服务点开始，采取多种形式，层层选拔，最后选拔出33支优秀的代表队。从各地预赛的过程可以看出，在汲取首届竞赛经验与教训的基础上，各地的综合实力均有增强。根据各分中心的反馈，参赛选手不但经过层层选拔而且进行了严格的封闭式训练，脱颖而出的均是其中的佼佼者，基本代表各分中心的最高水平。各支代表队瞄准总冠军，都抱着志在必得的决心。

（三）声势更浩大，影响更深远。

本届竞赛历时四个月，遍及全国各地，深入到最基层，是继首届竞赛后涉及面更广、影响力更大、意义更为深远的一次活动。通过本届竞赛，选手们展现了出色的专业素质、积极向上、开拓进取的精神风貌，全国各地的同行们又一次进行了充分交流、信息沟通，使队伍得到更好的锻炼，业务素质得到进一步提升，对今后深入推进文化共享工程必将产生积极的重要作用。

（四）竞赛筹备积极，组织工作认真。

按照全国文化信息资源建设管理中心的要求，培训指导处即着手筹备知识竞赛事项，拟订竞赛组织方案。在总结首届竞赛成果与不足的基础上，依据党中央、国务院、文化部及管理中心有关文件、服务手册、培训教材编写竞赛试题。经过多次筛选，最终编辑并整理出知识竞赛题库，这些试题涵盖了政策类、技能类、应用类、基础知识类、“与时俱进”的知识类等主要知识点。题库下发后，各分中心将此次竞赛作为贯彻落实文化部关于进一步加强培训工作要求、为文化共享工程培养骨干队伍的重要工作来抓，予以高度重视，充分准备，认真实施，使竞赛活动覆盖到乡、镇、村基层服务点。

（五）题目内容更为丰富，题目类型更为多样。

相比首届竞赛的题目内容，本届竞赛的题目设计与制作更具新意、更具趣味性、更具参与性、更能够发挥参赛选手的聪明才智。本届竞赛在初赛阶段增加了笔试环节，旨在考察各位选手的理论功底，选拔出更具综合实力的代表队晋级。本届竞赛还特别设置了场外题这一题型，以促进现场选手与场外选手互帮互助，加强场内外互动，更好的调动文化共享工程全体工作者参与竞赛的积极性。

全国文化信息资源共享工程

10周年

列表—科研项目

文化部全国公共文化发展中心承担科研项目一览表(截至2013年5月)

序号	项目名称	项目来源	申报单位	立项时间	经费(万元)	负责人(中心)	项目组成员(中心人员)	项目完成情况
1	文化信息资源建设若干版权问题研究	文化部科技项目	发展中心	2005.7	1	刘小琴	刘刚、徐建萍、薛鑫卉	结题
2	数字图书馆文本资源加工标准	国家图书馆 数字图书馆工程标准规范项目	发展中心	2008.7	5	罗云川	蒋卫东、陈艳平、袁海滨	结题
3	文化信息资源数据处理与服务	国家信息中心 信息目录与对象数据交换项目	发展中心	2008.7	10	罗云川	陈艳平	结题
4	移动终端资助信息服务模式研究	文化部科技司 科技创新项目	发展中心	2009.5	10	张晓星	罗云川、赵保颖、吴晓、张金亮	结题
5	数字图书馆工程音、视频元数据标准与著录规范	国家图书馆 数字图书馆工程标准规范项目	发展中心	2009.7	38	崔建飞	罗云川、琚存华、王丽华、刘平、陈艳平、焦延杰	结题
6	国家图书馆数字资源统计标准	国家图书馆 数字图书馆工程标准规范项目	发展中心	2009.8	10	罗云川	赵保颖、琚存华、王丽华、范雪、陈艳平	结题
7	国家互联网文化音视频传播技术研究	文化部科技司 国家文化科技提升计划项目	发展中心 天天宽广公司	2010.9	40	张彦博	罗云川、胡晓峰、焦延杰、张金亮	在研
8	公共文化资源供给体系研究	文化部公共文化司 国家公共文化服务体系制度设计研究项目	发展中心	2011.5	2	李　宏	陈胜利、罗云川、赵保颖、琚存华	结题
9	公共文化服务技术支撑研究	文化部公共文化司 国家公共文化服务体系制度设计研究项目	发展中心	2011.5	2	罗云川	胡晓峰、刘平、焦延杰、张金亮	结题
10	图书馆视频资源数字化加工规范	国家图书馆 国家标准制修订计划项目	发展中心	2011.5	5.5	罗云川	张彦博、崔建飞、赵保颖、琚存华、刘平	在研
11	文化信息资源共享中的知识产权管理	国家知识产权局	发展中心	2012.4	15	刘惠平	王芬林、刘刚、王丽华、刘红、张博	在研
12	云计算环境下智能化数字文化资源信息采集和资源整合及服务模式研究	文化部科技司 国家文化科技提升计划项目	发展中心 北京大学 中科院计算所	2012.5	100	李建军	罗云川、刘平、吴晓	在研
13	公共数字文化体验区的模式研究与示范	文化部科技 国家文化创新工程项目	发展中心 东莞图书馆	2013.5	20	李　宏	罗云川、刘刚、陈艳平、刘平、焦延杰、薄亮	在研
14	农村地区公共文化数字资源库和传播渠道建设研究	文化部科技司 国家文化科技提升计划项目	发展中心 天闻公司 福建图书馆	2013.5	70	罗云川	琚存华、刘平、赵海燕、陈艳平	在研
15	公共电子阅览室的新形态实现研究	文化部科技司 国家文化科技提升计划项目	东莞图书馆 发展中心	2013.5	70	李建军	蒋卫东、吴晓、焦延杰	在研

全国文化信息资源共享工程

10周年

列表一荣誉奖项

国家中心历年所获荣誉

获奖时间	获奖名称	颁奖单位
2013	国家知识产权战略实施工作先进集体	人力资源社会保障部、国家知识产权战略实施工作部际联席会议办公室
2012	国家知识产权战略实施重点联系单位	国家知识产权战略领导小组
	首都精神文明单位	中央国家机关工委
	全国文化志愿者服务组织工作出成绩突出单位	文化部
	农民工文化服务示范项目	文化部
	2012年“春雨工程”——全国志愿者边疆行示范项目	文化部
	第四届文化部创新奖	文化部
	全国文化文物系统先进基层党组织	文化部“创先争优”工作领导小组
	2012年度文化部政府网站群绩效评估信息公开领先奖	文化部办公厅
	文化部信息工作先进单位	文化部办公厅
	事业展位特装创意设计一等奖	中国图书馆年会组委会
2011	汶川地震灾后恢复重建先进集体	人力资源和社会保障部、国家发展和改革委员会、解放军总政治部
	文化部直属机关先进基层党组织	文化部直属机关委员会
2010	国家西部大开发图书贡献集体荣誉称号	人力资源和社会保障部、国家发展和改革委员会
	文化部直属机关学习型党支部	文化部直属机关委员会
	2009–2010年度文化部五四红旗团组织	共青团文化部直属机关委员会
2009	十佳电子政务公共服务优秀应用案例（部委级）	中国电子政务优秀应用成果推选活动评委会信息化建设杂志社
	2009年度文化信息工作先进单位	文化部办公厅
	2005–2009年度文化部直属机关先进工会组织奖	文化部直属机关工会
	文化部直属机关先进基层党组织	中央文化部直属机关党委
	优秀团支部	共青团文化部委员会
	2009年中国图书馆学会“志愿者行动——基层图书馆馆长培训”中重要贡献	中国图书馆学会
2008	北京奥运会、残奥会志愿者工作优秀组织单位	第29界奥林匹克运动会组织委员会、中国共产主义青年团中央委员会、北京奥运会志愿者工作协调小组
	2008年度中央国家机关文明单位	中央国家机关精神文明建设协调领导小组
	2008年度文化信息工作先进单位	文化部办公厅
2007	青年文明号	中央国家机关团工委
	2007年度财务决算三等奖	文化部计划财务司
	2007年度中国信息化建设项目成就奖	计算机世界
2006	2006年度中央国家机关文明单位	中央国家机关精神文明建设协调领导小组
	中国电子政务政府上网工程优秀贡献奖	政府上网工程服务中心
2005	2004–2005年度文化部爱国卫生先进单位	文化部爱国卫生运动委员会
	2005年度财务决算鼓励奖	文化部计划财务司

全国文化信息资源共享工程

10周年

列表—大事记

2001年

10月，文化部开始策划并研制全国文化信息资源共享工程试验系统。

12月，全国文化信息资源共享工程试验系统研制成功。为2002年正式启动“全国文化信息资源共享工程”奠定了良好的基础。

2002年

4月22日，在北京召开的全国基层文化工作会议上，文化部和财政部联合下发了《关于实施全国文化信息资源共享工程的通知》，标志着全国文化信息资源共享工程正式启动。

5月10日，组建全国文化信息资源共享工程国家中心（设在国家图书馆），作为全国文化信息资源的加工、整合、管理和服务中心对外开展工作。

2002年7月3日——5日，在山西太原召开“全国文化信息资源共享工程试点工作会议”，采用现场会的方式部署试点工作。

12月23日，中共中央政治局常委李长春同志在视察国家图书馆时，听取了关于文化共享工程的汇报并观看了资源演示，对工程给予了充分的肯定。

12月27日，文化部和财政部共同组织召开了文化共享工程2002年试点工作总结电视电话会议，并提出2003年的工作思路和工作重点。

2003年

1月26日，中央文明办、文化部和财政部在全国开展了以“共享网络资源、传播先进文化、丰富群众生活”为主题的全国“文化信息进社区”活动。

3月1日，文化共享工程国家中心首次进行现场试验转播，取得圆满成功。转播的节目是“部级领导干部历史文化讲座——怎样欣赏歌剧”。

6月12日，文化共享工程2003年工作部署电视电话会议在北京召开，各省会城市设分会场。

7月29日，中央电视台新闻联播播出“共享工程为百姓 文化大餐进万家”。

8月19日，中共中央政治局常委李长春同志在2003年8月16日新华通讯社《国内动态清样》（打造“数字故宫”）批示：要加大全国文化资源共享工程的力度。并和数字图书馆紧密结合起来，这是繁荣社会主义文化的标志性工程之一，意义重大。要结合制定文化发展纲要，将其作为重要课题。

2004年

3月，经中编办批复，具体承担全国文化信息资源共享工程实施工作的专门机构、文化部直属事业单位——文化部全国文化信息资源建设管理中心正式成立。

3月22日，《中共中央 国务院关于进一步加强和改进未成年人思想道德建设的若干意见》指出，“要积极推进全国文化信息资源共享工程建设，让健康的文化信息资源通过网络进入校园、社区、乡村、家庭，丰富广大未成年人的精神文化生活。”

4月4月，在南京召开全国文化信息资源共享工程年度工作会议，并对35个全国文化资源共享工程建设先进单位进行了表彰。

2005年

2月25日，中共中央办公厅、国务院办公厅转发了《文化部、财政部关于进一步加强全国文化信息资源共享工程建设的意见》。

2月28日，国务委员陈至立出席全国文化信息资源共享工程电视电话会议，要求各级政府和有关部门认真贯彻落实中办、国办转发的文件精神，加快推进文化共享工程建设。

10月，胡锦涛总书记在党的十六届五中全会上的讲话中指出，要推进全国文化信息资源共享工程；

11月7日，中共中央办公厅、国务院办公厅《关于进一步加强农村文化建设的意见》中，对加快全国文化信息资源共享工程建设提出明确要求。

12月22日，“全国文化信息资源共享工程青岛有线数字电视专栏”开通仪式在青岛举行。

2006年

1月，中共中央文件[2006]1号文件——《中共中央　国务院关于推进社会主义新农村建设的若干意见》，要求“发展文化信息资源共享工程农村基层服务点，构建农村公共文化服务体系”。

1月10日，“文化共享工程遵义新春服务行”活动正式启动，并于26日圆满结束。

2月9日，李长春同志在文化要情第10期《全国文化信息资源共享工程为构建农村公共文化服务体系做出新尝试》上批示：全国文化共享工程是公共文化服务体系的基础工程，是政府提供公共文化服务的重要手段，是实现广大人民群众基本文化权益的重要途径，是改善城乡基层群众文化服务的创新工程，要加强领导，科学规划，加快进度。

2月14日，胡锦涛总书记在省部级主要领导干部建设社会主义新农村专题研讨班上要求，“发展文化信息资源共享工程农村基层服务点，构建农村公共文化服务体系。”

3月，温家宝总理在全国人大十届四次会议上作政府工作报告，在总结过去一年的工作时指出，文化信息资源共享工程顺利实施。

3月4日，陈至立主持召开研究推进全国文化信息资源共享工程建设有关问题的会议。会议议定成立由文化部牵头的全国文化信息资源共享工程部际联席会议，协商处理文化共享工程建设中的重大事项。

3月10日，召开全国文化信息资源共享工程工作会议，并讨论《全国文化信息资源共享工程‘十一五’规划》。

3月，文化共享工程作为国家公共文化建设重点工程，纳入全国人大十届四次会议通过的《中华人民共和国国民经济和社会发展第十一个五年规划纲》。要求“推进文化资源数字化，以农村为重点促进文化信息资源共享”。

5月12日，由文化部组织协调，国家财政部、国家发改委、农业部、教育部、国务院法制办、广电总局、新闻出版总署等有关部委联合召开了第一次部级联席会议，讨论并通过文化共享工程“十一五”发展规划纲要。

5月16日–10月28日，文化共享工程在江西省于都县举办“文化共享长征行”启动仪式，途经15个省（区），10月28日在延安举行“文化共享长征行大会师”　暨总结表彰大会。

5月17日，文化共享工程被列入中共中央办公厅、国务院办公厅印发的《2006—2020年国家信息化发展战略》。文件指出“依托文化共享工程，积极开展国民信息技能教育和培训”。

6月15日，文化部印发《全国文化信息资源共享工程“十一五”规划》。

6月22–24日，在贵阳举行全国文化信息资源共享工程经验交流会。国务委员陈至立出席会议并作重要指示。

9月，中共中央办公厅、国务院办公厅发布了《国家“十一五”时期文化发展规划纲要》。要求文化共享工程“以农村为重点，建设电子图书、舞台艺术、知识讲座和影视节目等数字资源库，基本完成全国市、县和乡镇分中心建设，推进文化资源数字化，促进文化信息资源共享”。

9月18–19日，在山东济南召开全国文化信息资源共享工程试点工作会议。

9月28日，文化部办公厅正式印发《全国文化信息资源共享工程试点工作方案》等文件的通知。

9月29日，中央电视台《决策者说》栏目播出文化共享工程专访节目，文化部副部长周和平同志作为主嘉宾接受了采访。

11月，管理中心在国务院新闻办公室主办的“中国人权展”推出文化共享工程网站相关资源。

2007年

11月，管理中心主任张彦博、资源建设处刘红、技术管理处范雪前往天津洽谈文化共享工程与有线数字电视合作事宜。

11月25日，管理中心主任张彦博、技术管理处罗云川、吴晓全国文化信息资源共享工程南方（浙江）镜像站在浙江图书馆正式开通。这是全国第一个同步更新的镜像站。浙江杭州参加文化共享工程及镜像站开通仪式。

11月10日，管理中心与中国教育电视台举行了卫星传输合作签约仪式。

11月3–4日，管理中心主任张彦博、专家孙承鉴、综合处处长王芬林前往福建泉州参加有北京、上海、天津、山西、陕西、四川、广西、吉林、福建等省主管馆长参加的全国文化信息资源共享工程下一步发展思路研讨会，会议针对（一）回顾总结十六大以来文化共享工程所取得的实施成果和经验教训。（二）文化信息资源建设如何实现全国一盘棋，统筹规划共建共享、避免重复建设？（三）各地有哪些新的技术实现模式，能够更好地提供数字资源服务？（四）制约文化共享工程大发展的突出问题有哪些？如何解决这些问题？（五）如何建立文化共享工程的绩效考评指标体系？等方面展开了讨论。

10月15–20日，运行保障处孟祥也、技术管理处吴晓前往新疆克拉玛依开展文化共享工程培训，来自各地区共有人员70名参加。

10月15日，管理中心主任张彦博和综合处处长王芬林接待了非洲文化人士一行17人，介绍了文化共享工程相关情况并前往顺义北郎中村基层点参观调研。

10月11日，管理中心副主任崔建飞、资源建设处副处长赵保颖、技术管理处副处长罗云川参加了“iPRES 2007数字资源长期保存国际会议”。技术管理处副处长罗云川就“多媒体数字资源的长期保存—在文化共享工程中的初步实践”做了英文发言，介绍了文化共享工程在多媒体数字资源的创建与保存中的部分实践，就工程未来资源保存与服务问题做了探讨，并回答了中外与会专家的相关问题。iPRES作为数字资源长期保存领域唯一的国际会议，已由中国、德国、美国成功举办，该会议旨在探讨数字资源长期保存领域的进展，推动数字资源长期保存的研究和实践。参加此次国际会议，使文化共享工程在数字资源研究领域获得世界同行的关注，有利于在未解、未知的问题上寻求更好的解决方案。

10月8日–9日，管理中心主任张彦博和技术处副处长罗云川前往杭州参加浙江数字图书馆会议。

9月20日，管理中心主任张彦博和副主任张晓星接待新加坡客人，就共享工程建设进行了交流。

9月20日，管理中心综合处处长王芬林向肯尼亚客人介绍了共享工程情况。

9月17日，管理中心主任张彦博和副主任崔建飞在北京国谊宾馆由文化部组织的全国各文化厅（局）负责人参加的全国文化信息资源共享工程签约会议，会上周和平副部长针对文化共享工程发展作重要讲话；下午召开了全国文化信息资源共享工程农村服务工作座谈会议，与参会的农村代表亲切交谈。

9月10–13日，管理中心举办省分中心技术师资培训班，来自各省、自治区、直辖市分中心相关负责人和技术人员共计73人参加，会议由管理中心副主任张晓星主持，中心主任张彦博作重要发言。培训内容包括县支中心系统配置标准、文化共享工程“县级版”资源介绍、市县支中心技术培训参考教材的讲授、同方电子期刊—中国农业知识仓库应用系统、SQL SERVER数据库、SQL SERVER上机、文化共享工程资源相关应用系统软件培训等。这次培训旨在为各省级分中心培训技术骨干，再由他们结合各省实际情况，进一步将所学内容以适合本省的方式教授给各基层技术人员及工作人员。课程结束后，管理中心将对此次培训班的学员进行考核，并为成绩合格的学员颁发结业证书。

8月28–31日，管理中心张晓星主任前往新加坡在新加坡举办的“DC2007：都柏林核心元数据应用国际会议”，并在会上作重点发言。此次会议讨论的主题是“应用Profiles：理论和实践”。这一主题与数字信息资源从“加工–保存–检索–服务”整个流程的标准规范密切相关。参加此次国际会议，不仅有利于开拓文化共享工程建设思路，而且有利于提升文化共享工程的国际知名度和影响力。

7月27日，管理中心张晓星副主任参加国家广电总局召开专门会议，研究布署卫星转星相关事宜。

7月26–29日，管理中心崔建飞副主任、资源建设处赵保颖副处长、程志峰前往河南郑州参加试点八省资源建设会议。

7月18日，周和平副部长率文化部相关司局及共享工程国家中心的同志到银川与自治区分管副主席张来武和有关方面的同志进行了磋商，

7月11日至13日，根据至立同志赴宁考察提出的在宁夏五十周年大庆前实现文化信息资源共享工程在宁夏全覆盖的指示，管理中心配合文化部组成工作组，对宁夏共享工程及其他相关网络的建设情况进行调研。

7月17日– 管理中心陪同绩效考评专家组分别前往山东、河南、河北开展基层绩效评估调研。

7月17日–19日，孙承鉴和吴晓前往山东济南参加山东省市级馆文化共享工程人员培训。

6月30日，举办中组部远程开设“文化共享工程”专栏的开通仪式。

6月25日，管理中心与国家信息中心联合发文，在福建、江西省开展试点，利用国家政务外网平台开展全国文化信息资源共享工程应用。

6月16日，中共中央政治局召开会议，研究加强公共文化服务体系建设，其中会议强调，当前，要大力加强重大公益

性文化工程建设，认真组织实施广播电视村村通、全国文化信息资源共享工程、乡镇综合文化站和基层文化阵地建设、农村电影放映、农家书屋建设等公共文化服务工程。

5月17-18日，管理中心举办由部分省分中心技术骨干参加的文化共享工程基层点建设小型 技术交流会，对各地试点建设进展及相关问题进行了介绍，对下一步建设提出意见和建议。

5月1-7日，管理中心办公区域调整施工。

4月23日，管理中心三位主任分别前往河北、深圳、广西参加当地举办的世界读书日相关活动。在活动中，国家中心将精心制作的一批视频资源光盘及电子图书卡赠送基层服务点使用。

4月20-22日，管理中心规划发展处刘刚处长和资源建设处程志峰前往山西开展基层调研。

4月14-18日，管理中心运行保障处专人前往天津，配合天津分中心开展技术培训等相关工作。

4月10日，文化部财政部在安徽合肥共同组织召开全国文化共享工程工作会议，文化部副部长周和平、财政部副部长张少春、安徽省委常委、宣传部部长臧世凯出席会议。会议由文化部社图司司长张旭主持，计财司司长李雄，办公厅副主任陆耀儒，社图司副司长刘小琴，管理中心主任张彦博，财政部教科文司司长赵路、副司长王家新和安徽省政府副秘书长谢广祥、省文化厅厅长杨果、省财政部厅副厅长汪建国、省文化厅副厅长田传江、各地区文化厅局、财政局相关领导出席，会议讨论了如何进一步推进全国文化信息资源共享工程的工作。周和平副部长、张少春副部长作重要发言，山东省、北京市、河南省、湖北省与会代表在会上发言并介绍了经验。

3月28日，管理中心召开机房改造专家论证会，讨论机房改造相关事宜。

3月24日，中央台《焦点访谈》栏目播出"文化共享工程"专题。

3月11-24日，管理中心运行保障处相关同志前往山西开展原建卫星小站升级和迁移工作。

3月5日，国务院总理温家宝在第十届全国人民代表大会第五次会议作政府工作报告时两次提到共享工程，指出：突出抓好全国文化信息资源共享工程；全国文化信息资源共享工程建设继续推进。

1月26-27日，管理中心组织召开了"2007年共享工程试点工作资源建设专家评审会"，来自中组部、农业部、教育部、文化部以及高校的专家组成评审专家组，文化部社会文化司副司长刘小琴任专家组组长，对8个试点省提交的资源申报项目进行了评审。

1月23-25日，管理中心主任张彦博、专家咨询委员会主任孙承鉴、技术管理处吴晓前往青岛调研文化共享机的使用。

1月19-20日，管理中心召开中层以上干部研讨会，针对阻碍工程发展的问题，从中心基础建设、工程定位、资源建设、技术管理、卫星服务、合作共建、基层点管理等各方面提出了自己的看法及相应解决办法，

1月16-18日，管理中心副主任张晓星、技术管理处副处长罗云川、胡晓峰前往广州调研基层点建设情况。

1月中旬，管理中心运行保障处相关人员分别前往山西、内蒙、黑龙江、吉林、辽宁等地，对各地的原建卫星小站情况进行调研。

1月12-14日，管理中心主任张彦博、技术管理处副处长罗云川前往陕西调研试点县情况及移动播放器的使用情况。

1月8-11日，管理中心在北京召开试点工作资源建设业务培训班，针对《全国文化信息资源试点工作资源建设指南》的内容对各省分中心试点资源建设的专职人员进行了培训。

1月8日，中共中央政治局常委李长春主持召开会议，听取全国文化信息资源共享工程建设情况汇报，讨论和研究了有关问题，部署了下一步工作。中共中央政局委员、书记处书记、中宣部部长刘云山，国务委员陈至立出席会议。中宣部、国务院办公厅、发改委、财政部、文化部有关负责同志参加会议。（管理中心主任张彦博、规划发展处处长刘刚、技术管理处副处长罗云川参加）会上由文化部副部长周和平做专题汇报，李长春同志作出重要指示。

2008年

12月19日，管理中心在国家图书馆新馆电子阅览室组织开展"改革开放30年网上专题库网"现场活动。

12月17日至18日，2008年全国文化信息资源共享工程督导工作总结会在北京举行，15个督导工作组汇报了全国30个省、自治区、直辖市的文化共享工程建设及服务情况，文化部副部长周和平出席，会议由管理中心主任张彦博主持。

12月13日—22日，管理中心在国家图书馆文津厅举办"文化繁荣 岁月如歌—改革开放三十年文化成就展"。

12月10至11日，管理中心组织各部门负责人在友谊宾馆召开中心2009年工作计划研讨会。各部门总结了2008年工作情况，根据2009年是文化共享工程发展最重要的一年，按照资源为核心，技术为通道的原则，对中心2009年工作提出建

设性的意见。

11–12月，文化部组织开展2008年文化共享工程建设督导工作，组建15个督导组奔赴全国各地，检查2007年度基层服务网点建设完成情况，2008年度工作进展以及乡镇综合文化站内容建设的计划。

11月12日，管理中心主任张彦博应中欧信息社会项目年会组委会的邀请，作了题为“文化共享工程对消除数字鸿沟的作用”的主题演讲。

11月6日，管理中心主任张彦博参加在京举办的数字图书馆高层论坛首届年会，并作了题为“文化共享工程数字资源长期保存的策略与挑战”的主题演讲。

11月5日，管理中心荣誉顾问孙承鉴、技术管理处副处长罗云川参加在京召开的“国家政务外网建设和应用情况汇报交流会”，罗云川在主题发言中介绍了文化共享工程与国家信息中心合作一年来政务外网的使用情况。

10月28日，管理中心首次利用文化共享工程网络视频直播平台现场直播了“2008年中国图书馆学会年会”的开幕式和主题发言。

10月20日，由文化部全国文化信息资源建设管理中心和国家图书馆共同主办的“灾区重建智力支持业务培训班”在国家图书馆开班。来自四川、甘肃、陕西三省受灾市县图书馆的学员参加了培训。

10月10日，管理中心轮值主办了全国数字图书馆建设与服务联席会议第六次会议。会议主题：数字图书馆服务政策。会议代表先后就本单位数字图书馆服务政策发言，并就拟起草数字图书馆服务通则文本达成共识。

10月9日至12日，中国共产党第十七届中央委员会第三次会议通过的《中共中央关于推进农村改革发展若干重大问题的决定》上提出“推进广播电视村村通、文化信息资源共享、乡镇综合站和村文化室建设、农村电影放映、农家书屋等重点文化惠民工程，建立稳定的农村文化投入保障机制，尽快形成完备的农村公共文化服务体系。

9月29日，管理中心在国家图书馆举办了“八音和谐庆国庆”网上答题活动。

9月26至27日，管理中心组织召开“2006年文化共享工程试点资源建设项目验收会议”，对2006年中央财政投资支持的西部八省试点资源建设项目实施验收。文化部、管理中心及各地图书馆的6位专家组成专家委员会，社图司副司长刘小琴担任专家委员会主任。

9月22日至24日，管理中心在京举办“全国文化信息资源共享工程基层点服务经验交流会”（暨专兼职工作人员培训班），社图司司长张旭，管理中心副主任张晓星、崔建飞，来自全国35个优秀基层服务点的工作人员参加此次会议。

在文化共享工程网站主页发布政府信息公开专栏。

9月9日，管理中心在国家图书馆二期暨国家数字图书馆设立了全国文化信息资源共享工程资源体验区。

9月6日，中共中央政治局委员、国务委员刘延东同志2008年9月6日在《文化要情》第89期“文化共享工程加大力度，狠抓落实，持续推进”上批示：文化共享工程是网络时代文化建设的必要措施。希望总结经验、开拓创新、拓宽领域、完善机制，使之更好发挥作用。

8月22日，管理中心经过多方调研、讨论，专家审定，拟写完成《2008年度全国文化信息资源共享工程支中心和基层服务点配置标准》，并由全国文化信息资源共享工程领导小组办公室正式发文。

8月14日，管理中心经过多方调研、讨论，拟写完成《全国文化信息资源共享工程培训工作规划（2008–2010年）》，并由全国文化信息资源共享工程领导小组办公室正式发文。

7月22–23日，管理中心在北京召开全国文化信息资源共享工程馆长研讨班暨工作交流会。管理中心主任张彦博、副主任张晓星、崔建飞，以及全国27个省市的31位省级图书馆的馆长、副馆长参会。

7月9日，管理中心主任张彦博在北京参加全国数字图书馆建设与服务联席会议第五次会议。

7月1日，管理中心与国家图书馆在国家图书馆文津厅举行合作签字仪式。标志着国家数字图书馆丰富的数字文化资源通过全国文化信息资源共享工程网络系统服务社会公众。

6月30日，文化部部长蔡武在四川灾区考察时强调，今、明两年，在乡镇综合文化站建设、全国文化信息资源共享工程等文化项目专项资金使用安排上向灾区倾斜。在确保安全的情况下，尽快在灾区安置点等地组织开展公益电影放映、图书借阅服务、建设文化信息资源共享工程站点等。

6月16日–19日，在浙江省杭州市举办文化共享工程省分中心师资技能培训班。

6月16日，管理中心与国家扶贫办在河北沧州市举行“雨露计划　文化共享”项目合作仪式。

6月5日，中心政务外网下载资源专区正式开通并开始使用。

抗震救灾

5月12日，四川汶川发生8级大地震后，管理中心紧急行动，通过文化共享工程网站，加强抗震救灾的信息报道，编辑加工抗灾知识；整合关于抗震救灾的各类视频资源，发送慰问信等。

5月21日，向文化共享工程四川省级分中心10万元经费用于被损毁设备的维修；

5月24日，由管理中心王军、薛征前往四川成都四川省级分中心送交抗震救灾资源，共10套光盘，140张（加工制作费1.027万元）；

5月31日，6月1日，管理中心主任张彦博、规划发展处处长刘刚、团委书记于洋前往四川；技术管理处副处长罗云川、运行保障处副处长蒋卫东前往陕西、甘肃开展文化共享工程赈灾行为，为灾区提供灌装20台移播宝、9台山东文化共享机资源，每台设备灌装了200G数字资源（12.82万元）；

6月3日晚，向四川灾区航运快递了20台文化共享工程设备（60万元）；根据部里统一安排，多次为灾区捐款：第一次7750元；第二次为灾区文化系统11000元；特殊团费130元；特殊党费15800元。截止到6月6日，管理中心向灾区捐款捐物达87.315万元。

5月24日，中共中央政治局委员、国务委员刘延东同志批示："全国文化信息资源共享工程在各方努力下，进展迅速，富有成效。今后安排重点突出，针对性强，望再接再厉，大力推进，使这项利民惠民工程取得更大进展。"

5月22日至24日，为贯彻落实中央领导同志关于文化共享工程要"继续加大力度，狠抓落实"的批示精神，总结工作，交流经验，部署安排今后一个阶段的工作任务，文化部在山东济南召开文化共享工程工作会议。文化部副部长周和平，山东省副省长黄胜，省政府副秘书长司安民，文化部社会文化司副司长刘小琴、关远芳，文化部全国文化信息资源建设管理中心主任张彦博，国家图书馆馆长詹福瑞出席会议，各省、自治区、直辖市文化厅（局）长、省级分中心主任参加会议。

5月16日，中共中央政治局常委李长春同志在文化部《关于全国文化信息资源共享工程进展情况的报告》上批示要"继续加大力度，狠抓落实。"

5月，管理中心整合下发"科技视频及经营管理培训视频"资源。通过文化共享工程网站镜像站向基层群众提供服务，并按照每个试点县（2006年）1张检索阅读卡、2套资源目录手册、50份资源使用说明的分配方法下发至各省分中心，由省分中心在5月下发至本省试点县使用。

5月3日，管理中心举办的"文化共享奥运行"在海南三亚启动。

4月30日至5月6日，中共中央政治局常委李长春同志先后到辽宁大连、沈阳等地调研，在于洪区李长春同志参观文化共享工程基层服务点时指出，要继续加大全国文化信息资源共享工程建设力度，让更多的基层群众享受到文化建设和信息化、网络化发展的成果。

4月17-18日，管理中心主任张彦博前往四川省凉山彝族自治州，考察调研文化共享工程在少数民族地区的建设与服务。

4月14日-16日，管理中心在成都举办全国文化信息资源共享工程馆长研讨班暨技术经验交流会。文化部副部长周和平、社图司副司长李宏、四川省政府副秘书长陈保明、文化厅党组书记、厅长郑晓幸、副厅长胡继先、管理中心主任张彦博，以及国家信息中心和国家图书馆代表、文化共享工程各省级分中心主管馆长、技术负责人共90人参加会议。会议针对文化共享工程总体技术进展、数字图书馆工程建设及与共享工程合作共建思路、电子政务外网建设及应用、部分省级分中心经验介绍等方面进行了交流，会上周和平副部长作重要讲话。

4月8日，管理中心与中央党校签订合作协议 。

4月8日，管理中心主任张彦博、综合管理处处长王芬林、技术管理处副处长罗云川前往广西参加全国数字图书馆联席会议，并考察调研广西文化共享工程建设和古籍保护工作。

3月31日，在管理中心会议室任继愈先生与中心员工座谈，就国学普及、中国文化发展和传播，以及树立终身学习观等问题与中心员工进行了广泛深入的交流。

3月13日，周和平副部长在两会期间接受中外媒体采访时指出：温家宝总理在政府工作报告中提到的文化共享工程是目前列入国家计划而实施的重大文化工程，受到基层的普遍欢迎，并将在2010年实现"村村通"。在谈到下一步工作时周部长强调，要加大重点工程实施力度，到2010年文化共享工程资源总量要达到10万小时，即100TB，每个乡镇和村都要建立基层服务点，使覆盖城乡的文化服务体系在"十一五"期间完成。

3月7日，周和平副部长在中央电视台《新闻会客厅》节目指出，农民首先关心的是自己的富裕问题，也就是民生问题。大家最感兴趣的就是致富信息，比如说农作物的种植、农产品加工知识等，这是第一位的。另外就是有吸引力的文艺节目，特别是地方戏曲。戏曲带有地域性的特点，宣扬的是一些优秀传统道德观念。以前很多农民不识字，对于这些道理和知识，对于中华文化的了解，通常是通过看戏来传承的。文化共享工程就是这样一个项目，它利用现代的科学技术，通过互联网、卫星等多种方式传播这些数字资源。

周部长强调，要倡导运用现代科学技术反映农村生活的表现形式。文化共享工程可以通过购买版权的方式，整合这些基层文化工作者创作的优秀资源。

3月6日，管理中心组织全体员工学习温家宝总理政府工作报告，中心主任张彦博讲话并结合温总理报告对管理中心2008年工作进行部署。

3月5日，国务院总理温家宝在第十一届全国人民代表大会第一次会议上作政府工作报告两次提到文化共享工程。温家宝在回顾过去的五年工作时指出，全国财政用于文化体育事业支出五年累计3104亿元，比前五年增长1.3倍。县乡两级公共文化服务体系初步形成，基本实现了县县有图书馆、文化馆。全国文化信息资源共享工程、广播电视村村通工程等基层文化设施建设扎实推进。温家宝在谈到2008年的主要任务时强调，要深化文化体制改革，推动文化大发展大繁荣。他指出，要加大政府投入力度，加快构建覆盖全社会的公共文化服务体系，加强公益性文化事业建设，特别是加强社区和乡村文化设施建设。加快乡镇综合文化站建设。推进全国文化信息共享、广播电视村村通、农家书屋和农村电影放映工程。

2月29日–3月2日，管理中心主任张彦博、综合管理处处长王芬林、技术管理处副处长罗云川前往湖北武汉调研。

2月26日–27日，26日管理中心在北京举办试点资源建设项目方案专家评审会，试点14省馆长或主管文化共享工程工作的副馆长参加了会议。项目评审采取陈述、答辩与评议相结合的形式进行。27日，管理中心在评审会期间召开了资源建设座谈会，14省分中心的负责人及代表参加座谈，讨论了文化共享工程近年来资源建设的经验与教训，研究了迎奥运、纪念改革开放三十周年和利用政务外网传输资源等工作。

2月23日，管理中心主任张彦博在国谊宾馆参加2008年全国文化厅局长会议。会议的主要任务是高举中国特色社会主义伟大旗帜，以邓小平理论和“三个代表”重要思想为指导，深入贯彻落实科学发展观，认真学习、全面领会和深入贯彻落实党的十七大和全国宣传思想工作会议精神，总结2007年文化工作，部署2008年文化工作，努力开创文化工作新局面，积极推动社会主义文化大发展大繁荣。文化部党组书记、副部长于幼军出席会议并代表党组作工作报告。

2月4日，管理中心为总结经验，表彰先进，进一步调动参与文化共享工程宣传工作的积极性，决定授予梁勇等10名同志“文化共享工程十佳通讯员”荣誉称号，授予王菲菲等10名同志“文化共享工程优秀通讯员”荣誉称号。

同时，经过专家认真评审，对“文化共享工程工作摄影图片征集活动”中徐欣禄等同志拍摄的35幅照片提出表彰。

2月2日，管理中心在辽宁省东港市举行了“全国文化共享工程：共享文化幸福花乡村服务活动”，为东港市支中心、东港市孤山镇基层服务点及沙家屯村基层服务点捐赠两套文化共享工程基层点设备和最新的文化资源。管理中心主任张彦博、辽宁省文化厅副厅长刘文艳出席了此次活动，并分别作了讲话。

节日期间，东港市利用这些设备开展了电影放映等丰富多彩的服务活动，及时为基层群众奉上了一份春节文化大餐。

1月31日，管理中心举行全员总结会。会议首先由各部门负责人进行年终述职，对本部门及个人2007年的工作进行总结；发放全员考核表进行无记名投票推选优秀员工；由张彦博主任宣布《关于聘任琚存华的通知》；最后由张彦博主任作总结发言。

1月25日，管理中心通过各省级分中心为基层下发“共享文化幸福花”大礼箱，内容包括全国第八届“群星奖”获奖剧目、2007年新版农业技术（进城务工培训为主）专题片以及奥运知识和健身运动的电子图书。

1月19日，在北京举办了文化共享工程督导总结会，文化部副部长周和平作重要讲话。参加此次会议的还有社会文化司司长张旭、副司长刘小琴，管理中心主任张彦博、副主任张晓星、崔建飞，以及15个督导组的53名成员。会上由15个督导组分别介绍督导地区情况，并分组讨论《督导工作情况通报》（讨论稿），同时对文化共享工程的发展、督导工作提出了意见和建议。

1月18日，管理中心通过各省级分中心为基层下发以舞台艺术、农业技术、电子图书为主要内容的《中国京剧音配像精粹》精品光盘资源，以丰富基层群众节日文化生活。

深入学习科学发展观

10月5日，管理中心党支部书记张彦博召集管理中心领导班子扩大会议，贯彻落实文化部动员大会精神，研究部署管理中心开展深入学习实践科学发展观活动工作。

10月9日，管理中心召开全体员工大会，对开展学习实践活动进行动员部署。

10月14日，管理中心组织处级以上党员领导干部学习会及全体党员参加的学习实践活动专题民主生活会。

12月9日，组织召开管理中心民主生活会。根据实际情况，撰写管理中心学习实践科学发展观活动分析检查报告。

2009年

12月25日，在北京召开文化共享工程部委版网站推广暨意见征集会。之前，文化部办公厅为此专门下发了《文化部办公厅关于请协助为全国文化信息资源共享工程提供“庆祝中华人民共和国成立60周年献礼演出”节目的函》（〔2009〕467号）支持管理中心此次征集工作。

12月24日—12月25日，中心主任参加文化部2009年工作总结会议。

12月23日，召开国家图书馆数字资源统计标准项目专家会。

12月19、21日，分别在友谊宾馆与管理中心召开2009年文化共享工程督导工作总结会议，并进行干部任用满意度测评。

12月15日，学习“双百”人物征文活动截稿。

12月13日—12月16日，在重庆市分中心举办全国文化共享工程《中国文化报》通讯员培训班。

12月11日，文化部人事司对管理中心领导班子及成员进行2009年度考核。

12月8日，根据2009年11月26日《文化部人事司关于同意聘任罗云川为主任助理的批复》（人函【2009】359号）意见，罗云川同志被聘为文化部全国文化信息资源建设管理中心主任助理。

12月3日，在国家图书馆新馆电子阅览室举办“双百人物 感召中国”文化共享工程网上有奖答题活动。

12月1日，管理中心完成了2009年度省级分中心培训工作年终评审。

12月1日，中共中央政治局常委李长春和同行的中央中央政治局委员、中央书记处书记、中宣部部长刘云山，在湖南省岳阳考察了文化事业发展情况，实地察看了文化共享工程平江县伍市镇基层服务点，仔细了解基层文化设施建设和运行情况。

11月15日至11月22日，综合管理处处长赵保颖参加云南、广西百年馆庆活动。

11月13日，《文化信息》第156期在开篇刊发《文化共享工程知识与技能竞赛活动成效显著》。

11月12日至11月14日，在北京西苑宾馆召开“公共图书馆评估工作会议”；部署2009年度文化共享工程督导工作。随后，管理中心选派15人加入10个公共图书馆评估组，分赴西藏之外的全国各地对2009年度文化共享工程的建设实施情况进行督导。

11月11日，举办管理中心《规章制度》与《计算机操作规范》员工培训。

11月8日至9日，管理中心主任张彦博等参加第八次数字图书馆建设与服务联席会议。

11月7日，中共中央政治局委员、国务委员刘延东在出席第十一届吴桥国际杂技节闭幕式期间，考察了河北省文化共享工程基层工作。陪同考察的还有文化部部长蔡武等有关负责人。

11月4日，《文化要情》第124期刊发《文化共享工程系统多渠道广泛宣传“双百”人物事迹》。

10月30日，文化共享工程荣获中国电子政务优秀应用成果“十佳电子政务公共服务优秀应用案例”称号。

10月30日，文化部副部长周和平在安徽省文化厅厅长杨果等有关负责同志的陪同下，到安徽怀宁县考察当地文化共享工程工作。

10月27日，文化部向管理中心发来感谢信，特为管理中心大力支持文化部工作，圆满完成在北京举办的“辉煌60年”——中华人民共和国成立60周年成就展的参展任务，以及在展览中通过文化共享工程系统所展示的各种服务模式，所引起的广泛关注和社会反响表示衷心感谢。

10月23日，文化部副部长周和平为“文化共享杯”发去贺信——《建立一支“服务人民、竭诚奉献”的文化共享工程服务队伍》，并代表文化部表示热烈祝贺。

10月23日至10月26日，在浙江省杭州市萧山区支中心举行“文化共享杯——全国文化信息资源共享工程知识与技能竞赛”。 四川代表队荣获一等奖，山东代表队荣获二等奖，吉林代表队和贵州代表队荣获三等奖。本次竞赛全程通过网络进行直播。福建省分中心承担摄像和后期制作。

10月20日，管理中心在全国文化共享工程系统内下发通知组织开展学习“双百”人物有奖征文活动。

10月19日，管理中心在北京组织召开全国文化信息资源共享工程2009年讲座类资源公开征集专家评审会。

10月17日，中央电视台新闻频道播出的专题节目《走进辉煌60年成就展特别关注》中，对文化共享工程的服务模式和本次参展情况进行了特别报道。

10月11日，在《光明日报》的“李景源等主持研究的《中国公共文化服务发展报告》显示，我国初步形成覆盖全国城乡的公共文化服务体系”一文中，通过多项具体数据，体现出中央大力实施文化共享工程建设对我国公共文化服务体系的不断完善具有重要意义。

10月9日，在《人民日报》第八版《兴邦之路更辉煌——新中国六十周年成就展国庆掠影》中，对参加新中国成立60周年成就展的全国文化共享工程展位情况进行了报道。

9月29日，文化部部长蔡武在“新中国成立60年来特别是改革开放30年来中国文化事业的发展成就”的新闻发布会上指出，2010年将实现文化信息资源共享“村村通”，从而缩小城乡之间的数字鸿沟。

9月27日，管理中心在北京举办艺术类资源公开征集专家评审会。

9月20日，北京电视台《北京新闻》对在北京展览馆举办的“辉煌六十年——中华人民共和国成立60周年成就展”进行的专题报道中，对文化共享工程展位进行了展示。

9月19日至10月20日，管理中心按文化部统一安排，作为新中国成立以来文化建设重要成果之一，参加在北京展览馆举行的“辉煌六十年——中华人民共和国成立60周年成就展”。

9月19日，北京电视台第一频道《BTV特别关注》栏目，对管理中心策划设计、并于9月15日在国家图书馆展出的《国事盛典，文化印证》大型展览进行了报道。

9月18日，财政部教科文司宋文玉处长与杜芳同志应管理中心邀请，在文化部计财司同志陪同下，来管理中心进行调研，全面了解了全国文化共享工程的建设情况及经费状况，并就相关问题与管理中心负责同志进行了交流和探讨。

9月15日--10月9日，管理中心在国家图书馆紫竹厅举办《国事盛典 文化印证》图片展。

9月14日，中共中央政治局常委李长春在“100位为新中国成立作出突出贡献的英雄模范人物和100位新中国成立以来感动中国人物”代表座谈会上强调，要深入开展学习宣传“双百”人物活动，要广泛组织学习“双百”人物活动，努力在全社会掀起学习英雄模范、崇尚英雄模范的热潮。通过宣传栏、黑板报、文化信息资源共享工程和现代传播工具等多种载体、多种渠道，广泛传播“双百”人物的感人事迹和崇高精神，让更多的群众受到教育和激励。

9月10日，邀请北大教授郑栩建先生到管理中心为员工讲授《成功之路——职场要素》。

9月9日，中共中央政治局常委李长春出席国家图书馆建馆100周年庆祝大会上强调，要加快推进全国文化信息资源共享工程建设，努力把文化信息资源共享工程覆盖到基层图书馆，面向基层、面向农村积极开展数字信息服务，使图书资源最大限度地为全社会共享，最大限度地满足基层群众特别是广大农村群众的文化知识需求。

9月7日，管理中心协助福建省分中心在北京召开《闽南文化》专题库专家论证会”。

9月4日，为庆祝建国60周年，管理中心在全国启动“祖国万岁，文化共享——庆祝新中国六十华诞”主题服务活动。

8月26日至8月28日，张彦博主任在昌平参加机关党委研讨班。

8月24日，管理中心向海南省分中心发送专题资源，支持海南省分中心通过有线电视在全省播放。

8月19日，文化部下发《关于张小星转聘的通知》（文人函[2009]1657号）。通知明确，不再聘任张小星为文化部全国文化信息资源建设管理中心副主任，转聘为中心总工程师（保留副局级待遇）。

8月17日至22日，在拉萨举办西藏文化共享工程县级支中心培训班，有24个县级支中心的42人参加了培训。

8月7日，管理中心组织召开了全国文化信息资源共享工程2009年农业资源公开征集专家评审会。

8月6日至8日，管理中心培训指导处与国务院扶贫办培训中心组成调研组，前往山西省文化部定点扶贫的静乐县、娄繁县等地，就当地文化共享工程如何与扶贫工作相结合，达到工程效益最大化进行调研。

8月2日至7日，综合管理处副处长赵保颖参加云南组举行的2009年中国图书馆学会“志愿者行动”。

7月29日，管理中心首次利用网络直播形式开展培训。各省级分中心、市县级支中心等人员通过工程网站“网络电视”收看了管理中心资源建设处负责人就《文化共享工程资源建设标准规范应用》所进行的讲解。

7月24日，管理中心在文化共享工程网站推出“八一”建军节活动专栏，并围绕“八一”建军节开展相关服务活动。

7月27日至31日，规划发展处处长王芬林参加江西组举行的2009年中国图书馆学会“志愿者行动”。

7月25日至28日，资源建设处副处长罗云川参加海南组举行的2009年中国图书馆学会“志愿者行动”。

7月21日至24日，培训指导处处长刘刚参加宁夏组举行的2009年中国图书馆学会“志愿者行动”。

7月15日至18日，技术管理处副处长蒋卫东参加重庆组举行的2009年中国图书馆学会“志愿者行动”。

7月24日，管理中心围绕进村入户工作开展了专题讨论，并对中心下一步工作作了具体安排。

7月13日至14日，在北京社会主义学院召开20省项目专家论证会。

7月8日至9日，管理中心主任张彦博参加山西省图书馆百年馆庆。

7月5日至8日，管理中心主任张彦博赴上海参加文化部厅局长座谈会。

7月1日至3日，管理中心主任张彦博、副主任崔建飞参加文化部党代会。

6月28日，管理中心推出“党旗飘扬 祖国万岁”主题活动。

6月26日至6月27日，组织管理中心全体党员与积极分子参观天津周邓纪念馆。

6月21日至6月24日，在新疆维吾尔自治区图书馆举办少数民族语言译制工作培训班。

6月20日，管理中心主任张彦博参加文化部人事司在文化管理干部学院举办的文化部第一期全国文化站长培训班，向学员介绍了文化共享工程的总体情况，并就文化站如何做好文化共享工程基层服务点的工作与学员进行了深入的交流和沟通。

6月17日至19日，管理中心主任张彦博参加张家港文化共享工程会议。

6月17日至18日，管理中心副主任崔建飞一行3人参加区域数字图书馆论坛会议。

6月12日，中共中央政治局常委李长春在会见全国少数民族文化工作会议代表时强调要加强少数民族地区公共文化基础设施建设，实施好全国文化信息资源共享工程。

6月8日至10日，在辽宁举办了《全国文化信息资源共享工程进村入户工作现场会》。文化部部长蔡武在会上指出，要学习借鉴辽宁省经验，因地制宜，选择适合自身发展的模式，广开渠道，快速、全面推进文化信息共享工程建设，使文化信息共享工程不仅送到村，还送进千家万户，为广大基层群众提供更加便捷优质的服务。

6月8日，在“CCTV-3”戏曲采风栏目中报道“迎六一”主题活动。

6月7日，中共中央政治局常委李长春近日在浙江调研，先后到义乌市后宅街道李祖村和嘉兴市支中心大桥分馆，实地考察当地文化共享工程工作。

6月4日—6月12日，审计署文化体育局来中心作绩效评估审计。

6月3日，参加文化部庆祝建国60周年合唱比赛，荣获三等奖。

6月2日，“CCTV-3” 报道“文化共享工程庆‘六一’--让孩子共享传统文化”；中央人民广播电台的新闻节目中也播报了“迎六一”主题活动情况；中国文化报、经济日报、新京报、中国网和中国文明网也均于“六一节”前后报道了此次活动。

5月31日，在“CCTV-新闻频道”中的“快乐的节日，多彩的生活” 对文化共享主题活动进行了报道。

5月26日，在湖南举办中国戏曲动画开播仪式；并在北京海淀区行知实验学校，举办“迎六一 颂祖国 赏戏曲 唱理想”文化共享主题活动。

5月24日至5月26日，在安徽省图书馆举办全国文化信息资源共享工程省级分中心师资暨运行管理系统培训班。

5月21日，组织青年员工召开管理中心团队文化专题座谈会。

5月20日，全国文化信息资源共享工程2009年少年儿童专题资源公开征集专家评审会在管理中心举行；并向各省级分中心下发县级版（分南方、北方两个版本）和乡镇版（分南方、北方两格版本）初装资源母盘、及《全国文化信息资源共享工程县级支中心基础培训教材》和《全国文化信息资源共享工程乡镇基层点基础培训教材》。

5月17日，中共中央政治局常委李长春同志冒雨到陕西省汉中市汉台区龙江镇基层服务点，考察文化共享工程工作。

5月15日，在文化报发表《汶川特大地震一周年之际，共享工程为灾区提供文化服务》稿件。

5月10日，在《中国文化报》头版刊发《共享工程推出纪念汶川大地震一周年活动》稿件。

5月9日至11日，文化部副部长周和平先后赴山东、上海考察两地文化共享工程工作。

5月5日至5月8日，在首都图书馆举办全国文化信息资源共享工程文化专题片制作基础技能培训班。

4月21日至4月23日，在河南省郑州市举办“2009年度全国文化信息资源共享工程技术交流会”。

4月20日至5月2日，在文化共享工程网站开设“鲜花送模范——劳动节专栏”。

4月17日至20日，培训指导处处长刘刚与国务院扶贫办培训中心相关人员组成调研组共同前往四川省旺苍县、河南省叶县，就农村贫困地区如何更好地开展文化共享工程服务进行调研。

4月16日，完成在政务和公益机构域名注册，中文域名分别为《国家数字文化网.公益》、《文化共享工程.公益》、《全国文化信息资源共享工程.公益》。

4月15日，《文化要情》第42期刊发《川陕甘灾区文化共享工程过渡性基层服务点已建设完成99.3%》。

4月15日，在《中国文化报》刊登《全国文化信息资源共享工程2009年少年儿童专题资源征集公告》，面向全国征集少年儿童专题资源。

4月13日，文化部副部长周和平在浙江嘉兴召开的“全国农村图书馆服务网络建设工作经验交流会议”上指出，要确保“十一五”建设目标顺利完成，进一步发挥文化共享工程社会效益。

4月12日，在《中国文化报》头版头条刊发《全民共享　服务百姓———文化共享工程成为惠及亿万群众的文化民生工程》。

4月11日，举办杭州市萧山培训基地揭牌仪式，周和平副部长等领导出席。

4月12日，编发《工作简报》纪念管理中心成立5周年专刊，纪念管理中心成立5周年和文化共享工程启动7周年。

4月10日，在文化共享工程网站发布《文化部全国文化信息资源建设管理中心成立五周年专稿》；在《中国文化报》刊发《五年回望　再续辉煌》图文彩色整版。

4月9日至11日，文化部副部长周和平出席在浙江省台州市召开的全国推动公共文化服务体系建设现场交流会，并考察当地文化共享工程基层服务点工作。

4月3日，全体团员参加文化部团委组织的植树活动。

3月31日，管理中心向中数传媒提供100小时视频资源，内容包括“影视欣赏”、“知识讲堂”、“农业技术”、“文化广角”、“舞台艺术”、“务工培训”、“科普园地”、“图书阅览”八个板块。

3月27日，管理中心与国家信息中心签订了关于合作建设文化共享工程部委版网站的合作意向书。

3月28日-4月5日，管理中心在文化共享工程网站上推出“清明鲜花献英烈”主题网上活动。此外，为响应八部委联合倡导文明环保祭扫的号召，特别设立了“文明祭扫”栏目，宣传介绍关于文明祭扫的规定和新闻报道等。

3月26日至3月31日，开展了“纪念西藏农奴解放”相关系列服务活动，并在3月28日通过远程办卫星直播了舞剧《红河谷》。

3月24日，与文化报签署2009年合作协议，新增联合举办通讯员培训班、开设四个专栏共25期等合作项目。

3月23日，管理中心向各省级分中心下发了编制文化共享工程基层服务案例的通知。

3月22日至27日，管理中心组织3个调研组分别对四川、陕西、甘肃三省进行了过渡性综合文化站基层服务点文化信息资源共享工程设备抽查验收工作。

3月19日，管理中心通过讲座技术交流QQ群，面向全国省级分中心开展讲座技术服务工作。

3月17日，汇总整理几年来管理中心印发的非正式出版物，由综合管理处统一交国家图书馆收藏。

3月13日，管理中心邀请国家一级演员、中央芭蕾舞团主要演员张剑和中央民族乐团一级演员、著名歌唱家董兰萍对全体员工进行内部培训。

3月9日，管理中心与中国图书馆学会就联合开展县级支中心人员培训达成共识。

3月4日上午，管理中心召开深入学习实践科学发展观活动总结大会，管理中心党支部书记、主任张彦博同志对管理中心深入学习实践科学发展观活动进行了总结，文化部学习实践活动第四指导检查组副组长车兆和同志出席会议并讲话。

3月3日，管理中心主任张彦博和副主任崔建飞到管理中心机房，率领技术管理处及机房维护人员，进行了实地模拟故障演练。

3月2日，管理中心主任张彦博等参加了在北京举行的“全国数字图书馆建设与服务联席会第七次会议”，并分别与浙江大学“高等学校中英文图书馆数字化国际合作计划”项目管理中心签署《数字图书馆合作共建备忘录》、与中国科学院国家科学图书馆签署《关于数字文化资源合作共建备忘录》。

3月1日至3月20　日，落实“两会”期间的值班制度，加强管理中心办公场所、网络安全监控的保障，并制定“平安单位”方案。

2月26日—2月27日，在友谊宾馆召开《全国文化信息资源共享工程2009年度资源建设与培训工作会》会议。

2月24日，在管理中心召开全体会议，宣布《关于管理中心内设机构调整的通知》、《关于调整管理中心领导分工的通知》及《关于管理中心处级干部轮岗的通知》。

2月16日，管理中心在文化共享工程卫星频道设立“应对金融危机”专区，集中投递相关数字文化资源。

2月11日至13日，由管理中心副主任张晓星、崔建飞、文化共享工程专家咨询委员会主任孙承鉴、综合管理处处长王芬林、规划发展处处长刘刚、资源建设处副处长赵保颖组成的调研组，赴辽宁开展专题调研。

2月10日至14日，中共中央政治局常委李长春在四川考察工作，长春同志强调，要以灾区文化重建为契机，进一步加快公共文化服务体系建设步伐，提高广播电视村村通、文化信息资源共享、乡镇综合文化站、社区文化活动中心、“西新工程”、农村电影放映工程、农家书屋等文化惠民工程建设水平，更好地保障人民基本文化权益。

2月10日，在文化共享工程网站开设“保经济增长，促文化共享”和“再就业培训”专栏。

2月6日，管理中心主任张彦博率调研组赴哈尔滨市，对黑龙江省文化共享工程组织开发的“远程监控软件”系统进行了调研。并于2月8日看望督导工作期间发生交通事故的工作人员。

2月4日，管理中心向各省级分中心下发《关于加强文化共享工程作用　切实做好基层文化服务工作》的通知，号召文化共享工程系统积极行动起来，充分利用文化共享工程设备和资源，在全国应对国际金融危机的行动中，发挥重要作用。

1月23日，管理中心在国家图书馆新馆数字共享空间举行“赏年画　过新年”现场有奖答题活动，为读者们送去了一道年味十足的春节网络文化大餐。

1月22日，管理中心组织全体党员集中学习“李长春同志在《求是》杂志发表的“论深入学习实践科学发展观”中的重要章节，并向全体党员印发全文。

1月20日，文化部下发《文化部关于认真贯彻中央决策部署切实做好基层公共文化服务工作的通知》。《通知》强调，要积极推进文化资源向农村和基层倾斜，大力实施文化信息资源共享、乡镇综合文化站、村文化活动室和社区文化活动中心等重大文化惠民工程，解决城乡文化发展不平衡的问题，促进文化建设与经济社会的协调发展。

1月19日，在辽宁省分中心举行文化共享工程辽宁平台开播仪式。辽宁省委书记、省人大常委会主任张文岳，辽宁省人民政府省长陈政高，文化部副部长周和平，国家广电总局副局长张海涛，辽宁省委常委、秘书长周忠轩，辽宁省政协副主席刘政奎，辽宁省委宣传部部长张江、管理中心主任张彦博出席开播仪式。

1月19日，管理中心联合北京市分中心、北京市朝阳区支中心，将“文化共享新春乐”专题资源送到闽龙陶瓷总部工业基地。1月15日，文化部人事司对管理中心领导进行考核，并由张彦博主任对2008年工作情况进行总结，根据文化部2009年工作计划要求，按照资源是核心，技术是通道的原则，提出了管理中心2009年工作计划。

1月14日，文化部副部长周和平、中央党校副校长孙庆聚、管理中心主任张彦博等领导在中央党校图书馆共同点击开通了“全国文化信息资源共享工程　中央党校版”网站。

1月7日，管理中心组织处以上干部、科级干部、青年团员、工会、无党派、党员、普通员工代表共12人一同召开领导班子分析检查报告评议会，并在会上发放群众评议表，书面征求群众意见。

1月5日，管理中心领导班子分析检查报告讨论稿形成。

2008年12月31日，2009年中央一号文件《中共中央　国务院关于2009年促进农业稳定发展农民持续增收的若干意见》全面、务实地对2009年农业农村工作提出了要求和部署。在“推进城乡经济社会发展一体化”部分中强调，要“建立稳定的农村文化投入保障机制，尽快形成完备的农村公共文化服务体系。推进广播电视村村通，文化信息资源共享、乡镇综合文化站和村文化室建设、农村电影放映、农家书屋等重点文化惠民工程”。

2011年

12月18日—29日，由文化部、财政部主办，文化部社会文化司、财政部教科文司、文化部全国文化信息资源建设管理中心承办，各省（自治区、直辖市、新疆生产建设兵团）文化厅（局）、全国文化共享工程各省级分中心协办的全国文化信息资源共享工程“十一五”成果展示活动，在北京美术馆拉开帷幕。这次活动的主题为“共享数字文化　共建和谐家园”，分项活动包括全国文化信息资源共享工程“十一五”成果展、出版《公共文化服务的创新与跨越——全国文化信息资源共享工程建设研究论文集》和召开“共享数字文化　共建和谐家园——全国文化信息资源共享工程建设论坛”。

11月24日，在云南省分中心举行由管理中心与云南省分中心联合举办的2010年云南省文化共享工程州市、县级支中心馆长研讨班暨技术交流会。

11月23日，张彦博一行来到楚雄州禄丰县仁兴镇基层服务点、和平镇基层服务点，就云南文化共享工程农民素质网络教育培训学校进行专题调研。

11月12日，在湖北省分中心举行由管理中心与湖北省分中心合作建设的《辛亥革命专题资源库》的签约仪式。

10月27日，在中央党校举行由文化部全国文化信息资源建设管理中心和中央党校图书馆、中央党校中共党史教研部合作建设《庆祝中国共产党成立九十周年专题资源库》的签字与启动仪式。

10月26日，在重庆市大足县召开全国人口文化大院师资培训班暨文化共享工程人口计生服务点经验交流大会。

10月24日至25日，由管理中心、新疆维吾尔自治区文化厅主办，文化共享工程新疆自治区分中心协办，文化共享工程培训基地（浙江省萧山区支中心）承办的2010年新疆文化共享工程市县支中心负责人内地培训班，在杭州萧山开班。

10月13日至15日，由管理中心、西藏自治区文化厅主办，文化共享工程西藏自治区分中心承办的2010年西藏文化共享工程县级支中心技术培训班在拉萨开班。

10月13日，由管理中心和中国文化报社联合主办、湖南省分中心承办的全国文化共享工程（中国文化报）通讯员工作会议，在湖南省长沙市举行。

9月30日，管理中心围绕“红色记忆振奋中国”这一主题，与北京市东城区支中心联合开展现场有奖问答、图片展览活动。并向参与有奖答题的市民赠送了精美的纪念品。

9月22日到10月22日期间，通过文化共享工程网络（http://www.ndcnc.gov.cn）播放“2010国家艺术院团优秀剧目展演”节目。精品剧目包括京剧《杨门女将》、《大闹天宫》，芭蕾舞《天鹅湖》、《牡丹亭》，儿童剧《太阳鸟》、《西游记》，话剧《红玫瑰与白玫瑰》、《都市囧人》，歌剧《霸王别姬》、《热瓦普恋歌》，音乐会《红旗飘飘》、《英雄生涯》、《江山如此多娇》等。

9月18日，由管理中心主办，重庆市少儿支中心、深圳少儿支中心、北京市分中心、天津市少儿支中心联合承办的“共建亲情纽带　共享文化资源”——共享工程服务农民工和留守儿童中秋节活动，于当日2点30分在四地同时举行。重庆涪陵区、丰都县和开县的40多名留守儿童，通过文化共享工程的基层服务点，在中秋节前夕实现了与远在北京、天津、深圳等地打工的父母的远程视频通话。

9月14日，在新中国六十一华诞前夕，在“100位为新中国成立作出突出贡献的英雄模范人物和100位新中国成立以来感动中国人物”代表座谈会召开一周年之际，由文化部全国文化信息资源建设管理中心编辑的《弘扬“双百”精神　力促文化共享》一书正式出版发行。文化部副部长杨志今为该书题写序言。

9月13日至24日，在自治区文化厅的大力支持下，管理中心携手新疆自治区分中心、先后在新疆哈巴河县和喀什市举办了2010年新疆文化共享工程县级支中心技术培训班。

9月9日上午，管理中心主任张彦博在北京参加了以“数字资源共享：机遇与挑战”为主题的第五届中美图书馆合作会议，并在会上作了题为“消弭数字鸿沟　共享文化资源”的专题报告，向来自美国、加拿大和中国各地的参会代表介绍了文化共享工程在服务网络建设、数字资源建设、传输渠道建设、合作共建、服务开展等方面进行的积极探索，以及在逐步缩小城乡差距、消弭数字鸿沟方面发挥的积极作用。

8月27日，管理中心主任张彦博到青海玉树灾区就如何发挥文化共享工程在灾区重建中的作用进行调研。

8月26至29日，中共中央政治局常委李长春同志在重庆考察工作期间，先后深入文化共享工程重庆市分中心、江北区鱼嘴镇基层服务点、涪陵区李渡街道红星村基层服务点、云阳县双江街道杏家湾社区基层服务点，考察文化共享工程基层建设和服务工作。

8月24日，管理中心主任张彦博专程参加甘肃省级分中心县级支中心技术培训班，并向舟曲灾区捐赠了管理中心加班赶制的“文化共享铸信心　齐心协力建家园”赈灾光盘和移动播放器。数字资源包括218部/集、超过100个小时的英雄模范故事、藏族文化专题片、讲座、动漫故事、舞台艺术、电影、灾后重建知识等内容。同时，张主任还向舟曲县支中心赠交了管理中心全体党员捐款购置的便携式收音机。

8月12日，文化部全国文化信息资源建设管理中心和文化部离退休人员服务中心共同在中国歌剧舞剧院虎坊桥老干部活动站举行了“文化部共享工程离退休干部基层点启动仪式”，文化部副部长杨志今出席启动仪式，并向文化部直属艺术院团14个老干部活动站赠送了共享工程设备和文化资源。

8月12日开始在文化共享工程网站开设主题专栏，包括“救援瞬间”“坚定信心共渡难关”“灾后重建”等栏目

8月10日，全国文化信息资源共享工程与中国人口文化促进会开展合作的试点启动仪式在重庆市隆重举行，仪式由重庆市文化广电局和重庆市人口计生委联合主办。

7月26日，文化部全国文化信息资源建设管理中心因发展需要，迁至新的办公地点，新址为：北京市西城区文津街7号国家图书馆古籍馆临琼楼。

7月23日，召开全体会员大会进行工会换届选举。通过等额选举，一致推选刘惠平同志担任工会主席；王芬林同志担任

工会副主席；张金亮同志为宣传委员兼学习委员；薄亮同志为文体委员兼生活委员；周蕾同志为女工委员兼经审委员。

7月19日，管理中心主任张彦博来到黑龙江省分中心，调研文化共享工程工作。张彦博主任仔细查看了黑龙江省分中心电子阅览室、主机房等基础设施以及黑龙江省分中心自主构建的图书馆自动化集群管理系统、远程监控管理系统与视频会议系统，认真听取了分中心有关负责同志关于黑龙江省文化共享工程建设与服务工作的汇报。张彦博主任还通过工作人员的演示，查看了黑龙江省分中心将为计划今年建设完成的428个乡镇服务站招标设备中的网络电视设备，并给予好评。

7月12日上午，全国“县级数字图书馆推广计划”山东省全覆盖启动仪式在省图书馆隆重举行，标志着山东省在全国第一个实现了“县级数字图书馆推广计划”的全面覆盖，同时也标志着文化共享工程在推动“县级数字图书馆推广计划”方面的工作进展显著。

7月8日，在北京组织召开“公共电子阅览室建设计划”试点工作座谈会，来自北京、天津、辽宁、上海、浙江、安徽、山东、广东、陕西等九个省市的文化厅主管领导以及文化共享工程省级分中心主要负责同志参加了座谈会。

6月21至22日，举行“全国文化信息资源共享工程2010年度数字资源公开征集会”。

6月16日，文化部办公厅下发《关于印发2009年度全国文化信息资源共享工程城市社区文化中心（街道文化站）、城市社区文化活动室设备配置标准的通知》。（办社文函【2010】308号）

6月13日，召开了端午节放假与办公区搬迁动员会议；同日管理中心整合制作了“缤纷假期　欢乐共享”专题资源，并将这批资源下发给各省级分中心、各少年儿童图书馆。

6月1日，管理中心从文化共享工程资源中精选出广大少年儿童所喜爱的动漫作品，制作成“圆梦北京　共享动漫”光盘礼盒，在中国儿童中心举行的“百名新疆民族团结小使者圆梦首都行”主题教育活动总结表彰大会现场，赠送给来自新疆的小使者们。

5月27日，由崔建飞主任组织召开第一次中心组学习。

5月24日至30日，在图书馆服务宣传周开展文化共享工程服务活动。

5月23日至24日，召开十四省资源验收评审会议，由管理中心组织专家验收组，通过听取汇报、观看数据演示、讨论评议的方式对资源建设项目进行检查验收

5月19日至21日，在辽宁省沈阳市召开“文化共享工程2010年度全国技术交流会”。

5月17至18日，开展网页设计制作培训，由首都图书馆任凯授课。

5月15日，参加文化部直属机关第2届职工运动会。

5月11日至16日，中共中央政治局委员、全国政协副主席王刚率全国政协常委视察团在山东省青岛、烟台、潍坊、济南等地就推进经济结构调整、加快经济发展方式转变进行实地考察期间，听取了山东省政协关于“文化共享工程进政协”项目的演示汇报，并对该项目表示肯定。

5月4日，管理中心与文化共享工程省级分中心联合开展少年网页设计培训暨文化共享工程少年网页设计竞赛活动，

4月29日，通过网络直播开展《信息网络传播条例》培训，请工商大学周亦鹏老师讲授网站建设内容。

4月23日，《中国文化报》头版刊发“全国文化信息资源共享工程2010年资源征集公告”

4月22日，通过网络直播形式开展版权知识培训。

4月21日，在上海举办文化共享工程中共“一大”会址纪念馆基层服务点同时正式揭牌仪式。

4月21日，在文化共享工程网站主页醒目位置打出“沉痛悼念青海玉树地震遇难同胞”的横幅，并将网站页面调整为黑白色，关闭互联网以及卫星网中的所有娱乐节目。全体员工当日着素装，举行哀悼活动，同时管理中心还采购到30套投影仪、幕布、移动播放器及音箱，整合了231GB、时长152小时的数字资源。

4月20日至5月20日，面向社会广泛开展资源征集工作。

4月14日，青海省玉树藏族自治州玉树县发生7.1级强烈地震。管理中心积极响应党中央国务院号召，按照文化部党组和各地文化部门的统一部署，举行哀悼和募捐活动，组织全体员工向玉树灾区捐款11800元。

4月7日，改版后的培训专栏上线试运行，新的栏目设有最新公告、培训资讯、培训课件、培训文件等四个子栏目。

4月2日，经民主考察，管理中心领导班子研究决定：赵保颖、罗云川、蒋卫东、李晓松等四位同志的任职如期转正。赵保颖同志担任综合管理处处长、罗云川同志担任资源建设处处长、蒋卫东同志担任技术管理处处长、李晓松同志担任规划发展处副处长。

4月1日，根据工作需要及本人申请，经管理中心领导班子研究决定，同意李晓松同志其调往文化部工作。

3月27日至28日在北京湖北大厦召开“2010年文化共享工程工作会议”，文化部党组成员、副部长杨志今出席并做重要讲话。

3月25日，在成都市成华区支中心举办了“县级数字图书馆推广计划——灾区援建行动”培训班。

3月24日，在四川成都举办“县级数字图书馆推广计划——灾区援建行动”培训，有四川、陕西、甘肃三省灾区50位学员参加。

3月24日至26日，管理中心将与国家图书馆联合在四川省开展为“县级数字图书馆推广计划——灾区援建行动”培训。

3月22日，全国文化信息资源共享工程教学培训基地在中央文化管理干部学院正式落成并举行揭牌仪式，文化部副部长杨志今出席仪式并为“培训基地”揭牌。

3月19日，管理中心向中西部地区发放了1.2万套用于个人电脑基本技能培训的光盘。教学光盘由英特尔（中国）有限公司无偿制作提供，管理中心监制完成，内容涵盖了个人电脑操作、上网教学和办公软件使用等基本技能的培训内容。

3月15日、3月26日和4月1日在四川、广东、辽宁启动“文化共享世博行”东西南北中五省市宣传月活动。

3月12日，文化部办公厅召开“文化部信访、信息、督办工作表彰大会”，文化部全国文化信息资源建设管理中心因2009年度工作成绩显著，荣获多项奖励：管理中心荣获“文化信息工作先进单位”，综合管理处范雪同志被评为“信访事项办理工作优秀承办人”，规划发展处处长王芬林同志被评为“文化信息工作先进个人”，综合管理处处长赵保颖同志被评为“办理领导同志批示及‘四会’议定事项工作优秀个人”。

3月10日，为配合春耕生产，管理中心及时整合了一批与春耕有关的农业信息资源，制成“文化共享助春耕”光盘资源，向共享工程全国各省级分中心及县级支中心下发。

3月9日，新疆生产建设兵团文化共享工程分中心的路遥、马丽两位女同志来中心工作学习相关技术应用。

3月8日，在处长助理以下员工中开展“爱岗建言”工作，并设立“爱岗建言奖”。

3月7日，《中国文化报》在第2版头条《两会的文化“关键词”——3年来代表、委员关注的文化焦点话题综述》中报道：新农村文化建设成为人大代表、政协委员关注的焦点之一，在党中央、国务院及各级党委、政府的重视和支持下，全国文化共享工程等重大文化工程的实施，使农村公共文化服务体系建设得到了加强。

3月3日至15日两会期间，部委版网站总体访问量达12085人次，被访问资源数达1581人次，被访问栏目数达43，访问量最高的栏目“文化新闻”达1261人次。电子报刊(党政参考)登录次数达7674人次。

3月2日，文化部党组成员、副部长杨志今来到文化部全国文化信息资源建设管理中心考察工作。文化部社会文化司司长于群陪同考察。

3月1日，开展OA办公自动化系统试运行。

2月28日元宵节，为3G手机用户启动了“共享花开庆元宵”猜灯谜活动。

2月23日，在文化共享工程网站和部委版网站开设“学习型党组织建设”专栏，包括在线听讲座、阅读电子书刊、观看教育影片等。

2月20日，经管理中心领导班子会议研究决定，对班子成员分工进行调整，张彦博主任，主管管理中心全面工作，分管财务处、培训指导处工作；崔建飞副主任，分管综合管理处、规划发展处工作；罗云川主任助理，分管资源建设处、技术管理处工作。

2月8日至2月28日，举办“共享花开乐万家”迎新春系列活动。管理中心已于近日向基层下发了《共享花开乐万家》资源礼箱，同时通过共享工程网络，下发了国家图书馆“县级数字图书馆推广计划”首批资源。

2月8日，特请CALIS总工程师王文清通过网络直播形式开展云计算基础知识与文化共享工程和数字图书馆建设培训，33个省级分中心的6092人在线参加了培训。

2月6日，向来宾市首批村级公共文化服务中心示范点赠送了72套包括移动播放器、投影机、音箱等文化共享工程设备并举行了赠送仪式。

2月2日，与国家图书馆联合举办“县级数字图书馆推广计划”（一期）资源安装与使用培训班，，33个省级分中心的37人参加。

2月1日，文化部在京召开全国文化信息资源共享工程督导和公共图书馆评估工作总结会议暨古籍保护工作会议；同日正式启动“县级数字图书馆推广计划”。

2月起，在文化共享工程网站开设“学习型党组织建设”专栏，包括丰富的学习型党组织建设的文件、新闻报道、相关理论、学习内容、实践活动等内容，并通过在线听讲座、阅读电子书刊、观看教育影片等形式进行广泛宣传。

1月29日，举办管理中心2009年年终总结会及联欢活动。

1月21日，全国文化信息资源共享工程"文化共享世博行"活动在上海市图书馆隆重启动。这一天正是中国2010年上海世博会开幕倒计时100天。

1月18日，揭晓学习"双百"人物有奖征文评选结果，最终评出一等奖1名、二等奖4名、三等奖10名、优秀奖10名、组织奖5名。

1月15日，管理中特聘请首都示范大学寇志刚老师讲授设备远程管理技术，并播放了黑龙江、陕西两个省级分中心制作的相关视频案例。

1月3日至5日，中心主任参加中宣部与文化部联合召开的宣传部长与文化厅局长会议。

1月起至10月，管理中心开展利用共享工程设备及资源，结合世博主题，根据各地实际情况策划形式多样的"文化共享世博行"活动。

2010年中共中央1号文件《中共中央 国务院关于加大统筹城乡发展力度进一步夯实农业农村发展基础的若干意见》，在第三部分"加快改善农村民生，缩小城乡公共事业发展差距"的"提高农村教育卫生文化事业发展水平"中，提出，建立稳定的农村文化投入保障机制，推进广播电视村村通、文化信息资源共享、乡镇综合文化站和村文化室、农村电影放映、农家书屋等重点文化惠民工程建设和综合利用，广泛开展群众性精神文明创建活动和农民健身活动。

2011年

12月20日–21日，文化部在上海召开2011年文化共享工程督导暨公共电子阅览室建设试点工作总结会议。文化部社文司司长于群出席会议并作重要讲话。文化部社文司巡视员刘小琴通报了文化共享工程暨公共电子阅览室建设试点工作督导情况，文化部全国文化信息资源建设管理中心主任张彦博通报了文化共享工程管理中心2011年的工作和2012年工作要点。

11月30日，联合中国文化报社、广西壮族自治区文化厅、中共桂林市委宣传部、桂林市文化局及桂林分中心，在广西桂林举办2011年度全国文化信息资源共享工程（中国文化报）通讯员工作会议。

1月17日–27日，通过文化共享工程网站、卫星等途径集中组织播放学习中央宣讲团成员、文化部部长蔡武在贵州省十七届六中全会精神宣讲报告会上的辅导报告。据不完全统计，全国有72383人次通过文化共享工程平台收视了蔡武部长的辅导报告，创下文化共享工程单项网络培训收视人数最高纪录。

10月14日，汶川地震灾后恢复重建总结表彰大会在北京隆重召开。管理中心规划发展处作为全国文化信息资源共享工程系统代表，被大会授予先进集体光荣称号。管理中心副主任李建军出席表彰大会。

10月12日–14日，在浙江省萧山区支中心举办第二届"文化共享杯"全国文化信息资源共享工程知识与技能竞赛总决赛。

管理中心主任张彦博应邀出席第13届亚太数字图书馆国际会议开幕式并致辞。

联合湖北省分中心启动建设的"辛亥革命专题资源库" 在文化共享工程网站推出。

于6月至7月在文化共享工程网站举办的"党旗飞扬，文化共享——全国青少年纪念建党90周年党史知识大赛"活动公布获奖名单。

于5月至8月联合文化共享工程各省级分中心，在全系统内开展了"颂歌献给党——全国文化信息资源共享工程迎接建党90周年群众歌咏活动"圆满结束。

9月27日，管理中心主任助理罗云川出席天津泰达移动图书馆开通仪式并介绍了文化共享工程资源建设及服务开展的情况。

9月14日，管理中心主任张彦博在江西参加文化部全国文化馆评估工作期间，专程赴赣州市和会昌县考察文化共享工程建设情况。

9月4日–5日，联合全国中小型公共图书馆联合会、内蒙古自治区分中心在呼和浩特市举办"文化共享工程西部8省（区）地市级支中心资源建设培训班"。

8月31日–9月2日，由文化部社会文化司指导、管理中心和吉林省文化厅主办、吉林省分中心承办的全国文化信息资源共享工程2011年地方资源建设工作会暨2008年地方特色资源验收会，在吉林长春召开。

联合文化共享工程各省级分中心，带动市县支中心和基层服务点共同开展了"'同乡同龄同梦想 共学共享共月圆'——共享工程服务新生代农民工"活动，通过多种服务形式，为各地农民工营造了一个欢乐、温馨、充实的中秋佳节。

8月20日，全国文化信息资源共享工程西藏分中心暨西藏图书馆汉藏双语版网站正式开通，结束了我国最后一个省级公共图书馆没有网站的历史。文化部副部长杨志今、西藏自治区人民政府副主席多托出席开通仪式。文化部社会文化司司长于群、文化部全国文化信息资源建设管理中心主任张彦博，西藏自治区办公厅党组成员、驻厅纪检组组长丁积成，西藏自治区党委宣传部副部长、自治区文化厅厅长尼玛次仁，西藏自治区文化厅党组书记刘建敏、西藏自治区文化厅副厅长任淑琼及来自社会各界代表近百人参加仪式。

8月18日，联合新疆生产建设兵团分中心，在哈密农十三师举办"春雨工程"——全国文化志愿者边疆行新疆建设兵团文化共享工程建设2011年工作会议暨技术培训班。

8月4日，近百位来自管理中心、浙江省分中心、苏州市支中心及参与文化共享工程建设的专家学者，与黑龙江省各地区技术骨干，参加在黑河市举办的黑龙江省2011年"春雨工程"——全国文化志愿者边疆行活动。

8月3日，"2011年'春雨工程'——全国文化志愿者边疆行西藏启动仪式"在拉萨市举行。西藏文化厅党组书记刘建敏出席仪式。西藏自治区党委宣传部副部长、文化厅厅长尼玛次仁，管理中心副主任崔建飞出席仪式并致辞。出席仪式的还有西藏文化厅副厅长任淑琼等。

8月1日，"2011年'春雨工程'——全国文化志愿者边疆行全国文化共享工程设备赠送仪式"在青海西宁举行。管理中心联合深圳雅图数字视频技术有限公司，向青海省分中心赠送了20台汉藏双语操作界面的投影机设备。管理中心副主任崔建飞出席了设备赠送仪式。

管理中心主任张彦博陪同文化部副部长杨志今，先后深入西藏阿里和新疆克拉玛依，调研少数民族地区基层公共文化服务工作。

7月28日，与人民武警报社联合推动的"真心系武警　共享文化情"全国文化共享工程服务武警官兵合作共建活动在京启动。文化部副部长杨志今、武警总部副政委崔景龙出席仪式并致辞。

7月28日，与中国儿童中心共同策划"童心向党　快乐成长"主题征文活动和"心中有祖国　心中有他人"主题书画征集活动，在中国儿童活动中心颁奖。

7月22日，邀请文化部党组成员、中纪委驻部纪检组组长、部直属机关党委书记李洪峰，作了题为"中国共产党坚定走向未来的庄严宣誓——学习胡锦涛总书记'七一'重要讲话"的专题辅导讲座。

7月18日，管理中心副主任崔建飞出席海南省文化共享工程建设成果图片展开幕式并致辞。

7月12——至13日，由文化部社会文化司指导、管理中心和陕西省文化厅主办、陕西省分中心承办的全国文化信息资源共享工程2011年技术交流会在西安召开。

7月9日，由文化部社会文化司、管理中心、云南省文化厅主办，云南省分中心、德宏州文化体育局、芒市文体广电旅游局承办的2011年"春雨工程"——全国文化志愿者边疆行云南启动仪式在芒市支中心举行。

7月4日，管理中心领导班子与全体中层干部集中学习了胡锦涛总书记在庆祝中国共产党成立90周年大会上的重要讲话。

7月1日，由管理中心举办的"党旗飞扬　文化共享——全国青少年纪念建党90周年党史知识大赛"现场活动，在北京市分中心、东城区支中心、西城区支中心以及国家图书馆的公共电子阅览室同时举办，吸引了众多市民特别是中小学生前来参加。

6月25日——26日，管理中心在北京组织召开"公共文化服务体系技术支撑平台暨云计算研讨会"。文化部社文司副司长张永新，管理中心主任张彦博、副主任崔建飞和刘惠平出席会议。

6月20日，由文化部、中央文明办共同主办的2011年"春雨工程"——全国文化志愿者边疆行欢送仪式在江苏省南京市举行，标志着历时半年、800多名文化志愿者参与、服务范围涵盖8个边疆民族省（区）的文化志愿服务活动正式拉开帷幕。管理中心作为"边疆行"志愿单位将组织相关省级分中心和企业，在云南省德宏州的5个边境县、黑龙江省黑河市的3个边境县区开展文化志愿者活动。

管理中心主任张彦博一行赴福建晋江、石狮两个民营企业比较活跃、农民工比较集中的城市，就文化共享工程如何走进大型企业服务农民工开展调研。

"童心向党　快乐成长"资源下发服务活动在"六一"之际为全国的少年儿童送去了"精美"的文化大餐。

5月31日，全国文化信息资源共享工程暨公共电子阅览室建设试点工作现场交流会在山东省青岛市召开。文化部副部长杨志今出席会议并作重要讲话。山东省副省长黄胜到会致辞。

5月31日，来到由中国妇女儿童博物馆和北京市东城区教委合作举办的“共享蓝天　快乐成长——2011年庆祝六一国际儿童节活动”现场，向来自北京市东城区的20所打工子弟学校赠送了“童心向党　快乐成长”资源礼品包。

5月24日下发《关于开展“第二届文化共享杯------全国文化信息资源共享工程知识与技能竞赛”活动的通知》。

4月21日，在云南省昆明市组织召开“农村实用人才培训经验交流会”，推广云南省农民素质教育网络培训学校工作模式。

将中宣部宣传教育局编制的“关于当前热点问题系列形势报告会”系列光盘中的三部，通过全国文化信息资源共享工程卫星平台，广泛向基层宣传、放映。这三部光盘记录了财政部部长谢旭人、教育部部长袁贵仁、卫生部部长陈竺在由中宣部、中央直属机关工委、中央国家机关工委、教育部、解放军总政治部、中共北京市委等6部门于2011年3月18日在京举办的热点问题形势报告会中所作的主题报告。

3月26日——27日，在江苏南京召开“‘十二五’期间‘云计算’技术在文化共享工程建设中的研究与实践研讨会”，邀请了来自上海、四川、南京、陕西、广西、黑龙江等地的图书馆馆长、行业领域专家和Intel、华为、浪潮、东软、华信诚宇等企业的代表，就会议主题进行了深入的研讨。

3月26日，在江苏南京召开“公共文化服务体系课题研讨会”。管理中心承担的“公共文化服务技术支撑研究”、“公共文化资源供给体系研究”两项子课题的指导专家，以及来自上海、辽宁、南京、陕西、广西、黑龙江等地的行业领域专家就课题研究的阶段性成果和下一步发展方向提出宝贵意见和建议。

3月16日至29日，受文化部委托，由中央文化管理干部学院与管理中心联合承办的文化部全国基层文化队伍示范性培训第一期省级文化馆图书馆师资培训班在中央文化管理干部学院举办。管理中心主任张彦博向学员全面介绍了全国文化共享工程的整体建设情况。管理中心资源建设处副处长琚存华也向学员介绍了文化共享工程资源建设的具体情况，培训指导处处长刘刚与学员们进行了深入交流。

在文化共享工程网站开设了“庆祝两会召开　学习两会精神”主题专栏。对两会期间重大政治新闻以及有关文化方面的新闻，有关人大建议、政协提案，两会期间的日程安排，各省、自治区、直辖市两会中涉及文化方面的新闻、提案、建议等进行了报道。

3月2日，全国文化信息资源共享工程督导组工作会议在京召开。

2月中下旬，文化部副部长杨志今亲自挂帅，赴辽宁、吉林、黑龙江三省督导文化共享工程建设与服务工作，同时也拉开了2010年度全国文化共享工程督导工作的序幕。

2月15日，组织新疆维吾尔自治区分中心、青海省民族语动漫发展中心、民族音像出版社、中央民族大学藏学研究院、中央民族翻译局、百年树人公司的相关领导和专家，召开“全国文化信息资源共享工程2011年少数民族语言（维、哈、藏）资源译制工作研讨会”。

管理中心联合团中央中国青少年宫协会、中国儿童中心等相关单位，充分利用全国文化信息资源共享工程便捷的数字资源传输渠道，和丰富的红色历史文化数字资源，面向全国青少年，以“阳光少年热爱党”为主题，组织开展庆祝建党90周年系列活动。

通过在中国文化报刊登2011年资源征集公告，面向全国公开征集农村实用技术培训、少儿专题资源、少数民族语言资源、舞台艺术演出、影视作品、知识讲座、文化专题片、医疗卫生及普法教育资源、有声读物、专题资源库等。

整合了一批最新征集的农业信息资源，制成光盘并下发至各省级分中心，同时要求各地要积极做好相关工作，开展服务活动。

1月26日，第二批文化共享工程机关离退休干部基层服务点启动仪式在文化部老干部活动中心举行。文化部党组成员、部长助理高树勋出席启动仪式并讲话。

1月25日，与中国青少年宫协会在山东省分中心正式签署战略合作协议，山东省“文化共享工程　公共电子阅览室”走进青少年宫活动同时启动。

于2011年春节前夕联合各省级分中心，在春节、元宵节期间组织开展了以“欢乐共享过大年”为主题的节日文化惠民服务活动。

2012年

9月21日，向全国文化信息资源共享工程各省级分中心下发《开展“同赏数字文化　共享幸福生活”2012年中秋、国庆系列服务活动》、《关于做好党的十八大和国庆节期间文化共享工程系统安全稳定工作的通知》的通知。

9月13日，管理中心召开工作协调会，强调要把十周年庆典的相关工作作为下半年工作的重点。

9月12日，管理中心召开工作协调会，就文化共享工程十周年庆典活动的组织策划与山水公司进行了沟通交流。

9月初，配合会计师事务做好张彦博主任离任审计

8月29日至31日，文化部党组成员、副部长杨志今率调研组赴新疆生产建设兵团农十师、九师，就兵团基层文化设施、文化共享工程建设、群众文化活动等方面进行专题考察，向农十师、九师文化共享工程县级支中心赠送建设资金和信息资源。

8月24日，文化部全国文化信息资源建设管理中心邀请国家行政学院社会和文化教研部教授、管理学博士程萍为全体员工作了题为《执行力和沟通协调技巧》的专题讲座。

8月21日，在四川省成都市召开“文化共享工程2012年度全国技术交流会”。管理中心主任李宏出席会议并讲话。

8月17日，管理中心组织召开“2012年文化共享工程网站改版方案研讨会”。会上，来自国家信息中心、中科汇联信息技术有限公司、开普互联信息有限公司、中科软科技股份有限公司和南京大汉网络有限公司的代表，分别对本公司关于“文化共享工程网站改版方案”的整体规划进行了集中展示。

7月26日至31日，文化部党组成员、副部长杨志今在内蒙古自治区出席“第二届中国呼和浩特少数民族文化旅游艺术节”开幕式和“全国少数民族和民族地区公共文化服务体系建设座谈会”期间，专程赴鄂尔多斯市、包头市等地考察公共文化服务体系建设、文化共享工程及公共电子阅览室建设工作，管理中心李宏主任陪同。

7月24日，管理中心于组织召开“公共电子阅览室管理信息系统需求专家评审会”，邀请文化部相关司局同志，上海、江苏、浙江、安徽、山东、陕西、广西7省分中心负责同志、以及来自中科院、北京大学的业内专家，对管理中心提出的《公共电子阅览室管理信息系统需求》进行了评审，专家们对需求方案表示肯定，认为可在此基础上开展下一步工作。

7月下旬，管理中心主任李宏带队先后在浙江、云南两地调研文化共享工程乡镇基层点和公共电子阅览室建设情况。两地文化共享工程根据各自实际，发挥特色优势，以创新为动力、惠民为目的，加强资源整合力度，探索基层公共文化服务的有效方式。

7月19日，由浙江省文化厅主办，省文化共享工程领导小组办公室、温岭市政府承办，温岭市文化广电新闻出版局执行承办的浙江省文化共享工程“数字文化讲师团”成立暨数字文化下基层启动仪式在温岭市大溪镇举行。管理中心主任李宏，浙江省文化厅副厅长陈瑶出席仪式并致辞

7月13日，文化部财务司司长赵雯、副司长马秦临、预算财务处处长燕东升一行来到管理中心调研2013年经费预算编制情况。管理中心详细汇报了2013年经费预算编制情况，并着重就增量部分进行了说明。

7月12日，管理中心全体党员在鲜红的党旗下，召开了党支部组织发展大会。经过申请人宣读志愿书、入党介绍人、党小组长、党支部介绍情况发表意见等程序，最终20名党员举手表决，一致通过了接受王丽华同志为中共预备党员的决议。

7月9日，文化部在北京隆重召开全国文化文物系统创先争优活动表彰大会。在这次表彰会上，全国文化共享工程系统有8个基层党组织、6位优秀共产党员和党务工作者受到表彰，其中包括管理中心党支部荣获先进基层党组织，赵保颖同志荣获优秀共产党员的称号。中心党支部会后及时地向全体党员传达了创先争优表彰大会和蔡武部长、李洪峰同志的讲话精神，同时以专报的形式在系统内通报了这一喜讯。

7月7日，管理中心、山西省分中心、娄烦县人民政府在娄烦县米峪镇小学联合举行了“优秀资源下基层，爱心助学暖人心——文化共享工程‘爱心助学’”捐赠仪式。管理中心副主任、党支部书记刘惠平代表本中心38名志愿者和山西省分中心志愿者，将募集到的26000元助学金交到了受援学生代表、娄烦县副县长、文化部挂职干部赵永墩手中。

7月6日，管理中心李宏主任主持召开全体会议，认真学习蔡武部长在全国文化厅局长会议上的讲话精神，并结合实际，热烈讨论，共商文化共享工程建设及管理中心事业发展大计。

6月29日，中心党支部组织全体党员干部、群众观看了18大献礼片《忠诚与背叛》。本次观影活动在管理中心员工中引起热烈反响，许多同志认为，在建党91周年和十八大即将召开之际，组织这次观影活动时机非常合适，是难得的党性、党风、党纪教育的好机会。

6月28日至30日，管理中心主任李宏于先后赴山东青岛、威海，就山东省文化共享工程及公共电子阅览室建设情况进行调研。调研期间，李宏还出席了山东在威海举办的“文化共享工程为农民工服务工作座谈会”。

6月21日，管理中心于在京组织召开“文化共享工程宣传工作专家咨询会”，邀请了来自人民日报、中央电视台、中央人民广播电台、光明日报、中国文化报、农民日报等权威媒体和文化系统的18名专家，就文化共享工程如何利用2012年工程实施10周年这一契机，结合迎接党的十八大召开，进一步加大工程宣传推广力度出谋划策。

6月14日，国务院办公厅电子政务办公室副巡视员李静华一行来到管理中心，专题调研文化共享工程资源建设及应用情况。

6月13日，由文化部公共文化司组织的“十七大以来文化建设成就系列——公共文化服务体系建设专题新闻发布会”在京召开。公共文化司于群司长在会上全面介绍了我国公共文化服务体系建设情况。管理中心主任李宏、国家图书馆副馆长魏大威分别就文化共享工程和国家图书馆公共文化服务有关工作进行了介绍。

6月13日，由管理中心、西藏自治区文化厅主办，西藏分中心协办的“2012年春雨工程——文化志愿者边疆行•西藏文化共享工程建设成果展”揭幕仪式在西藏分中心举行。

6月8日，中组部党员教育中心副主任李丰一行来到管理中心，就全国党员干部现代远程教育专题教材制播及与文化共享工程合作共建等情况开展调研。文化部公共文化司司长于群、管理中心主任李宏参加了调研座谈会并汇报了有关情况。

6月5日，经管理中心主任办公会研究决定，班子成员分工进行调整：李宏主任主持全面工作，分管综合管理处和财务处，对财务收支做最终审批；刘惠平副主任分管规划发展处；李建军副主任分管技术管理处和培训指导处；陈胜利副主任协助分管办公室、人事工作，协助指导资源建设工作；罗云川主任助理继续兼任资源建设处处长，并主管资源建设工作，协助李建军副主任分管技术管理处。

6月5日，在《国家知识产权战略实施纲要》颁布实施四周年之际，国家知识产权战略实施重点联系单位揭牌仪式在京举行。文化部副部长杨志今、国家知识产权局副局长贺化出席仪式，共同为文化部全国文化信息资源建设管理中和文化部民族民间文艺发展中心两家重点联系单位揭牌。

6月1日，为积极响应中央国家机关工会联合会和文化部直属机关工会的号召，管理中心员工积极参赛，本着提高自身公文写作技能、扩大文化共享工程影响的明确目标，精心准备参赛作品，认真撰写写作体会，共提交参赛作品8份，涉及规章制度类、总结报告类、通知通报类和信息简报类四种公文。

6月1日，由中国儿童中心、全国少年儿童“心中有祖国　心中有他人”主题教育活动组委会主办，管理中心、中国儿童少年基金会、中国网络电视台支持的“学习雷锋在行动——童心有爱　绽放未来”“六一”儿童论坛，在中国儿童中心举行。管理中心副主任刘惠平参加活动，并与全国妇联副主席、书记处书记赵东花等有关单位的负责同志一起向孩子们赠送了“童心有爱　绽放未来”动漫光盘资源等节日礼物。

5月30日，由管理中心组织的“国家文化科技提升计划项目——云计算环境下智能化数字文化资源信息采集和资源整合及服务模式研究开题会”在京召开。文化部科技司科技处处长陈樱出席会议并对管理中心作为2012年文化部首个国家文化科技提升计划项目的正式启动单位给予肯定。

5月24日至25日，在北京市分中心组织召开全国文化信息资源共享工程2012年度数字资源公开征集专家会。

5月21—25日，播出技术处焦延杰讲授的“公共电子阅览室建设”培训内容。

5月14日，由全国妇联、中央文明办、共青团中央等17家部委联合主办的“学习雷锋在行动——童心有爱，绽放未来”全国少年儿童主题教育活动，管理中心副主任刘惠平应邀出席并在会上介绍了文化共享工程“六一”系列活动的总体情况。

5月13日，在云南省怒江州泸水县启动2012年“‘春雨工程’——全国文化志愿者边疆行云南行”活动。管理中心副主任杨化玉、怒江州政府秘书长张泽鸿等有关负责同志，以及怒江地区文化志愿者和有关乡镇基层骨干等近200人参加了启动仪式。

5月10日至14日，河北省公共电子阅览室建设暨文化共享工程基层服务点管理培训班在保定市涞水县举办。管理中心主任张彦博、副主任李建军、主任助理罗云川应邀，分别就“公共电子阅览室的相关政策”“公共电子阅览室的服务”“公共电子阅览室资源与技术”作详细解读。

5月10日，在东阳召开全国农民工文化建设现场经验交流会，会议由文化办，文化部社会文化司、浙江省文化厅、中国文化报社和浙江省东阳市人民政府共同承办的。文化部党组成员、副部长杨志今，浙江省人民政府副省长郑继伟出席会议并作重要讲话。

5月9日，由文化部政策法规司、知识产权局保护协调司、中央宣传部版权局、广电总局法规司、工商总局商标局、文化部全国文化信息资源建设管理中心等单位的有关负责同志和专家组成的国家知识产权战略实施工作文化专题调研组一行13人，在文化部政策法规司副司长（正局级）孙若风和知识产权局保护协调司副司长张志成的率领下，来到浙江省分中心，就文化共享工程中的知识产权管理运用召开专题调研座谈会。

5月9日，2012年“春雨工程”——全国文化志愿者边疆行启动仪式在国家公共文化服务体系示范区创建城市——浙江省宁波市鄞州区隆重举行。文化部党组成员、副部长杨志今出席仪式。

5月，文化部全国文化信息资源建设管理中心的“公共数字文化服务农民工”被评为文化部2012年农民工文化服务示范项目并被授牌。

4月28日，举办公务卡应用讲座，制订管理中心公务卡管理办法。

4月24日，在文化共享工程山东省分中心举行了“文化方舟　山东省文化信息资源共享工程有线电视平台”开通，暨《中国文化报　艺彩山东》创刊仪式，文化部副部长杨志今、山东省副省长张建国出席开通仪式。

4月16日至23日，由管理中心和广西壮族自治区文化厅共同承办、广西分中心和桂林分中心协办的2012年“‘春雨工程’——文化共享志愿者　广西行”活动在广西壮族自治区崇左市龙州县启动。

4月12日，山东省邹平县西王集团公共电子阅览室于正式开通。管理中心主任张彦博出席开通仪式。山东文化厅副厅长李宗伟，管理中心副主任刘惠平，西王集团总裁王建新，邹平县县委常委、副县长尹艳玲分别致辞。

4月12日，在中国文化报刊出彩色图文整版“践行雷锋精神　推动文化共享——共享工程学雷锋活动贯穿全年”。

4月6日，管理中心副主任杨化玉实地考察安徽省涡阳县支中心建设和服务情况，并提出指导性意见。他指出，涡阳县作为“老子故里、道德之乡”有着深厚的文化底蕴，要充分利用共享工程的信息资源服务于当地的生产生活。

4月1日起，围绕主题，开展贯穿全年、形式多样的学雷锋活动，并使之常态化。此次活动由五部分组成，其中“学习雷锋好榜样”资源推送活动由管理中心整合并向基层推送《学习雷锋好榜样》资源光盘，同时，在文化共享工程网站“学雷锋专栏”提供下载。

3月21日至“六一”国际儿童节，管理中心以“像雷锋那样”为主题，开展2012年“电脑小报”设计比赛活动。

3月15日，管理中心主任张彦博来到重庆市分中心考察共享工程工作。重庆市文化广电局副局长温俊华、重庆市分中心主任任竞、重庆市少儿支中心主任刘红等有关负责同志陪同考察。

3月14日至20日，面向全国共享工程各级网点组织了“永做雷锋精神传人”主题网络培训，并引起了强烈反响。此次网络培训，由辽宁省分中心特邀雷锋班第19任班长李有宝就“传承雷锋精神”做主题报告。

3月12日至14日，在福州市召开“全国文化信息资源共享工程2011年度地方资源建设项目方案专家评审及立项会议”。会议由管理中心和福建省文化厅主办、福建省分中心承办，此次会议重点对文化共享工程各省级分中心向管理中心申报的2011年度地方资源建设项目进行评审立项。

3月1日，文化部全国文化信息资源建设管理中心以“践行雷锋精神，推动惠民服务”为主题，发动全国文化信息资源共享工程各级分支中心和基层服务点，充分利用共享工程的资源和设备，从“工程系统内”和“面向全社会”两个层面同时着手，开展学雷锋系列活动。

3月1日—3日举办全国文化信息资源共享工程专题片制作省级师资培训班。

2月18日—19日，在“CCTV-13”《新闻直播间》和　“CCTV-1”《新闻联播》中，播出了“聚焦文化体制改革——安徽太湖：文化共享缩短城乡差距”的专题新闻。

2月18日，在农民日报第5版配图刊发“穿针引线为农民缝制‘文化彩衣’”。

2月13—17日，播出北大信息管理学院教授马张华《关于文献主题标引中标识形式问题的讨论和思考》课程。

2月15日，在人民日报第16版综合报道中刊发“永远不走的‘百事通’——安徽太湖县创新文化信息资源共享工程纪事”。

2月13日，在早间“新闻和报纸摘要”节目，播出了太湖县文化共享工程建设发展的新闻。

2月10日，在文化报头版头条刊发“我有一个朋友，名叫文化共享——走进安徽省太湖县文化共享工程基层服务点”；

2月7日至9日，由人民日报、中央电视台、中央人民广播电台、中国文化报、农民日报五家中央媒体记者和管理中心有关负责同志一行8人组成的采访团，奔赴安徽省太湖县就文化共享工程的建设情况和实施成效进行了实地采访，并带去了文化部领导对文化共享工程基层文化工作者的亲切问候。

2月6日，管理中心在北京市分中心及北京东城区支中心、西城区青少儿支中心、宣武支中心、朝阳区支中心等的公共电子阅览室开展“欢乐共享橀龙年”——2012年元宵节网上对春联、写春联活动，吸引了众多市民特地赶来参加。

1月17日，在《文化信息》第6期首篇刊发，标题为“文化共享工程开展‘文化年货带回家’系列服务农民工活动”。

1月11日，中央电视台新闻直播间播出活动新闻，“文化部：让农民工将文化年货带回家”。人民日报、文化报、农民日报、中新社等媒体纷纷刊发了活动新闻。

1月10日，中央人民广播电台中国之声播出新闻“文化部全国文化信息资源建设管理中心向农民工送文化年货”，并连线现场记者张庶卓，现场领导致辞、赠送资源、文艺演出、书写春联等活动情况。

1月5日—11日，在网站及卫星频道播出组织开展——于平司长《发展先进文化 增强文化自觉》网络培训。

1月1日至2月6日，以春联为主题，通过展示名家名对、楹联趣事，特别是邀请资深古典文学教授以“龙年”“新春”“文化”等为主题给出上联，网友对出下联，和网友自拟题目创作春联等互动活动。

出版后记

历时年余，几经修改，《全国文化信息资源共享工程概览》（全4卷）终于面世了。作为文化部全国公共文化发展中心编撰出版的第一部大型行业性专业套书，《概览》从组织策划、征集组稿到整理编撰，凝聚了诸多人的心血和勤奋。我们的愿望，通过对文化共享工程10余年建设发展的理论和实践经验进行全面梳理总结，系统地展示工程实施成效，起到鼓舞士气，凝聚力量，促进交流，推动文化共享工程可持续发展的作用。

《概览》套书征集各地文稿800余万字，经反复甄选整理，成书共503万字，4个分卷，第1卷为共享工程国家中心卷，整理了10余年来共享工程发展的重要批示指示、政策文件，建设历程，重大活动等图文资料；2—4卷按地域汇编了33个省级分中心及1798个地（市）、县（市）级支中心建设情况，包括每个分支中心的概况介绍、经费投入、建设成果等。这是文化共享工程服务网络、资源建设、技术支持、合作共建、惠民服务、宣传推广、培训工作、管理和队伍建设、荣誉奖项诸多方面情况的汇总。

《概览》套书通过这些详实的图文资料，全面客观地反映出文化共享工程建设状况，真实准确地记述了文化共享工程发展史实，为总结文化共享工程建设发展规律提供了重要科研资料，将成为系统内和社会各界了解和研究文化共享工程的权威工具书、参考书。同时起到在广大基层群众中宣传普及文化共享工程，进一步提高工程的影响力和社会效益的作用。

本套《概览》由文化部全国公共文化发展中心主任李宏担任主编，邀请了公共文化领域领导、专家，文化共享工程国家中心、省级分中心负责同志共同组成编委会。《概览》编辑过程中，国家中心各处室及全国共享工程系统同仁大力配合，搜集、整理了许多第一手素材资料。《概览》编撰涉及面广，内容繁多，时间跨度大，系统性强，任务艰巨，正是依靠上述各方的大力支持和文化共享工程各级中心的倾力合作，才确保了本套书的品质和质量。借此书籍出版之际，也向大家表示最诚挚的感谢。

谨以此套书献给全国文化信息资源共享工程的建设者们，是你们的执着坚守和不懈努力，共享工程才得以建立、成长、壮大。希望本套《全国文化信息资源共享工程概览》的出版能为促进全国文化共享工程在新形势下的科学发展、推进覆盖全社会公共文化服务体系的构建发挥应有的作用。

由于组稿、编辑和整理时间的局限，本书中难免错谬之处，希望读者批评指正。

《概览》编委会

2013年10月

共享十年

2002-2012

全国文化信息资源共享工程

National Cultural Information Resources Sharing Project

概览

Overview

第2卷：华北、东北、西北

文化部全国公共文化发展中心　编

中国文史出版社

图书在版编目(CIP)数据

全国文化信息资源共享工程概览 ：全4册 / 文化部全国公共文化发展中心编. -- 北京 ：中国文史出版社，2014.4

ISBN 978-7-5034-4875-1

Ⅰ. ①全… Ⅱ. ①文… Ⅲ. ①文化事业-资源共享-中国 Ⅳ. ①G12

中国版本图书馆CIP数据核字(2014)第059452号

责任编辑：梁　洁
装帧设计：童　昊　　李玉琴

出版发行：中国文史出版社
网　　址：www.wenshipress.com
社　　址：北京市西城区太平桥大街23号　邮编：100811
电　　话：010-66173572　66168268　66192736（发行部）
传　　真：010-66192703
印　　装：北京亮点印像印刷设计有限公司
经　　销：全国新华书店
开　　本：16
印　　张：140
印　　数：1-2600
版　　次：2014 年 4 月 北京第 1 版
印　　次：2014 年 4 月 第 1 次印刷
定　　价：1198.00元(全四册)

审稿：（按姓氏笔画排序）

王　珊	王丽华	王曙光	邓菊英
冯锦福	司建华	刘　刚	刘正伟
许俊松	许新龙	杨向明	苏　建
李　茁	严　轩	肖贵中	吴　昊
张　勇	张永环	张鹤明	邹序明
周小平	周玉山	郑智明	胡晓峰
荀　晋	赵保颖	夏　磊	秦　升
曹　旻	梁海燕	黄蕴翘	琚存华
蒋卫东	詹利华	靳志军	

组稿：（按姓氏笔画排序）

丁　枫	马　丽	王　茜	王文杰
王菲菲	史　画	包格根	朱学武
刘　平	刘　红	闫卫军	孙振东
李　臻	李亚男	严春子	余欣鑫
邹文欣	沈丽丹	宋建增	张　珊
张　娇	张尔宁	张弘晞	张利民
杜麓舟	陈　旭	陈　顺	陈　瑛
周　娴	周　蕾	孟　洁	相国民
赵晓星	钟丽峰	荀　晋	姬　黛
徐小芳	袁　庚	高　平	高　峰
程志峰	谭　苹		

CONTENTS 目录

北京市

天津市

河北省

山西省

内蒙古自治区

辽宁省

吉林省

黑龙江省

陕西省

甘肃省

青海省

宁夏回族自治区

新疆维吾尔族自治区

新疆建设兵团

全国文化信息资源共享工程

10周年

第二卷

全国文化信息资源共享工程——

北京市分中心

北京市是中华人民共和国首都、中央直辖市，是中国国家中心城市，是中国政治、文化、教育和国际交流中心，同时是中国经济金融的决策中心和管理中心。北京市占地面积16,410.54平方公里，2012年统计总人口2,069.3万人。

2002年4月，北京市分中心成为首批文化共享工程省级分中心。文化共享工程作为北京市文化惠民的基础工程，先后五次列入市政府为百姓办实事、政府折子工程。历年来，北京市按照全覆盖、高标准的要求，加大财政投入和政策引导力度，率先在全国实现了农村地区文化设施全覆盖，使得文化服务基础设施建设达到全国领先水平。随着文化共享工程的实施，北京市公共文化服务体系建设更加完善，文化惠民工程内容丰富，服务水平全面提升。

进入十二五后，北京市以数字文化社区建设为抓手，加快城乡文化一体化步伐，实现将基层公共文化设施由普遍覆盖向精品服务的提升，带动了全市公共文化数字化、信息化水平，引领示范全国。

一、网点建设

北京市文化共享工程经过十年的发展，已建成1个省级分中心、23个地市级分中心（其中2个县级支中心按照地市级支中心建设）、4271个基层服务点，形成了“国家中心–北京市分中心–区县分中心–基层中心–基层服务点”的五级网络体系，其中3953个村级基层服务点全部同时成为农村党员干部远程教育基层点。

进入十二五后，北京市进一步落实文化部、财政部下发的《关于进一步加强公共数字文化建设的指导意见》和《文化部、财政部关于印发<“公共电子阅览室建设计划”实施方案>的通知》（文社文发【2012】5号），建设完成100个数字文化社区。市民在社区内可以进行传统阅读，也可通过高清交互电视平台收看各类型的优秀数字文化资源，更可通过无线应用平台浏览电子书、刊进行网上冲浪。

宣图共享工程推广与应用中老年学习班顺利举办

二、经费投入

北京市文化共享工程建设经费主要来自北京市财政，自2002年项目启动至2012年，累计专项经费累计投入超过1.5亿元，并形成了良性、可持续的经费保障机制。

北京市于2009年发布了《北京市关于文化划转事项及资金管理办法》，明确各区县支中心、乡街村基层服务点的经费列入市级财政专项补助范围，其中支中心维护费每年24万、街道乡镇基层服务点维护费每年1万元、村基层服务点维护费每年1千元，每年全市文化共享工程基层运行维护经费总计1105.1万元，直接由市财政拨付区县作为共享工程专项经费。

三、资源建设

北京市始终将资源建设作为工程建设的重点，以建设内容丰富、特色鲜明的北京地方特色资源为工作目标，不断加大资源建设力度，拓宽资源整合渠道，扩大资源共享范围。截止至2012年底，北京市文化共享工程在线服务数字资源已经达到17TB，包含管理中心下发资源、北京市自建资源、商业数据库、合作共建数字资源等。

1、通过政务外网下载的国家中心资源，进行再加工分类，共享给各区县支中心和基层服务点，并通过北京市文化信息资源共享服务平台网站（www.bjgxgc.cn）发布。

2、集中采购商用数据库在全市共享。目前共享的数据库资源有CNKI全文数据库、龙源电子期刊、方正Apabi电子图书、多媒体数字报纸、读秀知识库等商用数据库。

3、集全市之力，自主建设特色数字资源，原创资源不断丰富。包括：北京地区优秀剧目128场，编辑制作“首图讲坛”音视频资源342场、视频资源260场，北京市农业资源数据库200余个、涉农课件1100余个，“典藏北京”专题片30集900分钟，北京记忆数据库6TB，奥运记忆数据库约4.3万条等。各区县区支中心“东华流韵”、“科举集萃”、“创意之家”、“名人故居”、崇文区“北京手工业”、“宣南文化”、“北京会馆”等数据库也已初具规模。

北京荟萃了自元明清以来的中华文化，拥有众多名胜古迹和人文景观，是全球拥有世界文化遗产最多的城市。北京市文化共享工程紧紧围绕北京历史文化开展数字资源建设，在地方特色数字资源建设上亮点突出，积极抢救文化遗产、宣扬中华优秀文化。

四、技术支持

技术是开展服务的基础和前提，北京市以独特技术推动文化共享工程的发展，以技术创新提升文化服务手段，形成全国独具特色的文化共享工程服务网络。

北京市文化信息资源共享工程采用互联网络和数

字电视“广播网”技术模式开展服务，实现双网融合，多平台服务。目前的服务平台有以下：

1、资源管理系统

资源管理子系统用于统一规划和管理高清交互电视应用门户子系统、无线应用门户子系统以及互联网发布系统的信息资源，达到“资源统一管理、统一发布”的目标。最终能够将海量的信息资源统一入库到“分类规范、目录结构合理、描述规范、格式标准”的资源库中。

2、北京市文化信息资源共享工程内容传输平台

该平台基于有线电视网络开发，已实现视频直播、客户端实时收看、局域网检索、用户分组管理等功能。北京市各支中心和基层服务点安装平台客户端软件及DVB接收卡，此项业务在全国文化共享工程系统内属独创技术，技术领先。

3、高清交互电视应用平台及多屏无线应用系统

在北京市各数字文化社区内部署高清交互电视应用系统，并引入高清交互电视网络，利用各个社区内的高清交互机顶盒和大屏幕电视机设备点播收看数据中心提供的各种资源。

高清交互电视应用平台整合了适合老年人和社区居民观看的节目内容，包括讲座报告厅、北京故事、剧场在线、社区风采、中华文化、电视书架、演出信息、期刊杂志、外文空间、电视读报、老年书画、农村生活、养生保健、电视厨房、少儿天地等栏目内容，各栏目的内容定期更新。

在社区文化中心实现无线网络覆盖，除无线上网外，通过网络路由设备，面向手机、平板电脑和笔记本电脑等移动终端设备，提供信息资源阅览。

4、北京市文化共享工程网站

通过北京市文化共享工程网站www.bjgxgc.cn，用户可以收看到几乎所有的共享工程资源，网站自开通以来，日平均点击率过万次，深受广大读者的喜爱。

5、“数字文化社区及电子阅览室资源导航系统”：整合同类信息资源服务系统，实现异地发布、跨平台检索，为市民提供一站式信息服务。

6、市民学习空间：以11万集学术视频为主，整合相关优质数字资源，提供视频学习的平台，打造市民学习中心。

7、掌上图书馆：基于IOS、安卓应用开发，提供学术视频、首图讲坛、电子书报刊等的阅览，提供全国600余家图书馆馆藏信息的查询，提供最新文化信息咨询、图书的续借预约等，同时开发网页版，适用于非IOS、安卓系统的应用。

北京市各支中心、基层服务点都按照文化部设备配置标准，结合北京市的实际情况统一配备了网络及硬件设备，使得全市整齐划一、重点突出。在北京分中心设有专门的文化共享中心机房，配备了27台服务器、44TB存储，为北京分中心和区县支中心构建专网优质、高效地传递数据。在数字文化社区（公共电子阅览室）建设中，北京市在文化部要求的10台计算机终端、实现无线局域网覆盖的基础上，又增加了触摸读报系统、平板电脑等，丰富阅读形式和内容，引导市民了解和使用多种手段利用文化共享工程的资源。

2012年元宵节活动

五、合作共建

在北京市文化共享工程的建设与服务当中，始终坚持“共建共享”的原则，与政府部门、企事业单位、基层单位、社会组织广泛合作共建，多角度、全方位地实现了资源共享、网络共建、协同服务，使国家投入发挥最大作用。

1、与市委组织部合作共建，由共享工程提供网络、设备、资源，共建基层服务点，实现“终端站点合一、设备合一、培训合一、服务合一、人员合一”，在实现共享工程行政村全覆盖的同时，也实现了农党站点的全覆盖；

2、与北京市经信委的“数字家园”、“智慧社区”开展合作，提供文化共享资源；

3、与北京市农林科学院信息所合作进行资源建设，将资源送入其“爱农驿站”使用，同时实现资源全面共享，共建具有北京地域特点的农业数据库200余个、多媒体课件1100个，互通有无，使共享工程在广大农村具有普遍认知度；

4、与北京市平谷区信息办合作，进行农村无线网络的试点建设，提供共享资源；

5、与市属歌华公司合作，充分有效利用广泛覆盖的有线电视、数字电视网络资源，建设文化共享工程专门网络和平台，减少政府投入，取得了明显成效；

6、启动了行政村“四网合一”工程，将有线电视、数字电影、全国文化信息资源共享和远程教育融合在文化室，形成合力，实现多元共享，丰富服务内容。

六、惠民服务

北京市分中心遵循“服务大局，配合重点；因地制宜，开拓创新；合作共建，拓展服务；形式多样，注重实效”的指导思想，开展阵地服务、流动服务、网络服务、普遍服务、主题服服务、个性化服务等多种途径、多种形式的惠民服务。

全市公共图书馆电子阅览室全部免费开放，并设有共享工程专席，与遍布全市的基层服务点共同成为共享工程数字资源服务的阵地，成为基层培训服务的基地。与此同时，北京市分中心结合公共电子阅览室推广计划启动的“数字文化社区”项目，打造出一个全新的智能化、数字化文化社区，树立公共电子阅览室的新形象，为阵地服务提供了更加温馨舒适的场所。

“包容、厚德”是北京精神的重要内容，服务各类

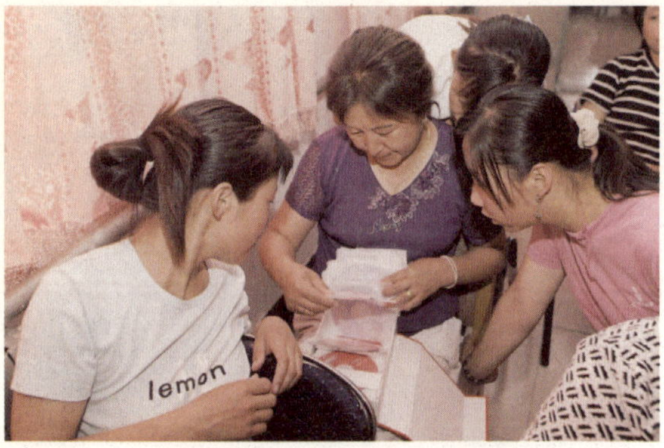

怀柔区农民翻看共享工程资源

群体是文化共享工程的重要工作内容之一，针对外来人员、未成年人、老年人，北京在全市开展专题服务。

1、北京市的外来流动人口占到总人口比例接近半数，遍布各行各业，这一群远离家乡和亲人，更加需要文化的关怀。建工集团、城建集团抢险大队、蒲公英中学、行知学校、仁民小学都成为共享工程的服务对象；西城的“学习中心”连办七年，专门针对外来打工人员，很多人由此改变了他们的命运；朝阳区平房村，外来人口集中，基层服务点定期组织放映电影，丰富他们的业余生活；怀柔的马道峪村基层服务点电子阅览室为村里工厂的外来打工人员提供了下班之后学习、休闲、娱乐的好去处。

2、关爱老人，促进和谐

北京市分中心在全馆设立老年人专座；宣武支中心举办的“夕阳共享老人乐”培训活动已深入广大市民心中，并已形成品牌，受到市民的一致认可；大兴区支中心为街道老年合唱团培训在线听音乐、下载歌曲和常用的音乐播放软件使用；通州区梨园基层服务点的京剧社，让老年人学京剧唱京剧，丰富了精神生活。

3、关注未成年人成长，提供积极向上的服务

青少年是祖国的未来，社会的希望，北京市有4个专门的少儿支中心，还有九个区县支中心设有专门的少儿科普中心，长期对少年儿童开放，使文化共享工程资源极大地发挥了作用。

全市还举办公益讲座，结合社会热点开展各种活动，视频定期放映等等，共享工程十年来，北京市惠民服务达1250.3万人次

七、宣传推广

北京市通过网站、简报、视频、活动、媒体等多种手段宣传推广文化共享工程，取得了良好的效果。

网站成为宣传展示共享工程的窗口。北京市文化共享工程网站www.bjgxgc.cn创建于2007年，实施发布动态信息，宣传全国共享工程。日点击过万人次，累计1788万人次。

《北京市文化信息资源共享工程简报》在宣传北京市分中心及各区支中心、基层服务点工作的同时，加强了北京与全国各省市的交流，宣传北京市文化共享工程。

拍摄多部视频宣传片，《探索创新服务方式　满足百姓文化需求——记顺义区共享工程“多媒体综合文化服务中心”服务新模式》、《广播+存储，共享工程村村通——北京市文化信息资源共享工程服务平台》、《共享促发展　讲坛论天下——享誉京城的文化盛宴“首图讲坛”》、《数字文化社区——居民身边的数字书房》等宣传短片，在文博会、展览会、网站等各种场合播放，提升北京市文化信息资源共享工程的影响力。

北京市分中心与北京市的各大媒体建立起了良好的合作关系，中国文化报、北京日报、北京晚报、北京电视台都是北京市文化共享工程的重要的宣传途径，每次重要的活动各媒体争相报道，取得了很好的社会效益。

北京市分中心以时事大事为契机、以中国传统节日为结点，策划组织共享工程活动，使用共享工程资源，吸引公众参与，开展文化服务，扩大社会影响。在管理中心的统筹下，北京市每年组织开展春节、元宵节、清明节、五一、六一、中秋节等节庆活动。

八、培训工作

经过几年的摸索，北京市文化共享工程确立了逐级实施、分级分类、全员培训、全程跟踪的培训工作机制，形成北京市分中心、区县级支中心、乡镇级基层服务点三级培训体系，在保障培训覆盖面的同时，注重培训内容的充实实用，注重培训效果。

2002年–2003年，北京市分中心、区县支中心逐步建立，主要针对文化共享工程实施意义、方法、建设任务等内容进行培训；

2004年–2006年，培训主要围绕以服务器、卫星系统、投影机等设备的使用维护开展；

2007年开始，北京市全面开展基层服务点建设工作，并对采购设备进行技术培训；

2008年，北京市完成基层点全覆盖任务，并针对“北京市文化共享工程传输平台”、专用设备进行培训；

2009年–2010年，北京市分中心分别从宣传服务、资源建设、技术应用、师资培训等方面进行“分类别”培训，培训效果显著；

2011年北京市分中心开展以摄影技巧、专业写作等内容的专题培训；

2012年结合公共电子阅览室建设计划、数字文化社区建设开展培训；

十年来，北京市共举办多种内容的，受训人员达197095人次，覆盖全体从业人员。

九、管理和队伍建设

北京市文化共享工程从建设、培训、服务、管理、维护等各个方面实行层级管理，北京市文化局是工程的政府主管部门，首都图书馆作为北京市分中心负责全市的工程规划、制定各种规章制度、检查落实与指导，各区县支中心对本区县的相关工作负责，同时街道、乡镇基层服务点对所属村和社区基层服务点负责，使的各项工作层层落实、层层管理、层层负责，各项工作有序推进。

北京市文化局颁布了《北京市文化局关于文化信息资源共享工程区县分中心基层分中心基层服务点建设与管理意见》，明确北京市文化共享工程的实施目标，对支中心和基层服务点的建设与服务提出了量化指标，对人员队伍建设也提出了相应的要求。

为了保证文化共享工程建设的规范性和同一性，保证各项业务数据发布的实效性和准确性，北京市分中心

制定了一系列管理制度，建立了“联络员工作制度”、“基层设备管理制度”、“基层中心（点）管理制度”、明确“各级中心工作职责”，强化共享意识，管理意识，畅通基层中心—北京市分中心—国家中心的信息交流渠道。

队伍建设方面，北京市分中心以《文化部关于大力开展全国基层文化队伍培训工作的意见》为指导精神，以在全市建设一支高素质的文化共享工程工作队伍的为目标，建立起一支专职人员带动兼职人员，专业人员培训非专业人员的骨干队伍。北京市分中心目前有专职人员6名，兼职人员46名，区县支中心专职人员46名，各基层服务点兼职人员4171名，其中各基层服务点兼职人员基本上由大学生村官或文化干事组成，保证了兼职人员相对稳定。

十、荣誉奖项

2004年北京市文化信息资源共享工程领导小组、北京市西城区支中心、北京市西城区二龙路街道基层中心被评为全国文化信息资源共享工程先进单位；

2006年北京市分中心在中国优秀地方戏剧目征集工作中被文化部全国文化信息资源建设管理中心评为“杰出奖”；

2007年，北京市分中心圆满完成全市十七大广播电视安全播出和转星调整工作获得国家广电总局和北京市委宣传部奖励；

2007年北京市分中心在“全国文化信息资源共享工程建设成就视频展播评比活动”被文化部全国文化信息资源建设管理中心评为一等奖；

2008年北京市大兴区支中心被评为全国文化信息资源共享工程示范县（市、区）；

2008年北京市分中心在“文化共享奥运行”服务活动中被文化部全国文化信息资源建设管理中心评为“一等奖”；

2008年北京市分中心在“文化共享工程工作摄影图片征集活动”中被文化部全国文化信息资源建设管理中心评为三等奖；

2009年北京市分中心代表队在“文化共享杯——全国文化信息资源共享工程知识与技能竞赛”被文化部全国文化信息资源建设管理中心评为“优秀组织奖”；

2010年北京市分中心选送的《千里亲情e线牵》在文化共享工程“摄影作品”被文化部全国文化信息资源建设管理中心评为二等奖；

2010年北京市文化信息资源共享工程延庆县柳沟村基层服务点在工信部组织的评比中获得“2010年全国先进农村综合信息服务站”称号，顺义区龙湾屯镇龙湾屯村基层服务点孔惠平同志获得“全国优秀农村信息员”称号；

2010年北京市分中心在宣传学习“双百”人物有奖征文活动中被文化部全国文化信息资源建设管理中心评为“组织奖”；

2010年北京市分中心在“全国文化信息资源共享工程少年网页设计竞赛活动”中被文化部全国文化信息资源建设管理中心评为“优秀组织奖”；

2011年北京市分中心在“颂歌献给党——全国文化信息资源共享工程迎接建党90周年群众歌咏活动”中被文化部全国文化信息资源建设管理中心评为“最佳组织奖”；

2011年北京市分中心组织演出的《歌唱祖国》在“颂歌献给党——全国文化信息资源共享工程迎接建党90周年群众歌咏活动”中被文化部全国文化信息资源建设管理中心评为“一等奖”；

2011年北京市分中心在“阳光少年热爱党”电脑小报设计比赛活动中被文化部全国文化信息资源建设管理中心评为“组织奖”；

2011年北京市分中心在第二届“文化共享杯”全国文化信息资源共享工程知识与技能竞赛被文化部全国文化信息资源建设管理中心评为“优秀组织奖”；

2012年北京市分中心在全国“公共电子阅览室建设计划”百题知识竞赛活动中被文化部全国文化信息资源建设管理中心评为“三等奖”；

2012年北京市分中心在2012年“像雷锋那样……”全国中小学生电脑小报设计比赛活动中被文化部全国文化信息资源建设管理中心评为“优秀组织奖”；

2012年怀柔区渤海镇马道峪村基层服务点张玉霞同志在“文化共享之星”活动中被文化部评为“文化共享之星”；

2012年，东城区支中心、石景山区少儿支中心、朝阳区潘家园街道基层服务点、西城区金融街街道基层服务点、西城区宣武大栅栏街道基层服务点荣获“公共电子阅览室示范点”称号；

2012年北京市分中心“数字文化社区展示厅”在文化部、国家广播电影电视总局、新闻出版总署和北京市人民政府共同主办的“第七届中国北京国际文化创意产业博览会”中被评为“最佳展示奖”。

十一、工作展望

北京市将深入贯彻落实党的十八大精神，充分发挥首都作为全国文化中心的示范作用，创新思路，抓住机遇，振奋精神，以高度的文化自觉和文化自信，深化文化信息资源共享工程的建设与发展，以“数字文化社区”项目建设为核心，积极推进共享工程基层服务点建设和公共电子阅览室建设计划的实施，不断创新文化资源的传播与服务方式，助力北京市数字文化信息体系建设。推动首都文化大发展大繁荣，提高公共文化服务水平和质量。

（撰文/北京市分中心）

顺义区向基层发放共享设备

北京市东城区支中心

一、整体情况

北京市东城区图书馆于2003年加入"共享工程"，成为区级支中心，并于当年先后发展了10家街道图书馆成为"共享工程"街道级基层服务点。

2004年至2005年，10个基层服务点得到北京市文化局、首都图书馆的正式授牌。并利用共享工程资源开展了一系列的服务。

目前东城区支中心硬件配置情况互联网接入带宽30M、专业服务器5台、网络存储服务器2台可存储容量30TB、全馆计算机数量达130余台，供读者活动的机器数量5台，供读者使用的机器数量70余台。

二、队伍建设

为确保共享工程在东城区的顺利开展，切实加强对本中心和基层点的各项管理，专门成立了支中心文化共享工程组织机构，由图书馆馆长任支中心组长，一名图书馆副馆长担任副组长，成员主要由网络技术部、宣传辅导部、综合阅览室和少儿阅览室部室主任组成。负责本中心共享工程建设的组织、协调工作并履行各项工作职责，及时协调、上报解决建设中遇到的困难和问题，并召开协调会议听取各方面工程开展情况。

三、经费投入

1、2007年运行经费：55500元，主要是解决一些基础服务建设经费。

2、2008年运行经费：105910万元，比上一年加强了活动经费的支出，提高互联网接入带宽为20M。2008年底对图书馆硬件设备进行大批量的更新，图书馆新更换高性能电脑100余台，增加了4台专业服务器，1台专业存储服务器。

3、2009年东城区财政对东城区各级基层服务点的经费投入将在100万元左右。部分共享工程基层服务点进行了装修改造，增加服务空间和提高硬件服务档次。

4、2010－2011年，区财政为图书馆新增投入20余万，互联网接入带宽提高到30M，新购置电脑8台用于读者使用，公共电子阅览室读者使用机器数量达到40台。数字读报机2台，可供读者阅读全国各地50余家当日报纸资源。同时接收到首都图书馆下发的电子产品若干，使得图书馆配有专业摄像机3台，读者活动用笔记本5台，用于影片播放电视机1台。

5、2012年，区财政为图书馆新增投入经费100余万，其中40余万用于视障阅览室建设，新增电脑12台。10万用于全馆无线网络覆盖，读者活动区域实行全覆盖。其它资金用于购买超星移动数字图书馆资源，目前注册用户1500余人，可实行各移动终端网上续借图书查询功能。2012年10月区财政为新增10家数字文化社区服务点提供建设经费100余万，街道自身也为数字文化社区建设提供不少的资金支持。

四、资源建设

1、2007年东城区支中心设立了"全国文化信息资源共享工程"光盘专柜，并提供300多张光盘供读者借阅，还将市中心分配的《京剧音配像》光盘专题目录发布到东图网站供读者查询。主要以共享工程资源光盘借阅为读者提供服务。

2、2008年东城区图书馆装修改造完成，读者服务大幅提高。我馆利用共享工程2M专网接收上级共享工程信息资源437GB，其中视频数量1048个，电子图书数量42个，容量306MB；农业课件容量4GB。

3、2009－2010年东城区支中心目前利用共享服务平台接收数字资源总量达820.77GB。接收资源主要包括百场讲座、电子期刊、电子图书、京华舞台、农业课件、数字电影等多项资源内容。在自建资源方面，东城区支中心主要是结合图书馆的数据库建设。如《东华流韵》全文检索数据库，可检索文献17199条记录。其中，文字库897条，多媒体文献657个，图片库8839张，资源库6806张，数据库容量达45GB。《科举辑萃》数据库已有623篇科举专题论文，文字库687条，图片266张，视频库40个，资源库2696条，总数据量3689条，数据库容量5GB。《东华流韵》与《科举辑萃》两个数据库资源作为北京地区特色资源已被纳入市分中心"北京记忆"数字资源库中。

4、2011－2012年共享服务平台接收数字资源总量1.1TB，数字视频资源总量已达3TB。到目前为止东城区图书馆网站上视频资源1000余部近1200小时。网络技术部正在进行共享工程光盘数字转换把优秀资源全部转移到共享服务平台，预计新增视频资源百余部，供广大读者免费浏览。网上展览83个，图片800余张。

五、宣传推广及惠民服务

共享工程东城区支中心结合本地情况，面向基层群众，延伸服务半径，以基层需求为向导，支中心一年来多次为读者开展共享工程数字资源免费培训，让大众了解和利用数字资源。向读者宣传"数字书刊、文化讲座"内容，在阅览室提供共享工程资源免费阅览，让读者免费享受数字文化大餐，受到大家的喜爱和认可。通过图书馆网站，微博，各大网站论坛，手机短信等多种形式发布图书馆各种活动信息，使更多的读者及时了解图书馆服务动态。

2007年全年东城区图书馆共举办各类活动150次；参加人数20969人次。其中讲座74次，服务人次8311人；活动76次，参加人次12658人。公益讲座主要包括北京古都历史文化系列；2007文化助残系列；播放《百家讲坛》系列；书画系列；迎奥运专题讲座等。

2008年图书馆装修改造，共享工程服务阵地转移到网站上为读者提供多种数字资源服务。为读者推荐共享工程专题数据库资源，如红军长征史诗、中国漫画、漫画库有奖问答、北京记忆等优秀资源。还为读者提供龙源电子期刊、网上电子报纸、网上展览等数字资源。

除了网上服务外图书馆继续开展"文化助残"系列讲座，讲座内容主要结合残疾人的心理特点和需要，图书馆外聘专家为残疾人讲解有关民俗、残奥会、心理学等方面的知识，全年共举办讲座11场。

在社区服务上，支中心开展送讲座进社区活动。邀请瓷片收藏家白明、民俗专家崔普权、作家颜斐走进社区图书馆与社区居民交流。把全套共享工程《中国京剧音配像精粹》VCD资料和近100张电影光盘赠送给鼓楼苑社区图书室，让社区居民免费借阅。2008年9月至10月，支中心开展了"公益电影大放送"活动，将2万张电影票免费发放给社区居民，成为社区文化活动中一道亮丽的风景线。

在对青少年的服务中，图书馆主要利用少儿阅览室为小读者提供免费阅览共享工程资源，定期播放资源优秀电影视频和科普教育片。此外，还开展了儿童作家与小读者见面会、到图书馆过生日、红领巾讲坛进校园、经典音乐作品赏析等主题活动。

2009-2010年随着市民生活水平和文化素质的提高，朗诵这种艺术形式越来越多的受到许多老年人的喜爱，支中心每周一上午为朗诵爱好者举办朗诵沙龙活动，为老年人提供了一个展示个人才华，相互提高、交流互动的平台。通过举办讲座、征文、电影放映、展览、诵读等形式的节庆文化主题活动，扩大了活动的影响力，让文化共享工程真正成为深受广大群众欢迎的文化惠民工程。

2009年为了指导和支援农村建设，在多次调研的基础上，为怀柔区大周各庄食用菌技术开发提供帮助，特邀林业大学教授杨春华为大周各庄农业技术人员进行《食用菌的栽培》技术培训，并深入温室大棚现场指导。同时，图书馆还将50张有关《中国农业知识仓库》光盘和146册农业科技图书赠送给农民，体现了图书馆利用共享工程在助建社会主义新农村活动中的独特作用。

2010年暑假期间，东城区支中心为50名小读者及家长举办了四次少年网页设计免费培训课程。这项活动不仅丰富了学生的暑期生活，也有效地激发了学生参与信息技术活动的兴趣，促进了学生信息素养的全面提升，提高了学生设计制作网页的能力，并激发了孩子参与少年网页设计竞赛的热情。

2011-2012年针对图书馆品牌活动侧重宣传，如"书海听涛"系列作家与读者见面会、故宫讲坛、经典诵读、少儿"红读"等，通过各种宣传方式来提升品牌的社会影响力，凝聚人气，增强活动。读者活动包括作家与读者见面会、摄影讲座、文化助残、故宫讲坛、经典诵读、高雅艺术讲座六个系列。

2012年宣传辅导部组织各类读者活动达115场，16905人参与。其中，作家与读者见面会53场，6600人参与，摄影讲座24场，4300余人参与；故宫讲坛7场，2500人参与；文化助残6场，525人参与；高雅艺术讲座4场，270人参与；诵读活动13场，2560人参与。此外，还开展了"我与中轴线"征文颁奖暨作者与读者见面会活动和诵读座谈会。

自2011年东城区图书馆电子阅览室实行全免费，上网阅览人数呈直线上升趋势，2012年截止11月底已达到44287人次，同比去年提高12000人次。

2012年组织电脑知识及数字资源使用培训13场600人次。东图的电脑讲座开办已经四年，为近2000名读者普及了电脑知识，帮助他们摆脱时代文盲。

2012年外文阅览室放映共享工程影片45场，观影人数约1400人。读者活动反馈记录45次28000字。

另外共享工程东城区支中心利用"网上联合参考咨询"开展公益性文献信息咨询服务，为社会公众提供网络化参考咨询和文献远程传递服务，2005年以来东城区图书馆累计解答读者咨询3万余条，受到网上读者的普遍欢迎。

六、技术支持、培训管理

按照《北京市文化局关于文化信息资源共享工程区县分中心基层中心和服务点建设与管理的意见》，要求全年下街道服务不低于24次，除去上级领导安排的培训任务外，还不定期的组织各种基础技术服务培训。通过培训建立一支熟悉文化共享工程资源内容、熟练掌握文化共享工程操作技术与服务手段的人员梯队，确保文化共享工程基层服务点均具有熟练掌握并使用本级工程应用系统开展服务、熟悉本地设备维护及日常操作的人员。具体实施方案如下：

1、培训对象：

包括东城区基层服务点工作人员、图书管理员、十个街道主管领导及文化业务骨干。

2、培训内容：

2.1.共享工程基层服务点建设与相关文件、规章制度的讲解

请专家为基层服务点工作人员进行有关共享工程基层服务点建设任务及相关文件、规章制度进行讲解，加强对共享工程的重视与规范程度。

2.2.不定期举办网上参考咨询培训

网上参考咨询服务是在文化共享工程国家中心指导下，由各公共图书馆合作，为社会提供免费的网上参考咨询和文献远程传递服务。区支中心2004年成为联合参考咨询成员馆，为了让基层服务点工作人员掌握和了解网上参考咨询服务的技术和功能，将不定期举办此项工作的培训。

2.3.不定期对基层服务点开展基础培训和业务指导

主要针对各基层服务点的实际情况，通过现场演示、基础性指导和宣传典型经验等方法，使基层点人员熟悉工程资源，掌握开展服务的技能。

2.4.召开基层服务点业务协调交流会

通过对工作的交流，相互借鉴好的经验和方法，开阔思路，提高创新能力，更好地推动本地区共享工程服务。

3、管理方式

建立文化共享工程支中心和基层服务点的绩效考核机制，加强工作制度化、规范化。加强对"共享工程"设备设施管理；加强对下载资源的加工与整合；加强对信息服务的管理；加强对各基层服务点的各项管理与指导。

七、工作展望

今后共享工程将会进入公共的数字文化建设和提供数字文化服务的新时期，对基层共享工程服务人员也是一个很大的挑战。我们应在服务过程中不断地学习新的知识新的技能，通过多种手段大力宣传提高自身服务水平，立志把这项创新工程文化惠民工程传承和发扬下去。

（撰文/北京市东城区支中心）

北京市东城区崇文支中心

坚持服务基层、服务大众的原则，按照建设与服务相协调的发展方针，结合区域实际，发挥资源特色，推动"文化共享工程"成为文化创新、文化惠民的重要抓手，成为建设公共文化服务体系的基础工程，在丰富基层群众文化生活，提高社区居民思想文化素质等方面发挥积极作用。

一、基层服务点建设

目前建有东花市街道、永外街道、崇外街道、前门街道、龙潭街道、天坛街道、体育馆路街道等7个"文化共享工程"基层服务点。每个基层服务点都配备有电视机、电脑、数据卡等设备，并接入了歌华有线文化共享工程专网，安装了文化信息资源共享工程接收软件，可接收文化共享工程数字资源。

建有天坛街道图书馆、崇外街道都市馨园社区、永外街道安乐林社区、东花市社区文化中心、东花市街道花市枣园社区等5个数字文化社区。每个数字文化社区都配备有电视机、电脑、平板电脑、触摸屏读报机等设备，可提供电子书、电子报、电子期刊、视频等数字资源的阅读服务。

二、经费投入

自2009年起，每年投入经费31万元，用于"文化共享工程"建设。支中心配备有服务器、磁盘阵列、交换机、路由器、防火墙、杀毒软件等设备，接入了北京市文化共享工程数字资源传输专网。

三、资源建设

共享北京市分中心的方正Apabi电子图书、CNKI学术期刊、Apabi中国报纸资源全文数据库、龙源电子期刊、"读秀"、"百链"等数字资源。突出区域特色、文化特色、时代特色，注重针对性，新颖性、实用性，采购了艺术博物馆图片数据库，国学宝典数据库，《北京日报》、《北京晚报》光盘数据库，新方志数据库，中国包装标准数据库等。包装资料数据库、设计资料数据库、传统手工艺数据库、地方文献数据库4个专题数据库正在建设中。

读者观看共享工程视频

四、技术支持

通过现场服务、电话支持、QQ在线支持等途径和手段，随时解决基层服务点在工作中遇到的技术问题。指定专人，定期到基层服务点对设备进行检查和维护，排除故障，提供现场技术培训，为基层服务点业务工作的正常开展提供技术支持和保障。

五、惠民服务

向读者免费开放电子阅览室，提供网上阅览服务和数字资源查阅服务。开通了东城移动图书馆，依托移动无线通讯网络，通过手机、pad等手持移动终端设备为读者提供查阅数字信息资源、检索馆藏书目、查询当前借阅情况、自助完成图书续借等一站式服务。开展网上联合参考咨询服务，利用全国图书馆参考咨询联盟平台，在全国范围内为读者提供在线参考咨询服务。

不定期举办各类计算机知识讲座，普及计算机知识，为读者使用数字资源进行指导和帮助。每周五举办视频讲座，为读者提供经济、技术、文化、科研、教育等方面信息与知识。举办"文化共享工程"进社区、进军营、进校园活动，延伸"文化共享工程"服务范围，拓展"文化共享工程"服务领域。

六、宣传推广

举办"传播中华文化，共享人类资源"大型主题图片展、"文化共享奥运行"专题展、"全民读书，文化共享"专题展等，组织社区居民参观全国文化信息资源共享工程"十一五"成果展，在网站开设"文化共享工程"专栏，开通微博、博客，举办"像雷锋那样"电脑小报设计比赛、颂歌献给党——文化共享工程迎接建党90周年群众文艺活动、"文化共享杯"全国群众摄影艺术作品征集大展等，加强文化共享工程宣传推广。

七、培训工作

以建立一支技术过硬、业务熟练、管理规范、服务优良的基层服务点管理人员队伍为目标，每年举办1–2次业务知识培训和"文化信息资源共享工程"知识竞赛，提高基层服务点工作人员的业务技能和服务水平。

八、管理和队伍建设

成立社区工作部，对基层服务点进行统一管理和跟踪指导，推动文化共享工程向纵深拓展。

根据文化共享工程建设需要，专门引入专业技术人才，定期组织共享工程数字资源使用方法学习，多次举办非线性视频编辑设备、数码摄像机等设备的使用技巧培训，为"文化共享工程"打造业务精、素质高的人才队伍。

九、荣誉奖项

先后荣获2006年"文化共享在我身边"征文活动组织奖、2009北京市"文化共享杯"知识竞赛二等奖、2011年北京市文化共享工程优秀组织奖。

十、工作展望

学习贯彻党的十八大精神，抓住北京建设中国特色社会主义先进文化之都的机遇，进一步提升支中心文化共享工程的建设水平。

一是突出馆藏特色，形成资源征集、保存、传输、应用、反馈等的管理机制，不断提升数字资源建设水平。

共享工程2010年工作总结会

创新资源建设模式，尝试以活动带征集，通过读者文化活动丰富资源品类、充实资源数量。

二是以高新技术应用为主导，进一步增强服务的时效性、互动性、针对性与便捷性，推动工作重点向侧重管理服务转变，形成专业化、品牌化服务。

三是加强对基层服务点、数字文化社区的建设、管理、培训，收集分析各基层服务点、数字文化社区数字资源的服务和使用情况，为进一步提升工作的科学化水平提供参考和依据。

四是进一步密切与其他各支中心的交流合作，推动数字资源的共建共享，交流工作经验，形成发展合力。

（撰文/北京市东城区崇文支中心）

北京市西城区支中心

西城区支中心为认真落实《北京市人民政府关于进一步加强基层文化建设的意见》的精神和部署，在北京市文化局，西城区区委、区政府领导的重视和大力支持，文委积极组织区属资源单位，统一协调部署，在全区各街道的共同努力下，我区的文化信息资共享工程建设工作得到稳步推进。共享工程的实施，丰富了我区市民文化生活，推动了基层文化设施建设，在“文化兴区”战略中起到了积极的促进作用。

一、建设情况

2002年财政部、文化部和国家图书馆联合举办了“文化共享工作全国启动仪式”后，区图书馆成为北京市文化信息资源共享工程支中心。截止到2012年12月，先后7家街道级图书馆基层服务点达到100%覆盖，建设了4个数字文化社区服务点，1个公共电子阅览室。西城支中心按照全国文化信息资源共享工程管理中心及北京市文化局关于文化信息资源共享工程区县中心建设与管理小组要求，开展了形式多样的服务，满足了我区广大人民群众对文化信息电子化的需求。

1、加强组织领导，促进中心建设

西城区政府高度重视共享工程建设及推广工作，从“文化兴区”的战略角度将其纳入到公共文化服务年度工作计划中，文委领导高度重视支中心建设工作，将工程建设情况纳入区图书馆及各街道的年度工作考核，成为支中心和街道基层服务点发展的指导方向。文委主管主任把共享工程建设作为全年工作的重要组成部分，在每次的文化工作例会中都要听取各街道关于共享工程建设的落实及活动开展情况的工作汇报，针对共享工程建设中出现的问题，文委领导积极组织与协调，确保共享工程建设工作落到实处。区图书馆作为共享工程支中心，成立了相应的工程领导小组，此项工作一把手负总责，由分管馆长主抓，馆内信息技术部和社会工作部作为执行部门，上下形成合力，推动共享工程在西城有序开展。

为了进一步规范支中心工作，按照北京市分中心要求，西城区图书馆信息技术部负责馆内支中心工作，制作并张贴文化共享工程标牌，制订了共享工程支中心的工作制度，建立专项工作档案，区图书馆成为连接街道基层服务点和市级管理中心枢纽，起到承上启下的作用；馆内社会工作部负责基层服务点的建设，定期与基层点沟通，及时排查避免隐患，并建立了良好的信息反馈机制。支中心积极与国家中心、北京市中心开展合作共建。搜集整理活动信息，宣传报道建设成果。

2、稳定的经费投入为服务开展提供了必要的条件

区支中心年常规投入经费约20万元，作为支中心运行的保障，其中年度市管理中心（首都图书馆）支持维护费用1.5万元，馆内网络接入费8万元，分别为20兆和10兆的网通专线接入，年度设备更新费用2.5万元，讲座培训活动费用约5万元，数字资源采购经费约3万元，从而有力的保证了支中心正常接收国家中心、市分中心的资源，每周向社区居民提供66.5小时服务。2012年在保证常规经费的基础上，又投入10余万元对机房进行改造，新添置了3台服务器和4TB磁盘阵列，使中心内现有共享工程专用阅览机80台，服务器11台，磁盘阵列累计存储空间达到12TB，交换机、防火墙、网络专用配线架、KVM切换器、标准机柜等设备设施一应俱全，此外还购置了扫描仪、激光打印机、数码相机、摄像机、移动硬盘等专用设备。3小时在线式不间断电源系统及24小时机房恒温恒湿专用空调，安装在中心机房，达到了地市级支中心的建设标准。

除电子阅览室外确保每位读者拥有大于2平方米的机位面积，在营造了宽松快捷的阅览环境外，图书馆

二层还专门设有多媒体放映室，安装了投影仪和音响设备，可供百余名读者集体观赏视听资源。

3、资源建设为服务提供有力的保障

具备良好的设备作保证，这是资源建设工作的核心。西城区支中心利用北京市文化资源共享服务平台接收视听文化资源，利用互联网和有线光缆的连接，2012年下载资源达到2TB，其中视频占1.4TB，其他各类资源占0.6TB，保证每月对资源进行更新。同时西城支中心根据年度总结，选取并向市分中心提供多场优秀讲座，并配合一卡通联合编目上传书目数据。此外自行采购多种数字资源作为共享工程服务的有益补充。2012年购买电子视听文献2万余元，百家讲坛系列光盘及十八大纪念光盘1千余元。外购数据库包括《中国大百科全书》数据库、《四库全书》数据库，共享首都图书馆的清华学术期刊专题数据库。支中心积极整合各类资源，利用现有技术手段，组织人力物力在支中心内自建什刹海文化、走遍中国、名人故居、西城胡同、西城讲坛等专题数据库资源总量达到500GB。

自2002年起，西城区图书馆及七个街道图书馆相继纳入了北京市公共图书馆信息服务网络，实行通借通还的文献传递服务。安装了智慧2000图书馆自动化系统、TPI数据库系统、资源应用管理系统，网络防病毒软件、上网信息浏览监控软件。在支中心共享工程阅览专区的每台用户计算机桌面上均设有全国共享工程网站、市分中心网站的快捷方式。在图书馆网站、阅览室门口等显著位置设有专题放映活动预告栏，每周提前发布专题放映活动内容与时间安排。

4、团队资源建设为工作保驾护航

自2002年西城支中心建立以来，我们一直努力做好专业服务队伍的自身建设。无论是中心馆岗位竞聘，还是基层点管理人员调整，始终将服务人员的业务培训作为首要任务，坚持持证上岗为原则。

2012年8月，区图书馆参加了北京市分中心在军都山度假村举办的全市公共图书馆管理员培训班，我馆全员参加，并组织街道基层服务点工作人员参与培训，通过培训，提高了他们的操作技能和方法，针对工作中出现的故障，可以在短时间内排除。支中心每年定期对基层点业务工作的开展进行辅导，内容包括共享工程客户端的使用，共享工程社区工作的开展，业务自动化软件使用培训等，年平均辅导每社区20次。2012年3月和7月，在区图书馆举办面向7个社区分馆的管理员开展的共享工程培训，到会人员分别就各自在共享工程工作中遇到的难点问题与图书馆有关人员进行了沟通与交流，取得良好的效果。

在2008年的共享工程督导工作中，西城区共享工程支中心达到相关验收标准，督导小组对图书馆的工作予以肯定，对共享工程的发展也起到了积极的推动作用。

二、惠民服务

积极开展服务是支中心建设以来的核心工作，通过在本馆网站，建立了文化共享工程网站连接，并设立了共享工程活动专栏，内容及时更新。以此开展了丰富的活动。利用网站留言本，联合参考咨询网向居民开展免费网络咨询活动，全年回答各类问题200余个。

1、配合市中心，开展主题活动

支中心在年度工作计划中积极配合全国文化信息资源共享工程、市分中心工作，宣传各类网上展览活动，如2012话龙年，践行北京精神争做雷锋传人，十八大专题展览，“文化共享杯”全国群众摄影艺术作品征集大展等网上展览推广活动，经过不懈的努力，较好地完成了上级管理中心布置的工作。

2012年开展各类专题活动69次，其中集中放映活动7次，共服务14999人次。支中心按照北京市分中心工作要求，开展全国文化信息资源共享工程宣传展播活动、寒暑假未成年人视听上网活动、网上阅览活动、面向农民工开展计算机网络培训活动、中老年人计算机上网培训和视障群体计算机培训等内容丰富、形式多样的读者网上活动。

按照国家中心“2012话龙年”活动精神，以宣传文化为主题，以网上活动为依托，支中心开展了喜闻乐见的“欢乐共享楹龙年”主题活动，在2012年初开展了贺卡传“新”意活动，百余名读者参与了此次活动，了解了北京市分中心网站的内容并制作了对联百余幅，过了一个祥和的文化年。2月份开展了共享浪漫放映活动，向到场群众发放了温馨的纪念品，3月开展了传雷锋精神，推广共享工程资源欣赏活动，7月开展了百题知识竞赛活动，通过浏览支中心网站，结合共享工程常识，回答问卷的问题，达到了既了解共享工程，又加深对公共电子阅览室理解的显著效果。12月开展了享圣诞放映活动。同时继续开展了2期面向社区居民的中老年人、视障人群和外来务工青年的计算机普及培训活动。

2、努力探索，面向特殊群体开展服务

西城区支中心常年坚持向部队送书到军营，经常开展双拥服务活动。2012年12月11至14日，正逢北京迎新兵之际，为了配合西城区人民政府完成好今年的接新兵工作，为停留在车站待命的新兵们送上精神食粮，充实新兵的精神文化生活，西城区支中心在北京北站建起了“共享工程2012年迎新兵文化服务站”，为新兵们带去了400册图书，300多本杂志和多张共享工程光碟。西城区支中心充分利用共享工程资源向未成年人提供特色服务，利用寒暑假期向广大青年读者提供优惠上网活动，一直都是支中心的保留服务。工作中不断规范服务标准和方式，安装了新的客户端管理软件，向未成年人提供了一个更安全更快捷的网络应用环境。同时组织人员搜集了大量共享工程网络信息资源，以“用科学点亮你的迷惑”为关键词向未成年人介绍了青春期生殖健康方面的保健常识，帮助他们了解自己，受到广大学生朋友的肯定。

10年间，支中心把社会弱势群体放在越来越重要的位置。西城区图书馆自2004年起创办了社区学习中心，旨在面向社区居民的中老年人、视障人群和外来务工青年进行计算机网络知识的基础培训，使他们能够了解并掌握一定的网络知识，提高自身能力。在教学中，通过辅导利用共享工程网站，浏览站内关于运动健康的信息资源，在一定程度上提高了学员的生活质量。2012年共开展了社区学习中心培训班2期，培训学员320人，95%以上的学员掌握了计算机的基础操作，并能熟练浏览共享工程网站。

在往期视障人计算机班里有一位学员陈基，他通过学习计算机互联网知识，在共享工程网站中点击，“收听”了很多场百家讲坛的视频讲座，丰富了自己的日常生活，了解到很多中国历史人文知识，他表示会把共享工程网站分享给更多的残疾人朋友，让更多的人利用这座共享文化信息资源知识宝库。

通过几年来的实践，西城区支中心按照国家及市文化局的要求，认真落实了全国文化信息资源共享工程建设的工作，将共享工程建设工作稳步推进、落到实处，将共享工程的资源送到了居民百姓中，使共享工程这一不受时间、地域限制的崭新文化传播渠道，获得了传统文化传播手段难以达到的社会效益，今后我们将会依托强大的数字化信息资源与先进的信息技术，充分发挥网络资源的优势，让源源不断的文化信息注入到千家万户，从而强化文化的传播力度，扩大文化的影响力度，努力使互联网成为传播社会主义先进文化的新阵地和人们健康精神文化生活的新空间。

（撰文/北京市西城区支中心）

北京市西城区宣武支中心

北京市西城区宣武图书馆是一家区级综合性公共图书馆，共享工程宣武支中心成立于2002年，位于宣武图书馆电子阅览室，共享工程作为北京市折子工程是图书馆每年一项重要工作，在区委区政府、区文化委的高度重视下，区财政2006年底一次性投入60万元对电子阅览室进行更新改造，更换添置了计算机、网络线路、投影仪等设备，为读者创造了一个良好的网上阅览环境，每年由财政下拨共享工程专项运维经费32万元，用于设备设施运维管理，确保共享工程设备设施安全稳定运行。

一、管理和队伍建设

共享工程宣武支中心现有专职人员2名，兼职人员1名，2名专职人员已取得由北京市分中心颁发的“北京市全国文化信息资源共享工程岗位资格证书”，按照分中心的要求，建立管理人员工作职责和共享工程档案，制定免费网上阅览管理办法，并严格按照制度执行，为支中心各项工作的开展奠定了基础。

二、资源建设

2010年在首都图书馆（共享工程北京市分中心）的大力支持下，投入专项经费120万元，为开展各种共享工程宣传推荐活动提供了硬件保障，室内配备计算机40台、摄像机等专用设备，网络独享10兆光纤，通过连接歌华有线信号，下载共享工程各类信息资源，各客户端可通过局域网登陆服务器主页浏览文献信息，免费为读者提供网上阅览服务，目前数字资源总量近4.5TB，读者可利用计算机访问服务器资源，实现网上阅读、下载资源；自主建立宣南会馆数据库系统，与图书馆网站链接，读者可利用龙源期刊、网上书目检索、CNKI等专业数据库系统进行文献检索，支中心全天候免费对外开放，为读者提供了良好的阅读空间。

三、基层网点建设

宣武支中心于2003年至2010年期间共建立8个共享工程基层网点，分别为：天桥、陶然亭、牛街、椿树、广外、广内、大栅栏、白纸坊等基层网点，每年运行维护费用各1万元。2010年北京市分中心资产调拨共享工程专用设备电视机、计算机及共享资源到各基层网点，利用歌华专网接收资源开展活动，例如：电影展播、新书推荐、少儿阅读、民俗知识推荐等活动，配有专人负责，每年定期参加宣武支中心管理员培训班2次，能够熟练掌握共享工程设备设施的使用，为推广数字文化社区建设，做好充分的准备。

军休所老干部网上观看京剧名段

四、惠民服务

2011年，支中心按照《关于推进全国美术馆公共图书馆文化馆（站）免费开放工作的意见》文件精神，正式免费对外开放。读者凭借书证或身份证领取上网卡，免费网上阅览，提高了电子资源的使用率，每日来馆阅览读者络绎不绝，支中心电子阅览室平均年接待读者2万余人，电子资源年外借1500余人次、2800余册，深受广大读者好评。

五、培训工作

宣武支中心每年开展内容丰富、形式多样的培训活动近百场，其中“夕阳共享人人乐”活动在区域内形成品牌特色，支中心与社区街道、军休所、残联、敬老院等单

夕阳共享人人乐学员合影

位建立资源共建共享，大力宣传推广共享工程，邀请中老年读者走进图书馆，以学习培训的形式指导老年读者利用计算机网上阅览电子图书、期刊报纸、视频讲座等，几年来培训老年读者达万人以上，收集反馈百余封，从最开始不敢接触电脑，到能够独立利用网络检索电子文献资源，深受老年读者的喜爱，大家感慨："共享工程让我们这些上了岁数的人好似又回到了当年学校的情景，不但学习了新知识，又丰富了我们的晚年生活，图书馆为我们提供这样好的学习条件，感受到了一种温暖，让我们这些落伍的人焕发出新的使命"。

共享工程宣武支中心"夕阳共享人人乐"活动被西城区成人教育学会评为"2011年度西城区成人继续教育培训工作优秀培训项目"，这是对宣武图书馆共享工程工作的肯定和鼓励。宣武支中心将坚持定期开展培训活动，抓住百姓需求，尤其是对老年人、残疾人、青少年、进城务工人员等特殊人群的服务，进一步满足广大人民群众基本文化需求，为提高百姓生活质量，共同建设人民大众美好的精神文化家园而努力奋斗。

六、数字文化社区建设

为贯彻落实党的十七届六中全会和北京市委十届十次全会精神，加快建设中国特色社会主义先进文化之都，建成完善的公共文化服务体系，宣武支中心在北京市文化局、首都图书馆等各级领导的关心支持下，于2012年6月正式启动北京市"数字文化社区"工程建设工作，该工程是北京市文化局2012年公共文化服务方面"十大惠民"工程之一，按照建设标准要求，支中心已建立首批6家社区作为"数字文化社区"单位，分别为：天桥社区服务中心、广外社区服务中心、广内社区服务中心、陶然亭龙泉社区居委会、白纸坊社区服务中心、牛街社区服务中心。文化社区现有藏书万余册，阅览座位30席，配有网上阅览计算机11台、高清交互数字电视，安装触摸读报系统，"数字文化社区"的建设，实现了资源的有效利用，达到了共建共享，文化社区已成为百姓休闲娱乐不可或缺的重要场所。

七、工作展望

宣武支中心未来将进一步推进数字文化社区建设，通过宣传、培训、参观等方式，调动社区的积极性，鼓励有条件的社区积极开展数字文化社区建设，宣传推广公共电子阅览室免费对外开放，扩大服务半径，以支中心"夕阳共享人人乐"为主题，推进数字文化社区特色品牌活动向社区渗透，提升文化活动品味，让更多的社区百姓感受到网络阅读的便捷。数字文化社区建成之后，将陆续加入北京市公共图书馆"一卡通"通借通还体系，建设社区街道分馆，读者可以仅凭"一卡通"读者卡，实现北京市公共图书馆通借通还。

（撰文/北京市西城区宣武支中心）

北京市西城区少儿支中心

一、整体情况

西城区青少年儿童图书馆作为"全国文化信息共享工程"北京市西城区少儿支中心，位于北京市西城区西直门内大街69号，内设有用以浏览网络资源的电子阅览室1间，内配有电脑终端42台，馆内现有从首都图书馆接收的各类图书、影视、文艺等共享工程资源共计3.8TB，拥有自主购买的点点动漫书库、阿帕比电子图书库、阿帕比艺术博物馆图库、网上报告厅、电子读报资源数据库、少儿多媒体图书馆等6个资源数据库0.8T的数据资源，拥有电子图书11542册、动漫电子图书5217、精美图片12995张、影视视频4231部、少儿多媒体资源4200篇，报纸期刊30种。电子阅览室内还配备两台移动阅读设备，为同学们阅览共享工程资源提供了良好的环境和极大的便利。

北京市财政每年为共享工程西城少儿支中心投入经费24万，馆内现有共享工程专职人员、兼职人员各1名，负责共享工程的资源建设和设备维护，并负责组织举办共享工程的各项活动。

二、惠民服务

2012年西城少儿支中心共举办包含讲座、展播、有奖问答、实践课、展览、竞赛等各类丰富青少年儿童课余生活的读者活动共计26项，服务读者8983人次。

读者活动包括两套系列活动、两期资源推荐、两期

少儿多媒体图书馆推广

主题展览、六期读者培训和十二项活跃节日气氛、丰富小读者假期生活的单项活动。活动介绍如下：

1、向雷锋那样”系列活动

为加强和改进未成年人思想道德建设、响应全社会广泛深入开展学雷锋活动的号召，西城少儿图书馆举办了“向雷锋那样——电子小报设计赛”、“向雷锋同志学习——雷锋日活动”、“当代小雷锋——志愿者活动”、“雷锋精神进校园——主题宣传活动”等五项系列活动，共计参与人数463人次。

2、重读经典——有奖知识问答系列活动

重读经典——有奖知识问答活动是我馆的长线活动。通过网上报告厅数据库观看中国经典名著的讲座，每周六供小读者观看。观看完毕后，现场对读者进行学习知识巩固问答。活动主旨在于通过讲座和有奖问答的方式，引导小读者对中国经典名著的阅读兴趣，同时锻炼他们正确运用搜索引擎的能力。

3、资源推荐

5月，围绕图书馆宣传周活动，支中心举办优秀电子资源介绍推荐活动，将共享工程网站和该馆自有数据库中的优秀电子资源推荐给读者。

10月，我馆引进了一款专门面向少年儿童的网络自主学习平台“少儿多媒体”数据库，并邀请了四根柏小学的60名同学现场体验和测评。由于体验活动反响良好，年末活动便围绕“少儿多媒体”数据库的资源推荐为重点开展了专项推广活动。

4.主题展览

2012年西城区少儿支中心共举办了两期主题展览，两期展览共吸引参观读者3900余人。

4.1、探索我们的过去——文化遗产日展览，向读者阐述了何为文化遗产，文化遗产对我们具有哪些重要意义，重点介绍了北京特有的文化遗产——故宫、长城、天坛等。其特点是集文化介绍和旅游指导为一体，详细指出了乘车路线和最佳游览方案以方便读者实地游览，让读者接受文字知识的同时也能去现场亲身体会文化遗产的博大精深。

4.2、十八大主题报告宣传展览，展览主要介绍了新任总书记和第十八届中央政治局常委的生平事迹，并对许多小读者容易混淆的“党的代表大会”和“人民代表大会”以及“总书记”和“国家主席”的概念做了清晰的解释和区分。

5、单项活动

西城区少儿支中心节假日期间利用管理中心下发的和馆内现有的各类电子资源举办了“精彩假期，缤纷元旦”、“春联状元秀”、“清明时节话清明”、“绘画多彩童年六一特别活动”、“文化遗产日展览”、“品味“五月五”等十二个节日单项活动，服务读者共计2065人次。其中与首都图书馆、东城图书馆、宣武图书馆、朝阳图书馆五馆联合举办的“欢乐共享楹龙年——2012年元宵节网上春联活动”得到了领导的重视和支持，文化部全国文化信息资源建设管理中心刘惠平主任活动期间来到活动现场视察并与读者亲切互动。国庆期间举办的“祖国祖国我爱你——文化共享工程爱国影片展映活动”吸引了来自法国电视台的记者到馆进行采访和拍摄共享工程活动的进展情况。

三、宣传推广

2012年上半年结合“像雷锋那样”活动主线开展了共享工程进校园宣传活动，将介绍共享工程的展板、传单等送进校园，并通过有奖知识问答的方式吸引读者前来参观。下半年则将介绍共享工程的展板展示在电子阅览室周围，结合电子阅览室举办的各项活动对共享工程进行推广。

四、培训工作

2012年西城区少儿支中心培训工作分为两个部分，一是为我馆共享工程工作人员组织的内部培训，二是面向读者的各类技能知识培训。

1、内部培训

2012年西城区少儿支中心共组织内部培训8期参与人数24人次。由于我支中心无基层服务点，培训主要以馆内交流学习为主。培训课程包括：相机的使用、2012年图书馆年会学习和固定每两个月一期的工作经验交流会。

2、读者培训

2012年西城区少儿支中心共组织读者培训6期，服务人数151人次。根据我支中心主要服务人群为未成年人的特点，培训主要在寒暑假期间举办。培训内容以电脑的软硬件知识和电子产品的使用为重点，结合不同年龄段青少年的学习能力，举办了不同难易程度的以下6期培训活动。

2.1、组建小小局域网

举办适合中小学生知识水平的网络知识实践课。课程内容以不同网络类型的工作原理和使用范围为主题，为同学们普及网络知识，加强同学们对网络资源的掌握及应用。

2.2、认识你的照相机

为读者讲解目前市面上几款主流数码相机上繁琐而又复杂的多种符号的功能及其使用方法。

2.3、电子小报设计培训

向同学们介绍word软件的功能和效果，教会大家如何运用word排版文字、图片和表格，如何灵活运用word软件中的小技巧达到良好的视觉效果。

2.4、光影魔术手软件培训

西城少儿馆在暑假期间特别为广大爱好摄影和图片处理的同学举办了“光影魔术手”影像软件培训。

欢乐共享楹龙年元宵活动

2.5、少儿多媒体数据库讲座

邀请专业讲师为孩子们讲解"少儿多媒体图书馆"的使用方法，活动以开发中小学生动脑动手能力为主，倡导数字化学习方式，活动过程中还进行了很多有趣的互动游戏，让孩子们享受到了学习带来的快乐。

2.6、"共享杯"摄影培训讲座

配合"文化共享杯"全国群众摄影艺术作品征集赛，西城区少儿馆在电子阅览室为大朋友和小朋友们举办了摄影讲座。

五、工作展望

相信通过不断的总结、交流和学习，该馆共享工程人员在工作能力、服务意识方面会有很大的提高，将共享工程这一惠民工程更加深入的推广到人民群众中去。

（撰文/北京市西城区少儿支中心）

北京市朝阳区支中心

北京市朝阳区图书馆作为文化信息共享工程支中心紧密围绕建立和完善结构合理、发展均衡、网络健全、运行有效、惠及全民的公共文化服务体系，坚持以公益性、基本性、均等性、便利性为原则，加快落实建设覆盖城乡的公共文化服务体系，践行建设全国社区群众文化活动先行点的工作要求，不断推进我区城乡共享工程服务工作。

目前朝阳区已建共享工程基层服务点261个，其中2012年新增70个，已基本实现基层网点社区、村100%全覆盖。截止2012年底开展面向基层的讲座、展览、电影播放等服务活动500多场，服务受众约20万人次；开展面向基层工作人员的培训指导约200次，接受培训的基层工作人员约300人，较好的完成了2012年度的工作任务，现将工作总结如下：

一、经费投入

朝阳支中心领导高度重视文化信息资源共享工程建设工作，将全区261个工程网点的年运行经费、区财政给予补充的配套资金全部列入财政预算，并设立工程专户，实行专款专用。2012年投入共享工程运维费近61万余元，为朝阳支中心规范本区共享工程的日常管理和统筹指导的工作机制提供了有力支撑。此外，不断扩大共享工程的服务面，以年度评估考核强化基层共享工程活动信息交流报送要求，逐步形成了以市分中心为龙头，以区支中心为节点，辐射形成"点联线，线带面"的良好局面。

二、资源建设

支中心精心挑选了一批基层群众喜爱的优秀讲座、优秀电影以及技能培训、生活知识、务工知识等方面的视频资源5套，每套含40张光盘、节目近百个，数据容量超过100G。在民俗节日前期逐级发到各基层服务网点，有效充实基层群众的文化生活。

三、惠民服务

本馆在实施共享工程建设的过程中，不断拓展服务内涵和方式，统筹区域资源，有效利用这一全新的载体，通过联手学校、走进社区，深入军营等方式，不断扩大服务范围，促进信息资源共享工作不断取得新进展。

1、加大宣传力度，普及文化知识。

我馆充分利用管理中心下发的文化信息共享工程数字资源，开展主题图文视频展览活动，先后在图书馆和基层馆举办了《民俗清明图文展》、《李大钊生平展》、《居里夫人图文展》等。节假日期间，利用本馆数字信息厅、电子阅览室、报告厅开展相关视频播放活动，并积极收集汇总各基层服务点开展活动的精彩视频，经过编辑后上传到国家分中心，利用共享工程网络平台大力向市民宣传朝阳区文化的繁荣发展。2月6日中国传统节日元宵节到来之际，文化部全国文化信息资源建设管理中心、全国文化信息资源共享工程北京分中心，举办了题为"欢乐共享楹龙年，文化灯谜过元宵"的文化活动。朝阳支中心即朝阳区图书馆作为北京市四个分会场之一，积极配合组织该项活动。活动以"楹联"、"灯谜"等中国传统节俗文化内容为基础，以"全国文化信息资源共享工程"为平台，旨在进一步弘扬"北京精神"，营造出欢乐、和谐的节日气氛。500余名读者参与了本次活动。

2、发挥品牌优势，文化讲座颇受欢迎。

我馆充分发挥公共图书馆的阵地服务作用，不仅在图书馆网站进行优秀栏目推荐，向读者介绍名家讲座、优秀图书，而且在馆内利用共享工程多媒体设施举办各种讲座、培训。全年共举办朝阳文化大讲堂61场、外语大课堂236场、"百姓身边的案例"法律咨询活动49次，参与群众约6.9万人次，取得了良好的社会效益。

3、联手共建，丰富校园活动。

为了将先进文化传播送进校园，搞好未成年人思想道德建设，我们加强了与学校的联系，深入开展校园文化共建活动。

以纪念中国共产党成立90周年为契机，朝阳支中心联合学校开展"阳光少年热爱党"少年动漫设计制作竞赛和征文活动，共收到100份作品；采取寓教于乐的形式在少儿阅览室举办"童心向党　快乐成长"——"抗日小奇兵"系列动画片展播活动；"六一"国际儿童节来临前夕，在中小学生范围内中组织开展以"像雷锋那样…"为主题的电脑小报设计比赛活动，倡导继承和弘扬雷锋精神。

4、关注弱势群体，丰富农民工的文化生活。

朝阳区图书馆定期开展多种形式的读书活动，给予农民企业不间断的文化支持，促进企业文化发展。2012年1月10日，全国文化信息资源共享工程“文化年货带回家”服务农民工活动启动仪式在朝阳区闽龙陶瓷基地举办，向农民工代表赠送了图书及共享工程光盘200张，为农民工朋友送去节日的问候。

四、工作展望

2013年，本馆以创建国家公共文化服务体系示范区为契机，积极探索机制，构建完善的朝阳特色公共文化服务体系。

文化共享工程建设以保障百姓基本文化权益为目标，重点向农村和欠发达地区输送文化服务资源，不断消除数字鸿沟，实现公共文化服务均等化，进一步推动城乡文化一体化协调发展；同时发挥“书香朝阳全民阅读”传统品牌活动的带动作用，大力开展公益性文化活动，提高全区百姓的文明素质，巩固社会主义核心价值观深入人心。

（撰文/北京市朝阳区支中心）

北京市丰台区支中心

一、基本情况

丰台区共享工程网络是以首都图书馆为业务指导单位，以丰台区图书馆为共享工程地级支中心，以乡镇、行政村图书室为基层服务分中心组成的共享工程服务网络。我区共建有1个，5个乡镇级基层服务点和68个村级基层服务点。

到2008年全区共享工程设备配备完成，并达到了国家要求标准。

2009各基层服务点得到北京市文化局、首都图书馆的正式授牌，并利用共享工程资源开展了一系列的服务。市区两级政府对共享工程工作非常重视，从2006年至2011年区级财政共计投入资金28.6万元，市级财政共计投入资金135万元，用于共享工程运行维护。

二、培训工作

随着文化共享工程的快速发展，在首都图书馆的直接领导下，丰台区服务网点日益完善，受益人群不断扩大，资源总量和技术水平得以不断提升。根据丰台区共享工程工作的深入，在首都图书馆的指导下，2011年我馆充分发挥地级支中心在培训工作中的作用，在培训效率与质量下功夫，培训内容既有理论、服务知识，又有技术知识，还有资源利用的课程，内容丰富、实用性强。全年我馆共举办三次全区范围的共享工程管理员培训，8次网络培训。共计给全区73个共享工程基层点培训管理员278人次，覆盖率达到100%。

开展培训组织和经验交流是各级分中心的工作重心之一，也是促进文化共享工程又好又快发展的重要工作。丰台区支中心开展的培训提高了各街、乡镇及行政村对共享工程的认识，加强了基层共享工程的技术力量，对丰台区共享共程的健康有序发展起到积极作用。

三、网点建设

全国文化共享工程作为我国公共文化服务的重点工程，被列入了国家“十一五“规划。是一项由文化部、财政部共同组织实施的公益工程。该区在2008年建成覆盖城乡的服务网络，实现了“村村通”的目标。

我该区共73个基层点。5个乡镇基层中心已经建设完毕，覆盖率达到100%，配备设备有：服务器3套、音箱1套、投影机1台、幕布1套、1.2米卫星天线1套、高频头1个、液晶电视1台；68个行政村基层服务点已经建设完毕，覆盖率达到100%，配备设备有：液晶电视1台、服务器1套。

四、惠民服务

该区文化共享工程自建立以来，积极开展宣传工作，为更好地将共享工程服务工作落在实处，在首都图书馆的指导下，我馆充分发挥地级支中心在面向社会服务工作中的作用，开展了形式多样，内容丰富的活动。

1、开展服务活动丰富多样，全年该区共举办各种活动56次。

内容包括：讲座、影视放映、网站资源共享、为残疾人提供各种服务、电子阅览室网上阅览、“建党90周年”系列活动等。为了加强基层文化建设，使更多的人群能够享受到共享资源。区图书馆把优秀的讲座资源送到社区、部队、残联和学校，扩大了共享工程服务对象，满足了不同群体的需要。

2、服务人群广泛。

服务人群包括学生、军人、农民、干部等。从2008年开始统计以来该区共服务社会大众达83109人次，其中未成年人11850人次。

3、服务地点灵活。

该馆以报告厅、电子阅览室为基本阵地，以各街乡、社区、村文化站为基层服务战，形成了老百姓就进就能享受到共享工程信息资源的局面，深受社会大众好评。

随着共享工程活动的开展，在市民心中的影响也在逐渐加深，对文化信息资源的需要也在逐渐加大，市民开始掌握和利用这块知识宝库。我们将在今后的工作中更加努力的探索利用共享工程服务的新路子，更好地发挥共享工程的作用。

（撰文/北京市丰台区支中心）

北京市石景山区支中心

一、整体情况

共享工程石景山支中心设在石景山区图书馆内。2006年，石景山图书馆被列为北京市文化信息资源共享工程首批支中心。经过6年的发展建设，在全区范围内已实现街道基层网点文化共享工程全覆盖。目前，已建成一个支中心——共享工程石景山支中心，九个街道级共享工程基层服务点的三级服务网络。通过共享工程服务网络、视频直播、有线电视/数字电视、光盘、移动存储等途径实现优秀文化信息资源在石景山区内的共建共享。

共享工程在石景山区的发展建设经历了2006年-2007年的支中心、部分街道基层服务点试运行阶段，2007年-2008年的支中心和街道基层服务点全面运行阶段，2008年至今资源推广、深入开展活动阶段。

二、经费投入

共享工程在石景山区六年的发展建设中，石景山支中心多方争取资金，不断完善资源配置。争取市专项经费250万用于数据库硬件采购、数据库软件采购和数据库资源采购。为九个基层服务点配发了总价值8万元的设备，包括电脑、光笔、摄像头、书架等。同时，在市管理中心的大力支持和帮助下，每年为我中心拨付共享工程专项经费30万元，用于开展业务学习、培训，组织共享工程活动及共享工程设备维护费用等。在为基层服务点配发资源时，我中心不仅配发市管理中心的资源，还根据不同需求，积极购买多种类型的电子资源配送给基层服务点，让社区居民群众能够欣赏到更为丰富的电子资源。

三、资源建设

目前，共享工程石景山支中心除拥有全国文化信息共享工程资源管理中心下发的资源和首都图书馆统一采购的“清华同方CNKI数据库”、“龙源期刊数据库”外，还自建了报纸资源全文数据库（100种）、电子期刊数据库（100种）、动漫电子图书数据库（7000册）、电子图书（10万册）、年鉴（10种）、工具书（100种）数据资源库。日常工作中，石景山支中心以网络信息部为业务开展和

服务部门，以电子借阅室为共享工程网上阅览活动的基地，以九个基层服务点为平台，充分利用数字资源，积极实施“县级数字图书馆推广计划”，并通过图书馆网站平台，组织开展内容丰富、形式多样的活动，丰富基层群众的文化生活。

四、培训工作

为加强基层队伍建设，共享工程石景山支中心充分发挥管理指导作用，积极组织开展业务培训工作。每年年初召开全区共享工程基层工作会，认真听取各基层服务点关于本辖区文化资源调研、建设、督导等方面的工作开展情况；每月到9个基层服务点进行业务巡查，指导、帮助基层管理员正常开展各项业务工作；定期组织基层管理员参加市分中心和区支中心组织开展的集中培训和网络视频培训。六年来，共计组织开展各类培训50余场次，千余人次参加。培训内容涉及共享工程网站建设、网站使用、版权知识、数字阅读、活动策划、组织、开展和信息报送等多个方面，及时将培训后管理员的反馈意见上报分中心，培训取得显著效果。

五、惠民服务

积极组织开展各类特色活动。

1、“名家讲坛”公益讲座

“名家讲坛”是共享工程石景山支中心的一项特色品牌活动。自2007年创办以来，先后邀请在全国、市、区有一定知名度的各界名家走进石景山，免费为百姓带来高层次的专题讲座，让居民群众在家门口与知名专家、学者近距离、面对面沟通交流。几年来，毛泽东嫡孙毛新宇、晚年生活管家吴连登，“词坛泰斗”乔羽，著名作家舒乙，“百姓健康专家”赵之心，科学家李竞等先后作客名家讲坛，为丰富广大人民群众文化生活开辟了新的阵地，为石景山区文化娱乐休闲区建设增加了新的文化内涵。

2、英语角”、“英语大课堂”免费培训

“英语角”和“英语大课堂”是共享工程石景山支中心坚持十余年的一项公益性培训。免费为社区百姓中的英语爱好者提供学习、沟通、交流的机会，还定期组织“英语风采展示”、英语沙龙、圣诞英语大联欢等形式多样的英语活动。深受广大读者和英语爱好者的欢迎和肯定。目前已经成为石景山区英语活动的典范，被评为“石景山区市民讲外语活动优秀组织单位”。

3、“文化共享、共建和谐”石景山区共享工程知识

竞赛

2010年11月30日，由石景山区文化委员会、石景山区广播电视中心共同主办的“文化共享、共建和谐”2010年石景山区共享工程知识竞赛在石景山区广播电视中心举行。此次竞赛活动由区电视台全程录播，在全区范围内通过电视进行宣传普及。这种借助电视媒体对文化信息资源共享工程进行宣传推广的方式属全市首家，让广大群众更为直接地了解共享工程的相关内容，是一次具有实质意义的创新。有效地将共享工程的服务理念，服务方式及服务内容传播给广大区民，让更多的群众了解其相关内容，进一步宣传推进党的文化惠民政策。全国文化信息资源建设管理中心技术管理处处长蒋卫东、北京市文化局副巡视员、首都图书馆馆长倪晓建、石景山区委常委、宣传部长王文光、石景山区人大副主任邱思达等领导参加了活动并对活动情况给予了高度肯定。

六、荣誉奖项

共享工程石景山支中心自建设以来，积极参加全国文化信息共享工程中心组织的各类活动，并在活动中取得了优异成绩。

1、“文化共享杯——全国文化信息资源共享工程知识与技能竞赛”

2009年9月1日，石景山支中心在第一届“文化共享杯——全国文化信息资源共享工程知识与技能竞赛”北京赛区比赛中获得季军，同时本中心管理员被选中代表北京市参加“第一届文化共享杯——全国文化信息资源共享工程知识与技能竞赛”全国赛区比赛，并取得优异成绩。

2011年10月，本中心管理员再次代表北京市参加“第二届文化共享杯——全国文化信息资源共享工程知识与技能竞赛”，荣获优秀选手奖。

2、“颂歌献给党”--全国文化信息资源共享工程迎接建党90周年群众歌咏活动

2011年4月，我支中心组织、制作的《小山村安上了电视大锅》，在“颂歌献给党”--全国文化信息资源共享工程迎接建党90周年群众歌咏活动获得了三等奖及优秀原创作品奖。

(三)、“阳光少年热爱党”电脑小报设计比赛活动

2011年5月，该支中心在“阳光少年热爱党”电脑小报设计比赛活动中，共有15幅作品审批合格后上传到共享工程国家管理中心“庆祝建党九十周年”活动专用网站，并参加全国网上投票评比，最终获得1个二等奖和1个三等奖。

七、工作展望

文化共享工程是一项长期服务基层群众的惠民工程。今后我们在实际工作中要以面向基层、服务群众为导向，创新机制，整合资源，不断提升文化共享工程的建设管理水平，不断提高公共数字文化服务能力，不断提供优秀的公共数字文化产品，努力满足基层群众日益增长的数字文化需求。

（撰文/北京市石景山区支中心）

北京市石景山区少儿支中心

随着国家《关于推进全国美术馆公共图书馆文化馆（站）免费开放工作的意见》的出台与相关工作的推进，石景山少儿图书馆作为共享工程石景山区少儿支中心，加大了免费开放的力度，组织开展趣味读书活动，吸引更多的未成年人走进图书馆，使更多的图书资源充分得到利用，推动了惠民工程的开展。2012年少儿馆接待读者165000（16万5千）多人次；外借册次182000（18万2千）多册，比去年同期增长30000（3万）多册，办理借阅证7300多个，比去年同期增长1100多个。作为文化资源共享工程石景山区少儿分中心，石景山少儿图书馆通过形式多样的读书活动、通过宣传等多方面的工作，把文化共享的理念进行广泛的传播，让更多的人享受文化共享资源，让越来越多的少年儿童享受到文化资源共享工程带来的便利。

该馆与首都图书馆（共享工程北京市分中心）签署协议书，链接专门的有线信号专线，在馆内的主机房内安装调试出了一台专供共享工程内容下载使用的服务器。馆内的局域网，计算机阅览室、视听室的全部电脑均可以登陆该服务器并使用其中的内容。该馆派专门的人员（网络管理员）负责，定期从该服务器上下载相关内容的资料供读者、馆内办公部门使用。

一、惠民服务

1、读者活动丰富多彩

该支中心坚持“做好传统、不断创新”的原则，以全区的红领巾读书活动为龙头，以学习、践行“北京精神，争做文明北京人”为主题开展了系列活动。馆内的阵地活动也频频出新，“快乐星期五”之“开心菜园——我是小小园艺家”蔬菜种植活动，把深受小读者喜爱的网络游戏“开心农场”在现实中还原，引起读者的兴趣。学前品牌活动“小小书虫俱乐部”推出“儿童绘本图书阅读体验剧表演”，在原有的活动形式上，把讲述绘本故事与表演绘本故事有机的结合起来，使阅读与活动更好的融合到了一起，吸引了众多的读者。本着“整合社会资源、引导少儿阅读”的工作思路，该馆联合青少年阅读体验大世界、宝宝地带、创意宝贝、魔法英语绘本馆、小豆豆绘本馆等十几家社会亲子教育机构，开展“育儿心理”讲座、

读绘本、做手工、画图画等一系列开发小读者智力、培养小读者兴趣、促进亲子融洽关系的有意义的活动，使阅读从图书馆向家庭化、社会化推进。2012年该馆共组织开展各类读者活动106场，参与人数达到3万人次以上。

2、深化服务推动工作

该馆的流动图书车自2002年正式开通以来，一直坚持为边远学校、残疾儿童送书上门。极大地方便了社区、学校等图书分馆和流通站的读者，图书流动车已经成了穿梭于石景山区大街小巷的一道亮丽的风景线。每年我们还会根据区内的情况增设新的流通站点，从2006年起，我们加大了为区内务工子弟学校的服务力度，陆续在区务工子弟学校内成立爱心图书室，或者建立流通站，为他们送书上门，并通过丰富多彩的读书活动激发学生的阅读热情，提高他们的信息意识和掌握信息的能力，为构建和谐社会尽一份力量。

该馆开展了“把教室‘搬’进少儿图书馆”阅读实践活动，我们拓展思路，与学校联系，使馆内的阅读活动与学校的课外活动接轨，形成常规化发展。年内，我馆联手区妇联、区计生委举办主题为“精彩石景山，欢乐一家亲”的庆“六一”儿童节主题活动；联合区残联举办主题为“共享阅读，文化助残”的爱心助残活动。另外，馆内在确保完成全年图书分馆、流通站送书任务的基础上，继续深入开展“快乐阅读直通车进校园”活动，以“展板宣传进校园”系列活动的形式，将“北京精神”、“雷锋精神”、“传统节日”等相关知识、信息送进校园。在老山街道何家坟社区（外地务工人员聚集地）设立新的流通站，赠送图书上千册，并利用假期组织当地的务工人员子女开展读书活动。

二、宣传推广

1、三种形式的《少图花苑》相继绽放，取得宣传推广大丰收

为了提升外宣工作水平，树立我少儿支中心的品牌形象。我们不断创新思路，拓宽宣传模式，将《少图花苑》（纸质版）进行改版，制成画册，进行宣传、交流。在网站、微博上推出《少图花苑》（电子版）；同时制作（电视杂志）在电视台播出；并上挂到视频网站，形成全方位、立体式宣传。

2、加强官方微博管理，推进微博互动服务的开展

2011年底，该少儿支中心正式开通了属于自己的官方微博，获得了新浪官方认证，2012年正式升级为政府版。馆内专人负责，及时上传馆内的各种资讯，答复读者的意见、建议，外借部还每日在微博上推荐一本图书，供广大读者查询借阅。馆内推出了“我是你的小粉丝”、“我最喜爱的图书”、“我爱你，中国”等主题微活动，并受邀在“新浪少儿频道”做了一期主题为“带宝宝走进少儿图书馆”的微博在线访问活动，解答读者的相关问题，扩大宣传面、提高影响力。目前该馆微博的粉丝人数已经达到6600多人，所发博文也受到了众多网友的关注。

优美的环境、优质的服务使石景山少儿支中心赢得了孩子们的喜爱和社会的广泛赞誉。近年来，该馆被授予全国文化工作先进集体称号，获得全国“扶残助残先进集体”称号、荣获全国“三八红旗集体”称号，被评为全国“全民阅读活动先进单位”。该馆先后被评为北京市“双合格”家庭教育工作先进集体、北京市校外教育先进集体、首都文明单位、北京市三八红旗集体、北京市扶残助残先进单位，多次获得北京市“红领巾读书”活动优秀组织奖。

三、工作展望

回顾过去，石景山少儿支中心取得了可喜的成绩；展望未来，少图工作者有信心与时俱进，开拓创新，全心全意为广大未成年人提供最优质的服务，最丰富的精神食粮，不断开拓未成年人思想道德建设工作的新局面，在文化共享工程的工作上取得更大成绩。

（撰文/北京市石景山区少儿支中心）

北京市海淀区支中心

全国文化信息资源共享工程于2002年4月正式启动。该工程由国家财政部拨款，文化部组织并实施。此项工程是利用先进科技手段传播先进文化的大型的公益性的文化网络工程，旨在整合全国文化信息资源，通过互联网、卫星宽带传输和光盘将数字化文化信息资源传输到群众身边，实现优秀文化信息资源在全国范围内的共建共享，满足广大人民群众日益增长的文化需求，整体提高文化资源的利用率。

一、基本情况

全国文化信息资源共享工程北京市分中心于2002年8月26日正式成立，同时，在国家中心、北京市文化局的领导下，在北京市各级财政的大力支持下，在各区县文化委、图书馆的共同努力下，统筹工作部署，成立共享工程各区县级支中心。

文化信息资源共享工程海淀区支中心根据全国文化信息资源共享工程北京市分中心整体工作要求，按照海淀区委、区政府制订的“整合文化资源，打造文化品牌，提升文化形象”的文化发展战略思路，在海淀区文化委员会领导和机关具体指导帮助下，积极推进文化信息资源整合，共同有效服务于广大民众，花大力气加快海淀区文化信息资源共享工程建设步伐，为进一步落实北京市政府关于“建设多媒体信息资源服务平台，为每个村级基层服务点提供数字书刊5万册、文化讲座100场等”重要实事奠定了基础。

二、网点建设

自2006年以来，共享工程海淀区支中心在海淀区文化委指导下，全面开展共享工程基层建设工作。到目前为止，已建成街道共享工程基层服务点6家，镇级共享工程基层服务点6家，行政村级基层服务点84家。各基层服务点设备全部配齐并完成安装调试工作，除个别行政村服务点联网存在特殊情况外，其它都在正常运转，为百姓提供信息优质服务。海淀区文化信息资源共享工程基层服务点于2008年达到了行政村全覆盖。

三、管理和队伍建设

从加强完善组织领导机构入手，建立完整有效地管理体系。海淀区文化委员会领导和机关，高度重视文化信息资源共享工程建设。2010年6月，成立了以海淀区文化委副主任张文涛为组长，海淀区文化委文化科长尹国祥、海淀区图书馆馆长赖双平为副组长的海淀区文化信息资源共享工程建设领导小组。领导小组下设办公室，计划统一组织协调上至海淀区委、区政府各部门，下至各街道乡镇文化信息资源共享工程建设工作，从根本上改变由海淀区图书馆势单力薄唱独角戏的格局。各乡镇也准备相应成立文化信息资源共享工程建设协调小组，统一组织协调乡镇各部门，各村党支部、村委会文化信息资源管理和利用。各行政村选配爱岗敬业、乐于奉献，有一定沟通与组织能力，具备相应的业务知识，特别是有计算机操作技术的管理员，全面负责村文化服务工作。从而避免文化信息资源共享工程建设组织领导机构脱节和相互重叠现象。

四、资源建设

加快文化信息资源重组整合，打造基层文化服务集散地。党的“十七大”以来，从中央到地方都非常重视基层文化建设。特别是2007年8月，中共中央办公厅、国务院办公厅下发了《关于加强公共文化服务体系建设的若干意见》，各部门逐年加大经费投入，各个惠民文化服务项目都形成了一定规模。有许多文化服务项目实施时间长，涉及点多面宽，目前从上层兼并重组都有困难。海淀区文化信息资源共享工程建设领导小组办公室面对现实，开拓工作思路，探索服务新模式，引进市场经营机制，打造基层文化服务工作集散地。设计将北京市各部门投资建设的文化信息资源共享工程、益民书屋建设工程、文化大院建设工程、“一村一室，一人一册”建设工程、政府信息公开建设工程、党建教育工程、村民学校工程、老年大学工程、青少年教育工程、数字电影工程等项目集中到一个服务窗口。“变各部门大而全、小而全遍地开花格局，为各部门添砖加瓦共建基层文化大厦”。以村文化大院图书馆室为服务基地，以文化信息资源共享工程为服务平台，以其它建设项目为服务内容，共同有效服务于广大民众。

五、培训工作

加大基层服务点管理员培训力度，培育复合型文化服务管理人才。为提高海淀区文化信息资源共享工程基层服务点工作人员整体素质，打造一支服务意识强、技术素质过硬的文化共享工程服务队伍，海淀区文化信息资源共享工程建设领导小组，结合海淀区共享工程基层服务点的实际情况，决定加大基层服务点管理员培训力度，强化管理员服务意识，提高管理员业务能力和管理水平，培育一批农村复合型文化服务管理人才，为加快海淀区文化信息资源共享工程建设步伐创造有利条件。

共享工程基层服务点管理员是基层服务最终传递者、实际管理者，其管理水平的高低、工作质量的好坏、服务热情程度，都直接影响着共享工程基层服务质量、设备功效的发挥、任务目标的实现。共享工程基层服务点管理员是基层服务的坚定执行者、具体维护者，共享工程启动后，能否延续并健康发展，能否长久运行并持续发挥功效，基层服务点管理员起到举足轻重的作用。共享工程基层服务点管理员是基层服务的潜力挖掘者、内容创新者。基层服务点建成后，深入广泛的服务，创新延伸的活动，都有赖于管理员积极与主动意识。

海淀区文化信息资源共享工程建设领导小组办公室，紧紧围绕社会主义新农村文化建设发展，围绕基层广大人民群众对文化信息资源的迫切需求，围绕文化信息共享工程基层工作的深入落实，于7月22日，在海淀区图书馆多功能厅，成功组织举办了海淀区文化信息资源共享工程基层服务点管理员培训班。海淀区图书馆书记姚光丽代表领导小组领导到场为培训班致辞。共享工程北京市分中心付长志老师为学员讲授了《共享工程设备使用与维护》；共享工程北京市分中心王雪屏老师为学员讲授了《“政府重要实事”内容与实施》；共享工程海淀区支中心白瑞老师讲授了《基层服务点工作与统计》。海淀区12个街镇和84个村的基层服务点管理员，共计96人参加了培训。这期培训班只是“加大基层服务点管理员培训力度，培育复合型文化服务管理人才”规划中的第一步，今后将陆续推出各类技能培训班，把基层服务点管理员打造成多面手。

六、工作展望

唱响大文化主旋律，为海淀区公共文化添彩。海淀区文化信息资源共享工程建设领导小组办公室还以训代会，借培训班时机，简要总结了上半年工作情况，详细介绍了下半年工作任务。重点部署了进一步落实北京市政府交办的《北京市2010年在直接关系群众生活方面拟办的重要实事》第四十二项，关于“建设多媒体信息资源服务平台，为每个村级基层服务点提供数字书刊5万册、文化讲座100场等”工作。同时指出：“政府交办的重要实事既是艰巨任务，又是文化信息资源共享工程基层服务点建设上一个新台阶的极好机会”。希望大家保持昂扬的精神状态，展现全新的面貌，“推进共享工程，增强服务意识，提高管理水平，落实工作责任。”圆满完成海淀区文化信息资源共享工程建设全年工作任务。

（撰文/北京市海淀区支中心）

北京市门头沟区支中心

门头沟支中心自2003年加入全国文化信息资源共享工程以来，利用共享工程对乡镇信息辅导取得很大成绩，从电脑配备的硬件指导，到业务上的扶持，进行了全方位的服务。我馆还建立了共享工程管理制度和档案管理制度，对共享工程的工作进行管理。同时利用雄厚的技术条件，对基层共享工程服务点进行有效的管理和辅导、培训，使其掌握资源更新和运用；为共享工程基层点进行了共享工程服务器软件升级共有计算机200余

台，并且提供了更好的硬件支持。

“文化信息资源共享工程”建设面广量大，任务十分繁重。要确保“共享工程”的顺利实施，必须加强领导，建立健全组织网络，狠抓各项管理。截止2012年底，门头沟区已经建立了1个支中心，和13个乡镇街道分中心，180个村级基层服务点。同时还建立了“共享工程”门头沟图书馆支中心组织机构，由馆长任组长，副馆长任副组长，相关部室负责人5人为组成成员。全区14个基层服务点都配备了1–2名专兼职管理员，形成了支中心、乡镇、村（社区）三级管理网络。

年下载量1.18TB以上，辐射人群上万。依托共享工程资源开展的各种服务活动，每年支中心和基层点举办不少于25场服务活动，5000人次参加，有效的提高了基层群众的科学文化素质，受到了各级领导的表彰和社会的广泛赞誉。

经费投入方面，2003年以来硬件投入近1288289元，并且每年政府投入区支中心24万共享工程维护经费，乡镇村级基层点共投入31万元。

共享工程门头沟支中心每年度工作开展中，都会以区基层点人员培训为基础，植根于农村基层、社区、军营等地，广泛地拓展培训渠道，与各基层文化中心合作加大了文化共享工程的培训力度，将优秀的文化数字资源和培训延伸到各行各业中，下面是我区2012年培训及活动总结：

门头沟区图书馆作为门头沟共享工程支中心，起到了承上启下的作用，连接着全区13个乡镇街道分中心，180个村级基层服务点。2012年组织对全区13个乡镇街道及180个村级服务点进行了有效的管理和辅导、培训工作。

1、为切实提高乡镇及村共享工程建设管理能力和实际操作水平，推动全市文化共享工程建设深入开展，2012年9月28日，门头沟区文化共享工程支中心在区北斗星会议中心举办了共享工程村级基层服务点集中培训。

“共享工程基层服务点培训班”是该区共享工程支中心2012年度重要任务之一，覆盖全区各乡镇街道，采取各镇中心统一授课的方式进行培训。培训班全区13个镇街、180个村级的共享工程专职人员和大学生村官进行学习培训，共190余人。

来自本馆共享工程的工作人员及北京市歌华有线的工程师进行授课，培训内容包括计算机硬件介绍，连接和安装、系统维护、自动恢复、基础知识、服务器基础知识与使用、硬盘数据的维护、交换机基础知识与使用方法，一些常见问题处理方法，病毒防护网络安全的基础知识。以及北京市共享工程网络版的安装，歌华有线的调试，数字资源的使用、播放、备份等方面的内容。学员们认真学习，记录笔记，在交流中提出了很多使用的问题，并对共享工程工作提出了自己的意见，得到了满意答复。

共享工程培训的同时，该馆还由本馆副馆长宋朝晖和本馆退休的副高研究员的陈利娟老师进行了文化中心书目分类编目、排架工作和图书馆报表填写方法及共享工程如何开展活动的培训。培训班取得了圆满的成功，受到各基层工作人员的高度重视和欢迎，各基层服务点的管理员纷纷表示，通过培训，对共享工程资源的使用方法、电脑技术水平和图书编目，报表填写有了更进一步的了解，对他们工作起到了很大的推动作用

2、2012年底开展了文化中心主任关于图书馆工作和共享工程开展服务的培训班。培训重点是针对基层图书室管理建设，文化共享工程管理，文化活动的组织开展以及遇到的问题等内容的业务培训，为进一步提高乡镇文化管理者的管理能力和基本素质，全面推动文化共享工程在乡镇文化站的充分利用提供指导。参加人员19人，受到了各乡镇文化专干的配合及好评。

3、为了满足广大人民群众日益增长的文化需求，整体提高文化资源的利用率，我馆2012年3月份开始对该区基层各共享工程点使用情况进行了详细的排查询问和了解。

通过了解我们发现了很多问题，包括服务器系统问题，病毒问题，还有歌华有线、卫星接收不正常。反映出了基层人员专业知识不足，维护人员缺乏等问题。

该馆为了解决自身条件，人手不足等困难，委托了技术公司提供现场维护和培训工作，由公司派出工作人员对有问题或故障的单位进行维修或更换工作，同时由技术人员对乡镇基层点工作人员进行现场指导培训工作，培训内容包括计算机保养及简单维护工作，歌华有线的调试，共享工程软件使用等。2012年来共去基层点100余次，使基层点能够顺利地接收到国家和北京共享工程发布的最新资料和视频。

通过此次检修活动，为我区乡镇群众及时收到丰富的科普知识，农业科技和医药保健知识等资源，提供了力所能及的帮助，体现了区支中心的职能。委托运营很大程度上降低了该馆的人力物力，同时得到了基层工作人员员的好评。

4、对基层点开展网络培训。通过首图定期的网络培训活动，我馆及时下发到各乡镇基层点，让其工作人员进行在线培训，培训大大简化了工作流程，方便快捷，也对基层人员提供了如版权，图书管理，活动开展等内容的培训工作。同时我馆还运用电子邮件、网络通讯软件对基层管理人员进行业务联系和指导工作。

面向全区农村、社区、学校等地开展文化活动，发挥公共图书馆的阵地作用。2012年，年初在冒雪路滑的困难下，为斋堂图书分馆送去图书；

2012年2月24日，由区委宣传部、区文明办、区文委主办，区图书馆，共享工程支中心承办的“凝聚精神•传承文化”2012年百科知识竞赛圆满结束。来自全区各乡镇、街道的12支代表队参加了比赛。本次比赛综合了党史知

识、历史知识、科学知识，特别是融合了门头沟特色知识，以“凝聚北京精神，传承历史文化”为主题，旨在满足市民对文化活动的需求，开展形式多样、富有内涵的文化活动，营造活跃、积极向上的文化氛围，同时弘扬北京精神，引导市民学习北京精神。经过两场预赛、一场决赛的激烈比拼，最终斋堂镇代表队获得比赛冠军；

龙年春节前夕门头沟区图书馆在北旅广场拆迁工地及蓝龙家园社区开展“文化年货带回家”慰问活动，为坚守在工作岗位的农民工和社区的工作者送去精心准备的文化年货，包括图书期刊、音像制品、糖果和春联等100份。随着生活水平的提高，群众对文化的需求也随之提高，社会的进步，文化先行，为发扬人文关怀的精神，丰富广大外来务工人员的文化生活，门头沟区图书馆赠送文化年货，希望群众能在欢度春节的同时享受丰富多彩的文化活动。受到外来务工人员和社区工作者的热烈欢迎；

3月2日，区图书馆青年馆员在图书馆领导的带领下，来到门头沟区光荣院，开展“学雷锋下基层”活动，为在此休养的革命前参军的孤寡复退军人、烈属等老人们送去温暖和关怀。区图书馆为老人们送去了贴近老年人生活的养生、生活等类型的期刊杂志，并现场表演歌曲演唱，与老人们聊天，关心他们的晚年生活。其中，85岁的抗日老兵杨维奇老人，给馆员们讲述了当年参加抗击日军战斗的亲身经历。之后，大家参观了光荣院内的展厅，了解门头沟区的抗战史，以及老人们当年的英勇事迹。这次学习雷锋精神、弘扬北京精神的志愿活动使图书馆的青年馆员们对门头沟区抗战历史有了更深刻、直观的了解，大家在给老人们送去关怀的同时也受到了爱国主义教育和道德情操的提升；5月份为桃园工地民工送书，丰富工人的业余文化需求；为内蒙古察右后旗对口单位支援图书馆建设，送去1万册图书，和5套开放式书架及电脑，切实解决了西部偏远地区图书馆基础设施落后的问题，受到区政府和文委的大力支持，受到内蒙同行的肯定；参加文化共享杯全国群众摄影作品征集；以及多场形式多样的讲座等活动。服务人群共计约3500多人次。

4、虽然2012年该馆文化信息资源共享工程支中心建设任务已取得了很大成效，但其建设中还是遇到了很多困难，如郊区基层点偏远，交通不便，人员不足等问题。我们将在今后的工作中更加努力地探索利用共享工程服务的新路子，更好地发挥共享工程的作用，加快共享工程建设进度，为把共享工程办成惠民工程、民心工程而不懈努力。

（撰文/北京市门头沟区支中心）

北京市房山区支中心

房山区共享工程工作在北京市分中心的指导下，从2003启动到现在历经十年时间，在全区范围内已经实现村级全覆盖。目前在房山区已建成一个区县支中心，23个乡镇、街道服务点，3个乡镇文体中心，462个村级服务点，462个行政村的三级服务网络，共享工程通过视频直播、资源镜像、卫星投递三种途径将信息资源发送到人民群众手中。

十年中，房山区共享工程工作大致经历了四个阶段。第一阶段：2003—2006年，区县支中心、部分乡镇、街道服务点试运行阶段。在此阶段，区图书馆、良乡镇、青龙湖、长沟镇、阎村镇、十渡镇、河北镇分三年安装运行，达到良好的运行效果；第二阶段：2007年，区县支中心全面展开阶段。在此阶段其它十五个乡镇、街道一次性发放了全部设备，完成了安装、调试一系列工作，实现了乡镇、街道级服务点全覆盖；第三阶段：2008—2009年，村级服务点全覆盖。以各方面条件较好的阎村镇为试点单位，展开了村级服务点全覆盖工作。到2008年初，先期完成80个村的电脑设备发放、设备调试等工作。到2008年底，又完成了462个村的电脑主机的发放，基本实现了村级服务点全覆盖。北京市分中心基于下载、放映工作的需要，拟定462个村服务点电脑显示器以液晶电视代替。在2009年，完成了这些行政村设备的发放，以及后续的安装、调试及人员培训等工作。2010年至今已进入第四阶段——资源推广、活动开展阶段。

一、资源建设

根据文化部全国文化信息资源建设管理中心文件的要求，配合文化部、共享工程北京市支中心实施“县级数字图书馆推广计划”，以全国文化信息资源共享工程海量资源为依托，以支中心电子阅览室、各级乡镇、街道服务点、村服务点为窗口，将国家中心、北京市分中心、国家图书馆优秀数字资源接收、复制后，下发到全区23个乡镇、街道服务点、462个村服务点。为更加方便的推广资源，我们采取电子阅览室阅览、光盘复制与网站下载相结合的方式，提供国家中心数字资源1TB、自建特色“地方文献”、“石文化”数字资源24GB；首都图书馆统一采购资源“清华同方CNKI数据库”、“龙源期刊数据库”；刻录“文化共享助春耕”等内容光盘分别发放到全区23个乡镇、街道服务点，推广春耕知识，帮助广大农民群众科学种田，促进农业增产增收，提高生产技能；压缩、上传“共享书香 快乐阅读”、“共享知识 和谐万家”、“红色记忆 振奋中国”等光盘资源45GB，为农村党员远程教育提供资源595GB，通过图书馆网站平台开展服务，丰富基层群众文化生活。

二、管理和队伍建设

房山区共享工程建设以来，共组织共享工程基层管理员培训29次，培训人次达1877人次，达到23个乡镇、街道、462个村全覆盖。培训内容涉及共享工程设备使用、网站建设、版权知识、数字阅读等各个方面。培训方式主要以观看网络视频和现场讲座为主。对于通过网络视

频进行的培训，我们采取乡镇、街道服务点管理员到我支中心集中观看学习的方式举办。但是通过实践发现，这种方式并不理想，我们不断改进培训方式，从集体观看到后来的各乡镇、街道服务点、各村级服务点独立收看，并将培训后的反馈信息上传到我支中心，培训取得显著效果。

每年年末，我支中心都会安排部分乡镇、街道、村服务点建设情况督导、调研，并认真听取基层服务点的工作汇报，对本地文化资源状况、计算机网络连接状况、文化设施状况等方面进行实地调查。针对调研中发现的问题，支中心派工作人员深入到基层实地指导工作，帮助基层管理员熟悉业务开展。

三、惠民服务

1、"清明时节"展览活动

根据全国文化信息资源共享工程北京市分中心《关于清明节期间开展"清明时节"展览的通知》要求，我支中心制作、并在馆内大厅展出了共34块清明节民俗文化展板，展板图文并茂，内容包括清明、寒食、清明节、清明习俗、清明食俗等多个单元。2010年4月2—5日共接待读者约500人次，收到良好的效果。

2、情系农民工　中秋共月圆——共享工程房山支中心服务农民工中秋节活动

我支中心于2011年中秋节期间开展了"情系农民工　中秋共月圆——共享工程房山支中心服务农民工中秋节活动"，为辛苦的农民工送去了政治法律、军事百科、文史知识等各类书籍100余册，并联合房山电影院为他们放映了反应农民工生活题材的电影《落叶归根》，让农民工在异乡度过了一个欢乐充实、愉快和谐的中秋节。活动共惠及农民工及其家属233人。

3、"童心友爱　绽放未来——全国文化信息资源共享工程送资源进校园"活动

在2012年"六一"儿童节当天，文化部全国文化信息资源建设管理中心、首都图书馆与房山区文委、房山区支中心在民仁学校共同举办了"童心友爱　绽放未来——全国文化信息资源共享工程送资源进校园"活动。在活动中，管理中心为同学们送上了《童心友爱　绽放未来》光盘60套，我支中心为民仁学校捐赠了图书近200册，为同学们送去了节日的礼物。

四、获奖情况

1、参加2009年北京市"文化共享杯"知识竞赛

为迎接国庆六十周年，促进北京市"文化共享工程"的建设与服务，繁荣北京市的文化氛围，2009年9月1日，北京市文化局举办了2009年北京市"文化共享杯"知识竞赛。此次知识竞赛共有19支代表队参加，我支中心在比赛中力拔头筹，夺得冠军，为房山区争得了荣誉。

2、颂歌献给党——全国文化信息资源共享工程迎接建党90周年群众歌咏活动

为迎接中国共产党成立90周年，充分发挥文化共享工程在群众文化活动方面的作用，进一步活跃广大基层群众业余文化生活，积极响应文化部全国文化信息资源建设管理中心与文化共享工程各省级分中心联合开展的"颂歌献给党——全国文化信息资源共享工程迎接建党90周年群众歌咏活动"的要求，组织农民合唱团共录制《大山里的小姑娘》、《越来越好》两首带有浓郁地方特色和生活气息的歌曲参加全国比赛，其中《大山里的小姑娘》获得全国三等奖和最佳原创作品奖。

3、"阳光少年热爱党"电脑小报设计比赛活动

为隆重庆祝建党90周年，激发全国青少年热爱中国共产党、热爱社会主义、热爱祖国、热爱家乡的情感，配合全国文化信息资源共享工程管理中心"阳光少年热爱党"主题系列活动，充分发挥文化共享工程资源和网络服务平台优势，提高未成年人使用文化共享工程资源能力，该支中心于4月至5月期间，积极组织收集"阳光少年热爱党"电脑小报设计比赛参赛作品32幅，并将全部作品提交至全国文化信息资源共享工程"阳光少年热爱党"电脑小报设计比赛网站。经过网上公开投票和专家评委的认真评选，我支中心提交的部分作品在小学组比赛中脱颖而出，取得了优异的成绩。其中良乡第二小学胡启钧设计的"阳光少年热爱党"和李轩设计的"阳光少年报"获得了全国一等奖；矿机小学杨陈逸　设计的"童心向党"获得了全国二等奖；阎村中心校大董村小学侯安驰、肖夏共同设计的"新时代的阎村"获得了全国三等奖；阎村中心小学杜靖涵设计的"我们从小心向党"、河北中心校谢静设计的"阳光少年报"、良乡中心小学张峥设计的"党旗下的铮铮铁骨"获得了优秀奖。

4、"阳光少年热爱党"少年动漫设计制作竞赛活动

在2011年全国文化信息资源共享工程"阳光少年热爱党"少年动漫设计制作竞赛活动中，我支中心积极组织全区23所直属校、中心校的13名同学参加比赛，其中石崇江的《阳光少年热爱党》、蔡沂辰的《我家房子的变化》两幅作品分别获得小学组漫画类二等奖和三等奖。

5、"像雷锋那样…"电脑小报设计比赛活动

为继承和弘扬雷锋精神，加强中小学生思想道德培育，不断深化爱党爱国爱社会主义主题教育，促进社会主义核心价值体系建设，文化部全国文化信息资源建设管理中心联合文化共享工程各级分支中心，在全国中小学生中组织开展以"像雷锋那样…"为主题的电脑小报设计比赛活动。我支中心积极组织收集电脑小报设计比赛参赛作品47幅，并将全部作品提交至全国文化信息资源共享工程"像雷锋那样…"电脑小报设计比赛网站。经过网上公开投票和专家评委的认真评选，我支中心提交的3幅作品在小学组比赛中脱颖而出，取得了优异的成绩。其中窦店中心小学李宇、张蕴共同设计的"羽蕴小报——学习雷锋好榜样"荣获全国二等奖；良乡二小仉添琦设计的"像雷锋那样"荣获全国三等奖；窦店中心小学何晴设计的"学习雷锋　从我做起"荣获了全国优秀奖。

共享工程是一项全国性的公共文化服务工程，是一项需要长期开展的工作。共享工程工作的推进对于房山

区来说，是一件利区利民的大好事，作为全区中心，我们正为之努力，从试点到全区，逐步形成一个资源、设备、人员等全面的服务网络，真正实现共建共享。

（撰文/北京市房山区支中心）

北京市房山区燕山支中心

经国务院批准，2002年4月，一项全新的文化工程——全国文化信息资源共享工程在文化部、财政部共同组织下正式启动。文化共享工程的实施一开始即受到了党中央国务院领导的高度重视。

按照北京市文化局的统一部署，由首图统一领导，燕山图书馆作为燕山地区分中心，开展各项业务工作，在电子信息部门内安排人员进行资源加工工作。

我馆启动文化信息资源共享工程以来，充分发挥文化信息资源的重要作用，积极通过远程站点客户端、移动光盘服务等模式，把文化信息资源传送到群众身边，为宣传文化信息开辟了新的渠道，为丰富读者业余生活、弘扬文明新风开辟了新的阵地。

一、资源及基层网点建设

截至目前为止，我馆配置电脑终端服务器1台，TCL电视机2台、投影仪、幕布、音响1套。数字资源总量近1TB。共有20台电脑，每天服务时间8小时。各基层站点也都配备1-2台电脑。同时，我们积极为广大青少年构建网上课堂，免费放映一系列红色经典影片。

设立两名专职信息网络管理员，明确职责，指导基层服务点做好群众需求双向反馈工作。做到了人员、站点、设备、制度四落实。

二、惠民服务

丰富群众文化生活。新馆建成以来，我们开展了“老年人免费计算机教学”、“暑期优秀爱国影片展映活动”、“各类专题系列讲座”等，极大地丰富了人民群众的文化生活。目前，由于条件所限，很多群众不便于到馆享受优质的网络资源，将新思想、信息等用一种直观、易懂的形式送到大家身边就成了当前所急。经过全面了解，我馆搜集、下载了适用于本地区群众的政策法规、先进行教育、文化体育、防疫保健、科普知识等共享工程信息资源，并将下载的共享工程资源信息刻录成光盘或者宣传资料，免费赠送给各基层站点，扩大服务面。

三、工作展望

我们会进一步加强本地区基层文化设施网点网络化、数字化建设，不断培养专业技术人员，为深入推进共享工程的实施打好基础；努力把文化信息资源用活、用好，以先进文化为大众服务，提高大众的思想道德水平和科学文化素质，最大限度的利用自身资源。

（撰文/北京市房山区燕山支中心）

北京市通州区支中心

通州区支中心的文化共享工程建设，自2003年启动以来，区政府、区文委高度重视，把它作为一项政府兴办的文化创新工程、民心工程，公益性建设项目，结合通州区实际，共享工程建设扎实有效的开展。下面就通州区文化工程工作情况的开展做一下汇报：

一、基本概况

通州支中心为全区每个乡镇配送3万元的设备资金（包括卫星接收服务器1个、卫星接收系统一套、服务器一台、显示屏1个、音箱1对、投影仪1个、软件包1套及各种辅助设备），该区11个乡镇4个办事处已全部完成共享工程基层中心的安装调试和人员培训工作，完成全区499个行政村的共享工程基层接收点建设，实现了“村村通”。通过覆盖全区乡镇、街道的基层中心以及所有行政村村级服务点的建设，把数字化文化信息送到群众身边，实现优秀文化信息在全区范围内的共建共享，以满足人民群众日益增长的“求富裕、求安定、求健康、求文明”需求。

作为共享工程通州支中心，我馆制定了严格的管理制度，包括：支中心、基层中心和服务点建设与管理、专项资金使用制度、设备管理制度、档案管理制度、考核标准、基层服务点工作职责等等；并要求各地制度上墙，在工作中严格管理，按照要求认真完成各项工作任务。

二、资源建设

多年来，我区对共享工程建设加大投入力度，强化基层服务点的设施配备，加强基层服务点管理员队伍建设，不断加大文化信息资源共享网络在我区的覆盖面，积极打造文化信息资源的“共享”平台，使文化共享工程工作取得较大进展。在共享工程建设中，通州区图书馆作为北京市全国文化文化信息资源共享工程通州支中心，通过为基层点配备统一的服务器、开展统一培训，搭建起优秀平台，并通过有线电视接收、宽带下载、有线电视转换以及大屏幕、投影仪等辅助设备的应用，充分利用共享工程国家中心、北京分中心资源数据库群提供的时时更新的数字资源，组织开展讲座、培训、数字影片及文华奖地方戏曲欣赏等丰富多彩的活动，惠泽于民，在构建和谐社会，满足我区城乡居民日益增长的文化需求。

2012惠民服务进社区

随着全国文化信息共享工程的深入开展和我区共享工程建设规模的不断扩大，我区的共享工程建设在得到各级领导支持的同时，也引起了有关单位的重视，2008年至今，区委组织部与我馆联合开展我区农村党员远程教育与全国文化信息资源共享工程的共建共享，通过合作，加强了专业学科文献信息资源建设和自动化、网络化建设。组织部依托共享工程的设备优势与资源优势，采用远程管理技术手段对所属辖区实施远程管理，使我区的党员远程教育工程得以顺利实施，提高了党员自身素质，增强开展业务能力，加强了基层文化建设、促进图书馆事业发展，达到了双赢的效果。所在辖区乡镇、基层中心也积极配合支中心工作，在共享工程建设中发挥着重要的作用。通过各地区宣传策划活动，整体提高了文化信息资源的利用率，丰富了广大人民群众的业余生活，真正实现了优秀文化资源在我区的共建共享。

三、培训工作

每年，根据馆内相关工作部署，针对每次网络培训，我们都会下发通知到基层服务点，让管理员实时的组织相关人员收看，并将收集到的反馈信息及时报送市分中心。2012年，我们共组织9次网络培训，共计8307人次。网络培训以其独特的播出方式，实用的课件内容，方便了各地进行分散培训，也可以达到预期的效果。

根据基层服务的工作特点及培训对象情况，结合数字图书馆建设，使文化共享工程管理服务队伍达到上级对我们提出的目标，针对管理员要掌握并熟练使用配发的系统，对设备的应用维护及充分利用文化信息资源开展服务的需求，每年，对乡镇文化服务中心主任培训2次；举办共享工程村级服务点基层管理员的培训四场。2010年组织的第一届基层管理员培训是继2004年共享工程工作以来首次大规模全员培训，培训邀请了北京文化信息资源共享工程分中心、歌华有线数字媒体有限公司的老师，围绕全国文化信息资源共享工程概况，共享工程数字资源使用以及北京文化信息资源共享工程管理软件应用等几方面内容进行讲解。

为了更好的开展通州区支中心工作，更方便的进行工作交流，这一年的时间我们建立了两个200人的共享工程QQ群，三分之二以上的基层管理员加入其中，在群里，我们可以发布通知和各种培训消息，交流工作经验，遇到工作中的难题可以在群里讨论，参与的人多起来，为我们更好的开展工作提供了一个平台。

四、宣传推广

几年来，在各级政府、各级领导的关心支持下，在我馆与全区各街道、乡镇、村的共同努力下，我区的文化信息资源共享工程不仅如期完成了建设任务，也在不断拓展服务内涵，积极探索服务模式，取得了一定的成绩，有些还走在了全市的前列，如马驹桥镇文化信息服务中心利用共享工程的设备、资源积极探索，为新农村建设、新农民文化服务提供了新的方式，组织全乡的戏曲爱好者成立了戏迷小俱乐部，确定每周二、四下午为活动日，利用共享工程提供的名家、名段数字资源和戏曲音配像VCD光盘，开展戏曲讲座，使戏迷的戏曲知识和演唱水平都得到了很大提高，也使戏迷俱乐部的规模和影响不断扩大，现在不仅当地戏迷定期到文化中心共享工程点参加活动，通州其他乡镇的戏迷也到这来参加活动，就连丰台和亦庄的戏迷也都吸引来了，现在俱乐部已发展到近50人，通过开展活动，使戏迷不仅能够自娱自乐，而且在镇文化服务中心带领下，下村为群众演唱，既弘扬了国粹，又服务了群众。他们的节目不仅走上了镇、村的舞台，作为北京市唯一的一家基层服务中心代表，出席了文化信息资源共享工程全国第一次经验交流会；他们还被请上了中央电视台，与全国人民分享"新农村、新农民放下锄头，体验享受先进文化"的喜悦心情；这亮丽的一笔也必将被记入我区文化信息资源共享工程的建设成果史。

有的乡镇以边建设、边完善、边服务为原则，成立了镇、村共享工程管理员MSN群，利用网络这个便捷的交流手段及时地把最新的文化信息、教育信息、科技信息以先进的传播方式传输给广大基层群众，同时加强了沟通、交流，提升了村级管理员的整体服务能力和服务水平。我们向各村级服务点发放了文化信息资源共享工程服务的设备管理制度、服务规范、档案管理制度等，使村级服务点的各项工作有据可依，健康发展。让更多的人了解、使用、受益于这项工程。使文化信息资源共享工程这项政府惠民政策能充分发挥她的作用。潞城镇有书屋55个，共享工程操作系统55套。服务人群10万余人。镇中心管理员在做好日常工作的同时，本着"走出去，请进来"的原则，开展包含文化进村庄、文化进社区、文化进企业、文化进机关、文化进校园的"文化五进"活动，为他们送去光盘、图书、画册，丰富了基层群众的文化生活。他们利用共享工程的农业数据库资源，将与本乡镇有关的特菜种植内容刻录成光盘，下发到村委会和特菜种植户，使广大农民在家门口就能利用科学技术提高产量和质量，农民朋友高兴的说："感谢党和政府，把科学实用技术送到我们家门口，让我们在自己家门口就能学到科学知识和管理技术，还能看上电影、戏剧等节目，如今的社会真是好啊！"今年举办读书知识竞赛，书屋带给我知识"征文赛、演讲赛3场，同时要求各村根据本村实际，分别组织朗读比赛、书画赛、读后感征集赛等多种形式的交流学习活动。为加强横向交流，组织镇域内参观学习2场，促进了各村书屋管理和共享工程平台应用的进一步完善。经过多年摸索、改善运营，文化共享信息资源工程在村民心中的影响在逐渐加深，对文化信息资源的需要也在逐渐加大，全镇人民群众开始掌握和使用这块知识宝库。

五、开展活动

工作中，通州支中心积极响应文化共享工程管理中心号召，根据市中心的活动安排，馆实际工作部署，制定活动计划和实施方案，利用工程工程海量的资源，在馆内、外开展各类主题活动，为各个年龄段、各种群体读者服务。例如：丰富多彩的节日活动，包括：感悟清明文化 缅怀烈士情怀——周波烈士英雄事迹报告会、两节期间策划宣传周活动、文化年货带回家系列活动等，针对少年儿童群体开展的活动，包括："绿色上网，健康成长"少儿网络知识培训、网页制作培训、电脑小报制作等；特色主题活动，包括：建党90周年系列活动，世界读书日、防灾减灾宣传、“践行雷锋精神，推动惠民服务”系列活动等；数字资源推广活动是我们的一个工作重点，通过制作宣传海报，发放宣传材料，组织人员上机体验等形式，对全国文化信息资源共享工程概况、优秀的数字资源数据库，包括：万方数字资源、中国报纸期刊全文数据库、龙源期刊、库克数字音乐图书馆等进行宣传，使广大读者更加深入的了解文化共享工程具有的深远意义、数字资源为我们生活带来的便捷。

在2012年12月24日，我们还组织了共享工程通州区支中心组织所辖各乡镇、街道办事处主要负责共享工程工作的优秀管理员，参观了全国文化信息资源共享工程“十一五”成果展。展览给大家留下了美好的印象，大家精神振奋，更加有决心、有信心在自己的工作岗位上做好本职工作，开拓创新，发扬积极向上的工作精神，为群众办好事、服好务，为通州区的文化信息资源共享工程工作贡献自己的一份力量，使共享工程成果在这一方土地遍地开花。

六、工作展望

未来几年，要充分加强我区文化共享工程设备设施和人员队伍建设，增强工作责任感和紧迫感；增强文化共享工程的机遇意识和忧患意识，不断提高各级管理员的自身素质和履行岗位职责的能力；丰富文化服务资源，通过创新服务模式，提高公共文化服务能力，为广大群众提供多项服务的新途径，在共享工程建设工作中发挥更大的作用，更好的为通州国际新城建设和新农村建设做贡献，力争在“十二五”期间开创我区共享工程工作新局面。

（撰文/北京市通州区支中心）

北京市顺义区支中心

全国文化信息资源共享工程自启动以来，顺义区在各级政府及领导的高度重视和大力支持下，以构建完善的公共文化服务体系为主线，以保障人民群众基本文化权益、全面提高人的素质为目标，以创新文化形式和内容为重点，扎实推进文化信息资源共享工程建设。目前已在全区完成428个服务点的建设工作，包括1个区级支中心(图书馆)，19个乡镇、3个街道基层中心以及405个村级服务点。实现了市、区、乡镇（街道）、村（社区）四级网络体系建设。

一、基本情况

全国文化资源共享工程启动以来，受到区委、区政府有关领导的高度重视，并被列入顺义区十一五规划重点项目。为将此项工作贯彻落实好，顺义区图书馆作为区县支中心充分发挥了统筹协调作用，为每个基层服务点制作统一规范的制度标牌，与全区22个乡镇街道基层支中心签订共享工程设备维护协议，并为已建成的427家基层服务点统一建档，与此同时，建立完善的反馈机制，即为广大居民、农民服务的同时及时搜集反馈信息，将各类反馈信息整理归档，旨在及时了解并满足广大群众的文化需求，力争解决他们生产生活中遇到的各类问题。为使共享工程数字资源能够发挥最大作用，使更多百姓受益，还将共享工程基层服务点与全区“四网合一”工程整合利用，通过有线电视、远程教育、电子政务、有线广播等传播途径，向全区基层群众提供了丰富多彩的文化资源，并搭建起一个广阔的数字资源平台。

二、经费投入

为保障文化信息资源共享工程的正常运行，市、区两级政府2007–2009年先后投入我区电脑、卫星接收设备、投影仪、电视等设备设施及各类数字资源及运行维护费总计达395.33万元：其中市级投入351.13万元，区级投入共享工程运行维护费44.2万元。自2009年所有服务点设备到位后，每年市财政拨付我区共享工程专项经费86.5万元。

三、资源建设

为了丰富文化资源，顺义区支中心按时接收国家中心、北京市分中心投放的资源，同时，根据顺义区经济社会及人文特点自建了包括顺义地方文献、花卉、酒、汽车、种植、养殖等特色资源库。除此之外，还采购了囊括建国至今颁布的各项法律条文的“律典通——中国法律应用系统”、1952年至今的《北京日报》、《北京晚报》、《京郊日报》等光盘检索系统，涵盖古今中外的22770部精品电子图书，以及北京市分中心下发的各类内容丰富、涵盖面广、贴近百姓的农业知识视频讲座等数字资源。

顺义区共享工程支中心建立于2003年，内设30台电脑以及电视、投影、扫描仪、打印机等服务设备。中心内共享工程服务器采用局域网接收播放方式，室内电脑可通过局域网同时欣赏共享资源。为使更多基层群众能够享受到图书馆支中心的丰富资源，支中心积极争取顺义区信息中心的支持，为农村地区的广大农民搭建了信息平台，使基层百姓可以通过网络查询预约图书馆的最新资源，同时开展网上咨询解答服务，使更多人了解共享工程。

四、惠民服务

2012年顺义区文化共享工程支中心组织开展了丰富多彩的活动，为广大群众提供了利用文化资源、享受文化资源的平台。

1、活动丰富多彩，遍及城区居民。

为使周边百姓及城区读者了解更多共享工程内容，掌握更多共享工程知识，使更多人学会利用共享工程资源，顺义区支中心充分发挥阵地服务作用，定期向读者推介优秀栏目、名家讲座、生活常识、电影及优秀地方剧目，每月开展一次共享工程知识培训；每周播放名家讲座及影视剧。利用星期天节假日针对未成年人播放百部爱国主义教育影片，科普类等影片，举办思想道德建设方面的讲座、名著赏析等，引导未成年人多读书，深受广大读者欢迎。

2、广泛宣传推广，服务基层群众。

在做好阵地服务的基础上，顺义区支中心还将工作的重点延伸到农村，利用共享工程基层服务点丰富的数字文化资源为地方百姓的生产和生活服务。使百姓不出村就能享受到信息咨询、教育培训、文化娱乐等服务。共享工程服务点在活跃农村文化生活，推动经济发展，促进新农村建设方面发挥了重要作用。如顺义区龙湾屯镇南坞村共享工程服务点利用共享工程投放资源向村民组织开展“食用菌种植”培训活动，不仅宣传推广了全国文化信息资源共享工程的资源内容，同时也为村民带来了经济效益。赵全营镇北朗中村的共享工程服务点曾经接待过来自国家文化部的领导以及中非合作论坛的来自非洲文化界11个国家60余人的参观。这些优秀的服务点不仅有效发挥了共享工程的文化服务作用，同时也为我区的文化服务工作及经济建设工作贡献了力量。

3、创新服务手段，发挥资源优势。

顺义区率先在区内选择试点村将共享工程与数字电影设备连接，通过现有设备为村民播放共享工程资源，形成农村多媒体服务中心。2009年，市文化局局长降巩民、首都图书馆馆长倪晓健到我区调研此项工作，并给予了充分的肯定，并在全市进行推广。此项创新服务手段，使新型农村多媒体服务中心不仅可以播放文化资源，同时还能接收数字电影，进一步方便了基层百姓，同时也发挥了各项文化资源的优势及应有的作用。

五、管理和队伍建设

自共享工程启动以来，我中心曾先后派出多名工作人员参加北京市分中心举办的各期培训班，接受共享工程的专业培训，掌握了全国文化信息资源共享工程卫星接受系统及歌华有线数字宽频内容分发系统的基本操作，并有2名同志取得了共享工程岗位资格证书。为了使基层管理员能够掌握共享工程的知识，更好地完成共享工程的宣传服务工作，我中心每年对各基层服务点的管理员进行专业培训，采用集中授课与个别指导相结合，上门演练与上机实践相结合的方式，每年参加500余人次，并为培训合格人员颁发上岗证。为调动管理员们的工作积极性，激发他们的服务热情，支中心还多次开展基层管理员座谈会，为管理员们搭建起一个互相交流，相互学习的平台。

目前顺义区的文化共享工程建设工作已全部完成，并取得了初步的成效，下一步我们将转入以数字资源建设为核心，以基层服务网点管理为重点，以多种传播方式为手段，以共建共享为基本途径，在全区范围内实现资源丰富、技术先进、服务便捷、覆盖城乡的数字文化服务体系。

（撰文/北京市顺义区支中心）

北京市昌平区支中心

昌平位于北京市西北部，地处温榆河冲积平原和燕山、太行山支脉结合地带。区域地理区域面积1343.5平方公里，其中平原面积占40%，山区、半山区面积占60%。昌平区位条件优越，北与延庆、怀柔接壤，西与门头沟、河北怀来相连，南与海淀、朝阳相通，东与顺义毗邻，是北京的北大门，素有“京师之枕”、“甲视诸州”之称。昌平区行政区划共有17个乡镇（含2个街道办事处），共有303个行政村，常住人口120余万人。昌平区文化资源共享工程在北京市文化局，首都图书馆支持和部署下，逐步推进，稳步发展，在新形势下为繁荣农村基层文化，满足农民多层次文化需求，传递中国民族优秀文化资源发挥了重要作用。

一、基本情况

昌平区文化资源共享工程建设开始于2003年，最初在回龙观镇二拨子，崔村镇香堂村，南口镇红泥沟村等六个村试点安装，此后陆续在全区十七个镇（街道办）文化中心开始安装，前期安装设备均通过卫星设备直接接收国家中心下发的给类资源和信息。2007年昌平区文化资源共享工程开始普及进入乡镇行政村，第一批90个行政村与当年安装调试完毕。2008年第二批213个行政村进行安装，至此昌平区所属行政村实现全区共享工程村村全覆盖。

共享工程昌平支中心设在昌平区图书馆，是昌平区共享工程的建设和业务指导单位，负责保障区中心共享工程设备的运行，协调镇村级共享工程设备的维修，指导镇村级共享工程活动的开展以及开展全区共享工程管理员的业务培训和指导。

二、管理和队伍建设

文化资源共享工程作为一个新的农村文化资源获取平台，如何推广好、利用好共享工程丰富的文化资源关键在于是否有一支专业化的共享工程管理员队伍。昌平区共享工程支中心在管理员队伍建设上坚持明确职责，明确思路，制度化管理，常态化培育。对于乡镇、村两级基层共享工程管理上择优选取文化层次较高，有一定社会基层管理服务实践经验的大学生村官为管理员，他们工作热情高，有较高的文化水平能尽快熟悉掌握共享工程设备为所在村民服务。目前昌平区共享工程管理员70%为各级大学生村官，26%是由较高学历的村委委员兼任，实现了管理员选取的高起点。

昌平支中心在共享工程管理员的培养上实现了制度化和常态化。根据支中心工作要求，每年对辖区共享工程管理员进行6期的集中培训，2003年以来一共举办各类培训班48期，参加轮训的各级管理员达1800人次。

为使共享项工程真正为民所用为民谋利，昌平支中心将共享工程日常管理纳入制度化管理。制定支中心、镇、村基层服务点工作职责和制度，实行制度上墙公开。每年有年度工作计划，月度有工作要点，季度有工作督导，年末有工作总结考核，并推行管理员工作日志管理，收集整理共享工程服务活动的得失，探索共享工程管理和服务新模式。

三、经费投入

昌平区共享工程自2008年实现村村全覆盖以来，首都图书馆每年投入70余万的运维经费，用于共享工程设备的维护，人员培训和惠民活动的开展。同时，昌平区政府，昌平区文化委员会和昌平图书馆每年也投入大量人力物力支援共享共享工程各项活动的正常开展。

四、资源建设

昌平支中心在历年的工作中，搜集不同区域民众文化需求，选取、编辑制作各类题材资源7TB，每年制作发放各类光盘1400多张，展板70多块，各类海报，招贴画37副，发放宣传资料4000余份。

五、合作共建

以共享工程为依托结合全覆盖的农村数字电影厅建立电子文献资源服务中心。将各种部门下发的电子文献资源与建立的共享工程服务点结合，根据不同乡镇、村的硬件条件建立形式多样的电子阅览室和多媒体中心。比如在南口镇的辛立庄，兴寿镇的西新城等建立拥有多台电脑的多媒体阅读中心，在小汤山和马池口等村与数字电影厅结合建成电影放映，共享工程宣教授课和电子资源阅读播放为一体的多功能活动室。通过多方不懈努力，共享工程已逐步走入基层村民生活，成为村民获取新知，娱乐身心的新渠道新平台。

六、惠民服务

昌平支中心在共享工程服务实践过程中，以民众的需求为导向，积极探索，服务民众生活生产，引领群众高尚精神文化生活，打造群在满意喜爱的文化服务新平台。

1、惠农服务

根据昌平地域农业生产特点，昌平支中心每年按节令制作农业生产技术光盘和小册子通过行政村基层服务点村民分发。针对不同农业专业者，昌平支中心有针对的选取资源上门指导服务。历年来累计服务专业生产户30多户，长期点对点跟踪服务6户。

2、多头宣传

昌平支中心利用各种渠道宣传推广共享工程。在昌平每年的科技文化四下乡活动，科普之春，科普之夏，科技周等活动中，昌平支中心不失时机，以活动为平台，以资料为媒介宣传共享工程，让民众不断了解共享工程，走进共享工程。

3、走进校园

昌平支中心文化服务中不断探索，利用支中心儿童阅览专区，组织动员青少年儿童关注共享工程，利用共享工程，收集青少年知识兴趣点整理挖掘，针对集中地知识群和关注点昌平支中心联合友邻部分聘请专家前来为青少年答疑解惑，其中邀请中科院地震专家张少泉和北师大何香涛教授分别做精彩的报告，深受广大青少年的喜爱。同时按照北京分中心的部署在全区中小学校开展了阳光少年热爱党网页制作大赛和电脑小报制作大赛。通过一系列的活动是共享工程不仅走进农村也走进校园走进青少年。

4、专题活动，精彩纷呈

昌平支中心在服务中抓住文化的热点和亮点，积极组织群众喜闻乐见的文化服务，使共享工程走进群众生活。例如在迎接建党90周年之际，昌平支中心联合其他单位在北七家镇服务中心举办了“品味书香，聆听经典”活动，邀请曹灿、冯福生等一批知名演播人士来我区与基层群众一道品读中华经典，共享文化盛宴。还组织东小口镇、回龙观镇等服务点开展“颂歌献给党”群众歌咏活动后上报国家中心网上展播，并获殊荣。

七、工作展望

昌平区文化资源共享工程已走过10个年头，从昨天的几个点到今天的303个行政村全覆盖，从单一的资源接收到今天的编辑分发和群众广泛认知，广泛参与，文化资源共享工程在昌平已经成为昌平人民文化生活的一大支柱，成为繁荣昌平文化，丰富昌平人民精神生活，推动昌平人文科技进步的强大动力源泉。今后昌平支中心希望在国家中心，北京分中心大力支持下为昌平共享工程建设一支专业化的服务队伍，建立一个国家、市、区三级知识网络联动的即时问答服务体制和服务形式更加多样，服务网点更加宽广，参与群众更加广泛的共享工程文化带动体系，为建设科技昌平，文化昌平做出贡献。

（撰文/北京市昌平区支中心）

北京市大兴区支中心

文化信息资源共享工程大兴区支中心建于2004年，下辖19个镇（街道）级分中心，524个基层服务点。十年来，该工程在提高农村信息化水平、丰富广大人民群众的文化生活、保障人民群众的文化权益、特别是在丰富农村的文化生活方面发挥了极大的作用，为满足百姓不同层次的文化需求、缩小城乡之间的文化差距、构建和谐社会及在社会主义新农村建设等方面起到了非常重要的作用。充分体现了文化信息传播平台优势及社会效应，通过展示文化成果，整合多渠道的文化信息和服务，体现了公共文化服务“以人为本”、“普遍均等，惠及全民”的原则，为构建覆盖全社会普遍均等的公共文化服务体系奠定了坚实的基础。具体情况如下：

一、网点建设

2004年完成黄村镇、庞各庄镇、长子营镇3个镇级共享工程分中心的建设工作。黄村镇西磁村共享工程基层服务点，成为大兴区第一个村级共享工程服务点。

2007年完成清源、兴丰、林校3个街道和礼贤、瀛海、采育、魏善庄、青云店、安定、旧宫、北臧村、西红门、亦庄、榆垡11个镇共14个共享工程镇（街道）级分中心的建设工作。

2008年完成共享工程二期基层服务点的建设工作，涉及长子营、魏善庄、礼贤、庞各庄、采育、青云店等6个镇200个基层服务点，使我区共享工程基层服务点覆盖率接近50%。

2009年完成天宫院街道、观音寺街道共享工程分中心的建设工作。完成共享工程三期基层服务点的建设工作，涉及全区11个镇324个基层服务点，实现了共享工程在我区的全覆盖工作。

2012年完成清源街道彩虹新城社区、天宫院街道海子角南里社区"数字文化社区"的建设工作。标志着我区共享工程服务网络进入社区工作的全面展开。

二、资源建设

2006年共享工程大兴区支中心采购书生数据库1套，采购电子图书194850册，资源总量2.5TB；采购中国知网农业数据库1套，资源总量1.5TB。

2008年共享工程大兴区支中心购置惠普服务器3台，磁盘阵列1套；补充采购书生电子图书111811册，资源总量2TB。

2009年采购中国知网中国重要报纸全文数据库1套，资源总量0.45TB；同年开始大兴区地方文献数据库的建设工作，系统收集、整理具有大兴区地方特色的文字、图片、音频、视频等资料。

2010年采购中国知网中国党建期刊文献总库、精品文艺期刊数据库、精品文化期刊数据库、精品科普期刊数据库等4套数据库，资源总量3TB。

2011年采购中国知网国学宝典数据库、政报公报数据库、工具书数据库等3套数据库，资源总量3TB。

三、培训工作

共享工程大兴区支中心高度重视对基层管理员的培训工作，自2008年起，每年定期组织区级规模管理员培训，同时配合下属各镇级分中心，不定期组织镇级规模管理员培训工作。截止2012年底，共组织了区级规模培训5次，镇级规模培训52次，累计培训基层管理员超过5000人次。

四、宣传推广

共享工程大兴区支中心一直积极进行共享工程相关宣传推广工作，自2008年起，每月定期在支中心开展2项主题活动，在重大节假日开展宣传服务活动。同时积极深入基层，通过资料发放、图片展览、视频展映等多种形式，将共享工程宣传到千家万户。2010年起，支中心定期开办每月2期的中老年免费电脑培训班，收到了良好的社会效果。5年间，共享工程宣传活动遍布区内14个镇、5个街道办事处，累计开展宣传活动300余次，发放资料2万余份，服务人次超过百万。

共享工程大兴区支中心积极拓展服务模式，2011年10月在采育镇施家务村试点开展共享工程进村入户试点工作，通过个人报名、村民推荐、村委会推荐、镇文体中心推荐等方式相结合，在村中选出文化活动积极分子，支中心统一购买DVD播放机，制作共享工程资源光盘发放给他们，由他们带动周围村民，搞好日常文化活动。截止2012年底累计推送光盘500余张，内容涉及农业生产、法律讲座、经典电影、地方戏曲等多个门类。对共享工程服务网络向纵深的进一步延伸，做了有益的探索和尝试。

五、合作共建

2008年，在大兴区委、区政府、大兴区文委的统一部署下，共享工程大兴区支中心协同区委组织部、大兴区信息中心、大兴区歌华公司、大兴剧院等单位，成功的在大兴区完成了"三网合一"工程，一套机器实现了党员学习、村民学习等多种学习功能，进一步整合了资源，最大限度的实现现有资源的综合利用，最大限度的满足了基层群众的文化活动需求。

六、荣誉奖项

2008年11月共享工程大兴区支中心接受全国文化信息资源共享工程督导组的联合检查，成为"全国文化信息资源共享工程示范区"。

2009年魏善庄镇后大营村共享工程基层服务点被评为国家级共享工程优秀服务点。

七、工作展望

未来3年，共享工程大兴区支中心将继续深化服务，做好已建站点的服务及监督、检查工作，确保共享工程基层服务点的服务效果。配合北京市分中心的工作，完成区内"数字文化社区"的全覆盖建设工作，积极探索更新、更贴近实际的服务模式，形成数字文化信息服务的新格局，让新区人民享受到方便、快捷的多样化优质数字资源。

（撰文/北京市大兴区支中心）

北京市怀柔区支中心

全国文化信息资源共享工程作为公共文化建设重点工程，对公共图书馆和基层文化站的自动化、网络化，以及资源建设和大众服务方面发挥了巨大的推动作用。公共图书馆在发展过程中大规模开展数字资源建设，形成了丰富的优秀文化信息资源，面向基层服务的数字资源提供能力显著增强。

北京市怀柔区全国文化信息资源共享工程从2003年开始建设，在上级分中心的大力支持下自2007年始逐年高速稳步推进，取得了长足发展。截至到2010年已经完成16个镇乡街道、284个行政村的设备安装部署以及区图书馆分中心设备补充建设工作，实现了全区文化信息共享工程城乡全部覆盖。2011年，在上级统筹安排下建设了分中心和北京市首家农村免费公共电子阅览室，2012年又补充新增2个电子阅览室，建设完成后全区文化共享工程进入全面运行使用和维护阶段。

资源建设和开展服务是共享工程工作的两大推进器。怀柔区文化共享工程建设在基层支中心、服务点的资源建设和开展服务等方面虽然有了一定程度的发展和进步，但是仍然暴露出一些不足，有待进一步完善。

经过几年的建设，在市文化局、首都图书馆的大力推进下。怀柔区全国文化信息资源共享工程实现了的全部覆盖。并进入到全面运行使用和维护阶段。目前本地数字资源及共享首都图书馆资源的资源总量已经达到了10余个TB，在建设和使用过程中，区分中心对镇乡、街道和村级基层服务点进行了设备安装、调试，对设备使用，服务活动开展等方面进行了培训，对场地布置提出了要求，并不断加强设备维护、业务指导和检查监督等工作。这些工作为推进我区的共享工程工作有了一定程度上的收效。设备使用、服务活动档案整理、场地布置的规范化以及与基层的镇乡、行政村的联系都有了很大提高。

目前，文化共享工程作为基础文化工作的重要组成部分，在基层发挥了一定的作用，各方面工作都逐渐步入了正轨。

一、基本情况

区级分中心根据首图的要求，在2008年新馆开馆后的机房布局基础上，按照地级支中心120万元设备配置标准完成了设备安装。同时安装了共享工程服务专线，可以达到与首图图书馆资源库异地同步更新，共享了整个资源库。馆内自建了地方电子资源库、vod视频点播系统、26万册电子图书、地方古籍资源库、电子读报系统、政府信息公开查询系统等电子资源。馆内藏书达到50余万册并全部开架借阅，设有电子阅览室、自习室等为广大读者服务。

镇乡基层中心配备了一台服务器、投影、卫星接收设备、歌华接收平台提供资源服务。村级服务点具备计算机一套、液晶电视等设备和歌华接收平台，2012年该区又对农村文化资源设备设施进行了全面整合，结合共享工程、数字影厅等农村文化设施，为农村打造了同时具备文化共享、农村远程教育、影视服务、互联网、会议、卡拉ok等功能于一体的文化服务平台。

文化共享工程在安装部署之初就确定了安装条件，一般安装在村委会的大会议室，有条件的安装在了独立的房间。随着数字影厅的建设发展，村委会办公条件改善等情况。很多村结合实际需要变更了使用地点，调整安装在更为宽敞的房间，条件较好的配备了空调、暖气等设施。随着近两年的检查考评和培训，绝大部分的服务点都能够按着要求在服务场所的门外悬挂共享工程服务点标识牌、在室内悬挂共享工程设备、人员等相关工作制度。基本上以各镇乡为单位能够做到整齐划一。

二、管理和队伍建设

2009年我区分中心在进行首轮培训之后发现，各个镇乡参加培训的人员大多为村官助理，各个行政村都没有此项工作专门的管理员，（乡镇一级同样存在此问题）而是由村官进行管理，一方面他们的计算机水平相对较高、基础较好，接受能力较强，有利于文化资源的使用和设备的维护；另一方面由于担任的工作较多，上班时间基本都在乡镇政府，下村的时间有限，无法按照达标要求完成相应的工作。最大的问题在于人员的流动性大，非常不稳定。

桥梓镇文化信息共享工程管理员培训班

人员的不稳定致使基层的工作无法更好的开展，服务的效果也就无从谈起。针对这一问题区文委领导综合基层情况，组织了村级文化志愿管理员的选拔任用。2010年7月我区率先在北京市范围内建立了村级文化志愿者队伍，聘用了315名村级、社区工作人员管理益民书屋（基层图书室）、文化共享工程、数字影厅及其他基层文化工作。志愿者管理员的上岗，一方面给设备使用和保护提供了保障，同时方便了我们进行管理；另一方面也是基层文化设备设施得到了更有效的利用，以便发挥更大的服务作用。

从最开始建设安装，怀柔区共享工程的建设工作，我个人认为始终是走在全市前列。首批全市700个点，怀柔占到了150个，并且仅用了几天时间就全部安装部署完毕。在市级分中心还没有提出培训工作安排的时候，我们的培训工作就已经开始。并且采取了多种方式，有集中到馆内培训，集中到宾馆培训，以镇乡为单位的培训，结合镇乡需要进行个性化培训。同时在检查和巡检过程中采取现场指导的方式进行培训。几年中我们的工作始终立足于保证设备正常运转，方便基层开展服务。设备出现硬件损坏时积极联系厂家维修、过保的机器联系以最低的价格进行更换配件降低村里的负担。无论是现场维护还是到馆维修都尽量做到及时快捷。并做到有记录可查。

截至2012年我区对基层共享工程工作的运行经费采取年终考核的方式已经进行了四年。为了使有限的经费能够更好的保障和促进共享工程工作，我们并没有无差别的对基层服务点给予经费支持，而是通过考核的办法奖励先进，同时对于有进步的服务点给予关注和鼓励。实践证明这种措施是行之有效的手段，在实际的工作中确实能够看出大部分镇乡对工作的重视在增加，工作的开展在逐步提高。

三、惠民服务

共享工程基层服务点大面积推开以后，各级领导对文化共享工程工作的重视逐步的提高。文化共享工程提供的设备，资源在基层有了一定的应用，也取得了一定效果，各个村在原来文化工作开展的基础上现在有了一套专门的设备能够用来进行电影、讲座播放，各种技术培训等。但是在实际的运行过程中也出现了一些问题，限于人员基础素质的水平不同，有的村能够做到物尽其用。有的村使用的效果并不理想。同时对于基层资源利用方向的引导作用还相对缺乏，整体的控制力和约束力还显不够。由于增加了与各级组织部门的农村远程教育的合作共建。组织部门为基层安装了投影设备，接入了互联网。为基层利用资源开展服务提供了一定的灵活性。但是限于带宽接入有线，在基层也存在两方面管理人员公用一套设备造成扯皮和矛盾等一些问题，但总体上说对共享工程有一定的促进作用。

截至2012年底，该区文化共享工程工作虽然取得了一定成绩，曾荣获文化共享杯知识竞赛二等奖。马道峪村电子阅览室管理员被评为全国文化共享之星。桥梓镇文化共享工程工作也列为典型写入文化共享宣传手册。在取得成绩的同时我们也要思考。文化共享工程经过这几年在基层的建设与发展，在分中心的宣传以及各镇乡街道的努力推进下。首先使各级领导对文化共享工程工作的重视程度不断提高，从不了解到大力支持。管理队伍建设逐渐完善，发挥的作用也逐渐显现。共享工程的资源利用和服务活动开展也在不断提高。

四、工作展望

在未来的发展中，我们将充分利用共享工程，电子阅览室和数字社区等惠民工程以及国家数字图书馆推广工程建设的契机，大力推动资源建设与服务，开展更多的适宜基层的各种活动，让文化共享不仅仅享受的是文化，充分利用多部门的合作将这项惠民工程落到实处。

（撰文/北京市怀柔区支中心）

北京市平谷区支中心

一、整体情况

平谷区历史悠久，源远流长。它地处北京、天津、河北三个省市的交界处，环渤海经济圈的中心位置，是连接北京、天津两大城市的纽带。总面积1075平方公里，三面环山。辖区内14镇、2乡、2个街道办事处，274个行政村，总人口40万。近年来，在区委、区政府正确领导下，平谷区文化事业与经济和社会各项事业一道取得了长足发展，加快了基层文化建设的步伐。随着近年来现代文化传媒业的发展、群众生活水平的提高，原有的文化阵地和活动项目已不能满足新形势下群众的文化生活需求，加强基层文化组织建设，创新文化活动内容，提高阵地管理水平已成为我区文化事业发展的重要研究课题。

二、网点建设

自2004年工程在我区启动以来，平谷区图书馆一手抓统筹规划制定方案，一手抓宣传发动，通过多种形式宣传共享工程在推动基层文化事业跨越发展中的作用，为工程的顺利实施打下基础，确保了工程的顺利进行。到目前为止，平谷区已建成开通一个共享工程区级支中心，18个乡镇、街道基层服务中心，274个村基层服务点，实现了共享工程全区覆盖。

三、经费投入

共享工程工作得到上级领导高度重视，2004年至2012年，平谷区支中心共投入资金570余万元，用于共享工程基础建设和维护。其中：北京市财政政和首都图书馆累计拨款310余万元；平谷区财政累计拨款260余万元。

四、资源建设

平谷区支中心近年来，采用外购、自建的形式，建设了近28TB的数字资源，并采取了科学有效的方法对各种信息资源进行深层次的开发与整合，使我馆成为了信息资源获取方便的、开放式的信息检索中心。目前，本馆外购CNKI中国期刊全文数据库；自建特色地方文献数据库、冰心奖特色资源数据库；并拥有50万册的电子图书，近5TB的共享工程资源。

五、技术支持

为了保证共享工程在全区顺利实施，平谷区支中心有2名技术人员负责全区的共享工程技术支持工作。他们克服条件艰苦，交通不便等困难，多次下基层上门辅导，对设备、接收平台进行安装及日常维护。截止到2012年，平谷区支中心下基层服务226次，电话解答84次，安装设备次259次。

六、合作共建

平谷区支中心在加大对共享工程宣传力度，主动加强与各部门沟通协调的同时，从规范管理入手，积极推进共享工程建设的健康有序发展。

一是定期召开阶段性总结会，及时掌握全区基层点运作动态，督促基层点更好的为群众服务。二是强化监管措施。将共享工程有关管理文件下发到每个基层点，要求各基层点管理人员了解掌握方针政策，严禁违法乱纪现象发生。三是针对基层点工作人员专业知识不够导致运行不正常等情况，定期举办培训班，专门对资源下载、服务器使用等技术问题组织技术培训，培训覆盖全区所有基层中心及服务点，实现全员培训。

通过采取以上措施，我区共享工程基层点运行情况总体比较平稳，得到了政府的支持和广大群众的欢迎，一些基层点根据当地群众需求，定期播放投影节目，深得老百姓的欢迎。

七、惠民服务

近年来，平谷区支中心利用优势，发挥资源，坚持“面向基层、服务民生”，文化共享工程全方位提供文化惠民服务，支中心的建设和管理得到长足发展，切实为基层群众文化活动提供平台。

平谷区支中心先后开展了“文化共享助春耕”送资

源下乡活动、“科普惠农”送科技下乡活动、“文化年货带回家”专题资源服务活动、“雷锋精神共享情 爱心暖夕阳”送戏进敬老院惠民服务活动、“快乐阅读下基层”活动。

八、推广宣传

平谷区支中心在世界读书日，服务宣传周期间通过发放宣传材料，向广大读者介绍共享工程的基本情况，给广大读者推荐文化共享工程的相关优秀网站，优秀资源。

九、培训工作

平谷区支中心加强组织各种培训，每年开展针对各基层服务中心及服务点的设备安装、维护、操作人员技术培训等工作，使每个基层服务中心，基层服务点至少拥有1名经过培训的专业技术人员。截止到2012年，在全区开展技术培训10余场次，参加培训人员3000余人次。组织参与网络培训30余场次，参加培训人员5000余人次。

十、管理和队伍建设

平谷区支中心成立了文化信息资源共享工程平谷区支中心工作小组，由一名副馆长主管共享工程工作，支中心现有专职工作人员3名，兼职工作人员4名，其中3人持有北京市全国文化信息资源共享工程岗位资格证书。

全区每个基层服务中心，基层服务点设有共享工程管理员1~2名，管理员均接受过专业培，能够在基层开展共享工程服务工作。

十一、荣誉奖项

在“颂歌献给党——全国文化信息资源共享工程迎接建党90周年群众歌咏活动中，由我支中心录制的《平谷城乡发展60年》节目，获得优秀提名奖和优秀原创作品奖；在全国“阳光少年热爱党”系列活动中，我支中心选送的电脑小报作品，获得优秀奖；在“向锋那样”电脑小报评比活动中，我支中心选送的电脑小报作品，获得1个全国二等奖，3个优秀奖。

十二、工作展望

1、进一步扩充设施网点，争取在滨河街道、兴谷街道所辖社区实施共享工程。

2、加强网络化建设和专业技术人员的培养，为深入推进共享工程的实施打好基础。

3、应加强监督管理，使资源充分利用，设备不空摆虚设。

4、大力开展公益性服务。尤其加强对广大农村地区的扶持力度，将文化共享工程建设成为社会主义新农村的重要抓手。以先进文化教育广大群众，提高人民群众的思想道德水平和科学文化素质，最大限度地将信息资源转化为生产力，通过多种形式拓展服务范围、创新服务方式，将地方影视戏曲、音乐歌舞、美术等艺术表现形式纳入共享工程服务内容，以群众喜闻乐见的形式使共享工程更加贴近基层、贴近生活、贴近群众。

5、在实施过程中加强与上级各部门的沟通与协调，使共享工程服务群众更具针对性和时效性。同时，不断总结经验，改进创新管理体制和运行机制，使“共享工程”发挥更大的作用。

（撰文/北京市平谷区支中心）

密云县支中心

一、整体情况

根据文化部《关于实施全省文化信息资源共享工程的通知》，精神，按照、“共享工程”北京市分中心的统一部署，密云县图书馆于2002年7月成立了专门领导小组，制定了实施方案。建立了密云县文化信息资源共享工程县级支中心。同时在图书馆专门成立信息技术部，主要负责与北京市分中心以及我县各基层服务点的协调、联系，开展信息资源共享等具体业务工作。

我县现有县级支中心1个，专职工作人员3人。镇、街分中心20个，专职人员20人；村级基层服务点334个，兼职管理员334人。

在全县334个行政村“共享工程”中心已实现全覆盖。同时已经达到每周开放时间不低于30个小时、实现全年对外开放，和每个基层服务点每年组织开展活动不少于20次、年服务20余万人次的总体要求。

二、网点建设

“共享工程”密云县支中心自2002年建成以来，从20个乡镇试点到2008年底的20个街道、乡镇，334个行政村已经全覆盖安装了共享工程设备。

2002年密云县支中心成立。

2004年6月建立了太师屯镇分中心、河南寨镇分中心。

2004年7月建立了西田各庄镇分中心。

2004年11月建立了不老屯镇分中心。

2005年10月建立了北庄镇分中心、冯家峪镇分中心。

2006年底全县2个街道、17个乡镇、1个自治地区均建成“共享工程“乡镇级分中心，共计20个。

2008年底，全县334个行政村均建立“共享工程”基层服务点，至此密云县全县达到“共享工程”全覆盖。

三、经费投入

2002年-2006年密云县“共享工程”各中心建立之初经费均为北京市分中心分担一部分，县财政、镇、街财政分担一部分，共计投入经费20万元。

2006年密云县“共享工程”各中心建立共计投入经费60万元。

2008年密云县“共享工程”实现全覆盖。北京市分中心、县级支中心、镇、分中心、村级基层服务点共计投入500万元。

2009开始每年县级之中心维护费23.5万元，镇、街分中心维护费1万元，共计20万元。村级基层服务点维护费1000元，共计33.4万元，每年共计76.9万元。

至今密云县“共享工程”共计投入经费887.6万元。

四、资源建设

密云县共享工程支中心与北京市分中心合作已经建立6TB资源库，包括讲座、戏曲、电影、电子书刊等等方面。

密云县所有20个镇、街分中心、334个基层服务点每天按时接收资源，共计接收500余TB资源。

五、技术支持

密云县支中心负责全县各基层分中心、服务点的技术支持工作。上级技术支持单位为北京市分中心、歌华有线、百年树人、联想、以及数字太和公司。

六、合作共建

密云县所有基层分中心、基层服务点均与党员远程教育、农村数字影院相结合，真正的做到资源设备共享，共同合作，为百姓服务。

七、惠民服务

从2002年至今，密云县的共享工程工作严格按照北京市分中心要求，每个基层分中心、基层服务点每周开放时间不低于30个小时，每个基层服务点每年利用共享工程设备组织放映活动不少于20次，为居民、百姓、农民工等免费放映“共享工程”讲座、电影等资源。并在全市率先使用活动登记簿的工作方式，使所有开放，放映工作都能够登记在册。经常组织开展各种活动丰富百姓文化生活。

密云县分中心共参加北京市支中心组织各类活动300余次，参加活动10万余人次。密云县所有乡镇分中心、基层服务点工开展放映活动2万余场次，收看共享工程资源150万余人次。

八、宣传推广

该县通过各种手段宣传“共享工程”，使跟多的百姓，更快的了解使用“共享工程”资源，为本地物质文明服务，为精神文明服务。至今，密云县支中心印刷发放宣传彩页10万余份分发到各基层分中心，各基层服务点；制作展板20块，每个乡镇分别巡展；举办“共享工程”赶大集活动，在农村大集时候宣传“共享工程”；在密云县图书馆网站开辟“共享工程”专栏，更新共享工程工作动态；与当地电视媒体合作，通过各种活动让百姓了解“共享工程”，使用“共享工程”资源。

九、培训工作

从2003年至今，密云县分中心共参加北京市支中心组织各类培训80余次，200余人次。密云县分中心对乡镇分中心、基层服务点的管理员进行各类培训60余次，2万余人次。现在县级支中心每年均对全县各基层分中心、基层服务点管理员进行也许培训，并通过网络等手段，指导各基层中心、服务点管理员，参加北京市分中心网络培训使各级共享工程管理员能真正的懂得工作方法，掌握共享工程设备实用技术，并广为宣传，真正的做到了为老百姓服务。

十、管理和队伍建设

密云县“共享工程”各级中心均做到管理制度上墙，工作管理人员严格按照规章制度，管理使用“共享工程”。县级支中心还经常组织各镇文化共享工程相关人员在县图书馆进行培训，并邀请了技术人员授课。通过理论学习和上机实践，让每个信息管理员达到“操作规范，程序熟练，运用自如，随点即现，且能处理常见小故障”的要求，造就一支有知识、有文化、懂技术、会操作、能运用的信息共享工程队伍，使我县信息资源共享工程基层建设工作进入规范化管理的轨道。

十一、荣誉奖项

从2003年至今，密云县共享工程工作得到各种活动奖项50余次，2010年荣获中宣部，文化部，财政部，国家新闻出版总署四部委“文化信息资源共享工程服务基层服务农民先进集体”荣誉称号。

十二、工作展望

文化共享工程在我县公共文化服务体系建设中具有战略性、基础性地位。文化共享工程发展十年来，文化共享工程覆盖我县城乡的服务网络基本建成，数字资源初具规模，传输模式不断完善，惠民服务扎实推进。在未来我们密云文化共享工程建工作人员要深入学习贯彻党的十八大精神，以面向基层、服务群众为导向，创新机制，整合资源，不断提升文化共享工程的建设管理水平，不断提高公共数字文化服务能力，不断提供优秀的公共数字文化产品，努力满足城乡基层群众日益增长的数字文化需求。

（撰文/密云县支中心）

延庆县支中心

延庆县共享工程建设启动于2004年11月，截止到2008年底，我县已经完成了1个县级支中心、15个乡镇基层服务点、376个行政村基层服务点的建设工作。近年来，在上级分中心的大力支持帮助下，延庆县图书馆严格按照《北京市文化局关于文化信息资源共享工程分中心、基层中心和服务点建设与管理的实施意见》中的要求，有条不紊地推进我县共享工程建设，逐步加强管理与利用工作，为社会公众提供了丰富的文化信息资源服务。下面将我县概况介绍如下：

一、网点建设

2004年我县建成县级支中心1个、乡镇基层服务点（刘斌堡乡）1个；2005年建成旧县镇、永宁镇、井庄镇、沈家营镇4个基层服务点。

2006至2007年建成延庆镇、康庄镇、八达岭镇、大榆树镇、张山营镇、香营乡、大庄科乡、珍珠泉乡、千家店镇、四海镇10个乡镇基层服务点。

2008年建成全县376个行政村基层服务点。至此，1个县级支中心、15个乡镇基层服务点、376个行政村基层服务点建设全部完成，使我县共享工程从无到有，由点到面，逐渐完成了县、乡镇、村三级服务网络建设工作，使全县共享工程建设覆盖率达到了100%。

在2007年，顺利完成了县级支中心和15个乡镇基层服务点卫星接收系统的“转星”工作，使各个服务点接收国家文化信息资源更加快捷方便。

二、经费投入

自我县进行文化信息资源共享工程建设以来，得到了各级部门领导的支持和重视，除了上级分中心拨款全部到位以外，县文委、县图书馆逐年加大共享工程投入力度，以保障我县共享工程建设健康有序的进行，几年

来各级单位总计投入专项经费348.9万元，其中市级分中心(首图)投入306.4万元，延庆县文化委员会对共享工程经费投入35.9万元，我馆自己经费投入6.6万元。各级部门的投入为我县共享工程工作顺利开展提供了物质保障。

三、合作共建

2008年，我县在376个行政村共享工程服务点建设完成后，与县委组织部376个村的党员远程教育进行了合作共建，实现了设备共享，使用一套设备完成两项工作任务。

2009年又与332个村级数字影厅进行整合，其中有55个村级共享工程服务点已经迁入数字影厅，实现了场地共享。由于上级部门的高度重视，使合作建设工作进度较快，合作共建节省了人力、物力、场地，极大的提高了工作效率。

四、管理和队伍建设

该县共享工程管理做到了有人员、有制度、有培训、有检查。县级支中心设在图书馆网络部，有兼职工作人员3名，在共享工程工作中分别负责基层建设、对外服务、设备维护、档案管理等工作。乡镇服务点由文化站长主管，文化干事或村官负责日常工作，2011年专门招聘了文化组织员负责共享工程、党员远程教育、数字电影放映等各项工作。另外，各级基层点标牌整洁统一、制度规范上墙。在工作中，严格按照联络员管理制度、设备管理制度、档案管理制度等执行，使共享工程管理工作科学规范。

县级支中心工作人员不断树立服务意识，多次下乡检查共享工程工作情况，并及时对出现问题的设备进行维修、调试。解决不了的问题联系市级分中心帮助处理解决，确保了基层服务点各项工作的正常开展。

五、惠民服务

历年来，在上级部门和北京市分中心的领导下，我县各级服务点积极开展各种活动，支中心年初特制订活动计划，针对各地区特点辅导基层点开展有针对性的特色服务，并且配合上级分中心组织各项专题活动，如春节期间的“共享花开乐万家”、春耕时期的“人勤春来早，春耕备耕忙”、清明时节的展板展览以及“百场讲座下基层、万册图书润民心”等等活动。自建设以来截止到2012年我县已经完成了9700余场的放映，服务人次达到44万余人次，满足了农民群众多层次、多方面的精神文化需求，提高了农村信息化水平，丰富了农民的文化生活，更重要的是让农民群众了解了信息，开阔了眼界，掌握了致富技能。

六、培训工作

为确保全县376个基层服务点服务工作的顺利开展，提高基层服务人员的业务水平、实际操作能力和服务能力，县支中心结合实际情况对全县376个基层点文化组织员不定期的进行了分块集中培训，培训内容分为计算机基础知识，共享工程运行管理系统、office办公软件使用、软硬件设备相关知识、共享工程建设与服务等几部分进行了系统的讲授，培训覆盖率达100%，共计46学时，培训2200余人次，普遍提高了文化组织员的服务意识，增强了操作技能。

七、宣传推广

为了使“共享工程”真正进村入户，提高数字资源利用率，延庆县支中心做了大量的宣传工作，主要通过消息栏、海报、延庆报、电视台、图书馆网站等方式进行宣传，并结合“图书馆服务宣传周”、“4·23”世界读书日等大型活动向过往的群众发放共享工程宣传资料，节假日期间放映群众喜闻乐见的影视节目，让更多的人民群众了解了共享工程这块文化阵地，切实从中得到实惠，发挥了共享工程的巨大作用。

八、荣誉奖项

自共享工程建设以来，延庆县支中心积极参加上级中心举办的各种活动，几年来分别荣获北京市公共图书馆计算机基础知识竞赛团体二等奖，北京市公共图书馆专业知识竞赛团体二等奖，“我与奥运”征文组织奖，“文化共享杯”知识竞赛组织奖等奖项，通过参加各类知识竞赛，使共享工程管理人员增强了知识技能，提高了工作质量，更加深入了了解了共享工程，对以后工作的顺利开展起到了不可忽视的重要作用。

九、工作展望

今后，延庆县支中心将进一步加强对文化信息资源共享工程服务与建设工作重要性的认识，积极争取上级有关部门协助协调、加强与“农村党员干部现代远程教育”的合作，建成以县支中心为基础平台和枢纽，乡镇、村基层服务点为重点的文化信息资源共享网络框架，努力调查、挖掘、整理和制作富有地方特色的文化信息资源、认真抓好支中心和乡镇、行政村基层服务点工作人员队伍建设，加强技术培训和指导，建立比较完善的文化信息资源共享工程的人才培训体系，充分利用共享工程各级平台，为广大读者，特别是农村读者提供优秀的文化信息资源，提高网络信息服务水平和利用率。

（撰文/延庆县支中心）

全国文化信息资源共享工程——

天津市分中心

天津是中国四大直辖市之一，地处华北平原东北部，环渤海湾的中心，东临渤海，北依燕山。天津距北京120公里，是拱卫京畿的要地和门户。对内腹地辽阔，辐射华北、东北、西北13个省市自治区，对外面向东北亚，是中国北方最大的沿海开放城市。天津海陆空交通便捷，铁路、公路四通八达。天津市辖13个区、3个县，常住人口1354.58万人。

天津是中国历史文化名城，拥有深厚的文化底蕴及鲜明的地域特色。从明朝永乐二年，公元1404年到2004年，天津建城已有600周年。天津文化是运河文化和海洋文化兼容的产物，天津文化区别于其他地方的文化，具有开放而又自成一体的独特风格。全国文化信息资源共享工程天津分中心多年来依托天津市丰富而独特的文化资源，秉承着继承、发展、弘扬天津市乃至中华民族的优秀文化信息精品资源的理念，在天津市市委、市政府及天津市文化广播影视局的领导下，积极开展天津市文化信息资源共享工程建设工作。

一、基本概况

全国文化信息资源共享工程天津分中心于2005年在天津图书馆成立，多年来天津市文化共享工程建设工作受到中央、天津市委、市政府、天津市文广局领导的高度重视。截止到2012年底，各级财政总投入（包括中央财政）1.37亿元，重点在文化共享工程服务网络建设、天津地方特色资源库建设、文化共享工程服务平台和应用服务体系建设、公共电子阅览室建设、文化共享工程队伍建设上下工夫。天津市已建成各级文化共享工程服务站点5019个，服务网络实现了全覆盖。

二、网点建设

截止到2012年底天津市文化共享工程共建成各级服务网点5019个。其中包括省级分中心1个、区县级支中心16个、乡镇街道基层服务点223个、社区（村）基层服务点4315个、与农村中小学远程教育共建站点465个，服务网络实现了全覆盖。

为了更加丰富文化共享工程服务网络体系，天津分中心借助文化共享工程区县级支中心建设的推力，积极推动区县支中心共享工程网站建设工作。2008年底前，16个区县级支中心文化共享工程网站全部开通，利用现代化手段为共享工程资源服务大众开辟了一片新天地。为了更好地促进共享工程网站建设，2008年底，天津分中心举办了全市优秀共享工程网站评比活动，全面推动基层网站的建设与服务。2012年“全国文化信息资源共享工程　公共电子阅览室示范点”评选中，天津分中心共有1个区县级支中心和4个基层服务点被评为“全国文化信息资源共享工程•公共电子阅览室示范点”称号。

三、经费投入

2005年文化共享工程天津分中心成立以来，各级财政（包括中央财政）总计投入工程建设经费1.37亿元。其中中央财政投入1078万元、天津市级财政投入3374万元、各区县级财政投入9300余万元。

四、地方特色资源建设

全国文化信息资源共享工程天津分中心始终将地方特色资源建设作为天津市文化共享工程的品牌亮点和核心工作予以高度重视。根据中宣部、文化部及管理中心的相关要求，不断加强天津地方特色资源建设，努力打造一批主题鲜明、内容丰富、形式生动、制作精良、贴近群众的精品数字文化资源。截止2012年底天津分中心共建设完成26个自建资源库，资源建设总量达到16TB。

2011年按照《全国文化信息资源共享工程2011年度地方资源建设指南》的要求，根据天津分中心目前已建库情况、馆藏情况、本地特色资源信息情况，结合国家和天津市近期文化热点和服务方向，确定拍摄制作天津地方特色资源专题片作为天津市文化共享工程资源建设今后的重点工作，并制定了相应的整体建设规划及建设方案，明确了建设方式及责任分工，制定了详细的规章制度。按照规划2012年开始拍摄制作《天津市非物质文化遗产系列专题片》第一期。建设方式采取与天津市非物质文化遗产保护中心合作共建的建设模式。截止2012年底，天津分中心已经拍摄制作《天津市非物质文化遗产系列专题片》8部，时长240分钟，资源总量达到1600GB。

五、合作共建

1、结合“公共电子阅览室建设”工作，推进共享工程资源进中小学校园。为了更好地发挥优秀文化信息资源对于未成年人思想道德建设的作用，天津市文广局和天津市教委于2010年3月份启动了“共享工程进中小学校园”活动。此项活动通过联合建设“中小学文化教育电子资源服务系统”，以中小学电子阅览室为阵地，利用全国文化信息资源共享工程中有关中小学教育的丰富资源，整合天津图书馆和天津高校多年来投资自建的特色资源数据库共计12TB内容，为天津市中小学生开辟了健康有益的网上教育和学习阵地。

2、与农党网共建村基层站点并提供信息资源。2009年共享工程天津分中心开始与天津市党员干部现代远程教育管理中心合作共建社区、村基层服务点。共合作建设465个终端站点。在天津市党员干部远程教育网《滨海先锋》开辟“文化共享专栏”，将天津分中心提供的各种特色资源共计11TB，在农党网站《滨海先锋》发布，实现优秀文化信息资源共享。

3、为了更充分的发挥文化共享工程资源的作用，天津分中心下大力量开展共享工程资源“进村入户”工作。天津分中心与天津广播电视网络有限公司合作开通了“文化共享工程天津数字频道”图文频道，共推出八个专题栏目，覆盖全市280万数字电视用户。

4、2012年经市经信委和市农委研究决定，组织实施“农村信息服务示范工程”，该项工程已列入2012年天津市政府20项民心工程。该平台将整合天津分中心自建资源库、文化共享工程资源库和引进的专业数据库资源服务于“农村信息服务示范工程”。目前该平台正在建设过程中，2012年底初步建成后天津分中心将为该平台提供自建数字资源库不少于15个，总量不少于500GB。

六、惠民服务

1、基层服务惠及全民。天津分中心及各基层服务点充分利用计算机网络设备和文化共享工程提供的各种数字资源，为社区居民提供多元化服务，开辟了一条不受时间、地域限制的崭新文化传播渠道。各个基层服务点按照“因地制宜，典型示范，活学实用”的原则，统一领导，统筹规则，分级管理，分工负责，逐步形成了街道带动社区，社区发动群众，群众广泛参与的模式，真正使文化共享工程惠及每个社区的居民。例如河东区中山门街基层服务点利用文化共享工程提供的软硬件资源，建立了社区教育网，登录网站可以在第一时间了解各个社区的文化动态，可以获得各种培训信息，可以在线观看器乐、手工、绘画、摄影等培训项目的视频教程。极大程度地满足了社区群众的精神文化需要。

2、开展公益性文化讲座服务。由天津市文广局、共享工程天津分中心、天津社联等单位共同打造的天津“海津讲坛”，正日益受到本市各界群众的欢迎。众多名家登台，从不同的角度介绍天津文化和天津文化先贤，使更多的市民了解了天津这座城市的文化背景。 讲坛开讲以来累计举办各种公益性文化讲座超百场，观众3万余人次。

天津分中心举办的“音乐大讲堂”系列讲座。为广大市民搭建进入音乐殿堂的阶梯。自音乐大讲堂开讲以来，以其可看性、互动性、冲击力和感染力，受到广大音乐爱好者的热烈欢迎和一致好评，成为广大市民感受音乐魅力的起点。截至2012年底天津分中心已经成功举办了48场较有影响力的音乐普及活动，累计参与观众达4000余人。

3、天津分中心于2012年4月21日开通了“天津市民移动阅读平台”，市民通过手机或平板电脑等移动终端登录到图书馆主页，即可免费访问平台上的所有资源，有效地解决了普通PC方式浏览数字资源受地域及网络环境限制的问题。截至2012年底，“天津市民移动阅读平台”的访问量达187452次，注册用户数达：18364人。

4、开展免费电影放映服务

多年来天津分中心坚持深入基层开展公益性电影放映工作，收到社区居民和进城务工人员的热烈欢迎。为了更好的作好电影放映工作，天津分中心召开专门会议，总结部署各项工作，按照群众需求及时增加放映人员和班次，提前维护放映设备，保证放映工作正常运行。累计放映电影406场，观众6万人次。

七、宣传推广

文化共享工程是一项创新的文化建设工程，许多人对它还不够了解，为了更加广泛地宣传共享工程的意义和作用，让各级领导及群众充分认识这项工作的重要性和必要性，天津分中心作了大量的宣传推广工作。

1、充分发挥网络媒体的宣传推广作用。网络媒体相对于其他宣传媒体具有宣传推广成本低、速度快、影响面广等优势。天津分中心充分利用自己拥有的网站群体的优势，对天津市乃至全国的文化共享工程工作予以充分的宣传报道。天津分中心网站群体包括天津图书馆网站、天津文化共享工程网站、天津海河教育园图书馆网站、音乐图书馆网站。近年来网站年访问量均保持在百万人次以上。此外充分利用公共网络媒体进行宣传推广，例如天津市门户网站北方网、天津市文化广播影视局官网、天津市文化中心网站等都对近年来文化共享工程工作给予了充分的报道。

2、是充分发挥传统媒体的宣传推广作用。包括电视、期刊、报纸等宣传媒体。天津分中心与天津广播电视网络有限公司合作开通了“文化共享工程天津数字频道”图文频道，共推出八个专题栏目，覆盖全市280万数字电视用户，大大提升了文化共享工程在广大基层群众中的影响力。天津分中心定期向天津市新闻媒体及管理中心报送共享工程最新动态，活动报道等，天津日报、今晚报、每日新报等天津市主流新闻媒体以及文化共享工程《工程简报》都对天津市文化共享工程进行了大量的报道。

八、培训工作

文化共享工程天津分中心与全市16个区县支中心及乡镇（街）、村（社区）服务点日常工作中始终坚持培训先行，充分利用共享工程平台，不断加大文化共享工程人员培训力度，充分发挥共享工程的培训教育职能。

1、多年来，市文化广播影视局每年从社文经费中拨付10万元用于共享工程培训工作，有效地确保了了培训

工作常抓不懈。在不断地摸索实践中，天津分中心建立了培训前深入调研、培训内容有的放矢，培训中手段丰富多样、注重培训效果，培训后表彰先进、激励全员的培训工作长效运行管理机制。

2、是深入调研，科学部署。天津分中心每年年初统一发放《培训工作调查表》，对19个区县支中心培训对象的年龄、技术专长、文化程度、培训要求等情况开展摸底调查，根据反馈的情况制定培训计划、明确培训目标，为有效开展全市培训工作提供可靠依据。各区县支中心根据各地实际情况调查辖区各级服务点培训需求，与分中心商讨制定适合本地区的培训计划，使培训工作有的放矢，实现规范化可持续发展。

3、是形式多样，内容丰富。天津分中心采用形式多样的培训方式、不断丰富培训内容，努力提升培训效果。通过网络培训和老师面授相结合，课堂教学和实地观摩相结合，走出去和请进来相结合等方式，与各相关单位部门通力合作，力求丰富培训内容。分中心在每次培训后对学员发放调查问卷，了解学员对培训形式、培训内容及培训总体安排的意见和建议，不断改进工作。

4、建立奖励机制。天津分中心在培训工作中制定了奖励制度，表先进、树榜样。每年度对共享工程任务落实到位，服务、培训成绩突出的单位及个人予以表彰，为大家提供互相学习、互相启发、创优争先的平台。2012年分中心共向支中心及各级服务人员发放各种奖项32项，极大地激发了广大共享工程工作人员的工作积极性。

九、管理和队伍建设

天津分中心始终将搞好管理和队伍建设工作当作干好文化共享工程工作的前提和保障，为此天津分中心制定了详细的共享工程管理制度，包括《共享工程人员工作职责》、《共享工程设备管理制度》、《共享工程统计信息报送制度》等。为提升重点建设项目成果水平，天津分中心组建项目管理团队，针对项目建设全过程，建立明确的项目建设流程，确定了每一个环节的管理目标和验收标准，在项目进行的各个环节严格把关，努力做到标准化管理。先后制定了《项目需求书》、《项目方案评分表》、《重点项目制作流程》、《专项资金管理制度》等相关规章，为开展重点项目建设工作积累了丰富的实践经验和管理经验。

天津市公共电子阅览室建设工作中，天津分中心会同各区县公共电子阅览室管理部门未雨绸缪、提前谋划，在公共电子阅览室开放前，认真商讨制定了《天津市公共电子阅览室管理规范》、《天津市公共电子阅览室资产管理规定》、《天津市公共电子阅览室读者规则》等一系列配套规章制度，有效解决了管理难题，推动了各项工作有序有效开展。

天津分中心现从事文化共享工程工作专职人员有五名，其中专职副主任一名，工作人员四名，分别负责日常统计、建档、培训、资源建设、技术支持及网站维护工作。兼职工作人员38名。

十、荣誉奖项

2008年5月在山东济南召开的全国文化信息资源共享工程工作会议上，天津市有七个区县级支中心被评为全国共享工程先进示范县，分别是：和平区、塘沽区、河西区、东丽区、北辰区、津南区、大港区。同年天津分中心向国家中心上报了开发区支中心的网站建设经验，被作为案例在国家中心举办的《网站建设培训》中播放。

2011年是中国共产党成立90周年。全国文化信息资源建设管理中心精心组织了一系列群众文化活动。天津分中心积极配合此次系列活动，并取得了优异的成绩，共获得优秀组织奖4个，个人一等奖2名，二等奖4名，三等奖5名。

2011年10月，在全国文化共享工程培训基地——浙江省杭州市萧山区支中心，天津分中心代表队参加了第二届“文化共享杯”全国文化信息资源共享工程知识与技能竞赛。在这次比赛中，天津分中心代表队表现出色，最终获得了大赛二等奖的好成绩。

2012年在“全国文化信息资源共享工程•公共电子阅览室示范点”及“文化共享之星”评选中，天津分中心推荐的一个支中心，四个基层服务点获得“全国文化信息资源共享工程　公共电子阅览室示范点”称号。和平区南市街道基层服务点贾金伟同志获得“文化共享之星”称号。

2012年组织参加全国共享工程“像雷锋那样…”电脑小报设计比赛。经过天津分中心精心组织筛选最终共有200余幅作品参加了全国比赛，共获得一等奖一名、三等奖两名，天津分中心获得优秀组织奖。

2012年组织参加全国“公共电子阅览室建设计划”百题知识竞赛活动。天津分中心积极组织各区县支中心参加本次竞赛，其中两人在全国比赛中获得了三等奖。

2013年组织参加“全国群众摄影艺术作品征集大展”活动，天津分中心共选送150副作品参展，最终获得二等奖两名、三等奖六名、优秀奖七名，天津分中心获优

秀组织奖。

十一、工作展望

1、建设更加完善的覆盖城乡、惠及全民的网络服务体系。

开展文化共享工程“进村入户”工作，结合国家“三网融合”发展战略，利用电视、计算机、移动设备等终端，探索、发展、推广文化共享工程入户模式，实现文化共享工程走进广大基层群众的千家万户。主要包括推进共享工程视频进入数字电视、加大家庭虚拟图书馆建设和宣传力度、大力发展“天津市民移动阅读平台”建设。

加强新建城镇服务体系建设。“十二五”期间，天津市城乡规划编制和管理工作将计划完成50座小城镇规划建设，完善环外地区公共设施，积极构建均等化的公共服务中心体系。共享工程天津分中心将在巩固“十一五”建设成果的同时，加大力度拓展文化共享工程站点在新建城镇的覆盖面，实现文化共享工程在新建乡镇和城市社区的全覆盖。

2、深化公共电子阅览室建设

按照《天津市公共电子阅览室建设计划实施方案》，天津市公共电子阅览室建设工作将全面铺开，计划2013年实现全市公共图书馆全覆盖，2014年实现全市文化馆全覆盖，2015年实现全市街道乡镇文化站全覆盖，并对符合条件的社区（村）公共电子阅览室进行认定。

3、大力开展天津特色资源建设

未来天津分中心数字资源的建设将以共建共享为主要途径，广泛整合文化、教育、科技、农业、卫生等公共信息资源，充分利用文化系统资源充足、底蕴深厚的优势，建设体现社会主义核心价值、以中华优秀数字文化资源为主要内容，贴近实际、贴近生活、贴近群众的公共文化数字资源库。天津分中心按照天津市地方特色资源建设规划，2013年启动《天津市非物质文化遗产系列专题片》第二期、及《津沽文化》系列专题片的建设工作。建设方式将采取与区县级支中心及相关单位合作共建的方式，计划在2014年底前全部完成。

4、加大共享工程培训工作力度。

天津分中心将把培训工作作为工程建设的一项基础工作长抓不懈。天津分中心的工作人员积极参加国家中心举办的各种教育培训，提高自身的技术和管理水平。同时，结合天津地区工程建设进展情况，积极组织开展各种培训活动，使得共享工程建设能够按照“十二五”规划要求健康发展。天津分中心将充分利用新馆先进的设施和传播手段，开展全方位的共享工程文化信息服务以及全市各级共享工程工作人员的培训工作。重点加大对农民工、青少年、残疾人等弱势群体的服务及培训力度。

5、加大共享工程宣传推广力度。

“十二五”期间，天津分中心将主动积极联系各种新闻媒体，采取多种方式，在广大基层群众中加快宣传普及共享工程相关知识，让群众充分了解共享工程的内容，熟悉设备使用方法，帮助其方便、快捷地获得所需要的信息，使共享工程真正成为深受群众欢迎的民心工程。

（撰文/天津市分中心）

天津市河西区支中心

河西区图书馆成立于1957年，自1998年在文化部组织的第二次科学评估中，获得国家一级图书馆荣誉后保持至今。并先后被文化部授予“全国文明图书馆”称号。

文化部、财政部于2002年共同组织实施的“全国文化信息资源共享工程”是我国公共文化服务体系的创新工程。至今已经有10年的历史。2007年，在该区各级领导的高度重视和区财政局大力支持与积极协调下，购入共享工程相关设备、架设网络环境，搭建共享工程平台。极大地满足了人民群众对信息的需求。下面就“共享工程”天津市河西区支中心建设情况汇报如下：

一、网点建设及经费投入

在该区共需建立的13个街道和193个居委会（社区）全国文化信息资源共享工程基层站点中截止到2012年年底基本完成了13个街道和118个居委会（社区）的基层站点建设。

在实施该区共享工程基层服务点建设之初，该区就确定了以共享工程街道和社区基层服务点建设作为完善我区公共文化服务体系重要内容的指导原则，将共享工程街道和社区基层服务点分别建立在真正能够服务于辖区内居民群众的各街文化站和居委会内，从而使居民群众享受到共享工程的建设成果并以此来带动全区基层图书馆网的建设。为使这一目标得以实现，区政府责成区财政局负责落实经费；区文化局负责宏观调控和整体推动；要求各街办事处要积极响应和全力配合；区图书馆（文化信息资源共享工程河西区支中心）负责抓落实和技术指导并负责基层服务点建成后的资源提供、业务培训和具体工作落实情况的检查。

二、服务与管理

制定《共享工程街道基层中心和居委会基层站点管理办法》，对街道和社区共享工程基层服务点在服务的内容与方式和操作规程、人员的设置和基本条件、设备的管理等方面做出了具体和明确的规定。要求各基层服务点坚持公益性服务原则，工作记录和统计数据必须完整规范，其工作人员设置、开放时间、服务人次和活动的次数等均要达到一级标准。

1、网络服务。在继续承办河西文化信息网的同时，

我馆于2008年创建了河西区图书馆网站，图书馆的所有数字资源都可通过网站链接，网站页面点击量平均每天可达800多人次。

2、阅览服务。我馆共享工程电子阅览室于2012年年3月免费对读者开放，阅览用电脑36台，每天开放时间为9小时。读者凭有效证件可上网阅览共享工程网站内容和互联网。

3、该馆于2008年7月在共享工程电子阅览室利用现代化设备组织举行了馆内青年干部业务培训班。此次培训目的是为了让馆内青年同志更加一步了解共享工程相关知识，为今后工作的推动打下了良好的基础。

4、利用共享工程所配备的电子阅览室为我区第四中学的同学们开展绿色网络知识普及专题讲座。并得到了同学们的一致好评，使同学们对绿色文明上网有了全新的认识。

5、河西区老年大学利用共享工程所配备的电子阅览室，进行电脑初级培训与电脑提高班培训。现代化的机房设置设备，和整洁的环境，给老年朋友们提供了良好的学习环境，课程安排丰富多彩，通过老师的耐心授课与讲解，得到了老年朋友们的支持与喜爱。

6、为了贯彻落实《河西区信息资源共建共享实施方案》，更好地共建和共享我区信息资源，对各街道站点技术人员培训联合参考资讯网的使用。

通过1年多来开展的各类培训，结合实际认真完成了各类培训工作，通过培训工作也把共享工程业务知识普及到了各个街道与不同人群，得到了很好的服务效果。

“共享工程”建设面广、工作量大、任务十分繁重。要确保“共享工程”的顺利实施，必须加强领导，建立健全组织机构，狠抓各项管理。我们按照国家中心和分中心要求，建立了由一把馆长任组长，副馆长任副组长，班子其他人员为成员的“共享工程”河西区图书馆支中心组织机构，下设办公室，具体负责技术保障、资源建设和辅导服务工作。为加强对支中心管理，制定了《共享工程电子阅览室管理制度》使支中心步入规范化、制度化的发展轨道。

（撰文/天津市河西区支中心）

天津市和平区支中心

和平区辖6个街道办事处、58个社区居委会，户籍人口42万，常住人口32.23万人。

一、基本概况

和平区文化信息资源共享工程从2006年底开始，按照《2011年度公共电子阅览室设备配置标准》，经过区、局、街道统一协调部署，到2011年11月底，共建成1个区级支中心，6个街道基层服务点、58个社区基层服务点，全面完成区、街道和社区文化共享工程网络全覆盖。2008年，在全国文化信息资源共享工程优秀基层服务点评比中，小白楼街开封道社区获得全国优秀基层服务点称号。

2011年底，和平区支中心作为天津市中心城区的试点单位，开始实施“公共电子阅览室建设计划”；支中心还是国家数字图书馆推广工程天津试点单位；2011年开始实施数字图书馆的建设，目前自助图书馆、街区图书馆、数字图书馆正在政采建设实施过程中。

二、管理和队伍建设

1、加强工作人员的业务知识培训。支中心在做好信息资源共享工程硬件建设的同时，认真做好人员培训工作，支中心有专兼职技术人员6名，每年坚持参加市馆组织的技术骨干培训，按时参加国家中心举办的各类视频讲座，提高自己的业务知识和服务水平；还组织中外业内专家来举办讲座，更新知识结构。

2、走出馆门，参观考察。近几年我们先后参观了国家图书馆、北京大学图书馆、朝阳区图书馆、天津图书馆文化中心，参观学习其他馆的先进经验并加以借鉴。特别是数字图书馆推广工程实施以来，我们努力学习数字图书馆的相关知识，为实现我支心数字化而努力。

3、勇于实践。支中心网站2004年就已建成上传，2010年成功改版，现在又在进行第三次改版中；和平区数字文化网也正在建设当中；网站建设、网络安全、设备维护、网页更新都由支中心年轻同志独立完成，目前和平区特色资源数据库正在建设当中。

三、培训工作

1、为老年人服务。每周五上午对老年人开展“免费学电脑，快乐网上游”电脑公益讲座，通过公益培训活动，不仅吸引了更多的老年公众来熟悉互联网，利用互联网，而且也让更多的公众认识了图书馆，特别是2012年元月开始，支中心电子阅览室实行全免费开放后，越来越多的老年人成为电子阅览室的常客。

2、为街道、社区技术人员开展技术培训。不定期地为街道、社区基层服务点的技术人员开展技术培训，向他们宣传介绍国家图书馆网站、共享工程网站、天津图书馆数字图书馆网站，实施数字图书馆推广工程，教他们学会检索利用各网站的数字资源，并通过他们在各街道、社区电子阅览室加以推广，全面提高居民的精神文化生活质量。

四、经费投入

共享工程投入：92万元；公共电子阅览室建设计划投入：200万元；数字图书馆推广工程投入：已经投入350万元，2013年计划150万元。

五、资源建设

和平区图书馆现有电子图书、电子期刊、专题数据库、电子出版物、多媒体资源包括支中心自购非书资料、共享工程国家中心配送的资源和党建资源、县级数字图书馆推广计划、盲文读物等，总容量大约20T；自建“五大道特色资源数据库”、“全国漫画大赛、全国硬笔书法大赛数据库”、“天津作家馆特色资源数据库”正在建设之中。

六、合作共建

支中心网站是本馆工作人员，依靠自己的力量独立设计、自行维护和更新。数字资源主要来源于国家、市馆免费数字资源的使用。因支中心数字资源有限，通过本馆网站，使用市馆一码通，帐号登录市馆虚拟数字图书馆网（http://www.tjl.tj.cn/，可以免费查询天津图书

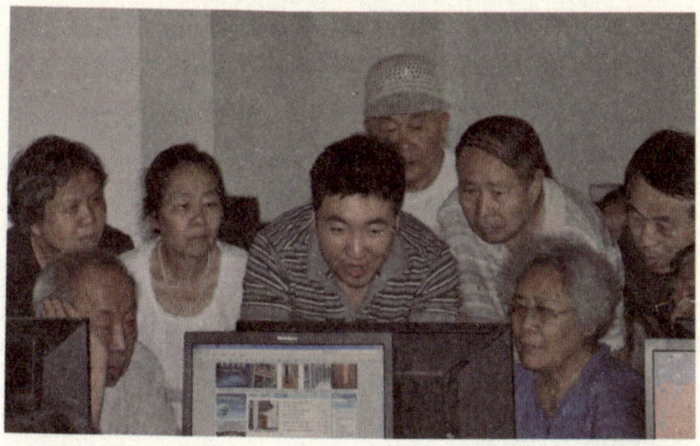

馆数字资源；通过本馆网站，使用中国国家数字图书馆帐号，登陆http://www.nlc.gov.cn/，可以免费查询数字资源，特别是国家数字图书馆推广工程的实施，可以免费使用国家图书馆的数字资源。

在三大惠民工程建设过程中，与和平区信息化办公室加强合作，更依赖于天津图书馆、国家数字图书馆的鼎力支持。

七、利民惠众

1、阵地服务。支中心是和平区党员教育基地，定期为党员同志们放映优秀影片，进行爱国、爱党的先进模范教育；馆内建有60平米的“共享工程视听室”，观众可以在视听室内尽情欣赏自己喜欢的节目。

利用网站平台深入宣传共享工程；到社区举办活动时，也不忘展示共享工程的成果，充分利用播放设备，时时处处宣传共享工程的惠民举措。

2、为未成年人服务。支中心电子阅览室设立未成年人专席，安装绿色网管软件，屏蔽不良网站，为未成年人创造一个安全的上网环境。经常对未成年人开展网络教育，提高未成年人的自我保护意识、识别网络信息的能力，养成良好的上网习惯。积极普及网络应用，开展“动漫阅读”、“益智游戏”、“FLASH动漫制作”、“博客大赛”等项活动，教会他们掌握各种软件的使用方法；组织未成年人开展“党旗飞扬 文化共享--纪念建党90周年网上党史知识大赛”“像雷锋那样电脑小报制作”活动，在“阳光少年热爱党”的全国少年动漫设计制作竞赛活动中，支中心报送的三幅作品，获得小学生组一个一等奖，两个二等奖的佳绩。

3、特色服务。影片放映已成为支中心的特色服务，每周二、五、寒暑假、法定节假日、重大节日纪念日，我们都会精心挑选放映影片、提前张贴出放映片目，供读者选择观看，同时作好节目收看记录和反馈，及时了解群众对放映影片的意见和需求，这项活动在支中心已坚持了十几年，深受广大群众的喜爱。

八、宣传推广

1、在《今晚报》《天津日报》《和平有线》等媒体，宣传我区实施共享工程等工程的进展情况，扩大共享工程的社会影响在社区电子阅览室，通过电脑培训进宣传共享工程服务。在各机关、学校、部队等单位开展数字资源宣传推广。

2、馆外宣传。一是多年来支中心在区老干部局、武警驻天津电视台警卫连、老人院、工地、环卫局等单位坚持放映共享工程资源；积极参与历届和平纳凉晚会活动，“和平纳凉晚会”举办了26届，已成为和平区群众文化活动的品牌，支中心作为纳凉晚会活动的组织成员之一，带着移动投影设备和电视播放设备，定期到社区、工地、部队放映露天电影，为群众送去了丰富的精神食粮。二是参与和平读书节活动。“和平读书节”已成功举办了6届，在读书节期间，举办优秀影片放映、读者观影答题知识竞赛、红色经典影片赏评、电影知识讲座等系列活动，使群众受到了爱国主义教育、革命传统教育。

九、工作展望

重点做好以下几项工作：1.充分利用馆藏资源，开展好街道、社区服务。2.落实和平区公共电子阅览室建设计划。3.加快和平区数字图书馆建设步伐。4.加快和平区特色资源数据库、和平区数字资源建设步伐。5.加强三项惠民工程运行管理、服务宣传工作。6.通过业务学习，加强对专业技术人员的培养。

（撰文/天津市和平区支中心）

天津市河东区支中心

河东区委、区政府及区文化和旅游局对文化信息共享工程在河东区的实施给予了高度重视，并将该工程建设列入当年河东区改善人民生活10件实事政府重点工作。

一、技术建设

河东区共享工程支中心网络承担着大量的文献信息存储和数据处理功能，并且需要持续稳定的工作，因此，对服务器和终端电脑的选型特别注意其质量和性能，确保支中心网络的快速、高效。市分中心和河东区图书馆为共享工程支中心和电子阅览室配置了3台机架式惠普专用系统服务器和2台戴尔塔式服务器及40余台终端电脑。将其中性能最高的服务器作为共享工程主服务器，其他4台服务器分别规划为共享工程河东支中心网站服务器、共享工程VOD视频点播服务器、数字资源加工服务器和图书馆自动化管理软件ILASII服务器。在存储设备方面，配备了华为的磁盘阵列柜，添加了8块硬盘，容量达到了4TB，又分别组成了两组热备份存储系统，这样既可以保证存储容量的最大化减少磁盘空间浪费，又可以在任意两块硬盘意外损坏的情况下，保证数据的完整可靠。电子阅览室采用C/S结构来进行设计，通过将任务合理分配到客户端和服务端，有效降低了系统的通信成本，充分利用了两端硬件环境的优势，使得网络访问速度快，交互性好，安全性高，便于管理和维护。在网络规划方面，我们采用了华为的核心交换机和二级交换机，采用千兆网络，分别连接到磁盘柜和每台服务器及电子阅览室的接入交换机，使每台服务器和图书馆日常工作有机的结合在一起，形成了支中心主干网络千兆的速度，并且配置了网络防火墙用于连接网速为十兆的外网光纤，从源头有效地阻止了来自互联网的恶意攻击和计算机病毒，确保支中心的数据安全。此外，我们还配置了智能在线式UPS、备份用磁带机、空调和多媒体资料制作、加工、播放等硬件设备。

全区12个共享工程街道基层服务点，通过政府集中采购，分别配备了联想万全服务器1台；联想启天电脑10台；三洋投影仪和幕布1套；音响系统1套；网络设备1套，通过网络与国家中心及区支中心连接，在区域内形成了区街两级共享工程服务平台，达到了共享工程要求和图书馆现代化的建设配置标准，同时也满足了日后设施设备的升级和改造要求。

二、整合资源、合作共建、惠民服务

1、加强电子阅览室建设，对共享工程河东区支中心网站进行改版，增加网络服务功能。为了更好的服务广大群众，河东支中心对原建立于2003年的河东区图书馆网站进行改版，以共享工程提供的电子文献为基础，经过两次修改，成为河东区共享工程支中心网站，增加了“百姓讲坛”、“津沽文韵”、“读者调查”等版块，丰富了本地区特色文化资源，受到广大群众的欢迎，又在原来网上联合参考咨询的基础上，增加了即时参考咨询和留言参考咨询。

2、以共享工程为依托，举办各类讲座和报告会。区支中心和基层服务点充分利用先进的信息网络手段，举办了各类专题讲座和报告会，如“天津地名与地域文化”、“老年保健”、“婚姻与家庭”、“心理健康与自我调节”、“河东地道外”、“现代和谐家庭历年教育”等科普讲座和报告会。

3、丰富群众文化生活，开展数字电影进社区。我们不仅加强了网上资源建设，同时还利用共享工程提供的优秀视频资源，将数字电影厅“搬进”社区，这是我们拓展文化信息资源服务内容的一项新举措，并投资2万多元，购置了新的数字视频放映设备，利用重大节日、纪念日、暑假集中放映。我们抓住“六一”儿童节、“七一”党的生日、奥运会和暑假的有利时机，积极与社区、文化站、建设工地联系，到街道、社区和建设工地巡回放映。

同时支中心还与街道基层服务点合作共建，使共享工程电影放映工作百分之百覆盖全区所有社区，为基层服务点建立了“共享工程数字电影放映厅”，支中心对街道音响系统进行升级改造，为确保电影放映的实施效果，我们派工作人员深入街道辅导，培训放映人员120人，现已形成区支中心和街道基层服务点两级共享工程数字电影播放网络。截止目前基层点共放映数字电影280余场，接待观众4.1万人，使社区居民在家门口就可以享受到文化信息共享工程给他们的文化生活带来的新变化，也为邻里之间相互交流与沟通提供了一个平台，促进了邻里关系的和谐，受到了社区居民的交口称赞。

4、基层服务点服务工作开展的有声有色。全区12个街道基层服务点利用共享工程软件和硬件资源，全部建立起共享工程网上社区教育平台，开展网上读书学习活动，为社区居民和学生开辟了学习、交流、展示的新空间。一是引导群众利用共享工程网站读好书；二是开辟互动学习论坛，在互动学习论坛上，居民可以发表自己在读书中的读书随笔、读书心得、读书摘记、理论学习笔记；三是区支中心老师利用网上参考咨询系统在线答疑，指导读书。

自全国文化信息资源共享工程在河东区开展服务以来，为了扩大其在基层群众中的影响，广泛宣传其作用和意义，使各级领导和群众充分认识到这是一项惠民工程、民心工程，认识到工作的重要性和必要性以及文化信息资源的可用性。我们积极向新闻媒体提供信息，同时我们还注意将资源共享活动与当前工作重点有机的结合，这样既可增强对共享工程的宣传力度，又收到了立竿见影的效果。天津市的主要新闻媒体《天津日报》、《今晚报》、《每日新报》、《城市快报》、天津电视台，河东区有线电视台等媒体都对河东区文化信息共享工程的服务工作给予了报道。

三、管理和队伍建设

该中心为全区12个基层服务点发放了《优秀基层服务站点服务经验资料汇编》手册，指导基层服务点更好地开展工作。针对基层点工作人员计算机应用能力方面存在的差距，支中心采取集中培训、个别指导的方式指导基层服务人员，从服务点的硬件建设到组织开展服务再到现场解疑答惑，与基层仔细研究工作方法，拓宽了基层的服务方式和效能，突出服务的实用性和时效性。

根据共享工程国家中心下发的《各级机构名称与标牌的通知》，区中心在基层开展服务前，按照《通知》标准制作了服务点标识牌、共享工程数字电影放映点标识牌，做到规章制度上墙，并分别为每个基层服务点的专用设备进行登记，贴牌管理，区支中心对每台设备记录在案，定期下基层检查设备使用情况，做到专用设备用到共享工程服务中。建立服务信息反馈制度，服务点定期向支中心反映服务情况和遇到的问题，编制了日常工作记录、网络信息咨询服务记录、专题活动记录等，建立了常态工作档案。

（撰文/天津市河东区支中心）

天津市南开区支中心

南开区位于中心城区西南部，区域面积40.636平方公里，常住人口101.88万，辖12个街道办事处，254个街道居委会。全国文化信息资源共享工程天津市南开支中心在区文化和旅游局的直接领导下，利用图书馆文化共享工程数字资源，为广大群众服务，使文化共享工程建设深入基层，发挥了巨大的作用。使群众的文化生活更加丰富多彩。

一、整体情况

按照全国文化信息资源共享工程的要求，2007年，南开区图书馆建立全国文化信息资源共享工程天津市南开支中心，组建电子阅览室，并完成了各项配套设备的引入安装工作。其中主要设备包括UPS电源设备、供读者使用的台式计算机36台、多媒体台式计算机7台、笔记本电脑1台、交换机、磁盘阵列、服务器、KVM切换器、投影仪、空调、复印机、配套电脑桌椅、激光和喷墨式打印机、数码照相机及移动硬盘U盘、防火墙、扫描仪、DVD

播放机刻录机、投影仪幕布、音频功率放大器、音箱、数码摄像机、天津市公安局网吧管理专用软件及防雷设施。此后，陆续在全区各街道文化资源共享工程南开基层中心开始安装配套设备。

全国文化信息资源共享工程天津市南开支中心设在南开区图书馆，是南开区文化信息资源共享工程建设和业务的指导单位，负责保障区域内共享工程设备的运行，并协调共享工程设备的运行的维护，传递共享工程文献资源，组织和指导各街道开展活动，培训共享工程南开基层中心管理员。

二、网点建设

按照共享工程的要求，南开区图书馆建立了共享工程天津市南开支中心网站。还分别在辖区12个街道各建立1个基层活动室，每个基层活动室配备电脑10台，1台服务器和投影仪、幕布等设备，并设立专人管理。该支中心工作人员经常下到基层走访，并对其工作人员进行培训和技术支持。

三、经费投入

自2007年建立全国文化信息资源共享工程天津市南开支中心以来，南开区财政共投入70万元的专项经费，用于共享工程设备的运行和维护。

四、资源建设

南开支中心近年来在市馆和南开区文化和旅游局的领导下，认真扎实地开展工作，建设了全国文化信息资源共享工程南开支中心网站。网站特色服务内容包括社区电影放映、社科大讲堂、大田杯活动和枫叶杯活动四个部分。此外，我们还积极收集本区的独有资源，经过筛选整理，分别制作成南图资讯、妈祖文化、故里名人和南开旅游资源等四大特色数据库，并在网上进行发布。今年网站改版后，运行正常，共更新新闻60余条，书目推荐80册，特色专题新闻23条，公告栏内容5条，图片20张，文字数量共计10万余字。此外，我们还要每天检查服务器状态，定期为服务器进行杀毒软件升级、系统漏洞修复、磁盘扫描及网站文件的备份工作，保证网站的正常运行。为每次馆内活动录制和保存视频影像资料。到目前为止，今年已经摄录的视频文件共八个项目，总计约37G，累计时常近4个小时。

南开支中心自建立以来，得到了全国文化信息资源共享工程天津分中心的大力支持，他们经常举办共享工程相关培训，并在技术、资源和设备上给予支持，经常帮助我们进行设备的调试和设置，在网站出现问题和故障时，及时派出专业技术人员到馆帮助解决。此外，天津分中心还经常举办一些技术和活动的评比活动，对各支中心工作的规范化和标准化起到了重要的推动作用。

该支中心还多次通过市馆收到了国家共享工程中心下发的多媒体数字资源。我们将这些资源发放给基层网点，实现了共享资源层层传递。

五、技术支持

新设备的引入给读者带来了全新的阅读方式和应用体验，在读者利用电脑和网络的时候，我们不仅提供设备资源，还注意发挥工作人员的智力资源优势。我们经常对读者进行上机培训和辅导，全年为读者进行上机培训4次，千余人受益。对普及和提高广大读者、特别是中老年读者的计算机和网络应用能力起到了重要作用。

不仅如此，南开支中心还创造性的利用共享工程配备的功放、投影仪、幕布、DVD、和音箱等设备组合成一套简单的电影放映系统，为广大居民群众及部队指战员、企事业单位的职工送去电影放映服务。每年下基层放映电影30场，满足了广大群众对文化生活的需求，受到群众的热烈欢迎。

六、宣传推广

为了让更多的读者了解图书馆网站资源，我们除了认真挖掘自身资源以外，还将共享工程的联合参考咨询和市馆的一码通服务作为一种优势资源向广大读者进行推广。我们通过宣传专栏、社区分馆和分发宣传单等多种渠道，增加图书馆网站的影响力。

七、培训工作

每年，南开之中心都组织网站专业技术人员和各基层中心管理员参加全国文化信息资源共享工程国家中心和天津分中心组织的网上培训。而且南开支中心也经常对基层点进行技术培训。在馆内经常性地组织专业技术人员进行交流与培训，定期组织读者上网培训。

八、管理和队伍建设

南开支中心现设文案管理1人，负责整理和撰写资料；电子专业人员1人，负责设备监管和维护；计算机专业人员2人，负责馆内网络维护和网站建设；前台服务人员1人，负责读者接待及上机辅导工作。

南开支中心十分注重管理和人才队伍的建设，制定各项规章制度，对于每项工作做到分工明确，要求每天将各项工作做好详细记录，以保证各项工作的正常进行并有据可查。在人员分配上，努力做到分工合理，发挥专业技术人员的主观能动性和专业特长，最大化发挥出人才的作用。

九、荣誉奖项

在馆领导的高度重视下，南开支中心积极参加全国文化信息资源共享工程组织的各项活动，在这些活动中均取得了优异的成绩，为天津地区赢得了荣誉。1、2008年，获2007年天津市图书馆网上联合参考咨询优秀工作奖；2、2009年，获天津市图书馆系统2008年联合参考咨询奖；3、2011年，获第二届“文化共享杯”天津地区选拔赛团体二等奖；4、2011年，获“颂歌献给党——天津市文化信息资源共享工程迎接建党90周年群众歌咏活动”优秀组织奖；5、2011年，在由文化部全国文化信息资源建设管理中心与文化共享工程各省级分中心联合开展的“颂歌献给党——全国文化信息资源共享工程迎接建党90周年群众歌咏活动”中，我支中心制作的视频《再唱山歌给党听》和《时代的生活》两部作品在天津市赛区和在全国比赛中分别获得一等奖和三等奖；6、2012年，获天津市举办的首届“天图杯”读书知识竞赛活动集体三等奖；7、2012年，获文化部全国文化信息资源建设管理中心、文化共享工程天津分中心“像雷锋那样…”为主题的全国中小学生电脑小报设计比赛活动全国一等奖1名，三等奖1名；8、2013年，获天津市第一届“文化共享杯”群众摄影艺术作品大赛作品三等奖1个，并获天津地区优秀组织奖。

总之，全国文化信息资源共享工程的启动对全国图书馆行业来说无疑是一场巨大的革命，它使得图书馆的服务方式能够适应新时代读者阅读需求的改变。

（撰文/天津市南开区支中心）

天津市河北区支中心

一、整体情况

河北区辖16个街道办事处(2000年调整为10个),352个居民委员会。常住人口616077人,其中少数民族有23个、15960人,回族人口最多,有13047人。

河北区文化资源共享工程在天津市图书馆,河北区文化和旅游局支持和部署下,逐步推进,稳步发展,在新形势下为繁荣街道社区文化,满足老百姓多层次文化需求,传递中国民族优秀文化资源发挥了重要作用。

二、网点建设

根据《文化部办公厅关于做好2007年度全国文化信息资源共享工程基层服务网点建设工作的通知》(办社图发[2007]21号)等文件要求,河北区文化资源共享工程于2007年开始实施。区支中心设在河北区图书馆,是河北区共享工程的建设和业务指导单位,负责保障区中心共享工程设备的运行,协调街道、社区级共享工程设备的维修,指导街道、社区级共享工程活动的开展以及开展全区共享工程管理员的业务培训和指导。

2007年在月牙河街、铁东路街、王串场街等10个街道试点安装,此后陆续在容彩里居委会、水明里居委会、育婴里居委会等50个社区进行进一步推广。2008年河北区共享工程进一步推进,第二批48个居委会当年安装调试完毕。至此,河北区10个街道、98个社区居委会全部安装完毕,形成全国信息化资源共享工程区全覆盖。

三、经费投入

河北区共享工程自2008年实现区全覆盖以来,区财政每年投入10万元的运行经费,用于共享工程设备的维护、人员培训和惠民活动的开展。同时,河北区政府、河北区文化和旅游局和河北区图书馆每年也投入大量人力物力支援共享工程各项活动的正常开展。

四、资源建设

河北区支中心在历年的工作中,搜集不同区域民众文化需求,自2011年开始筹建河北区地方文献全文数据库,一期计划5年建设完成9个地方资源特色库,(包括:河北百科、河北旧影、河北新貌、河北作家、河北地方文献、地方法规、河北导航、河北大事记、网论河北),至2012年已选取、编辑制作完成资源库4个。

另外支中心还为本区各分中心制作展板500多块,各类海报、招贴画50余副,发放宣传资料4000余份。

五、技术支持

2007年共享工程工作展开后不久,河北区支中心便新成立了共享工程河北区支中心技术部,专门抽调了3名电脑技术骨干在此部门任职,定期定项的外出进行脱产学习有关共享工程技术方面的最新知识,学习结束后立即为基层服务点的技术人员进行培训。

六、合作共建

2008年11月28日,本市首家由知名企业、政府文化服务机构和社区共建的河北区图书馆福嘉园社区图书馆正式对外服务。

2012年,为了给市民提供融入自然、享受生活的高品质阅读空间,打造“书香城市”,本市启动了“津城书吧”项目,首批9处书吧落户河北区。河北区支中心采购近2万册图书陆续分拨,平均每个书吧配备图书2000册左右。书吧运营后,每隔两个月左右,不同主题的书籍将轮换一次,以方便不同地点的小区居民就近阅览。

另外,2007年至今,支中心为江都路街、北岸华庭社区、丹江里社区、中远里社区等20个社区图书馆赠、换图书3万多册。并且在2009年12月将10万册图书赠送给驻津武警部队,进一步丰富了武警部队的图书馆资源。

七、利民服务

河北区支中心在共享工程服务实践过程中,以民众的需求为导向,积极探索,服务民众生活生产,引领群众高尚精神文化生活,打造群众满意喜爱的文化服务新平台。根据河北区地域特点,河北区支中心与市社科联协作,聘请市级专家学者深入学校、社区、部队共举办39场公益讲座,包括社科讲坛、法律讲座,充分发挥图书馆社会教育职能,收效显著。受众范围广泛达到30000人次。自2008年以来为社区居民免费放映电影百余场,受众3000余人次。

八、宣传推广

1、河北区支中心利用各种渠道宣传推广共享工程。在文化进社区系列讲座等活动中,河北区支中心不失时机,以活动为平台,以资料为媒介宣传共享工程,让民众不断了解共享工程,走进共享工程。

2、走进校园。该支心文化服务中不断探索,利用进学校宣传推广图书团体证的机会,组织动员青少年儿童关注共享工程,利用共享工程,收集青少年知识兴趣点整理挖掘,编辑出版了河北区第一本中学生电子杂志《青春在线》,并以共享工程网络形式发放到河北区每一位中学生手中,同时针对集中地知识群和关注点,河北区支中心联合市社科联,邀请天津市青少年心理学专家王虹翔等教授分别做精彩的报告,深受广大青少年的喜爱。并且按照天津分中心的部署在区中小学校开展了阳光少年热爱党网页制作大赛和电脑小报制作大赛等。通过一系列的活动使共享工程不仅走进社区也走进校园、走进青少年。

3、专题活动,精彩纷呈。河北区支中心在服务中抓文化的热点和亮点,积极组织群众喜闻乐见的文化服务,使共享工程走进群众生活。例如在迎接建党90周年之际,河北区支中心开展了“党在我心中”读书活动和“建党90周年百题有奖答卷”活动并设立了“建党90周年专题书架”供读者借阅,同时组织开展“颂歌献给党”

群众歌咏活动后上报国家中心网上展播，并获殊荣。

九、培训工作

河北区支中心在共享工程管理员的培养下实现了制度化和常态化。根据支中心工作要求，每年对辖区共享工程管理员进行6期的集中培训，2007年以来共举办各类培训班32期，参加轮训的各级管理员达1000人次。

十、管理和队伍建设

为使共享项工程真正为民所用为民谋利，河北区支中心将共享工程日常管理纳入制度化管理。制定支中心、街道、居委会基层服务点工作职责和制度，实行制度上墙公开。每年有年度工作计划，月度有工作要点，季度有工作督导，年末有工作总结考核，并推行管理员工作日志管理，收集整理共享工程服务活动的得失，探索共享工程管理和服务新模式。

文化资源共享上程作为一个新的文化资源获取平台，如何推广好、利用好共享工程丰富的文化资源关键在于是否有一支专业化的共享工程管理员队伍。河北区共享工程支中心在管理员队伍建设上坚持明确职责，明确思路，制度化管理，常态化培育。对于街道、居委会两级基层共享工程管理上择优选取文化层次较高，有一定社会基层管理服务实践经验的人员为管理员，因为他们工作热情高，有较高的文化水平，能尽快熟悉掌握共享工程设备为居民服务。

十一、荣誉奖项

2008年共享工程河北区支中心荣获天津市公共图书馆系统2008年度网站建设与服务优秀奖；2009年共享工程河北区支中心网上联合参考咨询服务先进奖；“文化共享杯”天津地区选拔赛中荣获团体优秀奖；2010年度共享工程河北区支中心荣获2009年度数字资源利用率先进奖；共享工程河北区支中心荣获2009年度公共图书馆优秀网站奖；2011年度在“颂歌献给党—全国文化信息资源共享工程迎接建党90周年群众歌咏大赛”中天津二中16人合唱《游击队之歌》获全国三等奖和市级三等奖、红光中学13人重唱《北京的金山上》节目获市级三等奖。河北区支中心荣获“颂歌献给党—全国文化信息资源共享工程迎接建党90周年群众歌咏大赛”优秀组织奖。2012年度在天津市第一届“文化共享杯”群众摄影艺术作品大赛中河北区支中心报送的《孜孜不倦》（作者：刘东山）和《力挽狂澜》（作者：李素珍）分别获得市级三等奖。河北区支中心荣获天津市第一届“文化共享杯”群众摄影艺术作品大赛优秀组织奖。

十二、工作展望

河北区文化资源共享工程已走过5个年头，从昨天几个点到今天的10各街道、98个社区全覆盖，从单一的资源接收到今大的编辑分发和群众广泛认知、广泛参与，文化资源共享工程在河北区已经成为河北区人民文化生活的一大支柱，成为繁荣河北区文化、丰富河北区人民精神文化生活、推动河北区人文科技进步的强大动力源泉。今后河北区支中心希望在国家中心、天津分中心大力支持下能为河北区共享工程建设一支专业化的服务队伍，建立一个国家、市、区三级知识网络联动的即时问答服务体制，使河北区支中心服务形式更加多样，服务网点更加宽广，参与群众更加广泛的共享工程文化联动体系，为建设创意河北做出贡献。

（撰文/天津市河北区支中心）

天津市红桥区支中心

红桥区文化资源共享工程支中心，是在天津分中心和红桥区文化局的大力支持和领导下，逐步推进，稳步发展起来的。

一、基本情况

红桥区文化资源共享工程始建于2007年，由天津分中心投入60万元设备援助建成，并长期提供技术支持和人员培训。红桥支中心成立伊始建在西青道仁爱花园内，后随红桥区图书馆转迁到现在的红桥区丁字沽一号路56号，红桥支中心现配备有个人台式计算机52台，服务器3组，10M独立带宽光纤供各种网络终端使用，便于读者使用数字资源。同时，我支中心配有投影仪两部，数码摄像、照相机各一部，为了更好地开展今后的工作及举办各种类型的活动，我支中心还将继续加大投入，跟进相应的软、硬件设施，确保共享工程的顺利建设。另外现有基层网点9个。支中心工作由图书馆工作人员兼职，图书馆领导很重视这项工作，统一指导协调共享工程建设，保证了共享工程的顺利实施。

二、管理和人员培训

红桥支中心在日常工作中采取和红桥图书馆统一管理，专人负责的管理方式，要求工作人员每天记工作日志，每季度有计划，有总结，夯实基础建设，鼓励业务创新，通过近年来的工作实践，在不断探索的过程中也收获很多有益工作经验，为今后更好地开展活动，打下了良好的基础。支中心作为共享工程的一分子，对开展综合服务、提供技术支持、负责基层管理、进行辅导培训等专业工作能力方面的要求很高，所以对工作人员综合素质的也提出了相对高的要求。由于没有专职的共享工程工作人员，所以特别加强了对兼职人员的培训和锻炼。红桥支中心积极参加历次国家中心和市分中心组织的集中培训、网络教学等方式的各类培训，平均每年参加培训100人次。

三、资源建设

2011年红桥区图书馆共享工程红桥支中心网站正式建立，借此平台我中心又于2012年将建设地方特色资源作为文化共享工程建设的重点工作，并努力在精品资源建设方面取得成绩。目前，我馆已建成的“红桥区非物质文化遗产”专题数据库就是结合我区实际情况进行深入挖掘和广泛收集的一项主要工程，资源库以文字、图片和视频综合表现的方式，展示了地方非物质文化遗产的精粹和保护工作的成果。

四、惠民服务

红桥支中心积极推进文化共享工程进社区、进企业、进军营、进校园，丰富基层群众的文化生活，产生了良好的社会反响。

在2011年纪念建党90周年系列活动中，我支中心积极筹备、精心组织我区中小学生，参加了“阳光少年热爱党”动漫设计和电脑小报制作等系列活动；在“党旗飞扬 文化共享——全国青少年党史知识大赛”中，组织70

余人次进行党史知识赛前培训和答题竞赛，我支中心在组织人气榜中名列33位，在组织成绩榜中名列78位。

2009年在文化共享工程国家中心举办的第一届“文化共享杯全国文化信息资源共享工程知识与技能竞赛”中获得天津市优秀奖。

在2011年文化共享工程国家中心举办的第二届“文化共享杯——全国文化信息资源共享工程知识与技能竞赛”中，由我馆选派的选手通过层层遴选，获得天津市一等奖。并代表天津分中心参赛，与其他选手一起获得了大赛的全国二等奖。

在“颂歌献给党群众歌咏活动”中，由我馆选送的两首歌曲均取得了佳绩，分获市级一等奖和三等奖；《红星之歌》再获全国二等奖。

在2012年第一届“文化共享杯”群众摄影艺术作品大赛和电子阅览室百题知识竞赛中，我中心积极做好大赛宣传工作，组织人员报名参加，在赛前更是按照要求，做好充分准备工作，摄影比赛获得天津市的一等奖一名、二等奖三名。红桥区支中心获得优秀组织奖。百题知识竞赛中获得优秀组织奖。

在庆“七·一”建党91周年期间和十八大召开前夕，我中心为红桥区消防支队和特勤中队送去了200多GB的精品影视资源，深受广大官兵的欢迎。

协助做好共享工程国家中心和市中心举办了历次活动外，在技术支持方面我中心也在发挥着最大能力，由我支中心指导、帮助我区三条石历史博物馆制作了宣传短片极大丰富展示手段，收到了良好效果。

五、工作展望

在今后的工作中，将继续依托全国文化信息资源共享工程的服务网络、文化共享工程及国家图书馆的数字资源，以更好地满足人民群众日益增长的精神文化需求、提高公民思想道德素质和科学文化素质为己任，让更多的群众在文化共享的平台上获取优秀的文化信息资源，弘扬中华优秀民族文化，为提高我区广大人民群众的思想道德素质和科学文化素质做出更大的努力。

（撰文/天津市红桥区支中心）

天津市东丽区支中心

一、整体情况

全国文化文化信息资源共享工程是采用现代信息技术，对包括图书馆、博物馆、美术馆、艺术院团、研究机构等现有的文化信息资源进行数字化加工和整合，通过网络最大限度地为社会公众享用的文化工程。它开辟了一个不受地域、时空限制的崭新的文化传播渠道。2006年底，天津市文化信息资源共享工程建设总体部署出台，根据天津市共享工程总体部署，我区成立了由分管区长王晓敏任组长，政府办主任张青山、文化局局长李耀全、教育局局长闫平清、财政局局长韩学森及各镇街乡主管文化的领导为成员的东丽区文化信息资源共享工程建设领导小组；办公室设在文化局，负责日常工作；办公室主任由李耀全兼任，文化科科长张忠盈、图书馆馆长刘挥为办公室成员。共享工程领导小组制订了《东丽区文化信息资源共享工程实施意见》，东丽区共享工程建设开始分步实施。

二、网点建设

《东丽区文化信息资源共享工程实施意见》规定，我区共享工程建设任务包括区级支中心（设在东丽区图书馆）1个、镇街乡基层服务点9个、村居委会基层服务点72个，上述任务分两年建设。2007年建设完成区级分中心1个、镇街乡基层服务点9个、村居委会基层服务点42个；2008年建设完成剩余30个村居委会基层服务点。

2007年东丽区共享工程任务指标由区文化局建设完成后，随着全市共享工程工作的进一步推进，在全市范围内建设工作出现了新的特点，由于农村党员远程教育网络与共享工程设置地点、设备配置的基本一致，为达到财政经费的节约与资源的合理利用，天津市共享工程领导小组决定：共享工程基层服务点与农党网可以合并建设。据此，东丽区委组织部、区财政局、区文化局三方决定：2008年共享工程剩余30个村居委会基层服务点与区农党网合并建设，一个阵地两块牌子；设备、网络全部由组织部按照农村党员远程教育网络标准配置，2008年底建设完成，完成后区分中心将提供一定的文化资源供基层使用。

三、经费投入

“共享工程”的建设目标是把文化信息资源传送到城乡基层文化网点和群众身边，坚持以公益性为主，充分发挥各级文化、财政部门的积极性。按照天津市文化信息资源共享工程建设总体部署及《东丽区文化信息资源共享工程实施意见》要求，我区分中心投入为90万元（区财政70万元，市财政20万元），每个镇街乡服务点投入为10万元（区财政5万元，镇乡财政5万元），每个村居委会服务点投入为2.6万元（村服务点由镇乡财政投入，居委会服务点由区财政投入），总投入为367.2万元。其中2007年投入了289.2万元，2008年需投入的78万元与组织部农村党员远程教育网络合并建设。

四、设备配置

“共享工程”采用现代先进技术，技术含量高，为保证工程顺利实施，东丽区文化信息资源共享工程领导小组在制定规划、实施方案、技术标准与资源建设等问题上充分听取专家意见，进行科学论证。在设备配置过程中，遵循国家中心制定的统一的技术标准和规范，并做好人员培训工作。支中心配备电子阅览室1个，计算机46台；中心机房1个，服务器4台，具备了电子文献服务、网络文献服务和传播共享工程信息资源的能力；镇街乡基层中心建在相应的宣传文化站或成人文化技术学校。配置服务器1台，计算机终端10台，投影仪1套，ADSL互联网接入等设施，配备专兼职工作人员2名。村（居）基层服务点以文化活动室和校校通工程为实施主体。配置多媒体工作站1台，投影仪1套，ADSL互联网接入等设施，配备专兼职工作人员1名。

五、资源建设

自2008年开始，每年接收市分中心资源2批，多年来分别接收了迎奥运系列和知识讲座系列、“弘扬双百精神”、学习雷锋系列资料、中国农业知识仓库系列资源。我中心将资源光盘、移动硬盘媒体资源接收后，及时拷贝、下发到共享工程服务器中供广大用户访问使用。同时将资源下发至各基层服务点，提供基层群众使用，真正送文化到群众身边。

在接收市分中心资源的同时，我区支中心重视资源自建工作，我馆筹备建设了东丽文化网和东丽图书馆两个网站，在自建特色资源方面，自2006年东丽文化网、图书馆网站成立以来，东丽支中心立足于我区地方特色资源库的建设工作，目前已经陆续建设了包括“《群众作家》数据库”、“东丽作家数据库”、“馆藏地方文献数据库”、“东丽摄影”、“东丽书画”、“东丽信息数据库”、：“东丽文化艺术节”等7个专题的特色资源库。同时给市分中心上报资源。这些特色数据库的建设与信息的上报，对共享工程工作的开展给予了有力的支持。

六、荣誉奖项

由于我区高标准、高投入、高配置，保质保量完成了共享工程建设任务，得到了共享工程天津分中心和国家文化部的表彰，2008年我区被文化部授予“全国文化信息资源共享工程示范区”荣誉称号。

2008年以来，东丽区支中心以积极的工作赢得天津市共享工程分中心的表彰，包括2007年度天津市公共图书馆网上联合参考咨询先进奖、2008年天津市公共图书馆网站建设与服务奖，2009年度天津市公共图书馆优秀网站、2009年天津市公共图书馆数字资源利用率先进奖、2009年天津市公共图书馆网上联合参考咨询先进奖、2010年第一届“文化共享杯”天津地区选拔赛二等奖、2011年第二届“文化共享杯”天津地区选拔赛三等奖、2012年荣获全国“公共电子阅览室建设计划”百题知识竞赛优秀组织奖、“像雷锋那样“主题电脑小报设计比赛优秀组织奖、天津市第一届“文化共享杯”群众摄影艺术作品大赛优秀组织奖等多项荣誉。

七、培训、管理和队伍建设工作

共享工程技术指导与业务培训工作做到经常化、制度化，面向全区开展业务指导和联络工作，形成了以市分中心为支撑，以区支中心为依托，以9个镇街乡为节点，以72个村基层点为辐射面的培训网络。多年来区支中心通过指派基层人员赴市分中心学习（我区支中心先后派20人次积极参加市分中心举办的网站测评、网络建设、家庭虚拟图书馆测试等技术培训）、区级专业技术集中培训（东丽区“文化信息资源共享工程镇街乡和村（居）委会基层服务点”培训班分别在张贵庄街办事处和区图书馆举办）、上门辅导、远程指导等多种途径，组织各类培训22场，深入乡镇基层开展培训活动47次，培训受众达500余人次。这些培训主要就全国文化信息资源共享工程知识内容介绍，文化共享工程设备使用和管理重点内容进行。为切实提高培训效果，增强管理人员的实际操作能力，区图书馆采用技术人员讲解、操作演示和学员实际上机相结合的方式进行培训，区图书馆安排技术人员现场指导并解答疑问。通过培训，学员明确了文化共享工程建设的意义，了解了基层服务点开展工作的要求，掌握了“共享工程”设备的使用方法，解决了具体工作中遇到的问题。

通过培训东丽支中心切实承担起了对乡镇、村服务点的指导和辐射作用，组建了一支思想水平、业务素质较高的专（兼）职结合的管理队伍，达到了“以区县为中心，映射和服务城乡”的既定目标，为工程的发展打下了良好的基础。

八、惠民服务

1、网上联合参考咨询工作：我馆支中心作为由天津分中心和本市部分区县图书馆支中心组成的“天津市公共图书馆参考咨询服务中心”成员单位，2006年以座席馆员资格加入该网，截止目前共接待用户咨询10万余人次。在继续为广大读者提供实时在线咨询服务的基础上，开辟服务工作新途径，与100中学等签定服务协议，利用联合参考咨询网的海量资源，为其国家级课题校本课程特色化建设提供免费咨询与原文传递。2007年、2008年、2009年、2010我馆联合参考咨询工作获得共享工程天津市分中心表彰。

2、网站建设与服务：按照市分中心提出的加强网络文化建设和管理，营造良好网络环境要求，进一步明确文化网、图书馆网服务内容、服务方式和服务范围，充分利用共享工程提供的先进设备，为群众提供多样化、个性化服务。按照上述要求，我馆对图书馆网站、文化网站的页面风格、栏目设置、内容表现等多方面进行了调整，在2008年、2009年天津市公共图书馆网站建设与服务评比中获得优秀奖。

3、其他活动：“文化共享奥运行”活动：东丽支中心响应国家中心关于“开展文化共享工程服务活动，通过视频播放、奥运系列图书展览、“迎奥运　讲文明　树新风”为主题的读书系列活动、“迎奥运　庆六一”光盘资源放映来宣传奥运精神，传播奥运知识”

共享工程知识竞赛：配合市分中心在全区基层站点中搞好共享工程知识竞赛：先后获得优秀组织奖。

每周六定期电影放映：利用共享工程多功能厅放映电影，每周六1场，六年来放映电影300余场次，受到群众欢迎。

电脑小报设计比赛：组织全区群众参加“向雷锋同志那样……”电脑小报设计比赛活动。

“文化剪影　幸福共享”：组织群众参加第一届“文化共享杯天津市群众摄影艺术作品大赛”。

开展节约型社会、消防知识、科技节能等专题放映活动。多年来，该区共享工程三级网络通过各种活动服务受众达10余万人次，发挥了传播先进文化的职能，丰富和活跃了基层群众文化生活。

（撰文/天津市东丽区支中心）

天津市西青区支中心

西青区图书馆作为文化共享工程天津市西青区支中心，具有优秀的历史文化和区域地理优势。西青区图书馆的前身是西郊区文化馆图书室，于1976年独立建制，定名为西郊区图书馆，各项业务活动随之开展起来，十一届三中全会以后区图书馆得以迅速发展，并于1980年建成新的馆舍。2005年随着杨柳青旧城镇改造和进一步满足全区人民群众的文化需求，由区财政投资拨款建设西青区文化中心，2008年区图书馆暨区少年儿童图书馆迁入区文化中心。2010年初，在区局领导鼎力支持和全馆共同努力下，我馆顺利通过了文化部第四次科学评估，并晋升为国家二级馆。

一、基本情况

西青区图书馆馆舍目前座落于千年古镇杨柳青府前街，在区文化中心大厦四~五层，馆舍总面积2100平方米，豪华而典雅的现代化建设及各种现代化设施设备，处处体现着人文精神，为读者营造了舒适的阅读环境。馆内设有综合外借室、文学外借室、成人阅览室、青年自修室、电子阅览室、少儿外借室、少儿阅览室、主机房、地方文献室、资源演播室及各种办公用房等。整个大厦具有中央空调系统，各室的采光、照明设备等完全可以满足读者阅览学习及馆内工作需要。

截止到2010年，全馆图书总藏量为116022册，全年订阅并开架陈列现刊584种，现报85种，随着文献载体的变化，馆内从2006年起增加光盘资料等电子图书的收藏，并逐步增加品种数量，供读者查阅。

二、经费投入

自2007年起，按照市文化共享工程建设领导小组统一安排，18个区县共享工程设施设备实行政府集中招标采购，其中市财政补贴20万元，我区财政自筹40万元，含计算机、服务器、交换机、磁盘存储和投影仪等必要的数字资源传输服务等设备。为保证区支中心建设的顺利进行，2008年区财政又拨专款25万元,购买了清华同方数字图书馆建设与管理平台（简称TPI）和美萍前台管理软件等，并接入了10M光纤，使支中心可以充分发挥为广大人民群众传播先进文化的职能。

每年区财政都会拨专款用于区支中心的正常运行和维护，为支中心向广大读者提供优质的电子信息资源服务提供了强有力的保障。

三、资源建设

文化信息资源共享工程西青区支中心由主机房、电子阅览室、资源演播室、电子书库构成。主机房用于安装核心控制设备；电子阅览室配备有34台电脑，其中30台用于读者上网，其余为检索机，可以为读者提供电子文献查询、网上阅览等服务；资源演播室可以举办各种会议、培训等活动，能够更好的体现共建、共享的服务理念，为广大读者和群众提供多种多样、丰富多彩的服务；电子书库为读者提供电子文献服务。

在采购数字文献方面，目前我们每年都会拿出专款购买一定数量的电子文献、视听文献等，在丰富馆藏资源的同时，进一步拓宽我区图书馆的服务领域。

四、合作共建和技术支持

我们积极创造条件，充分利用市馆的电子文献资源，积极开展和做好网上联合参考咨询和“一码通”服务工作，实现了我馆服务方式的创新，提高了图书馆的服务能力和服务水平。为了使读者可以文明上网，我支中心还与公共部门合作，安装了盛远网吧管理系统，减少读者在上网的过程中阅读不良网页的可能。区支中心同时还担负着街镇和村级共149个基层站点的技术辅导工作，及时处理各种技术问题，保证各基层点的正常运行，让老百姓充分利用网络享受优秀的文化信息资源。

五、宣传推广及培训工作

2012年10月份，天津市环境科学学会专家、天津市警官职业学院客座教授，文史专家尹树鹏先生来到我支中心，为我支中心全员及农家书屋管理员带来了一堂精彩的讲座。在题为《用历史的观点谈读书》讲座中，尹教授通过生动的比喻使得听众更深的理解了题目的意义，并因地制宜通过杨柳青年画的历史发展和改良，由表及里的揭示了杨柳青年画所表达的意义。并且通过巧妙的举例和对比，揭示了美的真谛，使得来听讲座的所有听众都受到了心灵的洗涤。当日，我图书馆副研究馆员徐文路还授课题为《西青区农家书屋统一管理模式全解》。为了使农家书屋的藏书得到科学化的管理，充分发挥它们的作用，编写的这套管理办法。它将成为农家书屋日常管理模式，及检查的标准。并将这套方法总结为“一账，两表，三目录，四项全，五类架”，简称“十三字法”，为广大农家书屋管理员解决的很多实质性的问题。我馆始终坚持“读者为本，服务至上”的办馆理念，特别是从今年以来，对社会实行全面免费服务，使得读者可以免费的获得图书借阅，电子阅览等优质的服务。

六、工作展望

作为该区民心工程之一，我区正在筹备新建一座图书馆，新馆将是一座更加现代化的图书馆，预计总建筑面积13000平方米，预算经费近3500万元。设计藏书100万册，阅览座席1000余个，日接待读者能力3000余人次。设地下一层，地上三层。地下一层为停车库，地上三层为读者服务功能区。其中，中心机房、共享工程支中心公办室（面积150平米）位于新馆三层，中心机房与共享工程支中心办公室中间用玻璃幕墙隔开，各有独立的出口，这样在办公室的工作人员可直接看到中心机房的状况。二层设有，电子阅览室（面积300平米，共100台机位）和视听资料借阅室。视听资料阅览室分为两个部分：视听资料室（面积100平米）、资源演播厅（面积100平米，座位60个）。

待到新馆建成，该区的文化服务事业必然又会迈上一个新台阶。届时，通过更加先进的设备，更加齐全的设施和更加人性化的服务，文化共享工程在我支中心也将得到更好的推进。使得广大的人民群众能够更好的体验文化共享工程的累累硕果。

（撰文/天津市西青区支中心）

天津市津南区支中心

一、基本情况

自天津市政府召开共享工程推动会后，津南区于2007年1月30召开了津南区文化信息资源共享工程建设工作推动会，在各级政府的重视和支持下，该区镇级基层点建设于2007年5月份开始启动，总投资451150元，并于2007年8月全部安装完毕，在天津市共享工程办公室技术人员的支持下进行了调试，目前正在运行中。

共享工程津南支中心设在津南区图书馆，是津南区共享工程的建设和业务指导单位，负责保障区中心共享工程设备的运行，协调镇村级共享工程设备的维修，指导镇级共享工程活动的开展以及开展全区共享工程管理员的业务培训和指导。

二、管理和队伍建设

为了使镇级基层服务点顺利开展好工作，津南支中心将共享工程日常管理纳入制度化管理。制定镇、村基层服务点工作职责和制度，每年有年度工作计划，季度工作要点，年末工作总结，并推行管理员工作日志管理，收集整理共享工程服务活动的得失，探索共享工程管理和服务新模式。

文化信息资源共享工程，是新形势下构建我国公共文化服务体系惠及千家万户的一项重要文化基础工程，如何推广好、利用好共享工程丰富的文化资源关键在于是否有一支专业化的共享工程管理员队伍。我们要求各镇指定1名专职人员负责日常基层服务点的工作，同时我们根据工作需要对他们进行了技术上的培训，聘请了天津市共享工程专业人员系统地进行了讲解和实际操作并且验发了培训证书和上岗证。通过培训使管理人员懂得如何使用和操作工程设备，对机器原理和基本知识有了一定的了解。每年定期对镇、村管理人员进行培训以保证各级基层服务点工作的顺利开展。

三、培训工作

根据支中心工作要求，津南支中心每年对辖区共享工程管理员进行4次集中培训，2007年以来一共举办各类培训班22期，参加培训人数380余人次。

四、经费投入

津南区共享工程自2007年8月实现村村全覆盖以来，每年区财政投入2万元的运行经费，用于共享工程的设备维护，人员培训和惠民活动的开展。

五、资源建设

津南支中心在历年的工作中，搜集不同区域民众文化需求，正准备选取、编辑制作各类地方特色题材资源，目前项目正在筹备中。

六、合作共建

以共享工程为依托结合全覆盖的农村数字电影厅建立电子文献资源服务中心，将各种部门下发的电子文献资源与建立的共享工程服务点结合，根据不同乡镇、村的硬件件条件建立形式多样的电子阅览室和多媒体中心。通过多方不懈努力，共享工程已逐步走入基层村民生活，成为村民获取新知，娱乐身心的新渠道新平台。

七、利民惠众，惠农服务

津南支中心在共享工程服务实践过程中，以民众的需求为导向，积极探索，服务民众生活生产，引领群众高尚精神文化生活，打造群在满意喜爱的文化服务新平台，北闸口镇将文化共享工程纳入“文明生态村”建设和“农村信息化村村通工程”数字化农村建设项目的规划。

八、宣传推广

1、津南支中心利用各种渠道宣传推广共享工程。在津南区每年的科技文化下乡活动，

图书送文化下乡活动中，津南支中心不失时机，以活动为平台，以资料为媒介宣传共享工程，让民众不断了解共享工程，走进共享工程。

2、走进校园。津南支中心利用儿童阅览专区，组织动员少年儿童关注利用共享工程，中小学校计算机室与文化共享工程相结合，在课余时间、节假日寒署假期间向当地群众开放。使共享工程不仅走进农村也走进校园走进青少年。

九、工作展望

今后津南支中心要真正把各个基层服务点工作做好、做深，把我区文化信息资源共享工程建资源丰富、技术先进、服务便捷、覆盖全区的数字化服务体系，使广大基层群众能够普遍享受到数字化服务。

（撰文/天津市津南区支中心）

天津市北辰区支中心

文化共享工程是采用现代信息技术手段，对中华优秀文化信息资源进行数字化加工和整合，利用覆盖全国的网络化管理和服务体系，实现文化信息资源在全国范围内的共建共享，它是新形势下构建我国公共文化服务体系、惠及千家万户的一项重要文化基础工程。

一、基本情况

2007年天津市北辰区根据《市文化局、市财政局关于进一步加强我市文化信息资源共享工程建设的意见》和《天津市2006年-2008年文化信息资源共享工程实施方案》，组织实施该项工程，为此区政府召开了区长办公会。区文化局、财政局制定了《北辰区2006年-2008年文化信息资源共享工程实施方案》。并在2007年的文化工作推动会议上进行了部署。

1、区支中心的建设情况。

2007年6月在区图书馆建成并开通了区支中心。电子阅览室有80个机位，视听室有48个坐席，配有一部投影仪，供放映科普知识和电影等视频资料。数据库有12万种电子图书和6000多种电子期刊供读者阅览。开通了北辰文化信息网和北辰区图书馆网。先后在该区举办天津市的文化信息资源共享工程区县支中心的开通仪式和天津市文化工作座谈会。文化部副部长周和平、市委常委

宣传部长肖怀远、副市长张俊芳等莅临北辰。全国文化信息资源共享工程主任、各区县主管区县长、天津开发区主管领导、文化局长、天津图书馆馆长、各区县图书馆长等来该区莅临指导。各位领导对该区共享工程建设给予肯定，并参观了电子阅览室、视听室，在电子阅览室观看了共享工程的应用情况。该区被文化部授予“共享工程示范区”的光荣称号，是天津市七个示范区之一。

2、镇街基层中心：13个镇街已建成了基层中心。

区图书馆全程服务和技术指导。每个镇街共筹集7.25万元。区政府对每个镇投入3万元，对每个街投入4.25万元，共计44万元，每个镇街自筹余款。由区财政局采购中心统一购置设备。设备有惠普服务器1台，联想计算机10台，投影仪、DVD机、音箱、桌椅、标牌等，并进行局域网布线及安装调试。在天穆镇文化活动中心举办了文化共享工程镇街基层中心开通仪式。镇街基层中心通过了市文化局、市财政局的验收，奖励26万元。目前，镇街基层中心有2个镇设在文化活动中心，有11个镇街设在成人学校。使用效果较好的是天穆镇文化活动中心。

3、村居基层服务点。

大多数是以易播宝和电视的形式实现的。数据是通过天津图书馆信息中心检索获取，资料的更新通过市、区中心实现。由于农村党员远程教育网的建设，按照市文化局的意见和我区的实际，为避免重复建设，基层服务点与农村党员远程教育网一并实施。

二、宣传推广

共享工程是一项创新的文化建设工程，许多人对它还不够了解，为了更加广泛地宣传共享工程的意义和作用，让各级领导及群众充分认识这项工作的重要性和必要性，我们作了大量的宣传工作，一是充分发挥电视、报纸、网络、短信平台等现代传媒作用。适时适度地介绍实施“文化共享工程”的目的意义、文化信息资源和操作流程等。使群众真正地了解它，从而主动使用它。二是编辑制作宣传手册，陆续下发到了农村、学校、企业和社区，用通俗易懂的方式介绍共享工程资源，三是利用馆内科艺画廊及在公共场所悬挂条幅、办板报、墙报等形式让广大市民了解共享工程”的内容,从而进一步提高共享工程”的知晓度和利用率。

三、培训工作

文化信息资源共享工程具有信息量大、覆盖面广、形式多样、生动直观等特点，为广大农村和社区群众所喜闻乐见。充分发挥文化信息资源共享工程的资源优势，为开展农村实用人才和农民工培训提供免费服务，提高农民的多种就业方式的能力，对于促进农民工就业创业，实现农村富余劳动力稳妥转移，统筹城乡经济和社会协调发展具有重要意义。根据农民工的不同需求，积极开展政策法规、经济管理、市场信息、实用技术、就业技能、科普知识和文体卫生等知识培训，不断提高农民工的择业竞争能力、就业适应能力、自主创业能力，进一步提高农民工的整体素质，促进农民向非农产业转移，这就是我区文化信息资源共享工程开展农村实用人才和农民工培训工作的目标。

文化信息资源共享工程资源丰富，该馆培养农村实用人才和提高农民工职业技能出发，根据我区的具体情况，从文化信息共享工称资源数据库、该馆自有资源及相关资源数据库中整理出符合该区特点的视频、音频、文字、图片等数字资源，以光盘、移动硬盘、网络传输等方式传输到基层服务点，为广大基层群众服务。

根据地域特点，制定培训内容。主要包括：

①政策法规：党和国家有关“三农”问题的重大决策，粮食安全、资源与环保、土地承包、农村费税改革和减轻农民负担、农产品流通、农业产业结构调整、统筹城乡经济社会发展、农村富余劳动力转移就业、集体资产经营管理、农村金融体制改革、乡镇企业发展、扶贫开发等方面的政策法规和新农村建设有关政策等。②经济管理：农村综合管理、农民负担监督管理、农村集体资产和财务管理、农村社会化服务体系建设、农村企业管理及市场营销、财务会计、统计和商务活动的基本知识等。③市场信息：市场基本知识，农业产业化经营，农产品特性、经营要求和市场行情，农用物资供求信息，用工信息等；农村基层党组织和党员干部带领群众致富的经验、方法，农民致富的做法、门路，各地推广的农业新技术、新品种，发展精品特色农业和龙头企业等方面的先进经验，农村劳动力转移和农民从事二、三产业的典型经验等。④实用技术：农作物生产加工技术，林业生产加工技术，畜禽养殖技术，水产养殖技术，农业工程技术，信息技术基础知识与应用等。⑤就业技能：服装领带加工、家政烹调、美容美发、绿化园艺、保安等服务技能，常用家用电器的维修技能，非机动车、机动车保养与维修技能，计算机应用基础知识和操作技能等。⑥科普知识：生命科学、地球科学、环境科学、信息科学等领域的基本科学知识，自然资源状况、生态环境保护、可持续发展和防灾、减灾基本知识，日常生活及生产中的科学常识，当代科学技术成就与现代农业科技成果，反对邪教、封建迷信和伪科学，崇尚科学文明健康的生活方式等。⑦文体卫生：北辰地域文化、历史、乡俗民情、文化旅游和文化娱乐等；农村环境卫生，常见病预防，意外伤害与急救常识，营养与食品卫生，地方病防治知识，用药常识，人口和计划生育政策法规，计划生育技术服务与生殖保健，儿童保健和优教等。革命题材的影视节目以及反映农村题材和先锋模范的电影、电视剧，地方戏曲及曲艺、音乐欣赏等。

（撰文/天津市北辰区支中心）

天津市宝坻区支中心

2001年3月，国务院正式批准宝坻撤县设区，这标志着宝坻又进入了一个新的发展阶段。

一、基本情况

宝坻区图书馆位于天津市宝坻区商业街7号，地理环境优越，文化气息浓郁，被“广济寺”和宝坻八景之一的“石幢金顶”环抱。为了适应信息化、数字化、网络化的发展要求，切实保障人民群众的基本文化权益，宝坻区图书馆始终大力推进电子阅览室建设，在做好软硬件建设的同时，积极开展基于网络的宣传、服务活动，加大资源整合和建设力度，建立健全规章制度，强化未成年人上网管理，为广大基层群众提供绿色、便捷的互联网信息服务。

二、管理和队伍建设

宝坻图书馆电子阅览室拥有完善的规章制度，《电子阅览室管理规范》、《电子阅览室使用须知》等规范均悬挂在显著位置。用户上网必须实名登记，未成年人办卡需家长陪同；阅览室安装了信息浏览监控和屏蔽软件，启用了中央管理平台，强化网络访问的多层监管、用户行为管控等功能；除此之外，工作人员定时进行现场巡视，辅导不会上网的群众，排除出现的误操作，兼顾规劝不良的上网和操作行为，确保电子阅览室安全运行。共享工程管理员全部为大学生，在基层或者为学历较高的村委委员兼任。

三、培训工作

宝坻支中心注重抓好“共享工程”管理员培训工作，每年通过集中培训、网络培训和上门辅导等形式开展培训，不断提高管理员的专业水平。2012年组织了4次网络培训，并针对技术比较薄弱的基层服务点等进行了上门辅导。

四、经费投入

2004年为了更好地服务群众，顺应数字化发展要求，图书馆建起了电子阅览室，2008年政府又投入60万元对其进行了重新装修改造。改造后的电子阅览室使用面积达125.5平方米，终端计算机40台，相关网络及其它设备齐全，设有服务器、投影机、音响等现代化设备，网络接入为百兆光纤。电子阅览室实行全天开放，配有5名专职人员进行管理，免费为公众提供互联网信息浏览与查询服务。平均每周开放时间达70小时，平均每周服务读者452人次。

五、资源建设

宝坻支中心结合本区实际情况，进行了一些数据库建设，宝坻非物质文化遗产、宝坻文化名人、宝坻旅游资源等多个带有地方特色的专题数据库。

六、合作共建

开展多种形式的合作共建，推进“共享工程”建设。借助农村党员干部远程教育基层点推进“共享工程”工作，合作建设了765个村级基层服务点。

七、利民惠众，惠民服务

宝坻图书馆电子阅览室可提供电子文献阅览、信息资源导航、检索、参考咨询等服务；提供影视欣赏、健康益智类游戏等休闲娱乐服务；以及与计算机、网络应用相关的各类学习、培训服务。

1、举办各种优秀资源展播活动，吸引群众走进阅览室，参与活动，接受服务。在暑假期间，为中小学生集中放映奋发向上的优秀视频影片；2011年，为纪念建党90周年，我中心开展了红色电影展播活动，吸引了1000余名群众来馆观看。

2、针对未成年人、老年人、残疾人、农民工等特殊群体广泛开展素质教育培训、老年健康讲座、劳动技能培训、农村实用技术培训等各类培训活动，电子阅览室逐渐成为城乡群众学习进修、提高生产生活能力的培训学校。今年以来，共举办各类公益性培训与教育15期，参与培训各类人员3000余人，取得了良好的社会效果。

3、不断发挥网络优势，开展各种主题活动。积极组织参加全国文化资源共享工程中心举办的“颂歌献给党群众歌咏大赛”、“党旗飞扬，文化共享——全国青少年纪念建党90周年党史知识大赛”等活动，并结合自身实际，不断举办网络摄影大赛、网络有奖征文等各种类型的主题性征集评比活动，共计吸引10000余人参加。

4、宝坻图书馆网站建立了期刊库、宝坻非物质文化遗产、宝坻文化名人、宝坻旅游资源等多个带有地方特色的专题数据库，与各种电子文献进行了链接，方便读者在网上查询各种数字资源信息。

八、宣传推广

宝坻支中心利用网站、报纸等各种渠道宣传推广“共享工程”，尤其在每年的服务宣传周、科技活动周等活动中，通过宣传让群众不断了解“共享工程”，走进“共享工程”，利用“共享工程”的丰富资源。同时，结合春耕、纪念建党91周年等，开展“共享工程”专题资源下乡、专题视频展播等主题活动，使“共享工程”走进群众生活。通过光盘拷贝、硬盘拷贝等方式将一些优秀的资源共享到宝坻消防支队电子阅览室，丰富了消防官兵的文化生活。

九、工作展望

下阶段，我们将着力加强对工作人员的业务培训，进一步实现规范服务，把电子阅览室真正建设成为群众欢迎、家长放心、社会满意的免费、绿色、安全的公益性数字文化服务场所。

（撰文/天津市宝坻区支中心）

天津市滨海新区汉沽支中心

全国文化信息资源共享工程是近年来由文化部、财政部组织实施的一项创新工程。文化信息资源共享工程汉沽支中心是在滨海新区政府成立之前，由市财政和原汉沽区财政共同投资60万多元，由市财政统一购置设备，于2007年5月底建成投入运行的。汉沽支中心建设，对汉沽图书馆原有局域网进行改造重构，形成由机房、电子阅览室、多功能厅支持的电子阅览、网上咨询、影视放映、网上查询等服务功能。中心建成五年来，深受广大读者欢迎，取得明显社会效果。

汉沽支中心在做好服务和各方面建设的同时，始终特别重视网络安全管理，严格遵守法律法规和有关制度要求，制定并认真落实工作责任。一直以来支中心包括网站运行，平稳安全。

一、服务网点建设

汉沽支中心基层服务点由原汉沽区文化局主持建设，规划为覆盖全域街镇和居村的两级网络，共32个服务点。现已建成以街镇服务站为基层骨干的服务网络。

二、经费投入

支中心建设由市和区两级财政共投资60万元；运行期间每年由汉沽财政和汉沽图书馆投入约5万元。

三、资源建设

资源建设由于经费和设备条件所限，主要是进行存量资料整理以及地方特色文化资源收集。5年来，汉沽支中心接收了大量国家中心下发资源，其中包括戏曲、综艺、话剧、农业知识讲座、百家讲坛等内容，现有100G视频文件经分类整理存储在磁盘阵列，并发布提供开放服务。其他光盘资源和自行搜集整理的大量音视频、电子书也基本到位，随时供读者使用。支中心注重资源采集工作，将宣传文化系统举办的诸多展览、节庆活动资料制成光盘资源，为特色数据库的建立做好了丰富的信息储备。

2008年建成汉沽图书馆（共享工程汉沽支中心）网站。2008至2010建成三个专题库：中国非物质文化遗产——汉沽飞镲简介影音资料库、地方文献书目数据库、版画刻字艺术资料库；合作建成一本电子书专题资源库：中国历史大事年表。

四、惠民服务

电子阅览室设置共享工程专用机，对读者开放。

以电子阅览室和多功能厅为阵地，为读者提供数字信息网络化服务，从初期的低收费，到后来的免费开放，都坚持规范管理、绿色服务。针对中小学生读者实际情况，专门制定服务方案，满足他们的时间需要。为市属大型国企天津化工厂团体办理读者证，方便企业职工到电子阅览室查阅资料。

以电子阅览室及多功能厅服务平台，充分利用共享工程资源，开展各种活动，包括在星期五上午免费播放名家讲座或电影；并预先公告每次放映的内容简介。馆藏的1000多种影音光盘全部可免费欣赏。开通文化信息资源共享工程汉沽支中心网站，实现新版共享工程对外服务，并以国际域名形式对外全面开放http://www.hglib.org.cn。对基层服务网点进行有效管理和必要的辅导培训，让他们及时掌握资源更新和使用技术；对服务器软件进行升级，以确保正常运行。

五、宣传推广

支中心建成之初社会认知程度较低，为此，宣传推广工作被放在重要位置，一系列专题活动相继展开。

2008年举办网上汉沽专题活动向各机关事业单位推广文化信息共享工程。

"六一儿童节"开展庆"六一"系列活动，组织来电子阅览室上机的少年儿童读者观看"迎奥运庆六一"专题动画片，少儿借阅处安排配合活动推出一批新书，让青少年读者层面也对共享工程有了鲜活的了解。

"九九重阳节"来临之际，支中心以尊老敬老爱老为专题，辅导老年读者上机阅览，教老年读者使用互联网，并放映专场电影。

汉沽支中心网站于2009年建成后，通过各种途径进行宣传推广，重点利用网络媒体影响力来介绍共享工程，提供网上服务，举办专题讲座，扩大影响范围。

六、培训方面

2007年，专兼职人员参加市分中心举办的数字加工、文化信息主页、网络、机房设备、视频点播及网上服务等业务培训，深入了解共享工程，熟练学会共享工程所配发设备的使用方法，掌握运行管理和服务工作所需要的专业技能。在支中心组织二次培训，对基层负责人员集中面授培训，深入基层服务网点进行现场指导。

2008年参加上级中心关于网络安全、磁盘存储备份、数据更新、服务器维护管理以及加强网站建设方面的培训，培训共享工程兼职人员学会网站制作初步技巧，掌握使用网站发布信息的方法。

2009年参加建设特色数据库培训，组织支中心和馆内相关工作人员学习使用采集设备和应用软件，开始建设本馆特色数据库。

2010年以后，通过集中面授、网络教学、光盘课件和电话咨询等多种方式提高共享工程有关技术，充分利用网络和光盘资源对基层服务人员进行培训，利用电话等方式提供远程支持。

七、管理和队伍建设

高素质的团队是建设共享工程、做好服务工作的关键，汉沽支中心由一名馆领导和三名员工兼职担任日常工作。管理上由主管馆长主持全面工作，技术人员支持运行维护和业务培训，联系人承担对外交流与推介，日常事务相互配合，重大活动协作组织。大家都像专职工作一样，严格按照岗位职责要求自己，积极参加各层次培训并注重自主学习，合力形成一支适应发展需要的高素质团队，为完成共享工程工作任务，做出创造性成绩。

八、荣誉奖项

天津市公共图书馆系统2008年度网站功能设计奖；天津市公共图书馆系统2009年优秀网站奖；第二届"文化共享杯"天津地区选拔赛团体三等奖；"党旗飞扬，文化共享——全国青少年纪念建党90周年党史知识大赛"天津地区优秀组织奖。

（撰文/天津市滨海新区汉沽支中心）

天津市滨海新区塘沽支中心

塘沽区文化信息资源共享工程的建设，是按照国家文化部和天津市政府的要求，根据本地区的实际情况实施推进的，在天津市整体工作布局中做到了最先启动，最先开通，最先取得收效。工程投资近400万元，涉及11个街镇，109个居委会（行政村），形成了区、街镇和居村三级网络。工程自2007年11月26日开通以来，系统运转正常，受益群众已有数十万人，成为广大群众享受先进文化的主要渠道。现将基本工作做概要汇报。

一、建设情况

天津市文化共享工程建设工作会议结束后，塘沽迅速组成了由区委常委、副区长孙玉瑄同志为组长，区政府办公室、区计委、财政局、民政局、教育局、文化局、广电局以及各街、镇主要领导为成员的塘沽区共享工程建设领导小组。并于2007年1月5日，专门召开工作会议，推动文化信息资源共享工程建设工作的全面实施。

经过区文化局、区计委、区财政局、天津市网通分公司等部门多方专业人士研讨，最终确定了全区共享工程三级网络构建方案及设备配置，并于2007年4月17、18两日完成由区财政担负的共享工程网络、硬件设备、网站软件的政府公开招标工作。11个街镇基层中心、109个居村基层网点的所有硬件设备均于5月1日前配送安装完毕，全区三级网络宽带于6月15日基本安装到位。

塘沽区文化信息资源共享工程由区分中心、街镇基层中心和居村点三级网络构成。包括塘沽区图书馆建立区级文化信息资源共享分中心，11个街、镇文化站建立基层中心，以及109个居委会、行政村建立服务网点。此项工程一次性投入367万元（其中包括区分中心42万元；镇基层中心一次性投入硬件设备共计79万元；居村级基层服务网点一次性投入硬件设备共计172万元；全区三级网络宽带设备、网站、软件一次性投入73万元）。目前区分中心有4台服务器，36台计算机，基本能够满足共享工程建设的需求。共享工程开通后，政府每年投入资金35万元用于网络运行和区分中心日常维护。

区分中心设在塘沽区图书馆，街镇基层中心和居村级基层服务网点设在街镇文化站、居村文化室，其所有硬件设备均按照共享工程相应的一级评估条件配置。塘沽区文化信息资源共享工程采用的是技术较为成熟先进的网络体系和网络设备，这不但能够保证网络系统高流量下的高速运转，保持较高的稳定性和安全性，又能为后续的扩展、升级提供空间。

文化共享工程是惠及群众的一项民心工程，为使广大群众充分了解、认识和更好地利用共享工程，塘沽配合天津卫视新闻台、塘沽电视台拍摄了共享工程专题片，介绍全国文化共享工程概况和意义及塘沽共享工程街镇基层中心、居村基层服务网点的活动情况，实地采访各阶层人员对共享工程的感想、认识、建议；还通过各大报纸宣传共享工程建设活动情况，使文化共享工程家喻户晓，人人皆知。营造了浓厚的宣传氛围，更好地推动了全区文化信息资源共享工程的健康发展。

二、具体活动及社会效益

3月5日，是毛泽东同志为伟大的共产主义战士雷锋题词“向雷锋同志学习”49周年的纪念日，为了弘扬雷锋精神，促进学习型社会的建设，结合文化局党委“学雷锋、树新风、争一流”活动，塘沽图书馆信息资源共建共享分中心举办了“学雷锋读好书”广场文化主题活动。活动中，向群众发放学习雷锋宣传材料1000多份，举行“在我身边的雷锋”主题展板宣传活动，举办学习雷锋图书展，展览《雷锋日记》、《雷锋的故事》、《雷锋全集》、《雷锋精神读本》《雷锋1940—1962》等系列优秀读物300多册。与此同时，我中心还开展了“学雷锋为弱势群体献爱心送书上门活动”。中心工作人员，精心挑选图书期刊，最大化覆盖服务范围与服务对象。为区内老干部、残疾人等弱势群体群众献爱心送书上门，并了解读者实际文献需求，登记造册以方便长期提供爱心便民服务，使弱势群体读者能够充分享受到组织的关怀和文化大家庭的温暖。

为把塘沽文化信息共享工程规模做大、做好、做强，结合塘沽图书馆实际情况，塘沽文化共享工程分中心利用配备的影像放映设备，深入塘沽各街道社区、部队以及外来人员集中的建设工地和外来务工人员居住点义务进行优秀影片展播活动。使塘沽百姓在自己家门口就可以享受到塘沽文化信息共享工程带给他们的精神文化大餐。6月7日17时30分，塘沽共享工程分中心工作人员来到滨海欣嘉园职工之家的篮球场内，为参与滨海建设的外来务工人员以及家属播放了影片《佛光寺传奇》，电影播放十多分钟到场观看影片的观众人数就达到近500人。此次放映活动受到居民群众的欢迎，是文化信息共享工程落实在基层的体现，此次活动不但丰富了社区居民群众的文化生活同时，也让他们深深地感受到政府和社会单位对他们的关心和关爱。

在建军八十一周年即将到来之际，塘沽信息资源共建共享分中心，为了丰富广大部队官兵的业余文化生活，开展了让“共享工程，走进绿色军营”的优秀影片展播活动。从7月25日起，塘沽图书馆信息资源共建共享分中心的工作人员，先后到塘沽区消防十八中队、临港工业区消防特勤中队等部队，为广大消防官兵放映国内外优秀影片。此次优秀影片展播活动的开展，不仅使平时工作在消防一线的广大官兵享受到由共享工程带来的影音视听的心灵震撼，丰富了他们的业余文化生活，更是拉开了我区资源共享工程走进军营、深入军营的序幕。

中心在充分开展活动的过程中也产生很大社会效益。首先，改善了基层文化工作，活跃了基层群众文化生活；其次，通过普及计算机网络知识，缩小了城乡之间、地区之间的差异，促进经济社会全面发展，再次，共享中心的建立，使文化资源得以长久保存和传播，也更好地发挥了数字资源的作用，避免了重发建设。文化信息资源共享工程是一种不受地域、时空限制的崭新的文化传播渠道，是推进文化创新、繁荣和传播社会主义先进文化的基础工作，是完善公共文化服务体系，惠及千家万户的一项民心工程，也是新形势下落实科学发展观，加快文化事业发展的一项重要工作，对于贯彻落实党的“十八大”重要精神，继承和弘扬中华优秀文化，推进滨海新区经济建设和社会主义文化建设，将产生深远而巨大的影响。

当前，塘沽正处在各项建设迅猛发展，农村城市化建设步伐加快，文化设施建设更新换代的特殊时期。共享工程的建设，也要在实际运行过程中不断完善。相信在各级领导的支持关怀、区委区政府的领导和市分中心的指导帮助下，塘沽的文化信息资源共享工程，一定能发挥出更大的作用。

（撰文/天津市滨海新区塘沽支中心）

天津市滨海新区大港支中心

大港区作为天津市文化信息资源共享工程试点区之一，在区政府和各级领导的大力支持和共同努力下，于2007年底，已全部完成了大港区文化信息资源共享工程的1个区中心，8个镇（街）分中心，23个村（居）基层点的建设工作。大港区文化信息共享工程的区中心，设在大港区图书馆二楼的电子阅览室。区中心的文化共享工程标牌制作标准，规章制度张贴规范，并且建立了完整的反馈机制，读者能够及时反馈信息。另外，对日常开展的业务工作，能够及时登录在册，工作档案完整，数据统计规范。

一、设备设施

共享工程大港区支中心在2005年区政府投入30万元，购置服务器2台、终端40台、交换机等设施的基础上，2007年在市财政的协助下区政府又投入60万元，购置服务器3套、终端站36台、磁盘阵列、数码录像机、数码照相机、投影仪等“共享工程”必备设施和其他辅助设施。另外，政府再投入4万元，与中国联通公司签订协议，在文化局和图书馆两地接入了10M光纤的互联网。为了使我区基层“共享工程”工作得以正常有序规范地运行，便于文化局和区支中心管理、指导基层“共享工程”工作，区文化局又投入5万元资金，在文化局和图书馆分别建立了“共享工程”运行监督平台。这样以来区支中心的设备设施无论是在服务功能上还是在业务管理上，都能适应共享工程建设的需要。

二、配置标准

2006年10月，天津市“共享工程”建设动员会后，区政府、区文化局、区图书馆领导对“共享工程”建设工作高度重视。主管区长多次到文化局、图书馆进行调研，召开专门会议研究全区“共享工程”和区支中心建设工作，在此基础上成立了由主管区长为组长，区相关委办局为成员的区“共享工程”建设领导小组。2006年10月28日，区政府专门召开了全区“共享工程”建设动员大会，对全区“共享工程”建设工作进行了总体部署，并出台了《天津市大港区文化信息资源共享工程建设实施方案》。

为使我区文化信息共享工程建设顺利进行，区文化局和图书馆的领导积极落实协调资金，按照文化部规定的“共享工程”设施配备标准进行招标，供货商严格按照文化部规定的要求，为我们配备了所有的设备设施，因此我们支中心的设备设施完全达到了文化部制定的配置标准。

三、技术平台建设

大港区文化信息资源共享工程的建设为该区图书馆现代化建设提供了一个新的技术平台。我们将这个崭新的平台与我馆的现代化建设紧密结合，使我馆在服务模式和服务手段上有了新的气象，打破了传统的服务方式，开展了一系列适应现代图书馆发展的业务工作。

1、网上联合参考咨询工作。

2006年5月，该馆作为天津市公共图书馆网上联合参考咨询工作的座席馆员，承担起天津市公共图书馆网上联合参考咨询工作，通过互联网为全国各地的用户解答咨询。此项业务一开通，得到图书馆领导的高度重视。为了使我馆馆员能够高质量、高数量的完成此项工作，图书馆多次派人到市馆学习，通过多次的学习和培训，我馆馆员很快就能够熟练地掌握了操作的基本技能。现在每天有三位专业技术人员全天候8小时无假日地在线服务，回复数量在全市座席馆员中一直名列前茅，并多次受到市馆领导的表彰。

2、电子阅览室的开放。

电子阅览室是我馆为读者搭建的另一个服务平台，是在图书馆内开设的为读者提供特殊文献载体咨询、阅览、服务为一体的现代化多功能阅览室。它是以电子计算机为阅读条件，通过网络供读者阅览电子文献及网络信息资源的现代数字图书馆设施。自共享工程区支中心建成以后，我馆充分利用全国文化信息资源共享工程国家管理中心提供的各种数字资源，与我馆现有的网上资源紧密结合，对电子阅览室的网络信息服务给予了进一步的完善和整合。再加上2008年7月，我馆为电子阅览室又安装了“VOD”、“一码通”等系统软件，大大充实了电子阅览室的网上资源，最大限度地满足了读者的需求。

3、图书馆网站建设。

大港区图书馆网站于2007年8月7日建立并试运行，2008年4月12日正式运行。网站内容丰富，栏目建设规范，功能比较完备，服务性强，截止目前客户点击率达到166856次。在天津市文化信息资源共享工程分中心组织的网站综合评比的试评中，大港区图书馆取得全市第四名的好成绩，为图书馆的延伸服务和网上服务开辟了更广阔的天地。

为了更加充分展示全国文化信息资源共享工程这个技术平台，进一步加强与我馆现代化建设的紧密结合，在我馆网站的首页上，对全国文化信息共享工程设有专门链接，方便读者去浏览“共享工程”网络中的文化资源，最大限度地去宣传我国中华优秀传统文化。

四、基层服务

1、该区共有1个区支中心、8个镇（街）分中心、23个村（居）基层点，其中5个基层服务点安装了卫星接收系统。各街镇分中心基层站点的业务指导，全部由区支中心负责。区支中心的技术人员通过举办培训班、网络或电话咨询、亲自下基层指导等多种途径为他们开展业务辅导，帮助他们在很短的时间内，就能够初步地掌握了相关的使用技术和维护管理技术，为我区共享工程业务工作的开展奠定了坚实的基础。

2、为保证该区各基层分中心对共享工程资源的及时接受和利用，区支中心负责将收到的国家中心的资源（包括卫星接收的资源和光盘资源）不断进行整合，然后拷贝到硬盘中，陆续发送到各基层分中心，使之成为各基层分中心资源更新的一个重要渠道。

3、根据全国文化信息共享工程的栏目，我们有选择、有针对地组织本地区的人们，为他们免费播放一些有意义的专题片或专题讲座。几年来，先后组织播放共计100余次，并有完整的业务档案。

五、活动档案

自共享工程区支中心建成以来，我们充分利用这个技术平台和全国文化信息资源共享工程国家管理中心提供的各种数字资源，在读者中开展了一系列的公益性活动。每次活动都留有完整的活动记录、总结，以及在活动过程中的录像和照片等档案。档案完整、规范。

六、合作共建

2008年，共享工程天津分中心与文化部全国文化共享工程资源建设管理中心联合立项，建设“家庭虚拟图书馆资源共享系统”。该区图书馆借助市图书馆的技术支撑和可利用资源，在2008年年底推出——“家庭虚拟图书馆”。

“家庭虚拟图书馆”后台管理系统将图书馆网站和图书馆资源库与家庭用户的客户端系统有机连接，可以直接为家庭用户提供网上电子文献阅览、图书预约续借、视频资源观摩等多项服务，将图书馆的服务直接送到家庭电脑。

七、宣传工作

利用大港电视台、报纸以及本馆网站等新闻媒体，对我区共享工程的工作进展以及开展的各项活动给予及时报道。

八、经费投入

2008年开始区政府财政每年纳入常规预算拨付运行费10万元，保证了我区文化信息资源支中心正常有序的开展运行服务。

九、培训工作

“共享工程”建设初期，各级领导们充分认识到，要想切实发挥好“共享工程”设施的社会功能，只靠完备的硬件建设投入，没有适才的信息化队伍是不行的，因此培养出一支“大港区文化信息资源共享工程技术骨干”队伍是十分必要的。

一方面对区支中心专业技术人员，尤其是从事共享工程工作的人员进行系统化、专业化的培训。自2007年开始，区图书馆每年拿出近1万元的继续教育费，外请技术人员来馆内授课，举办计算机国家一级的培训班，使全馆26名专业技术人员取得了计算机国家一级应用能力资格证。另外，区支中心还多次参加市分中心组织的“天津市文化信息资源共享工程技术骨干”培训班。通过多次的培训和学习使区支中心的工作人员无论是在业务流程上还是在工作原理上都有了进一步的了解，现在已经能够熟练地掌握共享工程设施设备的操作规范和使用技术。

另一方面对我区共享工程街镇分中心、基层站点的工作人员进行业务上的辅导和培训。自各分中心、基层站点建成以来，区支中心先后举办了5期培训班，为各分中心、基层站点的工作人员集中授课进行培训。同时，区支中心还定期下各分中心、基层站点，针对各基层的不同情况进行分别辅导。另外，区支中心的技术人员经常通过网上或电话随时为各分中心、基层站点的工作人员进行业务上指导。通过以上不同形式的学习和交流，使各分中心、基层站点的工作人员从计算机的基本操作、计算机硬件的维护到网络信息服务等方面，都有了进一步的了解，并能够熟练地掌握共享工程设施设备的操作规范和使用技术，为大港区文化信息共享工程建设以及业务的顺利开展打下了坚实的人力资源基础。

（撰文/天津市滨海新区大港支中心）

天津市开发区支中心

一、工程建设

在天津市文广局、开发区管委会和文化共享工程天津分中心的领导下，天津开发区支中心自2008年设立以来，积极快速推进文化共享工程建设，以基层服务点建设为重点，以数字资源建设与活动服务为核心，以共建共享为途径，建立起面向基层大众传播优秀文化的惠民服务平台。天津开发区管委会高度重视，将文化共享工程建设列入2008年开发区改善投资环境、构建和谐泰达十二件实事之一。开发区教育文化卫生体育局、城市管理局大力支持并与具体实施单位泰达图书馆档案馆建立机构联动机制，确保实现服务网络、服务技术和服务模式的创新，文化共享工程建设成效显著。

二、基层点建设

天津开发区文化共享工程服务网络建设，始终坚持文化共享工程、泰达图书馆档案馆分馆建设和政府信息公开三项工作齐抓共进的原则，使得工作效果最大化。积极推动文化共享工程服务走进社区、蓝领公寓、军营和学校等，截至目前已建立共享工程基层服务点18个，包括8个居民社区，3个蓝领公寓，4个武警军营，1个学院和1个企业研究院，还有泰达有线电视网络公司基层点1个，基本实现了所在区域的全覆盖。基层服务点已成为外来务工青年的学习娱乐基地和社区居民的文化家园。

三、经费投入

2008年以来天津开发区文化共享工程建设累积投入资金135万元，其中35万元用于天津开发区支中心的建设，其余资金用于基层服务点建设。2012年，天津开发区支中心继续投资20万元用于服务器和存储设备的升级改造。

四、资源建设

天津开发区支中心是天津市首家应用全国文化信息共享工程区县版系统的支中心。为了方便地接收国家中心的数据，支中心还安装了卫星接收系统，每周定时接收国家中心下发的数字资源，保证了国家中心和支中心资源的同步更新。通过卫星接收、硬盘、光盘拷贝等多载体形式多渠道的搜集整理，开发区支中心的数字资源总量已达4.5T。与此同时，支中心还自建了专题数据库，包括社区实用人才培养、进城务工人员培训、红色历史文化资源和中华勤学故事等。通过技术加工整合1000多部电子书资源，形成了一整套读者使用方便、便于部署的“共享工程电子书库”系统，已安装至全部基层服务点。

五、技术支持

通过卫星数据接收设备定期接收国家中心的资源，利用VPN虚拟专网达到支中心与基层服务点的资源无缝连接，经由读者“一卡通”服务认证系统等图书馆业务支撑平台实现资源的在线远程访问。建立开发区支中心共享工程专题网站、“短信服务”平台，提升文化共享工程资源利用效率，宣传推广共享工程服务与活动。

与泰达有线电视网络公司合作开发“泰达数字电视图书馆”，设立“文化共享”专栏，展播共享工程视频，服务区内十几万居民住户，使得开发区文化共享工程的服务受众人数实现突破性增长。该项目获得国家广播电影电视总局2010年度“应用与技术革新”三等奖。

在全国首家开设以文化共享工程为主栏目的移动图书馆服务平台。开发WAP网站、开通“泰达移动图书馆”，推介国家共享工程资源、提供资源体验等，打造基于新媒体的服务新业态。

六、合作共建

天津开发区采取与企业、社区、学院、警营等多种形式合作共建共享工程基层服务点，通过以点带面、逐步推进的模式，大力推进共享工程基层服务点建设。在建设过程中注重合作共建，优势互补，以共享工程推动分馆建设，以分馆建设带动共享工程基层服务点建设。

七、惠民服务

以多样的资源利用形式开展主题鲜明的文化惠民服务。在支中心大屏幕滚动播放共享工程视频资源；在展厅举办“文化共享奥运行”、“中国传统节日”等展览，并在网站上设立“在线展览”栏目；在报告厅面向社区居民、外来务工人员和老年人等举办周末电影放映活动，开展“建国60周年”、“庆五一迎五四，学习英雄楷模”等电影展播活动；在培训教室举办“泰达文化大讲堂”、“城镇务工技能培训”和“红色历史回顾”等专题讲座等。以群众喜闻乐见的方式，传播中华优秀文化，丰富居民文化生活。

与此同时，天津开发区支中心还按照全国文化共享工程资源建设管理中心统一部署，开展了多项专题惠民服务活动：1、成功举办“颂歌献给党——全国文化信息资源共享工程迎接建党90周年天津开发区群众歌咏活动”，有12个基层点的400名选手参加了比赛；2、开展“阳光少年热爱党”系列活动，包括电脑小报设计、动漫设计、党史知识大赛、有奖征文和文艺展演等；3、组织电脑小报设计大赛培训，包括报制作技巧、版面设计等，辅导区内参赛中小学生百余人上机实习，形成作品近百幅；4、举办“少年网页设计大赛”，开设网页制作、Flash制作等培训，在暑期进行了8次学生实习辅导，参加人数达120余人；5、开展天津市“百姓视窗”DV赛的作品征集、审查、指导、编辑等工作，在多家基层点开展面向社区居民DV制作培训；6、组织“像雷锋那样…”主题电脑小报设计比赛活动，征集到开发区全部6所中小学的86件参赛作品；7、举办“迎国庆，送文化信息进社区”大型公益活动，为居民和新市民提供计算机应用、办公软件使用、数码照片处理、视频文件编辑制作等专项培训；8、开展“欢乐共享过大年”文化惠民服务活动，在新春佳节将文化共享大礼包送至进城务工人员手中；9、推进警民共建，配合武警、消防官兵举办“培养现代军人核心价值观”教育活动等；10、先后参加两届“文化共享杯，知识与技能大赛”，并取得优异成绩；11、组织“文化共享杯”全国群众摄影艺术作品大展，征集开发区机关、社区、学校和企业的参赛摄影作品50余件。

八、宣传推广

加强对共享工程的宣传报道，随着共享工程工作的逐步完善，利用泰达图书馆档案馆网站、天津开发区政务网、滨海有线电视台、北方经济导报等主流媒体对开发区文化共享工程建设与活动进行了广泛的宣传报导，为传播推广文化共享工程起到了良好促进作用。

九、管理和队伍建设

为提高共享工程管理工作人员素质，每年为文化共享工程天津开发区支中心和基层服务点的管理和技术维护人员举办现场培训和远程培训等多种形式的培训活动。通过学习培训，提高了技术人员掌握技术支持和资源分发的能力，有效推进了支中心和基层服务点的建设，为工程建设奠定了技术基础和人才保障。

天津开发区支中心及各基层服务点严格按照国家中心相关规定进行建设，进行ISO9000质量认证体系认证，做到技术有保障、服务有标准、管理有规范。建立并完善各项管理制度，并按照规范进行张贴，支中心与基层服务点统一制作标牌，建立了必要的工作档案、活动档案，制订设备管理、使用、维护等项规章制度，编写《工程基层服务点指导手册》、《资源手册：城镇务工技能培训专辑》、《工程资源宣传手册》及开发区共享工程介绍宣传资料等。

十、荣誉奖项

共享工程开发区支中心，积极参加、精心组织各项

社区书画活动

活动，以活动促进各项工作的落实，推动共享工程工作深入开展，并取得了显著成绩。在“文化共享杯——全国文化信息资源共享工程知识与技能竞赛”天津地区选拔赛中荣获团体二等奖；天津开发区支中心网站被评天津分中心评为2009年度优秀网站；被天津分中心授予2009年度数字资源利用先进单位；被天津分中心授予“最佳网站示范奖”和“优秀网站奖”；荣获“天津市第二届百姓视窗DV大赛”优秀组织奖；在“阳光少年热爱党”电脑小报设计比赛中，荣获全国中学组二等奖一项，成为天津市唯一获奖作品；在“第二届文化共享杯”——全国文化信息资源共享工程知识与技能竞赛天津地区决赛中，天津开发区支中心代表队荣获三等奖；在迎接建党90周年系列活动中，天津开发区支中心荣获“天津地区优秀组织奖”；在“阳光少年热爱党”少年动漫设计制作竞赛中，天津开发区支中心报送作品分获得一二三等奖和最佳创意奖。

十一、工作展望

展望未来，天津开发区文化信息共享工程将与国家数字图书馆工程建设相结合，力争立足天津开发区、辐射滨海新区，构建起资源丰富、技术先进、服务便捷、覆盖城乡的区域公共数字文化服务体系。

（撰文/天津市开发区支中心）

蓟县支中心

蓟县总面积1593平方公里，下辖26个乡镇、一个城区街道办事处、949个行政村、15个居委会，总人口96万人。天津市蓟县文化资源共享工程在天津市文化局，天津图书馆支持和部署下，逐步推进，稳步发展，在新形势下为繁荣农村基层文化，满足农民多层次文化需求，传递中国民族优秀文化资源发挥了重要作用。

一、基本情况

蓟县文化共享工程建设开始于2007年，最初在渔阳镇、上仓镇、下仓镇等十个乡镇试点安装。共享工程蓟县支中心在蓟县图书馆，是蓟县共享工程的建设和业务指导单位，负责保障县中心共享工程设备的运行，协调镇村级共享工程设备的维修，指导镇村级共享工程活动的开展以及开展全县共享工程管理员的业务培训和指导。

二、管理和队伍建设

为使共享工程真正为民所用、为民谋利，蓟县支中心将共享工程日常管理纳入制度化管理。制定支中心、镇、村基层服务点工作职责和制度，实行制度上墙公开。每年有年度工作计划，月度有工作要点，季度有工作督导，年末有工作总结考核，并推行管理员工作日志管理，收集整理共享工程服务活动的得失，探索共享工程管理和服务新模式。

文化资源共享工程作为一个新的农村文化资源获取平台，如何推广好、利用好共享工程丰富的文化资源关键在于是否有一支专业化的共享工程管理员队伍。蓟县共享工程支中心在管理员队伍建设上坚持明确职责，明确思路，制度化管理，常态化培育。对于乡镇、村两级基层共享工程管理上择优选取文化层次较高，有一定社会基层管理服务实践经验的大学生村官为管理员，他们工作热情高，有较高的文化水平能尽快熟悉掌握共享工程设备为所在村民服务。目前蓟县共享工程管理员50%为各级大学生村官，40%是较高学历的村委会委员兼任，实现了管理员选取的高起点。

三、培训工作

蓟县支中心在共享工程管理员的培养上实现了制度化和常态化。根据支中心工作要求，每年对辖区共享工程管理员进行2期的集中培训，2007年以来共举办各类培训班20多期，参加轮训的各级管理员达500人次。

四、经费投入

蓟县共享工程自2007年以来，蓟县图书馆每年投入10万余元的运行经费，用于共享工程设备的维护，人员培训和惠民活动的开展。同时，蓟县政府，蓟县文化广播电视局和蓟县图书馆每年也投入大量人力物力支援共享工程各项活动的正常开展。

五、资源建设

蓟县支中心在历年的工作中，搜集不同区域民众文化需求，选取、编辑制作各类题材资源4TB，每年制作发放各类光盘600多张，展板30多块，各类海报，招贴画20多幅，发放宣传资料2000余份。

六、合作共建

以共享工程为依托结合全覆盖的农村数字电视建立电子文献资源服务中心。将各种部门下发的电子文献资源与建立的共享工程服务点结合，根据不同乡镇、村的硬件条件建立形式多样的电子阅览室和多媒体中心。共享工程宣传教授课和电子资源阅读播放为一体的多功能活动室。通过多方不懈努力，共享工程已逐步走入基层村民生活，成为村民获取新知识，娱乐身心的新渠道新平台。

七、利民惠众，惠民服务

蓟县支中心在共享工程服务实践过程中，以民众的需求为导向，积极探索，服务民众生活生产，引领群众高尚精神文化生活，打造群众满意喜爱的文化服务新平台。根据蓟县地域农业生产特点，蓟县支中心每年按节令制作农业生产技术光盘和小册子通过行政村基层服务点村民分发。针对不同农业专业者，蓟县支中心有针对的选取资源上门指导服务。历年来累计服务专业生产户30多户，长期点对点跟踪服务5户。

八、宣传推广

蓟县支中心利用各种渠道宣传推广共享工程。在蓟县每年的科技文化四下乡活动，科普服务周等活动中，蓟县支中心不失时机，以活动为平台，以资源为媒介宣传共享工程，让民众不断了解共享工程，走进共享工程。

走进校园，蓟县支中心文化服务中不断探索，利用支中心儿童阅览区，组织动员青少年儿童关注共享工程，利用共享工程，收集青少年知识兴趣点整理挖掘，针对集中的知识群和关注点，蓟县支中心聘请专家前来为青少年答疑解惑，同时按照天津分中心的部署在全县中小学校开展了阳光少年热爱党网页制作大赛和电脑小报制作大赛。通过一系列的活动使共享工程不仅走进农村也走进了校园走进了青少年。

九、工作展望

蓟县共享工程已走过5个年头，从昨天的单一的资源接受到今天的编辑分发和群众广泛认知，广泛参与，文化共享工程在蓟县已经成为蓟县人民文化生活的一大支柱，成为繁荣蓟县文化，丰富蓟县人民精神生活，推动蓟县人文科技进步的强大动力源泉。今后该支中心希望在国家中心，天津分中心大力支持下为蓟县共享工程建设一支专业化的服务队伍，建立一个国家、市、县三级知识网络联动的即时问答服务体制和服务形式更加多样，服务网点更加宽广，参与群众更加广泛的共享工程文化带动体系，为建设科技蓟县，文化蓟县做出贡献。

（撰文/蓟县支中心）

宁河县支中心

宁河县设14个乡镇，283个行政村，人口约41.6万。宁河县共享工程在天津市文化局、天津市图书馆和宁河县文化局支持和部署下，逐步推进，稳步发展，在新形势下为繁荣农村基础文化，满足农民多层次文化需求，传递中国民族优秀文化资源发挥了重要作用。

一、基本情况

宁河县文化资源共享工程建设支中心建设2007年开始，在市、县两级政府的财政支持下，配发了服务器、交换机、磁盘阵列、电脑、影碟机等价值60万的设备，完成了支中心的硬件建设，并于年底完成了14乡镇基层服务点和283个村级服务点建设。同年10月，支中心开通了文化资源共享工程网站，实现了自建资源的网上浏览。

宁河支中心设在宁河县图书馆，是宁河县共享工程的建设和业务指导单位，负责保障支中心共享工程设备的正常运行，协调镇村级服务点的资源共享，指导镇村级管理员的业务培训以及共享工程活动的开展。

二、管理和队伍建设

为使共享工程真正为民所用为民谋利，宁河县支中心积极抓好各台账及建章立制工作。我县积极学习借鉴其它地方的先进管理经验，结合本县实际，相继制定了《电子阅览室管理制度》、电子阅览室工作人员工作制度》、《文化共享工程设施设备管理制度》等，县支中心文化共享工程的开展做到了有章可行、有据可依，同时也保障了广大读者的利益，为我县读者，尤其是青少年提供了绿色上网空间，使资源得到了合理的利用。同时还帮助乡镇和村级基层服务点制定了《管理员工作职责》和《乡镇基层服务点管理制度》，并上墙公开。做好工作日志管理，将每天的资源利用情况记录在案，以便于数据的统计和情况的查实。

共享工程需要有一支专业化的人才队伍，宁河县支中心选用工作积极性高，文化程度高，接受能力强的年轻人参与到工作中来，并注重对他们的培养，创造条件让他们更多的走出去学习先进的工作方法和业务知识，互相交流，取长补短，更好的开展支中心的工作。另外在乡镇和村级基层服务点的建设中，我们建议他们选用一些大学生村官和学校里边的老师，他们有较高的文化水平，接受和理解能力比较强，更有利于共享工程资源更好的服务于农村，服务于农民。

三、经费投入

宁河县在2007年投入了六十万元启动了共享工程支中心的建立，在以后的运行中，每年投入10兆光纤接入费、运行费、设备维护费、人员培训、下乡辅导等各种费用约十多万元。另外，宁河县政府、文广局和新闻中心也提供了大量的文字和视频资料，为支中心的网站建设和资源共享起到了积极的推动作用。

四、资源建设

宁河县支中心积极接收全国文化共享工程和天津市分中心下发的光盘，简报等，建立资源库，以便于开展农村送文化下乡工作。并以支中心网站为载体，将宁河县独特的文化资源加以搜集整理，建设自己的特色资源库，像《七里海》杂志、非物质文化遗产等等，使更多的人关注支中心的工作，取得了更好的社会效益。另外，支中心每年制作简报、展板，发放宣传资料达到1000余份。

五、培训工作

宁河县支中心将培训工作作为工作重点。首先加强我们工作人员的培训，根据工作要求，每年参加全国文化信息资源共享工程的网络培训和天津市图书馆的业务培训，并拍照记录。其次我们轮流派出工作人员去天津市分中心，向那里的老师学习一些先进的专业知识，解决我们工作中知识积累陈旧的弊端，使支中心工作的开展更现代化。宁河县支中心担负着对全馆工作人员的培训工作，每季度开展一期，多以专题实例讲解支中心的工作情况。对于读者，我们以讲座的形式开展培训，每月一期，以了解图书馆，走进图书馆为主线，多方面介绍图书馆各个部门工作的开展。我们还重点开展联合参考咨询的应用讲座，使更多的读者借助这个平台及时解决遇到的问题。宁河县支中心定期对乡镇和村级服务点的管理员进行轮训，一年全部轮训完成，采取集中培训和划片下乡的方式，将理论和实践结合起来，接受起来更容易一些，方便基层服务点工作的开展。

六、宣传推广

1、宁河县支中心利用网站进行宣传。2007年支中心网站建立，我们及时对内容进行更新，将各种讯息更快更准的通过网站传达出来，起到宣传主阵地的作用。

2、走进校园。支中心利用寒暑假，将学校的学生组织起来，利用电子阅览室，给他们讲解电脑知识，引导他们树立正确的上网意识；开展电脑绘画活动，收到的作品多彩纷呈，也充分调动爱好者的积极性；利用“六一”、“八一”、“十一”等节日为孩子放映爱国影片，进行爱国教育。

3、专题活动，精彩纷呈。宁河县支中心抓住文化大发展大繁荣的契机，积极开展“我与共享工程”为主题的演讲活动，以基层服务点的管理员和农村读者为参赛者，主要讲述共享工程开展以来，在生活中遇到的新鲜事，形式喜闻乐见，深受群众的喜欢。按照天津市分中心的部署，，积极开展“我与书”和“文化剪影 幸福共享”为主题的摄影大赛，通过基层群众的视角，通过一点一滴的镜头语言，讲述身边的文化事、文化人，反映当下火热的群众文化生活和人们对美好精神家园的热爱和向往，讴歌新时代文化建设新成就。

七、工作展望

文化共享工程在我国公共文化服务体系建设中具有战略性、基础性地位。文化共享工程发展十年来，文化共享工程覆盖城乡的服务网络基本建成，数字资源初具规模，传输模式不断完善，惠民服务扎实推进，成功开辟了一条符合国情、符合时代发展方向、符合广大基层群众需求的公共数字文化服务新途径。今后，宁河县支中心文化共享工程建设者深入学习贯彻党的十八大精神，在国家中心、天津分中心的大力支持下，以面向基层、服务群众为导向，建立一支技术过硬的专业化服务队伍，不断提升文化共享工程的建设管理水平，不断提高公共数字文化服务能力，努力满足城乡基层群众日益增长的数字文化需求，为宁河县文化繁荣作出积极的贡献。

（撰文/宁河县支中心）

静海县支中心

静海县支中心建设在天津市文广局的统一布署下，2007年初具规模，经过几年的共建和完善，现在成效显著。静海县支中心建在静海县图书馆。18个乡镇文体中心都建有乡镇基层服务站，383个行政村也都建有村级服务点。

一、基本情况

静海县支中心通过几年的建设，目前配备了主机房，电子阅览室（50台）多功能厅报告厅（70坐席），同时建有自己的网站，可以自己采集、加工和发布信息。乡镇级基层服务站，一般配备公共电子阅览室（10台以上），投影仪等设备，村级服务点一般配备电脑，投影仪或大屏幕电视机和20套以上座椅。

静海县支中心主要和县委党员活动室、党员教育网工程建设，分别投资，资源互补、共建共享。从初起到现在共计投资726多万元。其中：国家财政投入数字图书馆建设100万，市财政起初购置价值20万软硬件设备，县乡两级财政投入606万多元。（党员教育网约占350万）。

静海县支中心的建设，得到了市县乡各级政府的大力支持，特别是和县组织部的党员基层活动室建设紧密结合，使得我县的共享工程建设推进的又好又快，达到了形式和利用的完美统一。

静海县支中心建设和静海县图书馆网站建设融为一体，2012年又和静海县数字图书馆建设融为一体，采取10兆光纤的传输，乡镇基层服务站采用2兆以上的传输，行政村服务点都采用宽带接入。

该县共享工程服务人员全部都是兼职的，支中心是由图书馆的干部兼任管理和培训工作，乡镇中心主要由文化干部和党委宣传委员兼任，村级服务点一般都是由村里的会计或村“两委”会员兼任。相应的管理知识和操作技能都是逐步逐层培训，不断掌握和熟练。

随着全国公共文化信息资源工程的推进，我县支中心建设也逐步完善，我们的惠民服务也在深入开展并取得可喜成效。

共享工程平台给农民提供了丰富的精神食粮。大丰堆齐小王村、王庄子村；大邱庄镇津海街、东尚码头村；中旺镇中旺村等许多农民，坚持利用共享平台正常开放，每逢节假日或农闲，特别是夏天晚上都座无虚席，应接不暇，他们来到这里看电影，听戏，欣赏音乐，看图书以丰富自己的文化生活。

二、培训工作

利用共享工程的资源和设备，很多乡村结合当地的种植养殖的特点，有针对地对农民开展科技培训。如二堡镇举办的西瓜栽培讲座，陈官屯镇西钓台村的蔬菜植保，西翟庄镇中翟庄村大棚蔬菜栽培等，都对农民学习和掌握新知识、新概念、新技术有很大的促进和提高。良王庄乡十里堡村把培训搬到大棚里去办，农民亲切地称这种方便灵活的培训为“田间学校”。

三、惠民服务

共享工程在丰富农村文化生活的同时，更加显著的效果是发挥了其传播快，时效性强，直观易懂的优势服务农村经济。随着共享工程的引导，沿庄镇王匡村，独流镇六堡村等，边学习边发展冷棚种植蔬菜，甜瓜等新型种植模式，冷棚种植投资少，见效快，年收益高出露天种植的3—4倍。

当地农民尝到了甜头，也带动了十里八乡农民走上致富路。2010年春大邱庄镇尚码头村的农民王玉伏按照共享工程提供的农业科技知识，提早防治枣树的火蜘蛛，提高了小枣的质量和产量，比往年增产20%左右。

四、荣誉奖项

由于我们各级领导的大力支持加上县乡村各级工作人员的共同努力，共享工程服务人员队伍的素质在不断提高，许多人员义务服务从不叫苦，不抱怨，而且爱上了文化传播工作。

蔡公庄镇刘祥庄村的管理员王海芬在《农家女》等全国性刊物上发表了10多篇文章。

2011年10月唐官屯镇孙坝口村的管理员刘丹丹代表基层中心成为天津参赛队的一员，在第二届“文化共享杯”全国技能比赛中一举取得二等奖；

依托共享工程平台静海县图书馆为农服务深受全县农民和上级领导的好评；

2010年12月被“四部委”评为“服务农民服务基层”先进集体，并在颁奖大会上发言。

（撰文/静海县支中心）

公共电子阅览室

全国文化信息资源共享工程——

河北省分中心

河北省位于华北平原的北部，兼跨内蒙古高原。全省中环首都北京和直辖市天津，北与辽宁、内蒙古自治区为邻，西靠山西，南与河南、山东接壤，东临资源富饶的渤海，是中国古代文明的发祥地之一，自古以来的兵家必争之地。河北省现辖11个地级市、36个市辖区，22个县级市，108个县，6个自治县，268个街道办事处，1970个乡镇，48953个村民委员会。全省面积187693平方公里，生活着56个民族7100多万人。是最早实施“全国文化信息资源共享工程”（以下简称“文化共享工程”）的试点省之一。

文化共享工程是利用现代信息技术，将中华优秀文化信息资源进行数字化加工整合，通过互联网、卫星、电视、手机等新型传播载体，依托各级图书馆和文化站、文化室等公共文化设施，结合全国农村党员干部现代远程教育工作、农村中小学现代远程教育工作、广播电视村村通工程等，实现优秀数字文化在全国范围内共建共享。自2002年启动以来，经过10年建设，由最初定义的数字图书馆的早期服务模式，发展成为公共文化服务体系的基础工程，是政府提供公共文化服务的重要手段，是实现广大人民群众基本文化权益的主要途径，在改善城乡基层文化服务、缩小“数字鸿沟”、更好地满足人民群众基本文化需求方面发挥着越来越重要的作用。

一、基本概况

2002年7月11日经河北省编办批复同意，河北文化信息资源共享中心（http://www.dhbc.net以下简称省中心）成立，标志着河北省文化共享工程全面启动。

在省文化厅、财政厅的统一领导下，河北省制定了文化共享工程实施方案。主要内容包括：构建工程的网络框架和资源框架，通过实现网络联网的“1112”计划，即实现1个省级分中心、11个以上市级基层中心和22个以上县、乡、街道和社区基层网点的联网，完成全省图书馆、博物馆、艺术研究等机构的文化信息资源联合目录；完成以“50万册(件)文献共建”与“四个一优秀作品”为核心的数字资源建设，即完成50万册(件)文献、100台优秀地方剧目、100部优秀音乐作品、100件珍贵文物的数字化，并实现网上服务。

2003年3月21日实现了与国家中心联网，这表明基层群众在家可以通过互联网就可以浏览河北省文化共享工程的网页。2003年4月21日省中心与河北省图书馆共同开展了非典时期的“网上读书活动”，经过2004年、2005年这几年的不断探索和发展，文化共享工程的总体目标越来越明确。

2007年1月8日，中央宣传思想工作领导小组会议专题研究和部署了文化共享工程建设，明确提出，“十一五”期间，工程建设要以数字资源建设为核心，以基层服务网点建设为重点，以多种传播方式为手段，以共建共享为基本途径，到2010年，基本建成资源丰富、技术先进、服务便捷、覆盖城乡的数字文化服务体系，努力实现“村村通”。

2012年2月中共中央办公厅、国务院办公厅印发的《国家“十二五”时期文化改革发展规划纲要》，对文化共享工程又作了明确的表述“文化信息资源共享工程：实现从城市到农村服务网络全覆盖，通过有线电视、直播卫星、通信网、互联网等多种方式进入居民家庭，入户率达到50%，数字资源量达到530百万兆字节。建设公共电子阅览室。”

目前，河北省已建省级分中心1个，地市级支中心11个，县（市）级支中心172个，1444个乡镇基层服务点，499个城市社区基层服务点，近44000余个农村基层服务点，形成了省、市、县、乡、村的网络服务体系。

省中心作为全省文化信息资源共享工程的管理中心，负责全省资源汇总、提供资源服务、数字资源建设、远程培训建设、网络平台建设及基层服务点建设等工作。

截至到目前，据不完全统计，全省文化共享工程建设共投入资金34747万元，其中国家支持26204万元，省级财政投入5520万元，市级财政投入1952万元，县级财政投入1071万元。这34747万元的投入中，用于省中心建设2583万元，市级支中心建设1129万元，县级支中心建设9120万元，乡镇、村基层服务点建设21915万元。

二、人员培训

河北省区域经济的差别性很大，各地的经济发展很不平衡，对于经济欠发达或者不发达的区县，特别地需要文化共享工程普及，为了让广大基层工作者更好的了解河北省文化共享工程及其应用，省中心于2006年1月率先编写出版了《河北省文化信息资源共享工程培训教程》，在以后的培训中发挥了巨大的作用。除了面对面的培训外，还通过网络、光盘培、即时通信发送资料等进行培训，提高了广大基层管理人员的服务水平。到2012年底共培训人员达20112人次。

三、资源建设

在资源建设中，始终坚持由专家小组对资源建设课题进行论证，对决定加工制作的资源进行筛选和审核，对加工过程进行指导和监督的原则。所建资源严格按照文化部国家中心制定的相关标准规范进行。截止目前，全省各级支中心已自建、加工和购买各类数据近74.5TB，包括中国知识资源总库2000万篇、电子图书200万册、万方数据约2000万篇、国研网数据、中经视频、新华在线、文化民俗、饮食、历史人物、兵器、文物、河北古建筑及风光、河北红色旅游、河北年画内画、河北皮影、河北陶瓷、河北地方戏曲、河北杂技、河北谚语、河北民间剪纸、河北民间故事、河北民歌等120个专题数据库。

在对文化系统内各类优秀文化信息资源进行整合的同时，突出抓好科普知识、农业技术等群众急需的资源建设，先后建设2TB，满足了群众需要。除此之外，省中心还多次高质量地完成了国家中心交付的数据库的加工工作，如，2009年完成了国家中心交付的《南风窗》、《今传媒》、《炎黄春秋》、《伴侣》等72种刊物，5110篇全文期刊数据库的加工工作。共加工完成1713万文字，1132幅图片。

四、服务方式及效果

一是注重技术研发，实现服务手段创新。省中心以“打造文化服务新品牌助力和谐新农村建设”为指导思想，自主研制、开发了专门满足基层群众特别是广大农民需求的文化共享工程互动应用系统“网上跟我唱”、“我的DV网上行”等一系列共享工程互动应用系统。2007年研制了网上跟我唱系统，使群众可以依托网络进行卡拉OK在线娱乐，2009年又推出了我的DV网上行系统，使DV爱好者可以依托网络进行交流。两个网上互动系统为群众提供了自娱自乐的网上唱歌平台和网上DV展示平台，丰富了的群众的业余文化生活。2009年利用“我的DV网上行”系统开展了《岁月如歌--改革开放三十周年优秀文艺节目展演》、《用DV讲述你的春节故事》等一系列丰富多彩的网上活动，受到了广大读者的欢迎。活动共上传电影、电视剧、舞台剧近100部。邯郸磁山二街农民上传春节娱乐节目近5小时，各地参与群众建立的专题专辑共计500多个，累计上传178部个人原创作品。网站日点击率达5000多人次。

二是举办网上阅读活动，读者反响强烈。省图书馆改扩建工程闭馆后，省中心与省图书馆共同举办了各种网上阅读活动，共发放免费阅读卡10000个。2009年组织开展了以“感受阅读•感受新中国的成长”为主题的“网

上阅读”活动，省分中心网站上开设了“感受阅读•感受新中国的成长”为标题的“网上阅读”活动专栏，向全省读者免费开放，提供各种电子书、刊40余万种。2005年以来，在4.23“世界读书日”活动期间，连续7年联合省图书馆向荐读点学校和石家庄市支中心赠送了荐读书目和荐读图书。

三是围绕重大节庆开展各种服务。每年的元旦、春节、五一、国庆等重大节日，开放全省各支中心ftp服务端口，做好资源下载工作。2008年5月份省中心组织人员到石家庄市栾城县南浪头村基层服务点开展示范性服务宣传活动，为那里的村民送去各种数字资源，包括农业种植、养殖等科技知识光盘，并利用文化共享工程设备为他们放映老电影和科学种养殖的光盘。像这类免费为农民播放科学种养殖技术的活动，特别受到当地村民的欢迎，希望这样的活动多开展。2009年为展示新中国成立60周年以来我国各项事业取得伟大成就，制作了“国事盛典　文化印证”资源。9月18日后，又按照中宣部会议精神，制作了“双百”人物事迹专题，各级支中心和基层服务点通过文化共享工程平台，面向基层群众大力宣传“双百”人物精神和事迹。“双百”人物的感人事迹和崇高精神，让更多的群众受到教育和激励，掀起了学习英雄模范、崇尚英雄模范的热潮。2011年参加国家中心举办的颂歌献给党活动中，唐山市支中心选送的《七律——长征》获一等奖，省分中心获优秀组织奖。2012年参加“全国公共电子阅览室建设计划百题知识竞赛”河北共有3000多人参加，个人获一等奖3名，二等奖11名，三等奖16名，河北省分中心获竞赛二等奖。

为总结经验、发扬成绩，2010年，省中心编写了《赢向未来——河北省文化信息资源共享工程巡礼》这本书，由西北工业大学出版，其中收录了大量共享工程基层服务范例。由于成绩突出，2005年河北文化信息资源共享中心被文化部、人事部评为先进集体。省中心研制的“网上跟我唱”被评为第十四届群星奖。

（撰文/河北省分中心）

石家庄市支中心

石家庄市现辖6个区、12个县、5个县级市及1个国家级高新技术开发区，总面积1.58万平方公里，总人口1016.4万人。石家庄市在河北省文化厅、省文化共享中心及市文广新局的领导部署下，已构成了一个由省、市、区、县、乡镇的文化共享网络，在新形势下为繁荣文化，满足人民群众多层次的文化需求发挥着重要的作用。

一、基本情况

2003年石家庄市文化共享支中心成立，财政和市图书馆自筹共64.4万元，建起了有40个机位，2兆光纤的共享平台，可以网上查阅国家共享中心和省图书馆的电子资源。2008年，伴随着石家庄市图书馆的改扩建完成，与共享中心相配套的电子阅览室扩大至45台机位，30兆光纤，并且提出了免费开放，共享资源，使广大市民可以充分利用数字资源。2010年又补充了远程访问，使市民在市内有微机的地方就可使用国家共享中心和省中心及我馆的数字资源，真正实现了共享。

二、管理和培训工作

我们实行的是共享中心和图书馆相结合的管理模式，由馆长领导，一名副馆长主抓，与数字资源部共同管理，使共享工作常态化。

自2003年以来，每年对各县区进行1至2次集中培训，培训成员主要是各县区图书馆馆长及文化共享相关人员，参加培训人员1100人次，不仅加强了对共享工作的认识，拓展了业务知识，也增进了各区县间的交流。

三、数字资源建设

该馆自2003年建立支中心以来，不断发展和完善数字资源，经费也从最初的几万元发展到现在的30多万元，建立起了有数字期刊、数字图书、学术论文、少儿英语、考试库、有声读物等8个种类的数字资源，并免费提供给市民使用。

四、利民惠农服务

利用共享资源配合图书馆开展每年一度的宣传服务周和燕赵读书活动，让广大市民充分地了解图书馆，了解共享工作，关心我们的文化事业。

配合文化下乡工作，利用共享资源，根据农村的需要，每年制作有关农业知识光碟800张，农业知识宣传小册子500份，发放给农村，受到农民朋友的热情欢迎。

与市区的中小学合作，建立服务点和宣传站，利用“儿童节”开展丰富多彩的活动，使孩子们认识图书馆、热爱图书馆、利用图书馆，知道什么是数字资源，如何利用，什么是资源共享，在他们幼小的心灵播下文化的种子，使图书馆成为伴随他们一生的良师益友。

五、宣传推广工作

利用该馆的网站，宣传推广共享工作。对全国共享中心和省共享中心设立专门的词条和链接，方便读者使用和查询；每年的宣传服务周，都会有有关共享中心的展牌，让市民更多地了解共享工作。

六、其它工作

石家庄市支中心建立以来，经常性地配合省文化厅、省中心、市文广新局进行市、区、县文化共享工作的普查、调研和检察、总结等工作，成为了石家庄市、区、县与省中心的纽带，既起到了示范带动作用，又起到了配合、推动作用。

七、工作展望

石家庄市的共享工作开展10年来，繁荣了地区文化，丰富了农村精神生活，普及了共享工程的知识，使群众了解了共享工作，走进了共享工程。在省文化厅、省共享中心和市文广新局的领导下，我们将加大投入力度，拓宽服务网点的建设，广泛深入的推广文化共享体系，让更多的人参与到共享工作中来，通过我们不断的努力，使我们的文化共享工作发展的更好。

（撰文/石家庄市支中心）

辛集市支中心

辛集市位于石家庄市东70公里。行政区划共有15个乡镇，344个行政村，常住人口61万余人。辛集基层中心在辛集市文化广电新闻出版局、石家庄市图书馆支持和部署下，逐步推进，稳步发展，在新形势下为繁荣农村基层文化，满足农民多层次文化需求，传递中国民族优秀文化资源发挥了重要作用。

一、基本情况

辛集市文化信息资源共享工程建设始建于2005年10月，最初在市图书馆、南智邱镇褚家庄村、张古庄镇北吕村、新累头镇、新累头村、制革区都大营村等6个基层网点。至2012年10月全市建成288个村基层网点。2013年覆盖全市。共享工程辛集基层中心设在辛集市图书馆，是共享工程建设和业务指导单位，负责保障共享工程设备的运行，协调镇村级共享工程设备的维修，指导镇村级共享工程活动的开展以及开展全共享工程管理员的业务培训和指导。

二、管理和队伍建设

为使共享项工程真正为民所用为民谋利，辛集基层中心将共享工程日常管理纳入制度化管理。制定基层中心、镇、村基层服务点工作职责和制度，实行制度上墙公开。有年度工作计划及总结。

文化资源共享工程作为一个新的农村文化资源获取平台，如何推广好、利用好共享工程丰富的文化资源关键在于是否有一支专业化的共享工程管理员队伍。辛集基层中心有图书馆两名专业人员负责管理，乡镇网点由文化站负责管理，村网点由村委负责管理。

三、培训工作

辛集基层中心在共享工程管理员的培养上实现了制度化。根据工作要求，建成一个培训一个、开通一个。并每年对辖区共享工程管理员进行集中培训。

四、经费投入

市政府每年拨3万元的运行经费，用于共享工程设备的维护，人员培训和惠民活动的开展。

五、资源建设

今年来，我们采取多种方式下载适合本市农业种、养殖科学技术的静、动态数字资源超过2TB，安装在电子阅览室的科技资源服务器上，最大限度的满足了各类读者的不同检索需示。

六、宣传推广

1、扩大影响、广泛宣传，利用上街宣传、文化下乡、外阅点送书等活动进行现场宣传，向各界群众介绍共享工程，引导群众深入了解和充分利用文化共享工程。

2、春节期间，组织开展了春节“文化共享工程”系列服务活动，为市民送春联360余幅，并向市民散发了两千多份科普知识宣传资料；开展了“欣赏文化共享工程资源关注文化共享工程动态”宣传；举办“有奖猜谜”元宵节灯谜晚会。共出灯谜五百多条，既有体现和谐社会方面的，又有阅读图书方面的，还有日常生活方面的。这些文化活动丰富多彩，成为全市春节文化活动不可缺少的一部分，营造了欢乐、喜庆、和谐的节日气氛，受到了广大群众的称赞。

3、利用文化信息资源共享工程有利条件，积极开展“文化惠民工程”。今年以来，组织人力，牺牲晚上休息时间，赴厂矿社区、建筑工地等处为群众义务放映电影。多次为农民工放映了《霍元甲》、《世纪大阅兵》等优秀电影近10部，为他们送上文化套餐，解除了工作疲劳，丰富了文化生活。在夏日炎炎的夜晚，为纳凉群众送上清凉的电影快餐，受到群众的一致好评。通过举办文化惠民工程，使我们深深的感到，这是一项深受群众欢迎和喜爱的民心工程，广大群众对于知识的需求和优秀文化产品的渴求十分强烈。在组织活动的过程中，所到之处，都会有大量的群众参与其中，乐而忘返。通过这项活动，使我们深深感到，文化事业既充满希望又任重而道远，只要符合群众的需要，体现时代的要求，优秀的文化成果一定会受到群众的欢迎，扎实有效的文化事业也将会蓬勃展开、发扬光大。

全国文化共享工程在我市的开展，发挥了普及科学文化知识，促进资源共建共享。为丰富群众文化生活，构建和谐社会，促进两个文明建设起到了积极的作用。

七、工作展望

辛集文化资源共享工程已走过7个年头，从开始的几个点到今天的近300个行政村，明年实现全市244个村全覆盖。

1、努力调查、挖掘、整理和制作富有地方特色的文化信息资源充实数据库。

2、认真抓好支中心和乡镇、村基层服务点工作人员队伍建设。加强技术培训和指导，建立比较完善的文化信息资源共享工程的人才培训体系。

3、充分利用共享工程市级支中心平台，为广大读者，特别是农村读者提供优秀的文化信息资源，提高网络信息服务水平和利用率。

今后希望在国家中心，省分中心大力支持下为辛集共享工程建设一支专业化的服务队伍。紧紧围绕“服务”做文章。为读者提供健康、有益、向上的精神食粮。丰富读者业余文化生活。

（撰文/辛集市支中心）

新乐市支中心

新乐市辖8镇3乡1个街道办事处，共有160个行政村，总人口46万。新乐市文化资源共享工程在新乐市文广新局，石家庄市图书馆支持和部署下，以面向基层、服务群众为导向，创新机制，整合资源，不断提升文化共享工程的建设管理水平，不断提高公共数字文化服务能力，开展多种形式有服务活动，努力满足城乡基层群众日益增长的数字文化需求，实现好、维护好、发展好人民群众的基本文化权益。

一、基本情况

新乐市文化资源共享工程建设开始于2004年，2011年文化资源共享工程开始普及进入乡镇行政村，目前120个行政村示范村已安装调试完毕。

共享工程新乐支中心设在新乐市图书馆，是新乐市共享工程在新乐市文广新局领导下的全市业务指导单位，负责保障中心共享工程设备的运行，协调乡镇村级共享工程设备的维修，指导乡镇村级共享工程活动以及开展共享工程管理员的业务培训和指导。

二、管理和队伍建设

为使共享项工程真正为民所用为民谋利，新乐支中心将共享工程日常管理纳入制度化管理。制定支中心、乡镇、村基层服务点工作职责和制度，实行制度上墙公开。制定年度工作计划，年末进行工作总结考核，努力探索共享工程管理和服务新模式。

新乐市共享工程支中心在管理员队伍建设上坚持明确职责，明确思路，逐步形成制度化管理，对于乡镇、村两级基层共享工程管理上择优选取文化层次较高，有一定社会基层管理服务实践经验的同志为管理员，他们能够尽快熟悉掌握共享工程设备并为所在村民服务。

三、培训工作

新乐市支中心根据支中心工作要求，积极对共享工程管理员进行集中培训，一共举办各类培训班3期，参加轮训的各级管理员达50多人次。

四、经费投入

新乐市共享工程县级支中心每年投入3万余元的运维经费，用于共享工程设备的维护，人员培训和节假日期间活动的开展。

五、资源建设

新乐市共享工程支中心在历年的工作中，搜集不同区域民众文化需求，2010年以来，制作各类展板26块，各类海报，招贴画30多副，每年发放各类光盘100多张，发放宣传资料千余份。

六、合作共建

以共享工程为依托结合全覆盖的农村数字电影厅建立电子文献资源服务中心。将各种部门下发的电子文献资源与建立的共享工程服务点结合，根据不同乡镇、村的硬件条件建立形式多样的电子阅览室和多媒体中心。比如在东王镇的东里村，杜固镇的南贾庄等建立与数字电影厅结合建成电影放映，共享工程宣教授课和党员教育活动室为一体的多功能活动室。通过多方不懈努力，共享工程已逐步走入基层村民生活，成为村民获取新知，娱乐身心的新渠道新平台。

七、利民惠众，惠农服务、宣传推广

新乐支中心在共享工程服务实践过程中，以民众的需求为导向，积极探索，服务民众生活生产，引领群众高尚精神文化生活，打造群众满意喜爱的文化服务新平台。

新乐市支中心利用各种渠道宣传推广共享工程。在每年的科技文化三下乡活动，新春文化活动、图书馆服务宣传周、全民读书月等活动中，新乐支中心不失时机，以活动为平台，以资料为媒介宣传共享工程，让民众不断了解共享工程，走进共享工程。

八、工作展望

新乐市文化资源共享工程已经成为新乐人民文化生活的一大支柱，成为繁荣新乐文化，丰富新乐市民精神生活，推动新乐人文科技进步的一支动力源泉。希望在国家中心、省中心、石家庄市级中心的大力支持下为新乐共享工程建设一支专业化的服务队伍，创新多种服务形式，拓宽服务网点，使群众更加广泛地参与共享工程的活动，为把新乐打造成为“经济强市、魅力新城、文化胜地、和谐家园”做出贡献。

（撰文/新乐市支中心）

鹿泉市支中心

鹿泉市辖8个镇、4个乡、一个区。共208个行政村常住人口432936人。

鹿泉市文化资源共享工程在鹿泉市文化局、鹿泉市图书馆支持和部署下，逐步推进，稳步发展，在新形势下为繁荣农村基层文化，满足农民多层次文化需求，传递中国民族优秀文化资源发挥了重要作用。

一、基本情况

文化共享工程鹿泉支中心设在市图书馆，成立于2006年，2009年按照《2009年度全国文化信息资源共享工程县级支中心配置标准》升级改造为拥有标准化配置的文化共享工程县级支中心，用于服务的计算机38台，服务器4台，其中应用服务器用于运行文化共享工程应用管理系统、业务服务器用于运行业务自动化系统、传输服务器用于数据资源管理或数据远程传输、管理服务器用于设备的远程管理，如采用卫星接收方案，可将相应设备和软件安装到该服务器上，目前该中心通过互联网访问文化信息资源共享工程的网站实现服务功能。

鹿泉支中心是鹿泉市共享工程的建设和业务指导单位，负责保障市中心共享工程设备的运行，协调镇村级共享工程设备的维修，指导镇村级共享工程活动的开展以及开展全市共享工程管理员的业务培训和指导。

二、管理和队伍建设

为使共享工程真正为民所用为民谋利，鹿泉市支中心将共享工程日常管理纳入制度化管理。文化资源共享工程作为一个新的农村文化资源获取平台，如何推广好、利用好共享工程丰富的文化资源关键在于是否有一支专业化的共享工程管理员队伍。鹿泉市共享工程支中心在管理员队伍建设上坚持明确职责，明确思路，制度化管理，常态化培育。每年投入一定的运维经费，用于共享工程设备的维护，人员培训和惠民活动的开展。

三、合作共建

以共享工程为依托结合全覆盖的农村数字电影厅建立电子文献资源服务中心。将各种部门下发的电子文献资源与建立的共享工程服务点结合，根据不同乡镇、村的硬件条件建立形式多样的电子阅览室和多媒体中心。比如在曲寨村建立拥有多台电脑的多媒体阅读中心，共享工程宣教授课和电子资源阅读播放为一体的多功能活动室。通过多方不懈努力，共享工程已逐步走入基层村民生活，成为村民获取新知，娱乐身心的新渠道新平台。

鹿泉市支中心采用发放培训资料、上门指导、电话咨询等方法到南故城村基层点，结合文化共享工程的具体工作和农村文化建设的实际，有针对性地对村基层点的工作人员针对计算机操作、熟练掌握共享工程基本知识、共享资源使用及设备维护以及新时期如何加强农村文化建设等内容进行了培训，进一步提高了文化共享工程基层服务点人员的业务水平，在市支中心的带动下，各基层服务点都能克服各种困难坚持活动，充分利用文化共享工程设备和资源，定期在当地百姓中开展科普、文化娱乐活动，切实增强了先进文化的感召力和凝聚力，深受城镇社区和村百姓的好评，促进了本市农村文化建设。

四、宣传推广

1、领导视察，媒体宣传

中共中央政治局委员、国务委员刘延东、中共中央政治局常委李长春等各级国家、省、市级领导都先后来到鹿泉支中心视察工作，并对我们的工作给予了高度评价。省市领导多次来到中心视察。

2、下乡活动，实地宣传

在鹿泉市每年的科技文化下乡活动，科普之春，科普之夏，图书宣传周等活动中，鹿泉市支中心不失时机，以活动为平台，以资料为媒介宣传共享工程，让民众不断了解共享工程，走进共享工程。

3、主题活动，阵地宣传

鹿泉市支中心在服务中抓住文化的热点和亮点，积极组织群众喜闻乐见的文化服务，使共享工程走进群众生活。如举办以“大美天成，山水鹿泉”为主题的“鹿泉书画作品展”，展现了鹿泉市作为省会西花园的全新风貌，吸引广大读者参观。举办“少儿动画贺卡制作迎六一”专题讲座。

五、工作展望

今后鹿泉支中心希望在河北省中心，石家庄分中心大力支持下为鹿泉共享工程建设一支专业化的服务队伍，建立一个服务体制和服务形式更加多样，服务面更加宽广，参与群众更加广泛的共享工程文化带动体系，为推动“十二五”时期文化共享工程和公共电子阅览室建设、为建设鹿泉做出贡献。

（撰文/鹿泉市支中心）

井陉县支中心

井陉县辖10个镇、7个乡、4个社区居委会、318个行政村，总面积1381平方千米，总人口32万人。

一、基本情况

全国文化信息资源共享工程井陉县支中心于2004年在县图书馆开始起步建设，配置电脑10台，制订了《全国文化信息资源共享工程井陉县支中心实施方案》。2009年至2011年井陉县支中心利用上级下拨的40多万元的设备进行改造升级，配置了新电脑30台，服务器4台，存储器1台，电源及卫星接受器等设备各1台。另外还建设了乡镇基层服务点5个；农村党员干部远程教育基层服务点及村级（社区）共享工程基层点270个，覆盖率85%。县级支中心设在井陉县图书馆，指导全县“文化资源共享工程”工作的开展。

二. 管理和队伍建设

文化资源共享工程井陉县支中心重视“共享工程”管理和队伍建设工作，制定了相关工作职责和制度，每年有年度工作计划和总结，并制定了《井陉县文化信息资源共享工程实施方案》。

井陉县支中心选择计算机专业或其他高学历的人员为管理员，并通过出去学习、请老师来馆讲课等形式，努力建设一支专业化的“共享工程”管理员队伍，不断提高业务能力和工作水平。

三、培训工作

文化资源共享工程井陉县支中心在共享工程管理员的培养上实现了制度化和常态化。2010年井陉县图书馆派2名同志到市图书馆参加了文化资源共享工程培训，并在2012年3月与文化信息资源共享工程的商家业务人员进行现场专业技能培训，通过现场培训，熟练了操作工程设备流程。2012年加强了对乡镇村基层点进行专业技能业务培训，进行专业业务培训8次。

四、资金投入

利用各级财政下拨专项资金40多万元用于县级支中心建设设备购置和5个基层网点建设设备，文化资源共享工程进展顺利，为了使工程设备最大限度地发挥应有的作用，使广大群众真正地享受到这一文化大餐，县文化广播新闻出版局积极向县政府、县财政局申请运行经费开展工作。

五、资源建设

井陉县支中心结合本县实际，进行了一些数据库建设，其中“井陉拉花数据库”收集、整理了2000篇相关资料和大量视频，拍摄了1000幅井陉拉花图片，为井陉县发展文化事业作出了积极贡献。

六、合作共建

以共享工程为依托结合全覆盖的农村数字电影厅建立电子文献资源服务中心。将各种部门下发的电子文献资源与建立的共享工程服务点结合，根据不同乡镇、村的硬件条件建立形式多样的电子阅览室和多媒体中心。通过多方不懈努力，共享工程已逐步走入基层村民生活，成为村民获取新知，娱乐身心的新渠道新平台。

七、惠民服务

井陉县支中心及乡镇服务点通过电子阅览室和网站为读者提供在线信息服务，通过投影仪播放讲座等视频节目。还与县电视台合作推出一系列文化资源共享工程播放项目，使全县人民享受到了这一文化大餐。基层服务点利用下乡放映电影的机会，放映文化共享工程的农村种养培训视频，深受广大农民的欢迎；晚上利用投影仪在文化广场播放视频节目，电影、地方戏剧、科技知识、生活小常识、法律知识等内容都深受居民的喜爱，每晚广场上都聚集着众多的居民观看，是居民夜生活的一大亮点。井陉县支中心、各基层服务点充分发挥“共享工程”在农村实用人才队伍建设中的积极作用，开展农村实用人才培训，主要形式是举办文化、卫生、科技、法制、种养等各种内容的培训班、视频讲座，不断开创培训工作的新局面。井陉县支中心每年利用共享资源编印农村种养等专题资料二千多份，无偿向农民发放。

八、宣传推广

文化资源共享工程井陉县支中心利用网站、报纸、电视等各种渠道宣传推广“共享工程”，尤其在每年的“世界读书日”、“送书下乡”等活动中，通过宣传让群众不断了解“共享工程”，走进“共享工程”，利用“共享工程”的丰富资源。同时，结合纪念建党、建国等重大纪念活动及春耕秋播等时节，开展“共享工程”专题资源下乡、专题视频展播等主题活动，使“共享工程”走进群众生活。

九、工作展望

大力推进“共享工程”建设，充分利用“共享工程”的丰富资源为群众服务。要结合“共享工程”工程建设，全面提升井陉县支中心的设备，提高井陉县“共享工程”的建设水平。要进一步扩充文化设施网点，早日实现行政村全覆盖。

（撰文/井陉县支中心）

正定县支中心

正定县有9个乡镇（含1个街道办），174个行政村，47.5万人。

一、基本情况

文化信息资源共享工程正定基层支中心位于正定图书馆二楼，建筑面积200平方米，微机42台，能够保证满足读者阅读需求；同时备有7000多册电子图书和有关文献；人员方面，我们抽出5人兼职管理，还聘请1名微机专业人员，县政府协调信息办工作人员经常进行技术指导。经过十年建设和发展，正定基层支中心由小到大，由点到面，发展了北孙村、韩家楼村、老干部活中心等近90个村级分中心。

二、管理和队伍建设

为了使文化信息资源共享工程所为民所用，正定县支中心将工程日常管理纳入制度化管理，实行制度上墙。村中心工作人员由村委会选拔年轻学历高的村委委员兼任。由于县财政经费紧张，文化信息资源共享工程正定基层分中心建成以后，缺少必要的保障经费，现在早期建成各分中心设备的设备损坏严重，有的勉强运行。

三、合作共建

正定中心建成初期通过互联网开通了101远程教育网站，通过在线授课的方式，把先进的教育方式和学习方法传达给学生，接受学习信息的学生达5000人次。

正定基层中心与图书馆借阅室、阅览室毗邻，三者相辅相成。读者在欣赏图书资料的同时也可以浏览网络的文化信息。这样，共享工程文化信息很及时的弥补了原有图书借阅的很多不足，为广大读者拓宽了知识信息空间，提供了更全面的文化服务。

四、利民惠民服务

正定基层支中心把省中心下发的京剧音配像光盘安装到电脑上，大大满足了戏曲爱好者的需求。正定戏曲协会会员和票友们在观看了音配像光盘，亲身感受到了文化共享工程的便捷后说，以前想要看戏要等电视上放，不知等到什么时候，现在有了音配像的光盘，不但可以跟唱、配唱，还能投到那么大的屏幕上，让我们这些爱好戏曲的朋友们很方便的欣赏到好段子，真是为我们解决了大难题。

正定戏曲协会会员和票友们经常利用共享工程提供的信息平台，举办多次戏曲活动，如：2007年迎新春网络戏曲票友演唱会，网上跟我唱等，利用现代网络媒体共同演绎传统国粹，共享工程为广大戏迷提供了更好的共享网络空间，收到很好的效果。

五、荣誉奖项

2006年1月，正定基层中心承办了“文化部电子图书送书下乡活动开启仪式”。文化部主管文化共享工程负责人、河北省文化厅负责人以及市县主管领导出席了仪式，宏大的电子图书下乡活动由此开启。

六、工作展望

正定县文化信息资源共享支中心已走过10个年头，从以前点到后来的面，再到现在的全县覆盖。文化信息资源共享工程得到了广大人民群众的认可，成为繁荣正定文化，丰富人民精神文化生活的一个强大支柱。今后我们将在省、市中心的支持下，再接再厉为建设和繁荣正定做出贡献。

（撰文/正定县支中心）

高邑县支中心

高邑县辖五乡一镇一个街道办事处，107个行政村，18万人口，25万亩耕地。

高邑县文化资源共享工程在河北省中心和高邑县文广新局的支持下，逐步推进，稳步发展，在新形势下为繁荣农村基层文化，满足农民多层次文化需求，传递中国民族优秀文化资源中发挥了重要作用。

高邑县文化资源共享工程建设开始于2009年，支中心设在高邑县图书馆，前期投入6万元，对机房进行了地面静电处理，购置了一批电脑桌椅，对电子阅览室内部进行了装修，以保证读者有个舒适安逸的环境。2010年3月已收到河北省文化厅配备的价值35万元的文化信息资源建设项目设备，至今硬件软件及卫星接收安装完毕。前期投入6万元进行了基础设施的建设。

高邑县县级支中心利用各种渠道宣传推广共享工程，以资料为媒介宣传共享工程，让民众不断了解共享工程，走进共享工程，为以后更好的利用共享工程，方便于民打下了坚实的基础。为建设科技高邑，文化高邑作出贡献。

（撰文/高邑县支中心）

元氏县支中心

一、基本情况

元氏县文化信息资源共享工程于2003年开始建设，同年，县级支中心建设完成并投入使用。2005年，全县15个乡镇208个行政村开始进行信息资源工程基层网点建设，截止到2009年，文化信息资源工程基层网点实现了5镇10乡208个行政村全覆盖。

目前，元氏县级支中心设在元氏县图书馆，房屋使用面积120平方米，拥有卫星接收装置1套，通过光缆与互联网连通，支中心资源库拥有服务器4台，数据资源TB，阅览室拥有计算机终端30台，建有影像放映室1个，可容纳观众60人。

2005年以来，中心服务能力逐步提高，目前年接待读者打万人以上。全县乡镇及村级基层网点一般通过电信宽带接收信号，可访问县支中心资源库，同时与党员远程教育工程共建共享。设备一般有计算机、宽带、解码器、电视机、投影仪、音响等。目前，县级支中心及全县所有的基层网点均建有完善的管理制度，所有网点的服务内容、开放时间等全部向群众公开。

二、队伍建设

元氏县支中心由元氏县图书馆代管，配有专职管理员1名，15个乡镇均在乡镇文化站设置了基层服务点，由乡镇文化站代管，208个行政村的服务点一般建在农家书屋，由书屋管理员兼管文化信息资源共享服务工作。目前，全县文化信息资源共享工程县乡村三级共有专兼职工作人员232人。

为了更好地发挥共享工程的作用，近年来，元氏县不断加强文化信息资源工程队伍建设，每年进行一次统一的业务培训，县文广新局每年组织基层网点的检查考核，全县232名工作人员全部实行了持证上岗。通过几年的努力，资源共享工程的服务能力不断提高，据调查，群众满意率在80%以上。

三、经费投入

元氏县支中心建设2003年由省市县三级投入经费约30万元，2003年以后，县财政每年投入保障和运行经费5万元，2008年，省县两级财政又投入41万元对中心的大部分设备进行了更换，支中心自建设以来不含省分中心下发的信息资源库费用累计投入已达120余万元。

全县基层网点建设统一由各级财政投入，据统计，乡镇基层网点每个网点设备投入约2万元，村级网点投入约1万元，全县乡村两级设备投入共计达238万元。

四、资源建设

目前，元氏县文化信息资源共享工程信息资源主要有以下几种形式：1、卫星信号；2、互联网；3、河北省分中心和石家庄市支中心下发的资源光盘；4、通过电信宽带接收的全国党员远程教育资源；5、元氏县自己制作的反映当地传统文化、自然资源、经济社会发展等方面的信息资源。

五、荣誉奖项

2007年至今，文化信息资源共享工程元氏县支中心被团县委授予"青年文明号"，2008年，被县文明委授予"文明服务窗口"，2007年至今，连续多年被评为县文化系统先进单位。

六、工作展望

1、不断更新文化信息资源共享工程设备，确保系统运转正常。

2、加大本地文化信息资源的挖掘、整理、入库，通过多种渠道加大资源库信息量，不断满足群众需要。

3、加强与农家书屋、党员教育、农业小喇叭、科技进农家工程等的共建共享，增强综合服务能力。

（撰文/元氏县支中心）

赵县支中心

一、基本情况

赵县文化信息资源共享工程支中心建设始于2005年，省市拨款10万，县配套3万，购置20台电脑，2010年县文广新局投入10万元进行机房、电子阅览室改造。2011年底，省配价值68万元设备建成赵县文化信息资源县级支中心，电脑30台。机房面积22平方米，设计装修完全符合国家相关标准，地面加装了抗静电地板，粉刷了墙面和顶棚，按标准进行了配电安装，并按规定配置了3台高端服务器，磁盘阵列一套，容量达到4TB。拥有各类交换机2台，百兆防火墙一个，充分保证网络安全。安装UPS电源系统一套，充分供应服务器和磁盘阵列。安装了标准机柜、4路KVM切换器等附属设施。

电子阅览室面积200平方米，配电脑45台，音响设备一套、投影设备一套和4路VGA输入切换设备，形象直观地把文化资源信息通过投影的形式表现出来。

2009年赵县文化资源共享工程开始普及进入乡镇行政村，每村配发投影设备一套，第一批236个行政村与当年安装调试完毕。2010年第二批45个行政村进行安装，至此赵县所属行政村实现文化信息共享工程全覆盖。

共享工程赵县支中心设在赵县图书馆，负责保障县级支中心共享工程设备的运行，协调镇村级共享工程设备的维修，指导镇村级共享工程活动的开展以及开展全区共享工程管理员的业务培训和指导。

二、管理和队伍建设

为使共享项工程真正为民所用为民谋利，赵县支中心将共享工程日常管理纳入制度化管理。制定支中心、乡镇、村基层服务点工作职责和制度，实行制度上墙公开。有年度工作计划、月工作要点、工作总结及考核，实行责任制，管理员负责收集整理共享工程服务活动的效果，探索共享工程管理和服务新模式。

赵县共享工程支中心在管理员队伍建设上坚持明确职责，明确思路，制度化管理，常态化培育。对于乡镇、村两级基层共享工程管理上择优选取文化层次较高，有一定社会基层管理服务实践经验的大学生村官为管理员，他们工作热情高，有较高的文化水平能尽快熟悉掌握共享工程设备为所在村民服务。目前赵县共享工程基层点管理员由大学生村官、离退休老师、较高学历的村委委员兼任。根据支中心工作要求，每季度对辖区共享工程管理员进行集中培训，2010年以来一共举办各类培训班12期，参加轮训的各级管理员达3000人次。

三、经费投入

赵县共享工程自2010年实现村村全覆盖以来，县财政每年投入运维经费，用于共享工程设备的维护，人员培训和惠民活动的开展。同时，县文广新局、县图书馆每年也投入大量人力物力支援共享工程各项活动的正常开展。

四、资源建设

赵县支中心在历年的工作中，搜集不同区域民众文化需求，选取、编辑制作各类题材资源2TB，每年制作发放各类光盘1000多张，展板30多块，发放宣传资料5000余份。

五、合作共建

共享工程与党员干部远程教育、电子资源阅读播放为一体的多功能活动室。通过多方不懈努力，共享工程已逐步走入基层村民生活，成为村民获取新知，娱乐身心的新渠道新平台。

六、利民惠众，惠农服务

赵县支中心在共享工程服务实践过程中，以民众的需求为导向，积极探索，服务民众生活生产，引领群众高尚精神文化生活，打造群在满意喜爱的文化服务新平台。根据赵县地域农业、果品生产特点，赵县支中心每年按节令制作农业、果品生产技术光盘和小册子通过行政村基层服务点村民分发。针对不同农业专业者，赵县支中心有针对的选取资源上门指导服务。历年来累计服务专业生产户60多户，长期点对点跟踪服务20户。

七、宣传推广

1、赵县支中心利用各种渠道宣传推广共享工程。在赵县每年的科技文化三下乡活动，赵县支中心不失时机，以活动为平台，以资料为媒介宣传共享工程，让民众不断了解共享工程，走进共享工程。

2、走进校园。赵县支中心文化服务中不断探索，利用支中心儿童阅览专区，组织动员青少年儿童关注共享工程，利用共享工程，收集青少年知识兴趣点整理挖掘，针对集中地知识群和关注点赵县支中心聘请专家前来为青少年答疑解惑和精彩的报告，深受广大青少年的喜爱。通过一系列的活动是共享工程不仅走进农村也走进校园走进青少年。

3、专题活动，精彩纷呈。赵县支中心在服务中抓住文化的热点和亮点，积极组织群众喜闻乐见的文化服务，使共享工程走进群众生活。举办"迎接建党90周年""品读中华经典，共享文化盛宴""颂歌献给党"等一系列活动。

八、工作展望

赵县文化资源共享工程，从单一的资源接收到今天的编辑分发和群众广泛认知，广泛参与，文化资源共享工程在赵县已经成为赵县人民文化生活的一大支柱，成为繁荣赵县文化，丰富赵县人民精神生活，推动赵县人文科技进步的强大动力源泉。在国家中心、省、市中心大力支持下为赵县共享工程建设一支专业化的服务队伍，为建设赵县文化共享做出贡献。

（撰文/赵县支中心）

张家口市支中心

张家口市市共有20个县、区、管理区，209个乡镇，4176个行政村，约200个社区。张家口有着深厚的文化底蕴，是河北省著名的历史文化名城。

一、基本情况

2003年4月，张家口市文化局向市政府呈报《关于〈文化信息资源共享工程实施方案〉的请示》；2004年11月，又上报了《关于我市文化信息资源共享工程最基本设备所需经费的请示》，2005年3月，市政府办公室印发了《关于〈张家口市文化信息资源共享工程实施方案的通知〉》（政办字[2005]41号）。2005年8月，正式建成张家口市级支中心。

2005年12月，国家中心资助我市5个基层服务中心，省文明办资助我市2个基层服务中心。2006年11月，省中心又资助我市3个县级分中心，省文明办资助我市19个"村民中心"。到2012年，我市已建成1个市级支中心，20个县级分中心，441个乡镇、村级基层服务中心。

二、经费投入

市级支中心初建之时由市财政投入了85万元。按照"市、县财政部门要按照中央财政和省财政的做法，设立专项资金并列入年度预算，切实保证分中心和基层站点建设及日常运行经费、设备经费、资源建设经费"的文件精神，2005年我们向市政府提交了《关于将市文化信息资源共享支中心运行所需经费列入财政预算的请示》，之后市财政每年给予10万元的运行经费，用于资源建设、设备维护和人员培训。但县级以下分中心都没有专项经费，因很多县乡尚处于"吃饭财政"，多数面临着资金困难、经费投入不足的问题。

三、资源建设

我们采用自建、购买和获赠等多种渠道，近几年在资源建设上取得了一些成就。首先是挑选了311册使用频率高的地方文献制作成电子文档，其次是购买了10余万种电子图书、约50万篇电子期刊，计1304GB。在以后的资源建设中仍将重点建设地方文献、地方戏曲和政务公开信息资源库。

四、惠民服务

我市的文化共享工程在充分利用网络资源开拓服务方面做出了显著的成绩。例如市级分中心向读者发放省中心的读书卡，并向读者宣传国家、省中心的资源特色和组成情况，号召读者要善于利用国家、省中心提供的便利条件提高学习效率，共享文化发展成果。定期向读者推荐专题数据库，播放具有教育意义的影片和视频资料，尤其是配合形势教育和节假日纪念日开展的读者活动效果更好，影响也比较大。向基层服务点发放《中国农业知识仓库》和《万方数据中医药知识系统》，要求他们按照国家、省中心的精神开展相应的活动。从各基层服务点上报的情况看，共组织村民34场2700人次开展了农业科技知识阅读活动。如沙梁村是个以西红柿为主的蔬菜种植大村，因微机数量少，他们就采取集中搜索、投影播放的形式向村民介绍西红柿种植、防病毒等方面的科技知识，接连几天场场爆满。其它基层服务点根据群众需要或集中播放，或由村民自己查阅，从收到光盘安装完毕后就天天开放，基本上不限时间。宣化县深井镇利用共享中心提供的材料共发放科普知识、法律常识、农业科学技术、党员教育等培训材料7000多份，征集各类供求信息3000多条，并通过县外开办进行网上发布，举办对外宣传座谈会18场次，全镇上下"学科学，求发展"的意识普遍增强。

五、培训工作

为提高基层服务点的服务能力和管理水平，充分发挥现有资源的作用，加强公共文化服务能力，保证各级服务点"开得通、用得上、坚持得好"，市级支中心于2009年和2012年共举办了两期基层服务人员培训班，来自县级分中心和基层服务中心的76名学员参加了培训。培训班主要围绕共享工程技术、资源、服务等三方面内容以及如何有针对性地开展工作进行讲解。通过讲练结合，学员首先解决了日常应用当中的技术问题；其次是掌握了一些初步的共享工程资源建设和发布问题；第三是在服务的方式方法上开阔了眼界，交流了各自的经验

2009年8月共享工程培训班现场

和做法。大家表示回去后尤其要加大共享工程的宣传力度，要在“用”上下功夫，提升共享工程的服务能力、服务范围和服务效果，逐步建立和完善先进实用、适合本地特点的共享工程技术体系和服务体系，使共享工程真正走进千家万户，深入民心。

六、管理和队伍建设

市级支中心现有3名专职人员。县、乡、村分中心大多是兼职人员，这就造成了管理人员流动性大，不利于队伍建设。针对此种情况，我们一方面加强调研督促工作，另外树立典型，以点带面。通过调研，了解到其共性的问题是技术人才力量不足，资源得不到及时更新，村民利用共享工程资源的季节规律性明显，认为共享工程资源丰富，但深度不足，适用性不够，但在引导村民积极健康的文化活动方面，尤其是青少年健康教育上效果显著，深得村民的欢迎。如宣化县深井镇共享分中心在副镇长郭延琳同志的带领下，先后筹资3.8万元装修了业务用房，增配了电脑，建成了中心局域网，组织了电脑输入、网络技术、写作技巧等培训活动，该分中心的3名同志都具备了良好的工作技能，有的长于写作，有的熟练电脑，有的擅长排版编辑，各方面素质都有了较大幅度的提高，为提高工作效能打下了良好的基础。

七、工作展望

在近几年的发展建设中，张家口市的文化共享工程从无到有，取得了一些成果，但今后的建设任务仍然很重，我支中心一方面要做好全市的技术指导，一方面要抓紧资源建设，在2013—2015年资源建设规划中计划投资60万元建成地方文献资源库、地方戏曲资源库和政务公开信息资源库，在建库的过程中锻炼队伍，提高服务层次。力争在“十二五”期间达到文化共享工程在我市的全覆盖，为促进文化建设和提高基层群众的文化素质做出我们应有的贡献。

（撰文/张家口市支中心）

怀安县支中心

一、基本情况

怀安县文化资源共享工程建设开始于2010年，最初在柴沟堡镇崛仑屯、南忻屯等二十八个村试点安装，此后陆续在全县11个乡镇文化中心开始安装。前期安装设备均通过卫星设备直接接收国家中心下发的各类资源和信息。2012年第二批245个行政村进行安装，至此怀安县所属行政村实现全县共享工程村村全覆盖。

共享工程怀安县支中心设在怀安县图书馆，是怀安县共享工程的建设和业务指导单位，负责保障县中心共享工程设备的运行，协调乡镇、村级共享工程设备的维修，指导乡镇、村级共享工程活动的开展以及开展全区共享工程管理员的业务培训和指导。

二.管理和队伍建设

为使共享工程真正为民所用为民谋利，怀安县支中心将共享工程日常管理纳入制度化管理。制定支中心、乡镇、村基层服务点工作职责和制度，实行制度上墙公开。每年有年度工作计划，月度有工作要点，季度有工作督导，年末有工作总结考核，并推行管理员工作同志管理，收集整理共享工程服务活动的得失，探索共享工程管理和服务新模式。

文化共享工程作为一个新的农村文化资源获取平台，如何推广好、利用好共享工程丰富的文化资源关键在于是否有一支专业化的共享工程管理员队伍。怀安县共享工程支中心在管理员队伍建设上坚持明确职责，明确思路，制度化管理，常态化培育。对于乡镇、村两级基层共享工程管理上择优选取文化层次较高，有一定社会基层管理服务实践经验的村委委员为管理员，他们工作热情高，有较高的文化水平能尽快熟悉掌握共享工程设备为所在村民服务，实现了管理员选取的高起点。

三、培训工作

怀安县支中心在共享工程管理员的培养上实现了制度化和常态化。根据支中心工作要求，每年对乡镇、村共享工程管理员进行集中培训。

四、经费投入

怀安县共享工程自2010年实现村村全覆盖以来，怀安县图书馆每年投入50余万的运维经费，用于共享工程设备的维护，人员培训和惠民活动的开展。同时，怀安县政府、怀安县旅游文化体育广电新闻出版局每年也投入大量人力物力支援共享工程各项活动的正常开展。

五、资源建设

怀安支中心在历年的工作中，搜集不同区域民众文化需求，选取、编辑制作各类题材的电子图书20余万册，法律法规文献11万册，发放宣传资料4000余份。

六、合作共建

以共享工程为依托结合全覆盖的农村数字电影厅建立电子文献资源服务中心。将各种部门下发的电子文献资源与建立的共享工程服务点结合，根据不同乡镇、村的硬件条件建立形式多样的电子阅览室和多媒体中心。比如在西沙城乡的北庄堡村、柴沟堡镇崛仑屯等村建立拥有多台电脑的多媒体阅读中心，通过多方不懈努力，共享工程已逐步走入基层村民生活，成为村民获取新知，娱乐身心的新渠道新平台。

七、利民惠众，惠农服务

怀安中心在共享工程服务实践过程中，以民众的需求为导向，积极探索，服务民众生活生产，引领群众高尚精神文化生活，打造群在满意喜爱的文化服务新平台。

根据怀安地域农业生产特点，怀安支中心每年按节令制作农业生产技术光盘和小册子通过行政村基层服务点村民分发。针对不同农业专业者，怀安支中心有针对的选取资源上门指导服务。

八、宣传推广

1、怀安支中心利用各种渠道宣传推广共享工程。在怀安每年的科技文化四下乡活动，科普之春，科普之夏，科技周等活动中，怀安支中心不失时机，以活动为平台，以资料为媒介宣传共享工程，让民众不断了解共享工程，走进共享工程。

2、专题活动，精彩纷呈。怀安支中心在服务中抓住文化的热点和亮点，积极组织群众喜闻乐见的文化服务，使共享工程走进群众生活。例如组织柴沟堡镇、左卫镇等文化服务点开展“颂歌献给党”群众歌咏活动，丰富了群众的文化生活。

怀安文化资源共享工程虽只有3个年头，从昨天的几个点到今天的273个行政村全覆盖，从单一的资源接收到今天的编辑分发和群众广泛认知，广泛参与，文化资源共享工程在怀安已经成为怀安人民文化生活的一大支柱，成为繁荣怀安文化，丰富怀安人民精神生活，推动怀安人文科技进步的强大动力源泉。今后怀安支中心希望在国家中心、怀安县旅游文化体育广电新闻出版局支持下为怀安共享工程建设一支专业化的服务队伍，建立一个市、县、乡三级知识网络联动的即时问答服务体制和服务形式更加多样，服务网点更加宽广，参与群众更加广泛的共享工程文化带动体系，为建设科技怀安，文化怀安做出贡献。

（撰文/怀安县支中心）

承德县支中心

承德县地处河北省东北部，距省会石家庄588公里。全县辖23个乡镇（17个乡、6个镇）和1个街道办，378个行政村，人口41万。

承德县文化资源共享工程在各级领导的支持和部署下，逐步推进，稳步发展，在新形势下为繁荣农村基层文化，满足农民多层次文化需求，传递中国民族优秀文化资源发挥了重要作用。

一、基本情况

我县文化信息资源共享支中心建在了县图书馆。2009年，省财政厅、文化厅下达承德县图书馆文化信息资源共享工程县级支中心设备购置资金45万元，资金到位后，图书馆严格按照省厅要求将此专项资金拨付指定账户参加省集中采购，并落实了安装配套设施和设备场所。2010年，省集中采购的设备分三批配送县图书馆，价值32.75万元，县财政局安排资金14.5万元，用于机房、电子阅览室装修，楼顶天线底座及避雷针底座等配套设施和设备的建设。机房及电子阅览室均按照省共享中心下发的《机房及电子阅览室环境建设标准》进行建设，具备了文化共享工程规范化县级支中心建设条件。文化信息资源共享省中心在2012年4月对我县支中心建设进行了软件安装、网络卫星接收调试。县支中心电子阅览室面积50平方米，机房面积25平米，共有pc机23台，宽敞明亮，拥有先进的硬件设施、软件平台、网络技术，每天定时接收国家管理中心投放的资源，为读者提供服务。目前我县文化共享支中心建设全部完成，通过卫星设备直接接收国家中心下发的给类资源和信息。

2009年承德县文化资源共享工程建设开始进入乡镇行政村，第一批200套设备，包括投影仪、幕布、音响安装完毕，第二批于2011年发放150套，至此承德县所属行政村已完成全县共享工程村村覆盖初期建设。

共享工程承德县支中心设在承德县图书馆，是承德县共享工程的建设和业务指导单位，负责保障全县中心共享工程设备的运行，协调乡镇、村级共享工程设备的维修，指导共享工程活动的开展以及开展全区共享工程管理员的业务培训和指导。

二、管理和队伍建设

为使共享项工程真正为民所用为民谋利，承德县支中心将共享工程日常管理纳入制度化管理。制定支中心、镇、村基层服务点工作职责和制度，实行制度上墙公开。每年有年度工作计划，月度有工作要点，季度有工作督导，年未有工作总结考核，并推行管理员工作同志管理，收集整理共享工程服务活动的得失，探索共享工程管理和服务新模式。文化资源共享工程作为一个新的农村文化资源获取平台，如何推广好、利用好共享工程丰富的文化资源关键在于是否有一支专业化的共享工程管理员队伍。承德县共享工程支中心在管理员队伍建设上坚持明确职责，明确思路，制度化管理，常态化培育。对于乡镇、村两级基层共享工程管理上择优选取文化层次较高，有一定社会基层管理服务实践经验的为管理员，他们工作热情高，有较高的文化水平能尽快熟悉掌握共享工程设备为所在村民服务。

三、培训工作

承德县支中心在共享工程管理员的培养上实现了制度化和常态化。根据支中心工作要求，对全县共享工程管理员进行了集中培训。

四、经费投入

承德县政府，承德县财政局和承德县图书馆每年投入大量人力物力支援共享工程各项活动的正常开展。

五、合作共建

以共享工程为依托结合全覆盖的农村数字电影厅建立电子文献资源服务中心。将各种部门下发的电子文献资源与建立的共享工程服务点结合，根据不同乡镇、村的硬件条件建立形式多样的电子阅览室和多媒体中心。共享工程宣教授课和电子资源阅读播放为一体的多功能活动室。通过多方不懈努力，共享工程即将逐步走入基层村民生活，成为村民获取新知，娱乐身心的新渠道新平台。

六、利民惠众，惠农服务

承德县支中心在共享工程服务实践过程中，以民众的需求为导向，积极探索，服务民众生活生产，引领群众高尚精神文化生活，打造群在满意喜爱的文化服务新平台。根据承德县地域农业生产特点，承德县支中心每年按节令制作农业生产技术光盘和小册子通过行政村基层服务点村民分发。针对不同农业专业者，承德县支中心有针对的选取资源上门指导服务。历年来累计服务专业生产户30多户，长期点对点跟踪服务6户。

七、宣传推广

1、承德县支中心利用各种渠道宣传推广共享工程。在承德县每年的科技文化四下乡活动，科普之春，科普之夏，科技周等活动中，承德县支中心不失时机，以活动为平台，以资料为媒介宣传共享工程，让民众不断了解共享工程，走进共享工程。

2、走进校园。承德县支中心文化服务中不断探索，利用支中心儿童阅览专区，组织动员青少年儿童关注共享工程，利用共享工程，收集青少年知识兴趣点整理挖掘，针对集中地知识群和关注点在各中小学校开展了科普网页制作大赛和电脑小报制作大赛。通过一系列的活动使共享工程不仅走进农村也走进校园走进青少年。

3、专题活动，精彩纷呈。承德县支中心在服务中抓住文化的热点和亮点，积极组织群众喜闻乐见的文化服务，使共享工程走进群众生活。承德县电子阅览室自建成投入使用以来，致力于多方的宣传和服务工作，完全实行免费对外开放政策，除了一般性质的“网上阅读”外，还积极采用各种新方法、新手段、新形式开展读者朋友喜闻乐见、丰富多彩且别具特色的数字化服务，例如经常邀请县里健康专家为中老年朋友开展健康知识讲座，讲述饮食保健、疾病预防、运动养生等知识，讲座图文并茂，有声有色，通俗易懂，帮助老年朋友们在阅读之余放松心情并获取一些保健常识，受到中老年读者的好评；假期里，利用电子阅览室设备为青少年儿童播放《小兵张嘎》、《闪闪红星》、《上甘岭》等革命影片，加强爱国主义教育；积极补充电子阅览室的图书资源，向未成年人提供文明健康、积极向上的学习资源，保证上网计算机不能访问到未授权、非法网站和有害信息内容，真正实现未成年人的绿色上网，被家长们称为最放心的孩子乐园。利用共享工程开展思想道德建设，切实将加强和改进未成年人思想道德建设工作落到了实处；开展“颂歌献给党——全国文化信息资源共享工程迎接党建90周年群众歌咏活动”，激励当代人勿忘国耻，奋发向上；定期编写科技信息、致富信息等简报发放到各个文化站、农村科技示范户及农家书屋。

（撰文/承德县支中心）

平泉县支中心

平泉县有人口49万，19个乡镇，293个行政村。平泉县的文化共享工程在省厅、市馆支持帮助下，逐步推进，稳步发展，在满足农民多层次文化需求，繁荣基层文化，传递中华民族优秀文化资源发挥了重要作用。

一、基本情况

平泉县文化资源共享工程建设开始于2006年，最初在柳溪乡薛杖子村，党坝镇文化站，平泉镇城北村等六个村镇试点安装，此后陆续在全县20个镇(街道办)文化中心开始安装，前期安装设备均通过卫星设备直接接收国家中心下发的给类资源和信息。

共享工程平泉支中心设在平泉县图书馆，是平泉县共享工程的建设和业务指导单位，负责保障区中心共享工程设备的运行，协调镇村级共享工程设备的维修，指导镇村级共享工程活动的开展以及开展全区共享工程管理员的业务培训和指导。

二、管理和队伍建设

为使共享项工程真正为民所用为民谋利，平泉支中心将共享工程日常管理纳入制度化管理。制定支中心、镇、村基层服务点工作职责和制度，实行制度上墙公开。每年有年度工作计划，月度有工作要点，季度有工作督导，年未有工作总结考核，并推行管理员工作同志管理，收集整理共享工程服务活动的得失，探索共享工程管理和服务新模式。

文化资源共享工程作为一个新的农村文化资源获取平台，如何推广好、利用好共享工程丰富的文化资源关键在于是否有一支专业化的共享工程管理员队伍。平泉县共享工程支中心在管理员队伍建设上坚持明确职责，明确思路，制度化管理，常态化培育。对于乡镇、村两级基层共享工程管理上择优选取文化层次较高，有一定社会基层管理服务实践经验的大学生村官为管理员，他们工作热情高，有较高的文化水平能尽快熟悉掌握共享工程设备为所在村民服务。目前共享工程管理员70%为各级大学生村官，26%是由较高学历的村委委员兼任，实现了管理员选取的高起点。

三、培训工作

平泉支中心在共享工程管理员的培养上实现了制度化和常态化。根据支中心工作要求，每年对辖区共享工程管理员进集中培训。

四、经费投入

平泉共享工程自2006年运营以来，图书馆每年投入7万元的运维经费，用于共享工程设备的维护，人员培训和惠民活动的开展。同时，图书馆每年也投入大量人力物力支援共享工程各项活动的正常开展。

五、资源建设

平泉支中心在历年的工作中，搜集不同区域民众文化需求，选取制作展板10多块，各类海报，招贴画，发放宣传资料4000余份。

六、利民惠众，惠农服务

平泉支中心在共享工程服务实践过程中，以民众的需求为导向，积极探索，服务民众生活生产，引领群众高尚精神文化生活，打造群众满意的文化服务新平台。

根据平泉地域农业生产特点，平泉支中心每年按节令制作农业生产技术光盘和小册子通过行政村基层服务点村民分发。针对不同农业专业者，平泉支中心有针对的选取资源上门指导服务。历年来累计服务食用菌专业生产户30多户，长期点对点跟踪服务6户。

七、宣传推广

1、平泉支中心利用各种渠道宣传推广共享工程。在昌平每年的科技文化四下乡活动，科普之春，科普之夏，科技周等活动中，平泉支中心不失时机，以活动为平台，以资料为媒介宣传共享工程，让民众不断了解共享工程，走进共享工程。

2、走进校园。平泉支中心文化服务中不断探索，利用支中心儿章阅览专区，组织动员青少年儿章关注共享工程，利用共享工程，收集青少年知识兴趣点整理挖掘，针对集中地知识群和关注点平泉支中心联合友邻部分聘请专家前来为青少年答疑解惑，。通过一系列的活动是共享工程不仅走进农村也走进校园走进青少年。

3、专题活动，精彩纷呈。平泉支中心在服务中抓住文化的热点和亮点，积极组织群众喜闻乐见的文化服务，使共享工程走进群众生活。例如在迎接建党90周年之际，联合县老干部局开展了有奖智力竞赛活动。

八、工作展望

平泉文化资源共享工程已走过7个年头，从昨天的几个点到今天的近百个行政村，从单一的资源接收到今天的编辑分发和群众广泛认知，广泛参与，文化资源共享工程已经成为平泉人民文化生活的一大支柱，成为繁荣平泉文化，丰富平泉人民精神生活，推动平泉人文科技进步的强大动力源泉。今后平泉支中心希望在国家中心，省、市分中心大力支持下为平泉共享工程建设一支专业化的服务队伍，建立一个国家、市、区三级知识网络联动的即时问答服务体制和服务形式更加多样，服务网点更加宽广，参与群众更加广泛的共享工程文化带动体系，为建设科技平泉，文化平泉做出贡献。

（撰文/平泉县支中心）

宽城满族自治县支中心

宽城满族自治县图书馆位于民族文化会展中心，馆舍面积2000平米，该县共有18个乡镇，205个行政村，常住人口8万余人，宽城图书馆文化资源共享工程在省市文化部门的支持和部署下，逐步推进、稳步发展，为繁荣农村基层文化，满足农民多层次文化需求，传递中国民族优秀文化资源发挥重要作用。

宽城图书馆文化资源共享工程始建于2007年，按照省服务中心有关规定要求，购置了配套的设备，其中电脑30台，服务器一个，电脑桌椅30套，安装了卫星接收器及宽带形成了完善的配套服务网络。

为使共享工程真正为民所用为民谋利，我馆将工程日常管理纳入制度化管理，制定了《电子阅览室工作人员岗位职责》及《电子阅览室管理制度》由专人负责。制度服务工程职责制度及管理人员服务职责，实行制度上墙公开，并免费向社会开放。

2008年6月承德各县区资源共享培训班在该馆举行，并将聘请省分中心宋建增主任前来授课辅导，该馆工作人员参加市图书馆培训班3期。

（撰文/宽城满族自治县支中心）

秦皇岛市支中心

秦皇岛市地处河北省东北部，南临渤海，北依燕山，东接辽宁，西近京津，位于最具发展潜力的环渤海经济圈中心地带，是东北与华北两大经济区的结合部。秦皇岛市辖北戴河、山海关、海港区三个城市区和抚宁、昌黎、卢龙、青龙满族自治县四个县，75个乡镇、18个街道办事处、2287个村民委员会。总面积7812.4平方公里。全市常住人口为2987605人，市区常住人口80万。

秦皇岛是中国首批14个沿海开放城市之一，是中国重要的港口城市。也是中国首批优秀旅游城市，素有“京津后花园”之美誉。国家历史文化名城山海关、避暑胜地北戴河、昌黎黄金海岸、老龙头等景点蜚声中外。文化、体育设施发达，拥有一流的广电中心、报业大厦、国家体育总局秦皇岛训练基地、中国足球学校和奥林匹克体育中心。近几年实施的大规模绿化美化工程使这座秀丽的港口城市尽染绿色，生机盎然。是一座园林式、生态型、现代化滨海名城。

一、现状

秦皇岛市自2004年5月开始实施全国文化信息资源共享工程以来，市财政分3年累计投入178万元用于市级支中心建设，搭建了市级支中心硬件服务平台。2007年以来，市财政每年投入30万元，用于共享工程建设。共享工程秦皇岛支中心设在秦皇岛图书馆，是秦皇岛市共享工程的建设和业务指导单位，负责保障区中心共享工程设备的运行，协调镇村级共享工程设备的维修，指导镇村级共享工程活动的开展以及开展全区共享工程管理员的业务培训和指导。到目前，在市区范围内建立市级支中心一个、县区级支中心6个、乡镇、街道网点26个，2012年又为全市的每个行政村配备了投影仪，便于播放文化共享工程提供的免费资源。利用共享工程搭建的基本硬件平台，构建了秦皇岛数字图书馆。经过这些年的建设，形成100兆光纤接入、主干光纤传输，6台高性能服务器为核心的数字化平台，磁盘容量达到14个T。2010年在我省公共图书馆率先开通了读者自助借还系统。2012年，通过统一更换“图书馆集群管理系统Interlib”软件，为市图书馆和县（区）图书馆组建“总/分馆制”，实现资源共享和通借通还打下了基础。

二、资源建设

文化信息资源建设始终是信息系统和“共享工程”的核心。先后购入万方科技期刊（全库）、中国年鉴数据库、读秀学术搜索、龙源电子期刊、国研网数据库、超星电子图书10万余种、方正Apabi数字图书等资源；自建地方文献数据库、旅游资料数据库、青少年文库等；数字资源总容量达到近80多个T。采用数据分布式管理模式，有效的缓解了我馆盘阵空间不足的问题。还整合和链接了大量数字资源，以市图书馆的网络为平台，以国际域名的形式向全市人民免费开放，满足广大人民群众的文化信息需求。2012年网站点击量达到102780人次。

三、培训工作

文化共享工程是公共文化服务体系的基础工程，是政府提供公共文化服务的重要手段，是实现广大人民群众基本文化权益的重要途径，是深受人民群众欢迎的惠民工程，对于改善城乡基层群众文化服务，消除数字鸿沟具有重要作用。

为进一步推进秦皇岛市共享工程工作的开展，加强市内各级图书馆（室）及共享工程基层站点对共享工程的认识，加强设备维护和资源利用，提高全市基层网点工作人员的业务水平，共享工程秦皇岛支中心在2008年4月开始实施了覆盖全市的共享工程业务培训计划，采取集中培训、实地一对一交流的方式，对本地区30余个站点和一些有条件、有建设意向的村镇的技术及相关人员进行以县为单位的大范围的技术培训，截止到2012年6月底，共开办12期培训班，接受培训人员300余人。并采取定期走访、建立联络人及服务热线等形式对各县区乡各级基层站点提供技术支持。取得良好的效果。

在培训过程中，我们重点收集了各基层站点的设备运行情况和资源需求，因地制宜，不但辅导其电脑的学习，还要切实帮农民解决一些实质性的事情。帮助他们尽快脱贫致富，提供最好的最快捷的经济信息。并搜集我市乡镇可施行文化共享工程建设的村镇数量，还有技术人员文化程度，以及对电脑的掌握程度。有针对性的进行业务和技术辅导。

在培训过程中，我们先后为抚宁、昌黎、青龙、山海关4个县区馆安装了自动化系统，帮助县区馆设计网络方案和设备采购计划书。对10余个共享工程网点的设备进行了维护，接待电话咨询100余次，并有针对性帮助他们搞好协作协调工作，让更多的领导和群众认识到共享工程的重要性。有效的推动了本市共享工程的建设步伐。

四、基层站点建设和管理

2008年，共享工程秦皇岛支中心制定了一系列的基层网点维护、保障制度：建立走访和工作日志制度。以县单位结合图书下乡、宣传周等各类活动，对附近的站点进行走访。建立详细的走访、维护日志；

建立电话服务热线。及时掌握站点的设备运行情况和资源需求；建立站点联络人制度；对基层站点的负责人和相关管理人员的姓名和联系方式进行登记，加强和各基层网点的联系与沟通；建立信息反馈制度。

对维护人员工作情况，服务态度，进行评价。加强对支中心工作人员的监督。

五、开展活动，文化服务

多年来，秦皇岛图书馆努力的探索利用信息服务的新路子，更好地发挥共享工程的作用，为基层市民服务。利用现有数字资源和省中心配发的数字资源及阅读卡及科普光盘等，推出了大量文化活动为全市市民、乡村级基层中心的农村群众服务及弱势群体服务。还根据农民的科技需求，多次印发家禽饲养、苗木、花卉栽培等相关信息，免费发放到村民手中，让广大农民不断感受到先进科学和现代文明。其中2004年-2012年连续8届迎春征联活动已经成为本地区的文化活动品牌，盲人计算机知识培训班、老年计算机培训班、迎奥运我是“奥运智多星”知识竞赛、“书香满港城”迎世界读书日、每周2次的国学、心理学讲座等一系列活动，都取得了巨大的成功，使更多的市民认识了秦皇岛图书馆，了解了资源共享工程。

五、工作展望

目前，该馆短信服务平台、手机阅读平台、触摸阅读平台的新媒体服务即将开通。在基本信息平台、服务方式能够满足要求后，下一步，将以购买、合作建设、整合资源等多种形式加大信息资源建设的力度，以优质、丰富、健康的数字资源来满足广大人民群众的信息资源需求。在完善公共文化服务体系，建设和传播社会主义先进文化，丰富、活跃基层群众文化生活，促进社会协调发展等方面，发挥了积极的、更大的作用。

（撰文/秦皇岛市支中心）

秦皇岛市山关区支中心

山海关，又称“榆关”，系河北省秦皇岛市三个城市区之一，现辖3个镇、4个街道办事处。全区总面积192平方公里，全区人口13.8万。山海关区文化资源共享工程在秦皇岛市文化局，秦皇岛市图书馆的支持和部署下，逐步推进，稳步发展，在新形势下为繁荣基层文化，满足群众多层次文化需求，构建社会主义和谐文化，传递中国民族优秀文化资源发挥了重要作用。

一、基本情况

山海关区文化资源共享工程建设开始于2009年。共享工程山海关支中心设在山海关区图书馆，是山海关区共享工程的建设和业务指导单位，负责保障区中心共享工程设备的运行，协调镇村级共享工程设备的维修，指导镇村级共享工程活动的开展以及开展全区共享工程管理员的业务培训和指导。

二、管理和队伍建设

“共享工程”建设面广量大，任务十分繁重。要确保“共享工程”的顺利实施，必须加强领导，建立健全组织网络，狠抓各项管理。我们按照国家中心和分中心要求，建立了“共享工程”山海关支中心组织机构，由馆长任主任，相关部室负责人为组成成员。下设三个业务工作组，即技术保障组、资源建设组和辅导服务组。为加强对支中心管理，制定了《共享工程电子阅览室管理制度》、《共享工程展播厅播放制度》、《共享工程节目预告制度》、《支中心工作人员岗位职责》等一整套内部管理制度，使支中心步入规范化、制度化的发展轨道。

文化资源共享工程作为一个文化资源获取平台，如何推广好、利用好共享工程丰富的文化资源关键在于是否有一支专业化的共享工程管理员队伍。山海关区共享工程支中心在管理员队伍建设上坚持明确职责，明确思路，制度化管理，常态化培育。实现了共享工程管理员素质的高起点。

三、惠民服务

该支中心在共享工程服务实践过程中，以民众的需求为导向，积极探索，服务民众生活生产，引领群众高尚精神文化生活，打造群众满意喜爱的文化服务新平台。

1、全面建设农家书屋，累计为农民送书10次共计2000多册，最大限度的满足农民群众的文化需求。同时每年坚持下乡演出10余次，丰富了农民的业余生活。

2、网络服务。在继续承办营口文化信息网的同时，我馆于2011年创建了山海关区图书馆网站，图书馆的所有数字资源都可通过网站链接，网站页面点击量平均每天可达800多人次。截至目前，使用电子书刊用户数已有500多个，电子书刊阅览量2000多篇。

3、阅览服务。该馆二楼共享工程阅览室于2008年1月免费对读者开放，阅览用电脑20台，每天开放时间为8.5小时。读者凭有效证件可上网阅览共享工程网站内容和我馆自行开发及购买的数据库资源。

4、读者活动。我馆二楼“共享工程”展播厅于2008年11月6日免费对读者开放。我们利用展播厅每周举办2

次读者活动，定期播放“共享工程”中的讲座、影视节目。目前，共享工程展播厅已播放电影和讲座30余场，参与观众千余人。很多观众认为共享工程展播厅办的好，为大家提供了很好的休闲场所，同时也为我们的展播内容提出了很好的建议，比如：多放些历史性题材的讲座、百家讲坛、最新电影等，这些都为我们的以后更好地开展播放工作提供了方向。此外我们还利用投影设备在社区、农村等基层服务点开展放映活动。

四、合作共建

以共享工程为依托结合全覆盖的农村数字电影厅建立电子文献资源服务中心。将各种部门下发的电子文献资源与建立的共享工程服务点结合，根据不同乡镇、村的硬件条件在93个行政村建立形式多样的电子阅览室和多媒体中心。通过多方不懈努力，共享工程已逐步走入基层村民生活，成为村民获取新知，娱乐身心的新渠道新平台。

五、宣传推广

1、山海关支中心利用各种渠道宣传推广共享工程。在山海关区每年的科技文化四下乡活动，科普之春，科普之夏，科技周，科技惠农等活动中，山海关支中心不失时机，以活动为平台，以资料为媒介宣传共享工程，让民众不断了解共享工程，走进共享工程。

2、走进校园。山海关支中心文化服务中不断探索，利用支中心儿章阅览专区，组织动员青少年儿章关注共享工程，利用共享工程，收集青少年知识兴趣点整理挖掘，在全区10所中小学校举办儿童读书周等一系列的活动，并与多家学校使共享工程不仅走进农村也走进校园走进青少年。

3、专题活动，精彩纷呈。设立社区百姓影院，实现了社区居民“不出社区观赏影片”的愿望，利用一体机内储存丰富的影片资源，定期放映各种题材、各个年龄段人群喜爱的影片。支中心还在经常利用节假日在社区举办群众联欢会，开展了猜谜、象棋比赛、扑克比赛等众多活动，丰富了社区居民的文化生活，极大地调动了社区居民参加社区文化活动的积极性，促进了和谐社会的建设。支中心电子阅览室拥有大量的图书、视频、影视等资源信息，深受读者欢迎，优异的环境为广大青少年提供了绿色上网平台，并开展计算机技术免费培训，不定期开展计算机知识竞赛，都倍受广大家长称赞。支中心还经常深入各乡镇（村）基层点，把省中心提供的丰富资源丰富送到基层点，并督察基层点为群众服务开展的工作及活动。文化共享工程各县级支中心在自治区分中心的具体业务指导下，把管好、用好现有设备及资源作为第一要务，立足为民服务宗旨，坚持共享工程公益性原则，积极帮助农牧、林业、学校、卫生、公安、组织、宣传等部门开展各种业务培训和电脑操作培训，培训达3千余人次，逾7万人次查阅各种资料，发放《肉牛、肉羊养殖技术》等各种科教技术光盘达几百张。同时，结合科学发展观和领导干部作风建设年等各种主题教育活动，积极组织为各区基层干部职工、中小学生播放科教片、爱国主义影片和卫生知识讲座，观众累计达36028人次。山海关支中心在服务中抓住文化的热点和亮点，积极组织群众参加、观看喜闻乐见的文化服务，使人民群众认识、了解、并且享受到共享工程给人民群众带来的文化生活的极大丰富，使共享工程走进群众生活。

4、开展残疾人士的阅读活动。山海关区图书馆建立了盲人阅览室，并在每年“世界助残日”把残疾人请进图书馆，方便了残疾人的阅览活动，使资源共享工程不仅惠及广大人民群众，并且包括残疾人士。体现资源共享工程惠民的全面性。

六、工作展望

文化信息资源共享工程的实施，有效地推进了农村文化阵地建设，有效地提升了图书馆的硬件水准和服务功能。使图书馆成为了丰富人民群众业余生活的重要场所，使资源共享工程切实贴近群众生活。我们决心在市文化局的直接领导下，在国家中心、省分中心的指导帮助下，求真务实，创新创优，确保“共享工程”取得成效，在新农村建设、构建和谐文化、培育社会新风和建立社会主义核心价值体系等方面发挥积极作用。

（撰文/秦皇岛市山海关区支中心）

昌黎县支中心

近年来，昌黎县县委、县政府高度重视文化工作，推出了“建设文化大县”的发展目标，全县公共文化体系建设取得了长足进展，实现了文化信息资源共享工程的共建共享，满足了多层次群众的文化需求，保障了文化惠民工程的落实。该县文化资源共享工程自2008年实施以来，取得了显著成效，现把主要情况汇报如下：

一、基本情况

共享工程昌黎支中心设在昌黎县图书馆，是昌黎县共享工程的建设和业务指导单位，负责保障县级支中心共享工程设备的运行，协调乡镇、村级共享工程设备的维修，指导乡镇和村级共享工程活动的开展，以及开展全县共享工程管理员的业务培训和指导工作。

按照国家文化部、财政部要求，县级支中心建设要达到68万元的配置标准，其中国家配套34万元，省配套11万元，市配套10万元，县级配套不低于13万元。2008年12月份，由国家和省扶持的信息资源共享县级支中心建设专项资金45万元全部到位。2009年，该县被列为市第一批5个安装调试县之一，按照省统一部署，由省统一进行采购，统一配送，统一安装，统一验收。2009年9月份，我们将此款项全部转出到省账，12月，由省集中政府采购了价值45万元的文化信息共享设备划拨到该县，并由专业团队按照建设标准要求，对设备进行了安装调试，并对支中心的管理人员进行了集中学习。通过试运行和人员培训，于2010年4月，该县的文化信息资源共享工程支中心正式启动，全面开通，投入运行。

二、农村基层服务点建设

该县辖区共有17个乡镇，446个行政村。2009年底，县级支中心通过政府采购的形式，集中采购了投影机和幕布，价值122万元。从2010年3月起，陆续将设备配发到所有乡镇和行政村。

文化资源共享工程作为一个新的农村文化资源获取平台，如何推广好、利用好共享工程丰富的文化资源关键在于是否有一支专业化的共享工程管理员队伍。为了保证设备的正常维护和使用，我们明确了专人管理，并把共享工程的知识要点发放的群众手中；同时，利用农村党员远程教育网络开展群众文化活动，让广大群众真正受益，实现了农村基层服务网点全覆盖，确保这项文化惠民工程落到实处。

三、运行情况

为了确保文化共享工程真正利民、惠民，昌黎县级支中心为此投入了大量财力和人力，组织专业人员，定期的开展不同层面的共享工程业务培训，对各村级服务点实行定期的巡回督导检查，确保发现问题及时解决。

根据对全县各乡镇共享工程村级服务点的走访和调研，了解到乡镇文化站已经全面开通了文化信息资源共享工程，设置公共电子阅览室，农村基层服务点设备运行良好，依托农村党员远程教育网络开展活动，充分发挥了文化共享的阵地作用，基本实现国家、省、市、县（区）、乡（镇）和行政村（社区）六级网络文化的共建共享，让文化惠民工程延伸到基层，服务到农村，不断满足人民群众日益增长的文化需求，让广大基层群众享受到方便、快捷、先进的网络文化服务，实现了“村村通”。

建于图书馆内的县级支中心运行良好，受益群众范围广，形成了制度健全、读者服务规范的学习培训基地；通过开展活动和发放宣传单等形式，让更多的民众了解共享工程，最大限度地满足群众的需求。各种针对学校和机关单位的不同形式和内容的报告讲座和各种宣传展览，大大提升了支中心的整体形象；同时，为确保良性的循环，我们还寻求社会各界的帮助，争取到了国家图书馆的大力支持，已经将4TB的数字资源无偿支持给县级支中心，填补了该县数字资源的空白，方便了更多的群众，同时也为该县数字图书馆的创建奠定了基础。

由于该县正实施城市建设改造工程，县图书馆拆迁在即，过渡馆址的选址已落实，崭新的共享工程县级支中心的设计规划已经完成，预计2013年初将全面施工。这样以来，一个全新的县支中心平台和拥有先进技术、覆盖城乡的数字文化服务体系即将展现在我们面前，真正实现了县级支中心、乡镇和村级服务点的网络覆盖，享受全新的数字图书馆的资源服务，利用网络、通讯等现代信息技术建立公共文化服务平台和公共文化服务技术支撑系统，实现文化信息资源的共建共享。

（撰文/昌黎县支中心）

抚宁县支中心

抚宁县辖八镇三乡，总人口53万人。文化信息资源共享抚宁县支中心建在抚宁县图书馆二楼，抚宁县图书馆驻抚宁镇，距秦皇岛市中心30.5千米。在县委、县政府的高度重视和县文体局的统筹指导下，县图书馆积极落实上级指示精神，立足为民服务，因地制宜，整合资源，充实力量，扎扎实实地开展支中心建设。

一、基本情况

2006年，抚宁县图书馆被列为全省首批文化信息资源共享工程建设点。目前，支中心场地面积80平方米，电脑桌椅46套，建立起了独立的网站并且进行了互联网连接，安装了公务外网及带宽。

该支中心建有“资源共享阅览室”、“总机房”两部分。为进一步完善图书馆服务职能，推进文化共享工程建设，经过多方争取，省中心于2011年为我馆提供了设备支持，其中有卫星接收服务器1台、卫星接收系统1套、业务应用服务器3台、操作系统3套、交换机2台、投影机1台、投影幕架1套、电脑30台。另外市里还为县图书馆拨付10万专款，我们用于机房、资源共享阅览室装修和电路改造，并通过政府采购了一批电脑桌椅，保证有46台电脑为共享工程专用机，建成了一个高标准、高质量的多媒体资源共享阅览室。县财政每年还给我馆拨付1.92万元用于光纤费用，以确保共享工程的顺利运行。

二、管理和队伍建设及培训工作

为加强电子文献阅览室的管理，便于读者明确相关的基本要求，我们制定了《抚宁县图书馆电子阅览室管理规定》、《抚宁县县图书馆未成年人电子阅览室管理规定》、《电子阅览室上网须知》、《县图书馆电子阅览室工作职责》等制度，并悬挂在墙。为了适应高速发展的网络化、信息化步伐，更好的达到工作要求，我中心的技术培训工作在坚持不懈的开展着。我馆电子阅览室由薛晓艳和魏会林两名同志负责，其中本科、专科各一名。他们还多次去市里技术部门参加培训，并且和市里技术人员达成了共识，做到有问题及时反馈及时解决。

另外，该支中心还加强对全县基层网点工作人员的技术培训。根据我县的实际，特制定了培训实施方案。定期组织开展业务培训会，对基层服务点进行有效的管理、辅导和培训，使其掌握资源更新和运用；建立完善乡镇文化站、村级基层服务点管理制度，做到了人员、阵地、牌子、设备、制度“五落实”，构建遍布全县的基层服务网络，改善基层文化工作手段陈旧落后的状况。

培训涉及全县13个乡镇、管理区，基本达到覆盖全县的目的。每年培训人数达到50余人次，实现了基层工作人员对计算机知识的扫盲——熟悉——深入的效果。

三、开展活动

共享工程抚宁分中心的顺利开通，不仅无偿为广大读者提供信息服务，还为未成年人、农民提供“网上专区”，给他们提供馆藏信息查询、中外文数据库检索、互联网学术信息查询服务。

1、开展定期上网读书、查阅、检索，定期组织青少年进行读书竞赛和网页制作、网络比赛等，同时还包括辅导读者掌握基本的检索方式、推荐网站和新书、读书指导培训等。电子邮件通告服务：面向社会以电子邮件方式发送电子资源及相关服务信息。每月发送相关消息50余条，服务100余人次。

2、开设青少年专区服务。为未成年人准备科普知识和休闲娱乐频道，给他们提供健康有益的网上空间。同时电子阅览室还是青少年读者进行爱国主义教育和素质教育的中心，每逢节假日播放红色经典影片和儿童优秀影片，组织参加网上知识竞赛等活动。每周来多媒体“绿色空间网站”学习的达50人次。通过举办活动和培训，让读者知道了电脑和网络不仅仅是游戏的去处，还是知识宝藏蕴藏丰富的地方。

3、为农民设立农业专区，给农民朋友提供养殖、种植技术，市场供求信息、国家的重大方针政策等农民急需了解的文化资源。以前通过报纸、杂志等获取的信息，总觉得信息量有限，现在利用电子阅览室，农村的党员干部、群众不仅可以学到政治理论知识，也可以学到农村的实用技术，还可以根据需要为村民们搜寻不同的实用农业信息。

4、开展各种形式的培训活动。主要为科研、生产提供信息检索服务，帮助读者学习计算机基础知识、网络知识，展示推广最新计算机软件、硬件产品及网络服务方面的相关信息。

四、基层服务点建设

抚宁基层中心将逐步向乡镇、学校延伸，服务到社会的各个角落，加强乡镇、村级文化阵地建设，搭建信息沟通平台，自2006年加入全国文化信息资源共享工程以来，积极进行乡镇基层文化建设工作。截至目前，全县共建立了38个流动图书室，利用光盘和移动存储设备无偿地定期选送资源，并提供人员和技术支持。

各村级基层服务点依托流动图书室的便利条件，由我县支中心提供的图书、杂志、音像资料等。并从信息资源共享网上下载关于科普知识、法律常识、生活礼仪、农业科技、卫生保健以及百科知识在内的贴近大众日常生活的信息资源并刻录光盘，送往基层点供农民共享。

五、惠民服务

依托共享工程我们建立了“抚宁文化网”，在网站上定期发布信息。目前已为10个乡镇文化站拨付专项资金2.5万元，用于文化信息资源共享设备建设。利用现有文化资源，与“农民科技网”、“党员远程教育资源网”相结合，采取专家讲座、播放科技光盘等形式，宣传科技知识，传播种养、养殖等实用技术，受到广大农民群众的热情欢迎。农业增产、增收，农民生活条件的改善得益于我们抚宁县支中心提供的信息和技术支持。

（撰文/抚宁县支中心）

卢龙县支中心

卢龙县现辖12个乡镇，共有548个行政村，常住人口42万人。卢龙县文化资源共享工程在卢龙县委县政府，卢龙县文广新局的支持和部署下，逐步推进，稳步发展，在新形势下为繁荣农村基层文化，满足全县农民多层次文化需求，发挥了重要作用。

一、基本情况

2010年10月对设备进行调试并开始运行。电子阅览室114平方米，终端25台，服务器4台，投影仪1个，交换机2台，电脑桌椅25套。连接互联网，建立图书馆独立网站。机房20平方米，铺设防静电地板，安装空调1台。

二、管理和队伍建设

卢龙县支中心坚持解放思想，与时俱进，不断创新工作方法和思路。运行机制顺畅，规章制度完善，管理措施到位，将共享工程日常管理纳入制度化管理。实行制度上墙公开。卢龙县共享工程支中心在管理员队伍建设上坚持明确职责，明确思路，制度化管理，常态化培育。

在共享工程管理员的培养上实现了制度化和常态化。根据支中心工作要求，每年对辖区共享工程管理员不定期进行集中培训和实地辅导，2010年以来一共举办各类培训班4次，参加轮训的各级管理员达700人次。

三、经费投入

卢龙县共享工程自2011年实现村村全覆盖以来，卢龙县图书馆购置配套设备2万元，每年投入2万余元的运维经费，用于共享工程设备的维护，人员培训和惠民活动的开展。同时，卢龙县政府，卢龙县文广新局和卢龙县图书馆每年也投入大量人力物力支援共享工程各项活动的正常开展。

四、利民惠众，惠农服务

为充分发挥“文化信息资源共享工程”的功能和作用，在正式投入运行使用后，以新的精神面貌，优质的服务，优美的环境，开展形式多样、内容丰富的文化宣传服务活动，举办各种讲座、培训，播放视频、电影等，深受广大群众的欢迎。

五、宣传推广

为了扩大文化信息资源共享工程支中心在基层群众中的影响，广泛宣传其作用和意义，使更多的人充分认识到这是一项惠民工程、民心工程，认识到工作的重要性和必要性以及文化信息资源的可用性。我们利用各种机会，进行广泛宣传：一是利用服务宣传周活动，走上街头进行宣传。在印发的宣传资料中，对“文化信息资源共享工程”进行了专门介绍。二是在图书馆告示栏中对利用共享工程开展的一些活动给予相关报道。三是通过电视、报纸等公共媒体，对我馆共享工程工作进行宣传报道，扩大其影响力。

六、工作展望

卢龙县支中心发展两年来，文化共享工程覆盖城乡的服务网络基本建成，数字资源初具规模，传输模式不断完善，惠民服务扎实推进。我县在实施共享工程建设的过程中，不断拓展共享工程的服务内涵和方式，充分利用这一全新的工作载体，服务大众，开创了文化服务工作的新局面。

（撰文/卢龙县支中心）

青龙满族自治县支中心

青龙满族自治县辖25个乡镇，396个行政村，总人口54.9万人。全县共有基层共享服务站25个，共享基层服务点396个。县文化资源共享工程在县文体广新局及省市文化信息资源共享中心的支持和帮助下，采取逐步推进，稳步发展，以满足基层群众的基本文化需求为己任，以服务地方政治、经济、繁荣地方文化为目标，为传递中国民族优秀文化资源发挥了重要作用。

一、基本情况

青龙满族自治县文化资源共享工程建设始于2009年，最初在县图书馆文化信息资源共享支中心（图书馆电子阅览室）开始安装调试，到2009年6月11日，支中心前期设备安装调试完毕，县支中心正式开通。到2010年9月末，所有配套设备及市县配套资金全部到位，县支中心可以通过卫星设备直接接收国家中心下发的各类资源和信息。2011年到2012年4月末青龙满族自治县文化资源共享工程开始普及进入乡镇及基层行政村，全部25个乡镇均配备安装了价值两万余元的设备并安装调试完毕，陆续投入使用。2011年末至2012年上半年，县文体广新局又筹集资金又为县祖山镇等13个文化站分别增加配备了终端机8台。到2012年4月末全县已为392个行政村共享工程基层服务点配备了投影仪、幕布、音箱等设备，与农家书屋配套安装的卫星电视接收设备的安装使用同期完成。到2012年4月末，青龙满族自治县文化信息共享工程基本达到了县、乡、村的全覆盖。共享工程支中心设在县图书馆，是县共享工程的建设和业务指导单位，负责保障支中心共享工程设备的运行，协调镇村级共享工程设备的维修，指导镇村级共享工程活动的开展以及开展全县共享工程管理员的业务培训和指导。

二、管理和队伍建设

为充分发挥共享项工程即是政府喉舌，又是传承先进文化、传播先进科学技知识的工具，使共享工程真正为民所用，县支中心自开通后，配备了专人管理，负责将共享工程的日常管理纳入制度化。每年初，都要制定县支中心、镇、村基层服务点的工作职责、制度，实行制度上墙公开。每年都要制定全年的活动计划，分解到月，责任到人。年末有总结考核，馆领导班子及支中心工作人员共同分析研究共享工程服务活动的开展情况，探索共享工程管理和服务新模式。制定好下一年的文化信息资源共享中心的活动规划。

共享工程作为一个新的农村文化资源获取平台，如何推广好、利用好共享工程丰富的文化资源关键在于是否有一支专业化的管理员队伍。县文化信息资源共享工程支中心在管理员队伍建设上由县文体广新局及各乡镇村主要领导把关，明确职责，明确思路，制度化管理，常态化培育。在选用乡镇、村两级基层共享工程管理员上择优选取文化层次较高的，有一定基层管理服务实践经验的及热心为群众服务的人为管理员，实现了管理员选取的高起点。

三、业务指导及培训工作

县支中心在共享工程管理员的培养上采取了安装开通一个服务点站辅导　个服务点、站的做法，根据我县的地理条件及及共享工程设备的安装具体情况，县支中心采取现场指导及远程培训的方法，使陆续开通的站、点管理人员都得到了技术指导，掌握了共享工程设备的使用原理实。到2012年末，共培养管理人员387人。指导站点建设387个。

四、经费投入

县共享工程自2012年实现县、乡、村全覆盖以来，省市县共投入资金426万元。其中县中心68万元，乡镇服务网站41.6万元，村级服务点316.4万元。

五、读者活动

1、在工作中，根据不同区域、不同文化层次、不同年龄的民众文化需求，定期选取、编辑制作各类题材资源，3年多来共制作发放各类宣传、科普资料6万余份，展板40多块，利用网络资源制作各类宣传海报，招贴画30余幅。

2、在服务过程中，以民众的需求为导向，积极探索，服务民众生活生产，引领群众高尚精神文化生活，打造群众满意喜爱的文化服务新平台。根据县里基层农业生产特点，每年按节令制作农业生产技术光盘和小册子通过行政村基层服务点给村民分发。历年来累计服务专业生产户50余户，长期定点跟踪服务7户。

3、支中心还利用各种渠道宣传推广共享工程。尤其是近3年来，支中心配合农家书屋工程及2012年的基层建设年活动，在到农家书屋进行业务辅导活动时，支中心不失时机，以活动为平台，依托基层服务点及农家书屋，以支中心发放的宣传资料为媒介宣传共享工程，让基层民众不断了解共享工程，走进共享工程。

4、配合一年一度的燕赵少年读书活动，县支中心利用电子阅览室，组织青少年读者利用网络资源阅读专题书籍，发表读后感及书评等。组织少年儿童参与网络答题等活动。并在暑假期间利用电子阅览室开展亲子阅读活动，收到了良好的社会效果。

5、县支中心还与县电影公司的基层数字电影放映员开展协作，事先根据各个乡镇、村的特色农业及种养殖业特色，将我支中心制作的宣传资料及网络视频资源在放映员放映数字电影时提前发放及播放，受到了农民群众的热烈欢迎，同时也扩大了共享工程的基层影响力。

六、工作展望

县共享工程已走过3个年头，共享工程从无到今天的县乡村全覆盖，从单一的资源接收到今天的编辑分发和群众广泛认知，广泛参与，文化资源共享工程在我县已经成为人民文化生活的一大支柱，成为繁荣县域文化，丰富广大人民群众精神生活，推动青龙整体精神文明建设进步的强大动力源泉。随着社会的进步，党和政府对文化建设的重视程度不断加强，人民对先进文化的认知程度不断加深，今后县共享工程支中心一定会依托先进的技术设备，不断加大服务力度，成为广大民众不可或缺的一个精神支托点，成为一个真正的服务县域政治、经济、文化的优良阵地。

（撰文/青龙满族自治县支中心）

唐山市支中心

唐山现辖六个行政区、六个县（市）和两个国有农场，总面积13472平方公里，总人口704万，其中市区面积3874平方公里，人口293万，市中心城区辖18个街道，2个乡，74个自然村。

一、基本情况

唐山市文化信息资源共享工程始建于2004年，最早建设的是唐山市支中心。在市委市政府的关怀下，市财政投资164万元，于2004年5月建成唐山市文化信息资源共享工程支中心，市图书馆专门腾出北楼两层分别作为视频点播室和电子阅览室及机房，其中电子阅览室120平米，60台机子，视频点播室200平米，130个座位。2005年开始，在中央财政和省财政的支持下，各县图书馆陆续建成县级支中心。与此同时，乡镇、街道的基层服务点也通过各种方式建设着。唐山市基层服务点建设采取两种方式，2005—2007年主要采取卫星接收方式，共建设基层服务点210个，从2008年开始，采取与农村党员远程教育网相结合的方式，至此唐山市所属行政村实现全市共享工程村村全覆盖。

共享工程唐山支中心设在唐山市图书馆，是唐山市共享工程的建设和业务指导单位，负责保障全市共享工程设备的运行，协调镇村级共享工程设备的维修，指导社区街道镇村级共享工程活动的开展，开展全市共享工程管理员的业务培训和指导，对下传达国家中心和省中心的政策要求和组织的各项活动，对上上报各级支中心及基层服务点服务工作，搜集整理服务成果，总结服务经验，从而更好的促进我市文化共享工程工作的开展。

二、管理和队伍建设

为使共享工程真正为民所用为民谋利，唐山支中心将共享工程日常管理纳入制度化管理。制定了支中心、社区、街道、镇、村基层服务点工作职责和制度，实行制度上墙公开，不定期进行工作督导，每月有工作汇总，年末有工作总结。

文化资源共享工程作为一个新的农村文化资源获取平台，如何推广好、利用好共享工程丰富的文化资源关键在于是否有一支专业化的共享工程管理员队伍。唐山市共享工程支中心在管理员队伍建设上坚持明确职责，制度化管理，常态化培育。在基层服务点管理人员的选用上，严格要求，即要有工作热情，又要具有较高的文化素质，同时还要有一定的管理经验。另外还要进行实行定期培训，几年来打造了一支强有力的基层管理队伍。

三、指导培训工作

唐山市支中心在共享工程管理员的培养上实现了制度化和常态化。根据支中心工作要求，工作人员每年2次下基层进行工作指导和现场培训，同时还不定期地举办技术管理人员培训班，2006年以来一共举办各类培训班18期，参加培训的各级管理员达800人次。

四、经费投入

唐山市文化共享工程各级支中心和基层服务点的经费即有中央投入又有地方投入。其中市支中心建设是唐山市财政投入，总共164万元，各县级支中心均是中央财政支持，各基层服务点建设有中央省财政投入，有地方文明办投入。

五、利民惠众，惠农服务

唐山支中心在共享工程服务实践过程中，以百姓的需求为导向，积极探索，服务百姓的生产生活，引领群众高尚精神文化生活，打造群众满意喜爱的文化服务新平台。唐山市支中心电子阅览室一周七天，每天10小时对广大市民开放，全年没有一天休息日，平均每天接待读者80人次，每年接待读者近3万人次，广大市民在这里尽享网上生活快乐。

2010年，市级支中心推出了周末视频播放，每周六日坚持播放各种视频节目，同时在节假日为广大市民播放优秀影片和纪录片等，几年来，总共播放视频1500场，接待观众近8万人次，丰富了广大市民的节假日文化生活。

在唐山市每年的送书下乡活动中，支中心都整理大量的农村科技信息、卫生保健、生活常识等资料，打印出来，到集市上发放给前来赶集的广大农民兄弟。从2006年开始，参加送书下乡12次，发放资料3000多份。深受基层农民群众的欢迎。每年的科技文化下乡活动中，唐山市支中心为乡镇基层服务点发放农业科技光盘，从2007年起共发放光盘500盘。丰富了基层服务点的信息资源。

唐山市支中心非常注重未成年人和老年人等弱势群众的服务工作。我们坚持每年寒暑假都举办青少年计算机知识、网络知识培训班，向广大青少年宣传共享工程，指导他们更好地利用共享工程资源。同时针对中老年人年龄大，接触计算机少，网络知识贫乏的特点，我们每年都举办老年人计算机及网络知识培训班，几年来，总共举办了6期。这些培训深受孩子和老人的欢迎。

六、专题活动，精彩纷呈

在服务中抓住文化的热点和亮点，积极组织群众喜闻乐见的文化服务，使共享工程走进群众生活。首先积极参加国家中心和省中心组织的各项活动，例如：2006年省中心举办的“我的数字生活网上行”和“网上跟我唱”活动，唐山支中心广泛宣传，精心组织，共接待参加活动读者80余人次，录制作品25部。2010年少年网页制作活动，我们举办少年网页制作培训班2期，培训人次120人；2011年是中国共产党建党90周年，为了庆祝党的90年华诞，展现广大群众对党的热爱，我们先后开展了“颂歌献给党歌咏活动”、“阳光少年热爱党小报制作”活动，特别是我们制作的“唐山市文化共享工程支中心颂歌献给党歌咏活动”光盘上报给文化共享工程国家中心，获得了一等奖。2012年我们认真组织广大职工和读者参加国家中心组织的公共电子阅览室知识竞赛答题活动，让广大市民充分了解国家的文化政策和公共电子阅览室知识，获得了国家中心颁发的优秀组织奖。

七、宣传推广

共享工程建设之初是一新生事物，不被大家了解，为了让老百姓了解它利用它，我们采取了多种多样的形式进行宣传和推广。首先，唐山市支中心举办的各项活动，活动之前我们都广泛宣传，在唐山晚报燕赵都市报和唐山广播电视报上刊登活动通知，活动期间我们与唐山电视台联系，录制活动情况，在电视上播放，很好的宣传了唐山市的文化共享工程。其次，积极参加图书馆每年举办的各项活动，如：连续三届的唐山市社区文化艺术节、每年的世界读书日宣传活动、每年的全民读书月活动，通过展牌、讲座、培训、视频播放等活动，宣传推广文化共享工程，现在唐山市支中心早已成为唐山市民熟悉的学习休闲的好去处。依托工程搞活动，通过活动促工程，唐山文化共享工程通过丰富多彩的活动早已深入人心。

八、资源建设

为了进一步丰富共享工程资源，充分满足群众的需求，我们采取了以下几项措施。第一，网上下载。网上资源非常丰富，有许多免费的视频资源，为了节省经费，支中心挑选一人专门负责网上资源的搜集下载和整理，然后刻录成光盘保存，节假日在视频点播室播放，几年来，我们下载的视频资源类型有动画片、电影、中外纪录片、各种讲座等，资源量达600G，刻录CD、DVD光盘300多张。第二，结合我馆地方文献征集工作，将地方文献多媒体资源纳入共享工程资源建设工作，征集唐山地方戏——皮影、评剧光盘200多盘。第三，购买电子资源。每年市财政投入25万元电子资源专项经费，我们购买了中国知网的期刊全文数据库，硕士、博士论文数据库，万方医学网数据库，读秀知识库学术搜索系统，超星电子图书、阿帕比电子图书等近20T的电子资源，供广大读者使用。

九、工作展望

唐山市文化资源共享工程已走过8个年头，从昨天的几个点到今天的行政村全覆盖，从市民的不了解到今天的群众广泛认知，广泛参与，文化资源共享工程，已成为丰富唐山市人民精神生活，推动唐山人文科技进步的强大动力源泉。今后唐山文化共享工程工作希望在国家中心，河北省分中心大力支持下，建立一个国家、省、市、县的知识网络服务体制，和服务形式更加多样，服务网点更加宽广，参与群众更加广泛的共享工程文化带动体系，为唐山走在河北前列做出自已的贡献。

（撰文/唐山市支中心）

唐山市古冶区支中心

古冶区共有4个街道、1个镇、4个乡，常驻人口43万。古冶区文化资源共享工程在古冶区委区政府及古冶区文体局的领导下，努力将文化信息资源以及贴近大众生活的现代社会文化信息资源传播到千家万户，大大提高了广大农村的信息化水平，丰富了基层群众精神文化生活，保障了基层群众基本文化权益。

一、基本情况

古冶区文化共享工程设备于2009年到位，鉴于当时古冶区图书馆尚处于迁址重建过程中，相关设施设备在2010年6月才随着新落成的古冶区图书馆的重新开放进行了安装调试并投入使用，其中包括：计算机30台、服务器4台、投影仪1台、交换机2部、卫星站1台。2011年3月全区9个乡镇(街道办)文化中心的共享工程设施设备陆续拨发到位，并在5月份全部安装调试完毕并运行。古冶区共享工程自2010年投入运行以来，每年投入财政资金2万元，用于开展用户服务、设备维护及管理员培训。

共享工程古冶支中心设在古冶区图书馆，是古冶区共享工程的建设和业务指导单位，负责制定本区共享工程工作方案，担负着对街道、乡镇基层服务点的人员培训及对乡镇、街道基层服务点工作进行调研、检查和督导，同时还负责工程设备、设施的维护以及对数字资源的接收、存储与整合等。

二、管理和队伍建设

为确保共享工程充分发挥其传播文化信息资源服务大众的作用，古冶区支中心专门制定了《文化信息资源共享设备管理与使用细则》，做到按章办事、规范管理。实行岗位责任制，实现工作人员队伍精而专，具备较强的技术服务能力。为正确引导读者使用信息资源，我们在显著位置张贴了服务指引。同时，还建立了包括用户的管理、共享工程档案规范化管理、信息服务的管理在内的一套科学合理的管理制度，并层层推进，严格落实。目前古冶支中心专门安排1名工作人员负责全区共享工程的运行及人员培训，各乡镇街也分别安排了1到2名高素质的共享工程管理人员开展工作。古冶支中心充分发挥自己共享工程建设中心及业务指导中心的作用，定期轮流到乡镇基层文化中心进行业务指导，并监督落实设备使用、维护升级及人员安排等相关制度的情况，发现问题及时协调解决。

三、培训工作

古冶区支中心建立了以集中培训学习为主、自学为辅的共享工程管理员培训机制，每半年对全区共享工程管理员开展一次集中培训，目前已完成4期，受训人员达到85人次。

四、资源建设

区中心自建立以来，组织并整合与大众日常生活密切相关的社会文化信息。目前已建立以法律、农业技术、工业技术、园艺、医药等为重点，信息数据库，存储量已达1TB。并发放宣传资料120 册次，宣传海报14副。

五、利民惠众，惠农服务

1、积极开展阵地活动。支中心利用电子阅览室开展多媒体服务，举办了“家庭数码相片的后期制作”、婚姻家庭法律讲堂、“党建知识专题讲座”、“儿童节红色经典播放”等8个主题活动。组织读者参加河北省读书办举办的“书香系列读书活动”；开展了“文化共享工程中小学生资源展播”、“2011读者作文比赛”等系列活动。

2、加大为农民服务的力度。支中心以农村基层服务网点为依托，为农村群众提供信息服务、技术指导、文化娱乐等资源。利用“文化下乡”、图书馆服务宣传周、赶文化大集等时机，深入基层为群众播放共享工程宣传片、科技信息和娱乐资源；引导农民群众亲自到馆内通过共享工程查阅信息资源，学政治理论、学致富技术、学政策法规、学就业技能；并以农业种植养殖技术、农产品加工服务、农村法律知识为主题，利用共享工程搜集信息资源，以文摘、简报等形式定期送到农民群众手中，既方便了农民群众，又扩大了共享工程的影响力。截止2012年底协助解决技术难题5例，结成帮扶对子13对。

3、举行了共享工程进社区活动。和金山社区等4个社区联合举办了优秀爱国主义影片展播、名家名段戏曲展播等活动，发放全国文化信息资源共享工程数字资源光盘80余套，深受群众喜爱和欢迎。

六、宣传推广

古冶区支中心将共享工程的宣传推广工作当做重点

工作来抓，利用赶科技大集、送书送报下乡及建设馆外图书流动服务站的机会，利用文字图片、视听资料、现场演示等形式宣传共享工程，使广大群众了解共享工程的意义、作用、使用渠道、使用方法等，鼓励群众充分享受文化惠民的成果。同时，安排中小学生到支中心参观，亲自体验共享工程带来的丰富的资源信息。

古冶区文化资源共享工程目前还不够成熟，今后将从拓展服务方式、拓宽服务群体、加强舆论宣传引导入手，不断提高服务意识和服务水平，力争让共享工程成为推进古冶区经济文化建设的强大助力。

（撰文/唐山市古冶区支中心）

唐山市开平区支中心

开平区辖5个街道、2个镇、4个乡：马家沟街道、开平街道、税务庄街道、陡电街道、荆各庄矿区街道、开平镇、栗园镇、越河乡、双桥乡、郑庄子乡、洼里乡。

开平区文化资源共享工程在省、市、区三级文化局，唐山市图书馆支持和部署下，逐步推进，终在2010年建设完毕。我们相信在不久的将来，在新形势下为繁荣农村基层文化，满足农民多层次文化需求，传递中国民族优秀文化资源等方面定能发挥重要作用。

一、基本情况

按照文化部、财政部《关于实施全国文化信息资源共享工程的通知》精神要求，我馆已于2009年8月由区文化局筹集资金6万元，将原占馆舍80平方米的阅览室改建为《河北省文化信息共享工程》开平支中心。2010年4月，省文化厅所调拨的34万（实际设备价值22.84万元）相关设备到馆并安装，调试完毕。但地方政府配套设备未能及时到位。

二、管理和队伍建设

作为共享项工程其旨在“为民所用为民谋利”，文化资源共享工程作为一个新的社会文化资源获取平台，共享工程日常管理应纳入制度化管理工作中。并且要有一支专业化的共享工程管理员队伍。然而，开平区图书馆馆内目前在职人员仅有三人，且均在传统的图书服务上。故支中心处于闲置状态。

三、工作展望

开平区文化资源共享工程建成已近3年，期盼文化资源共享工程能成为开平人民文化生活的一大支柱，成为繁荣开平文化，丰富开平人民精神生活，推动开平人文科技进步的强大动力源泉。今后开平支中心期盼得到地方政府及市中心的大力支持。我们相信届时开平共享工程建设定将建设出一支专业化的服务队伍，建立成一个服务形式更加多样，服务网点更为宽广，参与群众更为广泛的共享工程文化带动体系，为建设科技开平，文化开平做出贡献。

（撰文/唐山市开平区支中心）

唐山市丰润区支中心

一、基本情况

丰润区文化资源共享工程在丰润区文广新局领导下，逐步推进，稳步发展，在新形势下为繁荣农村基层文化，满足农民多层次文化需求，传递中国民族优秀文化资源发挥了重要作用。

丰润区文化资源共享工程建设始于2004年，最初在沙流河村、石各庄村、广家店村、张家庄村、皇亲庄村试点安装，前期安装设备均通过卫星设备直接接收国家中心下发的给类资源和信息。2011年1月全区566个村配备投影仪；2011年7月26个乡镇、街道配备电脑、主服务器。

共享工程丰润支中心设在丰润区图书馆，是丰润区共享工程的建设和业务指导单位，负责保障区中心共享工程设备的运行，协调镇村级共享工程设备的维修，指导镇村级共享工程活动的开展以及开展全区共享工程管理员的业务培训和指导。

二、惠民服务

为使共享工程真正为民所用为民谋利，该支中心将共享工程日常管理纳入制度化管理。制定支中心、镇、村基层服务点工作职责和制度，实行制度上墙公开。积极保持和基层管理员的联系，解答咨询，收集整理共享工程服务活动的得失，探索共享工程管理和服务新模式。

该支中心在共享工程服务实践过程中，以民众的需求为导向，积极探索，服务民众生活生产，引领群众高尚精神文化生活，打造群在满意喜爱的文化服务新平台。

三、宣传推广

丰润支中心利用各种渠道宣传推广共享工程。在每年组织的图书馆服务活动中，以活动为平台，以资料为媒介积极宣传共享工程，让民众不断了解共享工程，走进共享工程。丰润支中心坚持在服务中不断探索，在周末和寒暑假里充分利用支中心阅览室，组织动员青少年儿童关注共享工程，利用共享工程，帮助其养成文明上网、健康上网的好习惯。

四、工作展望

今后丰润支中心将在上级和地方大力支持下，不断完善丰润共享工程，努力建设一支较专业化的服务队伍，建立一个国家、市、区三级知识网络联动的即时问答服务体制和服务形式更加多样，服务网点更加宽广，参与群众更加广泛的共享工程文化带动体系，为繁荣丰润文化，丰富丰润人民精神生活，做出新贡献。

（撰文/唐山市丰润区支中心）

唐山市丰南区支中心

丰南区辖15个乡镇471个行政村，1个街道办事处，共51.7万人口。近年来，在区委、区政府的正确领导下，在省市文化主管部门的大力支持下，我们紧紧围绕构建文化丰南、和谐丰南这一主题，大力发展全区文化事业。特别对文化信息资源共享工程建设高度重视，丰南区文化资源共享工程在丰南区委、区政府的支持下在区文广新局统一部署下，逐步推进，稳步发展，在新形势下为繁荣农村基层文化，满足农民多层次文化需求，传递中国民族优秀文化资源发挥了重要作用。

一、基本情况

丰南区文化资源共享工程建设开始于2004年。2004年10月份，区政府在当时临近年底财政资金紧张的情况下，拨款48万元，专门用于共享工程丰南支中心建设。到2004年11月，文化信息资源共享工程丰南支中心正式建成并投入使用。共享工程丰南支中心主要包括电子阅览室和视频点播室两部分。其中电子阅览室100平方米，有计算机48台；视频点播室100平方米，有座位80个。电子阅览室在面向社会的同时重点面向青少年儿童开放，为他们提供绿色的网络空间。视频点播室，主要向青少年播放爱国主义影片，举办各种培训活动，为传播先进文化发挥了重要作用，成为继图书馆之后的又一座知识殿堂。

共享工程丰南支中心设在丰南区图书馆，是丰南区共享工程的建设和业务指导单位，负责保障区中心共享工程设备的运行，协调镇村级共享工程设备的维修，指导镇村级共享工程活动的开展以及开展全区共享工程管理员的业务培训和指导。

二、管理和队伍建设

为使共享项工程真正为民所用为民谋利，丰南支中心将共享工程日常管理纳入制度化管理。制定支中心、镇、村基层服务点工作职责和制度，实行制度上墙公开。每年有年度工作计划，年末有工作总结考核，并推行管理员工作日志管理，收集整理共享工程服务活动的得失，探索共享工程管理和服务新模式。

2006年，通过公开考试，录用了5名高素质的年轻馆员。为使这些馆员很快适应共享工程的工作，多次送他们到市中心、省中心进行技术培训，还参加了国图学会组织的Lib2.0技应用前沿课题培训。通过培训和实际操作中的自学，成为支撑我区共享工程的主要技术力量。目前，应对新馆职能和设施功能。目前，正在运作大幅增加工作人员，将着重增加计算机专业人员。

三、多方借力，构建网络

为了加强对文化共享工程工作的领导，加快构建区、乡、村三级文化共享工程网络，成立了由主管区长任组长的丰南区文化共享工程领导小组，各乡镇主管副职和文化站长为成员，以文化馆和图书馆为主，成立了领导小组办公室。同时，我们还多方借力，充分利用各种机遇和优势，加快推进农村文化共享工程建设。

首先，我们抓住各乡镇加快建设乡镇文化站的机遇，推进农村共享工程建设。2006年，我们制定了《丰南区农村文体设施达标建设实施方案》，并下发各乡镇执行。在乡镇文化站建设标准中，我们明确规定：乡镇文化站内必须建设文化共享工程，必须包括电子阅览室和视频点播室，其中，电子阅览室至少要有4台电脑，视频点播室必须拥有34英寸以上电视。到目前，我们完成11个乡镇文化站建设，这11个文化站都建有文化共享工程。

其次，充分利用创建国家文明城的机遇。2008年，唐山市创建全国文明城，其中规定，乡镇和社区必须建有文化共享工程。我们抓住这一机遇，与区文明办共同加大力度，强力推进。从2008年至今，连续多次召开乡镇主管副职参加的专题调度会议，还多次深入乡镇检查督导此项工作，使农村文化共享工程建设取得初步成果。

第三，充分利用党员远程教育设施，争取上级支持。在推进村级文化共享工程中，我们一方面支持条件好的村按上级要求，建设村级文化共享工程。另一方面，我们积极主动地与区委组织部联系，充分利用党员远程教育的电视和机顶盒，配套上级支持的投影机，又统一给各村购买了音箱，制作了文化共享工程牌匾，共建成村级文化共享工程服务点337个。为了使村级文化共享工程充分发挥作用，我们两次召开全区乡镇文化站长培训会议，由图书馆的同志和投影机厂家技术人员专门培训电视机、机顶盒和投影机的使用方法，再由文化站长培训各村的文化共享工程负责人。

第四，全方位搞好服务，支持农村文化共享工程建设。在推进农村文化共享工程建设中，我们坚持依靠热情服务促进工程建设。一是为基层提供共享工程建设的设计方案和技术支持。二是帮助基层采购设备，现场安装和设备调试。三是采取上门培训和统一培训相结合的方法，对基层共享工程人员进行业务培训。通过强化热情服务，赢得了基层对我们工作的理解和支持，也调动了基层建设文化共享工程的积极性。

四、经费投入

我们采取多种措施，充分发挥共享工程的作用，并积极通过电视报纸等媒体广泛宣传，扩大共享工程影响，同时，多次请区领导到中心检查工作，并向领导积极争取运行经费。从2005年开始，区财政每年拨付运行经费7万元，到2007年又增加到8万元。到2012年又增加到15万元。利用这些投入，我们相继购置了数码复印机、摄像机、照相机、打印机、扫描仪等系列设施。为适应新馆功能，为提升网络速度，增加了网络费用投入，增加了短信服务功能、增加了无线网络覆盖，增加了自助阅报和少儿数字资源自助应用设备。

五、资源建设

为了进一步扩大共享工程的资源，充分满足读者的需求，我们采取了三项措施。一是于2008年我们购买了1000多件视频光盘，以丰富工程资源；二是协调获得河北省中心数字资源使用卡，可以使用省中心全部数字资源；三是争取上海图书馆把我们列入共享范围，将该馆讲座资源光盘随时邮寄我们。四是结合地方文献征集工作，将地方文献纳入共享工程资源基础工作，到目前，我们已征集到各类图书、图片、书画作品、手迹等1000多件。目前，我们刚刚购买少儿3D科普数字资源，并考察试用多家数字资源，正在积极争取建设丰南数字图书馆。

六、合作共建，宣传推广

共享工程丰南支中心建成投入使用后，许多人不认识不了解，很难发挥作用。为此，我们确定了“依托工程搞活动，通过活动推工程”的工作思路，即：依托和利用共享工程的丰富文化资源，组织各类文化活动，并在活动中大力宣传推介共享工程。

首先，积极开展共享工程的主题宣传活动，并利用图书馆系列读书活动宣传推介共享工程，同时积极联合学校共同开展活动。共享工程建成之初，我们立即与教育局共同组织城区三所小学开展了“拒绝有害文化，走入健康网络”的少儿主题活动，着重介绍了共享工程，并做现场演示。之后，每年寒暑假前均安排组织一次假期阅读启动活动，假期后组织演讲及颁奖活动。结合不同主题穿插组织系列活动：先后开展了少儿故事大王比赛、少儿经典诵读比赛、少儿手抄报展、书签设计展、亲子共读展示会、“文明从阅读开始”少儿演讲会、“奥运在我心”少儿讲故事大赛、“心系灾区”少儿演讲会暨燕赵少年读书活动颁奖仪式、青少年健康知识网络竞赛、09新年诗歌朗诵会等。2011年世界读书日之际，与区一小联合开展“小书迷”颁奖仪式及现场读书活动，并宣布开馆试运行、与丰南电大中专部联合开展“读者节”启动仪式、承办唐山市国学大赛、配合幼儿阅读，我们还于暑期组织了免费少儿油画棒绘画培训活动。2012年世界读书日之际，与河北联合大学冀唐学院中医学系联合举行“青年读书节启动仪式”，并纪念新馆开放一周年，期间开展了系列读书活动、继续承办2012年度唐山市国学大赛、组织了庆“六一”“小馆员”采书活动、组织了河北省燕赵少年读书活动。新馆开放以来，为活跃“惠丰展窗”，积极组织展览活动。

在这些活动中，我们充分发挥共享工程的作用，使之互为依托，互相促进。同时，坚持开展小馆员参与共享工程电子阅览室值班活动，让更多的青少年认识共享工程，走入共享工程。到目前为止，已开展有关活动30多次，使共享工程丰南支中心的影响已辐射到我区城区及周边5所小学和2所初中校园。

同时，我们充分利用区图书馆连续多年举办的元宵灯谜竞猜及游艺活动，宣传推介共享工程。近年来，随着活动规模的扩大和项目的丰富，参与群众越来越多，连续三年参与人数在3000人以上。在活动中，我们同时开放共享工程电子阅览室和视频点播室，展示共享工程、接待上网、播放讲座。为生动直观宣传，我们将共享工程内容设计到游艺活动中，深受孩子们和家长的欢迎。

其次，积极向学校宣传推介共享工程。我们在组织各类青少年文化活动中，都邀请教育局和有关学校的领导参加，借机积极向他们推介宣传共享工程。每年寒暑假学校都将共享工程阅览活动列入学校假期学生活动安排通知中，吸引了很多青少年学生利用寒暑假到共享工程查阅资料，网上冲浪。

第三，充分利用电视、报纸等媒体宣传推介共享工程。目前，各类媒体对共享工程丰南支中心的宣传报道已达30多次。2008年春节期间，我们专门设计制作了适应少儿特点的Flash广告，在丰南电视台播放，颇受注目。2009年暑假前，我们再次制作了Flash动画送城区各校园电视台，面向全体师生播放，效果明显。2008年7月，我们又建成了图书馆网站，以此为平台建立了共享工程联接。新馆建成以来通过多种形式积极宣传推介。

七、突出特色，搞好服务

首先，搞好窗口服务。认真接待来电子阅览室的读者，工作人员随时提供免费电脑操作培训、信息检索培训、资源代查代找服务，尤其对在共享工程中找不到的资源，我们协助检索或监督其打开外网检索。平均每年培训辅导300多人次，协助检索资料500多人次。电子阅览室平均每天可接待上网读者80多人次，节假日和周末因少儿读者的增多可达到150多人次。实践中我们发现，共享工程对部分无电脑基础的成年人学习电脑和网络检索、对家中没有网络特别是城市周边的农村孩子提供了很大的帮助，受到城乡群众好评。

其次，搞好特色服务。我们结合图书馆少儿驿站的特色，在每天中午、下午为少儿驿站的学生们提供上网查资料和播放讲座及动画片的服务。因驿站人数保持在100人左右，每天播放视频和上网受众就可达200人次，年播放可达150多场，年度人流量可达30000多人次。这样，既提高了驿站服务水准，又充分发挥了共享工程的作用，延伸了服务，扩大了成果。由于学生驿站服务的特色，丰南图书馆受到中国图书馆学会的关注。2008年，作为唯一一家县级馆代表，在中国图书馆学会青年学术论坛上就少儿活动的开展做了经验介绍。我们的服务案例专题片——《延伸服务办驿站 文化共享巧添翼》入选2010年《全国文化共享工程十一五成就展》，其中几个镜头在2009年被中央电视台国庆特别节目中采用。

第三，打造“丰南讲堂”服务窗口。我们把视频点播室作为“丰南讲堂”的主要阵地。几年来，共组织开展社会教育讲座、培训等活动50多场次（不含驿站视频播放）。如：“走向成功”专题讲座、著名教育专家董进宇博士的家庭教育讲座、丰南作家与文学少年谈写作讲座、省作协主席关仁山文学与阅读讲座、家庭教育咨询讲座、少儿数字资源使用培训等。2011年以来，政府专门拨付10万元讲座经费，着重支持开展讲座活动，每月组织一场名家讲座，目前已组织名家讲座20场。

第四，坚持“书香丰南动车组”流动服务，打造全国首部智能流动图书馆基层服务车。2009年，为了把文化共享工程服务送到群众家门，为了进一步宣传文化共享工程，丰南图书馆在原来坚持多年的单一图书流动服务基础上，依托全顺面包车，及时应用新推3G无线网络，增加了文化共享工程视频播放与电子阅览功能，因此，提出了“书香丰南动车组”流动服务的概念。开始的流动车采用费用低、机动灵活的小型客车实现户外开放服务，可谓受众广，影响大，更方便。但是，却需要大幅度的搬运劳动，多有不便。于是，我们不断思考，对流动车的功能不断进行完善。

2010年采用厢式货车改造新型流动服务车，极大地减少了搬运劳动，使流动车成为较为方便经济且结构成熟的流动车，并获得了国家专利。

2011年，在新馆建设紧锣密鼓且人员严重不足的情况下，我们坚持“书香丰南动车组”流动服务，并继续对流动车及配置进行改进完善。结合新馆智能化设备实施，在流动车上增加自助借还设备，使之成为全国首部造价最低的多功能、智能化流动图书馆，形成了模式创新，在基层图书馆有一定推广价值，受到业界和媒体关注，先后被文化部文化共享工程简报、河北省文化厅简报、《河北日报》头版、《燕赵都市报》、《图书馆报》等报道。

自2012年5月底以来，我们大幅增加流动服务次数。明确夏秋季节进社区、进广场，冬春季节进农村、赶大集。今年夏秋季，每周出动晚间社区服务4次，3地循环，持续进行，倍受欢迎，进社区读者量每晚经常可达1000多人次，全年可达80次。计划进农村、赶大集20次。那样全年总计出车可达100次，预计读者量可达10万人次。

“书香丰南动车组”，流动车有三大特点：一是功能最全面。该车集成了图书馆传统借阅服务，应用3G无线网集成文化共享工程支中心的视频播放和电子阅览服务。二是设施最先进。配备投影机、发电机、笔记本电脑，使用适应集群管理的管理软件，应用3G网络与馆内服务器连接，实现了户外流动借阅的智能服务。尤其率先配载小型自助借还设备，进而使该流动车实现了智能化。三是造价最低廉。流动车选择廉价的厢式货车进行设计改造，车辆投入在5万元到10万元左右，而大巴车投入则要30万元左右。因此，最适合基层图书馆推广。

“书香丰南动车组”流动服务还有三大特点：一是受众最广泛。实现车外服务，适应大开放服务格局，方便、直观、亲和，接待人流极大。而且宣传效果也超出寻常。二是资源最丰富。车上除了可载图书3000册（对外1500册，内储1500册），同时携带文化共享数字资源磁盘、光盘，更可以通过3G网络共享文化共享工程河北省分中心所有数字资源。三是时间最方便。我们的流动服务在时间上做到了最大限度的方便群众。明确全年夏秋季晚间进社区、进广场，冬春季进农村、赶大集，尤其晚上进社区，切实选择读者休闲时段，不但真正方便群众，也起到了极大地宣传作用。

“动车组”流动服务还提高了办馆效益、彰显了公共图书馆的社会责任，保障了更多群众的文化权益。为促进我区文化大繁荣、大发展，推进公共文化服务体系建设做出了积极地贡献，成为丰南区域内的一道文化亮点，在提升地区文明形象和文化品位方面也发挥着积极的作用。

八、工作展望

丰南区文化资源共享工程已走过8个年头，从昨天的一个点到今天的337个行政村，从单一的资源接收到今天的多渠道应用，文化资源共享工程在丰南已经成为群众文化生活的一大支柱，成为繁荣丰南文化，丰富丰南人民精神生活，推动丰南人文科技进步的强大动力源泉。今后丰南支中心希望在国家中心，河北分中心大力支持下为丰南共享工程建设一支专业化的服务队伍，建立一个国家、市、区三级知识网络联动的即时问答服务体制和服务形式更加多样，服务网点更加宽广，参与群众更加广泛的共享工程文化带动体系，为建设文化丰南、和谐丰南做出贡献。

（撰文/唐山市丰南区支中心）

唐山市曹妃甸区支中心

2012年7月11日经国务院批复，撤销唐海县，设立曹妃甸区，规格为副地市，行政区划包括原来的唐海全境、曹妃甸工业区、生态城、柳赞镇、滨海镇。辖3个镇，十一个农场，两个海水养殖场，曹妃甸新区临港产业园、曹妃甸工业区、生态城。全区共有94个行政村。曹妃甸(因岛上原有曹妃庙而得名)毗邻京津唐大都市群，又名“渤海明珠”。全区面积1943平方千米，人口26万。

曹妃甸区文化共享工程在唐山市文广新局领导下，唐山市图书馆支持和部署下，逐步推进，稳步发展，在新形势下为繁荣基层文化，满足全区人民多层次文化需求，传递中国民族优秀文化资源发挥了重要作用。

一、基本情况

曹妃甸区文化资源共享工程建设开始于2010年，前期安装设备均通过卫星设备直接接收国家中心下发的给类资源和信息。2012年曹妃甸区文化资源共享工程开始普及进入乡镇行政村。

共享工程曹妃甸支中心设在曹妃甸区图书馆，是曹妃甸区共享工程的建设和业务指导单位，负责保障区中心共享工程设备的运行，协调镇村级共享工程设备的维修，指导镇村级共享工程活动的开展以及开展全区共享工程管理员的业务培训和指导。

二、管理团队建设

为使共享项工程真正为民所用为民谋利，曹妃甸支中心将共享工程日常管理纳入制度化管理。制定支中心、镇、村基层服务点工作职责和制度，实行制度上墙公开。管理员收集整理共享工程服务活动的得失，探索共享工程管理和服务新模式。

文化资源共享工程作为一个新的农村文化资源获取平台，如何推广好、利用好共享工程丰富的文化资源关键在于是否有一支专业化的共享工程管理员队伍。曹妃甸区共享工程支中心在管理员队伍建设上坚持明确职责，明确思路，制度化管理，常态化培育。对于乡镇、村两级基层共享工程管理上择优选取文化层次较高的年轻人为管理员，他们工作热情高，有较高的文化水平能尽快熟悉掌握共享工程设备为所在村民服务。

三、经费投入

曹妃甸区共享工程自2010以来，每年投入3余万的运维经费，用于共享工程设备的维护，人员培训和惠民活动的开展。同时，曹妃甸区政府，曹妃甸区文化委员会和曹妃甸图书馆每年也投入大量人力物力支援共享工程各项活动的正常开展。

四、利民惠农

该支中心在共享工程服务实践过程中，以民众的需求为导向，积极探索，服务民众生活生产，引领群众高尚精神文化生活，打造群在满意喜爱的文化服务新平台。

根据曹妃甸地域农业生产特点，针对不同农业专业者，曹妃甸支中心有针对的选取资源上门指导服务。历年来累计服务专业生产户20多户。

五、宣传推广

1、曹妃甸支中心利用各种渠道宣传推广共享工程。在曹妃甸每年的科技文化三下乡活动中，曹妃甸支中心不失时机，以活动为平台，以资料为媒介宣传共享工程，让民众不断了解共享工程，走进共享工程。

2、走进校园。曹妃甸支中心文化服务中不断探索，利用支中心儿童阅览专区，组织动员青少年儿童关注共享工程，利用共享工程，收集青少年知识兴趣点整理挖掘，使共享工程不仅走进农村也走进校园走进青少年。

六、工作展望

曹妃甸支中心已经开展两年来，从单一的资源接收到今天的编辑分发和群众广泛认知，广泛参与，文化资源共享工程在曹妃甸已经成为曹妃甸人民文化生活的一大支柱，成为繁荣曹妃甸文化，丰富曹妃甸人民精神生活，推动曹妃甸人文科技进步的强大动力源泉。今后曹妃甸支中心希望在国家中心，省分中心大力支持下为曹妃甸共享工程建设一支专业化的服务队伍，建立一个国家、省、区三级知识网络联动的即时问答服务体制和服务形式更加多样，服务网点更加宽广，参与群众更加广泛的共享工程文化带动体系，为打造河北省经济增长极做贡献，为建设科技曹妃甸，文化曹妃甸做出贡献。

（撰文/唐山市曹妃甸区支中心）

遵化市支中心

遵化市辖25个乡镇，2个街道，648个行政村，总人口72.3万，其中农业人口61.6万人，是一个古老而又年轻的城市。遵化市文化资源共享工程在遵化市文广新局的支持和部署下，逐步推进，稳步发展，在新形势下为繁荣农村基层文化，满足农民多层次文化需求，传递民族优秀文化资源发挥了重要作用。

一、基本情况

2004年市政府投资39万元建立了河北省文化信息资源共享工程遵化支中心，当年12月1日该中心正式开通，是河北省文化厅在唐山市设立的首批支中心之一。每年市财政为支中心拨专项经费20000元，用于中心设备的维修。2008年，为了推进革命老区社会主义新农村建设，丰富革命老区村的业余文化生活，按照市委、市政府关于建立革命老区村文化共享基层中心的要求，在市财政的大力支持下，遵化支中心为鲁家峪、高拔岭等十个革命老区村配备了服务器、投影仪、宽带、桌椅等现代化办公设备，并进行了安装调试。2009年，遵化市文化共享工程开始普及进入乡镇行政村，至今，文化资源共享工程基层中心已在全市602个行政村建成，覆盖率达到了93%。

共享工程遵化支中心设在遵化市图书馆，是遵化市共享工程的建设和业务指导单位，负责保障市中心共享工程设备的运行，协调镇村级共享工程设备的维修，指导镇村级共享工程活动的开展以及开展全市共享工程管理员的业务培训和指导。

二、管理和队伍建设

为使共享工程真正为民所用，为民谋利，遵化支中心将共享工程日常管理纳入制度化管理。制定支中心、镇、村基层服务点工作职责和制度，实行制度上墙公开。每年有年度工作计划，月度有工作要点，季度有工作督导，年末有工作总结考核。

遵化市共享工程支中心在管理员队伍建设上坚持明确职责，明确思路，制度化管理，常态化培训。对于乡镇、村两级基层共享工程管理上择优选取文化层次较高，有一定社会基层管理服务实践经验的村民作为专职管理员，他们工作热情高，有较高的文化水平，能尽快熟悉掌握并利用共享工程设备为所在村的村民服务。

三、培训工作

遵化支中心在共享工程管理员的培养上实现了制度化和常态化。根据支中心工作要求，每年对辖区共享工程管理员进行4期的集中培训，2005年以来一共举办各类培训班32期。

四、宣传推广

1、发展农村经济，使广大农民走上科技致富的道路。支中心为各乡镇科技重点户免费发放了共享工程支中心阅览证，可随时到支中心查阅、咨询最新的农业科技知识，为他们解决种、养等方面的难题，寻找科技致富的新道路。支中心的工作人员综合相关科技信息，定期汇编“信息摘编”，共编制“信息摘编”80期，利用农村集市为农民发放信息摘编3000余份，为繁荣农村经济做出了一定的贡献。

2、遵化支中心常年与五所中小学校合作，定期组织学生到共享工程视听室观看爱国主义教育影片，使学生的思想素质得以提高，增强学生们的爱国主义热情。

3、遵化支中心为机关、企事业单位提供新政策、新信息，真正意义上实现了信息资源的共享。

4、组织丰富多彩的读者活动，例如2008年奥运会前夕，为迎接奥运、宣传奥运，我们积极组织读者参加河北省文化厅开展的“快乐阅读，与奥运同行”为主题的2008年度燕赵少年读者系列活动，引导广大中小学生阅读奥运图书，宣传奥运精神，培育文明意识和礼仪素养，遵化支中心分别向第二中学和第一实验小学推荐图书500册，让学生们阅读、感悟，开展了“读后感”和“书签设计”比赛，共收到征文115份，书签设计35份，并聘请专业教师及我馆工作人员组成的评判组，选出优秀感想作品，报送省馆“燕赵少年读书活动”办公室。

五、工作展望

遵化市文化共享工程支中心紧紧围绕国家、省、市中心的工作部署，将进一步构建资源优质丰富、技术先进实用、传播高效互动、服务便捷贴近、管理科学规范、体系完整可控的公共数字文化传播服务体系，使文化共享工程真正成为城乡群众参与文化娱乐、获取科普信息、接受教育培训、享受惠民服务的重要平台。

（撰文/遵化市支中心）

迁安市支中心

迁安市共辖19个镇乡、1个城区街道办事处，534个行政村和11个居委会，总人口72.7万。迁安历史悠久，文化璀璨。迁安市文化信息资源共享工程在迁安市文化广播电视新闻出版局大力支持下，以推“共享数字文化、促进社会和谐”为己任。在新形势下为繁荣农村基层文化，满足农民多层次文化需求，传递中国民族优秀文化资源发挥了重要作用。

一、基本概况

迁安市文化信息资源共享工程支中心现设立在迁安市图书馆4楼，设有成人电子阅览室、少儿电子阅览室、信息资源共享支中心办公室、中心机房共计435平方米，配有专职员工5人。成人、少儿电子阅览室有电脑50台，且预留90台升级空间。通过专业设备和先进技术对网站进行了精心筛选，真正实现了“绿色”上网。

迁安市文化资源共享工程始建于2005年，省文化共享中心为我市建了7个村级基层服务点。2008年9个镇乡建立了文化信息资源共享基层服务点。配备的设备为1台主服务器、10台电脑、11套桌椅、1台投影仪、1个幕布、1个卫星接收天线。通过卫星设备直接接收国家中心下发的各类资源和信息。2009年，为了更加合理的利用文化资源，迁安市支中心依托党员干部现代远程教育网，为全市534个行政村和11个居委会在原有设备的基础上配发了投影仪、幕布和音箱。实现了100%全覆盖。

二、队伍建设

迁安市支中心现有专职工作人员5人，其中研究生学历1人、本科学历4人，镇、村级服务点管理员择优选取文化层次较高，有一定社会基层管理服务实践经验的大学生村官或农村干部，实现了管理队伍的高起点。专业的队伍为迁安市文化资源共享工程插上了腾飞的翅膀。

三、规范管理

2012年，迁安市支中心借助河北省基层建设年的东风，为全市基层服务点统一制定了工作职责和设备管理制度并上墙公开，同时规范基层管理员做到活动有记录。支中心不定期进行工作督导。通过制度的规范、工作的督导来确保共享工程真正的为民所用、为民谋利。

四、培训工作

迁安市支中心在共享工程管理员的培养上针对农村实际情况制定了切实有效的培训方案：农村3年一次换届选举，基层管理员变化较大，支中心在选举当年组织一次全体基层管理员培训。另外根据需要组织以镇为单位培训或直接到村现场培训。至目前已经累计培训1000人次。通过对基层管理员的培训，最大的发挥了基层服务点功能，拓宽了农村居民获取文化信息资源的渠道。

五、宣传推广

迁安市支中心充分利用各种渠道宣传推广共享工程。在每年的正月十五猜灯谜活动、全民读书日、图书馆宣传周、燕赵少年读书等活动中以活动为平台，以资料发放、制作宣传看板、组织专题活动等形式宣传文化信息资源共享工程。例如，今年我支中心针对全民阅读日、图书馆宣传周、燕赵少年读书活动在电子阅览室开展了“百日、百部红色电影、动漫展播”活动。让民众在观看爱国主义电影的同时，不断了解共享工程，共享数字资源。

下一步我支中心正在申请流动服务车，以流动方式进入到农村集市、校园、工地点人员密集的地方，开展电影展播、数字阅读、科普光盘发放等形式多样的惠民活动。利用先进的信息技术手段，努力扩大优秀文化资源的传播，逐步缩小城乡之间文化发展上的差距，不断满足广大人民群众日益增长的精神文化需求。

六、工作展望

今后迁安市支中心希望在河北省分中心，唐山市分中心大力支持下为迁安共享工程建设一支专业化的服务队伍，建立一个服务形式更加多样，服务网点更加宽广，参与群众更加广泛的共享工程文化带动体系，为推进数字资源共享、服务迁安文化发展贡献力量。

（撰文/迁安市支中心）

滦县支中心

一、基本情况

滦县图书馆现位于唐山市滦县新城工农路文化公园。滦县文化资源共享工程支中心建设始于2004年底，最初在燕山大街90号，于2007年底搬到文化公园二楼。前期安装设备均通过卫星设备直接接收国家中心下发的给类资源和信息。共享工程滦县支中心设在滦县图书馆，是滦县共享工程的建设和业务指导单位，负责保障区中心共享工程设备的运行，协调镇村级共享工程设备的维修，指导镇村级共享工程活动的开展以及开展全区共享工程管理员的业务培训和指导。

二、管理和队伍建设

为使共享项工程真正为民所用为民谋利，滦县支中心将共享工程日常管理纳入制度化管理。制定支中心、镇、村基层服务点工作职责和制度，实行制度上墙公开。每年有年度工作计划，月度有工作要点，季度有工作督导，年未有工作总结考核，并推行管理员工作同志管理，收集整理共享工程服务活动的得失，探索共享工程管理和服务新模式。

共享工程作为一个新的农村文化资源获取平台，如何推广好、利用好共享工程丰富的文化资源关键在于是否有一支专业化的共享工程管理员队伍。支中心在管理员队伍建设上坚持明确职责，明确思路，制度化管理，常态化培育。对于乡镇、村两级基层共享工程管理上择优选取文化层次较高，有一定社会基层管理服务实践经验的大学生村官为管理员，他们工作热情高，有较高的文化水平能尽快熟悉掌握共享工程设备为所在村民服务。

三、培训工作

滦县支中心在共享工程管理员的培养上实现了制度化和常态化。根据支中心工作要求，每年对辖区共享工程管理员进行3期的集中培训，2004年以来一共举办各类培训班24期，参加轮训的各级管理员达800人次。

四、经费投入

滦县共享工程自2004年实现村村全覆盖以来，省图书馆投入20余万的运维经费，用于共享工程设备的维护，人员培训和惠民活动的开展。同时，滦县政府和滦县图书馆每年也投入大量人力物力支援共享工程各项活动的正常开展。

五、资源建设

滦县支中心在历年的工作中，搜集不同区域民众文化需求，选取、编辑制作各类题材资源，展板10多块，各类海报，招贴画10副，发放宣传资料500余份。

六、合作共建

以共享工程为依托结合全覆盖的各乡镇学校建立电子文献资源服务中心。将电子文献资源与建立的共享工程服务点结合，根据不同乡镇、村的硬件条件建立形式多样的电子阅览室和多媒体中心。共享工程宣教授课和电子资源阅读播放为一体的多功能活动室。通过多方不懈努力，共享工程已逐步走入基层村民生活，成为村民获取新知，娱乐身心的新渠道新平台。

七、利民惠众，惠农服务

滦县支中心在共享工程服务实践过程中，以民众的需求为导向，积极探索，服务民众生活生产，引领群众高尚精神文化生活，打造群在满意喜爱的文化服务新平台。根据滦县地域农业生产特点，支中心每年按农业生产技术和通过行政村基层服务点村民分发。针对不同农业专业者，支中心有针对的选取资源上门指导服务。

八、宣传推广

1、滦县支中心利用各种渠道宣传推广共享工程。在滦县每年的科技文化三下乡活动，科普之春，科普之夏，科技周等活动中，滦县支中心不失时机，以活动为平台，以资料为媒介宣传共享工程，让民众不断了解共享工程，走进共享工程。

2、走进校园。滦县支中心文化服务中不断探索，利用支中心儿童阅览专区，组织动员青少年儿童关注共享工程，利用共享工程，收集青少年知识兴趣点整理挖掘，深受广大青少年的喜爱。同时按照市分中心的部署在全县中小学校开展了阳光少年热爱党网页制作大赛和电脑小报制作大赛。通过一系列的活动是共享工程不仅走进农村也走进校园走进青少年。

3、专题活动，精彩纷呈。滦县支中心在服务中抓住文化的热点和亮点，积极组织群众喜闻乐见的文化服务，使共享工程走进群众生活。

九、工作展望

滦县区文化资源共享工程已走过8个年头，从昨天的几个点到今天的15行政村全覆盖，从单一的资源接收到今天的编辑分发和群众广泛认知，广泛参与，文化资源共享工程在滦县已经成为滦县人民文化生活的一大支柱，成为繁荣滦县文化，丰富滦县人民精神生活，推动滦县人文科技进步的强大动力源泉。今后滦县支中心希望在省中心，市分中心大力支持下为滦县共享工程建设一支专业化的服务队伍，参与群众更加广泛的共享工程文化带动体系，为建设科技滦县，文化滦县做出贡献。

（撰文/滦县支中心）

滦南县支中心

滦南县总人口58.1万人。辖16个镇、1个街道办、1个省级经济开发区、1个省级工业聚集区。

滦南县文化资源共享工程在滦南县委、县政府和各级部门的支持下，逐步推进，稳步发展，在新形势下为繁荣农村基层文化，满足农民多层次文化需求，传递中国民族优秀文化资源正逐步发挥作用。

一、基本情况

2004年滦南县图书馆在各级领导的关怀下，经过县委主要领导的协调，与滦南二中合建了全国文化资源共享工程滦南县支中心。同时在宋道口镇东沙窝建立了村级试点，开始了文化信息资源共享服务工作。2008年，得到了上级文化共享工程建设项目补贴45万元，2009年由河北省文化厅对文化共享工程建设设备统一进行了招标采购，并进行了安装。全国文化资源共享工程滦南县支中心目前已经达到了国家规定的基层中心硬件建设标准。

2008年至2010年按照国家规划和标准，16个镇级服务点相继建成，由河北省分中心进行验收和安装，已投入使用并开展服务。2009年至2011年，争取上级文化信息资源共享工程设施支持，建成文化信息资源共享工程村级服务点500个。争取到年底，全县文化信息资源共享工程村级服务点实现全覆盖。

滦南县支中心设在滦南县图书馆，是滦南县共享工程的建设和业务指导单位，指导镇村级共享工程活动的开展以及开展全区共享工程管理员的业务培训和指导。

二、规范管理和队伍建设

为使共享工程真正为民所用、为民谋利，滦南县支中心将共享工程日常管理实行制度化管理。先后制定了支中心、镇、村基层服务点工作职责和制度，并上墙公开。各服务点每年有年度工作计划，年末有工作总结和考核，收集整理共享工程服务活动的得失，逐步探索共享工程管理和服务新模式。

滦南县共享工程支中心在管理员队伍建设上，坚持明确职责，明确思路，制度化管理，常态化培育。在镇、村两级基层共享工程管理上，择优选取文化层次较高，有一定社会基层管理服务实践经验的大学生村官为管理员，实现了管理员选取的高起点。

三、培训工作

文化信息资源共享工程滦南县中心，自2010年以来，大力开展对基层服务点管理人员的培训工作，建立起了一批高素质的管理队伍，为文化共享工程的顺利开展提供了强有力的队伍保障。

1、培训形式：采取集中培训和分级培训的形式。文化信息资源共享工程滦南县中心，负责对全县基层服务点管理人员的培训工作。两年来，图书馆先后6次对全县16个镇的综合文化站专管人员进行了集中培训。集中培训结束后，各镇文化站管理人员对镇辖村的管理人员进行分级培训，使之增强操作能力，直观了解应用过程。

2、培训内容：我们对培训内容进行了科学合理有效的设置，具有很强的针对性和操作性，主要包括共享工程有关政策要求、设备的使用管理、如何开展基层服务等。通过培训逐步形成了一支有责任心、懂技术、善管理的基层服务点工作队伍。在培训过程中，我们通过讲课和现场操作的形式，让广大培训人员直观形象地了解文化资源共享相关知识，掌握解决具体技术问题的能力。

3、培训效果：目前，滦南县各镇综合文化站及500个村的文化信息资源共享工程的管理人员，已经基本掌握了相关业务知识和管理服务方法，正在共享工程和我县的惠民工作中发挥着积极作用。

四、开展活动情况

滦南县支中心在共享工程服务实践过程中，以民众的需求为导向，积极探索、服务民众生活生产，引领群众高尚精神文化生活，打造群众满意的文化服务新平台。近年来，滦南县支中心利用文化资源共享工程下载信息，开展了3次农业技术讲座和1次首都医科大学附属医院内分泌科主任，妇幼保健研究室主任阮祥燕博士《积极应对更年期走出防治误区》的视频讲座，接待读者3500多人次。根据地域农业生产特点，滦南县支中心每年按节令制作农业生产技术光盘和科技资料文摘，通过行政村基层服务点分发村民。

在基层服务点辅导方面，滦南县支中心按照省市共享工程信息专报制度的通知，将我县基层服务点开展活动情况及时上报，并将了解到的技术问题及时解决或上报。例如宋道口镇东沙窝村服务点利用投影机晚上播放影片，但是影片资源少，我们得知后，及时向局领导和中心反映，问题迅速得到了解决。在收到卫星广播通信系统转星工作的紧急通知，我们到长凝镇王营村服务点调整接收器方向时，发现高频头损坏，及时向市支中心做了汇报，也得到了及时修复。

五、工作展望

滦南县文化资源共享工程已经形成县、镇、村三级服务网络，文化资源共享工程在滦南已经成为人民文化生活的一大支柱，成为繁荣滦南文化，丰富滦南人民精神生活，推动滦南人文科技进步的强大动力。今后滦南县支中心将在国家中心、省市分中心大力支持下，进一步加大工作力度，建设一支专业化的服务队伍，使服务网点活动更加扎实，参与群众更加广泛，为打造“激情滦南、实力滦南、文化滦南、生态滦南、和谐滦南”的总体目标做出新的更大的贡献。

（撰文/滦南县支中心）

乐亭县支中心

乐亭县文化信息资源共享工程在河北省共享中心和县委县政府的支持和部署下，逐步推进，稳步发展，在新形势下为繁荣全县文化，满足全县人民特别是广大农民的文化需求，传承中华民族优秀文化发挥了重要作用。现将乐亭县文化共享工程做如下概述。

一、基本情况

2005年，乐亭县开始建设文化信息资源共享工程，同年，乐亭县图书馆被定为共享工程支中心。支中心在县文广新局的领导下，和文广新局文化科一起，共同负责保障全县共享工程设备的运行，协调镇、乡、村及街道办共享工程设备的维修，组织全县共享工程管理员的业务培训，指导镇、乡、村及街道办共享工程活动的开展。

目前，共享工程县支中心占地面积130平方米，其中视听室面积100平方米，机房30平方米。省级以上财政经费投入45万元，县级财政投入28.8万元，支中心现有设备：计算机40台，服务器4台，投影仪一套，卫星接收站一套，交换机2台、音像设备1套及相关配套设施。

共享工程建设初期，我们首先在乐亭镇富强社区和马头营镇马头营村等地率先成立了文化信息资源共享工程基层服务站，并为他们发放了电脑、交换机、电视、投影仪等设备，这些示范点的建立，推进了我县文化信息资源共享工程的建设。此后，我们陆续在全县14个乡镇文化站安装共享设备，运行正常之后，共享工程开始普及进入乡镇行政村。截止到目前，乐亭县所属行政村的资源共享工程已全部建成，覆盖率达100%。

二、培训工作及管理和队伍建设

目前，农村真正懂电脑、会操作的人员有限，有设备但无人会操作的现象普遍存在。因此，加强技术培训和人才培养是促进共享工程又快又好发展的重要工作。

乐亭县图书馆作为文化信息资源共享支中心，大力开展了对基层服务点管理人员的培训工作。自实施文化信息资源共享工程以来，图书馆先后多次对全县14个乡镇的文化站专管人员进行了集中培训。我们对培训内容进行了科学合理有效的设置，具有很强的针对性和操作性，主要包括文化共享工程有关政策要求、设备的使用管理、如何开展基层服务等。在培训过程中，我们通过讲课和现场操作的形式，让广大培训人员直观形象地了解文化信息资源共享相关知识，掌握解决具体技术问题的能力。集中培训结束后，各乡镇文化站管理人员再对乡镇帮扶村的管理人员进行分级培训。

通过培训逐步形成了一支有责任心、懂技术、善管理的基层服务点工作队伍，为文化共享工程的顺利开展提供了强有力的队伍保障。目前，乐亭县各乡镇文化站行政村的文化信息资源共享工程的管理人员已经基本全面掌握了相关业务知识和管理服务方法，正在共享工程和我县的惠民工作中发挥着积极作用。

三、资源建设

文化信息共享支中心充分利用共享设备，通过互联网、卫星接收等技术手段，对大量中华优秀文化及科技信息等资源进行了加工整合，形成并保存了大量有价值的共享资源。

支中心利用共享资源，在电子阅览室常年为各界群众播放优秀影片以及科技、科普知识讲座，并为残疾人提供足不出户的快乐阅读平台。双休日及寒暑假，为未成年人播放爱国主义及中外优秀影片、动漫，举办国学讲座，丰富孩子们的生活，陶冶他们的情操。几年来，我们还多次联合学校组织经典诵读活动，和孩子们一起品味中华经典，传承中华文化。

同时，我们大力倡导和鼓励乡、镇、村级共享工程管理人员通过共享资源，为广大农民朋友提供喜闻乐见的文化服务，开拓群众的视野，补充他们的精神营养，丰富他们文化生活，满足基层群众“求知识、求富裕、求健康、求快乐”的需求。

资源共享工程的建设和发展，极大地丰富了基层群众的业余文化生活，实现了优秀文化信息在全县范围内的共建共享。

四、宣传工推广

文化信息资源共享工程是一项利国利民的事业，对此，乐亭支中心做了大量的宣传工作。我们通过媒体、乐亭文化信息网、展牌、发放宣传资料和手册、图书下乡等多种手段和渠道，同时以各种读书活动为平台，向社会各界宣传共享工程，让全县人民不断了解共享工程，走进共享工程，享受共享工程。

五、工作展望

总之，乐亭县文化信息资源共享工程从刚开始的初步尝试，到后来的逐步发展，一直到现在的正常运转，经历了近10年的历程。这期间，共享工程得到了全县人民特别是基层群众的广泛认知和参与，取得了良好的社会效益。相信今后在上级部门的支持下，在全体工作人员的努力下，在全县人民的广泛参与下，我县的共享工程会日趋完善和成熟，为惠民强县做出更大的贡献。

（撰文/乐亭县支中心）

玉田县支中心

玉田县辖14个镇6个乡。县府驻玉田镇。面积1165平方公里，人口67万，764个自然村。玉田县文化共享工程在省文化厅的支持和部署下，于2009年10月建成。

一、基本情况

玉田县文化资源共享工程建设开始于2004年，最初安装在玉田县鼓楼东街155号，后改安装在玉田文化中心（玉田县图书馆），前期安装设备均通过卫星设备直接接收国家中心下发的各类资源和信息。2010年10月玉田县文化资源共享工程第二次升级改造完成，共享工程玉田支中心设在玉田县图书馆，是玉田县共享工程的建设和业务指导单位，负责保障县支中心共享工程设备的运行与维护，指导镇村级共享工程活动的开展以及开展全县共享工程管理员的业务培训和指导。

二.管理和队伍建设

为使共享工程真正为民所用，为民谋利，玉田支中心将共享工程日常管理纳入制度化管理。制定支中心、工作职责和制度，实行制度上墙公开。探索共享工程管理和服务新模式。

文化资源共享工程作为一个新的农村文化资源获取平台，如何推广好、利用好共享工程丰富的文化资源关键在于是否有一支专业化的共享工程管理员队伍。玉田县共享工程支中心在管理员队伍建设上坚持明确职责，明确思路，制度化管理，常态化培育。

三、培训工作

玉田支中心在共享工程管理员的培养上实现了制度化和常态化。根据省支中心工作要求，2011年7月共享工程管理员进行为期3天的集中培训（秦皇岛）。

四、经费投入

玉田县共享工程自2004年建设以来，由于缺少运维经费，至2011年底一直处于关闭之中，共享工程各项活动无法正常开展。自2012年开始，才正式对外开放。

五、资源建设

玉田支中心在历年的工作中，根据不同区域民众文化需求，选取、编辑制作发放各类光盘500多张，展板20多块，发放宣传资料1000余份。

六、利民惠众，惠农服务

玉田支中心在共享工程服务实践过程中，以民众的需求为导向，积极探索，服务民众生活生产，引领群众高尚精神文化生活，打造群众满意喜爱的文化服务新平台。根据地域农业生产特点，玉田支中心每年按节令制作农业生产技术光盘和小册子通过行政村基层服务点村民分发。针对不同农业专业者，玉田支中心有针对的选取资源上门指导服务。一年来累计服务专业生产户30多户，长期点对点跟踪服务3户。

七、宣传推广

玉田支中心利用各种渠道宣传推广共享工程。每年的科技文化三下乡活动、文化周、读书月等活动中，玉田支中心不失时机，以活动为平台，以资料为媒介宣传共享工程，让民众不断了解共享工程，走进共享工程。

八、工作展望

玉田文化资源共享工程已走过8个年头，从单一的资源接收到今天的编辑分发和群众广泛认知，广泛参与，文化资源共享工程在玉田已经初步成为玉田人民文化生活的一大亮点，成为繁荣玉田文化，丰富人民精神生活，推动人文科技进步的强大动力源泉。今后支中心希望在国家中心，省市分中心大力支持下为玉田共享工程建设一支专业化的服务队伍，建立一个国家、省、市、县四级知识网络联动的即时问答服务体制和服务形式更加多样，服务网点更加宽广，参与群众更加广泛的共享工程文化带动体系，为建设文化玉田做出贡献。

（撰文/玉田县支中心）

廊坊市支中心

2006年7月，廊坊市被国家文化信息资源共建共享中心确定为五个试点城市之一，对此，我市市委、市政府高度重视，把共建共享试点市工作列为2007年的十八件实事之一，责成市文化局、市图书馆必须下大力气办好此事。为此，市文化局牵头，市图书馆具体落实，于2007年9月建成具有廊坊特色的共建共享局域网络。

一、基本情况

2006年1月11日，国家、省调拨给廊坊市10套共享设备，为充分发挥这些设备的作用，更好地利用国家、省、市三级文化信息资源，市领导决定，依托县级图书馆的人员和场地，以县馆为基础，在廊坊市10个县(市、区)分别建立县级文化信息资源共建共享中心，使其成为文化信息资源的接收地和发布源。社会文化信息资源通过图书馆、群艺馆、文化馆、文化站等文化设施和社会各界网络传输系统进行文化信息传递，形成由市级共享支中心、基层分中心组成的网络，使优秀文化信息资源走进社区、

走进企业、走进校园、走进农村。将文献信息资源共建共享工程辐射到区县，最大限度的实现优秀文化信息资源在全省范围的共建共享。

二、主要工作

为此，廊坊市图书馆做了以下几点工作：一是资金筹措。为搭建更加完善的网络平台，2006年1月20日和2月10日先后两次召开了各县(市、区)文化(体)局、财政局主管局长会议，布置工作，统一思想，明确任务，会议决定在市财政投资100万元用于共享工程的前提下，要求各县分别出资12万，用于购置所需设备。二是组织保障。为把工作落到实处，市文化局成立了信息资源共建共享工程领导小组，市文化局局长王子元任组长，副局长宫雅健任副组长，文化科科长赵维新、市图书馆馆长马良志、副馆长刘东君为领导小组成员，并明确市图书馆为主要承办单位，具体负责全市县级文化信息资源共建共享工作。三是环境保证。2006年2月14日至16日，文化局组成专门调研组，分两路赴各县（市、区）调查了解情况，确保各县具备环境优良的场地。四是技术保证。为更好地做好共享中心的日常维护工作，市图书馆于2006年4月15日举办了各县专业技术人员学习班，7月28日，在广阳区图书馆举行了廊坊市各县（市）图书馆馆长及业务骨干共享工程技术培训。廊坊市图书馆人员刘东君、王丽荣、王俊中、曹占良组织并参加了此次培训，为日后的网络维护、设备保养打好基础。五是搭建网站。从2006年6月14日开始至7月6日10个县（市、区）的信息网站已搭建完毕。另外，还建成了2个乡镇接收站和7个村街接收站。六是增加网上内容。为了更好地服务“三农”，市图书馆2006年6月22日又购置了种植、养殖类视频资料707种，送至网上，使网上的数据量达到了4.8TB。

2007年1月5日，廊坊市图书馆的工作人员王俊中、郭楠、曹占良、张雷各带1组，协助省文化信息共建共享中心到乡镇安装调试共享设备，各组同时展开作业。2007年共完善县级分中心6个，新建33个乡镇级和177个村（街）级基层点。截至2007年9月底，共建成251个文化信息资源共享站点。其中：市级支中心一个，县级支中心10个，乡、镇基层服务点58个，村、街基层服务点182个。全市共投入资金957万元。因三河市、霸州市属扩权县，所以两市所需资金402万元由该市自己承担。圆满地完成了共享工程的试点任务。

2008年，为配合全国文明城市争创工作，推动共享工程在廊坊市的进一步开展，按照市委宣传部的要求，经与市财政局协调，确定由广阳、安次两区政府共投资56万元，在广阳、安次再安装15个共享工程基层站点。截至2008年10月，共建成266个文化信息资源共享站点。2008年10月22日起，市文化局、市图书馆组成了4人调查小组，利用2天时间，深入到三河、大厂、香河、霸州、文安、大城6县的基层站点，了解掌握基层站点现状，解决存在的问题，为共享工程在廊坊市继续发挥其应有的作用奠定了基础。截至2011年底，共建成744个文化信息资源共享站点。

为加强共享工程队伍建设，促进廊坊市共享工程工作的顺利开展，市图书馆于2009年3月4日至5日举办了全市文化信息资源共享工程培训班。文化部全国文化信息资源建设管理中心培训指导处的刘刚处长、河北省图书馆魏金水书记、河北省共享工程中心的宋健增主任、廊坊市图书馆马良志馆长出席了开班仪式。来自全市文化信息资源共享工程基层站点（各县、市、区图书馆）负责人和技术人员30人参加了培训。该次文化共享工程培训班的开展，加强了市支中心与各县级支中心的沟通与交流，增强了基层工作人员的技术能力，为廊坊市共享工程工作的顺利开展打下基础和积累了经验。

三、工作展望

文化信息资源共建共享工程在廊坊市已经让越来越多的人受益，在拓宽群众获取信息的渠道，丰富人民群众的文化生活方面起到了积极作用。但是，我们深知共建共享工程是一项长期工程，需要一次投入长期维护，因此，对已建站点仍要花费大量人力、物力、财力去维护、管理。例如：廊坊市广阳区馨境界居委会基层点，由于设备的损坏，他们不得不停止为社区居民提供共享工程各种资源的服务工作，期间我馆也多次对各基层点提供无偿的技术服务，但是设备维护是需要资金支持的，各基层点的资金都非常紧张，这就严重的制约了基层点的服务工作，希望有关部门能够提供后续设备维护资金的支持，使得各个基层点能够安心的使用共享工程设备，把共建共享工程建设落到实处，让广大人民群众看到又好又多的共享信息资源。

（撰文/廊坊市支中心）

廊坊市广阳区支中心

广阳区辖银河北路、爱民东道、解放道、新开路、新源道5个街道办事处和南尖塔镇、万庄镇、九州镇、北旺乡、白家务乡办事处的155个自然村，幅员390平方公里，人口50万。

一、基本情况

广阳区文化共享工程建设始于2006年7月，坐落在解放道26号群艺馆大楼四、五层，此后陆续在全区十个乡镇(街办处)文化中心开始安装，前期安装设备均通过卫星设备直接接收国家中心下发的给类资源和信息。

广阳区于2008年10月5日全面建立了文化信息资源共享工程基层服务点，经过两个月的建设，给四个乡镇，五个街办处的每个基层服务点配备电脑、服务器、投影仪、不间断电源各一套，已形成了通过卫星接收和互联网传输、电子阅览室为服务端的网络系统，较好地满足了广大读者对音乐欣赏、信息查寻、影视观赏的需求，为广大青少年提供了一个良好的互联网服务场所，深受社会广泛好评。广阳区数字图书馆于2006年9月和2010年6月共配备电脑30台。2010年发给各乡镇和街办处PC浪潮服务器1台、PC机2台、交换机1台、软件1套。2011年6月发给广阳区数字图书馆卫星接收系统一台，发给各乡镇及街办处DVD播放机一台、调音台一台，功放一台，音箱一对，演唱庆简一对，会议话筒一对，话筒支架一套，流动机柜一台，线材一套。2011年7月26日发放投影仪、投影支架幕布、音箱全区151个行政村街及四个文化站全部配齐各一套。至此广阳区所属行政村实现全区村村全覆盖。

共享工程广阳支中心设在广阳区图书馆，是广阳区共享工程的建设和业务指导单位，负责保障区支中心共享工程设备的运行，协调乡镇村级共享工程设备的维修，指导乡镇村级共享工程活动的开展以及开展全区共享工程管理员的业务培训和指导。

二、管理和队伍建设

为使共享工程真正为民所用为民谋利，广阳区支中心将共享工程日常管理纳入制度化管理。制定支中心、乡、镇、村、办事处基层服务点工作职责和制度，实行制度上墙公开。每年有年度工作计划，月度有工作要点，季度有工作督导，年未有工作总结考核，并推行管理员工作同志管理，收集整理共享工程服务活动的得失，探索共享工程管理和服务新模式。

文化资源共享工程作为一个新的城乡文化资源获取平台，如何推广好、利用好共享工程丰富的文化资源关键在于是否有一支专业化的共享工程管理员队伍。广阳区共享工程支中心在管理员队伍建设上坚持明确职责，明确思路，制度化管理，常态化培育。对于乡镇、村街办处两级基层共享工程管理上择优选取文化层次较高，有一定社会基层管理服务实践经验的大学生村官为管理员，他们工作热情高，有较高的文化水平能尽快熟悉掌握共享工程设备为所在村民服务。目前广阳区共享工程管理员50%为各级大学生村官，30%是由较高学历的村委委员兼任，实现了管理员选取的高起点。

三、培训工作

广阳区支中心在共享工程管理员的培养上实现了制度化和常态化。根据支中心工作要求，每年对辖区共享工程管理员进行1期的集中培训，2008年以来一共举办各类培训班5期，参加轮训的各级管理员达70人次。

四、经费投入

广阳区共享工程自2008年实现村村全覆盖以来，省市两级财政投入20余万的运维经费，用于共享工程设备的维护，人员培训和惠民活动的开展。同时，广阳区委，区政府和区文体局每年也投入大量人力物力支援共享工程各项活动的正常开展。

五、资源建设

广阳区支中心在历年的工作中，搜集不同区域民众文化需求，选取、编辑制作各类题材资源2TB，每年制作发放各类光盘3余张，展板10多块，各类海报，招贴画7副，发放宣传资料1000余份。

六、合作共建

以共享工程为依托结合全覆盖的农村、街道电子文献资源服务中心。将各种部门下发的电子文献资源与建立的共享工程服务点结合，根据不同乡镇、村、街道的硬件条件建立形式多样的电子阅览室和多媒体中心。比如在解放道街办处院里一楼、新源道街办处二楼等建立拥有多台电脑的多媒体阅读中心，共享工程宣教课和电子资源阅读播放为一体的多功能活动室。通过多方不懈努力，共享工程已逐步走入基层市民、村民生活，成为市民、村民获取新知，娱乐身心的新渠道新平台。

七、利民惠众，惠农服务

广阳区支中心在共享工程服务实践过程中，以民众的需求为导向，积极探索，服务民众生活生产，引领群众高尚精神文化生活，打造群众满意喜爱的文化服务新平台。

根据广阳区地域城乡特点，针对不同农业专业者，广阳区支中心有针对的选取资源上门指导服务。历年来累计服务专业生产户10多户，长期点对点跟踪服务3户。

八、宣传推广

1、广阳区支中心利用各种渠道宣传推广共享工程。在广阳区每年的科技文化下乡活动中，广阳区支中心不失时机，以活动为平台，以资料为媒介宣传共享工程，让民众不断了解共享工程，走进共享工程。

2、走进校园。广阳区支中心在文化服务中不断探索，利用支中心儿童阅览专区，组织动员青少年儿童关注共享工程，利用共享工程，收集青少年知识兴趣点整理挖掘，针对集中地知识群和关注点广阳区支中心联合友邻部分聘请专家前来为青少年答疑解惑，其中邀请渔家傲吴老师做精彩的报告，深受广大青少年的喜爱。通过一系列的活动是共享工程不仅走进农村、街道也走进校园走进青少年。

3、专题活动，精彩纷呈。广阳区支中心在服务中抓住文化的热点和亮点，积极组织群众喜闻乐见的文化服务，使共享工程走进群众生活。例如在迎接建党90周年之际，举办了“书画一品”活动，邀请冀老师、刘老师、王老师等一批廊坊知名书画人士来我区与基层群众一道品味中华经典，共享文化盛宴。还组织开展“颂歌献给党”群众歌咏活动网上展播。

九、工作展望

广阳区文化资源共享工程已走过7个年头，从昨天的几个点到今天的乡、镇、村、街道全覆盖，从单一的资源接收到今天的编辑分发和群众广泛认知，广泛参与，文化资源共享工程在广阳区已经成为广阳人民文化生活的一大支柱，成为繁荣广阳文化，丰富广阳人民精神生活，推动广阳人文科技进步的强大动力源泉。今后广阳支中心希望在省中心，市分中心大力支持下为广阳共享工程建设一支专业化的服务队伍，建立一个国家、市、区三级知识网络联动的即时问答服务体制和服务形式更加多样，服务网点更加宽广，参与群众更加广泛的共享工程文化带动体系，为建设科技广阳，文化广阳做出贡献。

（撰文/廊坊市广阳区支中心）

霸州市支中心

霸州市文化信息资源共享工程支中心在社会文化发展的大好形势下，在构建公共文化服务体系方面逐步探索，循序渐进，搭建起了政府主导、社会共享，城乡一体的共享共享工程服务互动平台。

一、基层网点建设

从2002年以来，由国家文化部、财政部联合实施了文化信息资源共享工程，旨在提高群众的文化生活品味，提高全民素质，缩小城乡差距和东西部的差距，建设社会主义新农村，构建和谐社会。霸州图书馆承担起文化信息资源共享县级支中心的职责。2006年先后建成王庄子乡、信安镇、堂二里镇等13个乡镇，王圪塔村、杨各庄、下坊、宋庄、格达村等8个村街共计21个基层服务中心和基层服务点，并且及时去服务中心和服务点进行采访、摸底、服务、维护等，使共享工程深入人心，得到上级领导的肯定，也得到群众的欢迎。2007年，我市又完成了30多个基层服务点的建设任务，使我市资源共享网点已达55个，实现了覆盖所有乡镇和10%村街的目标。2008年实现了共享工程覆盖我市50%行政村街，今年配合上级部门完成了覆盖所有乡镇和村街的任务。在省中心和市财政先后投资的基础上，积极协调乡镇村街对信息共享工程加大投入，加快完善乡镇中心和村街中心的基础建设，添置办公设备；加大维护和管理投入，投资聘请技术人员和管理人员积极开展各项活动。

我市的文化信息资源共享工程，得到了国家、省的充分肯定。2007年4月23日，全国信息资源建设管理中心会同河北省信息资源建设管理中心在我市举办了以“数字阅读，共享文化”为主题的“世界读书日”电子阅读启动仪式，并现场赠送了一批光盘、电子图书和读书卡，全国信息资源管理中心主任张彦博现场观摩了村民的表演，听取了活动开展情况的汇报，充分肯定了我市各基层试点富有成效的工作，并对下一步工作进行了具体部署。2007年9月17日，在全国文化信息资源共享工程农村服务工作座谈会上，我市南孟镇西粉营村农民张卫星代表河北省农民参加会议并作了典型发言。

二、惠民服务

1、文化共享工程与社会主义新农村建设相结。2006年以来，霸州的社会主义新农村建设如同经济发展一样蓬勃迅速，新农村建设先进乡镇和村街在全市不断涌现出来，这一有利资源恰恰与文化信息资源共享的深入开展形成有效的互补，同时为深化新农村建设提供了“为民、务实”的信息资讯平台。宋庄村、霸州镇的武将台村都充分利用了共享工程，使新农村建设更加有声有色，广大人民群众深切感受到了党和政府的关怀。

2、文化信息资源共享工程与小康建设达标工作相结合。随着小康建设达标工作在我市的广泛开展，农村基础设施建设、文化设施建设逐步走向普及和深入。到日前，我市383个行政村已建立文化大院216个，图书室239个，这些资源为信息共享工程提供了更为有利的场地资源、人文资源和浓厚的文化活动氛围。

3、信息服务与全市产业布局相结合

根据“霸州市社会和国民经济发展‘十一五’规划”，未来霸州的经济发展产业格局定格为三个经济板块，分别以霸州城区、胜芳工业区和扬芬港产业园区为中心。其中胜芳和扬芬港园区以发展工业和产品加工业为主，西部以发展农业经济为主。为了融入霸州经济发展的主流并为工农业发展提供有效的信息资讯，共享工程霸州支中心工作人员千方百计为基层服务点提供大量适用信息资源，尤其在我市西部各基层网点，支中心为村街共享工程网点提供了大量的种植信息、养殖信息，使基层网点真正能为当地经济建设服务，如我市西粉营村利用共享工程提供的种植技术，无公害韭菜获得种植成功，并在全村获得推广，现在以形成规模效益，成为该村的品牌，在当地及京、津周边已小有名气。提起共享工程，西粉村村民无不交口称赞！

三、资源建设

为了使共享资源能得到充分有效的管理和使用，我们积极与乡镇村街协调，妥善安排试点工作，建立丰富、稳定有序的信息资源库，以确保农民能够得到相关的优秀资源。明确各乡镇由一把手牵头，主管乡镇长直接负责，村街直接落实管理职责。同时及时与上级取得联系，举办各类讲座和比赛，配合工作，严格按照标准进行试点建设，充分发挥县级分中心的辅导和辐射作用。市级支中心和基层文化共享试点建成后，按照上级要求，定期下载和更新文化信息。据统计，国家和河北省共配发资源近3.5TB，全市外部购买总量达到了466GB，其中视频230GB，电子期刊126GB，电子图书110GB（约24万余册）。仅市中心2007年接收上级资源就达到260GB，使用电子书刊的用户达到5000人次，点击量达13.1万次。通过网络和多媒体设备建立科普知识、农业技术、戏曲、图书、电影等专题资源库，举办各类讲座和比赛，使文化资源得到有效合理的利用，展示了优秀文化资源的魅力，活跃了农村文化生活，满足了农民群众追求富裕、追求安定、追求健康文明的要求，推动了农村经济的发展，为“经济强市”和“和谐霸州”建设作出了贡献。

四、管理和队伍建设

为确保共享工程的全面合理发展，我局负责统一安排全市基层网点规划和管理人员、技术人员的指导与培训，市直各相关职能部门全力配合；与市委、政府、乡镇村街积极协调，妥善安排试点工作，及时与上级联系，严格按照有关标准进行试点建设，做好各基层试点的技术指导和资源管理，积极开展有效服务，让基层群众尽早

受益。与此同时，我们还不断做好技术环境的整理和人员培训，做好各基层试点的技术指导和资源管理，积极开展有效服务，让基层群众形成了有梯度的管理网络。与此同时，各基层文化共享试点在全市统一指导下，定期下载和更新文化信息，通过网络和多媒体设备建立科普知识、农业技术、戏曲、图书、电影等专题资源库；整合我市文化资源，紧紧围绕我市"文化名城"建设加大宣传力度，把我市首届文化艺术节和农村群众文化活动、古音乐等民间文化遗产等相关活动内容在网络上进行播放，让更多的人了解了霸州。

（撰文/霸州市支中心）

三河市支中心

全国文化信息资源共享工程作为一项文化惠民工程正式实施于2002年，我市是全国试点县之一，始建于2006年10月。省市财政先后投资900余万元，建成了1个市图书馆支中心、10个镇级服务站点和395个村级服务点。市、镇、村三级文化服务网络体系已基本形成。

一、基本情况

共享工程自2006年在我市实施以来，六年的时间一直保持着较快较好的发展趋势。其中，2007年至2009年共建设了134个村级服务站点，完成了总数的34%；至2011年总计建设了254个村级服务站点，完成了总数的65%；截止到2012年，395个村级服务站点全部建设完毕，分别配置了投影仪、幕布、播放机、音响和服务器等设备以及超过300G的关于政策法规、先进性教育、农业科技、防疫保健、科普知识、电影电视、戏剧曲艺等数字资源，实现了共享工程行政村全面覆盖。

二、认真办好电子阅览室

为了充分发挥支中心的枢纽和桥梁作用，该市建设了中心机房，配置了专业服务器、存储阵列等设备，建成了电子阅览室，作为我市文化信息资源共享工程支中心。电子阅览室向社会公众免费开放，提供公益服务，它占地面积60平方米，共有电脑22台，电影1000多部，电子书4万册以及200G容量的科普知识。广大市民可以免费上网浏览时事新闻，观看本地电子书，欣赏各种影视资源以及教育视频等，寒暑假期间每天可接纳读者20余人次。同时支中心还制定了《电子阅览室规则》、《电子阅览室使用规则》、《网络安全与设备维护保养制度》等制度，上网者必须严格执行这些规章制度，共同营造安全、绿色的上网环境。

三、加大培训，提高技能

为了更好的发挥共享工程的作用，保障设备得到正常有效的利用，组建一支思想水平、业务素质较高的管理队伍、技术保障队伍和基层服务队伍十分必要。对此，我市采取了集中培训和分散指导的方法，定期举办培训活动，派技术人员有针对性的下基层指导，加强对工作人员进行业务培训，强化对基层服务点的技术和服务指导。为了加强培训力度，我市专门邀请了专业人员并准备了学习材料，作为基层技术人员的"操作手册"，不仅提高了培训效率，又使培训工作更加系统。培训内容包括文化共享工程设备的安装、使用、维护、利用以及安全管理等。力求培训后使每位参训人员都能达到"打开设备会操作，站上讲台会辅导，一般故障会排除"的目标，不断提高管理人员的政治素质、业务能力和服务水平，保证共享工程设备的正常运转和活动的正常开展，为我市文化共享工程又好又快的发展打下坚实的基础。

四、共享工程遍地开花

在省中心、市局的正确指导和大力支持下，在市委、市政府的坚强领导下，通过六年多的建设运行，各站点充分利用现有设备，发挥文化共享，为弘扬先进文化、构建和谐社会、建设社会主义新农村、丰富城乡群众文化生活起到了重要的作用。

1、提高自身素质，增强服务能力

远程教育、文化共享工程内容丰富，及时便捷，是党员干部学习的"好教材"，镇级服务站点经常借此组织工作人员进行学习讨论，转变了以往学习资料过时、形式单一枯燥的模式，与会人员可以通过投影仪观看精彩的PPT或内容丰富的视频影像。通过这种形式，会议和学习的效率提高了，领导和干部的热情高涨了，为人民服务的意识增强了。

2、强化宣传，扩大影响

为了使各级领导和基层群众充分认识到共享工程的重要性、现实性以及文化信息资源的可用性、实用性，扩大共享工程在基层中的影响，我们利用电视台、村村通村村响广播等进行宣传，同时利用知识讲座和文化下乡等平台和方式广泛宣传共享工程的作用和意义，让各级领导和基层群众深刻感受到共享工程带来的好处和实惠，提高他们的思想认识，共同投入到共享工程工作中来，让共享工程遍地开花。

3、整合发放信息，合理利用资源

各村级服务站点将支中心发放的适用于当地群众的政策法规、先进性教育、农业科技、文化体育、防疫保健、科普知识等VCD光盘或学习资料进行集中整理，放到有专人管理的资料保管室里供农民群众查阅、下载，用一种直观、易懂的形式使他们及时了解相关市场信息、技术信息，帮助他们使眼界变得更宽，信息更灵。

4、充分利用设备，服务广大民众

有些村落还经常利用共享工程设备为安保人员播放安全纪录片，进行安全保卫、防火防盗等方面的教育，改变了过去仅靠广播进行宣传的传统模式和枯燥的传播方式，使安保人员通过投影仪可以在声情并茂中学习安全知识，掌握安全技能。此外，针对农村人民农耕劳作辛苦枯燥，文化娱乐生活有限的状况，有些村级服务点还经常利用投影机在村支部播放经典老片和怀旧电影，让村民在影片中感恩生活，热爱生活。通过信息技术手段把文化信息资源传送到群众身边，为宣传党的方针政策开辟了新的渠道，为丰富群众业余生活、弘扬文明新风开辟了新的阵地。

五、工作展望

文化信息资源共享工程是一项长期的民心工程，在之后的工作中，我市还会进一步加强基层文化设施网络化、数字化建设，加强文化、科技信息资源在群众生活中的重要性，不断培养专业技术人员，努力把文化信息资源共享工程用好、用活，为深入推进共享工程的实施打好基础。同时，还要加大对基层的指导力度，加大普适性资源和各种适合农民群众需求资源的提供，让更多的民众从中受益，让更多群众的文化生活状况得到改善，文明素质得以提高。

（撰文/三河市支中心）

永清县支中心

一、基本情况

永清县文化信息资源共享工程始建于2007年，从最初在22个村街试点安装，此后陆续在全县15个乡镇开始安装，至2012年初永清县所属386个行政村实现全县共享工程村村全覆盖。

永清县信息资源共享工程支中心建立在永清县文化馆，是永清县信息资源共享工程的建设和业务指导单位，负责保障我县共享工程设备的运行，协调镇村级共享工程设备的维修，指导镇村级共享工程活动的开展以及开展全县共享工程管理员的业务培训和指导。目前，支中心建电子阅览室1个，面积约100平米，专业管理人员1名；阅览室配备电脑30台，服务器1台，投影仪2套，交换机1台，卫星接收站1个，链接联通公司12兆光纤网络，供读者网上阅览。截止2011年底，永清县支中心采购数据资源总量为：0.6TB，包括各种音乐、各类视频、图片、电子书、电子报刊等，自建数据资源总量：0.3TB包括：各项非物质文化遗产数据、县图书馆资料、各项活动及人员信息资料，配发数据资源总量：0.1TB，包括：配发到各乡镇基层服务点的所有影音资料及文字资料。

二、管理和队伍建设

为使共享工程真正为民所用为民谋利，永清支中心将共享工程日常管理纳入制度化管理。制定支中心、镇、村基层服务点工作职责和制度，实行制度上墙公开。每年有年度工作计划，月度有工作要点，季度有工作督导，年末有工作总结考核，并推行管理员工作同志管理，收集整理共享工程服务活动的得失，探索共享工程管理和服务新模式。

文化资源共享工程作为一个新的农村文化资源获取平台，如何推广好、利用好共享工程丰富的文化资源关键在于是否有一支专业化的共享工程管理员队伍。永清县共享工程支中心在管理员队伍建设上坚持明确职责，明确思路，制度化管理，常态化培育。对于乡镇、村两级基层共享工程管理上择优选取文化层次较高，他们工作热情高，有较高的文化水平能尽快熟悉掌握共享工程设备为所在村民服务。

三、培训工作

永清县支中心在共享工程管理员的培养上实现了制度化和常态化。根据支中心工作要求，每年对辖区共享工程管理员进行2期的集中培训，2007年以来一共举办各类培训班14期，参加轮训的各级管理员达200人次。

四、合作共建

以共享工程为依托结合全覆盖的农村数字电影厅建立电子文献资源服务中心。将各种部门下发的电子文献资源与建立的共享工程服务点结合，根据不同乡镇、村的硬件条件建立形式多样的电子阅览室和多媒体中心。比如在永清镇，建立拥有多台电脑的多媒体阅读中心。通过多方不懈努力，共享工程已逐步走入基层村民生活，成为村民获取新知，娱乐身心的新渠道新平台。

五、利民惠众，惠农服务

该中心在共享工程服务实践过程中，以民众的需求为导向，积极探索，服务民众生活生产，引领群众高尚精神文化生活，打造群众满意喜爱的文化服务新平台。

根据永清地域农业生产特点，每年按节令制作农业生产技术光盘和小册子通过行政村基层服务点向村民分发。针对不同农业专业者，该支中心有针对的选取资源上门指导服务。历年来累计服务专业生产户达30多户。

六、宣传推广

1、永清县中心利用各种渠道宣传推广共享工程。在永清县每年的科技文化四下乡活动，科普之春，科普之夏，科技周等活动中，永清县支中心不失时机，以活动为平台，以资料为媒介宣传共享工程，让民众不断了解共享工程，走进共享工程。

2、走进校园。永清县支中心文化服务中不断探索，利用支中心儿童阅览专区，组织动员青少年儿童关注共享工程，利用共享工程，收集青少年知识兴趣点整理挖掘，针对集中的知识群和关注点永清县支中心联合友邻聘请专家前来为青少年答疑解惑，通过一系列的活动使共享工程不仅走进农村也走进校园走进青少年。

3、专题活动，精彩纷呈。永清县支中心在服务中抓住文化的热点和亮点，积极组织群众喜闻乐见的文化服务，使共享工程走进群众生活。

七、工作展望

永清县共享工程已走过几个年头，从昨天的几个点到今天的386个行政村全覆盖，从单一的资源接收到今天的编辑分发和群众广泛认知，广泛参与，文化资源共享工程在永清县已经成为永清人民文化生活的一大支柱，成为繁荣永清文化，丰富永清人民精神生活，推动永清人文科技进步的强大动力源泉。今后永清县支中心希望在国家中心，廊坊支中心大力支持下为永清共享工程建设一支专业化的服务队伍，建立一个国家、市、区三级知识网络联动的即时问答服务体制和服务形式更加多样，服务网点更加宽广，参与群众更加广泛的共享工程文化带动体系，为建设科技永清，文化永清做出贡献。

（撰文/永清县支中心）

大城县支中心

文化信息资源共享工程自2006年启动以来，克服工作中的种种困难，开展了基层（站）点建设、人员培训、资源传输、资源建设、合作共建等工作。为推进大城县文化共享工程的发展，我局制了《大城县文化信息资源共享工程管理办法》、《大城县文化信息资源共享工程2007-2012年建设规划》、《关于进一步推进大城县文化信息资源共享工程的实施意见》，建设规划得到了大城县领导的高度重视，由大城县文广新局党组书记刘铁良同志主持召开了大城县文化共享工程领导小组会议，会议明确了大城县共享工程建设的目标任务，并落实了资金，对推进大城县共享工程顺利发展起到了积极作用。现将大城县共享工程县级支中心建设情况汇报如下：

一、整体情况

大城县文化信息资源共享工程（县级支中心）于2006年7月建成，支中心设在县一中综合楼5楼。建有340平米的电子阅览室和35平米的主机房，拥有高配置业务服务器、磁盘陈列柜、主干交换机、ups电源、终端pc机等硬件，并建成了我县最大的互联网网站。网站内容丰富全面，设有大城县情、文化导航、图片新闻、音频视频点播、网友论坛等栏目，并存储着5000多种报刊杂志和40万册图书，是我县文化信息资源的整合中心。

二、网点建设、经费投入

近几年来，累计投资300余万元为我县10个乡镇350个村街配备了文化信息资源共享设备。截止目前，我县共建有文化共享基层服务站点350个。

三、资源建设

数字资源建设结合有一定经验的社会力量合作共同建设，通过这种方式锻炼了支中心工作人员和社会力量两支队伍，形成了一支资源建设的社会队伍，为大城县资源建设奠定了基础。

四、合作共建

根据上级要求，以科学发展观为指导，大胆创新，以数字资源建设为核心，以村级服务网点建设为重点，以共建共享为基本途径，以多种传播方式为手段，2006年成立了由县宣传部、文广新局、财政局等部门共同组成的“大城县共享文化信息共享工程领导小组”，共同制定了《大城县农村党员干部现远程教育工程与大城县文化信息资源共享工程共建共享实施意见》，在网点建设、资源建设、管理服务等方面的目标、任务和工作做了重点地统一规划化安排。

五、惠民服务

充分利用支中心开展扎实有效的宣传教育活动和形式多样的惠民服务活动。从而极大程度地满足了我县人民群众不断增长的文化需求，丰富、实用的文化信息资源极大地方便和吸引了广大群众，对促进我县政治、经济、文化、教育的全面发展，提高农民科技致富能力，满足人民政策信息需求等起到了及其重要的作用。同时支中心积极开展资源传输工作，几年来支中心及时向全县各基层（站）点下发农村实用技术等光盘和电子读书卡，将接收管理中心资源分类刻录DVD数据光盘，向350个基层（站）点下发。本着充分利用资源，服务于民的原则将共享工程资源定期举办活动，向广大群众传播共享工程优秀文化艺术精品和宣传片；组织人员到个社区为群众播放电影、综艺晚会等视频资源，组织读者开展此项活动的座谈会等；通过县支中心，及时上传共享工程各类资源，及时链接共享工程网站上电影库、春节文艺视频展播等活动资源供广大群众使用。同时各基层（站）点充分利用共享工程的设备和资源，以党员远程教育网络、卫星数字农家书屋为平台，结合全民读书月、文化遗产日等开展了一系列活动，在群众中起到了很好的社会效益。

六、宣传推广

为合理利用文化信息资源，更好的发挥其作用，县级支中心和各乡（镇）、村街基层（站）点采取广播、印发宣传材料等形式广泛宣传，利用共享工程资源内容新颖、实用性强、信息量大、数据传输快捷方便的优势，将共享工程信息资源刻录成DVD光盘、移动硬盘等形式，通过县、乡（镇）、村三级文化服务网络及其他途径传输信息，扩大宣传面，使群众快学技术，早得实惠。让广大群众充分认识文化共享工程的重大意义，形成了全社会都关心支持文化共享工程的良好氛围。

七、培训工作

几年来，我县支中心在只有数名工作人员的情况下，克服各种困难远赴各村街现场安装调试设备，考虑到基层站点工作人员水平参差不齐、安装设备培训时间短，我县支中心将网络阅览室作为基层（站）点操作员培训基地，培训管理员共计350余人，为基层管理人员熟练掌握设备操作技能，更好的服务群众打下了良好的基础。为了保证我县支中心各类设备的正常运行与维护，将共享工程资源的接收与管理，充分服务于群众。根据全国文化信息管理中心县支中心培训教材，结合我县地方特色制定了一套突出重点、简单易学、适合大城县支中心的培训教材和操作使用手册，并制作配套的DVD教学光盘，采取集中式培训和现场培训相结合方式，制定了大城县支中心管理人员详细系统的技术培训计划。

八、管理和队伍建设

一是积极学习借鉴其它县的先进管理经验，结合我县实际，相继制定了《电子阅览室管理制度》、《电子阅览室工作人员工作制度》、《文化共享工程设施设备管理制度》等，使我县支中心文化共享工程的开展做到了有章可行、有据可依，同时也保障了广大读者的利益。二是积极做好设施设备的日常管理与维护使设施设备运行更加规范和科学，为广大读者提供更加全面的服务。三是对现有工作人员除了正常的分批选派参加上级组织的培训外，在本系统内部还定期、不定期组织专业知识培训，不断提高自身的服务质量和管理水平。进一步为我县广大群众及时有效的获取共享工程资源提供优质服务。

九、工作展望

提升创新模式、丰富服务内容，与时俱进引入先进技术，逐步向移动服务、不间断服务转变，开展全方位的立体式宣传，通过广播电视、网络、平面媒体同步推送，组织举办公益广告、主题晚会、专题节目、知识竞赛等，快速扩大文化共享工程影响力。进一步提升大城县支中心的建设，建立健全大城县支中心各类网络安全系统、资源加工、资源发布平台、集中管理控制、网络监控等硬件系统平台，建立和完善资源发布、传播、服务、培训体系等。从而搭建起县、乡（镇）、村级网络，集管理、控制、发布、服务、传播等功能的硬件平台系统，加强资源征集和资源数字化工作，满足群众多层次需求。

（撰文/大城县支中心）

文安县支中心

近年来，文安县开拓创新携手共建，打造惠农服务网点，利用优势，发挥资源，坚持"面向基层、服务民生"，文化共享工程全方位提供文化惠民服务，支中心的建设和管理得到长足发展。

一、整体情况

支中心以农村基层服务网点为依托，为农村群众提供信息服务、技术指导、文化娱乐等资源。利用"文化下乡"、宣传周、农村文化大院、农民文化艺术节等时机，深入基层为群众播放共享工程宣传片、科技信息和娱乐资源。为社区开展"建党90周年主题活动"提供图书资料和视频资源，刻录和发放光盘百余份。为城区中老年人的文化生活提供光盘及视听文献，开办"中老年文艺专场"，播放老年人喜爱的戏曲类资源。配合全县喜迎建党90周年文艺演出和大合唱活动，为各单位的前期排练提供视频资源，并将演出实况制作成光盘，形成影像资料发放给演出单位。

根据《全国文化信息资源共享工程》的通知和要求，文安县图书馆针对文化共享工程的建设开展了前期准备工作。

1.场地。目前已将一楼东侧大厅装修作为办公区域，把相邻的一间改造成为中心机房。

2.场地环境改造(含机房、电子阅览室装修)。去年把一楼电子阅览室和中心机房的水泥地板换成了木质地板，整体更换了窗帘，有效的改善了室内的卫生条件。并已做到远离电气管道、高压线路、变电所、电波微波发射塔等设施，目前已完成了电子阅览室和机房的装修。而且由于耗材和设备的更新换代，支中心又投资约10万余元，又重新购置了10台电脑，配备了新的电脑桌椅，现有35台计算机正在正常运行。

3.防雷系统。由于曲靖城区不属于雷区，且图书馆馆舍建筑较低，目前正在咨询如何进行防雷系统的建设。但机房、电子阅览室里的机柜、UPS和计算机电源均能做到接地。

4.供电。按照要求已经将30KVA交流电接入到电子阅览室和机房。

5.防火器材。按照要求，电子阅览室和机房配置了相应的干粉灭火器，制作了禁止吸烟的消防警示标志

6.防盗设施。根据实际情况，机房和电子阅览室安装了防盗门窗，现准备在院内安装监控探头等设备。

7.电话及互联网接入。互联网目前使用的是网通4M光纤，已将光纤接入器移至中心机房。

8.专(兼)职人员配备。已配备2名管理人员，1人为专职，1人为兼职，两人均精通计算机设备应用，并且定期对人员进行相应的业务培训。他们不但了解了公共电子阅览室的相关政策，还充分认识到了利用文化共享工程这个平台服务于基层民众的便捷，还肩负着把带有地域特色的文化传播出去的重任。

二、主要工作

为争创文化共享工程国家级示范区，政府提出在全县7个乡镇建立示范点，计划在以下几方面给予扶持与保障。(1) 资金保障。每个示范点配套投入建设资金5万元；各乡镇政府签定书面协议，保障拨付示范点维持费用。(2) 组织领导。组建乡镇共享工程示范点领导小组，成员若干，组长由乡镇党委宣传委员担任。下设办公室，主任由文化站站长兼任。(3) 阵地落实。每个示范点设电子阅览室一间，按国家中心统一规范建立；讲座及培训室一间，供开展知识讲座与技能培训；视频演播室一间，供投影仪放映电影、戏剧、曲艺等文艺节目。(4) 人员配备。每点选调专职管理人员1名，要求中专以上学历，熟悉电脑操作，能进行简易维护，专门负责共享工程示范点的日常业务工作。人员工资、福利由乡镇财政支付。(5) 活动保障。每个示范点要求事先拟定共享工程资源服务计划，并据此开展日常服务。

文化信息资源共享工程是一项实实在在的惠民工程，文安县在县委、县政府的高度重视和大力支持下，县文广局和县图书馆抓住机遇，及早筹备，积极协调，向上级主管部门争取文化信息资源共享工程建设项目，于2009年在县图书馆建成了设施齐全、功能完善的文化信息资源共享工程县级支中心，随后又为我县260个行政村村级服务点配备投影仪，幕布，音箱各一套，走出了文化信息资源共享工程村级服务点建设的第一步。

（撰文/文安县支中心）

大厂回族自治县支中心

大厂回族自治县图书馆隶属河北省廊坊市，辖大厂镇、夏垫镇、祁各庄镇、邵府乡、陈府乡三镇两乡，105个行政村，全县耕地面积15.78万亩，总人口11.2万人。自2006年启动共享工程后，县委、县政府积极响应上级指示精神，我县争取上级配套设备价值24万元（项目资金18万，财政配套投入6万）建立了县数字图书馆即县级支中心。并先后在全县范围内建成5个乡镇、11个村街的基层服务点，努力构建遍布全县的基层服务网络，现已建立起以县级中心为依托，以乡镇文化中心、村基层服务站为网络的共享工程基本框架。大厂县共有105个行政村，全县党员干部远程教育农村基层点建成101个（含11个村街基层服务点）完成了总数的96%，基本实现了全县全覆盖。县级支中心，设有机房和电子阅览室，约40余平米，拥有计算机30台、服务器1台、磁盘阵列柜、交换机、投影仪等设备（现部分设备已不能正常使用）建立建成"数字图书馆"网站，2兆的光纤接入，确保了电子阅览室正常浏览。

电子阅览室自开放以来，实行免费开放，始终坚持社会效益第一的原则，不断创新服务方式，积极为读者提供数字化信息服务。一是树立正确的服务导向，电子阅览室主要以电子文献阅读、资料查询、业务培训为主，坚决杜绝经营性活动，努力保证信息安全，积极打造绿色上网通道，形成了良好的网络文化氛围。二是保障网络系统安全使用，保护系统稳定。建立健全了《电子阅览

室管理制度》、《上网须知》、《工作人员守则》等各项规章制度并规范上墙，加强了技术维护，严格了内部管理。三是注重提高服务质量和服务水平。首先保证电子阅览室正常开放，做到了与图书馆开放时间一致。四是主动做好读者上网指导工作，特别是帮助指导读者登录“数字图书馆”及“河北省文化信息资源共享工程”网站，根据需求利用好所需资源，从中受益。

我们在做好阵地服务工作的同时，充分利用共享工程数字资源，不断挖掘人力、物力资源，努力工作，积极奉献，县级支中心做为全国360个试点县之一，辐射全县5个乡镇、100余个基层站点，发挥支中心带动作用，有效利用共享资源，延伸服务领域，使送书下乡、送科技知识下乡等为农民服务工作迈上新台阶；多次下乡调查、宣传，协助安装调试设备，确保设备正常运行；承担业务辅导、技术指导、下乡督导检查及业务培训等工作，使基层点各项规章规范上墙，保证为农民播放节目定期定时。以共享工程为依托，每年编辑《科技信息报》12期，年下乡督导检查20多次，发放信息报5000多份，针对全县种、养大户实行跟踪服务，建立特殊服务档案20户，有效地解决了农民种养技术难题，为农民科技致富提供了最新的数字资源，培养了广大群众学习的习惯和兴趣，有效地避免了农闲时节玩扑克、打麻将、赌博的现象，解决了农民看书难、看报难、看电影难，信息来源渠道窄的困难，为农民创造了一片良好的网络文化天地，使农民得到了共享工程的实惠，享受到了共享服务的好处。

（撰文/大厂回族自治县支中心）

保定市支中心

保定市管辖4市、10县、4区，总人口近1100万，是国务院最新批准的118个百万人口以上特大城市之一。保定市图书馆建馆历史悠久，是我国最早的图书馆之一，该馆前身为1908年建成的“直隶图书馆”，比国家图书馆还早4年。保定市图书馆文化信息资源共享支中心在保定市文化局和省图书馆的关心和支持下不断发展，成为人民群众学习、生活的重要文化阵地。

一、基本情况

保定市图书馆的文化信息资源共享部于2006年建成，有一台INTEL的服务器和40台方正终端机组成。于当年9月安装调试完成，并对读者开放。馆里购买了5万册电子图书供读者阅览，同时取得中国知网和龙源期刊网入口，以满足不同层次读者的文化需求，积极为广大人民群众提供服务，让读者很方便地在这里使用。

二、管理和队伍建设

在管理和队伍建设方面，我中心本着一切为人民群众服务宗旨，明确岗位制度和岗位职责，工作人员严格按照制度执行。为了更好的发挥资源共享这个信息平台的作用，每个工作人员必须不断学习，熟知所有信息资源共享的设备，并对其所涉及软件和硬件的使用进行系统的培训。通过去省中心和兄弟省市支中心的参观学习，交流工作经验，共同探索信息资源共享工程管理和服务的新模式。我市市属22个县（市）都先后建成县（市）级支中心，并由我中心为他们提供必要的技术支持。

三、培训工作

1、每年为下岗职工培训电脑课程；简单的网络查询、常用的工具软件的下载、使用等等，为他们再就业提供必要的帮助。

2、每年的暑假期间，为儿童提供电脑基础知识的培训。根据孩子们的特点，教孩子们使用画笔，画出他们心中最美的事物，并教他们做幻灯片，喻教于乐，既开发了他们的潜能又培养了他们对学习的兴趣。

3、关注了弱势群体，我们部室与我馆盲人阅览室、市盲人协会合作，举办了盲人电脑培训班。教他们使用电脑、盲人使用的语音软件，让他们轻松读书，方便学习，为为他们的坚难就业路提供了必要的保障。

4、我中心举办了“青少年绿色网络青春营”活动，让青少年健康上网，拒绝沉迷，正确引导孩子们正确认识网络，合理使用网络，健康利用网络上的各种资源，成为青春健康的少年。几年来我们培训的人员累计达到上千人，受到社会各界的一致好评。

为响应文化部号召，更为我们各级信息资源共享支中心今后工作，我馆还投资4万余元举办了“河北省公共电子阅览室建设暨文化共享工程基层服务点管理培训班”，国家文化信息资源共享中心的领导做了重要讲话，对今后的信息共享工作指明了方向。这次会议总结了文化信息共享工程实施以来的成功经验，并对以信息共享工程为依托的电子阅览室建设提出了具体要求：对电子阅览室的服务策划、组织、内容、提升、特色做了规范性的指导；同时对公共电子阅览室的标准规范、资源技术也做了详尽的规划。省文化信息资源共享中心的领导及省中心的同志也对信息资源共享工作做了指导并对资源共享使用的技术、设备提供了必要的培训，为各市、县支中心今后的工作提供了必要帮助。

四、合作共建

在合作共建方面，我支中心积极与有条件的社区联系，为他们提供电子文献资料，共建社区多媒体阅览室。

五、惠民服务与宣传推广

在惠民服务与宣传推广方面我通过报纸等媒介进行宣传，让群众了解共享工程，更多更好得利用其提供的服务。我们购买了一些优秀的讲座、科普知识等方面的光盘等影音资料，在周末放映，许多读者都觉得受益匪浅。

六、工作展望

展望未来，我们将继续努力，不断学习和探索，让共享工程更多更好的服务人民群众，并根据我市实际情况，利用我们的资源积极举办各种活动，为人民群众提供服务，让图书馆建设、文化信息资源共享建设深入基层，深入生活，深入人心，成为文化乐民、文化育民、文化富民的基地。

（撰文/保定市支中心）

定州市支中心

文化信息资源共享工程定州支中心于2010年建在定州市图书馆二楼，面积约有80平方米，其设备包括服务器4台，卫星接收设备1套，读者使用的计算机25台，工作人员使用的计算机7台，投影设备1套，移动存储设备2个，业务自动化等软件1套，打印机1台。支中心能正常接收卫星资源和互联网资源，读者可以浏览文化信息资源共享工程发放的各种资源，也可以上互联网浏览。定州支中心实行免费为读者服务，读者只需办有该馆内的读者卡，既可在电子阅览室阅览。

积极发挥自己的作用，通过卫星接收资源和利用共享工程网络资源以及共享工程发放的光盘等，不断开展各种服务活动，除了日常接待上网服务以外，在全民阅读活动、图书馆宣传服务周活动、六一节、国庆节等重大节庆日期间，组织各种讲座、培训和影片放映等活动，积极宣传图书馆和文化信息资源共享工程的服务功能。

同时，定州市的29个乡镇综合文化站均已建有文化信息资源共享工程基层服务点，并配有投影仪、计算机、电视机、照相机等设备。定州市辖有486个行政村，村村都依托党员远程教育网建有文化信息资源共享工程村级服务点，并配有电视机、党员远程教育使用的机顶盒，80%以上的村配发了投影仪、音箱等设备，这些基层服务点尤其是村级服务点经常利用这些设备播放党员远程教育的资源和农业科技知识，丰富了农民的业余文化生活，拓宽了农民群众获取农业知识的渠道。

（撰文/定州市支中心）

涿州市支中心

2009年，文化共享工程涿州市支中心在涿州市图书馆内建立，位于涿州市南关街277号，截止2012年，已累计投入79万元，其中省级以上投入45万元，地方财政投入设备购置22万元，文化共享工程运行经费12万元。现有31台计算机、4台服务器、2台交换机、场地面积共250平方米。自支中心运行以来，主要做了以下工作：

一、宣传工作

文化信息资源共享工程是电子阅览方式的新事物，为了吸引更多群众走进的涿州市支中心，涿州市支中心多次利用涿州市举办大型群众文化体育活动的契机，制作宣传资料和展牌现场宣传涿州市支中心丰富的文化资源、信息优势与使用办法，并向相关读者推荐电子图书。

二、强化规范管理

文化共享工程涿州市支中心有专人管理，制定了电子阅览室管理制度，定期维护设备运行。同时改善了服务设施，尽量为读者提供方便。

三、培训工作

该支中心主动联系有关机关、企业、团体，利用文化信息资源共享工程支中心进行法律、经济、科技等领域的业务培训，充分发挥了文化共享工程涿州市支中心的功能与作用。

四、加强对青少年的教育

近年来，该支中心与图书馆联合举办了省文化厅部署的燕赵少年读书系列活动，组织有关学校积极参与，并连年荣获优秀征文奖、读书活动突出贡献奖等奖项。读书系列活动以文化共享工程支中心为平台，通过电化教育、网络辅导、视频观摩等活动，提高了读书系列活动的质量和效果。同时，该支中心的视听室收集整理了大量的音像资料，包括爱国主义教育类、文化教育类、素质教育类、娱乐趣味类以及地方综合类，供读者免费查阅，通过与有关学校联合，定期为中小学生播放。

五、活动开展

从2010年起，涿州市支中心与涿州市图书馆每年在元宵佳节期间联合举办有奖猜谜活动。主要是利用涿州市支中心的资源优势，浏览全国文化信息和举办此类活动的经验，查询和获取灯谜的典故、知识以及人民群众的文化需求，力争有奖猜谜活动举办的丰富多彩。活动举办时，推出约1000条谜语，集知识性、科学性、趣味性于一体。深受群众的欢迎，丰富了春节期间群众的文化生活。该项活动现已成为"涿州花灯节"期间重要群众文化活动项目之一，并通过文化信息资源共享工程支中心上传，实现了馆际之间的文化信息资源共享。

六、完善农村共享工程

为了让广大农民群众享受文化成果，使用文化共享工程，了解更多的文化信息，2011年按照省文化厅的部署，涿州市支中心组织专人到涿州市农村进行调研，通过走村串户了解了第一手情况，形成了涿州市农村文化共享工程的建设方案。2011年10月，该支中心组织有关人员和技术力量，将省文化厅下拨文化共享工程设备和涿州市组织部配发的设备逐村送达，帮助安装、调试，并对农村管理人员进行技术培训，制作了管理制度、标牌并全部悬挂上墙。截止2011年底化共享工程涿州市支中心实现了全市农村的文化共享工程全覆盖。

（撰文/涿州市支中心）

满城县支中心

满城县图书馆坚持"读者第一"的办馆宗旨，确立以"读者为中心"的服务理念，牢固树立文明服务的窗口形象。通过阅览、外借、解答咨询、举办展览以及定向流通书刊等服务方式，将有形的服务和无形的引导，把健康、向上、有益的文化书籍辐射到每一位读者，努力营造良好的读书氛围，让大家能在图书馆这所人民的终身学校里多读书、读好书。

文化信息资源共享工程（简称"文化共享工程"）是文化部推出的一项文化惠民工程。工程主要以图书馆为依托，通过互联网、卫星、光盘等传输渠道，在全国范围内实现文化信息资源共建共享。

满城县支中心目前设有电子阅览室，装有30台电脑，可供30名读者同时上网浏览查阅。此外，支中心还配备有对图书馆馆藏资源进行采访、编目、编辑、检索、读者管理等图书馆数字化、信息化建设和管理必备的软硬件设备。目前，电子阅览室已正常运行，向读者开放服务，不仅可以保障读者高速访问互联网，快速查询、获取所需知识信息，还可以提供包含文化动态、名家讲坛、传统文化、文化教育、卫生保健及影视等内容的文化信息服务。同时还可以开展视频讲座、知识培训讲座、优秀影视展播等公益性文化服务活动。

图书馆要始终把保障人民群众基本文化权益作为支中心的服务宗旨，加强队伍素质建设，充分发挥支中心服务职能，进一步加强共建共享，整合资源，积极开展宣传服务活动，把优秀文化信息送到乡村、学校、社区，让广大群众切实感受到文化信息共享工程带来的实惠，提升支中心的亲和力和吸引力，使支中心在繁荣农村文化、推进全县经济社会建设过程中发挥更大的作用。

（撰文/满城县支中心）

顺平县支中心

顺平县文化信息资源共享中心位于顺平县城南街，现有专职工作人员2人，电脑30台。自从顺平县文化信息资源共享中心成立后，局领导高度重视，为中心配备了电脑桌椅，接通了2M光纤互联网专线，为文化共享提供了前期条件。但由于场地和办公条件的限制，我中心对外开放的能力还有待提高。

2012年夏季，该中心开动脑筋、转变思路。充分利用投影仪等设备，号召各文化共享服务点为群众开展了放电影、艺术欣赏活动，利用音响组织广大人民群众进行广场舞、戏曲表演等活动，极大地丰富了人民群众的夏季文化生活。该中心还为顺平中学等学校免费播放了10多场电影和艺术欣赏。

（撰文/顺平县支中心）

定兴县支中心

一年来，在上级各部门的正确领导和大力支持下，我馆紧紧围绕2012年工作目标，圆满完成了各项工作任务，现总结如下：

一、管理和队伍建设

为了提高职工的业务素质和工作能力，我馆建立完善了可行的学习制度，每周二下午业务学习，每周四下午政治学习，保证充足的学习时间，通过系统学习，切实从根本上提高了全体职工的政治思想觉悟和业务工作水平，大大促进了我馆各项工作的顺利开展。

在管理上建立健全各项规章制度，完善了各项安全生产防范措施，每项工作分由专人负责，有效的改善了我馆的工作状态。

针对不同岗位明确了岗位责任制，定期对各部门考核，实行奖惩制度，并积极开展爱岗敬业，优质服务等活动，以此调动广大职工的工作积极性，尽量为读者创造优美、整洁、安静的阅读环境。

二、开展活动

1、广泛宣传邓小平理论，“三个代表”重要思想，全面落实科学发展观，用先进的思想占领城乡文化阵地。

2、开展科技图书服务宣传周，搞好图书下乡，下企业，下学校，做到跟踪服务。根据实际情况，购进最新科技种植养殖图书，巡回各乡镇，进行文化下乡，为广大科技农户提供最新的第一手资料，同时对一些种植、养殖专业户进行跟踪服务，尽力找到所需的科技资料。

3、开展形式多样的演讲会、故事会、猜谜语等活动，以此丰富城乡人民的文化生活。

4、开展图书馆优质服务活动。为使读者更充分的利用图书馆的藏书资源，馆内图书实行全部开架借阅，针对一些特殊服务对象，实行送书上门，开办科技信息和新书介绍专栏，切实从根本上为读者营造良好的读书氛围。

三、资源建设

为了尽快实现网络资源共享，我馆已将上级配发的电脑设施安装到位，电子阅览室初步建成。

（撰文/定兴县支中心）

涞水县支中心

涞水县图书馆是河北省第三批配备设备的单位，所以，涞水县图书馆的电子阅览室是2012年省里才将新的设备全部配备到位。涞水县图书馆对电子阅览室进行了升级改造，重新内装修，换了新门窗，制定了新的制度，于2012年8月重新对外开放，为吸引读者，该馆在报纸和电视上进行了广泛宣传，目前网站正在建设中。

在2012年的“公共电子阅览室建设计划”百题知识竞赛中，涞水县图书馆获得全国文化信息资源共享工程河北省分中心颁发的优秀组织奖。寒假期间，涞水县图书馆的电子阅览室将为放假的大学生和公安执勤民警开设绿色通道。

（撰文/涞水县支中心）

曲阳县支中心

一、建设情况

2010年，按照河北省对县基层支中心建设工作要求，该馆设立少儿电子阅览室和成人电子阅览室两个阅览室，两个阅览室共设电脑46台，其中省中心拨给25台，我们又向县财政争取高配置联想牌电脑21台，又争取资金安装了8兆光纤，安装了防静电地板，购买了样式新颖的钢化电脑桌，大靠背座椅，75立式空调，窗户上安装了活动窗帘，让人一进阅览室，就有洁净舒适的感觉。这些为我们做好文化信息资源共享工作打下了良好基础。

二、开展活动情况

2011年3月，我馆少儿电子阅览室和成人电子阅览室开始面向社会全面开放。在工作中，我们始终坚持“读者第一，服务至上”的宗旨，不断优化服务。为给阅览者提供方便，我们延长了开放时间，开放时间达到了10小时。为提高电子阅览室工作人员技术水平，我们还聘请了一名电脑专业人员，对我馆工作人员进行了三个月的技术培训，让工作人员一边工作，一边学技术，在干中学，在学中干。现在阅览室3名工作人员已经熟练掌握了电脑管理技术。为了让广大群众进一步了解图书馆电子阅览室免费开放工作，我们印制了《曲阳县图书馆免费开放公告》彩页5万张，分头到我县各学校、集市上、庙会上发放。由于我们宣传力度大，工作抓得细，抓得实，从而吸引了较多阅览者。2012年，我们两个阅览室共接纳阅览者2600余人次，尤其是星期六、日，每天能接待阅览者50多人。

免费开放是一个新事物，为做好这项工作，我们不断完善工作制度，制定了《曲阳县图书馆2012年工作计划》、《曲阳县图书馆免费开放工作方案》以及《曲阳县图书馆电子阅览室制度》、《曲阳县图书馆图书借阅制度》、《曲阳县图书馆电子阅览室、图书室阅览者须知》等制度，明确工作目标，并对全馆职工提出了新的要求，以此来规范服务行为，减少针对免费开放后人员多，情况复杂，用电设备多，用电量大等情况，我们制定了《曲阳县图书馆工作人员值班制度》、《曲阳县图书馆电脑设备管理制度》、《曲阳县图书馆阅览室巡视制度》、《曲阳县图书馆消防设备定期检修制度》、《曲阳县图书馆灭火应急预案》等安全工作制度，并认真贯彻落实。在此基础上，我们定期召开安全生产工作会议，强调消防安全工作的重要性；认真做好日常巡查和定期检查工作，对馆内各种消防器材做好检查，确保无过期无损坏；同时加强对职工的消防安全宣传工作，切实把安全生产工作落在实处。在加强电子阅览室管理，落实免费开放政策，建设好县支中心的同时，我馆认真指导建设好全县乡镇、村基层服务点，建立起了服务体系和服务制度，切实让这一惠民工程落到实处。

（撰文/曲阳县支中心）

沧州市支中心

沧州市辖3区、4市，10县，常住人口713万人。沧州市共享工程在全市各级文化、财政部门和公共图书馆的共同努力下，扎实组织，稳步推进，在弘扬先进文化，构建和谐社会，丰富城乡群众文化生活，提升农村信息化水平，建设社会主义新农村等方面发挥了重要作用。

一、基本情况

沧州市文化共享工程于2004年启动，由文化部、财政部共同组织实施，依托我市各级公共图书馆和乡镇、村文化站，共建成1个市级支中心，16个县（市、区）级支中心，4823个乡镇（村、社区）基层服务点。初步形成了以沧州市文化信息资源共享支中心为核心的市、县、乡、村四级基层文化服务网络。共享工程沧州支中心设在沧州市图书馆，是沧州市共享工程的建设和业务指导单位。

二、管理和队伍建设

为使我市共享工程真正走进基层，服务于民，市共享工程领导小组积极谋划发展战略，制定了严格的管理和运行机制。为解决共享工程建设和使用中出现的困难和问题，使共享工程真正成为文化创新工程，市委、市政府将共享工程列为各县的重点目标任务，对共享工程建设提出明确要求，并纳入各县年终目标任务考核，通过严格的考核来明确职责，督导共享工程建设。

由市支中心牵头，建立起了规范完整的全市文化信息资源共享工程建设利用情况档案，明确了各支中心和基层服务点的具体负责人，并督导各县（市）支中心做好本中心和所辖基层服务点的工作记录工作，要求其定期上报共享工程的业务开展情况和活动情况，配合市支中心做好共享工程档案完善工作，以详实准确的资料信息促进共享工程建设的进一步顺利开展。制定了《共享工程县支中心工作规则》、《基层服务点工作规则》等制度，以规范工作流程，实行有效管理。同时，要求各县支中心协助市支中心担负起对乡镇、村、基层服务点的管理、资源更新、技术维护、人员培训和绩效考核等职责，增强共享工程的队伍建设。

工程依托全市县级图书馆、乡镇文化站等基层文化单位，建立了约4000多人的专兼职工作队伍。使越来越多的群众能方便快捷地享受到文化共享工程的服务。

三、培训工作

市支中心依托省中心，利用《河北省文化信息资源共享工程培训教程》，通过专业技术集中培训、上门辅导、远程指导等多种途径，加强对县、乡、村（社区）基层服务网点技术人员的业务培训，为共享工程加快发展奠定了人才基础。在做好常规的技术指导与业务培训工作的同时，市支中心领导还多次带队到各县支中心、乡镇基层服务点指导建设与管理工作，解决基层服务点业务和技术问题。近年来，为提升我市共享工程服务水平，市支中心还多次组织县（市）支中心和乡镇基层服务点的业务骨干赴天津、唐山等地实地考察，学习借鉴其先进的服务理念和服务手段，以更好地发挥其惠民工程的作用。

四、经费投入

全市各级党委、政府和有关部门从保障人民群众基本文化权利、促进经济社会协调发展的高度，充分认识实施“共享工程”的重要意义，认真组织落实由各级财政多方配套的资金，用于保证我市各级支中心和基层服务点的日常运行，以及各项培训和推广活动的开展，为我市文化共享工程基层建设提供了较为充足的资金保障。

五、资源建设

资源建设始终是共享工程建设的核心内容。为此，我市成立了文化信息资源共享工程资源建设协调委员会，负责全市文化信息资源调查和征集资料工作的组织协调实施和知识产权的解决。

沧州市支中心联合全市公共图书馆、群艺馆、博物馆、艺术研究所等机构，建立了上述机构的文化信息资源联合目录，收集整理了沧州地方文献、大运河文献、杂技文献、武术文献等多个专题的文献资料，为我市特色数据库的建立做好了丰富的信息储备。

六、合作共建

基层网点建设是共享工程的重点工作，为加快基层站点建设，形成覆盖面广大的网络系统，我们从共享工程建设之初就着手做好基层网点建设入学校、入警营、入社区的规划，在我市筛选具备条件的学校、警营、社区作为试点，与他们签定基层网点建设协议，通过合作共建的方式开展对外服务。

已建成的沧州市第十四中学、沧南监狱、幞园社区等合作共建服务点，有效地发挥了文化共享工程信息咨询、社会教育和文化欣赏的功能，深受广大群众的喜爱和好评。

七、利民惠众，惠农服务

沧州市支中心组织协调各县（市）支中心和基层服务点，以贴近群众、贴近实际为宗旨，不断拓展共享工程的服务内涵和方式，面向基层，服务基层，开创了我市共享工作的新局面。

沧州市支中心在共享工程阅览室开辟了共享工程优秀资源推荐专栏，定期向读者介绍名家讲座、科普知识、法律、农业等栏目中的优秀资源，供读者查阅参考。并且注重信息的收集与整理，准确了解群众需求，及时下载最新信息，解决了农村群众科学种植、养殖的实际问题，据不完全统计，自2005年以来，各级支中心共下载家禽家畜饲养、苗木、花卉栽培等相关信息达8万多字，并印成资料分发到村民手中。

送科技讲座下乡是惠农的又一具体举措，市支中心结合“服务三农创建和谐农村”、“贯彻落实十七大精神优秀图书信息进农村”等活动，在各县级支中心、基层服务点的配合下，根据当地的种植特色和发展需求，先后在泊头市郝村镇贾庄、黄骅市羊三木乡羊三村、吴桥、青县等地举办了《梨园病虫害防治》、《怎样种梨》、《培养健康的生活方式》、《果树的栽培技术》、《种子的真伪辨别》等科技知识讲座，声图并茂的详细讲解将科学知识送到了田间地头，满足了农民对科技知识的需求，受到当地群众的欢迎和好评。

各县支中心和基层服务点根据市支中心的统一部署，结合自身实际情况，面向基层，开展了“春节、元宵节经典电影大放送”、“科技致富系列公益讲座”、“春节戏曲网上跟我唱”等多种形式的惠民服务活动。

八、宣传推广

为了让广大群众了解共享工程、走近共享工程、利用共享工程，使共享工程成为保障广大人民群众文化权益，建设社会主义新农村和构建公共文化服务体系的有效途径。沧州市支中心及各县（市）支中心充分利用共享工程的设备和资源，采取多种手段，为群众提供多样化、个性化服务，同时充分利用各种媒体的优势，因地制宜地开展形式多样的宣传推广活动，增强共享工程的“曝光率”，让群众了解共享工程，使共享工程逐渐深入人心。例如举办周日共享工程系列视频公益讲座，先后推出了“现代民俗解读系列”、“解读传统文化经典系列”、“成功家长教子系列”、“蔡礼旭国学讲座系列”、“科学发展观与和谐社会”等系列讲座，受到广大群众的一致好评，已成为沧州市支中心的一项品牌服务项目。

同时，针对未成年人这个重点目标人群，除了定期在馆内开展各种活动，市支中心还与教育局、体委等部门联合，深入各中小学校开展活动，引导广大未成年人关注、利用共享工程。

例如在我市十三中、五中、一中举办的“文化共享奥运行”之“解读奥运”公益讲座校园行活动，因内容新颖，形式活泼，深受欢迎。

九、工作展望

该市的文化信息资源共享工程自2004年启动以来，始终以为广大城乡居民提供方便、快捷、均等化的服务为宗旨，在各级领导的关怀支持下，在全市从业人员的共同努力下，领导机制逐步健全，网络建设渐成体系，运行管理有序规范，服务功能不断延伸，宣传培训成效显著。文化信息资源共享工程已日益成为我市群众文化生活不可或缺的一部分，成为繁荣沧州文化，推动我市公共文化体系建设的强大动力源泉。

实施文化共享工程是一项长期的文化建设任务，需要我们在工程建设中不断开拓思路、拓展渠道，不断地学习创新，探索共享工程规范运行，长效管理的机制，建设更加完善的覆盖城乡、惠及全民的网络服务体系，完善传播服务平台，丰富传播手段，提升服务水平。

相信在不久的将来，我市的文化信息资源共享工程一定会以全新的面貌展现在群众面前，一定会成为群众满意的文化信息工程，为我市经济和社会和谐发展提供精神动力和智力支持。

（撰文/沧州市支中心）

泊头市支中心

泊头市位辖12个乡镇，3个街道办事处，657个行政村，总人口59万人，其中城区人口26万人。

泊头市文化信息资源共享工程自2005年5月实施以来，市委、市政府高度重视，大力支持，多次召开全市文化信息资源共享工程建设动员会议，成立了工程建设筹备领导小组，制定实施方案，层层落实责任，确保了共享工程建设顺利进行和实施。

一、基本情况

2005年在河北省分中心和沧州市支中心的具体指导和帮助下，泊头市文化局获省中心捐赠设备3万元，市政府财政拨款10万元，购置电脑10台及配套设备，以泊头市图书馆为依托，建立了沧州市第一家规模最大的县市级共享工程电子阅览室，免费为读者提供网络文化服务。2010年，图书馆搬迁至裕华西路文化艺术中心大楼，建筑面积3000平方米，其中支中心电子阅览室面积150平方米。在获赠服务器4台、交换机、投影仪2台、电脑30台等价值36.8万元设备的基础上，市委市政府高度重视，加大力度，投入配套资金15万元，对电子阅览室进行装修。并接入10兆光纤上网，配置安装了30套电脑桌椅、380伏配电箱、静电地板、防盗门窗、防火器材、空调、监控报警等设备，建成超标准的机房和电子阅览室。市财政还每年投入共享工程运行经费5万元，确保共享工程建设的顺利实施和正常运行。

二、管理和队伍建设

为使共享项工程真正为民所用为民谋利，泊头市支中心将共享工程日常管理纳入制度化管理。制定支中心、镇、村基层服务点工作职责和制度，实行制度上墙公开。每年有年度工作计划，月度有工作要点，季度有工作督导，年末有工作总结考核，并收集整理共享工程服务活动的得失，探索共享工程管理和服务新模式。建立起规范完整的全市文化共享工程建设利用情况档案，做好本中心和所辖基层服务点的工作记录工作，并配合市支中心做好共享工程档案完善工作，以详实准确的资料信息促进共享工程建设的进一步顺利开展，担负着对乡镇、村、基层服务点的管理、资源更新、技术维护、人员培训和绩效考核等职责，增强共享工程的队伍建设。

三、经费投入

为保障共享工程的顺利实施，市财政认真落实几十万元的配套资金，每年还投入共享工程运行经费5万元，用于保证我市支中心和基层服务点的日常运行以及各项培训和推广活动的开展，为共享工程建设提供充足的资金保障。

四、发展情况

积极争取各级党委、政府和有关部门的关心和支持，统筹规划，稳步推进共享工程建设，齐抓共建基层服务点。2005年以来，先后建立了交河镇基层点、泊镇基层点、贾庄村基层点、肖杜李村基层点等重点服务点，当地政府高度重视，除配套建设服务点，每年还固定投资几万元用于运行维护。到目前，文化共享工程村级服务点已遍布全市，全市657个行政村均建成基层服务点。市、乡(镇)、村三级公共文化网络的建成，标志着我市构建公共文化服务体系建设工作迈上了一个新的台阶。各服务点按照统一标准制作宣传版面、张贴宣传画报、室内按要求统一悬挂制度牌，做好文化共享工程的宣传推介工作，扩大社会影响，并充分利用文化共享工程网上信息资源开展形式多样、丰富多彩的文化活动，让群众了解并享受文化信息资源。目前各项工作已完成，基本做到了各服务点工作的规范化、专业化。

五、利民惠众，惠农服务

泊头市支中心建成开通后，接收到国家中心和省市中心传输的各类优秀文化信息资源，使我市广大群众实现了网上读书、看戏、看电影、文物旅游，获得了科技知识和致富信息，成为活跃人民群众文化生活，提高人民群众思想道德和科学文化素质，促进全面建设小康社会的重要基地。

1、泊头市支中心结合本馆实际，合理安排电子阅览室、多媒体功能室开放时间，保证每周为群众服务48小时以上。利用共享工程服务平台，在寒暑假和双休日举办思想道德建设专题讲座和国学知识普及讲座，深受广大学生和家长的欢迎。加大对未成年人的服务力度，引导青少年文明上网，加强上网管理，严格规定控制上网时间和上网内容，坚决杜绝不健康的网页、网站进入未成年人的视野。

2、充分利用广播电视等媒体，把群众最需要的知识和资源及时播放。把国家中心赠送的光盘提供给电台和电视台，请他们在各个相关频道及时播出。并从共享工程资源库中下载实用技术内容，刻成光盘，送到养殖种植户手中，或是利用投影仪在大屏幕中反复播放，把知识及时有效地送到农民手中。

3、各基层服务点充分利用共享工程资源，为农民提供优质便利的服务。泊镇文化站组织农业科技人员利用文化共享工程资源学习农业技术，找出适合本乡镇的种植养殖项目，提供给广大农民，使农民从中受益。泊头市贾庄村利用网络为农民提供科技和文化知识，在农闲时间开展农村实用技术专题讲座，并为村民放映革命题材电影及科教片10余场，受到广大农民朋友的热烈欢迎。许多农民反映，通过共享工程，他们的眼界宽了，信息灵了，致富的本领大大增强了。

六、工作展望

支中心从2005年成立以来，由开始的50平方米到现在150平方米的电子阅览室，由最初的10台电脑发展到现在的30台，基层服务点由原来的3个发展到现在的657个行政村，村村都建有基层点，共享工程已经成为人们生活必不可少的一部分，成为人们一项重要的精神食粮。

今后的工作中，在上级中心及各部门的大力支持下，泊头市支中心要不断探索发展，改革创新，建立一支高水平高素质的人员队伍，进一步拓宽服务领域，使服务方式更加多样化，要建立长效机制，创新服务方式，开展形式多样的惠民服务，努力实现优秀文化信息资源全民共享，最大限度地发挥社会效益，让文化资源共享工程在推进我市文化事业的建设中发挥出重要的积极作用。

（撰文/泊头市支中心）

任丘市支中心

任丘市行政区划共有20个乡镇（含四个办事处和一个开发区），共有413个行政村，常驻人口达78万。

任丘市文化共享工程在市委政府、市财政局和公共图书馆的共同努力下，逐步推进，稳步发展，在弘扬先进文化，构建和谐社会，丰富城乡群众文化生活，满足农民多层次文化需求，建设社会主义新农村等方面发挥了重要作用。

一、基本情况

任丘市文化信息资源共享工程于2004年启动，最初在鄚州、七间房、苟各庄、梁召、辛中驿、南丁坞六个乡镇村试点安装，通过卫星设备直接接收国家中心下发的各类资源和信息。2009年任丘市文化资源共享工程开始普及进入乡镇行政村，第一批294个行政村于当年安装调试完毕。第二批14个行政村于2012年7月进行安装。共享工程任丘市支中心设在任丘市图书馆，是任丘市共享工程的建设和业务指导单位。

二. 管理和队伍建设

为使共享项工程真正为民所用为民谋利，任丘支中心将共享工程日常管理纳入制度化管理。制定了《共享工程支中心工作规则》、《基层服务点工作规则》等制度，并上墙公开。以规范工作流程，实行有效管理。管理员负责收集整理共享工程服务活动的得失，以探索共享工程管理和服务新模式。

文化资源共享工程作为一个新的农村文化资源获取平台，如何推广好、利用好共享工程丰富的文化资源关键在于是否有一支专业化的共享工程管理员队伍。任丘市共享工程支中心在管理员队伍建设上坚持明确职责，明确思路，制度化管理，常态化培育。对于乡镇、村两级基层共享工程管理上择优选取文化层次较高，有一定社会基层管理服务实践经验的大学生村官为管理员，他们工作热情高，有较高的文化水平能尽快熟悉掌握共享工程设备为所在村民服务。

三、培训工作

任丘市支中心在共享工程管理员的培养上实现了制度化和常态化。根据支中心工作要求，每年对乡镇共享工程管理员进行4期的集中培训。

四、经费投入

市政府和财政局和其它有关部门从保障人民群众基本文化权利、促进经济社会协调发展的高度，充分认识实施“共享工程”的重要意义，认真组织落实配套资金，用于保证我市支中心和基层服务点的日常运行，以及各项培训和推广活动的开展，为我市文化共享工程基层建设提供了较为充足的资金保障。

五、资源建设

资源建设始终是共享工程建设的核心内容。任丘支中心以市图书馆为依托，收集整理了任丘地方文献，包括扁鹊文化、大鼓文化、白洋淀文化、石油文化等多个专题的文献资料，为我市特色数据库的建立做好了丰富的信息储备。

六、合作共建

我市将共享工程和农家书屋数字资源及农村党员远程教育有效结合，建成电影放映，共享工程宣教授课和电子资源阅读播放为一体的多功能活动室。共享工程已逐步走入基层村民生活，成为村民获取新知，娱乐身心的新渠道新平台。

七、利民惠众，惠农服务

任丘支中心在共享工程服务实践过程中，根据民众需求，不断探索新的方式，打造群众满意喜爱的文化服务新平台。

八、宣传推广

任丘支中心充分利用各种渠道宣传推广共享工程。在每年的科技文化下乡活动中，任丘支中心不失时机，以活动为平台，以资料为媒介宣传共享工程，让民众不断了解共享工程，走进共享工程。并利用支中心阅览专区，组织动员广大读者关注共享工程，利用共享工程，

同时，针对未成年人这个重点目标人群，除了定期在馆内开展各种活动，市支中心与学校联合开展活动，引导广大未成年人关注、利用共享工程。 例如支中心与佳音艺术学校联合举办了“品读经典”活动，深受家长和孩子们的欢迎。

九、工作展望

我市的文化信息资源共享工程自2004年启动以来，已走过了8个年头，经过不断的努力和探索，文化资源共享工程已经成为任丘人民文化生活的一大支柱，成为繁荣任丘文化，丰富任丘人民精神生活，推动任丘人文科技进步的强大动力源泉。今后我们将在工程建设中不断开拓思路、拓展渠道，不断地学习创新，探索共享工程规范运行，长效管理的机制，建设更加完善的覆盖城乡、惠及全民的网络服务体系，完善传播服务平台，丰富传播手段，提升服务水平。

（撰文/任丘市支中心）

盐山县支中心

盐山县辖6乡6镇，450个行政村，盐山县文化资源共享工程在全县各级文化、财政部门和公共图书馆的共同努力下，扎实组织，稳步推进，在弘扬先进文化，构建和谐社会，丰富城乡群众文化生活，提升农村信息化水平，建设社会主义新农村等方面发挥了重要作用。

一、基本情况

盐山县文化信息资源共享工程于2008年启动，由文化部、财政部共同组织实施，依托该县博物馆、文化馆、公共图书馆和乡镇、村文化站，共建成1个县级支中心，400多个乡镇（村）基层服务点。初步形成了以盐山县文化信息资源共享支中心为核心的县、村二级基层文化服务网络。共享工程盐山支中心设在盐山县图书馆。

二、管理和队伍建设

为使该县共享工程真正走进基层，服务于民，我县共享工程领导小组积极谋划发展战略，制定了严格的管理和运行机制。解决共享工程建设和使用中出现的困难和问题。

文化资源共享工程作为一个新的农村文化资源获取平台，如何推广好、利用好共享工程丰富的文化资源关键在于是否有一支专业化的共享工程管理员队伍。

我县共享工程支中心在管理员队伍建设上坚持明确职责，明确思路，制度化管理，常态化培育。

对于村级基层共享工程管理上择优选取文化层次较高，有一定社会基层管理服务实践经验的为管理员，他们工作热情高，有一定的文化水平能尽快熟悉掌握共享工程设备为所在村民服务。

三、培训工作

该县支中心依托沧州市支中心和省中心，利用《河

北省文化信息资源共享工程培训教程》，加强对县支中心和村基层服务网点技术人员的业务培训，并且多次参加市培训班的培训工作。为共享工程加快发展奠定了人才基础。

四、资源建设

我们在这几年同千童文化研究会、文化馆、博物馆、共发放宣传材料5000多份，制作展牌30多块。

五、经费投入

全县各级党委、政府和有关部门从保障人民群众基本文化权利、促进经济社会协调发展的高度，充分认识实施"共享工程"的重要意义，积极协调各方各面的财政配套资金，用于该县文化信息共享工程的正常运行。

六、利民惠众，惠农服务

盐山县支中心组织协调各县（市）支中心和基层服务点，以贴近群众、贴近实际为宗旨，不断拓展共享工程的服务内涵和方式，面向基层，服务基层，开创了我县共享工作的新局面。

盐山县支中心及时下载最新信息，解决了农村群众科学种植、养殖的实际问题。

据不完全统计，自2011年以来，我支中心共下载家禽家畜饲养、苗木、花卉栽培等相关信息达5000多字，并印成资料分发到村民手中。该县还根据市级支中心的部署，开展了"送科技下乡"、"春节经典电影大放送"、"优秀作品书画展"等多种形式的惠民服务活动，得到群众的广泛好评。

七、宣传推广

为了让广大群众了解共享工程、走近共享工程、利用共享工程，使共享工程成为保障广大人民群众文化权益，建设社会主义新农村和构建公共文化服务体系的有效途径。

盐山县支中心充分利用共享工程的设备和资源，采取多种手段，为群众提供多样化、个性化服务，同时充分利用各种媒体的优势，因地制宜地开展形式多样的宣传推广活动，增强共享工程的"曝光率"，让群众了解共享工程，使共享工程逐渐深入人心。我们共发放介绍信息共享工程5000多份，并且利用博物馆的有利条件，像前来参观的人们介绍信息共工程的作用，使每一个到过博物馆和图书馆的人都能深入了解信息共享工程。为了引导广大未成年人关注、利用共享工程，我们更是用"千童文化"这块金字招牌来宣传我们，我们把"千童文化"制成多块展牌在实验小学、联合小学、新华小学、二中、四中进行展览讲解，受到了广大师生的热烈欢迎。

八、工作展望

该县的文化信息资源共享工程自2008年启动以来，以城带乡、加强统筹、进一步提升公共文化服务均等化。网络建设渐成体系，从单一的资源接收到今天的编辑分发和群众广泛认知，广泛参与，服务功能不断延伸，宣传培训成效显著。较好地满足了群众的多形态文化需求。让先进文化走进千家万户文化信息资源共享工程已日益成为我县群众文化生活不可或缺的一部分，成为提高农村信息化水平和基层群众科学文化素质，促进当地经济社会的协调发展文化排头兵。

（撰文/盐山县支中心）

南皮县支中心

南皮县全县总面积790平方公里，下设9个乡镇、312个自然村，总人口38.0261万人。

南皮县文化资源共享工程在县政府的大力支持下，在全县各级文化、财政部门和公共图书馆的共同努力下，扎实组织、稳步推进，在弘扬先进文化、构建和谐社会、丰富城乡居民文化生活、提升农村信息化水平、建设社会主义新农村等方面发挥着重要作用。

一、基本情况

南皮县文化共享工程于2008年列入计划，成为我省第二批共享工程项目县，2012年4月底，在各级部门的共同努力下，完成安装调试工作。目前，依托我县公共图书馆和乡镇文化站，共建成1个县级支中心、312个乡镇（村）基层服务点。初步形成了以县支中心为核心的县、乡、村三级基层文化服务网络。南皮县支中心设在南皮县图书馆，是南皮县共享工程的建设和业务指导单位。

二、管理和队伍建设

为使共享工程真正走进基层，为民所用、为民谋利，南皮县支中心将共享工程日常管理纳入制度化管理。制定县支中心、镇、村基层服务点工作职责和制度，实行制度公开化。同时，为解决共享工程建设和使用中出现的困难和问题，使共享工程真正成为文化和创新工程，县委、县政府对共享工程建设提出明确要求，通过严格的考核制度来明确职责，督导共享工程建设。

由县支中心牵头，建立起规范完整的全县文化信息资源共享工程利用情况档案，明确了各基层服务点的具体负责人，并定期督导各乡、村基层服务点的工作，要求其配合县支中心，做好档案完善工作，以便准确迅捷的促进共享工程建设的进一步顺利开展。根据市中心制定的《共享工程县支中心工作规则》、《基层服务点工作规则》等相关规章制度，结合我县实际，规范工作流程，实行有效管理。同时，县支中心协助市支中心担负起对乡镇、村基层服务点的管理、资源更新、技术维护、人员培训和绩效考核等职责，增强共享工程的队伍建设。

三、经费投入

我县党委、政府从保障人民群众基本文化权利，促进经济社会协调发展的高度，充分认识实施"共享工程"的重要意义，为保障共享工程的顺利实施，县财政认真落实了共享工程的地方配套资金，用于保证我县支中心和基层服务点的日常运行以及各项培训和各项推广活动的开展。

四、资源建设

资源建设是共享工程建设的核心内容。为此，我县成立了文化信息资源共享工程资源建设协调委员会，负责全县文化信息资源调查和征集资料工作的组织协调实施和知识产权的解决。南皮县支中心联合县公共图书馆、文化馆、博物馆、政协文史研究委员会等机构，收集整理了南皮县地方文献、革命史文献等各个专题的文献资料，并成立了专门的张之洞研究会，为该县特色数据库的建立做好了丰富的信息储备。

五、合作共建

基层网点建设是共享工程建设的重点工作，为加快基层站点建设，形成覆盖面广大的网络系统，我们从共享工程建设之初就着手做好基层网点建设入村帮扶的规划，与帮扶村签订基层网点建设协议，通过合作共建的方式开展对外服务。已建成33个合作共建服务点，有效的发挥了文化共享工程信息咨询、社会教育和文化欣赏的功能，深受广大群众的喜爱和好评。

六、利民惠众、惠民服务

南皮县支中心以县支中心为中心，组织协调各基层服务点，以贴近群众，贴近现实为宗旨，不断开拓共享工程的服务内涵和服务方式，面向基层，服务广大人民群众，开创了我县共享工程工作的新局面。

南皮县共享工程支中心建成开通后，接收到国家中心和省市中心传输的各种优秀文化信息资源，使我县广大群众实现了网上读书、看戏、看电影、文化旅游等，获得了丰富的科技知识和致富信息，使之成为活跃人民群众文化生活，提高人民群众思想道德素质和科学文化素质，促进全面建设小康社会的重要基地。

1、送科技讲座下乡。南皮县支中心结合“服务三农创建和谐农村”、“贯彻落实十七大精神优秀图书信息进农村”等活动，在各基层服务点的配合下，根据当地的种植特色和发展需求，多次举办了《培养健康的生活方式》、《果树的栽培技术》、《种子的真伪辨别》等科技知识讲座，将科学知识送到了田间地头，极大的满足了广大农民对科技知识的需求，受到了广大农民朋友的欢迎和好评。

2、充分利用各种传统节日和节假日。我县支中心充分利用共享工程服务平台，在寒暑假和双休日举办思想道德讲座和国学知识普及讲座，深受广大中小学生和学生家长的欢迎，加大了对未成年人的服务力度，同时引导青少年文明上网，加强上网管理，坚决杜绝不健康网页、网站进入未成年人的视野。同时，面向基层，开展“春节、元宵节经典电影大放送”、“春节戏曲网上跟我唱”等多种形式的惠民服务活动。

七、工作展望

南皮县支中心2012年成立，以南皮县公共图书馆为中心，312个行政村，村村都建有基层服务点，共享工程已成为全县人民精神生活的重要组成部分。

实施文化信息资源共享工程是一项长期的文化建设任务，需要我们在工作中不断开拓思路、拓展渠道。今后的工作中，在上级中心及各部门的领导支持下，南皮县支中心要不断学习创新，探索发展，努力建设一支高水平高素质的人员队伍，进一步拓宽服务领域，建立长效机制，创新服务方式，开展更加丰富多彩的惠民服务，努力实现优秀文化信息资源全民共享。让文化信息资源共享工程在打造“富强南皮、幸福南皮、美丽南皮”中发挥出重要作用。

（撰文/南皮县支中心）

吴桥县支中心

吴桥县总面积582.9平方公里。28万人口，473个自然村，10个乡镇，交通便利。吴桥文化信息资源共享工程支中心在我县广新局支持下，努力工作，为我县文化事业的发展丰富我县人民群众文化生活，提升农村信息化水平，建设社会主义新农村等方面发挥了重要作用。

一、基本情况

吴桥县信息资源共享工程于2011年启动，由国家文化部、财政部共同组织实施，依托我县公共图书馆和乡镇、村文化站，共建成1个县支中心，10个分中心，64个乡镇（村、社区）基层服务点。初步形成了以县文化信息资源共享支中心为核心的县、乡、村三级基层文化服务网络。共享工程吴桥县支中心设在县文广新局图书馆，是吴桥县共享工程的建设和业务指导单位。

二、管理和队伍建设

为使我县共享工程真正走进基层，服务于民，县共享工程支中心，制定了严格的管理和运行机制。为解决共享工程建设和使用中出现的困难和问题，使共享工程真正成为文化创新工程，对共享工程建设提出明确要求，并纳入各乡镇年终目标任务考核，通过严格的考核来明确职责，督导共享工程建设。

由支中心牵头，建立起了文化信息资源共享工程建设利用情况档案，明确了基层服务点的具体负责人，并督导基层服务点的工作，定期上报共享工程的业务开展情况和活动情况，制度上墙，以规范工作流程，实行有效管理。同时担负起对乡镇、村、基层服务点的管理、资源更新、技术维护、人员培训和绩效考核等职责，增强共享工程的队伍建设。工程依托全县乡镇文化站等基层文化单位，建立了约100多人的专兼职工作队伍。使越来越多的群众能方便快捷地享受到文化共享工程的服务。

三、工作展望

县支中心对十个乡镇的专业技术人员进行集中培训、上门辅导、远程指导等多种途径，加强对乡、村基层服务网点技术人员的业务培训，为共享工程加快发展奠定了人才基础。在做好常规的技术指导与业务培训工作的同时，深入乡镇基层服务点指导建设与管理工作，解决基层服务点业务和技术问题。在县文广新局的领导下，为该市文化共享工程基层建设提供了充足的资金保障。

（撰文/吴桥县支中心）

孟村回族自治县支中心

孟村回族自治县域总面积387平方公里，辖4镇2乡126个行政村，总人口18.9万，其中回族4.7万，占县内总人口的24%，是我国北方回族居住较为集中的地方。

一、基本情况

孟村回族自治县文化资源共享工程建设开始于2006年，最初在孟村镇、辛店镇、新县镇等三个乡镇试点安装。2012年6月全县126个行政村全部进行安装，至此孟村县所属行政村实现全县共享工程村村全覆盖。共享工程孟村县分中心设在孟村县图书馆，是孟村县共享工程的建设和业务指导单位，负责保障县分中心共享工程设备的运行，协调镇村级共享工程设备的维修，指导镇村级共享工程活动的开展以及开展全区共享工程管理员的业务培训和指导。

二、管理和队伍建设

为使共享工程真正为民所用为民谋利，孟村县分中心将共享工程日常管理纳入制度化管理。制定支中心、镇、村基层服务点工作职责和制度，实行制度上墙公开。每年有年度工作计划，月度有工作要点，季度有工作督导，年未有工作总结考核，并推行管理员工作同志管理，收集整理共享工程服务活动的得失，探索共享工程管理和服务新模式。

文化资源共享工程作为一个新的农村文化资源获取平台，如何推广好、利用好共享工程丰富的文化资源关键在于是否有一支专业化的共享工程管理员队伍。孟村县共享工程分中心在管理员队伍建设上坚持明确职责，明确思路，制度化管理，常态化培育。对于乡镇、村两级基层共享工程管理上择优选取文化层次较高，有一定社会基层管理服务实践经验的大学生村官为管理员，他们工作热情高，有较高的文化水平能尽快熟悉掌握共享工程设备为所在村民服务。目前孟村县共享工程管理员70%为各级大学生村官，26%是由较高学历的村委委员兼任，实现了管理员选取的高起点。

三、培训工作

孟村县分中心在共享工程管理员的培养上实现了制度化和常态化。根据支中心工作要求，每年对辖区共享工程管理员进行6期的集中培训，2010年以来一共举办各类培训班6期，参加轮训的各级管理员达252人次。

四、经费投入

孟村县共享工程自2012年实现村村全覆盖以来，孟村县图书馆每年投入2万的运维经费，用于共享工程设备的维护，人员培训和惠民活动的开展。

五、资源建设

孟村县分中心在历年的工作中，搜集不同区域民众文化需求，选取、编辑制作各类题材资源7TB，每年制作发放各类光盘300多张，展板20多块，各类海报，招贴画10副，发放宣传资料300余份。

六、合作共建

以共享工程为依托结合全覆盖的农村党员远程教育工程建立电子文献资源服务中心。将各种部门下发的电子文献资源与建立的共享工程服务点结合，根据不同乡镇、村的硬件条件建立形式多样的电子阅览室和多媒体中心。比如新县镇王庄子村，辛店镇的姜庄村等建立拥有多台电脑的多媒体阅读中心。通过多方不懈努力，共享工程已逐步走入基层村民生活，成为村民获取新知，娱乐身心的新渠道新平台。

七、利民惠众，惠农服务

孟村县分中心在共享工程服务实践过程中，以民众的需求为导向，积极探索，服务民众生活生产，引领群众高尚精神文化生活，打造群在满意喜爱的文化服务新平台。

根据孟村地域农业生产特点，孟村分中心每年按节令制作农业生产技术光盘和小册子通过行政村基层服务点村民分发。针对不同农业专业者，孟村分中心有针对的选取资源上门指导服务。历年来累计服务专业生产户120多户，长期点对点跟踪服务16户。

八、宣传推广

1、孟村县分中心利用各种渠道宣传推广共享工程。在孟村每年的科技文化四下乡活动，科普之春，科普之夏，科技周等活动中，孟村分中心不失时机，以活动为平台，以资料为媒介宣传共享工程，让民众不断了解共享工程，走进共享工程。

2、走进校园。孟村县分中心文化服务中不断探索，利用分中心儿阅览专区，组织动员青少年儿童关注共享工程，利用共享工程，收集青少年知识兴趣点整理挖掘，同时按照孟村县分中心的部署在全县中小学校开展了狮城少年读书网页制作大赛和电脑小报制作大赛。通过一系列的活动是共享工程不仅走进农村也走进校园。

3、专题活动，精彩纷呈。孟村县分中心在服务中抓住文化的热点和亮点，积极组织群众喜闻乐见的文化服务，使共享工程走进群众生活。例如历届狮城少年读书活动，燕赵少年读书活动中，孟村县分中心联合孟村县青少年活动中心举办了大量的兴趣阅读活动，提高了人们的读书热情，活跃了群众的业余文化生活。

九、工作展望

孟村县共享工程已走过6个年头，从昨天的几个点到今天的126个行政村全覆盖，从单一的资源接收到今天的编辑分发和群众广泛认知，广泛参与，文化资源共享工程在孟村县已经成为孟村人民文化生活的一大支柱，成为繁荣孟村文化，丰富孟村人民精神生活，推动孟村人文科技进步的强大动力源泉。今后孟村县支中心希望在河北省中心，沧州市中心大力支持下为孟村共享工程建设一支专业化的服务队伍，建立一个省、市、县三级知识网络联动的即时问答服务体制和服务形式更加多样，服务网点更加宽广，参与群众更加广泛的共享工程文化带动体系，为建设科技孟村，文化孟村做出贡献。

（撰文/孟村回族自治县支中心）

衡水市支中心

衡水市地处河北省东南部，属平原地带，总面积8815平方公里，人口426万人，下辖1个市辖区，2个县级市，8个县，57个乡，4994个自然村。

衡水市大力宣传衡水，建设衡水，给我市文化事业的促进和发展提供了机遇。在省中心及市政府的支持和帮助下，衡水市文化信息资源共享分中心于2005年8月9日建成开通，在国家中心及省中心的援助下，县级分中心、基层中心也将相继开通。

一、基本情况

2003年在衡水市财政局大力支持下，衡水市图书馆建成了电子阅览室，此后逐年投入相应资金完善电子阅览室配套设备。2005年衡水市分中心挂牌成立。衡水市分中心人员4名，本科1名、专科3名。

衡水市分中心充分利用文化信息共享资源向读者免费提供丰富多彩的文化娱乐项目，制作文化信息资源共享版面，向读者宣传、利用文化信息共享资源。分中心工作人员制作下载读者喜闻乐见的影音视频、Flash节目，还购买了电子图书、报刊为读者服务，专题性、针对性的资源，很受读者欢迎。

2009年图书馆馆舍改造，衡水市分中心各项活动受到一定限制，在此期间，衡水市分中心丰富了网上服务功能，为以后的图书馆和分中心的服务打好基础。

衡水市县级分中心枣强、景县、深州、冀州设备、场地条件较好，有利于基层文化信息资源共享工作的开展。在国家中心及省中心的资助下，各县（市、区）乡村文化信息资源共享基层中心相继投入使用。从衡水的总体上看，因当地政府资金有限，相对其它兄弟地级市还有一定差距，基层服务点覆盖面小。

二、网点建设

在国家中心和省中心资助设备下，衡水市共享工程基层点2005年建成5个，2006年建成21个，设备包括：投影仪、卫星接收设备、共享工程服务器。2007年后国家、省及地方政府相应投入资金，1000多个基层点相继投入使用。2008年11个县级分中心基本建成。

三、经费投入、资源建设

衡水市分中心2003年投入16万元，2004年投入8万元，2005年投入13万元，2006年投入10万元，2007年投入16万元，2008年至2010年共投入35万元，资金主要用于购买设备、数字产品。

硬件设备包括：交换机2台、微机24台、卫星接收设备1套、路由器1台、服务器6台、磁盘阵列1个、投影仪1套。

数据资源包括：国家中心、省中心下发的农村题材的影像、书籍及服务网站的资料，衡水市分中心购买的电子书籍、电子期刊及收集整理的地方文献、地方资料。

四、惠民服务、宣传推广

衡水市分中心发挥文化作息资源共享设施的作用，积极开展文化共享服务。

1、节假日，举办适宜的活动丰富大众的业余生活，比如：五一、十一举办爱国主题为主的活动，暑假期间针对学生举办读书某专题奖征文活动，利用省中心的网上音乐戏曲互动系统开展的大家唱活动。

2、按照国家中心和省中心的要求做好宣传推广、合理利用文化共享资源服务。

3、利用报纸、电视和其他媒体宣传，尽快地让更多的人认识、了解文化资源共享工程，让更多的读者来到电子阅览室、放映室、图书室享用文化资源共享工程成果。

4、转发国家中心和省中心制作的惠农资料，让基层能够及时学习掌握到种养知识和丰富节假日的生活。

5、根据广大农民对现代科技信息需要的迅速增加，搜集整理了家畜家禽的科学饲养，苗木、花卉栽培和科技兴农知识等信息，并刻录成光盘发放到村民手中。

五、培训工作、管理和队伍建设

文化信息资源共享工程的管理人员面对的是计算机、互联网等现代科技，为使共享工程真正为民所用、为民谋利，必须全面掌握设备和资源的使用，衡水市分中心工作人员每年得到省中心必要的培训，也要求对实际工作中面临的需求和问题得到解决，加强自身的学习，以求在工作和活动顺利进行。市分中心对县级分中心及基层中心有针对的进行了各种培训工作，比如安装初期招集基层管理人员的学习指导和后期的专题培训班学习，还多次请省中心的老师来衡水对县级分中心和基层中心进行业务培训，这有力帮助了衡水市的共享工程建设和活动顺利开展。衡水市分中心对文化信息资源共享工程的管理人员的要求是工作热情，注重加强学习，能使用、能指导，及时解决工作中的问题。

六、工作展望

文化信息资源共享工程的建设和宣传在衡水基层群众中得到了广泛认知，广泛参与，资源的建设与服务也十分重要。文化信息资源共享工程的建设给我们提供了一个向全国人民展示衡水文化内涵的平台，把衡水基层文化提供给全国人民的平台。衡水市的文化资源需要挖掘整理的可以说是比较丰富，武强的年画、侯店毛笔、冀派内画、衡水宫廷金鱼，衡水市文化三下乡工作也开展的有声有色，文化活动经常深入民间。衡水湖周边文化的整理开发正成为衡水文化的亮点。衡水市的地方人文特色整理出来，这对衡水市分中心的建设有了具体目标。

衡水市支中心有以下两方面设想，一是加强基层文化信息资源工作的指导和协调：文化信息资源共享共建，指导基层整理、建设资源，丰富共享成果；二是加强共享意识：文化信息资源的建设要突出共享，信息的共享，设备的共享，网络的发展使这一切变成现实，强调共享能够提高设备的利用率，能够丰富壮大共享工程的建设，能够减少基层中心的投入和重复建设，基层也能享有更加丰富的文化资源。

（撰文/衡水市支中心）

衡水市桃城区支中心

桃城区辖4个乡，2个镇、4个街道办事处。面积591平方公里。桃城区文化资源共享工程在衡水市文化局的支持和部署下，逐步推进，稳步发展，在新的形势下为繁荣农村基层文化，满足农民多层次文化需求，传递中国民族优秀文化资源发挥了重要作用。

一、基本情况

桃城区共享工程建设开始于2008年，最初在4个乡政府试点安装，次后陆续在全区2个镇政府、4个街道办事处文化站开始安装，前期安装设备均通过卫星设备直接就收国家中心下发的各类资源和信息。2009年桃城区文化共享工程开始普及进入乡镇行政村，第一批行政村于当年安装调试完毕。2011年第二批38个行政村进行安装，至此桃城区共有198个村安装了设备并投入运营。

共享工程桃城区支中心设在桃城区图书馆，是桃城区共享工程的建设和业务指导单位，负责保障区中心共享工程设备的运行，协调镇村级共享工程设备的维修，指导镇村级共享工程活动的开展以及开展全区共享工程管理员的业务培训和指导。

二、管理和队伍建设

为使共享项工程真正为民所用为民谋利，桃城区支中心将共享工程日常管理纳入制度化管理。制定支中心、镇、村基层服务点工作职责和制度，实行制度上墙公开。每年有年度工作计划，月度有工作要点，季度有工作督导，年未有工作总结考核，并推行管理员工作同志管理，收集整理共享工程服务活动的得失，探索共享工程管理和服务新模式。

共享工程作为一个新的农村文化资源获取平台，如何推广好、利用好共享工程丰富的文化资源关键在于是否有一支专业化的共享工程管理员队伍。桃城区共享工程支中心在管理员队伍建设上坚持明确职责，明确思路，制度化管理，常态化培育。对于乡镇、村两级基层共享工程管理上择优选取文化层次较高，有一定社会基层管理服务实践经验的村官为管理员，他们工作热情高，有较高的文化水平能尽快熟悉掌握共享工程设备为所在村民服务。目前桃城区共享工程都设有专职管理员。

三、培训工作

桃城区支中心在共享工程管理员的培养上实现了制度化和常态化。根据支中心工作要求，每年对辖区共享工程管理员进行1期的集中培训，2009年以来一共举办各类培训班4期，参加轮训的各级管理员达700人次。

四、合作共建

以共享工程为依托结合全覆盖的农村数字电影厅建立电子文献资源服务中心。将各种部门下发的电子文献资源与建立的共享工程服务点结合，根据不同乡镇、村的硬件条件建立形式多样的电子阅览室和多媒体中心。比如在赵圈镇的东康村等建立拥有多台电脑的多媒体阅读中心。把数字电影厅结合建成电影放映，共享工程宣教授课和电子资源阅读播放为一体的多功能活动室。通过多方不懈努力，共享工程已逐步走入基层村民生活，成为村民获取新知，娱乐身心的新渠道新平台。

五、利民惠众，惠农服务

桃城区支中心在共享工程服务实践过程中，以民众的需求为导向，积极探索，服务民众生活生产，引领群众高尚精神文化生活，打造群在满意喜爱的文化服务新平台。

根据桃城区地域生产生活特点，桃城区支中心每年按节令制作农业生产技术光盘和小册子通过行政村基层服务点村民分发。针对不同农业专业者，桃城区支中心有针对的选取资源上门指导服务。历年来累计服务专业生产户30多户，长期点对点跟踪服务6户。

六、宣传推广

1、桃城区支中心利用各种渠道宣传推广共享工程。在桃城区每年的科技文化四下乡活动，科普之春，科普之夏，科技周等活动中，桃城区支中心不失时机，以活动为平台，以资料为媒介宣传共享工程，让民众不断了解共享工程，走进共享工程。

2、走进校园。桃城区支中心文化服务中不断探索，利用支中心儿童阅览专区，组织动员青少年儿童关注共享工程，利用共享工程，收集青少年知识兴趣点整理挖掘，针对集中地知识群和关注点桃城区支中心联合友邻部分聘请专家前来为青少年答疑解惑，深受广大青少年的喜爱。通过一系列的活动是共享工程不仅走进农村也走进校园走进青少年。

七、工作展望

桃城区文化资源共享工程已走过5个年头，从昨天的几个点到今天的199个行政村的覆盖，从单一的资源接收到今天的编辑分发和群众广泛认知，广泛参与，文化资源共享工程在桃城区已经成为桃城区人民文化生活的一大支柱，成为繁荣桃城区文化，丰富桃城区人民精神生活，推动桃城区人文科技进步的强大动力源泉。今后桃城区支中心希望在国家中心，衡水市中心大力支持下为桃城区共享工程建设一支专业化的服务队伍，建立一个国家、市、区三级知识网络联动的即时问答服务体制和服务形式更加多样，服务网点更加宽广，参与群众更加广泛的共享工程文化带动体系，为建设科技桃城区，文化桃城区做出贡献。

（撰文/衡水市桃城区支中心）

冀州市支中心

按照国家和河北省的安排，自2008年12月以来，在我市开展了文化信息资源共享工程建设工作，经过两年多的精心准备和工作，支中心和基层点安装调试工作顺利完成，现将工程建设情况介绍如下：

一、县级支中心建设情况

按照河北省财政厅、河北省文化厅联合下发的文件精神，我市在文化信息资源共享工程建设中，首先确定了文化信息资源共享工程冀州市支中心位置，设在冀州市图书馆。经过与局领导和省专业人员协商及省来人现场考察，于2009年6月确定了共享机房及电子阅览室的位置，机房面积为20平方米，电子阅览室面积为40平方米。2010年7月经河北省汉佳公司专业人员来我市选定了卫星天线的位置。2011年7月4日，省共享汉佳公司来我市进行了设备检查验收，经验收，前期准备工作符合规定要求。省所购设备保存完好，数量准确，。经过为期一周的时间，安装完毕，试运行良好。

二、村基层点建设情况

按照省财政厅，省文化厅文件精神，依托市委组织部与共享工程相结合的农村党员干部现代远程教育基层点建设，首先为300个村购买了电视机宽带猫和机顶盒已安装到位，再由文广新局按照衡水市局招标标准为54个村和三个文化站购置了投影机及支架幕布。目前，300个农村现代远程教育基层点正常运行，能正常接收县级中心转播的省级播放内容，并且根据本村实际选择农业科技等节目，也可选择文化共享节目，进行网上阅读等。

三、工作展望

下一步我们正在考虑建立网站，充实基层点收看内容，真正达到共建共享，发挥好支中心的最大效益。

（撰文/冀州市支中心）

深州市支中心

深州市总面积1252平方千米。总人口57万人。辖10个镇、7个乡和1个开发区。深州市文化共享工程支中心现暂于深州市博陵路107号“深州盈亿义仓”内办公。

一、基本情况

我市共享支中心成立于2010年8月，工作人员2名，现有服务器1台、投影仪1台，卫星接受天线1套，有150G文化信息共享资源。

共享工程深州支中心设在深州市图书馆，是深州市共享工程的建设和业务指导单位，负责保障市中心共享工程设备的运行，协调镇村级共享工程设备的维修，指导镇村级共享工程活动的开展以及开展全市共享工程管理员的业务培训和指导。

二、队伍建设

文化共享工程是一项以各级公共图书馆为实施主体的、繁荣社会主义先进文化的创新工程，图书馆面临前所未有的发展机遇，馆员也面临计算机、互联网等现代科技的新挑战。这几年，我们特别注重加强学习，提高馆员素质。我们学习了有关文化共享工程的文件，学习了计算机、互联网基础知识和实用技术，积极参加有关培训，虚心学习其它文化共享中心的先进经验，更好地适应了文化共享工程建设的新要求。

三、经费投入

上级部门先后下拨了一批共享设备和一笔专项资金：2006年，文化部下拨了1台服务器、1台投影机、1个银幕、1个卫星天线以及约150G的文化信息资源；2009年文化部下拨文化共享支中心设备采购专项资金45万元，2010年该资金拨回省文化厅，由省文化厅统一招标采购文化共享设备，现设备尚未配发到我中心。

四、开展服务

我们坚持“边建设，边利用”的指导思想，发挥文化共享设施的作用，积极开展文化共享服务。1、利用投影设备，举办了2期摄影知识培训和。2、暑假期间为青少年读者开设了周末影院，先后播放了《地雷战》、《鸡毛信》、等多部爱国影片或科教影片。3、利用投影设备对我是共享工程村级服务点管理员进行了业务培训。

五、村基层点建设

按照省财政厅，省文化厅文件精神，依托市委组织部与文化信息共享工程相结合的农村党员干部现代远程教育基层点建设，我中心配合深州市文广新局配发投影机、幕布及音箱按425套。目前，425个农村现代远程教育基层点正常运行，能正常接收省级播放内容，并且根据本村实际选择农业科技等节目，也可选择文化共享节目，进行网上阅读等。

六、工作展望

回顾深州文化资源共享工程已走过的几个年头，从单一的资源接收到今天的编辑分发和群众广泛认知，广泛参与，文化资源共享工程在深州已经成为人民文化生活的一大支柱，成为繁荣文化，丰富人民精神生活，推动人文科技进步的强大动力源泉。下一步，我们将申请增加财政资金投入，共享设备到位后将积极组织安装调试，开设网站，加强数字资源建设，在省、市分中心大力支持下为深州共享工程建设一支专业化的服务队伍，建立一个服务体制和服务形式更加多样，服务网点更加宽广，参与群众更加广泛的共享工程文化带动体系，为建设科技、文化强市做出贡献。

（撰文/深州市支中心）

枣强县支中心

枣强县现辖5镇6乡，总面积829平方公里，人口40余万人。本县文化共享支中心位于新华东街1号。

一、基本情况

我县共享中心成立于2010年9月，现设中控室、电子阅览室（40个座）、业务加工室和综合活动室，有4名工作人员，有5台服务器，2个卫星接收天线，2台投影机，50余台计算机等全套共享设备，有互联网宽带接入，有500多G文化信息资源。

共享工程枣强支中心设在枣强县李玉霞图书馆，是枣强县共享工程的建设和业务指导单位，负责保障县中心共享工程设备的运行，协调镇村级共享工程设备的维修，指导镇村级共享工程活动的开展以及开展全县共享工程管理员的业务培训和指导。

二、队伍建设

文化共享工程是一项以各级公共图书馆为实施主体的、繁荣社会主义先进文化的创新工程，图书馆面临前所未有的发展机遇，馆员也面临计算机、互联网等现代科技的新挑战。这几年，我们特别注重加强学习，提高馆员素质。我们学习了有关文化共享工程的文件，学习了计算机、互联网基础知识和实用技术，积极参加有关培训，虚心学习其它文化共享中心的先进经验，更好地适应了文化共享工程建设的新要求。

为使共享项工程真正为民所用为民谋利，县支中心将共享工程日常管理纳入制度化管理。制定支中心、镇、村基层服务点工作职责和制度，实行制度上墙公开。每年有年度工作计划，月度有工作要点，季度有工作督导，年未有工作总结考核，收集整理共享工程服务活动的得失，探索共享工程管理和服务新模式。

文化资源共享工程作为一个新的农村文化资源获取平台，如何推广好、利用好共享工程丰富的文化资源关键在于是否有一支专业化的共享工程管理员队伍。枣强县共享工程支中心在管理员队伍建设上坚持明确职责，明确思路，制度化管理，常态化培育。

三、抓好配套建设

上级部门先后下拨了两批共享设备：2006年，文化部下拨了1台服务器、1台投影机、1个银幕、1对音箱、1个卫星天线以及约150G的文化信息资源；2010年，省文化厅又下拨了一套价值34.7万元的共享设备，还有10.3万元的专项资金暂存省文化厅，待集中采购有关设备。

我们积极争取县、局领导支持，努力推进配套建设。2007年，我们争取县教文体局投资10万元，购置了20台电脑、20套电脑桌椅和交换机、路由器等文化共享配套设备，建成了电子阅览室。2010年，我们申请县拨经费2.7万元，安装了共享中心机房供电系统，修建了卫星天线、避雷针水泥基座，安装了卫星天线防护栏；购置了图书盘点查重器、扫描仪、文化共享中心配套电脑桌椅等等，基本建成了文化共享中心。

四、开展共享服务

我坚持“边建设，边利用”的指导思想，发挥文化共享设施的作用，积极开展文化共享服务。1、利用服务器构建了我馆局域网，实现了我馆管理系统全天候共享，进一步完善了我馆自动化管理。2、利用投影设备，举办了3期中小学图书室管理员培训。3、暑假期间为青少年读者开设了周末影院，先后播放了《地雷战》、《鸡毛信》、《宇宙与人》等多部爱国影片或科教影片。4、2006年，配合省文化共享中心的安排，我中心组织开展了网上戏曲音乐互动活动。5、2010年至2011年，我馆把收集整理家谱作为地方文献建设、数字资源建设的重要工作，收集家谱200余本，录入数据库169本，制成PDF电子书169本，建成了枣强县家谱数据库，并已经开始为研究我县人口迁徙史、家族史等人员以及县内外寻根问祖的人士提供阅览服务。6、2012年我馆进行了维修改造，改善了支中心的基础环境；100兆宽带接入，自此我馆网络自主，为文化共享工程的建设奠定了基础。

五、宣传推广

枣强支中心利用各种渠道宣传推广共享工程。在枣强每年的科技文化下乡活动中，枣强支中心不失时机，以活动为平台，以资料为媒介宣传共享工程，让民众不断了解共享工程，走进共享工程。

六、工作展望

回顾枣强文化资源共享工程已走过的几个年头，从单一的资源接收到今天的编辑分发和群众广泛认知，广泛参与，文化资源共享工程在枣强已经成为人民文化生活的一大支柱，成为繁荣文化，丰富人民精神生活，推动人文科技进步的强大动力源泉。今后县支中心希望在省、市分中心大力支持下为枣强共享工程建设一支专业化的服务队伍，建立一个服务体制和服务形式更加多样，服务网点更加宽广，参与群众更加广泛的共享工程文化带动体系，为建设科技、文化强县做出贡献。

（撰文/枣强县支中心）

武邑县支中心

武邑县辖6镇3乡，545个行政村。全县总面积830.1平方公里，总人口33万。武邑县共享工程在衡水市文广新局，市图书馆支持和部署下，逐步推进，稳步发展，在新形势下为繁荣农村基层文化，满足农民多层次文化需求，传递中国民族优秀文化资源发挥了重要作用。

一、基本情况

武邑县共享工程建设开始于2010年，共享工程武邑支中心设在武邑县图书馆，是武邑县共享工程的建设和业务指导单位，负责保障共享工程设备的运行，协调镇村级共享工程设备的维修，指导镇村级共享工程活动的开展以及开展全区共享工程管理员的业务培训和指导。

为使共享工程真正为民所用为民谋利，武邑县支中心将共享工程日常管理纳入制度化管理。制定支中心、镇、村基层服务点工作职责和制度，实行制度上墙公开。并收集整理共享工程服务活动的得失，探索共享工程管理和服务新模式。

二、宣传推广，管理和队伍建设

文化资源共享工程作为一个新的农村文化资源获取平台，如何推广好、利用好共享工程丰富的文化资源关键在于是否有一支专业化的共享工程管理员队伍。武邑县共享工程支中心在管理员队伍建设上坚持明确职责，明确思路，制度化管理，常态化培育。对于乡镇、村两级基层共享工程管理上择优选取文化层次较高，有一定社会基层管理服务实践经验的大学生村官为管理员，他们工作热情高，有较高的文化水平能尽快熟悉掌握共享工程设备为所在村民服务。

加大宣传推广力度，武邑县支中心利用各种渠道宣传推广共享工程。在武邑每年的活动中，如文化共享知识竞赛，服务宣传周等活动中，武邑县支中心不失时机，以活动为平台，以资料为媒介宣传共享工程，让民众不断了解共享工程，走进共享工程。

走进校园，武邑县支中心文化服务中不断探索，利用支中心儿童阅览专区，组织动员青少年儿童关注共享工程，利用共享工程，收集青少年知识兴趣点整理挖掘。并且武邑县支中心在服务中抓住文化的热点和亮点，积极组织群众喜闻乐见的文化服务，使共享工程走进群众生活。

三、经费投入

武邑县共享工程自2010年实施以来，武邑县图书馆每年投入3余万元的运行经费，用于共享工程设备的维护，人员培训和惠民活动的开展。同时，武邑县人民政府，武邑县居民委员会每年也投入大量人力物力支援共享工程各项活动的正常开展。

四、资源建设

为更好地开展工作，特收集武邑县特色地方文献，收集武邑县非物质文化遗产资料，为武邑县文献数据库建设提供必要信息资源。我们安排两位业务骨干进行地方文献征集，与政府协调下发了《关于在武邑县开展地方文献，非物质文化遗产资料征集活动》的通知，现已经征集地方文献和非物质文化遗产资料2000余篇。建立武邑县图书馆网站，为文化资源共享工程建设奠定基础。购置数据资源，自建了3种特色数据资源，开通了网络资源检索。开展图书馆员的现代化技术培训工作，为武邑县文化资源共享工程建设提供技术支持。

四、合作共建

加大工作力度，增强推进文化共享工程建设的责任感和紧迫感，争取得到县领导重视和县政府的政策支持。提出合理化建议，用好年度项目资金，确保按时、高质量完成建设任务，实现覆盖100%的规划目标。进一步做好资源建设工作，提高资源建设的针对性和质量，《武邑版画》、《武邑作家文库》等数据资源库。进一步完成共享机制，加强与农村党员干部现代远程教育与农村中小学远程教育工程的合作。加强人员培训，提高队伍的业务能力。加强组织策划，改善基层服务，进一步提高文化共享工程的管理水平。

五、工作展望

文化共享工程是一项重要的公共文化基础工程。抓好文化共享工程的实施，推动工程建设是时代赋予我们的光荣使命，让我们迎难而上、用智慧和辛勤汗水成就事业，为建设文化强县做出应有的贡献。虽然我们在文化信息资源共享工程工作上取得了一定的成绩，但在实际工作中还存在着不足，如在"学、用"结合方面还需进一步探索和创新，操作人员、管理人员的业务水平还有待于提高等。在今后的工作中我们将不断加强对文化信息资源共享工程的建设，充分发挥该工程的资源和网络优势，积极探索长效机制，不断提高工作水平。努力使我们的文化信息资源共享工程工作再上新台阶。

（撰文/武邑县支中心）

武强县支中心

武强县总面积445平方公里，辖3镇3乡238个行政村，总人口21.3万。武强县文化共享工程在武强县文广新局，武强图书馆支持和部署下，逐步推进，稳步发展，在新形势下为繁荣农村基层文化，满足农民多层次文化需求，传递中国民族优秀文化资源发挥了重要作用。

一、基本情况

武强县文化资源共享工程建设开始于2009年，最初在豆村乡吴寺、北代乡杜林村、孙庄乡皇甫村等五个村试点安装，此后陆续在全县六个乡镇开始安装，前期安装设备均通过卫星设备直接接收国家中心下发的各类资源和信息，并陆续普及，进入乡镇行政村，逐步实现全县共享工程村村全覆盖。

共享工程武强支中心设在武强县青少年活动中心，武强文广新局是共享工程的建设和业务指导单位，负责保障区中心共享工程设备的运行，协调镇村级共享工程设备的维修，指导镇村级共享工程活动的开展以及开展全区共享工程管理员的业务培训和指导。

二、管理和队伍建设

为使共享项工程真正为民所用为民谋利，武强支中心将共享工程日常管理纳入制度化管理。制定支中心、镇、村基层服务点工作职责和制度，实行制度上墙公开。每年有年度工作计划，月度有工作要点，季度有工作督导，年未有工作总结考核，并推行管理员工作同志管理，收集整理共享工程服务活动的得失，探索共享工程管理和服务新模式。

共享工程作为一个新的农村文化资源获取平台，如何推广好、利用好共享工程丰富的文化资源关键在于是否有一支专业化的管理员队伍。武强县支中心在管理员队伍建设上坚持明确职责，明确思路，制度化管理，常态化培育。选择有一定社会基层管理服务实践经验，工作热情高，有较高的文化水平的人员为管理员。

三、培训工作

武强县支中心在共享工程管理员的培养上实现了制度化和常态化。根据支中心工作要求，每年对辖区共享工程管理员进行2期的集中培训，参加轮训的各级管理员达380人次。

四、经费投入

武强县共享工程自2009年实施以来，县财政每年投入2余万的运维经费，用于共享工程设备的维护，人员培训和惠民活动的开展。

五、利民惠众，惠农服务

武强县支中心在共享工程服务实践过程中，以民众的需求为导向，积极探索，服务民众生活生产，引领群众高尚精神文化生活，打造群在满意喜爱的文化服务新平台。

六、宣传推广

1、武强县支中心利用各种渠道宣传推广共享工程。以电视台为媒体以滚动字幕、专题的形式进行细致介绍，以活动为平台，以资料为媒介宣传共享工程，让民众不断了解共享工程，走进共享工程。

2.走进乡村。以支中心为媒介，集群众所想、所思及所求，开展群众喜闻乐见的节目，最大程度的满足他们的要求。

七、工作展望

武强县文化资源共享工程已走过3个年头，从建立到群众广泛认知，广泛参与，文化资源共享工程在武强已经成为武强人民文化生活的一大支柱，成为繁荣武强文化，丰富武强人民精神生活，推动武强人文科技进步的强大动力源泉。今后武强支中心希望在各级中心大力支持下为武强共享工程建设一支专业化的服务队伍，为建设科技武强，文化武强做出贡献。

（撰文/武强县支中心）

饶阳县支中心

饶阳县总面积573平方千米，耕地58万亩。总人口30万人。辖4个镇、3个乡和1个开发区，共有197个行政村。饶阳县文化资源共享工程在衡水市文广新局，衡市图书馆支持和部署下，逐步推进，稳步发展，在新形势下为繁荣农村基层文化，满足农民多层次文化需求，传递中国民族优秀文化资源发挥了重要作用。

一、基本情况

我县文化信息资源共享县级支中心成立于2010年8月，工作人员4名，现有服务器1套、投影仪1台、卫星接受天线1套、终端计算机25台、网站计算机5台等文化信息共享资源。2011年饶阳文化资源共享工程开始普及进入乡镇行政村。2011年1月建成饶阳镇、大尹村镇、同岳乡三个文化资源共享乡级服务中心；2012年12月建成了其它乡镇文化资源共享乡级服务中心。2011年2月建成五公、留楚等177个文化信息资源共享村级服务点；2011年6月建成寨子、南张保村15个村级服务点。至此饶阳县基本实现文化资源共享工程全覆盖。

饶阳县支中心设在饶阳县图书馆，现于图书馆三楼电子阅览室内，面积110平方米，机房40平方米。是饶阳县文化信息资源共享工程的建设和业务指导单位，负责保障县级支中心共享工程设备的运行，协调全县四镇三乡和村级文化信息资源共享工程设备的维修，指导四镇三乡和村级共享工程活动的开展以及开展全县共享工程管理员的业务培训和指导。

二、队伍建设

文化共享工程是一项以各级公共图书馆为实施主体的、繁荣社会主义先进文化的创新工程，图书馆面临前所未有的发展机遇，馆员也面临计算机、互联网等现代科技的新挑战。这两年，我们特别注重加强学习，提高馆员素质。在文化共享工程管理人员队伍建设上坚持明确职责、明确思路，制度化管理，常态化培育。组织我县文化资源共享所有管理人员学习了有关文化信息资源共享工程的文件，学习了计算机、互联网基础知识和实用技术，积极参加有关培训，虚心学习其它兄弟县市文化信息资源共享中心的先进经验，更好地适应了文化共享工程建设的新要求。

三、培训工作

饶阳县支中心在共享工程管理员的培养上实现了制度化和常态化。每年在图书馆四楼会议室对四镇三乡文化资源共享管理人员进行4期集中培训，分别到各乡镇综合文化站培训室对辖区行政村文化资源共享人员进行14期集中培训。2011年以来一共举办了各类培训班36期，参加轮训的各乡管理人员达780人次。

四、合作共建

以共享工程为依托结合全覆盖的农家书屋电子接收设备。将文化信息资源共享村级服务点，建成了集共享工程宣教授课和电子资源阅读播放及各类农村科技培训为一体的多功能活动室。通过多方不懈努力，共享工程已逐步走进全县192个行政村村民生活，成为村民获取新知，娱乐身心的新渠道新平台。

五、惠民服务

饶阳支中心在共享工程服务实践过程中，以民众的需求为导向，积极探索，服务民众生活生产，引领群众高尚精神文化生活，坚持“边建设，边利用”的指导思想，发挥文化共享设施的作用，积极开展文化共享免费开放服务，打造群众满意的文化服务新平台。根据饶阳县绿色棚室和文化产业生产特点，有针对性的选取资源上有关种植生产方面的信息实行跟踪服务。

六、宣传推广

饶阳县支中心利用各种渠道宣传推广共享工程。在饶阳县每年的文化三下和倾听民生等活动中，不失时机，以活动为平台，以资料为媒介宣传共享工程，让民众不断了解共享工程，走进共享工程。另外饶阳支中心在文化服务中不断探索，将省文化信息中心配发的光盘选送教育网站一套。经文广新局领导协调上传到饶阳县教育网，使全县各学校微机室都能随时播放。深受广大青年的喜爱，通过一系列的活动使共享工程不仅走进农村也走进校园走进青少年。

七、工作展望

回顾饶阳文化共享工程已走过的两个年头，从单一的资源接收到今天的编辑分发和群众广泛认知，广泛参与，共享工程在饶阳已经成为人民文化生活的一大支柱，成为繁荣文化，丰富饶阳人民精神生活，推动饶阳人文科技进步的强大动力源泉。今后，饶阳支中心希望在省市中心的支持下，为饶阳共享工程建设一支专业化的服务队伍，建立一个服务体制和服务形式更加多样，服务网点更加宽广，参与群众更加广泛的共享工程文化带动体系，为建设社会主义文化强县做出积极贡献。

（撰文/饶阳县支中心）

安平县支中心

安平县文化信息共享工程充分利用现代高新技术手段，将中华民族几千年来积淀的各种类型的文化信息资源精华以及贴近大众生活的现代社会文化信息资源，进行数字化加工处理与整合；建成互联网上的中华文化信息中心和网络中心，并通过覆盖全国所有省、自治区、直辖市和大部分地（市）、县（市）以及部分乡镇、街道（社区）的文化信息资源网络传输系统，实现优秀文化信息在全国范围内的共建共享。

一、基本情况

文化信息资源共享工程的实施，为搞好农村文化建设提供了一个很好的信息服务平台，有利于农村文化建设的迅速发展和提高，有利于基层文化单位提升服务能力，有利于农村文化的传承和创新，共享工程正在成为广大农民群众获取知识、提高素质的有效途径。为了充分发挥文化信息资源共享工程的效能，我们已将文化信息资源共享工程设备（投影仪、投影幕布、音响等附件设备）发放至村进行了试点安装，并常通过电话联系、下乡检查，了解设备安装、使用、管理的最新情况，标牌和制度上墙情况，对没有及时安装、上墙的予以督促，限期

安装、上墙。有开通条件的一定要求开通，有开放条件的一定要开放，使党员受益，使百姓受益。

二、管理和队伍建设

为使共享项工程真正为民所用为民谋利，安平县将共享工程日常管理纳入制度化管理，制定乡、镇、村基层服务点工作职责和制度，实行制度上墙公开。每年有年度工作计划，月度有工作要点，季度有工作督导，年未有工作总结考核，并推行管理员工作同志管理，收集整理共享工程服务活动的得失，探索共享工程管理和服务新模式。

文化资源共享工程作为一个新的农村文化资源获取平台，如何推广好、利用好共享工程丰富的文化资源关键在于是否有一支专业化的共享工程管理员队伍。安平县共享工程在管理员队伍建设上坚持明确职责，明确思路，制度化管理，常态化培育。对于乡镇、村两级基层共享工程管理上选取文化层次较高，有一定社会基层管理服务实践经验的为管理员，他们工作热情高，有较高的文化水平能尽快熟悉掌握共享工程设备为所在村民服务。

三、培训工作

共享工程培训工作是以党的“十七大”精神为指导，全面贯彻落实科学发展观，解放思想，实事求是，针对文化共享工程建设与发展的实际要求，规范培训内容，统一培训标准，创新培训方式，按照分级管理、分类培训原则，我们通过集中授课、卫星广播、网络互动、光盘教学等方式，大力培训文化共享工程工作人员，逐步建立一支适应工程建设需要的人才队伍。

四、经费投入

安平县图书馆2012年投入13万运维经费，用于图书馆设备的维护和社民活动的开展。同时，安平县政府图书馆每年也投入大量人力物力支援共享工程各项活动的正常开展。

五、资源建设

资源建设应体现社会主义核心价值，弘扬思想道德风尚，贴近群众精神文化需求，注意体现地方特色，打造文化精品，重点建设好地方特色文化专题资源、红色历史多媒体文化资源、少数民族文化产品译制资源和“进村入户”资源。

六、合作共建

为了充分发挥文化信息资源共享工程的效能，我们在前期已发放文化信息资源共享工程设备的情况下，每周都通过电话，了解设备安装、使用、管理的最新情况，标牌和制度上墙情况，对没有及时安装、上墙的予以督促，限期安装、上墙。有开通条件的一定要求开通，有开放条件的一定要开放，使党员受益，使百姓受益。通过多方不懈努力，共享工程已逐步走入基层村民生活，成为村民获取新知，娱乐身心的新渠道新平台。

七、利民惠众，惠农服务

共享工程将广泛应用计算机、网络、通讯和多媒体等高新科技成果，用这些先进技术来传播先进文化。因此，共享工程的实施正是结合新的实践和时代的要求，根据人民群众精神文化生活的需要而进行的文化创新工程；是努力繁荣先进文化，把亿万人民紧紧吸引在有中国特色社会主义文化的伟大旗帜下的宏大工程。在共享工程服务实践过程中，以民众的需求为导向，积极探索，服务民众生活生产，引领群众高尚精神文化生活，打造群在满意喜爱的文化服务新平台。

八、宣传推广

利用各种渠道宣传推广共享工程，在各乡镇以活动为平台，以资料为媒介宣传共享工程，让民众不断了解共享工程，走进共享工程。抓住文化的热点和亮点，积极组织群众喜闻乐见的文化服务，使共享工程走进群众生活。要不断完善服务，加大宣传、加强管理，充分发挥共享工程的最大效能，让基层群众能够享受到贴近身边的文化服务，共享文化权益和文化发展成果，使共享工程成为广大农民群众真正的文化惠民工程。

九、工作展望

通过文化信息资源共享系统，可以取得较大的效益，更好地满足本地区读者的借阅要求，使本地区的教育、科研迈上一个新台阶，推动本地区经济发展和文化水平的提高。

（撰文/安平县支中心）

故城县支中心

故城县辖9镇4乡538个行政村，总人口52万人。故城县文化资源共享工程在衡水市文广新局，衡市图书馆支持和部署下，逐步推进，稳步发展，在新形势下为繁荣农村基层文化，满足农民多层次文化需求，传递中国民族优秀文化资源发挥了重要作用。

一、基本概况

我县支中心成立于2010年8月，工作人员2名，现有服务器1套、投影仪1台、卫星接受天线1套、终端计算机25台、网站计算机5台等文化信息共享资源。2010年故城文化资源共享工程开始普及进入乡镇行政村。至2012故城县基本实现文化资源共享工程全覆盖。

故城县文化信息资源共享县级支中心设在故城县文化馆，面积70平方米，机房20平方米。

二、队伍建设

这两年，我们特别注重加强学习，提高馆员素质。在文化共享工程管理人员队伍建设上坚持明确职责、明确思路，制度化管理，常态化培育。组织我县文化资源共享所有管理人员学习了有关文化共享工程的文件，学习了计算机、互联网基础知识和实用技术，积极参加有关培训，虚心学习其它兄弟县市文化信息资源共享中心的先进经验，更好地适应了文化共享工程建设的新要求。

三、培训工作

故城县支中心在共享工程管理员的培养上实现了制度化和常态化。

四、合作共建

以共享工程为依托结合全覆盖的农家书屋电子接收设备，将文化信息资源共享村级服务点，建成了集共享工程宣教授课和电子资源阅读播放及各类农村科技培训为一体的多功能活动室。通过多方不懈努力，共享工程已逐步走进全县538个行政村村民生活，成为村民获取新知，娱乐身心的新渠道新平台。

五、惠民服务

故城支中心在共享工程服务实践过程中，以民众的需求为导向，积极探索，服务民众生活生产，引领群众高尚精神文化生活，坚持“边建设，边利用”的指导思想，发挥文化共享设施的作用，积极开展文化共享免费开放服务，打造群众满意的文化服务新平台。

六、宣传推广

故城县支中心利用各种渠道宣传推广共享工程。在故城县每年的文化三下和倾听民生等活动中，不失时机，以活动为平台，以资料为媒介宣传共享工程，让民众不断了解共享工程，走进共享工程。

七、工作展望

回顾故城文化资源共享工程已走过的两个年头，从单一的资源接收到今天的编辑分发和群众广泛认知，广泛参与，文化资源共享工程在故城已经成为人民文化生活的一大支柱，成为繁荣文化，丰富故城人民精神生活，推动故城人文科技进步的强大动力源泉。今后，故城支中心希望在省市文化信息资源共享中心的支持下，为故城共享工程建设一支专业化的服务队伍，建立一个服务体制和服务形式更加多样，服务网点更加宽广，参与群众更加广泛的共享工程文化带动体系，为建设社会主义文化强县做出积极贡献。

（撰文/故城县支中心）

景县支中心

一、建设情况

2010年3月15号省文化厅为景县图书馆送来价值368051万元的资源共享资产，为确保资产安全，当天就请来安装防盗门窗的专业人员量尺寸，3月18号防盗门窗全部安装完毕。

为确保安装工程的顺利进行，县图书馆在县文体局的正确领导下，积极向县委、县政府申请安装经费，向县委、县政府领导介绍此项工程的重要性、必要性和起到的重要作用。经过多次协商，争取到了35000元的安装经费。接下来，开始了紧锣密鼓的安装前的准备工作，定购电脑桌椅、装空调、上光纤、机房室内装修、安装地极等等。4月20号完成了电子阅览室的安装；6月22号完成了卫星接收工程的安装，8月28号完成了机房的安装，至此，文化信息资源共享景县支中心的安装工作已全部完成。

二、管理情况

1、电子阅览室由2名工作人员专职管理，其中1名本科学历，1名助理馆员。按照《共享工程电子阅览室管理员岗位职责》，工作人员认真学习各种设备的使用、维护，迅速掌握相关技能，保证共享工程网络的正常运转。

对不在电子阅览室工作的其他馆员，要求在年底以前逐步达到能够熟熟使用设备。

2、积极宣传发动，通过电视和其他宣传活动，尽快地让更多的人认识了解文化资源共享工程，来利用电子阅览室，真正实现文化资源共享工程的共建共享。

3、联合周边的中小学、企业、部队、农村用“走出去，请进来”办法扩大共享工程的影响力，充分发挥共享工程的作用。

4、认真接受国家中心、省中心发送的各种信息，做好筛选、存储和分发工作。

5、“五四”青年节期间，为培养学生的爱国注意情怀，丰富学生的课余生活，发掘学生潜力，开展了以“红色记忆，振奋中国”为专题的光盘发放活动。通过发放光盘，让全县广大青少年见证革命历程、弘扬“五四”精神。

6、“六一”儿童节期间，开展了以“童心向党、快乐成长”为主题的系列活动，将“童心向党、快乐成长”专题光盘发放至全县各学校。为全县少年儿童提供学习资源，丰富他们的课余生活，共享社会文化发展成果。

7、根据全县广大农民对现代科技信息需要的迅速增加，搜集整理了家畜家禽的科学饲养、苗木、花卉栽培和科技兴农知识等信息，并刻录成光盘发放到村民手中。

三、工作展望

随着人民群众对精神文化需求的更加迫切，图书馆事业发展的整体水平亟待提高；县级图书馆应运用创新思维改变单一的服务模式，服务内容与服务形式要处在一个动态发展的过程，因读者需求变化而变化，因服务的效果适时调整，因新农村建设与生产技术的需要而变化，使“共享工程”的服务体系赋予活力。因此，不断建设与完善县级“共享工程”服务就显得十分重要，服务模式的定位所表现出来的特点和优势会直接影响“共享工程”文化信息服务系统的建设和发展。满腔热情地把“共享工程”当作图书馆为建设新农村服务的一个长效机制常抓不懈、抓紧、抓好、抓实、抓出成效。

（撰文/景县支中心）

阜城县支中心

阜城县总面积697平方公里，辖5镇5乡，610个行政村，人口33万。阜城县文化资源共享工程在衡水市文广新局和省文化厅的支持和部署下，逐步推进，稳步发展，在新形势下为繁荣农村基层文化，满足农民多层次文化需求，传递中国民族优秀文化资源等重要作用。

一、基本情况

阜城县文化资源共享工程建设开始于2008年，第一批90个行政村与当年安装调试完毕。第二批406个行政村于2012年安装完毕。阜城县支中心设在阜城县图书馆，是阜城县共享工程的建设指导单位，负责保障支中心共享工程设备的运行，协调镇村级共享工程设备的维修，指导镇村级共享工程活动的开展以及开展全县共享工程管理员的业务培训和指导。

二、管理和队伍建设

为使共享工程真正为民所用为民谋利，阜城县支中心将共享工程日常管理纳入制度化管理。制定支中心、乡（镇）、村基层服务点工作职责和制度，实行制度上墙公开。每年有年度工作计划，月度有工作要点，季度有工作督导，年末有工作总结考核，并推行管理员工作同志管理，收集整理共享工程服务活动的得失，探索共享工程管理和服务新模式。

文化资源共享工程作为一个新的农村文化资源获取平台，如何推广好、利用好共享工程丰富的文化资源关键在于是否有一支专业化的共享工程管理员队伍。阜城县共享工程支中心在管理员队伍建设上坚持明确职责，明确思路，制度化管理，常态化培育。对于乡镇、村两级基层共享工程管理上择优选取文化层次较高，有一定社会基层管理服务实践经验的大学生村官为管理员，他们工作热情高，有较高的文化水平能尽快熟悉掌握共享工程设备为所在村民服务。目前阜城县共享工程管理员50%为各级大学生村官，10%是由较高学历的村委委员兼任，实现了管理员选取的高起点。

三、培训工作

阜城县支中心在共享工程管理员的培养上实现了制度化和常态化。根据支中心工作要求，对辖区共享工程管理员进行定期的集中培训。

四、经费投入

阜城县共享工程自2010年开通以来，县图书馆每年投入20余万的运维经费，用于共享工程设备的维护，人员培训和惠民活动的开展。

五、合作共建

以共享工程为依托结合全覆盖的农村数字电影厅建立电子文献资源服务中心。将各种部门下发的电子文献资源与建立的共享工程服务点结合，根据不同乡镇、村的硬件条件建立形式多样的电子阅览室和多媒体中心。例如，在全县61各村建立电子阅览室。通过多方不懈努力，共享工程已逐步走入基层村民生活，成为村民获取新知，娱乐身心的新渠道新平台。

六、利民惠众，惠农服务

该支中心在共享工程服务实践过程中，以民众的需求为导向，积极探索，服务民众生活生产，引领群众高尚精神文化生活，打造群在满意喜爱的文化服务新平台。

七、宣传推广

1、阜城支中心利用各种渠道宣传推广共享工程。在每年的科技文化四下乡活动，科普之春，科普之夏，科技周等活动中，阜城支中心不失时机，以活动为平台，以资料为媒介宣传共享工程，让民众不断了解共享工程，走进共享工程。

2、走进校园。阜城支中心文化服务中不断探索，利用支中心儿章阅览专区，组织动员青少年儿童关注共享工程，利用共享工程，收集青少年知识兴趣点整理挖掘，针对集中地知识群和关注点阜城支中心联合友邻部分聘请专家前来为青少年答疑解惑，使共享工程不仅走进农村也走进校园走进青少年。

3、专题活动，精彩纷呈。阜城支中心在服务中抓住文化的热点和亮点，积极组织群众喜闻乐见的文化服务，使共享工程走进群众生活。例如在迎接建党90周年之际，阜城支中心联合其他单位在文化宣传中心举办了“品味书香，聆听经典”活动，邀请名演播人士来我县与基层群众一道品读中华经典，共享文化盛宴。

八、工作展望

阜城县文化资源共享工程已走过5个年头，从昨天的几个点到今天的500多个行政村覆盖，从单一的资源接收到今天的编辑分发和群众广泛认知，广泛参与，文化资源共享工程在阜城已经成为阜城人民文化生活的一大支柱，成为繁荣阜城文化，丰富阜城人民精神生活，推动阜城人文科技进步的强大动力源泉。

（撰文/阜城县支中心）

邢台市支中心

邢台市现辖2个县级市，4个区，15个县，总人口700多万。邢台市文化共享中心，是全市公共文化服务体系的重要组成部分。中心自建成以来，以全国源共享中心和河北省文化信息资源共享中心及市图书馆数字资源服务平台为依托，充分利用现代高新技术手段，将各类文献信息资源以及贴近大众生活的现代社会文化信息资源，进行数字化加工处理与整合，通过邢台市公共电子阅览室、邢台市图书馆wifi、邢台市图书馆网站以及政务外网、移动设备等进行传输，使优秀文化信息资源走进社区、走进军营、走进企业、走进校园、走进农村，最大限度满足全市人民对优秀文化信息资源的需求。

一、基本情况

邢台市文化信息资源共享支中心2005年2月建成并对社会公众免费开放，是市图书馆的重要组成部分。2012年6月29日，在市委、市政府的支持下，投资近1亿元，建筑面积2.5万多平方米的市图书馆新馆建成正式对公众免费开放，市文化信息资源共享工程也随之搬迁至新馆四楼，使用面积830平方米，由70平方米的支中心机房和760平方米电子阅览室两部分组成，工作人员2人，是邢台市图书馆集馆藏书目查询、电子文献阅览下载、视频欣赏、上网休闲、计算机网络培训于一体数字资源服务中心和计算机网络培训中心。

二、经费投入、资源建设

邢台市文化共享工程在市财政局的支持下不断加强硬件建设。2004–2005年邢台市财政局拨付邢台市图书馆文化共享支中心建设资金25万元，省文化厅和省共享中心补助专项资金3万元，采购了包括1台服务器、1个交换机、1TB磁盘阵列、1套卫星接收系统、1个机柜、30台PC机、1套投影设备等硬件设备，初步建成了邢台文化信息资源共享支中心，并于2005年2月3日举行了开通仪式，向读者免费开放。此后，市财政每年投资10万元专项经费，保证市文化共享中心正常运行和设备维护、更新、扩容以及资源建设。2012年市图书馆在市财政的大力支持下，投资60万元在新馆建成文化信息资源共享中心，现拥有服务器3台，硬件防火墙1台，10Kups1台，磁盘阵列容量12TB，网络带宽100兆以及公共电子阅览室电脑50台，无线AP25个等设备。

在数字资源建设方面，除接收国家和省资源共享中心的信息资源外，为满足读者多元化的文献需求，市图书馆文化共享支中心不断加强数字资源建设。一是建立电子图书数据库，从2005年3月至2012年，先后购买了方正Apabi和超星电子图书187091万册。二是建立地方文献数据库，将馆藏地方文献中的532种图书进行了数字化。三是建立全文期刊和会议论文及报纸数据库，包括CNKI中国期刊全文数据库246.9万多篇；中国重要会议论文数据库46591篇；中国重要报纸全文数据库474084篇；拥有1000多种大众期刊的博看期刊数据库；万方数据知识服务平台等。四是建立视频资源库，市中心现拥有视频资源3264件。经过几年的积累，市图书馆文化共享中心数字资源本地存储9T。

三、惠民服务及宣传推广

邢台市文化共享支中心自2005年2月3日对读者开放以来，坚持每日开放8小时，累计服务读者10万多人次，开展用户培训400余人次，组织各类文化活动2万多人次。特别是在每年的“图书馆服务宣传周”、“燕赵少年读书系列活动”以及元旦春节等节庆日读书活动中，文化共享中心利用自己的设备优势和资源，积极开展各项文化服务和宣传活动。一是开展文化共享工程宣传推广活动。通过开辟“文化资源共享工程宣传专栏”等方式，宣传我市文化信息资源共享工程实施方案、建设情况、资源内容等，使广大读者认识、了解并学会利用共享工程的信息资源。二是开展“文化共享中心数字资源检索与使用”、“计算机基础知识”等培训。主要针对中小学生和失业人群进行培训，展示文化资源共享中心丰富的文化资源，培训辅导他们掌握计算机及网络基础知识，有效利用文化共享中心获取信息、丰富知识。三是开展电子文献荐读活动。编印了馆藏法律电子图书等专题书目，积极向读者荐读，宣传、介绍馆藏电子书刊，吸引了大量读者特别是青少年读者对文化共享工程的关注和利用。四是开展视频展播活动。配合市图书馆开展各类读书活动，播放各种优秀影片、动画片、科普宣传片、学术视频等，宣传爱国主义精神，普及科普知识，丰富人民群众的精神文化生活。五是开展丰富多彩的群众文化活动。近年来先后组织开展了“文化共享奥运行”、“颂歌献给党”、“童心向党，快乐成长——庆祝六一儿童节”、“欢乐共享过大年”、“文化年货带回家”等群众乐于参与的文化活动。六是组织知识竞赛。特别是今年成功组织全市支中心和基层服务点参与了全国“公共电子阅览室建设计划”百题知识竞赛答题活动并荣获组织奖。

收看多媒体资源

四、网点建设及业务培训

在文化部、省文化厅、省财政厅、省文明办、省文化资源共享中心和市财政局、市文明办、市文化局等的关怀和大力支持下，我市文化共享工程网点建设初见成效，共建设市级支中心1个，县级支中心19个，乡镇基层服务点124个，村级基层服务点4626个。各级文化共享中心及基层服务点在丰富和活跃群众文化生活，传播社会主义先进文化，促进经济社会协调发展等方面发挥了积极的作用，受到了基层群众的广泛欢迎。

为了指导各县级支中心及基层服务点工作人员正确操作文化共享工程设备，顺利开展各类群众文化活动，充分发挥文化共享工程服务于民的作用，市支中心技术人员协助省中心技术人员对各基层服务点设备进行了安装、调试，并组织基层技术人员参加国家中心网络培训的同时，开展集中培训。2006年9月28日，举办“河北省文化信息资源共享工程网上音乐互动系统培训班”，20多人参加了培训。2009年3月11日至13日，在邢台职业技术学院举办了“邢台市文化信息资源共享工程市县级技术人员培训班”，80余人参加了培训。2012年12月举办了“全市文化共享工程技术培训班”，45人参加了培训。

五、工作展望

邢台市支中心在市财政的大力支持下，将不断加强软硬件平台和优秀文化资源建设，积极整合市图书馆及其他文化系统拥有的文化信息资源，争取在地方文献数字化和地方文化资源的整合、服务上取得更大突破，完成邢台地方文献全文数据库、邢台讲坛视频数据库等特色资源建设；加强市支中心镜像站建设，做到与省中心及各县级支中心互联互通，接收国家中心及省中心投放数据资源，为各县级支中心提供资源下载服务，最终将邢台市文化共享中心建成全市文化数字资源中心。

进一步加强管理和服务。进一步明确市、县（市、区）、村基层服务点和工作人员的职责，不断完善设备管理、资源利用等各项制度，完善信息专报制度。每一基层服务点都有专人负责，层层落实，确保国家中心和省中心的指示及时传达到基层，同时基层服务点的动态也能迅速反馈到上级。指导各县级支中心和基层服务点开展惠民服务，把文化信息资源送到千家万户，消除数字鸿沟，使广大农民平等享有公共文化设施，促进社会和谐发展，将市支中心建成邢台市文化共享管理和服务中心。

加强培训和辅导，采取网络培训、集中培训、个别辅导相结合的方式，为各县级支中心和基层服务点培训技术人才，加强对县级支中心的技术支持力度，保证各县级支中心及基层服务点各项工作规范有序开展，将市中心逐步打造成全市文化共享工程的技术支持中心。

（撰文/邢台市支中心）

邢台市桥东区支中心

全国文化信息资源共享工程是一项重要文化惠民项目，桥东区高度重视这一惠民工程，大力推进桥东区文化资源共享工程的建设。相将相关情况汇总如下：

一、领导重视

桥东区建立健全了机构，成立了共享工程领导小组，根据国家和省市关于共享工程支中心和基层服务点建设的要求，在大力建设桥东区支中心的同时，我区以农村乡镇和城市街道文化站、社区文化室、农村党员干部现代远程教育终端接收站等为依托，按照相关标准的要求，加大投入，进行设施设备的提升扩展，使全区部分有条件的村居建立了具备投影仪等设备的基层服务点。

截止目前，桥东区现有文化信息资源共享工程支中心1个，基层服务点29个，全区各级投入共享工程建设经费累计达60余万元。

二、业务开展

共享信息是共享工程支中心和服务点的测评重点，也是共享工程建设的出发点和落脚点。在建设基层服务网络的同时，我们把文化共享工程的服务与管理作为重点，建立和完善支中心和服务网点环境设施要求、资源服务细则、管理运行办法等管理与服务规范。认真抓好基层服务工作，区支中心和村居基层服务点将投影机、幕布等设备免费向广大人民群众开放，并公布开放时间和资源内容，组织广大群众使用文化信息资源，为广大群众提供实用性、知识性、娱乐性的文化信息服务，掌握有关政策法规，学习先进实用技术，提高发展农村经济、参与市场竞争的能力，为广大未成年人提供课外精神食粮，将"工程"的优秀资源送入千家万户，使各基层点成为具有信息服务、教育培训等多种功能的文化中心。

区支中心通过卫星接收电影、戏剧、讲座等文化资源，并向基层服务点提供拷贝等服务，多次组织基层点利用节日和读书月等开展如"优秀电影展播"、"戏曲展映周"、"强身健体广场舞"、"中国传统文化大讲堂"等宣传利用文化资源的活动。

三、加强培训

为规范管理，提高基层服务点管理人员业务素质，桥东区加强对支中心和基层服务网点的业务指导和监督管理。除集中培训外，区文新体局领导还分别带队，多次到基层点指导建设与管理，解决基层点业务和技术问题。现在每个基层点挂牌显眼、制度上墙、开放时间公示、视频播放提前预告、活动开展经常，管理人员熟悉国家和省中心资源，并能指导读者利用网络资源。

四、工作展望

1、进一步争取各级领导重视。共享工程是公共文化服务体系的基础工程，是政府提供公共文化服务的重要手段，是文化创新、科技创新的一个重要的生长点。它对提高文献信息的利用率和价值、推动经济社会进步有重要作用。今后，我们要加大宣传力度，争取各级领导的进一步重视，建立共享工程发展长效机制，健全工作协调机制，保证共享工程所需的场地、人力、财力、物力、技术，全面推进社区、村基层点建设。

2、加强共享工程的管理与服务。始终把为读者服务放在第一位，通过共享工程设备，为广大读者提供信息咨询服务，开展讲座、报告会、读书竞赛等形式多样的公共文化活动，满足广大读者日益增长的多样化、个性化服务需求，全面彰显共享工程在履行公共文化服务职能、推动全民阅读热潮、传播科学文化知识等方面所起的重要作用和影响。

3、努力抓好人才队伍建设。针对基层点管理人员不稳定的现状，同时我们要加大培训力度，做好基层点的培训辅导，提高其服务能力。

4、大力建设数字地方文化信息资源。数字地方文化信息资源不仅满足人们对乡土信息的需求，同时也肩负弘扬地方文化和积极创造新文化的重任。该区具有深厚的历史文化底蕴和丰富的历史文化信息资源，在共享工程的全面推进下，我们应急起直追，争取各级领导重视，增加投入，以文化系统内的文化资源（包括图书、戏曲、文物、书画等）为重点，通过网站等形式，大力整合开发全区的文化资源，把共享工程工作推向新的发展阶段。

（撰文/邢台市桥东区支中心）

邢台市桥西区支中心

桥西区总面积149平方公里，辖2个乡、8个街道办事处，共有40个行政村，72个社区居委会，总人口45万人。桥西区文化资源共享工程在邢台市文体局和区委、区政府支持和部署下，逐步推进，稳步发展，在新形势下为繁荣农村基层文化，满足农民多层次文化需求，传递中国民族优秀文化资源发挥了重要作用。

一、基本情况

桥西区支中心建设于2012年建于桥西区行政服务中心内，安装设备均通过卫星设备直接接收国家中心下发的资源和信息。是桥西区共享工程的建设和业务指导单位，负责保障区中心共享工程设备的运行，协调镇村级共享工程设备的维修，指导镇村级共享工程活动的开展以及开展全区共享工程管理员的业务培训和指导。

截止2012年底，桥西区现有文化信息资源共享工程支中心1个。设备均已调试。

二、领导重视

桥西区委、区政府和文化新闻出版体育局从保障人民群众基本文化权利、促进经济社会协调发展的高度，充分认识实施"共享工程"的重要意义，认真组织，落到实处，取得初步成效。

桥西区建立健全了机构，成立了共享工程领导小组，根据国家和省市关于共享工程支中心和基层服务点建设的要求，在大力建设桥西区支中心的同时，我区以农村乡镇和城市街道文化站、社区文化室、农村党员干部现代远程教育终端接收站等为依托，按照相关标准的要求，加大投入，进行设施设备的提升扩展，使全区部分有条件的村居建立了具备投影仪等设备的基层服务点。

三、管理和队伍建设

为使共享项工程真正为民所用为民谋利，桥西支中心将共享工程日常管理纳入制度化管理。制定支中心、镇（办）、村（居）基层服务点工作职责和制度，实行制度上墙公开。

文化资源共享工程作为一个新的农村文化资源获取平台，如何推广好、利用好共享工程丰富的文化资源关键在于是否有一支专业化的共享工程管理员队伍。桥西区共享工程支中心在管理员队伍建设上坚持明确职责，明确思路，制度化管理，常态化培育。对于乡镇、村两级基层共享工程管理上择优选取文化层次较高，有一定社会基层管理服务实践经验的人员为管理员，他们工作热情高，有较高的文化水平能尽快熟悉掌握共享工程设备为所在村民服务。

区支中心和村居基层服务点将投影机、幕布等设备免费向广大人民群众开放，并公布开放时间和资源内容，组织广大群众使用文化信息资源，为广大群众提供实用性、知识性、娱乐性的文化信息服务，掌握有关政策法规，学习先进实用技术，提高发展农村经济、参与市场竞争的能力，为广大未成年人提供课外精神食粮，将“工程”的优秀资源送入千家万户，使各基层点成为具有信息服务、教育培训等多种功能的文化中心。

四、工作展望

1、进一步争取各级领导重视。共享工程是公共文化服务体系的基础工程，是政府提供公共文化服务的重要手段，是文化创新、科技创新的一个重要的生长点。它对提高文献信息的利用率和价值、推动经济社会进步有重要作用。今后，我们要加大宣传力度，争取各级领导的进一步重视，建立共享工程发展长效机制，健全工作协调机制，保证共享工程所需的场地、人力、财力、物力、技术，全面推进社区、村基层点建设。

2、加强共享工程的管理与服务。始终把为读者服务放在第一位，通过共享工程设备，为广大读者提供信息咨询服务，开展讲座、报告会、读书竞赛等形式多样的公共文化活动，满足广大读者日益增长的多样化、个性化服务需求，全面彰显共享工程在履行公共文化服务职能、推动全民阅读热潮、传播科学文化知识等方面所起的重要作用和影响。

3、努力抓好人才队伍建设。针对基层点管理人员不稳定的现状，同时我们要加大培训力度，做好基层点的培训辅导，提高其服务能力。

4、大力建设数字地方文化信息资源。数字地方文化信息资源不仅满足人们对乡土信息的需求，同时也肩负弘扬地方文化和积极创造新文化的重任。桥西区具有深厚的历史文化底蕴和丰富的历史文化信息资源。在共享工程的全面推进下，争取各级领导重视，增加投入，以文化系统内的文化资源（包括图书、戏曲、文物、书画等）为重点，通过网站等形式，大力整合开发全区的文化资源，把共享工程工作推向新的发展阶段。

（撰文/邢台市桥西区）

南宫市支中心

南宫市面积854平方公里，有456个行政村，常驻人口46万。南宫市文化信息资源共享工程，在省市主管部们的支持帮助下，逐步推进，稳步发展，正以快捷，便利的方式，将丰富，优秀的文化信息资源传播到农村的千家万户。

一、基本情况

南宫市文化信息资源共享工程建设始于2005年，起初在我市凤岗办事处三里庄村，董家庙乡董家庙村，工管委东八里，段头西底阁等四个村试点安装，目前，文化共享工程基层点建设已覆盖全市360个自然村。

文化共享工程南宫支中心设在南宫市图书馆，负责南宫城乡文化共享工程建设的设备运行，检修、业务指导、技术人员培训、业务活动的开展等工作。

二、管理和队伍建设

1、为使全市农村文化共享工程基层点建设日趋完善，我们制定统一的工作职责和制度，免费发放到各基层点，公开上墙，接受监督，定期检查，年终总结考核。

2、选择有较高电脑技术的大中专毕业和有奉献精神的热心青年做管理员，从而保证了设备的正常运行，网上辅导查询，网上互动，成果搜集等活动的开展。

3、每年组织两次业务培训和经验交流会，年终组织一次成果展览。通过培训、交流、观摩，创新使每个管理员的工作经验日益丰富，队伍日益成熟。

三、经费投入

文化共享工程支中心和基层点建设，是文化大发展大繁荣的重要标志。市委市政府对文化共享工程建设进度高度重视，去年市政府拿出资金十五万元在图书馆院内高标准建起占地面积150平米的支中心活动大厅；图书馆投入五万元装修机房；乡村两级也投入大量人力财力支持共享工程基层点活动的正常开展。

四、资源建设

除去上级配套的资源以外，今年支中心还购置了《二十一世纪经典视听图书馆》供读者阅读，极大的丰富了馆藏资源。

五、宣传推广

文化共享支中心建成后，我们及时在电台、电视台宣传文化共享中心的职能作用，还打出横幅，制作展板详细的推广介绍文化共享中心与网吧的区别，告诉大家，在这里享受的是丰富绿色高雅的文化大餐，接纳所有年龄段的朋友来这里免费上网阅览。

在做好本职工作的同时，我们还多次参加国家中心组织的网上答题和京剧互动，百人知识竞赛等活动，参与者十分踊跃，收到良好的社会效益。

六、工作展望

南宫市文化共享工程在各级领导的支持下已经在我市城乡生根开花，受到广大农民朋友的热烈欢迎。用当地老百姓的话说："有了文化共享中心就象给咱农民装上了"千里眼，顺风耳"不出门也能知晓天下事；有了文化共享中心就象搬来了"活神仙"不用烧香也能答疑解惑"。文化共享工程得民心，顺民意，一定会在文化大发展大繁荣政策的指引下，在各级领导的支持和专业工作者的共同努力下逐步完善发扬光大，为农村"两个文明建设"的发展发挥越来越重要的推动作用。

（撰文/ 南宫市支中心）

沙河市支中心

沙河市文化资源共享支中心位于沙河市图书馆内，成立于2003年9月。2012年7月，市政府投资近亿元建设的"沙河市文化艺术中心"投入使用。新馆建筑面积3400平方米，其中"文化资源共享支中心"使用面积160平方米。2012年11月16日开馆。该中心集电子阅览、视频观看、上网休闲、电子培训于一体。

一、基本情况

本中心主要设备有省中心配送的电脑30台、服务器4台、卫星接收系统、ups设备、软件等共计60余万元，图书馆又投入5万元进行装修，采购桌椅30套、耳麦30个、"经典影视"、"百家讲坛"DVD光盘300张，现已基本满足读者需求。开馆半月以来免费接待上机人员约600人次，周末更是"人满为患"。

二、惠民服务，宣传推广

自文化信息资源共享工程建成以来，沙河市图书馆立足为民服务，坚持共享工程以公益性为主，充分发挥文化信息资源在发展经济、提高人民群众思想道德和科学文化素质等方面的重要作用，积极采用先进、实用的科学技术手段，通过移动硬盘服务、光盘服务等模式，把文化信息资源传送到群众身边，使基层文化阵地得到了巩固，活跃了城乡群众精神文化生活。为宣传党的方

针政策开辟了新渠道，为丰富群众业余生活、弘扬文明新风开辟了新的阵地，成为一项党得民心、民得实惠的文化工程。

三、荣誉奖项

2007年在全省开展的"我的数字生活"网上行系列活动中，沙河市图书馆推选的歌手张宝燕同志荣获邢台市"网上跟我唱"戏曲演唱比赛一等奖，图书馆荣获优秀组织奖。

四、工作展望

今后我们将进一步扩充文化设施网点，以沙河市图书馆、乡文化站、基层服务点为实施主体。加强基层文化设施网点网络化、数字化建设，加强文化、科技信息资源自动化、网络化建设和专业技术人员的培养，为深入推进共享工程的实施打好基础。

努力把文化信息资源共享工程用活、用好。积极采用图书馆成熟技术，借助数字电视和远程教育服务网络，大力开展公益性服务。尤其加强对广大农村地区的扶持力度，将文化共享工程建设成为社会主义新农村的重要抓手。以先进文化教育广大群众，提高人民群众的思想道德水平和科学文化素质，最大限度地将信息资源转化为生产力，通过多种形式拓展服务范围、创新服务方式，将地方影视戏曲、音乐歌舞、美术等艺术表现形式纳入共享工程服务内容，以群众喜闻乐见的形式使共享工程更加贴近基层、贴近生活、贴近群众。

（撰文/沙河市支中心）

邢台县支中心

一、整体情况

邢台县支中心，建成于2010年4月，位于人民大街县图书馆内。中心拥有机房30平米，电子阅览室70平米，配有卫星接收系统1套、资源发布服务器1台、多媒体点播服务器1台、硬件防火墙1台，磁盘阵列实际容量10TB，网络带宽10兆，电脑23台。中心平均每周开放48小时，每周服务群众300余人次。2011年底，支中心在全县建起了522个基层资源共享点，每个共享点配备投影仪1套，实现了

乡镇、农村村文化共享工程全覆盖。支中心的建立使广大群众又多了一处学习科学文化知识、参与各项文化活动的多功能场所，深受广大群众的欢迎。

二、培训工作

除在市支中心接受培训外，在县图书馆阅览室举办了两期资源共享培训班，聘请军需学校的专业老师授课，对全县17个乡镇的522个村级基层服务点的工作人员进行了集中业务培训，有效地提高了管理人员操作能力和服务水平。

三、合作共建

合作共建是基层服务点建设的基本模式。我支中心已完成与各乡、村基层服务点现代远程教育工程的合作共建，积极与广播电视部门合作，使文化共享工程通过数字电视、有线电视将优秀文化资源进入千家万户。进一步扩大共享工程“进校园”范围，让共享工程在青少年的德育教育和素质教育中发挥更大作用。

四、资源建设、惠民服务

利用共享工程网络资源内容丰富、实用性强、信息量大、传输快捷方便的特点，认真搜集、下载我县群众急需的政策法规、农业科技、文化体育、科普知识等信息资源，选印在我馆自办的《致富快车》小报上，发放到全县农村，使群众快学技术，早得实惠。目前已发放5千余份。同时，把一些重要的科技信息、种植、养殖技术拷贝成移动硬盘输送到各个基层点，让农民能就近看到、听到各种栽培、管理技术，收益明显提高。

同时，县支中心与县新科农业技术服务部合作，利用共享工程资源，举办科技培训班6余次，培训农业科技信息服务员100余名，培育科技示范村123个。

支中心也是帮助农民丰富文化生活的主要阵地。冀家村乡选派文艺骨干到该中心学习了陕北腰鼓，回去后在乡里成立了腰鼓宣传队；浆水镇选拔文艺积极分子利用共享工程网络资源学习各种文艺表演，成立了两支文艺宣传队。“共享工程”使村民的精神文明水平进一步提高，群众的落后思想和不良社会风气也得到了转变，加快了和谐社会建设步伐。开展活动以来，村里打架斗殴的少了，互帮互助的多了，婆媳吵架的少了，尊老爱幼的多了，赌博玩钱的少了，勤劳致富的多了，实现了用先进文化占领农村文化阵地的愿望。各个基层点也已成为开展农业技术培训、提高村民素质、宣传农村政策法规、丰富农村文化生活、教育管理留守儿童的重要场所。

五、荣誉奖项

支中心毗邻我县最大的学校实验学校，周围生活区广布，中小学生是一庞大的读者群体，根据这一情况，我们搜集、下载了“学生作文辅导讲座”、“快乐学数学”以及一些益智游戏，丰富了学生的课外生活。实验学校的潘宏杰同学在课余时间经常来我中心学习，在今年的华人作文大赛中，荣获国家级二等奖。获奖后，家长带着他专门到我们支中心表示了感谢。

六、工作展望

进一步扩充文化设施网点，以县图书馆、乡文化站、基层服务点为实施主体。加强基层文化设施网点网络化、数字化建设，加强文化、科技信息资源自动化、网络化建设和专业技术人员的培养，为深入推进共享工程的

实施打好基础。

努力把文化信息资源共享工程用活、用好。积极采用图书馆成熟技术，借助数字电视和远程教育服务网络，大力开展公益性服务。尤其加强对广大农村地区的扶持力度，将文化共享工程建设成为社会主义新农村的重要抓手。以先进文化教育广大群众，提高人民群众的思想道德水平和科学文化素质，最大限度地将信息资源转化为生产力，通过多种形式拓展服务范围、创新服务方式，将地方影视戏曲、音乐歌舞、美术等艺术表现形式纳入共享工程服务内容，以群众喜闻乐见的形式使共享工程更加贴近基层、贴近生活、贴近群众。

（撰文/邢台县支中心）

临城县支中心

一、基本情况

1、临城县文化信息资源共享县支中心建设自查情况

临城县文化信息资源共享县支中心自2007年建设以来，先后出台了《临城县文化信息资源共享工程县级支中心建设方案》、《临城县文化信息资源共享工程建设实施方案》等多个建设实施方案。除上级财政补助45万元外，县教育文化广电新闻出版体育局在县财政紧缺的情况下先后配套了23万元对县支中心进行了初步建设，2010年基础设施初具完善，2011年4月份各种设备安装调试完成，能够初步、简单的开展工作。县支中心现有专职人员1名、兼职人员1名，都经过市支中心培训；县支中心在2010年5月至今一年的时间，利用有限的资源和条件对8个乡镇文化站和160个农村基层服务点的专兼职人员进行了业务培训，培训300余人次。

通过初步运行，基本做到了中心标牌醒目、规章制度健全、工作档案齐全、管理人员到位。

2、基层站点建设情况

村级站点的投影设备配发于2010年12月份，短短一

个月完成，在人员、资金严重匮乏的情况下完成了全县160个基层点专兼职人员的培训工作。

2.1.投影仪设备发放规范、细致

大部分乡镇如东镇镇的东镇村、后留村、东古鲁营村；鸭鸽营乡的方等村、忠信村；黑城乡的乔家庄；临城镇的解村；石城乡的寺庄等，设备下发后积极开展丰富多彩的各类活动，丰富了广大农村群众的业余生活，利用率很高。

2.2.人员培训全部完成

针对我县配发的投影仪、幕布和有源音箱的实际情况，我共享中心组织所有接收设备的行政村的管理操作人员集中培训，然后再下发到行政村。每个村级基层中心均配置了1–2名兼职工作人员，在培训前，我们精心准备、自制了培训计划、培训教程，并经局领导同意；坚决保证领取设备基层点的操作人员会管理、会操作设备，防止出现使用中不应有的损坏。

2.3.基层服务点规范建设

县支中心对各基层点服务活动档案记录、基层站点标牌和规章制度建设提出规范化的统一指标，并要求各基层点实施完善；自查发现各基层点都有统一的标牌和档案记录，规章制度有待完善。

二、惠农服务

在短短不到一年的时间中，加快乡镇综合文化站建设，充分完善服务体系，提升文化惠农效能，我们在服务模式上大胆创新，勇于实践，流动服务突出，服务意识很强，并针对我县各乡镇的职成教学校作为农村成人教育一面旗帜，把它作为了共享工程基层点的一个重要而特殊的阵地，不但加强培训，还对其有思路、有办法、有研究、有调查，提供了大量的、长期的、有连续性的、实实在在的服务，并做了很多指导培训性工作，不断加强巩固职成教学校在“服务三农”的地位，收到了很好的效果。

三、资源建设

共享中心资源在建设之初，对基层点和全国党员远程教育工程的有机衔接加快了资源的共享和整合力度，并不断加强民族民间优秀文化资源的征集和加工，初步自建了“赵云文化”、“邢瓷博物馆“、“临城南调”等一批具有临城地方特色的数字资源库。2012年基层年建设中，与23个省市县帮扶村的农家书屋联合建设了数字卫星农家书屋，充分丰富了农民业余文化生活。

（撰文/临城县支中心）

内丘县支中心

一、基本情况

文化资源共享工程内丘县支中心始建于2005年，起初只有国家配给的一套卫星设备，一台电脑和一台电视机，没有固定的办公场所，没有专职的工作人员，服务和活动根本无法正常开展。随着中央对共享工程的高度重视和支持力度的加大，到2010年，中央又配给了我县支中心37.9万元的软、硬件设备。2011年，经我中心积极争取，县财政又投入了近20万元，按国家有关标准设计并装修了机房，电子阅览室和综合业务加工室；并进行了电路的铺设，配备了电脑桌椅。迄今为止，我中心的基本建设已经完成。

我县支中心机房面积约25平米，铺设了防静电活动地板和墙面。机房现有设备：业务应用服务器、卫星接收服务器各1台，卫星地面小站1个，磁盘阵列1套，交换机2台，42U标准机柜1台，UPS电源1套，防火墙1台；电子阅览室面积约55平米，现有终端机25台，其中成人阅览区18台，少年儿童阅览区7台，电视机1台，有源音箱1套，投影仪1个，幕布1块，便携计算机1台；综合业务加工室面积约30平米，现有设备：日常管理工作站5台，激光网络打印机一台，便携计算机1台，移动硬盘2块。

二、管理及服务情况

我中心现在只有1名兼职管理人员（图书馆人员兼），且没有相关的专业技术知识，也没有经过相关技术知识的系统培训，缺乏管理技术和经验，只能对机房、电子阅览室等进行日常管理及维护。

共享工程是一项纯公益性质的民心工程，除需要前期设备的投入以外，必须保证一定的运行经费才能使其持续发展。而我中心由于缺乏运行经费的投入，目前只能做到接受国家及省中心的信息资源，而共享工程的运行、维护、下乡服务和对基层技术人员的培训等工作难以进行。所以也就难以发挥出巨大的社会功效。

三、发展思路及展望

近几年来，国家对共享工程的发展越来越重视，这也是我县支中心面临的一个重要发展机遇。我们应该抓住这次机遇，把共享工程建设成为与我县经济协调发展、地域特色明显的文化平台，真正为老百姓提供健康、先进的文化资源，促进内丘县的文化创新，使之成为我县的一道亮丽的风景线。

（撰文/内丘县支中心）

柏乡县支中心

柏乡县总面积168平方公里，全县有6个乡镇和1个工业园区、121个行政村、19.2万人。全国文化信息资源共享工程实施后，先后投资264万元，建成了6个乡镇标准化乡镇综合文化站。投资325万元，建成“农家书屋”121家。文化信息资源共享工程县级支中心1个，村级服务点121个，县、乡、村三级文化服务网络体系已基本形成。现将有关情况汇报如下：

一、基本情况

柏乡县支中心于2011年7月份建成投入使用，设备总投资45万元。其中：建成电子阅览室60平方米，主控机房20平方米，电子阅览室共设坐席50个。2011年7月，与县电信局协商，专线以每月2000元月租，通过10M光纤接入互联网，25台计算机都可浏览共享工程的信息，现已向社会全面免费开放。支中心的建成，进一步推动了我县图书馆基础建设。2009年至2011年，分批在我县6个乡镇文化站建成文化信息资源共享乡级服务点，在柏乡镇等121个行政村建成文化信息资源共享村级服务点，其中卫星模式终端接收点121个，由县文化局负责设备配发，县图书馆负责指导设备的调试、运行、人员培训、业务开展等工作，目前各基层服务点设备运行良好。在2010年12月20日全县召开文化共享工程设备发放仪式上，上级文体部门为县各个乡镇综合文化站配备了电视机1台、电脑2台、服务器1台、投影仪1台及幕布1块。

二、队伍建设，开展读书专题活动

建立完善乡镇、社区文化站、基层服务点治理制度，加强共享工程基层服务点的治理。构建遍布全县的基层服务网络，由县图书馆向服务点提供图书、杂志、音像资料等，满足社区居民精神文化生活需要；目前全县各乡镇普遍缺少专业技术人员管理，由村委会干部兼职负责。柏乡县图书馆每年结合实际，积极举办读书主题活动。在宏泽小学举办“阅读伴我成长——优秀小读者”评比活动；在柏乡镇中学举办“我的书屋•我的家”读书演讲比赛活动；在全县中小学开展硬笔书法大赛。活动受到了广大师生的一致好评，锻炼了小读者的语言表达能力。激发了中小学生的阅读兴趣和学习热情，养成爱读书、勤读书的好习惯。

三、未来设想

该县文化信息资源共享工程中在各方面的不懈努力下已初见成效，但目前的运行状况距离上级领导的要求和人民群众的需要还有很大差距，希望上级领导和业务部门能够在资金、技术等方面能够给予大力支持。相信在不久的将来，文化信息资源共享工程一定会以一个全新的面貌展现在群众面前，一定会成为老百姓满足的文化信息工程，成为社会主义新农村建设的有力支柱。

（撰文/柏乡县支中心）

隆尧县支中心

隆尧县全县总面积749平方公里，人口50万，辖6镇6乡276个行政村。隆尧县文化资源共享工程在省、市、县领导的关心支持下逐步推进，稳步发展，为繁荣农村基层文化，满足农民多层次文化需求，传递中国民族优秀文化资源发挥了重要作用。

一、基本情况

隆尧县文化资源共享工程始建于2005年，最初在莲子镇政府、莲子镇村、东良乡政府、东良乡泽畔村、双碑乡西良前村试点安装。前期安装设备均通过卫星设备直接接收国家中心下发的给类资源和信息。2011年隆尧县文化资源共享工程开始普及进入乡镇行政村，第一批249个行政村于当年安装调试完毕。2012年第二批4个行政村进行安装。目前隆尧县所属276个行政村已有253个行政村安装文化共享工程。使共享工程覆盖率达到92%以上。

共享工程隆尧支中心设在隆尧县图书馆，图书馆是隆尧共享工程的建设和业务指导单位，负责保障县中心共享工程设备的运行，协调乡（镇）村级共享工程设备的维修，指导乡（镇）村级共享工程活动的开展以及开展全县共享工程管理员的业务培训和指导。

二、管理和队伍建设

为使共享工程真正为民所用为民谋利，隆尧支中心将共享工程日常管理纳入制度化管理。制定支中心、乡（镇）、村基层服务点工作职责和制度，实行制度上墙公开。每年有年度工作计划，月度有工作要点，季度有工作督导，年未有工作总结考核，并推行管理员由专职工作人员管理，收集整理共享工程服务活动的得失，探索共享工程管理和服务新模式。

隆尧县共享工程支中心在管理员队伍建设上坚持明确职责，明确思路，制度化管理，常态化培育。对于乡镇、村两级基层共享工程管理员选拔上一是择优选取文化层次较高，有一定社会基层管理服务实践经验的村两委委员兼任；二是离退休人员；三是热心村民，他们工作热情高，有较高的文化水平，能尽快熟悉掌握共享工程设备为所在村民服务。实现了管理员选拔的高起点。

三、培训工作

隆尧支中心在共享工程管理员的培养上实现了制度化和常态化。根据支中心工作要求，每年对辖区共享工程管理员进行1期的集中培训，2011年以来一共举办各类培训班2期，参加轮训的各级管理员达500人次。

四、合作共建

根据不同乡镇、村的硬件条件建立形式多样的电子阅览室和多媒体中心。如：隆尧镇政府、莲子镇政府、东良乡政府、牛桥乡梅庄村等建立拥有多台电脑的多媒体阅读中心、共享工程宣教授课和电子资源阅读播放为一体的多功能活动室。通过多方不懈努力，共享工程已逐步走入基层村民生活，成为村民获取新知，娱乐身心的新渠道新平台。

五、宣传推广

1、隆尧支中心利用各种渠道宣传推广共享工程。在每年的科技文化四下乡活动，科普之春，科普之夏，科技周等活动中，隆尧支中心不失时机，以活动为平台，以资料为媒介宣传共享工程，让民众不断了解共享工程，走进共享工程。

2、走进校园。隆尧支中心文化服务中不断探索，利用支中心儿童阅览室，组织动员青少年儿童关注共享工程，利用共享工程；收集青少年知识兴趣点整理挖掘，针对集中地知识群和关注点，隆尧支中心聘请专家前来为青少年答疑解惑，深受广大青少年的喜爱。同时在全县中小学校开展了阳光少年热爱党网页制作大赛和电脑小报制作大赛。通过一系列的活动使共享工程不仅走进农村，也走进校园走进青少年。

3、专题活动，精彩纷呈。隆尧支中心在服务中抓住文化的热点和亮点，积极组织群众喜闻乐见的文化服务，使共享工程走进群众生活。例如在迎接党的十八大召开之际，隆尧支中心联合宣传部在文广新体局举办了“品味书香，聆听经典”活动。还组织演出小分队，分别到牛桥乡梅庄村、莲子镇西哈口村等服务点开展演出活动。

六、工作展望

隆尧县文化资源共享工程已走过7个年头，从开始的几个点到现在的253个行政村，从单一的资源接收到今天的群众广泛认知，广泛参与，文化资源共享工程在隆尧已经成为人民文化生活的一大支柱，成为繁荣隆尧文化，丰富隆尧人民精神生活，推动隆尧人文科技进步的强大动力源泉。今后隆尧支中心将建成一支专业化的服务队伍，服务形式更加多样，服务网点更加宽广，参与群众更加广泛的共享工程文化带动体系，为建设科技隆尧，文化隆尧做出贡献。

（撰文/隆尧县支中心）

任县支中心

一、基本情况

全国文化资源共享工程任县支中心建设于任县文化活动中心，设备均按照培训的要求进行安装，通过卫星设备直接接收国家中心下发的各类资源和信息。负责保障区中心共享工程设备的运行，协调镇村级共享工程设备的维修，指导镇村级共享工程活动的开展以及开展全县共享工程管理员的业务培训和指导工作。

二、管理和队伍建设

为了加强对全国文化信息资源共享工程的管理，充分发挥文化信息资源共享工程在公共文化服务方面的作用，丰富基层群众文化生活，保障人民群众的文化权益，加强设备的日常管理与维护，保证各种设备正常运行。

任县支中心严格执行国家关于互联网服务的规定，对通过查询信息的人员，按照国家有关规定进行用机登记，杜绝危害国家安全的行为与非法运动，根据本地特点，加强资源建设，及时了解本地群众对文化信息资源服务的具体需求，不断创新活动方式，充分利用文化共享网上资源，开展形式多样、丰富多彩的文化活动，扩大文化信息资源的利用率。在管理员队伍建设上坚持明确职责，明确思路，制度化管理，常态化培育。对于乡镇、村两级基层共享工程管理上择优选取文化层次较高，有一定社会基层管理服务实践经验的管理员，他们工作热情高，有较高的文化水平，能尽快熟悉掌握共享工程设备使用及维护，更好的为所在村村民服务。

三、资源建设

任县文化资源在以往的工作中，搜集不同区域民众文化，选取、编辑制作各类题材资源，每年制作发放各类光盘500多张，展板28块，各类海报，招贴画23副，发放宣传资料1000余份。

四、利民惠众，惠农服务

全国文化资源共享工程任县支中心的建成，方便当地群众查询和了解农业、文化、科技、法律等方面的知识，进一步丰富了农民群众的精神文化生活，满足了广大群众日益增长的文化需求。镇文化站还进一步加大花灯队伍的培训力度，我县每年开展的艺术团下乡巡演，春节晚会、元宵晚会、乡艺汇演、5.16产品博览会、消夏晚会、太极拳大赛、山地车比赛、书画展、广场舞大赛等等一系列活动，积极调动广大人民群众开展丰富多彩、健康向上的娱乐活动，让文化资源信息共享工程发挥了最大效益，让老百姓享受到真正的实惠。

五、宣传推广

1、走进农村

送科技下乡是实施“共享工程”又一具体举措，结合我县实际情况，我们有选择的提供科技知识，让广大农民不断感受到先进科学和现代文明。丰富群众文化生活，举办了各种文艺活动，例如前两天举办的广场舞大赛，活跃了群众气氛，极大地丰富了人民群众的文化生活。

2、走进学校

为加强未成年人思想道德建设工作，除了在馆内针对未成年人开展的活动以外，还与教育局联合，深入各中小学校开展活动。对不具备安装条件的小学，利用图书馆的投影仪到教室播放优秀影片和礼仪知识讲座，开展爱国主义教育活动。从而利用共享工程开展思想道德建设，让同学们在阅读中学习，在参与中提高，快乐健康地成长。切实将加强和改进未成年人思想道德建设工作落到了实处。

3、走进老年人群体

开展为老年群体服务是文化信息资源共享工程工作的又一重点。我们坚持“贴近生活、贴近实际、贴近群众”的三贴近原则，根据老年人平时生活的诸多习惯特点，上网下载了齐国力主讲的《营养与健康》、《科学保健》、《晚年的幸福生活》等系列视频资料和战争题材的故事片、名著欣赏讲座、中国京剧音配像等前往放映。我县艺术团的演员们还到敬老院为老人们送去了文化大餐，使他们获得了精神的强健与文化的关爱。

六、工作展望

任县至今已经完成195个行政村全覆盖，从单一的资源接收到今天的编辑分发和群众广泛认知，广泛参与，文化资源共享工程在任县已经成为任县人民文化生活的一大支柱，成为繁荣任县文化，丰富人民群众的精神生活。加强资源建设，努力建设成具有当地文化特色的分布式文化信息资源库群，加强我县资源及村基点资源的建设，建立科学的管理体制和工作机制，为建设科技任县，文化任县做出贡献。

（撰文/任县支中心）

南和县支中心

南和县文化资源共享支中心位于南和县图书馆内，成立于2010年12月。图书馆搬迁到该中心。新馆建筑面积600平方米，其中“文化资源共享支中心”使用面积300平方米，位于图书馆二楼。

本中心主要设备有省中心配送的电脑20台、服务器4台、卫星接收系统、ups设备、软件等共计40余万元，图书馆又投入1万元进行装修，采购桌椅20套，现已基本满足读者需求。开馆半月以来免费接待上机人员约200人次，周末更是"人满为患"。

自文化共享工程建成以来，南和县图书馆立足为民服务，坚持共享工程以公益性为主，充分发挥文化信息资源在发展经济、提高人民群众思想道德和科学文化素质等方面的重要作用，积极采用先进、实用的科学技术手段，通过移动硬盘服务、光盘服务等模式，把文化信息资源传送到群众身边，使基层文化阵地得到了巩固，活跃了城乡群众精神文化生活。为宣传党的方针政策开辟了新渠道，为丰富群众业余生活、弘扬文明新风开辟了新的阵地，成为一项党得民心、民得实惠的文化工程。

今后我们将进一步扩充文化设施网点，以南和县图书馆、乡文化站、基层服务点为实施主体。加强基层文化设施网点网络化、数字化建设，加强文化、科技信息资源自动化、网络化建设和专业技术人员的培养，为深入推进共享工程的实施打好基础。

努力把文化信息资源共享工程用活、用好。积极采用图书馆成熟技术，借助数字电视和远程教育服务网络，大力开展公益性服务。尤其加强对广大农村地区的扶持力度，将文化共享工程建设成为社会主义新农村的重要抓手。以先进文化教育广大群众，提高人民群众的思想道德水平和科学文化素质，最大限度地将信息资源转化为生产力，通过多种形式拓展服务范围、创新服务方式，将地方影视戏曲、音乐歌舞、美术等艺术表现形式纳入共享工程服务内容，以群众喜闻乐见的形式使共享工程更加贴近基层、贴近生活、贴近群众。

（撰文/南和县支中心）

宁晋县支中心

在党和政府的高度重视和我县政府县委的支持下，我县文化信息资源共享工作取得了长足发展，乡村级分中心也得到了巩固。

一、基本情况

宁晋县支中心是2005年按省文化厅文化信息资源共享中心配发，由我馆接收，其中卫星接收器、主服务器各一套、23台终端等，并按照省中心要求选择100平方米的阅览室作为共享室使用，其中按要求装修一间机房（25平方米），配备了整套的桌椅、空调、暖气、木地板等，为更好地发挥资源共享室作用创造了一个良好的环境。此项工程县财政投入配套资金22万元，有力的保障了支中心的设备安装，及时投入使用。宁晋县支中心设备于2010年安装完成并投入使用。

二、人员培训

宁晋县支中心在接收到设备以后，就立即选拔年轻懂技术的同志来负责共享工程工作，先后三次参加市中心举办的业务培训工作，学习信息资源共享工程的有关操作技术和使用流程，使我共享工程管理人员初步掌握了相关技术，在我馆共享工程设备安装完毕后，我馆又专门请市中心的技术人员进行现场指导培训，使我馆管理人员的技术水平有了进一步提高，为资源共享设备正常运行打下了良好的基础。

三、工作现状

宁晋县目前共有基层网点6个，基层网点均配有懂技术的专业人员管理。在资源共享设备投入使用后，我馆按上级规定，制定了"读者须知"、"工作人员守则"、"工作人员职责道德规范"等。严把上网内容关，严禁不健康信息出现。还明确主要服务方向，那就是面向基层，服务基层，基层和阵地兼顾，利用县支中心资源依托县镇村基层网点发挥作用。明确了公益性的服务方针，充分体现资源共享工程的社会公益性，凡来馆使用共享设备学习、上机查询资料人员均不收费，凡送资料（光盘）下基层的均不收费。加大资源共享工程的社会宣传力度，利用读书活动向中、小学生发放免费借阅卡、母子亲情借阅卡，使更多的学生家长加深了对资源共享工程的认识，为中、小学生上网学习提供一个绿色通道，在社会上收到了良好的评价。利用国家中心配发的光盘资料复刻光盘，免费配发给基层网点，充分发挥了县支中心和基层网点作用。我支中心还利用共享设备对上机人员进行技术指导，使更多的读者来利用共享资源。

自2002年国家实施全国文化信息资源共享工程以后，我县文化资源共享工程有了长足发展，对丰富广大人员群众的文化生活做出了应有的贡献。通过实施共享工程以来，广大人民群众在求富裕、求发展、求文明的道路上利用文化共享工程学习和查阅资料，极大的开阔了眼界，通过开展多姿多彩的文化活动，丰富和提高了人民群众的生活。自开展文化信息资源共享工程以来，两委干部积极组织梨农利用电脑、投影仪等先进设备，上网查阅梨的品种、价格、管理等方面的信息，与省农科院的专家远程互动，使这些与梨树打了一辈子交道的群众对梨树有了新的认识，改变了传统的种植管理经验，向绿色无公害、精细型、效益型发展，经不断努力，刘路村建成了2000亩省农业局命名的果品改良示范园，并申报省无公害果品生产基地。村两委通过文化信息资源共享工程给梨农们找到了增加收入、致富的渠道。

四、工作展望

目前，宁晋县330个村已经配备了资源共享设备（投影仪），他们可以结合党员远程教育系统接收到我们的文化信息共享资源。在将来，我们还将为剩余的16村配备资源共享设备，达到全覆盖。使我们的文化信息资源在基层真正发挥出它应有的作用。

（撰文/宁晋县支中心）

巨鹿县支中心

巨鹿县县域总面积631平方公里，总人口39万，辖10个乡镇、1个省级经济开发区、291个行政村，是国家级扶贫开发工作重点县。巨鹿县文化共享工程在市文化局，市图书馆支持和帮助下正逐步发展、完善。

一、基本情况

巨鹿县支中心建设开始于2009年，前期安装设备均通过卫星设备直接接收国家中心下发的各类资源和信息。2011年巨鹿县文化共享工程开始逐步进入乡镇。

共享工程巨鹿支中心设在巨鹿县图书馆，是巨鹿县共享工程的建设和业务指导单位，负责保障县支中心共享工程设备的运行，协调乡镇共享工程设备的维修，指导各乡镇共享工程活动的开展以及开展全县共享工程管理员的业务培训和指导。

二、管理和队伍建设

为使共享项工程真正为民所用为民谋利，巨鹿支中心将共享工程日常管理纳入制度化管理。制定支中心、乡镇基层服务点工作职责和制度，实行制度上墙公开。

文化资源共享工程作为一个新的农村文化资源获取平台，如何推广好、利用好共享工程丰富的文化资源关键在于是否有一支专业化的共享工程管理员队伍。巨鹿县共享工程支中心在管理员队伍建设上坚持明确职责，明确思路，制度化管理，常态化培育。对于基层共享工程管理上择优选取文化层次较高，有一定社会基层管理服务实践经验的大学生村官为管理员，他们工作热情高，有较高的文化水平能尽快熟悉掌握共享工程设备为所在村民服务。

三、培训工作

巨鹿县支中心在共享工程管理员的培养上实现了制度化和常态化。根据支中心工作要求，每年对辖区共享工程管理员进行1期的集中培训。

四、经费投入

巨鹿县共享工程自2009年开始建设以来，图书馆每年投入近万元的运维经费，用于共享工程设备的维护、人员培训和惠民活动的开展。

五、资源建设

巨鹿支中心在历年的工作中，广泛搜集广大民众文化需求，选取、编辑、制作各类题材资源2TB，每年制作发放各类光盘1000多张，发放宣传资料2000余份。

六、利民惠众，惠农服务

巨鹿支中心在共享工程服务实践过程中，以民众的需求为导向，积极探索，服务民众生活生产，引领群众高尚精神文化生活，打造群在满意喜爱的文化服务新平台。根据巨鹿农业特点，支中心每年按节令制作农业生产技术光盘和小册子向广大种植户免费发放。

七、宣传推广

1、巨鹿支中心利用各种渠道宣传推广共享工程。巨鹿支中心在各类大型活动中不失时机的宣传共享工程，同时利用广播电台、报纸等各种媒体让民众不断了解共享工程，走进共享工程。

2、走进校园。巨鹿支中心不断探索，利用自身优势，组织动员青少年儿童关注共享工程，利用共享工程。

八、工作展望

巨鹿县文化资源共享工程已走过3个年头，从单一的资源接收到今天的编辑分发和群众广泛认知，广泛参与，文化资源共享工程在巨鹿已经成为人民文化生活的一大支柱，成为繁荣巨鹿文化，丰富人民精神生活，推动巨鹿人文科技进步的强大动力源泉。今后巨鹿支中心希望在市分中心大力支持下为巨鹿共享工程建设一支专业化的服务队伍，形式更加多样，服务网点更加宽广，参与群众更加广泛的共享工程文化带动体系，为巨鹿县的社会建设做出贡献。

（撰文/巨鹿县支中心）

新河县支中心

新河县全县辖2镇，4乡，169个行政村，总人口17万人。新河县文化信息资源共享工程，在省市共享中心的技术支持下，依托县域内原有的文化设施网点，科学规划，逐步推进，为繁荣县域农村基层文化，满足农民多层次文化需求，传递中国民族优秀文化资源发挥着重要的作用。

一、基本情况

新河县文化信息资源共享工程建设始于2006年，最初在新河县县城内试点安装，主要通过卫星设备直接接收国家中心下发的给类资源和信息，然后由支中心通过县域内文化设施网点转发给各乡镇基础网点。2008年文化资源共享工程开始普及进入乡镇行政村，主要是与乡镇基层文化设施网点、党员远程教育网、中小学远程教育网、图书馆网络化数字化建设相结合，进一步扩容升级改造，第一批46个行政村与当年安装调试完毕。2010年第二批102个行政村进行安装，至2012年底，全县148个行政村实现全县共享工程覆盖，县域网络覆盖率为88%，数字资源总量0.03TB，成为为县域群众提供全国文化信息资源网的信息资源中心。

共享工程新河支中心设在新河县图书馆，是新河县共享工程的建设和业务指导单位，负责保障县中心共享工程设备的运行，协调镇村级共享工程设备的维修，指导镇村级共享工程活动的开展以及开展全县共享工程管理员的业务培训和指导。

二、管理和队伍建设

为使共享项工程真正为民所用为民谋利，新河支中心将共享工程日常管理全部纳入制度化管理体系。制定支中心、镇、村基层服务点工作职责和制度，实行制度上墙公开。每年有年度工作计划，月度有工作要点，季度有工作督导，年未有工作总结考核。

在管理员队伍建设上，新河支中心坚持“职责承包，制度化管理；目标明确，常态化培育”的管理原则。对于乡镇、村两级基层共享工程管理，原则上择优选取文化层次较高，有一定社会基层管理服务实践经验的大学生村官为管理员，由乡镇选报，在与支中心签订《文化信息资源共享工程目标管理责任书》的基础上，由支中心统一培训，统一管理。2008年以来一共举办各类培训班8期，参加轮训的各级管理员达450人次。目前新河县共享工程148个基层服务点技术管理人员32%为各级大学生村官，68%是由较高学历的村委委员兼任，保障了管理员素质的高起点。

三、资金投入与硬件设施

新河县文化信息资源共享工程，在省市共享中心的技术支持下，累计投入经费70万元，用于共享工程设备的维护，人员培训和惠民活动的开展。同时，新河县政府，新河县教文广新体局和新河县图书馆每年也投入大量人力物力支援共享工程各项活动的正常开展。

截至2012年底，新河县文化信息资源共享工程拥有1个县级支中心、7个乡镇基层中心、148个村级基层服务点，其中建有共享工程卫星接收系统的基础站点19个。数字资源总量0.03TB，内容包括：视频、音频、电子图书、电子期刊。县级支中心现有硬件由三部分组成：中控室（机房）设备有：1套卫星接收设备、4台服务器、1台存储器、2台交换机、1个防火墙；电子阅览室设备有：23台pc机、投影仪、幕布、音箱；综合业务加工室有5台pc机，其价值共计357900元。软件设备包括：网络杀毒软件、信息浏览监控软件、资源应用管理软件、图书馆业务自动化软件、Mysql数据库软件。价值21283元。乡镇基层中心和村级基层点设备包括网络电视、卫星接收器、投影仪、幕布、音箱、机顶盒等设备，运行主要依托农村党员干部现代远程教育网络开展。

四、业务运行与服务内容

在共享工程服务实践过程中，新河支中心坚持以民众的需求为导向，贯彻“政策引领，惠农服务”的服务宗旨，积极探索，服务县域民众生活生产，全力配合公民道德建设工作，引领群众高尚精神文化生活，致力打造人民群众满意、喜爱的文化服务新平台。

根据新河地域农业生产特点和县域经济发展需求，新河支中心电子阅览室23台电脑，每天服务时间全部超过8小时，读者随时免费阅读电子文献，网上查阅资料。支中心把下载、整合、购买的资源及时传输到农村基层站点，重点选择政策信息、经济信息，尤其是一些与基层农民种植、养殖科技知识、讲座，农产品价格等资源及时传输到基层，使文化信息资源共享工程不仅满足群众文化娱乐的需求，政策导向的需求，更也成为农民致富的平台。例如，基础站点中的后沙村现发展成为生态发展示范村；白神村发展成为食用菌养殖实验基地；王府村发展成为服装加工专业村等等

五、宣传推广与业务开发

1、多渠道宣传。新河支中心充分利用每年的“科技文化四下乡”、“科普消夏之夜”、“阅读宣传周”等活动，印制《文化信息资源共享工程明白册》，走上街头、进入乡村，加强宣传推广，让民众及时了解共享工程，走进共享工程。

2、进入校园，拓展服务范围。在文化服务过程中，新河支中心不断探索如何拓展服务范围，提升服务质量，提高服务效果。一方面，利用支中心青少年儿童阅览专区，组织动员青少年儿童关注共享工程，走进共享工程，借以带动更多的家庭成员走进共享工程，享受共享工程带来的文化大餐和精神境界。一方面与学校共同开发文化新资源：利用《红军名将——董振堂》读本与振堂中学合作开展红色教育，促进了该校校本课程的开发；利用《珠心算》科普知识读本，帮助县直第一小学成功开发《珠心算》校本课程；利用《演讲与口才》系列读本及有关资料，帮助新河中学开展了“演讲口才”地方课程开发；利用“燕赵少年系列读书活动”，促进了全县中小学生的“阅读课程进入图书馆”工程的进展。完成了共享工程不仅走进农村，也要走进校园走进青少年的工作目标任务。

3、开展专题活动，拓展业务内容。在业务服务中，新河支中心充分发挥自身优势，及时抓住文化的热点和亮点，积极组织县域群众开展各种专题文化活动，努力使共享工程走进更多的群众生活。例如：以“世界读书日”为契机，组织各中小学校，于每年的4月23号举办“读经典，学史诗”诵读活动；每年的10月10号举办“党在我心中”演讲比赛；每年的夏季举办“消夏之夜——书法、绘画巡回展播”等等。不仅极大丰富了县域人民的文化生活，更使越来越多的人民群众走进共享工程，享受到共享工程带来的精神食粮和文化给养。

六、工作展望

新河县文化资源共享工程已走过6个年头，从零的起步到如今38%的网络覆盖率，从单一的资源接收到今天的编辑分发和群众广泛认知，广泛参与，文化资源共享工程在新河，已经成为县域人民文化生活的一大支柱，成为繁荣新河文化，丰富新河人民精神生活，推动新河人文科技进步的强大动力源泉。今后新河支中心希望在河北省文化资源共享工程中心和邢台市文化资源共享工程中心大力支持下，为新河共享工程建设一支专业化的服务队伍，建立一个省、市、县三级知识网络联动的，即时问答服务体制，进一步扩展基层服务网点，使服务形式更加多样，服务网点更加宽广，最终实现全县域无缝隙覆盖，最大限度的方便群众参与到共享工程文化体系，为建设科技新河，文化新河，实现“融入京津，同城省会”的宏伟目标，做出自己最大的贡献。

（撰文/新河县支中心）

广宗县支中心

广宗县辖1区、1镇、7乡，总人口30余万，总面积503平方公里。

一、基本情况

广宗县文化资源共享工程建设开始于2004年，最初在大平台乡陈家庄村，东召乡西魏村，南塘疃乡北塘疃村等五个村试点安装，此后陆续在全区八个乡(镇)文化中心开始安装，前期安装设备均通过卫星设备直接接收国

家中心下发的给类资源和信息。2007年广宗县文化资源共享工程开始普及进入乡镇行政村，第一批90个行政村与当年安装调试完毕。2008年第二批100个行政村进行安装，至此广宗县所属行政村实现全区共享工程村村全覆盖。

共享工程广宗县支中心设在广宗县图书馆，是广宗县共享工程的建设和业务指导单位，负责保障区中心共享工程设备的运行，协调镇村级共享工程设备的维修，指导镇村级共享工程活动的开展以及开展全区共享工程管理员的业务培训和指导。

二、管理和队伍建设

1、为使全县农村文化共享工程基层点建设日趋完善，我们制定统一的工作职责和制度，免费发放到各基层点，公开上墙，接受监督，定期检查，年终总结考核。

2、选择有较高电脑技术的大中专毕业和有奉献精神的热心青年做管理员，从而保证了设备的正常运行，网上辅导查询，网上互动，成果搜集等活动的开展。

3、每年组织两次业务培训和经验交流会，年终组织一次成果展览。通过培训、交流、观摩，创新使每个管理员的工作经验日益丰富，队伍日益成熟。

三、经费投入

文化共享工程支中心和基层点建设，是文化大发展大繁荣的重要标志。县委县政府对文化共享工程建设进度高度重视，去年县政府拿出资金十六万元在图书馆院内高标准建起占地面积160余平米的支中心活动大厅；图书馆投入三万元装修机房；乡村两级也投入大量人力财力支持共享工程基层点活动的正常开展。

四、资源建设

除去上级配套的资源以外，今年支中心还购置了《二十一世纪经典视听图书馆》供读者阅读，极大的丰富了馆藏资源。

五、宣传推广

文化共享支中心建成后，我们及时在电台、电视台宣传文化共享中心的职能作用，还打出横幅，制作展板详细的推广介绍文化共享中心与网吧的区别，告诉大家，在这里享受的是丰富绿色高雅的文化大餐，接纳所有年龄段的朋友来这里免费上网阅览。

在做好本职工作的同时，我们还多次参加国家中心组织的网上答题和京剧互动，百人知识竞赛等活动，参与者十分踊跃，收到良好的社会效益。

六、工作展望

广宗县文化共享工程在各级领导的支持下已经在我县城乡生根开花，受到广大农民朋友的热烈欢迎。用当地老百姓的话说："有了文化共享中心就象给咱农民装上了"千里眼，顺风耳"不出门也能知晓天下事；有了文化共享中心就象搬来了"活神仙"不用烧香也能答疑解惑"。

文化共享工程得民心，顺民意，一定会在文化大发展大繁荣政策的指引下，在各级领导的支持和专业工作者的共同努力下逐步完善发扬光大，为农村"两个文明建设"的发展发挥越来越大的作用。

（撰文/广宗县支中心）

平乡县支中心

一、基本情况

平乡县文化资源共享工程建设开始于2010年，前期安装设备均通过卫星设备直接接收国家中心下发的各类资源和信息。2011年平乡县文化资源共享工程开始逐步进入乡镇。

共享工程平乡支中心设在平乡县图书馆，使用面积80平，是平乡县共享工程的建设和业务指导单位，负责保障县支中心共享工程设备的运行，协调乡镇共享工程设备的维修，指导各乡镇共享工程活动的开展以及开展全县共享工程管理员的业务培训和指导。

二、管理和队伍建设

为使共享项工程真正为民所用为民谋利，平乡支中心将共享工程日常管理纳入制度化管理。制定支中心、乡镇基层服务点工作职责和制度，实行制度上墙公开。

文化资源共享工程作为一个新的农村文化资源获取平台，如何推广好、利用好共享工程丰富的文化资源关键在于是否有一支专业化的共享工程管理员队伍。平乡县共享工程支中心在管理员队伍建设上坚持明确职责，明确思路，制度化管理，常态化培育。

三、培训工作

平乡县支中心在共享工程管理员的培养上实现了制度化和常态化。根据支中心工作要求，每年对辖区共享工程管理员进行2期的集中培训。

四、经费投入

本中心主要设备有省中心配送得电脑30台、便携式电脑2台、服务器3台、投影机1台、卫星接收系统、UPS电源设备、软件等共计40余万元。图书馆每年还投入近万元的运维经费，用于共享工程设备的维护、人员培训和惠民活动的开展。

五、利民、惠民服务

平乡支中心在共享工程服务实践过程中，以先进文化教育广大群众，提高人民群众的思想道德水平和科学文化素质，最大限度的将信息资源转化为生产力，将地方影视戏曲。音乐歌舞，美术等艺术表现形式纳入共享工程服务内容，贴近基层，贴近群众。

六、宣传推广，文化建设

平乡支中心利用各种渠道宣传推广共享工程。平乡支中心在各类大型活动中不失时机的宣传共享工程，同时利用广播电台、报纸等各种媒体让民众不断了解共享工程，走进共享工程，利用共享工程。

七、工作展望

平乡县文化资源共享工程已走过2个年头，从单一的源接收到今天的编辑分发和群众广泛认知，广泛参与，文化资源共享工程在平乡已经成为人民文化生活的一大支柱，成为繁荣平乡文化，丰富人民精神生活，推动平乡人文科技进步的强大动力源泉。

今后在实施过程中加强与上级业务部门、县直各部门的沟通与协调，不断总结经验，改进创新管理体制和运行机制，为平乡县的社会建设做出贡献！

（撰文/平乡县支中心）

威县支中心

威县辖5镇11乡1区、522个行政村，人口59万，面积1012平方公里。近年来，威县县委、县政府以科学发展观为指导，以创建省文化强县为目标，围绕“文化大发展大繁荣”主题，继承和深入挖掘历史文化，着力打造特色文化品牌，不断加快文化信息资源共享工程及公共文化服务体系建设，扎实推进文化体制机制创新，全县文化事业和文化产业呈现出良好发展态势。

一、基本情况

河北省文化资源共享工程威县支中心位于威县自强路威县图书馆内，建筑面积150平方米，建于2011年，设有卫星站、交换机、投影仪及计算机，基本具备资源接受、制作、发布的能力，成为威县群众享受文化资源的重要场所。近年来，威县非常重视文化设施建设，已建成恢弘壮丽、设施先进的建筑面积2.1万平方米的威县影剧院和高标准、功能全的建筑面积9200平方米的图书馆、7000平方米的档案馆，文化基础设施实现突破性发展。图书馆拥有应用服务器操作系统、业务服务器操作系统、卫星接收服务器及接收系统、资源应用管理系统等先进系统。目前，全县16个乡镇综合文化站已全部竣工并逐步投入使用，建成农村文化大院320个，为420个村配备了文化信息资源共享设备，农家书屋实现了全覆盖，实现了广播电视“村村通”，为威县文化资源共享工程建设打下了良好的基础。

二、主要工作开展

1、强力推进文化资源共享工程建设，努力办成群众满意工程。我们把文化资源共享工程建设工作列入重要议事日程，成立了由局长任组长、分管局长、文化馆馆长、图书馆馆长任副组长的领导小组，制定了《关于文化资源共享工程建设的实施方案》，具体工作由相关科室、馆所负责实施。将文化资源共享工程建设工作纳入目标管理，相关馆所长、股室股长与领导小组签订目标责任书，明确专人负责，并将落实结果作为年终考评干部的重要依据，全力推动项目顺利实施。一是做好文化信息资源共享工程。尽快落实配套资金，购买相关设备，保证按期使用。二是与农家书屋相结合。充分利用农家书屋的图书、报刊、电视机、DVD、书柜、桌椅等配套设施，提升文化资源共享工程水平，更好地为群众服务。

2、积极实施文化惠民工程，为全县新农村建设注入新的生机和活力。我们把文化共享工程极大地丰富了广大农民群众的业余文化生活。加快农村文化信息资源共享，让文化便民。依托农村党员远程教育网络，有线电视、广播电台、报纸等众多信息平台和资源，让农民了解了信息、开阔了眼界、“足不出户”就能学到致富技能。

3、加强资源建设，努力建设成具有地方文化特色的文化信息资源库。威县是革命老区，为弘扬老区精神，县专门拨出100多万元专项经费，编纂出版了《红色的土地，英雄的人民》、《中共威县历史》（第一卷）和《光耀青史》等一批重要党史文献，并在县电视台开设《威县党史》专栏。

威县有“冀南棉海”的美誉，我们把培育棉文化与做强棉花产业结合起来，以棉花为主要形象设计城市标志，成千上万的农家妇女重新回到织机旁，从业者达4万余人，“唧唧复唧唧”的古老旋律奏响了时尚特色的乐章。

威县还是义和团运动发源地，位于我县的义和团纪念馆被命名为“河北省爱国主义教育基地”、“河北省国防教育基地”、“河北省青少年爱国主义教育示范基地”，已接待来自30多个国家和地区的中外专家学者参观考察。义和拳议事厅被国务院公布为全国重点文物保护单位，催生了“义和团运动发源地”文化旅游产业。

威县拥有书画艺术创作人才2000多人，书画爱好者2万人，被命名为“中国民间特色文化艺术之乡”、“中国民间文化艺术之乡”、“河北省书画创作基地”。传统书画还衍生了“五谷画”、“葫芦烫刻字画”、“粗布织画”、“陶瓷壁画”等，目前全县与书画艺术相关产业已发展到20余家，年产值达1.6亿元。编写出版了非物质文化遗产丛书《威县乱弹传统剧本》、《威县乱弹唱腔》、《威县乱弹曲牌》等，组织排练了《汴梁图》、《高平关》等威县乱弹传统剧目，乱弹协会会员已达160余人。

这些文化资源具有本地特色，是群众急需的优秀文化资源，内容丰富，形成文化信息资源共享。对于激发群众热爱、家乡建设家乡的热情起到积极作用。

4、加强中心建设，建立科学的管理体制和工作机制。在上级中心的指导下，积极为全县的网络用户提供信息服务，为基层提供技术支持和人员培训、资源更新、日常技术维护，并按照文化部全国文化信息资源建设中心制定的规划和标准，建立电子阅览室，把数字图书服务作为重要内容。重点抓好“五大”文化品牌，制定威县文化信息资源共享发展规划，到2015年把威县建设成地方特色鲜明、文化品牌过硬、文化体系完善、文化设施先进、文化好的丰富、群众素质优良、社会文明进步、文化产业迅速发展的文化强县。

5、加强队伍建设，增强文化活力。以贯彻落实党的“十八大”精神为载体，增强机遇意识、发展意识、和谐意识和创新意识，解放思想、更新观念、奋力拼搏、勇于奉献，建设一支思想新、能力强、业务精、作风硬的文化队伍，使之成为推动威县文化信息资源共享工程发展的中坚力量，以推动我县文化共享工程快速发展。

总之，文化共享工程是一项重要的公共文化基础工程。抓好文化共享工程的实施，推动工程建设是时代赋予我们的光荣使命，让我们迎难而上、用智慧和辛勤汗水成就事业，为建设文化强省做出应有的贡献。

（撰文/威县支中心）

清河县支中心

清河县县域面积502平方公里，辖6镇1处322个行政村，全县人口36.2万，城区面积21平方公里，城区人口13.4万。交通便利，

清河县文化信息资源共享工程在清河县文广新体局的大力支持和精心部署下，逐步推进，稳步发展，在新形势下繁荣农村基层文化，满足农民多层次文化需求，传

递中国民族优秀文化资源等方面发挥了重要作用。

一、基本情况

清河县文化信息资源共享工程建设开始于2007年，陆续在县图书馆及各行政村安装，前期安装设备均通过卫星设备直接接收国家中心下发的各类资源和信息，截止目前，县支中心已安装设备，全县已有295个行政村建成里文化信息资源共享基层服务点。

共享工程清河县支中心设在清河县图书馆，是清河县共享工程的建设和业务指导单位，负责保障县中心共享工程设备的运行，协调镇村级共享工程设备的维修，指导镇村级共享工程活动的开展以及开展全区共享工程管理员的业务培训和指导。

二.管理和队伍建设

为使共享项工程真正为民所用为民谋利，清河县支中心将共享工程日常管理纳入制度化管理。制定支中心、镇、村基层服务点工作职责和制度，实行制度上墙公开。每年有年度工作计划，月度有工作要点，季度有工作督导，年未有工作总结考核，并推行管理员工作同志管理，收集整理共享工程服务活动的得失，探索共享工程管理和服务新模式。

文化资源共享工程作为一个新的农村文化资源获取平台，如何推广好、利用好共享工程丰富的文化资源关键在于是否有一支专业化的共享工程管理员队伍。清河县共享工程支中心在管理员队伍建设上坚持明确职责，明确思路，制度化管理，常态化培育。对于乡镇、村两级基层共享工程管理上择优选取文化层次较高，有一定社会基层管理服务实践经验的大学生村官为管理员，他们工作热情高，有较高的文化水平能尽快熟悉掌握共享工程设备为所在村民服务。

三、培训工作

清河县支中心在共享工程管理员的培养上实现了制度化和常态化。根据支中心工作要求，每年对辖区共享工程管理员进行集中培训，2007年以来一共举办各类培训班18期，参加轮训的各级管理员达180人次。

四、经费投入

清河县共享工程自2007年开始，每年向县财政积极争取工程运行维护经费，用于共享工程设备的维护，人员培训和惠民活动的开展。

五、资源建设

清河县支中心在历年的工作中，搜集不同区域民众文化需求，选取、编辑制作羊绒精梳、汽摩配件技术、清河历史文化系列等各类题材资源3TB，每年制作发放各类光盘200多张，展板10多块，各类海报，发放宣传资料1000余份。

六、合作共建

以共享工程为依托结合全覆盖的农村数字电影厅建立电子文献资源服务中心。将各种部门下发的电子文献资源与建立的共享工程服务点结合，根据不同乡镇、村的硬件条件建立形式多样的电子阅览室和多媒体中心。通过多方不懈努力，共享工程已逐步走入基层村民生活，成为村民获取新知，娱乐身心的新渠道新平台。

七、利民惠众，惠农服务

该支中心在共享工程服务实践过程中，以民众的需求为导向，积极探索，服务民众生活生产，引领群众高尚精神文化生活，打造群在满意喜爱的文化服务新平台。

八、宣传推广

1、清河县支中心利用各种渠道宣传推广共享工程。在县里每年的科技文化四下乡活动，科普之春，科普之夏，科技周等活动中，支中心不失时机，以活动为平台，以资料为媒介宣传共享工程，让民众不断了解共享工程，走进共享工程。

2、走进校园。文化服务中不断探索，利用支中心儿章阅览专区，组织动员青少年儿章关注共享工程，利用共享工程，收集青少年知识兴趣点整理挖掘，深受广大青少年的喜爱。同时组织了“燕赵少年读书系列活动”、网上读书知识竞赛、书签设计大赛等，通过一系列的活动使共享工程不仅走进农村也走进校园走进青少年。

3、专题活动，精彩纷呈。支中心在服务中抓住文化的热点和亮点，积极组织群众喜闻乐见的文化服务，使共享工程走进群众生活。例如在迎接建党90周年之际，支中心举办了网上戏剧票友大赛、录音，邀请市十大京剧票友及县里的京剧爱好者参加，活跃了群众的文化生活，也提供了相互切磋技艺的好机会。

九、工作展望

清河县文化资源共享工程建设仍需努力，继续完成剩余农村基层点的建设，并充分发挥基地作用，成为繁荣清河文化，丰富清河人民精神生活，推动全县人文科技进步的强大动力源泉。

（撰文/清河县支中心）

临西县支中心

临西县总面积为542平方公里。辖4镇5乡299个行政村，总人口达31万人。临西县文化资源共享工程在省文化厅，邢台市图书馆，县文广新体局有关领导的大力支持和部署下，逐步推进，稳步发展，在新形势下为繁荣农村基层文化，满足农民多层次文化需求，传递中国民族优秀文化资源发挥了重要作用。

一、基本情况

该支中心建设开始于2011年11月，2012年2月26日开始试点安装，在全体工作人员的共同努力下，陆续又有全县31个村文化中心开始安装，前期安装设备均通过卫星设备直接接收国家中心下发的各类资源和信息。2012年临西县文化资源共享工程开始普及进入乡镇行政村，至此临西县所属行政村实现全县共享工程14%覆盖。

共享工程临西支中心设在临西县图书馆，是临西县共享工程的建设和业务指导单位，负责保障县支中心共享工程设备的运行，协调镇村级基层点共享工程设备的维修，指导镇村级基层点共享工程活动的开展以及开展全县共享工程管理员的业务培训和指导。

二、管理和队伍建设

为使共享项工程真正为民所用为民谋利，临西县支中心将共享工程日常管理纳入制度化管理。制定支中心、镇、村基层服务点工作职责和制度，实行制度上墙公开。每年有年度工作计划，月度有工作要点，季度有工作督导，年末有工作总结考核，收集整理共享工程服务活动的得失，探索共享工程管理和服务新模式。

文化资源共享工程作为一个新的农村文化资源获取平台，如何推广好、利用好共享工程丰富的文化资源关键在于是否有一支专业化的共享工程管理队伍。临西县共享工程支中心在管理员队伍建设上坚持明确职责，明确思路，制度化管理，常态化培育。对于乡镇、村两级基层共享工程管理上择优选取文化层次较高，工作热情高，有较高的文化水平能尽快熟悉掌握共享工程设备为所在村民服务。

三、经费投入

临西县共享工程自2012年安装使用以来，临西县图书馆已投入5万的运行维护经费，用于共享工程设备的维护，人员培训和惠民活动的开展。

四、资源建设

临西县支中心在工作中，不断搜集不同区域民众文化需求，选取、编辑制作各类题材资源1TB，发放宣传资料1000余份。

五、惠民服务

支中心在共享工程服务实践过程中，以民众的需求为导向，积极探索，服务民众生活生产，引领群众高尚精神文化生活，打造群在满意喜爱的文化服务新平台。文化共享工程实行免费开放，成年人凭有效证件，就可以免费上网查阅资料。学生凭学生证可以上网学习。周末免费为儿童放映知识性趣味性极强的电影。每天接待人次达数百人。这里是儿童学习的乐园，学生们补充知识的殿堂，青年人娱乐的精神食粮，老年票友的聚集地。

六、宣传推广

1、临西县支中心为了正确树立孩子的世界观、人生观、价值观，提高孩子的全面素质。

为0—13岁孩子的父母免费举办了多期“如何能教育好孩子”家长培训班，培训总人数达600余人，

2、加大宣传力度。

拓宽服务领域，为丰富广大群众的精神文化生活，临西县支中心在临西会堂门前小广场利用投影仪放映形式举办了多场公益电影放映宣传活动。

3、九九重阳节

浓浓敬老情临西县支中心送公益电影到敬老院。尊老敬老是中华民族的传统美德，农历九月初九重阳节，支中心的全体工作人员在局领导带领下，怀着对老人的崇高敬意，去我县敬老院慰问老人，并带去了精心挑选的、适合老人看的、能逗老人开心的喜剧片电影。

七、工作展望

临西县支中心从昨天的几个点到今天的三十一个行政村覆盖，从单一的资源接收到今天的编辑分发和群众广泛认知，广泛参与，文化资源共享工程在临西县已经成为临西县人民文化生活的一大支柱，成为繁荣临西文化，丰富临西人民精神生活，推动临西人文科技进步的强大动力源泉。今后临西县支中心希望在省中心，市中心大力支持下，为我们县支中心、乡镇支中心及村基层点专业人员多搞业务培训，为共享工程建设一支专业化的服务队伍，为建设科技临西，文化临西做出贡献。

（撰文/临西县支中心）

武安市支中心

武安市总面积1806平方千米，城区面积16.5平方千米。现辖22个乡镇、502个行政村。武安文化信息资源共享工程在市文广新体局、省图书馆支持和部署下，逐步推进，稳步发展，在新形势下为繁荣农村基层文化，满足农民多层次文化需求，传递中国民族优秀文化资源发挥了重要作用。

一、基本情况

武安市文化资源共享工程建设于2004年，安装设备均通过卫星设备直接接收国家中心下发的给类资源和信息。文化信息资源共享工程的建设，极大的推动和促进了武安图书馆建设。这一方面，我们先后得到了国家、省、市等各级的大力支持。一是2004年底，由省文化共享中心投资4万元、武安市财政投资20万元，建立文化共享武安支中心，通过开设电子阅览室（面积为120m2）开通使用。二是自支中心建立以来，积极向主管文化市领导上建议，递申请，最终将此项经费列入市财政预算，每年投入6万余元，使支中心文化共享工程建设得到进一步发展。三是得到国家文化部、省文化厅、省资源共享工程中心的大力支持，向武安支中心拔入专项经费45万元。四是与重点乡镇加强合作，积极申报村级服务点，获得省资源共享大力支持，相继建立了磁山二街党校、磁山二街村民活动中心、贺进镇、冶陶镇、大同镇兰村、淑村镇白沙村、文体中心、康二城镇等8个村级基层服务点。

二、管理和队伍建设

为使共享项工程真正为民所用为民谋利，武安支中心将共享工程日常管理纳入制度化管理。制定支中心、镇、村基层服务点工作职责和制度，实行制度上墙公开。收集整理共享工程服务活动，探索共享工程管理和服务新模式。

文化资源共享工程作为一个新的农村文化资源获取平台，如何推广好、利用好共享工程丰富的文化资源关键在于是否有一支专业化的共享工程管理员队伍。共享工程支中心在管理员队伍建设上坚持明确职责，明确思路，制度化管理，常态化培育。对于乡镇、村两级基层共享工程管理上择优选取文化层次较高，有一定社会基层管理服务实践经验的人员为管理员，他们工作热情高，有较高的文化水平能尽快熟悉掌握共享工程设备为所在村民服务。

三、培训工作

武安支中心在共享工程管理员的培养上实现了制度化和常态化。根据支中心工作要求，每年对乡镇村共享工程管理员进行短期的集中培训，2004年以来一共举办各类培训班48期，参加轮训的各级管理员达1800人次。极大的推动和促进了武安图书馆建设。

四、资源建设

武安支中心在历年的工作中，搜集不同区域民众文化需求，选取、编辑制作各类题材资源，如《科普宣传影片演示文稿》《我和科学有个约会》科普剧等燕赵少年读书活动的采集与后期制作，每年制作复制发放各类光

盘100多张，如《文化共享助春耕》科普光盘、《井冈山》等爱国影片，宣传展板10多块，发放宣传资料5000余份。

五、开展活动，共享共建

一是积极开展各项活动。几年来，我馆配合省图书馆在我市组织开展青少年读书系列活动，利用图书馆的图书资源及“资源共享”工程的信息资源开展征文、书画、摄影、戏曲、知识竞赛、阅读、诗歌朗诵等活动，并选出优秀作品推荐到邯郸市，由市馆推荐到省馆参加全省评选，每年都有很多作品获省、市奖，图书馆也在举办活动中荣获优秀组织奖。如：开展了“纪念长征胜利70周年青少年读书系列活动”。开展了以“城乡同阅读，携手共成长”为主题系列读书活动，在我市冶陶小学召开启动仪式暨赠书活动，“资源共享”工程武安支中心向冶陶小学赠送300余册少儿读物及读书接力卡。开展了“快乐阅读：与奥运同行”活动，图书馆向遍布在我市城乡的25个荐读活动示范点的广大同学推荐、配送500余册奥运书籍和《穿越时空的圣火——百年奥运回顾》光盘。

二是与群众文化活动相结合，共建和谐。我市西岭湖公园活跃着一支业余戏曲演唱队，他们的演唱活跃了群众文化生活。我馆向社区文化点演出队员赠送50册《武安平调落子音乐》图书，并下载戏曲曲目音乐，组织10名戏曲爱好者到我馆参加省资源共享工程中心举办的“网上跟我唱”活动，其中有4人的唱段被选送到省资源共享工程中心，并参加网上评分，成绩在我省业余选手中名列前茅。

三是与文化团体相结合，丰富资源。资源共享武安支中心与我市灯谜协会联合，连续七年举办“元宵节民俗谜会一条街”活动，成为我市春节期间一项大型群众文化活动。2008年更是以“迎奥运，闹元宵”为主题，专门开设了“奥运点将台”，以“大雪无情人有情”为主题，制作谜语展牌，吸引了2万余人参加，引起社会各界的关注，中央电视台1套“新闻联播”、2套“第1时间”分别做了报道。每年元宵节，除灯笼谜外，在谜语的内容和形式上力求新颖，制作印章谜、08奥运冠军榜、改革开放三十年、猜书名赠书卡、奇联妙谜对书卡等专题谜语，拱门立柱上的8个谜王猜谜之争，吸引了众多的市民和灯谜爱好者。

春节期间恰逢武安古武当山传统庙会，古武当山景区准备了欢快的秧歌和震天的锣鼓，搭建了宽阔的舞台，为四面八方的游客精心准备了丰富多彩的文化娱乐节目，春节期间共接待游客5000多人。作为我馆今年发展的一个服务点，武安支中心为古武当山赠送“基层服务点”牌子一块。

“转黄河”是武安农村的一种传统活动，为了庆丰收希望年年有个好收成，每年正月十三至正月十七闹灯节。武安“转黄河”最有名的是驿山村和兰村，历史久，规模大。正月十七晚上是活动的高潮，四乡八里的人到驿山来“转黄河”，人山人海，转黄河从村中心开始，一个个表演队有序的开始表演，舞狮、耍龙、跑旱船等节目，引领观者一直到黄河地，开始放礼花，放烟火，转黄河。今年正月十七晚上，我馆到驿山村进行录像、拍照，准备录制一套“转黄河”资料，充实地方文献。

六、基层服务点建设

武安市图书馆在利用资源共享工程服务的同时，有重点的发展着村级基层服务点。其中，磁山二街是我们重点关注的一个村级基层服务点。磁山文化有着7300多年的悠久历史，文化资源奇特，内涵丰富。据专家考证，磁山文化遗址出土的文物中，有三项“世界之最”，一是粟的发现；二是家鸡骨的发现；三是出土的炭化核桃。磁山文化遗址现已列为全国重点文物保护单位。在文化共享工程快速发展的有利时期，磁山二街基层服务点充分利用先进成熟的信息技术，采取多种形式开展群众文化活动。①磁山二街利用文化共享工程设备和资源，直接通过各家的电视就能观看各类节目。②每年春节和正月十五，各家各户都要出一个节目，参加村里的新年文艺演出。③通过文化共享工程资源和农村党员干部现代远程教育工程合作，开展党建和村民教育活动。④利用文化共享资源与农村中小学现代远程教育工程合作，开展未成年人教育讲座。通过一系列活动，当地村民切实体会到了文化共享工程在农民生活中的重要。

在各乡镇设置网点，借助文化共享的信息资源，开展信息下乡、技术下乡、图书下乡活动，在讲座室举办科普知识专场放映，摘编《农村科技信息》小报，年均发放8期5000份，内容涉及农业、保健、教育等方面，并在农村建立12个服务点，3个示范园，受到广大农民朋友的好评。像南山底村的侯林生，承包3000亩宜林荒山和120多亩沟地，将其发展成为植树造林、营利发展的经济林，我们坚持为他寄送信息，使他能够及时了解各类信息，避免了走弯路。在他的带动下，王增元、王魁锁、王有山、王双会等24户承包了荒山，目前被承包的荒山发展到11225亩，现在部分承包户已有收益。

今天的精彩成就明天的辉煌，武安资源共享文化工程建设在上级领导的大力支持下，一定能够把握机遇，创新创业，提升武安城市文化建设新台阶。

(撰文/武安市支中心)

临漳县支中心

一、基本情况

临漳县支中心建设开始于2009年，前期安装设备均通过卫星设备直接接收国家中心下发的各类资源和信息。2009年临漳共享工程开始普及进入行政村，第一批20个行政村于当年安装调试完毕。2010年第二批173个行政村，2011年第三批158个行政村，2012年基层建设年设施过程中又增添4个，全县覆盖率达到83.5%。

二、管理和队伍建设

为使共享项工程真正为民所用为民谋利，临漳县支中心将共享工程日常管理纳入制度化管理。制定支中心、镇、村基层服务点工作职责和制度，实行制度上墙公开。每年有年度工作计划，月度有工作要点，季度有工作督导，年未有工作总结考核，并推行管理员工作同志管理，收集整理共享工程服务活动的得失，探索共享工程管理和服务新模式。

临漳县共享工程支中心在管理员队伍建设上坚持明确职责，明确思路，制度化管理，常态化培育。对于乡镇、村两级基层共享工程管理上择优选取文化层次较高，有一定社会基层管理服务实践经验的大学生村官为管理员。

三、培训工作

在共享工程管理员的培养上实现了制度化和常态化。根据支中心工作要求，每年对辖区共享工程管理员进行4期的集中培训，2009年以来一共举办各类培训班21期，参加轮训的各级管理员达2270余人次。

四、经费投入

临漳县文化资源共享工程2009年上级部门投入45余万的购置了基本设备，每年拨付30余万元用于共享工程设备的维护，人员培训和惠民活动的开展。同时，临漳县政府、临漳县文广新局和临漳县图书馆每年也投入大量人力物力支援共享工程各项活动的正常开展。

五、资源建设

2010年7月，我县按要求装修了中心机房和电子阅览室，机房环境配置达到了有配电箱、综合布线、空调、防火器材、地线、防雷、防静电地板标准装饰，购置电脑桌椅35套，现有计算机25台，服务器1个，投影仪1台，卫星站1座，交换机1台，连接了互联网宽带，免费对外服务，为群众提供文化平台。

六、合作共建

以图书馆电子阅览室和共享工程多媒体室为主阵地开展服务活动，与农家书屋和数字电影放映相结合，开设视频资源展播92次，到各村播放大棚蔬菜种植技术视频，向养殖户讲解生态养殖技术，受众1600人次。

七、宣传推广

1、临漳县支中心利用各种渠道宣传推广共享工程。在临漳县每年的科技文化三下乡活动等活动中，下载家禽饲养、苗木、花卉栽培等相关信息达12万多字，并印成资料分发到村民手中。临漳县支中心不失时机，以活动为平台，以资料为媒介宣传共享工程，让民众不断了解共享工程，走进共享工程。

2、走进校园。为加强未成年人思想道德建设工作，除了在馆内针对未成年人开展的活动外，还与县教育局结合，深入各中小学校开展活动。对不具备安装条件的小学，利用图书馆的投影仪到教室播放优秀影片和革命影片，开展爱国主义教育活动。通过一系列的活动是共享工程不仅走进农村也走进校园走进青少年。

3、专题活动，精彩纷呈。临漳县支中心在服务中抓住文化的热点和亮点，积极组织群众喜闻乐见的文化服务，使共享工程走进群众生活。开展了“百场红色电影进农村”活动。

八、工作展望

临漳县文化资源共享工程已走过4个年头，从单一的资源接收到今天的编辑分发和群众广泛认知，广泛参与，文化资源共享工程在临漳县已经成为人民文化生活的一大支柱，成为繁荣临漳县文化，丰富临漳县人民精神生活，推动临漳县人文科技进步的强大动力源泉。

（撰文/临漳县支中心）

涉县支中心

涉县县域总面积1509平方公里，辖9镇8乡、308个行政村，总人口40万。2004年，在省、市领导的大力支持下，文化共享工程涉县支中心正式成立。2007—2008年，争取国家、省、市、县资金95万元，高标准建成专用机房和多媒体电子阅览室，阅览机位达45个。2010年，网速由10兆扩至20兆，并且双网线接入。工作中，涉县支中心积极争取经费投入，地方财政每年给电子阅览室拨付6万元的运行经费，用于运营管理、日常服务和设备维护等开支，为服务工作的可持续发展提供了有力的保障。

几年来，他们始终秉承“读者第一 服务至上”的原则，充分利用馆藏资源及网上资源为读者提供更加优质、便捷的信息服务，为繁荣农村基层文化，满足农民多层次文化需求，传递中国民族优秀文化资源发挥了重要作用，取得了较好的社会效益。

一、基本情况

文化资源共享工程涉县支中心2004年正式成立，随后，井店、河南店等六个镇、村基层点相继建成，通过卫星设备直接接收国家中心下发的各类资源和信息。目前，全县已建成的234个村共享工程服务点设备正常运转，依托农村远程教育网为村民开展服务，剩余74个行政村的设备到位后将陆续调试安装，随着共享工程村村全覆盖，老百姓将更加便捷的享受先进文化资源。

共享工程涉县支中心设在涉县图书馆，负责保障县支中心共享工程设备的运行，协调镇村级共享工程设备的维修，指导镇村级共享工程活动的开展以及开展全县共享工程管理员的业务培训和指导。

二、主要做法和体会

1、领导重视。在县委、县政府的大力支持下，县文广新闻出版局高度重视，把文化信息共享工程作为提升公共文化服务水平，实现广大人民群众基本文化权利，改善城乡基层群众文化服务，促进人的全面发展的一项重要工作抓实抓好，抓出成效。地方财政在资金上给了大力支持，有力的促进了全县共享工程工作的发展。

2、加强阵地建设，营造良好的阅读环境

一是创造良好的网络环境。根据文化部《公共电子阅览室管理规范》，在醒目处制作《多媒体阅览室上机须知》和《岗位职责》等标牌。加强软件、硬件管理和设备的维护，如：保持设备整洁干净，定期进行磁盘碎片整理、杀毒等，最大限度的保证系统正常运行。

二是实名制办卡上网阅览，未成年人办卡还需要家长陪同，读者每天累计上网时间不得超过2小时。

三是工作人员要定时现场巡视，辅导不会上网的老年人，排除出现的误操作，发现不良上网和操作行为后及时进行规劝。

四是注重环境美化，在功能、布局、设施安排和环境的营造上都以读者为中心，如：阅览室保持窗明几净，摆放绿色植物净化空气，免费提供开水服务等，让读者在温馨中享受服务。

3、深化服务，让读者畅享数字文化的乐趣

服务永远是共享工程工作的核心，我们始终以先进文化的“传播者”和知识海洋的“导航员”为工作目标，让读者高高兴兴来，满满意意走，受到读者的一致好评。

一是为未成年人服务，让他们身心健康，开拓视野。利用节假日、暑期等时间全面向中小学生免费开放，让孩子们在绿色网络中健康成长。如：先后组织中小学生参观图书馆、介绍“共享工程”网站、优秀影片展播、网上制作电子报等一系列丰富多彩的活动，电子阅览室已成为了孩子们学习和娱乐的最佳场所，孩子欢迎，家长好评。许多家长一致评价：图书馆的电子阅览室入门免费、环境舒适，资源丰富，以后会常带孩子来的……

二是为中老年人服务，提高晚年生活质量。老人们坐在电脑前，点点鼠标，便知天下事，还能和亲朋好友网上聊天、发邮件，在“脑海”里享受信息时代的乐趣。如：离休干部杜志同志，今年已八十高龄，然而对新生事物的热情一点也不亚于年轻人，2009年开始学习上网，是电子阅览室的常客，不但学会了打字、还经常在网上和远在广州的儿子、孙子聊天、发邮件、传照片，享受信息时代的乐趣。我们工作人员教会了许多老人上网，难怪他们直夸：网络真是个好东西！

三是为农民朋友服务，让他们获取知识，科技致富。“共享工程”实施以后，充分发挥电子阅览室的作用，多种形式为农户提供服务。如：养鸡户江子峰，闲暇之余常到电子阅览室查询肉鸡喂养技术和市场价格；药材种植大户李金波到阅览室查询全国中药材的行情；还有的农户到阅览室查询农产品信息……跟踪服务时工作人员还会把资源下载、复制、刻录后，上门服务，充分发挥电子阅览室在科技兴农中的作用。

四是走出馆外，开展上门服务。在做好阵地服务的同时，利用现有的移动服务设备和优秀的资源，将服务工作尽可能延伸，让资源流动，让人们更便捷地沉浸在书香里，享受阅读的快乐。先后到社区、学校、农村、敬老院等进行优秀影片、戏曲展播，赠送光盘，开展多种形式的服务活动，受到社会一致好评。

4、加强管理，开展培训服务，保证各项工作规范有序开展。

建设“共享工程”基层服务点的目的是为了让更多的群众享受到丰富多样的文化。因此，加强对“共享工程”建设的管理和服务，保证各基层服务点的正常运行，是县级支中心长期而艰巨的一项任务。首先，通过集中举办培训班、进村现场辅导等措施，提高基层站点管理人员和技术人员的素质。其次，建立信息专报制度，及时宣传上级有关指示，了解基层点的工作动态。

5、加大宣传力度，提高共享工程的知晓率。

涉县支中心多渠道、多形式宣传推广共享工程，使群众真正了解它，从而更好的使用它。在每年的服务宣传、文化下乡活动中，涉县支中心不失时机，以活动为平台，以资料为媒介宣传共享工程，同时还通过电视、报纸、网络等媒体进行宣传，让更多的人不断了解共享工程，走进共享工程。

三、工作展望

耕耘与收获同在，他们为每一位读者满意的笑容而欣慰，为百姓对“共享工程”工作的认可而骄傲，也为工作中的差距而不敢一丝懈怠，今后的工作中，图书馆人将一如既往的付出他们的真诚和努力，让“共享工程”为涉县的经济和社会发展上发挥更大的作用！

（撰文/涉县支中心）

鸡泽县支中心

鸡泽县有7个乡镇，169个行政村。鸡泽县文化共享工程在县文广新局支持和部署下，逐步推进，稳步发展，在新形势下为满足人民群众多层次文化需求，传递中国民族优秀文化资源发挥了重要作用。

一、基本情况

鸡泽县文化资源共享工程建设开始于2005年，首先在鸡泽县图书馆成立电子阅览室，配备安装了26台电脑，此后陆续在各个乡镇成立电子阅览室。本着“公益性”原则，电子阅览室全天候开放，为全县群众提供最新信息。为了更好地满足人民群众的文化需求，服务千家万户，鸡泽县图书馆于2006年初开展了文化资源共享进农村活动。县图书馆与乡镇文化站联手，在各村轮流播放电影和种植、养殖等各方面信息。农民需要什么，我们就提供什么。此后还陆续开展了文化资源共享进工厂、进学校等服务，逐步实现了资源的全覆盖。2009年鸡泽县图书馆落实实施图书资源共享服务，在各村农家书屋与县图书馆之间实现了资源共享。

鸡泽县文化信息资源共享支中心设在县图书馆，占地面积100平方米。现有计算机30台，服务器5台，投影仪1台，卫星接收系统1套，交换机2台。

2012年，县级支中心经过精心的筹备，电子阅览室、多媒体演播室、中控机房按照省级标准和要求已装修完毕，并安装了卫星接收系统、三级防雷系统及安全监控系统。现有计算机30台，服务器5台，投影仪1台，卫星接收系统1套，交换机2台，一次可供25位读者登机阅览，多媒体演播室配有自动升降投影机和自动升降式幕布及音箱、功放、DVD等设备。2012年5月1日起电子阅览室和多媒体室对外开放，实现了图书免费自由选择阅览，一卡通上网浏览阅读、查寻、检索，为广大青少年和广大读者提供最佳的服务，让文化信息资源共享服务惠及鸡泽人民。

二、管理和队伍建设

鸡泽支中心将共享工程日常管理纳入制度化管理。制定支中心与乡镇基层服务点工作职责和制度，实行制度上墙公开。每次活动前有计划，活动后有总结，年未有工作总结考核，并推行管理员工作同志管理，收集整理共享工程服务活动的得失，探索共享工程管理和服务新模式。支中心在管理员队伍建设上坚持明确职责，明确思路，制度化管理，常态化培育。对于共享工程基层工作人员择优选取文化层次较高，有一定社会基层管理服务实践经验的人员作管理员，他们工作热情高，有较高的文化水平能尽快熟悉掌握共享工程设备为所在村民服务。

三、利民惠众，宣传推广

鸡泽支中心在共享工程服务实践过程中，以民众的需求为导向，积极探索，服务民众生活生产，引领群众高尚精神文化生活，打造群众满意喜爱的文化服务新平台。

四、宣传推广

鸡泽支中心利用各种渠道宣传推广共享工程。

1、根据鸡泽农业生产特点，鸡泽支中心在农闲时节为农民放映养殖、种植等方面的科技知识节。在每年的科技文化下乡活动中，鸡泽支中心不失时机，以活动为平台，以资料为媒介宣传共享工程，让民众不断了解共享工程，走进共享工程。

2、走进校园。鸡泽支中心文化服务中不断探索，支中心组织动员青少年关注共享工程，并组织学生到电子阅览室在线学习学生日常规范、如何自救等常识。

3、走进工厂。鸡泽支中心先后深入20多家工厂为工人们放映电影，不仅丰富了他们的业余生活，同事们聚在一起也增进了感情。

鸡泽县文化资源共享工程不断发展，不断完善。群众的广泛参与是鸡泽文化资源共享工程前进的强大动力。鸡泽支中心将在国家政策的指引和支持下，为鸡泽共享工程建设一支专业化的服务队伍，服务全民，成为鸡泽人文科技进步的强大动力源泉。

（撰文/鸡泽县支中心）

馆陶县支中心

馆陶县全县总人口33.4万，辖4乡4镇277个行政村，县域面积456.3平方公里。文化资源共享工程在省文化厅的支持下、在市文化局的指导下，馆陶县支中心逐步推进，稳步发展，在新形势下为繁荣农村基层文化，满足农民多层次文化需求。传递中国民族优秀文化资源发挥了重要作用。

一、基本情况

馆陶县文化信息资源共享工程始建于2004年，最初在王桥乡、车疃村、闫沿村三个村试点安装，此后陆续在全县八个乡镇文化中心开始安装，2010年馆陶县文化资源共享工程开始普及到乡镇行政村，截止2012年6月底第三批全县235个村于已全部安装调试完毕。到2013年底争取全县277个行政村实现全覆盖。

共享工程馆陶县支中心设在馆陶县图书馆，是馆陶县共享工程的建设和业务指导单位，负责保障县中心共享工程设备的运行，协调各乡镇、各行政村共享工程设备的维修，指导乡镇、村共享工程活动的开展以及开展全县共享工程管理员的业务培训和指导。

二、管理和队伍建设

为使共享工程真正为民所用、为民谋利，馆陶县支中心将共享工程管理纳入制度化管理。制定支中心、乡镇、村基层服务点工作职责和制度，实行制度上墙公开。每年有年度工作计划，月度有工作要求，季度有工作督导、年末有工作总结考核。

文化资源共享工程作为一个新的农村文化资源获取平台，如何推广好、利用好共享工程丰富的文化资源，关键在于是否有一支专业化的共享工程管理员队伍。馆陶县支中心在管理员队伍建设上坚持明确职责、明确思路、制度化管理、常态化培育。对于乡镇、村两级基层共享工程管理上择优选取文化层次较高，有一定社会基层管理服务实践经验的村主任、村委委员为管理员，他们工作热情高，有较高的文化水平，能尽快掌握熟悉共享工程设备的使用和维护，使共享工程真正发挥其作用。目前，馆陶县支中心管理员70%为村主任，30%为村委委员，均是专职管理员，实现了管理员选取的高起点。

三、培训工作

馆陶县支中心在共享工程管理员的培养上实现了制度化和常态化。馆陶县将培训作为抓手，不断提升农村管理人员的业务素质和水平。一是积极派人员到外地学习共享工程的各类技术及管理经验。二是由县举办多层次的培训班，如“全县文化信息资源共享工程技术培训班”、“全县技术人员卫星教育培训班”、“全县共享工程基层中心卫星三级站技术培训”等，2012年累计举办培训班4期120余人次，并颁发结业证书，实行持证上岗。三是坚持引进和聘用相结合，招聘了一些熟悉计算机及网络技术的专业人才。目前，全县235个帮扶村的文化专业人员均多次参加了文化信息资源共享工程技术培训。馆陶县已经建立了一支懂计算机、网络、多媒体技术、懂书屋管理的专业队伍，保证了共享工程持续发展。

四、经费投入

馆陶县共享工程自2004年建设以来，投入70余万的运维经费，用于共享工程设备的维护，人员培训和惠民活动的开展。

五、资源建设

馆陶县支中心在历年的工作中，根据农民群众所需，选取、发放各类光盘1800多张，展板120多块，各类海报，贴画42副，发放宣传资料2000余份，受到大家的一致好评。

六、服务群众，发挥作用

文化信息资源共享工程是丰富基层群众精神文化生活，促进文化繁荣发展、社会和谐稳定的一项重要举措。一是教育引导。引导村民自觉遵守规章制度。并把省、市、县提供的文化资源共享工程各项制度，如《文化资源共享管理制度》、《农家书屋图书借阅制度》、《农家书屋管理制度》、《农家书屋管理员岗位职责》、《卫星数字农家书屋管理制度》等不仅上墙，而且印刷成明白纸，谁来了发给谁一张，谁走了就问一问，有哪些制度，借了书何时还，不能随意损坏等。另外，实行了书屋“五公开”，即在书屋外墙显著位置张贴公告牌，向村民公布书屋开放时间、管理员姓名、照片、电话和出版管理部门监督电话，极大方便了村民借阅。比如柴卜镇林北村村民霍爱明的女儿霍立伟2012年10月29日参加全国皮划艇500米比赛，荣获亚军，在比赛的当天，半数村民集中到数字农家书屋，利用投影仪，一同观看，大家都心情激动，暗地里为自己的孩子加油助威，当看到取得优异成绩时，大家一起欢呼，并激起了每个村民培养孩子成为国家栋梁之才的信心和希望；如寿山寺乡法寺村张学波，种植了10亩红富士苹果，因其管理技术要求相对较高，他就借助电子阅览室和多媒体中心，认真学习生产技术、种植特点等；如徐村乡南徐村，一个外号“二愣子”名叫霍学善的小青年，一有空就一头扎进“书屋”，往往是媳妇喊了好几趟才不情愿地从“书本里”、“电视科技节目里”钻出来，今年新增养鸡1万只。利用农家文化大院、农村文化活动室、农家书屋等，积极传播科学知识、先进文化，引导农民脱贫致富，丰富和活动基层文化生活。累计受教育群众20万人次。二是规范运作。县支中心坚持周指导、月检查，对文化信息资源共享工程使用做到时时监督。目前，全县设备利用率达到100%，使文化信息资源共享工程真正成为了一项惠民工程。

七、着眼长效，夯实机制

一是完善一个机构。即把化信息资源共享工程作为一个长期任务来抓。为此，建立了县乡村三级管理机构，形成一级抓一级，层层抓落实、事事有人抓的落实机制。二是明确一个规划。即着眼长远，不把基层建设年作为阶段性的任务来抓，而是着眼明年甚至较长一个时期来抓，县、各乡镇村都制定了长远发展规划，确保文化信息资源共享工程得到有效落实。三是抓好一批典型。采取以点带面方式，确保一批重点村发挥带头作用。四是培训一批骨干。加强对乡、村基层中心和服务网点技术人员的业务培训，尽快培养一批技术业务骨干，为共享工程加快发展奠定人才基础。

八、工作展望

馆陶县文化资源共享工程已走过9个年头，文化资源共享工程在馆陶已成为馆陶人民文化生活的一大支柱，成为繁荣馆陶文化，丰富馆陶人民精神生活，推动馆陶人文科技进步的强大动力源泉。今后，馆陶县支中心希望在上级部门的大力支持下，建设一支专业化的共享工程服务队伍，尽快实现共享工程的全覆盖，使服务方式更加多样，服务网点更加宽广，参与群众更加广泛的共享工程文化带动体系，为建设文化馆陶做出贡献。

（撰文/馆陶县支中心）

曲周县支中心

一、基本情况

曲周县文化资源共享工程建设开始于2010年3月，最初在县图书馆调试安装了县级共享工程，此后陆续在全县十个乡镇文化中心开始安装，全部安装设备均可通过卫星直接接收国家中心下发的各类数据资源。2010年11月，曲周县文化资源共享工程开始普及进入乡镇行政村，第一批20个行政村于年底安装调试完毕。2011年第二批30个行政村进行安装，至此曲周县所属行政村实现共享工程覆盖率达到70%。曲周支中心设在曲周县图书馆，是曲周县共享工程的建设和业务指导单位，负责保障县中心共享工程设备的运行，协调乡村级共享工程设备的维修，指导乡村级共享工程活动的开展以及开展全县共享工程管理员的业务培训和指导。

二、日常管理

为使共享项工程真正为民所用为民谋利，曲周县支中心建立了一支专业化的共享工程管理员队伍。目前曲周县共享工程管理员均为本科学历大学生，他们工作热情高，有较高的文化水平，能尽快熟悉掌握共享工程业务，为人民大众服务。曲周县共享工程坚持了制度化、规范化的日常管理。制定了支中心、镇、村基层服务点工作职责和制度，年度有工作计划，月度有工作要点，季度有工作督导，年末有工作总结考核。并推行管理员工作日志管理，收集整理共享工程服务活动的得失，探索共享工程管理和服务新模式。

三、业务培训

为了给文化共享工程建设提供人才保证，曲周县支中心建立了管理服务人员培训工作制度，把人才培训落到实处。以县级为主，县、乡两级共同负责村级基层站点业务人员的培训工作。采取先急后缓的原则，科学制定培训规划和年度培训计划，每季度举办一期“文化信息资源共享工程培训班”，每年对本级中心应负责的文化共享工程从业人员轮训一次。并通过开展业务竞赛、技术比赛、服务创新等竞赛活动，激发文化共享工程从业人员学习业务、提高技术水平的积极性、创造性。2010年以来，共举办各类培训班11期，参加轮训的各级管理员达410人次。

四、资源建设

各试点电子阅览室建设完成后，于2010年4月起陆续开展免费服务，曲周县支中心电子阅览室最早开放，开放初期人员络绎不绝，许多留守儿童利用电子阅览室上网与外地打工的亲人面对面视频交流，农民朋友上网查询种植、养殖业资料；同时在各大网站浏览新闻，了解国内外大事，登录相关论坛，在新浪网等网站上注册博客。这些网络资源在电子阅览室得到了高度利用，极大地丰富了他们的空余时光，将他们从麻将桌吸引到电脑面前，扩大了知识面，缩小了城市与农村的数字鸿沟。

曲周县支中心在历年的工作中，选取、编辑制作各类题材资源10G，每年制作各类光盘20多张，同时收录国家文化建设资源200G，内容包括少儿教育、种植养殖、民间艺术、经典影片等。并及时利用移动硬盘拷贝或刻录成光盘送到各基层点电子阅览室。

五、惠农服务

曲周县支中心制定了系统的文化惠民工程实施方案。坚持以民众需求为导向，以公共文化服务体系建设为龙头，以管理和服务为核心，以城乡基层文化阵地建设为重点，推动文化惠民服务活动的开展，着力解决基层特别是农民群众看书难、看戏难、看电影难、开展文化活动难的问题，使全县城乡群众共享经济发展带来的文化成果。同时，根据地域农业生产特点，曲周县支中心每年将按节令制作农业生产技术光盘通过行政村基层服务点向村民分发。针对不同农业专业户，曲周县支中心还有针对性地选取资源提供上门指导服务。

六、宣传推广

1、走进农村。曲周县支中心利用各村广播宣传共享工程知识，让群众了解共享工程。利用农忙时节到田间地头分发宣传册或提供农业科普知识，让群众走进共享工程。收集整理有效的、实用的数据资源内容，让群众认可共享工程。

2、走进校园。曲周县支中心文化深入校园了解学生喜闻乐见的节目，不断探索挖掘青少年知识兴趣点，开辟儿童阅览专属数据资源区，组织动员青少年儿童关注共享工程，利用共享工程。同时按照邯郸市中心的部署在全县中小学校开展了网页制作和电脑美术设计大赛活动，让青少年充分发挥想象空间，在积极活泼的参与中了解认识共享工程。

3、走进社区。曲周县支中心在傍晚时段利用广场、公园开展群众参与的歌舞活动，同时利用剧场组织室内大型群众喜闻乐见的表演活动，使共享工程走进并丰富群众生活。例如在今年7月份组织开展了曲周县戏迷爱好者参加、知名戏曲家评判的戏迷大奖赛活动，得到了市、县领导的高度评价，同时也让群众感受到了共享工程带来的实惠。

(撰文/曲周县支中心)

全国文化信息资源共享工程——

山西省分中心

山西省是全国文化信息资源共享工程（以下简称“文化共享工程”）发起省份之一，2002年在太原市召开的现场会是文化共享工程开始实施的标志。十年来，在全省各级党委和政府的大力支持下，各级中心和基层工作人员的共同努力下，山西省文化共享工程建设取得了丰硕成果。

一、基本情况

2004年，时任山西省委常委、省委宣传部部长申维辰、省财政厅副厅长石常明、省文化厅厅长成葆德等领导出席了山西省文化共享工程专业技术人员培训班的开班仪式，并做出重要指示。申部长指出，省委非常支持这件事，希望大家把培训任务完成好，发挥好共享工程的作用，让更多的老百姓享受这项工程。尽管这项工作难度很大，但文化工作者要有全局意识，要有主动性与自觉性，通过不懈地努力去把工作做好。

2008年，省委常委、省委宣传部部长高建民在全省文化工作会议上发表重要讲话，指出文化建设与经济、政治、社会建设一样，是构成中国特色社会主义的重要内容。要加大文化服务力度。积极推进乡镇综合文化站建设工程、文化信息资源共享工程、农村电影放映工程，解决基层群众特别是农民群众看书难、看戏难、看电影难等问题，充分体现公共文化服务的均等化。

省文化厅厅长张明亮在2008年山西省公共图书馆馆长工作会议上指出，在当前和今后一段时期内，各级公共图书馆应全力继续推进文化共享工程的建设。

由于领导重视和各级党委和政府的大力支持，通过山西省文化共享人的不懈努力，全省的文化共享工程建设取得了丰硕成果。

二、网点建设

全省已建成省级分中心1个；市级支中心6个；全省119个县级图书馆基本建成标准化、规范化的县级支中心；另建成乡镇基层服务点894个，街道基层服务点81个，社区服务点788个，并与农村党员干部现代远程教育工程合作，全省28236个行政村，全部建成拓展型村级基层站点，在全省范围内实现了全覆盖。

规范化县级支中心管理和技术培训课堂

三、经费投入

“十一五”期间资金投入情况，到2010年底，中央财政共投入13914万元，其中设施建设经费13514万元，资源建设经费400万元。省财政共投入共6553万元，其中设施建设经费5702万元，资源建设经费751万元，远行维护经费100万元。

按照中央要求，山西省各县支中心每县补助68万元，村级站点每站补助5000或6000元。所需资金由中央财政与地方财政各负担50%。对地方负担部分，山西省按省、市、县4：3：3比例负担，即县级支中心中央补助34万元，省级补助13.6万元，市、县负担20.4万元；村级站点中央对三分之一的村补助3000元，三分之二的村补助2500元，省级补助1000元，市县负担2000元。按照要求资金主要用于配备相应设备以及对场地的改造。

四、资源建设

到2010年底，山西省分中心资源总量达20TB。其中自建资源3TB。建设的数据库主要有：

1、山西风雅颂地方资源多媒体数据库。《山西风雅颂》数据库共包括山西非物质文化遗产、山西戏曲、一方水土、文源讲坛、赵树理等五个子数据库。现已完成山西非遗数据库、山西戏曲、文源讲坛、一方水土、赵树理五个分库的校验工作。

2、山西非物质文化遗产数据库。主要包括传统手工技艺、民间文学、民间舞蹈、传统戏曲、民间音乐、民间美术、民间医药、民俗、杂技与竞技、曲艺等十个方面的内容。

3、山西戏曲数据库。山西是中国的戏曲之乡，是戏曲梆子声腔的发源地，山西戏曲为中华戏曲的兴盛做出重大贡献。山西现存明清戏台达2887座，我国现存的8座元代戏台都在山西，全国30多座明代戏台中山西占有28座，我省先后共有40多位演员荣获过“梅花奖”，居全国之冠。山西戏曲数据库采用影音、图片、文字等多种手段收集山西戏曲素材，记录山西戏曲发展历史。

4、一方水土数据库。主要包括《一方水土》和《昭晰神光》两个专题。重点讴歌山西这块土地和这块土地上勤劳智慧的人民。山西的水土孕育了三晋儿女，自有人类文明以来，山西在中华文明的史册上一直书写着华彩的篇章。三晋文明的辉煌与绚烂，都在一方水土数据库中有客观真切的记录与展现。

5、文源讲坛数据库。“文源讲坛”是山西省图书馆于1999年创办的讲座栏目。经过十年苦心经营、创新发展，文源讲坛形成了由星期日讲座、山西省领导干部历史文化讲座、中学生暑期讲座等众多子栏目共同组成的系列讲座，并已发展成为山西及图书馆界的文化品牌。讲座立足山西，又不囿于山西，将传播三晋文化与弘扬中华文明紧密结合，既研究历史，又关照现实，涉猎政治、经济、军事、文化诸多领域。该数据库就是从十年来各类讲座中精选出来的。

6、赵树理数据库。"山药蛋派"是新中国文学史上最重要、最有影响的文学流派之一。这个流派的开创者就是山西著名作家赵树理。他以其巨大的文学成就被称为现代小说的"铁笔"、"圣手"，在现当代文学史上占有一席重要地位。该数据库从多方面展现了人民作家赵树理的风采。

7、全文数据库。山西省图书馆从2001年开始进行全文数据库的制作，经过近十年的积累，目前已完成省外看山西、山西历史地名、山西人物名录、山西文献书目提要等十八个全文库。

目前，山西省分中心正在制定全省的资源建设规划以及资源建设办法。我省的资源建设工作将更科学化、高效化，必将跃上新台阶。

五、多种传输模式互为补充

我省文化共享工程技术模式从"十一五"初期的以卫星模式传递资源为主，到现在多种资源传输模式互相结合，互为补充，实现了跨越发展。现在我省文化共享工程主要的传输方式如下：

1、地面网络传输。地面网络传输是指利用地面互联网线路来传送数据资源，主要包括传统的文件服务器（ftp）方式、虚拟专用网（vpn）模式、北京中数创新公司资源平台、Interlib业务总分馆系统四种方式。此外，我省采用了联想传奇视频点播系统，满足互联网上宽带流媒体传输的需求。

2、机顶盒+宽带（IPTV）。我省农村基层服务点基本采用该模式。它的优点是：IPTV站点全省基本全覆盖，避免了重复建设；利用网络电视，手持遥控器就可点击浏览网页，操作简单；资金投入少，维护简便，建站周期短，普及速度快；对基层站点的人员技术含量要求较低，人员培训工作易实施，技术人员队伍相对稳定；IPTV页面安全可控，方便日常管理。

3、有线电视模式。2007年，我省部分乡镇服务点开始通过有线电视将文化共享工程资源直接传递到群众家中，为群众服务，还通过电话实现了资源点播，省分中心在太原市尖草坪区电视台进行了有关试点工作。该模式将资源直接传递到户，服务面广，影响大。

4、卫星模式。全省各级中心通过卫星接收国家中心下发的各种资源，主要优点是无需地面网络，没有线路费用，资源传输速度稳定可靠，是我省各级中心的重要资源获取途径。

5、政务外网。我省分中心已实现与国家中心进行资源传递，随着全省政务外网建设覆盖到市县，将实现省分中心与市县中心的高速资源传递。

6、硬盘、光盘拷贝下发。通过硬盘、光盘可以实现大批资源的传递，是光盘资源以直观使用方便的特点深受群众的喜爱，该模式是资源传输中不可缺少的补充。

六、惠民服务

随着文化共享工程建设的推进，网络体系基本构建完成，文化共享工程各级中心及基层站点的软硬件条件有了明显的改善，具备了提供良好服务的能力。各级中心、基层站点利用文化共享工程配发的设备、资源开展多种多样的阵地服务和延伸服务，很大程度上解决了农民看书难、看电影难、看戏难的问题。截至目前，山西省各级中心累计服务约1500万人次，真正把文化共享工程办成了深受三晋百姓欢迎的民心工程。

"百县千乡"基层点技术培训

2003年，文化共享工程落户山阴县，把最先进的科技成果，最优秀的文化资源，传送到千家万户。山阴县支中心安排专人下载群众的信息需求，保证群众在第一时间获取所需信息。迄今已登记信息需求5000余条；提供养殖信息服务800多人次，提供种植信息服务1300多人次，提供市场供求信息的1500多人次，提供电影、图书、戏曲2000多人次。山阴县的农民群众从这些信息中得到了实惠。如合盛堡乡"金茂源奶牛合作社"在文化共享工程山阴县支中心成立以后，经常派人到乡基层站学习，观看养殖视频，并和乡基层服务站结成了帮扶对子。他们掌握了科学饲养和管理办法，现已拥有100多头产奶牛，经济效益十分可观。吸引附近村镇及河北、内蒙等地的养殖大户相继入驻园区，对当地经济发展起到了极大的推动作用。

襄垣县王桥镇王桥村文化共享工程基层服务点于2006年建成后，站点工作人员在掌握共享工程服务技术并能按部就班地开展工作之时，探索出一套能利用频道切换机和调制解调器将共享工程的丰富资源切入到有线电视发射机中，通过有线电视网络播放到每家每户的方法，实现了把先进文化送到群众炕头的"户户通，全覆盖"目标。由此，王桥村基层服务点利用有线电视网络将接收到的文化共享工程资源中大量优秀的文化信息资源，采取全免费开放的形式进行传播，每周一、三、五分别为群众提供电子信息阅览和农事指南、科普知识、大众医药、戏剧戏曲、影视欣赏等农民群众喜闻乐见的节目。

央视记者深入田间采访东楼村受益村民

"网上公益课堂"座无虚席

2011年，山西省各级中心积极组织参与了国家中心倡导的中秋节关爱农民工服务活动、庆祝建党90周年系列活动和"文化共享杯"知识竞赛，并结合国际国内时事因地制宜地开展了多项活动。在庆祝建党90周年系列活动中，我们的各县市支中心、基层服务点组织"颂歌献给党"活动550多场次，参加活动人数近3.6万人。山阴县合盛堡乡农民用晋剧曲调创作了《齐赞共享工程好》、河曲县支中心用二人台曲调创作了《文化共享颂党恩》、临猗县支中心创作了歌曲《红网之魂》。这些歌曲琅琅上口，振奋人心，表达了基层群众对党的热爱和对文化共享工程的喜爱。

七、培训工作

我省采取多种方式（包括网络培训、IPTV培训）对共享工程工作队伍进行培训，共计培训90余万人次，规模大，效果好，培训工作实现大的跨越。主要的培训方式有：

1、集中培训。集中培训是我省培训工作的主要方式。这种培训方式人员集中，人数较多，节省时间、师资，又有利于学员理解所学知识和增进交流。经过集中培训的学员现都已成为各支中心、各基层站点的技术骨干。山西省分中心每年至少举办两次集中培训，不断立足新起点，着眼新目标，抽调专业技术人员开展有针对性、实用性的集中培训学习。针对学员水平与能力参差不齐的特点，讲课老师采用深入浅出和灵活互动的授课方式，向大家传授新知识与新技术。

从2008年到2012年，山西省分中心共举办4期文化共享工程管理与技术培训班，参加培训的对象为已建成的规范化县级支中心的馆长及技术人员，并颁发结业证书。培训期间，山西省分中心特别邀请部分企业技术人员，为大家讲授规范化县级支中心相关设备合理使用、日常维护以及故障排除等方面的知识与技能。

2009年，山西省分中心与阳泉市支中心共举办"文化共享工程技术服务经验交流会"。会议安排长治市等7个市县支中心馆长和1个村基层站点管理员作了大会发言。参会各馆均提交书面经验交流材料。大会就如何将技术与服务更好地融合；提升基层站点管理员的基本素质与技术服务能力等问题进行了热烈地讨论。

2009年、2011年，山西省分中心积极筹备参加管理中心举办的"文化共享杯"竞赛活动，提高全省文化共享工程人员队伍素质。山西省分中心自接到"文化共享杯"知识技能大赛通知后，高度重视，精心组织，及时下发通知，要求各支中心积极参与。

省分中心在各市县支中心的积极配合下，两次成功组织山西省赛区的预赛，并为参加全国比赛选拔了队员。知识与技能竞赛是文化共享工程系统内部加强学习交流、提高业务技能、凝练团队精神，推动文化共享工程健康发展的有效途径。竞赛现场的全程视频直播，有利于更广泛地宣传文化共享工程。

2012年4月，山西省分中心与长治市支中心合作举办"山西省公共图书馆、文化共享工程通讯员培训班"。来自我省部分市、县图书馆及市县、支中心的70余名学员参加了学习，为做好文化共享工程宣传工作打造了通讯员队伍。

2、现场实地培训。山西省分中心技术人员在进行设备安装、维护、基层站点工作督导或图书馆其他业务工作辅导中，都实地进行现场教学，手把手地教各级支中心和基层服务点工作人员掌握相关技术。如，2008年3月，山西省分中心技术员赴山西省运城市等地解决卫星调整遗留问题和其他技术故障。技术人员对16个站点设备进行维护，对工作人员进行培训。

山西省分中心与文化共享工程设备招标单位协商，要求其对各自供货地区进行现场培训。山西省分中心对其培训效果进行验收。培训前，山西省分中心要求供货商制定培训计划、培训教程；培训过程中要求供货商上报培训进程与总结，保证领取设备行政村的操作人员会管理、会操作设备。2008年10月17–23日，山西省分中心派出3个验收小组，分赴山西省10个市26个县（区）进行检查，随即将发现的问题汇总，严肃指出各公司存在问题并限期整改。整改后，山西省分中心再次进行电话回访，力求保质保量地完成建设任务。2009年，针对6800个行政村投影仪下发工作，投影仪供货商与接受设备的县（区）图书馆联合组织开展了下发投影设备的使用、维护的培训活动。

3、利用互联网及现代通讯工具进行远程培训。利用互联网的便捷性，山西省分中心通过网络实施远程培训，建立"山西省共享工程群"。要求全省各市县支中心、基层站点工作人员加入群中，实时进行教学辅导。目前，山西省共享工程群已经有100余人加入。此外，山西省分中心还通过MSN和E-mail等网络软件及电话传真等通讯工具进行实时教学。

八、荣誉奖项

2005年在国家资助设备下发及安装工作中荣获等奖。

2007年荣获全国第十四届群星（服务）奖。

2011年在全国文化信息资源共享工程"阳光少年热爱党"电脑小报设计比赛获组织奖，在"颂歌献给党——全国文化信息资源建设管理中心迎接建党90周年群众歌咏活动"中荣获最佳组织奖，在第二届文化共享杯——全国文化信息资源共享工程知识与技能竞赛活动中荣获三等奖。

2012年"像雷锋那样"全国中小学生电脑小报设计比赛荣获优秀组织奖。

九、工作展望

未来几年，我省将进一步完善和加强文化信息资源服务网络建设，完善文化共享工程乡镇（街道），村（社区）基层服务点建设。按照国家文化共享工程"建设方式从铺摊设点的规模化建设向专业化和品牌化转变，工作重点从侧重工程设施建设向侧重管理服务转变，发展模式由单一化向社会化转变"的新思路，实施公益电子阅览室建设计划，加强数字资源建设，加大培训工作力度，创新服务方式，加强合作共建，全面提升全省各级中心和基层站点的运行服务水平。

总之，山西省分中心将以改革创新，开拓进取的精神在新的发展阶段，适应新的发展趋势，走出新的发展思路，争取在文化共享工程建设中取得新的突破。

（撰文/山西省分中心）

太原市支中心

太原市图书馆2002年参加"山西省文化信息资源共享工程"建设，成为试点单位。太原市图书馆作为文化共享工程市级支中心，在国家中心、省分中心和市政府的关心和支持下，历经十年的发展建设，更新了电脑、服务器、存贮器等设备、设施，正在向标准化的市级支中心建设发展。

太原市文化共享工程支中心依托太原市图书馆，利用现有自动化、网络化条件先后建立了电子阅览室、文化共享工程播放室等服务场所，利用文化共享工程接收的资源和馆藏资源开展了形式多样的文化共享工程服务、培训等工作，利用电子阅览室开展网上参考咨询、电子图书阅览、数据库查询等电子阅览服务，利用文化共享工程播放室开展娱乐节目、影视节目、热门讲座、读者培训等播放服务，年均播放400余场，多年来一直坚持利用暑期期间深入到周边社区开展"文化共享工程太原市支中心消夏电影"播放活动。根据国家、省市的活动要求，我们多次组织读者开展如"青少年网页制作"、"文化共享工程知识竞赛"等各类培训和读者活动，多次荣获山西省分中心的表彰。同时，文化共享工程太原市支中心把文化共享工程的优秀资源以光盘、移动硬盘、电影讲座现场放映等形式送进了太原地区的社区、学校、军营、文化共享工程各县区支中心及乡镇，受到了广大读者和市民的欢迎。

党的十七届六中全会的召开，为当前文化的大发展大繁荣提供了良好机遇，我们以此为契机，制定了文化共享工程太原市支中心的发展规划，将从三方面进一步加强太原市支中心的建设和服务。

一、基础建设

太原市图书馆是被国家"数字图书馆推广工程"列为首批建设的地市级图书馆，我们将通过太原数字图书馆的建设，推动文化共享工程太原市支中心的软硬件设施设备的配套建设，实现共建共享，加强人员管理和培训，以技术过硬、优质服务为原则，加快文化共享工程太原地区的发展建设步伐。

二、资源建设

我们将进一步对馆内资源以及太原地区的特色资源进行加工整理建库，完成如：覆盖全国各省、市、县的地方志书目数字化，古籍数字化，晋阳文化文献资源数据库，太原地方名人、名家、草根文化讲座录制，太原地区非物质文化遗产摄制等特色数字资源加工整理的建库工作。我们力争通过5年的建设，使社会公众能够获得的数字资源总量大大提高，达到市级数字图书馆数字资源量30TB；使我们的服务覆盖范围由图书馆物理空间扩展到互联网、手机、电视、智能移动等终端。

三、服务建设

我们依托太原市各服务网络站点进行传统服务的同时，通过现代科学技术手段，依托互联网、移动通讯网、广电网等网络通道，使计算机、手机、智能移动终端、数字电视等各种终端访问太原市图书馆的网络资源，为读者、市民提供高效便捷的服务。近期，我们开展了为小学生"办实事、解难事"的"春雷读书"活动，免费为太原市小学生发放特制的"小学生阅览证"，这样将会有20余万的小学生可以享受到太原市图书馆和文化共享工程太原市支中心提供的各种服务。

四、工作展望

太原市文化共享工程支中心将以"时时可看，处处可学，人人可享"为宗旨，以服务为导向，以资源建设整合为核心，以高水平的技术、服务为保障，力争把太原市文化共享工程支中心建成资源优质丰富、技术先进实用、传播高效互动、服务便捷贴近的公共数字文化传播服务体系，使文化共享工程太原市支中心成为太原地区基层群众的信息中心、学习中心和数字文化中心。

（撰文/太原市支中心）

太原市小店区支中心

太原市小店区支中心于2008年正式建成并投入使用，投入经费约3万余元，配兼职人员1名。中心面积100平方米，设有电子文献阅览室、中心控制机房和办公室。电子文献阅览室现有终端共30台，其中管理机1台；

中心控制机房现有设备：综合管理服务器、交换机1台，扫描仪1个，便携计算机1台，移动硬盘2块，复印机1台，激光打印机、照片打印机各1台，数码照相机2台；办公室有电脑1台。

共享工程作为一项文化创新工程，在我区实施以来所发挥的作用十分显著，无论是促进社会主义和谐社会的构建，还是在促进社会主义新农村建设上，都彰显出了它作为文化创新工程的独特魅力。

为了充分发挥小店区共享工程资源在传播先进文化方面的作用，为让更多的城乡群众享受到内容丰富、健康向上的文化信息，全国文化共享工程小店区支中心集思广益，多年来不断开展各项活动，注重了资源整合工作，把共享工程、党员远程教育和农家书屋进行了大力整合，不仅有效地节约了资金，方便了管理，还进一步扩大了服务范围。

全国文化共享工程小店区支中心利用共享工程基层服务点配备的设备，设立社区百姓影院，实现了社区居民“不出社区观赏影片”的愿望，利用一体机内储存丰富的影片资源，放映各种题材、各个年龄段人群喜爱的影片。

小店区支中心将针对当前我区文化事业的实际情况和科技发展的水平，继续整合现有的文化资源，积极开展创新工作，推进共享工程在我区的全面发展。

（撰文/太原市小店区支中心）

清徐县支中心

2012年，是“十二五”规划的重要之年，清徐县图书馆在上级主管部门的正确领导下，在省、市图书馆的指导和人力支持下，通过全体职工的共同努力，以贯彻十七届六中全会精神为契机，根据国家、省、市精神，公共图书馆实现无障碍零门槛进入，公共设施场地全部免费开放，所提供的基本服务项目全部免费。

一、基本情况

清徐县图书馆新馆于2011年7月1日正式对外开放，总建筑面积3690平方米，按照国家县级一级馆标准配

举办“播撒阅读种子　构建公共文化”

举办　“文化共享　文化年货带回家”

备，是一所现代化的综合性公共图书馆。新馆设计藏书20万册，每年征订期刊800多种。设“五部一室”：采编部、借阅部（残疾人阅览室、典藏室、综合借阅室、过期过刊室、期刊阅览室、少儿阅览室、地方文献室、自习室）、技术部（电子阅览室、资源共享室）、农村部、培训部、办公室等对外服务部门。全太原市首家运行了总分馆制，实现了各级图书馆之间图书文献借阅“一证通用”和“通借通还”，实现资源共享。一年来，我馆接待办证、咨询读者3000余人，接待持证读者12万人次，借阅文献80876册次；接待无证读者约10万人次；组织读者活动、展览、培训42场次，接待参观展览、参与活动读者22万余人次，日均接待读者850余人；接待上级领导、同行同仁，检查、参观60余次。清徐县图书馆利用现有自动化、网络化条件先后建立了电子阅览室、文化共享工程播放室等服务场所，2012年已申报“全国文化信息资源共享工程·公共电子阅览室示范点”，争取列入试点单位。

二、经费投入、网点建设

县级文化共享工程每年配套费2万，各乡镇文化站网点建设费各1万。

三、资源建设、培训工作、惠民服务

我馆利用文化共享工程接收的资源和馆藏资源为各学校免费上门办“借书证”、网上参考咨询、电子图书阅览、数据库查询等电子阅览服务，利用文化共享工程播放室开展娱乐节目、红色影视节目、热门讲座、读者培训等播放服务，开展了形式多样的文化共享工程服务活动、培训等工作，如：电影进军营；暑期消夏晚会；为幼儿园小朋友播放雷锋同志相关电影视频；重阳节为敬老院的老年人拍“幸福照”；“文化年货带回家”等活动。利用电子阅览室开展以“像雷锋那样…”为主题的电脑小报设计比赛活动；暑期免费培训中小学生电脑操作等活动，使广大读者拥有全新的上机感受，为读者提供一种及时、快捷的获取大容量信息的文献信息服务场所，也是对广大读者进行社会主义思想教育和宣传的重要阵地。这样将会有20余万的群众可以享受到清徐县图书馆和文化共享工程提供的各种服务。

四、荣誉奖项

随着电子阅览室的建成，我们进一步完善了馆内各项规章制度，并加强了对不良道德行为的防范，可供读者免费享受到资源共享带来的知识和乐趣，有效地丰富了广大读者的业余文化生活。我县支中心积极参加省级

分中心组织的业务培训，以便高效地服务读者。2011年我馆在"全民阅读与科普活动"中荣获"先进集体奖"；在"第二届文化共享杯全国文化信息资源共享工程知识与技能竞赛"中荣获"优秀协作奖"；在"山西省文化共享工程优秀摄影作品征集评选活动"中荣获组织奖。

五、工作展望

清徐县图书馆将以"一切为了读者　一切方便读者　一切服务读者"为宗旨，努力完善公共文化服务体系，利用共享工程资源平台，积极投身全国文化信息资源共享工程的建设，以"资源共享，协调服务"为目标，一是维护共享工程的正常运行，及时解决省级分中心与县级支中心遇到软件与硬件的故障。二是利用共享工程平台，读者可以在电子阅览室免费阅览海量的电子资源等。

（撰文/赵晓娟）

大同市支中心

文化信息资源共享工程是文化部推出的旨在解决基层图书馆资源缺乏，推动各地文化建设和数字图书馆建设的一个重要战略举措。大同市文化信息资源共享工程支中心建立在大同市图书馆，同时是大同市图书馆电子阅览室。

一、基本情况

大同市委、市政府高度重视这一工程在大同市的开展。2004年10月，市财政拨出40余万元专款为大同市图书馆馆购买了20台品牌电脑和交换机、打印机、投影仪、数码相机、数码摄像机、刻录机等设备，建设了面积$100m^2$，设有电子阅览室和演示厅的"大同市文化信息资源共享工程支中心"暨电子阅览室。随后，山西省"资源共享工程办公室"、省图书馆工作人员前来安装了主机、卫星接收仪、中广通讯接收卡、永新同方接收卡及相关软件。2005年1月，"大同市文化信息资源共享工程支中心"暨电子阅览室正式开放。每天通过卫星接收中广通讯、流媒体、星空放送、教育部网站、党员培训网站信息及中央教育台三套电视节目，结合利用全国文化信息资源共享工程网站的丰富内容和图书馆自购的各种视频光盘，接待读者，服务读者。

2007年元旦，大同市图书馆搬迁到西门外展览馆东厅，面积也扩大到了5000平方米。市政府又投入了80余万元购置了48台电脑、4台服务器、有3T容量的磁盘阵列、2台防火墙、48口交换机、投影仪、数码摄像机、数码相机和可连续供电4小时的不间断电源、专业音响、130多套桌椅等设备，建立了拥有五名工作人员（四名本科学历，三名馆员、一名高级技师职称）的全新的、功能完善的面积达280平方米的"大同市文化信息资源共享工程支中心"暨电子阅览室和可容纳130人的报告厅，用于开展电子信息资源加工、服务和电影、讲座、学术视频欣赏、演出演讲活动。目前，除通过卫星接收国家中心下传的电影、专题讲座、科技、扶贫信息外，大同市图书馆还利用共享工程免费接待读者查阅资料、上网浏览信息、欣赏电影、音乐、未成年人集体查阅信息，对军人、未成年人、残疾人进行电脑培训等，还把农业科技、电影、讲座等资源送到乡村、街道、社区、学校、企业、军营、警营。建立了大同市图书馆网站（网址：http://www.dtlib.com.cn）。利用这一工程，大同市图书馆编印了《情报专递》、《文化产业动态》、《农业科技信息》、《同图动态》、《信息简报》，服务于上级领导、相关单位和农村。

二、管理和队伍建设

在管理方面，大同市图书馆制定了较为严格的管理制度。包括工作人员岗位职责、电子阅览室管理办法、服务承诺、读者须知等规章制度，张贴"文化信息资源共享工程"暨电子阅览室简介和宣传品，定期推荐新资料。

为与网吧严格区别，大同市图书馆规定严格没有身份证、借书证绝对禁止入内；18岁以下的未成年人在没有家长陪同或有组织地集体到来学习的情况下，坚决禁止进入；安装了集中管理、反黄、杀毒、系统还原、防火墙等软件，并定时升级；严禁浏览反动、黄色网站，严禁在网络上传播反动的、不健康的东西；不允许玩大型网络游戏；读者上网记录保存60天；坚持公益性，不进行承包，初期象征性地收取相当于网吧四分之一的费用，只用于电费和日常维护。2009年起，全部免费开放。另外我馆对未成年人科学上网、查阅资料给予方便，在每周日开设2个小时的青少年上网专场、接待学校有组织的活动、在"六一"和寒暑假举办青少年上网专场等。此外，电子阅览室还在一些有意义的纪念日以及国庆、春节黄金周举办各种讲座、国家图书馆、上海图书馆的视频讲座、演讲、报告会、影视音乐欣赏、免费上网等活动，进行保持共产党员先进性、纯洁性教育活动等。

三、资源建设，惠民服务

七年来，大同市图书馆利用共享工程购买了《青少年视听图书馆》（共16张光盘，8000部图书）、《向网吧说不》（12张光盘,9800部图书）、《世界经典卡通102部》（30张光盘）、《家庭藏书集锦》（10张光盘，3000部图书）、《党建百科全书》（24张光盘，6000部图书）、《奥斯卡获奖影片100部》等十几个T的电子图书、电影光盘、视频讲座资源，提供读者查阅；开展了网页设计竞赛、计算机知识比赛等；举办了上百次视频讲座、电影欣赏活动；为青少年、残疾人、军人举办了10余次计算机知识培训，人数超千人；举办50多场青少年绿色上网专场，工作人员指导其科学上网；编印各类信息上万份，刻录科技信息光盘过千张，为农民农村、军人、学生、企业、机关和领导服务；与超星、万方、龙源期刊、知网等数据资源提供商合作（由于缺少经费，不能购买其产品，间断性试用），免费提供读者上网查阅资料；为基层县区、乡村、社区支中心、站点培训辅导20余次；刻录图书馆自己举办的获山西省第十五届群星奖的"平城讲坛"视频资源280多部；出版《平城讲坛》图书一辑。共接待超过10万人，赢得了市民的赞誉。

四、工作展望

未来，大同市图书馆将利用共享工程，通过现代高新技术手段，建设"大同市文化信息网"。要整合大同优秀文化资源，建设具有大同地方特色的书报刊、影视、戏曲、美术.摄影、文博及文化旅游资源数据库，通过网络传送到城乡基层、文化单位和每个家庭，向社会公众提供一个不受地域、时空限制的文化传播渠道，以满足城乡群众日益增长的文化需求，占领思想文化阵地，繁荣先进文化事业，为大同的经济建设和社会发展服务，以实现将社会主义优秀文化信息资源通过网络为大众服务的目标。还要通过互联网，把大同市的文化信息、旅游资源以及市图书馆的信息资源传播出去，以弘扬古都大同的优秀历史文化，让人们更好地了解大同，提高大同的知名度，也让更多人走进图书馆，利用图书馆。

"共享工程"的实施，使大同市图书馆拥有了现代化的设备，建立了新的文化信息服务平台，为读者提供了更全面的服务。随着大同市图书馆御东新馆的建设，图书馆还要结合共享工程，大力推进总分馆建设和数字图书馆的建设，把最新的资源和信息提供给读者，让全体市民充分享受文化大发展大繁荣给大家带来的成果。

（撰文/大同市支中心）

大同市少儿支中心

大同市总面积为14176平方千米，占全省总面积的9.1%。总人口约331万。大同少儿图书馆文化资源共享工程在山西省图书馆，大同市文化广电新闻出版局的支持和部署下，开拓创新，逐步发展。少年儿童图书馆以丰富的服务内容、先进的服务手段、科学的管理方法，努力为全市少年儿童营造良好的阅读氛围和阅读环境，成为全市少年儿童的第二学习课堂。

一、基本情况

大同市少年儿童图书馆文化资源共享工程建设开始于2004年，由市政府投资采购配置较为高端的计算机20台、投影仪一台，山西省图书馆资源共享中心提供的主机及卫星接收系统一套。前期共享工程主要工作通过卫星设备直接接收国家中心下发的各类资源和信息。

共享工程大同市少儿图书馆支中心设在少儿图书馆计算机信息部，是大同市少年儿童图书馆的部门单位，负责保障少儿馆资源共享工程设备的运行，协调指导全市中小学共享工程设备的维修，以及开展本馆及学校共享工程管理员的业务培训和指导。

二、管理和队伍建设

为使共享项工程真正为全市少儿读者所用，大同市少年儿童图书馆支中心将共享工程日常管理纳入制度化管理。制定支中心服务工作内容和制度，实行制度上墙公开。实行每年有年度工作计划，每月有工作要点，每季有工作督导，年末有工作总结考核，并推行管理员工作日志管理，收集整理共享工程服务活动的得失，探索共享工程管理和服务新模式。

文化共享工程作为一个少年儿童文化资源获取平台，如何推广好、利用好共享工程丰富的文化资源关键在于是否有一支专业化的共享工程管理员队伍。大同市少年儿童图书馆共享工程支中心在管理员队伍建设上坚持明确职责，明确思路，制度化管理，常态化培育。在人员配备上选取文化层次较高、计算机业务能力较强的，有一定管理服务实践经验，热心且有耐心的优秀管理工作者为管理员，他们工作热情高，有较高的文化水平能尽快熟悉掌握共享工程设备为全市少年儿童读者服务。目前大同市少年儿童图书馆共享工程有专业管理员3名，兼职3名，切实保障了共享工程工作的顺利有序开展。

三、培训工作

大同市少年儿童图书馆支中心在共享工程管理员的培养上实现了规范化和制度化。根据支中心工作要求，每年对我中心管理员进行定期、不定期的集中培训，2004年以来一共举办、参加各类培训25次，参加培训的各级管理员达150人次。

四、经费投入

大同市少年儿童图书馆共享工程自2004年建立以来，市文化广电新闻出版局每年投入2万元的运维经费，用于共享工程设备的网络运行维护，人员培训和其他活动的开展。同时，山西省图书馆共享分中心每年也投入大量人力物力支援我馆共享工程各项活动的正常开展。

五、资源建设

大同市少年儿童图书馆支中心在历年的工作中，搜集不同年龄少年儿童的文化资料，选取、编辑制作各类题材资源1.5TB，共制作储存各类光盘70多张，制作宣传展板18多块，发放宣传资料1000余份。为我馆资源共享中心提供了有力的保障。

六、合作共建

以共享工程为依托结合我馆具体实际情况，与我市城区四十三校在二楼多媒体中心免费举办各类讲座及儿童喜欢的动画影片、优秀的中国少儿影视作品；与我市企业在馆二楼电子阅览室举办了二期全市少儿计算机绘画冠名大赛。在每年六一儿童节与寒、暑假期间为我市少年儿童图书馆举办各类活动，丰富了全市少年儿童的假日生活。通过多方不懈努力，共享工程已逐步走入全市少年儿童日常生活，成为少年儿童获取新知，娱乐身心的绿色网络平台，同时也成了我市少年儿童家长放心网络活动场所。

七、为少年儿童服务，让家长放心

大同市少年儿童图书馆支中心在共享工程服务实践过程中，以少年儿童的需求为导向，让少儿读者家长放心为服务理念，积极探索，用心服务，建立全市绿色、健康、放心网络学习平台，给全市少年儿童打造满意喜爱的文化服务新环境、新平台。

八、宣传推广

馆校共建。大同市少年儿童图书馆支中心不断探索，利用支中心儿童阅览专区，组织动员青少年儿童关注共享工程，利用共享工程，收集青少年知识兴趣点整理挖掘，深受广大青少年的喜爱。同时按照山西省图书馆分中心的部署在全市小学校开展了阳光少年热爱党网页制作大赛和电脑小报制作大赛。通过一系列的活动使共享工程不仅走进校园走进青少年，而且丰富了青少年的娱乐生活，使青少年儿童享受到丰盛的网络文化大餐。

九、工作展望

总的说来，大同市少年儿童图书馆资源共享工程已经建立9年，已经从昨天单一的资源接收到今天的编辑分发和读者广泛认知，广泛参与，文化资源共享工程在少年儿童图书馆已经成为全市少年儿童文化生活的一部分。今后大同市少年儿童图书馆支中心希望在国家中心，山西省图书馆分中心大力支持下使大同市少年儿童图书馆共享工程不断探索和积累资源共享工程建设的经验，进一步充实和提资源共享工程的综合实力和服务能效，扩大我馆支中心的服务规模，为我市广大少年儿童提供形式多样的文化信息服务，让广大读者充分享受到人类丰富的文化成果，实现资源共享传播先进文化、普及全民教育的最终目标。

（撰文/史利亚）

大同市南郊区支中心

南郊区总面积1068平方公里，10个乡镇，190个行政村，总人口27.5万，全国资源共享工程实施后，省文化厅相应为我区图书馆先后提供48万的软硬件配置，区政府投资20万，建成我区文化资源共享工程。我区紧紧抓住这一历史机遇，将共享工程作为推进文化创新，完善公共文化服务体系，提高公益性文化服务水平，促进经济社会协调发展，构建和谐南郊的重要抓手，扎扎实实的组织全区共享工作项目的实施。县、乡、村三级文化服务网络体系以基本形成。

一、基本情况

文化信息资源共享工程南郊支中心2004年建立，中心共有计算机24台，服务器1台，共享工程信息接收系统一套。电子阅览室55平方米，多媒体室80平方米，主控机房12平方米，综合阅览室和电子阅览室共设坐席200个。支中心的建成，进一步推动了我区图书馆基础建设，实现了图书馆网络化，数字化，自动化管理。在中心的指导下，在区委区政府的支持下，根据文化共享工程有关文件精神和要求，结全我区实际，大国推进文化共享工程，以推广使用为切入点，以服务基层为立足点，将数字资源服务延伸到乡镇、学校、机关、社区等各类型的基层服务点，形成中心带动基层的良好态势，扩大了资源共享工作的范围，和影响，文化共享工程真正成为惠民工程。

二、发挥优势，开展活动

在实施共享工程的过程中，不断拓展共享工程的服务内涵和方式，充分利用这一全新的工作载体条件，开创了基层文化工作的新局面。

1、馆内活动丰富多彩

充分发挥公共图书馆的阵地作用，在电子阅览室每周推介优秀栏目、名家讲座、生活常识、电影及优秀地方剧目，每月开展一次共享工程利用知识培训；每个星期六上午在市民文化学校利用投影仪播放名家讲座及影视剧，常年坚持。利用星期天节假日针对未成年人播放百部爱国主义教育影片，科普类等影片，举办思想道德建设方面的讲座、名著赏析等，引导未成年人多读书，深受广大市民的欢迎。

2、走进农村、走进社区

农民、社区居民对待现代科技信息和文化的需要迅速增加。结合这一现状，我馆深入调查，根据农民的需求，下载家禽饲养、苗木、花卉栽培等相关信息达8万多字，并印成资料分发到村民手中。送科技下乡是实施“共享工程”又一具体举措，结合城区的实际情况，我们有选择的提供科技知识，让广大农民不断感受到先进科学和现代文明。

3、走进学校

为加强未成年人思想道德建设工作，除了在馆内针对未成年人开展的活动以外，还与教体局联合，深入各中小学校开展活动。对不具备安装条件的小学，利用图书馆的投影仪到教室播放优秀影片和礼仪知识讲座，开展爱国主义教育活动。从而利用共享工程开展思想道德建设，切实将加强和改进未成年人思想道德建设工作落到了实处。

4、走进老年人群体

开展为老年群体服务是文化共享工程工作的又一重点。我们坚持“贴近生活、贴近实际、贴近群众”的三贴近原则，对老年大学、敬老院等开展了资源服务。我们始终坚持贴近生活这一原则，根据老年人平时生活的诸多习惯特点，上网下载了齐国力主讲的《营养与健康》、《科学保健》、《晚年的幸福生活》等系列视频资料和战争题材的故事片、名著欣赏讲座、中国京剧音配像等前往放映。使他们获得了精神的强健与文化的关爱。

三、整合资源、共建共享

在利用共享工程中心网站资源和通过卫星投放的资源的同时，我们注重与省市图书馆的联系与合作，争取上级业务部门的支持整合各类资源，达到共建共享。

四、重视宣传、扩大影响

加入全国文化信息资源共享工程以来，为了扩大其在基层群众中的影响，广泛宣传其作用和意义，使各级领导和群众充分认识到这是一项惠民工程、民心工程，认识到工作的重要性和必要性以及文化信息资源的可用性。准备在政府网站的首页上设置共享工程热站链接。时刻注意将资源共享活动与当前工作重点有机的结合，这样既可增强对共享工程的宣传力度，又收到了立竿见影的效果。

随着宣传力度的逐渐深入，在我市农村和城市居民心中的影响也在逐渐加深，对文化信息资源的需要也在逐渐加大，他们开始掌握和利用这块知识宝库。

总之，我们将在今后的工作中更加努力的探索利用共享工程服务的新路子，更好地发挥共享工程的作用，为把共享工程办成惠民工程、民心工程而不懈努力。

（撰文/大同市南郊区支中心）

大同市新荣区支中心

2007年5月，我馆首次在太原参加了由省图书馆主办的山西省文化信息资源共享工程试点县专业技术人员培训班。通过学习，了解到全国文化信息资源共享工程是于2002年4月起，由国家文化部、财政部联合实施的一项文化惠民工程，其主要目的是利用现代信息技术，对优秀文化信息资源进行数字化加工整合，通过互联网和卫星传播等手段将文化信息资源传输到基层，为广大群众提供公益性服务，实现优秀文化信息资源在全国范围内的共建、共享。

一、基本情况

新荣区图书馆始建于1978年7月，原馆址在新荣区文化局大院内，有1个书库，1个阅览室，总面积不超过50平方米，工作人员2名，1999年4月，新荣区图书馆迁入旧址（现为新荣区老干部活动中心），面积400平方米，和老干局共用，共有藏书7180册，馆内设施陈旧，藏书很少，阅览室面积不足30平方米，年购书经费连年空缺，藏书量多年不增，相当落后的现状难以满足当地人民群众的文化需求。2006年闭馆待建，原馆设备书籍只能打包入库，借阅工作只能暂停。2010年我馆着手于新馆筹建，2012年3月申报建设，新馆于2012年12月竣工。新馆占地3.6亩，总建筑面积2500平方米，总投资523万元。2013年2月正式搬入新馆。

二、网点建设

1、县级支中心建设

2007年11月新荣区图书馆接到山西省分中心《关于建设规范文化共享工程县级支中心的通知》通知要求：进一步加大力度，加快速度，推进我省文化共享工程建设，新荣区图书馆被列为规范化建设县级支中心，并要求尽快落实财政配套资金20.5万元，并根据共享工程山西省分中心的要求进行相关设备、软件的采购以及机房装修。接到通知后，新荣区图书馆就着手于关于申报建设文化资源共享工程规范县级支中心配套资金的请示，由于馆舍面积不达标，财政经费紧张，配套资金一直不能到位，因此文化共享工程只能搁浅。

2、乡镇支中心建设

新荣区共有6乡1镇，现建有乡文化站7个，2008年—2012年区级支中心对乡级站点配发投影仪、音响器材，电脑，液晶电视，其他娱乐设备。但由于资金不足，人才缺乏，新荣区图书馆和各乡文化站之间都未能达到互联网服务于民。

3、村级支中心建设

新荣区共有行政村140个，建有农家书屋140个，虽然连续几年都有送书下乡活动，但是由于受到当地自然条件限制，缺乏专业人才，不能很好的把资源利用起来，长时间闲置。

三、工作展望

自十七届六中全会提出加强县区公共文化服务体系建设以来，新荣区加大了对图书馆投资力度。上级主管部门把图书馆项目建设列入头等大事，并积极向市、区发改部门和省、市文化部门进行项目申报，项目的建设列入《新荣区国民经济和社会发展第十二个五年规划纲要》中，并且很快筹集资金，于2012年3月投入建设，占地3.6亩，建筑面积2500平方米，于2012年12月竣工。配有成人阅览室、少儿阅览室、电子阅览室、机房、书库、展览大厅、多功能会议室、消防设备齐全。预计每年投资5万元，作为图书馆购书经费及日常活动经费，免费向公众开放。争取把文化共享工程建设起来，给当地人民群众提供一个舒适的读书、看报、上网学知识的好环境，好地方。丰富人民群众的精神需求，推进图书馆的总分馆建设，真正起到县级支中心桥梁作用，真正实现资源共享

（撰文/大同市新荣区支中心）

浑源县支中心

一、基本情况

浑源县文化资源共享工程建设开始于2010年，工程设备安装在浑源县图书馆，是浑源县共享工程的建设和业务指导单位，负责保障区中心共享工程设备的运行，协调姓村级共享工程设备的维修，指导乡村级共享工程活动的开展以及开展全县共享工程管理员的业务培训和指导。2012年，全县各乡镇综合文化站建设工程全部完成，每个文化站专门设立了文化信息资源共享室，安装了电脑、投影仪等设备，全县各村文化活动室也相继建成并配发了投影仪，至此全县完成了县、乡、村文化资源信息共享服务网络建设。

二、管理和队伍建设

为真正发挥共享工程作用，浑源县支中心将共享工程日常管理纳入制度化管理。制定支中心、乡、村基层服务点工作职责和制度，实行制度上墙公开。各乡镇综合文化站的管理员兼任共享工程的管理人员，村文化室也都配备了专职或兼职管理员。

文化资源共享工程作为一个新的农村文化资源获取平台，如何推广好、利用好共享工程丰富的文化资源关键在于是否有一支专业化的共享工程管理员队伍。浑源县共享工程支中心在管理员队伍建设上坚持明确职责，明确思路，制度化管理，常态化培育。对于乡镇、村两级基层共享工程管理上择优选取文化层次较高，有一定社会基层管理服务实践经验的大学生村官为管理员，他们工作热情高，有较高的文化水平能尽快熟悉掌握共享工程设备为所在村民服务。

三、培训工作

为了使全县乡镇村的管理员尽快掌握文化资源信息

共享工程的设备操作、工作原理，浑源县支中心积极开展乡村共享工程管理员的培训工作。2012年举办了2期资源共享工程管理员培训班。培训人数达300人次。

四、经费投入

浑源县文化信息资源共享工程自2010年开始建设以来，经过2年多是时间实现村村全覆盖，县文体广电新闻出版局每年投入2万余元的运维经费，用于共享工程设备的维护，人员培训和惠民活动的开展。

五、利民惠众，惠农服务

浑源县支中心在共享工程服务实践过程中，以民众的需求为导向，积极探索，服务民众生活，引领群众高尚精神文化生活，打造群在满意喜爱的文化服务新平台。根据全县各乡镇的不同情况，支中心把适合当地需求的种植、养殖等影像光碟送到农民手中，受到广大农民的一致好评。到了夏季支中心还在县城广场利用投影仪放映爱国主义题材的影片，丰富群众的业余文化生活。2012年7月，支中心还协助文体广电新闻出版局组织举办了为期20天的"仲夏之夜、你我同乐"消夏群众演唱会，观众达10余万人次。

六、工作展望

浑源县共享工程虽然起步晚，但在短短的3年时间里，实现了从无到有、从小到大、从一个县级支中心到实现全覆盖，文化共享工程已经成为全县人民群众文化生活重要的组成部分，成为繁荣浑源文化，丰富群众精神生活，推动浑源人文科技进步的强大动力源泉。未来浑源支中心希望在国家中心，山西省分中心的大力支持下为浑源共享工程建设一支专业化的服务队伍，建立起县、乡、村三级文化资源共享服务网络，使其服务形式更加多样，服务网点更加宽广，参与群众更加广泛，为推动浑源科技进步、文化繁荣、社会和谐发挥更大的作用。

（撰文/浑源县支中心）

左云县支中心

一、基本情况

左云县图书馆于2003年加入全国文化信息资源共享工程。2009年迁入新馆，电子阅览室面积150平方米，同年由省财政厅、文化厅配备的共享工程设备全部配备齐全，又得到县委、县政府及文广新局的大力支持，增加电脑10台及相关配套设备，接入30兆光缆；年底同时实施了免费对外开放。2012年又投资6万元购进了电脑5台、电子图书（30万册）一套，得到了读者的广泛赞誉。

二、开展活动

1、利用共享工程这个平台，每年定期组织各类培训班，形成了规范化、制度化。

2、文化服务不断探索，利用共享工程收集青少年知识兴趣，每年利用暑期都开展夏日电影展播。

3、每周开放时间达到56小时，尤其是周六日为学生们提供了一个非常良好的绿色网上学习环境。

三、宣传推广

在加入全国文化信息资源共享工程以来，为了扩大其在基层群众中的影响，广泛宣传其作用和意义，使各级领导和群众充分认识到这是一项惠民工程、民心工

程，认识到工作的重要性和必要性，以及文化信息资源的可用性。我们利用县电视台还对图书馆整体服务项目及共享工程开展的一些活动给予了相关报道，时刻注意将资源共享活动与当前工作重点有机的结合，这样既可增强对共享工程的宣传力度，又收到了明显的效果。

四、工作展望

左云县支中心文化资源共享工程已走过10个年头，文化资源共享工程在左云已经成为左云人民文化生活的一大支柱，成为繁荣左云文化，丰富左云人民精神生活，推动左云人文科技进步的强大动力源泉。我们将在今后的工作更加努力的探索利用共享工程服务的新路子，更好地发挥共享工程的作用，为把共享工程办成惠民工程、民心工程而不懈努力，为建设科技左云、文化左云做出贡献。

（撰文/左云县支中心）

朔州市支中心

朔州市辖两区四县和一个开发区，总面积1.07万平方公里，全市共有个73乡镇（含街道办事处），1688个行政村，常住人口171.48万人。朔州市文化共享工程在朔州市文广新局、朔州图书馆的支持和部署下，逐步推进，稳步发展，在新形势下为繁荣基层文化，满足人民群众多层次文化需求，传递优秀文化资源发挥了重要作用。

一、以图书馆为载体，创建文化共享工程支中心

朔州市文化共享工程建设开始于2003年，最初都是各县区支中心独自运营，其中山阴县作为我省的首批试点县，工作开展的卓有成效。朔州市共享工程自2007年大规模推进以来，每年投入100余万的运维经费，用于共享工程设备的维护、新设施的购置，人员培训和惠民活动的开展。同时，朔州市政府、各县区政府，朔州市文广新局、各县区文广新局和各县区图书馆每年也投入大量人力物力支援共享工程各项活动的正常开展。截止2012年7月朔州市所属行政村实现全市共享工程村村全覆盖。至此，我市共享工程构建起了市、县、乡、村四级完整的公共服务体系。历年来，在省资源共享工程的领导和帮助下，在市、县（区）两级政府的支持下，在图书馆的直接组织和管理下，我市文化共享工程在得到逐步发展的过程中，也使图书馆事业焕发出了新活力，并极大地促进了当地政治、经济、文化等各项事业的长足发展。

二、加强“共享工程”制度管理与队伍建设

能否推广好、利用好共享工程丰富的文化资源，使共享工程真正为民所用为民谋利，关键在于是否有完善的管理制度和一支专业化的共享工程管理员队伍。朔州支中心为了切实提高资源的共享效果，制定了完善的管理制度并实行制度上墙公开。在管理员队伍建设上择优选取文化层次较高，有一定社会基层管理服务实践经验的大学生村官、公益性岗位工作人员为管理员，他们工作热情高，有较高的文化水平能尽快熟悉掌握共享工程设备为所在村民服务。目前朔州市共享工程管理员由大学生村官和有较高学历的村委委员、公益性岗位工作人员兼任，实现了管理员选取的高起点。

三、加大培训力度，保障“共享工程”正常运行

朔州支中心在共享工程管理员的培养上通过请进来、送出去以及利用互联网和现代通讯工具进行远程培训等多种方式实行多管齐下的方式，为大家讲授规范化县级支中心相关设备合理使用、日常维护以及故障排除等方面的知识与技能。一是积极选送业务骨干赴省里参加各种培训班，然后在县里举办乡镇基层服务点技术人员培训班；

二是邀请省里的专家为学员授课。授课内容包括计算机基础知识、县级版/基层版系统应用、县级支中心设备的应用与维护。授课采取理论与实践相结合的方式进行。三是组织相关基层工作人员通过共享工程网先学一步，学深一点，以便为大家提供更好的服务。通过几年来持之以恒地坚持培训，朔州市文化共享工程技术人员能够担负起各级中心和基层站点的技术工作，为朔州市各级公共图书馆培养了大批技术人才，有力地保障了全市文化共享工程的顺利实施。

四、合作共建，丰富群众文化生活

以共享工程为依托与党员干部现代远程教育工程合作，根据不同乡镇、村的硬件条件建立形式多样的电子阅览室和多媒体中心。比如在朔城区南城街道办事处南关村委会、古西北居委会建立拥有多台电脑的多媒体阅读中心，在南街村和操场街社区与数字电影厅结合建成电影放映，共享工程宣教授课和电子资源阅读播放为一体的多功能活动室。通过多方不懈努力，共享工程已逐步走入基层群众生活，成为群众获取新知，娱乐身心的新渠道新平台。

在村级站点，有的村利用投影仪放映电影，有的村用音响在村级活动场所为群众播放音乐，好多群众在院子里打太极拳，做广播操等，还有的村村民聚集在基层点的屋子里跟着资源共享的节目大唱地方戏，这些活动让群众在闲暇时间获取知识，非富生活，同时还可以发展地方特色文化，受到群众的大力欢迎。

五、创建科技信息型社会，服务人民生产和生活

朔州支中心在共享工程服务实践过程中，以民众的需求为导向，积极探索，服务民众生活生产，打造群众满意喜爱的文化服务新平台。根据各县区农业生产特点，针对不同县区群众的需求，各县支中心有针对的选取资源上门指导服务。比如山阴县是我市奶牛养殖大县，支中心通过宣传、指导奶农观看视频，学会如何存贮饲料、科学养殖，有力地促进了当地产业的发展，提高了人民群众的收入水平。朔城区贾庄村有蔬菜种植优势，他们就把投影仪带到农民的大棚边播放《大棚蔬菜》等科教片，帮助农民提高收人水平。

六、宣传推广，让共享资源真正走进群众的生活

1、朔州支中心利用各种渠道宣传推广共享工程。县级支中心在每年的科技文化三下乡活动不失时机地宣传共享工程，各基层站点结合平时的各种日常工作及时向群众宣传共享工程，比如以劳动局为大家办理新型养老保险与医疗保险为契机，为大家放映电影、数字图书馆宣传片，让民众不断了解共享工程，走进共享工程。

2、有效利用农家书屋、市民学校。朔州支中心基层站点利用支中心农家书屋和市民学校，组织动员群众关注共享工程，利用共享工程，针对集中的知识群和关注点，比如朔城区南城街道办事处南关路社区邀请朔州市

朔州市馆少儿阅览室讲故事比赛活动

2010年朔州支中心基层服务站培训班

人民医院妇科专家为辖区育龄妇女做精彩的报告，深受辖区妇女同志的喜爱。同时利用农家书屋、多媒体服务中心开展农民工技能培训工作。通过一系列的活动使共享工程真正走进千家万户。

七、工作展望

文化共享工程在我市公共文化服务体系建设中具有战略性、基础性地位。发展十年来，文化共享工程覆盖城乡的服务网络基本建成，数字资源初具规模，传输模式不断完善，惠民服务扎实推进，成功开辟了符合广大基层群众需求的公共数字文化服务新途径。在十周年之际，我们将深入学习贯彻党的十八大精神，以面向基层、服务群众为导向，创新机制，整合资源，不断提升文化共享工程的建设管理水平，不断提高公共数字文化服务能力，不断提供优秀的公共数字文化产品，努力满足城乡基层群众日益增长的数字文化需求。

在新的发展阶段，我们将努力实现三个转变，一是工作重点从侧重工程设施建设向侧重管理服务转变；二是建设方式从铺摊建点的规模化建设向专业化和品牌化转变；三是发展模式从单一化向社会化转变，努力使文化共享工程成为促进群众文化建设的有效载体。

（撰文/张　猛）

朔州市朔城区支中心

朔城区占地面积1793平方公里，现辖11个乡镇、4个街道办事处，总人口41万。近年来，朔城区委、区政府高屋建瓴，坚持两个文明建设一起抓。自从“共享工程”开展以来，政府成立了专门的组织机构、建立健全了管理制度与人才队伍。目前，全区100%乡镇和行政村成立了文化信息资源共享工程基层服务站，初步具备了提供数字化文化信息服务的基本能力，搭起了城乡数字文化信息共享的平台，为全区经济繁荣发展起到了巨大的推动和促进作用，朔城区连续四年荣获“全省十大文化强县”的殊荣。

一、硬件设施建设

全国文化信息资源共享工程正式启动以来，朔城区委、区政府对这一工程非常重视，区政府和文化部门派专人参加了山西省文化信息资源共享工程工作会议，并拨付专款购置电脑、投影、背投、扫描仪、打印机、卫星接收器、音响设备、数码相机、数码录像机，并配置了工具车一辆，总价值达270万元。并开展了针对区人力资源和社会保障局专业人员电脑学习和培训。2007年以来，紧跟山西省共享工程建设的步伐，全国文化信息资源共享工程朔城区支中心的发展也进入了程序化、规范化的运行轨道，登上了一个新的台阶。

为了满足广大人民群众日益增长的文化生活需求，区政府逐年加大对现代文化设施的投资力度，进一步更新、补充和完善“共享工程”基础设施，投资4300多万元新建了占地面积30.84亩，使用面积23000平方米，主楼高11层的朔城区文体活动中心，于2010年9月投入使用。该活动中心规模大、功能齐全、设施先进，内有排练大厅、演播厅、阅览大厅、非物质文化遗产保护中心等。其中阅览厅面积1200平方米，可供1000人同时阅览；电子阅览室300平方米，可供60人同时阅览使用；文化信息资源共享视听阅览室面积200平方米，可容纳200人。

二、网点建设

2007全省铺开了建设文化共享工程全覆盖工程，朔城区委、区政府紧跟全省的步伐，在资金上对共享工程基础设施的配备给予倾斜，全力构建城、乡、村三位一体的文化信息资源工程网络建设。结合农村党员干部现代远程教育工作的开展，全区299个行政村建成文化共享工程村级基层服务点。这样，以朔城区支中心为依托，形成了城、乡、村三位一体的文化信息资源共享网络。

三、管理制度与队伍建设

为了使“共享工程”为民、便民，真正服务于广大人民群众，朔城区成立了专门的组织和领导机构，制定了专门的考核方案。80%的基层站点由大学生村官担任专、兼职管理员，他们拥有相关的专业技术和高度的工作热情，同时，对他们进行定期的专业技术和操作技能培训，目前，县支中心及各基层服务点的技术人员均具有独立操作电脑的能力，保证了文化信息资源共享工程的正常运行和日常服务。

四、开展活动

文化信息资源共享工程的创建，关键在于充分利用这一科技文化信息平台，为广大人民群众提供各种健康有益和实用的科技信息动态、专业技术知识，丰富人民群众的精神文化生活，使广大人民群众愉悦身心，陶冶情操，掌握科学文化知识，充分得到实惠。因此，从县支

中心到各乡村基层服务点，坚持常年面向群众开放，定期开展活动。资源共享形成网络，覆盖城乡，使全区群众文化进一步普及繁荣。

朔城区小平易乡富甲农业现代示范园区是由朔城区的部分大学生村官创建的，大学生村官大多没有经验，全靠在共享工程上反复学习、查找资料，然后在实践中摸索。通过几年的努力，这个示范园区不仅创出了自己的品牌，而且解决了附近大量农村剩余劳动力的就业问题，并且带动了当地农民经济收入的增加。这群大学生村官说多亏了"共享工程"海量的信息资源。

朔城区下团堡乡农民在共享工程网站上看到了一些地方通过引进种植苜蓿草带动当地经济发展的事例，便也引进了这一品种，扩大了当地经济作物种植的规模，农民收入翻番。

五、工作展望

全国文化信息资源共享工程在朔城区的实施运行，架起了城乡科技文化信息的桥梁，为推进朔城区经济发展和社会事业建设起到了不可低估的作用，在这方面，"共享工程"服务站点的相关工作人员做了大量的工作，也取得了一定的成果。但是，在工作中还存在着管理服务制度不完善、投入资金有缺口、技术力量较薄弱等一系列问题，这有待于在今后的工作中加以改进。

（撰文/朔州市朔城区支中心）

朔州市平鲁区支中心

平鲁区国土总面积2314平方公里，总人口18.5万，其中农业人口15.5万，辖11个乡2个镇、350个行政村。平鲁区文化资源共享工程在朔州市文广新局，平鲁区委、区政府的支持和部署下，逐步推进，稳步发展，在新形势下为繁荣农村基层文化，满足农民多层次文化需求，传递中国民族优秀文化资源发挥了重要作用。

一、基本情况

平鲁区文化资源共享工程建设开始于2003年，前期安装设备均通过卫星设备直接接收国家中心下发的给类资源和信息。2009年平鲁区文化资源共享工程开始普及进入乡镇行政村，第一批120个行政村与当年安装调试完毕。2011年第二批230个行政村进行安装，至此平鲁区所属行政村实现全区共享工程村村全覆盖。

共享工程平鲁支中心设在平鲁区科技文化广电体育局，是平鲁区共享工程的建设和业务指导单位，负责保障区中心共享工程设备的运行，协调镇村级共享工程设备的维修，指导镇村级共享工程活动的开展以及开展全区共享工程管理员的业务培训和指导。

二、队伍建设与制度完善

为使共享项工程真正为民所用为民谋利，平鲁支中心将共享工程日常管理纳入制度化管理。制定支中心、镇、村基层服务点工作职责和制度，实行制度上墙公开。每年有年度工作计划，月度有工作要点，季度有工作督导，年末有工作总结考核，并推行管理员工作日志管理，收集整理共享工程服务活动的得失，探索共享工程管理和服务新模式。

文化资源共享工程作为一个新的农村文化资源获取平台，如何推广好、利用好共享工程丰富的文化资源关键在于是否有一支专业化的共享工程管理员队伍。平鲁区共享工程支中心在管理员队伍建设上坚持明确职责，明确思路，制度化管理，常态化培育。对于乡镇、村两级基层共享工程管理上择优选取文化层次较高，有一定社会基层管理服务实践经验的大学生村官为管理员，他们工作热情高，有较高的文化水平能尽快熟悉掌握共享工程设备为所在村民服务。目前平鲁区共享工程管理员20%为各级大学生村官，70%是由村干部兼任。实现了管理员选取的高起点。

三、培训与各类活动的开展工作

平鲁支中心在共享工程管理员的培养上实现了制度化和常态化。根据支中心工作要求，每年对辖区共享工程管理员进行5期的集中培训，2003年以来一共举办各类培训班45期，参加培训班的各级管理员达900人次。

四、运行经费的投入

平鲁区共享工程自2011年实现村村全覆盖以来，省文化厅、平鲁区政府每年投入38万的运维经费，用于共享工程设备的维护，人员培训和惠民活动的开展。同时，平鲁区政府，平鲁区图书馆每年也投入大量人力物力支援共享共享工程各项活动的正常开展。

五、服务农民，科学务农

平鲁支中心在共享工程农村服务实践过程中，以农民的需求为导向，积极探索，服务农民生活生产，引领农民高尚精神文化生活，打造基层群众满意喜爱的文化服务新平台。

根据平鲁地域农业生产特点，平鲁支中心每年按节令制作具有塞北农业生产特点的技术光盘和小册子通过行政村基层服务点村民分发。针对各种小杂粮的种植，平鲁支中心有针对的选取科技技术资料上门指导服务。历年来累计服务专业生产户20多户。

六、科技文化宣传与推广

1、平鲁支中心利用各种渠道宣传推广共享工程。在平鲁每年的科技文化三下乡活动，平鲁支中心不失时机，以开展活动为平台，以资料为媒介宣传共享工程，让民众不断了解共享工程，走进共享工程。

2、各项专题培训，有声有色。平鲁支中心在服务中抓住文化的热点和亮点，积极组织群众喜闻乐见的文化服务，使共享工程走进群众生活。例如在迎接建党90周年之际，平鲁支中心联合区文化馆、电视台服务中心在龙卜沟举办了“手工编织技能培训”活动。

七、工作展望

平鲁区文化资源共享工程已走过10个年头，从之前的几个点到今天的350个行政村全覆盖，从单一的资源接收到今天的编辑分发和群众广泛认知，广泛参与，文化资源共享工程在平鲁已经成为平鲁人民文化生活的一大支柱，成为繁荣平鲁文化，丰富平鲁人民精神生活，推动平鲁文化事业大繁荣的强大动力源泉。今后平鲁支中心希望在国家中心，省、市分中心大力支持下为平鲁共享工程建设一支专业化的服务队伍，建立一个服务形式更加多样，服务网点更加宽广，参与群众更加广泛的共享工程文化带动体系，为建设科技平鲁，文化平鲁做出贡献。

（撰文/朔州市平鲁区支中心）

山阴县支中心

山阴县总面积1651平方公里，全县辖13个乡镇，257个行政村5个社区人口20万。山阴县共享工程在山西省文化厅、省图书馆支持和部署下，逐步推进，稳步发展，在新形势下为繁荣农村基层文化，满足农民多层次文化需求，传递中国民族优秀文化资源发挥了重要作用。

一、基本情况

2003年，省文化厅将我县确定为全国文化信息资源共享工程试点县，山阴县图书馆紧紧抓住这一历史机遇，建立了山阴县县级支中心，现在全县13个乡镇均以建立基层服务站，257个行政村建立了拓展型村级基层服务点。全县覆盖率达100%。从而建立由县级支中心、乡、村基层服务点组成的山阴县文化共享工程三级服务网络架构。在工作中紧紧依靠支中心本身的数字化优势，不断完善县级支中心的技术平台，担负对基层站点的管理、资源　更新、日常技术维护、人员培训等职责，使图书馆成为“共享工程”资源发布和服务的重要窗口。把共享工程”的优秀文化信息资源送入千家万户。

二、管理和队伍建设

共享工程是文化资源与现代信息技术相结合的产物，是新时期文化建设与时俱进的重大创新工程。我们始终将共享工程作为推进我县和谐文化建设和社会主义新农村建设的一项重要工作，着力为共享工程持续开展创造有力条件。为此，我县成立了文化信息资源共享工程领导小组，统一指导协调全县的共享工程建设工作。并举行了隆重的启动仪式。各乡镇、各成员单位也成立了相应的组织机构，保证了共享工程的顺利实施。为了全面落实工程建设责任，先后制订《山阴县文化信息资源共享工程实施方案》、《电子阅览室管理制度》、《联席会议制度》。定期召开专题会议，对文化信息资源共享工程进行全面安排部署，积极研究解决建设中存在的问题。同时，将共享工程建设的各项任务指标分解细化，目标责任的形式下达给各乡镇和各有关工作部门，进行严格考核。此外，县支中心还成立了巡回检查工作组，定期、不定期的对各乡镇基层站点建设工作进行督促检查，及时发现问题，提出整改意见，使共享工程建设取得了实效。

三、培训工作

为了保证各项工作规范有序开展，山阴县支中心积极派送技术人员参加全省共享工程的各类技术培训，累计培训人员20多人次；同时山阴支中心于2010年投资　50万元，将报告大厅改造装饰成为文化共享工程乡镇基层管理人员培训基地。组织培训基层服务点技术人员360多人次，培养了一支过硬的掌握计算机、网络、通讯、多媒体等技术的，能从事资源采集、整理、加工和开发的人才队伍，从技术上保证了全部设备的正常运行。

四、经费投入

共享工程实施以来，在省中心的大力支持和县政府高度重视下，将文化信息资源共享工程作为“文化先进县”建设和新农村建设的重要内容来抓，资金投入是实施共享工程的关键。为了确保工程建设经费及时足额到位，县政府每年平均安排专项经费50万元用于共享工程建设及日常运行，为共享工程建设提供了有效的经费支撑，保障了设备的正常运行。

五、资源建设

山阴县支中心电子阅览室和基层服务站坚持对外开放，并积极播放革命题材影片、农业科技知识、安全生产等。同时，我们在坚持电子阅览室正常对外开放的同时，不断发挥共享工程资源优势，从网上下载更新内容，刻制光盘，每年向基层点共发放600多张，始终保持共享资源的持续更新。在共享工程迎接建党90周年《颂歌献给党》群众

歌咏活动视频节目《齐赞共享工程好》获文化部奖励。

六、合作共建

以共享工程为依托结合全覆盖的农村文化站建立乡镇电子文献资源服务中心。将各种部门下发的电子文献资源与建立的共享工程服务点结合，根据不同具体的硬件条件建立形式多样的电子阅览室和多媒体中心。比如在古城镇、兴寿镇、玉井镇等建立拥有多台电脑的电子阅览室，在芦岭和北王庄等村建成共享工程宣教授课和电子资源阅读播放为一体的多功能活动室。通过多方不懈努力，共享工程已逐步走入基层村民生活，成为村民获取新知，娱乐身心的新渠道新平台。

七、利民惠众，惠农服务

文化共享工程的创建，关键是在于充分利用这一文化信息平台，为广大人民群众提供各种健康有益的和实用的科技信息、专业技术知识，丰富广大人民群众的业余文化生活，掌握文化科技知识，运用到生活工作实际当中，充分得到实惠。因此，县中心以及乡村基层服务站，文化共享工程建设遵循“实际、实用、实效”原则，采用 建立卫星接收终端、互联网、传统光盘“三位一体”的运行模式，坚持每天全天免费开放，随时接纳群众上网查阅资料和各种健康的文化活动。

面向基层，开展活动，有效发挥共享工程的作用。工作中，我县充分利用共享工程资源优势，根据不同用户对象、不同时间和季节开展各类活动，将共享工程服务面向基层特别是农村，组织开展丰富多彩的服务活动。基层服务点还可以提供光盘借阅、流动放映等延伸服务，开展入户服务。乡镇基层服务站点年开展视频放映等集体活动每月达到8次以上，服务人次达到1000人次左右，开放时间平均每周不低于40个小时。如古城镇服务站充分利用全国文化资源共享工程资源设备，专业技术人员通过面对面讲授及播放视频资料等方式，以《奶牛养殖》、《蔬菜大棚种植方法与技术》等专题对广大群众进行农技知识的培训；北周庄镇服务站以《全民健身活动》、《交通安全知识》等专题对农民群众进行宣传教育；合盛堡乡服务站以《爱国歌曲大家唱》、《红辣椒栽培技术》等为专题进行辅导培训；玉井镇服务站马营乡以《煤炭安全生产》《安全节约用电》等对群众进行安全教育，各服务站均以收到了良好的社会效应。

八、宣传推广

1、山阴支中心利用各种渠道宣传推广共享工程。在山阴每年的送科技、文化下乡活动、图书馆宣传周、等活动中，不失时机，以活动为平台，以资料为媒介宣传共享工程，让民众不断了解共享工程，走进共享工程。

2、走进校园。组织动员中小学学生关注共享工程，利用共享工程，收集、整理青少年知识兴趣点和红色电影，通过一系列的活动使之远离网吧。

3、专题活动。山阴支中心在服务中抓住文化的热点和亮点，积极组织群众喜闻乐见的文化服务，使共享工程走进群众生活。例如在迎接建党90周年之际，还组织各乡镇服务点开展“颂歌献给党”群众歌咏活动。表演唱《齐赞共享工程好》上报国家中心网上展播，并获奖。

九、工作展望

山阴县文化资源共享工程已走过10个年头，从示范点到今天的257个行政村全覆盖，文化资源共享工程在山阴已经成为文化生活的重要组成部分，成为繁荣社会主义文化，丰富人民精神生活，推动建成小康社会强大动力源泉。今后山阴支中心希望在国家中心，山西省分中心大力支持下，服务网点更加宽广，参与群众更加广泛的共享工程文化带动体系，为建设科技山阴，文化山阴做出贡献。

（撰文/山阴县支中心）

阳泉市支中心

由文化部、财政部共同组织实施的全国文化信息资源共享工程，利用现代信息技术和新型传播载体，依托各级图书馆、文化站等公共文化设施，在全国范围内实现共建共享。作为“共享工程”组成单位之一的阳泉市支中心，自2003年建成以来，在上级领导的大力支持和主管部门的具体指导下，技术设备逐步扩大，工程网络逐步健全，各项管理不断规范，业务建设不断加强，服务能力和服务水平明显提高。尤其，对农村、乡镇、街道、社区等基层站点，从硬件配备、技术指导到业务培训，进行了全方位、全过程跟踪服务，使广大读者通过共享工程这一全新载体，眼界更宽了，信息更灵便了，真正体现了资源共享的基本理念。充分发挥了共享工程在公共文化服务体系建设中的重要作用。现将共享工程建设情况介绍如下：

一、夯实基础，稳步推进

十年来，文化共享工程阳泉市支中心不断购置现代化技术设备并组建了馆内局域网，重新规划了阳泉图书馆官方网站，实现了图书馆的知识服务、文献提供、业务工作、管理工作的自动化、网络化，极大的提高了服务水平与服务效率。我中心电子阅览室供读者使用的计算机有77台，检索OPAC专用计算机5台，中心机房设备包括有服务器、安全网关、虚拟磁带库、上网行为管理等一整套网络设备。为了进一步推进共享工程建设，更好的为读者服务，我中心共接入了三条光纤线路，均达到10M带宽，主要用于资源检索、数据提供、主页发布、图书馆业务管理、无线网络服务等，为读者查找各类文献资源提供了有效保障，受到了广大读者的一致好评。

二、发挥优势，开展活动

充分发挥自身优势，注重不断拓宽服务领域，提升服务内涵，积极改进服务方式，为了满足人民群众日益增长的精神文化需求，市共享工程支中心从资源收集、存储、建设到基层站点的活动开展和资源利用，从传载文化科技信息到服务经济、服务社会，进而开创了基层文化工作的新局面。

走进农村、走进社区。随着经济社会的不断发展，广大农民、社区居民对现代科技信息和精神文化需求日益增加。针对这一社会状况，我们本着文化工作“三贴近”的原则通过深入调查研究，根据农民的实际需求，下载了农村实用技术、地方戏、影视节目、文化讲座等视频资源，并制成了光盘礼包，下发到村民手中。送文化、科技下乡是实施“共享工程”又一具体举措，结合乡村实际情况，我们有选择的提供科技知识，让广大农民不断感受到先进科学和现代文明。

走进学校。为加强未成年人思想道德建设工作，我们经常深入各中小学校开展活动。利用文化共享工程的投影设备为学生们播放了“红色历史文化讲座”、“文化共享心向党”、“红色电影”等一系列的优秀影片和视频资料，使广大学生群体不出校门就感受到形象、生动的爱国主义教育，同时也为学校加强未成年人思想道德提供了新途径、新方式。

走进福利院。开展为福利院群体服务是文化信息资源共享工程的又一工作重点。我们组织人员、携带设备，走进福利院对小朋友们开展了资源服务。根据他们平时生活的诸多习惯特点，为他们搜集提供了一些与倡导健康、科学、文明行为有关的知识书籍和爱国主义题材的故事影片、名师讲座等资料，通过组织观看和阅读，使他们在享受精神文化生活的同时更体会到社会对他们的亲切关爱。

走进军营。为了进一步把共享工程建设服务到各个领域，我中心还定期深入军营，把最新的科技信息以最快的速度传播到每位战士的身边，从而及时满足了广大战士的精神文化需求。十年来，共享工程走基层活动持续开展，在全社会产生了积极影响，对推动先进文化建设、和谐社会建设发挥了重要作用，也为今后共享工程的创新发展提供了新的课题和要求。

三、整合资源，共建共享

在利用共享工程中心网站资源和通过卫星投放资源的同时，我们注重与省分中心的联系与合作，进一步优化了文化共享工程信息资源平台，将优秀文献资源进行了数字化加工整合，使数字资源总量达到了6TB，并为读者配置了大型电子阅报机，真正使读者切身感受到了资源共享服务。2012年，我中心还申请了文化共享工程市级地方特色资源建设项目，通过前期的方案策划、文稿

电子阅览室

进军营活动

撰写、资源加工等流程，遵循省分中心要求，已按时、保质、保量的完成了《阳泉评说》、《盂县民歌》两部专题资料片的摄制项目，建设任务，其质量效果受到了省分中心专家组的充分肯定和高度评价。同时，也是为宣传阳泉文化，充实地方文献，做了一定的贡献。

四、注重培训、发挥技能

阳泉市支中心一直重视共享工程培训工作。仅2012年就策划举办了文化共享工程知识与技能培训、基层站点设备应用培训、共享工程专题业务培训等，共计3期300余人次，对提升支中心和基层站点工作人员自身业务素质，对利用共享工程网络开展全民素质教育，都有很大的促进作用。从而指导各基层点人员利用共享工程服务网络开展全民素质教育。

2011年10月，在省分中心的精心组织指导下，该中心两名队员与省分中心队员组成山西省代表队，参加了由国家中心举办的“全国文化信息资源共享工程知识与技能竞赛”并荣获三等奖。

五、加强宣传、扩大影响

共享工程作为一项崭新的事业，也需要通过宣传推打影响，从而使更多的人们不仅要了解资源共享，而且要参与共建共享，使共享工程真正成为全社会的精神家园。为此，我们以“全民阅读月”、“4.23世界读书日”、“庆七一”，“迎十八大”等为契机，以“颂歌献给党”“弘扬雷锋精神”等项活动为载体，积极开展主题宣传。通过图片展、图书展、电影展以及论坛互动等多种方式吸引了众多读者前来参观体验。

随着宣传力度的逐渐加强，共享工程在读者心目中的影响也在逐渐加深，对文化信息资源的需要也在逐渐加大，广大市民越来越认识到共享工程是一个蕴藏丰富的知识宝库。

六、扎实工作、争创一流

未来几年，我中心将进一步完善和加强文化信息资源服务网络建设，按照国家文化共享工程“建设方式从铺摊设点的规模化建设向专业化和品牌化转变，工作重点从侧重工程设施建设向侧重管理服务转变，发展模式由单一化向社会化转变”的新思路，实施公益电子阅览室建设计划，加强数字资源建设，加大培训工作力度，创新服务方式，加强合作共建，全面提升文化共享工程阳泉市支中心和基层站点的运行服务水平。

总之，我们将在今后的工作中更加努力的探索利用共享工程服务的新路子，更好地发挥共享工程的作用，为把共享工程办成惠民工程、民心工程而不懈努力。

（撰文/阳泉市支中心）

阳泉市城区支中心

阳泉市城区图书馆位于阳泉著名风景区狮脑山脚下，环境优美，设施完善。图书馆建筑面积为3140平方米，分别设立普通阅览室、电子阅览室、多功能报告厅和展览厅、自修室等公共空间和相关设施，馆藏图书17000余册，可为公众免费提供文献资源借阅、公益性讲座等服务。“共享工程”是由国家文化部和财政部共同启动的一项重大文化创新工程和文化惠民工程，2002年开始，文化信息资源共享工程在我省开始实施，通过多年的建设，山西省89%的县级图书馆已初步建成资源共享工程基层站点，并有计算机数量不等的电子阅览室，极大地丰富了我省的文化事业。目前，山西省已经建成1个省级分中心，6个市级分中心，119个县级支中心，894个乡镇基层服务点，81个街道服务点，788个社区服务点。

文化信息资源共享工程由财政部、文化部共同实施，应用现代科学技术，将我国优秀文化信息资源进行数字化加工整合，通过互联网、卫星、有线电视，数字电视等现代传输方式，实现全国优秀文化信息资源共建共享。

阳泉市城区支中心于2010年10月挂牌，经过省中心对电脑、服务器、宽带等设备的调试运行，2011年5月山西省文化共享工程分中心的专家领导来我中心检查验收合格，于2012年11月23日正式向广大群众开放。

文化共享工程阳泉市城区支中心，建有一个150平米的电子阅览室，配有20台电脑及附属设备。建有一个20平米的机房，装有服务器、网络存储器、卫星接收器、光纤宽带等设备，可正常接收国家文化共享工程资源数据。

文化共享工程阳泉市城区支中心，由专人负责管理，并制定有严格的各项规章制度和业务规范。支中心电子阅览室的电脑设备既可以查阅信息资源，也可以访问互联网，开展信息查询、即时通信、在线读书，视频欣赏等优质快捷的绿色上网服务。城区支中心还配备有投影机、扫描仪、打印机、刻录机、移动播放器等电子设备，可为广大群众提供全方位的综合信息加工服务。

（撰文/阳泉市城区支中心）

阳泉市矿区支中心

阳泉市矿区总面积19. 15平方公里，下辖6个街道办事处，40个社区居委会，总人口约为23万。矿区文化资源共享工程在阳泉市矿区文化体育旅游局，阳泉市图书馆支持和部署下，逐步推进，稳步发展，在新形势下为繁荣基层文化，满足多层次文化需求，传递中国民族优秀文化资源发挥了重要作用。

一、基本情况

矿区文化资源共享工程建设开始于2010年10月，因矿区图书馆占地面积小、藏书量少、规模不大、没有现成的场所，区文体旅游局向区政府申请在办公楼附近，建成矿区支中心，占地面积50平方米，按照山西省县级支中心机房系统标准进行了装修，配置了设备，并通过卫星设备直接接收国家中心下发的给类资源和信息。

共享工程矿区支中心设在矿区图书馆，是矿区共享工程的建设和业务指导单位，负责保障区中心共享工程设备的运行，协调区级共享工程设备的维修，指导区级共享工程活动的开展以及开展全区共享工程管理员的业务培训和指导。

二、管理和队伍建设

矿区支中心重视“共享工程”管理和队伍建设工作，制作了支中心牌子，制定了工作职责和相关制度，每年有年度工作计划和总结。目前支中心已经实现了运行正常化、管理制度化。2011年，我区选派选手参加全市文化共享工程知识竞赛获一等奖，并代表阳泉市、山西省参加了全国文化共享工程知识竞赛，获得好成绩。

矿区支中心选择精通计算机的人员为管理员，并通过出去学习、请老师来馆讲课等形式，加强管理员队伍，不断提高业务能力和工作水平。

三、经费投入

矿区共享工程自2010年建设以来，由区政府每年下拨1万元的运维经费，用于共享工程设备的维护，人员培训和惠民活动的开展。同时，矿区文化文化体育旅游局和矿区图书馆每年也投入一定的人力物力支援共享共享工程各项活动的正常开展。

四、惠民服务

近年来，矿区支中心克服了建设规模小、基础条件差、人员经费不足的困难，按照省、市中心的工作要求，积极开展各项活动，最大限度地为居民群众服务。首先在支中心服务点通过电子阅览室和网站为读者提供在线信息服务，同时，通过下载、刻制光盘为各街道文化站、社区文化室提供各种信息服务，受到基层群众的欢迎。

五、宣传推广

矿区支中心利用网站、报纸等各种渠道宣传推广“共享工程”，尤其在每年的社区文体艺术节、科技活动周等活动中，通过宣传让群众不断了解“共享工程”，走进“共享工程”，利用“共享工程”的丰富资源，使“共享工程”走进群众生活。

六、工作展望

矿区图书馆存在藏书量少、新书少的情况，须继续大力推进“共享工程”建设，充分利用“共享工程”的丰富资源为群众服务。要进一步扩充文化设施网点，早日实现各街道社区全覆盖。以市区图书馆为中心，加强基层文化设施网点网络化、数字化建设，加强专业技术人员的培养，为深入推进“共享工程”的实施打好基础。

计划将文化共享资源与矿区局域网进行整合、方便机关干部上网查阅。通过多种形式拓展服务范围、创新服务方式，将地方音乐、曲艺、歌舞、美术等优秀非物质文化遗产纳入“共享工程”建设内容，以群众喜闻乐见的形式使“共享工程”更加贴近基层、贴近生活、贴近群众。

（撰文/苏先英）

阳泉市郊区支中心

文化信息资源共享工程由财政部、文化部共同实施，应用现代科学技术，将我国优秀文化信息资源进行数字化加工整合，通过互联网、卫星、有线电视，数字电视等现代传输方式，实现全国优秀文化信息资源共建共享。文化共享工程阳泉市郊区支中心建在郊区图书馆，从2010年9月开工建设，国家、省财政投资68万元配备电脑、服务器等配套设备，地方财政投资20万元进行土建、室内装修、机房改造、铺设电缆等基本建设。2011年7月完工，然后进行电脑、服务器、宽带等设备的调试运行。2011年11月22日山西省文化共享工程分中心的专家领导来我中心检查验收，基本合格，完成善后工作后，于2012年1月1日正式向广大群众开放。

文化共享工程阳泉市郊区支中心，建有一个50平米的电子阅览室，配有30台电脑及附属设备。建有一个12平米的机房，装有服务器、网络存储器、卫星接收器、光纤宽带等设备，可正常接收国家文化共享工程资源数据。

文化共享工程阳泉市郊区支中心，由专人负责管理，并制定有严格的各项规章制度和业务规范。支中心在服务器上开设有自己的网页，内存有国家中心下发的电子图书5000册（种）、视频资料84集、杂志200多种、年画339张、老照片388张和若干科技信息。电子阅览室的电脑设备既可以查阅这些信息资源，也可以访问互联网，开展信息查询、即时通信、在线读书，视频欣赏等优质快捷的绿色上网服务。郊区支中心还配备有投影机、扫描仪、打印机、刻录机、移动播放器等电子设备，可为广大群众提供全方位的综合信息加工服务。

文化共享工程阳泉市郊区支中心运行以来，由于人手不足，不能坚持每天开放，还有宣传力度也不够，再就是现在家家都有电脑，所以到馆阅览的读者也不多。

（撰文/阳泉市郊区支中心）

平定县支中心

平定县图书馆于2003年建成文化信息资源共享工程平定县支中心，2009年，国家文化部、省文化厅给予价值48万元设施设备扶持，同时县政府给予了20.4万元配套资金用于支中心建设。现在的平定县支中心，机房配置了高科技设施、设备，以及计算机50台、投影仪2台、打印机3台、照相机3部、摄影机1部等。可以说文化信息资源共享工到了进一步的拓展和利用。

一、基本情况

平定县支中心自建设以来，特别是从2010年实行了免费开放以来，各项工作的开展和各项活动得了进一步推动，也得到了广大人民群众的认可和肯定，同时随着宣传力度的逐渐深入，平定县支中心所有在计算机上进行电子资料查阅查询、电子文献文献阅览、文化娱乐等读者实行全部免费开放。并在电子阅览室每周推介优秀栏目、名家讲座、生活常识、电影及优秀地方剧目；每个星期六、日下午针对未成年人播放爱国主义教育、科普类等影片，引导未成年人多读书读好书，深受广大小读者及家长们的欢迎。

二、活动开展

近年来平定县支中心以及支中心基层服务点在平定县委、县政府的大力支持下，广大职工锐意进取、开拓创新，积极采用各种新技术、新手段、新方法，以公益性、基本性、便利性为原则，以覆盖广泛、传输快捷、资源丰富、服务优质为目标，在传播优秀文化、构建公共文化服务体系、服务社会主义新农村建设、丰富基层群众精神文化生活等方面做出了卓有成效的成绩，其主要开展活动如下：

1、开展“颂歌献给党——文化信息资源共享工程迎接建党90周年群众歌咏活动”

2011年为迎接中国共产党成立90周年，充分发挥文化共享工程在群众文化活动方面的作用，进一步活跃广大基层群众业余文化生活，丰富反映文化共享工程群众文化的资源内容。2011年上半年平定县支中心组织相关人员参加了阳泉市“文化共享杯——全国文化信息资源共享工程知识与技能竞赛”获三等奖；2011年7月参加山西省“颂歌献给党——文化信息资源共享工程迎接建党90周年群众歌咏活动”获优秀组织奖，可以说文化信息资源共享工程在广大读者心中的影响逐渐加深，参与活动的群众队伍和职工逐渐壮大，同时也逐步地开始掌握和利用支中心这块新型知识宝地。。

2、开展“红色历史文化系列”影视片资源服务

利用文化部全国文化信息资源建设管理中心整合制作的“红色历史文化系列”专题片资源举办红色主题讲座，宣传革命精神凝聚名族力量。2011年寒假、2012年暑假期间，每个星期一、二、三、五、日下午3点到7点平定县支中心针对寒暑期高峰，免费为青少年开设了“寒、暑期电影、电视剧展播”，展播内容有历史题材片、科普片、动漫片、爱国主义教育片、优秀电影电视剧等。展播共接待小观众5600余人。

3、开展“文化共享工程迎‘七一’优秀资源下基层服务活动”

为积极响应山西省分中心号召，紧紧围绕庆祝建党91周年主题，以“文化共享工程与农家书屋”为载体，充分利用红色历史文化资源优势，开展文化共享工程迎‘七一’优秀资源下基层服务活动”。为了使“农家书屋”的图书得到进一步规范和利用，平定县支中心在人员少工作量大的情况下，分两组派业务骨干对10个乡镇318个行政村的“农家书屋”进行了60%普查，同时围绕“农家书屋”标准化管理办法和图书登记、分类、排架、借阅服务等知识及操作规程，对“农家书屋”管理员进行了第二次业务培训，这次培训支中心下到了10个乡镇，甚至是各个农家书屋，对管理员面对面、手把手的授课及讲解，这次培训历时一个月，并免费为10个乡镇文化站、318个行政村“农家书屋”印制发放了《农家书屋管理手册》330册 。

4、开展“践行雷锋精神，推动惠民服务”系列活动

为贯彻落实党的十七届六中全会精神，响应中央以开展学雷锋活动为抓手，充分利用文化共享工程的资源和设备，开展学雷锋系列活动。本支中心结合本单位的工作实际，开展学雷锋活动，倡导一个党员把一个口，把雷锋精神与学习、工作行为规范相结合，与优化服务意识、增强集体凝聚力的教育活动相结合。同时少儿阅览室还专门为小学生开设了红色经典图书专架供少年儿童阅读。

5、开展2012年“全国科普日”暨第九届“科普三晋”系列活动

为深入贯彻落实科学发展观，推进《全民科学素质行动计划纲要》实施，以优异成绩迎接党的十八大的胜利召开，配合2012年山西省全国科普日”暨第九届“科普三晋”，本馆做了“爱我太行、固我长城”宣传教育活动。

为牢固树立国防观念，形成关心支持国防建设的好局面，2012年8月15日由县图书馆、县人武部联合举办的“爱我太行、固我长城军事题材影片展演”活动在平定县支中心启动。之前县图书馆和县人武部为使“爱我太行、固我长城”宣传教育活动深入推进，专门召开了影片展演活动筹备会，一致认为此项活动要从青少年抓起，以热爱人民军队，共筑钢铁长城为主题进行为时一个月的“爱我太行，固我长城军事题材影片展演”。

三、管理工作

平定县支中心面对免费开放后读者队伍急剧增加的现实，支中心决定了在管理人员少，许多管理不能到位的情况下，为电子阅览室安装了整套监控系统设备，监督并严禁未成年人打游戏、严禁浏览色情、暴力等网站。确保了电子阅览室的绿色、纯洁。

四、工作展望

总之，文化信息资源共享工程——平定县支中心自免费工作开展以来，各方面工作得到了进一步的完善和推动，作出了一定的成绩。我们将迎难而上，我们将朝气蓬勃，我们将变困难为挑战，一步一个脚印走下去。

（撰文/平定县支中心）

盂县支中心

盂县图书馆文化信息资源共享于2005年开始运行，县政府投资10万元，购置电脑10台，投影机1台以及配套设备。2007年省，由国家、省文化财政投资40万，县政府配套20万，给图书馆建起了共享工程机房，安装了千兆交换机1个，百兆交换机1个，服务器4个磁盘15TB，接入10兆宽带，配置独立防火墙、UPS电源以及卫星接收。电子阅览室配备电脑20台，投影机1台。图书馆充分利用共享工程的资源优势，积极开展各种活动。

一、业务建设

1、电子阅览室，免费为读者提供上网阅读、信息咨询服务。

2、从2005年到现在，举办消夏电影展播200多场。为群众播放优秀电影，受到社会好评。

3、携带投影，深入农村，为农民朋友放映科技种养视频。并制作科技光盘，免费发给农民朋友。

4、编辑《农业科技信息摘编》，给农民生产提供帮助。

5、注重队伍建设，多次举办基层站点业务骨干培训，保证共享工程工作顺利开展。

同时，县政府每年拨付预算经费2万元，做为共享工程的专项活动经费。

二、荣誉奖项

几年来，全馆职工齐心协力，团结一心，克服馆舍面积不足、活动场所紧张等困难，积极开展工作，取得了一些 成绩，得到了社会的承认与好评。2008年，被山西省图书馆学会授予全民阅读活动先进单位。2009年，被山西省图书馆学会授予全民阅读活动先进集体。2010年，被山西省图书馆学会、全国文化信息资源共享工程山西省分中心授予全民阅读与科普活动先进集体。

三、工作展望

文化信息资源共享工程，是国家系列文化惠民工程的重要工程之一，它的实施，给图书馆带来了无限生机。图书馆的设备改善了，图书馆的服务拓宽了，这些都是实实在在变化，老百姓从中得到了实惠，都夸党的政策好，我们图书馆人能为社会做一点贡献，把党的温暖送给群众，心里也十分高兴。

（撰文/盂县支中心）

长治市支中心

一、基本情况

长治市共辖11个县（市）、3个区（城区、郊区、高新开发区），130个乡镇，14个街道办事处，3504个村民委员会，142个居民委员会。全市总人口为321.66万人。

共享工程长治市支中心是按照文化部、省文化厅的要求设立的，机构设在长治市图书馆，于2005年5月28日成立，在各级领导的大力支持下，历经七年的艰苦创业，现设中心机房三间（60平方米），一个多功能报告厅（278个座席），自购电子期刊1400种，电子图书5400种，截止目前，共享工程长治市支中心共有三条网络光纤接入，其中30M电信光纤用于服务器网络信号，一条10M网通光纤用于图书馆业务自动化系统，自动化现拥有IBM服务器11台，核心总交换机4台，无线路由器以及防火墙等硬件设施，建有2个标准电子阅览室和1个盲人电子阅览室，设有电脑60余台。2011年新增“文化e管家”电脑室，内设PC机40台，为更好的传播文化信息资源，自建以来共享工程支中心相继购买了4台投影仪和移动PC机，在市委市政府的关心和大力支持下，共投入共享工程专项资金300多万，使长治市支中心的硬件建设水平已处于省内各支中心的领先水平。

2010年底我市建成13个标准化、规范化的县级支中心，781个乡镇基层服务点，11个街道社区服务点，并于农村党员干部现代远程网合作，实现了县县建有支中心，村村建有基层服务点的建设目标，是我市的文化信息共享工程

的乡村覆盖率达96%，在继创建全国文明城市合格率验收中达百分百之后又成为我市创建公共文化服务体系示范区的又一亮点工程。

2012年全市的共享工程服务体系基本形成，支中心的资源总量、传输技术、开展服务能力等方面实现了新的突破，资源总量（接收资源和自建资源）共达9.7TB，今后支中心随着技术的完善和服务的延伸，共享工程的资源还会进一步充实和丰富。

二、发挥阵地服务优势、开展各类专题活动

充分发挥公共图书馆的阵地作用，在电子阅览室每周推介龙源期刊优秀栏目、名家讲座、生活常识、电影及优秀地方剧目，以共享工程卫星网为媒介，积极开展共享工程知识培训；节假日针对未成年人播放爱国主义教育影片，科普类等影片，举办思想道德建设方面的讲座、名著赏析等，引导未成年人多读书，深受广大市民的欢迎，通过结合重要节日、如节假日和国家重大事件，积极开展适时，有效的服务活动，精心制作影响大、范围广、群众参与多的基层文化服务活动品牌。

首先支中心建立以来，我们就积极利用共享工程资源、为全市人民服务，连续几年相继开展了围绕“世界读书日”的主题活动，建立了“长治市素质教育培训基地”。“长治市廉政文化教育基地”

精心筹备了“长治市首届上党民间手工技艺展演、展示、展销活动”。

举办了“八路军在太行”大型图片展；十月国庆节与北京龙源联合举办了“中国百年期刊大型图片展览”。

积极配合市委、市政府在本馆成功举办了“长治市城市规划展示”大型展览，先后共读者两万余人次。大力宣传展示了长治的美好未来和五十年远景规划。

我馆的网站平台举办了各种专题活动，开展了“少年网页设计竞赛”，“科普知识图片展”等系列青少年专题服务活动。文化共享工程优秀图书展示和影片展播活动。如“少年励志书籍”网上读书以及引导学生积极参与网上“热爱祖国　放飞希望”、“远离网吧，畅享夏日图书馆行”等主题活动。并在中秋节期间连续每年到工地为农民工播放电影。

三、立足基层、创新服务

在实施共享工程的过程中，充分利用这一全新的工作载体条件，不断拓展共享工程的服务内涵和方式，切实面向“五个走进”（走进农村、走进社区、走进学校、走进企业、走进军营），开创了基层文化工作的新局面。

1、走进农村，当前正值城市化改造，农民、社区居民对待现代科技信息和文化的需要迅速增加。结合这一现状，支中心深入调查，每年利用农闲为广大农民传播信息和科学知识，根据农民的需求，共下载家禽饲养、苗木、花卉栽培等相关信息达30万多字，并以印资料和配送光盘的形式分发到村民手中。送科技下乡是实施“共享工程”又一具体举措，结合城区的实际情况，我们有选择的提供科技知识，让广大农民不断感受到先进科学和现代文明。

2、走进社区，社区是共享工程服务对象里一个重要的群体，也是“基层文化”最大的受众群体。在社区服务上，我们开展了“送数字资源到社区”活动。大力开展送流动图书到基层活动。

3、走进学校，每年在馆内积极开展各项活动，如聘请老红军为学生做红军长征报告，“4.23”读书节期间举办“我爱读书”大型演讲赛，“英语朗诵比赛”等活动，通过举办各种活动激发了学生的读书爱好，一次次掀起了看好书，读好书的学习热潮

2005年新馆落成至今，市支中心面向农村、学校和社区，复制了文化信息资源光盘共计3000余张，并为部分基层点拷贝了硬盘资源。大量的电子图书、电子报刊资源，得到广大读者及广大农民朋友的好评，并有效弥补了图书资源的不足。

四、加强培训，管理运行日益规范

人才是发展的基础，围绕“十二五”规划，为今后数字化图书馆推广工程的实施，建设一支高素质的文化共享工程工作队伍，是当前工作的重中之重，围绕这一重心，支中心因地制宜，连续几年开展了多种形式的培训工作，顺利完成了上级安排的各项培训任务。

1、首先领导重视培训工作。开展全市基层站点技术骨干培训工作，培训成绩列入考核目标。通过学习、实践，系统地掌握了共享工程各个环节工作，通过考核，获得“共享工程县级支中心管理人员上岗证书”，为共享工程的推广起到了促进作用。

2、授课内容有所创新。支中心按照国家中心和省分中心的培训要求，结合本市实际精心编写授课内容，特别是对农村实用人才队伍建设方面制定了详细的培训方案。

3、培训形式多样。培训通过均采取面授、网络收看、留言互动、考核实践等形式，通过培训，基层服务技术人员的水平有了质的提高，保证了共享工程在乡镇的顺利实施。

五、抓住机遇，加快发展

2012年，创建国家公共文化服务体系示范区活动在上党大地上如火如荼地展开，全市范围内迅速掀起创建示范区的高潮，文化信息共享工程，抓住机遇，以此为契机，在今年初就做出了规划，制定了措施，落实了责任，按照范区创建工作的要求，支中心在“扩大覆盖、提高标准、完善服务、改进管理”，等方面坚定不移积极开展基于网络的阵地宣传、扩大和延伸文化服务活动。通过创建示范区活动使得我市支中心在规范基层网点的设施建设、强化基层人员队伍素质、增强文化服务能力等方面，有了更进一步提升，为今后的工作发展奠定了坚实的基础，通过创建活动极大推动了基层各服务点的发展。

六、工作展望

回首过去，放眼未来，我市的共享工程建设得到了大力发展和全面推进，经费投入大幅增长，市、县区、街（乡）、社区（村）四级网络基本建成。今后，工作重心：1、共享工程是公共文化服务体系的基础工程，是政府提供公共文化服务的重要手段，是文化创新、科技创新的一个重要的生长点。今后，我们要加大宣传力度，争取各级领导的进一步重视，建立共享工程发展长效机制，健全工作协调机制。2、始终把为读者服务放在第一位，通过共享工程设备，为广大读者提供信息咨询服务，开展讲座、报告会、读书竞赛等形式多样的公共文化活动，满足广大读者日益增长的多样化、个性化服务需求。3、建设一支高素质的专业人才队伍，以适应共享工程管理和发展的需要。做好基层点的培训辅导，提高其服务能力。4、长治市，具有深厚的历史文化底蕴和丰富的红色文化资源，在共享工程的全面推进下，大力整合和开发全市的文化资源，建立“上党文化信息资源网站”和镜像站，把我市优秀的文化信息资源加工整合，以此实现我们长治的优秀文化在全市范围共建共享的这一总目标。

（撰文/长治市支中心）

潞城市支中心

文化信息资源共享工程潞城市支中心建于2008年。支中心投资98万元，设有多媒体室（演示室）、电子阅览室、电子控制室（中控机房）、制作室。多媒体室300平方米，配置有音响、投影仪、大屏液晶电视机等设备；电子阅览室100平方米，配置电脑50台；控制室配置万全R510服务器4个，每个服务器内存4G，外接卫星接受系统1套；制作室配置有多功能扫描仪、激光网络打印机、数码照相机、数码摄像机等设备。

一、基本情况

支中心下设9个乡镇（办事处）基层服务点和202村（社区）服务点。乡镇和行政村覆盖率达100%。每个乡镇（办事处）服务点有电脑10台、电视机1台、DVD播放机1台、投影机1套、音响设备1套；每个村（社区）服务点配置有电脑、电视机、DVD播放机、音响、投影仪等设备。

二、资源建设

支中心主干通讯能力10兆，对外网络接口10兆，专用服务器容量300千兆，存储容量2TB。支中心可接受、制作、发布的信息资源。数字资源总量近0.5TB。已加工资源包括：资讯快递、文化建设、特别报道、健康快车、娱乐空间、缤纷社团、兴趣培训、读书活动、在线论坛等，数据库总量200MB、图片近3000幅。在建的资源库还有地方戏曲、地方文献、潞城民俗、潞城名吃、潞城特产等具有地方特色的文化信息资源库群。

三、管理和队伍建设

支中心现有专职技术人员3人，负责支中心信息资源工程信息接受、制作、发布等工作，负责对乡镇、村服务点工作的指导。乡镇和村服务点有专职或兼职管理员，负责服务点的管理工作。

四、经费投入

支中心每年运行经费10万元，全年无休日开放，每天开放8小时，年接待读者约10000人次；乡镇和村服务点每周开放时间40小时以上。

五、活动开展、荣誉奖项及惠民服务

支中心建成以来，组织举办了“阳光少年热爱党”、“践行雷锋精神推动惠民服务”等主题电脑小报设计比赛、动漫设计制作竞赛、网上党史大赛等活动，累计500余人参加，上报参赛作品100余篇，获奖22篇。组织了“同乡同龄同梦想共学共享共月圆”、“同赏数字文化共享幸福生活”、“我们的节日”、“网络面对面”等活动，累计读者100余人次。举办国家讲座16次，听众2000多人次；在每年图书宣传服务周、全民读书日、全国科普日活动期间，播放科教片、宣传片、经典影片。乡镇、村服务点提供读者上网服务，同时开展各类专题讲座，在节假日开展优秀爱国影片展映活动。

六、培训工作

支中心通过信息资源网络接受上级培训，也通过信息网络对下级培训。每年培训500多人次。

七、工作展望

信息资源共享工程潞城支中心将扩展服务领域和拓宽服务项目。首先要在党政机关、中小学校、大中型企业以及酒店、宾馆等服务场所建立服务点，实现共享工程全社会覆盖。第二要创建数字图书馆，将文献信息、数字资源、视频点播、展览讲座、网络服务等各种读者服务方式融为一体，提供文化信息、经济信息、金融信息、科技信息等资源，实现传统与现代并存的文化信息共享服务。第三要与手机运营商合作，推出了手机“移动图书馆”，开展书目检索、文献请求、参考咨询等服务。第四要建设未成年人公益性上网的绿色网络空间，满足未成人上网的需求。通过以上项目，逐步推进潞城市文化信息资源共享工程的进展。

（撰文/潞城市支中心）

襄垣县支中心

一、基本情况

全县下辖8镇3乡，323个行政村，总人口中25万人。

全国文化信息资源共享工程襄垣县支中心成立于2007年，安装了配套设施，接入了10M光纤宽带，建成了乡镇基层服务站11个，村级基层服务点323个，并配备了专职的管理人员，形成了县、乡、村三级服务网络。襄垣县图书馆网站设有数字图书馆地方文献资源，依托共享工程资源，方便了读者的查阅。并利用现有优势，开展了丰富多彩的服务活动，先后涌现出了虒亭镇温家庄村、王桥镇王桥村、王村镇王村村等一批优秀基层站点，并多次受到上级奖励与表彰。2008年我馆资源共享工程被文化部命名为“全国文化信息资源共享工程示范县”，同年，温家庄基层服务点，尚永芳同志被文化部全国资源共享中心授予基层服务站点“先进个人”。2010年在全县第四次公共图书馆评估定级工作中，我馆被文化部命名为国家“三级图书馆”。2010年9月虒亭镇温家庄村尚永芳同志被工业和信息化部、科学技术部、农业部、商务部、文化部命名为“全国优秀农村信息员”。2012年王桥镇王桥村被推荐为“全国文化资源共享工程电子阅览室示范点”。

二、业务开展情况

今年以来，按照襄政办发〔2011〕120号《襄垣县创建国家公共文化服务体系示范区实施方案》的要求，结合我县图书馆实际情况，为使公共文化服务体系“运行有效”；发挥“惠及全民”的作用，我馆着力从管好阵地、用好阵地、充分利用资源共享工程优势。以统筹城乡发展、推动公共文化服务均等化为目标、多渠道、多途径为群众提供服务。确保公共文化服务面向基层、面向农村，实现了重心下移，资源下移，为进一步满足人民群众文化需求，我们坚持做好了“五个结合”：

一是把实施共享工程与开展群众文化活动相结合。充分发挥共享工程信息量大、传播便捷的优势，把信息资源开发和利用与群众文化活动紧密结合起来。我们积极引导群众文化爱好者登陆文化共享工程网站，针对一些能够辅导群众开展文化活动的课件，进行网上辅导，把共享工程与广场文化、村镇文化、社区文化、家庭文化、文化下乡活动及老年、表青少年文化活动等紧密结合起来，充分发挥共享工程的效能和作用。充分发挥自有优势，利用各种服务手段，深入乡镇、村开展服务活动，积极投身新农村乡风文明建设，农民说："我们现在学科技、学养殖、学健身，不用再到别处找老师了，只要跟着网上的老师学习就行了，方便的很"。

二是把实施文化共享工程建设与覆盖全村的有线电视建设相结合。

王桥、王村共享工程基层服务站通过卫星将数字化文化信息传输到群众身边，实现了优秀的文化信息资源共建、共享。怎么才能满足人民群众日益增长的文化需求？怎么才能提高文化资源的整体利用率？怎样才能让老百姓足不出户就能共享文化资源？首先，服务点工作人员想到本村拥有丰富的有线服务网络，何不让文化共享工程资源信息切入有线电视网络呢？基层服务站点管理员不断的琢磨这几个问题，而最大的难点就是怎么使共享工程接收输出的数字信号转换成有线电视使用的视频信号。怎样与有线闭路的成功对接。针对这些难点，工作人员先后请教了多名这方面的技术人才，经过一次次的试验，定做了能够将数字信号与视频信号转换的信号转换器，利用频道切换机和调制解调器将共享工程的丰富资源成功的切入到了有线电视发射机中，通过有线电视网络播放到了村里的各家各户，开辟了共享工程的一条崭新的文化传播渠道，实现了把先进文化送到群众炕头的"户户通，全覆盖"目标。

三是把实施文化共享工程建设与提升村民素质相结合。尚永芳是襄垣县　亭镇温家庄村村民，自从2007年6月村里建成文化共享工程服务站之后，他就担负起管理员的职责。半年中，在村委班子和全村村民的鼓励和支持下，他把站点办成了村民之家，文化信息资源成了村民们身边的及时雨、雪中炭。尚永芳根据本村实际，坚持每周二、五放映电影、戏曲、农业科技实用技术知识等资源，吸引了大量村民前去观看。特别是雨雪天气、农闲季节，村民们都聚集在服务站观看电影等资源，有时一直看到深夜1点多。老支书尚瑞芳说："自从俺村有了文化共享工程，村民们学科技知识的多了，打麻将的少了，村风也变了。文化共享工程进村是一件大好事。"

王桥镇王桥村是全县首批确定的新农村建设省级重点推进村之一。我们先后5次组织532名（次）群众参加共享工程的远程教育，组织他们收看道路交通法、婚姻法等法律法规知识讲座，村民法制意识进一步增强；我们利网络多媒体技术和文化共享工程上的科技知识，对村民进行实用技能培训，使他们开拓了视野，掌握了致富信息、致富技能。许多村民都按照文化共享工程上学到的知识播种、施肥、科技管理，特别是蔬菜大棚种植技术及其产生的效益受到百姓青睐，全村几乎家家种大棚、人人有事干、户户有收入，共享工程使他们成为了新时代的有文化、懂技术的新型农民。农民高兴的说："共享工程"给他们带来了实实在在的实惠。

四是把实施工程与促进群众致富相结合。去年以来，我们以县支中心为依托，围绕我县主导产业开发，下载、整理、配送了一批农民群众急需的和养殖技术、农产品市场、国家相关政策法规等方面的信息资源，县支中心每周开放60小时，全年服务人次达到1.6万人，开展活动24次，对基层服务站点上门服务10次；开展送电影、送戏、送文艺节目，送科技下乡等活动40余次。在基层站点积极实施"课堂+基地"、"课堂+乡土人才+基地"、"课堂+协会+基地+产业"等学用模式培训，基层服务站点每周开放32小时，全年服务达到2万人次，开展活动12次，为广大群众学习技术技能、了解市场架起了信息高速公路。在具体实践中，我们与县新科农业技术服务站合作，利用文化共享资源，在全县开展了优种推广和科技示范基地建设，先后兴办科技培训班10余次，培训农业科技信息服务员100多名，发展科技致富示范户200余户，推广中国农大、北方种业等多家玉米新品种6万多亩，亩均增产200—400斤；推广高效玉米调节剂—玉黄金1万亩，为农民直接创利100万元，推广韩国雅坪椒3000亩，年产鲜椒1500万斤，收益750万元。农民通过共享服务网络，了解到了耐旱、高产、田间管理少的特优品种，学习到了栽培新技术，并及时用于生产实践，取得了良好的成效，极大地提高了当地农民的收入。可以说，现在到基层服务站点活动的群众络绎不绝。

五是把实施工享工程与农村党员教育相结合。以各级服务站点为主要阵地，建立起了组织有序、活动经常、富有生的活动和培训机制，组织农村党员干部学理论、学政策、学知识、学技术、学方法、学典型、学先进，不断提高自身素质，使一部分农村党员干部成为了政治强、带头致富和带领群众共同致富能力强的"双强"党员、"双强"干部，使一些农村基层党组织成为领导班子好、党员干部队伍好、工作机制好、小康建设业绩好、农民群众反映好的"五好"党组织。一年来，举办党员干部培训班5期，培训人员达到2000人次。譬如，我县候堡镇西周村服务点实行党员远程教育+农业科技村村通+文化共享"三加"模式，通过文化共享工程网络，培养了一支政治上过得硬、抓经有本领的党员队伍，在新农村建设上，该村成为数一数二的示范村。

通过实施文化信息资源共享工程，我们深刻地体会到文化信息资源共享工程这　保障群众基本文化权益的民心工程、德政工程，得到了广大群众的普遍认可，上级的大力支持和社会各方面的充分肯定，更加明晰了我们发展群众文化的方向，进一步坚定了我们继续发挥共享工程信息高速公路的作用，为广大人民群众，特别是农民群众得到实惠，谋求发展的信心和决心。

我县在文化共享工程方面虽然进行了有益的探索，也取得了一些成绩，但与先进兄弟县（区）和发达地区相比，与人民群众的要求相比，还有较大差距。村级基层服务点的资源建设还比较薄弱，文化资源的建设还很有限，队伍建设和管理水平有待进一步提高。不管存在的问题有多少，困难有多大，我们抓群众文化发展的目标不变，步子不停，劲头不减，信心和决心不动摇。今后我们将积极探索长效机制，不断创新观念、创新思路、创新机制、创新办法，充分利用文化共享工程资源，借力国家文化大繁荣大发展的强劲东风，为创建国家公共文化服务体系示范工作交上一份满意的答卷！

（撰文/襄垣县支中心）

屯留县支中心

屯留县图书馆始建于1991年，至今已有12年的历史。藏书总量达到8万余册，订阅报刊40余种，年接待读者5万余人次，外借图书3万册次，为全县实现人文素质升级、在公共文化服务体系创建发挥了积极作用。进入新世纪以来，我县图书馆坚持创新、创优、创品牌，在全市图书馆界产生了较大影响。2010年被文化部命名为“全国三级图书馆”。2012年在新的领导班子的带领下，我馆不仅改变了阅读环境，增进图书容量，增加开放项目，更重要的是实现了服务功能的突破。下面就“共享工程”屯留支中心建设情况汇报如下：

一、加大投入 硬件设施到位

2009年10月，屯留县图书馆“文化信息资源共享工程”成立。“共享工程”支中心不仅要抓好自身建设和各项服务工作，还承担了对全县基层服务点资源配送、信息传递等服务。目前，支中心建有标准化的县级支中心镜像站，拥有卫星接收系统1套、资源发布服务器1台、多媒体点播服务器1台、硬件防火墙1台，磁盘阵列实际容量105TB，网络带宽1000兆。通过投入，使我馆的中心机房的硬件和软件配置达到“共享工程”支中心对中心控制室的要求。

二、强化服务 资源配送到位

我馆多媒体阅览室免费开设“共享工程”阅览服务，发挥这块主阵地的作用，做好宣传推介工作，提高“共享工程”资源的点击率，阅览电脑20多台，每天开放时间为8小时，每周开放时间为56小时，年阅览量1000多人次。实现了与文化共享工程全国各大中心以及全县各基层点的通畅连接，所有配置达到了《文化部社会文化司关于调整全国文化信息资源共享工程试点县设备配置的函》的标准。我们在充分利用国家中心和省分中心的资源的同时，在共建共享理念的指导下，一如既往地做好图书馆的数字资源建设。

三、加强管理 组织网络到位

“共享工程”建设面广量大，任务十分繁重。要确保“共享工程”的顺利实施，必须加强领导，建立健全组织网络，狠抓各项管理。我们按照国家中心和分中心要求，建立了“共享工程”屯留支中心组织机构，由馆长任主任，分管馆长任副主任，相关部室负责人为组成成员。近几年来，我县以数字资源建设为重点，不断增强县支中心为基层服务的能力。支中心坚持接收服务器全天24小时开机等待，确保国家中心每天投放的数据资料一部不缺地下载成功；加强与兄弟馆的合作共建共享。建有县图书馆网站。设地图概况、读者指南、数字资源、地方特色、阅读指南、展览培训、少儿天地、交流互动等9个栏目，能提供书目查询、信息编译、科技查新等服务，以及检索浏览除版权外的所有数据资源。进一步扩大了文化共享工程的影响，同时也方便了基层点管理员操作、读者利用数字资源。使支中心和基层服务点步入规范化、制度化的发展轨道

屯留县图书馆解放思想，艰苦创业，与时俱进，树立科学地发展观，坚持以人为本，以改革为手段，以创新促发展，不断改善办馆条件，深化读者服务工作，加强图书馆基础业务建设和自动化、网络化、数字化建设，使全馆工作一年一个新台阶，“共享工程”的实施，有效地推进了农村文化阵地建设，有效地提升了图书馆的服务功能。我们决心在县文化局的直接领导下，在国家中心、省分中心的指导帮助下，求真务实，创新创优，确保“共享工程”取得成效，在新农村建设、构建和谐文化、培育社会新风和建立社会主义核心价值体系等方面发挥积极作用。

（撰文/屯留县支中心）

平顺县支中心

文化信息资源共享工程是国家文化部旨在推进文化信息资源开发、建设、服务而实施的重点工程，工程采用现代化信息技术，对文化信息资源进行数字化加工整合，通过网络最大限度地为社会公众享用的文化资源工程。通过文化部、财政部下发的《关于实施全国文化信息资源共享工程的通知》要求务必把文化信息资源共享工程抓紧抓好、抓出成效；为地区读者提供全国文化信息资源网的信息资源，实现地区文化信息资源的共管、共建、共享。

一、整体情况

平顺县图书馆为县政府核定的股级全额事业单位，属平顺县文体广电新闻出版局主管：内设八个室，其中资源共享服务室又为文化资源共享工程服务中心。他们主要负责接收、存储、制作、发布、整理、播放来自卫星天网、互联网站和光盘的文化信息资源。

我县辖12个乡镇、262个行政村、1370个自然庄，地处山区，山大沟深，峰峦密布，沟壑纵横，交通不便，经济条件落后的同时也给各项工作的开展带来一定的困难。自文化资源共享工程以来，我们想方设法克服困难，在县委县政府的高度重视大力支持下，通过全体工作人员的努力及各乡、镇、村密切配合，经过两年多的努力工作，我们全部高标准的完成各乡镇行政村的网点分布。

二、宣传推广、培训工作及惠民服务

1、在具体建设“资源共享工程”过程中，我们采取了一系列具体措施。一是责任到人，严格要求创建标准。在近几年的全县宣传资源工作会议上，县委宣传部连续下发了《关于规范落实“文化资源共享”工程抓好“文化资源共享”建设的通知》，并确立各乡镇党委书记为第一责任人。对各乡镇建设资源共享网点数量进行量化，并将各乡镇建设“资源共享工程”列入年底工作主要目标之一。

2、县图书馆统一制定了资源共享的人员管理制度、会员登陆制度，以及各类网上浏览指导。对资源共享阅览室的一系列具体工作进行了统一规范。一是为了便于管理，便于网上阅读，结合我县实际，大部分采用以乡办为主，村办为辅的方法，安装建设了卫星接收站，建立了基层网点。二是统一了“资源共享工程”的创建标准，

即：所建资源共享阅览室面积不得低于20平方米，并配有电脑、投影设备均不少于一台，有一定数量的电脑桌、椅等设备。确实办好"资源共享工程"，使农民读好书、用好书。使电子阅览室在繁荣农村文化生活，为农民科学种植、养殖提供科学文化知识，在建设社会主义新农村中发挥更好的作用。三是严格把关，稳步发展。全县12个乡镇 262个"资源共享工程"，我们采取典型示范，分批创建的办法，经过县委宣传部发动由常务副部长带队组成由图书馆馆长为成员的检查验收组，带上资源共享有关手册、资料、光盘，为第一批创建积极性高条件合格的资源共享电子阅览室配送、挂牌，以树立典型。创办资源共享工程以来共为各乡镇"资源共享站点"配发光盘、手册、电脑书籍等相关资料78600册，极大地丰富了农村数字化阵地。多主题的下乡进村服务、宣传、咨询、培训、辅导等活动，在群众中取得了良好的效果。随着基层乡镇综合数字网点的全覆盖，群众实现了在家门口就可以"参加探讨网络、接受网络知识培训和服务"的愿望。

3、2010年8月份在全县12个乡镇以每个乡镇创办2个高标准示范资源共享阅览室为要求，优先创建24个资源共享阅览室，对示范资源共享的数字阅览室面积、设施设备、硬件设备的数量；人员配备的条件；网络上传图像、资料、文件的上传及各项日常工作、注意事项。提供了有力的技术支持，针对资源共享管理等各项制度都制定了统一的标准，按照标准逐项落实。同时由县图书馆对全县24个示范资源共享的管理人员及各乡镇文化员进行了业务培训，各乡镇资源中心管理员应具有大专以上文化程度，并有基本的电脑知识，以点带面全面铺开。使全县12个乡镇，262个行政村，出现了乡乡争当先进，村村

争先要求发展的大好局面。在全县掀起一个网络化、数字化的新高潮。使"文化信息资源共享"建设工作在我县顺利完成。随着"文化资源共享工程"的作用在社会效益中凸现，农民的无网络，排斥不良习好正在消除，读书气氛日益浓厚，崇尚科学的风气日益高涨。

三、未来工作思路

1、加强资源建设，努力建设具有我县文化特色的分布式文化信息资源库群。

我县文化共享工程资源中心要加强资源建设力度，为"共享工程"国家中心提供数字资源，并满足各乡镇分中心提出的资源要求。系统整合科普知识、农业技术等群众急需的优秀文化资源，丰富资源内容，满足群众的需要。各乡镇也要积极建设具有本地特色的数字文化资源，形成分布式资源库。

2、加强基层人员的培训，建立科学的管理体制和工作机制。

重点建设"共享工程"县资源中心，在省市中心的指导下，负责为个乡镇的网络用户提供信息服务，为各基层中心提供技术支持和人员培训，我县也将加大培训力度，对基层点专业人员和管理人员进行培训，每个基层点拥有1–2名经过专业培训的工作人员并按照文化部全国文化信息资源建设中心制定的规划和标准，做好各个网络站点的建设。

县分中心负责对基层中心的管理、资源更新、日常技术维护、人员培训等职责，要建立电子阅览室，把数字图书服务作为重要内容。在2012年以前，基本完成全县分中心的建设。

3、加快全县基层网点建设，形成全县无死角的高效通讯网络站点。

4、以创建文化公共服务体系示范区为契机，进一步推动我县文化共享工程建设。

总之，文化共享工程是一项重要的公共文化基础工程。抓好文化共享工程的实施，推动工程建设是时代赋予我们的光荣使命，让我们迎难而上、用勤劳智慧和辛勤汗水干事创业，为建设文化强县做出应有的贡献。

（撰文/平顺县支中心）

黎城县支中心

文化信息资源共享工程是一项惠民工程，此项工程主要是应用计算机、网络通讯和多媒体等技术手段，将中华民族的优秀文化信息资源进行数字化的加工和整合。今年是文化信息资源共享工程实施十周年。这十年来，黎城县图书馆共享工程得到了各级领导的关心和重视，经过我们的不懈努力，切实从行动上推动文化共享工程向专业化、社会化转变。收到了良好的效果，得到了广大群众的赞誉，进一步推动了我县社会主义新农村建设的步伐。

一、十年开创共建共享

自2002年实施文化信息资源共享工程以来，我县县委、县政府高度重视，加大投入，加强共享工程基层设施建设，努力构建遍布全县的基层服务点。依托县文化信息资源共享支中心，建成以乡镇基层中心和村级服务点为网络的共享工程基本框架。基层的文化工作手段陈旧落后的状况得到了进一步的改善。

1、工程建设顺利，服务网络点基本成型。县委、县政府高度重视文化信息资源共享工程建设，并成立了文化信息资源共享工程领导小组，加强领导，积极落实各项保障措施，保证了文化信息资源共享工程的顺利起步和推进。上级对我县文化信息资源共享工程拨付设备资金共68万元，县级配套10万元。县支中心的文化阵地建设进一步得到了巩固；建立完善了乡镇基层中心和村级服务点管理制度，一切按制度实施，文化信息资源共享工程服务点的管理也得到了加强；各乡镇设立1名专兼职文化干事，负责日常管理，明确了专干职责，接受上级培训和指导基层服务点做好群众服务工作，向群众开放，满足人民群众精神文化需求；与农村中小学远程教育工程、农村党员干部现代远程教育、有线数字电视等合作建设了一批基层服务点。

2、资源集中整合，技术保障逐步完善。将地方的文化特色溶入共享，突出地方特色。之前地方的文化特色大多以纸张储存为主，随着时间的增长，就会出现老化、发黄等多种现象，最终无法翻阅，而文化信息资源共享工程正解决了这个难题。建设一批具有地方特色的资源库，汇集图书馆、文博馆、文化馆、“非遗”、影剧院、各类艺术团体等机构的各类优秀文化信息资源，供人民群众长久阅览；组织并整合贴近大众生活的文化信息资源；在资源建设、基层点服务等方面依托现有的通讯网络开通网站。并通过互联网、卫星、移动储存、光盘复制等多种形式向群众提供应有的服务。

3、运行方式快捷，服务效果初显成效。为了使群众及时、快捷的接受到先进的思想文化教育，掌握适合当地实际的实用技术，县文化部门协调相关部门深入基层调研，了解群众所需，认真搜集、下载当地群众的政策法规、农业科技、文化体育、科普知识、防疫保健等共享工程的资源，特别是大量收集农村实用技术信息，并将其下载的共享工程资源信息刻录成光盘，通过县、乡、村三级文化服务网络及其他途径传输信息，也通过投影仪实地到达各乡镇、村进行播放，县一周播放2次，乡镇、村一月播放3或4次，扩大了宣传面。主要做法：一是通过协调各专业部门，再将各类信息资源通过业务部门的工作，传播到千家万户；二是向乡镇、村服务点提供图书、光盘支持，直接面向群众服务；三是利用“三下乡”、宣传周、庙会、节假日等向农民集中宣传、赠送和发放实用技术资料，解决实际性的问题；四是针对种养殖专业户在种植中遇到的问题，通过共享工程网络资源库中下载相关内容刻成光盘，赠送给种养殖户等。共享工程的实施，对打破农村消息闭塞状况，积极推广农业实用技术，帮助村民及时、有效的了解到相关市场、技术信息起到了至关重要的作用。

二、共享改变文化生活

之前农村人民群众在闲暇时，不是到亲戚家串门，就是在家看电视，没有什么文化生活，至文化信息资源共享工程实施十年来，通过广泛宣传、加快基层网点建设、开展形式多样的服务活动等方式，使这项只在利用现代信息生产和传输技术，整合先进文化资源的利民工程越来越受到基层群众的欢迎和喜爱。丰富多彩的文化活动，在缓解农民群众“看书难、看戏难、看电影难”，满足群众多层次、多样化的业余文化生活，增强基层文化工作的吸引力和生命力，丰富城乡群众多层次的文化需求与构建和谐社会等方面发挥了积极作用。使得之前单一的文化生活形式，学科技难、获取信息难、找市场难、看电影难，这些困扰农民多年的问题，已变成“过去”转变为现在又听，又看，又学技术的民众生活。广大农民群众对此反响热烈，给予了高度评价。文化信息资源共享工程，成为了实实在在的民心工程。

三、共享发展　工作展望

努力把文化信息资源共享工程用好、用活，确保工程能可持续发展，并提出一定的思考和建议，强化管理机制；加强服务网络体系建设；进一步做好资源整合工作，构建优秀数字资源库群；加强共建共享；加大宣传力度，提升社会影响力。以先进文化教育广大群众，提高人民的思想道德水平和科学文化素质，最大限度地将信息资源转化为生产力，通过多种形式拓展服务范围，创新服务方式，将有特色的地方影视戏曲等艺术表现形式加入到共享工程服务内容，以群众喜欢的形式表现，使得文化信息资源共享工程更加贴近生活，贴近群众。并为推动社会主义新农村建设出一份力。

虽然在各级领导的关怀支持下，我县的文化信息资源共享工程得到了一点成效，但还需要进一步的探索和创新。在今后的工作中，将不断提高工作水平，更好的服务基层，服务群众，为黎城文化大发展大繁荣，构建和谐社会做出新的贡献。

（撰文/黎城县支中心）

壶关县支中心

壶关县辖5镇7乡1个经济开发区，390个行政村，总人口30万人。2005年县政府投资了18万元购置了图书专用设备，配置了书库、阅览室书柜、书架、阅览桌椅等固定设施。2009年县政府投资12万元，建设了全国文化信息资源共享支中心，安装了自动化管理系统（ILAS)和视频监控系统，进行了综合布线，接进了10M光纤宽带，为满足城乡人民群众的文化需求，传递中国民族优秀文化资源发挥了重要作用。

一、基本情况

壶关文化信息资源共享支中心于2009年9月建成，内有电脑20台，安装设备通过卫星接收国家下发的资源和信息。2009年壶关县文化资源共享工程开始普及进入各乡镇行政村，第一批建成了120个行政村，2010年第二批建成了30个行政村，2011年建成了240个行政村，全县390

个行政村文化信息资源站点实现了全覆盖。

二、管理和队伍建设

我县图书馆十分重视“共享工程”的管理和队伍建设工作，制定了一系列的工作职责和相关的管理制度，有年度工作计划和季度总结，并制定了《壶关县文化信息资源共享工程的实施方案》。我县支中心工作人员通过不断学习、请教，目前已能较为熟练的掌握业务。

三、培训工作

为更好地提高基层服务点的工作效能，我们按期组织各村管理员进行业务培训。通过开展工作，较圆满地完成了预期工作任务，取得了一定的成绩，但还存在许多问题和不足，在今后的工作中，要从满足群众文化需求出发，更加充分发挥文化共享工程的作用。

四、推广宣传

为了使“共享工程”更加深入群众生活，我县支中心利用网站、报纸、电视、短信等各种渠道宣传推广“共享工程让更多的群众认识和了解“共享工程”，利用“共享工程”丰富大家的业余生活。我们支中心的管理人员在工作的同时抽出时间走进学校、养老院、武警部队、医院等地方，为大家传递“共享工程”信息，通过宣传放映，极大的丰富了老年人的晚年生活，同时我们利用假期开展了“文明上网、健康上网、绿色上网”给学生们提供一个清洁的网上空间，其次我们还给部队官兵免费上网学习提供便利，受到了社会各界一致好评。

五、惠民服务

为进一步丰富基层群众的文化信息资源，服务基层文化建设工作，壶关县图书馆在多功能放映厅举行了“共享知识和谐万家”讲座专题资源下乡活动启动仪式。

文化共享工程是应用现代科学技术，将中华优秀文化信息资源进行数字化加工和整合，通过工程网络体系，以互联网，卫星网，数字电视网和光盘等方式，实现优秀文化信息资源在全国范围内的共建共享，是改善城乡基层群众文化服务的创新工程，也是咱老百姓的家庭图书馆，为了使偏远地区的农村群众不出家门就能通过共享工程学习急需的科学技术，壶关县图书馆将服务延伸到基层，深入农村为群众播放各类公益讲座，使农村地区也实现了知识共享，让村民既能够享受到文化资源，又能够从中获得更多的知识和快乐，从而不断提高农民的自身素质和知识水平。

为了使讲座内容更贴近农村生活，图书馆的工作人员精心选择了《育肥牛的饲养方法》《猪病的疫情预防》《蔬菜的保鲜与贮藏》等与农民群众生产生活息息相关的讲座内容，利用共享工程的移动播放设备为农民群众投影放映，受到群众的欢迎。

六、工作展望

充分利用“共享工程”的资源来丰富群众的文化生活，进一步以市图书馆为中心，加强文化设施建设和数字化建设，加强专业技术人员的培训学习，充分发挥共享工程的重要作用。

大力开展公益性文化服务，加强对乡镇、村的扶持力度，通过各种形式创新服务，通过公共信息网络无偿传送到城乡基层，面向社会提供文化信息资源服务，县级支中心和村级基层站点的建成将让更多的群众享受到更丰富、更便捷的文化资源共享服务。

（撰文/壶关县支中心）

武乡县支中心

在各级政府的高度重视和亲切关怀下，由国家文化部在全国范围内组织实施的文化信息资源共享工程于2002年1月正式启动，至今已走过了10年的发展历程。纵观全国各地的建设状况，受自然与经济条件的制约和影响，尽管发展进度快慢不一，但就发展势头而言，都在随着我国改革开放迅猛发展的脚步而稳步向前推进的。

武乡县虽然属于一个国家级贫困县，但是在规范化、标准化创建完成文化共享工程县级支中心的进程中，县政府还是给予了很大帮助和支持的。

按照省图书馆统一安排部署，结合武乡实际，武乡县图书馆于2002年1月，由县政府拨付专款3万元，新购置电脑10台，电脑桌椅10套，接通一条2兆网线，并由省馆安装了文化共享工程卫星地面接收设备一套。

2008年10月，在省馆将国家配置的价值48万元电子专用设备送达本馆的同时，我馆积极请示县政府领导批准，再次获得专项配套经费5万元，用于室内标准化装修、架设三项专用电线和4兆专用网线的改造等费用。由省馆及相关厂家专业技术人员到馆安装调试，经过十多天的辛勤劳作，一个规范且标准的县级支中心欣然建成，机房和电子阅览室分设，机房面积20平方米，电子阅览室面积40平方米，电子阅览室设阅览机位20个，有英特网和文化信息资源共享工程专用网的双重连接贯通。这样，才真正建起了规范且标准化的县级支中心。

从2011年起，我馆向社会大众免费开放，真正实现了公共图书馆公益公用、社会效益最大化的服务宗旨和理想目标。单就本馆电子阅览室来讲，现实行每周56小时的免费对读者开放服务，基本上满足了广大读者网上阅览需求，此举受到了社会大众的认可和好评。

（撰文/武乡县支中心）

沁水县支中心

沁水县总面积2676.6平方公里，全县行政区划14个乡（镇），239个建制村，9个居民委员会，1378个村民小组，常住人口为21万人。近年来，沁水县文化资源共享工程在山西省图书馆和沁水县文广新局的关心和支持下，在丰富和活跃群众文化生活、传播社会主义先进文化，促进经济社会协调发展等方面发挥了积极作用，受到基层广大群众的欢迎。

一、基本情况

沁水县文化资源共享工程建设开始于2003年，最初只建设一台卫星接收终端，2011年陆续在全县十四个乡镇文化中心下发安装设备。

共享工程沁水支中心设在沁水县赵树理图书馆，是沁水共享工程的建设和业务指导单位，负责保障县中心共享工程设备的运行，协调镇村级共享工程设备的维修，指导镇村级共享工程活动的开展以及开展全区共享工程管理员的业务培训和指导。

二、管理和队伍建设

为使共享项工程真正为民所用为民谋利，沁水县支中心将共享工程日常管理纳入制度化管理。积极探索共享工程管理和服务新模式。

文化资源共享工程作为一个新的农村文化资源获取平台，如何推广好、利用好共享工程丰富的文化资源关键在于是否有一支专业化的共享工程管理员队伍。沁水县共享工程支中心在管理员队伍建设上坚持明确职责，明确思路，制度化管理，常态化培育。对于乡镇、村两级基层共享工程管理上择优选取文化层次较高，有一定社会基层管理服务实践经验的大学生村官为管理员，他们工作热情高，有较高的文化水平能尽快熟悉掌握共享工程设备为所在村民服务。

三、培训工作

根据支中心工作要求，每年对辖区共享工程管理员进行定期不定期的集中培训，2003年以来一共举办各类培训班数十期，参加轮训的各级管理员达千余人次。

四、资源建设

沁水县支中心在历年的工作中，搜集不同区域民众文化需求，选取、编辑制作各类题材资源500GB，每年制作发放各类光盘200多张，发放各类农业科普宣传资料2000余份。

五、合作共建

以共享工程为依托结合农村数字电影放映工程建立电子文献资源服务中心。将各种部门下发的电子文献资源与建立的共享工程服务点结合，根据不同乡镇、村的硬件条件建立形式多样的电子阅览室和多媒体中心。在全县248个行政村每月放映不少于一场电影的基础上，在不同季节、各类节假日结合当地实际情况播放相应的科普资源。通过我们的不懈努力，共享工程已逐步走入基层村民生活，成为村民获取新知，娱乐身心的新渠道新平台。

六、利民惠众，惠农服务

该支中心在共享工程服务实践过程中，以老百姓的需求为导向，积极探索和监理能够服务百姓生活生产，引领群众高尚精神文化生活的新型文化服务新平台。

根据沁水县地域农业生产特点，沁水支中心每年按节令制作各类种植养殖类技术光盘和相关资料通过行政村基层服务点向村民分发。针对不同种植养殖户，支中心有针对性的选取相应资源上门指导服务工作。

七、宣传推广

1、利用各种渠道宣传推广共享工程。在每年举行的科普下乡、文化下乡活动中，支中心积极准备各类资源，以活动为平台，以资料为媒介宣传共享工程，让民众不断了解共享工程，走进共享工程。

2、走进校园。支中心充分利用暑寒假以及相关节假日，利用共享工程，收集青少年知识兴趣点整理挖掘，组织谜语竞猜、征文比赛等一系列活动，深受广大青少年的喜爱。通过活动使共享工程不仅走进农村也走进校园走进青少年。

八、工作展望

文化资源共享工程是繁荣群众文化，丰富人民精神生活的一项民生工程。今后沁水支中心希望省、是市中心大力支持下能够建设一支专业化的服务队伍，开展更加丰富多样的活动，使群众更加广泛的参与到共享工程中来，为建设文化沁水做出更大的贡献。

（撰文/沁水县支中心）

沁源县支中心

沁源县总面积2554平方公里，辖区内有14个乡镇，254个行政村，人口约有16万。近年来，在县委、县政府和上级主管部门的高度重视和大力支持下，每年投入10万余元用于图书馆的购书及建设。2002年申请建成文化共享工程站点，配备电脑5台。2007年成为"全国文化信息资源共享工程试点县"，成为规范化县级支中心之一。

一、加强领导，科学规划，精心组织

文化信息资源共享工程是一项繁荣社会主义先进文化的创新工程，更是一项艰巨复杂的系统工程，对提高广大人民群众的科学文化素质，促进社会主义新农村建设，构建和谐社会都将起到主要作用。为确保试点工作有序进行，县委、县政府专门成立了文化信息资源共享工程领导小组，负责全县的文化共享工程建设，各乡镇也成立了相应的组织机构，并在沁源县图书馆设立了沁源县文化信息资源共享工程支中心，负责全县"文化共享工程"日常运行和管理工作。确定县图书馆（县级支中心）及14个乡镇254个行政村（基层服务点）为试点。各乡镇、各试点村按照县政府的安排，也都制定了本单位的试点工作规划或年度工作计划，成立试点工作领导小组，使试点工作有步骤、有计划地推进。

二、加大投入，标准配置，落实到位

1、克服困难，加大投入，基础设施建设有了明显改善。

文化共享工程属于政府向社会提供的公共文化服务，是公益性的文化事业，做好试点工作是政府应尽的职责。2007年末，县政府在财政紧缺的情况下，如期如数拨付27.2万元，用于试点县配套经费，加上国家41.8万元的专项经费，我县用于试点县建设的经费达68万元，主要用于沁源县图书馆的共享工程支中心建设。县级支中心配备了服务器4台，1个存储器，1套卫星接收设备，千兆和百兆网络交换机，PC机30个，投影仪1套，并接入2M光纤，建成了中心机房与电子阅览室。支中心配有专职人员2名，建成文化信息资源共享中心局域网，设有数字资源加工室，资源收集、整理、发布的能力将大大加强。

新确立的254个试点村普遍建有文化共享工程活动室，总面积7200多平方米，最大的200多平方米，最小的40多平方米。配有投影、音响设备，乡镇文化站配有电视、投影、服务器等，为共享基层服务点奠定了基础。村村配有专职人员一名。县—乡—村共享工程三级联动模式初步形成。

2、创新模式，整合资源，共建共享。

在基层建设方面，对两项工程已建成的站点进行了整合使用，实现了共建共享。依托农村党员干部远程教育网在全县14个乡镇分别建立了由电脑、机顶盒、宽带网络组成的乡镇服务点，我们建设254个文化信息资源共享工程基层服务站点的基础上，又通过农村党员远程教育合作共建，文化共享工程已覆盖全县所有乡镇行政村。郭道镇郭道村、兴盛村利用农村中小学远程教育工程定期组织活动，为农民服务。沁河镇城东村、河西村、闫寨村利用农村党员远程教育的设备，播放文化共享工程的资源，定期组织农民观看。各乡镇基层服务站点充分利用文化部配发的投影设备，通过乡镇有线电视插转台定期播放文化共享工程节目，总计50余次，120多个小时以上，覆盖村达100%，年受益8万多人次，真正使文化共享工程走进千家万户。

三、规范管理，效果显现

为确保“共享工程”发挥其应有的作用，首先从制度建设入手，制定了工作人员守则、设备管理与使用等一系列工作制度，对支级中心与基层服务点规范管理。其次，县级支中心统一印制了“共享工程”活动记录本，发放到各基层服务点，记录基层服务点活动情况，掌握、了解基层活动情况和群众需求。再次，支级中心与基层服务点悬挂文化共享工程统一标牌。各基层点按照“五有”建设标准：有固定的活动场所，有必备的设备器材，有专兼职工作人员，有活动载体，有组织机构活动计划，不断加强规范化的管理，工作效果不断显现。通过文化共享工程这个平台，最大限度地解决农民看书难、看电影难，看戏难的问题。各基层服务点依托文化共享工程开展农业技术培训、农民工培训、再就业培训，提高了农村信息化水平和基层群众的科学文化素质，有力地促进了当地经济社会的协调发展。

四、面向基层，服务群众

1、以公益性服务为原则，开展创建规范化服务点活动。在建好基层服务点的基础上，向管好、用好、学好方面迈进，引导、鼓励具备条件的服务点扩展、升级；提高使用率，加强制度建设，实现收听、收看，开展学习娱乐活动规范化、制度化；不断创新学习，开展文化活动的内容和形式，更好地落实群众求满足、求富裕、求知识、求文明、求欢乐的要求。自从图书馆实行免费开放以来，支中心电子阅览室开放每周不少于42小时。采取个别服务与集中服务的方式，群众如有需要可以随时查询。在内容上围绕社会主义新农村建设的需要，针对农民群众的实际需求，以农村科技信息资源开发利用为核心，以信息进村入户带动农民致富为目标，吸引群众积极参加学习，开展文明进步的文化活动。我们还设立群众查询登记簿，把来馆查询的问题记录下来，能及时了解群众所求，有效进行资源的积累。

2、县支中心根据工作任务与基层需要，采取以点带面的方式，以乡镇基层服务点为桥梁，通过对该乡镇的服务、督查、发现，解决基层工作中存在的问题，开展业务培训工作。通过乡镇辐射到村级基层服务点，为保证基层服务点的正常运作。支中心还通过上门指导的方式对全县基层分中心服务，通过县级支中心辅导乡镇基层服务点，乡镇基层服务点带动行政村基层服务点，取得了较好的效果。每年共举办讲座培训约5次以上。

3、县支中心针对我县村多面广，有的地方交通、通讯等各方面情况条件较差的实际，与我县开展的“百场戏曲下乡”、“送电影”下乡活动紧密结合，将农民喜闻乐见的戏剧、电影、科技知识等刻录成光盘，借“送戏、送电影、送图书”下乡活动送到交通不便的乡村，提高我县文化共享工程服务覆盖面。据统计，支中心2011年共刻录光盘2000余张，为农民工播放电影80余场，受到广大群众的热情欢迎。

4、充分利用支中心和基层服务点，组织开展活动。今年六月份，积极响应省、市共享工程要求，开展“电子阅览室百题知识”网上答题竞赛，历时一个月，广泛发动宣传，共有300余人参加此次答题活动。在12月份的“文化剪彩幸福共享”全国群众摄影艺术作品大赛活动中，广泛宣传，积极参与，截止2012年年底，已有30余名作品提交成功。

五、荣誉奖项及工作展望

支中心自成立以来，曾多次被长治市图书馆授予“资源共享工程先进单位”，2011年在参加省图书馆摄影比赛中支中心被评为“优秀摄影组织奖”。

在今后，我们将针对各地实际情况和特点，利用网络、卫星、移动存储等传播渠道，以及公共电子阅览室、移动播放器等“共享工程”设施设备，通过多样的服务形式，使“共享工程”丰富、优质的文化信息资源成为了各地农民群众在节日期间的“良师益友”、“致富法宝”。

（撰文/沁源县支中心）

高平市支中心

2005年，高平市文化信息资源共享工程启动以来，图书馆在市委市政府的领导下，在山西省图书馆的大力支持下，先后投入资金10万元，购买了电脑12台，投影仪1台，打印机1台，结合省中心赠送的卫星地面设施1套，建立了我市共享工程的使用平台—电子阅览室。

2007年，高平市文化信息资源共享工程县级支中心成立，根据《文化部、财政部关于进一步推进全国文化信息资源共享工程的实施意见》（文社图发[2007]14号文件）精神，高平市委、市政府成立了文化信息资源共享工程领导小组，办公室设在高平市图书馆，由图书馆作为支中心工作的具体负责单位来管理日常工作。

2008年，图书馆接到省财政厅、文化厅《关于下达到2008年文化信息资源共享工程建设项目预算控制数的通知》后，向市政府请示，于当年12月拨付此项工程配套建设经费20.4万元，我馆按照县级支中心机房配置标准装修了我馆机房。支中心投入使用后，由高平市图书馆电子信息阅览室负责，指派图书馆1名工作人员管理文化共享具体工作。

2009年，我支中心文化信息资源共享工程基层服务站点建设与党员干部现代远程教育基层点建设相结合，实行"一站两牌"服务。村基层服务点至少配备1-2名能够熟练掌握设备操作和简单维护的专职或兼职管理人员，坚持开展免费服务，每周开放时间在35小时以上，当地政府结合地方实际情况给予站点管理人员适当补贴。

近年来，高平市政府投入大量财政经费来修建新图书馆。2012年，新图书馆陆续投入使用，在新图书馆的4层，设置专门的资源共享室，将指派2名专业人员来接收、存储、整理、播放来自卫星天网、互联网站和光盘的文化信息资源，负责我中心与国家中心、省市分中心和基层服务点之间数字资源的同步和更新。

高平市政府的有力支持是支中心工作实施的重要保障。2008年，市政府制定并出台了《高平市人民政府办公厅关于印发〈文化信息资源共享工程建设实施方案〉的通知》，明确了支中心工作的任务和目标。在实施方案的指导下，经过多年努力，全市文化共享工程在服务网点建设、技术推广与培训、资源建设与共享等基层服务工作方面取得了初步成效。

一、服务网点建设

2009年，我市建成文化共享工程乡镇基层服务点16个，村级服务点100个；2010年，建成文化共享工程村级服务点100个；2011年建成文化共享工程村级服务点234个，实现了县级支中心以图书馆为中心，乡镇服务点以文化站为依托，辐射全市村级服务点的县、乡、村三级公共文化信息服务体系。

二、技术推广与培训

在文化共享工程建设中，我馆先后争取到国家下放的434套行政村文化共享配发设备，包括投影仪、音箱、投影布等。我馆把这些设备分发到各个基层服务点，安排工作人员对基层服务点的人员进行技术培训，并定期对基层服务点的文化共享工作进行验收、督导。支中心给各个基层服务点制作了共享工程标牌，进行了统一挂牌。

三、资源建设与共享

电子阅览室是共享工程文化信息资源服务的一个重要展示窗口，它用信息技术和网络技术将传统图书馆的服务项目以全新的视听手段向广大读者提供服务。目前，我馆的电子阅览室可向读者提供共享工程中的文化信息资源浏览、馆藏数字化电影点播、馆藏电子图书在线阅览、馆藏书目数据库即时查询和各专题数据库全文检索等多项文化资源服务项目。

我馆做为高平市的重要文化场所，在传播文化、普及知识过程中发挥着不可替代的作用。开展共享工程以来，我们紧紧依托共享工程，充分发挥阵地优势，利用现代网络信息资源，广泛开展形式多样的群众文化活动。积极组织读者走进电子阅览室体验共享工程信息资源，利用共享工程提供的数字资源，为读者提供免费的数据库基本知识的讲座，让读者更加充分地了解各种数据库的基本情况和使用方法。

针对未成年人，我馆利用学生周末、寒暑假等节假日，从共享资源库精选出爱国主义教育、童话故事、科普知识等方面的影片刻录成光盘，下发到基层服务点，组织未成年人观看，受到广大市民的普遍欢迎； 为丰富老年人的文化生活，我支中心在春节、中秋、重阳、端午等极具中国特色的节日里，在全国文化信息资源共享工程资源库里下载地方曲艺、健身养生、医疗保健等视频资源；为响应"十七大"提出的"建设社会主义新农村，关键是要提高广大农民群众的整体素质，培养和造就有文化、懂技术、会经营的新型农民"。我馆利用共享工程国家中心提供的信息资源自行加工、整理，制作成光盘和手册，内容涵盖养殖技术、花卉栽培、瓜果种植与保存等农业科技讲座等当前农民所急需的实用资源。自2009年以来，我们通过科技下乡、农村赶集等活动将1000余份新型实用技术资料、800多张光盘等农业信息资源分发到村民的手中，让他们在易学、易看的基础上提高了驾驭农业生产的本领和技巧。

四、工作展望

在未来的文化共享工程工作中，我支中心将抓住政府兴建新图书馆的契机，不断拓展文化信息资源共享工程的服务内涵和方式，充分利用这一全新工作载体，结合多样的地方特色、民俗风情和群众艺术来深入加工成更宝贵的资源，开创了基层文化工作的新局面。

（撰文/高平市支中心）

沁县支中心

沁县全县总面积1297平方公里，总人口18万，全县辖6镇7乡，306个行政村，6个社区。文化信息资源共享工程沁县支中心设在县图书馆，在县委县政府和县文化部门的支持下，逐步推进，稳步发展，在新形势下为繁荣农村基层文化，满足农民多层次文化需求，传递中华民族优秀文化资源发挥了重要作用。

一、基本情况

全国文化信息资源共享工程沁县支中心，在县图书馆始建于2004年，2005年陆续在段柳、漳源、新店三个乡镇文化站开始安装工享工程设备，前期安装设备均通过卫星设备直接接收国家中心下发的各类资源和信息。2008年开始普及进入乡镇行政村，第一批150个行政村，2010年第二批156个行政村进行安装，至此沁县306行政村实现共享工程村村全覆盖。2010年至2011年全县13个乡镇文化站分二批重新配备了电脑、投影等共享工程设备，至此13个乡镇文化站全部成立了共享工程基层服务点，目前全县文化信息资源共享工程有县级支中心1个，乡镇文化站基层服务点13个，村级基层服务点306个。

沁县支中心是全县共享工程的建设和业务指导单位，负责保障县支中心共享工程设备的正常运行，协调、指导乡镇和村级共享工程基层服务点开展工作。

二、管理和队伍建设

为使共享项工程真正为民所用为民谋利，沁县支中心将共享工程日常管理工作纳入制度化管理。制定支中心、镇、村基层服务点工作职责和制度，实行制度上墙公开。有年度工作计划，季度有工作督导，年末有工作总结考核，并推行管理员工作日志管理，收集整理共享工程服务活动的得失，探索共享工程管理和服务新模式。

文化资源共享工程作为一个新的农村文化资源获取平台，如何得到推广、充分利用好共享工程丰富的文化资源，关键在于是否有一支专业化的管理员队伍。共享工程沁县支中心在管理员队伍建设上坚持明确职责，明确思路，制度化管理，常态化培育原则，强化管理。在乡镇、村两级基层服务点管理上，乡镇充分发挥大学生村官优势，选择较好素质的人员作为共享工程管理员，村级基层服务点充分利用本村在村热爱共享工程事业的青年作为管理员，通过集中培训使他们尽快熟悉掌握共享工程设备并娴熟地为村民服务。

三、培训工作

共享工程沁县支中心在管理员培训方面，实现了制度化和常态化。根据支中心工作要求，结合基层服务点工作实际，每年对辖区共享工程管理员进行2期集中培训，县支中心业务人员每年深入乡镇和村级基层服务点进行业务指导。

四、经费投入

共享工程沁县支中心自2010年实现村村全覆盖以来，县乡（镇）两级每年共投入约20万的运维经费，用于共享工程设备的维护，人员培训和惠民活动的开展。同时，县政府，县文化行政部门、县图书馆每年都投入大量人力物力大力支持共享共享工程各项活动的正常开展。

五、惠农服务

县支中心在共享工程服务实践过程中，以民众的需求为导向，积极探索服务方式，努力服务农民的生活生产，引领群众高尚精神文化生活，打造群在满意喜爱的文化服务新平台。

根据全县设施农业蔬菜大棚建设、核桃产业发展等农业生产特点，县支中心每年根据农业生产特点分期分批深入生产一线进行指导，充分发挥全县农家书屋图书、光盘和乡村两级基层服务点共享工程设施作用，将种植技术送到农户和产业公司。针对不同农业专业需求，县支中心有针对的选取资源上门指导服务。

六、工作展望

全国文化信息资源共享工程沁县支中心已走过8个年头，从开始的几个点到今天的306个行政村全覆盖，从单一的资源接收到今天的编辑分发和群众广泛认知，广泛参与，文化资源共享工程在沁县已经成为全县人民文化生活的一大方面，成为繁荣沁县文化，丰富人民群众精神生活，推动人文科技进步的强大动力源泉。今后沁县支中心在国家中心和省市支中心的大力支持和指导下，将积极努力开展工作，加强队伍建设，常态化开展共享工程培训，进一步提升共享工程管理员的综合素质，逐步建设服务网点更加宽广、参与群众更加广泛的共享工程文化新体系，为建设中国特色社会主义文化强县而努力奋斗。

（撰文/刘少花）

阳城县支中心

全国文化信息资源共享工程是文化部、财政部于2002年4月提出建设的文化创新工程，工程应用现代科学技术，将中华优秀文化信息资源进行数字化加工和整合，通过卫星网、互联网、有线电视/数字电视网、镜像、移动存储、光盘等手段将资源传输到基层，为广大群众提供公益性服务，实现优秀文化信息资源在全国范围内的共建共享。工程建设启动以来，阳城县支中心通过十年努力，目前已建成县级支中心和覆盖全县所有乡镇农村的基层服务站点。

一、整体情况

全国文化信息资源共享工程阳城县支中心始建于2003年，由省中心赠卫星接受设备一套和电脑一台，图书馆自筹资金购置五台电脑，建成阳城县共享工程基层站。2008年，由山西省文化厅、财政厅及县级配套资金共同建设共享工程阳城县支中心。支中心位于阳城县图书馆，建成一个有20台电脑的电子阅览室和机房。2011年正式免费对外开放。自免费开放以来受到广大读者群众的一致好评和各级领导的高度关注。

二、硬件设备

支中心机房配备联想万全服务器4台、1TB磁盘阵列存储设备、UPS电源、激光网络打印机、多功能扫描仪、外置刻录机、移动硬盘、移动播放机、投影仪等设备。并有2MB专用光纤和卫星接收系统。基本实现对资源的下载、存储、整理和播放功能。机房及电子阅览室配备有空调、视频监控、消防器材等配套服务设施，能够给读者提供安全舒适的阅览环境。

三、资源建设

支中心现有资源包括：

1、光盘：300张。

2、磁盘阵列存储资源：1TB。

3、县级数字图书馆磁盘映射资源：1TB。

资源涵盖视频、歌曲、电子图书、电子期刊、电子画册等，适合不同年龄阶层，深受读者好评。

四、网点建设

随着文化事业的发展，共享工程的基层站点已逐步在乡镇文化站和村级文化活动中心建成。2011年全县18个乡镇（办事处）的467个行政村全部建成远程教育卫星接收系统和各村领取投影仪、幕布、音响设备组成的村级共享工程服务站已全部建成投入使用。

五、宣传推广

自2011年电子阅览室全面免费开放以来，我们多次组织各种活动通过发放传单、电视广播介绍等方式宣传共享工程相关内容，利用电子阅览室等有利条件创建了纯洁性教育活动学习园地、中学生学习兴趣小组等为广大群众带来各种优秀节目，丰富文化生活。

六、业务培训

为提高我中心管理人员业务素质，我们先后派遣多批管理人员到省中心参加培训，组织工作人员参加2011年山西省第二届文化共享杯——文化共享知识竞赛，获得优秀组织奖。

2011年组织各乡镇文化站工作人员参加之中心培训学习，制定出共享工程设备使用维护细则，以提高基层服务站管理人员素质。

七、工作展望

全国文化信息资源共享工程是一项惠民工程，支中心建成开放以来受到读者朋友的广泛赞誉，随着我县十二五规划中新的文化广场及新的图书馆的建成，我们的设施设备将会大大的得到改善，随着广大群众在新时期对优秀文化资源需求的日益加强，文化共享工程将发挥越来越重要的作用，也更加的深入群众，为他们带来丰富多彩的文化娱乐生活。

（撰文/阳城县支中心）

陵川县支中心

文化资源共享工程以县图书馆作为实施主体，作为公共图书馆基层服务点，在其中起着承上启下的作用，迅速扭转了我县地区信息匮乏和经济文化落后的状况，在提高农村信息文化，丰富广大人民群众精神文化生活，满足人民群众不同层次的文化需求，缩小城乡之间文化发展上的差距方面起到了积极的作用，而且在建设社会主义新农村，构建和谐社会等方面具有重要意义。

一、基本情况

陵川县图书馆新馆2009年8月建成，建筑面积2043平方米，现已经投入使用。设立了电子阅览室、少儿阅览室、报刊阅览室、《四库全书》收藏室等。文化信息资源共享工程从2010年实施以来，县级支中心以图书馆作为主体，已初步建成。从简陋的资源共享基层站点，建成了规范化的县级支中心资源共享工程基层站点，并拥有24台计算机的电子阅览室。2011年8月，电子阅览室资源共享卫星设备系统全部调试完毕，正常接收资源；12个乡镇网络站、378个村级服务站点，配有电脑、投影仪等相关现代化设备，村级文化站拥有了现代化的服务手段，“农家书屋”、“村级图书室”的建设，极大地推动了我县文化事业的发展。

随着国家对文化事业的大力发展，基层共享工程得到了政府的重视和支持，基础设施有了很大改善，共享工程工作取得了一定的成绩。除了硬件有所提高外，各乡村基层服务点也得到进一步规范，显著位置都加挂文化共享工程标牌；不仅投影仪等文化共享工程设备运行正常，大多服务点配有专人管理，活动宣传、统计、记录等档案工作也逐步走上正轨。

二、加强培训

县图书馆工作人员针对开展工作情况，提高工作人员素质，进行了多期培训工作。培训内容包括县级支中心日常管理及活动开展；县级支中心对基层站点的管理、指导；村级、县级资源应用系统使用维护；常用软件的使用；规范化县级支中心配套设备的介绍、正常使用和维护；图书管理与收藏，图书编号以及借阅相关知识等。针对不同岗位的要求，采取专业技术人员讲授理论与现场讲解设备相结合的方式，老师学员教学互动，使学员能够在规定的时间内掌握基础要领，确保工作正常开展。

三、惠民宣传

随着人民群众物质生活水平的不断提高，人民群众的精神文化需求也在不断提升。进一步加强农村文化建设，不断满足广大农民群众多层次、多方面.精神文化需求的需要，同时传播和繁荣先进文化，是我们共享工程的重要任务。

在继续做好信息化建设、科技扶贫等工作的同时，各县区、基层站点不断创新思路，积极扩大文化共享工程服务范围。县图书馆深入基层，举办展览、送书下乡等工作外，利用共享工程直接为广大农民群众服务，把投影仪带到农民的大棚边播放蚕桑养殖、大棚蔬菜、中药材种植等科普片，使他们无偿地学到了最新的生产科学技术、科普知识，为农民朋友致富打开了方便之门。在村级站点，利用投影仪放映电影；利用共享工程设备，为群众播放音乐，好多群众在院子里打太极拳，做广播操等；节假日利用投影仪深入乡镇村播放爱国主义题材的影片；为陵川县“上党戏迷协会”赠送音响等设施设备；开展“学雷锋”活动等。

这些活动让群众在闲暇时间获取知识，丰富生活，为进一步满足人民群众对知识信息的需求创造了条件，同时还可以发展地方特色文化，受到当地群众的大力欢迎，平时赌博成风的现象在逐渐减少。

四、工作展望

为使广大群众更进一步享用文化共享工程、善用文化资源，陵川县支中心将发挥基层服务工作的重要力量，切实做好文化共享工程的基层服务。

（撰文/陵川县支中心）

定襄县支中心

定襄县行政区划共有9乡镇，共有156个行政村，常住人口22余万人。定襄县文化共享工程在山西省文化厅，山西省图书馆支持和部署下，逐步推进，稳步发展，在新形势下为繁荣农村基层文化，满足农民多层次文化需求，传递中国民族优秀文化资源发挥了重要作用。

一、基本情况

定襄县文化资源共享工程建设开始于2009年，最初在图书馆试点安装，前期安装设备均通过卫星设备直接接收国家中心下发的给类资源和信息。共享工程定襄县支中心设在定襄县图书馆，是定襄县共享工程的建设和业务指导单位，负责保障区中心共享工程设备的运行，协调镇村级共享工程设备的维修，指导镇村级共享工程活动的开展以及开展全区共享工程管理员的业务培训和指导。

二、管理和队伍建设

为使共享项工程真正为民所用为民谋利，定襄支中心将共享工程日常管理纳入制度化管理。制定支中心、镇、村基层服务点工作职责和制度，实行制度上墙公开。每年有年度工作计划，月度有工作要点，季度有工作督导，年末有工作总结考核，并推行管理员工作日志管理，收集整理共享工程服务活动的得失，探索共享工程管理和服务新模式。

文化资源共享工程作为一个新的农村文化资源获取平台，如何推广好、利用好共享工程丰富的文化资源关键在于是否有一支专业化的共享工程管理员队伍。定襄县共享工程支中心在管理员队伍建设上坚持明确职责，明确思路，制度化管理，常态化培育。对于乡镇、村两级基层共享工程管理上择优选取文化层次较高，有一定社会基层管理服务实践经验的大学生村官为管理员，他们工作热情高，有较高的文化水平能尽快熟悉掌握共享工程设备为所在村民服务。目前定襄县共享工程管理员40%为各级大学生村官，15%是由较高学历的村委委员兼任，实现了管理员选取的高起点。

三、培训工作

定襄支中心在共享工程管理员的培养上实现了制度化和常态化。根据支中心工作要求，每年对辖区共享工程管理员进行集中培训，2009年以来一共举办各类培训班6期，参加轮训的各级管理员达300人次。

四、经费投入

定襄县共享工程自2011年以来，山西省文化厅每年投入10余万的运维经费，用于共享工程设备的维护，人员培训和惠民活动的开展。同时，定襄县政府、定襄县文化中心和定襄县图书馆每年也投入适当人力物力支援共享共享工程各项活动的正常开展。

五、资源建设

定襄支中心在历年的工作中，搜集不同区域民众文化需求，选取、编辑制作各类题材资源3TB，每年制作发放各类光盘50多张，展板10多块，各类海报、招贴画12副，发放宣传资料2000余份。

六、合作共建

以共享工程为依托结合全覆盖的农村数字电影厅建立电子文献资源服务中心。将各种部门下发的电子文献资源与建立的共享工程服务点结合，根据不同乡镇、村的硬件条件建立形式多样的电子阅览室和多媒体中心。比如在神山乡的镇安寨村，宏道镇的西社村等建立拥有多台电脑的多媒体阅读中心，在王进村和西营等村与数字电影厅结合建成电影放映，共享工程宣教授课和电子资源阅读播放为一体的多功能活动室。通过多方不懈努力，共享工程已逐步走入基层村民生活，成为村民获取新知，娱乐身心的新渠道新平台。

七、利民惠众，惠农服务

定襄支中心在共享工程服务实践过程中，以民众的需求为导向，积极探索，服务民众生活生产，引领群众高尚精神文化生活，打造群在满意喜爱的文化服务新平台。

根据定襄地域农业生产特点，定襄支中心每年按节令制作农业生产技术光盘和小册子通过行政村基层服务点村民分发。针对不同农业专业者，定襄支中心有针对的选取资源上门指导服务。历年来累计服务专业生产户12多户，长期点对点跟踪服务3户。

八、宣传推广

1、定襄支中心利用各种渠道宣传推广共享工程。在定襄每年的科技文化下乡活动，科普之春，科普之夏，科技周等活动中，定襄支中心不失时机，以活动为平台，以资料为媒介宣传共享工程，让民众不断了解共享工程，走进共享工程。

2、走进校园。定襄支中心文化服务中不断探索，利用支中心儿童阅览专区，组织动员青少年儿童关注共享工程，利用共享工程，收集青少年知识兴趣点整理挖掘，例如在2012年“非物质文化遗产宣传日”到来之际，定襄支中心联合定襄县文化中心在定襄二中举办了“非物质文化遗产讲座”活动，邀请张建新、李蔚东等一些民间文艺学者为定襄二中师生做了专题讲座，深受广大青少年的喜爱。同时利用暑假期间，为青少年举办读书演讲比赛、普通话培训班等活动。通过一系列的活动是共享工程不仅走进农村也走进校园走进青少年。

3、专题活动，精彩纷呈。定襄支中心在服务中抓住文化的热点和亮点，积极组织群众喜闻乐见的文化服务，使共享工程走进群众生活。为了传承中华民族的优秀文化，普及楹联知识，2012年7月邀请山西省楹联协会副会长马长泰老师做精彩的报告，深受广大读者的喜爱。此外，经常深入农村、社区、学校等服务点开展“送书下乡”、“送文化下乡”活动，仅2012年就分别到北社东

村、河南坪村、平东社村、定襄二中、城南小区等单位“送书下乡”，受到群众的热烈欢迎。

九、工作展望

定襄县文化资源共享工程已走过5个年头，从单一的资源接收到今天的编辑分发和群众广泛认知，广泛参与，文化资源共享工程在定襄已经成为定襄人民文化生活的一大支柱，成为繁荣定襄文化，丰富定襄人民精神生活，推动定襄人文科技进步的强大动力源泉。今后定襄支中心希望在国家中心、山西分中心大力支持下为定襄共享工程建设一支专业化的服务队伍，建立一个国家、省、县三级知识网络联动的即时问答服务体制和服务形式更加多样，服务网点更加宽广，参与群众更加广泛的共享工程文化带动体系，为建设科技定襄，文化定襄做出贡献。

（撰文/齐 峰）

五台县支中心

五台县全县总面积为二千八百六十五平方公里。全县常住人口32.7万人。辖五台山风景区6个镇、13乡、573个行政村。五台县文化资源共享工程在山西省文化厅，山西省图书馆支持和部署下，逐步推进，稳步发展，在新形势下为繁荣农村基础文化，满足农民多层次文化需求，传递中国民族优秀文化资源发挥了积极的作用。

一、基本情况

五台县文化资源共享工程建设于2011年，在图书馆安装建设，安装设备均通过卫星设备直接接收国家中心下发的给的资源和信息。共享工程五台县支中心设在五台县图书馆，配置电脑30台。为广大读者提供网络服务。五台县共享工程的建设同时也是业务指导单位，负责保障区中心共享工程设备的运行，协调镇村级共享工程设备的维修，指导镇村级共享工程活动的开展以及开展全区共享工程管理员的业务培训和指导。

二、管理和队伍建设

五台支中心重视“共享工程”管理和队伍建设工作，制定了相关工作职责和制度，为使共享项工程真正为民所用为民谋利，五台支中心将共享工程日常管理纳入制度化管理。制定支中心、镇、村基层服务点工作职责和制度，实行制度上墙公开。并推行管理员工作日志管理，收集整理共享工程服务活动的得失，探索共享工程管理和服务新模式。

文化资源共享工程作为一个新的城镇、农村文化资源获取平台，如何推广好、利用好共享工程丰富的文化资源关键在于是否有一支专业化的共享工程管理员队伍。五台县共享工程支中心选择计算机专业或其他高学历的人员为管理员，并通过出去学习、请老师来馆讲课等形式，努力建设一支专业化的“共享工程”管理员队伍，不断提高业务能力和工作水平。

三、培训工作

五台支中心注重抓好“共享工程”管理员培训工作，每年通过集中培训、网络培训和上门辅导等形式开展培训，不断提高管理员的专业水平。2012年组织了5次网络培训，并对建安村、闫家寨村等基层服务点等进行了上门辅导。

四、经费投入

五台县共享工程自2011年以来，山西省文化厅每年投入10余万的运维经费，用于共享工程设备的维护，人员培训和惠民活动的开展。同时，五台县文体局、五台县图书馆每年也投入适当人力物力支援共享共享工程各项活动的正常开展。

五、资源建设

五台支中心在成立以来结合本地实际，进行了一些数据库建设，搜集不同区域民众文化需求，制作发放各类光盘数十张，发放宣传资料1000余份。

六、合作共建

开展多种形式的合作共建，推进“共享工程”建设。共享工程利用自身资源优势，针对地方农村经济产业特点，编辑科技信息视频短片，利用共享工程投影设备下乡播放，形式新颖直观易学，深受村民欢迎，以共享工程为依托结合全覆盖的农村数字电影厅建立电子文献资源服务中心。将各种部门下发的电子文献资源与建立的共享工程服务点结合，根据不同乡镇、村的硬件条件建立形式多样的电子阅览室和多媒体中心、共享工程宣教授课和电子资源阅读播放为一体的多功能活动室。通过多方不懈努力，共享工程已逐步走入基层村民生活，成为村民获取新知，娱乐身心的新渠道新平台。

七、惠民服务

五台县支中心及各级服务点通过电子阅览室和网站为读者提供在线信息服务，通过投影仪播放讲座等视频节目。豆村镇等基层服务点利用下乡放映电影的机会，放映文化共享工程的农村种养培训视频，深受广大农民的欢迎；晚上利用投影仪在文化广场播放视频节目，电影、地方戏剧、科技知识、生活小常识、法律知识等内容都深受居民的喜爱，每晚广场上都聚集着众多的居民观看，是居民夜生活的一大亮点。五台县支中心、各基层服务点充分发挥“共享工程”在农村实用人才队伍建设中的积极作用，开展农村实用人才培训，主要形式是举办文化、卫生、科技、法制、种养等各种内容的培训班、视频讲座，不断开创培训工作的新局面。

八、宣传推广

五台支中心利用各种渠道宣传推广共享工程。在五台县每年的科技文化下乡活动，科普之春，科普之夏，科技周等活动中，五台支中心不失时机，以活动为平台，以

资料为媒介宣传共享工程，让民众不断了解共享工程，走进共享工程。

九、工作展望

五台县的公共图书馆存在藏书量少、新书少的情况，须继续大力推进"共享工程"建设，充分利用"共享工程"的丰富资源为群众服务。要结合"数字图书馆"工程建设，全面提升五台县级支中心的设备，提高五台县"共享工程"的建设水平。要进一步扩充文化设施网点，早日实现行政村全覆盖。以县图书馆为中心，加强基层文化设施网点网络化、数字化建设，加强专业技术人员的培养，为深入推进"共享工程"的实施打好基础。要充分发挥"共享工程"的作用，大力开展公益性数字文化服务，尤其加强对广大农村地区的扶持力度，将文化共享工程建设成为社会主义新农村的重要抓手。通过多种形式拓展服务范围、创新服务方式，将地方音乐、曲艺、歌舞、美术等优秀非物质文化遗产纳入"共享工程"建设内容，以群众喜闻乐见的形式使"共享工程"更加贴近基层、贴近生活、贴近群众。

（撰文/马艳平）

代县支中心

代县支中心设在代图书馆，是代县共享工程的建设和业务指导单位。代县文化资源共享工程建成于2010年10月底，电子阅览室占地近60平方米，有电脑16台，资源共享报告厅1处。

为使共享工程真正为民所用，为名谋利。代县支中心将共享工程日常管理纳入制度化管理，实行制度上墙公开，每年有年度工作计划，年末有工作总结及考核。在队伍建设上，坚持明确职责，明确思路，制度化管理。多次派我馆人员参加国家级、省级资源共享的培训。以此不断加强人员业务素质，并尽快熟悉掌握共享工程设备，为广大人民群众服务。每年举办各类培训班数次，特别是加强对青少年的培训，让人民群众不断了解共享工程，走进共享工程。在十八大精神引领下，在山西省图书馆、县文化广电体育局的关怀支持下，逐步推进、稳步发展，在新形势下，为繁荣基层文化满足各阶层、多层次文化需求，传递优秀文化资源，发挥重要作用。

（撰文/代县支中心）

宁武县支中心

一、基本情况

在"文化信息资源共享工程"这一项惠民工程实施以来，在省、市各级部门的支持下，我中心配合上级领导及技术人员的指导于2011年8月建成，在拥有上级配置的20台电脑、投影仪及其它硬件设施的基础上，我们又恳请县政府投资并统一配置了电脑10台，桌子15张，椅子30把，空调及灭火器等；建成标准化机房20平方米，电子阅览室180平方米；同时还制作了标识、标牌和制度牌。达到了基础配置及建设要求。只是专业人员仍缺乏，有待增加，并强化培训。

二、业务建设

今年春节期间，我馆举行了"2012年和谐之春猜谜活动"，在正月十五那天，人们在街头观看精彩文艺节目之时，不少孩子们闻讯而来，个个兴致勃勃，劲头十足地积极参与了这项活动，我们给优胜者奖励了精美的笔记本。随后，孩子们又在电子阅览室上网阅读了少儿书刊。这些孩子在这里既长见识，又长学问，受到了不少家长的好评。电子阅览室免费开放后，便捷的上网条件和舒适的阅览环境，吸引了许多孩子和家长。在阅览室里，我们还开展了"2012年共享工程电影展播"放映活动，赢得了许多群众的热烈欢迎，因为个个都享受到了数字资源带来的便捷。在喜迎"十八大"期间，我中心组织人们观看了《雷锋》、《建国大业》等励志影片。访问观看人数达500人余次，这一活动既让我们重温了雷锋等老前辈的艰苦岁月，又唤起了人们向雷锋等同志学习的精神；对坚定社会主义理想信念，传承党的光荣传统和优良品质具有重大的意义。

最近，我们馆又建起了"汾源讲座"，可供100余人听讲，为来年进行一些实用人才培训奠定了基础。同时又购买了读报机，可供人们便捷地阅读全国各地的新闻报刊。

三、工作展望

总之，我们要争取好好服务人民，提升人民的关注点和对资源的兴趣。我们一定要走出去，宣传好自己，让更多的人了解图书馆和文化共享工程。

（撰文/宁武县支中心）

静乐县支中心

文化信息资源共享工程静乐支中心自2004年7月建立以来，在省中心的指导下，在县委县政府的支持下，根据国家文化共享工程相关文件精神和要求，结合我县实际，大力推进文化共享工程，以推广使用为切入点，以服务基层为立足点，将数字资源服务延伸到村镇、学校、机关、社区、武警部队等各类型的基层服务点，形成了中心带动基层的良好态势，扩大了资源共享工作的范围和影响，使文化共享工程真正成为"惠民工程"。几年来，我中心大力推进文化共享工程工作，走出了一条贫困县实施文化共享工程的新路子，受到了上级和社会的一致好评。从2005年至2007年，连续三年被市政府评为"文化信息资源共享工程先进单位"。2008年在"奥运行"系列中荣获共享工程省中心"二等奖"。10年来，我们热衷于文化共享工程工作。开拓创新，与时俱进，奋发进取，扎实工作，得到了省、部级领导的关怀和充分肯定。

一、基本情况

静乐全县辖4镇10乡1居民办事处，总人口16万。该中心共有计算机35台，服务器6台，共享工程信息接收系统1套，规范化县级支中心管理系统1套（机柜、服务器4台、UPS系统、电池、防火墙、磁盘阵列）。几年来的发展历程，我中心从无馆、借用场地到有独立馆，从无电脑到建立电子阅览室，进而形成了文化共享工程网络，做到了全县乡村覆盖，为繁荣全县群众文化生活增添了现代元素。几年的工作实践，使得我们深深感受到共享工程是基层受欢迎、群众得实惠的惠民工程。

二、宣传推广与资源建设

自文化共享工程接收系统安装以来，为了全面了解情况，从开机接收、资源管理、归类、存档、打印节目单等都由我中心工作人员操办。我们选择保存适合我县所需的资源，在存档过程中，我们把资源再分类，按照类型分别建立文件夹，并编号打印节目单。根据资源类型，我中心整理了文学、戏剧、音乐、电影、卫生、教育、农村实用技术等分类节目单，在农村新技术节目单中又分为种植业、养殖业两大类。在种植文件夹中，又细分为粮食、蔬菜、瓜果。针对我们经常下乡的实际，先后在个乡镇发放了5000余份农村实用技术传单。利用读书日、图书宣传周活动、下乡赶集、赶庙会、演出等机会加大宣传力度，并在单位门前开展经常性的图片展活动，收到了良好效果。

三、开展惠民服务

积极推进文化共享工程建设步伐。静乐县于2006年建立了电子阅览室，从2012年开始，免费办理借阅、免费提供上网浏览、查阅资料、共享工程视频服务，为学生赠送电子阅览证1200余个，一年接待读者5000余人次。利用电子阅览室开辟了文化共享工程资源专栏，网上浏览读者络绎不绝。2005年开始我中心与县广电中心联合开辟了"文化广场"栏目，利用有线电视网把共享资源送到了能普及的每一个村镇，内容有戏曲、科普讲座、文学讲座，让文化踏着时代的节拍进入到千家万户。

消夏电影月活动的开展是我中心共享工程的又一个亮点。在盛夏，为市民每晚演老电影、晋剧等戏曲，每年展演一个月约60场。在"4.23"世界读书日，图书宣传周、清明节、六一儿童节、国庆等不同程度利用共享工程开展服务活动。"八一建军节"开展了进军营警民共建活动。国庆60周年开展了电影、戏曲展演活动，观众达3000余人次。从2006年开始，我中心利用共享工程设备与县委、组织部、人事局联合开展了公务员和事业人员培训6000余人次；与扶贫办、劳动就业局联合为农民工、下岗职工提供了免费培训服务，涉及内容有种植、养殖、会计知识、汽车维修、美容技术、电脑知识等多个方面（30期，1000余人），此外，我们与农业局联合进行了农村实用技术培训，培训蔬菜种植技术员、獭兔养殖技术员。在春耕备耕期间，我中心人员为乡镇各服务点赠送科技图书300余册，光盘16张（50余GB）并为当地农民播放"文化共享助春耕"视频资料，非常及时的满足了我县农民对相关技术的需求，提高了共享资源利用率。

四、网点建设

2008年我们建立起了文化信息资源共享工程县级支中心，并在全县大力推广使用。我中心在全县范围内先后建起了300余个村级服务点，配套投影仪及附属设备，对村级服务点人员进行技术培训，又自筹资金购置光盘，将共享工程网上资源刻录成DVD光盘，赠送给了村级服务点，让其发挥基层点的作用，并要求经常性地开展农业科技讲座、电影放映等活动。在支中心的支持下，部分村级服务点坚持为群众放映电影超过100余场，有的服务点为小学生开展多媒体教学服务，中心工作人员经常下乡提供技术指导并督促工作，发放文化资源光盘（电影、农业技术讲座等）1000余张3000CB，服务广大群众、学生、干部，迈出了资源利用的第一步，受到广大群众欢迎。

五、工作展望

文化共享工程以其充足及时的信息资源、丰富多彩的节目形成、快速方便的储存载体、不受地域、时间限制的便捷特点，为县级中心展现了一个跨向数字化时代的美好前景。因此，我中心将抓住机遇，加快发展，全面推进文化信息资源利用工作。文化共享工程资源受力面非常广，需要我们做出更大的努力，才能使资源"物尽其用"。目前，这项惠民、富民工程，更多的资源正待我们去开发利用。随着经济条件的改善，文化公益事业投入力度的加大，文化共享工程基层网点的增多，我们的服务方式不仅仅限于光盘和移动硬盘，全面推广、全面服务、不断创新文化共享工程资源利用的形式和方法，延伸服务功能，构建信息网络新型桥梁，在倡导先进文化，构建和谐社会中必将提高到更高水平，发挥更大的作用，在新时期得到更大的发展。

（撰文/静乐县支中心）

神池县支中心

一、基本情况

神池县文化资源共享工程建设开始于2010年，陆续在全县十个乡（镇）文化中心开始安装，前期安装设备均通过卫星设备直接接收国家中心下发的给类资源和信息。在神池县安装设备均通过卫星设备直接接收国家中心下发的文化信息资源和信息，在龙泉镇试点安装。

共享工程神池支中心设在神池县图书馆，是神池县共享工程的建设和业务指导单位，负责保障县中心共享工程设备的运行，协调镇村级共享工程设备的维修，指导镇村级共享工程活动的开展以及开展全区共享工程管理员的业务培训和指导。

二、管理和队伍建设

为使共享项工程真正为民所用为民谋利，神池支中心将共享工程日常管理纳入制度化管理。制定支中心、镇、村基层服务点工作职责和制度，实行制度上墙公开。每年有年度工作计划，月度有工作要点，季度有工作督导，年末有工作总结考核，并推行管理员工作日志管理，收集整理共享工程服务活动的得失，探索共享工程管理和服务新模式。

文化资源共享工程作为一个新的农村文化资源获取平台，如何推广好、利用好共享工程丰富的文化资源关键在于是否有一支专业化的共享工程管理员队伍。神池县共享工程支中心在管理员队伍建设上坚持明确职责，明确思路，制度化管理，常态化培育。对于乡镇、村两级基层共享工程管理上择优选取文化层次较高，有一定社会基层管理服务实践经验的大学生村官为管理员，他们工作热情高，有较高的文化水平能尽快熟悉掌握共享工程设备为所在村民服务。

三、培训工作

神池县中心在共享工程管理员的培养上实现了制度化和常态化。根据支中心工作要求，每年对辖区共享工程管理员进行集中培训，参加轮训的各级管理员达200人次。

四、经费投入

神池县共享工程自2010年建成以来，省级部门投入大量人力物力支援共享共享工程各项活动的正常开展。

五、资源建设

神池县中心在历年的工作中，搜集不同区域民众文化需求，选取、编辑制作各类题材资源，每年制作发放各类光盘200多张，展板50多块，各类海报，招贴画10副，发放宣传资料1000余份。

六、合作共建。

以共享工程为依托结合全覆盖的农村数字电影厅建立电子文献资源服务中心。将各种部门下发的电子文献资源与建立的共享工程服务点结合，根据不同乡镇、村的硬件条件建立形式多样的电子阅览室和多媒体中心。

七、利民惠众，惠农服务。

神池支中心在共享工程服务实践过程中，以民众的需求为导向，积极探索，服务民众生活生产，引领群众高尚精神文化生活，打造群在满意喜爱的文化服务新平台。开展从上到下，统一管理制度，做到制度上墙，让民众不断了解共享工程，走进共享工程。

（撰文/神池县支中心）

五寨县支中心

文化共享工程建设是互联网上中华文化信息基地的建设。它广泛应用计算机、网络、通讯和多媒体等高新科技成果为手段，传播先进文化，弘扬博大精深的优秀中华文化，并根据人民群众精神文化生活的需要而进行的文化创新工程。通过文化共享工程服务网络，以互联网、政务外网、卫星网、有线电视/数字电视、光盘、移动存储等方式，实现优秀文化信息资源在全国范围内的共建共享。

一、经费投入

五寨县支中心的文化共享工程建设从2009年开始，通过多方协调，投资20万元建起文化资源共享电子阅览室，于2011年正式运行。省级中心配送20台台式电脑，两台笔记本电脑，服务器4台。并依托图书馆、乡镇（街道）综合文化站、农家书屋、村文化活动室文化大院等基层文化单位开展服务，取得显著成效。

二、宣传推广、活动开展、惠民服务

2011年3月，我支中心响应号召，深入社区、乡镇，宣传党的方针政策，并组织群众举办“颂歌献给党”——迎接建党90周年群众歌咏活动，并获得省中心颁发的优秀组织奖。

2012年4月23日是我国第17个“世界读书日”，我支中心与图书馆配合县委宣传部举办了为期一周的以“我读书我快乐”为主题的全民阅读宣传活动。在启动仪式上赠送图书、光盘共计2000余册。

2012年5月28日—6月3日，为贯彻落实全国“知识工程”领导小组办公室《关于在全国开展2012年度图书馆服务宣传周活动的通知》，迎接“十八大”召开，并响应省图书馆、文化资源共享工程山西省分中心号召，我中心与图书馆联合组织开展了2012年度图书馆服务宣传周活动。工作人员历时一周共深入12个乡镇，55个村庄调整流动图书、发放资源共享设备。发放宣传资料，配送光盘。取得了积极的社会效果。

2012年9-12月，我支中心利用投影设备为迎接党的“十八大”召开展播革命影片5部，配合宣传部举办了红歌比赛。同时组稿参加县级刊物《清涟》杂志“喜迎十八大”征文活动。参加市政协歌颂7451工程征文活动。参加全国“文化剪影 幸福共享”为主题的摄影比赛。十八大闭幕后，我支中心组织读者利用电子阅览室通过互联网学习党的十八精神3次，约50余人次参加。

三、培训工作

2012年，我支中心利用共享工程电子阅览室、投影仪培训农家书屋管理员50余人，普法培训200余人，网络培训11次。接待电子阅览室读者580余人次。

四、工作展望

今后，我们将本着改善服务，加大宣传和推广力度的原则，在广大基层群众中加快普及工程相关知识，让群众了解工程的资源内容，熟悉设备使用方法，方便、快捷地获得所需要的信息，为社会主义新农村，贯彻落实科学发展观，构建社会主义和谐社会等方面发挥了重要作用。

（撰文/五寨县支中心）

河曲县支中心

一、整体情况

在党和政府的高度重视下，全国文化共享工程已经走过了十年的发展历程。这光辉的十年中，在文化共享工程山西省分中心的指引下，我们通过收集、整理、建设、宣传已使河曲县的文化共享工程事业得到突破性的发展，在各级工作人员的努力和图书馆馆长的带领下我们已经形成了一个有河曲特色的“文化圈”。

二、网点建设

全国文化共享工程河曲县支中心，下设有13个乡镇及“文化站”，340个自然村服务点。

三、经费投入

为了基层群众都能有好书读、有文化娱乐资料片看，了解更多外面的知识。我们得到县委、政府的大力支持，累计向下设13个网点投入经费32万余元。

四、资源建设及技术支持

在下设的13个网点中，累计发放书架、书柜800余个，价值6万余元，；配套图书15000余册，折合人民币20余万元；并发放投影仪340个，价值15万元。

十年来，每年初春举办一次村级服务点工作人员培训班，收到了良好的社会效益。

五、惠民服务

为了让偏僻山区的人民群众和那些山村的孩子们看到更多的好书，让他们了解更多的科学文化知识，不盲从、不迷信，我们会定期组织送书下乡活动，以给他们送去科学的向导。在送书下乡的过程中每次都是县级中心人员全体出动，并派专人负责给群众讲解科普、文化知识，并对他们提出的问题进行一一解答。其他人也各司其职向大家推荐新书、好书、和人民群众的实用书籍。2011年起，为了让人们更好的了解文化共享工程的发展给人们带来的实惠，我们的图书阅览和电子阅览也已经从以往的有偿观览变成了现在的全部免费向大众开放。

六、宣传推广

每年的正月十五，正逢元宵节之际，我们都会举行大型的猜谜活动，制作节日彩车以增加节日的喜庆气氛。在灯游会开始前人民群众都会踊跃的参加到我们活动中来。在活动中我们的工作人员除组织猜谜活动，发放奖品外，还顺便派发大量的书籍，以充分调动广大市民的学习文化热情和积极性。

每年的农历七月十五是传统的“河灯节”古会，我们抓时机宣传文化信息资源共享工程，在古渡广场放映电影三天，为340个自然村发放种植、养殖资料片2000多合，丰富、充实了广大农民群众的文化知识。

在2012年4月23日我县举办了河曲县学习型城市建设暨“河曲读书月”活动启动仪式，可见我们的“全国文化信息共享工程”活动得到了县委县政府的高度重视，在广大干部、职工和群众中引起了强烈的反响。在此我中心也借着县委县政府举办的这个活动大力宣传文化共享的理念，活动中我们向大众发放了科技、农业、教育、文学、艺术、历史、法律类书籍300余册，及相关杂志200余册，近1500余读者驻足观看。

七、培训工作

为了更好地开展工作，我们每年都会派馆员外出学习、网上学习新的管理知识，进修学习文化知识以提高自己。在提高自己的基础上，然后再定期组织下设13个网点的中心负责人和管理人员一一进行培训。根据农村的文化需求和人员素质情况，馆长亲自带队下基层讲解授课，为了让学员更全面的了解所学知识，授课时都是;通俗易懂的语言进行，遇到难点时都是以深入浅出的方法进行引导，和学员进行多方面互动直到他们学会。其他人则负责讲解藏书登记、图书分类、视屏资料的下载与播放等基础知识，以让学员更清晰的了解图书馆的基础业务。

八、荣誉奖项

2011年9月，单位组织演出的《文化共享颂党恩》节目，在颂歌献给党——全国文化共享工程迎接建党90周年群众歌咏活动中，荣获文化部全国文化信息资源建设管理中心《最佳原创作品奖》、《节目演出三等奖》，荣获全国文化信息资源共享工程山西省分中心《节目二等奖》。

九、工作展望

借着当前文化发展的契机，在今后的工作中我们会整合现有的文化资源，向先进的文化集体学习，让人民群众真正享受文化共享工程带来的便捷。

在未来的工作和学习中，本着以学习为乐，创业为乐，奉献为乐，助人为乐的精神，做好自己的本职工作。把未来的工作重点放在农村的文化建设上，争取做到村村有书屋，家家有书看，让人民了解更多的科学文化知识，让每一个人都知道文化惠民的好处。在大多数城市人口中我们会做定期组织和宣传，让城市人口的基本素质在现有的基础上得到进一步的提高。

（撰文/河曲县支中心）

保德县支中心

一、基本情况

在县委政府的领导下，在省图书馆学会、省文化信息资源共享工程领导小组的全力支持下，保德县图书馆于2006年建立文化信息资源共享工程支中心。目前馆内有电子阅览室35㎡，服务器1台，电脑3台，管理人员2名。

支中心充分利用现有计算机设备共享信息资源，通过卫星及时接收传递国家中心下发的各类资源和信息，不断完善文化共享工程的服务体系，为丰富基层广大群众多层次的文化生活，提高人民群众的思想道德和科学文化素质，推进我县文化建设做出了一定的贡献。

二、管理和队伍建设

共享工程保德支中心设在保德县图书馆，是保德县共享工程的建设和业务指导单位，承担着保障支中心共享工程设备运行，协调镇村级共享工程设备维修，指导镇村级共享工程活动开展以及开展全县共享工程管理员的业务培训和指导等职责。

为使共享项工程真正能落到实处，用之于民，保德县支中心高度重视共享工程制度化管理，制定支中心工作职责和制度，每年有年初工作计划、年终工作总结。在管理员队伍建设和培养上坚持明确职责，常态培训。根据支中心工作要求，每年对乡镇村级图书管理员进行集中培训，自2006年以来一共举办各类培训班24期，参加轮训的各级管理员达960人次。

三、经费投入

保德县共享工程自2006年成立以来，共投入10万元的运维经费，用于共享工程办公场地租用、设备购置与维护，人员培训和惠民活动的开展。同时，保德县图书馆每年也投入大量人力物力支援共享工程各项活动的正常开展。

四、利民惠众，惠农服务

共享工程以图书馆开展服务活动为依托，积极开展各类利民惠众、惠农服务。在每年的图书服务宣传周活动中，全体人员身披绶带，走向街头向过往群众免费赠书，发放共享工程等宣传材料，并深入各乡镇农村书屋、党员活动室等开展活动，为农民送去科普类、专业技术类书籍，既满足了农民切实需求，又极大地丰富了乡村文化，充实了农村流动书库。

在2012年保德县支中心成立6周年之际，图书馆为乡村小学、留守儿童捐赠少儿图书600余册，为县城七所小学转赠北京通州图书馆赠书66箱13500册。为桥头镇一所贫困小学100余名学生捐赠少儿读物1000余册。不仅开发了他们的智力、也温暖了他们幼小的心灵。

五、宣传推广

保德县支中心利用多种途径宣传推广共享工程。在每年的送书下乡活动中，利用网络、电视台、报纸等本土媒体，并创新导入志愿者服务机制，让民众更积极地参与到共享工程的实施与建设上来，让更多的民众了解和利用好共享工程，充分发挥了图书馆的社会教育职能。

同时利用电子阅览室举行了一系列公益活动，如2011、2012、2013年我馆举办了“迎新年猜谜活动”、《我喜爱的一本书》有奖征文活动，吸引了众多的老、中、青、少读者走进图书馆，了解图书馆，更好的利用图书馆信息资源，并激发了广大青少年的求知欲和学习兴趣，丰富了市民的精神文化生活、营造了浓厚、喜庆的节日气氛。

此外，保德支中心还会在节假日，利用投影仪将群众喜闻乐见的优秀文化作品用方便快捷的方式传递到广大人民群众身边，填补基层文化需求的空白，以先进的文化占领基层思想文化阵地，丰富活跃基层人民群众的文化生活，并把精选出的优秀影视作品刻录成光盘，送

到各个乡镇基层服务点，组织专人到各乡镇基层服务点进行辅导与交流。

该支中心活动开展有声有色，赢得广大读者的一致好评，也得到了各级领导的表扬。在2010—2012年连续三年被省图书馆学会评为图书服务宣传周活动先进集体，并获得“巾帼文明岗”、“文化助残先进集体”等荣誉称号。

六、工作展望

支中心建立之初，确实吸引了不少群众走进图书馆，利用馆内电子资源，上网查询，在线阅读，听讲座，搜索各种所需信息，极大地满足了部分群众的文化需求。但是，随着我县经济发展，人民群众生活水平的提高，我馆共享工程的信息资源已远无法满足广大群众的文化信息需求。

未来我们必须要充分认识实施“共享工程”的重要意义，加强领导与协调，调动各有关方面的积极性，把实施“共享工程”与加强基层文化建设、促进图书馆事业发展紧密结合起来；加强文献信息资源建设和自动化、网络化建设，加强对专业技术人员的培养，为实施“共享工程”打好基础；并努力推动“共享工程”的实施能纳入县文化事业建设整体规划，在办公场地、设备、人员、资金等方面统筹考虑，给予进一步的保障与支持。

此外，在今后的工作中，我们要更加努力，不断创新意识、广开思路，引进新思维、新观念，开拓我县图书馆发展的新局面，为早日实现数字化图书馆建设而努力奋斗！

（撰文/保德县支中心）

晋中市榆次区支中心

榆次位于山西中部的晋中盆地，全区面积1328平方千米，人口五十三万，辖6镇4乡9个街道办事处，283个行政村、61个社区，是晋中市委、政府所在地，是晋中的政治、经济、文化中心。

近年来，榆次区确立了“建设现代晋商中心区”的总体目标，要将榆次建设成为一个特色鲜明、率先发展，最具综合竞争力的经济强区。十八大也提出了文化兴国的目标。榆次区委、区政府在加快县域经济发展的同时，积极响应全市“文化晋中”建设要求，依托榆次丰富的历史文化资源，发挥独特的区位文化优势，深化文化体制改革，努力探索群众文化发展的新路子，有力地促进物质文明与精神文明建设相互促进，共同发展。2004年和2008年，榆次区图书馆在全国第三次公共图书馆评估中均定级位县级一级图书馆，全省排列第一。为贯彻落实中共山西省委办公厅、山西省人民政府办公厅《转发（省文化厅、省财政厅关于加强全省文化信息资源共享工程建设的实施意见）的通知》精神，加大全区文化信息资源共享工程的实施力度，扩大覆盖面，提高影响力，为广大人民群众提供更高质量的文化服务，在实施文化信息资源共享工程工作中，我们主要做了以下几方面：

一、基本情况

文化共享工程是新形势下贯彻落实科学发展观，构建公共文化服务体系，惠及千家万户的一项重要文化基础工程，是政府提供公益性服务的重大文化项目，是实现广大人民群众基本文化权益的重要途径。区委、区政府制定总体目标：2009年底，通过全国文化信息资源共享工程、整合全区文化信息资源，利用互联网、卫星等通道传送到基层服务站点，使广大群众能够便捷地享受比较丰富的文化信息资源服务。依托区图书馆建设统一的技术服务平台，实行统一服务、分级管理，并做好对基层站点的技术指导与支持。

二、资金投入

2004年榆次区委区政府投资70万元建成全国文化信息资源共享工程榆次支中心，拥有327平方米的数字阅览室，其中包括多媒体、多功能室。设备包括计算机70台，服务器2台，存储器1台，机柜1个，UPS不间断电源1台，投影设备1套，音箱1套。2006年我区与中国移动晋中分公司合作，在全区10个乡镇文化站建立了全国文化信息资源共享工程基层站点，每个基层服务站点15台电脑。2008年国家给我区全国文化信息资源共享工程基层站点发放投影仪240套，和我区党员远程教育相结合。至此我区县、乡、村三级全国文化信息资源共享工程服务网络基本形成。

2008年全国文化信息资源共享工程国家、省、区投资70万元，进行县级支中心规范化工作，使榆次支中心设施设备更加完善规范。计算机近100台，笔记本电脑2台，服务器6台，机柜2个，投影仪2台，网络存储器1台，扫描仪1台，九位光盘拷贝机1台，摄像机、数码照相机各1台，打印机5台，9平方米电子显示屏1块。

2007、2008两年，榆次区委区政府连续投资360万元，加大了对农村村级公共文化服务体系建设，在全区建成160个高标准的村级文化大院。初步形成了综合性公共文化服务网络。通过文化信息资源共享这个平台，传播先进文化，实现数字资源共享，加强对服务人员的培训，邀请省分中心专家进行业务指导，全面提升了管理人员的服务能力。极大地加强了村级基层公共文化服务体系的建设。

随着全国文化共享工程的深入发展，目前，榆次图书馆建立的全国文化共享工程基层服务点已遍布全区10个乡镇，240个行政村。我们充分利用文化共享工程设备，刻录适合农村的文艺视频、科技讲座等数字资源1500余张光盘发放到各乡、村基层服务点，日常借阅全国文化共享工程下放的资源1400盘/次，图书流通6万册次。

三、惠民服务

共享工程的最终目的即：以数字资源建设为核心，以基层服务网点建设为重点，优化文化资源配置，扩大优秀文化传播，保障人民群众的文化权益，满足群众多样化的文化需求。努力提高群众的科学文化素质，逐步缩小城乡之间文化发展的差距。为此，我馆坚持公益性服务，服务内容多样化。具体体现在：

1、发挥共享工程资源作用，丰富我区人民文化生活。

我区支中心充分利用现有资源，为全区人民开设了名为“凤城讲坛”的公益性讲座。聘请专家或利用网上资源。如，聘请心理咨询专家周可馨现场讲座《亲子阅读》。我馆特邀中医专家张长安教授进行为期一个月的《用天人合一观谈中医养生健康系列讲座》。现场传授中医按摩治疗疾病的简单方法。从2011年开始，我馆创立了品牌讲座《国学公益讲堂》，聘请国学专家为大家讲授国学知识。2012年我们还与金色雨林青少年学习能力研究中心合办《如何提高青少年注意力》的讲座，并免费为到场听众进行测评。我们的热情服务得到了教授与听众的一致认可。截止目前，举办讲座共计295场，听众人次达4000余人，在全区已有一定影响力，人们已习惯到图书馆听讲座、学知识。丰富群众文化生活的同时，也提升了我馆的知名度，让更多的人认识我们，了解我们。

2、实施文化共享工程建设与促进群众致富相结合。

充分利用卫星高速天网及地网接收资源，同时我馆自制有关科技讲座如：大蒜优质高效栽培、番茄优质高效栽培、科学养猪指导等；文艺视频如：晋剧斩子交印、金水桥、薛刚反唐等数字资源供各基层站点借阅，年流通量达1000余盘次。通过学习使他们的科技水平和文化素质都有了新的提高。这一切都说明了，文化资源共享工程在我区的发展已初见成效。

3、文化共享工程基层站点成为农民休闲娱乐的重要场所。

自共享工程基层流通点建立以来，各站点与我区图书馆建立长期合作关系。把信息资源的开发利用与群众文化活动紧密结合。把共享工程与村镇文化相结合充分发挥共享工程的效能和作用。在文化共享的带动下，老百姓足不出户，就学到科技知识，了解国内外新闻，娱乐休闲更是丰富多彩。文化共享工程还延伸到驻地部队。2006年，与中国人民解放军北京军区榆次油料仓库开始合作，借阅图书与视频光盘。共计图书1500册次，光盘100余盘次。活跃了部队官兵的业余文化生活，培养了官兵技术技能，使官兵都成为广受部队和地方欢迎的军地两用人才。为创建和谐学习型军营做出了极大贡献。图书馆的工作受到广大部队官兵的积极响应和欢迎。

4、利用文化共享工程多媒体教室为社会培训创造学习场所。

自2004年共享工程实施以来，为榆次区支中心创造了良好的服务环境。利用多媒体教室的功能，为全市政府机关、企事业单位、个人等社会培训提供场所。榆次区计生委、统计局、建委等长期与我们合作，培养了一批又一批电脑技术骨干，我们的服务热情周到。截止目前，总共举办社会培训60场，接待人数6000多人次。

5、我支中心利用文化共享工程开展的其他服务。

2005年12月，我省第一个县级视障阅览室在榆次区图书馆正式启用并免费对盲人开放。阅览室内配置了盲文图书资料、盲人电脑以及无障碍设施。可同时接待10个盲人上网查阅信息。并在2005年和2009年两次聘请全国盲人软件专家夏云老师亲自授课。培训班借助语音引导软件，帮助盲人学习电脑打字、上网等基础知识，让他们掌握一技之长，以拥有更多的就业机会。盲人朋友高兴地说通过网络让我们“睁”开了眼睛，学到了许多东西，“看”到了外面精彩的世界。

6.组织未成年人开展专题活动,在假期提供专项服务。

针对未成年人，我们还专门在寒暑假期间组织观看文明、健康的动画片、电影、木偶剧等。利用科普挂图展览宣传相关内容。我们还免费为少年儿童等特殊人群提供上网学习，暑期培训等服务。近年来，我们还聘请老师在假期为青少年免费举办《网页制作》培训，并组织比赛。全年365天开放。每周开放实践共计80小时以上，年接待人次达2万余人次。为弱势群体免费提供上网学习实践的机会。我们的工作受到全市人民的赞扬。

近两年来，我们取得一定的成绩，但与人民群众的需求相比，还远远不够，文化信息资源还很有限，基层服务质量和管理水平还有待提高。不过，我们已经迈出了第一步，我们的方向是正确的，信心是坚定的。今后，我们将坚持科学发展观为指导，构建和谐文化为目标，认真贯彻落实党的十八大精神，因地制宜，分类指导，创新观念，创新办法，充分利用文化共享工程资源，保障人民群众文化权益，满足群众文化需求，提高群众文化素质，为实现我区“建设现代晋商中心区”的总体目标做出重大贡献。

（撰文/晋中市榆次区支中心）

介休市支中心

在全国文化信息资源建设管理中心和山西省分中心的大力支持和帮助下，介休市图书馆于2005年7月建立了介休市支中心。随之一起建立的还有介休图书馆电子阅览室，是介休市图书馆发展的一个重要里程碑。建设初期，我馆只有8台配置很低的台式电脑，图书馆购买了电子图书2万册，购置了1台打印机，省分中心帮助安装了一台卫星接收器，在这样艰苦的环境下，工作人员坚持下载了共享工程下发资源，并做了分类和保存。党的十七大召开以后，国家中心落实“文化大发展大繁荣”的方针政策，2009年图书馆新购置了8台配置高的液晶电脑，购买了照相机、摄像机、打印机等电子设备。2010年5月，设置了标准的、独立的机房，国家中心为我馆配置了4台服务器、20台台式电脑，2台笔记本电脑、彩色打印机、移动播放器、投影仪等设备，我馆电子读物的藏书量也达到了4万册，截止目前，我中心在各种活动中共下载分发了300余盘光盘，约有1200G的视频资源。自2005年介休市支中心建立以来，介休市当地政府为共享工程项目投入资金13万元以上。使我们馆的服务方式使图书馆的服务方式多样化，扩大了图书馆的服务范围。

一、惠民服务

自中心建立以来，一直坚持“请进来、走出去”的服务方针，且一直坚持免费零门槛开放，面对各行各业的人群。介休市支中心下载了农村种植养殖的信息资源，请进城来的农民工来馆，不仅为他们播放种植养殖的视频资源，还播放了一些进城务工中所需的劳动技术、法律讲座等等。为了服务更加人性化，我馆精心准备，将一些农民朋友喜闻乐见的视频资源送到田间地头，农家小院，并将刻好的光盘分发给当地群众，大家都争先恐后的领取，气氛十分热烈。

二、资源建设，宣传推广

在下载的资源中，有很多是孩子们的最爱，有他们喜欢的动画片，有通俗易懂的科普纪录片，还有帮助家长教育孩子的讲座等等。我们馆在六一和节假日邀请孩子们来图书馆活动，活动中，孩子们表演了自己的才艺，积极参加猜谜语等活动，并获得了精美的小礼品在电子阅览室他们观看了精彩的文化共享资源动画片，工作人员把精心挑选的资源刻成光盘送给他们，最后请孩子们参观了图书馆，并且了解了图书馆的工作流程，这些活动获得了家长和孩子们的一致好评，拉近了图书馆和读者的距离，获得了极大的社会效益。

在学校的支持下，我们还走进学校，去到了介休五中和介休三中、介休职中等学校，在学校里，我们为孩子们带去了内容丰富多彩的图书，分发了有精彩视频资源的光盘，利用投影仪播放了下发的电影资源，并在介休职中设立了流动图书点。

三、活动开展

在各上级流动的支持下，我们馆的实力不断加强，为以后开展多种多样的活动奠定了基础。为了扩大图书馆的影响力，使更多的人了解图书馆、利用图书馆，我馆积极和当地的社区和消防队联系，并赠予他们图书，成立流动图书点，为他们发放文化共享工程资源的视频，将下发的资源用投影仪的方式为他们播放。

在认真、耐心完成本职工作的同时，在举办各种各样的活动之余，介休支中心的工作人员不忘记最近培训村级站点的职能，介休市图书馆于2009年12月和2011年11月先后两次举办了全市范围内村级管理员的培训工作，2009年的培训活动中，为大家介绍了投影仪的使用和维护方法，内容紧贴实际操作，使大家在日常的工作中能熟练正确地使用投影仪，可以更好的为村民服务。2011年，我馆培训了全市农家书屋的图书管理员，工作人员精心制作了幻灯片，将图书分类、上架、借阅等工作流程详实地展现给大家，村级管理员们认真做好了听课笔记，为他们管理农家书屋图书提供了专业知识，此次培训受到了市文化局和管理员们的一致好评。

四、培训工作

在山西省图书馆的组织和大力支持下，我馆领导也十分重视职工的岗位培训，在馆内工作任务大、工作人员和资金紧张的情况下，仍然抽调人员积极参加省分中心共享工程项目的培训，使我馆的共享工程工作人员由一个不精通电脑只会传统图书馆工作方法的人员，迅速成长为可以熟练操作电脑，可以利用各种先进设备进行工作的业务骨干，极大的促进了我馆的各项工作的发展。

五、荣誉奖项

在上级流动的支持下，也是在我馆各位工作人员的努力下，介休市图书馆取得了骄人的成绩，分别在2009年、2011年图书馆宣传周先进集体称号，在2010年的全民阅读与科普活动中，获得先进集体称号，在2011年的“同乡同龄同梦想　共学共享共月圆”活动获得了优秀组织奖，这些荣誉是上级领导对我们馆工作的肯定，更是对我们以后工作的督促鼓励，我们将继续努力工作，不辜负上级领导对我们的期望，在日后的工作中，开拓创新，努力进取，争取为介休市人民更好的服务，为创建和谐文明社会做出更大的贡献。

六、工作展望

通过种种活动，介休市支中心不仅宣传了图书馆，还使人们了解到了全国文化信息资源共享工程，并使更多的人能利用它，真正使它成为一个文化惠民工程，回顾2005年至今，我支中心迅速发展，从只能从事简单任务的站点发展成为一个有先进设备，可以独立完成很多制作任务的支中心，它的成长和各级领导的关心和支持是紧密相连的，在党的十八大召开以后，我们相信介休市支中心会迎来更辉煌的明天。

（撰文/介休市支中心）

左权县中心

一、整体情况

左权县图书馆是左权县唯一的一所公共服务场所，成立于1985年5月，是精神文明建设的重要窗口，在县域文化建设中起着为民众提供智力支撑的重要作用。特别是2003年全国文化信息资源共享工程启动后，左权县图书馆设立共享工程县级支中心，具体承担了全县文化信息资源的接受和传播任务，这种作用就显得越来越重要。目前，我县支中心有2名管理人员，其中2名兼职，2名专职。年服务人次量为7500人次，年服务时间为2890小时。

二、网点建设

2003年12月4日，文化共享工程山西省分中心派4名专业技术人员到左权县支中心安装了资源共享卫星接收器。当时，图书馆内只有6台电脑，安装局域网，成立了电子阅览室。电子阅览室和少儿阅览室共用，面积为70平方米。2009年，文化共享工程左权县县级支中心由国家财政部负担资源共享配套设备购置资金34万元、山西省财政厅配套设备购置资金13.6万元，左权县财政局负担配套设备资金20.4万元，共计68万元，购置了服务器、电脑、电子阅览桌、阅览椅、空调等配套设备，2010年1月，建起了机房，因特网采用光纤接入，完善了共享工程基础设施建设，使支中心规模扩大，数字阅览室电脑由原来的6台增加到25台，总共面积达到了150平方米，为读者信息资源共享提供了很好的服务平台。

三、队伍建设

全国文化信息资源共享工程建设的发展，专业技术队伍建设至关重要，为此，左权县支中心十分重视专业技术人才的培养，积极参加山西省图书馆组织的各种培训：2003年11月3日—11月7日支中心派两名同志参加了山西省图书馆举办的“全国文化信息资源共享专业技术培训”。2008年10月16日，支中心聘请专业老师为各乡、镇文化站员、图书、投影仪管理人员共计30余人进行了图书、投影仪技术培训，使他们增长了驾驭信息资源共享的能力。2010年6月2日—6月5日，2012年10月20日，支中心又派两名技术人员分别参加了山西省文化信息资源共享工程规范化县支中心管理技术培训。经过培训，专业技术人员的业务水平有了很大的提高，为我县文化共享工程的发展奠定了人才基础。

四、开展活动

左权县共享工程支中心建立以来，以“急读者所急、想读者所想作为服务理念，在做好常规服务的同时，根据上级有关部门关于各种活动的指示精神，利用投影仪为群众播放电影、举办各种讲座等活动。如：在“科技服务周”组织读者观看科技讲座；在左权县春节文艺活动中，刻录光盘下乡为群众播放戏剧、电影等，使共享工程信息资源得到很好利用。

积极争取上级有关部门的支持，加强专业人员的业务素质培训，吸纳新鲜营养，在新时代赋予我们新的责任的时期，一步一个脚印的扎实推进，为左权的经济文化建设服务。

（撰文/左权县支中心）

和顺县支中心

一、整体情况

和顺县图书馆成立于1982年10月，是和顺县唯一的一所县级公共图书馆，在县城文化建设中起着为民众提供智力支撑的重要作用。2007年全国文化信息资源工程在山西启动后，我馆跟随着步履在同年10月份成立了共享工程和顺支中心，承担了全县文化信息资源的接受和传播任务。近几年来，我县支中心在国家政策的倾斜和基础设施的扶持下，数据资源被越来越多的读者所享用，最大限度地发挥了信息资源共享工程的作用。目前，我县支中心有三名管理人员，其中2名专职，1名兼职，年服务人次总量达到了8600余人次，年开馆时间为365天。

二、网点建设

共享工程县级支中心刚建起时，馆内只有10台电脑，初期由山西省分中心派专业技术人员到我县支中心安装了资源共享卫星接收器，并建起了局域网，网速为10兆。到2009年，我县级支中心由国家财政部和省财政厅投资68万元，县财政投资20.4万元，添置了内部的设施设备（4台服务器、40台电脑、40张电脑桌椅、4部空调），完善了共享工程基础设施建设，使支中心规模不断扩大，电子阅览室面积达到了174平方米，为读者信息资源共享提供了很好的服务平台。

三、队伍建设

全国文化信息资源共享工程建设的发展，专业技术队伍建设至关重要，为此，和顺县支中心十分重视专业技术人才的培养，积极参加山西省图书馆组织的各种培训：2003年11月3日—11月7日支中心派两名同志参加了山西省图书馆举办的“全国文化信息资源共享专业技术培训”。2009年10月23、24日，支中心聘请专业老师为各乡、镇文化站员、图书、投影仪管理人员共计80余人进行了图书、投影仪技术培训，使他们增长了驾驭信息资源共享的能力。2010年6月2日—6月5日，2012年10月20日，支中心又派两名技术人员分别参加了山西省文化信息资源共享工程规范化县级支中心管理技术培训。经过培训，专业技术人员的业务水平有了很大的提高，为我县文化共享工程的发展奠定了人才基础。

四、开展活动

和顺县共享工程支中心建立以来，以“急读者所急、想读者所想作为服务理念，在做好常规服务的同时，根据上级有关部门关于各种活动的指示精神，利用投影仪为群众播放电影、举办各种讲座等活动。如：在今年的4.23“科技服务宣传周”期间组织农民读者观看了科技种植讲座；在暑假期间（7.19至9.01）晚间在室外利用共享工程资源为本县市民和外籍农民工播放优秀影片，在室内开展了“免费为外籍农民工和家人接受亲情视频会话活动”及“让书香飘进万家，让共享伴随你我”的大型公益活动，受到了广大市民的好评、称赞和外籍农民工的认可和支持。同时，使我县的共享工程信息资源得到很好利用和宣传推广。

五、工作展望

立足现状，发挥优势，奋力前行、谋求发展。我们和顺县文化共享工程分中心一定要鼓起风帆，争取上级有关部门在资金上的支持，加强专业人员的业务素质培训，吸纳新鲜营养，在新时代赋予我们新的责任，一步一个脚印的扎实推进，努力工作，为和顺的经济建设服务。

（撰文/和顺县支中心）

昔阳县支中心

一、整体情况

昔阳县共享工程支中心正式建立于2004年，当时还在图书馆旧址，（县展览馆一侧）是全省首批建设的22个支中心之一。得到了省图书馆共享工程中心的大力支持，他们亲自到昔阳县进行信号设备安装，国家共享工程的人员也亲自到该馆与大寨村进行信号安装与调试。共享工程设在图书馆原声像室，面积为30平米，有共享工程下拨的服务器1台，另外县里购置电脑4台，本馆自筹资金购置6台，共10台电脑，对外进行开放，在假期接待读者，每天约接待读者20多名。该馆进行了卫星数据接包，下载了大量的光盘并进行刻录。本馆还建立了自己的MSN网站，开始对外宣传。

二、网点建设

该县共享工程网点有两个，2005年有大寨与胡窝李洪一两个点。目前只有县支中心1个。设有机房与电子阅览室。因场地限制，馆舍面积大大缩减，总面积不达400平米。制约着此项工程的开展。

三、经费投入

该馆自共享工程支中心成立以来，所有经费支出均与图书馆经费混在一起，从未有专项拨款。只是在前几年网络费用由局里统一交到省里(当时是5000元)。

四、资源建设

共享工程所有设备全由国家支助，包括20多台电脑及机房等设备。省里进行统一技术指导，并进行技术培训与维护。国家共享工程经常为该馆赠送各类技术光盘。为我们提供资料保证。

五，惠民服务

该馆自共享工程支中心成立以后，基本是免费对读者开放，主要通过电子阅览室互联网进行服务。国家在去年下拨十多万元后，电子阅览室全部免费开放。

六、宣传推广

该馆积极参加全国共享工程组织开展的各种活动，开展对外宣传。我馆积极参与2010年全国共享工程组织的宣传“双百英雄”征文活动，该馆馆长王长英的征文获得三等奖，系山西省为数不多的获奖者之一。

七、培训工作、管理和队伍建设

该馆有专门两人负责共享工程与电子阅览室的工作，负责设备的保养与维修及管理。多次参加省图组织的技术培训。

（撰文/昔阳县支中心）

寿阳县支中心

寿阳县图书馆位于府东街，共有建筑面积1638平方米，2009年根据省市部门安排部署，由县财政拨付11万元兴建文化信息资源共享工程。共享工程的实施，对于弥补馆舍面积小、藏书少等硬件设施上的不足，把文化信息资源全面快捷地传送到城乡基层文化网点和群众身边，促进公益性文化建设具有重要的现实意义，对于改变多年来县图书馆建设相对滞后的现状无疑提供了良好的发展机遇。一方面，我们认真研读有关政策，积极谋划电子阅览室建设项目，争取到上级领导和相关部门的支持，加强自身硬件设施建设，建成了拥有30台电脑规模的电子阅览室，并成功升级改造为县级支中心，使我县图书馆初步实现了网络化和数字化，为共享工程县级支中心的创建工作奠定了坚实的硬件基础。另一方面，积极争取县级财政配套资金，完善软件建设，推动试点建设全面铺开。与此同时，大力开发利用人力资源，通过多种渠道广泛宣传，吸引精通计算机的技术人才充实到图书馆的岗位，同时加强馆内人员及全县范围内站点技术人员学习培训，通过走出去请进来，以老促新、以新带老等多种形式。努力提高全体人员的计算机知识技能，为共享工程建设提供强有力的技术保障。

为积极稳妥地推进共享工程试点建设，寿阳县图书馆采取总体规划、分步实施、逐步推广的方式，努力为试点建设创造良好的外部条件。在完成县级支中心建设任务的同时，县图书馆还积极下基层、进乡镇村街，多方争取乡镇领导和各村街负责人的支持，向他们宣传共享工程建设的现实意义，帮助基层站点选点建设，协助培训技术人员，足迹遍及全县15个乡镇206个村，协助创建206个基层服务点。目前已形成县级支中心为龙头带动各基层站点协同发展的良好格局。在具体的工作中，我们开展了以下几方面的工作：

一、立足本县实际，构建网络信息服务新平台

寿阳是农业生产大县，以牛羊为主的畜牧业是寿阳农村经济发展的重要支撑；文化事业上以闻名全国的福寿文化和祁寯藻儒家文化为代表的现代品牌文化，也成为了全县文化建设的重要内容，成为展现寿阳发展的一道靓丽风景。我们抓住寿阳经济、文化建设的这一特点，以及群众对文化生活的新需求，带领人员实地考察、走访，搜集材料，对我县文化资源状况、计算机网络建设状况、文化设施状况进行了深入细致的调查研究，经过精心策划筹备，建立了具有浓郁地方特色和鲜明特色的寿阳图书馆网站。

该网站设置了县情县策、文化长廊、寿阳福寿文化等15个栏目，围绕科技养殖种植、风土人情、优秀戏曲节目等方面进行了对内对外的宣传展示，并链接了国家、省、市文化信息资源中心。用先进文化抢占信息网络空间，营造绿色健康文明氛围，为广大群众开拓视野、了解科技致富信息、博览群书、提高知识素质、共享优秀文化信息资源提供了网络服务平台，成为对外宣传寿阳，对内传播文化信息的一个重要宣传窗口，得到各级领导、社会各界、农民群众、学校及家长的肯定和好评，丰富了我县共享工程的内容和内涵。我县将文化信息资源共享工程与党员远程教育实施共建，一室两用，目前，已建成基层服务点206个，2009年、2011年分两批为全县15个乡镇发放206台投影仪，加大了文化信息资源共享网络在我县的覆盖面。

二、创新服务方式，让文化信息资源共享工程真正走进千家万户

实施“共享工程”，建设是基础，共享文化信息资源，为群众生产生活服务是目标。为追求“共享工程”服务成效的最大化，寿阳图书馆不断创新服务方式，拓展

服务范围，严格规范管理，有效利用现有人力、物力条件，把“共享工程”与文化建设、图书馆事业发展有机结合，实现相互促进和共同发展，努力使优秀的文化信息资源走进千家万户。

1、阵地服务规范化。有效利用馆内人力物力资源，把电子阅览室作为固定场所开展阵地服务工作，一是有计划地开展不同主题的大型集体活动，充分发挥阵地的教育职能作用，如举办“十七大”学习报告会、农民科技养种植交流会、致富经验总结会、读者座谈会、倡导读书的专题公益讲座等，年开展活动10次，参加人数达3000多人；二是定期举办技术管理培训班，发挥县级支中心的职能作用，采取集体培训的方式方法，加大对全县各乡镇、村基层点的技术及管理的培训力度，举办培训班15次，培训人员1000多人次；三是做好阵地个别辅导工作，面对上门求教的单位或个人，通过耐心规范的服务，接待咨询群众200余人次，回答、解决疑难问题300多个。

2、流动服务多样化。在提供阵地优质服务的同时，通过开展多种形式的流动服务增强服务效果。一是切实承担对各基层站点的指导和辐射作用，县图书馆组织人员下乡检查各站点制度标牌是否规范上墙，管理是否规范到位，技术人员是否履行职责，为农民播放节目是否按照计划定期举行，以先进促后进，实行带动战略，达到各个站点协调发展，下乡督导检查百十多次。同时，协助一些站点为农民实地播放节目，在偏僻的尹灵芝镇太平村为村民播放节目和科技种菜、种田知识时，受到了当地百姓的热烈欢迎。二是随时上门服务，了解各站点设备管理和实际使用情况，帮助解决存在问题，遇到难以解决的就及时联系上级部门技术人员协助，直到圆满解决为止，共解决实际技术难题6个。三是与团县委等部门联合成立流动图书馆，建立读书网点14个，与206个基层站点相互呼应，吸引社会多方面力量关心关注基层建设。加大宣传力度，扩大服务成效，发挥县级支中心龙头作用，带动各服务点将图书文化知识、科技信息资料、优秀节目等传送到基层、农民、群众中去。

3、服务农民个性化。文化信息资源共享工程开展以来，我们进一步转移工作重心，加强对农民的文化信息服务力度，开展特色服务，促进了农民增收。一是在自办网站上开辟养殖种植栏目，介绍相关知识，进行经验交流。二是及时从网上下载各种资料，编辑打印《科技与信息》报，每年12期5000余份，并坚持下乡无偿发放到农民手中。三是针对种、养大户的基本情况、收益情况、图书使用情况，建立特殊服务档案，对全县40户种、养殖大户实行特色跟踪服务。四是利用移动电脑下乡为农民实地播放科技信息。五是帮助农民解决遇到的技术难题。在

对景尚乡南库韩村民郭大平家进行跟踪服务时发现，他种植的黄瓜虽长势良好却出现了苦味，我们立即上网查询并联系农林部门寻求解决，并将查询得知原因告诉了她，她照法种植后的黄瓜从未出现苦味，经济效益也比以前大幅提升。据粗略统计，近几年，全县由此受益的种植大户收益超过10万元。

几年来，共享工程服务的触角不断向基层特别是农村延伸。充分利用共享工程资源优势，开展丰富多彩的服务活动，取得了良好的社会效益，深受基层群众的欢迎。今后我们将认真做好文化信息资源共享工程工作，强化组织领导，加大投入力度，强化基层服务点的设施配备，不断加大文化信息资源共享网络在我县的覆盖面，积极打造文化信息资源的"共享"平台，使文化信息资源共享工程取得较大进展。

（撰文/寿阳县支中心）

太谷县支中心

太谷县位于山西省中部，总面积1033.6平方公里，全县有9个乡镇198个行政村、30万人。目前已建成"农家书屋"198家，文化信息资源共享工程县级支中心1个，村级服务点160个，县、乡、村三级文化服务网络体系已基本形成。

一、基本情况

太谷县图书馆于2005年被确定为山西省首批文化信息资源共享工程试点之一，2008年建成标准化县级支中心并投入使用，设备总投资近70万元，其中：建成两个电子阅览室110平米，包括儿童电子阅览室和成人电子阅览室，设阅览坐席60个，电脑60台，多媒体室40平米，主控机房20多平米。通过10M光纤接入互联网，全部电脑均可浏览全国文化信息资源共享工程的信息，现全部免费向社会开放。支中心的建成，进一步促进了图书馆基础设施建设，实现了图书馆网络化、自动化、数字化管理。2009年至2011年，分批在我县9个乡镇建立了乡级基层站点，在全县190个行政村建立了共享工程村级基层服务点。县级支中心向乡镇村基层服务点配发了投影仪、音响等设备，并对全县200多名基层服务点工作人员进行了培训，负责设备的调试、运行、业务开展等工作，目前各基层服务点设备运行良好。

二、开展活动情况

在省分中心的正确领导和大力支持下，在县委、县政府的坚强领导下，经过3年多的建设运行，各站点充分利用现有设备，发挥文化共享，为弘扬先进文化，构建和谐社会，建设社会主义新农村，丰富城乡群众文化生活发挥了重要作用。我们主要开展了以下几方面的活动：

1、加强领导，推进共享工程基层服务点建设

2009至2011年，县级支中心向全县9个乡镇160个行政村下发了投影仪、音响等设备，为乡镇基层服务点统一制作了标牌、工作人员职责等相关的规章制度，并组织技术人员对基层服务点200多名管理人员进行了技术培训，讲解了国家推进共享工程的重要意义、共享工程的实施手段、设备的保养、维护、运行等一系列知识，充分整合原有的农村党员干部远程教育等资源以及农村文化站的建设，逐步建成了覆盖全县乡村，功能齐全，设施完善的农村文化服务体系，初步培养了一批基层文化管理员，为今后的工作奠定了坚实的基础。

2、立足基层，使共享工程在基层开花结果

乡镇基层服务点建成以后，县级支中心利用共享工程网络资源信息新奇、实用性强、信息量大、数据传输快捷方便的优势，认真搜集下载适用于农村群众的政策法规、农业科技、防疫保健、科普知识的共享工程信息资源，刻录成光盘或宣传资料，通过县、乡、村三级文化服务网络宣传推广，使基层群众了解科学、利用科学，丰富了基层群众的精神文化生活，对建设我县新农村做出了贡献。同时，我们通过其它途径充分利用共享工程资源，组织共享工程资源进社区、部队、养老院，在文化广场放映电影，每年春节元宵节期间开展讲座、放映电影，组织猜谜活动，配合省级分中心开展各项活动，如摄影展、红色电影展播、科普知识讲座等。通过这些活动不仅扩大了共享工程的影响，而且充分利用了共享工程资源，丰富了广大群众的业余生活。

3、加强资源建设，努力建设具有地方特色的资源库

利用共享工程的各种设备，在平时的工作中，我们注意搜集具有地方特色的信息资源，如国家级非物质文化遗产太谷秧歌，将这些资源刻录成光盘保存，力图建设具有本地特色的资源库。2012年，县支中心向山西省分中心申请了两集《太谷秧歌》的制作，目前，该资源正在制作中。

总之，县支中心建成以来，通过不懈的努力，取得了一些成绩，相信随着国家和上级领导对这一工程的进一步支持，太谷县支中心会成为社会主义新农村建设做出更多贡献！

（撰文/太谷县支中心）

祁县支中心

国家历史文化名城——祁县，位于美丽富饶的晋中盆地，总面积854平方公里。全县辖6镇2乡，160个村民委员会，289个自然村。"全国文化信息资源共享工程"实施后，祁县图书馆紧紧抓住这一机遇，将"全国文化信息资源共享工程"作为推进文化创新、完善公共文化服务体系、提高公益性文化服务水平、促进经济社会协调发展、构建和谐祁县的重要抓手，扎扎实实地组织全县"共享工程"项目的实施。

一、基本情况

祁县支中心于2003年4月建成并投入使用，设备总投资80万元。其中，建成电子阅览室144平方米、主控机房15平方米，电子阅览室共设坐席62个。接入专线4M光纤互联网。实现70余台计算机同时浏览"共享工程"信息，现已

向社会全面免费开放。支中心的建成，进一步推动了我县图书馆基础建设，实现了图书馆网络化、数字化、自动化管理。2003年至2012年年底，分批在我县8个乡镇文化站建成"全国文化信息资源共享工程"乡级服务点.在东观村等160个行政村建成"全国文化信息资源共享工程"村级服务点。"共享工程"作为以网络为媒体的一项新兴的文化事业，涉及的领域和专业技能更加广泛，对业务人员的综合素质要求更加严格。我们按照山西省实施"共享工程"的总体要求，在配齐工作人员的同时，建立健全专业技术人员培训制度。同时，积极与省图书馆加强联系与协作，由省馆抽调专业技术力量帮助我馆培训相关人才，提高了我馆工作人员的业务素质，改善了群体知识结构，也为实施"共享工程"提供了有力的人才保障。

二、开展活动情况

在省中心的正确指导和大力支持下，充分利用现有设备，发挥文化共享优势，为弘扬先进文化，构建和谐社会，建设社会主义新农村，丰富城乡群众文化生活起到了重要的作用。

1、加强领导，加快"共享工程"基础设施建设。

近几年来，我县农民朋友对科技兴农、文化兴农的需求显得尤为迫切。我们结合实际情况，以"共享工程"建设为契机，把传播先进文化、转变致富理念、普及科学文化知识作为"共享工程"建设的最终落脚点。一是加大投入，加强基础设施建设。先后投资60万元。在昭余镇等8个乡镇建成了标准化乡镇综合文化站和"共享工程"基层点。投资9万元，建成"全国文化信息资源共享工程"县级支中心1个，村级服务点160个，基本形成县、乡、村三级文化服务网络体系。二是加强乡镇、社区文化队伍建设，搭建信息沟通平台。建立并完善乡镇、社区文化站、基层服务点管理制度，签订《祁县图书馆'全国文化信息资源共享工程'祁县支中心基层'共享工程'服务点管理协议》。三是构建遍布全县的基层服务网络，改善基层文化工作手段陈旧落后的状况。各村、社区服务点依托文化活动室的便利条件，开设'共享工程'活动，由我馆为基层服务点配备了农村实用技术图书及光盘、投影，幕布，点唱机，音响，触摸屏等设备，加强和丰富了农村文化生活。

2、发挥阵地优势，拓展服务领域

开展"共享工程"以来，依托图书馆阵地优势，利用现代网络信息资源，广泛开展内容与形式多样的文化服务活动，拓展并搭建起全县文化示范效应平台，积极组织读者走进电子阅览室体验、利用"共享工程"提供的数字资源。此外，我馆利用中小学生寒暑假期间，举办"优秀影视剧"、"红色革命影片"、"爱国主义教育专题演讲"展播和比赛；利用大礼拜、节假日、针对未成年人开设免费阅览服务、免费数字影视展播专题服务，为丰富青少年课外兴趣提供美术、硬笔书法、围棋培训服务等；并从"共享资源库"精选出爱国主义教育、童话故事、科普知识等内容，举办"迎'两节'读书有奖知识竞猜活动"、"优秀图书"展览，引导未成年人多读书，读好书；坚持和延续联合并组织县共青团、县企业、先进集体、个人，深入边远山区学校，开展"助学结对"活动，为孩子们送去一份份爱心；成功配合省中心为祁县籍外出务工人员进行"中秋节"网上亲情联线。这些活动得到了广大民众的普遍欢迎。多年来，我馆获得"全国文化信息资源共享工程"山西省分中心颁发的2008年"文化共享奥运行"活动三等奖、2010年"共享文化资源共度中秋佳节"活动优秀协作奖等荣誉。

3、注重宣传效果，扩大"共享工程"影响覆盖面。

"共享工程"是惠及千家万户的一项重要文化基础工程，为了扩大其在群众中的影响力，采取多种方式，在广大群众中大力宣传普及"共享工程"相关知识，印发了大量的宣传资料，并在文化广场摆放展板、在步行街悬挂过街条幅、在馆内醒目位置设立了展牌，让群众与"共享工程"零距离接触，从而使广大群众在充分了解"共享工程"的实质内容后，熟悉了相关软件的使用方法，找到了方便、快捷地获得所需要的信息资源的渠道。通过一系列的宣传活动，扩大了"共享工程"在群众中的影响力。

三、工作展望

一是进一步扩充文化设施网点。以县图书馆、乡文化站、基层服务点为实施主体和推进模式。加强对基层文化设施的专业化、网络化、数字化建设，在已建有的1000GB数据基础上翻两倍，努力把反映本县、本馆特色的数字资源收集和整理好，通过数字化、网络化传播出去，成为一个亮点。继续培训和提高各级基层网点管理人员的业务知识和专业水平，为深入推进"共享工程"的实施打好坚实基础。

二是努力把"共享工程"用活、用好。积极采用图书馆成熟技术，借助数字电视和远程教育服务网络，大力开展公益性服务。尤其加强对广大农村地区的扶持力度，通过多种形式拓展服务范围、创新服务方式，将地方影视戏曲、音乐歌舞、美术等艺术表现形式纳入"共享工程"服务内容，以群众喜闻乐见的形式更加贴近基层、贴近生活、贴近群众。

三是在实施过程中加强与上级业务部门、县直各部门的沟通与协调，使"共享工程"服务群众更具针对性和时效性。同时不断总结经验，创新治理体制和运行机制，使"共享工程"真正成为一项文化创新工程。

（撰文/杨文龙、李艳）

平遥县支中心

全国文化信息资源共享工程（以下简称文化共享工程）是文化部、财政部共同组织实施并得到党中央、国务院高度重视的一项重点文化创新工程。文化共享工程采用现代信息技术手段，对中华优秀文化信息资源进行数字化加工和整合，通过文化共享工程服务网络，以互联网、政务外网、卫星网、有线电视/数字电视、光盘、移动存储等方式，利用覆盖全国的网络化管理和服务体系，实现优秀文化信息资源在全国范围内的共建共享，它是新形势下构建我国公共文化服务体系、是国务院"十一五"时期文化共享工程的建设规划，是中央和地方财政惠及千家万户的一项重要文化基础工程。

文化共享工程以数字资源建设为核心，以农村服务网点建设为重点，以图书馆、文化馆、乡镇文化站、村/社区文化室(文化中心)、校园网、党员远程教育网、有线电视网为依托，到2010年，基本建成资源丰富、技术先进、服务便捷、覆盖城乡的数字文化服务体系，实现县县建有支中心，乡乡建有基层服务点，努力实现村村通。

机构以国家中心、省级分中心、县级支中心、乡镇、街道基层服务点服务模式。

我县文化共享工程实施以来，县财政为县支中心拨付配套资金20万元，从2010年12月18日，省文化厅、省财政厅下发48万元的设备、机器开始建设。在文化信息资源共享工程县级支中心建设上，我们严格依据设备配置标准，建设了中心机房与电子阅览室，主机房软硬件设施齐全，拥有服务器4台、磁盘阵列3000GB、百兆防火墙、UPS断电源设备、42u标准机柜、键盘、显示器、百兆网络交换机，切换机、卫星接收系统等；电子阅览室拥有计算机终端机22台、投影机、音箱、网络打印机、图片打印机、多功能扫描仪、光盘刻录机、移动播放器、便携式计算机、数码相机等设施，磁盘阵列内安装了国家中心下的300GB千里马资源和省分中心的电子图书120GB，国家中心下发的数字图书馆1TB，影视光盘50套，自购买电子图书12000册，目前县支中心宽带，卫星接收资源己开始工作，接收数字资源3TB。

建有(广域网)平遥县图书馆网站，还有(图书馆内部)由计算机组成(局域网络)，读者及本馆工作人员实现各阅览室职能内部联网，全部并展读者服务为广大人民群众提共网上图书、报刊阅读、名人讲座、影视剧目书画、音乐作品欣赏和科技扶贫信息项目等。接待读者30035人次。

乡镇、村、社区基层服务点同时也在建设中，2011年5月，省文化厅、省财政厅下发的273套，建基层服务点设备(投影仪)已全部下发(每个行政村一套)。

(撰文/平遥县支中心)

灵石县支中心

全国文化信息资源共享工程是文化部、财政部共同组织实施的一项国家文化创新工程，文化惠民工程和我国公共文化服务体系的基础工程，该工程利用现代信息技术，将中华优秀文化信息资源进行数字化加工和整合，并通过覆盖全国城乡的网络化管理和服务体系，实现文化信息资源在全国范围内的共建共享。2010年我馆建成县级支中心，经过两年的建成和发展已基本实现县建有支中心和“村村通”的目标，数字资源总量已超过3TB，累计服务人次达10万人左右。由于历史、地域、经济等多方面原因，一些村落，特别是很贫困的村落基层群众文化生活十分贫乏，“共享工程”的实施，将把群众喜闻乐见的优秀文化作品通过互联网方便快捷地传送到广大人民群众身边，填补基层文化需求的空白，以先进的文化占领基层思想文化阵地，改造落后文化，丰富、活跃基层群众的文化生活。

一、基本情况

首先坚持以公益性为主，坚持免费开放，调动各方面的积极性，资金方面得到了国家财政和地方财政的支持，有了经济的支持，共享工程的建设就有了更稳固的保障。其次资源建设方面，通过卫星传输网，接收上级中心发布的数据，对其数字资源进行整合，以便更有效地利用，目前接收资源总量已超过3TB。同时还获得国家中心或上级中心发布的数据光盘。以及我馆根据本馆实际需要刻录一些本地基层群众需要的光盘。

二、服务情况

首先，阵地服务：共享工程阵地服务的窗口是电子阅览室，县中心电子阅览室共有41台电脑，每天服务8小时，日均接待读者30人左右，可以享受到优秀光盘免费欣赏，读者还可以在这里凭读者证上网，免费看电子书籍。对未成年人提供了绿色上网空间，其次服务基层，进一步完成共享机制，加强与农村党员干部现代远程教育与农村中小学远程教育工程的合作，把优秀资源通过互联网，下发光盘等多种渠道，把资源传输到农村基层站点，深入基层为当地群众放映优秀影片。

三、宣传推广、培训工作

为进一步推广利用文化共享工程，充分发挥文化共享工程的传输渠道和资源优势，提高广大群众的知晓率和利用率，我馆先后做了开展文化共享工程宣传版面，对共享工程活动照片展板宣传以及现场表演。免费发放宣传资料等，吸引更多的读者前来参与，扩大共享工程在市民中心的影响力。组织文化共享工程知识竞赛，参赛人员深入到乡镇、村基层服务点的工作人员中，竞赛题目涵盖了文化信息资源共享工程的多个方面，对提高基层共享工程工作队伍的业务素质，推动共享工程在基层的更好发展都产生了积极而深远的影响。大型节假日，都要做好期间的组织欣赏活动，我馆专门组织人力赴我县各乡镇及社区基层图书室，调查了解基层图书室的运作情况，切实了解农民群众的需要，组织各乡镇文化员培训学习，更好地为农民群众服务。

四、工作展望

信息网络建设是图书馆实行科学管理，拓展业务空间，提高服务质量的重要技术支持，现在信息化、数字化、网络化飞速发展，今后共享工程将会进入公共的数字文化建设和提高数字文化服务的新时期。作为一个县级公共图书馆，要适应时代的需要，共享工程要采用高新技术，推动文化建设中传播手段的升级换代，从而推动文化产业的更快发展，逐步形成以文化信息的网上服务为基础的新的知识经济增长点。

首先要加强对现有资源的管理和利用，使之发挥更大的作用，我们在求生存、求发展的过程中，将搞一些地方特色资源，搜集整理大量地方性资源，创建数据库，图书馆特色不能丢，更深的发掘传统，更快的更新服务，是我馆工作人员不变的追求。

其次，数字化图书馆的建设已成为发展的方向和潮流，以网络为手段的服务方式成为现代化图书馆的重要标志，图书馆将打破传统的单一的文献服务，我们馆将要最大限度的利用数字资源，把“全国文化信息资源共享工程”的优秀资源切实的送到百姓身边。

(撰文/灵石县支中心)

侯马市支中心

在各级领导的大力支持下，2004年图书馆建起“电子阅览室”，拥有电脑12台。2006年底省图书馆为我馆配备电脑1台，并安装了卫星接收器，初步实现文化信息资源共享。为贯彻落实《文化部、财政部关于进一步推进全国文化信息资源共享工程的实施意见》精神，图书馆通过积极申报，被列为“山西省2007年度第一批文化信息资源共享工程县级支中心”，配备电脑20台，支中心主机房拥有服务器、磁盘阵列、防火墙、UPS等；并且配备了便携计算机、激光打印机、条码制作机、移动硬盘、刻录设备等，于9月28日开通全国文化信息资源共享工程，拥有文化共享工程资源50G。2009年7月实施总分馆Interlib系统，成为第一批县级分馆，与全省几十所图书馆组建馆际互借网络，实现一证通用、通借通还，达到了资源共建共享。

随着新农村文化建设的不断深入，我市以实现78个行政村农家书屋建设工程全覆盖，78个文化信息资源共享工程基层服务站点全覆盖，最大限度地满足了农民群众多层次精神文化的需求，保障了农民群众最基本的文化权益。

一、惠民服务

在实施文化信息资源共享工程过程中，不断扩展共享工程的服务内涵和方式，充分利用这一全新的工作载体条件，切实面向“五个走进”，开创了基层文化工作的新局面。具体做法如下：

1、充分发挥公共图书馆的阵地作用。在电子阅览室每周推介优秀栏目、名家讲座、生活常识、电影及优秀地方剧目。日常工作中，我们急读者所急，想读者所想，热心引导读者方便快捷查询资料，缓解了县图书馆文献资料不足，使读者在查阅需求上得到了充分满足，促进基层图书馆在阅读社会中充分发挥阅读家园的作用。

2、走进农村、走进社区。农民、社区居民对待现代科技信息和文化的需要迅速增加，结合这一现状我馆深入调查，根据农民需求，下载家禽饲养、苗木、花卉栽培等相关信息达10万多字，印发资料分发到村民手中，并利用基层站点设备，举办知识讲座、科技培训、文化活动等形式多样的读书学习文娱活动，丰富了农民群众文化生活；又结合城区的实际情况，有选择的提供信息资源，让广大群众感受先进科学和现代文明带给的优越，使文化生活更丰富、知识更丰厚，生活越来越好。

3、依托多种形式，开展丰富多彩的读书活动和文化信息资源共享服务。每逢节假日，针对青少年成长特点，以新颖活泼的活动方式，开展读书宣传活动，发放图书馆宣传资料、免费阅览卡、网上读书卡，使学生们在接受正面教育的同时，开拓视野、活跃思想、培养情操、提高人文素养，以助于学生的全面发展，提高对社会的适应能力。活动的开展，不仅普及了科学文化知识，而且，让大家了解图书馆，懂得图书馆的服务功能，知道图书馆是免费开放的，是免费为大家服务的，倡议全社会人民都踊跃来图书馆查阅资料、读书学习、欣赏艺术、享受娱乐，在全社会形成良好的读书氛围。

4、关心老干部，送书下基层。我们坚持“贴近生活、贴近实际、贴近群众”的三贴近原则，对军队干休所、老年大学、敬老院等老干部们提供资源服务，根据老年人平时生活的诸多习惯特点，上网下载了《营养与健康》、《科学保健》、《晚年的幸福生活》等系列视频资料和战争题材的故事片、名著欣赏讲座等光盘为老人们放映；还根据老年人的阅读特点和实际需求，精心挑选一些有关老年医疗保健等各方面的书籍、期刊，现场为他们办理免费读者证，发放图书馆宣传资料以及图书馆免费开放办证须知，让老干部们休闲时间到图书馆读书、看报、查阅资料、增长见闻、增加情趣，让阅读在老年人的精神生活中不仅仅用于满足文化娱乐需求，还在不同层次上满足老年人对知识信息、情感慰籍、价值尊严和社会交往的需要，保障了充实、健康、有尊严的老年生活。

5、重视宣传、扩大影响。自全国文化信息资源共享工程实施以来，随着宣传力度的逐渐深入，在我市农村和城市居民心中的影响也在加深，文化信息资源的需求也不断加大，广大群众都充分认识到这是一项惠民工程、民心工程，认识到文化信息资源的可用性，开始掌握和利用这块知识宝库，我们将努力的探索利用共享工程服务的新思路，更好地发挥共享工程的作用。积极推进公共图书馆免费开放工作，坚持把公益性文化服务放在首位，从读者实际需求出发，加大馆藏建设，提高藏书质量，满足读者需求，提升读者对图书馆文化传播智能的认知度，吸引更多的人走进图书馆、利用图书馆； 利用电子阅览室开展形式多样、范围广泛、内容丰富的文化活动，加强公共电子阅览室管理，引导广大公众特别是未成年人文明、健康上网，为公众提供一个轻松、和谐的上网阅读环境；积极开展一些丰富多彩的阅读活动，在全社会形成普及科学知识、传播科学思想、弘扬科学精神、倡导科学方法的良好社会氛围。

二、管理和队伍建设

1、管理工作是搞好各项工作的保障，我馆对馆内各部门，定人员定岗位 ，竞争上岗，择优聘用，并设立岗位管理和工作目标管理制度。

2、加强政治理论学习、图书馆业务知识学习和计算机应用操作技术，增强服务意识，提高自身业务素质，使馆工作人员在本职工作中，更好的发挥知识传递和信息传播的作用。

3、在环境建设方面，我馆条件不算太好，但我们做到室内干净整洁、书刊排列整齐、图书摆放有序，使图书馆环境整洁美观，为读者创造一个优美的学习环境。

三、荣誉奖项

2008年获山西省分中心“文化共享奥运行”活动二等奖。2008年获侯马市委宣传部宣传文化工作先进集体。2009年获侯马市委宣传部宣传思想工作先进集体。2009年被文化部名为二级图书馆。

2010年获侯马市委宣传部宣传思想文化工作先进集体。 2010年获山西省图书馆学会，全国文化信息资源共享工程山西分中心“图书馆服务宣传周活动”先进集体。2010年获山西省图书馆学会，全国文化信息资源共享工程山西分中心“全民阅读与科普活动”先进集体。

2011年获山西省图书馆学会，全国文化信息资源共享工程山西分中心"全民阅读与科普活动"先进集体。2011年获全国文化信息资源共享工程山西分中心"文化共享工程'七一'优秀资源下基层服务活动"优秀组织奖。

四、工作展望

十八大召开之后，我们图书馆事业又迎来了一个新的春天，我们要以文化大发展、大繁荣为契机，因地制宜、发挥优势、努力扩大服务范围，拓展服务空间，提高社会效益，促进人的全面发展。面向社区、面向农村、面向基层，着力开创图书馆延伸服务、主动服务的新局面，力争把我们的图书事业办成市民的"精神憩息地"、"知识加油站"、"城市客厅"和"休闲乐园"，让人民群众真正享受到公共文化服务所带来的便捷。

（撰文/侯马市支中心）

曲沃县支中心

文化共享工程曲沃县支中心建于2006年12月。在省中心和各级领导的大力支持下，通过这几年的建设运行，各站点充分利用现有设备，发挥文化共享，为弘扬先进文化，构建和谐社会，建设社会主义新农村，丰富城乡文化生活起到了重要的作用。目前，曲沃县支中心主机房拥有服务器、磁盘阵列、防火墙、ups等；电子阅览室拥有40台电脑及投影机、音响打印机等配套设备；电子阅览室坚持全周免费开放.曲沃县支中心把文化共享惠及大众作为目标而努力工作，为此，2008年5月曲沃县支中心被国家文化部命名为"全国文化信息资源共享工程示范县"。

一、立足文化共享工程平台，踏踏实实地开展馆内网上阅览服务

电子阅览室是支中心为读者提供网上阅览的主要部门，我们急读者所急，想读者所想，使到馆读者方便快捷地查阅资料。在日常工作中，我们热心引导读者登录文化共享工程网站查阅各类信息、欣赏优秀剧目；认真引导读者阅读电子图书。

全国文化信息资源共享工程有利地缓解了县图书馆文献资料不足的状况，使读者的查阅需求得到充分的满足。从而，使基层图书馆在阅读社会中充分发挥了读者阅读家园的作用。

二、利用文化共享工程资源，积极主动地开展多种读者活动

我们为了确保文化信息资源共享工程的公益性服务性质，明确适时、有效的服务内容、方式和范围，采取多种手段，为群众提供多样化、个性化的服务，满足群众的基本文化和生产需要。

1、利用电子阅览室等馆内场所开展读者活动。如"数字阅览、共享文化活动"、"资源共享优秀剧目展播"等活动。深受各界人士的好评。

2、开展文化共享工程进校园活动。我们除了在馆内针对未成年人开展的活动以外，还深入各中小学校开展活动，为学生开辟"第二课堂"。开展爱国主义教育活动等，切实将加强和改进未成年人思想道德建设工作落到了实处。每年"六•一"期间，这项活动都成为我们送给学生们的一份节日祝福。我们每年下来不论成人还是学生一共提供各类视频展播共计十来余场，接待各类观看人员超过3千余人次，活动深受广大群众及学生的欢迎，曲沃县电视台都会对我支中心的服务工作进行宣传报道。

3、开展文化共享工程进农村活动。在建设社会主义新农村的形式下，在以科技兴农为特征的今天，农民对待科技信息和文化的需要也迅速增加。结合这一现状，我们就深入调查，根据农民的需求，将适合本县农民种植、养殖生产需要的各类技术资源送到村民手中。送科技下乡是实施"共享工程"又一具体举措，让广大农民不断感受到先进科学和现代文明。这项活动一直是我们的工作重点之一。当科普片《苦瓜大棚优质高产栽培技术》光盘在曲沃县史村镇东海村村口放映时，菜农们如饥似渴、全神贯注的情景令人感动。从他们惊喜而又满足的面容上，我们深深地感到文化共享工程进农村的历程任重而道远。当"双奖好戏送下乡"剧目在曲沃县史村镇西杨村村委大院展播时，全村老少皆出动，为的是那份共赏的氛围，为的是那份久违的娱乐。村民们纷纷议论，能把娱乐节目送到村里，群众的文化生活丰富多了。

4、开展文化共享工程进工地活动。随着城市建设的发展，县城的农民工越来越多。于是，我们多次深入建筑工地为农民工送电影，极大地丰富了他们的文化生活。每一次的放映中，都有百余名农民工前来观看，他们中有的工友是刚刚收工，还来不及吃晚饭，就带着饭盒来了。民工们一个个看得津津有味，大家完全沉浸在电影情节里。电影放完后，大伙都有些恋恋不舍。不少民工激动地说："图书馆把电影送到了工地，真是太好了！"

5、开展文化共享工程进社区活动。社区，是共享工程服务对象里一个重要的群体，也是"基层文化"最大的受众。在社区服务上，我们主要开展了与市民现代社会生活息息相关的时事宣传服务活动。如我们在2008年6月利用奥运火炬在我省传递的时机，曲沃县支中心工作人员在乐昌镇西南街村居民会开展了"文化共享奥运行剧目展播活动"。

三、协助文化共享工程村级基层站点，踏踏实实地普及农村实用技术

在各级领导的关怀与支持下，曲沃县158个行政村全部配备了村级基层站点设备。几年来，我馆派专人协助村级基层站点，踏踏实实地普及农村实用技术；结合"共享工程基层服务点"、"农家书屋"建设，我们分别对全县所有各个乡镇和各个村进行了上门辅导。首先是经常与各乡镇联络，了解该乡镇所辖村级站点的设备保管和使用情况，并培训村级站点工作人员200余人次。其次是定期抽查各村级站点的工作开展情况，督促他们充分利用文化共享工程资源探索致富门路，享受娱乐节目。第三是结合图书馆开展的馆办活动，走进村级站点，带去各类农村实用光盘分发给村级站点，并协助他们定期在村里播放资源共享剧目。

作为全国文化信息资源共享工程县级支中心，我们将充分利用文化共享工程资源，扎扎实实地开展县级支中心的各项工作，并协助村级站点普及农村实用技术，真正实现文化共享，惠及大众。

四、今后的打算

1、努力把信息资源共享工程的资源用好、用活、大力开展公益性服务。

2、积极争取上级有关部门协助协调、加强与“农村党员干部现代远程教育”、“农村中小学现代远程教育工程”、和“新农村建设”等重点工程的合作，建成以县支中心为基础平台和枢纽，乡镇、村基层服务点为重点的文化信息资源共享网络框架。

3、努力调查、挖掘、整理和制作富有地方特色的文化信息资源充实数据库。

4、认真抓好支中心和乡镇、村基层服务点工作人员队伍建设。加强技术培训和指导，建立比较完善的文化信息资源共享工程的人才培训体系。

5、充分利用共享工程市级支中心平台，为广大读者，特别是农村读者提供优秀的文化信息资源，提高网络信息服务水平和利用率。

（撰文/曲沃县支中心）

襄汾县支中心

一、基本情况

襄汾县支中心设在襄汾县图书馆内（包括电子阅览室），总面积为330平方米，于2012年9月建成投入使用。该支中心主机房严格按照要求进行规划，内部配置了主机、卫星接收器等设施设备；电子阅览室有10兆光纤接入，配置电脑20台，由县财政拨款5万元，购置电脑桌椅20套。为给读者营造一个安全、舒适、温馨的优美环境，室外安装防盗门和防盗网，室内购置空调、沙发、饮水机等。制定了严格的管理制度、上网制度，有两名热爱图书事业、熟悉计算机的管理人员。全县348个行政村村级文化资源共享设备实现全覆盖，投影仪、音响、幕布等设施设备齐全，各项规章制度完善，管理人员持证上岗，并依托村级服务点村委会已投入使用。

二、培训情况

按照省图书馆的文件精神和工作安排，2008年襄汾图书馆业务副馆长、计算机专业技术人员参加了全省文化资源共享支中心业务培训，并取得了合格证。近几年，襄汾县共组织了两次资源共享设备发放仪式和设备操作培训，先后邀请县宣传部部长、文体局领导、各乡镇领导等参加了发放仪式，宣传部领导讲了这项工作的重要性。同时聘请设备供货商对村级管理人员统一进行了理论讲解和设备现场操作培训。2012年8月在建设县级支中心时，县馆聘请省馆专业技术人员前来对我馆业务人员进行了理论与实际操作的相关业务培训。

三、开展活动情况

襄汾县文化信息资源共享支中心自今年9月份正常运营以来，利用文化资源共享设备在馆内和基层开展了一系列丰富多彩的文化活动，取得了良好的社会效益。

4.23“世界读书日”在电子阅览室开展“读书与文化强县”“文化沙龙”活动；“六一”儿童节在电子阅览室放映“文化信息共享工程中心”配送的“红心向党，快乐成长”系列影碟，为期一个月；“七一”建党91周年图书馆人员带着设备和文化资源，走进光荣院，为老革命放映“纪念辛亥革命一百周年”故事片，送书150册，使老革命在节日期间感受到党的关怀和慰问；八月至九月围绕县“首届帝尧旅游文化节”在广场放映“文化共享心向党”系列片七场；在建筑工地附近为农民工放映喜闻乐见的故事片多场，使外来务工人员也能与当地居民一样享受到文化生活，在欢笑中释放一天的疲劳；在支中心、在贾罕村、建成了“家庭教育基地”，每星期一、三、五利用投影仪播放“弟子规”讲座、“家庭教育”片段和科学种植、养殖、等片，改变了村里的诸多陋习，使家庭和睦、邻里互帮、科学种田。得到了市、县领导的重视和表杨，电视台也进行了专题报道。

四、工作展望

图书馆作为一个公益性机构，是为广大人民服务的窗口，是广大群众接受社会文化教育、提高自身素质的课堂，也是人们搜集科技信息和技术情报、发展经济的重要渠道，更是襄汾文化信息中心、襄汾总书库，县领导的参谋部，图书馆有责任为推动襄汾文化大繁荣大发展发挥强有力的作用。首先，要在培养更多高质量的文化人才上有更大作为。其次是要丰富人民精神文化生活。最大限度地发挥文化引领风尚、教育人民、服务社会、推动发展的作用；再次要在文化创新上有更大作为。和县、乡、村联系，了解产业、种植、养殖等需求，利用文化资源共享中心信息资源，进行分类编辑，制作成碟或纸介，送往相应的地方。争取每个乡镇“建立家庭教育基地”，宣传传统文化教育和现代教育模式；最后是要加强边远农村的帮扶力度，特别是信息匮乏和文化经济落后的农村，做到进广场、进学校、进社区、进农民工工地。大力宣传党的方针、政策，深入贯彻落实科学发展观，传播先进文化，把先进文化送到千家万户，使我县每一个公民都能确实感受到图书馆服务，让人民共享优秀文化发展成果。

（撰文/襄汾县支中心）

古县支中心

一、基本概况

全国文化信息资源共享工程古县支中心，同时也是古县图书馆的电子阅览室。电子阅览室占地面积为100余平米，共有计算机终端23台，一期工程设备配套完成后，将达到60台的规模，二期工程将再建一个50台电脑的电子阅览室，作为我县免费、绿色上网的重要平台。机房内配备有服务器4台、交换机、防火墙、UPS不间断电源等设备。全国文化信息资源共享工程古县支中心全年对群众开放，平均每天服务群众达30余人次。

二、惠民服务

古县支中心主要为公众提供互联网信息浏览与查询服务，包括电子文献阅览、信息资源导航、检索、参考咨询等数字图书馆服务、影视欣赏以及与计算机、网络应用有关的各类学习、培训服务。

1、快乐假日 精彩共享

古县图书馆新馆于2011年元月开馆以来，开展了两届针对青少年儿童的暑期文化信息资源共享工程优秀影片展播活动，活动期间每周二、四、六、日下午4:00-6:00免费播放1-2部影片，影片包括儿童动画类、爱国主义教育类和生活故事类等。

活动开展期间接待观众达1200余人次，大家对此项活动都给予很高的评价。不少家长表示图书馆的这项活动丰富了中小学生的暑期文化生活，增长了他们的课外综合知识。此次影片播放活动充分发挥了文化共享工程的惠民作用，使其真正成为百姓吸取知识、拓展视野的平台，也使图书馆成为暑期广大青少年的好去处。

2、请进来 走出去 服务农民工

随着科学技术的不断发展，计算机的应用已经渗透到工作和生活的方方面面，农民工作为城市中发展和建设的重要群体，国家和地方政府都非常重视提高农民工整体素质。为解决农民工剩余劳动力输出问题，付出了大量人力物力对农民工进行免费的计算机技能培训，使农民工在城市建设中发挥更多的作用。

古县支中心本着服务社会的宗旨，于电子阅览室举办主题为“农民工也要与时俱进”的计算机免费培训，培训共计百余人次，我们还以“请进来，走出去”的服务理念深入农民工聚集地古县利达焦化有限公司，对农民工兄弟进行面对面、手把手的培训。我们对培训内容进行了合理的安排，使教学内容适合不同层次不同需求的学员，把最切合实际最贴近生活的计算机技能教授给农民工，让农民工学以致用，学有所成。

我们根据学员的学习情况，以及求职意向为他们推荐就业，真正做到为农民工办实事，把我馆农民工进城务工技能培训的工作落到实处，促进城乡一体化，让农民工也与时俱进，在城市有更好的发展。

3、共度重阳节 做客图书馆

随着计算机不断的普及与发展，越来越多的人走进了计算机的课堂，借此契机，全国文化信息资源共享工程古县支中心举办了“重阳节离退休老干部走进电子阅览室”活动，活动针对离退休老干部的特点，开设了计算机应用基础及网络操作等内容。通过培训使他们能够熟练的使用计算机进行上网浏览，随时随地的使用互联网查看国内外时事、新闻、经济发展动态、及医疗保健等他们所关心和感兴趣的内容。大大丰富了老年人的业余生活，得到老年朋友的一致好评。

4、加强人员培训 夯实业务基础

为了提高管理员的业务水平，古县图书馆定期在电子阅览室举办“古县图书馆总分馆Interlib系统编目培训班”，培训针对古县图书馆下设分馆的管理员进行业务指导。通过培训，进一步推动了总分馆系统的建设，使我县公共图书馆业务标准化、规范化建设迈上一个新台阶，为建设文化强县奠定了坚实的基础。

三、工作展望

全国文化信息资源共享工程古县支中心充分利用自身的软硬件资源和文化信息资源共享工程的信息资源为人民群众提供免费服务，受到了领导及人民群众的一致好评，古县图书馆电子阅览室还将继续努力，利用文化信息资源共享工程这一平台，丰富人民群众的文化生活，满足不同人群对文化信息的需求，在国家文化大繁荣政策的号召下继续前进。

（撰文/古县支中心）

安泽县支中心

一、基本情况

安泽县自2004年申请文化资源共享安泽县支中心以来，积极争取上级的支持，由最初配备5台电脑，到现已发展成网络光纤4M接入、专用机房、拥有先进PC机34台、容量5T的磁盘阵列，大型服务器4台、省分中心配置了卫星接收系统电脑一台。2007年11月省分中心批准成立了安泽县文化共享支中心。基本建成资源丰富、技术先进服务便捷覆盖城乡的网络文化共享支中心。目前支中心有专业技术人员2人，专用设备达标、规章制度齐全，先后多次派技术人员进行学习培训。同时对我县80个基层服务点进行技术指导和学习培训。为青少年、离休老干部、学校师生等送去了丰富的文化大餐，在城乡为广大群众提供了文化共享工程的优秀文化资源。

2011年7月为了充分发挥文化资源共享支中心设备的作用，推进免费开放的进程。我们一直坚持免费向全体服务对象提供各类信息资源。今年我中心重点开展了五项免费服务活动：一是举办计算机培训活动。即免费以来为读者和来自我县不同岗位的下岗职工举办计算机免费培训共计培训200人次，丰富了孩子们的假期生活和为下岗职工的再就业创造了条件。采用培训、辅导等手段帮助读者提高信息检索和处理能力。不懂网络信息，不会使用各类软件工具，不具备查询网络信息的能力，网络检索就无从下手，网络学习就更无法实现。电子阅览室是读者信息处理和信息检索能力培养的重要基地，工作人员要利用现有网络文化资源共享的一些设备进行辅导、指导读者正确选择和使用网络资源，使读者从丰富的网络信息中快速准确地获取自己需要的信息。

二、开展培训

是利用文化共享设备连续播放红色电影和一些老

电影等等；特别是一些老电影，吸引了很多散步的人，每天都有上百人前来专门观看老电影，在这里重温旧日情怀。共看电影的人次多达1500人次。通过网络文化资源共享这个平台可以把一些优秀的关于农村种植业或养殖业方面的东西刻录成光盘，及时有效的发放到村里面。通过给他们发放的文化资源共享的一些设备，给农民朋友定期播放。也可以通过网络文化资源共享服务器里下载的资料通过网络及时的传送给各个乡镇文化员。文化员可以通过电脑、投影等设备定期向村民展播。使数字化、信息化可以送到千家万户，让安泽的老百姓感受到数字化、信息化给他们的生活带的方便。

三、群众活动

是利用文化共享设备免费开放给广大群众提供跳舞、唱歌等娱乐场所丰富了广大群众的文化生活，开放至今已来人次达到3000人次。为活跃全县文化事业，丰富全县人民生活，增加百姓幸福指数，做出应有的努力把欢乐带到农村。

四、工作展望

今后安泽县支中心希望在国家中心，省分中心大力支持下为安泽共享工程建设一支专业化的服务队伍，建立一个国家、省、县三级知识网络联动的即时问答服务体制和服务形式更加多样，服务网点更加宽广，参与群众更加广泛的共享工程文化带动体系，为建设科技安泽文化安泽做出贡献。最后希望各级领导在今后继续加大对各级支中心的的财政支持、设备支持、人才支持。以及各个村级服务站点的财政支持、设备支持、人才支持。

（撰文/安泽县支中心）

吉县支中心

吉县全县总面积1777平方公里，总人口11万人，辖3镇5乡79个行政村567个自然村。吉县文化共享工程在上级部门的协调配合和大力支持下，逐步推进，稳步发展，为繁荣农村基层文化，提高农民整体素质，满足农民多层次文化需求，传递中国民族优秀文化资源发挥了重要作用。

一、实施共享工程，惠及万家百姓

全国文化信息资源共享工程在吉县建设实施以来，吉县图书馆组织专业人员先后为20余个村送去了价值10多万元的“文化信息资源共享”设备20余套，丰富了基层组织阵地设备，为当地群众提供了农闲时节学习、娱乐的场所，使共享工程真正成为惠及老百姓的民心工程。

2012年3月，县委常委、宣传部长李永芳、副县长周晓文、文化局长强朝辉、吉县图书馆冯桂珍馆长，带领业务工作人员到吉昌镇东关村文化站，为他们送去价值5000余元的100册图书，为多功能会议室现场安装投影仪、音响、支架幕等设备，并发放“全国文化信息资源共享”牌匾。进一步满足了人民群众对知识信息的需求，得到了当地群众的一致好评。

吉县图书馆是共享工程的建设和指导单位，负责保障本区域共享工程设备的运行，协调镇村级共享工程设备的维修，指导镇村级共享工程活动的开展以及开展全县共享工程管理员的业务培训和指导。

二、加强队伍建设，创新管理模式

为使共享工程真正为民所用为民谋利，吉县图书馆将共享工程日常管理纳入制度化管理。制定基层服务点工作职责和制度，实行制度上墙公开。每年有年度工作计划，月度有工作要点，季度有工作督导，年末有工作总结考核，并推行管理员工作日志管理，收集整理共享工程服务活动的得失，探索共享工程管理和服务新模式。

吉县图书馆在管理员队伍建设上坚持明确职责，明确思路，制度化管理，常态化培育。对于乡镇、村两级基层共享工程管理上择优选取文化层次较高，有一定社会基层管理服务实践经验的大学生村官为管理员，他们工作热情高，有较高的文化水平能尽快熟悉掌握共享工程设备为所在村民服务。目前全县共享工程管理员90%为各村委会配备的大学生村官，10%是由较高学历的村委委员兼任，实现了管理员选取的高起点。

三、打造共享平台，提升服务水平

该馆在共享工程服务实践过程中，以民众的需求为导向，积极探索，服务民众生活生产，引领群众高尚精神文化生活，打造群众满意喜爱的文化服务新平台。

吉县图书馆根据当地地域农业生产特点，制作了农业生产技术尤其是苹果树管理和销售光盘和小册子通过行政村基层服务点村民分发。针对不同农业专业者上门指导服务。历年来累计服务专业生产户30多户，长期点对点跟踪服务6户。县级乡镇社区在推动全镇经济社会跨越率先发展进程中，高度重视文化建设，努力建设文化强镇。如吉县吉昌镇文化站占地3500平方米，建筑面积500平方米，总投资48万元，2010年初投入使用，成为

全镇干部群众休闲娱乐的场所、信息交流的中心、教育培训的基地，受到了当地干部群众的一致好评。

2012年3月，在冯馆长的带领下，我馆工作人员及时为东城乡柏东村多功能室送去了“音箱、投影仪、支架幕”等资源共享配套设备。为届时正在举办的“吉县有机苹果基地认证培训会”提供了有利的物质条件。极大的方便了村民群众。让共享工程已逐步走入基层村民生活，成为村民获取新知，娱乐身心的新渠道新平台。

四、广泛宣传发动，确保服务百姓

1、进村入户，赠送资料。

在每年的科技文化三下乡活动中，坚持以活动为平台，以资料为媒介宣传共享工程，让民众不断了解共享工程，走进共享工程。2012年6月份，吉县图书馆组织开展了2012年度服务宣传周活动。活动主题为“文化强国——图书馆的责任与使命，推进公共图书馆服务规范化”。活动中，先后组织深入壶口镇留村、

南村坡、陈家岭、存心，屯里镇屯里村、太度村、窑曲村、庄子村等村委，授予八个村委“全国文化资源信息共享工程基层服务点”铜牌；配备了价值20余万元的音响、支架幕、投影仪“资源共享”的设备，并为“农家书屋”赠送了2千余册的图书，光盘500张，进一步充实了基层文化活动室，使文化资源共享工程作为一个新的农村文化资源获取平台，为促进县域文化产业大繁荣、大发展起到积极的推动作用。

2、走进校园，关心少年。

吉县图书馆在文化服务中不断探索，利用儿童阅览专区，组织动员青少年儿童关注共享工程，利用共享工程，收集青少年知识兴趣点整理挖掘，聘请专家前来为青少年答疑解惑。在全县中小学校开展了阳光少年热爱党网页制作大赛和电脑小报制作大赛。通过一系列的活动是共享工程不仅走进农村也走进校园走进青少年。

3、开展活动，走近群众。

吉县图书馆在服务中抓住文化的热点和亮点，积极组织群众喜闻乐见的文化服务，使共享工程走进群众生活。例如在省图书馆服务宣传周活动中，组织全馆人员开展了“学雷锋、送图书、送设备”活动，获先进集体奖。“农家书屋”开展全民阅读活动，整理高标准、高质量图书50000余册，获省文化厅“先进集体”表彰。

文化资源共享工程在吉县已经成为人民群众文化生活的一大支柱，成为繁荣吉县文化，丰富人民精神生活，推动全县人文科技进步的强大动力源泉。在今后的工作中，吉县图书馆将致力为全县共享工程建设一支专业化的服务队伍，使服务体制和服务形式更加多样，服务网点更加宽广，参与群众更加广泛的共享工程文化带动体系，为建设人文吉县，和谐家园做出积极贡献。

（撰文/吉县支中心）

乡宁县支中心

一、基本情况

乡宁县文化信息资源共享工程建成于2010年，通过互联网、卫星、手机、电视等新型传播载体接收文化信息资源。在全县各乡镇建立了文化信息资源共享点，使182个行政村达到全覆盖，并与共产党员远程教育联网，实现资源共建共享。

乡宁县文化信息资源共享工程支中心设在县图书馆，是乡宁县共享工程的建设和业务指导单位，负责共享工程设备的运行和维修，配备专业的技术人员指导乡镇及村级共享工程活动的开展和业务培训。

二、队伍和管理建设

乡宁县文化信息资源共享工程作为一个新的文化资源获取平台，拥有有一支专业化、年轻化、知识化的共享工程管理员队伍。管理员经过参加多次培训已具备较强的文化水平与熟练的电子计算机技术，真正的利用文化信息资源共享平台，充分发挥其作用。

乡宁县图书馆统一制定并发放严格的规范化管理制度。包括各个基层服务点的工作职责、公示制度、服务项目负责制、服务登记台账制等。

三、经费投入

乡宁县信息资源共享工程自2010年实现全覆盖以来，每年投入三万元的运行经费，用于共享工程设备的使用和维护，人员培训和惠民活动的开展。

四、培训工作

乡宁县支中心每年对信息资源共享工程管理员进行集中而有效的培训，每次培训人次不少于200人。通过培训使得管理员掌握基本的操作与实际应用。

五、惠民服务

在文化信息资源共享工程实践中，乡宁县支中心不断开展各项惠民活动，如“四帮一扶”活动，为农民群众提供致富信息，发放实用技术资料。以及文化共享优秀影视片的展播，将把群众喜闻乐见的优秀文化作品通过荧屏方便快捷地展示到广大人民群众眼前，填补基层文化需求的空白，丰富了人民群众的生活，让文化信息资源共享工程惠及每一位群众。

六、合作共建

乡宁县文化信息资源共享工程各服务点根据不同乡镇、村的硬件条件建立形式多样的电子阅览室和多媒体中心，定期展播优秀影视片。目前，乡宁县图书馆与各乡镇之间的合作共建，使得文化资源共享平台逐步进入群众生活，成为群众获取新知，娱乐身心的新渠道新平台。文化共享工程与农村党员干部现代远程教育合作共建，大规模培训农村党员干部和农民群众，为建设社会主义新农村提供思想保证、精神动力和人才支持，是一项是改善城乡基层群众文化服务的创新工程。

七、宣传推广

乡宁县支中心开展形式多样的资源共享宣传活动，扩大文化信息资源共享工程的社会影响，让更多的群众了解信息资源共享工程、走进信息资源共享室，熟悉电子设备，掌握基本操作，浏览各种信息资源。真正地成为文化信息资源共享工程的最大受益者，享受互联网信息带来的发展成果。

八、工作展望

全国文化信息资源共享工程作为我国公共文化服务体系的基础工程，是政府提供公共文化服务的重要手段，是实现广大人民群众基本文化权益的主要途径，是改善城乡基层群众文化服务的创新工程。

自2010年乡宁县资源共享工程的建立，虽然达到全县10个乡镇、182个行政村的全覆盖，通过优秀的数字文化资源，初步满足了基层群众“求知识、求富裕、求健康、求快乐”的需求，但需进一步加强信息资源的合作共建，发挥共享工程流动服务机制的作用，走进校园、企业、部队等单位，整合各自的优势资源实现共享。

从教育、科技、艺术各方面入手，建立资源共享平台，创建自己独特的文化信息资源，保障乡宁县广大人民群众基本文化权益、提高全县人民文明素质。

（撰文/焦 敏）

蒲县支中心

蒲县总面积1510.61平方公里，人口10万。山西省文化资源共享工程蒲县支中心在蒲县县政府、蒲县文化局的支持下，逐步推进，稳步发展，在新形势下为繁荣农村基层文化，满足农民多层次文化需求，传递中国民族优秀文化资源发挥着重要作用。

一、基本情况

2009年8月，蒲县图书馆建立了文化资源共享县级支中心，积极响应国家和县里号召，深入贯彻落实党的十七届六中全会精神，促进社会发展、文化繁荣，满足人民群众日益增长的精神文化需求，实施免费开放，引导蒲县各村镇的文化资源共享事业向更加积极的方向发展。

全国文化资源共享工程山西蒲县支中心建立后，自2010年起，开始陆续在全县九个乡镇文化中心98个村委建立，逐步发放文化资源共享器材。2010年蒲县文化资源共享工程开始普及进入乡镇行政村，2010第一批文化资源共享设备发放到50个行政村中。2011年第二批48个行政村安装文化资源共享设备，至此蒲县所属行政村实现全县共享工程村村全覆盖。

共享工程蒲县支中心设在蒲县图书馆，是蒲县共享工程的建设和业务指导单位，负责保障区中心共享工程设备的运行，协调镇村级共享工程设备的维修，指导镇村级共享工程活动的开展以及开展全区共享工程管理员的业务培训和指导。

二、管理和队伍建设

为使共享项工程真正为民所用为民谋利，蒲县支中心将共享工程日常管理纳入制度化管理。制定支中心、乡镇、村基层服务点工作职责和制度，实行制度上墙公开。蒲县支中心及各乡镇村委每年有年度工作计划，季度有工作总结，年末有工作总结考核。

各乡镇村委设立专门的管理员，直到共享工程活动进行，做好资源共享设备的维护工作，收集整理共享工程服务活动的材料，为如何推广好、利用好共享工程丰富的文化资源服务。蒲县共享工程县级支中心在管理员队伍建设上坚持明确职责，明确思路，制度化管理，常态化培育。选择具有高学历高技术的大学生做管理员，他们有信心、有热情，懂技术，学习快，上手快，能够顺利的进入角色，更快更好的建立和维护共享工程设施设备。

三、培训工作

蒲县支中心在共享工程管理员的培养上按照山西省文化资源共享中心的指导，每年支中心都有专门人员下乡对各村镇管理员进行技术指导服务，或对各乡镇共享工程管理员进行集中培训，2010年山西省文化资源共享中心专门来蒲县支中心为个乡镇村级服务点进行了培训，50个服务点参加培训，2011年共举办资源共享培训3期，约200人参加了培训。

四、经费投入

蒲县共享工程支中心自2009年建立时，山西省文化资源共享中心配套发放了48万元的设备，县里配套了20万元的运维，用于共享工程设备的维护，人员培训和惠民活动的开展。

五、资源建设

蒲县支中心在近年的工作中，搜集蒲县本地区民众文化需求，选取、编辑制作各类题材资源上报省文化资源共享中心，每年制作光碟300多张，展览板面30多块，各类海报，活动画30副，电视宣传10余次，发放宣传资料1000余份。

六、合作共建

蒲县文化共享支中心联合县电影院、县文化馆，以共享工程为依托，走进乡村，为其放映电影，表演各类文化节目，借此扩大文化资源共享工程的知名度。

七、利民惠众，惠农服务

蒲县支中心在共享工程服务实践过程中，以民众的需求为导向，积极探索，服务民众生活生产，引领群众高尚精神文化生活，打造群在满意喜爱的文化服务新平台。

在各村镇，蒲县支中心每年按节令下发部分关于农业生产技术的光盘和小册子，通过行政村基层服务点发到村民手中。

八、宣传推广

1、蒲县支中心利用各种渠道宣传推广共享工程。利用蒲县图书馆举办各类活动的机会，在每年的科普周活动中，蒲县支中心，以活动为契机，向各乡镇村委发放各类科普、农业生产、农村养殖等的光碟资料，并现场为其播放讲解，同时宣传共享工程，让民众不断了解共享工程，走进共享工程。

2、走进校园。蒲县文化共享工程支中心联合蒲县各中小学校，举行各类文化服务活动。利用支中心儿童阅览专区，开展各类读书或宣传活动，组织动员青少年儿童关注共享工程，利用共享工程，与学校老师交流沟通，了解学生们的兴趣爱好，聘请专家教授前来为做各类文学或科普讲座，与青少年进行交流，深受广大青少年的喜爱。在“世界读书日”活动中，蒲县图书馆举办了“文化强国”、“雷锋精神”、“青春之歌”大型图片展和“爱国主义教育”影片播放活动。“图书馆服务宣传周”时，图书馆又一次全力以赴，举办了“少儿电脑小报设计活动”、“少儿绘画展览比赛”和“全民棋艺大赛”。暑假期间，图书馆利用电子阅览室开办了少儿电脑基础应用免费培训班，很多少儿在那里学习基础电脑知识，改变了之前他们只会上网玩游戏，聊QQ等状况。通过一系列的活动让文化资源共享工程走进校园走进青少年。

3、专题活动，精彩纷呈。蒲县支中心在服务中抓住文化的热点和亮点，积极发扬传统文化，组织群众喜闻乐见的文化服务，使共享工程走进群众生活。例如春节元宵节之际，举办“观灯展，猜灯谜”活动，在图书馆院内举行“走进2013”和“传统佳节”为主题的图片展览，利用儿童阅览室开展“喜闹元宵”亲子阅读会。寒假期间，为青少年播放学习辅导课件和科普知识视频。

九、工作展望

蒲县文化资源共享工程县级支中心虽然成立仅三年多，已经发展到一定规模，对蒲县有了很大影响，如今各行政村设备齐全，群众开始逐步认知，逐步参与。文化资源共享工程将成为蒲县人民文化生活的一大部分，将成为丰富蒲县人民精神生活，推动蒲县人文科技进步的强大动力源泉。今后蒲县支中心希望在山西省文化资源共享中心，在蒲县县委的大力支持下能够拥有专业的服务队伍，建立七服务形式多样，服务网点更加宽广，参与群众更加广泛的文化资源共享网络体系，为蒲县文化的发展贡献力量。

（撰文/郭阿纯）

大宁县支中心

大宁县总面积967平方公里，全县辖2镇4乡，84个行政村，总人口7万人。大宁县文化信息资源共享工程在县文体广电新闻出版局支持和部署下，逐步推进，稳步发展，在新形势下为繁荣农村基层文化，满足农民多层次文化需求，传递中国民族优秀文化资源发挥了重要作用。

一、基本情况

1、县级支中心建设

大宁县文化信息资源共享工程建设开始了2006年，县支中心2007年9月建成。当时安装有一个卫星接收仪，浪潮服务器1台，幕布1个，投影机1台。通过卫星设备直接接收国家中心下发的各类资源和信息。

2010年在县委县政府和县文体广电新闻出版管理局的支持下，投入了大量资金，按标准和要求建立了机房。机房面积20平方米，设计装修完全符合国家相关标准，地面加装了抗静电地板，粉刷了墙面和顶棚，按标准进行了配电安装，并按规定配置了3台服务器和磁盘阵列1套，容量达到4TB。拥有交换机2台，百兆防火墙1个，充分保障网络安全。安装UPS电源系统1套，充分供应服务器和磁盘阵列。安装了文化信息资源卫星接收系统1套，配备立式空调1台。多功能厅面积120平方米，有配置齐全的投影机、投影幕及4路VGA输入切换设备，会议无线传输设1套，三星数码照相机和数码摄像机各1台。

电子阅览室面积120平方米，每台机器有2平米以上的空间，光线充足，进出方便。网络布线及电源分布合理，利用线槽进行了保护。拥有完善的消防设施和消防器材。安全疏散通道畅通。现拥有方正电脑20台，另有联想电脑25台，笔记本电脑1台，大容量移动存储器1个，扫

描仪1台，打印机和复印机各1台。2011年9月21日，签订合同的商家业务人员对县支中心机房的设备进行了安装调试，并经监理部门检查验收。

2、村级基层网点建设

大宁县有84个行政村，2008年11月到2010年县支中心对村级基层网点设备进行了发放，有关配置均达到了规定标准，实现了全县共享工程全覆盖，并聘请省专业人员对村级服务点进行了培训。每个村级文化信息共享工程活动室面积由30平方米到100平方米不等，兼职人员1名，每个村都发放投影仪、幕布、音响各一套，书柜2组，各类图书300本。因为我县是国家级贫困县，县级资源共享工程平台的建设还需进一步完善，目前，我县支中心和村之间的资源共享工程还不能实现全面网络连接。

二、服务工作和活动剪影

我馆文化资源共享工程人员除了加强阵地建设外，在电子阅览室积极推广文化信息资源库的信息资源，利用多功能厅常年对外开展讲座和各种读者活动。例如：①2008年以来对基层站点进行共享工程知识培训，培训管理人员达300人次。②为纪念世界反法西斯战争暨中国抗日战争胜利60周年，2012年4月份，我馆用一个月的时间，利用电子阅览室，针对少年儿童，专题展播了二战经典影片活动，观看儿童有1500人次。③2012年9月到10月，我馆提供四楼多功能厅，配合县劳动人事社会保障局进行创业培训，培训2400余人次。极大地提高了图书馆的社会效益。④利用宣传周活动，结合我县的实际情况，向广大农民群众宣传图书馆法，让他们了解图书馆，同时在县十字街悬挂2012年图书馆服务宣传周活动横幅，吸引广大群众，现场免费发放农业科技信息资料2000余份，并向他们介绍农业科技书目，受益群众3000多人次。⑤利用资源共享工程资源，下载优秀舞蹈节目，我馆副馆长李莉进行编排并整理出《人间第一情》扇舞，参加了我县2012年的消夏晚会，得到广大群众的好评。⑥利用党员活动室远程教育及资源共享设备和农家书屋的有利条件，组织广大农民群众读好书、学知识，提供精神食粮，提高农民群众文化素质。⑦利用电子阅览室和县老干部局合作为老年人在网上下载优秀戏曲节目，并辅导他们上网，为他们的晚年生活增添了乐趣。

三、工作展望

大宁县文化资源共享工程自2006年开展至今已经有了7个年头了，虽然取得了一些成绩，但是在很多方面仍然未达到同级标准，主要是在资金技术方面比较欠缺，希望有关领导能够给予足够重视，在此，对图书馆建设做以下展望：一是进一步争取县级领导的重视，争取财政支持力度；二是培养一批技术过硬的专业技术人员；三是进一步宣传文化信息资源共享工程的优越性，使广大人民群众更加了解“文化惠民”这一工程，同时加强基层文化设备网点网络化、数字化建设，使更多人受益；四是尽快实现县支中心与我县村级共享工程的网络全面连接；五是与其他单位或团体积极沟通，拓展服务形式，使共享工程能够服务更广大的人民群众，努力实现“人们参与其中乐在其中”这一目标。

大宁县地处山区，很多村庄比较偏远，实现全网络覆盖是一项很艰巨的任务，我馆全体人员一定会在有关领导的支持下发扬艰苦奋斗精神，完成这项任务。

文化信息资源共享工程是一个真正的惠民政策，相信在未来一定会成为老百姓满意的文化信息工程。

（撰文/李 莉）

隰县支中心

一、基本情况

隰县图书馆位于县城南大街文化楼三层。2009年，在文化资源共享山西省中心的支持和帮助下，标准化县级支中心建成运行，配置了15平米机房，20台机位的电子阅览室以及服务器、卫星接收系统、投影仪、移动存储、扫描仪、摄录机等相关数字设备，图书馆在硬件建设方面有了极大提升，支中心基本具备了相关的服务能力。

二、运行情况

隰县支中心建成运行以来，首先加强了人员素质培训和数字资源建设。支中心每年派出业务骨干参加省里举办的业务知识培训，平时则通过中心内部学习和参加网络培训，提高了工作人员的业务水平和服务能力。

隰县是山区农业县，农业生产方式以种植、养殖、农副产品加工出售为主。根据我县的这些产业特点，近几年来，支中心通过采用购买、下载、拷贝等方式储存了大量的农业生产和科技方面的信息资源为农村开展服务。我县是国家级贫困县，经济基础薄弱，虽然目前为止县、乡、村三级文化服务网络基本构成，但基于数字信息传输方面的技术和经费保障还难以形成。在这种情况下，支中心因地制宜采取“提供、输送、培训”的方式开展服务工作，提供是指支中心储存当地适用的农业信息资源向前来咨询的群众提供免费的拷贝、打印等服务；输送是指支中心利用图书、科技下乡的时机用移动硬盘、播放器等设备为农民群众提供相关服务；培训是指支中心用培训的方式为农民提供集中的信息咨询服务，为了克服支中心经费困难、人员短缺的现状，2011年，我们采取了和涉农培训部门合作的方法开展农村信息服务，支中心和县农广校、县农机校签订合作协议，由支中心提供投影机、移动硬盘和各类数字资源和他们的年度培训计划进行捆绑式运行，同时在培训现场悬挂横幅宣传文化共享工程。县支中心通过以上运行方式为当地农民群众开展服务，取得了很好的效果，仅2011年，受益农民就达到近2000人。

近年来，县支中心还连续三年承办了在县城繁华大街举办的元宵节赏花灯、猜灯谜活动；电子阅览室和益百益网络培训学校开展网络培训；每年在图书馆服务宣传周、世界读书日、六一儿童节、国庆节、科普日等节日期间开展征文比赛、绘画比赛等形式多样的文化宣传和推广活动。2012年，支中心组织全县业余摄影爱好者成立了“紫川摄影协会”，举办了“梨乡春韵”摄影作品巡展，利用摄影作品来展示文化建设成果，宣传共享工程建设，在社会上引起了许多群众的共鸣。

2008年，支中心荣获“文化共享奥运行先进单位”；2011年，支中心在年度文化共享工程优秀摄影作品征集活动中荣获组织奖。

三、工作展望

文化共享工程通过几年建设和发展，已经进入良好的运行轨道，在人民生产和生活中正发挥着越来越重要的作用。但是，在处于贫困地区的县级支中心人才队伍建设和经费保障方面还是共享工程进一步发展的瓶颈，破解制约发展的因素还需要国家相关的文化发展政策和资金进一步向中西部贫困地区县级支中心倾斜，支中心也要积极努力提升自己的社会地位，有助于社会各类优秀人才的引进，为共享工程的发展注入活力。

目前，隰县图书馆1500平米馆舍主体已竣工，预计2013年上半年能投入使用，县支中心硬件环境进一步升级。支中心将在继续开展日常服务工作的基础上，加快对乡村一级的覆盖，加大对新农村建设的服务力度，使共享工程成为农民群众调产增收的好参谋。2013年，支中心将启动“隰县影像资料库”建设，收集、整理全县各个年代、不同时期的影像资料实物及数据库，并具备电子资源检索和浏览功能。支中心还将建成多媒体活动室，设立“隰州大讲堂”，邀请本地文化界知名人士开展当地文化历史系列讲座，用2至3年时间，使其成为一张隰县文化名片，进一步推动人民群众对当地历史文化的了解，增强他们的家乡荣誉感，从而提高全民文化素质。

（撰文/隰县支中心）

汾西县支中心

自2008年我县启动文化信息资源共享工程（以下简称共享工程）以来，县委、政府积极响应上级指示精神，立足为民服务，坚持共享工程以公益性为主，充分发挥文化信息资源在发展经济、提高人民群众思想道德和科学文化素质等方面的重要作用，积极采用先进、实用的科学技术手段，通过移动硬盘服务、光盘服务等模式，把文化信息资源传送到城乡基层文化网点和群众身边，使基层文化阵地得到了巩固，活跃了城乡群众精神文化生活。为宣传党的方针政策开辟了新渠道，为丰富农民群众业余生活、弘扬文明新风开辟了新的阵地，为培养“有文化、懂技术、会经营”的新型农民搭建了新平台，成为一项党得民心、民得实惠的文化工程。

一、加强领导，加快共享工程基础设施建设

“共享工程”是一项受到党中心高度重视的文化创新工程，对于迅速扭转我国广大华北地区即贫困地区的信息匮乏和经济、文化落后的状况起到了显著的作用。近几年来，随着市场经济体制的不断完善，农业结构调整力度的加大，人民群众尤其是农民朋友对科学文化的需求显得尤为迫切。面对全县基层文化设施陈旧、文化投入不足、文化资源匮乏，广播电视覆盖面小，信息转送滞后，新思想、新科技的宣传、推广受局限的现状，县委、政府深感责任重大，在启动共享工程后，马上熟悉到了信息资源共享工程对传播科学知识、先进文化，引导农民群众脱贫致富，丰富和活跃农村基层文化生活的巨大推动作用，并引起高度关注，决定以共享工程建设为契机，把传播先进文化、转变致富理念、普及科学文化知识作为共享工程建设的最终落脚点，并采取有力措施，使共享工程建设工作落到实处。

一是加大投入，加强基础工程建设。投入20万元，先后为县图书馆购置了20台电脑、4台服务器，建起了面积50平方米的电子阅览室，进一步巩固完善了县中心阵地建设。

二是加强乡镇、社区文化阵地建设，搭建信息沟通平台。建立完善乡镇、社区文化站、基层服务点治理制度，加强共享工程基层服务点的治理，各乡镇、社区设立1名专兼职文化干事，明确文化专干职责，指导各基层服务点做好群众需求双向反馈工作。利用文化站现有资源、设施设备为基层服务点提供服务。做到了人员、阵地、牌子、设备、制度“五落实”。

三是构建遍布全县的基层服务网络，改善基层文化工作手段陈旧落后的状况。各社区服务点依托文化活动室的便利条件，由县图书馆向服务点提供图书、杂志、音像资料等，满足社区居民精神文化生活需要；每个乡镇选择3-5个人员相对集中、种养殖前景较好的行政村作为基层服务点，示教合一，现场指导。在村党员电教播放点增挂文化活动室牌子，每个服务点指定1名治理人员。并为基层服务点配备了电教器材、农村实用技术图书及其它各类图书、光盘。充分利用农村党员电教室设施设备的优势，使党的方针政策、科学技术信息以更加新奇直观、形象生动的方式迅速走向千家万户。使共享工程真正起到面向基层、服务大众的作用。目前，共建立较有影响力的基层服务点120个（乡镇8个、社区6个）。

二、整合资源，使共享工程在基层开花结果

由于条件所限，乡下群众不便于到县城享受优质的网络资源，将新思想、新科技用一种直观、易懂的形式送到农民身边就成了及时雨、雪中炭。为了使群众对农业新科技能够看得懂、用得上、见效快，县委、政府组织文化、农牧、卫生等部门到基层调研，了解群众最需要什么，搞清为群众送去什么、怎样送之后，利用共享工程网络资源内容新奇、实用性强、信息量大、数据传输快捷方便的优势，认真搜集、下载适用于当地群众的政策法规、先进性教育、农业科技、文化体育、防疫保健、科普知识等共享工程信息资源，非凡是大量收集农村实用技术信息，并将下载的共享工程资源信息刻录成VCD光盘或宣传资料，通过县、乡、村三级文化服务网络及其它途径传输信息，扩大宣传面，使群众快学技术，早得实惠。

一是通过协调组织、宣传、农牧、林业、卫生和计划生育、公安等专业部门，将各类信息资源通过业务部门的工作，传播到千家万户，使群众受益。

二是向各乡镇文化站、村基层服务点直接提供图书、光盘支持，由各服务点直接面向群众服务。

三是利用“三下乡”、宣传周、农村集市、节假日等，积极协调有关单位，在各乡镇集中向农民赠予、或以成本价向群众发放共享工程光盘和实用技术资料，并现场接受咨询，解决实际问题。

四是针对种养殖户在种养植过程中碰到的实际问题，对症下药，从共享工程网络资源库中下载相关内容，刻录成实用光盘，免费赠予给种养植户或种养植集中连片的村组及文化中心户，使农业科技推广更具有针对性和时效性。

五是在各乡镇举办农村实用技术培训班，为农民播放农村实用科技及生活小常识方面的科技信息240余场（次），培训农民12000余人。此外，县中心还利用图书馆多媒体室播放文化信息资源共享工程传送的科技、文化、卫生、少儿科普等方面的视频资料，深受群众欢迎。

县级分中心成立以来，通过各种途径共刻录发放《党员先进性教育》、《温棚蔬菜、瓜果、药材种植技术》、《鱼病防治技术》、《肉牛、肉羊养殖技术》《科学应对禽流感》等280种科教、实用技术光盘14000余张，宣传资料8000余份。共享工程的实施，为新时期建设新农村、培育新农民搭建了新的平台。丰富的文化教育资源和科技信息资源，普及到广大农村基层，对打破农村地区信息闭塞的状况，积极推广农业适用技术、节本增效技术，帮助村民及时了解到相关市场、技术信息起到了重要作用。现在不少村民都反映，通过“信息共享工程”，他们的眼界更宽了，信息更灵了，增收致富的本领更强了。

三、工作展望

1、进一步扩充文化设施网点，以县图书馆、乡文化站、基层服务点为实施主体。加强基层文化设施网点网络化、数字化建设，加强文化、科技信息资源自动化、网络化建设和专业技术人员的培养，为深入推进共享工程的实施打好基础。

2、努力把文化信息资源共享工程用活、用好。积极采用图书馆成熟技术，借助数字电视和远程教育服务网络，大力开展公益性服务。尤其加强对广大农村地区的扶持力度，将文化共享工程建设成为社会主义新农村的重要抓手。以先进文化教育广大群众，提高人民群众的思想道德水平和科学文化素质，最大限度地将信息资源转化为生产力，通过多种形式拓展服务范围、创新服务方式，将地方影视戏曲、音乐歌舞、美术等艺术表现形式纳入共享工程服务内容，以群众喜闻乐见的形式使共享工程更加贴近基层、贴近生活、贴近群众。

3、在实施过程中加强与上级业务部门、县直各部门的沟通与协调，使共享工程服务群众更具针对性和时效性。同时，不断总结经验，改进创新治理体制和运行机制，使“共享工程”真正成为文化创新工程。

我县文化信息资源共享工程中在各方面的不懈努力下已初见成效，但目前的运行状况距离上级领导的要求和人民群众的需要还有很大差距，希望上级领导和业务部门能够在资金、技术等方面能够给予大力支持。相信在不久的将来，文化信息资源共享工程一定会以一个全新的面貌展现在群众面前，一定会成为老百姓满足的文化信息工程，成为社会主义新农村建设的有力支撑。

（撰文/汾西县支中心）

临猗县支中心

临猗古称郇阳，1954年由临晋县和猗氏县合并而成。总面积1339.32平方公里。文化信息资源共享工程临猗县支中心在县委县政府的大力支持下，在文广新局的坚强领导下，稳步发展，在促进社会主义和谐社会的构建和促进社会主义新农村建设上，彰显出了它作为文化创新工程的独特魅力。

一、基本情况

临猗支中心于2004年7月成立，现该中心设在原政府大楼五楼会议室，是山西省文化信息共享工程规范化县级支中心之一。支中心建筑面积130平方米，环境整洁幽雅，接通了2兆光纤；拥有卫星接收设备1台，四台高配置服务器，8000G大容量的硬盘阵列及UPS不间断持续电源，20台全新长城牌电脑，打印机、投影机、扫描仪等多台外接设备，可支持300个以上基层服务站的建设。配有两名专职技术人员，参加了省文化共享工程规范化县级支中技术培训，并获得了合格证书。通过支中心、文化站、村级服务点等网络传输系统进行文化信息的传输，形成覆盖县、镇、村的三级文化信息资源共享服务网络，覆盖率达100%，最大限度的实现优秀文化信息资源在全县范围的共建共享。确保“共享工程”取得成效，在新农村建设、构建和谐文化、培育社会新风和建立社会主义核心价值体系等方面发挥积极作用。

二、管理和队伍建设

支中心在管理和队伍建设方面，坚持明确职责分工，建立建全考核制度，实行制度和考核上墙公开。年初人人定计划，年末人人做考核。在学习和培训方面常抓不懈，认真做好工作笔记和学习笔记，每项大的活动都做出经验总结。使我们的文化信息资源共享工程做到最大化的服务群众，满足群众。

三、培训工作

在现有的技术基础上我们成立了老年培训班，《郇阳讲坛》的系列讲座，更是得到了广大干部群众的喜爱，对各乡镇基层工作人员，做到每月一个总结，每月一次座谈交流。我们按照文广新局“工作重心下移”的要求，在“共享工程”基层服务点建设中做好业务上的指导、技术上的支持工作。支中心工作人员下基层服务点80多次，做了大量的业务辅导与指导工作，确保基层服务点正常运行。共享工程基层站点依靠自己的阵地，做了大量的宣传工作，先后和我馆共同创作了《书屋荡春风》和《红网魂》等宣传资源。充分认识“充电”的作用，在局领导、馆领导

的大力支持下，我馆工作人员分多批、多次参加国家及省市举办的各类培训和研讨班。带回了许多业务技能和宝贵的工作经验，大大提高了工作人员的业务素质。

四、经费投入

共享工程自2008年实现免费开放以来，临猗县图书馆每年投入运行经费，用于共享工程设备的维护，人员培训和惠民活动的开展。文广新局在人力物力提供了有力的帮助，保障了共享工程的各项活动的顺利开展。

五、资源建设

临猗支中心在进行日常工作的同时，也加强了对共享工程的资源建设，整理和编辑了一系列的农林科普资料。每年都会定期向基层站点输送光盘和讲座课件等宣传资料。

六、合作共建

在资源合作共建工作方面，密切关联中心、分中心及和站点的共享资源，做到定期整理。积极推进数字资源建设。及时上传、接收，互通有无，使我们共享工程避免重复建设，使我们有限的经费花到刀刃上，花到群众急需的资源上。

七、支农、惠农服务

支中心及各服务站点，充分发挥自己的阵地优势，在服务上求突破，利用多渠道对群众喜闻乐见的农林知识和文体活动进行培训，针对我县是全国的果业大县，对果树的栽培、种植、日常管理不定期进行田间地头培训。累计受益用户达400余户。在中秋节到来之际，我们举办的"亲情"特色服务，利用我中心的设备，实现了在网上与在外务工亲人对话，交流。

八、宣传推广

支中心在每年的科普日、科普周、读书日、读书周、重阳节、元宵节等节日到来之际，提前做好宣传，让群众了解

共享工程，走近共享工程，针对老年人电脑盲问题，积极探索有效方法，使他们能够不脱节社会，远离社会。得到了他们的一致好评。共享工程走基层，更是缩短了城乡距离，使农民群众足不出户也能了解外界的方方面面信息。

九、工作展望

共享工程建设至今，支中心设备配置标准高、活动多样、服务群众多，基层点铺开面广、设备配置齐全、联网率高，得到了广大干部群众的一到致认可，临猗县支中心将在今后的工作中，积极探索服务新路子。使广大群众在物质生活丰富的同时，也能让精神生活大幅度的提高，为我县的转型跨越和文化强县建设做出更大的贡献。

（撰文/临猗县支中心）

闻喜县支中心

闻喜县面积1164平方公里，辖7个镇、6个乡，343个行政村。常住人口40万。闻喜县文化信息资源共享工程在山西省文化厅，省图书馆的支持和布署下，以闻喜县图书馆为中心，逐步推进，稳步发展，在新形势下为繁荣农村基层文化，满足农民多层次文化需求，传递中国民族优秀文化资源发挥了重要作用。

一、共享工程的建设

实施共享工程，建设是基础，共享文化信息资源，为群众生产生活服务是目标。

共享工程闻喜支中心设在闻喜县图书馆，是闻喜县共享工程的建设和业务指导单位，负责保障县中心共享工程设备的运行，协调镇村级共享工程设备的维修，指导镇村级共享工程活动的开展全县共享工程管理员的业务培训和指导。2008年，根据省市部门部署，由县财政拨付15万元兴建文化信息资源共享工程。先后共建服务网点30个，发放电脑30台，投影仪30部，光碟300张。为了更好的贯彻实施全国文化信息资源共享工程，解决原先馆舍面积小，藏书量少等硬件设施上的不足，闻喜县图书馆，多方筹集资金，克服各种困难，于2010开始兴建新馆，2012年正式搬迁入内，新馆位于闻喜县桐城镇东牌楼13号，共有建筑面积1600平米。馆内新设报告厅、机房、电子阅览室、信息资源共享组等信息资源共享设施和机构。共享工程的实施，改变了多年来县图书馆建设滞后的现状，使县图书馆初步实现了网络化和数字化。

二、人员配备和管理

文化资源共享工程作为一个新的农村文化资源获取平台，如何推广好、利用好共享工程丰富的文化资源关键在于是否有一支专业化的共享工程管理员队伍。闻喜县支中心在管理员队伍上建设上，坚持明确职责，明确思路，制度化管理，常态化培育。对于乡镇、村两级基层共享工程管理上，择优选择文化层次较高，有一定社会基层管理服务经验的大学生村官和村委委员兼任，同时，大力开发利用人力资源，通过多种渠道广泛宣传，吸引精通计算计的技术人才充实到图书馆的岗位。继而大

力加强馆内人员及全县范围内站点技术人员的学习培训。定期学习，定期培训，努力提高全体人员的计算机知识技能，为共享工程建设提供有力的技术保障。

三、服务

为追求“共享工程”服务成效的最大化，闻喜县图书馆不断创新服务方式，拓展服务范围，有效利用现有人力物力条件，把“共享工程”与文化建设、图书馆事业发展有机结合，把电子阅览室作为固定场所开展服务工作，有计划地开展不同主题的大型集体活动，充分发挥中心的教育职能作用，入举办“十七大”学习报告会、农民科技养种植交流会、读者座谈会、倡导读书的专题讲座等，年开展10次，参加人数达3000多人；定期举办技术管理赔训班，发挥县级支中心的职能作用，采取集体培训的方式方法，加大对全县各乡镇、村基层点的技术及管理的培训力度，举办培训班15次，培训人员1000多人次；做好个别辅导工作，面对上门求教的单位和个人，通过耐心规范的服务，接待咨询群众200于人次，回答、解决疑难问题300多个。

县图书馆切实承担对各基层站点的指导作用，县图书馆组织人员下乡检查百十次，督促农民节目的播放，协助一些站点为农民播放节目。随时上门服务，了解站点设备管理和使用情况，帮助解决存在问题。

闻喜县支中心利用各种渠道宣传推广共享工程，让民众不断了解共享工程，走进共享工程。

四、工作展望

闻喜县共享工程自2008年创建以来，至今已形成县级支中心为龙头带动个基层站点协同发展的良好格局。今后，我中心将继续立足本县实际，在构建网络信息服务平台的基础上，创新服务方式，让文化信息资源共享工程真正的走进千家万户，更进一步的发挥好资源共享的作用，更好的为群众服务。

（撰文/张艳红）

夏县支中心

夏县作为山西省文化信息资源共享工程的首批试点县，于2007年6月在县图书馆旧馆址内初步建成了一个面积不足30平米，内设5台电脑的电子阅览室，虽然当时的基础设施条件比较简陋，但是广大读者朋友还是对这一创新的服务模式表现出了极大地兴趣和关注。同时“文化资源共享工程”这一创新而陌生的服务领域也让我们图书馆工作人员对未来图书事业的发展充满了信心与动力。同年，我馆给省资源共享分中心投稿题名《共享工程下乡来，文化大餐惠农民》的文章，被省资源共享中心刊登在《资源共享简报》第2期上，得到了兄弟单位和上级领导的一致好评。

按照“两区”开发社会事业发展规划的要求。2008年—2010年，由省文化厅、省财政厅、山西省出版集团共同开展的“文化工程下乡”建设活动，相继为我县11个乡镇257个行政村各配送图书300册，共计77100册；书柜2个，共计514个；投影仪一套（包括投影机、幕布、DVD播放机），共计257套。截止2010年，基层图书室建设在全县范围内实现了全覆盖。2010年，“文化共享工程建设”省分中心为我馆新建电子阅览室配备了一套卫星接收系统、机房设备和1台服务器，20台终端机以及打印机、扫描仪等电子设备。2011年2月份，省图书馆“全国资源共享工程”领导小组对我县图书馆电子阅览室的资源配送和基础设施建设的落实情况进行了实地验收，并就相关工程建设给予了技术指导。我馆严格按照工程建设标准，对机房内部进行了防静电装修处理，合理布置线路，配置消防设备，并申请县政府采购了20套电脑桌椅。目前，电子阅览室的内部设施建设已基本就绪。

为了不断巩固、拓展农村思想文化阵地，提高优质文化产品和服务的供给能力，我馆在近年的图书宣传周活动期间都会利用文化信息资源共享管理中心整合制作的大量优秀资源（光盘），组织人员、设备深入到全县各个乡镇免费为广大农民群众提供包括农业科技、医疗卫生、历史文化等优秀影片和专题作品的移动播放服务。受到了广大农民群众的欢迎。

“文化资源共享工程建设”的实施，将改善我县基层文化建设“资源匮乏、服务手段单一”的落后局面，缓解基层群众“看书难、看戏难、看电影难”等问题，是新形势下构建我县公共文化服务体系、惠及千家万户的一项民心工程，德政工程。

（撰文/夏县支中心）

绛县支中心

文化信息资源共享工程是国家文化部旨在推进文化信息资源开发、建设、服务而实施的重点工程，工程采用现代化信息技术，对文化信息资源进行数字化加工整合，通过网络最大限度地为社会公众享用的文化工程。绛县文化信息资源共享工程支中心作为全省共享工程有机组成部分，在绛县文体广电新闻出版局的大力支持下，图书馆是建设与实施主体单位，为本地区读者提供全国文化信息数字资源，实现文化信息资源的共管、共建、共享。

一、整体情况

绛县文化信息资源共享工程支中心建设始于2008年10月，2010年完成了10个乡镇基层服务点及在三年内完成全县205个行政村的省共享工程设备配置，村级服务点100%覆盖。

共享工程县级支中心自2008年建成以来一直未设专项经费，靠挤出办公经费维持正常运转。

二、资源建设

自工程建成以来，接收数字资源，经过分类选择及内容标引，建立自己的信息资源，包括百家讲坛、农业科技信息、曲艺、医药卫生、动漫等。同时购买光盘及共享工程下发共计800余碟。

三、惠民服务

自文化信息资源共享工程建成以来，县级支中心充分利用现有设备和资源开展了各种惠民服务活动。

首先是免费接待读者上网查资料，年平均接待读者300余人。

其次暑假期间在少儿阅览室播放各种动画片，让孩子们在读书之余得以放松。村级服务点普及之前下乡为农民播放影视光盘。

同时通过接收共享工程下发的数字资源，有选择地刻录，随送书下乡的图书送到各村级服务点。还收集、整理接收的资源，打印后装订成一套适合我县农业生产发展的《农业实用信息》，免费下发到各村级服务点。

村级服务点下发的设备常用于村民娱乐活动以及农民技术、党员培训等。由于村级服务点的条件都比较差，大多数冬天基本无法开展正常活动。有些村利用的比较好，还能开展党员远程教育培训、农业科技培训。大交镇服务点每周为村民播放一次投影，除县馆送去的光盘外他们还根据本村的具体情况购买了近100张光盘，组织村民开展健康知识培训，至今已播放230余场，深受村民欢迎。

四、培训工作

1、县级支中心为纪监委农廉办组织的农廉网知识培训学习，提供设备、服务。全县各村村官30余人在电子阅览室参加学习，请专业老师授课，并实践上机操作，效果明显。

2、小记者培训

由关工委组织的全县各小学优秀小记者培训会在县图书馆阅览大厅召开，其中一项内容是小记者利用电子邮箱投稿。会后，共享工程工作人员带领小记者们走进电子阅览室，指导他们如何申请免费邮箱、编辑文档、发送稿件。

3、电脑小报制作

今年暑假期间，共享工程工作人员组织二十余名小学生在电子阅览室观看共享工程资源———制作电脑小报专题讲座，指导他们进行上机实践操作，让他们学会了如何搜集素材、插入文本框、图片、艺术字等技巧，使他们在暑假期间每人都可以完成一份以“阅读”为主题的电脑小报。

（撰文/绛县支中心）

吕梁市支中心

由国家文化部、财政部于2002年在全国范围内组织实施的一项新兴业务，一项文化惠民工程——全国文化信息资源共享工程，自2003年起在吕梁的逐步推行，促进了文化共享工程吕梁市支中心的创建与发展。在大的环境背景影响和吕梁市经济的逐步好转，文化共享工程吕梁市支中心从简单的服务设施到初具规模的服务装备；从被动工作到主动服务，经历了一个艰难的发展历程，实现了从文化自省到文化自觉的飞跃。目前，支中心工作运行良好。现将具体情况汇报如下：

一、网点建设

文化共享工程吕梁市支中心始建于2003年末。2003年12月，文化共享工程山西省分中心为我馆配送了电脑、机顶盒，专家组一行3人为我们安装了设备，并进行了相关知识培训，文化共享工程吕梁市支中心工作就此展开。在起步的几年里，我馆利用宣传周、4·23世界读书日、12月图书馆服务宣传月等一切有利时机，通过发放传单、悬挂横幅、下基层送电影、科技光盘等，积极宣传国家实施文化信息资源共享工程的目的和意义，取得了一定成绩。2009年初，文化共享工程山西省分中心，再次为我馆配送了用于标准县级支中心的40余万元共享工程全套设备，包括卫星接收设备、服务器、电脑、投影仪、照相机等，吕梁市财政资助了5.5万元机房装修费。至此，一项由省、市政府和业务部门联手创建的文化共享吕梁市支中心暨电子阅览室，在完善了基础设施，并通过文化共享工程山西省分中心领导、专家亲临现场，指导验收后正式挂牌。电子阅览室的落成，填补了我馆长期不能为读者提供现代化服务的空白。标志着建立在全国文化信息资源共享工程平台上的资源共享网上通道在我馆全面启动。

二、组织实施

为了确保共享工程工作的顺利实施，我馆组织成立了由馆领导班子主要成员分别担任共享中心主任、副主任和业务骨干组成的领导机构，确定了具有一定计算机知识与技能的业务骨干为电子阅览室主任、另有两名专（兼）职人员配合开展工作。研究制定了《全国文化信息资源共享工程吕梁市支中心工作实施方案》和《全国文化信息资源共享工程吕梁市支中心电子阅览室管理制度》。为共享工程工作的组织实施提供了组织保障和制度保障。

三、运行经费投入

文化共享吕梁市支中心业务运行经费到目前为止没有单列。日常的运行经费由吕梁市财政予以支持。截止2012年底，吕梁市财政累计投入35余万元，用于电子阅览室装修、电费、临时工工资、开展活动、购买电子资源等项目支出。2011年和2012年，部分免费开放经费也用到了支中心开展读书活动的工作上。

四、资源建设

文化共享吕梁市支中心目前的电子资源分别为三类型：1、国家配送的光盘420张；2、通过服务器打包下载的全国文化信息资源共享工程网上资源1000余部，包括名家讲座、百家讲坛、农业科技知识讲座、农业农村政策法规宣传、室内装修实用技术、医疗卫生保健、摩托车修理等视频资料；3、购买了方正远程在线电子书数据库资源（含200万册电子书）和教育部关心下一代工作委员会编撰的《青少年成长——校园图书馆》一套（含藏书58000册 24CD-ROM压缩盘）等。到目前为止我馆自建资源刚刚起步，于2012年9月，制作了《魅力彩家庄》专题片，上报省中心。

五、技术支持、培训工作

文化共享工程吕梁市支中心工作技术支持，主要依靠参加国家文化部、文化共享工程山西省分中心组织举办的业务培训和工作人员的自我学习。历年来，我馆累计1人参加了湖南艺术职业学院省、市级师资培训学习；60余人次参加文化共享工程山西省分中心组织开展的文化共享工程业务知识与技能培训学习；10人次参加了文化共享工程山西省分中心组织开展的业务技能比赛。2012年5月27日至28日，吕梁市图书馆、文化共享工程吕梁市支中心联合组织举办了吕梁市、区（县）级公共图书馆业务培训一次，特邀山西省图书馆7名专家、老师来吕梁授课，授课内容包括《图书馆管理与发展》、《读者工作》、《参考咨询与信息服务》、《自动化网络与业务总分馆》、《文献资源建设及文献标引与著录》、《图书馆员应具备的素质与能力》、《文化信息资源共享工程工作管理与服务》，67人参加了培训。

六、宣传推广与惠民服务

文化共享工程吕梁市支中心自2003年底组织实施以来，利用图书馆三大活动和传统节假日，采取走出去或请进来的方法，积极搭建服务平台，通过散发传单、悬挂横幅、送光盘到农村、学校和组织各种公益讲座等，传播科学文化知识，让全国文化信息资源共享工程惠及百姓，成为农民的好帮手，留守子女的精神乐园和市井族的休闲驿站。

1、春季，文化共享吕梁市支中心依托全国文化信息资源共享工程配送的"文化共享助春耕"科技光盘，先后组织精干人员，分赴吕梁市离石区下安村，枣林乡彩家庄村，沙会则村、离石区信义镇、交口镇、市文化新闻出版局扶贫点冯家庄等，为家禽养殖户、种植户发放"家禽饲养"、"花卉栽培"、"春季施肥"等科技光盘60张，播放科技影像资料及优秀电影多部，累计600余人观看。农民高兴的说"没想到不出家门就能看上电影，还能学到科学种植养殖技术，还有人送图书送光盘，咱农民致富有了好帮手啦！"。吕梁报、吕梁电视台分别作了报道。

2、暑期，文化共享吕梁市支中心利用电子阅览室投影仪等设备，在馆内组织开展了"夏日电影展播"等活动，为未成年人及留守子女播放《孙文少年行》、《小人物大英雄》、《霸王别姬》、《东汉演义》、《童心向党 快乐成长》等多部儿童题材、戏剧题材、爱国主义教育题材影片，累计1000余人到场观看学习，让先进文化与民族精神在青少年中传承与发扬。

3、中秋、国庆，文化共享工程吕梁市支中心利用电子阅览室的网络设备，对外来打工人员和留守子女进行了网上在线辅导，帮助留守子女和父母在线对话，为他们搭建思想感情交流平台，让他们分享共享工程发展成果，感受组织实施全国文化信息资源共享工程所带来的实实在在的好处。为创建和谐社会、和谐家庭发挥着积极作用。文化共享吕梁市支中心还把视角伸向更弱势的群体——吕梁市残疾人技能学校，多次为他们送去电影、图书、光盘等，让党和人民的关怀抚慰他们的心灵。吕梁报、吕梁电视台分别作了报道。

4、节假日，文化共享工程吕梁市支中心利用共享工程网上报告厅资源为吕梁高专学生组织举办了由于丹主讲的《读书改变人生》讲座；为吕梁市文化广电新闻出版局科级以上干部举办了由上海市图书馆、上海科技情报所馆所长主讲的题为《世博文化解读》的网上报告厅讲座；为离石城区市民组织举办了《健康从"心"开始》等公益讲座；为石楼县国土资源局送去了《国家土地资源审批程序》讲座；为汾阳裕源公司举办了《企业与职工》讲座。通过针对不同人群组织开展不同主题的公益讲座，在传播知识的基础上，激发群众的读书热情，营造良好的读书氛围，为促进学习型社会发挥着积极的作用。吕梁报、吕梁电视台分别作了报道。

七、荣誉奖项

1、组织参加了由全国文化信息资源共享工程组织举办的"颂歌献给党——全国文化信息资源共享工程迎接建党90周年群众歌咏活动"。我馆报送的演唱节目《爱我中华》获国家中心二等奖、省中心一等奖；《到吴起镇》获国家优秀提名奖、省中心三等奖。

2、组织参加了山西省图书馆学会、文化共享工程山西省分中心组织举办的"低碳生活从我做起"主题征文评比，我馆选送的作品一人获二等奖、一人获三等奖。单位获山西省图书馆学会、文化共享工程山西省分中心2010年度主题征文活动"优秀组织奖"。

3、参加了由山西省图书馆学会、文化共享工程山西省分中心组织举办的"第二届文化共享杯知识与技能竞赛"活动，我馆4名选手有一人获优秀个人奖；单位获"优秀组织奖"。

4、参加了山西省图书馆学会、文化共享工程山西省分中心组织举办的2009、2010、2011年迎新春文艺晚会由我馆职工自己创作并排演的反映图书馆人、图书馆工作以及中华五千年文明史中，文献资源传承所经历的艰难历程的《图书馆 我们共同的家园》、《创业路上展风采》、《曾经的记忆》等节目，受到山西省图书馆领导以及来自全省各同行的一致好评。

八、工作展望

我们自2003年底组织实施以来，把服务视角伸向各阶层、各领域，充分利用全国文化信息资源共享工程资源及网络设备，组织开展了各种读书活动，努力实现共享工程普惠百姓的目的，为构建和谐家庭、和谐社会，推动吕梁市公共文化服务体系建设发挥了积极作用，也取得了一定成绩。未来，我们将在地方文献数字化、特色资源的建设与利用、制度建设、资源管理与服务等方面做出努力。希望出台相关的法律法规，促使地方政府能增加编制、加大投入，实行文化共享工程运行经费单列，真正实现文化共享工程普惠百姓的目的。

（撰文/郭斌则）

吕梁市离石区支中心

离石区总面积1324平方公里。离石区共辖12个乡(镇、街道办事处),共有193个行政村,常住人口30余万人。离石区文化信息资源共享工程在离石区文化广电新闻出版局、吕梁市图书馆的支持和部署下,在区委、政府的高度重视下成立了,几年来为繁荣基层文化、满足人民群众多层面文化需求、传播先进文化和优秀传统文化发挥了重要作用。

一、基本情况

离石区文化信息资源共享工程建设于2009年2010年投入使用。共享工程离石支中心少量设立在离石区图书馆,负责保障离石区支中心共享工程设备的运行,协调指导乡(镇、街道办事处)各村共享工程的建设、运行、维修、业务培训等工作。

二、管理和队伍建设

为了使共享工程真正达到利民惠民的目的,离石支中心定岗定责,责任到人建立健全各项管理制度;《登记制度》、《请销假制度》、《工作人员日常行为规范》等,要求管理员必须做管理员工作日志,并纳入年终考核范围,作为发放奖励性绩效工资的重要依据。充分利用图书馆现有人员的业务优势对于专业性很强但现有人员不能胜任的岗位长期聘用懂技术、精业务的人员担任,做到不缺岗、不缺人。坚持明确责任,明确思路,常态化培育。

三、培训工作

2010年以来,一共举办各类培训8期。每年对农家书管理人员进行培训,参加培训的各级管理人员300人次。

四、资源建设

离石支中心在三年的工作中,积极搜集各类题材资源。如历届"文明之春"系列活动视听资源、离石三弦书盲人作品辑录光盘12张、离石地方文化丛书10余种,每年制作展板20余块,发放宣传资料3000余份。

五、利民惠农,服务基层

自2011年10月1日我馆免费向社会开放以来,我馆责任落实到人,严格开、闭馆时间,制度服务规范。扩大开放范围,热情接待读者,服务读者。从电子阅览室的免费开放,逐渐扩展到纸质图书的开放、展厅、报告厅等场馆的免费开放,取得了良好的社会效果。一年来,共办理阅览证218个,接待读者3000人次。我馆在场馆免费开放的基础上,积极拓展业务范围,广泛参与社会活动,充分发挥图书馆在新时期的全新功能。

4月23日,由离石区委、区政府主办,我馆承办的以"弘扬传统文化,创建魅力离石"为主题的"离石首届读书节"拉开帷幕,离石区四套领导班子参加了活动,区委书记王彤宇作了重要讲话。我馆在现场设立了办证处、咨询处,散发传单6000余份。同时实施了"爱国主义影片放映"、"送科技光盘下乡"、等系列活动。深受广大人民群众的青睐。

5月26日在服务宣传周期间与吕梁市图书馆联合组织了走进"农民工"电影放映宣传活动,共放映3场,得到农民工的广泛好评。

6月1日,为了丰富离石城区中小学生的文化生活延伸"两馆"免费开放的成果,与吕梁市图书馆、离石区教体局联合举办了"离石城区迎'六一'中小学生书画展",共展出作品260幅。期间有区委领导、学校的师生、社会各界人士等3000人次前来观看展览,盛况空前。6月16日,在吕梁市图书馆举行了颁奖仪式,颁发了12个优秀组织奖,36个中小学生一、二、三等奖,189个纪念奖。吕梁市图书馆馆长李宏、离石区文体局副局长李建武、离石区文化广电新闻出版局副局长陈福民参加了颁奖仪式。

9月18日在"全国科普日"暨第九届"科普三晋"系列活动中,与吕梁市图书馆合作,在世纪广场举行了启动仪式,8个科普展板、10000余份科普宣传资料、馆内组织了科普图书专柜、科普图书推荐书目等活动。多形式、全方位进行宣传。在活动现场还组织了科普知识现场有奖问答,使科普知识走进千家万户。19日又送科技讲座到农村,及时指导农业活动,受到农民朋友的热烈欢迎。

9月26日,与吕梁市图书馆、吕梁学院中文系联合举办"中秋诗文朗诵会",共有50余名师生参加了活动,同学们抑扬顿挫的朗诵、青春靓丽的风采感染了围观群众,8位群众也上台即兴进行表演,搏得了阵阵掌声。吕梁学院的同学激动地说:"感谢图书馆给他们这个展示的平台,以后要常参加这样的活动"。吕梁文化广电新闻出版局副局长张唐迎、离石区文化广电新闻出版局副局长陈福明、吕梁学院中文系主任刘守义参加了活动。为离石市民送上一道精美的高雅的文化大餐。

通过以上各项活动,使图书馆的触角伸向社会的各个角落,让广大人民群众充分了解了图书馆的文化功能,也让广大人民畅享文化惠民的成果。

六、工作展望

离石区文化资源共享工程从2009年启动以来,我们完成了离石支中心的建设并正常运营。将文化惠民、文化资源共享的基层设施、设备全部发放到乡(镇、街道办事处)及各行政村。

以后我们将不遗余力建设乡(镇、街道办事处)及各行政村的文化资源共享工程的站、点建设,希望在上级有关部门的大力支持下为离石共享工程建设一支专业化的服务队伍,成为离石人民文化生活的重要支柱,成为繁荣离石地方文化,丰富离石人民精神生活,推进历史人民科技进步、全面建成小康社会的强有力的动力支撑。

(撰文/吕梁市离石区支中心)

孝义市支中心

2002年8月,国家文化部启动了全国文化信息资源共享工程,该工程主要采用现代信息技术手段,对中华优秀文化信息资源进行数字化加工和整合,利用覆盖全国的网络化管理和服务体系,实现文化信息资源的共建共享,它是新形势下构建公共文化服务体系、惠及千家万户的一项重要文化基础工程。文化共享工程的实施,开辟了一条不受地域、时间限制的崭新的文化传播渠道,将丰富的文化资源以先进的传播方式传输到广大基层群众,尤其是欠发达地区的农民群众手中,对于打破落后地区信息闭塞的状况,消除"数字鸿沟",提高广大人民群众的科学文化素质,加强基层精神文明建设,促进经济、社会协调发展、区域协调发展、城乡协调发展起到了积极作用。

一、目前运行现状

我市支中心是在国家中心、省分中心和市委、市政府的大力支持下,于2008年11月28日开通并正式运营。市级支中心机房1间,现有设备服务器4台,卫星接受设备1套,接入10M宽带,馆内形成局域网,台式计算机30台,设立电子阅览室,1个多功能报告厅。开办以来,我们购置电子文献100余种,5000余册,利用共享工程资源举办大型公益活动12次,为读者免费放映革命传统教育电影专场200余场,受益群众累计达4000余人次。

二、建设情况

根据我市经济社会发展水平和文化基础设施条件,本着以点带面,先易后难,逐步推进的方针,制定规划,积极推进市中心基本网点和农村基层服务点建设。建立起多种模式运转的乡、村文化共享工程服务网络,以多种服务方式开展基层点建设与服务的经验,使之成为公共文化服务体系的重要支撑,使广大基层群众能够普遍享受到数字文化服务。

1、加大对数字资源和基层服务网点建设的投入力度

1.1、以市图书馆、乡镇文化站基层服务点为实施主体,以数字资源建设为核心,以农村服务网点建设为重点,加强基础设施、基层服务网络建设。

1.2、尽快建立我市文化信息资源网站,加工整合全市文化资源,建设一批具有地方特色的书报刊、影视、戏曲、美术、音乐、文化、旅游、民俗、民间艺术等资源数据库,建设管理与技术骨干队伍。加强文化、科技信息资源自动化、网络化建设和专业技术人员的培养,积极采取培养与引进、自有队伍和社会队伍相结合的方式,组建一支适合文化共享工程建设需要的管理、技术保障和基层服务队伍。加快建立专、兼职结合的农村基层服务点工作队伍,从市文化部门、乡镇文化专干、村干部当中选择一批年轻、事业心强的工作人员充实到共享工程建设队伍中,通过集中授课、卫星广播、网络互动、光盘教学等方式,定期进行培训,使每个支中心、基层服务点拥有1-2名考试合格、操作熟练的专业人员。

1.3、加强市级分中心对基层服务网点的技术指导与管理,着力提高乡镇和行政村基层网点的服务能力。同时,要充分发挥市图书馆、乡镇文化站等基层文化单位工作人员在文化共享工程建设与管理中的作用。

2、建立市、乡镇、村文化共享工程服务网络的多种模式,借助全国资源信息网站、数字电视和远程教育服务等信息资源网络,大力开展公益性服务。

2.1、加强与各部门、各乡镇和农村基层服务点的联系协调,继续发挥光盘服务、硬盘服务方便灵活的优势,在保持现有光盘服务下乡的基础上,探索通过多种途径,努力扩大服务领域和范围,将基层群众最需要的科技、文化信息资源送到群众手中,特别是信息闭塞的农村边远地区,将文化共享工程建设触角延伸到农村生产生活的各个领域,使之成为建设新农村、培训新农民的重要抓手。

2.2、充分发挥市中心、乡镇文化中心、村文化基层服务点共享工程优势和作用,使共享工程在基层群众中遍地开花。资源信息乡镇中心和村服务点由市图书馆垂直管理,由市图书馆统一购置图书和器材送到各乡镇中心和基层网点,各基层网点的读者通过网络,免费检索和阅读数字图书馆的海量图书资料。

2.3、建立流动图书馆,方便借阅图书。与共享工程的实施相结合流动图书馆建设的模式,基层图书馆也从传统图书馆跨入网络化、自动化和数字化图书馆的先进行列。

3、创新管理体制和运行机制,使"共享工程"真正成为文化创新工程。

3.1、建立需求反馈迅速、资源提供及时、群众使用方便的服务机制,实现技术有保障、服务有标准、管理有规范,不断拓展服务领域,提高服务水平。逐步建设功能完备、技术先进、安全可靠、经济实用的系统网络平台,保障网络平台安全,满足双向互动、按需服务的要求,使我馆具备提供数字图书馆服务的技术能力。

3.2、创新工作机制。确保文化共享工程建设所需的设施设备经费、资源建设经费、网络维护经费、日常运行经费等。加强资源建设与管理的规范性和连续性,逐步建立完善合作互利的共建共享机制。积极采用社会建设与自身建设相结合、集中建设与各地分散建设相结合等方式,保证内容的丰富性、专业性和特色化。通过委托加工、公开招标、版权转让等形式开展资源建设。建立有效的工作机制,依托市图书馆建设统[illegible]的工作网络,实行统一规划、分级管理。提高市县中心的管理能力,加强对基层服务网点的技术监管,形成有效互动的工作机制,同时建立健全各级分中心的工作机制,建立并完善乡镇(街道)基层中心和村(社区)基层服务点的服务与管理制度。

建立各部门联系协调、互利互动、积极支持文化共享工程建设的工作机制。文化共享工程要与农村党员干部现代远程教育、农村中小学现代远程教育工程在基层网点建设、资源建设等方面进行合作,实现共建共享。加强对各级支中心和基层服务点的管理。建立符合实际的文化共享工程工作评估体系。县级分中心承担对乡镇基层中心、村基层服务点的管理、资源更新、技术维护、人员培训和绩效考核等职责。将文化共享工程建设纳入当地信息化建设规划及创建文明村镇、社区的工作要求。乡镇基层中心承担资源服务和对村基层服务点的管理。村基层服务点承担信息服务和需求反馈的任务。统筹规划本地区、本行业的文化资源建设,采用行政措施与市场机制相结合的办法,加强对文化系统文化艺术资源的整合力度。

(撰文/孝义市支中心)

汾阳市支中心

汾阳市“文化信息资源共享工程”2002年作为省试点开始建设，当时是一个初具规模的支中心和一个基层点，在国家、山西省和汾阳市委市政府的共同关心与支持下，汾阳市支中心经过五年的努力直到2006年成为全国文化信息资源共享工程试点，又通过一年的准备，建成了符合试点县的1个支中心和10个基层点并开始投入使用。文化共享工程到2010年为止我们已全部覆盖289个行政村。2011年汾阳市数字图书馆(http://www.fystsg.cn)网站正式开通；4TB的资料得到充分利用，实现了365天全天候开馆。

一、整体情况

自从汾阳市“支中心建成以来，积极响应上级指示精神，立足为民服务，坚持共享工程始终从公益性出发，充分发挥文化信息资源在发展经济、提高人民群众思想道德和科学文化素质等方面的重要作用，积极采用先进、实用的科学技术手段，通过移动硬盘服务、光盘服务，并与党员远程教育和中小学远程教育共建共享等服务模式，把文化信息资源传送到城乡基层文化网点和群众身边，使基层文化阵地得到了巩固，活跃了城乡群众精神文化生活。为宣传党的方针政策开辟了新渠道，为丰富农民群众业余生活、弘扬文明新风开辟了新的阵地，为培养“有文化、懂技术、会经营”的新型农民搭建了新平台，成为一项党得民心、民得实惠的文化工程。

坚持对汾阳市所有基层点的管理人员进行定期培训，使基层点管理人员的业务素质不断得到提高。从2008年开始我们向社会提供免费培训，共培训学员9批，这些学员通过培训后有好多走向了自己理想的工作岗位，还有的走向了像海尔这样的大型企业。2009年7月利用共享工程的设备资源，分两期对我市老年大学的学生进行电脑基础知识培训，为期一个月，培训人数80余人，其中年龄最大的有70多岁，最小的55岁。面对这种情况，我们工作人员不怕麻烦，耐心地手把手地教他们，最后使每个学员都掌握了有关电脑操作的基本知识。

我们还始终为广大读者提供网上查阅，有不少读者通过在我们这儿上网查询获得了他们所需要的信息，特别是在高考前有不少家长和参加高考的学生来我馆查看有关填报高考志愿的资料，有不少学生通过在我们这儿听有关填报志愿的讲座，对他们填报志愿起了很大的指导作用，去年有两位考生姜浩楠和刘小琼通过在我们这儿听讲座，得到了很好的指导，使他们都如愿以偿地上了理想院校，他们高兴地说，汾阳市支中心的讲座对他们填报志愿起了很好的指导作用，并对我们的服务表示非常的感谢。

我们将共享工程资源进行加工筛选分类制成光盘，送给各个机关、学校和广大农民朋友们，同时为了丰富我市武警官兵的业余生活，我们也给他们送去了相应的光盘资源。特别是在今年图书宣传周期间，还给汾阳医院送去了有关医学方面的光盘，受到了医院领导的热情接待，他们对我们送去的光盘表示非常满意。另外在各乡村集会期间，传播文明，放映电影戏曲，并针对广大农民朋友对科学文化的迫切需求，还经常给他们送去一些科技知识讲座，使不少农民朋友得到了实惠。如：栗家庄村基层点是最早建起的点，我们结合当地的实际情况，对农民朋友进行苹果管理讲座，结果，果农李立柱由于管理得法当年就收入比上年增产了一倍，在技术员的帮助下嫁接新品种成功，收入增加了三倍。在播放了“养殖专题讲座”后，王二牛大胆实践，扩大奶牛规模，科学喂养，产奶量大大提高，以前只供村里，现在专车供市民。去年搞“沼气讲座”后，该村理论联系实际，全面铺开沼气工程建设，成为我市沼气工程试点。农民朋友高兴地说“共享工程真是好，我们致富离不了。”

从共享工程建成的几年来我们和中小学远程教育农村党员远程教育共建共享，硬件共享，文化资料共享，管理人员共享。使广大农民和孩子能够学到更多的知识和享受到更好的服务，这样就使共享工程电子阅览室成了农民朋友和学生共同的家园，使健康文明的文化生活占领了农村阵地，不和谐的声音少了，团结互助的事多了。

另外，我们利用共享工程的设备和3000种光盘资源与我市残联共同合作，为我市的弱势群体提供服务，在每年的全国残联日我们都要组织我市的盲人朋友，来我馆的电子阅览室进行网上冲浪，教他们怎样使用盲人软件，使他们享受到人本、免费、均等服务的阅读权利。

二、工作展望

在我们的不懈努力下支中心工作取得了一定成效，当然人民群众的需要还有很大差距，相信在不久的将来，我中心共享工程一定会随着汾阳市数字图书馆建设工程的推进，以一个更全新的面貌展现在群众面前，一定会成为老百姓满意的文化信息工程，将会成为小康社会主义建设的智力支撑。

（撰文/汾阳市支中心）

中阳县支中心

全国文化信息资源共享工程中阳县支中心设在中阳县图书馆内，2005年9月建成规范化县级支中心，全县87个村建成“共享工程”基层站点，实现了镇、村文化共享工程全覆盖。

一、基本情况

目前，中阳县支中心配有33台电脑和服务器、网络存储器、投影仪、打印机、复印机、刻录机等现代化设备。配有全国文化信息资源共享工程卫星接收器，接收主机，同时接入2M宽带网，实现了与文化共享工程省中心以及全县基层站点的畅通连接。

二、经费投入

我县文化信息资源共享工程从2005年建成以来，县委县政府高度重视，先后累计投资100余万元，顺利完成了县级支中心平台软硬件的改造和升级。

三、资源建设

近几年来，我县支中心以建成全县的大书库为目标，以数字资源建设为重点，不断增强县支中心为基层服务的能力。县支中心坚持接收服务器24小时接收数据，确保国家中心每天投放的数据资料一部不缺地下载成功。同时能为读者提供书目查询、信息编译、科技查新等服务，以及检索浏览除版权外的所有数据资源，极大地方便了读者利用数字资源。

四、网点建设

积极推进基层网点建设，以文化共享工程建设为抓手，采取村级基层服务点与县图书馆建设相结合，村基层点与党员干部现代远程教育接收站点、村图书室相结合的办法，广泛实现文献信息资源共享，丰富基层服务点内涵。实现了文化共享工程村村通、全覆盖。

五、宣传推广、惠民服务

我县支中心确保文化信息资源共享工程的公益性服务性质，明确适时有效的服务内容、方式和范围，采取多种手段，为群众提供多样化、个性化的服务，满足群众的基本文化和生活需要。

1、走进社区

社区是共享工程服务对象里一个重要群体，也是“基层文化”最大的受众。在社区服务上，我们主要开展了与民众生活息息相关的时事宣传服务活动。2008年8月至9月，我们开展了“奥运风采”视频展播活动，这种服务形式，满足了社区群众的文化需求。

2、走进农村

在建设社会主义新农村的形势下，在以科技兴农为时代特征的今天，农民对待现代科技信息和文化的需要迅速增加。结合这一现状，我们深入调查，根据农民的需要，将适合本地区农民种、养殖生产需要和各类数字技术资源送到农民手中。2010年“图书馆宣传服务周”期间，我们深入基层带上投影设备为群众播放核桃种植、蔬菜种植科普片，播放群众喜爱的地方戏。这些活动让农民在闲暇时间获得知识，丰富了他们的精神文化生活，受到群众的大力欢迎。

3、走进学校

我们在馆内为学生设了专门的自学区，并同县教委联合，利用共享工程资源，深入中小学开展活动，为学生带去了丰富多彩、寓教于乐的精神大餐。

为了拓展共享工程服务领域，深入贯彻党的十八大精神，2012年12月，我们举办了两场专题讲座，县电视台做了专题报道，讲座上，老师深入浅出、引经据典的讲解，博得了在场读者的阵阵掌声，使他们受益匪浅。

文化信息资源共享工程中阳县支中心的建成，打破了时空、地域限制，开辟了崭新的文化传播渠道，把文化信息传送到城乡文化网点和群众身边，为我县群众搭建了一个利用现代科技手段，迅速获取各类信息资源的优秀平台，为传播信息，发挥经济起到了积极作用。文化共享工程的实施，有力地推动了图书馆事业的发展。

六、管理和队伍建设

几年来，我们以打造学习型图书馆，全面提高馆员队伍的自主创新能力为目标，强化了专业技术人员和管理人员队伍建设。目前，我馆配备了2名适合“共享工程”建设需要的管理人员，保障了“共享工程”的正常运行；健全了专业人才培训制度，先后4次派人参加省图书馆“文化共享工程县级支中心技术培训班”进行培训，通过培训，提高了管理人员的计算机操作技能和软、硬件的管理与维护技能，为我县支中心培养了技术骨干。

七、荣誉奖项

2006年12月被吕梁市新闻出版局评为“先进集体”，2009年1月在省分中心的“文化共享奥运活动”中获得优秀奖。

八、工作展望

今后，我县支中心应把“共享工程”建设作为本县协调发展区域特色，加强资源整合的平台，真正把本县丰富的文化资源融贯起来，为老百姓提供先进健康的文化资源，促进我县的文化创新。

1、加大宣传力度，使“共享工程”深入民心。图书馆工作者应通过各种媒体，采用各种形式进行宣传。可以依托全国“农家书屋”工程以及“三下乡”活动，到乡镇、社区宣传“共享工程”，开展用户培训，采用辅导讲座的形式向读者介绍“共享工程”网站的主要内容，网络文献信息资源查询方法以及计算机基础知识，让广大读者了解电子阅览室的功能、服务内容以及其与网吧的本质区别，使“共享工程”深入民心。

2、建立“共享工程”专项资金投入的长效机制。力争政府部门将实施文化信息资源共享工程纳入我县经济与社会发展的总盘子和县域信息化建设总体规划中，力争从人力上给与保证，资金上予以支持，促进“共享工程”健康发展。

3、突出地方特色，整体规划资源建设。努力调查、挖掘、整理和制作富有地方特色的文化信息资源来充实数据库，建立图书馆讲座、非物质文化遗产保护等文化资源，建立大众文化生活，社会教育密切相关的资源，形成我县的特色和品牌。

4、强化专业技术人员和管理人员队伍建设。组建一支高水平的资源建设、软件开发，网站维护的专业技术人才队伍，保障“共享工程”的可持续发展；健全专业人才培训制度，以不断地更新知识，提高计算机操作技能和软、硬件的管理与维护技能。

5、创新思想，积极探索多元化的服务方式。结合本馆实际，增加开放时间，引导读者正确使用电子资源设备，正确认识电子阅览室各种资源的价值，并能充分利用这些资源为其服务；定期为群众服务，采取携带资源设备走村串户的服务方式，把群众需要的农业技术、文化娱乐、科普知识等资源送给群众，既活跃了群众的文化生活，又能使群众获取了致富信息；不断探索与社会资源相结合的服务模式，使“共享工程”进入社区、乡村、学校和家庭，最大限度地发挥“共享工程”的社会效益，使“共享工程”在我县成为惠民的“民心工程”。

（撰文/中阳县支中心）

柳林县支中心

全国文化信息资源共享工程是由国家文化部、财政部于2002年在全国范围内组织实施的一项新兴业务，一项文化惠民工程2005年在柳林的逐步推行，2008年文化共享柳林县支中心的创建与发展。近年来柳林经济的逐步好转，文化共享柳林县支中心从简单的服务设施到初具规模的服务装备；目前，支中心工作运行良好。现将具体情况汇报如下：

一、网点建设

文化共享2005年8月在柳林县图书馆落成。2005年12月，文化共享山西省分中心为我馆配送了电脑、卫星接收设备，专家组一行3人为我们安装了设备，并进行了相关知识培训，文化共享工作就此展开。2008年，柳林县支中心开始建设，再次为我馆配送了用于县级支中心配送标准的40余万元共享工程全套设备，包括卫星接收设备、服务器、电脑、投影仪等，柳林县财政资助了20.4万元机房装修费。从此，一项由中央、省、县联合投资的文化共享柳林县支中心成功启动，在完善了基础设施，并通过山西省分中心领导、专家亲临现场，指导验收后正式挂牌。

二、组织实施

为使文化共享工程在柳林县能发挥更大的作用，我馆通过组织开馆务会决定：由一定计算机知识与技能的业务骨干为共享工程室主任、两名专（兼）职人员开展工作。研究制定了《全国文化信息资源共享工程柳林县支中心工作实施方案》和《全国文化信息资源共享工程柳林县支中心电子阅览室管理制度》。为共享工程工作的组织实施提供了组织保障和制度保障。

三、运行经费投入

自文化共享柳林县支中心建成以来，县政府没有单列的运行经费。日常的运行经费由柳林县财政予以支持。2011年和2012年，支中心开展读书活动全部来源于免费开放经费。

四、技术支持、培训工作

文化共享柳林县支中心工作技术支持，主要依靠参加国家文化部、文化共享山西省分中心业务培训和工作人员的自我学习。几年来，参加文化共享山西省分中心组织开展的文化共享业务知识与技能培训学习10次；2012年5月27日至28日，4人参加了吕梁市图书馆、文化共享吕梁支中心联合组织举办了柳林县、区（县）级公共图书馆业务培训一次。2009年-2012年，我馆技术人员全部都参加了国家资源的共享工程网络培训。

五、宣传推广与惠民服务

自2005年底文化共享进柳林县以来，利用图书馆活动日及节假日，通过悬挂横幅、散发传单、送光盘到农村、学校、社区、农民工队等组织开展各种读书活动，积极宣传国家全国文化信息资源共享工程的目的和意义，让全国文化信息资源共享工程惠及百姓，成为农民的好帮手。

2007年11月份，图书馆利用共享工程和电子阅览室资源举办了以“开展共享远程教育　提高全民服务水平”为主题的惠民活动，被编入全省文化共享工程活动工作简报。

2008年，利用省配发的流动图书车，分别到庄上乡庄上村、三交镇蒿圆则村、成家庄镇官庄垣村进行共享工程优秀资源的配送和展播。

2009年春，文化共享柳林县支中心依托全国文化信息资源共享工程配送的“文化共享助春耕”科技光盘，先后组织骨干人员，分赴到柳林县的留誉村、王家沟村、贾家垣村等十个种植、养殖专业户发放“家禽饲养”、“花卉栽培”、“春季施肥”等科技光盘40张，播放科技影像资料及优秀电影多部，累计6000余人学习，6月份，文化共享柳林县支中心利用电子阅览室投影仪等设备，在馆内组织开展了“夏日电影展播”等活动，为未成年人及留守子女播放《孙文少年行》、《小人物大英雄》、《霸王别姬》、《东汉演义》、《童心向党　快乐成长》等多部儿童题材、戏剧题材、爱国主义教育题材影片，累计1000余人到场观看学习，让先进文化与民族精神在青少年中传承与发扬。国庆期间，由柳林县文化局、柳林县地税局、柳林县图书馆联合举办以“国庆60年为主题”有奖征文活动，利用县委五百人会议室，开展了“国这紧缺人才定向培养”为主题的讲座，共480人参加。我馆利用卫星接收优秀刻录成光盘资源，每到4、23世界读书日、5-6月份宣传周、12月全民读书月等活动日，通过发放传单、悬挂横幅、下基层送电影、科技光盘等，积极宣传国家实施文化信息资源共享工程的目的和意义，取得了一定成绩。

六、工作展望

文化共享柳林县支中心自2005年底组织实施以来，把服务视角伸向各阶层，各领域，充分利用全国文化信息资源共享工程资源及网络设备，组织开展了各种读书活动，让更多的人了解了全国文化信息资源共享工程，并利用共享工程资源，努力实现共享工程普惠百姓的目的，为构建和谐家庭、和谐社会发挥了积极作用，也取得了一定成绩。但是，近10年的实践，让我们更清晰地看到此项工作还有很大的空间需要我们去研究、去开拓。未来，我们将在地方文献数字化、特色资源的建设与利用、制度建设、资源管理与服务等方面做出努力。希望出台相关的法律法规，促使地方政府能增加编制、加大投入，实行文化共享工程运行经费单列，真正实现文化共享普惠百姓的目的。

（撰文/刘艳琴）

交城县支中心

文化信息资源共享工程是国家的一项文化创新工程，民心工程，有着巨大的社会效益和广阔的发展空间。围绕这一惠民工程的顺利开展。近几年来，在社会各界的关注和政府领导支持和指导下，我县认真的开展文化信息资源共享工程建设，工作中坚持政府主管，文体局主抓的原则，以县图书室馆为中心，乡镇文化站和行政村（街道、社区）文化活动室为重点的基层服务网络，组织实施文化信息资源共享工程。通过“共享工程”的实施，将为新时期建设新农村、培育新农民搭建新的平台，并以此推进和完善文化服务体系建设，提高文化服务水平，促进城乡文化事业的发展。

一、基本情况

交城县文化资源共享工程于2008年开始起步建设。县图书馆建立了交城县文化信息资源共享工程县级支中心，配置电脑30台。县政府对县文化信息资源共享工程建设比较重视，2008年，成立了交城县文化信息资源共享工程办公室，负责指导、协调全县文化信息资源共享工程建设工作，负责协调镇村级共享工程设备的维修，指导镇村级共享工程活动的开展以及开展全县共享工程管理员的业务培训和指导。2010年交城县文化资源共享工程普及进入乡镇行政村，实现了全县共享工程全覆盖。

二、管理和队伍建设

交城县支中心重视“共享工程”管理和队伍建设工作，制定了相关工作职责和制度，每年有年度工作计划和总结，并制定了《交城县文化信息资源共享工程实施方案》。并推行管理员工作日志管理，收集整理共享工程服务活动的得失，探索共享工程管理和服务新模式。

文化资源共享工程作为一个新的农村文化资源获取平台，如何推广好、利用好共享工程丰富的文化资源关键在于是否有一支专业化的共享工程管理员队伍。交城县支中心选择计算机专业或其他高学历的人员为管理员，并通过出去学习、请老师来馆讲课等形式，努力建设一支专业化的“共享工程”管理员队伍，不断提高业务能力和工作水平。

三、培训工作

交城县支中心注重抓好“共享工程”管理员培训工作，每年通过集中培训、网络培训和上门辅导等形式开展培训，不断提高管理员的专业水平。2012年组织了12次网络培训，并对各乡镇及街道基层服务点进行了上门辅导。

四、经费投入

全国文化信息资源共享工程交城县支中心于2008年建成，共投入资金68万。自2010年实现了村村覆盖以来，图书馆每年投入2万元的运维经费，用于共享工程设备的维护，人员培训和惠民活动的开展。同时，图书馆每年也投入大量人力物力支援共享工程各项活动的正常开展

五、资源建设

交城县支中心在历年的工作中，搜集不同区域民众文化需求，建立了数据库1TB。

六、合作共建

交城县开展多种形式的合作共建，推进“共享工程”建设。以共享工程为依托结合全覆盖的农村数字电影厅建立电子文献资源服务中心。将各种部门下发的电子文献资源与建立的共享工程服务点结合，根据不同乡镇、村的硬件条件建立形式多样的电子阅览室和多媒体中心。通过多方不懈努力，共享工程已逐步走入基层村民生活，成为村民获取新知，娱乐身心的新渠道新平台。

七、利民惠众，惠农服务

交城县支中心及各级服务点通过电子阅览室为读者提供在线信息服务，利用多媒体教室为群众播放电影、举办讲座、组织培训等活动。乡镇等基层服务点利用下乡放映电影的机会，放映文化共享工程的农村种养培训视频，深受广大农民的欢迎；晚上利用投影仪在文化广场播放视频节目，电影、地方戏剧、科技知识、生活小常识、法律知识等内容都深受居民的喜爱。交城县支中心、各基层服务点充分发挥“共享工程”在农村实用人才队伍建设中的积极作用，开展农村实用人才培训，主要形式是举办文化、卫生、科技、法制、种养等各种内容的培

训班、视频讲座，不断开创培训工作的新局面。

八、宣传推广

1、交城县支中心利用各种渠道宣传推广共享工程。在每年的4.23世界读书日、学习雷锋活动月、科普知识宣传周等活动中，交城县支中心不失时机，以活动为平台，以资料为媒介宣传共享工程，让民众不断了解共享工程，走进共享工程。

2、走进校园。交城县支中心文化服务中不断探索，利用图书馆儿童阅览专区，组织动员青少年儿童关注共享工程，利用共享工程。同时在全县中小学校开展了电脑小报制作大赛。通过一系列的活动使共享工程不仅走进农村也走进校园走进青少年。

九、工作展望

交城县公共图书馆存在藏书量少、新书少的情况，须继续大力推进“共享工程”建设，充分利用“共享工程”的丰富资源为群众服务。要结合“数字图书馆”工程建设，全面完善交城县支中心的设备，提高交城县“共享工程”的建设水平。以县图书馆为中心，加强基层文化设施网点网络化、数字化建设，加强专业技术人员的培养，为深入推进“共享工程”的实施打好基础。要充分发挥“共享工程”的作用，大力开展公益性数字文化服务，尤其加强对广大农村地区的扶持力度，将文化共享工程建设成为社会主义新农村的重要抓手。通过多种形式拓展服务范围、创新服务方式，将地方历史文化、音乐、曲艺、歌舞、美术等优秀非物质文化遗产纳入“共享工程”建设内容，以群众喜闻乐见的形式使“共享工程”更加贴近基层、贴近生活、贴近群众。

（撰文/丁琛）

交口县支中心

交口县图书馆位于城区交通主干道（五麟大街），交口县一中附近。属文化一条街，沿街有交口县一中、交口县青少年活动中心、交口县职业中学、交口县新世纪中学、交口县明德小学等，地理位置优越，并具有一定的文化氛围。2010年5月动工修建，现已投入使用，其建筑内容是一栋地上二层的建设及配套给排水、热力、电力、通信等基础设施的建设，总投资350万元，图书馆占地约3000平方米，总建筑面积2035平方米，框架结构。主要有书库用房、阅览用房、多功能厅、培训中心、展览厅、办公室等。投入使用后可满足广大市民学习科学知识与享受精神文明生活的需求，可进一步提高市民整体素质与城市文化品味。

一、基本情况

交口县文化资源共享工程建设开始于2006年，在县图书馆开始安装，前期安装设备均通过卫星设备直接接收国家中心下发的给类资源和信息。

共享工程交口支中心设在交口县图书馆，是交口县共享工程的建设和业务指导单位，负责保障区中心共享工程设备的运行，协调镇村级共享工程设备的维修，指导镇村级共享工程活动的开展以及开展全区共享工程管理员的业务培训和指导。

二、管理和队伍建设

为使共享项工程真正为民所用为民谋利，交口支中心将共享工程日常管理纳入制度化管理。制定支中心服务点工作职责和制度，实行制度上墙公开。每年有年度工作计划，月度有工作要点，季度有工作督导，年末有工作总结考核，并推行管理员工作日志管理，收集整理共享工程服务活动的得失，探索共享工程管理和服务新模式。

文化资源共享工程作为一个新的农村文化资源获取平台，如何推广好、利用好共享工程丰富的文化资源关键在于是否有一支专业化的共享工程管理员队伍。交口县共享工程支中心在管理员队伍建设上坚持明确职责，明确思路，制度化管理，常态化培育。

三、培训工作

交口支中心在共享工程管理员的培养上实现了制度化和常态化。根据支中心工作要求，每年对城区共享工程管理员进行6期的集中培训，2006年以来一共举办各类培训班20期。

四、经费投入

交口县共享工程自2006年建成以来，县图书馆每年投入10余万的运维经费，用于共享工程设备的维护，人员培训和惠民活动的开展。同时，交口县政府和交口图书馆每年也投入大量人力物力支援共享工程各项活动的正常开展。

五、资源建设

交口支中心在历年的工作中，搜集不同区域民众文化需求，每年制作发放各类展板30多块，各类海报，招贴画20副，发放宣传资料4000余份。

六.合作共建

以共享工程为依托结合全覆盖的农村数字电影厅建立电子文献资源服务中心。将各种部门下发的电子文献资源与建立的共享工程服务点结合。通过多方不懈努力，共享工程已逐步走入城区生活，成为人民获取新知、娱乐身心的新渠道新平台。

七、利民惠众，惠农服务

交口支中心在共享工程服务实践过程中，以民众的需求为导向，积极探索，服务民众生活生产，引领群众高尚精神文化生活，打造群在满意喜爱的文化服务新平台。

八、宣传推广

1、交口支中心利用各种渠道宣传推广共享工程。在交口每年的科技文化四下乡活动，科普之春，科普之夏，科技周等活动中，交口支中心不失时机，以活动为平台，以资料为媒介宣传共享工程，让民众不断了解共享工程，走进共享工程。

2、走进校园。交口支中心文化服务中不断探索，利用共享工程，收集青少年知识兴趣点整理挖掘，针对集中地知识群和关注点交口支中心联合友邻部分聘请专家前来为青少年答疑解惑。

3、专题活动，精彩纷呈。交口支中心在服务中抓住文化的热点和亮点，积极组织群众喜闻乐见的文化服务，使共享工程走进群众生活。

九、工作展望

交口县文化资源共享工程已走过7个年头，从单一的资源接收到今天的编辑分发和群众广泛认知，广泛参与，文化资源共享工程在交口已经成为交口人民文化生活的一大支柱，成为繁荣交口文化，丰富交口人民精神生活，推动交口人文科技进步的强大动力源泉。今后交口支中心希望在国家、省、市中心的大力支持下为交口共享工程建设一支专业化的服务队伍，建立一个国家、省、市、乡四级知识网络联动的即时问答服务体制和服务形式更加多样，服务网点更加宽广，参与群众更加广泛的共享工程文化带动体系，为建设科技交口，文化交口做出贡献。

（撰文/交口县支中心）

全国文化信息资源共享工程——

内蒙古自治区分中心

内蒙古自治区位于中国北部边疆，由东北向西南斜伸，呈狭长形，东西直线距离2400公里，南北跨度1700公里，土地总面积118.3万平方公里，全区总人口为2481.71万人。现设呼和浩特市、包头市、乌海市、赤峰市、通辽市、鄂尔多斯市、呼伦贝尔市、乌兰察布市、巴彦淖尔市、兴安盟、阿拉善盟、锡林郭勒盟12个盟市，下设101个旗县。

文化信息资源共享工程在内蒙古自治区实施的十年来，在自治区党委政府的关心支持下，在自治区文化厅、财政厅的统一领导部署下，经过全区各级文化共享人的共同努力和辛勤工作下取得了显著成效，为自治区的公共文化服务体系建设和构建社会主义和谐社会起到了积极的作用。

文化共享工程内蒙古分中心经过近8年的发展，不仅在软硬件搭建、人才队伍培养、资源建设、服务开展等自身建设方面取得了长足的进步，同时也为全区各级支中心、基础服务点提供了有力的技术支持和业务指导，保证了文化共享工程在全区的有效开展。内蒙古分中心各项业务工作的开展包括了以下几方面内容：

一、基本情况

共享工程内蒙古分中心正式成立于2005年，常设机构在内蒙古图书馆，共设四个部门。包括共享工程办公室、计算机网络部、资源采集部和资源加工部，在编人员32名。几年来，在文化部、自治区政府和文化厅各级领导的关心和支持下，内蒙古分中心通过不懈的努力，初步搭建起了具有先进技术水平的软硬件平台。为实现优秀文化信息资源在全区范围内的共建共享打下坚实的基础。

内蒙古分中心在设施设备、队伍建设、活动组织、基层服务、资源建设等各方面，逐步形成了统一协作、分工明确、行之有效的工作模式，确保了分中心的各项工作合理高效的开展。

二、各级支中心、服务点的业务指导工作

内蒙古各级支中心的共享工程建设起步较晚，2009年才开始市县支中心的建设，对基层中心的业务指导、技术支持成为分中心工作中的重要组成部分，主要包括：市县支中心建设工作、市县支中心人员培训、市县支中心业务指导。

1、市县支中心建设工作

针对市县支中心的建设，分中心在建设方案、设备安装、项目验收等方面做了大量的工作，保证了全区101个县级支中心建设任务的顺利完成，并协助12个盟市进行了市级支中心的建设。全区已建成省级分中心、市县支中心、乡镇基层服务点三级网络服务平台，为文化共享工程的各项工作开展，奠定了坚实的基础。

2、市县支中心人员培训

针对市县支中心技术力量和业务水平薄弱的情况，分中心编写了有针对性的教材和课件，并在自治区文化厅的统一部署下，举办了四期8次的“县级支中心技术人员培训班”，共1000人次的县级支中心技术骨干参加了培训。全面提高了我区县级支中心及基层服务点的技术人员技能水平，基本建成了一支文化共享工程的技术人才队伍 。

3、市县支中心业务指导

随着市县支中心、基层服务点各项工作的深入开展，各地出现了不同程度的技术、管理等方面的问题，分中心采取及时响应、集中辅导的原则对各地开展了业务指导工作，确保了各市县支中心的各项工作有序稳定的开展。

三、服务活动的组织工作

服务活动的组织开展已成为分中心主要的日常工作，设立专人负责此项工作组织实施。通过紧密结合国家管理中心统一规划的专题活动开展服务活动的组织工作，共举办各类服务活动200多场次，服务群众近十万人次。同时积极响应国家管理中心组织的各项业务活动，充分展现了内蒙古自治区共享工程事业取得的成绩。

内蒙古分中心紧紧围绕“传播中华民族优秀文化，丰富群众精神文化生活”的主题思想，开展走进社区、走进军营、走进企业、走进校园、走进农村、牧区等服务活动。例如：分中心定期与内蒙古第一女子监狱、内蒙古女子劳教所、呼和浩特第四监狱开展“警民共建”活动，将优秀文化资源送进高墙内，

文化助残 放飞梦想

共享工程西部盟市、旗县培训班

2011年度资源建设项目专家论证会

"数字文化走进蒙古包"

服刑人员和劳教人员献上文化大餐；定期举办视频讲座、文化知识展览、消夏电影展播等活动，将优秀的视频资源带入敬老完、儿童福利院、社区等，丰富大众的文化生活；实施"数字文七走进蒙古包"系列服务活动，走进农村、牧区为广大农牧民群众送去实用的农牧业科技信息资源和丰富的优秀文资源，满足了基础群众的生产生活需要。

此外，内蒙古分中心利用先进的网络传输手段，通过三级网络服务平台辐射功能，将优秀的文化信息资源传播到全区12个盟市支中心、101个旗县支中心以及乡镇基层服务点，最大限度地为农牧民服务。

四、文化信息资源的建设工作

资源建设已成为文化共享工程的工作重点，内蒙古分中心以突出地方特色和民族特色为原则，深入挖掘我区的文化资源，通过文字、图片、音视频等多种形式，进行数字化的资源加工。

1、特色资源库的建设

内蒙古分中心特色资源的建设，已完成了《蒙古族文化艺术》、《内蒙古草原风情旅游》、《内蒙古农牧业实用技术》和《蒙医药资源库》四个特色资源库的建设。以文字、图片、音视频等多种形式充分体现了内蒙古的草原文化和地方特色。其中视频资源900余部近320小时、图片6000余幅、数据6000余条，资源总量达到1TB。所有资源已通过内蒙古文化信息网（www.nmgcnt.com）和刻录光盘下发等方式免费向公众开放。

经过近几年的资源建设，内蒙古分中心的资源建设工作逐步形成了特色资源建设的总体框架和建设思路，即以红色革命、少数民族、历史文化为整体的资源建设框架，由若干子库不断充实的资源建设内容体系。

2、蒙古语资源译制工作

内蒙古分中心从2007年开始承担共享工程蒙古语资源译制工作，至今累计完成500多小时资源的译制工作。内容主要有红色专题片、讲座、农牧业专题片、城镇务工、动画片、医疗卫生、普法教育、晚会等，种类多样，内容丰富实用，满足了不同年龄群众的文化需求。其中讲座300多部，农业专题片200部，动画片10部，资源量达2.5T。

3、馆藏文献数字化工作

在完成文化共享工程国家管理中心的资源建设的基础上，内蒙古分中心结合本馆馆藏特点，利用现有的资源建设设备和专业技术人员，积极开展了馆藏文献的数字化工作。目前已加工完成了10万页的电子文献数据，内容包括了蒙文文献、汉文文献以及古籍文献，并已通过内蒙古图书馆网站对外发布。

五、工作展望

自文化共享工程内蒙古分中心成立以来，在国家中心、各级领导、广大同仁的帮助指导以及内蒙古分中心全体工作人员的共同努力下，共享工程各项工作都更上一个台阶。一路走来，内蒙古分中心也取得了一些令人瞩目的成绩：

在建党90周年之际，内蒙古分中心参加"颂歌献给党——全国文化信息共享工程迎接建党90周年群众歌咏活动"，自创自编自演自导的音乐作品《超越希望的明天》、《文化共享工程赞歌》荣获一等奖、最佳原创作品奖、优秀原创作品奖。同时，在"党旗飞扬—全国青少年纪念建党90周年党史知识大赛"活动中，内蒙古分中心与内蒙古图书馆少儿馆协作，组织青少年进行网络答题，并获得组织奖。在2011年10月杭州萧山举办的《第二届文化共享杯——全国文化信息资源共享工程知识与技能竞赛》中，内蒙古代表队以优异的成绩夺得二等奖，以及一个优秀选手奖。

这些成就不会让我们骄傲，只会让我在今后的工作中以更加饱满的工作热情将共享工程各项工作落到实处，实现优秀文化信息资源在全区范围内的共建共享。满足广大人民群众日益增长的文化需求，整体提高文化资源的利用率，占领思想文化阵地，繁荣社会主义文化事业，使文化共享工程更好地为我区经济建设和社会发展服务。

（撰文/内蒙古自治区分中心）

呼和浩特市支中心

呼和浩特是内蒙古自治区首府，辖4个区（新城区、回民区、玉泉区、赛罕区）、1旗（土默特左旗）、4县（托克托县、和林格尔县、清水河县、武川县）、1个国家级经济技术开发区（呼和浩特经济技术开发区，包括如意、金川两个区域）。土地面积1.72万平方公里，全市有常住人口258万人。

呼和浩特市图书馆文化信息资源共享工程虽起步晚，但十年来，通过呼市文化局及我馆的共同努力、积极争取该项工程资金，抓住有利时机，逐步购入共享工程相关设备、架设网络环境，搭建共享工程平台，为满足市民多层次文化需求发挥了重要作用。

一、基本情况

共享工程呼和浩特支中心设在呼和浩特市图书馆。呼市图书馆按照《内蒙古自治区文化信息资源“共享工程”实施方案》及市文化局、财政局、信息化工作办公室下发的《关于进一步加强我市文化信息资源共享工程建设的实施意见》的要求，于2009年争取到共享工程专款20万元。同年12月7日，呼市图书馆进行了弱电系统工程——呼和浩特市图书馆文化信息资源共享工程建设的招投标工作；2010年呼市发改委向我馆该工程建设投入30万元，建成了40平方米的机房、完成了共享工程综合布线工作、3G无线网络覆盖工程、配备了机箱、灭火器等；2012年6月，市财政向我馆划拨共享工程专款117万元，我馆建立了电子阅览室、多功能报告厅、采购了部分机房设备，电子阅览室、多功能报告厅于10月正式免费向读者开放。

二、管理和队伍建设

文化资源共享工程作为一个新的市民文化资源获取平台，如何推广好、利用好共享工程丰富的文化资源，关键在于是否有一支专业化的共享工程管理员队伍。我们按照国家中心和分中心要求，建立了由馆长任组长，副馆长任副组长，班子其他人员为成员的“共享工程”呼和浩特市支中心组织机构，下设计算机信息部，具体负责技术保障、资源建设和辅导服务工作。为加强对支中心管理，制定了《电子阅览室管理制度》、《电子阅览室工作人员职责》等内部管理制度，使支中心步入规范化、制度化的发展轨道。

三、培训工作

呼和浩特图书馆领导班子在实施共享工程建设中深刻认识到，没有一支过硬的高素质干部队伍是不行的，因此克服了经费紧张等情况，自2003年起，采取走出去、请进来等多种方式，举办各类培训班十余期；多次派职工参加外省市举办的图书馆业务及业务自动化培训班，实现了全体工作人员轮训一遍。

四、硬件投入

市财政局投入大量资金，加强文化信息资源共享工程呼和浩特市支中心的建设。新建成的局域网，桌面带宽100兆，因特网接口为100兆光纤，信息布点100多个。拥有42寸多媒体读报器2台，业务服务器3台，其中数据库服务器1台、应用服务器1台、媒体点播服务器1台、硬件防火墙1台、网络核心交换机2台、办公用终端计算机22台、供读者使用和检索终端计算机48台以及打印机、投影机、扫描仪等多台外接设备。目前，支中心的共享工程阅览室和共享工程展播室已对读者开放。

五、惠民服务

1、网络服务。我馆于2012年12月创建了呼市图书馆网站，图书馆的所有数字资源都可通过网站链接，网站页面点击量平均每天可达100多人次。

2、阅览服务。该馆二楼共享工程电子阅览室于2012年10月29日免费对读者开放，阅览用电脑48台，每天开放时间为6.5小时。读者凭一卡通可上网阅览共享工程网站内容和我馆自行开发及购买的数据库资源。

3、读者活动。今年我们利用多功能报告厅邀请专家为读者举办学习讲座四场、考生考前心理辅导讲座一场。定期举办读者故事会、诗歌朗诵会；节假日、公共图书馆服务宣传周期间播放“共享工程”中的讲座、影视节目。目前，已播放电影和讲座30余场，参与观众千余人。此外我们与社区、学校、部队、未成年犯管教所建立图书流动服务站15个，使共享工程走进群众生活，深受人们喜爱。

“共享工程”的实施，有效地提升了市图书馆的服务功能。我们决心在市文化局的直接领导下，在国家中心、省分中心的指导帮助下，求真务实，创新创优，确保“共享工程”取得成效，在新农村建设、构建和谐文化、培育社会新风和建立社会主义核心价值体系等方面发挥积极作用。

（撰文/呼和浩特市支中心）

呼和浩特市回民区支中心

2000年5月14日，国务院（国函[2000]42号）批准同意调整呼和浩特市市辖区行政区划。区划调整后，回民区辖通道街、中山西路、环河街、新华西路、光明路、海拉尔西路6个街道办事处，以及从原郊区划入的攸攸板乡，西菜园乡的金龙居委会和青山、厂汉板、倘不浪、西龙王庙、四合兴、什拉门更、小府、塔布板、孔家营9个村委会。区人民政府驻通道南街。2000年，回民区辖6个街道、1个镇。2001年增加钢铁路街道，共7个街道、1个镇。

一、落实情况

全国文化信息资源共享工程回民区支中心建设始于2010年初，6月完成建设，10月正式投入使用并免费开放。周一至周五上午9:00——11:30，下午14:30——17:30。现有工作人员2人。

二、利民惠众、惠民服务

文化资源共享工程所有设备都已安装完毕并已投入使用，并实现免费开放。除节假日，所有文化资源共享工程工作正常运行。

今年，除接受国家的文化信息资源外，该支中心自建数字资源25GB。9月份完成数字图书映射工作，实现图书数字化。同时，联系回民区各小学，把回民区之中心作为各学校电教室，共学生们学习使用。我支中心还开展假期放电影活动，给学生们播放各类有教育意义的电影。

（撰文/呼和浩特市回民区支中心）

呼和浩特市赛罕区支中心

赛罕区位于内蒙古自治区首府呼和浩特市南部，总面积1025.2平方公里，是首府面积最大的城区。全区常住人口63.5万人，其中非农业人口50.5万人，辖1个自治区级开放区，3个乡镇、101个行政村，8个街道办事处、82个社区居委会，是一个以蒙古族为主体、汉族占多数的多民族聚居区，1995年被国家文化部命名为“全国先进文化区”。赛罕区文化资源共享工程在赛罕区政府正确领导及文体局的支持下，以建设社会主义新农村繁荣基层文化为目标，发挥文化资源共享工程的作用。

赛罕区文化资源共享工程建设开始于2006年当时我馆本着以点带面，先易后难，逐步推进的方针，将工作重点放在农村基层文化站。2009年图书馆有25台计算机建立了电子阅览室。图书馆利用这些计算机通过接收全国各地优秀的文化信息开展各种活动，满足不同层次读

者的需求。2012年电子阅览室发展到45台计算机。开展各类培训，定期播放电影、讲座等人们喜闻乐见的文化信息，让更多的群众了解文化信息资源的内容，让更多的群众享受文化发展成果。

（撰文/呼和浩特市赛罕区支中心）

托克托县支中心

一、基本情况

托克托县文化资源共享工程建设开始于2009年底，至2010年初，托克托县县级支中心基础设施的准备和建设工作全部完成。网络公司先后到我县对县级支中心建设点进行了布线及设备安装、调试，并对县图书馆及5个乡（镇）文化站工作人员进行了设备的使用管理培训，县级支中心的各项建设工作基本完成。

共享工程托克托县支中心设在托克托县图书馆，是托克托县共享工程的建设和业务指导单位，负责保障县中心共享工程设备的运行，协调镇村级共享工程设备的维修，指导镇村级共享工程活动的开展以及开展全区共享工程管理员的业务培训和指导。

二、管理和队伍建设

加强管理，认真做好各项规章制度的建立。我县积极学习借鉴其它县的先进管理经验，结合实际，相继制定了《电子阅览室管理制度》、电子阅览室工作人员工作制度》、《文化共享工程设施设备管理制度》、《信息上报制度》等，县支中心文化共享工程的开展做到了有章可行、有据可依，同时也保障了广大读者的利益，为我县各族群众，尤其是青少年提供了绿色上网空间。

为使共享项工程真正为民所用为民谋利，托县支中心将共享工程日常管理纳入制度化管理。制定支中心、镇、村基层服务点工作职责和制度，实行制度上墙公开。文化资源共享工程作为一个新的农村文化资源获取平台，如何推广好、利用好共享工程丰富的文化资源关键在于是否有一支专业化的共享工程管理员队伍。托县共享工程支中心在管理员队伍建设上坚持明确职责，明确思路，制

度化管理，常态化培育。对于乡镇、村两级基层共享工程管理上择优选取文化层次较高，有一定社会基层管理服务实践经验的人为管理员，他们工作热情高，有较高的文化水平能尽快熟悉掌握共享工程设备为所在村民服务。

三、培训工作

积极抓好职工培训，做好技术储备。我县图书馆分别安排业务骨干到参加省分中心举办的文化共享工程县级支中心培训班10人次。在设备安装完成后，相关工作人员认真学习由网络公司技术员现场讲授的电子阅览室的基本操作和管理维护知识。托县支中心在共享工程管理员的培养上实现了制度化和常态化。根据支中心工作要求，每年对辖区共享工程管理员进行集中培训。

四、经费投入

托克托县共享工程自2010年建成以来，国家每年投入20万的运维经费，用于共享工程设备的维护，人员培训和惠民活动的开展。同时，托克托县政府，县文化局和县图书馆每年也投入大量人力物力支援共享工程各项活动的正常开展。

五、资源建设

我们利用网络平台宣传介绍民间民俗文化，启动了声、像、图、文字资料数字化加工整理工程，对民间文化艺术进行展示。同时将“共享工程”丰富的文化信息资源以网络方式，送到农民身边，使他们可以阅读电子图书，查询信息，观看电影，欣赏音乐、戏剧、曲艺等；还可以听专家讲座，学习文化、艺术、科技、法律、军事、衣食住行等各方面的相关知识。

六、利民惠众，惠农服务

托县支中心在共享工程服务实践过程中，以民众的需求为导向，积极探索，服务民众生活生产，引领群众高尚精神文化生活，打造群在满意喜爱的文化服务新平台。

根据托县地域农业生产特点，托县支中心每年按节令制作农业生产技术光盘和小册子通过行政村基层服务点村民分发。针对不同农业专业者，托县支中心有针对的选取资源上门指导服务。

七、宣传推广

托克托县支中心广泛宣传，丰富和活跃各民族的精神文化生活，占领城乡思想文化阵地，抵御一切不良文化的侵蚀，维护社会稳定，民族团结，经济发展和文化安全，为全国文化信息资源共享工程的运行和其社会功能的充分发挥营造一个良好的社会氛围。

1、托县支中心利用各种渠道宣传推广共享工程。

在托克托县每年的科技文化四下乡活动，科技周等

活动中，托县支中心不失时机，以活动为平台，以资料为媒介宣传共享工程，让民众不断了解共享工程，走进共享工程。

2、走进校园。托县支中心文化服务中不断探索，利用支中心儿童阅览专区，组织动员青少年儿童关注共享工程，利用共享工程，收集青少年知识兴趣点整理挖掘，通过一系列的活动是共享工程不仅走进农村也走进校园走进青少年。

3、专题活动，精彩纷呈。托县支中心在服务中抓住文化的热点和亮点，积极组织群众喜闻乐见的文化服务，使共享工程走进群众生活。还组织托克托民族中学、托克托县农村信用合作社等服务点开展“颂歌献给党”群众歌咏活动后上报国家中心网上展播，并获殊荣。

全国文化信息资源共享工程是一项利国利民、造福千秋万代的宏大工程，具有深远的意义。作为具有承上启下作用的县级支中心，应充分发挥自己的职能，以公共图书馆为依托，采取多种形式为广大人民群众提供特色化信息服务，从而为“共享工程”的顺利实施做出应有的贡献。

（撰文/托克托县支中心）

武川县支中心

一、基本情况

武川县总面积4885平方公里，辖3镇6乡、5个社区，93个村委会，963个自然村，是全县政治、经济和文化的中心。文化信息资源共享工程武川县支中心是根据自治区文化厅、财政厅《转发文化部、财政部<关于进一步推进全国文化信息资源共享工程实施意见>的通知》的要求精神，在自治区文化厅和自治区分中心的大力支持和帮助下，于2008年11月24日在武川县图书馆正式挂牌成立，该中心是通过卫星设备直接接收国家中心下发的各类资源和信息开展各项服务工作。2011年国家又投入专项资金40多万元在全县的八个乡镇的文化站建起了文化共享武川县乡镇基层服务点。

支中心自成立以来，严格按照自治区分中心的统一部署和要求，紧密结合我县的实际情况，充分发挥了文化信息资源共享工程的资源共享优势，在县财政极度困难、经费严重短缺的情况下做了大量工作。

二、管理和队伍建设

为使文化共享工程真正为民所用为民谋利，武川县支中心将共享工程日常管理纳入制度化管理。制定了支中心的工作职责和制度，实行制度上墙公开。每月都把开展活动的简报、照片按时上报自治区分中心。

文化信息资源共享工程作为一个新的基层文化资源获取平台，如何利用好共享工程丰富的文化资源关键在于是否有一支专业化的共享工程管理队伍。为此，武川县支中心通过多方协调，争取到了一名学习计算机软件工程专业的大学生为专业技术人员，同时还设置了8名兼职管理人员，负责支中心的日常业务和管理工作。

三、培训工作

在技术培训方面，到目前为止，支中心已先后派出10人次参加了内蒙古自治区文化厅组织的全国文化信息资源共享工程县级支中心技术人员一、二、三、四、五期业务培训班。2008年12月至2009年12月先后三次邀请内蒙古开发文化信息资源应用系统<蒙科立图书管理软件>百年树人公司的老师来我支中心对技术管理人员进行了业务辅导。在设备安装调试过程中，又组织技术管理人员参加了中标集成企业的现场培训，使工作人员能够熟练地操作设备。支中心先后参加培训的技术管理人员达24人次。

四、经费投入

由于武川县是国家级贫困县，支中心自2008年成立以来，除了国家安装设备时投入的5万元运维经费外，2009年、2010年支中心在主管局领导的大力支持下，从局里紧缺的经费里挤出3万元维持设备的运转，从2011年开始，国家实行图书馆免费开放政策，支中心每年不少于5万元的运维费才得以解决，进而保证了支中心各项活动的正常开展。

五、资源建设

把本地的历史、文化、民俗、人文、地理、曲艺等具有地方民俗特色的资源做全、做好是武川县支中心管理技术人员的职责。

1、收集整理地方资源。

1.1.将我县列为“国家非物质文化遗产名录”具有地方特色的剧目“爬山调”以及列为“自治区第二批非物质文化遗产名录”具有地方饮食文化特色的“武川莜面的制作技艺”加工成了电子版作为资料进行了保存，并作为地方特色资源上报到了分中心。

1.2.把部分地方特色文学《神奇武川》、《民间故事大全》、《民俗民风材料》通过文化信息资源共享工程内容加工系统，加工上传到了文化信息资源共享局域网，共广大读者查阅。今后支中心还将逐步把《武川县志》、《武川县文物志》等地方特色资源收集、整理，通过现有设备进行加工。

2、开展数字化资源的采集工作。通过资源建设及时把我县一年来举办的各种大型文体活动及时向全社会进行了宣传报导。到目前为止，支中心已将2008年至2012年全县大型的春节、元宵节文化活动、消夏广场文体活动、第三届县运会以及各类文艺汇演，通过数码照相机和摄像机采集下来制成了电子资料存档。

3、建设数据库。为了方便读者电子检索的需求，目前支中心的技术人员正在把馆藏图书通过蒙科立多文种图书管理系统软件进行数字加工整理，形成机读目录，建设图书数据库和地方资源数据库，使该馆的管理逐步向数字化图书馆管理迈进。

六、走进基层，服务大众

武川县支中心在共享工程服务实践过程中，以民众的需求为向导，积极探索，实事求是，结合我县的实际情况，以文化信息资源共享服务为平台，在服务基层、服务大众的活动中做了大量工作，受到了自治区文化厅和社会各届的好评。

1、服务农村。根据我县地域农业生产特点，支中心每年把文化部全国文化信息建设中心下发的《文化共享助春耕》资源中适合北方地区种、养、殖的资源刻录成光盘送到县广播局通过有线电视面向全县乡镇进行播放，

组织农民工观看电影

在送书下乡活动的同时还把这些小册子通过基层服务点分发给村民。在农闲季节，支中心还利用共享资源设备深入乡镇为当地农民放映科教片和爱国主义教育影片。

2、专题活动，精彩纷呈。武川县支中心在“文化共享、服务社会”的活动中，抓住文化的热点和亮点，积极组织群众喜闻乐见的文化服务，使共享工程走进群众生活。例如：

2.1.在迎接建党90周年之际，支中心在县文化广场举办了“全国文化信息资源共享工程武川县支中心庆祝建党90周年电影展播”活动。

2.2.深入武警呼和浩特市支队武川县中队、县看守所、县消防支队，开展了“文化共享走进军营”活动，并赠送文化共享资源自制光盘50多张。

2.3.在每年的“六一儿童节”期间与县信息办在县青山园文化广场的大屏幕上联举办优秀少儿影片展播活动。

2.4.为了更好地为全县高考考生提供服务，支中心每年还利用文化共享资源电子阅览室举办“文化共享服务考生”网报志愿活动。2.5.在节假日与县直中小学班主任取得联系，利用文化共享资源，组织学生，开展形式多样的“主题班会”、“演讲会”，并为学生们播放具有教育意义的爱国主义影片。

2.6.举办讲座。支中心在文化服务中不断探索，利用共享资源“名家讲坛”多次组织全系统党员干部观看时事专题讲座。

……。

这些服务活动的开展，受到了社会各界的认可和好评。

七、荣誉奖项

2008年11月支中心被自治区文化厅确定为全区第二批29个旗县区文化信息共享资源工程的先进试点。2011年又被自治区文化厅评为“示范县级支中心”。

八、工作展望

文化信息资源共享工程武川县支中心成立四年来，从单一的资源接收，到今天的编辑分发和群众广泛认知、广泛参与，文化信息资源共享工程已成为全县人民群众文化生活的一大亮点。今后支中心希望在国家中心，内蒙古自治区分中心和县委县政府的大力支持下建设一支专业化的服务队伍，实现全县共享工程村村通全覆盖，让基层更多的群众了解共享工程，走进共享工程，参与共享工程，为建设和谐武川、繁荣武川、美丽武川做出贡献。

（撰文/武川县支中心）

和林格尔县支中心

和林格尔县行政区划共有7个乡镇，1个经济园区；共有145个行政村，5个农场，10个居委会。和林格尔县文化资源共享工程支中心于2010年成立，在上级领导部门和业务部门的领导和支持下，结合实际，扎实工作，稳步发展，为全县公共文化服务体系建设，极大满足广大人民群众多层次文化的需求传播先进文化为和林格尔经济发展起到了重要的辅助作用。

一、基本情况

和林格尔县文化资源共享工程建设开始于2010年，并于2010年5月成立了支中心，后陆续在7个乡镇文化站建立基层服务中心，实现了县、乡镇文化资源共享工程全覆盖。县级支中心配备专业人员3名，多次参加自治区、共享工程中心组织专业培训学习，极大地提高了工作人员的专业素质和专业知识，并组织各乡镇服务中心管理员进行多次的培训，现7个乡镇管理员全部为大学生村官。

二、开展工作情况

和林格尔县支中心工作人员在近年工作中，与县非物质文化遗产、文物普查工作人员合作收集了全县各民族文化遗产，根据不同需求，编辑制作各类题材资源4TB，制作各类光盘800多张，依托社区图书室，农村农家书屋，农村数字放映点等借助全县各类文化活动，庙会、“三八”妇女节、“六一”儿童节、“6.26”禁毒日、“七一”党生日、“八一”建军节、“11.9”消防宣传日等，走进农村、企业、社区、学校、军营，利用现有设备进行爱国主义，农村实用技术科普知识，卫生、法律、礼仪等知识讲座，为宣传党的方针政策开辟了新渠道，为丰富群众生活弘扬文明新风开辟了新阵地，让民众不断了解共享工程，走进和参与共享工程。和林县支中心在管理，指导乡镇服务中心工作的同时，积极提高自身的业务素质，利用现有场所开展阵地活动，每月定期开展一次实用知识讲座，（“养生”、“膳食”、“健身”、“保健”、“法律”、“礼仪”等），星期天利用投影设备为群众和学生播放影片，组织非物质文化遗产代表性传承人走进学校讲授传承技艺，组织各学校开展共享工程读书体会作文赛、书法赛，文艺才艺赛等活动，极大地起到了传播，传递民族文化资源的重要作用。

三、建设情况

现和林格尔县有县支中心1个，乡镇服务各中心7个，县级服务点没建设，随着国家和自治区文化共享工程工作的推进落实，村级服务中心全覆盖为迟不远，到时和林县支中心一定在上级业务部门的指导下，建设一支专业化的服务队伍，利用网点宽广的便利条件，把县、乡、村三级共享工程文化体系推向高的起点，服务工作上台阶，为和林格尔建设文化大县，为和林格尔经济腾飞，为构建和谐社会做出更大的贡献。

（撰文/和林格尔县支中心）

清水河县支中心

清水河县面积2859平方公里，行政区划共有8个乡镇，共有103个行政村，常住人口14余万人。清水河县文化资源共享工程在县文体广电局的支持和部署下，逐步推进，稳步发展，在新形势下为繁荣农村基层文化，满足农民多层次文化需求，传递中国民族优秀文化资源发挥了重要作用。

一、基本情况

清水河县文化资源共享工程建设开始于2010年，最初在城关镇体育场文体局三楼安装，此后陆续在全县6个乡镇文化站开始安装，前期安装设备均通过卫星设备直接接收国家中心下发的各类资源和信息。

共享工程清水河县支中心设在清水河县图书馆，是清水河县共享工程的建设和业务指导单位，负责保障县中心共享工程设备的运行，协调乡镇共享工程设备的维修，指导乡镇共享工程活动的开展以及开展全县共享工程管理员的业务培训和指导。

二、管理和队伍建设

为使共享项工程真正为民所用为民谋利，清水河县支中心将共享工程日常管理纳入制度化管理。制定支中心、乡镇基层服务点工作职责和制度，实行制度上墙公开。收集整理共享工程服务活动的得失，探索共享工程管理和服务新模式。

文化资源共享工程作为一个新的农村文化资源获取平台，如何推广好、利用好共享工程丰富的文化资源关键在于是否有一支专业化的共享工程管理员队伍。清水河县共享工程支中心在管理员队伍建设上坚持明确职责，明确思路，制度化管理，常态化培育。对于乡镇基层共享工程管理上择优选取文化层次较高，有一定社会基层管理服务实践经验的大学生村官为管理员，他们工作热情高，有较高的文化水平能尽快熟悉掌握共享工程设备为所在村民服务。

三、培训工作

清水河县支中心在共享工程管理员的培养上实现了制度化和常态化。根据支中心工作要求，每年对全县共享工程管理员进行集中培训。

四、经费投入

清水河县共享工程自2010年安装以来，每年投入运

维经费，用于共享工程设备的维护，人员培训和惠民活动的开展。同时，清水河县政府、县文体广电局每年也投入大量人力物力支援共享工程各项活动的正常开展。

五、资源建设

清水河县支中心在历年的工作中，搜集不同区域民众文化需求，选取、编辑制作各类题材资源，每年制作展板，各类海报，发放宣传资料。

六、合作共建

将各种部门下发的电子文献资源与建立的共享工程服务点结合，根据不同乡镇硬件条件建立形式多样的电子阅览室和多媒体中心。共享工程宣教授课和电子资源阅读播放为一体的多功能活动室。通过多方不懈努力，共享工程已逐步走入基层村民生活，成为村民获取新知，娱乐身心的新渠道新平台。

七、利民惠众，惠农服务

清水河县支中心在共享工程服务实践过程中，以民众的需求为导向，积极探索，服务民众生活生产，引领群众高尚精神文化生活，打造群众满意喜爱的文化服务新平台。

八、宣传推广

1、清水河县支中心利用各种渠道宣传推广共享工程。在清水河县每年的科技文化三下乡活动，春节元宵节活动，科普之春，2131工程，科技周等活动中，清水河县支中心不失时机，以活动为平台，以资料为媒介宣传共享工程，让民众不断了解共享工程，走进共享工程。

2、专题活动，精彩纷呈。清水河县支中心在服务中抓住文化的热点和亮点，积极组织群众喜闻乐见的文化服务，使共享工程走进群众生活。

（撰文/清水河县支中心）

包头市支中心

包头，源于蒙古语“包克图”，蒙古语意为“有鹿的地方”，所以又叫鹿城。总面积2.8万平方公里，辖有九个旗县区，共有34个乡镇，有蒙、汉、回、满等37个民族。全市常住人口265万余人。在国家中心、内蒙古自治区分中心的支持和部署下，包头市文化资源共享工程为使优秀文化信息资源走进社区、走进军营、走进企业、走进校园、走进农村、牧区，改善城乡基层文化服务，丰富广大人民群众的精神文化生活发挥了重要作用

一、基本情况

包头文化信息资源共享工程在我市已经走过7年的历程，在包头市图书馆和9个旗县区图书馆专业技术人员的共同努力下，市级支中心基础建设基本完成，已开展了基础项目服务。旗县区基层支中心全部完成，目前全部旗县区都开展了文化信息共享服务。乡镇苏木街道已建成34个基层服务点，63个村嘎查社区服务点。文化共享工程的服务网络极大地缓解了我市基层群众文化生活匮乏的状况。

二、培训工作

为了提高共享工程管理人员的业务水平，包头支中心参加了内蒙古自治区举办的“共享工程”各项培训班，通过学习有效地提高了本地区共享工程管理人员的业务技能，加快了“共享工程”基层服务点的推广及延伸工作。

三、经费投入

2006年，包头市图书馆多方筹措40万元建设文化资源共享工程包头支中心，购置了共享工程主要设备，后于2008 年继续投入24万元购置补充设备。迁入新馆后，包头市图书馆已把文化资源共享工程包头支中心建设做为我馆重点建设的文化工程之一，积极争取经费投入，推进文化资源共享工程发展的进程。

四、资源建设

依托文化共享工程信息资源丰厚的有利条件，坚持以数字资源建设为核心，借助包头市图书馆新馆开馆这个契机，以包头地方文献资源为重点，以数字化为手段，将包头地区优秀文化信息资源通过共建共享，形成覆盖城乡的数字文化服务体系，使广大基层群众能够普遍享受到数字文化服务。

五、利民惠众，惠农服务

利用文化共享工程下发的光盘资源，深入社区、企业、学校、乡镇等全市15家分馆和流通点单位，针对不同层次的需求开展丰富多彩的文化精品送基层活动，播放20多部电影纪录片等，丰富了群众的文化生活。

根据包头地区奶牛养殖户需求，将奶牛养殖方面的视频资料发放村民中，并将自治区人大代表奶农吕志强家作为流通点，及时了解村民需求，定期上门服务。

六、宣传推广

为进一步推广利用文化共享工程，充分发挥文化资源共享工程的传输渠道和资源优势，包头支中心通过各种形式开展了对文化资源共享工程的宣传推广活动。

1、利用投影仪、移动播放器、笔记本电脑等设备，组织群众在文化资源共享工程基层服务点收看文化共享工程节目。

2、针对不同的群体，有计划的组织相应的文化共享工程节目。寒、暑假期间，在基层服务点组织针对未成年人的视频播放活动，每个假期播放达20场。

3、建立面向群众的辅导机制，针对不同领域的需要，提供相关行业的技术指导及相关政策的文化共享工程资源。

4、进行文化资源共享工程活动照片展板宣传，免费发放宣传资料，并及时传达共享工程活动通知，制作活

动海报。

七、工作展望

包头文化信息资源共享工程是包头市图书馆新馆的重点文化工程，其目标是充分利用文化信息共享工程资源，采取多种方式深化共享服务理念，将共享工程服务深入社会，深入基层，深入群众，以“开放、共享”的理念，按照中心—市区—街道—社区的模式，把优秀文化信息资源传播到最基层。今后，包头支中心在不断加大共享工程软硬件投入的同时，重点整合包头地区优秀传统文化资源，扩大包头地区文化信息资源的传播和利用，实现包头市优秀文化信息通过网络为大众服务的目标。

（撰文/包头市支中心）

包头市昆都仑区支中心

昆都仑区（简称昆区）区域总面积301平方公里，人口72.68万，辖区内由汉、蒙、回、满、朝鲜、达斡尔、俄罗斯、鄂温克、鄂仑春等28个民族构成，辖2个镇和13个街道办事处，共有24个行政村（嘎查）。昆区文化资源共享工程在自治区文化厅、自治区文化资源共享工程中心和市、区两级政府的支持和部署下，逐步推进，稳步发展，在新形势下为繁荣农村、社区基层文化，传递中华民族优秀文化资源发挥了积极作用。

一、基本情况

昆区文化资源共享工程支中心于2008年5月正式成立，为切实开展好文化共享工程建设工作，昆区政府当年共投入十六万元用于共享工作的维护及5个文化共享工程基层服务点的建设工作。目前昆区共建立文化共享工程基层服务点8个，其中5个为2008年昆区政府投资新建的基层服务点，2008年包头市开展了区划调整工作，区划调整后由九原区新划归我区21个行政村，其中有3家建立了文化共享工程基层服务点。

共享工程昆区支中心设在昆区图书馆，是昆区共享工程的建设和业务指导单位，负责保障区中心共享工程设备的运行，协调镇村级共享工程设备的维修，指导镇村级共享工程活动的开展以及开展全区共享工程管理员的业务培训和指导。

二、管理和队伍建设

为充分发挥文化共享项工程作用，昆区支中心将共享工程工作纳入制度化管理。制定了支中心、镇、村基层服务点工作职责和制度，实行制度上墙公开，并与各基层服务点负责人签订了责任书，使各服务点工作有标准、服务有记录。

昆区共享工程支中心在管理员队伍建设上坚持明确职责，制度化管理，常态化培育。目前昆区共享工程管理员大都由责任心较强的文化站长、村委委员兼任。

三、培训工作

昆区支中心在共享工程管理员的培养上实现了制度化和常态化。根据支中心工作要求，每年对辖区共享工程管理员进行1次集中培训，每年对8个基层服务点进行4次实地辅导、检查。

四、经费投入

昆区共享工程自2008年成立以来，上级各级部门共投入99万元的设备、运维经费，用于共享工程设备的运行、维护，人员培训和惠民活动的开展。

五、资源建设

昆区支中心根据我区群众文化需求，选取、编辑制作各类题材资源，每年制作发放各类光盘300余张，发放各类宣传资料200余份。

六、利民惠众，惠农服务

2008年以来，昆区充分利用文化共享工程扎实开展工作。先后开展了迎奥运知识讲座、科普知识讲座、爱国主义教育影片、地方戏曲播映等活动。在送文化下乡、下社区活动中，利用文化信息资源刻录了各类光盘（农村养殖、健康知识、科普知识、地方戏曲等）1000余张，广大社区居民群众在增长了的文化知识的同时，也进一步丰富了人民群众的业余文化生活。

七、工作展望

昆区图书馆2013年即将迁入新馆，在硬件设施条件大幅提高的情况下，争取上级资金大力支持，为共享工程建设一支专业化的服务队伍，为繁荣昆区文化，丰富昆区人民精神生活，推动昆区人文科技进步做出贡献。

（撰文/包头市昆都仑区支中心）

包头市青山区支中心

一、基本情况

2004年青山区投资4万多元，建成“文化信息资源共享工程”县级支中心；2008年，建成11个基层服务点，使得青山区街道、乡镇共享工程基层服务点覆盖率达到100%。2009年，自治区又为我区配备了63万元的共享工程设备，使得青山区县级支中心设备全部进行了更换，电子阅览室设备得到了补充，全部免费向社会开放。

二、管理和队伍建设

2004年起，青山区支中心就步入规范化管理轨道。建立了共享工程工作制度，主要包括：《青山区图书馆电子阅览室管理制度》、《青山区文化信息资源共享工程支中心信息网络机房管理制度》、《青山区文化信息资源共享工程县级支中心工作制度》，各种标识、标牌制作规范，规章制度张贴上墙，清晰醒目，服务记录及工作档案完整规范。

实施文化信息资源共享工程，人才是核心。所以，青山区支中心加强共享工程人员培训工作，除正常选派人员参加自治区分中心组织的培训外，在内部还定期、不定期的组织计算机知识培训。同时，每年还对基层服务点的人员进行有组织、有计划的培训，累计培训人数达到200多人次，使得基层服务点的人员基本掌握了操作技能。

三、经费投入

2004年青山区投资4万多元，建成“文化信息资源共享工程”县级支中心；2008年又投资41万元，进行数字资源建设和9个基层服务点的建设。2009年开始，每年安排5万元专项经费，以保证共享工程设备的正常运行、设备维护和资源补充，使共享工程设备在文化信息传播、公共图书馆职能的发挥中起到了不可替代的作用。2009年青山区政府制定出台了“青山区推进文化信息资源共享工程的实施意见”，形成了党委政府重视、经费落实到位、建设管理有序的发展格局。

四、资源建设

青山区支中心以机制建设为核心，确保资源增量，提升资源建设水平。通过购买、收集、整理、加工等手段，不断充实支中心的资源量。

1、利用共享工程系统和相关网络，对接收的文字信息和视频资源进行整理、归类、编辑，形成系统信息，利用图书馆网站、电子阅览室和举办活动等传播手段，为社会人民群众提供信息服务，2009年编辑的共享工程宣传手册达3000多字。

2、安排专项经费，购买电子图书、影像制品，不断充实资源内容和信息存量，逐步建成符合地区实际、具有地区特色的信息资源库。通过各种渠道进行传播，服务我区社会、经济、文化的发展，提高全民素质。目前已购买电子期刊近万册，拥有使用权的电子图书24万余册，影像资料400余部。2012年还购买了“电子报纸数据库”、“银符考试题库”等电子资源，进一步充实了馆藏数字资源的存量。

3、选择文化艺术、影视节目、大众科技、养生保健和各类教育讲座等人民群众需要的文字、视频资料，进行加工、整理，充分发挥电子阅览室、共享影视厅的作用，组织群众进行学习和观看。同时，采取出版“青图信息”内部刊物、刻录发放光碟、网上咨询等形式，加大共享信息的传播力度，为到馆读者、有关单位和社区居民提供方便迅捷的信息服务，为领导决策和重点项目建设提供信息服务。2009年出版“青图信息”12期（设有共享工程专版）。

五、宣传推广

青山区支中心在上级中心的指导下，通过各种手段宣传推广文化共享工程，开展了一系列丰富多彩的服务活动，取得了良好的效果。

1、青山区支中心建成以来，我们对设备经过多次调试和升级，将信号引到图书馆电子阅览室和共享影视厅，使到馆读者既可以在电子阅览室查看共享工程的所有信息资源，又可以在共享影视厅观看影视节目、接受远程培训。

2、制做共享工程青山区支中心的网页，以提高青山区支中心的知晓度。

3、在基层服务点组织社区居民观看电影、小品、知识讲座等，活动人次达到2000多人次，使得共享工程设备在图书馆及社区的信息传播服务中发挥出重大作用，从而使共享资源的潜力正在得到不断的挖掘和开发利用。

4、配合青山区文体局举办群众文化活动，并且利用专用设备做成视频，供网民读者观看，以扩大宣传力度。

5、开展了科技文化下乡活动，下社区、下农村为社区居民和农牧民们送上我们自己制作的关于文化信息、养身保健、科技知识、法律法规等方面的知识。

六、工作展望

青山区文化资源共享工程已走过9个年头，从单一的阵地服务增加到积极主动的多样化服务，变资源限定查阅为资源最大化共享，通过各种不同形式的活动，使文化信息资源共享工程的作用发挥到最大，网络构架初步形成。今后，我们要多方争取资金和资源，学习和借鉴先进地区的经验，将共享工程的开发利用当作建设和谐社会、和谐青山的重要工作来抓，打造一支专业化的共享工程服务队伍，为青山区的文化建设发展作出更大的贡献。

（撰文/包头市青山区支中心）

包头市九原区支中心

文化共享工程九原区支中心于2007年12月建立，是内蒙古包头地区首家共享工程示范点。现有20个基层服务点。经过几年的实践，取得了明显的阶段性成果，受到了自治区文化厅的肯定。2008年4月，自治区文化共享工程现场会在该支中心顺利召开，并对该区下一步的共享工程工作的开展指明了方向。

九原区支中心现设有电子阅览室、机房、共享工程放映室。面积分别为机房10平米，电子阅览室150平米，放映室42平米。每年为社区和学校免费开展放映活动50

为学生提供学习平台

余场，开展讲座培训等20余场。接待读者和观众达到3万人次。同时电子阅览室每年接待读者达到1万人次。每年对20个基层服务点技术人员每开展4期技术培训，接受培训的服务人员达100%。

在今后的工作我们将会摸索更新更便捷的服务方式，使广大群众能够从文化共享工程中得到更广泛更全面更有效的服务，使文化共享工程成为百姓不可缺少的文化信息获取渠道。

（撰文/包头市九原区支中心）

土默特右旗支中心

一、基本情况

近年来，土右旗委、旗政府高度重视文化信息资源共享工程和公共电子阅览室建设工作，在政策引导、资金保障、面向基层，服务民生，整合资源、共建共享、因地制宜、创新发展方面，采取了一系列扎实有效的新举措，取得了可喜的成绩。2011年建成总投资3.5亿元，建筑面积50000平方米的敕勒川文化艺术中心，该中心集图书馆，文化馆，博物馆，影剧院，文化艺术会展、交流、创新，以及文化管理为一体，功能齐全，设施设备一流。其中，图书馆建筑面积4000多平方米。内设图书外借区、综合阅览区、少儿阅览区、电子阅览区、综合活动室、报告厅、办公区、读者休息区等8个服务窗口。阅览区宽敞明亮，环境优雅舒适，有浓厚的学习氛围。图书馆选派专业人员对公共电子阅览区进行日常管理，全年全天候免费面向群众开放，受到群众的广泛好评。

土右旗支中心于2009年12月建设并使用。按照国家项目的有关规定和要求，增开电子阅览室，阅览室使用面积200平方米，计算机25台，搬迁新馆后又新增计算机12台共37台，并建有机房等配套设施。

二、业务建设

在做好阵地工作的同时，我支中心充分运用文化共享工程的设备和资源，积极为基层群众提供多种多样的服务。

文化共享资源进校园。为了加强未成年人思想道德建设，工作人员利用双休日、节假日及学校第二课堂时间，与各学校共同把青少年组织起来，分期分批走进图书馆，参加名家讲座、作品阅读等适合青少年课外学习的网络资源学习娱乐活动，查阅超星图书室65万册图书，播放电影、讲座等20多场次，受到了学校和家长的好评。

文化共享资源进社区。为纪念中国共产党建党八十五周年，我馆积极组织各社区离退休人员，到馆观看“建党八十五周年资源专辑”、“双奖好戏”等节目，了解中国共产党成立85年来的不平凡历程与丰功伟绩，受到了很好的教育，同时丰富了离退休人员的文化生活。

文化共享资源进企业。利用文化共享资源与京宏饲料公司先后举办三期饲料营销员培训班，参加人员共230多人，培训内容有饲料配制、生产、营销等。

与此同时，建成全国文化信息资源共享工程首批乡镇基层服务点6个，基层服务点的建立成为网络信息查询、宣传教育培训、休闲文化娱乐等多种公共文化服务的主要窗口，开辟了公共电子阅览室，极大地方便了更大范围群众的网上学习，使公共电子阅览室成为传播先进文化的主要阵地，成为农村群众获取致富信息、提高思想政治素质和丰富精神文化生活的绿色通道。为了加强对乡镇文化站公共电子阅览室的指导，我支中心经常组织人员，深入到各乡镇的基层服务点，为群众送去“文化共享和谐风”等系列光盘，内容包括科技讲座、农业种植、农村养殖、致富资讯、地方戏曲、优秀影片等，并现场组织农民朋友们观看共享工程丰富的文化信息资源。通过公共电子阅览室的网上阅览和光盘观看，农村的公共文化信息渠道畅通了，农民的眼界开阔了，农村的男女老少各年龄段人群，都能在公共电子阅览室的文化共享工程节目中汲取到知识，寻找到快乐，老年人有了看戏的地方，年轻人有了学习的场所，村民的精神文化生活为之一新，乡风民俗更加趋向于文明。公共电子阅览室为社会主义新农民的茁壮成长，搭建起理想的平台。农民群众把公共电子阅览室亲切地称之为“我们致富的好帮手，学习的新园地，快乐的大本营”。

2011年我支中心积极响应全国文化信息资源共享工程关于“颂歌献给党——迎接建党90周年群众歌咏活动”的要求，精心筹备，周密组织群众唱红歌。此次活动共吸引来自青少年活动中心、社区居民和电力职工近500多人参加，群众用歌声表达了对祖国的热爱和祝福。为提高群众参与此次活动的热情，我支中心创新形式，特邀专业声乐老师亲临现场对参与的群众进行指导，系统讲授专业发音知识。来自不同单位的干部职工更是积极

跟踪，相互配合，克服时间困难，出色地完成了此次活动的排练录制工作。经层层选拔，我支中心精心选送的百人大合唱《山丹丹开花红艳艳》入围文化部全国文化信息资源共享工程“迎接建党90周年颂歌献给党”群众歌咏活动，通过网络在全国展播、投票，最终获得此次文化部二等奖。

文化共享资源作为一个公共文化的载体，已经开始在更大的范围、更宽的领域走进群众的生活，在旗、乡镇有了基层服务点公共电子阅览室的基础上，我们开始向农村、社区、企业、学校、军营拓展，在旗图书馆县级支中心的指导下，基层服务点公共电子阅览室和农村党员干部远程教育网的站点一道运行，为群众提供公共文化服务。不少的村、社区文化室、农村文化大院都有了小型的公共电子阅览室，公共电子阅览室在土右旗，正在受到越来越多的基层群众的欢迎。

（撰文/土默特右旗支中心）

乌海市海勃湾区支中心

海勃湾区总面积529平方公里，辖一镇六个街道办事处，即千里山镇、新华街道办事处、新华西街道办事处、凤凰岭街道办事处、海北街道办事处、滨河街道办事处、卡布其街道办事处。总人口28万，其中城镇人口18万。居住着蒙、汉、回、满等20个民族。

海勃湾区文化资源共享工程在海勃湾区文化旅游局的支持和部署下，逐步推进，稳步发展，在新形势下为繁荣社会基层文化，满足社会多层次文化需求，传递中国民族优秀文化资源发挥了重要作用。

一、基本情况

海勃湾区文化信息资源共享工程开始建于2009年，前期安装设备均通过卫星设备直接接受国家中心下发的各类资源信息。共享工程海勃湾支中心设在海勃湾区图书馆，图书馆占地面积3000平方米，馆内藏书近七万册，是国家二级图书馆，是海勃湾区共享工程的建设和业务指导单位，负责保障共享工程设备的运行。指导镇村级共享工程活动的开展以及共享工程管理员的业务培训和指导。

二、管理和队伍建设

为使共享工程真正为民所用为民谋利，海勃湾支中心将共享工程日常管理纳入制度化管理。制定支中心服务点工作职责和制度，实行制度上墙公开。每年有年度工作计划，月度有工作要点，季度有工作督导，年末有工作总结考核，并推行管理员工作日志管理，收集整理共享工程服务活动的得失，探索共享工程管理和服务新模式。

文化资源共享工程作为一个新的文化资源获取平台，如何推广好、利用好共享工程丰富的文化资源关键在于是否有一支专业化的共享工程管理员队伍。海勃湾共享工程支中心在管理员队伍建设上坚持明确职责，明确思路，制度化管理，常态化培育。截止目前海勃湾区图书馆现有工作人员13人，有高级职称2人，中级职称4人，大专以上学历11人。实现了管理员选取的高起点。

三、培训工作

海勃湾之中心在共享工程管理员的培养上实现了制度化和常态化。积极参加内蒙古分中心开展的各类培训，有力地保证了文化共享工程的正常有效开展。

四、经费投入

海勃湾区共享工程于2009年9月正式开展，2011年十七届六中全会提出图书馆免费开放以来，文化共享工程每年拨款5万的经费，用于共享工程设备的维护，人员培训和惠民活动的开展。同时，海勃湾区委区政府和海勃湾区图书馆投入大量人力物力支援共享工程各项活动的正常开展。

五、合作共建

为了满足人民群众基本的网络文化需求，共享工程海勃湾支中心以公益性、基本性、均等性、便利性为原则，依托图书馆电子阅览室文献资源，提供集互联网信息查询、文化共享工程信息资源服务、数字图书馆服务、培训、网络通讯、休闲娱乐为一体的公共文化服务场所。为广大人民群众提供健康、便捷的网络文化服务，使其成为网络环境下公共文化服务的新平台、新渠道。

六、宣传推广

1、利用各种渠道进行宣传。

为进一步加强对“文化信息资源共享工程”知识的宣传，积极引导广大读者特别是青少年抵制不良网站，发挥文化信息资源共享工程网站传播中华灿烂历史和优秀文化的作用，进一步丰富读者节日文化生活，海勃湾区图书馆在2012年正月十五开展了关于“文化信息资源共享工程”知识有奖猜谜活动。

2、专题活动。

海勃湾区支中心为了吸引青少年关注共享工程，利用共享工程，进一步丰富中小学生暑期文化生活，图书馆推出了贴近中小学生读者的一系列活动。例如在迎接党的十八大之际，海勃湾区支中心举办了“放映中小学生暑期红色电影、暑期大片”和“金秋十月，描绘美好生活”中小学生绘画作品等一系列的活动，深深受到广大青少年的喜爱。

七、工作展望

文化资源共享工程已经成为海勃湾区人民文化生活的一道文化大餐，成为繁荣海勃湾文化，丰富海勃湾人民精神生活，推动海勃湾人文科技进步的强大动力源泉。建设社会主义和谐文化，已经成为海勃湾文化共享工程建设者的神圣使命。

今后几年海勃湾区文化共享工程建设的总体目标是：以数字资源建设为核心，以基层服务网点建设为重点，以共建共享为基本途径，全面实施文化共享工程，基本建成资源丰富、技术先进、服务便捷、覆盖城乡的数字文化服务体系。

（撰文/乌海市海勃湾区支中心）

赤峰市元宝山区支中心

元宝山区是赤峰市三区之一，元宝山区始建于1983年，总面积952.14平方公里，辖5个镇、6个街道办事处，66个村民委员会，42个社区居委会，总人口32.52万人，其中非农业人口17.82万人，有汉、蒙古、回等16个民族组成，以汉族为主体。元宝山区文化资源共享工程在元宝山区文体广电局支持下，注重电视传播优秀资源，大力繁荣农村基层文化，开展丰富多彩的活动，在传播民族优秀文化资源发挥了积极作用。

一、基本情况

元宝山区文化资源共享工程建设开始于2003年，五家镇望甘池村首先安装。2008年11月25日，县级文化共享设备在我区完成安装，同年文化共享工程普及各村。2012年底各镇文化站均完成共享工程基层服务站建设。在不断接收资源的基础上，我们结合实际，以利用广播电视“村村通”工程为主开展了系列文化信息资源共享工程服务。

共享工程元宝山支中心设在区文化大厦四楼，负责保障各种设备的有效运行，维护区、镇、村级共享设备的正常使用，培训全区共享工程工作管理员，指导全区共享工程的活动开展。

二、管理和队伍建设

元宝山支中心把“共享数字资源，传播先进文化”作为工作理念，制定区、镇、村三级制度，层层管理，把支中心工作职责、机房管理制度、节目收看利用制度、中心管理制度、基层服务点工作职责制度上墙公开。支中心以工作实例为示范，培训出一支业务熟练，创新求实的骨干队伍。镇级服务点管理者均为大专文凭，村级管理员由村委员负责。

2012年末，我区完成六个镇级共享工程基层服务点，使元宝山区文化信息资源共享工程形成一个县级支中心，六个镇级基层服务站，66个村级服务点的有机系统，上下协同，各有特色，有力加强基层文化共享工程工作。

三、培训工作

元宝山支中心认真按自治区分中心工作要求工作，

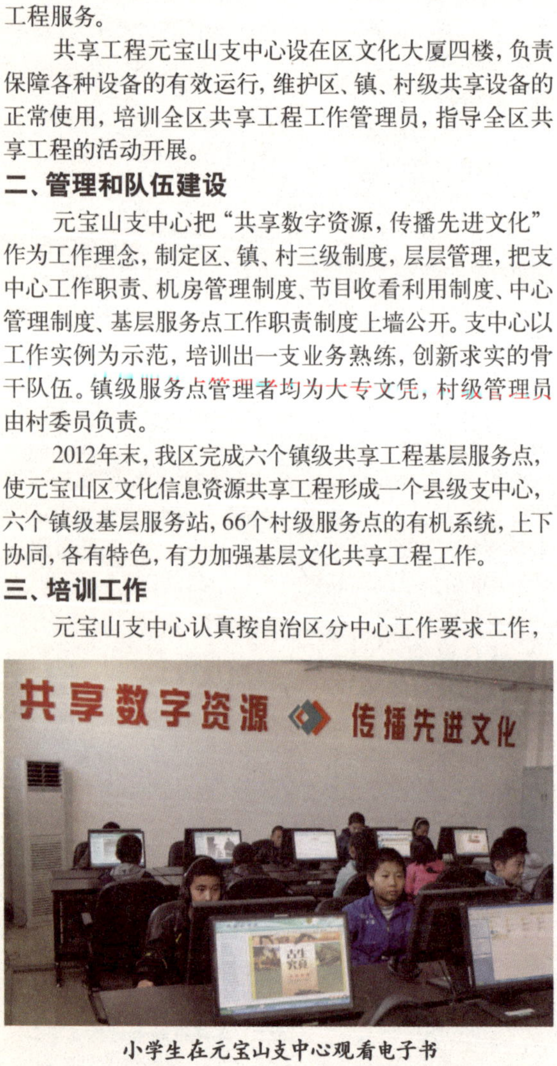

小学生在元宝山支中心观看电子书

积极参加内蒙古自治区文化厅举办的培训，使支中心技术人员业务过关。认真组织学习国家中心举办的各类网络培训，并通过实地培训的方法培训各级管理员达300人次，确保熟练操作。

四、资源建设

只要有大型文化活动，我们就主动去录制，收藏，制作整理完成后上传到局域网网站，现在保存了20多个本地特色节目。

为了方便向基层发放国家中心光盘，我们购入一次能复制十张的光盘拷贝机、光盘封面打印机。几年来，支中心为50多个村农家书屋赠送容纳1000册书刊的DVD光盘，使有电脑的村民能看到国家图书馆的多种书刊。截止到现在，我们共向农业企业和广大种养殖户、农村文化活动中心发放光盘800多张。

五、合作共建

中心机房与电视台用光缆接通，使电视台节目编辑室直接浏览支中心局域网，下载、播放所需资源。由于电视信号覆盖率是98%，我们每天播出的节目面向30多万群众。同时，通过与组织部门商榷，支中心与我区党员远程教育办公室合作，在远程教育频道开辟文化共享工程专栏，每天播出4小时节目。根据节日、季节、主旋律的不同，相应编排了不同内容：春节期间播放历届春节联欢晚会节目、节庆餐饮制作；春耕时节播放养殖种植节目；还有即时接收的农民工技能与文化培训；同时陆续播放国家中心按时发送的各类光盘内容，例如《中国传世国宝》、《中华民族》、《中国古代名人圣贤》、《永远的丰碑》、《文化共享心向党》、《纪念辛亥革命100周年》等。这些节目富有文化底蕴，激发爱国热情，受到广大群众的喜爱。

六、利民惠众，惠农服务

支中心不定时的用移动硬盘播放机到广场、社区活动中心、村委会开展活动。对于各类传统美德教育、艺术教育、健康教育、科学种植、养殖等科学致富节目不间断播出。

七、宣传推广

为宣传国家中心网站，我们和文化管理部门联合举办“开辟绿色上网通道，请登录文化共享网”活动，印制彩色宣传画，张贴在每个网吧显要位置，延伸电子阅览室作用，扩大共享工程影响。

2011年，成功举办“颂歌献给党——全国文化信息资源共享工程迎接建党90周年群众歌咏活动”，录制38首主旋律歌曲在电视台播放，深受群众喜爱。

八、工作展望

党的十七届六中全会和党的十八大带来了文化事业发展的春天，元宝山支中心在未来的工作中，将加大投入，把“元宝山区文化信息网”网站建设作为重点来抓，计划把下载的国家中心资源分类放在网站中，同时及时发布本地特色资源。把具有代表先进文化的文字、图片、视频资料源源不断的提供给我区广大群众，加强网络宣传优势，提高文化惠民的力度。在网站管理中，我们要把各个文化站、社区文化中心、各村文化中心、草原书屋等信息管理综合到一起，集发布、总结、实时动态一起，形成管理高效，发布迅达的现代化网站。

加强青少年文化道德建设，也是我们未来工作重要内容之一，在今后的工作中，我们要加大与教育部门合作

元宝山支中心在电子阅览室举办摄影讲座（摄影 宋文凯）

共建的力度，定时为广大中小学生提供资源，通过组织各种文化共享的征文、知识竞赛等方式，扩大文化信息资源对中小学生的影响力。

一分耕耘一分收获，支中心工作不仅得到了本地领导群众的好评，2011年，在内蒙古自治区文化信息资源共享工程示范县级支中心评选表彰活动中，元宝山支中心被评为三等奖。

总体来看，该区的文化信息资源共享工程工作，实现了“电波覆盖、光盘传播、网络宣传、活动加强”等立体发展模式，有收获，也有不足。今后，支中心将不遗余力，与时俱进，总结经验，不断提高活动水平。在中共十八大精神指引下，发挥文化信息资源共享工程更大的作用。

（撰文/赤峰市元宝山区支中心）

林西县支中心

林西县总面积589.85万亩，全县共辖1个乡、7个镇、1个街道办事处、3个国有农场、2个国有苗圃、1个牧场、总户数8.3万户，总人口24.1825万人。林西县文化资源共享工程在林西县政府和林西县文化局的大力支持和部署下，逐步推进，稳步发展，在新形势下为繁荣农村基层文化，满足农民多层次文化需求，传递中国民族优秀文化资源发挥了重要作用。

一、基本情况

林西县文化资源共享工程安装在2009年，在2010年4月份验收完毕开始投入使用。直接通过卫星接收国家中心下发的资源。2011年林西县文化资源共享工程开始普及进入乡镇，第一批3个乡镇在当年安装调试完毕。2012年第二批增加两个乡镇，设备正在逐步到位。

共享工程林西县支中心设在林西县图书馆，林西县图书馆共享工程县级支中心，经自治区下派的工程技术人员的安装和多次调试，于2010年4月份正式交付使用，在此期间得到了自治区文化厅、所在县政府、主管局的大力支持。设备和专项资金的及时到位，确保文化信息资源共享工程的顺利安装和交付使用，为林西县文化信息资源共享工程县级支中心的正常运转打下了良好的基础，林西县图书馆文化资源共享工程支中心电子阅览室，面积为140平米，机房面积为24平米，资源加工室面积为24平米，配备了兼职工作人员，并积极参加了自治区和盟市组织的各类专业技术人员培训班。

二、管理和队伍建设

为使共享项工程真正为民所用为民谋利，林西县支中心将共享工程日常管理纳入制度化管理。制定支中心、镇、基层服务点工作职责和制度，实行制度上墙公开。林西县共享工程县级支中心，负责保障县级中心共享工程设备的运行，维护、资源的接受，下载、以及各类资源的整合、加工。并对乡、镇级共享工程设备的运行、维护、业务等各方面提供技术支持和业务指导。

三、培训工作

林西县支中心在共享工程管理员的培养上加大培训力度。每年都派管理人员参加自治区共享中心组织的培训活动。同时、县支中心的管理人员也定期到乡镇共享工程网点进行技术指导。

四、利民惠众，惠农服务

林西县支中心在共享工程服务实践过程中，以民众的需求为导向，积极探索，服务民众生产生活，引领群众高尚精神文化生活，打造群众满意喜爱的文化服务新平台。

五、宣传推广

林西县支中心在两年多的工作中，根据社会各界不同层次和人群的需要，制作光盘，图板并发放宣传资料。利用各种渠道宣传推广共享工程。让民众不断了解共享工程，走进共享工程。

1、利用共享工程这个平台，少儿活动中心，在“寒暑假”，“六一儿童节”为孩子们举办丰富多彩的读书演讲活动，知识竞赛活动。

2、文化共享工程进军营，八一建军节，五四青年节，为当地武警战士播放“爱国主义影片”和“双百人物”视频，受到了战士们的好评，丰富了战士的业余生活。

3、自己制作春耕光盘，在春耕来临之际，及时将农民朋友需要的种植业、养殖业方面的知识刻录成光盘送到他们手中。

4、为老年人，离退休老干部送健康，定期为他们举办“老年人健康知识讲座”。

5、在自治区文化厅文化信息资源共享工程组织的《庆祝建党90周年红歌献给党》文艺演出中，荣获全国

支中心工作人员到基层网点进行业务指导

中老年医疗保健知识系列讲座

优秀提名奖。

6、开展送光盘进社区活动，刻录反映社区生活的优秀节目进入社区，举办“文化共享优秀社区节目“光盘曾送活动。

六、资源建设

随着文化信息共享工程基层站点的建设以及逐步安装和使用，林西县图书馆共享工程支中心开展了“文化资源共享工程基层站的巡回辅导活动”，把县级支中心在设备维护、管理、运行中的成熟经验介绍给基层站点，帮他们解决实际工作中遇到的困难和问题，并把下载的优秀节目，农业科技知识送下去，发挥县级支中心的辐射作用。

林西县图书馆文化资源共享工程支中心，自运行以来，不断的在学习中积累经验，把下载下来的视频资源整理好后提供给广大的读者进行阅览，并举办了专题讲座，观摩等各类活动，参加活动的读者群涵盖工人，农民，少年儿童，军人等各个阶层，收到良好的社会效益。该工程逐步显现出了它的巨大优势，资源内容的丰富、快速、便捷的方式将会更加受到广大读者的欢迎。

林西县支中心在运行两年多来，工作人员严格执行自治区共享工程所规定的管理制度，在设备操作、维护以及设备运行中做到认真规范，建立完善的工作日志。中心举办的各项活动都做了详细的记录。录像资料、照片资料做到及时进入档案。随着工作的深入，实践经验和技术的不断进步，林西县文化信息资源共享工程支中心将把工作开展得更好，使其发挥出它应有的作用，利用这一信息平台为社会各界提供更好的服务，为文化信息资源惠普共享做出更大的贡献。

（撰文/林西县支中心）

阿鲁科尔沁旗支中心

阿鲁科尔沁旗总面积为14277平方公里。全旗辖14个乡（苏木）、镇，1个天山办事处，245个村（嘎查）。阿鲁科尔沁旗总人口30万人。旗文化信息资源共享工程支中心在内蒙古自治区文化厅，内蒙古自治区图书馆支持和部署下，逐步推进，稳步发展，在新形势下为繁荣农村牧区基层文化，满足农牧民多层次文化需求，传递中国民族优秀文化资源发挥了重要作用。

一、基本情况

阿鲁科尔沁旗文化信息资源共享工程建设开始于2009年12月，旗共享工程支中心设在阿鲁科尔沁图书馆。旗支中心拥有4台服务器，工作机3台，终端机22台，其中：未成年人专用机5台，设立了30平米机房1间、80平米多功能电子阅览室1间；旗支中心自成立以来，服务器运行时间达到15000余小时；电子阅览室浏览人次达10000余人次；2011年4月7日发放了“文化信息共享工程”首批6个苏木乡镇的设备全部到位，其中有：天山镇、巴彦花镇、天山口镇、巴拉奇如德苏木、坤都镇、双胜镇等6个乡镇，当年5月份配合自治区工程人员安装调试并正式投入使用，使6个乡镇20余万城镇居民及农牧民得到了信息资源的共享，为统筹城乡文化资源共享提供了新的平台。

二、管理制度及档案建立情况

为了加强支中心的管理，我们建立健全了电子阅览室工作制度、支中心信息网络机房管理制度、支中心管理制度、电子阅览室工作人员职责、支中心工作职责、电子阅览室管理制度等，并将各项规章制度张贴上墙，要求每一位工作人员遵照制度，做好本职工作。在日常工作中，我们非常注重工作档案的管理工作，及时做好每一项工作记录和日志，并将学习所用电子文本资料以刻录光盘等形式进行归档管理。

三、队伍建设及工作开展情况

文化资源共享工程作为一个新的农村文化资源获取平台，推广好、利用好文化资源共享丰富的文化网络信息资源，在于有一支专业化共享工程管理员队伍。阿鲁科尔沁旗共享工程支中心在队伍建设方面，首先对旗支中心的工作人员的重点培养，通过选拔优秀专业人员，达到了共享工程设备的常年正常运行；其次对乡镇文化资源共享工程管理人员的建设上，选拔乡镇文化素质高、网络化管理经验丰富的业务指导管理人员，一线管理人员队伍建设工作上，培养了一批优秀村干部纳入管理员队伍，充实了基层一线管理员队伍，最终使优秀的文化资源，通过网络平台输送给了基层农牧民，丰富了农牧民的文化生活。旗支中心从2009年12月揭牌成立以来，通过投影设备及移动播放器，深入农村农牧区放映爱国主义影片90余场次；放映种植、养殖技术等科技影片30余场次；深入中小学放映爱国主义影片20余场次；2012年在我旗召开的“全市精神文明

现场交流会”期间，在旗文化广场放映：“地道战”、“地雷战”“英雄儿女”等几十部影片，共放映7天，总人次达4000余人次；组织6个乡镇文化信息资源共享工程基层点业务人员培训达8场次，参加人次达到160余人次；组织党员干部在旗支中心电子阅览室学习十七届五中、六中全会精神及十八大精神，总人次达1800余人次。

四、业务培训情况

自支中心成立以来，在上级领导的大力支持下，中心业务人员积极参加自治区组织的各项业务培训。2009年4月派出专业技术人员到通辽市奈曼旗图书馆参加2009年全区文化信息共享工程县级支中心技术员培训班；2010年4月10日参加了在通辽市科尔沁区举行的内蒙古自治区2010年度全区第一期文化信息共享工程县级支中心东部技术人员培训班；2010年4月20日到赤峰市红山区图书馆拷贝文化信息共享工程资源，为旗文化信息资源共享工程工作的有利实施提供了人才保障，并为今后乡镇及基层文化信息资源共享工程的普及奠定了良好的基础。

五、经费投入及资源建设

阿鲁科尔沁旗文化信息资源共享工程实施以来，旗委、旗人民政府高度重视，积极落实建设经费，保证了文化信息资源共享工程的顺利实施。4年来旗财政投入建设经费20万元，旗文体局投入4万元，共计投入建设经费24万元。旗支中心通过卫星接收、移动设备及光盘等渠道获取资源总存储量18TB；搜集民众文化信息，编辑制作各类题材信息并发放各类光盘500余张，发放宣传资料8000余份。

六、工作展望

阿鲁科尔沁旗支中心在旗委、旗人民政府高度重视下，积极发挥了旗支中心的工作职能，为全旗农牧民的文化生活，提供了丰富的文化信息资源，进一步推动了阿旗人民文科技进步打下了坚实的基础。旗支中心希望在国家中心、自治区分中心的大力支持下，对旗文化资源共享工程加大资金与设备的投入，力争文化资源共享工程覆盖全旗，更好的发挥文化信息资源共享工程的实施。

（撰文/阿鲁科尔沁旗支中心）

巴林左旗支中心

巴林左旗辖5个镇，3个苏木，11个乡，总人口45.56万人。巴林左旗文化资源共享工程在内蒙古自治区文化厅，内蒙古自治区图书馆支持和部署下，逐步推进，稳步发展，在新形势下为繁荣农村基层文化，满足农牧民多层次文化需求，传递中国民族优秀文化资源发挥了重要作用。2009年5月，在自治区图书馆“共享工程”领导小组的正确领导和大力支持下，“共享工程”巴林左旗支中心成立了，经过不断拓展思路，创新机制，积极改善“共享工程”巴林左旗支中心的服务环境，努力加强文化资源建设，并利用“共享工程”把优秀资源送到群众身边，为群众服务，取得了明显的成效。

一、领导重视，共享工程建设经费落实到位

巴林左旗文化信息资源共享工程实施以来，旗委、旗政府高度重视，积极落实建设经费，保证了文化信息资源共享工程的顺利实施。4年来旗财政投入建设经费25万元，文体局投入2万元，共计投入建设经费27万元。

从落实情况上看，有以下几点：

1、成立了以图书馆馆长唐燕为组长的共享工程领导小组，抽调了工作专班，制定了工作实施方案，按要求认真落实各项建设。首先落实了建设及运行经费

2、因地制宜，认真抓支中心场地和设施建设。为落实共享工程支中心活动场所，共享工程领导小组花费了很多心血，总结了很多灵活新颖、切实可行的办法。与组织部推行的村级活动场所建设和教育部门实施的远程教育项目相结合，配置了电视、DVD播放机、音响和桌椅；

3、加强人员培训，强化对外服务。 按照建设的要求，支中心配齐了共享工程所必需的3名专兼职工作人员。“共享工程”是一项采用高新技术推动文化建设的工程，它的技术含量的特点是要求从事这项工作的人员必须具备相应的知识和技术。高科技的项目只有由高素质的人来做，才能发挥它的最大效益。解决高素质人才问题，要加大培训力度。人员培训是一项长期的、重要的工作，务必高度重视，这直接关系到“共享工程”的资源建设质量和服务水平。

巴林左旗支中心针对急需计算机专业人才的实际情况，馆领导多方向旗领导及编办、人事局、财政局等部门呼吁，争取财政全额指标，引进能驾驭计算机开发、运行管理和维护的专业人才，为图书馆的数字化改造、信息化发展和网络化管理做好人力资源的储备。

二、改善服务环境

为切实将“共享工程”巴林左旗支中心建设成为一流的示范性公益窗口，唐燕馆长组织专人对图书馆支中心进行“大换颜”，先后对少儿阅览室、读者阅览室进行改造，新建了30平方米机房，建立了260平方米多媒体室，增加采光及照明，重新进行网络布线，布置20多个信息点，在旗宣传部领导的多方协调下配置了60台电脑并装上多个反黄反暴过滤软件，方便读者安全上网浏览、查询。极大地改善了“共享工程”支中心的服务环境，获得了读者的好评。

三、加强文化资源建设

文化信息资源建设始终是“共享工程”的核心。要抢占网络上的文化阵地，增强先进文化的凝聚力、辐射力和感召力，加强文化信息资源建设的力度，提高文化信息资源建设质量。要将中华民族优秀的文化信息资源开发出来，展示出来，做好、做精，供广大人民群众享用，必须有选择地把部分优秀资源推向公网，以便更好的使更多的群众能够享用。

巴林左旗图书馆建设了支中心网站，开通的模块有视频点播、书目检索、读者服务、资源链接、查找资料等，支中心录入相关资源.目前还对巴林左旗的非物质文化遗产、文物精华、地方戏曲等近30部特色文化资源加工完成，以上传到网站，为广大基层群众享用。

四、发挥支中心桥梁作用，贯彻落实自治区中心精神

积极参加内蒙古自治区分中心组织的各类学习培训活动。与内蒙古自治区分中心密切联系，在全旗范围内充分贯彻共享工程内蒙古自治区分中心精神。根据内蒙古自治区分中心要求，建立全旗共享工程信息专报制度，填写内蒙古自治区分中心各类报表、调查表上报文化厅及内蒙古自治区分中心。支中心充分发挥地区中心的作用，每年向旗内各乡镇发放农业类、电影类、讲座类共享资源到碧流台镇、白音诺尔镇、三山乡、十三敖包镇等共1500G；下发资源光盘共1605张；制作wmv格式视频文件三大类共268部314.73GB，向乡镇发放农业电子期刊图书光盘版58套；接收内蒙古自治区中心资源550套；接收国家卫星资源2500G 。

五、优势互补，联合推进共享工程服务

支中心多次与旗委宣传部、教育局沟通，将共享工程优秀的文化资源纳入农村党员干部远程教育和中小学远程教育之中，通过已有的现代远程教育平台传播先进文化，实现数字资源共建共享。“巴林左旗文化信息资源共享工程频道”每周有20多个小时的电影、地方戏剧等文艺作品，通过农村党员干部远程教育和中小学远程教育平台向全旗播放，初步实现了共享工程服务覆盖全旗。

六、开展文化活动

1、每年6月1日为了丰富全旗少年儿童的节日文化生活，巴林左旗支中心举办庆“六一”游园活动。游园会为小朋友们提供了多种活动项目，有服装表演、模特大赛、青蛙跳水、妙手推推推、射击、射箭、各个击破、比比谁的眼力好、跳跳鼠巧走数字迷宫、幸运礼物、抓泥鳅、单兵作战、套圈等。平均每年有1500余名小读者参加了活动。

2、“人勤春来早，春耕备耕忙”，时值春耕时节，文化部全国文化信息资源建设管理中心统一下发了《“文化共享助春耕”光盘资源》，内容主要分为“春耕备耕科技”、“春耕时节话三农”、“春耕农机管理”及“春季养殖技术”等4个部分，内容涵盖了春耕时节化肥、农膜、农药及种子等农业生产资料准备、农机具管理、种植及养殖技术等。

为了将这些农业知识及时送到农牧民手中，提高生产技能促进农业增产增收，巴林左旗支中心于每年4月份开始至用20多天的时间深入到了全旗11个苏木、镇的嘎查、村，利用《“文化共享助春耕”光盘资源》，广泛开展服务活动。针对当前农时的实际需求，着重选放了“选种用种”、“正确使用化肥和保水剂”、“怎样选用农膜”、“农机具选用及维护”等农技知识进行播放，同时还发放图书馆自己编印的科技小报2000多份以及给每个村村民们当场赠送光碟30多盘，为全旗农牧民送上了一份农业科技大餐。

3、每年春节期间，巴林左旗支中心依托丰富的数字资源，推出了“文化嘉年华，欢乐你我他”系列活动，巴林左旗文化信息网向读者免费提供百余部文艺汇演、京剧、评戏、讲座作品和一千部“有声读物”的视频观赏及各类电子图书，休闲期刊的阅读。作品涉及中外文学、儿童文学、历史评书、百科知识，让读者尽情畅游网络书海；丰盛可口的文化大餐给读者带来了较高的艺术享受，极大的丰富了市民们的节日文化生活。

七、开展读者活动，阵地服务精彩纷呈

在网络活动开展火爆的同时，“共享工程”的阵地服务也如火如荼。每年春节期间，支中心都举办“迎新春 品书香 赠春联”活动，多名热心社会公益事业，热爱书法艺术的名家志愿者，在支中心挥毫泼墨，为市民们免费题写春联，场面非常壮观，求赠春联的读者络绎不绝：上至80高龄的老人，小至4、5岁的孩童，都成为这项活动的热情参与者，原本每天题写100幅的限额，在读者的强烈要求下不断突破，七天共题写对联1250余幅，活动参与人数达4600人次，活动取得了良好的社会效益，活动持续一周，受到了市民的热烈欢迎和积极支持。

八、工作展望

回顾我们的工作、倍感欣慰，虽然我们目前还有很多工作需要继续努力。但是一个好的开始也给了我们极大的信心，我们还将更好地做好“共享工程”服务模式，通过广泛资源共享、积极宣传，在更大范围内引起对“共享工程”的关注和支持，为工程的后续建设与发展打下坚实基础。我们巴林左旗支中心力争今后在“共享工程”工作中取得更大更好的成绩。根据本地情况，结合实际，在服务上有更多思路，努力开拓工作范围，把“共享工程”的优秀文化送到群众身边，支中心将逐步实现网络化，将读者服务手段由常规化转向特色化服务，充分发挥支中心文献资源的优势，以满足社会读者需求，一分耕耘，一分收获，巴林左旗支中心的发展与进步，得到了上级领导和社会各界的普遍肯定。

（撰文/巴林左旗支中心）

巴林右旗支中心

一、基本情况

巴林右旗总面积10256平方公里，辖8个苏木镇，总人口18.3万人。全国文化信息资源共享工程是中央高度重视的一项文化创新工程，是构建公共文化服务体系，推进农村牧区信息化建设的一项惠民工程。文化共享工程巴林右旗支中心建设工作在2008年进入立项，2009年年底前安装调试完毕。自2010年8月正常开展工作以来，紧紧围绕着“惠民”这一中心，开展活动，取得了良好的社会效益。苏木乡镇基层服务点建设工作进展顺利。2011年建设苏木乡镇基层服务点3个，2012年又增建了6个苏木乡镇基层服务点。

二、宣传工作

努力宣传支中心的成立，营造舆论环境，提升了知名的度。支中心建立初期通过巴林右旗广播电视台等媒体，大力宣传了文化信息共享工程的作用和服务方式方法，赢得了读者，同时也得到了领导们的高度重视。从而，运作资金有了保障以外今年夏天划拨一部分文化体育与传媒事业发展专项资金专门装修了电子阅览室，让它变得更加明亮舒适和规范。

三、开展工作

组织参加网络培训

开展各项活动，努力实现共享工程的应有价值。支中心的各项服务工作由于城镇建设等种种原因开展的虽然晚了些，但我们一直在努力把这项工作抓得好、抓得实。在 2010年9月15日，巴林右旗图书馆在电子阅览室成功承办为当地某一私营企业职工举办一次职业培训以及为内蒙古纺织职业学校招生暨培训提供设备和场地，为农牧民子弟开辟就近培训、持证上岗的新途径。从此开始我们的服务工作一直在延续、一直在深入。通过这第一次培训为巴林右旗文化信息共享工程建设做到了有力的宣传，也步入了如何利用场地、设备、资源优势，为民造福的探索旅程。在阵地服务工作中保障利用相关设备和资源坚持提供了日常电子阅览和对初步接触到计算机的中老年读者提供了技术指导。我们到目前先后开展了寒暑假期间为少年儿童播放《红色记忆》《童心向党》等影片，进行爱国主义教育6次；大力支持学生网上报名工作，需要时加班加点保障服务工作到位；共享工程网络培训11次，有效利用了资源为群众提供了快捷方便的服务。在流动服务工作中利用投影机、幕布等移动放映设备，在广场或到我旗边远的嘎查村，为当地农牧民播放影片，为农牧民送去他们喜闻乐道的文化信息、生产技术知识，丰富了他们的文化生活。流动服务工作2010年1次，在9月26日在查干木沦镇查干木沦嘎查开展，观看有500多人。2011年15次，是在2011年8月1日至8月15日期间，在文化活动及其活跃的文化广场上为群众放映，送上一股清爽的文化之风，丰富了当地群众的文化生活。2012年继续做好了夏日放映活动，自7月4日至9月1日期间共播放影片18次，累计有1万多人观看。作为旗县级支中心，潜心关注文化信息共享工程苏木乡镇基层服务点建设，全面负责各基层服务点设备的接手、转手以及技术指导工作。

支中心非常重视积极参加各级各类共享工程活动并力求好成绩。在参加全国“颂歌献给党——全国文化信息资源共享工程迎接建党90周年群众歌咏活动”比赛中取得了内蒙古播放展区第六名的好成绩。

四、学习提高

技术力量不足是我们最大的软肋。我们图书馆目前还没有一个学习计算机专业的职工。为了补救这一情况我们巴林右旗图书馆在电子阅览室安排专职人员管理，保障积极参加自治区、地方组织的各项技术培训的同时还专门挑选一批年轻职工去内蒙古民族大学图书馆学习蒙科立等图书馆计算机管理软件的应用操作技术，为今后发展培养技术力量。

五、地方特色数字资源的搜集工作

自建地方特色数字资源是我们工作的一个重要任务，也是今后给全国读者献上的最好礼物。巴林右旗是个全国闻名的《民族文化之乡》、《格斯尔文化之乡》、《好来宝之乡》，在这文化底蕴丰厚的沃土上收割和储存沉甸甸的文化果实是一件愉快的事情，也是我们应做的事情。目前我们搜集到的地方特色数字资源有反映巴林蒙古族婚庆习俗的电视记录片《巴林婚礼》、青年胡日其巴达玛仁钦说唱的《格斯尔的故事》（100个小时）、资深民间艺人金巴扎木苏说唱的《圣主格斯尔》（12个小时）、《巴林民歌》（1–8集）、我旗颇负有名的青年歌手银花的倾情专辑《初升的太阳》以及《公主祭祀文化》、《走马调教》等等很多。下一步我们搜集和建立的资源也在好来宝说唱艺术、祭山祭树习俗……等我旗地方特色的非物质文化范畴内进行。

我们相信，通过我们不懈的努力把文化信息共享工程巴林右旗支中心办的越来越好。

（撰文/巴林右旗支中心）

通辽市支中心

一、建设情况

2007年，通辽市财政投入50万元，购置部分服务器、终端机及相关设备，2007年10月通辽市文化信息资源共享工程支中心正式成立，设备配置如下：

天网接受设备1套、10M光纤接口、接收服务器1台、资源发布服务器1台、磁盘阵列1台、UPS阵列1台、千兆交换机1台、百兆交换机1台、摄像机1台、照相机1台、有投影设备1套、用于读者使用的电脑15台，投影仪1台、笔记本1台、彩色喷墨打印机1台、空调1台。

二、设备维护及运行情况

由于没有维护经费，天网接收设备及接收服务器不能及时更新硬件和软件，现已不能正常使用（原接收软件使用的是乡村版）。没有经费建设网站，资源发布服务

通辽市支中心聘请民间艺人为读者讲葫芦的故事

器也处于闲置状态。没有经费建设电子阅览室，终端只能分布在阅览室供读者浏览和查询使用，其他设备都是单位自筹经费维护使用。

三、工作开展情况

学习业务知识，强化队伍，组织人员参加"文化共享杯"全国文化信息共享工程知识与技能竞赛，荣获全区第一名。

1、组织技术人员为旗县只支中心做业务培训并现场处理故障（扎鲁特旗、奈曼、开鲁）。

2、组织技术人员到消防2中队讲解计算机知识，在本馆开展计算机培训。

3、运用网络信息资源，开展爱国主义影片播映活动（下社区10场、本馆30场）。

4、利用现有设备，在本馆展厅举办图片展（40期）。

5、利用共享工程资源，为《决策内参》和《绿色风》提供信息。将种养殖资料刻录成光盘邮寄给广大农牧民。中心制作农牧民发放资料。

6、利用采集地方特色资源，加工后上传至服务器，并刻录成光盘邮寄给自治区分中心（非物质文化遗产）。

（撰文/通辽市支中心）

通辽市科尔沁区支中心

在党和政府的高度重视下，科尔沁区图书馆的文化信息资源共享工程工作已走过了8年发展历程。现将这8年的实践经验总结如下：

2004年，我国社会主义市场经济发展进入了新的历史时期，迫切需要增强先进文化的渗透力、辐射力和感染力。科尔沁区图书馆针屹时势，始终把社会效益摆在第一位，按照公益性、基本性、均等性、便利性的原则，积极构建覆盖城乡、惠及全民、便捷高效的公共图书馆网络体系。自筹资金30万元，创办电子阅览室，购进45台计算机，45套电脑桌椅，开始了科尔沁区图书馆文化共享工程建设与服务的第一步。2011年开始网站建设，2012年继续完善科尔沁区图书馆网站，利用国家共享工程资源，建立网上图书文化信息资源导航系统，开展针对基层的系列服务与辅导活动。

一、资源建设

科尔沁区图书馆在馆藏资源建设上始终注重特色化，突出馆藏特点，尽量保证其系统性、完整性和独特性。地方文献书目数据库网上开发、地方信息报纸题名数据库网上开发、过刊题名数据库网上开发是网络环境下信息资源特色化建设的一大新亮点，最大限度发挥了馆藏特色资源的利用价值与共享性。

二、文献的采集、开发与共享

2009年我们根据本馆及用户需求，下载网络信息资源及采集本馆馆藏信息资源，进行有序整理和深度加工，编辑二次文献《地方报纸信息题名索引》（2000、2001、2002、2003年）；《地方报纸信息题名索引》。二次文献的开发与利用，并利用网络实现共享，增强了文献利用的易用性和时效性。

三、信息服务工作

由于基层馆的读者量是有限的，并具有一定的稳定性，所以在维持与用户的关系上具有优势。科尔沁区图书馆利用各种渠道了解用户需求，最大限度地整合信息资源：⑴为党政决策部门服务。在社会发展过程中，无论是宏观调控，还是微观决策，都离不开文献信息资源做参考。我们编制一些服务当地经济建设的资源信息小报及期刊，为决策者正确规划、部署、决策、科学管理、有效实施提供依据。从2004年起，每年编辑出版馆刊《情报信息资料》（季刊），旨在为政府领导决策提供信息参考。此项工作得到区委政府领导及业内专家好评。⑵为科技兴农服务，这项服务曾经是我们图书馆的优势。科学技术是第一生产力新时期，在人财力及技术紧缺的条件下，根据科区乡村的特点，配合科委、农经站等部门，大力开展科技的辐射活动、向农民提供实用、可靠的科技兴农的信息，并协助各乡村创建、规范图书室。今年共下乡十余次，为余粮堡图书馆、清河图书馆、建新村图书馆等送书达一万余册.⑶加强民生领域的信息服务，为残疾人提供相关的优惠政策咨询，为老年人提供健康知识，为来城务工农民提供本地或外地就业信息和生活参考。

四、社会教育、培训活动

随着时代的进步，终身学习已成为人们的共识。2010年4月中旬，图书馆承办了内蒙古东部区共享工程县级支中心管理员培训班。此次培训班取得圆满成功，得到自治区领导及兄弟盟市同仁的肯定，也为科区图书馆在社会教育培训领域打开新局面积累了经验。

五、文化推广活动

为宣传文化共享工程开辟不受地域和时空限制的文化传播渠道，充分发挥网络图书馆和文化共享工程的资源优势，科区图书馆首先在清河镇、建新镇、余粮堡镇、育新镇、钱家店镇等十个乡镇开展共享工程技术培训，由图书馆支中心工作人员通过讲课及资料发放、共享工程知识现场问答、优秀文化信息资源推介、文化共享工程技术现场操作指导等宣传推广活动。

六、业务辅导工作

自从"草原书屋"落户通辽后，各乡镇初步形成了以乡镇文化站为中心，辐射带动周边村委会的文化格局，并建立了农民自助读书组织，调动了当地农民群众读书、用书、学习科学文化知识的积极性。如何管理好、利用好

书屋的任务，就成了科尔沁区图书馆义不容辞的使命。2010年科尔沁区图书馆开始利用网络开始对科区11个乡镇社区300余个村的图书管理员，进行培训。通过讲课、实践操作指导等，帮助各村培训人员，建立健全借阅制度，提供完善的后续服务，并在各乡镇文化站建立共享工程县级支中心服务点，使共享工程及农家书屋工程真正发挥服务农牧民、服务新农村建设的作用。

（撰文/通辽市科尔沁区支中心）

霍林郭勒市支中心

霍林郭勒市图书馆自加入全国文化信息资源共享工程以来，在霍市市委、市政府的重视下，在市文广局的领导下，图书馆本着全心全意为读者服务的宗旨，坚持以人为本，牢固树立科学发展观，着力构建和谐图书馆，以满足人民群众日益增长的阅读需求为出发点，以加快图书馆数字化建设为重点，通过全馆上下的共同努力，使文化信息共享工程这一活动初见成效。

一、资源建设

全国文化信息资源共享工程霍林郭勒支中心，于2010年9月正式启动运行，经过近一年多的建设，于2011年10月份共享工程设备全部运行。该中心由几个电子阅览室和多媒体网络组成，支中心机房组建10MB光纤宽带网络系统，配备25台电脑，可供25人同时上网共享国家文化信息中心、霍林郭勒支中心的信息资源。

二、网点建设

目前我市文化信息资源共享工程网点建设正在筹划中。计划在全市街道（社区）、乡镇建立多个基层服务点，并精心制作一批珍贵史料和特色文化信息，通过遍布城乡的“网上村村通”工程，与“文化共享”工程成功牵手。今后，城乡居民只要登录“网网村村通”页面，就能点击进入市文化共享工程网站。，即使在偏远地区的农村居民也能享用来自汇集全国各地的文化精品大餐。这项任务艰巨而有意义，需要当地政府的大力支持及全体馆员的共同努力。

三、经费投入

文化信息资源共享工程霍林郭勒支中心，前期投入近60余万元，目前“文化共享”工程建设的整体投入不足，财政补助资金不足，特别是缺少设备运行管理、维护和维修方面的经费。

四、管理和队伍建设，培训工作

为提高霍市支中心业务人员计算机理论水平和操作能力，培养一支合格的技术人员队伍，2010年以来，我馆先后派馆员参加了通辽奈曼旗、科尔沁区、扎兰屯市举办的全区文化共享工程县级支中心技术人员培训班，内容包括支中心建设目的、意义、软硬件知识及实际应用、资源采集、日常管理和项目监理知识，培训实行学员上机操作、师生间交流互动结合的方式，取得良好的培训效果。我们还参加了自治区管理分中心就计算机应用和维护对旗县工作人员进行网络培训。我馆也根据工作需要，积极组织开展相关培训工作，霍林郭勒图书馆共有馆员11人，从2010年至今，参加“文化共享工程建设”培训的员工共8人，次数达6次，通过培训学习，使我们对更好的建设共享工程有了初步的了解，对以后工作有了很好的指导作用。

五、惠民服务

今年以来，霍市图书馆非常重视文化信息资源共享工程建设，把文化信息资源共享工程作为一项惠民工程，向广大群众提供优秀的文化信息资源，让健康的文化信息进入社区、乡村、学校，使共享工程真正起到了面向基层、服务大众的作用。我馆在今年着力推进加强文化信息资源共享工程建设，截至目前，已先后向全市21个社区文化中心、文化活动室组织配发了设备器材，并将陆续配送安装到位。为了解决农家书屋书籍过时、无后续书籍、书籍无法更新等问题，我市文广局正在筹划免费给全市21家农家书屋各配备一台电视机、一台卫星信号接收器、一台DVD及1套相关配套器材，意在实现全市农家书屋数字化快速升级。霍市图书馆在送书下乡的同时，随身携带共享工程碟片，多次放映帮助农民致富的科教片和农民喜爱的戏曲娱乐片，使农村电影放映工程深入人心。为了给更多群众提供丰富的文化资源，使他们享受到免费文化大餐，感受优质文化服务，我馆把公共文化资源免费向社会开放。到目前已接待群众2万余人。

霍林郭勒市支中心重视资源建设，以丰富服务内容、提高资源供给能力。自共享工程启动以来，对霍林郭勒市文化系统自有信息资源进行征集，着手征集全市地方文献、霍市文化艺术信息网、《霍林郭勒市文化旅游》等资源库。

六、宣传推广

霍市图书馆将文化共享工程作为今后我市文化建设的一项重要任务，同时利用报刊、广播电视、等各种媒体，继续宣传文化共享工程对民族文化大区、新农村新牧区、社会主义和谐社会建设和实践科学发展观的重大意义，营造文化共享工程顺利实施和持续发展的良好社会氛围，形成各有关部门重视的良好社会氛围。

近两年来，霍市支中心共享工程取得初步成效，今后在开展电子阅览服务的同时，发挥对乡、村基层服务点业务指导、资源配发、技术维护、人员培训将成为现实。由于没有足够的下乡交通工具，霍市支中心只能开展阵地服务或在附近广场播放节目，难以深入乡村、社区履行应有的职责。但我们相信，在当地政府的支持下，问题都会慢慢解决。

七、工作展望

为了满足不同群众的需要，今后我馆还要增加民族资源和特色资源内容，特别是名家讲座、少儿、科普等适用内容，基层群众喜闻乐见、别有风趣、类型多样的文化节目。建立地方资源定期评比奖励制度，提高各地资源建设水平，调动其资源建设的积极性。

总之，我们将在今后的工作中更加努力的探索利用共享工程服务的新路子，更好地发挥共享工程的作用，为把共享工程办成惠民工程、民心工程而不懈努力。

（撰文/霍林郭勒市支中心）

开鲁县支中心

2004年开鲁县文化共享工程启动，被确定为基层示范点，2008年成立县级支中心，并成立了由政府分管领导为组长、各有关单位共同参与的文化共享工程领导小组，办公室设在图书馆，并制定印发了一系列相关的管理办法。目前，文化信息共享工程开鲁县支中心坐落于开鲁县图书馆内，占地面积近150平方米，防盗设施、卫星设备齐全，接入了强弱电和10兆光纤，年运行费用5万元已纳入财政预算。全县已建和正建的基层示范点16个。具体如下：

一、加强电子阅览室建设，充分发挥其主导作用

2008年投资建设了3000平方米新馆，建立28平方米支中心主机房，设立了面积120平米、配备42台电脑的公共电子阅览室，将文化信息资源共享工程图标放到每台电脑桌面，读者点击操作简单，寻查便利，尽享文化信息资源共享工程中海量、优秀的文化产品，让其中蕴含的社会主义核心价值体系，更好的占领基层文化主阵地。制定实施了《工作目标管理责任制》、《工作人员岗位责任制》、《资源服务细则》、《管理运行办法》、《共享工程活动安排》等一系列规章制度，日常工作规范化、制度化，电子阅览室全天候、无假期免费开放，环境整洁舒适，服务热情周到，读者流连其中，自由惬意的查阅共享资源、浏览网页信息，是学习、休闲、娱乐的好去处。充分利用支中心设备和资源优势，针对青少年读者举办网上课程学习指导、讲座培训；针对农民工子女因家庭条件所限对计算机了解不多、被边缘化于信息时代的严峻问题组织农民工子女计算机基础应用培训；针对寒暑假期间学生读者较多特点耐心向他们介绍共享资源网站，指导他们健康上网、远离游戏、戒除网瘾；针对高考学生很多家在农村或者家里不能上网情况，特意在高考填报志愿期间只面向考生开放，中午不休，为考生填报志愿提供最大便利……几年来，这些服务已成为开鲁图书馆工作长效机制。同时，积极进行本地资源上传，不仅通过网络把县外大千世界带进开鲁，还把开鲁推向世界，向服务器上传开鲁本地信息资源图片、音频、视频、文字总量100多GB，让更多的人来了解开鲁。

二、以节假日为契机，开展各种学习教育娱乐主题活动

每个传统节假日，开鲁县图书馆都开展主题活动。如“清明节　传承民族文化——共享工程清明民俗文化动画介绍”、“庆七一　图书馆共享工程百部爱国电影展播”、“资源共享工程消夏电影展播”、“全国文化信息资源共享工程送电影下乡”、“文化信息资源共享工程庆祝建党九十周年革命歌曲全民唱”等主题活动，在开鲁图书馆多功能厅、城区广场和社区、农牧区村屯文化广场，播放了一系列有关题材的影片，或举办相关讲座。平时周日下午和寒暑假期间，在图书馆多功能厅，利用共享工程资源为青少年展播爱国主义教育、优秀出版作品、科普知识、名家讲座等各类视频，深受学生喜爱，几年来共举办了600余场，30000余学生从中受益。在电子阅览室、多功能厅和县文化广场、白塔公园举办名家讲座、地方戏曲欣赏、影视欣赏、知识摘抄、网络知识培训等各种活动，累计开展活动70余次，播放电影、讲座近400场。还制作张贴文化信息资源共享工程宣传标语，市、县广播电台、开鲁文化网等媒体多次对我馆共享工程工作进行报道。

三、开展文化下乡，突出科技支农惠农

开鲁县图书馆把文化共享工程信息资源送进基层农村牧区，一是通过投影屏幕为农业生产专业户、重点户、科技村屯农业技术员，举办《红干椒的种植》、《大蒜高效栽培》等科技知识讲座展播，几年来累计展映612场，参加人数达13600人次；二是把科技种养、农副产品加工保鲜、水果供求信息和科技致富新技术信息编辑、制作成《农牧民致富之友》等八种科技知识小报、科普知识光盘并通过赶集、邮寄、捎、送等方式送到广大农户手中，共发放3.5万余份文字材料、3000余盘光盘，受益人群达10余万人；三是确定科技扶助服务对象，签定《无偿提供科技信息服务协议》，建立服务档案，进行长期送科技服务；四是为农村党员干部现代远程教育系统(即开鲁县党建频道)精心提供优秀视频资源，如京剧《姑嫂英雄》、科技讲座《农业养殖技术》等，在培育文明乡风、抵御腐朽没落文化的影响方面发挥了重要作用。

（撰文/开鲁县支中心）

库伦旗支中心

一、基本情况

库伦旗县级支中心于2008年列入全国文化信息共享工程县级支中心建设单位，2009年11月设备基本到位，2010年1月安装调试完毕，并对外免费开放。到目前为止，库伦旗支中心现有兼职管理人员3名，使用面积150平方米（电子阅览室），配置电脑终端服务器1台，电脑25台、投影仪1部、幕布1个、音响一套。对外网络接口10兆光纤。每年资源共享专项经费5万元。室内按要求悬挂了“全国文化信息资源共享工程简介”、“电子阅览室规章制度”、“读者须知”、“电子阅览室管理员服务承诺”等规章制度。2011年建成苏木乡镇基层服务点6个，2012年计划建成3个。

二、发挥优势，开展活动

在实施共享工程的过程中，不断拓展共享工程的服务内涵和方式，充分利用这一全新的工作载体，切实面向“五个走进”（走进农村、走进社区、走进学校、走进企业、走进军营），开创了基层文化工作的新局面。

1、馆内活动丰富多彩

充分发挥公共图书馆的阵地作用，在电子阅览室每周推介优秀栏目、医药专家讲座、生活常识、电影，每年开展一次共享工程利用知识培训；利用寒暑假针对未成年人播放百部爱国主义教育、科普类影片，举办思想道德建设方面的讲座，引导未成年人多读书，深受广大市民和家长的欢迎。

2、进农村、进社区

由于受条件限制，农牧民不便于到镇内享受优质的网络资源，结合这一现状，我馆深入调查，根据农牧民的需求，编印《农牧民之友》分发到农牧民手中。送科技下乡是实施“共享工程”又一具体举措，结合苏木乡镇的实际情况，我们有选择的提供科技知识，让广大农民不断感受到先进科学和现代文明。

在社区建立了流动图书服务点，为每个流动图书服务点提供流动图书2000余册，还为残疾读者送书上门、刻录光盘服务，半年更新流动一次，使基层图书室保持图书常新状态。

3、走进学校

为加强未成年人思想道德建设工作，除了在馆内针对未成年人开展的活动以外，还与旗文化馆、非遗办联合，深入到驻镇各中小学校开展活动。利用图书馆的投影仪到教室播放内蒙古少数民族风情片，开展爱国主义教育活动。从而利用共享工程开展思想道德建设，切实把加强和改进未成年人思想道德建设工作落到了实处。

4、走进老年人群体

开展为复转军人和老年群体服务是文化信息资源共享工程工作的又一亮点。我们根据老年人平时生活的诸多习惯特点，播放红色经典故事片、送养生保健图书到敬老院，使他们获得了精神的强健与文化的关爱。

三、工作展望

1、进一步加强苏木镇基层服务点网络化、数字化建设，加强文化、科技信息资源在群众生活中的重要性，不断培养专业技术人员，为深入推进共享工程的实施打好基础。

2、努力把文化信息资源共享工程用活、用好。以先进文化教育广大群众，提高人民群众的思想道德水平和科学文化素质，最大限度地将信息资源转化为生产力。将地方有特点的文化艺术节目、后旗名人事迹、蒙古族民风民俗、风土人情纳入共享工程服务内容。

文化信息资源共享工程科左后旗支中心在各方的支持和不懈努力下已初见成效，但目前的运行状况服务情况离上级领导的要求和人民群众的需求还有很大的差距，希望上级领导能够在人员培训、技术、数字资源等方面给予大力支持，相信在不久的将来，文化信息资源共享工程一定会以一个全新的面貌展现在群众面前，一定会成为老百姓满足的文化信息工程，成为社会主义新农村建设的有力支撑。

（撰文/库伦旗支中心）

奈曼旗支中心

一、基本情况

2005年，我馆投资8万元，购置部分电脑及相关设备，建成了电子阅览室。2007年奈曼旗图书馆文化信息资源共享工程县级支中心正式成立，2008年国家投入价值68万元的设备，地方投入40万元资金，每年地方财政划拨网络维护费5万元支持我馆的自动化、信息化建设，现我馆文化信息资源共享工程县级支中心占地180平方米，共有电脑78台，现有10兆光纤网络，同时拥有投影设备2套，用于读者使用的电脑56台，自己添加48口交换机1台，24口3台，图书服务器2台，图书处理计算机5台图创软件1套，彩色喷墨打印机1台，书标打印机1台，我中心管理全楼100台电脑。

二、开展工作情况

2009年3月31日—4月2日，为期三天的“内蒙古自治区文化信息资源共享工程县级支中心（东部）技术人员培训班”我中心顺利开班。

3月31日上午，培训班开班仪式在奈曼旗图书馆的报告厅举行，自治区文化厅社会文化处白俊明副处长、通辽市文化局马壮志局长、奈曼旗人民政府史艳春副旗长、奈曼旗文化局王书博局长，以及来自东部区43个旗县（市、区）的70多名图书馆馆长、技术骨干参加了开班仪式。

文化厅社会文化处白俊明副处长、奈曼旗人民政府史艳春副旗长、通辽市文化局局长马壮志、通辽市图书馆馆长王蒙在开班仪式上分别作了重要讲话。白俊明副处长简要介绍了自治区文化共享工程实施以来的建设情况，并总结了2008年县级支中心建设经验，对2009年的县级支中心的建设项目旗县提出了要求。同时要求参加本次培训的技术人员珍惜这次难得的学习机会，提高自身的技术水平。

此次集中培训的内容包括县级支中心建设的目的和意义、软硬件系统构成及实际应用、资源采集、日常管理和项目监理知识，同时有实际上机操作和师生间交流互动，培训的课件和管理规定拷入U盘下发54个拟建支中心，供建成后日常学习使用。由自治区管理分中心技术人员及软件公司的专业人员授课，力争使参加培训的学员掌握共享工程相关技术知识，并运用所学和掌握的技能，保证广大读者能够利用电子阅览设备上网、阅读、学习和浏览视频资源，使共享工程的各个系统的正常工作稳定运行。

——运用网络信息资源开展爱国主义影片播映活动。

上网学习

两年来与各中小学校联合，播放爱国主义影片确定每年的6月1日为爱国主义电影播映日，所播放的影片如《闪闪的红星》、《开国大典》、《大决战》等受到了广大师生的欢迎，截至目前，已播映爱国主义影片60余部。

——运用网络信息资源开展法律知识宣传讲座活动。

支中心从文化信息资源共享工程中，有针对的选择一些法律知识，组织街道社区群众开展法律知识宣传讲座、观看活动。2012年2月组织街道、社区1000余人次播放了《中华人民共和国经济合同法》、《中华人民共和国婚姻法》等法律知识。2012年5月组织社区街道群众300余人，播放了《中华人民共和国人口与计划生育法》、《中华人民共和国道路安全与交通法》。2012年8月，组织部分职工观看了法治警示教育片《扭曲的人生—李真贪污受贿案》等影视纪录片。

三、服务情况

——运用网络信息资源，为部队官兵服务。

我们与驻奈曼部队联合，经常为部队官兵播放军事题材的电影，先后播映《狼牙山五壮士》、《离开雷锋的日子》、《我的长征》等军事题材影片50余部，受到了广大官兵的一致好评。

——运用网络信息资源，为广大农牧民群众脱贫致富服务。

支中心从文化信息资源共享工程中，选取各种有利于当地农牧民脱贫致富的各种信息，刻录成光盘为农牧民播放。

通过光盘《种子的保姆》在我旗明仁、新镇、义隆永等苏木镇大面积推广泥炭营养土育苗技术，使作物苗齐、苗壮、病虫害少，作物可早上市10天左右，亩产效益增收千元。

电脑培训班

推广的膜下微喷灌溉技术，省工、省时、省力、省水，深受农牧民欢迎。几年来我馆根据我旗农牧业生产的需求，自制农牧业科普知识光盘10组、100张，加快了农牧民脱贫致富的步伐。

发挥中心信息功能，拓展服务领域

为了更好地发挥自身的优势，我中心近几年来掌握群众需求以后，为农牧民群众发家致富加大了工作力度，从科技报刊中搜集适合我旗生产的有价值的科技资料，年编印蒙汉文《农牧民之友》小报、科普小册子3000份，进乡镇（苏木）、进村（嘎查）、进户，深得广大农牧民的赞誉。如沙日浩来镇齐振义自从看了中心提供的科普小册子《棚室辣椒高效栽培技术》、《蔬菜的棚室建造与栽培》以后，盖了高3.8米的土筑厚墙体，棉帘、草帘双层覆盖麻椒大棚，改进大棚结构后在原有的基础上，亩效益提高了5000元。

中心制作农牧民发放资料

兴隆庄果树基地运用我中心送去的《新编果树实用技术问答》、《北方果树嫁接技术与图解》、《果树病虫害诊断与防治》等科普资料，进行立体发展，大力推广果树间作，幼龄果树行间间作矮棵高效经济作物，在保护生态的同时，取得了较好的经济效益，现亩产水果5000多斤，每亩纯收入达到5000多元。下岗职工胡振荣自学养花技术，承包了8亩土地，又从外地引进了优良花卉种苗，扣上了温室暖棚，中心工作人员听说后，及时给他送去了《室内盆栽花卉》、《怎样养花》《花卉种植致富经》等科普资料和相关书籍。他苦心摸索，掌握了科学养花技术。目前在他承包的8亩土地上又拓展了5亩，建4栋温棚，花卉面积达1500多平方米，200多个品种，成了我旗远近闻名的养花专业户。

我中心结合奈曼旗的实际特点，多年以来以为农牧民服务为主，不断开展有利于农牧民群众致富的各种活动。利用中心丰富的网络资料，常年坚持为农村牧区服务，为农牧民科技致富服务，贴近实际、贴近农户，有目的、有选择的为农牧民群众发放《农牧民之友》小报2万余份，科普小册子近3万册。

为了加强自动化管理，我们配备了熟悉网络、精通技术的专业人员，确保网上资源全天开放，节假日不休息，每天接待网上读者50人次以上。

——运用网络资源优势，为地方资源建设服务。

支中心从各种渠道搜集整理了奈曼旗的旅游景点、风土人情、旅游、文化产业、矿产资源等信息，在网上提供快捷、方便的优势为读者服务。

（撰文/奈曼旗支中心）

扎鲁特旗支中心

扎鲁特旗总人口31.5万人，由蒙、汉、回等13个民族组成，总土地面积1.75万平方公里，辖16个苏木镇场、206个行政嘎查村。扎鲁特旗文化共享共享支中心在通辽市文化局、通辽市图书馆支持和部署下，逐步推进，稳步发展，在新形势下为繁荣农牧区基层文化，满足农牧民多层次文化需求，传递中华民族优秀文化资源发挥了重要作用。

一、基本情况

"全国文化信息共享工程"于2002年4月启动并在我馆搭建了网络平台，2008进入全区"共享工程"旗县支中心建设行列，2010年1月所有设备安装调试完毕，4月13日正式运行。前期安装设备均通过卫星设备直接接受国家中心下发的给类资源和信息。2011年上半年第一批9个苏木乡镇文化传媒中心开始安装，至此扎鲁特旗所属40%的苏木乡镇实现全区共享工程苏木乡镇覆盖。

共享工程扎鲁特支中心设在扎旗图书馆，是扎鲁特旗共享工程建设和业务指导单位，负责保障旗支中心共享工程设备的运行，协调苏木乡镇(村级)基层服务站共享工程设备的维修，指导苏木乡镇(村级)基层服务站共享工程活动的开展以及开展全旗共享工程管理员的业务培训和指导。

二、管理和队伍建设

实践中，我们把共享工程作为构建公共文化服务体系，惠及千家万户的一项重要文化基础工程来抓。从设备管理、设备维护、资源开发、阅览统计等角度制订了六项制度、三项记录、四项服务台帐。制度公开上墙，年度有计划并签责任状，季度有工作督导，年末有总结考核，梳理共享工程服务活动的得失，探索共享工程管理和服务新模式。

文化信息共享工程作为一个新的农村牧区文化资源获取平台，如何推广好、利用好共享工程丰富的文化资源，关键在于是否有一支专业化的共享工程管理员队伍。扎鲁特支中心在队伍建设上坚持明确责任，明确思路，制度化、常态化管理。对于苏木乡镇村级基层服务站上择优选取文化层次较高，有一定社会基层管理服务实践经验的文化传媒中心工作人员为管理员。他们责任心强，工作热情高，有较高的文化水平，并能尽快熟悉掌握共享工程设备为所在农牧民服务。目前扎鲁特支中心管理员80%是由大专以上学历的工作人员兼任，实现了管理人员选取的高起点。

三、培训工作

扎鲁特支中心在共享工程管理员的培养方面上实现了制度化和常态化。根据支中心工作要求，年度对辖区共享工程管理员进行2期集中培训，2011以来一共举办各类培训班6期，参加自治区分中心组织的培训班达58人次。

四、经费投入

扎鲁特支中心自2010年4月运行至2011年1月实现苏木乡镇（村级）基层服务站40%覆盖以来，旗图书馆每年投入6万元运维经费，用于共享工程设备维护，人员培训和惠民活动的开展。同时，扎鲁特旗政府、旗财政、旗文化局也投入大量物力财力支持共享工程各项活动的正常开展。

五、资源建设

扎鲁特支中心在近3年的工作中，搜集不同区域民众文化需求，选取、编辑制作各类题材地方资源累计10GB，制作发放各类光盘600多张，二次文献1400份以上。

六、合作共建

以共享工程为依托结合全覆盖的广播电视村村通、户户通工程，积极发挥公共电子阅览室共享工程平台的延伸服务功能，建立电子文献服务中心。将各种部门下发的电子文献资源与共享工程服务点结合，根据不同苏牧乡镇的硬件条件建立形式多样的电子阅览室和多媒体中心。如：在乌力吉牧仁文化传媒中心建立拥有多台电脑的多媒体中心；在鲁北镇榆树屯村流动阅览室与农村党员远程教育网结合建成电影放映，共享工程宣教授课和电子资源阅读播放为一体的多功能活动室。通过多方不懈的努力，共享工程以逐步走入基层农牧民生活，成为农牧民获取新知，娱乐身心的新渠道新平台。

七、利民惠众，惠民服务

扎鲁特支中心在共享工程服务实践过程中，以民众的需求为导向，积极探索，服务民众生活生产，引领群众高尚精神文化生活，打造群众满意喜爱的文化服务新平台。

根据科尔沁地区农牧业生产特点，扎鲁特支中心每年按节令制作农牧业生产技术光盘和小册子通过行政村基层服务点分发。针对不同的种养殖专业户，扎鲁特支中心有针对的选取资源上门服务。三年累计服务专业户165户，长期点对点跟踪定项服务120多户。

八、宣传推广

1、拓宽渠道，广泛宣传。

扎鲁特支中心利用各种渠道宣传推广共享工程。在扎鲁特旗每年的科技文化三下乡活动，科普之春，科普之夏，科技周等活动中，扎鲁特支中心不失时机，以活动为平台，以资料为媒介宣传共享工程，真正让共享资源平台走近了群众，"沉"到了基层。

2、走进校园。

扎鲁特支中心在文化创新服务中不断探索，利用支中心儿童阅览专区，组织动员青少年儿童关注共享工程，利用共享工程；收集青少年知识兴趣点整理挖掘，3年来以"书香伴我成长　知识成就未来"等主题，播放各类爱国主义影片18部，"读经典伴我成长"讲座12场，参与活动的小学生累计达64500人次。

3、专题活动，异彩纷呈。

扎鲁特支中心在服务中抓住文化的热点和亮点，积极深入社区、军营、老年人活动中心、苏木镇场、残疾人家中，开展喜闻乐见的文化服务，使共享工程走进了群众生活。如：为丰富官兵们业余文化生活，解决驻军官兵看书难、看电影难、听讲座难的实际问题。3年来工作人员精心挑选共享资源，在三个驻军部队播放专题视频16

扎旗图书馆工作人员郝玉全、孙海春与共享工程安装人员深入嘎亥图镇共享基层服务站安装调试卫星接受器。

部，《百家讲谈》讲座8次，军事类题材故事片6部，历史题材纪录片4部。活动后立即将信息图文并茂地上报到自治区管理中心，并获殊荣。

九、工作展望

扎鲁特旗文化资源共享工程以走过3个年头，从初始的一个点发展到有9个基层服务站；从单一的资源接受到今天的编辑分发和群众广泛认知，广泛参加，文化资源共享工程在扎鲁特旗已经成为全旗人民群众文化生活的一大支柱，成为繁荣扎旗文化，丰富扎旗人民群众精神生活，推动扎旗人文科技进步的强大动力源泉。

今后扎鲁特支中心希望在国家中心，自治区分中心大力支持下为扎鲁特旗共享工程建设一支专业化的服务队伍，建立一个国家、自治区、市、县三级知识网络联动的即时问答服务体系和服务形式更加多样，服务网点更加宽广，参与群众更加广泛的共享工程文化带动体系，为建设科技扎鲁特、文化扎鲁特做出贡献。

（撰文/梅花　摄影/金山）

科尔沁左翼中旗支中心

科尔沁左翼中旗位于内蒙古通辽市东北，科尔沁大草原腹地，全旗辖区18个乡镇苏木，500多个行政村。54万人口，蒙古族就占39万，是典型的以农为主，农牧结合的少数民族聚集地区。这里文化底蕴丰厚，民族、民间文化历史悠久是“四胡”大师——孙良、“潮尔”大师——色拉西、“马头琴”大师——齐宝力高的故乡，四胡的传承基地。

一、加强领导，规范管理

2010年5月“文化信息资源共享工程科左中旗支中心”挂牌成立，为了保障支中心规范化建设，旗政府领导高度重视，狠抓制度建设，制定了文化共享工程支中心主要职责，配备一名专职管理员，一名兼管员，制定了管理员操作管理规范，管理员职责等制度。实现了人员定位，制度上墙，保证共享工程各项工作正常开展。

二、多措并举，创新服务

为了更好的发挥支中心的作用，让优秀健康的信息资源走进千家万户，本着“切实服务农牧民”的原则，拓宽服务渠道，创新服务方式，与旗级业务部门携手开展“送科技、送知识、送文化”主题活动，及时有效的向农

牧民提供了生产生活所需的文化信息资源。

一是协同涉农部门开展农业技术推广培训。宝龙山镇是该旗农业主产区，更是发展农牧业产业化典型示范区，为此，科左中旗支中心立足实际，协同该旗农广校，定期举办了农业科普技能培训、农业科普知识网上课堂等活动。每次参加培训活动的农牧民，都被信息工程网站的丰富的信息资源所吸引，参加培训的人次每次都有所递增，工作人根据播放科普资料片，并结合专题编制资料发放到农牧民手里。这里成为农牧民上网学习查找致富之路的好去处。宝龙山镇扎布斯嘎查48岁蒙古族村民杜海生，他是一名返乡务农农民，经过多次到服务站电子阅览室查找科技信息，确定了自己的养鹿项目，又经过多次出去学习考察，投资46万元从长春鹿场购进了50只梅花鹿，建立了2400平方米的龙山养鹿场。

二是与职业中专协作开展农民工技能培训。为了促进农牧民非农产业增收，宝龙山镇基层服务站协同镇内职业中专，利用网上下载的技术资源为农民工和其他务工人员开展焊工、瓦工、木工、计算机等职业技术讲座，使他们在家门口就能学到一技之长，也找到了免费上网学习查找信息的好场所，他们的身影时常出现在电子阅览室。

三是协同旗文化馆、文化研究室开展民族特色人才培训。宝龙山镇蒙古族人口居多，民族文化历史悠久，为了做好民族文化传承工作，丰富群众的文化生活，利用共享网络资源开展文化大讲堂活动。聘请专家组织了四胡、潮尔，马头琴培训班。开展民间艺人培训班，组织民间艺人和群众观看他们喜闻乐见的民族文艺、戏曲等节目，形式多样丰富多彩的节目大大吸引群众，参与的人越来越多，艺人们受益匪浅，开拓了视野得到了创作的灵感，为民间艺人创作打开了一扇窗，他们创作出体现当地民俗民情、反应人们的新生活新思想的喜闻乐见的文艺节目。受到当地群众的欢迎。宝龙山镇现有民间艺术团150个，每个行政村都有一到二个秧歌队。在庆祝建党90周年之际开展了“红歌唱响达尔罕”文艺活动、“颂歌献给党一文化信息共享迎接建党90周年”群众歌咏活动。

四是协同妇联、关工委等部门积极开展了对未成年人、农牧民、老年人进行网络知识培训。一方面为青少年提供免费安全绿色的公益性上网场所。在这里他们只要动一动鼠标就可以查阅到法律法规、科技信息、电子图书、电影戏曲、儿童动漫等等。从4月份开始，利用网上下载资源晚上7:30——9:30在各文化广场，播放电影、戏曲、歌曲及健康知识，种养殖内容，蔬菜大棚知识，病虫害防治，环境卫生整治等科教片。另一方面组织镇内老年人开展养生健康知识讲座，组织学生和留守儿童观看爱国主义影片，使支中心真正成为老人孩子们上网学习娱乐的好去处。

三、立足实效，广泛宣传

一是利用民间艺术团作为宣传队。为了让镇内各嘎查村都能够熟悉和了解文化信息资源共享工程工作，组织旗内民间艺人成立了专题宣传文艺队，深入全镇各个嘎查村演出宣传，通过农牧民喜闻乐见的好来宝说唱、自编自唱、舞蹈、小品等丰富多彩的表演形式，深入浅出的宣传文化信息资源共享工程相关的参与方式、文化信息共享资源工程相关内容以及如何利用信息资源改善农

牧民生产生活等方面进行广泛深入的宣传，有效的激发了农牧民参加文化信息资源共享活动、农牧民科技培训活动的积极性。

二是用实际效果取信于民。科左中旗支中心自成立以来根据自身实际，开展了一系列文科技化服务活动，这些服务的开展都是围绕科左中旗经济发展、农民致富、丰富群众文化生活来进行的并已初见成效。文化共享工程已深深植入这片土地，改善和丰富了当地群众的文化生活，缩小了城乡文化差异，改善了社会风气，支中心也成了农闲时农民看书上网学习娱乐的中心。

（撰文/科尔沁左翼中旗支中心）

科尔沁左翼后旗支中心

一、基本情况

科左后旗县级支中心于2008年列入全国文化信息共享工程县级支中心建设单位，2009年11月设备基本到位，2010年1月安装调试完毕，并对外免费开放。到目前为止，后旗支中心现有专职管理人员1名，使用面积120平方米（电子阅览室），配置电脑终端服务器1台，电脑40台、投影仪2部（一部固定一部流动）、幕布2个（一部固定一部流动）、音响1套。对外网络接口10兆光纤。每年资源共享专项经费5万元。室内按要求悬挂了“全国文化信息资源共享工程简介”、“电子阅览室规章制度”、“读者须知”、“电子阅览室管理员服务承诺”等规章制度。2011年建成苏木乡镇基层服务点7个，2012年计划建成3个。

二、发挥优势，开展活动

在实施共享工程的过程中，不断拓展共享工程的服务内涵和方式，充分利用这一全新的工作载体，切实面向“五个走进”（走进农村、走进社区、走进学校、走进企业、走进军营），开创了基层文化工作的新局面。

1、馆内活动丰富多彩

充分发挥公共图书馆的阵地作用，在电子阅览室每周推介优秀栏目、名家讲座、生活常识、电影，每月开展一次共享工程利用知识培训；利用寒暑假针对未成年人播放百部爱国主义教育、科普类影片，举办思想道德建设方面的讲座、名著赏析等，引导未成年人多读书，深受广大市民的欢迎。

2、走进农村、走进社区

由于受条件限制，农牧民不便于到镇内享受优质的网络资源，结合这一现状，我馆深入调查，根据农民的需求，下载家禽饲养、苗木、花卉栽培等相关信息，刻成光盘，编印《农家参谋》分发到农牧民手中。送科技下乡是实施“共享工程”又一具体举措，结合苏木乡镇的实际情况，我们有选择的提供科技知识，让广大农民不断感受到先进科学和现代文明。

社区，是共享工程服务对象里一个重要的群体，也是“基层文化”最大的群体。在社区服务上，我们开展了“优秀影片展播”活动。在民族社区、拥军社区等6个社区，进行了展播40余场次，共接待观众2000余人。在送数字资源到农村进社区的同时，还根据农村社区需求，大力开展送流动图书到基层活动，在社区建立了流动图书服务点，为每个流动图书服务点铺垫流动图书100余册，半年更新流动一次，使基层图书室保持图书常新状态。

3、走进学校

为加强未成年人思想道德建设工作，除了在馆内针对未成年人开展的活动以外，还与教体局联合，深入到驻镇各中小学校开展活动。利用图书馆的投影仪到教室播放优秀影片和礼仪知识讲座，开展爱国主义教育活动。从而利用共享工程开展思想道德建设，切实把加强和改进未成年人思想道德建设工作落到了实处。

4、走进老年人群体

开展为老年群体服务是文化信息资源共享工程工作的又一重点。我们坚持“贴近生活、贴近实际、贴近群众”的三贴近原则开展服务。我们根据老年人平时生活的诸多习惯特点，上网下载《营养与健康》、《科学保健》、《晚年的幸福生活》等系列视频资料和战争题材的故事片、养生保健讲座等资源到敬老院放映，使他们获得了精神的强健与文化的关爱。

5、走进军营

为进一步开展拥军活动，丰富广大官兵的业余文化生活。支中心在科左后旗大青沟森警支队建立了图书流动点，每个季度送去图书、期刊200余册，并选出了多部优秀国产军事题材影片去支队巡映，深受广大官兵的热烈欢迎。许多战士反映，自己每观看一部影片都会受到一次爱国主义教育，在精神上也得到了洗礼。

四、重视宣传、扩大影响

加入全国文化信息资源共享工程以来，为了扩大共在基层群众中的影响，广泛宣传其作用和意义，使各级领导和群众充分认识到这是一项惠民工程、民心工程，认识到工作的重要性和必要性以及文化信息资源的可用性，我们利用馆内读者服务阵地大力宣传，时刻注意将资源共享活动与当前工作重点有机的结合，这样既可增强对共享工程的宣传力度，又收到了立竿见影的效果。

五、工作展望

1、进一步加强苏木镇基层服务点网络化、数字化建设，加强文化、科技信息资源在群众生活中的重要性，不断培养专业技术人员，为深入推进共享工程的实施打好基础。

2、努力把文化信息资源共享工程用活、用好。以先进文化教育广大群众，提高人民群众的思想道德水平和科学文化素质，最大限度地将信息资源转化为生产力。将地方有特点的文化艺术节目、后旗名人事迹、蒙古族民风民俗、风土人情纳入共享工程服务内容。

文化信息资源共享工程科左后旗支中心在各方的支持和不懈努力下已初见成效，但目前的运行状况服务情况离上级领导的要求和人民群众的需求还有很大的差距，希望上级领导能够在人员培训、技术、数字资源等方面给予大力支持，相信在不久的将来，文化信息资源共享工程一定会以一个全新的面貌展现在群众面前，一定会成为老百姓满足的文化信息工程，成为社会主义新农村建设的有力支撑。

（撰文/科左后旗支中心）

呼伦贝尔市支中心

呼伦贝尔市总面积25.3万平方公里，270万人口，下辖13个旗市区，是一个以汉族为多数，以蒙古族为主体的多民族聚集区，拥有蒙族、回族、满族等42个少数民族，少数民族人口50.75万人，占总人口的18.71%。全国仅有的达斡尔、鄂温克、鄂伦春3个少数民族自治旗都在呼伦贝尔市。内蒙古自治区19个少数民族自治乡有14个在呼伦贝尔。

一、基本情况

近几年，呼伦贝尔市文化资源共享工程建设取得积极发展，“十一五”期间，国家和内蒙古自治区、呼伦贝尔市等各级政府加大了经费投入力度，文化资源共享工程各级服务网点已初步形成。呼伦贝尔市支中心下包含十三个旗市支中心，迄今为止，每一个支中心都在各部门的协助下，依照全国文化信息资源共享工程的文件要求，完成了共享工程基础设施建设，各旗市支中心工作人员在参加了自治区分中心组织的几次共享工程技术培训之后，已经能够基本掌握设备的使用维护，实现对资源的加工与上传，并能够很好的利用电子阅览室、卫星、投影仪等场地和设备，为老百姓播放一些生产技术教程和喜闻乐见的影片。由于呼伦贝尔市图书馆新馆仍在建设当中，所以自共享工程呼伦贝尔市支中心成立以来，呼伦贝尔支中心的工作主要以辅导旗市支中心为主，而对旗市支中心的辅导又以蒙科立图书馆管理系统这一软件的安装、调测以及使用为主。

二、辅导工作

虽然自治区中心组织了几次共享工程技术人员培训，但由于旗市支中心缺乏专业计算机技术人员等一些原因，许多支中心利用蒙科立图书馆管理系统加工图书的工作始终没有开展起来，在呼伦贝尔支中心领导的安排下，呼伦贝尔支中心把额尔古纳市支中心作为安装调测使用蒙科立图书馆管理系统软件的第一站，由于呼伦贝尔市图书馆新馆正在建设，工作用电脑设备配置达不到要求等一些客观原因，呼伦贝尔支中心工作人员同样是第一次接触蒙科立图书管理系统这一软件，在赴额尔古纳支中心之前，呼伦贝尔支中心工作人员在个人家用电脑上安装了这个软件，并根据使用手册反复研究了这个软件的特点以及使用方法，但在到达额尔古纳支中心进行实际操作的时候，工作人员还是遇到了一些模板修改、数据备份与恢复、种次号生成、书标打印等问题，为了让额尔古纳市支中心工作人员掌握好蒙科立图书馆管理系统的安装使用方法，呼伦贝尔支中心工作人员利用了将近一周的时间，对这些问题进行了逐一解决并对额尔古纳市支中心工作人员进行了现场的、实地的指导，直到额尔古纳市支中心利用蒙科立图书馆管理系统打出了第一个书标。从2010年至今，呼伦贝尔支中心工作人员已经对额尔古纳、鄂温克、鄂伦春、陈巴尔虎旗、牙克石等旗市支中心进行过蒙科立图书馆管理系统的业务辅导。

三、荣誉和上级关怀

2011年9月，呼伦贝尔支中心组织50余人的演唱团，录制3个自编自演的节目，参加全国共享工程中心组织的庆祝建党90周年歌咏比赛中，荣获三等奖。

2011年9月，呼伦贝尔支中心选出基层技术人员、旗市支中心技术人员、市支中心技术人员各一名，参加自治区分中心开展的“文化共享杯--内蒙古文化信息资源共享工程知识与技能竞赛”并获得优秀奖。

2012年7月30日，由文化部、中央文明办主办，文化部全国文化信息资源建设管理中心、内蒙古自治区文化厅联合承办，自治区图书馆、全国文化信息资源共享工程内蒙古分中心、呼伦贝尔市文化局等单位协办的2012年“春雨工程”全国文化志愿者边疆行·内蒙古行启动仪式在额尔古纳市举行。活动主题是“共同团结奋斗、共同繁荣发展”。文化部公共文化司民族文化处处长关红雯，文化部全国信息资源建设管理中心培训指导处处长刘刚，中央人民广播电台记者张庶卓，全国文化信息资源共享工程内蒙古分中心办公室主任达力巴日，呼伦贝尔市文化局党组书记、局长何涛，额尔古纳市委常委、宣

传部长宝力道等领导及来自全国各地的文化志愿者和专家出席启动仪式。

此次活动在满洲里、新左旗、新右旗、陈旗、鄂温克旗、海拉尔区的图书馆和基层网点开展赠书、赠送资源、培训、设备维护、展览、放电影等活动。帮助边疆旗、县文化共享工程及旗、县支中心工作人员、乡镇基层服务点工作人员解决设备维修、软件安装、操作辅导、技术咨询等问题，培训共有140余人参加，旨在提高文化共享工程基层骨干的业务水平和服务能力。

四、工作展望

2013年，全新的呼伦贝尔市图书馆大楼将投入使用，呼伦贝尔市图书馆将采用百兆光纤独享的网络接入，并将购置一些高性能的服务器以及资源采集加工的设备，这为呼伦贝尔支中心更好的开展工作提供了优质高效的硬件条件，在做好对旗市支中心技术支撑的同时，呼伦贝尔支中心将以鄂温克、鄂伦春、达斡尔、俄罗斯四少民族特色文化为突破口，制作专题栏目，结合现代化的设备和技术，集资源的采集、加工、上传于一体，为国家中心提供更多更好的资源，让更多的人了解到呼伦贝尔的少数民族特色。

（撰文/呼伦贝尔市支中心）

呼伦贝尔市海拉尔区支中心

海拉尔区图书馆在推广文化信息资源共享工程实践中，在“文化共享工程”领导小组的直接领导下，抓住服务这条主线，服务基层，包括村镇、社区、街道，在服务中体现公共图书馆的社会公益性，利用“卫星、网络”，把党中央、国务院对基层老百姓的关心，充分体现出来；同时积极开展各项工作，为海拉尔区的精神文明建设服务，为在海拉尔区构建和谐社会，建设美丽海拉尔而贡献我们的力量。

一、基本情况

为了认真贯彻落实中央、自治区关于“全国文化信息资源共享工程建设”文件精神，海拉尔区图书馆及时提交了关于要求建立“文化共享工程”的县级支中心的报告。海拉尔区委、区政府高度重视这项工作，于2006年将县级支中心列入了本区的民生工程，并于3月份拨款10万元，给图书馆新添了20台电脑，安装了一套全国文化信息资源共享工程设备；2009年底国家又给配备了68万元的设备，大大提升了图书馆自动化网络化管理的能力，2011年在哈克镇哈克村建立一个基层服务站点。

二、资源建设

海拉尔支中心自2006年至2009年11月正常运行，2009年12开始到现在还没有机房；由于经费短缺，至今未能接入互联网，电子阅览室也不能正常运行，只能就

现有的资源开展工作，其服务质量受到严重制约。但在现有条件下，尽最大努力为读者提供资源服务成为我们工作的重中之重。为此，我们除了利用国家管理中心下发的科技光盘提供服务外，还发动馆员，针对读者的不同需求，利用家中电脑在省分中心网站和其他科技网站下载各类资源提供给读者。现在大致有3TB的资源。

几年里，我们一直采取多种方式下载适合我区农牧民种、养殖科学技术，筛选出后刻录光盘提供农牧民，最大限度地满足了各类读者的不同需求。

三、利民惠众　惠农服务

2010年国家文化共享工程管理中心先后发放了《文化共享助春耕》10张、《红色记忆振奋中国》20张、《共享知识、和谐万家》25张、《共享书香、快乐阅读》16张、《文化共享工程夏日电影展播》44张等。在这些文件的指导下，我们确保文化信息资源共享工程的公益性服务性质，明确适时、有效的服务内容、方式和范围，采取多种手段，为群众提供多样化、个性化的服务，满足群众的基本文化和生产需要。

在建设新农村和以科技兴农为时代特征的今天，农牧民对待现代科技信息和文化的需要迅速增加。结合这一现状，我们在农民读书节期间深入调查，根据农民的需求，将适合本地区农牧民种、养殖生产需要的各类数字技术资源和文字资源送到了农牧民手中。

每年正月初十三，海区“四下乡”活动当中，在区文体局的带领下，我们带上电脑和投影设备到城郊友好村等村庄为农民朋友放映《怎样管理好蔬菜大棚》、《怎样办好一个养鸡场》等视频资料，共计近50场，受到村民们的欢迎和好评。而且，这几届农民读书节期间，我们在哈克镇，建设办，奋斗镇先后播放了电影和科技片，还在光明村、和平村、团结村、哈克村等开展了20余场礼仪讲座活动，满足了广大农民朋友的精神需求。

四、活动开展

为充分发挥公共图书馆的阵地作用，我们在电子阅览室每周推介优秀栏目、名家讲座、生活常识、电影；不定期给市民利用投影仪播放名家讲座及影视剧，常年坚持；利用节假日针对未成年人播放百部爱国主义教育影片和科普类等影片，举办思想道德建设方面的讲座、名著赏析等，引导未成年人多读书。这些活动，深受广大市民的欢迎。

五、宣传推广

加入全国文化信息资源共享工程以来，为了扩大其在基层群众中的影响，广泛宣传其作用和意义，使各级

领导和群众充分认识到这是一项惠民工程、民心工程，认识到工作的重要性和必要性以及文化信息资源的可用性。近两年，时刻注意将资源共享活动与当前工作重点有机的结合，这样既增强了对共享工程的宣传力度，又收到了立竿见影的效果。

随着宣传力度的逐渐深入，在我区城市和农村居民心中的影响也在逐渐加深，对文化信息资源的需要也在逐渐加大，他们开始掌握和利用这块知识宝库。海拉尔区图书馆自加入全国文化信息资源共享工程以来，实现共享工程对外服务，此项服务在全区得到好评，收到较好的社会效果。

六、管理和队伍建设

这些年，自治区文化厅、自治区分中心多次组织举办了东部四盟共享工程管理人员培训班，参加培训人员共计30人次，提高了管理人员的业务水平和管理技能。

为进一步加强和推进文化信息资源共享工程建设，自治区文化厅领导先后两次来我馆视察工作，听取共享工程建设意见，检查机房建设进度，提出“按照标准、加大力度、快速推进我区文化信息资源共享工程建设”的要求。

七、工作展望

“十二五”期间，要认真贯彻落实十八大精神，进一步加强对文化信息资源共享工程及城市信息化建设工作重要性的认识，力争政府部门将实施文化信息资源共享工程纳入当地经济与社会发展的总盘子和城市信息化建设总体规划之中，力争从人力上给予保证，资金上予以支持，促进共享工程健康发展，为广大读者，特别是农村读者提供优秀的文化信息资源，提高网络信息服务水平和利用率。

我们将在今后的工作中更加努力地探索利用共享工程服务的新路子，为乡镇、街道、社区基层服务点更好地发挥共享工程的作用，为把共享工程办成惠民工程、民心工程而不懈努力。

（撰文/伊力奇）

满洲里市支中心

“全国文化信息资源共享工程”是由文化部、财政部组织并于2002年4月正式启动实施的国家级文化工程。此项工程是利用先进科技手段传播、建设先进文化的大型的公益性的文化网络工程，旨在整合全国文化信息资源，通过互联网、卫星宽带传输和光盘将数字化文化信息资源传输到群众身边，实现优秀文化信息资源在全国范围内的共建共享，满足广大人民群众日益增长的文化需求，整体提高文化资源的利用率。

在这种大环境下，满洲里市图书馆利用馆内基础文化资源设施，不断提升馆内工作人员的素质，积极开展文化信息资源共享工程的工作，为满洲里市广大人民群众提供更快捷更丰富更优质的服务。

满洲里市图书馆共享工程自2005年初启动以来，得到了各级领导的关心与重视，通过政府采购，购买了服务器、卫星接收器、投影仪、大屏幕、音响等设备。由内蒙古自治区图书馆派专业技术人员来给安装调试，依托原有的电子阅览室，于2006年九月正式投入使用。

2008年3月内蒙古自治区文化厅组织召开会议，确定满洲里市为重点项目县，并由国家匹配全套文化信息资源共享工程设备。2009年2月，由内蒙古自治区文化厅统一招标购买的设备配送到位，进行安装调试，于2009年5月对读者开放。

一、基本情况

目前满洲里市图书馆电子阅览室的面积为145平方米，机房的面积为19.5平方米。有互联网接入，带宽10兆。设专职管理人员1人，兼职管理人员1人（副馆长兼任）。全市一个县级支中心，五个基层服务点：道北区街道办事处基层点、道南区街道办事处基层点、兴华区办事处基层点、东山区街道办事处、东湖区文化站基层点。五个基层服务点已安装了卫星接收系统，正常开展工作。五个街道办事处基层点已覆盖了全市人口居住范围，真正做到了占领基层文化阵地。文化信息资源共享工程受到基层广大群众的欢迎，广大读者可以利用网络查阅到他们所需要的知识，既快捷又方便，为满洲里市图书馆实现数字化管理迈出了可喜的一步。

1、充分利用为文化资源共享工程建设提供的资金，加快发展文化资源共享工程建设

内蒙古自治区和满洲里市当地财政为满洲里市图书馆拨了文化资源共享工程专项资金，专项资金用于：日常电脑维护、业务人员培训、互联网宽带运行、购置电脑桌椅等设备、机房装修和电路改造。在内蒙古自治区和当地政府的大力支持下，满洲里市图书馆的文化资源共享工程工作得以顺利开展，各项工作内容也得以有序进行。

2、建规立制，让文化资源共享工程工作更加有秩序

建立管理规章制度并张贴上墙。每项工作内容都建有档案，馆内解决不了的随时咨询专业人员，使馆内文化资源共享工程情况更加明晰，有序可循。

3、面向基层，服务群众，共享文化信息资源

自从在满洲里市建立了文化资源共享支中心，满洲里市图书馆就充分利用文化信息资源共享工程提供的各种资源，更好地为满洲里市广大群众提供了文化服务，并顺利地开展了多项文化活动：多次为满洲里市东湖区群众放映科学种植和科学养殖的科教片。为东湖区农业技术推广站提供了几十种科学种田的光盘和图书。为驻守在满洲里市的边防连队的官兵送去军事题材的电影、电视剧等光盘。组织社区居民观看健康讲座。组织少年

满洲里市图书馆文化共享支中心与市文联举办儿童画展，通过画展使少年儿童的绘画水平得到提高，视野更开阔。

儿童观看喜欢的具有知识性和趣味性的动画片。另外为东山区街道办事处怡园社区提供30多种期刊，每天阅览时间为4小时。并在满洲里市图书馆举办了2期文化信息资源共享工程知识培训班，来自全市各街道办事处、社区的30名基层文化资源共享工程专职管理人员参加了培训，旨在提高基层服务点技术人员的综合素质和业务水平。2010年阵地服务、流动服务共10次，有4200人(次)参加了活动。地方特色资源建设12GB,下载加工俄文版俄罗斯故事、战争片,供满洲里市第一中学俄语班做教学参考、练习俄语听力使用。把满洲里市地方旅游资源加工成光盘，供来满洲里市旅游的旅客更好地了解满洲里市的旅游景点和风土人情。

满洲里市文化资源共享工程支中心的开放，丰富和活跃了满洲里市人民群众的业余文化生活，做到了传播社会主义先进文化，为促进经济文化协调发展等方面发挥了积极作用，受到基层广大群众的欢迎，广大读者可以利用网络查阅到他们所需要的知识，既快捷又方便，为满洲里图书馆实现数字化管理迈出了可喜的一步。

二、今后的发展方向

在人力物力允许的情况下，争取上级领导支持和兄弟单位配合，整合满洲里市丰富的文化资源，进行数字化处理，建设一批书报刊、影视、戏曲、美术摄影、文博及文化旅游资源库，通过通讯网络系统传送到社区基层文化站，向满洲里市公众提供一个不受地域、时空限制的文化传播渠道，以满足广大群众日益增长的文化需求，为满洲里市经济建设和社会发展服务。

今后，我中心将充分利用现代高新技术手段、国家骨干通讯网络系统和其他各种数据传输通道，整合满洲里市优秀传统文化以及现有的各类文化信息资源，扩大网上中华文化信息资源的存储、传播和利用，实现优秀文化信息通过网络为满洲里市广大人民群众甚至其它地区的人民群众服务的目标。

(撰文/满洲里市支中心)

扎兰屯市支中心

一、整体情况

扎兰屯市共享工程建设工作始于2007年5月，在国家、自治区及地方政府、财政部门的大力支持下，在2010年1月第二批共享工程设备安装在扎兰屯市图书馆完毕，并于2010年3月经集成公司、监理公司验收合格后全部投入使用。至此，扎兰屯支中心正式落成。电子阅览室面积126平方米，机房面积18平方米，电子阅览室配有电脑30台、电脑桌椅30套，有专职提供共享工程服务职工1人，兼职2人，2010年底接入互联网（10M光纤）。

二、经费投入

2006年—2007年当地财政配备了价值10万元的数码相机、UPS电源以及电脑10台、电脑桌椅10套、阅览椅100把等设备。2009年当地财政又拨付5万元，用于机房改造、购置电脑桌椅、防盗设施等。2010年由国家财政部、文化部、发改委下拨68万元共享工程设备在扎兰屯支中心使用。

三、资源建设

扎兰屯支中心建成后每天不间断接收国家中心卫星投包资源，数字资源总量达到9.2TB,其中视频资源9734小时,并将有关适合当地群众生产生活相关的视频资源制成光盘，下发共享工程基层服务点，为农民免费放映。完成了扎兰屯市风光片的制作。

四、网点建设及技术支持

2010年，扎兰屯市文化共享工程乡镇基层服务点建设工作全面推开。我市报批四家基层服务点（大河湾镇、达斡尔民族乡、成吉思汗镇、卧牛河镇）市文体广电局对乡镇基层服务点所需设备进行统一配置，同时进一步明确县级支中心和各乡镇职责。已建4家基层服务点年放映120场，1000余人观看优秀的文化资源。2012年又申请4家基层服务点（萨马街鄂温克民族乡、蘑菇气镇、南木鄂伦春民族乡、哈多河镇）早日实现扎兰屯市乡镇文化共享工程基层服务点全覆盖。

扎兰屯支中心专兼职人员认真负责，积极参加由内蒙古自治区共享工程分中心组织举办的各种培训班，组织辅导基层服务点工作人员3次，印制辅导教材100册。与内蒙古分中心保持密切联系，发现问题及时解决，为建设“内蒙古自治区数字图书馆”奠定良好的基础。

五、惠民服务

自扎兰屯中心建立后，共享工程工作在扎兰屯市全面启动，以成为我市群众精神文化的又一新亮点。根据《扎兰屯市文化信息资源共享工程实施方案》的具体要求下，扎兰屯市图书馆每年都坚持开展有日常服务活动，尤其是在“4.23世界读书日”、“图书馆服务宣传周”等活动中，利用“共享工程”平台，向社会进行广泛宣传。支中心建初以“共享文化资源、构建和谐社会”这一主题开展了活动，组织职工上街散发《全国文化信息资源共享工程在图书馆实施》宣传单2000份，扩大了“共享工程”的影响力，号召群众宣传共享工程、利用共享工程、享受共享工程。在每年的图书馆服务宣传周活动中，结合六一儿童节期间共组织16所中小学，6000余名师生放映爱国主义教育影片60余场。于2010年专场放映《弟子规》影片 ，并举办了“弟子规有奖诵读比赛”，近50名家长到现场助威，设立一、二、三等奖项，有9名学生获得了精美礼品，深受老师和学生欢迎。扎兰屯支中心每年坚持把优秀的文化信息资源送到社区、学校、武警部队、乡镇图书室，使基层文化阵地得到巩固，活跃了城乡群众的精神文化生活。

利用共享工程设备，馆内每年坚持抽调4人，把设备带到基层，到部队、企业、乡镇共50个单位部门宣传党的方针、政策，开辟了宣传新渠道，同时丰富了群众的业余生动，弘扬文明新风尚，开辟了新阵地，搭建了新平台，成为一项实惠的文化惠民工程。

2011年利用2个月的时间，以“共享书香、快乐阅读”为主题举办了文化共享工程知识讲座进基层活动40场，服务群众达8000千人。利用农闲时，开展科技普及活动，为了使该项活动更好地服务于农业生产，先后到卧牛河镇、高台子办事处、中和镇、大河湾等乡镇吸引了5000名群众观看，将专门准备的200个科技光盘送到农民手中，受到了广大农民朋友的欢迎和好评。

2012年，在“4.23”世界读书日，图书馆服务宣传周期间，8所学校800名师生来馆观看高尔基的三部曲及《钢铁是怎样炼成的》四部影片。喜庆十八大召开，扎兰屯支中心电子阅览室直播、转播十八大实况，组织到馆读者和图书馆职工观看6场，150余人观看。

自2007年建立支中心后至今，每周二利用1小时时间，对馆内职工进行图书管理系统或业务知识培训，观看重大时事会议；每年在寒暑两假期间从共享工程丰富的资源中精选出优秀影片，利用电子阅览室组织学生、读者观看。每年坚持每周一、周五为来馆读者播放共享工程影片受到了读者的喜爱和一致好评。

六、培训、管理及队伍建设

现扎兰屯支中心有专职工作人员1名，兼职2人，参加自治区培训班4次，呼伦贝尔市培训班5次，2010年4月扎兰屯支中心承办了呼伦贝尔市使用蒙科立软件培训班，来自呼伦贝尔市13个旗县市70余名图书馆职工参加培训，为下一步建设数字化图书馆奠定了坚实的基础。

2010年12月1号，由内蒙古自治区文化厅、文化共享工程管理分中心主办的，扎兰屯市文化体育广播电影电视局承办的“全区2010年度第二期文化共享工程县级支中心东部技术人员培训班”在扎兰屯市图书馆开班。来自内蒙古自治区东部五盟市51个旗县（市、区）文化信息资源共享工程县级支中心的技术人员110余人参加了本次培训。电子阅览室积极营造“健康上网、绿色享受”环境，悬挂“文化信息资源共享工程园地”横幅，制定完善的管理制度，同时建立共享工程专报制度。

七、荣誉奖项

2011年4月，在全国文化信息资源共享工程迎接建党90周年群众歌咏中，上传的四首参赛作品中有一首《生活是这样美好》获得内蒙古自治区推荐作品之一，并在全国文化信息资源共享工程网站建党90周年歌咏活动专栏中长期保留并展播，以提供公众欣赏。

（撰文/扎兰屯市支中心）

牙克石市支中心

一、基本情况

共享工程牙克石支中心设在牙克石图书馆。由于没有固定的馆舍，我们牙克石市“共享工程”起步较晚。2010年9月，在牙克石政府的财力支持下，按照《全国文化信息资源共享工程管理暂行办法的通知》要求，牙克石支中心历时一个月完成了的设备安装、调试工作，并于2010年11月1日开通正式运行。文化共享工程牙克石支中心的启动标志着牙克石市图书馆现代化建设的历史性跨越，业已形成传统服务方式和智能化服务手段的双轨制管理服务模式。

二、管理和队伍建设

为使共享工程真正为民所用，为民谋利，牙克石支中心将共享工程日常管理纳入制度化管理。制定支中心《机房管理工作制度》和《共享工程电子阅览室管理制度》，实行制度上墙公开。每年有年度工作计划，月度有工作要点，季度有工作督导，年末有工作总结考核，并推行管理员工作日志管理，收集整理共享工程服务活动的内容，探索共享工程管理和服务新模式。

文化资源共享工程作为一个旗县级图书馆文化资源获取平台，如何推广好、利用好共享工程丰富的文化资源关键在于是否有一支专业化的共享工程管理员队伍。牙克石共享工程支中心在管理员队伍建设上坚持明确职责，明确思路，制度化管理，常态化培训。馆里还专门选定了一批年纪轻、业务精和有事业心的同志来从事这项工作。

三、培训工作

牙克石市支中心在共享工程管理员的培养上实现了制度化和常态化。根据内蒙古支中心工作要求，每年参加对共享工程管理员进行二期的集中培训，2009年以来一共参加各类培训班4期。通过学习对共享工程各项工作有了了解和掌握。

牙克石文化资源共享工程支中心为了更好的贯彻《共享工程东部县、市两级技术人员培训班》学习的精神，做到学以致用，充分发挥资源共享的优势。为了在国庆节期间让广大读者能收看到共享工程中更丰富、新鲜快捷信息资讯、科教影片等文化娱乐节目。组织技术骨干安装、导入学习班发放的新资源，经不断调试观看，新资源在节日期间可以顺利让读者观看。丰富了共享工程电子阅览室网上浏览资源，也是改善节日期间报刊不发送，读者纸质阅读信息资讯相对欠缺的有效办法。

四、经费投入

牙克石共享工程自2010年落户图书馆以来，当地财政每年投入近5万元的经费，用于共享工程设备的维护，人员培训和惠民活动的开展。

五、资源建设

牙克石支中心在历年的工作中，利用共享工程先进现代化设备搜集本地区民族文化，森林文化、草原文化等。采集制作地方资源12GB，每年制作发放各类光盘300多张，发放宣传资料400余份。

六、宣传推广

2010年以来，我馆充分发挥共享工程支中心的文化信息资源优势，着重做好文化信息共享服务；牙克石支中心的基层文化共享活动信息，已被自治区支中心推荐到“全国文化共享工程《工作简报》”2011年13期（总194期）刊载。我馆还被呼伦贝尔市图书馆提名，参加“内蒙古自治区关于开展全区共享工程示范县级支中心评选表彰活动”。

读者在观看支中心放映的影碟

暖泉村的农民正在学习种植蘑菇的技术

我馆电子阅览室自开放以来，吸引了广大网阅读者。在馆内我们组织了暑期“百部爱国主义电子文献展播”活动。在纪念建党90周年之际和国庆节迎庆期间，我馆在建筑工地、居民社区、休闲广场多次举办电子文献展播活动，内容包括中共党史、改革开放成果回顾、革命战争题材影片播放等，深受广大群众和建筑民工欢迎。

1、迎“国庆”拓展服务

共享工程提升图书馆的服务能力，拓展图书馆的服务范围，丰富图书馆的服务手段；在“国庆”佳节来临之际，牙克石支中心开展了“迎接国庆，绿色休闲”的活动。并利用共享工程资源引导广大读者到电子阅览室绿色上网，通过海量信息，工作人员耐心向广大读者推荐政治性、知识性、趣味性强的信息资源，此次活动的开展，提升和拓展了牙克石支中心的服务能力和服务范围。

2010年12月15日，牙克石支中心在位于市郊的暖泉村举办“小蘑菇新农村培训班”，培训班为期三天。通过播放光碟的方式为广大农民朋友讲授蘑菇种植的方法，种植的要点，如何丰产等知识。这次培训班的举办不但让广大农民掌握了一项致富本领，更让广大农民知道了资源共享工程，了解了图书馆的服务。

2、迎庆建党90周年，信息资源共享

在中国共产党成立90周年之际，牙克石市图书馆本着“服务基层，信息资源共享”。组织业务人员走进社区，学校，电影院。为广大少年儿童送去爱国图书200余册。为电影院提供近100张“革命历史影片”光碟。走进社区和群众共同观看“红色记忆，振奋中国”等电子文献。此次活动开展激发广大群众和职工对党无限热爱。同时也丰富了群众的业余文化生活。

3、警民共建，知识共享

在“八一”建军节来临之际，为进一步拓宽图书馆服务领域和丰富军营的业余文化生活；牙克石市图书馆于2012年7月27日到大兴安岭森警支队开展了“警民共建，知识共享”为主题的读书活动。为森警支队官兵赠送综合性期刊300余册和共享工程发放的革命历史题材的影碟百余张。次此活动的开展的到了广大森警官兵的赞扬和好评，拉近了馆员与官兵的距离；激发了广大官兵“爱读书，读好书”的积极性。

七、工作展望

牙克石文化资源共享工程已走过3个年头，文化信息共享工程是一项惠民工程，文化共享人已经迈出了坚实的脚步，共享工程与祖国同发展，与时代共进步。其潜力无穷，前途广大；意义深远。基层支中心的建设与发展任重而道远。

（撰文/牙克石市支中心）

根河市支中心

根河市图书馆就坐落在根河市市中心位置。根河市资源共享工程支中心依托市图书馆建立根河市文化信息资源共享工程县级支中心。2010年根河市支中心在我市市委，市政府及主管局——文化广播电影电视局的高度重视、大力支持下，积极筹措资金，对我市图书馆舍及现代化办公环境进行全面改造。建立了81.6多平方米的电子阅览室。25平方米的资源共享工程支中心机房，在文化共享工程县级支中心建设上，严格依照设备配置标准，建设成一流的中心机房与电子阅览室，主机房软硬件设施齐全，拥有服务器、磁盘阵列、UPS等；电子阅览室拥有计算机终端25台、投影机、打印机、扫描仪等设施，形成了软硬件设施较为完备的县级服务平台。

与此同时，把培养一支数量足、质量高、相对稳定的信息管理与服务队伍作为实施文化共享工程的重点，积极选派专业技术人员参加各级各类培训，邀请省、市分中心专家前来进行业务指导，使所有专业技术人员都通过了省中心培训。同时，加强本市培训，先后多次组织我市支中心骨干技术人员到各乡镇村基层服务点进行技术培训和工作指导，全面提升了站点管理人员的服务能力；并制定出台了《信息管理与服务人员管理办法》，明确了各基层站点专(兼)职人员的岗位职责、人员选用、调整变动等有关事项，保持了队伍的相对稳定，为文化共享工程建设提供了人才资源保障。

我市共享工程支中心的建设顺利通过了国家对文化信息资源共享工程县级支中心馆舍及设施建设的验收，支中心运行畅通、快捷，工作非常成功。文化信息资源共享建设的实现，使我市文化事业发生了质的变化。文化工作进入现代化科技时代，文化信息资源共享建设的实现也是我市文化事业的一个飞跃。根河市文化信息资源共享工程县级支中心于2010年9月彻底安装调试完成，正式运行。

一、网点建设情况

根河市辖四镇、一乡、三街道办事处：得耳布尔镇、金河镇、阿龙山镇、满归镇、敖鲁古雅乡、河西街道办事处、中央路街道办事处、森工路街道办事处。至2010我市共建设成功根河市共享工程县级支中心及五个基层中心网点，我市乡镇基层分中心的建设工作还很艰巨但我市目前正在筹备全市“共享工程”各乡镇基层网点建设，争取在5年内建成以根河市支中心为共享中心的各基层乡镇、社区网点为分中心的共享网。我市将按照文化部全国文化信息资源管理中心制定的规划和标准，做好镜像站点的建设，以开展基层服务，成为当地的文化共享中心。

二、惠民服务、合作共建、活动开展

我市文化资源共享工程支中心按照上级支中心的要求有条不紊的开展各项活动：

1、每年的第一季度开展送文化到基层、送爱心到基层等活动。

给市敬老院老人、市看守犯人、各武警部队及幼儿园等急需文化和爱心的基层单位送图书杂志以及防疫保健、戏曲、红色电影等共享工程信息资源活动，体现了社会对老年人的尊敬和社会制度的和谐，使他们感受到了社会的温暖和爱心，此项活动的实施，体现了我们的和谐社会及社会主义的优越性。

2、每年的第二季度我市图书馆共享工程支中心开展读书月活动。

举办“世界读书日”宣传服务活动，农业科技信息下乡活动等。营造全民阅读、崇尚知识良好的诗城文化氛围，4月份读书月期间举办了丰富多彩的共享工程读书月活动。一、是开展红色经典书籍推荐活动。这是读书月的首场活动，《把一切献给党》、《新儿女英雄传》、《苦菜花》……大众耳熟能详的此类红色文学作品推荐给广大读者，通过图书馆和读者的互动，让这些曾影响过几代人青春岁月的红色经典著作走进社会，走近青少年。二、是播放公益电影。为广大市民推荐了资源共享工程配发的爱国主义电影光盘，播放了《李四光》、《宋家三姐妹》、《红旗谱》等等电影，倡导爱国主义精神受到广大群众的欢迎。

3、每年的第三季度党的生日是我市支中心开展文化资源共享工程红色记忆电影展播活动月。

为了弘扬爱国主义精神，回顾党的奋斗历史，讴歌党的光辉业绩，继承和发扬党的光荣传统和优良作风，根河市支中心每年开展文化资源共享工程红色记忆电影展播活动。利用信息资源共享工程县级支中心先进影音设施，举办了百部红色电影展播活动，以群众喜闻乐见的方式，播放《高山下的花环》、《地雷战》、《《林海雪原》等一批革命历史题材红色电影，收到了良好的宣传效果，大大提高了广大学生和社区群众对中国共产党和新中国光辉历程的认识。

4、每年的第四季度是我支中心开展为广大党员服务宣传的日子。

我市支中心为党员干部开设了学习、活动基地极大的丰富、方便了广大党员的支部生活。为了方便我市各党支部广大党员、干部读书学习，共享工程支中心在多媒体阅览室开设了党员学习、活动基地，组织全体党员干部进行系统学习，系统的播放了《文化共享心向党庆祝中国共产党成立九十周年》系列讲座和记录片，充分利用文化信息资源共享和利用多媒体播放学习、讲座光盘优势，受到广大党员、干部的好评，充分发挥了文化共享工程的巨大作用。

三、管理和队伍建设，培训工作

根河市支中心对培养高素质技术人员高度重视，此项工作关系到文化信息资源共享工程发挥作用的关键所在。在支中心的建设上配备了2名技术骨干由副馆长亲自带队。并且积极参加自治区、地方组织的各类技术培训，积极选派专业技术人员参加各级各类培训，使所有专业技术人员都得到重点培训，几年来先后参加了各期培训班，参加培训班的具体情况：

2010年4月11日选派2名支中心技术人员参加内蒙古自治区2010年度全区第一期文化信息资源共享工程县级支中心东部技术人员培训班。在内蒙古科尔沁区图书馆举办。

2010年4月17日2名业务骨干参加了呼伦贝市图书馆举办的蒙科利图书软件培训班。在扎兰屯市图书馆举办的。

2010年6月份2名业务骨干参加了蒙科利图书软件培训班。在莫旗图书馆举办。

2010年12月1日2名支中心技术人员参加了参加内蒙古自治区2010年度全区第二期文化信息资源共享工程县级支中心东部技术人员培训班。在内蒙古扎兰屯市图书馆举办。

2010年12月8日2名业务骨干参加了内蒙古东部区三盟市《中图法五版》《机读目录格式》学习班2011年7月8日3名业务骨干参加了全呼伦贝尔市图书馆参加的《中国图书馆分类主题词表》、《新版中国机读目录格式》培训班。

2011年9月18日3名支中心技术人员参加了全区文化信息资源共享工程东部盟市、旗县支中心师资技术人员培训班。

三年来我支中心先后参加了7次大型培训，共有16人次参加过培训，通过自治区对支中心技术人员的培训，全面提升了共享工程支中心管理人员的服务能力，为文化共享工程建设、实施提供了人才资源保障，为共享工程的作用发挥起到了决定性作用

四、资源建设

根河市位于我国最北端。与额尔古纳相邻，地处偏远、人口稀少、名不见惊传的县级边陲小市；但凭借它丰富的自然生态条件、优美的界河风光和深厚的文化历史底蕴。全市有14个民族，包括汉、蒙古、回、苗、壮、朝、满、达斡尔、鄂温克、鄂伦春、俄罗斯等。

我市支中心为当地的文化.地方舞蹈.歌曲等储存了大量的数字资源.目前我市支中心的数字资源已达到几十个GB,并且一直在积极的搜索和发掘相信将来会有更大的发展。

五、建立、健全并严格执行各项规章制度

为使文化共享工程稳步、健康、持续发展，建立健全各项规章制度，做好共享工程服务活动档案是重要保证。额尔古纳市支中心在各项工作活动中特别重视管理严格，制度健全。先后制定了《电子阅览室工作制度》、《电子阅览室工作人员制度》、《县级支中心管理制度》、《县级支中心工作职责》、《文化共享工程节目收看利用制度》《管理人员培训制度》、《工作记录监督制度》、《设备维护制度》等制度规范共享工程支中心工作，严格按照规章制度办事，并配备了专职人员对共享工程服务活动资料进行整理和管理，收到了良好效果，以备今后积累更多经验为共享工程工作创新做出更多思路。实践证明，认真贯彻执行各项规章制度，规范档案资料是良好开展共享工程工作的保证。

六、工作展望

文化共享工程支中心在工作中逐步取得了一定经验，目前的运行状况良好但在资源共享工程局域网点建设上距离文化信息资源建设管理中心的要求和人民群众的需要还有一定差距。

今后我市支中心要把全市各乡镇基层网点建设放在首位，争取在3-5年内建成以根河市支中心为中心的各基层乡镇网点、社区网点。按照文化部全国文化信息资源管理中心制定的规划和标准，做好镜像站点的建设，全面覆盖各基层网点，将“资源共享”的优秀文化信息资源送入千家万户。相信在不久的将来，我市支中心文化信息资源共享工程工作一定会成为我市广大人民群众的文化休闲“广场”为我市的经济建设社会发展发挥重要的作用。

（撰文/根河市支中心）

额尔古纳市支中心

额尔古纳市图书馆就坐落在额尔古纳市市中心位置。额尔古纳市资源共享工程支中心依托市图书馆建立额尔古纳市文化信息资源共享工程县级支中心。2010年额尔古纳市支中心在我市市委，市政府及文体广电局的高度重视、大力支持下，积极筹措资金，对我市图书馆舍及现代化办公环境进行全面改造。建立了60多平方米的电子阅览室。30平方米的资源共享工程支中心机房，在文化共享工程县级支中心建设上，严格依照设备配置标准，建设成一流的中心机房与电子阅览室，主机房软硬件设施齐全，拥有服务器、磁盘阵列、UPS等；电子阅览室拥有计算机终端30台、投影机、打印机、扫描仪等设施，形成了软硬件设施较为完备的县级服务平台。额尔古纳市文化信息资源共享工程县级支中心于2010年9月彻底安装调试完成，正式运行。

一、网点建设情况

额尔古纳市辖三镇、两乡、一苏木、两街道办事处：莫尔道嘎镇、黑山头镇、恩和哈达镇、三河回族乡、恩和俄罗斯民族乡、蒙兀室韦苏木、拉布大林街道办事处、上库力街道办事处。至2011我市共建设成功额尔古纳市共享工程县级支中心及黑山头镇乡镇基层中心网点，我市乡镇基层分中心的建设工作还很艰巨但我市目前正在筹备全市“共享工程”各乡镇基层网点建设，争取在5年内建成以额尔古纳市支中心为共享中心的各基层乡镇、社区网点为分中心的共享网。我市将按照文化部全国文化信息资源管理中心制定的规划和标准，做好镜像站点的建设，以开展基层服务，成为当地的文化共享中心。

二、惠民服务、合作共建

按照上级指示，结合我市具体情况，开展丰富多彩、群众喜闻乐见的各种活动，充分发挥了文化信息资源共享工程支中心的文化教育基地和信息服务中心的职能。

1、每年的1月份开展送文化到基层、送爱心到基层等活动给市敬老院老人、市看守犯人及幼儿园等急需文化和爱心的基层单位送图书杂志以及防疫保健、戏曲、红色电影等共享工程信息资源活动，体现了社会对老年人的尊敬和社会制度的和谐，使他们感受到了社会的温暖和爱心，此项活动的实施，体现了我们的和谐社会及社会主义的优越性。

2、每年的2月份我市支中心开展欢乐共享过大年下社区活动为我市各社区展播文化部资源管理中心配发的文化资源共享工程资源《欢乐共享过大年》全套光盘、包括《元宵灯会》、《全国城乡基层群众小戏小品展演》、《地方戏曲精品》、《全国“四进社区”文艺展演获奖作品》、《中国农民文艺汇演》等等几十张光盘资源，受到了社区群众的热烈欢迎、效果明显，同时我市支中心在各社区设立了文化资源共享工程共享点，有好的资源及时送到社区。

3、每年的3月份，开展军警民共建活动。我市支中心共有6个共建单位，和森林公安局及所辖的派出所3个单位，及黑山头镇巡逻艇大队、市武警中队、市消防中队、共6个共建单位并为共建单位设图书流动箱，每个流动箱每年更换新书1000册次，并在八一建军节前后举行一次共建活动。体现了军民鱼水情，受到了广大官兵的一致好评，士兵们踊跃借阅。

4、每年的4月份我市图书馆共享工程支中心开展读书月活动。举办“世界读书日”宣传服务活动，营造全民阅读、崇尚知识良好的诗城文化氛围，4月份读书月期间举办了丰富多彩的共享工程读书月活动。一是开展红色经典书籍推荐活动。这是读书月的首场活动，《把一切献给党》、《青春之歌》、《林海雪原》、《铁道游击队》、《新儿女英雄传》、《苦菜花》、《红岩》……大众耳熟能详的此类红色文学作品推荐给广大读者，通过图书馆和读者的互动，让这些曾影响过几代人青春岁月的红色经典著作走进社会，走近青少年。二是播放公益电影。为广大市民推荐了资源共享工程配发的爱国主义电影光盘，播放了《红旗谱》、《宋家三姐妹》、《李四光》等等电影，倡导爱国主义精神受到广大群众的欢迎。

5、每年的5月份我市支中心开展送农业科技信息下乡活动。由馆领导亲自带队，围绕我市农业情况，下载、整理、挑选了一批农业科技图书、农业科普知识光盘、开展了文化对口帮扶和送农业科技信息下乡活动，其中文化共享助春耕一整套DVD光盘深受农民朋友喜爱，他们对《正确使用化肥和保水剂》、《简易高效无土栽培技术》、《懒汉种菜》、还有春季养殖技术如《春季鱼场管理技术》等先进农业技术非常欢迎，称“你们真是雪中送炭，我们农民太需要农业科技方面的资料了！”通过下乡为当地的农民朋友送科技文化活动，使我支中心对当地的实际情况更加了解，更有信心结合农村特点 把农民群众急需的文化共享工程信息资源送到了基层，服务当地的群众。

6、每年的6月份我市资源共享支中心开展了文化信息共享工程进校园活动，为我市各小学师生播放了红色经典影片《抗日小奇兵系列》、《小英雄王二小》、《鸡毛信》、《闪闪红星》，使广大青少年接受革命的爱国主义教育。同学们看后被影片的事迹深深感动，表示要珍惜先辈用生命换来的美好生活，好好学习，报效祖国，此次活动效果显著。

7、每年的7月份党的生日是我市支中心开展文化资源共享工程红色记忆电影展播活动月。为了弘扬爱国主义精神，回顾党的奋斗历史，讴歌党的光辉业绩，继承和发扬党的光荣传统和优良作风，额尔古纳市支中心每年开展文化资源共享工程红色记忆电影展播活动。利用信息资源共享工程县级支中心先进影音设施，举办了百部红色电影展播活动，以群众喜闻乐见的方式，播放《地雷战》《高山下的花环》《林海雪原》等一批革命历史题材红色电影，收到了良好的宣传效果，大大提高了广大学生和社区群众对中国共产党和新中国光辉历程的认识。

8、每年的10月份是我支中心开展为广大党员服务宣传的日子。我市支中心为党员干部开设了学习、活动基地极大的丰富、方便了广大党员的支部生活。为了方便我市各党支部广大党员、干部读书学习，共享工程支中心在多媒体阅览室开设了党员学习、活动基地，组织全体党员干部进行系统学习，系统的播放了《文化共享心向党庆祝中国共产党成立九十周年》系列讲座和记录片，充分利用文化信息资源共享和利用多媒体播放学习、讲座光盘优势，受到广大党员、干部的好评，充分发挥了文化共享工程的巨大作用。

三、培训工作

额尔古纳市支中心对培养高素质技术人员高度重视，此项工作关系到文化信息资源共享工程发挥作用的关键所在。在支中心的建设上配备了2名技术骨干由副馆长亲自带队。并且积极参加自治区、地方组织的各类技术培训，积极选派专业技术人员参加各级各类培训，使所有专业技术人员都得到重点培训。

2010年4月11日选派2名支中心技术人员参加内蒙古自治区2010年度全区第一期文化信息资源共享工程县级支中心东部技术人员培训班。在内蒙古科尔沁区图书馆举办。2010年4月17日4名业务骨干参加了呼伦贝市图书馆举办的蒙科利图书软件培训班。在扎兰屯市图书馆举办的。2010年6月份4名业务骨干参加了蒙科利图书软件培训班。在莫旗图书馆举办。2010年12月1日2名支中心技术人员参加了参加内蒙古自治区2010年度全区第二期文化信息资源共享工程县级支中心东部技术人员培训班。在内蒙古扎兰屯市图书馆举办。2011年9月18日2名支中心技术人员参加了全区文化信息资源共享工程东部盟市、旗县支中心师资技术人员培训班。

两年来我支中心先后参加了7次大型培训，共有21人次参加过培训，通过自治区对支中心技术人员的培训，全面提升了共享工程支中心管理人员的服务能力，为文化共享工程建设、实施提供了人才资源保障，为共享工程的作用发挥起到了决定性作用

四、地方特色数字资源建设

额尔古纳市位于我国版图最北端“雄鸡”的鸡冠处，与友好邻邦俄罗斯隔河（额尔古纳河）相望，虽然它只是一个地处偏远、人口稀少、名不见惊传的县级边陲小市；但凭借它丰富的自然生态条件、优美的界河风光和深厚的文化历史底蕴，享有“呼伦贝尔的缩影”之美誉。额尔古纳市不仅是蒙兀室韦部落的发祥地，也是我国最少的民族俄罗斯族华俄后裔的居住地，据最新统计，目前居住在额尔古纳地区华俄后裔10000余人，已成为额尔古纳市主体“民族”之一。华俄后裔一年中最隆重最热烈的节日之一，俄罗斯民族民间传统节日巴斯克节以申报为国家级非物质文化遗产，我市支中心为巴斯克节作了大型数字资源整套纪录片、以及图片资源。并且为我市的界河风光、传统风俗收集了大量数字资源、当地的文化、地方舞蹈、歌曲等等大量的数字资源。目前我市支中心的数字资源已达到几十个GB，并且一直在积极的搜索和发掘相信将来会有更大的发展。

中国共产党成立九十周年红色记忆电影展播学生

参加文化资源共享工程技术人员培训班

五、管理和队伍建设

为使文化共享工程稳步、健康、持续发展，建立健全各项规章制度，做好共享工程服务活动档案是重要保证。额尔古纳市支中心在各项工作活动中特别重视管理严格，制度健全。先后制定了《电子阅览室工作制度》、《电子阅览室工作人员制度》、《县级支中心管理制度》、《县级支中心工作职责》、《文化共享工程节目收看利用制度》《管理人员培训制度》、《工作记录监督制度》、《设备维护制度》等制度规范共享工程支中心工作，严格按照规章制度办事，并配备了专职人员对共享工程服务活动资料进行整理和管理，收到了良好效果，以备今后积累更多经验为共享工程工作创新做出更多思路。实践证明，认真贯彻执行各项规章制度，规范档案资料是良好开展共享工程工作的保证。

六、工作展望

额尔古纳市共享工程支中心在工作中逐步取得了一些经验，目前的运行状况良好但在资源共享工程局域网点建设上距离文化信息资源建设管理中心的要求和人民群众的需要还有一定差距，在今后的5年内我市支中心要把全市“共享工程”各乡镇基层网点建设放在首位，争取在5年内建成以额尔古纳市支中心为共享中心的各基层乡镇、社区网点为分中心的共享网。按照文化部全国文化信息资源管理中心制定的规划和标准，做好镜像站点的建设，全面覆盖各基层网点，将“资源共享”的优秀文化信息资源送入千家万户。成为当地的文化共享中心。相信在不久的将来，我市支中心文化信息资源共享工程工作一定会以一个全新的面貌展现在群众面前，一定会成为老百姓满意的文化信息工程。

（撰文/额尔古纳市支中心）

阿荣旗支中心

阿荣旗支中心位于内蒙古呼伦贝尔市阿荣旗西二道街图书馆，自2004年建成至今已发展成一个较为完善、运行正常的支中心。能够完成上级交给的各项任务及对下设网点提供技术支持、资源传输、共建共享。本中心自建成以来为我旗的文化事业的发展起到了重要作

用，同时也为我旗群众带来了文化、教育、科技、文艺等丰富的精神食粮。

本中心现有电子阅览室1个，文化共享工程机房1个，业务加工室1个，专职人员1名，赚职人员1名，现已建成基层网点5个，正在建网点9个。基本上普及到全旗各乡镇。

我馆2003年建立电子阅览室，设有20台电脑，2004年阿荣旗支中心成立，由国家配送1台服务器，投影仪1套，每天接收上级传输的文化资源，并定期及随时为群众在本馆电子阅览室或其它地点如广场、老年公寓、学校等地点播放，取得了良好的社会效果。2009年1月国家文化部投资63万元，为我中心配送了25台电脑，4台服务器，建成了现在的现代电子阅览室，共享工程网络机房，同时还配备了先进的数码设备如数码相机、摄像机、移动存储播放器等，为更好地为人民群众服务奠定了基础。自2009年起本旗财政局每年投入5万元作为文化信息共享工程运行经费。

本中心成立以来积累了丰富的文化资源，其中包括每天由国家中心通过卫星传播本地服务器接收的资源，国家中心通过邮寄方式邮过来的光盘，此外我们自己通过搜集、整理（包括光盘、图片、书籍等）也积累了大量的本地民族地方文献资源。我们还利用共享工程服务器及蒙科立软件建立了标准机读目录格式数据库，实现了购书、借书、还书数据库管理。

2011年国家中心下发5台电脑，在该旗的霍尔奇等地建成了5个基层网点，我们对他们定期做了技术指导培训工作，随时为他们传输各种资源，实现了资源共享，让资源最大发挥其作用。本中心自成立以来，数次为群众播放共享工程节目，使得阿荣旗的群众、百姓文化生活更加丰富多彩。如今阿荣旗人民已把它作为业余生活，增进科学文化知识，对未成年人进行思想教育，为社会各界人士播放教育讲座，宣传国家政策、法律、法规等的重要方式。

为让全旗人民更进一步的了解文化信息共享工程，我支中心每次活动都邀请本旗电视台记者跟踪报道，让全旗人民能通过电视新闻途径来了解文化信息共享工程。另外我馆在每年一次的图书馆文化宣传周时，都在广场等人多的地方展出文化共享工程活动图片，并印发宣传单向人民群众介绍文信息共享工程，还有每年送文化下乡、下乡扶贫活动时我们都带着文化信息共享工程设备为当地百姓播放种养殖技术、致富科技节目、文化娱乐等节目，深受百姓的欢迎。如今阿荣旗人民已了解了文化信息共享工程是一项惠民工程，是为广大人民群众服务的好工程，已有越来越多的人民群众爱上了文化共享工程。

我们通过网络、电话互相联系、沟通、互传资源，在

该旗建立了一支较为规范的文化信息共享工程队伍。

几年来，本支中心服务工作得到了自治区中心的认可，并给予高度评价。2013年我馆将建设新馆，拥有更先进的馆舍，随着国家每年对图书馆服务经费投入的增加，我支中心定会为阿荣旗人民群众提供更丰富知识信息，更好地传播先进文化，进一步做好社会教育的重要职责，为阿荣旗全面发展提供更多信息资源和智力支持。

（撰文/阿荣旗支中心）

新巴尔虎右旗支中心

新巴尔虎右旗（简称新右旗）全旗辖4个苏木，3个镇，51个嘎查，5个社区。总人口是35480人。有蒙古族、汉族、达斡尔族、满族、回族、朝鲜族、鄂温克族、鄂伦春族、柯尔克孜族、黎族、布依族、佤族等12个民族。蒙古族占80%。新巴尔虎右旗图书馆成立于1983年。目前的金马鞍图书档案楼于2010年3月正式对外开放。新馆使用面积1780平方米，其中电子阅览室104.6平方米、包括机房在内的工作区是48.1平方米。配有两名专业人员。2009年末收到全国资源共享中心投资63万的设备及5万资金。设备包括主机1台（4个服务器、1个交换器、1个防火墙）、25台电脑、录像机、照相机、手提电脑1部、及5个移动播放器。2010年接入宽带10兆光缆。并正式对外服务。

一、经费投入与网点建设

1.2010年在新馆建设与发展的前提下，地方政府投资9万8购置了30台电脑桌和30个电脑椅。2.2011年图书馆投入4万8千交付两年的宽带网络费。确保计算机网络正常运行。3.2011年终图书馆在局领导的主持下投资4万元拟建1个社区基层网点。

二、资源建设与管理

1.目前，电子阅览室有20台电脑供读者使用。工作区有5台电脑管理和运转整个图书馆的工作。电子阅览室每周开馆4天，即每周一、三、五、周六。一周有两天维护和维修。

每年接待读者两千多人。建立了光盘资源档案（14盒54种内容）、每日读者到馆档案、活动照片档案、及文件目录档案。

2.加强管理首先做好队伍建设。因为拥有一支怎样

专业的人员队伍，一定程度上决定了文化共享工程的建设质量和服务素质。加强人才培养是我馆十分重视的建设目标。两名专业人员分别参加了2009年、2010年、2011年在内蒙古通辽。呼伦贝尔扎兰屯、内蒙古兴安盟科左中旗举办的全国文化共享工程内蒙古东部盟市技术人员培训班。为培养县级支中心技术人才和推进县支中心工作奠定了基础。

三、阵地活动与流动服务

我馆以阵地服务为主，辐射社区开展下乡流动服务。通过互联网模式、卫星模式、IPIV模式、移动播放模式为读者服务。2010年7月我馆结合第5届中俄蒙巴尔虎旅游节百天活动，在思歌腾广场开展了“回顾经典 快乐盛夏”电影展播月活动。2011年组织边防、武警官兵到馆开展党团电子阅读和视频亲情交流等活动；参与颂歌献给党——全国文化信息共享工程庆祝建党90周年群众歌咏活动；在思歌腾广场开展了“红色记忆 永恒的青春——庆祝建党90周年”回顾经典心向党展播月活动。2012年以社区、幼儿园、学校为主，开展全年10次流动阵地服务活动。内容有世界读书日“同享阅读快乐 共建美好社区”、“迎五一 庆五四 学习英雄楷模”、“育人先育德—双百人物动漫雷锋、张海迪的故事”及“喜迎十八大回顾光辉史”、“贯彻落实十八大精神 我参与 我奉献我快乐”。服务人次达15000人。

四、工作展望

文化信息资源共享工程是一项伟大的惠民工程，体现了党和国家的利民政策和国家欣欣向荣的前景。因此，作为共享工程支中心是处在最基层的服务窗口。其责任和意义重大。我们将不断完善服务设备，加强以人为本的服务管理。投入网点建设，建立旗支中心网络服务平台。使文化信息资源共享资源走进千家万户。通过数字和网络应用技术，推进我馆的数字化资源建设和地方特色资源建设。实现我旗资源共享。让更多的人公平、公正的享有文化信息资源共享工程的成果。

（撰文/新巴尔虎右旗支中心）

新巴尔虎左旗支中心

一、整体情况

国家文化部下发的文化惠民工程文化信息资源共享工程新巴尔虎左旗县级支中心自从2010年3月初陆续收到各公司发来的设备投入，于2010年8月份安装、调试、完成初步阶段的工程。在电子阅览室安排30台电脑和桌椅，供给读者使用，在配置一名管理人员进行操作业务，2011年4月22日，为“世界读书日”开展活动同时正式拉开电子阅览室启动运转帷幕，向全旗广大网络读者宣告共享工程建成情况以及向读者服务性质，开馆时间。在正常运转近两年当中我馆接收资源，发送地方性文化娱乐资源，为读者周期性开馆，保护好各种设备仪器，提供更好的服务，为打造地方牧区特色文化品牌而时刻努力，每周开四次，取得成绩。

二、网点建设

在县级支中心共享工程刚刚起步，对网点建设工作一无所知，不是很起眼，但在集中力放在旗委党校和各社区图书馆远程教育网站互相联网、交换资源，共同下乡宣传法律法规，地方性会议精神，进行文化共享，落实到实处，上报信息，为今后网点建设定基础。

三、经费投入

新巴尔虎左旗是全内蒙26个贫困旗县之一，旗直各单位经费保障有限，一年的共享维护经费虽然签责任状也达不到预期目标。只能网络宽带费用交付，无法增加电子图书的购进，由于限制开展各种活动受到影响，共享工作效率不是很景气。

四、资源建设

为了丰富管理中心自建资源，旗各级部门，民众协会所举办的各形式活动我支中心全部考录收藏做为资源，以内部资料存档。2011年管理中心工作人员，参加“新左旗两个文明建设经验交流会—新左旗的中跨越两个文明成就片”现场，实地采拍。2012年7月27日，我中心成功举办了“2012年迎“八一”新左旗大学生演出”，同时举办“庆八一”节，读书活动，受到我旗群众的好评。

五、合作共建

支中心合作共建网点现有新宝力格文化站服务站（网点）和罕达盖苏木诺门罕布日德网点服务站，即将要共建的有新宝力格（莫达木吉），嵯岗镇、乌布尔宝力格文化服务网站，我们的资源共建，合作流通，全旗54个草原书屋互联，创建民族特色文化体系。

六、惠民服务

该馆职工参加信息资源共享工程培训班

2011年6月28日在哲仁黑广场庆党90周年之际，以放映形式播放《开天辟地，光辉历程》党的发展史经典光盘，供给读者。在2012年，八一期间我中心，利用共享工程设备，资源开展了拥军"经典电影展播"同时"图书阅读下乡"活动丰富了我旗军民的节日文化生活。在这两个文化的点，中心工作人员利用互联网，对该基层站点工程人员及当地群众进行上网指导，使共享工程进一步走近了当地牧民。

七、宣传推广

自2011年以来，我馆积级开展"文化三下乡"服务宣传活动，活动中大力宣传文化共享工程，取得了较好的服务和宣传效果。

1、在建党"90周年"之际，在牧民一年一度的祭祀敖包之际，我馆工作人员前往大会现场开展以"庆建党90周年"，"全面推进图书馆免费开放"图书馆服务宣传同活动，受到广大牧民读者的欢迎，同时极大的丰富了他们的业余文化生活。

2、2011年4月23日"世界读书日"到来之际，免费开放电子阅览室，阅览室，儿童阅览室，利用共享工程的设备和资源，进行上网阅读辅导活动，使广大读者特别是青少年感受到了共享工程，带给他们的乐趣。

3、2011年与旗宣传部等单位前往新左旗贡诺尔文化站，参加新巴尔虎左旗2011年"草原书屋"启动仪式，并对该文化站点工和人员进行业务辅导。

八、培训工作

2010年派工程人员参加"内蒙古自治区2010年度全区第一、二期东部文化信息资源共享工程县级支中心，技要认员培训班"由于，我馆地处偏远，边境地区，没有

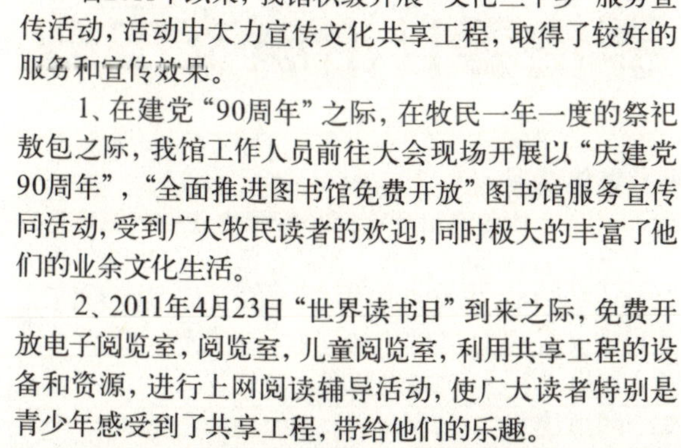

送书三下乡文化惠民活动

专业的电脑人才，本馆没有专业电脑管理人员，所以，积极重视，职工的业务技能的培训。积极派本馆职工参加信息资源共享工程各种培训班，以提高职工的业务素质，使其能更好利用共享资源为广大群众服务。

九、管理和队伍建设

在队伍建设方面不断强化管理制度，合理培养人才，善用人才，以少数民族边境地区为特色，培养出一专多能的专业人才队伍，把支中心工作推成一层楼而努力。

十、工作展望

今年是"十二五"的开局之年，我馆将以科学发展观为指导，按照上级管理中心的有关指导精神，在上级管理领导下振奋精神，扎实地走好每一步，力争通过自身努力，圆满完成每次源源的接收，发放任务，更好地体现文化事业的公益性，均等化、基础性、便利性、实现文化需民，保障基层群众基本文化权益，我旗的公共文化服务网点建点迈上新台阶。

（撰文/新巴尔虎左旗支中心）

陈巴尔虎旗支中心

陈旗图书馆为贯彻落实科学发展观，推动图书馆事业发展，提高图书馆服务水平，更好的发挥图书馆在全面建设小康社会和构建社会主义和谐社会中的作用。几年来图书馆不断适应社会发展的要求，不断开拓创新，特别是2005年成立了电子阅览室，初步实现了图书馆的现代化服务。2007年图书馆加入"全国文化信息资源共享工程"，并建立陈巴尔虎旗文化共享工程支中心，利用"共享工程"开展一系列的服务活动，多次为旗老干部局老年大学和旗巴彦库仁镇各社区居民播放健康知识讲座和致富信息讲座活动，与旗一小、二小和一中、二中等4所学校每年开展"红色电影周影视放映"活动，2007——2012年陈旗文化共享支中心共开展各项活动141次，先后播放了《高产奶牛的饲养技术》、《羊的育肥技术》、《科学养猪》、《口蹄疫》、电影《集结号》、《投名状》、《导火线》等视频，观众12400余人次。使资源共享工程深入到千家万户，实现了文化信息资源的共享。2011年9月在自治区东部盟（市）文化共享工程培训班上，陈旗文化共享工程支中心利用"文化共享资源"平台开展各项丰富多彩的活动，并且及时上传照片，受到自治区的表彰。文化共享工程是公共文化服务体系建设的基础性工程，是政府提供公共文化服务的重要手段，肩负着提供优质公共文化服务，保障人民群众基本文化权益的神圣使命。2005年陈旗图书馆购置10台电脑、一台打印机和一台扫描仪等设施，成立了电子阅览室，并制定电子阅览室各项规章制度。读者通过互联网，查询资料、阅读电子图书。电子阅览室的成立和资源共享工程的建立标志着图书馆从传统图书馆走上了现代化图书馆的发展道路，陈旗图书馆进入了一个新的发展阶段。下面把陈旗文化共享支中心成立以来重点开展工作做简要汇报：

一、每年1—3月重点开展“双百”人物放映和征文活动，以活跃广大中小学生寒假文化生活。

结合元旦、春节期间中小学学生放寒假，图书馆文化共享支中心组织各学校学生分批到电影院观看以“双百”人物为主影视片，广泛宣传“双百”人物的感人事迹和崇高精神，并在广大中学生中开展学习“双百”人物比赛活动。期间共为学生放映《孔繁森》、《焦裕禄——永远的榜样》等“双百”人物事迹片50场，观众3000余人次，收到学生征文100篇，支中心从中评出一等奖5名，二等奖10名，三等奖15名，给予表彰奖励。英雄模范为中国革命、建设、改革作出贡献。尊重和关爱英雄模范，是社会文明程度的重要体现，是全社会共同责任。通过此次活动使“双百”人物的感人事迹和崇高思想走进学生头脑，成为广大青少年学习先进、净化心灵、丰富精神世界、增强精神力量的不竭源泉。

二、2010年4—7月，支中心重点开展“迎接世博会、低碳经济、绿色生活”展览活动。

从4月1日支中心联合旗关公委举办“迎接世博会、走进低碳经济”为主题展览，使各学校师生及干部群众及时获取新形势下我国社会经济发展新动向和重要知识信息。展览制作宣传横幅1幅，展出世博会知识图片32张，低碳经济图片24张，为了不耽误学生学习，采取到各学校和旗直各单位流动展出方式，从4月1日到8月1日，共在4所学校和15个机关单位展出，观众3500余人次。展览首先在旗第二小学启动，参加启动仪式的有关公委领导、文体广电局领导、二小负责人和图书馆全体工作人员等60余人，旗广播电视台进行全程采访播报。结合本次展览在各小学开展“节能减排——环保从身边做起”为主题的读后感征文活动，图书馆对优秀作品给予表彰奖励。通过本次展览，使社会公众更加了解世博会，关注世博会，了解“低碳概念”，增强环保意识，最终实现经济发展与资源保护的双赢。

三、2007－－2012年8—12月，支中心重点针对“八一”和“十一”两大节日，开展名家讲座、文化专题片等资源专题活动26场，观众2700余人次。

在“八一”建军节前后，支中心利用文化共享资源到武警陈旗中队，边防大队和消防队等开展历史、政治、军事、文学等内容讲座和影视放映活动20场。极大丰富广大官兵节日文化生活。提高了官兵的知识水平，激发了官兵爱岗敬业的热情。在中秋节和国庆节前后，又先后6次到武警中队、边防大队等单位开展“读书、快乐、进步”知识讲座和“为退伍老兵献爱心”电影放映周活动。

四、2007－－2012年文化资源共享支中心开展影视放映和知识讲座等30次，观众1400人次。

在“七·一”和“八·一”两大节日，开展影视放映等活动12次，观众600余人次。在巴尔虎广场开展“文化共享心向党放映周”活动，放映7场观众达450余人次。在武警陈旗中队放映“建党伟业”和党史等影视片5场，观众达150余人次。利用文化共享平台，在全旗开展畜牧业养殖知识讲座18次，观众达800余人次。自陈旗文化共享支中心建立后，特别是文化资源共享工程全套设备安装后，这个平台已成为全旗重要文化惠民工程，公共文化服务体系的基础工程，是信息时代的新“启蒙运动”，在受益的基层群众眼中，它是工作和致富的好帮手，闲暇时的好消遣，学电脑、上网、了解天下大事的好去处。今后在国家及各部门重视下它将成为陈旗各族人民文化中心、信息中心和知识殿堂，为全旗经济建设、精神文明建设及各项事业的发展提供信息服务。

（撰文/陈巴尔虎旗支中心）

鄂伦春自治旗支中心

一、整体情况

鄂伦春旗图书馆是获得2007年度首批内蒙古自治区文化信息资源共享工程工作试点单位，在2008年底全部完成了此项工作的进货、安装、调试工作，从2008年完成设备安装后就以建立健全了电子阅览室，2010年正常投入使用，接入4M光纤互联网。

二、网点建设

我旗图书馆电子阅览室总面积为130.98平方米，其中机房面积为14.4平方米，现有一套卫星接收设备，25台电脑，日常管理计算机5台，20台PC机，2010年我旗文化资源共享工程站点建设完成5个，每个站点终端计算机4台，投影机1台，激光打印机1台。

读者可以通过互联网浏览全国文化信息资源共享工程网站；利用卫星广播网络，收看卫星传播节目，或点播储存在计算机中的节目或资源；通过移动播放终端收看储存在移动播放终端中的资源。

三、经费投入

投资县级支中心建设费68万元。配有应用服务器1台、业务服务器1台、视频服务器1台、卫星接收服务器1台、千兆交换机2台、百兆防火墙1台、业务终端计算机20台、日常工作管理工作机5台、便携式计算机1台、投影仪1个、移动存储播放器5个及其配套设施若干。旗财政每年给予5万元用于电子阅览室所需设备、网费和人员培训等。

四、惠民政策

电子阅览室的广大群众学习知识、欣赏艺术的理想天地，自建成文化资源共享工程以来为学校、幼儿园播放相关教育题材影片、农民发放农业科技知识光碟，提高生产技能，促进农业增产增收，每年夏季7、8月在红旗广场播放文化资源共享播放电影，丰富了广大群众的业余生活。

五、培训工作

我馆十分重视文化共享工程人员的培训工作，2009年、2010年、2011、2012年分别在内蒙古通辽、内蒙古呼伦贝尔扎兰屯、内蒙古兴安盟科左中旗、呼伦贝尔市参加了全国文化共享工程内蒙古东部盟市技术人员培训班及"春雨工程"培训。技术人员通过学习培训，了解了设备的功能，掌握了技术支持和资源分发的技能。现我馆通过多次培训，大大提高了馆员此项工作的专业技能。

六、工作展望

文化资源工程的建成，为我旗带来了丰富的资源和技术，丰富了广大群众的精神文化生活，保障人民群众的文化权益，满足群众不同层次的文化需求，缩小了城乡文化发展的差距，为建设构建社会主义和谐社会发挥了重要作用。再接再厉，努力把鄂伦春自治旗图书馆文化信息资源共享工程工作推向一个新的高度。

（撰文/鄂伦春旗支中心）

鄂温克族自治旗支中心

鄂温克旗图书馆座落于巴彦托海镇伊敏河畔，新馆落成于2007年10月，面积为1700平方米，是鄂温克旗的标志性建筑之一，鄂温克旗图书馆拥有一支精干高效的馆员队伍。目前本馆共有职工18名，其中图书馆专业本科毕业生2人，正是这样较完备的学科层次人员配备，为本馆的服务工作和管理水平的提高奠定了坚实的基础。鄂温克旗图书馆，有文献三万余册，有阅览座位60套，内部设有：综合阅览室，科技阅览室，过刊阅览室，儿童阅览室，外借书库，蒙文书库，万村书库，馆长室，财会室，档案室，参考咨询室，采编室等12个部门。

一、基本情况

为进一步加强文化设施建设，经过努力争取，我旗被列入呼伦贝尔市首批共享工程建设试点之一，2009年开始实施共享工程建设，在鄂温克旗图书馆建成了共享工程支中心。

二、管理和队伍建设

为加强对共享工程建设的领导，主管部门成立了鄂温克旗文化信息资源共享工程建设领导小组，组长由主管局长敖伦担任，分管领导为工程建设具体负责人。在工程建设过程中，我们注意理清思路，抓住重点，提高效率。支中心是全旗共享工程建设的重中之重。我们对支中心的建设提出了设备全、标准高、环境好的工作目标。文体局领导还多次直接跟自治区文化资源共享工程项目负责人进行沟通，及时给他们汇报工程建设进度和检查督办情况。

三、培训工作

为了为加强技术力量，适应新的工作需要，承担起对全旗基层服务点的指导和管理重任，支中心安排2人参加

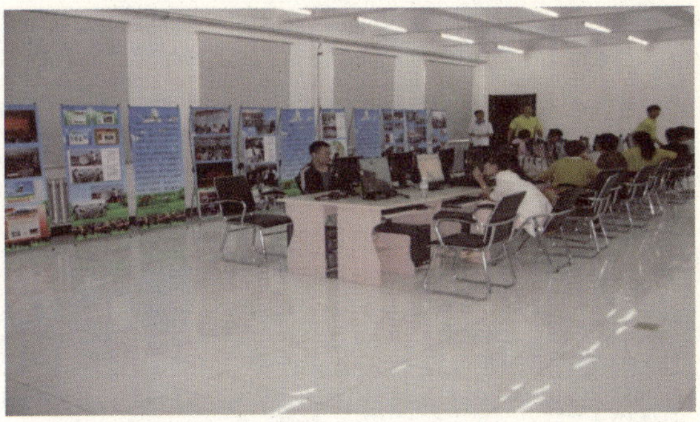

了内蒙古资源共享工程支中心的共享工程培训班，取得了省分中心颁发的结业证书，与此同时，2010年11月份，选派五名工作人员，参加了自治区级的培训，了解了共享工程的性质和服务开展、卫星收发系统和计算机基础知识。

四、经费投入

资金落实是共享工程建设成败的关键。上级领导对共享工程建设都给予了大力支持，在许多工作环节都给予了特殊对待，加快了工程实施进度。特别是在资金落实上，如支中心的建设经费和运转经费上，政府和财政部门都给予了很大的支持。

五、资源建设

支中心通过办理政府采购手续，合理有效利用资金，对中心机房、电子阅览室进行了全面的布置，添置了大量的设备、设施。机房不仅安装了防静电地板、吊顶、独立电源，电子阅览室安装了防盗窗、防盗系统，进行了全方位装修，添置了20套新微机桌椅。自治区中心补助的设备已全部到位，并已安装投入使用。支中心完全达到了上级文件要求的标准，配套设施完善，管理制度健全，工作环境和服务环境焕然一新。

六、合作共建

电子阅览室是共享工程基层中心的主要服务阵地。支中心电子阅览室对读者免费开放，为牧民免费提供查阅技术资料和种养相关信息的平台，让更多市民的了解共享工程、走进共享工程。为了充分发挥电子阅览室的作用，多次组织小学生到电子阅览室观看爱国题材、科普题材电影，组织读者观看了文化、保健、学术类讲座。图书馆从2010年起，变被动式服务为主动式服务，每年暑期都要开展为期一个月的"文化进万家——图书馆服务宣传月活动"，在电子阅览室免费放映优秀国产电影，同时以幻灯片和专题片的形式，对共享工程及图书馆的职能、社会性质等进行宣传。放映电影5场次，丰富了读者文化生活，受到了读者的热烈欢迎。

七、利民惠众，惠农服务

鄂温克旗中心在共享工程服务实践过程中，以牧民的需求为导向，积极探索，服务牧民生活生产，引领群众高尚精神文化生活，打造群众在满意喜爱的文化服务新平台。每年夏季送书下乡，为牧民们送去科普知识手册，有针对的选取资源上门指导服务。历年来累计服务专业生产户200多户，长期跟踪服务对象3户。

八、宣传推广

为了让社会各界更多了解共享工程，更好地发挥共享工程的社会作用，旗图书馆也非常注重做好共享工程

的宣传工作，做到有活动必有报道，善于总结经验，勤于向外投稿。使读者对共享工程和图书馆有了进一步的了解，提高了共享工程和图书馆的社会知名度，吸引了更多的市民走进共享工程、走进图书馆。

九、工作展望

鄂温克旗的文化信息资源共享工程建设，在各级领导的高度重视和社会各界的共同关心下，工作进展顺利，取得了一定的成绩，实现了“建成资源丰富、技术先进、覆盖城乡、服务便捷的数字文化服务体系”的工作目标。未来，我们将重点抓好资源建设、规范管理和服务开展工作，同时根据上级要求，力争让文化信息资源共享工程这一深受党中央高度重视的民心工程，在鄂温克旗发挥出最大的作用，丰富基层群众文化生活，适应信息社会发展的需要，向读者提供方便快捷的服务。同时，利用文化信息资源共享工程这个平台，借助信息化，网络化的服务，进一步提高自身素质，更好的为全旗跟民族读者服务。

（撰文/鄂温克旗支中心）

莫力达瓦达斡尔族自治旗支中心

莫力达瓦达斡尔族自治旗图书馆于2009年11月份安装了文化信息资源共享工程，旗政府非常重视此项工程，旗财政积极组织配套资金，年投入4万元用于开展此项工作。旗图书馆成立文化信息共享工程办公室，由馆长任组长，配备了管理人员、技术人员，在管理急需技术人员时，旗政府又投入资金外聘一名计算机人员补充不足，并开通了10兆光纤网络，读者可以方便快捷的浏览网页和观看接收的资源。为能更好宣传文化信息共享工程，3年来我馆印刷了大量的宣传材料，下载了大量对农牧民有益的科技信息，多次到乡镇村屯发放，并到偏远乡镇村屯集中组织百姓观看共享工程。下发的科技光盘，使很多农牧民从中吸取了大量的先进科技信息，走进了科学的种养领域，馆里利用图书馆宽敞的院落在每年的夏季—文化月支起屏幕播放文化信息共享工程下载的影像信息资源，使图书馆小院有了极大的文化氛围。同时也赢得了镇内百姓的一致好评。在一定的程度上，极大的宣传了文化信息共享工程的惠民服务政策。使社会各界渐渐了解了文化信息共享工程，在广大基层群众中普及宣传了文化信息共享工程，进一步提高了文化信息共享工程的影响力和社会效益。

该馆2009成立了文化共享工程县级支中心，馆里挑选精兵，有责任心、上进心的年轻人，并外聘一名计算机专业人员，组成了莫旗文化信息资源共享工程办公室，加强人员培训，投入工作中，经过2009、2010、2011年市、自治区组织的多次集中培训和现场学习，在很大程度上提高了该馆共享工程管理人员的整体素质。2009年以来莫旗文化信息资源共享工程县级支中心累计上传地方文献

图片100多张，文字信息30多条，在开展文化共享工程工作中表现了极高的业务技术素质，2010年被自治区文化厅授予县级共享工程示范点。

旗图书馆为能更好地开展共享工程领域，在旗政府、文化局的大力支持下，逐渐建设了一个较为全面的一个队伍，覆盖12个行政乡镇，使更多的农牧民通过共享工程资源查看到各行业先进的科技知识。并与莫旗监管大队、乌尔科小学建立了资源共享和定期走访合作，取得了非常好的效果。

（撰文/莫旗支中心）

鄂尔多斯市支中心

鄂尔多斯市文化资源共享工程在鄂尔多斯市市委、市政府市、市文化局的支持和部署下，逐步推进，稳步发展，在新形势下为繁荣农村牧区基层文化，满足农牧民多层次文化需求，传递中国民族优秀文化资源发挥了重要作用。

一、基本情况

鄂尔多斯市支中心2003年开始筹备建设，2006年6月，正式开通；2007年初全面开始投入运行。共投入资金370多万元，完全由地方政府出资建成了市级支中心。

2011年年底之前，全市9个文化信息资源共享管理支中心全部安装调试设备并正常投入运行。

现已建立了文化信息资源共享管理支中心9个、共享服务点229个，嘎查、村、社区文化室901个。

文化信息资源共享工程是中央推出的一项文化创新工程，是公共文化服务体系建设的重要组成部分。鄂尔多斯市市委、市政府高度重视和支持工程建设工作，市财政连续拨付370多万元专项资金建设鄂尔多斯市支中心，按照程序全部设备由市政府采购中心招标采购。

2007年初完成了鄂尔多斯市支中心设施建设任务并投入运行，实现了与农村党员远程教育系统的对接。

共享工程鄂尔多斯支中心设在鄂尔多斯市图书馆，是鄂尔多斯地区共享工程的建设和业务指导单位，负责保障市支中心共享工程设备的运行，协调旗区级共享工程设备的维修，指导旗区级共享工程活动的开展以及开展全市共享工程管理员的业务培训和指导。

二、管理和队伍建设

鄂尔多斯市支中心专用场地面积约900平米，拥有服务器等各类设备和电脑133台，同时满足读者的观看和接收要求，配备专（兼）职技术人员4名。

三、培训工作

鄂尔多斯市支中心在共享工程管理员的培养上实现了制度化和常态化。根据支中心工作要求，每年对辖区共享工程管理员进行2期的集中培训，2003年以来一共举办各类培训班18期，参加轮训的各级管理员达300人次。

四、经费投入

文化信息资源共享工程是中央推出的一项文化创新工程，是公共文化服务体系建设的重要组成部分。鄂尔多斯市市委、市政府高度重视和支持工程建设工作，市财政连续拨付370多万元专项资金，用于共享工程设备的维护，人员培训和惠民活动的开展。2007年初完成了鄂尔多斯市支中心设施建设任务并投入运行，实现了与农村党员远程教育系统的对接。

五、资源建设

鄂尔多斯市支中心于2006年，搜集、整理了第一批鄂尔多斯地区特色文化信息资源数据和材料。近几年市支中心加大了对具有地方特色文化的发展和搜集力度，并进一步完善和发展资源优势，将资源信息深入到农村和牧区，为农牧民提供更好的服务。市支中心现已自建加工的数据库达335GB，收集、整理了8部文化资源课件，每年制作发放各类光盘500多张，各类海报30副，发放宣传资料2000余份。

六、合作共建

与相关部门积极配合、优势互补，联合推进共享工程服务方面较欠缺。例如：与远程教育相结合传播先进文化，实现数字资源共建共享方面。

七、利民惠众，惠农服务

鄂尔多斯市支中心在共享工程服务实践过程中以民众的需求为导向，积极探索，服务民众生活生产，引领群众高尚精神文化生活，打造群在满意喜爱的文化服务新平台。

利用现代网络信息资源，为农牧业生产和农牧业科技服务。文化共享工程基层服务点成为学习农牧业技术，获取农牧业科技信息的咨询站。如：通过多媒体教学，举办畜牧养猪以及其他养殖技术培训班，提高农牧民的农牧业技术水平。

鄂尔多斯市级支中心2008年前往准格尔旗布尔陶亥苏木铧尖村和准格尔旗沙圪堵镇富路村石子湾社等地，利用电脑、投影仪等设备在当地的文化室里为村民们放影了《现代科学养猪技术》、《无公害黄瓜栽培技术》、《温室大棚蔬菜》、《大棚蔬菜病虫害防治技术》等农业科技光盘，受到了村民的热烈欢迎。工作人员还将编印好的《科技信息小报》免费向村民进行了发放，得到了他们的拥戴。

八、宣传推广

1、鄂尔多斯市支中心利用各种渠道宣传推广共享工程。在鄂尔多斯市每年的科技文化三下乡活动，图书馆宣传周活动，世界读书日活动，春节期间开展的迎元宵，猜灯谜，读好书，共享文化”等活动中，鄂尔多斯市支中心不失时机，以活动为平台，以资料为媒介宣传共享工程，让民众不断了解共享工程，走进共享工程。

本支中心举行的活动引起了社会各界的关注，尤其受到了媒体的青睐。在自治区和盟市的电视台、报社都进行了宣传报道。例如：鄂尔多斯市级支中心的共享活动在鄂尔多斯日报（蒙文版）、鄂尔多斯晚报的“文化长廊”和“今日关注”、“百姓直通”等栏目上报道了3次。

2、走进校园。鄂尔多斯市支中心文化服务中不断探索，利用支中心少儿阅览专区，组织动员青少年儿童关注共享工程，利用共享工程，收集青少年知识兴趣点整理挖掘，针对集中地知识群和关注点鄂尔多斯市支中心联合鄂尔多斯市民族幼儿师范学校聘请资深老师前来为青少年答疑解惑，其中邀请鄂尔多斯市民族幼儿师范学校的关淑霞老师做精彩的报告，深受广大青少年的喜爱。

3、专题活动，精彩纷呈。鄂尔多斯市支中心在服务中抓住文化的热点和亮点，积极组织群众喜闻乐见的文化服务，使共享工程走进群众生活。

共享工程生命力的关键在服务。文化共享工程市支中心走基层，开展了多项丰富多彩、形式多样的资源共享活动，到2012年底为止，鄂尔多斯市支中心利用文化共享工程资源及设备，在东胜区、康巴什区、乌审旗、准格尔旗的敬老院、学校、广场、社区、农牧区等地共组织开展了120多场文化共享宣传服务活动。

把优秀文化资源送到社区、学校、福利院、工地等基层群众身边。满足了我市广大群众的多元文化需求，取得了良好的社会效益。

为了更好地方便广大民工掌握先进文化，共享全国优秀文化资源，鄂尔多斯市支中心举办了2011、2012年连续两年开展了“共享工程展播月”活动，为民工朋友们免费送去优秀的影视资源，受到了热烈的欢迎，受益群众6万多人，得到了社会各界的好评与关注。

九、工作展望

2011年是“十二五”的开局之年，为全面推进鄂尔多斯地区文化共享工程建设，拟制定《鄂尔多斯地区文化信息资源共享工程“十二五”发展规划》，将提出全市文化共享工程建设目标，其主要是以数字资源建设为核心，以农村牧区服务网点建设为重点，全面实施文化资源共建共享。

从今年开始，市级支中心把目标投向资源的整合、数字化资源建设及扩展基层服务点建设，即乡镇、街道、社区等基层服务点的建设与联网（市级支中心→旗县支中心→乡镇、社区基层服务点）。

（撰文/鄂尔多斯市支中心）

鄂尔多斯市东胜区支中心

东胜区区域总面积2530平方公里，人口53.8万，辖12个街道办事处、3个镇。文化信息资源共享工程东胜区支中心在国家文化部、自治区文化厅及市、区文化局的正确领导和大力支持下，逐步推进，稳步发展，在新形势下为繁荣农村基层文化，满足农牧民多层次文化需求，传递中国民族优秀文化资源发挥了重要作用。

一、基本情况

文化信息资源共享工程东胜区支中心于2005年1月设立，在内蒙古自治区文化厅的大力支持和帮助下成功安装并调试了全套设备。

东胜区少儿图书馆承担着共享工程东胜区支中心的各项工作，具体负责东胜区各镇、街道办事处共享工程基层服务点的设备维护、数字资源的接收、指导各基层服务点开展活动以及对基层服务点管理人员的业务培训和技术指导工作等。

在东胜区的15个镇、街道办事处共享工程基层服务点中，泊江海子镇文化信息资源共享工程基层服务点系自治区文化厅在东胜区直接投资设立的唯一一家乡镇级基层服务点，于2009年12月设立；交通街道办事处、富兴街道办事处、天骄街道办事处、诃额伦街道办事处、巴音门克街道办事处5个基层服务点于2009年9月由东胜区文化局投资47万元设立（为其分别配送10台电脑、1套移动投影设备）；建设街道办事处、林荫街道办事处、公园街道办事处、铜川镇、罕台镇5个基层服务点于2010年设立，属于自筹自建的基层服务点；纺织街道办事处、幸福街道办事处、民族街道办事处、兴胜街道办事处4个基层服务点为2012年新成立的街道办事处，也属自筹自建的基层服务点。截止2012年底东胜区文化“信息资源”共享工程各镇、街道办事处的覆盖率达到了100%。

二.管理和队伍建设

东胜区共享工程支中心建立健全了一套完善的管理制度，已全部上墙公示，并遵照执行，年举办活动不少于20场次。并对电子阅览室探索出一套行之有效的管理方法，如：为每一位读者免费办理上机证，通过卡号、密码登陆上机；严格控制读者上机时间，每天为2小时；严禁读者玩游戏；实行预约上机制度等。

为读者播放影片

各基层服务点也有了规范的管理，悬挂了统一牌匾；各项规章制度都已上墙；年初上报工作计划、年终上报工作总结；每个基层点年活动不少于12次，并及时上报信息。

目前东胜区共享工程支中心管理员为3人，均为应届大学本科生，属于专职管理人员。各基层服务点管理人员均为文化站站长（属东胜区文化局下派干部），技术人员80%为文化站副站长，其余为大学生志愿者及各镇、街道办事处干部兼职。

三、培训工作

东胜区共享工程支中心采取集中和分散两种方式对各级管理员进行相关的业务技术培训，实现了制度化和常态化。每年对管理员及技术人员定期集中培训1次，不定期个别培训若干次。自2009年以来，共举办共享工程基层管理员技术培训班4期，参加培训的各级管理员及技术人员达500余人次。队伍建设收到良好成效，一大批专门人才经过培训成为各级中心和站点的骨干力量，为东胜区文化共享工程顺利推进提供了人才保障。

2010年7月20日东胜区支中心在火车站广场开展活动

四、经费投入

2009年自治区文化厅对东胜区支中心配备了价值68万元的共享工程设备，新增了专业服务器、业务终端机、投影仪、打印机、扫描仪、笔记本电脑、机房必备软硬件设备；2009年东胜区文化局投资47万元建立了交通街道办事处等5个基层服务点；东胜区财政每年为支中心划拨5万元共享工程设备维护费。

五、资源建设

自共享工程东胜区支中心设立以来，东胜区少儿图书馆由原来的20台电脑的电子阅览室扩建为拥有40台电脑的电子阅览室；并通过共享工程卫星接收系统及加工系统、购买光盘资源、购买数字资源等方式，现已储存了3T的视频资源，6339册的电子图书，6517分钟正版高清动画片等。虽着少儿图书馆网站和微博的开通，读者可以通过网站或通过便捷的浏览这些数字资源。

六、宣传推广、利民惠众服务

东胜区支中心在共享工程服务实践过程中，以民众的需求为导向，积极探索，服务民众生活生产，引领群众高尚精神文化生活，打造群众满意喜爱的文化服务新平台。

东胜区少儿图书馆充分利用共享工程数字资源开展馆内阵地活动及走进校园、农民工聚集地、广场、社区，为丰富广大人民群众的业余文化生活做出积极的贡献。从2007年到目前，我支中心共开展各项主题活动199次，其中2007年19次；2008年20次；2009年20次；2010年26次；2011年48次；2012年66次。累计受众3万余人次。

各基层服务点积极开展各类适宜辖居民的活动，如罕台镇基层服务点，利用共享工程数字资源，在多功能厅和流动电影放映车，举办法律讲座、医疗保健、文明礼仪等专题活动26期，播放电影100多场，累计接待群众2万余人次；利用共享工程电子阅览室开展转移农民培训学校，对转移农民进行了菜单式培训教育，如举办汽车驾驶、厨师、美容美发、挖掘机操作和计算机等职业技能培训35次，受益群众1835人，其中512人经推荐实现了就业和自主创业。2012年，该基层点被评选为"全国文化信息资源共享工程·公共电子阅览室示范点"。

七、工作展望

东胜区文化信息资源共享工程建立8年来，取得了显著的社会成效，不断满足着百姓求知识、求健康、求文化的需求，有力地推进了新农村的文化建设。

东胜区文化共享工程将努力实现村村通，信息服务实现全覆盖，海量的文化信息资源任人索取，人人可用，服务无形，由此产生的社会效益是不可估量的。我们要虚心学习其他城市共享工程好的做法和经验，以及进一步促进鄂尔多斯市东胜区共享工程建设。我们相信，在文化部国家管理中心的支持下，全国文化信息资源共享工程东胜区支中心将继续深入贯彻落实科学发展观，围绕大局，开拓创新，扎实推进，全面发展，进一步巩固和完善文化信息资源共享工程平台的建设，不断满足广大人民群众多样化的文化信息需求，为构建社会主义和谐社会贡献更大的力量，为率先构建社会主义现代化大都市公共文化服务体系而努力奋斗。

（撰文/田永军）

达拉特旗支中心

达拉特旗支中心于2009年底正式建成并投入使用，当时国家投资68万元，之后地方财政每年列入预算5万元，用于支中心开展工作。现有专职人员2名，面积120平方米，设有电子文献阅览室、中心控制机房、资源加工整合办公室等。

电子文献阅览室现有终端共25台，使用面积 84平方米。中心控制机房现有设备：有4台功能不同的服务器、磁盘阵列一套、交换机、标准机柜、UPS电源、防火墙等。资源加工整合设备有：移动存储播放器、扫描仪、便携式电脑2台、移动硬盘2块、激光打印机、照像机，另外还有投影设备2套。

文化共享工程作为一项文化创新工程，在我旗实施以来发挥了较好的文化宣传作用，无论是促进和谐社会构建、公共文化服务体系建设还是在促进新农村建设工作中，都彰显出了其作为文化创新工程的独特魅力。

为了充分发挥共享工程的良好资源在传播先进文化方面的作用，为让更多的城乡群众享受到内容丰富、健康向上的文化资源，达旗支中心集思广益，整合资源，把互联网信息、共享工程信息、党员远程教育信息及农家书屋、万村书库等资源整合利用，既节约了资金，方便了管理，还扩大了服务范围。

达旗支中心在乡镇设有6个共享工程基层服务点，在村委设有130个党员远程教育及共享工程共同挂牌的农村服务点。支中心利用现有丰富的影片资源进社区、进学校、进敬老院、幼儿园放映各种题材，适于各个年龄段人群喜爱的影片。配合达拉特旗百日消夏活动，每周都要到休闲人群集中的广场放映儿童影片，受到社会广泛好评。每年的元霄节活动，为了孩子们在欣赏儿童电影时，不挨冻、能坐下来看，还特别购置了能容纳50人就坐的大帐篷及凳子、电暖气等设备。经常性的活动丰富了社区居民的文化生活，极大地调动了人们参加社区文化活动的积极性。支中心电子阅览室可以同时接收互联网信息、共享工程专网信息，还可以查阅达拉特旗政务网信息，还拥有大量的电子图书、视频、影视等资源信息，深受读者欢迎，优异的环境为广大青少年提供了绿色上网平台，倍受广大家长称赞。支中心还经常深入乡镇（村）基层点，把丰富的资源送给他们，并督察基层点开展工作。

文化信息共享服务是政府公共服务的重要组成部分，加快共享工程建设是构建公共文化服务体系的一个重要策略。我们将针对当前我旗文化事业的实际情况，继续整合文化资源，积极开展创新工作，推进文化共享工程在我旗的全面发展。

（撰文/高云霞）

鄂托克旗支中心

一、基本情况

鄂托克旗支中心属于自治区第二批建设的54个县级支中心之一。2008年12月12日，内蒙古自治区文化厅与我旗人民政府签订了县级支中心建设管理责任书，2009年5月，旗政府为我中心落实专项经费20万元，项目正式启动，建成了123平米可容纳40人同时在线浏览的电子阅览室，25平米信息网络机房，接入了百兆宽带互联网，实现了文化信息资源的卫星接收、互联网连接。2009年12月，所有配套设备全部安装完毕并投入运行。我中心始终坚持公益性服务，现有专职人员3名，兼职人员1名，均为计算机专科毕业，每天开放8小时，周六日不休息，除了为广大读者提供在线浏览文化信息资源外，还义务为广大读者教授计算机基础、网络基础等知识。

二、管理制度、队伍建设

鄂旗支中心电子阅览室实行严格规范的管理制度，不论网络管理员还是在线读者，严格按规范操作，所有警示标志和各级各类职责、制度等明显标志均张贴上墙，工作人员认真记录各项培训、技术讲座等，及时下载上级中心上传的各类信息资源。广泛收集各类图文、视频等信息资源，经常检查设备的运行情况，发现问题及时处理。认真负责的听取读者的意见，对不周到的地方及时改正，得到了上级领导和读者的一致好评。

同时，为了解决我馆专业力量不足，旗里又不能及时配备专业技术人员的困难，我们通过内蒙团委选拔并吸纳了2名专修计算机本科专业的青年志愿者，成为我馆专业技术团队的领头羊，在此带动下，我中心业务人员很快熟悉并掌握了蒙科立图书管理软件的操作技能，设备安装以后，在很短的时间内就顺利投入运行。截止目前，我们累计外出培训50人次，投入培训经费10万多元。

三、培训工作

共享工程设备运行以来，我中心始终将专业技术力量的培训工作作为重点，尽可能的让每个员工都能够享受到参与学习的机会。在职工内部开展技能培训、技能大赛。2011年8月，我中心的两名选手参加了“全国文化信息资源共享工程知识与技能竞赛”鄂尔多斯分赛区选拔赛并荣获团体一等奖；9月份，又代表鄂尔多斯队在“内蒙古分赛区选拔赛”中荣获团体二等奖；10月中旬，我中心选手又代表内蒙古自治区最基层服务点赴杭州参赛并荣获全国总决赛二等奖”。

四、经费投入

从2010年开始，旗财政每年为我中心核定共享工程专项运行经费9万元，有力的保障了支中心活动的正常开展和设备的顺畅运转。

在基层服务点建设上，2011年，旗财政又拿出专项配套经费32万元，用于蒙西镇、木凯淖尔镇、苏米图苏木、阿尔巴斯苏木四个共享工程基层服务点的设备配套，每个点8万元，从而进一步扩展基层服务点的资源接收量、提升基层服务点的延伸服务功能。在旗财政财力保障的基础上，我们还积极与各大企业联系，举办多种活动，吸引社会资金参与图书文化建设。我中心先后举办了三届主题为“好读书、读好书、送好书”网上有奖征文活动，收到了来自全旗中小学一大批优秀的作品，吸引了我旗部分优秀企业家为两次征文活动捐来的善款35万元。

计算机初级培训

五、工作开展情况

鄂托克旗支中心建成以来，始终坚持“以人为本、服务人民”的理念，不断创新发展思路、改善服务质量、提高服务水平，使全国文化信息资源真正为鄂托克旗广大人民群众共享。

1、因地制宜，开拓创新，积极为广大农牧民服务。

共享工程设备运行以来，我们充分发挥共享工程信息资源的丰富、快捷、适用等优势，将中心业务不断拓展到广大农村牧区，把服务潜力延伸到社区和偏远的区域，扩大了读者群，提升了自身的社会影响力。

一是经常升入基层，尤其对技术力量薄弱环节给予上门服务，截至目前，我中心举办了73个嘎查村业务人员关于图书分类和编目的集中培训班，为基层12个嘎查（村）整理图书36000余册。并且坚持与各个图书点长期交换图书，实现城乡互动，活跃借阅。

二是不断创新工作思路，克服我旗东西南北跨度大，基层点分布散、交通不便等下乡困难，通过坚持面向基层，实现服务工作重心转移。利用“三下乡”和定时服务基层文化站的机会，将我中心收集、加工、整理的资源和上级中心下发的共享工程资源通过刻录光盘发放给农牧区广大读者，同时在有条件的地区利用移动播放器对广大农牧民播放适用技术。

三是积极与有关职能部门合作，发挥中心信息资源优势，为广大转移农牧民提供职业技能培训。截至目前，已与旗人口转移办合作开展了25期560名转移农牧民职业技能培训，培训种类达20多种，有力提高和拓宽了转移农牧民自主创业能力及就业渠道。

2、突出特色，积极开展基层数字文化服务活动。

利用共享工程设备全天候的为广大群众播放喜闻乐见的农业科技、医疗保险、城镇务工、实用技术、地方戏等优秀文化资源讲座。利用电子阅览室先后免费组织了5期来自旗直有关部门450名职工参与的计算机基础知识培训班。

利用网络平台，根据不同时期不同季节开展了“情系军营　共享中秋”活动；积极配合自治区文化厅开展了“颂歌献给党——文化信息资源共享工程迎接建党90周年群众歌咏活动”；“同乡同龄同梦想　共学共享共月圆”活动；举办了由我中心摄影爱好者提供的以西藏自然风光为主题的“藏域掠影摄影展”，以及配合旗委宣传部开展了文化、卫生、科技三下乡”活动，共发放适用技术资料300余份，发放《文化共享春耕》光碟100套，并与当地10位村委会主任签订了《文化共享助春耕》问卷调查。免费培训电脑基础知识120人次，引导未成年人健康上网150人次。通过举办讲座、报告会、培训班等各类活动，延伸了我们的服务，取得了良好的社会效益。

利用“五月图书宣传周”、“读书有奖征文”等活动，零距离与读者互动。不仅让每个馆员参与其中，变被动为主动，也让广大读者开始青睐图书馆。2011年5月，我中心利用网络平台，申请国家备案，建立了"鄂托克旗图书馆网站"，将传统的馆内静态服务方式通过网络转变为面向社会、主动提供有针对性、有选择性的动态信息服务，不断拓展服务领域，扩大服务空间，形成多元化服务项目，以凝聚更多的读者群。

网站开通以后，我们先后举办了三届主题为"好读书、读好书、送好书"网上有奖征文活动，收到了来自全旗中小学一大批优秀的作品，吸引了我旗部分优秀企业家为三次征文活动捐来的善款35万元，鄂尔多斯电视台《经济一刻钟》栏目、《社会大观园》栏目、《鄂尔多斯聚焦》栏目分别对读书活动给予了专题报道。

到目前为止，"鄂托克旗图书馆网站"已形成了"鄂图概况"、"最新动态"、"读者推荐"、"特色服务"、"活动指南"、"读者园地"、"地方文献"等七个大栏目和26个子栏目，开通一年来点击量达到了62170人次。2012年7月，我们又开通了"鄂托克旗图书馆官方微博"，充分利用微博传播快捷、信息覆盖量广、互动性强的优势，拉近了图书馆与读者的距离，将馆内动态、情报信息、丰富的馆藏资源在第一时间传播出去，实现了图书馆与读者的跨界交流与互动。网站的运行和微博的开通成为我馆对外宣传、展示、交流、互动的窗口，也将为即将投入运行的新馆在数字化、自动化、智能化服务铺垫基础。

3建立长效机制确保各应用系统和设备设施运行正常。

为了确保共享工程各应用系统和设备设施正常运行，我中心将图书馆传统意义上的服务模式进一步给予了细化，从行政、业务、行为规范三个方面重新修订和完善了具有可操作性的内部规章，购书数量在原有基础上增长了一倍，将馆藏资源进行了合理的整合，并借每年不同时期、不同主题的各类活动，将服务内容逐步向外拓展和延伸。共享工程设备运行以后，我们利用蒙科立多文种图书管理系统将馆内所有的资源从"采访-编目-典藏-流通等环节全部实现了计算机管理，并建立了读者检索系统和读者刷卡借还系统。截止目前，我们共录入图书20000余册，回溯建库20000余册，录入报纸18000份，杂志5400份，极大的方便了读者的借还需求。

为了更好的保护、保存、利用我旗具有重要历史意义和当地极具民族特色的地方文献。经过历时三个多月的加工整理，现已完成了七大类地方文献数字化加工，其中包括52万字的《鄂托克旗教育志》、2万余字的《桃校春秋》、50余万字的《走进鄂托克》之《感悟鄂托克》和《印象鄂托克》各上下两册、300余张《幸福鄂托克》的图片、70余张《藏域掠影》图片以及500余张《非物质文化遗产》的图片。

通过加工地方文献，较好地解决了地方文献保护与阅读使用之间的矛盾，极大地提高了工作效率和读者的资源利用率，发挥了图书馆公共文化服务功能，唤起市民对居住城市历史文化遗产的广泛兴趣和尊重。我们还将陆续加工出更多的文字性、图片性以及视频资源的数字化历史文献资料，打造鄂托克旗地方文献数据库，实现地方民族文献的数据化加工、数据化检索、数据化传播。

4、拓展服务面，不断完善基层服务点建设。

我中心利用现有馆藏和网络平台，根据不同时期、不同季节为在校学生、驻地官兵、弱势群体、基层农牧民、社区居民等开展各类活动20余场，中心自创资源80GB，利用方正阿帕比数字技术打造地方文献数字化资源150万字，制作地方民族民风画册10册，形成了以共享工程为载体、自有资源为特色、馆内外动态为亮点、为读者服务为宗旨的支中心网站，开设了26个服务栏目的互动网络平台和官方微波。成为广大读者认识图书馆、走进图书馆、利用图书馆的窗口。

截至2012年5月，支中心在全旗6个苏木镇75个嘎查村建立了2个基本型服务点，5个增强型服务点，69个"草原书屋"，实现了基本文化信息资源的全覆盖。分别在蒙西镇社区、乌兰镇政和园社区、棋盘井镇第三小学、木肯淖镇、阿尔巴斯苏木、苏米图苏木建立了全国文化信息资源共享工程服务站，并按照国家对基层服务点的建设标准，为每个基层服务站配备了5万元的共享工程设备。形成了卫星接收、互联网连接、投影和移动播放、各个点拥有10台电脑的电子阅览室。

在建设过程中，我中心积极配合国家远程教育网和地方组织部门，将全旗境内现有的党员远程教育服务点和共享工程资源有机的整合，不仅避免了资源的重复建设，而且有效的实现了地方文化资源的共建共享。设备安装调试以后，我中心分别为各基层点赠送图书500册，并在中心专业技术人员的指导下，利用"蒙科立"多文种图书管理系统，实现了我旗5个共享工程基层服务点和部分"草原书屋"的图书数据化管理。到目前为止，我中心利用"蒙科立"图书管理软件为各基层点录入、加工、整理图书资料7万余册。为了满足在校生方便、快捷、及时、准确的查找课外资料，我中心在乌兰镇小学、旗实验小学设立了读者服务站，每年挤出经费2万多元，专门征订适合小学生阅读的报刊杂志48类，各类图书15000余册，采取送书上门、定期更换图书等方式，将资源充实到各学校阅览室乃至学生的课堂。在此基础上，我们在镇区其它中小学以及军营、部分企业、社区设立了10个图书馆分馆和共享工程服务站。给各分馆各配备图书500余册，中心自创资源25套（10GB），每月轮换一次，极大的丰富了基层服务点的文化生活。

基层服务点投入运行以来，我中心积极配合有关部门，指导并协助基层点开展各类活动。2012年3月 21日，开展了"生息草原、政策惠民、统筹发展暨文化、卫生、科技三下乡"活动。

2012年5月16日，响应团中央建立"七彩小屋"的号召，为棋盘井第三小学农民工子女、残障儿童资助了6万元的共享工程设备，建立了电子阅览室和图书分馆。

在全旗境内实现了总分馆资源流动，并利用网络平台和中心网站，将国家优秀文化信息资源和支中心打造的数字化地方特色文献资源，通过卫星、互联网、移动播放器、光盘等载体，源源不断的输送到最基层，让广大社区居民、农牧民、特别是青少年学生在最快的时间、最便捷的地方享受到支中心丰富的信息资源，实现了"时时可看，处处可学，人人可享"，使全国文化信息资源共享工程成为资源最丰富、服务最便捷、使用最安全的网上爱国主义教育基地、中华数字文化和地方民族文化资源的门户、成为基层群众的信息中心、学习中心和数字文化中心。

（撰文/鄂托克旗支中心）

杭锦旗支中心

一、基本情况

近年来，旗委、旗人民政府以科学发展观为统领，在齐心协力搞好经济建设的同时，十分注重文化建设，从2006年4月全国文化信息资源共享工程在杭锦旗落户开始，经过六年来的不断努力和完善，杭锦旗支中心具备了提供数字化信息资源服务的能力，为全旗构建和谐社会文化和社会主义新牧区建设起到了巨大的推动和促进作用。

2008年3月，在旗财政十分困难的情况下，为支持支中心更好的开展工作、深入牧区提供服务，专门拿出3万元购置了笔记本电脑、音响、数码照相机等设备。2008年10月，在国家气象局和旗文化局的大力支持下，添置了微机19台，并接入10兆带宽的光纤，于2009年1月初建成了电子阅览室。2009年11月，文化共享工程68万元设备全部到位，建立了文化共享工程机房及25台电脑的电子阅览室，并将10兆光纤改为百兆带宽。2010年1月10日开始正式对外开放。至此，文化共享工程在杭锦旗的发展进入了程序化、规范化的运作轨道，整体工作上了一个新的台阶。

共享工程杭锦旗支中心设在杭锦旗图书馆，是杭锦旗共享工程的建设和业务指导单位，负责保障旗支中心共享工程设备的运行，协调苏木、镇、村嘎查级共享工程设备的维修，指导苏木、镇、村嘎查级共享工程活动的开展以及开展全旗共享工程管理员的业务培训和指导。

二、发展

1、管理和队伍建设

文化共享工程与图书馆工作紧密配合，实现了支中心建设的快速发展。支中心的建设紧紧围绕图书馆工作来开展，以共享工程的设备优势和资源优势提升图书馆的服务质量，通过与图书馆工作的紧密结合，支中心的建设得到了快速发展，培养出了一支优秀的文化共享工程人才队伍。

支中心在图书馆职工中选拔具有一定计算机操作基础的工作人员重点培养，通过参加每年的全区共享工程技术培训，以及承担图书馆和共享工程有关计算机信息技术的实际工作，在实践中快速成长，成为了文化共享工程和图书馆工作的计算机信息技术专业人才。对于苏木镇、村嘎查两级基层共享工程管理上选择大学生村官为管理员。从而，逐步形成了一支技术精通、文化程度高、事业心强的人才队伍，保证了文化共享工程的正常运行和日常服务工作的开展。

2、荣誉奖项

受内蒙古自治区分中心委托派人参加2009年首届《文化共享杯》全国文化信息资源共享工程知识与技能竞赛，并在竞赛中荣获优秀选手奖；2011年第二届《文化共享杯》全国文化信息资源共享工程知识与技能竞赛，内蒙古鄂尔多斯分赛区比赛中荣获团体及个人三等奖。另外，2011年支中心被授予内蒙古自治区示范县级支中心称号。

3、惠民服务

文化共享工程杭锦旗支中心电子阅览室自免费开放以来，广大群众就可以享受每天不超过6个小时的网上查阅服务。每周免费开放42小时。成为杭锦旗唯一的“绿色”公益性上网场所。公共电子阅览室将主要为公众提供互联网信息浏览与查询服务，我们提供的资源服务有电子文献阅览、信息资源导航、检索、参考咨询等数字图书馆服务；影视欣赏、健康益智类游戏等休闲娱乐服务以及与计算机、网络应用有关的各类学习、培训服务。视频资源主要有，种养殖技术、少儿动漫、红色历史、经典影视、文化专题、舞台艺术、法律讲座、知识讲座、医疗卫生、电子书刊和益智游戏等。除此之外，还将重点建设一批未成年人喜爱的动漫故事、益智类游戏、少数民族语文资源、地方特色资源等。

三、合作共建与网点建设

1、2008年开始，杭锦旗支中心与杭锦旗组织部党员远程教育办共同建设各村嘎查服务点。2008年第一批41个行政村嘎查于当年安装调试完毕。2009年第二批16个行政村嘎查，2010年第三批12个行政村嘎查，2011年第四批11个行政村嘎查分别进行安装并投入使用。截止2011年，旗所属行政村、嘎查实现全覆盖。

2010年巴拉贡镇基层服务点安装调试完毕，2011年呼和木独镇与吉日嘎郎图镇基层服务点安装调试完毕并运行。

2、利用文化共享工程的设备和资源优势与苏木、镇文化站建立合作共建机制。

杭锦旗地域辽阔、牧民居住分散。依靠支中心下基层服务，在资金和精力上都不现实的情况下，为了更好的服务于广大农牧民，支中心在旗人民政府和文化局的支持和协调下，积极与各苏木、镇文化站联系运作建立合作共建机制。由支中心负责对文化站工作人员进行一定的技术培训，并提供文化信息资源支持。充分利用文化站的电脑、投影仪、幕布等设备和必要的文化信息资源来组织开展活动，同时文化站在活动中负责宣传文化共享工程，并及时向支中心反馈农牧民在生产生活中对文化信息资源的需求，从而形成良性互动。

四、宣传推广

1、文化共享工程深入农村牧区

文化共享工程的创建，不能仅局限在设施设备的完善上，要充分利用这一现代化的文化信息资源共享平台，为边远地区的群众提供优秀文化和实用农牧业技术知识，丰富牧区群众的文化生活，推动牧区的社会经济发展，促进和谐社会和社会主义新牧区的建设。为此，支中心坚持每季度到各苏木镇开展服务活动至少一次，并为到场的农牧民发放支中心刻录的光盘资源和科技小报，让农牧民在学习中增强科学发展意识，提高自身素质，更好的发展生产，不断提高生活水平。

2、积极参加一年一度的全旗“三下乡”活动

文化共享工程助春耕备耕。每年的3月，当全旗人民还沉浸在新春的喜庆之中时，支中心及时组织参加一年一度的“三下乡”活动，在全旗6个苏木镇拉开帷幕。支中心通过设立咨询服务台，宣讲与农牧民生产生活相关

的政策法规，解疑释惑。发放农牧业科技种养、卫生健康等有关资料书籍、宣传材料以及刻录好的光盘资源。同时，播放科技影片及相声、小品等。所到之处，倍受农牧民的欢迎，得到农牧民一致好评。

3、文化共享工程走进敬老院

为更好的发挥文化共享工程在基层的作用，支中心每年走进杭锦旗祥和福星老年公寓和四十里梁敬老院，通过送图书、送电影，为孤寡老人丰富文化生活，送去老人们迫切需求的精神食粮。

4、文化共享工程为看押人员服务

杭锦旗图书馆、杭锦旗支中心多次走进杭锦旗看守所，开展免费送书、播放法律讲座等活动。丰富多彩的活动直观的教育了在押人员，增强了他们悔改出狱的信心。从而也丰富了被看押人员的文化生活和法律知识。

5、文化共享工程进校园

每年"图书馆服务宣传周"期间都要举办形式多样的服务活动。如：专题讲座、中小学生诗歌朗诵、学雷锋树新风、免费办理借书证、发放宣传资料、播放益智动画、爱国主义影片等，此举既为在校学生营造良好的学习氛围，也把服务宣传周活动搞得有声有色。

五、培训工作

杭锦旗支中心利用设备优势在电子阅览室里每年多次组织党员干部、农牧民及学生观看讲座、警示录、电影及培训等。截止目前，共组织各界人士在公共电子阅览室讲授20余场，服务人数达800多人次。另外，每年还将辖区内共享工程管理员进行1次集中培训。

六、经费投入

杭锦旗支中心2006年成立以来，因旗财政困难，每年5万元的运维经费不到位的情况下，通过各种渠道解决所有设备的维护运行费用及人员培训和各站点管理员培训费用。

七、资源建设与技术支持

为了使农牧民及时了解文化科技信息，支中心将适合本地区农牧民的养殖业、种植业等科技知识，精心筛选，按季度将优秀的文化信息资源进行加工、编印成册、刻录成光盘，先后编辑和搜集的资源近1TB。针对牧区以蒙古族为主的实际情况，积极整理和收集蒙语资源，为牧区的广大蒙古族牧民送去迫切需求和适用的特色文化大餐。

截止2012年底，共发放农牧业科技种养、卫生健康等科技知识手册及宣传材料16000多份，光盘2800多张。同时，为农牧民发放了《便民联系卡》，方便快捷地帮助农牧民解决生产生活中的困难。支中心在全旗流动放映达200多场次，固定放映60多场，服务人数达51000人/次。杭锦旗支中心的工作在上级部门及旗委、旗人民政府、旗文化局的大力支持和指导下，取得了阶段性的成果。

八、工作展望

文化共享工程的实施，为杭锦旗的政治、经济、文化发展和社会主义新牧区建设起到了推动和促进作用；为构建和谐社会和公共文化服务体系发挥了巨大作用；为广大牧民群众丰富文化生活和勤劳致富发挥了积极作用。今后杭锦旗支中心希望在上级部门的大力支持下成为服务网点更加宽广，参与群众更加广泛的共享工程文化带动体系，为建设新型杭锦，文化杭锦做出贡献。

（撰文/杭锦旗支中心）

乌兰察布市支中心

乌兰察布市图书馆位于乌兰察布市集宁新区格根西路，与市委、市政府隔街相望。在市委、市政府和文化局的高度重视和支持下，按照文化部、财政部总体规划、分步实施、逐步推广的方针，乌兰察布市的文化信息资源共享工程加强建设，稳步发展。

一、基本情况

乌兰察布市共享工程支中心设在新区市图书馆，新馆占地面积8400平方米，其中，电子阅览室274平米，机房20平米，电脑120台。多功能视听室120平米，预设视听席位46个，配备高清投影仪、高端音响设备、数码广播级摄录像机等，并实现网络全覆盖。电子阅览室已于2012年6月面向社会大众免费开放，多功能视听室正在积极规划，完善设施和技术。

二、经费投入和资源建设

2011年4月，乌兰察布市图书馆依据2008年度地（市）级支中心系统配置标准，投入近200万元专项采购经费进行硬件设备的采购，引进区域图书馆集群自动化软件管理系统，馆内业务如图书编目、图书典藏、图书流通和期刊管理实现了在计算机管理下进行，文献信息检索实现了计算机化，为数字图书馆和共享工程建设储备着资源，各个阅览室，休闲区均实现了无限网络覆盖，充分利用信息技术拓展公共文化资源的共享与服务能力。2012年按照文化部要求及"数字图书馆推广工程"的标准于年底完成了硬件设备采购。

三、培训、管理及队伍建设

乌兰察布市图书馆根据共享工程建设标准，制定了本馆电子阅览室管理制度和工作人员守则，通过有序的管理方法，不断加强规范化管理。同时，为保障我市文化信息资源的数字化建设和管理，我馆设立了共享资源服务部，以承担乌兰察布市图书馆计算机与网络应用服务及图书馆自动化、信息化、数字化的软硬件建设工作。并注重队伍的建设，2011年至今已派出5名工作人员先后参加了"2011年全区文化共享工程培训班"、"全国古籍数字普查工作"和"数字图书馆推广工程培训班"的学习。2012年6月中旬，特邀请内蒙古图书馆"文化共享工程"技术人员到馆，为全体职工举办了一期以"文化共享工程"为主要内容的业务培训。并在自治区图书馆有关技术人员的指导下，对凉城、丰镇、兴和、集宁区四个图书

馆的“文化共享工程”进行了检查、辅导。

四、宣传推广

该馆利用电子阅览室、三下乡、图书馆服务宣传周、世界读书日等活平台，以发送“种养植业”小册子等形式宣传和推广共享工程，使民众了解共享工程，利用共享工程。

五、荣誉奖项

2011年，在参加呼和浩特举行的第二届“文化共享杯”全国文化信息资源共享工程知识与技能竞赛内蒙古分赛区总决赛中，乌兰察布市代表队荣获三等奖。2012年被授予乌兰察布市“市级精神文化单位”称号。

六、工作展望

文化共享工程是一项繁荣发展先进文化的、惠民的崭新工程，乌兰察布市图书馆将积极作为，使我馆的“共享工程”工作健康有序的发展。我们将进一步培养专业人员，储备人才队伍，逐步完善市图书馆门户网站及数字图书建设，丰富网页内容，与我市其他文化单位及地方志、党史办等部门形成合力，将我市优秀的文化信息资源进行数字化加工和整合，逐步建立具有本地特色的专题信息库，为广大农牧民和人民大众传播社会主义先进文化，满足广大人民群众日益增长的文化需求，实现优秀文化信息资源在全国范围内的共建共享，为党的十八大文化强国宏伟蓝图的实现作出应有的贡献。

（撰文/乌兰察布市支中心）

乌兰察布市集宁区支中心

集宁区图书馆始建于2004年，选址在集宁区团结路40号，现有面积1033平方米，主楼三层，副楼一层，馆内设有图书阅览室、电子阅览室、共享工程机房、外借部、库房、馆长室、书记室、财务室、办公室等。馆内现有工作人员13人，大专以上学历人数占职工总数84.6 %。

全国文化信息资源共享文化创新工程于2008年初在自治区启动，集宁区图书馆作为被选定的县级支中心，在上级机关的大力支持下，于2008年底初步开放。集宁区图书馆电子阅览室面积为150平米。25台新型液晶显示屏电脑，配有耳麦，摄像头和100MB宽带网络。可以全天接收卫星网，互联网，有线电视/数字电视网络资源，电子阅览室内还配有200英寸的宽银幕及投影仪等设备。2009年是我馆文化信息资源共享工程正式启动的一年，在乌兰察布市兄弟图书馆中，我馆电子阅览室的硬件设备相对比较完善，启动也较早，支中心平均每年接待读者4000余人。

该馆充分利用现有设备组织开展各项室内外活动：

1. 中小学生爱国主义影片教育基地。
2. 消夏流动小影院。
3. 福利机构定期电影播放。
4. 乡村科教专题片播放。
5. 假期阅览室动画片播放。
6. 组织中老年读者学习上网阅读。

2011年5月，国家文化部实施“共享工程城乡全覆盖”计划，陆续在集宁区马莲渠乡、白海子镇设立了共享项工程服务站，同时各配备电脑5台、传真打印机1台、卫星接收系统以及投影设备1套。

（撰文/乌兰察布市集宁区支中心）

丰镇市支中心

一、基本情况

丰镇市文化资源共享工程建设开始于2010年，设备在2010年安装完毕，此后陆续在4个乡镇文化中心开始安装，前期安装设备均通过卫星设备直接接收国家中心下发的给类资源和信息。

二、工作展望

丰镇市文化资源共享工程已走过3个年头，群众广泛认知，广泛参与，文化资源共享工程在丰镇市已经成为丰镇市人民文化生活的一大支柱，成为繁荣丰镇文化，丰富丰镇市人民精神生活，推动丰镇市人文科技进步的强大动力源泉。今后丰镇市支中心希望在国家中心，丰镇市文体局大力支持下为丰镇市共享工程建设一支专业化的服务队伍，建立一个国家、市、区三级知识网络联动的即时问答服务体制和服务形式更加多样，服务网点更加宽广，参与群众更加广泛的共享工程文化带动体系，为建设科技，文化做出贡献。

（撰文/丰镇市支中心）

卓资县支中心

一、基本情况

卓资县各级政府高度重视文化信息资源共享工程建设工作，自"共享工程"实施以来，县政府、文化局先后制定了具体方案并组织落实，充分整合利用文化资源，努力实现"共建共享"，提升公共服务能力。至2009年11月，国家投资的设备已陆续到位并安装设备。通过亚太六号卫星设备直接接收国家中心下发的给类资源和信息。利用自治区及当地财政配套资金，县文化局将一楼90多平方米的房间重新装修，设置了机房、阅览室，25台电脑桌，于2009年底基本安装完毕。2010年初接入光纤，宽带流量10兆。

共享工程卓资支中心设在卓资县图书馆，是卓资县共享工程的建设和业务指导单位，负责保障县共享工程设备的运行及维修，指导共享工程活动的开展以及开展全县共享工程管理员的业务培训和指导。

二、管理和队伍建设

为使共享项工程真正为民所用为民谋利，卓资县支中心将共享工程日常管理纳入制度化管理。制定支中心工作职责和制度，实行制度上墙公开。每年有年度工作计划，月度有工作要点，季度有工作督导，年末有工作总结考核，并推行管理员工作日志管理，收集整理共享工程服务活动的得失，探索共享工程管理和服务新模式。

文化资源共享工程作为一个新的农村文化资源获取平台，如何推广好、利用好共享工程丰富的文化资源关键在于是否有一支专业化的共享工程管理员队伍。经过充分准备，2010年5月8日，卓资县文化信息资源共享工程面向社会开放。为了加强管理，特聘用专职工作人员进行日常管理和设备维护，同时安排图书馆职工轮流值班，共同参与管理。

三、培训工作

卓资县支中心在共享工程管理员的培养上实现了制度化和常态化。根据支中心工作要求，每年对辖区共享工程管理员进行培训，并加强专兼职人员技术培训。

四、经费投入

卓资县共享工程自2009年实现村村全覆盖以来，图书馆每年投入10余万的运维经费，用于共享工程设备的维护，人员培训和惠民活动的开展。

五、资源建设

卓资县支中心在历年的工作中，搜集不同区域民众文化需求，选取、编辑制作各类题材资源50G，每年制作发放各类光盘100多张，展板10多块，发放宣传资料2000余份。

六、利民惠众，惠农服务

卓资支中心在共享工程服务实践过程中，以民众的需求为导向，积极探索，服务民众生活生产，引领群众高尚精神文化生活，打造群在满意喜爱的文化服务新平台。

根据卓资县地域农业生产特点，卓资支中心每年按节令制作农业生产技术光盘和小册子通过行政村基层服务点村民分发。针对不同农业专业者，卓资支中心有针对的选取资源上门指导服务，历年来累计服务专业生产户10多户。

七、宣传推广

1、卓资县支中心利用各种渠道宣传推广共享工程。在卓资县每年的科技文化三下乡活动中，卓资支中心不失时机，以活动为平台，以资料为媒介宣传共享工程，让民众不断了解共享工程，走进共享工程。共享工程电子阅览室全年免费开放，服务每年高考查分学生千余名，报考驾校网上学习群众2000余名。卓资县积极响应上级中心号召，极力参与各项活动，搜集并上传文化共享摄影作品30余张。

2、走进校园。卓资支中心文化服务中不断探索，利用支中心儿童阅览专区，组织动员青少年儿童关注共享工程，利用共享工程，收集青少年感兴趣的知识点，在各学校巡回播放共享工程光碟400余场，开展全县"文化信息杯"知识竞赛"爱国爱家"演讲比赛各两场，深受广大青少年的喜爱。

3、专题活动，精彩纷呈。卓资支中心在服务中抓住文化的热点和亮点，积极组织群众喜闻乐见的文化服务，使共享工程走进群众生活。

八、工作展望

卓资县文化资源共享工程已走过3个年头，从单一的资源接收到今天的编辑分发和群众广泛认知，广泛参与，文化资源共享工程已经成为卓资人民文化生活的一大支柱，成为繁荣卓资文化，丰富卓资人民精神生活，推动卓资人文科技进步的强大动力源泉。

（撰文/卓资县支中心）

化德县支中心

化德县文化资源共享共程在县政府、县文化广播电视局的支持和部署下，逐步推进、稳步发展。在新形势下为繁荣人民群众文化、满足农民多层次文化需求，传承中华民族优秀文化资源发挥了重要作用。

一、基本情况

化德县文化资源共享工程建设开始于2009年，在化德县图书馆安装。随着文化站的全面建成，在三个乡镇试点安装，通过卫星接收设备和网络资源收受信息，目前正在等待陆续安装。

共享工程化德县支中心设在化德县图书馆，是化德县共享工程的建设和业务指导单位，负责保障支中心共享工程设备的运行，协调乡镇、村级共享设备的维修，指导乡镇、村级共享工程活动的开展以及开展全县共享工程管理员的业务培训和指导。

二、管理和队伍建设

为了使共享工程真正为民所用，为民谋利，化德县支中心将共享工程日常管理纳入制度化管理。制定了支中心、乡镇基层服务点工作职责和制度，实行制度上墙公开。每年有年度工作计划，工作要点。收集整理共享工程服务活动的情况，探索共享工程管理和服务新模式。

文化资源共享工程作为一个新的农村文化资源获取平台，如何推广好、利用好共享工程丰富的文化资源，关健在于是否有一支专业的共享工程管理员队伍。

三、培训工作

化德县支中心共享工程管理员大多是没有专业知识兼职人员，根据支中心工作要求，每年派共享工程管理员到自治区中心进行集中培训学习，从2009年已参加各类培训班四期，参加培训和各级管理人员达5人次。

四、经费投入

化德县支中心自建立以来，每年政府投资5万余元运维经费，用于共享工程设备维护、人员培训和惠民活动的开展。

五、资源建设

化德支中心在历年的工作中，搜集不同区域民众文化需求，利用国家下发的各类资源整理适合当地的民众文化需求。为民众发放光盘200余张，发放宣传资料1000余份。

六、利民惠众、惠农服务

化德县支中心在共享工程服务实践过程中，以民众的需求为目的，积极探索服务民众生活、生产，引领群众高尚精神文化生活，打造群众满意喜爱的文化服务新平台。根据化德县地域农牧业特点，每年制作些技术光盘，小册子和送一些适用于农牧业生产的图书，为群众服务。

七、宣传推广

1、化德县支中心利用各种渠道宣传推广共享工程，利用假期放影优秀影片30余部。以活动为平台，以资料为媒介宣传共享工程，让民众不断了解共享工程，走进共享工程。

2、走进校园，化德县支中心利用共享工程，收集青少年感兴趣知识点整理挖掘。每年举办全县中小学生“文化信息资源共享杯”有奖知识竞赛活动，举办中小学演讲比赛。进校园为师生播放爱国教育题材影片，为师生送去喜爱的图书。举办法律知识讲座。一系列的活动，使共享工程走进校园、走进青少年。

八、工作展望

化德县支中心走过四个年头，从无到今，三个乡镇、村的覆盖，从单一的资源接收到今天的编辑分发和群众的广泛认知、广泛参与，文化资源共享工程已经成为了化德县生活的一大支柱，成为繁荣化德县文化、丰富化德县人民精神生活，推动化德人文科技进步的强大动力源泉。今后化德县支中心希望国家中心、自治区分中心，县政府大力支持下为化德县共享工程建设一支专业化的服务队伍，建立一个服务形式更多样、服务网点更加宽广，参与群众更加广泛的共享工程文化体系，为建设科技化德、文化化德做出贡献。

（撰文/化德县支中心）

商都县支中心

商都县总辖地面积为4353平方公里。全县辖6镇4乡、211个村民委员会，706个村民小组、县政府所在地七台镇辖18个社区。总人口为338351人。

一、基本情况

商都县文化资源共享工程建设开始于2009年，在商都县图书馆开辟专室建设。2010年随着乡镇文化站的建设，在五个乡镇试点安装，2011年又有4个乡镇的基建工程竣工，现等待安装设备。

商都县支中心现是共享工程的建设单位，保障支中心共享工程设备的运行，也负责协调乡镇基层服务点设备的运行维修，并对乡镇基层服务点业务进行培训和指导。

二、管理和队伍建设

为了使共享工程真正为民所用、为民谋利，商都县支中心将共享工程日常管理纳入制度化管理，制定了支中心、乡镇基层服务点工作职责制度，实行制度栏上墙；做到年度有工作计划、每月有要工作要点、半年和年终有工作总结和考核；试行管理员日志管理和收集整理等活动中的得失，积极探索共享工程管理和服务新模式。

文化资源共享工程作为一个新的农村文化资源获取平台，如何推广好、利用好，关键在于是否有一支专业化的管理队伍，我们确立了五名同志补充到共享工程设备管理运行当中，并积极派员参加上级组织的业务培训，现在都能熟练地操作设备的使用。

三.培训工作

商都县支中心在人员培养上实行制度化和常态化，根据支中心工作要求，每年对辖区工作人员进行培训。参加培训人员达30多人次。

四、经费投入

商都县支中心自建立以来每年政府投资五万元运

维经费，用于设备运营、维护和人员培训。

五、资源建设

支中心紧紧围绕本县节庆活动、校园文化活动、广场文化活动、文化下乡等活动，收集整理信息资源，编辑制作各类题材资源2TB上传，还编发每年出版共享工程支中心简报4期，反映当地的工作动态。

六、合作共建

我们正在探索与乡镇、社区党员远程教育、学校 网络教育互通，资源共享，开展电子阅览。

七、利民惠众、惠农服务

商都县支中心在共享工程服务实践过程中，以民众的需求为目的，积极探索服务民众生活生产、引领群众高尚精神文化，打造群众满意喜爱的文化服务新平台。

根据商都地域农牧业生产特点，每年按季节制作农牧业生产技术光盘和小册子为群众服务。

八、宣传推广

商都县支中心利用各种渠道宣传推广共享工程，在商都县文化下乡活动、科普进校园、春节文化活动中，商都县支中心不失时机地以活动为平台，以资料为媒介，宣传共享工程，让民众不断了解共享工程，走进共享工程。

九、工作展望

商都县支中心已走过了四个年头，从无到有，由少到多。如今八个乡镇基层服务点，从单一的资源接收到今天编辑分发和群众广泛认知，广泛参与文化共享工程。共享工程已成为了商都县文化生活的一个支柱，是推动商都人文科技进步的强大动力源泉。今后，商都县支中心希望国家中心、内蒙古分中心从财力、人力、物力上给予支持，以期更好地发挥作用。

（撰文/商都县支中心）

兴和县支中心

兴和县共有9个乡镇，常住人口30万。兴和县共享工程支中心成立以来，在上级各有关部门的正确领导和大力支持下，努力工作，积极探索创新，为满足广大农牧民的文化需求，繁荣全县文化事业发挥了重要作用。

一、基本情况

兴和县文化共享工程支中心于2009年12月31日建成，地点设在兴和县新城会展中心图书馆，电子阅览室面积为180平方米，机房面积为15平方米，工作人员4名。2011年城关镇、张皋镇、大库联乡、赛乌乡、团结乡成立共享工程基层服务点，2012年12月又成立了店子镇和鄂尔栋乡共享工程服务点。

兴和支中心是全县共享工程的建设和业务指导单位，负责保障支中心共享工程设备的运行，负责乡镇服务点共享工程设备的维修，指导乡镇共享工程活动的开展和业务人员的培训指导。

二、管理制度

为了充分发挥好共享工程作用，真正做到为民所用为民谋利，兴和县支中心和乡镇基层服务点严格制定各项管理制度，责任到人，并把规章制度上墙公开，每年年初制定工作计划和岗位责任制，年底根据工作计划和责任制对照考核。

三、队伍建设和业务培训工作

共享工程是一项文化创新工程，所采用的都是现代化科技手段，如何推广好、利用好共享工程丰富的文化资源必须有一支高素质的专业队伍，兴和支中心在选用管理人员时，严格把关。支中心工作人员均为大专以上学历，基层服务点都是大学生并且年龄都在35岁以下，受过计算机专业学习，能尽快熟悉掌握共享工程设备为广大人民群众服务。

兴和支中心成立后，先后4次派两名工作人员参加自治区举办的培训班学习，回来后并对其他工作人员进行培训辅导。基层服务点建成后，支中心于2011年3月和9月举办2期学习班，对基层管理人员进行业务培训，并指派一名工作人员按时到基层服务点进行业务辅导。

四、利民惠农服务

兴和支中心在共享工程服务实践过程中，以民众的需求为导向，积极为全县广大农牧民服务，主要工作有：

1、利用上级资源深入基层为广大农牧民服务。2010年和2012年春季，兴和支中心收到国家管理中心下发的“共享工程助春播”光盘后，就刻录光盘1600张，分别发送到7个乡镇的农牧民手中，并深入农村牧区为农牧民播出，组织农牧民观看学习。

2、利用电视优势在本县电视台自办节目播放国家中心资源，扩大服务范围。兴和支中心每次收到国家管理中心资源就和电视台联系，在本县的自办节目中播放，如“共享工程助春播”一、二。“双百人物”、“欢乐共享过大年”等。

3、在广场大屏幕进行电影播放。2011年和2012年7月，兴和支中心和城管局联系，在新城广场进行电影播放，先后播放了 “共享工程夏日电影展播”、“ 童心向党，快乐成长”、“欢乐电影 ”。

4、走进校园，为广大少年儿童服务。兴和支中心在节假日期间和县直各学校大队辅导员联系，有计划、有组织的让学生到支中心利用资源进行学习，既丰富了孩子们知识，也开阔了他们的视野。

五、宣传推广

共享工程支中心成立后，为了让更多的人认识共享工程作用和意义，兴和支中心在2010年、2011年各开展一次宣传活动，发放宣传资料2万份。2012年4月23日，支中心在兴和周报办了一期专刊，对共享工程进行宣传，让民众不断了解共享工程，走进共享工程。

六、工作展望

兴和县文化共享工程从成立到现在，已有一个支中心和7个乡镇服务点，在3年的时间里，从群众的最初不了解发展到今天群众的广泛认识，广泛参与。

共享工程已成为兴和人民文化生活的精神支柱，在不远的将来，共享工程就会覆盖全县，为繁荣兴和县的文化生活做出更大的贡献。

（撰文/兴和县支中心）

凉城县支中心

一、基本情况

凉城县文化共享工程支中心成立于2008年9月，电子阅览室2009年正式开放运行，阅览室面积约270平方米。现电子阅览室配置服务器、计算机、刻录机、打印机、投影仪等设备，都是按照国家要求的配置标准采购的，建立了机房，机房面积25平方米。所有的服务窗口，比如说外借、采编等这些业务管理部门也全部实现计算机管理。这就从一个传统的、落后的、只是借还书的图书馆实现了跨越式的发展，读者人数日渐增长。积极开展文化下乡活动，争取将先进的文化、技术第一时间送到基层第一线。

二、工作开展

1、人员配置

该支中心现有专职技术人员4人，兼职人员5人，每基层点有专职技术人员1人，兼职技术人员1人。这为进一步发挥全国文化信息资源共享工程乡镇基层服务点在“农村实用人才培训”起到重要作用。每年参与自治区的培训工作和组织活动。我中心每年定期培训4次，还不定期对专业技术人员进行业务培训和计算机培训。积极参加区内外组织的各种技术大赛，曾在“全国文化信息资源共享工程知识与技能竞赛”内蒙古分赛区的比赛中获得三等奖。

2、活动内容多样

该支中心现依托电子阅览室，实行免费对外开放。日均接待阅览人数约50人次，使广大读者从中受益。中心内张挂《电子阅览室读者上机须知》、《电子阅览室工作人员职责》及《县级支中心信息网络机房管理制度》，工作中严格按照制度执行，使服务更加规范化。

以乡镇文化站、村文化室的活动场地为课堂，利用文化站的管理人员作为辅导员，通过在文化站、室的“电子阅览室”和“图书室”等设施，采取多媒体、网络与现场教学等方式为广大农民群众进行培训。这种模式，很好的整合了全国文化信息资源共享工程和农村公共文化服务的设备设施、人员和信息等多项资源，创新了全国文化信息资源共享工程基层服务点的运行方式，增强了服务群众的能力，实现了服务农村、服务农民、服务农业，在培养农村实用人才方面落到实处。2012年我中心新购置了刻录塔，利用刻录塔刻录各类文娱活动视频和技术视频，为群众免费发放，使群众从中受益，其中2012、2013年自制的凉城春晚光盘共发放2000余张。

3、工作紧张有序

2011年5月开始了图书录入，现已完成馆内现有5万册图书的计算机录入工作。图书录入将能更好的带动各馆间的图书交流，也会为读者的图书查询提供便利，也简便了图书的日常管理。

自建了凉城县文化旅游网（网址：www.lcwhly.com），将自建网站和全国文化信息资源网旗县版进行整合，更好的宣传了文化共享工程，也使文化共享工程更加贴近老百姓。

自建了《岱海潮》和《凉城报》电子刊物，刊登在凉城县文化旅游网站上，使得群众在互联网站上也能看到当地的报纸和刊物，扩大了地方文化的影响力。

自建了40GB的视频数字资源，内容涉及地方旅游资源、民间艺术、民俗风情等内容。如：《二人台》、《龙腾岱海闹新春——2012凉城县首届春晚》、《山海恋——第五届全区乌兰牧骑艺术节凉城县乌兰牧骑演出》、《春舞岱海　放歌凉城——2013凉城县春晚》等，更有涉及鸿茅酒文化、环岱海文物遗址、广场文化活动等的照片更是数不胜数。更兼将全国下拨的光碟转换为数字资源，储存量达200GB以上。

该支中心通过刻录塔及时将光盘刻录送到基层点，由基层点在第一时间送到乡镇读者的手中。从支中心成立以来共发放光碟3000余张。当种植、养殖技术的资料发放给农民后，都说看了你们放映的资料片，对我们帮助特别大，全靠“共享工程”这个好老师。当“凉城县春晚”的光碟进入到各个村镇的时候，老百姓齐夸党的政策好。

数字电影真正走进了寻常百姓的日常生活，一根根网络光纤，一段段卫星波段，一块块移动硬盘，以前所未有的复制能力和传播速度，把丰富的电影和综艺晚会等影片，免费送进了广大乡镇农村和街道社区，保障基层群众基本文化权益。该支中心自成立以来共到基层点送电影1000余场。

及时传播本地文化活动，2013年录制的《春舞岱海　放歌凉城——2013凉城县春晚》、2012年录制的《龙腾岱海闹新春——2012凉城县首届春晚》和2011年在凉城举办的内蒙古第二届戏剧“娜仁花”奖大赛，在上演的第二天就录制上传到服务器，让喜爱文化艺术的当地群众能及时的从电子阅览室收看到节目。

共享工程使得一大批优秀的数字文化资源通过网络、卫星等多媒体载体源源不断地送到基层，为广大城乡各族群众享用，取得很好的效果，真正发挥了数字图书馆的应有功能，让广大群众获得了实实在在的实惠。自发利用和自觉使用共享工程提供的设备和资源成了当地群众重要的学习和生活内容。

三、工作展望

不知不觉中，文化共享工程已经在凉城县走过了5个

全国共享工程技能竞赛内蒙古分赛决赛

年头，这五年中有辛酸和汗水，有成功与喜悦。如果说建成一个基层文化共享支中心是一件难事，那么发挥好基层文化共享支中心的作用，使其得到基层群众的认可更难。旗县级图书馆的建设还正处在发展阶段，将走向何方需要更进一步的探索，要让广大群众认识它、接受它、利用它，还需要做大量的工作来积极引导。还需要更多的"文化人"去建设它，去以支中心为家，真正的爱护这个家，时常照料这个家，最好才能使整个家温馨起来，成长起来！

（撰文/凉城县支中心）

察哈尔右翼前旗支中心

察哈尔右翼前旗面积2821平方公里。人口26.12万，蒙古族0.53万人。其他少数民族0.1万人。行政区划7个乡镇，旗人民政府驻土贵乌拉镇。察哈尔右翼前旗文化资源共享工程在自治区文化厅、图书馆支持和部署下，逐步推进，稳步发展，在新形势下为繁荣农村、牧区基层文化、满足农牧民文化需求，传递中国民族文化发展发挥了重要作用。

一、基本情况

察哈尔右翼前旗文化资源共享工程开始于2008年，支中心设在图书馆，该支中心管辖7个乡镇的文化资源共享工程点，支中心负责保障区中心共享工程设备运转、协调乡村级共享工程设备维修、指导乡村级共享工程活动的开展以及开展共享工程管理员的业务培训和指导。

二、管理和队伍建设

为使共享工程真正为民所用为民谋利，察哈尔右翼前旗支中心将共享工程日常管理纳入制度化管理。制定支中心、乡、村基层服务点工作职责和制度，实行制度上墙公开、年度有计划、年末有总结考核，并推行管理员工作日志管理。

文化资源共享工程作为一个新农村文化文化资源获取平台，如何推广好、利用好关键在于是否有一支专业化的管理队伍。支中心在管理队伍建设上坚持明确职责，明确思路，制度化管理，常态化培训。对于乡村两级基层共享工程管理选择文化层次高、有一定电脑知识的人员为管理员。

三、培训工作

培训上实现了制度化常态化。根据工作要求，每年对辖区共享工程管理人员进行3期培训。2008年以来一共举办培训班15期，参加培训的各级管理员450人次。

四、经费投入

察哈尔右翼前旗共享工程自2008年以来，自治区文化资源共享工程中心为察哈尔右翼前旗投入40余万的运行经费，用于设备的维护，人员培训和惠民活动的开展。同时旗政府也投入大量人力物力支援共享工程各项活动的正常开展。

五、利民惠民、惠农服务

支中心以民众的需求为导向，积极探索，服务民众生活生产，引领群众高尚精神文化生活，打造群众满意喜爱的文化服务新平台。

根据农业生产特点，察哈尔右翼前旗支中心针对不同农业情况选择资源上门服务。累计上门服务60多次。

六、宣传推广

1、察哈尔右翼前旗支中心利用各种渠道推广共享工程。在每年的科技文化三下乡活动，支中心不失时机以活动为平台，以资料为媒介宣传共享工程，让群众不断了解共享工程，走进共享工程。

2、专题活动。察哈尔右翼前旗支中心在服务中抓住文化热点和亮点，积极组织群众喜闻乐见的文化服务，使共享工程走进群众生活。利用每年春节和元宵节文化活动，组织群众利用文化共享工程举办迎新春猜谜活动。

七、工作展望

察哈尔右翼前旗文化资源共享工程已走过了5个年头，从昨天的一个县级支中心到今天7个乡镇全覆盖。文化资源共享工程在该旗成为人民文化生活的一大支柱，成为繁荣该旗文化、丰富该旗人民精神生活、推动该旗人文科技进步的强大动力源泉。

今后察哈尔右翼前旗支中心建设一支专业化得服务队伍，开展形式多样，服务网点宽广、群众更加广泛参与的文化资源共享工程体系，为建设察哈尔右翼前旗美好明天做出贡献。

（撰文/察哈尔右翼前旗支中心）

组织蒙古族中学生观看电影

察哈尔右翼后旗支中心

一、基本情况

察右后旗文化资源共享工程建设于2010年7月，此后陆续在全旗8个乡镇的文化站安装设备，所安装的设备均通过卫星设备接收国家下发的资源和信息，至此全旗所属乡、镇、苏木实现共享工程基层文化站覆盖。

共享工程后旗支中心设在后旗图书馆，是后旗共享工程的建设和指导单位，负责保障旗中心共享工程设备的运行，协调文化站共享工程设备维修，指导基层共享工程活动的开展以及全旗共享工程管理人员的业务培训和指导。

二、管理和队伍建设

为了使共享工程真正为民所用为民谋利，后旗支中心将共享工程日常管理纳入制度化管理，制定支中心、镇、基层服务点的工作职责和制度，并实行制度上墙公开。

三、培训工作

后旗支中心在共享工程管理员的培养上实行了制度化和常态化管理。根据支中心工作要求，每年到基层对共享工程管理员进行集中培训。

四、经费投入

旗政府每年投入3万的运行维护经费，用于共享工程设备的维护和人员培训以及各项惠民活动的开展。

五、宣传推广

后旗支中心利用各种渠道宣传推广共享工程。为共享工程走进校园、走进部队、街道进行各方面的宣传。2011年的中秋节为留守儿童举行了和远方的父母视频聊天，使共享工程走进群众生活；又如在迎接党90周年之际，后旗支中心举办了“红歌献给党”活动，有青年儿童和众多社区群众参加了歌咏活动，并与旗宣传部、文明办、团委等联合举办了“青春唱响红歌”、“爱国歌曲万人唱”活动。在这些活动中，有4名青年儿童演唱的作品报送共享国家管理中心，并在文化共享工程网站专栏及共享工程卫星频道中播放。

六、工作展望

后旗共享工程已走3年，文化资源共享工程在后旗已成为后旗人民文化生活的一大支柱，成为繁荣后旗文化、丰富后旗人民精神生活的一项惠民工程。后旗支中心希望能为后旗共享工程建设一支专业化的服务队伍。为建设科技后旗，文化后旗做出贡献。

（撰文/察右后旗支中心）

举行察右后旗苏木乡镇综合文化站工作人员培训班开班仪式。

四子王旗支中心

四子王旗总面积25.516平方公里，约占乌兰察布市面积的一半，全旗辖5个苏木、2个乡、6个镇、1个牧场共14个行政区。总人口22万。境内居住着蒙、汉、回、满等11个民族。

四子王旗文化资源共享工程在四子王旗政府、旗文化广播电视局的大力支持下，逐步推进，稳步发展。在新形势下，为繁荣人民群众文化生活，满足农牧民多层次文化需求，传递中国民族优秀文化资源发挥了重要作用。

一、基本情况

四子王旗文化资源共享工程建设开始于2008年，最初在四子王旗图书馆安装，成立了文化资源共享工程支中心，前期安装设备均通过卫星设备直接接收国家中心下发的各类资源和信息。2011年初四子王旗文化资源共享工程开始普及进入苏木乡镇，第一批3个（东八号乡文化站，红格尔苏木文化站，查干补力格苏木文化站）与当年安装调试完毕。2011年底第二批（库伦图镇文化站，供济堂镇文化站，江岸开苏木文化站，）进行安装，2012年陆续在建（乌兰花镇文化站，吉生太镇文化站，忽鸡图乡文化站，白音朝克图镇文化站，脑木更苏木文化站，乌兰牧场文化站）多个文化站，实现共享工程全覆盖。

共享工程四子王旗支中心设在四子王旗图书馆，是四子王旗共享工程的建设和业务指导单位，负责保障旗中心共享工程设备的运行，协调共享工程设备的维修，指导苏木乡镇共享工程活动的开展以及开展全旗共享工程管理员的业务培训和指导。

二、队伍建设和管理情况

为使共享项工程真正为民所用、为民谋利，四子王旗支中心将共享工程日常管理纳入制度化管理。制定支中心、苏木乡镇、基层服务点都有专兼职工作人员负责，健全和完善职责和制度，并实行制度公开。每年有年度工作计划，收集整理共享工程服务活动的情况，探索共享工程管理和服务新模式。

三、培训工作

文化资源共享工程作为一个新的农村文化资源获取平台，如何推广好、利用好共享工程丰富的文化资源关键在于是否有一支专业化的共享工程管理员队伍。因此，我中心加大组织培训力度，提高工作人员素质和能力。

四子王旗支中心共享工程管理员大多是没有专业知识兼职人员。根据支中心工作要求，每年派共享工程管理员到自治区中心进行集中培训学习。

四、经费投入

四子王旗共享工程自2008年成立以来，2008–2010年旗财政每年投入5余万经费，用于共享工程设备的维护、人员培训和惠民活动的开展。2011年开始，基层公共文化服务体系保障经费的投入使四子王旗共享工程各项活动能够正常开展。

五、资源建设

四子王旗支中心在共享工程服务实践过程中，以民众的需求为导向，积极探索，服务民众生活生产，引领群

众高尚精神文化生活，打造群众满意喜爱的文化服务新平台。历年的工作中，利用国家下发各类资源整理适合当地实用的农牧业知识刻录光盘100张下发到农牧民手中，发放宣传资料1000余份。

六、宣传推广

1、四子王旗支中心利用各种渠道宣传推广共享工程。利用广场每年举办消夏电影节放映优秀影片30多部，有5000多人次观看。举办有奖灯谜活动，组织群众喜闻乐见的文化服务以活动为平台，以资料为媒介宣传共享工程，让民众不断了解共享工程，走进共享工程。

2、走进校园。四子王旗支中心利用共享工程，整理挖掘青少年感兴趣知识点，为师生播放爱国教育题材影片和各类知识讲座10场，举办读书知识竞赛等一系列的活动，使共享工程走进校园走进青少年。

七、工作展望

四子王旗文化资源共享工程已走过5个年头，从资源接收到今天的全旗苏木乡镇的覆盖，从群众的广泛认知到广泛参与，文化资源共享工程在四子王旗已经成为旗人民文化生活的一大支柱，成为繁荣四子王旗文化，丰富人民精神生活，推动人文科技进步的强大动力源泉。今后，四子王旗支中心希望在国家中心、自治区分中心、旗政府大力支持下为四子王旗共享工程建设一支专业化的服务队伍，建立一个服务形式更加多样、服务网点更加宽广、参与群众更加广泛的共享工程文化体系，为建设四子王旗科技，文化做出贡献。

（撰文/四子王旗支中心）

巴彦淖尔市支中心

巴彦淖尔市图书馆成立于1962年，2008年搬入新华西街馆，新华街馆位于临河区最繁华交通中心的图书大厦，馆舍外型呈一本翻开的大书，象征着读书、文明、和谐。巴彦淖尔市图书馆始终把“办读者满意的图书馆”的办馆理念贯穿于图书馆的建设和服务当中。图书馆面向各年龄段、各社会职业的市民开放。2012年12月搬入了巴彦淖尔市文博馆，新馆将建成电子阅览室，逐步实现数字化图书馆建设，更好地为本地区民众服务。

一、基本情况

巴彦淖尔市图书馆文化资源共享工程建设近几年开始接收国家中心下发的给各类资源和信息。并且巴彦淖尔地区一些有电子阅览室的旗县馆也开始了文化信息资源共享工程服务，我市逐步进入了共享工程的服务覆盖范围。巴彦淖尔市馆将在2012年陆续实现数字化图书馆的建设，为共享工程巴彦淖尔支中心提供更好的资源传输平台，进一步带动巴彦淖尔地区的共享工程服务。

二、培训和参与活动

巴彦淖尔市图书馆在共享工程管理员的培养上，逐步进入角色，利用现有条件和资源在资料管理方面对旗县区进行培训。2012年我馆到前旗进行了业务培训，对提高旗县基础馆的资料管理能力起到了一定作用。2011年市图书馆代表队在第二届“文化共享杯”—全国文化信息资源共享工程知识与技能竞赛内蒙古分赛区总决赛中获得优秀奖。

三、经费投入

该馆在2013年将投入大量资金建成数字化图书馆。目前在新馆也为数字化图书馆安排好了近500平方米的电子阅览室，明年将全面建设，共享工程资源将更好的为我市广大市民读者所利用。

四、资源建设

巴彦淖尔市图书馆在历年的工作中，搜集了该地区大量的民族地方文献资料，这些资料在数字化图书馆后将以更好的方式被读者和研究者利用。每年接收到的全国文化信息共享工程资料，我们也都保护良好，数字化图书馆建成后将进一步更好地利用。

五、利民惠众，惠农服务

巴彦淖尔市图书馆在共享工程服务实践过程中，不断进步和完善，以读者需求改进服务，为广大读者打造丰富的资源平台。2012年，我馆精心挑选了2200多元的各类惠农图书共240册，赠与我市五原县的新公中镇永联村的万村书库，服务当地群众。

六、工作展望

按照文化信息资源共享工程发展规划的实施目标，我馆要在明年基本建成资源丰富、技术先进、服务便捷的数字文化服务体系。要利用数字图书馆技术、计算机

巴市图书馆代表队参加第二届“文化共享杯”比赛活动获奖

与网络技术，建成文化信息资源共享工程技术网络和应用系统。为带动我市图书馆文化共享工程全面深入发展，2013年我馆将在新馆建设电子阅览室、实现数字图书馆建设的第一步，并完成职工技术培训等多方面的工作。在巴彦淖尔文博中心馆重点进行电子阅览室的建设，加快数字化图书馆建设步伐，让我馆符合文化共享工程网络节点的要求，提升巴彦淖尔市图书馆的整体服务功能，为文化信息资源共享工程提供平台；进一步扩展现有的资源传输渠道。使视频资源进入电子阅览室，提高视频资源传输效能。同时不断完善视频资源，加大读者的选择余地，吸引读者观看；按照文化信息共享工程的馆建要求，积极尝试新技术在共享工程中的应用；加强各图书馆之间的资源互通，发挥市图书馆与旗县图书馆之间的业务协作交流。

(撰文/巴彦淖尔市支中心)

巴彦淖尔市临河区支中心

临河区图书馆位于巴彦淖尔市临河区庆丰西街，始建于1978年，是我临河区唯一的公益性图书馆。2008年3月，全国文化信息资源共享工程临河区县级支中心在区图书馆建立，经内蒙古自治区分中心验收并挂牌。区政府和内蒙古自治区文化厅签订了管理责任书，随即成立了区文化信息资源共享工程领导小组，出台了《区文化信息资源共享工程实施方案》。区财政每年投入资金5万元，设立“共享工程”专项资金，区文体局具体实施，加快支中心软硬件设施建设，确保“共享工程”基层服务点正常运作。临河区支中心承担全区网点的管理、落实责任、督查考核、资源更新、日常技术维护、人员培训等，基层服务点做好技术维护和活动开展。截至目前，临河区7个镇文化站都建立了基层服务点。

一、建立和完善各项规章制度

临河区文化共享工程支中心成立后，我们建立了《档案管理制度》、《县级支中心管理制度》、《文化共享工程节目收看利用制度》、《电子阅览室工作人员职责》等十多项并下发到各个基层服务点。

二、培训和管理

根据《文化信息资源共享工程培训工作规划（2008年-2010年）》文件精神，我们制定了培训方案和计划，每年外派两名专业人员参加自治区组织的文化资源共享工程的培训班，同时对全区各镇负责资源共享工程的领导和业务骨干的人员开展培训，每年每人至少参加1次培训，每次不少于24小时。一是以从事宣传工作人员为主要对象，传授有关新闻工作的基本知识，分析案例、分享经验等。二是以试点基层服务点工作人员为培训重点，通过展示工程资源、推介开展服务的基本方法、宣传典型经验等。三是结合农村党员干部现代远程教育，农村信息直通车、点播培训、图书馆业务培训等工作。通过培训使他们熟悉共享资源，掌握服务技能，提升服务的主动性、创造性，不断提高服务质量。

送图书资源进校园

三、建设与服务

指导建设好全区7个乡镇基层服务点，同时要求基层建起服务体系和服务制度，切实让这一惠民工程落到实处。并以此为契机改善乡镇文化站、村文化室的硬件设施，实现文化站、文化室由传统服务到数字化服务的转型。我们与乡镇文化活动中心建设相结合，开展了丰富多彩的文化共享工程服务活动。基层服务点整合党员远程教育和文化共享工程数据资源，加快了文化共享工程基层服务点的建设力度。目前全区基层服务网点均实行“一站（网）点两牌”制，基层管理人员实行“一肩挑”，各村、社区新进的大学生既负责远程教育又负责文化共享工程工作开展，科学制订学习、活动方案，建立健全各项规章制度，突出整合重点，拓宽服务渠道，逐步加大了实施文化共享工程工作力度。

四、开展活动

临河区支中心自建立以来，活动开展包括放电影活动和科技、农业知识培训，电子阅览室绿色上网，全区各基层服务点深入小区、院落，利用文化共享工程数据资源下载播放人民群众喜爱的影片。以服务“三农”为重点，把群众急需的科学知识、农业技术等信息提供给农民群众。我们每季度为种植户和养殖户发布《文化共享信息》一次，并刻录影碟100多张，向广大农民朋友免费发放。同时我们利用电子阅览室提供网络资源查询，电子图书推荐，组织播放群众喜闻乐见的戏曲、电影、小品等文艺节目，极大地丰富了群众文化生活，为构建和谐社会创造了良好氛围。通过一系列高效优质的服务活动，大大增强了文化共享工程的利用率和点击率。

为充分了解广大基层群众对文化共享工程数据资源的需求，明确今后资源投放方向及内容，临河区支中心在全区各基层服务点开展资源需求调查工作，了解群众需要如电影、讲座、戏曲等内容，做到有的放矢，及时更新网站资源内容，满足了群众对文化信息需求的不同需要。我们支中心并派专人负责，广泛征求群众意见，积极开展服务宣传工作，扩大了文化共享工程在基层的影响，广大群众都明白了开展文化共享工程活动的意义。

2008年以来，临河区文化共享工程支中心建立以来，在区委、区政府及各级文化主管部门的大力支持下，在区文化信息资源共享工程领导小组的领导下，增强了

送资源下基层

文化共享工程信息资源在基层的辐射力和影响力，满足了广大群众精神生活的需要。目前，各镇基层服务点日平均接待群众约20人次左右，区支中心年举办展览、讲座、报告会、读书活动、电影放映等常规服务活动4场，服务群众近2万人次。

临河区文化共享工程紧紧围绕国家、自治区的工作部署，将进一步构建资源优质丰富、技术先进实用、传播高效互动、服务便捷贴近、管理科学规范、体系完整可控的公共数字文化传播服务体系，使文化共享工程真正成为城乡群众参与文化娱乐、获取科普信息、接受教育培训、享受惠民服务的重要平台。

(撰文/巴彦淖尔市临河区支中心)

五原县支中心

五原县文化共享工程在自治区文化厅和巴彦淖尔市文体局、图书馆的支持和部署下，逐步推进，稳步发展，为繁荣农村基层文化，满足城乡群众多层次文化需求，传递中国民族优秀文化资源发挥了重要作用。

一、基本情况

五原县文化信息资源共享工程建设开始于2007年。该年9月，五原县图书馆利用内蒙古自治区文化厅配送的价值5万元的设施设备，安装建立了卫星接收站。2009年12月，利用内蒙古自治区文化厅配送的价值68万元的设施设备，建立了文化信息资源共享工程五原县支中心；2010年3月，利用内蒙古自治区文化厅配送的价值20万元的设施设备，建立了隆兴昌、银定图、新公中、天吉泰4个镇级基层服务点。共享工程依托现有的文化设施网点，与各镇文化设施网点建设、各村党员远程教育网、中小学远程教育网相结合，为五原县城乡读者提供全国文化信息资源网的信息资源，实现了县域文化信息资源的共管、共建、共享。截至目前，五原县共建立县级支中心、镇基层中心和村基层点117个。每个共享工程服务点都配备了1名专兼职管理员，形成了支中心、镇、村三级管理网络。

共享工程五原县支中心设在五原县图书馆，是五原县共享工程的建设和业务指导单位，负责保障县支中心共享工程设备的运行，协调镇村级共享工程设备的维修，指导镇村级共享工程活动的开展，以及开展全县共享工程管理员的业务培训和指导等。

二、管理和队伍建设

为确保“共享工程”的顺利实施，五原县按照国家中心和自治区分中心的要求，建立了由馆长任组长，副馆长任副组长，管理员等为成员的“共享工程”五原县支中心组织机构，具体负责技术保障、资源建设和辅导服务工作。同时，制定了《共享工程电子阅览室管理制度》、《支中心工作人员岗位职责》等一整套内部管理制度，使支中心步入规范化、制度化的发展轨道。

共享工程五原县支中心在管理员队伍建设上坚持明确职责，制度化管理，常态化培育。择优选取文化层次较高，有一定社会基层管理服务实践经验的镇、村干部作为镇、村两级基层共享工程管理员。目前五原县共享工程县、镇管理员均为大学、专科学历，村基层服务点管理员由较高学历的村委委员兼任，实现了管理员选取的高起点。

三、培训工作

五原县支中心在共享工程管理员的培养上实现了制度化和常态化。为保证共享工程设施设备的良好运转和服务到位，支中心先后4次派出8人次，前往乌拉特前旗、乌拉特后旗、乌海市、鄂尔多斯市乌审旗，参加了由全国文化信息资源共享工程内蒙古分中心举办的“内蒙古西部全国文化信息资源共享工程培训”活动。同时，根据支中心工作要求，认真开展图书馆员的现代化技术培训工作，为县域文化资源共享工程建设提供技术支持。

四、经费投入

五原县共享工程自2008年兴建并投入使用后，县财政为县图书馆投入5万的运维经费，隆兴昌镇等4个镇也相继投入10多万元的建设和维护、保障经费，用于共享工程设备的维护，人员培训和惠民活动的开展。同时，五原县政府，县文体局和县图书馆每年也投入大量人力物力支援共享工程各项活动的正常开展。目前，支中心有办公用终端计算机5台、供读者使用和检索终端计算机20台，还有打印复印机、投影机、扫描仪等多台外接设备，共享工程阅览室、共享工程展播厅做到常年对读者免费开放。

五、资源建设

五原县支中心不仅抓好自身建设和各项服务工作，还承担了对全县基层服务点资源配送、信息传递等服务。根据五原县为农业大县的实际情况，认真搜集各类科学种植、养殖及农副产品加工等知识、技能信息，编辑制作800多张光盘，发放各类海报、宣传资料2000余份，为

农民群众提供信息服务。利用共享工程大力开展阵地服务。县支中心电子阅览室配备20台电脑，后期又添加了16台，每天服务时间超过8小时，日均接待读者18人。同时，把投影展播厅作为"共享工程"的播放场所，用投影仪定期播放"共享工程"中的讲座、影视节目，年播放80多场，共有4000多人次收看了"共享工程"的内容。

六、合作共建

以共享工程县级支中心为依托，将各种部门下发的电子文献资源与建立的共享工程服务点结合，根据不同乡镇、村的硬件条件建立形式多样的电子阅览室。先后指导隆兴昌镇东环办事处、天吉泰镇天吉泰村、新公中镇永联村建立了拥有多台电脑的多媒体阅读中心。通过多方不懈努力，共享工程已逐步走入基层村民生活，成为村民获取新知，娱乐身心的新渠道新平台。

自建地方特色数字资源配合地方文献收集工作，支中心重点收集了王同春河套开渠治水收集整理工作，对电视剧《我叫王土地》的拍摄工作给予了积极的配合。

七、利民惠众，惠农服务

五原县支中心在共享工程服务实践过程中，以民众的需求为导向，积极拓展服务功能，为城乡群众的生活生产服务，引领群众高尚精神文化生活，打造群众满意喜爱的文化服务新平台。积极为基层提供服务。根据五原县地域农业生产特点，县支中心从网上下载种植、养殖信息，编印农业科技资料，为各村的农户服务，取得了很好的社会效益和经济效益。先后2次配合五原县就业局开展了对农民工、下岗及再就业人员的免费电脑培训活动；还利用投影设备在社区、农村、学校、敬老院等开展放映活动。2012年10月，内蒙古自治区在五原县开展农副产品展销会，五原县支中心利用共享工程的优势，积极配合，进行了广泛的传播宣传。

八、宣传推广

1、利用各种渠道宣传推广共享工程。在每年的"送书、送戏、送文化"三下乡活动，每年的"世界图书日"和"图书宣传周"期间，五原支中心以活动为平台，以资料为媒介宣传共享工程，让民众不断了解共享工程，走进共享工程。

2、走进校园。五原县支中心利用投影设备在为中小学生开展放映活动的过程中，引导、动员青少年儿童关注共享工程。

3、丰富群众文化生活。每年的元宵节，县支中心都开展"迎新春庆元宵有奖谜语竞猜"等活动、为敬老院老人放映小戏和优秀影片，增添了喜庆的节日气氛，极大地丰富了人民群众的文化生活。进入社区，抓住文化的热点和亮点，积极组织群众开展喜闻乐见的文化服务，使共享工程走进群众生活。2011年7月，组织富民小区群众开展"颂歌献给党"群众歌咏活动，并报送到自治区文化厅参加了全国展播。丰富多彩的文化活动，进一步扩大了共享工程的影响。

4、充分利用五原县电视台和《古郡晨报》对利用共享工程开展的一些大型活动给予相关报道。

考生与家长前来电子阅览室填报高考志愿

九、工作展望

五原县文化信息资源共享工程已走过5个年头，从单一的资源接收到今天的信息传输和群众广泛认知，文化信息资源共享工程已经成为繁荣五原县文化，丰富城乡人民精神生活，提高广大农牧民科技种养殖水平，推动五原县人文科技进步的强大动力源泉。今后五原县支中心希望在国家中心、自治区分中心的大力支持下，进一步加强县级支中心建设，建立科学的管理体制和工作机制；不断加快全县基层网点建设，形成全方位的服务网络；认真做好资源建设工作，努力提高资源建设的针对性和质量；扎实开展管理人员和技术人员的业务培训，为五原县共享工程建设一支专业化的服务队伍；加强组织策划，改善基层服务，进一步提高文化共享工程的管理水平；继续加强与农村党员干部现代远程教育与农村中小学远程教育工程的合作，不断完善共享机制。力争建立一个国家、区、市、县四级知识网络联动的即时问答服务体制和服务形式更加多样，服务网点更加宽广，参与群众更加广泛的共享工程文化带动体系，为建设科技五原县，文化五原县做出新贡献。

（撰文/五原县支中心）

乌拉特前旗支中心

乌拉特前旗支中心，2007年8月在乌拉特前旗图书馆建成，乌拉特前旗图书馆面积1121.57平方米，现有70余平方米为共享工程专用，设立了电子阅览室、多媒体放映室、机房控制室。2007年8月地面卫星接收设备系统调试完毕，正常接收资源，2008年资源应用管理系统设备到位，互联网接入10M宽带。

一、网点建设

近年来，随着国家对文化事业的大力发展，基层共享工程得到了政府的重视和支持，旗政府每年投入3万元保障经费，基础设施得到了很大的改善，共享工程服务工作也取得了一定的成绩，我旗的4个乡村基层服务点也得到了进一步的规范（西小召文化站、额尔登布拉格苏木、明安镇文化站、大佘太镇文化站），显著位置都加挂文化共享标牌，公告活动信息、服务与管理方面的规章制度。

二、资源建设、惠民服务

现我旗93个行政村（嘎查）、2个社区建成了"草原书

屋”图书室，我馆利用资源共享工程接收到的信息资源。整理、整合出适合我们地区的种养殖技术和科普片，在农闲时间带投影仪下乡到农牧区播放。同时刻录科技方面的光盘发放到农牧民手中，历年累计发放300余张。

三、宣传推广

我馆通过卫星接收资源和利用共享工程网络资源，不断开展各种服务活动，除了日常接待服务群众之外，在全民阅读活动期间、图书馆服务宣传活动期间、在我旗文化广场、林海公园等开展电影、讲座、农业科技资料片等放映活动，并发放宣传单，这些活动都受到了当地群众的大力欢迎。

四、培训工作

2012年12月14日，我馆成功举办了首期《草原书屋》培训班，共有27个村文化站长11人及图书室管理员34人参加了培训班。培训内容：《草原书屋管理规范》、《共享工程基层服务运行规范》，通过这次培训班，增进了与各苏木镇文化站“草原书屋”和旗图书馆的业务联系，为今后图书馆流动服务奠定了基础。

五、工作展望

一是：乌拉特前旗图书馆一定要在建设共享工程的过程中乘风而上，主动出击、加强宣传、发展自己。二是：利用好国家交给的财产、运用各种办法、手段推进文化共享工程的发展。三是：要创新思路，通过资源共享工程的实施，发展、壮大、宣传本地特色文化。

（撰文/樊新丽）

乌拉特后旗支中心

乌拉特后旗支中心于2009年12月建设并投入使用，乌拉特后旗图书馆按照国家项目的有关要求和规定，建立了214㎡的电子阅览室、高标准机房、阅览室的配套设施，接入10兆光纤网络，安装防盗门窗，政府每年安排配套资金10万元。除国家配套的设备以外，乌拉特后旗文体局又加大对此工程的力度，在原有的20台计算机的基础上，又增加了20台计算机，并配备了新的桌椅40套。所有的这些努力充分的体现了乌拉特后旗对文化事业的重视，从而对促进社会主义新农村建设，构建和谐社会而起到重要作用。

文化共享工程是保障基层群众文化权益的惠民工程，始终为广大群众提供公益性文化信息服务。乌拉特后旗支中心一经投入使用，便做出了一系列惠民服务，为广大群众提供快捷方便、内容丰富的网络文化服务，取得了较好的社会效益。下面就乌拉特后旗支中心所做工作的一些主要事迹，做出如下介绍：

一、惠民服务

乌拉特后旗支中心于2010年4月13日在当地的农村开展了“文化共享助春耕”活动，适时地将有关春耕农业知识方面的知识以光盘的形式送到了农民朋友身边。活动中，支中心工作人员不仅利用了共享工程播放设备为村民进行了现场播放，还把这些资源导入了各文化共享工程基层服务点的服务器中，供群众随时点击浏览，查看急需的各类春耕资源。

二、文化服务

文化共享工程乌拉特后旗支中心为了进一步加强未成年人的思想道德建设，根据未成年人身心发展需要，于2010年5月27日开展了“推广共享资源、传播先进文化”为主题的未成年人思想道德建设活动，活动主要面向对象为中小学生，乌拉特后旗共享工程支中心为中小学生提供免费服务、并从文化信息共享工程资源中挑选出适合青少年观看的讲座、爱国主义影片等多种优秀的信息资源。

三、活动开展

2010年6月期间，乌拉特后旗支中心在旗境内各苏木、嘎查村开展了“文化共享工程夏日电影展播活动”。活动期间，支中心工作人员利用全国文化信息资源管理中心下发的30部电影光盘资源复制到移动播放设备中，利用移动播放设备走村串户为广大群众开展服务。

四、下乡活动

乌拉特后旗支中心于2010年11月15日开展了“共享知识和谐万家”讲座专题资源下乡活动。为了使讲座内容更贴近农村生活，支中心工作人员精心挑选了《育羊的科学饲养》、《猪病的疫情预防》、《蔬菜的保鲜与贮藏》等与农民生产生活息息相关的讲座内容，利用文化共享工程的移动设备为农民群众投影播放。

五、培训工作

乌拉特后旗支中心于2010年12月举办了文化信息共享工（内蒙古西部区）技术人员的培训工作，来自内蒙西部各级支中心的115人参加了此次培训，通过此次培训，丰富和增加了各级支中心工作人员的业务能力和水平。

在今后的事业发展中，乌拉特后旗支中心还应做好以下几方面的工作：

1、加强专业技术人员的培养和培训工作，进一步提高管理人员的专业素质并通过多种途径吸纳更多的专业技术人员加入进来，以此形成强有力的专业技术支撑。

2、加强制度建设，规范管理人员的工作行为，维护支中心的正常秩序，要进一步制定工作手则、设备管理与使用办法等一系列规章制度。以此从制度上确保支中心日常工作的科学化、规范化。在设备的管理上，要制定出电子阅览室设备管理的措施，在人员管理上要制定出管理人员对信息资源的收集、整理、流通必须具备的能力素质以及严格遵守开放时间，做好工作日志，服务热情周到，辅导耐心细致，积极引导读者熟练运用相关设

备，并认真听取、接纳读者意见和建议等方面的具体办法措施。进一步向管理要质量、向管理要效益、向管理要形象。

3、采取多种措施进一步提高工作人员对资源加工、应用系统的理解掌握能力。充分发挥系统的应用功能，掌握多媒体制作技能和数据注录的处理技术。通过交流、交换工作经验，总结工作，取长补短，不断提高工作人员的数据制控能力。

4、不断加大对本地区文化部门直属单位和各地方剧团的资源征集和整理力度。派专人走访群众艺术馆、博物馆、专业文艺团体等有关单位，不断征集地方文化信息资源，投入数字加工。同时，还要注重对具有地方特色的民族民间优秀文化资源进行征集和加工，以此来不断增加数字资源存量，丰富资源内容。

5、建立资源信息库群。资源建设是共享工程的核心，要保证共享工程长久、持续的发展，就必须建立具有地方特色优势的文化信息资源库群，以满足广大基层群众的文化生活需求。

六、工作展望

乌拉特后旗文化共享工程县级支中心的发展离不开旗委政府、文化局领导的大力支持和广大文化工作者的共同努力，也正是因为这样，乌拉特后旗支中心会一如既往地继续加强自身团队的建设、继续地为群众提供快捷方便的网络文化服务，朝着文化共享工程事业可持续发展的这个目标而不懈努力！

（撰文/乌拉特后旗支中心）

杭锦后旗支中心

杭锦后旗支中心始建于2009年12月，总面积240平米，其中：机房和操作室为40平米，电子阅览室面积为200平米，网络服务为10兆光纤，专职技术人员2名。为进一步扩大文化共享工程的影响力，推动工程又好又快的发展，我旗于2010年12月多方筹资50余万元，对电子阅览室进行了改造扩建，在原有25台电脑的基础上，新增85台电脑，总数达到了110台，电子阅览室面积从原来的120平米扩大为240平米，成为全市规模最大、设备最新、条件最好的电子阅览室，为广大青少年提供了更加安全、健康、绿色的信息网络环境。为确保文化共享工程的正常运转，旗政府每年安排配套资金5万元。

文化共享工程，建设是基础，管理是关键，杭锦后旗支中心充分认识到要开展好文化共享工程必须健全制度、规范管理。为此，我们努力探索文化共享工程工作模式，组织开展了丰富多彩、形式多样的惠民服务活动，取得了较好的社会效益。

一、组织和管理

我们结合工作实际，进一步健全公共电子阅览室的管理机制，杜绝了不良信息侵入和传播。特别是为未成年人、外来务工人员提供了公益性上网服务，进一步增强电子阅览室的辐射力和影响力，吸引更多的社会公众到公共电子阅览室享受基本的网络文化服务权益。

二、人员培训

文化共享工程实施以来，按照上级部门要求和我旗的实际情况，组织专职人员参加文化共享工程的各类培训。2009年至今，组织人员赴乌海、乌拉特前旗、乌拉特后旗、乌审旗外出学习4次，自发组织赴友邻旗县参观学习3次，拷贝文化共享工程资源2000GB。通过考察、学习使工作人员的专业技能有了极大地提高，对文化共享工程的意义和作用有了更深的了解，服务水平有了显著的提升。

三、服务宣传周活动

从4月20日——5月1日图书馆组织全馆工作人员，深入机关、社区、学校对旗电子阅览室进行了宣传，印制发放图书馆服务宣传单10000份，宣传横幅7条。从电子阅览室的建设、功能和业务开展等方面进行了详细介绍，使广大群众对电子阅览室有了更深的了解，得到了群众的喜爱，成为群众读书、查阅资料的理想场所，特别是在节假日，专门开辟了供青少年学习和活动的绿色网络环境，丰富了中小生的课外生活。如：结合青少年身心发展特点，利用国家中心的视频资源，采用电影、视频讲座等易于接受的形式举办了“共享书香，快乐阅读”的知识讲座，以寓教于乐的活动形式，为青少年的健康成长发挥了积极的作用，文化共享工程成为青少年德育教育的重要渠道。

四、开展“科技兴农”活动

2010年7—8月，我们充分利用网络光盘平台，大力实施“科技兴农”战略，配合各镇文化站，发放养殖种植技术光盘300余张，使广大农民学到先进种养技术和管理经验，并通过网络了解市场行情。文化信息资源共享工程不仅给农村精神文明建设带来质的变化，也有力地

推动了农村经济的快速发展。

五、着力倡导文明新风

图书馆与电影放映站积极配合，利用文化共享工程网站及时下载播放优秀经典影片，传播了先进文化，丰富了群众的精神文化生活。一年来，共下载动漫、影视、讲座等视频280GB，与旗电视台、报社等媒体建立合作关系，建立了地方特色数字资源，资源库达23GB，为我旗对外宣传开辟了新的渠道。2011年，组织开展了“文化共享工程建党90周年群众歌咏活动”，此次活动共有来自全旗15个单位的1500与人参加活动，受到当地群众的一致好评。图书馆积极配合上级关于乡镇文化共享工程建设工作，完成了6个乡镇建设任务，并已投入使用。

文化共享工程是社会主义精神文明建设的基础性工程，是深受群众欢迎的民心工程，是公益性文化的德政工程，更是文化建设上的创新工程。对提高农村信息化水平，丰富广大群众的精神文化生活，促进社会主义新农村建设，构建和谐社会等方面都起到了重要作用。目前，我旗的文化共享工程开展良好，运行正常。截至2012年底，电子阅览室共接待读者8000余人次。今后工作的重点是在巩固成果的基础上，全力做好发展完善提高工作。积极完成好乡镇文化共享工程的辅导和培训工作，使文化共享工程发挥更大的作用，真正把共享工程办成惠民工程、民心工程而不懈努力。

（撰文/杭锦后旗支中心）

兴安盟支中心

兴安盟总面积近6万平方公里，总人口168万，少数民族人口占47%，其中蒙古族人口占42.1%，是全国蒙古族人口比例较高地区，现辖两市（乌兰浩特市、阿尔山市）三旗（科尔沁右翼前旗、科尔沁右翼中旗、扎赉特旗）一县（突泉县）。

近几年来，在自治区党委、政府的领导下，兴安盟的经济飞速发展，文化、旅游等非资源型产业和现代服务业，努力实现飞越，截止2012年底，全盟重点文化工程建设累计投入资金近突破4亿元，建成了3个文化中心，4个特色博物馆，盟群艺馆、图书馆、博物馆“三馆”的新馆建设也纳入了“十二五”期间我盟的重点文化建设项目。在自治区文化厅、兴安盟党委政府的关怀下，全盟五个文化信息资源共享工程县级支中心（阿尔山市除外），相继建成并投入使用。盟级支中心也发挥着带动作用，共同为丰富我盟城市乡镇文化生活，促进基层文化繁荣发展，弘扬和传承民族文化而担纲重任。

一、基本情况

共享工程兴安盟各旗县市支中心以其行政区划内的公共图书馆为落脚点，各乡镇支中心则依托文化站，由乡镇政府安排场所。2007年底，兴安盟科右中旗、科右前旗支中心的设备到位，2008年初经安装调试，两个旗县支中心正式建成投入使用，2008年–2010年间，乌兰浩特市、突泉县与扎来特旗三个县级支中心也顺利建成，2010年共享工程自治区支中心为阿尔山市提供设备到位，由于阿尔山市图书馆尚未建成，设施待安装。

十一五期间，兴安盟经撤乡并镇，全盟乡镇整合为56个，2007年开始，共享工程这一惠民项目开始向兴安盟各乡镇延伸，首批14个乡镇支中心当年建成，结止到目前全盟79个乡镇文化站拟建项目中，已有50个建成的文化站纳入共享工程覆盖计划，并步入陆续安装、投入使用阶段。

兴安盟图书馆承担着共享工程兴安盟支中心的重任，是兴安盟共享工程普及建设和业务指导单位，对全盟各级支中心设备的运行，维修起着协调、联络和反馈作用，并组织全盟共享工程管理人员的学习和培训。

二、管理和队伍建设

兴安盟支中心在原电子阅览室制度的基础上，制定了严谨的共享工程兴安盟支中心管理制度和支中心管理人员岗位职责，并将制度和职责上墙，接受读者监督，由馆领导直接负责，分管部门、管理人员层层落实，职责明确到人，为确保共享工程资源充分发挥作用，每年要制定资源开发利用计划，并要求按计划有实施、有总结、有收效、有经验分析，有创新和提高，使共享工程支中心的管理和运行具备常规和长效机制。

共享工程以现代化设备和多媒体为主，要求各支中心拥有一个专业突出，能够掌握和传授现代化知识的管理队伍。共享工程这一惠民项目主要受益者是基层群众和广大农牧区的农牧民，目前的乡镇，计算机和网络技术远远没有普及，无论是出自乡镇的文化站工作人员，还是农牧民用户，都对现代计算机技术比较陌生，开发资

兴安盟科右中旗图书馆利用共享工程设备，举办关爱女性讲座

源、提供服务获取资源和方面有较大障碍。作为盟级支中心，要发挥龙头作用，首先要作好自身队伍建设，搞好人员培训，选用具有一定计算机等现代化专业知识、有一定外语水平、接受新鲜事物较快的高素质人才充当管理员，选派他们参加自治区支中心组织的共享工程管理员培训班，并由他们带动和辅导各基层管理员。

三、培训工作

兴安盟支中心选派共享工程管理员参加自治区共享工程支中心在东部区举办的培训班，接受培训，并与中旗支中心、乌市支中心选派的代表共同参加了自治区主办的首届共享工程知识竞赛，加强了与其他盟市与中心的沟通联络旗县与中心有30多人次参加自治区级培训，另外分别以自办学习班或互相学习等方式提高管理员专业水平。科右中旗支中心发挥了人才优势，为前旗、中旗乡镇支中心30名管理员进行代培，两个旗县各级中心教学相长，效果良好。

四、经费投入和资源建设

兴安盟各旗县支中心自投入使用以来，各旗县政府每年拨款5万元作为维护费用。科右中旗政府专门为中旗图书馆配备了25台电脑，与共享工程投入的设备同时为农村牧区群众提供现代化信息服务。兴安盟图书馆作为传统服务型公共馆，现有的电脑等设备比较落后，当地财政较困难，作为兴安盟支中心，正在努力争取设备和经费。

五、合作共建和宣传推广

兴安盟支中心克服设备和经费的制约，将电子文献资源以流动方式，投放到乌兰浩特市各学校，利用学校多媒体教育设备，使用共享工程资源，并与盟旅游局、盟农牧业局、全盟各旗县市文化局及各旗县级支中心联系，搜集兴安盟红色文化、旅游、民族民俗等资料，集中输送到自治区支中心，展示兴安风采。

各旗支中心也利用发放共享工程简报、制作剪报等多种方式向用户宣传推广，科右中旗支中心利用共享工程设备向自治区支中心上传资源200—5000条

六、利民惠众、惠农服务

兴安盟支中心与乌兰浩特市教育局团委合作，将自治区共享工程支中心下拨的“学习雷锋好榜样”、“童心向党快乐成长”、“开国英雄系列”等电子文献资源，以“漂流”的形式，在乌兰浩特市23所小学循环播放，开展爱国主义教育，同时下放儿童读物550多册，收到了很好的社会评价和宣教效果。

各旗县市支中心也利用共享工程资源开展丰富多彩的惠农惠民工作，举办电影周、电脑培训班，为特殊群体上门播放健康讲座，为菜农、养鹅专业户提供资料等活动，仅各县支中心年受益群众就达到10万8千余人次。科右中旗支中心利用共享工程资源开展大量的工作，2012年被中旗旗委、政府评为“旗人民政府突出贡献奖”。

七、工作展望

兴安盟文化信息资源共享工程历经6年的稳步发展，逐步前进，已初具规模，在各级政府、主管部门的支持下，充分发挥文化阵地的作用，成为营造全民学习氛围、段造文明公民、构造和谐社会的主力军。共享工程支中心向基层群众普及知识、宣传教育、提供信息，为各支中心的文化繁荣发展提供了技术、设备和资金支持，同时也编织了一个展示各地特色文化、旅游资源、民族风情的大舞台。兴安盟支中心立足这个广阔平台，正在努力发挥作用，储备人才，为将来实现数字图书馆夯实基础。

（撰文/兴安盟支中心）

突泉县支中心

突泉县全县总面积4889.5平方公里，辖6镇3乡，188个行政村，464个自然屯。总人口31.5万，其中农业人口24.6万。境内有汉、蒙、满等14个民族，少数民族人口8.95万，占全县总人口的28.4%。全国文化信息共享工程突泉县县级支中作为全国文化信息资源共享工程一个有机组成部分，充分发挥社会主义文化阵地的作用，保障城乡居民的基本文化权益的同时，不断提高广大人民群众的科学文化素质，为推进社会主义文化大发展大繁荣和建设社会主义和谐社会做出了应有的贡献。

自文化共享工程实施以来，我们按照上级对文化共享工程的要求和部署，积极行动克服重重困难，在县委、县政府领导和区、盟主管部门的具体指导下，各项工作进展顺利，在新形势下为繁荣农村基层文化，满足农民多层次文化需求，传递中国民族优秀文化资源发挥了重要作用。

一、基本情况

全国文化信息共享工程突泉县县级支中心建成于2010年7月，于2010年9月通过自治区的验收，并于2011年1月正式投入使用并对读者开放。支中心配有4台服务器，1台ups电源，1台存储设备，5台业务加工机，2台千兆网络交换机及供读者使用的20台终端计算机。占地面积160平方米，其中电子阅览室100平方米，机房占地面积60平方米。互联网接入15M，机房安全配套设施齐全。目前，该中心拥有3TB数字资源。

共享工程突泉县支中心设在突泉县图书馆，是突泉县共享工程的建设和业务指导单位，负责保障区中心共享工程设备的运行，协调镇村级共享工程设备的维修，指导镇村级共享工程活动的开展以及开展全区共享工程管理员的业务培训和指导。

二、管理和队伍建设

为使共享项工程真正为民所用为民谋利，突泉县支中心将共享工程日常管理纳入制度化管理。制定支中心、镇、村基层服务点工作职责和制度，实行制度上墙公开。每年有年度工作计划，月度有工作要点，季度有工作督导，年末有工作总结考核，并推行管理员工作日志管理，收集整理共享工程服务活动的得失，探索共享工程管理和服务新模式。

文化资源共享工程作为一个新的农村文化资源获取平台，如何推广好、利用好共享工程丰富的文化资源关键在于是否有一支专业化的共享工程管理员队伍。突泉县区共享工程支中心在管理员队伍建设上坚持明确职责，明确思路，制度化管理，常态化培育。对于乡镇、村两级基层共享工程管理上择优选取文化层次较高，有一

突泉县图书馆文化共享工程进社区

定社会基层管理服务实践经验的大学生村官为管理员，他们工作热情高，有较高的文化水平能尽快熟悉掌握共享工程设备为所在村民服务。

三、培训工作

突泉县支中心在共享工程管理员的培养上实现了制度化和常态化。根据支中心工作要求，每年对辖区共享工程管理员进行6期的集中培训，2010年以来一共举办各类培训班2期，参加轮训的各级管理员达20人次。

四、经费投入

突泉县共享工程自2010年实现村村全覆盖以来，每年投入5万的运维经费，用于共享工程设备的维护，人员培训和惠民活动的开展。同时，突泉县政府，突泉县文化委员会和突泉县图书馆每年也投入大量人力物力支援共享工程各项活动的正常开展。

五、资源建设

文化共享工程要长久持续地发展，资源建设是重点。我中心在正常接收和充分利用国家中心和自治区中心数字资源的同时，严格按照上级主管部门的要求导入和发布相关文化信息资源。我们还不断加强与县内各部门的联系，挖掘和整合本地信息资源，真正实现共建共享，让更多的人从文化工程中受益。

六、合作共建

以共享工程为依托结合全覆盖的农村数字电影厅建立电子文献资源服务中心。将各种部门下发的电子文献资源与建立的共享工程服务点结合，根据不同乡镇、村的硬件条件建立形式多样的电子阅览室和多媒体中心。通过多方不懈努力，共享工程已逐步走入基层村民生活，成为村民获取新知，娱乐身心的新渠道新平台。

七、利民惠众，惠农服务

突泉县支中心在共享工程服务实践过程中，以民众的需求为导向，积极探索，服务民众生活生产，引领群众高尚精神文化生活，打造群在满意喜爱的文化服务新平台。

根据突泉县地域农业生产特点，突泉县支中心每年按节令制作农业生产技术光盘和小册子通过行政村基层服务点村民分发。针对不同农业专业者，昌平支中心有针对的选取资源上门指导服务。历年来累计服务专业生产户30多户，长期点对点跟踪服务6户。

八、宣传推广

1、突泉县支中心利用各种渠道宣传推广共享工程。在突泉县每年的科技文化四下乡活动，科普之春，科普之夏，科技周等活动中，突泉县支中心不失时机，以活动为平台，以资料为媒介宣传共享工程，让民众不断了解共享工程，走进共享工程。

2、走进校园。突泉县支中心文化服务中不断探索，利用支中心儿童阅览专区，组织动员青少年儿童关注共享工程，利用共享工程，收集青少年知识兴趣点整理挖掘，针对集中地知识群和关注点突泉支中心联合友邻部分聘请专家前来为青少年答疑解惑。同时按照中心的部署在全区中小学校开展了阳光少年热爱党网页制作大赛和电脑小报制作大赛。通过一系列的活动是共享工程不仅走进农村也走进校园走进青少年。

3、专题活动，精彩纷呈。突泉县支中心在服务中抓住文化的热点和亮点，积极组织群众喜闻乐见的文化服务，使共享工程走进群众生活。例如在迎接建党90周年之际，突泉县支中心联合其他单位在北七家镇服务中心举办了“品味书香，聆听经典”活动，基层群众品读中华经典，共享文化盛宴。还组织各服务点开展“颂歌献给党”群众歌咏活动后上报国家中心网上展播，并获殊荣。

九、工作展望

突泉县区文化共享工程已走过2个年头，从昨天的几个点到今天的12乡镇全覆盖，从单一的资源接收到今天的编辑分发和群众广泛认知，广泛参与，文化资源共享工程在突泉县已经成为突泉县人民文化生活的一大支柱，成为繁荣突泉县文化，丰富突泉县人民精神生活，推动突泉县人文科技进步的强大动力源泉。今后突泉县支中心希望在国家中心，自治区分中心大力支持下为突泉县共享工程建设一支专业化的服务队伍，建立一个国家、市、区三级知识网络联动的即时问答服务体制和服务形式更加多样，服务网点更加宽广，参与群众更加广泛的共享工程文化带动体系，为建设科技突泉，文化突泉县做出贡献。

（撰文/突泉县支中心）

科尔沁右翼前旗支中心

科尔沁右翼前旗全旗面积1.7万公里，人口近40万。该馆现在还在建设中，2008年，科右前旗图书馆成为自治区共享工程旗县级支中心。

自共享工程启动后，先后给该旗11个乡镇苏木基层网点配备完成设施发放、设备安装基本建设。2012年末对2个乡镇进行设备发放安装.。

因图书馆场所有限，资金投入和资源建设都没有办法应用。但科右前旗图书馆也积极响应共享工程的一些活动，开展了一下活动：

一、培训工作

在场所有限的情况下，专业技术力量严重不足的情况下，我图书馆每年组织11个乡镇苏木基层管理员去相对设备齐全条件优越的科右中旗图书馆学习共享工程系统操作，共培训100人次，让该旗共享工程管理员能够对共享工程的操作更系统化。

二、惠民服务

为顺利运行共享工程，利用共享工程现有设备和资源下乡镇、下社区学校放电影.为学生和群众带来爱国主义、英雄故事主题片和名家讲座等影视作品，提高了群众文化素质，丰富群众文化生活。

三、宣传推广

共享工程做的几次培训和放映都在报刊上发表，让前旗群众更多了解和认识共享工程的作用。

四、工作展望

1、加强青少年文化道德建设，也是我们未来工作重要内容之一，在今后的工作中，我们要加大与教育部门合作共建的力度，定时为广大中高学生提供资源，通过组织各种文化共享的征文、知识竞赛等方式，扩大文化信息资源对中高学生的影响力。

2、加强人员培训，每年1次共享工程基层网点管理员学习，加强对共享工程应用，和对资源采集，日常管理等实际应用。

3、加大宣传力度，组织专业人员利用报刊互联网等各种媒体，继续宣传文化共享工程对民族文化大区、新农村新牧区、社会主义和谐社会建设，营造文化共享工程顺利实施和持续发展的良好社会氛围。

4、建立合作共建，和基层网点共同采购、实现站点共建、设备共用，优势互补，资源共享，弥补设备严重不足。

2013年，图书馆将有自己的办公场所，能更加有利共享工程工作开展，不断提高活动水平，发挥文化信息资源共享工程更大的作用。

（撰文/科尔沁右翼前旗支中心）

扎赉特旗支中心

扎赉特旗面积11150平方公里。全旗共有14个苏木乡镇场，194个嘎查村，40万人口。境内入驻内蒙古监狱局东部分局的4个监狱、劳教所，还有8个农牧林场。是一个以蒙古族为主体，汉族为多数的多民族聚居旗。扎赉特旗文化信息资源共享工程，在文体广电局的关心支持和管理下，在旗图书馆的技术业务指导下，逐步推进，稳步发展，在新形势下，为繁荣农村基层文化，满足农牧民多层次文化需求，传递民族文化优秀资源发挥了重要作用。

一、基本情况

扎赉特旗文化资源共享工程于1999年开始，最初在旗图书馆安装设立，实行试运行，随后陆续在音德尔镇、巴达尔胡镇、好力保乡、新林镇、胡尔勒镇、图牧吉镇、巴彦高勒镇等地推开。前期安装设备均通过卫星设备直接接收国家中心下发的各类信息，文体广电局负责宏观管理，旗图书馆负责该工程的监控指导和技术服务，组织培训各乡镇场管理人员的业务培训，保障该项目的正常运行。

二、管理和队伍建设

为使共享工程真正为民所用，为民谋利，扎赉特旗将共享工程的日益管理纳入日常管理和制度化管理，制定了支中心、镇村基层服务点工作职责和规章制度实行各项制度上墙公开，共群众监督。每年度安排工作计划，年底进行工作总结，年中开展日常工作巡查指导监督，归纳整理共享工程的管理经验，探索共享工程管理和服务创新模式。文化信息资源共享工程作为农村文化信息资源的收取平台，如何推广好、利用好丰富的文化资源，关键在于是否拥有一支有责任心、事业心，技术过硬，善于管理的专业化管理队伍。扎赉特旗文化信息资源共享工程支中心在管理队伍建设上，坚持职责明确，思路清晰，制度健全，机制完善。对于乡镇嘎查村择优选取文化基础好，管理服务实践经验丰富的文化站长、大学生村官或村干部为业务管理员，他们工作热情，积极性很强，文化水平较高，业务熟悉操作能力强，都能够胜任本职工作。

三、培训工作

为了有效提高共享工程管理人员的业务素质，由文体广电局主办全旗文化信息资源共享工程管理人员培训班。还组织一部分管理人员参加区盟级举办的培训班。组织管理人员赴外地进行参观考察学习先进地区的管理模式和先进经验与做法，使全旗的文化信息资源共享工程管理人员具备了系统的维护技术，基本上掌握了一定的管理经验，做到了能排除故障、能维护保养、能日常运行。

四、经费投入

扎赉特旗文化资源共享工程于1999年开始实施以来，旗财政积极筹措资金，为该工程解决场所和座椅等基础设施建设资金以及网络经费，先后投入达到100余万元。乡镇财政也根据地方财政情况每年都适当解决一些必要的维护经费。这种分级负责的资金保障机制，使得共享工程顺利运行。确保电子阅览服务活动的正常开展。

五、资源建设

扎赉特旗支中心充分利用文化信息资源共享工程的平台和载体作用，收集整理出有益于当地文化发展的各类信息资料100余件，发行到宣传、文化、教育、广电、旅游及商业部门的有关服务窗口。用于海报、广告和信息咨询300例，文化旅游宣传展览50例，电子光盘20例，通讯报道20例。为全旗文化旅游等各项事业的发展提供了良好的信息文献。

六、合作共建

以资源共享工程为依托，结合各嘎查村党支部远程教育平台和社区绿色网络服务平台，在苏木乡镇场和青少年校外活动中心等各基层服务点建立了形式多样的文化信息资源共享工程电子阅览室和多媒体中心。旗图书馆牵头，深入学校、社区开展爱国主义主题宣传教育活动和法制教育、社会保障政策、计生政策宣传活动，有效的丰富和活跃了群众的业余文化生活。

七、惠农惠民服务

扎赉特旗支中心注重农村经济的发展和农牧民生产生活，利用文化科技信息开展惠民惠农服务，他们联系旗经纪人协会和各专业合作社，广泛提供有关的文化科技信息，编制成科技资料宣传手册传发到各户手中。对合作社相对集中的乡镇，开展了集中观看科技专题片和集中图书阅览活动，对全旗农牧民群众开展全天候免费开放，节假日不休息。累计服务农牧民群众全年达到2000多例，印发资料5000册，集中观看专题片26场次，接待农牧民读者8000人次。经济效益受惠率达到40%，深受广大群众的欢迎和称赞。

八、宣传推广

扎赉特旗支中心充分利用广播电视、报刊杂志等媒体宣传文化信息资源共享工程，文体广电局还在文化广场举办了专题展览和卡拉ok广场演出活动，科技局还借“科普之春”开展了文化信息资源共享工程送科技入户宣传活动，让更多的群众知晓文化信息资源共享工程扎赉特旗支中心的成立和服务功能。计生局、旅游局、司法局等部门也根据各自特点宣传和利用文化信息资源共享工程扎赉特旗支中心这一平台和社会效益及取得的成果。

九、工作展望

为了促使扎赉特旗支中心文化信息资源共享工程真正成为广大城乡群众的文化信息产业支柱，成为繁荣扎赉特旗文化事业，丰富广大群众的精神文化生活的重要渠道，成为推动全旗人文科技进步的强大动力源泉，旗委政府已将此项工程列入全旗十二五规划，进行了长远安排和部署。逐步在14个苏木乡镇场及194个嘎查村普及。实行文化信息资源共享工程旗乡村三级网络管理。调动各有关方面的积极性，统筹规划，统一标准，共建共享。

“共享工程”采用现代先进技术，技术含量高，为保证工程顺利实施，在建设过程中，要遵循国家中心制定的统一的技术标准和规范，并做好人员培训工作。积极创造条件，积极参加试点。尽快开展对本地文化资源状况、计算机网络连接状况、文化设施状况等方面的调查研究，把实施“共享工程”与加强基层文化建设、促进图书馆事业发展紧密结合起来，与基层文化设施网点建设、图书馆网络化、数字化建设紧密相关，互为促进。把“共享工程”的实施纳入文化事业建设整体规划，在设备、人员、资金等方面统筹考虑，给予保障。公共图书馆要加强文献信息资源建设和自动化、网络化建设，加强对专业技术人员的培养，为实施“共享工程”打好基础。把文化信息资源传送到城乡基层文化网点和群众身边。

（撰文/扎赉特旗支中心）

二连浩特市支中心

二连浩特市“文化共享工程”于2008年12月安装完成，2009年7月开始试运行。“文化共享工程”是一项民心工程，认真开展文化信息资源共享工程建设，工作中坚持政府主管，文体局主抓的原则，以图书室馆为中心，苏牧、社区文体服务中心为重点的基层服务网络，扎实实施文化信息资源共享工程。通过“共享工程”的实施，将为新时期建设新农村、培育新农民搭建新的平台，并以此推进文化创新、完善文化服务体系，提高文化服务水平，促进文化事业健康发展。

一、加大宣传，整合资源

在实施“文化共享工程”过程中，以文化下乡为切入点，深入到各单位，各苏牧积极开展“文化共享工程”工作的宣传，让广大干部群众充分认识开展“文化共享工程”的重要性和必要性。让大家了解“文化共享工程”的实施，为宣传党的方针政策开辟了新渠道，为丰富居民、牧民群众业余生活、弘扬文明新风开辟了新的阵地，为培养“有文化、懂技术、会经营”的新型农民搭建了新平台，成为一项党得民心工程、实惠工程。在政府的支持下，开通了互联网络，充分利用网络资源优势和技术优势，扩大了信息来源渠道，使文化信息资源共享工程的资源优势得到进一步的发挥。

二、完善机制，加强管理

为充分发挥“共享工程”的功能和作用，进一步规范工作，强化管理，区图书馆结合实际完善制定了《电子阅览室岗位职责》、《电子阅览室规则》、《电子阅览室使用规则》等制度，完善了管理措施，实现了工作规范化，管理制度化。

三、加强资源共享工程工作，开展服务活动

近年来，在上级主管部门的大力帮助指导下，二连浩特市资源共享工作发展很快。2008年，上级对该市进行了共享工程设备配置；2010年，对该市苏牧进行了资源共享工程的设备配备；2012年，对该市1个苏牧及3个社区进行了资源共享工程的设备配备。

1、我们定期对各村文化信息资源共享工作的负责人进行业务指导，加强对文化工作的督导力度，确保工作不断档，保证有序进行。如该市苏牧用上级配备的设备，指定专人负责，每年从4月份开始，每天晚上7:30——11:00在苏牧文化站举行各种各样的活动，播放电影、戏曲、歌曲及健康知识，种养殖内容，蔬菜大棚知识，病虫害防治，环境卫生整治等科教片。

2、并配合文体局工作，播放有关党的法律法规及时事政治等老百姓关心的节目，满足了不同人群的需求，不但学到了知识，也丰富了大家的红色文化生活。

3、分批组织人手到苏牧图书馆进行培训，熟悉业务。

4、我们充分利用文化资源共享这一载体配合苏牧及社区图书阅览室、活动室、文化广场这一有利环境，不断丰富资源共享工程的服务内容，提高工作水平，开展更加人性化各样的活动，配合资源共享工程工作的开展，普遍得到了广大干群的一致好评，从而有利地推动了工作的良性

循环。为以后工作的顺利进行打下了坚实基础。

（撰文/二连浩特市支中心）

阿巴嘎旗支中心

阿巴嘎旗总面积2.75万平方公里，可利用草场面积2.7万平方公里，占总面积98.2%，是内蒙古十大天然牧场之一。辖3个镇、3个苏木、71个嘎查，全旗总人口4.52万人，其中：蒙古族2.49万人，占54.98%。

阿巴嘎旗文化资源共享工程在上级文化部门的支持和部署下，逐步推进，稳步发展，在新形势下为繁荣农村牧区基层文化，满足农村牧区多层次文化需求，传递中国民族优秀文化资源发挥了重要作用。

一、基本情况

阿巴嘎旗文化资源共享工程建设开始于2011年，在阿巴嘎旗文化中心开始安装，前期安装设备均通过卫星设备直接接收国家中心下发的各类资源和信息。

阿巴嘎旗支中心设在阿巴嘎旗图书馆，是阿巴嘎旗共享工程的建设和业务指导单位，负责保障旗中心共享工程设备的运行。

二、管理和队伍建设

为使共享项工程真正为民所用为民谋利，阿巴嘎旗支中心将共享工程日常管理纳入制度化管理。制定支中心服务点工作职责和制度。并推行管理员工作日志管理，收集整理共享工程服务活动的得失，探索共享工程管理和服务新模式。

文化资源共享工程作为一个新的文化资源获取平台，如何推广好、利用好共享工程丰富的文化资源关键在于是否有一支专业化的共享工程管理员队伍。阿巴嘎旗共享工程支中心在管理员队伍建设上坚持明确职责，明确思路，制度化管理，常态化培育。

三、培训工作

阿巴嘎旗支中心在共享工程管理员的培养上实现了制度化和常态化。根据支中心工作要求，每年对辖区共享工程管理员进行2期的集中培训，2年以来一共举办各类培训班4期，参加轮训的各级管理员达10人次。

四、经费投入

阿巴嘎旗共享工程自2011年建设以来，图书馆每年投入5余万的运维经费，用于共享工程设备的维护，人员培训和惠民活动的开展。同时，阿巴嘎旗政府，阿巴嘎旗图书馆每年也投入大量人力物力支援共享工程各项活动的正常开展。

五、资源建设

阿巴嘎旗支中心在历年的工作中，搜集不同区域民众文化需求，选取、编辑制作各类地方文献资料，每年制作发放各类光盘20多张，展板3块，各类海报，招贴画5副，发放宣传资料100余份。

六、合作共建

通过多方不懈努力，共享工程已逐步走入基层村民生活，成为村民获取新知，娱乐身心的新渠道新平台。

七、利民惠众，惠农服务

阿巴嘎旗支中心在共享工程服务实践过程中，以民众的需求为导向，积极探索，服务民众生活生产，引领群众高尚精神文化生活，打造群在满意喜爱的文化服务新平台。

根据阿巴嘎旗地域生产生活特点，阿巴嘎旗支中心每年按节令制作发放牧业生产技术光盘和小册子。

八、宣传推广

1、阿巴嘎旗支中心利用各种渠道宣传推广共享工程。阿巴嘎旗支中心不失时机，以活动为平台，以资料为媒介宣传共享工程，让民众不断了解共享工程，走进共享工程。

2、走进校园。阿巴嘎旗支中心文化服务中不断探索，利用支中心儿童阅览专区，组织动员青少年儿童关注共享工程，利用共享工程，收集青少年知识兴趣点整理挖掘，针对集中地知识群和关注点阿巴嘎旗支中心联合友邻部分聘请专家前来为青少年答疑解惑。通过一系列的活动是共享工程不仅走进牧区也走进校园走进青少年。

3、专题活动，精彩纷呈。阿巴嘎旗支中心在服务中抓住文化的热点和亮点，积极组织群众喜闻乐见的文化服务，使共享工程走进群众生活。

九、工作展望

阿巴嘎旗文化资源共享工程建设以来，丰富阿巴嘎旗人民精神生活，推动阿巴嘎旗人文科技进步的强大动力源泉。建立一个共享工程建设一支专业化的服务队伍，服务网点更加宽广，参与群众更加广泛的共享工程文化带动体系，为建设文化阿巴嘎做出贡献。

（撰文/阿巴嘎旗支中心）

苏尼特左旗支中心

文化信息资源共享工程是文化部推出的一项民心工程，也是推进基层文化发展，促进文化为民服务的一项重要措施。苏尼特左旗图书馆被确定为2008年度全区文化信息资源共享工程县级支中心。自从安装了文化信息共享工程并开始运行，得到广大群众和基层文化工作者的欢迎。

一、基本情况

苏尼特左旗图书馆始建于1972年10月，是全旗唯一的公共图书馆。现有职工6人，于2010年6月5日搬迁至新的图书馆，新馆总投入280万元，馆舍建筑面积：1800平方米。该馆总藏书量20973册，其中库存杂志2170套，入藏图书18061册，搜集电子文献742盘。

图书馆阵地借阅服务坚持全年无假日对外开放，每周开馆56小时。小说借阅室、杂志借阅室、报刊综合阅览室、电子阅览室、藏书库、民族地方文献室、文化信息资源共享工程县级支中心等七个业务服务窗口全部敞开式为读者服务。

旗政府和主管局领导高度重视文化信息资源共享工程的建设工作，积极为图书馆筹措资金，投入25万元为图书馆购置了电脑桌椅、阅览桌椅、密集书柜、办公桌椅等设施设备，为县级支中心接入380V三项电和10兆宽带的互联网。极大的满足了广大读者对文化信息的需求。

二、建设运行情况

苏尼特左旗图书馆搬迁至新馆后，为方便广大读者，将文化信息资源共享工程县级支中心安排在一楼，按照文化信息资源共享工程的要求，机房面积16.32m^2，电子阅览室的面积为：92.48m^2。

从7月26日开始我旗的文化信息资源共享工程县级支中心开始运行，每天保证开机，接收到的有《电影欣赏》、《名家讲坛》和《农业技术》版块的节目资源。

图书馆配备2名兼职技术人员进行文化信息资源共享工程县级支中心的设备维护，技术人员分别参加了全区东部盟市文化共享工程技术人员培训班四次。

建立《文化共享工程县级支中心信息网络机房管理制度》、《县级支中心工作职责》、《电子阅览室工作制度》、《电子阅览室工作人员制度》、《电子阅览室读者上机须知》等规章制度并进行上墙张贴。建立了文化共享工程专用档案，将下发来文化共享工程的光盘资源进行登记、整理，以备今后开展活动时使用。制定了文化信息资源共享工程苏尼特左旗县级支中心的活动计划，以组织开展各种类型的读者活动和专题讲座. 苏尼特左旗图书馆及时将自治区文化信息资源共享工程的两批苏木乡镇基层服务点配备的设备下发到基层。我馆将收到设备进行了核对，并及时通知我旗的查干敖包镇和巴彦乌拉苏木、满都拉图镇、巴彦淖尔镇和赛汗高毕苏木五个基层服务点，领取设备。我旗支中心要切实协调好乡镇苏木基层服务点建设和管理工作。

三、开展读者活动情况

该馆按照"贴近实际、贴近群众、贴近生活"的原则，积极转变工作作风，不断提高服务水平。这两年该馆紧紧围绕"充分发挥公益性电子阅览室作用，积极推进学习型社会建设"和"积极开展全民阅读活动"的宣传主题，采取丰富多彩、群众喜闻乐见的形式，组织开展了各种类型的读者活动。服务开展情况：

1、播放"共享书香、快乐阅读"等专题讲座

2、播放实用技术讲座

3、在国庆节黄金周期间，该馆在电子阅览室播放了系列讲座《我读经典》六部，每天的下午15:00时播放共有200人观看讲座。

4、为小学生开展图书宣传活动

10月27日，该馆与苏尼特左旗蒙古族第二小学联合组织学生开展思想政治教育活动，共组织了五年级的三个班学生和六年级的三个班学生共270多名学生到旗图书馆参观学习。学生们参观了旗图书馆的文化信息资源共享工程的电子阅览室、图书综合阅览室、民族地方文献室等。

电子阅览室为学生们播放了影片《拉拉与茹比》，受到学生的喜爱和欢迎。民族地方文献室和博物馆的地方文献专柜向学生开放，通过参观让学生了解图书馆，感知图书馆，向学生宣传图书馆在保存和传播文献资料方面的主要作用，通过查看地方文献图书不断增强学生的爱国主义教育。

5、馆将文化共享工程下发的光盘资源与当地电视台协作在"东苏电视台"的12:30和20:30时播放"文化共享专题"节目，受到广大群众的普遍好评。

6、苏尼特左旗支中心电子阅览室深受学生喜爱

为了不断提高公共图书馆服务质量和社会影响力，充分发挥图书馆在公共文化和思想教育的积极作用，旗图书馆于4月6日与苏尼特左旗蒙古族中学联合组织学生开展思想政治教育活动，共组织了初一的两个班学生共100多名学生到旗图书馆和博物馆参观学习。

学生们参观了旗图书馆的文化信息资源共享工程的电子阅览室、图书综合阅览室、民族地方文献室、博物馆的地方文献专柜等。支中心的建成将改变该旗青少年学生课外活动场所狭窄、文化生活单一的现状。支中心的电子阅览室可以接收文化共享工程通过卫星转播的优秀文化视频节目，可以为青少年提供名人讲座、读书演讲会、优秀电影等服务活动；图书报刊阅览室存有各类图书1.5万余册。为青少年学生开展课外学习活动提供了一个好去处，对于营造未成年人健康、快乐安全的成长空间具有重要意义。

7、迎接第16、17个世界读书日倡导全民阅读

在第16、17个世界读书日到来之际，为进一步在全旗形成阅读学习的良好氛围和文明风尚，苏尼特左旗图

书馆于4月23日开展“倡导全民阅读　建设书香社会”的世界读书日活动。

我馆将推荐一些有思想内涵，体现社会主义核心价值观，传承社会主义先进文化，有助于开阔视野、增长知识、提高素质、陶冶情操，适合大众阅读的优秀读物和经典著作，吸引广大读者积极参与，弘扬尊重知识，崇尚文明的阅读理念。

为更好地营造阅读学习氛围，丰富读者的阅读资源，我馆在电子阅览室播放“共享书香、快乐阅读”专题片，讲座是由周俊池讲的“提升学习能力与方法”来深入开展世界读书日活动。

（撰文/苏尼特左旗支中心）

苏尼特右旗支中心

苏尼特右旗图书馆是2000年全国文化信息资源共享工程内蒙古54个旗县支中心之一，2009年12月19日设备安装调试完毕，12月25日开始陆续发布卫星接收的文化资源，2010年5月底接入百兆光纤。我馆电子阅览室面积106平方米，电子机房18平方米，工作间14平方米。配置了服务器、数据存储、投影仪、音响等相关设备。电子阅览室张贴有“电子阅览室读者上机须知”、“电子阅览室工作制度”、“县级支中心管理制度”、“县级支中心工作职责”，工作间有“电子阅览室工作人员职责”“县级支中心信息网络机房管理制度”。在设备运行过程中我们对业务管理人员进行了两期培训，依托电子阅览室设备条件组建完成苏尼特右旗“文化信息资源共享工程”基层中心。

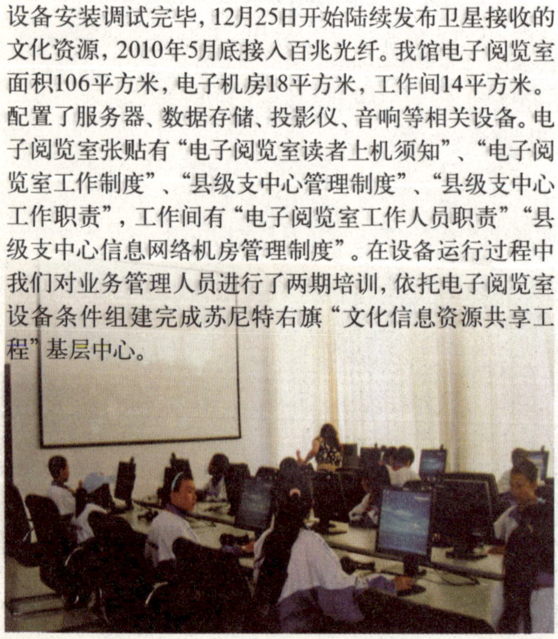

结合“文化信息资源共享工程”这个平台，我们还推出了一些我们图书馆自己的服务，电子阅览室、共配有25台电脑和大屏幕投影仪。有了这些硬件条件的支持，我们可以更好的实施"共享工程"、利用"共享工程"。同时也保障了图书馆文献信息资源建设和自动化、网络化的建设。我们期望利用这些硬件资源搭建一个高可靠性、高反应、快速的“文化信息资源共享工程”基层中心网络平台，同时利用我盟现有覆盖全旗各镇、苏木村的政府局域网，在原有的基础上，把“共享工程”覆盖到最基层的苏木村级点，满足广大牧民就近、经常性、有选择的文化需求。

（撰文/苏尼特右旗支中心）

东乌珠穆沁旗支中心

东乌珠穆沁旗（简称东乌旗）全旗辖5个镇、2个苏木，面积4.7万平方公里，人口7.07万，是一个以蒙古族为主体、多民族聚居的边境牧业旗。东乌旗文化信息资源共享工程实施以来，为丰富全旗群众业余生活、弘扬文明新风开辟了新的阵地，为培养“有文化、懂技术、会经营”的新型牧民搭建了新平台，东乌珠穆沁旗文化信息资源共享普惠群众，让全旗各族干部群众从中受益。

一、加深认识，强化领导

建设好文化信息资源共享工程，是为了全面贯彻落实《中共中央国务院关于推进社会主义新农村建设的若干意见》的精神，进一步加强牧区文化建设，不断满足广大农民群众多层次、多方面精神文化需求的需要。同时也是传播和繁荣先进文化，服务人民群众的一项文化创新工程。为了加强对信息资源共享工程的领导，旗委、政府成立了由主管副旗长任组长，文体广电局、财政局等相关单位领导及各苏木镇、嘎查主管领导为成员的文化信息资源共享工程领导小组，负责文化信息资源共享工程的各项工作，以确保此项工作的顺利完成。

东乌旗文化共享工程建设开始于2007年12月。依托旗图书馆在全旗七个苏木（镇）、6个文化牧户共建立了13个基层点，东乌珠穆沁旗依托旗图书馆在全旗7个苏木镇、6个文化牧户共建立13个基层点，共享工程东乌旗支中心设在旗图书馆，是东乌旗共享工程的建设和业务指导单位，负责保障中心共享工程设备的运行，协调苏木镇、文化牧户共享工程设备的维修，指导共享工程活动的开展以及开展全旗共享工程管理员的业务培训和指导。

二、加大投入，标准配置

旗委政府对“文化资源共享工程”非常重视，拨付“文化资源共享工程”基础设施建设等专项资金三百多万元，用于旗级中心和7个苏木镇基层中心以及6个嘎查村服务点的建设。按照自治区文化厅要求，我们严格依照设备配置标准，积极落实旗级中心共享专用面积1387平方米，旗级中心运行经费10万元/年，苏木镇基层中心和嘎查服务点分别保证年运行经费为1万元、0.5万元，以上运行经费由各级财政列入专项资金予以保障。

此外，为确保“共享工程”切实发挥出应有的作用，为旗、苏木镇中心和嘎查各服务点分别配备了管理及专业技术人员共24名，通过专业培训和制定、完善一系列的工作制度等措施，有效提高了业务人员的技术水平和业务能力，更好地为全旗各族群众进行优质的服务。

三、依托资源，开展活动

"共享工程"实施以来，依托丰富的民族与地域特色文化资源，开展了以"欢乐共享过大年"、"颂歌献给党——迎接建党90周年"、"童心向党、快乐成长"、"学习雷锋好榜样"等为主题的全国文化信息资源共享工程文化惠民服务活动等，各类文化活动100多场次，参与的各族群众、军警官兵、中小学生累计达到5万人次，向全旗各机关厂矿、企事业单位、军警官兵、中小学生免费发放爱国主义专题教育光盘8000多张，向全旗广大牧民群众免费发放科技知识、法律知识等专题讲座光盘2000多张。

四、发挥作用，服务群众

利用文化共享工程和地方优势，整合大量的文化信息资源，收集整理了2万多部电子图书，充实了电子图书馆，使全镇服务点每周全天开放，时长达56小时，年服务人次达到26000人次，最大限度地满足了全镇各族群众对多层次、多样化的文化知识、科技知识、法律知识等需求，深受城镇广大居民和牧民群众的欢迎(同期、战士、牧民)。

此外，根据本地实际，每年都要开展多次阵地服务和流动服务活动，仅从今年初至今，组织开展阵地服务活动就达到了30次，流动服务24次，把文化知识和科普知识、法律知识送到城镇、牧民和千家万户中。

五、党员学习，实现共享

利用"共享工程"在电子阅览室，建立了创先争优学习中心和廉政教育基地，为全镇3000多名党员干部和全旗2400多名企事业单位的业务骨干提供了学习和教育场地。主要学习党的十七届五中、六中全会精神、观看沈浩同志的先进事迹、杨善洲同志先进事迹纪录片和有关党的各项方针政策等。同时，"共享工程"还使全旗群众的精神文明水平进一步提高，增强了群众的法律意识，群众的落后思想和不良社会风气也得到了转变，加快了和谐社会建设步伐。

由于资源共享工程为群众提供快捷方便、内容丰富的网络文化服务方面做出了积极贡献，取得了良好社会效益，从2007年至今东乌旗图书馆被锡林郭勒盟图书馆评为先进集体，被锡林郭勒盟文化局评为"全盟基层文化工作"先进集体，被自治区图书馆评为自治区十佳图书馆，2011年东乌旗支中心荣获全区文化信息资源示范县级支中心称号。而东乌珠穆沁旗又先后被授予"全国文化先进旗"、"全国军民共建文化长廊先进单位"、连续六年被评为"全盟文化体育工作先进地区"和"文化大盟建设先进地区"等荣誉称号。

(撰文/东乌珠穆沁旗支中心)

放映"红领巾心向党"

西乌珠穆沁旗支中心

西乌旗支中心电子阅览室面积为106.27平方米，机房面积为20平方米，有专职技术人员2人，多媒体阅览室面积为182.88平方米。自2011年1月运行全国文化信息资源共享工程以来，利用文化信息资源共享工程在电子阅览室、多媒体阅览室、开展了大量的名家讲座、影视欣赏等活动，并开展了各种知识培训。全旗有7个基层服务点，2个苏木和5个镇。西乌旗支中心在实施共享工程的过程中，不断拓展共享工程的服务内涵和方式，充分利用这一全新的工作载体条件，走进学校、走进社区开展活动。指导帮助苏木、镇利用好共享工程的信息资源，促进了学习型苏木、镇工作的开展。对基层共享工程服

务点进行有效的管理和辅导、培训，使其掌握资源更新和运用；该馆电子阅览室20台电脑免费对读者开放。

随着宣传力度的逐渐深入，在市民心中的影响也在逐渐加深，对文化信息资源的需要也在逐渐加大，市民开始掌握和利用这块知识宝库。

我们将在今后的工作中更加努力的探索利用共享工程服务的新路子，更好地发挥共享工程的作用，为把共享工程办成惠民工程、民心工程而不懈努力。

(撰文/西乌珠穆沁旗支中心)

太仆寺旗支中心

太仆寺旗全旗总面积3414.74平方公里，辖1苏木5镇1乡，总人口21.21万人，是一个以蒙古族为主体，汉族占大多数，包括满、回、达斡尔、朝鲜、鄂温克、土家等14个民族聚居区。太仆寺旗政府所在地宝昌镇，是全旗政治、经济、文化和交通中心。

一、基本情况

太仆寺旗文化信息资源共享工程支中心始建于2008年，设在太仆寺旗图书馆，共占房屋面积266平米，其中电子阅览室面积96平米、多媒体活动室106平米，机房面积64平米。机房配备专职人员1人、兼职技术人员1人，自治区文化厅初次下拨五万元基础设施经费已用于购买电脑桌椅、培训等。

二、管理制度及队伍建设

2006年我馆被国家例为文化信息资源共享工程试点以来，在主管局的领导下，积极成立了文信息资源共享工程领导小组，并出台了《文化信息资源共享工程实施方案》，由图书馆具体实施。在旗委大力支持下，主管局的领导下解决了电子阅览室、多媒体活动场所，购买了电脑桌椅等设备。经前期准备工作，于2008年11月将所有设备安装调试完成后，正式对外开放。规章制度健全，岗位职责明确。实行制度上墙公开。月月有记录，年初有全年工作计划，年终有工作总结。设施维护良好；有消防工作职责、有消防安全领导小组；有各项安措施。电子阅览室、多媒体活动室、机房的管理制度及工作档案都已健全并归档，技术人员和专职技术人员经过三次培训都能胜任各项工作。近日我馆通过文化信息资源平台，正在进行地方方言、地方文献及古籍的收集整理工作。

三、培训工作

技术人员和专职技术人员经过三次培训都能胜任各项工作。近日我馆通过文化信息资源平台，正在进行地方方言、地方文献及古籍的收集整理工作。电子阅览室举办了两期计算机培训班。

四、经费投入

我旗文化信息资源共享工程支中心建设以来，得到了自治区文化厅和旗政府及文化局领导的高度重视，纳入了全盟的试点建设单位优先列入了项目计划。项目总投资73万元。

五、资源建设

利用接收的文化信息资源共享工程各项资源对党员、干部、群众开展形式多样的服务，做好服务计划，服务次数每周不少于2次，并及时向上级提供本服务点文化信息资源共享工作活动情况的信息汇报。现在文化信息资源共享工程太旗支中心，建立了电子阅览室、多媒体活动室，拥有服务器5台，计算机29台，（其中电子阅览室20台，工作用机9台）以及打印机、复印件、扫描仪等现代化设备，形成了检索系统网络和电子阅览室互通的局域网体系，目前，我馆应用了蒙科立多文种图书管理系统，逐步建立了馆藏图书、文献采访、典藏流通、文献检索、统计、文献传递等业务与读者服务工作纳入该系统的管理，努力完成“馆藏图书”资源库的整理工作。

六、合作共建

太仆寺旗文化信息资源共享工程支中心的建成，对于丰富城乡人民群众的精神文化生活，保障人民群众基本文化权益，推进“文化兴旗”发展战略的实施，促进经济社会的跨越发展将起到重要作用。现建有电子文献阅览室、多媒体会议室和中心机房。可向读者提供1.2万余部电影、戏曲、农村种养殖类视频图像资源，2万余种读物、105万余种电子图书、9000余种学术期刊等。该支中心今年将与我旗建成的5个村级文化信息资源共享工程服务网点联网，初步形成了覆盖全旗乡村的共享工程网络。

七、宣传推广

1、在每年图书馆宣传周期间，电子阅览室免费为读者开放、多媒体活动室开展了“爱国主义教育影片”播放活动，为离退休老干部和中小学学生播放了《烈火中永生》、《平原作战》、《闪闪的红星》和《红孩子》等影片，每次参加活动的有200余人.

2、为提高工作效率，提高读者的阅读率，为了给读者营造一个文明有序、舒适、开放的学习和信息利用环境，购置了新书架，维修了阅览桌椅，实行了全开架借阅。全年为离退休老干部，提供免证阅览，代借代还等服务以方便读者。定期为武警中队、西郊社区、国防社区、太平社区图书室流动图书2400余册，全年接待读者7826人册，图书外借1160次。

3、举办了六届读者座谈会，在读者座会上向读者介绍图书馆的服务项目和历年举办的各项活动，采取问卷形式，进行了文献利用率调查，了解读者阅读倾向，通过与读者交流、沟通及时了解读者对服务工作的意见和建议。

4、在主管局的领导下，积极成立了文信息资源共享工程领导小组，经前期准备工作，于2012年8月将所有设备安装调试完成后，文化信息资源共享工程太旗支中心在文化大厦图书馆正式对外免费开放，我们建立了电子阅览室、多媒体活动室，拥有服务器5台，计算机29台，（其中电子阅览室20台，工作用机9台）以及打印机、复印件、扫描仪等现代化设备，形成了检索系统网络和电子阅览室互通的局域网体系，迅速完成图书操作系统 、门禁系统及一卡通的调试、安装工作，并采用大流通管理模式，各项工作较快步入了正规。目前，我馆应用了蒙科立多文种图书馆自动化集成系统，逐步建立了馆藏图书、文献采访、典藏流通、文献检索、统计、文献传递等业务与读者服务工作纳入该系统的管理，努力完成“馆藏图书”资源库的整理工作。

5、在每年的图书馆服务宣传周期间，举办了全旗职工“党在我心中知识竞赛”、全旗交通杯“讲文明，树新风，做贡献”知识竞赛、“学习十七大、新党章”知识竞赛、“建设生态文明，迎接绿色奥运”知识竞赛及小学生演讲比赛和爱国主义儿童故事会、书林知识有奖竞答及送书下乡、爱国主义影片欣赏等20项活动，每次活动内容丰富，形式多样，扩大了图书馆在社会上的知名度，搏得了社会各界的好评。

八、工作展望

太仆寺旗图书馆60年的风雨历程，折射着社会的变迁，时代的发展，凝聚着几代重图人的心血与奋斗。图书馆新馆的建设，标志着太仆寺旗公共图书馆事业迈上了一个新的台阶，对于满足广大人民群众精神文化需求、提升公共文化服务水平，推进和谐重庆的建设，具有重要意义。图书馆新馆必将成为集教育、文化及社会功能于一体的重要的资源共享工程文献信息中心，成为太仆寺旗一道崭新亮丽的文化风景线。

（撰文/太仆寺旗支中心）

径新平台。

六、利民惠民、惠农服务

穆棱支中心在共享工程服务实践过程中，以民众的需求为工作重点，积极探索服务民众生产生活，引领群众高尚精神文化生活，打造人民群众满意的文化服务新平台。

穆棱支中心根据我市的经济特点，利用共享资源积极主动为市域经济服务，为农业生产服务，我们利用共享资源编辑最新最先进的、农民喜闻乐见的、迫切需要的种植业及养殖业方面的科技小报，通过乡镇基层服务点发放到农民手中，为农业生产提供知识、智力支持。

每年编辑科技小报12期，1200余份，发放到各个乡镇村屯。我们还针对不同的专业户，精心地选取信息资源上门指导服务，受到了农民、专业户的好评。

七、宣传推广

穆棱支中心利用各种渠道宣传推广共享工程，我们以活动为平台，以资料为媒介不失时机的宣传推广共享工程。我们以免费开放服务、公共文化服务体系创建为契机，让民众不断了解共享工程、走进共享工程、利用共享工程。支中心在服务中积极组织开展群众喜闻乐见的文化活动，使共享工程走进群众生活。

为活跃春节期间市民的文化生活，营造欢乐和谐的节日氛围，弘扬中华民族传统文化，充分发挥图书馆的社会教育职能，2012年2月6日（正月十五）由穆棱市文化广电新闻出版局主办，穆棱市图书馆、穆棱市共享工程支中心承办的"庆新春、闹元宵"灯谜游艺活动，在礼花与鞭炮声中开始，在欢快的音乐声与祥和的节日气氛中洋溢着浓浓的文化氛围，与秧歌汇演、礼花燃放形成了交相辉映的场面，形成了一道节日靓丽的风景，形成了万人空巷的壮观场面。全国公共文化信息网、黑龙江省文化信息网、牡丹江文化信息网以及穆棱市政府网站对我们这次活动都给予了相应的报导。

支中心在文化服务中不断探索，动员中小学生关注共享工程、利用共享工程。组织中小学生积极参加省图书馆文化共享工程中心主办的相关活动，在全市中小学生中开展了"向雷锋那样"电脑学习小报评选活动、"暑期七日行活动"和"金手指"电脑比赛。通过一系列的活动使共享工程不仅走入了农家，也走进了校园。

八、工作展望

穆棱支中心虽然刚刚起步，但已覆盖市辖所有行政村，被群众广泛认知，广泛参与。文化共享工程在穆棱已经成为全市人民文化生活的一大支柱，成为繁荣穆棱文化，丰富穆棱人民精神生活，推动穆棱文化科技进步的强大动力源泉。

今后穆棱支中心将在省共享工程中心的大力支持下，进一步抓好共享工程建设，建立一支专业化的服务队伍，开展服务形式更加多样，服务网点更加宽广，参与群众更加广泛的共享工程服务体系，为建设文化穆棱、幸福穆棱做出更大的贡献。

（撰文/穆棱市支中心）

绥芬河市支中心

绥芬河市下辖绥芬河镇、阜宁镇，常住人口15万。绥芬河文化资源共享工程在绥芬河市委、市政府及黑龙江省图书馆的关注支持下，各项建设工作顺利进行，为绥芬河市的经济发展环境和社会各界提供优质服务，发挥着积极而重要的文化阵地作用，实现了优秀文化资源在绥芬河范围内的共建共享。

一、整体情况和经费投入

绥芬河市的文化共享工程起步于2004年。2005年绥芬河市政府拨付专项经费15万元用于文化共享工程建设，并配备2名专职人员。当年末，省级分中心为绥芬河配备一套农村版200G硬盘服务器及一部投影仪。2006年4月，省级分中心为绥芬河安装了卫星接收系统。2007年，绥芬河市被确认为共享工程试点县之一。市政府划拨配套资金（20.4万元），与国家（34万）、省财政（13.6万）共投资68万元，用于采购共享工程设备。2008年9—10月，绥芬河中心机房按照全国统一标准进行了装修配置，11月顺利通过了文化部督导组的验收。

为提高网络运行速度，2007年，支中心自筹资金接入百兆光纤。2008年，网络运行费、电脑维护费等列入支中心年度预算，为支中心的资源服务和各设备的运行提供了经费保障。

二、资源建设

支中心主要依托国家和省级分中心的资源，下载和

网上祭先烈及观看共享纪念抗日专题库的资源

为残疾人提供就业培训

直接使用。目前，省中心已经为支中心解决了数字资源的广域网传播使用权。而且省中心于2008年向支中心开通了基层服务数字资源，目前，已增加到47个数据库，为支中心加强数字资源服务提供资源保障。

三、网点建设和培训工作

2009年，绥芬河市11个村全部成为村级基层服务点，配备的设备于1月下发到各村。

自2009年起，支中心每年都要为村级基层服务点的工作人员进行培训和辅导，进行集中培训和到村实地指导、面授、电话、网上交流等多种形式，提高工作人员素质，提升服务质量。

四、惠民服务

几年来，支中心自加压力，积极开拓创新，每年举办大型活动30余次，通过开展各项活动，使支中心服务人数逐年增加，2012年接待到馆读者87886人次。

1、拓宽领域，延伸服务。支中心将文化共享工程的资源送到基层、送到机关、学校、企业、部队等，为各阶层群众提供丰富的文化资源，让更多的市民了解和利用文化共享工程资源。为进城务工人员开展“文化送关爱”系列活动；为残疾人培训网络技能，拓宽就业空间，帮助他们自食其力，成为对社会有用的人；经常开展技术培训、文化信息宣传、数字资源服务、影片展播、流动书箱进工地等活动。

2、特色服务，历练精品。随着延伸服务的开展，根据实际需要，支中心于2009年依托共享工程建立了“好妈妈俱乐部”。鉴于母亲教育的这种特殊地位，确立了俱乐部的服务宗旨：帮助母亲完成“社会保障医生”这种使命，为社会培养和输送合格的人力资源，每个母亲都责无旁贷地承担起促进社会进步、提高民族素质的重大使命。俱乐部已成为妈妈们提升素质、放松心情、减轻压力的心灵驿站。此服务品牌不仅在当地、黑龙江省电视台也多次报道，而且于今年入选文化部颁奖晚会的全国服务案例。它成为宣传绥芬河、宣传中国的一个窗口，成为连接中俄友谊的一个文化枢纽。

3、专题活动，精彩纷呈。在2010年举办的少年网页设计竞赛活动中，选送的作品《记忆》和《中学生阅读网》分别获二、三等奖。2011年在“颂歌献给党歌咏活动”中，选送的节目《地道战》获二等奖；《在泰行山上》获三等奖；绥芬河支中心获黑龙江省优秀组织奖。2012年“向雷锋那样……”电脑小报制作比赛活动共提交作品147幅，张一童同学获小学组全国二等奖。

4、主题活动，寓教寓乐。在清明节举办“承先烈遗志　树文明新风”文明祭祀活动。在9·18举办的“勿忘国耻，振兴中华，上网参观9·18事变纪念馆”活动、在新年举办“传递爱，传递温暖”新年寄语活动及“我们的节日”主题活动，既发挥了公共电子阅览室社会教育的作用，又弘扬了中华民族优秀传统文化。

5、搭建绿色平台，关注学生成长

寒暑假举办丰富多彩的活动。如“畅游绿色网络，让网络为我所用”活动、“文明礼仪伴我行”、“知荣辱、践美德、讲文明”Flash专题展播活动等，为青少年的健康成长营造良好的绿色环境。

6、深入农村基层，提供优质服务。支中心整合共享工程的网络资源，搜集、下载适用于当地的政策法规、科技信息等资源，刻录成VCD光盘或宣传资料，免费赠送给村民，使农业科技推广更具有针对性和时效性。经常利用笔记本电脑和投影仪等设备下乡为农民播放视频，为提高农民文化素养，努力实现广大农民的基本文化权利，促进社会主义新农村建设发挥作用。

五、宣传推广

支中心经常综合运用平面媒体、网络媒体积极向社会各层面宣传文化共享工程。2012年与交广台共同策划了《欢乐童年•图书馆专题》节目，对支中心的资源、服务、活动等进行了专门介绍，让更多的市民了解和利用共享工程的信息资源。我们的好多活动如：“好妈妈俱乐部”、“书香山城”系列活动等得到当地报社、电视台、黑龙江省电视台和央视电视台的关注。

六、管理和队伍建设

为了强化支中心的队伍建设，支中心领导以身作则带头学习，在馆内形成良好的学习风气。利用每周五下午的时间，组织工作人员进行各种技能知识的培训，力求使每一个工作人员都能独挡一面，熟练掌握专业理论和网络技能。在管理方面，支中心实行德、能、勤、绩等绩效考核制度，使干部队伍向素质化、专业化、规范化、科学化方向发展。

七、荣誉奖项

2007年——2012年，丰收喜人，硕果累累：获牡丹江地区“青年文明号”、牡丹江地区“文明单位标兵”、黑龙江省文化共享工程先进单位、黑龙江省卫生先进单位、黑龙江省“巾帼文明岗”、黑龙江省全民阅读组织工作先进单位、“书香山城”系列活动获全民阅读优秀项目奖、获文化部授予的全国文化信息资源共享工程·公共电子阅览室示范点等国家级奖项。

八、工作展望

一份耕耘，一份收获！今后，绥芬河支中心还将通过多种方式与社会各界共同举办大型文化活动，打造特色服务品牌。

整合各类资源，使支中心成为市民终身学习的“加油站”，为提高市民的文化素质，将绥芬河打造成文明城市、生态城市、幸福城市、智慧城市、和谐城市而发挥文化阵地作用！

（撰文/绥芬河市支中心）

海林市支中心

海林市区域面积8814平方公里，全市拥有8个乡镇、1个街道办事处，112个行政村，人口42万。海林市文化资源共享工程在海林市文广新局和牡丹江市图书馆领导和指导下，稳步推进，健康发展，为繁荣农村基层文化，满足农民多层次文化需求，传递中国民族优秀文化资源发挥了重要作用。

一、基本情况

海林市文化共享工程建设开始于2005年，建成了全国文化资源共享工程海林支中心，2006年开始，在全市8个乡镇设立分中心。目前全市各村建立了支中心平台。

海林支中心设在图书馆，是海林市文化信息共享工程的建设和业务指导单位，负责保障全市中心共享工程设备的运行、协调镇村共享工程设备维护、维修，指导镇村文化信息共享工程活动和开展以及开展全市文化信息共享工程管理员培训和指导。

二、管理和队伍建设

为使共享工程真正为民所用、为民谋利，全国文化信息共享工程海林市支中心将共享工程日常工作纳入制度化管理。制定了支中心、镇、村基层服务点工作职责和制度，实行制度上墙公开。有长远工作规划、年度工作计划、月度工作要点和周推进表；实行季度督导，年末总结考核；推行管理员工作日志管理，收集整理共享工程服务活动的得失，探索共享工程管理和服务新模式。

全国文化信息资源共享工程作为一个新的农村文化信息获取平台，如何推广好、利用好共享工程的文化资源关键在于是否有一支专业化的共享工程管理员队伍。海林市共享工程支中心在管理员队伍建设上坚持明确职责，明确思路，制度化管理，常态化培育。

对于乡镇、村两级基层共享工程管理员，择优选取文化层次较高、有一定社会基层管理服务实践经验的大学生村官或高中毕业在家务农人员为管理员，他们工作热情高，有较高的文化水平能尽快熟悉掌握共享工程设备为所在村民服务。

三、培训工作

全国文化信息共享工程支中心在共享工程管理员的培养上实现了制度化和常态化。根据支中心业务要求，每年对辖区共享工程管理员进行季度集中培训。支中心成立以来，一共举办了各类培训40期，参加轮训的各级管理员达1200人次，平均每年轮训1次。

四、经费投入

海林市文化信息资源共享工程自成立以来，海林市图书馆每年投入运维经费1万元，用于共享工程设备的维护，人员培训和惠民活动的开展。同时，海林市政府、原海林市文化局、现文广新局文化委员会和图书馆每年也投入大量人力物力支援共享工程各项活动的正常开展。

五、资源建设

海林支中心在历年的工作中，搜集整理区域民众文化资料、政府及各部门材料汇编，选取、编辑制作各类题材资源，每年制作发放各类光盘2000余张，展板36块，各类海报，发放宣传资料5000余份。

六、合作共建

以海林支中心为依托，将各种部门下发的电子文献资源与建立的共享工程服务点结合起来，根据不同乡镇、村的硬件条件，建立形式多样的电子阅览室和多媒体中心。比如在海林市横道镇文化站、子荣社区服务站等建立拥有多台电脑的多媒体阅读中心；在海林市山市镇青领子村，利用村级活动室和阅览室，建立了数字影院放映室，播放信息资源里的共享影视等内容。通过多方不懈努力，共享工程已逐步走入基层村民生活，成为村民获取新知、娱乐身心的新渠道新平台。

七、利民惠众，惠农服务

海林支中心在共享工程服务实践过程中，以民为本，积极探索，服务民众生活生产，引领群众高尚精神文化生活，打造群众喜爱的文化服务电子新平台。

根据海林地域农业生产特点，海林支中心每年按节令制作农业生产技术光盘盒小册子，通过行政村基层服务点分发给村民，或以视频的形式传输给村民，帮助解决田间管理中遇到的一些实际问题。同时，针对不同农户，海林支中心还有针对性的选取资源上门指导服务。历年来累计服务农户百余户，长期点对点跟踪服务10家专业户，帮扶贫困户7户，实现了利用资源共享信息为群众致富脱贫好帮手。

八、宣传推广

1.海林支中心，利用各种渠道宣传、推广共享工程。每年的文化“五下乡”、读书节等活动中，海林支中心借机以活动为平台，以资料为媒介宣传共享工程，让群众不断了解共享工程，做紧共享工程。

2、走进校园。海林支中心文化服务不断探索、利用支中心儿童阅览专区，组织动员青少年关注共享工程，利用共享工程，收集青少年知识兴趣点整理挖掘，针对集中地知识群和关注点。支中心联合友邻部分，请专家前来为青少年答疑解惑，其中邀请相关专家多次做精彩报告，深受广大青少年喜爱。同时按照分中心的部署，在全市中小学开展了“我上网、我快乐”网页制作大赛等，使共享工程不仅走进农村，也走进校园，走进青少年。

3、专题活动，精彩纷呈。海林支中心在全市组织的各种群众喜闻乐见的文化活动中，抓住活动的热点和亮点，制作成电子内容，录入共享工程，丰富群众生活。例如在2012年海林旅游文化节之际，海林支中心联合海林电视台，将节目搬上荧屏，输入网络，让全市群众都能共享这场文化盛宴。

九、工作展望

全国文化信息资源共享工程海林支中心从单一的资源接收到编辑分发和群众广泛认知、广泛参与，文化资源共享工程已经成为海林市人民文化生活中不可或缺的一部分，成为繁荣海林文化，丰富海林人民精神生活，推动海林人文科技进步的强大动力源泉。今后海林支中心希望在牡丹江分中心大力支持下，把海林共享工程建成一个拥有更加专业化服务队伍，服务网点更加宽广，参与群众更加广泛的文化信息服务体系，为建设幸福海林、文化强市做出更大贡献。

（撰文/海林市支中心）

宁安市支中心

一、整体情况

宁安市（县级）面积7924平方公里，人口44万，共有行政村屯240个。宁安市文化信息资源共享工程支中心于2008年10月建成并投入运营，机房拥有浪潮服务器2台、路由防火墙1台、卫星接收设备1套、存储器1台（约4.5TGB），电子阅览室50平方米、25台计算机、网络100M光纤专线，多媒体室200平方米，照相机1台，摄像机1台等设备，下辖240个基层服务网点。

二、网点建设

全市240个行政村全部建有基层服务点，每个基层服务点配备投影机1台，幕布1块，现在全部安装到位，与其他农村建设项目功能共享，满足了各种信息共享的要求。另外，基层服务点还设有图书室，投放了2—3万元图书。

三、经费投入

文化共享工程依托宁安市图书馆现有的资源与设备，除了正常的图书馆办公经费外，每年专为文化信息资源共享工程拨款14600元、网络服务费9600元、文化信息资源共享工程机房电费5000元、下乡服务经费5000元。

四、资源建设

宁安市现阶段主要资源建设为接受国家、省级文化信息资源为主，分门别类存储。积极搜集整理地方特色的文献资源转化为数字资源，便于资源共享，现有近5TGB数字资源，包括自筹资金购置百余光盘。

五、技术支持

宁安市的文化信息资源工程技术支持主要来自省级文化共享工程中心和设备的提供公司，由该市文化共享工程技术人员消化理解后，再向农村基层服务点提供技术支持，为基层服务点解决工作中遇到的难题。

六、合作共建

除了省级中心是最大的合作共建方之外，该市文化信息资源共享工程主要与宁安市各职能部门合作，为他们提供技术平台或设备。比如党建进社区、村屯项目，整合双方的技术与设备实现一体化，最大发挥文化信息资源共享工程的作用。

七、惠民服务和宣传推广

宁安市文化信息资源共享工程支中心包括图书馆的所有各种资源免费向全市市民开放。

一是在宁安市电视台播放文化信息资源共享工程的简介；而是专门制作LED电子屏幕把所有服务项目及流程反复播放，方便市民了解文化信息资源共享内容。

培训村级管理员照片

八、培训工作

自从宁安市文化信息资源共享工程支中心成立以来，开展大型技术、业务服务培训讲座四次，传授文化信息资源共享工程设备的使用与维护、图书文献资料的编目及流通技术与业务知识，共培训500人次，为开展文化信息资源共享服务打下坚实的基础。建立咨询服务网络和电话联系渠道，工作中遇到的问题随时或上门解决多次。

九、管理和队伍建设

成立文化信息资源共享工程领导小组，抽调专人管理文化信息资源共享工程。宁安市支中心设有专职人员3名、各基层服务点设有专职人员1名，共计专职243名文化信息资源共享工程人员。每年对基层服务点专职人员进行培训，支中心对各基层服务点至少指导检查一次，确保各基层服务点正常开展活动。

十、工作展望

宁安市文化信息资源共享工程自2008年成立以来，各项工作有序开展，服务工作一步一步向前推进，取得了一些成绩，距离满足人民日益增长的文化需求还有差距。我们设想：一是依托宁安市图书馆网站，建立健全文化信息资源网络上的共享，足不出户就可共享文化资源。二是常态化资源的搜集与整理工作，加工编辑增加存储。三是强化延伸服务，对各基层服务点加大资源投放。

（撰文/宁安市支中心）

东宁县支中心

东宁县支中心（东宁县图书馆）位于黑龙江省东宁县中华路5号，建筑面积2438平方米，是全国文化信息资源共享工程县级支中心和黑龙江省图书馆流动分馆之一。截止2012年12月，设有社会科学外借室、自然科学外借室、综合阅览室、少儿阅览室、电子阅览室等业务机构8个，在编人员8人，拥有本科学历3人，大专学历5人。具有副高职称1人，中级职称7人。

东宁县支中心自启动共享工程建设以来，在省、市领导和县委、县政府的关心支持下，以基础建设和满足广大人民群众文化需求为重点，努力加快共享工程进度，拓展共享工程资源广度，升华共享工程宣传热度，紧紧围绕上级指示精神和县委中心工作，围绕繁荣发展文化事业，活跃全县广大人民群众文化生活，开展了一系列丰富多彩的活动，收到良好的社会效果，赢得各级领导的表彰和社会的广泛赞誉，为推动公共文化服务体系繁荣发展打下了坚实的基础。

一、共享工程建设开局良好

2008年10月，东宁县支中心相继建成了机房、公共电子阅览室、多功能报告厅，其中，电子阅览室面积为55平方米，拥有电脑25台，坐席30个，读者可利用互联网获取

文化信息资源服务与省中心的VPN连接，实现了公共电子阅览室对社会服务的广泛覆盖。为保障共享工程在东宁县的顺利实施，东宁县财政局为东宁县支中心下拨的2万元共享工程运行专项资金及“两馆一站”免费开放配套资金的逐步批拨，使东宁县支中心日常运转能够趋于稳定和可持续发展。除建设好县级支中心外，我们还按照国家、省、市的要求，充分发挥利用共享工程网络的优势，不等不靠借机行事，高标准完善共享工程网络，全县6个乡镇100个行政村全部设立基层服务点，达到100%全覆盖，而且根据上级文件要求，为每个村级基层服务点发放共享工程设备102套，价值达424728元，创造一流的公共文化服务体系。

二、共享工程工作有章可循

为确保共享工程在东宁县的顺利实施，东宁县支中心健全完善了本中心共享工程的各项管理制度，明确开放时间，建立了电子阅览室上网登记管理制度，实现“一站式”资源导航。还为下辖的100个乡村基层服务点统一制订各项规章制度和共享工程服务活动管理样板，深化共享工程的服务内容，并且积极组织县支中心人员参加由省级分中心举办的集中授课、卫星广播等各种形式的共享工程培训，提高对机房操作、设备维护、数字资源检索等知识的掌握和运用。还结合本地区实际需求，编制适合本地的专用培训教材和多媒体课件，借助印刷辅助学习资料等多种手段举办“乡村基层服务点管理人员业务基础知识培训”，确保基层服务点共享工程建设的顺利实施。

东宁县支中心还将共享工程建设与党员干部现代远程教育建设紧密结合，设立文化信息共享工程资源专栏，达到一网多用、资源共享的良好局面和效果。并且还利用广播电视有线网络搭建共享工程信息服务平台，播放共享工程的光盘资源，使有线电视覆盖的乡镇、村广大基层群众可以足不出户、就近快捷地收看到共享工程的相关节目，使文化共享资源覆盖全县城乡，进入千家万户，实现了文化共享资源与农村党员远程教育及广电信息传播功能的“双赢”。

三、共享工程服务亮点纷呈

在实施共享工程的过程中，东宁县支中心不断拓展共享工程的服务内涵和方式，根据农民的需求，利用共享工程资源下载家禽饲养、卫生保健、法律知识、科普知识等编辑、印刷成《科技信息简报》参加“文化下乡”、“走进农民科技节”活动，免费为农民发放，促进了先进文化占领农村文化阵地；结合民间传统节日“元旦”、“春节”、“元宵节”、“中秋节”及“4·23世界读书日”推出“共享和谐，情暖元宵”、“欢乐共享过大年”、“团圆中秋、和谐共享”等灯谜竞猜、图片展、影片放映等一系列文化活动，为广大市民营造欢乐祥和、健康有益的节日氛围；利用技术手段对公众上机行为尤其是未成年人的上网行为进行在线监控和有效管理。通过网上在线浏览、提供下载资料等方式，与社会各界共同开展经典诵读、演讲征文、网络棋类、知识竞赛等活动，使县支中心成为学生们了解知识的窗口，走向世界的桥梁；针对残疾人、农民工的特点和求职意向，利用共享工程资源、设备，聘请老师为残疾人、农民工讲技术，出点子、送信息，开展“残疾人实用技术培训班”和“青年创业计算机基础知识系列培训”等活动，帮他们重新认识自己，找到就业的机会和门路，为他们排忧解难；依托馆内共享工程资源，播放公益电影、公益讲座，开展“送科普进校园”、“文化共享助春耕，合作共建促双赢”、“红色电影进小区”、“防震减灾知识讲座”、“大众医学健康讲座”等活动，提高公众对县支中心文化传播职能的认知度，不断满足不同层次广大市民的精神文化需求。

四、共享工程取得显著成效

几年来，我馆在省、市上级主管部门的重视、关怀下，在文广新局的正确领导下，先后获得黑龙江省“2007—2008年度共享工程工作县级支中心先进集体”、牡丹江市“2009年度文化信息资源共享工程建设工作先进单位”、“2011年度全省文化共享工程宣传服务工作二等奖”、文化部“全国文化信息资源共享工程·公共电子阅览室示范点”和“国家三级图书馆”光荣称号。

五、共享工程肩负历史使命

面对未来，东宁县支中心将在省、市、县上级主管部门的正确领导下，以先进的设施、丰富的文化信息资源以及多样化的服务，继续推进文化共享工程工作，进一步增强文化共享工程的辐射力和影响力，让数字资源进乡村、进社区、进军营、进学校、进企业，展示优秀文化信息资源的魅力，努力满足广大人民群众求富裕、求健康、求安定、求文明的需求，为推进东宁县文化大发展大繁荣作出更大的贡献！

（撰文/东宁县支中心）

林口县支中心

林口县总面积7184平方公里，行政区划设8镇3乡，176个行政村，常驻人口39万。林口县文化信息共享工程在林口县文广新局和黑龙江省图书馆共享工程中心的支持和指导下，开展形式多样的读者活动，为繁荣和丰富农村基层文化生活，满足人民群众不断增长的文化需要，传递中华民族优秀的文化精髓发挥着重要作用。

一、基本概况

林口县图书馆文化信息资源共享工程县级支中心是2008年由国家财政和地方财政投入68万元资金建立，县级支中心文化共享工程按照标准配备了现代化设备。4年来我们县级支中心以运用共享工程网络丰富资源开展形式多样的读者活动，把丰富的文化信息资源利用各种传输渠道服务基层群众，使广大群众在学习娱乐中受到先进思想文化的熏陶，丰富了人民群众的精神文化生活。

二、网点建设

林口县共享工程县级支中心为我县的176个行政村发放投影设备，并且借助农村党员教育的传输渠道服务基层群众，建立定期沟通机制，加强合作共建站点的管理；为11个乡镇文化站提供共享工程信息资源，我们结合我们当地的农业生产实际，提供农业种植、养殖技术知识和信息，并积极开展面向基层群众的信息化培训，帮助他们掌握计算机及网络知识，培育有文化、懂技术、会经营的新型农民；我们镇内的6个社区文化站也建立了电子阅览室，现在我们共享工程县级支中心在进一步把共享工程的网点建设扩大到社会的各个层面，让更多的人受益。

三、合作共建，惠民服务

文化信息资源共享工程县级支中心建设得到省市县财政的大力支持，从网络建设到设备配置、网络维护、网络费用等都给予经费投入。省图书馆共享工程中心从网络建设、网络管理到工作人员的培训都给予大力支持。我们利用共享工程电子阅览室开展各种惠民服务活动。举办中老年读者网络使用学习培训班、中小学生网络学习培训班、乡镇文化站长培训班、农家书屋管理员和社区图书管理员培训班及农村文化骨干培训班等形式多样的培训工作，市民节我们在兴林广场大屏幕播放共享工程发放的电影光盘，建党九十周年我们播放党史知识讲座；把共享工程发放的种植、养殖及农业技术讲座流通到农家书屋，组织农村群众学习观看，组织读者观看"十八大开幕式"，学习十八大会议精神，目的就是把我们丰富文化信息资源宣传推广出去，引领基层群众学习和利用公共文化设施，开展丰富多彩的文化娱乐活动，使广大市民把图书馆当成家，成为一个城市不可或缺的公共文化空间，为人民群众提供心灵的栖息地。

四、设备管理，队伍建设

文化信息资源共享工程建设管理非常重要，设备的管理和人员的管理。共享工程的设备，我们单位有主要负责人负责并参加管理，定期维护，发现问题及时解决，确保共享工程的设备正常工作。共享工程的工作人员定期参加省、市图书馆组织的文化共享工程工作人员培训

班，通过集中培训、现场培训、远程培训等方式学习，不断提高工作人员的业务能力，工作人员还要随时解决在工作中遇到的实际问题，做到不懂就学不会就问，努力提高自身的业务能力，比如我们举办的中老年读者网络使用学习培训班，我们改变以往的教学模式，我们先不讲理论，以实践为主，首先教上网简单的开机和关机、如何看新闻、看信息、网络阅读等，让中老年读者感受到学习电脑没有想象的那样难，通过网络的学习利用使广大市民了解我们国家博大精深的文化底蕴，了解世界，展现我们国家翻天覆地的变化，经济繁荣，人们的生活水平不断提高，我们已经进入小康社会，新的领导集体将带领我们全面实现小康生活。网络的学习最需要图书馆馆员的引领，特别是中小学生。我们特别重视中小学生的引导，引导他们观看国家中心网站推出的栏目，"资源快报"、"文化动态"、"新书推荐"、"典籍文化"等等，黑龙江图书馆网站推出"青少年绿荫网站"以这些文化资源为基础，广泛发动青少年开展网上读书活动，进一步激发广大青少年读书学习的热情。共享工程工作的推广最需要我们基层的文化工作者艰辛的付出，我们组织馆员和乡镇文化站长、农家书屋管理员和社区管理员共同学习文化信息资源共享工程内容、共享工程建设的意义、通过"共享工程"的实施，将通过网络广泛传播中华文化的精髓，实现"以科学的理论武装人，以正确的舆论引导人，以高尚的精神塑造人，以优秀的作品鼓舞人。使广大的人民群众思想道德素质和科学文化素质提高的更快，使我们的社会能够更快、更好的发展。

五、展望未来，任重道远

林口县文化信息资源共享工程已经历了四个春秋，在这四年里文化信息资源共享工程的服务已成为人民文化生活的一大精神支柱，已被广大群众广泛认知，成为繁荣林口县文化生活，丰富人民精神生活，推动人文科技进步的强大动力源泉，今后林口县文化信息资源共享工程支中心将在国家中心、黑龙江省中心大力支持和引领下，建设一支高素质的共享工程专业化的服务队伍，把我们文化信息资源共享工程整合的资源推广出去，指导利用，这需要我们图书馆员不懈的努力，共享工程是一项伟大的惠民工程，这项工作任重道远，需要我们艰辛的工作，需要我们建立规范的服务体系和服务形式更加多样，服务网点更加宽广，参与群众更加广泛的共享工程文化带动体系，为建设繁荣富强的林口做出贡献。

（撰文/林口县支中心）

安达市支中心

一、基本情况

黑龙江省文化共享工程启动以来，在县级支中心分期分批建设中，文化共享工程安达县级支中心于2008年10月分建成投入使用，设备总投资68万元。该中心主控机房10平米；电子阅览室80平方米，电子阅览室共设座席25个。2008年10月末通过10M光纤接入互联网，30余台计算机都可浏览共享工程的数字信息，现已向社会全面免费开放，支中心的建成，进一步推动安达图书馆的基础建设，实现了图书馆网络化、数字化、自动化管理。

二、宣传推广

共享工程是一项创新的文化建设工程，许多人对它还不够了解，为了更加广泛地宣传共享工程的意义和作用，让各级领导和群众充分认识这项工作的重要性和必要性，我们做了大量的宣传工作。一是充分发挥电视、报纸、宣传版、网络平台等现代化传媒作用，适时适度地介绍实施“文化共享工程”的目的意义，文化信息资源和操作流程等，使群众真正的了解它，从而主动地利用和使用它；另外编辑制做宣传手册，陆续下发到农村、学校、企业、机关、社区等用通俗易懂的方式宣传共享工程资源；让广大市民了解共享工程的内容，从而进一步提高共享工程的知晓度和利用率。

三、活动开展

为了更好地提高基层服务点的工作效能，近几年我馆开展图书馆员的现代化技术培训，培训涉及电脑基本知识，基本操作、文化共享工程基本内容的应用、以及interlib系统的使用，使得全体馆员在自己的业务能力和服务水平上都有了一定的提升。自2008年开始至今，该馆大力加强设备管理制度和服务内容建设，建成乡镇基层服务点14处，县、乡、村三级文化网络体系基本形成；该馆在利用文化共享工程平台的同时还启用了interlib系统完成了书目数据的回溯建库工作，共完成书目数据13万条，服务于广大读者，充分发挥图书馆共享工程的方便快捷的优势。

2008年至今，该馆有效地利用文化共享工程开展各项活动达40余项；利用共享工程数据库中影视资源、数字资源、依托图书馆地理位置优越条件，在夏季无偿为市民放映优秀电影达二十余场；为敬老院的老人们放电

影十余场；举办爱国英雄故事、科普知识、名家讲座等各类活动。该馆重视培训及文化科技信息服务，利用电子阅览室这一阵地，由单位专业人员专门举办了电脑培训工作，有效地解决了老年人无处学电脑的困境。

利用共享工程数字资源举办了“小小图书管理员”中小学生创新素质实践活动，活动中孩子们个个兴趣盎然，他们认真听馆员的讲解，仔细看馆员的实际操作。在实践中孩子们了解了图书加工的基本流程及图书流通中的管理方法。从而提高了少年儿童利用图书馆的意识和能力，通过这些活动让更多的青少年利用图书馆，利用共享工程的信息资源。

该馆利用共享工程网络资源内容新奇、实用性强、信息量大、数据传输快捷方便的优势，认真搜集、下载适用于当地群众的政策法规、先进性教育、农业科技、防疫保健、科普知识等共享工程信息资源，并刻录成VCD光盘，通过送书下乡直接送达到各个基层服务点。丰富的文化教育资源和科技信息资源，普及到广大农村基层，对打破农村地区信息闭塞的状况，积极推广农业适用技术，帮助村民及时了解到相关市场，技术信息起到了重要的作用。现在不少村民都反映，通过“信息共享工程”他们的眼界更宽了，信息更灵了，增收致富的本领更强了。

我们加强公共图书馆的辐射作用，针对农家书屋、乡镇图书室、社区图书室管理员业务知识不系统和图书管理不规范的实际问题，对图书的登记、分类、排架、外借、装订等专业知识进行细致的讲解，从而提升了基层图书管理员的业务素质，进一步促进了基层图书室的业务发展。几年来，该馆先后荣获全省文化共享工程宣传服务工作三等奖、绥化市文明单位标兵、安达市模范集体、安达市“三八”红旗集体等荣誉。

四、工作展望

进一步加强网络化、数字化建设、加强文化、科技信息资源在群众中的重要性，不断培养专业技术人员，为深入推进共享工程打好基础。努力把文化信息共享工程用好、用活。积极采用图书馆的成熟技术，借助数字资源、远程服务网络，大力开展工益性服务，通过多种形式拓展服务范围。

（撰文/安达市支中心）

肇东市支中心

一、基本情况

肇东市文化资源共享工程始建于2006年，是国家首批试点县之一，目前支中心设有电子阅览室，服务终端机60台，各部门工作用机器25台。下设6个社区服务网点、15个乡镇服务网点。截止到2011年186个行政村全部开通了共享工程服务。

二、管理和队伍建设

肇东市支中心自成立以来才，成立了以业务副馆长、业务骨干的专业化管理队伍，制定了岗位责任制，并

且公开上墙，并经常深入到社区，乡镇进行业务工作指导，并为一些偏远的村级服务网点送去最新的科技光盘，同时又为乡村培养了大批的共享工程宣传员，这批宣传员工作热情高涨，经常走访村民家，把党的好政策，好的科技致富信息及时的传递给老百姓。

三、培训工作

肇东市支中心把对基层管理人员的培训工做纳入到了管理日程上，自2008年成立以来，对基层管理人员培训了4次，同时又为农家书屋管理人员培训了2次，参加培训的管理人员有1500余人次。

四、经费投入

为了确保肇东市共享工程工作能够正常运行，自成立以来地方财政每年为支中心投入运行经费43000元，每个村级服务网点每年1000元。

五、资源建设

该支中心工作人员经常在网上、省级资源库中搜集一些比较好的信息刻录成光盘，送到基层服务网点，截止到2012年共发放光盘1500多张，宣传海报500多份。

六、合作共建

肇东市支中心依托市组织部党员远程教育和教育局的中小学生远程教育的平台，经常播放优秀共产党员宣传片和爱国主义教育影片，利用一些村办的小电视台播放农业科技讲座知识，和社区联合举办一些家政知识讲座等，通过我们不懈的努力，共享工程这一惠民政策在我市已经深入到了千家万户。

七、宣传推广

多年来，肇东市支中心不断完善自身的服务功能，拓宽服务领域。在三下乡、图书馆宣传周、建设和谐新肇东等活动中展示自己，让广大市民逐渐了解共享工程，走进共享工程。

1、共享工程进军营：今年的八一建军节，我们组织了共享工程工作人员，带着图书2000册，和投影设备，深入到了消防大队，在消防大队建立了图书流动点，为消防大队的官兵播放了电影，受到了官兵的欢迎。

2、共享工程进社区：肇东市一年一度的广场消夏晚会已经成为广大市民文化生活不可缺少的一部分。充分抓住这一有利的契机，在共享工程晚会的现场每天晚上播放共享工程宣传片和一部电影，让广大市民了解共享工程的作用和意义，同时又丰富了市民的文化生活，晚会共举办了11天，我们共播放宣传片1场，电影11部。

3、共享工程进农村：为了能使共享工程的信息资源能为农村百姓服务，在2012年的7月份和9月份，工作人员两次深入到昌五镇和肇东镇东跃村为农民朋友送去了种植、养殖科学技术方面的光碟，并现场为他们播放了有关农业技术讲座节目，受到了广大农民朋友的热烈欢迎。

八、工作展望

肇东市文化信息资源共享工程已经走过将近10个年头，回首过去走过的风风雨雨，虽然那时的道路艰辛，但看到现在的丰硕成果，心里感到无比的欣慰。文化信息资源共享工程之花已经开遍了肇东市的城乡社区，成为繁荣肇东文化、丰富肇东人民精神生活；推进肇东市人文科技进步的强大动力源泉。

(撰文/肇东市支中心)

海伦市支中心

海伦市区域地理面积4667平方公里。海伦市行政区划共有23个乡镇，共有246个行政村，常住人口85万人。海伦市图书馆文化资源共享工程在海伦市宣传部和海伦文广新局的大力支持和部署下，逐步推进，稳步发展，在当前的新形势下，为发展和繁荣农村基层文化，满足农民多层次文化需求，传递中华民族优秀文化信息资源发挥了重要的作用。

一、基本情况

海伦市图书馆文化信息共享工程始建于2008年。建设伊始，得到了黑龙江省文化厅、省图书馆以及市宣传部、文广新局的大力支持。第一批设备试点安装在扎音河乡，通泉村、诚实村，海兴镇丰顺村等五个村进行。前期所安装的设备，俱通过卫星设备直接接收国家中心下发的种类资源和信息，2009年年底海伦市图书馆文化信息资源共享工程开始普及进入乡镇行政村。至2010年5月，海伦市所辖行政村实现全市文化信息资源共享工程村村全覆盖。做到了市建有文化信息资源共享支中心，乡有文化站，村有文化活动室，屯有文化中心户这种“四位一体”的文化基础设施综合体系。达到了省文化厅要求的各项标准，实现了全市文化信息资源共享的目标。

二、经费投入

海伦市图书馆文化信息资源共享工程施建伊始，得到了市政府的大力支持，一次性拿出15万元的建设资金，使此工程的建设得以顺利进行。工程建设开展后，又建立了长效资金，将工程运行经费列入财政预算，为共享工程的建设和运行提供了有效的资金支撑，使得共享工程的各项活动能够正常顺利地开展。

三、资源建设

海伦市共享工程自建设以来，市图书馆共累计投资80万元，建成了电子阅览室，报刊阅览部，参考咨询部，社科借阅部等七个部门。其中的电子阅览室和多功能视听室，面积各达150平方米，拥有45台电脑和60套坐席，为广大群众服务。完备了信息网络，接入了100兆光纤的网络，为传输和发布信息提供技术保障。为满足民众文化需求，我们还发放各类光盘800多张，展板40多块，发放宣传资料2000多份。以上资源，为我市广大市民，中小学生提供了优质的服务平台。

四、工程管理和队伍建设

为了共享工程真正为民所用为民谋福利，海伦支中心将共享工程实行制度化管理。制定支中心，镇乡，村基层服务点工作职责和制度。每年有年度工作计划，月度要有工作重点，年末有工作总结和考核。

海伦市共享工程支中心在队伍建设上，坚持明确职责，明确思想，制度化管理的方针。在乡镇、村两级基层的共享工程管理上，择优用人，选取文化层次较高的年轻干部或大学生村官来担任管理员。这样，就可以更好地为村民服务。

五、培训工作

该支中心根据工作的要求，每年对辖区内的共享工程管理人员进行4期的集中培训。2008年以来，一共举办各类培训班40期，参加轮训的各级管理人员达1200人次。海伦支中心建立的长效培训机制的模式是针对性培训和系统性培训相结合。要求做到，不培训不上岗，培训不合格不上岗。在培训中，做到理论和实践相结合，必要时，由专业技术人员对新受培训的人员进行一对一的务实培训，除此以外，还时常地请专家教授进行讲课，到外地去取经吸华，把好的经验取回来，为我所用。

经过各种培训，极大地提高了共享工程管理人员的水平和素质。

六、惠民服务

海伦支中心在共享工程的服务过程中，以民众的需求为指南，积极探索，服务民众的生产和生活，建造群众满意的文化服务新平台。

为了满足农民求知，求富的需要，海伦市图书馆近几年来，建立和完善了市、乡、村三级图书网络。实现了乡有图书馆，村有图书室，屯有图书屋的图书阅览体系。其中共建图书室屋130个，全市乡村拥有图书总量7万余册，极大地丰富了农民的文化生活。同时也使群众的生产科技含量得以大大增加。提高了民众的法律意识。

七、宣传推广

海伦支中心利用各种渠道宣传推广共享工程。在每年的科技文化四下乡的活动中，海伦支中心以活动为平台，以资料为媒介，大力宣传共享工程，让民众不断理解共享工程，走进共享工程。

各基层服务点也充分利用共享工程网络开展了丰富多彩的活动。例如：文化娱乐的歌舞比赛，科技讲座，法律课堂等。仅2010年，海伦共享工程就开展活动多达54期次，其中海伦支中心送资源下乡活动20次。分别在扎银河乡、海兴镇召开了现场会。

通过工程网络下载，把许多优质的种植、养殖技术、法律法规知识等信息送到群众手中。受到了广大群众的欢迎和称赞。还定期地下乡送放，有不同年代特征的电影，使不同阶层的广大群众，均收到效益。极大地推动了新农村的精神文明建设。

另外，海伦支中心还利用少年儿童阅览专区，组织青少年儿童关注共享工程。并收集青少年知识兴趣点，进行挖掘和整理，然后服务于青少年儿童，使他们能够健康茁壮地成长。邀请市内外的著名学者专家为广大学生们讲课，作报告。深受广大学生们的喜爱。通过一系列的活动，使共享工程不仅能进入农村，还可走进学校。

八、工作展望

海伦市文化信息共享工程已走过五个年头。成绩和不足共存，发展和挑战同在。今后，海伦支中心希望在国家中心，和省支中心的大力支持下，不断更新技术装备，积极引进各方面的人才，充分利用已有的成果，最大化地发挥共享工程的优势，为民众服务。建立一个国家、市、乡三级知识网络互动的服务体系。使服务形式更加多样，服务网域更加宽阔，参与的群众更加广泛。为建设文化海伦、科技海伦、健康海伦做出贡献。

（撰文/海伦市支中心）

望奎县支中心

望奎县图书馆自2008年经过积极努力，得到省文化厅和省图书馆的大力支持，投资68万建成了文化信息资源共享工程支中心，并逐步向农村乡、镇、村文化网点延伸，现已基本形成县有信息资源共享支中心、乡有文化站、村有文化活动室、屯有文化中心户“四位一体”的文化基础设施建设，文化信息共享工程网络已覆盖了全县15个乡镇109个行政村，覆盖率达到100%。并达到省文化厅要求的综合文化活动室建筑面积标准、设施配置标准，有的文化中心户的图书已达到几千册，而且质量也很好，实现全县文化信息资源共享。

一、经费投入，资源建设

2008年全国文化信息资源共享工程支中心建立时，一是县政府在财力十分紧张的情况下，一次性拿出13.6万元匹配资金，使我县共享工程建设得以顺利进行。二是建立长效资金。经县主要领导批准，又将共享工程运行经费列入财政预算，为共享工程建设提供了有效地经费支撑，保障了设备正常运行。三是完备信息网络，县图书馆累计投资70万元，建成了130平方米，摆放40台电脑的电子阅览室和相同面积，坐席50套的多功能视听室，接入10兆光纤的网络，县级支中心专业技术人员，为传输和发布信息提供技术保证。这两个现代化场所全天开放，为我县广大市民、中小学生提供知识、文化的广阔天地。

二、惠民服务

为了满足农民求知、求富的需要，望奎县图书馆近几年建立完善了县、乡、村三级图书网络，实现了乡有图书馆、村有图书室、辟建村屯农家书屋109个，极大地丰富了农民的文化生活。卫星镇在抓文明村镇建设中，针对一部分农民文化水平低下、科技知识匮乏、法律意识淡薄等问题，于1998年在全镇四个村建起了藏书总计1.4万册的农民书社，图书内容主要包括政治、经济、文化、科技、法律、卫生等。除了各类图书外，书社还购置了多种报纸和杂志，不少农民从中找到了致富的金点子。兰头村农民张井宾通过看报纸，养起了小尾寒羊，成了村里人见人羡的“大款”。在他的影响下，全镇已发展小尾寒羊1000多只。小小书社让镇上农民的精神面貌变了样；相信科学的人多了，搞封建迷信的人少了；发家致富的人多了，无所事事的人少了；遵纪守法的人多了，扰乱社会治安的人少了，卫星镇还因此被评为省级文明村镇。

2011年9月28日黑龙江日报刊登一条消息共享工程改变了老农多年的种植习惯。

“望奎县图书馆开展的文化信息资源共享工程，真让我们这些农民受益呀。一年时间，就让我脱贫致富，没了‘饥荒’，还买了自家车。日子真是越过越有奔头！”近日，望奎县卫星镇农民张录接受记者采访时，抑制不住内心喜悦之情侃侃而谈。

今年63岁的张录，就在2009年前还过着愁眉不展的生活。4个儿子相继结婚，让他背上了几万元的债务。转机发生在2009年春天，“文化信息资源共享工程”在望奎县卫星镇文化站安家落户。带着新奇，张录走进了文化站电子阅览室。在工作人员的教授下，他平生第一次按下了鼠标和键盘。由共享工程国家中心传输的各种科技资料，让他眼前豁然开朗，从此走进了一片致富新天地。他说，此前他循规蹈矩地种植蔬菜和粮食，一年收入不过两万元钱。通过文化信息资源共享工程，他改变了以前多年使用的蔬菜和粮食品种，改用网上介绍的产量高、品种好的新品种，比如把原来种植的山东密刺黄瓜改种为抗病性好、口感好的辽宁锦州“奥运”黄瓜。虽然投入增加了一倍，但产量也大大增加；而且种出的蔬菜口感好，供不应求。就在当年，他扣的蔬菜大棚，净收入近4万元钱，粮食净收入近2万元钱。一年净收入几乎等于原来3年的净收入。张录不仅还清了所有的债务，还用盈余的钱为儿子买了一台哈飞民意汽车。如今，张录仍像过去一样，只要有空，就泡到文化站，上网查看培育信息、致富信息。今年，他又通过文化信息资源共享工程提供的信息选中了新的菜粮品种，如黄瓜，他将种植“培育99”品种，根据信息提供，其增产将达到20%--30%。张录预计，今年还会比去年增加一万元钱的收入。临了，他很感叹地对记者说，人说科学致富，真是有道理。“我就是靠文化信息共享工程提供的致富信息，找到了科学致富的路啊！”

三、活动开展

各基层服务点都充分利用共享工程网络开展了丰富多彩的活动。比如文化娱乐活动、科技讲座、健康讲座、法律知识等。同时，县级支中心还把送共享工程服务工作延伸到校园、军营、社区和敬老院等。按照不同农时季节，送去他们需要的信息资源。仅2009年全县共享工程就开展活动48期次，其中县级支中心开展送共享工程资源活动17次，并在卫星镇召开现场会，给109个村配备了投影仪。通过共享工程网络下载、整理、配送了32份种、养殖技术，市场营销、法律法规等信息资源，把80份光碟送到了种、养殖业户家中，受到了广大群众的欢迎。我们还多次利用投影设备为敬老院演电影、送文化下乡到革命老区。

四、管理和队伍建设

我们积极建立起长效培训的机制，规范培训提高人员素质。一是地毯式培训，即每位“文化共享工程”的管理人员必须经过上岗前的培训，不培训不上岗，培训不合格不上岗。二是现场针对性培训，即支中心的业务和技术指导人员通过现场维护和故障排除，进行一对一的各类实务培训。三是系统的专业培训。在培训方式上，我们采取请进来走出去的方式，除邀请专家授课外，还派有关业务骨干和优秀服务人员赴省内外分支中心实地培训学习，考察基层服务点共享工程建设与服务经验。几年来，支中心人员共参加共享工程和自动化培训8次，学习人次20余人次。支中心分别对全县的农村基层点共130名村级管理人员进行了文化信息共享工程农村版的培训。

五、工作展望

在现如今信息飞快发展的时代，图书馆必须建立和完善自动化网络系统，在网络环境下更要强调分工协调，资源与信息网上共享，使图书馆真正成为知识信息的检索中心和咨询中心。图书馆在不断更新技术装备的同时，更要积极引进和培养计算机网络方面的人才，使图书馆的工作人员成为能够驾驭计算机及网络技术等先进信息加工处理技术，对信息能够进行加工、开发、维护的复合型人才。还要充分利用已建成果，最大化发挥各级网点设备设施的服务能力，使各基层服务网点成为具有信息服务、教育培训、文化娱乐等多种功能的文化服务中心。

（撰文/望奎县支中心）

兰西县支中心

兰西县全县总人口50万，有15个乡镇，105个村，771个自然屯，镇内10个社区。兰西县支中心在地方政府的领导下，在各级业务部门的指导下，利用服务设施为全县广大基层群众免费传递优秀的文化信息资源。

一、基本情况

兰西县文化信息资源共享工程始建于2010年，此后在全县15个乡镇文化活动中心陆续安装调试完毕，截止2012年底，实现全县乡镇文化共享工程全覆盖。兰西县共享工程支中心设在兰西县图书馆，是全县共享工程建设和业务指导单位，负责基层共享工程网点的设备运行、维修，管理人员的培训、指导等工作。

二、管理和队伍建设

按照上级业务部门的要求和兰西县基层服务网点的实际情况，兰西县共享工程支中心把日常工作纳入制度化管理。一是加强组织领导，明确工作责任，做到年初又工作计划，每月有工作目标，季度有工作督导，年终有工作总结。二是规范基层服务网点的管理制度化、规范化、科学化、人性化，确保这一惠民工程顺利开展。

三、培训工作

兰西县支中心坚持常年对基层服务网点的管理人员进行常态化培养，使每位管理者明确工作职责，明确工作任，明确工作制度，熟练掌握服务设施为广大村民服务。每月的5日为例会日，每季进行一次业务培训。

四、经费投入

兰西县支中心下属15个基层服务网点，所需的网费、设备的日常维修管理和惠民活动经费，全部纳入各乡镇财政预算。同时，县政府、文广新局和图书馆也都投入人力物力和财力支持共享工程建设和各项活动的开展。

五、惠民工作的开展

共享工程兰西县支中心兰西县支中心，常年坚持把方便群众利用文化信息资源作为一切工作的中心，面向社区、面向基层、面向群众免费开放服务。利用共享工程资源举办报告会、故事会、演讲会及各类知识讲座，坚持播放爱国主义影片，为广大群众进行电脑知识培训，利用共享工程流动服务车开展送文化信息资源下乡活动，免费为农民发放种植、养殖信息资料、赠送文化信息光

盘、播放农业知识专题片，坚持开展送文化信息进机关、进企业、进社区、进乡村、进校园、进警营活动，通过丰富多彩和形式多样的文化活动，使广大人民群众认识和了解文化信息资源共享工程，充分利用文化信息资源共享工程，及时、准确的获取所需要的文化信息，让党的惠民工程真正惠及于民为民所用。

（撰文/兰西县支中心）

明水县支中心

明水县总面积2300多平方公里，人口33万多人。明水县文化共享工程在黑龙江省文化厅的帮助下已初步建成并投入使用。文化共享工程在我县的建成和使用对于明水县的广大人民群众来说是一件非常大的喜事。它可以满足各类读者对文化、信息的需求，弥补了由于县级图书馆购书经费有限，缺少新书的不足，改善了图书馆开展业务的基础条件，增加了图书馆开展业务的手段，推动了图书馆事业向前发展，使图书馆事业又登上了一个新的台阶。

一、基本情况

明水县文化资源共享工程开始于2007年，由黑龙江省文化厅为明水县图书馆调拨了价值陆拾肆万元的共享工程设备，建成了明水县共享工程支中心。明水县共享工程支中心，主要负责对明水县文化信息资源、基层服务点的监督与服务。数字资源放在图书馆服务器上，用户直接访问图书馆服务器，通过卫星传递输网，基层中心根据省级中心发布的数字联合目录，提交选择同步的数字资源请求，通过卫星接收设备接收数据，下载后的数据通过导入系统同步到本地中心。

明水县文化共享工程总体目标是建立明水县文化信息网，建立文化信息资源的共建共享机制，并分层次建立三乡一镇，社区、学校基层服务点。

明水县共享工程基层服务点有通达镇文化站、繁荣乡文化站、通泉乡文化站、树人乡文化站四个共享基层服务点。

二、管理和队伍建设

明水县文化支中心以黑龙江省文化信息资源共享工程中心为依托，挖掘整合明水县的历史资源和当代各类文化信息资源，以现代技术形态再现文化的重要价值，形成网上明水县文化信息资源优势。在此基础上利用“全省文化信息资源共享工程”的资源，实现明水县文化信息资源的共建共享。

明水信息共享支中心，为了更好的开展工作，成立了专门机构，并有专人负责，信息共享部成立以来，工作做到年初有计划，季度有总结，活动有记录，工作内容主要有阵地服务，和馆外服务两大部分。阵地服务主要是利用电子阅览室，多功能报告厅。明水支中心电子阅览室110平方米，27个节点，机房30.1平方米，目前已接待读者5千余人，多功能报告厅主要开展专题名家讲座、中小学

生智力知识竞赛，组织中小学生观看爱国主义影片。

馆外服务就是走出去，和文体局、学校、社区等单位联合开展活动。如和文体局联合在图书馆门前举办广场文化，其中一项内容是图书馆利用大屏幕播放爱国主义影片。

共享工程部成立之初，图书馆领导就注重选拔有责任心、有培养前途、文化水平较高的年青人负责这个部门的工作。他们工作热情高，才思敏捷，头脑灵活，接受新事物能力强，工作开展起来，有声有色，得心应手。

三、培训工作

明水县支中心在共享工程工作人员的培养上非常重视，省里组织的各种类型的培训班，虽然馆里经费有限，但都积极组织年青人去参加学习；对辖区的文化站长、学校的图书馆管理员，每年都举培训班，提高他们的专业知识和理论水平。

四、惠民服务，宣传推广

利用共享工程丰富的文化信息资源，支中心的工作人员到社区、学校、厂矿、企业、单位开展大量的活动，同时注重宣传图书馆的共享工程，这个过程既是服务的过程，也是宣传的过程。支中心的工作人员始终坚持对科研单位，科研人员重点服务，明水县农业推广中心是支中心的服务对象，他们每年实验项目，科研课题，我们都全程跟踪服务。近几年来科研中心发展产业项目，开始经营化肥、种子，我们就提供种子、化肥方面的信息，帮助他们了解市场行情，有针对性的选取资源提供服务。

全县中小学也是支中心服务的重点，明水县第一小学每年都举办运动会，小学生特长才艺展示会，以及其他的文艺活动。支中心的工作人员就积极参与，有时利用大屏幕播放电影，有时配合活动提供文化资源，比如图书、报刊、电子资源，对青少年的健康成长起到了很好的教育功能。

五、技术支持，合作共建

明水支中心基层服务点已有四个，共享工程已进入农村百姓生活。共享工程在某种程度上来说，在广大农村发挥的作用更广泛更深入，更受到百姓的喜欢。

支中心的工作人员根据农村的实际情况开展工作，提供切实有效的服务。我县有13个乡镇，每个镇两周有一天是大集。赶集这天十里八乡的农民会到集上购买生活日用品，走亲访友，这一天也正是支中心的工作人员服务的好时机。他们和文化站的管理员在集上播放科普讲座、发放宣传单、赠送农业科技新书书目。帮助农民改变过去靠天吃饭的老观念，认识到科学种田的重要性。同时支中心的工作人员利用这一时机；顺便对基层管理员进行辅导，维护专业设备，这样使每一个基层服务点都能有计划有顺序的顺利开展工作。支中心的服务为全县农民提供了一个广阔的娱乐，提高文化素养的展新平台。

六、工作展望

在共享工程建设中，我馆要注重加强软硬件基础设施建设，强化人才队伍建设，结合实际，探索新的服务方式，提高服务能力，利用共享工程平台，为地方经济建设、为富民强县、为倡导文明新风做出更大的贡献。

（撰文/明水县支中心）

大兴安岭地区支中心

大兴安岭地区图书馆文化信息资源共享工程于2006年建设2007年建成，位于大兴安岭地区图书馆6楼，共面积约400平米。电子阅览室电脑共60台，报告厅能容纳80人。

大兴安岭地区图书馆资金由省匹配和地方匹配共同建设完成。大兴安岭支中心下有漠河县、塔河县、呼玛县三个县级支中心，加格达奇区、松岭区、呼中区、新林区四个区支中心。

大兴安岭地区支中心在共享工程服务实践过程中，为广大人民群众提供文化服务，周六10点报告厅放电影，科教片。平时全年联系本地区小学低年级学生，每周利用小学下午课外时间，在班主任带领下，来到报告厅给小学生放映国内外知名动画片，提供给小学生一个优良的学与玩相结合的机会，每周两次。在农闲之时，积极联系本市周围的乡与村文化站，组织农闲在家的农民来我馆，为他们播放一些与本地区种植、养殖作物有关的科教知识，通过网络搜索来帮助他们解决一些种植养殖方面的技术问题。使得文化信息资源共享工程有效发挥作用。

大兴安岭地区支中心历时六个年头，为大兴安岭人民文化生活提升了很大的进步。今后大兴安岭地区支中心希望在省中心的领导和大力支持下，把大兴安岭资源共享工程建设的更上一层楼，让大兴安岭人民得到更多的文化知识，为大兴安岭的文化做出贡献。

（撰文/大兴安岭地区支中心）

大兴安岭地区加格达奇区支中心

在党和政府的高度重视下，在省、地各级领导的大力支持下，经过省中心的悉心指导，热情帮助，加格达奇区图书馆于2009年成立了文化共享工程支中心。

文化信息资源共享工程为我区配备了台式计算机30台，应用服务器1台，笔记本电脑2台，投影仪设备1套。安装了卫星接收系统，并配备了多功能扫描仪、复印机各1台，数码摄像机、数码相机各1台，以及平推打印机、传真机等所有配套设备，空调1台及面包车1辆。并为八个村屯发放了投影仪各1台。

文化共享工程加格达奇支中心座落在加格达奇区卫东社区综合服务中心三楼，面积为150平方米，因地处居民集中位置，更方便实施共享工程与开展群众文化活动，充分发挥共享工程传播便捷的优势，把信息资源开发和利用与群众文化活动紧密结合起来。

该馆利用投影仪为社区群众，广大读者开展学习文化知识讲座，卫生健康讲座，与社区合作，大力宣传国家和党的方针政策，各大重要的会议精神。组织老年大学的老人们开展知识竞赛，为服务行业播放礼仪讲座。各村屯也利用投影仪在晚间或农闲的时候播放科教片和电影。让文化共享工程惠民政策更实际地贴近农民，为农民服务。

文化共享工程是政府提供公益性服务的重大文化项目，是惠及千家万户的一项重要文化基础工程，加格达奇区图书馆在以往的工作中只发挥了投影仪的作用，在今后的工作中一定要克服困难，做好文化共享工程的宣传推广工作，努力扩大文化共享工程建设的覆盖面，把共享网络建立起来，让更多的群众早日享受到文化共享工程的服务。

（撰文/大兴安岭地区加格达奇区支中心）

呼玛县支中心

一、基本情况

呼玛县图书馆自2008年开展共享工程工作至今已近五年，按照文化资源共享工程验收标准的要求，该馆对内进行了维修，建立了一个面积为49平方米的电子阅览室、86平方米的多媒体室和7平方米的机房。2008年上半年设备已经下拨到位，并安装使用。下半年通过省文化厅和国家文化部验收。该县领导来该馆检查文化资源共享工程建设的情况时给予了充分的肯定。现在多媒体室和电子阅览室免费对外开放，为读者提供方便周到的服务，满足了基层群众对文化信息的需求。

二、网点建设

该县共享工程自建设以来，得到了国家、省市主管部门和我县县委、县政府以及文化局的大力支持，建成县支中心1个，乡共享工程网点7个、村级共享工程网点54个。并且各个网点所需要的设备都已及时地下发到位。

三、经费投入

自开展共享工程工作以来，该县就将此项工作的日常运行经费纳入当地的财政预算，每年财政部门都为该馆划拨专款4万元，这确保了共享工程建设所需的网络维护和日常运行，也确保了共享工程的可持续发展。

四、数字资源建设

该县现存光盘100张。其内容包括：种植养殖、红色电影、名家讲座、戏剧歌舞等。

五、惠民服务

该馆在给读者提供查阅资料信息环境的同时，还利用共享资源为农民朋友们开展农业技术培训，为中小学生播放爱国主义影片、礼貌礼仪及学科方面的讲座，这样不仅让基层群众得到了实惠，更让青少年教育与教育很好地结合在一起。

六、宣传推广工作

该县共享工程工作的开展得到了县领导的高度重视，许多县领导都参加了最初的剪裁启动仪式，并且将此次仪式的全过程放在地方台的黄金时段进行播出。不仅如此，该馆的工作人员还适时地向新读者介绍共享资源，一定程度上也起到了宣传的作用。

七、工作展望

在以后的工作中，该县支中心要进一步加强共享工程建设，要充分发挥村级共享工程网点作用。积极地学习和探索，为读者服好务，争取让更多的人了解资源共享工程，争取让资源在真正意义上做到共享！

（撰文/呼玛县支中心）

塔河县支中心

塔河县文化信息资源共享工程建于2008年，由省匹配设备、县自筹资金共同完成。

由于，塔河县县辖的三个乡地处偏远、交通闭塞，未通国电，致使文化信息资源共享工程的设备虽已落实到位，但未能正常投入使用。值得欣慰的是塔河县辖三个乡11个行政村的农家书屋在县图书馆的指导下，已改扩建完成并投入使用，连续两期的农家书屋管理员培训班的举办，给地处偏远，交通闭塞、资源匮乏的村庄生产、生活都带来了极大方便。

利用节假日，为青少年播放红色经典电影、举办读书节活动，使得图书馆的文化信息资源共享工程充分发挥其为人民传播知识、传递信息的导航作用，更加强了其作为青少年学习知识并加强其精神文明建设的阵地作用。

（撰文/塔河县支中心）

全国文化信息资源共享工程——

陕西省分中心

一、基本情况

作为“全国文化信息资源共享工程”2002年首批试点省份之一，陕西省分中心设在陕西省图书馆，主要担负着全省资源建设、工程建设以及对基层网点服务三大主要任务。10年来，在各级党委、政府的重视和财政部门的大力支持下，我省文化共享工程建设顺利推进，文化共享工程已成为基层文化工作建设的重要抓手，成为推动新农村文化建设的有效手段。

二、经费投入

我省文化共享工程于2002年下半年开始启动。当年，省政府成立了陕西省实施文化共享工程领导小组，建立了文化共享工程省级分中心。2005年2月，省政府召开全省文化共享工程电视电话会议，就进一步加强全省文化共享工程建设提出具体要求。2006年8月，经陕西省政府同意，建立了陕西省文化信息资源共享工程联席会议制度。2007年11月，分管副省长主持召开省政府专项会议，研究解决文化共享工程特色资源征集和共建共享有关问题。2011年1月7日，联席会议再次召开。陕西省政府副省长、省委宣传部副部长等15个相关单位的负责同志参加了会议，共同审议《陕西省文化信息资源共享工程“十二五”发展规划》与《陕西省“公共电子阅览室建设计划”试点工作方案》。

工程的实施得到了省委、省政府的大力支持，落实联席会议制度，使各职能部门通力合作，有效地解决了工程建设中的重重困难，促进良性发展。据统计，2006-2012年，我省财政共投入专项经费1633.3万元，用于工程建设和日常运行。

三、网点建设

省级财政的大力支持以及各地政府积极落实配套资金，促使我省文化共享工程建设在全国率先实现省、市、县、村服务网点全覆盖。截止目前，我省已建成省级分中心1个，市级支中心6个，县级支中心101个，乡镇基层服务点1206个，村基层服务点27550个，街道基层服务点108个，社区基层服务点826个。全省已搭建起省分中心，市、县(区)支中心，乡、村基层服务点相结合的文化共享工程网络框架和服务平台。作为全国公共电子阅览室试点省份之一，截止2012年底，我省纳入公共电子阅览室建设的6个市、101个县、14个乡镇，6个社区，3个行政村已全部建设完成，正在建设的还有1047个乡镇、街道基层服务点90个，社区基层服务点649个。

亲情视频活动

四、资源建设

资源是文化共享工程的核心和生命力，为广大群众提供内容丰富、形式多样的资源，是文化共享工程工作的最终目标。通过几年的努力，省分中心已整合加工资源约51TB。累计文本总量153717条，计2.71亿字；图片28万张，1TB；征集视频资源0.85TB；购买视频资源7.4TB；万方视频数据库1.3TB；自拍的视频4.3TB；陕图讲坛视频3.6TB；采集视频节目1TB；电子图书、期刊13.2万种，22.5万册，31TB；文教音像出版物数据库1TB。

资源内容包括地方戏曲、影视作品、专题讲座、农业专题片、曲艺作品、文化专题片、综艺晚会以及省分中心承担并已重点建设的具有陕西地方特色的《西安事变》、《陕西帝王陵》、《秦腔秦韵》、《陕西非物质文化遗产》、《陕西民间美术》、《陕西景观》、《陕西文史资料》、《影视资料库》8个专题资源库和正在建设的《陕甘宁边区红色记忆多媒体资源库之人物库》、《陕西佛教祖庭文化资源宝库》专题资源库。

这些数字资源通过陕西文化信息网（www.snwh.gov.vn）和文化共享工程专网(vpn.snwh.gov.cn）传送到市、县支中心和乡镇街道及村、社区服务点，广大群众在就近的陕西文化共享工程服务点均可免费观看。而作为服务窗口之一的“陕西文化信息网”，点击率已达 352万人次。

五、技术支持

2004年我省开始研发陕西文化信息资源共享工程虚拟服务专网（VPN），2006年正式投入使用，取得了良好的效果。截止目前，全省已建成的107个市、县(区)支中心全部接入专网，使省分中心和省图书馆生产、购买、整合的大量数字资源，通过专网（VPN）传输到市、县支中心，实现了数字资源和技术力量的共享。

除此之外，省分中心利用专网（VPN）的独特优势不断研发和改善，目前已经完成了基层综合信息管理系统（方舟系统）、影视资源服务系统、远程文图信息自主发布、播客平台、远程视频培训、远程视频监控及陕西省图书馆联合编目、参考咨询等主要应用系统。

综合信息管理系统（方舟系统）由基层档案管理、

基层服务管理、基层资产管理、基层统计管理、维修服务管理、电子阅览室管理等功能模块构成。借助现代化手段，对专网系统内的各个终端实现远程控制管理，统计分析和技术支持。

影视资源服务系统采用最新基于流媒体的P2P技术，充分利用各基层支中心空余的存储空间，初步实现全省影视数字资源的分布式存储。目前，系统内共录入各类视频资源2500多部/集。

远程视频监控平台通过计算机处理，实现无人值守，实时监控现场。实现了对基层公共电子阅览室环境的可视化管理。

文图自主发布（TRS WCM）内容协作平台实现了各厅局和各县支中心远程自主发布文化信息的功能。截止2012年12月，基层信息专报员共上传信息2050条，图片4188张。

基于WEB2.0开发的播客平台既可上传自创自拍的作品，也可上传具有版权的视频。目前，基层利用播客平台上传各类视频节目800多部。基层注册用户121个。此外，为了提供满足基层群众随身、便捷的服务，目前，我省正在开发陕西移动微播，利用移动设备，随时随地浏览用户上传的各类视频以及受用户关注和感兴趣的热门话题视频。用户也可随时随地将自己身边发生的点点滴滴用手机拍摄后立即上传到移动播客平台，以最快的速度将视频发布到网络上与大家分享。

六、培训工作

文化共享工程培训工作的目标是通过分级分类培训，形成一直热爱文化共享工程工作，熟练掌握文化共享工程操作技术与服务手段的人员梯队。陕西省分中心依托省图书馆较强的技术力量、软硬件和人才队伍，加强组织各种培训，开展对市县支中心主任、乡镇基层服务点的设备安装、维护、操作人员技术培训等工作。于此同时，陕西省分中心根据几年来的探索与实践，逐步形成适合本地的培训模式，充分利用现代信息技术，结合远程视频培训系统、工作论坛、光盘资料等手段，坚持以集中培训、现场培训和远程视频培训相结合的方式，收到了一定的实际效果，其中以远程视频培训效果最为显著。据统计，2008-2012年组织远程培训共计240余

省中心编辑给基层信息专报员进行远程TRS WCM信息发布软件操作培训

省中心技术人员现场指导基层安装网络设备

次，培训人员达10万人次。培训内容包括《计算机一级考试》、《文化共享工程新闻写作》、《WCM稿件、图片处理操作》、《计算机网络及安全》、《动漫设计》、《电脑小报制作》等。这种高效、低成本的远程培训模式，有效的解决了集中培训和现场培训所存在人力、财力、时间和交通工具等方面的局限性，对我省开展的集中培训、现场培训起到了很好的补充作用，也使得培训工作正逐渐成为我省工程建设中的一个亮点。培训工作的有力开展，使我省已初步建立起一支市、县、乡三级文化共享工程管理人员和服务队伍，培养了一批从事资源建设、技术维护的专业队伍。据统计，全省已累计培训基层管理技术人员144000人次。

七、惠民服务

随着资源内容的不断丰富和传输方式的不断拓展，我省文化共享工程服务方式也呈现出多样化趋势。一是省分中心积极配合国家管理中心策划相关活动以及组织全省各级服务点开展大型服务活动。如：2006年的“文化共享长征行”全国大会师暨总结表彰大会在我省丹凤县和吴起县圆满结束、2008年的“文化共享奥运行”、“改革开放三十周年”、2009年的“保经济增长 促文化共享”、2010年“文化共享杯”知识与技能竞赛、2011年的“欢乐共享庆元宵”、2012年的公共电子阅览室百题知识竞赛、“同赏数字文化 共享幸福生活”喜迎双节等活动、“文化剪影 幸福共享”第一届“文化共享杯”全国群众摄影艺术作品征集大展。

二是省分中心指导各级支中心和基层服务点结合当地实际，采用多种方式服务群众、服务当地党委政府的中心工作。如依托共享工程开展阵地活动，举办相关的农业科技知识培训，播放优秀影视节目，使文化共享工程资源进入到农村、校园、社区、军营、企业等。在一些重要节日里，陕西省文化共享工程各级站点也充分利用文化共享工程搭建的网络平台，在全省范围内相继组织开展了一系列参与性高、满足群众多层次、多样化需求的文化活动。例如在2012年春运期间，陕西省分中心组织各级支中心在全省公共电子阅览室为农民工免费提供网络购火车票服务。

我省文化共享工程服务工作，受到了上级领导的肯定和社会的广泛赞誉，《西安晚报》、《三秦都市报》、陕

远程视频管理监控室

西电视台以及新华网、古城热线等多家新闻媒体先后10余次对我省文化共享工程举办的各类活动给予了宣传报道。据不完全统计，2007年-2012年，全省文化共享工程各级基层服务网点积极参与全省组织的大型活动60余次，并结合本地实际，开展丰富多彩的本地特色服务，累计服务人次达1230万人次。

八、合作共建

为实现基层网点的进一步共建和扩大资源的共享范围，加大向农村地区提供优质文化信息资源的力度，2008年，省文化厅与省委组织部联合印发了《关于开展文化信息资源共享工程和农村党员干部现代远程教育工程联合共建的通知》，明确由农党负责村级基层点的建设工作，省分中心负责提供视频资源，在陕西农党网设置“文化共享工程”专栏，并举行了共建基层点启动仪式。2009年，省分中心积极联系农村党员干部现代远程教育办公室解决了泾阳县南横流村的IPTV接入问题，为我省文化共享工程与农党合作开启了引桥。

截至2012年底，农党完成的1、2、3期共建设了1个省中心、10个市中心、101个县中心、28484个街道社区及村，省分中心已向其提供了800GB的视频资源。

九、规章制度

文化共享工程在我省实施初期，就制定了一系列规章制度，2003年制定了《陕西省文化信息资源共享工程管理暂行办法》、《全国文化信息资源共享工程陕西省基层中心管理暂行规定》以及《陕西基层中心管理人员工作规则》《阅览规则》等。2006年试点县工作启动后，根据几年来的工作实践和新的要求，又重新制定完善了各项规章制度，如《市县支中心电子阅览室管理人员工作守则》、《市县电子阅览室用户须知》、《县级支中 心工作规则》、《乡（镇）基层服务点工作规则》、《乡（镇）、村基层服务点管理人员工作守则》、《村基层服务点（农村示范文化室）工作规则》等。制度的确立，加强了各级中心的规范建设与管理，使服务工作更加制度化、规范化、有章可循。

另外，为了引导社会认知，快速识别各服务网点，陕西文化共享工程实行了服务网点使用统一的门头标识设计，在公共电子阅览室醒目位置悬挂统一的铭牌等，极大地方便了基层群众就近享用文化共享工程的成果。

十、管理机制

文化共享工程在我省实施前期，全省市、县、乡（镇）、村级基层站点的建设、管理、培训、日常服务督导等任务全部由省分中心负责。随着我省基层站点建设工作的全面铺开，各级服务站点数量逐增多，我省建立了规范的分级管理制度。目前由省分中心直管十个地市级支中心，由地市级支中心直管下辖县（区）支中心，由县（区）支中心直管下辖乡（镇）、村级基层服务点。形成了一套完善有效的管理机制。

十一、荣誉奖项

我省文化共享工程启动以来，在国家管理中心和陕西省文化厅的领导下取得了长足进展，并得到支持与肯定。2004年4月，文化部文化共享工程领导小组授予“陕西省分中心”为全国文化共享工程建设先进单位。2007年12月，陕西省文化厅授予“陕西省分中心”为陕西省文化共享工程建设先进单位。

近年来，在国家管理中心举办的各类活动中，省分中心也先后荣获了很多殊荣。2009年陕西省文化厅颁发的“全省文化共享工程知识与技能竞赛”优秀组织奖、国家管理中心颁发的“全国文化信息资源共享工程首届知识与技能竞赛”精神文明奖和‘好照片’‘好新闻’活动的优秀组织奖。2010年，“全国文化共享工程宣传学习‘双百’人物有奖征文活动”和“全国文化共享工程“争当四好少年”少年网页设计竞赛活动”被国家管理中心评为组织奖。2011年，“颂歌献给党——全国文化信息资源共享工程群众歌咏活动”和2012年“全国文化共享工程‘同赏数字文化 共享幸福生活’喜迎双节活动”被国家管理中心评为组织奖。

十二、工作展望

陕西省文化共享工程经历了从无到有，从弱到强的阶段，驶入了跨越式发展的快车道。尤其是近几年建设、培训、辅导与服务等工作的不断完善，使这项旨在利用现代信息生产和传输技术，整合先进文化资源的惠民工程越来越受到基层群众的欢迎和喜爱，丰富多样的服务活动，满足了群众多层次、多样化业余文化生活的需求，增强了基层文化工作的吸引力和生命力，提升了基层文化单位的服务水平，为促进农村公共文化服务体系建设、构建和谐社会发挥了积极作用。为繁荣陕西文化、构建和谐社会做出新的贡献！

（撰文/陕西省分中心）

省中心技术人员在省中心集中培训各县支中心技术人员

西安市支中心

一、建设情况

文化信息资源共享工程西安市基层中心成立于2004年6月。近年来按照文化部全国文化信息资源建设管理中心和陕西省分中心的管理规定，结合实际，充分利用共享工程专用服务器、卫星地面接受天线及投影仪、移播宝等设备，依托文化信息资源共享工程国家中心、陕西省分中心提供的丰富资源和我馆特有资源，积极进行文化创新，利用先进的科技手段传播先进文化，开展了丰富多彩的基层群众文化活动，普及了共享工程知识，为广大群众提供了丰富的精神食粮。

2009年，共享工程西安市支中心成立。2010年3月份，根据陕西省文化厅、西安市人民政府与西安市文化局共同签订的《陕西省文化信息资源共享工程市级支中心建设责任书》的要求，为西安市支中心配备价值100万元的共享工程设备，我们积极与省共享中心的有关人员商定设备的配置、网络结构的改造，并做出具体的规划和详细清单。同时对中心机心网络环境进行了改造，使之更加适应网络设备的运行要求。同年8月份起，开始接收陆续到位的共享工程设备，11月份在设备基本到位的情况下开始安装和调试，目前已完成电子阅览室56台计算机和交换机等网络设备，中心机房4台服务器、UPS电源、交换机、防火墙等网络设备，以及22台工作用计算机的安装调试工作并投入使用。

自西安市支中心成立以来，我们积极争取政府项目资金投资，狠抓基础设施建设，积极探求新的服务内容和服务方式，使共享工程建设取得了长足进展，基础设施更加完善，信息资源更加丰富，基层服务不断创新，文化活动丰富多彩。在重大事件中，发挥共享工程的资源优势，积极宣传和开展群众文化活动，受到了社会的关注和群众的赞扬。

二、工作情况

1、加强人员培训，做好日常管理服务工作。

文化信息资源共享工程西安市支中心建成以来，按照文化部全国文化信息资源建设管理中心和“共享工程”陕西分中心的管理规定，结合实际，以网络技术部人员为基础，安排了6名专门的技术人员管理共享设备，定期检查维护，做好节目接收工作、读者登记和节目播放记录工作。保证共享工程基本工作的正常运行。在基层中心成立之初的2004年6月就派技术管理人员参加了省中心举办的全省文化信息资源共享工程技术管理人员培训班。我们的工作人员在培训班上认真学习，取得了优异的成绩，拿了到省共享中心颁布发的上岗证书。在2006年我们又派专人参加了文化部全国文化信息资源建设管理中心举办的文化共享工程全国讲座培训与交流会议，认真学习共享工程资源建设的重要组成部分讲座的拍摄和后期制作，拿到了上岗证书。2010年又派两名专业人员参加了省分中心组织的技术员和信息专报员的岗位培训，在VPN专网技术、基层设备使用（存储、防火墙知识培训、UPS、打印机、扫描仪、投影机、移播宝、共享机）、日常应用软件（word、powerpoint及常用软件）的使用、基层计算机安装软件故障判断及维护、日常应用软件、服务器知识及日常维护和故障诊断、卫星系统、新闻写作、摄影和TRS-WCM软件操作等方面进行了全方位的培训，为共享工程工作的顺利开展提供了有力的技术保障。2012年调整补充了西安市支中心的组织机构及人员，中心设置综合工作组、技术保障组、资源制作组，专兼职人员共11名。

2、利用电子阅览室为读者提供共享工程服务。

文化信息资源共享工程对我们西安地区的社会主义“两个文明”建设与发展具有极重要的现实意义的深远的历史意义，是贯彻“三个代表”重要思想和科学发展观的新型文化建设项目，是占领基层文化阵地的有力措施，也将改变一个地区经济文化落后的现状。为了更好的发挥“共享工程”的作用，我们利用本馆电子阅览室54台电脑作为文化信息资源共享工程在图书馆重要的服务阵地，提供省分中心所有的VPN专网资源和我馆现有数字资源免费服务，极大地满足了读者的各类需求。几年来共接待数万名读者，成为利用多媒体技术传播文化知识的重要部分。

3、定期举行内容丰富，类型多样的服务活动。

为了丰富我市青少年的暑期文化生活，几年来，我们在每年暑假寒假期间，每周安排固定的时间，利用“共享工程”所提供的设备为青少年播放优秀健康有意义的节目。期间，为广大中小学生免费放映了国内外经典影视节目近200部，累计接待读者近万人次。使得少年儿童读者渡过了一个个丰富愉快又有意义的假期，增长了不少的见识，得到了家长朋友的一致好评。

送科技下乡是实施“共享工程”又一具体举措，结合城区的实际情况，我们深入调查，根据农民的需求，下载整理有关家禽饲养、苗木、花卉栽培等信息资料8万多字，打印装订成册，送到周至县、高陵县农民手中，让广大农民不断感受到先进科学和现代文明。在社区及学校服务方面，我们在未央区二府庄小区、EE康城小区和西航三小等多个社区和学校开展了“百部爱国主义优秀影片展播”活动，受到了社区居民和学校师生的热烈欢迎和好评。

4、举办各类讲座，为读者提供服务并积极进行资源建设。

文化信息资源共享工程西安市支中心的工作启动以来，与我馆“天禄讲坛”的联合，邀请名家在每个星期六进行讲座，以讲座内容实用性强，讲解通俗直观的特点，

组织老年机电脑操作培训班

受到了广大基层群众的普遍欢迎，成为资源建设的重要组成部分。同时以“海报”和在西安图书馆网站建立“天禄讲坛”专栏的形式向读者宣传每次讲座的内容。随着宣传力度的逐渐深入，在市民心中的影响也在逐渐加深，对文化信息资源的需要也在逐渐加大，市民开始掌握和利用这块知识宝库。几年来累计举行讲座近三百余场。同时将讲座内容进行后期制作，刻录成光盘500多张，选择部分优秀的上报国家中心并和上图等其它中心进行讲座资源交换。

5、注重公众信息素养的培训提高。

为了充分发挥共享工程丰富数据资源的作用，让更多的读者享受到国家中心和省分中心下发的各类数据资源，文化信息资源共享工程西安市支中心不定期地进行公众信息素养培训。每年，我中心都会举办多次数据库使用、计算机使用、信息知识的查询等培训，使现代化的信息传播手段在公众中得到推广，为下一点文化信息资源的充分利用奠定了良好的基础。2012年分三期举办老年读者电脑培训班，先后为近百名老年读者培训电脑基础操作，培训针对性强，效果明显，读者满意率高，陕西卫视，凤凰网等各大媒体和网站进行了报道。

6、积极配合国家中心和省分中心的各项活动安排。

我们还积极配合国家中心和省中心的活动安排，认真做好纪念纪念红军长征70周年展览和视频展播；2008年北京奥运会期间，为积极宣传和推广奥运盛事，方便市民了解奥运、热爱奥运、参与奥运，支中心组织“爱奥运、迎奥运”专题行动，设立奥运知识小集锦展板主题展览和奥运宣传视频展播；为配合我国改革开放三十年回顾，开展“文化繁荣，岁月如歌”纪念改革开放三十年成果展览和视频展播；每年春节和国庆节等节假日期间都会及时安排相应的活动和视频展播，同时在本馆网站设专栏配合宣传并利用移播宝做好各项宣传活动的相关视频播放，观看读者累计达数万余人次。收到了良好的社会效果。2012年12月组织西安支中心代表队参加陕西省第三届文化资源共享工程知识与技能竞赛，荣获二等奖。

7、基层服务点的建设管理。

共享工程西安市支中心负责本市文化信息资源的建设与服务，指导区县支中心与基层服务点建设，培训区县支中心技术管理人员。目前西安市基层中心有：灞桥区支中心、临潼区支中心、长安区支中心、雁塔区支中心、阎良区支中心、蓝田县支中心、高陵县支中心、户县支中心和周至县支中心。作为市级支中心，积极为区县支中心和基层服务点做好服务和技术支持工作。依靠我们的技术优势，对蓝田、高陵、灞桥、临潼等进行业务辅导、技术支持，协助他们解决工作及服务中的问题和困难。

（撰文/西安市支中心）

西安市支中心主任胥文哲在老年电脑培训班上讲话

西安市灞桥区支中心

一、基本情况

灞桥区图书馆是区属公益性全民事业单位，位于西安市纺织城纺一路108号。正式成立于1985年11月25日，新建于2005年。2010年1月经文化部正式批准，灞桥区图书馆被定级为国家三级图书馆。馆内现有在编人员9人，其中副研究馆员1人、馆员3人、助理馆员2人、管理员1人、中级工2人。我馆实际应用面积600平米，加上楼道等近1000平米。阅览坐席为75个（含2楼多功能厅及电子阅览室和少儿阅览室等）。图书文献实际对外流通1万6千册，总藏量2万余册。图书年入藏量为500种和报刊年入藏量为100种。已有电子文献和视听文献入藏，参加了陕西省图书馆联盟联合编目，资产总计185万元。

我馆组建了图书管理框架“四部一室”[即：外借部、采编部、培训部、阅览部、办公室]，并设立了图书借阅（1）室、（2）室，报刊阅览室、少儿阅览室、电子阅览室，过刊阅览室，多媒体教室，盲人视听阅览室，辅导培训室等。

灞桥区农家书屋建设开始于2005年，目前已经全覆盖，涉及九个街道办事处225个行政村。

灞桥区图书馆骏马分馆是灞桥区图书馆设立的第一个馆外服务点，该馆位于新筑街办骏马村，馆舍面积约一千平方米，总藏量7千余册，覆盖辖区北三乡大部分地区群众读书阅览。馆内有管理人员两名，周服务时间为四十小时。目前开放了报刊阅览室和图书借阅室，主要开展图书外借服务和报刊阅览服务，周接待读者约四百余人。

文化信息资源共享工程灞桥区支中心正式成立于2008年，也是作为省中心最早的试点单位，有专职管理人员两名，兼职一名，开通了VPN专网，地址设在区图书馆内三楼，成立的同时也建立了位于区图书馆三楼的电子阅览室作为区级共享工程服务点，目前面积约80平方米，有电脑45台，配备了投影仪，开展了资料信息查询、专业培训、数字资源和电子书刊阅览等各项服务。2010年被文化厅评为陕西省文化信息资源共享工程工作先进单位。

灞桥区在建立了区级支中心后，经过4年的建设，目前已建成乡镇基层服务点4个，社区基层服务点9个，村级基层服务点208个，还有5个乡镇基层服务点以及剩余的社区基层服务点按照省上的计划安排进行，目前基本实现了共享工程的村级基层服务点全覆盖，我们将积极按照省中心的部署开展各项建设工作。

二、服务活动

2008年我馆及支中心组织承办了“地震无情人有情”汶川赈灾大型书画义卖活动；2008年12月15日组织举办了灞桥区纪念改革开放30周年书法美术作品展。

2009年1月15日在席王乡组织了文化下乡送春联活动；2009年1月20日组织了在狄寨乡的送书下乡及送春联活动；2009年3月23日至2012年4月，均参加各届西安市“科技之春”宣传月活动。馆内多次开展“送书下乡”及共享工程宣传活动。

2010年1月14日灞桥区文化信息资源共享工程首个街道基层服务点成立；2010年2月5日西安市灞桥区开展2010年春节为困难群体"送温暖"，开展"送书下乡"活动；2010年4月15日我馆举办"我的书屋--我的家"农家书屋演讲选拔比赛；2010年4月24日我馆再次组织承办了"情系玉树爱在灞桥"大型赈灾书画义卖活动，将义卖所得全部由红十字会捐往灾区。

2011年7月1日上午10时，"东城印象"灞桥区纪念建党90周年书法美术作品展在纺织城艺术区西安么艺术中心隆重开幕；2011年11月4日，"灞桥区政府、西安市纺织城综合发展办与陈忠实、王西京、崔振宽三位艺术家签约仪式"成功举行，标志着陈忠实文学馆、王西京艺术中心、崔振宽美术馆三座艺术馆落户灞桥生态湿地文化艺术区；2011年12月30日上午图书馆承办的"展望2012迎新春灞桥区中青年书画作品展览"在灞桥艺术区隆重开幕。

2012年4月17日，灞桥区举行"陕西公共图书馆服务联盟成员馆揭牌"暨"数字农家书屋"、"共享工程基层服务点"设备发放仪式；2012年5月8日-10日，在新合街办举办了2012年群众广场操培训会；2012年6月6日，我市灞桥生态湿地公园（一期）正式建成并免费向市民开放，市长董军宣布开园；2012年6月29日，由灞桥区图书馆、文化共享工程灞桥区支中心承办的西安市灞桥区2012年"农家书屋"及"共享工程基层服务点"管理员培训班开课；2012年11月10日，在西安市灞桥区纺织城半坡国际艺术区'壹空间'美术馆举办了"灞岸丹青·幻彩东城"中国灞桥——韩国庆州国际书法美术作品交流展览。

三、获奖情况

2007年由我支中心报送的"春节群众文化活动"资料及光盘获省分中心优秀奖。

2010年，区图书馆及支中心个人获省市区各种奖7人次，并被陕西省社科基金"陕西基层图书馆现状与发展研究项目"课题组吸收为专家组成员参与项目研究。

2009年文化部第四次评估定级工作中被文化部授予"国家三级图书馆"称号。

2010年1月共享工程灞桥区支中心被省文化厅、共享工程陕西省中心评为基层服务先进单位。

（撰文/张伟真）

2012年共享工程基层服务点管理员培训班

西安市雁塔区支中心

文化资源共享工程雁塔支中心位于西安市城南雁塔区商业文化中心小寨嘉汇大厦七楼，该支中心营运面积280平方，有计算机30台，工作人员3人。在街办设立服务点1个，在社区基层设立服务点20个，在农村基层设立服务点56个。通过这些网点的建立为雁塔区8个街道办，119个行政村，90个社区，113.6万人服务，目前在雁塔区基本上达到了公共文化服务体系全覆盖。

一、加强领导 提高认识

文化共享工程是一项繁荣社会主义文化的创新工程，也是一项惠及千家万户的惠民工程。自2009年我区被省文化厅列为文化共享工程县级支中心建设单位后，区委，区政府高度重视，专门成立了以区政府副区长为组长，文体局局长为副组长，区发改委，民政局，教育局，农业局，财政局及8个街办的分管领导为成员的领导小组，由文体局统一协调，指导全区文化共享工程建设工作。为了确保此项工程的顺利实施，区政府当年就拨付支中心三万元的装修费，和6.2万元的日常运行经费。并将此项经费纳入每年的财政预算。也为基层20个社区服务点，1个街办服务点拨付日常运行经费36019元。保证了支中心和基层服务点工作的正常运行。

二、精心建设 加强管理

为了把文化资源共享工程雁塔支中心建设成合格工程，我们明确责任，精心施工。首先按照上级的要求，结合我们雁塔区的实际情况，专门制定了《雁塔区文化资源共享工程建设实施方案》，明确建设任务，工作措施。确保了文化共享工程的顺利完成。再次严格按照安装标准，把原来的教室改建出电子阅览室，中心机房，和管理办公室，并与物业部门联系重新铺设了供电电缆，改装了其他供电设施，并在二零一一年经上级领导一次验收成功，并正式运行。为了充分发挥文化共享工程的功能和作用，进一步规范工作强化管理，把区支中心建设好，我们还结合本地区的实际专门专门制定出了《支中心工作人员管理制度》，《支中心财物管理制度》，《支中心阅览制度》，并且在运行过程中不断完善这些制度，保证支中心工作正常开展。

三、整合资源 加强宣传

与传统的图书馆和文化馆相比，文化资源共享工程支中心还是一个新生的群众吸取文化知识的平台。为了使广大群众了解和接纳这种新生的事物意义和目的，我们支中心除了在支中心设置的宣传板对群众宣传外，还利用我们在每个街道办，每个社区，每个村子设立的百姓图书室的宣传板对群众宣传。并且利用文化局开展的图书进社区活动，电影公司开展的的电影纳凉晚会。文化馆开展的千场惠民演出等活动进行宣传 使群众对共享工程有了明显的了解.知道了共享工程和社会上网吧的区别，并且和各基层图书室建立了文化资源共享。

四、工作展望

由于文化共享资源支中心的建立，毕竟在基层工作中还是个新生事物，如何管理，如何运行，还有待我们基

培训服务点工作人员

层工作者进一步去学习，去探索。首先，加强和上级业务部门的联系，争取在工作方面的指导，加强与其他支中心工作的联系，学习其他支中心的管理运行经验。其次，加强支中心业务人员的业务学习，提高业务人员的业务水平。同时加强基层服务点人员的培训学习，共同提高业务水平。再次，在加强学习其他支中心文化资源的同时，也使本地区文化信息资源得到开发，宣传，利用。相信在上级部门的支持下，在其他支中心的帮助下，在我们支中心全体员工的努力下，我们的工作一定会成为使百姓满意的文化信息工程一个部分。

（撰文/西安市雁塔区支中心）

西安市临潼区支中心

“全国文化信息共享工程”（即共享工程）是由文化部、财政部从2002年4月起组织实施的一项惠及全民的文化工程。“共享工程”汇集我国图书馆、博物馆、美术馆、艺术院团，研究机构等现有文化信息资源，将中华民族几千年来积淀的各种类型的文化信息资源的精华以及贴近大众生活的现代社会文化信息资源，利用技术手段，依托互联网，实现全国文化信息资源的共建共享，实现优秀文化信息通过网络为大众服务的目标。

西安市临潼区文化共享工程支中心，位于文化中心三楼，是区委区政府2008年重点工程项目，为推进“共享工程”建设，2008年3月，专门成立有关领导小组，从选址、落实、安装、用房到建设经费、专人预制安装卫星地面接收基础等，历时半年，投资共计73.5万元，建成占地416平米，可容纳100人展播的信息资源共享工程支中心。本支中心包括电子阅览室和多媒体展播室，2008年12月18日，通过省共享办验收，正式对外免费开放。自从临潼区资源共享支中心建成以来，共接待读者10000多人次，科技影视展播100多场次，举办种类画展数十次，接待各行各业培训上万人次，我们支中心的建成，对我区的精神文明建设起到了重要作用，它不但丰富了群众的文化生活，也是我们学习的良师益友，对于构建和谐社会具有深远的意义。

（撰文/西安市临潼区支中心）

西安市长安区支中心

全国文化信息资源共享工程长安区支中心(简称文化共享工程长安区支中心)于2009年6月20日开始施工,11月20日安装调试正常，2010年3月授牌，并正式对外开放。支中心位于长安区北长安街111号，有专业技术人员3名，在开展区支中心日常工作的同时，为22个街办606个行政村基层服务点管理人员进行专业技术培训和业务指导，得到了基层广大干部群众的积极响应支持。区支中心电子阅览室配置的电脑终端有31台，内存1G、硬盘160G、显示器17寸，10兆光纤接入，最大容量32T；中心控制机房现有设备：综合管理服务器、影视服务器、卫星接收服务器各1台，卫星地面接收站1个，磁盘阵列1套，百兆交换机2台，42U标准机柜各2台，UPS电源1台，百兆防火墙1台，移动存储播放器、扫描仪、便携计算机1台，移动硬盘2块，激光打印复印一体机1台、摄像机、数码照像机、多功能室现有设备：功放1套，音箱、投影仪1个，幕布1块。

文化部全国文化信息资源建设管理中心培训指导处处长刘刚、省文化厅副厅长蒋慧莉等国家、省、市、区领导先后多次视察指导中心工作，并对中心工作开展情况表示充分肯定。2012以来，支中心充分发挥电子阅览室作用，利用阅览室设备资源和网络资源，开展了多样的便民、惠民服务、春节期间，为响应省分中心的号召，为进城务工人员中心提供为期一个月的网上火车票预定服务。3月份举办了为期半年的“中老年人免费电脑培训班”，作为新开办的公益培训项目，此次培训向广大中老年读者普及电脑网络基础知识、QQ视频、照片编辑、语音通话、上传和下载资料等，培训人员500多人（次），极大丰富我区中老年读者的业余文化生活；7月，中心为高考考生开通了“直通高考”绿色通道，为广大考生提供查分、查学校、报考志愿、录取查询等免费网络服务。

为将文化共享工程的实惠真正带到广大农村地区，我中心工作人员利用周末时间，走进基层，手把手给我区内300多家农家书屋和文化资源共享工程管理员进行培训，讲解图书分类以及投影设备的使用方法及设备的保养和维护等，充分发挥文化惠民工程发挥最大的作用。

在“六一”儿童节，本着“关注农村学生，分享阅读

长安区支中心走进杨庄小学

快乐”的理念，走进长安区杨庄等多所小学，利用共享设备为学生播放爱国主义影片，并赠送了图书共同演出了文艺节目，使孩子们渡过了一个特别温馨特别难忘的节日。利用共享设备多次在区级各种会议上播放长安相关视频短片，为区级领导更深入的了解长安的区情搭建了一个平台，受到领导的表扬。在信息资源的采集、加工、整理、挑选、组织和维护等方面投入大量人力和设备的同时，建立健全了电子阅览室管理制度，制定了有关培训计划等，从根本上保障共享工程的科学可靠运行。文化共享工程是充分利用现代高科技手段传播先进文化，缩小城乡差距，消除数字鸿沟的工程。

长安区支中心将进一步拓展工作领域，大大推进工作的深度和广度，全面提高工作的影响力和共享工程资源的覆盖面，努力让更多的群众享受到更丰富、更便捷的文化服务。

共享工程作为一项文化创新工程，在我区实施以来所发挥的作用十分显著，无论是促进社会主义和谐社会的构建，还是在促进社会主义新农村建设上，都彰显出了它作为文化创新工程的独特魅力。为了充分发挥共享工程资源在传播先进文化方面的作用，为让更多的城乡群众享受到内容丰富、健康向上的文化信息，共享工程支中心集思广益，多年来不断开展各项活动，注重了资源整合工作，把共享工程、农家书屋、进行大力整合，不仅有效的节约了资金，方便了管理，还进一步扩大了服务范围。利用共享工程基层服务点配备的设备，实现了社区居民“不出社区观赏影片”的愿望，利用一体机内储存丰富的影片资源，定期放映各种题材、各个年龄段人群喜爱的影片。支中心还在经常利用节假日在社区举办群众联欢会，开展了猜谜、象棋比赛、扑克比赛等众多活动，丰富了社区居民的文化生活，极大地调动了社区居民参加社区文化活动的积极性，促进了和谐社会的建设。支中心电子阅览室拥有大量的视频、影视等资源信息，深受读者欢迎，优异的环境为广大青少年提供了绿色上网平台，并开展中老年人计算机技术免费培训、暑期少儿电脑免费培训，都倍受广大家长称赞。支中心还经常深入各乡镇（村）基层点，把省中心提供的丰富资源丰富送到基层点，并督察基层点为群众服务开展的工作及活动。

文化信息共享服务是现代政府公共服务的重要组成部分，加快共享工程建设是构建公共文化服务体系的一个重要抓手。长安区支中心将针对当前我区文化事业的实际情况和科技发展的水平，继续整合现有的文化资源，积极开展创新工作，推进共享工程在我区的全面发展。我们把农村基层服务点作为文化信息资源共享工程建设的阵地。不断加快建设步伐，全区有郭杜，杨庄，东大等18个街办建成了文化信息资源共享基层服务点，配备了接收和播放设备，目前22个街办18个（4个未建）基层服务点运行正常，形成了完善的配套服务网络。文化共享工程是充分利用现代高科技手段传播先进文化，缩小城乡差距，消除数字鸿沟的工程，是广大群众“求知，求实，求乐”的重要渠道，区级支中心的建成让更多的群众享受到更丰富、更便捷的文化服务。

（撰文/西安市长安区支中心）

蓝田县支中心

一、基本情况

文化共享工程蓝田县支中心设立在蓝田县图书馆，蓝田县位于西安的东南方向，辖22个乡镇，519个行政村，全县人口64.5万，属省级文化先进县，县图书馆建于1984年，位于县城东街，建筑面积750m2，有馆员23人。自文化共享工程蓝田县支中心成立以来，充分发挥文化信息资源在发展经济、提高人民群众思想道德和科学文化素质等方面的重要作用，通过电子阅览、视听阅览，多媒体播放、移动硬盘、光盘服务等形式，在搞好阵地阅览的同时，积极开展“为人找信息，为信息找人”活动，把优秀文化信息资源传送到群众身边，先后被国家、省厅评为“文化共享工程先进单位”。

二、网点建设

自2002年文化部、财政部组织实施“文化共享工程”以来，特别是2007年，蓝田县支中心被列入“文化共享工程”试点县以来，引起了县委、县政府的高度重视。2008年3月，省文化厅将68万元设备逐步配送到位，并于8月份开始陆续安装调试。截止2012年5月，全县17个镇、535个行政村及社区已建成“共享工程”基层服务点。在全县范围内基本实现“共享工程”村村通、全覆盖。

三、经费投入

经费是文化共享工程建设与服务首要资源，该支中心在地方财政十分困难的情况下，经过多方努力争取落实资金12万元，用于设施的改造、装修，部分设备的配置和运行经费的保障，并将年运行经费10万元列入财政预算，为支中心工作的开展解决了后顾之忧。在原馆电子阅览、视听阅览和多媒体播放室的基础上，投资8万元，重新对水、电、污、厕、室、墙、防盗等进行改造装修，添置了3万余元座席、座椅及其它辅助设备，安装了防盗器材，配备幕架、音箱、功放、DVD等设备及其它附件，制作宣传标牌等，添置了16万元的大型文化共享工程系列设施设备。

四、培训工作 惠民服务

针对馆员计算机能力相对较差的现状，在经常进行普遍学习培训的基础上，该馆为支中心配备专职工作人员5人，有重点地进行相关的业务技术培训，并积极

利用文化共享设备“七一”电影展

文化共享工程和党员远程教育成果展

参加省上组织的业务培训活动，同时利用共享工程搞好“远程教育”培训，使工作人员基本能够熟练地操作设备、指导读者上机阅览。近年来，支中心充分发挥电子阅览室（30台计算机，95m2）、视听阅览室、多媒体播放室（73m2，68座席）的作用，采取阵地固定服务与流动走进服务相结合。一是做到阵地服务日常化。播放信息提前公告、内容丰富，更新及时，保证服务时间。二是流动服务特色化。根据各服务点不同需求的特点，提前互动勾通联系，走进社区、乡村、军营、广场等开展以新农村建设、公民道德纲要宣传、科学发展观、农业科技知识、法制宣传、优秀剧目播放等内容的适合当地特点和要求的特色活动，利用光盘存储等方便快捷的服务手段，搞好户外流动服务，将优秀的文化信息资源送到村组、田间、地头、社区。三是青少年服务专题化，针对未成年人的不同特点及要求，制定了“青少年文明上网公约”，开展青少年思想道德建设纲要专题学习，适时播放针对青少年教育身心健康成长的寓教于乐的信息，积极引导青少年文明上网，健康上网，不沉迷游戏，不浏览不健康信息等，加强日常电子阅览的登记、管理，为广大青少年开辟了一片绿色文明健康的空间，深受广大家长和师生的好评和赞誉。

五、宣传推广

为了使文化共享工程这一惠民工程家喻户晓，深入人心，该支中心开展了一系列的宣传推广活动，一是制作大型户外宣传标牌、张贴宣传画、宣传栏、印发宣传资料等。二是利用新闻媒体，蓝田电视台专题报道。三是利用共享工程播放等各种行之有效的方式，进一步扩大宣传覆盖面，从而，使广大人民群众知晓利用文化共享工程，把党中央的声音方便快捷地传递到广大人民群众的心坎上，真正成为广大人民群众的贴心工程，党的喉舌工程，政府和人民的桥梁和纽带。

六、工作展望

如今，文化共享工程已经成为蓝田县城乡居民获取知识、获得信息、接受优秀文化熏陶的有效渠道，成为解决农村基层群众看书难、看电影难、获取知识信息难的一条基本途径。在以后的工作中我们将抢抓机遇，以励精图治、锐意进取的精神状态和艰苦奋斗、求真务实的作风，为建设社会主义新农村，构建社会主义和谐社会而努力奋斗。

（撰文/蓝田县支中心）

高陵县支中心

一、建设情况

2009年元月9日陕西省文化厅与西安市文化局、高陵县人民政府、高陵县文体广电局就完成高陵县1个县支中心，3个乡镇和88个村基层服务点的建设任务签定了“陕西省文化信息资源共享工程建设责任书”，正式承担起文化信息资源共享工程的建设任务，计划将高陵县支中心建在县图书馆内。

2009年7月，陕西省文化信息资源共享工程省中心施工队正式对我县支中心的中心机房进行了统一装修。但由于高陵县图书馆新馆舍正在建设中，县支中心并未及时投入使用。

2010年元月初，高陵县图书馆新馆建成，搬迁工作完成后及时重新装修了高陵县支中心中心机房及电子阅览室、多媒体放映室并面向群众开放。高陵县支中心面积150平方米，管理机1台，读者用机30台；中心机房面积20平方米，配备影视服务器、综合服务器、卫星服务器及监控系统各1套，接入广电10兆光纤提供网络服务。县支中心年经费6.8万元。共有工作人员7名，其中2人专职（分别取得陕西省分中心颁发信息专报员及技术员上岗证书），5人兼职。自县支中心建成起，电子阅览室、多媒体放映室坚持对外开放，引导读者正确使用网络，达到绿色上网的目的，同时向全县群众大力宣传推广文化信息资源共享工程。常年在馆内免费举办各种培训讲座，法定节假期间在多媒体放映部为读者免费播放一部电影大片及共享工程视听资料，年均接待读者超过8000人次。同时组织工作人员利用投影仪等设备坚持每月轮流在县政府门前广场、城区主要街道等地各播放1次的办法，共播放各类题材影片、各类科技知识等200多场次，共计400余小时，受益群众5万余人。

二、网点建设

对于基层点建设，我们采取与县委组织部党员远程教育同步建设、共建共享，由文化信息资源共享工程提供设备、党员远程教育为基层点接入电信宽带网络的方式进行。2009年2月24日起，县图书馆协同县组织部对全县88个行政村进行全面的摸底调查，详细记录每个村的场地情况、人员情况。并根据调查情况，将88个行政村分为一、二、三类村，计划在安装过程中，首先安装一、二类村，带动三类村，努力完成全覆盖的任务。这些细致的

工作为以后工程的顺利开展奠定了良好的基础。

2009年12月14日，高陵县文化信息资源共享工程设备发放仪式在县政府广场隆重举行。2010年初，高陵县3个乡镇基层服务点（通远镇、榆楚乡、湾子乡）、88个村级基层点建成的。初步形成了县、乡、村三级文化信息资源共享服务网络，在全省率先完成文化信息资源共享村级全覆盖工程，且全部符合标准并能为群众开展有效服务。随后在2010年建成张卜乡、耿镇、泾渭镇3个乡镇基层服务点，2011年建成崇皇乡文化站基层服务点。

三、培训活动

1、电子阅览室在免费开放的同时定期举办免费电脑培训班，聘请西安工业大学计算机专业老师担任主讲，前来接受培训的群众达数百人。每次培训班最后，我们根据平时学习情况，以及授课老师的推荐，评选出三名优秀学员，并颁发证书及奖品。

2、2011年，高陵县支中心在多媒体放映室开办“书苑讲坛”栏目，聘请各行业老师做客，为读者朋友开设各种培训、讲座等。

2012年5月起，“书苑讲坛”邀请到长年致力于青少年心理健康教育研究的退休老教师李安民老师做客“书苑讲坛”，开设李老师讲堂，每周六与读者、学生及家长座谈，分期分主题为学生及家长解答他们最为关心的各种心理及家庭教育的问题，目前已开展过的主题有“生日，让孩子快快成长”、“如何提高学习成绩”及“如何对待孩子上网”等30场次，同时长年在县支中心设置“青少年心理咨询志愿者”招募点。

四、惠民服务

1、关爱留守儿童，资源共享拉近亲情距离

2012年2月12日，高陵县图书馆与高陵县文化馆联合在高陵县姬家管委会朝李村挂牌成立了高陵县乃至全省的第一家留守儿童文化活动基地。高陵县图书馆向活动基地赠送了书柜、图书及杂志若干。县支中心工作人员定期在基地内为小朋友们播放他们喜欢的各种动画片、影片等。

自基地成立后，支中心工作人员经常回访留守儿童，关心孩子的生活及学习情况，每周末会在基地内开展各种活动活跃孩子的周末生活，并且利用共享工程所配的电脑，让孩子们与在外打工的家长视频通话，通过共享工程，拉近了孩子们与父母的距离，让亲情时刻包围着他们。

2、文化共享助春耕，排忧解难资源共享得好评

高陵县张卜乡南郭村四组，地理位置比较偏僻，交通不便，村民文化生活落后。根据南郭村情，高陵县支中心开展“文化共享助春耕”活动，送科技科学到群众家门口。根据村情总结该村养殖户的成功经验，向全村群众推广，扩大养殖业的发展，达到促发展、惠民生的目的。为南郭村民放映种植科教片和养猪的专题片，帮组村民搞好种养殖，为村民解决种养殖的难题。同时也让群众进一步了解到了共享工程就是服务于他们的惠民工程，是他们不可或缺的生活帮手。

3、资源共享化身“舞蹈老师”丰富农村群众文化生活

炎炎夏日来临，县支中心工作人员接到一位乡镇基层服务点管理员的求助电话，经过沟通，我们了解到，现今广场舞风靡，高陵县榆楚乡吊北村远离县城，村里的农村妇女同志喜爱广场舞运动，但苦于缺少老师培训，于是找到乡镇的文化干事，希望能够帮助他们解决舞蹈老师的难题。

于是，高陵县支中心工作人员特别为村民搜集整理广场舞视频，每晚放映，教大家学习广场舞。吊北村的村民们不但在短时期内学会了喜欢的广场舞，还在县文体广电局主办的广场舞大赛中取得了优异的成绩。他们专门请人录制了视频资料，交到我们手中，答谢我们对他们的帮助。

五、荣誉奖项

1、2009年获由陕西省文化厅颁发的“陕西省首届文化共享工程知识与技能竞赛组织奖”。

2、2011年获由全国文化信息资源共享工程陕西省支中心颁发的“陕西省第二届文化共享工程知识与技能竞赛组织奖”。

3、2010年，高陵县支中心副主任龚雪同志被评为陕西省文化共享工程工作先进个人。

4、2011年11月，龚雪同志获得文化部全国文化信息资源建设管理中心组织的“全国文化信息资源共享工程2011年度摄影作品比赛二等奖”。

六、工作展望

在今后的工作中，我们要做好全国文化信息共享工程的各项工作，充分认识此项工程的重要性，以县支中心为统率，带领基层服务点，通过文化信息资源共享工程的设备，开展各种活动，丰富农村文化生活。

（撰文/龚 雪、任建国）

志丹县支中心

志丹县位于延安市西北部，是“群众领袖、民族英雄”刘志丹将军的故乡，被誉为中国革命的“红都”。全县总土地面积3781平方公里，现辖6镇1乡4个中心社区1个街道办事处，200个村委会，5个社区，1114个村民小组。全县总人口14.5万人，农业人口10.6万人。

全国文化信息资源共享工程实施后，我县紧紧抓住这一历史机遇，将共享工程作为推进文化创新、完善公共文化服务体系、提高公益性文化服务水平、促进经济社会协调发展、构建和谐志丹的重要抓手，积极开展全县各服务点建设项目，以共享工程的实施为契机，努力推动我县文化事业又快又好发展。

一、建设情况

2009年，我县在省市安排指导下，认真做好文化信息资源共享工程工作，强化各种措施，加大投入力度，开始建设了以志丹县图书馆为依托的志丹县支中心，按照省中心规定，在图书馆规划出140平方米，建成了面积为140平方米的县级支中心电子阅览室、机房、多媒体室，支中心共有电脑57台，其中电子阅览室有47台（30台为省分中心配备，27台为县财政拨款购买）。为使上网读者能够流畅浏览共享工程信息，电子阅览室又接入了一条

100兆的移动光缆，同时建立了监督台，制定了多项工作制度，确保健康、良好的上网环境。支中心各项建设工作于2010年1月20日全部完成，同年2月举办了支中心开放仪式，正式免费对外开放。支中心的建成，标志着志丹县共享工程工作步入正轨。县支中心建成后，电子阅览室利用率逐年上升，从2010年上网人数1200余人增加到2011年的6000余人，2012年已突破13000人，特别是青少年群体的逐年增加，共享工程让他们享受到了免费、健康、安全的上网环境。

二、网点建设

2009年，我县文化信息资源共享工程以县图书馆为骨干网点，建成了面积为140平方米的县级支中心电子阅览室，共有电脑57台，其中供读者使用的47台（30台为省分中心配备，27台为县财政拨款购买）。同年10月，我县建成了旦八、杏河2个乡镇基层服务点。

2010年，我县文化信息资源共享工程建设任务为顺宁镇及中心街、红都两个社区服务点。中心街、红都社区因场地限制，于2012年10月建成并投入使用。顺宁镇由于新建文化站，尚未竣工，该网点尚未建成。

2011年，我县建设任务为金丁、永宁镇，灵皇地台、桥南社区，以及200个村级服务点的建设。金丁镇文化站于2012年9月建设完成，共享工程金丁镇服务点于2012年10月份安装完成并投入使用。永宁镇服务点设备于2011年11月下发，由于新文化站尚未装修，故暂未安装。灵皇地台、桥南社区于2011年10月建成并投入使用。200个村级服务点设备于2012年10月全部接收完毕，目前已发放141个村。

2012年，我县建设任务为双河乡、纸坊乡、义正乡、吴堡乡、张渠乡、保安镇街道办文化活动中心、城北社区，由于乡镇文化站建设，五乡镇服务点尚未建成，城北社区、保安镇街道办于10月下旬建设完成并投入使用。

截止目前，我县所有乡镇、街道办、社区、村级服务点均已纳入建设计划。

三、经费投入

2009年，我县在上级部门投入68万元的基础上，县财政又投入30多万元，按照共享工程县级服务点标准，在县支中心建成了电子阅览室、机房、多媒体室等。

2010年，县财政为我县支中心安排了17万元年运作经费，用于支中心年日常运营及开展各项活动。

2011年，县财政为我县支中心安排了25万元年运作经费，用于支中心年日常运营及开展各项活动。

2012年，在免费开放经费基础上，县财政为我县支中心安排了5万元年运作经费，用于支中心年日常运营及开展各项活动。

四、宣传推广

共享工程作为国家实施的一项重要惠民工程，宣传共享工程、让更多群众了解共享工程、使用共享工程资源非常重要，志丹县支中心非常重视共享工程宣传推广工作，每年都会进行共享工程宣传活动，充分利用新闻媒体特别是县广播电视台进行宣传报道，营造了浓厚舆论氛围。志丹县支中心也通过印发宣传资料、悬挂横幅标语、张贴共享工程海报、制作宣传展板、散发传单等多种形式向广大群众特别是对在农村的群众进行宣传介绍，在县图书馆每年开展的送书下乡、阅读推广、世界读书日等活动中，志丹县支中心也不忘宣传“共享工程”。各相关部门、单位也积极配合，大力支持，为共享工程大开绿灯，提供方便，良好的宣传为共享工程在我县顺利开展打下了坚实基础。

五、惠民服务

志丹县支中心始终把服务基层群众作为开展工作的出发点和落脚点，依托各乡镇、社区服务点共享工程电子阅览室，积极开展了多项惠民服务活动。支中心成立三年多来，先后通过走进农村、走进社区、走进校园、走进机关活动，通过共享工程优秀丰富的数字文化资源和先进便捷的技术传播手段，不断满足基层群众“求知识、求富裕、求健康、求快乐”的需求。截至目前，志丹县支中心文化共享工程累计播放数字资源30余场、接待上网群众2万余人次，成为深受百姓欢迎的民心工程。同时，县支中心先后开展了关爱农民工活动、未成年人阅读推广活动、共享工程数字资源免费发放等多项活动。

六、培训工作

县支中心利用网络优势，经常参加各类远程培训活动，县支中心也先后派出多名工作人员参加了省分中心举办的现场培训。同时，支中心每年举办一期计算机知识培训班并邀请基层服务点人员参加，培训班同时免费对社会各界开放。

目前我县村级服务点已发放了投影设备，利用率不佳，为此志丹县支中心于2011年12月举办了一期投影设备使用培训班，邀请全县各乡镇、社区及200个村级服务点人员参加。通过参加培训及自学，各服务点工作人员的业务水平不断提高。

七、工作展望

目前，志丹县共享工程工作仍处于建设的初级阶段，各项工作仍未全面开展，不过随着各基层服务点的全面建成、随着公众对共享工程知晓度的增加，共享工程利用率必定大幅提高，志丹县支中心也将充分利用网点资源，继续加大宣传力度，积极开展各项惠民服务活动，具体思路是：充分利用志丹经济社会发展较快、历史文化资源积淀丰厚、城乡基层文化建设力度不断加大等有利条件，发挥优势，联合共建，借力发展，整体覆盖。以整合资源、创新服务方式为突破口，积极稳步扩大覆盖面，充分发挥共享工程在丰富城乡群众文化生活中应有的作用，切实提高共享工程利用效果和影响力。

（撰文/王立平）

吴起县支中心

近年来，我县支中心充分利用现有资源，切实发挥图书馆免费开放、文化凝聚人心、鼓舞士气、催阵助威的作用，调动各方面积极因素，因地制宜，精心组织，开展了一系列群众喜闻乐见、丰富多彩的文化共享工程活动，主动服务中心工作和经济建设，提高了居民的生活质量和文化素质，丰富了居民的业余生活，有力推进了我县文化信息资源建设的开展。现将相关情况汇报如下：

2011年7月1日起我中心实现全面免费开放，乡镇、社区、村级的基层服务点实现全面免费开放，开放主要内容及活动有：电子阅览室无周末全免费开放，电脑基础免费培训，投影室免费开放及农业、科教、法律保护等惠民信息碟片无条件自主选择式免费播放。为读者提供全国文化信息资源网的信息资源，实现地区文化信息资源的共管、共建、共享。

一、必要性

一是落实国家、省有关要求的需要。文化部、财政部要求务必把文化信息资源共享工程抓紧抓好、抓出成效。

二是推进我县先进文化建设、构建全县文化发展战略新高地的需要。努力实现好、发展好广大人民群众的文化权益，必须启动文化资源共享工程，使广大人民群众充分享受到全社会的文化成果。

三是加强基层文化建设的需要。文化信息资源共享工程可以迅速扭转我市基层文化设施陈旧落后、文化投入严重不足、文化资源匮乏、文化服务比较落后、无法满足人民群众日益增长的文化需求的局面；工程采用先进的现代化信息技术手段，向广大人民群众传送丰富的文化信息，进一步巩固基层文化阵地，充实基层文化建设内容，活跃城乡人民群众文化生活，充分发挥文化信息资源在发展经济，提高人民群众思想道德和科学文化素质等方面的重要作用。

四是文化县城、文明城市建设的需要。支中心建设和乡镇、街道基层服务点建设是全国文明城市创建测评体系中的测评点。

二、目标

努力建设好吴起县支中心；力争做好优秀文化为人民大众服务的目标。

三、工程现状

第一阶段　2007年建立了吴起县级支中心。主干通讯能力10兆，对外网络接口10兆，局域网工作站总数46台，专用服务器。此外还需集中人力、物力进行信息资源的加工与整合，并对外提供服务。按照省市分中心上传相关新闻信息和基本完成上级安排的各项工作。

第二阶段　2010年–2011年建立了周湾镇、五谷城乡、王洼子社区、老城社区、枣树湾社区、胜利山社区、刘渠了社区、宗圪堵社区8个基层服务点，若干基层服务站（乡镇、网点）。乡镇基层服务点通过卫星接收设备接收数据和互联网接入合并使用，社区使用互联网使用。

第三阶段　2012年建立了144个村级基层服务点，覆盖率88%.除部分村级村部正在建设之外，其余村部相继安装开放。大部分村级由于条件原因未接入互联网。使用移动储存器播放使用。

四、工作设想

加大工作力度，增强推进县级文化共享工程支中心建设的责任感和紧迫感，争取得到县级领导重视和县政府的政策支持。

提出合理化建议，用好年度项目资金，确保按时、高质量完成建设任务，实现覆盖100%的规划目标。

进一步做好资源建设工作，提高资源建设的针对性和质量，力争建成《红色吴起、绿色吴起》、《舞动吴起》、《文化吴起》等数据资源库。

进一步完成共享机制，加强与农村党员干部现代远程教育与农村中小学远程教育工程的合作。

加强人员培训，提高队伍的业务能力。

加强组织策划，改善基层服务，进一步提高文化共享工程的管理水平。

（撰文/高立志）

甘泉县支中心

甘泉县地处陕西省延安市中部，总人口83507人，其中农业人口53600人，总面积2284.7平方公里。近年来，我县坚持“石油兴县、菜畜富民、项目带动、产业支撑”的经济社会发展战略，紧紧依托资源优势，积极优化经济结构，不断扩大对外开放，加快基础设施建设，国民经济和社会事业持续快速发展。同时，甘泉地域文化特色浓厚，社会文化氛围活跃，能够积极响应党中央的文化大发展大繁荣的号召，认真贯彻落实十七届六中全会精神，极大地满足人民群众精神文化需求。文化资源共享工程建设是其中一项重要内容。

一、建设情况

按照党中央、国务院关于加大全国文化信息资源共享工程建设的一系列指导精神，省上安排我县建成全国文化信息资源共享工程“甘泉县支中心”和基层服务点。于2011年7月1日整合甘泉县青少年活动中心资源，在我县中心街建成了全国信息资源共享工程“甘泉支中心”。县级支中心及基层服务点建成之后，通过建立图书馆与图书馆之间和图书馆与其他机构之间的各种合作、协

排队进入电子阅览室

中小学生浏览信息资源

作、相互协调关系，利用各种技术、方法和途径，开展共同提示、共同建设和共同利用信息资源，以最大限度地满足用户信息资源需求的全部活动。同时，也极大的丰富了人民群众的精神文化需求，为群众了解、掌握、学习国家路线、方针、政策和为群众提供商机、就业、咨询等的一系列利农、惠农、为农的服务工程。

1、队伍及基础建设：甘泉县图书馆成立于1984年，2009年整合了县教育部门的相关资源，并搬迁至青少年活动中心，隶属甘泉县文体广电局，正科建制，全额预算事业单位，编制9人，其中馆长1人，副馆长2人。目前有馆舍面积六百平方米，其中，图书占用四百余平方米，电子阅览室占用200余平方米。图书区馆员6人，电子阅览室技术人员2人。电子阅览室配有读者用机30台，管理电脑8台，服务用车一部，以及服务器等设备。为了贯彻国家免费开放精神，我馆积极培训计算机专业技术人员2名，制定了《电子阅览室规则》等各项制度，购置了“金钥匙”上网管制设备一套，设定限时上网时间每人每次不得超过2小时。截止目前，我县支中心已免费接待3万余人次，为我县各大群众带来便捷的文化信息资源服务。

2、基层服务站点建设情况：我县基层服务站是在县级“支中心”建成后，全县6个乡镇、2个社区陆续建立了服务站，每个服务点安装了卫星接收站一座、配发服务器1台、电脑各4台、投影机各一套。统一为各个服务点制作了门头牌匾和制度，落实了相关负责人。

3、经费投入情况

县级支中心及基层服务点建成之后，国家每年向县级支中心补助免费开放经费20万元，基层服务点补助5万元，县财政也给予一定的补贴，基本保证了工作的正常开展。

二、工作情况

1、免费开放

为了贯彻国家免费开放精神，我馆制定了免费开放的一系列管理制度，制作了免费开放公示栏，向社会各界积极宣传国家免费开放的政策。在内部管理方面培训计算机专业技术人员2名，制定了《电子阅览室规则》等各项制度，购置了“金钥匙”上网管制设备1套，2012年8月份，有根据省中心的统一安排，更换为PANBA管理中心软件，设定限时上网时间每人每次不得超过2小时。截止目前，我县支中心已免费接待3万余人次，为我县各大群众带来便捷的文化信息资源服务。

2、资源建设

甘泉历史悠久，西周即有史载，秦置雕阴县，北魏初置临真县，唐武德元年置伏陆县，天宝元年改甘泉县。名胜古迹有秦直道遗址、隋炀帝赐名的“美水泉”、唐代建筑白鹿寺、千年银杏树、宋代古墓群等。革命旧址有毛泽东发表“雪地讲话”和指挥直罗战役所在地、劳山战役、周恩来遇险处等。这些丰富的地域文化资源不仅仅需要我们自己知道，而且还需要对外宣传。我馆因地制宜，抓住这历史机遇，充分调动信息资源共享工程工作的性质，发布自己的信息，为我县的招商引资、惠农惠民、城市建设等等提供了信息平台，为甘泉实现经济建设又好又快发展做出贡献。

3、技术支持及惠民服务

一是切实利用好目前所建立起来的基层服务点文化资源共享工程这块工作，发挥文化站的作用，拓展服务项目，延伸业务范围，在技术支持中能够做到随叫随到，认真传达中省市县的共享信息资源，定期检查和指导服务点管理人员的业务技能，将基层服务点业务服务工作纳入到年终乡镇文化考核项目中来，切实做到信息资源共享工程的建设，达到共建、共享，对推动全县经济快速发展起到重要作用。

二是在惠民服务中，我中心自运行以来，结合中省信息资源的通知精神，能够经常性的开展惠民服务工作，先后开设了为外出务工人员提供留守子女帮助活动，协调教育局在县初级中学初三年级组织开展了2012年全国中小学生电脑小报设计比赛活动，与县科协联合举办了农民技术员电脑培训班等活动。

4、宣传推广

一是大力宣传全国文化信息资源共享工程的意义和性质，通过免费开放宣传公示栏、印制宣传单等手段，向社会各界广泛宣传，使公众进一步了解信息资源共享工程“县级支中心”服务的内容，以鞭策、监督我馆更好地开展工作。

二是广泛征求意见。我们发放《意见征求表》1300份，从信息资源服务质量、基础设施、浏览环境、免费内容、资源种类等方面向广大群众广泛征求意见，梳理归纳出有价值的意见建议50多条，作为我们改进工作的努力方向。

三是努力扩大多媒体浏览群体。我们通过积极宣传，主动服务等方式，要求每个工作人员走进部门、单位，工地，地头，宣传引导更多的人利用我“中心”的电子阅览室来获取针对自己有价值的信息资源，从去年开展业务至今，我“中心”周一到周日从不休息，接待浏览的人数增加一倍。

5、培训工作

现代化的电子科技技能掌握永无止尽。我们要求从领导到专业技术人员，按时参加远程培训，加强平时的业务训练，定期邀请上级领导监督我“中心”组织的业务考核。同时，领导带队经常性深入基层服务点组织人员培训操作流程，力争人人做到设备面前会插、会播、会找、会放，能够爱护设备，经常性的维护设备，确保设备的使用寿命。

三、工作展望

随着党的十八大的胜利召开，扎实推进社会主义文化强国的战略进一步明确，必然给文化资源信息共享工程带来美好的明天，我们要认真学习贯彻十八大精神，振奋精神，锐意创新，勤奋工作，全力服务，切实加强规范管理，提高服务水平，着重做好三点工作：一是以十八大精神为统领，认真学习领会社会主义文化强国理念，努力提高工作人员的政治素养和业务能力，打造一流的文化服务队伍。二是争取上级和县财政的更大支持，力争建设新的符合标准的县级支中心和图书馆。三是广泛看着各种文化活动，为丰富群众文化生活，全面提高公民道德素质，加强社会主义和谐价值体系建设做贡献。

（撰文/贺栋平、高 宁）

宜川县支中心

宜川县辖5镇7乡，1个街道办，3 个社区，有县级图书馆1个，乡镇文化站12个，村级文化活动室202个。全国文化信息资源共享工程实施以来，县委、县政府高度重视，加强领导，主动作为，积极实施这一文化惠民工程，经过3年的建设和发展，截止2012年11月，已建成文化共享工程县级支中心1个，乡（镇）服务点11个，城区街道办1个，社区服务点3个，村级服务点202个，网点建设基本完成，设施设备配齐到位，管理机制进一步健全，经费投入明显增加，网络运行规范有序，辐射领域不断拓展，服务功能显著提升，教育作用充分发挥，宣传效果逐步显现，为加速文化信息资源共享工程建设步伐，实现优秀文化信息资源在全国范围内的共建共享发挥了积极作用。

共享工程宜川县支中心于2010年10月正式建成，支中心局域网带宽百兆，互联网带宽十兆，采取互联网和移动播放的形式的技术模式，现建有30台PC机的电子阅览室、满足60人座位多媒体放映室和中心机房。县支中心成立以来，在省分中心的亲切指导和上级有关部门的大力支持下，我们积极推动文化共享工程资源的普及与推广，有效发挥教育引导社会新风尚的作用，使共享工程惠及千家万户，受到了社会各界的普遍关注和广大群众的充分肯定。

一、网点建设 城乡同步推进

县委、县政府从保障人民群众基本文化权利、促进经济社会协调发展的高度，充分认识实施“共享工程”的重要意义，成立了共享工程领导小组，高起点规划，高标准建设，高规格配备，高质量管理，高效率运行。下发了《关于进一步加强文化信息资源共享工程建设的意见》和《实施方案》，根据国家和省关于共享工程支中心和基层点建设的要求，完成了县支中心建设，接入了100兆光纤。以乡镇和街道文化站、社区文化室、农村党员干部现代远程教育终端接收站等为依托，按照《标准》要求，安装设施设备，使全县乡镇、街道和社区、村建立了标准的基层服务点 217个，基本实现了共享工程站点全覆盖。站点建成后及时将全国、省、市、县、基层点共享工程相关文件精神、资源情况在网上进行交流，并加大地方文献的征集力度，谋划启动地方数字资源建设，使共享工程的社会效益、文化效益、民生效益日益彰显。

二、资源共享 延伸服务领域

上传文化信息动态。按照共享工程的具体要求，及时在“陕西文化信息网”发布宜川文化信息动态。支中心运行以来，为省图书馆提供我县“文化新春系列活动资源光盘”和我县社会各界向四川灾区捐款的图片及资料，向省馆发送了《档案所需信息》、《图书馆简介》、《宜川县简介》、《宜川县文化共享工程概况》及图片等。支中心收集有宜川本地歌手李亚东的歌曲、图书馆职工二胡演奏者王美芳的《山水宜川 壶口情怀》等光盘。

加强资源设备管理。在搞好资源共享资料传输、基层服务网点建设的同时，把文化共享工程的管理作为重点。建立和完善支中心及服务网点设备设施管护制度、资源服务细则、管理运行办法等管理与服务规章制度，确保设备安全完好、资源高效平稳持续利用。

抓好服务基层工作。县支中心和乡镇、街道、村、社区基层服务点，将共享工程设备免费向广大人民群众开放，并及时公布开放时间和资源内容，组织广大群众使用文化信息资源，为广大群众提供实用性、知识性、娱乐性的文化信息服务，掌握有关政策法规，学习先进实用技术，提高发展农村经济、参与市场竞争的能力；为广大未成年人提供课外精神食粮，将“共享工程”的优秀资源送入千家万户，使各基层点成为具有信息服务、教育培训等多种功能的文化中心。

满足弱势群体需求。为满足弱势群体日益增长的文化需求，提供零门槛、无障碍服务，让他们享受社会发展的成果，提高文化素养，增强自我学习、自我发展、自我完善的能力创造了条件，也为扶助弱势群体，体现社会公平，建设和谐社会做出了积极的努力。

三、加强培训 规范操作行为

采用集中培训、分片培训、以会代训、发放培训资料、上门指导、电话咨询、现场经验交流、组织考试等方法，举办共享工程知识培训班，培训内容有计算机网络基础技术、数字资源检索、病毒防治等，解决基层点业务和技术问题。县级支中心技术人员定期对基层新服务点工作人员进行设备操作、运行、维护和管理培训，指导基

层服务点利用共享工程的信息资源服务群众。2012年基层站点全部建成后，及时举办了“宜川县支中心村级投影设备管理人员培训班”，对全县12个乡镇主管文化工作的领导和150个行政村及街道办事处和社区共享工程管理人员进行了培训，重点就投影设备的安装、使用及维护知识进行了讲解，提高了共享工程基层服务点管理人员的业务素质和管理技能，为共享工程设备更好地服务广大基层群众奠定了坚实的基础。

为提高站点管理人员业务素质，按照程序规范操作运行，县支中心配备了熟悉国家和省中心资源，并能指导读者利用网络资源的专职技术人员，管理、指导全县共享工程业务工作，印发了简便的《文化信息资源使用指南》，使广大读者尽快掌握使用文化信息资源的方法，提高共享工程资源的利用率。

四、惠民服务　广泛深入开展

在图书馆宣传周、世界读书日、科技之春、免费开放宣传日及各类主题实践活动中，在城区、乡镇与社区设宣传点进行集中宣传，向各界群众推介共享工程，广泛宣传共享工程的作用目的和意义，使广大群众充分了解、认识和利用文化信息共享工程资源，掌握和运用这块知识宝库的技能，满足对文化信息资源的需要。免费让广大读者在电子阅览室享受海量数字资源，利用多媒体放映室组织各类培训、开展讲座、为社会文艺团体播放教育视频、开展弘扬主旋律影片展播，在广场、社区为广大群众播放宣传片、电影、戏曲等，使广大群众了解并享受文化信息资源带来的实惠。

五、展望未来 充满信心希望

随着文化资源共享工程设施的完善和投入使用，畅通了群众获取新知识、新观念、新技能的渠道，方便了群众就地学政策、学法规、学科技，满足了人们日益增长的文化需求，丰富了群众的精神文化生活，促进了社会的和谐和稳定，为和谐宜川建设和新农村建设注入了清新的风气：

主动到站点吸取精神营养的群体多了，参加有益的文化活动的队伍多了，学习科学文化知识的人员多了，勤劳致富、科技致富的群众多了，喝酒打牌不务正业的人少了，打架斗殴扰乱社会秩序的人少了，搞封建迷歪门斜道的人少了。可以说共享工程是一项和谐社会工程、是一项暖民心、惠民生的德政工程。

（撰文/李红梅、冯海英）

黄龙县支中心

黄龙县图书馆建于民国三十二年（1943年），1992年4月从文化馆分出迁至县图书大楼（县工会南边），2001年迁至中心街县文化大楼三楼至今。使用面积820平方米。黄龙县图书馆于2007年10国家投资68万元建起全国文化共享工程黄龙县支中心。

一、基本情况

黄龙县位于陕西省中部，延安市东南部，总面积2752平方公里，与韩城、宜川、洛川、白水、澄城、合阳等县相邻，森林覆盖率86%，是全国八大林区之一。全县有10个乡镇，87个行政村，总人口5万人，是一个来自全国28个省市的移民县。2007年财政收入400余万元，县域经济发展滞后，地处山区，交通不便，信息闭塞，群众文化生活相对贫乏。

2006年县文化局抢抓机遇，图书馆自筹资金开办电子阅览室，率先实施文化信息资源共享工程，深受广大群众欢迎，也引起了上级文化主管部门对我县文化信息资源共享工程建设的重视。

2007年我县与省文化厅签订建设“文化信息资源共享工程县级支中心”目标任务书，国家投资68万元设备建设县支中心。一年来，县委、县政府高度重视此项工作，在省、市文化部门的大力支持下，经过县文化局，图书馆的努力，黄龙县支中心于2008年10月30日建成并投入使用。黄龙县支中心总建筑面积为255.75平方米。其中新建电子阅览室面积92.4平方米，多功能演播室94.05平方米，机房23.1平方米，监控室和值班室46.2平方米。总投资79.7万元，包括卫星接收站、中心机房、支中心全套设备（37台计算机、4台服务器、投影仪及移播室全套设备、摄像机、照相机、传真机、一体机等）。中心机房、电子阅览室、演播室等室内装修投入资金11.7万元。

2008年12月25日经陕西省文化信息资源共享工程验收领导小组验收，建成陕西省文化信息资源共享工程黄龙县支中心。年接待读者达10000余人次。截止目前我县已建成10个乡（镇）；87个村级服务点。目前按照共享工程县级支中心建设标准全部安装到位，完成了中心站建设任务。

三、上下联动，齐抓共建

财政困难也制约着我县文化图书事业的发展，为

了满足群众精神文化需求，我们不断解放思想，调整思路，立足实际，寻求突破。2006年，全省文化信息资源共享工程启动实施之后，我县紧抓机遇，及早动手，多方努力，以实际行动赢得了上级文化部门的大力支持，最终被确定为2007年文化信息资源共享工程实施县之一，这不仅是对我们工作的最大考验，更是对我县改变文化发展困境的莫大鼓舞与支持。该工程实施以来，县委、县政府高度重视，成立了政府副县长为组长的“黄龙县文化信息资源共享工程建设领导小组”，并多次召开专题会议商讨研究试点工作，及时解决在工作中遇到的具体困难和问题。

2007年12月，省、市、县三级签订文化信息资源共享工程县级支中心建设目标责任书，又明确了各级的工作责任与业务，对我县文化共享工程建设提出了更高更细的要求。在工作中县文体局结合实际，积极争取多方支持，及时帮助图书馆解决支中心建设服务中出现的困难和问题。

县图书馆全体同志夜以继日的工作，把建好县支中心作为全年工作的重中之重。省图书馆的专业技术人员不顾路途遥远，深入我县亲自安装调试设备，并对基层业务人员进行培训指导，确保了文化共享工程的顺利实施。经过上下齐心协力，2006年10月，县图书馆创建了全县第一家电子阅览室，2007年10月县支中心按标准完成了建设任务，使我县文化信息共享工程建设步入了规范化进程。县支中心的建成，为全国文化信息资源共享工程在我县的全面实施奠定了扎实的基础。

四、总结经验，辐射带动

2008年，我们在抓好县支中心建设的同时，把共享工程建设网络向乡、村延伸。在逐步完善城区电子阅览室管理服务的同时，我县本着为基层山区群众服务的宗旨，在石堡镇东社区、白马滩文化站和三岔乡文化站设立了3个“共享工程基层示范点”，已先后挂牌开放服务。从2009年开始，我们将根据上级的安排与要求，结合我县实际，把共享工程网络建设进一步向乡、村社区延伸，使更多的人们分享共享工程建设的成果。

五、加大宣传力度，强化业务管理

为了进一步加大文化共享工程宣传力度，县图书馆在县城中心街制作了2处大型彩色宣传喷绘牌，更换了4期文化共享工程宣传栏，创办了《黄龙读者报》，以共享工程为宣传主页，辅助文化图书信息内容，目前共已印制6期信息宣传导报，发放到各乡镇、各单位8000余份，利用共享工程信息平台发布新闻稿件84篇。使广大干部群众对文化共享工程有了更深刻的了解和认识。实施好文化共享工程，是一项十分艰巨的工作，为了熟练操作各种设备，提升服务效率，县文体局将图书馆现有的工作人员全部送出培训，使每位工作人员做到一专多能，确保支中心各项业务的正常顺利开展。在做好设备配备、人员培训等基础性工作的同时，县图书馆充分运用文化共享工程这一平台，在工作中严格管理制度，在服务中提升社会效益，加大对青少年的网络文化教育，组织开展了青少年电脑益智趣味游戏活动和全国百万青少年“我承诺做一个有道德的人”网上签名活动。近年来，共举办打字比赛、有奖知识竞赛等活动5次，参加群众达1.4万

余人，以此引导青少年逐步远离网吧，科学上网。此外，结合当地的主导产业发展，我们通过网络平台整合科技致富信息及产品销售信息，为农民群众提供快捷便利的服务，也得到了广大群众的认可，使他们认识到文化共享工程平台的重要性和有益性，从而自觉参与到这一工程的普及与推广中来。

六、开展活动情况

近年来，黄龙县图书馆紧紧围绕“倡导全民阅读、构建学习型社会”这个主题，开展了有声有色的少儿读书猜谜、打字比赛、手抄报比赛、纪念改革开放三十周年文化成就展、少年网页制作培训暨首届争当“四好少年”网页设计竞赛、红色影片展播、养生讲座、公益性岗位培训、举办“品味四月书香，阅读你我他”为主题的世界读书日等宣传活动。结合“文化三下乡”活动，深入乡镇农村送书下乡14次，2011年6月23日图书馆面向社会广大群众提供全部免费开放活动，举办千人签名活动、利用流动图书服务车开展一系列图书馆免费开放宣传活动。2011年7月1日图书馆做到：“无障碍、零门槛”，实现基本文化服务，树立公益性文化机构的良好社会形象，吸引广大群众走进图书馆利用文化设施，享受政府提供的公共文化服务，最大限度地发挥公共图书馆功能作用。

七、荣誉奖项

集体荣誉：2008年3月和2010年3月分别被黄龙县文体广电局评为目标考核先进单位；

2010年4月在文化信息资源共享工程工作中被延安市文化局评为先进单位。

个人荣誉：郝秋玲同志，图书馆会计兼文化信息专报员。2010年4月，在文化信息资源共享工程工作中被延安市文化局评为先进个人；同年3月在文化信息资源共享工程工作中被陕西省文化厅评为先进个人。

八、工作展望

宗旨，文化信息资源共享工程是一个新生事物，是构建公共文化服务体系的重要组成部分，是一项惠及千家万户的惠民工程，该工程在我县实施以来，经过各级的共同努力，取得了初步成效。但这只是一个开端，在许多方面还有待于进一步完善和提高。今后，我们将不断认真学习，总结经验，努力探索，加强管理，规范服务，使共享工程为促进县域经济发展、社会文明进步发挥重要作用，为贯彻落实好十八大精神及科学发展观要求不懈努力。

（撰文/张　静）

黄陵县支中心

文化信息资源共享工程是国家文化部旨在推进文化信息资源开发、建设、服务而实施的重点工程，工程采用现代化信息技术，对文化信息资源进行数字化加工整合，通过网络最大限度地为社会公众享用的文化工程。我县支中心作为该工程的一部分，与基层文化设施网点建设、党员远程教育网、中小学远程教育网、图书馆网络化、数字化建设相结合，为读者提供全国文化信息资源网、陕西省文化信息资源网的信息资源，实现县级文化信息资源的共管、共建、共享。

一、基本建设情况

黄陵县文化信息资源共享工程支中心于2007年被省文化厅、市文化局列入延安市首批支中心建设试点县，共装修中心机房1间（20平方米）、电子阅览室1间（80平方米）、盲人视听阅览室一间（60平方米）、安装卫星接收锅1台、服务器3台，现有电脑30部、管理机一部、盲人阅览机两套、投影、打印机、二代身份证验证系统等一应俱全。配备工作人员3名，并与2008年10月底开通网络投入使用。2009年配合省文化厅完成了店头、隆坊两镇级服务站，及11个乡镇（街道办）所辖100个村、乡服务点资源共享设施设备（69套投影机、幕布、音响，31台电脑，铭牌102块）配发安装任务。2010年初已投入使用。2010年、2011年、2012年依次建成阿党镇、田庄镇、仓村乡、桥山镇、双龙镇、黄陵县街道办东关社区、高阳社区、河西社区、轩辕社区、隆坊镇太贤社区（原太贤乡）、田庄镇候庄社区（原候庄乡）、店头镇腰坪社区（原腰坪乡）、南川社区、北川社区、县97个行政村服务点、及店头镇、隆坊镇、东关社区和高阳社区后续设备的配发工作。

二、资金配套情况

为确保我县“共享工程”顺利实施，黄陵县政府和财政部门在经费上给予了大力支持。2007年，县财政拨付文化共享工程基础建设经费10万元，给共享工程落户黄陵县打下了坚实基础。2008、2009年，县财政各拨付3.5万元作为共享工程运行维护经费，并纳入部门预算予以保障。2010年、2011年，我县财政部门为配合两馆一站免费开放，将县支中心运行维护经费提升到8万元。为了改善乡镇基层服务点服务条件，确保我县文化信息资源共享工程的顺利运行，2012年，县政府将县支中心运行维护费10万元和镇级服务点运行经费5万元纳入县财政12年预算。并且在2011年、2012年国家财政各拨付县图书馆经费20万元、镇级站点共享工程运行维护经费5万元也已到位。全面保障了支中心软硬件、资源以及基层乡镇、社区、农村站点建设服务活动。

三、设备的管理及使用维护

设备的下发方面，我们县支中心每次给基层下发设备时，会把每个乡镇、社区服务点的设备制表，一式两份，由专人下发。各服务点要求专管领导签字接收，并在设备下发后，有专人管理，定期维护。对建设站点场地要求达到防盗、防火、防潮、防尘的条件。县支会不定期检查设备的管理、使用情况，督促各乡镇严格按照要求加强对工程设备的安全管理，并坚持不少一个点、不少一样东西的原则，保证设备的安全使用。

各站点建成后，我们县支中心对照省分中心下发的考核验收方案，要求各乡镇在加强村级站点管理的同时，认真组织开展学用工作，要求每个服务点配备一名操作管理员。实现了各服务点有牌子、有制度、有记录，有人管事、有人做事的目标。支中心根据各服务点的基本情况，针对技术人员匮乏、广大农村党员干部群众对文化信息资源共享工程陌生等情况，及时指导培训业务骨干，利用媒体、宣传单、展板、公共场所悬挂条幅、办板报、墙报开展活动等向社会进行广泛宣传。

四、加强人员培训，提高队伍业务能力

拥有一支怎样的专业技术人员队伍，很大程度上决定了文化共享工程的建设质量和服务质量，加强人员培训，是提高队伍素质的重要手段。为了加强队伍建设，不断提高共享工程的服务内涵和方式，充分提高利用这一先进的工作载体水平，我县在文化共享工程技术人员培训方面做了大量的工作。一是参加省市培训。自2008年至今，支中心分4次抽调县支、乡镇、社区服务点15人参加省、市举办的专业技术培训。并利用网络参加省分中心举办的各期远程培训50余次，352人次。二是举办现场会培训。黄陵县支中心每年对即将建设的基层中心主要管理者和技术人员进行集中培训和现场学习。2009年、2010年、2011年、2012年分别在隆坊镇、店头镇、仓村乡苏家险村、双龙镇等地举办了4期共享工程镇服务站、村级服务点建设现场会暨培训班。技术人员通过学习培训，了解了设备的功能，掌握了技术支持和资源分发共享的技能，提高了设备配置和调试的能力，有效地推进了我县各级服务点的建设，为顺利完成黄陵县文化共享工程建设任务奠定了技术基础和人才保障。三是办班培训。我支中心自成立以来，共在支中心举办各类技术培训班6期，为基层站点培训技术人员412人。四是远程指导培训。利用网络和电话等方式对各级技术人员进行远程培训指导。支中心累计通过电话、网络和到达现场解决了服务器、投影机、移动播放器故障等问题20余次。

五、活动开展

从初始运行到现在，我们县支中心就与各村的农村党员干部现代远程教育与中小学远程教育工程相合作。通过互联网，把下载、整合、刻录的光盘等资源传输或送到各个基层站点。一是针对广大干部群众普遍关心的理论热点问题，及时收集整理党的方针政策、理论创新

成果，中央和省市领导同志的重要讲话精神，广泛开展图书音像资料进农村、进学校、进社区、进农户、进军营等一系列活动，进行思想道德，民主法制教育、形势教育、理想信念教育、理论教育，通过群众喜闻乐见的形式，把学习党和国家方针政策的热情转化为建设社会主义新农村、构建和谐社会的自觉行动。其中给街道办、河西小学、桥山镇、双龙镇香坊村等免费送去光盘500余盘，阿党镇图书2000余册。二是面向广大青少年，突出思想道德教育。结合青少年身心发展特点，紧密结合学校教育，利用电影、电视、网络等青少年易于接受的形式，大力开展理想教育、爱国主义教育、集体主义教育和社会主义荣辱观教育，寓教于乐，使文化信息资源共享工程成为青少年德育教育的重要渠道。三是充分发挥公共图书馆的阵地作用，在电子阅览室每周推介优秀栏目、名家讲座、生活常识、电影及优秀地方剧目，利用投影仪播放名家讲座及影视剧，组织学生、读者观看革命英烈的英雄事迹，黄陵县传统文化知识、黄帝祭祀文化知识及历年黄陵祭祖的视频资料。指导他们了解网络、利用网络、文明健康上网。在县支的带领县，各乡镇基层点，也根据他们乡镇、社区的基本情况，开展了丰富多彩群众喜闻乐见的活动。如店头镇、河西社区给群众展播革命影片，举办老年人计算机培训；隆坊镇开展农业技术培训；隆坊镇古路村、仓村乡苏家险行政村利用投影设备给村民播放戏曲、广场舞、苹果树管理技术等群众喜闻乐见的文艺节目及实用的科技知识，各项活动的开展深受群众的欢迎，既满足了农民的学用需求，丰富了农民的文化生活，又扩大了文化共享工程的影响。在对残疾人方面，我们单位专门设立了盲人阅览室，安装了低视力助视器，设置了多媒体，并安装了读屏软件，指导盲人进行阅览。并配备专门工作人员对盲人进行操作培训，让盲人朋友能够走进图书馆、利用图书馆。

六、建设成果

我县的文化信息资源共享工程建设取得了一定成果，截止现在已建成县支中心1个，乡镇基层服务点7个，社区服务点9个，村级服务点168个，都已投入使用。目前我县镇级服务站覆盖面已经达到百分之百，社区、行政村服务点覆盖面也接近百分之九十。为我县文化活动的开展打下了良好的基础。

截止现在，全县各站点利用文化信息资源共享平台积极开展政策法规、种养殖技术和医疗卫生等集中学习活动500多次；开展各类技术培训70余期；播放优秀影片400多场次，县支中心上传新闻稿件近百条，办理未成年人上网证850余个，数字资源阅览证80余个，为改善我县城乡基层文化服务、切实保障全县人民群众的基本文化权益发挥了重要作用。

七、工作展望

在今后的工作中，我们将继续完善社区基层、行政村服务点的建设，达到全县共享工程站点全覆盖。并且进一步完成共享机制，加强与农村党员干部现代远程教育与农村中小学远程教育工程的合作，积极向远程教育提供有用资源。继续把技术人员培训、活动开展作为工作重点，提高我县共享技术队伍的业务能力。为这项惠民工程在全县发挥更大的作用，我们将会继续加倍努力，将这项工程巩固好、运用好、发展好。

（撰文/吴小玲）

铜川市支中心

一、整体情况

文化共享工程铜川市支中心自2004年开始建设，由共享工程国家中心配发了共享工程专用服务器、卫星地面接收天线及投影仪，并建成了可容纳50人的电子阅览室。市支中心成立以来，由专人负责管理，长期开展基层群众文化活动。支中心承担了对全市共享工程的指导工作，按照省中心的要求指导基层服务点建设，做好共享工程设备的发放工作。共享工程铜川市支中心的建成，极大地推动了我市共享工程的建设步伐，在网络建设、资源建设、队伍培训、服务惠民等方面取得了一定成绩。

二、网点建设

截至2012年底，全市共建立市级支中心1个，县/区级支中心4个，乡镇/街道基层服务点44个，村/社区基层服务点741个，一个以市、县支中心为骨干，以乡镇和村基层服务点为终端的文化共享工程服务网络全面建成，实现了文化共享工程网络全覆盖。随着“铜川市公共图书馆服务一体化建设”的实施，市、县、区馆实现馆藏互借互还，项目截至目前我们建成沮河社区基层服务点、裕丰园社区

给青少年放映动画片

基层服务点，消防支队基层服务点、住铜某预备役炮团基层服务点，财政局基层服务点。基层服务点建立后，通过定期更换图书，当地群众的基本图书馆服务得到保证。

三、经费投入

2010年铜川图书馆迁至新馆址，市支中心建设是新馆建设的重要环节，支中心相继投入100余万元，按照共享工程对于强弱电、防雷、防静电的要求，对共享工程多媒体室进行改建、对电子阅览室和网络机房进行了改造和网络综合布线。安装了投影仪和音响设备，使该室服务功能得到完善。借助共享工程所提供的硬件设施，实现了铜川图书馆从手工操作到计算机管理的飞跃式发展。近年来，支中心逐步加大资源建设方面的投入，累计投入资金20余万元。

四、资源建设

依托共享工程的硬件设备，铜川市支中心购买了CNKI中国知网七个中文数字资源库，建成了数字图书馆网站“铜川图书馆社区书屋”，将资源向社会公众免费开放。先后开通了国内几家知名的人文类电子期刊的馆内免费试用。在服务器上搭建电子图书平台，向中学师生提供17万种电子图书资源馆内免费注册浏览。引入方正阿帕比读报机系统，使读者在第一时间便可浏览到《人民日报》等十二种电子报刊。支中心的信息服务方式日趋多元，电子阅览室接待读者量持续增加。

五、技术支持

与数字图书馆建设紧密结合，在信息发布、业务开展等方面依托全省统一的信息发布平台和业务平台，开通了网上咨询、网上展览、网上互动交流及在线书目查询等功能。支中心开通了铜川图书馆网站，并通过共享工程VPN专网，向基层开展业务、摄影摄像、图片处理等等多种形式培训。在基层遇到信息上报、公共电子阅览室管理方面的问题时，及时帮助解决。通过网络技术手段，《铜川图书馆社区书屋》将于2012年底，实现在我市范围内的共建共享。

六、合作共建

铜川市支中心高度重视合作共建工作，坚持不断拓展延伸服务，与社区、军营、乡村等单位合作，支中心提供图书报刊、书架、阅览桌椅等，并负责基层服务点的培训。铜川市支中心与驻铜某预备役炮团结为“军民共建单位”，并设立了军营服务点，与铜川武警消防支队结为“警民共建单位”。定期对流通点图书进行调换，及时满足消防官兵的知识信息需求，为部队培养军地两用人才。同时我馆作为一级重点防火单位，消防官兵将为我馆干部职工普及消防知识，提高我馆的安全消防能力，并开展一些丰富多彩的交流活动。共建活动的开展，大大促进了我馆业务建设和精神文明建设。

七、惠民服务

铜川市支中心自建成以来，每逢节假日支中心都在多媒体室播放共享工程优秀视频，暑假特别为少年儿童播放爱国主义影片、科普知识影片，这项活动逐渐为老百姓所熟知。定期举办了“铜川文化大讲堂”，以“交流•分享”为主题，内容涵盖了政治、经济、文化、生活、保健等多个领域，挑选了市民喜爱、关心的热点话题开讲。2011年初，铜川图书馆依托全国文化信息资源共享工程与陕西公共图书馆服务联盟建设，成功申报了“铜川市公共图书馆服务一体化建设”，成为47个国家公共文化服务体系建设示范项目之一。项目整合全市公共图书馆文献信息资源，开展馆际互借、联合参考咨询等多项服务，将服务向乡、村、社区辐射。通过一体化建设项目，解决了群众看书难的问题。

八、宣传推广

共享工程铜川市支中心从扩大共享工程影响力方面着手，在图书馆门前安装了大型LED电子屏宣传文化共享工程及其服务。设计了铜川市支中心大型门头的版式，使读者在接受电子阅览室网络信息服务和多媒体室视频播放服务时加深对共享工程的认识。

2011年8月建成铜川图书馆网站，为读者提供计算机文献检索、共享工程活动开展的相关信息。同时也在在省中心的宣传平台上围绕共享工程动态、图书馆活动、全市文化工作撰写了大量通讯稿，拍摄照片百余幅发表于陕西文化信息网。

九、培训工作

随着共享工程在铜川的全覆盖，市支中心十分重视文化共享工程人员培训工作。一是组织参加培训。组织本级中心、基层中心参加国家中心、省级分中心举办的各类培训班三十余次，培训人员238余人次，市支中心在技术培训工作中为基层中心起到了带头和示范作用。二是开展远程培训。利用网络和电话等方式对各级技术人员进行远程培训指导。通过电话、网络和到达现场解决了TRS-WCM后台操作、发布稿件图片加水印、电子阅览室管理系统安装等问题30余次。为顺利完成工程建设任务奠定了技术基础和人才保障。

十、管理和队伍建设

为做到规范管理，制作安装了共享工程铜川市支中心电子阅览室管理人员工作守则、用户须知、工作规则制度牌，实施了上机实名登记制度。安装了陕西公共电子阅览室管理软件，由于采用了严格的网络管理，这里也被誉为“绿色网吧”。实行未成年人上机家长许可制度，实现了电子阅览室管理规范化，确保人民群众得到公益性、基本性、均等性的服务。

十一、荣誉奖项

2011年九月，铜川市支中心派选手参加陕西省第二届文化共享工程知识与技能竞赛，经过四轮角逐，代表选手张莉敏获得市、县级竞赛一等奖，共享工程铜川市支中心荣获竞赛组织奖。

十二、工作展望

“十二五”期间，我们将进一步完善基层设施设备条件，完善市、县（区）、乡镇（街道）、村（社区）五级服务网络，全面提高基础设施和资源的利用率。更好地运用网站、移动硬盘、光盘等手段，提高资源传输质量和服务水平。加强资源建设的科学规划，充分发挥市级中心在资源建设上的示范作用，积极开发主题鲜明、特色突出地方文化的数字资源库。为广大基层群众提供更多更好的公共数字文化服务，使文化惠民工程惠及更多的基层群众。

（撰文/杨新建、张莉敏）

铜川市王益区支中心

一、基本情况

我区是2008年被陕西省列入文化信息资源共享工程建设区县。2009年元月区政府与省、市签订了文化信息资源共享工程建设目标责任书。区人民政府把该工程定为2010年实施大事之一［铜王政办发（2010）9号］。该工程在我区建成区级支中心1个，乡(镇)基层服务点2个，村级服务点39个，设备总投资120万元。区级中心配备了可接收卫星信号和光缆信号的机房，有30台电脑的电子阅览室及多媒体播放室和摄像机、照相机、服务车。乡镇服务点配备了电子阅览机2台、服务机1台、多媒体投影机1套、卫星接收系统1套。村级服务点配备多媒体投影机1套和移动播放器1台。区级支中心设立在区少儿图书馆。乡镇服务点分别设立在黄堡镇和王益乡文化站。村级服务点分别设立在全区各村村委会。

目前文化信息资源共享工程加工和整合数字图书、博物馆、美术馆、艺术院团、非遗及广电、教育、科技、农业等部门的优秀数字资源，集科技普及、农业技术推广、广播影视戏曲观看、数字图书阅览、党员远程教育等功能为一体的综合性传播平台。

从工程投入运行后有力推动王益对外开放，必将为我区的公共文化事业，满足广大人民群众的精神文需求，丰富广大人民群众的业余文化生活，建设社会主义精神文明，构建和谐王益，发挥积极、重要的作用。在近年的工作中，我区支中心服务点以开展“文化共享工程”工作为契机，积极利用“文化共享工程”的设备和资源，从以下几个方面着力开展与“文化共享工程”相关的各种服务工作，确保共享工程工作取得圆满成功：

二、利用服务点资源优势，形式多样抓服务

1、做好文化共享工程的阵地工作

管好并用好已建成的电子阅览室，开展正常的网上阅读。“文化共享工程”电子阅览室是通过计算机网络向广大读者提供公益性文化信息服务的重要场所，也是“文化共享工程”开展服务工作的主要阵地，因此，我们管好并用好图书馆电子阅览室，为活跃城乡人民群众的精神文化生活发挥积极的作用。

2、图书馆共享

6月份少儿图书馆支中心服务点还利用这一平台多次参加了省图书馆举办的远程业务知识培训。使我们馆员不出馆就能学习到电子采编、电子借阅等系统知识，为下一步少儿图书馆采编、借阅电子化打下一定的基础。

3、“六一”活动

在“六一”节假日期间我们还在多媒体室为少年儿童播放了爱国主义影片，使少年儿童从小树立了爱国主义的思想。

三、利民惠众，惠农服务

2012年3月29日上午，我区在川口村利用文化信息资源共享工程基层服务点这一平台举办王益区第十二届“科技之春”科技、文化、卫生“三下乡”活动。此次活动由区文广局、区科协主办。邀请专家为群众现场讲解养生保健知识。王益区政府领导出席活动并讲话，在区委区政府的关心下、支持下，全区的文化信息资源共享工程工作迈上了一个新台阶。各村充分利用文化信息资源共享工程平台，大力开展各项符合农村群众需求的实用技术培训，把管用的实用技术、文化、卫生服务送到农民手中，让老百姓得到更多实惠。讲座结束后，向村民们赠送了科普知识相关资料200余册。在日常一些文化活动中我们用摄像机、照相机收集记录活动内容并以新闻和地方文化等多种形式上传到省中心。我们还多次进学校上街道进行宣传文化资源共享工程，使广大群众对文化资源共享工程有所了更深刻的了解。

四、培训工作

对基层、社区、39个村级服务点管理员进行培训，使其掌握共享工程设备的使用。

五、乡镇服务点活动情况

乡镇服务点利用这一平台进行党员远程教育学习、农业科技培训、红色电影播放、戏曲学唱等活动。王益乡乡镇服务点，6月份，先后4次举办了红色电影播放活动，共计参加活动120余人。

六、共享资源走进社区、村级文化服务点

1、社区，是共享工程服务对象里一个重要的群体，也是“基层文化”最大的受众。近年来，我们给家社区配备了文化共享工程器材。让社区充分利用共享工程资源记录他们丰富的文化活动。

2、灰堆坡村处于城乡结合部，流动人口一直是村干部头疼的老大难问题，村级服务点，6–9月份先后4次对辖区的流动人口进行法律法规培训，共计培训流动人口150余人，使辖区的流动人口得到了规范管理，减少违法案件的发生，得到有关上级部门的好评。市公安局和王益公安分局还在灰堆坡村召开了流动人口管理现场会。9月灰堆坡村还举办了交通安全教育影片播放活动，参加观看村民达40多人，得到了村民的好评。8月山干村村级服务点组织全体党员干部观看新农村建设影片，通过影片为本村新农村建设提供了可参考的依据。3月孟家塬村村级服务点结合本村实际情况组织本村村民观看了果畜结合生态养殖科教片，为本村种植户和养殖户科学种养有力结合保持生态增产增收指明了方向。8月他们利用文化共享工程移动播放器举办戏曲学唱活动。为本村参加“益民农资杯秦腔大赛”的参赛人员取得名次奠定基础。

文化共享工程在我区的实施，给广大群众带来实惠，它是广大群众的一本大字典，更是农民群众发家致富的一部百科全书，利用这一平台共接待群众6000余人，传播先进文化节目和农村实用技术26场次，活跃广大群众文化生活。

截至2012年底，基本实现了乡、村服务网点全覆盖。

七、工作展望

少儿图书馆支中心的服务对象是少年儿童、家长及儿童工作者。针对不同群体的需求，将传统馆藏文献与馆藏数字化资源进行分类整合网络信息资源是由数字化技术、信息存储技术、数据库技术、网络通讯技术与超文本、超媒体技术所支撑的信息资源，它使图书馆的资

源基础突破了传统的馆藏文献资源的局限，成为重要的虚拟馆藏，使图书馆提供的信息资源更加丰富多彩。图书馆只有将网络信息资源与馆藏数字化资源进行整合，按一定标准有针对性地对网上与儿童领域相关的信息进行搜集，整合，开发，利用，增加图书馆资源的数量与质量，以满足少年儿童、家长及儿童工作者的信息需求。如建立特色文献数据库，通过信息资源共享，建设互不重复、自成体系的特色信息资源库，通过上网共享，满足少年儿童多种类的信息需求。

文化共享工程在我区的实施，给广大群众带来了实惠，它是广大群众的一本大字典，更是农民群众发家致富的一部百科全书，也活跃广大人民群众文化生活。我们将继续利用好这一服务平台，使文化共享工程在推进王益又快又好的发展中发挥更大的作用。

（撰文/吕　剑）

铜川市印台区支中心

2002年4月，文化部、财政部共同实施了全国文化信息资源共享工程。其主要内容是利用现代高新技术手段，将优秀文化信息资源进行数字加工、整合，通过互联网和卫星传送到基层，为广大群众提供优秀的文化信息服务，实现文化信息资源的共建共享。共享工程印台区支中心于2009年12月初正式建成并投入使用，专（兼）职人员3名。中心面积206平方米，设有电子阅览室、中心控制机房、多功能室。

电子阅览室有电脑31台，其中读者阅览机30台，管理机1台，面积80平方米；中心控制机房设备：影视服务器、卫星接收服务器各1台，磁盘阵列1套，UPS电源1套，百兆防火墙1台，面积30平方米；多功能室设备：移动存储播放器、扫描仪各1个，便携计算机1台，打印一体机1台，数码照像机、摄像机台1台，计算机2台，音箱、无线话筒各1套、投影仪1个，幕布1块，面积96平方米。

共享工程作为一项文化创新工程，在我区实施以来所发挥的作用十分显著。可以资源共享，供读者浏览和查阅各种资料，传播了先进文化，更好地丰富了广大人民群众的精神生活。实现了流通工作自动化管理，实现了由传统图书馆向现代图书馆的转化。同时，通过互联网和共享工程基层服务平台，基本上能够满足一些读者各种视频和资料的查阅。每天使用电子阅览室的读者达百人次，社会反应良好。以前来图书馆的读者只能借阅图书，阅览报刊，你借我找，服务方式比较单一，现在的读者可以来支中心自己动手查阅所需资料，快捷方便。资源共享使读者享受到便捷的服务，满足了不同读者的更多需求。

共享工程印台区支中心利用共享工程配备的设备，定期放映各种题材、人们喜爱的影片。支中心电子阅览室拥有大量的视频、影视等资源信息，深受读者欢迎，宽阔的阅览环境为人们提供了绿色上网平台，并开展计算

机技术免费培训，深受广大群众称赞。支中心还经常深入各基层点，把省中心提供的丰富资源送到基层点，为广大群众开展服务。

（撰文/铜川市印台区支中心）

宜君县支中心

宜君县是陕西省文化信息资源共享工程建设第一批县市。近年来，在上级业务主管部门和县委、政府的高度重视及大力支持下，我县严格按照上级关于文化信息资源共享工程建设的相关要求和统一部署，稳步推进县级支中心、乡镇基层服务点及村级基层服务点建设，目前，县级支中心和全县已列入计划的9个基层服务点中的7个基层服务点均已基本按要求规范建设到位，其余2个待省中心设备配套后即可完成。

其服务管理日趋完善，专题活动有声有色，基层群众受益匪浅，较好地实现了文化信息资源共享工程服务基层、服务三农的工作目标。

一、总体情况

我县于2009年开始启动文化信息资源共享工程建设工作，2009年，同步完成县级支中心和4个乡镇基层分中心建设，2010年，我县文化信息资源共享工程完成2个乡镇基层分中心建设，2011年完成1个乡镇基层分中心和宜阳社区基层服务点建设。县级支中心配置电脑终端服务器1台，投影仪、幕布、音响一套；建起了机房和拥有电脑30台、面积80平方米的电子阅览室。其他7个基层服务点均配有卫星接收器和3至4台电脑，建起了使用面积40平方米的电子阅览室；2012年又为城关镇配置了电脑、电脑桌7套、阅览桌一个、书柜5个，建起了标准化的电子阅览室。2011年为每个行政村配发了投影仪、音箱，村级基层服务点建设全面铺开，2012年又为每个行政村配发了播放器。截止目前，全县已完成178个村级基层服务点的建设工作，基层服务点覆盖率达100%。

二、组织管理组与队伍建设

一是及时成立了以县政府分管副县长为组长，文广局局长为副组长，县委组织部、县委宣传部、县财政局、

县文广局、县电信局、县地税局、县工商局、县公安局、县消防大队、县图书馆主要领导为成员的工作领导小组。二是以县政府办公室名义制定下发了宜君县县文化信息资源共享工程建设工作方案，明确了各部门的工作职责，落实了人员分工和任务分解。三是将文化信息资源共享工程建设工作列入当年县委、县政府重点工作进行定期检查、考核，并纳入乡镇、有关部门年度工作目标考核之中。四是县财政及时落实了建设配套资金，并在预算内列支了每年3万元的县级支中心的运行保障经费。五是由纪检、审计、政府采购等相关部门共同参与监督设备采购、资金使用及设备使用等相关事宜。

为了加强管理，使文化信息资源共享设备很好地发挥应有的作用，我县于2011年8月份对178个行政村和10个乡镇的管理员分为三期每期两天，共进行了为期6天的培训，使他们掌握了投影仪的使用方法和应注意的事项。我县还按要求悬挂了“服务点工作职责”、“文化信息资源共享工程设备管理制度”、“读者预览须知”、“档案管理控制度”等四项三块制度牌。支中心设立2名专职管理人员，都接受过专业培训，职责明确。并指导基层服务点做好群众需求双向反馈工作。做到了人员、阵地、牌子、设备、制度“五落实”。基层服务点管理人员都是由行政村推荐、乡政府发文任命，报县文广局备案，大部分基层服务点都是由乡或村干部兼管。

三、使用情况

1、基层群众信息咨询更加方便了。以往，由于信息相对比较闭塞，特别是一些边远山村，村民对于如何利用当地资源更好地发展种植、养殖业等方面的信息更多的是局限于本县市场，对外界市场信息了解的内容不多、收集可靠的信息渠道不便。共享工程建成投入使用以后，广大基层农民在家可以很快、很方便收集到各地广泛的市场信息，为他们更好地调整种养结构和销售农产品提供了很好的参考。

2、基层群众致富效益更加提高了。村级基层服务点建成后，我们引导乡、村充分利用文化共享工程平台向农民群众开展各种农业种养科普知识宣传，使一大批农民尝到了科学种养、技术致富的甜头。

四、今后的发展方向

1、进一步加强基层文化设施网点网络化、数字化建设，加强文化、科技信息资源在群众生活中的重要性，不断培养专业技术人员，为深入推进共享工程的实施打好基础。

2、努力把文化信息资源共享工程用活、用好。以先进文化教育广大群众，提高人民群众的思想道德水平和科学文化素质，最大限度地将信息资源转化为生产力。将地方影视戏曲、音乐歌舞、美术艺术等表现形式纳入共享工程服务内容。以群众喜闻乐见的形式使共享工程更加贴近基层、贴近生活、贴近群众。

我县文化信息资源共享工程在各方的不懈努力下已初见成效，但目前的运行状况据上级领导的要求和人民群众的需求还有很大差距，希望上级领导能够在人员培训、技术等方面给予大力支持，相信在不久的将来，文化信息资源共享工程一定会以一个全新的面貌展现在群众面前，成为社会主义新农村建设的有力支撑。

（撰文/王 静、王新仓）

渭南市临渭区支中心

全国文化信息资源共享工程渭南市临渭区支中心公共电子阅览室，是临渭区图书馆对外服务窗口之一。2008年元月建成开放，现有电脑设备40台，工作人员12人，周开放56小时，不分双休、节假日，全年365天免费开放，年运行经费4万元。向广大市民和群众提供资料查询、信息检索、资源浏览、多媒体播放和讲座培训等免费服务，平均年接待读者2万余人，服务市民5万人次，开展活动40余次，宣传报道60余次，有效发挥了宣传教育职能，营造了公益、公共、共享的文化氛围。

支中心电子阅览室建成后，先后接受了国家文化部督导组、陕西省文化厅、陕西省图书馆、陕西省共享办、渭南市文广局、临渭区委区政府、区人大等有关领导的检查指导；2008年5月作为陕西省共享工程建设示范点，迎接了60余位图书馆同行的参观学习；2012年6月作为公共电子阅览室示范点，迎接了陕西省深化文化体制改革拍摄组的专题拍摄。先后被陕西文化网、临渭区政府网、渭南日报、今日渭南等媒体宣传报道，在渭南市公共文化建设中可谓一枝独秀。

临渭区支中心电子阅览室作为市、区两级公共文化服务场所，环境整洁、宽敞明亮，制度完善，保障有力，设备先进，服务创新，根据季节、时段、主题、内容的需求，积极开展形式多样，丰富多彩的文化活动。先后开展了红色影片进校园、共享工程进监狱、共享工程进社区、共享工程进敬老院、走进电子阅览室、夏日视频展播、文化繁荣 岁月如歌等主题活动，取得了较好的社会效益和文化效应。

一、强化未成年人信息管理，营造绿色上网环境

临渭区支中心是是全市唯一的一家“绿色文化窗口”。工作人员积极引导未成年人和学生读者，利用互联网、文化网、共享资源开展学习，按要求办理“未成年人上机卡”，屏蔽网游，有效保护未成年人身心健康。对市民和读者实行有效证件实名登记，限时上网，进 步为市民和读者提供绿色、便捷的信息服务。

二、充分利用资源和设备，开展系列服务活动

每年春节、元宵节阅览室组织农民工和学生开展网上答题、共享猜谜、视频展映和网上订票服务，高考期间

临渭区支中心庆三八服务活动

为学生提供志愿填报和查询服务，开展老年读者信息待查和音频下载等服务，极大地丰富和活跃了农民工、学生和市民的节日文化生活。

支中心电子阅览室依托共享工程平台，在4.23世界读书日、服务宣传周、全民读书月活动期间，制作宣传展板，发放数字资源证，开展免费服务，拓展服务内容和服务领域，积极调动读者和用户的阅读热情，丰富了全民读书月活动内容。

先后与陕西省第二监狱——渭南监狱、渭南看守所结成帮扶单位，开展共享工程帮教活动。向渭南监狱赠送移播宝设备一套，指导监狱信息员掌握操作技能，及时更新视频资源，使全监2000多名犯人都能看到共享工程资源内容，对监狱信息自动化帮教工作起到巨大的促进作用。

在社会文化教育工作中，与临渭区官道镇初级中学、小寨小学、迪英小学等携手开展 “红色影片播放”、“文化共享进校园”、“走进电子阅览室”等活动，使中小学生增强了爱国主义和集体主义精神，充分认识和了解文化共享工程。

每逢暑期，电子阅览室坚持每周六晚，在文化广场上为市民、少年儿童开展“夏日视频展播活动”，利用陕西省分中心下发的优秀光盘和专网资源，播放影片、综艺、科技、动画等优秀视频，丰富了广大市民的夏日生活。

为推动文化惠民服务走向深入，支中心积极开展“践行雷锋精神，推动惠民服务”活动， 到临渭区民政局敬老院、金秋苑敬老院，为孤寡老人放映喜爱的戏曲、电影，丰富老人的日常生活，将学习雷锋进行到底。

图书馆依托支中心电子阅览室优势，加入了陕西省自动化编目和服务联盟平台，实现文献资源共建共享。并组织开展“打字比武”“岗位练兵”竞赛活动，举办“庆三八、七一、八一”等文艺联欢。同时，临渭区支中心帮助社会各界和文化系统内单位无偿上传各类文化活动宣传稿件，成为渭南文化艺术与外界交流的窗口。

三、开展技术人员培训，加强基层业务管理

为提升工作人员的业务素质和信息化服务能力，先后开展远程视频培训、文化体制改革解读培训、设备使用培训、WCM信息员培训、阅读推广培训等，并组织工作人员参加了全国“计算机基础知识答题”、“公共电子阅览室百题知识竞赛”、“双百人物有奖征文”等活动，不断增强工作人员的综合素质。

为使我区基层服务点管理员掌握好“共享工程”的技术知识，提高服务水平，先后在向阳办、官路镇、闫村镇等地开展为基层送技术、送服务、送资源服务，并创建临渭区共享工程QQ群，实现网上技术交流，有效提升了管理人员的服务能力，努力发挥“共享工程”在临渭区新农村文化建设中的积极作用。

共享工程临渭区支中心，始终坚持“细致、热心、宽人、严己”的工作态度，以农民工、未成年人、弱势群体为服务重点，创新服务形式，开展信息资源和技术服务，大力宣传文化共享工程和文化发展政策，努力使电子阅览室成为人民群众文化生活中不可缺少的公共场所。

（撰文/渭南市临渭区支中心）

华阴县支中心

华阴市总面积817平方公里，总人口26万，是国家级风景名胜区西岳华山所在地。华阴市图书馆位于政府广场南侧，1992年底落成，总建筑面积1500平方米，馆内藏书5万余册。内设：书库、采编室、阅览室、资料室、信息资源共享工程（电子阅览室）、多功能报告厅、办公室、财务室等。全国文化信息资源共享工程（以下简称“文化共享工程”）是新形势下构建公共文化服务体系、惠及千家万户的一项重要文化基础工程，是政府提供公益性服务的重大文化项目，是实现广大人民群众基本文化权益的重要途径，对于打破落后地区信息闭塞的状况，缩小“数字鸿沟”，提高广大人民的科学文化素质，推进社会主义文化大发展大繁荣和建设和谐社会具有重要作用。"共享工程"将充分利用现代高新技术手段，将中华民族几千年来积淀的各种类型的文化信息资源精华以及贴近大众生活的现代社会文化信息资源，进行数字化加工处理与整合；通过工程网络体系，以互联网、卫星、移动存储、镜像、光盘、有线电视/数字电视网等方式实现优秀文化信息资源在全国范围内的共建共享。

文化共享工程华阴市支中心成立于2009年12月，共计配发电子阅览设备（30台电脑及30套桌椅）、机房设备一套、管理工作机7台、多功能厅（投影设备1套、功放音箱1套）、监控设备1套、笔记本1台、摄像机照相机各1台、激光打印机1台及文化共享服务车一辆。为读者查阅信息、科技致富、读书、娱乐等提供方便。2011年文化共享工程华阴市支中心正式免费对外开放。文化共享工程华阴支中心成立后，我们根据实际工作需要对全市乡镇文化建设情况进行了全面的调查了解，掌握了各乡镇、村的一手资料，特别是各村村部和文化广场建设情况的图片资料。再结合文化活动开展情况，确定出符合要求的4个乡镇服务点、3个社区服务点和186个村级服务点并先后配发了设备。其中为乡镇文化站配备了卫星服务设备1套、投影机和音箱设备1套、电子阅览机服务器4台、阅览桌椅4套、移动播放设备1套、交换机以及路由器各1个；为社区配发了投影机设备1套、功放音箱设备1套、路由器1个、移动播放设备1套、电子阅览室PC机4台等；为村级服务点配发了电脑或投影等设备。目前尚有7个乡镇、13个社区服务点没有配备共享工程设备。

设备配发后，针对我馆工作人员以及各基层服务点工作人员业务不熟练情况，广泛开展技能和各类相关知识培

训，让他（她）们尽快适应新的岗位更好的服务群众。

首先对支中心工作人员进行了由省图组织的远程网络培训，紧接着对我馆所有职工进行了电脑基础知识培训。再次，组织各基层服务点开展了为期三天的资源共享知识培训，印发了《投影仪使用与保养》和《电脑日常使用与维护》等学习资料。由专业技术员就投影仪及电脑的用途、使用方法及保养和注意事项以及简单的维修，进行了详细的讲解和现场演示。目的只有一个：让每一台仪器发挥自己最大的作用，让每一位城乡居民感受到文化信息工程的阳光。同样也是每一位文化工作者的心声。

设备配送之后。为了确保安装到位并派上用场，我们先后深入到夫水镇、演家村、托西村、孟塬镇迪家、司家进行检查指导工作。帮助他们完善管理制度、规范使用制度。做到经常化，制度化的管理使用。近期以来演家村利用投影仪开展了戏迷迎新春活动，播放了大量的优秀戏曲，让广大戏迷美美的过了一把瘾。丰富了村民文化生活，活跃了春节前的气氛，为迎接新春到来抹上了浓浓的一笔。托西村利用投影仪开展了科技文化教育和科技致富教育。通过宣传使农民朋友掌握了科技致富的方法，得到了精神食粮，为科技致富奠定了基础。下步我们将不断完善制度，加强管理，稳步推进；创新服务内容，提高干部职工的整体业务素质，加快华阴文化共享工程建设，实现又好又快的发展。

自文化共享工程县（市）支中心和县镇、村级和社区文化基层服务点配发设备以来，支中心共计发送文化体育文教卫生等动态信息42条，利用多媒体室、广场led屏、数字电影等播放春耕秋收、3月雷锋、红红火火过大年、建国60周年等视频光盘，上传共享工程基础案例2篇，电子阅览室接待读者3百余人次。乡镇、村级服务点利用设备先后举行各种活动，极大地丰富了群众文化生活需要。对缓解农民看书难、看电影难、看戏难的问题，为基层群众增加了新颖健康的生活方式，使他们享受到优秀文化和实用科技带来的快乐，从而使文化共享工程的公益性服务得到广大基层群众的热烈欢迎。

下步我们将不断完善制度，加强管理，稳步推进；创新服务内容，提高干部职工的整体业务素质，加快华阴文化共享工程建设，实现又好又快的发展。

（撰文/王　刚、王芳琳）

华县支中心

华县位于关中东部，总面积1036平方公里，全县有10个镇、242个行政村、36万人，属国贫县。全国文化信息资源共享工程实施后，我县紧紧抓住这一历史机遇，将共享工程作为推进文化创新、完善公共文化服务体系、提高公益性文化服务水平、促进经济社会协调发展、构建和谐华县的重要抓手，扎扎实实地组织全县共享工程项目的实施，先后在高塘等10个镇建成了标准化的针镇级服务点。建成“农家书屋”242家，文化信息资源共享工程县级支中心1个，村级服务点242个，县、乡、村三级文化服务网络体系已基本形成。现将我县文化信息资源共享工程建设情况作如下汇报。

一、基本情况

文化信息资源共享工程华县支中心于2009年元月份建成投入使用，设备总投资70万元。其中：建成电子阅览室150平方米，视厅室80平方米，主控机房15平方米，视厅室和电子阅览室共设坐席100个。并接入广电10M互联网，30余台计算机都可浏览共享工程的信息，现已向社会全面免费开放。支中心的建成，进一步推动了我县图书馆基础建设，实现了图书馆网络化、数字化、自动化管理。2007年到2011年底，我县10个镇文化站建成文化信息资源共享镇级服务点，242个行政村建成文化信息资源共享村级服务点，所有设备已配发到位，并由县图书馆负责指导设备的调试、运行、人员培训、业务开展等工作，目前各基层服务点设备运行良好。

二、开展活动情况

在省中心、市局的正确指导和大力支持下，在县委、县政府的坚强领导下，通过几年的建设运行，各站点充分利用现有设备，发挥文化共享，为弘扬先进文化，构建和谐社会，建设社会主义新农村，丰富城乡群众文化生活起到了重要的作用。我们主要做了以下三方面工作。

1、加强领导，加快共享工程基础设施建设

近几年来，随着市场经济体制的不断完善，农业结构调整力度的加大，人民群众尤其是农民朋友对科学文化的需求显得尤为迫切。面对我县基层文化设施陈旧、文化投入不足、文化资源匮乏，广播电视覆盖面小，信息传送滞后等现状，县委、县政府高度重视，决定以共享工程建设为契机，把传播先进文化、转变致富理念、普及科学文化知识作为共享工程建设的最终落脚点，并采取有力措施，使共享工程建设工作落到实处。

2、整合信息资源，使共享工程在基层开花结果

由于条件所限，乡下群众不便于到县城享受优质的网络资源，将新思想、新科技用一种直观、易懂的形式送到农民身边就成了及时雨、雪中炭。为了使群众对农业新科技能够看得懂、用得上、见效快，县委、政府组织文化、农牧、卫生等部门到基层调研，了解群众最需要什么，搞清为群众送去什么、怎样送之后，利用共享工程网络资源内容新奇、实用性强、信息量大、数据传输快捷方便的优势，认真搜集、下载适用于当地群众的政策法规、先进性教育、农业科技、文化体育、防疫保健、科普知识等共享工程信息资源，刻录成VCD光盘或宣传资料，通过县、镇、村三级文化服务网络及其它途径传输信息，扩大宣传面，使群众快学技术，早得实惠。

一是通过协调组织、宣传、农牧、林业、卫生和计划生育、公安等专业部门，将各类信息资源通过业务部门的工作，传播到千家万户，使群众受益。

二是向各乡镇文化站、村基层服务点直接提供图书、光盘支持，由各服务点直接面向群众服务。

三是利用“三下乡”、宣传周、农村集市、节假日等，积极协调有关单位，在各镇集中向农民赠予、或以成本价向群众发放共享工程光盘和实用技术资料，并现场接受咨询，解决实际问题。

四是针对种养殖户在种养植过程中碰到的实际问题，对症下药，从共享工程网络资源库中下载相关内容，刻录成实用光盘，免费赠予给种养植户或种养植集中连片的村组及文化中心户，使农业科技推广更具有针对性和时效性。今年，图书馆已为农民群众下载家禽饲养、农作物栽培和法律知识等相关信息达3万多字，印发宣传资料2000多份，制作宣传光碟6种300份。办视频讲座培训16场（次），受益群众4000多人（次）。丰富的文化教育资源和科技信息资源，普及到广大农村基层，对打破农村地区信息闭塞的状况，积极推广农业适用技术、节本增效技术，帮助村民及时了解到相关市场、技术信息起到了重要作用。现在不少村民都反映，通过"信息共享工程"，他们的眼界更宽了，信息更灵了，增收致富的本领更强了。

3、坚持创新，突出重点，将文化信息资源共享工程建设引向深入。

针对广大干部群众普遍关心的理论热点问题，结合我县开展的各项活动，及时收集整理党的方针政策、理论创新成果，广泛开展图书音像资料进农村、进学校、进社区、进农户等一系列活动，进行思想道德，民主法制教育、形势教育、理想信念教育、理论教育，通过群众喜闻乐见的形式，把学习党和国家方针政策的热情转化为建设社会主义新农村、构建和谐社会的自觉行动。

一是面向广大干部群众，突出政策理论教育。在县城社区，进行了专题展播10余场次，共接待观众2000余人。

二是面向中老年人，突出思想健康教育。为县老年活动中心开展了资源共享服务，根据老年人平时生活的诸多习惯特点，上网下载了《营养与健康》、《科学保健》、《晚年的幸福生活》等系列视频资料和战争题材的故事片、名著欣赏讲座等为老年人们放映。同时，开展"中老年"电脑培训班2期，使他们获得了精神的强健与先进文化的关爱。

三是面向广大青少年，突出思想道德教育。与县教育局联合，深入各中小学校开展活动。为南街小学等4所学校，利用图书馆的投影仪到教室播放优秀影片和礼仪知识讲座10场（次），受教育学生2700人（次）。切实加强和改进了未成年人思想道德建设。

（撰文/华县支中心）

潼关县支中心

全国文化信息资源共享工程潼关县支中心位于潼关县中心街祥和广场南侧文化中心三楼，于2009年建设成立，2010年4月正式向广大人民群众免费开放。

一、建设情况

电子阅览室建筑面积116平方米，读者用机30台，工作机7台，主机房面积15平方米，设备扮装合理，符合省中心要求。多媒体放映室面积150平方米，有座位120个，室内装修优美舒适，照明设施齐全，各项管理制度完善，周开放48小时，工作人员4名，向广大市民和群众免费提

供资料查询、信息咨询、资源浏览、多媒体播放和各种技术培训等服务。

二、得到县委、政府领导及主管部门的大力支持与关心

我县财政在支中心安装设备前期配套了25.5500万元的启动资金，又根据与省文化厅签订的责任书的要求，配套了6.2万元年日常运行经费，并将年运行经费列入了县财政预算。为了解决电子阅览室用电超负荷问题，在县委、县政府大力支持下与电力部门衔接，投资10万元，安装了200千瓦的变压器1台，保证了电子阅览室的正常运行。支中心建成后，先后接受了省分中心、市文化局、县委、县政府等有关部门领导的检查指导。

三、加大宣传力度，开展系列服务活动

为了更好的为广大群众做好优质服务，，我馆加大对社会做文化共享工程的宣传工作。首先印制"潼关县支中心致学生家长的一封信"10000份发送到学生手中，充分让学生了解到文化共享工程对社会的公益性，尤其是有利于孩子们的健康成长。又利用电视媒体做专题报道，随后又下乡做宣传工作，以展板的形式宣传到田间地头。对读者实行实名登记，限时上网，进一步为读者提供绿色、便捷的信息服务。先后举办过"文化共享工程"业务培训、文化市场消防知识培训、各种知识讲座、"文化共享工程"进乡镇社区等活动20余次。在陕西文化信息网站上发布新闻90余篇，并印制已发布新闻图册7册1500余本，分别发放到县级各部门领导及群众手中，更好的起到文化宣传窗口的作用。在做好本职工作的同时，积极配合上级主管部门分配的工作任务，在每年的"科技之春"宣传月活动中，向广大群众发放图书5000余册，光盘1000余张，散发宣传单10000余份。积极配合我县的中心工作，接待各部门组织举办的各类文化活动及大型会议，圆满完成了临时性工作任务。

（撰文/潼关县支中心）

大荔县支中心

一、基本情况及网点建设

2008年依托国家项目工程，我县建成了文化信息资源共享工程县支中心站点一个；至2012年10月，我县按照上级部门的统一部署，文化信息资源基层服务网点与远

程教育共建共享设备，实现了文化信息资源共享工程镇基层服务点75%的覆盖率，村级基层服务点全覆盖，社区基层服务点建设了6个示范点。从2008年开始，我县共享工程的建设，国家已经累计分五批投入共享工程设备：2009年12月底配备了2套文化站设备投影仪、幕布、卫星地面接收小站、浪潮服务器、终端计算机等，这些设备已经在2010年3月份安装到西寨、沙底2个乡镇；34个村级服务点配备了计算机；69个村级服务点配备了投影仪并安装投入使用；2010年建设了4个乡镇；2011年建设了7个镇基层服务点和4个社区基层服务点；2012年10月又建设了2个社区及其余村基层服务点，结合我县的实际情况，这些设备在经过业务培训后均已及时发放到各基层服务点。

二、抓好建设环节，确保三个到位

一是领导到位。县委、县政府高度重视文化信息资源共享工程建设工作，我县多次专题研究部署，并根据工作需要召开现场会、情况汇报会、举办专题培训班等，及时发现问题、解决问题。县主管领导、县委组织部基层办、县文体广电局经常深入基层，督促、检查、指导站点建设工作。目前，全县上下形成了党委“一把手”负总责，分管领导具体抓，一级抓一级，总体抓落实的格局，实现了“安装要保证质量，管护要保证安全，使用要保证效果”的工作目标。

二是确保资金到位、施工进度和质量。我县专门拿出配套资金20万元，上面专项资金68万元，共88万，确保了共享工程支中心的建设，2008年已全部安装调试完毕，并投入使用。

三是严格落实“管、学、用”具体措施。逐级签订《文化信息资源共享工程工作责任书》，使工作人员的责任意识和管护水平明显提高，做到了边学、边用、边整改、边建设。实现了工作的经常化、正常化、和制度化。

三、采取“选、育”并重，狠抓队伍建设

支中心多次组织技术员参加国家、省级业务技能比赛与培训辅导，不断提高县支中心与服务基层服务点的业务技能，为基层服务点制订了工作人员守则、设备管理与使用、共享工程年度考核个性目标机制，其次，对县支中心、乡镇村基层服务点进行规范管理，并严格贯彻落实。针对农村涉及面广的实际，我们按照“政治素质过硬、奉献精神较强、工作积极负责”的基本要求，选拔操作人员和管理人员，建立了基本档案，实名定岗。同时，对操作人员和管理人员进行集中培训、基层现场辅导，以及优秀服务点管理员全县经验交流，对培训、考核合格者颁发结业证书，不断提高基层工作者的管护意识和操作水平。

四、贴近“六结合”，为“学用”活动搭建平台

为充分发挥文化信息资源共享工程信息量大、生动直观的宣传教育优势，我们紧紧围绕县委、县人民政府的中心工作，把文化信息资源共享工程的开展与加强农村基层组织建设、与农民群众致富需求、与加大农村产业结构的调整力度、与农民群众的日常生活和文体娱乐活动的开展等工作相结合，通过定期开展技能培训、按时播放、定期发布致富需求信息等，不断丰富和充实了广大农村党员干部群众的学习内容，还通过一些文艺节目、文化精品丰富农民群众的精神文化生活，使他们从不同层面的“学用”结合点中，获得了相应的精神食粮和致富信息，农村基层党组织的凝聚力、感召力也得到明显增强，文化信息资源共享工程在服务群众、服务基层中找到了活学活用的平台。

一是搭建了学习和宣传平台。通过大荔县电视台、大荔县政府门户网站开设专栏长期展播共享工程资源，支中心建立同州讲坛、共享工程资源版块等供群众免费使用等方式，2008年至今，在网站等媒体发布文化报道200多篇，充分发挥文化信息资源共享工程主阵地的作用，为基层干部群众提供大量的政治理论、政策法规、时政新闻、形势教育、地方文献等方面的信息资源，保证了基层群众及时了解当前国内外形势，及时宣传了当前我县良好的发展态势。

二是搭建了培训和交流平台。基层管理员通过多形式的业务培训、基层QQ业务群等不断提高服务技能；2012年12月17日，聘请了省分中心工程师对全县基层管理员进行集中培训，基层群众通过电台、网络及各种共享设备，及时了解了党的方针政策，开阔了眼界，增长了见识，丰富了业余文化生活。

五、荣誉奖项

2009年10月，大荔支中心获省文化厅颁发的《陕西省首届文化共享工程知识与技能竞赛》优秀组织奖；2009年9月支中心李军同志获“首届陕西省文化共享工程知识与技能竞赛”市县级第一名；2009年10月支中心李军同志作为参赛队员代表陕西省，获“文化共享杯—全国文化信息共享工程知识与竞赛”国家级鼓励奖；2010年，支中心被评为陕西省文化共享工程工作先进单位、支中心李军同志被评为陕西省文化共享工程工作先进个人；2011年，支中心李军同志被评为渭南市文化工作先进个人。

六、工作展望

下一步我们将继续探索和创新，持续做细做强已办的和后续的“同州讲坛”等地方文献资源库建设，并着力提升该部分资源的共享与宣传推介力度；努力突破与农村党员远程教育网的技术瓶颈，将共享工程的设备更好地融入党教网系统，为镇、村、社区基层服务点的资源建设注入新的活力。在人才队伍建设方面，积极协调各种因素条件，将村官大学生、"一村一大"学员、乡镇驻村干部以及村级后备干部纳入站点操作管理人员队伍，做好业务技能人才的建设工作。今后，我们将不断加强对文化信息资源共享工程建设的领导，充分发挥该工程的资源和网络优势，积极探索长效机制，不断提高工作水平，努力打造全县的文化信息资源共享工程工作服务品牌。

（撰文/张建升、李 军）

大荔县支中心对10村基层服务点管理员进行业务培训

澄城县支中心

澄城县图书馆成立于1985年，1987年和文化馆分开独立办公，1991年建成图书大楼。图书馆占地面积2400平米，大楼建筑面积1119平米；现有在册工作人员18名，其中专业技术人员13名，馆员8名，助理馆员5名。2009年被评为国家三级图书馆。

2007年我县被列为全省文化信息资源共享工程六个试点县之一。此后五年，我们把此项工作作为促进全县经济和社会协调发展的一项基础工作来抓，努力为共享工程创造条件。把实施"共享工程"与加强基础文化建设、促进图书馆事业发展紧密结合起来，以县图书馆为实施主体，整合现有资源，实现共建共享。

一、基本情况

我县8镇2乡，266个行政村，40万人口，有城市社区居委会14个，农村社区服务中心15个。文化信息资源共享工程澄城县支中心于2007年12月建成投入使用。向社会全面免费开放。支中心的建成，进一步推动了我县图书馆基础建设，实现了图书馆网络化、数字化、自动化管理。

2008年到2012年，我们以县级支中心为龙头，分批在我县交道镇、寺前镇、韦庄镇、王庄镇4个乡镇文化站建成文化信息资源共享乡级服务站，在公园社区、庄头社区等7个社区建成文化信息资源共享社区服务点，卫星模式终端接收点4个，文化资源共享设备全县，覆盖到全县266个行政村（24个村配备电脑、242个村配发投影机）。县支中心负责指导设备的调试、运行、人员培训、业务开展等工作，目前各基层服务点设备运行良好。

二、开展活动情况

在省中心、市局的正确指导和县文广局的大力支持下，通过五年多的建设运行，我们充分利用现有设备，发挥文化共享，为弘扬先进文化，构建和谐社会，建设社会主义新农村，丰富城乡群众文化生活起到了重要的作用。

构建遍布全县的基层服务网络，改善基层文化工作手段陈旧落后的状况。各村、社区服务点依托文化活动室的便利条件，县图书馆向服务点提供图书、杂志、音像资料等，满足社区居民精神文化生活需要；农村实用技术图书及其它各类图书、科技光盘。使党的方针政策、科学技术信息以更加新奇直观、形象生动的方式迅速走向千家万户。利用共享工程网络资源内容新奇、实用性强、信息量大、数据传输快捷方便的优势，认真搜集、下载适用于当地群众的政策法规、农业科技、科普知识等共享工程信息资源，刻录成VCD光盘或宣传资料，通过县、乡、村三级文化服务网络及其它途径传输信息，扩大宣传面，使群众快学技术，早得实惠。丰富的文化教育资源和科技信息资源，普及到广大农村基层，对打破农村地区信息闭塞的状况，积极推广农业适用技术、节本增效技术，帮助村民及时了解到相关市场、技术信息起到了重要作用。现在不少村民都反映，通过"信息共享工程"，他们的眼界更宽了，信息更灵了，增收致富的本领更强了。

三、荣誉奖项和经费投入

2009年、2011年参加第一届、第二届"陕西省文化

共享工程知识与技能知识竞赛"分别获得了个人鼓励奖和三等奖的好成绩，单位获得优秀组织奖。2010年12月荣获"陕西省文化信息资源共享工程少年网页设计竞赛活动"优秀组织奖。

五、工作展望

1、进一步扩充文化设施网点，以县图书馆、乡镇文化站、基层服务点为实施主体。加强基层文化设施网点网络化、数字化建设，加强文化、科技信息资源自动化、网络化建设和专业技术人员的培养，为深入推进共享工程的实施打好基础。

2、努力把文化信息资源共享工程用活、用好。积极采用图书馆成熟技术，大力开展公益性服务。尤其加强对广大农村地区的扶持力度，将文化共享工程建设成为社会主义新农村的重要抓手。以先进文化教育广大群众，提高人民群众的思想道德水平和科学文化素质，最大限度地将信息资源转化为生产力，通过多种形式拓展服务范围、创新服务方式，将地方影视戏曲、音乐歌舞、美术等艺术表现形式纳入共享工程服务内容，以群众喜闻乐见的形式使共享工程更加贴近基层、贴近生活、贴近群众。

3、在实施过程中加强与上级业务部门、县直各部门的沟通与协调，使共享工程服务群众更具针对性和时效性。同时，不断总结经验，改进创新治理体制和运行机制，使"共享工程"真正成为文化创新工程。

目前，我县文化信息资源共享工程经过几年来的不懈努力初见成效，但目前的运行状况距离上级领导的要求和人民群众的需要还有很大差距，特别是在资金、技术等方面还需要加大投入。我们相信，在不久的将来，文化信息资源共享工程一定会以一个全新的面貌展现在群众面前，一定会成为老百姓满足的文化信息工程，成为社会主义新农村建设的有力支撑。

（撰文/任　丽）

白水县支中心

文化信息资源共享工程是国家文化部旨在推进文化信息资源开发、建设、服务而实施的重点工程，工程采用现代化信息技术，对文化信息资源进行数字化加工整合，通过网络最大限度地为社会公众享用的文化工程。我县文化信息资源共享工程作为该工程有机组成部

分，工程依托现有的文化设施网点，图书馆网络化、数字化建设相结合，为地区读者提供全国文化信息资源网的信息资源，实现地区文化信息资源的共管、共建、共享。

我中心紧紧围绕工作目标，创新思维、励精图治、克难攻坚，基本实现时间过半任务过半的目标，现总结于下：在日常工作中，坚持把"服务第一，读者至上"的服务宗旨贯穿到各项基础服务工作之中，我们充分利用馆藏资源，努力提高服务水平，实行免费开放，从而使我馆面对的读者对象与日递增。2012年，我馆共接待读者19480余人次，刊物外借900余册，图书借阅2660册次，资料查阅35人次。

2012年4月份我中心开展了一次"县图书馆阅读日走进校园公益活动"，本次活动共发放《图书馆宣传手册》200余册；电子阅览室免费开放告家长通知书400余册。在4.23"世界阅读日"和5月份"优质服务周"结合起来举办了一次4.23"界阅读日走进农村公益活动"，本次活动受到了媒体的关注并在一定程度上弥补了边远地区图书馆覆盖率低的不足，是推进地域文化建设的一个创新方式，它解决了乡镇区图书馆普遍存在的资金有限，藏书量少的问题，既方便居民阅读，又达到了传播科学文化知识和图书资源共享的目的。

我中心将抓好文化共享工程建设与服务作为重要工作之一，在局机关的大力支持下目前我图书馆电子阅览室已实现免费对外开放，现已全天投入使用，已满足读者需求；2012年上半年，我中心对发放的投影仪等集中培训4次，以便他们在以后的工作中正常使用。

为了满足农民朋友的需求，我们利用双休日的时间走进农村，给农民朋友们放映了有关"农村种植大讲堂"的讲座。

我中心将围绕"高位求进、创新突破、彰显特色、跨越发展"的工作思路，着重抓好四个方面的工作干好八件事。

一、认真抓学习，努力提高职工素质

认真抓学习，提高职工业务素质。建立完善、切实可行的学习制度，选好与时代同步、与业务相适应的学习内容，保证充足的学习时间，形成良好的学习习惯和学习风气，创建学习型单位，切实提高全体职工的思想素质和业务技能，使每个职工通过自身学习和单位培训，能熟练地运用现代科技服务人民，服务社会。

高效开展好主题教育活动，提高职工政治修养。在全体职工中开展好"创先争优"主题教育活动，固定学习时间，重申学习纪律，每月上旬第一个星期四的上午闭馆学习，不能请假，每月写一篇实用性学习心得体会，全年上交政治学习心得、业务论文各一篇。

二、认真抓落实，努力实施文化惠民工程

做好文化共享工程的建设与服务。指导建设好全县乡镇、村基层服务点，同时要建起服务体系和服务制度，切实让这一惠民工程落到实处。并以此为契机改善乡镇文化站、村文化室的硬件设施，实现文化站、文化室由传统服务到数字化服务的转型。

扎实抓好农家书屋工程建设。农家书屋工程是中央实施的文化惠民工程，也是我馆今年工作的重点。下半年主要抓好农家书屋配套物资的到位工作，及物资管理和服务；并且要组织指导多种形式的农民读书活动，培养农民群众爱读书、读好书的习惯，使农家书屋切实服务"三农"、方便农民，真正成为农村的"文化大课堂"。

继续开展好"送文化下乡"公益性活动。克服资金不足和人员不足的困难，努力开展好"送文化下乡"活动。

三、认真添措施，努力开展读书服务活动

举办科普讲座、读者座谈会、公民道德礼仪讲座等活动。

四、认真抓效能，努力打造优美读书环境

完善机制，确保效能建设各项制度落实。一是继续将效能工作纳入目标管理，实行年度考核，与年终奖金挂钩，做到奖惩分明，切实解决"干与不干、干好与干坏一个样"的问题。二是继续实行激励机制，极力激发职工工作积极性和主动性。三是重申强化效能问责，严格按制度办事。

强内部管理，让各项工作再上新台阶。通过全馆工作人员的共同努力，取得了一定的成绩。

五、工作设想

加大工作力度，增强推进文化共享工程建设的责任感和紧迫感，争取得到市领导重视和市政府的政策支持。提出合理化建议，用好年度项目资金，确保按时、高质量完成建设任务，实现覆盖100%的规划目标。进一步做好资源建设工作，提高资源建设的针对性和质量。进一步完成共享机制，加强与农村党员干部现代远程教育与农村中小学远程教育工程的合作。加强人员培训，提高队伍的业务能力。加强组织策划，改善基层服务，进一步提高文化共享工程的管理水平。我们相信，在上级的正确领导下，我们会认真看待取得的成绩和将来发展道路，为文化的大发展大繁荣努力发挥图书馆应起到的窗口引领、示范作用。

（撰文/张　彬）

合阳县支中心

一、基本情况

合阳县文化信息资源共享工程始建于2006年，全县已建成县级支中心一个，村级服务点339个，普及率达到98%，文化资源共享工程的安装和普及，采取现代化技术及时接收国家中心、省分中心传递的文化信息等相关资源，录取、整理、上报具有地方特色的文化科技信息，并对优秀文化信息进行数字加工整合，实现了优秀文化信息资源的共建共享，为广大人民群众提供了健康、便捷的网络文化服务，丰富了人民群众的文化生活，促进了科技知识的普及和农村奔小康的进程。

自2006年，合阳县文化资源共享工程已建成县支中心一个，镇服务站16个，村服务点339个，形成了县、镇、村三级文化资源网络，总投资约380多万元。目前，356个文化资源共享工程可为群众提供文化娱乐，文艺节目，文化信息，农业技术，时事政治，科技知识等多方位服务，可满足群众多层次、多形式的文化需求。

二、网点建设

2006年，建成了城关、坊镇、甘井、洽川、知堡、新池、黑池、马家庄、和家庄、路井、王村、防虏寨、皇甫庄、杨家庄、同家庄、百良16个乡镇服务站，，建成了335个服务点；2008年农村服务点增加到339个行政村，同时建成县支中心。县支中心中央财政转移支付80%，省财政20%，县财政投入6.2万元共68万元，县支中心设立于县城中心广场文化大楼二楼，总面积100平方米，主要设备有机房、电子阅览室、计算机、服务器、多媒体、打印机等。各镇服务站，村服务点配发了电脑、投影仪，移播宝、电视机等设备，并全部实现了卫星接收。

文化资源共享工程坚持以人为本原则，面向基层、面向群众，确保人民群众均等享受文化资源。

县支中心承担本地特色文献资源的采集、整理、上报工作；收集、筛选文化科技信息，服务于人民群众；对基层管理人员定期进行培训和指导，保障工程公开、免费，经常化向社会开放。

三、经费投入

合阳文化共享工程投资，除国家转移支付和声投资外，县财政采取一事一拨方式，对农村设施设备进行维修改造，“十二五”期间将这一工程逐步列入社会发展规划，文化体制改革，各级领导责任制和地方财政预算。

四、资源建设

充分利用好文化资源，重点扶持具有民族特色的文化艺术、展览、电影、电视剧、动画片、电子出版物、多媒体广播，逐步实施“走出去”计划；大力发展合阳洽川旅游业，合阳提线木偶戏、合阳跳戏、合阳唢呐、合阳面画等民间艺术开发升级工作。目前，合阳线偶戏已进入国外商演行列，合阳唢呐音乐参与彩色宽银幕电影《百鸟朝凤》拍摄，明年将参加国际电影节展映；合阳跳戏搬上大舞台后，将进入全国文化交流。发展新兴文化业态，采取数字、网络等高新技术、大力推动“洽之宝”“洽川刺绣”“合阳木雕”等文化产业宣传和推介。

五、技术支持

加大技术人员培训力度，通过专家授课，现场示范，岗前培训，考核上岗，培养了一批德才兼备的管理人才。每年，县支中心利用春秋两季举办基层管理人员学习班，学习维护、播放、采集、筛选等相关技术，统一考试考核，造就和培养管理复合型人才，实现管理的科学化和规范化。为提高设备维护完好率，县支中心经常派专业人员，深入基层进行辅导，实地操作确保设备的安全正常运转。

六、合作共建

文化资源共享工程使用以来，我县注意发挥各个部门和社会的共同作用，不断提高了工程使用的社会效益。2012年，城关、甘井镇发生了大面积的小麦吸浆虫病，我们约农业部门在网上及时发布了防治措施，使病虫害得到了有效防治。利用合阳唢呐吹奏线偶戏曲目的信息在网上发布后，被《百鸟朝凤》剧组采纳，成为了影片的主要配音而被使用，合阳民间工艺展在网络播出后，甘井民间艺人邢俊肖被香港艺术节邀去专门做面花，实现了社会效益与经济效益双赢。在共建中，我们网站先后播出了“社区文化表演”，“校园文化展示”，“一元剧场精神”，“合阳艺术选萃”等内容，都受到了群众的一致好评，文化，教育，科技，旅游，卫生等各个部门共建共享，达到了大家办，大家乐，大家受益的目的。

基层服务点工作人员培训

七、惠民服务

我们始终坚持把群众高兴不高兴，满意不满意，赞成不赞成作为工作的出发点和落脚点。让更多的好节目，更多的有用信息，近生活、惠及民众。在惠民服务中，我们采取开办讲座，街头咨询，发放资料，信息筛选互动交流等形式，以文字、图片、网络、动画等多样性，大力传播推介农业实用技术，生活常识，文化文物保护，社区安全知识等，用方便快捷的现代科学服务农村，服务基层，服务群众。

八、宣传推广

充分利用文化宣传优势，撰写文章，拍摄照片，展播，通过各种媒体和平台，传播推介合阳地方特色文化。通过推介宣传，让洽川八景亮点频闪，合阳线偶走出陕西，合阳面花出国展示，合阳书法蜚声书坛，合阳锣鼓闻名天下，合阳民族民间艺术瑰宝得到了传承和发扬。

九、管理与队伍建设

合阳县支中心管理实现了科学化和规范化，实行了全程免费开放。382人的管理队伍，其中县支中心6名，镇办16名，村级339名，社区5名，经过选拔考核，个个热爱文化工作，事业心强，并具备一定的专业知识，常年坚守在工作岗位，为传播健康有益文化做出了积极贡献。

十、工作展望

为了强化管理、优化服务，我们制定了文化资源共享工程规范操作制度，管理人员岗位职责，值班制度，安全操作维护制度，做到有章可循，规范化管理，大大提升了工程的社会影响力和知名度。

（撰文/合阳县支中心）

咸阳市支中心

一、整体情况

2003年，咸阳图书馆被陕西省文化厅批准为首批文化资源共享工程成员单位，仅有一台计算机、一套卫星接收器和投影设备。2007年，在陕西省图书馆领导的关怀和支持下，我们得到了省图书馆赠送的30台计算机，并自筹资金购买了机柜、交换机等设备，对馆内重新布线，建立了机房，通过VPN专网实现了与省分中心的对接。同时，依托共享工程专网，与省图书馆图书馆管理系统实现了联网，结束了无电子阅览室和电子资源的历史，实现了从传统图书馆向现代图书馆的飞跃。2010年，国家投资68万元，我馆自筹12万元对共享设备进行了更新，并于2011年4月23日正式对外免费开放。目前，咸阳市支中心面积有180平方米，工作人员6名，拥有计算机40台，接入100M光纤。读者可免费查阅国家中心、国家图书馆、省分中心和省图书馆的所有电子资源，仅2012年元月至11月底咸阳市支中心接待读者3万多人次。

二、大力宣传推广，开展惠民服务

咸阳市支中心自从成立以来，一直很重视宣传和惠民服务。我们每年都利用文化共享设备资源开展许多丰富多彩的活动，并印制宣传资料免费为市民发放。在惠民服务方面做了以下工作：

1、利用共享工程设备为未成年人开展服务活动

青少年是祖国的未来和希望，为此，支中心一直把为未成年人服务作为工作的重点之一。多年来，先后利用共享工程资源和设备开展了一系列的服务活动。如我们每年寒暑假都要在馆内为未成年人免费播放有益于未成年人身心健康的影视节目；还利用重大纪念活动带着共享工程资源和设备，走进幼儿园、中小学免费为未成年人播放有关数字资源，向他们宣传文化共享工程。

未成年人上网引起了社会各个方面的关注，成为一个备受关注的社会问题。为此，工作人员利用每年的寒暑假对未成年人进行上网知识培训，并在未成年人中开展了计算机绘画大赛、计算机网页制作比赛、文化部推荐的健康网络游戏比赛、青少年党史知识大赛等活动，正确引导他们；其次，在管理上除屏蔽许多网上的不良信息外，2011年按照省中心的统一部署，在电子阅览室安装了管理系统，积极在未成年人中推行“未成年人上机卡”办理制度，规定未成年人上网必须家长授权，持卡上网。

2、利用共享工程设备为老年读者开展服务活动

老年读者是基层公共图书馆的主要读者群之一，支中心多年来非常重视利用文化共享设备为老年读者搞好服务工作。先后多次举办“尊老敬老影视放映茶话会”活动，在每年的“敬老节”之时，利用“文化共享工程”光盘制作了丰富多彩的节目，为老年读者放映，赢得了老年读者的大力赞赏。同时，我们还把共享工程设备带到敬老院、干休所，为那里的老年读者放映共享工程资源，宣传文化共享工程。

培训基层工作人员

中老年读者电脑知识培训

2011年，电子阅览室设备更新以后，为了让更多中老年读者能够走进电子阅览室，充分利用电子资源。我们专门为中老年人开设了免费计算机知识培训班，让他们掌握一些基础的电脑操作知识。原计划搞2次的培训活动，经过媒体一报道，居然搞了2个月。在培训当中，支中心工作人员不厌其烦地辅导中老年读者，教他们如何开关机，如何上网浏览共享资源等，先后共培训中老年读者2000多人次。2012年，这一培训活动吸引了3000多人次参加。

3、咸阳市支中心为市民举办的各种活动

我们每年坚持利用共享工程资源和设备走基层、进社区、进军营为市民举办各种文化活动，丰富市民的文化生活，宣传文化资源共享工程。如，每年在各大广场为市民举办消夏影视放映活动、送共享资源进军营为部队官兵丰富文化生活、送共享资源到社区等。这些活动的开展，让市民充分享受到文化共享工程的信息资源，同时进一步提升了图书馆的服务质量和公众形象，据不完全统计，已累计服务读者10多万人次。

三、配合国家中心、省分中心开展工作

在做好本体服务工作的同时，我们积极配合省中心和国家中心的重点工作，做到每次活动有计划、有资料记录、有报道上传、有总结等。先后开展的大型活动有：

1、2006年红色革命影视展播活动

为了纪念红军长征胜利70周年，按照国家中心和省中心的要求，从9月中旬至10月中旬，咸阳支中心组织开展了为期一个月的“红色革命影视展播”活动，先后在实验小学、中华社区及乾县永久村等20家单位进行了放映。共计放映40余次，观众人数达15314人。

2、开展“文化共享奥运行”系列服务活动

根据文化部有关安排和省分中心的部署，支中心积极响应并举办了以“文化共享奥运行”为主题 的大型系列活动。此项活动共吸引了近两千名群众前来观看，许多市民纷纷在留言本上留下了对奥运会成功举办的期望以及对伟大祖国的热爱之情。

此外，我们还着力狠抓文化信息上报工作，做到本地的文化信息活动争取当天及时上传省文化信息网。为此，我们专门确定了文化信息专报员，规定其每个月上报文化信息不得少于24篇，目前累计上报文化信息439篇。

四、培训工作

多年来，支中心工作人员经常参加国家中心和省分中心的各类视频业务培训，提高业务水平，同时支中心利用共享工程设备资源多次在全馆职工中开展提高业务知识、服务技能和水平方面的讲座活动。

此外，坚持对县级支中心进行有关辅导。从2006年起，我们先后抽调有关人员对泾阳县、兴平市、淳化县等县区支中心的工作人员进行业务辅导，并在技术管理方面予以指导。在2010年1月，我们派技术人员到兴平市支中心，在他们工作人员的配合下，对兴平市30多个村级服务点的工作人员进行了培训。这些培训活动的开展，使基层服务点工作人员进一步明确了开展文化共享工程目的和意义的，掌握了共享工程设备的使用方法和服务程序，坚定了工作信心。

五、荣誉奖项

2009年被陕西省分中心评为先进单位，2011年开展为中老年人电脑培训活动案例被陕西省图书馆学会评为优秀案例。

近年来，我们所做的各项工作不仅受到了广大群众的赞同与支持，也得到了社会各界的一致好评，咸阳市有关媒体多次对我们的活动情况进行了报道。这些都对我们工作给予了充分支持与肯定，激励我们在今后的工作中将一如继往地做好服务工作，并不断的创新服务，使“文化共享工程”真正发挥其效。

（撰文/郭旭晔、介雪芙）

咸阳市杨陵区支中心

一、基本情况

杨陵区，下辖3镇2办，人口约20万。文化资源共享工程杨陵区支中心设在杨陵区文化馆，自2010年开始建设，2011年10月，电子阅览室与多媒体放映室正式对外开放。电子阅览室有电脑30台，可连接VPN专网，资源丰富，有专人负责，每周固定开放5天，每天8小时。多媒体放映室有齐全的影视播放设备，可同时容纳100人观看影视节目，并可作为会议、培训场地，目前已为多个单位提供了会议、培训的场地和技术支持。在节假日，支中心工作人员还利用文化共享工程下发的设备，深入基层为群众放映优秀影视节目。

我区文化共享工程实施以来，通过广泛宣传、开展形式多样的服务活动等方式，使这项旨在利用现代信息生产和传输技术，整合先进文化资源的利民工程越来越受到基层群众的欢迎和喜爱，丰富多彩的文化活动，在满足群众多层次、多样化的业余文化生活，增强基层文化工作的吸引力和生命力，提升基层文化单位的服务水平，促进农村公共文化服务体系建设，丰富城乡群众多层次的文化需求与构建和谐社会等方面发挥了积极作用。

二、网点建设

截止2012年10月底，我区已建成区级支中心1个，社区中心服务站1个（神果路社区中心服务站），乡镇（街道）基层服务点4个，覆盖率80%，村基层服务点71个，覆盖率79.8%，社区基层服务点6个，覆盖率35%。未建文化资源共享服务点的乡镇1个（揉谷镇），社区11个，村17个。

三、经费投入

目前我区在文化资源共享方面的经费投入主要为场地建设及后期维护费用，其中场地建设约为2万元，后期维护费用1万元。

四、技术支持

支中心现有两名同志负责文化共享设备的技术问题，对乡镇及基层文化服务点进行技术指导和培训，并且向基层服务点提供资源下载服务。遇到自身不能解决的技术问题则向省文化共享办公室寻求帮助。目前，杨陵区支中心举办了1期全体基层文化点管理员的培训。

五、惠民服务

除了文化共享工程要求提供的电子阅览室和多媒体放映的服务外，针对杨陵的实际情况，我们利用文化共享工程下发的设备，开展了多种多样的惠民服务。

每逢节假日，我们就组织人员下乡为群众播放优秀影视节目，至今已播放30余场。多媒体放映室除固定的播放影视节目外，还免费为单位和个人提供会议、培训的场地及技术支持，一些没有活动场地、音响投影设备的个人和单位，只要向我们提出申请，在不影响正常开放的前提下，我们都给予了积极配合。

六、宣传推广

在多媒体放映室与电子阅览室建成后，我们做了大量的宣传工作，制作、悬挂了多幅宣传条幅，还将电子阅览室免费开放公告制作成宣传牌，在文化馆门口进行了宣传展示。利用文化馆组织秦腔活动的机会，我们还印制了1000份宣传单，向群众发放。另外，我们利用文化馆网站及杨凌本地的论坛网站等，进行了大量的网络宣传。在正式运营后，杨凌时讯的记者还曾经以《让共享之花绽放杨陵》为题，对杨陵区支中心的文化资源共享工作进行了报道。

七、培训工作

2012年3月26日，在杨陵区文化馆多媒体放映室，我们召开了杨陵区村级文化共享设备发放培训会。参加会议的有各个乡镇的文化主管干部和各村的文化资源共享基层点管理员。会上，我馆技术人员王随昌向大家详细讲解了设备的使用方法，并做了现场演示。另外就设备使用过程中可能出现的问题，进行了一一解答。

八、管理和队伍建设

目前杨陵区支中心有4名同志负责文化资源共享有关事宜，各乡镇、社区、村文化资源共享服务点都有专人负责。区支中心工作人员由文化馆工作人员担任，乡镇管理人员则由各乡镇文化主管干部担任，社区和村级管理

人员由热心文化事业的村民、居民担任，无偿服务。

2012年获得由省委宣传部颁发的"全省基层宣传思想文化工作先进单位"。

十、工作展望

在新的一年里，我们计划在全区建设一批文化基层示范点，将文化共享工作与文化示范点的创建工作结合起来。全区将聘任一批文体辅导员，利用文化共享工程下发的设备，在闲暇时间，组织村民（居民）开展舞蹈、健身、秦腔自乐班、体育运动等多种形式的活动，以丰富群众的文化生活。

（撰文/杨凌区支中心）

兴平市支中心

兴平市图书馆是由兴平市政府主办的一家三级公共图书馆，是纯公益性的社会文化信息服务机构，处于市城中地带，1985年独立建馆，2009年3月全国文化信息资源共享工程支中心设在图书馆并筹建，12月份正式投入使用。实施文化共享工程以来，我馆将文化共享工程作为推动文化创新，完善公共服务体系，提高公益文化水平，促进社会经济协调发展，构建和谐社会的主抓手。按照国家统一部署，在市委、市政府的大力支持下，截止2012年11月，我市共建县级支中心1个，乡镇（社区中心）服务点13个，村级（社区）基层服务点233个，基本形成副射全市的服务网络。

为了使文化共享工程落到实处，更好的服务基层，市财政提供了有力的经费保障。每年拨付支中心运行经费6万元、乡镇服务点运行经费4000元、村级基层服务点运行经费1500元。全国文化共享工程作为一项新兴的文化事业，涉及领域和专业技术更为广泛，对业务人员的总体素质要求较高。在实际工作中，在配齐工作人员的同时，建立健全专业技术人员培训制度，积极与省共享办协作，由省共享办帮助我们对相关业务人才进行培训，为我们培养出了网络运行，数据库开发，信息服务共享工程工作丞需的人才，不仅提高了我馆工作人员的业务素质，同时也为兴平市实施共享工程提供了人才保障。

党的十七大指出建设社会主义新农村，关健是要提高广大农民群众的整体素质，培养和造就有文化、懂技术、会经营的新型农民。我馆在十七大精神的指引下，努力从市情出发，把开展共享工程与培训新型农民结合起来，对农村进行深入细致地调查研究，针对我市个别村不具备上网条件的基层服务点，利用共享工程提供的优秀资源自行加工、整理，刻成光盘或下载到U盘、内容涵盖种植、栽培、养殖等方面，及时送到农民朋友手中，让他们在简单易学、易懂的基础上提高驾驭农业生产的本领和技术。共享工程的根本目的就是服务基层，服务群众，实现文化优秀资源最大限度地为公众所共享，我馆从人民群众对基层文化生活的渴望出发，积极开展共享工程进社区活动，先后来到城区各大广场、社区等，为社

区居民提供丰富的多彩的服务活动，定期播放电影、戏曲等影视节目，真正实在的把党的惠民政策落实到实际之中，为进一步开展共享工程服务，促进共享工程普及和推广。我馆走进军营，通过大力开展文化拥军，智力拥军，不断加强军营文化建设，丰富战士们的业余文化生活，提高战士们的文化素养，增加战士们的充电机会，我馆结合军营大力培养军地实用人才的实际出发，将共享共程优秀的文化信息资源加工、整合、刻录下载吉他弹奏教程、农业种植养殖、汽车架驶与维修、如何创业、致富金点子等官兵用得上，学得会的资源，促进了战士的思想素质和文化素养，开拓了视野。为了营造共享工程走进校园，关爱留守儿童，快乐成长的氛围，我们走进校园，从他们的兴趣、爱好出发，竭诚为少年儿童健康成长服务，培养他们热爱祖国、热爱人民，倡导和谐的精神风貌。我们将本着"调高工作目标，创新发展思路，提升发展境界"的原则，发挥资源优势，大力开展科技支农活动，服务基层，服务群众。文化共享工程是图书馆的新兴业务，其强大的智力支持和有效的实用性，深受广大人民群众的欢迎。通过工作实践，我们深受鼓舞，文化共享工程将不断推进，深入基层，深入群众。

（撰文/赵高峰、段建发）

三原县支中心

文化共享工程三原支中心在2008年10月底建成并经调试验收合格后实行对外免费开放。文化信息资源共享工程、电子阅览室标识都在大楼显著位置悬墙。电子阅览室配备：共享工程应用服务器1台、大型交换机1台、切换机1台、卫星接收器1台、配备电脑37台：其中为读者提供使用的30台，办公用7台。均采用耳机组进行隔音处理。计算机网络对外接口为专线接入，由省图书馆资源共享办统一安装。支中心充分利用共享工程扎实有效的开展群众喜闻乐见、丰富多彩的数字文化服务。力求使文化信息资源与图书馆融为一体，既体现书香浓郁的文化氛围，又体现科学文明的现代气息。

电子阅览室位于图书馆三楼，室内制作并悬挂了《电子阅览室工作制度》、《安全制度》等，有3名专职人

员负责管理。根据面向公众免费服务的特点及时做好读者的实名上机登记，通过建立实名制度、上网限时制度，确保公共电子阅览室应用系统和设备的正常运转。多次受到省、市及各兄弟馆的高度好评。2011年省电视台对电子阅览室作了专题报道。

一、打牢基层建设，稳步加快发展

支中心规范了日常管理和统筹指导的工作机制，紧紧依托全国文化信息资源共享工程的深入实施，充分发挥公共电子阅览室服务阵地的作用。加快建设覆盖城乡的公共文化服务体系，大力推进我县公共文化服务体系的建设。2009年至今，全县已先后建成乡镇文化站12个、社区服务点4个、207个村级服务点，在咸阳地区率先实现村级服务点全覆盖。目前，各基层服务点已经积极利用资源工程设备开展多种多样的活动。

二、加大投入力度，全面保障共享工程顺利运行

2008年三原支中心建成以来，得到了省、市、县各级领导的高度重视和大力支持，使共享工程这一功在当代、利在千秋的民心工程得以快速、顺利的实施和发展。满足了基层群众的文化需求也极大的促进了县级图书馆的现代化建设。2008年县财政拨付3万元运行经费、2009年至2012年每年全额拨付预算经费0.2万元，保证了资源共享工程在我县的正常稳步运行和发展。

三、充分利用设备开展服务活动

合理安排电子阅览室、多功能室的开放时间，为方便读者阅览需求，今年暑假期间将每天开放时间延长至20:30。为广大群众特别是学生、外来务工人员、残疾人免费提供了获取各类科技知识、享受文化艺术等多方面共享文化信息资源的便利快捷方式。每个重大节假日在人民广场及各街道、社区利用投影仪设备为群众播放电影、戏曲等文化娱乐节目。

四、技术指导与业务培训工作常规化、制度化

自2009年以来培训工作形成了“点联线、线带面”的格局，目前，面向基层服务点及县各直属单位开展培训活动30多次，培训受众达2000多人次。通过专业技术集中培训、上门辅导等多种途径，为乡镇文化站、村培训与储备了大量优秀的共享工程信息员。县直属各单位也多次利用资源优势开展各种业务培训及技能大比武。今年，共举办培训5次，主要有文体系统办公自动化培训、三原县新农保业务知识培训、农家书屋管理员和共享工程基层网点管理员培训及暑期为中小学生举办的“党旗在我心中”网页设计培训等。最大限度的将资源共享工程用活、用好。

五、建立公开透明的管理、交流平台

今年开通了三原县数字文化网，充分利用平台发布三原支中心活动的开展及文化信息动态，每月信息报送量均居全省前列。资源共享三原支中心在工作中虽然受到了省、市、县及各兄弟馆的一致好评，但在工作中仍要创新思路，加强管理，积极服务群众，以十八大会议精神为指导，树立高度的文化自觉和文化自信，为大力推动信息资源共享工程工作更上新台阶而不懈努力。

（撰文/三原县支中心）

泾阳县支中心

文化共享工程泾阳县支中心建设于2006年，属我省6个试点建设县之一，地址设在泾阳县图书馆，国、省、县三级投资54万元，给支中心设立了机房、电子阅览室和多媒体放映室。机房配备服务器、交换机、不间断电源等设备，电子阅览室配备电脑30台，多媒体室配备投影仪、卫星锅、移动播放器等设备。安装网络信息点37个，其中电子阅览室30个，业务办公信息点7个。另外还配备了照相机、打印机、扫描仪、摄像机等现代化办公设备。

服务是文化共享工程建设的根本。泾阳县支中心自从2007年9月设备安装调试工作完成后，充分利用文化共享工程设备和网上信息资源，积极开展群众喜闻乐见的各种文化服务活动：电子阅览室、多功能室坚持周一至周六全天免费开放，每周为群众服务48小时以上。节假日县支中心利用共享设备进社区、学校、军营、广场等地为群众免费播放电影、电视剧，戏剧、戏曲，木偶皮影，曲艺杂技，音乐歌舞及科技、文化、医疗保健等知识讲座，充分发挥图书馆社会教育和文化信息服务的社会职能。

自从2006年文化共享工程在我县实施以来，共享工程逐年按比例给我县投放设备，建设镇、村基层服务点，截止目前泾阳县建成文化共享工程县级支中心1个，镇文化站基层服务点13个，村基层服务点232个。县支中心承担基层服务点人员的技术操作培训，设备维护和移动硬

数字文化网站平台搭建培训会

盘资源更新等任务。县支中心每年组织全县文化共享工程管理人员在县支中心培训两次；每次设备发放前，先组织基层服务点管理人员进行技术培训，并邀请文化共享工程省分中心工程师给参加学习人员讲课，进行现场技术操作演练；设备发放后又及时组织专业技术人员分小组，包镇包村进行设备安装调试。保证每个基层服务店管理人员熟练掌握设备操作技术，保障全县各级基层服务点建设工作的顺利实施和文化共享工程设备安全高效运行。

近年来，泾阳县支中心利用共享设备和共享工程网络资源，创新服务方式，拓展服务触角，针对我县“畜菜果”三大经济支柱产业结构特点，了解产业大户需求，利用移播宝从网上下载蔬菜种植技术、奶牛养殖技术、杂果栽培技术。进村入户帮扶产业大户快速发展，带动当地群众发展产业，我县中张镇张庄村长河食用菌基地，利用支中心提供的食用菌栽培技术和销售信息，解决了食用菌栽培技术上的许多难题和销路问题，在县支中心的帮扶下充分发挥龙头带动作用，走出了一条建一个基地、兴一个产业、活一片经济、富一方群众、群众与基地共享经营成果的“双赢”之路，使食用菌基地成为当地农民致富的“金桥”。

2008年泾阳县被国家文化部评为全国文化信息资源共享工程“示范县”，2010年泾阳县支中心被陕西省文化厅评为陕西省文化信息资源共享工程工作“先进单位”。2012年泾阳县支中心被咸阳市图书馆评为咸阳市公共图书馆系统文化共享工程工作“先进单位”。

文化共享工程在泾阳县发展健康、持续、稳定。它与广大人民群众的生活日益密切相关，为丰富人民群众日常文化生活、保障人民群众享受基本文化权益，推动文化大发展大繁荣发挥了重要作用。

（撰文/王 峰、侯莲娣）

礼泉县支中心

礼泉县文化资源共享工程支中心工作开始于2007年，2008年正式建成并投入使用。资源共享礼泉支中心设于礼泉县靳宝善图书馆三楼，内分机房、电子阅览室、多媒体放映室、办公室四个职能部门。电子阅览室配备电脑30台，20兆光纤宽带接入，存储容量7B。年投入电费、宽带费、维护费等费用总计达62000元。我县现已建成县区支中心、5个乡镇基层服务点、317个行政村和5个城市社区资源共享点，这些共享点设备配置已到位。

数字资源始终是共享工程建设的核心，收集礼泉本地特色地方文献，为礼泉地区地方文献数据库建设提供必要信息资源。

一、加强人员培训提升队伍素质

管理人员业务技能低下，初步接触计算机系统，为了尽快开展工作，我们十分重视文化共享工程业务人员培训工作。一是参加省市组织的培训课程，员工通过学

习培训，了解了设备的功能、掌握了技术支持和资源分发的技能，有效的推进县级支中心建设，为顺利完成工程建设提供了保障。二是远程指导培训利用网络和电话等方式对各服务点等管理人员进行远程指导、培训，累计培训技术人员567人次。

二、强化服务意识

惠民工程发挥了作用。资源共享工程建成之后，我县文化资源共享工程开展了形式多样的文化惠民服务活动。文化资源共享工程走进社区、走进农村、走进军营、走进学校，服务广大群众，播放爱国主义影视片30场。我馆还结合当地经济发展和农业生产实际情况，利用文化工程丰富的科技信息资源，为当地群众传播农技知识，播放种植、养殖科教片，有力地促进了新农村经济发展。经过五年的不懈努力，我县资源共享工程完成了基础建设，2008年被授予“县级科普教育基地”称号。

对于资源共享工程礼泉支中心以后的工作，我们将加大工作力度，增强推进文化共享工程建设和使用的责任感和紧迫感。

三、工作展望

进一步做好基础建设工作，提高资源建设的针对性和质量。尽快加入图书馆联盟，建立数字图书馆平台，力争尽快建成我县古籍善本、地方文献等数据资源库。

进一步完成共享机制，加强与农村党员干部现代远程教育与农村中小学远程教育工程的合作。

加强人员培训，提高队伍的业务能力。

加强组织策划、改善基础服务、进一步提高文化共享工程的管理水平。

（撰文/曹补充、张艳艳）

彬县支中心

一、基本情况

2002年7月，经中联部牵线搭桥澳大利亚扶轮社科尔博格先生捐款1万元，县财政配套资金2万元，购买计算机10台建起电子阅览室。2006年争取省文化厅共享工程项目，服务器、投影机、投影幕、卫星设备等一整套，

价值5.5万元。2007年被列为陕西省文化信息资源共享工程彬县支中心，又被列为陕西省文化信息资源共享工程试点单位之一，2008年国家给县支中心配送计算机37台，夏普多媒体投影机以及中心机房等设备，价值68万元。电子阅览室现共有终端计算机40台。

2008年后文化资源共享工程已在全县13个乡镇行政村，以彬县支中心免费开放为核心建成94个基层点，安装设备均通过卫星设备直接接收国家中心和省分中心下发的各类资源和信息。

共享工程彬县支中心设在彬县图书馆，是彬县共享工程的建设和业务指导单位，负责保障支中心共享工程设备的运行，协调镇村级共享工程设备的维修，指导镇村级共享工程活动的开展以及开展全县共享工程管理员的业务培训和辅导。

二、宣传推广

1、彬县支中心利用各种渠道宣传推广共享工程。在每年的科技文化四下乡活动，科普之春，科技之周、科普之月等活动中，彬县支中心抓住时机，以活动为平台，以资料为媒介，宣传共享工程，让广大民众不断了解共享工程，走进共享工程。

2、共享工程走进校园。彬县支中心在文化服务中不断探索，利用支中心组织动员青少年儿童关注共享工程，利用共享工程，收集青少年知识兴趣点整理挖掘，针对集中地知识为青少年答疑解惑，引导青少年如何正确上网、观看及计算机基础知识的应用做了详细的指导，深受广大青少年的喜爱。通过活动的开展是共享工程不仅走进农村也走进校园走进青少年。

三、管理和队伍建设

为了共享工程真正为民所用为民谋利，彬县支中心将共享工程日常管理纳入制度化管理。制定支中心、镇、村基层服务点工作职责和制度，实行制度公开，每年有年度工作计划，月度有工作要点，季度有工作督导，年末有工作总结考核，并推行管理员工作日志管理，收集整理共享工程服务活动的内容，不断总结探索共享工程管理和服务新模式。

文化资源共享工程作为一个新的农村文化资源获取平台，如何推广好、利用好共享工程丰富的文化资源关键在于是否有一支专业化的共享工程管理员队伍。彬县共享工程支中心在管理员队伍建设上坚持明确职责，明确思路，严格制度化管理。对于乡镇、村两级基层共享工程管理上择优选取文化层次较高，有一定社会基层管理服务实践经验的为管理员，他们工作热情高，有较高的文化水平能尽快熟悉掌握共享工程设备为所在村民服务。目前彬县共享工程管理员是由较高学历的大学生和村主任兼任，实现了管理员选取的高起点。

四、培训工作

彬县支中心在共享工程管理员的培养上实现了制度化。以彬县支中心免费开放为核心，每年对各镇、社区、学校、基层点管理员进行4-5期的集中培训，2003年以来共举办各类培训班40多期，参加轮训的各级管理员达1500多人次。

五、经费投入

自2008年以来，彬县文化共享工程备受各级领导关怀和支持。彬县县委、县政府、县宣传部、县财政局、县文体局等部门领导多次关心支持共享工程，并解决共享工程运行中存在的问题，县委书记李建民多次亲赴一线检查指导工作，并亲自拨付共享工程运行经费6.2万元。用于共享工程的正常运行和设备的维护，人员培训和文化惠民活动的开展。

六、资源建设

彬县支中心在历年的工作中，搜集不同区域民众文化需求，选取、编辑制作各类题材资源展板6块，发放宣传资料4000余份，充分抓好宣传工作，在图书馆大门前厅安装了LED电子显示屏，播放节目56条，通过网站、电子显示屏、公示牌、标语，张贴海报等多种渠道、多种手段大力宣传文化资源共享工程目的意义及主要内容和相关服务政策。吸引广大群众走进支中心电子阅览室，充分发挥公共电子阅览室的文化服务职能。通过不懈努力，共享工程已逐步走入基层村民生活，成为村民获取新知，娱乐身心的新平台。

七、利民惠众，惠农服务

彬县支中心在共享工程服务实践过程中，以民众的需求为导向，积极探索，服务民众，引领群众高尚精神文化生活，打造群众满意喜爱的文化服务新平台。

为满足群众的需求，依照彬县地域农业生产特点，彬县支中心每年按节令购买农业生产、养殖等技术光盘100多个通过行政村基层服务点给村民分发。针对不同专业者，彬县支中心选取资源上门指导服务。对点跟踪服务。

八、工作展望

彬县文化资源共享工程已得到群众广泛认知，广泛参与，在彬县已经成为人民文化生活的一大支柱，成为繁荣文化，丰富人民精神生活，推动彬县科技进步的强大动力源泉。今后彬县支中心希望在国家中心，省分中心大力支持下，为彬县共享工程建设一支专业化的服务队伍，相信我们的服务网点更加宽广，参与群众更加广泛，为彬县的经济建设创“西部百强”做出更大的贡献。

（撰文/彬县支中心）

长武县支中心

文化共享工程是国家的一项文化创新工程、民心工程，有着巨大的社会效益和广阔的发展空间。对于继承和弘扬中华优秀文化，实施科教兴国将产生深远而巨大的影响。随着全国文化共享工程建设的蓬勃开展，长武县图书馆更是获得了发展机遇，特别是县级支中心工程的建设实施彻底解决了硬件设施严重落后的问题，提升了县级馆品格，为电子阅览、自动化办公奠定了坚实的基础。

一、建设情况

长武县文化信息资源共享工程支中心成立于2009年，设立于县图书馆三楼，已建成中心机房、电子阅览室、多媒体室，数字资源加工办公室及办公室，配备有4台服务器、37台电脑、存储1套、交换机2台、文化共享服务专用车1辆等。

共享工程自开展以来先后给10个乡镇文化站各配备卫星单向接收站1套、卫星服务器1台、投影机1套、电子阅览室PC机4台、电子阅览室桌椅5套、路由器1台、交换机1台、移动存储播放器1台；4个社区，各配备投影机1套、电子阅览室PC机3台、电子阅览室资源管理机1台、路由器1台；180个村基层服务点各下发投影仪1套。除洪家镇设备已到正在联系安装以外，其余基层服务点设备基本配备齐全，并相继开展各类文化活动丰富了群众生活。

二、队伍建设与人员配置

负责本县域内文化信息资源及基层服务点的监督与管理；根据省级分中心的要求，制定本地区具体项目的实施细则，负责项目质量控制；负责与省级分中心和基层服务点之间的资源同步与更新，以及保障共享工程系统正常运转的各项工作；负责本地区的信息月报，有专职的信息月报员，及时向省级分中心反馈本地区的工程进展情况；负责本地区网络运行的维护，指导基层服务点的建设，培训基层服务点工作人员；负责共享工程专项经费的管理与使用。

三、开展培训和服务活动

1、充分利用县共享中心网络平台，开展了投影仪的使用、电脑的基本操作、播客的上传等12次培训，培训人员500多人次。电子阅览室每周坚持对外开放48小时，截至目前共有9000余人次上网查阅资料或观看视频节目。

2、在陕西文化信息网、咸阳日报、咸阳群艺馆报刊共发表诗歌、论文等稿件40余篇，文化新闻60余则。

3、深入乡镇村组和社区基层服务点，实地查看了各基层服务点的场地及安全设施条件，并对已建成点的运行、服务情况进行了调查指导。

4、以集中连片的方式，分别在南、中、北三个塬面选点，对乡镇文化站、村文化室共享设备管理员进行了技术操作培训。

四、机制管理情况

为充分发挥"文化共享工程"的功能和作用，进一步规范工作，强化管理，把文化共享工程长武县支中心建设好，我们结合实际完善制定了《长武县图书馆主机房管理规定》、《文化信息资源共享工程电子阅览室巡查制度》、《文化信息资源共享工程电子阅览室信息安全制度》、《文化信息资源共享工程电子阅览室读者须

长武县美术家协会绘画知识讲座

职工计算机学习

知》、《文化信息资源共享工程电子阅览室工作人员须知》等规章制度，不断完善管理措施，实现工作规范化，管理制度化。

五、整合资源，宣传文化信息资源共享工程

文化共享工程是采用现代信息技术，对文化信息资源进行数字化加工和整合，最大限度地为社会公众服务的文化惠民工程。在实施"文化共享工程"过程中，为让广大人民群众充分认识开展"文化共享工程"的意义与目的，我县除了在文化共享工程电子阅览室醒目位置设置全国文化信息资源共享工程介绍展板外，还结合长武县图书馆的图书资源优势，充分利用各种文化宣传活动，如送书下乡、送书进军营、送书进学校、图书服务宣传周、读书日等，积极宣传文化共享工程。

六、攻坚克难，完善工作

1、利用各种宣传活动和传媒手段加大对文化共享工程的宣传力度，做好长武县文化共享工程乡镇、村、社区基层服务点的建设工作，进一步深入开展共享工程服务工作，努力把文化信息资源共享工程用活、用好。

2、不断加强自身的业务学习，重视专业技术人员的培养，增强全县各基层服务点的沟通协调。

3、以数字资源建设为核心，加大力度整理长武县地方民族文化专题资源，建设具有地方民族特色的县支中心。

（撰文/洪东海、李 静）

旬邑县支中心

为了满足人民群众基本文化需求，进一步推动基层文化发展，提高人民群众文化素养。全国文化信息资源共享工程旬邑县支中心2008年立项，2009年底正式建成，并于2010年1月8日正式对外开放。在陕西省分中心和咸阳市支中心的业务指导下，在旬邑县文体旅游局的具体领导下，我们坚持认真学习，创新思路，积极探索文化共享工程的服务内容和服务方式，着力加强基础设施建设，积极推动县支中心的建设步伐及服务创新，发挥文化共享工程的资源优势，促进我县经济文化建设和地方优秀文化传播。

一、加强基础设施建设，健全规章制度

为了保证文化共享工程这一惠民工程的顺利实施，旬邑县委县政府非常重视，分配了5名大学生充实到我县支中心，每年县财政支出6.2万元，保证文化共享工程县支中心的正常运行和维修。截止2012年年底我县已建成共享工程县级支中心1个；乡镇基层服务点9个（原底，湫坡头，土桥，郑家，排厦，底庙，城关，太村，赤道）；社区服务点3个（世纪社区，滨湖社区，工业园区）；村级服务点187个。经过安装调试，新建电子阅览室100平方米，多功能厅60平方米，机房20平方米，拥有读者用机30台，办公用机7台，服务器3台，并接入10兆光纤提供网络服务，移动播放器、投影机、音响等各种设施齐备，设专人负责管理。

电子阅览室制定了《电子阅览室管理制度》、《管理人员岗位职责》、《上机读者登记制度》、《卫生制度》、《机器设备维修制度》、《阅览证发放制度》等规章制度保证日常运行。在电子阅览室实行无烟阅览，绿色上网，礼貌用语。2012年投资4万元给电子阅览室安装了暖气。为读者提供良好的阅览环境，更好的服务读者，方便群众。

二、搭建信息平台，服务经济建设

2010年3月份以“图书宣传周”活动为契机，大力开展文化共享工程宣传活动，在旬邑县体育场、旬邑中学和城关中学散发宣传单，街道悬挂横幅等多种渠道进行宣传，让更多的群众了解共享工程，使用共享工程。我县支中心电子阅览室自2010年1月8日开放以来，支中心工作人员勤奋工作，年均接待读者2万余人次。

为交大成人教育学院提供免费计算机考试场地6次；为旬邑县老年大学提供计算机培训3次；并利用文化共享工程搭建的平台服务三农，为菜农提供信息100多条，为果农提供技术指导4次；利用多功能厅提供农业技术讲座6次。展播优秀影片30次，其中城区12次，乡镇服务点18次，收视观众上万人次，放映优秀影片40多部，为农民送去了精神食粮，活跃了群众文化生活，使城区、乡镇居民文化生活更加丰富多彩。举办“文化共享工程”和“农家书屋”管理人员培训4次，共培训共享工程基层服务点管理人员300人次，组织县支中心职工和基层服务点管理人员参加省共享办远程培训90多次；支中心职工计算机等级培训3次，培训合格职工30人次。

2010年11月抽出3名技术骨干为革命圣地“红色马栏陈列展”提供技术指导和资料整理；2011年7月县支中心联合旬邑县文体旅游局组织举办了文化系统职工“红歌献给党”红歌会，11月县支中心联合旬邑县供销联社和城区中学举办了“分享阅读快乐，共建书香新旬邑”读书演讲赛。

2012年“中秋”“十一”双节期间开展了“同赏数字文化 共享幸福生活”送书送报送电影到养老院活动，为孤寡老人送去了节日的问候与祝福。

三、传播绿色资源，提高服务质量

为了加速推进文化共享工程在旬邑县的发展，服务群众，发挥共享工程的优势，旬邑县政府把县支中心电子阅览室设立为政府信息查询点。

2010年9月被县老年大学定为计算机教学课堂。2011年3月被县科技局定为旬邑县科技信息查询点。文化共享工程旬邑县支中心成立以来，电子阅览室每天开放8个小时，实行实名登记，限时上机。为读者提供互联网信息浏览与查询服务；电子文献阅览、信息资源导航、检索、参考咨询等数字图书馆服务；影视欣赏、健康益智类游戏等休闲娱乐服务；与计算机、网络应用有关的各类学习、培训服务和技术指导；着力为青少年提供绿色资源和开发智力资源服务。

文化共享工程在我县开展以来，发挥了普及科学文化知识，丰富群众文化生活，构建和谐社会、促进两个文明建设的作用。三年来，我县支中心虽然取得了一些成绩，也遇到了一些困难还存在一些不足之处，在今后的工作中我们要保持积极进取的工作态度，全心全意为读者服务。

（撰文/焦礼荣）

武功县支中心

全国文化信息资源共享工程武功县支中心，总占地面积为6亩，办公楼建筑面积860m²。其中电子阅览室60m²，主机房20m²，库房20m²，多媒体放映室60m²，文化活动培训室100m²，各项规章制度及牌匾，统一按照全国文化信息资源共享工程规定标准尺寸制作上墙。室内环境整洁优雅舒适。

今年我县已全面完成辖区8镇4个三农服务中心的文化信息资源基层服务点的建设。配备联想或方正电脑、电脑桌椅、卫星接收设备、打印机、功放音响、浪潮服务器、移动播放器、投影仪、软幕布等设施。全县农家书屋建设已达到全面覆盖。配投影仪、软幕布、音响功放、移动播放器等。县城区建设2个文化信息资源共享工程基层服务点。

即：长青路社区居委会和五一路社区居委会。配备联想电脑、移动播放器、打印机、功放音响、投影仪、软幕布等。目前，各基层服务点都能较好地实现免费开放，积极地服务于本辖区内的群众与居民。有效开展着小型多样化的丰富多彩的文化娱乐活动和群众居民的网上查阅资料、电教培训、讲座活动。

武功县支中心、电子阅览室，确保每周40个小时的免费开放工作日。做到来宾上网登记、工作日志填报、机诫设施运转动态故障及时上报处理。年接待读者量4600人次，主机房运转正常，多媒体放映室每年为基层服务点管理人员电子教学及讲座培训3期。不定期不定时地为我县书法摄影爱好者举办培训班、讲座与播放书法摄影艺术佳作欣赏影像片参与人员300人次，并对工作流程做到按时登记造册。

县财政每年拨付人员经费3万元，房屋修缮与图书文化交流活动按当期预算请款报告为准，地方财政审批后拨付。今年将加大公共文化活动空间场地投资力度，创造更好地文化服务场所环境，以确保免费开放的有序实施。

技术方面得到省信息资源共享办及市中心的鼎立支持，组织培训与调拭机诫设施。我们还聘请省共享办工程师张斌等人，对我县8镇4个三农服务中心的卫星接收器，进行了全面的维护、检测调拭。保障了卫星远程公益服务能力。积极与我县网络公司保持着合作共建的伙伴关系。网络技术人员能随时前来我馆帮助和解决数字网络运行中，所遇到的技术问题。拓展了数字文化服务空间，较好地服务了我县人民群众的精神文化需求的渴望。

依托全国文化信息资源共享工程陕西文化网、武功网站、县电视台等多种媒体为平台，广泛宣传党的惠民政策工程，促进公共文化服务的均等性、便利性发展概况。目前，利用陕西文化网、武功网站、武功在线发送文化信息及动态稿件23篇。积极配合县委宣传部、县文体广电局在县电视台开设：读书专栏，向社会各界征集书名和读书心得活动。

与青年团武功县委、县电视台以“文化武功从阅读开始”青年演讲活动。充分利用投影仪在县支中心多媒体放映室和各乡镇综合文化站为主体，播放群众喜闻乐见的秦腔戏和广场集体舞碟片。县支中心还聘请咸阳健身操教练杨慧老师，在多媒体室对我县城区9个文体活动点的辅导员进行为期一周的集中培训辅导。并拍摄制作影像碟片、发放U盘到基层服务点。举办综合文化站站长、农家书屋管理员培训，讲解传授播放宝和投影仪器材的安装和使用。有效提升了基层服务人员的业务能力。常期开设书法摄影讲座，同时将学员和爱好者的作品投放影像，点评辅导摄影的采光和构图等系列法则的问题，受到大家称赞。

聘请西安市摄影家协会副主席钟克昌，来我支中心为我县摄影爱好者传授摄影的采光与构图

管理和队伍建设：坚持政治学习不放松，健立建全各项规章制度、各类资料的建档工作。不断完善配套的文化信息资源免费开放的惠民文化服务体系。积极倡导单位职工自学与单位推荐去省市培训，加强人员的自身服务意识，刻苦钻研业务，精益求精，更好地服务于民的理念。对人员进行了合理的调配。明确目标任务，责任落实到人。并将公共文化服务能力做为单位职工年终考评主要标准。

今年我馆获市级先进单位荣誉。对未来我们充满着信心和希望。继续坚持科学发展观的持续性发展的创新理念，增强不同层次的公益性文化单位部门的沟通、合作交流、共同举办展览、讲座、培训、征文、演讲和文艺演出等活动。愿在推进免费开放的过程中，加大基础设施建设的资金投入，精心设置服务项目，查漏补缺，最大限度提升文化信息资源共享工程的利用率，为我县文化大繁荣大发展，再创文化辉煌业绩。

（撰文/刘　宁）

宝鸡市支中心

文化信息资源共享工程宝鸡市支中心2004年开始建设，配备了共享工程专用服务器、卫星地面接受设备及投影仪，成立了基层服务点。2005年，宝鸡市支中心正式成立，购置40台计算机及网络交换设备，建起了电子阅览室。2008年，建起宝鸡市文化共享工程网（www.bjwhgxw.cn），并于当年8月14日开通。2010年更新电子阅览室计算机和网络设备，对中心机房进行改造，增加数字资源，使信息服务能力大大提高。目前，宝鸡市支中心拥有卫星接收系统1套、资源共享和管理服务器5台，磁盘阵列容量20TB，数字资源8TB，实现了与文化共享工程国家中心、陕西省分中心以及全市各基层点的通畅连接。基层服务网点已实现全覆盖，建成市级支中心1个，县级支中心12个，基层服务点 2007个（包括120乡镇街道、1822村、65社区），并与全省文化共享工程联网，形成了省分中心，市、县(区)支中心，乡、村基层服务点相结合的文化共享工程网络框架和服务平台。

文化信息资源共享工程宝鸡市支中心建成以来，不断完善基础设施，丰富信息资源，创新服务方式，积极开展丰富多彩群众文化活动。在重大事件中，发挥共享工程的资源优势，坚持三个贴近，服务基层群众，受到了社会的关注和群众的赞扬。2007年，2009年宝鸡支中心被陕西省文化厅授予全国文化信息资源共享工程“先进集

青少年网页培训班

体”；春节期间开展的文化共享工程活动，被陕西省分中心授予优秀组织奖；宝鸡市文广局授予文化惠民工程“先进单位”。

一、创新思路，加强队伍建设，推动共享工程深入发展

文化信息资源共享工程是一项创新工程，必须以新的思路开创工作新局面。共享工程宝鸡市支中心的成立，使共享工程建设、基层指导和服务开展有了组织保障。提出以数字图书馆技术为依托，以数字资源建设为核心，以基层服务网点建设为基础的工作思路，狠抓落实，每年年初将共享工程作为图书馆全年工作重点进行专题规划部署，并在年度预算中安排专项经费保证共享工程正常运转。建立定期检查考核制度，及时总结经验，查找不足，做到年初有计划，年终有总结，活动有安排，资料有档案。重视队伍建设，每年举办县支中心和基层服务点技术人员培训班，学习共享设备的使用，交流服务群众的心得。

二、加大投入，实现共享工程建设高起点高标准

共享工程是一项基础工程，客观上对先期投入有较高的要求。支中心成立以来，先后投入近200万元，建起电子阅览室、中心机房和文化共享工程网(www.bjwhgxw.cn)。在加强硬件建设同时，我们还加大资源建设投入，购入大量的视频光盘，并保持每年不断增长。在数字资源建设方面，外购与自建并举，突出地方特色。外购数据库有中国知网学术期刊数据库、社科工具书数据库、电子图书数据库、精品文化和文艺期刊数据库等；自建有宝鸡民俗、周秦文化、地方戏曲、非遗保护、民间工艺、宝鸡胜景等地方特色资源数据库。目前，共享工程运行经费22.7万元，数字资源建设经费10万元已列入年度财政预算。

参加远程培训

三、深入基层，将优秀文化资源推向社会服务群众

文化共享工程是一项民心工程，必须面向社会，面向基层。坚持从扩大影响、广泛宣传抓起，利用上街宣传、文化下乡、外阅点送书等活动，向各界群众介绍共享工程，引导群众深入了解和充分利用文化信息资源。积极联系报社、电视台、新闻网等媒体，介绍和宣传共享工程，报道共享工程开展的群众文化活动。积极开展各种形式的服务群众活动。一是开展“电影放映周”活动。每年在公园广场或街道社区设立宣传服务点，为群众播放优秀影视作品，散发科普读物与宣传资料，丰富群众文化生活。二是开展“关注农民工，送电影进工地”活动。在建筑工地设立服务点，为生产建设一线农民工提供图书报刊阅览，播放科普、娱乐影片，丰富农民工的业余文化生活。三是开展“少儿图书进校园”活动，组织优秀青少年读物推荐会，向中小学生介绍馆藏电子读物及网络信息资源，暑期组织青少年征文活动。四是春节开展“文化共享”系列服务活动。为市民义务写春联、送春联；组织上街开展图书宣传、新书推荐活动，并向群众宣传和利用共享工程数字资源；在电子阅览室开辟“迎新春”影视作品观赏区，提供优秀影视节目光盘供读者观赏；举办有奖灯谜等活动，营造欢乐、喜庆、祥和的节日气氛。

四、重大活动，共享文化资源，提升应急服务能力

积极响应国家中心和省份中心的号召，在重大活动和突发事件中发挥了共享工程的作用，彰显了共享工程应急服务能力。2008年为积极宣传和推广奥运盛事，支中心组织“爱奥运、迎奥运”专题行动，设立奥运知识小集锦展板；在电子阅览室开辟奥运专区，方便群众查阅奥运资料、观看奥运火炬传递和赛事直播。“5.12”汶川大地震发生后，宝鸡地区震感强烈，成为地震灾区之一。图书馆受损严重，主体建筑受损，墙体屋面等处出现数十条裂缝，近半数书架严重倾斜，窗户玻璃基本震碎。支中心坚持抗震自救，组织力量抢救公有资产及馆藏珍贵文献资源，并在宝鸡市渭河公园设置了流动服务点和共享工程“帐篷支中心”，为避险群众提供图书报刊阅览和文化资源服务，利用共享工程设备为群众放电影，印发防震防疫信息资料等。国家文化部蔡武部长在郑州召开的全国文化厅局长会上高度评价宝鸡市支中心工作，他指出：“陕西省宝鸡市图书馆在建筑严重受损的情况下建成帐篷图书馆，在渭河公园等群众密集的防震场所开展书刊阅览、办证等服务，放映录像、电影，印发防震防疫宣传品，为缓解受灾群众紧张情绪，安抚受灾群众受伤心灵发挥了积极作用。”迎祖国六十华诞，特邀著名作家赵韬签名赠送生存奋斗小说《白岸》；制作“国事盛典 文化印证”的图片展览；展播爱国主义影片，并组织读者在网上参加有奖问答活动。2010年，举办少年网页设计培训班，选送优秀网页设计作品，参加全国文化信息资源共享工程少年网页设计竞赛，有两人获奖。

“共享工程”的实施，有力地推进了公共文化阵地建设，有效地提升了图书馆的信息服务能力。我们将进一步解放思想，求真务实，以构建公共文化服务体系为指引，认真研究新形势下共享工程发展的特点规律，深入挖掘宝鸡地区优秀文化资源，将这一惠及千家万户的文化工程办成政府放心、社会认可、群众满意的爱民工程。

（撰文/刘掌全）

凤翔县支中心

一、基本情况

凤翔县图书馆为国家三级图书馆，它创建于1933年，1950年由县人民政府接管，称为“凤翔县民众教育馆”，1955年更名“凤翔县文化馆”，1984年图书馆与文化馆分设。历经80多年沧桑，凤翔县图书馆不断发展壮大，目前馆舍建筑面积1180平方米，现有藏书8.6万册，馆内设有图书借阅室、报刊阅览室、少儿阅览室、盲人视听阅读室、古籍资料室、地方文献室、社会辅导室、采编分类室、电子阅览室、业务培训室、资料档案室、影视展播室和办公室，与文化共享工程凤翔县支中心合署办公，周开放时间56小时。馆内现有职工7人，其中党员5人，中级职称4人，大专以上程度人员占80%以上。县图书馆承载着全县读者服务工作、社会辅导工作、地方文献征集以及古籍资料的管理工作，承担着全县12乡镇和233个行政村的文化共享工程建设、农家书屋工程建设以及全县各及各类图书馆（室）的业务指导与培训工作。

2006年凤翔县被省文化厅确定为全省文化信息资源共享工程建设试点县。2007年中央和省上为凤翔县图书馆投资了价值68万元的文化共享工程设备，同年9月份文化信息资源共享工程凤翔县支中心全面建成，与县图书馆合署办公，工作人员3名（专职1名，兼职2名），同时开展业务，对广大读者开放。县支中心内设主机房、电子阅览室、影视展播室等部室共计260多平方米。主机房配备影视服务器、卫星服务器等专业设备，安装了杀毒软件，并接入广电10兆光纤，服务器性能稳定，功能齐全。电子阅览室拥有30台电脑，方便读者上网阅读及信息查询。影视展播室使用面积70平方米，座位40个，大屏幕投影机一套，影视资料280张。同时为县级支中心配备了办公电脑7台，激光打印机1台，数码相机和数码摄像机各1部，文化共享工程县级支中心流动服务车1辆，用于业务辅导、信息采集与编辑。坚持每周对外开放56小时，长期为群众免费服务。

从2007年到2010年中央和省上为我县12个乡镇和233个行政村配备了价值300多万元的文化共享工程设备，凤翔县政府解决了基础设施修缮和日常运行建设配套资金20多万元。在各级领导的关心和支持下，2010年底，我县12个乡镇基层服务点和233个村级文化共享工程服务点全面完成。各乡镇基层点均配备了电脑服务器、投影仪、卫星接收设备和移动播放器等设施。各村级服务点配有电脑或者投影仪等设备。凤翔县文化信息资源共享工程“1个县级支中心、12个乡镇基层中心和233个村级服务点”网络全部建成，实现了文化信息资源共享工程在我县的全覆盖。自文化共享工程凤翔县支中心建设以来，县政府办及时出台了《凤翔县文化共享工程建设实施方案》，县文化广电局积极做好与省、市的衔接工作，县财政每年为支中心拨付共享工程运行经费6.8万元，县图书馆对乡镇和村级文化共享工程的业务进行了不间断的辅导，确保了这一惠民工程设施运转正常。

二、惠民服务

文化信息资源共享工程凤翔县支中心建成至今，充分发挥现代数字资源优势，利用投影机、移动播放器、电子阅览室、影视展播室等定期不定期为广大群众送戏、送电影、送科技信息，利用共享工程设备在县人代会、党代会、政协会上播放领导工作报告及专题片，同时举办科技知识讲座、报告会、读者座谈会等形式多样、内容丰富的服务活动。五年来，我们共举办如春节网上读书活动、世界读书日、图书馆服务宣传周、全民阅读活动、科技知识讲座、读者座谈会、科技爱国影视展播、基层管理人员业务培训等各类活动220多场次，接待群众6万多人次，散发宣传资料7000多份，提供经济信息600多条，解答咨询1500次，使文化信息资源共享工程真正成为公众文化服务的一个有效平台。在开展活动的同时，县支中心对活动情况及全县文化、文物、旅游、科技、教育、体育等方面的最新动态进行全方位、多角度的采集、编辑，及时向省、市中心上传，进一步拓展了服务范围，充分发挥了图书馆的社会服务作用。

三、荣誉奖项

在各级领导的关心和支持下，凤翔县图书馆得到了长足发展。从1994年至2010年连续四次被文化部评定为“国家三级共公图书馆”，1999年被文化部授予“全国读者喜爱的图书馆”，2000年被县委、县政府命名为“文明单位”，2003年至2011年连续9年被市文化局和市图书馆学会评为全市“文化工作先进单位”。

四、工作展望

成绩只能代表过去，希望仍寄托在未来。凤翔县文化信息资源共享工程在省、市文化共享工程中心的关心和支持下，正步入一个全面发展的快速阶段。我们将以十七届六中全会精神为动力，零门槛、全方位的做好免费开放工作，以全新的服务理念、先进的技术手段充分发挥文化共享工程的作用，将先进文化送到部队、社区、企业、学校、农村等千家万户，造福50多万雍城人民。真正把文化信息资源共享这一民生工程办成的惠民工程，为全县的经济发展、文化繁荣再立新功。

（撰文/杜海锋）

岐山县支中心

岐山县总面积856平方公里，总人口48万，辖10个乡镇144个行政村。岐山是周文化发祥之地，历史源远流长，文化积淀深厚，是有名的全国文化先进县。多年以来，图书和文化信息资源共享工程事业成了构成和支撑这一殊荣不可或缺的重要部分。

岐山县图书馆成立于1978年，1992年搬迁至现在的文化大院内。馆舍面积749平方米，现有藏书5.2万册，馆内设有图书外借室、报刊阅览室、文献资料室、业务辅导室、多媒体室、电子阅览室，坚持每周免费开放56小时。现有职工11人，其中党员7人，中级职称3人，大专以上程度人员占80%以上，年龄构成呈年轻化，专业素质普遍

2010.3.25举办共享工程基层管理人员培训班

较高，业务能力强。2008年8月文化信息资源共享工程岐山支中心全面建成，与县图书馆合署办公，开展业务，图书馆馆长郭改翠同志兼中心主任，兼职工作人员2名。中央、省上划拨了68万元的文化共享工程专用设备，岐山县政府解决了基础设施修缮和日常运行建设配套资金16.28万元。县支中心现内设主机房、电子阅览室、多媒体室、采编室等室部共计230多平方米，主机房配备影视服务器、杀毒服务器、卫星服务器等专业设备，性能稳定，功能齐全，并接入广电10兆光纤，网速稳定。电子阅览室拥有30台电脑，方便读者上网阅读及查阅信息。多媒体室使用面积30平方米，20个座位，文化部配送卫星接收设备一套，大屏幕投影机一套，影视资料150张。采编室配有高性能电脑一台，激光打印机一台，数码相机和数码摄像机各一部，用于信息采集与编辑。坚持每周对外开放56小时，长期为群众免费服务。2011年底，基层10个乡镇144个村级文化共享工程服务点也全面建成。十个乡镇服务点均新建了电子阅览室，共计500平方米，配备了卫星接收服务器、投影机、电脑等设施设备，共计35万元；144个村级服务点配备了投影机、电脑144套，共计150万元。在各级领导的大力支持与指导下，经过多方面的努力，岐山县文化信息资源共享工程"一个县支中心，十个乡镇服务点，一百四十四个村级服务点"的网络已经建立，网络覆盖面达到百分之百，进一步为岐山文化事业的发展打好了坚实的基础。

岐山支中心建成至今，充分发挥现代数字资源优势，利用投影机、移动播放器、电子阅览室、多媒体室等经常为广大群众送戏、送电影、送科技信息下乡、下街道，同时举办科技知识讲座，培训等形式多样、内容丰富的服务活动。五年来，我们共举办春节文化活动、世界读书日、图书馆服务宣传周、全民阅读活动、科技知识讲座、基层管理人员业务培训等各类活动200多场次，接待群众5万多人次，提供经济信息500多条，解答咨询1000次，使文化信息资源共享工程真正成为公众文化服务的一个有效平台。在开展活动的同时，县支中心对活动情况及全县文化、文物、旅游、科技等方面的最新动态进行全方位、多角度的采集、编辑，及时向省、市中心上传，提升了岐山的知名度，扩大了岐山的影响力。

庆七一文化下乡

目前，在省、市中心的正确指导和大力支持下，岐山县文化资源共享工程事业步入了一个全新的发展阶段，我们将这一先进文化的传播到部队、社区、企业、学校、农村等千家万户，将充分满足广大人民群众文化生活的需要，使具有浓郁地方特色的文化信息资源对本地政治、经济、文化发展起到更好的促进作用，这一惠民政策将深受广大群众的欢迎。

（撰文/岐山县支中心）

眉县支中心

眉县总面积863平方公里，辖8镇，123个行政村，31万人口，其中农业人口26.2万人。2006年，眉县被文化部确定为全国共享工程试点县，2007年4月建成1个县级支中心，8个乡镇服务点和16个村级基层服务点。2011年5月又陆续建成青化、横渠、槐芽3个乡镇文化站电子阅览室，首善、常兴等5个社区电子阅览室，同时支中心按照"共建共享、互利双赢"的理念，把文化共享工程建设与组织、农业、教育等部门的"党员建教"、"农信工程"、"远程教育"等工程建设有机结合，充分利用各有关部分的设备设施，共同建成了覆盖全县123个村文化共享工程乡镇和村基层服务点网络体系，实现了共享工程村村通，信息服务全覆盖。

2007年，支中心投资近10万元，为电子阅览室，资源共享厅、信息加工区以及值班室安装了防盗网及窗帘等，并配备了安全防卫设施；县财政又将共享工程运行经费列入财政预算，安排专项资金6万元，建成了总面积350平方米的县级支中心，其中电子阅览室90平方米，拥有30台客户机，每台机器有2平方米以上的空间，光线充足，进出方便，网络布线及电源分布合理，利用线槽进行了保护。拥有完善的消防设施和消防器材，安全疏散通道畅通。机房面积30平方米，设计装修符合国家相关标准，地面加装了抗静电地板，粉刷了墙面和顶棚，按标准进行了配电安装，并按规定配置了2台高端服务器，配备卫星接受系统，视频监控系统、防火墙、存储系统、UPS电源系统、机柜、消防器材等设备，充分保证网络安全。资源展播厅90平方米，装有投影机、投影幕、易播宝、输入切换设备以及音响设备等，同时配备40套桌椅。信息加工区以及办公区150平方米，支中心配备了3名专业技术管理人员，实现了图书馆集群管理自动化。

支中心按照"建绿色网络，树高雅之风，创优质服务窗口，送免费文化资源"的服务理念，抬头找路，低头服务，始终把群众需要作为工作重心。依托共享平台，充分利用工程配送的先进设备和丰富的文化信息资源，以电子阅览室为主阵地和对外服务窗口；以移动设备作为流动服务工具；以视频数字资源为服务内容；以播放，培训，讲座，协助刻录下载信息为手段，积极开展各项服务培训活动，为少年儿童、中老年读者、农民工等社会群体提供了健康、便捷的网络学习以及文化娱乐等服务。

自2007年4月支中心成立以来，电子阅览室一直坚持全天开放，并制定了各类监督办法和规章制度，确保运行管理精细化。2011年4月，按照省分中心的部署，电子阅览室统一搭建管理系统技术平台。利用信息浏览监控管理软件进行软件升级，升级后公共电子阅览室终端管理系统实行实名注册制度、服务情况监控和统计、上网限时制度，上网内容即时监控，杜绝不良信息的侵入和传播，确保网络信息安全。并在公共电子阅览室终端机安装学习软件、计算机知识学习培训软件。

同时引导公共电子阅览室读者访问优秀文化信息资源，特别是针对未成年读者的管理，支中心积极联系学校以及社区，在学校和社区发放未成年人上机卡，正确引导未成年人开展网上课外阅读，让家长支持，让家长放心，让孩子们有更多机会接触优秀数字资源。电子阅览室每月接待群众人流量达360余人次，月人流量数呈现逐月递增趋势。

支中心电子阅览室在做好日常接待读者同时，积极组织各类专题培训活动，营造绿色网络空间。为丰富中老年人的精神文化生活，联合老年大学为老年读者定期开办计算机能力提高班，帮助中老年读者跟上时代发展的步伐。为进城务工人员等低收入群体开设计算机培训课堂，为企事业单位职工开展相关专题培训活动，除此之外还结合重大节庆日开展相应的专题活动，春节系列展播活动，暑期少儿专题辅导活动等，在学习培训活动期间积极引导读者利用共享工程网络资源内容新颖、实用性强、信息量大、数据传输快捷方便的优势，加大图书馆网页和文化共享工程网站信息资源的浏览，向读者推介丰富的文化信息资源。

为充分利用和发挥共享工程设备的作用，更好的服务大众，支中心积极寻求和探索服务大众的方式和途径，扩大群众受益面，坚持文化资源“三送”服务：送资源进农村、社区；送资源进学校；送视频资源到孤老弱势群体。

坚持利用投影仪、易播宝等设备坚持每月轮流在城区主要街道、广场以及单位门前播放专题节目，有影视节目、革命题材影片、农业科技知识、反邪教影片等，截至目

前已播放100多场次。同时开展重大节庆系列展播活动、优秀爱国影片社区展映活动、暑期优秀影视及相关科教片放映月活动、送文化到敬老院、送文化给复退老军人、送文化信息进校园、开展“爱心手拉手，温情你我他”系列活动、网络征文活动等，定期播放文化信息资源，加强了城乡居民以及青少年的文化生活和思想道德建设。

根据不同用户对象、不同时间和季节开展各类活动，将共享工程服务的触角不断向基层特别是农村延伸，充分利用共享工程资源优势，开展丰富多彩的服务活动，取得了良好的社会效益，深受基层群众的欢迎。从网上下载免费的资源如生猕猴桃种植、葡萄种植、辣椒栽培、农药和化肥的合理使用等信息，制作光碟、编印农业科技资料，为各村的农户服务，推动了农业产业结构调整。支中心多次在横渠镇红祥村和武家堡村播放了红提葡萄和猕猴桃的栽培技术后，村民利用现代科学技术防治病虫害，合理浇水、施肥，葡萄和猕猴桃的质量大幅度提高，产生了较好的经济和社会效益。

为了使更多普通群众跟上时代步伐，掌握了解利用互联网和共享平台，支中心还随时随地免费开展手把手、一对一的辅导学习和咨询活动。

在做好服务的同时，支中心积极做好基层服务点的辅导工作以及自身队伍建设，每年举办共享工程管理员培训班，并安排技术人员定期下基层帮助解决设备故障以及在运行中其它问题。支中心以及基层工作人员积极参加国家中心、省分中心、市支中心组织的各种网络培训以及集体培训活动，并下载课件反复学习、实践，同时加强新闻采集、图片采集、资源加工以及理论研究等业务学习，并取得了一定的成果。

经过5年来的运行，支中心在硬件建设、服务活动以及队伍建设等方面都取得了一定的成效，并多次受到上级部门的肯定，2008年被文化部授予“文化信息资源共享工程示范县”荣誉称号；2010年被陕西省文化厅评为文化信息资源共享工程先进县。同时支中心组织的各类专题性服务活动也取得了较好的成绩，2009年被陕西省文化厅评为文化共享工程知识竞赛组织奖；2010年被陕西省文化厅评为“四好少年”网页设计大赛组织奖。

支中心将不断改进技术应用，坚持公益性质和以未成年人、进城务工人员等低收入群体为重点服务对象的思路，进一步健全服务项目，拓展服务领域，创新服务方式，提升服务水平，为构筑完善的公共文化服务体系、保障群众基本文化权益做出新的贡献。

（撰文/包小建）

陇县支中心

陇县图书馆作为全国文化信息资源共享工程县级支中心，在2009年，按标准配备了硬件设施，并制定了安全管理制度及上机读者须知等确保工作有序推进。电子阅览室配备30台电脑，光纤专线接入。陇县支中心按标准装修了机房并安装了多媒体报告厅等设施，为县级支中心更好地开展共享工程工作提供了有力的保障。

2007年，文化资源共享工程开始在全国范围内实施。2009年，陇县图书馆成为陕西省文化厅确定的首批文化资源共享工程基层试点之一。时至今日，陇县支中心文化资源共享工程基层服务点的工作进入正轨。

2010年，文化资源共享工程国家要求基本建成资源丰富、技术先进、服务便捷，覆盖城乡的数字化服务体系。在省级建立分中心，市、县建立支中心，乡镇、社区有基层服务点，最终达到“村村通”的既定目标。文化共享工程陇县支中心设在县图书馆。从2010年元月启动实施以来，得到省文化厅和县委县政府的高度重视，县财政大力支持。投资200多万元，建成县级文化共享工程支中心1个，乡镇服务点12个，社区服务点1个。建成农家书屋150个，文化信息资源共享村级服务点152个。投放图书23.5万册，书架850个，投影仪、音响、电脑等文化电子设备690台件。支中心配备68万元的设备，其中包括：电脑37台，中心机房设备1套，照、摄像设备1套，服务车1辆，空调等设施。乡镇、社区基层服务点也配备了相应的设备。

2009年，陇县设县级支中心1个(陇县图书馆)，12个镇(城关镇、东南镇、东风镇、温水镇、天城镇、固关镇、火烧寨镇、新集川镇、李家河镇、八渡镇、曹家湾镇、河北镇)，文化共享工程基层服务点，各基层服务点的设备已发放安装到位并按照要求组织了人员进行负责管理。2012年，陇县基本建成资源丰富、技术先进、服务便捷、覆盖城乡的数字化文化服务体系。实现县有支中心，乡镇有服务点，村村有农家书屋。县图书馆、乡镇电子阅览室、农家书屋，实行全免费开放服务。截至2012年实现了全县158个村级服务点的全覆盖。

在县委、县政府领导下，文化共享工程陇县县级支中心已建立完成，并已投入使用。完成了和陕西文化共享工程省级中心的融网工作。

与此同时我支中心工作人员正在紧锣密鼓的对文化资源共享工程支中心和基层服务点的工作进行改进和完善，把群众喜闻乐见的优秀文化作品通过互联网方便快捷地传送到广大人民群众身边，填补基层文化需求的空白，以先进的文化占领基层思想文化阵地，改造落后文化，抵制腐朽文化，丰富、活跃基层群众的文化生活。通过电子阅览室为广大群众尤其是青少年提供文化信息服务和绿色上网空间，同时为镇村基层服务点提供文化资源更新。“共享工程”的实施，将通过网络广泛传播中华文化的精髓，实现“以科学的理论武装人，以正确的舆论引导人，以高尚的精神塑造人，以优秀的作品鼓舞人”。以先进文化教育广大群众，提高人民群众的思想道德素质和科学文化素质。

文化共享业务培训

共享工程电子阅览室之读者阅览

截止2012年底，我县村镇、社区基层服务点覆盖率已达96%。现已建成多个村镇、社区基层点，与支中心共建共享；同时县支中心积极开展乡镇、农村基层服务点的检查指导工作，随时为基层点提供解答咨询和人员的培训。全国文化共享工程实现文化信息服务、图书借阅、公共文化鉴赏、教育培训、文化娱乐、科普教育、影视放映、公益讲座等多种服务功能，并利用文化共享工程的信息资源和社会各方面的教育培训资源覆盖到陇县全境。

在全国上下深入贯彻落实党的十八大精神的大好形势下，陇县支中心正积极努力，抢抓文化大发展、大繁荣的历史机遇，与时俱进谋发展，开拓创新争一流，着力改善读书环境，丰富文化资源，广泛向全社会宣传免费开放的新举措，使广大人民群众享受公共均等文化的惠民成果。使得数字化的文化资源交流模式，成为广大人民群众日常生活、学习、交流中最重要的一个环节。更好更多的利用互联网络资源对基层群众进行文化的宣传和引导。

(撰文/陇县支中心)

麟游县支中心

麟游县支中心成立于2008年4月，县图书馆馆长魏文智同志兼中心主任，副馆长彭海龙同志兼中心副主任，编制专职技术管理员1名，兼职工作人员2名。中心内设电子阅览室、多媒体室、主机房、采编室等室部。主

支中心干部职工业务培训

机房配备影视服务器、杀毒服务器、卫星服务器等专业设备，性能稳定，功能齐全，并接入电信10M光纤，网速稳定。电子阅览室拥有30台电脑，方便读者上网阅读及查阅信息。采编室配有高性能电脑1台，扫描仪1台，激光打印机1台，数码相机和数码摄像机各1部，用于信息采集与编辑。坚持每周对外开放56小时，长期为群众免费服务。2008年以来，麟游县支中心共投资68万元，新建主机房、电子阅览室、多媒体室、采编室4个室部，共计200平方米。7个乡镇服务点均新建了阅览室，共计300平方米，配备了服务器、投影机、电脑等设施设备，共计35万元。100个村级服务点配备了投影机、电脑100套，共计150万元。在各级领导的大力支持与指导下，经过多方面的努力，麟游县文化共享工程"1个县支中心，7个乡镇服务点，100个村级服务点"的网络已经建立，进一步为麟游文化事业的发展打好了坚实基础。

中心建成至今，充分发挥现代数字资源优势，利用投影机、移动播放器为群众开展形式多样、内容丰富的服务活动。在图书宣传周（月）、科技之春、"三下乡"之际深入社区、乡村为广大群众送去一道道文化大餐，极大地满足了广大群众对科技文化生活的需求。电子阅览室和多媒体室，定期不定期开展多层次文化活动，为干部、工人、农民工、中小学生等不同层次的群众，举办科技知识讲座，播放专题培训视频，及演讲比赛等活动。

在开展活动的同时，支中心对活动情况及全县文化、文物、旅游、科技等方面的最新动态进行全方位、多角度的采集、编辑，及时向省、市中心上传。

目前，在省、市中心的正确指导和大力支持下，麟游县文化共享工程步入了一个全新的发展阶段，一个数字化的文化家园正在走向成熟，充分满足了广大人民群众文化生活的需要，深受广大群众的欢迎，并得到了一致好评。

（撰文/魏文智、王 锐）

凤县支中心

凤县大力实施文化信息资源共享工程，全县建成了高标准的县级支中心，7个镇、100个村建成了服务点，覆盖率分别达78%、100%，形成了以县支中心为枢纽，连接国家共享工程中心、省分中心、市支中心，覆盖全县的文化信息资源共享工程网络。

一、县级支中心建设

全国文化信息资源共享工程凤县支中心（简称文化共享工程凤县支中心）于2010年1月施工安装、调试正常，并正式对外开放。工程包括五部分：卫星接受与服务、影视平台、电子阅览室、多功能厅、业务办公。为读者提供卫星资源、影视资源、农业信息、科教等综合资源，丰富群众文化生活。电子阅览室面积为100平方米。其中机房为26平方米。接入20兆光缆，安装有防雷、防火、防尘、防盗设施。各种制度齐全，严格按照《陕西省文化信息资源共享工程县级支中心暂行管理办法》进行管理；多功能厅面积为100平方米，各种配备全部安装完成，并且正常运行，面向全县承接各种讲座会、报告会，以及基层业务技能培训会。县级支中心的建成让更多的群众享受到更丰富、更便捷的文化服务。

二、农村基层服务点建设

我们把农村基层服务点作为文化信息资源共享工程建设的阵地。不断加快建设步伐，全县有双石铺、黄牛铺、红花铺、凤州、河口、坪坎、留凤关7个镇建设了文化信息资源共享基层服务点，配备了接收和播放设备，形成了完善的配套服务网络。

三、强化专业技术队伍建设

县文化广电局领导特别重视此项工作，多次到图书馆和基层服务点检查，为县级支中心配备了政治素质高、业务能力强的3名专业技术人员，专门从事县级支中心的日常管理，并对7个镇、100个村服务点管理人员进行专业技术培训，增强其业务技能和管理能力。

四、传播先进文化

文化共享工程充分利用现代高科技手段，将中华民族几千年来积淀的各种类型的文化信息资源精华以及贴近大众生活的现代社会文化信息资源，进行数字化加工处理与整合，通过网络最大限度地为社会公众享用的文化工程。在服务利用上，凤县支中心积极存储与整合文化信息资源，利用互联网、局域网、电子阅览室、多媒体教室等媒介，通过播放专题片、举办讲座和培训班、信息发布等形式，将优秀文化信息资源源源不断地传送到农村基层，在很大程度上满足了群众对科普知识、文化教育、文艺欣赏、医疗保健等多方面需求，为广大群众求知、求富、求乐提供了一个便捷的渠道，受到了广大群众的欢迎。

（撰文/凤县支中心）

太白县支中心

文化信息资源共享工程是文化服务的重要手段，是实现广大人民群众基本文化权益的重要途径，是改善城乡基层群众文化服务的创新工程，因而县委、县政府高度重视，并将该项工程列为太白县县委、县政府2010年度为群众承诺办成的十件大事之一，县政府召开专门常务会议，研究安排部署整个工程实施工作。一是成立以县长为组长，各有关单位主管领导为成员的工程实施领导小组；二是确定由县财政安排解决全县文化共享工程配套资金，并将全县各分中心及村级服务点运行经费纳入县财政预算。全力落实文化信息资源共享工程运行经费，县级支中心每年6.8万元；每个基层服务点4399元；村基层服务点1860元的经费计划，为我县文化共享工程提供了经费保障；三是县委、县政府分管领导多次召开文化信息资源共享工程协调会议，安排、督促、检查该工程各服务点设备的安装、调试、管理、运行等方面的具体工作，确保了工程的顺利实施。从2010年开始，我县建设的乡镇服务点有：第一批计划的2010年度的有咀头镇、桃川镇、太白河镇、王家堎乡和高龙乡；第二批计划的2011年度的有鹦鸽镇和靖口镇。县级支中心是全省第四批计划建设的，太白县文化共享工程支中心工作于2011年7月开始正常运转。目前，全县设备安装到位的5个乡镇基层服务点均已完成，并正常运转。

一、完善机制，加强管理

为充分发挥“文化共享工程”的功能和作用，进一步规范工作，强化管理，把文化共享工程太白县支中心建设好，支中心结合实际起草了《太白县图书馆主机房管理规定》、《文化信息资源共享工程电子阅览室巡查制度》、《文化信息资源共享工程电子阅览室信息安全制度》、《文化信息资源共享工程电子阅览室读者须知》、《文化信息资源共享工程电子阅览室工作人员须知》等规章制度，完善管理措施，实现工作规范化，管理制度化。

根据文化信息资源共享工程工作要求，在各镇设备配发下来之后，我馆立即组织各村领到设备的同时学会使用安装设备，分配完成后，我馆多次下乡，聘请电脑公司专业技术人员为各村安装设备，与组织部远程教育终端实现联接，实现文化信息资源共享。截至目前为止，我县66个村，均在村委会设置专项场地，安装上了省文化厅配送投影仪、幕布、音响等设备，组织部门负责远程教育网络开通，并按要求悬挂了“陕西省文化共享工程村级服务点管理制度”和“文化资源共享工程”标牌。做到了人员、场地、牌子、设备、制度“五落实”。各项工作落实后，县局多次组织图书馆工作人员对帮扶村服务点开通和使用进行自查，以确保设备的正常使用。

乡镇文化站电子阅览室授牌仪式

二、加强培训、不断增强专业技术水平

各服务网点根据各自实情，为广大群众不同程度地开展了服务工作。县文化信息资源共享工程领导小组及时对各服务点的工作进行了检查，并于县级分中心(县图书馆)迅速组织召开了全县各服务点管理人员培训会议，又组织32个村设备管理人员培训，学习设备管理、使用维护知识，后期又派县级分中心技术员对各乡(镇)、村基层服务点管理人员进行手把手地辅导，使每个服务点管理人员人人懂得业务管理知识，并熟练掌握设备操作技术，保证了文化共享设备的安全运行，快速服务群众。2011年7月1日在县级分中心(县图书馆)举行了全县文化共享工程启动仪式。我县文化共享工程的顺利实施，县、乡(镇)、村三级公共文化网络的建成，标志着我县构建公共文化服务体系建设工作迈上了一个新的台阶。

三、加强宣传，营造舆论

文化资源共享工程是惠及群众的一项民心工程，为让广大人民群众充分认识开展“文化共享工程”的意义与目的，我们除了在文化共享工程电子阅览室醒目位置，设置全国文化信息资源共享工程介绍展板外，还结合图书馆的图书资源优势，充分利用各种文化宣传活动。同时我们与县电视台联系在节目播出中，专门安排了文化信息资源共享工程专题栏目，介绍全国文化共享工程概况和意义，并将文化共享资源提供给电视台，定期为群众全方位提供文化共享工程服务，使文化共享工程家喻户晓，人人皆知。营造了浓厚宣传氛围，更好地推动了全县文化共享工程健康发展。

四、利用设备，开展服务活动

太白县支中心(县图书馆)结合本馆实际，合理安排电子阅览室、多媒体功能室开放时间，平时坚持周一至周日全天开放，每天从早上8点到下午6点不间断，保证每周为群众服务48小时以上。每周还组织人员到军民共建单位，县武警中队、县消防中队利用投影仪、移播宝给部队官兵播放文化娱乐节目，活跃部队官兵的业余文化生活。国庆节期间，县图书馆利用文化共享设备在县城街道给群众播放电影、戏曲节目，丰富节日期间人民群众的文化生活，充分利用文化共享工程网上资源为群众服务，引导广大群众了解并享受文化信息资源。

全县各基层服务点按照上级的要求，做到经常定期为群众服务，组织群众充分利用文化共享工程提供的资源，学习农业科技知识，观看文化娱乐节目，活跃群众文化生活。多数镇基层服务点的工作比较突出，他们坚持每周给群众服务5次，每次4小时以上，采取利用设备走村窜户及上街道的流动服务方式，及时地把群众需要的农业技术、文化娱乐、科学知识等资源送给群众，既活跃了群众的文化生活，又能使群众从网上获取致富信息，发家致富。有些村基层服务点的工作搞得更红火，这些村借助

军地共建培训活动

社会主义新农村建设工作的东风，不但坚持经常定期利用文化共享设备服务群众外，还营造了浓厚的文化共享工程宣传氛围，在村文化广场制作了大型宣传版面，文化活动室门上悬挂醒目的文化共享工程统一要求的门头牌子，室内制作全县统一标准的制度牌，室内外都张贴文化共享工程宣传画报等，文化共享工程在当地群众中已家喻户晓，每天下午去文化广场锻炼，并观看文化共享工程节目，已成为当地群众的口头禅和每天必干的一件大事。

五、工作展望

1、立足太白县本地实际，深入开展各种宣传活动，广泛宣传文化共享工程，多种形式拓展服务范围、创新服务方式，以群众喜闻乐见的形式使共享工程更加贴近基层、贴近生活、贴近群众。让人民群众都能普遍了解这一文化惠民工程，了解共享工程的真正含义，享受到资源共享带来的益处。同时争取在最短时间内把太白县图书馆网站和太白县文化共享工程网站开通建设好。

2、不断加强自身的业务学习，增强全县各基层服务点的沟通协调，做好培训辅导工作。由于文化共享工程是一项新兴的科技创新工程，在实施过程中，不可避免的会遇到许多新问题、新困难，这就需要我们在工作中不断学习、不断改进，努力扩充自身的业务素质，加强专业技术人员的培养，为深入推进共享工程的实施打好基础。同时加强管理，做好沟通协调。定期做好全县基层培训辅导工作，为共享工程建设提供人才保障。

总之，如何立足于本地实际，立足于现有的设备资源、技术平台等，探索建立有效的服务方式和途径，做好全县的文化共享工程建设工作，服务广大的人民群众，使文化共享工程真正做到“文化乐民，文化育民，文化富民”，真正为人民群众带来实惠，是我们今后的工作目标。

（撰文/张永林、张怀宁）

汉中市汉台区支中心

文化资源共享工程是利用先进的技术手段传播先进文化，为群众提供与小康社会相适应的文化生活，是构建公共文化服务体系的基础工程，是改善城乡基层群众文化服务的创新工程，也是新农村建设的重要内容，对提高汉台区基层公共文化服务体系具有重要意义。

汉台区高度重视文化信息资源共享工程建设，将文化信息资源共享工程的建设纳入了全区民生工程，成立了由我局分管文化工作副局长担任组长，文化文物科相关工作人员、汉中市图书馆馆长和副馆长、镇（办）文化专干为成员的汉台区文化信息资源共享工程工作领导小组，建立起区支中心、镇（办）三级管理体系，为汉台区文化信息资源共享工程的建设和管理提供了保障。

一、基本情况

2004年，汉中市图书馆作为首批被省文化厅确定为文化信息资源共享工程基层试点之一。省上配发了设备，安装了卫星地面接收站。这套设备的安装为图书馆开展丰富多彩的活动提供了便利，走出馆门，走进乡镇、社区、部队、学校为基层群众尽最大努力做好共享工程基层服务点的工作，真正让共享工程惠及百姓。

汉中市图书馆于2007年重建，县级支中心一直没有建立，2010年年底新馆竣工，2012年建成汉台区支中心1个（汉中市图书馆），镇文化站5个，村级服务点205个，办事处4个，社区7个，现有文化共享工程基层服务点全部都达到了“五有”，即有编制、有人员、有经费、有场地、有活动。支中心和各基层服务点设备全部配发到位，大部分通过安装调试投入运转，运行状况良好。

二、业务工作情况

汉台区支中心2012年全面开展全区文化信息资源共享工程建设工作。从汉台区支中心建立后，就严格按照国家和省市的有关要求，积极开展各项工作。支中心配备68万元的设备，其中包括：电脑37台，服务车，空调等设施。建成主控机房25平米，电子阅览室170平米，电脑30台；放映室175平米，坐席120个；多媒体室179平米，坐席100个；多功能报告厅277平米，坐席176个。制定了3项电子阅览室规章制度，2名工作人员参与文化共享工程支中心日常工作。9月开通了我馆图书馆网站，使图书馆有了与用户交流、接触的网络界面，向用户提供便捷、即时的文献信息服务。12月，电子阅览室免费向读者开放。截止12月，向省文化信息网发表信息39条，对全区的文化信息日常接收工作正有条不紊地进行。并恢复了我馆停办7年的《信息与资料》专刊，让图书馆以知识信息的搜集、整理、存储、传递为主要工作内容之一，充分发挥图书馆的文献信息中心作用。对文化共享工程设备操作、日常维护及保养所需专门人员的配备和有关技术培训已全部到位。“全国文化信息资源共享工程”在全区组织实施

近一年来，共享工程支中心的建成进一步推动了我区图书文化为基层群众服务的新方式，以优质服务让群众满意，以创新服务让群众受益，实现了图书馆网络化、数字化、自动化的管理。

支中心建立后，利用文化信息资源共享工程结合农时放映“水稻病虫害防治”、“大棚蔬菜种植”、“小麦免耕法”等农业科技影片10多部，先后到龙江、铺镇、宗营等乡镇放映达20多场，观众近2万人次，向群众传播科学文化知识增添了新的内容，受到了广大群众的高度赞扬和欢迎。

为了丰富广大人民群众的业余文化生活，利用业余时间在馆内、外，进行红色影片的放映活动。在北大街社区、步行街、桃心岛门口、椰岛广场放映了“夜袭”、“地道站”、“十天”、“闪闪的红心”等影片，观众达上万人次，极大的丰富了群众的文化生活，促进了社会的稳定。

2012年8月汉台区支中心举办了205个村基层服务点的管理人员培训，共197人参加，对没有参加村级文化信息资源共享工程管理人员培训的，支中心派人上门讲课，及时地分期对我区辖区内文化站、镇、社区、办事处的文化信息资源共享工程基层服务点的管理人员进行投影仪、移动播放器等设备的操作培训，全力负责设备的安装调试和相关管理工作，为确保这些设备尽快投入使用，及早受惠于民。

三、基层服务点

近年来，汉台区以构建覆盖城乡，结构合理、功能健全、实用高效的公共文化服务体系为目标，大力发展农村公共文化事业，相继实施了乡镇综合文化站、广播电视村村通、农家书屋、文化信息资源共享、村级文化活动室、农村电影放映六大农村基础性公共文化工程。近5年来，汉台区在农村公共文化基础设施建设中的投入达到1500多万元。支中心与基层点充分利用“文化信息资源共享工程”设备开展影视、农业技术等内容的放映活动，在培训农民的同时，不断丰富农民群众的文化生活。

今年，汉台区在铺镇文体中心隆重举办了2012年村级文化活动室器材暨村级文化资源共享设备配送仪式，向全区205个行政村配备相关文体器材。在场的村民们个个喜笑颜开，龙江、铺镇文化中心、河东店、老君文化站分别表演了精彩的文艺节目。

在配送仪式上，共为全区205个行政村配备村级文化活动室器材与文化信息资源共享设备投影机、可移动投影幕布、易播宝及相关配件。

在基层文化信息资源共享工程服务点工作中，区支中心首先要求各基层点先填报建设确认表，必须达到有编制，有人员，有场地，有经费，才能发放共享工程设备，以保证设备发放后能够开展工作，尽可能地满足广大群众多层次，多样化的业余生活，增强基层文化单位的吸引力和生命力，提升基层文化单位的服务水平。

自基层设备发放以来，各基层点经常开展各种服务活动，不定期开展优秀节目播放活动，举办农技、医院、农村助学等各种活动，进一步加强了宣传文化信息资源共享工程，推广文化信息资源共享工程丰富的资源，取得了良好的服务效果。

文化共享工程在我区实施以来，通过广泛宣传、加快基层点的建设、开展形式多样的服务活动等方式，缓解了农民群众“看书难、看戏难、看电影难”的问题。使这项旨在利用现代信息生产和传输技术，整合先进文化资源的利民工程越来越受到基层群众的欢迎和喜爱。丰富多彩的文化活动，促进了农村公共文化服务体系建设，丰富了城乡群众多层次的文化需求，还积极了解当地群众的困难，多渠道提供农业技术帮助，为农业增收、提高农民经济收入起到了一定的作用。

我区文化信息资源共享工程在各方面的不懈努力下已初见成效，相信在以后文化信息资源共享工程中汉台区支中心一定会以一个全新的面貌展现在群众面前，一定会成为老百姓满意的文化信息资源共享工程，成为社会主义新农村的有力支撑，成为在新形势下加快文化事业发展、促进经济社会又好又快发展、落实科学发展观、构建和谐社会的主要动力。

汉台区支中心正积极努力，以文化信息资源共享工程网络资源服务平台为依托，充分利用现代高科技手段，将各种类型的文献信息资源以及贴近大众生活的现代社会文化信息资源，使优秀文化信息资源走进社区、走进军营、走进企业、走进校园、走进农村，最大限度的实现优秀文化信息资源在全区范围的共建共享。

（撰文/杨汉军、蒋汉勤）

南郑县支中心

南郑县总面积2823平方公里，辖22个镇、306个行政村，总人口55.8万。文化共享工程始建于2006年，省上配发服务器1台，投影仪1套，卫星接收锅1个，主要开展文化信息资源播放工作。2008年总投资68万元的支中心在县图书馆建成。截止2012年已建成14个乡镇11个社区500个村级服务点。

近年来，南郑县共享工程始终坚持建设与服务并重原则，一手抓服务点建设，一手抓群众文化服务工作，取得了明显成绩。在服务点建设上采取名单上报、条件检查、设备发放、业务辅导、安装使用五位一体的做法，保证服务点建设标准和质量。累计建成服务点520余个，举办培训班5次培训管理人员500人次，召开文化共享工程会议3次，与20个镇签订了责任书，检查指导服务点200

南郑县支中心举办电脑培训

余次。促进服务点规范建设。服务工作方面紧紧围绕文化共享工程要求，不断深化群众服务工作。支中心电子阅览室开辟了未成年人上网绿色通道、高中学生上网专场、高考报名与填报志愿绿色通道、节假日主题活动日等特色服务，彰显了共享工程个性化服务，深受社会各界欢迎和好评。共计接待读者20万人次，播放影视资源片200场次，向服务点刻录、赠送光盘1000余盘，赠送图书3000余册。各服务点向群众放映文化共享资源片2000场次。

（撰文/南郑县支中心）

城固县支中心

文化信息资源共享工程是由国家文化部、财政部联合实施的一项繁荣社会主义先进文化国家级创新工程，文化信息资源共享工程城固县支中心作为该工程有机组成部分。图书馆是建设和实施的主体单位，工程依托现有的文化设施网点，与基层文化设施网点建设、党员远程教育网、中小学远程教育网、图书馆数字化建设相结合，为地区读者提供全国文化信息资源网的资源，实现本地区文化信息资源的共管、共建、共享。

一、基本概况

城固县支中心于2008年建成，房屋面积1100余平方米，馆藏图书3万余册。馆内设有8个科室，阅览座位120余位。电子阅览室光纤10兆接入，局域网电脑37台，服务器存储容量3TB，同时建成了15个镇级基层服务点、1个办事处基层服务点、10个社区（街道）居委会基层服务点、3个省级示范村基层服务点及村级基层服务点全覆盖。每周免费向读者开放40小时以上，年接待读者2万余人次。2008年被授予全省文化系统“创佳评差”最佳单位；2010年被国家文化部授予三级图书馆；2012年被汉中市群艺馆评为免费先进单位；陕西省公共图书馆服务联盟成员馆。

1、资源建设：城固县支中心已具备接收、制作、发布的能力，数字资源总量已达300GB。资源包括：秦腔戏曲展播、地方文献征集、新书目展示、非物质文化遗产保护、地方特色文化、资源信息发布等。支中心网站与县政府网、各基层服务点、党员远程教育网互为平台，不断为广大群众传播先进文化和科技知识。

2、基层网点建设：近年来在省、市、县文化部门的大力支持下，在2008年建设县级支中心1个，村级基层服务点76个；2009年建设3个镇级基层服务点；2010年建设8个镇级基层服务点；2011年建设5个镇级基层服务点，5个社区基层服务点，3个省级示范村；2012年建设5个镇级基层服务点，4个社区基层服务点，基本实现了县、乡（镇）、村（社区、街道居委会）三级文化信息资源共享工程服务体系。

3、信息服务活动：(1)阵地服务：依托城固县图书馆网站和电子阅览室，积极开展网上阅读、信息交流、技术培训、知识讲座等，每天服务时间近9小时，日均接待读者60余人次。(2)服务基层：支中心经常与各基层服务点保持联系，每年举办3到5期共享基层工作人员技术培训，并且制作共享知识光盘500余张，免费发送到基层服务点。

4、加强宣传推广、丰富群众文化生活。近年来城固县支中心采取以活动促宣传，以活动增强宣传，以活动加强宣传，开展新书目宣传，举办“书香城固”读书活动等；五是利用共享资源深入中小学校，开展爱国主义教育教育影片展播，加强学生们的爱国主义教育；六是每年春节前后利用文化、卫生、科技三下乡时机，开展文化信息资源共享宣传活动；七是深入基层与党员远程教育相结合，积极开展先进人物事迹报告、优秀党员影片展播、农村实用技术讲座等活动，有效的将文化信息资源加工、处理和整合，使优秀的文化信息资源走进农村、走进社区、走进学校与军营，实现本地区文化信息资源共管、共建、共享。

二、工作展望

“共享工程”的实施，有效的推进了农村文化阵地建设，有效的提升了公共图书馆的服务功能。在十二五期间，一是加强基层服务点的管理，建立健全支中心、乡（镇）、村（社区、街道居委会）三级管理网络，达到人、财、物三到位，组织机构健全的网络服务体系；二是强化服务，提高资源配送质量，以电子阅览室为主阵地，做好宣传推介和技术培训工作。增加电脑台数，延长开放时间，收集加工整理好更多的地方优秀文化信息资源建设，免费发送到各基层服务点，更好的为广大读者服务，三是加大资金投入，加强支中心机房的硬件和软件配置，提高存储容量，提高数据处理能力，提高网络传输速度，最大限度的实现优秀文化资源在本县的共建、共享。

（撰文/姚建华、李　力）

利用多媒体对青少年进行免费培训

洋县支中心

洋县于2006年被省文化厅确定为陕西省文化信息资源共享工程试点县。2008年正式开始实施。截止目前，已建成一个县级文化共享工程支中心，25个乡镇文化共享工程基层服务站和6个社区文化室、一个社区文化中心文化共享工程基层服务点，以及全县368个村全覆盖的村级文化共享工程基层服务点。

从文化共享工程在我县试点以来，县级支中心工作人员积极准备场地，及时清点、接收设备，热情配合工程技术人员安装调试设备。对“文化信息资源共享工程”这个新兴的惠民工程进行介绍宣传，让广大群众知道并利用文化共享工程，来丰富文化生活、掌握科技信息、学习农业知识。并耐心指导老年读者使用电脑、利用网络。工作人员积极学习业务、参加省中心和国家管理中心的远程培训，不断丰富、掌握为群众服务的本领。对基层服务点的工作人员利用发放设备的机会采取集中培训业务技能，并对出现的问题及时回复解决。文化共享工程在我县发挥了一定的作用，但由于网络慢，缺少懂技术的专业人员等原因，文化共享工程的作用发挥的还远远不够。随着文化共享工程的不断完善成熟，相信在群众的生产生活中一定会发挥更大的作用。

（撰文/仇慧兰）

西乡县支中心

西乡县位于陕西南部，总面积3240平方公里。全县辖18个乡镇207个行政村和8个社区，总人口41万人。

西乡县文化馆为两馆合一，即文化馆、图书馆。位于县城以西的樱花大道上。2003年迁建，2008年开馆运行，占地面积为5200.2平方米，建筑面积为2902平方米，总投资500余万元。内设功能：舞蹈排练厅、会议报告厅、多功能展厅、音乐教室、书画创作室、地方名人展厅、并天天免费对群众开放。图书馆现有藏书50000余册（外借），内设有期刊、报纸、阅览室、少儿阅览室、图书借阅室、电子阅览室、多媒体演示大厅等。馆舍造型独特、构思精巧，极富现代感。全免费、全开放无间隔的模式布局。图书、墨水、笔的外型设计表达出强烈的文化意味，智能化使图书馆拥有了众多新技术的应用。充分保障了人人享有阅读服务的文化权益。

西乡支中心自2009年被省文化厅列为“文化信息资源共享工程”建设项目以来，认真实施，积极探索，在技术和资源建设上创新，从挖掘区域优势和特色入手，文化、财政部门密切合作，坚持共建共享的思路。真抓实干，走出了一条适合西乡实际情况的建设路子，对我县“共享工程”进行技术改造和升级，拓展及深化合作共建模式，充实和丰富了数字资源，实现了县级建有支中心、乡乡建有基层中心，达到了100%行政村全覆盖及社区服务点的目标，现将共享工程建设汇报如下：

一、基本情况

我县2009年被省文化厅列为省文化信息资源共享工程建设项目，同年11月建起支中心。我县基层中心分批建成，第一批建有堰口镇、白勉峡镇、白龙镇、沙河镇、峡口镇、罗镇、骆家坝镇、高川镇；南关、东关、北坝三个社区居委会，于2010年5月建成投入使用；第二批建设项目有：杨河镇、柳树镇、五里坝镇、茶镇、两河口镇；鹿龄、结友两个社区居委会，于2011年10月建成投入使用；第三批建设项目有：子午镇、桑园镇、大河镇、私渡镇、城关镇。莲花、西关、进站路三个社区居委会，于2012年9月建成投入使用，并于2012年5月建成267个村级服务点。截止2012年9月底，全县文化信息资源共享工程全部建设完成。目前，建有1个县级支中心、18个乡镇基层文化中心、8个社区文化室，267个村级服务点，按照上级要求，经费全部用于工程建设，支中心投入经费73万元，每个基层文化中心投入经费5万元，每个社区文化室投入经费2.5万元，村级服务点1.2万元，共计投入经费500万元。县支中心负责基层服务点的安装、维护和管理工作，承担了所有的装卸费、搬运费、培训费，大大减轻了乡镇、村级服务点的负担，为我县共享工程发挥应有的作用奠定了扎实的基础。

二、主要做法和经验体会

1、政府重视。我县县委、政府高度重视，把“共享工程”作为基层公共文化体系建设的重要抓手，把“共享工程”作为提升公共服务水平，实现广大人民群众基本文化权利，改善城乡基层群众文化服务，促进人口全面发展的一项重要工作抓实抓好，抓出成效。

2、坚持阵地服务，充分利用各种渠道，走共建共享之路。“共享工程”作为一项开创性工程，需要我们坚持科学发展观，在实践中不断探索，采取灵活多样，切实可行的工作方式，因地制宜，扎实有效地推进“共享工程建设”。我支中心根据本县实际，为把此项惠民工程落到实处，发挥其作用，制定了责任书和相关奖惩政策，年终考核量分，对业务开展好的，群众文化活动开展丰富的，在原有经费的基础上，给予适当奖励；对于不符合要求的，提出整改意见，确保网络设备用于基础文化建设上，服务于群众，而不是领导和其他工作人员用于办公等。通过与相关文化设施的有机结合，利用这块文化阵地，充分发挥了共享工程的作用。结合我县实际，经与县委组织部商定，我们利用农村党员干部现代远程教育系统实施“共享工程”，进一步加快我县“共享工程”建设步

伐。依托部门合力，密切协作，目前我们已经实现了文化信息资源库与农村党员干部现代远程教育系统的互联互通，真正达到了资源共享，优势互补的目的，提早实现了我县行政村“共享工程”基层服务全面覆盖。

3、积极创新，多种推广方式相结合。在推广共享工程方式上，我们采取了两种方式：以基层服务点建设为重点，消除数字鸿沟，使广大农民平等享有公共文化设施，促进社会和谐发展。我县“共享共程”建设紧紧围绕社会主义新农村建设和构建和谐社会的目标，充分发挥“共享工程”的功能。一是缩小城乡差距，拓宽农民群众获取信息的渠道；各乡镇街道基层服务点利用共享工程播放各类讲座和农业技术培训，宣传相关政策、法规和市场信息，提高广大农民发展农村经济，参与市场竞争能力。比如：大河镇是我县最边远、偏僻的乡镇，距县城100多公里，至今道路不畅通、交通受阻。但当地乡村利用共享工程网络设备投影仪播放影片和农村致富信息讲座，取得了非常好的效果。二是充实服务内容，提高农村公共文化服务水平。文化共享工程利用互联平台，打破了空间和时间的限制，有效地改变了过去农村信息资源的不足，公共服务水平较低的状况。我们始终把基层服务点建设与农村文化建设结合起来，使县文化馆、图书馆、乡镇文化中心、村文化室逐步具备提供数字化文化信息服务能力。

4、加强管理，开展培训服务，保证各项工作规范有序开展。建设“共享工程”基层服务点的目的是为了让更多的群众享受到丰富多样的文化，因此，加强对“共享工程”建设的管理和服务，保证各基层服务点的正常运行是一项长期而艰巨的任务。我县明确了县、乡、村三级管理机构和工作人员职责，不断完善基层服务设备管理、资源利用等各项制度，每一基层服务点都有专人负责，层层落实，确保国家中心和省中心指示及时传达到基层。同时，基层服务点的动态也能迅速反馈到上级。

通过“共享工程”的实施，培养了一支适合共享工程建设需要的管理技术保障和基层服务队伍。县、乡（镇）、村（社区）级分中心和基层服务点有专业从事文化的工作人员，并按分级负责、分层培训的要求，县支中心完成对基层中心、基层服务点工作人员的业务辅导、技术培训任务。通过举办培训班、下基层中心辅导、现场维护实践等措施，保证和提高基层站点管理和技术人员的素质。至免费开放一年多以来，支中心共举办中老年电脑培训班六期，基层文化中心业务培训两期，为计生系统举办培训班两次，为财政系统举办培训班一次，受益达300多人。

5、积极开拓，增加共享工程受众范围。共享工程是一项惠民工程，理应惠及到全社会各个阶层。我支中心采取全天免费对外开放的模式，每周开放50小时以上，大大方便各阶层的群众上网查询、下载资料、检索电子信息，电子阅览室月接待读者1000多人次。利用图书馆建设图书流动站等有利时机，把共享工程资源输送到军营、看守所、各企、事业单位，受到了广大部队官兵、服刑人员、单位工作人员的欢迎，丰富了群众的业余活动，增加了群众的活力和凝聚力。

三、工作展望

1、2013年租用电信100m光纤，专门用于共享工程网络的VPN组网输入，提高带宽，使信息的传输更加通畅。2、加入图书联盟，实现图书馆数字化管理，充实文献资料。3、拟建多功能报告厅，面积400m^2，投入资金80万。

作为西乡县最基本的公共文化设施，图书馆是市民终身教育的殿堂，也是城区文化内涵和文化品位的重要象征；同时进一步加强信息参与功能，为使政府决算、经济发展、科技创新、学术研究等活动提供知识支撑和信息服务，为实现“文化大发展、大繁荣”而发挥其应有的作用。西乡支中心将致力于共享工程建设信息收集和网络服务，使文化共享工程在公共文化体系建设中发挥积极作用和服务功能。

（撰文/黄朝敏）

勉县支中心

勉县支中心于2008年由国家文化部，财政部投资68万元，由陕西省文化厅，文化共享工程陕西省分中心共同承建，2008年7月至12月进行设备的安装与调试。2009年元月通过验收并投入使用。

现有建筑面积1726平方米，电子阅览室面积100平方米，机房面积25平方米。投影室面积100平方米。设立电子阅览席位30个，计算机30台，办公用计算机7台，设兼职人员人员2名（2名人员都通过了专业培训，并取的了上岗资格证书）。我县每年投入运行经费4万元。

2009年–2011年随着国家对文化事业的不断投入，逐步完成了乡镇社区，文化中心站的文化共享工程建设。截止2012年5月，全县19个乡镇，242个行政村，12个社区已经全部完成了文化信息资源共享工程的建设。

一、开展活动情况

电子阅览室坚持每周免费对外开放40小时，到馆读者每人每天上机2小时。针对部分读者不会使用计算机的现象，做到耐心解答及时指导，使他们正确使用。上网时间已经累计91896分钟。现已接待读者1600余人次。

对上面下传的文化信息及时下载。为广大人民群众及时更新文化信息资源。

认真做好基层网点以及社区文化共享管理人员的业务培训，举办村级文化共享设备技能培训班6次，培训人员300多人，深入基层到村对农家书屋管理人员进行现场培训。对他们不懂的文化共享设备进行现场培训。

另外我支中心还对全县举办的《改革开放三十周年辉煌成就》文艺汇演，春节文化活动，以及全民健身登定军山活动以及文化共享设备发放等一系列活动进行了及时报道，将图片资料上传给省中心。发表新闻图片报道10余篇。

一年一度的全国图书馆宣传周活动期间，我们制作了大型展版十余幅，印制了活动宣传横幅，深入到县城，乡村进行图书馆宣传，给他们带去了有关农业生产和发家致富的图书进行免费发放。累计发放图书3000余册。宣传单6000张。

二、基层网点开展活动情况

通过我们对全县各文化站点的调查发现，文化共享设施设备都能够正常发挥作用，并且都有专人管理。免费向群众开放。有的乡镇管理人员应村民家里举办红白喜事邀请。利用上面给配备的移动播放器，投影机深入的农户家中播放电影和科学技术知识，深受广大群众的欢迎。还有的乡镇在召开会议的空闲时间给干部群众播放农业科学普及知识专题片。

三、工作展望

展望未来，随着文化部财政部关于推进公共文化馆，图书馆，博物馆免费开放工作意见的落实。文化大发展，大繁荣的春天已经来临，我们有能力也有信心把文化事业做的更好。

（撰文/李建新）

宁强县支中心

宁强县全县总面积3246.8平方公里，辖21个镇277个村居，总人口34万人。有回、羌、蒙、壮等12个少数民族1100余人。

一、基本情况

文化信息资源共享工程宁强县支中心是在县图书馆的基础上，于2007年开始筹建，受“5.12”大地震影响，2008年10月正式免费对外开放。目前建有中心机房一个，终端机30台，其它业务用机7台。中心有工作人员6人，其中，技术服务人员2人，信息专报员1人。

二、网点建设

宁强县支中心按照省分中心的要求，积极开展基层文化信息共享工程网点建设，目前已建成乡镇文化共享服务点14个、社区服务点2个，村级文化共享服务点268个。其中2009年建成铁锁关镇、代家坝镇、大安镇、青木川镇等6个乡镇文化共享服务点，66个村级文化共享服务点；2010年建成巩家河乡、毛坝河镇、汉源镇、燕子砭镇、东皇沟乡等6个乡镇文化共享服务点；2011年建成高寨子镇、阳平关镇、羌州社区、钟鼓楼社区4个文化共享服务点，202个村级文化共享服务点。

三、经费投入

宁强县支中心积极争取当地政府支持建设文化共享工程。投入15万元装修支中心机房和180平方米阅览大厅，地方财政每年预算5万元专项经费用于共享工程。各乡镇人民政府也积极解决共享工程所需经费，据统计，每年乡镇人民政府为基层共享工程支出经费25万元。

四、资源建设和技术支持

宁强县支中心积极开展文化资源建设工作，开设了宁强文化网，整合县域内文化资源，制作各类文化资源50GB。同时，加大技术人员培训力度，先后派员到西安、天津等地参加共享工程技术培训，保证全县共享工程的顺利开展。

五、惠民服务和宣传培训

宁强县支中心在加强管理的同时，苦练内功，工作人员各司其职。信息专报员利用文化共享工程专网这个平台，积极采写有关文化方面的新闻信息上传省分中心，被省文化信息网编发新闻信息达78条，居汉中市首位。同时，县支中心电子阅览大厅也是县老年学校教室，目前全县拥有终端机78台，中心和基层服务点充分利用这些共享资源，主抓了共享工程的对外免费开放，着力在“绿色网吧”、休闲阅读上做文章，努力为读者提供服务。我们在全县中小学校和广告栏张贴海报，吸引广大青少年读者群利用寒暑假到电子阅览大厅和基层服务点自学阅读、上网查阅资料、浏览电子图书以及看视频、听讲座等。一年来全县共享工程共接待读者达3.3万人次，其中青少年读者达13200人次，接待退休老干部职工读者1869人次。

为加强县支中心对基层服务点的工作指导，县支中心加强业务培训力度，每年举办共享工程技术和业务培训工作，同时，县支中心积极参加省市等有关部门举办地各种培训活动，及时把最新的知识传递到县域内，为更好地服务群众奠定坚实基础。

六、管理和荣誉

宁强县支中心在管理好中心工作时，加强了基层服务点的管理工作。经常检查和指导基层服务点工作。每年底对各基层服务点工作进行考核奖励，极大地促进了文化共享工程更好地为群众服务。

2010年6月25日，原中央政治局委员、中央书记处书记、中宣部部长刘云山一行来到我县考察调研基层文化服务情况。刘云山在县支中心电子阅览大厅与读者进行了认真广泛地交流。2011年5月13日晨，国家图书馆馆长周和平率领9个省级图书馆馆长一行30余人在省文化厅副厅长蒋惠莉、省图书馆馆长谢林的陪同下，来到我县图书馆考察调研县级图书馆建设及免费开放情况。在电子阅览室，周和平坐在一台电脑前，饶有兴趣地打开陕西文化信息网的网页，浏览了宁强县支中心上传的文化

新闻信息，对我们的工作给予了肯定。

七、工作展望

近年来，宁强县支中心虽然做了大量的工作，但是与上级要求与群众期望还有一定距离。我们决心以十七届六中全会精神指针，深入贯彻学习党的十八大精神，继续做好基层文化惠民服务，努力消除城乡群众的“文化数字鸿沟”。

（撰文/宁强县支中心）

榆林市榆阳区支中心

2008年国家文化部、省文化厅为我区支中心下拔了68万元的设备及装修经费。设备下达之前，我区支中心对电子阅览室和多功能厅进行了改建扩建。电子阅览室和多功能厅建设完成后，我区支中心接收了省下拨的各种设备。目前区级支中心有卫星接收系统。配备了机房，机房内有42U标准机柜、服务器4台、不间断电源（UPS）、资源存储设备、防火墙等。电子阅览室和多功能厅配有电脑、投影仪、音响、扫描仪、激光打印机、数码相机、数码摄像机等。工作人员配合设备厂商、省级分中心技术工作人员对设备进行安装及多次调试，同时互联网接入了10兆带宽的光缆。

自2008年年底榆阳区支中心建成以来，市、区领导高度重视，多次带领相关部门负责人到榆阳区图书馆检查指导文化共享工程各项工作。

为确保文化信息资源共享工程顺利实施，榆阳区委、区政府把这项文化创新工程确定为全县的“惠民工程”扎实推进，科学制定了实施方案。我馆领导积极接受这一创新工程，充分认识实施“共享工程”的重要意义和作用，抓住机遇，在经费十分困难的情况下，千方百计争取资金投入文化信息资源共享工程，使优秀的文化信息资源尽快尽早地为广大读者服务。同时，我馆成立了“文化信息资源共享工程”领导小组，负责此项工作的工作人员能严格遵守《全国文化信息资源共享工程基层中心管理条例》，坚守岗位，热心服务。

在市、区文化主管部门的关心帮助下，我们星元图书楼争取到了地方财政的资金投入，使支中心信息从无到有、从小到大的发展。目前信息化技术设备条件得到了较好的改善，自动化、网络化工作取得较大的进展。并通过政府财政投入为主渠道，从硬件方面我们完善装修了占地面积150多平米的电子阅览室、接收机房，完成了“网上阅读”及“文化共享工程”相关的各项服务工作。在软件方面，我们从充实人员，加强管理，制定制度，努力提高工作人员的服务质量，改善服务态度，搞好环境卫生工作，选派事业性强的同志来搞这项工作等一系列举措。充分提高“文化共享工程”的资源利用率，利用文化共享工程中的“医疗保健专家讲座，技能培训及电影娱乐”等内容满足学生，老年人，下岗职工和社区居民的需求。同时利用文化共享工程所包括的电子图书，地方戏曲，知识讲座，信息查询等多种主题的文化资源及功能吸引更多的上网读者。现在本支中心能正常接收国家中心和陕西省分中心的各项数字资源。同时本支中心还自行购买了一批数字资源以便读者借阅。得到了读者的一致好评。

我区支中心实行免费向社会开放，开放时间从上午8：00至下午17：30，每周开放60小时，全年无节假日开放。支中心引导青少年正确利用网络学习知识，为他们提供了一个学习的场所、交流的平台、健康的空间，同时以支中心为技术平台开展了丰富多彩的文化服务。例如：建立农家书屋、送书进社区、送书进军营、送电影进校园等等，丰富多样的文化活动既满足了群众多层次、多样化的文化需求，也增强了基层文化工作的吸引力和生命力。对巩固文化阵地具有不可估量的作用。使“共享工程”的优秀文化资源尽快可能多的为群众所用。把实施共享工程与开展特色文化创建活动，与运用网络载体提高市民素质等有机结合起来，不断提高新时期基层文化活动的内涵。

自我支中心建成以来，为了让群众了解共享工程、利用共享工程资源，我支中心邀请了市、区电视台、榆林日报、榆林新闻网等多家媒体对我支中心进行宣传报道，同时散发了共享工程宣传资料。为了丰富群众的文化生活，我支中心利用省分中心的资源经常开展活动，利用双休日时间为群众播放喜闻乐见的影片，极大地满足了广大群众的精神文化需求，服务效果显著。截止目前，共举办培训50多期；举办展览20次；播放电影48场；宣传报道60余次；去基层文化站指导工作、维修设备达十八次之多。支中心平均年接待读者次15000人次以上，服务市民5万人次之多。

在基层服务点建设上，经过多方努力，目前全区共建成24个基层级服务点，按省共享工程分中心的要求配有一台电脑，及一名专职管理人员，做到了每周开放时间不低于30个小时。发放了“共享工程”活动记录本，发放到各基层服务点，记录基层服务点活动情况，掌握基层活动情况和群众要求；基层服务点悬挂“全国文化信息

资源共享工程基层服务点”标牌；支中心定期对全区24个基层服务点的管理员集中业务培训。

为了确保我区支中心的正常运行，按照国家省、市有关要求和支中心业务性质，需配备3名以上取得全国计算机等级一级资格证书的专职人员进行网络管理及维护，对我区政治、经济、文化等各项事业进行数字整合、加工，并上传全国文化信息资源共享工程资源信息网。目前我区支中心设置管理人员2名、资源组1名。

经过我支中心领导和工作人员的努力，我支中心也取得了一定的成绩：2008年被榆阳区政府评为文化共享工程先进单位、2010年被陕西省文化厅评为文化共享工程先进单位，薛瑞同志被评为文化共享工程先进个人、2009年荣获首届陕西省文化共享工程知识与技能竞赛优秀组织奖，薛瑞获得个人二等奖、2011年荣获第二届陕西省文化共享工程知识与技能竞赛优秀组织奖，薛瑞获得个人三等奖、2010年荣获陕西省文化共享工程少年网页设计竞赛活动优秀组织奖.

我支中心虽然取得了一些成绩和经验，但还存在一定的问题和不足。我们将继续努力，以全国文化信息资源共享工程网络资源服务平台为依托，充分利用现代高科技手段，要不断探索发展，创新思路，加强管理，确实保障人民群众基本文化权益，将各种类型的文献信息资源以及贴近大众生活的现代社会文化信息资源，进行数字化加工处理与整合，使优秀文化信息资源走进社区、走进军营、走进企业、走进校园、走进农村，最大限度的实现优秀文化信息资源在全区范围的共建共享。

（撰文/薛 瑞）

神木县支中心

根据国务院、文化部关于大力推进全国文化信息资源共享工程的一系列指示精神，为切实保障神木县城乡人民群众的文化信息需求，促进基层文化的发展，神木县文化共享工程分中心在省文化厅和省文化共享工程分中心的指导下，以数字资源建设为核心，以基层服务网点建设为重点，在全县乡镇、村广泛宣传、精心组织指导，建设加强管理，推进发展，截止2012年11月底，已建成开通1个县级支中心，14个乡镇基层服务点，11个社区文化活动中心及585个村级基层服务网点，较好地满足了神木县人民群众不断增长的文化需求。

一、建设情况

1、基本完成目标。

依托图书馆、社区、乡镇和村文化活动室，建立和完善了以国家中心、省级分中心、市县级支中心，社区和乡镇、村基层服务网点为主题的四级服务体系。

2、在全国文化信息资源共享共享工程实施以来，我县一直把它作为一项文化建设的重点创新工程来抓。

在县委、县政府的重视及有关部门的通力合作下，在2008年正式启动了文化共享工程建设。在实践中积极开拓探索，大胆开拓，初步形成了以县、乡镇、村为发展模式的各级基础服务网点。

3、神木县支中心基本情况。

神木县图书馆作为县级支中心，已具备卫星接收条件，可接收卫星电视，接收国家中心有关科普、农业等教育类电视节目，并拥有高速服务器。

在2010年底，依托百兆光纤，建成拥有300多平米的电子阅览室，建成了“共享工程”专门网站，拥有影视作品，图书简介，地方戏曲，法律常识，古文诗词，农、林、卫等大量数字资源，可供老百姓免费观看、学习、娱乐。丰富、实用的文化信息资源极大的方便和吸引了广大群众，对促进我县政治、经济、文化、教育的全面发展，提高农民科技致富能力，满足广大市民政策信息需求等起到了重要作用。

4、乡镇、社区、村级基层服务点建设情况。

依托神木县支中心，在2010年底完成了3个乡镇、60个村级基层共享工程建设；2011年完成了5个乡镇、4个文化活动室基层服务点；2012年更为超额完成任务，最终建成了4个乡镇、25个文化活动室及525个村级基层服务点。

二、今后工作措施

1、加大宣传力度，形成各有关部门重视的良好社会氛围。将共享工程列入各乡镇、村的文化发展纲要。

同时利用报刊、互联网等各种媒体，继续宣传文化共享工程对建设新农村、农民致富、娱乐等方面的重大作用，营造文化共享工程顺利实施和持续发展的良好社会氛围。

2、落实运行维护经费，保证共享工程设备正常运行。督促运行维护费能及时快捷的利用，保证有损坏的设备能快速运行起来。

3、加强人员培训，建立一支懂技术，会管理的服务人员队伍。在继续争取省分中心进一步支持的同时，制定切实可行的技术标准，对我县支中心和基层服务点，人员进行岗前培训。

培养、使用好现有技术人员，引进社会技术人才，使专兼职技术人员相结合，在神木县支中心逐步建立一支文化共享工程技术骨干队伍。

引进外来技术人员，加大对县支中心现有人员的培训力度，县支中心技术人员同样加大对乡镇、村基层服务点管理人员的培训、指导力度，切实使共享工程设备得到有效作用。

（撰文/李文刚）

横山县支中心

横山县内图书馆与横山县文化馆、横山县文管办三馆对内一套班子对外三块牌子，三馆在一座不足两千平方米的办公楼上办公。图书馆现有工作人员7人（三馆人员互用，不固定），馆长由文化局副局长孟涛兼任，副馆长刘凤霞和刘源两名。

横山县文化信息共享工程属于2009年度拟建的县

级支中心，设备是从2010年上半年开始陆续到位的，县支中心电子阅览室和多媒体播放室于2010年10月份安装完成。2009年拟建的五个乡镇和两个社区设备都于2010年底发放到位。2010年拟建的五个乡镇两个社区设备也于2011年6月底发放到位。目前都已经安装调试完毕，2011年拟建的两个社区的设备现在正在陆续到位。

由于我们单位搬迁在即，现有场地严重不足、缺乏专业技术人员等具体问题，县支中心电子阅览室和多媒体播放室于2011年开放，目前只开展电子阅览室和多媒体播放室工作，可以容纳30人同时阅读的电子阅览室每天8小时开门接待读者，2011年7月1日免费开放以来，平均每天接待读者50人次。多媒体播放室主要用于培训学习。

全县共18个乡镇，24个社区，358个行政村，目前建设乡镇网点十个，社区网点四个。县支中心在发放设备的同时配合省支中心为这十个乡镇和四个社区安装调试，现都已开始运行。2012年为331个行政村发放了共享设备。

横山县图书馆文化共享工程开展以来，2011年省文化厅拨经费20万元，用于机房维修和正常业务开支，县上没有配套资金。

新的图书馆大楼正在建设中，计划将于2013年竣工入住，搬迁后的横山县图书馆占地1000平方米，将分设儿童阅览室、老年阅览室、电子阅览室、多媒体播放室等场所，共享工程业务也将在搬迁后全面展开。我们计划搬入新馆开展工作后，对各个基层网点的工作人员定期进行业务培训，深入群众，宣传推广文化共享工程，让文化共享工程普及到每个角落。

（撰文/横山县支中心）

靖边县支中心

靖边县文化共享工程在省文化厅的安排下从2008年起开始建设。

一、工程现状

我县辖22个乡镇、15个社区、237个行政村。2008年建立成了东坑、镇靖两个乡支中心，2009年建设成了县支中心，杨桥畔、张畔镇两个乡支中心，梁镇社区、南关社区两个基层服务点。2012年又建成8个乡镇、3个社区服务点。截至2012年底，全县共建立县级中心1个，乡镇支中心12个，社区服务点5个，村基层服务点213个，其中建有共享工程卫星接收系统的站点13个。

二、资金投入

中央财政补助的免费开放资金足额到位，县财政每年也给图书馆经费近二十万元。

三、人员队伍

县政府先后给我们分配了6名计算机专业的大学生。使我县图书馆有了较强的技术力量，充分满足了全县文化信息资源共享工程建设需要，同时对开展了对乡镇基层服务点的设备安装、维护、操作人员技术培训工作。

设备发放及培训

大学生村官是文化资源共享工程基层服务点建设和运作的生力军，他们是文化进入农村千家万户的有生力量。

四、工程管理规范化制度化

按规章制度管理。省文化厅制定了《陕西省文化共享工程县级支中心暂行办法》和《陕西省文化共享工程乡镇（街道）、村（社区）基层服务点管理暂行办法》等管理制度，各地因地制宜有针对性地进行了细化，在实践过程中，逐步建立健全了文化共享工程各级管理体制和运行机制。

五、拓展服务方式，提升技术水平

各级中心将阵地服务和流动服务相结合，日常活动和节庆活动相结合，开展形式多样的文化惠民服务。文化共享工程走进社区、走进农村、走进企业、走进学校，为广大群众播放舞台艺术、爱国主义电影和农村科技视频，实现资源共享，服务社会公众。各支中心和基层站点还结合当地经济发展和农业生产实际，利用文化共享工程丰富的科技信息资源，将优秀数字文化资源传送到基层群众当中，为当地人民群众传播农技知识和信息，有力促进了新农村经济发展。我们的特色服务是通过县办电视台播放移动播放器里的惠农实用技术，大大提高了文化信息资源的传播率。

（撰文/靖边县支中心）

定边县支中心

定边县全县辖20个乡镇、2个街道办事处、6个居民社区、335个行政村，总土地面积6920平方公里，总人口33.5万人。2006年以来，定边县图书馆把实施文化共享工程当作加快县级图书馆从传统型向现代型转化的抓手工程，积极运用共建共享先进文化建设理念，创新出“整合资源，项目捆绑，基础设施综合利用，城乡服务点一体化管理”的文化共享工程服务“建、管、用并重”的多位一体管理新模式。2007年，按照省委组织部、省文化厅《关于开展文化信息资源共享工程和农村党员干部现代远程教育工程联合共建的通知》精神，针对定边土广边长，人居分散，点多线长的情况，破解单靠组织系统搞党员远程站点投入成本高、技术力量不足等多方面制约因素，争取县委组织部与文体广电局的支持，充分利用文化共享工程在县图书馆建成的1个文化共享工程县支中心、20个乡镇基层中心、334个村级服务点的基础设施、专业设备、管理机构、专（兼）职管理队伍、日常管理运行机制等成熟资源，2008年县委组织部、县文体广电局联合发文在县图书馆成立了“定边县农村党员干部现代远程教育服务中心”与“文化共享工程县支中心”合署办公，2009年县文体广电局在图书馆成立了农家书屋办公室，2010年县委宣传部在图书馆成立了“建设书香定边办公室”，县总工会在图书馆设立了“职工书屋管理中心”，并建立了联席会议制度，初步形成了城乡一体、多位一体文化共享工程管理服务模式和工作机制。我们的具体做法是：

一、整合专业管理资源，提高服务功能

文化信息资源共享工程是利用现代通讯技术，通过网络、卫星、镜像、投影仪、移播宝等形式，将中华优秀文化数字资源传输到乡村的新型文化工程，是广大农民足不出村的“图书馆分馆”。农村党员远程教育是通过电信网络和卫星接收器加电视机两种模式，将党员教育资源传输到乡村站点，是农村党员干部身边“党校”。农民实用技术网络培训学校是文化共享工程进行专项资源针对性服务。农家书屋是由各级政府共同投资，以村为单位而专门设立的便民“图书报刊阅览室”是解决农民群众看书难，获得知识信息服务难的文化惠民工程。四大工程内容都属于当代公共图书馆知识信息组织、管理、传播、控制、服务的业务范畴，把四大知识信息工程管理资源整合、服务职能归纳，交于图书馆统一管理，在图书馆成立了文化共享工程县支中心、党员远程教育服务中心、农家书屋办公室合署办公，实行一块标识牌、四个工程内容、一班工作队伍，乡村两级站点同样挂一块标识牌、四个工程内容、一个专（兼）职队伍，管理资源的深层次整合极大地增强了城乡公共图书馆服务点日常管理运行科学发展观的含量。

截止2012年底，已建成县支中心1个、乡镇基层服务中心20个、村级服务网点334个；已建成县支中心公共电子阅览室1个、乡镇公共电子阅览室8个、社区公共电子阅览室5个；已建起与党员远程教、农家书屋合作共建共享服务点365个，实现了文化共享工程服务全覆盖。

二、整合设施设备资源，提高设备利用率

为了切实丰富乡村图书馆服务点的建设内容，避免重复性投资，提高服务点设施设备使用率。2008年，县政府、县委组织部、县文体广电局将文化共享工程、党员远程教育、农家书屋及依托文化共享工程创办的“农民实用技术网络培训学校”四个涉农工程设施设备资源进行整合，采取项目捆绑建设，由图书馆负责“进乡入村”实施工程。县委组织部为每个乡村站点配置32寸超薄液晶电视机1台、卫星接收器一套，文体广电局为每个村配置“投影仪+移动储存播放器”1套，为70个有网络条件的乡村站点配置了电脑，在20个乡镇中心建起了文化共享、党教集体学习播放室，为8个乡镇、5个社区文化站（室）建起了拥有11台电脑的公共电子阅览室，为340个村级综合站点装备了农家书屋设施设备。硬件资源整合，项目捆绑建设不仅避免了设备品种的重复购置，减少了工程建设环节多造成的不必要资源浪费，同时提高了设备的综合利用，增强了乡村网点的综合服务功能。

三、整合经费资源，提高经费共享效益

为了确保四大工程管理运行正常化，县财政在县图书馆设立了专户，把文化共享工程年度日常运行经费20万元、党员远程教育日常运行经费15万元、农家书屋日常运行经费10万元列入预算，并及时拨付工程配套资金。建立了由县文体广电局、县委组织部、县财政局共同监督，图书馆统一支配的建设运行经费保障机制，节省了开支，提高了经费共享效益。

四、整合技术服务资源，提供人才保障

一是文化共享工程县支中心专门选配了3名计算机网络管理专业的大学毕业生，通过文化部、省文化厅二级严格的技术培训和考试后上岗的，为了使乡村二级技术人员适应文化共享工程和党员远程教育技术工作的需要，县中心采取了“请进来、走出去”的用人培训制度，专门聘请省市技术专家对其支中心、乡镇和村的管理人员进行集中培训，委派管理技术人员“走出去”参加省、市组织和文化部门举办的各类技术培训班和观摩学习，利用其掌握的技术，每年在县图书馆举办乡镇党员远程教育、文化共享工程和农家书屋、职工书屋业务培训班2次，乡镇专职技术员培训村级兼职技术员，每月组织全县技术人员进行网络技术培训，形成“县管乡、乡管村”的管理服务培训机制，使全县基层技术都能熟练掌握文化共享、党教设备的使用服务技术及农家书屋、职工书屋业务知识。

二是为了及时对全县各站点设备进行维修维护，县中心又选配了2名专业人员，组建了站点设备维护组，根据乡（镇）中心申报，组织赴站点进行现场设备检修，保障日常技术服务及时到位。截止目前，县中心有专职技术员5名，乡（镇）中心专职技术员20名，村级兼职人员337名，建立起一支一专多能、综合管理技术服务队伍，实现了专业技术人才共用，为工程提供了技术人才保障。

五、统一制度建设，规范工作管理

为了使县乡村三级党员远程教育站点管理服务工作有序开展，县委组织部、县文体广电局、县服务中心共同研究制定了一系列管理制度，如《定边县农村党员远程教育与文化共享工程，农家书屋设备管理使用制度》、《文化、远教站点月工作信息收集反馈制度》、《文化、远教站点工作人员职责》、《文化、远教站点收听收看制度》、《站

2009年春节文化共享工程宣传彩车

2012年全省首批试点公共电子阅览室建设培训班

点日常管理服务记录》、《专项资源学习讨论记录》、《教学评估制度》等制度，统一制作，统一配发，统一悬挂，统一遵守。要求乡镇专职人员每月25日前向县中心呈报《工作信息反馈表》和《资源需求申报表》，定期派出人员到各乡镇进行巡查督导，及时掌握各点运行情况，使资源配置、传递更有针对性和时效性，统一的管理运行制度提高了资源共享水平，促进了站点有效开展服务。

六、表彰情况

2007年，我县被省文化厅确定为全省文化共享工程试点县，由于文化共享工程试点县建设工作突出，省文化厅将全省文化信息信息共享工程工作会议在定边召开，会上推广了定边建设经验，定边图书馆被省文化厅评为"文化共享工程工作先进单位"；支中心主任赵泉清2007、2009两次被省文化厅评为"全省文化共享工程工作先进个人"，2010年被文化共享工程国家管理中心授予"全国文化信息信息资源共享工程示范县"，被中宣部、文化部、国家广电总局、新闻出版总署四部门授予"全国服务农民服务基层文化建设先进集体，获省文化厅"第一届全省文化共享工程知识竞赛优秀组织奖"，技术人员王润霞、朱彩霞获第一届全省文化共享工程知识竞赛第三名；2011年被省文化厅评为"第二届全省文化共享工程知识与技能竞赛优秀组织奖，基层管理人员李祥吉奖第二届全省文化共享工程知识竞赛第一名；2012年，我县被省文化厅确定为全省公共电子阅览室建设首批试点县，由于公共电子阅览室试点工作成绩突出，被省文化厅将全省首批试点公共电子阅览室工作会议在定边召开，会上推广了定边试点经验，年底，又被省文化厅授予"全省示范公共电子阅览室"，支中心主任赵泉清被省文化厅评为"全省文化共享之星"。

（撰文/赵泉清）

米脂县支中心

全国文化信息资源共享工程实施以来，我县支中心按照省市指示精神，立足为民服务，坚持共享工程以公益性为主。积极采用先进、实用的科学技术手段，通过移动硬盘服务、光盘服务等模式，把文化信息资源传送到城乡基层文化网点和群众身边，使基层文化阵地得到了巩固，活跃了城乡群众精神文化生活。为宣传党的方针政策开辟了新渠道，为丰富农民群众业余生活、弘扬文明新风开辟了新的阵地。

一、工程建设

自2008年以来，我们按照省中心下发的设备配置清单全部及时由省统一安装队全部安装调试，为保证工程建设的顺利实施，我县中心在工程前期成立了文化信息资源共享工程领导小组，并下设办公室。斌丞图书馆馆长李利春任办公室主任，具体负责文化信息资源共享工程日常工作。严格按照省文化厅要求及时成立米脂县支中心，电子阅览室面积117平方米，更换和安装空调、照明等设备，设置安全通道，环境整洁，初步形成了设施完备、布局合理的综合性公共文化服务网络。

二、经费保障

我们根据共享工程县级中心建设责任书要求，财政每年预算运行经费6万元。为充分发挥文化信息资源在发展我县的经济文化、提高我县人民群众思想道德和科学文化素质等方面的起到重要作用。为了真正把这一工程落实到实处并且能正常运行，近年来我们通过多渠道筹集经费30万元，更换了三相四线电路、电子阅览室装修、培训人员、上下水设备等。

三、培训工作

共享工程是一项新的工作，所以必须对职工有新的要求。为了今后工程的顺利开展下，培养一支工作能力强的信息管理和服务队伍已经迫在眉睫。一是优化队伍结构，把学历高、业务精的中青年和大专院校毕业生补充到信息管理与服务队伍中。二是加强对信息管理与服务人员的培训和考核，通过"请进来，走出去"的办法，积极选派业务骨干参加省图书馆培训，然后业务骨干再培训馆内的业务人员，有效提高了干部信息管理和服务水平。三是统一组织我中心工作人员积极参加省文化厅的各种远程培训。

四、基层建设

共享工程是一件新生事物，更是一项惠民工程。为了建设好乡镇基层服务点，我们支中心在前期摸底排查工作中花费了不少精力，抽调业务骨干，对拟建的乡镇服务点以及自然村进行逐乡逐村摸底，并且沿路散发传单3000余份。真正让基层领导和群众了解我们工程的性质、作用。我们支中心深入乡镇村了解乡镇村是否对此项工程具有积极性，是否有文化专干或操作员，是否有专门的文化活动阵地，接入Internet是否方便等等一一记录在案，方便在配发设备的时候尽量让其物有所值。同时防止乡镇村服务点建好后，设备被闲置或挪用。

在共享工程基层服务点建设方面具体做了以下几方面工作：一是利用共享工程同时协同县委组织部、农工部、科协等单位组织全县乡村党员干部开展远程党员教育活动和党的十七届三中全会学习活动，组织农民开展实用农业技术培训，利用集庙会和农闲时间为群众播放喜闻乐见的文娱片，极大地满足了广大群众的精神文化需求。截止目前，共举办培训33次，培训干部和基层干部达670人，受益群众达5万人次。二是帮助农民兄弟致富，紧密围绕帮助农民增收为重点，深入全县12个乡镇组织开展了农业技术和病虫害防治，帮助农民搜索实用信息近万条，使不少农民获得了致富信息和实用技术。并为农民放映解决其在种养殖中的实际困难，得到了广大农民的一致好评。三是积极开展中小学生爱国影片教育和妇女培训，组织全县城区5所中小学生2万人，进行爱国主义影片教育，并积极倡导中小学生远离网吧，走进图书馆，走进电子阅览室；受到领导和广大群众的一致好评。

几年来，我中心基层服务达38次，参加人员达3万多名，涵盖了农业、医学、教育、文化、等多方面。2012年12月，米脂县支中心新城社区被省文化厅命名为"陕西省文化信息资源共享工程公共电子阅览室--省级示范点"。

我县始终坚持把文化共享工程作为推进我县和谐文化建设和社会主义新农村建设的一项重要内容，纳入全县经济社会发展的重要议事日程，努力为文化共享工程顺利开展创造有利条件。我们相信在省文化厅、省中心的大力引导支持下，在县委、县政府的重视下，我们一定能把国家这一庞大的惠民工程落到实处，本着"群众所需，共享所为"真正发挥共享工程的职能。我们将再接再厉把我县支中心的工作再上一个台级，使共享工程真正成为一项党得民心、民得实惠的文化工程。

（撰文/米脂县支中心）

吴堡县支中心

从2008年开始，陕西省文化信息资源共享工程分中心开始给吴堡县文化信息资源共享工程支中心和基层服务点，陆续发放物资设备，截至现在，吴堡县建成了文化共享工程县级中心1个，镇基层服务点6个，社区基层服务点1个，3个街道办。

另外，还给全县19个行政村配发了投影仪配套设备各1套。另外2008年建设的25个村服务点，省里下发的25套设备里，其中8几个电脑。17个投影机，没有音响和移动播放宝。在人员配备方面，县支中心有工作人员3人，各镇和社区的基层服务点各有工作人员1–2人，在人员配备上基本满足了工作需要。在经费方面，县财政基本按照县政府分管领导与省文化厅领导签订的协议予以落实，能够保证此项工作的正常运转。

（撰文/吴堡县支中心）

子洲县支中心

子洲县图书馆始建于1989年，总建筑面积1390平方米，总藏书量13000多册。由于子洲县财政极度困难，除工资外，不拨给任何经费和图书订购专款，时间不长，图书馆就关门停业。

2010年，子洲县图书馆在县委、县政府大力支持下，投资90余万元，对图书馆进行了全面整修，并投资23万元，新进了1万多册书籍，使图书馆焕然一新。

现在，子洲县图书馆二楼是老干部报刊阅览室，三楼是公共借阅室、多媒体室和电子阅览室，四楼是少年儿童阅览室。

全馆现有员工21名，其中男8人，女13人，大专以上学历14人，中级职称7人，初级职称14人。2011年后半年恢复开放以来，共接待读者1000余人次。

截至2012年底，全县共建立县支中心1个，乡镇基层服务点18个，村基层服务点550个，全县已完成文化共享工程乡镇、村级基层服务点全覆盖。全县18个基层服务点都配备了1–2名专兼职管理员，形成了支中心、乡镇基层服务点管理网络。

目前，图书馆电子阅览室配有电脑30多台，每天开放时间为6小时，每周开放时间为30小时，年阅览量2000多人次。多媒体放映室用投影仪定期播放"共享工程"中的讲座、影视节目，年播放50多场，年收看"共享工程"内容人数达900多人次。

2011年以来，子洲县支中心利用文化共享工程丰富的科技信息资源，为当地人民群众传播农技知识和信息，有力促进了新农村经济发展。县支中心和基层服务点电子阅览室服务群众达5千多人次，参加共享工程服务活动的群众达到1万人次以上。"共享工程"的实施，有效地提升了图书馆的服务功能在新农村建设、构建和谐社会等方面的积极作用。

（撰文/路　雄）

安康市支中心

一、基本情况

安康市现已建成资源共享市级支中心1个、县级支中心10个，覆盖率达100%，乡镇、街道社区基层服务点146个，覆盖率达93%，村级基层服务点2481个，覆盖率达100%，为我市搭建市、县(区)支中心，乡、村基层服务点相结合的文化共享工程网络框架和服务平台，深入推进全省文化共享工程建设奠定了基础。

2004年，在全国文化信息资源共享工程的支持下，安康市资源共享支中心开始立项建设，该中心依托于安康市图书馆，项目资金由国家和地方财政共同承担，其中国家投入2万元，地方自筹资2万元，配置设备为1台投影仪、1台服务器、1个卫星地面接。2009年，随着国家对文化事业投入的不断加大，安康市文化信息资源共享中心电子阅览室被陕西省资源共享分中心列入4个市级支中心建设项目之内，项目投资共计万元，其中国家投资68万元，单位自筹12万元，共配备基层下乡服务车1辆，投影仪1台，单反数码照相机一部，数码摄像机3部，服务器4台，文化共享机4台，可移动播放器20台，电脑48台。2010年，安康市图书馆在经费十分紧张的情况下，多方筹措资金50万元对150平方米电子阅览室和20平方米机房改造，在改造装修过程中严格按照国家相关标准，设计装修中心机房，按标准进行了配电和防雷设施安装，认真设置了电子阅览室，按每台机器有3平方米以上的空间，光线充足，进出方便的要求。做到网络布线及电源分布合理，消防设施和消防器材设施科学，安全疏散通道畅通，并安装了空调、饮水机等服务设施。2011年7月，按照国家有关部委要求，安康市文化信息资源共享支中心全面免费对外开放。

二、队伍建设

安康市资源共享工程支中心现有人员4人，其中共享中心主任由安康市图书馆馆长兼任，专职技术人员1名，由于专业技术人才匮乏，为保障支中心工作的正常运行，我们面向社会聘用工作人员2名。

三、惠民服务

近年来，随着基础设施的不断改善和提升，我们一是每年都会利用“图书馆服务宣传周”、“五一劳动节”、“六一儿童节”、“国庆节”以及寒暑假等重大节假日开展“优秀影视作品展播”、“爱国主义教育影视作品巡演”活动；二是充分利用电子阅览室的优越条件，先后举办“双创心里健康知识讲座”、“情绪与健康知识讲座”、“中老年读者如何使用计算机”等各类知识讲座10余次；三是为了加大宣传推广力度，拓宽服务领域，我们与安康市义工联合作举办了“爱的盒子”物资募集活动，将募集到的各种物资送到山区学校孩子们的手中，并利用易播宝等共享设备设备为山区孩子们播放动画片，让他们也享受到资源共享工程的服务；四是在为社会特殊人群服务方面，我们不断探索，先后多次深入地处边远的山区小学为农村留守儿童提供电影播放服务，送书服务。

每年前往市儿童福利院、盲哑学校、敬老院等组织举办放电影、送图书、送学习生活用品活动，并将一台“易播宝”以托管的方式长期放于安康市儿童福利院，

我们定期会对播放内容进行更新，以便让那些儿童能够及时观看到最新最好的优秀影片；五是积极参加国家中心、省中心组织的“纪念长征胜利70周年”、“春节农民工返乡网购火车票活动”、“同赏数字文化　共享幸福生活”陕西省中秋、国庆文化服务活动、亲情视频等各类服务活动。

四、荣誉奖项

文化共享工程安康市支中心依托于安康市图书馆，为我市的文化工作以及图书馆事业的发展做出了自己应有的贡献。2004年被市委市政府授予“创佳评差”最佳单位。2005年被省文化厅授予“创佳评差”最佳单位。2003年至2008年连续被评为安康文化系统先进单位。

五、工作展望

在未来的服务中，我们将依靠图书馆本身的数字化优势担负好对基层中心的管理、资源更新、日常技术维护、人员培训等职责，并把数字图书服务作为重要内容。以市级支中心为技术平台，利用先进的数字图书馆技术、计算机网络技术，建成“共享工程”的资源建设中心和技术支持中心，加强“汉调二黄”、“紫阳民歌”、“平利玄子腔”等国家级非物质文化遗产资料方面的收集整理工作，建立具有安康特色的地方戏曲数据库。

（撰文/安康市支中心）

安康市汉滨区支中心

安康市汉滨区全区总人口105万人，汉滨区“文化共享工程”在2004年12月起步于汉滨区少年儿童图书馆，国家配备的共享设备资源使汉滨区少儿图书馆初步具备了为市民提供优秀文化信息服务的基本条件。2007年12月，汉滨区少年儿童图书馆又被陕西省文化厅确定为“2007年度全国文化信息资源共享工程县级分中心”试点建设单位，经过努力争取，“文化信息资源共享工程汉滨区支中心”于2009年4月23日正式启动开放，是全安康市首家对外免费开放的“共享工程”县级支中心。

文化信息资源共享工程汉滨区支中心电子阅览室，使用面积100平方米，内设30台服务计算机，3台服务器，

浓情中秋活动

政府每年拨付运行维护经费6万元；支中心主任由图书馆馆长兼任，专兼职服务人员2人，技术员1人由副馆长兼任。全免费开放服务于全区少年儿童，每周开放46.5小时，平均每天接待读者200余人次。

多年来，免费开放的“文化信息资源共享工程汉滨区支中心”，以解放思想为先导，以改革创新为动力，围绕中心、服务大局，不断强基础、创特色，充分发挥资源优势，坚持以公益性为主，积极采用先进、实用的科学技术手段，把文化信息资源传送到人民群众身边，为宣传党的方针政策开辟了新渠道，为丰富群众业余生活、传播文化信息开辟了新的阵地。尤其是电子阅览室为全区少年儿童提供了免费的、绿色安全舒适的上网空间，同时利用共享资源开展丰富多彩的服务活动，使汉滨区共享之中心呈现出了繁荣发展的良好局面。

在做好自身阵地建设的同时，支中心认真做好共享工程设备接收、发放相关工作，并定期对乡镇基层信息点进行培训和指导，协助技术力量相对薄弱的乡镇、村级（社区）基层点规范业务工作，有效延伸了服务范围，力争让农村群众也能享受到文化共享资源服务。

该中心在馆内放大制作了“共享工程•少年版”网页截图，并充分利用“六·一儿童节”、“图书馆服务宣传周”等机会，向行人及学生、家长散发宣传册页，并在《三秦广播电视报（安康版）》上刊登公益广告，加强宣传力度，扩大社会影响。

为有效解决固定服务模式所带来的服务半径小、影响有限的问题，他们先后配合“汉江之夏”、“黄洋河之春”等文化旅游宣传活动，通过“世界助残日”、“全民读书月”、“好书伴我成长征文、绘画”等活动，深入辖区中小学、幼儿园、武警支队警营等组织开展革命传统教育影片、儿童科普影片及预防青少年犯罪影片放映活动；每逢节假日，该馆必在电子阅览室和中心广场举办专场电影晚会。同时积极参加国家中心、省中心组织的“纪念长征胜利70周年”、“同赏数字文化 共享幸福生活”陕西省中秋、国庆文化服务活动、亲情视频等各类服务活动。

在为社会特殊人群服务方面，支中心多次深入地处边远的石梯乡冯山希望小学、流水镇学坊垭村寄宿学校及遭受特大洪水灾害的大竹园镇七堰村等处，为农村留守儿童提供电影播放服务；每年前往市区儿童福利院、盲哑学校、敬老院等处组织举办送电影、送图书、送学习生活用品活动，从而在安康产生了较大影响。

汉滨区支中心是我区文化事业发展的一个小小基石，为我区的文化工作做出了自己应有的贡献。2006年汉滨区少儿图书馆被省文化厅授予“全省文化信息资源共享工程先进单位”，2009年在国家公共图书馆第四次评估定级中被评为县级“一级图书馆”，2012年12月汉滨区支中心电子阅览室分别被文化部、陕西省文化厅授予文化信息资源共享工程•共电子阅览室国家级示范点和省级示范点。多年来在未成年人精神文明建设方面贡献突出、服务成绩显著，先后受到国家文化部、省委省政府、省文化厅、省人事厅的表彰奖励。在未来的服务中，汉滨区共享支中心将充分利用资源拓展服务，加大对基层的技术指导，改进管理，开发地方资源库，进一步联网共建，全面提升共享基层服务能力。

（撰文/安康市汉滨区支中心）

汉阴县支中心

汉阴县总面积1347平方公里，总人口30万，下辖14个镇，179个行政村。在上级文化主管部门领导的关心支持下，汉阴县于2008年底建成县支中心，是陕西省第二批文化共享工程建设试点县之一。现建成1个县级支中心，14个镇服务点、9个社区服务点、179个村级服务点。县支中心现有在岗编制3人，临聘1人，县财政每年投入共享工程运行经费2万元。在资金、人员紧缺的情况下，我们以干克难，兢兢业业，努力做好自己本职工作，得到主管部门的一致好评和广大群众的高度赞誉。

一、免费开放电子阅览室，共享绿色空间

为使未成年人了解公共电子阅览室、享受便捷的网络文化服务，我们节假日组织未成年人利用电子阅览室资源进行培训及指导大家绿色上网。过去未成年人上网环境差、沉迷于网络游戏的现象一直受家长、学校、社会的关注，一些家长不放心孩子来电子阅览室上网，甚至有的家长在活动开展初期来到阅览室强行带走学生，看到这种情况，我们非常着急，如果不慎重对待这些问题，那么很有可能将电子阅览室变成家长心里所认为的“不放心网吧”。这将违背电子阅览室对学生开放的初衷，在这种情况下，探索电子阅览室的有效管理成为了我们的工作重点，为了让学生家长了解电子阅览室的好处，消

共享工程进校园

除顾虑，我们多次开会讨论，集思广益，想法设法，做了大量的工作。在做好内部管理的同时，广泛听取家长及社会各界的意见和建议，请学生家长沟通座谈，主动把家长请进来，让他们参观电子阅览室，让他们亲身体验，让他们从思想上认为公共电子阅览室不同于普通的网吧，在这里上网是一个绿色、健康的环境，是一个学习知识，增长见识的有利平台，学生在阅览室能上互联网，也可以浏览文化共享工程专网及国图、省图的优秀数字资源。寒暑假期间电子阅览室的老师还组织学生学习电脑基础知识、播放优秀视频、讲座等，使孩子能够寓教于乐，通过沟通座谈及家长的亲身体验，现在家长不仅放心而且还亲自送孩子来电子阅览室上网学习。

二、拓展渠道，加大宣传力度

现在虽然很多学生家长对电子阅览室的认识有所转变，但电子阅览室不仅仅是为学生而开放，来上网共享资源的成年人依然很少，这么有利的资源得不到充分的利用，看到这种情况使我们清楚认识到，我们的宣传方面还有待加强，要使人们都能充分认识、使用共享工程资源为他们的工作、学习、生活带来更多的实惠，那么就必须让他们走进来，亲自体验。为此，我们进行了一系列宣传活动。

1、利用广场电子大屏幕，在人员的集中的时候滚动播放共享工程宣传片，并且定期为广大群众播放爱国主义教育影片，丰富群众的业余文化生活，扩大群众知晓率。

2、经常跟随文化馆的文艺小分队下到镇、村，编排一些宣传共享工程的文艺节目，通过表演的形式进行宣传，使群众能够在观看节目的同时，了解我们这项工作给大家带来的好处，还刻录全国共享工程资源管理中心下发的光盘赠送基层服务点。

3、利用4•23世界读书日、图书馆宣传周、六一”儿童节等机会，在县城人口密集的地方，摆放制作的共享工程宣传展板、用图片的形式介绍我县共享工程建设及开展活动的情况，还印刷了共享工程的彩色宣传手册，现场发放，并且开展咨询活动，解答群众提出的相关问题，使大家能真正了解共享工程、利用共享工程、走进共享工程。

三、有序开展惠民服务，加强培训力度

在认真了解群众文化需求的基础上，我们开展了富有特色的文化活动，积极满足广大群众求知、求乐和求美的需求。

1、我们在自身接受省分中心远程培训的同时，还积极参与省分中心组织开展的一系列共享工程活动。且组织基层服务点管理人员集中进行培训，为了基层管理员掌握共享工程设备的应用技术及提高服务水平，我们经常到各个基层服务点培训辅导，确保基层管理员更好的服务群众。

2、虽然县支中心工作人员少，但共享工程进校园、进社区为学生及群众播放优秀影片和科普讲座、为艺术团体播放刻录健身舞光盘等活动得到了全面开展，受到了群众好评。

3、为加强共享工程平台的使用率，通过陕西文化信息网积极宣传我县文化地方特色资源，我们能够在每次活动后及时保质保量的上传新闻稿件，使我县支中心获得了第一批新闻自主发布权的资格。

4、我县是全国双拥模范县，为使这项惠民工程的春风吹进部队，我们积极与县驻军部队联系，组织部队官兵在电子阅览室开展了“电子读书”活动，使他们切实感受到电子阅览的便捷和乐趣，进一步体现军民鱼水一家亲的情谊。

四、狠抓管理和队伍建设

在做好本职工作的同时，我们认真做好共享工程设备的接收、下发、安装、调试等工作，层层签订责任书，责任到人以保证设备有人管理，基层统一制作共享工程门牌，管理制度随设备一起下发。并对基层站（室）设备的运行及服务开展情况进行全面检查，定期对基层服务点进行业务指导，有效延伸了支中心电子阅览室的服务范围，让基层群众享受到文化共享资源服务。

近年来，上级加强了公共电子阅览室建设，在村级服务点支中心把农家书屋、党员远程教育、共享工程三个惠民工程建在一起，便于资源共建共享。电子阅览室的建设改善县级图书馆的办馆条件，丰富了图书馆的服务内容，提升了图书馆在当地社会知名度，使更多群众走进图书馆、受益于图书馆。这些年通过我们的努力作出了一定的成绩，被省文化厅命名为陕西文化共享工程.公共电子阅览室省级示范点。但是要把这项惠民的春风切实吹进千家万户，还需要我们不断提升服务能力，不断改进服务水平，不断探索服务方法，虽然县图书馆与文化馆合署办公，馆舍用房紧张，图书馆人员少年龄偏大，没有专业技术人员，共享工程运行经费欠缺，但今年我县随着省级文化先进县的创建，以上问题都能予以解决，为了进一步改善阅览条件，请省分中心更换新设备，使更多的读者享受绿色上网服务。

（撰文/汉阴县支中心）

石泉县支中心

石泉县支中心依托国家项目，自2008年6月开始建设，2009年2月全面落成，2010年10月全面对外开放，项目建设总投资68万元，占地178平面米。自对外开放以来，始终按照“高密度宣传、高效率管护、高质量服务”的原则，加强管理，注重实效，为加快“文化强县”建设和文化繁荣事业做出了积极贡献。

一、网点建设

截止2012年11月，全县共建成县级支中心1个，乡镇基层服务点11个，社区服务点4个，街道文化中心服务点1个，村基层服务点202个。一个以县级支中心为龙头，以乡镇服务点为骨干，以村级服务点为终端的文化共享工程服务网络体系全面建成，实现了文化共享工程城乡全覆盖、网络运行正常、基层队伍培训有效开展的建设目标。

二、经费投入

按照中省市要求，为保障县级支中心正常运转，县委、县政府高度重视，全力支持。在县财政十分困难的情况下，逐年加大财政投入，保障县支中心日常业务工作的

支中心工作人员耐心指导老年读者使用电脑

开展。同时，县政府将文化信息资源共享工程纳入对各镇、社区的年度考核，加强对配套的各项设备安装、经费落实、人员配备、辅导培训及服务开展等情况进行实地检查督查，有力地推进了文化共享工程的建设和保障。

三、资源建设

石泉县支中心广泛征集本县历史文化和民间文化资源，利用数字化设备，现已征集到石泉旅游、石泉十美、鬼谷子专题等珍贵文化资源，对进一步挖掘、保护文化资源起到了积极作用。同时县支中心工作人员利用互联网络接收国家中心及省中心的视频资源和电子文献资源，内容涵盖文化遗产、戏剧、音乐舞蹈、曲艺杂技、少儿文艺、影视文化、农民致富信息、科普知识和医疗卫生等，为进一步开展文化资源共享工作提供了坚实的保障。

四、惠民服务

围绕文化信息资源共享工程网络建设，全面向11个镇发放文化信息资源共享工程设备仪器150余套，全县实现了县、镇、村三级网络组织建设，使文化信息共享工程服务覆盖到了全县。利用文化信息资源共享工程宣传教育主阵地作用，引导广大人民群众利用这一平台，积极为人民群众提供大量的政治理论、政策法规、时政新闻、形势教育、非物质文化遗产等方面的信息资源，及时了解了党的方针政策，保证了基层群众及时了解当前国内外形势，及时宣传了当前我县良好的发展态势。县支中心电子阅览室坚持免费对读者开放，同时结合每年图书馆服务宣传周、世界读书日、“六·一”、国庆以及春节等重大节庆活动，利用文化共享工程设备及网络信息资源，展播优秀宣传片、影片和讲座，配合县安监局、消防大队等开展了安全电影专题播放周、消防安全培训等活动，上传了县文化生活、文化工作等重大活动新闻，促成了利用电子阅览室开展北清大博士专网远程教材培训辅导活动，举办了老年人电脑扫盲培训班，提升了文化信息资源共享工程的服务能力。

五、宣传推广

将阵地服务和流动服务相结合，日常活动和节庆活动相结合，开展形式多样的文化惠民服务。文化共享工程进社区、进农村、进军营、进企业、进学校，为广大群众播放舞台艺术、爱国主义电影和农村科技视频，实现资源共享，服务社会公众。支中心和基层站点还结合当地经济发展和农业生产实际，利用文化共享工程丰富的科技信息资源，为当地人民群众传播农技知识和信息，有力促进了新农村经济发展。通过县电视台播放全县文化共享工程活动讯息，以扩大宣传力度，推进文化共享工作的开展。

六、培训、管理、队伍建设

在培训上，县支中心工作人员狠抓自身提高，积极参加省分中心的远程培训。同时，通过现场培训、登门服务和远程指导等方式，每年对即将建设的网点的主要管理者和技术人员进行集中培训和现场学习，促使技术人员迅速了解了设备的功能，掌握了技术支持和资源分发的技能，有效地推进了县级支中心建设，为顺利完成工程建设任务奠定了技术基础和人才保障。5年来共为各基层站点培训技术人员200多人次。通过电话、网络和到达现场解决了卫星设备无法接收，服务器、投影机、移动播放器故障等问题30余次。在管理上，成立了文化主管部门抓工程、县图书馆抓服务的工作责任体系，制定了《石泉县文化共享工程县级支中心暂行办法》、《石泉县文化共享工程基层服务点管理暂行办法》、《石泉县文化共享工程基层服务点管理考核办法》等管理制度，因地制宜有针对性地进行了细化，逐步建立健全了文化共享工程各级管理体制和运行机制。

七、荣誉奖项

石泉县图书馆被省文化厅评为“2008年度全省文化系统创佳评差竞赛活动最佳单位”、被安康市文广局评为“2011年度图书馆工作先进单位”。

八、工作展望

全国文化信息资源共享工程建设不仅为图书馆事业建设带来了难得的机遇，同时也为公益文化事业带来了机遇。我县文化信息资源共享工程历经五年，基本建成城乡全覆盖的服务体系。我们将进一步完善全县文化信息资源的设施设备条件，提高县、镇（社区）、村三级服务网络服务水平，着力推动数字化文化信息资源走进千家万户，惠及万千民众。作为建设者的我们要坚定信心、克服困难、解放思想、开拓创新，共同努力把共享工程建设推向新阶段，利用好共享工程这一平台使人民基本文化权益得到更好保障，惠及广大群众，使社会文化生活更加丰富多彩，使人民精神风貌更加昂扬向上。

（撰文／石泉县支中心）

紫阳县支中心

一、基本情况

全国文化信息资源共享工程紫阳县支中心位于陕西省南部边陲，全县总面积2204平方公里，辖21个镇、20个社区居委会和212个行政村，总人口35万，是安康市地域、人口大县，其悠久的文化历史彰显着边缘区独特的文化氛围。在省、市文化主管部门及紫阳县委、县政府的大力帮助和支持下，紫阳县支中心于2010年5月建成并对公众免费开放。由于当时的建置地处偏僻，在县委、政府的高度重视下，2012年元月，紫阳县图书馆及支中心一并迁至县中心广场开展读者服务工作。

紫阳县支中心面积80余平方米，有电脑30台，集图文、视频、声像等多媒体为一体，接入10兆广电光纤，可同时容纳30名读者高速访问陕西文化信息资源共享工程专网（VPN专网）及互联网。目前可为读者提供的服务有：全国文化信息资源共享工程信息（如文化动态、名家讲坛、传统文化、影视文化等40多个媒体资源库）；数据库检索、电子图书、电子期刊借阅、VOD点播；读者教育培训；互联网（如发送电子邮件、网络浏览等）。支中心现有2名工作人员，由图书馆工作人员兼职，两名专业技术人员正在积极争取中。开放时间每周52小时，节假日照常；制定并完善了管理工作制度，为广大读者提供绿色上网通道，为中小学提供多媒体教学，为全县机关、事业、企业员工提供专业技术资格考试网络培训及论文参考等服务。同时为了消除读者上网时间长产生网瘾，支中心限定了上网时间，成年读者每天上机时间不超过2小时，未成年读者进入需大人陪伴，上机时间1小时。

二、网点建设

紫阳县支中心在保障阵地服务正常运转的前提下，与省共享办合作共建基层服务点。截止2012年10月，共建设镇基层服务点9个，每个镇基层服务点配备电脑5台、投影设备一套、地面卫星接收设备一套、视频播放设备（移动播放器、投影仪）等；社区基层服务点7个，每个社区基层服务点配备电脑4台、投影设备1套、视频播放设备（移动播放器、投影机等），村基层服务点212个，每个村级基层服务点配备投影设备1套。

三、经费投入

按照文化信息资源共享工程县级支中心建设及运行经费标准，积极争取县委政府的支持。一是争取建设资金15万元，按照工程要求和标准，对中心机房、电子阅览室进行了装修改造，铺设了专电；二是争取县财政年度预算运行经费，保证支中心工作正常运转；三是全力争取县图书馆20万免费开放资金能到位。

四、资源建设

资源建设是文化共享工程建设的重要环节，也是文化共享工程生存和发展的前提和保证。紫阳县支中心把本地的资源以视频、音频、图片、文本的形式，自制方案，通过本单位自主力量和邀请其他部门相互协助进行资源的收集、整理、制作。一是将文化工作新闻登载到紫阳县文化数字信息平台、陕西文化信息网、紫阳县政府网；二是县支中心根据实际情况制定资源建设方案；三是紫阳人杰地灵，本土作家文献资源丰富，县支中心建立了地方特色文献专柜，正准备建立地方特色文献资源数据库。

五、宣传推广

紫阳县支中心自成立以来，在宣传推广活动方面主要做了以下几方面的工作：2010年6月23日在县图书馆老馆，举行了县支中心、图书馆电子阅览室成立、开放仪式，县主要领导到场揭牌，县电视台进行了宣传报道；从2011年"七·一"建党90华诞之际，我国公共图书馆实行对公众免费开放服务，7月5日在县文化馆院内举行了我县"两馆一站"免费开放服务启动仪式，县支中心利用手中设备与县电视台联合就此次活动进行宣传报道，并登载到紫阳县政府网站；2012年元月5日，县支中心在中心广场举行了由市县领导参加的县图书馆、支中心新址开放仪式，通过县电视台、网站、宣传标语、展板等多种形式，大力宣传图书馆免费开放服务和全国文化信息资源共享工程，公示了免费开放服务内容和承诺，实现了零门槛，使更多的人走进图书馆，了解图书馆，利用图书馆；2012年暑假，支中心在中心广场开展了"中小学生阅读推广"活动，推介新书目，播放爱国主义影片，让中小学生在感受读书乐趣的同时，对文化共享工程信息资源有了较深的了解；今年"4.23世界读书日"、"5月图书服务宣传周"系列活动中，我县举行了"三秦书月·书韵紫阳"全民阅读活动，利用文化共享工程设备播放了专题片，对文化共享工程进行了有力的宣传，使广大群众进一步对文化共享工程有了更深的了解。支中心成立两年来，举办影片播放活动50余场次，接待观众5000余人次，在陕西文化信息网、紫阳政府网等网站发表宣传报道20余篇。

六、培训、管理和队伍建设工作

按照《全国文化信息资源共享工程管理暂行办法》的要求，加强对工程经费、设备、队伍的管理，建立健全各项管理规章制度，使文化共享工程的日常管理工作逐步规范。

紫阳县支中心由于目前还没有专门从事此项工作的专业技术人员，日常工作由图书馆2名工作人员兼职，所以在人才培训、队伍建设上还存在薄弱环节。

七、惠民服务

紫阳县支中心自成立以来，利用文化共享工程设备，服务于广大人民群众10000余人次。

一是春节文化活动期间，在县城中心广场举办"春节灯谜有奖竞猜"和"送文化进社区"活动，为城乡居民营造了欢乐向上的节日氛围。

二是在世界读书日来临之际，由多个部门联合组织开展了以"三秦书月·书韵紫阳"等为主题的全民阅读活动，县支中心积极参与，配合此次活动现场开展宣传活动。

三是支中心电子阅览室播放文化共享工程影片20余场次，受到了中小学生和社区居民的大力欢迎。

四是积极开展进社区服务百姓活动。

八、荣誉奖项及未来发展

在未来的文化共享工程建设中，我县支中心以服务广大群众为目的，以文化信息资源共享工程为平台，积极探索，努力做好以下四个方面工作：

一是积极争取人员编制，充实管理人员队伍，推动文化信息资源共享工程快速有序发展；二是进一步优化文化共享工程服务工作质量，端正服务态度，以饱满的热情服务于广大群众；三是积极争取上级文化主管部门支持，早日实现基层服务点全覆盖，形成完整的服务网点体系；四是进一步加大支中心工作人员和基层服务点管理人员培训力度。

（撰文/紫阳县支中心）

岚皋县支中心

近年来，岚皋县图书馆积极配合县文广局争取文化建设项目，加大资金投入，2009年建成县级支中心1个，有卫星锅1套、机房1个、服务器1台、电脑30台、投影仪1套，都运行正常；建成17个镇（办）综合文化站，配套了17个镇（办）文化信息资源共享工程设备，有卫星锅1套、服务器一台、电脑4台、移动播放器2台、投影仪1台、幕布支架一套，各乡镇设备都运行正常；配齐了189个村级农家书屋，189个村级服务点文化信息资源共享工程设备，有投影仪幕布一套、音箱一套；配齐了9个社区文化共享工程设备，有服务器1台、电脑4台、移动播放器2台、投影仪幕布1套；极大地改善了全县文化基础设施条件。目前，支中心严格按照免费开放要求要求各站点正常开放，各站点运行正常。

按照文化部、财政部通知要求，年初县政府与我馆及17个乡镇签订了免费开放责任书，我们严格对图书馆实行免费开放，落实免费开放专职人员，通过岚皋电视台进行公告、通过系列活动大力宣传免费开放的项目及内容，极大地丰富了基层群众的文化生活。

图书馆自免费开放以来，为社会公众提供各类展厅展览和橱窗、宣传栏展示50余场次，接待群众4000余人次；同时利用图书馆和文化资源共享工程为社会各界提供图书、期刊、报纸借阅和免费上网平台、电子文献查阅和查询、音像资料的浏览、视频资料点播、非物质文化遗产数据库资料查询等服务。

农家书屋建设工程是党中央、国务院确定的全国农村公共文化服务体系建设的五项重大工程之一，对推进社会主义新农村建设，保障农民群众基本文化权益，提高农民群众科学文化素质，促进新时期农村经济社会协调发展具有重要意义。

我县紧紧抓住机遇，积极做好项目申报，稳步推进农家书屋建设，截止目前，全县十七个镇（办）188个行政村村村都建起了农家书屋，实现了全县农家书屋建设全覆盖。并建好了9个社区电子农家书屋，在抓好建设的同时，我县充分发挥农家书屋的作用，图书馆积极组织群众开展丰富多彩的阅读活动，为广大农民普及科技知识，传播先进文化，提供精神食粮，保障广大农村群众的基本文化权益。在书屋管理上，我县按照“免费阅读、自我管理”的原则，建立了一支较为稳定的农家书屋管理员队伍，为农民群众提供优质服务，同时，严格按照免费开放政策，确保农家书屋的开放时间，真正发挥农家书屋的作用。

电子阅览室正常开放

免费开放以来，没有接到一起因服务不到位而引起的群众投诉，没有受到一次群众的现场指责，社会各界群众对免费开放十分满意，给予了高度的肯定和评价。

（撰文/李 刚）

旬阳县支中心

旬阳县位于陕西省东南部，全县总面积3554平方公里，辖22个镇319个村（社区），总人口45万人，是省政府命名的革命老区县、全国文化文物工作先进县。

一、基本情况

在省、市文化主管部门及旬阳县委政府的大力支持帮助下，旬阳县支中心于2011年3月建成并对外免费开放。面积100余平方米，有电脑30台，集图文、视频、声像等多媒体为一体，接入10兆广电光纤，可同时容纳30名读者高速访问陕西文化信息资源共享工程专网（VPN专网）及互联网。

目前可为读者提供的服务有：全国文化信息资源共享工程信息（如文化动态、名家讲坛、传统文化、影视文化等40多个媒体资源库）；数据库检索、电子图书、电子期刊借阅、VOD点播；读者教育培训；互联网（如发送电子邮件、网络浏览等）；文件打印、复印等服务。支中心现有3名工作人员（其中2名为专职），全部熟练掌握使用计算机；开放时间从上午8:00至晚8:00，节假日照常；制定并完善了管理工作制度，为广大读者提供绿色上网通道，为小学、初中、高中师生提供多媒体教学，为全县机关、事业、企业员工提供专业技术资格考试网络培训及论文参考等服务。同时为了消除读者上网时间长产生网瘾，支中心限定了上网时间，成年读者每天上机时间不超过2小时，未成年读者不超过1小时。

二、网点建设

旬阳县支中心在保证阵地服务工作正常运行的前提下，与各镇合作共建基层服务点。截止目前，共建设镇基层服务点14个，每个镇基层服务点配备电脑5台、投影设备一套、地面卫星接收设备一套、视频播放设备（移动播放器、投影仪）等；社区基层服务点10个，每个社区基层服务点配备电脑4台、投影设备一套、视频播放设备（移动播放器、投影机等）；村基层服务点309个，每个村级基层服务点配备投影设备一套。每个基层服务点配备了1名兼职管理员，每天定时开放，指导广大职工干部、村民、学生查阅资料，每周开展一次文化共享工程影视作品展播活动。

三、经费投入

县级支中心支中心经过多方努力，按照文化信息资源共享工程县级支中心建设及运行经费标准，全力争取县委政府的大力支持。

一是争取建设资金3万元，按照工程要求和标准，对

支中心的机房、电子阅览室进行了装修，改造了水电；二是争取县财政年度预算运行经费6万元，保证支中心工作正常运行；三是争取图书馆免费开放资金20万元，基层服务点5万元，管理员待遇得到保障。

四、资源建设

资源建设是文化共享工程建设的重要环节，也是文化共享工程生存和发展的前提和保证。旬阳县支中心把本地的资源以视频、音频、图片、文本的形式，自制方案，通过本单位自主力量和邀请其他部门相互协助进行资源的收集、整理、制作。

一是将文化工作新闻及时快速地登载到旬阳县文化数字信息平台、陕西文化信息网、安康市文化文物广电局网、旬阳县宣传网、政府网及旬阳县文化文物旅游广电局网。二是县支中心根据实际情况制定资源建设方案。2012年，支中心为完成推荐全国文化共享工程之星，利用文化共享工程设备拍摄了10分钟的视频资料，制作成光盘，发送到全县基层服务点，掀起学习先进典型的热潮，为各基层服务点做好工作起到示范引领作用。三是旬阳人杰地灵，本地作家文献资源较多，县支中心成立了旬阳本地作家作品专柜，建立了文献资源数据库。

五、宣传推广

旬阳县支中心自成立以来，在宣传推广工作方面做了大量的工作。2011年3月28日，县支中心开展了由省市县领导参加的县支中心揭牌仪式，通过网站、标语、宣传单及宣传栏等多种形式，大力宣传全国文化信息资源共享工程；

2011年7月1日，在馆门前开展了免费开放宣传活动，公示了免费开放内容和承诺，实现了零门槛，使更多的人走进图书馆，了解图书馆，利用图书馆；2011年10月份，在支中心门前开展了"中小学生阅读推广"活动，推介新书目，播放爱国主义影片，让中小学生在感受读书乐趣的同时，对文化共享工程信息资源有了较深的了解；今年"4.23世界读书日"、"5月图书服务宣传周"系列活动中，我县举行了"三秦书月•书韵旬阳"全民阅读活动，利用文化共享工程设备播放了专题片，对文化共享工程进行了有力的宣传，使广大群众进一步对文化共享工程有了更深的了解。成立近两年来，举办影片播放活动100余场次，接待观众15000余人次，在陕西文化信息网、安康市文化文物广电网、旬阳宣传网、政府网等网站发表宣传报道50余篇。

六、培训、管理和队伍建设工作

科学的管理是文化共享工程事业发展的必然要求，我县支中心对这项工作高度重视，按照《全国文化信息资源共享工程管理暂行办法》的要求，加强对工程经费、设备、队伍的管理，建立健全各项管理规章制度，使文化共享工程的日常管理工作步入了规范化。

为了提供人才保证，我县支中心建立了管理服务人员培训工作制度，把人才培训落到实处。以县级为主，县、镇两级共同负责基层服务点业务人员的培训工作。采取先急后缓的原则，科学制定培训规划和年度培训计划，每年每镇举办培训班1次，每季度对支中心负责文化共享工程从业人员培训一次，并派业务骨干参加省、市业务培训。通过创建"文明窗口"服务示范活动，激发文化共享工程从业人员学习业务、提高技术水平。截止目前共举办文化共享工程培训33次，培训基层管理员400余人次。

七、惠民服务

旬阳县支中心自成立以来，利用文化共享工程设备，服务于广大人民群众50000余人次。一是春节文化活动期间，在祝尔慷广场举办"春节灯谜有奖竞猜"和"送文化进社区"活动，为城乡居民营造了欢乐向上的节日氛围；二是在世界读书日来临之际，由多个部门联合组织开展了以"享受阅读、充实人生、构建和谐"、"阅读改变人生"等为主题的全民阅读活动，县支中心积极参与，配合此次活动现场开展宣传活动；三是在县城中心广场开展了影视作品展播仲夏纳凉活动。四是支中心电子阅览室播放文化共享工程影片40余场次，受到了中小学生和社区居民的大力欢迎。五是上网读者人数剧增。据统计，2012年截止目前电子阅览室共接待读者10000余人次，其中小学生6000余人次，中学生3000余人次，成人1000余人次；六是积极开展进社区服务百姓活动。

八、荣誉奖项

通过全体职工的不懈努力，支中心2010年被陕西省文化厅评为"文化共享工程先进单位"、2011年被省分中心评为"陕西省第二届文化共享工程知识与技能竞赛组织奖"、旬阳县城关镇获得镇基层服务点"陕西省第二届文化共享工程知识与技能竞赛组织奖"、旬阳县棕溪镇文化站长华向柱同志被推荐为"2012年度陕西文化共享工程之星"荣誉称号。

九、工作展望

在未来的文化共享工程建设中，我县支中心以服务广大群众为目的，以文化信息资源共享工程为平台，积极探索，奋力做好以下四方面工作：一是进一步优化文化共享工程服务工作质量，端正服务态度，以饱满的热情服务于广大群众；二是积极争取上级文化主管部门支持，早日实现基层服务点全覆盖，形成完整的服务网点体系；三是进一步加大基层服务点管理人员培训力度；四是最大限度地保障基层服务点管理人员的待遇。

（撰文/旬阳县支中心）

白河县支中心

白河县共享工程建设起动于2010年，目前基本实现了全覆盖。共享工程白河县支中心于2010年10月开始

建设，于2011年4月23日正式投入使用，主机房和电子阅览室位于白河县图书馆三楼，多功能厅位于图书馆二楼，由于20万元免费开放经费保障到位，该中心长年聘用专业技术人员及时到位维护设备，目前30台电脑均能正常使用，且做到天天开机；多功能厅周周播放影视大片、月月有培训有讲座，最大限度地发挥着文化惠民作用。

全县12个乡镇文化站和城关镇4个社区均建有全国文化信息资源共享室。各服务点大多由文化站长兼管该项工作，5万元免费开放经费的落实使绝大多数基层服务点都较为重视此项工作，能够正常运行并发挥为基层群众文化信息服务和娱乐的作用。比较来看，县支中心运行最好，作用发挥最大，其次是城关几大社区，相对而言，农村网点由于技术人员奇缺且不够固定，所以有设施设备坏了无法及时修复，导致较长时间中断服务，甚至有个别网点处于瘫痪状态。

按照十二五规划以及十八大提出建设文化强国的号召，相信在中省的进一步关怀支持下，在我们广大基层工作人员的奋力拼搏下，文化信息惠民工程的规模定会越办越大，内容定会越来越丰富多彩，质量定会越来越好，作用定会越来越凸显。具体做法：

1、密切配合省中心技术员下基层网点搞好联络服务，提前做好准备工作；2、尽支中心技术所能，对基层网点管理员进行培训，提高管理水平；3、奖优惩劣，通过检查打分分成ABC三个档次，分别划拨免费开放经费6万元、5万元和4万元，以此来调动积极性。

（撰文/赵诗武）

商洛市支中心

商洛市市辖一区六县，总面积192.92万平方公里，总人口240.61万人。是商洛政治、经济、文化中心。

一、基本情况

文化信息资源共享工程商洛市支中心起步于2004年，建成完善于2011年，位于商洛市商州区北新街迎宾路5号市图书馆院内。占地120平方米，中心终端机房1个、电子阅览坐席40个、工作机10台、服务车1部及其他附属设备；配备兼职工作人员1名，外聘临时人员2名。无人员编制，无运营经费。2006至2012年11月底，年均接待读者1.6万余人次，年均举办各类讲座、培训、活动6次。

二、建设和发展情况

1、起步阶段。共享工程商洛市支中心，是陕西省首批全国文化信息资源共享工程建设市级试点馆。于2004年11月建设，设备为单机天网系统，配备投影仪及附属设备。2006年，商洛馆通过共建共享途径，经过文化主管部门协调，与商洛市电信公司达成协议，共建商洛市首家“文化信息资源共享工程阳光网络青少年教育基地”（隶属商洛市支中心），支中心由初始的单机系统扩容为拥有20台电脑、20套坐席的局域网系统，由单一的天网，变天网、地网并用，在很短的时间内，实现了信息量和服务水平的提升，赢得了广大市民的欢迎和赞许，同时也是一次有效利用社会资源参与公共文化建设“共建共享”的有益尝试。

2、发展与完善阶段。根据陕文社【2009】46号《关于资助建设市级公共图书馆文化共享工程支中心的通知》文件精神，商洛市馆作了大量的前期准备工作，落实了市级配套资金12万元。2010年9月自筹资金10余万元，按工程要求对中心机房、电子阅览室进行了改造、装修，购置40套台席、坐席，完成40台PC机和10台工作机的综合布线工程。建设完善后的电子阅览室于2012年重新对外开放。

三、工作情况

1、广泛宣传，提高认知。文化信息资源共享工程落

商洛市支中心关爱留守儿童服务活动

户商洛市图书馆后，市馆通过商洛报、电视台、广播电台播发专题新闻和报道，宣传“文化共享工程”，邀请市各级领导、科技、文化、教育、企业、社会各界的专家、学者、名人及大专院校师生、中小学生，向他们宣传、宣讲“全国文化信息资源共享工程”所肩负的使命，要到达的目的，所赋予的意义。并向他们推介演示“文化共享工程”31个一级栏目，赢得了他们的赞许和关注。

2、发挥优势，延伸服务。市支中心除保障阵地服务外，主动扩大延伸服务范围，坚持把“文化共享工程”作为未成年人教育的第二课堂，引导未成年人充分认识文化共享工程并走进它、利用它。不定期举办讲座讲解和推介“共享网络”一级栏目，鼓励未成年人通过一级栏目学习文化知识，了解国情、市情，参与积极向上的文化、娱乐活动。经常性的组织开展网上科普阅读、科普书目推介、普法书目推介、科普普法知识讲座等系列活动。邀请市儿童文学著名作家鱼在洋、著名学者陈道久作了“快乐作文”、“弘扬商洛历史文化”专题讲座，受众青

少年1000余人次；特别是在“关爱留守儿童、关注乡村学生”、关注孤儿、残疾儿童方面，市中心组织深入商南县梁家湾双店村小学、中学开展了“关注乡村学生 分享阅读快乐”、“同在一片蓝天下 心手相牵助成长”、“关爱留守儿童 献爱心送温暖”系列活动，向学生们赠送青少年读本312册，送书包 50个，学习用具50 套，衣裤50件，雨伞50把，童鞋50双。节日期间举办“同赏数字文化 共享幸福生活”等主题活动，为商洛市儿童福利院送去影视节目，组织该院孤儿、残疾儿童观看了《喜洋洋与灰太狼》、《背起爸爸去上学》等影视片，受众120余人次。

3、贴近大众，满意服务。市中心始终坚持无障碍、零门槛进入，电子文献、讲座、展览、基层培训、流动服务项目等全免费。整合贴近大众生活的数字资源，除包括优秀文化信息资源外，还提供贴近大众日常生活的社会文化资源，围绕与人们日常生活息息相关的内容，包括科普知识、法律常识、政府公开信息、生活礼仪、农业科技、卫生保健以及百科知识等资源库。几年来，利用共享工程设备及影视片，播放各类节目30余部、讲座、展览18次，受众1.8万人次。向陕西省文化信息网上传商洛各类活动消息13条，图片52张。

（撰文/井健政）

商洛市商州区支中心

商州区辖区总面积2672平方公里，下辖30个镇、街道办事处，396个行政村，25个社区，总人口55万。商州区文化信息资源共享工程支中心筹建于2007年，建成于2008年9月，现有专、兼职工作人员3人。

一、工程建设概况

2007年，商州区被纳入陕西省第一批文化信息资源共享工程县（区）级支中心建设项目。同年，省文化厅、市文化局与商州区政府、区文化体育局按照工程建设规划要求层层签订了目标责任书。为了抓好工程建设，商州区成立了由区委、政府主要领导和分管领导牵头负责，由区文体局和图书馆具体负责实施的专项工程建设领导机构。按照建设标准，区上拨付专项资金9000余元用于基础设施配备，安装了防盗、消防安全设施，对拟建支中心的用电线路实施了升级改造，同年，经省、市验收达到了设计标准。

2008年3月，由国家投资价值68万元的文化信息资源共享工程设备（含37台电脑）及配套设施相继到位，8月份由省上安排专业技术人员到馆进行设施安装、设备调试和电子阅览室电脑系统安装。10月底设备安装全部到位，网络全部开通。2008年9月，由商州区编办正式发文批准挂牌成立“全国文化信息共享工程商洛市商州区支中心”。中心隶属区文体局统一领导，业务上接受上级统一指导。确定了专职工作人员1人，兼职管理人员2人。

2009年至2011年，商州区文化信息资源共享工程支中心在开展正常的业务活动之外，同时投入了大量的人

力和时间抓好镇、办事处，社区和村级文化信息共享服务点的建设，相继完成了16个镇、办事处，430个村级服务点的布点堪察和上报审批工作，并按照省、市的统一安排抓好基层服务点设备器材分批发放和安装调试。

截止2012年，实现了辖区镇、社区、村级服务服务点网络全覆盖。并逐级落实了组织领导及管理责任，分步实施了业务人员技术培训等工作。

区级支中心为镇、社区、村统一制作了挂牌，完善了各种管理制度，并组织指导开展正常活动。至此，商州区初步建成了全国文化信息资源共享工程区、镇、村三级服务网络。

二、业务活动开展概述

建成的商州支中心按照省市业务部门的统一要求，紧密配合党在各个时期的中心工作，结合辖区群众文化活动特点，以推广新技术，普及新知识，挖掘传统文化资源，扶持健康文化活动为已任，充分发挥资源优势，开展了多种形式的文化普及、文化信息交流和惠民文化服务活动。文化信息交流：2009年，区文化共享工程电子阅览室建成并向读者开放，年接待读者10000余人次。支中心充分发挥信息交流平台的作用，深入基层采编发送各类文化信息60条，编采照片300余张。征集、挖掘民俗文化活动图片170余张，制作“商州区改革开放三十年”文艺晚会和“商州区09年春节文艺晚会”视频光碟4张用于文化信息交流。同时通过开展多种形式的文化信息交流和科技知识普及活动，向广大读者传输信息1300多条。2010年至2012年，区共享支中心年均采编交流信息70多条以上，采集图片310多张。近年来，累计采集信息总量达到276条，采集各类图片1263张，制作宣传光碟70多张。

主要活动开展：

2009年相继开展了“世界读书日”宣传活动，“纪念汶川地震一周年”科普宣传活动，重大节庆日文化活动，“青少年读书评书”活动，“红色经典影片放映”等活动10多次，参与人员达到2000人次。

2010年举办了“优秀爱国主义影片展映活动”，“红领巾交通安全杯书信朗读比赛”，“经典图书阅读”，“红色记忆，振奋中国”有奖问答，国庆黄金周系列文化活动等27场次。5月28日，在市民休闲广场利用大屏幕宣传文化共享，让广大市民共享文化资源。

2011年开展了“图书馆服务宣传周活动”，“文化共享读者舞蹈健身比赛”，举办了“迎免费开放商洛书画名家笔会活动”，“红歌献给党文化共享读者唱红歌活

动”，“诵读中华传统经典青少年读书活动”等30多场次。

2012年开展了“三十年文化活动最感人照片”摄影比赛，地方文献征集、“爱国主义影片放映“，“三秦书月活动”、红领巾读书基地建设活动，警民共建书屋活动，群众舞蹈、健身操普及，国庆黄金周活动，“快乐作文讲座”活动，“中老年健身秧歌及健身比赛”活动、“农村实用技术普及讲座”、“弘扬商洛历史文化知识讲座”等一系列重大活动。

近年共组织开展上街宣传13次，发放电子游览证300多张，参与文化共享活动的人越来越多，信息知识普及面越来越广，有效地发挥了资源优势，为发展繁荣社会主义文化事业，促进区域经济、社会发展作出了显著贡献。

专业技术培训：

为了切实抓好镇、村服务点的业务管理，近年来，共组织开展专业技术培训8次，培训基层管理人员560多人次，深入基层辅导开展活动达63次，使基层村镇点达到有阵地，有人员，有活动。完善并建立了区、镇、村文化共享工程管理人员信息资料库，实现了规范化管理和常态化活动。

区级支中心工作人员，不断钻研业务知识，不断提高服务质量和水平，不断创新服务理念，不断增强团队协作意识，连续多年的工作得到了省、市、区各级领导和文化主管部门领导的一致好评。

2008年支中心席明被陕西省文化厅授予“全国文化信息资源共享工程”工作先进个人。

2009年支中心陈旭丽撰写的《浅谈少儿图书馆馆员素质与阅读指导》在第十一届华北、东北、西北少儿图书馆学术暨工作研讨会上荣获优秀论文二等奖，支中心陈浩鸿在陕西省第一届文化共享工程知识与技能竞赛活动总决赛中获得个人三等奖，区支中心获优秀组织奖。

2010年陈旭丽撰写的《浅谈县级图书馆与农家书屋建设》在中国图书馆年会第九届社区乡镇图书馆发展研讨会上荣获二等奖。支中心葛慧荣在全国文化信息资源共享工程摄影作品比赛中获得大赛三等奖。

2011年商州区少儿图书馆被评为“陕西省宣传思想文化工作先进单位”。文化的力量是无形的，文化的魅力是无穷的。一个功能完备、信息齐全、服务优良的文化共享工程服务必将为商州未来的飞越带来新的生机，必将为繁荣社会主义文化事业，促进区域经济社会协调快速发展提供源源不断的智力和精神支撑。

（撰文/陈浩鸿、葛慧荣）

洛南县支中心

洛南县支中心于2008年年底建成，建成了配备有68万元的设备、占地120平方米、拥有37个网络信息点（电脑）的电子阅览室。电子阅览室、多媒体室、信息编辑室均设在图书馆二楼，现有专职工作人员4名，有两名同志取得全国计算机等级考试一级证书。县支中心自建成以来得到了县政府的大力支持，每年为支中心拨付7万元的专项经费，并将此项费用纳入年初预算，为支中心各项工作的正常开展提供了经费保障。

支中心的电子阅览室成为人们政治学习，了解时事的前沿阵地。我们动员群众，组织师生、干部职工、武警官兵在电子阅览室收听讲座、开展辅导培训。还开办了农家书屋管理员培训班、基层服务点技术员设备使用培训、服务点信息员信息上传培训、网页设计培训班、中老年计算机知识培训班等特色培训。支中心的电子阅览室被商洛市文化文物广电局推荐为全国文化信息资源共享工程•公共电子阅览室示范点。

支中心以共建共享为根本目的，扎实推进文化共享工程基层服务点的建设。严格按照共享工程县级支中心、乡镇、社区、村级基层服务点的建设标准，保证面积达标、有网络接入、人员配备等方面，截止2012年底，全县已建成县级支中心1个，19个镇、11个社区、381个村的基层服务点，镇村达到全覆盖。在县支中心的督促指导下，各基层服务点相继利用配发的投影仪、电脑等设备开展播放优秀影片，信息查询，科技培训等服务，为新农村建设发挥着各自的作用，达到了共享工程资源共享的目的。

县支中心始终坚持公益性、基本性、均等性、便利性原则，以保障人民群众基本的文化权益为目标，以未成年人、老年人、进城务工人员等特殊群体为重点服务对象，本着“重宣传　强服务　抓培训　促成效”的发展宗旨，利用共享工程所配发的设备开展了共享工程进学校、进农村、进部队、进社区的“四进”活动，进行播放优秀影视、知识培训、信息查询、对外协作等服务，充分利用文化共享工程资源，极大地丰富基层群众文化生活，得到了群众的好评，切实增强了共享工程服务的活力，实现优秀文化信息资源的共建共享。

宣传服务并重，支中心制作共享工程宣传展板，悬挂在图书馆醒目的位置，在各类宣传服务活动和“图书馆服务宣传周”活动期间，组织全体职工在县城中心广场、社区、街道开展共享工程宣传活动。并积极与县电子政务中心联系，利用中心广场的电子大屏幕开展共享工程宣传及优秀影视节目展播。从文化信息网上下载适合当地发展特点的科技知识进行整理，印刷成宣传单发放给当地群众。

支中心每年在陕西文化信息网发布文化信息均在百余篇以上，新闻图片近千张；征集优秀地方文献资源上传文化共享工程播客平台，为宣传弘扬地方文化发挥着重要的作用。截止2012年11月底上传文化共享工程播客平台的视频累计达35部，选送的优秀剧目眉户现代戏《女儿沟》、专题片《海峡两岸文化艺术交流在洛南》、非物质文化遗产《洛南静板书》、《仓颉造字的传说》、

《谷雨公祭仓颉典礼》5部作品均入选国家管理中心资源库。支中心组织演出的《红梅赞》节目，在“颂歌献给党——全国文化信息资源共享工程迎接建党90周年群众歌咏活动“中，荣获“优秀提名奖”。

共享工程洛南县支中心，2009年被商洛市文化文物广电局评为文化信息资源服务先进单位。连续四年被县文广局评为文广系统服务先进单位，支中心主任苏安良被评为陕西省文化共享工程工作先进个人。

文化共享工程是一项社会主义文化建设创新工程，“十二五”期间，文化共享工程将实现“村村通、户户有、人人享”的目标，为广大人民群众提供永远不闭馆、永远在更新的公共文化服务。为实现这一目标，县级支中心也在为实现更高的发展目标积极地创新工作。

今后，支中心将以数字资源建设为核心，加大力度整理洛南地方文化专题资源，建设彰显洛南地方特色的文化共享工程。洛南县历史悠久，文化底蕴深厚，皇帝史官仓颉曾在此造28个汉字，从此结束了人类结绳记事的历史，开创了人类文明的先河，也给文化共享工程建设带来了得天独厚的资源优势。因此文化共享工程洛南县支中心把挖掘整理仓颉文化专题资源首先作为下一步的工作重点来开展。

我们将继续立足洛南本地实际，广泛宣传文化共享工程，深入开展各种宣传活动，采取多种形式拓展服务范围、创新服务方式，以群众喜闻乐见的形式使共享工程更加贴近基层、贴近生活、贴近群众。利用各种宣传活动和传媒手段加大对文化共享工程的宣传力度，进一步深入开展共享工程服务工作，努力把文化信息资源共享工程用活、用好。让人民群众都能普遍了解这一文化惠民工程，了解共享工程的真正含义，享受到资源共享带来的益处。

由于文化共享工程是一项新兴的科技创新工程，在实施过程中，不可避免的会遇到许多新问题、新困难，这就需要我们在工作中不断学习、不断改进，不断加强自身的业务学习，增强全县各基层服务点的沟通协调，做好培训辅导工作。努力扩充自身的业务素质，加强专业技术人员的培养，为深入推进共享工程的实施打好基础。同时加强管理，做好沟通协调。定期做好全县基层培训辅导工作，为共享工程建设提供人才保障。

我们相信，在县支中心一班人的不断努力创新工作下，洛南县支中心的工作会更加出色，明天会更加美好！

（撰文/苏安良、卢丽霞）

丹凤县支中心

一、整体情况

丹凤县图书馆建于1985年，占地面积1028平方米，建筑面积948平方米，文化信息资源共享工程丹凤县支中心建在丹凤县图书馆2楼。2008年10月，丹凤县被省文化厅确定为全省文化信息资源共享工程县级支中心建设项目县。项目启动实施以后，在县图书馆2楼设计装修中心中控室15平方米，按标准进行了配电和防雷设施安装，并按规定配置了应用服务器和业务服务器。认真设置了电子阅览室，按每台机器有3平方米以上的空间，光线充足，进出方便的要求，设置了85平方米的电子阅览室，120平方米的多功能厅。做到网络布线及电源分布合理，消防设施和消防器材设施科学，安全疏散通道畅通。2009年10月建成丹凤县支中心，拥有价值68万元的控制室，30台电脑的电子阅览室，及培训、放映、会议等于一体的多功能厅，并投入使用。同时为配合文化信息资源共享工程的实施，在馆内配备了综合业务加工室。配置多功能扫描仪、激光网络打印机、移动硬盘、数码照相机及数码摄像机等设施。

二、经费投入

2009年5月，丹凤县人民政府召开专题会议，对丹凤县文化信息资源共享工程建设进行了研究和部署。一是决定投入24万元用于乡镇基层服务点设备购置；二是安排5万元资金用于县级中心机房装修；三是按照文化信息资源共享工程建设验收标准，将县级中心网点年运行经费6.2万元纳入2009年财政预算。

三、网点建设

2009年，丹凤县支中心建设了3个乡镇信息服务点。2010年建设了4个镇服务点，6个社区服务点建设。2011年建设了6个镇服务点，5个社区服务点。2012年建设了149个村级服务点，形成了以县图书室馆为中心，乡（镇）、村文化活动室为重点的基层文化信息资源共享服务网络。并争取电信部门的支持，支中心开通了10兆光纤，使广电网和电信网能够同时利用，扩大了信息来源渠道，使文化共享工程的资源优势得到进一步的发挥。

四、惠民服务

丹凤县支中心利用资源优势与丹凤县农广校合作，聘请丹凤县农技中心高级农艺师刘志虎为讲师，深入村镇进行农业技术培训，2012年培训15期。聘请县党校副校长段玉强为讲师，对县级职工和群众进行各类知识讲座及培训。各镇、村在财力、积极开展活动，利用投影仪为群众放映科教片、农村实用技术等。

五、管理和队伍建设

为了保障文化信息资源共享工程的规范运行，丹凤县支中心从规范工作人员言行入手，结合实际完善制定了《电子阅览室岗位职责》、《电子阅览室规则》、《电子阅览室使用规则》、《网络安全与设备维护保养制度》《基层服务点管理制度》等规章制度，完善了管理措施，实现工作规范化，管理制度化。同时，聘请微机专业人员对资源共享工程管理人员进行系统地电脑知识培训，将微机操作技术列入管理人员个人目标责任考核，严格进行考评，从制度上保障网络信息的安全、有序运行。

截止2012年12月，丹凤县图书馆编制7人，职工7人，丹凤县支中心没有机构编制，没有专职工作人员，现有4名工作人员均为兼职，乡镇、村级服务点同样为兼职人员，没有专职专业管理人员。

六、宣传推广

在实施“文化共享工程”过程中，丹凤县图书馆以丰富的图书资源优势，开展丰富多彩的文化服务。以建立农村图书室、送书进社区、送书进学校、读者联谊等

资源共享培训

形式，拓宽文化服务方式，丰富群众多层次、多样化的文化需求，增强基层文化工作的吸引力和生命力。同时，以文化下乡为切入点，深入到各单位，各乡镇积极开展“文化共享工程”工作的宣传，让广大干部群众充分认识开展“文化共享工程”的重要性和必要性。让大家了解“文化共享工程”的实施，是丰富农民群众业余生活、弘扬文明新风开辟的新阵地，是培养“有文化、懂技术、会经营”的新型农民搭建的新平台。至2012年11月底，向省支中心上传了丹凤县2010−2012年春晚演出视频、丹凤县歌《丹凤朝阳》、2011年商洛市蓝足运动会开幕式等13部视频，并上传并发布日常文化活动信息100余篇，有力的宣传了丹凤文化事业的繁荣发展。

七、资源共享培训工作

2011年，利用电子阅览室与财政局联合举办了国库集中支付培训、与电信局和地税局联合举办了网络发票机打培训等，充分发挥了资源优势。2012年为了进一步做好资源共享服务点的管理，发挥服务点投影仪的作用，丹凤县图书馆组织开展了全县资源共享服务点管理人员培训，至2012年11月共培训8期，230余人。2012年4月利用电子阅览室与老年大学联合举办了电脑培训，首期培训老年学员30人，培训时间为3个月，每周2次。使老年人学会了网上浏览，网上阅读。2012年10月，与财政局联合举办了国有资产网络操作培训、非税收入网络操作培训，充分发挥网络资源优势。

八、荣誉奖项

2012年李喜存同志被陕西省文化厅评为文化信息资源共享工程建设先进个人。

九、工作展望

一是进一步扩充文化设施网点。以丹凤县图书馆为中心，加强基层文化设施网点网络化、数字化建设，加强文化、科技信息资源自动化、网络化建设和专业技术人员的培养，为深入推进共享工程的实施打好基础。

二是努力把文化信息资源共享工程用活、用好。借助数字电视和远程教育服务网络，大力开展公益性服务。尤其加强对广大农村地区的扶持力度，将文化共享工程建设成为社会主义新农村的重要抓手。最大限度地将信息资源转化为生产力，通过多种形式拓展服务范围、创新服务方式，将丹凤地方影视戏曲、音乐歌舞、历史文化、自然风光等纳入共享工程服务内容，以群众喜闻乐见的形式使共享工程更加贴近基层、贴近生活、贴近群众。

（撰文/丹凤县支中心）

山阳县支中心

文化共享工程陕西省山阳县支中心成立于2011年，地点设在县图书馆二楼，占地120平方米，配备68万元的设备，拥有1个37台电脑的电子阅览室、1个多媒体室及信息采编室，现有兼职人员3人。

支中心自成立以来得到了县政府的大力支持，县文化广播影视局为此成立了领导小组，全程参与、组织策划、申请资金，保障了支中心各项工作的顺利进行。

支中心以文化共建共享为目的，扎实推进基层阵地建设，严格按照县级支中心、乡镇、社区、村级基层服务点的建设标准，确保站点面积达标，网络接入、制度落实、人员配备到位，截止2012年底，全县已建成了1个县级支中心，16个镇、6个社区、319个村的基层服务点。在县支中心的督促指导下，各基层服务点相继利用配发的设备开展工作，播放优秀影片、科技培训、信息查询等服务，为新农村建设发挥着各自的作用。

为了让更多的群众了解共享工程，使用共享工程资源，山阳县支中心积极做好宣传工作，制作了宣传展板悬挂在图书大楼醒目的位置，围绕县政府重大主题活动、图书服务周、六一儿童节等，组织职工走进街道、社区、学校、军营发放宣传单、挂横幅、举办文艺演出，大力宣传与报导，提高了共享工程在人民群众中的影响力。

坚持每周开放50余小时，指导青少年上网读书与游戏，采用“请回来”的办法，在“六一”儿童节活动中，深入学校，联系学生前来电子阅览室、多媒体放映室参观并上网阅读。走进军营与驻地武警队伍结对子，发放上网阅读证，组织部队官兵在电子阅览室收听讲座，开展辅导培训，举办了农家书屋管理员培训班，村基层点设备使用培训班。利用共享工程平台，支中心与县司法局联合成立了法制教育基地，在多媒体与电子阅览室不定期的开展普法讲座。与我县残联联合成立了县残疾人教育活动基地。目前主要存在的问题是，基层站点业务干部年龄普遍偏大，接受新生事物能力较弱，利用电脑技术能力差。其次是工作主动性不足，不知道怎么样去搞好服务，一切都在探索中进行，这是支中心今后首要面临的要解决的问题。我们相信在上级部门的指导下，在县支中心一班人不断努力创新工作下，山阳县支中心的工作会上一个新的台阶。

（撰文/郭学育、刘　芳）

柞水县支中心

柞水县县域面积2332平方公里，总人口16.5万人，辖13个镇，120个行政村，2个居民委员会，柞水是距陕南最近的县份。

一、整体情况

柞水县图书馆，隶属县文广局管理。新建后的柞水县图书馆，位于柞水县城中心地带，迎春广场文化艺术中心大楼内，总面积1444平方米。其中6层为文化信息资源共享工程用房，设电子阅览室、多媒体室、电子文献室、信息采编室、报刊资料室等功能室，单次可接纳读者300余人次；7层为图书馆，设图书外借室、报刊阅览室、地方文献室、少儿阅览室等功能室，单次可接待读者200余人次。

二、网点建设

2008年，柞水县启动文化信息资源共享工程建设。该工程实施以来，在省、市主管部门的指导下，按照建设标准，制定方案，克服困难，积极实施。2009年7月，在省中心的大力支持下，县图书馆建起了县级支中心，建成180平米的电子阅览室和2间面积50平米的专用机房。支中心正式投入运营后，相继建成了全县13个乡镇服务点、2个社区和45个村级基层服务点，基本形成了县乡村三级信息网络覆盖。县级支中心和乡（镇）基层服务点具备220V市电电源及互联网10兆广电光纤接入要求，分别按照标准，建起接纳80人的独立多媒体放映室和PC机电子阅览室。目前县信息资源共享工程和图书馆舍使用面积已逾1420平米，支中心及各级网点基础设施建设达标，并高标准高质量通过验收。具体建设情况是：县级支中心1个，乡镇基层服务点13个。

三、经费投入

为使共享工程顺利建设，我们克服资金严重不足等困难，积极争取县级配套启动经费，县文广局挤出资金先行支付，启动建设。近年来随着信息资源共享工程建设需求，积极争取经费，我馆的办公经费从2008年前每年的1万元增加到现在的7.5万元，其中5万元用于文化信息资源共享工程正常运行。每镇基层服务点日常运行经费每年为4399元，3年来累计投入运营经费17万余元，每村基层服务点日常运行经费为1596元，3年来累计投入运行经费22万余元。几年来县本级及其以下各级已为信息资源共享工程投入经费约55万余元。

四、资源建设

按文化部制定的关于信息资源共享工程网络资源建设要求标准，我们规范专业标准接入信息源，现已正常接收国家中心和省中心数字资源。及时上报反馈各种信息到省中心。聘请县政府、宣传部、电视台、摄影家协会等方面的专业人员为信息采集员。

五、技术支持

为扎实做好共享工程建设专业人员配备工作，县、镇、村三级挑选综合素质好、文化水平高、懂计算机基础知识的人员担任（兼任）技术人员，从事网络管理和信息报送工作。进行分级培训，确保网络正常运营维护和信息资源搜集上报上传。县级支中心配备2名参加过省上专业培训工作人员，并担任县级以下人员的培训任务。

六、合作共建

为确保此项工程顺利进展，工程启动建设之初，积极争取县委、县政府的关心和支持，领导高度重视，部门积极配合，成立建设组织，乡镇齐抓共建，领导分工负责，制定目标任务。层层签订目标责任书，并将此项工作纳入乡镇、部门的年度考核，合作共建，顺利实施，如期达标。

七、惠民服务

文化信息资源共享工程是文化创新工程，民心工程，惠民工程，在社会主义新农村建设、农村精神文明建设、农村文化建设和农村群众脱贫致富中起着重要作用。将信息资源共享工程建设和农家书屋建设紧密结合，充分发挥文化资源和信息资源的优势合力，丰富共享工程服务内容和方式，提高服务效率和水平，推动积极健康、有益实用信息进农村、进社区，服务广大群众。利用信息资源，指导农村各类专业户查阅致富信息。让广大农民从中得实惠、受教育，建设和谐文明新农村

八、宣传推广

在文化共享工程实施过程中，我们充分利用这一惠民工程，不断加强工程建设重要性的宣传，使农村群众全面了解国家信息资源共享工程建设的意义、目标和任务。县支中心工作人员定期不定期的下到农村、农家书屋和基层服务点播放影视作品及共享工程专题宣传片，让大家学会运用和使用网络信息，发展生产，提高素质。

九、培训工作

加强基层网点技术人员专业培训是一项重要工作，与硬件建设同等重要。将专业技术人员送出去培训和县内培训并举，2008年至今，县支中心组织网点技术人员、农家书屋图书管理员、村级投影设备培训、村级摄影技术培训等多层次培训，几年来累计培训达500余人次；省馆每年安排2名县支中心专业技术人员的业务培训。聘请专门人才手把手的教授专业知识，培养县镇村网络维护和信息收集人才。

十、管理和队伍建设

信息资源全面共享，也是图书馆工作的转型工程，工作方式有别于传统纸质模式。加强专业人员管理和设备运转管理是基层中心的首要工作。我们以管理促发展，以发展促专业水平提高，不断学习、借鉴、汲取先进管理经验和模式，提高工作效率和人民群众的认可度和美誉度。将县镇村三级专业人员输入人才库，分级次培训，以高带低，吸纳新人，形成后继有人的专业队伍，现在已初步形成了县支中心2人、乡镇13人、村级76人的专业队伍。

十一．荣誉奖项

县支中心通过近年来的不懈努力，在建设中获得省创佳评差先进单位；

连续3年获得县级先进单位的荣誉称号；

单位职工多人次被评为先进工作者。

十二、工作展望

今后我们将在省、市中心的指导下，全面高质量的完成年度网点建设任务和提高工作，不断提升管理和服务水平。加强县支中心的网站建设，积极采集县域内的各种数字信息资源和柞水地方文化资源上传网站。充分发挥文化信息资源、党建信息资源和经济致富的共享建设。继续培养县、乡、村信息资源共享工程专业技术队伍，提升业务能力。

管好资源，用好资源，发挥资源最大效能和作用。充分发挥信息资源优势，传播党的声音，传播先进文化，传授致富信息，更好的服务我县精神文明建设、经济建设和社会发展。

（撰文/周友斌、熊凤琴）

全国文化信息资源共享工程——

甘肃省分中心

随着改革开放的不断深入和经济社会的发展，人民群众对精神文化需求的内容不断丰富，层次不断提高，形式越来越多，如何把群众喜闻乐见的优秀文化信息资源方便快捷地传送到群众身边，体现政府的功能，保障人民群众的基本文化权益，以先进的文化占领基层思想文化阵地，丰富、活跃基层群众的精神文化生活，进一步弘扬中华民族的优秀文化精髓，显得日益迫切和重要。2002年4月22日，在文化部召开的全国基层文化工作会议上，文化部、财政部联合下发了《关于实施全国文化信息资源共享工程的通知》，标志着全国文化信息资源共享工程（以下简称“文化共享工程”）正式在全国启动。

文化共享工程是应用现代科学技术，将中华优秀文化信息资源进行数字化加工整合，通过互联网、卫星网、广播电视网、无线通信网等新型传播载体，在全国范围内实现中华优秀文化资源的共建共享。

一、基本情况

甘肃省文化共享工程作为全国文化共享工程的重要组成部分。自2003年实施以来，作为全省公共文化服务体系的基础性工程，在构建社会主义和谐社会、保障基层群众的基本文化权益、缩小城乡“数字鸿沟”等方面发挥了重要作用，有力地推动了全省公共文化服务体系建设。

甘肃省委、省政府高度重视文化共享工程建设工作。按照《全国文化信息资源共享工程管理暂行办法》（文社图发[2002]26号）的规定，先后成立了领导小组、省级中心和联席会议，组织领导本地的文化共享工程建设工作。领导小组成立于2004年3月，由时任省文化厅厅长担任组长。其职责是宏观规划全省文化共享工程建设方向，组织、协调、指导全省资源建设和信息服务等。领导小组下设办公室，办公室设在甘肃省图书馆，负责全省文化共享工程建设有关具体业务和技术，资源制作、发布及维护管理等工作。

2007年9月，经甘肃省文化厅党组织批准，在甘肃省图书馆设立了“甘肃省文化信息资源共享工程中心”，由甘肃省图书馆从现有编制中调剂人员开展工程管理、资源建设、基层服务等工作。2009年9月经甘肃省编办同意，成立“全国文化信息资源共享工程甘肃省分中心”，为甘肃省图书馆内设机构，处级建制，核定事业编制12人。省级分中心的正式成立为全省文化共享工程建设的顺利进行起到了积极的作用。

为加强县级支中心建设，2008年1月，甘肃省文化厅、财政厅联合制定下发了《甘肃省文化信息资源共享工程县级支中心建设项目管理实施暂行办法》，规定了申报程序，实行有条件申报，明确了政府责任，规范了建设程序，提高了工程效率。同年3月，经甘肃省政府同意批转了《甘肃省文化厅、甘肃省财政厅关于进一步加强文化信息资源共享工程的意见》，明确了甘肃省文化共享工程实施的指导思想、工作原则和建设任务，成立了由咸辉副省长为召集人，文化厅、发改委、财政厅、教育厅、科技厅、卫生厅、旅游局等13个部门为成员的文化共享工程联席会议，为整合部门力量，形成建设合力，共同推进全省文化共享工程发挥了推动作用。

甘肃省文化共享工程服务网络体系初步建成，基层文化单位的信息化水平和数字资源服务能力得到了跨越式提升。“十一五”末，全省已建成1个省分中心、14个市（州）支中心、86个县级支中心、1227个乡镇和125个街道（社区）基层服务点、16147个村基层服务点，基本实现了“村村通”目标。县级支中心电子阅览室68万元设备配置、3.6TB的资源存储使县级图书馆从信息化设施基本空白、数字资源匮乏的状况一跃迈入信息化、数字化服务时代。乡镇文化站、村/社区文化室通过电脑、投影仪、移动播放等信息设备，利用优秀的数字资源开展服务，成为缩小城乡“数字鸿沟”的重要途径。

二、经费投入

甘肃省文化共享工程实施以来，“十一五”末，中央财政为全省、市、县、乡镇（街道）、村（社区）各级支中心、基层点建设累计投入专项经费1.49亿元；全省地方财政为文化共享工程建设累计投入专项经费1486.4万元。基本建成了资源丰富、技术先进、服务便捷、覆盖城乡的数字文化服务体系。

三、资源建设

数字资源建设形成规模。广泛整合数字图书馆、博物馆、艺术院团及广电、教育、科技、农业等部门的优秀数字资源，“十一五”末，全省文化共享工程通过自建、征集、委托制作、购买等方式，制作出《甘肃陇剧专题资源库》、《甘肃石窟艺术专题资源库》、《甘肃文化旅游专题资源库》、《甘肃地方特色美食专题资源库》、《甘肃红色历史多媒体资源库》等一批具有本地特色文化内涵的优秀资源库。资源建设能力得到了极大的增强，资源总量达到20TB（其中自主建设资源1.82TB），涵盖了舞台艺术、影视作品、文化专题、农业科技、公益讲座、少年文化等方面，并能过互联网、卫星网、广电网、移动存储等方式传送到千家万户。

值得一提的是，由文化部全国文化信息资源建设管理中心主办、文化共享工程甘肃省分中心承办的"2008年全国文化信息资源共享工程资源建设培训与交流工作会议"于2008年10月27日至30日在甘肃兰州召开。来自全国30多个省、直辖市图书馆主管资源建设的馆长、资源建设技术骨干80余人参加了本次会议。会议聘请了中科院图书馆常务副馆长张晓林、国家图书馆研究员孙一钢等6位专家分别就数字图书馆的标准规范体系、数字图书馆资源数字化标准的实践等方面进行了演讲。本次会议的成功举办为我省下一步地方特色资源建设起到了积极的作用。

四、技术先进

技术手段不断创新，工作队伍初步建立。甘肃省已经成互联网、卫星网、有线（数字）电视、电子政务专网、VPN专网、光盘(移动硬盘)多种传输渠道，并积极探索面向"三网融合"的网络电视、IPTV、3G等新兴技术手段，创新实践入户服务。

五、人员培训

按照国家中心有关开展技术培训的要求，结合自身人力、物力、财力，定期或不定期的开展多种形式的技术培训。自甘肃省文化共享工程实施以来，尤其是"十一五"期间，通过集中培训、远程培训、现场培训等方式，累计培训全省文化共享工程业务骨干1400余人次，从事资源建设、技术支持、开展服务等工作,有效地保障了全省各级支中心和基层服务点的正常运行。与此同时，甘肃省分中心还编写了甘肃省文化共享工程专用培训教材《现代信息技术应用》，建立了甘肃省文化共享工程技术交流群（QQ群），作为开展培训工作的有力补充。

六、合作共建

合作共建机制初步形成。通过与全国农村党员干部现代远程教育工程合作共建文化共享工程基层服务，实现了"村村通"目标；与甘肃广播电视大学合作，在全省130余所分校、工作站，通过互联网、资源镜像等途径向当地群众和师生提供文化信息资源查询服务；与甘肃省信息化工作办公室签订农村信息化建设合作协议书，依托甘肃省人民政府多媒体信息卫星广播系统，把文化共享工程大量优秀的文化信息资源传输到千家万户；与甘肃省农业信息中心合作，通过省农业信息中心覆盖全省的信息网络，将为广大农民群众提供各种信息资源。通过与其他行业和部门的合作共建，极大地提升了全省文化共享工程的网络覆盖范围。

为加快推进甘肃省文化共享工程"进村入户"建设步伐，更好地为农村信息化提供服务，充分利用甘肃省信息化工作办公室的多媒体信息卫星发布平台，使广大基层群众在家中就能方便快捷地收看到文化共享工程提供的丰富多彩的视频资源。2009年，文化共享工程甘肃省分中心与甘肃省信息化工作办公室签订了《甘肃省农村信息化建设合作协议书》。

甘肃省人民政府多媒体信息卫星广播系统（以下简称卫星广播系统）由甘肃省信息化工作办公室和中央电视台图文电视部、西安交通大学数据广播研究中心、中国有线电视网络公司等单位共同合作建设。充分依托中央电视台安全可靠的卫星广播平台，信息接收不受地域地理的限制，既创新了信息传播手段，又降低了信息传播收视成本。接收端采用计算机和电视机两种方式接收卫星广播信息，能够充分利用甘肃省广大农村地区已有的中星6B卫星接收天线和电视机，操作简单便捷。用户不仅能收看中央电视台及各省市电视台48套电视节目，还能收看由甘肃省信息办自主管理的专用数据广播频道节目，具有较强的通用性和专业性，是有线电视网络、地面无线电视网络传输和接收的有效补充和拓展，实用高效。较好地解决了边远农村信息入村进户的"最后一公里"难题，具有良好的推广价值和前景。

七、服务宣传

服务效果日益明显，使文化共享工程成为深受广大群众欢迎和喜爱的"民心工程"。"十一五"末，全省文化共享工程累计服务超过1600万人次。文化共享工程走进农村、走进社区、走进军营、走进学校、走进企业，通过优秀的数字文化资源，初步满足了基层群众"求知识、求富裕、求健康、求快乐"的普遍需求，初步缓解了农民群众看书难、看戏难、看电影难的问题。紧密围绕国家大局，结合重大节日和事件，开展了"文化共享长征行"、"文化共享奥运行"、"文化共享新春乐"、"文化共享杯"知识竞赛、"国事盛典文化印证"主题展览、"文化繁荣　岁月如歌"主题展览、"改革开放30周年与图书馆、文化共享工程征文、影摄活动"等多种形式的服务活动，并通过甘肃省分中心工作简报、网站（www.gswhgx.cn）、报纸、电视台等新闻传播载体进一步扩大宣传报道。

2008年5月12日，发生在四川汶川的8.0级强烈地震，给人民群众生命财产造成了巨大损失。强烈地震波及甘肃省，相邻四川的陇南市、甘南藏族自治州等地受灾严重。灾情发生以后，文化共享工程甘肃省分中心立即行动起来，组建文化共享工程服务小分队。从6月2日至6月7日，文化服务队一行五人先后奔赴陇南市武都区、康县、成县，天水市秦城区、麦积区等地，深入图书馆、乡村、学校，行程1400多公里，住帐篷，吃方便食品，克服了许多困难，为灾区支中心赠送购置的光盘播放设备和国家管理中心提供的光盘资料，为灾区群众播放文化共享工程优秀影片。赠送和播放的资源内容主要包括地震预防知识、震后自救、灾区防疫、食品安全、心理援助和一些激励人民斗志的影片、奥运节目等，对于帮助他们消除自然灾害带来的心理创伤，鼓足勇气，振奋精神，坚定信心，汇聚力量，发挥了积极有效的作用，为灾区重建家园尽了一点微薄之力。深刻感受到一方有难，八方支援的人间真情。一路上，随处可见满载救灾物资的车辆从四面八方向灾区飞驰；随处可见单位、个人支援灾区的具体行动；随处可见人民解放军帮助灾区群众重建家园的身影；随处可见医疗卫生队救死扶伤和国际友人为灾区忙碌的身影。

残疾人是社会中一个特殊而又不可忽视的群体，由于他们在心理、生理以及人体结构的某一部分异于常人，给他们的生活、学习和工作带来极大不便。他们是一个数量众多、特性突出、特别需要帮助的弱势群体。据甘肃省残疾人联合会统计，我省现有各类残障人士共计187.1万，其中视力障碍人士约31.4万。为保障残疾人的阅读权利，不断提高残疾人的自身素质，满足残疾读者的精神文化需求，根据《甘肃省残疾人事业“十一五“发展规划》与配套实施方案的要求，甘肃省图书馆文化共享工程甘肃省分中心与甘肃省残疾人联合会协商，决定在甘肃省图书馆成立甘肃省残疾人阅读服务中心，建立盲文及盲人有声读物阅览室，专门为视障读者提供阅读和外借服务。2010年5月14日，在第20次全国助残日来临之际，第四届甘肃省残疾人书画摄影展暨省残疾人阅读服务中心揭牌仪式在甘肃省图书馆举行。2011年3月1日，免费上门接送盲人读者的“阳光工程”正式启动。盲人读者接入馆内，即有专门的工作人员进行一对一的服务。工作人员按照盲人读者的需求，负责设备的调试，书籍的借阅以及网上的信息检索、下载服务等。到了中午用餐时间，工作人员还负责提供免费午餐，盲人读者阅读结束后，由专人负责将其安全送返。经过大家的不懈努力和勤奋工作，“阳光工程”得到了社会各界的认可。2011年7月17日，甘肃卫视对甘肃省残疾人阅读中心进行了采访，同时，中央电视台晚7点的《新闻联播》节目播出我馆推出的免费接送盲人读者到馆阅读的“阳光工程”的视频，赞扬甘肃省图书馆、文化共享工程甘肃省分中心在为弱势群体服务方面的措施。2006年3月，《国务院关于解决农民工问题的若干意见》正式发布，农民工的诸多问题日益受到国家高层和社会各界人士的关注。同年5月，甘肃省图书馆、文化共享工程甘肃省分中心开展在兰州市附近的建筑工地放映优秀国产电影的展播活动，首次将农民工这个社会群体纳入图书馆服务和关注的范畴，仅当年就在4个建筑工地的工棚前播放影片15场次，观众超过2000人。

在这个活动的影响下，许多农民工第一次知道了图书馆，知道了文化共享工程。2008年，甘肃省图书馆、文化共享工程甘肃省分中心在距离兰州市150公里以外的我国大型发电企业大唐电信公司甘肃景泰电厂建立首个工地图书流通通站、文化共享工程基层服务点，帮助工程建筑人员提升劳动技能和文化素养。2012年，在定西市安定区的甘肃海旺建筑安装有限责任公司建立图书流通站、文化共享工程基层服务点。4月23日，在第17个世界读书日来临之际，甘肃海旺建筑安装有限责任公司图书流通站正式对外开放。针对城市农民工日益增多但普遍存在就业难、就业层次低、就业渠道不畅、劳动保护意识差等状况，经多方协商，从2007年开始，我馆与兰州市城关区渭源路办事处和南河社区联合创办了市民教育基地，重点开展社区居民和进城务工人员的专业技能培训、专业知识宣讲、法律知识宣讲等工作，邀请专业人士来馆进行专题培训，答疑解惑，帮助农民工提升劳动技能，强化他们在维护自身合法权益等方面的意识。为进一步推进和提升对农民工的服务工作，在此前活动的基础上成立了“农民工之家”，开辟专门场所，对各部门开展的宣传、培训、送书上门、电影展播等工作进行整合，规范管理，并举办各类交流、联谊活动，及时捕捉农民工的文化需求信息，有针对性地开展对农民工的服务工作。

为加快文化共享工程在西部地区和老少边穷地区的实施，使当地广大人民群众享受到丰富的文化信息资源，全国文化信息资源共享工程在2004年度和2005年度分别在全国实施了国家资助文化共享工程基层示范点在建设项目。甘肃省2004年、2005年度分别获得35个和32个基层示范点的建设任务，并先后被国家管理中心评为一等奖和三等奖。2011年5月，在文化部全国文化信息资源建设管理中心开展的“颂歌献给党——全国文化信息资源共享工程迎接建党90周年群众歌咏活动”中，甘肃省分中心荣获优秀组织奖。2012年3月，在文化部全国文化信息资源建设管理中心主办的“像雷锋那样……”2012年全国中小学生电脑小报设计比赛中，甘肃省分中心荣获优秀组织奖。

八、工作展望

以“全社会共建，全网联动，全民共享”为发展方向，到2015年，将全省文化共享工程建成资源优质丰富、技术先进实用、传播高效互动、服务贴近便捷、管理科学规范、体系完整可控的全覆盖、全媒体、全天候、智能化的数字文化传播服务网络，实现“时时可看，处处可学，人人可享”。建立健全政策保障、资金保障、人才保障机制，建立补贴机制和激励机制，实现全省文化共享工程的可持续、健康发展；发展完善省、市、县/区、乡镇/街道、村/社区五级网络体系，实现文化共享工程在城市、乡村的全覆盖，构建城乡一体化的公共文化服务网络；加大整合力度，建立全社会资源共建机制，建立资源共建共享平台。重点建设若干适用性强的资源库；利用先进技术对工程网络进行全面优化。利用技术手段降低运行维护成本。不断探索和创新，逐步形成具有甘肃地域特色的技术服务模式，实现“进村入户”的目标；创新服务业态，打造服务品牌。利用全省文化共享工程电子阅览室免费开展“绿色网络空间”服务。利用全省文化共享工程基层服务点，在城镇社区、乡村文化站、室开辟“文化网络培训”学校，开展多层次多视角的培训工作；继续加强与全国农村党员干部现代远程教育、甘肃广播电视大学、甘肃省信息化工作办公室、甘肃省农业信息中心等单位和部门的合作。进一步扩大共建共享范围，使文化共享工程延伸到全省经济社会发展的每一个角落。

（撰文/甘肃省分中心）

兰州市支中心

全国文化信息资源共享工程于2002年4月正式启动，它是公共图书馆延伸服务的重要支撑，为丰富和满足本地区广大人民群众日益增长的文化需求，实现资源共享，促进文化大发展大繁荣发挥着重要作用。

2003年4月，以兰州市图书馆为依托的文化共享工程兰州支中心正式建成并投入运行，支中心的启动在我市起到了宣传和示范的作用。

随后在兰州市图书馆的积极争取下，市政府自06年到09年加大资金投入，建设了59个县区及乡镇文化共享工程服务点，各级中心和服务点架设有卫星接收器，可以通过卫星电视接收国家中心有关科普、农业教育类电视节目。目前，以兰州市图书馆为依托，以县区图书馆、乡镇文化中心、村文化活动室为网络的遍布全市的共享工程四级架构基本建立，各基层服务点正常开展工作。

一、网点建设

截止2011年底，兰州市支中心共建成了59个基层服务点，其中3个共享工程县区级支中心，10个乡镇和46个村级基层服务点，在兰州市消防支队和下属10个中队建成共享工程基层服务点。

共享工程兰州市支中心成立于2003年，该机构隶属于兰州市图书馆。兰州市支中心目前仅有50万左右的软硬件配置，现有硬件设备：服务器6台、计算机106台、带宽20M、打印复印一体机1台，扫描仪1台，刻录机1台、投影仪1套等。文化共享工程所配的软硬件设备通过电子阅览室、报告厅等窗口为读者提供服务。

县区级中心及乡村基层站点设备配置为：HP ML150T03服务器，方正尊越计算机9台，投影仪（幕布）一套，HP1020打印机1台，卫星小站设备1套等。

二、经费投入

市级支中心国家投入50万元，每个县级支中心及乡镇服务点各投入68万元，基本保障了文化共享工程各项工作的顺利进行。

三、资源建设

支中心目前已接收了1.5个T的资源，更新资源300G，近十年时间利用国家中心和省级中心下发的光盘资源，复制刻录光盘2000余张，免费赠送各基层服务点，丰富了基层文化需求。

四、合作共建

兰州市支中心根据实际情况和共建单位的需求，于2008年5月在兰州市消防支队和下属的10个中队挂牌建成文化共享工程服务点，每年免费赠送光盘资源，并利用支中心设备定期开展“优秀影片展播”活动。

五、惠民服务

兰州市支中心自建成后，借助文化共享工程服务平台，充分利用文化共享工程设备和资源，通过阵地服务和流动服务等方式，开展各项读者服务活动，不仅满足了广大读者的阅读需求，丰富了群众的文化生活，也营造了浓郁的文化氛围。

一是市支中心充分利用文化共享工程网络平台和数字资源，发挥公共电子阅览室的阵地作用，免费向广大市民提供文化共享工程资源和清华同方、人大报刊资料等数字资源。

二是在报告厅不定期开展视频讲座和优秀影片展播活动，丰富到馆读者的文化生活。

三是利用共享工程中心的优秀资源走出去开展各项文化惠民活动。

2010年3月7日下午，在“三八”国际劳动妇女节100周年来临之际，共享工程兰州市支中心工作人员来到帮扶点--榆中县和平镇马家山村，给马家山村赠送支中心制作的电影、讲座光盘30张，并带去投影仪器设备，为150多名妇女播放了《知识与健康》讲座，受到广大村民的欢迎。

2010年5月24日—5月30日组织了一场电子资源使用方法讲座，近40名职工和读者聆听了讲座。

2010年8月举办了“文化共享工程兰州市支中心少年网页设计培训暨竞赛”活动。本次活动吸引了30名中小学生的参加，深受家长的支持和好评。七件作品分别获一、二、三等奖，其中三幅作品被专家推荐到“甘肃省文化共享工程中心”进行参赛。

2012年在4月23日第17个“世界读书日”这天，为了引导农民工子女多读书，读好书，让他们在快乐中增长见识，兰州市支中心走进了位于雁滩滩尖子村农民工群居地的图书馆--“绿云书庵”，开展了形式独特的阅读推广活动，为外来务工人员及农民工子女播放了共享工程视频“学习雷锋好榜样”等光盘资料，并举办了有关科普、雷锋事迹和世界读书日等知识的有奖竞猜活动。截止2012年11月底，共开展读者服务活动200多场/次，参与群众达8万多人/次。

六、管理和培训

兰州市支中心现无专职人员，由兰州市图书馆网络部全面负责文化共享工程各基层服务点设备维护及各项活动的开展。

2007–2009年兰州市支中心共举办了五次共享工程人员培训班，培训县区及乡镇基层工作人员300余人。

2010年，为了贯彻落实文化部《关于进一步做好全国文化信息资源共享工程2010年度工作的通知》精神，积极推动我市文化共享工程设施网络建设，支中心于10月下旬，积极主动对已建立的59个县区支中心、乡镇、村级基层服务点的工作及设备运行等情况进行了实地检查、调研，并现场进行技术和业务指导。实地调研为期近1个月，总结了经验，发现了问题。

七、工作展望

文化共享工程是新形势下构建公共文化服务体系、惠及千家万户的一项重要文化基础工程，是公共图书馆服务功能的延伸，兰州市支中心将在国家中心和省中心的指导下，更好的利用文化共享工程先进的设备优势和资源优势，发挥支中心带动和辐射作用，创新服务方式，通过开展形式多样的服务活动，提高文化共享工程的社会影响力，使文化惠民工程走进学校、走进社区、走进农村。

（撰文/兰州市支中心）

兰州市西固区支中心

西固支中心2007年底被甘肃省文化厅确立为全省建设文化信息资源共享工程县级支中心的25个县区之一，2008年11月被确定为全国文化信息资源共享工程100家试点县（市）之一。2009年4月由共享工程省级分中心负责改造完成了区图书馆20平米的文化共享工程主控机房和70平米的电子阅览室。

一、基本情况

1、基础硬件设施：共享工程西固支中心现具备卫星接收条件、架设有卫星接收器，可以接收卫星电视，接收国家中心有关科普、农业等教育类电视节目。接通、安装了10兆光纤通信，能同时接收天网（卫星）和地网（因特网）的信息传输。主控机房存储已达到5TB的存储能力。现有计算机32台、应用服务器1台、业务服务器3台、交换机1台百兆防火墙1台等设备。

2、运行现状：支中心成立以来，结合日常服务宣传活动，利用现有资源和设备，开展了一系列读者服务活动，进农村、进校园、进社区常年免费为基层农合、中小学生、广大市民放映科技、教育、娱乐性光盘活动，不断扩大共享工程的影响力。年开展活动20余次，播放各类光盘100多张，送书下乡5000余册，电子阅览室年接待读者1万人次以上。在每年春节、国庆等节假日，开展各类知识竞赛、猜谜活动，取得了一定的成效，受到广大市民的广泛好评。

3、经费投入：国家投入68万元，区财政每年投入10万元，保障了文化共享工程建设的顺利进行。

4、基层网点：西固区支中心现有6个乡镇基层服务中心，42个村级基层服务点。

二、发展规划

1、依照省、市级中心的安排，西固区图书馆作为县级支中心，依靠图书馆本事的数字化优势担负好基层中心的管理、资源更新、日常技术维护等职责，并把数字图书服务作为重要内容。2、西固区支中心现有6个乡镇基层服务中心，42个村级基层服务点。随着文化共享工程建设的不段深入，西固区支中心结合当地实际，用现有资源和设备，实现"村村通"和"共享工程"相结合。3、开展日常为民惠民服务，搜集、整理适用于当地群众的政策法规、先进性教育、农业科技、文化体验、防疫保健、科普知识等共享工程信息资源，特别是大量收集农村实用技术信息，并将下载的共享工程资源信息刻录成DVD光盘，通过县、乡、村三级文化服务网络及其他途径传输信息，扩大宣传面。

三、工作展望

1、加强区中心基础设施及软硬件建设。与县级支中心数字图书馆建设精密结合，更好地运用互联网站、移动硬盘、光盘等手段，提高资源传输质量和服务水平。2、发展基层服务网络，建设数字文化资源。以农村服务网点建设为重点，以图书馆、文化馆、乡镇、街道文化站、村、社区文化站、校园网、有线电视网为依托，建设遍及全乡的服务网络。3、建设管理与技术骨干队伍。加强文化、科技信息资源自动化、网络化建设和专业技术人员的培训，积极采取培养与引进、自由队伍和社会队伍相结合的方式，组建一支适合文化共享工程建设需要的管理、技术保障和基层服务队伍。4、充分发挥县级支中心、乡镇文化站、村文化基层服务点共享工程优势和作用，使共享工程在基层群众中遍地开花。5、建立需求反馈迅速、资源提供及时、群众使用方便的服务机制，实现技术有保障、服务有标准、管理有规范，不断拓展服务领域，提高服务水平。6、确保文化共享工程建设所需要的设施设备经费、资源建设经费、网络维护经费、日常运行经费等。加强资源建设与管理的规范性和连续性，逐步建立完善合作互利的共建共享机制。

（撰文/张 辉）

兰州市安宁区支中心

兰州市安宁区支中心，在甘肃省各级党委、政府、安宁区委、区政府的大力支持下，始终以科学发展观为指导，以保障人民群众基本文化权益为宗旨，以未成年人、老年人、进城务工人员等群体为重点服务对象，依托全国文化信息资源共享工程的服务网络及国家图书馆的数字资源，大力推进免费开放政策，加强未成年人的规范化管理，丰富数字资源供给，积极开展各项服务活动，工作上取得了一定成效。

一、整体情况

文化共享工程安宁区支中心建立于2009年3月，设有公共电子阅览室60平方米、主机房20平方米和多功能厅50平方米，配有服务器3台，卫星接收系统1台，主干交换机1台，业务终端计算机34台，便携计算机，投影机，投影幕，数码相机，数码摄像机等，并接通8M光纤，目前已接收卫星传输资源2TB。

安宁支中心共设有街道基层服务点5家，社区基层服务点13家，开展基层业务培训约10次；公共电子阅览室共接待读者约1.3万人次，举办讲座、视频等38次，约800人次。财政每年下拨文化共享工程专项经费7.5万元，保证了安宁支中心各项服务工作基本完成。

二、服务宣传工作有序开展

安宁支中心自建设以来，积极开展特色服务活动，创新数字文化服务机制，实现文化资源共建共享。

1、文化资源科普行

安宁区为国家级经济技术开发区，是甘肃省首家也是兰州新城区建设的重点区域。安宁区地处兰州盆地中端，南依黄河，北靠青山，系冲积、洪积、坡积而成。气候四季分明，光照充足，昼夜温差大，发展农业生产具有得天独厚的条件。安宁区被确定为蔬菜、水果生产基地，耕地面积最多时达35450亩，其中蔬菜地11536亩，园地23916亩。蔬菜总产量9359万斤，栽培品种达100余种。其中十里店小韭、灯笼辣椒、安宁刺瓜列入中国优良蔬菜品种名录。水果总产量1131万斤，栽培品种达264个。安宁白凤桃被中国果品流通协会评为“中国十大名桃”。安宁区图书馆根据这一情况，定期整理有关资源，下基层为安宁区基层服务点的农民朋友们播放例如《怎样提高蔬菜种植效率》、《大棚蔬菜栽培技术》等一系列科普教育片，受到广大菜农的一致好评。服务期间支中心还根据科技文献资料，复印蔬菜种植技术宣传单无偿发放给村民，并制作《信息资源征求意见表》，调研了解群众信息需求，以便提高服务针对性和实效性。“共享工程”使农民在享受文化、提升个人素质的同时，也拓宽了致富的途径，充分享受到资源共享对个人、家庭、社会带来的和美共荣。

2、未成年人校外第二课堂

图书馆是学生的第二课堂，也是未成年人的德育学校，组织未成年人利用课外四点半后在公共电子阅览室观看最新的电影大片，爱国电影、播放家庭教育视频讲座等，同时，结合馆内少儿阅览室的读物，引导学生们自觉的参与到读书写作中去。使家长们认识到家庭教育是基础，言传身教是途径，严爱结合是关键，引导孩子们朝“德才兼备”的方向走。浓郁的文化氛围深受广大中、小学生的喜爱及学生家长的好评，未成年人用一种自己喜欢的方式学习了历史、增长了学识，赢得了家长的广泛赞誉。

3、普及数字资源

借助公共电子阅览室平台，广泛开展了形式多样的辅导、咨询、培训等惠民服务，如：浏览查询互联网信息、欣赏影视等操作，利用15000册电子文献数据库，采用Web查询界面，ASP手段检索的方式阅览电子文献。数字文化资源得到了进一步普及。

4、关注弱势群体

为进一步让盲人读者像正常人一样使用电脑，文化

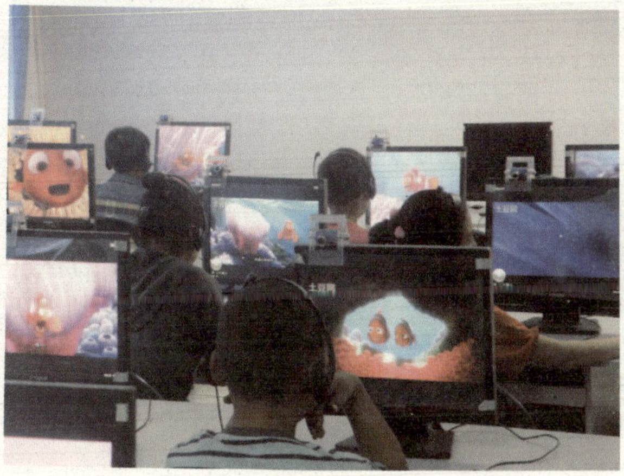

共享工程安宁支中心举办了“触摸网络世界，丰富阅读生活”为期五天的电脑培训班。在培训班上，工作人员采用通俗易懂的语言讲解计算机基础知识，手把手耐心、细致地教他们如何触摸键盘，盲摸打字，在学会打字的基础上，利用阳光读屏软件，听着语音提示，进行网上冲浪、聊天娱乐、享受电子图书、音乐欣赏、在线讲座等精彩的听觉盛宴。让盲人读者初步学会了利用现代化多媒体工具上网、学习，平等的享受图书馆提供的公共服务，使他们单调的生活变得丰富多彩。

为满足弱势群体对读书的各种需求，安宁支中心开展温馨服务，送书上门等活动。派专人每月定时为不方便来图书馆阅读的群众送书、指导阅读等服务，此项活动温暖了行动不便、老弱病残的特殊群体，使图书馆的服务工作延伸到每一位需要读书的人群当中。

5、汉字录入比赛

安宁区图书馆利用先进的计算机设备，定期开展针对未成年人的汉字录入比赛，以此提高未成年人对键盘的熟悉程度和打字速度，加强未成年人计算机应用能力、实践动手能力。

6、老年人计算机培训

为了帮助和鼓励老年人上网，拉近老年人与网络的距离，消除青年与老年、新兴科技与老年生活的数字鸿沟，安宁区图书馆举办“过健康生活，做健康老人”老年人电脑培训班，让老年人像年轻人一样上网浏览网站信息、看新闻、看小说等。工作人员手把手地指导老年人网上看新闻、看电影、下载音乐、聊天、收发E-MAIL等。参加培训的老人年龄最大的72岁，平均年龄在60岁左右，他们学得非常认真，不懂之处“打破砂锅问到底”，直到自己明白操作为止。老年人这种学习精神打动了我们，我们将会继续为老年人创建学习平台，让他们老有所学，老有所乐，提高自身修养，增进身心健康，也让他们充分感受现代科技给老年生活创造的便捷。

三、注重人才培养和队伍建设

文化共享工程安宁支中心专职工作人员2人，均毕业于全日制大中专院校计算机专业，有着较高的思想水平和业务素质。安宁支中心派代表分别参加2009年、2011年“文化共享杯–全国文化信息资源共享工程知识与技能竞赛”，以优异成绩进入市支中心、省中心赛区，获得一等奖、二等奖，并代表全省县级图书馆文化共享支中心参加全国第一、二届“文化共享杯——全国文化信息资

源共享工程知识与技能竞赛”，并取得了好成绩，从而展示了安宁支中心工作人员的能力与风采。

四、未来规划

文化信息资源共享工程安宁支中心将不断加强数字化资源管理，积极探索文化惠民服务新方式，加强文化共享工程在村基层服务点的宣传力度，切实提升惠民服务水平，打造出一批有社会影响力的品牌活动，为促进公共数字文化建设、传播社会主义先进文化、推动社会主义文化大发展大繁荣注入新活力。

（撰文/党长杰）

兰州市红古区支中心

文化部信息资源共享工程由文化部、财政部共同组建实施，利用现代先进的科学技术将各类文化信息资源精华，贴近大众生活的社会文化信息进行数字加工整合，再通过互联网络等现代传播手段，向社会和公众提供文化信息资源服务。

红古区成立区级文化信息资源共享工程支中心的请示报告于2008年4月初上报到甘肃省文化厅。随之，建成文化信息资源共享工程基层中心5家，分别建于窑街综合文化站，红古乡综合文化站，花庄镇综合文化站和平安镇综合文化站。接着建成文化共享工程村级服务点6家，分别是下海石村，水车湾村，岗子村河湾村，张家寺村和平安村。2008年8月，红古区图书馆建成文化共享工程基层支中心，配备有电脑及投影等设备5万元。基层中心建成后，我馆即利用文化共享工程设备，举办视频讲座，放映优秀影片等活动，充分发挥了有关设备资源优势，实现了资源共享。红古区电子阅览室于是2009年底建设完成并挂牌。电子阅览室配置电脑及桌椅30台，应用服务器1台，业务服务器件3台，主干交换机1台等网络及接收设备。电子阅览室面积100平方米，自挂牌之日起，正常开放，为公众提供互联网信息浏览，查阅服务，电子文献阅览，信息资源导航等基本数字阅览服务。2012年中，又向兰州超星公司购买电子图书2万册，方便了读者直接、便利、高效、查阅自己所需技术及文艺作品，也实现了我区馆藏电子图书的零突破。积极组织开展不同层次、不同类型、不同规模的数字阅览活动，让城乡居民更多地了解公共电子阅览室建设的意义和作用，进一步完善和宣传推广机制，扩大社会影响力，这是红古区文化信息资源共享工程支中心做的最多的工作。红古区支中心按照文化部《公共电子阅览室管理规范》要求，建立健全管理制度，坚持用户上网实名登记，限时上网，确保公共电子阅览室安全运行。严格遵守未成年读者上网时间及其相关规定。坚持公益免费的原则，不断完善服务内容，提升服务功能吸引更多公众，利用享受安全优质网络文化服务，保障未成年人在绿色健康网络环境阅读。

红古区支中心在充分运用现代技术手段，建立和完善网络安全和资源管理技术平台、完成网络设施维保和网络设备的更新升级优化上下力气，努力实现充分利用国家数字图书馆及全国文化信息资源建设管理中心、省、市分（支）中心提供的专题资源。努力为基层电子阅览室做好资源配置、供给工作，逐步形成资源输送、利用、跟踪、服务的网络体系。截止2010年，我区支中心和乡村（街道社区）基层建设方面达到文化部规定标准，覆盖率达到100%。就农村服务站点而言，红古区“共享工程”支中心，依乡镇文化站为依托，辐射村级服务点，探索共享工程农村基层服务点建设的可行方案。但由于资金和设备匮乏，经费落实艰难等，导致正常运行仍有一定困难。采用方式方法多以将现有的共享工程资源采取移动硬盘复制的办法，由乡镇文化专干逐点进行安装。为群众提供资源借阅，播放视频影视节目，使群众享受到先进文化带来的诸多便捷。

总之，红古区文化信息资源工程自挂牌启动以来，通过各级共同努力，按照公益性原则，规范运作行为，严格内部管理，积极运作。我们将继续努力，以十八大召开为契机，以科学发展观为指导思想，坚持中国特色社会主义理论体系最新成果，创新驱动，求实创新，把“共享工程”资源利用，发挥到极致。

（撰文/马正纲）

永登县支中心

文化共享工程已成为公共图书馆延伸服务的重要支撑，为丰富和满足本地区广大人民群众日益增长的文化需求，实现资源共享，促进文化大发展大繁荣发挥着重要作用。

一、基本情况

共享工程永登县支中心成立于2005年，配发设备有卫星接收服务器1台、电脑1台、投影仪1套及DVD播放工具等，该机构隶属于永登县图书馆。2007年永登支中心作为甘肃省首批文化共享工程建设试点县之一，于同年12月底建成并运行，硬件设备完成了全面的升级与改造，投入设备总价值达68万元。五年来，县级支中心利用文化共享工程先进设备，优秀资源，利用阵地服务和流动服务的方式，结合当地实际，因地制宜，坚持“五走进”（进农村，进社区、进学校、进军营、进监狱）原则，开展一系列读者服务活动，取得了一定的社会效益，极大地提升了图书馆的社会影响力。特别值得一提的是每年利用节假日进永登监狱开展的“播放爱国优秀影片，促进改造重塑人生”活动，已成为永登支中心服务品牌。

永登支中心现有硬件设备：浪潮服务器3台、计算机33台（4M宽度上网）、打印复印一体机1台，扫描仪1台，刻录机1台、投影仪1套等。设置的部门有主控机房、电子阅览室、资源加工室、多媒体室（报告厅）等服务窗口，同时，文化共享工程所配的软硬件设备为公共图书馆免费开放服务提供了保障。

二、网点建设

截止2011年底，现已建成县级支中心1个，乡镇、村基层服务点258个（其中乡镇18个，行政村240个），实现了本地区文化共享工程全覆盖。

三、经费投入

县级支中心国家投入68万元，乡镇、村累计投入103万元，保障了文化共享工程建设的顺利进行。

四、资源建设

县级支中心自2007年年底建成后，五年时间利用国家中心和省级中心下发的光盘资源，复制刻录光盘1500张，免费赠送各基层服务点，基本满足了其资源需求。

五、合作共建

永登支中心根据实际情况和共建单位的需求，于2008年5月在永登监狱挂牌建成文化共享工程服务点，每年免费赠送光盘资源，并利用支中心设备定期在永登监狱开展"优秀影片展播"活动，对在押服刑人员的积极改造起到了宣传教育作用。

六、惠民服务

永登支中心充分利用文化共享工程先进设备和优秀的文化资源，利用节假日，借助文化共享工程服务平台，以阵地服务和流动服务为载体，坚持"五走进"原则，开展各项读者服务活动，不仅为节日增添了浓郁的文化气息，而且也营造了欢乐祥和的社会氛围。一是县支中心充分利用文化共享工程网络平台和数字资源，发挥公共电子阅览室的阵地作用，开展"共享文化成果，亲子携手上网"，"远离网吧，从我做起"等一系列贴近实际、贴近生活、贴近群众的文化服务活动。二是在报告厅开展"名家视频讲座"，"优秀影片展播"活动，丰富读者的文化生活。三是深入乡村中小学开展"文化知识讲座"，"优秀影片展播"活动，丰富广大学生的业余文化知识。四是深入农村开展"种养殖技术培训讲座"活动，帮助农民掌握种养殖等方面的实用技术等等一系列服务活动。使他们真正感受到了公共文化惠民服务给他们的工作和生活带来的变化和喜悦，受到了当地广大师生和民众的欢迎和好评，截止2012年11月底，共开展读者服务活动150场（次），参与群众达5万多人（次）。

七、管理和培训

永登支中心现有专职人员1人，兼职人员1人，负责文化共享工程设备管理和维护，对外宣传和开展各项服务活动。本中心针对专业技术人员的实际操作水平，积极参加省中心和市中心举办的文化共享工程方面的有关培训5次，全面提高了文化共享工程技术人员的实际操作水平，保障了县级支中心各项活动的顺利开展。2007年11月20—22日还举办了全县17个乡镇，25个行政村基层服务点管理人员培训班，邀请省中心技术人员授课，共42人参加了培训，通过培训使他们基本掌握了配发设备的使用和操作方法。

八、工作展望

文化共享工程是新形势下构建公共文化服务体系，惠及千家万户的一项重要文化基础工程，是实现广大人民群众基本文化权益的重要途径，永登支中心将在上级管理中心的指导下，更好的利用文化共享工程先进的设备优势和资源优势，不断创新服务方式，针对本地区不同人群开展形式多样的服务活动，来丰富广大人民群众日益增长的精神文化需求，通过各项服务活动的开展，进一步延伸公共图书馆服务，提高文化共享工程的社会影响力，文化共享工程已成为促进当地文化大发展大繁荣的有效载体。

（撰文/永登县支中心）

榆中县支中心

榆中县现辖23个乡镇，268个村和4个社区，人口42.76万。我县文化共享工程从2006年实施以来，坚持以公益性为主，立足为民服务，积极开展丰富多彩的文化服务活动，已成为图书馆服务的重要支撑，为丰富和满足本地区广大人民群众日益增长的文化需求，实现资源共享，促进文化大发展大繁荣发挥着重要作用。

一、基本情况

共享工程榆中县支中心的建设起步于2007年，始由甘肃省分中心配备服务器、投影设施、卫星接收设备各一套；2008年4月，共享工程兰州市支中心又配备服务器、投影设备各一套、用户机三台；2009年3月，由国家投入68万元资金，建立起电子阅览室，自此榆中县支中心的建设全面完成。该机构隶属于榆中县图书馆，为全县文化信息资源的管理中心。几年来，县支中心利用文化共享工程先进设备和优秀资源，开展了一系列读者服务活动，取得了一定的社会效益，极大地提升了图书馆的社会影响力。特别是多媒体室开展的周末少儿专场活动，已成为榆中县支中心的服务品牌。

榆中县支中心现有硬件设备：服务器5台、磁盘阵列1台、交换器1台、百兆防火墙1台、UPS不间断电源1台、计算机38台（6M光纤宽带）、打印复印一体机1台，扫描仪1台、投影仪3套。设置的部门有主控机房、电子阅览室、资源编辑室、多媒体室等服务窗口，共享工程的设备及资源为图书馆的信息服务提供了有力保障。

二、网点建设

2007年甘草店镇、定远乡猪咀岭村、金崖镇邴家湾村、来紫堡乡冯湾村5个乡镇进行了试点，配置计算机、投影仪和屏幕、卫星接收器、移动播放器等价值5万元的设备。2008年，在青城镇、三角城乡高墩营村、定远镇定远村、来紫堡乡黄家庄村、贡井乡吕家岘村等5个乡镇村进行了逐步推进。2009年，实现了全县行政村的全覆盖。截止2011年底，已建成县级支中心1个，乡镇、村基层服务点291个（其中乡镇23个，行政村268个），配置设备有计算机、投影仪和屏幕、卫星接收器、移动播放器、影碟机、音箱、标识牌等，基本实现本地区文化共享工程全覆盖。

三、经费投入

县支中心由国家、省、市累计投入76万元，（其中：国家68万元，省中心5万元，市中心3万元），乡镇、村累计投入113万元，保障了文化共享工程建设的顺利进行。

四、资源建设和技术支持

县支中心配备一名计算机专业的工作人员，专门负责共享工程县支中心的日常管理工作，保障了共享工程资源的正常接收、传送及设备稳定运行。五年来，利用国家和省、市级中心下发的光盘资源，采用光盘和硬盘传送文化共享工程资源，免费为基层服务点和学校提供资源，基本满足其资源需求。

五、惠民服务

县支中心利用共享工程设备和资源，借助文化共享工程服务平台，以阵地服务和流动服务方式开展各种活动，收效显著。一是阵地活动。每逢双休日、节假日，播放经典电影、少儿动画片、专题讲座等，每周接待读者约300余人次。二是培训活动。针对少年儿童、老年人和基层服务点，举办实用技术培训，提高其学习、生活和生产的能力。三是主题性活动。举办"童心贺新春 阅读伴成长"百科趣味知识竞赛、"童心有爱庆六一"趣味知识竞赛、"童心向党 快乐成长"党史知识竞赛、"文明奥运"知识竞赛、电脑小报和动画设计比赛等活动，深受广大少儿读者的喜爱和好评。四是延伸服务活动。坚持"进农村，进社区、进学校、进军营、进企业"的五进原则，开展一系列服务活动，取得了一定的社会效益。截止2012年11月底，共开展读者服务活动500场（次），参与群众达8万多人（次）

六、宣传推广

县支中心根据实际情况，利用4.23世界读书日、宣传周、节假日，特别是"五一"、"十一"长假和寒暑假，集中举办各种宣传推广活动。每次活动在榆中电视台、榆中新闻网等新闻媒体宣传报道，引导群众认识图书馆的功能和作用，有效吸引了社会公众到图书馆享受文化发展的成果，取得了良好的效果。

七、管理和队伍建设

榆中支中心现有专职人员1人，兼职人员1人，负责共享工程设备管理与维护、对外宣传和开展各项服务活动。为提高本中心管理人员的专业水平，在积极参加网络培训的同时，先后参加省、市中心举办的培训5次，全面提高了文化共享工程技术人员的实际操作水平，保障了县级支中心各项活动的顺利开展。2009年8月7日，对全县基层服务点的16名管理人员进行了业务培训，通过培训使他们基本掌握了设备的使用和操作方法。

2009年8月，组织全县各基层服务点工作人员和本中心管理人员进行了《甘肃省文化信息资源共享工程知识竞赛》书面答题和网上答题活动，选拔4名基层服务点工作人员参加省中心的复赛，其中中连川乡服务点的蒋波同志，作为甘肃省基层服务点的代表，参加了在杭州举办的全国竞赛。2011年，支中心工作人员又参加了第二届"文化共享杯"知识与技能竞赛，并代表市中心参加了省中心的复赛，全面提高了管理队伍的整体素质。

九、工作展望

文化共享工程是新形势下构建公共文化服务体系、惠及千家万户的一项重要文化基础工程，是实现广大人民群众基本文化权益的重要途径，榆中县支中心将在上级管理中心的指导下，以十八精神为指导，充分发挥文化共享工程先进的设备优势和资源优势，不断创新服务方式，积极开展各项文化服务活动，丰富广大人民群众日益增长的精神文化需求，为文化榆中建设作出应有的贡献。

（撰文/榆中县支中心）

金昌市支中心

金昌市市境总面积9600平方公里，辖1县1区，12个乡（镇），138个行政村，总人口近50万人。金昌市文化资源共享工程在金昌市文广新局，金昌市图书馆支持和部署下，逐步推进，稳步发展，在新形势下为繁荣农村基层文化，满足农民多层次文化需求，传递中国民族优秀文化资源发挥了重要作用。

一、基本情况

始建于2008年的金昌支中心设在金昌市图书馆，是金昌市共享工程的建设和业务指导单位，负责保障支中心共享工程设备的运行，协调下级共享工程设备的维修，指导下级共享工程活动的开展以及开展全市共享工程管理员的业务培训和指导。在各级党委、政府的大力支持下，通过共享工程网络体系，以互联网、卫星、移动存储等设备实现优秀文化信息资源的共享。金昌支中心设有电子阅览室、主机房和多功能厅，配有服务器3台，卫星接收系统、磁盘过网络箱广大读者提供公益性文化信息服务。目前，乡、村文化站网络基本形成，金昌市区16个社区全部建成共享工程站点进入运行阶段。

金昌支中心服务器全天24小时运行，借助公共电子阅览室平台，广泛开展了形式多样的辅导、咨询、培训等

惠民服务。电子阅览室平均每天接待读者20人次，四年来共接待读者近4万人次，多功能厅为读者定期免费播放电影、家庭教育视频、讲座等，共接待读者约1100人次。利用文化信息资源共享工程配备的金盘图书管理系统，通过图书馆自动化管理，实现"无纸借阅"大大提高了图书管理员的工作效率和图书的利用率。

二、切实加强组织领导，人员配备到位

市委、市政府高度重视公共文化服务体系建设，明确提出打造文化强市的战略目标，将公共文化服务体系建设工作纳入全市经济社会发展统一规划及相关部门的目标考核，以求真务实的工作作风和踏实认真的工作态度，全心全意服务好广大市民。文化信息资源共享工程配备精通电脑技术、熟知公共电子阅览室功能、业务熟练的专业人员负责向广大市民朋友进行服务，负责设备的正常运行。并不定期对管理人员开展相关业务技能培训，树立"爱学习、善创新、严管理、勤服务、抓廉政"的工作作风，打造窗口服务的良好形象，为群众文化工作打下良好的基础。为使共享项工程真正为民所用为民谋利，金昌支中心将共享工程日常管理纳入制度化管理。每年有年度工作计划，月度有工作要点，季度有工作督导，年末有工作总结考核，并推行管理员工作日志管理，收集整理共享工程服务活动的得失，探索共享工程管理和服务新模式。

三、资源共享形式多样，服务效益显著

我中心结合实际，与全国农村党员干部现代远程教育、全国农村中小学远程教育以及信息产业、农业、科研、部队等系统广泛开展共建共享，在基层服务网络设施、服务内容、管理以及人才培养等方面进行了有效整合。基本完成文化共享工程规划确定的"村村通"目标，利用广电网络将文化共享工程和广播电视村村通有机整合到公共信息资源平台，降低建设成本，提高综合效益，充分发挥了文化共享工程和公共电子阅览室服务基层作用，且服务效益显著。

四、服务活动丰富多彩，文化惠民成效显著

文化共享工程的建设，服务是根本。在工作实践中，金昌市支中心的职员们认识到，服务要因地制宜，依据各类文化设施和场所，深入基层，深入农村，有针对性地开展丰富多彩、形式多样的服务活动。而要在广大老百姓的心目中占有一席之地，则必须以质取胜，以精品取胜，服务做到人无我有，人有我精，以此树立自己的品牌。每年四季坚持开展的文化共享活动就是很好的例证。

一年之计在于春，春若不耕，秋无所望。这个时节是农民们最繁忙，也是最需要技术支持的时候。每年春季，金昌市支中心都会联合各村文化站举办"文化共享春耕科普行"讲座，积极开展文化信息资源进农村活动，将《秸杆代粮养畜禽》、《辣椒栽培技术》等资料打印装订成册，无偿发放到种植、养殖户手中，并利用笔记本电脑和投影仪，有针对性地开展各种知识讲座，扩大了文化共享工程在群众中的影响力。

春去夏来，烈日炎炎似火烧，金昌市支中心为暑期的孩子们提供了一个寓教于乐的清凉场所。每年暑假利用图书馆电子阅览室开展"文化共享暑期电影展播"活动。充分利用文化共享工程的设备和资源，在电子阅览室举办了视频展播，先后放映了《张思德》、《鸡毛信》、《狼牙山五壮士》等影视片，深受读者的喜爱。同时，结合馆内少儿阅览室的读物，引导学生们自觉的参与到读书写作去。最新的电影大片、浓郁的文化氛围深受广大中、小学生的喜爱和学生家长的好评，赢得了社会的广泛赞誉。

秋风送爽，洗去一身暑气，正是社区居民走亲串友的好天气。每年的这个时节，金昌市支中心都会充分发挥龙头示范作用，依托社区、文明示范户、文化中心户，深入到全市16个社区开展"文化共享进社区"数字文化服务，把党建、法律、电影、戏曲、保健等优秀的数字文化信息送到居民身边，以引导和满足社区居民崇尚文明、健康娱乐的精神追求，传播先进文化，活跃群众生活，密切邻里关系，增强社区活力，为建设和谐社区作出积极贡献。

秋去冬来，冷成为每日的主旋律，而老人又是最怕冷的群体。因此在这寒冷的冬日，金昌市支中心都会深入养老院、福利院进行"文化共享关爱老人暖冬行"慰问活动，为老人们送去一份关爱，送去一份温暖，保障他们的基本文化权益，让他们共享文化发展成果。

除这四大品牌活动外，在每年一些特殊节日里，金昌市支中心也会精心烹饪一道文化大餐，让文化共享惠及更多群体。如每年的"全国助残日"到来之际，都会以丰富残疾人精神文化生活为目标，开展文化共享"全国助残日"电影展播活动，来保障他们的基本文化权益。

在"六一"儿童节期间，开展的"文化共享进校园"活动，深入各村镇学校，关注留守儿童，为他们送书送电影，丰富他们的课余生活。

在"八一"建军节来之际，为传递文化共享精神，都会深入部队开展的"文化共享军营行"活动，让文化共享"和谐风"为战士们在炎炎夏夜带去一丝清爽。

春节期间，在电子阅览室为广大青少年播放《读书精神与读书方法》、《不可不听的演讲》等讲座以及《金昌市循环经济宣传片》，既增长了孩子们的知识，又起到了一定的教育作用；还为老年人播放《中老年自我保健》、《心脑血管病食疗要方》等健康知识讲座，受到了老年人的欢迎和好评；根据市政府"三下乡"工作安排，依托文化共享工程的设备和资源，深入东街社区、中西区社区进行宣传，播放话剧《万家灯火》、《生死场》、电影《焦裕禄》，散发文化共享工程宣传单，让人们进一步了解文化共享工程。还深入到双湾镇大岔村，为农民朋友开展送文化、送科技信息活动。现场发放农村实用新技术资料300余份，向村文化室赠送图书300册，并给10户贫困户送去春耕磷肥各2袋。

元宵佳节月圆之夜，支中心举办的元宵灯谜晚会为节日的城市增添了浓浓的喜庆气氛。内容上也推陈出新，结合构建社会主义和谐社会、送书下乡工程、农家书屋工程、文化信息资源共享工程的建设等几方面内容，以彩灯、奖品广告、有奖问答等群众喜闻乐见的方式宣传党的文化惠民政策，引导城乡群众走进书屋，走进图书馆，共享文化发展成果。

这些活动都是因人而异，做到服务不同，使文化共享广人人心，深受各群体喜爱。

五、建立长效运行机制，制定完善的规章制度

领导高度重视，把文化信息资源共享工程、公共电子阅览室的标准化建设及有效运行作为我市的一项大事来抓，结合我市实际就文化信息资源共享工程、公共电子阅览室建立了长效运行机制，并制定了诸如文化工作者工作职责、工作人员岗位职责、服务承诺制度、向公众开放服务制度、免费开放安全管理制度、免费开放安全预案、文化信息资源共享室工作制度、科技培训室管理制度一系列完善的规章制度并规范上墙。明确规范要求，文化共享工程设备必须保证网络信号接通，防止线路破损、接触不良导致信号不畅。严格按照规程操作计算机、投影仪器等硬件设备，保证设备工作环境的洁净、通风、干燥，注意防尘、防潮、防热、防盗。认真做好平时的工作记录，掌握群众对文化信息资源有关服务的具体需求，充分发挥和利用文化共享工程设备和资源。各项管理措施全部到位。软硬件配置不低于文化部制定的相关标准，且各应用系统和设备设施运行正常。

六、经费有保障

结合我市实际制定了公共电子阅览室室运行情况的考核办法、运行资金使用办法以及设备资产管理办法，确保公共电子阅览室“正常高效运转”。

七、合作共建

以共享工程为依托结合全覆盖的农村数字电影厅建立电子文献资源服务中心。将各种部门下发的电子文献资源与建立的共享工程服务点结合，根据不同乡镇、村的硬件条件建立形式多样的电子阅览室和多媒体中心。通过多方不懈努力，共享工程已逐步走入基层村民生活，成为村民获取新知，娱乐身心的新渠道新平台。

八、工作展望

文化共享工程金昌支中心始终把服务群众放在第一位，积极开展各项公益性文化信息服务，传播社会主义先进文化、为推动社会主义文化大发展大繁荣注入新的活力。在省中心的指导带动下，在其他支中心的互帮互学影响下，金昌市支中心将一如既往地发挥好文化信息资源共享的排头兵作用，更好的服务好广大群众。

（撰文/杨 涛）

金昌市金川区支中心

金昌市金川区辖2个镇、6个街道办事处、27个行政村、16个城市社区和27个农村社区，总人口21.53万人。文化信息资源共享工程金川区支中心于2011年4月建成，占地面积384平方米，全年投入金额68万元，现有干部职工6人。累计投资480多万元，建成农家书屋27家，城市社区书屋16家，文化信息资源共享工程县级支中心1个，村级服务点27个，城市社区服务点16个，现已形成覆盖城乡、布局合理、便捷惠民、使用高效的服务网络体系，使城乡群众在文化信息资源共享工程中切实受益。

一、夯基础，合理构建共享工程服务网络体系。

在区委、区政府和上级文化部门的大力支持下，区文化广播影视局积极实施“文化惠民”工程，着力提高群众幸福指数，多方整合资源，积极争取中央及省上资金68万元，完成了文化信息资源共享工程区级支中心建设。以区级支中心为平台，争取省、市资金50多万元，建成了金川区数字图书馆，全面实施免费开放。金川区数字图书馆现藏书22类32万册，2000多种期刊，内设4个电子阅览室、多媒体教室、机房、文化信息资源编辑制作室、文化活动室、流动图书站，配备60台计算机为群众提供图书阅览，是全省第一家县（区）数字图书馆，将多媒体的文献信息内容，进行数字化存储与管理，采用权限管理技术保护知识产权，以分布式海量资源库为支撑，以智能检索技术为手段，以宽带高速网络为传输通道，将丰富多彩的多媒体信息传递到金川区的千家万户。从2012年起，区文广局多方筹集资金，对全区27个行政村和16个城市社区实施了文化信息资源共享工程基层服务点全覆盖建设，并根据各基层服务点人口数量配置电脑，高标准给各基层服务点配发了设备，全覆盖建设进一步完善了我区公共文化设施网络建设，对于保障基层群众文化权益起到了积极地推动作用。

二、促创新，大力拓展数字文化信息资源。

为不断创新服务形式拓展信息资源建设，充分发挥文化共享的资源优势，金川区文化广播影视局积极组织技术人员，整合社区图书室、农家书屋、党员远程教育和文化信息资源共享工程资源，开发文化信息资源共享工程服务“一站式”网络平台，上网群众只需输入一个网址，就可以登录金川区文化信息资源共享工程一站式网络服务平台，还可以在支中心及各基层服务点电子阅览室随时免费检索、阅读、收看22类32万册图书、2000多种电子期刊、报纸、经典电影等。同时，各基层服务点依托现有资源设立了流动儿童亲情对话专用平台，为留守儿童及农民工朋友提供爱心服务，并依托电子阅览室、图书室打造了“青少年绿色网络空间”等富有特色的活动平台，为广大群众尤其是青少年提供文化信息服务和绿色上网空间。工程技术人员利用共享工程网络资源内容新奇、实用性强、信息量大、数据传输快捷方便的优势，认真搜集、下载适用于农村群众的政策法规、农业科技、种植养殖、防疫保健、科普知识等共享工程信息资源，刻录成VCD光盘或宣传资料，深入农村为群众播放，并免费发放宣传单和光碟，对打破农村地区信息闭塞的状况，积极推广农业适用技术、节本增效技术，帮助村民

及时了解到相关市场、技术信息起到了重要作用。各基层服务点还不断创新服务形式，根据辖区居民活动时间实行“AB岗”和错时工作制度，实现了基层工作时间与居民作息时间的“无缝对接”，最大限度地方便居民群众，不断提高文化共享的普及率和影响力。

三、强阵地，有效利用共享工程设施设备。

为了切实提高各级文化信息资源共享工程阵地的利用率，稳步推进文化信息资源共享工程建设，区级支中心和各基层服务点广泛开展图书音像资料进农村、进学校、进社区、进军营等一系列活动，进行思想道德教育，丰富业余生活，以群众喜闻乐见的形式，把学习党和国家方针政策的热情转化为建设社会主义新农村、构建和谐社会的自觉行动。一是面向农村及农民工。在高崖子村建设工地、金沙御园建筑工地、天生炕村委广场等多地进行了专题展播10余场次，共接待观众1600余人。二是面向中老年人。为两镇敬老院及社区老年活动中心开展了资源共享服务，根据老年人平时生活的诸多习惯特点，上网下载了《离开雷锋的日子》、《科学保健》、《晚年的幸福生活》等系列视频资料和战争题材的故事片、名著欣赏讲座、金川小戏小曲等为老年人们放映。同时，开展“关爱老年人”电脑培训班2期，使他们获得了精神的强健与先进文化的关爱。三是面向广大青少年。深入各中小学校开展活动，为区一小、区二小、市区各幼儿园等多所学校，利用电影放映设备到学校播放优秀影片和礼仪知识讲座8场（次），受教育学生2700人（次），切实加强和改进了未成年人思想道德建设。四是面向军人。深入驻金部队为广大官兵播放《金陵十三钗》、《冲出亚马逊》、《开国大典》等影片4场（次），受益官兵800人。

四、拓功能，增强共享工程的吸引力。

2013年，文化信息资源共享工程金川区支中心积极筹措资金，引进了北京东方视角公司的公共数字有声图书馆，开辟了数字有声图书服务，免费向广大居民开放，零门槛入馆读书。引进的公共数字有声图书馆囊括了古今中外各类图书3万余部，以海量优质“可听”的文化为核心，一改传统阅读模式，方便了特殊群体，可听可读，部分名篇名作由著名播音员倾情朗读，并配有优美的背景音乐，可以一边欣赏文章内容一边聆听名家诵读，达到视觉与听觉的双重享受。读者还可以用U盘、手机等免费下载有声书。公共数字有声图书馆的引进开拓了文化信息资源共享工程服务群众的形式，大大提高了共享工程的吸引力，使更多的群众享受数字文化带来的快乐。

五、展未来，全力打造共享工程美好明天。

金川区心系民生，在短短的两年内，把文化信息资源共享工程建设做到全省前列，有赖于社会各界的大力支持。今后，我们将进一步完善基层服务点设施设备建设，充分利用现有设备，最大化发挥各级网点设备设施的服务能力。以有效开展服务为重心，以打造精品、优化应用为重点，以全面推动共建共享为途径，以可持续发展的体制机制作保障，逐步将共享工程建成资源优质丰富、技术先进实用、传播高效互动、服务便捷贴近、管理科学规范、体系完整可控的公共数字文化传播服务体系，实现“时时可看，处处可学，人人可享”的数字网络平台。

（撰文/金昌市金川区支中心）

永昌县支中心

永昌县总面积7439.27平方公里，总人口26.7万人，现辖6镇4乡、10个社区、111个行政村。自全国文化共享工程实施后，我县紧紧抓住这一历史机遇将共享工程作为推进文化创新、完善公共文化服务体系、提高公益性文化服务水平、促进经济社会协调发展、构建和谐永昌的重要抓手，扎扎实实地组织全县共享工程项目的实施。先后在10个乡镇建成了标准化信息资源共享工程乡镇综合文化服务站。投资500多万元建成“农家书屋”111家，文化信息资源共享工程县级支中心1个、村级服务点111个。县、乡、村三级文化服务网络体系已基本形成。

一、基本情况

文化信息资源共享工程县级支中心于2007年12月份建成投入使用，设备总投资63万元，上级配套40万元，主要设施有主控机1台、卫星接受器1台、计算机32台，配套电脑桌椅30套等。地方自筹23万元，增机20台、配套桌椅20套、光纤接入、装修等。其中建成电子阅览室40平方米、多媒体室35平方米、主控机房15平方米、综合阅览室和电子阅览室共设坐席60个。2012年3月份自筹资金20万元，建成文化馆电子阅览室，购置电脑20台、服务器一台、路游器一台及辅助设施电脑桌椅20套。2010年、2011年上级部门分别为全乡10个乡镇综合文化站配备了文化信息资源共享工程PC服务器1套、卫星接受系统1套、智能多媒体卫星机顶盒1套、交换机1套、终端计算机4台、中央控制台1套、工程应用软件1套、音箱1套、电脑桌椅4套、投影仪1套、打印机1套、电视机1套、附件1套及音箱设备一套。信息资源共享工程村级服务点上级部门为其配备了投影机1台、幕布1套、音响一对、标牌1个，DVD1台。

县级支中心2010年3月又与县电信局协商架设专线以每月600元月租通过10M光纤接入互联网。60余台计算机都可浏览共享工程的信息，现已向社会全面免费开放。支中心的建成，进一步推动了我县图书馆基础建设，实现了图书馆网络化、数字化、自动化管理。2009年至2011年分批在我县10个乡镇文化站建成文化信息资源共享乡级服务站，在111个行政村建成文化信息资源共享村级服务点。其中有电信模式终端接收点13个，卫星模式终端接收点111个。111个卫星模式接收点和农村党员干部现代远程教育工程为一套设备由县委组织部负责实施，由县文广局负责设备配发。县图书馆负责指导设备

的调试、运行、人员培训、业务开展等工作。目前各基层服务站点设备运行良好。

二、开展活动及运行情况

在省中心、市局的正确指导和大力支持下，在县委、县政府的坚强领导下。通过两年多的建设运行，各站点充分利用现有设备发挥文化共享。为弘扬先进文化，构建和谐社会建设社会主义新农村，丰富城乡群众文化生活起到了重要的作用。我们主要做了以下三方面工作：

1、加强领导、加快共享工程基础设施建设。近几年来，随着市场经济体制的不断完善，农业结构调整力度的加大，人民群众尤其是农民朋友对科学文化的需求显得尤为迫切。面对我县基层文化设施陈旧、文化投入不足、文化资源匮乏、广播电视覆盖面小、信息转送滞后等现状。县委、县政府高度重视，决定以共享工程建设为契机，把传播先进文化、转变致富理念、普及科学文化知识作为共享工程建设的最终落脚点，并采取有力措施，使共享工程建设工作落到实处。

1.1.加大投入，加强基础设施建设。投资近1亿元在县城建成了文化广场、县文化中心、体育场等设施，建成标准化文化站10个、社区文化中心10个、“农家书屋”111个、文化信息资源共享工程服务点111个，实现了文化信息资源共享工程的全覆盖。建立了功能齐全、设施完善的县、乡、村三级文化服务网络。使全县文化基础条件得到了进一步的改善，为丰富城乡群众文化生活、促进全县文化事业、产业的发展搭建了平台。

1.2.加强乡镇、社区文化队伍建设、搭建信息沟通平台。建立完善乡镇、社区文化站、基层服务点治理制度，加强共享工程基层服务点的治理。通过招考、聘用等形式为全县10个乡镇配备文化中心主任10名、文化专干20名社区兼职文化专干10名村文化兼职管理员111名。明确了文化专干职责，指导各基层服务点做好群众需求双向反馈工作，利用文化站现有资源、设施设备为基层服务点提供服务。做到了人员、阵地、牌子、设备、制度“五落实”。

1.3.构建遍布全县的基层服务网络。改善基层文化工作手段陈旧落后的状况。各村、社区服务点依托文化活动室的便利条件，由县图书馆向服务点提供图书、杂志、音像资料等，满足社区居民精神文化生活需要，每个乡镇选择3-5个人员对相对集中、种养殖前景较好的行政村作为基层服务点，示教合一，现场指导。并为基层服务点配备了电教器材、农村实用技术图书及其它各类图书、光盘。充分利用农村党员电教室设施设备的优势，使党的方针政策、科学技术信息以更加新奇直观、形象生动的方式迅速走向千家万户。

2、整合信息资源、使共享工程在基层开花结果。由于条件所限，乡下群众不便于到县城享受优质的网络资源，将新思想、新科技用一种直观、易懂的形式送到农民身边就成了及时雨、雪中炭。为了使群众对农业新科技能够看得懂、用得上、见效快，县委、政府组织文化、农牧、卫生等部门到基层调研，了解群众最需要什么，搞清为群众送去什么、怎样送之后，利用共享工程网络资源内容新奇、实用性强、信息量大、数据传输快捷方便的优势，认真搜集、下载适用于当地群众的政策法规、先进性教育、农业科技、文化体育、防疫保健、科普知识等共享工程信息资源，刻录成VCD光盘或宣传资料，通过县、乡、村三级文化服务网络及其它途径传输信息，扩大宣传面使群众快学技术，早得实惠。

2.1.通过协调组织、宣传、农牧、林业、卫生和计划生育、公安等专业部门，将各类信息资源通过业务部门的工作，传播到千家万户，使群众受益。

2.2.向各乡镇文化站、村基层服务点直接提供图书、光盘支持，由各服务点直接面向群众服务。

2.3.利用“三下乡”、宣传周、农村集市、节假日等，积极协调有关单位，在各乡镇集中向农民赠予、或以成本价向群众发放共享工程光盘和实用技术资料，并现场接受咨询，解决实际问题。

2.4.针对种养殖户在种养植过程中碰到的实际问题，对症下药，从共享工程网络资源库中下载相关内容，刻录成实用光盘，免费赠予给种养植户或种养植集中连片的村组及文化中心户，使农业科技推广更具有针对性和时效性。今年，图书馆已为农民群众下载家禽饲养、农作物栽培和法律知识等相关信息达3万多字，印发宣传资料6000多份，制作宣传光碟6种300份。办视频讲座培训16场/次，受益群众4000多人/次。丰富的文化教育资源和科技信息资源，普及到广大农村基层，对打破农村地区信息闭塞的状况，积极推广农业适用技术、节本增效技术，帮助村民及时了解到相关市场、技术信息起到了重要作用。现在不少村民都反映，通过“信息共享工程”他们的眼界更宽了，信息更灵了，增收致富的本领更强了。

3、坚持创新、突出重点。将文化信息资源共享工程建设引向深入。针对广大干部群众普遍关心的理论热点问题，结合我县正在开展的“联村联户、为民富民”行动和“效能风暴”行动，及时收集整理党的方针政策、理论创新成果广泛开展图书音像资料进农村、进学校、进社区、进农户、进军营、进企业等一系列活动。进行思想道德、民主法制教育、形势教育、理想信念教育、理论教育，通过群众喜闻乐见的形式，把学习党和国家方针政策的热情转化为建设社会主义新农村、构建和谐社会的自觉行动。

3.1.面向广大干部群众突出政策理论教育。在县城北关、南关两个社区，进行了专题展播10余场次，共接待观众2000余人。

3.2.面向中老年人，突出思想健康教育。为县老年活动中心开展了资源共享服务，根据老年人平时生活的诸多习惯特点，上网下载了《营养与健康》、《科学保健》、《晚年的幸福生活》等系列视频资料和战争题材的故事片、名著欣赏讲座、中国京剧，等为老年人们放映。同时，开展“夕阳红”电脑培训班3期，使他们获得了精神的强健与先进文化的关爱。

3.3.面向广大青少年，突出思想道德教育。与县教育局、体育局联合，深入各中小学校开展活动。为县直中小学等4所学校，利用图书馆的影视资料到教室播放优秀影片和礼仪知识讲座10场/次，受教育学生2700人/次，切实加强和改进了未成年人思想道德建设。

（撰文/永昌县支中心）

白银市支中心

全国文化信息资源共享工程（以下简称“文化共享工程”）是文化部、财政部共同组织实施的一项文化创新工程。主要内容是利用现代信息技术，对优秀文化信息资源进行数字化加工和整合，以卫星网、互联网以及移动储存等传输方式，利用由国家中心、省市级中心和基层中心组成的网络开展服务，逐步实现优秀文化信息资源在全国范围内的共建共享。

文化共享工程自2002年4月份正式启动以来，已经取得了初步成果。2003年，在甘肃省文化厅、省图书馆的指导下，白银市文化共享工程建设工作正式启动。2005年取得了实质性的进展，当年8月，全国文化信息资源共享工程白银市级分中心正式成立，具体业务挂靠白银市图书馆。经过省市县各级文化部门近4年的共同努力，现已建成会宁县、景泰县、靖远县、白银区、平川区5个基层县区级分中心，乡镇综合文化站分中心69个、村级服务点700个（自建的村级服务点535个、与党员远程教育联建的村级服务点165个），县、乡、村三级共享工程服务体系基本形成。具体情况如下：

一、网点建设

市级分中心1个，以白银市图书馆为市级分中心，中心配备了4万元的设备。

县级支中心5个，现已建成景泰县图书馆、会宁县图书馆、平川区图书馆、白银区少儿图书馆、靖远县图书馆5个县（区）级支中心，每个县级支中心投资68万元。全部由国家投资，按照国家建设要求建设。

乡（镇）级分中心69个，其中白银区5个、平川区7个、景泰县11个、靖远县18个、会宁县28个，每个中心配备了价值10万元的设备，全部由国家投资。

二、资源建设

市级中心主要采取购买和自建的方式建立了数字资源数据库。购买的数据库有CNKI清华同方论文数据库、维普中文期刊数据库、维普考试系统数据库、超星电子图书数据库、五车电子图书数据库，同时自建了“红军会宁会师暨长征途经白银史料专题馆藏”数据库、“资源枯竭城市转型专题”数据库、“丝绸之路沿线省市信息”数据库、“全国黄河沿岸城市信息”数据库、“白银旅游文化”等专题数据库。目前数据容量达到6TB。

三、信息服务活动

1、阵地服务：加强市图书馆的电子阅览室服务工作。白银市图书馆电子阅览室共有30台电脑，在 2007年就已实现了全免费开放。读者可以免费上网、免费下载资料、免费领取“共享工程”读书卡。市中心结合不同社会群体对信息需求各异的特点，积极开展“双休日剧场”活动，播放爱国主义教育影片、养生保健、戏曲等影视资料。据统计，每年播放260多部，时长1500小时左右。同时市中心积极为广大青少年构建网上课堂，免费放映一系列红色经典影片。在2011年建党90周年庆祝活动中，市中心开展了“红色电影播放月”的活动，积极与基层社区联合，观看人数达到上万人，受到众多市民的热情赞扬；每周举办书法艺术公益视频讲座，共播放285集，社会效果良好。举办了“喜迎新中国成立62周年暨纪念辛亥革命100周年藏书集报精品展”，参观人数达到8000人；通过各种互动的开展，充分发挥了市中心的作用。

2、服务基层：市中心积极延伸服务领域，通过强化图书流通站服务，借助市图书馆白银公司分馆，在白银军分区、白银武器装备库、白银公司馨园小区等建立了30多个图书流通站。各流通站积极开展有针对性的上门服务工作，为部队播放电影，丰富战士们的业余文化生活；为基层农村配送农业科普图书，取得了很好的社会效益和经济效益。农民朋友们说：又听、又看、又学技术，共享工程真是一项富民工程。

3、丰富群众文化生活。举办了“辞旧迎新话跨越读者茶话会”、“温馨读书过大年”、“元宵节有奖猜谜”；组织了“好书大家读”有奖征文比赛，通过“我读书、我快乐”小学生演讲比赛，来自白银市区28名参赛选手通过深情并茂的演讲，给听众留下了深刻影响，取得了良好的社会效果。为纪念中国共产党成立91周年、迎接党的十八大胜利召开，举办了以“学党史、知党情、颂党恩”为主题的座谈会，共同就党在白银地区的红色文化，展开交流学习。这些活动都获得了广大群众的好评和称赞。

四、下一步工作思路

1、加强资源建设，努力建设成具有地方文化特色的文化信息资源库群。加强资源建设力度，为“共享工程”国家中心提供数字资源，并满足下级分中心提出的资源要求，丰富资源内容，满足群众的需要。

2、加强与省中心、县级分中心联系，建立科学的管理体制和工作机制。重点建设“共享工程”白银市中心，在国家中心、省中心的指导下，负责为全市的网络用户提供信息服务，为各基层中心提供技术支持和人员培训。

3、加强基层管理人员和技术人员的培训。按照文化部的要求，各级分中心和基层服务点工作人员上岗前均需通过培训、考试，获得从业资格。据此，我市也将加大培训力度，对基层点专业人员和管理人员进行培训，并将其纳入专业技术人员晋升职称继续教育培训，使每个基层点拥有1–2名经过专业培训的工作人员。

4、总结经验、弥补不足，进一步推动我市文化共享工程工作。推进文化共享工程建设，是一项艰巨而复杂的系统工程。我们将密切关注我市各县支中心工作开展情况，总结经验，弥补不足，推动我市文化共享工程快速发展。

文化共享工程是一项重要的公共文化基础工程。工

程为促进我市经济社会的发展，特别是文化事业的发展做了大量基础性工作，收到了良好社会效果，让广大群众得到了实实在在的实惠，被老百姓誉为看得懂、用得上、见效快的“民心工程”。但是我们也应该看到我市的共享工程工作还存在一些问题，诸如：设备利用率不高，乡镇文化站干部培训不足等。因此，抓好文化共享工程的实施，推动工程建设是时代赋予我们的光荣使命，让我们迎难而上、用智慧和辛勤汗水成就事业，为建设文化强市做出应有的贡献。

（撰文/白银市支中心）

白银市平川区支中心

全国文化信息资源共享工程平川区支中心依托白银市平川区图书馆于2009年11月正式建成运行。

平川区图书馆设有阅览席位300个，网络节点50个，设有借阅室、综合阅览室、少儿阅览室、资料室、电子阅览室、多媒体室等8个服务窗口，每周开放48小时。馆藏书2.6万册（件）。其中普通图书2.3万册，地方文献100多种，200多册；电子文献500余件；中文期刊100多种，2000多册（合订本）；中文报纸40余种，1600多册（合订本）；共享工程数字资源存储达到300GB。文化共享工程与公共图书馆相互依托，储备了丰厚的文化信息资源，开展外借、阅览、咨询、视听、讲座、培训等服务活动和读者活动，为广大人民群众提供了信息获取的基本平台，保障了广大读者的文化生活需求。

2010年以来，平川区图书馆先后利用共享工程平台开展了一系列读书学习活动，充分发挥了图书馆社会教育的职能。利用多媒体室举办了“我的书屋我的家”演讲活动，并组织参加了市级演讲活动，获“优秀组织奖”；先后举办了农家书屋管理员培训班、残疾人岗位就业任前培训班、安全生产知识讲座等培训，初步形成了培训机制。利用电子阅览室网络优势，日常免费开放服务广大读者，注重对未成年人上网的引导和管制，让他们逐渐养成良好的利用互联网的习惯。关注弱势群体，利用多媒体室和电子阅览室，设立了残疾人培训教室和有声读物阅览室，服务残疾人特别是盲人阅读。开展了中高考成绩查询和志愿填报活动，为200多名中高考生提供查询服务，方便了广大考生，社会反响良好；和平川区幼儿园联合举办了“手拉手”少儿阅读活动，每周组织幼儿园的小朋友来图书馆参观，放映经典动画片，播听动画故事，看幼儿图刊，引领少儿读者认识图书馆，从小培养孩子们的学习兴趣，养成良好的学习习惯。2012年组织开展了6期现场讲座，其中3期为亲子教育系列，2期为高考主题，1期为地方历史文化讲座。通过这些活动，使得更多的人走进了图书馆，认识了文化共享工程，图书馆作为一个地区的资源中心、信息服务中心、社会教育中心的社会职能和作用不断得到发挥。

（撰文/白银市平川区支中心）

靖远县支中心

一、基本概况

文化共享工程靖远县支中心成立于2010年7月，配发设备有卫星接收系统1套、服务器4台、台式计算机30台(20M光纤上网)、便携式计算机2台，打印机1台、复印机1台、扫描仪1台、数码摄像机1台、照相机1台、投影仪2套等。硬件设备已完成全面升级与改造，投入设备总价值达68万元，设置有主控机房、电子阅览室、多媒体室等。所有设备均专人管理，责任到人。多媒体室、主控机房、电子阅览室设备均有健全的管理制度及设备运行状况登记记录。我支中心以电子阅览室为依托，将优秀资源向上网读者做重点推荐。

二、网点建设

我馆支中心于2011年投入建成18个乡镇文化站，每个乡镇配备计算机4台，投影仪1台。

三、经费投入

共享工程靖远县支中心管理人员系靖远县图书馆职工，由县财政支付工资。图书馆主要支出包括：电费、水暖费及互联网使用费、耗材及印刷宣传费、服务器、计算机软硬件维护等成本；资源的采集、整合及加工、下基层服务、管理人员及基层管理员培训费等。每年从免费开放经费中挤出部分资金保证活动的开展。

四、惠民服务

充分发挥资源优势，让公众共享优秀文化资源。

支中心自成立以来举办讲座4次，受众400多人次。

五、业务培训

“文化共享工程”靖远县支中心配备有管理人员2名，均多次参加省中心技术培训、网络培训，基本掌握资源应用及服务技术要求，保障了工作有序顺利开展。结合“文化共享工程”网络实用讲座，全体职工参加了“图书馆网站建设”、“网页设计”、“运行管理”、“中图法（五版）”专家视频讲座，提升了全馆职工的业务能力。

六、工作展望

文化共享工程是由国家支持的文化知识技术普及的社会网络工程，其内容覆盖到各个生活领域，包括：共享工程少年版、共享工程农村版、共享工程社区版、共享工程企业版等。文化共享工程作为一项文化惠民工

程，将在建设社会主义文化强国中发挥独特作用。

我馆将充分利用现代高新技术手段，以广大农村的基层文化室、或文化站为纽带，把大量的储备网络资源，传递给广大群众。我们将会把这一惠民工程建设好、利用好，不断增强接收、整理和乡村配送资源的能力，切实实现优秀文化信息资源全民共享，从而为丰富公众文化生活，保障公众文化权利，为构建和谐靖远，繁荣文化事业做出更大贡献。

（撰文/靖远县支中心）

会宁县支中心

一、基本情况

2007年，经过成功试点，甘肃省文化厅确立了全省首批文化信息资源共享工程县级支中心建设项目，会宁县支中心位列其中。支中心设于新建的会宁县图书馆大楼内，设有电子阅览室120平方米，多媒体室40平方米，多功能活动室120平方米。配备惠普服务器3台，方正科技电脑34台，电脑桌椅34套，集打印、复印、扫描、传真于一体的柯美多功能打印机1台，价值68万元。期间，馆内筹集资金，开通互联网一点接入10兆光纤电路。2009年初支中心软硬件设施及各项准备工作通过省级分中心验收，正式向公众免费开放。

二、队伍建设

支中心现有专职管理员2名，兼职管理员1名。其中1名专职管理员为面向社会公开招聘的优秀计算机专业毕业生。专、兼职管理员均多次参加省文化厅、省级分中心组织的文化共享工程规范化县级支中心业务培训，能够熟练掌握共享工程设备使用、维护及应用软件的规范化操作，支中心文化信息资源共享工程设备运行正常，与省级分中心、国家中心联接畅通。及时接收、下载、上传数据信息资源，积极参加省级分中心、国家中心组织的知识竞赛、视频展播、摄影比赛等各类活动。2011年，制作的节目“红军在这里会师”经省中心评定为优秀节目推选参加国家中心举办的“颂歌献给党文化信息资源共享工程迎接建党90周年群众歌咏活动”视频展播。

三、读者服务

支中心电子阅览室阅览座席30个，可同时接待读者30人。每周开放52小时，年均接待读者7600余人次，年资源下载量1500GB。为读者提供如下服务：1、网络浏览，视频点播。2、电子文献阅览：读者可以在线阅读和欣赏多种电子图书、大众人文时尚杂志、农业科技及各类综合知识学术讲座、电影、戏剧等内容丰富的电子文献资源。3、电子文献检索：为广大读者提供包括学术期刊论文、博硕士学位论文、会议论文、报纸文献、年鉴工具书、经济商务信息等在内的中外文学术类文献数据库的全文检索和下载、打印及复印等服务。

四、应用系统与资源建设

除常规办公软件外，支中心办公应用系统安装运行图书馆集群自动化管理系统和全国古籍普查管理系统软件，截止2012年10月，馆藏图书10000余册、地方文献500余册。实现了采访、编目、典藏、流通等所有环节流程化、自动化管理，馆藏古籍242部，3942册登录全国古籍普查平台，上报国家古籍保护中心。民国文献97部，1170册实现了电子化管理。收集购买光盘资源460余种。建成了完整的馆藏书目数据库、古籍资源数据库和地方文献数据库。

五、特色服务

积极开展各类特色服务活动，注重在实践中探索和完善为青少年、为基层网点、为低收入群体多样化的服务模式，逐步形成独具特色的文化教育服务系列。主要有：

1、联合白银市剑桥少儿英语培训班，每年寒暑假举办英语演讲竞赛及学员家长交流互动活动，活动覆盖城区各中小学校，参加人数千余人次。

2、有针对性的开展为中高考及各类考生服务活动，活动期间，工作人员加班加点，不厌其烦，帮助考生免费查分、查询招生信息、打印资料、填报志愿等，深受考生及家长欢迎。

3、争取县文联、县直及各乡镇教育管理部门的支持和协助，举办“世界读书日”全民阅读征文竞赛活动，举办优秀作品展览，选送优秀作品参加市级征文比赛。2012年，选送的作品获得市级一、二、三等奖各一名。颁奖仪式、图书馆服务宣传周“送书进校园”与“六一”儿童节庆祝活动相结合，县有线电视台黄金强档王牌栏目“祖历涛声”全程跟踪报道宣传了此次活动，产生了良好的公众舆论和社会效应。

4、针对有害或不良信息对青少年身心健康的危害性，结合青少年在利用互联网过程中遇到的常见问题，组织开展网络信息资源安全知识讲座，教育和引导青少年

克服猎奇心理，健康文明上网，屏蔽、举报不良网站，共同营造良好的网络环境，充分利用优秀的网络资源，享受网络文化，推进学习型社会建设。

5、春节、元宵、端午等传统节日，录制和播放具有会宁地域特色的秦腔、社火、秧歌舞、皮影戏等各类民俗文艺活动视频,发展地域特色文化。

6、组织适宜广大农民读者及进城务工人员的以种植养殖及专业技能为内容的光盘资源在电子阅览室播放，并通过多种渠道的宣传，吸引低收入阶层读者观看，为需要者提供优惠刻录服务。

7、举办城镇居民、中老年人电脑及网络使用培训班，引导公众利用网络工具和网络资源，丰富精神文化生活。

六、网点建设与管理

协助主管部门建设规范化乡镇级服务网点28个，村社级服务网点284个。每个乡镇服务网点配备服务器1台，电脑4台，投影仪设备1套；每个村社服务网点配备多媒体投影设备1套，VCD播放器1台。各服务网点依托乡镇文化站和“农家书屋”，显著位置加挂文化共享工程标牌，及时公告活动信息，张挂服务与管理方面的规章制度，每个服务点配有专职管理员1名。建立活动、宣传、统计等共享工程工作档案。利用远程和现场指导相结合的方法，帮助各服务网点利用卫星接收资源和共享工程网络资源，积极开展常规化读者服务活动之外，农闲时组织群众观看种植、养殖等农业科技、婚姻家庭专题片，指导生产生活。支中心适时组织和抽调专业技术人员，深入各基层服务网点，对其管理及服务活动情况进行调研指导，摄录各种信息制作专题影像资料，及时总结经验，发现问题，举办各乡镇文化专干、“农家书屋”管理员培训班，相互切磋交流管理和服务经验，帮助和促进各乡镇、村社服务网点及“农家书屋”健康发展。

七、工作展望

文化信息资源共享，图书馆集群自动化管理，覆盖到村社级的服务网点，为公共图书馆事业的发展注入了生机和活力。在未来的发展中，依托于会宁县图书馆的会宁县支中心，将进一步争取经费，争取编制，提高专业技术人员素质，在共享的同时，更注重优质文化资源的自建。建立互动性的服务平台，将征集、摄录、自制、加工的具有地域特色的数字文化资源和农业科技实用信息通过共享工程平台，推送到全国各地，充分发挥支中心在支撑、整合、串联、集成服务和构建公共文化服务体系方面的重要作用。

（撰文/会宁县支中心）

景泰县支中心

景泰县支中心初建于2008年5月，配发安装设备有卫星接收服务器1台、电脑1台、投影仪1套及DVD播放工具等。2008年景泰县图书馆积极争取“文化共享工程”县级支中心建设项目。2009年3月，县图书馆筹款6万元进行前期馆舍改造、装修，建成了规范并符合要求的主控机房、电子阅览室、多媒体室，总面积达420 m2。硬件设备完成了全面的升级与改造，投入设备总价值达68万元。设有主控机房、电子阅览室、多媒体室等。所有设备均专人管理，责任到人。多媒体室、主控机房、电子阅览室设备均有健全的管理制度及设备运行状况登记记录。同时，以远程接收设备为依托，运用“百年树人”视频发布平台，将接收到的资源直接提供给上网的读者。支中心以电子阅览室为依托，将接收到的优秀资源向上网读者做重点推荐，同时，在电脑桌面及链接栏做了醒目存放标志，供读者点播，浏览。

景泰县支中心隶属于景泰县图书馆，运行经费靠县财政拨付，主要支出包括：电费及互联网使用费、耗材及印刷宣传费、服务器、计算机等硬、软件维护成本；资源的采集、整合及加工、下基层服务、管理人员及基层点管理员培训费等。每年县财政拨付1.8万元，2011年国家补助免费开放经费全部用于各项活动的开展。

一、开展免费开放，让群众走进文化中心

景泰县图书馆紧紧围绕“实现免费开放、保障人民群众全面享受文化资源”宣传主题，从2012年四月份开始，利用一个多月的时间集中安排组织，充分准备图书馆服务宣传周系列活动。各室在开展全免费阅览服务外，电子阅览室利用全国文化信息资源共享工程多媒体设备开展了优秀爱国主义主旋律影片展映活动；开辟场地，悬挂横幅，在图书馆进行了“迎接中国共产党第十八次全国代表大会召开图片展览”活动；并通过在各中小学校做宣传，共接待学生读者近万人，并由馆领导带队，组织业务骨干上街张贴图书宣传标语二百多条，悬挂横幅六条，宣传图书资料三百多种，开展了全国图书馆服务宣传周活动，了解大学毕业生的读书需求，同时在现场进行了图书分类和读者阅览等业务辅导工作，受到了广大人民群众和广大学生读者的欢迎。

二、发挥资源优势，让公众共享文化资源

支中心自2009年启动以来，日均接待20多人次，利用周末开展视频讲座，累计播放126余场次，观众达3100多人次。活动不仅普及了各项科技知识，而且丰富了城乡群众及青少年的假日文化生活。

三、普及电脑技能，让读者畅游信息网络

支中心于2009年6月、2010年6月、2011年6月，2012年6月，举办了四次群众上网宣传、培训活动，先后有360多位老年及青少年读者参加了电脑阅读基本知识应用培训，并向他们讲解了“文化共享工程”视频资源利用的基本知识。

为了关心未成年人，增强公共电子阅览室的吸引力。2012年8月，配合国家中心、省分中心举办的全国青少年网页设计大赛，在电子阅览室举办了青少年网页培训，来自城区小学、中学、200多名同学参加了培训。同时，电子阅览室加强对未成年人的管理，引导未成年人文明健康上网。几年来，借鉴其他市县公共电子阅览室管理经验，首先设立未成年人上网专区，时间限2小时内，而且全以学习为主，严禁上网游戏，中小学生上网时间分别限制在2两小时内，这个举措深受家长欢迎，真正使公共电子阅览室成为广大未成年人学习知识、娱乐休闲且令家长放心的绿色家园。

四、开展延伸服务，送科技进入千家万户

近年来，支中心坚持面向基层、面向农村的宗旨，为农民群众增产增收服务。2009以年，支中心先后赴五佛、寺滩等乡镇开展农业视频资源及优秀电影资源配送活动，配送光盘30张，收到良好的效果。2011年、2012年暑期，在多媒体室连续两年开展假日电影展播活动，受到广大市民的欢迎。其次，结合国家中心主题活动，送优秀资源到基层。如在“双联”活动中，为五佛乡老湾村村民们发放了文化共享助春耕光盘30张，农业科技、少儿图书200册。光盘资源内容涉及“春耕时节话三农、春耕农机管理，春季苹果树修剪，病虫害防治”等内容，为农民致富提供了很大的帮助。

五、强化队伍建设，使管理逐步科学规范

“文化共享工程”景泰县支中心配备有管理人员2名，均多次参加省中心技术培训、网络培训，基本掌握资源应用及服务技术要求，保障了工作有序顺利开展。2010年，结合“文化共享工程”网络实用讲座，全体职工参加了“图书馆网站建设”、“网页设计”、“运行管理”、专家视频讲座，提升了全馆职工的业务能力。

为了促进基层点建设及服务能力的提升，支中心坚持把对村级共享工程业务、技术辅导工作作为重点。每年抽调2名专业人员深入各乡镇乡、村级共享工程点传授技术，指导开展业务活动，帮助拍摄共享工程专题片资料。2012年，在全县首届免费文化站长培训班上，讲授了“文化共享工程”专业知识，提高了乡镇文化站长的业务水平。有力地推进了全县村级“文化共享工程”基层站点工作的有序开展，使景泰县“文化共享工程”在社会主义新农村建设、乃至景泰县经济社会发展中发挥了应有的作用。

“文化共享工程”作为一项文化惠民工程，将在建设社会主义文化强国中发挥独特职能。景泰县图书馆将借鉴先进经验，创新服务模式，创新“文化共享工程”服务品牌，将这一民心工程建设好、利用好，不断增强接收、整理和乡村配送资源的能力，切实实现优秀文化信息资源全民共享，从而为丰富公众文化生活，保障公众文化权利，构建和谐景泰做出更大贡献。

但对于基层馆而言，相比前期的建设来说后期的运行服务才是重中之重。随着服务方式的增多及全面免费开放的实施，软硬件维护、服务成本增加，资金压力凸显。另外，“文化共享工程”只是一个资源提供者，使现有资源能够充分利用，服务大众最大化是最终目标，而单一的服务模式与资源配送方式都是文化共享工程发展的瓶颈。所以，建议“文化共享工程”在未来的建设发展中，能否考虑充分利用互联网的广泛影响，以市级支中心为依托，打造具有地方特色的网络平台，县级支中心及乡镇、村级服务点广泛参与，实现共建共享。

总之，我们县级文化共享工程作为连接国家与城乡农民文化共享的一条纽带，我们将努力抓好这项工程的实施，在本职工作中兢兢业业做出应有的贡献。

（撰文/丁 睿）

天水市支中心

一、回望与前瞻

十年春华秋实，十年岁月如歌，在党和政府的高度重视下，全国文化信息资源共享工程事业不断向前，跨上了一个又一个新的台阶，结出了累累硕果。

天水市图书馆自2004年加入全国文化信息资源共享工程以来，以电子阅览室为平台，以服务人民群众为宗旨，充分发挥文化信息资源共享工程的作用，积极开展形式多样、内容丰富的服务活动，确保广大人民群众共享文化信息资源。

二、打牢基础，稳步发展

为使我馆把共享工程规模做大、做好、做强，在各级领导的重视下，2005年初，市图书馆投入39万余元建成电子阅览室，开通了国际互联网和绿色教育专网，在此基础上又与中国科学院资源环境信息中心联合建设天水工作站，开通了中文全文期刊数据库、万方数据资源系统、清华博士硕士学位论文数据库、国务院发展研究中心信息网、自然科学博览等全国最大的综合性信息资源数据库，这标志着“全国信息资源共享天水市分中心”正式建成，从而实现了我市与全国优秀文化信息资源的共建共享。

2009年投资15万余元，增加了便携式投影仪、音箱、笔记本电脑、扫描仪等设备，使共享工程资源得以完备地呈现给广大市民。为积极响应国家对公共图书馆零门槛开放的措施意见，为广大读者提供更加舒适的上网环境，2011年，市图书馆投入25万余元对原有电子阅览室

进行了搬迁改造并新建了“共享工程”资源加工综合办公室。在图书馆电子阅览室将文化信息资源共享工程放到每一台电脑的桌面，读者点击即可随时进入，点播自己喜爱的信息。为进一步满足广大读者阅读的需求，扩大读者服务面，在做好阵地服务的同时，市图书馆还积极发挥共享工程市级支中心的作用，把服务从馆内延伸到馆外，开展了多种形式的基层帮扶和业务辅导活动。先后帮助市财政局、市国家税务局、市建设局、市建行、市工行、市环境检测站和市疾控中心、市老干局、甘肃省第三监狱、市青少年活动中心、秦安县图书馆、石马坪小学等多家单位筹建了图书资料馆（室），并做了业务辅导。

三、发挥优势，开展活动

在实施共享工程的过程中，不断拓展共享工程的服务内涵和方式，充分利用这一全新的工作载体条件，切实面向广大人民群众，开创了基层文化工作的新局面。

1、馆内活动丰富多彩

充分发挥公共图书馆的阵地作用，在电子阅览室每周推介优秀栏目、名家讲座、生活常识、电影及优秀地方剧目，每月开展一次共享工程知识培训；每个星期六上午利用投影仪播放名家讲座及影视剧，常年坚持。利用星期天节假日针对未成年人播放百部爱国主义教育影片，科普类等影片，举办思想道德建设方面的讲座、名著赏析等，引导未成年人多读书，深受广大市民的欢迎。

2、走进农村、走进社区

随着信息化时代的到来，农民、社区居民对待现代科技信息和文化的需要迅速增加。结合这一现状，我馆深入调查，根据农民的需求，下载家禽饲养、苗木、花卉栽培等相关信息达10万多字，并印成资料分发到村民手中。送科技下乡是实施“共享工程”又一具体举措，结合我市的实际情况，我们有选择的提供科技知识，让广大农民不断感受到先进科学和现代文明。

同时还积极开展文化对口帮扶，加强新农村文化建设。2005年3月，在清水县小泉乡中心小学和北道区伯阳中心小学新建两处少儿图书流通点，送去少儿读物3000余册；8月，给秦州区藉口乡文化站赠送图书阅览桌椅10套，送去农村科普读物440余册，价值3700余元；2006年初，给张家川县图书馆赠送阅览桌椅47套，书架12副，期刊架3副；7月份，给麦积区石佛镇石佛村捐赠2万余元新采购的838册农村实用科技和综合性文史类图书及5组木质书柜，新建“天水市图书馆麦积区石佛镇石佛村图书室”；

2007年6月，援建杨家寺乡文化站图书阅览室1个，为其捐赠藏书柜3个、单人阅览桌8张、4人阅览桌6张、布垫高靠背阅览椅24把和新世纪富民工程丛书等各类图书1500册及电影放映机1套，共计价值约6万元。一系列文化帮扶活动的开展，极大地丰富了当地农村群众的文化生活，为社会主义新农村建设做出了其应有的贡献。

社区，是共享工程服务对象里一个重要的群体，也是“基层文化”最大的观众。在社区服务上，我们开展了“优秀影片展播”活动。进行展播250余场次，共接待观众5万人。在送数字资源到农村进社区的同时，还根据社区需求，大力开展送流动图书到基层活动，在基层建立了流动图书服务点，为每个流动图书服务点铺垫流动图书，每3个月更新流动一次，使基层图书室保持图书常新状态。每年更新流动图书达到20000余册次。

3、走进学校

为加强未成年人思想道德建设工作，除了在馆内针对未成年人开展的活动以外，利用图书馆的投影仪到学校播放优秀影片和礼仪知识讲座，开展爱国主义教育活动。从而利用共享工程开展思想道德建设，切实将加强和改进未成年人思想道德建设工作落到了实处。

4、走进老年人群体

开展为老年群体服务是文化信息资源共享工程工作的又一重点。我们坚持“贴近生活、贴近实际、贴近群众”的三贴近原则，对老年大学开展了资源服务。我们始终坚持贴近生活这一原则，根据老年人平时生活的诸多习惯特点，上网下载了齐国力主讲的《营养与健康》、《科学保健》、《晚年的幸福生活》等系列视频资料和战争题材的故事片、名著欣赏讲座、中国京剧音配像等前往放映。使他们获得了精神的强健与文化的关爱。

四、整合资源、共建共享

在利用共享工程中心网站资源和通过卫星投放的资源的同时，我们注重与国家、省图书馆的联系与合作，争取上级业务部门的支持整合各类资源，达到共建共享。如国家中心给我们配发了京剧音配像光盘，省中心配备讲座光盘。

我们按照“资源共享、优势互补、互利互惠”的原则开展协作共建。对内加大资源的采集力度，将宣传文化系统举办的诸多展览、节庆活动采集视频资料，并制成光盘资源，为我馆特色数据库的建立做好了丰富的信息储备。

五、重视宣传、扩大影响

加入全国文化信息资源共享工程以来，为了扩大其在基层群众中的影响，广泛宣传其作用和意义，使各级领导和群众充分认识到这是一项惠民工程、民心工程，认识到工作的重要性和必要性以及文化信息资源的可用性。我们利用电视台和广播电台对利用共享工程开展的一些大型活动给予相关报道。

时刻注意将资源共享活动与当前工作重点有机的结合，这样既可增强对共享工程的宣传力度，又收到了立竿见影的效果。在开展阵地活动中，我馆电子阅览室设置46台电脑为共享工程专用机；所购买、搜集的2000多种光盘全部可免费欣赏。

随着宣传力度的逐渐深入，在市民心中的影响也在逐渐加深，对文化信息资源的需要也在逐渐加大，市民开始掌握和利用这块知识宝库。

六、工作展望

随着国家对文化建设的日益重视，对公益性文化事业投入的不断加大，共享工程事业的发展获得了大好的机遇，我们对未来充满信心，将更加努力的探索利用共享工程服务的新路子，更好地发挥共享工程的作用，把共享工程办成惠民工程、民心工程而不懈努力。

（撰文/天水市支中心）

天水市秦州区支中心

秦州区全区总面积2442平方公里，总人口63.86万，辖7个街道办事处，40个社区居委会，10镇6乡，596个行政村。秦州区文化资源共享工程在秦州区文广局部署下，结合秦州本土文化资源，形成了党委政府重视、文化主管部门统领、区支中心和基层服务站、点通力合作的良好工作局面。

一、基本情况

秦州区支中心成立于2010年，从最初的3个试点村，到如今已建成文化共享工程支中心1个，基层服务站19个和基层服务点3个，已达到了全区16乡镇全覆盖。

二、经费投入

2011年省中心投入70多万元建成秦州区文化信息资源支中心，配置电脑35台（包括办公使用），服务器1台，投影仪2台，照相机1台。另外，基层服务站、点的设备配备也较完善，包括服务器22台，计算机66台，投影仪22台，为基层群众文化信息服务打好了基础。

三、宣传活动

秦州支中心自成立以来，不断创新宣传方式，积极拓宽宣传载体，举办各类摄影展、画展、讲座和培训会20余场次，参与群众达到20000余人，使基层群众充分了解文化信息资源共享工程，展现了全区广大群众丰富多彩的文化生活和积极向上的精神风貌。同时，支中心多次针对小学生和青少年开展“绿色上网，健康成长”、“互联世界，共享文化”体验和“绿色主题网上冲浪”等主题活动，积极引导广大读者，特别是引导小学生和青少年抵制不良网站，有效发挥文化信息资源共享工程

网站传播中华灿烂历史和优秀文化的作用，进一步扩大“文化信息资源共享工程”的影响力和辐射力，使“文化信息资源共享工程”真正成为了百姓受益的民心工程，取得了良好的社会效果。

四、培训活动

按照文化部关于文化共享工程培训工作的总体要求，围绕全年重点工作，以基层需求为导向，以提高业务骨干的服务技能、推广文化共享工程为目的，对工作人员开展培训活动，支中心按照分类培训，注重实效原则，每周一组织工作人员学习《公共图书馆业务培训指导纲要》和《中国图书馆分类法》等法规规章和业务知识；积极参加省中心、市中心组织文化信息资源共享工程年度技术培训；同时，对各服务站、点开展培训辅导，积极宣传经典案例，完善奖励机制，激励各中心服务站、点开展培训的热情，营造良好的培训环境；另外，定期组织支中心、基层服务站、点工作人员在电子阅览室进行网络培训，为公共文化服务体系提供了有力支撑。

五、惠民活动

根据秦州区本土文化特点，秦州支中心结合多所高校多次组织大学生志愿者进村庄进社区，为广大基层群众和农民朋友选取他们感兴趣的书籍文献和视听资料，多次到各服务站、点开展“文化秦州、人文秦州”为主题的文化宣传活动，搭建文化惠民互动平台，既实现了志愿者的目标追求和自我价值，又有效服务了广大人民群众，营造了“文化大秦州”的良好氛围，大学生志愿者们也从活动中充分体会到了文化信息资源共享工程的意义，他们在实践中从“为自己摄取资源信息”到“给别人分享资源信息”再到“使全民共享资源信息”，更有效地宣传了文化信息资源共享工程此项伟大的惠民工程。

支中心为了进一步发挥各类志愿者的优势和特长，也多次邀请秦州群艺馆、秦州剧团、青少年活动中心和老龄委的工作人员参与文化共享工程实践活动，他们按照自己的工作性质和特长爱好，自主整合各类文化信息资源，真正实现不同层次、不同职业、不同学历的广大群众各献所能，各取所需，使更多农民群众享受到高质量的公共信息惠民服务。

六、工作展望

秦州区支中心在未来的工作中必将以数字资源建设为核心，以基层服务网点建设为重点，以共建共享为基本途径，全面实施文化信息资源共享工程，为建成资源丰富、技术先进、服务便捷、覆盖全区的数字文化服务体系而奋斗。

（撰文/天水市秦州区支中心）

天水市麦积区支中心

一、基本概况

“文化共享工程”麦积区支中心成立于2005年3月，配发设备有卫星接收服务器1台、电脑1台、投影仪1套及DVD播放工具等。2008年麦积区图书馆积极争取“文化共享工程”县级支中心示范点建设项目，区政府将其列入全区50项重点工作之一。2009年3月，本中心被甘肃省文化厅确定为甘肃省“文化共享工程”县级示范点，区政府拨专款5万元进行前期馆舍改造、装修，建成了规范并符合要求的主控机房、电子阅览室、资源加工室、多媒体室，总面积达220m²。硬件设备完成了全面的升级与改造，投入设备总价值达68万元。硬件设备有：HP服务器3台、台式计算机34台(10M光纤上网)、便携式计算机1台，打印复印机1台、扫描仪1台、数码摄像机1台、照相机1台、投影仪1套等。设置的部门有主控机房、电子阅览室、资源加工室、多媒体室等。所有设备均专人管理，责任到人。多媒体室、资源加工室、主控机房、电子阅览室设备均有健全的管理制度及设备运行状况登记记录。同时，以远程接收设备为依托，运用“百年树人”视频发布平台，将接收到的资源直接提供给上网的读者。支中心以电子阅览室为依托，将接收到的优秀资源向上网读者做重点推荐，同时，在电脑桌面及链接栏做了醒目链接，供广大用户点播，浏览。

2009年9月28日，支中心举办了隆重的揭牌仪式，参加的市、区领导及干部、群众、学生达500多人，散发“文化共享工程”宣传单500份。天水市文化文物出版局副局长雷震鸣、麦积区政协主席贾应珍为“文化共享工程”麦积区支中心揭牌。参加仪式的领导及群众参观了设备资源，观看了爱国主义专题片。区图书馆还制作了国家中心提供的《国事盛典　文化印证》的版面，让广大观众从中了解了文化事业大发展大繁荣的光辉历程。“文化共享工程”麦积区支中心启动服务以来，秉承服务大众的宗旨，创新工作思路，面向基层延伸服务，实现了优秀信息资源全民共享，为社会主义新农村建设和和谐新麦积的建设做出了积极贡献。

二、网点建设

麦积区于2006年建有“文化共享工程”基层服务站1处，该服务点配有卫星接收服务器1台，投影仪1套。2010年5月，麦积区为379个行政村全部配备了价值4400元的投影仪、DVD等文化信息资源共享工程设备，并邀请专业技术人员对乡级技术管理人员进行了培训，实现了“文化共享工程”麦积区全覆盖。

三、经费投入

因麦积区共享工程支中心隶属于麦积区图书馆，管理人员系该馆职工，区财政支付工资。运行经费靠区财政拨付，主要支出包括：电费及互联网使用费、耗材及印刷宣传费、服务器、计算机等硬、软件维护成本；资源的采集、整合及加工、下基层服务、管理人员及基层点管理员培训费等。每年区财政拨付2万元，另从免费开放经费中挤出部分资金保证活动的开展。

四、惠民服务

1、充分发挥资源优势，让公众共享优秀文化资源

支中心自2006年启动周末视频讲座以来，累计播放220余场次，观众达14000多人次。2008年“5.12”汶川大地震后，先后到地震破坏比较严重的石佛乡大坪村、元龙镇井儿村，为广大灾民送去防震、抗震专家讲座及爱国主义影片《冲出亚马逊》、《南征北战》等，观众达2400多人次，这次活动不仅普及了防震知识，而且使他们树立了重建家园的信心。

2、面向弱势群体，普及计算机应用技能

关爱老年人，普及计算机知识。支中心于2009年6月、2010年2月、6月底，举办了三期老年人上网培训活动，先后有80多位老年读者参加了电脑基本知识应用培训，并向他们讲解了“文化共享工程”视频资源利用的基本知识，受到老年读者的好评。

关心未成年人，增强公共电子阅览室的吸引力。2011年，配合国家中心、省分中心举办的全国青少年网页设计大赛，于7月25日在电子阅览室举办了青少年网页培训，来自城区道南小学、道北小学、市七中、桥南小学的49名同学参加了培训。道南小学王可欣设计的作品获得甘肃赛区三等奖。

同时，电子阅览室加强对未成年人的管理，引导未成年人文明健康上网。今年2月份以来，借鉴云南省公共电子阅览室管理经验，首先设立未成年人上网专区，并建立监护人与电子阅览室双方联络制。未成年人在监护人的带领下填写《麦积区图书馆未成年人绿色上网二方联络卡》，未成年人上网结束时管理人员将为其监护人发短信告知，让监护人知道其孩子已从电子阅览室离开。这个举措深受家长欢迎，真正使公共电子阅览室成为广大未成年人学习知识、娱乐休闲且令家长放心的绿色家园。

为残疾人上门提供数字化服务。2011年8月25日，区图书馆工作人员协同羲皇社区董晓君书记一行4人来到金穗小区开展免费送书上门服务活动，为残疾人王旭平家庭赠送励志、文学、国学等类图书10册，赠送“文化共享工程”优秀电影6部，并现场办理了借书证。

3、开展延伸服务，送视频资源进基层

近年来，支中心坚持面向基层、面向农村的宗旨，为农民群众增产增收服务。自2005年启动服务以来，支中心共编印《信息简报》20期4000份，分别赴社棠镇、伯阳镇、元龙镇、中滩镇、马跑泉镇、李家湾村、下曲村等村镇科技赶集，无偿发放。2009年，支中心先后赴伯阳镇

下坪村、马跑泉镇李家湾村开展农业视频资源及优秀电影资源配送活动，配送光盘70张，收到良好的效果。2010年、2011年暑期，在龙园连续两年开展假日纳凉电影展播活动，受到广大市民的欢迎。其次，结合国家中心主题活动，送优秀资源到基层。如在“共享工程助农耕”活动中，为马跑泉镇李家湾村村民们发放了文化共享助春耕光盘50张，农业科技、少儿图书200册。光盘资源内容涉及“春耕时节话三农、春耕农机管理，春季苹果树修剪，病虫害防治”等内容，收到较好的经济效益。5月份，刻录“文化共享工程”国家中心配发的“共享书香，快乐阅读”的光盘50张，赠送到天水市二中、八中、九中，并为同学们播放，观众达3600人。2012年6月2日，麦积区支中心走进区博物馆大楼建设工地，免费为农民工播放电影，丰富他们的夏日业余生活，受到农民工兄弟的欢迎。同月，麦积区支中心先后赴甘泉镇黄家庄小学、马跑泉中学开展送优秀资源进校园活动，为两校师生赠送了“童心向党、快乐向党”、“假日优秀电影”、“快乐阅读”等资源40张。

五、业务培训

麦积区支中心配备有管理人员2名，均多次参加省中心技术培训、网络培训，基本掌握资源应用及服务技术要求，保障了工作有序顺利开展。2010年，结合“文化共享工程”网络实用讲座，全体职工参加了“图书馆网站建设”、“网页设计”、“运行管理”、“中图法（五版）”专家视频讲座，提升了全馆职工的业务能力。

为了促进基层点建设及服务能力的提升，支中心坚持把对村级共享工程业务、技术辅导工作作为重点。每年抽调2名专业人员深入伯阳镇下坪村、麦积镇贾河村等村级共享工程点传授技术，指导开展业务活动，帮助拍摄共享工程专题片资料。2011年，在全区首届免费文化站长培训班上，讲授了“文化共享工程”专业知识，提高了乡镇文化站长的业务水平。有力地推进了全区村级“文化共享工程”工作的有序开展，使麦积区“文化共享工程”在社会主义新农村建设、乃至麦积经济社会发展中发挥了应有的作用。

六、工作展望

“文化共享工程”作为一项文化惠民工程，将在建设社会主义文化强国中发挥独特职能。麦积区图书馆将借鉴先进经验，创新服务模式，创新“文化共享工程”服务品牌，将这一民心工程建设好、利用好，不断增强接收、整理和乡村配送资源的能力，切实实现优秀文化信息资源全民共享，从而为丰富公众文化生活，保障公众文化权利，构建和谐麦积做出更大贡献。

但对于基层馆而言，相比前期的建设来说后期的运行服务才是重中之重。随着服务方式的增多及全面免费开放的实施，软硬件维护、服务成本增加，资金压力凸显。另外，“文化共享工程”只是一个资源提供者，使现有资源能够充分利用，服务大众最大化是最终目标，而单一的服务模式与资源配送方式都是文化共享工程发展的瓶颈。所以，建议“文化共享工程”在未来的建设发展中，能否考虑充分利用互联网的广泛影响，以市级支中心为依托，打造具有地方特色的网络平台，县级支中心及乡镇、村级服务点广泛参与，实现共建共享。

（撰文/天水市麦积区支中心）

秦安县支中心

党的十七届六中全会以来，在国政府各级文化部门的指导和关怀下，逐步加大了对文化事业的投入，文化事业经过十年大发展大繁荣，成效显著，变化喜人。

一、基本情况

秦安县文化共享工程“支中心”于2009年4月建成并投入使用，面积400平方米，内设1个主控机房，1个电子阅览室，1个多媒体室和1个资料制作室，可供读者使用的计算机34台，可容纳200多人网上培训和学习。17个乡镇文化站陆续完成了文化共享工程网点的建设任务。全县428个行政村因地制宜，发挥各自的优势与特点，建立了图书室。全县基础设施和资源建设发展快速，公共文化服务体系基本健全，管理运行良好，面貌焕然一新，群众反响良好。

文化共享工程的建立健全开辟了一个不受地域、时空限制的崭新的文化传播渠道，这对于迅速扭转我国广大中西部地区特别是贫困地区信息匮乏和经济、文化落后的状况将起到显著的作用。我县已逐步形成了国家中心－省中心－县“支中心”－乡镇网点之间的资源共享平台。县“支中心”和乡镇网点实现了利用高新科技进行传播先进文化的手段。这一惠民政策的实施，将对不断满足我县广大群众的文化需求提供了有力保障。随着国家两馆免费开放资金的到位，我们“支中心”按照国家的相关政策，实行免费对外开放，每周开放56小时，给广大群众提供了一个良好的学习环境。

二、开展服务、运行情况

近年来我们“支中心”在馆内外举办了形式多样，丰富多彩的惠民服务和宣传活动，取得了可喜的成绩。县级“支中心”已成为广大人民群众接受教育的一所学校，同时也成为他们共享科学技术和优秀文化成果的公共服务场所。

秦安县是一个拥有60多万人口的大县，文化底蕴丰厚，产业以经济林为主。利用好共享工程平台对当地资源的整理和加工非常重要。针对这些情况，我们加强了与相关各部门的联系，收集了具有地方特色的农业科技方面的资源，进行合作共建。2009年以来我们“支中心”共刻录文化共享工程和当地农业科技光盘2000张，发放到村文化室和种植养殖户手中，让群众结合实践，学以致用，利用科技发家致富，收到很好的效果。我们还对本地民间文化遗产方面的资源，如秦安小曲、羊皮鼓、秦腔、蜡花舞、剪纸、彩陶制作、麦秆编织等进行采集加工，整理建档，确立传承人，大力宣传，使一些项目已经走向市场，有效起到了保护、传承和发扬光大的作用。

自我县“支中心”建成后，我们的服务与管理受到了广大群众的广泛认可，在注重资源共建共享的同时，采取多种方式加强了服务与宣传推广。我县“支中心”的宣传不只局限在馆内，而且扩展到馆外，如利用电视专题片和网络媒体进行宣传报道。我们通过“四进”（进社区、进乡镇、进农村和进学校）宣传方式，让广大群众近距离了解全国文化资源信息共享工程给他们带来的便

捷，让社会不同群体参与其中，学习先进的科学技术和优秀的文化遗产，并且使一些沉浸于网络的青少年，通过我们和家长积极、健康的引导，使其逐步改掉了恶习，从中受益，起到了很好教育作用，社会影响不断扩大。

积极开展惠民服务。为了充分发挥文化共享工程资源，我们利用各个重大节日播放爱国主义影片，每年开展农业科技专题讲座3次，送图书和光盘到农村到学校4次，送共享工程资源到种植养殖农户6次，组织“县果友协会”在“支中心”交流6次，年服务人次达到2万多。通过我们的服务，群众对文化共享工程加深了了解，参与文化共享活动的积极性增强，学习热情倍增。群众根据自己的喜好，在网上观看优秀影片，了解市场行情，学习种植和养殖的技术，逐步改变了由我们送文化共享资源到群众中去和群众自发来我们“支中心”学习的现状，广大群众也深刻认识到不学习就会落伍，不学习就会贫穷的道理。近年来我县的苹果、花椒和蜜桃品种增多，产量增加，品质跨入优质，销路通畅，农民的人均收入逐年增加，特别是种植规模不断扩大，农民的整体素质提高。我们深深体会到广大人民群众在共享科技知识的同时，在共享丰收的喜悦。

三、培训情况，管理和队伍建设

加强人员培训学习，提高管理和服务水平。我们积极参与省中心组织的业务自动化培训和网络技术培训，实行与兄弟馆之间的互访交流，取长补短。工作人员经过培训学习和相互交流，不断掌握了新知识新技能，业务素质有了很大提高，服务意识得到很大加强，管理水平、服务质量有了天翻地覆的变化，在各自的工作岗位上起到了模范带头作用。为了发挥他们工作的积极性和创造性，我县主管部门和“支中心”联合制定了乡镇和村级管理员的培训机制。2006年以来，我县“支中心”每年组织开展8次基层网点业务培训，对乡镇文化站和农家书屋管理员进行了培训，培训方式主要以下乡指导、乡镇文化站集中学习和“支中心”内集中学习为主，培训后进行考试，成绩合格者发放结业证书。通过我们的不懈努力，解决了他们管理不健全，业务不精，思想意识淡薄，服务不到位的问题。全县乡镇文化站网点和村文化室建立健全了制度，规范了管理，实行了专人专管和定时对外开放等一系列措施，现已形成了一支能够胜任本职工作、素质良好的文化队伍。

随着我县街道、社区和村级服务网点不断设立，文化共享工程建设进一步深入农村基层，管理、运行和服务难度也随之加大。在保证运行经费的前提下，特别是当地文化主管部门必须要对人员加强管理，提高整体队伍建设，培养业务骨干，加强职业道德教育；拓宽服务范围、创新服务理念、提高服务质量和水平；文化共享工程宣传推广方式要多样化，开展活动要深入基层群众，服务范围要涉及广大群众，让群众真正成为文化成果的分享者和参与者。

四、工作展望

县级“支中心”作为文化传播的前沿阵地，任务艰巨。基层文化工作者要有发展社会主义文化事业的责任感和使命感，在共享文化成果的同时要参与特色资源的共建。全国文化共享工程各级分支中心和基层服务点要积极开展惠民服务活动，加强协作协调，不断创新理念，用实际行动推动该项工程为民服务，通过共享工程平台把传承和弘扬中华民族特有的优秀文化遗产作为首要任务。只有素质优良的队伍，才能不断提高全民族的文化素质，丰富、活跃基层群众文化生活；才能使广大基层群众享有公益性、基本性、均等性、便利性的公共文化服务，更好地保障人民群众基本文化权益；才能发挥全国文化信息资源共享工程作为公共文化服务体系基础工程的重要作用；才能有利于推动文化共享工程在新时期的持续发展。

（撰文/岳尚文）

张家川回族自治县支中心

一、基本概况

张家川县支中心成立于2008年5月，配发设备有：卫星接收服务器1台、电脑1台、投影仪1套及DVD播放工具等。2008年张家川县图书馆积极争取县级支中心建设项目。2009年3月，被甘肃省文化厅确定为甘肃省文化共享工程县级示范点，县图书馆筹款2万元进行前期馆舍改造、装修，建成了规范并符合要求的主控机房、电子阅览室、多媒体室，总面积达120平方米。硬件设备完成了全面的升级与改造，投入设备总价值达68万元。硬件设备有：服务器3台、台式计算机35台(10M光纤上网)、便携式计算机2台、打印复印机1台、扫描仪1台、数码摄像机1台、照相机1台、投影仪1套等。设置的部门有主控机房、电子阅览室、多媒体室等。所有设备均专人管理，责任到人。多媒体室、主控机房、电子阅览室设备均有健全的管理制度及设备运行状况登记记录。同时，以远程接收设备为依托，运用“百年树人”视频发布平台，将接收到的资源直接提供给上网的读者。以电子阅览室为依托，将接收到的优秀资源向上网读者做重点推荐。同时，在电脑桌面及链接栏做了醒目链接，供广大用户点播浏览。

二、经费投入

张家川县共享工程支中心隶属于张家川县图书馆，管理人员系该馆职工，县财政支付工资。运行经费靠县财政拨付。主要支出包括：电费及互联网使用费、耗材及印刷宣传费、服务器、计算机等硬、软件维护成本；资源的采集、整合及加工、下基层服务、管理人员及基层点管理员培训费等。每年县财政拨付2万元，另从免费开放经费中挤出部分资金保证活动的开展。

三、惠民服务

1、开展阅览宣传

张家川县图书馆紧紧围绕"实现免费开放、保障人民群众全面享受文化资源"宣传主题，从2011年元月份开始，利用一个多月的时间安排组织，图书馆服务宣传周系列活动。在开展全免费阅览服务的基础上，电子阅览室利用全国文化信息资源共享工程多媒体设备开展了优秀爱国主义主旋律影片展映活动；开辟场地，悬挂横幅，在图书馆进行了"迎接中国共产党第十八次全国代表大会召开图片展览"活动；并通过在各中小学校做宣传，共接待学生读者近万人，并由馆领导带队，组织业务骨干上街张贴图书宣传标语二百多条，悬挂横幅六条，宣传图书资料三百多种，开展丰富多彩的图书馆服务宣传周活动。针对大学毕业生的读书需求，同时在现场进行了图书分类和读者阅览等业务辅导工作，受到了广大人民群众和广大学生读者的欢迎。

2、充分发挥资源优势，让公众共享优秀文化资源

支中心自2008年启动周末视频讲座以来，累计播放220余场（次），观众达9000多人（次）。2008年"5.12"汶川大地震后，先后到地震破坏比较严重的马鹿乡、平安乡，为广大灾民送去防震、抗震专家讲座及爱国主义影片《冲出亚马逊》、《红河谷》等，观众达2400多人（次），这次活动不仅普及了防震知识，而且使他们树立了重建家园的信心。

3、普及计算机应用技能

支中心于2009年6月、2010年2月、6月底，举办了三期群众上网培训活动，先后有80多位老年读者参加了电脑基本知识应用培训及"文化共享工程"视频资源利用的基本知识，受到广大读者的好评。

关心未成年人，增强公共电子阅览室的吸引力。2011年配合国家中心、省分中心举办的全国青少年网页设计大赛，于7月25日在电子阅览室举办了青少年网页培训，来自城区新建小学、东街小学、县一中、张川镇中学的一百多名同学参加了培训。同时，电子阅览室加强对未成年人的管理，引导未成年人文明健康上网。去年2月份以来，借鉴麦积区公共电子阅览室管理经验，首先设立未成年人上网专区，并建立监护人与电子阅览室双方联络制。未成年人在监护人的带领下填写《张家川县图书馆未成年人绿色上网卡》，中小学生上网时间分别限制在2小时、1小时内，未成年人上网结束时管理人员将为其监护人发送短信告知，让监护人知道其孩子已从电子阅览室离开。这个举措深受家长欢迎，真正使公共电子阅览室成为广大未成年人学习知识、休闲娱乐且令家长放心的绿色家园。

4、开展延伸服务，送视频资源进基层

近年来，支中心坚持面向基层、面向农村的宗旨，为农民群众增产增收服务。2009年支中心先后赴连五乡张家村、马鹿乡宝坪村开展农业视频资源及优秀电影资源配送活动，配送光盘30张，收到良好的效果。2010年、

2011年暑期在张家川县行政广场连续两年开展假日纳凉电影展播活动，受到广大市民的欢迎。其次，结合国家中心主题活动，送优秀资源到基层。如在"双联"活动中，为连五乡张家村村民们发放了文化共享助春耕光盘30张；农业科技、少儿图书200册。光盘资源内容涉及"春耕时节话三农、春耕农机管理，春季苹果树修剪，病虫害防治"等内容，收到较好的经济效益。

四、业务培训

"文化共享工程"张家川支中心配备有管理人员2名，均多次参加省中心技术培训、网络培训，基本掌握资源应用及服务技术要求，保障了工作有序顺利开展。2010年结合"文化共享工程"网络实用讲座，全体职工收看了"图书馆网站建设"、"网页设计"、"运行管理"、"中图法（五版）"专家视频讲座，提升了全馆职工的业务能力。

为了促进基层点建设及服务能力的提升，支中心坚持把对村级共享工程业务、技术辅导工作作为重点。每年抽调2名专业人员深入张川镇西街村、马鹿乡宝坪村等村级共享工程点传授技术，指导开展业务活动，帮助拍摄共享工程专题片资料。2012年在全县首届免费文化站长培训班上，讲授了"文化共享工程"专业知识，提高了乡镇文化站长的业务水平。有力地推进了全县村级"基层站点工作的有序开展，使张家川"文化共享工程"在社会主义新农村建设经济发展中发挥应有的作用。

五、工作展望

"文化共享工程"作为一项文化惠民工程，将在建设社会主义文化强国中发挥独特作用。张家川县图书馆将借鉴先进经验，创新服务模式，打造"文化共享工程"服务优质品牌，将这一民心工程建设好、利用好，不断增强接收、整理和乡村配送资源的能力，切实实现优秀文化信息资源全民共享，从而为丰富公众文化生活，保障公众文化权利，构建和谐张家川做出更大贡献。

但对于基层馆而言，相比前期的建设来说后期的运行服务将是重中之重。随着服务方式的增多及全面免费开放的实施，软硬件维护、服务成本增加，资金压力凸显。另外，"文化共享工程"只是一个资源提供者，使现有资源能够充分利用，服务大众最大化是最终目标，而单一的服务模式与资源配送方式都是文化共享工程发展的瓶颈。所以，建议"文化共享工程"在未来的建设发展中，能否考虑充分利用互联网的广泛影响，以市级支中心为依托，打造具有地方特色的网络平台，县级支中心及乡镇、村级服务点广泛参与，实现共建共享。

（撰文/张家川县支中心）

古浪县支中心

古浪县图书馆雏形可追溯到民国年间。在原国民政府创办的民众教育馆内设置图书室、资料室。1982年，经县委、县政府决定，成立古浪县图书馆，隶属于古浪县文教局，1989年，文化体育与教育分设，古浪县图书馆为古浪县文化局二级单位。2003，在原址建成古浪县宣传文化中心大楼，图书馆使用大楼四、五层，总面积2080平方米。2008年，文化信息资源共享工程古浪县支中心依托县图书馆建成，现有专兼职人员2人。

一、建设情况

2006年5月，文化信息资源共享工程甘肃省分中心为我县图书馆安装了资源共享工程接收设备1套，包括1台服务器（320G），1部投影仪、1部卫星接收天线。从2008年开始，我县图书馆开始创造条件，申请文化信息资源共享工程古浪县支中心的建设。在县委政府和县财政的大办支持下，按要求完成对地面地板的铺设、墙面的维修粉刷和楼顶的防水设施维修等。2010年10月，我馆县级支中心建设项目申请获批，11月，由工程中标公司兰州方联科技有限公司将价值68万元的共享工程设备运抵我县图书馆，并派遣工程技术人员对设备进行了安装调试。设备包括3台服务器、1台非线性编辑器、1部存储器、1台UPS电源、2套投影设备、1台47寸大屏幕电视机，37台电脑、1套卫星接收设备，以及摄像机、照相机和高清播放器等。为我馆建成1个多媒体教室，1个电子阅览室，1个主控机房和1个节目编辑室。我馆又从业务经费中挤出一些，购置了配套桌椅，现电子阅览室拥有可供30人同时上网的阅览席位，多媒体教室拥有可供50人开会学习的席位，编辑室可将采集到的音视频资料或文字资源，经整合编辑制作成节目或文件，上传到服务器，供全县群众观看阅读。

二、网点建设

在县级支中心投入运行后，我馆又配合古浪县文化体育局和省文化厅完成共享工程乡镇服务站和村级服务点的建设。现已建成共享工程基层服务点270个，其中乡镇（街道）19个，配备服务器各1台，投影仪各1套，音响设备各1套；村（社区）级服务点251个，全部配备投影仪和音响设备各1套。至此，我县共享工程三级服务网络已基本建成，为健全全县公共文化服务体系迈出了一大步。

三、活动开展，服务情况

支中心辐射全县19个乡镇和250个行政村，与乡镇和村级服务点互联互通，实现文化信息资源的共建共享。首先将馆藏资源进一步整合，把共享工程党员远程教育、农家书屋大力整合，既节约了资金，方便了管理，又进一步扩大了服务范围。其次利用共享工程基层服务点配备的一体机和投影设备，定期放映各种题材、适合各个年龄段人群喜爱的影片。三是经常利用节假日尤其是配合县上春节系列文化活动，在农村和县城社区举办文艺演出，开展了猜谜、象棋比赛、扑克比赛等众多活动，丰富了社区居民的文化生活。四是与文化馆、博物馆、西路红军烈士纪念馆联合开展活动，将各种展览通过共享工程设备传播出去，供广大群众观览，如古浪明代水陆画展、沿着西路军足迹、缅怀红军烈士系列节目等。五是注重地方特色，摄制社区和各艺术团体文艺演出资料和地方小戏，如古浪民歌、古浪老调、古浪宝卷等视频资料，编辑成节目供群众欣赏。将古浪流传民间故事编撰上传，供读者阅读。

四、工作展望

我县文化信息资源共享支中心的建设，将为加快图书馆数字化建设奠定良好的基础。我馆将发挥县级支中心的职能，整合图书馆、文化馆、博物馆现有资源，不断创新管理，提升服务水平，以满足群众对文化信息的需求，促进全县文化事业长足发展。

（撰文/古浪县支中心）

天祝藏族自治县支中心

一、基本情况

文化信息资源共享工程天祝县支中心于2009年11月6日由文化厅授牌正式成立。成立后我图书馆筹资5万元进行前期馆舍改造，专门布设共享工程的专用电线，铺设地板等基础设施。建成了规范并符合要求的主控机房、电子阅览室、多媒体室，总面积达120m²。硬件设备完成了全面的升级与改造，投入设备总价值达68万元。硬件设备有：HP服务器3台、台式计算机35台(10M光纤上网)、便携式计算机2台，打印复印机1台、扫描仪1台、数码摄像机1台、照相机1台、投影仪1套等。设置的部门有主控机房、电子阅览室、多媒体室等。省中心派专人到我县安装调试了文化信息资源的接收设备并于2010年2月全部配备到位，已经安装完备，并经过初步验收。我县共享工程以远程接收设备为依托，运用“百年树人”视频发布平台，将接收到的资源直接提供给上网的读者。支中心以电子阅览室为依托，将接收到的优秀资源向上网读者做重点推荐，从而保证了“共享工程”工作在我县的健康顺利发展。2010年，全国“县级数字化图书馆推广计划”正式启动，首批320个县级图书馆将无偿获得由政府文化部门主管部门提供的存储量达1TB的数字资源。天祝县图书馆被列为全国首批推广单位。

二、经费投入

天祝县支中心隶属于天祝县图书馆，管理人员系该馆职工，县财政支付工资。运行经费由县财政拨付，主要支出包括：电费及互联网使用费、耗材及印刷宣传费、服务器、计算机等硬、软件维护成本、下基层服务、管理人员及基层点管理员培训费等。每年县财政拨付6万元，另从免费开放经费中挤出部分资金保证活动的开展。

三、惠民服务

1、开展宣传

天祝县分中心本着文化共享工程资源共享、利民惠民的目的，充分利用中心资源，通过网络这个窗口及时传递文化信息资源，满足了广大人民群众求知、求乐、求美、求富的需求。我们树立“我为人人，人人为我”的理念，在2010、2011、2012连续三年，利用图书服务周宣传活动，广泛宣传文化共享工程。每年都利用一个多月的时间集中安排组织，充分准备图书馆服务宣传周系列活动。于2010年在我县中心广场举办了“传播文化，共享书香”活动，印发宣传资料1000份。2011年，开展了“传播文化资源，共创民族和谐”的活动，积极宣讲文化共享工程的政策。2012年在我县中心广场的大屏幕上播放了由省中心下发的《关于当前热点问题系列形势报告会》的光盘资源。努力宣传共享工程。电子阅览室利用全国文化信息资源共享工程多媒体设备开展了优秀爱国主义主旋律影片展映活动；开辟场地，悬挂横幅，并通过在各中小学校做宣传，共接待学生读者近千人，并由馆领导带队，开展了现场办证的业务，了解群众的读书需求，受到了广大人民群众和广大学生读者的欢迎。

2、电子阅览室的开展

为了使电子阅览室成为青少年真正的娱乐休闲且令家长放心的绿色家园。首先设立未成年人上网专区，并建立监护人与电子阅览室双方联络制。中小学生上网时间分别限制在2两小时、1小时内，未成年人上网结束时管理人员将为其监护人发短信告知，让监护人知道其孩子已从电子阅览室离开。这个举措深受家长欢迎。

3、送资源进基层

近年来，支中心坚持面向基层、面向农村的宗旨，为农民群众增产增收服务。2011年与2012年，在“双联”支中心先后6次赶赴基层乡镇配送《文化共享助春耕》、《欢乐共享过大年》等光盘，收到良好的效果。

四、业务学习

文化共享工程”天祝县支中心配备有管理人员2名，自天祝县支中心成立以来，得到了我馆领导的高度重视，认识到这是一项利国利民的惠民工程。所以省中心组织共享工程的学习，我馆领导都积极让我馆业务人员参加。我馆近几年组织的学习期期不落。省中心举办的技术培训、网络培训，基本掌握资源应用及服务技术要求，保障了工作有序顺利开展。2012年，结合“文化共享工程”网络实用讲座，全体职工参加了专家视频讲座的网络培训，提升了全馆职工的业务能力。

五、工作展望

“文化共享工程”作为一项文化惠民工程，将在建设社会主义文化强国中发挥独特职能。共享文化、传播文化是共享工程的目的。天祝县图书馆会将这一民心工程建设好、利用好，不断增强接收、整理和乡村配送资源的能力，切实实现优秀文化信息资源全民共享，从而为丰富公众文化生活，保障公众文化权利，构建和谐天祝做出更大贡献。

但对于基层馆而言，服务方式的增多及全面免费开放的实施，软硬件维护、服务成本增加，资金压力、人员不足、技术落后等问题成为了发展共享工程的阻力。希望国家中心与省中心可以最大化的帮助基层中心开展好文化共享工程这一伟大的惠民工程。

（撰文/天祝县支中心）

玉门市支中心

玉门，地处甘肃省河西走廊西部，全市辖新、老两个市区和4镇8乡，59个行政村及16个社区，总人口18.9万。全国文化信息资源共享工程实施后，我市紧紧抓住这一历史机遇，将共享工程作为推进文化创新、完善公共文化服务体系，提高公益性文化水平，促进经济社会协调发展、构建和谐、幸福玉门为抓手，扎实开展了全市共享工程项目的实施。至目前，我市已建成文化信息资源共享工程县级支中心1个，乡镇文化信息资源共享工程示范点2个，村级服务点56个，市、乡、村三级文化服务网络体系已基本形成。按照信息资源共享工程建设要求，强化组织领导，层层落实责任，狠抓硬件建设，积极开展服务，为促进地方经济社会发展起到了积极作用。

一、基本情况

文化信息资源共享工程玉门支中心于2011年11月建成投入使用，设备总投资68万元，其中建成电子阅览室和综合阅览室280平方米，主控机房20平方米，综合阅览室和电子阅览室共设坐席60个。2011年11月，通过10M光纤接入互联网，30余台计算机都可浏览共享工程信息，现已向社会全部免费开放。支中心的建成，进一步的推动了我市图书馆的基础设施建设，实现了图书馆网络化，数字化、自动化的管理。2011年至2012年，分别在两个乡镇文化站建成了文化信息资源共享工程示范点2个，在全市56个行政村建成文化信息资源共享村级服务点。市图书馆负责指导人员培训、业务开展等工作，目前各基层服务点设备运行良好。

二、加强领导，加快共享工程基础设施建设基础

按照省、市要求，我们在各信息资源共享工程服务点分别悬挂了“玉门市基层服务点工作职责”、“玉门市文化信息资源共享工程设备管理制度”、“读者预览须知”、“联络员职责”等制度牌，设立专兼职文化管理员1名，负责管理基层服务点并做好群众需求及反馈工作，努力做到了“三个到位”。

1、设施到位。按照国家统一建设标准，为县级支中心、2个乡镇文化信息资源共享工程示范点及56个村级服务点分别配备了电脑、打印机、投影仪、电脑桌椅、电视机、音响、卫星接收系统、中央控制器及中央控制台等设备，并全部安装调试完毕，运行正常。

2、人员到位。项目由市文体局局长牵头，分管副局长及各乡镇分管乡镇长主抓，市图书馆馆长和各乡镇文化中心主任具体负责。同时，市图书馆、各乡镇文化中心业务骨干和懂电脑、善管理的村干部担任共享工程服务点管理员，确保了服务点正常运行。

3、培训到位。县级支中心共有4人先后参加省、市举办的专业技术培训，均取得了上岗证书。我们对全市9个乡镇基层中心56个村级服务点的管理人员进行了岗前培训。通过培训，现在技术人员基本掌握了操作技能，保证了共享工程设备的正常运转。

4、加大投入，加强基础设施建设。投入4800万元在新市区新建了文化三馆等设施。并积极争取国家、省市的投资200多万元，建成标准化文化站12个，“农家书屋”86个，文化信息资源共享工程服务点56个，覆盖乡村，功能齐全，设施完善的文化服务网络逐步形成。玉门市图书馆工作得到了长足发展，先后被被酒泉市妇联评为“巾帼建功示范岗；被甘肃省“知识工程”领导小组和甘肃文化厅表彰奖励；2001年6月玉门市图书馆被国家文化部编入《中国图书馆大全》。

三、创新服务，提升文化共享工程建设品位

1、推动自身发展。市图书馆抢抓文化共享工程建设机遇，切实加强自身建设，充实了办公设备，改善了办公条件，增加了文化共享工程设施设备，于2012年初安装了图书电子管理系统，并完成了图书的电子信息的录入工作，使广大读者能方便快捷地查阅图书和文化共享工程的电子文献资料，提高了服务基层、服务群众的水平和能力。

2、整合信息资源，使共享工程在基层开花结果。

由于条件由于条件所限，乡下群众不便于到城市享受优质的网络资源，将新思想、新科技用一种直观、易懂的形式送到农民身边就成了及时雨、雪中炭。为了使群众对农业新科技能够看得懂、用得上、见效快，利用共享工程网络资源内容新奇、实用性强、信息量大、数据传输快捷方便的优势，认真搜集、下载适用于当地群众的政策法规、先进性教育、农业科技、文化体育、防疫保健、科普知识等共享工程信息资源，通过市、乡、村三级文化服务网络及其它途径传输信息，扩大宣传面，使群众快学技术，早得实惠。一是通过协调组织、宣传、农牧、林业、卫生和计划生育、公安等专业部门，将各类信息资源通过业务部门的工作，传播到千家万户，使群众受益。二是向各乡镇文化站、村基层服务点直接提供图书、光盘支持，由各服务点直接面向群众服务。三是利用“三下乡”、宣传周、农村集市、节假日等，积极协调有关单位，在各乡镇集中向农民赠予、或以成本价向群众发放共享工程光盘和实用技术资料，并现场接受咨询，解决实际问题，帮助村民及时了解到相关市场、技术信息起到了重要作用。通过“信息共享工程”，他们的眼界更宽了，信息更灵了，增收致富的本领更强了。

3、探索多种服务模式。我们采取多种服务模式，满足群众需要，较好地推动了共享工程网络建设，扩大了覆盖面。一是互联网服务模式。县级支中心由中国电信提供10M光纤直接导入主机房，9个乡镇基层服务点分别连接1M至2M宽带网或直接连接各乡镇政府光纤。二是卫星接收服务模式。56个村级服务点实现了与农村党员远程教育网共享。三是移动硬盘、光盘服务模式。县级支中心把存储的农业科技节目、专题讲座、电影戏曲，根据各乡镇需求刻录成光盘或转换格式发至基层服务点，通过基层服务点直接传递到每个服务对象，更好的满足基层群众的文化需求。

4、开展各类培训。我们利用文化资源优势，先后与市直各单位联合开办了农业技术、科技讲座、劳务输转、计划生育等方面的培训班，通过培训，不仅提高了相关人员的业务素质，使群众切身体会到了文化信息资源共享工程的成果，同时也增加了社会各界对文化信息资源的认知度，实现了信息互通、资源共享。

5、搞好阵地服务。利用网络免费浏览各类书籍、科技资料等。电子阅览室目前拥有固定读者2800余人，检索咨询达67500人次。

三、工作展望

今后我们要强化机制，狠抓落实，将文化信息资源共享工程建设落到实处，使人民群众感受到真真切切的实惠。

1、大力加强对外宣传力度，充分利用广播、电视媒体进行广泛宣传，同时针对我市各乡镇的实际，在节庆日、文化艺术节、农民运动会等大型活动开展期间，在全市12个乡镇设点宣传，散发宣传资料。设立咨询台，解答群众的疑难问题，扩大信息资源共享工程的社会影响力和群众认知度。

2、进一步加强文化信息资源共享工程基层服务点网络化、数字化建设，加强文化、科技信息资源在群众生

活中的重要性，不断培养专业技术人员，为深入推进共享工程的实施打好基础。

3、努力把文化信息资源共享工程用活、用好。以先进文化教育广大群众，提高人民群众的思想道德水平和科学 文化素质，最大限度地将信息资源转化为生产力。将地方影 视戏曲、音乐歌舞、美术艺术等表现形式纳入共享工程服务内容。用群众喜闻乐见的形式使共享工程内容更加丰富，更加贴近基层、贴近生活、贴近群众，不断推动玉门文化工作迈上新台阶，使文化共享工程在构建和谐社会中发挥更好作用，成为社会主义新农村建设的有力支撑。

（撰文/玉门市支中心）

敦煌市支中心

敦煌，是古代文明的交汇点。而今，作为文化惠民工程的全国文化信息资源共享工程，在敦煌建立了支中心，经过几年的努力，敦煌市支中心已在本地发挥了自己应有的作用，产生了相当的影响。

一、整体情况

敦煌市图书馆被列入2007年度甘肃省首批确定建立的25个全国文化信息资源共享工程基层中心之一。敦煌市委、市政府给予高度重视和支持，并拨给配套资金进行建设。2009年4月，全国文化信息资源共享工程敦煌支中心正式成立，由国家财政和省财政无偿配备价值68万元的设施设备，由省文化厅统一建设，共配备主服务器3台，电脑30台，电脑桌椅30套，同时可供30人上网使用。

二、网点建设

以支中心为龙头，以乡镇、社区为依托，全市9个乡镇、56个村、11个社区共建立了64个文化资源共享工程基层服务点，实现"共享工程村村通"，使文化信息资源共享工程迅速走进基层特别是农村广大群众的生活，文化共享工程优秀文化资源通过县支中心共享平台，在敦煌广为传播。

三、经费投入

敦煌市委、市政府高度重视文化共享工程的建设，每年为支中心拨付运行经费8万元。

四、资源建设

敦煌市支中心初建成时，信息资源贫乏，省中心派员安装信息资源600多GB，并调试。随后于2010年下发文化部制作的2009年版县级数字图书馆试点资源硬盘，资源容量1000GB。依托服务器上的卫星链路，接收文化部制作的文化信息资源，不断实时更新，确保支中心信息资源不过时。

五、技术支持

敦煌市支中心现有技术力量可满足日常运行维护和简单的信息资源加工工作。甘肃省分中心以及设备供货商不定期或应邀为我中心提供技术支持。另外，我中心与同城商务网站和超星数字图书馆兰州办事处建立合作关系，为我中心的数字图书馆相关业务和门户网站提供技术支持。

六、惠民服务

青少年是祖国的未来，他们的成长关系到国家的未来是不是强大繁荣。为丰富广大中小学生假期生活，为未成年人提供信息服务，节假日期间少儿电子阅览室举办"快乐周末"活动，播放优秀动画片或科教片。重视青少年的网络环境，儿童电子阅览室只能上绿色健康网站，只能玩益智游戏，上机时间规定一小时，并和每位上网的学生家长签订协议，免费办理上机卡，凭卡上机，家长可根据情况管理上机卡，避免学生未经家长同意的上网情况出现。这样做的好处就是一些经常出入"黑网吧"的孩子慢慢的走进了图书馆，他们可以玩一些经过过滤以后适合他们玩的游戏，同时更多的时间用在了学习上。我们的这种"凭卡上网，共同管理"得到了学生家长的认可与赞同，可以说挽救了一些沉迷于网络游戏的学生，一些困扰家长的学生上网难题得到了解决，是一种值得推广的经验。好多孩子接触到电脑首先想到的是游戏，为此我们多方联系市区的中小学，组织中小学生开展"电子手抄报"、"网页制作"、"PhotoShop"等培训班，从而让学生对电脑的功能有了更多的了解并开始喜欢上了这些活动，极大的拓展了学生的思维空间，也正是有了这些培训，这些学生在以后的举办的类似比赛中都取得了很好的成绩。

为了让广大少年儿童度过每一个愉快而充实的假期，在社会实践中锻炼小读者的能力，培养尊重劳动、热爱劳动的传统美德，敦煌市支中心每当学生假期时，招收"小图书管理员"，并举办"小管理员培训班"。通过对小管理员的培训，优中选优，在工作实践中，最终选取部分合格的小管理员，分配岗位，从事一些支中心工作和读者服务工作。支中心以小管理员工作照为插图，图书馆简介、小管理员工作制度及工作礼仪、优秀小管理员名单等为内容，特别定制《小图书管理员手册》，分发每个小管理员，让他们认真记录工作情况及工作心得。

以前图书馆门前的小广场与露台上是好多老年人的露天活动场所，他们三五成群的聊天、打牌，娱乐活动单调。看到这种情景，我们利用节假日在成人电子阅览室播放优秀电影或名家讲坛；慢慢的一些人被吸引了进来，特别是数九寒天不利于户外活动的时候，图书馆就成了这些老年人的天堂。考虑到有些"空巢老人"的寂寞，在每年的"重阳节"举办"九九重阳节浓浓敬老情"主题活动，为广大老年群体提供了"人人皆学、时时皆学、处处可学"的方便条件，使他们从传统文化、养生保健，扩展到今天的电脑、金融等。

退休老干部是一个特殊的群体，他们文化程度高，但是退休以后基本上无事可干，多的时间要么打牌要么散步，但是这些老年人有着渴望接受新生事物的强烈愿望，我们从老年人学习能力较弱这个特点入手，开展长期的培训班，手把手教会他们使用鼠标，耐心的教他们上网，他们中的大多数爱好者已经能够上网查资料、也能和远在外地的子女视频聊天，看着他们专注的神情与满足愉悦的面孔，我们觉得所有的付出收获的都是幸福，

儿童阅览室播放少儿电影

因为我们从他们的脸上看到的是幸福。随着学习的老年人越来越多，我们不再局限于退休老干部，而是面向全市的老人免费开放，只要他们有这方面的要求，我们不但提供优质的服务，而且遇到问题随问随答，随时解决。退休老干部李主任说："你们的这个活动就是好啊！以前没事可干的时候我们唯一的乐趣就是打牌，现在好了，通过电脑我们知道的多了，精神也出奇的好，真的是为我们老年人解决了精神生活的问题，好！好！好！"这不但是对我们工作的肯定，也是对文化资源共享工程的赞美。张自忠老人的儿子在西安工作，他每周周末和儿子孙子在网上视频，以解思念之情。说共享工程使他和儿孙没有了距离。

七、宣传推广

文化共享工程作为一项惠民工程，要想让公众普遍享受社会赋予的文化权益，就先要让更多的市民了解此项工程，需要更多的展示平台和宣传途径。

敦煌市支中心一方面利用门口电子屏滚动宣传、新闻报道和印刷宣传单的形式，结合重大事件和节庆假日利用室内大屏幕开展集中宣传，宣传文化共享工程的意义、重要活动、重要工作。另一方面制做"免费上网卡"3000张，面向社区居民、机关工委、学校和各单位发放。这项工作主要是把市民引进图书馆，使他们了解公益性电子阅览服务，通过优秀丰富的数字资源、统一规范的网络管理，引导和帮助广大基层群众学习电脑和网络知识，享受文化共享资源，浏览绿色网站，构建和传播体现社会主义核心价值的先进网络文化。所有这些，都扩大了共享工程的影响，取得了良好的社会效益。让更多的市民不用再问"共享工程是个啥？"低保户王爱拿着上网卡感叹地说："之前羡慕别人家有电脑，没想到我现在不用花钱就可以上电脑，而且还有了不收费的老师……"

为了进一步扩大文化资源共享的影响力，我馆建成敦煌市图书馆（全国文化共享工程敦煌市支中心）网站。文化共享工程采取多种形式开展服务，其中的互联网服务是重要途径，而支中心（图书馆）建设的网站是开展互联网服务不可缺少的手段。

八、培训工作

利用共享工程设备，制作课件，举办农家书屋管理员培训班。为规范农家书屋管理，提高农家书屋管理员的业务水平，切实把农家书屋办成农民读书、学习的文化阵地。敦煌市支中心对全市64个行政村的图书管理员和8个农村乡镇的文化专干每年进行一期集中培训，把图书的分类、借阅等操作规程进行标准化示范，提高了管理员的业务素质及管理水平，形成了一套较为完善、便于操作的规范化管理模式。

九、管理和队伍建设

敦煌是一个开放较早的城市，旅游与整体发展在整个甘肃来说是走在前面的，作为首批全国文化信息资源共享工程试点县之一，相关人才的培养就显得尤为重要。我馆首先从引进信息专业人才，在全市的事业干部中优中选优，选调一名专业对口，技术上过硬的乡镇干部入馆，在文化资源共享的平台运作上得到了技术上的保证，其次是积极参加省分中心的业务指导和培训班，对职工进行文化信息资源共享工程技术培训，将文化共享工程培训纳入全馆业务学习主题，为共享工程队伍建设打下了良好的基础。第三是积极参加省分中心举办的"文化共享杯——全国文化信息资源共享工程知识与技能知识竞赛"，荣获一等奖和三等奖，其中一人被选拔参加全国竞赛。

十、荣誉奖项

2010年8月，根据文化部全国文化信息资源建设管理中心的统一部署，开展了文化共享工程少年网页设计竞赛活动，敦煌市支中心举办了少年网页设计培训班，广大少年儿童踊跃报名参加培训，最后共收作品50多个，我支中心推荐的作品中4个获奖，其中获二等奖作品2个，三等奖作品2个。经省分中心选送作品《大梦敦煌》获全国三等奖。2011年是中国共产党成立90周年，为引导广大少年儿童深刻认识和全面了解中国共产党建党九十年的伟大历程和辉煌成就，按照甘肃省分中心及国家中心的整体部署，我支中心举办电脑小报设计培训班，参加省分中心"2011年电脑小报设计比赛活动"。此次活动中我支中心上报的作品中3个作品获奖，其中中学组一等奖1名，二等奖1名；小学组二等奖1名。2012年甘肃省分中心在全省开展了"像雷锋那样…"中小学生电脑小报设计比赛，敦煌市支中心选送的敦煌市东街小学杨烨的作品荣获小学组二等奖，敦煌市支中心获优秀组织奖。

十一、工作展望

在信息技术发展日新月异的背景下，传统文化信息服务方式面临严重冲击，共享工程正是顺应这种趋势提高文化信息服务的工作方式，敦煌市支中心在总结工作经验的基础上，内强自身，外塑形象，利用先进的信息技术发展成果和图书馆体系丰富的文化信息资源，更好的为广大人民群众服务，在建设社会主义文化中起到应有的作用。

（撰文/敦煌市支中心）

张掖市甘州区支中心

张掖市甘州区是全国历史文化名城。地处甘肃西部，其历史悠久，文化底蕴深厚，乡土文化气息浓厚，人文景观丰富，农村文化基础设施建设较完善，群众性文化活动基础较好。2007年被省文化厅确定为甘肃省文化共享工程试点县（区），率先在本地区完成了以甘州区图书馆为基础的市支分中心，和以乡（镇）、村文化站（室）为基础的17个乡（镇）基层服务点和20个村基层服务点的建设。通过近几年来积极的努力，目前支中心已建成了县（区）、乡（镇）、村三级文化信息传输网络平台，实现了本区共享工程文化信息在全区最大化覆盖。我们在文化信息资源共享工程的服务网络建设、特色资源建设、基层服务点发展、组织管理、服务职能方面做了大量的工作，取得了一定成就。

一、加大资源建设力度，促进基层服务点发展

文化信息资源共享工程建设，资源是关键，基层服务点是重要支撑。在"共享工程"建设过程中，文化信息资源和基层服务点建设具有同等重要的地位，必须"两手都要硬"。因此，我们从共享工程甘州区支中心建成开始，就狠下力气抓资源建设，促进基层服务点发展。

1、加强"共享工程"和现代图书馆业务的紧密衔接。图书馆蕴藏着"共享工程"的丰富信息资源，"共享工程"是图书馆资源传播利用的一种手段。自张掖市甘州区图书馆被确定为共享工程试点县（区）以来，我们就着重加大对人文景观、地方小剧种、旅游资源、科技致富等信息的收集整理力度，并向省级中心发送，使甘州区文化信息资源共享工程市级分中心的资源更具特色和实用性。图书馆文献信息的共享共用为图书馆的服务延伸了内涵，自我们与甘肃省图书馆通过网络共享共用一套图书自动化管理系统后，图书馆管理工作进一步规范，图书利用率大幅提升，许多封尘已久的文献通过网络走出馆门，在全省进行共享共用。

2、努力发挥文化信息资源共享工程基层服务点的支撑力度。文化信息资源必须依靠众多的基层服务点，才能充分发挥作用。因此，我们在下大力气抓资源建设的同时，努力促进基层服务点的发展。甘州区是一个农业县区，其中80%以上为农村人口，县区内有经济基础较好的乡镇，也有经济基础和技术条件相对落后的乡镇。在"共享工程"建设的过程中，我们高度重视典型示范，以点带面。首先确定了以共享工程张掖市甘州区市支分中心的典型示范作用，辐射和带动辖区内各乡镇建立基层服务点。我们先后以各种形式多次召开现场会，组织全区"共享工程"建设相关单位的领导实地参观了市支中心及大满镇等基层服务点，让他们亲身感受到利用"共享工程"数字资源，能有力地缓解图书馆和乡镇文化站经费缺乏，书刊陈旧，群众看书、看报、看戏、查找资料难等具体问题。这种以点带面的发展模式有力地推动了全区基层服务点的建设，加快了各乡镇基层服务点的建设速度。目前，文化共享工程已在我区全面覆盖，各乡镇服务点共享工程工作由各乡镇文化站具体负责，80%的乡镇配有专职共享工程工作人员，村级服务点也配有专职或兼职的工作人员，从而确保了"共享工程"工作在甘州区有效稳定的开展。

二、积极探索共享工程为基层群众服务的新方法

"共享工程"是为民服务的工程，是公共文化服务体系的重要体现。我们通过积极的努力工作，积极探索共享工程走进农村、学校、社区、企业、机关的方式，使"共享工程"的服务得到进一步的延伸。

1.建立方便快捷的文化信息共享渠道,积极为三农服务

送文化下乡活动是一项经常性的工作。过去，每年都要从报纸和书刊中选取送文化下乡的信息资料。由于报刊资料有时滞性，很多信息送到农民手中时已不再适用。"共享工程"实施以后，这种状况得到改善。"共享工程"中的《走进农村》和农村远程教育信息频道，信息资料更新快，信息量大，成了农技资料的主要来源。"共享工程"甘州区市支中心还利用自身馆藏资源的优势，结合全区的实际情况，根据各乡镇经济发展的实际情况和产业特色，从"共享工程"网络上下载种植、养殖等科技资料，以刻录光盘、复印、编印资料等形式，发放到农户手中。开辟了一个不受地域、时空限制的崭新的文化传播渠道，使农民将最新的农业科技知识转化为农业生产力，为社会主义新农村建设、农村产业结构调整、农业增效和农民增收做出了贡献，发挥了"共享工程"传播先进文化、服务农业、农村、农民的作用。

2.关注未成年教育,为未成年人提供丰富的精神文化食粮

为抓好未成年人的思想教育，让广大在校学生也真正感受、接触到共享工程。我们把关注未成年人教育与推进我区文化共享工程建设有效地结合起来，将"共享工程"建设作为营造有利于未成年人健康成长的社会环境的重要内容，引导未成年人合理利用互联网获取有益的知识。我们充分整合全国"共享工程"资源，结合未成年人的阅读特点，专门增加了对爱国主义、集体主义、社会主义的宣传内容。针对学生假期空闲时间较多的实际情况，"共享工程"电子阅览室面向广大未成年人全面开放，为未成年人提供绿色上网空间。引导未成人认识、利用"共享工程"的服务内容，汲取中华优秀文化，培养健康向上的价值取向，丰富自身的精神文化生活，摆脱不良网络内容的影响。让未成年人在学习娱乐中受到先进文化熏陶。经常性地举办"共享文化资源，构建和谐校园"活动，介绍"共享工程"网站、播放少儿影片、举办小读者座谈会、新书展览等一系列丰富多彩的活动。教育引导未成年人树立正确的世界观、人生观、价值观、丰富他们的精神文化生活。

3、采用多种形式,让"共享工程"文化信息服务社区

社区文化建设是建设社会主义和谐社会的重要内容。在社区开展文化、科普、教育、娱乐等活动，宣传社会主义精神文明，倡导科学、文明、健康的生活方式，形成健康向上、文明和谐的社区文化氛围，是落实科学发展观，以人为本，保持社会稳定的重要任务。"共享工程"基层服务点是承担此项工作的载体之一，也是文化进社区的重要方式。我们在社区开展了以"共享工程"为平台，以辖区社区为阵地，采用了"组织观看"、"培训技能"、"读书活动"等形式，使广大社区居民能更多、更方便、更快捷地接受新知识、新观点、新信息。使公共文化服务体系更好地发挥了作用，受到社区群众的欢迎。

三、"共享工程"建设稳步发展

在共享工程建设实施中我们采取积极探索、努力创新的措施，扩大共享工程在群众中的影响力，引导广大群众认识和利用共享工程，充分发挥共享工程的为民服务功能。

为使广大群众了解共享工程进而为民服务，我们将各种信息、讲座、科普知识等内容整理成“图书馆讲座内容目录”，以宣传单的形式向各单位、社区、群众团体、学校和图书馆网站等处发送。从而吸引群众积极参与公益性讲座活动，用现代科技手段把名家、大家请到群众身边，让群众能跨越时空聆听四海论坛，提高文化品味，启迪智慧人生，丰富业余生活。近年来，每年组织此类活动160多场（次），并先后为区属各部门、街道、社区等单位播放专题讲座120余场（次）。

在做好城区工作的同时，积极做好农村服务工作。每年将各种文化娱乐信息和科技富农信息刻录成光盘或拷贝到移动存储设备上，分发到各乡镇基层服务点，仅2012年，分发光盘1000余张、拷贝各类信息资源近1200TB。为各基层服务点提供了丰富的信息资源。同时还抽调专人认真指导各乡、村基层服务点工作，根据各乡实际制定了切实可行的共享工程工作计划并积开展活动。甘州区上秦镇在共享工程工作中，围绕宣传“党的十八大”知识，依托共享工程资源信息，开展知识竞赛、演讲比赛、文艺演出、对联楹联征集等活动；龙渠乡在乡镇干部下村（社）时，携带共享工程提供的家禽养殖技术、沼气池的建设与使用等实用富农知识资料为群众提供服务；大满镇基层点配备专职工作人员负责共享工程设备的使用，经常性为群众开展知识讲座。各乡镇高度重视共享工程建设，将共享工程建设作为社会主义新农村建设的重要内容之一，将农、科、教、党建等信息文化信息资源整合为一体，以专题讲座为主，各种会议会前学习辅导为辅，积极开展为农服务活动，充分发挥了共享工程的为民服务功能，满足了广大农村群众不同层次的需求。同时，在活动中积极听取群众的意见和建议，对缺少的信息资源，通过各种渠道积极搜集，从上海等发达地区图书馆争取到了大量的免费信息资源。近几年来，我们以“世界读书日”活动为契机，组织开展了“世界读书日”活动启动仪式、万名群众签名仪式、亲子阅读活动、文化共享工程科技影视讲座等系列活动，吸引了社会各界近万名群众积极参与。受到了广大群众的一致好评，取得了良好的社会效果，许多群众通过参与此次活动真正体会到了共享工程带来的方便与实惠。通过抓资源建设、服务力度，我区的文化信息资源共享工程建设正在健康有序地稳步发展。

（撰文/张掖市甘州区支中心）

民乐县支中心

文化信息资源共享工程是政府向社会提供的公共文化服务，是公益性的文化事业。民乐县2007年底被甘肃省文化厅确立为全省建设文化信息资源共享工程县级支中心的25个县区之一，2008年9月文化信息资源共享工程民乐县支中心在民乐县图书馆正式建立。

2008年11月被确定为全国文化信息资源共享工程（以下简称“文化共享工程”）100家试点县（市）之一。2009年6月由共享工程省分中心负责改造完成了县图书馆20平方米的文化共享工程主控机房和50平方米的多媒体演讲报告厅，电子阅览室安装配套电脑30台。目前，支中心主控机房设备已达到5TB的存储能力。接通、安装了10兆的光纤通信，能同时接收天网（卫星）和地网（因特网）的信息传输。

2010年底全面完成了文化信息资源共享工程各项工作任务，为全县172个行政村配备了投影仪、幕布、EVD、音响设备等平均价值4300元的设备，实现了所有行政村覆盖城乡数字文化服务体系的目标。

自支中心建成以来，我们结合日常服务宣传活动，利用投影仪等资源设备常年免费为基层农户、中小学生、福利院老人、驻民官兵放映科技、教育、娱乐性光盘活动，不断扩大共享工程的影响力。截止目前，累计开展各项服务宣传活动60次，播放各种光盘263场506张（次），送书下乡40000余册（次），电子阅览室接待读者5万人次以上，受到服务对象的广泛好评。2012年为深入贯彻落实十七届六中全会精神，进一步规范和加强文化信息资源共享工程基层服务点的管理，提升乡镇、各有关单位、村（社区）基层服务点文化专干、管理员的业务技能水平。举办了文化信息资源共享工程基层服务点业务知识培训班。来自全县乡镇、各有关单位、村（社区）基层服务点文化专干、管理员共200余人参加了培训。

一、延伸服务进万家　主题活动树品牌

文化共享工程的建设，服务是根本。在工作实践中，民乐县支中心的干部职工认识到，服务要因地制宜，依据各类文化设施和场所，深入基层，深入农村，有针对性地开展丰富多彩、形式多样的服务活动。而要在广大老百姓的心目中占有一席之地，则必须以质取胜，以精品取胜，服务做到人无我有，人有我精，以此树立自己的品牌。图书馆积极开展的各项文化共享活动就是很好的例证。在春耕季节。是当地农民们最繁忙，也是最需要技术支持的时候，若是来位农技专家现场指导一下，那对来年的收成以及收益将会大大有所助力。文化信息资源共享工程民乐县支中心建立以来，积极开展各项活动，利用国家中心下发的各类视频光盘资源深入基层开展共享工程助农服务活动，为广大农民朋友送去了致富经。当每年的暑假来临之际，民乐县支中心为丰富广大中小学生暑期生活干部职工都会放弃休息时间，轮流值班，利用共享工程设备为广大未成年人提供信息服务。每年暑假民乐县支中心都利用图书馆电子阅览室开展“文化共享暑期电影展播”活动，每周一至周五，分上下午放映两场国内外电影大片供他们欣赏。同时，结合馆内少儿阅览室的读物，引导学生们自觉的参与到读书写作中去。最新的电影大片、浓郁的文化氛围深受广大中、小学生的喜爱和学生家长的好评，赢得了社会的广泛赞誉。

“六一”儿童节来临之际，民乐县支中心为孩子们准备了丰富的文化大餐。开展了“阅读伴成长，低碳过六一”的主题系列活动，提升广大少儿的低碳节能环保意识，共同倡导绿色环保、低碳生活。开展了向青少年推荐展示精品图书的活动，传递图书信息，引导青少年多读书，读好书，培养学习兴趣，加强思想道德建设。组

织开展了"童心向党，快乐成长"为主题的专题视频讲座，共播放视频、影视资料5部，参加此次活动的少儿近100人次，孩子们在节日里收到了一份别具一格的礼物。2012年"六一"国际儿童节来临之际，民乐县支中心利用共享工程国家中心下发的光盘资源在馆内演讲报告厅和电子阅览室开展了经典儿童影视资源展播活动

为了充分发挥图书馆的宣传教育智能，民乐县支中心会不定期地深入到全县6个社区开展"文化共享进社区"数字文化服务，把党建、法律、电影、戏曲、保健等优秀的数字文化信息送到广大居民身边，以引导和满足社区居民崇尚文明、健康娱乐的精神追求，传播先进文化，活跃群众生活，密切邻里关系，增强社区活力，为建设和谐社区作出积极贡献，同时还积极利用现有资源开展各类讲座、培训、报告会、座谈会等，宣传和引导广大社区居民走进图书馆了解图书馆。

如2011年"三八"妇女节之际，共享工程县支中心与县府街社区联合举办了庆"三八"读者座谈会，并为广大居民播放了关于老年健康知识专题视频，同时还为困难群众发放了慰问品，鼓励他们用科学知识发家致富；利用共享工程资源开展走进社区居民，普及健康知识"专题视频讲座。在图书馆服务宣传周活动期间，民乐县支中心联合县府街社区积极开展了以"读书，给人智慧，使人勇敢，让人温暖"为主题的"全民阅读活动"及"图书馆服务宣传周活动"进社区启动仪式，引导广大读者养成爱读书、读好书的良好习惯，

2012年4月举办了民乐县"4、23"世界读书日、图书馆服务宣传周暨全民阅读活动启动仪式。围绕"书香民乐"这一主题，展开了一系列活动如：在政府网站、电视台、政府公益短信平台上全方位宣传报道免费开放的项目和内容；制作服务宣传展板；印发宣材料、现场办理借书证、开展业务咨询、设立借阅咨询服务台，向广大市民宣传图书馆免费开放、文献查阅方面的咨询服务。

2011年6月，为庆祝建党90周年，民乐县支中心和民乐县府街社区在图书馆演讲报告厅联合举办"颂党恩、争先锋"演讲比赛，激发了广大读者对党和国家的热爱之情；2011年9月，在演讲报告厅、综合阅览室举办了"党在我心中"读者读书活动。邀请到了县委宣传部相关领导、部分退休老干部和学生共130余人参加了本次活动，将庆祝建党90周年的热请推向了一个新的高潮，在座谈会上，利用现有资源为广大青少年播放了优秀的爱国影片，号召广大青少年从小养成爱国、爱党的情操。

二、重覆盖多举建点　市镇村携手互动

文化共享工程作为一项惠民工程，要想让公众普遍享受社会赋予的文化权益，就必须实现村村通，信息服务全覆盖。民乐县支中心现下设有10个乡镇基层服务中心，172个村级基层服务点。随着文化共享工程建设的不段深入，民乐县支中心结合当地实际，探索出形式多样的建点模式。

互联网模式，民乐县支中心，洪水镇基层服务中心、民联乡基层服务中心等都建起了电子阅览室，并建立健全电子阅览室规则、管理人员职责、读者须知等各项管理制度，并通过软件提升安全级别，屏蔽黄、赌、毒等网站，给大众一个绿色上网空间。卫星服务模式，民乐县支中心

共享工程基层管理员培训班

主要是利用卫星三级站开展服务，每天安排专人进行维护管理，坚持24小时开机，接收整理各级中心提供的文化信息资源，并做好工作记录，以方便广大读者的查询。移动硬盘/光盘模式，民乐县支中心在经费紧缺的条件之下，积极筹措资金，将现有信息资源采用刻录光盘、硬盘拷贝等方式输送到基层服务点开展宣传，教育工作，得到了广大群众的认可与肯定。

三、信息共享，实现城乡一体化

"文化信息共享工程"在为农民朋友提供致富帮手的同时影响着农村生活的方方面面，推动着农村文化向现代化发展，在城乡一体化的进程中迈出了一大步。通过信息资源的共享、发布，本地的村民和外来的客人都对本地的旅游文化有了更为全面的认识。

在文化生活和休闲娱乐上，"文化信息共享工程"以它的即时性、互动性以及海量的存储、庞大的资源共享空间，为农民群众的学习、交流、娱乐提供了可靠的保证。许多农民朋友、中小学生在这里找到了一条加强学习和对外交流的方便而快捷的途径：通过点击有关图书馆网站，可以查询资料，阅读心仪的图书；通过网络发送和接收电子邮件，和友人交流信息；通过论坛服务选择若干感兴趣的专业组，参与讨论；或查找有关的新闻、消息，或发表文章，或对他人发布的信息进行评价；或通过QQ和世界各地的网友聊天交流，听歌、看电影则是最受年轻人喜爱的娱乐方式。

文化信息共享工程和信息化带来的不仅仅是新的东西，传统的敬老爱幼、帮困扶贫的美德则通过"共享工程"也得到宣扬、得到了传承。"文化信息共享工程"丰富的文化教育资源和科技信息资源，给农村带来了生机和活力。帮助村民解决了生产发展中产前、产中、产后遇到的各类信息服务问题和困难，解决了日常生活中遇到的看书难、看戏难、看电影难、看电视难的"四难"问题，解决了与政府间的沟通、建议和咨询等方面的问题，了解了各项惠民政策和民主公开情况，接收发布了产业信息，获得了各项技能培训……科学技术讲农村，信息教育惠村民。

四、荣誉奖项

2011年我馆包永红同志中获得甘肃省第二届"文化共享杯知识与技能竞赛"三等奖的荣誉称号，2012年获得2012年全国"公共电子阅览室建设计划"百题知识竞赛二等奖。2012年我馆两名馆员撰写的论文一篇在西北五

省（区）图书馆第十一次科学讨论会征文活动中获得了三等奖，一篇在甘肃省图书馆学会2012年年会征文活动中获得了三等奖。

五、工作展望

1、加大对数字资源和基层服务网点建设的投入力度。加强县支中心基础设施及软硬件建设，提高资源传输质量和服务水平。

2、发展基层服务网络，建设数字文化资源。落实乡镇文化中心、村基层服务点的场地及配套设施建设。

3、建设管理与技术骨干队伍。积极采取培养与引进相结合的方式，组建一支适合文化共享工程建设需要的管理、技术保障和基层服务队伍。

4、积极采用图书馆成熟技术，总结和创新光盘服务、硬盘服务新途径，建立县、乡镇、村文化共享工程服务网络的多种模式，借助全国文化信息资源共享工程网站、数字电视和远程教育服务等信息资源网络，开辟面向基层、面向大众的多种服务形式，大力开展公益性服务。

5、根据现有条件，尽快建立起多种模式运转的乡（镇）、村文化信息资源共享工程服务网络，以多种服务方式开展基层服务点建设，使文化信息资源共享工程网络成为公共文化服务体系的重要支撑，使群众能够享受到数字文化服务。

6、加大对数字资源和基层服务网点建设的投入力度。加强基础设施、基层服务网络建设，加强文化、科技信息资源自动化、网络化建设和专业技术人员的培养，积极采取培养与引进、自有队伍和社会队伍相结合的方式，组建一支适合文化共享工程建设需要的管理、技术保障和基层服务队伍，推进共享工程的实施。

（撰文/包永红）

临泽县支中心

一、基本情况

文化信息资源共享工程临泽县支中心，在国家、省、县三级财政的大力支持下，于2009年4月在县图书馆建成。支中心建设先后投入资金68万元。支中心由中控机房、电子阅览室、资源制作室、多媒体演播室四部分组成。中控机房主要配置有机柜、WEB服务器和FTP服务器、卫星接收系统、防雷系统、百兆防火墙、支持断电延时60分钟的UPS电源等设备，10M光纤，互联网络和卫星接收系统确保与国家中心资源门户网站和省分中心资源门户网站之间的数字资源同步与更新。

中心机房拥有卫星接收服务器、自动化业务服务器和备用的高性能服务器。电子阅览室有电脑30台，对读者免费提供资源检索服务。资源制作室配置有多媒体制作电脑、多功能网络激光打印机、扫描仪、数字摄像机、数码相机、各类光盘刻录机等设备，用于加工和整理文化资源并为市民提供服务。多媒体演播室通过投影仪、超大自动升降幕布和无源音响，能够同时为100多人提供文化资源共享工程的资源观看和讲座学习。

二、管理和队伍建设

为使共享项工程真正为民所用、为民谋利，临泽支中心将共享工程日常管理纳入制度化管理。制定支中心、镇、村基层服务点工作职责和制度，实行制度上墙公开。每年有年度工作计划，月度有工作要点，季度有工作督导，年末有工作总结考核，并推行管理员工作日志管理，收集整理共享工程服务活动的得失，探索共享工程管理和服务新模式。文化共享工程作为一个新的文化资源获取平台，如何推广好、利用好共享工程丰富的文化资源关键在于是否有一支专业化的共享工程管理员队伍。临泽共享工程支中心在管理员队伍建设上坚持明确职责，明确思路，制度化管理，常态化培育。临泽支中心现有专职工作人员2名，全职负责共享工程各个方面的工作。

三、培训工作

该支中心在共享工程管理员的培养上实现了制度化和常态化。根据支中心工作要求，每年对各个乡镇共享工程管理员进行4期的集中培训，除此以外，县支中心积极利用电子阅览室、多功能厅、投影和音箱等，积极开展其他培训活动，一方面是给基层文化共享工程人员进行相关技术培训，另一方面是利用设施和场地给企业职工、人民群众等进行相关基础技术培训。

四、经费投入

临泽县共享工程自2009年建成以来，财政每年投入8万的运行经费，用于共享工程设备的维护、人员培训和活动的开展。同时，临泽县文广新局和图书馆每年也投入大量人力物力支援共享工程各项活动的正常开展。

五、乡镇和村级服务点建设

1、乡镇文化站建设情况

临泽县乡镇服务点于2010年11月开始，由原县文化出版局在5个乡镇组织实施并投入运行，2011年12月，在2个乡镇组织实施并投入运行。主要配置有PC服务器7台、卫星接收系统7套、智能多媒体卫星机顶盒7台、交换机7台、终端计算机28台、中央控制台7台、工作应用软件7套、音箱7套、电脑桌椅28套、投影机7套、打印机7台、电视机7台、附件7套，价值70万元。

2、村级服务点建设情况

临泽县村级服务点文化信息资源共享工程工作于2010年1月开始，由原县文化出版局组织在71个村实施。主要配置有电脑40台、投影机、幕布31个、音箱、DVD71

知识讲座视频播放活动

套，价值30万元。2010年4月县图书馆组织人员对71个村的设备进行全部安装调试，5月投入运行。

六、活动开展

1、开展数字资源进社区和文化共享工程下基层活动。利用移动播放工具，定期放映各种题材的影片，实现了居民"不走远路观赏影片"的愿望。支中心不定期在4个社区、广场等地，通过"进学校、进农村、进军营、进社区"等服务活动，把法律、电影、戏曲、健康讲座等优秀的数字文化信息送到广大居民身边，以引导和满足居民崇尚文明、健康娱乐的精神追求，传播先进文化，真正实现文化信息资源的共享。

2、在每周周三、周五下午3：00—6：00在图书馆五楼多媒体厅进行优秀影视、视频讲座资源的播放。为把图书馆免费开放做大、做强、坐实，聘请各个方面专家老师进行讲座。让全县党政机关、企事业单位、各个社区、群众团体等通过这些方式，共享文化信息资源，享受图书馆免费开放服务带来的好处。

3、开展资源进农村活动。针对不具备上网条件的乡镇基层服务点，利用共享工程资源和图书馆支中心自行加工的资源，通过刻录光盘的形式，送视频到乡镇基层服务点，每月向7个乡镇4个社区免费发放刻录光盘2张，年均发放220张光盘，向广大农民群众播放。

4、各村级服务点利用现有设施设备，在节庆日和农闲时节为农村广大群众播放视频资源，并利用网络为农民群众提供信息资料。

七、宣传推广

1、临泽县支中心利用各种渠道宣传推广共享工程。在临泽县每年的科技文化"三下乡"活动中，支中心不失时机，以活动为平台，以资料为媒介宣传共享工程，让民众不断了解共享工程，走进共享工程。

2、专题活动，精彩纷呈。临泽支中心在服务中抓住文化的热点和亮点，积极组织群众喜闻乐见的文化服务，使共享工程走进群众生活。例如在迎接建党90周年之际，支中心联合图书馆举办了"建党90周年知识竞赛"活动等。

八、工作展望

文化共享工程是消除文化和数字鸿沟的一条有效捷径，是网络文化建设的一项重要内容。临泽县文化共享工程支中心更要借十七届六中全会和十八的的大东风，敢于创新、大胆实践，为推动社会主义文化大发展大繁荣做出应有的贡献。

（撰文/临泽县支中心）

山丹县支中心

一、整体情况

山丹县2007年底被甘肃省文化厅确立为全省建设文化共享工程县级支中心的25个县区之一。2008年底批复实施，于2009年4月正式建成，这期间得到了县委、政府和有关部门的大力支持和鼎力帮助。共享工程省级中心负责改造完成了县图书馆20平方米的文化共享工程主控机房，安装了配套的34台电脑、应用服务器，配备了摄像机、数码相机、投影机、电动投影幕布等设备，价值68万元。目前，图书馆文化共享工程主控机房设备已达到5TB的存储能力，接通、安装了10兆的光纤通信，能同时接收天网（卫星）和地网（因特网）的信息传输。

2012年10月12日，在重阳节来临之际，山丹培黎图书馆在电子阅览室给老年读者朋友进行电脑知识培训活动

该工程在提高基层信息化水平，形成互联网上中华文化信息资源的整体优势，丰富全县广大人民群众特别是农村群众的精神文化生活，保障人民群众的文化权益等方面发挥了重要作用。同时，配合新农村建设，对广大农民进行科技、法律、生产技术、种植养殖、卫生保健等多方面的知识培训，满足群众不同层次的文化需求，缩小了城乡之间文化发展上的差距，为建设社会主义新农村、构建和谐社会发挥着积极地推动作用。

二、网点建设

2010年3月与5月，由省中心分两次为我县115个行政村配置了DVD播放机、投影仪、音箱及投影幕布，实现了全县共享工程村级服务点的全覆盖。2011年11月，省文化厅为我县8个乡镇综合文化站配备了电脑、音箱、投影仪、卫星接收设备、桌椅等设施设备，每个乡镇综合文化站配备的设施设备价值达到10万元，实现了全县共享工程乡镇服务中心的全覆盖。基层服务网点的全面建设，增强了文化共享工程在农村的辐射力和影响力，体现网络服务的优势，使数字信息进乡村、进社区、进单位，直接为城市居民和广大农民服务。

三、经费投入

县级财政每年拨付1.2万元经费，勉强维持支中心的基本运行。2011年国家实行免费开放，年补助资金16万元。免费资金的到位，有效缓解了开展各类服务活动的困境，保障了电子阅览室及基层服务活动的正常开放。

四、资源建设

重点建设一批能够满足城乡广大群众需要的知识讲座、戏曲、图书、电影、专题资源库，特别将科普知识、农业技术等群众急需的优秀资源整合进来，刻录光盘以丰富资源内容，满足群众需要。

进一步强化县级支中心的作用，使其具备提供数字化文化信息服务的基本能力，形成有梯度的人员、技术、服务保障，切实承担起对乡镇、村基层中心服务点的指导和辐射作用。以县级图书馆公共文化设施为依托，增强县级支中心接收、整理和向乡村配送的能力。

五、技术支持

县级支中心现有两名工作人员，具备一定计算机基础，能够维护和保障山丹县级支中心设施设备的正常运行。遇有重大技术故障，我们及时向省中心技术人员请教解决。

六、合作共建

在省中心的领导支持下，我们及时刻录资源光盘，分发到乡镇服务中心和村级服务点，切实帮助指导乡村服务活动正常开展。

七、惠民服务

一是每周六下午在图书馆大厅为青少年学生播放动画、科教、影视片。二是结合全县劳动力技能培训工程，定期下乡为农民群众播放科学种植、畜牧养殖、法律维权等视频资源。三是每月开展一次文化信息资源进社区活动，为城市居民播放养老健身、人际交往、家庭教育、文学鉴赏等方面的专题讲座。

八、宣传推广

一是专门制作了宣传展板，就文化信息共享工程建设的意义、目的、作用、服务方式与途径都做了专门的宣传，利用下乡和在学校、社区开展各类活动及时宣传。二是通过县电视台、山丹报和政府的信息快报及时宣传。三是结合图书宣传周、全民读书月、世界读书日等重大宣传活动进行宣传。

九、培训工作

县级支中心的技术人员及时参加省中心举办的培训班。按照省中心网络培训通知的要求，组织我馆技术人员和乡镇服务中心工作人员及时收看网络培训讲座。县级支中心每年对乡镇与村级服务点人员进行两次专门培训，确保文化信息资源共享工程县乡村三级服务网络正常运行，发挥作用。

十、管理和队伍建设

县级支中心依托图书馆建设，支中心现有工作人员2名。乡镇服务中心依托乡镇综合文化站，配有专门工作人员。村级服务点管理与农家书屋管理合并，每个服务点配备一名兼职管理员。

十一、荣誉奖项

在省中心组织开展的中小学生电脑小报设计比赛活动中，我们组织有一定电脑知识及兴趣的学生踊跃参加，我馆共收到“向雷锋那样”电脑小报作品500多篇，在精心选送的300多幅作品中，获得一等奖2名，二等奖1名，三等奖1名的好成绩，山丹县支中心获得优秀组织奖。

十二、工作展望

我们将采取积极宣传、主动外出和请进来的办法，扩大文化共享工程在群众中的影响力，及时把文化共享工程接收的信息资源和自购的科普知识光盘内容整理成“图书馆讲座内容目录”，以宣传册的形式向各单位、社区、群众团体、学校等处发送，在宣传中着力强调图书馆共享资源讲座工作，是公益性讲座活动，是用现代科技手段把名家、大家请到群众身边，让群众能跨越时空聆听四海论坛，提高文化品味，启迪理想人生，丰富业余文化生活。

我们将进一步加大工作人员的技术培训力度，努力提高管理人员业务素质，探索有效发挥共享工程资源优势的运行机制和长效机制，形成一套完备的人员、技术、服务保障体系，为我县人民群众增加新颖健康的生活方式与文化交流平台，让更多人民群众享受到更加丰富的优秀文化和应用技术带来的快乐，实现优秀文化信息资源在全县范围内的共建共享，为我县文化事业又好又快发展做出我们应有的贡献。

（撰文/山丹县支中心）

肃南裕固族自治县支中心

肃南县是全国唯一、甘肃独有的裕固族自治县，现辖6乡2镇、9个国有林牧场、101个行政村和3个城市社区，居住有裕固、汉、藏、蒙古等11个民族，总人口3.73万，少数民族人口1.96万，占54%。

肃南县文化信息资源共享工程网点实现了全覆盖，先后建立县级支中心1个、乡镇综合服务点及电子阅览室8个，社区服务点3个，村级服务点101个。目前，各级网点电子阅览室年接待读者3万多人次；年均举办“书香家园”讲座30多场次，接待各级服务对象1万多人次；举办劳动力技能培训1212场次，服务各级群众达2万多人次；为30多单位拷贝视频资源200多份，发放资源目录12期，展播视频资源15期。

一分耕耘，一份收获，在全体人员的共同努力下，取得了骄人的成绩。2011年，在国家管理中心举办的庆祝建党九十周年“颂歌献给党”群众歌咏比赛活动中，该县支中心选送的作品《十送红军》，被国家管理中心评选为三等奖，被甘肃省分中心评选为二等奖，《走进新时代》被甘肃省分中心评选为三等奖；2011年，在国家管理中心举办的“阳光少年热爱党”电脑小报设计比赛中被甘肃省分中心评为优秀组织奖；2012年，在甘肃省分中心举办的“向雷锋那样……”全省中小学生电脑小报比赛中被甘肃省分中心评为优秀组织奖。2012年，该县电子阅览室还被省文化厅及省分中心推荐参加全国公共电子阅览室示范点评选。

一、加强组织领导，建立服务机制

为切实加强文化共享工程的领导，肃南县成立了由县政府分管领导为组长的共享工程领导小组，并在县文广局设立办公室，具体负责共享工程服务协调工作，各乡镇也成立了相应的领导机构和工作机构，在各村聘任共享工程管理人员104人。形成了政府负责，文化牵头，各相关部门配合，城乡居民共同参与的服务机制。

二、加强设施建设，建立服务网络

2008年，肃南县图书馆在国家和甘肃省财政的大力支持下，投资68万元，建成了由卫星接收平台、主控机房、电子阅览室和多媒体演播室等组成的设施先进、资源丰富的文化信息资源共享工程县级支中心。2010年，实施了文化信息资源共享工程基层服务点建设项目，在全县各村建成了全国文化信息资源共享工程村级服务点101个。2011年，在8个乡（镇）的综合文化中心，建成了具有电子阅览室的乡（镇）级服务点8个。2012年，在3个社区建成了社区服务点3个。形成了由县级支中心——乡综合文化站——村（社区）服务点组成的三级共享工程服务网络。

三、健全规章制度，规范服务管理

健全、完善规章制度是共享工程规范运行的保证。为了确保共享工程设施设备精细化管理、规范化服务、高效运转，肃南县结合县、乡（镇）、村（社区）各自服务模式，认真研究了制定了县级支中心《共享工程设备管理规章制度》、《主控机房管理规章制度》、《电子阅览室管理规章制度》、《多媒体室管理规章制度》等4项管理制度。乡（镇）文化中心、村（社区）级服务点《共享工程设备管理制度》、《共享工程服务职责》等2项管理制度，为共享工程规范化运行提供了制度保障。

四、强化业务培训，提高人员素质

人员素质的高低是提高共享工程服务水平的关键。自共享工程基层服务点建成后，为使共享工程服务工作高效运转，我县加强对现有服务人员的培训力度，在单位内部积极搞好服务人员的业务培训，定期选送单位干部职工参加省共享工程举办的各类培训班，支中心服务人员参加共享工程各类培训班6场次。同时，加大对基层服务点人员的培训力度，举办基层服务点人员培训班24场次，并不定期开展下乡检查及业务辅导工作。为进一步充实共享工程服务队伍力量，积极引进计算机专业毕业大学生，加强共享工程服务工作。通过内部学、走出去、引进来的学习机制，使各级服务人员的服务能力和服务水平不断加强，为更好地开展共享工程服务工作奠定了坚实的基础。

五、加大宣传力度，打造服务品牌

为了使全县各族群众充分了解共享工程建设的重大意义、服务内容和服务项目。2009年以来，我县以“书香家园”公益讲座为重点，精心打造了文化服务品牌。各级服务点充分利用世界读书日、图书馆服务宣传周、世界文化遗产宣传日、乡镇文化艺术节等一切有利时机，不断加大宣传力度，积极宣传共享工程建设的目的意义、服务内容及服务项目。在建党九十周年之际，支中心在全县了举办“颂歌献给党”群众大型歌咏比赛、征文比赛等系列宣传活动，同时积极开展“六进”（进单位、进企业、进军营、进学校、进社区、进乡村）服务活动，着力打造肃南“书香家园”公益讲座服务品牌。通过宣传活动、系列文化服务活动的举办，为全县各族群众充分了解共享工程，利用共享工程,营造良好的共享工程服务氛围打下了坚实的基础。目前全县各族群众能积极主动的利用共享工程了解党的方针政策、开展各项技能知识学习、健康娱乐。

举办社区居民计算机操作技能培训班

六、搞好资源建设，全面资源接收

自肃南县支中心建立后，肃南县支中心的工作人员努力学习信息技术，不断提高服务水平，在认真分析农牧民群众信息化需求的基础上，分类接收整理各类文化信息资源，使少数民族群众利用文化资源的积极性不断提高。该县支中心现已接收7大类，储存量达1T的共享工程信息资源。涵盖了文学艺术、科学技术、人文历史等方面。同时，积极归纳整理国家管理中心按季下发的优秀视频资源。这些优秀的资源有效解决了基层群众文化生活贫乏、单调的问题，深受各族群众的喜爱。

七、采取多种形式，拓宽传播渠道

肃南县地处西部地区偏远山区，为了能让各族群众享受到优秀文化资源，工作人员广泛听取该县社会各界人士的意见建议，确定了适合本县县情及地域特色的文化信息资源共享工程传播渠道。

1、让读者走进来共享文化资源。利用读者在电子阅览室免费上网流览之际，为读者提供文化信息资源共享工程资源浏览、欣赏及相关信息查询服务，让读者了解丰富的文化信息资源，服务人员及时下载各类知识讲座，组织单位干部职工、社区居民、部队官兵、农牧民群众及中小学生开展“书香家园”公益讲座及优秀影视作品展播欣赏活动。

2、工作人员走出去传播文化资源。积极与各学校、社区、乡（镇）文化站联系，根据他们需要下载相关资源，在学校、社区、乡（镇）文化站组织开展“书香家园”公益讲座、优秀影片展播及农牧业知识传播等活动，将图文并貌的先进文化资源送入千家万户。

3、将资源目录公开于门户网站。按季度将下载及邮寄的资源目录通过肃南县公众信息网，通知各相关单位、社区、学校及乡（镇）、村，并根据各单位工作实际进行适时调整，以供参考使用。各单位也可以根据需要，与支中心联系，在支中心多媒体室享受免费服务。

4、积极开展农牧村实用技术技能培训活动。各村级服务点按月利用共享工程设备下载有关农牧村实用技能方面的资料、组织农牧民开展集中培训，使农牧民享受免费培训的同时，了解掌握了农畜产品市场行情，拓展了择业渠道。

5、开播共享工程宣传专栏。积极与有关部门协调，在县游园小广场LED大屏幕、广播电视台开播了文化信息资源共享工程视频宣传栏，定期展播生活百科、名家讲坛、优秀影片等各类优秀资源，为文化信息资源共享工程服务活动开辟了一个新的途径。

八、工作展望

文化共享工程旨在将中华优秀文化在全社会广泛传播，现在该县支中心通过各种渠道达到了优秀文化在本县内的广泛传播，但肃南县独特的地理环境造就了别具一格的自然景观和人文景观。为了使外界群众了解肃南县风土人情，肃南县支中心有将计划建立肃南县特色数据库。

在今后的工作中，肃南县支中心将以特色文化信息资源数据库为着力点，一如继往地把群众喜闻乐见的优秀文化作品，丰富的科技知识通过共享工程这个平台方便快捷地传送给到广大农牧民群众，力争把我县共享工程建设成为资源丰富、技术先进、传播高效、服务便捷、管理科学的民族文化传播服务平台，为实现社会主义文化大发展大繁荣而不懈努力奋斗。

（撰文/梁玲娟）

庆阳市西峰区支中心

一、硬件设施到位概况

文化共享工程西峰区县级支中心从2010年12月起，馆内筹款13万元进行前期馆舍改造、装修，建成了符合要求的主控机房、电子阅览室、多媒体室，总面积达400平方米，期间对设备进行了安装和调试，并于2011年5月全面竣工，同年10月通过省文化厅的验收。其中所安装设备是由省文化厅全面配发，总价值达68万元。硬件设备有：卫星接收服务器1台、投影仪2套、HP服务器4台、台式计算机35台（10M光纤上网）、便携式计算机2台，打印复印机2台、扫描仪1台、数码摄像机1台、照相机1台、投影仪1套等。设置的部门有主控机房、电子阅览室、多媒体室等。所有设备均专人管理，责任到人。多媒体室、主控机房、电子阅览室设备均有健全的管理制度及设备运行状况登记记录。同时，以远程接收设备为依托，运用"cid文津数字管理系统"平台，将接收到的资源直接提供给上网的读者，同时在电脑桌面及链接栏做了醒目图标，供广大用户点播浏览。

二、经费运行情况

西峰区支中心隶属于西峰区图书馆，管理人员系社会聘请人员，馆内支付工资。运行经费靠区财政拨付，主要支出包括：电费及互联网使用费、耗材及印刷宣传费、服务器、计算机等硬、软件维护费以及开展活动等费用的支付。每年从免费开放经费中挤出部分资金保证活动的开展。

三、强化服务 资源配送到位

1、加强宣传，引导群众共享文化资源

西峰区图书馆围绕"全民资源共享"宣传主题，利用图书宣传周，集中安排组织各种宣传活动，并由馆领导带队，组织业务骨干在中小学校和街道散发宣传彩页3000多张，同时通过在"世界读书日"举办大型演讲赛，利用多种宣传方式（宣传彩页1万余份，倡议书5千余份，宣传牌8面），从多方面对公共图书馆的免费开放、文化信息资源共享工程进行了大力宣传，使市民对"资源共享"有了新的认识，同时了解民众的读书需求，为将来充实数字资源做准备。

2、服务落实，实现全民文化资源共享

充分发挥资源优势，全民共享文化资源。我馆在多媒体阅览室免费开设"共享工程"阅览服务，发挥这块主阵地的作用，做好宣传推介工作，提高"共享工程"资源的点击率。阅览电脑30多台，每天开放时间为8小时，每周开放时间为40小时，年阅览量1500多人次。我们还把报告厅作为"共享工程"的播放场所，用2台投影仪定期播放"共享工程"中的讲座、影视节目，年播放20多场，共有1120多人次收看了"共享工程"的内容。

普及计算机应用技能。充分利用县级支中心文化信息资源，免费开展假期电脑技术培训。这项培训活动每期5天，每天4小时，分为上午、下午各2小时。主要开设了计算机盲打练习、少儿电子绘画工具的操作、网络操作、办公软件应用等科目的培训，截止活动结束，共开展培训班6期，培训学生115人。同时为提高馆员的工作效率，我馆对全体职工进行了相应的电脑培训。为期15天，主要包括"计算机与互联网基础知识讲解"和"计算机基础操作的技能"。

深化服务，开展技术交流活动。将农家书屋和文化资源共享的惠民政策相结合，于2012年7月中旬，组织进行了"农家书屋配书分类编目及电子档案录入"的培训工作。在培训过程中，主讲老师就规范农家书屋配书分类编目及电子档案的录入知识作了重点的讲解和现场演示。内容主要包括：农家书屋电子档案的基本知识、填报技能；农家书屋配书分类、登记、编目、上架以及如何开展借阅的知识和方法。通过这次培训，他们对采编的技巧与技能有了不同程度的掌握，管理水平与服务质量也有了明显的提升。

四、工作展望

"数字图书馆"将是新时期文化交流的领跑者，已在建设社会主义文化强国中发挥重要作用。西峰区图书馆将在实现优秀文化信息资源全民共享中，加快"数字图书馆"的建设脚步，从而为丰富公众文化生活，保障公众文化权利做贡献。

（撰文/庆阳市西峰区支中心）

庆城县支中心

庆城县图书馆成立于1978年8月，在县委、县政府的正确领导下，在省、市业务部门的具体领导和大力支持下，经过多年的努力，在2009年11月《全国公共图书馆第四次评估》达标中，被文化部命名为国家"三级图书馆"。2010年3月，被县委命名为"十佳文明服务窗口单位"。我馆现有图书大楼两幢，面积1250.5平方米，占地615.7平方米，每年县财政补助专项经费187200元，其中：购书经费2万元，文化资源共享工程专项经费10万元。馆内有藏书15.397万册，其中，综合性图书和文学图书6.4713万册，报刊8.925万册，有古籍线装书87种763册；地方文献194种536册，视听文献781件，设有阅览席座160个，网络节点35个，设有文化信息资源共享工程庆城县支中心、采编室，成人阅览室，少儿阅览室、检索室、图书借阅室、电子阅览室、多媒体室、资源制作室、办公室、资料室，三个书库等工作室；每周开放56小时，开展外借、阅览、参考咨询电子信息、视听等服务，举办讲座、培训等服务。

一、基本情况

根据甘文厅社发【2008】39号文件通知，我县图书馆被拟列入2009年度文化共享工程县级支中心建设单位。2009年3月份县财政拨专项建设资金10万元，重新扩建电子阅览室60平方米，多媒体室60平方米，主控机房20平方米，资源编辑制作室30平方米。

省文化厅于2009年12月份配套68万元的资源共享工程配套设施，其中：电脑35台，服务器4台，其中应用服务器1台，业务服务器3台；卫星接收系统1套，存储1台，交换机2台，防火墙1台，UPS电源1台，高清非线性编辑机1套，便携式计算机2台，投影设备及音响等设施1套，多功能扫描仪1台，激光网络打印机1台，数码照相机、摄像机各1部，电脑桌椅35套，空调1台，灭火器12个，相关管理、应用软件13套。

二、培训工作，开展服务情况

文化共享工程使我县图书馆得到了飞速发展，我们利用先进的设备，服务广大读者，受到了良好的社会效果。1、利用文化共享工程网络直播电视，定期组织职工、读者观看实用讲座，进行培训。每期至少参加20人以上，年培训8次以上。2、引导读者网上查询资料，对文化共享工程网站的电子图书及各种免费资源进行大力推介，供读者利用。对中老年读者进行电脑基础知识培训，使他们快速掌握电脑基本操作，共培训55人，全年累计接待读者9960人次免费上网，免费查阅资料。3、多媒体播放室对不同层次的读者播放相关视频文献，共接待读者2068人次。3.1.利用文化共享工程资源，在“六一”儿童节为庆华小学的同学们赠送了少儿喜闻乐见的童话、神话故事图书100册，刻录“童心向党、快乐成长”、“雷锋的故事”等光盘500张，赠送给庆华小学图书室。3.2.在“图书服务活动周”活动期间，走上街头为中老年读者免费赠送养生保健服务指南1份，图书2本，中国红歌光盘1张，增送图书100册，光盘100张，养生服务指南500份。3.3.利用移动播放器、投影仪、电动幕布、电视机等媒介，为广大读者群体播放实用农业技术、少儿动画片、“祝贺建党九十周年——来自天山的祝福”、“双百人物”、“感动中国十佳青年”、“雷锋的故事”等具有鲜明时代特色的教育片、学习雷锋好榜样电影展播等13场次，前来观看的群众达8960人次。4、做好图书的录入建库工作，截至2012年底已完成了22大类46838册图书、6千册期刊合订本和地方文献402本的电子录入工作，初步完成了数据库建立工作，区域网已逐步形成，实现了现代化管理。

做到图书借阅“电子管理，电子检索”，全馆实行开架借阅，一卡通服务，方便了读者，满足了广大读者和社会各界的需要。整合了一批内容丰富、具有地方特色的文化信息资源，实现了资源共享，加快了自动化建设步伐。

（撰文/庆城县支中心）

环县支中心

环县文化共享工程在县委、县政府的高度重视下，在文化共享工程省分中心指导下，全国文化信息资源共享工程网络建设、资源建设、队伍培训、服务惠民等方面全面起步，实现了县建支中心、基层服务点城乡全覆盖、网络运行正常、资源建设、基层队伍培训有效开展的建设目标，形成了地方党委政府重视、文化主管部门统领、支中心和基层服务点通力合作的良好的工作局面。

一、网点建设实现全覆盖

我县辖21个乡镇，251个行政村。根据省文化信息资源共享工程“十一五”规划，县级支中心于2009年建成，乡镇基层服务点与乡镇综合文化站工程统筹建设。村级服务点，我县采取与农村党员远程教育工程整合共建方式。截至2011年底，全县共建立县级支中心1个，乡镇基层服务点21个，街道基层服务点4个，村基层服务点212个。一个以县级支中心为龙头，以乡镇和村基层服务点为终端的文化共享工程服务网络全面建成，实现了文化共享工程网络全覆盖。

二、资金投入落实到位

县级支中心建设经费除了省中心配套60万元的设备外，主要以地方财政投入为主；乡镇基层服务点与乡镇综合文化站统筹建设，每站在内容建设中安排10万元，村级服务点每点安排建设经费5000元。2009年至2012年期间，省级财政对文化共享工程县级支中心和村基层服务点建设投入配套资金达375万元。

三、资源建设走上正轨

环县支中心广泛征集本县历史文化和民间文化资源，利用数字化设备，加工制作特色数字文化资源。已完成环县文化信息资源包括：2个专题片资源库，分别是红色旅游文化资源库（陕甘宁省政府旧址等）和环县民间艺术资源库（民间剪纸、道情皮影等）。

征集优秀地方戏剧目，是加强特色资源建设的重要内容之一。支中心共征集各类地方戏剧剧目2种，分别是陇剧和皮影戏。

四、传输方式多管齐下

近年来文化共享工程发展迅速，主要通过以下几种技术传输方式：

互联网模式：通过互联网浏览全国文化信息共享工程网站提供资源服务的方式；

有线/数字电视模式：利用广播电视网络传输和直播文化共享工程资源，直播信号为模拟信号，用户可通过电视直接收看，或依托广播电视数字电视网络，传输和接收的信号为数字信号，用户可通过电视机+数字机顶盒方式，收看广播节目和点播节目；

卫星模式：利用卫星网络传输文化共享工程资源。用户可通过计算机或卫星接收设备，收看卫星直播节目，或点播卫星接收存储在计算机中的节目；

IPTV模式：以宽带互联网为基础通道，通过互联网协议传输数字信息资源，以电视和PC电脑作为重要终端，能够提供多种交互式服务；

VPN模式：在互联网基础上，通过建立虚拟专用网络，实现资源的安全可靠性传输与管理，用户可在PC上观看和使用VPN内的资源；

无线网模式：利用无线信号传输数据信息，用户可通过接入无线网络，接入互联网，浏览使用互联网上的文化信息资源；

政务网模式：依托电子政务外网，用户可在指定区域（入电子阅览室）浏览和使用电子政务外网上提供服务的资源；

移动播放模式：使用移动播放终端，如移动播放器，通过与电视机、投影仪、PC机相连接，收看存储在移动播放终端中的资源。

五、人员培训方式多样

县级文化信息资源共享工程拥有一支怎样的专业技术人员队伍，很大程度上决定了文化共享工程的建设质量和服务质量，加强人员培训，是提高队伍素质的重要手段。我县十分重视文化共享工程人员培训工作，一是现场会培训。每年对即将建设的基层网点的主要管理者和技术人员进行集中培训和现场学习。2008至2012年，

五年来分别举办了四期全县共享工程基层网点建设现场会暨培训班。技术人员通过学习培训，了解了设备的功能，掌握了技术支持和资源分发的技能，有效地推进了基层网点建设，为顺利完成工程建设任务奠定了技术基础和人才保障。二是办班培训。县中心共举办培训班5次，培训人员2375余人（次），为基层站点培训技术人员1185人（次）。三是远程指导培训。利用网络和电话等方式对各级技术人员进行远程培训指导。县中心累计通过电话、网络和到达现场解决了卫星设备无法接收，服务器、投影机、移动播放器故障等问题每年300余次。

六、工程管理规范化制度化

制定了《环县文化共享工程县级支中心暂行办法》和《文化共享工程乡镇、村（社区）基层服务点管理暂行办法》等管理制度，因地制宜有针对性地进行了细化。在实践过程中，逐步建立健全了文化信息资源共享工程管理体制和运行机制，形成了文化主管部门抓工程规划与管理，文化共享工程支中心负责工程实施与服务开展的总体工作机制。

七、文化服务惠民发挥作用

我县文化共享工程开展了内容丰富的服务活动，服务达8万人次，举办各种活动268次。为县党员干部现代远程教育平台提供资源36GB，通过与党员远程教育工程整合共建，文化共享工程开设的"地方戏曲"、"农业种植"、"农贸行情"、"农村政策"、"名家讲坛"、"医疗卫生"、"普法知识"等7个栏目，将优秀数字文化资源传送到基层群众当中。

支中心将阵地服务和流动服务相结合，日常活动和节庆活动相结合，开展形式多样的文化惠民服务。文化共享工程走进社区、走进农村、走进企业、走进学校，为广大群众播放舞台艺术、爱国主义电影和农村科技视频，实现资源共享，服务社会公众。支中心和基层站点还结合当地经济发展和农业生产实际，利用文化共享工程丰富的科技信息资源，为当地人民群众传播农技知识和信息，有力促进了新农村经济发展。支中心和基层服务点利用电子阅览室服务群众达2万多人次，参加共享工程服务活动的群众达到4.5万人次以上。如"夕阳红"老年电脑培训班，"喜迎十八大"系列服务活动等，取得了良好的社会效果。

八、展望未来，不断提升服务水平

1、进一步完善全县文化共享工程基础设施建设

我县共享工程建设从2008年起步，利用五年时间

基本建成覆盖全县的文化信息资源共享体系，由于建设跨越周期较长，建设标准不一，目前，各基层站点的基础设施状况有很大差异，许多基层站点的设备已经超期服役，满足不了服务的需要，面临淘汰和更新升级。今后我们将进一步完善县级支中心的设施设备条件，全面完成乡镇、村（社区）服务网络，推动数字化文化信息资源走进千家万户。

2、全面提升全县文化信息资源共享工程的服务能力

我们将利用现已建成的文化信息资源共享工程服务设施，全面提高基础设施和资源的利用率。以面向农村和城市社区的文化服务为重点，以文化共享工程阵地为依托，加强县级中心对基层服务网点的技术指导与管理，着力提高乡镇和行政村基层网点的服务能力。更好地运用卫星传播、互联网站、镜像站、移动硬盘、光盘等手段，提高资源传输质量和服务水平。有条件的乡村，要通过有线数字电视开展服务。建设数字阅览室，使之成为辐射城乡的数字图书馆基层服务平台。

3、构建先进实用技术体系

加快现代信息技术的应用，建成全县文化共享工程的技术支持中心，充分利用先进成熟的信息技术，构建技术先进、稳定可靠、覆盖与支持工程服务网络的分布式开放性实用技术体系。依托政务外网，采用数字图书馆技术和标准规范研究成果，逐步建设功能完备、技术先进、安全可靠、经济实用的系统网络平台，保障网络平台安全，满足双向互动、按需服务的要求，使图书馆具备提供数字图书馆服务的技术能力。加强数字和网络等核心技术的应用。推进我县文化信息资源的数字化建设，加快以数字图书馆为龙头的大容量数字化文化资源库建设，积极推进公共图书馆联网，实现资源共享。

4、继续加强地方特色资源建设

加强资源建设的科学规划，充分发挥县级支中心在资源建设上的示范作用，重点建设一批主题鲜明、体系完整、质量上乘、特色突出的数字资源库。建设视频数据库、多媒体数据库、图文数据库、文本数据库和专题片，为进一步建设特色馆藏奠定基础。

（撰文/环县支中心）

华池县支中心

一、基本情况

文化信息资源共享工程华池县支中心于2008年得到批准建设，内设于华池县图书馆，负责华池县文化信息资源共享工程设备维护与资源建设，以及县内基层服务点业务指导等相关事宜。2009年设备配发齐全并调试成功，正常运行。乡镇及村级服务点始建于2010年，截止2012年底，全县15个乡镇及111个村级服务点设备调试运行正常，基本实现全覆盖。

二、人才队伍建设及管理

随着近几年文化事业的发展和其对于社会的贡献，共享工程人才队伍建设逐渐得到各级领导的重视，华池县支中心现有管理人员两名，均为高等院校计算机相关专业人员，负责共享工程设备管理与维护；各乡镇及村级服务点共享工程负责人绝大部分为近年来分配的大学生，主要负责基层网点的设备管理、维护以及开展活动。华池县文化广播影视局专门对共享工程管理员制定了相关考核制度，对于年度先进工作者会有一定的奖励，这是对每个管理员的督促和鼓励，共享工程管理员要严格按照管理制度做好本职工作，并要积极参与省、市、县等上级部门举办的各类培训，不断增强业务技能和专业水平，为我县文化发展做出贡献。

三、服务活动

1、共享工程宣传。由于华池县共享工程建设起步较晚，群众对文化共享工程的认识度较低，因此，华池县支中心积极探索研究，以各种手段和形式，通过各种渠道大力宣传共享工程，包括在公众场合播放音频、视频、发放宣传单等方式。

2、培训工作。自2010年华池县支中心实行免费开放以来，每年会针对新上岗的共享工程管理员举行免费培训以及下乡指导，使其能尽快熟悉共享工程工作，并能正确操作与维护相关设备。截至2012年底，共组织培训5次，接收培训人次共约200人次，下乡指导5次，覆盖全县15个乡镇111个行政村。

3、知识讲座。华池县支中心充分利用共享工程设备和国家下发的光盘资源，积极组织开展针对各类人群的知识讲座，其中包括针对中小学生、残疾人以及孤寡老人等举办的公益知识讲座，使社会大众都能平等的享受文化发展带来的丰硕成果。

4、公益服务活动。在华池县图书馆举办的各项公益服务活动中，华池县支中心利用自身及网络资源，通过播放影片和其他音频、视频资料，达到宣传读书，教育大众和服务群众的作用，以吸引群众关注图书馆服务。

四、工作展望

华池县文化共享工程起步相对较晚，尚未实现县内村村全面覆盖，随着共享工程的迅速发展和宣传力度的不断加大，实现村村全覆盖必定指日可待，共享工程必将成为华池县人民文化生活的一大支柱，成为丰富华池人民精神生活，推动华池人文科技进步的强大动力源泉。希望在国家、省、市以及上级领导部门的大力支持下为华池共享工程建设提供更好的发展空间和更加丰富的文化资源，打造华池特色，繁荣华池文化。

（撰文/华池县支中心）

正宁县支中心

正宁县行政区划共有10个乡镇，7个社区居民委员会，94个村民委员会，下设677个村民小组，2011年末，辖区总人口23.46万人。正宁县文化共享工程支中心是在省、市文化行政主管部门的支持和部署下发展建立起来的，组建后为繁荣城乡文化，满足广大公众多层次文化需求，传递中华民族优秀文化资源发挥了重要作用。

一、基本情况

文化信息资源共享工程是文化部、财政部、组织实施的一项社会主义文化建设的标志性工程。文化信息资源共享工程项目分两批实施，第一批是二00八年十月二十四日正宁县政府以82号文件向省文化厅申报了此项目，十二月十六日甘肃省文化厅39号文件批复立项，总投资68万元的信息工程设备。同年十二月份文化资源信息设备陆续到位。二00九年一月由兰州天地电脑公司技术人员在正宁县图书馆安装设备，正式开通运行。第二批是二0一0年文化信息资源共享工程开始普及，给正宁县94个行政村配发文化信息设备。从此，正宁县城区和乡村实现了文化信息资源共享工程全覆盖。文化信息资源共享工程正宁县支中心设在正宁县图书馆，是正宁县共享工程的建设和业务指导单位，负责保障县支中心共享工程设备的运行，协调乡村共享工程设备的维修，指导乡镇共享工程活动的开展，培训业务人员。

二、管理和队伍建设

文化信息资源共享工程是一项文化惠民的工程，正宁县支中心把文化信息传播纳入日常管理。同时，制定支中心、乡村基层服务点工作职责和制度。有工作计划，半年检查评比，年终全面考核，并逐步探索共享工程管理和服务新模式。

正宁县共享工程支中心在队伍建设上职责明确，思路清晰，以制度管人管事。对乡村人员选择上，注重文化事业责任心强，文化层次高，懂电脑，会操作，有基层工作经验的村干部当文化信息管理员。共享工程管理人员50%具有大专以上文化程度。

三、培训工作

正宁县支中心在共享工程管理员的培训上实现了制度化。根据县支中心工作要求，每年对乡村共享工程管理员进行2期的集中培训，2000年以来一共举办各类培训班8期，参加轮训的各级管理员达700人次。

四、经费投入

正宁县共享工程自2009年实现以来，每年县财政投入10万的运维经费，用于共享工程设备的维护，人员培训和惠民活动的开展。

五、资源建设

正宁县支中心在工作中，搜集、选取、编辑制作各类题材资源，每年制作发放各类光盘300多张，下发到乡村基层服务点。向公众发放宣传资料2000余份。

六、利民慧众，惠民服务

正宁县支中心在共享工程服务实践过程中，以民众的需求为导向，积极探索，服务民众生活生产，引领群众高尚精神文化生活，打造群众满意喜爱的文化服务新平台。正宁县是一个典型的农业大县，结合全县开展的“联村联户、为民富民”活动，正宁县支中心每年都制作农业生产技术光盘发放到乡村基层服务点，及时为村民播放，让农民尽快掌握种植、养殖等先进的专业技术。

七、开展活动

1、举办星期日图书讲座。讲座是文化信息资源共享工程服务读者的一项具有广阔发展空间的有效载体，也是支中心核心业务工作之一。支中心利用每周的星期日举办，邀请当地或外地知名学者和大学教授举行讲座，内容涉及国际形势、国内形势、文学创作、音乐指导、历史、地理、人文环境、养生、创业等诸多方面知识。听众有机关干部，中、小学生、离退休干部、下岗职工、社区居民、企业职工和社会青年。它内涵丰富、形式多样、受众极广、风格独特、交流便捷，已经受到不同年龄、不同层次读者的青睐，被人们称是“传播知识的创新之举”。支中心精心策划、周密部署、合理安排、开拓创新，把“星期日讲座”打造成我县的一个文化服务品牌。年举办10期，每期180人。

2、举办网上公益课堂。开办“网上公益课堂”，让“共享工程”润泽百姓。“网上公益课堂”活动的开办，是文源讲坛开辟的又一文化传播的形式。支中心充分利用全国文化信息资源共享工程讲座资源，播放国内著名大学教授主讲的各方面知识。亲临图书馆的感觉。让他们开阔视野，增长知识，提高综合素质。“网上公益课堂”已经逐渐成为读者接受新理念，获取新知识的一个重要课堂，每天参加的人数不断增多，这种学习方式使人们普遍认可和接受。年举办7期，每期150人。

3、开办中小学生科普公益课堂。青少年是祖国未来的建设者，是中国特色社会主义事业的接班人。重视未成年人的教育，是支中心的职责所在。支中心开办暑、寒假，中、小学生科普公益课堂。这个讲座主要利用暑、寒假期，我们邀请大中专院校的名师为中小学生朋友讲授中外名著、军事、青少年心理生理健康、地理地质、电影文学、历史、法律、科学技术等方面的内容，我们针对青少年成长规律和年龄特点进行内容安排，引导青少年保持蓬勃朝气、旺盛活力和昂扬向上的精神状态。要办成中、小学生的“第二课堂”。此项活动全年办8期，每期在100人左右。

4、举办宣传活动。去年已举办“图书服务宣传周”、“书刊宣传”、“全民阅读”、“文化下乡”、“读书比赛”等活动10次。具体是在县城主要街道悬挂横幅，大造舆论声势，利用新闻媒体，宣传报道“读书服务宣传周”、“书刊宣传”、“全民阅读”活动的实况，积极推进“知识

工程”在我县的实施，不断提升支中心的社会影响力和知名度。同时向公众赠送一批科普、法律、文学方面的书籍，激励人们读好书、爱读书的积极性，已办5期。举办3期“文化下乡”活动，一是在春节期间义务为群众写春联200幅。二是在传统的“元宵节”，举办“祥和新春乐 元宵灯谜竞猜”活动，制作灯谜8500余条，设一、二、三等奖，参加灯展、灯谜活动3万多人。三是赴6个乡镇向广大农民赠送科技养殖、种植书籍600册，悬挂宣传横幅，出动宣传车辆。“读书比赛”活动举办2期，一是同县城城关初中联办，读书比赛活动一次，二是同县城西关小学联办读书比赛活动一次，支中心为获得一定名次的学生，颁发奖品，给学校赠送一定数量的图书。积极营造全民读书的良好氛围，进一步推进全县学习型社会的建设步伐，为打造正宁文化贡献自己的力量。

八、工作展望

正宁县文化资源共享工程支中心成立有四年，在这四年的时间里，经过支中心全体工作人员辛勤努力，广泛宣传推介，已经被广大公众普遍认可，并广泛参与。

（撰文/代春霞）

宁县支中心

一、基本情况

宁县图书馆位于宁县文体广场北侧，坐北面南，西临公路，东依居民小区，环境优雅，交通便利，占地面积约2000多平方米，建筑面积1230.4平方米。宁县图书馆成立于1981年4月。1991年4月经县政府批准正式动工新建，1994年4月重新开馆服务。

宁县图书馆现有阅览坐席130多个，书库面积220多平方米，阅览室面积280多平方米，计算机42台。2009年列入文化共享工程县级支中心建设单位，成立文化信息资源共享工程宁县支中心。当年省文化厅配套68万元的资源共享工程配套设施，建成电子阅览室80平方米，多媒体室60平方米，主控机房15平方米，资源编辑室20平方米。设有图书借阅室、报刊阅览室、电子阅览室、少儿阅览室、地方文献与古籍书库、资料室、采编室、多媒体报告厅、资源编辑室等9个服务窗口。每周开馆56小时，积极开展外借、阅览、咨询、讲座、展览、学术交流等读者活动。

二、馆藏资源

至2012年10月，馆藏图书4.64万册，其中图书2.38万册，地方文献0.14万册、古籍529册、期刊0.13万册、报纸1.93万册。电子类图书300多册。年订阅各类期刊杂志120份以上，新购图书100多种，年外借图书3.1万册（次），年图书流通量4.2万人。图书馆坚持“读者至上，服务第一”的宗旨，为读者提供图书外借、报刊阅览、资料咨询、信息导航、讲座培训等全方位的优质服务。

三、活动开展、服务情况

文化共享工程使宁县图书馆服务水平得到很大提

升，充分利用共享工程资源，开展各项读者服务活动。

1、举办各类讲座。我馆充分利用共享工程先进设备积极发挥其教育功能，每年都为广大读者播放优秀电影、科技知识、实用技术等，定期开展《文化讲堂》、《学党史、知党情、跟党走》等各种系列专题讲座。积极举办禁毒展、国情展、书画展、优秀读书家庭评选及演讲比赛等读者活动。参与读者5600人次。

2、开展网上资料查询服务和各类培训活动。充分利用网络资源优势，为读者查找各类信息资料和各个行业信息资源，帮助读者查找各类提问和咨询315条。全年免费接待上网浏览、查阅资料1.1万人次。先后开展“农家书屋管理”、“书法艺术的传承与创新”、“文化站干业务技能”、”计算机技能”等培训班8期，参加培训人员220人次。

3、利用文津图书馆管理软件，做好图书录入和建库工作，实现了现代化管理。截至目前已录入图书1.6万册，下架图书1.1万册，初步完成了数据库建立工作，区域网已逐步形成，实行开架借阅，一卡通服务，实现了资源共享，加快了自动化建设步伐， 满足了广大读者和社会各界的需要。

（撰文/宁县支中心）

镇原县支中心

镇原县总土地面积3500平方公里。全县共辖19个乡镇，215个村委会，5个社区居委会，1991个村民小组，总人口53.13万人。有回族、维族、蒙古族、撒拉族、藏族等7个少数民族。镇原支中心于2009年12月挂牌成立，2010年5月正式运行，投入设备总价值达68万元。三年来，县级支中心利用文化共享工程先进设备，优秀资源，采取阵地服务和流动服务相结合的方式，创新形式，创设载体，在阵地服务常态化的同时，卓有成效的开展了“五走进”（进农村、进社区、进学校、进军营、进监狱）活动，开展一系列读者服务活动，取得了一定的社会效益，极大地提升了图书馆的社会影响力。

一、设备配置

配备联想服务器4台、计算机35台，便携式计算机2台（30M宽带上网），主干交换机1台，百兆防火墙1台，高

清非线性编辑机1套，激光网络打印复印一体机1台，多功能扫描仪1台，投影仪1套，数码摄像机1台，数码照相机1台，电视机1台，移动存储播放器2台，移动硬盘2台，UPS电源1套等。设有主控机房、电子阅览室、资源加工室、多媒体室等活动阵地。

二、网点建设

截止2011年底，建成县级支中心1个，乡镇基层服务点19个，村级基层服务点215个，实现了本地区文化共享工程全覆盖。

三、经费投入

县级支中心国家投入68万元，乡镇、村累计投入160万元，保障了文化共享工程建设的顺利进行。

四、资源建设

县级支中心自2009年底建成后，三年来，利用国家中心和省级中心下发的光盘资源，复制刻录光盘500多张，免费赠送各基层服务点，基本满足了其资源需求。

五、惠民服务

利用节假日，借助文化共享工程服务平台，以阵地服务和流动服务为载体，坚持“五走进”原则，开展各项读者服务活动，不仅为节日增添了浓郁的文化气息，而且也营造了欢乐、祥和的社会氛围。一是县支中心充分利用文化共享工程网络平台和数字资源，发挥公共电子阅览室的阵地作用，每周播放优秀栏目、名家讲座、生活常识、电影及优秀地方剧目。二是在多媒体教室播放爱国主义教育、科普类等影片，举办思想道德建设方面的讲座、名著赏析等，引导未成年人多读书，读好书；开展“名家视频讲座”、“各类实用技术培训”活动等。三是针对农民对现代科技信息等需求，下载了家禽饲养、药材种植、苹果和花卉栽培等相关信息4万多字，并印成资料分发到农民手中。送科技下乡是实施“共享工程”又一具体举措，结合城区的实际情况，我们有选择的提供科技知识，让广大农民不断感受到先进科学和现代文明。通过深入开展一系列贴近实际、贴近生活、贴近群众的文化服务活动，使他们真正感受到了公共文化惠民服务给他们的工作和生活带来的变化和喜悦，受到了当地广大师生和群众的欢迎和好评，截止2012年11月底，共开展读者服务活动60场（次），参与群众达2000多人（次）。

六、宣传推广

为了扩大共享工程在基层群众中的影响，广泛宣传其作用和意义，使各级领导和群众充分认识到这是一项惠民工程、民心工程，认识到工作的重要性和必要性以及文化信息资源的可用性，大力开展各项宣传活动。

1、利用每年“世界读书日”和“文化三下乡”活动进行宣传。

2、通过我中心每季度办宣传专栏对外宣传。

3、在我中心全体员工共同努力下，于2012年月11月底建成“镇原县图书馆”网站（http://www.zyxlib.com），网站的首页上设置共享工程链接，随着宣传力度的逐渐深入，在读者心中的影响也在逐渐加深，对文化信息资源的需要也在逐渐加大，读者开始掌握和利用这块知识宝库。

七、管理和培训

镇原支中心现有专职人员2人，负责文化共享工程设备日常管理和维护，对外宣传和开展各项服务活动。本中心针对专业技术人员的实际操作水平，积极参加省中心和市中心举办的文化共享工程方面的有关培训4次，全面提高了文化共享工程技术人员的实际操作水平，保障了县级支中心各项活动的顺利开展。

八、工作展望

文化共享工程是新形势下构建公共文化服务体系、惠及千家万户的一项重要文化基础工程，是实现广大人民群众基本文化权益的重要途径，镇原支中心将在上级管理中心的指导下，更好的利用文化共享工程先进的设备优势和资源优势，不断创新服务方式，针对本地区不同人群开展形式多样的服务活动，来丰富广大人民群众日益增长的精神文化需求，通过各项服务活动的开展，进一步延伸公共图书馆服务，提高文化共享工程的社会影响力。

（撰文/镇原县支中心）

平凉市崆峒区支中心

一、整体情况

平凉市崆峒区图书馆文化信息资源共享工程县级支中心始建于2004年，由省中心配置4台计算机、1套接收设备、投影仪、大屏幕等设施，有兼职办公室主任1名。2009年，接受甘肃省文化厅文化信息资源共享工程县级支中心项目设备一套，价值68万元。由于场地限制，支中心于2011年8月建设完成，建筑面积200平方米，其中主控机房20平方米，资源加工编辑中心60平方米，电子阅览室60平方米，多功能报告厅60平方米，同时接入电信10M宽带，可供近100人使用。

二、人员及经费情况

崆峒区图书馆现有正式工作人员11人。馆长1人，副馆长3人，其中副高级职称1人，中级职称2人，专业技术人员6人，文化信息共享县级支中心设2名计算机专业工作人员。支中心建设成后，2名工作人员先后接受2011年省图书馆“图书馆自动化软件培训”及2012年3月“图书馆基础业务技能培训”等业务培训。

运行经费主要靠图书馆免费开放16万元国家专项资金及文化共享工程保障专项资金10万元支持。主要支出包括：电费及互联网使用费、办公耗材及印刷宣传费、基层图书室及农家书屋管理员培训费及现有房屋维修等。

三、开展服务情况

崆峒区图书馆长年坚持以阵地服务为基础，始终坚持以“读者第一、服务至上”为宗旨，以人性化服务为理念，以提供优质、便民、惠民服务为目标，充分满足人民群众的文化需求。

1、不断提升图书馆在读者心中的认知度和美誉度。开展“世界读书日”和“图书推广宣传周”活动4次，组织干部职工上街张贴标语、悬挂条幅6条，印发宣传资料5000余份，创办宣传板报2期，播放宣传录音，解答咨询，向读者推荐新书目12次，并向上级部门报送信息12条，提高了公众对图书馆文化传播职能的认知度。全年实行免费开放、免费办理读者证等便民服务，定期开展图书推介和宣传，推荐好书以及专题书目，为读者做好预借、续借、导读等工作。进一步完善阅览室、借阅室基础设施，不断改进服务模式，多层次、多形式地开展流通、咨询、检索等业务，为办证、借阅、儿童阅览、一般阅览、资料查询等读者提供优质的服务。

2、积极探索基层数字文化建设。依托全国文化信息资源共享数字平台，积极探索数字图书馆建设，与深圳恩多公司达成建设基层数字文化建设项目协议，崆峒区数字图书馆建设平台现已初步制作完成。(http://c.ndwang.com/NodeMap.aspx?id=71176)

3、阵地服务及基层文化服务站点培训工作。以多功能报告厅为活动阵地，联合区文化馆开展“米广江阿文书法讲座”2期及区电视台“非线性编辑软件培训班”2期共计2000余人（次）。

2012年抽调专业技术人员对上杨乡、寨河乡、白庙乡、香莲乡、大寨乡、崆峒镇及清真旅平寺等46家“农家书屋”管理员进行了集中业务培训；对下杨村、什字村、二十里铺村、大秦村、贾洼村、雨林村、黄家村、锁家村、太统村、鸭儿沟村及南河道社区等13家“农家书屋”及社区图书室进行了现场业务辅导，帮助规范书目管理和编目上架。成功申报香莲乡什字村“农家书屋”为“国家级示范农家书屋”，柳湖乡马家庄村为“省级示范农家书屋”，马家庄村农家书屋管理员王虎为“省级优秀农家书屋管理员”，四十里铺镇为“省级农家书屋先进示范单位”。

4、专业技术队伍素质不断提升。为了适应新形势发展的需要，我馆把学习专业知识制度化、经常化，特别是图书馆专业知识和技能，购置《中图法》第五版及《中图法第五版使用手册》等相关学习材料，对新增加人员和业务岗位人员进行业务培训，对在岗人员进行继续教育培训并全部通过技能考核，整体队伍素质有明显提高。2012年我馆副馆长马荣胜同志书画创作在文化部主办的第七届中国文化艺术节政府“文化奖”评选活动中获“最佳创作奖”；油画《阳光》获中国解放区、北京写作协会、国际文化发展中心一等奖；书法作品参加由平凉市委宣传部、市总工会、市文联主办的“七一”建党节书画展，获“精品奖”。全年推荐在馆人员参加国家级业务技能培训班1人（次），省级业务技能培训班4人（次），2人通过全省图书资料专业技师考试，取得图书资料技师资格。

2012年4月11日平凉市图书馆交流学习

四、工作展望

“文化共享工程”作为一项文化惠民工程，将在建设社会主义文化强国中发挥独特职能。崆峒区图书馆将进一步提升服务质量，将这一民心工程建设好、利用好，切实实现优秀文化信息资源全民共享，从而为丰富公众文化生活，保障公众文化权利做出更大贡献。

（撰文/平凉市崆峒区支中心）

崇信县支中心

全国文化信息资源共享工程崇信县支中心已于2011年1月建成并接受省文化信息资源共享工程分中心验收，从此全县图书馆事业现代化建设迈出了坚实的一步。

一、整体情况

在崇信县图书馆的积极争取和努力下，崇信县支中心现已建成主控机房、多媒体室、电子阅览室、多媒体制作室等，电子阅览室读者用电脑30台，多媒体室办公用电脑5台，笔记本电脑2台，42英寸液晶电视1台，打印机2台，传真机1台，投影仪2套，移动播放器2套，数码照相机1部，摄像机1台，数字接收器1套，并建成79个村级基层网点。崇信县支中心2011年建成后各项设备运行良好，并且免费试运行1月，之后因为免费开放经费没有解决，暂停向读者开放。2012年1月，全国图书馆免费开放经费16万元到位，我馆开始免费向读者开放电子阅览室。2012年2月底，崇信县图书馆新馆开始修建，按照县政府要求搬至暂借馆址，文化信息资源共享工程崇信县支中心由于办公条件制约，暂停向读者开放。

二、资源建设及技术支持情况

崇信县支中心积极向县人社局提出要求，及时配备两名计算机专业工作人员支持支中心建设，支中心现有多媒体光盘资源620张，数字资源120G，全部通过馆内局域网共享，读者可以轻松浏览全馆各类数字资源。

三、经费投入情况

全国图书馆免费开放经费16万元已于2012年1月到位，崇信县图书馆利用经费开始免费开放，文化信息资

读者走进新建的电子阅览室

源共享工程崇信县支中心也开始对外开放，并且在图书馆各项活动中广泛宣传支中心建设及免费开放情况。

四、人员配置及培训情况

崇信县支中心现配有2名专职人员和1名兼职人员对支中心服务器运行，数字资源建设和电子阅览等日常工作进行管理。其中1人参加过省图书馆举办的业务培训。在今后的工作中，我们将视省、市图书馆安排，积极派人员参加各项培训，增强支中心人员业务素质和管理水平。

五、工作展望

崇信县图书馆新馆将于2013年底建成，届时我们办馆条件将得到彻底转变，为各项业务的开展和实施创造有利条件，文化信息资源共享工程崇信县支中心也将以全新的面貌迎接广大读者。

1、建成图书馆自动化管理系统。2、增加文化信息资源共享工程专职人员，开展多项多媒体服务。3、利用培训提高工作人员业务技能和素质，制作一批有特色的数字资源。4、广泛利用局域网、基层网点开展活动，扩展支中心资源辐射范围。

（撰文/崇信县支中心）

庄浪县支中心

一、基本情况

庄浪县文化信息资源共享工程起步于2005年10月，初期投入资金4万元。支中心设在县图书馆，主要利用卫星接收设备接收下载文化信息资源，为全县建立“文化信息资源库”。2009年7月，国家文化部、省文化厅给我县财政投入资金87万元用于我县文化共享工程293个村级服务点建设，目前已投入使用。同年12月，省农村党员干部现代远程教育与文化共享工程进行了有机整合，由我县组织部牵头，文化局、财政局共同下发了三网整合工作通知，要求从基础设施、教学资源、组织管理等方面对文化信息资源共享工程与党员干部远程教育网进行一体化有机整合，使我县的文化共享工程进入了一个高速发展的阶段，形成了优势互补、互惠双赢的发展局面。2010年11月，国家文化部、省文化厅给我县财政又拨付68万元配套资金用于支中心由基本型提升为扩展型的升级改造并已全部完成。2012年10月，省文化厅厅长邵明来我县视察了文化信息资源共享工程，并对我县文化共享工程建设给予了充分的肯定和高度的评价。

二、加强组织领导

1、成立机构。成立了县文化信息资源共享工程领导小组，由县委常委、县政府主管副县长任组长，县宣传、组织、农业、科技、文化等有关部门和各乡镇负责人为成员。县文体管理中心专门抽调6名文化素质高、业务能力强的工作人员，具体负责全县文化信息资源共享工程建设的组织、协调和指导工作。

2、制定方案。“十一五”规划期间县政府下发了《关于办好关系群众切身利益的十件实事的通知》，印发了《庄浪县文化共享工程实施方案》等文件，明确文化共享工程县级支中心、乡（镇）基层服务点建设任务，在所有设立农村党员干部现代远程教育终端接收(站)点的镇、村建设村级文化信息资源共享工程服务点，并制定了具体建设标准和奖惩办法。

3、加大投入。庄浪县文化共享工程自2005年初启动以来，我县财政投入2万元资金用于支中心建设。2009年用于293个基层服务点升级改造建设的58万元配套资金均能全额拨付到位。县财政每年还拨出10万元专项维护经费以确保县支中心的正常运转。

三、、办合作共建

1、整合基础设施资源。在基层服务点建设上，我县实行“一站（点）三牌”、“两网合一”模式，在设立“农村党员干部现代远程教育　终端接收站（点）”的镇、村，均设立“文化信息资源共享工程基层服务点”，并将三块牌子合为一体，全县统一编号，统一印制学习记录簿，统一进行培训，统一组织教学活动，有效实现了社会资源的优势互补。

2、整合部门人力资源。在基层服务点管理员的选配上，坚持“统一规划，相互协调，共同管理，共同服务”的原则，实行两站“一层”管理员“一肩挑”，基层站点的管理员既是文化共享工程的管理员，又是农村党员远程教育站点的管理员，还是农家书屋的管理员，实现了人力资源的有效整合。在对基层服务点管理员培训上，实行“一站式”培训模式，确保管理员接受一次培训，掌握全面技能，持“资格证”上岗。做到领到一本培训证书，符合三个岗位需要，对基层服务点管理员进行了4次集中培训，培训人员达1200人（次），发放上岗资格证书328个。

四、基层服务点设备安装及建设情况

目前，庄浪县已经完成了覆盖全县18个乡镇、293个行政村的基层文化信息工程网络建设。县支中心设在庄浪县图书馆，支中心拥有主控室、综合数字加工室、多媒体视听室和电子阅览室。办公自动化和图书馆自动化管理系统运用到了全馆的每个部室和各个业务环节，极大地提高了工作效率。其中包括服务器4台，业务终端计算机30台，卫星接收设备1套，投影设备2套，电视机1台，数码相机、数码摄像机各1部。基层服务点共有293个，其中18个基层服务点拥有卫星视频接收网站，293个基层服务点拥有投影设备，30个基层服务点拥有省文化厅配送的多媒体电脑，并且都与农村党员干部远程教育设备相结合，服务场地、办公场地、办公设备齐全，具有专人管理并经过各种培训取得合格证书。

五、服务情况和效果

1、服务情况

庄浪县支中心依托县图书馆的优势，在建立的服务点基础上，依托县支中心的电脑网络、卫星通信等高新技术手段，以文化共享工程为载体，在“县图书馆数字资源中心”上大做文章，为新农村建设提供内容丰富、形式新颖、效果显著的文化科技服务。县图书馆利用共享工程网络资源内容新颖、实用性强、信息量大、数据传输快捷方便的优势，认真搜集、下载适用于当地群众的政策法规、农业科技、文化体育、防疫保健、科普知识等信息资源，特别是大量收集农村实用技术信息，灌装到移播宝，刻录成VCD光盘，编印成信息资料，通过县、乡、村三级文化共享服务网络，有针对性的进行个性化服务，使群众快学技术，早得实惠。

2、服务效果

2.1.提供有关政策法规，不断增强农民法律意识。县支中心将各种与农民息息相关的方针政策、法律法规、劳务、政务等信息资源进行分析整理，通过文化共享工程各级服务点，传播到千家万户。如对水洛镇新兴村20余名农民工到南非等地务工之前，利用文化信息资源共享工程的有关内容进行了短期培训，使他们尽快掌握工作要领；运用所掌握的政策法规，维护自己的经济利益。

2.2.提供科技致富信息，不断加快农民致富步伐。庄浪县支中心充分利用远程教育网、共享工程信息网上的内容及图书馆专题信息，开展科技信息专题服务。

2.3.提供文化教育信息，不断丰富农民精神生活。庄浪县支中心面向群众及中小学生特别是聋哑学生，利用移动播放器走村串乡，深入社区及中小学校，采取播放免费电影、优秀戏曲光碟和举办视频讲座等方式，开展爱国主义教育。“六一”儿童节、抗战胜利纪念日、国庆节等重大节日及活动期间，利用网上资源，先后举办了一系列以社会主义荣辱观为主题的公益讲座。通过文化信息资源的传播，提高了广大群众的文化修养和道德素质，使邻里关系明显改善，尊老爱幼成为习惯，社会风尚明显好转，涌现出了一批“文明村”、“文明户”、“好媳妇”和“好婆婆“等。

六、工作展望

1、要借助其他社会职能部门的力量，融入社会“大文化“这个环境，不拘泥于图书馆服务这个小圈子，建立完善的公共文化服务网络。只有这样，文化共享工程才能做大做强，内容丰富，充满活力，社会效果显著。

2、支中心要打造一支高素质、高水平的专业技术队伍，以适应对基层服务点的培训和业务辅导需要。使文化共享工程以先进的技术手段传播先进的文化知识。只有掌握了这些现代信息技术，利用好支中心这些电脑网络、通信卫星设备，才能够更好地发挥作用，为基层提供高质量的服务。

3、做到把传统的图书馆服务与现代技术手段进行有机结合，图书馆的事业就会如虎添翼，事半功倍。文化共享工程支中心设在图书馆，无疑为图书馆增添了巨大的活力，使图书馆跨入了一个新的快速发展阶段。图书馆要抓住这个机遇，改进服务手段，提高工作效率，开创现代化图书馆工作的新局面，实现优秀文化信息资源在全省范围的共建共享。

（撰文/庄浪县支中心）

静宁县支中心

一、整体情况

文化信息资源共享工程静宁县支中心于2010年在静宁县图书馆正式建成。支中心设有中控室、电子阅览室、资源加工室、多媒体室。其中：中控室、电子阅览室设在一楼，使用面积108平方米，资源加工室设在二楼，使用面积40平方米，多媒体室设在三楼，使用面积108平方米。2009年12月配备了文化信息资源共享工程设备，价值68万元。支中心现有管理人员2人，大学学历，中级职称。县级支中心服务于广大城乡群众，通过文化信息资源共享工程网站提供资源服务，以互联网、卫星、移动存储、镜像、光盘、有线电视、数字电视网等媒介，为城乡群众提供丰富多彩的文化信息资源和公益性服务。实现了文化资源共享，有力地促进了区域文化的发展，同时带动了县级图书馆的数字化进程。

二、网点建设

文化信息资源共享工程静宁县支中心的建设依托全国文化信息资源共享工程管理中心支持，于2010年1月建成了具有专业机房环境、专业的信息接收系统和发布系统的一整套服务体系。其中：中控室，硬件设备配有UPS电源一套、存储(磁盘阵列)设备一套、服务器4台，交换机2台、42U标准机柜一个，供电系统一套，机房空调一台，室外安装了卫星接收系统；电子阅览室有业务终端计算机30台，电脑桌椅30套；资源加工室有高清非线性编辑机一套、日常管理工作站5台、便携式计算机2台、多功能扫描仪一台以及激光网络打印机、数码照相机、数码摄像机等设备，电脑桌椅5套；多媒体室配有投影机、投影幕、音箱等。这些配件设备的配备，为开展业务工作打下了坚实的物质基础。在人员配备上，图书馆选配两名具备计算机操作技能的工作人员，于2009年11月参加

了文化共享工程专业技术培训。

三、惠民服务

静宁县支中心将阵地服务和流动服务相结合，日常活动和节庆活动相结合，开展形式多样的文化惠民活动。每周开放时间56小时，免费向公众开放，年接待读者2万人次左右，开展公益性讲座、基层业务辅导培训、爱国主义影片展播等10次，参加读者有1000多人次。利用文化信息资源共享工程丰富的科技信息资源，为当地人民群众传播农业科学技术知识和提供最新的科技信息，为城乡群众提供丰富多彩的文化信息资源和形式多样的公益性服务。利用先进的资源加工设备，对地方传统文化资源和丰富多彩的群众文化生活进行收集、整合、加工，并刻录成光盘，发放到各乡镇，为广大基层群众播放，实现了城乡资源共享。

四、组织管理和队伍建设

1、组织管理

加强组织领导。静宁县支中心成立了文化信息资源共享工程领导小组和具体负责机构，制定规章制度，建立健全文化共享工程管理体制和运行机制。

2、队伍建设

加强人员培训，是提高队伍素质的重要手段，是决定文化信息资源共享工程的建设质量和服务质量的重要因素。支中心定期组织管理人员和图书馆工作人员参加文化信息资源共享工程的网络培训，并且每年派两名专业人员去省级支中心进行技术培训和业务学习，有力地推进了文化信息资源共享工程县级支中心的网点建设，提高了服务水平。

五、工作展望

1、利用文化信息资源共享工程设施，全面提高基础设施和资源的利用。以文化共享工程阵地为依托，更好地运用卫星转播、互联网、移动硬盘、光盘等手段，提高资源传输质量和服务水平。

2、建立多功能电子阅览室，建立具有互联网浏览、光盘数据库和其它数据库的检索并支持远程访问，运行多媒体电子出版物，多媒体网络等功能的电子阅览室。

3、采用数字图书馆技术和标准规范，逐步建成功能完备、技术先进、安全可靠、经济实用的系统网络平台，使图书馆具备提供数字图书馆服务的技术能力。

4、加快以数字图书馆为龙头的大容量数字化文化资源库建设，电子图书资源、电子期刊全文数库的引进，搞好图书馆网站建设。进一步增强图书馆数字化水平和服务能力。

5、加强专业人员的技术培训，提高工作人员的整体素质，更好地利用文化共享工程科技信息资源，为城乡群众提供丰富多彩的文化资源和公益性服务。

（撰文/静宁县支中心）

定西市安定区支中心

定西市安定区位于甘肃省中部、定西市北部，距省会兰州90公里，是定西市委、市政府所在地，全市政治、经济和文化中心，素有“兰州门户、甘肃咽喉”之称。全区总流域面积3638平方公里，辖12镇7乡2个街道办事处，共有306个行政村、11个社区，总人口47万人，其中农业人口37万人。耕地面积179万亩，人均4.6亩。全境地处黄土高原丘陵沟壑区，属典型的干旱半干旱地区。陇海铁路、兰定、平定、天定高速公路穿境而过，交通区位优势明显。安定区文化资源信息共享工程支中心在国家中心和甘肃省中心的关心和支持下，为实现优秀文化资源共享、丰富群众文化生活、繁荣地方文化事业发挥了积极作用。“文化共享工程”安定区支中心建设被省文化厅2008年列入计划。2009年区政府拨付文化共享工程配套资金10万元，完成了电子阅览室、机控室、编辑室、多媒体室、报告厅等配套设施建设，接入10兆光纤端口，确定了3名工作人员。12月份由文化部配备的68万元的文化信息资源共享工程设备安装到位。全区317个行政村（社区）建立了服务站点，青岚山乡大坪村为“全国公共电子阅览室示范点”，文化资源共享设备全部安装到位，实现了城乡全覆盖。安定区支中心设在区图书馆，人员、经费由图书馆统一调派、统一管理，业务统一安排、统一开展。主要负责对全区文化信息资源共享工程的建设和业务工作的指导。支中心的建立和运行，既促进了图书馆电子化、数字化、现代化建设进程，又加快了图书馆由传统的管理服务方式向现代化、信息化管理服务模式的转变。

一、政府重视，保障经费

安定区支中心投入运营以来，地方财政每年拨付专项资金3万元，用于设备维护、设施更新、人员培训和开展活动。同时，各乡镇（街道）也对各服务站点给予了经费保障。

二、完善制度，管理有序

为了加强对共享工程的管理，支中心及各服务站（点）都建立了规章制度，明确了工作人员职责。支中心先后完善了《电子阅览室工作人员职责及读者须知》、《网络文明公约》、《文化资源编辑室工作制度》、《多媒体室工作制度》等10余项规章制度并上墙公布，接受监督，为文化共享工程的有序开展提供了制度保障。重点加强了对少年儿童上网的管理，明确了准入要求，严格规定了1小时的上网时间，并将文化部游戏产品审查委员会审查通过的三批适宜少年儿童的35类游戏名单予以公布，使少年儿童在学习之余适度娱乐，寓教于乐，既丰富了少年儿童的课余生活，又规范了少年儿童的游戏行为，电子阅览室已成为向网吧争夺青少年的主阵地。

三、开展活动，惠民利民

安定区支中心充分利用共享工程数字资源，开辟了“双休日”、“节假日”剧场，坚持播放《上甘岭》、《刘胡兰》等爱国主义教育影片，举办农业科技、养生保健、美术书法、“百家讲坛”、家庭教育等视频讲座和专题报告。每年举办“双休日”、“节假日”剧场52期，播放各类优秀影片32余部，举办视频讲座2场（次），为农民工、学生、干部、市场营销人员等各类人群提供信息资源查询及运用服务500余人（次），既丰富了群众的精神文化生活，又提供了了信息服务。同时，充分利用国家中心配发的视频资料，复制科学致富、农业科技、助春耕等内容的光盘近1000张，送到了农家、送到了田间地头，受到了广大农民群众的好评。

四、加强培训，提高能力

支中心把对各级管理人员的培训做为搞好此项工作的重中之重来抓，每年坚持对乡镇、村服务站点管理人员进行一次全方位的培训，先后培训各级管理人员达1230多人次，收到了良好的效果。同时，支中心积极组织工作人员参加全省举办的共享工程培训班，掌握各类信息、提高服务能力、增强管理水平。

五、舆论宣传，普及推广

为了让文化信息资源“惠民政策”家喻户晓、人人皆知，广泛利用、全面普及，我中心利用全区开展的“三下乡”活动、“三讲三送”活动，在各乡镇、街道办张贴宣传画、印发宣传资料、解答咨询，广泛宣传共享工程、推广共享工程。同时，采取入校园、进教室播放视频资料等方式向广大中小学生宣传共享工程所涵盖的文化信息。电子阅览室在广大青少年学生中组织开展电脑报制作、动漫设计大赛、有奖竞答等活动，使文化信息资源共享工程深入人心、得到普及推广。

六、开拓创新，展望未来

全国文化信息资源共享工程安定区支中心将以保障公民基本文化权益、推动全区文化大发展大繁荣为目标，强化队伍建设，创新工作方法，拓宽服务内容，将这一民心工程建设好、利用好，不断增强接收、整理、编辑、配送资源的能力，真正实现优秀文化信息资源全民共享的目的，为打造陇中特色文化大区做出更大的贡献。

（撰文／定西市安定区支中心）

临洮县支中心

一、基本情况

2005年10月，投资10万元，建成了全国文化信息资源共享工程临洮县分中心，配备了服务器1台、投影机1台、幕布1个、卫星接收器1个，启动运营了电子阅览室，电子阅览室有电脑7台；2009年6月，投资76万元建成了全国文化信息资源共享工程临洮县支中心，支中心由国家财政和省财政配备了价值68万元的设备（主服务器3台，电脑34台，电脑桌椅34套，笔记本电脑，摄像机、数码照相机、扫描仪、投影仪机、卫星接收器等设备各1台）。县财政投资8万元，接通了光纤网线、三相电源、安装了防盗门、购置了扫描枪、防盗检测器等设备，启动运营了主控机房、多媒体播放厅、制作室，扩大更新了电子阅览室的电脑等设备，并建立了图书馆区域网。支中心开展网上阅览、视频讲座、网络信息咨询等服务，多媒体播放厅通过卫星和网络接收，每月按读者需求预约，播放各类名家讲坛、国内外电影、农业实用技术视频讲座等方面的服务。随着工程的快速推进，与农村党员干部远程教育相整合，全县18各乡镇，324个村先后配齐了共享工程设备，逐步建立覆盖乡镇文化站、村图书室文化信息资源共享工程网站、点，利用覆盖全国的网络服务系统为广大基层群众提供优秀的文化信息服务，有效地解决基层群众看书难的问题，促进农村文化跨越式发展。

二、人才队伍建设情况

临洮县文化信息资源共享工程支中心未设定文化信息资源共享工程人员岗位编制，现有工作人员有2人，兼职从事文化信息资源共享工程工作。

三、近年来开展工作情况

1、提升了服务水平。临洮县共享工程县级支中心的建成和运行，大大的改善了图书馆办公条件，提升了图书馆服务水平，开辟了全方位新型通讯信息服务，给读者提供检索和阅览电子文献、访问公共网站、处理个人事务或自学娱乐、信息下载、网络信息咨询、信息资料查询、视频点播等，多媒体播放厅通过卫星和网络接收，按读者需求预约，定期开展播放各类名家讲坛、国内外电影、农业实用技术视频讲座等方面的服务，为广大读者提供更为广阔的全方位空间服务和实用性、知识性、娱乐性的文化信息服务，拓展和丰富了图书馆服务内容。

2、为提高工作人员素质坚定了基础。支中心充分利用文化共享工程国家管理中心网站“数字学习港”平台，组织全体职工收听收看了文化信息资源共享工程国家管理中心视频播放的“运行管理系统”和《中图法》第五版分类法、网上阅读、文化部政策法规司副司长孙若风做《文化发展　规划先行：<文化部“十二五”时期文化改革发展规划>解读》专题授课、文化共享工程县级版服务软件的安装培训等等视频讲座的培训学习，提高了图书馆工作人员的业务技能和工作水平。通过学习，大多数工作人员基本上掌握了自动化业务操作技术，都能上机进行书目数据库录入工作，加快了图书馆自动化业务建设的进程，为优质服务工作奠定了坚实的基础。

暑假少儿英语讲座

3、扩大更新了电子阅览室设备。2008年支中心积极争取到兰州军区政治部机关支部捐赠的电脑16台，2011年争取到中宣部、中央文明办捐赠电脑2台，解决了支中心无资金更新设备的困难。

4、加大馆藏电子文献收集力度。通过广泛宣传动员，截至目前，共接收国家管理中心和社会各类人士捐赠光盘累计1000多张，免费供读者借阅和观看。图书馆的馆藏实现了由过去的单一纸质印刷型文献向多元化方向发展，形成以印刷型文献为主、缩微文献、声像文献、电子文献以及网上馆藏信息等相互依存、相互补充、共同发展的馆藏新格局。

5、开展了丰富多彩的读者活动。

5.1.针对农民群众开展了“助耕助农”实用技术视频讲座培训。每年春播期间，支中心在多媒体播放厅有选择的播放为期一周的实用当地农村的种植、养殖、加工等方面的科技知识视频讲座，并提供网上阅览、查阅资料服务，让广大农民群众不断感受到先进科学和现代文明，受到了广大农民群众的好评，为当地农村经济发展起到了积极地促进作用。

5.2.针对未成年人开展思想道德教育。主要是利用星期六、星期日、节假日、暑假，播放百部爱国主义教育影片，“双百人物原创动漫”，科普类等影片，举办“共享书香，快乐阅读”等方面的讲座、积极引导未成年人多读书、读好书，深受老师和家长的欢迎。

5.3.针对老年群体开展资源服务。我们坚持“贴近生活、贴近实际、贴近群众”的三贴近原则，根据老年人平时生活的诸多习惯特点，从网上下载有关专家主讲的《营养与健康》、《科学保健》、《晚年的幸福生活》、《如何预防高血压和高血脂》、《如何防治糖尿病》等系列视频讲座和战争题材的故事片、中国京剧音像等的播放、电脑培训等，使他们获得了精神的强健与文化的关爱。

5.4.针对不同人群定期或不定期的开展视频讲座、播放电影活动。每月按读者需求预约，支中心利用文化信息资源共享工程资源和现有的设备，通过网络接收，在多媒体播放厅播放了的“传统文化”讲坛的视频讲座，“百部”优秀电影等年不少于12场次，观看人数达4000多人次，得到广大群众、少年儿童的好评，收到了良好的社会效果，让更多的人享受到了优秀文化的视听盛宴。

5.5.在党的十七大、十八大胜利召开时，及时组织图书馆职工、读者收听收看召开的盛况，听取胡锦涛同志所做的报告，受到读者好评。

5.6.在“七一　”、“十一”国庆节等重大节日期间，支中心播放优秀爱国主义教育片—《狼牙山五壮士》、《开国大典》、《井冈山》等，先进人物—《少年时期毛泽东》、《任长霞》、《焦裕禄》、《黄继光》、《邱少云》等等，对中小学生、读者进行爱国主义教育，收到了良好的社会效益。

5.7.组织开展了“颂歌献给党群众歌咏”活动。为迎接中国共产党成立90周年，充分发挥文化信息资源共享工程在群众文化方面的作用，进一步活跃广大基层群众文化生活，2011年4月19日在老年大学举办了中老年人参加的“颂歌献给党群众歌咏活动”，有300多中老年人参加了活动。此次活动的举行，使广大人民群众更加热爱党，热爱我们伟大的祖国。并向省共享工程分中心提交参赛演唱作品两个，春晖老年合唱团唱演唱的《绣金匾》并被甘肃省共享工程分中心评为“三等奖”。

5.8.组织开展了全县中小学生以“像雷锋那样…”为主题的电脑小报设计比赛活动。为弘扬雷锋精神，鼓励全县广大中小学生在实践中学习雷锋精神，展现少年儿童在文字、审美、独创、新技术等方面的素养，充分发挥文化共享工程资源和网络服务平台优势，进一步提高少年儿童使用文化共享工程资源的能力，2012年6月4日，来自城区各学校师生100多人在多媒体播放厅参加了活动。

比赛中：通过层层选拔，来自实验二小、西街小学、洮阳中学等学校的36件参赛作品，作品主题突出、构思独特、内容丰富、表达准确，广大师生将现实生活和雷锋精神有力结合，在作品中紧扣时代主题，通过巧妙的构思，新颖的设计，丰富的色彩，简短的文字，生动的图片将新时期弘扬雷锋精神，树立文明新风的社会主义精神文明建设完美的展示给大家，体现了现实生活中，雷锋精神无处不在，无处不有。

使我们感受设计之美的同时，也使大家的心灵得到了一次洗礼，受益非浅，并且也看到了临洮学子在信息技术应用方面的良好技能。经过紧张激烈的角逐评选出一等奖2名、二等奖4名、三等奖6名，优秀奖24名。上报到省共享工程分中心参赛作品中，被省共享工程分中心选送参加国家管理中心组织的全国大赛，我县洮阳初中杨瑾瑾同学的作品荣获国家管理中心中学组“三等奖”，实验二小的马若聍荣获全省小学组二等奖，实验二小的刘少雪荣获全省小学组三等奖，洮阳初中杨瑾瑾荣获全省中学组一等奖，洮阳初中王雪莹荣获全省中学组三等奖，临洮县支中心甘肃省分中心被评为“优秀组织奖”，名列全省前列。

5.9.举办了各乡镇文化站工作人员音响等设备操作技术培训班。

2012年10月18日，支中心在多媒体播放厅举办了音响等文化信息资源共享工程设备操作技术培训班。来自全县18个乡镇文化站的120多名工作人员参加了培训。培训班上，请来了县委宣传部技术操作员韩主任主讲了基本操作常识，并演示了整个操作过程，然后手把手的教培训人员学员们现场操作，解答学员提出的凝难问题等等。使每个参加培训的学员都掌握了最基本的操作技术。

6、免费接待读者。电子阅览室年免费接待前来查阅资料读者1000多人次，网上阅览2000多人次，解答各类咨询1100多条。

7、重视宣传、扩大影响。为了扩大文化信息资源共享工程在广大群众中的影响，支中心在每年图书服务宣传周活动期间，印发宣传材料10000多份，组织专人上街宣传；利用县电视台新闻对支中心开展的活动及时在临洮台上予宣传报道；时刻注意将资源共享工程活动与当前工作重点有机的结合，这样既可增强对共享工程的宣传力度，又收到了立竿见影的效果。随着宣传力度的逐渐深入，使广大群众充分认识到这是一项惠民工程、民心工程及文化信息资源的可用性，开始掌握和利用这块知识宝库。

四、工作展望

今后，我们要以"三个代表"重要思想和党的十八大精神为指针，以科学发展观为统揽，以扎实推进建设社会主义文化强国为目标，更进一步解放思想、转变观念、与时俱进、开拓创新，按新时代发展的要求，提高服务质量，创新服务方式，拓宽服务领域，创新技术服务，为把共享工程办成惠民工程、民心工程而不懈努力。

一是尽快增设文化信息资源共享工程临洮县支中心岗位编制，同时配备相应的专业技术人员，使支中心服务与管理工作与现代化服务水平相适应，建立以县级图书馆为中心，覆盖县、乡镇、村、社区的站、点网络服务管理系统。

二是强化人员素质。采用请进来，走出去的办法，强化工作人员业务技能培训力度。

三是注重策划选题、挑选专家、把握内容、精心组织、搜集、整理、加工、存贮，建立相应的链接，组建比较完善的免费数据资源导航库，提供各种模式的网络化服务工作。建立以县级支中心为龙头、以乡镇文化站、村、社区图书室文化信息资源共享工程为站点的服务网络，利用覆盖全国的网络系统为全县广大基层群众提供优质的文化信息服务，实现资源的共建共享。四是抓好新馆建设工作。

临洮县新的图书馆馆址规划在县政府统办楼对面，为图书馆、博物馆、文化馆三馆合一，总建筑面积13949㎡，其中图书馆占用3765㎡，已于2012年4月26日开工建设，2013年年底完成主体，2014年投入使用。

加快工程建设进度，保质保量按期交付投入使用，力争把我县图书馆建设成为具有管理手段现代化，服务自动化、网络化、数字化的新型图书馆，满足各类型读者不同层次需求，使之成集文化展示、社会教育、信息传播、娱乐休闲、文献收藏为一体的新型开放型现代化图书馆。

（撰文/陈晓萍）

举办电脑小报设计比赛活动

渭源县支中心

渭源县总面积2065平方公里，共辖8镇8乡，3个社区，总人口35.01万人。渭源县文化共享工程在渭源县文化广播影视局的支持和部署下，逐步推进，稳步发展，在新形势下为繁荣农村基层文化，满足农民多层次文化需求，传递中国民族优秀文化资源发挥了重要作用。

一、基本情况

渭源县文化资源共享工程建设开始于2005年，最初在渭源县图书馆试点安装，2008年底申报"全国文化信息资源共享工程县级之中心建设项目"，于2009年正式建立了"全国文化信息资源共享工程渭源县支中心"，此后与宣传部"党员远程教育项目"相结合，陆续在全县十六个乡镇二百一十七个行政村开始安装，主要通过卫星设备直接接收国家中心下发的给类资源和信息，基本实现了全县共享工程村村全覆盖。

共享工程渭源县支中心设在渭源县图书馆，统一由渭源县文化广播影视局领导，负责保障区中心共享工程设备的运行，协调镇村级共享工程设备的维修，指导镇村级共享工程活动的开展以及开展全区共享工程管理员的业务培训和指导。

二、管理和队伍建设

渭源县共享工程建设起步较晚，管理及服务新模式还处于探索阶段，存在许多不足之处。文化资源共享工程作为一个新的农村文化资源获取平台，如何推广好、利用好共享工程丰富的文化资源关键在于是否有一支专业化的共享工程管理员队伍。渭源县共享工程支中心在管理员队伍建设上坚持明确职责，明确思路，对于乡镇、村两级基层共享工程管理上择优选取有一定的计算机操作能力的人员为管理员，能尽快熟悉掌握共享工程设备为所在村民服务。

三、经费投入

渭源县共享工程于2011年实现村村全覆盖以来，由于县财政困难，投入经费很少，仅支中心有纳入县财政预算的运行经费5万元，村级共享工程点每年投入经费不足5000元，不能满足长时间运行及开展各类活动。

四、资源建设

渭源县支中心资源主要来源于从卫星接收系统接收的数字资源，应经费的制约，购买的数字资源数量很少，自2011年免费开放经费到位后，逐步增加了购买量，现有各类题材资源1.2TB，2012年制作各类海报，招贴画5副，发放宣传资料2000余份。

五、利民惠众，惠农服务

渭源县支中心以民众的需求为导向，积极探索，服务民众生活生产，引领群众高尚精神文化生活，打造群在满意喜爱的文化服务新平台。根据渭源县农业生产特点，渭源县支中心每年按节令，利用投影设备，为广大农民朋友播放各类科普电影、教育电影等。两年来累计服务农民朋友1.5万多人次，受到广大农民朋友的好评。

六、宣传推广

渭源县支中心利用各种渠道宣传推广共享工程。在渭源县每年“图书馆服务宣传周”、“全民阅读”、“送文化下乡”、“图书进社区、进校园”等活动中，渭源支中心不失时机，以活动为平台，以资料为媒介宣传共享工程，让民众不断了解共享工程，走进共享工程。

七、工作展望

渭源县文化资源共享工程才刚刚起步，还处在单一的资源接收阶段。今后渭源县支中心希望在国家中心，甘肃省中心大力支持下为渭源县共享工程建设一支专业化的服务队伍，建立一个国家、省、市、县四级知识网络联动的即时问答服务体制和服务形式更加多样，服务网点更加宽广，参与群众更加广泛的共享工程文化带动体系，为建设科技和谐渭源做出贡献。

（撰文/渭源县支中心）

陇西县支中心

一、基本情况

陇西县图书馆始建于1958年，馆舍占地1782平方米，总建筑面积2073平方米。2003年县财政拨款4万元，购买10台电脑建成县图书馆电子阅览室。2004年陇西县图书馆率先在全省建成全国文化信息资源共享工程县级支中心，2009年完成了共享工程支中心建设项目，县财政先后拨付资金30万元购置了相关设备，并将专项资金7.5万元列入了财政预算，建成80平方米的讲座室、110平方米的电子阅览室、30平方米文化资源编辑制作室，接入线路带宽10兆，供读者利用的计算机50台，支中心项目配置有图书馆自动化管理系统，共享工程和电子阅览室各应用系统和设备实施运行正常，配备2名工作人员负责相关服务工作。2010年，全县的215个村都建立了文化资源信息共享工程基层服务点，实现了城乡文化信息资源的共享，从而进一步提升了我县图书馆的文化服务功能。

二、发挥资源优势、提升服务质量

一是陇西县支中心利用共享资源，对曲艺、戏剧、经典电影、生活保健、种植养殖等进行分类整合，刻制成光盘，送到人口集中的东郊、西郊、南城等社区，满足社区人群关注的文化信息，丰富了社区文化活动。

二是在春耕季节，利用《文化共享助春耕》光盘，在巩昌镇靛坪、河那坡等村，选择适合本地农民需要的春耕资料，组织农民百余人观看“春耕备耕忙　文化助春耕”视频讲座，并邀请县农机中心技术员结合当地实际情况进行技术培训，受到农民群众的一致好评。

三是依托资源，开展“红领巾”读书读报活动，组织城区在校学生走进图书馆，采取集中期刊阅览、电子阅览、收看文化信息节目等不同项目，在共享室选择放映适合学生观看的电影、视频讲座等。

四是针对乡镇学校图书资源薄弱的现状，积极开展信息资源向校园拓展的服务，在昌谷孙家庄学校、云田镇殷家山小学、碧岩乡龙川等10个学校建立图书流动点，捐赠了阅览桌椅和光盘、图书，解决了学校课外读物缺少的问题。

五是在馆内利用共享工程资源组织读者观看《共享书香、快乐阅读中的思想享受》、《十万个为什么》、红色影片、参加视频讲座等，每年定期播放各类讲座35期，收到良好的社会效益。

六是以共享资源和聘请主题专家等形式经常性开展公益性讲座，每年开展6－8次公益性讲座，收到了良好的社会效益。

三、完善制度、充分利用资源

1、为了提升电子阅览服务质量，加强未成年人网络安全意识，公共电子阅览室遵守《公共电子阅览室管理规范（试行）》，制定《电子阅览室规章制度》和《电子阅览室工作职责》等制度，并悬挂上墙。

2、利用计算机设备和内部网络为读者提供各种信息服务,包括电子期刊、电子图书、光盘、因特网下载、打印和电子邮件传送以及有关现代化信息技术的读者培训。

3、利用文化信息资源，按一定的标准对资源中与青少年相关的信息进行搜集、整合，整合后的网上资源可汇集成册，分不同的专题为供读者借阅，也可直接下载到本馆目录，编制索引后供青少年上网查询，通过视觉，听觉等直接接受的形式，向读者提供更为新颖，方便的阅读环境，因其符合儿童读者的年龄特点与阅读心理，有效的提高了他们的阅读效果以及对网络的正确认识和利用。

4、并利用国家中心赠送的光盘“文化共享心向党”、“夏日电影展播”、“童心向党”、“快乐成长－庆祝六一

儿童节”、“庆五一迎五四学习英雄楷模”、“关于当前热点问题系列形势报告会”等，在电子阅览室集中开展共享活动，培养未成年人热爱祖国快乐学习的良好习惯。

四、依托资源开展延伸服务

举办颂歌献给党-文化信息资源共享工程迎接建党90周年群众歌咏活动，来自青少年活动中心的少年合唱团、南城社区、东郊社区的六个节目130名群众参加了表演，其中青少年活动中心的节目在全国文化信息资源甘肃省分中心的比赛中获二等奖。开展“文化共享助春耕”活动，支中心利用“文化共享助春耕（二）”资源，复制刻录“文化共享助春耕”光盘，给巩昌镇河那坡村、靛坪村免费赠送“种养科技”、“新农村建设”光盘18件、图书100册，给缺乏科技知识的农民群众送去了文化“大餐”。开展“阳光少年热爱党”电脑小报设计比赛活动。活动共收到作品11份，其中一份获《甘肃省”阳光少年热爱党”电脑小报设计比赛活动》三等奖。

五、抓培训提升队伍整体水平

把强化管理和人员培养作为提升专业队伍素质的重要措施抓紧抓好。

1、抓好业务培训。不断加大培训和继续教育力度，每年组织专业技术人员参加省、市中心组织的专业培训学习及专业人员继续教育培训。每年邀请省分中心专业人员，举办文化知识专题讲座，有效提高了职工的业务理论水平。

2、做好学术研究。带头并鼓励支持职工撰写专业论文，积极参加各级学术年会，全馆职工先后撰写论文50多篇，并被各学术期刊登载，其中有30多篇分别在中国图书馆学会、西北五省（区）图书馆、甘肃省图书馆学会等机构举办的征文活动中获奖。

六、荣誉奖项

近年来在荣获市、县级多项荣誉称号的同时，2007年以来，县支中心连年被甘肃省图书馆学会授予“全民阅读活动先进单位”、征文“优秀组织奖单位”，2011年命名为“全民阅读基地”。2009年被甘肃省妇联命名为“三八红旗先进集体”，2012年被定西市妇联命名为“巾帼文明岗”。2010年被市委、市政府授予“文明单位”称号。2011年被中共定西市委宣传部、定西市社会科学界联合会命名为“社会科学普及基地”。被共青团陇西县团委命名为“青年文明号”。“全国文化信息资源共享工程.公共电子阅览室示范点”。2010年被中宣部、文化部、广电总局、新闻出版总署联合命名为“全国服务农民服务基层文化建设先进集体”，成为定西市唯一荣获该项殊荣的文化单位。

七、一如既往，展望未来，永创佳绩

陇西县支中心将一如既往的以全新的姿态，努力向远程学习教育、数字图书服务、文化休闲娱乐等新型多功能服务模式发展。管理模式也逐步向自动化、规范化、网络化、现代化转型。将以科学发展观为引领，面向未来，开拓创新，夯实基础，提升服务，着力把县支中心发展成环境优雅、文化氛围浓厚、能够对外展示陇西经济特征和人文环境的重要公共文化活动场所，吸引更多的人走进图书馆，利用信息资源，汲取文化知识，使之成为除学校体系之外最重要的文化传播和社会教育机构，为建设繁荣富裕文明和谐的新陇西而努力。

（撰文/陇西县支中心）

陇南市武都区支中心

一、基本情况

“文化共享工程”武都区支中心成立于2005年3月，配发设备有卫星接收服务器1台、电脑1台、投影仪1套及DVD播放工具等。2007年元月中国文联副主席冯远一行来武都区共享工程支中心视察了设备资源及图书馆的建设情况。2008年武都区图书馆积极争取“文化共享工程”县级支中心示范点建设项目，区政府将其列入全区50项重点工作之一。2009年3月，本中心被甘肃省文化厅确定为甘肃省“文化共享工程”县级示范点，硬件设备完成了全面的升级与改造，投入设备总价值达68万元。硬件设备有：HP服务器3台、台式计算机60台(10M光纤上网)、便携式计算机1台，打印复印机1台、扫描仪1台、数码摄像机1台、照相机1台、投影仪1套等。设置的部门有主机房、电子阅览室、多媒体室等。所有设备均由专人管理，责任到人。

2007年9月，支中心举办了武都区支中心的揭牌仪式，邀请省甘肃省图书馆技术部主任祖央及陇南市文联主席夏青为“文化共享工程”武都区支中心揭牌。

二、惠民服务

1、充分发挥资源优势，让群众共享文化资源

共享工程武都区支中心建立七年来，充分利用省中心所配置的技术设备，积极开展各种形式的文化宣传和服务活动。

在举办各种知识讲座方面：我们一方面利用共享工程中心配发的光盘和碟片向来馆读者进行播放，另一方面我们积极协同武都区宣传部和文化主管部门，利用多媒体室技术设备，邀请北京大学的牛振春教授、兰州大学的魏淑娟教授、上海复旦大学的徐飞、中央民族大学的刘源等学者来武都区支中心开展知识讲座活动；同时开放的电子阅览室也吸引来了更多的读者来馆上机查阅所需资料。

以上这些活动的开展不但提高和扩大了图书馆在

外界的知名度，也使共享工程支中心的技术设备发挥了积极的作用。

2、收集整理特色文化

2008年5月，陇南遭受严重的地震自然灾害，由省图书馆许新龙副馆长带领的省共享工程中心工作队奔赴陇南灾区进行援助活动，武都支中心的工作人员积极协助省中心工作队开展向灾民播放电影、宣传如何防震和疾病预防等知识的工作，此项工作得到了省中心领导的肯定。

在资源建设方面：武都支中心积极配合省中心开展工作，当许新龙副馆长带队深入大山深处的武都搜集陇南非物质文化遗产的工作时，支中心设法积极寻找非遗传人并克服困难通过各种渠道，帮助省中心最终完成了对武都"高山戏"、文县白马族"池哥昼"等一批国家级和省市级非物质文化遗产的原始素材影像资料的采集，目前，这批资料已成为省中心所保存的数量众多且十分珍贵影像资料当中的一部分。

在积极为地方发展特色优势产业服务的工作中，武都区有得天独厚的发展条件，有19个乡镇420个村适宜发展油橄榄，被称为"中国油橄榄之乡"，发展潜力巨大。

近年来，我们支中心充分利用现有技术设备，积极跟武都区油橄榄产业中心联系，利用技术设备配合橄榄中心多次举办油橄榄栽培、树木修剪等学习培训班，培养了一批专业技术人员和农民技术员，收到了很好的效果。

三、工作展望

近年来，武都区支中心在省中心的带领和支持下作了一些工作，取得了一些成绩。在今后的服务工作中，我们将更加努力，有责任、有信心、更好地利用支中心的技术设备，为陇南市经济社会发展、为武都群众脱贫致富作出应有的贡献。

（撰文/陇南市武都区支中心）

成县支中心

文化信息资源共享工程是公共文化服务体系的基础工程，是广大人民群众"求知、求富、求乐"的重要途径，文化信息资源共享工程是政府主导的一项惠民工程。其手段就是利用数字化技术，把图书、文献资料等文化资源转化成数字化的共享资源，通过公共信息网络无偿传送到城乡基层，面向社会提供文化信息资源服务，县级支中心的建成将让更多的群众享受到更丰富、更便捷的文化服务。

一、基本情况

我县的文化信息资源共享工程县级支中心现设在县图书馆，2006年开始筹建，设备陆续到位，后由省文化厅专业人员安装、调试，在县政府及业务主管部门的大力支持下，2010年正式对外免费开放。

2006年4月，省图书馆举办文化共享工程第四次培训同时又配发了浪潮服务器、卫星接收系统、数字投影设备等。正式建成了全国文化信息资源共享工程成县支

中心。2008年又为我县十个乡镇文化站配发10套文化共享工程设备，进一步扩大我县的文化共享工程网点服务，实现了部分覆盖。

2009年，在县委、政府、县文体局的大力支持下，申请文化部配套的县级支中心设备，县财政局下拨专项资金10万元筹建标准化支中心。

现配备兼职工作人员2名，建成管理机房20平方米，电子阅览室80平方米，多功能报告厅60平方米，电子采编室40平方米。接入10M光纤，建成馆内区域网，达到各科室全覆盖。

电子阅览室内有30台品牌工作机，1台专业服务器，接入10兆光纤，开通互联网及信息资源共享工程方面的各项业务，目前运行状况良好。

多功能报告厅内设30个席座，有投影仪，大屏幕液晶电视，有源音箱等多媒体视听设备一套，可举办小型科普讲座、报告、培训之用。

电子采编室内有非线性编辑器、照相机、摄像机、移动视频设备等，可完成一般的视频采集及编辑工作。

现配备兼职工作人员2名，具有一定的计算机基础。2010年正式对外免费开放，现各项工作顺利开展，机房全天开放，每周7个工作日，年接待读者2600多人次。

二、管理和队伍建设

我县支中心自建成以来，为更好地利用现有资源，更好地为广大群众，包括未成年人提供文化信息服务和绿色网络空间，根据文化信息资源共享工程的有关规定，加强组织领导，确保免费开放工作的顺利推进。建立健全规章制度，初步完善整合运行机制，结合文化站的工作实际情况，从多方面入手，狠抓制度建设，增强责任意识。强化制度保障，研究制定了《全国文化信息资源共享工程成县支中心工作职责》、《全国文化信息资源共享工程成县支中心电子阅览室上机登记制度》、《全国文化信息资源共享工程成县支中心电子阅览室安全巡查制度》、《全国文化信息资源共享工程成县支中心电子阅览室工作职责》、《全国文化信息资源共享工程成县支中心电子阅览室管理制度》、《全国文化信息资源共享工程成县支中心电子阅览室读者须知》等一系列工作制度。为免费开放服务提供制度保障制定出一套完整的管理制度，使各项工作更加制度化，规范化。

2012年7月为使我县的农家书屋进一步规范化管理和更好地开展乡镇文化站点的管理工作，我中心组织全县乡镇文化专干和站点工作人员50于名对其进行了农家

书屋的管理工作、图书上架工作以及共享工程有关设备的使用及维护工作进行了为期一天的培训，加快了我县农家书屋的建设步伐。

我中心根据省、市、县免费开放的精神及文件要求，并在业务主管部门的指导和领导下，本着发挥公共文化场馆的作用，提高公共文化服务水平，满足人民群众日益增长的精神文化需求，为我县人民提供便利丰富、优质的公共文化服务的工作方针，加强组织领导，建立健全制度，完善运行机制，加大宣传力度，突出公益性服务为主题特色，我中心在各方面的不懈努力下，免费开放工作取得初步成效。

三、活动开展、惠民服务

全国文化信息资源共享工程启动以来，我县支中心积极开展各项形式多样、丰富多彩的文化活动。

为满足人民群众的文化需求，立足服务民众，推动全民科学文化素质的提高，我们结合我县的实际情况，多次深入各乡镇，展播资源共享上农业科普知识和播放优秀影视剧，加大公益性培训，使人民群众得到实惠。

2008年地震期间，工作人员利用现有设备及时深入安置点宣传、播放抗震救灾专题资料，受到社会一致好评。近年来，配合上级主管部门领取、发放资源共享设备，并协同各乡镇基层服站点安装调试设备，随时提供技术支持和不定期进行辅导、设备维护，保障设备正常运行。

通过一系列工作，使得广大社区居民、乡村群众对文化信息资源共享有了较全面的了解，也体会到信息资源带来的好处。

我县文化信息资源共享工程县级支中心的建成，实现了文化信息资源保存、管理、传播、使用从传统方式到现代方式的转变，实现了文化信息资源的有效利用与共享，为知识创新和文明建设提供了智力支持，为广大民众营造了良好的文化求索环境。

四、工作展望

相信在不久的将来，文化信息资源共享工程一定会以一个全新的面貌展现在群众面前，一定会成为老百姓满意的文化信息工程，成为社会主义物质文明建设的有力支撑。

我县的文化信息资源共享工程在县委、县政府及上级业务主管部门的大力支持下工作日趋完善、正规，但我们仍将坚持不懈，尽善尽美。

（撰文/成县支中心）

康县支中心

康县辖8镇13乡350个行政村，总面积2958.46平方公里。全县总人口20.20万人。康县文化资源共享工程在省文化厅、市文化局及县文体局的大力支持和部署下，将进一步推进持续发展。在党的十七届六中全会和“十八大”精神的指导下，为繁荣发展康县基层农村文化，满足全县人民多层次的文化需求，打造文化康县，文明康县发挥重要作用。

一、基本情况

康县图书馆阅览室（电脑16台）建于2003年5月。文化共享工程设备1套（电脑、投影机、银幕、卫星接收器）于2005年初，由省文化厅配发到位，并建立了多媒体室，从此，陆续开展了讲座，电影播放等宣传活动。之后，单位又配置了DVD光碟播放机，同时携带投影机相关的光碟治疗，不定期地开展了下乡宣传播放活动。

2008年“5.12”地震后，于2009年初，由省上配发共享工程设备12套，给康县11个乡镇，城关镇香子坝村，岸门口镇青岗坝村牟家坝村，白杨乡金钗峪村，铜钱乡环路村，寺台乡田坪村，豆坪乡豆坪村等12个灾后重建集中安置点进行了安装，调试和管理人员培训。

2011年底至2012年初将第一批164个村，第二批174个村一次性进行配发，并指导进行了安装、调试工作。至此，康县所属350个文化资源共享工程基层服务店达到全覆盖。

康县支中心设在康县图书馆，是康县共享工程的建设和业务指导单位（但因康县图书馆在“5.12”地震中，受损严重，已成危房，不能使用。故及时租用民房进行了搬迁至今。康县支中心的共享工程设备于2009年底收到，由于新馆舍（2300平方米）目前还在建设之中（年底竣工），故其设备还在集中保管存放，新馆竣工，马上安装。共享工程所需使用面积均按上级规定要求设计），目前，负责协调乡镇村级共享工程设备的维修、指导乡镇村级共享工程活动的开展和全县共享工程管理员的业务培训和指导。

二、管理和队伍建设及培训工作

为使共享工程真心发挥为民利民的作用，康县支中心对原有的电子阅览室和多媒体室都建立了《工作人员岗位责任制》和《读者须知》等制度，进行了制度化管理。

共享工程管理人员队伍建设是作好共享工程工作中的关键，康县支中心每年派专人去参加省分中心组织的共享工程专业技术培训。对选取基层村级共享工程管理人员，必须要求有初中以上文化程度，有较强的管理和组织能力的人担任。目前，全县基层村级共享工程管理人员95%以上是由有文化的村支书或村委人员兼职，因为他们威信较高，又有文化在，责任心强，具有一定的管理能力和组织能力，能较强地保证共享工程活动的开展。

三、经费投入和资源建设

康县共享工程于2012年已达到村村覆盖由于支中心馆舍还在重建中（年底竣工），一旦竣工，共享工程设备安装调试成功，投入使用时，县上将会按规定每年投入

10万元经费，保证共享工程设备维修，人员培训和工程活动的开展。

康县支中心近年来一直派有基础的人员去省中心参加培训学习，使他们已出具相应的工作能力，在共享设备安装完成后，就可立即投入到对康县不同地域丰富的历史和生态旅游文化进行采访、摄录、筛选、编辑、制作各类题材的资源，并制作出光盘，展板等文化资源治疗。

四、利民惠农服务

近年来，康县支中心对国家配发《文化工程助春耕》（一、二），《共享知识和谐万家》，《文化共享工程夏日电影展播》等一系列光盘资料，通过刻录复制后讽刺分批下发到基层服务点，指导各点管理人员进行宣传活动。同时我们一如既往，继续坚持结合每年的"读书月"活动，"图书宣传周"活动，部署筹划搞好各种文化宣传活动，并积极配合县上在各大节庆日举办的各类大型文化活动。

五、今后的设想

康县支中心于新的历史时期，在当地县委、政府和主管部门的正确领导和大力支持下，要克服起步晚和地震灾害带来的各种困难，努力工作，精求业务，做好前期的调研、采访、摄录等工作，为共享工程设备安装完成，投入使用打好基础。因康县地处陕甘川三省交界，由于特殊的地理和民族变迁，境内既有秦陇文化与巴蜀文化的交汇，又有氐羌少数民族文化与汉文化的融合，特色非常鲜明。

茶马古道文化，太平天国文化，抗金英雄的动人故事，成长过参与"公车上书"的骄傲学子，还有原始人类居住遗址，氐羌民族原居地，秦、汉时期的古墓，藏、明清时代的古建筑以及大量的古树名木等证明了康县历史文化的悠久深厚；男嫁女娶，康北唢呐、梅园傩舞、传统造纸等表明了康县民俗文化的独特；红军长征三过康县，陕甘游击总队在康县的革命斗争等说明了康县红色文化的历史渊源。康县生态良好，山水秀美，风光旎彰显了特色生态旅游文化。

全县有各种自然景观150余处，人文景观80余处，独具魅力的以国家4A级景区阳坝梅园沟为代表的自然风景区等等。这些极其丰富的文化资源都是需要我们通过搜集、整理、编辑、制作出精美的宣传资料，推广出去，成为宣传康县、繁荣康县文化、丰富康县精神生活、推动康县人文科技和社会全面进步的强大动力。这就是康县支中心今后要完成的既定设想。

（撰文/康县支中心）

两当县支中心

一、基本情况

两当县图书馆始建于1988年，县图书馆新馆位于县城东大街上，于2004年重新修建，2006年10月正式投入使用，现使用面积达到1250平方米，馆内设有：图书阅览室、报刊阅览室、电子阅览室、书库及报告厅。

现有馆藏图书41000余册，报刊100余种，拥有阅览席位120余座。2012年增置书架及办公桌椅，并安装空调等取暖设施，使阅览环境及办公条件得到了极大改善。

两当县电子阅览室由文化部委托甘肃省图书馆统一配置，总投资68万元。配有电脑35台，服务器4台、卫星接收系统一套，投影机2套，主干交换机、交换机各1台，KVM切换器1台；非线性编辑机1套，存储及安全等设备一应俱全。电子阅览室位于图书馆五楼，实有面积150平方米，设有电子阅览室、主控机房、采编室及电子屏报告厅。2011年底接通了6M专用光纤，实现了网络局域化。2012年4月23日正式投入使用以来，坚持免费向读者开放，并实行双休日正常开馆。

二、宣传推广

为了让更多的群众了解文化共享工程，进一步提高工程的影响力和社会效益，在第十七个世界读书日来临之际，通过播放宣传片及发放宣传品的方式对文化共享工程建设及电子阅览室基本情况进行了大力宣传。一是在县广电局的配合下，拍摄了一期关于县级图书馆特别是电子阅览室免费开放的专题宣传片；二是在2012年4月23日，图书馆全体职工走上街头开展"读书进万家"宣传活动，共计发放宣传品300余份。

三、管理和队伍建设

为了切实保障信息技术环境下公共文化服务的公益性、基本性、均等性、便利性，为广大群众提供丰富便捷的数字文化服务，电子阅览室派专人负责，并制定了一系列的规章制度及管理登记册，做到制度上墙，严格按制度办事。电子阅览室实行实名登记管理，严格对上机用户的身份证等有效证件进行核对、登记。图书馆总编制6名（馆长1名，副馆长1名，管理员4名），现有副馆长1名、管理员4名。自2012年4月23日以来，实行全面免费对外开放的有：电子阅览室、图书借阅室、报刊借阅室。编制少，人员严重短缺。特别是电子阅览室目前没有专职工作人员，电子阅览室现有工作人员1名，且属于兼职人员，而且仅能从事管理与服务工作，计算机应用方面的专业人才缺少，在技术应用、开发等工作上明显滞后。

四、开展工作

支中心的电子阅览室现在尚处于试用行阶段，共享工程设备操作、系统安装、卫星资源导入等还有待于提高，目前仅限于使用公网（6兆光纤），信息资源共享还存在很大的局限性，我们利用仅有的资源如DVD光盘和电子投影仪等先后开展了宣传展览3次，开展讲座2次，共计受众人数1100余人。

1、利用现有资源，在2012年3月5日（雷锋纪念日）播放《学习雷锋好榜样》专题片；

2、4月23日，图书馆全体职工走上街头开展以"世界读书日由来"为主题的宣传活动。

3、利用电子阅览室这个服务平台，在2012年4月23日，在干部职工中开展了"共享书香 快乐阅读"专题讲座。

4、暑假期间，播放"留守儿童 暑期文化情"系列光盘，并进行了"共享送关爱 建设新家园"的专题讲座，极大丰富了少年儿童的暑期生活。

五、工作展望

一是希望增加编制，进一步壮大人员队伍，吸引具有计算机专业知识的人员加入；

二是利用电子投影仪等设备，不定期的开展培训和专题讲座；

三是深入农村，深入学校，深入军营，逐步开展讲座、咨询、电子图书、电子报刊、视频等形式的特色服务；

四是导入卫星资源，改变只能上公网的困境，真正实现资源共享；

五是多组织培训活动，加强各馆之间的交流。

（撰文/两当县支中心）

徽县支中心

徽县全县辖15个乡镇、10个社区居委会、213个村民委员会，总面积2722平方公里。徽县文化资源共享工程在省中心、市局的正确指导和大力支持下，在县委、县政府的坚强领导下，逐步推进，稳步发展，在新形势下为繁荣社会主义文化，完善公共文化服务体系，传递中国民族优秀文化资源，构建社会主义和谐社会，满足广大群众多层次、多领域文化需求，发挥了重要作用。

一、基本情况

徽县支中心始建于2008年11月，按照"试点先行、乡镇覆盖、村社延伸"的原则，最初在城关镇东关村，江洛镇游龙村，伏家镇贺店村等六个村试点安装，此后全县15个乡镇文化中心陆续安装，实现乡镇全覆盖。2010年徽县文化资源共享工程开始向行政村延伸，分两批完成全县213个村级服务点的安装调试工作，县、乡、村三级文化服务网络体系已基本形成。

文化共享工程徽县支中心共有阅览电脑30台，投影机1台，电视机2台，音响一套（包括VCD、音箱、放大器、话筒等），服务器4台，扫描仪、网络打印机、光盘拷贝机、光盘打印机、单反照相机、数码摄像机各1台，幕布1块，硬盘播放器5台。

自共享工程筹建以来，县政府专门配备了2名技术人员，每年投入6万元的运行经费，用于共享工程设备的维护，人员培训和惠民活动的开展。同时，徽县文体局和徽县图书馆每年也投入大量人力物力支援共享工程各项活动的正常开展。

二、管理和队伍建设

管理工作是日常工作的重要环节，徽县支中心科学制定了支中心、乡镇、村服务点工作职责和管理制度，并实行制度上墙公开。

每年有年度工作计划，月度有工作要点，季度有工作督导，年末有工作总结考核，并推行管理员工作日志管理，探索共享工程管理和服务新模式。

支中心在管理员队伍建设上坚持高起点选拔、制度化管理、常态化培育，通过招考、聘用等形式为全县15个乡（镇）配备文化站长15名、文化专干30名，社区文化专干 10名，村级文化管理员213名。

明确了文化专干职责，指导各基层服务点做好群众需求双向反馈工作，利用文化站现有资源、设施设备为基层服务点提供服务。做到了人员、阵地、牌子、设备、制度"五落实"

三、培训工作

在"十二五"期间，文化共享工程徽县支中心以数字资源建设为核心，以打造精品、优化应用为重点，以全面推动共建共享为途径，建立长效机制，创新服务方式，努力实现优秀文化信息资源全民共享，最大限度地发挥社会效益。徽县支中心举办"文化信息资源共享工程技术培训班"24期。同时对基层图书馆图书管理工作进行业务辅导。

培训班以windows系统的使用与维修、电脑实用设备操作务实、办公软件的安装和使用以及怎样用电子表格及电脑功能实现简易的图书资料登记分头管理等为主要内容。通过培训，提高了基层网点图书室管理人员实际操作水平、设备维护的基本技能，以适应"共享工程"的快速发展，促进"共享工程"工作在基层发挥实实在在的作用。

四、开展活动情况

徽县支中心在共享工程服务实践过程中，始终以民众的需求为导向，以传播先进文化、转变致富理念、普及科学文化知识为着力点，积极探索，服务民众生活生产，引领领群众高尚精神文化生活，打造城乡群众满意喜爱的文化服务新平台。

一是整合资源，合作共建

支中心建成后，在不断接收资源的基础上，因地制宜，利用广播电视"村村通"工程为开展了系列文化信息资源共享工程服务。中心机房与电视台光缆接通，使电视台节目编辑室直接浏览支中心局域网，下载、播放所需资源。

由于电视信号覆盖率是100%，我们每天播出的节目面向20多万群众。同时，通过与组织部门商榷，支中心与我县党员远程教育办公室合作，在远程教育频道开辟文化共享工程专栏，每天播出1小时节目。根据节日、季节、主旋律的不同，相应编排了不同内容：春节期间播放历届春节联欢晚会节目、节庆餐饮制作；春耕时节播放养殖种植节目；还有即时接收的农民工技能与文化培训；同时陆续播放国家中心按时发送的各类光盘内容，例如《中国传世国宝》、《中华民族》、《中国古代名人圣贤》、《永远的丰碑》、《文化共享心向党》、《纪念辛亥革命100周年》等。通过多方不懈努力，共享工程已逐步走入基层村民生活，成为村民获取新知，娱乐身心的新渠道新平台。

二是利民惠众，惠农服务

根据徽县地域农业生产特点，支中心每年按节令制作农业生产技术光盘和小册子通过村级服务点及时向广大农户分发。针对种养殖户在种养植过程中碰到的实际问题，对症下药，有针对的选取资源上门指导服务。历年来累计服务专业生产户80多户，长期点对点跟踪服务16户。

三是坚持创新，宣传推广

充分利用"三下乡"，科普之春，科普之夏，科技周等活动，徽县支中心不失时机，以活动为平台，以资料为媒介宣传共享工程，让民众不断了解共享工程，走进共享工程。利用支中心儿童阅览专区，组织动员青少年儿童关注共享工程，利用共享工程，收集青少年知识兴趣点整理挖掘，针对集中的知识群和关注点徽县支中心聘请专家为青少年答疑解惑，深受广大青少年的喜爱。为了方便青少年读者免费来电子阅览室学习，开展了"同在蓝天下，你我共成长"青少年读书周活动，发放"电子阅览室读者卡"1000余张，读者凭卡进入电子阅览室学习，他们读电子书刊、观看优秀电影，汲取先进文化。

同时在全县中小学校开展了阳光少年热爱徽县青少年科技创新大赛。通过一系列的活动使共享工程不仅走进农村也走进校园走进青少年。徽县支中心在服务中抓住文化的热点和亮点，积极组织群众喜闻乐见的文化服务，使共享工程走进群众生活。

例如在迎接建党90周年之际，徽县支中心成功举办了"颂歌献给党"全国文化信息资源共享工程迎接建党90周年群众歌咏比赛，录制38首主旋律歌曲在电视台播放，深受群众喜爱。

为宣传国家中心网站，和文化管理部门联合举办"开辟绿色上网通道，请登录文化共享网"活动，印制彩色宣传画50余副，张贴在网吧显要位置，延伸电子阅览室作用，扩大共享工程影响。

徽县支中心用移动硬盘播放机到广场、社区活动中心等人群密集区域开展活动，主动录制、整理各类大型文化活动并上传到局域网网站。现在已制作、收藏20多个本地特色节目，这些节目富有文化底蕴，激发爱国热情，受到广大群众的喜爱。

近年来，徽县支中心共开展活动45次，平均每月9次、每周24小时；搜集不同区域民众文化需求，选取、编辑制作各类题材资源7TB；制作发放各类光盘6800多张，展板70多块，各类海报，招贴画120余副，发放宣传资料14000余份。

五、工作展望

党的十七届六中全会和党的十八大迎来了文化事业发展的春天，徽县支中心在未来的工作中，将加大投入，以"徽县文化信息网"网站建设为抓手，加强网络宣传优势，坚持挖掘资源、优中选精、特色突出、及时快捷，把具有代表先进文化的文字、图片、视频资料源源不断的提供给我县广大群众，提高文化惠民的力度。在网站管理中，我们要把乡镇文化站、社区文化中心、村级文化活动中心、农家书屋等信息管理综合到一起，集发布、总结、实时动态一起，形成管理高效，发布迅达的现代化网站。

总体来看，徽县文化信息资源共享工程工作，实现了"电波覆盖、光盘传播、网络宣传、活动加强"的四位一体发展模式。今后，徽县支中心将在党的十八大精神指引下，与时俱进，开拓创新，不断提升活动水平，发挥文化信息资源共享工程更大的作用，为建设"富庶、文明、和谐、幸福"新徽县而提供有力支撑。

（撰文/徽县支中心）

临夏回族自治州支中心

临夏回族自治州位于黄河上游，甘肃省中部西南面，东临洮河与本省定西市相望，西倚积石山与青海省相毗邻，南靠太子山与甘南藏族自治州搭界，北濒湟水与甘肃省会兰州接壤，地处青藏高原与黄土高原的过渡地带。全州面积8169平方千米，人口207万。其中，回、东乡、保安、撒拉族等少数民族人口约占总人口的56.4%。临夏历史悠久，是远古人类生息繁衍地之一。

五千年前就有先民居住生活，两千年前秦汉王朝就设县、置州、建郡。临夏州现辖临夏市和临夏、康乐、永靖、广河、和政5个县以及东乡族自治县、积石山保安族东乡族撒拉族自治县两个自治县。全州设123个乡（镇），62个社区，1150个行政村。

一、基本情况

临夏州文化信息资源共享工程起步于2004年。当时，在甘肃省文化厅的帮助下，由临夏州财政进行配套建成了临夏州"全国文化信息资源共享工程临夏州（市）级支中心"，共配置服务终端15台，卫星接收设备一套。同年8月，成立了共享工程临夏州（市）级支中心电子阅览室。经过几年扎实有效的努力，临夏州共享工程发展势头良好，取得了一定的成绩。截止目前，临夏州由国家财政、省财政投资建设完成8个县级支中心，已全面进入运转；全州村级服务点已基本完成配置，初步建成了覆盖全州各县（市）的服务网络。

共享工程临夏州（市）级支中心设在临夏州图书馆，承担着各县（市）支中心和乡镇（社区）、村级服务点的业务建设，包括技术指导、资源建设、人员培训、服务指导，并负责规划设计全州文化信息资源建设方案，采取自建、合作、整合、调拨等多种途径，实现资源整合；负责支中心与省分中心以及全州各县（市）支中心之间数字资源的同步更新，承担工程系统日常运转的各项工作；负责支中心网站栏目策划和建设，整合、更新、维护、管理临夏州文化信息资源共享工程支中心网站；建立完善全州文化信息资源目录，征集整合具有地方民族特色、符合时代特点、

适应广大基层群众需求的文化信息资源，对全州的文化信息资源建设进行有效的组织管理的职能。

二、读者服务

共享工程临夏州（市）级支中心现有数字资源电子读物98部，七大类（含电子图书、科技、农业信息、戏剧、讲座、电影、生活百科等）CD、VCD、DVD光盘1579张，资源总量达770GB。

自2004年8月建成运行以来，相继开设和提供了上网阅览、影视作品播放、爱国主义教育主旋律影片播放、讲座、报告、培训、网上查阅资料、远程教育、学前教育、mp3、mp4音乐歌曲下载、资料下载复制、打印、图片展映等内容的服务项目，开展了集上网查询、资料下载、网上阅览、学习、娱乐、教育为一体的多媒体服务业务和综合性业务活动。

做为执行社会教育职能的专业部门，临夏州图书馆读者服务工作中的特色服务项目，电子阅览室的读者服务工作针对未成年人登陆不良网站、甚至进行网络犯罪等社会密切关注的焦点问题，严格电子阅览室服务管理制度，为青少年提供并开设了“绿色网吧”、“绿色上网”、“健康游戏”、“安全阅览”等平台，积极为未成年人营造健康、绿色、和谐的学习成长环境，加强上网监督，加大随机监控力度，严格杜绝登录不良网站，严格执行国家有关法律法规和《临夏州图书馆接待未成年人读者的工作制度》，在2011年因故停止运转以前，平均每年接待读者7000多人（次）上网阅览，其中未成年人5000多人（次），接待上网咨询400人（次），查询资料400多条；开展寒暑假期“爱国主义优秀影片展映活动”，每年为青少年播放影片10多部，受到了广大读者及未成年人家长、学校的欢迎。

三、建设状况

目前，从临夏州共享工程建设的总体情况来看，县级支中心和乡镇、村基层服务点建设配置高、资源量大，而临夏州市级支中心因得不到国家、省级财政的支持，致使该中心设备落后、配置低、资源量小、没有专业计算机技术人员，已远远无法承担全州各县级支中心、乡镇、村基层服务点的信息上下传递、资源综合加工、上传，网络维护，设备维修，人员培训等职责。临夏州市级支中心的建设严重滞后，制约了全州文化信息资源共享工程的正常运转。

近年来，临夏州文化信息资源共享工程建设已进入全面加速发展阶段。网点建设、资源建设和技术服务等各项工作急需专门管理机构的协调领导。目前，我州支中心没有相对独立的机构、人员编制和经费保证，这种现状已不能适应共享工程长期发展的需要。鉴于省图书馆已于2009年9月省编办批准成立甘肃省共享工程省级分中心，省内兄弟地区也相继成立了文化信息资源共享工程专门机构。为了更好地发挥协调和指导全州文化信息资源共享工程建设和服务的职能需求，保证我州文化信息资源共享工程建设健康持续发展，我州应尽快成立临夏州共享工程市级支中心。

四、地市级共享工程建设思考

文化共享工程是新形势下贯彻落实科学发展观、构建公共文化体系、惠及千家万户的一项重要文化基础工程，是政府提供公益性服务的重大文化项目，是实现广大人民的基本文化权益的重要途径，对于打破落后地区信息闭塞的状况，缩小‘数字鸿沟’，提高广大人民群众的科学文化素质，推进社会主义文化大发展大繁荣与建设和谐社会，具有重要作用。文化共享工程在贫困、落后、民族地区更显其实现人民群众基本文化权益，缩小“数字鸿沟”，打破经济落后地区信息闭塞的巨大作用。深受贫困民族地区广大城乡群众的欢迎和期盼。

（撰文/临夏回族自治州支中心）

永靖县支中心

永靖县区域面积1901平方公里。全县共辖17个乡镇，140个行政村，10个居委会，总人口20.33万。

永靖县文化资源共享工程在省、州文化部门的支持和部署下，逐步推进，稳步发展，为繁荣农村基层文化，满足农民多层次文化需求，传递中华民族优秀文化资源发挥了重要作用。

一、基本情况

永靖县共享工程始建于2008年，第一批在45个行政村安装调试完成。第二批于2010年在50个行政村进行安装。至目前，永靖县已有95个行政村建成文化资源共享工程网络点。

文化资源共享工程永靖支中心设在永靖县图书馆，使用面积120平方米，安装电脑37台，现有专业管理人员3名，是全县文化资源共享工程业务指导单位，负责全县共享工程设备的运行，协调镇、村级共享工程设备的维

修，指导镇、村级共享工程活动的开展。

二、网点建设

永靖县文化资源共享工程经过5年的发展现已形成了县级支中心、乡镇综合文化站、村文化室为依托的三级服务网点，为全县文化建设发挥着重要作用。

三、管理和队伍建设

为使共享项工程真正为民所用、为民服务，永靖支中心将共享工程日常管理纳入制度化。制定支中心、镇、村基层服务点工作职责和制度，实行制度上墙。每年有年度工作计划，每季度有工作要点，年末有工作总结考核，使此项工作有章可循，有条不紊。

文化资源共享工程作为一个新的农村文化资源获取平台，如何推广好、利用好其丰富的文化资源关键在于是否有一支专业化的共享工程管理员队伍。永靖县支中心一向重视管理队伍建设。每年开展2期由各乡镇、村两级基层共享工程管理人员参加的业务培训会，使他们熟练掌握了共享工程的运转程序及设备维护等知识。5年来共举办各类培训班10期，参加培训的各级管理员达500多人次。

四、宣传推广

为了让更多的群众了解共享工程，走进共享工程，共享文化惠民成果，永靖县支中心利用各种渠道开展宣传推广工作。1、在每年的科技文化卫生三下乡活动以及各类大型节庆活动中，永靖支中心不失时机，以活动为平台，以资料为媒介宣传共享工程，让民众不断了解共享工程，走进共享工程。2、结合校园文化周等活动，在全县中小学开展宣传活动，使全县中小学生了解并享受文化资源共享工程，将学习平台由校园、课本拓展到了校外、网络。

五、工作展望

永靖县共享工程虽已走过5个年头，但服务模式还处在单一的资源接收阶段，今后我们从培养专业人才，建设管理队伍做起，每年选派一些年轻有为、好学上进的管理人员到省级分中心学习资源编辑分发、设备维护等知识，根据不同地区、不同人群、不同季节对文化知识的不同需求，制作各类题材的资源，为群众提供优质的精神文化食粮。通过开展各类专题讲座、经验交流等特色服务活动，使资源共享工程在全县新农村文化建设中发挥更加重要的作用，为全县广大群众享受文化惠民成果提供更加优质、便捷的服务。

（撰文/唐芝福）

积石山县支中心

积石山保安族东乡族撒拉族自治县是1981年成立的甘肃省唯一的多民族自治县，全县总面积910平方公里，辖13乡4镇，总人口23.36万人，有保安、东乡、撒拉、汉、回、土、藏、维吾尔、羌、蒙古等10个民族，其中少数民族占总人口的52.87%，是全国唯一的保安族聚居地，保安族人口占全国保安族总人数的85.6%。

一、基本情况

积石山县文化信息资源共享工程建设开始于2010年，对17个乡镇进行文化信息资源共享工程设备安装调试，并对管理员进行了设备使用技术操作培训。至此，积石山县所有乡镇实现共享工程全覆盖。

积石山县文化信息资源共享工程县级支中心设在县图书馆，占地面积86平方米。负责保障县级支中心共享工程设备的运行，协调乡镇共享工程设备的维修，指导乡镇共享工程活动的开展以及开展全区共享工程管理员的业务培训和指导。

二、管理和队伍建设

为使文化信息资源共享工程真正为民所用、为民谋利，县级支中心将共享工程日常管理纳入制度化管理。制定支中心工作职责和制度，实行制度上墙公开。并推行管理员工作日志管理，收集整理共享工程服务活动的经验，探索共享工程管理和服务。

文化信息资源共享工程作为一个新的农村文化信息资源获取平台，如何推广好、利用好共享工程丰富的文化信息资源关键在于是否有一支专业化的共享工程管理员队伍。积石山县文化信息资源共享工程县级支中心在管理员队伍建设上坚持明确职责，明确思路，制度化管理，常态化培育。对乡（镇）共享工程管理上择优选取文化层次较高，有一定社会基层管理服务实践经验的大学生为管理员，他们工作热情高，有较高的文化水平能尽快熟悉掌握共享工程设备为所在村民服务。

三、宣传活动

该支中心利用各种渠道宣传推广共享工程。在积石山县每年的科技文化三下乡活动，科普之春，科普之夏，科技周等活动中，积石山支中心不失时机，以活动为平台，以资料为媒介宣传共享工程，让民众不断了解共享工程，走进共享工程。

四、工作发展

积石山县文化信息资源共享工程刚刚起步，从资源接收到群众的广泛参与、广泛认知，文化信息资源共享工程为繁荣积石山县文化、丰富积石山县人民精神生活、推动积石山县人文科技进步。积石山县级支中心在上级支中心的大力支持下为积石山县文化信息资源共享工程形成形式多样、服务网点宽广、参与群众广泛的共享工程文化带动体系，为积石山县经济社会发展做出贡献。

（撰文/积石山县支中心）

全国文化信息资源共享工程——

青海省分中心

青海省分中心设在青海省图书馆，由省文化和新闻出版厅牵头设有青海省文化共享工程领导小组，辖技术保障、对外联络、资源建设、指导培训四个职能部门。省分中心作为一个专门收集、整理、保存、传播文献并提供利用科学、文化、教育的机构，负责组织、实施、协调全省文化信息资源共享工程的建设和运行，担负各支中心和基层点的业务指导和培训任务。全省共有1个分中心即文化共享工程青海省分中心，9个州（地、市）级支中心（西宁、格尔木、德令哈市、海北、海西、海南、黄南、果洛、玉树），43个县级支中心（含4个西宁四区区级支中心），形成了较为完备的省、州(地、市)、县三级网络。各级中心的经费来源和管理方式是：分中心经费来源于省财政，由青海省文化和新闻出版厅主管；各地州和县级支中心经费来源于地州和县级财政，分别由相应的文化局主管。由于青海是地处西北的多民族省份，经济发展相对滞后，使得全省各级中心均面临建设经费紧张的困难，这就导致了全省各级中心和基层点建设总体水平不高，发展不平衡。但是，随着文化信息资源共享工程的建设与深入实施，全省不论在经费投入、人才培养，还是在资源建设、资源服务上，都取得了长足的进步与发展。与此同时，已经建设实施农家书屋、党员远程教育、广播电视村村通工程等也为我省文化共享工程的发展提供了有力支持。

青海文化信息资源共享工程的建设表现为“两个全面推进”，“一个持续增长”和“一个根本性转变”。从服务网络看，表现为由县馆到乡镇文化站，由乡镇文化站到村服务室的全面推进；从内容看，由设备到技术，由资源到人才的全面推进；从经费看，财政投入持续增长；从形式看，服务方式发生了根本性的转变。

服务网络建设全面推进，覆盖全省的服务网点基本形成。目前县县有支中心，村村有服务点，随着乡镇文化站建设的全力推进，2012年底覆盖全省的服务网点会基本形成。

现代信息技术设备装备全面推进，信息化实现跨越式发展。县支中心建成馆域网，有中心机房、综合数据加工室和电子阅览室，初步具备业务管理自动化、服务工作网络化和文献资源数字化功能，县图书馆信息化实现跨越式发展，办馆条件得到显著改善，图书馆服务方式发生根本性转变，服务能力明显增强。

省中心购置中国期刊全文数据库7405.25GB，7679种，3000多万篇；中国优秀博硕士学位论文全文数据库5321.35GB，100多万篇，《中国年鉴网络出版总库》、《中国工具书网络出版总库》各1套；各县支中心安装共享工程国家中心移动硬盘资源500GB，配送光盘200余盒，国家数字图书馆工程移动硬盘资源1TB。青海地方文化电视专题片230盒。方正电子图书1万余种。拍摄文化共享工程“三江源文化资源数据库”电视专题片113部，2260分钟。复制共享工程资源建设管理中心《共享花开乐万家》、《缤纷假期 欢乐共享》光盘资源8.8万盒，下发4170个村基层服务点。在地方数字资源制作方面，我们的做法和基本经验是：第一，设专家委员会作指导，并与社会上的专业拍摄机构合作制作可以保证电视专题片的质量；第二，制定资金使用办法，严格资金管理，按章支出，确保资金的安全合理使用；第三，青海作为信息网络欠发达地区，以光盘形式传输资源可以保证把资源送到村基层服务点，而且，光盘较之其他的储存形式在使用上更具有便利性和不可替代性。

自2006年来，共举办培训班21期，培训877人次。学习内容包括图书馆行政管理，图书馆业务管理，图书馆业务自动化技术，图书馆文献数字化技术，计算机技术等。2012年3月针对农村实用技术人才分别进行了互助县威远镇白崖村农家园烹饪技术、台子乡塘巴村大棚蔬菜种植的培训。

文化共享工程县支中心43个，共投入3096万元，其中，中央财政拨付2484万元，省财政配套612万元。

各中心普遍提供了馆域网共享工程资源和国家数字图书馆工程数字资源浏览和上网服务。共享工程资源主要有图书、图片、期刊、电影、戏曲等。湟中县图书馆、贵德县图书馆、祁连县图书馆每逢节假日电子阅览室出现了读者排队的情形。各馆还根据当地实际情况，积极参与各种社会活动，大力宣传推广文化共享工程，使人民群众对文化共享工程充分认知、感知、继而深入人心。几年来总服务7.09万人次，举办活动3902次。2006年服务0.74万人次，举办活动102次；2007年服务0.89万人次，举办活动566次；2008年服务1.23万人次，举办活动589次；2009年服务1.55万人次，举办活动776次；2010年服务1.68万人次，举办活动789次；2011年服务1.1万人次，举办活动1080次。

与省委宣传部、省广电厅、省新闻和出版厅等单位协作，通过党员远程教育、农家书屋、广播电视村村通工程完善设备投入和资源补充，使群众得到全方位的服务。

我们将深刻领会文化部关于推进文化共享工程建设的一系列指示精神，准确把握文化共享工程在建设覆盖城乡的公共文化服务体系中的重要地位和作用，进一步统一思想，提高认识，加大工作力度，加快推进镇文化站、街道、社区的建设，为广大基层群众提供更加丰富、更加优质、更加便捷、更加贴近的文化信息资源服务，让老百姓得到真正的实惠。同时，我们将从重建设向重管理转变，采取切实措施，健全机制，制定规章制度，加强管理，提高服务水平。

（撰文/青海省分中心）

全国文化信息资源共享工程——

宁夏回族自治区分中心

全国文化信息资源共享工程（以下简称“文化共享工程”）是应用现代科学技术，将中华优秀文化信息资源进行数字化加工整合，通过工程网络体系，以互联网、卫星、移动存储、镜像、光盘、有线电视/数字电视网等方式，实现优秀文化信息资源在全国范围内的共建共享。是新形势下构建公共文化服务体系、惠及千家万户的一项重要文化基础工程，是政府提供公益性服务的重大文化项目，是实现广大人民群众基本文化权益的重要途径，对于打破落后地区信息闭塞的状况，缩小“数字鸿沟”，提高广大人民的科学文化素质，推进社会主义文化大发展大繁荣和建设和谐社会，具有重要作用。

宁夏是地处西部边疆的少数民族地区（老少边穷地区），由于历史原因发展相对落后。所以，共享工程建设在宁夏启动较晚，到2004年下半年才正式成立了由政府分管副主席任组长，文化厅、财政厅、发改委、科技厅、信

产办等多家政府职能部门负责参加的“共享工程”领导小组，领导小组办公室设在文化厅，共享工程宁夏分中心设在图书馆。形成了共享工程在宁夏由政府强力领导，公共图书馆具体实施的公共文化服务管理体制和运行机制。在中央、宁夏以及各级县、乡政府支持下，2006年底实现了市市县县有共享工程支中心，2008年底村村镇镇都有共享工程服务站点的目标。现将“十一五”期间宁夏文化信息资源共享工程情况介绍如下：

一、主要成就

回顾共享工程在宁夏的发展，有几个值得回顾、留下深刻记忆的阶段：

1、宁夏在共享工程起步之初就创造了“光盘制录+向农户直接配送”的模式，被文化部领导誉之为“贺兰模式”。就“贺兰模式”，贺兰县支中心两次在全国“共享工程”工作会议上做经验介绍，中央电视台在新闻联播和新闻会客厅栏目先后作了报道，被文化部和国家中心列为向全国推广的经验。2005年，永宁县争取“共享工程上有线电视”的做法，这种大胆尝试也被宁夏、银川两级媒体多次报道。

2、2007年7月7日，原国务委员陈至立同志在文化部副部长周和平等同志陪同下，专程考察了宁夏回族自治区固原市三营镇文化中心。随后，中央领导一行在与自治区党政领导座谈中对共享工程在宁夏的落实情况给予充分肯定，同时也提出了力争在2008年10月宁夏回族自治区成立五十周年大庆前实现共享工程在宁夏全覆盖的要求。“全覆盖”就是文化信息资源共享在宁夏的“村村通”，它将惠及宁夏千家万户的农民群众，将有力促进宁夏的社会主义新农村建设。宁夏作为一个偏远的、经济不发达的少数民族地区，在中央的支持下能比全国文化信息资源共享工程实施的总体目标提前两年实现“全覆盖”。这充分体现了党中央、国务院对宁夏城乡回汉各族人民精神文化生活需要的重视和关怀，也是宁夏回族自治区成立五十周年之际党和政府献给宁夏回汉人民的一份厚礼。

3、自治区图书馆新馆建设及数字图书馆建设高起点启动，为“共享工程”全覆盖的实施提供了最坚实的两大基础性“平台”支撑。在“两馆”建设过程中，自治区党委、政府多次明确批示，“两馆”建设不但要实现与“共享工程”一体化建设、运行，而且要适时纳入全区信息化整体规划，实现优势资源的优化整合配置，从而为“共享工程”宁夏全覆盖与“两馆”在自治区一级层面的集成式运作提供了可能；宁夏数字图书馆平台与宁夏信息大平台传输网络系统建设共同向农村倾斜，于宁夏“五十大庆”时在全国率先实现省级全境“光纤村村通”，为“共享工程”宁夏(农村)全覆盖同步实现从“天网”传输方式向“地网”传输方式的技术转型提供了现实保障。

4、2008年，随着宁夏图书馆新馆建成并投入使用，宁夏分中心开通了省中心和各市县支中心的VPN专线，通过专线不但实现了宁夏共享工程真正意义上的共建共享网络，而且使数字图书馆充分发挥了作用，还有力促进了基层图书馆业务自动化的进程。

截止2010年底，全区共建立起省级分中心1个，地市级支中心5个，县级支中心19个，乡镇基层服务站192个，2362个行政村信息化服务点，实现了文化信息资源与农村党员干部现代远程教育、广播电视“村村通”、互联网涉农服务、自治区农村综合信息平台–呼叫中心等网络共建共享。

二、主要做法

1、保投入，公共财政主导共享工程顺利发展

“十一五”期间，中央财政为宁夏共享工程投入资金2466万元，地方财政为宁夏共享工程投入资金1261.05万元。其中，文化部、财政部先后安排宁夏共享工程县级支中心专项建设资金1041万元，宁夏乡、村文化共享工程站点专项建设资金1025万元，资源建设资金750万元。宁夏地方财政共提供共享工程设施建设资金641万元，运行维护资金396万元。充分体现了公共财政对公益性文化事业的主导作用。

2、抓培训，运用现代技术支撑共享工程

文化共享工程主要支撑是现代化技术和网络。在

宁夏实现全覆盖后，各市县支中心及乡镇村级基层服务点的设备配置和性能都有了很大提升，实现了光纤村村通，天网、地网交织。这就需要各级管理人员不断提高自己的业务能力和操作技能。为此，宁夏分中心每年都采取集中组织、网络远程、现场个别指导等方式，对共享工程各级工作人员进行操作、运行、服务方面的培训以保证各级服务站点的运行工作。例如：2010年6月，宁夏分中心在泾源县组织举办了“全区县级支中心专业技术人员培训班”，邀请国家中心培训处长刘刚到现场指导，并给学员作了题为“建设文化共享工程，推动基层文化服务”的演讲，还进行了“支中心设备维护及网络安全防火墙的使用与维护”、“运行管理系统基本知识”等内容的讲授每个学员都是一次非常重要的体验，使每个学员都基本掌握了设备及网络安全防火墙的使用与维护、运行管理系统的实际操作，这次培训既提高了们的自身技术能力，也大大提升了支中心的业务工作能力和水平。

3、重内容，资源形成共享工程独自特色

资源建设工作直接影响共享工程的服务效果。宁夏分中心在对资源建设工作进行了系统的规划后，确定了“积极整合资源，重点自建特色资源”的原则，进行了广泛的资源调查与征集工作。在此基础上，主要开展了以下几项工作：

3.1.在确定目标和框架的基础上，宁夏分中心先后与京剧团、话剧团、秦腔剧团、艺术中心、民研所、文化馆等单位联系，在全区文化系统征集到获“五个一”工程奖的《跨越时空的文明》、秦腔《清风明月》、话剧《梅家小院》、京剧《海上生明月》大型文艺演出《盛世回乡》、《走进博物馆》等十多部获奖精品资源，时长2000分钟，容量290GB。

3.2.地方特色资源建设始于2007年，分中心与有资质的单位和个人合作，制作完成一批具有宁夏特色的资源节目。其中与宁夏广电总台合作完成特色节目制作62部，包括系列专题片《印象宁夏》、非物质文化遗产内容的《宁夏花儿》、《擀毡》、《石头上的史诗》以及记录红军长征经过宁夏并建立革命根据地的红色经典系列专题片《红旗漫卷》等，时长1660分钟，容量292GB。

3.3.向各市县支中心征集资源包括《杨氏家庭泥塑艺术》、《泾源回族踏脚》等成品及地方特色素材资源1300分钟，容量120GB。

3.4.宁夏分中心对各类数字资源进行加工整合，储存了适合广大群众特别是农民群众观看的视频节目896部、4719集，时长1700小时左右，容量1.8TB。其中包括国家管理中心下发的《农村实用技术》、《文化助春耕》等资源46部，容量38GB。

3.5.全区各级中心平均每年刻录光盘近10万张，发送到全区各族群众手中。

截止到2012年12月，宁夏分中心共计自建特色视频资源8101多分钟，容量2608.72GB。能够提供为基层群众服务的包括文献、图片、视频、音频等数字资源多达30TB。

4、靠服务，基层群众文化权益得到保障

创新服务模式，切实为民服务，一直是宁夏共享工程工作的重点。来到六盘山下的隆德县，在共享工程隆德县文化城基层服务点，每天能看到的是绘画、刺绣、剪纸、泥塑、砖雕、篆刻、书法等艺术精品，每天能听到的是各种乐器的演奏声和高亢的秦腔调，每天能感受到的是隆德淳朴的风土人情及厚重的文化底蕴。这就是共享工程创新服务模式给地方文化产业带来的勃勃发展生机。文化城的负责人曾经是隆德县支中心共享工程的技术骨干，调到隆德县非物质文化产品责任公司后，积极与共享工程宁夏分中心联系，争取支持。分中心了解情况后，立即根据提出的要求，特别为文化城配备了投影仪和电脑并输送了大量资源，在分中心的配合指导下，利用共享工程平台为艺人和文化爱好者进行了各种技能培训，举办各种培训班10多次，培训人次达1100多人次，大大提升了艺人的文化素养和技能。特别是文化城充分利用“共享工程”提供的网络平台，检索样品、信息、图片、开展网上交易，吸引了银川、兰州、庄浪、静宁、平凉等周边市县擅长剪纸、泥塑、刺绣、麦杆画等机能的100多文化艺人在文化城置业创业。使文化城成为辐射六盘山周边省市县的重要文化创业平台和文化创业基地。这种利用共享工程促进地方文化产业发展的典型案例，值得宁夏分中心认真地探索和总结。

三、解决方案

1、争取自治区政府的支持，使“共享工程”领导小组能发挥其作用，真正形成由政府强力领导，公共图书馆具体实施的公共文化服务管理体制和运行机制。由“共享工程”领导小组协调农村党员干部现代远程教育、广播电视“村村通”、互联网涉农服务、农村综合信息呼叫平台等相关单位，建立起“资源整合，合作共建”的机制。运用现代化的技术对各基层点的设备和服务进行远程维护和监控，在此基础上制定“工作标准”和“考核管理办法”。

2、随着经济的发展，国家对基层文化的投入越来越大，经费紧张的问题已大大缓解。因为没有建立有效的管理体系，财政投入的专项资金存在截留、挪用甚至滥用情况。应与财政厅协调，由文化厅与各市县政府签订共享工程服务目标责任书，省分中心负责考核检查工作和经费到位情况，财政厅按照考核的结果和上年经费到位情况，按照“多服务多发、少服务少发、不服务不发”的原则拨付专项经费。

3、配备专职的文化专干。争取财政支持，按平均每人每月600元标准，聘任有一定计算机知识的人员担任。这样人员基本可以固定，再加强培训，服务质量和服务时间的问题就可基本解决。

（撰文/蒲 涛）

银川市支中心

全国文化信息资源共享工程宁夏银川市支中心成立于2008年底，主要是通过卫星接收器从共享工程国家中心指定的频率接收卫星资源，或者是通过互联网利用宁夏省级中心VPN专线接收共享工程资源，并将接收到的资源分批分类、整理，刻录成光盘，供读者查阅。

我支中心开展共享工程的服务工作主要从两个方面进行，一方面通过银川市、区、街道各层级电子阅览室开展工作，主要是在电子阅览室摆设共享工程资源光盘架，陈列各种共享工程资源光盘供读者利用计算机进行浏览。同时在电子阅览室计算机中装载全国文化信息资源共享工程县级图书馆软件和共享工程网站首页快捷方式供读者及时了解和查阅共享工程资源和信息；另一方面是依托银川市馆的对外图书流通点和共享工程基层服务示范点开展工作。根据各图书流通点的不同情况和需求，配送书刊和共享工程的资源光盘，并为部分基层服务示范点配送了相关设备如电脑、投影仪、投影幕布等，对其人员进行技术培训和指导，使其掌握设备的使用和操作方法。要求其定期向群众播放共享工程的资源，利用就业技能培训方面的资源帮助群众解决生产和工作中出现的问题及帮助群众再就业。

目前，我支中心已挂牌建立包括社区、武警部队、监狱、工业园区等银川市图书馆的共享工程基层服务示范点12个，并为银川市监狱、武警银川市支队三大队七中队、银川市女子监狱三个基层点均无偿配送了电脑、投影仪、投影幕布，为盈南家园社区配送一台计算机，并为以上基层示范点提供软件、硬件设备操作指导和技术支持。我支中心坚持定期每季度根据各基层示范点的不同情况，同时听取各基层点的意见为其挑选适当的共享工程资源刻录成资源光盘，由我支中心工作人员配送至各基层点，同时进行技术支持指导工作。我支中心每季度都将为各基层示范点和银川市图书馆对外图书流通点配送视频资源，竭尽所能搜集到各基层点和流通点所需的指定资源。截止2012年11月底，我支中心共累计赠送DVD、VCD形式的共享工程资源光盘3千余张，总计超过3000G容量。

截止至2012年11月底，我支中心累计从卫星接收器和互联网通道接收资源容量1100G，并将这些资源分类、整理、刻录成DVD、VCD光盘800余张，其中包括百家讲坛，北京科学技术讲座、振兴中华、法律知识、农林渔、手工制作、计算机技术、生活常识、书法等。我支中心购置光盘陈列架与陈列柜，并将部分共享工程资源光盘陈列架放入银川市图书馆电子阅览室，供读者在电子阅览室内进行自主查询和阅览。电子阅览室的每台计算机都安装了全国文化信息资源共享工程县级图书馆客户端，通过直接点击就可以访问服务器中存储的1TB（1024G）各种资源。在电子阅览室内，读者还可以通过互联网的6兆电信宽带和10兆宁夏自治区图书馆vpn高速连接，访问全国文化信息资源共享工程资源和宁夏自治区特有的资源。在电子阅览室内通过互联网和光驱设备可以让读者充分利用到各种载体和形式的全国文化信息资源共享工程资源，真正达到资源最大限度的共享。仅银川市图书馆电子阅览室每年接待上机的读者多达1万多人。

我支中心通过积极参加社区和各机关单位的重大活动并提供视频资源的方式，来加大我支中心的对群众文化生活的影响，同时也扩大我支中心的服务范围。比如：2012年3月1日，由银川市文化广播电视局、银川市残联联合主办、由银川市图书馆、宁夏特殊教育学校联合承办的“共享阳光”爱心助盲志愿服务活动中，我中心制作了40张视障儿童专用音频VCD光盘赠送给宁夏特殊教育学校，让广大视障儿童从声音的世界里认识更宽广的世界；2012年4月25日，银川市支中心参加银川监狱举办的第八届监狱文化节开幕式，向银川监狱赠送法制教育方面的文化共享工程资源光盘32张，共计24GB容量，以配合监狱的法制教育；2012年5月16日，银川市图书馆在金凤区工业集中区社区挂牌建立了文化共享工程基层服务点，并首次为该点赠送文化共享工程资源光盘40张、容量20G，内容包括家庭保健、再就业技能培训、法制教育、亲子教育、心理健康教育等等，进一步丰富社区图书馆的多媒体资源。“书香银川.百姓讲堂”是银川市图书馆2012年打造的品牌活动，我馆邀请区内外知名人士，在我馆影视厅面向市民每月举办两期公益讲座，内容包括文化、艺术、教育、健康等方面。

我支中心还注重对我馆共享工程部人员的培训，每年派工作人员参加国家中心和宁夏省级中心举办的各类共享工程培训班，并坚持在工作闲暇之余自学信息技术知识，以提高共享工程工作服务水平。本年度共计参加由全国共享工程网站举办的网络培训共计7次，28人次，同时每年将我中心平时的工作情况和培训情况以图片和文字形式编辑成《共享工程简报》，及时向自治区分中心上报，2012年共编辑《共享工程简报》12期。2011年10月底我支中心派出工作人员参加机房小站建设知识培训和全国共享工程知识竞赛培训，并参加共享工程知识竞赛宁夏赛区获得宁夏赛区二等奖。

银川市数字化图书馆建设项目在银川市政府和银川市文广局的重视和大力支持下，2012年年初被列入2012年银川市第二批建设项目，目前已完成了所有项目的招投标工作，将于明年全面开始建设。为进一步扩大共享工程终端服务，我市还将新建电子阅览室156个，其中包括126个社区和30个乡镇。借助众多的数字终端，方便更多的市民更快捷地享受到共享工程的服务。

（撰文/银川市支中心）

银川市西夏区支中心

银川市西夏区总人口32万，辖两镇、六个街道办事处，共有17个行政村，48个社区。在“共享工程”宁夏分中心、西夏区党委、西夏区政府及西夏区文化体育旅游局的关怀支持下，西夏区图书馆在2007年7月成立西夏区文化信息资源共享工程支中心，陆续又在西夏区乡镇村及社区内建设了共享工程基层服务点6个及44个公共电子阅览室。多年来，西夏区利用共享工程电子阅览室在辖区内群众文化宣传上开展了大量的活动。如利用技术力量雄厚的条件，在西夏区内开展网络知识培训；举办社区及农民科普知识讲座及戏剧演出培训班；对基层共享工程服务点电子阅览室进行有效的管理和辅导、培训，使其掌握资源更新和运用。由于我馆专业人员授课，使对接的服务点运行顺利，收到较好的效果。受到了各级领导的表彰和社会的广泛赞誉。为此，银川晚报、新消息报对我馆共享工程开展情况都给予报道。具体做法如下：

一、领导重视，成立组织

全国文化信息资源共享工程是一项民心工程，惠民工程。近年来，西夏区党委、政府高度重视资源共享工作，成立了有西夏区区委副书记为组长，区委副区长为副组长的西夏区文化信息资源共享工作领导小组。西夏区图书馆有专职人员负责资源共享工程工作，西夏区17个行政村，48个社区都有专门负责文化信息共享工作的负责人。并为西夏区文化信息共享工程工作正常运行提供必要的经费保障。这些措施有利地推动西夏区文化信息资源共享工作的顺利进行，为全年工作的良好运行打下了坚实的基础。

二、发挥优势，开展活动

在实施共享工程的过程中，不断拓展共享工程的服务内涵和方式，充分利用这一全新的工作载体条件，切实面向“五个走进”（走进农村、走进社区、走进学校、走进企业、走进军营），开创了基层文化工作的新局面。

1、馆内活动丰富多彩

充分发挥公共图书馆的阵地作用，在电子阅览室每周推介优秀图书栏目、名家讲座、生活常识、电影及优秀地方剧目，每月开展一次共享工程利用知识培训，每个星期在社区或村部利用投影仪播放名家讲座及影视剧。利用节假日针对未成年人播放百部爱国主义教育影片，科普类等影片，举办思想道德建设方面的讲座、名著赏析等，引导未成年人多读书，深受广大市民的欢迎。

2、走进农村、走进社区

西夏区正在进行城市化改造，农民、社区居民对待现代科技信息和文化的需要迅速增加。结合这一现状，我馆深入调查，根据农民的需求，下载家禽饲养、苗木、花卉栽培等相关信息达4万多字文字资料，制作1200光盘分发到村民手中。

社区，是共享工程服务对象里一个重要的群体，也是基层文化最大的受众。在社区服务上，我们开展了“优秀影片展播”活动。在西夏区星光、燕宝等16个重点社区内，进行了展播38余场次，共接待观众6000余人。还利用投影仪在定期在离城市较远的社区播放讲座、戏曲和电影。这个活动的开展，成了社区文化中一道亮丽的风景线。在送数字资源到农村进社区的同时，还根据农村和社区的不同需求，大力开展送流动图书到基层活动，在基层建立了12个流动图书服务点，40个农家书屋、社区书屋，为每个流动图书服务点铺垫流动图书300余册，每3个月更新流动一次，使基层图书室保持图书常新状态。全年更新流动图书达到20000余册次。

3、走进学校

为加强未成年人思想道德建设工作，除了在馆内针对未成年人开展的活动以外，还与教育局联合，深入各中小学校开展活动。先后利用图书馆的投影仪到教室播放优秀影片和礼仪知识讲座，帮助西夏区的15所中小学开展爱国主义教育活动。从而利用共享工程开展思想道德建设，切实将加强和改进未成年人思想道德建设工作落到了实处。

4、走进老年人群体

开展为老年群体服务是西夏区文化信息资源共享工程工作的又一重点。我们坚持“贴近生活、贴近实际、贴近群众”的三贴近原则，对辖区内的老年群体开展了特殊资源服务。根据老年人平时生活的诸多习惯特点，上网下载了齐国力主讲的《营养与健康》、《科学保健》、《晚年的幸福生活》等系列视频资料和战争题材的故事片、名著欣赏讲座、中国京剧、秦腔音配像等前往放映，使他们获得了精神的强健与文化的关爱。

三、重视宣传、扩大影响

加入全国文化信息资源共享工程以来，为了扩大共在基层群众中的影响，广泛宣传其作用和意义，使各级领导和群众充分认识到这是一项惠民工程、民心工程，认识到工作的重要性和必要性以及文化信息资源的可用性。我们每月编印“文化信息共享工程简讯”，这样既可增强对共享工程的宣传力度，又收到了立竿见影的效果。

在开展阵地活动中，我馆电子阅览室免费对市民开放，免费播放名家讲座或播放电影，所购买、自制的2000多种光盘全部可免费欣赏，每月以“海报”的形式，张贴每次放映的内容简介。随着宣传力度的逐渐深入，在市民心中的影响也在逐渐加深，对文化信息资源的需要也在逐渐加大，市民开始掌握和利用这块知识宝库。

我们将在今后的工作中更加努力的探索利用共享工程服务的新路子，更好地发挥共享工程的作用，为把共享工程办成惠民工程、民心工程而不懈努力。

（撰文/银川市西夏区支中心）

西夏区217社区内老年人在网上了解国家大事

灵武市支中心

以党的十八大精神为旗帜，树立和落实科学发展观，大胆创新，以多种传播方式为手段，以共建共享为基本途径，全面实施文化共享工程。配套资金按照文化共享工程国家中心要求进行配套，即：中央财政支付54.5万元，地方财政配套13.5万元。

人员：我单位配备专职人员3名，接受过区分中心组织的培训并通过认证考试。

综合业务应用服务器1台、综合管理服务器1台、视频点播服务器1台、磁盘列阵1台、千兆主干交换机、百兆网络交换机、百兆防火墙、网络专用配线架、业务终端计算机40台。

网络时代，信息飞速发展，图书馆电子阅览室可以满足读者对信息多样化、及时化的要求，为读者提供最新的信息资源以及一种快捷、方便的全新的阅览方式。

目前我馆电子阅览室以互联网为背景，主要有以下几个方面的功能：

因特网服务：因特网的开放性、新颖性、互动性和个性化、国际化已深深赢得青少年们的青睐。以光纤方式接入的我馆电子阅览室，能够为读者提供快捷高效的互联网服务，如：浏览新闻、实现网上学习、收发电子邮件、上传下载文件、电子公告、网上娱乐等。我馆电子阅览室配备大量教学.种植.养殖光盘，以充分的宽带和丰富的资源，为广大群众电子学习提供了可靠的保证。

娱乐：每台电脑配备耳机或音响设备，可以为读者在紧张的工作学习之余提供轻松明快、赏心悦目的视听艺术。

自开放以来.电子阅览室每天接待读者百余人次，为了加强管理，提高学习氛围，创造一个好的学习娱乐环境，特别制定了读者上网指导，帮助读者更快、更方便的了解电子阅览室功能。

灵武市图书馆自2008年加入全国文化信息资源共享工程以来，利用共享工程开展了大量的活动，如名家讲座、地方戏曲欣赏、影视欣赏、等光盘刻录；利用技术力量雄厚的条件，开展网络知识培训；对共享工程服务点进行有效的管理、培训，充分掌握资源更新和运用；并进行了共享工程服务器软件升级。

一、打牢基础，稳步发展

全国文化信息资源共享工程是一项政府兴办的文化创新工程、民心工程，是公益性建设项目，有着巨大的社会效益和广阔的发展空间。文化局等各级领导非常重视。

为了使共享工程资源得以完备的呈现给广大市民，我馆定期收到文化部全国文化信息资源建设管理中心配送光盘，目前已收到“共享知识　和谐万家、红色记忆　振奋中华、文化共享助春耕、共享书香　快乐阅读、文化共享工程夏日电影展播”五大种类资源，共计光盘100余张。

为了利用好共享工程的信息资源，促进工作的开展。我们针对自己工作中的技术服务缺点进行有效的培训和学习，使其充分掌握资源更新和运用，并进行了共享工程服务器软件升级；

二、发挥优势，开展活动

在实施共享工程的过程中，不断拓展共享工程的服务内涵和方式，充分利用这一全新的工作载体条件，切实面向“四个走进”（走进广场、走进农村、走进学校、走进企业），开创了基层文化工作的新局面。

1、文化共享活动丰富多彩

充分发挥公共图书馆的阵地作用，我们特意刻录了优秀栏目、名家讲座、生活常识、电影等光盘。走向广场大力宣传，以免费发放光盘的形式，引导未成年人多读书，深受广大市民的欢迎。

2、走进农村、走进社区

社会在高速发展，特别是农民、社区居民对待现代科技信息和文化的需要迅速增加。结合这一现状，我馆深入调查，根据农民、社区居民的需求，下载家禽饲养、苗木、花卉栽培、生活等相关信息达1000余张光盘，并刻录光盘免费发到村民手中。送科技下乡是实施“共享工程”又一具体举措，结合城区的实际情况，我们有选择的提供科技知识，让广大农民不断感受到先进科学和现代文明。

在送数字资源到农村进社区的同时，还根据农村社区需求，大力开展送流动图书到基层活动，在基层建立了73个农村党员远程教育共建站点。

3、走进学校

为加强未成年人思想道德建设工作，我馆特别对未成年人上网做了严格限制，并由专人负责以正确的方式引导未成年人上网，对未成年人怎么上网、怎么把网络知识和学习知识合理应用做了详细的讲解。

三、整合资源、共建共享

在利用共享工程中心网站资源和通过卫星投放的资源的同时，我们注重与省市图书馆的联系与合作，达到共建共享。如省级中心给我们配发了养殖、种植、生活等光盘，并且经常联络各个市县级之中心做到“资源共享、优势互补、互利互惠”的原则开展协作共建。

四、重视宣传、扩大影响

加入全国文化信息资源共享工程以来，为了扩大其在基层群众中的影响，广泛宣传其作用和意义，使各级领导和群众充分认识到这是一项惠民工程、民心工程，认识到工作的重要性和必要性以及文化信息资源的可用性。特别是对农村这一块，我们在赶集的时候以免费咨询、免费发放的方式，对农民提出的问题我们回来查询资料、下载资料帮助解决问题。得到了农民的认可和好评。

在开展阵地活动中，我馆电子阅览室36台微机为共享工程专用机，免费对市民开放、免费讲解如何正确上网随着宣传力度的逐渐深入，在市民心中的影响也在逐渐加深，对文化信息资源的需要也在逐渐加大，电子阅览室逐渐变为他们学习新知识、了解和谐社会的新途径，甚至一些市民朋友家中电脑出来问题也来我们这里找解决问题的办法，我们耐心回答他们提出的问题并帮助其解决问题。

我们将在今后的工作中更加努力的探索利用共享工程服务的新路子，更好地发挥共享工程的作用，为把共享工程办成惠民工程、民心工程而不懈努力。

（撰文/灵武市支中心）

永宁县支中心

永宁县图书馆在自治区分中心和县委、县政府、文化旅游广播电视局等部门的指导支持下，先后投入了60多万元配套设备，建设成立了全国文化信息资源共享工程县级支中心--永宁县支中心，建成中心机房和电子阅览室，为广大读者提供全方位多层次的服务，满足读者学习求知和获取信息知识的需要，同时利用共享工程资源为广大农民群众提供公益性服务。

一、基本情况

1、永宁县共享工程服务支中心于2007年12月设立，2010年6月正式向读者免费开放。2012年新馆建成，电子阅览室搬至新馆，于8月23日向社会读者免费开放。截止目前，运行状况良好。

永宁县支中心设有中心机房和电子阅览室。中心机房面积21平方米，配备有10兆光纤、服务器1台（安装有卫星接收及省图资源接收系统软件）、切换器1台、交换机2台、千兆硬件防火墙1台、UPS不间断电源1台，存储空间达到4T；电子阅览室面积158.72平方米，配备有电脑34台、电子幕布1个、投影仪1台。

2、永宁县文化共享工程支中心现拥有丰富的信息资源，涵盖了科普、农业、法律、文学等诸多领域信息。电子阅览室内设的三十余台电脑可以浏览我县图书馆文化共享的信息资源，也可以为广大读者提供互联网信息浏览与查询服务。读者可以通过因特网访问宁夏图书馆网页、全国图书馆站点及文化信息资源共享工程资源网络，阅览其对公众开放的所有图书、图片信息及音像资料，查阅下载海量学习资料等，充分共享文化信息资源。

二、利民惠众 惠农服务

在实施共享工程的过程中，不断拓展共享工程的服务内涵和方式，充分利用共享工程资源，服务于广大民众。

1、营造绿色上网环境

永宁县支中心的电子阅览室不同于普通的网吧，它设有监控与内容过滤，读者上网访问的内容将通过“绿色上网通道”进行特殊技术处理，对暴力、恐怖游戏、封

建迷信、黄色淫秽等非法不健康网站进行屏蔽，力求在营造绿色上网环境的同时，为广大读者提供所需的学习和娱乐资源，提供文明、健康、安全、便利的公益性上网服务，满足广大读者基本的网络文化需求。家长可以放心让孩子到县图书馆电子阅览室上网学习、查阅资料。

2、共享资源，进企业

领鲜果业、小任果业是我县温棚瓜果种植支柱产业，为了配合他们的增收和县域经济的增长，县支中心利用共享资源，配置并免费为这两个企业送去种植业科技光盘和科技图书等资料。

3、共享资源，惠及民众

为使资源共享工程发挥其有效性和扩大宣传力度，县支中心常年坚持开展送图书、光盘下乡活动，直接服务农民群众。

许旺村村民大多数农户在种植、养殖过程中都遇到的难题：一是关键技术掌握不好，病害防治不得要领，钱花不少，但病害没有根治，因此增加了成本，降低了效益；二是市场把握不准，随大流现象严重，价格、销路不好，使得一些农户发展种植、养殖业的积极性受到影响。县支中心利用全国文化信息共享工程资源，结合许旺村村民种植、养殖，经过反复筛选，支中心刻录了种植、养殖业实用新技术光盘500张、十余种，为许旺村村民免费发放，同时免费发放相关技术书籍，使惠民服务真正落到实处。

4、共享资源，注重培训

文化信息资源共享工程永宁县支中心和永宁县农业技术推广服务中心为了提高设施园艺技术含量，增加农民收入，在永宁县南北全村举办了“设施园艺实用技术培训班”。近百名农民群众走进课堂参加了培训，并领取免费发放的技术光盘及教材。

县支中心还常年为培训单位提供培训设备及场所。在纪念雷锋同志逝世50周年，通过共享工程这个平台，组织图书馆、文化馆工作人员在电子阅览室收看了李有宝同志所做“永做雷锋精神传人”的培训课件。利用共享工程视频资源，多次组织未成年小读者观看爱国主义电影。

5、利用共享资源，打造品牌

国家大力创建公共文化服务体系，县支中心利用共享资源，打造“书香永宁·百姓讲堂”品牌。选题上贴近群众生活实际，关注群众热点难点问题，涉及科技教育、法制教育、生活知识、心理健康、养生保健等多方面内容。多次组织社区居民、在校学生、农民等，聆听名家讲座、学习科技文化知识、看公益教育视频。

三、探索创新，未来发展

我馆工作人员充分利用文化信息共享工程资源，边实践边总结，博采众长、推陈出新，努力创新，力争开拓一条敞开大门办文化、服务大众讲文化、提高品位兴文化的新路子。

在县委、县政府的领导下，文化旅游广播电视局和区"文化信息共享工程分中心"的指导支持下，我县支中心加大"共享工程"宣传力度、加强资源建设、重视各项工作、强化服务意识贴近群众、拓宽服务方式、拓宽服务领域，在加强自身文化学习和业务技能、强化管理制度等方面不断探索创新，以创新促发展，在今后的工作中更加充分的利用共享工程资源，发挥共享工程的作用，做好共享工程便民利民工作。

（撰文/永宁县支中心）

贺兰县支中心

贺兰县图书馆设有文化信息资源共享工程贺兰县支中心、采编室、外借室、期刊室、少儿室、3D体验、电子阅览室、自学室、多功能报告厅书画展厅及书画体验室10个服务窗口，每周开放56小时，2012年县财政预算经费46万元。

新馆阅览设备项目总投资307万元，完成了图书阅览设备、电子办公设备、图书及24小时城市街区自助图书馆的公开采购。我馆在全国县级公共图书馆率先采用超高频智能管理系统和24小时城市街区自助图书馆，真正实现图书24小时自助借还、免费上网、3D动漫体验、成人、少儿共享资源展播、免费培训、免费书画体验、免费举办个人书画展、辅导全县农家书屋开展读书活动、免费电子阅览等功能，将有效改善设备落后、图书陈旧、服务功能差的现状。 建有标准化公共电子阅览室1个，有终端电脑66台，计算机培训教室一个，有终端电脑54台，拥有50M光纤接入和3TB资源存储量。光盘加工能力年均2万张。年平均读者流量9.8万人次，书刊流通28.6万册次，读者以学生、干部、农民为主要服务对象。

一、馆藏资源

截止2012年11月，我馆藏书15.2万余册，其中新旧图书13.2万册，中文期刊1万多册（合订本），中文报纸1万多册（合订本）。共享工程数字资源累计达到3TB，其中自购资源1TB，光盘资源（存档）800多张。每年订阅中文期刊348种，中文报纸38种。

二、读者服务工作

近年来，我馆因地制宜，组织开展了形式多样的读者服务活动，每年开展的图书宣传周及全民读书月活动，为读者提供信息服务；每年的图书及共享资源下乡活动，为广大农民群众提供信息服务。定期举办读者联谊会、座谈会、春节灯谜游艺会。2005至2012年，我馆连续8年独家承办的元宵节"腾飞贺兰"迎春灯谜竞猜活动，吸引了大批新老读者和城镇居民，参加有奖竞猜的人数达到万人以上。开展科学发展观专题讲座4次，播放本馆购进名家专题讲座6次，开展读者活动达20次以上：专题、资源讲座10次；新书推介、共享资源推介及读者联谊每年2次；图书宣传周、全民读书月活动每年8次（其中县城2次，5个乡镇集市各1次）；每年的图书及共享资源下乡活动6次以上（各乡镇集市）。并积极通过各种媒体进行宣传，扩大了我县图书馆的社会知名度。在社会教育方面，我馆充分利用共享工程设备、资源在我馆电子阅览室与县委组织部、人社局、政府信息中心、老年大学、工商局、民政局、计生局、卫生局、司法局等多家基层单位开展共享工程免费上机及专业软件培训20多期，培训人员达到1000多人次。

2012年，支中心借助创建公共文化服务体系示范区契机，在全县建成乡镇、社区公共电子阅览室10个，每个配置计算机20台，6M宽带；村级农家书屋公共电子阅览室16个，每个配置计算机5台，4M宽带，发放农村实用技术、健康教育、影视娱乐光盘4800张，总投资130万元。

三、荣誉奖项

2007年11月20日，蔡馆长荣获文化部第十四届群星服务奖，2008年5月，贺兰县被国家文化部命名为全国文化信息资源共享工程示范县。2010年4月被自治区文化厅授予图书馆工作先进集体荣誉称号。

四、工作展望

认真学习和贯彻落实党的十八大精神，加大农村党员远程教育、文化共享工程、新农村信息化、农家书屋的整合力度，建立一套切实可行的考核评价机制。实现设施完善、服务良好、覆盖全县的城乡公共文化服务体系，为全面完成十二五期间的文化发展目标作出更大的贡献。

（撰文/贺兰县支中心）

石嘴山市支中心

全国文化信息资源共享工程实施后，我市紧紧抓住这一历史机遇，将共享工程作为推进文化创新、完善公共文化服务体系、提高公益性文化服务水平、促进经济社会协调发展、构建和谐环境的重要抓手，扎扎实实地组织全市共享工程项目的实施。利用共享工程在电子阅览室、城市社区开展了大量的活动，如名家讲座、地方戏曲欣赏、影视欣赏、知识摘登等；利用技术力量条件，开展电脑知识培训，对基层社区服务点进行有效辅导和培训，使其掌熟练运用电脑等自动化办公设备，受到了各级领导的表彰和社会的广泛赞誉。现将我市文化信息资源共享工程建设情况作如下汇报，请领导批评指正。

一、打牢基础，稳步发展

全国文化信息资源共享工程是一项政府兴办的文化创新工程、民心工程，是公益性建设项目，有着巨大的社会效益和广阔的发展空间。为让图书馆把共享工程化信息资源共享工程做好宣传，在电子阅览室，我们把文化共享数字资源的快捷方式放到每一台微机的桌面，读者

可随时点击进入,实现共享工程网站全面向读者开放,让读者点播自己喜爱的信息。利用共享工程的信息资源指导帮助社区,促进了社区工作的开展。在社区活动室播放电影、地方戏剧、科技知识、生活小常识、法律知识等节目,深受群众的喜爱,每次都聚集着众多的居民观看,是社区居民生活中的一大亮点。

二、发挥优势,开展活动

在实施共享工程的过程中,不断拓展共享工程的服务内涵和方式,充分利用这一全新的工作载体,切实面向社会服务。

充分发挥公共图书馆的阵地作用,在电子阅览室推介优秀栏目,如:名家讲座、生活常识、电影及优秀地方剧目。每周在电子阅览室利用投影仪播放名家讲座及影视剧,针对未成年人播放爱国主义教育影片,科普类影片、名著赏析等,引导未成年人多读书,深受学生的欢迎。同时让共享工程走向农民,根据农民的需求,下载家禽饲养、苗木、花卉栽培等相关资源,并刻录成光盘免费分发到农民手中,受到农民的喜爱,积极收集农民反馈的信息,使刻录的资源光盘更贴近他们的生活。

社区,是共享工程服务对象里一个重要的群体,也是"基层文化"最大的受众。在社区服务上,我们开展了"优秀影片展播"活动。在红星社区、工人社区等8个社区,进行了展播200余场次,共接待观众千余人。让共享工程走向社区的失业人员,结合失业人员的特点,我们定期制作刻录羽毛画制作、布鞋制作工艺、仿真宠物制作等上百余种技术光盘,有的下岗职工通过我们免费送来的技术光盘自学成才,重新走向了工作岗位,也有的失业人员学会手艺做起了生意,为和谐社会的建设作出应有的贡献。送科技下乡是实施"共享工程"又一具体举措,结合本地区的实际情况,我们有选择的提供科技知识,让广大农民不断感受到先进的科学知识。

开展为老年群体服务是文化信息资源共享工程工作的又一重点。我们坚持"贴近生活、贴近实际、贴近群众"的三贴近原则,对老年大学等开展了资源服务。我们始终坚持贴近生活这一原则,根据老年人平时生活的诸多习惯特点,下载了保健养生、名著欣赏等讲座前往放映,使他们获得了精神的升华与文化的关爱。

让"文化信息资源共享工程"走进学校。我们除了在馆内针对未成年人开展的活动以外,还与市教育局联合,深入各中小学校开展活动,为学生开辟"第二课堂"。开展爱国主义教育活动等,切实将加强和改进未成年人思想道德建设工作落到了实处。我们在多媒体教室开辟了"考生课堂",为考生播放临考备考各类视频和文字资料,并在图书馆门前挂上"高考心理访谈视频讲座"的横幅,免费接待考生学习,查阅资料,视频资料考生随到随看、免费下载。每年儿童节前夕,我们将投影仪和电脑带到小学为学生们播放视频讲座。为成人和学生提供各类视频展播共计132场,接待各类观众超过8000人次,活动深受广大群众及学生的欢迎。

三、重视宣传、扩大影响

为了扩大"共享工程"在基层群众中的影响,广泛宣传工程的作用和意义,使各级领导和群众充分认识到这是一项惠民工程、民心工程,在开展阵地活动中,我馆电子阅览室的电脑为共享工程专用机,免费对读者开放。随着宣传力度的逐渐深入,在市民心中的影响也在逐渐加深,对文化信息资源的需要也在逐渐加大,市民开始掌握和利用这块知识宝库。

四、工作打算

1、进一步加强对文化信息资源共享工程及城市信息化建设工作重要性的认识,力争政府部门将实施文化信息资源共享工程纳入当地经济与社会发展的总盘子和城市信息化建设总体规划之中,力争从人力上给予保证,资金上予以支持,从而促进共享工程健康发展。

2、积极争取上级有关部门协助协调、加强与"农村党员干部现代远程教育"、"农村中小学现代远程教育工程"、和"新农村建设"等重点工程的合作,建成以市支中心为基础平台和枢纽,乡镇、村基层服务点为重点的文化信息资源共享网络框架。

3、努力调查、挖掘、整理和制作富有地方特色的文化信息资源,充实数据库。

4、认真抓好支中心和乡镇、村基层服务点工作人员队伍建设。加强技术培训和指导,建立比较完善的文化信息资源共享工程的人才培训体系。

5、充分利用共享工程市级支中心平台,为广大读者,特别是农村读者提供优秀的文化信息资源,提高网络信息服务水平和利用率。

6、加强与上级业务部门、市直各部门的沟通与协调,使共享工程服务更具针对性、时效性。同时,不断总结经验,改进创新治理体制和运行机制,使"共享工程" 真正成为文化创新工程。

7、力争近年创建市图书馆网站和市文化信息资源共享网站。

五、工作展望

我市文化信息资源共享工程中在各方面工作人员的不懈努力下已初见成效,但目前的运行状况距离上级领导的要求和人民群众的需要还有很大差距,希望上级领导和业务部门能够在资金、技术等方面给予大力支持。相信在不久的将来,我市文化信息资源共享工程一定会以一个全新的面貌展现在群众面前,一定会成为老百姓满意的文化信息工程,成为促进和谐社会的有力支撑。

我们将在今后的工作中更加努力的探索共享工程服务的新路子,更好地发挥共享工程的服务作用,为把共享工程办成惠民工程、民心工程而不懈努力。

(撰文/石嘴山市支中心)

石嘴山市惠农区支中心

文化信息资源共享工程是国家“十五”期间实施公共文化服务体系建设的一项重要内容，建设的主要目的是利用现代科技信息手段，将中华民族几千年来积淀的各种类型的文化信息资源精华以及贴近大众生活的现代社会文化信息资源，进行数字化加工处理与整合，通过中华文化信息中心和网络中心数据交换实现从上到下的文化信息资源网络传输系统，实现优秀文化信息在全国范围内的共建共享。

一、基本情况

2007-2011年，我区积极争取文化信息资源共享工程建设项目，先后完成了文化信息资源共享惠农支中心以及6个乡镇信息文化站、1个社区文化中心、5个村级文化信息资源服务点的建设任务.2012年惠农区文化体育活动中心作为区委、政府为民办实事的一项重点工程，总投资1.4亿元，建筑面积18900平方米，正式投入使用。

该中心内设文化馆、图书馆、体育馆等综合性活动区域。惠农区文化信息资源共享支中心也由文化馆旧址搬迁至文体中心电子阅览室。在前期支中心配置设备基础上，文体中心又增加一批电脑，现已达到100台电脑设备。惠农区文化信息资源共享支中心从设备争取，安装调试投入运行以来，开展了以下工作：1、利用网络平台为群众阅读、查阅各类信息提供方便快捷的服务；2、利用寒暑假免费向中小学生开放，使其成为绿色的网络空间；3、利用网络信息资源，下载刻录影像资料，无偿提供给基层；4、利用网络设备建成电子图书基地、法治文化基地等5、利用网络设备进行专题培训。

二、工作目标

1、在事业单位体制机制改革的同时，通过招考、招聘等方式解决电子信息阅览室专业岗位工作人员2名，发挥专业人员、信息资源共享设备服务基层、服务群众的作用；2、举办3期文化信息资源共享培训班，培养一批业务素质高的文化信息管理员；3、将文化信息资源共享与社区、村党员远程教育结合起来，利用现有的资源解决覆盖率低、覆盖面窄的问题；4、积极争取城市社区文化中心、社区文化室、村级文化室建设项目；5、制定管理考核办法，完善公共文化资源服务机制，扩宽服务内容。

（撰文/石嘴山市惠农区支中心）

平罗县支中心

一、基本情况

平罗县支中心成立于2008年9月，设立在平罗县图书馆，总投资68万元（区财政支持资金54.5万元，县财政支持资金13.5万元）；2008年10月支中心做出“乡镇社区、基层服务站、村服务点信息资源共享工程”建设项目远景规划，规划提出共享工程对全县乡镇、村、社区进行全覆盖（项目需要总投资559万元，中央补助资金384万元，乡镇、村、社区自筹175万元，具体为乡镇、社区各补助3万元，自筹1万元，行政村服务点补助2万元，自筹1万元）；2009年5月全县建成13个乡镇共享工程服务站，并在每个乡镇配备了4台业务终端计算机，一台投影仪及一幅投影幕布，一台播放器，一台打印机，一套功放音箱设备；2012年5月支中心搬入新馆后，在原有设备的基础上，新增了2台服务器和77台客户机组成了支中心全新的多媒体电子阅览室；至此县信息资源共享工程主干网络基本形成。县共享工程主干网络的形成，为全县群众利用科学知识创业致富搭建了便捷的平台，但由于运行经费得不到保障，还大大不能满足全县人民日益增长的文化需求。

二、工程开展情况

1、制度建设。逐级签订《文化信息资源共享工程工作责任书》和《设备管理使用责任书》，使工作人员的责任意识和管护水平明显提高，做到了边学、边用、边整改、边建设。实现了工作的经常化、正常化、和制度化。

2、人员培训。“共享工程”是一项科学技术含量较高的实用性工程，这就要求我们从事此项工程的服务人员应具备一定的文化知识水平和电脑操作及专业技能，为此，我馆一方面组织全馆人员学习电脑基础知识，一方面选派有一定电脑操作技能的人员到自治区分中心学习“共享工程”的专业知识。同时，对全县13个乡镇服务站、点操作人员和管理人员进行集中培训，不断提高基层工作者的管护意识和操作水平。

3、活动开展。按照“资源共享、优势互补、惠及群众”的原则，推进基层服务站建设，无偿提供信息资源，将平罗县编创的大型眉户剧《笑看夕阳红》、国家非物质文化遗产传承人杨达吾德的泥哇呜、王洪喜的农民画等具有地方特色的视频资料，分发到全县乡村信息资源共享工程服务站、点，使广大群众就近欣赏了精品文艺节目。充分利用文化信息工程的资源，开展各类活动。几年来，利用支中心电子阅览室，开展读者服务活动，共接待读者4万人次，开展了“文化共享助春耕”、“红色记忆、振奋中国”、“共享知识和谐万家”、“夏日周末电影展”等大型主题活动。

文化共享工程是一项功在当代、利在千秋的民心工程，是一项具有长远战略意义的工程。支中心与县委组织部、就业局等部门密切联系，利用各村冬季党员轮训、农民技能培训等机会，开展以讲党课、提素质为主题的送信息下乡进村活动。指导各村播放党建理论、红色经典影片、致富新技术等电教片；以群众喜闻乐见的方式将文化信息资源共享工程落实到基层，把群众最需要的信息送到家中。并在每年“图书宣传周”、“文化、卫生、科技”三下乡期间制作“致富路”、刻录种养殖信息光盘大力宣传共享工程，让共享工程走进千家万户。

加快文化共享工程建设，是培养新型农民、推进社会主义新农村建设的重要途径。平罗县图书馆借助“信息入户”工程，培训农户上网查询种养殖技术、发布信息、网上购销、收发邮件、外出务工等农业实用新技术，用网络共享资源开展新型农民信息化培训、农民工技能培训等280场次，培训农民3万人次。通过信息资源共享平台，让农民学会了科学种植、养殖的先进技术，提高了农产品质量，拓宽了

销售渠道，实现了农产品优质优价。为了广大群众充分利用信息资源共享平台，为城关镇合作村配备了价值2万3千元的电脑及桌椅，利用信息资源共享这个平台，帮助农民实现持续增收致富。目前，平罗县蔬菜、清真牛羊肉、枸杞等50余种农副产品实现了网上销售，年销售收入达6689万余元，进一步扩大了全县农产品销售规模，拓宽了农产品销售渠道，推动了农业产业化发展。

三、工作展望

今后，我们将不断加强对文化信息资源共享工程建设的领导，以构建全县最大的公众性信息服务平台为目标，逐步实现网上信息的采集、发布和查询工作，充分发挥该工程的资源和网络优势，积极探索长效机制，不断提高工作水平，更好的服务于广大群众，努力使我县文化信息资源共享工程工作再上新台阶。

（撰文/平罗县支中心）

吴忠市支中心

一、网点建设和人员培训

2004年我馆成为宁夏文化信息资源共享工程吴忠支中心后，在省级分中心—自治区图书馆的具体指导下，坚持“共享工程重在服务”的指导思想和“共享工程进社区、进农村、进学校、进部队、进单位、上街头”的服务方式，紧密结合图书馆延伸服务工作，积极争取地方领导的大力支持，配套建设了信息资源数字化相应的技术平台，抽调了专门人员成立了共享工程服务部，并根据本地特点，确立了以建立农民文化大院为基层服务网点，网点布局合理，“成熟一个、建立一个、见效一个”的原则的基础上，在已建成的图书流通网络中选择和扶持先富起来有辐射带动作用的有识之士，投资文化事业，率先成立文化大院。如高闸镇中心户关尚德将前几年靠养殖、长途贩运等积累资金30多万元，全部投资兴建了占地1.7亩四合院式的文化体育活动场所，我馆则免费为其配送了电脑、电视、VCD、图书、桌椅等，协助建立了共享工程培训室、放映室、科技资料室、娱乐室等，为周边农民朋友免费开放，并对各文化大院的管理人员进行实用操作技术、专业知识、管理经验的培训，先后有134人次接受了培训，培训有计划、有记录、有档案。在服务农村、农民、农业生产的同时，我们还将共享工程的触角延伸至弱势群体和特殊群体，先后在自治区劳教所、吴忠市公安局拘留所、吴忠市戒毒康复中心、市残联设立了服务点，保障公民平等地享有公共文化权益。

二、活动开展，惠民服务

为让更多的农民群众知晓文化信息资源共享工程是什么、干什么、怎么干的，我们通过典型带路的方式，分别在各文化大院举行了隆重揭牌仪式，发放了大量的共享工程宣传材料，揭牌当天，各文化大院主人纷纷自费举办农民自娱自乐活动。马莲渠乡廖桥村“杜海文化大院”请来了当地有名的秦腔班子，东塔乡新接堡村“兴国文化大院”举办了第一届村级“农家乐”文娱活动，高闸尚德文化大院大院举办了农民运动会，各大院还同时播放了共享工程资源光盘，有老电影、戏曲、农业科技信息等，吸引了众多人员，农民朋友的参与热情是我们始终未及的。为此，中国文化报、宁夏电视台、吴忠电视台、宁夏日报、吴忠日报都做了相关报道。

三、基层服务点的管理

在管理上既要管“内”，即支中心的内部管理，及时整理汇总各类信息，分门别类下发，确保各类设备，特别是共享受工程服务区设备的良好运转，同时又要管“外”，即村基层服务点——各文化大院的管理。为了切实加强对文化大院的管理，我们一是与各大院主要人签订了包括设备安全、服务场所、服务内容、服务目标、信息反馈等方面内容的协议，并力争每年度给予一定的物质奖励。二是各文化大院建立活动档案。保证活动有档案，咨询有记录。三是帮助各大院建立图书光盘借阅卡、信息需求卡、服务反馈卡。四是工作人员不定期上门服务，每年到各大院不少于20次；及时整理有关政策、技术信息、致富信息、文化娱乐等共享资源，为大院的服务做好后勤保障。自2004年支中心成立至今，我们依靠天网接收数字资源，经过整理，刻成光盘保存，现存光盘3000余盘。

由于以上措施得力、工作扎实，很多农民从开始观望成为直接参与者。目前各大院已经成为农闲时当地农民必去的文化科技娱乐场所，尤其是马莲渠乡杜海文化大院和东塔乡兴国文化大院，这两个大院每到周六傍晚，只要他们家的高音喇叭一响，村民们就会不约而同的来到大院，看电视、看科技光盘、唱歌、跳舞、交流农副产品的市场价格，这项活动已成为这两个大院的村民不可缺少的业余文化活动。参加活动的人员中年龄最大的65岁，最小的只有6岁。

2009年兴国文化大院还举办了首届自办的农民春节联欢晚会，庆“七一”红承演唱会，吸引了周边十里八乡的村民前来参与，大家的积极性十分高涨。新建的开元社区坚持不懈的组织“激情广场大家唱，激情广场大家跳”活动，不仅农民朋友参与，城里退休的大伯大审、爷爷奶奶也乐此不疲，当地群众反映：“我们现在是想看什么就看什么，内容可口，心里可乐”，真是让大家过足了“文化瘾”，这些站点文化活动的开展，使农民群众的文化生活悄然发生了变化，原来喝酒、打麻将、打架斗殴、搬弄是非的事少了，学科学、学文化，邻居团结，夫妻和睦的事多了。

四、息资源使用

通过使用新知识、新技术及共享工程成为培育新型农民的“重要课堂”。随着时代的进步，广大农民的生活需要和文化追求也发生了巨大变化。“奔小康不但要富口袋，还要富脑袋”，我们共享工程支中心采取了“送、教、树、带”等措施。“送”即送宣传资料，“教”即耐心教电脑知识，着力提高群众上网水平，“树”即树立致富典型并大力宣传，“带”即让学得好、用得好、有效益的群众带领更多的人参与学习，使用新知识、新技术，结合产业发展。

廖桥村村民左汉林由于家庭困难，初中毕业后回家务农，没有学历和专业技术，到外地闯荡几年，一直没有找到一个稳定的工作。2008年初，从杜海文化大院定期播放的科技光盘中受到启发，开始饲养雏鸡。2008年4月份，他家养的鸡感染了病毒，找畜牧站兽医治疗，疫情未得到控制，于是在我支中心人员的协助下，根据疫情症状，他迅速在共享工程网上查找到病因，按网上提供的配方用药后，疫情很快得到控制，尝到了共享工程资源信息甜头的左汉林，只要有空，就到大院来上网学习，不仅学到了知识，致了富，还赢得了村民的尊重。带动了周边的养鸡专业户，大家上网学习的积极性空前高涨，管理人员杜海喜滋滋的说：“咱们村的小型养殖场防病防疫的知识都是在这儿学的，这一年多到我这大院阅览上网的群众、学生有8000多人次，真正解决了农民学习新知识、新技术的问题。”

为引导更多的农民朋友学习新知识、新技术，引导更多的村民群众自觉上网学习，我们经常把共享工程的新信息翻印出来，同时刻成光盘，有针对性地送到各文化大院，广大农民可以在大院里查资料，观看视频学习科技知识，交流生产经验。在金积镇马家桥村靠科普书籍和资料视频富起来的王海江由衷地赞道：“我种了5亩西瓜，通过共享工程，很快掌握了种西瓜的技术和销路，产量比以前提高了4000多斤，收入增加了2000多元，这共享工程中有‘黄金’，真是咱农民致富的好帮手”。

五、工作展望

如今，被农民服务誉为看得懂、用得上、见效快的文化共享工程，在吴忠图书馆支中心的努力下，已落地生根，开花结果，并与中小学远程教育、农村党员远程教育、农家书屋工程，实现了硬件共享，文化知识共享，管理人员共享，真正成为群众“文化粮仓”的重要载体。

（撰文／吴忠市支中心）

吴忠市红寺堡区支中心

一、基本情况

2008年，我区支中心完成设施安装，电子阅览室投入使用，对读者开放。文化信息共享工程开辟了一条不受地域、时空限制的崭新文化传播渠道，让我区基层人民早日享受到科学性、技术性、实用性为一体的优质资源。虽然“共享工程”的实施改变了我区文化建设的现状，但是我区没有图书馆，仅有共享工程电子阅览室还无法满足我区广大群众日益增长文化需求，且经费紧张致使阅览室无法全面开放。

2011年红寺堡区支中心对基层管理员进行培训

二、网点建设

我区现有基层文化站3个，农家书屋60家乡镇社区5家。现有文化共享工程服务基层点4个。

三、工作展望

积极争取中央配置资金的加大，提升其资金拉动能力。随着文化共享工程的不断推进，需要大批懂技术、会管理、具有开拓创新意识的骨干从事工程建设与服务，为下一步工作的开展奠定了坚实的基础。

（撰文／吴忠市红寺堡区支中心）

青铜峡市支中心

青铜峡市位于宁夏平原中部，总面积2525平方公里，人口27万人；多年来，青铜峡市委、政府重视文化工作，把繁荣文化发展、提升文明素养作为战略重点来抓，财政每年投入千万元用于文化设施建设。青铜峡市图书馆于1981年建成并投入使用，现有馆藏书刊26万册。

一、基本情况

青铜峡市支中心于2006年成立，2008年由国家投资68万元，配备82台电脑和相关设备，建成图书馆电子阅览室，现有专职位人员4名，该室设施先进、资源丰富，成为广大青少年读者网上吸取知识绿色阵地。支中心建成以图书馆为中心，辐射各镇文化中心、村级、社区三级网络服务模式，取得了显著的社会效益。

自2008年成立文化信息资源共享支中心以来，开展了许多方便读者的新措施，包括预约上门、电话续借服务；网上信息资源导引服务、读者咨询服务等。聘请专业人员对网络空间进行净化，为青少年读者提供了一个健康、绿色的网络学习空间。为他们提供的科普知识网、中国儿童资源网、宁夏图书馆网等，以丰富的内容，最新的信息，良好的服务实现文化信息资源成倍扩容，呈现出了“百姓家中

'点菜'忙、书碟长腿送营养"的工作局面。

青铜峡市支中心充分利用农村、社区基层网点，展示共享工程资源。在邵岗镇邵南村、沙湖村，陈袁滩镇袁滩村等农村基层服务网点，将文化信息资源共享工程县级支中心局域网站、宁夏图书馆网站、宁夏农村综合信息网站、国家图书馆网站、共享工程官方网站放到每一台电脑桌面，在基层服务网点上网的读者只要点击桌面图标即可随时进入，快捷方便地点播自己喜爱和需要的信息，形成了市、镇、村三级电子阅览网络，使广大读者充分享受到文化信息的资源。又通过与农村党员干部现代远程教育合作共建，文化共享工程资源已覆盖全市所有镇、村、社区。

二、活动开展，服务情况

为了使越来越多的群众享受到文化共享工程的服务，支中心通过农村信息工程平台，将优秀的文化信息资源源源不断的传送到基层群众手中，支中心的工作人员深入到各镇的田间地头，根据农民的需求，组织开展了形式各异，贴近农民生产需要的活动，精心挑选并复制农业种植、养殖技术光盘送到他们的手中。

在峡口镇西滩村召集奶牛养殖大户为他们播放了奶牛养殖科教片；在叶盛镇蒋滩村多次播放家庭使用沼气技术科教片，解决了当地农民使用沼气技术力量薄，聘请专家难的问题；当得知邵岗镇沙湖村的温棚葡萄屡次遭受病虫害的侵扰时，支中心工作人员多次深入田间地头免费送去各种防治科技资料，为该村的温棚葡萄规模种植奠定了坚实的技术基础，目前已成为我市最大的优质酿酒葡萄生产基地。邵岗镇邵南村养殖大户王维斌家里饲养了3000余头猪，支中心人员得知急需要规模化养殖方面的书籍，免费送去生猪的养殖技术等视频资料，解决其燃眉之急，当年经济收入20余万元。

六年以来，青铜峡市支中心在全市各镇长期放映科技电影点30处，累计播放科教电影270场，播放科普讲座50场，累计服务群众达9000余人次，刻录各类科技光盘11000余张，免费发放给种植、养殖和设施农业户。在邵岗镇沙湖村、峡口镇草台子村养殖园区甚至出现了农民朋友争抢光盘的火爆场面。

该支中心到农村送数字资源的同时，还根据社区、企业、机关、部队、学校等单位的需求，大力开展送图书到基层活动，现已落实到部队、政协等图书流动网点18个，每季度更换图书300册，每个图书网点可以互借，流动图书达31000余册，在东街社区和怡园社区开辟了少儿图书室，免费提供图书2000多册，丰富了社区儿童的课外生活。

免费提供电子阅览室为广大市民提供行业培训

为了加快弱势群体读者的发展，延伸读者服务内容，该中心由最初的30户弱势群体读者现发展到现在的300余户，并建立个人信息和服务档案，每天根据这个登记簿反馈的信息，免费上门为读者提供图书、送光盘服务。共为弱势读者送图书13000余册，光盘2000余张。

同时还在全市的5家敬老院、老年公寓开展资源服务，积极采取光盘下载、移动存储等方式，充分利用丰富共享工程资源，积极开展视频放映服务活动，使文化共享工程资源直接进院，让老年人的业余生活更加丰富，共播放各类视频490余场，接待观众7600余人次。

青铜峡市支中心坚持用主流文化引导和教育未成年人，把共享工程电子阅览室打造成传播祖国优秀文化的绿色通道，是支中心的主要任务。

几年来，该中心已加工整合出56部主旋律电影、73场名家讲坛视频资料、40余种专题专栏、农业技术78项、京剧精品9场，2000余首中华诗词等8个栏目内容，实现了共享工程对外服务。

同时开通了少年科普知识网、中国儿童资源网、闪亮童网、全国文化信息资源共享工程网等网为广大读者提供信息检索服务，成立红色专柜，展示红色报刊、图书800册。每年走进校园免费为青少读者播放红色经典影片360部。

三、宣传推广，培训工作

为了充分利用资源，普遍宣传文化共享工程，全面开展服务。全区文化共享工程县级中心培训班在该中心举行，支中心人员每年参加区上分中心集中培训。几年来，青铜峡市支中心组织全市各镇、村文化共享基层点服务培训120次，培训人员达680人次。各镇基层服务点开展农村党员"菜单式"培训工作，通过举办企业文化讲座、农技培训班、行业协会培训、计算机培训等形式，不仅给培训提供了先进的文化信息资源，而图文并茂、生动活泼、贴近实际的培训方式，让参加培训的农村党员干部听得懂、看得清、记得牢，真正达到了传播先进文化、转变致富理念、普及科学文化知识的目的。截至2012年11月为止，全市基层共享工程服务点举办培训班300余期，培训人数达35000多人次，各村视频文献播放达962次。通过培训，进一步提高了农村党员干部的科学文化素质和带头致富、带领群众共同致富的能力。

四、管理和队伍建设

支中心为了确保"共享工程"发挥应有的作用，首先从制度建设入手，借鉴外地与本区的经验，制定了工作人员守则、设备管理与使用、节目播放预告等一系列工作制度，对基层服务点规范管理。支中心统一印制"共享工程"活动 记录本，发放到各基层服务点，记录基层服务点活动情况，掌握、了解基层活动情况和群众需求。定期对工作人员进行业务培训，使支中心工作人员和基层工作人员的文化素质得到了提高，从而在技术上保证了"共享工程"工作在该市的健康发展。

五、荣誉奖项

2009年9月，参加宁夏文化共享工程知识与技能比赛获得一等奖；2011年3月，参加宁夏文化共享工程与技能比赛获得三等奖；2012年12月支中心被文化部全国公共文化发展中心命名为全国文化信息资源共享工程·公

文化共享走进农村进行宣传活动

共电子阅览室示范点；先后被《中国文化报》、《宁夏日报》、宁夏电视台、《吴忠日报》多家媒体宣传报道。

六、工作展望

长风破浪会有时，直挂云帆济沧海。青铜峡市图书馆将以深入学习贯彻落实"十八大"精神为契机，积极规划科学发展的前景和蓝图，进一步发挥图书馆文化信息资源优势，支中心将抓住机遇、明确目标，不断完善以基层服务为重点，以多种传播形式为手段，以共建共享为基本途径的文化共享工程建设，推动社会主义文化大发展大繁荣，做出新的更大的贡献。

（撰文/青铜峡市支中心）

盐池县支中心

盐池县辖区总面积8661.3平方公里，是宁夏版图面积最大的县，占全区总面积的16.7%。全县辖4乡4镇、98个村民委员会、总人口16.7万人，是"中国滩羊之乡"和"中国甘草之乡"，是山区县，也是宁夏唯一的革命老区县，1936年6月西征红军右路军78师解放了盐池县城，建立了宁夏第一个县级红色政权，是宁夏解放最早的一个县。

一、工作情况

2006年，盐池县被文化部定为文化共享工程首批试点县，国家投入55万元，县财政配套10万元，文化旅游局筹措2.5万元运行经费，开展文化信息资源共享工程。建立了县级分中心、8个乡镇基层服务点和10个村级服务点。其中县级分中心设备配置达55万元，8个乡镇卫星接收及投影设备10余万元。2007年9月，信息资源共享设备全部到位，县级分中心、乡镇基层服务点开始设施安装和调试。11月份设备开始运行，在运行期间，我们与广播电视局联系及时进行了卫星转星；县级支中心和乡镇基层服务点设备正常运行，资源传输、接受良好。

资源共享工程实施以来，我们学习借鉴贺兰经验，将盐实际需要的文化信息资源筛选复制，并利用乡镇集市贸易发放于农民群众。县公共电子阅览室有33台电脑，每天开放时间不少于6小时，坚持免费开放，为广大读者提供便捷的网上资料查阅。8个乡镇公共电子阅览室服务时间不少于每周40个小时，坚持免费开放，及时为老百姓提供信息服务。

为加强村级服务点共建共享，我们采取整合基层党员教育、中小学远程教育网络和农村信息网连结，借助现有设备，使98个行政村建立了村级服务点，为农民提供信息资源播放、查询服务等，是运行最好的一级。我县支中心还根据国家中心及区级分中心的安排，组织各村的兼职人员做好培训工作，使他们及时掌握操作技术，能够按要求传输信息资源，并为老百姓提供必需的服务。2007年，全县文化信息资源共享工程实现村村覆盖。村级服务点就近高效、快捷为在家老百姓提供服务，上网查询、问答咨询提供方便。为了跟进新农村建设步伐，为农民发家致富提供知识资源和智力支持，我们每年利用乡村集市贸易日，抽调专门人员开展"送图书信息资源赶集活动"，采取印发宣传材料，制作展板、光盘刻录、现场播放等形式宣传信息资源共享工程。以推广利用"共享工程"为切入点，以文化服务进农家服务为方向，积极主动开展工作，每年都组织抽调有关人员，将适合盐池县农业生产和养殖业和信息资源送到老百姓手中，并且与有关部门协作，共同搞好信息资源搜集工作。

二、做法

通过文化信息资源共享工程的开展，切实为老百姓发家致富起到了积极的作用，也为图书馆开辟了新的服务方向，我们的具体做法是：

1、注重宣传，广泛营造声势，使城乡群众充分认识到"共享工程"的意义；2、积极努力，协调各方面做好信息资源共享工程工作，并为农民提供信息服务；3、整合资源，会同县委组织部、教育体育局，县信息中心充分利用现有设备，加强信息资源工程村级服务点建设；4、主动上门服务，就近为农民提供服务，对农民需求的科技知识，尽可能在最短的时间内予以提供；5、健全制度，规范运行，保证资源的传输和运用。

三、体会

1、资源共享工程的实施，为图书馆开展新的服务道路，不但充实了图书馆的各类文化资源，而且通过图书馆把优秀文化资源提供给老百姓，收到了较好的效果。

2、改变了图书馆的服务方式，变被动为主动，同时为图书馆创造了条件，借助"共享工程"我们成立了公共电子阅览室，为广大读者提供便捷的网上服务，受到社会各界的一致好评。

3、依托农村信息化工程，拉近了老百姓与干部的关系，数字化服务进农家为老百姓提供了丰富的文化大餐，干部深入农户搞宣传搞活动既方便又省事，普遍受到了欢迎。

4、让老百姓了解到最新的知识和掌握实用技术，通过老百姓自我宣传，推广和应用的路子越来越宽。

总之，文化资源共享工程是一项重要的公共文化基础工程。抓好文化资源共享工程的实施，推动工程建设是时代赋予我们的光荣使命，让我们迎难而上、认真做好此项工程，为建设和谐、文明新盐池做出应有的贡献。

（撰文/盐池县支中心）

同心县支中心

一、基本情况

2008年底，我县支中心完成设施安装，电子阅览室投入使用，对读者开放。建成几年来接待读者4500次，免费为农村群众刻录实用光盘600多张。虽然“共享工程”的实施将会改变我县文化建设的现状，但是，图书馆没有任何收入来源，支中心开通运营的经费如电费却无力支付。目前，我县“文化共享工程”面临着许多困难和问题，还有相当数量的文化站有站无舍或设施简陋，这种状况尤为突出。

二、网点建设

我县现有基层文化站171个，农家书屋171家，城镇社区5家。现有文化共享工程服务基层点11个。

三、经费投入

我县地处南部山区，属于边穷地区，由于经济基础相对薄弱的制约，基层文化设施建设投人还有待改善。由于经济因素制约，目前很难达到基层站点水平。

四、工作展望

积极争取中央配置资金的加大，提升其资金拉动能力；先期面向社会招聘既能胜任“共享工程”工作又能胜任未来“数字图书馆”工作的专业技术人才和高层次管理人才……

（撰文/同心县支中心）

固原市原州区支中心

一、基本情况

全国文化信息资源共享工程是文化部、财政部于2002年开始在全国推动实施的大型文化建设项目。此项工程是利用先进科技手段传播、建设先进文化的大型公益性文化网络工程，旨在整合全国文化信息资源，通过互联网、卫星宽带等将数字化文化信息传输到群众身边，实现优秀文化信息资源在全国范围内的共建共享，整体提高文化资源的利用率，满足广大人民群众日益增长的文化需求。原州区支中心设立在原州区图书馆，位于固原市原州区人民街120号，城市中心，周边有各单位、社区、市场、休闲广场等，属人员密集区。中心配备负责领导1名，专业管理人员6名。

2005年全国文化信息资源共享工程接收站在我馆初步建立，固原市财政局投资5万元配置电脑8台，协助我馆建成青少年电子阅览室，并对外开放；2006年宋庆龄基金会捐赠3万元，购置电脑8台，增加了青少年电子阅览室设备；2007年在原州区图书馆设立了“全国文化信息资源共享工程”服务支中心；2008年6月，由国家财政部和文化部投资54.5万元，原州区财政配套资金13.5万元，对我中心进行了改扩建，建成了目前的电子阅览室，并投入使用。为了落实国务委员陈至立同志要求在宁夏回族自治区成立50年大庆前实现文化共享工程在宁夏的全覆盖，我们及时建立了原州区十一个乡镇基层“共享工程”服务站点，给每个站点尽快发放了全国“共享工程”部配备的4台电脑、投影仪及有关设备；2010年8月，利用文化发展传媒基金购置增添电脑15台用于电子阅览室。

二、主要工作

1、加强人员培训，提高业务能力。为了使设备尽快投入使用，达到物尽其能人尽其才，为广大原州区乃至固原市的居民提供方便、快捷、安全、高质量的文化服务，我馆针对专业管理人员业务不熟悉、对设备操作不熟练的实际，配合共享工程自治区分中心举办的各类培训、讲座，积极选配人员多次参加分别于银川、青铜峡、泾源等地举办的培训学习、知识竞赛等。立足强化专业素质、探索新时期搞好文化工作新途径，提高公共文化服务质量，积极实施“走出去、引进来”的培训方法，主动跟兄弟单位同行进行走访交流，共同探讨，相互学习。我馆还在当地聘请软件管理人员为我们的编外软件工程师，定期对管理人员进行培训，对设备进行维护。根据基层服务站点线长面广、工作头绪多、不易集中的实际，我们实行上门培训和选送培训资料及个别指导相结合的方式对他们进行培训。

2、充分发挥资源优势，积极为新农村建设服务。文化信息资源共享工程是国家的一项文化创新工程、民心工程，有着巨大的社会效益和广阔的发展空间。我支中心成立以来，根据自身实际，开展了一系列文化科技服务活动，已初见成效，这些服务的开展是紧紧围绕经济发展、农民致富、丰富群众文化生活来进行的。我们利用共享工程平台和文化共享工程部下发的各种资料，大量走访农民群众特别是近年来新建的新农村和移民点，征求他们的文化需求，因地置宜，先后自筹资金24000多元，制作了VCD、DVD光盘3500多张，宣传资料5000多份，内容涉及农业技术、医疗保健、现代美食、知识讲座、经典电影、相声小品、农业灾害知识及预防等，配合农家书屋和流动图书室，有的配发给农家书室供流动使用，有的直接送到农民手中，让广大农民不断感受到先进科学和现代文明，实现科技致富。头营镇马园村苗正副是村里是有名的温棚种植大户，他告诉我们，看了《西红柿病害防治》科技光盘后，很快掌握了技术要领，降低了农药成本。以前一栋温棚仅农药一项支出700多元，现在只需150多元，买农药不再听别人胡乱推荐，更重要的是懂得了如何降低蔬菜的农药残留，生产出合格的无公害蔬菜。

3、实施文化下乡，丰富群众文化生活，提高人民群众的思想道德素质和科学文化水平。人民群众的物质生活殷实后开始追求更高层次的精神享受。每年“三下乡”之前，我们都及早研究，充分准备，为各地群众提供喜闻乐见、健康向上的文化服务。同时我们积极和原州区文化馆联系，实施“文化联动服务”，在他们指导下，共同探讨开展文化服务形式，共同排练文化服务内容，把文化服务经常化、制度化。扩大文化服务的广度和深度，使先进文化走进农村、走进社区，走进学校，走进军营，深入广大人民群众心中。在丰富群众文化生活的同时，也

提高他们的文化品味。

4、净化网络环境，提倡文明上网。网络拓宽了人们获取信息量渠道，信息的获取更加方便、快捷。然而，许多青少年上网不是阅读信息，也不是查询学习资源，而是聊天、玩游戏，一些青少年由于受到了来自网络游戏暴力、色情等不良内容影响，以及痴迷网络游戏，走上了犯罪的道路，给家庭和社会带来了无法弥补的创伤。因此，我中心加强了电子阅览室管理，为了净化上网环境，保护青少年身心健康，我们对上网计算机安装了管理软件，坚决抵制含有诱发未成年人违法犯罪和恐怖、残忍等内容的游戏软件流入图书馆，指导青少年上网学习，提供信息导航服务，同时还教育青少年自觉维护网络秩序和网络安全，不断提高青少年的法制观念和道德水平；教育青少年不输入有害信息，自觉抵制网络上不健康的有害的信息，为青少年创造了一个健康安全的网络环境。我中心电子阅览室开放以后，来这里的既有在校学生，也有社会上的闲杂人员，既有上网查找资料学习的，也有游戏消遣的。针对未成年人自我控制能力差、容易沉迷于网络游戏这一社会现象，设置了未成年人电子阅览室专区，配置了四台性能较好的电脑，同时，对他们限定上网时间和内容，每人每次只能1小时，只能查资料、学电脑等对学习有帮助的上网行为。管理人员加大巡视力度，坚决杜绝在电脑上播放各种影视资料，保证电脑安全运行。

三、工作展望

充分发挥好共享工程在发展经济、提高人民群众思想道德和科学文化素质等方面的重要作用，努力把共享工程打造成推动发展的“动力工程”、服务人民的“民心工程”，让群众经常受教育，使群众长期得实惠，是我中心长期追求的目标。

（撰文/原州市原州区支中心）

西吉县支中心

一、基本情况

西吉县文化信息资源共享工程支中心成立于2008年4月，设有机房、电子阅览室等，配备电脑45台，专职管理人员6名。

1、领导重视，措施得力

西吉县文化信息资源共享工程支中心的建设，得到了县委、政府的大力支持和高度重视，专门成立了以县长为组长，分管副县长为副组长，相关部门主要领导为成员的文化信息资源共享工程领导小组，制定了《西吉县文化信息资源共享工程支中心建设实施方案》，安排了实施共享工程的具体思路与措施，明确了各部门的职责与任务。在建设初期县委、政府主要领导多次来图书馆现场调研，了解文化信息资源共享工程建设进展情况。

我县地处偏远山区，是国家贫困县，经济落后，财政经费紧缺，西吉县委、政府在县财政十分困难的情况下，拨款13.5万元配套资金，用于文化共享工程西吉支中心主机房、电子阅览室、综合业务加工室的建设。2008年4月，顺利完成了西吉县支中心主控室、综合业务加工室、电子阅览室的装修和设备安装调试，并通过了自治区文化厅和分中心的检查验收。

2、强化措施，规范服务。

西吉支中心建成以后，加强内部管理，开展好业务工作，抓好设备管理维护、人才队伍建设、资源建设、基层站点建设各项工作，确保了文化共享工程工作的正常开展。

2.1.加强队伍建设，抓好日常管理。为确保此项工作的顺利开展，西吉支中心专门调配2名工作人员负责文化共享工程设备管理与维护、资源建设与升级等，定期对设备进行升级维护。西吉支中心还多次组织工作人员参加国家中心举办的网络培训和宁夏分中心举办的文化信息资源共享工程业务培训。在参加业务培训的同时，安排专人参加了宁夏分中心组织的文化信息资源共享工程知识竞赛和全国“公共电子阅览室建设计划”网上百题知识竞赛活动，并取得了二等奖的好成绩。西吉支中心在开展好业务工作同时，对19个乡镇专（兼）职人员进行业务指导和设备维护等内容培训。通过培训学习，工作人员基本掌握了共享工程设备的操作、简单故障排除和日常管理与服务的基本技能。

2.2.加强文化共享工程资源和设备管理。我县文化信息资源共享工程自运行以来，中心机房、电子阅览室各项设备运行正常，未发生任何人为损坏和重大事故。为确保此项工作的顺利开展，我中心克服经费困难，专门为电子阅览室配备耳麦、视频等设施，以满足读者需求。还安排专职人员定期对设备进行保养维护，对软件进行升级，做到了专人负责、专人管理，确保了中心机房、电子阅览室各项设备和软件正常运行。我中心建立了内网网站，开展了文化共享工程“电影欣赏”、“名家讲谈”、“农业技术”、“京剧精品”、“综合知识”、“本地特色资源”等服务项目。

2.3.加强电子阅览室规范化管理。自运行以来，西吉支中心电子阅览室加强读者管理和设备管理，在室内张贴管理制度和读者须知，禁止读者玩大型网络游戏，浏览不健康网站，禁止吸烟、吃零食、大声喧哗等行为，对进入电子阅览室的读者实行实名登记，免费为读者办理阅览卡，读者凭阅览卡进入电子阅览室阅览。还在室内安装了监控设备，对读者进行动态管理，以杜绝有些读者故意破坏电子设备的现象发生。通过加强管理，电子阅览室运行逐步走向规范化，为读者提供了绿色上网空间，满足了读者特别是广大青少年的精神文化需求。截止目前共办理电子阅览卡410个，接待读者约40000人次。

2.4.加强指导基层站点建设。为全面推进文化信息资源共享工程基层服务点的建设，我中心抽调专业技术人员会同主管局为全县19个乡镇基层服务点安装了文化信息资源共享工程设施设备，并对设备进行了现场调试，对管理人员进行了现场培训，确保了乡镇文化信息资源共享工程工作的开展。

二、工作展望

1、加大经费投入。我县文化共享工程支中心已经建成、运行，但乡镇、村级网络建设还没有正式启动。因此，需各相关部门高度重视，从思想上认识到这项工作的长期性、艰巨性、复杂性和重要性，切实把这项工程纳入各乡镇经济社会可持续发展的大局中认真考虑、统筹安排，建议政府把开展文化信息资源共享工程工作所需经费列入财政预算，给予必要的经费保障，确保文化信息资源共享工程工作的正常开展。

2、贴近群众，注重文化共享工程的服务实效。文化共享工程建设的最终目的就是要让广大群众共享优秀文化信息资源，我们将按照资源共享、网络健全、运行有效、惠及农民的原则，进一步提高文化共享工程设备和资源的利用率，努力构建覆盖农村的文化信息素质教育网络。今后，我们将充分利用农闲、集市和文化三下乡活动，向群众宣传实施"共享工程"的重大意义，把工作的出发点和落脚点都放到群众关心的问题上，把群众是否乐意接受，素质是否提高，获取信息是否便捷作为衡量"共享工程"工作是否取得实效的重要标准。开发制作一批具有地方特色的"乡土教材"，逐步将法律咨询、教育文化、劳务输出、医疗卫生、农业生产等各种实用技术，纳入服务范畴，切实把"共享工程"建成农民群众致富信息的"发布点"、农村文化生活和倡导文明乡风的"娱乐点"、提高农村党员干部思想政治素质的"教育点"、农民消费维权的"投诉点"、法律援助的"便民点"和农资销售的"代办点"。

3、培养一支高素质的信息员队伍。信息员队伍的素质高低决定着服务站的运行效果质量，所以要把加强基层站点信息员队伍建设作为新农村信息化建设工作的重点来抓。建议政府对兼职信息管理人员给予工资补贴。在队伍建设上加大资金扶持力度，逐步解决村级管理人员的工资补贴，组织鼓励青年学生服务农村，进村开展信息化工作，以此来建立一支稳定的、较高素质的信息员队伍。加强业务培训，各乡（镇）信息员要由乡（镇）确定，文化、科技、信息中心等部门统一管理，结合自治区"新型农民培训工程"的实施，开展区、市、县、乡四个层次的培训，采取"传、帮、带"的方式，培养一支稳定的乡土信息员队伍。

在今后的工作中，我县支中心将认真学习贯彻党的十八大精神，努力实现文化共享工程建设"十二五"良好开局，坚持以科学发展观为指导，坚持面向基层，面向农村，着力提高数字资源质量，积极推进进村入户，大力实施公共电子阅览室建设计划，加大红色历史文化资源、少数民族语言类资源、未成年人适用资源的建设力度，广泛开展惠民服务，把文化共享工程建设成为资源丰富、技术先进、传播高效、服务便捷、管理规范的公共数字文化传播服务体系，使之成为我县公共文化服务体系建设领域充满生机与活力的新平台，真正实现优秀文化信息资源的共建共享。

（撰文/西吉县支中心）

隆德县支中心

隆德县全县总面积985平方公里，辖3镇、10乡、118个行政村，总人口18万，其中回族人口1.8万，占总人口的10%。先后被授予"中国现代民间绘画画乡"、"全国文化先进县"、"中国书法之乡"等殊荣。

近年来，隆德县在加快经济发展、推进扶贫开发的同时，更加注重社会事业的发展，尤其是文化信息资源共享工程在我县实施以来，把文化信息资源共享工程工作作为加强农村精神文明建设、发展信息化、传播科学文化知识、提高农民素质的重要措施，扎实予以推进，坚持以建立农村综合信息服务体系为重点，以提高农民信息应用能力为着力点，突出信息服务在加快农业结构调整、设施农业和实现农民增收上精心组织、明确责任。

一、基本情况

党和国家社会主义文化建设的新时期、新阶段，组织实施的文化信息资源共享工程是一项完善公共文化服务体系，改善公益性文化服务条件、提供公益文化服务、惠及广大人民群众的弘扬先进文化的基础文化工程。我县文化信息资源共享工程建设自2007年6月启动，2008年9月28日正式投入使用累计投入资金81.5万元，其中国家投资68万元，自筹资金18万元，建设的文化信息资源共享工程——隆德县支中心面积168平方米，其中电子阅览室135平方米，综合业务室18平方米，工程配置电脑40台、打印机1台，服务器1台、刻录光盘机1台、卫星接收系统1套。自工程运行4年多来，接待读者10万多人次。先后建成了13个乡镇、11个村级基层服务点，初步显现出了文化信息资源共享工程在缩小落后地区与发达地区信息交流差距，利用信息资源平台接收强大优势信息，推动经济社会全面发展方面的显著作用。

二、工作情况及基本做法

农家书屋培训现场

1、领导重视、措施有力，确保共享工程圆满完成。在筹备阶段，就得到了自治区文化厅、信息资源共享工程宁夏分中心、县委、政府的高度重视。及时成立了县人民政府常务副县长任组长，县委常委、宣传部长任副组长、财政、乡政府、文广局等相关部门为成员单位的领导小组，负责工程建设具体工作。从政策、资金、人员上都给予了大力的支持和倾斜。根据《全区文化信息资源共享工程市、县级分中心建设实施方案》的要求，积极组织人员深入基层对现有资源、场所、人员、设备进行深入调查，结合隆德县实际，制定下发了《文化信息资源共享工程实施方案》，指导工程建设，通过在县广播电视台播出专题新闻，组织宣传车深入街道、村组巡回宣传,发放宣传资料等多种形式加强宣传,营造良好的舆论氛围。施工阶段，县委、政府主要领导多次亲临现场考察工程进度，并对我们提出的困难问题及时协调解决，对我们实施好共享工程提供了坚实的组织保证。

2、加强部门联动，扎实有序推进工程基础设施建设。信息资源共享工程是一个牵扯面很广的系统工程,我支中心在充分利用文广系统现有文化旅游广播电视优势资源的基础上,积极加强与县职部门的合作,为工程实施和资源整合提供了便利条件，为确保我县文化信息资源共享工程建设项目顺利实施，早日投入使用。在图书馆阅览场所紧张的前提下，调配面积158平方米，自筹资金18万元，与2008年5月底完成了电子阅览室等基础设施的改造、维修、网络线路铺设。设备安装人员从设备安装、调试、运行各个阶段严格按照技术标准和实施顺序进行安装调试，与2008年9月28日正式投入使用，各项技术指标正常，圆满的完成了工程建设基础建设阶段工作任务。

3、完善管理制度，建立工程建设、管理和效益发挥的长效机制。我中心为保证文化信息资源共享工程顺利建设和有效管理，从各阶段对人员都进行了周密细致的分工，并明确每一个人员对应的工作和所要承担的责任，支中心领导经常性的检查督促落实情况，建立健全奖惩机制，充分调动起职工扎实工作争先创优的积极性。

4、加强人员培训，努力提高人员素质。根据文化信息网络资源管理对工作人员知识技能要求高的特点，我中心组织4名大专以上学历的工作人员，积极参加全区“共享工程培训班”，经考试全部合格，取得资格证书，在具体的工作中能够熟练的操作设备，顺利的开展各项业务。加强政治理论学习和事业单位岗位技能培训，提高整治素养和服务意识。针对基层信息员业务技能参差不齐的现状，支中心利用电子阅览室作为培训基地举办培训班，为我县文化信息资源共享工程乡镇、村级联网做好技术、人员储备工作。

5、大力推进共享网络延伸，完善我县区域网络建设。根据文化部对试点县建设的总体要求，我中心制定了《隆德县文化信息资源共享工程2007—2010年建设规则》，按照规划安排，利用现有的农村党员远程教育和农村中、小学远程教育网络，分阶段、分步骤、有计划的推进基层服务点建设。县支中心为基层服务点帮助选拔知识层次高，爱岗敬业的人员，采用集中组织培训和现场示范指导相结合的形式培训操作管理人员，帮助制定管理、操作维护各项规章制度、负责设备的安装、调试。

6、随着新农村建设的快速发展，学习科学文化知识，培养新农民，开阔农民的新视野，拓展农民致富新思路，成为新建设中的重要内容之一。面对基层文化设施陈旧、文化资源匮乏、信息滞后，新思想、新科技的宣传、推广受局限的现状，我们充分认识到了文化共享工程对传播科学知识、先进文化，农民群众脱贫致富，丰富和活跃农村基层文化生活的巨推动作用，我们努力发挥文化共享工程为基层服务的特性，从环境设施到服务内容进行了全方位的建设。2007年10月，县图书馆投资1.2万元，在联财镇联合村建立了文化信息资源共享工程基层服务点。联财镇联合村地处隆德、西吉、静宁三县之间，与甘肃毗邻，该村辖3个村民小组，有475户2035人口。全村有耕地面积5025亩，大部分为川地。中药材种植面积2000亩、小温棚建设1100亩、搭建3400个温棚，主要种植辣椒、西红柿、西瓜。该村有养殖户36户，有10多户养殖大户在村西承包了18亩地，修建了标准化养鸡圈舍35栋，从兰州引进了鸡仔4万多只，到目前为止，鸡仔饲养量已达到十几万只以上，年产鲜蛋约180多吨，年收入200万元左右，养鸡示范区以科学的管理、良好的信誉和卓越的品质，赢得了市场和社会各界的好评。沙塘镇马河村李强开始对共享工程的“不以为然”，到现在的“每场必到”，通过共享工程掌握了蔬菜病虫害防治技术，大大的提高了经济效益；农民王伟由今年4月他利用从共享工程中学到的知识，及时为养殖的120头有患病倾向的生猪注射了蓝耳病疫苗，避免了5多万元的经济损失。文化共享工程为特色产业发展提供了快捷、便利、先

电子阅览室一角

进的信息支持，越来越多的农民群众主动参与进来，初步形成了“一户带四邻，十户带全村”的效果。通过文化共享工程，开辟了一条打破信息闭塞现状，全面提高基层群众信息公益服务的条件，提升了文化信息共享工程为全县经济社会各项事业发展服务的重要作用，深受广大群众的喜爱和欢迎。

7、不断完善配套建设，优化阅览环境，我中心把优化、美化、净化电子阅览环境作为展示政府对基层公益性文化事业重视和支持的窗口工程来抓。在县财政困难、办公经费严重不足的情况下，拨付配套资金18万元，装修电子阅览室并购置阅览设施。支中心着力促进接待阅览服务质量不断提高，要求工作人员接待阅览群众态度热情，解答群众询问耐心认真。操作人员每日开馆前提前完成对微机的桌面、系统净化处理，保证顺畅阅览。对群众在阅览过程中出现障碍随叫随到及时排除，值班人员提前清洁环境卫生，为广大阅览者提供一个清洁、和谐、舒心的阅览环境，以和谐的环境推动阅览量的大幅提高。

8、积极整合现有资源，充分发挥共享工程最大效益。一是对县图书馆原有资源进行整理，对县内资源进行有效整合，实现对本县资源管理、存储及县图书馆资源整合、存储安全，二是积极完成与自治区共享工程分中心的对接联调和资源交换，大量传输优秀数字文化信息资源进入我县，打破我县信息资源落后现状，缩小地域差异和城乡差异。三是结合县委、政府中心工作，加强与县教体、农牧、林业、水利、扶贫、计生等职能部门合作，将接收到的信息资源分成种类养殖技术、农村党建、戏曲曲艺、计生服务、卫生保健、地方文献等门类，重点加强对我县急需的小拱棚蔬菜种植技术、中药材种植技术、养殖技术、外出务工信息的归纳，刻录成光盘，下发到乡镇、村级基层服务点；四是大力开展未成年人教育活动。利用学生暑期时间，加大对未成年人教育力度。五是深入开展送书下乡活动结合“三下乡”活动，组织流动宣传车、发放宣传单、制定宣传专栏；六是广泛开展共享工程建设全民爱书、读书宣传活动、阅读知识竞赛活动；组织开展深入全县十三个乡镇为群众赠送图书、光盘，通过展览、公益讲座，有效的解决了基层群众的阅读需求。

我县的文化共享工程建设仅仅取得了阶段性成果，离国家和省级中心要求还有很大差距。我们将认真总结经验教训，加大工作力度，全面完成共享工程任务。主要：1、继续抓好县支中心建设，完善相关配套设施和后续工作，力争与广电部门的数字电视入户工程相衔接，与农村党员远程电化教育相结合，整合资源，共建共享。2、继续抓好技术培训和业务指导。县支中心将把对基层站点的人员培训和业务指导作为一项重要的工作内容，常抓不懈。3、积极开展服务活动，发挥资源效益。县支中心将组织开展送信息下基层进社区活动，并在馆内放映电影专场，电子阅览室实行全天候对外免费开放。同时将下载的资料送到基层站点，指导乡镇、村基层站点开展活动。4、加强对基层站点设备的管理，定期开展设备运行情况检查。5、努力做好信息收集整理上传工作，积极采集地方文化资源信息，农村科技致富信息上传至省中心。

三、工作展望

今后，我县支中心将进一步加强内部管理，不断修订完善各项管理、规章，更加明确人员职责，更加注重设备器材管理，加强安全防范和软件维护，提高服务质量，努力把文化共享工程用活、用好，积极采用成熟技术，借助数字电视和远程教育服务网络，大力开展公益性服务，尤其加强对农村的扶持力度，将文化共享工程建设成为社会主义新农村的重要抓手，通过多种服务形式使共享工程更加贴近群众，成为社会主义农村建设的有力支撑。

（撰文/隆德县支中心）

泾源县支中心

泾源县全县辖四乡三镇，106个行政村，总人口12.3万人，其中回族人口8.8万人，占72%。总面积1131平方公里。全国文化信息资源共享工程实施后，我县紧紧抓住这一历史机遇，将共享工程作为推进文化创新完善公共文化体系，提高公益性文化水平，促进经济社会协调发展，构建泾源县的重要抓手，扎扎实实地组织全县共享工程项目的实施。

一、基本情况

文化共享工程泾源支中心于2007年7月建成投入使用，总设备投资69万元，其中建成电子阅览室40平方米，综合阅览室和电子阅览室共设座位160个，现向社会全部免费开发，支中心的建成，进一步推动了我县图书馆基础建设，逐步实现了图书馆网络化、数字化、自动化管理，2009年到2012年，分批在我县四乡三镇建成了文化资源共享工程乡级服务站7个，自建村级服务点5个，企业服务点1个。基层站点设备配置均达到了规定标准。

二、主要做法

党委政府推动，在县委政府的积极推动下，我县各级党委、政府对文化共享工程建设高度重视，把文化信息共享工程作为基层公共文化体系建设的重要抓手，县政府和主管局有关领导牵头协调文化与财政等部门就文化共享工程建设进行专题研究，把共享工程作为提升公共文化服务水平，实现广大人民群众基本文化权利，改善城乡基层文化站服务，促进人的全面发展的一项重要工作抓好，抓出成效，经过与财政部门密切配合，解决了文化共享工程初期建设的10万元配套资金，从2011年开始，财政每年按排文化共享工程设备维护经费3万元。

三、资源建设

1、数字资源建设方面，在充分利用国家中心和省中心资源的同时，发挥我馆文献资源优势，进行了泾源特色数据库建设，泾源花儿，回族踏脚，回族赶牛等。

2、接发上级资源，支中心设专职工作人员利用互联网和卫星小站接收国家中心的视频资源和电子文献资源，内容涵盖文化，戏剧，少儿文艺，影视文化，农民整合信息，科谱知识、医疗卫生，为县支中心开展文化资源工作提供了坚实保障。

四、拓展服务功能，服务人民群众

坚持阵地服务，充分利用各种渠道，走共建共享之路，共享工程作为一项开创性工程，需要我们坚持科学发展观，在实践中不断探索，采取灵活多样，切实可行的工作方式，因地利宜，扎实有效地推进共享工程建设服务工作，一是每周给学生们放映优秀故事片2场；二是利用我县逢集日发放图书、光盘、给广大群众带去科技信息，增加农民收入；三是利用广场文化活动悬挂横幅、发传单，服务群众自我宣传；四是利用文化三下乡送图书、光盘、服务农民群众；五是利用国家中心配送和共享工程专网下载的视频、青年科技技术做成光盘进社区，养老院为弱视人群服务。

五、合作共建，优互补

重要是通过合作共建，多途径开展培训，积极推动培训工作纳入当地乡村信息化建设的培训体系，纳入农民党员现代化远程教育工作培训内容，积极开展与县组织部、宣传部、县电视台合作。

六、加强组织管理和队伍建设

"共享工程建设面广"工作量大，任务十分繁重，要确保共享工程的顺利实施，必须加强领导，建立健全组织机构，狠抓各项管理，按照国家中心和分中心要求建立了由馆长、班子其他成员的"共享工程"泾源县支中心组织机构下设办公室，具体负责技术保障，资源建设和辅导服务工作，为加强支中心的管理，制定了《共享工程电子阅览室管理制度》、《共享工程图节目预告制度》、《支中心工作人员岗位职责》等整套内部管理制度，使支中心步入规范化、制度化的发展轨道。

七、工作展望

根据我县实际情况

1、建立本馆文化信息资源平台，并要有自己的主页服务和数据服务器。

2、建立和提供我馆的特色数据库资源平台，我馆将建立地方资料全文数据库，馆藏书目数据库。

3、整合和提供我县特色文化信息资源平台，如回乡风情，旅游景点等。

（撰文/泾源县支中心）

文化共享工程支中心进企业

中卫市支中心

中卫市辖沙坡头区和中宁、海原两县，共40个乡镇446个行政村、32个社区居委会，总面积1.7万平方公里，常住人口109.29万。有汉、回、满、蒙古等21个民族。

一、基本情况

文化信息资源共享工程启动于2003年，由国家文化部、财政部组织实施，中卫市人民政府于2008年2月印发了《中卫市文化信息资源共享工程建设实施方案》（卫政发[2008]20号），并成立了由政府副市长王永斌任组长、市直相关部门及两县分管县长为成员的领导小组，负责全市文化共享工程建设工作的组织领导和统筹协调工作。到2008年，总投资109万元的"文化共享工程"中卫市支中心，在国家文化部、自治区文化厅、自治区分中心、中卫市文化共享工程领导小组的大力支持和关怀下建成开通。

文化共享工程中卫市支中心的开通，突破了我市图书馆的传统服务模式，开辟了为广大群众服务的新领域，为市图书馆增添了一项全新的服务内容。从此，中卫市支中心利用现代化的设施，丰富的信息资源，通过集中收视、上机浏览、信息查询等方式，开展了形式多样的服务活动。同时，还通过送光盘、科技资料进社区、进企业、进农村上门服务，让广大基层群众方便快捷地享受到"文化共享工程"优秀的文化信息资源，极大地丰富了基层群众的精神文化生活，切实解决了部分群众生产生活中的问题，真正让群众得到了实惠。

二、服务基层

近年来，随着市场经济体制的不断完善，农业产业结构的调整，广大人民群众对科学文化的需求显得尤为迫切。面对全市基层文化设施陈旧、投入不足、资源匮乏，广播电视覆盖面小，信息传送滞后，新思想、新科技的宣传、推广受到限制，市委、政府深感责任重大，自治区启动共享工程后，我们深刻认识到信息资源共享工程对传播科技知识、先进文化，引导农民群众脱贫致富，丰富活跃农村基层文化生活的巨大作用，决定以共享工程建设为契机，把传播先进文化、转变致富理念、普及科学文化知识作为共享工程建设的落脚点来抓。

1、加大投入，加快基础设施建设。先后筹资53.5万元，在文化共享工程宁夏分中心专家的指导下，于2008年3月建成了80平方米的电子阅览室，制定了《中卫市文化共享工程建设实施方案》，为文化共享工程建设奠定了基础；

2、加强乡镇、村级文化阵地建设，搭建信息沟通平台。建立完善乡镇文化站、基层服务点管理制度，在各乡镇、村级确定1名专职文化干事、信息员，收集反馈信息资料，做好基层服务网点工作。做到了人员、阵地、牌子、设备、制度五落实；

3、构建遍布全市的基层服务网络，改善基层文化工作设施陈旧落后的现状。由市图书馆向各服务点提供图书、期刊等资料，满足群众精神文化生活需要。在各乡镇选择人员相对集中、种养殖前景较好的行政村，进行农

组织读者观看卫星小站节目

业科技宣传，现场培训，帮助农民脱贫致富。2008年以来，中卫市支中心利用自身的信息优势与市科技局、市农牧局、市科协等合作制作技术资料和刻录的光盘，先后深入滨河、文昌、东园、镇罗、宣和、迎水、柔远、永康、香山等镇宣讲农业科普知识，结合当地实际，指导农民科学种养植业。农民群众高兴地说："文化信息资源共享工程真是好，我们致富离不了"。有了农民群众的广泛支持，文化资源共享工程在我市扎实有效推广。

三、服务乡村

因交通条件所限，乡下群众不便到市区享受优质的网络资源服务，为了把新思想、新科技用一种直观、易懂的形式送到农民身边。市委、政府组织文化、农牧、卫生等部门深入基层，进行"三下乡"活动。中卫市支中心利用共享工程网络资源内容新颖、实用性强、信息量大、数据传输快捷方便的优势，认真搜集整理、下载适合当地群众的政策法规、农业科技、文化体育、防疫保健、科普等信息知识，刻录成VCD光盘或宣传资料，通过县、乡、村三级文化服务网络传输信息，扩大宣传面，使群众快学技术，早得实惠。

1、利用"三下乡"、宣传周、农村集市、节假日，在各乡镇集中向农民赠送、或以成本价向群众发放共享工程光盘和实用技术资料，现场接受咨询，解决实际问题；

2、针对种养殖业户在种养过程中遇到的实际问题，对症下药，免费赠送给种养植户科技资料，使农业科技推广更具针对性和时效性；

3、在各乡镇举办农村实用技术培训班，为农民播放农村实用科技及生活小常识方面的科技信息180场（次），培训农民20000余人。市级支中心成立以来，通过各种途径共刻录发放《温棚蔬菜、瓜果、药材种植技术》、《肉牛、肉羊养殖技术》等112种科教实用技术光盘12000余张，宣传资料13000余份发放给农民群众。

4、结合地方特色，搜集整理具有地方代表性的文化资源，制作本市文化信息资源461GB，包括地方戏曲、泥塑、砖雕、民间剪纸、回民婚礼、民间社火等地方特色的光盘。

共享工程的实施，改变了乡村信息闭塞的状况，不少村民普遍反映，通过"信息共享工程"，他们的眼界更宽了，信息更灵了，增收致富的本领更强了。

四、工作展望

我市文化信息资源共享工程通过不懈努力，虽已初见成效，但目前的运行状况与上级部门的要求和人民群众的需要还有很大差距。在坚持公益性免费为群众服务上，在适应新形势的发展扩大基层服务面，提高服务质量等方面还面临许多困难和问题，我们有信心有决心以改革创新的气魄和求真务实的精神，攻坚克难，乘势而上。立足高起点，着眼高标准，埋头苦干，求真务实，力求把工作做得更细更实，相信在不久的将来，文化信息资源共享工程一定会以一个崭新的面貌展现在群众面前，成为真正的惠民工程，成为社会主义新农村建设的有力支撑。

（撰文/中卫市支中心）

中宁县支中心

中宁县文化共享支中心成立于2008年，为了保证工作的顺利开展，开通了装机40台的电子阅览室，建成了文化共享基层信息点112个，实现了文化信息资源的共享共建。2009年4月在自治区文化厅和中宁县委、政府的大力支持下，中宁县图书馆按照国家二级馆标准和自动化、数字化、信息化的要求建设了新馆，并与2010年11月正式投入使用。馆内设有采编室、综合借阅室、报刊借阅室、少儿借阅室、电子阅览室、多功能报告厅、多媒体教室、地方文献室、资料室、自学室、特藏书库、文化共享工程支中心等十二个功能室和服务窗口，每周开放56个小时，重新建成了装机70台的电子阅览室，开通了VPN专网，将网速提升到30M供读者免费上网，并为支中心增配了服务器3台，有缘音箱1套，刻录机1台，数码照相机与打印机等，增添了4.5个TB的资源存贮器。按标准建设了文化信息资源共享工程基层服务点，充分发挥文化信息资源共享重要作用，为宣传党的方针政策开辟了新渠道，为丰富农民群众业余生活、弘扬文明新风开辟了新的阵地。

一、工作运行情况

我县图书馆利用共享工程支中心丰富资源和电子阅览室的网络优势，开展了全方位的优质服务，对基层共享工程服务点进行了有效的管理和辅导、培训，取得了一些成绩。

1、多措并举，积极服务。

1.1.加强队伍建设，抓好日常管理。县支中心专门调配有一定计算机技能的2名馆员，组成"共享工程服务工作组"，专门负责全县文化共享工程资源整理与配送，对乡村专（兼）职人员进行培训、业务指导和设备维护维修。工作上争取科技局、电信局的支持，共同深入乡村网点现场解决问题，并特邀设备中标单位的专家到馆对全县从业人员进行业务培训，举办各类培训班多期。同时，制定了乡村网点管理制度和工作人员岗位职责，明确了乡村网点专（兼）职人员选择、调配、变动须由所在乡镇政府提出用人申请，经县科技局、文广局审查批准，所配人员须经培训考试合格后方可上岗。制定了工作通报制度，要求乡村网点按要求定期定时向群众开放，定期向县支

中心报告工作情况和所需资源的具体内容，增强了县支中心资源组织与配送的针对性和有效性，通过规范管理，促进了工程设备的充分利用。

1.2.将文化共享工程与文化阵地建设有机结合。如：利用全县在各乡镇建立为民服务中心的机会，在各服务中心建立共享工程基层信息点11个，各站点通过多方争取基本都建有10台以上的培训室（电脑阅览室）；抓住全县新建7个乡镇综合文化站的机遇，为各乡镇文化站信息点配套了文化共享工程设备，各基层站点大部分能利用设备组织开展党员远程教育活动、农民实用技术培训，利用集市播放群众喜闻乐见的文艺影片等活动，增强了信息站点的综合服务功能。

1.3.把文化共享工程与帮助农民致富结合起来。支中心利用馆藏资源和文化信息共享资源及时收集、整理、刻录视频资源，尤其是反映中宁经济社会、文化生活、杞乡特色等方面的视频资源，免费发放到基层信息点、农家书屋、文化大院、社区、企业、农民工的手中，同时要求乡村网点按要求定期定时向群众开放，定期向县支中心报告工作情况和所需资源的具体内容，增强了县支中心资源组织与配送的针对性和有效性。一年来，支中心利用馆藏资源和文化信息共享资源共编发信息4300余条，刻录视频资源5000余张，其中内容涉及农业适用技术、病虫害防治、医疗卫生知识等，引导农民致富，特别是具有中宁地方特色的春节联欢晚会、红枸杞原创音乐会、话剧《中宁谈判》、电影《杞乡》等深受群众欢迎。通过不断地拓宽服务渠道，我县图书馆现已成为一个多功能的图书馆，它的信息传播、社会教育和文化娱乐等功能不仅得到充分发挥，而且功能越来越多，创造的社会效益和经济效益也越来越高。

1.4.把文化共享工程与普及设备使用技术结合起来。依托文化共享工程、互联网资源延伸图书馆服务工作，与各有关单位联合开展以计算机网络服务和传输为主的培训工作。支中心与有关单位合作举办了公文安全传输培训、防火安全知识培训、农家书屋管理员培训、共享工程信息员培训等多期，共培训人员1500余人次。在借鉴学习各地成功经验的基础上，我们着力加快建设县支中心，努力推进以县图书馆为龙头，以各乡镇、社区图书站（室）、各村信息点为骨干的三级文化信息共享网络。在图书馆安装了卫星接收设备并保障开通了VPN专网，具备了天网、互联网、图书馆专线三条渠道接收和下传“全国文化信息资源”的能力，并把装机70台的电子阅览室作为“共享工程”的服务平台，收集教育网校、网站地址放在电脑桌面，为各类读者提供更便捷的服务，并利用网络资源和投影设备在本馆多媒体教室和下基层免费放映“共享工程”所传送的电影。目前，配合县科技局在全县共建成农业综合信息站点160个，其中：村级信息点91个，乡镇信息站11个，其它科技示范点、示范户、商户信息点60个，基本实现了文化共享工程在全县范围内的全覆盖，基本实现了社会教育、客户培训、信息搜集、文献检索、文化娱乐、艺术鉴赏等诸多方面的资源共享的良好工作局面，极大地丰富了全县人民群众的精神文化生活。

1.5.利用共享资源抓好干部职工业务培训工作。每周对我馆在职职工进行业务及计算机技术培训，使其掌握图书分类、借阅管理等各方面的工作。

1.6.利用共享资源积极推进数字化服务工作。利用区图书馆、国家图书馆数字资源，积极做好我馆新购图书的录入及馆藏图书的回溯建库，实现图书采编、流通、检索自动化管理，我馆已实行一卡通借阅服务。

2、积极开展延伸服务。

2.1.开展共建图书流动服务点活动。主动同中宁消防中队结成“双拥”共建协作单位，建立图书流动点，每季度为他们更换图书200册；积极帮助指导天元锰业集团建立职工书屋，并赠送图书2000册，视频资源200张，书柜8个等文化设备。

2.2.加强未成年人的思想道德教育，认真开展“学雷锋树新风，争做文明少年”主题征文活动和“弘扬雷锋精神”演讲比赛活动。通过征文、演讲比赛活动激发青少年助人为乐、乐于奉献、积极进取的热情，促进良好学习、读书风气的形成。

2.3.深入开展全民阅读活动，大力营造全民阅读的氛围。充分利用3月份的“世界读书日”和“学习雷锋精神”宣传日、5月份的“图书馆服务宣传周”等活动，大张旗鼓地开展全民阅读及读书交流活动。在图书馆网站发布“全民阅读倡议书”，倡议全县读者“每天阅读一小时”，鼓励提倡广大干部群众每天抽出一小时的时间，阅读健康有益的书籍，在全县营造人人爱读书、家家飘书香的良好氛围；在电子阅览室举办了庆“六一”优秀影片展播和每周搞一次网上讲座或培训等生动活泼的影视教育活动；深入各乡镇、社区、街道认真开展送图书、共享资源“下乡、进社区”宣传活动，展示阅读图书4000余册，刊物400余种，散发图书馆小报宣传材料10000多份，赠送图书及刊物1000余册、光盘2000余张，直接为广大农民开展读者咨询服务活动，传授文化科技知识，收到了良好的社会效果。

2.4.举办了以“读书改变生活，智慧点亮人生”为主题的高考状元学习交流会，到会的许多学生和家长都深有感触的说这样的交流座谈会受益匪浅，并将学习交流会刻录成光盘500余张散发给来馆读者和部分学生手中。

2.5.充分发挥社会教育的职能，举办公益讲座，开展创新服务。我支中心工作人员深入学校对小学生进行演讲技能的培训，从语气表达、肢体语言、演讲技巧等环节进行了重点辅导；举办了以敬老爱老孝老为主题的相关活动，如中老年健康知识讲座、送电影进敬老院、组织中小学生读者到敬老院开展孝老爱亲等活动，支中心工作人员将电脑、投影搬到敬老院，为老人播放以老电影及老年人健康保健访谈为内容的视频。

3、大力宣传推广。

我们不断加大宣传力度，采取媒体报道，利用集会、节假日举办培训、知识讲座等多种形式的机会宣传共享工程，让广大群众了解共享工程，能够利用共享工程，离不开共享工程，让各级领导和群众能够切实看到共享工程实实在在的成效。随着宣传力度的逐渐深入，在我县农村和城市居民心中的影响也在逐渐加深，对文化信息资源的需要也在逐渐加大，群众开始掌握和利用这块知识宝库。

二、今后工作思路

1、要加强指导培训。对基层站点各类数字资源如：流媒体资源、投影仪、电脑、电子期刊、电子图书、业务自动化等进行系统地维护使用培训。

2、要加强共享共建。图书馆除了做好日常为读者服务之外，也同时加强和各部门、单位、学校、企业、基层信息站点的联系合作，充分利用图书馆现有资源为社会服务为基层服务。

3、要大力宣传推广。争取在阳光政务网站、红枸杞网站设置共享工程连接，在县电视台、富康广场大屏幕上插播文化共享节目，让群众每天都能欣赏到不同的电影、地方戏剧、科技知识、生活小常识、法律知识等内容的文化节目。

4、要全面做好文化信息共享工程方方面面的工作，通过支中心网络为乡镇、社区、农户提供各种信息服务，完善共享工程三级全覆盖网络，加快各乡镇文化共享分中心和基层服务网点的建设进度，促其尽快发挥作用。

5、强化支中心对基层服务网点的建设指导职能，探索建立共享工程基层服务网点与农家书屋捆绑建设的管理机制，争取实现基层服务网点到村100%全覆盖。

（撰文/中宁县支中心）

海原县支中心

海原县已建成文化信息资源共享工程县级支中心1个，现有工作人员4名（其中设主任1名，管理人员3名），内设有机房、电子阅览室、资源共享培训室等。其中，机房面积20平方米，设计装修完全符合国家相关标准，拥有各类交换机2台，百兆防火墙1个，充分保证网络安全。拥有联想、惠普电脑81台，有配置齐全的投影机、投影幕及4路VGA输入切换设备，配有有源音箱，形象直观地把文化资源信息通过投影的形式表现出来；资源共享培训室面积84平方米，配备有桌椅40套，网络接口、投影设备、音响等一应俱全，乡镇文化信息资源共享工程基层服务点17个，村级文化信息资源共享工程基层服务点8个，辖区内25个基层网点设备配置均达到了规定标准，并聘请专业人员对基层服务点人员进行了培训，将积极争取2015年前实现文化信息资源共享工程乡、村、社区全覆盖，尽快让全县老百姓享受到丰富的网络信息资源带来的生活乐趣，实现文化信息资源的真正共享。

海原县支中心成立以来，每年投入10万元用于文化资源共享工程建设（注：电费、维护费、培训费、更换损坏设备费等）。以上经费主要来源于图书馆免费开放补助资金，基本上满足了日常管理需求。

数字资源建设方面，在充分利用国家中心和区分中心资源的同时，发挥图书馆文献资源优势，投入大量人力物力进行专题数据库和地方特色数据库的建设。

海原县支中心为了保证各基层服务点正常开展服务，充分发挥文化共享工程文化惠民的功能，县支中心聘请技术人员，深入实地，专门辅导讲座，切实解决基层管理人员技术差，技术力量薄弱等情况，开展相关设备维护，排除故障，现场技术培训等活动，指导基层工作人员利用网络进行资源下载更新。同时，积极协调上级业务部门的技术支持，多次邀请区中心专业技术人员莅临我支中心检查指导业务工作，对存在的技术问题进行现场教学，实地解决，极大的提升了支中心工作人员的业务技能。县支中心充分利用海原回族文化资源与区分中心进行合作共建，协助完成了“建党九十周年红歌演唱”活动及“海原回族花儿”的采集摄制工作，为提升边远山区的民族文化发展起到了推进剂的作用。

为了让广大读者了解文化共享工程暨电子阅览室的作用，规范管理，提升服务质量，海原县支中心暨电子阅览室制订了一系列的管理运行制度，从室内布局装修，宣传标语、管理制度、工作日志、未成年人上机卡、未成年人上网家长合同书印制，这些细微工作做起，严把青少年上网时间，加强管理技术人员岗位职责、职业道德教育，保证了海原支中心暨电子阅览室建设的规范性。

海原县支中心充分利用自身资源、空间优势，举办各类专业技术培训。

为加强共享工程技术队伍建设，促进海原县支中心共享工程工作的顺利开展，支中心高度重视专业技术人员的培养，积极参加区分中心组织的各类专业技术培训，并且筹措资金，解决基层管理人员技术落后，管理滞后的问题，组织各（乡）镇文化共享工程相关人员在县支中心进行培训，邀请技术人员授课。通过理论学习和上机实践，让每个信息管理员达到“操作规范，程序熟练，运用自如，随点即现，且能处理常见小故障”的要求，造就一支有知识、有文化、懂技术、会操作、能运用的信息共享工程队伍，使信息资源共享工程基层建设工作进入规范化管理的轨道。

海原县支中心始终坚持文化共享工程服务的公益性、普惠性、均等化原则，决心在县文化部门的直接领导下，在国家中心、区分中心的指导帮助下，求真务实，创新创优，结合目前图书馆实施的免费服务，强化管理技术人员业务培训和技术升级，增加投入，努力打造一支高素质的专业技术人才队伍；不断加强对支中心使用设备的更新升级工作；进一步延生对未成年人、进城务工人员等群体的服务，不断创新服务方式，提高服务水平，为更好地服务广大人民群众而努力；确保“共享工程”取得成效，在新农村建设、构建和谐文化、培育社会新风和建立社会主义核心价值体系、文化强国等方面发挥积极作用。

（撰文/海原县支中心）

全国文化信息资源共享工程——

新疆维吾尔族自治区分中心

新疆维吾尔自治区位于亚欧大陆中部，地处中国西北边陲，总面积166.49万平方公里，占全国陆地总面积的六分之一，周边与俄罗斯、哈萨克斯坦、吉尔吉斯斯坦、塔吉克斯坦、巴基斯坦、蒙古、印度、阿富汗等8个国家接壤；陆地边境线长达5600多公里，占全国陆地边境线的四分之一，是中国面积最大、陆地边境线最长、毗邻国家最多的省区。新疆现有14个地、州、市，其中包括5个自治州、7个地区、2个地级市；94个县（市），其中包括32个边境县（市）、6个民族自治县。这是一个多民族聚居的地区，共有47个民族成份，其中世居民族有维吾尔、汉、哈萨克、回、柯尔克孜、蒙古、塔吉克、锡伯、满、乌孜别克、俄罗斯、塔塔尔等13个。

文化信息资源共享工程自2003年在新疆启动以来，在各级领导的精心指导和大力支持下，有效推进、稳定发展，大力弘扬了中华民族的优秀文化，更为新疆各族人民的文化生活增添了色彩。

一、整体情况

2003年，在自治区党委、自治区人民政府的正确领导下，在国家管理中心和自治区文化厅、自治区文化信息资源共享工程领导小组的安排部署下，文化信息资源共享工程在新疆正式启动，新疆维吾尔自治区分中心也依托于自治区图书馆开始开展工作。

经过10年的建设，目前分中心在软硬件平台建设、资源建设、存储空间、应用推广服务和运营维护、基层队伍培训等方面的工作已取得阶段性成果。2008年以来相继建成了自治区控制监控中心、集中式VPN通讯管理平台、集中式服务器监测控制平台、资源发布站群平台（包括中心站和94个子站）、业务集群管理平台、网络防病毒平台、办公自动化、120TB存储容量、网络阅览室等，2011年，将文化共享工程、公共电子阅览建设和数字图书馆推广工程结合起来共同建设，购置了公共电子阅览室管理平台等相关的软件，已完成了汉、维、哈文版平台和资源传输平台的研发，完成了在分中心的安装、运行检测和完善修改，2013年将配合公共文化处对全疆14个地（州、市）、94个县（市、区）支中心公共电子阅览室进行安装部署。另外，分中心还完善了服务器、存储等硬件设备，为更好地向各支中心和广大读者及老百姓提供多元化的数字资源服务特将宽带接入由10M扩容到了100M。

二、网点建设

按照《新疆维吾尔自治区文化信息资源共享工程2007–2010年建设规划》的要求，2007–2010年已完成94个县(市)级支中心的建设。实现自治区文化信息资源共享工程的县级支中心全覆盖。按照国家对乡镇文化共享工程的建设要求，严格按照项目批复和建设管理办法，保证了文化共享工程乡镇基层服务点设施和设备建设。各文化站配备了投影仪、音响设备、数码相机、办公桌椅、电脑、打印机等设备。站内设有图书阅览室、文化活动室、综合培训室等基本设施功能空间。从而推动我区文化共享工程工作全面稳步的发展。

截止目前，新疆已建成各级分中心和基层服务站点10652个，包括1个省级分中心、94个市、县（市）级支中心以及817个乡镇文化站、9741个村级基层服务点（其中依托中小学站点1102个），已初步搭建起分中心和县（市）级支中心、乡村（社区）基层服务点相结合的自治区文化共享工程网络框架和服务平台，为文化共享工程的全面展开奠定了基础。

三、经费投入

启动过10年，国家和自治区已累计为新疆文化信息资源共享工程投入资金达1.5亿元。

自治区分中心自建立以来，国家和自治区财政先后拨专款2千多万元用于分中心的各项建设，“十一五”时期，自治区财政每年为分中心的建设投入资金179万元，进入“十二五”，在自治区党委、自治区人民政府的高度重视下，每年的运行经费增加到了360万元。这些资金的相继投入，有力的保障了分中心软硬件平台的建设和服务工作的正常开展。

四、资源建设

文化共享工程的核心是数字资源建设，根据新疆特殊的地域文化和多民族语言文字特点，加强少数民族语言文字的资源建设是新疆文化共享工程的重点。所以自2008年起，在新疆民族特色资源建设的基础上，少数民族语言译制成为新疆的数字资源建设重点。目前我们已建成《新疆农牧区实用资源库》、《新农村社会主义精神文明建设资源库》、《新疆少数民族爱国主义题材影视资源库》、《新疆少数民族表演艺术资源库》、《新疆非物质文化遗产资源库》、《新疆少数民族少儿“双语”基础教育资源库》、《新疆风光资源库》等七个资源库共计1645小时（4TB）的资源总量，其中视频资源量占到了90%，少数民族语言资源量有占到资源总量的90%。现在，2011年度1300万元的地方特色资源正在紧张的建设过程中，同时分中心工作人员还正在努力完成2012年的申报任务，争取能够更大力度、以更为合理有效的方式加强新疆的数字资源建设。

五、技术支持

文化信息资源共享工程新疆维吾尔自治区分中心除了配合国家中心完成软硬件平台搭建、网点建设和资源建设等工作，还有一项重要的任务是必须要完成的，那就是给基层站点提供技术支持。

来到新疆分中心，你一定会有一个很大的感受，那就是这里的电话声此起彼伏。其中除了日常的业务联系，更多的是各级支中心打来请教问题、寻求帮助的，而对此分中心工作人员总是仔细询问和耐心讲解，对于支中心解决不了的问题还采取QQ远程的方式给予协助。

10年来，分中心除了通过电话、QQ远程维护等多种方式给基层提供技术支持外，还每年联合运营商下到基层进行实地指导，帮助基层单位解决了很多实际困难，得到了基层的一致好评。尤其2012年，文化厅领导带领分中心工作人员，分3次历时2各月到南北疆，对基层点的工作情况进行了调研，对其中存在问题帮助解决并进行汇总，由此分中心对现阶段各级支中心的工作开展有了更为准确的把握。

六、合作共建

按照“农村党员干部现代远程教育和文化信息资源共享工程要“统筹规划、共建共享”的指示精神，从2007年起分中心和新疆农村党员干部现代远程教育办开展了全面合作，共同制定了《新疆农村党员干部现代远程教育工程与自治区文化信息资源共享工程共建共享实施意见》，对双方在网点建设、资源建设、组织服务、基层站点队伍培训等方面的目标、任务和工作重点进行了统一规划和布置，根据《新疆维吾尔自治区文化信息资源共享工程2007−2010年建设规划》要求，基本实现了自治区文化信息资源共享工程的县(市、区)、乡、村等各级支中心和基层服务点建设的全覆盖。并通过农村党员现代远程教育主页上的“文化信息资源共享工程”专题栏目，每日定时播出2小时由我分中心提供的适合新疆农村党员干部和农民群众需要的文化信息精品资源。

同时，分中心积极参与了自治区农党办开办的《党建网》筹备及后续业务工作，负责文化新疆栏目的视频资源和百姓民生−文化栏目的新闻资源上传工作，提交党建网新疆分中心自建的维、哈语资源，不定期上传文化栏目的疆内、疆外新闻。通过合作共建，有效地发挥文化共享工程的教育功能，服务功能，更大范围地实现了共享工程服务人民的作用。

七、惠民服务

在这些年的工程建设当中，自治区分中心始终本着充分利用资源、服务于民的原则，不断创新服务模式，努力发挥文化共享工程的作用，为城乡群众的文化生活增添色彩。

一是充分利用现有设备开展服务。分中心利用投影在图书馆的会议室、阅览室、书香文化广场定期不定期地组织举办了文化共享夏日风、千里马资源展播、文化共享新春乐、“祖国万岁　文化盛典”、“缤纷假期　欢乐共享”、夏日电影展播、共享花开乐万家、“民族团结高于天　党的恩情比海深”、“红色记忆　振奋中国”、“缤纷假期　欢乐共享”、学习英雄楷模等活动，定时向广大群众播放共享工程优秀文化艺术精品等，现在夏日电影展播已经成为我们的定期品牌活动。

二是充分利用寒暑期及节假日在少儿馆及社区开展资源展播活动。为少儿读者播放共享工程优秀少儿节目；为社区群众播放电影、综艺晚会等视频资源，丰富群众的业余文化生活。

三是分中心将接收到的由国家管理中心下发的各种资源以及自建新疆特色资源、译制资源及时分类制作刻录成DVD专题资源光盘，通过邮寄方式向全疆各地（州、市）、县（市、区）支中心、乡村基层服务点下发，通过各类活动向广大群众免费发放资源光盘，几年来共下发、分发各类资源光盘累计40万余张。

四是通过自治区图书馆网站、共享工程站群，及时上传共享工程下发的各类资源和分中心自建维、汉资源，通过链接共享工程网站上的视频资源为广大群众提供使用，拓宽资源利用途径。

五是组织读者开展座谈会，了解广大群众需求，调整服务内容和服务方式，并加强与分馆、流通站、其他兄弟单位的合作，开展各类资源展播系列活动。

这些工作的开展，一方面把国家中心下发的资源及时送到了基层，另一方面通过我们的服务，极大地满足了新疆各族群众的需要，丰富了群众的文化生活。

八、宣传推广

10年的建设为文化信息资源共享工程在新疆的发展打下了坚实的基础，也让其越来越被老百姓所熟识，但是作为一项建立在服务于百姓之上的文化惠民工程，只有被广泛关注和深入人心才能拥有长久的发展动力，所以新疆文化信息资源共享工程分中心一直积极做好文化共享工程在新疆的宣传推广工作。

一、利用工程自身平台。通过图书馆和文化共享工程的网站以及微博，对工程的各项活动和举措广而告之。

二、借助图书馆的力量。在图书馆的各项业务活动的开展当中，向读者和群众免费发放共享工程的优秀资源和相关资料，促进群众对共享工程的关注和了解。

三、借助媒体力量。与新闻媒体合作，对共享工程的重大活动进行广泛的宣传。例如：2012年分中心在全国率先开展的“网购火车票”服务活动，得到了很多主流媒体的广泛报道，在社会上引起了很大的反响。

四、以活动促宣传。近年来，分中心联合各级支中心组织了“颂歌献给党”、“阳光少年热爱党”、“网购火车票”、“文化共享杯”新疆群众摄影艺术作品征集大展、中小学生电脑小报设计比赛等系列活动，不仅走进了社区，走进了校园，更贴近了群众，吸引了大家的目光。

九、培训工作

为了保证各级支中心设备的正常运行与维护、共享工程各种资源的接收与管理，使之能充分地服务于各族群众，分中心始终把人才队伍的培训工作放在十分重要的位置。

首先，从实际出发，根据全国文化信息管理中心县

支中心的培训教材，结合新疆地方特色编制了维、汉双语对照的新疆县支中心操作使用手册和各种应用软件操作手册。同时在国家管理中心的大力支持下，又将《全国文化信息资源共享工程县级支中心基础培训教材》和《全国文化信息资源共享工程乡镇基层服务点基础培训教材》翻译成维、哈文，以满足基层各族干部的需要。

其次，按照采取集中式培训和现场培训相结合方法，制定了新疆自治区文化信息资源共享工程县支中心管理人员及骨干技术培训计划。计划明确规定，文化厅公共文化处和自治区分中心每年必须举办2–3次全疆的集中培训，各基层县支中心现场培训也必须达到2次以上，各乡镇现场培训1次以上，保证其工作人员能熟练操作设备。

再次，投资金，投时间，投人力，认真抓好培训。几年来辅助各级支中心一共完成了近300期21500人次的分级集中培训授课、学员辅导等工作。派人下基层协助进行现场培训、辅导15000余人（次）。完成全疆网络培训22期近50600人次受益。同时，针对农民工、老年人和学生不同读者群积极开展计算机、网络、互联网等不同的专场的免费培训，开设了培训。凡是新建网点的调试、资源安装，包括县级数字图书馆工程的实施开展，分中心都按照文化厅的要求，派技术人员赴基层手把手地教操作、教使用，受到基层干部群众和文化厅的好评。

另外，与时俱进，不断创新培训形式。在管理中心和自治区文化厅的指导下，从2010年起，分中心总结以往的培训经验，结合自治区共享工程整体实施情况，在培训方式、培训对象、培训内容、培训教材上又进行了调整，采取按需设课，周密安排，从多个层面积极开展培训工作。为了突出培训的针对性，在传统集中培训的基础上，一是打破以往由新疆分中心一家承办的培训模式，采取分中心与县级支中心联合承办进行培训，二是进行南北疆交叉培训，通过基层实地考察，交流如何在基层开展工作，学习他人的先进经验；三是组织地（州、市）、县（市、区）支中心负责人赴内地交流培训、学习、考察，以适应新形势下管理人员的素质需求。四是在技术培训方面采取集中培训与技术支持相结合、课堂授课与互动交流相结合、现场操作与实地体验相结合等多种方式，丰富培训内容，提高学员实践能力；五是积极开展网络培训，由分中心每月及时将国家管理中心组织的各类培训课件下载，在文化共享工程站群、QQ群上发布组织全疆各级支中心学习使用，同时辅以电话通知和督促，并汇总信息上报国家中心。

十、管理和队伍建设

文化信息资源共享工程新疆分中心现有工作人员11人，100%本科以上学历，其中副高职称2人，中级职称2人，初级职称7人，为工作的开展提供了强有力的专业和素质保障。

为使得工作高效开展，分中心制定了详细的工作职责和管理制度，形成从文化厅公共文化处、图书馆领导班子、自治区分中心到各级支中心四级管理模式，对分中心上有指导、下有监督，保证了各项制度的真正落实。

另外，分中心领导认真分析了每个工作人员的优势和发展方向，并以此为依据将工作内容进行分解，责任到人，不仅做到工作有人做，工作能做好，还充分的调动了工作人员的热情和积极性，有效的促进了工作的开展。

十一、荣誉奖项

10年来，新疆文化信息资源共享工程分中心的工作人员一直身兼数职，不仅要完成好共享工程的各项工作任务和新疆数字图书馆的建设任务，作为图书馆的职能部门还需完成相应图书馆业务。任务艰巨、责任重大，但是他们并没有因此而退缩，反而取得了一系列的荣誉。

2005年、2006年分别获得“国家资助文化共享工程设备下发”工作全国三等奖和二等奖，2008年荣获“小岛康誉新疆文化•文物事业优秀奖”，而2011年组织策划的“颂歌献给党”大型活动更是获得全国最佳组织奖，组织的团队也分别获优秀奖和最佳原创奖；组织策划的“阳光少年热爱党–少儿动漫竞赛”获全国最佳组织奖、组织的作品分别获优秀奖和最佳创意奖等17个。

另外，自治区图书馆技术部作为图书馆职能部门，从2008年到2012年，连续5年都获得自治区图书馆先进部室和精神文明先进集体。

十二、工作展望

10年的成长，10年的积淀，文化信息资源共享工程在新疆取得的成绩不仅仅是那10000多个基层网点的建设和近2000小时的数字资源，还有人民群众对我们工作的支持与肯定。而更让我们饱含欣慰的是文化信息资源共享工程已经成为广大新疆各族人民群众精神文化生活不可或缺的一部分，对繁荣新疆文化、推动新疆经济社会发展做出了不小的贡献。

未来，文化信息资源共享工程新疆维吾尔自治区分中心将继续在国家中心的指导下，在新疆文化厅的安排部署下，在各级支中心的支持和配合下，建立建设、管理、服务、监督和保障发展机制，加强队伍建设、管理和服务水平，进一步完善全疆文化信息资源共享工程服务网络，加大新疆地方特色资源数字化建设，努力打造全疆共建的资源建设体系，使得覆盖的领域更全，服务的范围更广，受益的百姓更多，从而资源可为百姓所享、百姓有资源可用，实现以繁荣新疆文化而促进新疆社会发展的目标。

（撰文/王曙光、钟丽峰、张阳）

乌鲁木齐市支中心

文化信息资源共享工程是国家文化部旨在推进文化信息资源开发、建设、服务而实施的重点工程，工程采用现代化信息技术，对文化信息资源进行数字化加工整合，通过网络最大限度地为社会公众享用的文化工程。乌鲁木齐市文化信息资源共享工程作为该工程有机组成部分，由乌鲁木齐市文化局承办，乌鲁木齐市图书馆是建设与实施主体单位。工程依托现有的文化设施网点，与基层文化设施网点建设、党员远程教育网、中小学远程教育网、图书馆网络化、数字化建设相结合，为地区读者提供全国文化信息资源网的信息资源，实现地区文化信息资源的共管、共建、共享。

一、必要性

1、是落实国家、省有关要求的需要。文化部、财政部下发的《关于实施全国文化信息资源共享工程的通知》(文社图 [2002] 14号)及我区相关文件精神，要求务必把文化信息资源共享工程抓紧抓好、抓出成效。

2、是推进我市先进文化建设、构建全市文化发展战略新高地的需要。努力实现好、发展好广大人民群众的文化权益，必须启动文化资源共享工程，使广大人民群众充分享受到全社会的文化成果。

3、是加强基层文化建设的需要。文化信息资源共享工程可以迅速扭转我市基层文化设施陈旧落后、文化投入严重不足、文化资源匮乏、文化服务比较落后、无法满足人民群众日益增长的文化需求的局面；工程采用先进的现代化信息技术手段，向广大人民群众传送丰富的文化信息，进一步巩固基层文化阵地，充实基层文化建设内容，活跃城乡人民群众文化生活，充分发挥文化信息资源在发展经济，提高人民群众思想道德和科学文化素质等方面的重要作用。

4、是文明城市建设的需要。文化信息资源共享工程的市、区级支中心建设和乡镇、街道基层服务点建设是全国文明城市创建测评体系中的测评点。

二、目标及内容

总体目标：建设乌鲁木齐市文化信息网；建立乌鲁木齐文化信息资源的共建共享机制；建立市级中心，分层次建立县、区、乡镇、街道社区服务站点。

第一阶段建立乌鲁木齐市、县区级支中心。主干通讯能力不低于100兆，对外网络接口不低于100兆，局域网工作站总数不低于40台，专用服务器容量不少于400千兆，存储容量不少于4.5TB。此外还需集中人力、物力进行信息资源的加工与整合，并对外提供服务。

第二阶段建立若干基层服务站（乡镇、村网点）。基层服务站可根据上级中心发布的数据联合目录，通过互联网、电话等方式向上级分中心提交数字资源请求，不具备网络服务条件的网点可通过卫星接收设备接收数据或通过存储设备传送数据，下载后的数据通过装入到本地计算机内，方便、快捷地对本地用户提供资源服务。

三、工程现状

全国文化信息资源共享工程建设始于2002年，我市现已完成了1个市级支中心，7个区一个县支中心和基层服务点和。

乌鲁木齐市的共享工程始于2006年，主要开展了以下几项工作：

1、收集乌鲁木齐地区特色地方文献，为乌鲁木齐地区地方文献数据库建设提供必要信息资源。我们安排两位业务骨干进行地方文献征集。

2、建立乌鲁木齐市图书馆网站，为地区文化资源共享工程建设奠定基础。乌鲁木齐市图书馆自助建立了图书馆网站，自建了3种特色数据资源，开通了网络资源检索。

3、开展图书馆员的现代化技术培训工作，为地区文化资源共享工程建设提供技术支持。

4、建立了市县区支中心和服务点。现在我市已经建成了1个市级支中心。

四、工作设想

1、加大工作力度，增强推进文化共享工程建设的责任感和紧迫感，争取得到市领导重视和市政府的政策支持。

2、提出合理化建议，用好年度项目资金，确保按时、高质量完成建设任务，提高覆盖率。

3、进一步做好资源建设工作，提高资源建设的针对性和质量，力争建成各类数据资源库。

4、进一步完成共享机制，加强与农村党员干部现代远程教育与农村中小学远程教育工程的合作。

5、加强人员培训，提高队伍的业务能力。

6、加强组织策划，改善基层服务，进一步提高文化共享工程的管理水平。

（撰文/乌鲁木齐市支中心）

克拉玛依市支中心

克拉玛依市图书馆作为市级技术服务平台，在市电信局等单位的支持配合下，在有关部门共同努力下，按照文化部全国文化信息资源建设管理中心制定的规划和标准，紧密结合图书馆数字化、自动化、网络化建设要求，以数字资源建设为核心，加强和完善分中心网站建设，利用卫星传输，实现了与各机关、所有社区以及两乡文化站的有效链接。

一、整体情况

2003年10月中旬，市图书馆被自治区人民政府，自治区文化厅确定为自治区第一家“全国文化信息资源共享工程”试点单位，市图书馆开始筹建共享工程。2005年4月21日，全国文化信息资源共享工程克拉玛依分中心开通运行。2005年7月28–29日，全疆文化信息资源共享工程工作会议在我馆学术报告厅隆重召开，自治区人民政府、文化厅、财政厅及各地州市领导80多人出席会议，并对克拉玛依共享工程建设工作给予了较高的评价。自治区领导及与会代表也给与充分肯定，在全疆起到了很好的示范作用，有力的促进了全疆共享工程的发展。

自开展文化信息资源共享工程工作以来全市已建成了1个市级中心、4个区级中心和55个基层站点，形成了市、区、街道（乡镇）、社区（村）四级文化信息传播网络。目前，各街道基层服务点日平均接待群众约50人次，社区基层服务点日平均接待群众20人次，各街道社区每年开展面向基层群众的培训、讲座、展览、电影播放等服务活动近100场。

克拉玛依文化共享工程分中心建立以来，在市委、市政府及各级文化主管部门的大力支持下，在克拉玛依文化信息资源共享工程领导小组的领导下，全市的文化信息资源共享工程服务工作有了长足发展，增强了文化共享工程在基层的辐射力和影响力，特别是利用国家、省、市丰富的文化信息资源，服务广大人民群众，满足了广大群众精神生活的需要。

二、业务工作

1、资源整理、加工

为充分了解广大基层群众对文化共享工程数据资源的需求，明确今后资源投放方向及内容，克拉玛依分中心在全市各基层服务点开展资源需求调查工作，并下发资源需求调查表，分别了解群众需要如电影、讲座、戏曲等内容，做到有的放矢，及时更新网站资源内容，满足了群众对文化信息需求的不同需要。我馆并派专人负责，广泛征求群众意见，积极开展服务宣传工作，扩大了文化共享工程在基层的影响，广大群众都明白了开展文化共享工程活动的意义。

文化信息资源共享工程核心是资源建设，资源有没有吸引力，关系到工程的生命，只有组织起良好的资源，才能够保证工程长久、持续地发展下去，才能抵御不健康的消极的东西。在平常工作中，克拉玛依市图书馆把握住工程建设的方向和内容，在充分利用国家中心资源的基础上，在市财政部门的支持下，经过一段时间的发展和不断尝试，在"共享工程"现有资源的基础上加快信息资源建设的步伐，先后把具有克拉玛依地区特色的歌舞、音乐、民俗等多种文化进行了收集整理，建设和开发了一批具有地域特色的优秀文化资源库、优秀文艺作品数据库和贴近群众生活的社会文化信息资源库。

文化信息资源共享工程克拉玛依市分中心工作人员收集、整理信息资源。其中包括文字、音频、视频资源，并对不同类型的资源进行打包归类，做到详细分类，特别标注，并对自身资源进行加工上传。对全市的节庆活动、地方民俗文化，如水节、广场文化活动周等以音像资料的形式进行收集、整理和保存。

2、技术支持与培训工作

克拉玛依分中心把管理作为文化共享工程建设的重中之重，实行建管并举，建章立制，加强了乡镇、社区基层服务点管理员的培训。在平日工作中，我馆共享工程技术人员会不定期检查各基层站点的设备，并定期培训站点管理员。在每年的培训中，培训总人数近500人，覆盖率达到90%以上。全面规范了共享工程体制，使管理人员更加清楚的了解到共享工程的意义，内容，调试方法，在独立工作时，能熟练掌握操作网页上的文字材料、视频影像资料下载播放。能根据本社区自身的实际情况对现有的网络资源提出修改意见，发挥主观能动性。

3、面向社会服务活动

每年，我馆都会充分利用文化共享工程资源设备平台，从"工程系统内部"和"面向全社会"两个层面同时着手进行结合本地区特色及当前创建公共文化服务体系示范区工作组织开展形式多样的服务活动。譬如在我馆的学术报告厅，每周末都会为广大群众播放共享工程资源库的经典影片，在我馆称之为"全国文化信息资源共享工程克拉玛依分中心阳光电影之旅"活动，此活动已经成为克拉玛依市图书馆最有特色的品牌活动并将一直坚持长期延续下去。我们不光在本馆举行活动，还主动把资源送进军营，为驻市官兵经常播放经典影片、送去共享工程电子资源光盘；为幼儿园小同学播放影片等受到了广大群众的好评和积极反响。

我馆还利用共享工程资源平台开展多种多样的活动，比如"学习雷锋好榜样"活动；为农民工免费培训、购买网络火车票的"温暖春运 小票大爱"活动等等。

在我馆丰富多彩的活动中，许多市民对文化共享工程产生了浓厚的兴趣，纷纷索取有关资料，或是提出有益的建议，对文化共享工程起到了很好的宣传效果，并对今后共享工作的开展有着重要的意义。

三、工作展望

展望未来，克拉玛依文化共享工程分中心将紧紧围绕国家、省中心的工作部署，将进一步构建资源优质丰富、技术先进实用、传播高效互动、服务便捷贴近、管理科学规范、体系完整可控的公共数字文化传播服务体系，使文化共享工程真正成为城乡群众参与文化娱乐、获取科普信息、接受教育培训、享受惠民服务的重要平台。

（撰文/克拉玛依市支中心）

喀什地区支中心

喀什位于新疆维吾尔自治区西南部，东临塔克拉玛干沙漠，西连帕米尔高原，与五国接壤，边境线长达888公里，是我国西部的重要门户和战略屏障。地区总面积16.2万平方公里，全区辖1市11县，总人口400万人。喀什是一个以维吾尔族为主体的少数民族聚居区，少数民族人口占全区总人口的93%。其中维吾尔族人口占全地区总人口的91%。喀什历史悠久，文化灿烂，名人辈出，艺术瑰宝众多。麻赫穆德•喀什噶里及其《突厥语大辞典》、玉素甫•哈斯哈吉甫及其《福乐智慧》、阿曼尼沙罕及其十二木卡姆等，在中华文化乃至世界文化艺术宝库中地位重要、影响巨大。喀什市是国家级历史文化名城。喀什是一块特色浓郁、绚丽多彩的西部瑰宝，素有"歌舞之乡"、"维吾尔族建筑艺术之乡"、"维吾尔族手工技艺之乡"、"维吾尔族饮食文化之乡"、"维吾尔族达瓦孜之乡"的美誉。作为"多元一体"中华文化的重要组成部分，特色鲜明、魅力无尽的喀什文化已深深融入喀什人的精神世界和日常生活。喀什地区是新疆维吾尔自治区首个创建国家公共文化服务体系示范区的地区，作为公共文化服务体系创建的重要内容，加强喀什地区文化信息资源工程对于推动全区公共文化建设、提升公共文化服务能力都具有重要的意义。

一、基本情况

喀什地区文化信息资源共享工程分中心设在喀什地区图书馆内。喀什地区图书馆位于喀什市解放南路240号，成立于1984年9月，馆楼1992年5月落成投入使用，占地面积2007平方米，建筑面积3090平方米。现有藏书12.74万册。现有维汉文电子文献5377种，试听文献1164件。喀什地区图书馆是新疆维吾尔自治区二级图书馆，国家三级图书馆，现有职工人数27人，其中专业技术人员占85%。

喀什地区现有文化信息资源共享工程分中心1个，支中心12个，各乡镇、社区均建有服务点。喀什地区图书馆全国文化信息资源共享工程分中心成立于2006年，现有服务器7台、其中2006年共享中心下拨1台服务器，2009年我馆购买2台服务器用于图书馆自动化，2012年12月下拨4台服务器。用于服务的计算机90台，其中2009年我馆自建电子阅览室50台计算机，2012年12月下拨40台计算机又组建一个电子阅览室。互联网出口带宽10兆，投影机1台，功放音响等设备一套。

二、管理和队伍建设

喀什地区各级领导高度重视文化信息资源共享工程建设，加大投入，完善配套设施，健全工作制度，保证做到“五个有”：

一是有一个好场地。喀什地区文化信息资源共享工程分中心总面积150平方米，宽敞明亮，装修一新，处在喀什市的繁华地带，为群众提供了一个方便、舒适的阅览环境。

二是有一套好设施。为更好地为读者提供数字化服务，喀什地区图书馆在财政困难的情况下自筹60万元购买一批设备，包括服务器，计算机设备50台、50多套电脑桌椅、摄像头、耳机及相应配件等，上规模、上档次，保证了工作站的服务质量。

三是有业务素质较高的工作人员。现有管理人员3名，均是全日制大学本科学历，能够独当一面，保证各项工作的顺利开展。

四是有一个好的工作制度。坚持每周开放7天，每天开放8小时，平均每周服务群众300余人次。全年无休，节假日工作人员实行轮流值班，同时坚持公益性原则，无偿提供文化信息服务，受到群众好评。

五是建立阅览室管理制度。为加强应用系统与设备的管理和使用，工作人员定期做好系统维护工作，并制定阅览室管理制度，做成醒目的标识牌，悬挂上墙，方便读者了解、自觉遵守阅览室的各项制度。

三、工作开展情况

结合实际，因地制宜，为各族群众做好服务工作，社会效益显著。喀什地区地处偏远，信息闭塞，各族群众精神文化生活还不够丰富，喀什地区文化信息资源共享工程分中心通过提供丰富的数字化书刊和数据库资源，缓解了当地经费缺乏、书刊陈旧、群众看书看报看演出难、查找资料难的问题，提供多姿多彩的免费的影视、小品、文艺晚会演出等节目，极大地丰富了城乡群众的文化生活。

喀什地区是以维吾尔民族为主体的少数民族地区，结合当地实际，喀什地区文化信息资源共享工程分中心注重收集、整理、播放少数民族语言的资源信息，以方便更好地为各族读者服务。

为确保信息资源安全，2011年喀什地区图书馆自筹5万元资金，购买了公安网络审计系统、身份证识别系统、网吧管理系统，并与广州图创计算机软件开发有限公司合作，结合喀什地区的实际和特色，为喀什地区图书馆电子阅览室量身定做了喀什地区图书馆文化信息资源共享工程分中心管理软件，全方位监控，抵制低俗、暴力等不良信息，营造绿色的阅览环境。

利用资源，开拓创新，开展丰富多彩的数字文化服务，打造特色品牌。喀什地区文化信息资源共享工程分中心利用现有的资源做好日常接待读者工作的同时，结合当前时政，播放国家资源共享中心下发的光盘，开展电影放映、讲座、视频播放等活动，如春节期间、少数民族传统节日古尔邦节期间循环播放专题文艺晚会、为各族群众送去节日的祝福；“六一”儿童节期间、暑假期间播放优秀爱国主义教育影片、益智动画片，组织“我最喜爱的爱国主义影片”观后感征文比赛；党风廉政教育月期间播放“反腐倡廉”系列警示教育片；国庆节期间开展“红色经典”影片回放活动，激发各族读者热爱党、热爱祖国的深厚情感；“119消防日”邀请消防支队官兵开展“保护自身安全、防患于未然”的消防专题讲座，增强各族群众的安全防患意识；定期播放“养生讲座”视频，提前发放宣传单，邀请老年读者观看，既丰富了老年人的生活，也为他们的晚年健康生活提供免费的信息咨询等等。喀什地区文化信息资源共享工程分中心2010年至今每一周播放一次，累计播放影片达150余次，参加人次达2.83万。同时，今年春运期间，免费为外来务工人员提供网上订票服务，接待订票、咨询读者共230余人次。

四、工作展望

喀什地区文化信息资源共享工程分中心建成后，喀什地区图书馆通过积极争取、自筹资金的方式落实运行保障经费，不断更新老化的设施设备，确保正常、高效运行，为读者提供优质的服务。同时，喀什地区文化信息资源共享工程分中心自建了一个视频资源库，得到国家和地区的大力支持。上半年国家图书馆给我们赠送了1TB的电子资源，地区财政拨付10万元专项资金让我们购买电子资源，准备筹建光盘数据库，供读者检索、阅读使用；网络数据库，包含国内万方数据、CNKI和重庆维普三大数据库系统期刊、学位论文、会议论文、科技成果、标准等全文或文摘类科技文献，目前此项工作正在筹建中。下一步我们将积极做好数字图书馆建设工作，目前，设施场地装修改造、网线布线、设施设备已全部安装到位。数字图书馆的建成将进一步推进喀什地区文化信息资源共享工程的建设，为各族读者提供更加丰富的数字文化服务。

文化信息资源共享工程是传播先进文化，为广大基层群众提供丰富、充实的精神食粮的不可或缺的平台之一，今后的工作中，我们一定会不断转变服务理念，创新服务方式，最大限度地发挥文化信息资源共享工程的作用，一如继往地为城乡居民提供优质高效、普惠均等的公共文化服务，为丰富各族群众的文化生活，促进我区的发展和稳定作出积极的努力。

（撰文/喀什地区支中心）

喀什市支中心

喀什市于1952年5月从疏附县辖区内析置建市，是喀什地区政治、经济、交通以及宗教的中心，是一座具有悠久历史的古城，是古丝绸之路上一颗璀璨的明珠、是中国最西部的一座城市。

喀什市位于新疆维吾尔自治区西南角，帕米尔高原麓，塔克拉玛干大沙漠的西麓；东西部与喀什地区疏附县接壤，北倚古马塔格山与克孜勒苏柯尔克孜自治州首府阿图市毗邻，南与疏勒县隔克孜勒苏河相望，区域面积554.8平方公里。据乌鲁木齐公路里程1473公里，铁路里程1588公里。喀什市行政区划共有两镇六乡四个街道党工委，共有105个行政村，33个社区。喀什市文化资源共享工程在喀什地市文化局，喀什地市图书馆支持和部署下，逐步推进，稳步发展，在新形势下为繁荣农村基层文化，满足农民多层次文化需求，传递中国民族优秀文化资源发挥了重要作用。

一、基本情况

喀什市文化资源共享工程建设开始于2009年，前期安装设备均通过卫星设备直接接收国家中心下发的给类资源和信息。共享工程喀什市支中心设在喀什市图书馆，是喀什市共享工程的建设和业务指导单位，负责保障中心共享工程设备的运行，协调乡镇级共享工程设备的维修，指导乡镇级共享工程活动的开展以及开展全市共享工程管理员的业务培训和指导。

二、管理和队伍建设

为使共享项工程真正为民所用为民谋利，喀什市支中心将共享工程日常管理纳入制度化管理。制定支中心、乡镇基层服务点工作职责和制度，实行制度上墙公开。每年有年度工作计划，月度有工作要点，季度有工作督导，年末有工作总结考核，并推行管理员工作日志管理，收集整理共享工程服务活动的得失，探索共享工程管理和服务新模式。

文化资源共享工程作为一个新的农村文化资源获取平台，如何推广好、利用好共享工程丰富的文化资源关键在于是否有一支专业化的共享工程管理员队伍。喀什市共享工程支中心在管理员队伍建设上坚持明确职责，明确思路，制度化管理，常态化培育。对于乡镇级基层共享工程管理上择优选取文化层次较高，有一定社会基层管理服务实践经验的干部为管理员，他们工作热情高，有较高的文化水平能尽快熟悉掌握共享工程设备为所在村民服务。目前喀什市共享工程管理员70%为高中生兼任，实现了管理员选取的高起点。

三、培训工作

喀什市支中心在共享工程管理员的培养上实现了制度化和常态化。根据支中心工作要求，每年对辖区共享工程管理员进行4期的集中培训，2009年以来一共举办各类培训班16期，参加轮训的各级管理员达600人次。

四、经费投入

喀什市共享工程自2009年启动以来，喀什市财政每年投入10万的运维经费，用于共享工程设备的维护，人员培训和惠民活动的开展。同时，喀什市政府，喀什市图书馆每年也投入大量人力物力支援共享工程各项活动的正常开展。

五、资源建设

喀什市支中心在历年的工作中，搜集不同区域民众文化需求，翻录、选取、编辑制作各类题材资源900kb，每年制作发放各类光盘400多张，展板50多块，各类海报，招贴画37副，发放宣传资料12000余份。

六、利民惠众，惠农服务

喀什市支中心在共享工程服务实践过程中，以民众的需求为导向，积极探索，服务民众生活生产，引领群众高尚精神文化生活，打造群在满意喜爱的文化服务新平台。

根据喀什市地域城市经济农业经济相兼容的生产特点，喀什市支中心每年按节令制作农业生产技术光盘和小册子分发给乡镇文化站。针对不同农业专业者，喀什市支中心有针对的选取资源分发到村。

七、宣传推广

1、喀什市支中心利用各种渠道宣传推广共享工程。在喀什市每年的科技文化四下乡活动，科普之春，科普之夏，科技周等活动中，喀什市支中心不失时机，以活动为平台，以资料为媒介宣传共享工程，让民众不断了解共享工程，走进共享工程。

2、走进校园。喀什市支中心文化服务中不断探索，利用支中心儿童阅览专区，组织动员青少年儿童关注共享工程，利用共享工程，收集青少年知识兴趣点整理挖掘，针对集中地知识群和关注点，喀什市支中心聘请专家老师前来为青少年答疑解惑，其中邀请喀什大学副教授王维老师做精彩的报告，深受广大青少年的喜爱。同时按照北京分中心的部署在全市中小学校开展了阳光少年热爱党网页制作大赛和电脑小报制作大赛。通过一系列的活动是共享工程不仅走进农村也走进校园走进青少年。

3、专题活动，精彩纷呈。喀什市支中心在服务中抓住文化的热点和亮点，积极组织群众喜闻乐见的文化服务，使共享工程走进群众生活。例如在每年寒暑假之际，喀什市支中心定期举办“你主讲、我来听”讲故事比赛；“畅游书海”阅读活动；“红色经典”阅读；邀请当地人民医院、二医院著名医师开办养身讲座，还利用节假日举办诗歌朗诵、绘画、手工制作等一系列活动。2012年支中心共举办各类活动36场。

八、工作展望

喀什市文化资源共享工程已走过5个年头，从单一的资源接收到今天的编辑分发和群众广泛认知，广泛参与，文化资源共享工程在喀什市已经成为喀什人民文化生活的一大支柱，成为繁荣喀什文化，丰富喀什人民精神生活，推动喀什人文科技进步的强大动力源泉。今后喀什市支中心希望在国家中心，新疆分中心大力支持下为喀什市共享工程建设一支专业化的服务队伍，建立一个国家、市、区三级知识网络联动的即时问答服务体制和服务形式更加多样，服务网点更加宽广，参与群众更加广泛的共享工程文化带动体系，为建设科技喀什，文化喀什做出贡献。

（撰文/喀什市支中心）

温宿县支中心

一、基本情况

温宿县位于新疆西部天山中段的托木尔峰南麓，塔里木盆地西北边缘。东西长171公里，南北宽158公里，总面积14，569.3平方千米。东与拜城、新和两县交界，南和阿克苏市毗邻，西隔托什干河与乌什县相望，北同吉尔吉斯斯坦共和国、哈萨克斯坦共和国及新疆伊犁哈萨克自治州的昭苏县接壤。乌鲁木齐—喀什—红旗拉甫公路穿境而过，为历史上丝绸之路的必经，扼南北交通要冲。温宿县辖10个乡（镇）、12个农林牧场，97个村民委员会、87个连队、18个社区居委会、2个农村社区。常住人口总人口24.5万人。在温宿县委、政府支持帮助下，温宿县文化信息资源共享工程工作得到不断成长，为繁荣温宿县域文化、满足广大群众不同层次文化需求，传递中国民族优秀文化发挥了重要作用。

二、网点建设、经费投入

温宿县文化信息资源共享工程建设开始于2006年，安装设备均通过卫星设备直接接收国家中心下发的各类资源和信息。2009年温宿县文化信息资源共享工程开始普及进入10个乡（镇），第一批4个乡（镇）于当年安装调试完毕。2011年第二批6个乡（镇）进行安装，温宿县所辖乡（镇）实现共享工程乡（镇）基层服务点全覆盖。

共享工程温宿县支中心设在温宿县图书馆，是温宿县共享工程的建设和业务指导单位，负责保障县共享工程设备的运行，协调乡（镇）共享工程设备的维修，指导乡（镇）共享工程活动的开展以及开展全县共享工程管理员的业务培训和指导。

温宿县共享工程支中心自2006年建成以来，县财政每年投入3万余元运维经费，用于共享工程光纤、设备维护、人员培训和惠民活动的开展。图书馆每年也投入大量人力物力，用于共享工程各项活动的正常开展。

自共享工程温宿县支中心建成以来，根据不同领域群众文化需求，选取、剪辑、制作各类题材资源270多种，每年制作发放各类光盘140多张，各类明信片1000多张，发放宣传单、宣传资料4000余份。

三、合作共建、惠民服务

温宿县支中心在共享工程服务实践过程中，根据本县不同阶层群众的不同需求，深入基层调查走访，力争广泛地为不同群众做好服务，引领不同群众文化精神生活需要，探索创造不同阶层群众喜闻乐见的文化服务阵地。

1、以共享工程为依托，与温宿县委组织部合作，结合行政村全覆盖的农村党员远程教育平台，建立电子文献资源服务基层点，将收到各级部门下发的电子文献资源与建立的电子文献资源服务基层点相结合，根据不同乡（镇）、行政村的硬件条件建立形式多样的农村远程教育电子多媒体活动室。目前，温宿县辖区的97个行政村全部建立了不同标准的农村远程教育电子多媒体活动室。通过多方不懈努力，共享工程信息资源已逐步走入基层各族群众生活，成为基层群众获取科技知识、了解外界、娱乐生活的新平台。

2、根据农民群众生产、生活，农忙、农闲特点，温宿县支中心每年按时节制作农业生产技术电子资源、农技知识宣传单，下乡驻村通过行政村基层服务点向农民播放、分发。根据不同乡（镇）农民种植养殖类侧重点不同，刻录了棉花、水稻高产种植，牛羊、鸡鸭畜禽养殖，核枣、苹果栽培种植，高效、节水膜下滴灌等专题类电子资源，先后在水稻农场、核桃林场、阿热勒镇、克孜勒镇等22个乡（镇）、农林牧场，留下了播放、宣传科技致富资源的足迹。

3、签订军民共建协议，走进军营部队，定期为驻守在温宿县的武警官兵、边防战士进行各类电影展播活动，邀请官兵、战士前来电子阅览室畅阅电子、网络信息资源。

4、互动校园。制作、拷贝共享工程、远程接受资源信息，利用学校团（共青团）队（少先队）活动、班会活动，组织开展竞赛、影展，在周末为在校不能回家的住校生举办电影展播活动。

四、宣传推广、培训工作

1、文化下乡。温宿县支中心利用各种渠道宣传推广共享工程。在温宿县委、政府每年组织的科技文化四下乡活动中，温宿县图书馆作为成员单位之一，争取机会，以下乡活动为平台，以电子资源、宣传资料为媒介宣传共享工程，让农民群众不断了解共享工程，走进共享工程，从共享工程中获取知识、了解外界、娱乐生活。

2、联动校园。与温宿县三所中学、四所小学，先后联合开展请进来、走出去活动，结合少年儿童兴趣爱好，先后举办了寒暑假青少年计算机基础知识培训班、制作电脑小抄报大赛、电脑绘画比赛等，通过青少年感兴趣的活动，介绍共享工程、利用共享工程，吸引青少年关注工程工程、走进共享工程。

3、媒体宣传。通过温宿县电视台的滚动平台，在黄金时段，滚动播出全国共享工程及温宿县共享工程概况、活动开展情况，起到了很好的宣传、推介作用。

4、专题活动。温宿县支中心每年利用春节、诺如孜节、青年节、建军节、国庆节等不同时期的节日，制作相应的信息资源，抓住不同文化的热点和亮点，组织开展群众喜闻乐见的资源信息服务，使共享工程随时走进群众生活。例如在每年的元宵节举办猜灯谜活动，在每年的诺如孜节举办做诺茹孜饭活动，在每年的7•1、8•1之际举办“建军建党群众歌咏比赛”活动。

五、队伍管理、荣誉奖项

温宿县支中心将共享工程日常管理纳入制度化管理。制定支中心、乡（镇）基层服务点工作职责和制度，实行制度上墙公开。制定年度工作计划、实施月份工作要点、实行季度工作督查、进行年底工作考评，交流工程管理员日常工作经验、反思基层服务点服务活动得失，探索共享工程管理和服务的新模式。温宿县图书馆注重支中心工作人员素质提升，积极参加国家、自治区、地区举办的共享工程工作培训班，把人员工作能力提升作为长期性工作来抓。

文化资源共享工程作为一个新的农村文化信息资源获取平台，如何推广好、利用好共享工程丰富的文化信息资源，关键在于是否有一支专业化的共享工程管理员队伍。温宿县共享工程支中心面对无专业人员、与少数民族管理员语言沟通不畅的困难，在管理员队伍建设上坚持明确职责，明确思路，制度化管理，常态化培育。

温宿县支中心每年对基层服务点的工作人员举办2次技能操作培训，每季度下乡（镇）实地指导解决共享工程服务点在工作中遇到的难点问题。

2008年9月，我单位有幸受邀前往北京，参加全国文化信息资源共享工程基层经验交流会，共享工程工作人员孙雅萍同志荣获2008年文化信息资源共享工程先进个人称号。

六、工作展望

温宿县文化资源共享工程历经6年，为温宿县科技文化事业提供推动作用，为温宿县经济社会发展提供智力支持，为温宿县各族群众业余文化生活增添一抹亮彩，与温宿县各族群众一起分享喜悦见证成长历程。今后，温宿县支中心将不遗余力，争取国家、自治区、地区共享工程的大力支持，不断强化共享工程服务体系、不断提高队伍自身专业素质，不断丰富服务内容、不断扩大服务范围，为温宿县社会、经济、文化作出应有贡献。

（撰文/温宿县支中心）

新和县支中心

新和县位于天山南麓，塔里木盆地北缘，东与库车相望，南与沙雅相连，西与温宿相交，北与拜城相邻，新和县总面积5817.83平方公里，辖6乡、2镇、1个国有农场，总人口17.21万人。新和县文化资源共享工程在新和县文化体育广播影视局、新疆维吾尔自治区图书馆支持和部署下，逐步推进，稳步发展，在新形势下为繁荣农村基层文化，满足农民多层次文化需求，传递中国民族优秀文化资源发挥了重要作用。

一、基本情况

新和县文化资源共享工程建设开始于2007年，此后，陆续在依其艾日克乡，排先拜巴扎乡、新和镇、玉奇喀特乡试点安装，前期安装设备均通过卫星设备直接接收国家中心下发的给类资源和信息。预计在2013年实行乡镇全覆盖、2014年110个行政村3个农场实现全县共享工程乡镇村全覆盖。

共享工程新和支中心设在新和县图书馆，是新和县共享工程的建设和业务指导单位，负责保障县中心共享工程设备的运行，协调乡镇级共享工程设备的维修，指导乡镇级共享工程活动的开展以及开展全县共享工程管理员的业务培训和指导。

二、管理和队伍建设

为使共享项工程真正为民所用为民谋利，新和支中心将共享工程日常管理纳入制度化管理。制定支中心、及乡镇基层服务点工作职责和制度，实行制度上墙公开。每年有年度工作计划，每月有工作要点，季度有工作督导，年末有工作总结考核，并推行管理员工作日志管理，收集整理共享工程服务活动的得失，探索共享工程管理和服务新模式。一是加强乡镇、社区文化阵地建设，搭建信息沟通平台。建立完善乡镇、社区文化站、基层服务点治理制度，加强共享工程基层服务点的治理；各乡镇、社区设立1名专兼职文化干事，明确文化专干职责，指导各基层服务点做好群众需求双向反馈工作。利用文化站现有资源、设施设备为基层服务点提供服务。做到了人员、阵地、牌子、设备、制度“五落实”。二是构建遍布全县的基层服务网络，改善基层文化工作手段陈旧落后的状况。各社区服务点依托文化活动室的便利条件，由县图书馆向服务点提供图书、杂志、音像资料等，满足社区居民精神文化生活需要；每个乡镇选择3-5个人员相对集中、种养殖前景较好的行政村作为基层服务点，示教合一，现场指导。在村党员电教播放点增挂文化活动室牌子，每个服务点指定1名管理人员。并为基层服务点配备了电教器材、农村实用技术图书及其它各类图书、光盘。充分利用农村党员电教室设施设备的优势，使党的方针政策、科学技术信息以更加新奇直观、形象生动的方式迅速走向千家万户。使共享工程真正起到面向基层、服务大众的作用。目前，共建立较有影响力的基层服务点9个（乡镇8个、社区1个）。

三、培训工作

新和支中心在共享工程管理员的培养上实现了制度化和常态化。根据自治区支中心工作要求，我县支中心管理人员参加自治区培训10余次，对我县基层共享工程管理员进行2期的集中培训，参加轮训的管理员达48人次。

四、经费投入

在国家中心及自治区分中心为我县支中心配置68万元设备的基础上（25台计算机、3台服务器），我县又投入3万元，先后为我支中心购置了7台电脑、1台服务器。建起了面积88平米的公共电子阅览室，自新和县共享工程2007年实施以来，新和县人民政府为图书馆每年投入2余万的运行维护经费，用于共享工程设备的维护，人员培训和惠民活动的开展。此项工作的开展得到了县政府及文体广影局领导的高度重视，并得到了经费保障。进一步巩固完善了县支中心阵地建设。

五、资源建设

新和支中心在历年的工作中，搜集不同区域民众文化需求，选取、编辑制作各类题材资源，每年制作发放各类光盘500多张，展板23多块，发放宣传资料200余份。

六、整合信息，加强沟通，积极推广

由于条件所限，乡下群众不便于到县城享受优质的网络资源，将新思想、新科技用一种直观、易懂的形式送到农民身边就成了及时雨、雪中炭。为了使群众对农业新科技能够看得懂、用得上、见效快，县委、政府组织文化、农牧、卫生等部门到基层调研，了解群众最需要什么，搞清为群众送去什么、怎样送之后，利用共享工程网络资源内容新奇、实用性强、信息量大、数据传输快捷方便的优势，认真搜集、下载适用于当地群众的政策法规、先进性教育、农村实用技术、文化体育、防疫保健、科普知识等共享工程信息资源，并将搜集到的资源信息刻录成VCD光盘或宣传资料，通过县、乡、村三级文化服务网络及其它途径传输信息，扩大宣传面，使群众快学技术，早得实惠。一是通过协调组织、宣传、农牧、林业、卫生和计划生育、公安等专业部门，将各类信息资源通过业务部门的工作，传播到千家万户，使群众受益。二是向各乡镇文化站、村基层服务点提供图书、光盘支持，由各服务点直接面向群众服务。三是利用“三下乡”、宣传周、农村巴扎、节假日等，积极协调有关单位，在各乡镇集中向农民赠予、或以成本价向群众发放共享工程光盘和实用技术资料，并现场接受咨询，解决实际问题。四是针对种养殖户在种养植过程中碰到的实际问题，对症下药，从共享工程网络资源库中下载相关内容，刻录成实用光盘，免费赠予种养植户或种养植集中连片的村组及文化中心户，使农业科技推广更具有针对性和时效性。五是在各乡镇举办农村实用技术培训班，为农民播放农村实用科技及生活小常识方面的科技信息240余场（次），培训农民12000余人。此外，县支中心还利用图书馆多媒体室播放文化信息资源共享工程传送的科技、文化、卫生、少儿科普等方面的视频资料，深受群众欢迎。六是利用文化资源共享工程推进“文化六进”（进学校、进社区、进机关、进军营、进企业、进乡村）活动，为全县各族群众服务，深受全县各族群众喜爱。

七、利民惠众，惠农服务

一是把实施共享工程与促进群众致富相结合。我们以县图书馆公共文化设施为依托，围绕我县主导产业开发，下载、整理、配送了一批农民群众急需的种养殖技术、农产品市场、国家相关政策法规等方面的信息资源，县支中心每周开放60小时，全年服务人次达到1.6万人，开展活动24次，对基层服务点上门服务9次；在基层站点积极实行“课堂+基地”等学用模式培训，基层中心每周开放32小时，全年服务达到2万人次，开展活动12次，为广大群众学习技术技能、了解市场架起了信息高速公路。去年我县核桃丰收，为了尽快打开销路，解决群众卖核桃难、卖红枣难问题，各乡镇都通过共享网络向全国发布了销售信息，吸引了大量客商云集新和，及时解决了核桃、红枣的销路问题。尤塔什艾日克乡塔什艾日克村还通过共享服务网络，了解到了耐旱、高产、田间管理少的棉花新品种，学习到了栽培新技术，并及时用于生产实践，取得了良好成效，极大地提高了当地农民的收入。现在到村服务点活动的群众络绎不绝。二是把实施共享工程与农村党员教育相结合。以各服务站点为主要阵地，建立起了组织有序、活动经常、富有生机的培训机制，组织农村党员干部学理论、学政策、学知识、学技术、学方法、学典型、学先进，不断提高自身素质，使一部分农村党员干部成为了政治强、带头致富和带领群众共同致富的“双强”党员、“双强”干部，使一些农村基层党组织成为领导班子好、党员干部队伍好、工作机制好、小康建设业绩好、农民群众反映好的“五好”党组织。一年来，举办党员干部培训班5期，培训人员达到2000人次。

八、工作展望

新和县文化资源共享工程已走过6个年头，从县支中心到乡镇、行政村，从单一的资源接收到今天的编辑分发和群众广泛认知，广泛参与，文化资源共享工程在新和已经成为新和人民文化生活的一大支柱，成为繁荣新和文化，丰富新和人民精神生活，推动新和人文科技进步的强大动力源泉。今后新和支中心希望在国家中心，自治区分中心大力支持下为新和共享工程建设一支专业化的服务队伍，建立一个国家、区、县三级知识网络联动的即时问答服务体制和服务形式更加多样，服务网点更加宽广，参与群众更加广泛的共享工程文化带动体系，为建设科技新和，文化新和做出贡献。

（撰文/新和县支中心）

拜城县支中心

拜城县位于天山中段南麓、却勒塔格山北缘的山间盆地、渭干河上游流域。总面积15917平方千米。总人口22.5万人。县人民政府驻拜城镇，距乌鲁木齐市公路里程860千米。

拜城县辖4个镇、10个乡、一个国营羊场、一个农场。拜城县名胜古迹众多，自然景观诱人，旅游资源独具特色，全县有文化古迹及旅游风景点120多处。有饮誉全球的中国四大石窟之一的克孜尔千佛洞，是全国四大佛教名窟之一。

拜城县西气东输主力气田——克拉2气田在我县境内；拜城是一个古老与现代文化交相辉映的现代化工业县城。强劲的现代化工业发展，促进拜城飞速发展。

一、基本情况

拜城县文化资源共享工程建设开始于2007年，最初由自治区文化信息资源共享工程统一配备的25台终端机试点安装，将这项工程如期在拜城县落地投入使用，经自治区分中心验收挂牌开始运作。

几年来，中共拜城县委、县人民政府对文化信息资源共享工程十分重视，2010年拜城县被自治区列为文化信息资源共享工程试点县。同时，在拜城县委、政府和有关部门大力支持将电子阅览室拓展为“拜城县青少年爱国主义教育基地”，电子阅览室终端机由国家配发25台到现在的65台，为各族群众都能够享受到文化信息资源共享工程的文化大餐奠定了良好的基础。同时，按照规划以县中心为依托，建成县级支中心1个，乡、镇（场）基层服务点13个，以县支中心为网络的共享工程基本框架。使文化共享工程这一惠民工程全面进入到社区、乡村，为“惠民工程”的开展打下坚实的基础。

共享工程拜城县支中心设在拜城县公共图书馆，是拜城县共享工程的建设和业务指导单位，负责保障县中心共享工程设备的运行，协调乡级共享工程设备的维修，指导乡级共享工程活动的开展以及开展全县共享工程管理员的业务培训和指导。

二、管理和队伍建设

为使共享项工程真正为民所用为民谋利，拜城县支中心将共享工程日常管理纳入制度化管理。2010年以来，拜城县支中心把管理作为文化共享工程建设的重中之重，实行建管并举，建章立制，加强了乡、镇（场）、社区基层服务点管理员的培训。同时，拜城县支中心加大对基层服务点的检查力度，进行考核评估。

制定支中心服务点工作职责和制度，实行制度上墙公开。每年有年度工作计划，月度有工作要点，季度有工作督导，年末有工作总结考核，并推行管理员工作日志管理，收集整理共享工程服务活动的得失，探索共享工程管理和服务新模式。文化资源共享工程作为一个新的文化资源获取平台，如何推广好、利用好共享工程丰富的文化资源关键在于是否有一支专业化的共享工程管理员队伍。拜城县共享工程支中心在管理员队伍建设上坚持明确职责，明确思路，制度化管理，常态化培育。目前拜城县共享工程管理员有2名，馆长亲自负责抓落实，实现了管理员专职管理的高起点。

为充分了解广大群众对文化共享工程数据资源的需求，明确今后资源投方向及内容，拜城县支中心开展资源需求调查工作，下发资源需求调查表，分别了解群众需要如：政治、法律、科技、电影、讲座、戏曲等内容，做到有的放矢，及时更新网站资源内容，满足了群众对文化信息需求的不同需要。支中心并派专人负责，广泛征求群众意见，积极开展服务宣传工作，扩大了文化共享工程在基层的影响，广大群众都明白了开展文化共享工程活动的意义。

三、培训工作

拜城县支中心在共享工程管理员的培养上实现了制度化和常态化。根据支中心工作要求，每年都要对共享工程管理员进行集中培训或参加疆内外的各项共享工程培训，2004年以来参加各类培训班13期，参加培训的管理员16人次。

2010年以来，拜城县文化共享工程工作在自治区中心的领导下，各项工作都取得了一定成绩。如，2012年拜城县文化共享工程服务工作被自治区中心列为典型服务单位，同年7月，由自治区文化信息资源共享工程区级分中心举办的2012年“春雨工程”自治区文化信息资源共享工程县（市）级支中心骨干培训班南疆120人参加的培训班在拜城县支中心举办。

四、经费投入

拜城县支中心通过各方努力协调争取扩大建设，先后投入资金90余万元，其中，中央资金54.4万元，县配套资金13.6万元，县科技项目投入资金25万元，文化馆业务资金投入2.5万元。建起了面积150平方米的文化信息资源共享工程暨爱国主义教育基地，目前有读者可利用电脑65台。并全部安装调试完成，对公众免费开放，共享工程自2010年对外开放以来，县财政每年投入数万元余万的运行经费，用于共享工程设备的维护，人员培训和惠民活动的开展。同时，拜城县公共图书馆每年也投入大量人力物力支持共享共享工程各项活动的正常开展。

五、资源建设

拜城县文化共享工程建立以来，在县委、政府及各级文化主管部门的大力支持下，拜城县文化信息资源共享工程领服务工作有了长足发展，增强了文化共享工程在基层的辐射力和影响力，特别是利用文化信息资源，服务广大人民群众，满足了广大群众精神生活的需要。目前，县文化信息资源共享工程暨爱国主义教育基地（绿色网吧）服务点有近26万册电子图书和5万余册馆藏图书对外开放，日平均接待群众约80人次，并开展面向基层群众的培训、讲座、展览、优秀电影播放、读书活动等服务活动近200场，服务群众近12000余人次。

建立了拜城县公共图书馆文化网站，每天网站点击数量在约超过百人。

六、合作共建

以共享工程为依托县支中心在文化信息资源服务中不断探索，利用以成立的文化信息资源共享工程结合我县实际建立了拜城县文化信息资源共享工程暨爱国主义教育基地、电子文献资源服务中心。结合我县历史、文

物和各种下发的电子文献资源与建立的共享工程服务结合起来，组织动员青少年儿童关注共享工程，利用共享工程，提升青少年知识兴趣点，组织各学校学生参加支中心开展的活动，使各族学生在阅读、上网过程中丰富文化知识，利用学校假期期间组织学生参加文化信息资源共享工程培训班、绿色上网，欣赏学习健康知识，根据学生不同年龄段为学生颁发不同内容的科普知识、优秀爱国教育影片。通过多方不懈努力，共享工程已逐步走入学生，获取新知，娱乐身心的新渠道，家长放心的新平台。

七、利民惠众，惠农服务

拜城县支中心在共享工程服务实践过程中，以民众的需求为导向，积极探索，服务民众生活生产，引领群众高尚精神文化生活，打造群众满意的文化服务新平台。

根据拜城县地域农业、农民生产特点，县支中心每年按季节到基层服务群众。针对不同区域、不同生活生产群众，拜城县支中心有针对的选取文化信息资源上门指导服务。累计服务基层50场次。

八、宣传推广

拜城县支中心充分利用各种渠道宣传推广共享工程。在拜城县每年的“农村百日文体活动”暨科技、文化、卫生下乡活动中，县支中心不失时机，以活动为平台，以资料为媒介宣传共享工程，让民众不断了解共享工程，走进共享工程。

拜城县支中心在服务中抓住文化的热点和亮点，积极组织群众喜闻乐见的文化服务，使共享工程走进群众生活。例如在迎接建党92周年之际，拜城县支中心联合相关单位举办了“亲子青少年读书”、“健康绿色上网”、“颂歌献给党”学生网上征文活动，与学生家长一道品读中华经典，共享文化盛宴。

九、工作展望

展望未来，拜城县支文化共享工程紧紧围绕国家、省、地区中心的工作部署，将进一步构建资源优质丰富、技术先进实用、传播高效互动、服务便捷贴近、管理科学规范、体系完整可控的公共数字文化传播服务体系，使文化共享工程真正成为城乡群众参与文化娱乐、获取科普信息、接受教育培训、享受惠民服务的重要平台。建设一支专业化的服务队伍，建立一个县、乡、村级知识网络联动的服务体制和服务形式更加多样，服务网点更加宽广，参与群众更加广泛的共享工程文化带动体系。

（撰文/许忠德）

于田县支中心

新疆于田县位于塔克拉玛干沙漠南缘，全县国土面积4.032万平方公里，辖13个乡、2个镇、1个街道办事处、175个行政村，人均耕地面积1.81亩。全县总人中24.05万人，其中维吾尔族人口23.05万人口占总人数的98%，其他民族占总人口的2%；是国家和自治区重点扶持贫困县。全县属暖温带内陆干旱荒漠气候，南部山区半湿润气候区，中部平原暖温干旱气候区和北部暖温极端干旱沙漠气候区。于田县资源十分丰富，被冠以“中国探险旅游之乡”、“中国大芸之乡”、“中国大叶紫花苜蓿之乡”、“中国玉石之乡”、“中国胡杨之乡”等称号。新疆于田县文化资源共享工程在县委宣传部、文广局、自治区分中心的支持和部署下，坚持协调发展，以文化基础设施建设为重点，推进县、乡、村三级文化设施协调建设完善，努力夯实基层文化阵地建设，为丰富和满足农民多层次文化需求，推进乡镇、村级文化阵地建设，传递中华民族优秀文化资源发挥了积极作用。

一、基本情况

于田县文化资源共享工程建设始于2008年，2009年于田县文化资源共享工程于田支中心开始投入使用，对外免费开放。辖区13个乡、2个镇、3个场。通过国家扩大内需政策的拉动下，总投资1399万元，实施乡镇综合文化站建设，通过4个卫星地面接收站可直接转播当天中央电视台和新疆电视台的节目。最初在各乡镇文化站安装设备调试完毕，均通过卫星设备直接接收国家中心下发的各类资源和信息，基本建立了15个乡镇基层服务点。

共享工程于田县支中心设在于田县文化活动中心，图书馆电子阅览室。是于田县共享工程建设和业务指导单位，负责保障县中心共享工程设备的运行，协调各乡镇共享工程设备的运行。指导各乡镇共享工程活动的开展以及共享工程管理人员的业务培训和指导。

二、管理和队伍建设

文化资源共享工程作为一个新的农村文化资源获取平台。如何推广好、利用好共享工程丰富的文化资源关键在于是否有一支专业化的共享工程管理员队伍。于田县共享工程支中心在队伍建设上克服人员素质低、、文化程度不高、语言障碍等困难，坚持自学、培训，走出去加大培训力度，加强自身建设，不断提高和增强责任意识，创新意识和大局意识，切实提高为读者服务的意识、工作质量和水平。收集整理共享工程服务活动的工作简报，学习各省的工作经验和探索共同开展公共数字文化实践研究。于田县支中心在管理队伍建设上坚持明确职责，制度化管理。常态化培育，对于乡镇基层共享工程管理上选取大学生为管理员、他们熟悉计算机技术，有较高的文化水平为所在村民服务，把文化资源优秀信息方便快捷地传送到千家万户。保证了文化共享工程顺利实施。

三、培训工作

于田县支中心在共享工程乡镇基层管理员的培养上实现了制度化和常态化。按计划要求每年对辖区共享工程管理员、退休老干部、个体户、学生进行定期集中培训，2008年以来共举办各类培训20期，参加各类培训27次，达800人次。

四、经费投入

于田县支中心自2008年建成以来，国家投入大量资金，人员培训和惠民活动的开展。同时在国家政策资金投入各乡镇配备了计算机、数码摄像机、照相机、投影

机、投影屏幕、图书、光碟等，完善了硬件建设。为文化共享工程通过有线电视传播打下了坚实的基础。

五、丰富内容，利民惠农服务

在工作中，我们充分利用国家提供的资源制作光碟走村入户送光碟、图书、巡回播放移动播放器中的资源，但在少数民族地区语言上的不同。

一是在内容上国家提供的资源受地域和语言上的限制，农民反映不适合本地实际。

二是人力、设备上的限制，走村串户需要人力，交通工具图书馆没车，下乡费用高，下一次乡受益面窄组织起来农民群众也不容易。通过工作人员下载适用于当地群众的政策法规、防疫保健、科普知识、文艺节目等内容。包括农村养殖技术、农业技术、务工技术、手工技术等进行讲座培训。经过1年的运行取得了一定的成果。公共文化资源利用率明显提高。

六、发挥共享工程作用

1、于田县文化共享工程于田支中心利用各种渠道作宣传，让广大群众了解和利用电子阅览室，于田县支中心不失时机以活动、培训、讲座为平台，以资料为媒介，通过电视让家喻户晓。让民众不断了解共享工程，走进共享工程。

2、走进军营

近年来，于田县委、政府十分重视拥军爱民工作，“八一”都组织人员深入到驻于部队进行慰问。于田县支中心也响应县委、县政府的号召，先后与驻地监狱和驻守部队结成共建单位送图书，让部队官兵利用资源举办讲座、上网看信息等丰富部队广大官兵的精神文化生活，起到了很好的作用。

3、走进校园

于田县支中心以现代文化为引领，传承书香播洒文明，以公共文化阵地和厚重的文化底蕴，传承着圣洁淳朴的精神家园，与学校联手促进公民思想道德教育。刻录了200张“童心向党，快乐成长”的光碟，并在学校用投影仪举办了由1千名学生参加的向英雄楷模学习讲座、网上祭奠英烈、网页制作大赛，利用共享工程收集青少年知识兴趣点，深受广大青少年的喜爱。

4、发挥电子信息优势

随着信息时代的飞速发展，网民越来越多。互联网上各类信息吸引了越来越多人的目光。因此，于田县支中心利用网民心理积极组织退休老干部、个体户、聘请消防人员进行关于消防知识的讲座培训，养老保险的信息查询等。在建党90周年之际，让老干部亲身体验查阅信息的快乐，受到了老干部的好评。通过一系列的活动，是共享工程取得推广、宣传、学习的目地。

七、工作展望

于田县文化资源共享工程走过了4个年头，通过广大群众广泛参与和认知，文化资源共享成为了一项民之所爱、民之所喜的民心工程。今后于田县支中心紧紧把住文化共享工程的“建、管、学、用”四个环节，强化教育、优化服务，突出学用上下功夫，在国家和地方的支持下争取使村村通过卫星设备全覆盖，成为全县人民生活的一大支柱。使文化共享工程真正成为人民群众欢迎的一项民心工程。今后在国家中心、新疆分中心的大力支持下，将为繁荣全县、乡镇、村人民精神生活，推动于田县各项科技工作进步，社会发展的强大源泉。于田县支中心将拓展文化资源共享工程网络，打造于田县特色的文化品牌服务，推动于田经济做出贡献。

（撰文/于田县支中心）

吐鲁番市支中心

吐鲁番市位于新疆维吾尔自治区中东部，地处天山支脉博格达峰南麓、吐鲁番盆地中部，吐鲁番市辖区总面积1.36万平方公里，总人口28.35万人，聚居着维吾尔、汉、回等27个民族，境内驻有新疆生产建设兵团221团。全市下辖14个乡（镇、场）、街道办事处，56个行政村，25个社区。

近几年来，在自治区文化厅、吐鲁番地市文广局的关心支持和指导下，吐鲁番认真开展文化信息资源共享工程建设，工作中坚持政府主管，文广局主抓的原则，以市县图书室馆为中心，乡镇文化站和行政村（街道、社区）文化活动室为重点的基层服务网络，组织实施文化信息资源共享工程。通过“共享工程”的实施，将为新时期建设新农村、培育新农民搭建新的平台，并以此推进和完善文化服务体系建设，提高文化服务水平，促进城乡文化事业的发展。

一、基本情况

吐鲁番文化资源共享工程于2005年开始起步建设。市委、市政府对市文化信息资源共享工程建设比较重视，2005年，成立了吐鲁番文化信息资源共享工程建设领导小组，负责指导、协调文化信息资源共享工程建设工作，制订了《吐鲁番文化信息资源共享工程实施方案》。投入20万元，购置客户机25台，接受国家共享工程设备一套。

共享工程吐鲁番支中心设在吐鲁番图书馆，是吐鲁番地区共享工程的建设和业务指导单位，负责保障支中心共享工程设备的运行，及协调两县一市共享工程分中心的工作，开展全地区共享工程管理员的业务培训和指导。经过几年的发展，目前吐鲁番支中心拥有客户机88台，服务器4台，投影仪3台。

二、管理和队伍建设

为使共享项工程真正为民所用、为民谋利，吐鲁番支中心将共享工程日常管理纳入制度化管理。制定支中心、县市基层服务点工作职责和制度，实行制度上墙公开。每年有年度工作计划，季度有工作督导，年末有工作总结考核，并推行管理员工作日志管理，收集整理共享工程服务活动的得失，探索共享工程管理和服务新模式。

吐鲁番共享工程支中心选择计算机专业或其他高学历的人员，有一定社会基层管理服务实践经验的人员为管理员，实行制度化管理，常态化培育的管理模式，并通过出去学习、请老师来馆讲课等形式，努力建设一支专业化的“共享工程”管理员队伍，不断提高业务能力和工作水平。

三、培训工作

吐鲁番支中心在共享工程管理员的培养上实现了制度化和常态化，每年定期对辖区共享工程管理员进行集中培训。2005年以来，共举办各类培训班28期，参加轮训的各级管理员达200人次。

四、经费投入和资源建设

吐鲁番共享工程自2005年成立以来，在地方财政非常紧张的情况下，政府投入10余万的运维经费，用于共享工程设备的维护，人员培训和惠民活动的开展。

根据不同区域民众文化需求，进行了一些数据库建设。选取、购买各类光盘500多张，制作展板40多块，各类海报，招贴画25张，发放宣传资料5000余份。

五、合作共建

开展多种形式的合作共建，推进“共享工程”建设。结合全覆盖的农村数字电影放映工作，建立电子文献资源服务中心。将各种部门下发的电子文献资源与建立的共享工程服务点结合，根据不同基层点的硬件条件建立形式多样的电子阅览室和多媒体中心。通过多方不懈努力，共享工程已逐步走入基层群众的生活，成为群众获取新知，娱乐身心的新渠道新平台。

六、利民惠众，惠农服务

吐鲁番支中心在共享工程服务实践过程中，以民众的需求为导向，积极探索，服务民众生活生产，引领群众高尚精神文化生活，打造群众满意的文化服务新平台。

根据吐鲁番地域农业生产特点，吐鲁番支中心每年按节令购买农业生产技术光盘和小册子，通过基层服务点免费向农牧民发放。针对不同用户，吐鲁番支中心有针对性地进行上门指导服务，累计服务专业农户20多户，长期跟踪服务8户。

七、宣传推广

吐鲁番支中心利用各种渠道宣传推广共享工程。在每年的科技文化下乡、吐鲁番葡萄节等活动中，通过宣传让群众不断了解“共享工程”，走进“共享工程”，利用“共享工程”的丰富资源。利用支中心电了阅览室，组织动员青少年、离退休老同志关注共享工程，利用共享工程，收集青少年、离退休老同志的知识兴趣点整理挖掘，有针对性地开展各类讲座、培训班。在全地区中小学校开展了电脑小报制作大赛和文化共享杯群众摄影比赛。通过一系列的活动，使“共享工程”走进群众生活。

八、工作展望

继续大力推进“共享工程”建设，充分利用“共享工程”的丰富资源为群众服务。要结合“数字图书馆”工程建设，全面提升北海市级支中心的设备，提高吐鲁番“共享工程”的建设水平。进一步扩充文化设施网点，早日实现行政村全覆盖。以市县图书馆为中心，加强基层文化设施网点网络化、数字化建设，加强专业技术人员的培养，为深入推进“共享工程”的实施打好基础。充分发挥“共享工程”的作用，大力开展公益性数字文化服务，尤其加强对广大农村地区的扶持力度，将文化共享工程建设成为社会主义新农村的重要抓手。

（撰文/吐鲁番市支中心）

阜康市支中心

新疆阜康市位于天山东段北麓，准噶尔盆地南缘，昌吉回族自治州中部，与乌鲁木齐米东区毗邻。总面积11726平方公里，总人口16.2万人，有26个民族，全市辖4镇3乡、106个行政村，3个街道办事处，12个社区。有汉、回、维、哈等20多个民族。在阜康市文广局、市图书馆支持和部署下，阜康市文化资源共享工程逐步推进，稳步发展，在新形势下为繁荣农村基层文化，满足农民多层次文化需求，传递中国民族优秀文化资源发挥了重要作用。

一、基本情况

阜康市文化资源共享工程建设开始于2006年。2006年10月，阜康市被自治区文化厅确定为了全国文化信息资源共享工程新疆三个试点县之一。2007年10月，在中央与地方财政的支持下市支中心建成，可通过卫星设备直接接收国家、自治区中心下发的各类资源和信息，支中心通过刻录光盘、移动播放设备为基层群众推介资源，开展服务。2009年阜康市文化资源共享工程开始向下辐射，最初在滋泥泉子镇、九运街镇、城关镇、水磨沟乡四个乡镇试点安装，2010年根据上级安排，村一级共享工程与党员远程教育合作共建，共享工程进入乡镇行政村，并在当年实现了全市107个行政村的全覆盖。阜康市文化资源共享工程支中心是阜康市共享工程的建设和业务指导单位，负责保障支中心共享工程设备的运行，协调镇村级共享工程设备的维修，指导镇村级共享工程活动的开展以及开展全市共享工程管理员的业务培训和指导。

二、管理和队伍建设

为使共享项工程真正为民所用为民谋利，阜康支中心将共享工程日常管理纳入制度化管理，制定或完善了乡镇、村的规章制度。要求各基层点要定点定时开放，支中心定期对基层服务点进行督导检查，较好地兼顾了党员干部的学习和广大群众的文化娱乐。

文化资源共享工程作为一个新的农村文化资源获取平台，如何推广好、利用好共享工程丰富的文化资源关键在于是否有一支专业化的共享工程管理员队伍。阜康市共享工程支中心在管理员队伍建设上坚持明确职责，制度化管理，常态化培育。在各乡镇、村、社区我们设立了1名专职或兼职文化干事，择优选取那些文化层次较高，有工作热情的村民或大学生村官为管理员，组织村民开展各项文化活动，充分利用共享工程的资源、设备。

三、培训工作

阜康支中心在共享工程管理员的培养上实现了制度化和常态化。根据支中心工作要求，每年对辖区共享工程管理员进行1–2期的集中培训，开展上门服务每年不少于12次，2009年以来一共举办各类培训班9期，上门辅导近70次，参加轮训的各级管理员达1300人次。

四、经费投入

阜康市共享工程自2007年建成后，2008年至2010

年，市财政又先后投入15万元，为支中心增加了移动播放器、数字资源等，使市中心阵地建设得到了进一步地完善。另外，阜康市自2008年开始就将文化共享工程运行经费纳入财政预算，每年财政拨款5万元作为文化信息资源共享工程市支中心的运行经费，保证了各项工作地正常开展。各乡（镇）、村、社区服务点通过项目工程争取一点，财政投入一点的方式，完善了文化站（室）的建设，有7个乡（镇）、96个村建立起了集图书、放映、培训、健身、录像、投影为一体的文化楼，蓝球场、乒乓球台等活动设施配备逐步齐全，为共享工程地运行奠定了坚实的物质基础。

五、资源建设

阜康支中心在历年的工作中，搜集不同区域民众文化需求，选取、编辑制作各类题材资源4TB，每年制作发放各类光盘500多张，发放宣传资料2000余份。

六、合作共建

按照“资源共享、优势互补、互利互惠”的原则，阜康市充分利用农村党员电教室设施设备的优势，与农村党员干部现代远程教育开展联合共建，实现共建共享、一站多用。与镇、村文化室建设同步，依托阵地积极开展各类文化活动，如城关镇的秦腔自乐班的场场演出都吸引了众多村民；九运街镇的回族花儿跳出了乡村，走进了城市的舞台；滋泥泉子的新疆曲子独具风味，唱出新时代农民的意气奋发；牧业乡镇的民族歌舞、阿肯弹唱也纷纷亮相，每年这样的演出就上百场，受到了广大农牧民的欢迎，极大地丰富了他们的精神文化生活。

七、利民惠众，惠农服务

文化共享工程必须通过一定的载体，才能到群众中去，到生活中去。阜康支中心通过调研，根据各地域农业生产特点，每年或是向各乡镇文化站、村基层服务点直接提供图书、光盘支持，由各服务点直接面向群众服务；或是利用“三下乡”、“文体六进”、乡镇集市等之机开展“助春耕”活动，现场为农牧民赠送图书、光盘，发放宣传资料；或是在乡镇文化站、农户家中利用移动播放器上门播放以及对种养殖专业户实行跟踪上门服务。几年来利用移动播放器播放80多次，通过各种途径共刻录发放光盘2000多张，宣传资料3000多份，长期点对点跟踪服务2户。

八、宣传推广

1、为了扩大全国文化信息资源共享工程在基层群众中的影响，支中心通过挂贴标语，发放宣传资料，设立咨询台，向全市广大人民群众宣传介绍文化信息资源共享工程。在2010年“文化信息资源共享工程宣传年”活动中，支中心还专门制作展板，带上移动设备，现场向基层群众介绍我市共享工程的发展状况，对于人们了解、使用共享工程资源起到了积极的推动作用。

2、专题活动，精彩纷呈。阜康支中心在服务中抓住文化的热点和亮点，积极组织群众喜闻乐见的文化服务。例如面向下岗职工、在职人员及读者开展计算机免费培训活动，在迎接建党90周年之际，联合畅岁园管理处开展夏日红色经典电影展播活动，组织基层群众开展“颂歌献给党”群众歌咏活动后上报国家中心网上展播，其中《家在阜康》被评为全国优秀原创作品奖，整合数字资源到企业、学校、建筑工地、社区开展数字资源展播活动。

九、荣誉

2007年，获国家文化部文化共享工程建设项目全国第十四届群星（服务）奖；2008年9月被国家文化部评为首批全国文化信息资源共享工程示范县。

十、工作展望

阜康市文化信息资源共享工程自启动以来，通过各级的共同努力，按照公益性原则，规范运作行为，严格内部管理，在过去的6年中从无到有，从昨天的几个点到今天的107个行政村全覆盖，从单一的资源接收到培训、编辑分发资源和群众广泛参与，取得的成绩是令人欣慰的。但是成绩只能代表过去，希望仍寄托在未来，今后阜康支中心希望在国家中心，自治区分中心大力支持下不断加强文化共享工程建设的宣传力度，加大资金投入，服务网点更加宽广，积极探索服务新方式，参与群众更加广泛，使文化共享工程在构建和谐社会、为民服务中发挥更好的作用。

（撰文/阜康市支中心）

呼图壁县支中心

新疆呼图壁县位于天山北麓中段，准噶尔盆地南缘，东距新疆维吾尔自治区首府乌鲁木齐市76公里，是古丝绸之路新北道上的重要驿站，素有“西出敬隘口，东进喉咙之称”。呼图壁县聚居有汉、哈、回、维吾尔等25个民族，总人口22.9万人，其中哈萨克民族2.4万人。拥有世界上最大的生殖崇拜岩画一康家石门子岩画。富庶的田野，广阔的牧场，丰富的物产，以及举世瞩目的旅游资源，形成了呼图壁县独特的自然条件和人文环境。呼图壁县文化信息资源共享工程接收系统于2009年在我县安装使用以来，以推广使用共享工程资源为切入点，逐步推进，稳步发展，在新形势下为繁荣农村基层文化，满足农民多层次文化需求，传递中国民族优秀文化资源发挥了重要作用。

一、基本情况

呼图壁县文化资源共享工程建设开始于2009年，在县图书馆成立支中心，此后陆续在5个乡镇文化站设点安装，前期安装设备均通过卫星设备直接接收国家中心下发的给类资源和信息。2011年文化资源共享工程通过党员远程教育网络普及，使所属的54个行政村实现共享工程全覆盖。

共享工程呼图壁县支中心设在呼图壁县图书馆，是呼图壁县共享工程的建设和业务指导单位，负责保障县支中心共享工程设备的运行，协调镇村级共享工程设备的正常运行，指导镇村级共享工程活动的开展以及共享工程管理员的业务培训和辅导。

二、培训工作

该支中心在共享工程管理员的培养上实现了制度化和常态化。根据支中心工作要求，每年对乡镇共享工程管理人员进行集中培训与工作指导，并对之中心的专业技术人员进行外派培训，确保各项工作正常运转。

三、经费投入

呼图壁县共享工程自2009年建立以来，每年投入近10万的运行维护经费，用于共享工程设备的维护，人员培训和各项惠民活动的开展。

四、资源建设

自2009年实施文化信息资源工作以来，呼图壁县图书馆便指定专人负责，把各类资源进行分类储存。分别建立了种植、养殖、务工技术、法律法规、医药卫生等文件夹，从2009年至今已经接收各种信息资源800G，收集整理各种数字资源达到近2个TB。为了方便读者随时使用光盘数字资源，图书馆采购了光盘管理软件与服务器，把国家资源中心、省级分中心下发的光盘和自购的大量光盘建立视屏点播数据库，让读者在客户端随意点击即可观看、下载、刻录，使读者对母盘不会造成任何损坏，满足读者多次检索的需求。另外，加大引进“数字图书馆”的资源库建设力度，引进自治区70余万元的国研网、博看网、五车电子图书、新图知网论文数据库、龙源期刊数据库等11个丰富的数字资源库供大家无偿享用。同时，将征集到的具有地方特色和民族特色的纸质文献、视屏、图片，非物质文化遗产和重点旅游景点、文物资料进行数字化存储、推广和利用。每年组织各类读者召开“数字图书馆”信息发布会，使数字图书馆成为我县年轻读者工作学习的“充电站”，丰富精神文化的“大书房”。

五、合作共建

以总分馆制为抓手，大力提升文化共享的延伸服务。以总分馆制推进我县基层图书室实现自动化、网络化运行是我县支中心工作中的一大亮点。县支中心以共享工程为依托，与中小学之间建立分馆运行机制，使学校的图书管理在业务上将与县图书馆实现统一操作平台、统一读者管理、书目共建共享、图书通借通还、共享数字资源，大大提高学校图书室业务自动化管理水平和服务质量。

六、利民惠众，惠农服务

为了让文化信息资源共享工作在群众中受欢迎，呼图壁县支中心在全县各乡镇村场做了细致地调查，分别将园户村镇上二工村刚建立的最大肉鸡养殖基地、二十里店镇文化站、大丰镇红山村番茄育苗基地作为服务试点对象，有针对性的在农牧民家门口开展视频展播和专题信息服务，并将相关涉农部门的技术专家邀请到现场做实地指导。在编制资料时，主动请专业部门的技术员提出合理化意见，在信息发布现场，还特别邀请县畜牧技术员和农科技术骨干对所发布的信息与大家进行现场答疑解析，深受农牧民们的欢迎和称赞。找准了能贴近农民群众的服务的路子，呼图壁县支中心紧紧围绕全县的农业主导产业，协同农业、畜牧、科技等专业部门做好以现代设施农业为主导的食用菌种植技术、苗木花卉、畜牧业品种改良以及品质提升等发展方面信息服务，在群众最需要的时候，图书馆馆员都能发扬不怕吃苦，调整正常工作时间深入到村组，用汉、哈两种语言为广大的农牧民提供生产、生活方面的文化信息服务。3年多来，为各类群众开展“各种信息发布会”15场次，影视展播60场次，免费发放自制光盘2000张。

七、宣传推广

1、与乡村电影队打“联手牌”，使文化共享资源实现“村村通”。

由于呼图壁县图书馆只有6个编制，工作人员少，又无交通工具，为了能让优秀的文化信息源源不断地送到农牧民的身边，图书馆便与乡村电影队打起了“联手牌”，借助乡村电影队的交通和设备优势，将适合我县农村题材的农业科技、养殖、务工技术、法律法规常识和医药卫生等方面的视屏资源进行遴选、刻录、拷贝，从2011年开始，在夏季傍晚随电影队到各村组进行实地播放。当图书馆把务工技能和法律法规的资源送到县良种场农民工身边时，近上千名的务工人员和农民群众围拢过来，现场的一位农民工由衷地说道：“我们以前对民法、继承法、婚姻法都不是很了解，通过这样的文化下乡，让我们老百姓知道如何用法律来维护我们自己的权利，我们感到很高兴”。

2、为特殊读者提供个性化信息服务。

为了让县领导集中了解国家对新疆出台的各项惠民政策以及东部地区实施援疆方面好的措施，县支中心积极主动为县领导编印《东部看新疆》决策信息。每月搜集2期资源编印成册，及时送达到县领导的手中，备受领导关注。

3、专题活动，精彩纷呈。呼图壁县支中心在服务中抓住文化的热点和亮点，积极组织群众喜闻乐见的文化服务，使共享工程走进群众生活。

每逢寒暑假，县图书馆便以电子阅览室为阵地，分批为青少年免费开展电脑培训班。对于初中阶段的孩子，以提高他们图文混版、电子表格和课件等方面的制作水平，开展以“绿色、低碳、环保”为主题的电子小报设计比赛。对于高中生读者，则开展“我们帮你赢高考”专题信息服务活动，为高考生专门制作300套有关院校录取线分析技巧，了解院校实力的视频资料，免费让考生前来查询各大院校的网络信息，使高考生和家长们备受欢迎。对于机关青年干部，则组织开展“庆五一，迎五四学习英雄楷模报告会”、“红色历史文化系列”讲座等活动，让青年干部感受党所走过的伟大历程，以英模事迹为动力，全心全意投身各项事业的发展贡献力量。

八、工作展望

呼图壁县支中心文化资源共享工程才走过4个年头，从单一的资源接收到今天的编辑分发和群众广泛认知，广泛参与，文化资源共享工程已经成为呼图壁县人民文化生活的一大支柱，成为繁荣呼图壁文化，丰富人民精神生活，推动呼图壁人文科技进步的强大动力源泉。今后，呼图壁县支中心希望在新疆维吾尔自治区分中心的大力支持下为呼图壁县共享工程建设一支专业化的服务队伍，建立一个省、市（县）、乡镇三级知识网络联动的即时问答服务体制和服务形式更加多样，服务网点更加宽广，参与群众更加广泛的共享工程文化带动体系，为建设科技呼图壁，文化呼图壁做出贡献。

（撰文/呼图壁县支中心）

额敏县支中心

额敏县位于新疆维吾尔自治区西北部，塔额盆地东部，东邻和布克赛尔蒙古自治区县，西接裕民、塔城两县市，南连托里县，北与哈萨克斯坦接壤，边境线长132公里。全县总面积9531.9平方公里，县辖一镇十乡六个农牧场，共188个村队，县境内还驻有新疆生产建设兵团农九师师部及所属的六个团场。全县总人口14.47万人(不含农九师及驻县单位)，由22个民族组成，主要民族有哈萨克族、汉族、维吾尔族、蒙古族、回族等。

额敏县文化资源共享工作在自治区文化厅，自治区分中心的支持和部署下，逐步推进，稳步发展，在新形势下为繁荣农村基层文化，满足农民多层次文化需求，传递中国民族优秀文化资源发挥了重要作用。

一、基本情况

文化信息资源共享工程于2008年底，在额敏县图书馆安装使用，建设公共电子阅览室提供免费网络服务并通过卫星设备直接接收国家中心下发的资源和信息，额敏县文化信息资源共享支中心正式建成。

2011年文化信息资源共享工程开始普及乡镇，额敏县第一批有4个乡镇文化站于当年安装调试完毕。

2012年第二批13个乡、场进行安装，至此额敏县所属乡、场、镇实现共享工程全覆盖。

共享工程额敏支中心设在额敏县图书馆，是额敏县共享工程的建设和业务指导单位，负责保障县支中心共享工程设备的运行，协调乡镇级共享工程设备的维护，指导乡镇级共享工程的开展以及开展全县共享工程管理员的业务培训和指导工作。

二、管理和队伍建设

为使共享工程真正为民所用为民谋利，额敏县支中心将共享工程日常管理纳入制度化管理。制定支中心、乡镇基层服务点工作职责和制度，实行制度上墙公开。每年有年度工作计划，月度有工作要点，季度有工作督导，年末有工作总结考核，并收集整理共享工程服务活动的得失，探索共享工程管理和服务新模式。

文化资源共享工程作为一个新的农村文化资源获取平台，如何推广好、利用好共享工程丰富的文化资源关键在于是否有一支专业化的共享工程管理员队伍。额敏县共享工程支中心在管理员队伍建设上坚持明确职责，明确思路，制度化管理，常态化培育。对于乡镇基层共享工程管理员进行培训和指导，努力提高基层工作人员的专业素养和工作能力，争取给广大群众更优质的服务。

三、培训工作

额敏县支中心十分重视共享工程管理员的培养工作。每年根据自治区分中心工作要求对辖区共享工程管理员进行多次培训，2011和2012年开展远程网络培训24次。支中心每年还下乡镇指导工作2次，指导基层文化共享工作的开展并提供技术支持。

四、经费投入

额敏县共享工程自2008年底建设并投入使用以来，每年投入4.8万元的运作经费，其中光纤费1.8万元，专项电费2.2万元，维护费8千元。另外，免费开放经费在文化共享方面还投入1万元支持各项活动的开展。同时，额敏县政府和额敏图书馆每年也投入大量人力物力支援共享工程各项活动的正常开展。

五、资源建设

额敏支中心在历年的工作中，根据不同区域不同民族民众文化需求，制作发放各类光盘1750多张，各类海报、展板、横幅30多幅，发放宣传资料5000余份。

六、惠民服务

1、走进校园。额敏支中心在文化服务中不断探索，利用图书馆儿童阅览专区，组织动员青少年儿童关注共享工程，利用共享工程。收集青少年兴趣点，举办“打字比赛”，在公民道德建设月期间举办“公民道德网上知识问答赛”，在消防宣传日期间组织青少年举办“消防安全知识讲座”等活动，在丰富青少年课余生活的同时加强各项技能和自我防范意识。在六一儿童节和国庆节来临之际开展“优秀影片展播活动”，每周末在儿童阅览室给青少年读者播放爱国主义电影，培养青少年的爱国主义情操。通过一系列的活动使共享工程不仅走进农村也走进校园走进青少年生活。

2、走进社区。额敏支中心还组织人员在社区开展爱国主义影片展播活动，举办“科技种植、养殖讲座”活动，使文化共享工程进一步走进群众生活。

3、专题活动，精彩纷呈。额敏支中心在服务中抓住文化的热点和亮点，积极组织群众喜闻乐见的文化服务，使共享工程走进群众生活。例如：在五四青年节来临之际举办“红歌嘹亮、青春飞扬”红歌大赛活动。重阳期间走进敬老院为孤寡老人播放电影，让他们感受到社会的温暖。每年定期举办“老年人电脑培训班”，为老年人教授电脑的基础操作知识，让老年读者也能享受网络的快捷信息和便利生活。

不仅如此，还举办了许多其他题材的专题活动，以这种活动的形式促进文化的传播与发展，也丰富了群众的精神生活。

4、便民服务。额敏支中心积极响应文化共享工程管理中心的号召，开展免费网上订购火车票的便民服务，为那些需要订购火车票但又不会网上订票或者没有安全购票场所的群众提供帮助，使他们能够安全放心的订购上火车票，真正做到便民、惠民，解决群众所需。

七、宣传推广

额敏支中心利用各种渠道宣传推广共享工程。在额敏县文广局每年的科技文化下乡等活动中，额敏支中心不失时机，以活动为平台，以资料为媒介宣传共享工程，让民众不断了解共享工程，走进共享工程。

八、工作展望

额敏县文化资源共享工程已走过4个年头，从刚开始的仅县图书馆使用到全县乡、镇、场全覆盖，从单一的网络服务到今天的网络服务与各项活动相结合，文化资源共享工程在额敏已经成为额敏人民文化生活的重要部分，成为繁荣额敏文化，丰富额敏人民精神生活，推动额敏人文科技进步的强大动力源泉。

（撰文/额敏县支中心）

沙湾县支中心

沙湾县位于天山中段北麓，准噶尔盆地南缘。沙湾地处北疆要冲，古丝绸之路4处驿站在沙湾境内。欧亚第二大陆桥北疆铁路和312国道、乌奎高速公路、克榆公路自东向西横穿县境，219、223、224三条省道和3条县道自南向北纵贯全县，呼克公路自东向西横穿全县南、中、北，为乌鲁木齐通往伊犁、塔城、阿勒泰的交通要道，是新疆通往欧洲的必经之地，区位交通优势十分明显。沙湾县面积1.31万平方公里，辖9镇、3乡、5个农牧林场和2个管理处，236个行政村。人口39.14万，其中地方人口21.08万，由汉、哈、回、维等28个民族组成。沙湾县有“大盘鸡的故乡”、“天下第一大盘”“美食名城”之称。

一、基本情况

文化信息资源共享工程沙湾县支中心设在沙湾县图书馆，支中心文化共享工程设备于2008年12月正式到位安装运行，2009年4月验收合格。2010年先行安装了金沟河镇、柳毛湾镇、东湾镇、博尔通古乡4个乡镇的共享工程设备，2011年安装了7个乡镇，2012年安装了3个牧场。

二、经费投入与运行

沙湾县支中心的运行过程中，得到了沙湾县财政的大力支持。运行初期，没有运行管理经费，经过县领导会议，批准了支中心专项运行管理经费，解决了10兆光纤入网困难，每年共享工程培训费用纳入财政预算，并增加了电子阅览室设备。经费的大力投入使沙湾县支中心管理工作得以正常运行。

三、管理和队伍建设

沙湾县支中心配备了1名共享工程负责人，1名管理人员，负责支中心日常共享工程维护、电子阅览室开放、培训、资料下载、刻录等工作。各乡镇场配备了1名共享工程管理人员。沙湾县支中心按照共享工程工作要求，制定了各种管理制度，并按国家共享工程管理中心统一标识要求和标准，制作的沙湾县支中心牌匾。沙湾县支中心队伍建设和管理基本完善。

四、培训工作

沙湾县支中心自2008年设备安装调试运行以来，支中心工作人员每年参加共享工程业务培训，学习共享工程专业管理知识，支中心管理人员自2009年开始，充分利用沙湾县图书馆现有资源，在乡镇图书馆管理业务知识培训班中增加共享工程业务知识培训内容，对乡镇管理人员每年进行二期计算机和共享工程知识的业务培训，对共享工程设备已到位的乡镇管理人员培训目标是：熟悉并逐步掌握；对设备尚未到位的乡镇管理人员要求：了解文化信息资源共享工程，学习计算机知识，并了解共享工程基本服务内容，以到位后快速熟悉共享工程业务并掌握的目标进行培训，制定了这个学习目标后，每年培训中，对乡镇的管理人员甚至到村级的图书管理人员，也加入共享工程知识的培训内容，为今后共享工程的全覆盖做好充分准备。

五、惠民服务

充分利用共享工程资源。3月“雷锋月”期间，组织广大干部群众和学生观看讲座“永做雷锋精神传人”活动，与沙湾县文明创建活动相结合，掀起了学习雷锋活动高潮；民族团结月期间，从共享工程资源中搜集民族团结知识，制作板报与知识竞答试题；假期与社区组织学生开展了“七彩假日”活动，以“红色七月”为主线，开展革命电影展播，使广大学生对中国革命史有了更进一步的了解，增强了学生们的爱国热情。“科技之冬三下乡”活动中，播放电影、培训讲座及各种技术讲座，并发放各种文化共享工程光盘，受到了各族群众的欢迎。

六、宣传推广

沙湾县支中心对共享工程进行广泛的宣传，从支中心管理人员的培训，到乡镇场及村管理人员的培训，各种共享工程惠民服务的实践活动，都渗透了沙湾县支中心的宣传服务。沙湾县支中心还制作了宣传单，书签等，以各种方式宣传推广文化共享工程。

七、工作展望

沙湾县支中心在国家共享工程惠民政策鼓舞下，在新疆分中心的指导下，将对本地资源进行搜集加工制作，创办本地特色讲座、专题活动等特色资源，以大盘美食为题材推出“沙湾美食文化”，推广本地特产和特色资源，并将资源进行制作上传共享。

将与本地的农业培训基地挂钩，支中心与乡镇服务点紧密联系农户的方式，进行跟踪服务，充分利用文化信息资源共享工程，把农民的经济与科技信息服务工作做好，利用共享工程培训实用增效的科学技术，使沙湾县农牧民收入再上新台阶。

（撰文/沙湾县支中心）

阿勒泰市支中心

阿勒泰市位于中国新疆维吾尔自治区北部边缘。北与蒙古国接壤。全市东西宽117千米，南北长156千米，面积1.08万平方千米。人口约23万人。民族有哈萨克、汉、维吾尔、回、蒙古、塔塔尔等。阿勒泰市是阿勒泰地区政治、经济和文化中心，位于新疆维吾尔自治区北部，阿尔泰山南麓，额尔齐斯河北岸。

阿勒泰市文化资源共享工程县级支中心，在市委、市政府的领导和市文化体育新闻出版局的支持下，逐步推进，稳步发展，不断满足广大群众多层次文化需求，真正发挥了“文化惠民”的作用。

一、基本情况

阿勒泰市文化资源共享工程县级支中心开始于2007年，陆续在全市八乡、三镇、二个牧场文化站开始安装，2008年第一批5个乡镇文化站安装调试完毕，2009年第二批5个乡镇文化站安装调试完毕，2012年第三批两个牧场安装调试完毕。安装设备均通过卫星设备直接接收国家中心下发的各类资源和信息。至此阿勒泰市文化资源共享工程实现了乡、镇、牧场全覆盖。

共享工程县级支中心设在阿勒泰市图书馆，是阿勒泰市文化资源共享工程的建设和业务指导单位，负责保障全市文化资源共享工程设备的运行，协调乡、镇、牧场文化资源共享工程设备的维修，指导文化资源共享工程活动的开展以及开展全市文化资源共享工程管理员的业务培训和指导。

二、管理和队伍建设

为使共享工程真正为民所用为民谋利，阿勒泰市县级支中心将文化资源共享工程日常管理纳入制度化管理。制定支中心、乡镇、牧场基层服务点工作职责和制度，实行制度上墙公开。

每年有年度工作计划，月度有工作要点，季度有工作督导，年末有工作总结考核，并推行管理员工作日志管理，收集整理共享工程服务活动的得失，探索共享工程管理和服务新模式。

文化资源共享工程作为一个文化资源获取平台，如何推广好、利用好共享工程丰富的文化资源关键在于是否有一支专业化的共享工程管理员队伍。阿勒泰市文化资源共享工程县级支中心在管理员队伍建设上坚持明确职责，明确思路，制度化管理，常态化培育。对于乡镇牧场文化资源共享工程管理上选取文化层次较高、具有较高计算机水平的人员为管理员。目前阿勒泰市文化资源共享工程管理人员共15人。

三、培训工作

阿勒泰市文化资源共享工程县级支中心在管理人员的培养上实现了制度化和常态化。根据支中心工作要求，每年对乡镇牧场文化资源共享工程管理员进行3期的集中培训，2007年以来一共举办各类培训班15期，参加轮训的各级管理员达400余人次。

四、经费投入

阿勒市文化资源共享工程自2007年实施以来，共投入5万的运维经费，用于共享工程设备的维护，人员培训和惠民活动的开展。同时，阿勒泰市政府、阿勒泰市文化体育新闻出版局和阿勒泰市图书馆每年也投入大量人力物力支援共享工程各项活动的正常开展。

五、资源建设

阿勒泰市县级支中心在历年的工作中，接收上级下发光盘600多张，利用滚动屏宣传文化资源共享工程50条，发放宣传资料1000余份。

六、合作共建

阿勒泰市根据不同乡镇、牧场的硬件条件建立形式多样的电子阅览室和多媒体中心。通过多方不懈努力，共享工程已逐步走入广大群众的生活，成为广大群众获取新知，娱乐身心的新渠道新平台。

七、利民惠众，惠农服务

阿勒泰市县级支中心在共享工程服务实践过程中，以民众的需求为导向，积极探索，服务民众生活生产，引领群众高尚精神文化生活，打造群众在满意喜爱的文化服务新平台，如举办电脑培训班、各类知识讲座、播放影片等。

八、宣传推广

1、阿勒泰市文化资源共享工程县级支中心利用各种渠道宣传推广共享工程。在阿勒泰市每年的文化三下乡活动、科技周等活动中，阿勒泰市文化资源共享工程县级支中心不失时机，以活动为平台，以资料为媒介宣传共享工程，让民众不断了解共享工程，走进共享工程。

2、走进校园。阿勒泰市文化资源共享工程县级支中心文化在服务中不断探索，组织动员青少年儿童关注共享工程，利用共享工程，收集青少年知识兴趣点整理挖掘，组织开展知识讲座、读书竞赛、征文比赛等，深受广大青少年的喜爱。通过一系列的活动使文化资源共享工程走进校园，走进青少年。

3、专题活动，精彩纷呈。阿勒泰市文化资源共享工程县级中心在服务中抓住文化的热点和亮点，积极组织群众喜闻乐见的文化服务，使共享工程走进群众生活。例如组织公益性讲座和培训班、优秀影视片展播、基层辅导培训、流动图书服务等基本文化服务项目。

九、工作展望

阿勒泰市文化资源共享工程已走过5个年头，从单一的资源接收到今天的群众的广泛参与，文化资源共享工程在阿勒泰市已经成为人民文化生活的一大支柱，成为繁荣文化，丰富人民精神生活的强大动力源泉。今后阿勒泰市文化资源共享工程县级支中心将在上级部门的大力支持下，建设一支专业化的服务队伍，不断拓宽服务网点，服务形式更加多样，为建设繁荣、富强、文明的阿勒泰市而奋勇前进。

（撰文/阿勒泰市支中心）

哈巴河县支中心

哈巴河县位于阿尔泰山南麓，新疆最西北边缘，西与哈萨克斯坦、北与俄罗斯接壤，边境线长320公里，东、南与布尔津县、吉木乃县为邻。

全县总面积8166.6平方公里，有宜农土地142万亩，森林面积74万亩，草场面积776万亩，县境内有四条主要河流，年径流量116亿立方米。全县共有人口8.5万余人，有汉、哈、回等21个民族，辖6乡1镇113个行政村。

近几年来，在自治区文化厅的关心支持和指导下，我县认真开展文化信息资源共享工程建设，工作中坚持政府主管，文体局主抓的原则，以县图书室馆为中心，乡镇文化站和行政村（街道、社区）文化活动室为重点的基层服务网络，组织实施文化信息资源共享工程。

通过“共享工程”的实施，将为新时期建设新农村、培育新农民搭建新的平台，并以此推进和完善文化服务体系建设，提高文化服务水平，促进城乡文化事业的发展。

一、基本情况

哈巴河县文化资源共享工程建设开始于2008年，全县首先在五乡一镇试点安装，随后全县113个村文化室实现全覆盖，前期安装设备均通过卫星设备直接接收国家中心下发的各类资源和信息。2010年9月文化共享工程哈巴河县支中心设备配备到位，并正式投入运行，至此，县、乡、村三级文化信息网络建成并正常运行。

共享工程哈巴河县支中心设在哈巴河县图书馆，是哈巴河县共享工程的建设和业务指导单位，负责保障县中心共享工程设备的运行，协调乡、村级共享工程设备的维修，指导乡镇、村级共享工程活动的开展以及开展全县共享工程管理员的业务培训和指导。

为使共享项工程真正为民所用为民谋利，哈巴河县支中心将共享工程日常管理纳入制度化管理。制定了《电子阅览室规章制度》、《图书馆阅览室工作人员守则》、《文化资源共享工程规章制度》、《计算机机房管理制度》等规章制度，规范了电子阅览室的管理，确保了各应用系统和设备设施运行正常。

村级基层服务点整合党员远程教育和文化共享工程数据资源，加快了文化共享工程基层服务点的建设力度。目前全县基层服务网点均实行“一站（网）点两牌”制，基层管理人员实行“一肩挑”，各村村委会主任助理（村干部）既负责远程教育又负责文化共享工程工作开展，科学制订学习、活动方案，积极撰写活动日志，突出整合重点，拓宽服务渠道，逐步加大了实施文化共享工程工作力度。

县支中心承担全县网点的管理，资源更新，日常技术维护、人员培训等，基层服务点做好技术维护和活动开展。

哈巴河县共享工程实现村村全覆盖以来，县图书馆每年投入5万的运维经费，用于共享工程设备的维护，人员培训和惠民活动的开展。同时，哈巴河县政府，县文体局和县图书馆每年也投入大量人力物力支援共享工程各项活动的正常开展。

二、培训工作

哈巴河县支中心注重抓好“共享工程”管理员培训工作，每年通过集中培训、网络培训和上门辅导等形式开展培训，不断提高管理员的专业水平。2012年组织了12次网络培训，并对基层服务点进行了上门辅导。每年对全县共享工程管理员进行1期集中培训。

三、资源建设和合作共建

哈巴河支中心在两年多的工作中，搜集不同区域民众文化需求，搜集各类题材资源1000MB，每年制作发放各类光盘1000多张，发放宣传资料2000余份。

哈巴河县开展多种形式的合作共建，推进“共享工程”建设。借助农村党员干部远程教育基层点推进“共享工程”工作，合作建设了113个村级基层服务点。乡镇基层服务点与党员远程教育对接，与乡镇组织室联合举办党员远程教育对接共享工程基层点培训班，收到较好的效果。

同时，与全县科技之冬、科技之夏活动相结合，利用站点资源，大力开展农牧民实用技术培训，深受农牧民群众的喜爱。

四、利民惠众，惠农服务

哈巴河县支中心及各级服务点通过电子阅览室和网站为读者提供在线信息服务，通过投影仪播放讲座等视频节目。加依勒玛乡基层站点利用深入村户放映电影的机会，放映文化共享工程的农村种养培训视频，深受广大农民的欢迎；晚上利用投影仪在广场播放视频节目，电影、地方戏剧、科技知识、生活小常识、法律知识等内容都深受居民的喜爱，每晚广场上都聚集着众多的居民观看，是居民夜生活的一大亮点。

哈巴河县支中心、各基层服务点充分发挥“共享工程”在农村实用人才队伍建设中的积极作用，开展农村实用人才培训，主要形式是举办文化、卫生、科技、法制、种养等各种内容的培训班、视频讲座，不断开创培训工作的新局面。县级支中心每年利用共享资源编印农村种养等专题资料2000多份，送书下乡时无偿向农民发放。

五、宣传推广

一是哈巴河支中心利用网站、报纸、电视等各种渠道宣传推广“共享工程”，尤其在每年的世界读书日、服务宣传周、科技活动周等活动中，通过宣传让群众不断了解“共享工程”，走进“共享工程”，利用“共享工程”的丰富资源。同时，结合春耕、纪念建党91周年等，开展“共享工程”专题资源下乡、专题视频展播等主题活动，使“共享工程”走进群众生活。哈巴河县图书馆作为“文化拥军”基地，还积极开展“共享工程”进军营活动，通过光盘拷贝、硬盘拷贝等方式将一些优秀的资源共享到部队电子阅览室，丰富了部队官兵的文化生活。

二是哈巴河县支中心积极组织群众喜闻乐见的文化服务，使共享工程走进群众生活。例如建党节期间开展“红色书籍读书月”活动，让基层群众品读中华红色经典，共享文化盛宴。在2012年世界读书日之际，举行了以“品位文化·传承精典”为主题的读书节开幕式。开展了以诗歌诵读、绿色书签设计赛、桦林讲堂等一系列活动，来自县直各部门、中小学的近300人参加此次盛会，让广大群众共享文化成果，享受文化大餐。

六、工作展望

哈巴河县公共图书馆将继续大力推进“共享工程”建设，充分利用“共享工程”的丰富资源为群众服务。要结合“数字图书馆”工程建设，全面提升县级支中心的设备，提高“共享工程”的建设水平。以县图书馆为中心，加强基层文化设施网点网络化、数字化建设，加强专业技术人员的培养，为深入推进“共享工程”的实施打好基础。要充分发挥“共享工程”的作用，大力开展公益性数字文化服务，尤其加强对广大农村地区的扶持力度，将文化共享工程建设成为社会主义新农村的重要抓手。

通过多种形式拓展服务范围、创新服务方式，将地方音乐、曲艺、歌舞、美术等优秀非物质文化遗产纳入“共享工程”建设内容，以群众喜闻乐见的形式使“共享工程”更加贴近基层、贴近生活、贴近群众。

（撰文/哈巴河县支中心）

全国文化信息资源共享工程——

新疆建设兵团分中心

新疆生产建设兵团自1954年10月成立以来，新疆兵团就承担着国家赋予的屯垦戍边职责，是在自己所辖的垦区内，依照国家和新疆维吾尔自治区的法律法规，自行管理内部的行政、司法事务，在国家实行计划单列、党政军企合一的特殊社会组织，为稳疆兴疆发挥着建设大军、中流砥柱、铜墙铁壁的作用。目前，兵团所辖面积7.43万平方公里，总人口260万人，占自治区的12.6%，其中从业人员98万人；下辖14个师、5个军垦新城、176个团场、2200个连队，1400多个国有独立核算的公交建商企业和控股13家上市公司，形成了门类齐全的经济体系和健全的科研、教育、文化、卫生、体育、金融等社会事业和公检法司机构，是一个既融入新疆社会又高度集中统一的集团化组织。

自2004年文化信息资源共享工程在兵团启动以来，得到了文化部的大力支持和兵团文广局的高度重视。“十一五”期间，兵团在文化共享工程基础建设方面基本全面覆盖全兵团，累计中央投资5463.02万元，其中，县级支中心投资4406.4万元，连队基层服务点投资1056.62万元。

一、网点建设全面覆盖

2010年兵团文化中心正式承接了兵团文化信息资源共享工程工作。兵团文化中心党委高度重视此项工作，成立了文化共享工程综合业务办公室。在有限的条件下调整出一层（约800平方米），解决了兵团分中心对外服务的场地问题，购置了公共电子阅览室设施设备，并将国家图书馆赠送的图书经过分类筛选，建立了公共电子阅览室及图书阅览室，同时还专门设立非线编资源加工室，为今后兵团文化信息资源共享工程资源建设工作提供了基础条件。

兵团分中心作为兵团文化信息资源共享工程的重要枢纽，肩负着此项工程管理和服务的任务及信息资源上传下达的作用。兵团分中心在2012年建立了文化共享工程中心网络机房。中心机房面积120平米，10M光纤接入，购置了60T存储设备和8路服务器5台，4路服务器6台

及一整套完整的网络安全设备，初步形成了文化共享工程资源传输和网络服务的枢纽中心。

2006年到2011年，已建成1个省级分中心，81个县级支中心，2297个连队服务点。兵团利用81个县级中心结余资金将其余未建县级支中心的108个团场按照乡镇服务点的配置建设了乡镇服务点。建成后的县级支中心建设项目包括中控机房、电子阅览室、电子放映室各1个，为各点提供了资源建设平台、卫星接收系统、电子阅览室安全网络环境，确保文化信息资源更新快捷、资源存储量大、数据存储安全。提高职工群众整体素质，丰富基层群众文化活动发挥着应有的作用。

二、信息资源共享工程实现“进连入户”

兵团有着完整的广电网络体系，从兵团到各师及团场都有自己的广电系统。兵团文广局根据兵团现有的特色条件，决定通过有线电视网络传播文化信息资源共享工程。给电视台配备了非线编辑设备和频道播出设备，通过各师的频道将国家管理中心下发的文化资源传输至兵团职工家中，从而实现信息资源全面覆盖的目标。

2008年至2011年，兵团文广局向第二师、第三师、第四师、第六师、第九师、第十三师投入文化共享工程频道播出设备，通过电视频道传输文化共享工程的信息资源，进一步扩大了文化共享工程进连入户的服务覆盖面。截止目前，兵团14个师已有6个师实现有线电视网络传输文化共享工程信息资源，近百万职工群众享受到文化共享工程带来的实惠。各师还根据本师的实际情况，将国家管理中心的节目资源进行分类，按时间、分季节有针对的将优秀农业、科技等节目播放给职工群众们。

三、特色资源建设工作全面启动

兵团分中心在克服人手少、设备缺等诸多困难的情况下，以“魅力兵团、文化兵团、科技兵团”三个专题库为主题，收集、整理、加工，付出了艰辛的努力。今年7月兵团分中心重新整理思路，制订了《新疆屯垦戍边文化多媒体资源库建设方案》完成图片资源数量1450张，视频资源97部，时长55小时13分；音频72讲，时长31.5小时；文字资源6000千字；兵团志书数字化加工整理容量达800GB。并且计划建设兵团独有特色的以新疆屯垦为主题，作为资源建设的主要专题库。其中包括政治类、军事类、文化类、经济类、社会类等视频文献资源。

四、技术培训工作常抓不懈

“十一五”期间，兵团文化共享工程采取多种培训方式，培养了一批懂技术会操作的人才队伍。面授培训5次，参培人数305人；远程培训1次，参培人数21人；其他方式培训次数22次，参培人数110人。总培训次数28次，总参培人数436人。从2007年至2012年连续6年开展兵团十四个师、81个县级支中心业务骨干培训工作。为兵团文化共享工程队伍建设储备了技术力量，为兵团文化共享

工程开展各项服务活动提供了技术保障。

五、因地制宜开展各类服务活动

兵团各县级支中心充分发挥现有资源设备优势，想办法、出新招，利用切实可行的各种手段向职工群众传输文化信息资源。第二师27团县级支中心利用广播电视网络将文化信息资源传输到职工群众家，使职工群众在家就能定期观看信息资源，备受职工群众的欢迎。同时编辑职工群众所需的信息资源，制成光碟，配送连队进行播放。

第六师五家渠市不仅利用广播电视网络，将编辑的文化信息资源分别形成模拟数字信号，传输到千家万户。信息大篷的出现，为团场数字化服务工作增添了新的亮点。第六师五家渠市共享工程支中心有一台信息大篷车，车内配备了15台电脑、3G无线网卡和投影设备，信息大篷车在农忙时节开到田间地头，职工群众在劳作间隙可以欣赏到从文化共享工程网站传输过来的信息资源，农业技术人员将资源刻录成光盘，通过投影设备现场对农工进行农业技术和计算机培训。职工们通过培训不仅可以掌握计算机操作技能，还可以在网上下订单和发布农业信息。信息大篷车的服务消除了文化共享工程开展培训工作的盲区，还也解决了数字化传播“最后一公里”的瓶颈。

十三师红星二场支中心，通过卫星下载国家信息管理中心发布的科技养殖、科学育苗、病虫害防治等方面内容的资源，制作成光碟，免费赠送职工学习。在中心服务人员手把手的指导下，原本对电脑和网络一窍不通的职工群众不但学会了上网，还学会了通过网络发布农业养殖信息，在网上查询蔬菜价格等多种信息服务，网络给团场和连队的职工们提供了方便快捷的服务。

文化共享工程的服务工作不是一阵子的活动开展，而是长期持续的日常工作。这些日常持续的服务工作，使文化共享工程这项惠民工程走入了兵团广大职工群众的工作、生活中，兵团文化共享工程工作的开展，逐渐让职工群众从陌生到熟悉在到现在的息息相关。

六、未来建设与发展

在“十一五”期间，兵团文化共享工程的站点建设工作已经基本覆盖各师、农牧团场及连队。“十二五”工作任务重心要从站点建设转移到服务建设上来；在服务建设中要打造出品牌亮点。作为兵团分中心我们的工作不仅要着力把服务工作做好，在资源整合，数字化资源传

输方面还要发挥着重要的作用。今后的工作要不断提高信息服务的能力和资源建设的能力。

在信息服务方面主要依托数字化网络传输，我们要逐渐建全完善中心机房网络环境。打造出以兵团文化信息资源数字化传输的枢纽中心、资源存储中心、在数字化信息传输中起到承上启下的作用。

在资源建设方面我们要利用兵团独有的特殊体系，调动各地资源建设的积极性，整合各地优秀资源进行整理加工，向国家中心呈上具有兵团特色的优秀文化资源。将国家中心提供的优秀文化信息服务到兵团各师及农牧团场，从而形成优秀资源从基层中来在到基中层去。

在资源建设队伍培训方面，我们因地制宜在兵团各师团现有的人才力量上进行多种方式的培训，为他们提供学习的平台，逐步建立一支技术过硬的资源建设队伍。

在品牌亮点服务建设中，兵团分中心在数字化服务方面重点还要面向兵团边境的师及农牧团场。兵团有59个边境农牧团场，戍守着2千余公里的边境线。数字化信息的传播和服务工作显得更为重要，在今后数字化服务的工作中，边境团场的服务工作也是重中之重。力争在“十二五”工作建设中打造出具有兵团特色的“边境数字文化长廊”。让戍守在祖国边境线的兵团战士们，享受到和发达城市一样的数字文化信息服务，为推动兵团科技文化信息发展贡献力量。

（撰文/新疆生产建设兵团分中心）

新疆建设兵团建工师支中心

兵团建工师是1953年由中国人民解放军二十二兵团骑兵第八师改编而成，总人口约7万人，驻地在新疆乌鲁木齐市。下设兵团建工、新疆建咨和新疆德坤建材三个集团，有45个企事业单位。多年来，在中央、自治区和兵团党委的坚强领导下，兵团建工师社会事业不断进步，人民生活安居乐业。

自2008年，兵团建工师在文化部、兵团文化广播电视局和兵团文化中心大力支持下，建成文化信息资源共享工程5个县级支中心、14个乡镇服务点和158个连队基层服务点。目前，已形成了初具规模的服务平台，在充分发挥资源共享的优势中，使共享工程成为“惠民工程”、“民心工程”。

一、站点建设

文化信息资源共享工程实施以来，建工师高度重视共享工程的建设和管理使用工作，强化共享工程建设的组织保障。在2008年国家文化部下拨给兵团35个县级支中心建设项目中，兵团建工师机关、兵团八建；纳入了建设范围。随后建工师党校、兵团建工集团、建咨集团在2010年逐步建成县级支中心。5个县级支中心项目由电子阅览室、中空机房、监控室三部分组成，在使用面积上都以达到了建设要求，同时在配套设施中，5个县级支中心的用房装修、380V电源引入等项目工作都已提前做好了准备工作。2011年，建工师文化信息资源共享工程乡镇服务点建设开始进行。建工师根据师属企业特点选出了14个乡镇建设点上报兵团文化活动中心，兵团县级支中心给予了大力支持。在建设上，我师要求各建设单位大力配合好建设工作，同时协调好建设工程队和企业在时间上的安排，并由企业派专人全面负责到底，14个乡镇文化共享工程的建设，为企业文化活动的开展注入了活力。

二、经费投入

建工师5个县级支中心、14个乡镇级文化共享工程的建设在兵团文化活动中心的大力支持下，共投资400多万元。建工师在5个县级支中心的设施装修中投入为80万元，14个乡镇建设点投入资金30多万元。

三、队伍建设

文化共享工程项目建设中，管理人员同时承担多项工作任务。从建章立制，完善管理，确保共享工程发挥实效入手。加强对电子阅览室各个环节的管理，制定了管理员职责、电子阅览室安全管理制度、确保电子阅览室在基础发挥实效。

四、队伍培训

在兵团文化活动中心每年举办的文化信息共享工程建设培训中，兵团建工师让每个县级中心都积极参与到培训中去。以县级支中心建设服务思路入手，不断充实学习主要技术系统及技术的发展规划，并在机房的维护操作和日常故障、处理方法上的学习得到了巩固和加强。

五、服务惠民

县级、乡镇级文化活动中心的建立，改变了建工师所属企业文化活动开展比较单一的局面。企业退休人员、施工在一线的职工也享受到了更加丰富的业余文化活动。通过文化信息资源的下载和利用，改变了部分职工的业余生活，这为企业的发展和稳定创造了良好的基础工作。也为基层干部和职工群众在政治理论、政策法规、等各方面的信息资源，提供大量的信息，为建工师各族职工搭建了学习和宣传平台。

（撰文/建工师文化广播电视局）

新疆建设兵团农一师支中心

新疆生产建设兵团农业建设第一师，位于天山南麓塔克拉玛干大沙漠北缘。所辖的沙井子、阿拉尔、4团、5团、6团五个垦区地处阿克苏地区境内，分别与阿克苏市、温宿县、阿瓦提县、乌什县和柯坪县接壤。

农一师师部座落在阿克苏市中心。农一师是一支具有光荣革命传统的老部队。其前身是中国工农红军二方面军第六军团，抗日战争时期为八路军一二零师三五九旅，解放战争时期改编为人民解放军第一野战军第一兵团二军第五师，1949年进驻阿克苏 等地，1953年改编为新疆军区农业建设第一师。1954年，新疆生产建设兵团成立，农一师划归兵团辖制。“

生在井冈山，长在南泥湾，转战数万里，屯垦在天山”就是农一师光辉的历史写照。近六十年来，农一师三代军垦战士在极其艰苦的条件下，战风沙，斗酷暑，在塔里木河两岸的旦古荒原上，用辛勤的汗水开发建设出万顷良田，把荒漠变成绿洲，换来了物质文明和精神文明建设的累累硕果。如今农一师已成为一个农林牧渔业并举，工农商学兵科教文卫一体，党政军企合一的特殊社会组织。农一师总人口26万人，其中：少数民族1.4万人，占5.3%。

农一师阿拉尔市高度重视文化建设，把文化建设作为构建和谐社会的重要内容来抓，基层文化建设呈现出繁荣景象。

特别是兵团文化信息资源共享工程建设工作会议之后，狠抓了文化信息资源共享工程建设的各项具体工作，及时成立了由分管副政委任组长、各相关部门领导为成员的工作领导小组。截止目前，师市有文化信息资源共享工程县级支中心6个，村级站点312个。

我们的主要做法是：

1、在服务平台建设上，狠抓三个强化。

服务平台建设是文化信息资源共享工程的基础工程。师市各县级支中心把文化信息资源共享工程作为惠民工程，舍得花本钱，用功夫，下力气。

一是强化县级支中心建设。六个站点按照兵团规定的标准要求，对县级支中心进行了改造，建成了70平方米的电子阅览室（含中控室），安装了防雷设施，严格按照《兵团文化信息资源共享县级支中心暂行管理办法》进行管理，并制定了《电子阅览室管理制度》、《电子阅览室工作人员岗位职责》及《中控机房管理制度》。

二是强化连队基层服务点建设。我们把连队基层服务点作为文化信息资源共享工程建设的阵地，不断加快建设步伐，2011年兵团为师市配发了312套投影仪，现已发至各连队站点，与基层连队现有的党员远程教育接收和播放设备，形成了完善的配套服务网络。文化信息资源共享工程成为了职工学政策、学文化、学法律、学科技的“大课堂”。

三是强化专业队伍建设。6个县级支中心配备了政治素质高、业务能力强的6名专业技术人员，专门从事县级支中心的日常管理。

2、在组织形式上，与科普、教育相结合。

加强与师市科技局、教育局的协作，利用投影仪在线播放讲座等形式，搞好基层政工人员的培训工作，提高了基层政工人员的素质和创新能力。

3、在活动内容上，突出两个重点。

在文化信息资源共享工程建设上，寻求突破口，在师市努力营造“多读书、读好书”的浓厚氛围。

一是面向广大职工群众，突出政策理论教育。针对广大干部群众普遍关心的理论热点问题，结合师市正在开展的“热爱伟大祖国，建设美好家园”、“四史教育”等活动及时收集整理党的方针政策、理论创新成果，中央和兵团领导同志的重要讲话精神，广泛开展图书音像资料进连队、进学校、进社区、进家庭等一系列活动，进行思想道德，民主法制教育、形势教育、理想信念教育、理论教育，通过群众喜闻乐见的形式，把学习党和国家方针政策的热情转化为构建和谐师市的自觉行动。

二是面向广大青少年，突出思想道德教育。结合青少年身心发展特点，紧密结合学校教育，利用电影、电视、网络等青少年易于接受的形式，大力开展理想教育、爱国主义教育、集体主义教育和社会主义荣辱观教育，寓教于乐，使文化信息资源共享工程成为青少年德育教育的重要渠道。

4、在工程建设成果上，实现了三方面的变化。

一是丰富了群众文化生活。文化信息资源共享工程利用高科技手段，以最经济、最快捷、最方便的方式为职工群众提供丰富的精神文化食粮，成为职工接受新事物、学习新知识、享受新生活的新途径。职工群众从文化信息资源共享工程中受益，实现了文化资源的普惠共享。

二是净化了社会环境。文化信息资源共享工程以先进文化的传播占领了基层思想文化主阵地。现在，基层连队封建迷信、打架斗殴的现象少了，崇尚科学、构建和谐社会蔚然成风。

三是强化了政府文化服务职能。文化信息资源共享工程作为构建和谐社会的重要内容，为师市党委加强文化建设提供了有力抓手，政府服务文化建设、推进文化建设的主动性进一步增强。

（撰文/农一师阿拉尔市文化体育广播影视局）

新疆建设兵团农二师支中心

根据兵团文化信息资源共享工程要求，现将我师文化共享工程建点情况、资金投入、经费投入、人才队伍培训、开展服务等方面工作完成情况总结汇报如下：

一、建点情况、经费投入、队伍培训及服务情况

2007年5月，全国文化信息资源共享工程农二师27团支中心在农二师27团6连建立，并经兵团分中心验收并挂牌。农二师随即成立了农二师文化信息资源共享工程领导小组，出台了《农二师文化信息资源共享工程实施方案》。师财政加大投入，各单位落实责任，加大督查考核力度。农二师文化广播电视局具体实施，加快一个师级支中心和5个团场支中心软硬件设施建设，确保了“共享工程”支中心和基层服务点的早日建成。截止2012年12月，农二师累计投入资金950万元，建成师级支中心1个，团场级支中心5个，使文化共享工程这一惠民工程全面进入到基层团场，为“惠民工程”的开展打下坚实的基础。

农二师支中心自建立以来，与师图书馆和团场文化活动中心建设相结合，开展了丰富多彩的文化共享工程服务活动。基层服务点整合党员远程教育和文化共享工程数据资源，加快了文化共享工程基层服务点的建设力度。基层管理人员实行“一肩挑”，各团场技术骨干既负责远程教育又负责文化共享工程工作开展，科学制订学习、活动方案，建立健全各项规章制度，突出整合重点，拓宽服务渠道，逐步加大了实施文化共享工程工作力度。师支中心承担全师网点的管理，资源更新，日常技术维护等，基层服务点做好技术维护和活动开展。

农二师支中心自建立以来，活动开展包括放电影活动和科技、农业知识培训，电子阅览室绿色上网，全师各基层服务点深入社区、连队，利用文化共享工程数据资源下载播放职工群众喜爱的影片。以服务“三农”为重点，把群众急需的科学知识、农业技术等信息提供给职工群众。利用投影仪和视频在线播放功能，各基层服务点利用文化共享工程资源每个星期开展至少一次实用信息的播放活动。根据团场职工群众的需要，利用电子阅览室提供网络资源查询，电子图书推荐，组织播放职工群众喜闻乐见的戏曲、电影、小品等文艺节目，极大地丰富了职工群众文化生活，提高了职工群众的文化素质，为构建和谐社会创造了良好氛围。通过一系列高效优质的服务活动，大大增强了共享工程的利用率和点击率。

自文化共享工程工作开展以来，农二师把管理作为文化共享工程建设的重中之重，实行建管并举，建章立制，加强对团场基层服务点管理员的培训。目前，全师共有专兼职管理和技术服务人员6名。同时，农二师加大对团场支中心的检查力度，进行考核评估。通过会议、文件等形式，将各团场站点建设、管理和使用情况进行通报，对工作不力、问题较多的单位提出批评，对一些管理到位、工作有特色、作用发挥好的单位，及时给予表扬，并

通过召开经验交流会等，在全师进行推广，有力促进了文化共享工程工作的健康开展。

为充分了解广大职工群众对共享工程数据资源的需求，明确今后资源投放方向及内容，农二师支中心在全师各基层服务点开展资源需求调查工作，并下发资源需求调查表，分别了解职工群众需要如电影、讲座、戏曲等内容，做到有的放矢，及时更新网站资源内容，满足了群众对文化信息需求的不同需要。农二师支中心并派专人负责，广泛征求职工群众意见，积极开展服务宣传工作，扩大了共享工程在基层的影响，极大地提高了农二师共享工程工作的知名度和在职工群众中的知晓率。

农二师文化共享工程建立以来，在农二师党委、兵团文化主管部门的大力支持下，在农二师文化信息资源共享工程领导小组的领导下，全师的文化信息资源共享工程服务工作有了长足发展，增强了文化共享工程在基层的辐射力和影响力，特别是利用国家、兵团丰富的文化信息资源，服务广大职工群众，满足了广大职工群众精神生活的需要。目前，各文化共享工程日平均接待群众约50人次，各团场年开展面向职工群众的培训、讲座、展览、电影播放等服务活动近200场，服务受众近3万人次。师支中心年举办展览、讲座、报告会、读书活动、电影放映等常规服务活动20场，服务群众近1万人次。

二、工作展望

1、进一步完善全师文化共享工程基础设施建设

我师共享工程建设从2006年起步，利用五年时间基本建成覆盖5个团场的文化信息资源共享体系，由于建设跨越周期较长，建设标准不一，目前，各支中心的基础设施状况有很大差异。今后一段时期，我们将进一步完善师支中心的设施设备条件，全面完成团场支中心建设，推动数字化文化信息资源走进千家万户。

2、全面提升全师文化共享工程的服务能力

以面向全师各族职工群众的文化服务为重点，以文化共享工程阵地为依托，加强师级支中心对基层服务网点的技术指导与管理，着力提高团场支中心的服务能力。更好地运用卫星传播、互联网站、镜像站、移动硬盘、光盘等手段，提高资源传输质量和服务水平。有条件的地区，要通过有线数字电视开展服务。建设数字阅览室，使之成为辐射全师的数字图书馆基层服务平台。

3、构建先进实用技术体系

加快现代信息技术的应用，建成全师文化共享工程的技术支持中心，充分利用先进成熟的信息技术，构建技术先进、稳定可靠、覆盖与支持工程服务网络的分布式开放性实用技术体系。

依托国家骨干通讯网络，采用数字图书馆技术和标准规范研究成果，逐步建设功能完备、技术先进、安全可靠、经济实用的系统网络平台，保障网络平台安全，满足双向互动、按需服务的要求，使师支中公共图书馆具备提供数字图书馆服务的技术能力。

加强数字和网络等核心技术的研发和应用。推进我师文化信息资源的数字化建设，加快以数字图书馆为龙头的大容量数字化文化资源库建设，积极推进公共图书馆联网，实现资源共享。

4、继续加强地方特色资源建设

加强资源建设的科学规划，充分发挥师支中心在资源建设上的示范作用，重点建设一批主题鲜明、体系完整、质量上乘、特色突出的数字资源库。建设视频数据库、多媒体数据库、图文数据库、文本数据库和专题网页，为进一步建设特色馆藏奠定基础。

5、积极推动全师公共电子阅览室规范化建设

通过公共电子阅览建设试点工作，建设一批内容安全、服务规范、环境良好的公共电子阅览室，为广大职工群众提供健康、便捷的网络文化服务，使其成为网络环境下公共文化服务的新平台、新渠道。

展望未来，农二师文化共享工程紧紧围绕国家、兵团中心的工作部署，将进一步构建资源优质丰富、技术先进实用、传播高效互动、服务便捷贴近、管理科学规范、体系完整可控的公共数字文化传播服务体系，使文化共享工程真正成为城乡群众参与文化娱乐、获取科普信息、接受教育培训、享受惠民服务的重要平台。

（撰文/新疆建设兵团农二师支中心）

新疆建设兵团农二师二十七团支中心

新疆生产建设兵团农二师二十七团是全国文化信息资源共享工程试点单位。这个团场地处西北边陲新疆天山南麓博斯腾湖开都河畔，全团总人口1.1195万人，职工2534人，离退休人员2925人，学生1800人。拥有耕地面积6万亩。是一个农林牧副公交建商科教文卫俱全的综合性农牧团场。

这些年，二十七团党委以文化信息资源共享工程为契机，发挥全国文化信息资源共享工程主渠道的作用，以团连“文化信息资源共享工程”为平台，以数字资源建设为手段，以传播科普知识为重点，建立了以文化信息资源共享工程为载体的科普信息传播、农技实用培训、文化娱乐多元丰富、商机合作共同发展的信息平台，实现资源信息互动共建共享双赢。使团场逐步走上了科学发展的快车道，使团场、企业、连队职工群众都受益。几年来团场及各行业、部门获得中央、国家和兵、师32项荣誉，六连荣获国家级文明先进村镇，二十七团文化信息资源共享工程支中心也赢得了来自国家、兵团、农二师的多项荣誉。2009年7月16日，兵团文化信息资源共享工程现场会在二十七团成功召开；2010年荣获全国服务农民服务基层文化建设先进集体，2011年荣获全国先进基层文化馆图书馆。

一、准确把握“共享工程”的内涵极其重要意义

二十七团是一个农林牧副公交建商科教文卫俱全的综合性农牧团场，地处西北边陲、受经济发展和人文素质的制约，公共文化服务体系还不够健全，文化资源

相对匮乏，信息传播设备普遍落后，致使文化信息闭塞。就在这个时候，争取到全国文化信息资源共享工程项目。文化信息资源共享工程以电子图书、舞台艺术、知识讲座和影视节目等数字资源为核心，精心培育和采撷的一部部紧密贴近生活充满时代特色的艺术形式和思想内涵的文化精品，可以使人们从中汲取到浩瀚博大的精神力量与智慧。这是二十七团文化和社会事业发展的一件大事、喜事，是推进团场精神文明建设快速发展的一个千载难逢的大好机遇。文化信息资源共享工程给我们提供了一个抓手，给二十七团职工群众带来前所未有的文化消费时代。在文化信息共享工程的推动中，二十七团职工群众的文化需求将得到最好的满足，群众的文化权益将得到最好的维护和保障。

二、整合资源

实施文化资源共享工程，对构建团场公共文化体系有着非常重要的意义。这些年来，二十七团借助文化信息资源共享工程，积极整合团场各项文化资源，扎实落实实施文化资源共享工程各项措施，逐步构建起团场公共文化体系。

1、党委重视。自从接到这个项目以后，团党委就把文化信息资源共享工程建设作为推动科学发展、促进社会和谐的重要举措，放到了重要议事日程上来，列入党委的“五项工程”之一、“十件实事”之首。团党委成立了项目落实工作领导小组，团主要领导亲自督导，各部门人员互相协作，以数字资源建设为核心，以基层连队和职工群众家庭网点建设服务为重点，以多种传播方式为手段，以共建共享为基本途径，全面实施文化共享工程。

2、互动共建共享，形成服务体系。

为了加快文化信息资源共享工程中心站点建设，首先是整合基础设施资源。将远程教育工程终端站点同时作为文化信息资源共享工程的基层服务网点，把连队职工文化技术培训中心作为阵地，实行“一站（点）两牌”，实现统筹规划、共同建设、共同使用。

其次是整合资金资源。根据党员干部现代远程教育终端站点现有基础设施情况，将文化信息资源共享工程用于基层服务网点建设的资金，有计划地用于远教空白站点建设、现有站点的基础设施升级、扩展，使终端站点的基础设施不断完善。团中心服务点配置43台高性能计算机、1台投影仪、1块影幕布和15台移动数字播放器，其中有一台高性能电脑连接投影机，为群众提供集中放映服务，其他计算机提供个性化服务。

三是以团场文化信息资源共享支中心为重点，依托团场、基层连队的图书室和文化站、社区文化中心、农家书屋和基层文化阵地等公共文化服务网点，以广播电视连连通、党员干部现代远程教育、中小学现代远程教育和连连通电话工程为传播平台，推进文化资源数字化，促进文化信息资源共享，形成了比较完整的文化信息资源共享工程公共服务网络。

3、建立一支文化共享工程管理骨干队伍。

根据文化信息资源共享工程的要求，确保基层连队服务站点正常运转，我们在全团干部中选拔出一批高素质人员，建立起包括相应的专兼职干部队伍、站点管理队伍、教学资源开发队伍、教学辅导队伍、技术服务队伍在内的“五支队伍”，充实到基层服务站点。同时，通过公开招聘的方式，招录了一名计算机专业的文化信息资源中心管理员，并组织管理员参加了由兵团文化部组织的文化信息资源共享工程技术人员培训班、全国文化共享杯知识竞赛。

4、多元传播实用培训服务群众

团场在共享工程投入的基础上，建起了一个拥有、458平米全套设施、6名专业技术管理人员的文化信息资源共享县级分中心，配套建立了7个基层单位文化活动站，改建了13个基层单位文化活动站，迅速搭建起了团中心服务点、基层连队站点、职工家庭三位一体文化信息资源共享工程实用人才培训服务网络平台。

一是把文化信息资源共享工程分中心的实用技术资源进行整合编制，开辟直播栏目，拿到团电视台的播出系统，，直接向占全团人口98%以上有线电视用户传播实用技术资源，使全团1.2万人普遍受益。

二是我们启动了一个有1TB的数字资源，内容包括近年出版的5000种电子图书、200种电子期刊、21万余条政府公开信息数据和反映社会主义现代化建设成果的5大专题网络信息资源的数字图书馆，免费供团场读者随时上网阅读。

三是把实用技术资源复制到移动播放设备中，供基层连队服务站开展移动播放服务，组织全团职工群众进行观看。

三、工作展望

实施文化共享工程，是二十七团文化建设实现跨越式发展的大好机遇。文化共享工程以其充足的海量资源、丰富多彩的节目形式、快速方便的储存载体，不受地域、时间限制的便捷特点，为二十七团文化信息中心展现了一个跨向数字化时代的美好前景。因此，我们要紧紧抓住这个千载难逢的大好机遇，全面推进文化信息资源利用工作。使文化信息资源共享工程，随着日新月异的二十七团的文化土壤，不断深化和拓展，成为推动二十七团文化繁荣的精品示范工程，推动二十七团文化产业发展的龙头工程，推动二十七团文化队伍建设的导向工程，不但要在提高职工群众的思想道德素质和科学文化素质方面发挥重要作用，而且要为逐步形成团场发展壮大的凝聚力和原动力，为提升天河文化的品味和地位，做出应有的、积极的贡献！

（撰文/新疆建设兵团农二师二十七团支中心）

新疆建设兵团农三师支中心

一、加强硬件建设，实施文化信息惠民工程

2008年8月，根据兵团文化信息资源共享工程"十一五"规划，农三师争取到了国家文化部、财政部实施的全国文化信息资源共享工程项目，设在农三师电视台，是兵团首批四个点之一，2009—2010年又建设图木舒克市电视台、四十二团、四十五团3个县级支中心。农三师文化信息资源共享县级支中心设在农三师电视台，通过电视台的新闻传输系统，将文化资源共享到各农牧团场的职工群众家中。中心于2008年9月验收合格，根据有关要求，相关设备用房总建筑面积达430 ，在三师电视台和师部大楼按照要求配齐了相关设备。设备的供货、安装、调试及机房改造是由中标的新疆云天公司和协议供货的亿网科技公司完成的，文化共享的卫星架设和服务器程序的安装、调试工作是由百年树人公司完成，文化共享工程建设由泽翔信息监理公司全程监督完成，保证工程质量和设备的正常运行。我们以文化为引导，以信息资源共享为平台，形成覆盖师机关、师医院、师中学、供销棉麻公司、农资公司等城区各企事业单位，充分发挥资源共享的优势，积极行动并采取各种方式，推广使用共享工程资源，把政策、科技和文化等各方面知识及时传送到职工群众的面前，使共享工程真正成为"惠民工程"。

二、健全机构，规范制度

为了保证国家文化信息资源共享工程在三师师部顺利建成并投入使用，三师文化广播电视局成立了项目工作领导小组，制定了文化信息资源管理员3名，有2名管理员于2008年9月8日—11日参加了兵团文广局组织的文化信息资源共享工程技术人员培训班。为期三天的文化信息资源共享设备使用及日常维护课程，提高了管理人员日常管理水平。

农三师县级支中心为了加强对文化信息资源共享工程电子阅览室、中心机房、管理员以及前来查阅资料的职工群众的管理，制定了以下制度：1.县级支中心管理制度；2.县级支中心职责；3.电子阅览室管理规定；4.电子阅览室工作制度；5.值班人员管理制度。通过以上各项制度，提高了管理质量以及工作人员的素质，为前来查阅资料的职工群众提供了方便。

三、服务群众，充分发挥共享工程的效能和作用

1、认真做好节目接收和存储工作。自文化共享工程接收系统安装以来，为了全面了解情况，管理人员在设备调试阶段就和安装设备的工程师学习，掌握设备的一般故障排除、开机接收、资源整理、归类、存档等基本知识，日常工作中做到每天查看运行情况，记录工作日志。有针对性的整理一些较为实用的视频教材刻成光盘，分发到各个团场。

2、认真做好服务工作。农三师文化信息资源共享中心每天对外开放8小时，开放的对象有师机关、师中学、师医院、供销棉麻公司、农资公司等单位的干部群众。电子阅览室20台电脑，每个星期六、日对未成年人开放3小时，并对未成年人进行正确引导、教育，合计达1210人次。各部门利用有利资源在多媒体室进行干部、职工素质教育视频培训达16期，428人次。

3、认真做好团场面对面服务。农三师文化信息资源共享中心把接收到的国家中心的、省级中心文化资源，以投影机、移动数字播放器等形式下到基层团、连队进行视频放映、宣传等活动。播放实用技术短片和数字电影，尤其是农业种植、科技养殖、保持党员先进性等方面的视频资源，放映15次，46小时，受众4200人次。

四、共享工程实施以来所取得的成果

"文化信息资源共享工程"的实施满足职工群众当前最需要的科学文化知识，帮助群众提高发展种养业的技能，帮助群众实现增收致富，提高职工群众的综合素质。经过一年的运行，主要成果：

1、"共享工程"的使用给宣传文化部门、广播电台、电视台节目源带来及时、便捷的途径，弥补了三师距离远、相对闭塞的不足，深受基层欢迎。

2、多种形式相结合，特别是对电视台这个影视资料比较丰富的媒体单位来说，是一个比较好方式，可以实现资源互补，互相学习。

3、增强了基层文化设施网络，解决了边远地区文化信息严重缺乏、时效性差的问题。

五、工作展望

我们将借助对口援建的大好时机，加大广播电视硬件建设，更好发挥文化信息资源共享工程的作用。围绕共享工程的实施，将服务不断延伸到基层，充分利用共享工程资源优势，开展丰富多彩的文化服务活动，摸索和借鉴新的方法，不断缩小和其他先进师团之间的差距。

今后我们要进一步提高认识，强化管理，扎实做好此项工作，切实发挥文化信息资源共享工程的作用，以满足职工群众日益增长的精神文化需求。

学习先进，总结经验，改进不足，正真把这一惠民工程落到实处，使我师电视台共享工程在丰富和活跃群众文化生活、传播社会主义先进文化、构建和谐社会作出应有的贡献。

（撰文/新疆建设兵团农三师支中心）

新疆建设兵团农四师支中心

农四师是兵团少数民族人口比例较大的边境师，共有18个农牧团场，总人口22万人，少数民族人口4.5万人，占总人口的19.7%；与哈萨克斯坦共和国接壤，边境线长达400多公里。

四师有闻名遐迩的苹果城——六十一团阿力玛里古城，这里有兵团唯一的被联合国教科文组织命名为“东方小夜曲”的《草原之夜》的诞生地——六十四团可克达拉，这里有被誉为“军垦第一哨”的七十六团哨所，这里有诞生过24位将军的“红军团”——七十二团；这里有新疆白酒行业唯一的上市公司——伊力特，这里被誉为“中国薰衣草之乡”、“中国冰葡萄酒之乡”、“中国树上干杏之乡”……

四师人杰地灵，文才辈出，先后走出过潘丁丁、鲍国安、叶惠贤、姚迪雄等一批文化名人……

在长期积淀下来的以军垦文化为代表的深厚文化底蕴下，我师大力实施“文化强师”“文化名师”战略，自2006年以来，累计投入5000多万元，扎实推进公共文化服务体系建设。其中，自2009年至2010年，在文化信息资源共享工程兵团分中心的关心支持下，我师分两批建设县级支中心8个，为建立健全我师基层公共文化服务体系起到重要推动作用。我师县级支中心建设情况如下：

一、基本情况

我师现有文化信息资源共享工程县级支中心8个，分别位于66团、68团、70团、72团、76团、77团、79团和师部。各设备健全，机房安全及配套设备均按照标准建设到位，目前运行基本正常，可定期开展服务。

二、管理和队伍建设

为保障我师文化信息资源共享工程作用的正常发挥，制定并实施了师《文化信息资源共享工程建设管理办法》，明确各级责任，落实人员、资金等问题。各支中心也制定了相应《管理办法》，细化分工，规范流程。同时，在无编制、无人员等情况下，师文广局积极与各单位党委及相关部门进行协调，使各支中心保持人员基本固定、投入及时到位、作用正常发挥。

三、培训工作

为进一步提高队伍素质，师文广局积极协调各支中心参与上级组织的管理及技术培训。同时，依托师广播电视台技术力量，每年进行一次技术培训，不定期进行上门技术跟踪。近年来，共组织各项集中培训6次，不定期技术跟踪指导40余次，为文化信息资源共享工程惠民作用的发挥提供了有力的技术支持。

四、经费投入

文化信息资源共享工程正常发挥作用，经费是前提。师团两级党委高度重视此项工作，及时、足额下拨各支中心各项经费。近年来，累计投入各项资金130余万元。

五、惠民服务

师采取多种措施，充分发挥文化共享工程文化惠民、服务群众的作用。一是借助我师完善的广电网络，通过有线电视使得文化信息资源共享工程进连入户，使职工群众足不出户也可享受到各项文化服务。二是与党员远程教育、团场职工技术培训结合起来，提高和扩大了文化信息资源共享工程的利用率和覆盖面，使其效用发挥到最大，获得各级党委和职工群众的一致好评。

（撰文/农四师文化广播电视局）

新疆建设兵团农五师支中心

新疆生产建设兵团农五师位于新疆博尔塔拉蒙古自治州境内，准噶尔盆地西缘，北部和西部与哈萨克斯坦共和国接壤，全师现有土地总面积3983平方公里（597万亩），总播种面积95万亩，总人口12万；下辖11个农牧团场（81团至91团），分布在博州两县一市境内，其中师部设在博乐市，师辖8个边境团场，辖区边境线长372公里；25个师直工交建商企业和1家上市公司，全师近4万名在岗职工、2万名离退休干部职工。多年来，在中央、自治区和兵团党委的坚强领导下，在博州党委、政府及社会各界的大力支持下，五师政治稳定，经济发展，民族团结，边防巩固，社会事业不断进步，人民生活安居乐业。

自2008年至2011年，农五师在文化部、兵团文化广播电视局和兵团文化中心的亲切关怀和大力支持下，相继建成文化信息资源共享工程5个县级支中心、5个乡镇服务点和111个连队基层服务点。目前，全师已形成了初具规模的技术服务平台，整合了一批内容丰富、具有地方特色的文化信息资源，构筑了较为通畅的卫星传输信息渠道。充分发挥资源共享的优势，积极采取各种措施，推广使用资源，把政策、科技和文化等各方面知识及时传送到千家万户，使共享工程真正成为“惠民工程”、“民心工程”。

一、加强领导，夯实基础

文化信息资源共享工程实施以来，农五师党委充分认识到信息资源共享工程对弘扬兵团精神、传播科学知识、先进文化，实现团场增效、职工增收，丰富基层文化生活的重要作用，高度重视共享工程的建设和管理使用工作，强化共享工程建设的组织保障。一是成立了文化信息资源共享工程领导小组，下设办公室，制定了全面的实施方案，切实做到领导到位、措施到位、责任到位。二是统筹规划，以点带面，完善基础设施建设。按照“建设一批、储备一批、带动一批”的思路，结合五师团场布局和发展规划，相继建成师党校、89团、81团、87团、91团为代表的5个县级支中心，建成83中心团、84团、86中心团、88团、90团等5个乡镇服务点和111个基层服务点。三是建章立制，完善管理，确保共享工程发挥实效。为加强对电子阅览室、中心机房、管理员等各个环节、各项流程的管理，分别制定了电子阅览室管理员职责、电子阅览室安全管理制度、中心机房管理制度、值班人员管理制度等一系列规章，明确职责和义务，加强目标管理，确保免费开放，充分发挥实效。四是整合资源，加强协作，形成优秀资源共建共享。农五师力图通过网络最大限度地为社会公众提供最大化服务，根据现有的网络和软硬件环境，整合现有的文化资源，利用农五师党员远程教育网等渠道，不断丰富节目内容，充分发挥实用性强、信息量大、数据传输快捷方便的优势，以团场文化中心、连队综合活动室为阵地，通过拷贝光盘、交换资料、网上浏览等多种方式整合优秀节目资源，为职工群众提供文化服务。

二、加大宣传，创新管理

农五师文化信息资源共享工程建设以来，面对新形势新情况新问题，不断创新发展思路，完善发展模式，拓展服务渠道。一是加大宣传力度，营造良好社会氛围。农五师文化信息共享工程建设，总体来说，尚处于初级阶段，发展状况还不平衡，针对一些职工群众对共享工程认识不够的问题，我们加大对文化信息共享工程的服务内容、建设意义和发展前景的宣传力度，真正做到职工群众在意识上准确认识，在行动上大力支持，在生活中共建共享。二是科学开发人力资源，保障人力资源供给。针对目前共享工程建设中，人力资源严重不足的问题，我们积极采取措施，以团场政工办、学校计算机“能手”、教师为基础，以“专业性人才”和社会队伍相结合的模式，通过经常化、规范化的培训和学习，努力组建一支思想水平高、业务素质强的管理、技术和服务队伍。三是搭建交流平台，深入交流学习，促进自身队伍建设。我们以兵团文化共享工程QQ群为平台，组织全师各县级支中心、乡镇服务点的管理人员加入QQ群，以问题互答、平台交流、资源共享的方式，结合兵团文化中心组织的业务技能培训，不断提升共享工程管理、技术人员的业务能力和服务水平。2011年，我师1名县级支中心人员以综合考核第一名的成绩代表兵团参加全国文化信息共享工程知识竞赛。

三、各展所长，各亮新招

我师89团县级支中心贴近“六结合”，为“学用”活动搭建平台。该团紧紧围绕团场的中心工作，把文化信息资源共享工程的开展与加强团场基层组织建设、与职工群众致富需求、与加大团场产业结构的调整力度、与职工群众的日常生活和文体娱乐活动的开展、与提高基层干部素质培训等工作相结合，通过定期开展技能培训、按时播放、定期发布致富需求信息等，不断丰富和充实了党员干部、职工群众的学习内容，使他们从不同层面的“学用”结合点中，获得了相应的精神食量和致富信息，团场基层党组织的凝聚力、感召力也得到明显增强，文化信息资源共享工程在服务群众、服务基层中找到了活学活用的平台。具体工作中一是充分发挥文化信息资源共享工程主阵地的作用，为基层干部和职工群众提供大量的政治理论、政策法规、时政新闻、形式教育、非物质文化遗产等方面的信息资源，保证了基层党员职工群众及时了解当前国内外形势，及时宣传了当前团场良好的发展态势，搭建了学习和宣传平台。二是通过网络让职工群众及时了解了党的方针政策，开阔了眼界，增长了见识，丰富了业余文化生活，搭建了培训和交流平台。三是通过各种途径共刻录发放《党员先进性教育》、《温棚蔬菜、瓜果种植技术》、《棉花种植技术》、《肉牛、肉羊养殖技术》、《科学应对禽流感》等180种科教、实用技术光盘1400余张，宣传资料8000余份。共享工程的实施，为建设新型团场、培养新型职工搭建了新平台。

81团县级支中心突出“建”、“管”、“学”、“用”四到位。加大宣传引导，加强组织领导。制定和落实好工作制度。建立健全了共享工程六项《工作制度》，签订《文化信息资源共享工程工作责任书》和《设备管理使用责任书》，使工作人员的责任意识和管护水平明显提高，做到了边学、边用、边整改、边建设。把共享工程作为提高党员领导干部和职工群众素质的抓手，并依托文化信息中心，加强基层党组织建设，每年开设理论学习和农业实用技术知识培训4–5次，使45岁以下党员掌握了1–2门实用技术。把文化信息中心作为党员受教育的“主阵地”、农民学技术的“大课堂”，基层干部了解重大事件的“绿色通道”，取得了实实在在的成效。利用团连科技人才，变远教为近教，把共享工程打造为最热闹的活动，邀请专家进行实用技术现场讲座，通过上网查找资料，下载视频，帮助职工群众解决实际问题，使共享工程成为职工群众眼中“家门口不收费的大学”。把共享工程作为服务新型团场建设、“三化”建设的重要载体，借助数字电视和远程教育服务网络，大力开展公益性服务。将音乐歌舞、美术等艺术表现形式纳入共享工程服务内容，以群众喜闻乐见的形式使共享工程更加贴近基层、贴近生活、贴近群众，解决了不少实际问题和技术难题，使共享工程成为职工群众学习掌握党的各项政策的“方向盘”、学习先进典型激发斗志的“助推器”。

总体来讲，农五师文化信息资源共享工程建设基础比较薄弱，建设水平有限，管理服务水平亟待提高。今后，我们将继续以党的十八大精神为指导，以构建和谐文化为目标，不断创新观念、创新思路，充分利用共享工程资源，大力开展文化信息服务，为五师经济社会全面协调持续发展做出更大贡献。

（撰文/农五师文化广播电视局）

新疆建设兵团农六师支中心

农六师五家渠市位于天山北坡经济带腹地。东西跨度600余公里，南北跨度200余公里，辖区总面积8310平方公里，下辖14个农牧团场、34个科教文卫单位，规模以上企业31家，上市公司2家，总人口32万人。五家渠市域面积711平方公里，人口12万人，下辖3个街道办事处、3个团场、1个工业开发区、1个生态开发区。辖区有兵团党校、兵团警校和石河子大学商学院三所高等院校，以及兵团武警四支队、兵团武警训练基地、师市武装部等军事单位。目前，全师已建成共享工程师级管理中心1个，县级支中心7个，基层服务点6个，并与师市党员干部远程教育相结合，初步形成了师、团、连三级文化信息资源共享服务网络。在实施文化信息资源共享工程中，我们主要做了以下几个方面的工作：

一、加强共享硬件建设，实施文化惠民工程

文化信息资源共享工程实施以来，在师市党委、政府以及相关部门的关心和支持下，目前已建成师、团两级中心8个，基层服务点6个。一是师分中心聘用了4名专业人员从事共享工程管理工作，并协调解决人员及运行经费；二是师市党委在新建成的文化中心为师分中心划拨了520平方米的房屋用于共享工程工作。师分中心按照工作需要，分别设置了电子阅览室、放映室、机房以及编辑播控室、办公室、电视播出值班室等6个不同类别的机构用房。各县级支中心业已投入使用，尤其是102团、北塔山牧场、奇台农场县级支中心的使用效果非常好；三是师分中心在国家配送设备的基础上，市政府又投资15万余元，对现有的设备进行扩容，购买了办公桌椅、电脑、空调、文件柜、电视、彩色喷墨打印机、光盘复制机等相关附属设施，增加了价值80万元的信息大篷车（内含：15台联想电脑以及电脑内自带的科普、文化、教育资源、附车赠送的科普光盘50张以及与电脑配套的相关设备等）。

师市文化信息资源共享工程管理中心文化频道与2010年8月9日正式开播。自开播以来，每天播时间为10小时，播出内容为农业养殖、农业种植、戏曲园地、电视剧场、百家讲坛、电影剧场等栏目，经电视台网络覆盖了全师20多万人口，各团场职工群众足不出户就可以看到农六师文化共享频道传输带节目，对丰富基层职工群众的文化生活发挥了很大的作用。2011年，为了增加文化信息资源节目内容，保证文化共享工程频道能更加深入老百姓心中，师市文管办购买了专业的采编设备，从中央台及各省市台针对性录制一些节目，进行编排后播出，为文化共享频道提供了新的节目源，使文化共享频道内容的播出时间由过去的每天10小时增加到14小时。

截止到2012年11月28日，共播出时长达8650小时，播出节目内容为4672集。农业栏目播出了1450集，戏剧栏目播出了950集，讲座栏目播出了982集，连续剧播出了68部共3110集，电影栏目播出了1132部，文艺类节目播出136集，师市文化共享频道业已步入正规。同时严格做好播出节目内容的审核，确保播出安全，对工作人员责任意识、安全意识、大局意识、文化意识进行教育，制定工作制度，完善并强化工作流程。电子阅览室每天为群众开放4个小时，丰富广大人民群众的精神文化生活，保障人民群众享受文化的权益，满足群众不同层次的文化需求，吸引更多群众，使他们上网查资料看书又快又方便。除做文化共享节目播出外，我们还通过共享工程电子阅览室、放映室，为社区市民、职工免费学习的场所，受到了广大群众特别是农牧团场职工的欢迎。

2010年，文化资源共享国家中心领导2次来师检查指导资源共享工作，对我师共享工程建设和服务模式给予了高度评价。同年，中央电视台科教频道还针对我师文化信息资源共享工程开展情况给予了专访。

二、创新工作方法，强化服务意识，提升服务质量

1、健全机构，落实责任，为共享工程提供组织保障。共享工程是文化资源与现代信息技术相结合的产物，是新时期文化建设与时俱进的重大创新工程。我们始终将共享工程作为推进师市和谐文化建设和社会主义新农村建设的一项重要工作，纳入师市经济社会发展的重要议事日程，努力为共享工程持续开展创造有力条件。为此，师市成立了文化信息资源共享工程领导小组，由师市党委常委、副政委任组长，市政府领导、宣传部部长任副组长，各相关部门主要领导为成员的文化共享工程领导小组及办公室，并进一步明确了领导小组及办公室工作职责，夯实了工作责任，制定了全面的实施方案，切实做到了领导到位、措施到位、责任到位。由于采取切实可行的措施，工作机构健全，确保了文化共享工程及农村信息化建设工作稳步推进。

2、建章立制，规范共享工程管理程序。为加强师市文化信息共享工程管理，对从事共享工程工作的人员创造良好的工作平台，我们建立健全了文化信息资源共享工程各项规章制度，如：《文化信息资源共享工程农六师分中心职责》、《文化信息资源共享工程农六师管理中心岗位职责》、《机房管理制度》、《多媒体放映室管理制度》、《电子阅览室管理制度》等一系列规章制度。师市文化局与共享工程工作人员签订了责任书，并在责任书中明确约定了工作人员在日常信息服务工作中的责任和义务，并对工作人员的工作实行目标责任制考核，这些措施的实施，充分调动了工作人员的积极性。

3、加强部门间协作，发挥优秀资源共建共享优势。师级分中心加强与自治区图书馆、兵团宣传部、兵团工会、师市科技局、电视台的协作，通过拷贝光盘、交换资料、借用大容量移动硬盘等多种方式整合优秀资源，丰富文化共享频道节目内容，同时将资料以最快的速度复制并配发到团场、连队职工群众手中。

4、充分发挥信息大篷车的优势，切实提高服务“三农”的能力。师市从大局入手，努力建设一支精通业务、熟悉信息管理的队伍。大篷车聘用了3名在信息化管理、计算机、农业种植、养殖、法律法规等学科领域的专业人员，组成文化共享工程和信息大篷车信息服务专家队伍，随车深入到各个团场的连队进行农业科技知识、健康养生等方面的电脑教学，使团场职工达到“会收集、会分析、会发布”，较好的掌握了信息设备的使用、资料的查讯、信息的发布等技巧。

截止目前，信息大篷车行程25000余公里，为全师100余个连队的近40000名职工群众进行科技信息化培训350场次、授课时间达1600余课时，接待群众上网查询信息15000人（次），免费发放棉花、番茄、玉米种植、庭院种植、养殖等科普知识光碟20000余张，全师信息覆盖面达40%，约3万多职工群众从信息服务中受益。

5、加大共享工程宣传力度，提高共享工程影响力。师市实施共享工程工作以来，为了扩大在基层群众中的影响，师级分中心除通过报纸、电视、广播进行宣传报道外，还在每年的“4•26”世界知识产权日宣传周期间，与师市商务局、科技局联合，在文化广场设立科普宣传咨询台，接受群众咨询；发放、赠送涉农科技知识产权方面宣传资料，广泛宣传其作用和意义，使各级领导和职工群众充分认识到这是一项惠民工程、民心工程，充分认识共享工程的重要性、必要性以及实用性。在日常工作中，我们利用报社、电视台、广播电台对开展的共享工程活动给予充分报道，使各族职工群众切实了解共享工程给职工群众带来的实惠。

6、拓展服务渠道，改变服务方式。一是师市分中心根据实际，及时调整文化信息资源共享工程工作方案，确定了以“致富职工群众，发展壮大师市”为目标的工作机制，在日常工作中，加强与五家渠市的3个街道、14个社区以及各团场的联系，将棉花种植、庭院种植、养殖、科普知识送到各团场连队职工的手中；二是为信息大篷车配备3G无线上网卡，采用无线网卡接入方式，开展“送文化、送科技下乡”活动，做到科技进连入户到田间，对职工群众喜爱的具有思想性、教育性、娱乐性的网络内容加大力度进行充实，做到群众喜闻乐见。采取实地为连队职工授课、随堂实际操作、课下交流、课后疑问解答等形式，把信息化资源传送到基层文化网点和群众身边，提高服务效果；三是给团场的青少年提供文化信息服务和绿色上网空间，受到学校和广大家长的好评，服务效果初步显现。共享工程的实施，丰富了公共文化服务的方式和手段，改善了服务质量，提高了公共文化服务水平，对于丰富基层群众的精神文化生活，满足广大职工求富裕、求健康、求文明的需要等方面发挥了积极作用。

今后，我们将坚持以科学发展观为指导，以构建和谐文化为目标，不断创新观念、创新思路，充分利用共享工程资源，大力开展文化信息服务，为师市经济社会协调、快速、健康发展做出应有的贡献！

（撰文/新疆建设兵团农六师支中心）

新疆建设兵团农七师支中心

“十一五”和2011年，在国家和兵团的大力支持下，农七师共建设完成了6个县级支中心、4个乡镇点和186个基层点。

一、整体情况

农七师现有6个县级支中心：123团县级支中心、124团县级支中心、125团县级支中心、129团县级支中心、131团县级支中心和137团县级支中心。6个县级支中心挂牌成立后，各团场党委高度重视，分别从团政工办、电视台等单位选调了一批专业知识扎实、乐于奉献、有经验的人员专职从事文化共享工程工作，每个县级支中心现有专职人员3人。每个县级支中心做到了挂牌显眼、制度上墙、开放时间公示、电子阅览管理规范、活动开展经常，管理技术人员熟悉国家和兵团分中心资源，并能指导职工群众利用网络资源，为广大群众提供实用性、知识性、娱乐性的文化信息服务，使各县级支中心成为了具有信息服务、教育培训等多种功能的文化中心。

二、网点建设、经费投入

全师6个县级支中心总共投入资金400多万元，其中师团投入资金60多万元，主要用于各县级支中心机房（包括主机房、电子阅览室、多功能报告厅）的装修、供电系统、恒温系统、避雷系统、消防系统等的配套建设。目前各县级支中心已配备服务器3台、笔记本电脑2台、台式电脑35台、摄像机、打印机以及投影仪各1台。

三、惠民服务

各支中心建成后，各团文化部门充分利用其共享工程的丰富资源，与团电视台密切合作，下载大量的视频资料，在团自办节目中开办了《农事指导》、《健康指南》《致富经验》、《致富信息》、《戏曲演唱》等栏目，定期通过团场有线电视系统向全团播放，广泛传播中华民族的优秀文化，满足广大人民群众求知、求乐、求美、求富需求。同时面向群众，服务基层，大力开展“三进”活动。“三进”活动是各单位利用冬季和农闲时间开展的以“进连队、进社区、进学校”为内容的“送书、送戏、送科技、送法律知识、送医疗服务、送文明公约、送电影”活动。

一是“信息文化进连队”，让信息共享资源成为提高职工素质的重要保障。进连队是根据连队职工的所想所求，为连队职工提供最先进的科学种植养殖技术，致富信息等技术服务。如有的支中心在农业技术培训工作期间，从视频资料库中精心选编有针对性的农业科普知识，深入各基层农业单位巡回放播。通过电教使职工群众学到了许多种植、养殖知识。如123团支中心配合团养兔协会定期为全团的养兔专业户播放有关《科学养兔》的专题片，提高了他们的养兔水平，受到全团养兔专业户们的欢迎。目前全团从事家庭养兔的职工有260多户，每年肉兔出栏量达到130000多只，拓宽了职工的增收渠道，增加了职工收入。

二是“信息文化进社区”，让信息共享资源成为离退休职工的精神乐园。进社区是为社区居民提供地方戏曲、专题讲座、影视作品以及科技致富信息等服务，满足社区居民日益增长的物质文化需要。主要采取播放视频资源的方式，在各团人员比较集中的文化宫、各社区办公室等地点，利用投影设备，播放名家讲座栏目下的各科讲座、地方戏曲，以及团场政策、法律知识，计划生育等方面内容的节目，寓理于情，寓理于乐，寓教于美，在潜默化中提高社区群众的生活质量。为了丰富社区文化，鼓励社区居民参与健康、有益的活动自觉抵制邪教组织的侵害。针对社区老年人多的特点，各支中心从共享资源中下载了大量的医疗卫生保健等方面的视频，如心血管病、地方病、糖尿病等疾病的预防、治疗、康复方面的视频资料，定期在老年人集中的社区播放。

三是“信息文化进校园”，让信息共享资源成为师生的良师益友。进校园是根据团场未成年人的特点，利用文化信息共享资源，为广大未成年人开展思想道德建设提供健康文明的精神食粮。经常为学校电教室补充文化信息资源，配合各学校坚持不懈地开展了学生传统教育，取得了良好效果。

四、管理和队伍建设

为进一步改进和完善全师文化信息资源共享工程的建设，师成立了由师党委常委、副政委任组长、师文广局领导任副组长，师党办、信息化办公室等相关部门为成员的领导小组，各县级支中心也相应成立了由团党委常委、副政委为组长，政工办、电视台、工会等科室为成员的领导小组，做到了机构健全、制度完善、经费保障。同时每年都积极选派各县级支中心的专兼职技术人员参加国家和兵团的培训，有力地促进了各县级支中心文化信息资源共享工程的建设。

五、工作展望

1、资源向基层延伸。通过先进的网络技术，将优秀的文化信息资源传送给广大基层，并为广大群众提供优秀的信息服务，将优秀的文艺作品、优秀的音乐、戏曲等传播到基层，用先进的技术传播先进的文化，提高职工群众的文化素质。

2、向数字化发展。通过文化系统已有资源的整合、购建各类资源库、网上信息的抓取与加工等多种方式和渠道，全方位建设文化信息数字资源库。用数字化资源服务职工群众。

（撰文/新疆建设兵团农七师文广局）

新疆建设兵团农七师一二九团支中心

2002年4月，由国家文化部、财政部联合启动了全国文化信息资源共享工程（以下简称"文化共享工程"）。文化共享工程是党中央、国务院高度重视的一项重点文化创新工程。它采用现代科学技术，将中华优秀文化信息资源进行数字化加工和整合，通过文化共享工程服务网络，以互联网、卫星网、有线电视/数字电视、光盘、移动存储等方式，实现优秀文化信息资源在全国范围内的共建共享。

新疆兵团农七师一二九团文化信息资源共享工程建设是根据新疆维吾尔自治区、兵团和农七师党委宣传部安排，于2009年5月起动。属国家第二批文化资源工程，是新疆境内35个基层文化站其中的1个。

一、129团基本情况

农七师一二九团位于准噶尔盆地西南缘，始建于1960年，土地总面积45.68万亩，现有耕地面积15.1万亩，总人口2.1万人，一线职工3111人。团部南距奎屯市55公里，北距克拉玛依市80公里，217国道，奎克高速、奎北铁路市北穿越团辖区，交通极为便利。团场下设15个农业连队和21个企事业单位。

团场加大产业结构调整，促进了团场经济速发展，到2011年，团场实现生产总值5.4亿元，同比增长22.56%，其中：第一产3亿元，同比增长19.16%；第二产0.74亿元，同比增长25.47%；第三产1.6亿元，同比增长27.96%。在岗职均收入22316元，同比增长28.8%，团场农场职工家庭人均纯收入9743元，同比增长11%。

二、129团文化信息化工程建设情况

农七师一二九团文化信息资源共享工程起动后，党委十分重视信息化工作的发展，并把其列入党委重要议事日程，在电信部门与一二九团共建信息化发展的基础上，2009年5月一二九团文化信息资源共享工程正式起动，由国家文化部投资68万元，配备了3台服务器、37台台式电脑、2台笔记本电脑、打印机2部、摄像机和投影仪各1部。团党委将团机关4楼会议室腾出作为一二九团文化信息资源共享工程的机房，将所有电脑全部安放在其间；并拿出资6.7万元资金，购置了40套高标准的桌椅板凳及附属设施。为了更好地利用好文化信息资源共享工程这一系统，将这一系统台并入一二九团管理事务网络内，开通了10M光纤上网。2010年，一二九团又对原有3名网络管理人员送出去培训，以此更好地规范化管理好文化信息资源网络。借一二九团与农七师机关相连的协同办公系统，在农七师的门户网站下建立了一二九团文化信息子网站，同时在全团28个基层单位建立了信息资源共享工程工作站和农家书屋管理系统，将信息资源共享工程工作站、农家书屋管理系统并入一二九团文化信息子网站内，致此，各类文件及管理办法都可以从网上查询，实现了网络化办公，提高工作效率的同时，也大大节约了办公费用。特别是2009年9月申报《三电合一项目》成功后，一二九团投资100余万元，与新疆乌鲁木齐市"金丰收软件公司"共同开发了《农场信息管理系统》，后对一二九团文化信息资源共享工程的改进和完善，完全能够满足团场文化建设发展的需要。

三、129团文化信息资源共享平台的组成

129团文化信息共享平台《农场文化信息管理系统》主要由一二九团文化信息网站、办公OA系统、文化信息触摸屏一卡通查询系统、农业信息服务平台的双向视频诊断系统和农家书屋管理系统组成，这些系统与全国文化信息资源共享等有机的组合在一起。登陆网址是www.xjbt129.com，同时将几大部分计算机有机地整合在129团文化信息网站上，并与师门户网站进行了互为链接，有关129团各类信息及资源都可以通过这个系统平台进行查询。

特别是一二九团文化信息资源共享工程与在电话、电脑、电视的"三电合一"工程的互联一起后，一二九团文化信息共享事业有了质的飞跃，团场现有上网办公计算机180余台，其中用于文化建设是105台，仅2011年度就配备了计算机98台，相当于团场发展文化信息事业近十年来计算机更新的总合，这为推动团场文化信息共享事业插上腾飞的翅膀。

在此之前团场制作五五视频新闻要从电视台拷贝、计算机上制作、上传到服务器、在网站中添加链接过程需半个小时之多，自从视频制作服务器安装到位后，整个过程只需10分钟，不仅为文化事业发展提供了有力的管理平台，同时也大大提高了工作效率。

一二九团文化信息资源共享工程可将团场发生的各类新闻及农业、畜牧业、林果业各类栽培技术等通过视瀕，24小时不间断的展现在互联网上，现129团共有基层兼职文化信息员近150人，为129团近390多名办公人员、1300户宽带用户、6000户、2.1万人提供文字、图片、及视频等信息服务，过去一个单位只有1到2台办公计算机，连长、书记、报账员、政工干事、技术员、卫生员、治安员、副连长等多人轮流使用计算机，不能满足及时处理办公文件的要求，文化信息共享和“三电合一”等工程将网线通到基层单位各办公室，为每个基层单位再配备两台计算机，这样每个基层单位的办公用计算机就达到了3到4台，同时鼓励上述人员将自已家的计算机搬到办公室以方便办公，通过这样一带连接，平均每个基层单位拥有6台以上计算机用于信息处理工作，加快了团场文化信息工程的进程，重组了团场文化信息共享的资源。

目前，团场正进行实施数字电视工程的改造，筹划在电视台构建硬盘点播系统，积极建设有本地特色的文化、农业、畜牧业、林果业的技术视频做为电视点播的信息源，真正做到电视、电话、网络三者有机的结合起来，做到网络流媒体供全团1300户上网用户点播，电视点播覆盖全团近6000户数字电视用户。

129团文化共享网站每年更新的领导讲话、文字及图片新闻、公告等几千条，每年都要制做近500个小时的自办节目，包括五五新闻、先进人物事迹、农作物栽培技术（文字及视频），只需要一点击进行入129团文化信息网，就能具体了解129团的发展状况，从而让更多的人了解129团的发展的历史过程。

时下，办公OA系统目前已成为团场内部进行政务办公的一个工作平台，将传统的工作流程明传电报、请示报告、改为网上审批工作流程。会审事务人员不必集中，无论主要领导是否出差都可随时处理紧急事务，大幅度提高了办公效率。团场管理层、机关干部、团内企事业单位、连队管理干部共用一个管理平台，促进协作。特别是上下级沟通、平行沟通效率大增。

（撰文/新疆建设兵团农七师一二九团支中心）

新疆建设兵团农八师支中心

为推进农八师石河子市文化共享工程建设，进一步发挥文化共享工程在师市三化建设中的重要作用，自工程建设开展以来，农八师石河子市按照上级有关精神的要求和部署，在领导部门的具体指导下积极行动，各项工作进展顺利。

一、基本情况

自兵团启动文化信息资源共享工程（以下简称共享工程）以来，师市充分发挥文化信息资源重要作用，及时把文化信息资源传送到城乡基层文化网点和群众身边，为宣传党的方针政策开辟了新渠道，为丰富农民群众业余生活、弘扬文明新风开辟了新的阵地。截止目前，师市共建设文化信息资源共享工程县级支中心8个，乡镇级服务点11个，连队、村级基层服务点338个，相应的配套设备均安装到位。

1、加强领导，加快共享工程基础设施建设

“共享工程”是一项受到党中央、兵团高度重视的文化创新工程，对于迅速扭转我国西北地区特别是贫困地区的信息匮乏和经济、文化落后的状况起到了显著的作用。近几年来，随着市场经济体制的不断完善，农业结构调整力度的加大，人民群众尤其是农民朋友对科学文化的需求显得尤为迫切。面对全师基层文化设施陈旧、文化投入不足、文化资源匮乏，广播电视覆盖面小，信息转送滞后，新思想、新科技的宣传、推广受局限的现状，党委、政府深感责任重大，在兵团启动共享工程后，立刻认识到了信息资源共享工程对传播科学知识、先进文化，引导农民群众脱贫致富，丰富和活跃团场基层文化生活的巨大推动作用，并引起高度关注，决定以共享工程建设为契机，把传播先进文化、转变致富理念、普及科学文化知识作为共享工程建设的最终落脚点，并采取有力措施，使共享工程建设工作落到实处。一是加大投入，加强基础工程建设。投入544万元，先后为8个县级支中心购置了8套资源共享设备进一步巩固完善了支中心阵地建设。二是加强市区、乡镇、团场文化阵地建设，搭建信息沟通平台。建立完善市区、乡镇、团场文化站管理制度，加强共享工程基层服务点的管理；各市区共享单位、乡镇、团场设立1名专兼职文化事，明确文化专干职责，指导各基层服务点做好群众需求双向反馈工作。利用文化站现有资源、设施设备为基层服务点提供服务。做到了人员、阵地、牌子、设备、制度“五落实”。三是构建遍布全师的基层服务网络，改善基层文化工作手段陈旧落后的状况。各社区服务点依托文化活动室的便利条件，由市图书馆向服务点提供图书、杂志、音像资料等，满足社区居民精神文化生活需要；一乡一镇作为基层服务点，示教合一，现场指导；在团场党员电教播放点增挂文化活动室牌子，每个服务点指定1名管理人员。并为基层服务点配备了电教器材、团场实用技术图书及其它各类图书、光盘。充分利用团场党员电教室设施设备的优势，使党的方针政策、科学技术信息以更加新颖直观、形象生动的方式迅速走向千家万户。使共享工程真正起到面向基层、服务大众的作用。

2、整合信息资源，使共享工程在基层开花结果

由于条件所限，团场、乡镇群众不便于到市区享受优质的网络资源，将新思想、新科技用一种直观、易懂的形式送到农民身边就成了及时雨、雪中炭。为了使群众对新科技能够看得懂、用得上、见效快，文体局领导和相关工作人员经常到基层进行调研，了解群众最需要什么，搞清为群众送去什么、怎样送之后，利用共享工程网络资源内容新颖、实用性强、信息量大、数据传输快捷方便的优势，认真搜集、下载适用于当地群众的政策法规、先进性教育、农业科技、文化体育、防疫保健、科普知识等共享工程信息资源，特别是大量收集团场实用技术信息，并将下载的共享工程资源信息刻录成VCD光盘或宣传资料，通过市、乡镇、团场三级文化服务网络及其它途径传输信息，扩大宣传面，使群众快学技术，早得实惠。一是将各类信息资源通过共享设备，传播到千家万户，使群众受益。二是向各级文化站直接提供图书、光盘支持，由各服务点直接面向群众服务。三是利用“三下乡”、宣传周、节庆日等，积极协调有关单位，向各文化站

发放共享工程光盘和实用技术资料，并现场接受咨询，解决实际问题。四是针对群众在生产生活中遇到的实际问题，对症下药，从共享工程网络资源库中下载相关内容，组织群众进行观看，使各项科技推广更具有针对性和时效性。此外，该馆还利用多媒体室播放科技、文化、卫生、少儿科普等方面的视频资料，深受群众欢迎。

共享工程实施以来，市图书馆、文化馆通过各种途径共发放科技、农业生产、医学类、文化艺术类等图书500余本，科教、实用技术光盘110余张，宣传资料200余份。共享工程的实施，为新时期建设搭建了新的平台。丰富的文化教育资源和科技信息资源，普及到广大乡镇、团场基层，对打破这些地区信息闭塞的状况，积极推广先进的文化理念、科学技术。现在不少村民都反映，通过"信息共享工程"，他们的眼界更宽了，信息更灵了，创造新生活的本领更强了。

二、工作展望

1、进一步扩充文化设施网点，以市图书馆、文化馆、乡镇、团场文化站为实施主体。加强基层文化设施网点网络化、数字化建设，加强文化、科技信息资源自动化、网络化建设和专业技术人员的培养，为深入推进共享工程的实施打好基础。

2、努力把文化信息资源共享工程用活、用好。积极采用图书馆成熟技术，借助数字电视和远程教育服务网络，大力开展公益性服务。尤其加强对广大乡镇、团场地区的扶持力度，将文化共享工程建设成为建设社会主义的重要抓手。以先进文化教育广大群众，提高人民群众的思想道德水平和科学文化素质，最大限度地将信息资源转化为生产力，通过多种形式拓展服务范围、创新服务方式，将地方影视戏曲、音乐歌舞、美术等艺术表现形式纳入共享工程服务内容，以群众喜闻乐见的形式使共享工程更加贴近基层、贴近生活、贴近群众。

3、在实施过程中加强与上级领导部门的沟通与协调，使共享工程服务群众更具针对性和时效性。同时，不断总结经验，改进创新管理体制和运行机制，使共享工程真正成为文化创新工程。

（撰文/新疆建设兵团农八师支中心）

新疆建设兵团第九师支中心

新疆生产建设兵团第九师位于新疆维吾尔自治区西北部亚欧大陆中心，与哈萨克斯坦共和国接壤，境内有国家一类陆路口岸——巴克图口岸，是我国连接中亚的桥头堡。师部驻额敏县城，所辖10个团场以师部为中心沿边境线呈扇性分布，守卫着400余公里的边境线，闻名中外的"小白杨"歌曲就诞生在这里。近年来，九师以科学发展观为指导，坚持"唱响田园牧歌、科学发展九师"总体思路，大力弘扬龙珍精神，丰富挖掘小白杨戍边文化，抢抓机遇、加快发展，综合实力显著增强、发展质量大幅提升、改革开放深入推进、职工生活持续改善、各项事业全面进步、社会大局和谐稳定。

自2010年全国文化信息资源共享工程在九师实施以来，截至目前，九师共有文化信息资源共享工程县级支中心5个，乡镇级支中心6个，基层服务点107个，实现了团场、连队文化共享工程全覆盖，使文化共享工程这一惠民工程全面进入到基层，进入到千家万户，广大职工群众切实享受到了文化资源共享工程带来的实惠。为保证共享工程正常运行，师团加大投入，积极落实软硬件设施配套，为5个县级支中心提供了611平方米的场地，配套资金近20万元。

"文化信息资源共享工程"的实施，为职工群众学习先进文化、传播先进文化开拓了新的渠道，为拓宽文化视野、指导生产实践提供了快捷方便的平台，为我们占领基层文化阵地提供了有利条件。为更好地发挥文化信息资源共享工程资源优势，九师结合自身特点，积极拓宽思路，创新方式，在有条件的团场开办了文化共享工程电视频道，采用定时或点播方式，播放种养殖技术、科普知识、红色经典影片、优秀电视剧、动画片、戏曲、团场新闻等节目，通过电视荧屏把政策、信息、科技和文化知识传递送到千家万户，真正做到了节目传输高效，最大限度降低了文化知识的传播成本和费用。在多媒体播放室设有大屏幕，利用全员教育培训及科技之冬活动等形式开展各类主题讲座，利用已建设好的基层连队党员干部现代远程教育设备和职工文化活动室，扩大在党员、干部、职工群众的普及面，形成了学文化、用文化、学科技、用科技的良好氛围，涌现出了一批依靠科技勤劳致富种养殖能手。职工群众纷纷表示"遇到生产生活问题我们一不用进城买书，二不用请教专家。只需在电子阅览室，打开电脑轻点鼠标，就可找到想要的相关内容，文化共享工程的确带给了我们很大实惠与帮助。"随着共享工程不断推进，越来越多的职工群众感受到了这一文化惠民政策带来的便利，学科技难、看戏难、看电影难、看书难，逐渐在"共享"中破解。以九师一六三团支中心为例，每年电视播出文化共享工程节目100多次，优秀电视连续剧40部1200余集。电子阅览室开放时间600多小时，根据需要采购、复制光盘1100多盘，下发各单位及职工家庭，基本满足了基层不同群体的需要。

九师采用多种措施和办法，努力拓展服务方式，通过送政策、送科技、送法律、送文化、送信息，使文化共享工程形成了"天地网络相通、播放站点相连"的生态系统，建成了跨部门、跨行业、跨区域的"大文化工程"。在充分发挥支中心文化共享工程功能和作用的同时，针对文化共享工程运行中存在的开放时间与读者阅读时间矛盾，经与相关部门单位协商、沟通，电子阅览室在冬季和农闲时节延长开放时间，方便职工群众、中小学生查阅资料。为增进军民关系，我们还利用共享工程下载各类影片，为部队官兵免费放映，活跃了官兵的业余文化生活。利用共享工程资源和党员远程教育设备，协助基层党支部开展学习交流，使党员干部及时掌握国家的大政方针和时事热点。

文化信息共享工程的深入实施，令基层职工群众的精神面貌发生了改变，出现了“三多三少”的可喜局面，即学文化、学科技的多了，游手好闲的少了；遵纪守法的多了，寻衅滋事的少了；勤劳致富的多了，无事生非的少了，营造了学文化、讲文明、重科技的良好氛围。

展望未来，九师将严格按照国家、兵团的工作部署，将进一步构建资源优质丰富、技术先进实用、传播高效互动、服务便捷贴近、管理科学规范、体系完整可控的公共数字文化传播服务体系，使文化共享工程真正成为职工群众参与文化娱乐、获取科普信息、接受教育培训、享受惠民服务的重要平台。

（撰文/新疆建设兵团第九师）

新疆建设兵团第九师一七0团支中心

根据国务院、文化部关于大力推进全国文化信息资源共享工程建设的指示精神，为切实保障团场职工群众的文化信息需求，促进基层文化的发展，一七0团文化信息资源共享工程建设在师文化局和兵团文化信息资源共享工程的指导下，以数字资源建设为核心，以基层服务网点建设为重点，工程于2010年开始筹备，2011年初开始建设，并于当年建成并交付使用。建成后的团场文化信息资源共享工程较好地满足了团场各族职工群众不断增长的文化需求和精神需要。具体情况汇报如下：

一、基本情况

一七0团共有十四个基层单位，分别分布在额敏县和托里县境内，连队最远距团部距离180余公里，全团总人口3400人，点多、线长，居住分散，文化娱乐活动相对滞后，职工群众文化需求矛盾日渐凸显。随着全国文化信息资源共享工程的实施，文化娱乐活动相对滞后和职工群众文化需求矛盾日渐凸显的现象得到了缓解。2010年在国家、兵师的大力支持和团党委的努力下，文化共享工程正式得到了启动。

二、网点建设

在文化信息资源共享工程启动中，网点选址是关键，此项工作得到团党委的大力支持，宣传文化管理部门按照规范要求，在具体实施的选址中，充分考虑到消防安全和通风换气，确保选定位置使用后安全、舒适。在建设过程中，我团与电信部门进行沟通协调，并得到上级相关部门的技术指导，协调解决有关问题，有效推动了“工程”的顺利实施。通过各方积极协调和努力，整个工程于2011年底基本建成。工程建设网点建筑面积110平方米，配备电脑30台。文化信息资源共享工程的建成，以内容丰富、技术实用的文化信息资源极大的方便和吸引了辖区内外的广大职工群众，同时也对促进团场政治、经济、文化、教育的全面发展，提高职工群众科技致富能力、满足农牧民政策信息需求等起到了极其重要的作用。

三、经费投入

一七0团是一个边疆少数民族团场，面积1060平方公里，也是经济欠发达地区，多数牧点居民居住分散、交通不便、信息闭塞，文化生活十分贫乏，这些少数民族的进步发展直接关系到团场的繁荣与稳定。全国文化信息资源共享工程，以其空间跨度大、覆盖面广、快捷方便的独特优势，直接将丰富、优秀的文化信息资源送入连队牧区、送入千家万户。同时也为维护边疆稳定、促进民族团结和民族地区经济社会发展起到了不可估量的作用具。因此，实施文化共享工程，对于地处相对偏远的少数民族团场来说，更具有迫切的需要和独特的意义。为了切实做好这项惠民工程，团场从十分紧张的财政收入中挤出25万元，与兵团下拨的37万元相配套等共计62万余元，团场每年补贴8万余元，用于管理人员工资发放、电费、网络费和维护、维修保养费和正常的运行费用，有力的推动了团场文化共享工程事业建设。

四、技术支持

文化信息资源共享工程是一项新兴的惠民工程，技术含量相对较高，在使用和运行维护中很多操作使用知识需要运维管理人员知晓和掌握。一七0团针对相关管理技术人员基础知识相对匮乏，在使用中不断遇到这样或那样的技术问题，团场宣传文化管理部门对管理员反应和实际运行中出现的技术问题及时与上级相关部门联系，在得到兵团文化资源共享管理技术人员和师技术人员的帮助下，所有问题都得到解决了及时的解决，确保了团场文化信息共享工程服务职工群众的顺利开展。

五、惠民服务

文化信息资源共享工程融合了互联网、卫星、光盘播放等信息内容，多达数几十万册电子图书和视频节目，不仅初步解决了基层职工群众看书难、看戏难、看电影难的问题，不但丰富了群众业余文化生活，还解决了职工群众依靠科技致富信息短缺途径。资源共享工程内的农业科技、医疗保健、为职工致富等方面的知识，为广大职工群众提供了有效的信息保障。团场劳动部门还依托文化共享工程开展农业技术培训和再就业培训等，提高了农牧民信息化水平和基层群众科学文化素质，有力地促进了团场经济社会的协调发展。同时，共享工程的实施，使基层文化单位增强了活力，充实了服务内容，全面提升了公共文化服务的水平，促进了文化工作手段的现代化，成为文化工作新的重要增长点。

六、宣传推广

为使团场各基层单位职工群众更多的了解共享工程的意义和作用，团宣传文化管理部门根据团党委统一部署，明确了管理部门的职责、制定了资源共享实施方案和管理人员职责。一是设立组织机构。为推进共享工程建设提供组织保证。成立了由团主管副政委为组长，宣传文化部门工作人员为成员的文化资源共享工程领导小组，加强对文化信息共享工程的宣传和管理；二是制定实施规划：明确共享工程建设的目标任务。通过多种形式宣传共享工程在推动基层文化事业跨越发展中的作用，为共享工程的顺利实施打下基础；三是加强人员管理。团定期对管理人员的在岗情况、服务态度、运行记录等情况及时督导检查，如发现问题，要求管理人员限期整改，作到规定时间管理人员在位，技术处理迅速果断。

七、培训工作

一七0团文化信息资源共享工程经历了近3年的建设发展，尚处于起步阶段，工程建设与管理、资源加工与服务、运行模式与管理手段等方面仍存在一定的差距，人力资源配置不足始终制约工程事业的壮大与发展。共享工程是一项采用高新技术推动文化建设的工程，其特点是技术含量高。要求从事这项工作的人员须具备相应的知识和技术，必须建立并依靠一支较高服务意识、良好技术素质、善于工程管理的专业队伍才能这项工程的顺利开展。为提高团场文化信息共享工程运行和管理人员计算机理论水平和操作能力，培养一支合格的技术人员队伍，团场先后两次派出管理人员参加由兵团相关部门举办的业务知识培训班，学习内容主要包括支中心建设目的、意义、软硬件知识及实际应用、资源采集、日常管理和项目监理知识，对解决团场技术服务力量不足的问题和保障团场职工群众基本文化权益具有十分重要意义。同时也解决了工作中存在的不少棘手问题，为资源共享工程的顺利开展提供了技术上的保障。

八、管理和队伍建设

全国文化信息资源共享工程是一项繁荣社会主义先进文化的创新工程。它应用现代科学技术，将中华优秀文化信息资源进行数字化加工和整合，利用覆盖全国的网络化管理和服务体系，以互联网、卫星网、有线电视/数字电视网、镜像、移动存储、光盘等方式，实现优秀文化信息资源在全国范围内的共建共享。为了确保团场文化信息资源共享工程顺利实施和安全运行，规范共享工程服务网点管理，充分发挥信息资源共享工程在公共文化服务方面的作用，丰富团场职工群众文化生活，保障居民基本文化权益，团场决定有宣传文化部门负责加强对这一工程的管理。为加强共享工程技术队伍建设，团场尽可能通过多种渠道培养合格的管理人员队伍，力求使每个信息管理员达到"操作规范，程序熟练，运用自如，随点即现，且能处理常见小故障"的要求，造就一支有知识、有文化、懂技术、会操作、能运用的信息共享工程队伍，使团场信息资源共享工程基层建设工作进入规范化管理的轨道。

九、工作展望

文化信息资源共享工程作为一项以现代信息技术为基础和载体的文化推广工程，信息技术的应用贯穿于其方方面面，具有可视、可听、可读的优点。一七0团共享工程启动3年来，随着经济社会的不断发展，文化信息资源共享工程建设也在发生变化，不断丰富的信息资源极大充实了团场职工群众的业余文化生活。但团场目前文化信息资源共享工程还存在着资源量小网点少等不足，期盼能够继续增加服务网点，并使现有的文化共享工程能与互联网、卫星、有线电视、党员远程教育及数字图书馆系统实现高度融合，形成全面共享、自由访问的开放体系，全方位满足职工群众日益增长的文化需要。

（撰文/新疆建设兵团第九师一七0团支中心）

新疆建设兵团农十师支中心

一、基本概况

全师现有11个农牧团场（含3个进人团场），16个国有或国有控股工交建商企业，35个行政事业单位，总人口近8万人。所辖单位呈"一点、一线、一片"状态分布（"一点"指位于准噶尔盆地北缘184团，"一线"指边境一线团场185团、186团、青河独立营；一片指地处额尔齐斯河和乌伦古河流域的181团、182团、183团（含进人团场青河农场）、187团（含进人团场189团）、188团（含进人团场190团）。十师师部北屯，地处216国道、318、319省道交汇处，是额尔齐斯河流域近400平方公里河谷大走廊的咽喉部位，曾是古丝绸之路的必经之地，成吉思汗挥师西征六过金山，六次在此屯兵休整。鉴于其战略地位极其重要，1958年，兵团政委张仲瀚将军在此定址建师。

二、基本情况

文化信息资源共享工程，是采用现代信息技术，为传播先进文化开拓的新渠道，是一项全国性的公共文化服务工程、创新工程和民生工程。近年来，新疆生产建设兵团农十师已建成5个县级支中心、4个乡镇服务点。十师充分利用文化信息资源共享工程具有信息量大、适用性强、内容健康而丰富、方便快捷等特点。努力拓宽服务空间，在打牢基础、发挥优势、整合资源、规范管理、教化群众、拓展视野方面做了大量的工作，为推动十师政治、经济、文化、科技和其他各项事业的健康发展取得了良好效果。

国家实施文化信息资源共享工程后，师市文广局高度重视，把这项工程当做立足长远、服务大局、服务群众的公益性建设项目来抓。师市各县级支中心和服务点在缺资金、缺技术、缺人员、缺场地的情况下，仍挤出办公用房和机房，利用所配置电脑，建起了电子阅览室，安排具有电子技术的人员负责管理。制订了《文化信息资源共享工程管理办法》、《机房管理制度》、《电子阅览室管理制度》和《文化信息资源共享工程中心工作人员目标责任制》等规章制度。并对卫星接收、光盘刻录、硬盘拷贝、流动播放、定点阅读等程序作了具体规定，为文化信息资源共享工程的顺利实施打下了坚实的基础。

三、整合资源　形成合力　拓展空间

在进行文化信息资源共享工程建设中，十师各中心不仅仅局限于建立电子阅览室，让有人们去查阅资料，而是从创新手法、扩大影响力和受益面等目的出发，切实做到"四个结合"，即文化信息资源共享工程与党员远程教育相结合，与精神文明建设相结合，与提高职工的综合素质相结合，与实施的农业现代化、新型工业化、城镇化"三化"建设相结合，其中184团支中心创新形式将文化信息资源与团场的门户网站建设、广播电视事业建设融为一体，让全团居民无论是上网、看电视还是听广播都能享受到文化信息资源的影响力和浓厚氛围。

四、创新手法　突出特色　注重实效

十师在整合资源、形成合力、拓展空间的同时，为达到“资源共享、服务群众、促进工作、利于发展”的效果，充分利用“工程”信息量大、资源丰富、涉及面广、适用性强的特点，延伸信息资源的作用和意义，把信息资源推向不同群体、不同行业、不同片区。如：为满足农牧职工渴求新科学、新技术的需求，团结合“科技之冬”活动的开展，从文化信息资源共享工程上精心挑选种植知识、养殖知识进行下载，并制作成科普手册，发放到职工手中，或下载优秀科普节目，用于培训播放，使职工的养殖水平、种植水平得到显著提高。2011年，师市种植业职工人均收入达到2万元以上，比上一年增加了1667元以上。连队职工陈兴果依靠从文化信息资源共享工程获得的信息知识，办起了养鸡场，年出栏肉鸡5万羽以上，收入达10万元以上。另有260多户职工依靠这些知识，有的办起了养驴场、养牛场、养猪场，年纯收入都在4万元以上，最高的达到了10余万元。与此同时，十师将文化信息共享工程结合各项文化建设工程的实施，成立了巡回放映队，每周将下载的电影、戏剧巡回送到各连队播放，让职工群众深受文化的教育和熏陶，爱家乡意识、爱国意识显著增强，居民的是非观念，文明程度得到显著提高。居民文明诚信度逐年提升，真正发挥了文化信息资源在十师物质文明、精神文明建设中的巨大作用。

（撰文/新疆生产建设兵团农十师文广局）

新疆建设兵团农十三师支中心

2009年由国家和兵团投入300多万元的设备和资金，农十三师全面完成了6个文化信息资源共享工程县级支中心建设任务。2012年又完成了3个文化信息资源共享工程乡镇服务站。6个支中心和3个乡镇服务站共投入固定资产150多万元，运行费用每年近10万元。这些项目运行以来。为农十三师的8万多职工群众提供了学习先进科技文化的平台，有效改善了城乡基层群众文化服务环境和条件。特别是兵团文化信息资源共享工程建设2011年工作会议在农十三师召开，国家管理中心领导、兵团领导及各师支中心代表前来传经送宝，我师前来参加培训的学员达16名。这是兵团对我们工作最大的支持和鞭策，也对我们的工作提出了更高的要求。为了充分发挥共享工程的潜能和作用，农十三师文广局借工作会议为契机，认真探索管理模式，重点在“管”和“用”上下功夫，使文化信息资源真正成为职工受益的黄金屋。

农十三师党委高度重视文化信息资源共享工程，师党委常委副政委、组织部部长张明胜多次要求，国家和兵团投入大量的设备和资金，就是全面贯彻落实十七届五中、六中全会精神，促进文化事业大发展、大繁荣的具体体现。要积极发挥共享工程的作用，引导职工群众学科技、学知识、奔致富路。师文化广播电视局要不定期检查督导，在与6个县级支中心签订责任书的基础上，要求各支中心在使用管理上要有新的突破。

农十三师广电局在全师数字电视一张网的基础上，积极探索“广电模式”，利用500多公路光缆，实现了文化信息资源共享工程的全覆盖。2011年9月农十三师文化信息资源共享工程专业频道开播，播出时间为早晨8点至凌晨1点，每天播出节目达16小时以上。为了保证节目播出需要，师电视台除录制中央7套科技类节目外，还整合师党建、文化、教育、农业、人口计生、科协、等信息资源为共享频道服务，同时每年购进影视剧节目达17多万元。特别应该指出的是，共享工程专用频道开播后，电视台上载人员不仅增加了工作量，而且增加了上载时间。但他们说，只要职工群众在家里每天能收看到清晰的共享工程节目，收到了一定的效果，我们辛苦点没啥。目前师广电局根据兵地融合实际，积极探索全区覆盖模式，再次与哈密网络分公司协商，师电视台也已投入了4万多元，购进两台带4个数字端口的TS流光端机，采用SDA转换ASI的方式，拟将数字共享工程专用频道传入哈密地区有线电视网，使全区26万各族群众尽快能够欣赏到农十三师信息资源共享频道节目，使共享工程进一步扩大覆盖，致富全区各族群众发挥作用。

农十三师红星一场支中心于2010年11月建成投入运行。管理员唐怀国，这名身患残疾的年轻人承担了这份光荣而神圣的工作。面对这一全新的事物，不太熟悉计算机的他，积极主动跟班向安装调试的技术工程师学习，边学边记熟悉了物理原理并探讨了管理方式。为团场经济发展做出力所能及的贡献。为此他在工作中，坚持以制度管人管事，以制度服务职工。支中心制定了《入网计算机的使用与管理》，《网络管理员的工作职责》，《网络安全保密制度》，《入馆人员须知》等8个制度规章。同时创新管理模式和运行模式，采用一卡多用电子借阅卡方式，职工群众可以凭卡免费享用网络、文化、图书、陈列室参观学习等资源，方便快捷的让职工群众亲身体验共享工程所提供的电子图书、文化科技、数字视频节目等形式多样、内容丰富的文化科技大餐。

红星一场支中心还通过团场有线电视，广播等媒体广泛宣传，利用团场赶集日，散发宣传册400余份，提高了共享工程在群众中的知名度；并结合团场实际，制定多层次培训计划。按照共享工程“公益性，均等性，便利性，基本型”的原则，有针对性的对团场离退休老同志、社会个体人员、团场相关部门业务培训，引导职工学习法律、种养殖等技术。共享工程还吸引了放寒暑假的学生们，他们在支中心计算机上查资料，把精力都用到学习上，家长也都很放心。在今年五月份的一次职工培训会上，一场园林场的葡萄种植户于传华、程浩感慨地说：“文化共享工程太好了，啥知识都能学到，以后我们再也不去打牌了”。截止2012年6月，文化共享工程红星一场支中心接待学习观摩人数逐月提高，其中公共电子阅览室提供服务6000余人次，图书室接待读者3000余人次。全年共向《中国文化报》、《中国残疾人》杂志、红星一场《前锋报》投稿9篇，刊稿两篇。

据统计，农十三师6个县级支中心从建成运行以来，得到兵团分中心的大力支持，多次派骨干技术人员前来进行指导和维护设备，保证了设备正常运行。所以农十三师6个中心共接纳职工群众30000多人次。确保了共享工程宣传教育落到了实处，使团场职工群众不仅丰富了生活，增长了知识，在精神上得到实惠，也从物质上得到了实惠。

（撰文/新疆建设兵团农十三师文化广播电视局）

新疆建设兵团二十九团支中心

新疆生产建设兵团二十九团是由二十八团和湖光纺织厂组建而成的农二师最大的中心团场，现拥有13万亩棉花耕地、8万多亩园林。是集农、林、牧、副、工、交、建、商、服、学为一体的综合发展的现代化企业。基层单位57个，目前全团总人口2.65万人，在职职工6025人，离退休人员7644人。二十九团棉花连续四年获得全国单产第一，是新疆兵团现代化农业示范团场。

一、支中心及基层服务点覆盖广泛

二十九团辖基层单位57个。根据我省文化信息资源共享工程“十一五”规划，目前，二十九团共有基层连队文化站28个，每个站点都配有一名管理员。团场现有18名工作人员，其中领导2名，专业技术人员16名；文化馆7名，其中领导1名，专业人员5名，后勤1名；团史展览馆2名；文化综合管理办公室5名，其中文化管理人员2名，文化执法巡查3名；文化资源共享管理员2名；数字电影放映员3名。“十一五”期间，由国家、农二师及团场配套维修、新建、改扩建7个连队综合文化站，基本实现全团综合文化站全覆盖。加强连队综合文化活动室的管理力度，成立了由连长、书记为主要领导成员的管理小组，做到分工明确、责任到人，负责连队综合文化活动室平常的卫生打扫、活动室的开放、管理等工作。

二、资金投入超过百万元

全国文化信息资源共享工程二十九团县级支中心，于2010年4月启动，5月份配送设备及材料，7月正式施工，2010年11月初基本完工。该项目总投资57.9373万元，其中上级拨款43.0038万元，上级配发设备投影机33套，联想台式电脑20台，团场自筹14.9335万元，服务器机房占地面积约20㎡，电子阅览室约60㎡，坚持科学规划，需求牵引，标准统一，共建共享，突出特色，避免重复建设的原则，建成拥有30台电脑、一个投影设备，集网上文化娱乐、数字图书、实用技术知识培训为一体的多功能文化中心。运行近两年来，通过全国文化信息资源共享工程卫星下载各类资源约1295个，700多个小时，其中包括政治理论、政策法规、市场信息、科普知识、实用技术、农村卫生、文化体育、经典经验、计划生育、种养科技等。冬季农闲时间免费向全团广大职工群众开放使用，每周不少于10小时，培训职工3000余人。

三、资源建设

目前，二十九团共有基层连队文化站28个，每个站点都配有一名管理员。“十一五”期间，由国家、农二师及团场配套维修、新建、改扩建7个连队综合文化站，全团还有18个基层文化站没有享受国家、农二师资助，由团场投资改建、扩建到位的文化站，基本实现全团综合文化站全覆盖。加强连队综合文化活动室的管理力度，成立了由连长、书记为主要领导成员的管理小组，做到分工明确、责任到人，负责连队综合文化活动室平常的卫生打扫、活动室的开放、管理等工作。

四、人员培训提升队伍素质

二十九团十分重视文化共享工程人员培训工作，一是现场会培训。每年对团场的主要管理者和技术人员进行集中培训和现场学习，并选派到河北省和新疆兵团进行培训学习。二是办班培训。“十一五”期间，二十九团共举办培训班228次，培训986人员19238余人次，团中心在技术培训工作中起到了很好的带头和示范作用，“十一五”期间，二十九团中心共举办各类培训班9期，为站点培训技术人员20人次。三是远程指导培训。利用网络和电话等方式对各级技术人员进行远程培训指导。团场中心累计通过电话、网络和到达现场解决了卫星设备无法接收，服务器、投影机、移动播放器故障等问题60余次。

五、工程管理规范化制度化

加强组织领导。成立以二十九团党委书记、政委李洋为组长的团文化共享工程领导小组，并将共享工程列入一把手督办的十项工作之一。各连队根据要求建立了相应的工程领导小组和具体负责机构，形成了“分级指导、上下联动、各自开展服务、资源共建共享”的工作机制，有力推动了工程建设。

六、服务惠民发挥作用

“十一五”期间，以“科技之冬、学习之冬、文化之冬”三冬活动为主题的“金孔雀文体活动月”已经坚持开展25年了。为团场党员干部现代远程教育平台提供资源425.8GB，通过与党员远程教育工程整合共建，文化共享工程开设的“影视剧场”、“农村天地”、“专题片”、“科普园地”、“名家讲坛”、“兵团人物”、“普法知识”等8个栏目，将优秀数字文化资源送到基层连队职工群众当中。

仅2012年，二十九团团史展览馆开放60余次，是历史之最，其中中央及自治区、兵团领导及河北的领导接待15次，其它团内外5000余人次。结合新疆兵团精神教育活动，团展览馆先后接待基层连队52个、职工3600人次，团组织退休老军垦前来这里回忆吾瓦屯垦岁月，来这里进行屯垦教育、爱国主义传统教育活动。

七、工作展望

今后，二十九团文化信息资源共享工程要采取各种方式、通过各种途径，与社会各系统、各疆内外单位开展广泛的合作共建，大力推动团场职工和外来农民工教育培训工作，再次提升他们的综合素质和专项技能，使更多人享受到国家文化共享工程和公共文化服务的实惠。

（撰文/新疆建设兵团二十九团支中心）

出版后记

历时年余，几经修改，《全国文化信息资源共享工程概览》（全4卷）终于面世了。作为文化部全国公共文化发展中心编撰出版的第一部大型行业性专业套书，《概览》从组织策划、征集组稿到整理编撰，凝聚了诸多人的心血和勤奋。我们的愿望，通过对文化共享工程10余年建设发展的理论和实践经验进行全面梳理总结，系统地展示工程实施成效，起到鼓舞士气，凝聚力量，促进交流，推动文化共享工程可持续发展的作用。

《概览》套书征集各地文稿800余万字，经反复甄选整理，成书共503万字，4个分卷，第1卷为共享工程国家中心卷，整理了10余年来共享工程发展的重要批示指示、政策文件，建设历程，重大活动等图文资料；2—4卷按地域汇编了33个省级分中心及1798个地（市）、县（市）级支中心建设情况，包括每个分支中心的概况介绍、经费投入、建设成果等。这是文化共享工程服务网络、资源建设、技术支持、合作共建、惠民服务、宣传推广、培训工作、管理和队伍建设、荣誉奖项诸多方面情况的汇总。

《概览》套书通过这些详实的图文资料，全面客观地反映出文化共享工程建设状况，真实准确地记述了文化共享工程发展史实，为总结文化共享工程建设发展规律提供了重要科研资料，将成为系统内和社会各界了解和研究文化共享工程的权威工具书、参考书。同时起到在广大基层群众中宣传普及文化共享工程，进一步提高工程的影响力和社会效益的作用。

本套《概览》由文化部全国公共文化发展中心主任李宏担任主编，邀请了公共文化领域领导、专家，文化共享工程国家中心、省级分中心负责同志共同组成编委会。《概览》编辑过程中，国家中心各处室及全国共享工程系统同仁大力配合，搜集、整理了许多第一手素材资料。《概览》编撰涉及面广，内容繁多，时间跨度大，系统性强，任务艰巨，正是依靠上述各方的大力支持和文化共享工程各级中心的倾力合作，才确保了本套书的品质和质量。借此书籍出版之际，也向大家表示最诚挚的感谢。

谨以此套书献给全国文化信息资源共享工程的建设者们，是你们的执着坚守和不懈努力，共享工程才得以建立、成长、壮大。希望本套《全国文化信息资源共享工程概览》的出版能为促进全国文化共享工程在新形势下的科学发展、推进覆盖全社会公共文化服务体系的构建发挥应有的作用。

由于组稿、编辑和整理时间的局限，本书中难免错谬之处，希望读者批评指正。

《概览》编委会

2013年10月

共享十年

2002-2012

全国文化信息资源共享工程

National Cultural Information Resources Sharing Project

概览

Overview

第3卷：华东

文化部全国公共文化发展中心 编

中国文史出版社

图书在版编目（CIP）数据

全国文化信息资源共享工程概览 ：全4册 / 文化部全国公共文化发展中心编. -- 北京 ：中国文史出版社，2014.4

ISBN 978-7-5034-4875-1

Ⅰ. ①全… Ⅱ. ①文… Ⅲ. ①文化事业-资源共享-中国 Ⅳ. ①G12

中国版本图书馆CIP数据核字(2014)第059452号

责任编辑： 梁 洁
装帧设计： 童 昊 李玉琴

出版发行： 中国文史出版社
网 址： www.wenshipress.com
社 址： 北京市西城区太平桥大街23号 **邮编：** 100811
电 话： 010-66173572 66168268 66192736（发行部）
传 真： 010-66192703
印 装： 北京亮点印像印刷设计有限公司
经 销： 全国新华书店
开 本： 16
印 张： 140
印 数： 1-2600
版 次： 2014 年 4 月 北京第 1 版
印 次： 2014 年 4 月 第 1 次印刷
定 价： 1198.00元(全四册)

审稿：（按姓氏笔画排序）

王　珊	王丽华	王曙光	邓菊英
冯锦福	司建华	刘　刚	刘正伟
许俊松	许新龙	杨向明	苏　建
李　茁	严　轩	肖贵中	吴　昊
张　勇	张永环	张鹤明	邹序明
周小平	周玉山	郑智明	胡晓峰
荀　晋	赵保颖	夏　磊	秦　升
曹　旻	梁海燕	黄蕴翘	琚存华
蒋卫东	詹利华	靳志军	

组稿：（按姓氏笔画排序）

丁　枫	马　丽	王　茜	王文杰
王菲菲	史　画	包格根	朱学武
刘　平	刘　红	闫卫军	孙振东
李　臻	李亚男	严春子	余欣蚕
邹文欣	沈丽丹	宋建增	张　珊
张　娇	张尔宁	张弘晞	张利民
杜麓舟	陈　旭	陈　顺	陈　瑛
周　娴	周　蕾	孟　洁	相国民
赵晓星	钟丽峰	荀　晋	姬　黛
徐小芳	袁　庚	高　平	高　峰
程志峰	谭　苹		

CONTENTS 目录

江苏省

安徽省

浙江省

江西省

福建省

全国文化信息资源共享工程

10周年

第三卷

全国文化信息资源共享工程——

上海市分中心

一、整体情况

全国文化信息资源共享工程（以下简称“文化共享工程”）是公共文化服务体系的基础工程，是改善和扩大城乡基层群众文化服务的创新工程。自2002年实施文化共享工程以来，上海市按照中央的精神和要求，积极探索国际大都市“文化共享工程”建设新路，将上海的文化共享工程的建设放在中央和国家中心对上海发展的战略定位上，放在全国发展的大格局中，放在国家对长江三角洲区域发展的总体部署中来思考和谋划，将“文化共享工程”与城市的信息化建设紧密结合起来，与城市中心图书馆建设和文化服务体系紧密结合起来，与建设社会主义新农村紧密结合起来，与城乡、区域文化信息资源共享紧密结合起来，实现了国际大都市“文化共享工程”新跨越，取得了一些阶段性的成果。

二、网点建设

上海市分中心对本地区的支中心、基层服务点全面开展工作指导。对本身具备宽带网络或卫星接收条件，采用预置部分镜像资源和通过网络访问上海市分中心的共享工程资源；对村、镇服务点，则采用本地镜像模式，通过硬盘递送更新资源。对全市所有各级各类支中心、基层点均采用光盘配发方式，下发各类“文化共享工程”的数字资源，成为其播放点。

上海市分中心对区县支中心全面开展安装、配置数字文化网镜像站点工作，镜像站与上海数字文化网同期资源保持一致，共计4695个视频文件，668G容量。涵盖国家中心累计同期下发的所有视频文件。为保证实施过程的顺利有序，首先在徐汇区图书馆进行了试点。其中发现了一些问题，并及时通过上门、QQ群的方式提供问题解决的技术支持方案。截止目前，全市所有区县馆都已经安装、配置了数字文化网镜像站点。

截止到2012年底，本市已建各级中心和服务点2214个。其中包括市级分中心1个，区县支中心17个，街道（乡镇）图书馆的基层服务点212个，行政村和居委基层服务点1643个，社区信息苑298个，市政法机关、大学、高级中学、部队、企业、监狱、寺庙等其它类型基层服务点共43个。基本形成覆盖全市城乡的四级服务网络。

三、经费投入

自2002年实施文化共享工程以来，上海市按照中央精神和要求，不断加大上海市分中心的建设投入。据统计，截止到2012年底，上海市分中心累计经费投入总计16,078,494元，其中2012年由市财政向上海市分中心投入205.3万元，用于市分中心的设备更新、数字化资源建设和培训工作，以确保完成市分中心的各项任务。在财政经费使用的计划方面，上海市分中心做到了年初规划预算，年中项目推进，年终总结评估，全年审计检查。

四、资源建设

上海市分中心按时完成文化共享工程国家中心要求的资源上传任务。并于2011年完成了新版“共享工程上海数字文化网”门户网站（即上海市文化共享工程专用网站http://www.library.sh.cn/whgx/）资源挑选、目录整理和网站制作工作，为“文化共享工程”的持续发展提供了资源保证和支撑。上海市分中心自建数字化资源主要有：上图讲座多媒体资源库；上海数字文化网多媒体资源库；家谱数字图书馆；民国图书全文数据库；“上海年华”主题资源库群；上海情报服务平台资源库；特种文献数据库；网上联合知识导航站（虚拟参考咨询）；上图展览资源库；生命科学研究快报资源库等数字化资源。

在资源建设与整合上，上海市分中心通过“上海数字文化网”门户网站（即上海市文化信息资源共享工程专用网站），整合了全国文化信息资源共享工程的资源和上海本地特色资源，形成具有上海地方特色的八大类视频数字化资源，截止至2012年年底功共拥有4695个视频，总容量达到668GB。

2012年11月20日，共享工程上海市分中心IPADHD客户端在苹果的App Store正式发布。随着近年来阅读方式的革新，移动阅读目前已越来越有成为主流阅读方式之一。共享工程上海市分中心充分考虑到读者对多样化阅读方式的诉求，结合上海图书馆“市民数字阅读推广计划”，利用本地区丰富的海派文化数字资源，推出了“共享工程HD客户端”，以力争扩大共享工程在年轻受众中的影响力，进一步提高共享工程资源平台的设备普适性。

五、技术支持

上海地区的“文化信息资源共享工程”建设坚持以上海市中心图书馆建设为切入点与城市信息化建设、城乡区域联动和数字资源建设相结合，积极实现服务布局、服务技术、服务形态和服务机制的创新。2012年开发了IOS平台的app应用软件，这是共享工程平台向移动互联网延伸的一个初步尝试，也是上海市文化共享工程技术平台建设的一项创举。

六、合作共建

上海市“文化共享工程”服务建设，按照上海市委提出的建设社会主义现代化国际大都市的目标，结合上海文化大都市公共服务体系建设的特点，采取了“结合城市信息化建设，依托东方社区信息苑同步推进”工作思路与方法，以城市信息化建设为切入点，做到了四个结合，即一是与城市信息化建设相结合；二是与上海市中心图书馆建设相结合；三是与社区文化活动中心和信息苑建设相结合；四是与数字电影播放相结合。通过以上的四个结合，有力地推动了在东方社区信息苑服务平台支持下的文化共享工程基层服务点的建设，使广大市民获取基层服务点的服务更加就近和便捷。截止到2012年底，本市已建各级中心和服务点2214个。其中包括市级分中心1个，区县支中心17个，街道（乡镇）图书馆的基层服务点212个，行政村和居委基层服务点1643个，社区信息苑298个，市政法机关、大学、高级中学、部队、企业、监狱、寺庙等其它类型基层服务点共43个。基本形成覆盖全市城乡的四级服务网络。

2012年，上海市分中心为海军文化站提供大量的视频资源和数字文化信息资源，受到广大部队官兵的欢迎。文化共享工程不仅拓展军民共建和谐社会的途径和领域，紧密了军政军民关系，同时也为开创双拥共建工作新局面作出新的贡献。

上海市“文化共享工程”服务建设，2012年继续按照上海市委提出的建设社会主义现代化国际大都市的目标，结合上海文化大都市公共服务体系建设的特点，采取了“结合城市信息化建设，依托东方社区信息苑同步推进”工作思路与方法，以城市信息化建设为切入点，做到了四个结合，一是与城市信息化建设相结合；二是与上海市中心图书馆建设相结合；三是与社区文化活动中心和信息苑建设相结合；四是与数字电影播放相结合。通过以上的四个结合，有力地推动了在东方社区信息苑服务平台支持下的文化共享工程基层服务点的建设，使广大市民获取基层服务点的服务更加就近和便捷。

七、惠民服务

上海市分中心根据文化部全国文化信息资源建设管理中心部署，重点针对进城务工人员，及其家庭、子女的特殊文化需求，在节假日期间准备了丰富的数字文化资源下发至各支中心及基层服务点，着力在节日期间营造喜庆祥和的社会文化氛围。内容包含了深受农民工朋友喜欢的多类视频资源，分为欢乐电影、开心动漫、彩虹英语、龙年民俗、节日美食、农业技能培训、文化教育讲座等；今年，在喜迎“党的十八大”召开之际，上海分中心又准备了2000多套光盘视频资源送到各支中心及基层服务点，便于各单位开展相应服务。

八、宣传推广

为加强文化共享工程在当前经济形势发展变化中为基层群众服务的重要作用，努力在全社会营造积极向上的文化氛围，维护经济发展、深化改革、社会稳定的大局，促进文化建设与经济社会协调发展，上海市分中心积极组织本市的区（县）支中心和基层服务事业，通过有针对性的信息资源服务和丰富多彩的文化活动，坚定群众信心，鼓舞人民斗志。上海市分中心结合年内重大节庆日、纪念日如4月清明缅怀英烈；5月劳动节、青年节、端午节；6月少年儿童节；7月党的生日；8月建军节；10月中秋节等以及重大历史纪念日、“奥运会、世博会”等，通过报告会、座谈会、主题征文、专题讲座、下乡巡回播放、群众文艺汇演、合作联办等形式开展相关各类活动，增强文化共享工程服务的针对性和实效性，唱响共产党好、社会主义好、改革开放好、伟大祖国好的时代旋律。下面对几次重大活动作简要摘录：

1、“文化共享奥运行”活动

万众瞩目的北京奥运会在北京召开，上海市分中心隆重推出“文化共享奥运行”十道文化大餐，“文化共享奥运行”活动也在上海掀起高潮。(1)举办有关奥林匹克运动的系列讲座。(2)举办“五环旗下——文化共享奥运行”巡展。(3)举办“2008年奥运会筹办工作全国巡回展(上海展)暨奥林匹克　上海记忆展览”。(4)文化共享工程上海数字文化网开通视频资源点播节目。(5)举办“唱响和谐，喜迎奥运——上海市中心图书馆职工劲歌大赛”。(6)举办“文明与奥运同行”为主题的读书征文活动。(7)开展迎奥运知识竞赛活动。(8)举办迎奥运图书文献展。(9)开展奥运视听资源放映活动。(10)开展形式多样的奥运宣传活动。上海市分中心通过十道文化大餐，积极推进文化共享工程的公共服务，为办好一届“有特色、高水平”的奥运会，为广大读者共享奥运盛事贡献我们的一份力量，同时也扩大了“文化共享工程”在广大市民中的影响力和辐射力。全国文化信息资源共享工程国家中心对各地开展活动的次数、规模、宣传影响、总结的及时性和完整性等数据进行统计后决定对十个表现突出的省级分中心进行表彰，上海市分中心荣获二等奖。

2、“文化共享世博行”活动

2010年1月21日，在迎世博倒计时100天之际，由文化部社会文化司、上海世博会事务协调局、上海市文化广播影视管理局指导、文化部全国文化信息资源建设管理中心、文化共享工程上海市分中心主办，文化共享工程各省级分中心协办的“文化共享世博行”在上海图书馆举行了隆重的启动仪式。启动仪式由文化部全国文化信息资源建设管理中心副主任崔建飞主持，文化部社文司副巡视员孙凌平、馆长吴建中、上海市文化广播影视管理局副局长王小明以及四川省图书馆副馆长彭本诚等分别讲话。中国东方航空股份有限公司客舱服务部党委书记王培峰与文化共享工程上海领导小组副组长王世伟进行“文化共享东方万里行”活动签约；上海图书馆世博园区志愿者服务队代表上台志愿者服务誓词；孙凌平和上海图书馆党委书记穆端正共同开启上海数字文化网“文化共享世博行”专题网站，并启动“文化共享世博行”活动。

3、启动“文化共享东方万里行”活动

“文化共享东方万里行”活动是“文化共享世博行”的主要活动内容之一，于2009年1月20日文化共享工程首次登上东航“凌燕”乘务班机，空地结合宣传世博，宣传文化共享。“文化共享东方万里行”服务活动内容包括：⑴在东航本部的沪京线、沪台线、沪深线、沪港线的“凌燕”特色航班上，发放“文化共享东方万里行”讲座资源介绍刊物，通过活动形式向乘客附赠讲座视频DVD、世博宣传片和《百年世博梦》等，并在地面相关位置摆放宣传品，空地结合宣传世博。(2)“凌燕”沙龙“文化共享世博行”活动。推出“文化共享东方万里行”讲座资源介绍刊物，播放文化共享工程优质讲座资源、播放世博宣传片、品读《百年世博梦》等。(3)“凌燕”博客“文化共享世博行”专题。在“凌燕”博客，上传“文化共享世博行”活动、世博讲座、世博宣传片、记录片等相关文字、视频及图片等。

(4)“精彩在眼前——走进上海世博会”展览

作为“文化共享世博行”系列活动　我看世博内容

之一的“精彩在眼前——走进上海世博会”展览，是上海市分中心开展的宣传月活动内容之一，展示了上海世博会部分精彩看点。该展览于2010年1月21日在上海图书馆展出，分别由东西南北中五省市的上海图书馆馆长吴建中、四川省图书馆副馆长彭本诚、广东省立中山图书馆副馆长莫少强、辽宁省图书馆副馆长王筱雯、湖北省图书馆副馆长贺定安剪彩揭幕。

4、庆世博会开幕100天伞面绘画展示及互动

2010年8月8日，在世博会开幕第100天之际，中国2010年上海世博会公众参与馆、上海图书馆、奉贤区图书馆、金汇镇图书馆共同举办了“魅力金汇展风采　文化共享世博行”——庆世博开幕100天伞面绘画展示及互动活动，活动开幕仪式在上海图书馆目录大厅举行，中国2010年上海世博会公众参与馆、上海图书馆、奉贤图书馆、金汇镇图书馆，以及上海市奉贤区的相关领导出席开幕仪式。奉贤区金汇镇社会事业服务中心主任徐余良和汪凤小朋友代表金汇镇所有伞面绘画者向中国2010年上海世博会公众参与馆馆长尼冰赠送了100幅伞面画。上海图书馆馆长、中国2010年上海世博会主题演绎顾问吴建中，中共上海市奉贤区委常委、宣传部长袁晓林，中国2010年上海世博会公众参与馆馆长尼冰，奉贤区文广局局长王建华，奉贤区金汇镇副镇长潘文萍共同为活动剪彩。在简短的开幕仪式后，在上海图书馆目录大厅举行了两天的伞面绘画互动活动。五彩缤纷的伞面画不仅吸引了来馆的读者，纷纷照相留念，别具一格的伞面绘画形式更是吸引了不同年龄层次读者的参与。

5、“世博科技周”— 中学生与科学家共话世博活动

2010年9月16日在上海图书馆5207会议室召开了“世博科技周”— 中学生与科学家共话世博活动的工作会议。中科院上海生命科学信息中心、上海图书馆协调辅导处、会展中心、市教委、上海市科技艺术教育中心、南模中学、向明中学、延安中学、嘉定二中、大同中学、华师大二附中等参加会议。会议对活动时间做了初步确认，拟在10月17日~10月22日举行，开幕式初定在上海图书馆，闭幕式初定于大同中学。六所学校分别初定确定了具体日期和主题。论坛活动初步确定为：每一场论坛主持分别为各承办学校学生，每一场论坛互动学生2-3名，都由各自学校推荐。每一场论坛时间控制在2小时左右，专家主讲1小时，对话半小时，互动半小时。该活动方案将由中科院上海生命科学信息中心与专家沟通并确认。

6、悦读精彩，共享世博——城市图书馆寄语征集活动

2010年9月26日，向四川、广东、辽宁、湖北省分中心发出关于共同开展“悦读精彩，共享世博——城市图书馆寄语征集活动”的函。本次寄语征集活动作为“文化共享世博行”重要活动内容之一，特别邀请“文化共享世博行”东西南北中五个省级分中心协助在贵省范围内开展宣传和组织征集活动，积极提供征集作品。并通过全国文化共享工程平台在全国各省市分中心大力开展宣传和组织征集。

7、少年网页设计竞赛上海地区活动

按照国家管理中心的通知要求，上海市分中心与本市区（县）支中心联合开展了少年网页设计培训暨文化共享工程少年网页设计竞赛活动，在全市范围内推荐优秀作品参加全国评选。为了确保本次竞赛活动的顺利实施和圆满完成，上海市分中心成立了专门领导小组办公室，统筹安排本次竞赛活动的各项工作，具体负责整个竞赛活动的组织工作，包括竞赛活动方案的起草、少年网页设计的培训、全市参赛作品的征集评选等各项工作。为在全市更好掀起少年网页竞赛活动，保证培训和竞赛活动的有效开展，上海市分中心向全市的区（县）支中心下发了《关于开展上海市“文化信息资源共享工程少年网页设计竞赛活动”的通知》，并将有关竞赛活动的宣传广告和资料送到全市各区（县）支中心进行张贴，利用全市各区（县）支中心的宣传栏、宣传牌、电子显示屏进行广泛宣传。通过对全市收集参赛作品进行评选，确定四幅优秀作品参加全国范围评选。管理中心通过网络投票与专家评审相结合，最终评选出获奖作品，上海选送的作品分别荣获二等奖和三等奖。

此项活动受到了广大学生和家长的高度赞扬和热烈欢迎，并对此次活动的开展给予了充分肯定和高度评价：培训不仅使学生初步掌握了网页设计的相关知识，而且还充分发挥了文化信息资源共享工程资源服务功能；不仅提高了少年使用文化信息资源共享工程资源的能力，利用少年喜闻乐见的形式传播优秀传统文化，有效提高了学生动手、动脑的能力，而且还丰富了少年业余文化生活，展示了我市少先队员争当“四好少年”的风采，促进了学生们的全面发展。活动取得可喜成果并引起了强烈社会反响，大家希望今后能够不断开展这些活动。

8、举行“上图展览”资源共享全国巡展工作调研座谈会

为了回顾和总结“上图展览”资源全国巡展活动的工作经验，并寻求新的发展，也为了更好地体现上海图书馆精致服务的理念和“立足上海，融入长三角，辐射全国”的精神，推动全国公共图书馆界展览资源共享建设，与长三角地区的兄弟图书馆共同探讨巡展工作的心得体会，促进长三角地区各级公共图书馆展览工作的交流，2010年4月18日，由全国文化信息资源共享工程上海市分中心、上海图书馆、无锡市文化艺术管理中心、无锡市科学技术协会联合举办的“‘上图展览’资源共享全国巡展工作调研座谈会”在无锡市图书馆隆重召开。文化部全国文化信息资源建设管理中心副主任崔建飞、上海图书馆副馆长何毅、南京图书馆副馆长方标军、浙江省图书馆副馆长贾晓东、无锡市文化艺术管理中心党组书记、主任刘川等领导以及来自长三角地区16个公共图书馆领导、展览业务负责人出席了此次会议。上海图书馆何毅副馆长和文化部全国文化信息资源建设管理中心崔建飞别分作了总结发言。“上图展览”资源共享全国巡展工作调研座谈会圆满结束。

9、“中秋”、“国庆”双节专题活动

为了体现胡锦涛总书记在深圳罗湖区南湖街道渔民村社区文化广场考察时提出的“让生活更富裕、更文明、更安宁、更幸福”的美好祝愿，上海市分中心根据国家管理中心统一部署下发有关通知，要求本市各文区（县）支中心带动本区（县）基层服务点，在中秋节和国庆节期间组织开展形式多样、主体鲜明、内容丰富的文化服务活动，不断深入开展共享工程基层服务工作，充

分发挥共享工程的网络、资源和设备优势，满足人民群众基本网络文化需求。中秋节期间，上海分中心推出了国家管理中心组织的“团圆中秋　和谐共享”专栏；国庆节期间，国家管理中心将同时在中心网站、部委版网站开设推出了国家管理中心统一组织的“红色记忆　振奋中国”专栏；在卫星频道播发红色影视、舞台艺术视频资源；下发“红色记忆　振奋中国”资源光盘等。各区（县）支中心结合管理中心开设的专栏和资源，并根据本地区实际安排了各类丰富多彩的活动。

九、培训工作

随着文化共享工程建设的快速推进，基层服务网点遍及全市和资源建设的全面展开，培训工作日趋重要。按照上海市委宣传部的统一部署，上海地区将“文化共享工程”纳入到社区信息苑的服务平台，提出“文化共享工程”与社区信息苑实行“一站式”服务。即社区信息苑建到哪里，“文化共享工程”的基层服务网点也建到哪里，上海市分中心的“文化共享工程”的培训工作也覆盖到哪里。目前对已建成的基层服务点的技术培训达到全覆盖，以确保“文化信息进社区”第一时间服务于广大市民。

上海市分中心在2012年顺利完成了数字文化网新版在全市街道、乡镇基层点的部署调试工作，从而使各区县支中心的数字文化网镜像站点与上海数字文化网同期资源保持一致，涵盖国家中心累计同期下发的所有视频文件，方便广大市民免费浏览观摩。

上海市分中心对本地区的支中心、基层服务点开展工作指导，如本身具备宽带网络或卫星接收条件，采用预置部分镜像资源和通过网络访问上海市分中心的共享工程资源。对于村、镇服务点，则采用本地镜像模式，通过硬盘递送更新资源。所有各级支中心、基层点均采用光盘配发方式，下发各类“文化共享工程”的数字资源，成为其播放点。2012年度累计发放千里马光盘4111套，共计98664张。

上海市分中心通过汽车图书馆、系列讲座、课堂培训（“万民农民工绿色网上行”）等方式积极开展农民工培训活动。上海市分中心汽车图书馆近年来为广大外来务工者提供流动图书28000余册，期刊15000余册，丰富了进城务工人员的业余生活。目前，上海市分中心汽车图书馆服务点达到44家，阅览室面积共计1837平方米。最小面积阅览室只有10平方米，阅览室面积最大的是上海比亚迪有限公司260平方米。月平均流通人数33644人次，月平均借阅书刊13500余册。上海少儿图书馆精心策划组织的“蒲公英公益课堂”，通过开展品读经典、创意手工、趣味故事、阅读推荐等相关少儿特色活动及延伸服务，主要向农民工子弟学校提供阅读推送服务。“万名农民工绿色网上行”是东方社区信息苑针对农民工举行的专项技能培训，今已连续举办两届，共有20000多名农民工受惠。培训分城市文明礼仪、上网综合技能两大方面，为农民工更好地融入城市生活、融入高速发展的互联网信息化时代奠定基础。经过培训很多农民工的生活发生了切实变化。

十、管理和队伍建设

在人力资源建设方面，积极建立长效培训的机制。这种培训机制采用了立体型的培训：一是地毯式培训，

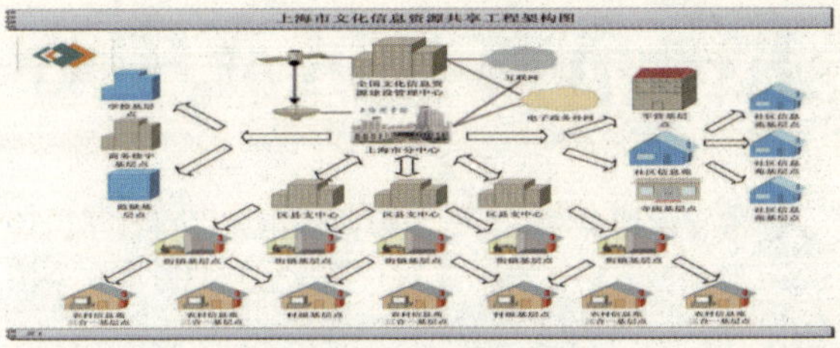

即基层服务点建到哪里，培训就做到哪里。每位“文化共享工程”的管理人员必须经过上岗前的培训，不培训不上岗，培训不合格不上岗。二是现场针对性培训，即上海分中心及各支中心的业务和技术指导人员通过现场维护和故障排除，进行一对一的各类实务培训。三是系统的专业培训。近年来，上海分中心举办了多期图书情报高级研修班和研究生班，共培养业务骨干1000多人。除此以外还举办集中型的由支中心管理、技术、服务等业务骨干人员参加的技术和专题培训班。通过培训有力地推进了上海地区文化共享工程区（县）支中心建设，进一步提高了支中心管理和技术人员的专业技能，保证支中心的建设和服务质量。在培训方式上，我们采取请进来走出去的方式，除邀请兄弟省市共享工程领导、专家来上海授课外，还每年分期分批组织分支中心及基层服务点的有关业务骨干和优秀服务人员赴外省分支中心实地培训学习，考察基层服务点共享工程建设与服务经验。2012年12月，分别组织市、区分支中心和基层服务点的有关人员共80人分两批赴内蒙、湖北进行了培训学习和考察交流。通过考察交流加深了对兄弟省市文化共享工程的了解，有力地促进了上海文化共享工程的人力资源建设和服务人员水平的提高。

十一、荣誉奖项

2004年：获得由全国文化信息资源共享工程领导小组颁发的“全国文化信息资源共享工程先进单位”称号；

2008年：获得由全国文化信息资源建设管理中心颁发的“奥运文化行活动”二等奖，“文化共享工程工作摄影图片征集活动”三等奖，“文化共享工程培训工作”二等奖；

2009年：获得由上海市群众文化奖励基金理事会颁发的“文化共享奥运行”优秀活动项目奖；

2010年：获得由全国文化信息资源建设管理中心颁发的“学双百”有奖征文活动中组织奖；

2011年：获得由全国文化信息资源建设管理中心颁发的“阳光少年热爱党”电脑小报设计比赛组织奖。“颂歌献给党”群众歌咏活动获奖作品——上海市分中心选送的《十送红军》荣获二等奖；

2012年：获得由全国文化信息资源建设管理中心颁发的全国中小学生电脑小报设计比赛优秀组织奖，在百题知识竞赛活动中，上海市分中心获得优秀组织奖。

十二、工作展望

在十八大精神引领下，上海市分中心将在国家管理中心的统一指导下，继续开展丰富多彩的活动，组织各级各类培训，挖掘上海特色地方资源，积极拓展和上海市群众艺术馆等文化单位的合作，使共享工程这一惠民工程落到实处，服务于更多的市民。

（撰文/上海市分中心）

上海市黄浦区支中心

全国文化信息资源共享工程是利用先进科技手段传播、建设先进文化，实现优秀文化信息资源在全国范围内共建共享的大型的公益性的文化网络工程。

上海市黄浦区图书馆按照国家文化部有关文件要求，自2004年11月开始全国文化信息共享工程县级中心建设。

一、基本情况

根据文化部、财政部此前配发的《关于实施全国文化信息资源共享工程的通知》及市文广局及市财政局《关于本市实施文化信息资源共享工程的通知》等文件要求，黄浦区图书馆制定了相关实施方案。该方案中对全国文化信息共享工程基本情况、实施范围、技术运作方式、对外服务模式及需求情况进行了详细说明。方案报送上级主管单位黄浦区文化局批准后，即向黄浦区财政局申请有关建设费用。

2004年底在黄浦区文化局及黄浦区财政局的大力支持下，文化信息共享工程黄浦支中心项目建设基本完成。项目主要配置有资源发布服务器、多媒体点播服务器、24口百兆交换机、UPS延时保护系统、高速移动硬盘、投影仪(配套电动投影幕布)、数码相机、多媒体电脑终端、便携式电脑、数码摄像机、远程控制系统软件、图像处理软件、微软系统软件政府采购版、趋势局域网防病毒软件系统等软硬件设备。同时，在文化信息共享工程上海市级分中心——上海图书馆的技术协助下完成了共享工程系统的安装调试工作，并于2004年12月正式对读者开放，提供文化共享工程资源信息浏览。

2007年11月，为了更好地适应时代的发展和人民群众对精神文化产品需求的不断增加，国家文化部下达《文化部办公厅关于做好2007年度全国文化信息资源共享工程基层服务网点建设工作的通知》，明确了2007至2008年度文化信息资源共享工程建设任务，并增发了《2007年度全国文化信息资源共享工程县级支中心配置标准》，对全国文化资源共享工程的软硬件配置标准进行了调整。

为此，2008年3月，本馆再次向上级主管部门黄浦区文化局及区财政局提出有关申请，对照县级支中心配置标准进行拾遗补缺。同年7月，黄浦区图书馆共享工程升级补充软硬件配置项目完成，补充了磁盘阵列一套(含千兆交换机)、4路KVM切换器、外置刻录设备、移动硬盘、信息测览监控软件•百兆防火墙、多功能一体打印机和扫描仪等。

共享工程基层点通讯员工作会议

在建设好共享工程黄浦支中心的同时，本馆根据本区域各街道馆实际情况及上海市委宣传部信息苑建设情况，在上级有关部门的支持协调下，在上海市区域内首次开创了信息苑建设与共享工程建设同步实施的先例，在南京东路街道社区服务中心信息苑中开通了共享工程资源浏览服务。同时，在本区域内有条件的半淞园街道图书馆和小东门街道图书馆内也实施了共享工程服务点项目建设。

二、主要工作情况

1、投入与组织

全国文化信息共享工程项目作为满足广大人民群众日益增长的文化需求，整体提高文化资源利用率的精神文明建设惠民项目得到了黄浦区各级政府部门的重视。2004年建设第一阶段时期，黄浦区政府投入了七十七万元用于该工程的软硬件建设；2008年，根据文化部有关文件的要求再次投入二十五万元对共享工程黄浦支中心的软硬件进行补充性投入。通过两次资金投入，基本完成了全国文化信息共享工程黄浦支中心的建设。

在软硬件建设完成的基础上，作为支中心主要管理者的黄浦区图书馆也在组织管理方面建立了相关机制，成立了以分管领导为主，网络技术部3名技术人员及2名社区辅导部工作人员为辅的共享工程黄浦支中心项目小组，在技术上、服务上对共享工程项目实施支撑。同时该小组也承担起了街道馆共享工程的技术指导、业务培训和相关服务协调的工作。

2、宣传与服务

共享工程丰富的信息资源需要更好地通过服务发挥其作用。为此，黄浦区图书馆针对区域特点和本馆特色对共享工程项目进行了相关的宣传，同时开展了一系列服务活动。

项目宣传方面，黄浦区图书馆在馆内电子阅览室中设立了共享工程浏览专席，印发了共享工程网内资源列表目录和光盘资料目录供读者查询点播。同时，在其他馆内公共场所醒目位置开设共享工程宣传栏，定期预告共享工程信息集中发布和各类视频播放消息。

参与社会服务方面，黄浦支中心利用共享工程资源开展的活动主要包括对地区居民的讲座、戏剧、电影等视频推送服务；在与本馆长期合作的部分军营、企业、监狱、学校和其他社会组织合办活动中充分利用共享工程信息资源推进活动开展；在馆内结合本馆特色开展旅游信息服务、职工教育讲座等。

同时，黄浦支中心还将各类共享工程多媒体资源光盘送达街道社区文化站、服务点及其它馆外服务点，数量达到600余盘。2005年至2011年的7年多来，共享工程网站累计馆内访问量达到近10万人次，馆外服务点利用共享工程资源开展各类的活动参与人次超过2万。

在上述推送共享工程信息以参与社会活动的同时，黄浦支中心还利用VPN虚拟局域网技术，给予部分馆外服务点登陆帐号，使他们能在远程自行搜索浏览所需

共享工程公益讲座

要的共享工程信息资源。

另外，黄浦支中心还与区信息委协作，将共享工程信息资源服务器接入区政务外网，使共享工程信息资源覆盖到了居委一级的基层，使基层群众也能方便地测览到优秀的文化信息资源。

基于共享工程黄浦支中心所提供的信息服务获得广大群众的欢迎，黄浦文中心在定期从上级中心处更新各类数据的同时，适时补充了网上报告厅、央视教育频道等5000余部，超过4000小时的视频资源。同时，黄浦支中心还自行开发VCD点播系统，将共享工程部分下发光盘中的精品视频资源在局域网内发布。这些信息资源的补充更进一步加强了本馆的信息服务力度，提升了信息服务的水平。

（撰文/上海市黄浦区支中心）

上海市黄浦区明复支中心

全国文化信息资源共享工程（以下简称“文化共享工程”）自2002年启动以来，通过大力整合、数字化发布各类优秀中华文化信息资源，利用现代高新技术手段和网络资源，在全国范围内实现文化信息资源的共建共享，是惠及千家万户的文化基础工程、民心工程、德政工程。

2012年，文化共享工程十岁了。回顾十年，文化共享工程发展的十年正是我国公共文化服务体系建设稳步发展的十年，上海市黄浦区明复支中心（原上海市卢湾区支中心）在文化共享工程上海分中心的指导下，在区政府、区文化局的支持下，按节点、保质量，很好的完成了各阶段的工作任务。回顾十年，支中心依托文化共享工程硬件、网络及资源的支撑，开展了种类丰富的惠民服务，同时，结合区图书馆馆藏特色资源，开发建设了特色资源数据库，实现资源共建共享。回顾十年，从开始的艰辛摸索到如今的文化共享，期间无不凝聚着支中心领导和工作人员的积极探索和辛勤努力。

一、整体情况

2003年，根据文化部、财政部联合发布的《文化部关于实施全国文化信息资源共享工程的通知》文社图发[2002]14号文的精神及文化共享工程上海分中心的安排，明复支中心与该区五里桥街道基层中心成为上海文化共享工程试点实施单位。2003年11月28日，明复支中心正式与文化共享工程上海分中心签约，实施试点工作。该支中心严格按照《上海市文化信息资源共享工程建设方案》的相关要求，由区财政拨款60万元，开始实施相关硬件设施及网络的建设工程。

2006年年初，区图书馆和我支中心深入我区各街道基层中心调研，组织街道基层中心负责人赴上海市各区（县）支中心学习，并与街道有关部门协调，积极组织落实文化共享工程与上海图书借阅三级联网工程的建设工作，这项工程在当年被列入区委重点督办项目、区文化发展主要任务和区科教兴区主要工作项目。经过努力，至2006年4月，五里桥街道基层中心率先完成建设任务，至2006年年底，该区4个街道基层中心全部正式与文化共享工程上海分中心签订合约，成为街道基层服务点。我区也成为上海市首个“双网”（文化共享工程服务网络、图书借阅三级联网）社区全覆盖的区，这对该区文化共享工程的发展起到积极的促进作用。

2009年，明复支中心在2003年建设的基础上，根据文化共享工程领导小组办公室下发的《关于印发2008年度全国文化信息资源共享工程支中心和基层服务点配置标准的通知》共享办[2008]20号文和文化部办公厅下发的《关于开展2008年全国文化信息资源共享工程督导工作的通知》办社图函[2008]444号文的相关要求，对明复支中心硬件设施和网络情况进行自查，并向区政府提出硬件设施和网络升级的申请。2010年，明复支中心得到区财政拨款86万元，实施硬件设施及网络升级改造。升级改造后，明复支中心硬件设施及网络建设完全符合要求，并全部投入使用。

二、队伍建设

该支中心非常重视人才队伍的组建和培养，支中心由区图书馆馆长亲自主持工作，并招聘专业人才增强队伍技术水平。同时，支中心领导还在区图书馆的青年职工中，积极发掘人才、鼓励学习、给有志于文化共享工程工作的青年职工定指标、压担子，使青年职工通过工作

得到锻炼，在锻炼中不断成长，打造了一支年纪轻、学历高、技术好、业务精、思路新的工作团队。我区各街道基层中心也由街道图书馆馆长亲自挂帅，发动全体职工积极参与文化共享工程的各项工作。

明复支中心不仅重视自身队伍建设，还针对街道基层中心工作人员技术知识、专业水平相对薄弱的情况，定期举办面向街道基层中心的业务培训班，培训班由我支中心骨干青年职工负责授课，培训内容包括硬件设施日常维护、网络维护、文化共享工程上海数字文化网资源使用等方面的知识，全面提高了街道基层中心工作人员的素质。在举办业务培训班的基础上，我支中心还积极组织支中心工作人员和街道基层中心工作人员观看国家中心发布的各期网络培训，在每期网络培训结束后，还召开街道基层中心座谈会，及时总结经验、发现问题、查缺补漏，共同解决突出问题，学习新的服务理念和探索新的服务方式。

（撰文/上海市黄浦区明复支中心）

上海市徐汇区支中心

徐汇区图书馆作为文化公益单位，有着传播文化、传播知识的职能。作为文化共享工程徐汇区支中心，一直以在广大基层群众中宣传普及文化共享工程为己任，积极提高工程的影响力和社会效益。在上级领导的关心支持和我们支中心的共同努力下，上海市徐汇区支中心在总体规划、资源整合、应用服务等多个方面取得重要突破，优秀的资源和服务，受到广大市民读者的欢迎。

在共享工程推进中，建设从无到有，遇到重重困难，我们都一一克服，科学有效地利用手中的资源，初步建立起了如今完整的共享工程体系。

一、经费的合理利用与资源建设

结合徐汇区图书馆数字资源的建设，本支中心每年投入约20万元，购买或自建，形成了20多个较为全面的数据库资源，保障了工作有序开展。

资源和设备的采购所需经费巨大，在有限的资金投入下，我们精打细算，科学规划，有效合理利用，将经费的产出效益最大化。在不同的设备和数字资源选择上，我们尽量避免采购功能重复的资源。积极调查读者的需求，选择代价较小，利用率较高的数字资源。在正式购买资源前，我们都会先让内容提供商给读者试用一段时间，选择最受读者欢迎的资源，再正式采购，避免了资源的闲置浪费。

除了购买数据库外，我们还自建了多个具有地区特色的特色数据库。如建立了搜集徐汇区历史人物、建筑为主的徐汇区历史风貌主题数据库；以上图和徐图开展的公益讲座视频为基础的徐汇区讲座视频库等。形成了独具特色的文化共享资源，颇受读者欢迎。

设备上，我们电子阅览室拥有20台电脑，都可以访问共享工程资源，其中4台电脑作为共享工程专用。在少儿室另外设置了拥有12台计算机的少儿电子阅览室，利用购买的点点影画等数字资源，开展少儿电子创作等丰富的活动。在上图的支持下，本支中心于2012年还开通了电子阅读器的借阅，大大丰富了读者的精神文化生活，受到读者的欢迎。服务带宽方面，我们从刚开始的2M带宽升级到了20M带宽，保证了读者网络的使用。此外，徐汇区图书馆还成为了i-shanghai免费无线网络覆盖点，读者可以免费无线上网。

我们还利用VPN虚拟专用网络技术，提供读者VPN帐号。使广大市民读者可以在家中即能访问我们局域网内丰富的共享工程数字资源。极大地便利了读者，使共享工程惠及千家万户。截止2012年底，共发放近400份帐号。随着工作的深入开展，使用VPN享受共享工程资源的市民会越来越多。

二、网点建设与合作共建

本支中心的共享工程的实施并不仅仅局限于徐汇区图书馆。共享工程的根本目的是服务群众，因此我们采用多种方式，使丰富的文化信息资源进入社区、进入企业、进入军营、进入楼宇、进入千家万户，实现资源共享的最大化。

徐汇区图书馆支中心与区内13个街道、镇图书馆，以及企业、武警部队等流动点建立了良好合作关系。通过提供视频光盘、互联网共享等形式将共享工程资源惠及每一个点，形成了良好的辐射效应。每年“八·一”建军节前夕，徐汇区图书馆都开展文化拥军活动。有针对性地配送文化讲座、世纪大讲堂、艺术欣赏、历史人文等视频资源，以适应官兵战士文化生活需求。在开展工作时，我们十分注重服务的针对性和个性化。如在世博会期间，提供世博相关的文化信息资源。在国家周边形势紧张的时候，配合部队提供维护国家主权主题教育的相关资源。这些有针对性的举措，得到了一致好评。

三、培训工作与共享工程服务的成长

每年共享工程培训，内容都很丰富。培训内容涵盖了素质培养、技能培训、政策解读等各种类型的培训课程。大大提升了我们团队的服务理念和技术能力，丰富了知识素养和服务手段，支中心的工作队伍日渐成长，愈发成熟。

1、通过培训，我们对文化政策规划有了进一步了解认识，精神素养得到了增强。深刻体会到党和政府全力贯彻文化大发展大繁荣的决心，对未来的发展有了清晰

共享工程培训

的认识，紧跟政策指导思想，更加自觉、主动地推动社会主义文化大发展大繁荣，积极拓展支中心的服务，进一步推动文化共享工程的发展。

2、通过培训，提升了我们文化工作中的版权意识。图书馆在资源建设中，会涉及大量出版读物和数字资源的版权问题。我们做到购买的数字资源都来自拥有正版版权的资源提供商。在数字资源使用与传播上，竭力做到保护好版权，控制网络非法传播。利用VPN虚拟网络和帐号的发放，限制数字资源在网络的随意传播。

3、通过培训，提升工作理念，重视宣传引导。根据培训所学，我们优化了公共电子阅览室的服务，做好了馆藏数字资源的分类介绍和资源导航，加强了绿色网络资源的建设，特别针对未成年人的需求，采购了一批寓教于乐的知识性数字资源，引导其积极、健康地使用互联网。结合培训所得，我们还积极采取措施，提高共享工程资源和活动的知晓度。我们在图书馆公告海报，电子大屏幕，图书馆网站，以及微博等第三方平台上全方位立体地做好信息推广，取得了不错的效果。经过宣传推广，我们电子阅读器刚开通借阅，就受到了大量读者的咨询与借阅。通过各种渠道的宣传，我们的vpn帐号申请量也比上一年度有了大幅提高。

5、通过培训，紧跟技术前沿，提高工作技术。通过培训，我们了解了移动互联网、了解了云计算。利用手机信息平台延伸，开通了图书馆微博，拓展传统的图书馆服务，使读者能够实时获取最新图书馆资讯。在设备上，为了迎接移动互联网时代的全面到来，本支中心各主要办公室都开通了wifi信号，读者可以在徐汇区图书馆使用ishanghai免费无线网络，方便了读者使用移动互联网。而当下云计算正火热，对于图书馆信息化建设也有着重要的作用。我们在参观了兄弟馆使用的先进的云计算运用后，也积极并试用了电信的云计算产品，紧跟技术前沿，利用好最新技术产品。

总之，徐汇区支中心在较短时间内在工程建设和社会服务上取得了显著的成绩。通过培训，我们的团队愈发成熟，技术和服务能力都大为提升。本中心在2009年的第一届文化共享杯——全国文化信息资源共享工程知识与技能竞赛（上海地区）还获得第三名的佳绩，并选派人员，代表上海地区参加了全国共享工程知识竞赛。2011年获第二届文化共享杯——全国文化信息资源共享工程知识与技能竞赛（上海地区）优秀组织奖。2013年我们还拟开设共享工程数字资源培训，使市民读者能够更为有效地利用好共享工程资源。今后的工作，我们将不断改革创新，真抓实干，推进共享工程的发展，给市民读者带来更优质的服务。

（撰文/上海市徐汇区支中心）

上海市长宁区支中心

长宁位于上海西部，作为涉外城区具有独特的文化地理，交通便捷。区域内有虹桥开发区和涉外型的古北新区，上海市三分之一的外国领事馆和50%外交官邸在长宁，拥有浓郁的文化积淀、丰富的文化资源和文化氛围。长宁区共有11个街道（镇），常住人口达71余万人。长宁区文化资源共享工程在长宁区文化局，上海图书馆支持和部署下，逐步推进，稳步发展，围绕“繁荣区域文化”为中心目标，为更好的丰富市民群众的精神文化生活，传播优秀文化资源发挥了积极作用。

一、基本情况

2002年“文化信息资源共享工程”启动以来，文化信息资源共享工程长宁区支中心努力将“文化共享工程”与图书馆的信息化建设紧密结合，围绕“数字长宁”建设，以“繁荣区域文化”为目标，扎实做好图书馆支中心及基层服务点的文化共享工程工作，并不断深化创新。

长宁区图书馆是首批全国文化信息资源共享工程上海基层中心单位，区域内的11个街道（镇）图书馆陆续成为各基层服务点。长宁区各级政府部门对共享工程大力支持与重视，尤其是各基层服务点单位在参加新一轮街道（镇）图书馆等级评定工作起，把共享工程作为硬件设施的必备配置投入，先后按有关部门的最新要求，重新增购设备，使共享服务的开展有了条件上的必备保证。

上级领导的支持保障了共享工程的专项经费投入与有效维护，全区基层分中心分首次投入资金30余万元，后逐步增加投入10余万元，正常的经费投入保证了共享工程的正常开展，使我区共享工程以有序的姿态持续推进，并不断创新发展。

长宁区图书馆作为长宁支中心点，是长宁区共享工程的建设和业务指导单位，负责保障区中心共享工程设备的运行，不定期地进行全区网络情况调研，及时了解掌握各基层点的现有设备情况与服务状况，并协调指导全区基层服务点共享工程活动的开展以及开展全区共享工程管理员的培训和指导。

二、惠民服务

长宁区图书馆新馆于2007年8月建成开放后，即规划八楼讲座室作为共享工程播放点（现将共享工程播放点设在七楼，以多元化形式提供服务），同时，按照上图最新硬件配置要求，进行规划预算，前期财政专项经费投入35万元，专项使用电子阅览室及多媒体室的设备增加；资源加工设备中扫描仪、数码设备等及选配部分进行适量增加，如光盘刻录塔等，合理使用好专项经费，充分利用共享资源。

2012年度数据统计，已陆续安排播放了读书求志、财富人生、健康求医等各类资料片200余场，每月一次的文化信息共享工程排片表预先公告，良好的场馆设施，舒适的人文环境，共享资源服务为各类团队、读书沙龙及个体读者等提供了一个良好的学习平台。

作为一种新的服务载体、服务项目，共享工程利用丰富的文化资源服务读者和社区居民，提供了丰盛、高品质的精品文化，同时也为外来务工者、中小学生等普及、增长文化知识，提升文明素养起到了积极作用，几年来，我区11个基层分中心利用现代化技术设备及共享文化资源，为全社区居民群众开展影视、讲座、戏曲欣赏等各类活动1500余次，参加人次近3万人。文化共享工程传播了科普、保健、历史、文学等各类文化知识，大大填补了社区基层文化资源的局限性，受到了广大社区机关干部、居民群众、驻区部队等方方面面的好评和欢迎。仅以新泾镇分中心为例，共享工程直接增设点到农民动迁村——福泉居委，每周固定时间、固定地点为新农村农民播放他们喜闻乐见的各类戏曲、故事、小品等影视资料片，受到农民朋友的欢迎与好评。一些老龄读者、残疾读者，足不出户还能点播喜爱的京、沪剧等地方戏曲、老电影经典佳作。文化信息资源与社区场馆、与服务对象、与政府工作目标相结合，为特定、特殊人群服务，使图书馆服务工作的创新又注入了新的活力。

每年暑假，是充分发挥共享工程作用的有利时机，长宁支中心点及各基层分中心利用现有场馆、现有设备，开设“暑期小影院”，放映场次100余场，服务人次5000余，为青少年定制假期里的文化大餐，得到家长、社区及学生们的一致肯定。

长宁区图书馆长宁支中心点为宣传、利用新的服务模式，加大了组织力度，在社区、机关内网及各小区电子屏巡回播出、告示，并根据各条系需求，组织开设了“百万家庭学礼仪”班、电脑培训班、摄影班等等，使共享工程的服务功能得到了进一步延伸，扩大了“文化共享工程”的传播力和影响力。在上海图书馆、共享工程分中心工作交流会上，长宁支中心作为单位代表进行“上海市共享工程工作交流”，交流材料被选入“共享工程表彰会汇编材料”。

作为公共文化建设的重点工程，至2007年底，长宁区共享工程基层中心和分中心已累计达到29个，图书馆作为支中心将全面推进完善各基层分中心的工作，进一步落实到商务、会所、部队，监区等，提高和推进“数字长宁”信息化水平，更好地丰富群众的精神文化生活，使共享工程成为公共文化服务的重要载体形式。

阿根廷作家博尔赫斯的小说《巴别图书馆》中，博尔赫斯向我们描绘了“无所不在”的图书馆。他强调图书馆与宇宙一样，具有永恒的意义。文化信息资源共享工程的深入发展使图书馆信息无限量，使图书馆不仅永远存在，而且无所不在。（即任何时候、任何场所的全方位信息服务）

三、培训工作

长宁区支中心在共享工程管理员的培养上实现了制度化和常态化。根据上海分心工作要求、长宁区支中心工作计划，每年对区域内共享工程服务点的负责人及技术管理员进行集中培训，2002年以来一共举办培训班10期，参加培训的人员达480人次。

四、工作展望

经过多年的运转，长宁区文化资源共享工程已经在设备、检索、技术支持上寻求到新拓展，各社区东方信息苑的相继建立为共享工程的服务手段创新赢得了硬件与软件上的有力支持。运用信息苑的场馆、设备、数据等硬件共享，使得共享工程的规模、范围、技术操作更加如鱼得水。通过与东方信息苑联手，一种更新、更便捷的服务手段已渐渐被社区居民所接受、利用。

作为公共文化建设的重点工程，从开始的2个点到现在的29个基层服务点，从单一的资源接收到多种形式的服务宣传，得到广大群众和农民朋友的广泛认知和参与，成为人民群众文化生活的重要来源。在新的“十二五”规划中，长宁区图书馆长宁支中心将全面推进完善各基层分中心的工作，进一步落实到新农村、新社区和会所，以提高、推进“数字长宁”信息化水平，更好地丰富城乡地区群众的精神文化生活，使共享工程成为社区居民群众家门口的文化乐园，为城区经济建设、文化建设做出应有的贡献。

（撰文/上海市长宁区支中心）

上海市静安区支中心

静安区因境内古刹静安寺而得名，地处上海市中心，地段优势极为明显，周围与5个区相邻，区境大部分曾属上海公共租界西区。它是全上海唯一一个所有区境都位于内环内的市中心黄金城区，静安区也是全市所公认的“高品位的商务区”和“高品质的生活居住区”，繁华璀璨融汇典雅雍容，闹中取静，环境优美，备受知名人士、社会名流青睐。

一、整体情况

全国文化信息资源共享工程是一项繁荣社会主义

街道馆共享工程培训

先进文化的创新工程，它采用现代信息技术手段，对中华优秀文化信息资源进行数字化加工和处理，利用覆盖全市的网络化管理和服务体系，实现文化信息资源在全市范围内的共建共享。

全国文化信息资源共享工程上海市静安区支中心设在上海市静安区图书馆内，从2002年4月实施以来取得了显著成效，在丰富和活跃群众文化生活、传播社会主义先进文化，促进经济社会协调发展等方面发挥了积极作用，受到广大静安区市民的热情欢迎。而作为文化共享工程载体的静安区图书馆从2010年1月开始作为区政府实事工程之一的改扩建工程竣工并重新向读者开放以来，外观典雅的馆舍构建雅致阅读氛围；布局合理的设施提供惬意阅读体验；创新多元的服务提升读者阅读品质，静安区图书馆所倡导现代化城市“悦读”生活，正日益彰显其传扬文化共享精神的重要作用。

二、资源建设

静安区图书馆建有标准化的区县级支中心镜像站，数据机房配有全天候24小时恒温控制及气体消防灭火抗雷击防静电装置，UPS支持不间断供电设备，以保证全年五个9级的容错率；10座42U标准机柜，20台百兆交换机，千兆核心交换机1台；硬件级防火墙及入侵检测设备，具有完备的状态检测防火墙、入侵防御、防病毒及VPN功能，支持IPSec、SSL及L2TP VPN，病毒库和入侵防御库可更新，具备对P2P应用的控制功能，具备对IM软件的控制功能，支持远程管理和实时监控；此外，还配有应用服务器3台，业务服务器2台，传输服务器1台，管理服务器1台，短信服务器1台，磁盘存储阵列及硬盘存储容量总计30T，并拥有电信专线60M光纤冗余接入，实现了与文化共享工程全国各大中心以及全市各基层点的通畅连接，所有配置达到或超过了《全国文化信息资源共享工程县级支中心配置标准》的标准。

三、惠民服务

近几年来，以数字资源建设为重点，为了不断增强区支中心为市民服务的能力，静安区图书馆以每年巨额经费投入数据库建设并积极更新，首先确保全国文化信息资源共享工程投放的数据资料正常公开，在此基础上，静安区图书馆还积极引进了包括百科视频数据库、爱迪科森网上报告厅、点点书库数字动漫书库、环球英文多媒体资源库、超星数字图书馆、人物信息平台、起点考试题库、传奇视频、博看期刊数据库、龙源数字图书馆、国研网、万方数据库、中文期刊数据库、库克数字音乐图书馆等14种大型数据资源库；并自己收集资料建成并维护了静安名人、商业商务、社区工作、静安区非物质文化遗产、静安优秀建筑，静安区作家作品文献库6种文字类数据资源库，以及静安动态，静安地方文献2种图像资料类数据资源库和静安区图书馆本馆讲座视频类数据资源库；到目前为止，全馆已有电子文献高达20TB数据量；还另外采购了人民日报电子版、文汇报电子版，新民晚报电子版三种数据报刊以供读者随时查询。

与此同时静安区图书馆紧紧跟随移动化的发展趋势，于2012年4月正式开设了掌上静图WAP版手机网站，读者可以通过任意手机在线访问、并查看龙源期刊、阿帕比电子图书馆、中华数字书苑以及博看网四种手机专享的数据资源库，进一步扩大了文化共享工程的影响，同时也方便了读者利用数字资源。

为了保证静安区图书馆的文化共享工程建设按照预定计划圆满完成，静安区图书馆文化共享影视放映根据计划，每月开设四场电影专场。观看人数年均达约1500余人。同时，网上收看本馆视频类数据库人数达到年均近2000人次，我们也根据时节开展了例如“读书节专场”、“暑期少儿专场”、“纪录片专场”等主题影视放映活动。并在此基础上组织影视小组开展了每月的观影活动，并及时发布了影评月报，年均发布影评12期。

静安区图书馆同时积极推进基层网点建设，以文化共享工程建设为抓手，在上海市率先启用“读者一号”图书流动车，采取定时定点巡回服务的方式，为静安区广大白领服务。在文化共享工程街道馆培训中，结合静安区图书馆本年开设的新服务项目，开设了数字图书馆推广主题讲座，培训以静图手机图书馆的开发背景与功能介绍为主要内容，旨在通过培训使街道图书馆员工对手机图书馆具有直观了解，从而认识到运用现代多媒体技术实现传统阅读新飞跃的重要性与趋势性。参加培训的街道馆员工对此十分感兴趣，不时地在培训资料上记录笔记，有的还当场拿出智能手机进行试操作。他们说，现在智能手机越来越普及，利用手机图书馆将不再是年轻人的专利，“掌上静图”的开通是适应了时代发展的需要，学习这些新的服务技能是图书馆员工与时俱进的必由之路。除此以外，静安区图书馆也多次组织各

读者培训

街道馆参加了其他各类技能培训讲座，参加人员每场皆逾百人，经讲座后的调查得知，参加者均对讲座内容十分满意，感到收获颇丰。静安区图书馆每年组织开展学术论坛、展览交流、主题讲座、影视放映、老年书友会、志愿者活动等各类读者活动200多次，参与人次达到3万人次左右。

四、获奖情况

文化共享工程的实施，有力地推动了图书馆事业的发展，在图书馆员工和志愿者的共同努力下，读者进馆人次和借阅册次屡创新高。数据显示，静安区图书馆全年接待读者70余万人次，全年阅览总人次超过50余万，全年外借总人次10万余人，全年外借总册次达31万册，满足了广大读者多元化的阅读需求。取得了显著的社会效益，为全区实现人文素质升级、深化全国文明城区创建发挥了积极作用。静安区图书馆获得2009年度上海市群众文化先进集体荣誉，2010年第四次全国公共图书馆评估定级获得一级图书馆，2010年获得“迎世博600天”上海市“五一巾帼示范岗”，2010年上海市中心图书馆辅导工作先进集体，2009~2010年度上海市文明单位，2010年度上海市中心图书馆志愿者活动先进集体，2011~2012年度上海市中心图书馆工作先进集体，2012年静安十大文化事件之时尚锐意奖，2012年静安区文化系统创先争优先进基层党组织，2012年度上海市图书馆文明行业测评第一名。

（撰文/上海市静安区支中心）

上海市普陀区支中心

普陀区图书馆新馆2010年正式对外开放，现为国家一级图书馆，上海市文明单位。普陀区图书馆支中心作为上海共享工程分中心的重要组成部分，承担着上海西北角市民文化信息惠民工程普及推广的重任。普陀区图书馆支中心通过资源共享不断提升服务能级，推进区图书馆、街道镇图书馆、居委图书室之间的三级服务网络体系，积极提升数字文化共享服务能效。

一、整体情况

普陀区图书馆支中心根据文化部《关于实施全国文化信息资源共享工程的通知》和市文广局《关于本市实施文化信息资源共享工程的通知》，因地制宜地开展了多种形式的共享工程服务工作，其中包括推出共享工程讲座、电影；推广无障碍阅读；推进数字移动服务等。坚持“面向基层，服务民生”的服务宗旨，依托支中心数字资源的优势，利用现代信息技术，实现中华优秀文化资源的共建共享。

二、网点建设

普陀区图书馆支中心对全区九个街道、镇图书馆实行数字资源共享服务。各街道、镇图书馆可以通过专网远程访问区图书馆内的各类数字资源，包括聆听名家讲座、欣赏曲艺表演和学习外语技能等。同时，普陀区图书馆支中心还通过图书馆新网站发布馆内资源的信息速递。

三、资源建设

目前我馆数字资源总量为11TB。采购了维普资讯、中国知网、万方数据、龙源期刊、环球英语、口语伙伴、慧科新闻、人大数媒、库客数字音乐、冰果英语、有声数字图书馆、上业百科视频和中国讲座网等数据库。同时，依托上海数字文化网的资源优势，提供戏剧戏曲、专题讲座、影视作品等的在线浏览。此外，馆内的上海当代作家作品手稿收藏展示馆正在打造上海当代作家作品手稿特色数据库，将馆藏的百余位作家手稿作品进行数字化扫描并建立手稿数据库，市民只需登入手稿数据库就能近距离欣赏到手稿作品。

四、技术支持

普陀区图书馆支中心为了推广数字图书馆建设，推进VPN虚拟网络资源推送，采购了应用服务器用于运行文化共享工程应用管理系统、业务服务器用于运行业务自动化系统、传输服务器用于数据资源管理远程传输、管理服务器用于设备的远程管理。同时采购了磁盘阵列，用于数字资源大容量存储。

五、合作共建

普陀区图书馆与区域内的部队、学校、企事业单位建立长期共建协议，在办理集体外借卡推送文献资源的同时将数字资源进行配送。与学校合作建立社会大学堂，组织学生参与馆内青少年智能图书馆的数字化体验培训。与区残联合作每月推出无障碍电影放映，同时还向残障人士推荐视频光盘，指导他们使用有声数字图书馆。

六、惠民服务

普陀区图书馆每月推出“三个一”文化惠民工程，旨在丰富市民的文化生活。活动包含了每月一场高品质的讲座、一台高水准的演出和一场热门的电影，市民可以通过网站、微博、报纸及时了解活动信息，并且所有活动全部开放，极大地降低了市民文化消费的门槛。同时，图书馆还依托共享工程的视频资源推出周末视频讲座，挑选市民关心的保健、理财等专题，在周末为市民奉上一道文化大餐。

此外，图书馆还推出移动阅读体验服务，活动内容包括了电子阅读器外借服务和龙源期刊网手机阅读卡服务。电子阅读器外借服务是与上海市中心图书馆合作推

出的资源共享服务，市民只需通过办理外借手续就能免费外借一部电子阅读器并轻松阅读其内存的上百本图书。手机阅读卡服务市民只需通过注册绑定，就能通过手机远程登入龙源期刊网手机版，轻松浏览包含文化艺术、管理财经、教育科学、健康生活、文学文摘、社科历史、经济法律、时政新闻、科技科普等十大类，还可以选择“期刊版”和“文章版”进行阅读。

为了让图书资源较为薄弱的居委会、园区获得信息资源，普陀区图书馆还推出了蒲公英图书漂流屋建设项目。目前已在19家居委会和1家工业园区设立了“蒲公英”图书漂流屋，每个漂流屋配备有漂流图书500册，种类涵盖了市民喜爱的保健、理财等栏目。2013年，区图书馆将进一步扩大蒲公英图书漂流屋的覆盖面，建设30家蒲公英图书漂流屋，主要覆盖图书资源较为薄弱的居委会和园区。同时，形成区图书馆、街道图书馆、居委会图书漂流屋之间形成联动机制，有效实现图书资源共享的文化理念。

七、宣传推广

普陀区图书馆支中心通过建立VPN虚拟专网最大化发挥馆内数字资源共享推送宣传。通过VPN虚拟专网将各类数据资源不仅实现区图书馆内的信息互通，也实现了街道、镇图书馆的全面运用，甚至市民在家中也能够通过专网共享普陀区图书馆的信息资源。

支中心通过制作海报、折页等形式将图书馆的信息共享活动推送到社区、街道、镇。通过网站、微博、报纸等各种媒体形式进行推广宣传。

八、培训工作

普陀区图书馆支中心在下设的9个街道、镇图书馆设立服务点，开展基层站点技术骨干指导培训工作，介绍共享工程建设的目标意义及实施的方向和重点，并就区信息工作的组织及管理加以说明。

通过学习和实践，让基层服务点的工作人员比较系统地了解共享工程各个环节工作，为推广共享工程基层服务起到了促进作用。此外，还完善了基层服务点设备维护制度。由普陀区图书馆指导各基层服务点开展设备维护工作，通过定人定点进行日常走访，遇到设备故障问题及时下基层进行故障排除，确保共享工程网络、设备的正常运行。

普陀区图书馆支中心以有效开展服务为重心，以打造精品、优化应用为重点，以全面推动共建共享为途径，以可持续发展的体制机制作保障，致力于将共享工程建成资源优质丰富、技术先进实用、传播高效互动、服务便捷贴近、管理科学规范、体系完整可控的公共数字文化传播服务体系，实现“时时可看，处处可学，人人可享”，使全国文化信息资源共享工程成为公共网络服务阵地，成为资源最丰富、服务最便捷、使用最安全的数字文化资源门户，成为基层群众的信息中心、学习中心和数字文化中心。

（撰文/上海市普陀区支中心）

上海市闸北区支中心

一、整体情况

在馆领导的重视和支持下，上海市闸北区图书馆建立了共享工程工作小组，积极开展数字资源建设、开办公益性讲座和共享工程电影播放活动，结合中秋节、国庆节和春节等重大节假日，为农民工提供送书上门服务、文艺演出服务，全年共享工程活动精彩纷呈，取得了一定的成绩。

二、网点建设

闸北区文化共享工程基层网点建设主要遵从上海市文化共享工程基层网点建设的统一模式，即全区八街一镇共九家社区图书馆均依托“东方社区信息苑”开展工作，全区共建立县级支中心以及社区基层点共11个。其中闸北区支中心在原总馆（天目中路2号）的基础上，新增一个服务点（闻喜路800号）。

三、经费投入

闸北区财政2009年投入6万元、2010年投入8.44万元，2011年投入68万元用于全国文化信息资源共享工程的设备购置，包括服务器、磁盘阵列、网络设备、投影机、相机、扫描仪等，已达到2010年度县级支中心设备配置标准。

四、资源建设

目前该馆本地数字资源总量为5.4TB，除国家信息资源建设管理中心配送的数字资源外，我馆还根据闸北区区情和馆藏特色建立了茶文化专题和商务印书馆版本主题馆专题数据库，通过茶文化书目检索系统和商务印书馆版本主题馆书目检索系统为读者提供本馆茶文化书籍和商务印书馆版本主题馆馆藏书目的检索。在此基础上，我馆还采购了超星电子图书、龙源期刊网、网上报告厅、影视文化视频数据库等第三方数据库，可向读者提供80万种电子图书、1万多种电子期刊、1000余家主流媒体、4万多套考试题库，配合上海数字文化网提供戏曲、曲艺、影视等全方位的服务。

五、技术支持

该馆先后采购了网络应用服务器、数据库服务器和VPN服务器，用于开展文化信息资源共享工程及相关数字资源服务。配备了硬件防火墙、网络杀毒软件和行为管理软件，并通过网络配置，保证数字资源访问的安全

性。同时，我馆采购了磁盘阵列，安装了文化信息资源共享工程数据库、电子漫画馆、网上报告厅、茶文化数据库、知识视界视频数据库、影视文化视频数据库等丰富的数字资源，为读者提供服务。通过照相机、摄像机、投影仪等设备进行共享工程的宣传推广和培训。

六、合作共建

为提高文化信息资源共享工程的利用率，该馆积极与基层服务点开展合作，结合闸北区社区图书馆数字化建设的实事项目，组织社区图书馆工作人员开展业务培训，帮助他们了解数字化图书馆的发展现状与趋势，学习和掌握文化信息资源共享工程数据库和本馆其它采购数据库的使用方法、数字化阅读工具的使用方法等等，为本区5家社区图书馆开通了龙源期刊网、起点自主考试系统、冰果英语、百森创业教育资源总库、中文科技期刊数据库等的馆内访问，以共建共享图书馆数字资源。

七、惠民服务

1、举办电脑培训班。我馆非常重视社会弱势群体，针对这类群体文化程度低，不会上网的现状，我馆组织工作人员举办电脑培训班，有效解决了他们无处学电脑的困境，提升其现代化信息技术水平。

2、开展丰富多采的公益性讲座。为了丰富群众文化生活、提升其文化素养、满足其社会文化信息需求，我馆组织开展了丰富多采的公益性讲座，不仅加强了与群众的沟通交流，也为其架起一座文化学习的桥梁。2012年，我馆先后举办了《辛亥革命专题讲座》、《健康之道》、《传统文化的生命力》、《心灵的倾听》等20余场讲座，听众达1500余人。

3、提供送书上门服务。为推广阅读文化，倡导全民阅读，营造良好的学习氛围，我馆与分馆建设工地农民工结对，定期组织职工为农民工提供文艺演出、送书上门服务，以培养农民工阅读兴趣，提升文化素养。截止目前，我馆共为农民工送去近千本书刊，总计金额8018.7元。

4、定期播放文化共享工程专题电影。闸北区图书馆配合全国文化共享工程工作，自2010年7月起，每周在一楼会展厅播放文化共享工程系列专题片，如：经典电影、地方戏曲、相声小品、少儿动漫、文化专题片等，满足了群众的精神文化需求。2012年，我馆先后放映了《综艺晚会》、《曲艺小品》、《奥林明星的文化魅力》、《交响诗的艺术魅力》、《流行音乐再回首》等，至今为止，播放的影片已有百余场。

八、宣传推广

为了更加广泛地宣传共享工程的意义和作用，让各级领导及群众充分认识这项工作的重要性和必要性，我们做了大量的宣传工作，一是充分发挥我馆一楼电子屏、网站、微博等现代化信息传媒平台，适时适度地介绍实施“文化共享工程”的目的意义、文化信息资源和操作流程等，使市民真正地了解它，从而主动使用它。二是编辑制作宣传手册放于各楼层资料取阅区域，用通俗易懂的方式介绍共享工程资源。三是利用馆内公共服务区域摆放X展架、张贴海报等形式让广大市民了解共享工程的内容，从而进一步提高共享工程的知晓度和利用率。

九、培训工作

为了给文化共享工程建设提供人才保证，我馆建立了管理工作人员培训工作制度，按时根据管理中心下发的培训文件，做好培训部署工作，把人才培训落到实处，并通过开展业务竞赛等活动，激发文化共享工程工作人员学习业务、提高技术水平的积极性、创造性。

十、管理和队伍建设

科学的管理是文化共享工程事业发展的必然要求，我馆对这项工作高度重视，按照《全国文化信息资源共享工程管理暂行办法》的要求，加强对工程经费、设备、队伍的管理，建立健全各项管理制度，行政协调、技术队伍、网络技术管理平台三方面有机结合，合理布局，形成了整体推进的长效管理机制，使文化共享工程的日常管理工作步入了规范化的轨道，提高工程的服务能力和管理水平。

十一、荣誉奖项

1、由该馆外借部职工汤祺、朱莹组成的闸北支中心代表队荣获“文化共享杯”——第二届文化共享工程知识与技能竞赛上海地区选拔赛决赛第二名；

2、该馆选送作品荣获全国文化信息资源共享工程2012年“像雷锋那样”全国中小学生电脑小报设计比赛中学组二等奖；

3、该馆选送作品荣获全国文化信息资源共享工程2011年“阳光少年热爱党”电脑小报设计比赛小学组二等奖、三等奖、优秀奖；

4、组织街道参加“颂歌献给党——全国文化信息资源共享工程迎接建党90周年群众歌咏活动”，荣获全国文化信息资源共享工程三等奖。

十二、工作展望

1、加强资源建设。重点建设地方文献数据库，如闸北图片库、非物质文化遗产数据库等，并尝试依托社区文化活动中心的特色建立特色数据库，如北站的少儿京剧、彭浦镇的摄影等都颇有特色，可联合社区文化活动中心共建共享。

2、加强宣传推广。我馆要利用数字图书馆进行服务模式创新，通过VPN远程访问等方式提供个性化服务；利用文化共享工程数字资源和我馆采购的电子图书、电子期刊、电子报纸、视频报告、考试辅导等丰富多采的数字资源，多层次的为读者服务，让市民真正享有一个开放式的文献信息资源共建共享平台。

3、加强基层管理人员和技术人员的培训。我馆将继续加大培训力度，对基层点专业人员和管理人员进行培训，使每个基层点拥有1–2名经过专业培训的工作人员。

总之，文化共享工程是一项重要的公共文化基础工程。抓好文化共享工程的实施，推动工程建设是时代赋予我们的光荣使命，让我们迎难而上、用智慧和辛勤汗水成就事业，为建设文化共享工程做出应有的贡献。

（撰文/上海市闸北区支中心）

上海市虹口区支中心

全国文化信息资源共享工程虹口支中心成立于2003年，中心设立于上海市虹口区图书馆总馆内，人员编制情况为专职人员5人，兼职2人，另外更肩负着对区内8个社区基层服务点人员的业务培训及技术指导职责。

满足人民群众多层次的文化需求，将文化信息共享资源利用最大化，充分发挥公共图书馆数字文化服务的作用，全国文化信息资源共享工程虹口区支中心推出了一系列贴近生活、贴近群众的的服务项目，扩大了共享工程资源在社区居民心中的影响和知晓率，据统计从支中心成立至2012年9月底，累计服务人次已达46945人次。具体事迹如下：

一、积极有效宣传，扩大社区影响

为扩大共享工程的社会影响，使社区居民充分认识到这是一项惠民工程、民心工程，本支中心积极做好宣传工作。一是利用自身优势，通过LED大屏幕、易拉宝等方式在图书馆内滚动播放资讯；二是每半月周一上午在图书馆门口免费派发“共享工程放映”门票；三是利用虹口区图书馆网站进行“文化共享工程”活动宣传，提高知晓率。

二、坚持夯实基础，力求稳步发展

本馆领导对“文化共享工程”非常重视，清楚地认识到这是一项重要文化民生项目，因而在市、区文化局配送设备的基础上，又进行了设备的扩容、完善。在“文化快车”上配备投影仪、影碟播放机（DVD机）、幕布和音响音箱设备，拥有讲座、科技、动画、电影、戏曲等系列各类资源，能够满足不同层次人群的观看时间需求和

兴趣求。

三、利用优势资源，满足受众需求

共享工程庞大的信息资源为开展各类服务项目，满足各类群体需求，提供了有力支持，目前，本馆形成了阵地和社区两种服务形式。

1、通过本馆剧场，定期为居民免费放映各类影片、专题片和视频讲座。

阵地播放充分考虑到周围居民需求，尤其是中老年居民的特点，并结合时事热点和重大节庆纪念日，形成了特色系列。电影方面，包括“庆三八妇女节”影片放映、无障碍电影、欢乐电影、国产优秀影片展映、庆八一电影展映、国庆63周年电影展映、外来务工人员电影专场等，仅本年度就播放影片18部。这些电影深受居民喜爱，领票时甚至出现争相排队的景象，216个座位的剧场每场观众坐满。专题片方面，包括：永远的丰碑——红色记忆系列专题片、纪念辛亥革命一百周年系列专题片、庆五一 迎五四 学习英雄楷模系列专题片、双百人物系列等，共播放专题片20部，吸引了许多离退休老革命、老干部、老工人来观看。视频讲座方面则包括：“迎接建党90周年”《长征》系列视频讲座展映、医疗保健系列、消费者权益系列等5部。剧场放映已经成为本馆共享工程固定服务项目，服务的居民人次也最多，每月3次的放映频率基本可以让居民就近享受到各种优秀文化资源。

2、灵活使用多媒体小影厅的功能，为弱势群体服务。

2012年初，考虑到智障群体不适合与一般居民共同观影的特殊情况，本馆利用多媒体小影厅开始为凉城街道阳光家之家的20位特殊学员定期播放影片、专题片。截止9月份，已经放映了《天安门》、《喜马拉雅王子》等5部优秀影片，让这些孩子也能享受到看电影的乐趣。

3、支中心依托虹口区图书馆电子资源阅览室和各区域查询电脑，设置“上海数字文化网”链接，让读者可以轻松点击，在线观看共享工程的视频资源。

4、通过“文化快车”，将“共享工程影片”送入基层、社区、部队等。

以“文化快车”为主要媒介，将 "共享工程"资源送入基层社区。服务点包括街道居委、学校、敬老院、部队，对象包括学生、老人、残疾人、部队官兵。这样不但受益面扩展，内容也丰富多彩。

例如与“江湾镇阳光家园”协议每月的第二周周五为“图书馆活动日”，为学员们播放其点播的“文化共享

工程”影片；而特定的节日——如重阳节，为胜峰敬老院的老人们，播放老电影《万紫千红总是春》和《五朵金花》，老人们反映强烈。

截止到2012年9月已为社区青年青少年放映影片111次，为敬老院88次，为阳光之家4次，为部队54次，服务人次达12247人次，服务范围由面到点，渗透基层。

作为"共享工程"的区县级支中心，本馆力求践行共享工程的文化精神，把群众喜闻乐见的优秀文化作品，通过方便快捷地方式，传播到广大人民群众身边，丰富、活跃人民群众的文化生活。

（撰文/上海市虹口区支中心）

上海市杨浦区支中心

杨浦支中心坐落于杨浦区图书馆，是杨浦区域内公共数字文化的服务平台之一，也是杨浦区公共文化服务体系的重要组成部分。多年来，上海市杨浦支中心秉承公益均等的服务理念，以全国文化信息资源共享工程规划纲要为指导，建成结构合理、发展平衡、网络健全、运行有效、惠及民众的公益性数字文化推广体系。截止2012年底，在支中心的指导支持下，全区11个街镇文化中心和图书馆已建成共享工程“基层服务点”，形成区域内的数字文化服务的两级覆盖机制。下面就共享工程杨浦支中心的建设情况汇报如下：

一、基本情况

杨浦支中心是区域内公共数字文化的服务和推广平台，为建成技术先进、结构合理、方案成熟的支中心数据中心，在十一五期间，杨浦支中心比照“共享工程”支中心的建设要求和评估定级标准，制订了支中心建设方案。在区财政、区信息委的支持和配合下，拨出专项经费，对信息化基础设施进行了升级和改建，建成了以存储系统为核心、以千兆网络为主干、以服务器为计算资源、以光纤互联网为传输载体、以千兆防火墙和行为管理系统为绿色安全屏障的支中心IT架构。截止目前总存储容量已达30T，互联网带宽已达60M，共享工程服务终端超过60台，硬件和软件配置均已达到或超过文化部关于支中心的配置标准，多年来其性能、功能、稳定性等各项指标均经受了日常服务的实践检验，为支中心共享工程数字资源的建设和推广工作提供了有力的保障。

二、队伍建设

共享工程是一项系统工程，涉及面广、业务要求高，为保障工作的顺利开展，杨浦支中心组织协调了全馆各业务部门，由分管馆长牵头，相关部室负责人和业务骨干为成员，分别从技术支撑、窗口服务、资源采选和宣传揭示等角度，保障支中心的建设和日常服务。全区11个基层服务点依托社区文化中心和东方信息苑，也配备兼职管理员，形成了支中心、街镇二级管理网络。为方便读者及时了解共享工程的服务动向，支中心建立了共享工程信息发布、内容播放、节日预告等制度，使支中心的服务更为规范化、制度化。根据国家中心和市分中心的工作要求，支中心建立并完善了服务、资源建设、辅导培训和活动等信息登记和报送制度，专人负责，定期上传和反馈，便于分中心和国家中心及时了解本区域内共享工程工作的开展情况。

为提升工作人员的业务能力和专业素养，支中心建立和规范了共享工程的培训和学习制度。除参加国家中心的网络培训、上海分中心的年度培训外，还组织支中心工作人员以立足本职工作、促进共享工程建设为切入点，开展技术和业务交流活动。

同时，发挥支中心在区域内的承上启下作用，针对基层服务点人员流动率大的特点，通过定期的培训和主题讲座，增进基层服务点工作人员对共享工程工作的理解和认识，并通过电话和现场指导等方式，适时、实地对基层遇到的技术问题予以解答，业务辅导和指导工作相结合，促进基层服务点的建设。

三、资源建设

网络文化和数字阅读等服务方式是现代图书馆的发展方向，杨浦支中心依托共享工程的资源和品牌，在数字服务的领域中不断探索创新。

1、积极探索门户网站、微博和web2.0功能的发挥，建立杨浦支中心网站，通过虚拟展览、视频讲座、电子教程、数字资源导航和在线全文浏览等，使支中心与读者之间通过网站的虚拟平台进行信息交流、咨询、共享，截止2012年底，访问已达1052600多人次，并连续两次入选“上海市优秀网站评选活动入围网站”。

2、整合支中心数字资源，拓展网络服务的方式。经

开办老年计算机应用讲座

电子阅览室开放场景

过历年建设，支中心建立了涵盖电子期刊、电子书、有声读物、视频讲座、数字动漫和知识库等资源的数字资源库，目前拥有16个T的数据，极大地补充了共享工程的下发资源。在三网合一、三屏合一的发展背景下，支中心积极开拓手机讲座、移动阅读等创新服务方式，力求以多元化的服务模式，为广大读者提供更为宽泛、便捷、实时的服务。

3、依托共享工程服务、电子阅览室，面向各个年龄段的读者，根据他们的数字阅读习惯和倾向，开展了形式多样的数字资源推广和体验活动。通过情景教学、讲座辅导、宣讲调查和体验项目，让读者知晓、熟悉、掌握和分享各类数字资源，年均访问40000多人次。

支中心在服务中注重对未成年人的服务，提供面向青少年的数字资源和导航，通过网络行为管理等技术手段引导未成年人文明上网，为青少年提供了一个绿色的数字阅读环境，以发挥共享工程的社会教育功能。

4、面向基层服务平台推广新技术和应用，先后在全区范围内体验、免费配送、推广了IMOVE 视频点播解决方案、超星数字阅读、龙源移动阅读等新兴数字应用，也为基层服务点培训了一批既懂业务、又了解信息化发展的服务人员。

四、特色数据资源建设

杨浦拥有"三个百年"历史文化底蕴，杨浦支中心也始终把整理、挖掘区域内的地方特色作为共享工程工作的重要组成部分。从2008年以来，支中心建立了近代文献主题.杨浦馆的主题网站，以此为契机，围绕近代市政、近代工业的历史，先后建立了特色视频点播、特色信息、特色书目、特色文献、申报摘编等主题库，包含特色数据5769条、特色信息8783条。共享工程的工作和杨浦地域数字文化的建设由此形成了协调一致、互补促进的良性循环，为杨浦支中心服务内容的深化和品质的提升拓展了新的空间。

四年来，杨浦支中心采取信息共享空间的服务模式，依托共享工程的品牌和数字资源，以特色数据的建设为抓手，先后举办影视展播1620场次、21933人次，自主点播6793人次，电子讲座190场次、4083人次，特色展览22场次、21900人次，得到了社会各界的普遍关注，引发了读者纷至沓来的"热效应"。

多年来，杨浦支中心坚持以区域内数字阅读推广、公益信息服务、地方特色开发和地区公图新技术和应用推广为四个实践方向，有效扩展区馆信息服务半径、深化区域内数字文化服务、促进了地方特色文献资源保护与开发、带动了基层服务点的数字化建设。今后，杨浦支中心将继续以务实创新的精神，在构建和谐文化、促进区域内公益数字文化传播等方面发挥更积极的作用，让"文化惠民"的工程深入人心、历久弥新。

（撰文/上海市杨浦区支中心）

上海市闵行区支中心

一、整体情况

自全国文化共享工程实施以来，上海市闵行区一直把它作为一项文化建设的重点创新工程来抓。在有关部门的通力合作下，在上海市文化共享工程分中心的指导下，闵行区文化共享工程支中心持之以恒地进行基础网点建设、资源建设与服务能级提升，在实践中积极探索、大胆开拓，初步形成了以市、区、街道、镇为发展模式的各级基层服务网点，并以区图书馆为示范单位建成文化共享工程闵行区分中心，闵行区各街道、镇则依托区中心铺设基层服务网点14家。几年来，该区以数字资源建设为核心，以基层服务网点建设为重点，广泛宣传、精心组织、指导建设、加强管理、推进发展，用切实可靠的培训提升基层服务网点员工的服务能力，用丰富实用的文化信息资源惠及广大人民群众，对促进我区政治、经济、文化、教育的全面发展，提高本地区文化素养、满足本区信息需求等起到了极其重要的作用。

二、网点建设

全国文化信息资源共享工程是新形势下构建公共文化服务体系、惠及千家万户的一项重要文化基础工程，区县级支中心是文化共享工程服务网络建设中的一个重要环节，对整个文化共享工程建设的发展产生影响。在上海共享工程分中心的领导下，闵行区文化共享工程建设取得了新的进展，目前，闵行区已建成开通12个镇1个工业区1个部队基层服务点，较好地满足了我区人民群众不断增长的文化需求。

三、经费投入

在过去的几年里，闵行区共享工程建设受到各级领导的重视，各级财政也给予了大力支持，下达专项经费91

万元，公共电子阅览室专项经费50万元，区财政还阶段性地拨给专项经费资源建设与网络运行经费，保障了共享工程服务点的正常运行与大步发展。

四、资源建设

闵行共享工程支中心资源建设方面，不仅在本地服务器上依托上海分中心提供《上海数字文化网》的镜像，积极开展共享工程服务，并自己另外建设了本土资源方面的《春申记忆》网站，同时，依托闵行区图书馆的各类讲座、读书会资源，制作视频资源20集，供街镇网点使用。现数字资源建设总量达到1TB，962部/集，再创新高。

五、技术支持

区支中心对于街道、乡和村级基层点的主要目标是有效地展现文化共享工程的资源，是资源存储和资源展现之间的桥梁，是充分利用资源的关键。因此区县支中心在这里起到了对资源的下载、存储和转发作用。区县级支中心的另一个承接作用是实现用户使用信息的有效统计和上传。区县级支中心通过网络、移动设备、等多种手段从基层点获得用户访问共享工程资源的使用数据，在本地提供统计分析功能，并按照一定的策略将统计的数据发送到市分中心，最后在国家中心汇总，为文化共享工程的资源建设提供强有力的数据基础。

通过几年的不断努力，我们基本建成了规范化的区县级支中心共享工程软硬件标准。由于本市多年以前"一卡通"的实现，我们区现有的网络通过光纤连接，区支中心与各街道乡镇馆是高速互连互通。闵行区图书馆配置的网络接收器、服务器、磁盘阵列等设备皆提供基层网点使用，为基层网点的数据资源建设提供有力保障，使闵行区各共享工程网点都具备应有的数字资源的存储能力、传输能力和服务能力。

六、合作共建

闵行区支中心还与上海戏剧学院合作推出原创微电影展映6场，与邀请数据库培训讲师提供义务数字资源培训6次，与敏读会合作推出公益读书会12次，打响了共享工程的品牌！

七、惠民服务

共享工程惠民服务方面，区支中心充分发挥积极性和创造性，不断拓展共享工程服务方式，充分利用共享工程的载体，开创基层文化工作的新局面。目前，我馆利用共享工程资源和技术服务平台开展了一系列丰富多彩的服务，如播放电影、专家讲座、文化论坛等，丰富了基层群众的文化生活，受到了广大群众的欢迎。此外，还拓展服务的空间，让共享工程资源和服务走进校园、走进军营、走进社区等，注重为青少年、老年人、残疾人、务工人员等社会弱势群体和特殊群体服务，发挥共享工程的社会效益。

据统计2012年1月到10月：

1、全国文化信息资源共享工程有9次网络培训一共吸引了支中心88人次，街道乡镇馆250人次。通过观看全国共享工程网接收网络培训。网络培训受到大家的欢迎。问题是有些网络培训有不明白的地方最好又专家面对面指导帮助其中包括EMIL，微博等多种方法。

2、文化共享工程放电影播放52（次）1659（人）共享工程各种培训讲座22（次）198（人）。

3、街道、乡和村级基层点电影播放220（次）2100（人）共享工程各种培训讲座31（次）239（人）。

八、宣传推广

区县支中心应充分发挥积极性和创造性，不断拓展共享工程服务方式，充分利用共享工程的载体，开创基层文化工作的新局面。目前，闵行区支中心利用共享工程资源和技术服务平台开展了一系列丰富多彩的服务，如播放电影、科普讲座、送戏下乡等，丰富了基层群众的文化生活，受到了广大群众的欢迎。此外，还拓展服务的空间，让共享工程资源和服务走进校园、走进军营、走进社区、走进农村等，注重为青少年、老年人、残疾人、务工人员等社会弱势群体和特殊群体服务，最大限度地发挥共享工程的社会效益。

闵行区支中心在开展服务的过程中，坚持以人为本，丰富服务方式，注重服务效果。强化服务的针对性，普遍服务与个性服务相结合，努力满足全区人民群众的多样化文化需求。我们深感宣传推广与合作共建等工作我们还有很多工作要做有很多潜力可挖。可以应定期共同组织开展丰富多彩的活动，使合作共建的基层服务点成为面向当地开展文化信息服务。

九、培训工作

区县级支中心还担负着对街道、乡镇、村基层服务点的管理、技术维护、人员培训。该区对文化共享工程培训主要通过集中培训和现场培训相结合的方式，收到了一定的实际效果。

首先，集中培训侧重观念的培训，通过会议的形式传达相关的精神、服务理念等。

其次，深入各基层网点开展现场培训，主要侧重知识、技能方面，从硬件的使用维护、软件平台的运用到开展服务，进行系统培训。现场培训具有直观性、生动性、针对性，对基层服务点技术人员学习工程相关知识、掌握技能起到了很好的作用。

区县支中心有计划地对基层服务点的建设和维护人员进行分期分批的培训，逐步建立起一支技术过硬、业务熟练、管理规范、服务优良的基层队伍。

2012年度闵行区支中心为基层服务点提供培训33次，基本解决有些乡镇街道、村基层服务点人员和主要负责人流动大，变更快的问题。

十、管理和队伍建设

经过几年的快速发展，至2012年底，闵行区文化共享工程系统拥有专兼职工作人员30人，成为工程和当地公共文化建设与服务的骨干力量。通过课堂教学、知识竞赛、下基层培训与视频解决问题等方式，对工程各级人员进行系统培训，全面提高了从业人员的业务素质和服务能力。

十一、荣誉奖项

闵行区支中心获2011年全国文化信息资源共享工程上海分中心知识竞赛三等奖。

十二、工作展望

文化共享工程作为一项利用高新信息技术手段传播先进文化的全新方式，是把先进文化送到千家万户的有效途径。共享工程作为一项文化创新工程，实施以来所发挥的作用十分显著，对促进社会主义和谐社会的构建，显出了它作为文化创新工程的独特魅力。

（撰文/上海市闵行区支中心）

上海市宝山区支中心

宝山区图书馆是“国家一级图书馆”、“上海市群众文化工作先进集体”、“上海市文明单位”。2006年8月，作为上海市唯一一家公共图书馆，宝山区图书馆获得了由中华人民共和国文化部授予的“公共文化设施管理先进单位”的光荣称号。2010年12月，荣获由中华人民共和国宣传部、中华人民共和国文化部、国家广电总局、新闻出版总署颁发的全国“服务农民、服务基层”文化建设先进集体的光荣称号。

一、整体情况

随着读者对公共文化需求的不断扩大，该馆原有的基础设施和服务手段显然已经不能充分满足读者多层次、多方面的文化需求，经过三年的建设，2012年8月29日，宝山区图书馆新馆落成试开放。宝山区图书馆将努力成为宝山市民终身学习的知识殿堂、信息共享的中心枢纽、社区生活的技术港湾、文化休闲的经典雅座、社会文明的示范窗口；努力成为以物联网（RFID）、云计算平台（云图书馆）、个性化服务为发展方向，全面体现高效、适用、安全、舒适的基本原则的综合性、多功能、多载体、智能化的城市公共图书馆。

二、资源建设

该馆新馆采用INTERLIB系统和HORIZON系统，200M Internet接入，无线网络全覆盖。通过VPN技术，实现了将数字化资源全面推送到读者家中的目标，更好的做到资源共享，同时与宝山区的12家街镇馆建立了密切的纽带关系。联合各街镇馆、各区图书馆，有计划的对原有数据整合及新数据制作，建立了街镇图书馆期刊联合目录、上海市区县公共图书馆期刊联合目录，搭建起一个公益性的元数据交换平台，为实现文化信息资源的共知、共建、共享及开展网上服务打基础。

数字资源建设是“共享工程”的核心内容，通过已

有数字资源的整合与采购、新建各类地方文献数据库库等多种方式和渠道，建设的内容包括电子期刊、电子图书、学术论文、会议论文、视听资料等学术研究类、考试类、软件类、音乐类、视频类、漫画类等各类数据库共34个，其中，镜像数据库有15个。另外，自主开发的地区特色专题数据库5个。目前拥有全国文化信息资源共享工程共计1T内容。数字化资源库总量达100TB，利用基于应用层的VPN技术，实现了将数字化资源全面推送到读者家中的目标，读者足不出户即可在任何时间、任何地点远程访问和免费使用我馆资源。我馆还充分利用网上的免费资源，优化整合，从而丰富数字资源总量，充实服务内容，增强服务能力。“宝图远程服务系统”实现了“哪里有网络，哪里就有宝山区图书馆”的目标，践行了让读者享受普遍和均等服务的承诺。荣获了上海市文化科技卫生“三下乡”活动优秀项目奖。

三、惠民服务

宝山区图书馆在前进中不断更新理念，创新发展，各项工作在发展中不断焕发出新的生机和活力，并逐渐形成了具有鲜明特色和行业优势的宝山公共图书馆文化共享服务体系，锻造出了“宝山读书月”、“宝山市民讲座”和“宝山网络图书馆”这三大文化服务品牌项目。

宝山读书月秉承“建设学习型城区、营造书香宝山、实现市民平等享受阅读权利”的宗旨，着力弘扬传统文化、建设和谐文化，通过在全区范围内广泛开展读书月活动，让更多群众享受阅读的乐趣，使读书活动更加富有魅力，从而形成良好的读书风尚。读书月由12个街（镇）文化服务中心等单位共同参与和协办的一项群众性读书活动，更好的丰富了群众的文化生活。举办时间为每年的5月至6月。

从2009年起，宝山区图书馆主动走出去，与嘉定区图书馆合作承办宝山•嘉定读书月，迄今为止已举办了四届，在加强区际合作、增进双方了解、扩大读书月的影响力和号召力方面做出了有益的探索和尝试，开创了本市跨区合作开展读书活动的先河，并形成了一定的品牌效应，被评为上海市振兴中华读书活动优秀项目。

经过七年的精心打造，宝山读书月活动已经深入人心，正以其丰富的内涵、创新的形式和蓬勃的生机，成为促进全民读书、提高市民文化素质的一个有效载体，形成了“政府倡导、专家指导、社会支持、市民参与”的良好氛围，使图书馆服务工作从馆内延伸到馆外，从城区延伸到农村，从区内延伸到区外，成为“书香宝山”文化工程建设的核心内容和特色文化品牌。

而为推动建设学习型城区的需求所开展的“宝山市民讲座”也已成为适合不同阶层、不同文化素养、不同文化需求的宝山市民的又一文化品牌。“宝山市民讲座”紧密结合形势的需求和读者的需求，精心策划讲座主题，内容精彩纷呈，主要涉及“时政参考”、“人文经典”、“艺术鉴赏”、“健康人生”、“道德法律”等领域，“宝山市民讲座”贴近实际、贴近生活、贴近群众，讲座的触角逐渐伸向社区、机关、学校和部队等。截至2012年10月，以“立足本馆，辐射社区，资源共享，免费开放”为宗旨的“宝山市民讲座”共举办了251场，听众52669人，取得了很好的社会效益，在宝山市民中有了相当的影响力，成为宝山市民文化生活的重要组成部分。

作为宝山区政府实事工程之一的“宝山网络图书馆”，是以光缆专线设施为基础、以共享宝山区图书馆各类数字化资源为主要目的的资源共享服务平台。通过它，读者能在宝山各个街（镇）图书馆检索宝山区图书馆的数字文献资源，实现了全区公共图书馆的资源共享和信息联动。

四、辅导培训工作

建立、培养和造就一支由知识、有文化、懂技术、会操作、能运用的信息接收、传送、播放队伍是共享工程取得成效的前提。为此，我们也对本馆及街镇的相关骨干人员进行培训，更好的为共享工程服务。我馆同时把共享工作建立在公共图书馆的特性之上，对读者进行资源服务推广活动，目前已在电子阅览室举办多次的数据库应用培训、“摄影基础培训”，每月开展一次名家讲座，每月两期的共享工程优秀影视节目播放活动，目前已播放影片10部，参加活动人数达500人次，截止11月底，全年共完成讲座19场，参与人次5550人，在少儿阅览室同样举行一些少儿的主题活动，如“娃哈哈故事会”等，这些都深受广大读者的欢迎。在2013年，我馆将利用周末继续做好日常活动的开展，除目前的娃哈哈故事会以外，每一个季度设计一个主题活动，如现场朗读会、现场绘画比赛、现场表演剧等等。并利用周末及节假日针对未成年人播放爱国主义教育影片，科普类等影片，举办思想道德建设方面的讲座、名著赏析等，引导未成年人多读书。

五、合作共建

针对宝山区驻军部队多的具体情况，我馆积极与驻军部队开展军民共建活动，响应区府号召，为部队官兵提供“文化拥军”等志愿服务，取得了显著的社会效益。

目前，宝山区图书馆共与6家共建部队（单位）签定

了共建协议，援建部队图书室，每年为他们提供图书、音像等资料，开展讲座、读书活动等。遇到海军官兵们要出海执行任务，我们马上为他们准备好所需图书，以丰富官兵们的海上文化生活。2012年6月28日下午，由宝山区图书馆援建的海军首家自助图书馆——“宝山区拥军自助图书馆”落成启动仪式在宝山海军吴淞军港隆重举行。中共宝山区委宣传部副部长、区文明办主任莫新华和海军91860部队副政治委员曾金荣共同为拥军自助图书馆揭幕。宝山区拥军自助图书馆是由深圳市海恒智能技术有限公司研发的城市街区24小时自助图书馆系统，具备自助借书、自助还书、查询服务等图书馆的基本服务功能，是我区文化拥军活动的一项重要内容，是我区拥军活动在内容和形式上的不断丰富和完善，也是区图书馆在军民共建活动中的一项新举措。宝山区图书馆还配合区双拥办在每年建军节前开展援建军营图书室活动，为全区十几家驻军部队开展送书活动。

六、工作展望

通过这几年的文化共享工程建设，我们也取得了一些成绩，但同时也存在着一些问题和不足，在今后的工作中要从满足群众的文化需求出发，更加充分的发挥文化共享工程的作用。我们将重点打造一支共享队伍，更好的为群众的文化生活服务，享受文化共享大餐。

（撰文/上海市宝山区支中心）

上海市嘉定区支中心

嘉定区图书馆1981年落成开馆，现为国家一级图书馆。2005年，嘉定区图书馆成为全国文化信息资源共享工程嘉定支中心。几年来，嘉定区图书馆支中心不断完善公共电子阅览室服务，提升文化共享工程分中心能级，推进镇、村级文化共享工程建设，打造数字文化服务品牌，取得了显著的成效。

一、整合各方资源，形成长效机制

嘉定区图书馆支中心探索实践了“及时沟通、实时指导、多样培训”的工作模式。一是积极与上级部门沟通交流，加强与镇、村主管部门沟通，明确各自的职责和权利，以保证合理规范地开展各项工作；通过举行文化活动、印发宣传折页等，向社会大众宣传文化共享工作的重要意义，迅速形成建设合力。二是建立专职工作小组，负责工程的实施和指导；实行独立跟踪指导制度，针对各个服务点的不同情况进行单一指导，并要求指导员定期深入基层服务点，及时解决各类问题。三是以集中培训、外出交流、参与竞赛为切入点，不断强化队伍建设。经过多年实践，“及时沟通、实时指导、多样培训”工作模式已经成为嘉定区文化共享工程建设的长效机制，有力推进了共享工程在区域内的推广和提高。

2012年，嘉定区图书馆支中心用于共享工程资源采购、运行维护的经费达到143.57万元。工作小组10名专

职人员中，5人具有中级职称，3人具有计算机学士学位。与此同时，每年2次组织基层服务人员参加嘉定区公共图书馆业务培训，帮助基层服务人员了解提升职业素养与提高自身素质的重要性，强化标准服务、微笑服务的服务意识；多次组织工作人员赴兄弟城市交流学习，有效提升了基层服务的专业性和主动性，提高了全区共享工程从业人员队伍的整体服务水平。在2011年文化共享工程知识与技能竞赛上海地区选拔赛中，嘉定区图书馆代表队喜获三等奖。

二、延伸服务范围，共筑文化民生

作为共享工程支中心，嘉定区图书馆大力推进镇、村基层点建设工作，在全市率先建成江桥镇、马陆镇“农民工电子阅览室”试点，全新的、便捷的上网服务，先进的电脑和投影设备受到广泛关注和好评。嘉定区图书馆支中心将街镇基层图书馆考核作为推进镇、村文化共享工程建设工作的重要抓手，不断引导基层图书馆、图书室提升服务能级，进一步发挥共享工程资源力量，通过播放、讨论等形式，努力丰富文化共享工程服务的形式和内容，使其成为基层公共文化服务的重要组成部分。目前，嘉定区12个街镇年服务次数均达到每年12次以上，个别设施新建、整修的街镇还达到了300次以上。

与此同时，通过独创延伸服务项目，将共享工程的资源不断地输送到全区百姓身边。嘉定区图书馆支中心自2006年起推出“百姓书社”延伸服务项目，目前已在远离城镇的郊区农村地区，以及部队军营、外来建设者集聚区等地建立起75个基层服务点；同年创立的“嘉图百姓讲座”进一步拓展了公共图书馆服务的辐射范围，紧扣基层群众的实际需要选择讲座主题，掀起了区图书馆阵地，以及社区、村居委、部队、学校等基层地区的听课高潮。此外，嘉定区内12个驻嘉部队服务点，多个外来务工人员集聚区，职工数量较大的企业书屋，党组织共建的事业单位，都已经成为各类人群获取法律法规、计划生育、文明礼仪、健康养生、少儿教育等优秀文化信息资源的主要公益设施，切实提高了文化共享工程服务基层的能力和效益。

三、拓展服务功能，打造特色品牌

嘉定区图书馆支中心不断整合共享工程的海量资源，每月在区图书馆电子阅览室开设免费的计算机培训，内容涵盖office软件应用、数据库使用、文献检索技巧等知识，被誉为“市民充电站”；2006年起开办“快乐E假期”，通过现场演示等方式教授动漫制作等图形图像类软件的基础应用，成为青少年，特别是外来务工人员子女学习计算机知识的重要课堂；开设“外来建设者周末文化加油站”，通过计算机培训、沪语培训和普法课程，搭建公平的学习平台；以健康养生、法律知识为主的视听讲座满足了中老年人的需求。

关注特殊群体的公共文化服务是嘉定区图书馆文化工程工程深入开展的特点之一。2008年建成的“有声阅览室”，专门配备安装专业读屏软件的电脑，购买一批涵盖文学名著、戏曲音乐、名家讲座等内容的音像资料，让视障读者快乐“听书”，遨游网络世界；凭借着嘉定区公共图书馆共同实施的“助残直通车”项目，区内肢残读者可以通过“助残直通车”志愿者服务，电话或网络预约下载相关数字资源，探索和实践了针对肢残读者的个性化服务模式。嘉定区图书馆青少年、老年人、残疾人服务工作相继获得上海市“爱心助老特色基地”等市、区级荣誉，多项品牌服务获得“精神文明百件好事”等市、区级奖项。

四、强化标准建设，提升服务能级

为指导和支持读者有效获取共享工程的丰富资源，嘉定区图书馆支中心在做好统一标示、工程宣传、使用指南等上墙公示的基础上，还出台、实施了《有声阅览室规章制度》、《共享工程管理规范》等规则，有效推进了共享工程的规范化建设。馆内公共电子阅览室设有电脑73台，服务器6台，投影机2台，独享40兆带宽，每周开放80.5小时。工作小组每天检查网站和机房设施的运行状况，每月一次对设备、线路、网络、资源进行维护，确保共享工程服务稳定。近年来，嘉定区图书馆进一步确保专项资金用于共享工程设备维护和优化。2012年，40余台配置i7-2600 CPU、4G内存、1T硬盘、19寸宽屏液晶显示器的戴尔品牌电脑开始为市民提供服务。此次采购的电脑设备到馆后，区图书馆及时组织工作人员对新设备进行了全面的检测和调试，完成系统及各类应用软件的安装，并全部投入使用，努力为读者打造一个健康、舒适的服务环境，帮助和引导读者使用公共文化共享工程的数字资源。2012年末，嘉定区图书馆支中心又将馆内的借阅系统进行了RFID设备的升级改造，图书添加了智能标签，增添了自助借还机，努力为读者营造一个智能、快捷的借阅环境。

嘉定区图书馆支中心以网站www.jdlib.com为主要平台，综合提供网上借阅、图书预约等远程服务，并提供点点书库、维普资讯、龙源期刊、慧科讯业、万方数据、解放日报、天方有声等数据库资源。同时，为读者免费提供上海图书馆远程资源和共享工程资源。目前，读者可通过登陆嘉定区图书馆网站查询到部分二次文献目录、地方文献目录、新书介绍、图书馆活动安排、图书馆动态，以及嘉定汽车城建设、国内新闻等内容，最大限度地满足读者对信息资源的获取，也为参与各类共建共享系统创造有利条件。与此同时，积极整合区内特色资源，提供嘉定地方文献数据库、《嘉定人和事》等数字刊物、《热点月追踪》等信息服务折页，满足读者电子借阅、信息查询、培训辅导等综合功能需求。

公共文化共享工程是保障更广大群众公平享受文化服务的重要平台之一。嘉定区图书馆将继续优化共享工程长效工作机制，切实实现工程“全民共享，文化惠民”的良好愿景。

（撰文/上海市嘉定区支中心）

上海市浦东新区支中心

浦东新区常住人口共计五百余万，其中外来常住人口达到二百多万，接近该区常住人口总数的40%。浦东新区外来人口还表现出四大特点：一是中外企业多，有1万多家外资企业，1万多家内资企业；二是外籍人士多，有44个国际社区、3万多外籍人员；三是外来务工人员多，有100多万外来建设者；四是“白领”青年多，有50多万青年在中外资企业工作。

回应各群体多层多样文化需求的现实需要，上海市浦东新区以文化信息资源“共建共享”为依托，以基层服务点建设为重点，主动服务扩大覆盖面，完善布点提高便捷度，创新载体提升影响力，文化信息共享工程建设在保障群众基本文化权益、丰富各群体多元文化需求上取得了显著成效。

一、送书上门，把图书延伸至特殊读者群

如何更好地盘活资源，让优秀图书发挥更大效用，尤其是实现对蓝领、少年犯、残疾人、边远哨所和连队官兵这些特殊读者群的有效服务，让他们能够读上书、读好书，是上海市文化信息共享工程浦东支中心关注的头等大事。

在实地走访、深入调研的基础上，上海市文化信息共享工程浦东支中心选择将金桥镇的金金公寓作为服务“蓝领”的突破口。上海沪东造船厂的1700余名外来务工者聚集在金金公寓居住，由于该公寓较为偏僻，附近并没有文化服务设施配套，外来务工人员的业余文化生活相当枯燥。经过历时2个多月的筹备，由上海浦东图书馆与金桥镇政府连手打造的浦东新区第一个“蓝领”公寓图书分馆正式开张，此举解决了“蓝领”们看书难、学习难的问题，丰富了他们的业余文化生活。

文化信息资源共享工程还在提供有益书籍、引领失足少年犯健康成长方面发挥了有益作用。在上海市文化信息共享工程浦东支中心的努力协调下，共享工程基层服务点延伸至上海市少年管教所，健康有益的书籍滋养了失足少年的心灵、帮助他们改过自新。

上海浦东图书馆积极开展“千册图书进军营流动”活动，在把优秀图书送到高山哨所和边防海岛的同时，与区域内16家团以上部队签订了服务协议书。为这些部队购置了价值41.6万元的近1万5千册各类图书，充实军营图书室，促进文化信息资源共享，官兵们亲切的称之为“咱们身边的图书馆”。

给部队官兵进行计算机培训

上海市文化信息共享工程浦东支中心还创造各种方便条件，组织残疾人群体开展读书活动。上海浦东图书馆先后开设了3个残疾人读书活动流通点，为行动不便的残疾人送书到家。中心还经常开展读书辅导活动，推荐优秀图书，进行文化助残。近年来，上海浦东图书馆为肢残读者上门送书1200多册，为视障者送书700多册。

二、健全网络，把电子书延伸到千家万户

近年来，上海浦东图书馆先后建立了各类型外流通服务点186个，每个分馆配置2至3千册图书，每个流通点配置1千册左右图书。浦东新区文化信息共享工程基层服务点因此增加了92个，其中包括街镇35个、并且实现了驻区部队全覆盖。

有近11万册文献资料在上述分馆和流通点上流通使用，为近十万名读者服务，形成了具有一定规模的文化信息资源共享服务网络。

上海浦东图书馆与2个功能区图书馆、1个分馆，35个街镇图书馆实现了联网，共有110万册图书可以凭借“一卡通”通借通还。为了进一步方便读者，提升服务质量与水平，上海市文化信息共享工程浦东支中心将“一卡通”模式向各基层点推广。2007年，上海浦东图书馆与2个流通分馆的“一卡通”试行取得成功，2007年下半年起，“一卡通”模式逐步向186个流通点（分馆）中推广。图书馆网络的整体优势逐渐扩大，直接推动了文化信息资源共享的实现。

2007年以来，上海浦东图书馆、浦东新区双拥办联手先后为各驻区部队建立了“军营数字图书室”，实现“军营数字图书室”覆盖到驻区所有部队流通点（分馆），使更多的部队官兵们可以在军营数字图书室里通过局域网，随时随地访问国家文化信息资源共享网络和VOD点播系统，点选所需的数字资源，直接享受资源内容服务，学习各类相关知识等，官兵们即使在军营中也能轻松享受数字文化带来的快乐。

针对外籍人士分布特点，上海市文化信息共享工程浦东支中心还通过在外籍人士居住区的高级住宅小区设立流通点、配置USB-K钥匙（数字解密钥匙）等方式，使上海浦东图书馆的60万册数字图书充分发挥了效用。

三、创新载体，把活动延伸到读者身边

在坚持馆内抓阵地、抓质量的同时，上海浦东图书馆（上海市文化信息共享工程浦东支中心）坚持馆外抓流通、抓拓展，积极拓宽服务领域，打造百姓家门口的“数字乐园”。

一是免费办证促进共享。2007年建平实验学校与浦东图书馆签署“诚信承诺书”，该校2000名学生免押金获得了图书借阅证。主办方表示，这样大规模为学生办理免费借阅证的做法还将适时推广，使更多人群受益。

二是按需免费定制文化信息。在广泛调查了解、8所民工子弟小学实地考察的基础上，上海浦东图书馆根据农民工子弟的兴趣爱好，免费为他们提供有关介绍上海国际大都市的信息、资料等，集中送到他们的手中。并着

军营图书室培训

手制定邀请这些小读者到图书馆看书学习、参加电脑培训的长期计划。

四是借助共享工程分中心图书资源优势，组织社会、学校联合开展的把欢乐送进铁窗——"春天的呼唤"读书活动，加强未成年服刑人员的思想道德教育，引导他们树立正确的人生观、世界观。通过积极鼓励和组织残疾人撰写读书心得，上海浦东图书馆现已汇编残疾人读书文集21部，使这批特殊读者感受到了社会的关爱，也体现了自身的价值。

（撰文/上海市浦东新区支中心）

上海市松江区支中心

松江区位于长江三角洲内上海市西南部，在黄浦江中上游，区内沪杭高铁、沪杭高速公路、沪青平高速公路、同三国道、嘉金高速、机场高速干线形成了纵横交错的道路交通网，是上海连接整个长三角、辐射长江流域的核心区域，松江正日益成为上海西南的重要门户。松江区辖有11个镇、4个街道、1个园区。全区有161个居委会，102个村委会，拥有国家级出口加工区和市级工业区，是"十二五"期间上海战略目标向郊区转移的发展重心。2012年末全区共有户籍人口58万人，常住人口165万人。松江区文化共享工程在上海市文广局和上海图书馆支持和部署下，逐步推进，稳步发展，以区图书馆为支中心，镇、街道文体所和村级文化活动室为基层服务点，组织实施文化信息资源共享工程。通过"共享工程"的实施，将为新时期建设新农村、服务农民工搭建新的平台，并以此推进和完善文化服务体系建设，提高文化服务水平，促进城乡文化事业的发展。

一、基本情况

松江区文化信息资源共享工程于2005年开始起步建设，区图书馆建立了松江区文化信息资源共享工程市级支中心，配置电脑40台。区政府对区文化信息资源共享工程建设比较重视，2005年起，每年投入20万元进行设备改造更新，累计至2012年，总投入140万元建成松江区文化信息资源县级支中心。目前，全区已建成松江区文化信息资源市级支中心1个；镇、街道基层服务点15个；村级共享工程基层点102个。"共享工程"松江支中心设在松江区图书馆，指导松江区"共享工程"工作的开展。

二、管理和队伍建设

松江支中心重视"共享工程"管理和队伍建设工作，制定了相关工作职责和制度，每年有年度工作计划和总结，并制定了《松江区文化信息资源共享工程实施方案》。每年组织全区"共享工程"管理人员参加上海"共享工程"分中心培训，邀请分中心老师来馆讲课，努力建设一支专业化的"共享工程"管理员队伍，不断提高业务能力和工作水平。

三、培训工作

松江支中心注重抓好"共享工程"管理员培训工作，每年通过集中培训、网络培训和上门辅导等形式开展培训，不断提高管理员的专业水平。2012年组织了6次网络培训，并对叶榭、洞泾、新桥基层服务点等进行了上门辅导。

四、资金投入

2012年，松江区文化信息资源共享工程建设经费共计110万元，松江支中心专项经费20万，其中，3个镇社区文化活动中心共享工程专项经费90万元，建成3个东方信息苑。

五、资源建设

松江支中心结合本区实际，进行了一些数据库建设，其中"松江地方文献主题馆"建设，收集、整理了150篇相关资料和大量视频，拍摄了300幅图片，编辑制作各类题材资源10TB，为松江区地方文献研究作出了积极贡献。

六、合作共建

松江区开展多种形式的合作共建，推进"共享工程"建设。街道、镇基层服务点借助东方信息苑形成15个共享工程"服务点全覆盖。松江区借助农村党员干部远程教育基层点推进"共享工程"工作，合作建设了102个村级基层服务点。通过多种形式的合作共建，"共享工程"建设收到较好的效果。

七、惠民服务

松江支中心及各服务点通过电子阅览室和网站为读者提供在线信息服务，通过投影仪播放讲座等视频节目。文化配送中心利用下乡放映电影的机会，放映文化共享工程电影，深受广大农民的欢迎；晚上利用投影仪在文化广场播放视频节目，电影、地方戏剧、科技知识、生活小常识、法律知识等内容都深受居民的喜爱，每晚广场上都聚集着众多的居民观看，是居民夜生活的一大亮点。

八、宣传推广

松江区支中心利用网站、报纸、电视等各种渠道宣传推广"共享工程"，尤其在每年的服务宣传周、科技活动周等活动中，通过宣传让群众不断了解"共享工程"，走进"共享工程"，利用"共享工程"的丰富资源。同时，结合各种纪念活动，开展"共享工程"专题资源下乡、专题视频展播等主题活动，使“共享工程”走进群众生活。松江区图书馆作为松江唯一的“文化拥军”基地，还积极开展“共享工程”进军营活动，通过光盘拷贝、硬盘拷贝等方式将一些优秀的资源共享到部队，丰富了部队官兵的文化生活。

九、工作展望

松江区文化共享工程已经走过7个年头，实现全区基层服务点的全覆盖。今后要结合“数字图书馆”工程建设，全面提升松江区支中心的设备，提高松江区“共享工程”的建设水平。以区图书馆为中心，加强基层文化设施网点网络化、数字化建设，加强专业技术人员的培养，为深入推进“共享工程”的实施打好基础。要充分发挥“共享工程”的作用，大力开展公益性数字文化服务，尤其加强对广大农村地区的扶持力度，将文化共享工程建设成为社会主义新农村的重要抓手。通过多种形式拓展服务范围、创新服务方式，将地方曲艺、歌舞、美术等优秀非物质文化遗产纳入“共享工程”建设内容，以群众喜闻乐见的形式使“共享工程”更加贴近基层、贴近生活、贴近群众。

（撰文/上海市松江区支中心）

上海市青浦区支中心

青浦区位于上海市西部，太湖下游，黄浦江上游。东与闵行区毗邻，南与松江区、金山区及浙江嘉善县接壤，西连江苏省的吴江、昆山两市，北与嘉定区相接。以青浦镇为中心，东部河江交错，西部湖荡群集，内河航运具有天然优势，可通行50~300吨货船，是江浙沪的重要水上通道。青浦水系丰富，农业较发达。区内白鹤镇是西气东输管道的终点。境内有全国重点文物保护单位的福泉山遗址和江南水乡古镇朱家角镇。亦有近年来在淀山湖边新建的大观园和东方绿舟公园等。青浦区行政区划共有8个镇、3个街道，分别是赵巷镇、徐泾镇、华新镇、重固镇、白鹤镇、朱家角镇、练塘镇、金泽镇、夏阳街道、盈浦街道、香花桥街道。辖184个行政村和88个居民委员会，常住人口108余万人。青浦区文化资源共享工程在上海市文化广播影视管理局，上海市图书馆支持和部署下，逐步推进，稳步发展，在新形势下为繁荣农村基层文化，满足农民多层次文化需求，传递中国民族优秀文化资源发挥了重要作用。

一、基本情况

2004年青浦区图书馆建成为全国文化信息资源共享工程青浦支中心，多年来支中心利用文化共享工程建设契机，认真实施信息化建设，以点带面，积极推进，彰显特色，共建共享，不断扩大资源建设和创新服务手段，辅导读者利用“文化共享工程”的文化信息资源，面向全区市民提供数字化文献信息服务，全面推进青浦区文化信息共享工程建设。

2006年6月，在赵巷镇金葫芦社区，全国首家文化信息资源共享工程村级服务点建成，农民们在新上岗的基层读书辅导员指导下，可以轻松上网查书。这是文化共享工程在促进基层信息素养教育中的一个崭新起点，也为全区“文化共享工程”基层服务点信息素养教育的全面铺开提供了宝贵经验。截至到目前，全区已建成1个区级支中心、9个乡镇（街道）基层中心、184个农村（社区）基层服务点，实现了基本全区覆盖，有力推进了全区基层信息素养教育工程建设。

二、管理和队伍建设

文化共享工程技术的管理和队伍建设是一项重要内容，青浦支中心建立了一支掌握图书馆业务技能，特别是信息技术的工作人员为主的文化共享工程专业工作队伍，明确职责分工，并注重完善培训机制，提高人员服务意识和信息素质。根据《文化部关于做好全国文化信息资源共享工程2009年度工作的通知》（文社图函〔2009〕41号）和《全国文化信息资源共享工程培训工作规划（2008年—2010年）》（共享办〔2008〕18号）等文件精神，青浦支中心还制定了年度培训计划、方案及年终总结报告制度，使培训工作规范化、系统化。目前青浦支中心文化共享工程专业工作人员7名，其中4名本科计算机及信息相关专业，3名大专计算机及图书馆相关专业。

三、培训工作

青浦区支中心工作人员积极参加上级中心举办的各项相关培训，努力提高自身信息技术操作能力的同时，支中心工作人员还负责组织馆内员工和读者的信息素养培训，以及对乡镇基层服务点、村（社区）技术人员的培训，特别是培养乡镇骨干人员，并对村（社区）基层服务人员进行辅导，努力培养一支掌握硬件操作技术与信息服务要领的基层工作人员队伍。

四、经费投入

2004年11月青浦图书馆建成为全国文化信息共享工程青浦支中心，每年投入相关设备、设施建设经费，至今累计支中心硬件及网络专线等投入500万元左右。按照全国文化信息资源共享工程关于《2010年度县级支中心系统配置标准》文件要求，图书馆还对网络主控硬件、电子阅览室及多媒体室、资源加工设备、机房安全及配套设备、软件共五大部分进行核查，对未达标项进行项目申请安装配置，使原仅2台服务器，几台服务电脑的图书馆，建设成目前拥有网络机房机架式服务器13台，集中备份等存储设备3台，存储总容量可达40TB。

五、资源建设

青浦支中心在文化共享工程建设的契机下，不断加快数字图书馆建设步伐，以适应信息社会的发展需求。图书馆由原来提供单一的影视资源，发展为提供讲座、培训、戏曲、电子书刊等多种类型的资源平台；转变信息载体由提供纸质文献和单一的光盘资源为多样的网络资源；信息访问形式也由单机浏览，发展为局域网内访问，并拓展为通过远程网络可获取全文的访问方式。

青浦支中心成立近5年以来，除上级下发资源外，在数字资源采购、开发建设上，注重本地区特色资源的挖掘和传播，建成并开通了以青浦地方文献为主的吴越文化书目数据库，以及吴越文化数字图书馆并在2013年开通地方文献资源特色库；另外充分考虑各个层面读者的信息需求，制定出以通俗内容为主，以专业内容为辅，突出文学、教育，选择具思想性、知识性、科学性和趣味性的资源，特别是多媒体资源的建设目标，以满足广大读者的信息需求，为信息素养提供良好的信息环境保障。

支中心先后投入资金100万元左右，逐步新增了18个大型数据库，包括学术论文库、科技论文库、商业资讯库、时实新闻库、中国标准全文等专业数据库，同时还增加了教育视频，在线考试学习系统，英语网校等寓教于乐的学习资源，另外还有非常受读者欢迎的电子图书，电子期刊、电子报纸、电子动漫、音乐数据库，以及吴越文化、青浦地方文献等自建特色数据库，内容丰富，贴近百姓生活。除了一般信息查询，图书馆还利用馆藏文献资源及网上海量的数字信息资源为支撑，通过信息的重组、整合及加工，提供二、三次文献加工、专题检索、定题跟踪等深层次信息服务。如面向企业的标准查新服务、面向政府机关的《青浦媒体测评》分析月报、面向学校的地方史料研究课题服务等等。

七、利民惠众，惠民服务

提供各种类型的服务以满足本区市民日益增长的文化需求，主要分为在线服务、阵地服务以及特色服务。

1、在线服务。青浦图书馆在文化共享工程建设契机下，投入实施图书馆2.0的网站建设，新版2.0网站以建设提供市民在线信息素养教育的“服务主导型”网络平台为目标，强调以读者为中心，鼓励读者参与。2009年4月网站建成，推出了“青溪学苑”信息素养教学及交流平台、书目检索、点书台、图书馆论坛、在线咨询、常见问题FAQ、数字资源使用视频指南、图书馆使用视频指南、社区还书箱实景标示、平面楼层flash路线导引、网络资源导航等在线内容。并在2012年对现有网站进行改版，转型成以阅读推广为主的网站门户。

2、阵地服务。除了在线服务，图书馆利用支中心数字资源积极开展读者信息技能指导与培训活动，其中全国文化共享工程——“青溪学苑”信息资源的使用系列培训，就是以电子阅览室为阵地，每月至少举办一次的读者信息素养培训项目。“青溪学苑”信息资源的使用培训结合支中心数字资源，内容涉及信息检索、计算机应用、图书馆使用、绿色上网、多媒体制作、语言学习等内容，由馆员或邀请行业专家担任教师，将网络演示与阵地互动相结合，授课方式活泼、生动，受到读者欢迎。2009年至2012年底，“青溪学苑”开展信息素养培训30余场，活动参与2000多人次。

3、特色服务。

2009年支中心开通了“我的数字图书馆”远程访问服务，使读者足不出户即可免费使用图书馆海量的数字资源；2009年支中心还推出了“清阅朴读”图书馆论坛，开展读者咨询、读书交流、电子资源应用指导、地方文化宣传等在线服务，论坛帖子已达7万余篇。

2010年支中心开展了“吴越文化数字图书馆开通暨青浦区数字图书馆推广活动”，活动结合吴越文化(含青浦地方文献)数字图书馆的开通和文化部推送的文化共享工程“县级图书馆资源”，以及图书馆已有的18个大型数据库，利用文化共享工程青浦支中心及9个街镇基层服务点网络，在全区范围内推广数字图书馆的使用，为更多的读者提供更快捷、方便的信息获取平台。

2011年支中心举办青浦人历史名人著作展，青浦历史名人古籍和青浦人著作是珍贵的地方文献又是宝贵的地方文化遗产，具有极高的史料价值和学术价值，支中心旨在通过展览青浦图书馆精心搜集的青浦历史名人古籍，展示青浦区在文化保护和文献挖掘方面的努力与成果，为公众提供更多有价值的参考资料。同年为推广数字阅读，推出了电纸书的免费外借。

2012年支中心以阅读推广工作为核心，推出了清阅朴读读书沙龙、一小时新语等读书互动系列活动，并建立以微博、论坛为主的互动平台。更在暑期推出了家庭图书馆种子计划，旨在以家庭为中心进行阅读推广，提倡全民阅读。一系列服务活动的开展，注重利用数字化、网络化平台，不断创新，努力提高读者信息化应用意识和能力，使图书馆现有信息资源得到充分利用，有效保证了信息资源的传播应用。

八、宣传推广

1、青浦区支中心利用各种渠道宣传推广共享工程。在青浦区每年的读书节，淀山湖艺术节，书展，服务宣传周等活动中，青浦区支中心不失时机，以活动为平台，以资料为媒介宣传共享工程，让民众不断了解共享工程，走进共享工程。支中心在2009年11月举办图书馆进社区，文化共享千万家的大型共享工程宣传活动。

2、专题活动，精彩纷呈。每周定期进行文化共享工程影视播放，主题新颖，并不定期举办少儿主题、重阳节等节日主题的大型影视播放活动。如：文化共享工程“庆祝祖国60华诞”建国知识竞答及影视播放活动。开展计算机基础、电子报及网页制作、少儿手工艺培训、音乐赏析、日韩语初级等多种类型的活动。

九、工作展望

“文化共享工程”的最终目的是为广大民众提供信息服务，而提供特色化信息服务显得尤为重要。图书馆是“文化共享工程”实施的主体，各级中心应充分发挥这一有利条件，利用图书馆文献资源和网络环境及人力资源，积极开展多种形式的特色服务。青浦区支中心将通过服务网络或利用网站搭建信息需求平台、设立网上调研、在线咨询等，收集整理市民的反馈信息，切实掌握市民信息需求，吸引并引导好市民使用文化共享工程资源，为市民提供更好的服务。

(撰文/上海市青浦区支中心)

全国文化信息资源共享工程——

山东省分中心

山东省位于中国东部沿海、黄河下游、京杭大运河的中北段，古为齐鲁之地。山东历史悠久，是中国文化的源头和中华民族的重要发祥地之一。世界十大文化名人之首的孔子及其儒家思想诞生在山东。山东省陆地总面积15.71万平方公里，近海域面积17万平方公里。总人口9417.23万，辖2个副省级市15个地级市，县级行政单位（市辖区、县级市、县）140个。多年以来，山东省按照文化部和文化部全国公共文化发展中心的部署，在省委、省政府的领导下，持续不断地深化文化共享工程和公共电子阅览室建设，在原有基础上出现了新局面、新发展，最大限度地发挥了这项数字文化创新工程、民心工程的惠民效益。

一、完善基本网络

山东省自2002年开始实施文化共享工程，共建有文化共享工程的各级中心和基层服务点近9万个，其中省分中心1个，地市支中心17个，县级支中心140个，乡镇服务点1944个，街道服务点503个，社区服务点5932个，村服务点80167个，实现了全省17市、140县（市辖区、县级市）、乡镇、街道、村、社区公共数字文化全覆盖。2008年山东省被文化部命名为全国唯一“全国文化信息资源共享工程示范省”，2010年被文化部列为公共电子阅览室试点省，目前已建成公共电子阅览室5000余个，服务终端数10万台，3G网络终端4100个。山东省现有文化共享工程工作人员8万人，其中专职工作人员约500人。文化共享工程山东省分中心接通千兆互联网宽带，建成文化共享工程山东省分中心公共电子阅览室和青少年公共电子阅览室，各种硬件设备达到或超过文化部对于文化共享工程省级分中心建设的标准和省级公共电子阅览室技术平台配置标准要求；全省17市和140个县（市辖区、县级市）全部建起具备“两室一房（公共电子阅览室、多媒体教室、中控机房）”功能的文化共享工程支中心，目前已形成了以互联网为主、卫星、政务外网为辅，以各级支中心为核心、全面辐射基层站点、资源服务高度集成的一站式服务模式。其中网络接入超过100MB的文化共享工程支中心超过50%；在通过与山东省农村党员干部现代远程教育合作共建实现乡镇（街道）、村（社区）文化共享工程基层服务点全覆盖的基础上，山东省把文化共享工程基层服务点建设提升纳入乡镇综合文化站、社区文化中心和村文化大院建设重点内容，大批服务站点得到改造提升。目前达到公共电子阅览室建设标准的文化共享工程规范化基层服务点已达基层服务点总数的40%；各级文化馆、工人文化宫、少年宫、妇女儿童活动中心、各类学校以及其他具备条件的企事业单位积极开展公共电子阅览室建设，承担起打造绿色网络服务阵地的重要角色。

瞧这电脑这神奇劲

二、注重资源建设

山东省累计开发、购买、整合资源近50TB。其中“山东省公共文化学习网”、“山东省文化共享工程网络电视台”和“山东省公共电子阅览室视频服务平台”视频资源2.2万余部；“山东省网上图书馆”、“新农村网上图书馆”等全文电子期刊和电子图书1亿余篇；电子动漫书6千余部；山东地方文献、齐鲁老照片、馆藏缩微文献、山东地方法律法规、山东非物质文化遗产、全运山东等专题数据库20余个；征集山东地方戏曲27集、农村生产实用技术课件500余部；制作《齐鲁民俗文化之旅》《话说古籍》《山东红色文化之旅》《农村常见病防治》《大众讲坛》《山东近代建筑》《山东地方戏曲揽萃》《山东鲁菜》《山东古代庄园》《民国山东旧报纸》等资源库；整合省内高校建设了70个特色资源库；“山东省公共电子阅览室益智游戏服务平台”近千个网络益智游戏和数十款经文化部游戏产品内容审查委员会认定的适合未成年人的网络游戏；为基层刻录光盘35万张，受到了城乡基层群众的欢迎。

三、创新运管模式

为切实保障共享工程和公共电子阅览室系统的正常运行和服务，山东建立了较为完善的运行管理机制，从技术手段上实现了运行服务的科学化、规范化管理。在资源整合与传输方面，文化共享工程山东省分中心建设了“山东省文化共享工程网络电视台”、“山东省公共电子阅览室视频服务平台”，采用CDN+P2P技术实现在线点播和网络直播，系统内置播放预拖动功能，无缓冲拖动进度条到视频的任意时间段。“山东省公共文化学习网”采用Linux下RTMP技术，整合行业培训和全民学习各类学习视频、电子文档、演示文稿面向全省群众提供公共文化在线学习，具有课件下载、在线培训和模拟考试等功能，毋须安装播放器和阅读器即可实现在线在计算机、平板电脑、智能手机等多种设备的使用。在终端服务方面，山东省文化共享工程“一站式”服务平台将包括国家中心、省中心、各市中心在内的所有资源链接都集中在"一站式"服务平台上，全省近9万个基层服务点全部安装了这个平台。山东省针对公共电子阅览室上机用户和家庭、手机用户的实际需求，打造了包含八个门类，30余个资源库的"山东省公共电子阅览室"一站式服务门户，安装在公共电子阅览室的每台服务终端并在桌面生成托盘图标，实现对资源库链接全省同步更新、一站式导航。

在安全管理方面，山东省以《2012年度省级公共电子阅览室技术平台配置标准》和《文化部公共电子阅览室管理信息系统规范》为依据，以保障公共电子阅览室安全有序运行为目标，在省、市、县、公共电子阅览室分级部署山东省公共电子阅览室运行监管平台，形成较为完善的分级运行管理体系。省、市两级中心及基层公共电子阅览室，可以对每个电子阅览室的用户上机行为进行管理和控制，对基层电子阅览室的服务状态、开机运行情况、资源访问使用情况进行实时监控、汇总和统计。在制度化管理方面，山东省文化共享工程各级中心和基层服务点日常管理纳入制度化管理，完善规章制度并实行制度上墙公开。

年初有部署，年内有督导、年末有考核成为山东省各级文化共享工程的管理模式，督导和考核结果作为文化先进县、图书馆、文化馆评估工作重要依据。山东省各级公共电子阅览室免费向公众开放，成年人携带身份证、未成年人携带在监护人带领下申请领取的公共电子阅览室服务卡在公共电子阅览室获取服务。

在打造绿色上网空间方面，各级公共电子阅览室通过山东省公共电子阅览室运行监管平台对公众上机时间进行限制保证服务的均等性，通过建立不良网站黑名单，统一进行网络不良信息过滤。山东省分中心积极倡导绿色上网、健康上网的理念，面向社会公开征集《文明上网三字经》。各级文化馆、工人文化宫、少年宫、妇女儿童活动中心、各类学校以及其他具备条件的企事业单位积极开展公共电子阅览室建设，承担起营造绿色网络环境的重要角色。

四、队伍建设情况

山东省现有文化共享工程工作人员8万人，其中专职工作人员约500人。全省年均举办集中培训约5千次/年，培训工作人员8万人次/年。

其中，省中心年均举办集中培训约9次/年，年均培训工作人员约400人次/年；市级支中心年均共举办集中培训约20次/年，年均共培训工作人员1500人次/年；县（市辖区、县级市）级支中心年均共举办集中培训约260次/年，年均共培训工作人员8000人次/年；基层服务点年均共举办集中培训约4700次/年，年均共培训工作人员7万人次/年。文化共享工程山东省分中心年均培训经费20余万元，包括培训场地费、培训材料费、培训住宿费。本省各级中心、基层服务点多方筹集资金，基本能够保障培训经费。

山东省培训的主要方式为集中面授，辅以网络教学、函授教材、光盘辅导，培训内容主要包括政策法规、技术应用、资源建设、基层服务、标准规范、组织管理等。山东省已连续4年被授予全国文化共享工程培训工作一等奖（培训工作优秀省），2次获得文化部全国公共

"文化使者"大棚传技

文化发展中心举办的"文化共享杯"全国文化信息资源共享工程知识与技能竞赛团体二等奖。定陶县陈集镇文化站长胡延福荣获全国"文化共享之星"，青岛市城阳区支中心等9个基层服务点荣获"全国文化信息资源共享工程•公共电子阅览室示范点"。各地也在开展培训方面做了大量富有成效的工作，也取得积极进展。

五、注重服务成效

截至2012年年底，山东省文化共享工程及公共电子阅览室服务惠及近3亿人次，其中服务农民工5000余万人次，服务未成年人300余万人次。

1、拓展服务渠道

山东省各级文化共享工程分支中心本着方便实用、惠及群众的原则，在创新服务形式、丰富服务内容上推动服务工作向纵深发展。山东省文化共享工程依托网络设施较为完善的优势，建立起以互联网为主、数字通信卫星和政务外网为辅、光盘、移动播放为补充的"网上图书馆、公共网吧、视频剧场"的文化共享工程服务模式和"一站双网三平台"的公共电子阅览室全功能服务模式，传输网络覆盖全省城乡。山东省利用有线、数字电视频道，面向全省开拓了有线数字电视传播的新渠道，建立"文化方舟"栏目，分为戏曲大看台、佳片赏析、少儿园地、名家讲坛、艺海拾贝、文化传真等8个栏目，每周播出7小时。开通"山东移动数字图书馆"，采用云计算技术，提供更加海量的数字资源的检索及原文获取服务，以山东数字图书馆和共享工程海量的数字文化资源，向读者公众提供数字服务。

2、延伸服务空间

山东省开展了与省武警总队、省政协、省财政厅、省人口文化促进会、济钢集团、青岛市广播电视大学社区教育网等合作单位的合作，使山东省文化共享工程全面走进军营、走进学校、走进企业、走进农村、走进机关，切实满足广大基层群众特别是未成年人、进城务工人员、老年人、残疾人等弱势群体的文化需求，形成了社会化全民服务模式。各级文化共享工程机构和诸多合作共建单位用各种新技术、新手段、新方法，以公益性、基本性、均等性、便利性为原则，形成自己新的服务品牌，大大满足了市、县、乡镇街道、村居、学校、部队、企事业单位各类人群的娱乐需求、技术需求和生活需求。

3、提高服务成效

文化共享工程自在山东实施以来，开创了文化工作的新局面。一是文化乐民。文化从来都不是曲高和寡的独乐乐之事，让百姓无障碍零门槛共享公共文化，文化由此回归其群众性特质，成为众乐乐之事。山东省以三馆免费开放为契机，以文化共享工程建设为依托，为山东省市民打造"文化盛宴"。二是文化育民。文化如水，润物无声。文化熏陶具有不可替代的育教作用。文化育民，就是用文化来陶冶、教育群众，为群众提供各种公共文化产品，提升他们的文化素养，形成社会主义核心价值观。

山东省在开展文化共享工程建设、构建公共文化服务体系的过程中，借助公共电子阅览室的资源平台和多媒体放映等设备，通过创资源、办讲座、开培训等方式，使文化建设达到"育民"效果，提高社会公众的思想道德水平、技术能力水平等。三是文化富民。文化具有"事业性"和"经营性"的双重属性，这也就决定了文化服务具有两个方向：一是解决群众的素质和文化需求问题，一是解决产业经济发展问题。山东省通过开展文化共享工程，特别是基层共享资源的推送，带动了村民劳动的动力，拓展了村民致富的门路。四是文化强省。山东省开启了全省文化建设的新阶段：建设覆盖城乡的五级公共文化服务网络、"15-20分钟"城乡公共文化服务圈、体现地方特色的文化产品的盛产、文化产业的发展比重的加大以及"五大惠民工程"（"千百重点文化工程"和广播电视村村通、文化信息资源共享、社区和乡镇综合文化站建设、农村电影放映、农家书屋建设）的持续开展，达到促进城乡公共文化协调发展和文化强省的目的，文化强省。

六、加大政策保障

山东省财政和各级地方财政对文化共享工程专项投入4.8亿元，其中公共电子阅览室专项投入6000余万元。山东省委将文化共享工程纳入省委对各级党政领导班子综合考核的目标体系；纳入山东省委对精神文明创建活动进行测评的目标体系；纳入山东省政府为群众办的十二件实事；纳入山东省委、省政府对社会文化先进县评选和复查的关键指标。

山东省把公共电子阅览室建设作为市县经济社会发展考核指标的重要内容进行考核，调动了各级各地的积极性，不少企事业单位以不同形式与文化部门共建共享。山东省以省政府办公厅牵头，成立了由发改、财政、文化等部门参加的专门工作班子，多次召开协调会议解决实际问题。在山东省各级党委、政府的领导下，各级宣传文化部门持续不断地深化文化共享工程和公共电子阅览室建设，各级政府多次召开会议，有力地促进了工程沿着科学健康的方向发展。

山东省委、省政府、省文化厅多次出台文件推动山东省文化共享工程和公共电子阅览室建设，山东省文化厅多次联合其他部门出台文件，推动与省委组织部、省计生委等共建单位的合作。各地市相继出台一系列文件规范和规章制度，最大限度地发挥了文化共享工程及公共电子阅览室的惠民效益，使其成为山东省公共文化服务体系建设的亮点。

（撰文/周玉山、周 浩）

济南市支中心

济南，黄河中下游地区中心城市，山东省省会。济南历史文化底蕴深厚，有着2700余年的历史，素有"天下泉城"、"世界泉水之都"美誉，是国家历史文化名城、国家创新型城市、全国重要的交通枢纽和物流中心。

一、基本情况

文化信息资源共享工程济南市支中心2003年8月成立以来，先是在条件相对较好的学校建立基层点，尤其是2005年举办文明济南—共享工程走进校园活动，共享工程走进了28所学校；2007年和济南市党员远程教育中心全面合作，建有济南市支中心1个，10个区县（市）支中心，4573个乡镇村基层服务店，扩展型站点50个，并建有30规范化示范村，济南市支中心自建基层点70多个，四级网络服务体系全面建设。章丘市、历下区和市中区三个支中心被文化部评为全国文化信息资源共享工程示范县。济南市支中心在校园、企业、军营、社区及农村等基层建设了72个服务点，2011年至今开展群众活动200多场次，服务群众达十几万多人次，全市举办活动近千场，服务群众100多万人次。共享工程济南支中心设在济南市图书馆，是济南市共享工程的建设和业务指导单位，负责保障市支中心共享工程设备的运行，指导各个区县及镇村级共享工程活动的开展，做好全市共享工程工作的业务培训和指导。

二、网点建设

济南支中心坚持五进活动，不断加强基层点的建设，先后在济南师范、实验中学、西藏中学等28所学校建立了基层点；在中国重汽侨乡公司、章丘分公司等四个厂区建立了4个基层点，建立了第一个平阴县刘官村农村基层点；建立了阳光舜城、阳光一百社区等众多社区都建立了自己基层点，建立了济南市人大、政协等12个机关基层点；建立了济南空军12师、武警大桥支队等部队8个基层点，截止到2012年9月共享工程济南支中心共自建基层点72个。

三、经费投入

济南市市委市政府高度重视济南市共享工程建设。市支中心2003年开通网上图书馆，开始建设济南名泉、古籍拓片等特色资源数据库，尤其是2007年市财政拨款107.21万，按照标准建设共享工程济南市支中心；2010年投入60万建成馆内自助图书馆，2011年投入经费50万元，建立了分布在泉城广场和赤霞广场的24小时自助图书馆。截止到2011年济南市财政共为共享工程济南支中心共投入经费529.87万元。

四、资源建设

数字资源是文化共享工程建设的核心内容，市支中心自己开发建设特色数据库容量达162.89G,包括名泉数据库、农业实用技术数据库、流媒体数据库等18个特色数据库；一方面购买了中国知网数字资源总库、维普期刊数据库、方正电子图书等，容量达到30TB。

五、技术支持

济南市支中心网络系统以千兆以太网为主干，百兆到桌面，外接100M光纤和互联网相接，近10台服务器组建了市图书馆服务器集群，建成济南市共享工程服务平台，拥有130多台计算机的电子阅览室。

六、合作共建

2006年以来，济南市文化共享工程与济南农村党员干部现代远程教育工程开展全面合作，实现了硬件设施和服务网络合一、数字资源共建共享，支中心主要负责提供包括电子书刊、文化视频资源等在内的文化信息资源；组织部门主要提供发布的硬件平台，在管理上实行了统一的机构，文化信息资源共享工程与党员干部现代远程教育"一个站点、两块牌子"。

七、惠民服务

共享工程济南支中心积极开展"六进"活动，拓展服务功能。

1、共享工程走进校园成果显著：2005年，市支中心率先在全国开展了"文明济南——共享工程进校园"活动，先后在济南师范、省实验中学、西藏中学等28所学校建立了共享工程基层服务点，将丰富的文化资源无偿提供给师生使用，对提高教师教学水平、促进学生健康成长发挥了积极作用。

2、共享工程走进企业硕果累累：支中心先后为中国重汽集团建设了4个基层点，专门为他们购置科技书籍、订阅科技期刊，并实现一卡通服务通借通还，同时还开通了市支中心丰富的电子资源，尤其是科技期刊深受科技人员的欢迎，职工不仅办里借书证踊跃，而且充分在休息时间很多职工阅读书籍，利用因特网查阅文献信息资料，不但节省了他们的时间，也及时准确的查阅了最新的科技资料。

3、走进农村，开通全市第一家通借通还图书馆分馆：市支中心先后到章丘、历城、历下、市中等县（市）区的10余个基层服务点赠送农业书籍、光盘及农业科技小册子达5000多册（件）。历下区党家镇陡沟村村民利用共享工程资源，有效解决了葡萄种植中的疑难问题，实现葡萄大丰收。2008年市支中心建立了全省第一个统借统还的平阴刘官村基层服务点。

4、创办"全国先进、省内一流"的汽车流动图书馆：汽车流动图书馆提供3000余册图书借阅外，实现通借通还，并可现场办证、查询、下载所需信息。已先后到企业、社区、部队、机关及其他单位送书100多次、借阅图书15000余册，办理借书证1200多个，借阅人次达10000余人次。

5、大型展览活动深入读者心中：市支中心从"汉字——从甲骨文到计算机"，抗震救灾大型展览、全运会知识展、馆藏文献展，到连续举办六界届的"读书人摄影比赛优秀作品展"，展览丰富多彩宣传了科学知识，达到了教育人、引导人的目的。

6、打造成功父母大课堂讲座：济南市图书馆联合山东商报、济南电台联合举办成功父母大课堂讲座，请专家学者为学生学习、生活讲解、答疑，深受学生及家长欢迎，共举办200多场讲座。

八、宣传推广

共享工程济南支中心积极宣传推广文化共享工程，尤其是市支中心领导对宣传极为重视，举办多福多彩的各类活动并积极报道，自2007年到2011年已在济南时报、日报等媒体发表新闻100多篇稿件，济南市电视台播放20多次视频新闻。

文化共享工程走进西藏中学

九、培训工作

市支中心高度注重人才培养，一方面积极参加省中心及国家中心举办的各类培训班，同时，根据计划每年举办不少于2次共享工程业务培训班，支中心技术人员也常协助区县支中心举办共享工程基层点培训班，自2007年到2011年共举办各类培训班11次。

十、管理队伍建设

共享工程济南市支中心高度重视队伍建设，济南市图书馆馆长任支中心主任，下设共享工程办公室，共有11名技术人员，全部是本科大学生。

济南市支中心还制定了共享工程管基层点理制度，建立联络员制度，举办共享工程业务竞赛促进队伍建设，积极开展各类技术培训班，保证基层点开放服务群众。

十一、荣誉奖项

济南市支中心在国家中心及省分中心大力支持下，先后获得山东省示范市，山东省共享工程摄影比赛一等奖、山东省共享工程先进个人等奖项，并且有1人参加全国文化共享工程比赛获得好成绩。

十二、工作展望

济南市共享工程建设从试点到全覆盖，从送印刷小册子下乡，到利用互联网分发资源，从特色资源建设到公共电子阅览室建设，群众的广泛参与、认知一步一个台阶，走过了10个年头取得了丰硕的成果，成为繁荣济南人民文化生活，建设美丽泉城的最好的惠民服务项目之一。

未来在省中心的支持下，建立一支专业化的队伍，建设贴近百姓生活、服务人民的海量资源，为建设美丽济南做出贡献。

（撰文/郭秀海、耿传水）

济南市市中区支中心

市中区位于济南市中南部，东邻历下区，西靠长清区、槐荫区，北倚天桥区，南接历城区。辖区面积280.32平方公里，户籍人口57.1万，辖17个街道办事处（其中6个城郊街道办事处），103个社区居委会、77个行政村，是省会济南的政治、经济、金融中心。

一、基本情况

按照省、市设备配置要求，济南市市中区支中心设立了中心机房、电子阅览室和多媒体室，配备了80台微机、大型应用及管理服务器、卫星接收系统、交换机、UPS和防火墙等设备。

二、基层站点建设

基层站点建设走“整合资源、共建共享”的路子，将文化共享与党员干部现代远程教育两项工程的硬件设施有机整合，目前，全区共建成177个基层服务站点。

三、利民惠众，惠民服务

一是我们利用技术优势，自行建设并开通了服务网站。网站美观大方，内容丰富，更新及时，为读者提供更加便捷的服务和互动。二是在文化信息资源共享取得省级示范成绩的基础上，指导全区各基层站点的建设和服务工作。通过文化信息共享网络居民群众可以无障碍地浏览国家数字图书馆、省公共电子阅览室平台、文化信息共享等海量数字资源。农民群众通过远程服务平台学习推广种、养植技术，交流防灾自救措施，建立扩大销售市场，居民群众通过远程服务平台浏览国家大事，充实业余文化生活，掌握科学知识，寻找供求信息。三是我馆依托先进的硬件设施和丰富的数字资源，开展了针对未成年人的绿色上网等多项活动，受到读者的广泛好评。

（撰文/刘源林）

济南市历下区支中心

历下区位于济南市老城区，区域面积100.89平方公里，设13个街道办事处、共有66个社区居民委员会和19个村民委员会，户籍人口70万。自工程实施以来，得到各级党委、政府的高度重视，文化信息资源共享工程的开展，发挥了普及科学文化知识，促进资源共建共享，丰富群众文化生活，构建和谐社会的作用。

一、基本情况

历下区共享工程支中心设在历下区图书馆，于2005年开始建设，前期安装设备是通过卫星设备直接接收国家中心下发的资源和信息，同年在该区姚家办事处、智远办事处、千佛山办事处试点安装。此后在全区街道办文化站、社区文化中心、农村大院陆续开始安装，至2009年，该区实现全区共享工程全覆盖。

二、管理和队伍建设

历下区图书馆是历下区共享工程的建设和业务指导单位，负责保障区中心共享工程设备的运行，协调和指导各基层共享工程活动的开展以及全区共享工程管理员的业务培训和指导工作。历下区支中心将共享工程纳入制度化管理，统一基层服务站点的工作职责和制度，实行制度公开上墙。定期组织文化站长、基层服务点管理员进行业务培训和交流，收集整理共享工程服务活动的

得失，探索共享工程管理和服务新模式，帮助基层站点利用好共享工程的信息资源，促进学习型社区的开展。

三、经费投入

根据国家文化部和我省的要求，该馆在2005年首批实现了文化资源共享工程，并配备了相应的设备。在此基础上，2007年根据要求，区政府又投资30万元增加配备了大型的服务器和主机设备，增配了应用服务器、磁盘阵列、百兆防火墙、4路kvm切换器、大型UPS电源、多功能扫描仪、笔记本电脑、刻录机、照相机、摄像机、移动硬盘等设备，并建有中心机房.电子阅览室配备电脑37台，日常业务用机5台，配有图书馆专业自动化管理系统，信息浏览监控软件，采用光纤连接，专线接入，百兆网速。2012年，该馆迁入新址，又配备了51台新电脑。

历下区每年对基层服务点投入大量人力物力支持共享工程的运行和活动的开展。今年又投入近百万为文化站、社区文化中心、农家大院等配备了图书、电脑、投影仪、音箱、乐器、等设备，进一步为丰富社区和农村的文化生活提供保障和服务。

四、发挥优势，开展活动

自2005年加入全国文化信息资源共享工程以来，在省、市、区各级领导的大力支持下，在省、市分中心的具体指导下，我们积极探索共享工程的服务内容和服务方式，着力加强基础设施建设的投入，极大地推动了历下区共享工程的建设步伐及服务创新，我们发挥共享工程的资源优势，利用共享工程在电子阅览室开展了大量的活动，如名家讲座、地方戏曲欣赏、影视欣赏、知识摘登等；利用技术力量雄厚的条件，开展网络知识培训；对基层共享工程服务点进行有效的管理和辅导、培训，使其掌握资源更新和运用；收到较好的效果。受到了各级领导的表彰和社会的广泛赞誉。

1、我们充分发挥公共图书馆的阵地作用，在电子阅览室、多媒体播映室、报告厅每周推介优秀栏目、名家讲座、生活常识、电影及优秀地方剧目，每季度开展一次共享工程利用知识培训；每周利用投影仪播放名家讲座及影视剧，常年坚持。利用星期天节假日针对未成年人播放百部爱国主义教育影片，科普类等影片，举办思想道德建设方面的讲座、名著赏析等，引导未成年人多读书，深受广大市民的欢迎。

2、支中心利用共享工程的资源和设备，在电子阅览室免费举办了“中老年计算机知识培训班”。学习了计算机基础知识，文化共享资源的检索和利用，馆藏书目和特色数字资源的查询等，深受中老年读者的欢迎和赞

誉。培训班旨在中老年读者中宣传和普及计算机基础知识和基本操作，引导他们学习和利用文化共享工程的信息和资源，有50多位中老年读者参加了本期培训。工作人员的耐心教导和诲人不倦的精神使他们深受感动。

3、社区，是共享工程服务对象里一个重要的群体，也是“基层文化”最大的受众。我们开展了“优秀影片展播”活动。还根据农村、社区需求，大力开展送流动图书到基层活动，在基层建立了13个流动图书服务点，为每个流动图书服务点铺垫流动图书300余册，每3个月更新流动一次，使基层图书室保持图书常新状态。

五、工作展望

全国文化信息资源共享工程在我区的开展，发挥了普及科学文化知识，促进资源共建共享，丰富群众文化生活，构建和谐社会，促进两个文明建设的作用。近几年来，历下区支中心在工作中取得了一些成绩，我们将在今后的工作中更加努力的探索利用共享工程服务的新路子，更好地发挥共享工程的作用，为把共享工程办成惠民工程、民心工程而不懈努力。

（撰文/济南市历下区支中心）

济南市槐荫区支中心

槐荫区位于济南市西部，面积151.48平方公里，辖振兴街、西市场、中大槐树、青年公园、五里沟、营市街、南辛庄、道德街、段店北路、张庄、匡山、美里湖12个街道办事处及段店、吴家堡2个镇，64个居委会、93个村民委员会。全区共117866户，总人口347916人，有回、满等20个少数民族。槐荫区文化资源共享工程在槐荫文化局，济南市图书馆支持和部署下，逐步推进，稳步发展，在新形势下为繁荣农村基层文化，满足农民多层次文化需求，传递中国民族优秀文化资源发挥了重要作用。

一、基本情况

1、行动迅速。2007年7月11日全市文化信息资源共享工程建设会议后，我区立即行动，不仅区长办公会作了专题研究，而且还成立了由区政府分管领导任组长的槐荫区文化信息资源共享工程建设协调小组，及时制定了实施方案，并与7月17日召开了全区文化信息资源共享工程建设工作会议，全面部署了这项工作。

2、投入到位。槐荫区支中心设在区图书馆，区政府在资金特别紧张的情况下拨资48万，文化局各领导立即通过政府采购的形式购进电脑、服务器、交换机、卫线接收设备及各类软件用于分中心建设，文化局领导天天靠在图书馆，协调安装、配备等各项事宜。

3、槐荫区文化资源共享工程建设开始于2007年，最初在美里村，朱庄，宋庄等六个村试点安装，此后陆续在全区十四个镇（街道办）文化中心开始安装，前期安装设备均通过卫星设备直接接收国家中心下发的给类资源和信息。2009年槐荫区文化资源共享工程开始普及进入乡镇行政村，第一批62个行政村与当年安装调试完毕。2012年第二批31个行政村，62个社区进行安装，至此槐荫区所属行政村（居）实现全区共享工程村村全覆盖。

共享工程槐荫支中心设在槐荫区图书馆，是槐荫区共享工程的建设和业务指导单位，负责保障区中心共享工程设备的运行，协调镇村级共享工程设备的维修，指导镇村级共享工程活动的开展以及开展全区共享工程管理员的业务培训和指导。

二、管理和队伍建设

为使共享项工程真正为民所用为民谋利，槐荫支中心将共享工程日常管理纳入制度化管理。制定支中心、镇、村基层服务点工作职责和制度，实行制度上墙公开。每年有年度工作计划，月度有工作要点，季度有工作督导，年末有工作总结考核，并推行管理员工作日志管理，收集整理共享工程服务活动的得失，探索共享工程管理和服务新模式。

文化资源共享工程作为一个新的农村文化资源获取平台，如何推广好、利用好共享工程丰富的文化资源关键在于是否有一支专业化的共享工程管理员队伍。槐荫区共享工程支中心在管理员队伍建设上坚持明确职责，明确思路，制度化管理，常态化培育。对于办镇、村(居)两级基层共享工程管理上择优选取文化层次较高，有一定社会基层管理服务实践经验的大学生村官为管理员，他们工作热情高，有较高的文化水平能尽快熟悉掌握共享工程设备为所在村民服务。目前槐荫区共享工程管理员70%为各级大学生村官，26%是由较高学历的村委委员兼任，实现了管理员选取的高起点。

三、培训工作

槐荫支中心在共享工程管理员的培养上实现了制度化和常态化。根据支中心工作要求，每年对辖区共享工程管理员进行6期的集中培训，2007年以来一共举办各类培训班48期，参加轮训的各级管理员达1800人次。

四、经费投入

槐荫区共享工程自2009年实现村村全覆盖以来，区图书馆每年投入50余万的运维经费，用于共享工程设备的维护，人员培训和惠民活动的开展。同时，槐荫区政府，槐荫区文化局和槐荫图书馆每年也投入大量人力物力支援共享工程各项活动的正常开展。

五、资源建设

我中心在历年的工作中，搜集不同区域民众文化需求，选取、编辑制作各类题材资源7TB，每年发放各类

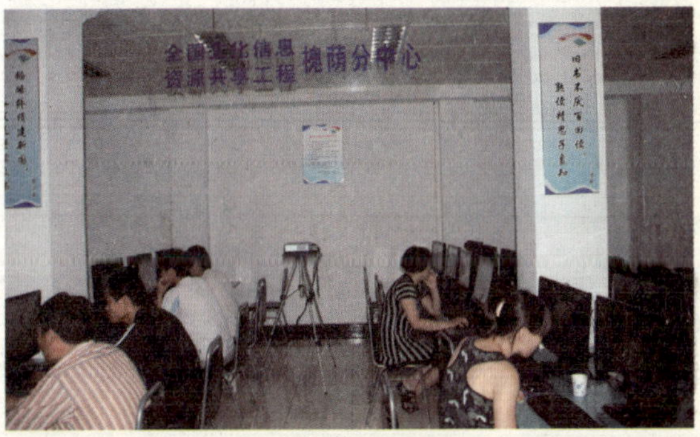

2011年免费开放

光盘3000多张，展板70多块，发放宣传资料400余份。

六、合作共建

以共享工程为依托结合全覆盖的农村党员远程教育建立电子文献资源服务中心。将各种部门下发的电子文献资源与建立的共享工程服务点结合，根据不同办镇、村（居）的硬件条件建立形式多样的电子阅览室和多媒体中心。比如在匡山办事处的匡山村庄，道德街文化中心等建立拥有10台电脑的多媒体阅读中心，在南辛和绿苑社区与共享工程结合建成电影放映，共享工程宣教授课和电子资源阅读播放为一体的多功能活动室。通过多方不懈努力，共享工程已逐步走入基层村民生活，成为村民获取新知，娱乐身心的新渠道新平台。

七、利民惠众，惠农服务

我中心在共享工程服务实践过程中，以民众的需求为导向，积极探索，服务民众生活生产，引领群众高尚精神文化生活，打造群在满意喜爱的文化服务新平台。

根据槐荫地域农业生产特点，槐荫支中心每年按节令制作农业生产技术光盘和小册子通过行政村基层服务点村民分发。针对不同农业专业者，槐荫支中心

有针对的选取资源上门指导服务。历年来累计服务专业生产户30多户，长期点对点跟踪服务6户。

八、宣传推广

1、槐荫支中心利用各种渠道宣传推广共享工程。在槐荫每年的科技文化四下乡活动，科普之春，科技周等活动中，槐荫支中心不失时机，以活动为平台，以资料为媒介宣传共享工程，让民众不断了解共享工程，走进共享工程。

2、走进校园。槐荫支中心文化服务中不断探索，利用支中心儿童阅览专区，组织动员青少年儿童关注共享工程，利用共享工程，收集青少年知识兴趣点整理挖掘，按照济南分中心的部署在全区中小学校开展了“诵读经典“比赛和电脑小报制作大赛。通过一系列的活动是共享工程不仅走进农村也走进校园走进青少年。

3、专题活动，精彩纷呈。槐荫支中心在服务中抓住文化的热点和亮点，积极组织群众喜闻乐见的文化服务，使共享工程走进群众生活。例如在迎接建党90周年之际，槐荫支中心联合其他单位在南辛服务中心举办了“开国大典”放映活动，共享文化盛宴。还组织匡山村、朱庄村等服务点开展“颂歌献给党”群众歌咏活动。

九、工作展望

槐荫区文化资源共享支中心工程已走过5个年头，从昨天的几个点到今天的93个行政村、62个社区全覆盖。从单一的资源接收到今天的编辑分发和群众广泛认知，广泛参与，文化资源共享工程已经成为槐荫人民文化生活的一大支柱，成为繁荣槐荫文化，丰富槐荫人民精神生活，推动槐荫人文科技进步的强大动力源泉。今后槐荫支中心希望在省中心，济南支中心大力支持下为槐荫共享工程建设一支专业化的服务队伍，建立一个省、市、区三级知识网络联动的即时问答服务体制和服务形式更加多样，服务网点更加宽广，参与群众更加广泛的共享工程文化带动体系，为建设和谐槐荫，文化槐荫做出贡献。

（撰文/程玉霞）

济南市历城区支中心

历城区南依泰山，北靠黄河，是济南最大的市辖区，是泉城东部重要的政治、经济、文化中心，总面积1298平方公里，人口112万，辖13个街道6个镇、698个村居。历城区共享工程在山东省图书馆、济南市文化局、济南市图书馆的支持和部署下，逐步推进，稳步发展，在新形势下为繁荣农村基层文化，满足农民多层次文化需求，传递中国民族优秀文化资源发挥了重要作用。

一、基本情况

历城区文化资源共享工程建设开始于2005年，在历城区图书馆设立支中心。历城区支中心以综合文化站、文化大院建设为契机，依托农村党员干部远程教育站点，陆续在全区13个街道办、6个镇文化站，698个村居安装了“山东省文化共享工程一站式服务平台”，实现了共享工程村居全覆盖。

历城区支中心是历城区共享工程的建设和业务指导单位，负责保障区中心共享工程设备的运行，协调镇村级共享工程设备的维修，指导镇村级共享工程活动的开展以及开展全区共享工程管理员的业务培训和指导。

二、管理和队伍建设

为使共享项工程真正为民所用为民谋利，历城区支中心将共享工程日常管理纳入制度化管理。先后制定了支中心、镇、村基层服务点工作职责和制度，实行制度上墙公开。每年有年度工作计划，月度有工作要点，季度有工作督导，年末有工作总结考核，并推行管理员工作日志管理，收集整理共享工程服务活动的资料，探索共享工程管理和服务新模式。

历城区支中心在管理员队伍建设上坚持明确职责，明确思路，制度化管理，常态化培育。对于镇、村服务点选取文化层次较高，有一定计算机管理水平的年轻人作为管理员。

三、培训工作

为提高基层服务点管理员的业务能力，历城区支中心采取集中和分散的形式，开展各种形式的培训辅导。2006年起，就“如何使用ADSL上互联网”、“如何操作卫星基层服务系统”“电子阅览室的管理与应用”等内容举办集中培训3次，培训基层管理员200人次；与远程

历城区支中心进农村科普放映

历城区支中心开展基层管理员培训

教育中心联合辅导培训5期，培训人员300余人次；编写了《文化共享工程操作手册》700余份下发到各管理员手中，使得基层管理员的管理水平大大提高。

四、经费投入

2005年，区政府投资20余万元在区图书馆建设了拥有30台电脑的电子阅览室。2007年12月，投资8万余元设立了文化共享工程专用机房、文化共享工程视频放映室等。区财政每年划拨5万元作为支中心的年运行经费。几年来，共累计投资60余万元，保证了支中心各项服务的正常运行。同时，各街道办事处、镇也将文化共享工程列入财政专项经费支出，补贴辖区内贫困村居此项活动的正常开展。

五、资源建设

该支中心为了丰富文化共享工程的内容，结合全区历史文化资源编辑制作各类题材资源3TB，每年制作发放各类光盘500多张，发放各类海报1000余份，发放宣传资料4000余份。

六、合作共建

历城区支中心以农村党员干部现代远程教育站点为依托，全面加强与区党员远程教育中心的合作，以远程教育站点设备为载体实现了在网络上的互联互通，在资源建设和服务上的共享互补，在硬件设施上的共享共用，使全区所有村居都能够通过远程教育站点收看到共享工程的信息资源。2006年支中心与区党员干部远程教育中心合作，在祝甸社区、南全福社区、陈西村设立了3个基层规范化站点，分别投入电脑20台，进一步提升了文化共享工程与党员远程教育的功能。

七、利民惠众，惠农服务

历城区支中心利用设备深入到农村开展了送文化资源下乡活动，每年开展活动30余场（次），播放农村小戏、地方戏曲、专题讲座、农业科普、优秀电影等60余部；先后到董家镇草莓种殖专业村——张而村举办《大棚草莓管理技术》专题讲座，解决实际种植中遇到的难题；到王舍人镇奶牛养殖基地、遥墙镇菌类种殖基地、华山镇王闸庄户剧团进行不同类别的视频放映；历城区支中心还利用馆内阵地定期向广大群众和读者免费播放有关共享工程的节日，每周的开放时间不少于30小时，进一步活跃了群众文化生活。全区共建成文化大院400余个，业余舞蹈队、乐队200多个，庄户剧团50支，各文化大院设立了图书室、文体活动室、文化广场，购置了图书、音响器材等设备，群众成为文化共享工程的直接受益者。

八、宣传推广

1、资料宣传。以“三下乡”、“科技宣传周”等活动为契机发放共享工程宣传资料4000余份，制作展板10块，让民众不断了解共享工程，走进共享工程。

2、视频宣传。通过开展送电影、送戏曲、送科普讲座进校园、进农村、进广场等活动，让民众了解共享工程，享受共享工程带来的文化生活。

3、网络宣传。历城区支中心于2007年开通了“文化共享工程历城区支中心”网站。网站整合了全区优秀文化资源及文史资料，开辟了“在线阅读、广播影视、中外名著、科普推广”等栏目，使广大民众足不出户就能看到共享工程的内容。

九、荣誉奖项

2006年，历城区支中心被授予山东省文化信息资源共享工程示范点；2008年9月，被省文化厅授予“山东省文化信息资源共享工程建设与服务先进集体”称号；2009年12月3日，祝甸社区基层服务点被山东省文化厅评为山东省文化信息资源共享工程规范化站点；2009年12月，支中心报送的《张而草莓大王赵顺桂》，在2009年首届山东文化共享工程服务典型专题片评比中获优秀奖。

十、工作展望

今后历城区支中心将会在省、市中心的大力支持下，建设一支专业化的服务队伍，建立一个即时问答、互联互动的服务体系，建成一个全民共享、人人受益服务平台。

（撰文/济南市历城区支中心）

济南市长清区支中心

长清是省会济南的新区，总面积1178平方公里，辖10个乡镇、街道，613个行政村、53万人。2001年6月撤县设区。长清区文化资源共享工程在济南市文广新局，市图书馆支持和部署下，逐步推进，稳步发展，在新形势下为繁荣农村基层文化，满足农民多层次文化需求，传递中国民族优秀文化资源发挥了重要作用。

一、基本情况

长清区图书馆于2006年12月成立了文化信息资源共享工程长清区分中心。分中心成立后，按照省、市中心的要求积极开展工作，以镇、街道办事处文化站、社区、农村文化大院为依托，全区文化资源共享工程工作网络已形成，数字资源初具规模，基层服务初见成效，文化共享工程的社会影响日益扩大，取得了良好的社会效益。

二、经费投入

2005年4月，省政府召开了文化信息资源共享工程电视电话会议后，为积极开展文化信息资源共享工程，成立了以分管区长为组长，财政局、文体局等有关单位负责人为成员的领导小组，并多次就文化共享工程工作向区委、区政府有关领导作专题汇报，区委、区政府领导高度重视，要求共享工程建设要以资源建设和基层服务为重点，要做好深入调研，并指示文化、财政等部门根据全国文化信息共享工程资金和设备，征集优秀的有特色的文化信息资源，为全区文化信息资源共享工程的持续发展提供了资源保障和支撑。并先后投资20余万元在区图书馆建设了电子阅览室，实现了图书借阅自动化。2007年8月，为了迎接文化部的检查验收，区财政再次划拨经费10万元用于分中心的软硬件建设，目前长清支中心已经设立了文化共享工程专用机房、文化共享工程视频放映室、电子阅览室等窗口。截止目前，在各级财政的大力支持下累计投资50余万元，为更好地发挥文化共享工程的作用提供了有利保障。

三、基层站点建

为抓好试点工程建设，领导小组亲自到马山镇和崮云湖街道办事处查看现场。其中，崮云湖街道办事处位于大学园区，起点高，标准高，设备购置（微机15台），现早已投入使用，马山镇是文化老镇，基础较好，属基本型试点，该基层站点上下两层，面积达300㎡。为迎接全省各乡镇综合文化站达标检查工作，本馆先后派四名同志多次去万德、归德、马山、双泉、孝里等十个乡镇进行网络升级维护、电脑知识辅导，并帮其下载文化共享工程一站式服务平台，通过大家的共同努力，各乡镇文化站检查验收合格，一次性全部通过省、市级达标，长清区领导非常满意，同时也受到省、市领导的一致好评和赞扬，先后有济南市的其它区县文体局前来取经学习。

四、共建共享，扩大宣传

建设全国文化信息资源共享工程以来，为了扩大其在基层群众中的影响，广泛宣传其作用和意义，使各级领导和群众充分认识到这是一项惠民工程、民心工程，认识到工作的重要性和必要性以及文化信息资源的可用性。我们充分利用网络、电视、广播、报纸、电影流动放映进广场等宣传媒体对共享工程开展活动给予相关报道，在长清区图书馆新春书展、世界读书日、读者活动、宣传周期间，通过发放宣传单、图版、音响宣传等形式进行宣传，电子阅览室免费上网，并有专人对其进行文化共享工程知识培训，教给他们怎样利用网络进行检索资料，怎样下载全国文化信息资源共享工程一站式服务平台，长清文化网已经顺利开通二年，且开辟了文化共享工程专栏，加大了宣传力度。

五、利民惠众，惠农服务

长清区做为“山东省文化信息资源共享工程”的试点单位，为落实好文化信息资源共享工程工作，多次就文化信息资源共享工程建设与有关单位负责同志积极研究解决方案，并且按照省、市有关标准和要求进行安装，经多方努力，共享工程顺利运行。在实施文化共享工程的过程中，不断拓展共享工程的服务内涵和方式，充分利用这一全新的工作载体条件，切实面向“五个走进”（走进农村、走进社区、走进学校、走进企业、走进军营），开创了基层文化工作的新局面。为充分发挥公共图书馆的阵地作用，在电子阅览室每周推介优秀栏目、名家讲座、生活常识、电影及优秀地方剧目，积极开展全国文化信息资源共享工程知识培训。

1、走进农村、走进社区。清区正在进行城市化改造，农村、社区居民对待现代科技信息和文化的需要迅速增加。农村、社区，是共享工程服务对象里一个重要的群体，也是“基层文化”最大的受众。结合这一现状，我馆深入调查，根据读者的需求，下载家禽饲养、苗木、花卉栽培等相关信息达2万多字，并印成资料分发到广大读者手中。送科技下乡是实施“共享工程”又一具体举措，结合城区的实际情况，我们有选择的提供科技知识，让广大农民不断感受到先进科学和现代文明。同时，还根据农村社区需求，大力开展送流动图书到基层活动，在基层建立了18个流动图书服务点，今年新发展三处图书流通点，分别是文昌街道办事处三龙庄、长清区军休所和山东省中医药大学，图书流通点发展到那里，对文化共享工程的宣传和辅导就跟到那里。

2、走进学校。加强未成年人思想道德建设工作，除了在馆内针对未成年人开展的活动以外，还与教育局联合，深入各中小学校开展活动。利用投影仪到教室播放优秀影片和礼仪知识讲座，开展爱国主义教育活动。利用共享工程开展思想道德建设，切实将加强和改进未成年人思想道德建设工作落到了实处。

3、走进企业、军营。极利用全国文化信息资源共享工程的强大网络资源，下载了部分科技讲座、爱国影片等视频资料，走进长清的厂矿企业、驻地军营，为企业职工和人民子弟兵送去丰富的精神食粮，进一步丰富了广大职工和部队官兵的文化生活，增加了知识，开拓了视野，使文化资源共享工程深入人心，受到了大家的欢迎。

4、走进老年人群体。展为老年群体服务是文化信息资源共享工程工作的又一重点。坚持“贴近生活、贴近实际、贴近群众”的三贴近原则，对区委老干部、长清区军休所的老同志等开展了资源服务。根据老年人平时生活的诸多习惯特点，送去图书《老年保健》、《怎样活到一百岁》、《中国老年》等，自2009年始，本馆在重阳节、春节期间送电影、戏剧节目进敬老院，这一系列的举措使他们获得了精神的强健与文化的关爱。

5、文化信息资源共享工程进广场流动电影放映服务活动受到了广大市民的热烈欢迎和一致好评。2009年至2012年，每年7月份-10期间，利用山东省图书馆配备的赛迪播放一体机，在体育中心广场、体校及文化中心广场举办了文化信息资源共享工程广场放映服务活动80余次，观众达20万人次，播放影片《解放大西北》、《大决战》、《地雷战》、《南京！南京！》、《冬梅》、《闪闪的红星》、《开国大典》、《周恩来的红色外交》等，此项活动受到了长清广大市民的热烈好评和赞扬。

六、工作展望

以数字资源建设为核心，以基层服务网点建设为重点，以多种传播方式为手段，以共建共享为基本途径，进一步推进全区文化信息资源共享工程建设。区图书馆和乡镇综合文化站、社区文化中心要进一步增加投入，提升支中心和乡镇基层服务点的设施水平和标准，统一制式，合理分工，充实完善设备，加强技术培训，拓宽服务渠道，完善服务方式。采用自建、引进、购买、整合等方法，加强数字资源库的内容建设，不断丰富数字资源。扎实开展文化共享工程进校园、进部队、进农村、进社区、进企业活动。我们将在今后的工作中，解放思想，扎实工作，克服困难，更加努力的探索利用共享工程服务的新路子，更好地发挥共享工程的作用，为把文化共享工程办成惠民工程、民心工程而不懈努力。

（撰文/朱成香）

章丘市支中心

一、整体情况、经费投入、网点建设

根据文化部和财政部联合召开的全国文化信息资源共享工程会议精神和省、市文化部门的安排部署，我市于2006年8月开始进行文化信息资源共享工程建设试点工作，2007年8月，文化信息资源共享工程市、乡镇（办事处）、村三级服务网络全面建成并开始运行。

章丘文化共享工程投资200余万元，完成了1个县级支中心、20个乡镇（街道）服务点、908个村级服务点的建设及并网运行，建立起横到边、纵到底，覆盖全市的三级服务网络。共享工程建设过程中，行动早、标准高、落实快，组织严密、工作到位，实现了我市文化信息资源的共建共享。

二、资源建设、合作共建、技术培训

1、支中心建设服务情况。2008年支中心进一步完善了多媒体电子阅览室、机房、多媒体教室的设备。配备微机30台、手提电脑、投影仪、打印机、扫描仪、主干交换机、千兆交换机、百兆防火墙、卫星接收服务器、资源服务器等设备及各种应用软件，接入10M光纤，建立了章丘市图书馆网站。自支中心开通运行以来，充分发挥带动和辐射作用，以方便快捷的方式，丰富多彩的资源满足广大群众的文化需求。坚持公益性、高标准服务，坚持全年开放，微机利用率达到95%，共享工程是广大市民文化娱乐和学习的重要阵地，为宣传党的方针政策开辟了新渠道。

2、基层服务点建设服务情况。2006年以来，在乡镇20个服务点、村级908个服务点全部达到基本型的基础上，章丘财政投入大量资金，支中心派出业务骨干，突出重点，打造亮点，建立了吕家、马安、张官三个村级扩展型站点，明水、双山、龙山三个乡镇级扩展型站点。各服务点新配备微机20台、投影仪、电视、DVD、音响等设备。设有电子阅览室、多媒体教室、农村小康书屋。各服务点为广大群众全年开放，提高优质、到位的服务，丰富了农民群众业余生活、弘扬了文明新风，为广大人民群众精神文明建设和尽快致富搭建了良好平台。

3、在整个建设运行过程中，我们立足为民服务，举办各种技术培训和公益培训，充分发挥文化信息资源在发展经济、提高人民群众思想道德和科学文化素质等方面的重要作用，积极采用先进的技术，通过移动硬盘、投影、互联网等服务模式，把丰富的资源送到群众身边，使基层文化阵地得到了巩固。为弘扬文明新风开辟了新的阵地，为培养"有文化、懂技术、会经营"的新型农民搭建了新平台，是一项党得民心、民得实惠的文化工程。

4、网络建成开通了，资源怎样能够让群众看得懂、用得上、见效快，将新思想、新科技用一种直观、易懂的形式送到农民身边，成为最重要的一个问题。中心技术人员多次到教育、科技、乡镇等部门进行指导及调研，了解群众文化需求。利用共享工程网络资源内容新颖、实用性强、信息量大、数据传输快捷方便的优势，认真搜集、下载适用于当地群众的政策法规、农业科技、防疫保健、科普知识等资源，特别是大量收集农村实用技术信息，通过县、乡、村三级文化服务网络及其它途径传输信息，扩大宣传面，使群众快学技术，早得实惠。

三、惠民服务、宣传推广

吕家村服务点是我市文化共享工程908个村级服务点当中最具有代表性基层服务点，2006年8月份第一批建成并运行的村级服务点，该服务点配备了微机20台，投影机1部，图书4000余册，文体器具80余件套，是广大村民学习知识的最佳场所以及乡亲们茶余饭后的最佳去处。养猪专业户王德岭，通过文化信息资源共享工程平台，了解和掌握了怎样预防和控制猪生病以及科学养殖的一系列方法，他利用防控结合保证了生猪的正常生长。如今他养的猪是越来越肥壮，养猪的规模也是越办越大，在吕家村专业户中起到了积极影响和带动作用。

这样的事例在我们的基层服务点还有很多，村民都反映，通过"共享平台"他们的眼界更宽了，信息更灵了，增收致富的本领更强了，共享工程已越来越广泛地受到了农民群众的欢迎。如果说共享工程开始实施的时候，乡亲们还有些陌生甚至有的村民面对电脑还有些茫然的话，现在通过学习以及我们的宣传指导和技术培训，他们已经真正把这里当作是自己的第二课堂了。我们欣喜的看到，通过文化共享工程，越来越多的群众加入到了科技致富与信息致富的行列当中，文化共享工程已成为农民生活生产中的及时雨、雪中炭。

四、完善管理制度、获得荣誉奖项

建立完善支中心、乡镇、村基层服务点管理制度，加强共享工程支中心和基层服务点的管理。各服务点确定专职管理员，做好服务及群众需求双向反馈工作，做到了人员、阵地、牌子、设备、制度"五落实"。

2008年："全国文化信息资源共享工程示范点现场会"在吕家服务点召开；文化部全国文化信息资源建设管理中心赠予吕家基层服务点"扎实服务惠群众、共享文化在基层"荣誉锦旗；章丘市被山东省文化厅、财政厅命名为"文化信息资源共享工程示范县"；吕家村基层服务点被山东省文化厅评为"山东省文化信息资源共享工程建设与服务工作先进单位"、张兆奎同志被评为"山东省文化信息资源共享工程建设与服务工作先进个人"荣誉称号。

五、工作展望和努力方向

文化共享工程核心是共享，根本在建设，最终看效果。在今后工作中，我们将在做好支中心设备使用管理的同时，重点做好基层服务点的培训、指导工作，支持他们开展各项服务活动。利用各种方式，结合广场文化、大院文化等多种载体，调动群众的参与积极性，将文化信息资源共享工程办成真正的民心工程。

1、努力把文化信息资源共享工程用活，大力开展公益性服务，最大限度地将信息资源转化为生产力，通过多种形式拓展服务范围、创新服务方式，将地方影视戏曲、音乐歌舞、美术等艺术表现形式纳入共享工程服务内容，以群众喜闻乐见的形式使共享工程更加贴近基层、贴近生活、贴近群众。

2、在服务过程中加强乡镇（街道）、村及广大农民群众的沟通与协调，使共享工程服务群众更具针对性和时效性。同时，不断总结经验，改进创新管理体制和运行机制，使"共享工程"真正成为文化创新工程。

我市文化信息资源共享工程，在上级业务部门的全力支持，以及全体干部职工积极工作下取得了一定成绩。希望各级领导对我市的信息资源共享工程建设利用情况提出宝贵建议，在资金、技术等方面能够给予大力支持，使我市的文化信息资源共享工程成为老百姓满意的民心工程，成为社会主义新农村建设的有力支撑。

（撰文/张兆奎、孙　杰）

平阴县支中心

平阴县位于山东省济南市西南部的济南、泰安、聊城三地市的结合部。全境南北长50千米，东西宽37千米，面积827平方千米。行政区划分共有6镇2街，337个行政村。平阴县支中心自实施以来，支中心充分利用先进信息技术手段，通过政府推动、典型引路、齐抓共管等有利措施，严格按照“政府主导、社会参与、自主管理、全民共享”的要求，紧紧把握建设、管理维护、使用四个环节，使文化信息共享工程成为了宣传党的政策、传播科学文化知识、移风易俗和倡树新风的文化共享平台，支中心借助全国文化信息资源共享这一强大平台，充分发挥作用来满足人们日益增长的精神文化需求。

一、基本情况

平阴县支中心始建于2007年，设在县图书馆，负责县支中心共享工程的运行，协调镇（街道办）村级共享工程设备的维护，指导镇（街道办）村级共享工程活动的开展以及开展全县共享工程管理员的业务培训和业务指导。

2007年12月在市、县、镇（街道办）大力支持下，为全县8个镇、（街道办）文化服务中心安装，此后陆续在23个行政村开始安装，安装设备均通过卫星设备直接接收国家中心下发的各类资源和信息。2008–2009年平阴县文化资源共享工程开始对全县337个自然村进行安装调试运行同时规范建设了三个服务站点。2010年通过各方面的共同努力，实现了全覆盖。

二、管理和队伍建设

文化共享工程的建设，服务是根本。在工作实践中县图书馆支中心的职员们认识到，服务要因地制宜，依据不同的需要，把文化信息资源能充分的利用，深入基层，深入农村，有针对性地开展丰富多彩、形式多样的服务活动。而要在全县广大人民心目中占有一席之地，以此优势树立品牌。坚持开展好文化共享活动，把文化共享资源建成县图书馆对外服务的重要窗口，真正实现文化惠民，资源共享。县支中心将共享工程日常管理纳入制度化管理。制定支中心、镇、村基层服务点工作职责和制度，实行制度上墙公开。

三、发挥资源优势

打造图书馆支中心的亮点，要从实际出发，首先图书馆之中心根据全省“县级数字图书馆推广计划”结合现状，以此为契机，充分发挥资源的优势，以高质量的服务为社会提供更优质的数字图书资源。每年2次集中对共享工程管理人员进行培训，制作光盘、树立典型、发放材料。通过宣传、讲座、讲解、发放材料让读者认识文化资源共享工程的用途，认识到数字资源的快捷、便利的优势，使读者了解了数字资源的强大的互动功能。

四、经费投入

平阴县支中心共享工程自2010年实现村村全覆盖以来，支中心一方面积极的向县政府财政部门申请改造配套资金，一方面加强基础设施改造，基础网络建设和支中心场地建设。2007–2008年在市、县、镇（街）大力支持下，三级共投资109万元为全县8个镇、（街）的337个行政村共配置信息共享设备。现镇（街道办）文化服务中心配有专职人员21人，中心使用面积达到2520平方米。

五、共建共享

以共享工程为依托结合，把文化信息共享工程和信息化带来的电子文献资源与建立的共享工程服务点结合，把传统的敬老爱幼、帮困扶贫的美德则通过“共享工程”得到宣扬、得到传承。“文化信息共享工程”丰富的文化教育资源和科技信息资源，给农村带来了生机和活力。比如榆山街道办的博士村、东关居，锦水街道办堡子村，孔村镇的合楼村等建立拥有多台电脑的多媒体阅读中心，在新博士、孔村新居等村建立了多功能厅与共享工程宣教授课和电子资源阅读播放为一体的多功能活动室。通过多方不懈努力，共享工程已逐步走入基层村民生活，成为村民获取新知，娱乐身心的新渠道新平台。

六、服务惠民

平阴支中心在共享工程服务实践过程中，以民众的需求为导向，帮助26个村解决生产发展中产前、产中、产后遇到的各类信息服务问题和困难，解决日常生活中遇到的看书难、看戏难、看电影难、看电视难的“四难”问题，打造服务群众满意喜爱的新平台。科学技术进农村，信息教育惠村民。根据平阴地域农业特点，支中心把农业生产技术制作成光盘和材料发到种植户手中，如平阴县孝直镇店子村蔬菜基地，共享支中心在最需要时候把有关的资料送到送到菜农手中。

七、宣传推广

平阴县支中心结合数字资源的传输方式和特点，面向社会，开展了全方位的服务。变“被动”服务为“主动”服务。2010年县支中心与平阴县武警支队取得联系，建起了电子图书室实现了文化信息资源共享。再是把文化信息共享资源和网吧对接，根据县城的现状，2011年支中心通过考察，选择了部分有实力并守法经营的网吧作为文化信息资源共享工程实践基地，目的是把网络与文化信息数字资源结合起来，让人们在上网的过程中获得更多的知识，让大家知道网吧不只是上网玩游戏聊天的地方，也是看书学习的好去处。通过一段时间的运作，得到了社会的认可和好评。

通过几年的努力，从单一的资源接收到今天的编辑分发和群众广泛认知，广泛参与，文化资源共享工程在平阴已经成为人民消除文化和数字鸿沟的一条有效捷径。文化共享工程更要借党的十八大的东风，敢于创新、大胆实践，为推动社会主义文化大发展大繁荣做出应有的贡献。

（撰文/李进占、夏　峰）

济阳县支中心

济阳支中心建立于2007年8月，在市政府扶持配置设备的基础上，济阳县政府也加大了投资力度，购置了相应软件、空调、监控设备等，建立了县级支中心1个、乡镇/街道服务站10个。初步建成了覆盖全县的网络服务平台。实现了城区建有支中心、基层服务站点城乡全覆盖的建设目标，形成了党委政府重视、文化主管部门统领、县支中心和基层服务点通力合作的良好工作局面。自2007年济阳县图书馆成为全国文化信息共享工程济阳支中心以来，担负着省市对接乡镇文化信息资源共享工程承上启下的服务平台功能。

一、网点建设

1、在县图书馆设立了支中心，按照国家验收标准完成了机房防静电处理、安装空调等配套设备，设立了电子阅览室和多媒体室。

2、抓好乡镇、村级基层服务站建设，我县在10个乡镇/街道办事处综合文化服务站全部设立共享工程基层服务点，并结合党员远程教育，开通了卫星接收系统，所有乡镇/街道都配置了电脑、投影仪和音响等设备，开放了电子阅览室、多媒体室、图书借阅室等科室。

3、抓好规范管理，提高服务水平。县支中心派两名业务精专业强的工作人员参加了市中心举办的业务培训，全面提高了服务能力和服务水平。

二、管理和队伍建设

县支中心以及街道/乡镇、村综合文化站点全部实行免费开放。读者可通过文化信息资源共享工程服务平台，查询所需资料和视频点播。村级基层点与党员远程教育网络开展资源共享服务。

济阳县图书馆在2007年12月中旬，全国文化信息资源共享工程济阳之中心建设完成后，针对全县辖区内综合文化站新建共享工程服务平台，工作人员均不会运用这一服务平台之时，在县支中心电子阅览室举办了二期全县文化共享工程管理员培训班，对全县所辖的十个乡镇/街道的文化共享工程基层服务点的技术人员和部分村庄的技术员进行了业务培训。通过业务培训，基层站点服务人员都能熟练掌握操作软件下载、视频播放、设备的维护和管理等工作，并利用这次培训机会共同学习探讨了共享工程的前景和发展方向，这次培训受到了广大学员的一致好评。

三、惠民服务

县支中心将阵地服务和流动服务相结合，日常工作和节庆活动相结合，开展形式多样的文化惠民特色服务。文化共享工程走进社区、走进农村、走进企业，为广大群众播放戏曲、爱国主义电影和农村科技视频，实现资源共享，服务社会公众。县支中心和基层站点还结合当地经济发展和农业生产实际，利用文化共享工程丰富的科技信息资源，为当地人民群众传播农技知识和信息技术，有力促进了新农村的经济发展。县支中心和基层服务点利用共享工程服务群众达100多万人次。通过一系列的服务活动，老百姓在家门口享受到了丰富的文化大餐，取得了良好的社会效果。

1、元宵节文化活动

为进一步发挥图书馆的社会职能，丰富节日文化生活，济阳支中心于元宵节期间（正月十二至正月十八），在济北公园举办了灯谜竞猜等一系列民俗游戏活动。为烘托节日气氛，共推出各类喜闻乐见的谜语800余条。本次活动采取谜语竞猜和其它游戏相结合，主持人跟群众互动，电视现场录播的形式。每天参与者达到1000余人，在猜谜队伍中上至花甲老人、下至中小学生。活动现场气氛热烈，前来参与灯谜有奖竞猜活动的市民络绎不绝，得到了广大市民的一致好评。通过精彩纷呈的游戏和娱乐活动，进一步宣传了图书馆，让更多的群众了解了文化共享工程，起到了良好的宣传效果。

2、利用暑假期间，为中学生播放视频活动。

我馆充分利用共享工程服务平台，于7月10日-8月10日期间集中中小学生读者，通过多媒体播放《阅读改变人生》、《提升学习能力与方法》、《夏天的故事》、《明亮的心》等百余部视频，约有1000人参加收看了视频播放。通过视频的免费播放，来提高学生的学习能力和爱国主义热情。

3、利用共享工程服务平台，提供农民致富信息技术。种植户杜宪东承包百余亩黄河淤背区土地，通过共享工程这一服务平台，他学到了'绿色混合养殖'生态园这一技术，并通过实践摸索出一套利用特殊菌类，通过绿色光合作用和混合培育纯天然和纯野生的立体养殖技术。探索种养结合良性循环的路子，确实收到了可观的经济效益。目前文化信息资源共享工程已成为农民致富、获取科技信息的有效途径。

四、工作展望

全国文化信息资源共享工程济阳支中心的建立，确实为宣传党的方针政策，丰富群众文化生活、农民致富增收搭建了有效平台。今后我们将以贯彻落实党的十八大精神为契机，进一步加大资金投入，完善文化共享工程基础设施建设，进一步拓宽服务方式，全面提升全县文化信息资源共享工程的服务能力。通过文化共享工程服务平台，来丰富群众精神文化生活，推进全县文化繁荣发展。

（撰文/乔玉芳）

商河县支中心

商河县地处山东省西北部，隶属济南市，地处三市四县交界，是济南市的北大门。全县面积1162平方公

里，有7镇4乡1个街道办事处，948个行政村，15个居委会，总人口60余万人。商河县文化信息资源共享工程在文广新局和济南市图书馆的指导帮助下，扎实推进，稳步发展，对传递中华民族优秀文化资源、满足广大城乡居民的精神文化需求、推动我县文化事业的发展发挥了重要作用。

一、基本情况

商河县文化信息资源共享工程建设开始于2007年9月，在市政府扶持配置68万元设备的基础上，建立了县级支中心，县政府又投资69.9万元，购置了相应软件、投影仪12台、DVD 973台、音响设备，建立了乡镇/街道服务站12个、村级服务站963个，初步搭建了覆盖全县的服务网络，实现了城区建有支中心、基层服务站点城乡全覆盖、网络运行正常、资源建设领先、基层队伍培训有效开展的建设目标，形成党委政府重视、文化主管部门统领、县支中心和基层服务点通力合作的良好工作局面。

共享工程商河支中心设在商河县图书馆，是商河县共享工程的建设和业务指导单位，负责保障县支中心共享工程设备的运行，协调镇村级共享工程设备的维修，指导镇村级共享工程活动的开展以及开展全县共享工程管理员的业务培训和指导。

二、管理和队伍建设

为使共享项工程真正为民所用为民谋利，商河支中心将共享工程日常管理纳入制度化管理。制定了支中心、镇、村基层服务点工作职责、管理制度和服务制度，实行制度上墙公开，工作记录完整规范，并纳入年度考核范围。对于乡镇、村级基层共享工程管理上择优选取文化层次较高，有一定社会基层管理服务实践经验的镇文化站站长和村委委员兼任管理员，实现了管理员选取的高起点。

三、培训工作

商河支中心在共享工程管理员的培养上实现了制度化和常态化。根据工作要求，支中心曾多次派管理员到济南市支中心参加培训，并举办了4期培训班对辖区共享工程管理员进行集中培训，全面提升了管理和服务能力。

四、经费投入

商河县共享工程自2007年实现村村全覆盖以来，县图书馆每年投入2万余元的运维经费，用于共享工程设备的维护，人员培训和惠民活动的开展。同时，商河县政府，各镇村每年也投入大量人力物力支援共享工程各项活动的正常开展。

五、资源建设

建立了县支中心网站，加强地方特色资源建设。广泛征集本县历史文化和民间文化资源，利用数字化设备，加工制作地方特色数字文化资源。已完成商河文化信息资源包括：地方文献、地方名吃、鼓乡文化、鼓子秧歌、图书馆专题、全县“爱我家乡·展望未来”获奖征文等地方特色资源。在网站增加了全国文化信息资源下载模块，包括农业科技、医药卫生、戏曲等内容。另外，网站还设有在线阅读、报刊阅览、有声图书、农科园地、视频点播、名曲欣赏等栏目，使农村用户足不出户就可以浏览、下载所需资源。通过征集、自建、购买等方式建设了一批集文本、图像、音频、视频于一体的多媒体数字资源。极大地方便了用户，为我县广大用户架设了一条信息通道。

六、合作共建

积极开展共建共享活动。商河支中心以共享工程为依托与当地党员干部现代远程教育、广播电视、中小学现代远程教育等部门开展合作共建，做到网络共用、队伍合一、共同做好基层站点管理、服务的督促、指导工作。形成良好的工作机制，有效开展工作，使文化共享工程提供的优质文化资源能够通过各种网络进村入户。成为村民获取知识，娱乐身心的新渠道新平台。

七、惠农服务

商河支中心与基层服务点结合当地经济发展和农业生产实际，利用文化共享工程丰富的科技信息资源，通过播放科技视频、制作各种科技光盘和小册子为当地人民群众传播农技知识和信息，有力促进了新农村经济发展。

八、宣传推广

商河支中心利用各种形式宣传推广共享工程。支中心将阵地服务和流动服务相结合，日常活动和节庆活动相结合，开展形式多样的文化惠民服务。文化共享工程走进社区、走进学校、走进农村为广大群众播放戏曲、爱国主义电影和农村科技视频，实现资源共享，服务社会公众，让更多的人了解共享工程，利用共享工程。一些活动如全县“爱我家乡. 展望未来”征文比赛、“共享工程庆元宵”、“科技服务周”活动、“庆六一送电影”、“助力中考志愿填报”、“助力高考志愿填报”系列服务活动、“庆七一进老党员之家”、“重阳节文化共享进敬老院”活动、“暑期爱国主义教育电影月”等活动，取得了良好的社会效果。

1、元宵节活动

为充分发挥文化共享工程的资源优势，丰富广大人民群众的精神文化生活，商河县支中心自2010年元宵节期间，利用花灯展区观看人员多的机会，走上街头，播放了电影和《春节、元宵节晚会》等精彩节目，并添加了宣传口号，进行了广泛全面的宣传，引来数千名观众的驻足观看，进一步宣传了图书馆，让更多的人了解了文化共享工程，起到了良好的宣传效果。

2、庆七一送电影进老党员之家

6月29日，为庆祝中国共产党成立九十一周年，文化共享工程商河支中心的工作人员在县图书馆业务副馆长李梅同志的带领下，走进“老党员之家”播放了经典电影《南征北战》，与几代老党员汇聚一堂，共庆党的生日。

共享工程支中心的工作人员冒着蒙蒙细雨，早早地来到了老党员之家，在活动室支起了投影仪、挂起了投影幕，放起了电影。在老党员之家居住的都是建国前入党的老党员，他们一边观看电影，一边回忆起了曾经经历的战争年代，感慨建国以来人民生活所发生的巨大变化，对今天的幸福生活感到无比欣慰。老人们纷纷表示，以重温历史的方式来庆祝党的生日十分有意义。

3、助力高考生网上志愿填报

商河支中心在高考过后，立足实际，充分发挥资源优势，开展了"助力高考生网上填报志愿"活动，采取多项措施积极为高考生服务。

自6月24日，高考生网上查询分数开始，填报一批、二批志愿，至8月17日专科二批志愿填报完毕，这项活动圆满结束。

为确保考生填报志愿顺利进行，工作人员对馆内所有的电脑进行了清理、维护，同时延长了开放时间，加班加点为高考生服务。提供一切便利并指导考生进行分数查询、志愿填报、免费打印资料、查询录取结果等。接待考生1500人次。

这项活动是商河县支中心自2010年至今，三年来打造的一项品牌服务，帮助广大考生网上填报志愿能够顺利进行，充分发挥了文化共享工程的服务职能。

4、暑期电影月活动

为丰富广大中小学生的暑期文化生活，县支中心结合当代未成年人身心成长特点，精心组织了一年一度的"暑期电影放映月"活动。

活动在多媒体教室举行，自8月1日至31日，免费向我县广大中小学生放映了由文化信息资源共享工程国家中心下发的"夏日电影展播"30部和精心挑选的百部爱国主义教育影片。据统计，活动期间，观看人数达3000余人次，健康优质的影片深受中小学生的喜爱。

这项活动是商河支中心自2010年以来打造的一项品牌服务，拓展了服务功能，丰富了学生的假日生活，起到了潜移默化的教育作用。

5、重阳节送电影进敬老院。10月22日下午，为使老人们过上一个愉快的重阳节，商河支中心利用文化共享工程资源和设备，开展了为孙集乡敬老院送电影活动。

工作人员在陈芳萍馆长的带领下，带着电脑和投影仪走进孙集乡敬老院为老人们播放了京剧革命样板戏《平原作战》和黄梅戏《女驸马》。与老人们欢聚一堂，共度节日，放映室里充满了欢乐祥和的气氛。

这一服务活动丰富了老年人的节日文化生活，深受欢迎与认可，敬老院的负责人也表示深深地感谢。

九、工作展望

目前共享工程已成为农民致富、获取科技信息的有效途径。利用共享工程这一平台积极开展了文化资源、科技致富共享活动，为宣传党的方针政策，丰富群众文化生活搭建了有效平台。

今后我们将以贯彻落实党的十八大精神为契机，进一步完善文化共享工程基础设施建设，加大业务培训力度全面提升服务能力，进一步拓宽服务方式，积极组织服务活动，确保共享工程资源能够得到及时、有效地利用，最大化地发挥资源效用，为我县科技文化发展做出贡献。

（撰文/王德斌）

聊城市支中心

聊城市地处中原腹地，山东省西部，临河南，河北，位于华北、华中、华东三大区域交界处。市辖冠县、莘县、阳谷、东阿、茌平、高唐、东昌府区、经济技术开发区，代管省辖市临清市，下辖126个乡、镇、办事处，6516个村委会，常住人口约578.99万人。

一、基本情况

自2005年5月全国文化信息资源共享工程聊城市支中心成立以来，在各级政府和市文化局的领导下，取得了显著成绩，已建成市支中心1个，县中心8个，基层服务网络点基本上实现了全覆盖，覆盖群众几百万，基本上实现了市内文化共建共享，为传播科学文化知识、丰富群众文化生活发挥了较好的作用。2007年顺利通过省文化厅对我市、县文化信息共享工程的验收，其中高唐县、冠县被省文化厅、省财政厅授予"山东省文化信息共享工程示范县"称号并受到表彰奖励。聊城市支中心2008年被山东省文化厅评为先进集体荣誉称号。2009年在"万方数据杯"山东省文化节信息共享工程知识与技能竞赛中荣获三等奖。

二、保障机制和队伍建设情况

几年来，我中心积极推进县（市）区及乡镇、街道图书馆的自动化、网络化建设，不断健全、完善县（市）区中心及乡镇、街道服务点。积极实施与农村党员干部远程教育网络对接，积极帮助和扶持企业、学校、军营等单位建立共享工程基层服务点。我们坚持做到"一个规范、两个到位"，为共享工程工作顺利开展提供人力、物力和财力支持，切实搞好各级支中心和基层服务点的建设。

一是人员到位。按要求为市、县、区以及各基层点在单位内部调剂人员成立了共享工程支中心，支中心定员、定岗、定责，人员专职从事共享工程工作，形成了上下贯通的共享工程管理网络。

二是工作措施到位。市级支中心作为职能部门，主动配合市文化局搞好协调，定期研究"共享工程"建设工作。开展了"共享工程"与党员干部现代远程从支中心和基层点建设、资源开发、管理和经费投入等方面共建共享。

三是人才队伍建设规范。为保障共享工程的运行和服务，我市建立了市、县（区）两级支中心基层辅导制度和基层服务点业务骨干培训制度。为了更好地开展工作，让基层工作人员更好地了解、掌握文化信息资源共享工程的知识，这几年来，组织了多次"全国文化信息资源共享工程培训班"和"全国文化信息共享工程"有奖知识竞赛，并结合各县（区）的实际，针对性地培训了计算机基础知识、文化共享工程有关软、硬件的使用、基层点服务规范与方法等内容，不断提高基层服务人员的技术水平，为我市文化共享工程的顺利实施提供了坚实的人才保障。

三、资源建设

1、硬件设施设备的配置情况

2000年，市财政投入近20万元，购置了30台计算机，建成了读者电子阅览室；2007年市财政又投入30万

聊城市支中心公共电子阅览室开展未成年英语培训

元，在原有电子阅览室的基础上，又配置了50台液晶计算机，建成了功能齐全的电子阅览室和多媒体活动室。配套设施建设规范，市、县、乡、村4级网络初步形成，硬件配套设施基本达到了国家配置要求。2009年至今又陆续更新了服务器、存储设备等。

2、软件资源建设情况

电子阅览室有着丰富的资源体系，读者可查阅馆藏电子文献数据库。本馆购置了《中华百科全书》、《环游国家地理》、《中华传世养生经典》、500多部红色经典电影、适合少年儿童的《经典教育系列》还有为老年人准备了大量的视听资源，另外为盲校师生100多G电子有声读物，另购置了永德盲人阅读软件，盲人朋友可轻松工作、聊天、学习、娱乐，为他们提供了多元化的文化信息传播途径、搭建起无障碍阅读平台。对进一步推动该市视障教育与全社会信息无障碍建设，为盲人学生实现自由发展，提高文化素养，增强自我学习、自我发展、自我完善的能力创造了重要条件，也为扶助弱势群体，体现社会公平，建设和谐社会做出了积极的努力。

2010年，国家中心给我馆下发了1T的资源，其中包括“百年守望”、“馆藏故事”、“文明与创造”、“年画撷英”、“前尘旧影”、电子图书、电子期刊、政府信息、中国事典等资源。还有其他国家中心提供的优秀光盘资源。所有资源复制到局域网视频服务器中，免费提供读者点播、光盘室内借阅和复制。这些资源大大丰富了我市中心的资源，为更好地为读者服务提供了良好的条件。另外，通过几年的努力，卫星接收资源中优秀电影1946部，实用讲座1092部，舞台精品373部，地方新戏54部，城镇务技术689部，养殖种植技术45部，另外还有农村书刊，中华诗词，综合知识等共计有5T的资源。

进一步加大了地方信息资源的整合力度，在充分利用国家中心和省中心文化资源的同时，市支中心积极与市直文化单位和有关企事业单位合作，整合本地特色文化信息资源，集中力量开发了海源阁、光岳楼、山陕会馆、东昌葫芦、冠县的郎庄面塑等自然遗产，及非物质文化遗产、民间文化、民间风俗及民间工艺等文化信息。

四、惠民服务情况

利用丰富的文化信息资源，有针对性地开展适合不同读者需求的各项服务活动，取得了很好的效果。主要内容有：

1、促进农村经济发展，农民收入大幅增加

典型示例：1、东昌府区沙镇基层点。依托共享工程教育站点带领群众学技术、学本领，致富奔小康，利用站点下载洋香瓜种植有关的节目，从网上搜集香瓜新品种、种植新技术和市场行情等信息，取得了显著效果。侯家村236户村民中香瓜种植户已达152户，种植面积达500多亩，仅此一项人均增收1万元。

典型示例：山东省阳谷县闫楼镇胡马村。山东省阳谷县闫楼镇文化站长冯梅英在胡马村大棚里利用电脑向菜农传授蔬菜种植技术。被当地农民亲切地称为“文化使者”。

2、提升农民群众素质，倡导树立文明新风，为构建和谐社会做出了积极的贡献。

典型示例：阳谷县七级镇后郎湾村。该村群众收看精神文明建设节目，努力倡导农村文明新风，全面建设“文明和谐新后郎”。

3、丰富群众文化生活，提高全民素质

3.1.开展丰富的读者读书文化活动。在全市营造“读书学习哪里去，古楼南面海源阁”的良好社会氛围，充分利用文化共享工程和网络资源，开展一系列的读者读书活动。

3.2.组织专人送文化到社区、学校和军营。走进学校、企业、社区宣传讨论信息共享工程，先后为社区居民播放《中老年自我保健》、《医疗卫生知识》、《各种戏剧、小品》等光盘160余场，观众8700余人次，为中小学生播放百部红色经典教育影片，举办“红军长征史诗”等一系列爱国主义活动137次观众1.4万余人次。

3.3.解答读者咨询工作。在这几年多的读者咨询工作中，克服了资源缺、人员少、工作忙等实际困难，利用共享工程资源为读者解决了相当多的问题，为读者取得了很好的经济效益，同时也相应的提高了图书馆的社会知名度。

几年来，我市在文化信息资源共享工程建设方面采取了一些有力措施，网络设施建设、服务形式和服务能力上都取得了一定的成效。依照国家和省里的标准要求，许多工作还需要进一步完善，特别是在硬件建设、信息资源推广和提供服务方面还需要大量的工作。我们将继续努力，虚心学习兄弟地市的先进经验，进一步制定措施，强化网络建设、资源建设、队伍建设，积极探索公共电子阅览室开展惠民服务的新路径，努力提高服务水平，将共享工程服务的触角不断向基层延伸，使共享工程真正成为传播优秀文化、服务基层群众的平台。

（撰文/许 丽）

聊城市东昌府区支中心

聊城市东昌府区居鲁西，临黄河，是市委、市政府唯一的驻地区。全区辖9镇、7个街道办事处、两个工业园区，总面积1245平方公里，人口101万，总面积1245平方公里，行政村764个，常住人口101万人，其中城镇人口35万是国家级历史文化名城、国家卫生城市、中国优秀旅游城市、全国宜居城市、闻名遐迩的江北水城•运河古都。近年来，东昌府区文化资源共享工程在市区两级政府的大力支持下，逐步推进，稳步发展，最大限度地利用共享资源为辖区内人民群众服务。丰富了全区人民群众尤其是农民群众的精神文化生活，使广大群众通过共享工程开阔了眼界，增长了知识，为传递中国优秀文化信息资源发挥了积极的作用。

一、基本情况

东昌府区文化资源共享工程支中心于2007年10月建立。自2008年1月23日正式启动。支中心隶属于东昌府区文化广电新闻出版局，为正股级全额事业单位，编制5人。是东昌府区共享工程的建设和业务指导单位，负责保障区中心共享工程设备的运行，协调镇村级共享工程设备的维修，指导镇村级共享工程活动的开展以及开展全区共享工程管理员的业务培训和指导。东昌府区投入65万元进行共享工程支中心建设。我区支中心分为电子阅览室和多媒体教室。

自开展工作以来，东昌府区支中心积极推进基层点建设，区支中心与组织部远程教育中心结合，利用远程教育的传播渠道和服务网络，16个乡镇办事处远程教育接收实现了文化信息的联网，共建站点16个。在条件较好的乡镇、社区，建设了一批支中心服务点，完善了文化信息资源服务网络，逐步扩大“文化信息资源共享工程”覆盖范围。把基层服务点建设成为具有文化娱乐、科技普及、信息服务、教育培训等多种功能的文化中心，为广大人民群众提供内容丰富的优秀文化信息资源。在基层服务点的建设上，我区坚持统筹规划，分步实施，在搞好试点、取得经验的基础上，扎扎实实地推进。

二、管理和队伍建设

文化资源共享工程作为一个新的文化资源获取平台，如何推广好、利用好共享工程丰富的文化资源关键在于是否有一支专业化的共享工程管理员队伍。东昌府区支中心现有5名管理人员，均在上岗前进行过系统培训。能熟悉设备性能及使用维护方法，熟练操作设备，独立排除一般性故障。支中心门口挂有规定标牌，为规范共享中心管理工作，制定了管理人员规章制度。同时为了保证电子阅览室的安全和正常运行，制定了管理制度和职责，阅览室、多媒体教室管理使用办法，明确了安全管理责任。为使共享项工程真正为民所用为民谋利，东昌府区支中心不断总结文化信息共享工程服务活动中的经验 和不足，积极探索共享工程管理和服务新模式。收到了良好的效果，使文化信息共享工程工作取得了扎

实的效果。

我区支中心对全区16个乡镇办事处的150多名管理员进行了培训，使他们基本掌握设备操作技术、简单的维护技能和日常开展文化信息服务的方法等。主要包括山东省文化共享工程业务协作交流平台的使用、使用新农村网上图书馆阅读图书、登陆山东省共享工程流媒体服务平台观看戏曲、电影、科普专题等内容。全面提高了基层服务人员的业务素质和工作能力，更好的为基层群众服务。根据支中心工作要求，每年对辖区共享工程管理员进行集中培训，2008年以来一共举办各类培训班4期，参加轮训的各级管理员达200多人次。

三、惠民服务

近年来，区支中心积极组织广大人民群众收看优秀的影视节目，指导群众点播自己喜爱的各种戏剧、戏曲节目以及收看到种植养殖等实用的科普节目，据统计，自2008年以来来支中心电子阅览室和多媒体教室享受文化信息资源服务的居民达8万人次。利用节假日为孩子们放映革命传统影片，定期为敬老院的老人放映他们喜欢看的影片。同时，走进校园。

利用支中心儿童阅览专区，组织动员青少年儿童关注共享工程，利用共享工程，收集青少年知识兴趣点整理挖掘。工作中，支中心积极贯彻全国文化信息资源共享工程的工作要求，深入农村开展文化共享组春耕及文化共享读书活动，优秀小品下乡活动。开展创新性的文化科技下乡活动。通过整合优势文化资源，把各种信息刻录成光盘，广泛开展光盘借阅服务，免费开展送文化信息资源进农村、进校园、进企业等活动，把优秀的文化信息资源送到老百姓的身边。让老百姓不断了解共享工程，走近共享工程。扩大了信息共享工程的覆盖面，使广大人民群众切实感受到了信息共享工程的方便、快捷和优越。

四、工作展望

文化信息共享工程是我国公共文化服务的重点工程，近年来，东昌府区文化信息资源共享支中心在各级政府的大力支持下，取得了显著的成绩，受到了广大人民群众的一致好评。在今后的工作中，支中心将积极争取资金，加大对较为困难的乡镇的扶持，加快试点工作的推进，不断扩大信息共享工程的覆盖面和影响力，力争在短期内实现全区无缝隙覆盖，将优质文化信息送到千家万户。努力成为我区文化大发展大繁荣的一面旗帜。

（撰文/卢海英）

临清市支中心

全国文化信息资源共享工程临清市支中心成立于2007年6月，总计投入20余万元，原中心设立在临清市图书馆，面积120平米；中心服务器1台，计算机终端30台。2011年7月，临清市支中心迁至临清市图书馆新馆，面积300余平米。

截至2012年底，临清已建立县（市）级支中心1处，乡镇（街道）服务点16处，村（社区）服务点600处，共享工程支中心还与市远程教育中心合作，扶植基层站点，提供绿色上网通道，发挥支中心对基层的辐射作用，确保各基层站点的正常运行。支中心还组织相关人员深入到各乡镇（街道），定期和不定期的对各服务网点进行业务指导，并做好文化大院电子阅览室设备调试工作。中心还利用“图书馆宣传服务月”活动，重点对全国文化信息资源共享工程及电子阅览室进行了宣传，活动期间，帮助和指导读者共计1200余人，使广大群众充分认识了文化信息资源共享是一项惠民工程。

2012年11月市财政已批复资金50万，对支中心进行扩建，现已进入准备实施阶段。

（撰文/临清市支中心）

阳谷县支中心

阳谷县地处鲁西平原，临黄河、傍河南、连京九。有10镇5乡3个办事处，854个行政村。总面积10.65万公顷，总人口75万人。阳谷文化资源共享工程县级支中心在县委、县政府的大力支持下，逐步发展，为满足全县人民群众日益增长的文化需求发挥了重要作用。

一、基本情况

阳谷县级支中心成立于2007年11月，县委、县政府对县级支中心建设非常重视，多次召开座谈会，研究部署共享中心建设情况，在财政十分困难的情况下，拿出41万元给予建设。运行经费已纳入财政预算，根据文化共享工程实际需要和对县级支中心的标准，每年需运行经费

23000元，保证共享中心的正常运转。县级支中心设在县委党校教学楼三楼，电子阅览室及办公室使用面积约150平方米，多媒体教学室面积达400余平方米。购置安装了50台电脑及接收服务器等设施设备，并安装光缆。防护、空调等设施设备也同步完成，并连接市共享中心网线，已全部调试开通。安装了文化信息共享运行管理平台，实现对全网即时监控。具备网络信息浏览与查询服务；影视欣赏、健康益智类游戏等休闲娱乐服务等功能。

二、管理和队伍建设

阳谷县图书馆派出3名有责任心、爱岗敬业的管理人员，专门对电子阅览室进行管理，并在上岗前进行系统培训。均能熟悉设备性能及使用维护方法，熟练操作设备，独立排除一般性故障。支中心门口挂有规定标牌，为了规范共享中心管理工作，制定了管理人员规章制度。同时为了保证阅览室的安全和正常运行，制定了管理制度和职责，阅览室、多媒体教室管理使用办法，明确了安全管理责任。

三、合作共建

县文化信息资源共享中心工程建设期间，我们积极与组织部远程教育中心结合，实施了县共享中心的联网。同时，利用远程教育的传播渠道和服务网络，18个乡镇办事处远程教育接收实现了文化信息的联网。全县854个行政村，在原有远程教育接收点828处的基础上，选择了基础比较好的364个接收点，开始实施与文化信息资源网的接收工作。

四、利民服务

我支中心的50台电脑和多媒体教室每周40个小时免费向社会公众开放。为了促进广大群众利用文化信息资源共享工程进行学习和娱乐，我们把组织、引导群众收听收看文化信息资源共享工程的内容与组织开展丰富多彩的群众文化活动紧密结合。几年来，先后开展了“共享工程进农村”、“共享工程进社区”活动，组织播放大批科普、医疗保健、科学种植、养殖的资源课件。深入乡村和社区，对群众开展辅导，使群众能够在共享工程中学到的知识及时运用到生产生活和文化娱乐中，大大提高了基层群众学习文化科技、参与文化娱乐的积极性。目前累计参与观看、学习、培训和文化活动的群众达1000多人次。这样既解决了社区和农村文化娱乐的困乏，又丰富了他们的科普知识、传播了经典而优秀的中华文化艺术。同时，暑假期间利用多媒体资源引导青少年观看一些积极健康向上的作品，还举办了读书演讲比赛，吸引更多的青少年走进图书馆，走进文化共享工程。

五、工作及成果

县级支中心成立以来，我们一直积极努力，坚持免费开放，也取得了一定的成绩。2008年9月县级支中心被省文化厅评为山东省文化信息资源工程建设与服务工作“先进集体”光荣称号。2009年3月报送的信息资源共享工程摄影作品《文化使者走进大棚》获得了二等奖，并刊登在《聊城日报》头版。

同年8月报送的刘庙基层服务点被省文化厅评为“优秀规范站点”；2010年参加省图书馆举办的“县级数字图书馆建设”培训班；2011年4月对七级镇基层文化站进行指导，解决疑难问题。先后组织学习马张华教

授、蔡武部长和杨志今同志的重要讲话。

2012年10月扶持金斗营基层站点并捐赠图书、光盘80余种。今后我们还要充分利用文化共享资源，提供更好的服务。

（撰文/阳谷县支中心）

莘县支中心

莘县隶属聊城市，总面积1416平方公里，辖24个乡镇（街道），1154个行政村，104万人口。莘县文化资源共享工程在省中心的大力支持和帮助下，稳步发展，在发展经济、提高人民群众思想道德和科学文化素质等方面起到了重要作用，积极采用先进、实用的科学技术手段，把文化信息资源传到城乡基层文化网点和群众身边，使基层文化阵地得到巩固，活跃城乡群众精神文化生活。

一、基本情况

莘县共享工程建设开始于2007年，共享工程莘县支中心设在莘县图书馆，前期安装了共享工程服务设备，通过卫星接收器接收国家中心下发的各类资源和信息。2008年按照国家和我省制定的场地、设备建设标准，我县不断加强规范化建设，与远程教育密切配合，现已在全县范围内所有乡镇都建有规范化基层服务站点示范点。同时实现了文化共享工程村村通的好局面。

共享工程莘县支中心设在莘县图书馆，是莘县共享工程的建设和业务指导单位，负责保障县支中心共享工程设备的运行，协调乡镇级共享工程设备的维修，指导共享工程的开展以及管理员的业务培训。

二、管理和队伍建设

为使共享工程真正发挥其作用，莘县支中心建立了文化共享工程专门机构，明确了分管领导人和支中心主任、专职人员等。

制定了有关规章制度。责任明确，任务清晰，记录详细。文化共享工程作为一个新的农村文化资源获取平台，如何推广好、利用好共享工程丰富的文化资源关键在于是否有一支专业化的共享工程管理员队伍。我县支中心配备了三名大专以上文化程度，学计算机专业专职人员，负责收集整理共享工程国家中心下发的各种资源。对于基层站点，选取了文化层次较高，有一定社会基层管理服务实践经验的专职人员曾管理员，负责文化共享工程工作的管理和服务。

三、培训工作

对基层服务人员进行分批培训。全县24个乡镇办事处的100多名管理员进行了培训，使他们掌握设备操作技术、简单的维护技能和日常开展文化信息服务的方法等。

主要包括山东省文化共享工程业务协作交流平台的使用、使用新农村网上图书馆阅读图书、登陆山东省共享工程流媒体服务平台观看戏曲、电影、科普专题等内容。全面提高了基层服务人员的业务素质和工作能力，更好的为基层群众服务。

四、发挥优势、开展活动

莘县支中心在共享工程服务实践过程中，以民众的需求为导向，积极探索，服务民众生活生产，引邻群众高尚精神文化生活，打造群众满意喜爱的文化服务新平台。充分发挥公共图书馆的阵地作用，莘县支中心的30台电脑和多媒体教室向社会公众开放，在电子阅览室每周推介优秀栏目、名家讲座、生活常识、电影及优秀地方剧目，对于年老的同志及时给予帮助，帮助农民查阅资源。还组织播放了大批科普、科学种植、养殖、医疗保健的资源课件，使更多的人从中学到有用的知识，并能应用到生活中来。

五、经费投入

共享工程自2008年标准化建设心来，县政府研究确定了每年给县支中心不少于3.5万元的运行经费，用于共享工程设备的维护，人员培训等活动的开展。同时，莘县图书馆在资金比较困难的情况下也投入了大量人力物力支援共享工程各项活动的正常开展。

六、积极开展共建共享活动，服务效果明显

根据莘县地域农业生产特点，利用各种渠道宣传推广共享工程，通过乡镇基层站点，与当地党员干部现代远程教育、广播电视、中小学现代远程教育等部门开展合作共建，做到网络共用、队伍合一、共同做好村级基层站点管理、服务的督促、指导工作。

两站点坚持公益性服务，加大向群众宣传推广的力度，平均每周免费开放42小时，有服务预告，公益网吧、视频刷场、网上图书馆利用良好，年开展活动48次，乡镇(街道)平均年服务人数3000人以上，村(社区)平均年服务人数1500人以上，有典型服务事例，能提供光盘借阅等服务。对提高群众文化素质，增强法律知识和科技知识，取得了较大的促进作用。逐步丰富了互联网上的优秀文化信息资源，也为广大未成年人创造健康、文明的绿色网上空间；同时加强了文化娱乐、科普知识、文化普及和艺术教育等资源的整合。

莘县文化信息资源共享工程经过5年的不懈努力，已初见成效，但目前的运行状况及基层服务站点的规范化建设等，距离上级领导的要求和人民群众的需要还有一事实上差距，相信在上级领导的支持下通过我们的努力，文化信息资源共享工程一定会成为老百姓满意的文化信息工程。

我们将在今后的工作中更加努力的探索利用共享工程服务的新路子，更好地发挥共享工程的作用，为把共享工程办成惠民工程、民心工程而不懈努力。

（撰文/莘县支中心）

东阿县支中心

东阿县级支中心成立于2007年8月，由县文化局承办，图书馆建设与实施。工程依托现有的文化设施网点，与基层文化设施网点建设、党员远程教育网、图书馆网络化、数字化建设相结合，为读者提供全国文化信息资源网的信息资源，实现地区文化信息资源的共建与共享。

一、基本情况

近年来，东阿县文化共享工程快速推进，全面完成建设任务，为广大人民群众应该享受到全社会的文化成果发挥了显著的作用。

自东阿县文化信息资源共享工程支中心成立以来，不断地向读者提供了优质的服务，充分利用“网上数字化图书馆”和“山东省文化信息资源工程”业务平台开展业务，深受社会各界的好评。东阿县图书馆（老馆）位于商业街125号（工商银行东临），占地面积300平方米；公共电子阅览室约为70平方米，中心机房10平方米。本馆收到山东省文化厅下发资助贫困县的文化信息资源，主要有卫星接收设备、计算机30余台，服务器3台，安装了“山东省文化信息资源共享工程基层服务平台”、集文本、图片、视频于一体的“国家数字图书馆”、文化部下发的科教光盘近2000张等等。由于原图书馆馆舍陈旧，设备老化，空间狭小，满足不了广大读者对文化的日益需求。因此，东阿县委县、政府投入巨资新建了一处大型公共图书馆。该馆始建于2010年2月，2011年9月竣工落成。坐落于县城曙光街以南、工业街以西，美丽的喜鹊广场，占地面积7158.4平方米，地上4层。本馆与喜鹊广场融为一体，是人们休闲、娱乐、游览的最佳场所。新馆电子阅览室位于西厅四楼，面积330平方米，大开间、大布局、宽敞明亮，给读者舒适感。办公条件及服务场所得到了及时的改善，办公用品、电子设备与设施得到了加大充实，全部由县财政部门招标。新购置计算机122台，读者坐席120个，一套公共电子阅览室管理软件，5台浪潮系列的服务器；新购电子图书5万余册，内容涵盖丰富，品种繁多，供广大读者在电子阅览室阅读；并建立了图书馆网站，为本地区文化资源共享工程建设奠定了基础。

二、网点建设与合作共建

2005年我县区域内有12个乡镇，共创建资源共享工程基层网点12个、乡村文化中心大院近10个。2010年由于聊城市行政区域重新规划，我县又划为11个乡（镇、工业园区、街道办事处），我们充分利用“农村党员远程教育工程”加以整合，实行共建共享的形式，507个行政村服务点接通文化共享工程网络。因此，以县支中心为骨干，以乡镇和村基层服务点为终端的文化共享工程服务网络全面建成，实现了文化共享工程网络，覆盖率达到了100%。

三、经费投入

历年来，由于地方财政十分拮据，公共文化建设得不到加强，专项经费投入甚少。在此基础上，东阿县委、县政府为提高全民综合素质，与时俱进，开拓创新，打造建设一个文明强县，加大了文化公共设施建设，2011年县政府为图书馆文化信息资源共享工程所需要服务器、计算机及终端设备等，投入资金84.641万元。

四、技术支持、培训工作及荣誉奖项

由山东省图技术人员对我县图书馆管理人员的现代化技术进行培训，为县文化资源共享工程建设提供了技术支持与保障，不断加强业务人员培训等，与此同时，我县每年对全县的11个乡镇文化站站长开展了“科教兴农”方面的业务培训，通过学习培训，掌握了技术支持和资源分发的技能，有效地推进了基层站点建设，为顺利完成工程建设任务奠定了技术基础和人才保障。利用网络和电话等方式对各级技术人员进行远程指导。累计通过电话、网络和到达现场解决了卫星设备无法接收，服务器、投影机、移动播放器故障等问题200余次。2009年我县图书馆一职工代表聊城市参加了“山东省全国文化信息资源共享工程业务竞赛”获得团体三等奖及个人优秀奖。

五、宣传推广及惠民服务

我县支中心通过东阿电视台，采取滚动式播出方式宣传图书馆文化资源、文化建设、服务理念及各项惠民政策活动。

共享工程支中心将阵地服务和流动服务相结合，日常活动和节庆活动相结合，开展形式多样的文化惠民服务，首先图书馆电子阅览室为广大人民群众提供了共享文化资源的场所。其次文化共享工程走进社区、走进农村、走进学校，为广大群众播放舞台艺术、爱国主义电影和农村科技视频，实现资源共享，服务社会公众。各基层站点还结合当地经济发展和农业生产实际，利用文化共享工程丰富的科技信息资源，为当地人民群众传播农技知识和信息，有力促进了新农村经济发展。长期开展以文化共享工程“迎新春”，“喜迎国庆”系列服务活动，并在网站为全县广大群众播放“爱国主义教育电影”活动等，取得了良好的社会效果。

六、管理和队伍建设

东阿县图书馆是一个年轻有为的管理队伍。其中文化信息资源工程支中心管理2人（硕士生1名、本科1名），业务素质较强。在工作中以身作则，时刻坚持本馆的指导原则：1、以馆为家、责任同在。2、内强素质、外树形象。3、抓住机遇、强化业务学习。4、加强管理、搞好内部机制建设。在此基础上，始终坚持以“读者至上，服务第一”为宗旨，更好地为广大读者服务。

七、惠民服务

1、全面提升全省共享工程的服务能力

利用已建成的文化信息资源共享工程服务设施，全面提高基础设施和资源的利用率。以面向农村和城市社区的文化服务为重点，以文化共享工程阵地为依托，加强对基层服务网点的技术指导与管理，着力提高乡镇和行政村基层网点的服务能力。更好地运用卫星传播、互联网站、镜像站、移动硬盘、光盘等手段，提高资源传输质量和服务水平。有条件的基层网点，要通过有线数字电视开展服务。建设数字阅览室，使之成为辐射城乡的数字图书馆基层服务平台。

2、继续加强地方特色资源建设

加强资源建设的科学规划，重点建设一批主题鲜明、体系完整、质量上乘、特色突出的数字资源库。建设视频数据库、多媒体数据库、图文数据库、文本数据库和专题网页，为进一步建设特色馆藏奠定基础。

八、工作展望

东阿县图书馆作为组成公益文化的重要部分，充分发挥自身的优势及职能作用，为构建和谐社会服务。为此，图书馆一班人决心抓住机遇，开拓创新，不断加强队伍素质建设，提升职工的业务能力和办事效率，充分发挥本馆的资源优势和职能优势，树立良好的职业道德形象，更好地服务于社会，为繁荣东阿县的经济建设和文化建设做出新的贡献。

（撰文/周丽丽、房晓云）

冠县支中心

冠县位于山东省西部，冀鲁豫三省交界处，总面积1152平方公里，辖17个乡镇，754个行政村，总人口74万，是山东省的30个弱县之一。

2007年，省文化厅、财政厅先后两次拨款，扶持我县建设了全国文化信息资源共享工程冠县支中心，并将我县列入全省文化信息资源共享工程试点县和示范县。近年来，我县积极实施文化惠民，加强公益性文化设施建设，公共文化服务体系也日益完善，文化共享工程在新形势下为繁荣农村基层、提升全县公众素质方面发挥着不可替代的作用。

一、整体情况

冠县文化共享工程筹建工作开始于2005年前后，建设初期，冠县专门成立了以分管县长为组长的县文化信息资源共享工程领导小组，组织协调、检查督导，并明确各个乡镇的工作任务、目标要求，同时，县委县政府还把这项工作纳入到了全县的目标考核。

在冠县图书馆和冠县文化活动中心先后建立了80平方米和100平方米的多媒体教室，分别配备了电脑桌椅、防盗门窗、监控系统等设施并做了室内装修。同时为搭建沟通平台，加强了乡镇、村文化阵地建设，建立完善了乡镇、村文化站(室)，完善了文化共享工程基层服务点。截至目前，经省市资助和自建，我县共建立了1个共享工程县级支中心，

通过省市县财政资金投入以及与农村党员干部现代远程教育的合作共建734个村级基层服务点，及建成多个城区公共电子阅览室试点。初步形成了以县支中心、乡镇和村(社区)基层服务点为主体的网络框架和服务平台体系。

二、网点建设

1、中心站点：文化共享工程冠县支中心(冠县图书馆)

2、乡镇(村)级站点：依托组织部党员远程教育的硬件资源条件，合作共建共享工程基层站点，分别为其悬挂标牌、制度上墙，最终实现覆盖率达到近98%。

3、学校站点：依托学校现有机房等硬件设施环境，充分利用图书馆现有资源，现已经建成冠县实验小学、冠县实验中学、冠县一中、冠县武训高中等四处公共电子阅览室，极大的满足了在校师生的需求。另外冠县城关中学、冠县二中等另外五处尚在建设中。

4、企事业单位、街道(社区)站点：待议。

三、管理和培训

自工作开展以来，按照省市要求，县领导专门研究了我县共享工程支中心的编制和机构组建工作，抽调了5名专业人员负责支中心的工作，各乡镇设立1-2名专兼职文化干事，明确职责，指导各基层服务点，各村明确一名基层服务点负责人，从而形成了县乡村三级组织机构。

为了帮助各级工作工作人员尽快熟悉业务，我们多次组织人员去省市学习，并开展专业培训班，或由支中心组织人员下到基层做现场辅导培训，确保了共享工程工作的顺利开展。

四、资源建设

冠县支中心自建至今，通过卫星接收、收赠光盘、搜集整理各类题材数字资源近3TB，向全县基层中心发放光盘和电子读书卡千余张。多次与组织部电视频道资料库输送优秀的文化视频，充分利用电视信号覆盖范围广的特点向广大农村传播精品。另外，在上级馆的支持下，争取到了若干网络电子资源的使用权，从某一层面上来讲，扩容了我馆的资源容纳。

五、经费投入

建设初期，当地财政部门对于冠县支中心的选址及改造给予了一定的经费支持。2007年，省文化厅、财政厅先后共两次投入，对照国家中心配置标准，为我支中心配备了文化共享工程软硬件环境平台，诸如：卫星接收设备、服务器、网络设备、计算机终端、业务办公电脑、投影仪、打印机、扫描仪、配套软件等等。后期共享工程各项活动正常开展的保障性机制还待进一步争取和完善。

六、合作共建

我支中心在现有的工作环境条件下，尽可能的将资源服务最大化，积极横向联姻、拓展手段、延伸服务，如与农村公益电影放映队的联姻、与组织部广播电视频道的联姻、与校内机房的联姻等等。通过多方努力，共享工程正逐步贴近百姓生活，成为文化惠民的新渠道新平台。

七、惠民服务

冠县支中心在共享工程服务实践过程中，以民众的需求为导向，积极探索并引领高尚精神文化生活，打造文化服务新平台。

基于我县是农业大县，我支中心在接收的资源中有针对性在挑选部分科普视频刻录成盘，下发到农村基层点。同时，充分利用各种资源开展阵地服务，先后多次举

办“农业科普”知识讲座及展览、“奥运实况转播”、“精品电影联播”等活动，在社会上产生了好的效果。

2011年至今，我馆响应上级关于公共图书馆免费开放的精神，免费借阅图书的同时，我县支中心机房也随着向读者全免费开放，使到馆群众得到了更多的实惠。

八、宣传推广

我县支中心每年利用“全国图书馆服务宣传周”、“世界读书日”、“国庆节”等重要时间(段)，会不失时机的对外宣传图书馆和文化共享工程，如：场地悬挂条幅、散发宣传单、电影展播等。

九、工作展望

我县文化共享工程已经走过了10个年头，从无到有、从小到大、从少到多、从近到远，文化共享工程逐渐成为我县公共文化服务体系建设中不可缺少的中坚力量平台，随着此项事业的壮大，她与群众走得也越来越近，不断丰富着我县人民的精神文化生活，推动着文化惠民的整体进程。

今后，冠县支中心希望在国家中心、山东省分中心及市支中心的大力支持下为冠县文化共享工程建设一支专业化的服务队伍，建成一个规范化的网络服务体系，形成一套长效统一的保障机制，使我们服务的手段更加多样化，服务的范围更加宽范化，使老百姓成为最大的受益者，继续繁荣我县的公共文化服务事业。

（撰文/安洪涛）

高唐县支中心

一、基本情况

高唐县位于山东省西北部，辖9个镇、3个街道、1个省级经济开发县、184个行政村（社县），人口50万，面积960平方公里。

高唐县文化资源共享工程建设开始于2007年，陆续在全县十三个镇（街道办）文化中心开始安装，安装设备均通过卫星设备直接接收山东省支中心下发的各类资源和信息。2007年下半年高唐县文化资源共享工程开始普及进入乡镇行政村，第一批45个行政村与当年安装调试完毕。2008年第二批139个行政村进行安装，至此高唐县所属行政村实现全县共享工程村村全覆盖。

共享工程高唐支中心设在高唐县图书馆，是高唐县共享工程的建设和业务指导单位，负责保障县中心共享工程设备的运行，协调镇村级共享工程设备的维修，指导镇村级共享工程活动的开展以及开展全县共享工程管理员的业务培训和指导。

二、管理和队伍建设

为使共享项工程真正为民所用为民谋利，高唐支中心将共享工程日常管理纳入制度化管理。制定支中心、镇、村基层服务点工作职责和制度，实行制度上墙公开。每年有年度工作计划，月度有工作要点，季度有工作督导，年末有工作总结考核，并推行管理员工作日志管理，收集整理共享工程服务活动的得失，探索共享工程管理和服务新模式。

文化资源共享工程作为一个新的农村文化资源获取平台，如何推广好、利用好共享工程丰富的文化资源关键在于是否有一支专业化的共享工程管理员队伍。

高唐县共享工程支中心在管理员队伍建设上坚持明确职责，明确思路，制度化管理，常态化培育。对于乡镇、村两级基层共享工程管理上择优选取文化层次较高，有一定社会基层管理服务实践经验的大学生村官为管理员，他们工作热情高，有较高的文化水平能尽快熟悉掌握共享工程设备为所在村民服务。

目前高唐县共享工程管理员60%为各级大学生村官，20%是由较高学历的村委委员兼任，实现了管理员选取的高起点。

三、培训工作

高唐支中心在共享工程管理员的培养上实现了制度化和常态化。

根据支中心工作要求，每年对辖区共享工程管理员进行2期的集中培训，2007年以来一共举办各类培训班13期，参加轮训的各级管理员达600余人次。

四、经费投入

高唐县共享工程自2008年实现村村全覆盖以来，县图书馆每年投入10余万的运维经费，用于共享工程设备的维护，人员培训和惠民活动的开展。同时，高唐县政府，高唐县文广新局和高唐图书馆每年也投入大量人力物力支援共享工程各项活动的正常开展。

五、资源建设

高唐支中心在历年的工作中，搜集不同区域民众文化需求，选取、编辑制作各类题材资源2TB，每年制作发放各类光盘200多张，展板30多块，各类海报，招贴画17副，发放宣传资料6000余份。

六、合作共建

以共享工程为依托结合全覆盖的农村数字电影厅建立电子文献资源服务中心。将各种部门下发的电子文献资源与建立的共享工程服务点结合，根据不同乡镇、村的硬件条件建立形式多样的电子阅览室和多媒体中心。

比如在鱼邱湖办事处的赵八里村，卅十里镇的庄庄村等与数字电影厅结合建成电影放映，共享工程宣教授课和电子资源阅读播放为一体的多功能活动室。通过多方不懈努力，共享工程已逐步走入基层村民生活，成为村民获取新知，娱乐身心的新渠道新平台。

七、利民惠众，惠农服务

高唐支中心在共享工程服务实践过程中，以民众的需求为导向，积极探索，服务民众生活生产，引领群众高尚精神文化生活，打造群众满意喜爱的文化服务新平台。

根据高唐地域农业生产特点，高唐支中心每年按节令制作农业生产技术光盘和小册子通过行政村基层服务点村民分发。针对不同农业专业者，高唐支中心有针对的选取资源上门指导服务。历年来累计服务专业生产户50多户，长期点对点跟踪服务6户。

八、宣传推广

专题活动，精彩纷呈。高唐支中心在服务中抓住文化的热点和亮点，积极组织群众喜闻乐见的文化服务，使共享工程走进群众生活。邀请一批知名演播人士来我县与基层群众一道品读中华经典，共享文化盛宴。

九、工作展望

高唐县文化资源共享工程已走过6个年头，从昨天的几个点到今天的184个行政村全覆盖，从单一的资源接收到今天的编辑分发和群众广泛认知，广泛参与，文化资源共享工程在高唐已经成为高唐人民文化生活的一大支柱，成为繁荣高唐文化，丰富高唐人民精神生活，推动高唐人文科技进步的强大动力源泉。

今后高唐支中心希望在国家中心，北京分中心大力支持下为高唐共享工程建设一支专业化的服务队伍，建立一个国家、市、县三级知识网络联动的即时问答服务体制和服务形式更加多样，服务网点更加宽广，参与群众更加广泛的共享工程文化带动体系，为建设科技高唐，文化高唐做出贡献。

（撰文/高唐县支中心）

德州市支中心

德州，位于黄河之滨，冀鲁交界，是山东省的北大门。辖一区两市八县和两个经济开发区，总面积10356平方公里，人口560万。德州市共享工程建设工作已完成，各项工作开展顺利，资源建设工作正在进行中，初步形成了市、县、乡、村技术服务网络和信息资源传输网络，乡、村基层服务点在与远程教育站点共建共享的基础上，加挂“全国文化信息资源共享工程基层服务点”牌子，制定了站点共同建设和管理规范，基本实现了全面覆盖。

一、基本情况

建立领导机制，精心策划，周密安排。自共享工程建设实施以来，市文化局积极争取市委、市政府的支持，2005年以两办名义下发了（中共德州市委办公室　德州市人民政府办公室转发《德州市文化局　德州市财政局关于进一步加强全市文化信息资源共享工程建设的意见》的通知），2006年市文化局会同市财政局和市党员干部现代远程教育中心一起下发了（关于转发《关于全省党员干部现代远程教育和文化信息资源共享工程实现共建共享的意见》的通知），2007年以市政府名义下发了《德州市人民政府关于加强文化信息资源共享工程建设的意见》。这些文件的下发，确保了共享工程顺利开展。在各种电子设备安装完成的同时，还在网通公司办理了100M的因特网专线，供支中心计算机设备上网浏览国家正规网站学习，充分体现文化共享工程学习的绿色环境，浏览红色、健康的网站。截止到2012年底，全市共建成市级支中心1个，县级支中心11个，乡镇基层服务点125个，社区基层服务点26个，行政村基层服务点7953个，其中省级示范县2个，示范基层点5个，全部建成乡镇、街道和村基层服务点，实现了文化信息资源共享工程全覆盖。

二、管理和队伍建设

支中心对外开放前，制定了各项规章制度，并装订成册，有关制度上墙；印刷了宣传材料及数字阅览证，完善室内环境布局装饰，写真标语口号，挂在室内墙壁，设置了光盘展示橱窗，以方便宣传和借阅。为保证设备完好和正常使用，对每台（件）设备设置了档案，存放说明书及相关材料。针对工作人员的实际情况，制定学习计划，使之制度化，集中学习共享工程专业知识及立足工作岗位开展创优质服务品牌的活动。

三、培训工作

为规范运行管理机制，加强整体队伍素质建设，提高人员专业技术水平，市支中心制定了全市培训计划，采用分批培训、集中培训、发放培训资料、上门指导、电话咨询、召开现场经验交流会等方式，定期对县（市、区）支中心及基层服务点进行培训，确保整体队伍熟练掌握文化共享工程基本知识以及设备安装、维护、使用等技能。为提高自身业务素质，支中心的工作人员还多次到省馆参加共享工程建设培训班。

四、经费投入

按照文化部文件的要求标准，认真调查研究，制定预算计划，保证资金按时到位，确保工程顺利开展。目前，市财政部门划拨文化共享工程专项资金累计130万元，现已全部投入建设，共享工程规模已见成效，德州市支中心具备局域网络主干通讯能力100M，共享工程专属服务器4台，磁盘阵列1台12TB，设置了拥有60台计算机的电子阅览室和40台终端的馆内局域网，用于读者免费浏览共享工程网站及检索相关数字资源。

五、资源建设

在资源建设方面：一是文本资源的建设，主要是地方文献扫描和校版工作，现已扫描文本资源近130万字；二是视频资源的建设，外接省资源千里马资源310G；影视欣赏680G；讲座116G；下载资源卫星接收300G；空中课堂235G；自制资源德州新闻546G；参与各种文化活动及演出110余场，采集视频727G，采集大量的图片，建立了图片和视频库。阵地服务中，支中心的各种视频资源，利用流媒体点播软件，实现了阵地浏览和远程网络服务。专门创设了共享工程专栏，同时把全国文化信息资源共享工程卫星网接收的电影、戏剧、讲座、农村种植、科教等知识，让有互联网条件的广大群众享受丰富的资源，了解工程的最新动态。打造“德州文化共享工程影视频道”（地址：http://222.133.32.155/webmedia/）平台，到目前为止，该平台已发布图书馆自摄、自制的多媒体近

300部，内容涵盖了德州历史文化与现代文化发展的方方面面。针对德州一些具有特色的地方戏剧、文化产业、旅游景点等资源进行自行加工整合，建立具有德州特色的文化信息资源库。

六、合作共建

为更好地延伸服务功能，全面拓宽服务渠道，分别在武警德州市中队、部分社区、学校建立了全国文化信息资源共享工程基层服务点，并拷贝了各种文化信息资源，丰富武警官兵、市民、学生的业余文化精神生活。

七、网络服务

为进一步加强我市文化共享工程规范化建设，完善服务功能，提高服务水平，利用数字化的手段和方式又为广大市民朋友开通了图书馆"馆藏文献检索"的服务内容，使大家足不出户即可查阅图书馆的馆藏资源及借阅情况，实现了外网对本馆文献资源数据库的检索，为读者提供了方便、快捷的服务方式，也为图书馆数字化建设起了重要作用。

德州市网络图书馆为德州市十大民心工程已于2011年11月11日开通运行。全市范围内所有网络用户均可访问。使得德州市560万人都成了德州市网络图书馆的"在馆读者"。使图书馆真正成为市民"身边的图书馆"、"掌上图书馆"，实现了读者足不出户就可享受现代图书馆服务的梦想。

八、荣誉奖项

1、2008年10月被山东省文化厅授予"山东省文化信息资源共享工程建设与服务工作先进集体"和"山东省文化信息资源共享工程建设与服务工作先进个人"荣誉称号；

2、2009年9月24至25日山东省"万方数据杯"文化信息资源共享工程知识与技能竞赛中荣获三等奖。

九、工作展望

积极采用图书馆成熟技术，努力把文化信息资源共享工程用活、用好，大力开展公益性服务。通过多种形式拓展服务范围、创新服务方式，将地方影视戏曲、音乐歌舞、美术等艺术表现形式纳入共享工程服务内容，以群众喜闻乐见的形式使共享工程更加贴近基层、贴近生活、贴近群众。我市支中心文化信息资源共享工程在各方面的不断努力下已见成效，相信文化信息资源共享一定会以一个全新的面貌展现在群众面前，一定会成为老百姓满意的文化信息工程，成为社会主义文化大繁荣大发展的有力支撑。

（撰文/崔志飞）

德州市德城区支中心

德州市中心城区，山东"北大门"，全国交通枢纽。德城区辖2镇（黄河涯镇、二屯镇）、4个街道（天衢、新华、新湖、广川），47个城市社区、51个农村社区，面积231平方公里，总人口60万人。

一、基本情况

在上级领导的重视和支持下，德城区于2006年6月全面启动"文化信息资源共享工程"建设。通过财政拨款，区图书馆购置了联想服务器、数据存储、投影仪、音响等相关设备。依托已有电子阅览室设备条件组建完成德城区第一个"文化信息资源共享工程"基层中心。

德城区当时一共有145个基层服务点，其中包括二屯镇、黄河崖镇、新华办事处、天衢办事处、东地办事处、新湖办事处的自然村和社区，这些社区依托原来的党员远程教育设备来实现全区共享工程村村全覆盖。

二、管理和队伍建设

德城支中心现有专业技术人员有9人。把共享工程日常管理纳入制度化管理。制定了支中心、镇、村基层服务点工作责任和制度，实行制度上墙公开。推行管理员工作日志管理。明确职责，努力建成一支专业化的共享工程管理员队伍。

三、培训工作

德城支中心根据支中心要求，每年对辖区共享工程管理员进行一次的培训，同时还从市馆请技术员给我支中心人员指导培训，2006年以来共举办培训班10期，参加轮训的各级管理员达500人次。

四、经费投入

德城区共享工程自2007年实现村村全覆盖以来，先期政府投入60余万建成支中心以后，每年再投入2余万的运维经费，用于共享工程设备的维护，人员培训和惠民活动的开展。

五、资源建设

德城支中心在历年的工作中，搜集地方志历史名人资料，每年发放各类光盘200张，发放宣传资料1000余份。

六、合作共建

以共享工程为依托，德城支中心根据不同乡镇、村的硬件条件建立电子阅览室和农家书屋。例如黄河涯镇的馨秋社区，鑫源社区，是基层电子阅览室的典型。通过

多方努力，共享工程已逐步走入基层村民生活，成为村民获取知识，娱乐身心的新平台。

七、利民惠众，惠农服务

为帮助广大农民群众丰富农业科技知识，提高生产技能，德城支中心抓住春播耕种的时节，充分利用全国文化信息资源共享工程的农业科技知识光盘资源，积极开展多项“文化共享助春耕”服务活动。德城区文化信息资源共享支中心每年都刻录《新农村建设》和《种养科技》等养殖部分的光盘，内容涵盖了土壤肥力测速诊断、生态农场运行、牲畜养殖、北方旱地免耕播种技术等农业生产资料，分发给黄河涯镇、新华办事处等5个乡镇办事处的基层点。丰富了广大农民的农业科技知识，使基层农业增产增收。

八、宣传推广

1、增加教育意义大的爱国主义教育基地。开通绿色上网通道，安装“净网先锋”监控平台。图书馆要将信息资源共享工程建设成为未成年人思想道德教育和文化艺术教育服务的重要网络文化阵地。文化信息资源共享在周末定期向未成年人免费开放，让他们放心浏览绿色网站（文化网、农村网上书屋、共享工程少年版、山东省图书馆等），努力办成名副其实的爱国主义教育基地。还准备了爱国主义题材的光盘，免费向未成年人提供。

2、专题活动，精彩纷呈。德城区支中心利用共享工程，积极组织群众文化服务，使共享工程走进群众生活。例如为纪念建党90周年，以“红色经典伴我成长”为主题内容，举办全区少年儿童“红色经典伴我成长”主题教育读书征文演讲活动。参赛同学以饱满的激情，回顾了好书对自己成长的积极影响。不管是自传体记叙文，还是散文诗歌，都做到了主题鲜明，语言流畅，富有真情实感，体现了当代少年儿童“以书为友，以读为乐”的良好精神风貌。

3、开展农村公益电影放映工作，为农民群众提供优质方便的电影数字化放映服务，提高了农民群众的思想道德、科学文化素质。其中一些革命片《地雷战》等，对青少年有一定的教育意义。近几年来共放映电影五百余场。

九、工作展望

德城支中心希望今后在国家中心，德州市中心大力支持下为德城共享工程建设一支专业化的服务队伍，为繁荣德城文化，丰富德城人民精神生活做出贡献。

（撰文/齐新亮、齐艳军）

乐陵市支中心

乐陵市为西华北平原的一部分，由黄河冲击而成。地处山东半岛中部，潍坊市西南部，总面积1172平方公里，辖8个镇、4个乡，4个街道，479个社区（行政村），68万人。乐陵市文化资源共享工程在德州市文化局，德州市图书馆支持和部署下，逐步推进，稳步发展，在新形势下为繁荣农村基层文化，满足农民多层次文化需求，传递中国民族优秀文化资源发挥了重要作用。

一、基本情况

乐陵市文化资源共享工程建设开始于2007年，市图书馆试点安装，此后陆续在全市十六个乡、镇（街道办）开始安装，前期安装设备均通过卫星设备直接接收国家中心下发的给类资源和信息。2010年乐陵市文化资源共享工程开始普及进入乡镇行。实现全市共享工程乡镇全覆盖。共享工程乐陵支中心设在乐陵市图书馆，是乐陵市共享工程的建设和业务指导单位，负责保障区中心共享工程设备的运行，协调乡镇级共享工程设备的维修，指导乡镇级共享工程活动的开展以及开展全市共享工程管理员的业务培训和指导。

二、管理和队伍建设

为使共享项工程真正为民所用为民谋利，乐陵支中心将共享工程日常管理纳入制度化管理。制定支中心、乡镇基层服务点工作职责和制度，实行制度上墙公开。每年有年度工作计划，月度有工作要点，季度有工作督导，年末有工作总结考核，并推行管理员工作日志管理，收集整理共享工程服务活动的得失，探索共享工程管理和服务新模式。文化资源共享工程作为一个新的农村文化资源获取平台，如何推广好、利用好共享工程丰富的文化资源关键在于是否有一支专业化的共享工程管理员队伍。乐陵市共享工程支中心在管理员队伍建设上坚持明确职责，明确思路，制度化管理，常态化培育。对于乡镇基层共享工程管理上择优选取文化层次较高，有一定社会基层管理服务实践经验的大学生为管理员，他们工作热情高，有较高的文化水平能尽快熟悉掌握共享工程设备为所在村民服务，实现了管理员选取的高起点。

三、培训工作

乐陵支中心在共享工程管理员的培养上实现了制度化和常态化。根据支中心工作要求，每年对辖区共享工程管理员进行4期的集中培训，从2007年以来一共举办

各类培训班20期，参加轮训的各级管理员达1000人次。

四、经费投入

乐陵市共享工程自2009年实现乡镇全覆盖以来，乐陵市政府投入60余万用于共享工程及设备的维护，人员培训和惠民活动的开展。同时，乐陵市文广新局和图书馆每年也投入大量人力物力支援共享工程各项活动的正常开展。

五、资源建设

乐陵支中心中心机房接入了10M专用光纤，配置了42U机柜1台，各类服务器4台，磁盘阵列存储4TB，千兆交换机1台，百兆防火墙1台，自动KVM切换器1台，三相电接入15KW UPS1台，可保证4台服务器及35台终端机断电待机半小时以上，网络杀毒软件、信息浏览监控软件、视频点播软件、SQL server2000数据库软件，windows2003 server操作系统，office2003、图书馆自动化管理软件1套，卫星接收系统1套，接地、防雷、防火等系统。在历年的工作中，搜集不同区域民众文化需求，选取、编辑制作各类题材资源2TB，每年制作发放各类光盘600多张，展板10多块，各类海报，招贴画23副，发放宣传资料2000余份。

六、合作共建

以共享工程为依托结合全覆盖的农村数字电影厅建立电子文献资源服务中心。将各种部门下发的电子文献资源与建立的共享工程服务点结合，根据不同乡镇、村的硬件条件建立形式多样的电子阅览室和多媒体中心。比如市中街道办事处建立拥有多台电脑的多媒体阅读中心，在黄夹镇共享工程宣教授课和电子资源阅读播放为一体的多功能活动室。通过多方不懈努力，共享工程已逐步走入基层村民生活，成为村民获取新知，娱乐身心的新渠道新平台。

七、利民惠众，惠农服务

乐陵支中心在共享工程服务实践过程中，以民众的需求为导向，积极探索，服务民众生活生产，引领群众高尚精神文化生活，打造群在满意喜爱的文化服务新平台。根据乐陵地域农业生产特点，乐陵支中心每年按节令制作农业生产技术光盘和小册子通过行政村基层服务点村民分发。针对不同农业专业者，乐陵支中心

有针对的选取资源上门指导服务。历年来累计服务专业生产户10多户，长期点对点跟踪服务3户。

八、宣传推广

1、乐陵支中心利用各种渠道宣传推广共享工程。在乐陵每年的科技文化四下乡活动，科普之春，科普之夏，科技周等活动中，乐陵支中心不失时机，以活动为平台，以资料为媒介宣传共享工程，让民众不断了解共享工程，走进共享工程。

2、走进校园。乐陵支中心文化服务中不断探索，利用支中心儿童阅览专区，组织动员青少年儿童关注共享工程，利用共享工程，收集青少年知识兴趣点整理挖掘，针对集中地知识群和关注点乐陵支中心联合友邻部分聘请专家前来为青少年答疑解惑，通过一系列的活动是共享工程不仅走进农村也走进校园走进青少年。

3、专题活动，精彩纷呈。乐陵支中心在服务中抓住文化的热点和亮点，积极组织群众喜闻乐见的文化服务，使共享工程走进群众生活。

九、工作展望

乐陵市文化资源共享工程已走过5个年头，从昨天1个点到今天的16个乡镇全覆盖，从单一的资源接收到今天的编辑分发和群众广泛认知，广泛参与，文化资源共享工程在乐陵市已经成为乐陵人民文化生活的一大支柱，成为繁荣乐陵文化，丰富乐陵人民精神生活，推动乐陵人文科技进步的强大动力源泉。今后乐陵支中心希望在国家中心，德州分中心大力支持下为乐陵共享工程建设一支专业化的服务队伍，建立一个国家、市、区三级知识网络联动的即时问答服务体制和服务形式更加多样，服务网点更加宽广，参与群众更加广泛的共享工程文化带动体系，为建设科技乐陵，文化乐陵做出贡献。

（撰文/范 杰、王建成）

禹城市支中心

禹城市地处山东省西北部，历史悠久，文化丰厚，1993年撤县设市。现辖8镇2乡2个街道办事处和1个省级高新技术产业开发区，383个社区（村），总面积990平方公里，耕地80万亩，人口52万。禹城市文化资源共享工程在省文化厅，市图书馆支持和部署下，逐步推进，稳步发展，为繁荣农村基层文化，满足农民多层次文化需求，传递中华民族优秀文化资源发挥了重要作用。

一、基本情况

共享工程禹城支中心设在禹城市图书馆，是禹城市共享工程建设和业务指导单位，负责保障本中心共享工程设备的运行，协调镇村级共享工程设备的维修，指导镇村级共享工程活动的开展以及开展全区共享工程管理员的业务培训和指导。禹城市共享工程建设始于2007年，投资800万建设并于2007年7月6日开馆的禹城市图书馆，为共享工程建设提供了基础条件。

德州市先后两次召开共享工程建设工作会议并举办了业务人员培训班，下发了德州市政府41号文；德州市文化局制定了详细地实施方案、试点县支中心系统设备配置标准和业务人员培训大纲。为确保系统配置设备的质量和标准，我们采取政府采购的形式，面向社会公开招标，本着“同等价格比质量，同等质量比价格”的原则，全面配齐、配全、配优软硬件设备、系统。对专项资金使用，我们按照“先急后缓、宁缺毋滥、专户管理、专家认证”的原则，确保设备配置达到或超过上级标准要求，努力提高资金和设备的利用率。在市政府的统一领导下，文化、财政、教育、广电、网通、电力、远程教育中心等相关部门各司其职、各负其责，加班加点、争分夺秒，2007年8月底全面完成了共享工程建设任务。截至2007年底，用于支中心共享工程建设的配套资金已累计达68万元，主要软硬件设施包括：(1)中心机房：备好42U机柜1台，内设浪潮英信服务器4台，千兆交换机，百兆防火墙、

网络杀毒软件，卫星接收系统，空调1台，接地系统，防雷系统等；(2) 电子阅览室：面积100平方米，设30套电脑终端，戴尔服务器1台，空调2台等；(3) 多媒体室：近80平方米，设座位80个，投影仪，影碟机，笔记本，音响各一套，空调1台等；(4) 数字加工室：20平方米，扫描仪、打印机、复印机、数码摄像机、数码照相机等；(5) 支中心标牌、宣传画、共享工程介绍、规章制度已上墙。(6) 经费落实：支中心目前已落实年运行经费为3万元。

二、管理和队伍建设

加强队伍建设。我们在加强领导队伍建设的同时，迅速及时的组建了一支专业人才队伍。按照省及德州市的要求，合理配置专业岗位，配备了3名专职工作人员（均具有大学本科以上学历），并加强培训和考核，使之真正承担起正常的管理和服务工作，同时不断加强对乡村基层服务站点的业务指导和培训。每年定期举办了4期培训班，下乡指导达500多人次。二是加强制度建设。在工作实践中积极探索共享工程管理的方式、方法，逐步建立、健全、完善了行之有效的内部管理制度，特别是设备管护、资源收集、业务培训、技术指导、文明服务和安全保卫等制度，使管理和服务水平不断提高。三是加强资源建设。共享工程不是一劳永逸的事情，特别是文化资源共享的内容，需要我们不断地去更新、充实、完善、提高，只有这样才能永保共享工程的生命力。在设备正常运转之后，我们在充分利用好上级共享资源的基础上，广泛收集本市政治、经济、文化信息资源，我们整合了1.5TB的影视资料，农业科技资料等。

三、培训工作

禹城市支中心根据支中心工作要求，每年对辖区共享工程管理员进行4期的集中培训，2007年以来一共举办各类培训班24期，下乡指导达500多人次。参加轮训的各级管理员达900人次。

四、资源建设

禹城市支中心在历年的工作中，整合了1.5TB的影视资料，农业科技资料多部（包括视频和文字），每年制作发放各类光盘300多张，展板30块，发放宣传资料2000余份。

五、宣传推广

开展了和学校互动，播放专题电影，开办讲座等活动，受到市民和读者的好评和赞扬。各种专题活动丰富多彩，例如每年正月十四，十五举办迎春猜谜活动、4.23日的世界读书日活动等。

六、工作展望

党的十七届六中全会制定的“文化强国”战略，已唱响新时代，为基层文化大发展、大繁荣注入了强大动力。几年来，我们立足市情，立足本职做了一些工作。但与党和政府要求，与全市人民文化需求，与全省其他先进文化县（区）相比，工作还存在着很大差距。但我们会以更加自信的态度，更加自觉的行动，学习先进，追赶先进，坚持资源整合，共建共享，综合利用，实用高效的文化建设理念。加快完善我县城乡一体化公共文化服务体系，努力推动我市文化大发展、大繁荣，为建设书香新禹城做出新贡献。

（撰文/程先利、宋　平）

陵县支中心

陵县地处鲁西北黄河冲积平原，是德州市的近郊县，素有“京津门户，九达天衢”之称。全县总面积1213平方公里，辖9镇3乡1个经济开发区，989个行政村，55万人口，是全国农业百强县，全国棉花产业化试点县，山东省畜牧大县。

一、发展概览

2007年文化信息资源共享工程陵县支中心成立，和陵县图书馆一套班子，借用陵县一中图书馆为办公地点，面积240多平方米，具备“一房三室”，即中心机房和电子阅览室、多媒体教室课件加工室，中心机房面积30平方米，电子阅览室面积121平方米，多媒体教室面积80平方米。于2007年11月9日设备的接收、安装、调试全部完成，正式运行。2009年陵县在位于县城中心的东方公园内投资9000万元建成占地16000平方米的文化艺术中心，图书馆搬迁于文化艺术中心二楼，现有馆舍面积4600平方米，成为我县的文化主阵地和信息、学术交流中心，并积极争创全国一级馆。

二、基础设施建设

自部署建立共享工程县级支中心以来，陵县县委、县府领导高度重视，按照省、市要求，对文化信息资源共享工程进行了专题研究、部署。

全国文化信息资源共享工程陵县支中心具备“一房三室”，即中心机房和电子阅览室、多媒体教室课件加工室，中心机房面积30平方米，电子阅览室面积121平方米，多媒体教室面积80平方米，另配有儿童图书阅览室约32平方米。县财政按照上级要求投资18万元购置相关配套设施：隔断、装修房间，安装灯具，机房内安装防静电地网、防静电地板，三相交流电源，动力配电箱，配备电源避雷装置，空调4台，灭火器6个；网络布线，预留网络接口50个，阅览室购置电脑桌椅35套，多媒体教室观众桌椅80套；制作支中心牌子、管理制度、宣传招贴共计21块；文件橱6件。开通互联网，网通100兆光纤接入。环境优雅整洁，营造了良好的服务氛围。

三、管理和培训工作

我们非常重视县支中心和基层服务点的规章制度建设，做到制度上墙，落到实处，建立了软硬件设备及其他固定资产档案，建固定资产帐，印制各种活动记录簿、支中心人员工作日志，使业务活动和资源有记录有档案，档案资料规范可查。

陵县支中心现有技术人员2人，工作人员共5人，为做好这一工作，我们对图书馆现有工作人员进行微机基础知识及基本操作技能的培训，并派出技术人员积极参加省、市的共享工程培训，组织学习和自学相结合，认真学习省、市的培训课件，在工作中学，在学习中干，掌握设备的管理、维护和使用，保证共享工程工作的顺利开展。

四、基层服务和利民惠农工作

基层服务点与党员远程教育共建共享，全县13个乡镇建有基层服务点，989各行政村中972个村建起了共享工程基层服务点，覆盖率达98%，拥有310名专职管理人员和662名兼职管理员。糜镇、陵城镇、神头等几个乡镇的文化大院的建设面积都达到了800平方米以上，并且都建立了多功能活动厅、书刊阅览室、培训教室、共享工程电子阅览室、办公室等“四室一厅”，书刊阅览室配备图书都达到了3000册以上，糜镇图书达到了20000册，前孙镇、边镇、宋家镇、义渡乡图书达到了4000册以上。阅览室、培训教室都配备的桌椅全部达到了省市要求，配齐了电视机、播放机以及6台以上的能够上网的计算机，糜镇、滋镇、开发区计算机都达到了20台以上，全县十三个乡镇都配置了投影仪。和县委组织部配合，多次带领工作人员深入各乡镇、村，检查指导站点挂牌、制度上墙、收看纪录等方面的情况，有力地促进了该项工作的广泛、深入开展，乡镇和村基层点平均年服务达到50万人次。今年我县被评为“全省公共电子阅览室”示范县。11月22日下午，陵县文化局响应我省“进民户、访民情、惠民生”大走访活动，举行“走遍金色田野，唱响幸福陵县”送文化下乡活动，并为宋家镇高牛村捐赠文艺用品和500册图书。

五、工作展望

陵县文化信息资源共享工程从开始启动发展到今天已经走过了6个年头，从最初的借用办公地点到今天“全省公共电子阅览室”示范县，从一个点发展到县乡972个服务点，陵县文化资源共享工程已经成为百姓家家户户精神文化生活的一大盛宴。展望未来加大力度培养技术人员，搞好基层服务点的培训指导，定期培训管理人员。在巩固阵地服务的基础上，拓展延伸服务，搞好调研，了解群众的需求，把基层群众真正需要的文化科技资源送到每一位老百姓的手中，充分发挥文化信息资源共享工程的作用，使文化传播和现代科技完美的融合，为新农村建设精神文明发展和创建幸福和谐的社会添砖加瓦。

（撰文/高纳新、陈艳霞）

平原县支中心

平原县位于山东省西北部，德州市辖县，总面积1047平方公里，辖3乡7镇2个办事处1个开发区，共180个社区，876个行政村，总人口46万。2002年被授予“山东省社会文化先进县”并保持至今。在上级文化部门的领导和支持下，平原县建成了文化信息资源共享工程县级支中心和基层服务点，努力实现文化的大发展、大繁荣。

一、基本情况

平原县文化信息资源共享工程2005年启动，2006年被列入山东省30个基层示范点，在上级领导的重视和支持下，开始按照全省统一标准进行建设，2007年6月建成支中心并投入使用。支中心下辖143个基层服务网点。2008年，平原县统一下发设备，为全县3乡7镇2个办事处1个开发区建成乡镇基层服务点，以农村党员干部现代远程教育系统为依托实施资源投放，实现了共享工程在平

原县的普及。

共享工程平原县支中心设在平原县图书馆，是平原县共享工程的建设和业务指导单位，负责县支中心共享工程设备的运行和维护，指导乡镇村级基层服务点活动的开展以及对基层服务点管理员进行业务培训和指导。

二、管理和队伍建设

为保证支中心工作有序开展，支中心制定了各项工作职责和制度，实行制度上墙公开；各基层服务点也都建有相关工作职责和制度，并上墙公开。每年有年度工作计划，每阶段有工作重点，年末有工作考核，同时推行管理员工作日志管理，总结得失，不断改进和创新共享工程管理和服务新模式。

平原县支中心在管理员队伍建设上坚持明确职责，明确思路，制度化管理，常态化培育，实行馆长负责、分管业务馆员具体抓工作机制。支中心有三名专业人员实行分工协作，各基层服务点也都配有专兼职工作人员。

三、培训工作

平原县支中心注重工作人员的业务培训，积极参加省、市两级中心组织的各种业务培训，并对本辖区基层服务网点工作人员进行相关业务培训。

四、经费投入

平原县支中心自建设到运营共投入资金80万元，其中，山东省文化厅投入设备资金60万元，县财政投入15万元配套建设资金。近年来，县财政不断加大投入运营经费，保证了支中心工作的正常开展。

五、资源建设

2007年以来，平原县支中心通过卫星接收系统和网络接收资源总量达8TB，还先后接收上级共享工程中心派送光盘852张。同时，支中心将文体信息网、教育网、农网等与共享工程有机衔接，整合资源，扩大资源总量。2012年初，支中心购入1946年—2011年电子版人民日报安装到电子阅览室供读者查阅；在电子阅览室微机桌面创建了德州数字图书馆的快捷方式，方便读者访问。

六、惠民服务

平原县支中心结合图书馆免费开放服务，对电子阅览室实行全方位免费开放，充分利用电子网络技术为读者服务，全年无休，每周开馆不低于50小时，每年服务大众上万人。同时，支中心与县电影公司合作，利用电影公司下乡放映，配发适合各乡镇种养加工特点的科技光盘，为广大农民提供科学技术服务。

2007年开展业务以来，支中心有针对的选取资源上

门指导服务，累计服务专业生产户30多户，并长期对王杲铺镇大棚蔬菜种植户、前曹镇奶牛场等跟踪服务。

七、宣传服务

为充分发挥支中心公益性服务的职能，该支中心加大宣传力度，结合公共图书馆免费开放工作的开展，公示支中心免费服务项目、开放时间等，努力提高共享工程的社会知晓率，引导读者走进共享工程、利用共享工程：一是通过电视流动字幕宣传支中心免费信息查询、上网等服务，二是在文化局网站发布文化快讯，对支中心开展活动进行宣传报道，扩大其影响力。

八、荣誉奖项

平原县图书馆是文化部命名的一级馆，共享工程的实施提升了图书馆的形象，2010年被省文化厅授予"读者喜爱的图书馆"荣誉称号，2008年被市图书馆、共享工程支中心评为"德州市文化信息资源共享工程建设和服务工作"先进单位。

九、工作展望

在上级共享工程中心的领导下，平原县支中心从最初的草创，到现在的县镇村基层服务点普及，已经走过了六个多年头，为读者和群众广泛认知和接收，成为平原人民丰富文化知识和精神生活的新平台。今后，希望随着各级对共享工程的重视，逐步加大对文化工作的投入，共享工程服务方式和手段将会不断丰富和先进，真正成为基层民众的惠民工程、民心工程。

（撰文/迟庆元、庞志翠）

夏津县支中心

夏津县地处山东省西部平原、鲁冀两省交界处，故为齐晋会盟之要津。现辖10镇2乡2个街道1个省级经济开发区，310个社区，总面积882平方公里，耕地90万亩，人口52万。文化资源共享工程夏津县支中心设在县图书馆，近年来，支中心在县委、县政府及县文体广电新闻出版局的支持下，基础设施及职能建设稳步发展，在新形势下为繁荣全县文化，满足基层群众多层次、多样化的文化需求，传承、传递中国民族优秀文化资源发挥了重要作用。

一、基本情况

夏津县共享工程自2007年开始建设，最初在银城街道办事处东关村、经济开发区霍庄村等30个村试点安装，此后陆续在全县14个镇（街道办）综合文化站开始安装。2008年第一批80个行政村开始安装，当年安装调试完毕。2009年第二批90个行政村进行安装，2010年底第三批110个社区开安装完毕，至此全县310个社区实现共享工程全覆盖。

共享工程夏津县支中心设在县图书馆，是夏津县共享工程的建设和业务指导单位，负责保障县中心共享工程设备运行，协调、指导镇村级共享工程活动的开展以及开展全县共享工程管理员的业务培训和指导。

二、管理和队伍建设

为使共享项工程真正为民所用，夏津支中心将共享工程日常管理纳入制度化管理，制定支中心、镇、村基层服务点工作职责和制度，实行制度上墙公开。每年有年度工作计划，月度有工作要点，季度有工作督导，年末有工作总结考核，并推行管理员工作日志管理，收集整理共享工程服务活动的得失，探索共享工程管理和服务新模式。

夏津县共享工程支中心在管理员队伍建设上坚持制度化管理，常态化培育。县里成立了共享工程支中心组织领导机构，由县图书馆馆长兼任中心主任，招聘了3名相关专业应届大学毕业生，全县各乡镇507个服务点也都配备了1–2高中以上文化程度的管理员，实现了全面、无缝隙的覆盖网络，确保将先进的文化知识及时传递到群众身边。

三、培训工作

为提升基层管理员服务水平，增强服务能力，最大限度发挥这一惠民平台作用，夏津县建立健全了管理员培训制度，在基层管理员培养上实现了制度化和常态化。为提高管理人员的操作水平和运用能力，编印了操作手册，通过知识竞赛、技能培训等方式对基层服务人员培训，截至目前举办各类培训班24期，轮训各级管理员1000余人次。

四、经费投入

2007年8月，夏津县财政投资30余万元，配备齐全了共享工程软硬件设备，开通了共享工程专用光纤线路，建立了共享工程夏津县支中心。自2010年实现村村全覆盖以来，县里每年投入20余万元的运维经费，用于共享工程设备的维护，人员培训和惠民活动的开展。同时，县文体广电新闻出版局和县图书馆每年也投入大量人力物力支援共享工程各项活动的正常开展。

五、资源建设

2010年，结合德州数字图书馆建设运行，夏津实现了共享工程夏津县支中心与德州数字图书馆的共建、共享。建设完成了6个特色数据库，"夏津地方特色文献、志书、出版物文库"包含了我县现存历代县志、夏津特色文化遗产、文物古迹传说，主要部门、单位出版的各类文献3000余部（册）。

"优秀文化史志集"，收录了中华书局出版的自先秦至清的优秀史料，夏津及周边地区文献史料2000余册。"夏津纺织产业数据库"，收集了大量夏津纺织、印染、服装制作等方面的数据资料和1万余张图片。"经典戏曲"目录，搜集了我国各类剧种1000余个剧目。"三农天地"收集各类农村、农业和农民方面的书籍、音像制品、光盘等资料5000余件。这些自建特色数据库，已经全部传输到县内各基层服务点，提供给读者和广大乡镇社区居民。

六、合作共建

近年来，夏津实现了共享工程与数字图书馆的共建共享，并将共享工程的资源与农村公益电影放映工程的资源、各级各部门下发的电子文献资源进行整合，建立电子文献资源服务中心。根据不同乡镇、社区的硬件条件建立形式多样的电子阅览室和多媒体中心。结合农村电影放映由流动放映向固定放映过渡，建成5个集数字电影放映、共享工程宣教授课、电子资源阅读播放、农村文化知识培训为一体的多功能活动室。通过不懈努力，共享工程已逐步走入基层村民生活，成为村民获取新知、娱乐身心的新渠道、新平台。

七、利民惠众，惠农服务

近年来，夏津先后开展了“免费电子阅览服务”、“优秀文化资源展播”、“每周一课”、“精品课堂”、“优秀资源下乡”为主题的文化服务。“免费电子阅览服务”自开展以来，每天服务群众50余人次，年服务群众15万人次，现已经推广到各乡镇基层点。“优秀文化资源展播”结合农村公益电影放映工程，每年放映各类文化资源6084场次，观看群众50余万人次。“每周一课”利用共享工程多媒体培训教室，邀请各界先进典型和标兵面向群众进行授课。“精品课堂”从共享工程资源、网络及书籍中选取了大量的专业技术资料，邀请专家授课，成为学术交流的重要平台。

“优秀资源下乡”将农民喜闻乐见的各类文化资料通过光盘、宣传册、简明读本等形式在全县发放，深受群众喜爱。

八、宣传推广

结合“三下乡”活动、读书周、读书月活动，广泛宣传共享工程，让民众了解走进共享工程。利用支中心儿童阅览专区，组织动员青少年儿童关注共享工程。组织群众喜闻乐见的文化服务，使共享工程走进群众生活。以上活动，每年服务群众50万人次。

九、工作展望

经过几年的努力，夏津县已经实现了共享工程基层点全覆盖。县中心和基层点软硬件建设和服务能力、服务内容、服务水平不断提高，宋楼镇基层点还被评为全省共享工程建设先进单位。

今后，夏津县将加大投入力度，创新工作方式，不断增强服务能力，提高服务水平，充分完善、发挥共享工程在城乡文化发展、提高基层群众精神文化素质、维护群众基本文化权益方面的作用，为丰富活跃群众精神文化生活做出新的更大的贡献。

（撰文/孙文波、宋明曙）

武城县支中心

武城县隶属德州市，隔京杭运河与河北省相望，南连夏津县，东接平原县，北邻德城区。全境南窄北阔，东西宽27公里，南北长33公里，总面积748平方公里。

一、基本情况

武城支中心成立于2007年，自成立以来，在各有关部门的大力支持下，工作进展顺利，服务形式多样。

我县共有乡镇级服务点8个，在189个村居社区中已建成服务点覆盖率100%。我们还根据要求对乡镇、村基层服务点挂牌、制度上墙、安装共享工程服务平台软件。自2007年支中心建成以来，每年举办全县文化共享工程基层管理员培训班，两期业务培训班，累计受训人次500余名。自支中心投入运行以来，支中心除多次派业务人员下乡指导基层服务点的资源接收、利用工作外，还分别到社区、农村、部队进行了文化资源视频播放服务活动，截止2012年底，全县年均约2万人次的群众接受了服务。

二、管理和队伍建设

2008年，武城支中心根据共享工程建设要求，对原有馆舍进行重新规划和设计，划出了共享工程所需场地和房间。在工程建设过程中对每一个项目都严格把关，要求符合标准，要求达到质量。对楼道和部分房间的墙壁进行了粉刷，机房内电源线完全采用国标正品材料，安装了抗静电地板、防雷接地、配备了空调、消防器材；电子阅览室进行了合理的电源分布和网络布线、配备了消防器材、悬挂了安全出口标志；多媒体教室配备了消防器材、安装了空调、购置了高档座椅；楼道、楼梯间制作悬挂了大量的宣传画，各室悬挂了相应的管理制度和宣传画，使设施、环境达到规范标准。

为使支中心的各项工作规范化、制度化，武城支中心制定了一系列管理制度和职责。如：工作人员岗位职责、安全保卫制度、卫生制度、档案管理制度、设备管理制度、电子阅览室管理制度、计算机机房管理制度、多媒体教室管理制度、读者须知、共享工程节目收看制度等，建立健全各项制度是开展业务工作的基础，而把各项制度落到实处是开展好业务工作的关键，所以，武城支中心在不断完善各项规章制度的同时，认真抓好落实。

根据共享工程建设对人才方面的需求，政府人事部门为图书馆招聘了2名计算机专业本科生。由于专业人才的及时到位，使我县支中心的建设得到了强有力的保障。

三、培训工作

为适应文化共享工程建设对管理人才队伍的要求，武城支中心积极组织中心业务人员参加省、市中心的业务培训。在举办全县乡镇、村基层管理人员培训班前，做到人人备课，并在日常工作中指定学习、研讨内容，把学习当作一项重要任务完成，把基层人员培训当作一项长期重要工作来抓，使每一名业务人员在工作中不断学习、不断提高。

四、经费投入

武城县县委、县政府对文化信息资源共享工程高度重视，特别强调要把这项工作作为长期文化工作的重点

来抓，县委、县政府始终关心并尽最大努力的支持这项工程的建设，同时提出了高标准、严要求的建设思路，由县委督导办定期对工程的进度及各项措施的落实情况进行监督检查，为确保工程建设任务按期完成，县政府在财政非常困难的情况下，将18万元配套资金及时划拨到位，以用于共享工程设备的维护，人员培训和惠民活动的开展。

五、资源建设

文化共享工程的建设，有效的提高了图书馆的现代化水平，同时也要求我们应该拓展工作思路，更新思想观念，以新的手段、新的做好共享资源建设。我们及时整合加工接收的资源，武城县支中心自成立以来，年均处理数据5.0TB，刻录光盘千余张，并第一时间发放到基层服务点，保证信息资源共享的时间性、有效性。

六、合作共建

全国文化信息共享工程武城支中心精心组织，科学实施，与农村公益电影放映队进行合作共建，以农业种植、养殖技术作为放映主体，并结合国产优秀影片、红色经典影片等经典电影，持续推进农村公益数字资料传播工程。该工程成为加强思想道德教育、传播科教知识、丰富群众精神文明的主要载体。广大农民群众也在这种喜闻乐见的形式中，既丰富了业余文化生活、领会学习了党的政策，同时也收获了农业科教、法律、卫生等多方面知识。在电影开始之前，群众多是交流科技种田养殖、科技致富的经验，互帮互学；而看电影也成了大家交流亲情、致富经验的文化集市。共享工程武城支中心及时了解农民的需求，及时更换科教短片，为农民朋友传授“致富经”，深受农民群众欢迎。

七、利民惠众，惠农服务

文化共享工程的建设，服务是根本。在工作实践中，我们认识到，服务要因地制宜，依据各类文化设施和场所，深入基层，深入农村，有针对性地开展丰富多彩、形式多样的服务活动。而要在广大老百姓的心目中占有一席之地，则必须以质取胜，以精品取胜，服务做到人无我有，人有我精，以此才能树立自己的品牌。

1、利用多媒体教室免费为群众播放贴近生活、贴近需求的专题片100余场，接待观众9000余人。

2、利用电子阅览室的设备，面向广大群众，免费办理读者上网卡，目的就是让更多的群众有了解全国文化信息资源的机会。

3、为宣传武城优秀文化资源，我们创办“武城文化旅游网站”，及时更新文化资源信息，便于群众学习交流。

4、深入开展共享进校园、共享进连队等活动，武城支中心在服务中根据各大节日和节庆的特点，积极组织文化服务，使共享工程走进各个不同的阶层，让各行各业的群众都能感受到共享工程带来的新鲜与便利。

八、工作展望

由于我县支中心建成时间较短，各项工作还有待于进一步完善，特别是在完善服务功能提高服务水平方面，有大量工作要去完成。我们决不辜负各级政府赋予的光荣使命，以务实的态度，扎实有效的开展工作，使我县文化共享工程建设不断迈向新的台阶，切实为丰富远程教育内容发挥作用、为城乡党员群众学习、娱乐提供条件，为建设社会主义新农村、构建和谐社会作出应有的贡献。

（撰文/代秀兰、王金钰）

齐河县支中心

齐河历史悠久，人杰地灵。总面积1411平方公里，其中耕地108万亩，有9镇5乡、2个街道办事处和1个经济开发区，1012个行政自然村、7个社区居委会，总人口63万。齐河区位优越，交通发达。是德州市的“南大门”、省城的“北大门”，县城距京福高速公路济南西出入口11公里，是济南周边最近的卫星城。

齐河县文化资源共享工程在德州市图书馆，齐河县委、县府、文广新局的大力支持和部署下，逐步推进，稳步发展，取得了良好地社会效益，为传递中国民族优秀文化资源发挥了重要作用。

一、基本情况

齐河县文化资源共享工程建设开始于2007年，初建时只对我县有9镇5乡进行安装调试，安装设备均通过卫星设备直接接收国家中心下发的给类资源和信息。2008年陆续又对2个街道办事处和1个经济开发区，1004个行政自然村、7个社区居委会，132处小学建立文化信息共享工程基层服务点。目前，齐河支中心所属全县行政自然村实现共享工程覆盖率100%。

共享工程齐河支中心设在齐河县图书馆，是齐河县共享工程的建设和业务指导单位，负责保障支中心共享工程设备的运行，指导镇村级共享工程活动的开展以及开展全县共享工程管理员的业务培训和指导。

二、管理和队伍建设

首先是对新上岗的管理员进行基础岗位培训，建立起一套完整的教育培训机制。其次是建立健全合理的用人机制、育人机制、流动机制、决策机制，建立健全科学的考勤、考核、奖惩、监督机制，建立健全共享工程档案制度。齐河分中心工作有人抓、有人管，有目标、有方向，并指定三名专职工作人员专门负责，均具有大学本科学历，持证上岗，既保证了服务质量，又提高了服务水平。

三、培训工作

2007年6月，齐河支中心技术人员参加了省文化厅举办的共享工程培训班，7月份德州市支中心派出技术人员前往齐河支中心开展为期1—2个月的对口指导，帮助分中心培训人员、提供技术支持、完善技术管理。2007年10月份，技术、设备等设施全部完善后，为进一步提高县分中心人员的工作能力，我们组织全县14个乡镇文化站组织培训工作，使文化共享工程工作得到进一步发展，齐河支中心每年举办4期共享工程业务工程和职工技能培训班，培训人数达2000余人，为文化共享工程齐河支中心的全面发展起到了积极的推动作用。

四、经费投入

2007年在上级主管部门协调努力下，县财政拨付专项建设资金68万元，为县支中心购置存储设备——磁盘阵列、两台手提电脑、5台业务工作站、应用服务器、业务服务器、备用服务器、卫星接收服务器、图书馆业务自动化软件、千兆交换机两台、百兆交换机、百兆防火墙、UPS不间断电源、数字电视机、打印机、扫描仪、数码照相机等所需设备，并装修电子阅览室、机房及配置桌椅等。2008年又拨付运行经费4万元，后每年拨付3万元确保文化共享工程正常运行维护经费。

五、资源建设

齐河共享工程资源栏目包括自行开发数字资源、曲苑荟萃、美术图片、文物天地、历史照片、地方特产、生活百科、器具欣赏、农业科技等九个共14TB；建立了共享工程民族民间文化保护等专题内容；增加了北展区风景区、晏子湖风景区等地的特色资源；设置了经典影视、名家讲坛、齐河谚语、齐河民间故事、齐河历届春晚等精彩推荐。同时支中心还搜集、下载适用于当地群众的政策法规、农业科技、文化体育、防疫保健、科普知识等共享工程数字资源，特别是大量收集、整理农村实用技术信息，并将下载的共享工程资源刻录成VCD光盘共6000余张、宣传资料送2万余份、张贴宣传画120余副送到农民手中，使群众快速掌握，早得实惠。

六、合作共建

我县支中心在全国文化信息资源共享工程工作中，创新机制，与党员远程教育工程资源进行充分整合，实现了资源共建共享。丰富了农村信息化和远程教育内容，为文化共享工程提供了平台。文化共享工程以其内容汇聚了全国图书馆、博物馆、美术馆、艺术研究机构、表演团体各类优秀文化信息资源优势，有效整合后，通过远程教育光纤网络添加文化信息资源共享工程节目，传输到全县各地远程教育光纤接收点；20个建在农村中

小学和村党员活动室的远程教育接收站，采用新技术手段，改变接收传输方式，可接收中央文化共享工程资源，从而使全县15个乡镇及部分村的群众足不出户就能了解天下事，享受文化共享工程的丰富资源。

七、利民惠众，惠农服务

分中心利用多媒体播放室开展了“迎新春资源展播”、“三八节女性专题讲座”、“六一节儿童电影播放”等十几个主题活动；组织读者参加德州市图书馆主办的“读书征文”活动中；学生的寒暑假期间，支中心举办了“文化共享工程中小学生资源展播”、“读者作文比赛”、“共享世博”等系列活动，利用文化下乡、图书服务宣传周、农村文化大院、农民文化艺术节等时机，深入基层为群众播放共享工程宣传片、科技信息和娱乐资源。提供送书上门、送书下乡活动，为行动不便的读者送书上门；在大集日、农闲季节把科技、种植、养殖、文学娱乐等图书送到最基层的读者手中。还结合文化共享工程设备，将经典电影、传统戏曲、等优秀资源，在乡镇、厂矿、社区进行七走进活动。

八、宣传推广

主要进行图书馆和文化信息资源共享共程宣传版面展览、宣传资料发放、网络图书馆现场演示、接受市民咨询、免费发放图书馆阅读卡等活动，共发放宣传单7万余份，接受市民咨询4000多条。

九、荣誉奖项

2008年3月被山东省文化厅授予“文化信息资源共享工程示范县”荣誉称号；2008年10月被山东省文化厅授予“山东省文化信息资源共享工程建设与服务工作先进集体”和“山东省文化信息资源共享工程建设与服务工作先进个人”荣誉称号；2009年被德州市图书馆评为2008年度“德州市文化信息资源共享工程建设与服务工作”先进集体。

十、工作展望

努力把文化信息资源共享工程用活、用好。积极采用图书馆成熟技术，借助数字电视和远程教育服务网络，大力开展公益性服务。通过多种形式拓展服务范围、创新服务方式，将地方影视戏曲、音乐歌舞、美术等艺术表现形式纳入共享工程服务内容，以群众喜闻乐见的形式使共享工程更加贴近基层、贴近生活、贴近群众。

相信在不久的将来，共享工程齐河支中心一定会以一个全新的面貌展现在群众面前，成为老百姓满意的文化信息工程，成为社会主义新农村建设的有力支撑。

（撰文/袁军英）

临邑县支中心

临邑县地处鲁西北平原，隶属德州市，辖8镇1乡3个街道办事处，总面积1016平方公里，拥有人口53万。

一、基本情况

文化信息资源共享工程临邑支中心于2007年12月份建成投入使用，设备总投资120万元。其中：建成电子阅览室40平方米，多媒体室35平方米，主控机房15平方米，综合阅览室和电子阅览室共设坐席60个。2009年3月，与县网通公司协商，专线以每月1600元月租，通过10M光纤接入互联网，县级支中心50余台计算机全部实现共享工程信息自由浏览，并全部向社会免费开放，同时，年拨付10万元以维持县级支中心的正常运转。支中心的建成，进一步推动了我县图书馆的基础建设，实现了图书馆的网络化、数字化和自动化管理。2009年至2011年，由临邑县图书馆牵头分批在临邑12个乡镇文化站建成文化信息资源共享乡级服务点，在全县800多个行政村中选择条件比较好的300个行政村建成文化信息资源共享村级服务点，其中有电信模式终端接收点67个，卫星模式终端接收点233个，67个电信模式接收点和农村党员干部现代远程教育工程为一套设备，由县委组织部负责实施，233个卫星模式接收点由县文广局负责设备配发，县图书馆负责指导设备的调试、运行、人员培训、业务开展等工作，目前各基层服务点设备运行良好。

二、开展活动情况

在省中心、市局的正确指导和大力支持下，在县委、县政府的坚强领导下，通过四年多的建设运行，各站点充分利用现有设备，发挥文化共享，为弘扬先进文化，构建和谐社会，建设社会主义新农村，丰富城乡群众文化生活起到了重要的作用。我们主要做了以下三方面工作。

1、加强领导，加快共享工程基础设施建设

近几年来，随着市场经济体制的不断完善，社会结构调整力度的加大，人民群众对科学文化的需求显得尤为迫切。面对我县基层文化设施陈旧，文化投入不足、文化资源匮乏，信息转送滞后等现状，县委、县政府高度重视，决定以共享工程建设为契机，把传播先进文化、转变致富理念、普及科学文化知识作为共享工程建设的最终落脚点，并采取有力措施，使共享工程建设工作落到实处。一是加大投入，加强基础设施建设。投资上亿元，在县城建成了明德文化苑、红坛寺森林公园、新世纪广场等设施，并积极争取国家、省市投资500多万元，县乡投入500多万元，建成全民健身场地30余个。二是加强乡镇、社区文化队伍建设，搭建信息沟通平台。建立完善乡镇、社区文化站、基层服务点治理制度，加强共享工程基层服务点的治理。通过招考、聘用等形式为全县12个乡（镇）配备文化站长12名、文化专干46名，社区文化专干100多名，村文化管理员300余名。明确了文化专干职责，指导各基层服务点做好群众需求双向反馈工作，利用文化站现有资源、设施设备为基层服务点提供服务。做到了人员、阵地、牌子、设备、制度"五落实"。三是构建遍布全县的基层服务网络，改善基层文化工作手段陈旧落后的状况。各乡镇、社区服务点依托文化活动室的便利条件，由县图书馆向上申请为其提供图书、杂志、音像资料等，满足社区居民精神文化生活需要；每个乡镇选择3-5个人员相对集中、工作开展较好的行政村作为基层服务点，示教合一，现场指导。并为村级基层服务点配备了电教器材、农村实用技术图书及其它各类图书、光盘。充分利用农村党员电教室设施设备的优势，使党的方针政策、科学技术信息以更加形象直观的方式迅速走向千家万户。

2、整合信息资源，使共享工程在基层开花结果

由于条件所限，基层群众不便于到县城享受优质的网络资源，将新思想、新科技用一种直观、易懂的形式送到农民身边就成了及时雨、雪中炭。为了使群众对农业新科技能够看得懂、用得上、见效快，县委、政府组织文化、教育、卫生等部门到基层调研，了解群众最需要什么，搞清为群众送什么、怎样送之后，利用共享工程网络资源内容新奇、实用性强、信息量大、数据传输快捷方便的优势，认真搜集、下载适用于当地群众的政策法规、先进性教育、农业科技、文化体育、防疫保健、科普知识等共享工程信息资源，刻录成VCD光盘或宣传资料，通过县、乡、村三级文化服务网络及其它途径传输信息，扩大宣传面，使群众快学技术，早得实惠。一是通过协调组织、宣传、农林、卫生和计划生育、公安等专业部门，将各类信息资源通过业务部门的工作，传播到千家万户，使群众受益。二是向各乡镇文化站、村基层服务点直接提供图书、光盘支持，由各服务点直接面向群众服务。三是利用"三下乡"、宣传周、农村集市、节假日等，积极协调有关单位，在各乡镇集中向农民赠予、或以成本价向群众发放共享工程光盘和实用技术资料，并现场接受咨询，解决实际问题。四是针对种养殖户在种养植过程中碰到的实际问题，对症下药，从共享工程网络资源库中下载相关内容，刻录成实用光盘，免费赠予给种养植户或种养植集中连片的村组及文化中心户，使农业科技推广更具有针对性和时效性。2012年，图书馆已为农民群众下载家禽饲养、农作物栽培和法律知识等相关信息达10万多字，印发宣传资料2000多份，制作宣传光碟6种300份。办视频讲座培训16场（次），受益群众达5000多人（次）。丰富的文化教育资源和科技信息资源，普及到广大农村基层，对打破农村地区信息闭塞的状况，积极推广农业适用技术、节本增效技术，帮助村民及时了解到相关市场、技术信息起到了重要作用。众多的村民反映，通过"信息共享工程"，他们的眼界更宽了，信息更灵了，增收致富的本领更强了。

3、坚持创新，突出重点，将文化信息资源共享工程建设引向深入。

针对广大干部群众普遍关心的理论热点问题，结合我县正在开展的"联村联户，为民富民"行动及时收集整理党的方针政策、理论创新成果，广泛开展图书音像资料进农村、进学校、进社区、进农户等一系列活动，进行思想道德，民主法制教育、形势教育、理想信念教育、理论教育，通过群众喜闻乐见的形式，把学习党和国家方针政策的热情转化为建设社会主义新农村、构建和谐社会的自觉行动。一是面向广大干部群众，突出政策理论教育。在广场社区、邢侗社区两个社区，进行了专题展播

10余场次，共接待观众2000余人。二是面向中老年人，突出思想健康教育。为县老干部活动中心开展了资源共享服务，根据老年人平时生活的诸多习惯特点，上网下载了《营养与健康》、《科学保健》、《晚年的幸福生活》等系列视频资料和战争题材的故事片、名著欣赏讲座、中国京剧音配像等为老年人们放映。同时，开展"夕阳红"电脑培训班3期，使他们获得了精神的强健与先进文化的关爱。二是面向广大青少年，突出思想道德教育。与县教育局联合，深入各中小学校开展活动。利用图书馆的投影仪为邢侗中学、实验中学、一中、五中4所学校学生播放优秀影片和礼仪知识讲座30余场（次），受教育学生3000朵人（次）。切实加强和改进了未成年人思想道德建设。

三、工作展望

1、进一步扩充文化设施网点，以县图书馆、乡文化站、基层服务点为实施主体，加强基层文化设施网点网络化、数字化建设，加强文化、科技信息资源自动化、网络化建设和专业技术人员的培养，为深入推进共享工程的实施打好基础。

2、努力把文化信息资源共享工程用活、用好。积极采用图书馆成熟技术，借助数字电视和远程教育服务网络，大力开展公益性服务。尤其加强对广大农村地区的扶持力度，将文化共享工程建设成为社会主义新农村的重要抓手。以先进文化教育广大群众，提高人民群众的思想道德水平和科学文化素质，最大限度地将信息资源转化为生产力，通过多种形式拓展服务范围、创新服务方式，将地方影视戏曲、音乐歌舞、美术等艺术表现形式纳入共享工程服务内容，以群众喜闻乐见的形式使共享工程更加贴近基层、贴近生活、贴近群众。

3、在实施过程中加强与上级业务部门、县直各部门的沟通与协调，使共享工程服务群众更具针对性和时效性。同时，不断总结经验，改进创新治理体制和运行机制，使"共享工程"真正成为文化创新工程。

相信在不久的将来，临邑县文化信息资源共享工程一定会以一个全新的面貌展现在群众面前，一定会成为老百姓满足的文化信息工程，成为社会主义新农村建设的有力支撑。

（撰文/刘海涛）

宁津县支中心

宁津县位于山东省西北部冀鲁交界处，隶属德州市。属黄河冲积平原，区划面积833平方公里，辖9镇1乡2个街道1个省级经济开发区304个农村社区，人口47万。

一、基本情况

宁津县文化资源共享工程建设于2007年，共享工程宁津县支中心设在宁津县图书馆，是宁津县共享工程的建设和业务指导单位，负责保障县中心共享工程设备的运行，协调镇村级共享工程设备的维修，指导镇村级共享工程活动的开展以及开展全县共享工程管理员的业务培训和指导。宁津县支中心

二、管理和队伍建设

为使共享项工程真正为民所用为民谋利，宁津县支中心将共享工程日常管理纳入制度化管理。制定支中心、镇、村基层服务点工作职责和制度，实行制度上墙公开。每年有年度工作计划，月度有工作要点，季度有工作督导，年末有工作总结考核，并推行管理员工作日志管理，收集整理共享工程服务活动的得失，探索共享工程管理和服务新模式。

文化资源共享工程作为一个新的农村文化资源获取平台，如何推广好、利用好共享工程丰富的文化资源关键在于是否有一支专业化的共享工程管理员队伍。宁津县共享工程支中心在管理员队伍建设上坚持明确职责，明确思路，制度化管理，常态化培育。

三、培训工作

宁津县支中心在共享工程管理员的培养上实现了制度化和常态化。根据支中心工作要求，每年对县共享工程管理员进行2期的集中培训，2007年以来一共举办各类培训班15期，参加轮训的各级管理员达180人次。

四、经费投入

宁津县共享工程自2007年以来，宁津县图书馆每年投入5余万的运维经费，用于共享工程设备的维护，人员培训和惠民活动的开展。同时，宁津县政府，宁津县文化体育局每年也投入大量人力物力支援共享工程各项活动的正常开展。

五、资源建设

宁津县支中心在历年的工作中，搜集不同区域民众文化需求，每年制作发放各类光盘500多张，发放宣传资料4000余份。

六、合作共建

以共享工程为依托结合全覆盖的农村数字电影走遍全县的活动。我们与县电影公司联合使共享工程已逐步走入基层村民生活，成为村民获取新知，娱乐身心的新渠道新平台。

七、利民惠众，惠农服务

宁津县支中心在共享工程服务实践过程中，以民众的需求为导向，积极探索，服务民众生活生产，引领群众高尚精神文化生活，打造群众满意的文化服务新平台。

根据宁津县地域农业生产特点，宁津县支中心每年按节令制作农业生产技术光盘和小册子通过行政村基层服务点村民分发。针对不同农业专业者，宁津县支中心有针对的选取资源上门指导服务。

八、宣传推广

1、宁津县支中心利用各种渠道宣传推广共享工程。在宁津县每年的科技文化下乡活动，，宁津县支中心不失时机，以活动为平台，以资料为媒介宣传共享工程，让民众不断了解共享工程，走进共享工程。

2、走进校园。宁津县支中心文化服务中不断探索，利用支中心多媒体室和电子阅览室组织动员青少年儿童关注共享工程，利用共享工程，收集青少年知识兴趣点整理挖掘，通过一系列的活动使共享工程走进校园走进

青少年。

3、专题活动，精彩纷呈。宁津县支中心在服务中抓住文化的热点和亮点，积极组织群众喜闻乐见的文化服务，使共享工程走进群众生活。例如在迎接建党90周年之际，宁津县支中心联合其他单位在县文化艺术中心举办了“我爱读书”活动，收到了广大市民的好评。

九、工作展望

宁津县文化资源共享工程已走过5个年头，文化资源共享工程在宁津县已经成为宁津人民文化生活的一大支柱，成为繁荣宁津文化，丰富宁津人民精神生活，推动宁津人文科技进步的强大动力源泉。今后宁津县支中心在县委县政府和文体局的指导下将服务体制和服务形式更加多样，服务网点更加宽广，参与群众更加广泛的共享工程文化带动体系，为建设繁荣宁津经济，宁津文化做出贡献。

（撰文/顾秀宝）

庆云县支中心

庆云县地处两省（山东、河北）三市（滨州、德州、沧州）交界处，面积502平方公里，辖4乡4镇1街道办，158个社区（行政村），31万人口。庆云县共享工程在省共享工程中心，市文化局支持和部署下，逐步推进，稳步发展，在新形势下为繁荣农村基层文化，满足农民多层次文化需求，传递中国民族优秀文化资源发挥了重要作用。

一、基本情况

庆云县文化资源共享工程于2007年开始建设，最初在庆云镇一陈村，尚堂镇纪王桥村，常家镇郭家村试点安装，此后陆续在全县9个乡镇（街道办）文化中心开始安装，2009年庆云县文化资源共享工程开始普及进入乡镇行政村，第一批68个行政村安装调试完毕，2010年第二批90个行政村进行安装，至此庆云县实现全县共享工程村村全覆盖。

共享工程庆云县支中心设在庆云县图书馆，是庆云县共享工程的建设和业务指导单位，负责保障县支中心共享工程设备的运行，协调镇村级共享工程设备的维修，指导镇村级共享工程活动的开展以及开展全县共享工程管理员的业务培训和指导。

二、管理和队伍建设

为使共享项工程真正为民所用为民谋利，庆云支中心将共享工程日常管理纳入制度化管理。制定支中心、镇、村基层服务点工作职责和制度，实行制度上墙公开。每年有年度工作计划，月度有工作要点，季度有工作督导，年末有工作总结考核，并推行管理员工作日志管理，收集整理共享工程服务活动的得失，探索共享工程管理和服务新模式。

文化资源共享工程作为一个新的农村文化资源获取平台，如何推广好、利用好共享工程丰富的文化资源关键在于是否有一支专业化的共享工程管理员队伍。庆云县共享工程支中心在管理员队伍建设上坚持明确职责，明确思路，制度化管理，常态化培育。通过招考、聘用等形式为全县乡镇村配备文化站长、文化专干，社区文化专干，村文化管理员。明确专干职责，指导各基层服务点做好群众需求双向反馈工作，利用文化站现有资源、设施设备为基层服务点提供服务，实现了管理员选取的高起点。

三、培训工作

庆云支中心在共享工程管理员的培养上实现了制度化和常态化。根据支中心工作要求，每年对各乡镇、村共享工程管理员进行3期的集中培训，2008年以来一共举办各类培训班15期，参加轮训的各级管理员达800人次。

四、经费投入

庆云县共享工程自2010年实现村村全覆盖以来，县图书馆每年投入8万元的运维经费，用于共享工程设备的维护，人员培训和惠民活动的开展。同时，庆云县政府，庆云县文广新局每年也投入大量人力物力支援共享工程各项活动的正常开展。

五、资源建设

庆云支中心在工作中探索经验，了解群众最需要什么，认真搜集、选取适用于当地群众的政策法规、先进性教育、农业科技、文化体育、防疫保健、科普知识等各类题材资源，利用制作光盘、展板、各类海报、电视媒体、发放宣传资料等形式，通过县、乡、村三级文化服务网络及其它途径传输信息，扩大宣传面，使群众快学技术，早得实惠。

六、合作共建

以共享工程为依托，结合全覆盖的农村数字电影放映，建立电子文献资源服务中心。将各种部门下发的电子文献资源与建立的共享工程服务点结合，根据不同乡镇、村的硬件条件建立形式多样的电子阅览室。通过多方不懈努力，共享工程已逐步走入基层村民生活，成为村民获取新知，娱乐身心的新渠道新平台。

七、利民惠众，惠农服务

庆云支中心在共享工程服务实践过程中，以民众的需求为导向，积极探索，服务民众生活生产，引领群众高尚精神文化生活，打造群众满意喜爱的文化服务新平台。根据庆云县各乡镇农产业特点，庆云县支中心每年制作农业生产技术光盘和小册子通过行政村基层服务点为村民分发。

八、宣传推广

1、庆云县支中心利用各种渠道宣传推广共享工程。在庆云县每年的科技文化五下乡，科技讲座，消夏艺术节等活动中，庆云支中心不失时机，以活动为平台，以资料为媒介宣传共享工程，让民众不断了解共享工程，走进共享工程。

2、走进校园。庆云支中心在文化服务中不断探索，利用支中心儿童阅览专区，组织动员青少年儿童关注共享工程，利用共享工程，收集青少年知识兴趣点整理挖掘，针对集中地、知识群和关注点，庆云支中心联合相关单位，邀请专家和知名人士前来为青少年答疑解惑。

同时按照德州市图书馆的部署在全县中小学校开展"红色经典伴我成长"读书征文,"弘扬雷锋精神,做优秀少先队员"读书朗诵等活动,通过一系列的活动使共享工程不仅走进农村也走进校园走进青少年。

3、专题活动,精彩纷呈。庆云支中心在服务中抓住文化的热点和亮点,积极组织群众喜闻乐见的文化服务,使共享工程走进群众生活。

例如在迎接建党90周年之际,庆云支中心联合其他单位在渤海路街道办服务中心举办了"诵读经典,共沐书香"活动,邀请县知名人士与基层群众一道品读中华经典,共享文化盛宴。组织全县开展"学习雷锋精神,争做志愿先锋"诵读大赛活动,选拔出的优秀节目,在参加市里的比赛中获得第二名。

九、工作展望

庆云县文化资源共享工程已走过5个年头,从昨天的几个点到今天的158个行政村全覆盖,从单一的资源接收到今天的编辑分发和群众广泛认知,广泛参与,文化资源共享工程在庆云县已经成为庆云人民文化生活的一大支柱,成为繁荣庆云文化,丰富庆云人民精神生活,推动庆云人文科技进步的强大动力源泉。

今后,庆云县支中心希望在上级中心的大力支持下,为庆云共享工程建设一支专业化的服务队伍,建立一个省、市、县三级知识网络联动的即时问答服务体制和服务形式更加多样,服务网点更加宽广,参与群众更加广泛的共享工程文化带动体系,为建设科技庆云,文化庆云做出贡献。

(撰文/信书霞、张 月)

东营市支中心

东营市南北最大纵距123公里,东西最大横距74公里,总面积7923平方公里。辖东营、河口2个区,广饶、利津、垦利3个县,全市常住人口为203.53万人。

一、基本情况

东营市文化共享工程始于2004年10月,2007年7月进入全面实施阶段,全市各级政府、各部门高度重视,把文化共享工程建设作为一项民心工程、德政工程,按时、保质保量地完成了工程建设。2007年12月,市文化共享工程通过文化部检查验收。工程初步形成了以市级支中心为龙头、县区支中心为支撑、基层服务点为依托的网络化、一体化服务格局。

东营市支中心设在东营市图书馆,负责全市共享工程建设的总体规划、业务指导和人员培训工作。已完成了与"数字化东营"城域网、农村党员干部现代远程教育工程的对接,建立了覆盖全市的传输网络,为下一步文化信息资源全面推广工作奠定了良好的基础。

二、管理和队伍建设

共享工程东营市支中心在日常管理中,重视制度建设,先后建立健全了共享工程支中心服务管理规定、管理人员培训规定、设施设备使用与管理规定、电子阅览室服务规定等规章制度。在共享工程管理中,重点加强了对未成年人上网的引导和管理,实行实名注册登记制度,并要求预留监护人联系电话,以及时与未成年人家长沟通联系,共同促进未成年人身心健康成长。

东营市共享工程队伍建设严格落实省中心要求,各级分中心和基层服务站点合理设置专业岗位,配备相应数量的工作人员,切实加强人员的培训指导和考核监督,形成了良好的工作运转机制。

三、网点建设

截至目前,共建成市级支中心1处,县区支中心5处,乡镇(街道办)基层服务点40处,村(社区)基层服务点1781处,共享工程基层服务站点建设实现全覆盖。其中有80%的乡镇(街道办)、15%的行政村达到了文化部、省文化厅规定的规范化站点建设标准。

四、培训工作

东营市支中心制定了详细的基层业务指导计划。市支中心每年与各县区文化主管部门合作开展2次文化共享工程基层管理站点管理员培训,各县区支中心对基层服务点管理人员的培训每年不低于两次。自2008年起,市支中心累计培训800余人次,各县区支中心累计培训6800余人次。通过培训,及时解决了在共享工程运行中出现的技术问题,有效提高了基层管理人员的业务水平。

五、经费投入

2003年初,广饶县图书馆投入12万元建设电子阅览室。2004年11月,东营市图书馆投入48万元,搭建了共享工程基础服务平台,东营市共享工程建设正式开始。2007年,市县两级财政投入481万元(其中市级185万元、广饶68万元、垦利76万元、利津50万元、东营区38万元、河口65万元),按照国家和省的验收标准配备了服务器、磁盘阵列、计算机、交换机、非线编系统、ups不间断电源、防火墙等硬件设施及配套软件。共享工程基础设施基本建成后,各区县又相继追加投入(其中东营区120万,垦利县85万,广饶县70万,河口区17万,利津县10万)对共享工程进行升级改造。共享工程建设完成后,全市各级财政每年投入230余万的运行维护经费,用于各级分中心和基层服务站点共享工程设备的维护、人员继续教育培训和服务活动的开展。

六、惠民服务

东营市积极探索惠民服务新途径、新方式,注重加强与区域产业、地方实际相结合,走出一条服务基层、服

务社区、服务群众的特色发展之路。东营市垦利县郝家绿色生态观光园是该镇发展高效、生态、特色种植和乡村游、生态游的重要载体，园内设有薛家社区和耿家村两处电子阅览室。在管理员的协助下，群众利用共享工程电子阅览室学习种植新技术，及时发布销售信息，开展网上销售，吸引商家和消费者前来采摘和订购葡萄、蔬菜等农产品，成为开拓市场的新途径。东营区支中心与东营区老年大学联合，组织计算机专业老师，精心组织授课内容，合理安排课程，全年授课160余课次，培训人员3000余人次，丰富了老年人的晚年生活，得到社区群众的广泛好评。

七、宣传推广

东营市共享工程在宣传推广工作中，十分注重典型引导的作用，通过样板典型的宣传和引导带动了一大批基层服务点。各级支中心和基层服务点因地制宜，充分发挥自身优势，创新共享工程的发展模式。2009年8月，广饶县花官乡杨王村和垦利县西宋乡赵屋村服务点，分别以“文化共享+大蒜种植”和“文化旅游+共享+远教”模式在全国共享工程服务成果征集活动中被文化部确定为示范典型，并委托山东省分中心对两个服务站点进行了现场视频片的拍摄制作。

八、荣誉奖项

2008年3月，广饶县、河口区被省文化厅、省财政厅联合命名表彰为“山东省文化共享工程示范县”。2008年5月23日，东营市成功承办了全国文化信息资源共享工程现场观摩会。2008年10月21日，全省文化信息资源共享工程现场经验交流会在东营市广饶县顺利召开，共享工程广饶县支中心、丁庄镇、丁庄镇牛圈村、石村镇张庄村基层服务点成为全国、全省观摩学习的样板，极大地激发和提高了东营市共享工程建设的热情和力度。2012年12月，垦利县兴隆街道办渔洼村基层服务点被文化部全国公共文化发展中心确定为“全国文化信息资源共享工程 公共电子阅览室示范点”。

九、工作展望

今后，东营市文化共享工程将充分利用市、县支中心技术、设备、人员优势，加工制作内容丰富、形式多样、富于地方特色的数字化文化资源，着力打造了一批基础条件好、服务设施完善的基层服务站点，进一步充实基层公共服务资源、丰富服务手段、创新服务形式、拓展服务范围，更好地带动和活跃基层群众的文化生活，将优秀的文化信息资源送入千家万户。

（撰文/东营市支中心）

东营市东营区支中心

东营区东濒渤海，西依黄河，南与广饶县、博兴县接壤，北与垦利县毗邻，区域面积1155.62平方公里。全区辖4个镇、6个街道办事处，共有201个行政村、54个社区，人口61.56万人。东营区文化资源共享工程在区委、区政府的大力支持下，不断加大宣传力度，积极开展社会活动，使共享工程受到了社会的关注和群众的赞扬，在繁荣发展新农村基层文化建设发挥了重要作用。

一、基本情况

东营区支中心建设开始于2007年，先期投资38余万元，在区支中心和10个镇（街道办）文体中心试点安装。2008年进一步完善，与农村党员干部现代远程教育系统相结合，建立终端服务站点达255个。2009年，根据区情特点，对文化信息资源共享工程进行改造升级，投资90元万元，重点加强了20处规范化站点的建设，实现了全区文化资源共享工程的全覆盖。

东营区支中心设在东营区文体活动中心，是全区共享工程的建设和业务指导单位，负责保障区中心共享工程设备的运行，对镇街、村居社区基层服务点的业务指导、人员培训和服务指导工作；负责与当地农村党员现代远程教育工程、中小学远程教育等协作共建单位的业务协调和合作共建工作。

二、管理和队伍建设

为加强共享工程的规范化管理，区支中心、镇街、村居社区各基层服务点统一制定了各项工作职责和岗位制度，实行制度上墙公开。要求各级管理员要认真填写《工作记录表》和《上机登记表》，严格按照制度对上机人员做好登记。

同时加强基层管理员的培训工作，根据支中心工作要求，每年举办4期培训班，对全区基层管理员进行集中培训，聘请专家对共享工程设备的维护保养、各种信息资源保存、整序和分类管理等专业知识进行讲解传授，2007年以来，参加培训人员达1200余人次。

三、发挥优势，服务基层

在实施共享工程的过程中，不断拓展共享工程的服务内涵和方式，充分利用这一全新的工作载体条件，开创了为基层群众服务的新局面。东营区支中心根据龙居镇种植的万亩桑园、万亩速生林，六户镇种植蔬菜，史

口镇种植葡萄等生产特点，每年按节令制作不同的农业生产技术光盘或印成资料分发到村民手中，同时通过各行政村基层服务点组织村民观看农业知识专家讲座、各种病虫害的防治等专题片，及时地把群众需要的农业技术、科学知识等资源传播给群众，帮助群众发家致富。

四、重视宣传、扩大影响

1、东营区支中心利用各种渠道宣传推广共享工程。为了扩大其在基层群众中的影响，广泛宣传其作用和意义，我们利用上街宣传、送文化下乡、送科技下乡、走进社区等活动进行现场宣传，向各界群众介绍共享工程，引导群众深入了解和充分利用文化信息资源共享工程。

2、与东营区老年大学联合办学。开展为老年群体服务是文化信息资源共享工程工作的又一重点。东营区支中心坚持“贴近生活、贴近实际、贴近群众”的三贴近原则，与东营区老年大学联合，免费为老年大学学员传授计算机操作、网页浏览等课程，每周课4课时，每年授课160课时，培训人员3000余人次。同时，根据老年人平时生活的诸多习惯与特点，播放系列视频资料和战争题材的故事片、名著欣赏讲座、中国京剧音配像等，使他们获得了精神的强健与文化的关爱。

3、发挥优势，开展活动。东营区支中心依托各基层服务端，积极组织群众喜闻乐见的文化服务，使共享工程走进群众生活。例如文汇街道青华社区公共电子阅览室组织辖区青少年，开展“健康上网，文明上网”服务活动；东城街道兴盛社区共享中心组织社区群众开展了“亲子读书”活动等，这些活动的开展，既活跃了群众的文化生活，又使共享工程深入人心。

五、工作展望

东营区支中心的建成为服务“三农”，丰富我区人民精神生活，推动我区人文科技进步注入了强大的动力源泉，我们将在今后的工作中更加努力的探索利用共享工程服务的新路子，更好地发挥共享工程的作用，为把共享工程办成惠民工程、民心工程而不懈努力。

（撰文/东营市东营区支中心）

东营市河口区支中心

河口区位于山东省东北部，是黄河三角洲的前沿城市，政区面积2365平方公里，常驻人口23万，年流动人口15万。黄河三角洲高效生态经济区和山东半岛蓝色经济区两大国家战略的实施，为河口区实现高点定位、率先崛起带来了千载难逢的重大机遇，同时也为文化共享工程的建设注入了新生动力。

河口区文化资源共享工程在省中心、市局支持和部署下，在区委、区政府的坚强领导下，通过五年多的建设运行，各站点充分利用现有设备，发挥文化共享，为弘扬先进文化，构建和谐社会，建设社会主义新农村，丰富城乡群众文化生活起到了重要的作用。

一、基本情况

河口区文化信息资源共享工程2007年8月建成，是以区图书馆为依托，以区信息产业局为枢纽，有效整合了区农村党员干部现代远程教育（即新型农民学校）、中小学“校校通”工程、广播电视“村村通”工程的现有资源，实现了与全国各地文化信息资源的共建共享。

二、管理和队伍建设

区政府专门召开了有组织、宣传、文体、广电、信息产业、教育、网通、各乡镇参加的联席会议，统一了思想，明确了任务。文化部门积极主动，周密组织，协调资金落实分工，及时解决工程建设过程中遇到的困难和问题。

区财政加强调研，确保了资金的拨付和使用，农村党员干部远程教育办公室、信息产业局、教育局、周密部署，确保了线路的畅通，广电部门设立了专题，实行了跟踪报道，加大了工程的宣传力度，政府督查局协同文体部门多次对各乡镇、村文化共享工程情况进行进行督查通报，加大了实施力度，保证了工程如期完成。

文化共享工程队伍建设，扎实服务群众。区支中心配备了4名文化共享工程专业人员，各基层站点都有专门的管理人员，形成了区、乡、村三级管理网络，制定了管理人员规章制度、设备维护使用制度、管理员服务规程等一系列规章制度，每年对全区乡、村基层站点工作人员进行两次培训，定期到各站点检查和指导，使队伍素质不断提高，服务质量不断提升。到网上看书、到文化大院学习种植，学习养殖的人越来越多，充分发挥了共享工程资源在农村的效益。

三、网点建设

目前，已建成区级分中心一处，乡镇（街道）基层站点6处、规范化站点29处、基层站点142处。区级分中心设有机房、电子阅览室、多媒体教室和图书借阅室，整个工程网络覆盖了全区城乡各地，同时图书馆业务自动化管理，也实现了采编、流通、检索咨询自动化。为河口区文化事业的繁荣与发展奠定了坚实的基础。

四、经费投入

2007年，参照国家和省的有关规定，河口区制定了配置方案，一次性投65万元购置共享工程设备。以后年度又追投入17万元，所有乡镇基层服务点和村级站点设备都达到或超过了省定标准，其中20.5%的村基层站点达到规范化标准。

五、惠民服务

河口区非常重视发挥支中心和乡、村两级基层站点在农村文化中心的作用，不少基层站点开创性工作，制

定节目预告表，使群众按自己需求定时观看。把“山东网上图书馆”和“新农村网上图书馆”推荐给群众，以便群众阅读。许多村组织了秧歌队、庄户剧团，还有许多有特色种养殖的村开办了辅导班，组织村民看上购置的光盘，对农村文化和经济发展起到很大的作用，使文化信息资源共享工程在农村文化大院的工作中突显出来，受到了群众肯定。

河口区支中心和基层站点运行正常便捷，能够方便、清晰的接收省支中心通过卫星和互联网发布的文化信息资源。区支中心制定了支中心和各基层站点管理规章制度，确保开放时间和服务质量，在支中心和各基层站点设置了便民标示，桌面下载了“基层站点服务平台”，加强对基层站点管理员的教育培训。各站点管理员能熟练掌握设备使用方法。

六、宣传推广

1、共享工程进农村。共享工程建设是社会主义新农村建设的重要内容和重要保证，充分利用共享工程资源优势占领农村阵地，结合新型农民学校建设，满足农民群众日益增长的精神文化需求，提高农民思想道德素质，是繁荣发展农村文化的重要任务。河口区支中心深入各基层服务点跟踪农民调研信息资源需求，充分利用共享工程网络资源优势，认真搜集、下载适用于当地农民群众的政策法规、农业科技、市场信息等群众迫切需要的信息资源送到农村服务点，深入农村积极寻找个性化服务对象，及时为他们解决问题。

2、共享工程进企业。河口区支中心充分利用文化信息共享工程设备和资源，服务地方经济发展，为企业搞好服务。河口区支中心以“信息共享，服务企业”为主题，开展一系列旨在提升服务企业水平，促进当地经济发展服务的一系列活动，受到了当地企业的好评和热烈欢迎。

3、共享工程进社区。河口区支中心以“一切方便群众”、“一切为了读者”为宗旨，深入社区开展共享工程流动服务，由于这种服务方式符合读者的需求，是项惠及千家万户的“民心”工程，因而深受社区居民的欢迎。

4、共享工程进校园。河口区支中心积极开展“先进文化，走进校园”活动，通过共享工程大力推进校园文化建设，进一步加强社会主义核心价值体系教育、人文素养和精神文明教育，努力营造全面提中小学生综合素质和健康成长的良好文化环境。主题活动构建了蕴含先进文化的校园人文环境，开创了校园文化建设新局面，共享工程进校园已成为学校探索和加强学生思想政治和素质教育工作的重要载体。

七、工作展望

河口区文化资源共享工程自2007年8月建成以来，经历了从无到有、从点到面的过程，在区支中心设备配置中，参照国家和省的有关规定，河口区支中心绝大多数设备都超出国家标准，所有乡镇基层服务点和村级站点设备都达到或超过了省定标准，其中20.5%的村基层站点达到规范化标准。

东营市河口区力争在五年内达到文化资源共享全覆盖，为丰富城乡群众文化生活、促进全区文化事业发展搭起平台。

（撰文/东营市河口区支中心）

垦利县支中心

山东省东营市垦利县位于黄河入海口，地处胜利油田腹地。总面积2204平方千米，总人口21.5万人。垦利县共有5个镇2个街道办，333个行政村，42个社区。垦利县文化信息资源共享工程在垦利县委、县政府部署下，逐步推进，稳步发展，在新形势下为繁荣农村基层文化，满足农民多层次文化需求，传递中国民族优秀文化资源发挥了重要作用。

一、基本情况

我县文化信息资源共享工程自2007年建设以来，深受农民群众欢迎。县委、县政府高度重视，召开乡镇分管领导和文化站长会议，对文化信息资源共享工程工作进行专门部署，并多次到乡镇进行调研和督导。2008年的进一步完善，初步形成了覆盖全县的服务网络。2009年我县对文化信息资源共享工程进行改造升级，建成了37个文化信息资源共享工程规范化服务站点，与各乡镇政府签订了农村公共文化服务体系工程建设目标责任书，对文化信息资源共享工程建设提出了明确要求。2010年将文化信息资源共享工程建设列入为民办实事之一，建设30个文化信息资源共享工程规范化基层服务站点。2011年计划实现“农家书屋”电子阅览室与文化信息资源共享工程二合一，在新建的11处社区和26个基本型农家书屋内配建文化信息资源共享服务站点，实现全县全覆盖。

共享工程垦利支中心目前设在新建设的垦利县图书馆内，机房及电脑设备的软硬件均为最新技术，并有设有专门的负责人员及日常维护人员，负责保障县支中心共享工程设备的运行，指导共享工程活动的开展以及开展全县共享工程管理员的业务培训和指导。

二、管理和队伍建设

文化资源共享工程作为一个新的农村文化电子资源获取平台，如何推广、利用文化共享工程丰富的信息与文化资源，关键在有一支专业化的共享工程管理队伍。为使共享工程真正成为人民的好帮手，垦利县支中心将共享工程日常管理纳入制度化管理。支中心、镇、村基层服务点建有《文化信息资源共享工程管理制度》、《文化信息资源共享工程管理员岗位职责》《文化信息资源共享工程工作人员守则》等各项制度，还建立了《上机登记本》、《意见本》，并严格按照制度对上机人员做好登记。实行制度上墙公开。定期进行工作督导，并对全县各个基层服务点站点工作开展情况进行年终考核。

管理员不仅要有专业的知识，还要有热情的服务，开门即微笑服务，热情接待，是我们一贯坚持的工作态度。只有管理员对工作充满热情，让每一位群众都高兴来，满意走，才能让文化共享服务开放的长长久久。

三、培训工作

对共享工程管理人员加强培训，不断提高书屋的管理服务水平。根据几年来的实践，始终重视对管理员的培训指导。各项硬件设施准备阶段开始，第一时间对文化信息资源共享工程管理员进行分期培训。每年支中心组织集体培训不少于4次，各乡镇、街道办站长及各文化

信息资源共享管理员均来参加，每年参加培训人数达到400人。为了更好的互动交流，培训结束后所有培训人员互相交流、探讨工作经验，并到开展工作较好的服务站点参观，相互学习才能更好的为百姓服务。

四、经费投入

自2007年开始部署建设，我县政府自2009年开始分年投资建设文化信息共享工程服务站点，2010年将共享工程列入为民办实事之一，加大对共享工程建设资金的管理和投入，以确保共享工程能够顺利进行。各镇、街道办事处为了维护正常的运行投入大量人力物力支援共享工程各项活动的正常开展。支中心也结合文化部、财政部组织实施的“三馆”免费开放工作，已对外开放的共享工程全部免费向所有群众开放。

五、惠民服务

全县各基层服务点基本按照上级的要求，做到定期为群众服务，组织群众充分利用文化共享工程提供的资源，学习农业科技知识，观看文化娱乐节目，活跃群众文化生活。在基层服务点，不仅能看到优秀的影视节目，还能点播农民喜爱的各种戏剧、影视节目，收看到种植养殖等科普节目，甚至可以将光盘借回家观看，及时地把群众需要的农业技术、文化娱乐、科学知识等资源送给群众，既活跃了群众的文化生活，又能使群众从网上获取致富信息，发家致富。

胜坨镇海北村文化共享工程基层服务点，自安装资源共享设备以后，每天到电子阅览室的村民近20人。大多数农民群众通过共享工程网站，查询种植、养殖、畜牧相关疾病的诊治方法、农药化肥使用方法等相关信息。

西宋乡赵屋村的群众将蜜桃养殖新技术应用于生产，降低了桃树的发病率，提高了蜜桃的果品品质。同时，还利用文化共享工程提供的信息和技术，解决蜜桃管理粗放、技术力量薄弱、滥用农药、品种单一等问题，提高了种植户的科学技术水平，增加了果农收入，提高了果农的生产积极性。

六、工作展望

垦利县文化资源共享工程是一个刚刚起步的团队，虽然文化共享共程已经全部建设完成，下一部重点工作是如何去使用它。在今后的工作中，我们将随着社会的发展进一步规范文化共享的基本建设，管好用好文化共享工程平台，确保文化信息资源共享工程发挥出实效，最大限度地发挥它的作用，达到长期为民服务的目的；树立公共电子阅览室的整体形象，让公共电子阅览室的品牌和形象深入人心。

（撰文/董 青）

利津县支中心

利津县位于山东省北部，隶属于东营市。面积1665.6平方公里。利津县行政区划共有7个乡镇（含2个街道办事处），共有512个行政村，常住人口10余万人。在各级党委、政府部门的大力支持下，利津县文化信息资源共享工程建设取得了显著的进展，为繁荣城域基层文化，满足群众多层次文化需求，传递优秀文化资源发挥了重要作用。

一、基本情况

利津县文化资源共享工程建设开始于2007年，在省文化厅配发设备的基础上，县财政出资15万元，依托县图书馆成立利津县文化共享工程支中心，资源建设是通过卫星设备直接接收和邮递派发等形式下发的各类资源和信息。2008年，利津县支中心依托党员干部远程教育平台，整合文化共享工程资源，积极指导乡镇、村级基层文化共享点的覆盖建设，形成了县、乡、村三级文化服务网络体系的衔接，截止2008年底，100%的乡镇和90%的村基层点已建成规范化站点。

二、管理和资源建设

为加强文化资源共享工程的科学管理，利津县支中心将共享工程日常管理纳入制度化管理。制定支中心、镇、村基层服务点工作职责和制度，实行制度上墙公开，在设备管理使用、材料保存上，坚持专人专责、及时记录、及时归档的工作制度，推行管理员工作日志管理，设立专门的登记工作薄，做到了档案材料客观及时保存的规范化。积极搜集各类电子文献，坚持文化资源共享工程的无间隙接收。利津县支中心在历年的工作中，不断充实信息资源建设，借助内部存储资源和数字图书馆推广计划平台，建设局域网站1个，外部网站1个。

三、培训工作

为加强文化共享工程镇、村基层点的规范化建设，利津县支中心积极开展管理员培训工作，结合实际，每年组织培训班2次，累计培训镇、村级管理员达1300余人次。

四、经费投入

2007年，利津县政府投入15万元，用于县支中心的建设，此后每年投入1万的运维经费，用于共享工程设备的维护和更新。2011年，县图书馆投入10余万元用于文化共享工程设备的配套升级。

五、合作共建

以共享工程为依托结合农家书屋建立电子文献资

源服务中心，根据不同乡镇、村的硬件条件建立形式多样的电子阅览室和多媒体中心。比如在汀罗镇的毛坨村建立拥有30台电脑的综合文化资源服务中心，既可以上网又可以培训上课，为新农村建设提供了技术支撑。

六、宣传推广

1、利津县支中心利用各种渠道宣传推广共享工程。在利津县每年的图书馆宣传周活动和文化大下乡活动中，利津县支中心以活动为平台，通过文献资料、网站、新闻媒介等载体大力宣传共享工程，让民众不断了解共享工程，走进共享工程。

2、利津县支中心文化服务中不断探索，利用支中心公共电子阅览室，组织动员青少年儿童关注共享工程，利用共享工程，其中2011年举办的“少先队员走进文化共享工程”联谊活动，是利津县支中心联合利津县实验二校举办的，学校选取了30余名少先队员代表走进电子阅览室，进行了免费上网实践操作，近距离了解文化共享工程服务事项，听取管理人员关于文化共享工程各科室职能的讲解，并组织大家谈体会，畅想对信息时代加强学习的感触，借助国家管理中心关于“六一”儿童节下发资源服务的要求，为同学们放送爱国电影1场。

七、荣誉奖励

2008年，利津县文化共享工程支中心被山东省文化厅表彰为山东省文化信息资源共享工程建设与服务工作先进集体。2011年，被东营市文化广电新闻出版局表彰为先进集体。

八、工作展望

利津县文化资源共享工程支中心已成立5年，在服务群众，加强利津县青少年建设上做出了一定的贡献，随着利津县经济的不断繁荣，生态文明建设的不断提高，势必对利津县文化共享工程提出更高的要求，希望国家中心，山东省分中心继续加强对县级及以下基层站点的支持，在政策倾斜的基础上，强化技术支持，为地方建设做出新的贡献。

（撰文/利津县支中心）

广饶县支中心

广饶县位于黄河三角洲南部，全县辖9个乡镇、办事处，1个省级经济开发区，面积1138平方公里，人口49万，综合实力跨入全国百强和全省30强。近年来广饶县积极实施“文化促动”战略，大力推进文化事业建设，公共文化服务体系日趋完善，文化共享工程作为其重要组成部分，以服务群众为根本，以技术创新为手段，以资源建设为核心，在设施网络、技术创新、资源建设、队伍建设和服务群众等方面都取得了显著的成效。

一、建设历程与经费投入

广饶县是全国文化信息资源共享工程建设示范县，县级支中心设在广饶县图书馆。2003年初，广饶县图书馆筹集12万元资金，配备了1台服务器和12台微机，建成了电子阅览室和初期的文化共享工程基层服务点，文化共享工程以网站镜像方式进行服务，工作重点是对外开放和搜集各类数字资源以及广饶地方文化原始资料。

2007年3月，在文化共享工程试点工作中，广饶县在全省率先起步，投资68万元建成了县级支中心，投资300余万元进行了基层服务点网络覆盖。在建设过程中勇于探索，大胆创新，建成了富有地方特色的共享工程网络体系和运作机制，凭借其简单快捷的技术特点，各项建设在全县迅速推广开来，其探索的各种技术方案和运作模式也成为了周边地区共享工程建设的重要参考依据。

2011年，广饶县图书馆新馆建成以后，又投资70余万元建成了新的县级支中心，并由县级财政每年拨付5万元的运行经费，使县级支中心的软硬件配备和服务水平达到了一个新的高度。

二、硬件建设及网络覆盖

广饶县文化共享工程硬件建设所遵循的原则是“安全、稳定、高效、易用、美观、节能、易扩展、易维护”。广饶县支中心所有硬件配备和网络拓扑结构都是通过详细考察自行设计的，现设立了电子阅览室、电教室、主控机房、培训教室、数字加工中心、数字媒体库等多个功能室，电子阅览室分儿童和成人两个，共有面积255平方米，微机89台，多媒体教室面积212平方米，主控机房配备了5台服务器、2台云端存储以及具备12台千兆交换机的主干网络，其中自行设计的儿童电子阅览室成为广饶文化共享工程建设新的亮点。

目前，广饶县文化共享工程建设已覆盖全县所有乡镇、办事处和行政村，初期基层建设主要依托农村党员远教网络进行配套建设，2008年以后全县加大投入，在每个乡镇和每个乡镇至少15个以上的重点社区配备了电子阅览室、投影系统等软硬件设备设施，在基层服务点建设过程中注重以点带面，充分发挥典型辐射作用。在2011年以后，全县共享工程基层服务点建设逐步推广到党政机关、企事业单位、中小学校，并加强与各类共建网络的共建共享，充分发挥社会力量，让资源利用最大化，让文化实惠最终落到实处。

三、软件建设与技术创新

广饶县文化共享工程软件建设与技术创新所遵循的原则是逐步做到“零距离、零门槛”。所有的技术问题解决在县级支中心，做到推广零门槛，所有的与群众之间的距离交由后台负责，做到服务零距离。在零起点上起步的各种技术探索和服务模式探索都以此为原则，新技术的不断应用、商业化的技术壁垒、人们获取信息方式的不断转变、人与信息之间的零距离沟通都成为建设过程中不断挑战、不断创新的出发点。

在建设过程中，广饶县支中心先后开发了一站式综合服务平台、一键式安装终端软件、模块化网络架构等多项技术创新，减少基层技术壁垒，达到让文化共享工程易接受、易应用、易推广的目的。

目前，广饶县支中心结合图书馆数字化建设，针对目前数据加工标准不统一、最终用户应用技术障碍等问题，正在进行无需任何终端软件支持、可手持阅读的、集成各级文化共享工程、数字图书馆、地方文化数据库、图书馆管理系统对接、个人应用、互动交流等在内的大型服务平台开发，逐步向用户零距离的目标迈进。

四、资源建设与惠民服务

广饶文化共享工程资源建设所遵循的原则是“突出地方特色，完成历史使命”。为了扩展网络资源，突出地方特色，同时为了完成本地文化共享工程所肩负的历史使命，广饶文化共享工程在建设之初，即着重于本地优秀地方文化的搜集、加工、整理，对吕剧、孙子文化、民间艺术、文化遗产、地方名人、地方企业等等各个方面进行了资源搜集整理，先后制作了广饶文化信息网、广饶县图书馆网、广饶吕剧数据库、孙子文化数据库等，着力打造数字化的特色地方文化。

另外，广饶县支中心针对农村农业技术、青少年教育、农村文艺指导、体育健身等多个方面搜集了大量的资源和资料，并通过多种途径进行资源的分发和传播，充分满足乡镇农村以及各类社会群体的特殊文化需求。

现在，县级支中心每天免费对外开放8个小时，年度接待人数可达到1.2万人次以上，各基层服务点每周免费开放40小时以上，年度总服务人次可达到50万人次以上。

五、队伍建设和培训工作

为了配备一支素质过硬的管理队伍和基层技术服务队伍，广饶县支中心将技术培训、咨询和服务工作常态化，重点对工作人员进行系统软硬件常识、操作技能、系统维护等方面的培训，每年大约完成300人次以上的培训任务，县级支中心设有专门的培训教室，定期进行集中培训，另外还采取网络互动、光盘教学等多种方式进行各类培训，目前重点培养的几十几名技术骨干力量已具备过硬的硬件维护技能和软件操作技能，保障了基层文化共享工程工作的顺利开展。

六、荣誉奖项和工作展望

广饶县文化共享工程先后被授予“全国文化信息资源共享工程示范县”、“文化信息资源共享工程建设与服务工作先进集体”等荣誉称号，也先后被确定为“县级数字图书馆推广计划”试点县、“公共电子阅览室”建设试点县，但是在今后的工作中，广饶县支中心仍将视自己为零起点，因为文化资源的数字化对图书馆和文化共享工程而言，都是一项艰巨而又沉重的历史使命。在未来几年，广饶县文化共享工程将以资源建设为重点，着力打造集成化、一体化、人性化、个性化的服务平台，真正做到“内容强大、操作简单、有亲和力、有竞争力”，努力达到“任何时间、任何地点、任何人可以享有任何文献资源”的目标，让文化共享工程能够真正的、密切的服务于广大群众，成为惠及广大群众的“民心工程”。

（撰文/王　彬）

淄博市支中心

淄博市位于山东中部，南依泰山，北临黄河，西靠省会济南，东接潍坊、青岛，是国务院批准的山东半岛经济开放区城市和具有地方立法权的“较大的市”。辖张店、淄川、博山、周村、临淄5个区和桓台、高青、沂源3个县，总面积5938平方公里，人口418万，其中市区人口277万。随着文化共享工程建设的深入进行，淄博市按照文化部的要求和省文化厅的安排，把文化信息资源共享工程建设作为公共文化服务体系建设的重要内容，结合本地实际，制定措施，全力推进文化信息资源共享工程建设，取得了明显成效。

一、基本情况

文化信息资源共享工程建设是公共文化服务体系建设的重要内容。从2004年开始，淄博市根据国家和省里的要求，对共享工程建设进行了强力推进。市委市政府高度重视共享工程建设，印发了《关于进一步加强文化信息资源共享工程建设的意见》，制定了文化信息资源共享工程建设实施方案。为推进这一工程的实施，将共享工程列入了淄博市国民经济社会发展“十一五”规划，纳入了“建设淄博殷实小康十大工程”，纳入了“文明山东”测评指标体系和“创建文明城市”考核体系，召开了全市推进共享工程建设专题会议，对工程建设进行了部署。各区县按照上级要求结合本地实际，出台了一系列加强共享工程建设的意见、措施，目前，全市建成了1个市级支中心，8个区县支中心，建设扩展型基层网点80多个，实现了2916个行政村文化信息资源全面覆盖，顺利通过了文化部对全市工程文化信息资源共享工程的验收。

淄博市支中心正式成立于2007年，设在淄博市图书馆，是淄博市共享工程的建设和业务指导单位。

二、管理和队伍建设

为保障以市、区县支中心为龙头，乡镇网点为枢纽，村居网点为基础的文化信息服务网络的顺利运行，市及各区县、乡镇逐步建立了一系列行之有效的制度，如市、区两级支中心下基层辅导制度，基层网点业务骨干培训制度，市区县支中心、乡镇、村居基层网点管理制度。随着工作的深入，市里制定了《淄博市文化信息资源共享工程建设考核评价体系》，内容包括设施建设、网络服务、网络运行、文化信息资源推广利用等一系列指标。这些制度的建立有效地保障了文化信息资源服务网络的运行。

目前市级支中心配备专职人员4名，区县支中心配备专职人员4名，乡镇、村配备专兼职人员1名，县级以上支中心专业人员均取得了全国计算机等级二级以上资格证书，乡镇、村工作人员都参加了共享工程上岗培训，保证了全市文化信息资源共享服务网络的运行。

三、培训工作

按照基层网点业务骨干培训制度，近几年，市、区县支中心先后组织业务培训班60多期，进行了区县支中心、基层服务站点的技术指导和培训，共培训基层业务骨干2800多人，基本实现了全市乡村服务网点达到1名业务骨干的目标。

四、经费投入

自共享工程实施以来，全市累计投入资金三千余万元，淄博市支中心累计投入三百多万元，用于设备的购置和更新。另外，淄博支中心每年投入三万元，用于共享工程设备的维护、人员培训和惠民活动的开展。

五、资源建设

淄博支中心通过购买、获赠、自建等方式进行资源

老年人电脑培训

建设，现有资源7.91TB，通过公共电子阅览室、送资源等形式每年服务读者两万多人次。

六、技术支持

近几年来我市支中心及各区县级支中心软硬件建设不断完善，为文化信息资源共享工程各项服务提供了良好的运行环境。现我市级支中心共有8台浪潮服务器、H3C存储两台，存储量达19T、UPS不间断电源可在线工作两小时、联想网御防火墙、H3C交换机5台、空调两台、非线编设备一套、投影仪及幕布、摄像机等硬件设施。

七、惠民服务

文化信息资源共享服务形式不断完善，服务水平不断提高。本着服务群众、方便群众的原则，各级共享工程支中心采取了一系列措施。在文化信息资源传输上，运用互联网、卫星接收、硬盘拷贝、制作光盘和课件、党员远程教育平台等形式，开展文化信息传播；在服务方面采取业务指导、接收制作、向基层点发放下载资源等形式提供支持和服务。为提高文化信息资源的利用率，还把老百姓普遍关注的信息制作成课件在社区电视台播放，深受百姓喜爱。

八、宣传推广

1、淄博市支中心利用各种渠道宣传推广共享工程。如在每年的世界读书日、读书节、科技宣传周以及各种宣传活动中，淄博市支中心都抓住机会，宣传共享工程，以期让更多的人了解共享工程，走进共享工程。

2、共享工程送数字资源进企业、进机关、进社区活动。从2011年开始，淄博支中心开展了“数字资源巡回培训”活动，已对淄博市公安局、市委党校、市第六中学、淄矿集团中心医院等多家单位进行过培训，并发放了免费的电子资源阅读卡。2012年9月28日，文化部全国文化信息资源共享工程建设管理中心向淄建集团赠送光盘仪式在我市隆重举行。

3、专题活动。为让更多的人利用共享工程的电子资源，在全市举办了“淄博市老年人电子书创作大赛”，并配合这次大赛举办了免费的“淄博市老年人电子书创作培训班”。另外，淄博支中心还多次举办免费老年人电脑培训班，收到了很好的社会效益。

九、荣誉奖项

2007年，淄博市支中心被省文化厅授予“文化信息资源共享工程示范市”，桓台县、张店区、沂源县被省文化厅授予“文化信息资源共享工程示范县”荣誉称号。

2008年9月，丁雷同志被授予“山东省文化信息共享工程建设与服务先进个人”称号；

2009年，在由省文化共享工程分中心组织的2009年首届山东省文化共享工程自建资源专题片评比中，淄博支中心组织报送的专题片荣获三等奖一个、优秀奖两个；

在2009年6月的“共享欢乐——山东省文化信息资源共享工程摄影作品展”，淄博支中心荣获优秀组织奖；

在2009年9月山东省分中心举办的山东省“万方数据杯”文化信息资源共享工程知识与技能竞赛中，淄博支中心代表队获得全省第三名，团体二等奖。选手赵欣入选并代表山东省代表队参加了首届“文化共享杯”全国文化信息资源共享工程知识竞赛，并获得全国第二名的佳绩；

2009年12月17日，在全省文化信息资源共享工程规范化站点建设现场工作会议上，我市张店区科苑街道潘庄社区、淄川区罗村镇南韩村、博山区夏家庄镇安上社区、周村区北郊镇、临淄区凤凰镇侯家屯村、桓台县马桥镇、沂源县南麻镇等七个基层站点被评为省级文化信息资源共享工程规范化站点；

2010年，在“全国文化信息资源共享工程少年网页设计竞赛活动”中，上报作品13件，其中三件获山东省二等奖，两件三等奖，八件优秀奖；

2010年3月，共享工程淄博市支中心荣获市级文化信息资源共享工程建设与服务工作先进集体称号，四名工作人员也荣获先进个人称号；

2009年5月，淄博支中心暨淄博市图书馆网站荣获2009年度淄博市公众类网站的“文明网站”称号；

2012年9月，在中共淄博市委对外宣传办公室和淄博市网络文化办公室举办的“淄博市首届优秀网站评选活动”中，新版淄博支中心暨淄博市图书馆网站荣获淄博市“优秀网站”称号。

十、工作展望

淄博市支中心在文化信息资源共享工程建设方面取得了一定的成绩，但是许多工作还需要进一步完善，特别是在数字资源建设和提供服务方面还需要做大量的工作。希望能在文化部全国公共文化发展中心和省级分中心的支持下，建设独具地方特色的数字资源库，并将服务工作品牌化。

（撰文/淄博市支中心）

淄博市张店区支中心

张店区是淄博市的中心城区，全区总面积244平方公里，现辖6个镇、6个街道办事处，113个行政村、65个城市社区居委会。张店区文化信息资源共享工程在张店区文化出版局、淄博市图书馆支持和部署下，逐步推进，稳步发展，在新形势下为繁荣基层文化，传递中国民族优秀文化资源发挥了重要作用。

一、基本情况

张店区文化资源共享工程建设开始于2003年，建立电子阅览室及图书馆网站；2007年，建立文化信息资

源共享工程张店区支中心并在潘庄、九级村、房东村、河头等10个村试点安装，此后陆续在全区十二个镇（街道办）文化中心开始安装。我们采取了“典型引路”的办法，选择经济基础好、对文化工作高度重视的潘庄社区作为试点，由社区投资13万余元，购置了设备，建成了全区第一家建筑面积80余平方米，配备20台以上微机的基层规范化服务点。2008年张店区文化资源共享工程开始普及进入乡镇行政村，第一批68个行政村与当年安装调试完毕。2009年第二批45个行政村进行安装，张店区所属行政村实现全区共享工程村村全覆盖。

共享工程张店区支中心设在张店区少儿图书馆，是张店区共享工程的建设和业务指导单位，负责保障区中心共享工程设备的运行，协调镇村级共享工程设备的维修，指导镇村级共享工程活动的开展以及开展全区共享工程管理员的业务培训和指导。

二、管理和队伍建设

为使共享工程真正为民所用为民谋利，张店区支中心将共享工程日常管理纳入制度化管理。制定支中心、镇、村基层服务点工作职责和制度，实行制度上墙公开。每年有年度工作计划，年末有工作总结考核，并推行管理员工作日志管理，收集整理共享工程服务活动的得失，探索共享工程管理和服务新模式。

文化资源共享工程作为一个新的农村文化资源获取平台，如何推广好、利用好共享工程丰富的文化资源关键在于是否有一支专业化的共享工程管理员队伍。张店区共享工程支中心在管理员队伍建设上坚持明确职责，明确思路，制度化管理，常态化培育。对于乡镇、村两级基层共享工程管理上择优选取文化层次较高，有一定社会基层管理服务实践经验的大学生村官为管理员，他们工作热情高，有较高的文化水平能尽快熟悉掌握共享工程设备为所在村民服务。

三、经费投入

张店区共享工程为实现村村全覆盖，争取各级部门支持先后投入资金310余万元，张店区少儿图书馆每年运维经费4万元，用于共享工程设备的维护及部分人员培训和惠民活动的开展经费。同时，张店区政府、区文化出版局和张店区少儿图书馆每年还投入大量人力物力支援共享工程各项活动的正常开展和运行。

四、资源建设

张店区支中心在历年的工作中，搜集不同群体民众文化需求，采购、选取、编辑制作各类题材资源近6TB，每年制作发放各类光盘600多张，展板30多块，发放宣传资料1000余份。

五、培训工作

张店区支中心在共享工程管理员的培养上实现了制度化和常态化。根据支中心工作要求，每年对辖区共享工程管理员进行4期的集中培训，一共举办各类培训班25期，参加轮训的各级管理员达1580人次。

六、惠民服务

张店区支中心在共享工程服务实践过程中，以民众的需求为导向，积极探索，服务民众生活生产，引领群众高尚精神文化生活，打造群众满意喜爱的文化服务新平台。

根据张店地域农业生产特点，张店区支中心每年按节令制作农业生产、养殖、栽培技术光盘和小册子通过行政村基层服务点村民分发。针对不同农业专业者，张店区支中心有针对的选取资源上门指导服务。马尚镇西北村的花木栽培专业户、中埠镇小王村的养牛专业户等，历年来累计服务专业生产户40多户，长期点对点跟踪服务6户。还积极整合配置新的适用资源，尤其是适合未成年人服务的特色资源，充分照顾到基层站点不同区域、不同服务群体的需求，侧重向未成年人、老年、农民工等弱势群体倾斜。

七、宣传推广

1、张店区支中心利用各种渠道宣传推广共享工程。在张店区每年的科技文化下乡、张店读书节、科技周等活动中，以活动为平台，以资料为媒介宣传共享工程，让民众不断了解共享工程，走进共享工程。

2、走进部队，走进校园 张店区支中心在文化服务中不断探索，利用儿童阅览专区，组织动员青少年关注共享工程，利用共享工程，收集青少年知识兴趣点整理挖掘服务，与周边学校联合定期组织课外阅读课80期；送资源到武警支队、驻地部队，针对需求地知识和关注点，整理挖掘信息资源，服务上门，深受广大官兵的喜爱。通过一系列的活动使共享工程不仅走进农村也走进校园走进部队。

3、专题活动，精彩纷呈，成效显著。张店区支中心在服务中抓住文化的热点和亮点，如张店区支中心联合其他单位在区政府服务中心举办了由北京故宫博物院院长单霁翔主讲的“城市文化建设与遗产保护”主题讲座活动，与我区大众共享文化盛宴。近几年《中国文化报》、中央电视台《整点新闻》等媒体对我馆的共享工程数字图书馆服务情况进行了采访报道。

八、荣誉奖项

2007年共享工程张店区支中心顺利通过了国家文化

部全国文化信息资源共享工程督导组的检查验收；2008年被选为“全国文化信息资源共享工程工作会议”全省四个考察对象之一；2010年张店区少儿图书馆被选定为山东省第一批实施的“县级数字图书馆推广计划”的十个公共图书馆之一，“山东省公共电子阅览室”试点单位之一。先后被山东省文化厅评为“文化信息资源共享工程示范县”、“山东省文化信息资源共享工程建设与服务先进集体”、“读者喜爱的图书馆”等荣誉称号，张店区少儿图书馆还获得“国家一级公共图书馆”、“淄博市文化信息资源共享工程建设与服务先进集体”、“淄博市文化工作先进集体”等殊荣。

九、工作展望

张店区文化信息资源共享工程已走过10个年头，从昨天的几个点到今天的113个行政村全覆盖，从单一的资源接收到今天的编辑分发和群众广泛认知，广泛参与，成为繁荣张店文化，丰富张店人民精神生活，推动张店人文科技进步的强大动力源泉。今后张店区支中心希望在各级中心的大力支持下为张店区共享工程建设一支专业化的服务队伍，建立一个国家、省、市、区四级知识网络，使得服务形式更加多样，服务网点更加宽广，参与群众更加广泛的共享工程文化带动体系，为建设科技张店，文化张店做出贡献。

（撰文/张店区支中心）

淄博市淄川区支中心

淄川区为淄博市市辖区之一，位于淄博市中部。全区东西长为49公里，南北宽为42公里，总面积960平方公里。下辖1个经济开发区，3个街道办事处，9个镇，总人口65万。

一、基本情况

淄川区文化资源共享工程建设开始于2002年，淄川区政府一次性投资购买了20台计算机，并开通了中华宽带网，成立了淄川区图书馆电子阅览室。2005年文化部为淄川支中心配置了一套文化信息资源共享工程卫星接收设备，直接接收国家中心下发的各类资源和信息，支中心的资源得到进一步填充和完善。2007年按照文化信息资源共享支中心配置标准，淄川支中心在原馆舍配置的基础上配备了服务器、磁盘阵列、交换机等一系列硬件设施，解决了从国家中心接受的大量资源的存储问题。

为了因地制宜充分利用本地资源，使工程建设更加快捷，支中心与淄博网通淄川分公司进行多次协商，达成共识，并促成了卓有成效的合作。本着资源共享、利益共享的原则，与淄川网通公司共同制定了文化信息共享工程的工作流程，在充分利用网通的网络资源优势的同时，也利用了网通的软硬件技术优势。淄川网通公司配合积极，为保证图书馆中心机房的数据传输，专门布了10兆的互联网专线。

利用我馆信息平台，对来自全市各区县文化信息资源共享工程的技术人员进行集中培训。

二、管理和队伍建设

文化信息资源共享工程是利用高新技术传播先进文化，科技含量高，需要一批掌握计算机、网络、多媒体技术的业务骨干和资源采集、整理、加工开发方面的信息管理人才。为了顺利开展工作，有专门的管理员负责日常的运行和维护，并多次组织相关人员到省里参加业务培训，之后我们还对基层共享工程服务点进行有效的管理和辅导。建立健全制度，即管理制度、工作制度、信息服务制度等，做到制度上墙，监督实施。淄川支中心与各基层乡镇、村居积极联系，共建立共享工程基层服务点12个，共有服务终端电脑200余台，年服务人次3万余人，主要集中在寒暑假期间，以学生居多，其次是农闲时节不少中年人趁闲暇时候观看电影或技术类视频，浏览网页。

三、资源建设

淄川区图书馆数字资源来源基本分四个部分：引进大型数字产品；网上资源开发；自建数据库；数字化资源整合。目前，除了网上数字资源，还有内容涉及养殖、种植、工艺品加工、戏曲、教育影片及视频等光盘400余张，共计3T的数字资源。为进一步方便盲人朋友，2011年，淄川区图书馆购进盲文书籍及有声读物390余册（件）。

四、利民惠众，惠农服务

淄川支中心对通过卫星、互联网两种方式接收到的国家中心、省中心的数字资源进行整合，将实有效的“三农”资源，制作成内容涵盖养殖、种植、工艺品加工等技术类和保健教育类光盘，定期发放到各乡镇，为基层农民提供实用性的科学技术指导。2006年至今，淄川支中心共发放光盘近千张，为广大农民开展科学有效的种植、养殖、加工、保健活动发挥了重要作用。

五、宣传推广

1、电影及视频放映。淄川支中心积极开展内容丰富的文化共享活动，并开展一系列文化共享工程电影放映，节假日期间，我馆利用共享工程为少年儿童播放爱国主义教育影片及与青少年成长相关的视频等。

2、般阳讲堂。淄川支中心广邀名师，重点开展青少年心理辅导方面的讲座，为处在成长叛逆期的青少年和广大的家长朋友排忧解难，为青少年朋友心里健康成长提供精神保障。

六、取得荣誉

淄川支中心多次被区委区政府评为“年度全区文化建设工作先进单位”，支中心的多位同志被先后评为省、市级文化信息资源共享工程建设与服务工作先进个人。2010年淄川支中心被评为“淄博市文化信息资源共享工程建设与服务工作先进集体”。

七、工作展望

淄川区文化资源共享工程已经走过了10个年头，从单一的网络服务到各种形式的资源共享，从孤军奋战到十几个点团结协作，淄川区文化资源共享工程已经在淄川人民的文化生活中发挥着越来越大的作用。在全体员工的努力下，淄川支中心取得了一定的成绩，下一步的工作是要大力推广宣传文化信息资源共享工程，制定发展规划，提高服务水平，保证工程长久、持续地发展下去，真正发挥文化信息资源共享工程的作用，繁荣和丰富城市文化生活，满足人民群众的精神文化需求，实现人民群众的文化利益。

（撰文/刘娌华、于 宁）

淄博市博山区支中心

文化信息资源共享工程博山区支中心，是在博山区图书馆电子阅览室基础上建立起来的。2004年，博山区政府投资10万元，为图书馆配置了电脑23台，建立了电子阅览室，接入了互联网，加盟了超星数字图书馆，并于2005年3月开始对外开放。2005年10月，文化部为博山区支中心赠送了部分卫星接收设施，并于当月调试成功，开始接收卫星传输的文化资源信息，实现了卫星接收和互联网接受双向服务。

一、整体情况

2007年，博山区成立了文化信息资源共享工程领导小组，按照全省县支中心统一建设标准，积极争取，加大投入，组织了共享工程设备的招标采购活动，招标金额为58万元。截至目前，文化信息资源共享工程博山区支中心已拥有1个主机房、1个多媒体播放室、1个电子阅览室、238个基层服务网点的资源整合平台。同时，图书馆的办公自动化、数字化也逐步成为现实，采编流通系统用intlib服务系统。

二、资源建设

2007年8月，博山区政府办公室转发了《博山区文化局 财政局关于加强文化资源共享工程的意见》，全面部署全区镇村两级文化共享工程的创建工作，依托全区党员远程教育网和全区农村中小学远程教育网，建立镇级服务点12处。建立村级（社区）服务点238处，涌现出了城东街道安上社区、白塔镇白塔村、开发区银龙村等一批优秀服务点。

2011年12月举办老年计算机培训班

三、惠民服务

实施文化信息资源共享工程以来，博山支中心根据自身的职能和当地人民群众的文化需求，完善设施设备，精心设置服务项目，使服务项目新颖、有趣，让人民群众乐于参与，最大限度提高公共文化设施的利用率。充分运用现代信息手段，依托全国文化信息资源共享工程、国家数字图书馆工程、公共电子阅览室等，强化远程公益服务能力，拓展数字文化服务空间，使数字文化服务更好地满足人民群众特别是广大青少年的精神文化需求，促进公共文化服务均等化、便利化。目前，博山支中心已累计开设各类公益讲座58场，整理制作各类课件近百个。

加强基层服务，以农村基层服务网点为依托，为农村群众提供信息服务、技术指导、文化娱乐等资源。利用“文化下乡”、宣传周、农村文化大院、农民文化艺术节等时机，深入基层为群众播放共享工程宣传片、科技信息和娱乐资源，连续几年受益群众达10万多人次。

四、开拓创新，打造“品牌”

博山区支中心发挥公益性电子阅览室作用，提供全天免费网络服务，开展网上浏览、上网查询、推广数字图书馆资源。今后博山区支中心将进一步加大投入，加强管理人员培训，不断拓展服务领域，不断加强公共文化服务内容、形式、手段的创新。在实现均等普惠的基础上，逐步增设多样化服务，重点增加对未成年人、老年人、农民工等特殊人群的对象化服务，提供更加人性化的服务设施和服务项目，形成具有重要影响力和宽阔辐射面的文化“品牌”工程。

（撰文/丁洪文）

淄博市临淄区支中心

临淄区位于淄博市东部，东邻青州市，南接淄川区，西连张店区、桓台县，北靠博兴、广饶县，面积668平方千米。政区人口总面积668平方公里，辖12个乡镇（包括5个街道办事处），共有468个行政村（社区）。临淄区文化资源共享工程在淄博市文广新局，临淄区文化局的支持和部署下，逐步推进，稳步发展，在新的历史时期下为繁荣农村基层文化，满足群众多层次文化需求，传递中国民族优秀文化资源发挥着重要作用。

一、基本情况

2007年是临淄区“文化资源共享工程”跨越式发展的一年，同年临淄区政府拨付“文化资源共享工程”专项建设资金54.7万元。按照省文化厅要求，我们严格依照设备配置标准，并请教有关专家结合我区实际提出设

在进行计算机实际操作的培训

备配置方案，通过政府招标，为临淄区级中心配备了相关的硬件和软件，配置了具有接收能力与采编能力的卫星接受设备，建成了文化共享工程区级支中心服务平台。通过卫星设备能够方便的接收国家中心下发的各类资源和信息。临淄支中心在发展的同时，得到了区委、区政府的大力支持，每年拨付专项财政经费用于支中心及镇、村三级文化资源共享工程建设。从2010年开始，在完善了镇级文化资源共享工程的基础上，临淄区文化资源共享工程开始普及进入乡镇行政村。截止2012年，全区12个镇（街道）级共享工程覆盖点全部高标准完成建设要求，468个行政村全部安装调试完毕。至此，临淄区文化资源共享工程实现全覆盖。

共享工程临淄支中心设在临淄区图书馆，是临淄区文化资源共享工程的建设和业务指导单位，负责保障支中心的设备正常运行，协调镇村级共享工程的设备维护，指导镇村级共享工程活动的开展以及全区共享工程管理员的业务培训和指导。

二、管理和队伍建设

为确保临淄区文化资源共享工程发挥其应有的作用，一是从制度建设入手，借鉴外地与其它部门的经验，制定了工作人员守则、设备管理与使用等一系列工作制度，对基层中心与基层服务点进行规范管理；二是统一印制了“共享工程”活动记录本，发放到镇村两级基层服务点，记录基层中心与基层服务点活动情况，掌握基层活动情况和群众要求；三是在各服务点悬挂临淄区共享工程领导小组制作的“共享工程”标牌；四是加强镇级共享工程中心对村级基层服务点的管理和考核，保证了共享工程工作的顺利开展。

文化资源共享工程作为一个新的文化资源获取平台，如何推广好、利用好这项为民、利民工程，还需要一支专业化的人才队伍。

临淄区共享工程支中心在管理员队伍建设上坚持明确职责，明确思路，制度化管理，常态化制度。对于乡镇、村两级基层共享工程管理上择优选取文化层次较高，有一定社会基层管理服务实践经验的人员为管理员，他们工作热情高，有较高的文化水平能尽快熟悉掌握共享工程设备为所在村民服务。

三、人员培训

临淄支中心按期参加淄博市支中心举办的“全国文化信息资源共享工程”业务培训班，通过培训，确保了全区文化信息资源平台网络的运行安全。

临淄支中心每年对镇村两级服务站点管理员进行三期培训，包括计算机的基础知识及《全国文化信息资源共享工程》基础理论的培训，计算机文化信息资源共享工程的基本操作培训，山东文化资源共享工程托盘安装和利民服务项目培训等。自2007年以来，共培训基层站点管理员达2000人次。

四、资源建设

临淄支中心在历年的工作中，为满足我区民众日益增长的文化需求，选取、编辑制作各类题材资源1000GB，每年制作发放各类光盘1500多张，展板400多块，各类海报、招贴画100多幅，发放宣传材料2000余份。

五、合作共建

临淄区文化共享工程在各级政府和部门的大力支持下，以共享工程为依托同图书馆数字资源相结合建成了区级共享工程电子阅览室。根据不同镇、村硬件条件建立了形式多样的多媒体信息中心，出现了很多优秀典型。如闻韶街道的辛东社区、东王社区都配置了高档的计算机，组建了功能齐全的多媒体教室。通过多方共同努力，共享工程已逐步走入农村基层生活，成为村民获取信息资源的重要途径。

六、利民惠众，惠农服务

为促进我区经济文化快速发展，临淄支中心在实地调研的基础上，及时把群众需要的科技知识通过基层服务点传播到位。

优秀的文化信息资源源源不断传输到基层群众中，不仅初步解决了农民看书难、看戏难、看电影难的问题，而且丰富了群众的业余文化生活；同时，丰富的农业生产、农业科技知识资源，为农民致富提供了有效的帮助。许多地方依托文化共享工程开展农业技术培训、农民工培训、再就业培训等，提高了农民的科学文化素质和生产技能。以闻韶街道办为例，该街道办已在所有村居建立起基层服务站点，播放农村种植养殖技术视频、卫生讲座及文艺作品等专题片共815场，节目2250余个，观众达到6万多人次，受到群众的普遍欢迎。

自共享工程农村基层全覆盖以后，全新的农村科普知识看得懂、用得上、形象直观，学技术更加方便，极大的促进了农民的增收致富。齐陵街道杨东村的李云瑞是远近闻名的养猪状元，去年靠养猪获利15万元。提起养猪致富，李云瑞逢人就说：“我有个宝贝，养猪全靠它了，遇到问题和困难都找它解决。”他所说的“宝贝”就

在进行红色电影放映

是齐陵街道办的文化信息资源共享工程。齐陵街道办是区内全国文化信息资源共享工程比较先进的乡镇（街道办），经过一年多的运作，共享工程已经深入群众当中，成为普通百姓脱贫致富的指路明灯。

七、宣传推广

1、临淄支中心利用各种集会的场所和各种渠道宣传推广共享工程。临淄支中心积极参与临淄区每年的科技文化下乡和文艺演出等活动，让农村的农民兄弟不断了解共享工程，走进共享工程。

2、走进校园。临淄支中心文化服务中不断探索，通过支中心电子阅览室向青少年学生开放查阅资料功能，向他们宣传共享工程，根据青少年知识兴趣点整理挖掘了很多少年儿童喜闻乐见的知识作为共享工程的知识点。积极的组织学校的少年儿童参加文化共享工程的网页制作大赛，齐都小学一名同学获得国家大赛的一等奖，还有其他学校的5名同学获得二等奖，在山东省是获奖最多的区（县）。通过一系列的活动，使共享工程不仅走进农村也走进校园走进青少年。

3、专题活动，精彩纷呈。临淄支中心在服务中抓住文化的热点和亮点，积极组织群众喜闻乐见的文化服务，使共享工程走进群众生活。在迎接建党90周年之际，临淄支中心积极的开展了唱红歌、放红色电影活动，每天晚上都在广场放影革命题材故事片，现场群众非常多，收到临淄区广大市民的好评。与此同时，临淄区支中心积极的组织全区共享工程知识竞赛活动，让每个参加者通过竞赛对文化共享工程的了解更加深入，促进了临淄区文化资源共享工程的发展。

八、工作展望

如今，文化共享工程在推动文化大发展大繁荣中，已成为创新文化传播手段的开路先锋之一，成为传播当地文化的重要的途径。

展望未来，临淄区除接收国家中心的数字资源外，还要努力建设具有地方特色的数字资源。当前，要对全区文化系统现有的图书、报刊、戏剧、曲艺、音乐、舞蹈、文博等文化资源等进行开发、整合及数字化加工；按照“三贴近”原则，建设包括科普知识、农业科技、法律常识、卫生保健在内的信息资源库；积极探索与省农村党员现代远程教育“泰山网”、数字电视、有线电视的合作，丰富临淄区文化信息资源的内容。截止目前完成了市支中心整合不少于5000种电子图书，提供不少于1000小时的文艺演出、知识讲座、实用技术等视频资源，资源总量达到1TB。

更为重要的是临淄区是齐文化的发源地，是世界足球的发源地，临淄支中心的同志们正在紧锣密鼓地积极拯救原有的文化资源，将临淄“齐文化”的精髓，做为当地的重要的特色的文化信息资源放在文化信息资源共享工程的网络上，让全国各地人民共享“齐文化”的文化成果。“齐文化”博大精深，源源流长，临淄支中心将会逐步完善齐文化数据库，以“礼、义、贤、孝”为主导的齐文化信息资源展现在世人面前，供人们去阅读研究，让人类分享古文化的成果。

（撰文/淄博市临淄区支中心）

淄博市周村区支中心

周村区属山东省淄博市辖区，位于山东省中部，地处鲁中山区与华北平原的过渡地带。区域总面积210.5平方公里，人口29.1万，辖3个镇、4个街道、1个省级经济开发区、221个行政村居（不含文昌湖旅游度假区）。素有“金周村”、“旱码头”、“天下第一村”之称，是著名的鲁商发源地。

近年来，周村区文化资源共享工程在周村区文化新闻出版局、淄博市图书馆的支持和部署下，立足实际，以构建完善的公共服务体系为主线，以保障人民群众基本文化权益、全面提高人的素质为目标，以创新文化形式和内容为重点，真抓实干，稳步推进，为丰富基层群众文化生活，推动农村文化阵地建设，促进地区经济和社会发展发挥了积极作用。

一、基本情况

共享工程周村支中心是周村区共享工程的建设和业务指导单位，负责保障区中心共享工程设备的运行，协调镇村级共享工程设备的维修，指导镇村级共享工程活动的开展以及开展全区共享工程管理员的业务培训和指导。支中心设在周村区图书馆，于2007年10月建成并投入使用。先后投资70余万元，内设中控室、多媒体教室、电子阅览室和综合业务室等。配备有共享工程应用服务器1台，图书馆自动化管理服务器1台，卫星接收服务器1台，不低于3.6T的磁盘存储设备，主干交换机1台，百兆交换机2台，UPS电源设备，共享工程卫星接受设备1套，计算机20台，投影仪1台，多功能扫描仪1台，激光打印机1台。

充分整合利用现有资源，整合共建镇、村基层服务站点。本着因地制宜、实用至上、科学布局的原则，采取政府奖励补贴与整合资源、借势借力相结合的方式，积极推进基层站点建设。一是争取财政专项资金，实行财政配发5台电脑、村居投资5台的奖励政策，鼓励新建一批；二是整合资源、借势借力，与党员远程教育和中小学现代远程教育相结合，建设提升一批。全区统一制作共享工程基层服务站点标牌，制定规章制度。以区级支中心为中心，开通了互联网和卫星接收渠道，根据需要配置了服务器、投影仪、宽带接入互联网端口，并有维护人员进行日常管理工作，实现了网络文化服务能力的大幅度提高。目前，我区有基层规范型站点42处，拓展型站点68处，基本型站点实现全覆盖，初步形成以支中心为龙头，辐射我区8个镇（街道）189个行政村，区镇村三级互

建互通的服务网络。公共文化服务内容、服务档次得到充实和提升，满足了群众不同层次的精神文化需求。

二、资源建设

多年来，周村支中心广泛征集本区历史文化和民间文化资源，通过自筹、共建等多种形式，整合各类优秀文化资源，选取并编辑制作旅游景点、地方名人、文学艺术、历史文化遗产等各类题材资源1.5TB。每年制作发放各类光盘300余张，发放宣传资料3000余份。

三、惠民服务

周村支中心将阵地服务和流动服务相结合，日常活动和节庆活动相结合，开展形式多样的文化惠民服务。文化共享工程走进社区、农村、企业、机关，举办相关的农业科技知识培训、法律法规以及政策理论讲座，播放优秀影视节目，提供网上查询服务等，实现资源共享，服务社会公众，活跃了城乡群众精神文化生活，为宣传党的方针政策开辟了新渠道。结合当地经济发展和农业生产实际，利用共享工程丰富的科技信息资源，通过“三下乡”、宣传周、农村集市、节假日等各种途径发放各类科教、实用技术光盘，为当地人民群众传播农技知识和信息，有力促进了新农村经济发展。党员反腐影片观看周、“喜迎国庆”系列服务活动、爱国主义电影放映活动等，也取得了良好的社会效果。

四、宣传推广

周村支中心利用各种渠道宣传推广共享工程。在每年的科技文化三下乡、科技周等活动中，周村支中心不失时机，以活动为平台，以资料为媒介宣传共享工程，让民众不断了解共享工程，走进共享工程。派出技术人员深入到镇、村服务点帮助建点，完善制度，并为各基层点统一制作了共享工程宣传专栏、门头宣传牌和固定标语，通过宣传专栏和播放共享工程各类影片、种植、养殖等科技致富信息，既让当地群众了解了文化共享工程，同时也起到了宣传国家这一惠民工程的积极作用。

在服务中，周村支中心抓住文化热点和亮点，积极组织群众喜闻乐见的文化服务，使共享工程走进群众生活。通过文化共享工程活动照片展板宣传、网络文化共享工程现场演示、接受市民咨询、免费发放宣传资料、与报社联合举办“文化信息资源共享工程”知识有奖答题活动等方式，吸引广大市民和读者参与，充分发挥了文化数字资源的传播优势，扩大了文化共享工程在市民中的影响力。

五、培训工作

加强人员培训，是提高队伍素质的重要手段。支中心高度重视共享工程人员培训工作，实现了制度化和常态化。采取举办培训班、讲座和远程指导培训等方式对基层服务站点管理人员进行上岗培训。同时，组织工作人员深入全区各村、社区文化共享工程基层服务点实地开展辅导培训工作，指导各行政村服务点开展文化共享工程信息资源建设和服务，力求最大限度地发挥基层服务点作用。每年举办文化共享工程培训班2期，不断提高基层工作人员的业务技能和相关计算机网络技术，保证了基层服务点工作的正常开展。

六、管理和队伍建设

周村支中心将共享工程日常管理纳入制度化管理，不断完善规章制度，促进工程规范建设、管理和服务。制定支中心、镇、村基层服务点工作职责和管理制度，实行制度上墙、制度公开。在管理员队伍建设上，坚持明确职责、明确思路、制度化管理、常态化培育。择优选取工作热情高、文化层次较高、有一定社会基层管理服务实践经验的镇、村两级基层共享工程管理人员，通过集中培训、实地辅导等方式，提高其业务素质和管理水平，为熟练掌握设备操作技能、更好地服务群众打下了良好基础。

七、工作展望

经过五年来的工程建设和运行，周村区、镇、村三级基层服务网点都充分发挥了文化共享工程的作用，为弘扬先进文化，构建和谐社会，建设社会主义新农村，丰富城乡群众多层次的文化需求起到了重要作用。文化共享工程的实施，改变了基层文化单位的服务方式，丰富了活动内容，宣传了党的方针政策，为基层广大群众送去了先进文化、科技致富的新信息、新技术，帮助农民群众科学致富。对促进农村和谐、引导群众致富、稳定社会秩序均起到了良好的促进作用。在信息社会的今天，周村区文化资源共享工程将以数字化建设为目标，以自动化服务为手段，以满足读者需求为出发点，以进一步完善基础设施建设、全面提升服务能力为重点，积极开展服务活动，传播知识传递信息，努力实现全方位开放式读者服务工作，使共享工程成为文化、科技、传播、社会教育、信息交流的中心，为丰富群众文化生活，提高全民文化素质，构建城市文化作出积极贡献。

（撰文/袁志华、翟媛）

桓台县支中心

桓台县位于山东半岛中部，是全国百强县（市），全国文明县城、全国文化先进县和全省社会文化先进县，总面积509平方公里，人口49万。辖8镇、1个城区街道办事处和1个国家级高新技术产业开发区、2个省级开发区。近年来，县委、县政府高度重视文化事业发展，围绕“城乡统筹，建设经济文化可持续发展示范县”，大力推进文化信息资源共享工程建设，先后荣获山东省文化信息资源共享工程示范县、山东省文化信息资源共享工程建设与服务先进集体、全国县级数字图书馆推广计划试点县、全国服务基层服务农民文化建设先进集体等称号。

一、基本情况

桓台县坚持把文化信息资源共享工程建设作为推动公共文化服务体系建设，统筹城乡文化发展的重要抓手，目前已建成县镇村三级文化信息资源共享工程网络体系和运行机制。全县目前共建有文化信息资源共享工程服务站点346处，在全省率先实现村村通，其中规范化服务站点86处，扩展型服务站点121处。

共享工程桓台县支中心依托桓台县图书馆高投入、高标准建设，在桓台县共享工程的建设中发挥着龙头和指挥中心的作用，在保障自身良好运行的基础上，协助镇村基层站点的建设，开发输送优秀数字资源，帮助维修镇村基层站点的设备，指导镇村基层站点的活动开展以及对全县镇村基层站点管理员进行业务培训和指导。

二、管理和队伍建设

为推动共享工程这一文化惠民工程的有效实施，桓台县成立文化建设考评领导小组和镇办基层文化建设工作联系小组，对基层文化建设尤其是文化信息资源共享工程建设工作进行量化考评。同时桓台支中心将共享工程日常管理纳入制度化管理，制定支中心、镇村基层服务点工作职责和制度，实行制度上墙公开，实行目标岗位责任制，年初有计划，年末有总结，每月的完成情况通过宣传栏公开。

基层文化工作者是基层文化服务的中坚力量，桓台支中心在管理员队伍建设上以“年轻化”、“高学历”为目标，以“竞争上岗”为手段，层层筛选，优中选优。另外，通过公益招聘等方式，吸收了一批社会各界的文化共享工程工作志愿者，为桓台县共享工程的队伍建设输入新鲜血液。

三、培训工作

文化共享工程实现全覆盖后，桓台支中心坚持每年举办四次基层管理员培训班，专门建立了每周一三五下乡技术辅导工作日，根据技术需要到各镇、村进行技术指导，每年下乡指导200余次，集中培训800人次。同时面向全县公布了技术辅导热线电话，随时随地解决技术难题。

四、经费投入

桓台县政府连续三年将文化共享工程作为民生工程，在财政、政策上予以扶持，县财政统一拨付所有基层站点的宽带网费，对站点专职管理员进行财政补贴，并对先期建成的示范站点实施以奖代补，县政府投入300余万元对全县基层网点建设进行奖励补助，文化信息资源共享工程的建设累计投入2000余万元。

五、资源建设

桓台支中心自建成以来，先后自主开发制作了大量的优秀信息资源，其中包括县举办的各种文艺演出、灯会、扮玩等富有地方特色的群众文化。除自主开发外，我支中心还大量引进电子图书，购买光盘，通过卫星、互联网接收国家中心、省中心的数字资源。另外，通过问卷调查，及时的了解群众所需资源情况以及各镇地域文化特色，有针对地制作了大量种植、养殖、编织、工艺品加工等技术类和保健、教育等与农民群众生活密切相关的光盘下发给基层站点。

六、合作共建

针对我县农村文化活动的实际情况，桓台支中心有效整合镇综合文化站、村居文化大院数字图书室、党员远程教育、乡村少年宫等数字资源，在建设推进措施上，充分调动社会资金参与工程建设，采取村企共建、镇企合建、镇校联建、镇村联建等形式筹措资金，按照贴近群众，重在实用，着眼长远的原则逐步配套完善。

七、利民惠众，惠农服务

群众满意度是检验文化共享工程建设与服务的有效标尺，桓台支中心将虚拟文化服务与传统文化服务有机结合，认真做好各种信息的收集、下载工作，尤其是致富增收、实用技术、技能培训、法制教育和道德素质培养等方面，常年举办针对农民工的培训班和实用讲座，免费开展农民工电脑基础知识技能培训。同时，桓台支中心将优秀的数字图书资源输送到村文化大院电子阅览室，定期举办文艺辅导、农业种植技术等培训，使大多数村民在数字资源利用上“脱贫”。

八、宣传推广

1、延伸到乡村少年宫，以文化人。在文化信息资源共享工程的有效利用上，桓台支中心创新思路，提高其服务的延伸力，将其延伸到乡村少年宫，满足了未成年人积极的网络文化需求。在具体实施上，将数字图书、视频课件等优秀数字资源输送到乡村少年宫电子阅览室，张贴进入国家省市优秀数字资源网址的温馨提示，提供文化部推荐的青少年益智游戏及电子动漫书籍，提高学生的学习兴趣，引导学生健康快乐的学习。

2、推广到社会商业网吧，以文引人。针对网吧社会关注度相对较高，服务人群复杂的特点，桓台支中心创新思路大胆实践，从动员发动网吧行业协会入手，率先在10家星级网吧安装山东省公共电子阅览室服务平台，输送文化共享工程优秀资源，争夺网络文化空间。在网吧显眼处张贴国家及省市优秀资源网址的温馨提示，提高文化共享工程资源的点击率，提高网吧的教育功能，让基层群众随时随地感受文化共享工程的独特魅力。

3、举办各类活动，以文聚人。桓台支中心采用送下去与请上来的方式，在农村学校举办读书知识大赛、“走进校园、关注童年阅读”讲座等活动。与乡镇学校相结合，邀请农村学生走进图书馆参加社会实践活动，将农村学生的阅读课“搬”进图书馆。2008年以来，与山东科技大学合作多次举办大型科普展，吸引了大批农村学生参加，提高了他们的科学意识和创新能力。另外，相继举办了青少年网页设计大赛、网络文学现场征文大赛等活动，吸引了全国11个省的读者参加，参与人数达2000余人。

九、工作展望

近年来，桓台县文化共享工程建设与服务已经取得一定成果，以后将进一步解放思想，创新理念，理清发展思路，以公共电子阅览室的建设与服务为新的契机点，继续健全经费保障机制，加大经费投入力度；继续整合数字资源，加强技术平台建设；继续加大宣传力度，为公共电子阅览室的发展营造良好的舆论氛围。坚持以文化人，以文育人，努力建设书香桓台、文化桓台。

（撰文/桓台县支中心）

高青县支中心

高青县隶属山东省淄博市。城区1个街道办事处、767个行政村，人口36.1015万人。东西最大横距45公里，南北最大纵距26公里，面积831平方公里。高青县西北两面隔黄河与惠民县、滨州市滨城区相望，南以小青河为界与桓台县、邹平县相邻，东与博兴县接壤。南距济青高速公路35公里，胶济铁路45公里，西距济南国际机场120公里。党的十八大以来，全县上下解放思想，深化改革，扩大开放，按照“提高农业，强化工业，搞活流通，加快发展”的工作思路，深入实施外向带动、科教兴县和油气开发三大战略，经济建设和社会各项事业取得了辉煌的成就。

一、基本情况

高青县文化资源共享工程建设开始于2009年，最初在在高青县图书馆电子阅览室基础上扩建安装，但由于经济条件有限，随后，与县府办公室信息中心合作陆续购入了卫星设备、服务器等设备。在2010年文化资源共享工程开始普及进入乡镇、社区，第一批有3个乡镇安装调试完毕。到2012年第二批3个社区进行安装，现在已基本覆盖高青县所属的乡镇、社区。

共享工程高青支中心设在高青县图书馆，是高青县共享工程的建设和业务指导单位，负责保障县中心共享工程设备的运行，协调镇、社区共享工程设备的维修，指导共享工程活动的开展以及开展全区共享工程管理员的业务培训和指导。

二、管理和队伍建设

为使共享项工程真正为民所用为民谋利，高青支中心将共享工程日常管理纳入制度化管理。制定支中心、镇、村基层服务点工作职责和制度，实行制度上墙公开。每年有年度工作计划，并推行管理员工作日志管理，收集整理共享工程服务活动的数据，探索共享工程管理和服务新模式。

文化资源共享工程作为一个新的农村文化资源获取平台，如何推广好、利用好共享工程丰富的文化资源关键在于是否有一支专业化的共享工程管理员队伍。目前高青县共享工程管理员50%为各级大学生村官，30%是宣传干事兼任，实现了管理员选取的高起点。

三、培训工作

高青支中心在共享工程管理员的培养上实现了制度化和常态化。根据支中心工作要求，每年对辖区共享工程管理员进行1次的集中培训，2009年以来一共举办各类培训班5期，参加轮训的各级管理员达60人次。

四、经费投入

高青支中心自2009年以来，每年投入2.5万的运维经费，用于共享工程设备的维护，人员培训和惠民活动的开展。

五、合作共建

结合农村党员干部现代远程教育等工作手段，以共享工程为依托，将各部门下发的电子文献资源与建立的共享工程服务点结合，根据不同乡镇、社区的硬件条件建立形式多样的电子阅览室和多媒体中心。比如田镇芦湖社区就建立了拥有多台电脑的多媒体阅读中心，通过多方不懈努力，共享工程已逐步走入基层村民生活，成为村民获取新知，娱乐身心的新渠道新平台。

六、利民惠众，惠农服务

高青支中心在共享工程服务实践过程中，以民众的需求为导向，积极探索，服务民众生活生产，引领群众高尚精神文化生活，打造群在满意喜爱的文化服务新平台。

根据高青地域农业生产特点，高青支中心每年按节令制作农业生产技术光盘通过行政村基层服务点村民分发。针对不同农业专业者，高青支中心有针对的选取资源上门指导服务。历年来累计服务专业生产户100多户。

七、宣传推广

1、高青支中心利用各种渠道宣传推广共享工程。让民众不断了解共享工程，走进共享工程。

2、走进校园。高青支中心文化服务中不断探索，利用支中心儿童阅览专区，组织动员青少年儿童关注共享工程，利用共享工程。通过一系列的活动使共享工程不仅走进农村也走进校园走进青少年。

八、工作展望

高青县是省级贫困县，但随着国家对文化资源共享工程的逐年重视，高青县的文化资源共享工程，已经从单一的几台电脑到今天的高科技设备。文化资源共享工程在高青已经成为人民文化生活的一小部分，今后高青支中心希望在山东中心，淄博分中心大力支持下为高青共享工程建设做出贡献。

（撰文/高青县支中心）

2012年在县文化局会议室召开基层管理员讲座

沂源县支中心

沂源县位于山东省中部，沂蒙山区，总面积1732.13平方公里，辖6镇11乡（现划为12镇）、678个行政村、1039个自然村。沂源县文化信息资源共享工程在淄博市文化出版局、市图书馆的大力支持和部署下，逐步推进，稳步发展，在新形势下为繁荣农村基层文化，满足农民多层次文化需求，传递中华民族优秀文化资源发挥了重要作用。

一、整体情况

2006年先后投入60余万元建成了文化信息资源共享工程县级支中心，共享工程基层服务网络实现了有效覆盖。沂源县被评为山东省文化信息资源共享工程示范县。

1、中控室新装修机房一处，面积15平方米，设计装修完全符合国家相关标准，地面加装了抗静电地板，粉刷了墙面和顶棚，按标准进行了配电和防雷安装，并按规定配置了3台高端服务器，其中一台用于卫星接收，另外两台作为应用服务器和业务服务器。新上同有磁盘阵列一套，容量达到3.6T。拥有各类交换机3台，百兆防火墙一个，充分保证网络安全。安装山特UPS电源系统一套，充分供应服务器和磁盘阵列。安装了标准机柜、KVM切换器等附属设施。

2、电子阅览室面积80平方米，每台机器有3平方米以上的空间，光线充足，进出方便。网络布线及电源分布合理，利用线槽进行了保护。拥有完善的消防设施和消防器材。安全疏散通道畅通。拥有浪潮希望H520电脑20台，电脑加装了还原卡、耳麦等设施，有配置齐全的投影机、投影幕布及4路VGA输入切换设备，配有高保真有源音箱，形象直观地把文化资源信息通过投影的形式表现出来。电子阅览室目前可向广大的读者提供共享工程的文化信息资源浏览、馆藏数字化电影的点播、馆藏电子图书的在线阅览、馆藏书目数据库的即时查询和各专题数据库的全文检索等多项文化资源服务项目。

3、多媒体教室面积80平方米，与中控室和电子阅览室相连接。拥有爱普生3490多功能扫描仪，普克特PX751刻录机、惠普3055激光网络打印机及移动硬盘等设施，并按要求预留了投影机位置。配备48套桌椅，能够承担小型会议及视频演示功效。

4、卫星接收系统已安装并正常运行，实现了卫星传输节目的本地存储，并能自由播放。安装瑞星中小企业版杀毒软件一套，配合防火墙等最大程度保护局域网安全。安装信息监控软件和办公自动化管理系统，实现了软件部分的正常运转。

共享工程基层培训

共享工程沂源支中心设在沂源县图书馆，是沂源县共享工程的建设和业务指导单位，负责保障支持中心共享工程设备的运行，协调镇村级共享工程设备的维修，指导镇村级共享工程活动的开展以及开展全县共享工程管理员的业务培训和指导。

二、基层站点建设

在乡镇村建设方面，与党员干部远程教育中心密切合作，真正实现共建共享。依托党员远程教育网在全县12个乡镇建立了由投影仪、电脑、机顶盒、宽带网络等组成的乡镇基层中心。在基层服务点建设上，经过努力，目前全县共建成633个村级服务点。基层站点的建立，不仅在宣传党的政治理论，推广农业实用技术，传播致富信息方面发挥了重要作用，而且极大丰富了群众业余文化生活，受到广大党员群众欢迎。各基层站点充分发挥文化信息覆盖面广、容量大、更新快、及时便捷等优势，认真搞好信息利用和采集、编辑、发布，积极为农民群众生产发展、观念更新、技能提高等提供各类信息服务。重点围绕农村政策法规、实用技术、产品供需、劳务输出、科技创新、基层群众需求等内容，通过网上发布各类信息，吸引北京、辽宁、福建等外地客商与我县桔梗、大樱桃、肉食兔等种养殖户建立了长期联系，取得了良好的经济效益和社会效益。

三、网站建设

县级中心建成后，利用中心设备建立了“沂源文化网”网站，利用中心设备，通过网络这个窗口，及时传递我县文化信息，广泛传播中华民族的优秀文化，满足广大人民群众求知、求乐、求美、求富需求。实现“以科学理论武装人，以正确的舆论引导人，以高尚的精神塑造人，以优秀的作品鼓舞人。网站突出沂源地域特色，包括相关内容简介（如法律法规、即时消息等）、特色文化简介（生命文化—沂源猿人，爱情文化—牛郎织女传说）、文化事业（建立网上图书馆、网上博物馆、作品公布）、相关链接等。

四、管理和队伍建设

为使共享工程真正为民所用为民谋利，沂源支中心将共享工程日常管理纳入制度化管理。制定支中心、镇、村基层服务点工作职责和制度，实行制度上墙公开。并推行管理员工作日志管理，收集整理共享工程服务活动的得失，探索共享工程管理和服务新模式。

沂源共享工程支中心在管理员队伍建设上坚持明确职责，明确思路，制度化管理。对于乡镇、村两级基层共享工程管理上择优选取文化层次较高，有一定社会基层管理服务实践经验的人为管理员，能尽快熟悉掌握共享工程设备为村民服务。

五、培训工作

沂源支中心在共享工程管理员的培养上实现了制度化和常态化。根据支中心工作要求，每年对各镇共享工程管理员进行3期的集中培训，2006年以来一共举办各类培训班18期，参加轮训的各级管理员达700人次。

六、宣传推广

支中心利用各种渠道宣传推广共享工程。依托共享工程的资源，充分利用图书馆丰富的信息资源优势，开展了丰富多彩的文化服务。例如：建立农村图书室、送书进社区、送书进军营、读者联谊等等，丰富多样的文化活动既满足了群众多层次、多样化的文化需求，也增强了基层文化工作的吸引力和生命力，对于巩固文化阵地具有不可低估的作用。使“共享工程”的优秀的文化资源尽快尽可能多地为群众所用。通过对群众喜闻乐见的戏曲和地方特色文化进行重点采集和整合，初步形成内容丰富多彩，图文声影并茂，体现中华民族优秀传统文化和时代特色，为人民喜闻乐见的数字文化信息资源体系。以活动为平台，以资料为媒介宣传共享工程，让民众不断了解共享工程，走进共享工程。

我们仍将继续努力，以全国文化信息资源共享工程网络资源服务平台为依托，充分利用现代高新技术手段，将各种类型的文献信息资源以及贴近大众生活的现代社会文化信息资源，进行数字化加工处理与整合，通过图书馆、共享工程、各镇村基层站点等文化设施和社会各界网络传输系统进行文化信息的传输，使优秀文化信息资源走进社区、走进军营、走进企业、走进校园、走进农村，最大限度的实现优秀文化信息资源在全县范围的共建共享。

（撰文/沂源县支中心）

潍坊市支中心

潍坊市位于山东半岛中部，是风筝的发祥地，是举世闻名的世界风筝都。潍坊市辖奎文、潍城、坊子、寒亭4个市辖区，潍坊滨海经济技术开发区，潍坊国家高新技术产业开发区、潍坊综合保税区、潍坊市峡山生态经济发展区4个功能区，昌乐、临朐2个县，代管青州、诸城、寿光、安丘、高密、昌邑6个县级市，58个街道、62个镇，9495个自然村。全市常住人口为908.62万人。

一、基本情况

共享工程潍坊市级支中心建设于2006年被潍坊市委、市政府提上议事日程。同年，市委、市政府将各县市区各级支中心和基层服务站点的建设列为本年度文化事业建设重点工作来抓。把各级支中心和基层服务站点建设工作做为各级党委、政府社会事业发展年度考核指标。到2007年底，一个市级支中心和十二个县市区级支中心全部建成并投入运行。所辖58个街道、社区和62个乡镇的基层规范化服务站点全部建成并对外开放。共享工程初具规模。

工程建成完成开放服务后，共享工程潍坊市级支中心把工作重点迅速转移到如何使共享工程发挥更大的作用，能够为人民群众提供优秀的文化信息资源工作上来。要求各县市区级支中心要把如何利用好优秀文化信息资源、创新服务方式和理念作为今后共享工程工作重

中之重。为保证各项工作的落实到位，共享工程潍坊市级支中心与潍坊市文广新局组织成立了共享工程督导检查组，每年对各级支中心和基层服务点进行检查考评。调研交流和推广各地先进的服务方式。力求全市共享工程工作全面均衡发展。对各级支中心和基层服务点在工作中遇到的问题现场办公，积极协调相关部门和单位解决。从而有力的保证了我市共享工程各项工作的顺利进行。正是有了这些工作机制，共享工程潍坊市级支中心被文化部评为“共享工程建设与服务工作先进单位”，连续多年被市委市政府评为市“文明单位　”、“文明标兵单位”单位。有多个县级支中心和基层服务站点先后被省、市、县级政府和主管部门表彰。

二、规范化管理与人才队伍建设

文化信息资源共享工程从本质上来讲是一个系统而长期的建设发展过程。因此，根据共享工程工作实际需要，潍坊市级支中心制定了长期的人才培养、服务创新、绩效考核等工作机制。有力的促进了我市共享工程各项工作的开展。六年来，全市共享工程各项工作财政投入达4000余万元。引进专职管理技术人员200余名。专业技术和工程服务培训触角延伸至乡村基层站点。潍坊市级支中心通过集中面授、网络培训和电话解答咨询等方式开展专业技术、管理、服务以及主、分管领导等相关人员培训达4800余人次。各级支中心和基层服务站点一线的专业技术管理人员的专业技能和服务水平有了显著的提高。在全省和全国历次共享工程知识技能竞赛中，我市选手均获佳绩。

三、建立服务网络

2007年，我市在国家和省中心的参考建设标准的基础上，又制订了潍坊市共享工程建设标准，这一标准相比国家中心和省中心下发的建设标准有了极大的提高。硬件设备、网络配置等方面都有更高的要求。根据这一建设标准，我市共建设完成市级支中心一个、县市区级（含功能区）支中心12个，街道社区、乡镇基层服务站点120余个。整个网络覆盖了我市下辖十二个县市、区的所有社区、乡镇及街道。初步形成了依托各级公共图书馆、乡镇文化站、社区、村文化活动室为实施主体，覆盖全市的文化服务网络。2009山东省共享工程中心在临沂召开的全省共享工程现场会上，我市七个基层服务站点被评为全省规范化服务示范点，名列全省前茅。

截至2012年，我市通过政府主导、政策支持、循序渐进的工作思路，结合共享工程工作发展中的变化和实际需求，不断增加、升级更新硬件设备，努力提高网络自

动化技术水平，完善服务保障机制。使共享工程网络的服务触角不断向下延伸。服务功能和方式不断丰富。各级支中心和服务站点依托共享工程服务网络，结合自身实际，扎实有效的开展各项公益文化服务活动。努力打造属于本地区的服务品牌。

四、资源建设

资源是开展服务的根本，没有资源，一切设备均是摆设。因此共享工程潍坊市级支中心把资源建设工作做为重中之重，支中心根据我市经济、文化、教育、历史和群众需求等因素，通过不同的方式收集整理加工具有本地区鲜明特色的数据资源。如：《潍坊文库》、《潍坊民俗文化库》、《潍坊名人字画库》、《地方文献库》和《古籍文献库》等数据库供用户免费查阅。同时，结合社会需要，适时推出如《英模人物》、《双百人物》、《地方法规》等网络应用模块供市民免费使用查阅。截至目前，全市各级支中心通过政府购买、网络收集、自行开发等方式，收集整理了包括视频、音频、图片以及各类型格式文件的数字资源约50TB。

五、宣传推广与服务

有了资源，如何让市民了解共享工程、走进共享工程、利用共享工程，真正享受到共享工程给他们带来的实惠，这是共享工程能否真正发挥作用的关键。除了公共电子阅览室免费向公众全面开放以外，支中心与电台、电视台以及各类报纸密切配合，多形式多角度的开展宣传活动，努力提高共享工程的知名度和影响力。与此同时，各种丰富多彩的服务活动蓬勃展开。连续举办六年的“共享优秀资源、传承民俗文化”潍坊市元宵节网络灯谜有奖竞猜已经成为潍坊市春节十大文化活动之一。每年的暑期，潍坊市级支中心都会进社区、广场、建筑工地开展“消夏放映和优秀数字资源漂流”活动。冬季，“文化暖冬行”活动也成为潍坊市级支中心一个响当当的服务品牌，整个冬季，支中心都会在公共电子阅览室开展针对老年人、少年儿童和民工电脑知识培训讲座。现在，潍坊市共享工程已经成为当地群众身边的“文化通”、“知识通”。

六、合作共享共建

“合作”是共享工程发展和发挥最大效益的另一条途径，工程建设伊始，我们便和潍坊政府门户网站开辟了“政府信息公开”查询板块；与潍坊信息网联合举办网络竞猜等活动；与泰山网合作开辟潍坊文化板块，发布潍坊人文历史和民俗文化、动态信息等方面的文化信息。与教育系统联合，举办“文化共享工程进校园”、“走进文化共享工程”等活动，吸引青少年特别是在校中小学生了解和利用共享工程。与机关企事业单位和各类社会团体联合举办各类型的专业知识技能方面的培训、讲座等活动，使潍坊市共享工程发展与应用的路子更宽，受众更加广泛。

七、工作展望

与时俱进，不断探索，以十八大精神为指导，以文化事业的大发展、大繁荣为契机，把我市文化信息资源共享工程推向新高度。

随着人民群众物质水平不断提高，对优秀文化信息资源的需求也在不断变化和发展。人们更加期待丰富的信息资源，高效便捷的利用途径，舒适的服务环境等等。这点，就对我们共享工程工作者提出来更高的要求。今年，潍坊市文化中心将建成投入使用，文化信息资源共享工程作为我市文化建设发展的一个重要的组成部分被放在了重要的位置。建成后的共享工程潍坊市级支中心，服务环境更加舒适优越，资源信息量显著提高，功能更加完善全面。与此同时，各县市区级支中心，也都掀起了文化建设的新高潮。青州、昌邑、昌乐、奎文区等县、市区都在加紧建设更高标准的共享工程支中心。各基层服务点也把公共电子阅览室建设作为本地区文化建设工作的重中之重。公共电子阅览室已经成为潍坊市优秀文化资源服务的一个重要阵地。

（撰文/郑晓光、黄凤江）

潍坊市奎文区支中心

奎文区位于世界风筝都——山东省潍坊市的城市核心区域，因建于清代的“奎文门”而得名。面积187.78平方公里，总人口67.27万，辖8个街道办事处，共100个社区。近年来，先后荣获全国科技进步考核先进区、全国和谐社区建设示范城区、山东省服务业发展先进区、创建省级文明城市工作先进区、“平安山东”建设先进区、省级文明城区等荣誉称号。

一、基本情况

奎文区委、区政府高度重视和支持文化信息资源共享工程建设工作，区财政拨付专项资金建设奎文支中心。通过专家论证、招标采购、安装调试等各环节，全国信息资源共享工程山东省潍坊市奎文区之中心于2007年10月11日圆满竣工并投入使用。严格落实上级关于县级支中心建设基本要求的前提下，充分结合自身实际和文化事业发展规划，积极征求上级业务部门和专家、技术人员的建议意见，拟定了符合上级标准要求和区情实际的工程建设方案。注重施工资质审核，严把建设标准，严格施工程序，确保工程建设质量。中控机房配有浪潮品牌应用服务器、业务服务器、卫星接收服务器和备用服务器共4台，3.6TB高性能磁盘阵列，千兆交换机、百兆防火墙、UPS断电延时保护，因特网光纤接入等先进设备。中心电子阅览室配有30台浪潮品牌支持系统还原的高性能计算机，网络杀毒软件，并配有耳麦、USB摄像头。多媒体教室配有3500流明日立高清投影仪和电动玻珠幕，500G移动硬盘播放器，以及讲台、桌椅、功放、音响等设备，可容纳60人进行多媒体教学活动。业务自动化系统配有专用服务器1台，终端机5台，图书馆集群管理系统，全套图书防盗系统和扫描仪、激光网络打印机、条码打印机、一托九DVD刻录塔等先进设施，业务管理全部实现了采、编、流、查等环节的自动化。监控系统配有支持红外功能的枪式监控探头3个，可对馆内重点部位进行24小时不间断监控、录像。

二、管理和队伍建设

我区立足坚持科学发展，构建和谐社会的高度，把实施文化资源共享工程作为统筹城乡发展，推进新农村建设与和谐社区创建，完善公共文化服务体系的一项重要举措来抓，合力推进文化信息资源共享工程与农村党员干部现代远程教育一体化发展，初步建立了区、街、村（居）三级全覆盖的共享工程服务网络系统，文化信息资源共享工程取得了明显成效。在抓好奎文支中心建设的同时，狠抓了基层服务点建设，支中心和街道、村居基层服务点均悬挂了共享工程统一标牌，建立健全了规章制度，制作版面上墙，落实了岗位责任制。目前，全区已建立街道基层服务点8个，占街道总数的100%；网格化社区基层服务点100个，占网格化社区总数的100%。各基层服务点实现了房屋、经费、设备、人员四落实，并与农村党员干部现代远程教育网成功对接。

三、重视宣传、扩大影响

为了扩大其在基层群众中的影响，广泛宣传其作用和意义，使各级领导和群众充分认识到这是一项惠民工程、民心工程，认识到工作的重要性和必要性以及文化信息资源的可用性。我们利用电视台和广播电台对利用共享工程开展的一些大型活动给予相关报道。时刻注意将资源共享活动与当前工作重点有机的结合，这样既可增强对共享工程的宣传力度，又收到了立竿见影的效果。

四、培训工作

奎文区支中心在共享工程管理员的培训上实现了制度化和常态化。根据上级支中心的工作要求，每年对辖区共享工程管理员进行6期的集中培训，参加轮训的各级管理员近700人次。

下一步，我们将进一步贯彻落实上级关于共享工程建设工作的各项要求，着重抓好支中心和基层站点的运行工作，坚持为广大群众提供丰富多彩的文化信息服务，把共享工程办成惠及千家万户的文化惠民工程。

（撰文/李敬华、王素梅）

潍坊市寒亭区支中心

寒亭区地处山东半岛中部，渤海莱州湾南岸，隶属潍坊市，辖杨家埠旅游开发区、经济技术开发区和8个街道，357个行政村，总面积870.2平方公里，总人口34万。近两年来寒亭区先后荣获“中国民间文化艺术之乡”、“中国年画之乡”、“国家级文化产业示范基地”、“山东省社会文化先进县”、“山东省农村特色文化品牌”等10余项荣誉称号。

寒亭区充分认识实施文化信息资源共享工程建设的重要意义，高度重视“工程”建设，文化资源共享工程在区委、区政府和上级业务部门支持和关怀下，逐步推进，稳步发展，在新形势下为繁荣农村基层文化，满足农民多层次文化需求，传递中国民族优秀文化资源发挥了重要作用。

一、基本情况

寒亭区文化资源共享工程始建于2007年，在区图书馆建立支中心的基础上，开始在全区8个镇（街道办）文化中心开始安装站点，前期安装设备均通过卫星设备直接接收国家中心下发的给类资源和信息。同年，普及进入乡镇行政村，2008年底全区357个行政村全部安装完毕，实现了寒亭区文化信息资源共享工程村村全覆盖。

寒亭区共享工程支中心设在区图书馆，是寒亭区共享工程的建设和业务指导单位，负责保障区中心共享工程设备的运行，协调镇村级共享工程设备的维修，指导镇村级共享工程活动的开展以及开展全区共享工程管理员的业务培训和指导。

二、管理和队伍建设

鉴于我区财政原因和乡镇发展不平衡的实际，我们对共享工程基层服务点建设实行抓点带面、全面推进的策略。以区级支中心为龙头，实行统一规划、协作管理、分级建设、共建共享。我们在基础较好的乡镇进行试点建设工作，按照“工程”建设基层服务点标准，把基层服务点建在乡镇文化中心和农村文化大院，与农村党员干部现代远程教育相结合，建立良好的合作共建机制，在管理上实行“三统一”：建立统一机构，农村党员教育站点同时也是共享工程的基层站点，“一个站点，两块牌子”；组建统一队伍，整合基层站点人员队伍，注重发挥乡镇文化站、农村文化大院工作人员的兼职作用；制定统一制度，各站点日常管理做到制度化、规范化。通过“站点”建设带动“面”的开展，基础较薄弱的乡镇、农村也积极创造条件建设基层服务点，至此全区8处街道357个行政村建成了共享工程基层服务点，与全区农村党员干部现代远程教育实现了全面的共建共享。拷取了200GB硬盘和刻录光盘179个，分发到各基层服务点，为广大农民提供公益文化服务。为使共享工程真正为民所用为民谋利，寒亭区支中心将共享工程日常管理纳入制度化管理。制定支中心、镇、村基层服务点工作职责和制度，实行制度上墙公开。每年有年度工作计划，收集整理共享工程服务活动的得失，探索共享工程管理和服务新模式。

三、培训工作

寒亭区支中心在共享工程管理员的培训上实现了制度化和常态化。根据支中心工作要求，每年对辖区共享工程管理员进行6期的集中培训，参加轮训的各级管理员达500人次。

四、经费投入

共享工程能否顺利实施资金投入是关键。区级支中心的建设需投资55万元，对财政一次性投入难度较大，但为了“工程”的顺利实施，区政府多次讨论，克服财政困难，分期投入共享工程建设。

在区图书馆建成了电子阅览室，拥有微机20台，通过宽带IP专线接入互联网，速度达到10M。按装了浪潮服务器、投影仪、投影幕等，购置了交换机、打印机以及功放音箱等设备，区级支中心建设已初具规模。文化信息资源共享工程建设得到加强”，“共享工程建设得到当地党委、政府和文化主管部门的高度重视，作为文化工作的重点工作来研究、落实和部署。”

五、资源建设

在多年的工作中，寒亭支中心按照工作实际，本着群众需要就是工作重点的原则，大力挖掘当地文化特色和经济发展增长点，征集、编辑制作了各类题材资源6TB，共制作、发放各类光盘1000余张，展板50余块，发放宣传资料3000余份。

六、宣传推广

为了扩大其在基层群众中的影响，广泛宣传其作用和意义，使各级领导和群众充分认识到这是一项惠民工程、民心工程，认识到工作的重要性和必要性以及文化信息资源的可用性。我们利用电视台和广播电台对利用共享工程开展的一些大型活动给予相关报道。还在政府网站的首页上设置共享工程链接。时刻注意将资源共享活动与当前工作重点有机的结合，这样既可增强对共享工程的宣传力度，又收到了立竿见影的效果。

随着宣传力度的逐渐深入，在民众心中的影响也在逐渐加深，对文化信息资源的需要也在逐渐加大，民众开始掌握和利用这块知识宝库。

下一步，我们将在今后的工作中更加努力的探索利用共享工程服务的新路子，更好地发挥共享工程的作用，为把共享工程办成惠民工程、民心工程而不懈努力。

（撰文/陈之亮、杨丽红）

潍坊市坊子区支中心

坊子区位于山东中部，是世界风筝都——山东省潍坊市的市辖区之一，位于市区的东南部，是建设现代化大潍坊的重点发展区域。总面积412平方千米。2011年底，全区总人口31万人，其中非农业6万人。拥有享受国家级开发区优惠政策的山东潍坊凤凰山高新技术产业园区。坊子区辖5个街道：凤凰街道、坊安街道、九龙街道、坊城街道、黄旗堡街道。

一、基本情况

坊子区文化信息共享工程建设开始于2007年，2008年在全区五个镇（街）文化中心开始安装，前期安装设备均通过卫星设备直接接收国家中心下发的给类资源和信息。2009坊子区信息资源共享工程开始普及到行政村。第一批130个行政村于当年安装完毕，并开始运行。2010年第二批142个行政村进行安装并运行。到2010年底，坊

子区所有的行政村实现共享工程全覆盖。

文化信息共享工程坊子支中心设在坊子区图书馆，是坊子区共享工程的建设和业务指导单位，负责保障区支中心共享工程设备的运作。协调村级共享工程设备的维护，指导村级共享工程活动的开展及管理员的业务培训和指导。

二、管理和队伍建设

为使共享工程真正服务于广大人民群众，坊子支中心将各项管理纳入制度化管理，制定支中心、镇、村级基层服务点的各项制度。实行制度上墙公开，接受广大群众的监督。根据各个地方的情况，探索与之相适应的管理和服务模式。

为了更好的推广好、利用好新的农村服务平台，在乡镇、村级两级选拔文化程度较高、有一定号召力的管理员，进行专门业务培训，让他们更好的胜任基层管理员这个岗位，尽心尽力的为村民服务，让这项文化惠民工程真正落到实处。

三、培训工作

坊子支中心每年对辖区共享工程基层的管理人员进行集中培训一次，2008年至今共举办培训班5期。培训各级管理人员160人次。

四、经费投入

坊子区政府投入90万元建立了坊子支中心，每年投入资金30万元为各级服务点进行设备的更新和维护，使各级服务点的工作能正常的开展和服务。

五、资源建设

坊子支中心在这几年的工作中，根据不同文化层次的居民的精神需求，制作各类题材的资源。制作光盘、展板、海报、宣传资料等通俗易通的资源形式，为群众服务。

六、合作共建

积极主动与农村党员干部现代远程教育和农村中小学现代远程教育工程进行沟通，探索合作方式与途径。引导、鼓励网吧等经营性文化场所提供文化共享工程服务；共享工程与数字电视、有线电视发展相结合的经验，推进优秀文化资源进入千家万户。根据各街道、村的实际情况建立规模不一的电子阅览室和多媒体教室。让共享工程逐步成为居民了解世界、获取新知的又一快捷平台。

七、利民惠农

根据坊子区域的农业生产特点，每年按节气制作农业生产方面的技术光盘和明白纸等宣传形式为基层服务点居民发放。对养殖业户，支中心选取有针对性的资源

上门服务。

八、宣传推广

坊子区支中心利用农村大集等各种渠道宣传推广共享工程。在每年的群众文化活动中，我们利用自己的优势，以资料，视频等媒介宣传共享工程，让人民群众更进一步的了解共享工程，利用好共享工程。

坊子区支中心服务不断创新，利用学生的寒暑假期，组织动员学生观看符合学生心理需求的视频资料包括科技探索、动物世界及爱国主义教育影片等。不仅丰富了学生的假期生活，更是极大地激发了学生的爱国热情。每年八月份组织一次针对学生的电脑知识竞赛，让更多的学生掌握电脑方面的知识。引导学生正确合理的利用网络，远离不良网站，保护青少年的身心健康。

九、工作展望

坊子区文化资源共享工程已经走过了5个年头，从无到有，再到今天各个行政村实现全覆盖。共享工程已经成为繁荣地方经济、丰富人民生活、推动社会进步的动力源泉。今后我们要做的工作还很多，以加强农村基层服务点建设为重点，全面推进文化共享工程建设。加快建设适用于农村的数字文化资源，不断丰富共享工程服务内容。到2015年，要提供不少于5万种电子图书，采集制作不少于14000场/个舞台艺术、知识讲座、影视节目等视频资源，资源总量不少于100TB。加强基层网点的管理与服务，采取先进技术手段和有效措施，封堵不良信息。

（撰文/郭忠梅）

安丘市支中心

安丘市位于山东半岛中部，是国务院批准的首批沿海对外开放县市之一，市境总面积1760平方公里，辖10个镇、2个街道，870个行政村，总人口95万。

全国文化信息资源共享工程安丘市支中心自建成以来，在上级业务部门和当地党委、政府的领导下，狠抓软硬件建设，各项业务扎实推进，稳步发展，为繁荣基层文化，满足群众多层次文化需求，传播优秀文化发挥了重要作用。

一、整体情况

安丘市文化共享工程支中心建成于2007年，设在安丘市图书馆内，是安丘市文化共享工程的建设和业务指导单位，负责保障市支中心和镇村两级共享工程的运行维护，组织全市共享工程管理人员的业务指导和培训。支中心现有工作人员3名，下设数字机房、多媒体阅览室、电子阅览室、资源加工4个功能室，配有相关设施设备，采用电信百兆光缆接入，与镇、村二级网点通过vpn方式实现专网连接，免费为广大城乡民众提供优质便捷服务。

二、网点建设

安丘市支中心在文化信息资源共享工程建设中，充分整合利用现有资源，采用文化共享工程、党员干部远程教育、中小学远程教育“三位一体”的方式，科学构建“共建共享”新格局。截至2009年底，全市村级服务点均已经实现全覆盖，建成了功能完善、内容丰富的市、镇、村三级网络服务体系。

三、经费投入

安丘市支中心自成立以来，市财政先后投资210余万元购置了服务器、多媒体电脑、防火墙、卫星接收设备、摄像机、数码照相机、笔记本电脑、身份证阅读器、条码阅读器、条码打印机、照片打印机、扫描仪、投影仪、音响等专用设备。目前支中心年运行经费达5万元，已列入市财政年度预算项目。

四、资源建设

安丘市支中心高度重视数字资源建设，采取自建和采购等方式，不断增加数字资源。现有数字资源3TB，其中自建数字资源5GB，并建有多个资源数据库。

五、技术支持

为切实保障支中心和基层服务点的正常运行，安丘市支中心采用远程服务、聘请专家现场指导、举办管理人员培训班等方式，针对运行维护管理中的薄弱环节进行技术指导，着力提高共享工程运行维护管理水平，确保了服务质量。

六、合作共建

为减少重复建设，实现资源共享，建设节约型社会，安丘市支中心联合党员干部远程教育网、中小学远程教育网与文化共享工程合作共建，最大限度发挥现有资源的作用，实现优势互补、互惠共赢，有力推动了文化共享工程健康、协调、可持续发展。

七、惠民服务

安丘市支中心在共享工程服务过程中，以市民的生产生活需求为导向，积极探索服务模式，努力打造群众满意的文化服务平台。市支中心根据安丘市农业生产特点，每年选取大量农业生产技术光盘和科技图书对基层民众进行惠民服务。

八、宣传推广

安丘市支中心利用报纸、电视、互联网等多种渠道，通过每年的科技文化下乡、图书馆服务宣传周、全民读书月等活动，宣传推广共享工程，引导群众不断了解共享工程，利用共享工程，更好地推动经济发展和社会进步。

九、培训工作

安丘市支中心在共享工程管理人员的培养上实现了制度化和常态化。根据上级工作要求，每年对辖区共享工程管理人员进行集中培训，2007年以来共举办各类培训班12次，参加轮训的各级管理人员达2100人次。

十、管理和队伍建设

安丘市支中心坚持制度化、科学化、规范化管理模式，统一制定了镇、村基层服务点工作职责和制度，实行制度上墙公开，加强管理员工作日志管理，积极探索和创新服务模式，不断提升服务水平。在管理员队伍建设上，坚持制度化管理，常态化培育，择优选取文化层次较高，具备基层管理服务经验的大学生村官担任镇、村两级基层服务点管理员，提高了管理员队伍的整体素质。

十一、荣誉奖项

2010年1月，创作遴选《孙膑拳》、《安丘大鼓》等记录片参加省文化厅组织的首届山东省共享工程自建资源评比，荣获三等奖、优秀奖。

十二、工作展望

从安丘市支中心的筹建到今天的共享工程网络全覆盖，从单一的资源接收到今天管理服务多功能化，文化资源共享工程已成为繁荣安丘文化、丰富群众文化生活、服务全市发展大局的重要平台。今后，安丘市支中心将进一步加大投入、提升服务、不断创新，为富强秀美幸福新安丘建设做出新的更大的贡献。

（撰文/初桂森、崔丽红）

昌邑市支中心

昌邑市位于胶东半岛西北部，渤海之滨，莱州湾畔。市域总面积1578.7平方公里。昌邑市行政区划共有10个镇、区（含3个街道办事处），691个行政村，常住人口60.35余万人。昌邑市文化资源共享工程在昌邑市文化广电新闻出版局领导下，在潍坊市图书馆支持和部署下，逐步推进，稳步发展，在新形势下为繁荣农村基层文化，满足农民多层次文化需求，传递中国民族优秀文化资源发挥了重要作用。

一、基本情况

昌邑市文化资源共享工程建设开始于2007年，市财政一次性投资70万元在市图书馆建立了高标准县级支中心，2007年9月19日山东新闻网曾以“昌邑市加大文化信息资源共享工程起显著作用”的图片新闻作了专题报道。同月20日《山东工人报》刊登了我市共享工程建设图片新闻，潍坊市政府在此召开了共享工程建设观摩现场会，推广昌邑市的先进经验。此后陆续在全市十个镇区（街办）中心文化站开始安装，开始安装设备均通过卫星设备直接接收国家中心下发的给类资源和信息。2008年昌邑市文化资源共享工程开始普及进入行政村，691个行政村于当年年底安装调试完毕，所属行政村实现全市共享工程全覆盖。共享工程昌邑市支中心设在昌邑市图书馆，是昌邑市共享工程的建设和业务指导单位，负责保障全市中心共享工程设备的运行，协调镇区（街办）中心文化站共享工程设备的运行，指导镇村级共享工程活动的开展以及开展全市共享工程管理员的业务培训和指导。

二、管理和队伍建设

一是完善规章制度。为确保站点正常运行，支中心制定了统一的规章制度。市级支中心分别制定了服务管理规定、管理人员培训规定、业务统计工作管理规定、共享工程设备使用与管理规定、传输共享工程光盘的有关规定和电子阅览室规章制度等，形成了工作运转的良性机制。各基层站点也都建立和完善了面向群众收听、收看和辅导制度，确保定期、按时向基层群众开放，实现了收听、收看、开展学习娱乐活动的规范化、制度化，不断创新开展文化服务的内容和形式，以满足群众求富裕、求知识、求文明、求欢乐的精神文化需求。二是加强队伍建设。文化信息资源共享工程，是一项依靠高新技术支持、专业性很强的工程，必须建立一支具有较高业务水平的专业人才队伍。为此，支中心成立了文化信息资源共享工程昌邑市支中心，编制暂定3人，挂靠在市图书馆，专门负责共享工程管理工作。市人事局通过公开招聘录用了2名计算机专业本科生，又从图书馆内部调整了1名有专业特长的同志，解决了专业管理人员问题。基层管理机构与管理人员，实行文化信息资源共享工程与党员干部现代远程教育“一个站点、两块牌子”，镇区（街道）和村（居）文化共享工程服务点管理与党员远程教育服务点管理，选取大学生村官兼任，由一支队伍一同负责，实现了机构、人员、服务“三落实”、“三统一”。三是实行目标考核。自2007年开始，市委、市政府将文化事业，重点是文化信息资源共享工程建设纳入乡镇（街道）党委、政府工作考核责任制，制定了任务目标和点评、考核办法，严格考核奖惩，极大地加快了全市文化信息资源共享工程建设步伐。

三、培训工作

文化信息资源共享工程形成了覆盖全市的市、乡、村三级文化信息服务网络。按照明确职责、互相协调的原则，实行分级培训管理。市级支中心主要负责与上级各中心和本中心与基层服务点之间数字资源的同步传输与更新，保障共享系统正常运转，负责文化信息资源整合和分步实施、对基层站点进行指导和服务等工作。乡镇（街道）服务点负责为村级基层服务点提供有关共享工程业务培训、技术保障，免费向群众提供文化信息服务。村（居）基层服务点负责按时免费向群众开放，热情为群众提供文化信息服务，并注意倾听群众的建议和要求，以改进服务方式和服务内容，最大限度地满足人民群众的精神文化需求。

四、经费投入

昌邑市共享工程自2008年实现村村全覆盖以来，市财政每年投入支中心5万多元的运维经费，用于共享工程设备的维护，人员培训和惠民活动的开展。同时，昌邑市政府，各乡镇街办、市图书馆每年也投入大量人力物力支援共享工程各项活动的正常开展。

五、资源建设

支中心在历年的工作中，搜集不同区域民众文化需求，选取、编辑制作各类题材资源，每年制作发放各类光盘200多张，展板30多块，发放宣传资料4000余份。

六、共建共享

文化信息资源共享工程和党员干部现代化远程教育，都是运用现代信息技术，面向基层群众的公益性、开放式、社会化的综合信息服务体系，二者在服务对象、目标、途径以及设施设备和资源建设、管理运作方式等方面具有相同之处。经过几年努力，我市建成了覆盖全市的农村党员干部现代远程教育服务网络，具备了传输文化信息等各类资源的能力。鉴于这种情况，我们把文化信息资源共享工程与党员干部现代远程教育进行一体化建设，实现共建共享。这样，依托共同的基础设施，对现有资源进行整合，既可避免重复建设，提高公共财政投资效益，又可丰富农村党员干部教育的内容，方便基层群众开展学习和文化娱乐活动，有效地推进了文化信息资源共享工程的建设。

七、利民惠众，惠农服务

昌邑市支中心在共享工程服务实践过程中，以民众的需求为导向，积极探索，服务民众生活生产，引领群众高尚精神文化生活，打造群众满意喜爱的文化服务新平台。根据昌邑市地域生产特点，昌邑市支中心每年制作水产养殖，苗木种植、丝绸印染等生产技术光盘和小册子，通过行政村基层服务点向村民分发。针对不同种植养殖纺织专业户，昌邑市支中心有针对性的选取资源上门指导服务。历年来累计服务专业生产户20多户，有的专业户长期点对点跟踪服务。

八、宣传推广

1、昌邑市支中心利用各种渠道宣传推广共享工程。在昌邑市每年举行的“图书馆服务宣传周”活动、文化下乡、包村活动中，昌邑市支中心不失时机，以活动为平台，以资料为媒介宣传共享工程，让民众不断了解共享工程，走进共享工程。

2、走进校园。昌邑市支中心在服务中不断探索，利用支中心电子阅览室，组织动员青少年儿童关注共享工程，利用共享工程。收集青少年知识兴趣点整理挖掘，针对集中地知识群和关注点，昌邑市支中心联合教育局聘请专家前来为青少年答疑解惑，深受广大青少年的喜爱。2010年按照潍坊市图书馆的部署在全市中小学校开展了“闻一多杯”第二届全国少年儿童书法、绘画征集赛，荣获潍坊赛区优秀组织奖。

3、专题活动，精彩纷呈。昌邑市支中心在服务中抓住文化的热点和亮点，积极组织群众喜闻乐见的文化服务，使共享工程走进群众生活。例如在迎接建党90周年之际，昌邑市支中心联合文山中学举办了“爱党颂党读书活动”，邀请知名教师与中学生一道品读优秀书目，共享文化盛宴。还通过昌邑市文山诗书社组织龙池镇、卜庄镇等服务点开展读诗写诗群活动，活跃了群众文化生活，受到群众好评。

九、荣誉奖项

2008年9月文化信息资源共享工程昌邑市支中心被山东省文化厅授予“山东省文化信息资源共享工程建设与服务工作先进集体”荣誉称号。2009支中心负责人宫明莹同志被山东省文化厅、人事厅授予“先进工作者并记三等功”荣誉称号，2009年12月奎聚街道基层站点被省文化厅授予“省级文化信息资源共享工程规范化站点”荣誉称号。2012年2月28日支中心电子阅览室被潍坊市文化广电新闻出版局授予“优秀站点”荣誉称号；同时都昌街道、围子街道被授予公共电子阅览室建设先进单位；支中心领导王方立、管理员魏春艳被授予“先进个人”荣誉称号。

十、工作展望

通过实施共享工程，不仅丰富了农村的文化生活，提高了群众的文化素质，同时也改变了农村的生存状态，促进了农村社会的和谐。借助共享工程，广大农民在各种学习和各类文化活动中增强了相互沟通、增进了邻里感情，也改善了干群关系。随着共享工程的实施，全市农村出现了“三多三少”的可喜变化：参加文化活动的多了，打架斗殴的少了；学习科学知识的多了，喝酒打牌的少了；科技致富的多了，搞封建迷信的少了。今后，我们将以贯彻落实十八大精神为契机，认真贯彻落实上级指示精神，学习先进经验，进一步完善工作机制，全面提升公共文化服务水平，推动文化共享工程向规范化、制度化发展，为建设文明昌邑、和谐昌邑创造良好的文化环境。

（撰文/昌邑市支中心）

高密市支中心

高密市隶属于潍坊市，位于山东省东部，胶莱河和潍河之间。南北最长60.1公里，东西最宽51.2公里，总面积为1605.55平方公里。全市总人口86万人，辖7个镇、3个街道。高密市文化资源共享工程在高密市政府、文广新局的支持和部署下，逐步推进，稳步发展，在新形势下为繁荣农村基层文化，满足农民多层次文化需求，传递中国民族优秀文化资源发挥了重要作用。

一、基本情况

文化信息资源共享工程是中央推出的一项文化创新工程，是公共文化服务体系建设的重要组成部分。高密市委、市政府高度重视和支持工程建设工作。全国文化信息资源共享工程高密市支中心于2007年9月在潍坊各县市区中率先建成并顺利地通过验收投入使用，安照标准配置了各种设备。支中心设有电子阅览室、中心机房、多功能报告厅等，有100兆光纤接入，4台服务器，40台高配置电脑，投影仪，扫描仪，24小时不间断的大型卫星接收系统。支中心的建立，对于满足我市广大居民对文化信息的需求具有不可替代的作用。

2007年9月，支中心在繁华的人民大街中段，紧邻学校、超市、每天都有大量的读者或者家长经过，随时有学生家长进入电子阅览室，特别是周六、周日，读者可达数千人。2009年5月，按照高密市党代会和人代会政府工作报告的安排部署，遵循资源整合、共建共享的原则，市政府长远规划，科学选址，决定在市文化体育中心建设新图书馆，支中心由老馆迁至文体公园新馆，支中心成为面向社会，特别是面向群众最直接、最便捷的服务窗口。

二、管理、培训和服务情况

高密市支中心坚持以邓小平理论、“三个代表”重要思想和科学发展观为指导，以数字资源建设为核心，以基层服务网点为重点，充分利用现代高科技手段，整合文化信息资源，优化配置、广泛传播，保障人民群众的文化权益，满足广大人民群众的精神文化需求，努力提高我市广大群众的科学文化素质。一是按规定培训了2名专业人员进行管理。二是建立健全了各项规章制度。制作版面上墙，落实了岗位责任制，坚持常年开放，提供丰富多彩的文化信息服务。三是健全服务网络。在抓好市级支中心建设的同时，狠抓了各级基层服务点建设，实现了与农村党员干部现代远程教育网的成功对接，全市共建立乡镇（街道）基层服务点10个，行政村覆盖率达百分之百，并全部达到房屋、资金设备、人员三落实。四是加强支中心电子阅览室和图书馆借阅室、乡镇基层服务点三大阵地服务，切实发挥资源共享的巨大的社会作用。

市支中心与图书馆建设紧密结合，运用互联网站，移动硬盘、光盘等手段，提高资源传输质量和服务水平，使之成为辐射城乡的数字图书馆基层服务平台，精心打造农民看得懂，用得上，实用性强的多媒体资源库，以群众喜闻乐见的形式使共享工程更加贴近基层、贴近生活、贴近群众，努力建成以市支中心为基础，向乡镇、村（社区）基层服务站延伸的服务网络和以旅游文化、民俗文化、产业文化等为代表的特色文化资源数据库。

三、经费情况

高密市共享工程支中心每年的运维经费为4万元，用于共享工程设备的维护，人员培训和惠民活动的开展。同时，高密市图书馆每年也投入大量人力物力支援共享工程各项活动的正常开展。

四、合作共建情况

高密市支中心与市委组织部联合，实现了与农村党员干部现代远程教育网的成功对接。依托党员远程教育，村、社区基层服务点基本达到村村通，乡镇级基层服务点规范化达标率93%，村、社区基层服务点达到规范化。

五、基层服务点情况

高密支中心成立后，我市的街道、乡镇也陆续成立了基层服务点，支中心除做好本部门工作外，还肩负着对服务点的技术培训指导工作。市中心每年都对全市基层服务点巡回培训，每个基层服务点每次1天8课时。

另外，每年在我馆支中心举办4期培训班。各乡镇街办服务点技术培训覆盖率达100%。全市基成服务点都是在高密支中心的指导下建立起来的，并多次下到基层对网点主要进行安装使用、服务模式的培训，并指导基层服务点设立便民服务标识、使用网上图书馆、视频剧场等。通过辅导使基层服务点工作人员能熟练地利用共享工程为当地民众提供服务。

2009年12月，高密市夏庄镇张家官庄二村被山东省文化厅评为山东省文化信息资源共享工程优秀规范化站点。高密市夏庄镇张家官庄二村地处高密城北工业区内，全村共有235户，776人。近年来，该村严格按照“标准严格、运行规范、加强管理、服务为主”原则，以社会主义新农村建设为主线，大力推动文化信息资源共享工程基层服务点建设，取得了明显成效。为保障文化信息资源共享工程基层服务点的正常运转，张二村每年从集体经济中拨出20000元，作为文化信息资源共享工程基层站点的专项经费，用于站点的电费、上网费、设备维修维护费、管理员补贴等基本支出，并做到专款专用，账面清晰。同时还对相关主要设备进行财产安全保险，确保正常运行。

张二村以社会主义新农村建设为切入点，充分发挥文化信息资源共享工程基层站点的吸引力和凝聚力，进一步弘杨农村优秀传统文化及丰富农村精神文化生活。一是有效地推进了远程教育。通过文化信息共享活动，村民进一步了解了远程教育，使站点在普法教育、素质培训、技术传授、就业服务、电子商务等方面的功能也得到了较好的发挥.目前，站点每周开放时间达50小时，每年服务群众1000人次以上。二是与村民实现了良性互动。村里充分发挥文化资源共享工程基层站点的作用，有效利用教学资源，实行节目预告或预约制度，丰富并助推各项文化活动，每年开展各类活动50次以上，并在每周末晚上安排播放电影专场，同时还播放一些相声、戏曲、歌剧、舞剧等节目，受到群众的欢迎。

（撰文/高密市支中心）

青州市支中心

青州市地处山东半岛中部，胶济铁路中段。辖12个镇、街道和1个省级经济开发区，面积1596平方公里，人口91万，有回族、满族等少数民族近3万人，是全国重要的少数民族聚居区。

一、基本情况

2007年在青州市图书馆建成共享工程县级分中心，现已建成20多平方米的高标准的中心机房和80多平米能容纳40多人的多媒体投影室，建成拥用20台高性能计算机的中心电子阅览室。配有共享工程卫星接收服务器、磁盘阵列、管理服务器等设备总投资60多万元。中心电子阅览室为市民提供优质的文化信息资源查询服务。中心放映厅，装有投影仪和大型幕布定期为公众免费放映戏曲、小品、电影等。并利用移动播放设备不定期的到公共场所为广大市民免费播放科技、娱乐等优秀的文体节目。

二、管理和队伍建设

中心电子阅览室：配有卫星接收服务器，管理服务器，文化信息共享工程专用服务器机柜，空调，30台高性能品牌电脑，19英寸宽屏液晶显示器，UPS断电保护，高性能磁盘阵列，超星数字图书软件，因特网10兆光纤接入，最大限度为公众提供网上信息服务和阅览文化信息资源及电子图书。放映厅：配有投影仪和超大幕布，能同时容纳50名观众观看文化信息资源中的有教育意义的影片，每天定时向读者提供免费播放。业务自动化系统按照公共图书馆的业务需求设计，配有服务器一台，每个对外开放窗口配有端终机两台，功能全面、实用性强，具备采访、编目、典藏、期刊、流通、信息查询等功能，在图书管理的采、编、流、查等环节实现计算机自动化管理。

三、培训工作

青州市不断创新培训思路，整合培训资源，几年来，青州市支中心组织各种集中培训工作，现场指导培训，努力让基层点的工作人员做到学而精，精到用，充分利用共享工程中的各种资源为当地服务。自共享工程建立以来，一共开展集中培训20余次，参加人数1800人次，现场指导100多次。

四、经费投入

青州市支中心自建成以来，市财政局每年下发投入3万运行维护经费，用于基础设施维护及人员培训和惠民活动的顺利有序开展。

五、资源建设

青州市支中心根据各类不同人群的需要，搜集不同区域民众需求，进而选取、编辑购买各类电子资源1TB，发放各类光盘及电子书500多张。使广大社区居民和农民群众能够享受最新最好的文化信息资源，满足了人民群众就近便捷享受文化信息服务的需求，在一定程度上解决了乡镇农村看电影难、看戏难、看书难的问题。

六、合作共建

为了更好的利用网络资源，市支中心与当地潍坊教育学院共建共享了一大批优秀数字资源，即他有我有、我有他有的一种互享的资源利用，节省开支，让更多的群众利用了更多的资源。

七、利民惠众，惠农服务

青州市支中心在共享工程服务实践过程中，以广大人民群众需求为出发点，为他们搜集整理出更多更为有用的实际经验，服务于各类群众的生活生产工业技术方面，逐步使之成为民众获取知识，获取娱乐的新型平台。

八、宣传推广

文化共享工程的建设，服务是根本。在工作实践中，青州市支中心的职员们认识到，服务要因地制宜，依据各类文化设施和场所，深入基层，深入农村，有针对性地开展丰富多彩、形式多样的服务活动。而要在广大老百姓的心目中占有一席之地，则必须以质取胜，以精品取胜，服务做到人无我有，人有我精，以此树立自己的品牌。每年四季坚持开展的文化共享活动就是很好的例证。

1、在每年一些特殊节日里，青州市支中心也会精心烹饪一道文化大餐，让文化共享惠及更多群体。如每年的“全国助残日”到来之际，都会以丰富残疾人精神文化生活为目标，开展文化共享“全国助残日”电影展播活动，来保障他们的基本文化权益。深入各村镇学校，关注留守儿童，为他们送书送电影，丰富他们的课余生活；还有每年“八一”建军节来之际，为传递文化共享精神，都会深入驻当部队开展的“文化共享军营行”活动，让文化共享“和谐风”为战士们在炎炎夏夜带去一丝清爽。这些活动都是因人而异，做到服务不同，使文化共享广入人心，深受各群体喜爱。

2、重覆盖多举建点　市镇村携手互动

文化共享工程作为一项惠民工程，要想让公众普遍享受社会赋予的文化权益，就必须实现村村通，信息服务全覆盖。青州市支中心现下设有12个镇（办事处）基层服务中心，20个村级基层服务点。随着文化共享工程建设的不段深入，青州市支中心结合当地实际，探索出形式多样的建点模式。互联网模式、卫星服务模式、共享机制模式、有线电视模式、移动硬盘/光盘模式。

九、工作展望

当然实践证明，文化共享工程是消除文化和数字鸿沟的一条有效捷径，是网络文化建设的一项重要内容。文化共享工程更要借党的十八大东风，敢于创新、大胆实践，为推动社会主义文化大发展大繁荣做出应有的贡献。

（撰文/李雪生）

诸城市支中心

诸城市位于山东省东南部，北依世界风筝都潍坊，东临滨海名城青岛，南靠新兴港口城市日照，西接革命老区临沂。总面积2183平方公里，辖13个镇街，1个省级经济开发区，108万人口。县域经济基本竞争力位居全国百强县（市）第35位，地方财政收入位列山东省县级前五强。是国务院确定的全国沿海对外开放城市、中国优秀旅游城市、山东省文明城市。

一、基本情况

诸城市文化信息资源共享工程支中心于2007年10月建成，设在诸城市图书馆。支中心面积220平方米，有主机房、公共电子阅览室、多媒体教室；亚太6号卫星接收系统1套，浪潮服务器4台，电脑30台，投影仪、投影幕1套，电视机1台，有多媒体控制台、光盘拷贝机、扫描仪、网络打印机、激光打印机、照相机等先进设备。磁盘陈列实际容量6TB、网络带宽100兆。实施了“县级数字图书馆”推广计划，2009年8月，投资购买电子图书10800种，开通电子阅览室在线阅读。开通了诸城市图书馆网站（www.zcstsg.com），自建了共享工程视频点播、图书流动站、图书馆之城等数据库，年接待读者2.6万人次。

目前，全市13个镇街、235个社区、1336个自然村全部设立了文化信息资源共享工程基层服务网点，实现了全市共享工程全覆盖。

二、管理和队伍建设

诸城支中心管理和队伍建设制度化、常态化。

1、制度统一、管理规范。诸城支中心实行制度上墙。2011年已面向社会免费开放，采用一卡通，会员制服务。在每台电脑上均建立了一站式导航服务、“县级数字图书馆”推广计划、电影专区、游戏专区和文化共享工程资源专区以及未成年人专区的快捷方式，实现了图书资源、在线视频、休闲娱乐等功能的整合。

2、建立长效工作机制。成立由市委宣传部部长任组长，分管副市长为副组长，市文化新闻广电出版局、市财政局、市教育局、市发改局等部门为成员的共享工程建设工作领导小组。将共享工程建设列入镇街的重点目标任务，与各镇街签订目标责任书，纳入镇街年终目标任务考核，进一步夯实了责任，明确了任务，确保了全市共享工程建设顺利进行。

3、“1+2”模式的队伍保障机制。为提高服务水平，

按照“1+2”模式，每个基层服务点配备1名专职工作人员（精选大学生村官担任）、2名兼职人员（社区志愿服务者和其他文化活动管理员），经市级培训合格后，颁发《文化资源共享工程基层服务点管理员上岗证》，实现管理员持证上岗。实现管理人才知识化、专业化、多元化。

三、培训工作

创新“社区大学生村官培训”和“农村实用人才培训”两个服务品牌。

1、社区大学生村官培训。社区基层服务点管理队伍大学生村官占90%，经支中心培训合格，全部持证上岗。基层服务点年接待群众46．6万人次。

2、农村实用人才培训。五年来，共培训农村实用人才1万人次，各镇街种植、养殖业农户收益倍增。如：组织农民工培训。为山东昊宝服饰有限公司组织培训班34期，培训员工1000余人次，给企业员工思想观念和生产生活带来了积极影响。根据密州街道特种动物养殖业户多的实际，组织举办多形式养殖培训班750多次，参加培训人员8000人次。建立了特种动物养殖技术培训、示范、推广平台，选拔培养了邱世江、范克兰等15人的养殖技术指导队，从事培训与推广工作，还吸引200多名外地养殖户到东山社区参加养殖技术培训。根据桃林镇茶农多的实际，在共享平台刊播大量种茶技术、厂家销售信息，带动一大批茶农，如王景昌从一个种茶采茶的普通茶农，到如今已是拥有生产规模名列全国前列的“颖青茶厂”的企业家。

建立基层管理员定期培训制度和市、镇、社区（村）三级培训需求反馈机制，举办会议式、集中式、分组式、电话式培训等。2007年以来共举办各类培训班230期，参加轮训的管理人员达万人次。

四、资金投入

诸城市实行政府投入为主，全社会参与为辅的多元化的投资机制。一是市镇财政投入。主要用于软硬件建设。2007年以来，诸城市财政拨款70万元，建立了全国文化信息资源共享工程诸城支中心；投资2000万元建设市、镇街、社区（村）三级远程教育站点和文化信息资源共享工程基层服务点；投资8000万元实施有线电视村村通工程和文化信息资源共享工程电视频道；投资1000万元启动了“数字诸城”信息化建设。二是企业投入。主要采取文企结对方式，鼓励企业参与。目前，全市已有10多家企业，投资2000多万元建设。三是社会捐助。通过各种途径，发动和接受社会各界捐赠微机，共接受社会各界捐赠微机100余台。

五、资源建设

诸城支中心在历年的工作中，搜集不同民众不同文化需求，整理馆藏各类题材资源3TB，每年制作发放各类光盘130多张，原创视频数据资源12部，宣传资料5000余份。免费发放到镇街基层服务点，满足了群众的不同需求。

六、做好四个结合保障惠农服务

近几年来，诸城支中心做好结合文章，积极面向社会进行全方位服务，广大群众取得了良好的社会效益。

1、与全市“两公里文化服务圈”建设相结合

2007年，诸城市在山东省乃至全国首创建设了235个“两公里文化服务圈”，让农民出门不到10分钟就能享受到公共文化服务体系提供的优质服务。在所有社区积极开展“两公里读书圈”阅读服务活动，先后开展了网上“阅读改变人生”征文、读书征文、演讲、诵读比赛、优秀电子阅览室管理员、百名优秀读者评选等活动，促进市民文化素质和城市文化品位的提升，营造良好的和谐文化氛围，为城乡文明进步做出积极的贡献。

2、与“一卡通”服务相结合

采用一卡通管理，会员制服务。通过图书证，对电子阅览室上机人员的进行实名登记管理。诸城市建立了以市公共图书馆为中心，以镇街综合文化站图书室为依托，以社区（村）图书室为基层点的市、镇街、社区（村）三级图书网络体系。通使用Interlib图书馆集群化管理系统，实现了全市图书馆（室）“一卡通”服务，实现了市馆与分馆之间书目数据、信息资源的共建共享。目前，235个社区充分发挥电子阅览室“公益网吧、视频剧场、网上图书馆”三大功能，运用现有设施，大力开展教育培训活动，不断提高全民素质。全市已办理“一卡通”借书证10万余个，年接待读者119万人次。基层服务点每年为群众服务约46万余人次。

3、与党员干部远程教育相结合

近年来，与诸城市电视台远程教育频道合作，通过“红色经典”、“致富英雄榜”两个栏目，面向社会公众播放红色革命电影、传播科普知识等，颇受广大群众喜欢。

4、与送文化下乡活动相结合

积极组织开展“文化进社区进农村活动”、“优秀爱国影片社区展映活动”、“暑期优秀影视及相关科教片放映月活动”，向社区群众传播优秀的文化资源，推介最新的农业科普信息，丰富基层广大群众的文化生活。与街镇和社区基层服务中心送文化信息进校园，利用每周的星期六、星期天，举办英语教育报告会，丰富了小读者们的课外生活，受到孩子们的欢迎。

七、荣誉

文化信息资源共享工程诸城支中心，先后被山东省文化厅评为山东省文化信息资源共享工程建设与服务工作先进集体、山东省文化信息资源共享工程优秀规范化站点。山东省文化信息资源共享工程示范县（市）。

（撰文/张玉莲、李雪莲）

寿光市支中心

寿光市图书馆位于东环路与南环路交接处文化中心四楼。此处环境优美、交通便利、视野开阔，是寿光文化的一大亮点。其中，图书馆使用面积7600平米，内部配置高、精、尖，在全国县级图书馆中名列前茅。寿光市图书馆为国家一级馆，现有工作人员20多名，全馆工作完全实现自动化管理。图书馆完全本着以人为本、服务至上、科学合理的宗旨，将图书馆按其功能划分六大片区，分别是：办公区、报刊阅览区、图书借阅区、少儿阅览活动区、文化信息资源共享支中心、电子阅览室及数字图书馆。其中，文化信息资源共享支中心建设是寿光市新图书馆建设的重中之重。

一、整体情况

寿光市文化信息资源共享建设开始于2003年，最初市支中心设在寿光市文化广场，同时14个镇（街办）、三元朱、屯西、马寨等基层点同时开始建设，2008年在14个镇（街办）、975个行政村（社区）实现了共享工程全覆盖。

2009年在寿光市财政的支持下，投资200多万元在文化中心四楼建成了由非线编加工室、电子阅览室、中心机房和数字图书馆共同组成的共享工程寿光支中心。市支中心是寿光市共享工程的建设和业务指导单位，负责保障市中心共享工程设备的运行，协调镇村级共享工程设备的维修，指导镇村级共享工程活动的开展以及开展全区共享工程管理员的业务培训和指导。

二、资源建设

在市文化中心建成了800平方米的市级公共电子阅览室，配备了120台计算机、一条1000M光缆；由5台高配置的联想服务器、容量为10T的存储的标准化机房；非线编、多种高清录放设备的数字资源加工室；在全省率先建设了数字图书馆，内含10万册电子图书、9000种电子期刊、6300册地方文献的数字化网站；14处镇街道基层点内部设施全部按标准进行了配置，电子阅览室的计算机达20台以上。

三、队伍建设

1、市图书馆根据电子阅览室规模配备了4名专职工作人员。

2、文化行政部门对各基层公共图书馆电子阅览室工作人员实行了聘用。聘用人员进行了上岗前培训，已经培训10000余人次，获得从业资格的990人。市图书馆定期开展基层公共图书馆电子阅览室工作人员的业务培训，通过集中授课、下乡指导、视频指导等的培训辅导，较好的提高了管理人员上网和信息查询的能力，并有3名专门人员负责解决基层公共图书馆电子阅览室使用过程中出现的技术问题。

四、经费投入

随着国家共享工程的推进，市政府大力支持寿光支中心的建设工程，在2007年投入150万元的基础上又在2009年一次性拨款200多万元用于建设新的支中心，每年用于保障市级支中心运行经费5万元列入财政预算，镇、村每个基层点运行经费2万元列入镇级财政预算，完善了共享工程的内部配置、设备维修、人员培训以及各项活动的开展工作。

五、管理与服务

1、镇村电子阅览室建设作为市图书馆的业务分馆加以建设，统一规划，统一管理，共建共享。自2010年我市率先实行了总馆分馆制，已经有14个镇街先后签订了合作协议。

2、市图书馆不断丰富电子阅览室的服务内容，在遵守国家有关法规的前提下，向读者选择、推荐、开放更多的互联网站，提供更多的网上服务。寿光市支中心首先将省图书馆制作的文化共享服务平台装到自己的电子阅览室和乡镇、社区、村的公共电子阅览室，并且指导其正确使用，其次整合现有的电子图书、电子期刊通过寿光文化网和寿光图书馆网面向全市免费开放，再次利用录放设备、非线编等数字资源加工设备，将本地的古籍、地方志等特有资源加工成数字资源面向全市开放。

3、加强对电子阅览室设备的维护和上网环境的管理，每台计算机上都安装了美萍和绿坝管理软件，为读者提供一个健康、舒适的上网空间。

六、宣传推广

1、增进群众对文化信息资源共享工程的了解。

2010年我们先后收到国家信息资源共享工程下发的《“文化共享工程助春耕”光盘资源》10张、《“享书香快乐阅读”光盘资源》16张、《“文化共享工程夏日电影展播”光盘资源》44张。收到光盘后我们组织工作人员将光盘资源复制刻录，发给共享工程基层点；将光盘资源复制到支中心局域网存储中，通过局域网在电子阅览室中向读者开放；将光盘资源复制到移动播放设备中，在晚上市民集中的广场、公园等地方进行集中播放；将光盘资源上传到数字化网站，通过网站开展服务。

2、利用节假日开展活动。

春节期间积极开展“文化共享新春乐”活动，组织工作人员将《百年守望》、《馆藏故事》2个视频资源和《前尘旧影》、《年画撷英》2个图片资源制成碟片500多张，下发到圣城街道等14个文化共享工程基层点。大年初一在资源共享室播放文化纪录片《文明与创造》，通过对古今技术细节的详尽演绎，记录中华文明递进的脚步，以“新、奇、特”的角度和观点，再现古老灿烂的传统文化，展示现代科技的创新活力，带领观众领略“纵观古今、东西交流”的科技文明发展之路。

3、联合其他部门共同开展宣传活动。

为了丰富城乡群众夏日文化生活，推动精神文明以城带乡活动的深入开展，我们利用自己的优势积极参与寿光市委宣传部、市文明办、市文化广电新闻出版局联合主办的“2012年文明之夏广场消夏月活动”。我们挑选了包括儿童题材、爱国主义教育题材、农村生活题材等电影在人民广场南端每天晚上集中播放，使广大市民在休闲娱乐的同时提高思想道德、科学文化和身体健康素质，促进了我市两个文明建设。

七、荣誉奖项

2010年，寿光市文化共享工程支中心被评为“山东省公共电子阅览室示范点”。

2012年11月16日，被文化部评选为“全国文化信息资源共享工程•公共电子阅览室示范点”。

八、工作展望

文化信息资源共享工程是保障基层群众文化权益的惠民工程，寿光市文化信息资源共享支中心将继续本着惠民这一原则，继续加大宣传力度，让更多的人了解文化信息资源共享工程，积极组织各种服务专题活动，扩大服务面，让更多的群众享受到文化信息资源共享工程带来的好处，确保文化信息资源共享工程顺利推进。

（撰文/孙在勇、郑英祥）

临朐县支中心

临朐地处鲁中沂山北麓，东与昌乐、安丘毗邻，南与沂水、沂源接壤，西界淄川区，北邻青州市。总面积1831平方千米，南北最长59千米，东西最宽52千米，辖8个镇、2个街道、1个高新技术产业园，345个行政村（居）。

一、基本情况

临朐县文化信息资源共享工程建设始于2005年5月。2005年5月20日山东省委、省人民政府两办下发关于转发《山东省文化厅、山东省财政厅关于进一步加强全省文化信息资源共享工程建设的意见》的通知，同年5月31日山东省召开全省文化信息资源共享工程电视电话会议。为此，临朐县委、县政府高度重视，充分认识到文化信息资源共享工程建设是一项德政工程、民心工程，必须抓紧抓好。县里及时成立了临朐县文化信息资源共享工程建设领导小组，根据实际制定了详细的建设规划，认真研究部署，积极组织实施。临朐县是全国财政困难县，共享工程支中心建设需投入资金68万元，一次性投入难度较大。为了工程顺利实施，县政府决定分两期投资建设。一期投资15万元，在县图书馆建成了电子阅览室，购置微机20台，通过宽带IP专线接入互联网。按装了浪潮服务器、投影设备，购置了交换机、刻录机、打印机以及多功能音箱设备，县级支中心建设初具规模。二期投资53万元，按照山东省文化信息资源共享工程市、县（区）支中心和基层服务点标准，高标准建成了临朐县文化信息资源共享工程支中心。并先后通过了潍坊市文化局、山东省文化厅的检查验收。

对于共享工程基层服务点的建设，实行抓点带面，逐步推进。以县级支中心为龙头，实行统一规划、协作管理、分级建设、共建共享。先后在基础较好的辛寨、冶源、城关、杨善、蒋峪、营子等镇（街道）和付家李召、粟山、东朱封、冶北、大峪、潘家埠等村进行工程试点建设。至2008年全县10处镇（街道）和345个行政村全部建成共享工程基层服务点，覆盖率达100%。

临朐县文化信息资源共享工程支中心设在县图书馆，是该县共享工程的建设和业务指导单位，负责支中心的设备运行管理与建设服务工作，基层服务点的建设与指导工作。

二、管理和队伍建设

共享工程临朐县支中心建成后，注重抓好日常管理和队伍建设。按照共享工程山东省中心要求，制定了规范统一的制度标牌，严格制度管理，对共享工程设备按装维护、资源接收利用、统计、档案管理、工作人员职责，上网管理等等作了明确规定。配备3名专兼职人员进行日常管理运行和服务接待工作，并做好对基层服务点的业务指导工作。在基层服务点管理与队伍建设方面，把全县的基层服务点建在镇（街道）文化中心和社区、村文化大院，与农村党员干部现代远程教育相结合，建立良好的合作共建机制，在管理上实行“三统一”：建立统一机构，农村党员教育站点同时也是共享工程的基层服务点，“一个站点，两块牌子”；组建统一队伍，整合基层站点人员队伍，注重发挥镇（街道）文化站、社区、村文化大院工作人员的兼职作用；制定统一制度，各站点日常管理做到制度化、规范化。共享工程县支中心与10个镇（街道）基层服务点管理人员全部是本科学历，345个行政村基层服务点管理人员达到高中及大专以上学历。

三、经费投入

共享工程临朐县支中心建设投入资金68万元，日常运行经费每年达到5万元。免费开放后，设备维护及运行经费逐年增加。全县基层服务点建设费用6900万元，各站点年运行费不低于1万元。

四、培训工作

为确保县支中心特别是基层服务点建设与服务工作的正常开展，县支中心工作人员均参加省、市支中心组织的管理人员培训，并每年举办基层服务点管理人员业务培训班，业务培训做到制度化、经常化。几年来，共举办培训班36期，培训人员2420人次。

五、技术支持与资源建设

支中心建设依托省中心及市支中心的技术指导及服务，并做好对基层服务点的技术跟踪服务工作。在资源建设上，充分利用国家、省、市中心的课件载体资源，卫星传播，以及数字图书馆资源，制作馆藏地方文献数字资源及有关专题课件，根据工作要求及基层服务点要求，有计划地制作和刻录光盘，把有效实用的资源传播到广大农村。几年来，共制作刻录光盘4800余张。

六、合作共建

根据不同特点与需求，发挥资源优势，开展区域性合作共建。与县直单位如县文化馆、县电影公司、县公安局、县地税局、县财政局等单位合作建设共享工程服务平台，实现资源共享。与镇（街道）、社区、村农村党员干部远程教育合作共建基层服务点，做到设备共享资源共享。

七、惠民服务

1、发挥支中心优势，拓展服务内容。充分发挥县支中心工程信息量大、传播便捷的优势，把共享工程的开发利用与群众文化活动紧密结合起来，通过制作专题课件、开展网上辅导、播放影音节目等方式，积极为群众提供各类文化信息服务。几年来，县支中心已累计为群众提供免费服务15000多个机时，受益群众达3.2万人次。

2、依托丰实资源，提升服务效益。共享工程基层服务点的建立，使农民群众对精神文化生活的认识有了更进一步提高，填补了基层文化需求的空白，丰实活跃了基层文化生活。丰实的信息资源，保障了基层服务点服务能力的提高，使知识传播深入基层，提升了农民群众的素质。辛寨镇、冶源镇等镇村借助共享工程农民致富信息资源成立了专业合作社，推广先进实用技术，对发展农村经济，增加农民收入起到了很大的推动作用。

3、创新服务模式，促进事业发展。县支中心根据县域实际，采取以互联网、移动存储、光盘等多种传播途径，创新服务模式，通过共享工程进广场、设置服务平台、点播视频软件、网上图书馆等多种服务方式，为群众提供多样化服务。

八、宣传推广

共享工程支中心充分利用各种渠道宣传推广文化信息资源共享工程建设与服务功能。在中心网站对共享工程进行详细介绍，及时发布有关服务信息，设立留言栏，广泛征求群众意见。利用每年度的图书馆服务宣传周活动，对共享工程进行全方位宣传推介，每年度发放宣传材料3000余份。利用广播电视进行宣传服务内容与形式，服务成果与效益。在公共电子阅览室张贴宣传图片和板面，设立未成年人专区、游戏专区、电影专区、文化共享资源专区，设置专业服务平台，网上图书馆等。同时，举办多种专题活动，推广共享工程建设与服务情况，利用电子阅览室举办元宵节网上有奖猜谜活动、网上知识竞赛活动，利用多媒体教室举办各类培训活动。通过各种宣传方式推广利用共享工程。几年来，举办各类宣传、推广、培训等活动120期，参与活动人次达8万人次。

九、荣誉奖项

几年来，临朐县被山东省文化厅、山东省财政厅命名为“山东省文化信息资源共享工程示范县”称号、县支中心被山东省文化厅命名为“山东省文化信息资源共享工程建设与服务先进集体”称号。

十、工作展望

临朐县文化信息资源共享工程支中心建成以来，在各级部门领导和支持下，做足宣传文章，充分利用现有资源，不断开拓进取，丰实服务内容，增加服务项目，扩大服务范围，尽最大努力服务于全县社会经济发展，已经成为全县文化发展的一支主力军。下一步，县支中心继续乘势发展，加大投入，拓展服务领域，充实服务内容，改进服务模式，逐步完善县、镇、村三级服务网络，为建设富强临朐、文化临朐做出更大贡献。

（撰文/王庆增、李艳萍）

烟台市支中心

烟台市地处山东半岛东部，东连威海，西接潍坊，西南与青岛毗邻，北濒渤海、黄海，与辽东半岛对峙，与大连隔海相望，依山傍海，气候宜人。辖4区、1县、7个县级市和国家级经济技术开发区、高新技术产业开发区、保税港区及昆嵛山保护区，82个镇、6个乡、65个街道办事处，589个居民委员会、6221个自然村。全市总面积13746.5平方公里，其中市区面积2722.3平方公里。山东省烟台支中心是山东省第一批建立的市级中心。自2003年成立以来，在烟台市文化广电新闻出版局和山东省分中心的指导下，一直处在健康有序的发展过程中，为传播先进文化知识，丰富市民文化生活起到了切实有效的作用，现已成为烟台市公共文化服务体系的重要组成。

一、基本情况

烟台支中心于2003年12月18日正式成立并向社会开放，中心位于烟台图书馆东附楼一层，建筑面积400平方米。烟台支中心早期是烟台图书馆与烟台市电子科研所的社会共建项目，是我市首届“公益文化推介项目”中我馆推出的重点项目。中心向读者免费提供文化共享工程数字资源以及“书生之家”、“超星数字图书”、“CNKI学术期刊”等数字资源。

烟台支中心自成立起，一直在做好宣传工作，每年读者服务宣传周，文化共享工程都是对外宣传的一项主要内容。在烟台图书馆网站设立了文化共享工程专栏，在每个阅览室都有宣传文化共享工程宣传材料。

目前，烟台市100多个乡镇社区，6221个行政村已全部实现了文化共享工程的覆盖。烟台支中心每年服务的读者都在10万人次以上。2008年，烟台图书馆被山东省文化厅评为文化共享工程建设与服务先进集体。

二、管理和经费投入

烟台支中心现有5名专业管理人员，学历都是大专以上。中心接受市文广新局和山东省分中心的管理，同时有对县级基层中心指导和辅导的义务。

中心严格执行国家有关网络信息服务的规定和山东省文化共享工程相关规定，制定有一系列完善的规章制度，并按照全馆的统一要求服务和管理。

烟台图书馆开展文化共享工程以来，市财政局每年投入25万元运维经费，用于文化共享工程的软硬件维护，人员培训和惠民活动的开展。每次升级改造都会额

文化共享工程业务培训现场

外拨出专项资金，累计投入经费超过200万元。

三、建设历程

2004年12月，在山东省分中心的支持下，建成全国文化信息资源共享工程山东省烟台支中心单向卫星三级站。同年开始为县级中心设计方案，指导县级中心建设，当年完成牟平、莱州等县级市的建设。

2005年辅导建设海阳、开发区、蓬莱、长岛等县级中心，以及幸福街道办事处等基层中心。

2005年5月，烟台图书馆筹集资金，增加计算机20台，使支中心计算机数达到100台。2006年9月，市财政局拨款为中心进行全面的软硬件升级改造，在更新计算机的基础上，增加了服务器和摄影及图象处理等设备。

2007年到2008年，对全市县乡及村级基层点进行规范化建设指导。在市文广新局正确领导、市财政局大力支持及各县基层中心的通力配合下，通过与农村党员干部远程教育共建共享，使文化共享工程在烟台市得到全面普及。

2007年7月，根据我市文化共享工程长远发展需要，烟台图书馆提出了“一馆三中心”建设理念，并付诸实施。在市支中心的基础上，成立了“文化共享工程烟台少儿中心”和“文化共享工程烟台培训中心”，形成了“一馆三中心”的服务格局。

“文化共享工程烟台少儿中心”作为烟台图书馆的少儿电子阅览室和爱国主义教育基地，配备计算机20台，免费向全市少年儿童开放。开放以来，在指导我市少年儿童熟练操作计算机、掌握现代信息技术，正确利用网络信息资源等方面发挥了重要作用。“文化共享工程烟台培训中心”则负责我市文化共享工程基层专业技术队伍培训和本馆员工计算机技术的继续教育。

2010年7月在全市进行“县级数字图书馆”推广工作，并对缺乏技术条件的县市区进行了现场指导安装。

2010年11月，依托文化共享工程，以超星数字图书为基础，开通烟台市网络图书馆，域名为www.yttushu.net，市区市民可以免费在线阅读50个大类，100多万册中文数字图书。烟台市网络图书馆是我市第十届公益文化项目推介会重点项目，得到中国联通公司烟台分公司、北京超星数字图书公司的大力支持。

2011年6月，烟台图书馆以全国地市级公共文化服务体系建设现场经验交流会在烟台召开为契机，对烟台支中心进行升级。争取市财政局拨专款购置了品牌计算机80台，品牌服务器3台，及相关配套设备一宗。对公共电子阅览室进行全新的布局和规划，采用无线网络覆盖的新技术，实行了更为个性化、人性化的分区，设有游戏动漫、视频点播、未成年人、数字文献阅览、数字资源检索五个专区，为读者提供更周到细致的服务。这次升级，使烟台支中心各项工作都迈上了一个新台阶。

2012年，在全市范围开通方正中华数字书苑，将超星数字图书增加为300万册。开通了《山东地方文献阅览平台》，内容涵盖山东志书等九个资源库，辑录图书30000部，期刊7000余册，逾30亿字。

烟台支中心的建设和发展得到烟台市委、市政府，市文广新局和市财政局的高度重视和支持。在技术上得到了国家中心和山东省分中心专家的支持与帮助。

烟台市第二届全国文化信息资源共享工程知识竞赛

四、培训工作

烟台支中心在培训工作上做到了规范化和长期化。2007年建立“文化共享工程烟台培训分中心”专门用于培养全市文化共享工程技术人员，每年以集中面授和网络在线培训的方式安排多期培训班，先后组织培训班20余期，培训基层中心技术人员近1000人次。除正常培训外，烟台图书馆在2009年和2011年两次组织全市文化共享工程知识竞赛，以赛代训，为我市基层中心培养了一批技术骨干。2011年，烟台支中心报送的基层选手代表山东省队获得了在浙江举办的全国文化信息资源共享工程知识与技能大赛团体二等奖。

五、资源建设

烟台支中心资源建设以自主开发为主和网络资源整合为辅。长期建设的项目为烟台市地方文献书目数据库、烟台市馆藏古籍数字化、烟台市非物质文化遗产专题等，先后完成了《冰心与烟台》、《福山大樱桃》等10余个课件的建设，通过网络搜集，整合了儿童益智专题动漫数据库等多个专题数据库，累计建成各类题材数字资源约2.7TB。其中专题课件《冰心与烟台》获山东省文化共享工程自建资源大赛二等奖。

六、惠民服务

为充分发挥文化共享工程的社会价值，真正体现公共文化服务的公益性、基本性和均等性，烟台支中心在做好常规工作的基础上，积极采取有效措施，注重对弱势群体特别是外来务工子女的服务，尽最大努力使他们都享有平等的文化权益。从2011年开始，利用学校假期，烟台支中心与齐鲁晚报、烟台慈善总会等机构联手组织了“服务城市小候鸟”系列活动，分批组织中西部地区来烟务工人员子女到文化共享工程烟台少儿分中心学习文化共享工程少儿版和中心自主组织各类少儿专题资源。活动开展以来，累计服务300余人次，取得良好成效，体现了文化共享工程的基本社会价值。

七、工作展望

通过近10年的建设与发展，文化共享工程已经日益深入到烟台市民的日常文化生活，成为烟台市公共文化服务体系的主要支柱。今后，烟台支中心首先要做好国家中心和山东省分中心的整体部署工作，继续做好常规工作和资源建设工作。在此基础上，烟台支中心将在两个方面寻求突破。一是进一步拓展为弱势群体，特别是城市务工人员及其子女提供文化共享工程服务的工作，为他们提供文化娱乐、有组织的技能培训及信息服务，让更多的城市务工人员及其子女跨越“数字鸿沟”，体现文化共享工程的公共文化服务内涵。二是开展高层次的参考咨询服务工作，对文化共享工程资源进行深层次开发，依托全国数字图书馆推广工程，为企业用户和研究性读者提供专题咨询服务。

（撰文/范庆尧）

烟台市福山区支中心

烟台市福山区位于美丽的胶东半岛东北部、黄海之滨，是全国首批14个沿海开放城市烟台市的市辖区，东以大沽夹河为界，与芝罘区、莱山区隔河相望，东南与牟平区为邻，西南与栖霞市相连，西北与蓬莱市接壤，北临烟台经济技术开发区。总面积482.83平方公里，下辖4个乡镇、3个街道办事处和1个省级高新技术产业区，179个行政村，58个居委会。

福山区文化信息资源共享工程在福山区文化旅游局、烟台图书馆支持和部署下，以丰富、适用、优质、多样的数字资源满足广大城乡基层群众的文化需求，扎实组织开展文化共享工程地方特色资源建设工作，把群众喜闻乐见的优秀文化作品方便快捷地传送到广大人民群众身边，填补了基层文化需求的空白，以先进的文化占领基层思想文化阵地，改造落后文化，抵制腐朽文化，丰富、活跃了基层群众的文化生活。

一、基本情况

福山区文化信息资源共享工程支中心于2007年8月27日建成，设在福山区图书馆，是福山区共享工程的建设和业务指导单位，负责保障区中心共享工程设备的运行。支中心的建设也得到了区委、区政府的高度重视与大力支持，中心机房，配电装备按照标准建设，电子阅览室与多媒体教室合二为一，面积达80㎡。中心配置电脑20余台，桌椅20余套，消防安全配套设施完善。投影仪、数码相机、刻录机等设备均按标准要求配置完成。我中心与福山网通签定了联网协议，铺设光纤到户，实现了高速资源共享。目前，已在清洋街道办事处，福新街道办事处，东厅街道办事处，门楼镇，高疃镇，张格庄镇，回里镇文化中心安装了文化资源共享工程相关设备，通过卫星设备及时接收国家中心下发的各类资源和信息。

二、队伍建设与培训工作

为使共享工程成为基层受欢迎、党员受教育、群众得实惠的好工程，福山区支中心将努力达到场地建设标准化、业务工作制度化、培训工作规范化、活动开展经常化，最大限度满足基层群众的精神文化需求作为工作目标，严格按照标准建设场地，制定规范的工作制度，对相关技术管理人员定期开展培训交流活动，从电脑配备的硬件指导，到业务上的扶持，进行全方位的服务，使他们具备了必需的技能，有效地提高业务能力，形成一支专业化的共享工程管理员队伍，更好的投入到共享工程工作中去。并及时更新软硬件配置，总结发展经验，探索管理和服务的新模式，使共享工程服务活动迈上新台阶，最大限度地为社会公众提供文化服务。

三、资源建设

福山区支中心在历年的工作中，采用现代信息技术，对优秀文化信息资源进行数字化加工和整合，建设一批能够满足农民群众多层面需要的讲座、戏曲、图书、电影等专题资源库。采取多种方式下载适合本区农业种、养殖科学技术的静、动态数字资源超过2TB，安装在电子阅览室的科技资源服务器上，最大限度的满足了各类读者的不同检索需求。累计制作发放各类光盘1000多张，展板50多块，各类海报，招贴画20副，发放宣传资料3000余份。

四、利民惠众，宣传推广

利用学生放寒假期间，组织中小学生在电子阅览室观看专家讲座、播放革命故事片，指导学生如何使用文化信息服务和绿色网络空间，为未成年人提供安全、健康、文明的上网环境。免费播放革命故事片和专家讲座让他们在假期中看到自己喜欢的节目，学到更多的知识。活动开展以来，支中心共接待未成年学生1000多人次。不仅受到了学生的喜爱，也得到了学生家长的支持和好评，帮助有网瘾的孩子们改掉了痴迷游戏的坏习惯。家长们表示希望支中心多开展这样的活动，让未成年人从中学到更多的文化知识。

为了发挥其宣传教育作用，广泛开展多样化的知识传播，中心还向从事民间非文化遗产技术人员征集福山历史人物和民族民间文化，制做成刊板、刻成光盘，让广大群众观看、学习。通过资源共享的传播，使广大群众进一步了解福山，受到了爱国主义教育，为生在福山、住在福山而感到自豪。

利用共享工程网络资源内容新奇、实用性强、信息量大、数据传输快捷方便的优势，认真搜集、下载适用于当地群众的政策法规、先进性教育、农业科技、文化体育、防疫保健、科普知识等共享工程信息资源，刻录成VCD光盘或宣传资料，通过县、乡、村三级文化服务网络及其它途径传输信息，扩大宣传面，使群众快学技术，早得实惠。丰富的文化教育资源和科技信息资源，普及到广大农村基层，对打破农村地区信息闭塞的状况，积极推广农业适用技术、节本增效技术，帮助村民及时了解到相关市场、技术信息起到了重要作用。不少村民都反映，通过文化信息资源共享工程，他们的眼界更宽了，信息更灵了，增收致富的本领更强了。

五、工作展望

乡镇文化站聘请专家为村民辅导授课

福山区文化信息资源共享工程支中心建设在各方面的不懈努力下已初见成效，在新的历史时期，中心将紧紧围绕“十二五”发展规划要求，好中求快，不但重视优质服务，还要抓好建设速度，实现文化共享工程又好又快发展的战略目标，使文化共享工程建设稳步推进。相信在不久的将来，文化信息资源共享工程一定会以一个全新的面貌展现在群众面前，一定会成为令老百姓满足的文化信息工程，成为社会主义新农村建设的有力支撑。我们将在今后的工作中更加努力的探索利用共享工程服务的新路子，更好地发挥共享工程的作用，为把共享工程办成惠民工程、民心工程而不懈努力。

（撰文/孙淑芳、 张亚玮）

烟台市牟平区支中心

牟平区，地处烟台市最东端，西与海阳市、栖霞市、福山区、莱山区接壤，东与文登市、威海高新区相邻，南接乳山市，北濒黄海。全区辖2个街道、10个镇、1个省级开发区、1个省级旅游度假区，总面积1375平方公里，海岸线长65公里，共有555个行政村，总人口45万。牟平区文化资源共享工程在山东省文广新局、烟台市文广新局，省、市图书馆支持和部署下，逐步推进，稳步发展，为进一步满足市民多层次文化需求，推进农村文化繁荣，传递民族优秀文化资源发挥了重要作用。

一、整体情况

文化信息资源共享工程牟平支中心成立于2004年，设在牟平区图书馆电子阅览室，是牟平区共享工程的建设和业务指导单位，负责保障区中心共享工程设备的运行，协调镇村级共享工程设备的维修，指导镇村级共享工程活动的开展以及开展全区共享工程管理员的业务培训和指导。

2007年，牟平支中心对照文化部《全国文化信息资源共享工程县级支中心考核标准》要求，更新了电子阅览室设备设施，增设了主控机房、多媒体教室，配置了服务器、磁盘阵列、网络交换机、防火墙等硬件设施。

2007年，牟平支中心开始在大窑等镇试点安装，此后陆续在其他村镇安装；同时，我中心充分利用全国农村党员干部远程教育系统平台，加快推进村级服务点建设。目前，全区2个街道、10个镇、度假区、开发区的14个乡镇级基层服务点均设有电子阅览室，全区555个村均接入了全国文化信息资源共享工程，覆盖率达100%，极大的丰富了村民的文化生活，很好的满足了农民对不同文化的需求。目前，支中心和各基层服务点均能正常运转。

二、管理和队伍建设

文化资源共享工程作为一个新的农村文化资源获取平台，如何利用好共享工程丰富的文化资源关键在于是否有一支专业化的共享工程管理员队伍。为使共享项工程真正为民所用，深入民心，牟平支中心制定了严格的日常管理制度，并协助镇、村基层服务点制定了工作职责和制度，实行制度上墙。

在管理员队伍建设上，牟平区共享工程支中心坚持明确职责，常态化培育。乡镇基层服务点的管理员一般由文化层次较高、年轻的片长担任，他们熟悉农村干部群众管理、了解群众需求，具有较高的文化水平，能够最大程度的发挥共享工程的优势；村级基层共享工程管理员则采取由村委委员或大学生村官担任，他们一定社会基层管理服务实践经验，具有较高的文化水平能够尽快熟悉掌握共享工程设备，为所在村民服务。

自2009年以来，组织基层服务点管理员培训13期，受训人员达300余人次。

三、经费投入

2007年，牟平支中心争取财政资金50万元，用于采购、电子阅览室设备、设施，增加主控机房、多媒体教室，每年投入运行经费4.5万元用于支中心及各镇街基层服务点设备维护、人员培训和惠民活动开展。2007年以来，协调各镇街投入资金约70万元，用于村级基层服务点设备更新与维护。牟平区文广新局、区图书馆每年也投入大量人力物力支援共享工程活动的开展。

四、资源建设

牟平支中心新上服务器4台，磁盘阵列存储量1.6TB，已经具备了较好的资源接收能力。在历年的工作中，搜集牟平区域特色资源1.3GB，下载引入数字资源总量172GB，其中影视资源143GB，电子书籍1.6GB，图片24.7GB，其他资源2.7GB。每年制作发放各类光盘300多张，制作展板10余块，发放宣传资料1000余份。

五、技术支持与合作共建

以共享工程为依托，与区文化馆合作开展计算机讲堂，丰富支中心共享工程服务内容，引导群众科学、合理、守法上网；积极寻求上级部门的支持，按时参加上级图书馆、省、市级分中心的培训，加强与上级沟通，将工作中遇到的难题、各基层服务点反馈的不能解决的问题通过QQ、邮箱的网络资源及时反映给上级主管部门，以尽快解决。建立共享工程交流群，及时将各部门下发的电子文献资源与建立的工程服务点结合，通过多方不懈努力，共享工程已逐步走进大众，深入民心，成为村民获取新知，娱乐身心的新渠道新平台。

六、惠民服务

牟平支中心在共享工程服务实践过程中，以民众的需求为导向，创新思路，积极探索，服务民众生产生活。既满足群众的文化娱乐生活需求，也致力于帮助农民科

技致富，先后为12名村民刻录养殖教程光盘4套，果树管理教程6套，淘宝开店教程2套，为农民群众科学致富提供了有力支持。通过引入计算机讲堂，给广大市民提供了较为便利的免费计算机学堂。

七、宣传推广

一是以区文化馆文化下乡活动为平台，通过发放宣传资料、摆设宣传展板等途径，让民众了解共享工程，走进共享工程；

二是通过深入校园开展共享工程宣传， 2011年，支中心利用暑期实践，借助全国文化共享工程和山东省文化共享工程平台，开展红色电影展，组织区内中小学生一起感受红色文化，服务900多人次。通过中小学生对家长和朋友的影响达到宣传的目的。

八、工作展望

从邯郸学步到广为推广，从资源接收到资源整合与简单发布，文化资源共享工程在牟平已经深入群众，为民所用，成为牟平人民文化生活的一个重要部分，成为繁荣牟平文化，传播精神文明的一条重要途径。目前，牟平区新图书馆建设正在进行，与烟台大学计算机学院、人文学院的合作帮扶事宜正在协商，牟平图书馆门户网站正在改版，计划2013年投入使用，届时牟平支中心将全面升级。希望牟平支中心在国家、省、市中心的帮助和支持下能够更加快速的成长、壮大，服务队伍能够更加规范、专业，成为一个服务网点更加宽广、服务范围更加全面的示范中心，为建设蓝色“硅谷”、“书香牟平”做出贡献。

（撰文/李 杰）

海阳市支中心

海阳市因地处黄海之北而得名，总面积1886.8平方公里，总人口66.4万，辖14镇街、1个省级经济开发区和1个省级旅游度假区，732个村（居）。

海阳市文化资源共享工程在市政府和市文化局的支持和部署下，逐步推进，稳步发展，在新形势下为繁荣农村基层文化，满足农民多层次文化需求，传递中华民族优秀文化资源发挥了重要作用。

一、整体情况

海阳市文化资源共享工程建设始于2007年。面对全市基层文化设施陈旧，文化投入不足，文化资源匮乏等现状，海阳市委市政府积极响应上级指示精神，加大力度，加强基础建设，建起了100平米的电子阅览室，投入14.7万元，为市图书馆购置了30台电脑，4台服务器，1台存储器，1台监控器，1台投影仪，进一步完善了市级主阵地建设。2008年以后，陆续建立9处乡镇、区基层服务点。

共享工程海阳支中心设在海阳市图书馆，是海阳市共享工程的建设和业务指导单位，负责保障支中心共享工程设备的运行，指导镇村级共享工程活动的开展以及开展全市共享工程管理员的业务培训和指导。

二、管理和队伍建设

为使共享工程最大程度的为民所用为民谋利，不流于形式，海阳支中心将共享工程日常管理纳入制度化管理。制定支中心、镇、区基层服务点工作职责和制度，实行制度公开。

海阳支中心共有管理员四名，在管理员队伍建设上明确职责，实行制度化管理。各乡镇、社区均设立1名专职人员，明确职责，定期培训，做好群众需求双向反馈工作，最大限度地满足社区居民精神文化生活的需要。

三、培训工作

海阳支中心根据工作要求，每年对镇、区共享工程管理员进行4期的集中培训，2007年以来一共举办各类培训班20期，参加培训的管理员累计300人次。

四、经费投入

自2007年海阳支中心建成以来，市委市政府每年投入20万的运维经费，用于共享工程设备的维护、人员培训和惠民服务活动的开展。同时，海阳市图书馆也积极自筹资金支持共享工程各项活动的正常开展。

五、资源建设

海阳支中心利用“共享工程”的网络资源优势，认真搜集、下载大量农村实用技术信息，并将下载的共享资源信息刻录成光盘或宣传资料，传递给基层服务点。每年制作发放各类光盘100张，展板20余块，发放宣传资料3000余份。

六、惠民服务

海阳支中心在共享工程服务实践过程中，以民众的需求为导向，积极探索，服务民众生产生活，引领群众精神文化生活，打造文化服务新平台。

利用“三下乡”宣传周、农村集市、节假日积极协调有关单位，在各乡镇集市中向农民赠送或以成本价向群众发放共享工程光盘和实用技术资料，使广大群众快学技术早得实惠。2008年以来，海阳支中心在各乡镇举办农村实用技术，为农民播放农村实用科技20次，培训人员2000人次。

六、宣传推广

海阳支中心利用各种渠道宣传推广共享工程。利用图书馆多媒体教室播放文化信息资源共享工程传递的科技、文教卫生、少儿科普等方面的视频资料，深受群众欢迎。

海阳支中心坚持以活动为平台，以资料为媒介宣传共享工程，让民众不断了解共享工程，走进共享工程，受益于共享工程。开辟青少年“绿色网上家园”，结合快乐假期读书月活动，海阳市图书馆推出全国文化信息资源共享工程少年版，青少年可以免费到馆上网浏览。

七、荣誉奖项

海阳支中心管理人员积极参与学习文化信息资源共享工程知识，先后在烟台图书馆举办的二届《文化信息资源共享工程知识竞赛》中获得二等奖和三等奖的好成绩。在今年的全市业务知识竞赛中又荣获了团体二等奖的优异成绩。

八、工作展望

文化资源共享工程已经成为海阳人民文化生活的一大支柱，成为繁荣海阳文化、丰富海阳人民精神生活、推动海阳人文科技进步的强大动力源泉。今后海阳支中心仍会一如既往地为丰富全市人民的业余文化生活、促进经济发展做出贡献。

（撰文/李小幸、邵春艳）

烟台市开发区支中心

烟台经济技术开发区位于山东半岛黄海之滨，北与北京、大连隔海相望，南与上海、青岛陆路相通，东与韩国、日本一衣带水，处于北京、上海、首尔的几何中心，是21世纪重点开发的山东半岛蓝色经济区内的重要前沿。管辖面积228平方千米，建成区面积48平方千米，总人口40万人，其中户籍人口17.9万人。在开发区工委管委和上级各部门的关心和支持下，烟台开发区文化信息资源共享工程工作坚持以保障人民群众基本文化权益、不断满足广大人民群众日益增长的文化需求为出发点，逐步建立了覆盖全区、互联互通、多种方式并用的文化共享工程服务网络。

一、基本情况

工委管委高度重视，建设运行经费落实到位。烟台经济技术开发区工委管委在全力发展经济的同时，十分重视精神文明建设。该区在文化设施建设在资金上舍得投入，在政策上给予倾斜支持，截止去年底，全区文化产业实现利税3500万元，拥有固定资产2.4亿元。初步形成了一个文化设施发达、文化产业繁荣、优秀文化荟萃的喜人局面。而对于列入国家“十一五”规划的文化资源共享工程，烟台开发区工委管委更是高度重视，全力支持。给予大力通过文化共享工程建设，早在2004年即将烟台开发区图书馆作为全区文化共享分工程中心，投资100多万元建立了图书电子阅览室，配备了服务器，接受器等设施，每年在经费上给予充分保障。

二、管理和资金投入

在基层站点的设立上，烟台开发区支中心在烟台开发区西区的大季家、古现、八角三个办事处设立了3个基层中心，每一个街道居委会设立了中心站点，共设立40个；在东区，设立了13个中心站点，以上53个站点基本覆盖了全区50%以上的基层村居。基层站点拥有专门的场所，配置了电视、卫星接受器、DVD播放机、音响和桌椅等，为此烟台开发区管委投入达445852.83元。

区文化资源共享中心站通过网站、数字图书馆、移动硬盘服务、光盘服务等模式，把文化信息资源送到城乡基层文化网点和群众身边，使基层文化阵地得到了巩固。

三、培训工作

为落实文化资源共享工程各级基层服务点建设，烟台开发区文化共享工程中心站总结了很多灵活新颖、切实可行的办法。在开发区东部开发较早村居，村（居）民已无土地种植，大都搬入居民小区，从事各种经营活动。对于这些基层站点的设立和建设，开发区实行站点建在居民小区，活动场所由开发区在建设时预留出来或者利用社区中的居民活动室等场所，由专人管理，效果很好。如果开发区东村的文化资源共享基层点，由村委派专人管理，设在社区人口密度大、人流多的共公场所，极大地方便了居民，利用率也非常高。而在开发区西部相对欠发达的村居，实行了依托村委、依托组织部门已建立的党员远程教育网络，充实文化资源共享内容，这样既节约了不必要的重建浪费，又增加了新鲜的文化内容，两者相辅相成，相得益彰，聚集了人气，传播了党组织建设和文化资源。目前，开发区西部资源共享基层点大多是以这个模式建设的。

四、资源建设

作为全区文化资源共享中心站的烟台开发区图书馆按照上级关于文化资源共享的部署和工委管委的要求，发挥自身优势，全力做好工作。

首先，充分利用图书馆的图书信息资源服务基层，服务经济建设。延伸服务领域，拓展服务空间是开发区图书馆近年来努力服务基层的追求方向。图书进社区、进部队为基层读者服务。开发区图书馆先后大季家办事处、古现办事处设立了图书室。图书馆管理人员定期到该读书室检查指导工作，使之成为一个管理规范、借阅有序的图书室。

为解决武警、驻地部队干部战士读书难、借书难的困难，我们在开发区武警、边防、消防、驻地部队中因地制宜设立了“图书流动站”，图书流动箱定期轮换流动，到目前已设立流动图书站16处，受到了干部战士的欢迎。

五、惠民服务

烟台支中心近年来充分利用现代化网络优势，迅速快捷地传播文化信息资源。烟台开发区图书馆紧跟世界图书馆现代化发展步伐，率先在全省县级图书馆实现了建立网站，开通了数字图书馆，并实现了办公网络管理，实现了与山东省及国家图书馆的联网。

建立特色数字图书馆。根据我馆所处经济技术开发区的特殊地位，突出特色文献资源建设成为我们建设数字图书馆的原则。读者进入我馆数字图书馆，登录后即可借书，电子图书馆24小时对读者开放。我们为全区机关干部开通了数字图书馆系统，干部职工足不出户就可以借阅归还图书，深受欢迎。

2003年7月1日，烟台开发区图书馆网站在互联网上正式开通，标志着一个不受地域和时间限制的信息交流平台在图书馆和读者之间建成，也标志着烟台开发区图书馆的自动化水平和网络建设进入了一个新阶段。读者可以不受时间、地点限制直接通过图书馆网站了解图书馆，共享图书馆资源，享受图书馆提供的阅览、咨询、检索、外借等服务；同时，上网图书馆可以通过自己的站点了解各层次读者的需求，学习其它图书馆管理的先进经验，引导读者开发利用丰富的网上资源，进一步提高服务质量，扩展服务服务深度和广度，开发区图书馆网站的开通极大地促进我们的工作，提高了工作效率，使图书馆的文化资源与更多的读者共享。

六、工作展望

烟台开发区文化资源共享工程在未来的发展中将依托烟台开发区，紧跟开发区发展步伐，扩大服务领域，把服务延伸到更多的企业、农村和学校，丰富全区人民的精神生活。具体做法，一是加强资源和队伍建设，二是扩大和延伸服务领域和服务对象，三是做好服务提供一流服务，为开发区的文化建设，做出贡献，为全区人民提供更多更好的精神食粮。

（撰文/任万诚、谭立慧）

莱阳市支中心

莱阳市位于胶东半岛腹地，东北与烟台市接壤，西南与青岛市毗邻，南临黄海。全市总面积1734平方公里，海岸线 27.5公里，人口总数为89万，其中城区人口为25万。莱阳市支中心在烟台市文广新局和烟台图书馆的支持和部署下，狠抓基础设施投入，逐步完善共享工程建设，在新形势下为繁荣城乡文化，传递中国民族优秀文化资源发挥了重要作用。

一、基本情况

全国文化信息资源共享工程莱阳市支中心成立于2003年10月，中心面积80多平方米，内部馆域网为100兆宽带，对外网络接口为10兆，管理人员2名。工程初期投资15万元，购置了服务器1台，电脑35台；2008年6月支总心又增加投资8万元，对电脑主机进行了升级换代，并更换了部分液晶显示器；2008年10月，支中心又投资3万元，购置了投影仪，卫星接收器等设备，成立了多媒体教室；2011年再次投资15万元购置了20台电脑，并更新了座椅。2008年莱阳市文化资源共享工程开始进入乡镇及行政村，当年莱阳市所属乡镇、行政村的共享工程全覆盖。共享工程莱阳市支中心设在莱阳市图书馆，图书馆是共享工程的建设和业务指导单位，负责保障支中心共享工程设备的运行，协调镇村级共享工程设备的维修，指导镇村级共享工程活动的开展以及开展全区共享工程管理员的业务培训和指导。

二、管理和队伍建设

为了发挥共享工程利民惠民的作用，莱阳市支中心将共享工程日常工作纳入制度化管理。分别制定了支中心、镇、村基层服务点工作职责和制度，实行制度上墙公开。做到年前有计划，年终有考核，月月有目标，天天有记录。

莱阳市支中心着力打造一支专业化的共享工程管理员队伍。支中心在管理员队伍建设上坚持明确职责，规范服务。在乡镇、村两级基层服务点管理人员的选择上，选取文化层次较高，工作扎实，热爱文化事业的中青年作为管理员，指导培训他们尽快熟悉并掌握共享工程设备的使用与日常维护，为所在区域的村民服务。

三、培训工作

莱阳支中心狠抓管理员素质的提高，自2003年以来每年举办两期辖区共享工程管理员集中培训，一共举办各类培训17期，参加轮训的各级管理员达300人次。

四、经费投入

莱阳市共享工程自2003年建成以来，市财政平均每年投入5万元的维护经费，用于共享工程设备的日常维护，管理员培训和共享工程相关活动的开展。

五、资源建设

莱阳市支中心根据不同区域民众文化需求，制作各类题材的展板20多块，制作并发放宣传资料1600余份。

六、合作共建

莱阳市支中心以共享工程为依托与农村干部党员远程教育对接，整合资源，优势互补，切实利用好各类资源。根据各乡镇、村的不同条件建立了形式多样的电子阅览室和多媒体中心。通过不懈努力，共享工程已逐步走入基层村民的生活，成为村民获取知识，娱乐身心，指导生产的新平台。

七、利民惠众，惠农服务

莱阳市支中心在共享工程服务实践过程中，不断探索新思路，以民众的需求为导向，服务民众生活生产，引领群众高尚精神文化生活，打造群众喜闻乐见的文化服务新模式。

根据莱阳市地域农业生产特点，支中心按节令制作农业生产技术小册子，通过共享工程村基层服务点为村民发放。为专业养殖户选取适宜的资源进行上门指导服务。历年来累计服务20多户。

八、宣传推广

莱阳市支中心利用各种渠道宣传推广共享工程。在每年的科普宣传周活动中，莱阳市支中心不失时机，以活动为平台，以资料为媒介宣传共享工程；支中心还走进农村集市发放明白纸，介绍工程内容，让民众不断了

解共享工程，走进共享工程；青少年是祖国的未来，莱阳市支中心重视青少年教育工作，根据青少年好动好玩好奇心强的特点，以电子阅览室为阵地，对未成年人进行思想道德教育，做到了一下几点。1、将《全国文化资源共享工程》网站设为主页，并对未成年人重点推介工程少年版。2、不定期举办趣味性参与性强的网络知识问答，通过举办一系列活动，使未成年人树立正确的世界观，价值观，荣辱观。在与未成年人的互动学习与游戏中，影响他们热爱国家，热爱民族，热爱本民族文化。3、利用网络技术力量雄厚的特点，开展网络知识培训。以及对未成年人进行思想道德教育，都收到了良好的效果。4、支中心还利用多媒体教室在星期天、节假日针对未成年人播放百部爱国主义教育及科普类影片。5、举办丰富多彩的读书演讲比赛，几年来，共举办思想道德教育讲座和各类读书活动达40余次，引导未成年人利用文化信息资源共享工程多读书、读好书。2007年暑假期间举办了“读书•爱国•励志”征文比赛，从160多名少年儿童中评选出一等奖一名，二等奖三名，三等奖十名；2008年6月1日举办了“读书伴我成长演讲”比赛，共有120人参加，演讲内容生动活泼，通过比赛领悟了求知、做人的道理。共评选出一、二、三等奖10名。对未成年人思想道德教育起到了很大的作用，深受广大师生的欢迎。支中心利用图书馆的儿童阅览室，组织动员青少年儿童关注和使用共享工程，并聘请专家前来为青少年答疑解惑，深受广大青少年的喜爱。莱阳市支中心还在服务中抓住文化的热点和亮点，组织群众参与收看和讨论，使共享工程走进群众生活。

九、工作展望

莱阳市文化资源共享工程已走过10个年头，从开始的一个支中心到今天的16个乡镇基层点，31个村服务点，从单一的资源接收到今天的编辑分发，从陌生到群众的广泛认知和参与，文化资源共享工程在莱阳已经成为人民文化生活的平台，成为指导农业生产，繁荣莱阳文化，推动莱阳科技文化进步的强大动力源泉。今后莱阳支中心必将一如既往的服从国家中心，省分中心以及上级业务主管部门的领导，努力建设一支专业化的服务队伍，着力改善服务质量，探索形式多样，内容丰富，手段科学的服务模式，使共享工程网点更加宽广，参与群众更加广泛，让共享工程真正成为宣传优秀民族文化，带动文化大发展的先锋，为建设富饶文明新莱阳做出贡献。

（撰文/狄卫红、徐 红）

莱州市支中心

莱州市位于山东东北部、渤海莱州湾之滨，总面积1878平方公里，海岸线长108公里，1988年撤掖县，设莱州市。现辖1个省级经济技术开发市、1个省级工业园市和1个省级滨海生态旅游度假市，11个镇、6个街道，共有1018个行政村，户籍人口88万。

一、基本情况

莱州市共享工程建设开始于2006年，最初在文昌路街道北五里村、城港路街道淇水村、文峰路街道阳关村等7个村试点安装，此后陆续在全市17个镇（街道办）文化中心开始安装，前期安装设备均通过卫星设备直接接收国家中心下发的各类资源和信息。2007年莱州市共享工程开始普及进入镇街行政村，第一批340个行政村与当年安装调试完毕。2008年第二批670个行政村进行安装，至此莱州市所属行政村实现全市共享工程村村全覆盖。

共享工程莱州支中心设在莱州市图书馆，是莱州市共享工程的建设和业务指导单位，负责保障市支中心共享工程设备的运行，协调镇街村级共享工程设备的维修，指导镇街村级共享工程活动的开展以及开展全市共享工程管理员的业务培训和指导。

二、管理和队伍建设

莱州支中心将共享工程日常管理纳入制度化管理。制定支中心、镇街、村基层服务点工作职责和制度，实行制度上墙公开。每年有年度工作计划，月度有工作要点，季度有工作督导，年末有工作总结考核，并推行管理员工作日志管理，收集整理共享工程服务活动的得失，探索共享工程管理和服务新模式。

莱州市共享工程支中心在管理员队伍建设上坚持明确职责，明确思路，制度化管理，常态化培育。对于镇街、村两级基层共享工程管理上择优选取文化层次较高，有一定社会基层管理服务实践经验的大学生村官为管理员，他们工作热情高，有较高的文化水平，能尽快熟悉掌握共享工程设备为所在村民服务。目前莱州市共享工程管理员79.2%为各级大学生村官，20.8%是由较高学历的村委委员兼任，实现了管理员选取的高起点。

三、培训工作

莱州支中心在共享工程管理员的培养上实现了制度化和常态化。根据支中心工作要求，每年对辖区17个镇街共享工程管理员进行6期的集中培训，然后由各镇街对辖区内各村共享工程管理员进行6期的集中培训，2006年以来市镇街两级一共举办各类培训班618期，参加轮训的各级管理员达36600人次。

四、经费投入

莱州市共享工程自2008年实现村村全覆盖以来，市财政局每年投入6万元的运维经费，用于共享工程设备的维护，人员培训和惠民活动的开展。同时，莱州市政府，市文广新局和各镇街、村每年也投入大量人力物力支援共享工程各项活动的正常开展。

五、资源建设

莱州支中心已经储存了国家中心发布的100多亿字

的文献和2000多部电影等视频资源。先后采购了6万多元的电子图书和《人民日报》等2个综合数据库，在特色文化资源开发方面，已累计加工制作数字化地方文献100余种、7千万多字，各种文化娱乐节目40余个，开发并报送视频课件节目60多个，约50余小时。每年制作发放各类光盘2300多张，展板120多块，各类海报，招贴画78副，发放宣传资料5000余份。

六、合作共建

一是利用好已建成的文化信息资源共享工程卫星接收系统传播到基层服务点；二是把各种资源整合加工成适合的格式，利用党员干部现代远程教育卫星专用频道发布到基层服务点；三是建莱州文化网、莱州市图书馆网等利用互联网发布到全市基层；四是开辟了市级远程教育中心网络传输、利用镇街文化站和村文化大院光盘借阅等方式，满足群众多样化、个性化的需求。

七、利民惠众，惠农服务

根据莱州农业生产、畜牧业生产和海产品养殖业生产特点，莱州支中心每年按节令制作农业生产、畜牧业生产和海产品养殖业技术光盘和小册子，通过行政村基层服务点向村民分发。针对农业、畜牧业和海产品养殖等不同专业，莱州支中心有针对的选取资源上门指导服务。历年来累计服务专业生产户53家，长期对点跟踪服务11户。

八、宣传推广

1、莱州支中心利用各种渠道宣传推广共享工程。在莱州每年的科技文化四下乡活动、公共图书馆服务宣传周、莱州市月季花节、科技周等活动中，莱州支中心主动参与，借助广播电视、报纸、网站看板等媒体（介）宣传共享工程，让民众不断了解共享工程，走进共享工程。

2、走进校园。利用支中心电子阅览室少儿阅览专区，组织动员青少年儿童关注共享工程，利用共享工程，收集青少年知识兴趣点整理挖掘，针对集中地知识群和关注点，莱州支中心联合市有关部门聘请专家前来为青少年答疑解惑，其中邀请山东登海种业股份有限公司、著名玉米育种家、全国道德模范李登海和鲁东大学教授分别做精彩的报告，深受广大青少年的喜爱。同时按照烟台市支中心的部署在全市中小学校开展了青少年网页设计制作大赛和摄影大赛。通过一系列的活动使共享工程不仅走进农村也走进校园走进青少年。

3、专题活动，精彩纷呈。莱州支中心积极组织群众喜闻乐见的文化服务，使共享工程走进群众生活。2007年起联合社区、村庄、学校、边防开办的文化共享夏令广场活动，文化共享资源进家庭活动，文化共享视频资源进校园活动，文化视频资源进警营活动，文化共享视频讲座活动，文化共享在线培训活动，文化共享网上知识问答活动，与全市群众共享文化盛宴。

九、工作展望

莱州市文化资源共享工程已走过6个年头，从开始的7个点到现在的1018个行政村全覆盖，从单一的资源接收到今天的编辑分发和群众广泛认知，广泛参与，文化资源共享工程在莱州已经成为莱州人民文化生活的一大支柱，成为繁荣莱州文化，丰富莱州人民精神生活，推动莱州人文科技进步的强大动力源泉。2008年被命名为山东省文化信息资源共享工程建设示范县（市）。今后莱州支中心希望在山东省中心，烟台市支中心大力支持下为莱州共享工程建设培养一支专业化的服务队伍，建立一个国家、省、市三级知识网络联动的即时问答服务体制和服务形式更加多样，服务网点更加宽广，参与群众更加广泛的共享工程文化带动体系，为建设科技莱州，文化莱州做出贡献。

（撰文/姜源、郎玲周）

蓬莱市支中心

蓬莱市位于胶东半岛北端，濒临渤、黄二海，总面积1128.5平方公里，设7个镇、5个街道、1处省级经济开发区和1处省级旅游度假区，总人口45万。

蓬莱市文化信息资源共享工程在各级政府的重视支持下，2003年蓬莱市图书馆与共享工程山东省中心签订了试点实施协议，正式开始为读者提供共享工程的各种文化信息资源的服务，并作为全国文化信息资源共享工程山东省的市级分中负责对本市文化信息资源的建设、服务及网络运行的维护，指导基层服务站的建设，工作人员的培训，积极开展工程的推广工作。

目前已建基层服务站10个，固定播放站点10个，流动播放站点30个，加工、引进、整合各类资源。增强了图书馆阵地服务功能，同时为基层群众服务取得了一定成效。

一、基本情况

1、资金投入

2003年市财政按共享工程基层分中心的配置要求拨款，启动蓬莱市图书馆共享工程一期建设，其重点配置了服务器、存储设备、网络交换设备及相关软件，为蓬莱市图书馆共享工程建设打下了坚实的基础。而后山东省文化厅及时拨专项款装备了卫星接收设备、资源加工设备及投影仪等相关硬件设备，使图书馆共享工程建设得到了近一步的完善，整个系统完全达到基层分中心的各项软硬件技术要求。

2、技术装备

配备高性能的服务器；共享工程资源存储专用设备；增加了网络交换设备；共享工程系统软件、数据库及传输软件；配备了资源加工专用设备PC机、数码摄象机、扫描仪等。

局域网网络输出条件较好，使共享工程信息资源的数据在地网的传输质量和速度上有了良好保障。安装了卫星接收设备，使共享工程信息资源的数据在天网的传输质量和速度上也有了良好保障，同时为基层服务站建设工作配备了便携式投影机、笔记本电脑、无线上网卡等设备。

2010年图书馆更新了电子阅览室微机30台，并改造和建立了36位多媒体教室，使得共享工程在图书馆的推广和利用有了一个良好的环境。

3、人员配备和资源建设

蓬莱市图书馆没设专人负责文化信息资源共享工程的各项工作，包括系统的维护、软硬件应用指导，基层服务站的建设及推广等工作，由兼职人负责文化信息资源的收集、加工、整和等工作。

截至2012年底，已接收存储“工程”数字资源，包括维普数字化期刊，国家中心传输的几百部电影，专题讲座，党员干部培训，涉猎文化、艺术、教育、农业科技等各方面知识。

二、惠民服务

1、馆内共享工程服务

1、1、全国文化信息资源共享工程蓬莱市级分中心免费为读者开放。

蓬莱市图书馆利用多媒体教室免费为读者提供戏曲、舞剧、音像美术、文学古籍、名家讲坛、历史地理、社会文化等共享工程文化信息资源。

共享工程资源在多媒体教室通过投影仪在大屏幕上播放，向读者免费开放。通过Web发布形式，将接受下来的党员干部培训，教育部网站等信息发布出，除了数据加工专用计算机外，其余馆内计算机均可用浏览器访问，到馆读者可免费访问。

1、2、开辟青少年“绿色网上家园”

结合快乐假期读书月活动，蓬莱市图书馆推出全国文化信息资源共享工程少年版，青少年可以免费到馆上网浏览。

2、馆外共享工程服务即共享文化信息资源，服务新农村建设

目前建立了10个基层服务站，固定播放站点10个，流动播放站点30个，对相关的工作人员进行了培训。

自中心建成以来，蓬莱市图书馆的工作人员曾多次将文化信息共享工程的数字资源送到部队、企业、敬老院等文化相对匮乏的单位去播放。更加充分地发挥蓬莱市图书馆共享工程市级分中心的作用，使广大群众了解并利用文化信息共享工程丰富的文化资源，提高市民的综合素质，支持社会主义新农村建设。

(1)社区分馆读者可以免费浏览共享工程数字资源

在10个社区图书馆内设置共享工程专用机器18台，资源服务器2台。

(2)区县基层服务站点资源利用光盘和卫星接收，采用了流动服务与统一播放相结合的服务方式。蓬莱市图书馆对这些基层服务站进行指导并密切配合，深入到乡镇、社区为农民和社区居民播放“共享工程”文化资源。

三、工作展望

全国共享工程实施以来，蓬莱市图书馆积极争取政府的重视，认真组织实施，按计划、分步骤地抓好共享工程建设。市文广新局、市财政等有关领导多次视察共享工程市级分中心建设，市财政投人资金，省文化厅专项资金及时到位，为共享工程建设提供了组织保障和资金保障。

在具体的实施过程中，从基础建设到服务群众，做实每件事情，不搞花架子，让上级有关部门资金投入物有所值。

1、以满足基层群众需求为目标，不断深化和创新服务，是共享工程发展壮大的生命力所在

实践证明，农民最渴求科学文化知识。共享工程建设必须围绕社会主义新农村建设，将服务的触角不断向基层延伸，不断创新服务方式一、服务内容、服务手段，使先进文化更多的覆盖、普及到广大农村基层和农民群众之中。

同时加强对未成年人、老年人、外来务工人员三大特殊群体的文化服务。

2、整体规划文化信息资源建设是文化共享工程实施的基础

在文化共享工程资源建设方面，应遵循“资源共享，优势互补，强化积累，持续发展，突出特色，注重版权”的原则，充分依托原有的自动化、网络化环境，依托多年积累的数字资源建设的经验，整体规划具有蓬莱地方特色、文化特色的数字资源建设工作，如充实那些具有浓郁乡土气息和地方特色的民间音乐、美术、戏剧、戏曲等艺术资源等。

在总体规划资源建设时，应坚持突出地方特色和馆藏特色的原则、共建共享的原则、兼顾数字资源与传统馆藏资源的整体性原则以及实施整体规划和分布实施的原则。首先，要充分整合文化系统现有的文化信息资源，加大对文化信息资源的整合力度和数字化工作，按照统一的技术标准和规范，制作数字化资源，形成分布式的资源库。

3、逐步建立保障机制和监督机制，推动“共享工程”健康发展

各级党委和政府要将“共享工程”列人重要议事日程，认真组织、协调、解决“共享工程”实施过程中出现的困难和问题，逐步建立起监督、考评机制。

(7)培训技术人员，加强资源建设及整合力度，是保证共享工程吸引群众的关键。

（撰文/付　强）

招远市支中心

招远市位于山东半岛西北部，东接栖霞市，西靠莱州市，南与莱阳、莱西两市接壤，北以龙口市为邻，西北濒临渤海，地域面积1433.18平方公里，有14个镇街区（含一个国家级开发区），724个自然村，人口约58万人。

一、基本情况

招远市文化信息资源共享工程建设始于2007年，依托市图书馆成立了文化信息资源共享工程招远支中心，设有中心机房、公共电子阅览室和多媒体教室，总面积500平方米，配备服务器2台、终端计算机45台及投影仪、有源音响等设施设备。服务器和计算机以宽带专线接入互联网，服务器装有卫星接收系统，计算机全部装有图书馆业务自动化软件、山东省公共电子阅览室桌面服务平台和山东省公共电子阅览室信息浏览监控软件。近年来我市按照《山东省公共电子阅览室配置标准》，陆续在镇（街道、区）和社区（村）普及电子阅览室，推进共享工程建设并实现了镇村的全覆盖。2011年我市被授予山东省公共电子阅览室建设与服务示范市（县）。

二、队伍体系建设

招远市共享工程支中心设专职工作人员2名，负责保障中心共享工程设备的运行和工作的开展，协调和指导镇村两级共享工程活动的实施。指导镇村选取文化层次较高、有一定基层管理服务实践经验人员建立基层信息共享建设工作队伍，确保有基层站点就有专（兼）职管理员，在全市基本形成了以市支中心为龙头、镇街文化站为枢纽、社区（村）站点为基础的文化信息共享工程管理和服务网络。

支中心工作人员每年参加上级组织的业务学习和培训两次以上，组织基层站点管理员采取集中培训和分别指导的形式进行业务轮训，基层站点管理员培训率达保持在95%以上，基本实现了业务培训工作的制度化和常态化，为我市文化共享工程建设夯实了基础。

三、管理和服务体系建设

市支中心和镇村基层站点严格按照有关要求和标准挂有规范标牌，建有规范的设备应用、安全防范、运行维护、开放服务、考勤登记等管理制度，档案记录齐全，管理人员职责明确、任务清晰。市支中心公共电子阅览室实施了免费开放，每周免费开放时间56小时。成年人携带身份证、未成年人携带专用服务卡即可进入公共电子阅览室享受免费服务；通过上机软件的设置，对公众上机时间进行限制，保证服务的均等性；同时我们以未成年人、老年人、进城务工人员等低收入阶层及弱势群体为重点，对阅览室内部进行了明确的功能划分，设置未成年人专区、老年人专区、进城务工人员专区、电影专区、游戏专区和文化共享工程资源专区不同区域，提供针对性强、各具特色的服务，充分凸显公共电子阅览室建设和服务的公益性和惠民性。同时，全市公共电子阅览室充分利用文化信息资源共享工程提供的网络平台，组织开展优秀影视节目展播、有奖知识问答、文化成果展览、公益讲座、共享工程进社区（农村）等服务活动，引导市民群众积极参与共享文化发展的优秀成果，并培育发展了文化娱乐演出、果蔬种植文化、计生文化、养殖文化、科技文化等各类文化示范户1000余户，使其成了农村先进文化的引领者和科技致富的带头人。

四、资源体系建设

招远支中心充分利用国家、省文化信息资源共享工程中心配发的信息资源和数字资源，并每年购入（收集）相应数量的电子文献和视听文献，不断加强资源体系建设。

五、经费保障体系建设

市财政部门将支中心建设纳入预算管理，实行专款专用，用于公共电子阅览室和多媒体教室的免费开放、共享工程设施设备的维修更新、人员培训和惠民活动的开展，确保了招远市支中心建设和服务扎实有效。市文化广电新闻出版局和市图书馆每年也投入大量人力物力支持共享工程各项活动的正常开展。

六、宣传体系建设

招远市支中心利用各种渠道宣传推广共享工程。与党员电教工作相结合，拓展共享工程资源空间，让广大党员干部了解和熟知共享工程，把"干部受教育，群众得实惠"落到实处。与科技部门配合，把送科技下乡和送文化下乡相结合，以资料为媒介宣传共享工程，让群众不断了解共享工程、走进共享工程、利用共享工程、受惠共享工程。与共青团和教育部门相结合，通过组织开展网页制作大赛和电脑小报制作比赛等各项活动，动员青少年儿童关注共享工程、利用共享工程，让共享工程走进校园走进青少年，成为素质教育的推手。与总工会、就业办等部门相结合，让广大职工知晓和利用共享工程，同时利用电子阅览室和共享资源联合举办电脑技能培训和文化知识培训，促进了下岗职工再就业，有效提高了共享工程的社会效益。支中心成立以来，每年制作发放利民惠民各类光盘2000多张，展板20余块，发放各类宣传资料5000份，组织技能培训和知识讲座6期（次）。

七、工作展望

招远市文化资源共享工程已走过6个年头，实现了从无到有、从点到面的全覆盖，成为了繁荣招远文化、丰富群众精神生活、惠民利民的文化品牌工程。招远市支中心将会在上级中心的支持下，巩固阵地，强化管理，开拓资源，创新服务，提升共享工程的活力和带动力，为建设科技强市、文化强市，促进招远经济文化又好又快发展做出贡献。

（撰文/郭永亮）

长岛县支中心

长岛县隶属山东省烟台市，地处黄海、渤海交汇处，与胶辽半岛隔海相望，由32座岛屿组成，面积56平方公里，海岸线146公里，人口约5万人。长岛素有海上仙山、蓬莱仙岛之称，被誉为海上明珠。长岛县共有7个乡镇，1个街道办事处，2个开发管理处，共有40个行政村。

一、基本情况

2001年7月，为了迎接社会文化先进县的验收，经多方努力，筹资5万元，购买10台电脑，建起了电子阅览室。2007年县财政投资购置相应的设备，建立全国文化信息资源共享工程长岛县支中心。

共享工程长岛县支中心设在长岛县图书馆，是长岛县文化信息资源共享工程的建设和业务指导单位，负责镇村级共享工程活动的开展以及开展全县共享工程管理员的业务培训和指导，负责保障区中心共享工程设备的运行，协调镇村级共享工程设备的维修。

二、管理和队伍建设

为使共享项工程真正为民所用为民谋利，长岛支中心将共享工程日常管理纳入制度化管理。制定支中心、镇、村基层服务点工作职责和制度，实行制度上墙公开。每年有年度工作计划，月度有工作要点，季度有工作督导，年末有工作总结考核，并推行管理员工作日志管理，收集整理共享工程服务活动的得失，探索共享工程管理和服务新模式。

长岛县共享工程支中心在管理员队伍建设上坚持明确职责，明确思路，制度化管理，常态化培育，每个站点确定了以支部书记为组长的工作领导小组，并配备了一名操作员管理员。实现了站点有牌子、有制度、有记录，有人管事、有人做事的目标。对照省里下发的考核验收方案，要求各乡镇在加强村级站点管理的同时，认真组织开展学用工作，不断提高农村党员干部学习的参与度、知晓度和学用绩效度。

三、培训工作

长岛支中心在共享工程管理员的培养上实现了制度化和常态化。近几年，我县加大了对操作人员的教育培训力度，严格把关参训人员素质。按照集中培训和分散培训的方式，共举办集中培训班4期，培训人员达32人次。培训涉及电脑基本操作、文化信息资源共享工程等有关内容，要求每位学员培训后要做到“打开设备会操作、站上讲台会辅导、一般故障会排除”，不断提高了骨干人员的政治素质、业务能力和服务水平，营造了良好氛围。

四、经费投入

长岛县共享工程积极争取资金20万元用于购置文化共享工程设备，投入5万元装修了工程用房，做到硬件配置合格，制度、标牌上墙悬挂，达到了“一房两室”的布局要求。开通了互联网和卫星接收渠道，并正式命名文化信息资源共享工程长岛县支中心。2009年4月，县政府一次性投入40万元，为八处乡镇配备了微机。建立健全乡镇、街道、村服务点。乡镇、街道、村基层服务点建设，由乡镇、街道政府牵头，按照县文化信息资源共享工程建设方案，明确了工作目标任务，科学安排了工程建设的实施步骤，强化了工程建设工作措施，形成了相互支持、优势互补、协调联动、齐抓共管的良好工作格局。2012年投资3万余元，购置6台电脑，2台笔记本电脑用于图书馆文化信息资源共享工程免费开放的使用。到目前为止，长岛县文化信息资源共享工程村级服务网点41个，电脑总台数83台，基本满足了全县渔村广大群众的需要。

五、资源建设

长岛支中心在历年的工作中，每年制作发放各类光盘200多张，展板20多块，各类海报，招贴画16副，发放宣传资料600余份，搜集不同区域民众文化需求，选取、编辑制作各类题材资源4TB。

六、合作共建

将各种部门下发的电子文献资源与建立的共享工程服务点结合，根据不同乡镇、村的硬件条件建立形式多样的电子阅览室和多媒体中心。同时在各个乡镇设立远教站点。通过多方不懈努力，共享工程已逐步走入基层村民生活，成为村民获取新知，娱乐身心的新渠道新平台。

七、利民惠众，惠农服务

长岛支中心在共享工程服务实践过程中，以民众的需求为导向，积极探索，服务民众生活生产，引领群众高尚精神文化生活，打造群众满意喜爱的文化服务新平台。始终把远程教育和文化信息资源共享工程相结合，立足于农村党员干部群众的学用需求，不断拓展教育功能，使其成为农村党员干部的教育培训基地，成为农村信息化平台，成为丰富农民文化生活的日常活动点。

八、宣传推广

长岛支中心利用各种渠道宣传推广共享工程。文化信息资源共享工程对于广大农村党员干部群众来说是一个比较陌生的概念，为了让更多的人认识和了解这项工作的重要性和必要性，我们通过县主要媒体，向社会进行广泛宣传。在公共场所悬挂条幅、办板报、墙报、出专刊等形式让广大农村党员干部群众了解文化信息资源共享工程“为民办实事”项目的工作内容，从而提高了参与学用的积极性和群众的知晓度，长岛支中心不失时机，以活动为平台，以资料为媒介宣传共享工程，让民众不断了解共享工程，走进共享工程。

九、工作展望

作为中央、省、市都非常关注关切的惠民工程——文化信息资源共享工程长岛县文化资源共享工程，已走过5个年头，从单一的资源接收到今天的编辑分发和群众广泛认知，广泛参与，文化资源共享工程在长岛已经成为长岛人民文化生活的一大支柱，成为繁荣长岛文化，丰富长岛人民精神生活，推动长岛人文科技进步的强大动力源泉。今后长岛支中心希望建设一支专业化的服务队伍，服务形式更加多样，服务网点更加宽广，参与群众更加广泛的共享工程文化带动体系。我们会继续加倍努力工作，将这项工程巩固好、运用好、发展好，努力把文化信息资源共享工程建成一项素质工程、致富工程和幸福工程，为建设科技长岛、文化长岛做出贡献。

（撰文/邹东玖、范丽君）

威海市支中心

威海市座落于胶东半岛最东端，北与辽东半岛相对，东及东南与朝鲜半岛和日本列岛隔海相望，西与烟台市接壤。东西最大横距135公里，南北最大纵距81公里，总面积 5436平方公里，其中市区面积731平方公里。威海市总人口250万，市区人口60余万，下辖文登市、荣成市、乳山市三个县级市和环翠区、高技区、经技区、工业新区。近几年，威海市大力构建公共文化服务体系，着力发挥文化共享工程带来的便捷、海量和惠民的作用，稳步发展，层层推进，实现了共享工程的全覆盖。

一、基本情况

威海市文化共享工程建设于2003年开始起步，在资金非常困难的情况下，图书馆自筹资金30多万元配备了一台PC机代理服务器，装载着近150G文化共享工程社区版内容，配有电子阅览室，有微机60台，通过交换机，共享工程代理服务器与电子阅览室相连实现在线点播。2006年初，又配置浪潮服务器一台，一套卫星接收设备以及投影仪和幕布，和原建馆内局域网结合，基本满足广大读者对电子文献的需求。2007年，威海市为共享工程建设投入了70余万元的资金，配备了4台IBM应用服务器，6TB的存储设备，千兆以太网交换机和百兆交换机3个，2个机柜，35台电脑和笔记本电脑1台以及与之配套的软件等，达到了山东省文化共享工程建设标准。截至目前，共享工程威海市支中心已建成面积260平方米，拥有电脑160台，数字资源2T，光盘数百张的现代化、规范化、综合化的重要对外服务窗口。可在线使用的万方、维普数据库。

二、管理和队伍建设

根据上级要求结合市支中的实际情况，制定了一整套规章制度、组织机构图表、宣传图片等，分别挂在机房、电子阅览室、多媒体室等场所，使工作人员操作规范，读者利用方便。

在支中心建设过程中，不断加强对县支中心和基层服务点专业人员的培训，使各部门对文化信息共享工程有一个全面的认识，各支中心能够初步掌握各个设备的使用方法。组织各市图书馆馆长研讨学习交流各支中心的建设以及开展活动的做法与经验，并实地考察讨论学习，互相学习促进。

三、培训工作

支中心十分重视专业人才队伍建设，通过参加上级培训、请教专家指导和自学等方法掌握设备的管理与使用，达到了较高的操作技能，目前已有五人从事支中心的管理与服务工作。同时还加强对县支中心和基层服务点专业人员的培训，2007年至今，共举办培训班24次，参加培训人员300多人次，2011年8月17日举办了由各市图书馆馆长与技术人员参加的共享工程培训班，向参加培训的人员介绍了共享工程的基本知识、县支中心的技术方案以及共享工程与党员远程教育的合作等内容。2012年11月12日至13日又组织各市图书馆馆长研讨学习交流各支中心的建设以及开展活动的做法与经验，并实地考察讨论学习，互相学习促进。各位馆长反映此次交流学习与研讨看到了自己的差距，学到了宝贵的经验，要查漏补缺，争取硬件、软件建设达到国家标准，制度上墙，管理科学，真正发挥共享工程的惠民作用。

四、经费投入

2007年之前，累计投入120万元左右，达到了山东省验收标准。自2008年起，平均每年维护和升级经费保持在15万左右，保证共享工程的正常运转。

五、资源建设

几年来，通过上级支持和自筹资金购置等渠道累计增加2T的数字资源，其中电子图书1万多册，戏曲、科教数据光盘数百套，经典影片百余部，可在线使用万方、维普数据库。2012年，市图书馆购买新东方英语数据库，读者可在线使用数据库学习相关课程，取得了非常好的效果。

六、合作共建

威海市图书馆主动“走”出去服务，与威高集团、海马地毯等劳动密集型的大企业建设电子阅览室分馆，由企业提供场地、设备、人员，市图书馆负责技术支持、资源提供等，对于稳定企业发展，丰富职工业余生活起到了非常好的作用。

七、宣传推广

市支中心充分利用卫星接受系统及时接收国家中心发布的讲座等各种信息资源，并经常利用这些资源走进学校、社区，为学生、居民播放经典影片和科技知识，受到老师、学生和居民的欢迎。主要活动有：

1、利用节假日组织少儿读者集体观赏传统优秀影片，免费播放《鸡毛信》、《地雷战》、《小兵张嘎》等爱国主义影片，有的家长一同陪着孩子观看，两年来共有一万多名小学生观看这些优秀影片。小朋友们在娱乐的同时，受到了深刻教育，学习到更丰富的文化知识。

2、组织举办了“海洋—生命的摇篮”大型科普知识讲座，以及播放海洋知识系列片，为小学生介绍了相关海洋知识、绿色环保知识，进一步激发了孩子们热爱自然，建设绿色家园的美好情怀。

3、为更好宣传文化共享工程，采取请进来走出去的方式为广大读者提供各项服务。先后走进山东省水运学校和财会学校，为大中专学生专题播放“共享工程”中爱国主义影片及名著改编的影片，大学生写出“观赏名著评析”优秀文章八十余份张贴于校园宣传栏内，既提高了学生的文学鉴赏能力又加大了“文化共享工程”的宣传力度。

4、组织大中专学生听名家名人讲座，大学生们共同探了人生价值、社会公德。

5、为给孩子搭起通向未来成就的桥梁，举办了儿童早期阅读专家讲座活动。一百多名孩子家长参加了活动，专家讲授了家长朋友如何支持孩子的早期阅读，如何加强家庭中阅读环境的创设等问题。为家长培养孩子的早期阅读，养成良好的学习习惯提供科学帮助。这些活动电视台晚报都给予相关报道。

八、工作展望

威海市文化信息资源共享工程建设经过7年的发展，已经建成全民覆盖、惠及全民的服务网络，为越来越多的人尤其是基层群众带来了巨大的文化能量。今后，随着威海市图书馆集群网络服务体系的完善，共享工程的建设将进入更高水平，将为广大群众带来更多、更快、更有价值的信息，进一步缩小城乡文化差距，为城乡文化一体化发展、建设经济文化强市发挥出巨大的作用。

（撰文/威海市支中心）

荣成市支中心

荣成市位于山东半岛最东端，三面环海，海岸线长500公里。陆地面积1526平方公里。辖三区、12镇、10个街道、826个行政村、125个居委会，67万人。

荣成市支中心准确把握社会文化生活的新特点和人民群众的新期待，着力加大“文化信息资源共享工程”的建设力度，进一步拓宽了文化服务渠道，健全了文化服务网络，提高了公共文化产品和文化服务的供给能力。

截止2012年底，本市已经建立健全了“市、镇、村、企、户”五级文化信息资源共享网络，全市826个村、100余家企业，实现了“文化信息资源共享工程”村村通户户用的“无缝覆盖”，年均受益30余万人次。

一、基本情况

荣成市支中心始建于2007年，当年就投资200余万元，一步到位地新购了大量配套设备，全面嫁接到了各村各企的党员远程教育的终端微机，达到了当年投资建设当年形成文化公益效益；2008年，重点部设了全市22处文化站的共享工程网络；2009年，创造性地拓展共享工程延伸到了全市100余处重点企业的文化活动中心；2010年，率先新上了“电视信息资源共享工程即时点播”栏目，实现了共享工程“进村入户到炕头”的全覆盖；2011年，择优筛选了10处基层站点为“电视大学远程教育网络培训站点”，最大限度地发挥出了“共享工程”的内在社会功效。

二、管理和队伍建设

为使共享工程真正为民所用为民谋利，荣成支中心将共享工程日常管理纳入规范化管理，制定了支中心、镇、村、企基层服务点工作职责和制度，全面实行制度上墙公开。在实际操作过程中，这个市的共享工程支中心做到“年初有计划，每月有要点，季度有督导，年终有考核”，并推行管理员工作日志管理，收集整理共享工程服务活动的得失，总结探索共享工程为民服务的新模式。

荣成市支中心在管理员队伍建设上，坚持明确职责，明确思路，制度化管理，常态化督导。对于乡镇、村两级基层共享工程管理上择优选取文化层次较高，有一定社会基层管理服务实践经验的大学生村官为管理员。

据统计，荣成市共享工程管理员56%为各级大学生村官，35%是由较高学历的村委委员兼任，实现了信息资源共享工程的人才高配备。

三、培训工作

文化信息资源共享工程是一项技术含量高、专业性强、传播便捷、影响面广的工作，为此，这个市以专业人才队伍的培养为契机，重点抓好了“乡镇文化站站长、街道文化活动中心主任、村级文化大院、企业文化活动中心负责人”的经常化培训工作，创造性地开展了“一百个业务骨干培训，一千个示范点优化，一万个共享业户带动”的工作，进一步培养好信息资源共享人才队伍，夯实好基层文化阵地。

截止目前，这个市从事“文化信息资源共享工程”专兼职人员有2000多人，镇级服务站点年平均服务在3000人次以上，村企级服务点年均服务在2000人次以上。

四、经费投入

从2009年开始，荣成市每年增加财政资金1000万元，扶持发展农村社区中心、基层文化阵地建设和“文化信息资源共享工程”建设工作。“由内力引发外力，最终凝聚成合力”地推广了“镇村相结合、镇企相结合、部门相结合”的模式，有力加快了文化信息资源共享工程的建设步伐，全方位开展了“信息资源共享工程惠百姓”、“电子阅览图书周周换”、“卫星网络电影天天看”的便民服务活动。

对经济基础相对薄弱的“村级站点”，市里推行了“百局百企包百村”的办法，齐步推进“文化信息资源共享工程”的建设工作，确保共享网络处处畅通、大众人人会使用，整体带动基层文化阵地和文化项目的上档升级。

五、资源建设

荣成市支中心在历年的工作中，搜集不同区域民众文化需求，选取、编辑制作各类题材资源1TB，每年制作发放各类光盘900多张，展板90多块，各类海报，招贴画57副，发放宣传资料10000余份。

六、合作共建

荣成市支中心联合经信部门投资200多万元，购置了高档次的“流动文化信息资源共享大蓬车”，送科教“进村赶集到军营”；联袂电影公司长期下载共享工程的信息资源，把“三个代表”、“先进性教育”、“科学发展观”等宣教片做为“加演片”，通过万场电影下乡，直接把党的大政方针送到最基层；整合共享工程的资源优势和广电部门的媒体优势，在荣成电视台远程教育频道开设了文化共享栏目，增加了“即时点播、互动功能”全面建成了“电视文化信息资源共享工程”，打造出了共享工程“进村到企入户到坑头”的全新格局。

七、惠民服务

建设“文化信息资源共享工程”的出发点是“为民服务，信息共享”，落脚点是“造福百姓，构建和谐”。

为确保“文化信息资源共享工程”畅通无阻，这个市着力抓好了“县（市）级设备的高标准化、人员的高智能化、技术的精良化和服务的规范化”建设工作，形成了县（市）级支中心与广大基层站点，既能方便、快捷、清晰地接收省中心的信号，又能有效通过卫星和互联网发布的文化信息资源，把当地群众外来工所盼、所想、所需的文化资源情况，及时反馈给省中心，并结合实际开发了一定数量的数字文化资源。

由于“文化信息资源共享工程”发挥出了“文化交流、信息交流、经验交流、心得交流”的“直通快车”的作用，强劲有力地拉动了文化的大发展、大繁荣。这个市各村的文化大院，经常通过“文化信息资源共享工程”交流演出剧本，农民自编自唱当主角演大戏屡见不鲜，全市累计拥有310个庄户剧团。崖头街道办事处的农民庄户剧团的京剧舞蹈《贵妃醉酒》，曾在省文化厅主办的《相约文博会》山东省庄户剧团的调演中，力拔头筹地荣获了一等奖，并被省文化厅授予了山东省“十佳庄户剧团”荣誉称号；人和镇西里山村业余京剧团、成山镇京剧协会，也曾荣获了山东省“优秀庄户剧团”称号。

截止目前，荣成市在“文化信息资源共享工程”的辐射带动下，已涌现出了20多个高规格、高品味的画村、花村、戏村、旅游村、电脑村等，更涌现出了100多个像张世廉的奇石、卞寿福的字画、方崇宝的文物、方桂凤的剪纸、刘玉竹的根艺等富有特色的文化家庭，其中，还有10多人被联合国教科文组织授予“民间艺人”称号。

八、宣传推广

一是完善推进落实机制。坚持“市里设立机构调度到位、乡镇（街道）明确目标考核到位、村庄稳步推进落实到位”的原则，专门成立了由“市级分管领导任组长，市文广新局局长任副组长，市财政局、市考核办、乡镇（街道）、大中型企业的政工负责人为成员”的“文化信息资源共享工程领导小组”，总体督导考核加快推进共享工程的全覆盖。

二是完善政策保障机制。确定了由市级财政安排解决全市文化共享工程配套资金，并将全市各分中心及村级服务点运行经费纳入市级财政预算，为全市文化共享工程提供了经费保障。

三是完善社会参与机制。结合全市“百局百企包百村推进新农村建设”的工作大局，一体化加快共享工程的建设，统筹文化、广电、教育、公安、经信、妇联、农业等部门，协同拓展共享工程的内涵，形成了齐抓共管的大好局面。

九、荣誉奖项

近年来，荣成市支中心先后荣获了“山东省文化信息资源共享工程示范县”、“山东省文化信息资源共享工程建设与服务工作先进集体”等称号。

2012年，由于荣成市共享工程支中心指导有力，“荣成市恒茂集团的信息资源共享站点”还荣获了“全国信息资源共享工程示范点”的称号。荣成市图书馆相继荣获了“山东省群众喜爱的图书馆”、“国家一级馆”等称号。

十、工作展望

通过文化信息资源共享传播好主流文化的同时，重点围绕“将军故里，人才辈出，滨海特色，荣成特点”的地域文化，搞好了“知党情、通市情、晓乡情、解民情”的地域文化传播，始终用先进文化占领基层文化阵地。例如，以文化信息资源共享工程的形式，有效传播　“崖西的将军文化”、“成山的天鹅湖文化”等，全力抓出特色、抓出样板。

重点围绕荣成拥有300余家外资企业，年均流动10万人次外来工的实际，在抓好村级文化信息资源共享工程的同时，推广好文化信息资源共享工程在企业的优化工作，进一步丰富繁荣外来工的精神生活上，用大文化带动和谐社会大发展。

（撰文/荣成市支中心）

乳山市支中心

乳山市位于山东半岛东南端，因境内“大乳山”而得名。地处青岛、威海、烟台三市衔接的腹地，南濒黄海，与韩国、日本隔海相望，总面积1668平方公里。现辖2个省级开发区、14个镇、1个街道，601个行政村，户籍人口57.3万。

一、基本情况

共享工程乳山市支中心设在乳山市图书馆，占地面积约150平方米，有服务计算机50台，是乳山市共享工程建设的业务指导单位，负责保障共享工程设备的运行维修，指导镇村级共享工程活动的开展，以及进行管理员的业务培训和指导。

自共享工程建设工作启动以来，乳山市委、市政府高度重视，严格按照上级要求精心组织，协调部署，规范建设，并于2007年8月顺利通过了省检查组的验收。在建设中，采取与党员干部现代远程教育相结合的方式，实现了全市15个镇（含1个街道办事处）及601个行政村的联网建设，形成了较为完善的市、镇、村三级共享网络。2008年9月，获山东省文化厅授予的“山东省文化信息资源共享工程建设与服务先进集体”荣誉称号。全市15个镇（街道办事处）、601个行政村，全部建成规范化站点。

二、经费投入

为确保工作取得实效，市政府召开专门会议，专题研究落实共享工程经费事宜，将市、镇共享工程专项经费分别列入市、镇财政预算，并随着财政收入增长逐年增加，并列入年终考核。确保有稳定的经费保障。用于共享工程的运行维护、人员的培训和惠民活动的开展。截至目前，累计拨付资金850余万元，为共享工程建设的顺利进行提供了有力保障。

三、管理和队伍建设

为确保共享工程建设取得实效，乳山市成立了分管副市长为组长的领导小组，将共享工程建设列入市镇目标责任制考核和文化工作双考核，制定了切合实际的共享工程建设规划和管理制度，实行制度上墙公开，做到机制健全，责任分工明确。在管理员队伍建设上，坚持明确职责，明确思路，制度化管理，常态化培育。市级专门配备计算机专业管理员2名，镇级成立工作小组，村级择优选取文化层次较高，有一定社会基层管理服务实践经验的大学生村官为管理员，或由较高学历的村委委员兼任。管理员素质高，管理能力强，为共享工程的建设和服务提供了强有力的人员保障。

四、资源建设

乳山市支中心以提高公共文化服务能力为出发点，积极整合资源，拓展其服务群众的有效途径，不断强化数字资源服务群众的力度。目前，数字图书馆推广工程、乳山市图书馆网站和乳山市数字图书馆建设都已取得显著成效。同时，将国家图书馆近1TB的数字资源、文化共享工程管理中心下发的资源及自身现有的38万册数字图书进行有效整合，安装在电子阅览室局域网内，免费开展服务；加大本地优秀素材的数字化加工力度，收集并制作了一批乳山特色的资源，如《乳山大秧歌》、《乳山琴书》、《大乳山的传说》等。

五、合作共建

乳山市支中心依托乳山现行的县域图书馆总分馆制，采取文企共建、军民共建等方式，将全国文化信息资源共享工程与党员干部远程教育切实整合，公共数字文化服务驶入快车道。基层群众在家门口就能便捷的共享优秀的数字资源。同时，通过与市电影公司合作，进一步将资源送入基层；与乳山市电视台合作，开辟文化信息资源共享工程频道，进行资源展播。

六、惠民服务

支中心充分发挥网络信息覆盖面广、容量大、更新快、及时便捷等优势，开展农业技术培训，更新农民群众生产发展观念。重点围绕农村政策法规、实用技术、科技创新等方面，累计培训达120次，每年发放宣传册3600多份，极大地促进了农业增收，农民致富。

为更好地满足基层群众文化需求，通过发放调查问卷等形式，了解农民朋友喜欢的戏曲、电影等文艺节目，将这些节目以及乳山市吕剧团编排的戏曲进行数字化加工、整合，通过互联网、广播电视网、移动硬盘等多种手段将资源输送到基层。

为丰富残疾人等特殊群体的精神文化生活，提高特殊群体的生活质量，乳山市支中心还特设了特殊教育阅览室，为特殊人群开辟专门的学习娱乐场所，并配备专门设备，包括专用电脑10台、点读机5套、盲文图书500余套、听书郎10部、视听资料1万多种等。

七、培训工作

按照服务需求，采取集中培训与分别指导相结合的形式做好培训工作，实现培训常态化。每年对全市共享工程管理员进行4次集中培训，下基层指导年均124次以上。2007年以来，累计举办全市共享工程管理员学习班30期，约3600多人次。面向社会大众举办专题培训班82期，约5000多人次。

八、宣传推广

通过阵地活动，宣传推广共享工程。不定期在支中心举办形式多样、内容丰富的专题展播、计算机知识讲座、共享工程知识竞答等活动，让群众不断了解共享工程建设的意义和服务情况。

通过社会活动，让共享工程深入人心。在每年的“4•23”世界读书日、中国（乳山）母爱文化节、民情走访活动以及科技文化下乡等活动中，支中心不失时机，以活动为平台宣传共享工程，让民众不断了解共享工程，走进共享工程，利用共享工程。

通过各级媒体，提高共享工程的影响力。充分利用广播电视、网络媒体的宣传报道，进一步扩大受众面。特别是2011年开展的为期4个月的“我心向党”红色影片资源展播活动，取得显著的宣传效果。活动深入全市15个镇（办事处）及601个行政村，在基层引起了强烈的反响，得到了各级媒体的高度重视。7月2日中央电视台1套《晚间新闻联播》进行了报道，此外山东电视台、威海电视台、威海晚报等媒体均进行了报道。

九、工作展望

乳山市共享工程经过几年的建设和服务工作，取得明显的社会效益，得到了群众的广泛认可。未来的日子里，乳山市支中心将在上级的领导下，在社会群众的大力支持下，结合乳山市县域图书馆总分馆制，全面构建以市图书馆为中心，以镇（办事处）分馆为纽带，以村（社区）基层服务点为基础，以机关、部队、学校、企业等行业分馆为补充的新型公共文化服务体系。同时，还将在市区规划建设10个数字文化广场，加大服务力度，更好地实现文化普惠化、均等化、便捷化，为建设文化乳山、幸福乳山做出更大贡献。

（撰文/乳山市支中心）

文登市支中心

文登市地处胶东半岛东部，总面积1645平方公里，海岸线长156公里，辖17个镇（办），886个行政村（居），65万人口。文登历史悠久，文化底蕴深厚，是山东省历史文化名城、山东省社会文化先进县和全国文化先进县。

一、高点定位，高速推进

市委、市政府高度重视文化信息资源共享工程，2007年初，在原市图书馆一楼设置了30平方米中心机房和200多平方米的多媒体教室和电子阅览室。市财政拨付60余万元，配齐了应用、业务、备份、卫星接收等服务器、4TB光口磁盘存储阵列、交换机等设施设备，配套网络杀毒、视频点播等相关软件，建成了高标准的县级支中心和拥有28台电脑的电子阅览室，形成了具有接收、采编和服务能力、设施较为完备的县级服务平台。

市财政还投入25万元对镇级基层共享中心点给予资金补助，结合镇中心文化站建设，开通互联网和卫星接收渠道，全部建成了集20台电脑电子阅览室，达到了扩展型服务站点建设标准。各村（居）采取文化资源共享工程与党员远程教育网共建共享的方式，相继建成了集电脑、电视、DVD等设施于一体的共享工程服务点。截至2007年11月底，实现全市共享工程全覆盖。2008年，荣获山东省首批“文化信息资源共享工程示范市”称号。

2011年6月，市财政投入100多万元，在市民文化中心新图书馆二楼，建设了与共享工程配套的高标准中心机房和市级公共电子阅览室，内设高配置电脑60台，打造起了内容安全、服务规范、环境良好、覆盖广泛的公益性服务场所。各镇办和重点村（居）也纷纷加大投入，加快建设规模不一的公共电子阅览室，吸引广大人民群众积极参与健康的网络文化活动，有力保障了人民群众的基本文化权益。

二、加强管理和队伍建设

共享工程文登支中心设在市图书馆，是全市共享工程建设的业务指导单位，负责保障全市中心共享工程设备的运行、维护和管理员培训工作。

积极整合相关资源，通过与党员干部现代远程教育网开展合作共建，做到网络共用、队伍合一，共同做好村级基层站点管理、服务督促、指导工作。

制订了中心、镇、村基层服务点工作职责及设备管理与使用规范等系列工作制度，并上墙公开。各服务点统一悬挂"共享工程"标牌。

共享工程支中心拥有专兼职人员4名，明确职责，明确思路，不间断学习培训，全部掌握了设备的操作、简单故障排除和日常管理与服务等基本技能。

并加强对乡镇、村两级基层共享工程的管理，原则上聘用现有的党员干部现代远程教育中心的管理员兼任共享工程管理员，普遍掌握利用共享工程为民服务的能力。

三、做好培训和指导工作

市支中心制定培训计划，采用分批培训、集中培训、发放培训资料、上门指导、电话咨询、召开现场经验交流会等方式，定期对基层服务点进行培训，确保整体队伍熟练掌握文化共享工程基本知识以及技能。

对各个基层服务点出现的各种问题，市中心都能通过电话、网络或上门指导的方式进行及时的沟通解决，保证了共享工程的正常运转。

自2007年以来，每年对辖区共享工程管理员进行不少于3期的集中培训，共举办共享工程培训班15期，近750人次接受培训；通过上门指导、电话咨询、电子邮件等方式，先后技术指导600余次，指导人800余人次，有效提高了基层服务点的服务能力和水平。

四、保证经费投入

自2007年实施共享工程以来，市财政投入200余万元，用于市级支中心建设；每年投入2万余元专项运行经费，用于共享工程设备的维护，人员培训和各项活动的开展。

同时，各镇（办）和各村（居）每年也投入大量人力物力保障共享工程正常运转和各项活动正常开展。

五、丰富服务资源建设

文登市支中心在每年购书经费中专门拿出1万元，外出采购群众喜闻乐见的艺术鉴赏、励志教育、地域文化、健康养生、人文素养、婚姻家庭等音像制品，现已形成5000多（册）件的藏量。

与市级非物质文化遗产保护中心合作，拍摄了极具地方特色的"秃尾巴老李的传说"、"胶东花饽饽制作工艺"等音像资料，建成地方资源库，传承和弘扬优秀的"文登学"文化。

六、服务群众效果突出

积极探索服务民众优质生活、致富生产的路子，切实发挥好共享工程基层服务点强农、惠农、富农、乐农效用，打造群众满意、百姓喜爱的文化服务新平台。

架起信息"高速路"。文化信息共享开通后，把大量的实用技术、致富经验和市场信息源源不断地传送到农村，广大农民群众利用共享工程网络系统，及时了解各类信息，掌握各项动态。使农民群众开阔了眼界、增长了知识、学到了本领。

开设致富"直通车"。协调市农业、畜牧、水产等部门的专业技术人员，到支中心推广新技术、新成果、新品种，解答种养殖户的问题，最大限度满足群众的个性化需求，并深入基层传授种养殖技术和防疫知识，引导农户走出传统种养殖的误区，提高技术水平，让他们依靠科学方法增收致富。

搭建文化"服务区"。信息共享不仅开设了培育增收致富先锋的"大课堂"，而且搭建了群众享受多彩视听文化生活的"大舞台"，成为促进乡风文明建设的重要载体。组织人力多次进农村、进学校、进社区开展惠民活动；如名家讲座、地方戏曲欣赏、影视播放等。

七、工作展望

文化信息资源共享工程实施5年多来，在繁荣农村文化、丰富群众精神生活、推动乡村文明、帮助农民增收致富等方面取得了较好的成绩，但在实际工作中还存在着一些不足和困难，如在"学、用"结合方面还需进一步探索和创新，管理人员的资源加工能力有待于进一步提高等。

今后，将不断加强对文化信息资源共享工程建设的管理，充分发挥资源和网络优势，积极探索长效机制，不断提高工作水平，努力使全市文化信息资源共享工程建设再上新台阶。

（撰文/鞠建林、于晓丽）

青岛市支中心

青岛市位于山东半岛南部，总面积11282平方公里，市区面积1471平方公里，常住人口871.5万人，辖6区5市。2011年实现生产总值6615.6亿元。在大力发展经济的同时，把文化建设摆上更加突出的位置，按照文化部、省文化厅的统一部署，从保障人民群众文化权益出发，全面推进文化事业和文化产业发展。2002年以来，青岛市紧紧抓住文化部实施文化信息资源共享工程的有利时机，大力加强文化共享工程基础设施、管理机制和服务内容建设，逐步建立起市、区（市）、街道（镇）、社区（村）四级文化共享工程服务网络，有力地促进了我市公共文化服务体系建设，使广大人民群众更好地享受到了先进文化的发展成果。

一、政府高度重视

青岛市文化共享工程实施以来，青岛市委、市政府高度重视，自2003年，出台了《关于进一步加强文化信息资源共享工程建设的意见》，将加强文化共享工程建设写入了《政府工作报告》；把改扩建基层文化活动场所和文化共享工程建设列为政府实事；并将文化共享工程建设情况纳入各级党委、政府的考核内容。这些政策措施的出台，为文化共享工程的发展提供了资金上、政策上和制度上的保障。

二、加大财政投入

青岛市文化共享工程支中心定期开展活动

在推进共享工程建设中，各级政府加大投入。截至目前，市区两级政府已投入共享工程建设的资金累计达1,3308万元，形成了比较完备的市、区、街道（镇）、社区（村）四级服务网络，支中心和基层服务点共计3907处（其中市级支中心1处，区市级支中心12处，镇级扩展型基层服务点172处，村级扩展型基层服务点3706处，其他扩展型基层服务点16处）。

三、拓展传输渠道

青岛市支中心肩负着共享工程资源传输和服务以及对本地区基层点管理两方面工作任务，发挥承上启下的作用。

青岛市文化信息共享资源传输和服务主要采用了三种方式：

1、文化共享工程的资源主要以视频为主，针对这一特点，2007年联合青岛双百公司自助研发了文化共享机设备。该设备具有方便移动、视频资源播放清晰度高、易于管理等特点，可用于建立社区影院，方便基层点开展活动。

2、随着青岛市互联网使用环境的不断完善，越来越多的市民通过互联网获取信息资源。2008年，建立了依托于互联网的流媒体资源使用平台，该系统具有发布视频节目数量、种类多，更新及时、便于管理等特点，广大市民通过互联网，足不出户即可访问共享工程提供的资源服务，目前已存储各类视频资源8000余部集。

3、对于不具备上网条件的基层点，采取资源刻录光盘的服务方式。根据各基层点的需求，订制资源内容，并制作加工成光盘分发到用户手中。已制作农业、科普、法律、戏曲、卫生类视频光盘，累计达12万余张。

四、开展培训与管理活动

为进一步推动基层点规范化管理，使其发挥应有的作用，青岛市支中心建立了培训机制，定期对基层管理人员开展培训。为保证培训质量，组织专业人员编写《文化信息资源共享工程管理与规范》培训教材。该书作为我国第一部文化信息资源共享工程专业培训教材，突出理论创新，结合青岛特点和工作实际，面向基层，面向农村，通俗易懂，受到广大基层工作者的欢迎。经过规范管理，各支中心和基层点均能达到省中心制定的各项标准。

五、推进公共电子阅览室建设

青岛市委、市政府高度重视文化发展，大力推动公共电子阅览室建设。目前，全市已建成各级公共电子阅览室239个，拥有计算机4023台，13家公共图书馆均建有符合硬件标准和技术标准的公共电子阅览室，166个街道（镇）文化活动中心和文化站的电子阅览室均达到公共电子阅览室的硬件建设标准。

在推进过程中，青岛市确定了“三个三”公共电子阅览室建设目标，即：建立三个系统、实现三项功能、提供三个保障。

1、建立三个系统。一是建立全市公共电子阅览室一卡通管理系统。市民办理的公共电子阅览室上网卡，可在市区范围内的公共电子阅览室便捷上网。二是建立全市公共电子阅览室统一资源管理及远程维护系统。实现了全市统一的资源管理服务和对各电子阅览室服务器的远程维护。三是建立全市公共电子阅览室统一网络监管及统计系统。实现对全市公共电子阅览室的上网行为的统一监管。

2、实现三项功能。一是阅读功能。公共电子阅览室以

共享工程工作现场

传统电子阅览室为基本框架，利用文化共享工程网络传播优秀资源，是传统图书馆电子阅览室的延伸和拓展。二是娱乐功能。选择了24款经文化部游戏产品内容审查委员会认定的网络游戏产品、20部动漫书和6000部在线资源、20种有声读物、40部视频资源，供上网者使用。三是培训功能。为电子阅览室配备计算机专业讲师，有计划地开展针对进城务工人员、青少年、老年人等群体的培训活动。

3、提供三个保障。一是人力保障。研究制定《关于加强公共电子阅览室建设的意见》，确保公共电子阅览室配备相应专职管理服务人员。二是财力保障。确保各级公共电子阅览室建设及日常维护的资金投入，明确政府投入是公共电子阅览室的主体。三是培训保障。加强对管理人员培训，建立上岗考核达标管理机制，规范公共电子阅览室的管理。此外，为塑造公共电子阅览室的社会形象，通过媒体对公共电子阅览室进行推介宣传。

六、工作展望

全面加强文化共享工程建设，是维护基层群众文化权益的重要手段，也是推进全社会信息化建设的重要途径。下一步，我们将认真学习兄弟省市的先进经验，按照文化部、省文化厅的要求，在前期工作的基础上，继续推进我市文化共享工程建设与服务。进一步加大对管理人员的培训力度，提高文化共享工程的服务水平。进一步拓展服务范围，增强对未成年人、外来务工人员、老年人的培训效果。进一步充实网络信息资源，丰富数据库，满足人民群众的需求。力争把文化共享工程打造成我市公共文化服务的新平台，全面提升公共文化服务水平，为加快“文化青岛”建设步伐，把青岛建设成为富强文明和谐的现代化国际城市，做出新的贡献。

（撰文/青岛市支中心）

青岛市市南区支中心

市南区位于青岛市区南部滨海一线，西起团岛与青岛经济技术开发区隔胶州湾相望，东至麦岛与崂山区相邻，北与市北区相接，面积30.01平方公里，辖10个街道办事处、65个社区居委会，常住人口54万。是市委、市

政府和大部分中央、省、部、委驻青机构及驻青部队机关所在地。

一、基本情况

文化信息资源共享工程服务是构建公共文化服务体系的一项文化基础工程。市南区自2008年以来，本着“以人为本，资源共享、网络共建”的原则，加快文化资源共享工程的推广和普及，为丰富和活跃群众文化生活、传播社会主义先进文化起到了良好作用。目前市南区共有10个街道，65个社区。2008年以来，区政府把文化资源共享工程作为惠民、利民、便民的大事来抓，切实加强对此项工作的领导。由文化新闻出版局牵头，民政、财政、街道等相关部门密切配合，加强基层网络建设，加大对该工程的投入，继60余万元在市南区图书馆建立了市南区支中心后，先后在金门路街道仙游路社区、香港中路街道云霄路等20个社区建成了公共电子阅览室，累计投资100余万元，配备电脑180台，各街道文化资源共享工程覆盖率达到100%，在全区形成了“统筹协调、共同建设”的良好局面。

二、网点建设

文化资源共享工程的服务群体是广大居民群众，市南区以“三个中心”（管理中心、卫生中心、文化中心）建设为契机，以区图书馆为核心，以共享工程电子阅览室基层示范点为骨干，在辖区所有已建成的30个“三个中心”内建立了共享工程多媒体培训室和与之配备的公共电子阅览室，其中，精选了11处作为基层辅导培训点（百姓课堂），形成市、区、街、居四级文化信息共享服务、传输网络。使文化服务范围不断拓展，服务内容不断充实，有效拓宽了文化信息传输渠道，使社区文化中心信息数字化水平进一步提高。

三、惠民服务

在文化资源共享工程室，社区居民根据自身需要和实际情况，参加电脑基础知识、文化艺术培训，及时获得资讯和丰富的文化知识，了解更多的风土民情。我区充分利用文化信息资源共享工程，创建了“百姓课堂”、“百姓影院”等活动品牌，“百姓课堂”被评为山东省图书特色服务品牌。近几年，公共电子阅览室和多媒体培训室先后举办电子视听讲座350场，观众1万余人，放映中外故事影片500余场，观众近3万人。开展手工制作、声乐、戏曲欣赏等培训辅导活动200余次，受益群众5万余人。

四、管理和队伍建设

一是建立管理员联络、培训、注册制度。对管理人员进行登记、注册，确保人员稳定。二是加强对管理人员的培训。针对街道、社区管理的薄弱环节，举行专题辅导和培训班，先后有80余名管理人员参加了学习和培训。三是加强交流与合作。利用文化局例会、文化员例会、管理人员培训时机，对好的作法予以推广。区图书馆作为业务部门，定期派工作人员，对设备和资源使用情况进行指导，随时解决使用中遇到的困难和问题，使文化资源共享工程服务基层的作用发挥的越来越突出。

五、宣传推广

加入全国文化信息资源共享工程以来，为了扩大其在基层群众中的影响，广泛宣传其作用和意义，使各级领导和群众充分认识到这是一项惠民工程、民心工程，认识到工作的重要性和必要性以及文化信息资源的可用性。我们利用区电视台和广播电台对利用共享工程开展的一些大型活动给予相关报道。还在市南区文化网站上设置共享工程热站链接。时刻注意将资源共享活动与当前工作重点有机的结合，这样既可增强对共享工程的宣传力度，又收到了立竿见影的效果。在开展阵地活动中，我馆电子阅览室设置30台微机为共享工程专用机，免费对市民开放；集体视听室星期六上午免费播放名家讲座或播放电影；所购买、搜集的上千种光盘全部可免费欣赏，每月以“海报”的形式，张贴每次放映的内容简介。

（撰文/王 鹏）

青岛市市北区支中心

市北区是青岛市的中心城区之一，城区面积28.63平方公里，另外还有12平方公里的国家级高新区，辖12个街道办事处，80个社区居委会，常住人口60余万人。几年来，市北区认真落实科学发展观，按照国家、省市关于文化资源共享工程建设要求，实施精品战略，创新载体形式，加强设施建设，提升队伍素质，完善区、街、居三级文化资源共享服务体系，文化建设成效明显，促进了我区文化事业的繁荣和发展。

一、基本情况

2005年市北区新建共享工程基层管理点23处，2006年又以文化中心改扩建为契机，改扩建共享基层点15处，有效完善和推进了资源共享工程网络建设和设施配套，目前已形成了以区级支中心为中心，覆盖全区街道和社区文化共享基层点的信息资源共享三级服务网络。

二、管理和队伍建设

市北区支中心以《全国文化信息共享工程实施方案》为遵循，在全市县（区）级公共图书馆中率先推出了《市北区社区文化信息资源共享工程管理办法》，把共享工程建设情况纳入各基层点文化工作的考核中，以规范统一的标准对社区文化中心的“共享工程”进行组织、协调、管理，创新了服务人员持证上岗制度。在全省率先开创了社区基层点“信息资源共享工程”先行试点工作。《山东图书馆信息》曾予以刊登宣传。

2007年，我区又推出街道、社区文化共享基层点管理新举措——即街道、社区文化共享基层点管理员上岗，必须先通过相关考试合格，实行持证上岗。

2008年市北区在全市公共图书馆中率先出台并实施了《市北区街道社区文化共享AB角管理员服务制度》，即每个文化资源共享工程基层服务站点都必须配备两名能够熟练操作的工作人员，实行AB角服务制，对网络管理同时进行专业测试，为居民提供高标准、高质量的服务。

三、培训工作

市北区支中心采取“走出去请进来”的社区辅导方式，采用专家授课集中培训、深入社区巡回辅导等形式，不断加强对社区管理员的培训与辅导。每年组织各站点管理员集中培训不少于4次，每年深入基层进行巡回辅导达百余次。

通过有效地培训辅导和措施，切实提高了文化共享工程维护管理人员的素质，为文化共享网络的正常运行和工程效用的发挥打下了基础。

四、经费投入

市北区区委、区政府十分重视公共文化基础设施建设。2004年以来，市北区政府投入资金383万元，整合文化资源，加快资源共享工程建设。确保区支中心年运行经费10.5万元，街道、社区服务点年运行经费不低于1万元。投入专项资金80余万元，添置硬件设施，实现了“一房两室”布局，完全达到了文化部及山东省关于文化资源共享支中心设施的标准，更为我区的文化共享工程建设可持续发展提供了有力支持。

五、资源建设

市北支中心贴近区情，整合服务资源，采集制作了《市北特色》、《文明市北 》、《市北文化》和《民间工艺》等影像资料；开辟了“市北风采”栏目，方便市民及时了解市北区的经济发展进程；利用共享资源制作多种专题知识手册，为社区学校、老年读者、残疾人、农民工等不同层次的受众服务，山东电视台、青岛晚报、青岛人民广播电台曾给予多次宣传报道。

六、合作共建

市北支中心利用多种形式，提高资源共享质量，与一些条件较好的社区联合共享优秀文化资源。如登州路社区，地处啤酒街，他们把共享工程资源与文化广场户外大型电子屏幕连接，社区居民在休闲健身的同时，通过大屏幕接受共享工程的资源，扩大了共享工程的接受范围，也丰富了广场文化的内容。

七、利民惠众

市北支中心以“共享工程”为平台。不断创新服务形式，以社区为阵地，先后打造了文化共享工程“七进”（即进学校、进社区、进机关、进企事业单位、进工地、进监狱、进弱势群体）、“与共和国一起成长”、“资源信息助民工”、“共享文化资源，构建和谐社会”等多个服务品牌。

举办了“百集爱国主义教育系列”影视展播活动；各种科技知识专题培训班、知识答卷；编制专题资料送往辖区109个机关、企事业单位及外来务工人员集中的建筑工地等；相继开展了“优秀爱国影片社区展映”活动、“暑期优秀影视及相关科教片放映月活动”；刻录电子光盘免费送进青岛市聋哑学校。

2008年积极协调组织部，成立了市北区党员远程教育培训基地，实施党员“网上安家”工程，开辟党员教育、党员组织生活和党员文章等三个版块，充分利用共享工程资源，帮助党员开展学习交流，使党员干部受到教育。开辟了少儿网络图书专栏；六•一节及暑假期间，引导少年儿童了解“共享工程”网站，浏览优秀文化资源；开展了“红色经典”少儿影片展播、特困子女电影专场、小读者座谈会等一系列丰富多彩的活动，为未成年人提供了丰富的精神文化食粮，受到了社会的赞誉和居民的好评。

八、优秀成果

几年来，我们坚持以人为本，不断增强居民的文化需求，文化共享服务创建工作成效明显。分别获得全国“万家社区图书援建和万家社区读书活动”先进单位；全国“青年文明社区”；档案管理省二级先进单位、山东省档案管理先进单位等；

2005年获区级“文明城市创建先进单位”；

2006年获区级“巾帼先进文明岗”；

2007年获得“山东省文化信息资源共享工程示范县”称号；

2008年获得“山东省文化信息资源共享工程建设与服务先进单位”；

2010年获得“山东省读者喜爱的图书馆”荣誉称号。

（撰文/青岛市市北区支中心）

青岛市开发区支中心

一、整体情况

全国文化信息资源共享工程青岛开发区支中心依设在开发区图书馆，2003年建成并投入运行。

共享工程青岛开发区支中心由共享工程设备中心、共享工程电子阅览室、共享工程集体视听室三部分组成；卫星接收器和百兆宽带完成信息接收和传输；建立了区、街道、社区共享工程三级服务网络；有较强的专业技术人员负责对共享工程的使用维护和对基层服务中心的指导服务；规章制度、管理规程、服务网络制成标牌上墙。

自2003年加入全国文化信息资源共享工程以来，利用共享工程在电子阅览室、市民文化学校开展了大量的活动，如知识讲座、戏曲欣赏、影视欣赏、知识摘登等；利用技术力量雄厚的条件，开展网络知识培训；开通了《文化信息资源共享工程开发区基层中心网站》，实现新版共享工程对外服务，并以国际域名的形式向市民全面开放；对基层共享工程服务点进行有效的管理、辅导和培训，使其掌握资源更新和运用；将黄浦江社区的共享工程与室外广场大屏幕相连接，晚上播放节目，使广大市民受益，成为全国的典型；完成了共享工程与党员远程教育相对接工作，与工委组织部联合举办《党员远程教育对接共享工程基层点培训班》，由开发区图书馆专业人员授课。

二、网点建设

共享工程青岛开发区支中心自2003年建成以来，大力开展全区各街道、社区、企业、学校等基层点的建设工作。2006年3月，完成了党员远程教育与共享工程基层点的成功对接，使我区的共享工程基层点实现了100%的覆盖。

三、经费投入

共享工程青岛开发区支中心在区图书馆已有百万元设备的基础上，多年来又陆续投入80余万元进行了设备的扩容、完善。分别于2005年投资30万元增加了存储设备——磁盘阵列，增加了网络发布服务器等设备，使共享工程资源得以完备的呈现给广大市民。2006年投资21万元更新了电子阅览室微机33台，显示器换用19寸宽屏增强了可视效果，增加了机柜、交换机等设备。2007年9月投入34.9万元充实部分设备，主要是增加网关、流媒体发布系统、单设网络防火墙、扩展磁盘阵列等设备。2012年12月，投资40余万元，更新了电子阅览室微机25台（19寸一体机），增加了1台共享工程资源服务器、1台A3黑白激光网络打印机、2台全区社区公共电子阅览室管理服务器、4台触摸屏查询一体机等设备。

四、整合资源、共建共享

在利用共享工程中心网站资源和通过卫星投放的资源的同时，青岛开发区支中心注重与省市图书馆的联系与合作，争取上级业务部门的支持，整合各类资源，达到共建共享。如省级中心配发了京剧音配像光盘，市分中心配备了上图讲座光盘，开发区支中心向省图书馆提供了地方文献、向市图书馆提供了专家系列礼仪讲座光盘，与驻区高校联合建信息资源库。

青岛开发区支中心按照“资源共享、优势互补、互利互惠”的原则开展协作共建，与各个基层点签订了图书资源共享协议书，为基层图书点提供流动图书近20000册，同时无偿搜集其特色的信息资源。与6所驻区高校签订资源共享协议，与山东科技大学、青岛理工大学等6家高校和基层点共享信息资源300余种。对内加大资源的采集力度，将宣传文化系统举办的诸多展览、节庆活动采集视频资料，并制成光盘资源，为支中心特色数据库的建立做好信息储备。

五、发挥优势，积极开展惠民服务

青岛开发区支中心在实施共享工程的过程中，不断拓展共享工程的服务内涵和方式，充分利用这一全新的工作载体条件，切实面向“五个走进”（走进农村、走进社区、走进学校、走进企业、走进军营），开创了基层文化工作的新局面。

1、馆内活动丰富多彩

充分发挥公共图书馆的阵地作用，在电子阅览室每周推介优秀栏目、名家讲座、生活常识、电影及优秀地方剧目，每月开展一次共享工程利用知识培训；每个星期六上午在市民文化学校利用投影仪播放名家讲座及影视剧，常年坚持。利用星期天节假日针对未成年人播放百部爱国主义教育影片、科普影片等，举办思想道德建设方面的讲座、名著赏析等，引导未成年人多读书，深受广大市民的欢迎。

2、走进农村、走进社区

在城市化改造的进程中，农民、社区居民对待现代科技信息和文化的需要迅速增加。结合这一现状，开发区支中心深入调查，根据农民的需求，下载家禽饲养、苗木、花卉栽培等相关信息达8万多字，并印成资料分发到村民手中。送科技下乡是实施“共享工程”又一具体举措，结合城区的实际情况，我们有选择的提供科技知识，让广大农民不断感受到先进科学和现代文明。

社区，是共享工程服务对象里一个重要的群体，也是“基层文化”最大的受众。在社区服务上，我们开展了“优秀影片展播”活动。在黄浦江社区、丁家河社区、太行山等多个社区，进行优秀共享工程资源展播。利用黄浦江社区室外大屏幕，每晚7：30–9：00播放讲座、戏曲和电影，这个活动的开展，成了社区文化中一道亮丽的风景线。在送数字资源到农村进社区的同时，还根据农村社区需求，大力开展送流动图书到基层活动，在基层建立了60余个流动图书服务点，为每个流动图书服务点铺垫流动图书300余册，每3个月更新流动一次，使基层图书室保持图书常新状态。全年更新流动图书达到20000余册次。

3、走进学校

为加强未成年人思想道德建设工作，除了在支中心针对未成年人开展的活动以外，还与教体局联合，深入各中小学校开展活动。为富春江路小学、香江路一小、二小、六中、八中学等6所学校配送了共享工程资源。对不具备硬件条件的小学，利用支中心的投影设备到教室播放优秀影片和礼仪知识讲座，开展爱国主义教育活动。

4、走进老年人群体

开展为老年群体服务是文化信息资源共享工程工作的又一重点。

我们坚持“贴近生活、贴近实际、贴近群众”的三贴近原则，对老年大学、敬老院等开展了资源服务。根据老

共享工程业务培训

年人平时生活的诸多习惯特点，上网下载了齐国力主讲的《营养与健康》、《科学保健》、《晚年的幸福生活》等系列视频资料和战争题材的故事片、名著欣赏讲座、中国京剧音配像等前往放映，使他们获得了精神的强健与文化的关爱。

六、重视宣传，扩大影响

共享工程青岛开发区支中心成立以来，为了扩大共享工程在基层群众中的影响，广泛宣传其作用和意义，使各级领导和群众充分认识到这是一项惠民工程、民心工程，以及文化信息资源的可用性。

我们利用开发区电视台和广播电台对利用共享工程开展的一些大型活动给予相关报道。还在开发区政府网站的首页上设置共享工程热站链接。时刻注意将资源共享活动与当前工作重点有机的结合，这样既可增强对共享工程的宣传力度，又收到了立竿见影的效果。

随着宣传力度的逐渐深入，在市民心中的影响也在逐渐加深，对文化信息资源的需要也在逐渐加大，市民开始掌握和利用这座知识宝库。

（撰文/赵芳、孙永青）

青岛市城阳区支中心

城阳区位于青岛市区北部，总面积378万平方公里，辖6个街道、195个社区，常住人口近70余万人。近几年，城阳区深入贯彻落实科学发展观，以保障人民群众基本文化权益为目标和宗旨，全面推进文化信息资源共享工程建设，充分发挥文化信息资源共享工程基层公益文化服务作用，为传播先进文化，丰富人民群众文化生活，构建和谐社会，建设社会主义新农村发挥了重要作用。先后荣获全国文化信息资源共享工程公共电子阅览室示范点、山东省文化信息资源共享工程建设先进集体、山东省文化信息资源共享工程公共电子阅览室建设与服务示范区等荣誉称号。

一、基本情况

2004年，我区在国家管理中心、省、市支中心的大力支持下，率先在全市实施高档次的全国文化信息资源共享工程支中心及基层服务点建设，并向广大市民免费开放。2006年，全区195个社区全部建设了文化信息资源共享工程基层服务点，文化信息资源共享工程服务网络实现全覆盖。2009年，扩展型街道级基层服务点建设实现全覆盖，2011年，社区级基层服务点全部达到扩展型建设标准，其中有8处社区级基层服务点实现规范化站点建设，2012年，文化信息资源共享工程社区级公共电子阅览室建设列为当年区政府重点民生建设项目，重点建设30处社区级文化信息资源共享工程公共电子阅览室，标志着由政府投入的社区级文化信息资源共享工程公共电子阅览室建设全面展开。

二、经费投入与合作共建

近几年，区政府先后投入80余万元建设了区支中心及公共电子阅览室，总面积300余平方米，其中公共电子阅览室100平方米，配置终端服务电脑30台，采用100兆光纤接入互联网，进一步完善了区文化信息资源共享工程支中心的服务功能。由各街道财政总投资300余万元，建成6处街道级文化信息资源共享工程基层服务点及公共电子阅览室，配置电脑168台。

同时，区政府连续五年将基层社区文化中心改扩建列入为民要办实事，累计投入近1000万元重点建设完善共享工程基层服务点（社区级）及公共电子阅览室。截止到2012年底，区、街道两级财政用于文化信息资源共享工程及公共电子阅览室建设、运行维护、免费开放等专项经费1500余万元，有力夯实了文化信息资源共享工程网络文化服务基础。

积极鼓励社会力量参与公共文化设施建设，实现全民共建全民共享。青岛海都集团、青岛盛文集团、青岛通用铝业有限公司等企业以及“小陈热线”等民间团体先后捐资5000余万元用于社区、企业、部队等文化信息资源共享工程基层服务点建设及公共电子阅览室建设，有效拓展了文化信息资源共享工程基层服务空间。

三、管理、使用与培训

城阳区支中心始终坚持建管并举、管用结合，不断提高公共电子阅览室的管理使用及服务水平。

一是健全规范规章制度。

先后制定实施了《城阳区文化信息资源共享工程各级服务点管理办法》、《城阳区文化信息资源共享工程设备设施管理使用制度》、《城阳区公共电子阅览室免费开放制度》以及工作人员岗位职责、服务规范、考核办法等10项规章制度，规范管理与服务，明确责任与义务。

二是建立高素质专职管理员队伍。

城阳区文化信息资源共享工程支中心投入使用以来配置专职管理人员3名，定期参加各级业务培训91人次，财政年均投入近20万元。出台《城阳区文化信息资源共享工程公共电子阅览室专职管理员管理办法》，建立健全队伍绩效考核机制，有效保障体系正常运转。不断加大管理员培训力度，建立培训长效机制，自2010年起，每年至少举办4期全区管理员综合业务培训班，至少开展1次业务技能大赛，开展不低于600人次的基层业务指导活动，全力打造一支业务素质高、服务质量优的专业管理员队伍。

三是强化监管考核机制。通过制度监管、业务监管、自觉监管、全民监管等措施，进一步强化文化共享工程免费开放监管考核机制，实现为民建、为民管、为民用。有效确保公共电子阅览室安全运行及网络文化服务功能的发挥，让公益性网络文化服务真正落到实处。

四、服务创新与网络文化惠民

为更好更广泛地发挥公共电子阅览室公益性网络文化服务作用，始终坚持以人为本，不断创新公共电子阅览室服务形式，积极打造"阳光e路"网络文化服务品牌，有效实现、保障和发展好广大群众基本文化权益。

一是积极开展特色网络文化服务。

针对我区外来务工人员比较多的情况，定期面向流亭工业园、棘洪滩工业园等外来务工人员较密集区域开展一对一的免费开放活动以及业务学习。

二是积极开展"网络大课堂"活动，充分发挥网络环境下公共文化服务新平台作用。

自2010年以来，"网络大课堂"活动以区支中心为主阵地，以街道、社区等基层服务点为补充，面向广大市民尤其是未成年人、新市民、老年人、残疾人等弱势群体开展了"网络学党史"、"e路中国行"、"开心e站"、"动漫e族"、"健康宝典大家谈"、"红色经典影片赏析"、"国学经典讲座"等内容丰富、形式新颖的网络文化活动24项400余场，直接参与市民30000余人次。

五、工作展望

几年来，我区文化信息资源共享工程及公共电子阅览室建设在进一步满足广大城乡居民网络文化需求的同时，大大提升了市民素质，改善了市民生活品质，推动了文明、富强、和谐、现代化城阳建设的不断前进。

下一步我中心将在上级有关部门指导下，继续加大投入，到2013年底，社区级文化信息资源共享工程公共电子阅览室建设实现全覆盖，同时不断创新服务形式，全面构建内容安全、服务规范、环境良好、覆盖广泛的文化信息资源共享工程服务体系，打造网络文化建设新品牌，努力形成与建设胶州湾北岸新城相适应的数字文化优势，有力助推全区经济社会更好更快发展。

（撰文/孙小梅、田荣凡）

青岛市李沧区支中心

李沧区地处青岛市区北端，是进出青岛的咽喉之地，属典型的城乡结合部。东西长约14公里，南北长约11公里。区域总面积为97.98平方公里。李沧区共有11个街道办事处，121个社区，全区常住人口52万人。李沧区支中心在青岛市文新局、青岛市图书馆支持和部署下，逐步推进，稳步发展。目前李沧区乡镇（街道）基层服务点覆盖率已达到100%。

一、基本情况

李沧区文化资源共享工程建设开始于2005年，陆续在全区二十三个社区文化中心开始安装，前期安装设备均通过卫星设备直接接收国家中心下发的各类资源和信息。2007年，李沧区支中心开始对社区进行安装。至此李沧区11个街道的38个社区实现全区共享工程全覆盖。

共享工程李沧区支中心设在李沧区图书馆，是李沧区共享工程的建设和业务指导单位，负责保障区中心共享工程设备的运行，协调社区共享工程设备的维修，指导社区共享工程活动的开展以及开展全区共享工程管理员的业务培训和指导。

二、管理和队伍建设

为了保障我区文化信息资源的数字化建设与管理，成立了共享工程办公室，办公室现共有专职员工3名，均为大专以上学历。文化资源共享工程如何推广好、利用好共享工程丰富的文化资源关键在于是否有一支专业化的共享工程管理员队伍。办公室既担负着全省文化信息资源的数字化加工、建设工作，还负责基层中心建设的设备安装、调试、开通、维修、维护及基层技术管理人员的培训工作。支中心成立以来，先后多次对已建成的基层中心技术管理人员进行了专业知识上机操作培训。对于街道、社区基层共享工程管理上择优选取文化层次较高，有一定社会基层管理服务实践经验的大学生为管理员，目前李沧区共享工程管理员80%为各级大学生村官，20%是由较高学历的村委委员兼任，实现了管理员选取的高起点。增强了全区管理员之间的相互交流、互相学习，相互促进，起到了较好的效果。

三、培训工作

为丰富老百姓的文化生活，管理维护好共享工程设备，进一步了解和掌握共享工程的硬件、软件操作，李沧区支中心在共享工程管理员的培养上实现了制度化和常态化。根据支中心工作要求，每年对社区共享工程管理员进行2期的集中培训，2005年以来一共举办各类培训班15期，参加轮训的各级管理员达400人次。

四、经费投入

自2005年工程启动以来，李沧区财政投入78.9万余元，依托区图书馆所具备的计算机网络系统，严格按照国家确定的建设标准，添置必备的设备、软件，搭建起适合文化信息资源共享工程的数字化生产、传输服务环境，建成了全国文化信息资源共享工程李沧区支中心，并利用计算机网络系统设备等开展了资源建设服务工作。

五、资源建设

硬件部分：新建成的局域网，主干为1000兆，桌面带宽100兆，因特网接口为10兆光纤，配有共享工程应用服务器1台，图书馆自动化管理服务器1台，卫星接收服务器1台，不低于3.6T的硬盘存储设备，主干交换机1台，百兆交换机2台，百兆防火墙1台，UPS电源设备（与服务器配套，能保证服务器在断电后维持半小时以上），共享工程卫星接收设备1套，互联网接入带宽不低于10M，建有中心机房，机房安全配套设备能保证所有设备安全

正常运行。建有电子阅览室，配备计算机20台以上，日常业务用机5台以上，投影仪1台。

软件部分：配有图书馆业务自动化管理系统（具备编目、流通、期刊、典藏等功能），信息浏览监控软件，共享工程运行管理系统以及相关的操作系统和数据库软件，网络版杀毒软件等。

李沧区支中心利用网上数字图书馆，为读者提供多种媒体数字化信息1TB，每年发放各类海报、宣传资料600余份。

六、合作共建

以共享工程为依托，将各种部门下发的电子文献资源与建立的共享工程服务点结合，根据不同街道、社区的硬件条件建立形式多样的电子阅览室和多媒体中心。比如在侯家庄社区，大枣园社区等建立拥有多台电脑的多媒体阅读中心，在李家庵社区、百通馨苑社区与数字电影厅结合建成电影放映，共享工程宣教授课和电子资源阅读播放为一体的多功能活动室。通过多方不懈努力，共享工程已逐步走入基层村民生活，成为村民获取新知，娱乐身心的新渠道新平台。

七、利民惠众，惠农服务

李沧区支中心在共享工程服务实践过程中，以民众的需求为导向，积极探索，服务民众生活生产，引领群众高尚精神文化生活，打造群在满意喜爱的文化服务新平台，包括：

1、网络服务。我馆于2008年11月创建了李沧区图书馆网站，2010年引进了网上数字图书馆，图书馆的所有数字资源都可通过网站链接，网站页面、以及数字图书馆点击浏览。

2、阅览服务。我馆三楼共享工程阅览室于2008年免费对读者开放，阅览用电脑20台，每天开放时间为8小时。读者凭有效证件可上网阅览共享工程网站内容和网上数字图书馆。

3、读者活动。我馆利用共享工程每月举办多次读者活动，利用共享工程对社区居民、武警官兵以及学生举行消防讲座、电子图书制作培训讲座、摄影讲座等20余场，播放电影30余场，参与观众千余人。此外我们还利用投影设备在社区、部队等基层服务点开展放映活动。

八、工作展望

共享工程的实施，推动了资源的数字化，今后李沧区支中心要在上级部门的大力支持下，对已建资源进行全面梳理，从资源建设、保存和应用等角度科学规划资源分类，优化资源结构，提高资源内容的系统性、逻辑性。进一步加强网站建设，增强网站吸引力，提高内容的可读性。实现李沧区11个街道121个社区共享工程全面覆盖，让社区居民足不出户可以走进共享工程，了解共享工程。加大共建共享力度，以文化共享工程服务点和公共电子阅览室为平台，提升服务效果，加大推广宣传力度。注重创新服务模式，丰富服务内容，扩大文化共享工程影响力。

（撰文/钱宗武、胡海燕）

胶州市支中心

胶州市是山东省青岛市所辖的一个县级市，位于胶州湾畔。全市现辖11个镇、7个街道办事处，总面积1210平方公里，在2011年5月普查总人口84.31万人。其图书馆则坐落在胶州市中心，正式成立于1956年。

文化信息资源共享工程在上级有关部门和胶州市文化广电新闻出版局协调支持和部署下，立足为民、惠民，坚持共享工程以公益为主，稳步发展，在新形势下为繁荣农村基层文化，满足人民多层次文化需求，传递中国民族优秀文化资源发挥了重要作用。

一、整体情况

自2004年我市启动了文化信息资源共享工程以来，市委、市政府积极响应上级指示精神，立足为民、惠民服务，坚持共享工程以公益性为主，充分发挥文化信息资源在发展经济、提高人民群众思想道德和科学文化素质等方面的重要作用，积极采用先进、实用技术手段，把文化信息资源传送到城乡基层文化基层网点和群众身边，活跃了城乡群众精神文化生活，为培养“有文化、懂技术、会经营”的新型农民搭建了新平台，成为一项赢得民心、农民得实惠的文化工程。

二、网点建设

我市自全面启动了“文化信息资源共享工程”建设以来，市财政拨款70多万元，购置了惠普服务器、数据存储VPN网关、投影仪、音响等相关设备。电脑全部采用了高配置知名品牌机，服务器采用了DELL高性能机架密集型服务器集群安装，采用高可靠性高速光纤存储区域网络，容量高达4.5T，采用电信级硬件防火墙和高性能三层交换机等组成安全、可靠、快速的数据交换网络。电子阅览室、多媒体信息服务区共配有30台电脑。

胶州市的文化信息资源共享工程，注重服务载体的多元化，通过互联网、卫星传输、有线电视、光盘及移动硬盘等方式，把共享工程的信息送到各基层点。2007—2008年，发放355台共享设备（包括：共享机、幕布、投影仪及音响设备），配发355个村，同时，结合农家书屋建设，配发了20台移动影库给各村、社区基层点。各基层点的主要服务方式是播放DVD影碟；组织党员干部通过远程教育网站进行学习党的方针政策。

三、培训工作

在启动“文化信息资源共享工程”建设后，由青岛市图书馆对我们馆的业务人员进行了先期培训，对一些不明白的内容进行了细致的辅导。胶州支中心对管理员培养上做到了制度化和常态化。不断的对管理员进行培训，自2006年以来，共举办各类培训班50多期，参加培训的人员达到2000多人次。在各乡镇举办农村实用技术培训班200余场，培训农民9000余人次。

四、合作共建

共享工程的实施，使丰富的文化教育资源和科技信息资源，普及广大农村基层，帮助村民及时了解到相关市场、技术信息起到了重要作用。

胶州市支中心，充分利用共享设备，与茶庵、白水泉、袁家巷等13个居委会采取信息资源共享工程互通互用，与向阳、茶庵居委会联系，通过多媒体播放等形式多样化的利用共享资源，受到群众的欢迎。

五、惠民服务

由于条件所限，乡下群众不便到城中享受优质的网络资源，难以充分接受新思想、新技术，利用网络、流动课堂将新技术、新方法等以简单、易懂的形势送到农民身边是信息资源共享工程活动的重中之重。

胶州支中心，通过各种途径刻录发放《党员先进性教育》、《温棚蔬菜、瓜果、药材种植技术》、《鱼病防治技术》、《肉牛、肉羊养殖技术》、《科学应对禽流感》等230种科教、实用光盘10000余张，宣传资料50000余份。

为了让群众更深入体会到信息资源共享工程的好处，充分利用好共享设备，胶州支中心还深入各基层，为其各基层点放映电影、戏剧专场185次，到老、弱、残、孤老人家放映电影、地方戏等77场。利用门前小广场为纳凉的群众放电影485场；利用信息资源共享设备举办“知识讲座”、“妇女健康讲座”等共计126场。

六、管理和队伍建设

近年来，胶州市进一步加强了文化事业的发展力度，特别加强了对文化信息资源共享工程的重视。为了确保文化信息资源共享工程系列活动顺利进行，配备了专门的领导小组，成立了以文化广电新闻出版局领导邱茂录为组长，图书馆馆长宋海东为副组长，具体负责文化信息资源共享工程系列活动的协调工作。我们图书馆作为文化信息资源共享工程一个多功能基地也加深了自身的建设，配备了专门的管理人员，制定了专门的规章制度。胶州支中心在管理员队伍建设上坚持明确职责，明确思路，制度化管理。在基层点上也同样细心地选取一些文化层次较高，有一定社会基层管理服务实践经验，有较高的工作热情，有较高的学习能力水平，能尽快熟悉掌握共享工程设备为所在村民服务为管理员。

班组领导率广大干部职工积极投入到活动中来，统一指挥安排，团结协作，共同努力。在始终坚持以邓小平理论和“三个代表”重要思想正确指导下，以融洽知识、娱乐性、科学性投入活动中，通过组织开展文化信息资源共享工程，进一步提高广大群众思想道德水平，增强依靠科技致富性，自觉性，促进了各项事业的发展，确保了系列活动有条不紊的有序进行。

通过不断努力，胶州市图书馆被省文化厅、省财政厅命名为“山东省文化信息资源共享工程示范县”。我们知道，图书馆取得现在的成绩不仅仅是我们自己的功劳，还和上级领导的关心是分不开的。我们还要继续不骄不傲，努力下去的。

八、工作展望

我们希望上级对文化信息资源共享工程继续加大投入力度，保持这种持续发展的趋势。要不断做到深入基层，要搞好宣传力度，增加社会的影响力。源源不断的资金投入到文化建设上面，投入到文化信息资源共享工程上来，做到全民受益，起到让群众切身体会到党中央的真实目的，领会到国家意图，充分利用信息资源共享工程，大力开展大众性文化活动，对我市先进文化推动和社会发展带来重要的现实意义。

（撰文/宋海东）

即墨市支中心

即墨市的文化信息资源共享工程始于2007年，按照文化部和省文化厅的建设要求，争取市财政拨款50万元建成了全国文化信息资源共享工程即墨市支中心，同时，市财政给文化共享工程即墨市支中心年运行经费1.2万元，确保了各项设备的正常运行以及维护、修缮。

即墨市支中心包括主机房、电子阅览室、多媒体教室。主机房配有共享工程应用服务器1台，图书馆自动化管理服务器1台，卫星接收服务器1台，日常业务用机28台，4.5T的磁盘存储设备以及百兆交换机、防火墙、UPS电源、空调等，软件部分配有图书馆业务自动化管理系统、信息浏览监控软件、共享工程运行管理系统和相关的操作系统、数据库软件、网络版安全杀毒软件等。互联网接入带宽100M，电子阅览室配备41台计算机，40个座位。日常业务用机23台，有文化共享机设备1套，投影仪2台。我馆设专职人员梁宇、张杰2人、兼职人员陈亮亮来负责共享工程工作，现所有设备均能正常运行。

一、整体情况

1、建立了各乡镇基层服务点。现全市23处镇、办事处均按照要求建成了符合标准的文化共享工程基层服务点，基层点覆盖率达100%，按时为基层群众开展各种放映活动。

2、充分利用多媒体教室和电子阅览室，努力为读者提供全方位的视听服务。电子阅览室平均每周开放56小时，为读者提供上网学习、查资料、微机培训等读者服务，寒暑假期间还针对少儿读者举办电脑基础知识讲座、电子动漫图书制作培训等，年接待读者近20000人次；利用多媒体教室，适时下载并播放相应题材的资料、专题片、影片、农业科技知识、百家讲坛讲座等，每年播出100余场次，

3、积极开展下乡服务。利用共享工程先进设备开展基层干部职工业务技能培训，提高了广大干部职工业务技能，提高其为基层人民服务的能力；以各类节庆日活动的开展为契机大力实施文化下乡，播放基层群众感兴趣的种养殖、科技、卫生、教育片等各类视频讲座，同时

配合电影下乡播放警示教育、爱国主义教育等宣传教育片，倡导文明新风；与广电部门联合，在电视上大力宣传文化共享工程，努力做到家喻户晓。

二、工作展望

1、提高重视度，增强推进文化共享工程建设的责任感和紧迫感，争取共享工程的政策支持。

2、加强队伍建设，提高共享工程专业人员的基本技能和业务能力。

3、进一步做好资源建设工作，提高资源建设和质量，积极争取接入青岛分中心的共享资源，进一步充实完善数据库建设。

4、进一步加大共建共享的力度，广泛整合文化、卫生、教育、科技等部门的公共信息资源，完善共享机制。

5、加强组织管理，改善基层服务，进一步提高文化共享工程的管理水平。

（撰文/唐春育、袁松林）

平度市支中心

平度市位于山东省东部，渤海莱州湾与黄海胶州湾之间，总面积3166.56平方公里，辖4个街道办事处26个镇、59个居委会1785个村委会、134.58万人，是山东省幅员最大的县级市。平度市文化资源共享工程在平度市市委市政府、文化广电新闻出版局的支持和部署下，逐步推进，稳步发展，在新形势下为繁荣农村基层文化，满足农民多层次文化需求，传递中国民族优秀文化资源发挥了重要作用。

一、基本情况

平度市文化资源共享工程建设开始于2007年，前期安装设备均通过卫星设备直接接收国家中心下发的各类资源和信息。文化资源共享工程2007年开始普及进入乡镇行政村，第一批90个行政村与当年安装调试完毕。2008年第二批90个行政村进行安装，2009年第三批90个行政村进行安装。

共享工程平度支中心设在平度市图书馆，是平度市共享工程的建设和业务指导单位，负责保障市支中心共享工程设备的运行，协调镇村级共享工程设备的维修，指导镇村级共享工程活动的开展以及开展全市共享工程管理员的业务培训和指导。

二、管理和队伍建设

文化资源共享工程作为一个新的农村文化资源获取平台，如何推广好、利用好共享工程丰富的文化资源关键在于是否有一支专业化的共享工程管理员队伍。平度市共享工程支中心在管理员队伍建设上坚持明确职责，明确思路，制度化管理，常态化培育。对于乡镇、村两级基层共享工程管理上择优选取文化层次较高，有一定社会基层管理服务实践经验的干部为管理员，他们工作热情高，有较高的文化水平能尽快熟悉掌握共享工程设备为所在村民服务。

三、培训工作

平度市支中心在共享工程管理员的培养上实现了制度化和常态化。根据支中心工作要求，每年对辖区共享工程管理员进行4期的集中培训，2003年以来一共举办各类培训班20期，参加轮训的各级管理员达600人次。

四、经费投入

平度市共享工程自2007年以来每年投入60余万的运维经费，用于共享工程设备的维护，人员培训和惠民活动的开展。

五、利民惠众，惠农服务

平度市支中心在共享工程服务实践过程中，以民众的需求为导向，积极探索，服务民众生活生产，引领群众高尚精神文化生活，打造群在满意喜爱的文化服务新平台。

根据平度地域农业生产特点，支中心每年按节令制作农业生产技术光盘和小册子通过行政村基层服务点村民分发。针对不同农业专业者，有针对的选取资源上门指导服务。

六、合作共建

以共享工程为依托，根据不同乡镇、村的硬件条件建立形式多样的电子阅览室和多媒体中心。比如在南村镇的姜家埠村，同和街道办事处的侯家站村等建立拥有多台电脑的多媒体阅读中心以及阅读播放为一体的多功能活动室。通过多方不懈努力，共享工程已逐步走入基层村民生活，成为村民获取新知，娱乐身心的新渠道新平台。

（撰文/平度市支中心）

莱西市支中心

一、整体概况

莱西市委、市政府高度重视和支持文化共享工程建设工作，按照上级部门的标准和要求建立了莱西市支中心和镇（办）、村级基层服务点，形成了三级服务体系。目前，我市文化信息资源共享工程已经安装了卫星接收器，配置了共享机、投影仪等设施，拥有46台电脑，高配置服务器2台，交换机5台，百兆防火墙1台，磁盘阵列1台，共享工程卫星接收设备1套，10兆快速光纤接入，安装了软件及业务自动化程序，实现了与文化共享工程青岛各市支中心以及我市各基层点的通畅连接。

我市文化共享工程的实施，有力地推动了图书馆事业的发展。1999年10月我市图书馆被文化部评为为国家二级图书馆。目前市图书馆现有藏书21万册，持证读者3020人，年接待人次30000余人次，为全市实现人文素质升级、深化文明城市创建发挥了积极作用。莱西市图书馆采用Interlib管理系统，与青岛市图书馆建立总分馆制，并建立镇村学校分馆25个。市图书馆正在向电子化、自动化图书馆方向迈进。

二、网点建设

积极推进基层网点建设，建立了市支中心和镇

（办）、村级基层服务点，形成了三级服务体系。市支中心设在莱西市图书馆，在镇（办）和村级，与党员干部远程教育，中小学校园网络结合，建立了基层服务点，全市15个镇（办），862个村全部建立了基本型以上的基层服务点，其中15个村建立了扩展型基层服务点，实现文化共享工程村村通、全覆盖。

三、经费投入

莱西市财政每年对市支中心专项资金50万，乡镇基层服务点与乡镇综合文化站统筹建设，镇级财政每年拨款25万元用于建设文化共享工程服务点。据不完全统计，莱西市用于文化资源共享工程建设累计投入资金4000万元。

四、资源建设

通过征集、自建、购买等方式建设了一批集文本、图像、音频、视频于一体的多媒体数字资源库，供广大读者在图书馆电子文献阅览室阅读。在建的资源库还有千年木偶老戏、吕剧等优秀地方戏曲、莱西名人等具有“莱西文化”特色的文化信息资源库群。

五、技术支持

1、互联网模式：通过互联网浏览全国文化信息共享工程网站提供资源服务的方式。

2、有线/数字电视模式：利用广播电视网络传输和直播文化共享工程资源，直播信号为模拟信号，用户可通过电视直接收看，或依托广播电视数字电视网络，传输和接收的信号为数字信号，用户可通过电视机+数字机顶盒方式，收看广播节目和点播节目。

3、卫星模式：利用卫星广播网络，广播和传输文化共享工程资源。用户可通过计算机或卫星机顶盒，收看卫星直播节目，或点播存储在计算机或卫星机顶盒中的节目。

4、移动播放模式：使用移动播放终端，如移动播放器、移动影库等，通过与电视机、投影仪、PC机相连接，收看存储在移动播放终端中的资源。

六、合作共建

莱西市文化共享工程与基层社区、军营、企业、学校合作共建，通过互联网、馆域网为广大群众实现资源共享，服务社会公众。市支中心还将阵地服务和流动服务相结合，日常活动和节庆活动相结合，与合作单位共同开展形式多样的文化服务活动。

七、惠民服务

市支中心和基层服务点结合当地经济发展和农业生产实际，利用文化共享工程丰富的科技信息资源，为当地人民群众传播农技知识和信息，有力促进了新农村经济发展。近几年，市支中心和基层服务点利用电子阅览室服务群众达150多万人次，参加共享工程服务活动的群众达到80万人次以上。

八、宣传推广

为了让更多人了解和认识到文化共享工程这一惠及千家万户的重要文化基础工程，加强共享工程资源的宣传和利用，充分发挥数字图书馆的资源优势，倡导积极、健康、和谐的文化氛围，市图书馆、文化馆以及共建单位每年都进社区、企业、乡村、军营、机关等通过版面宣传、资料发放、共享工程知识现场问答、优秀文化信息资源推介、文化共享工程技术现场操作指导等方式进行“文化资共享工程推广和宣传活动”。

九、培训工作

拥有一支怎样的专业技术人员队伍，很大程度上决定了文化共享工程的建设质量和服务质量，加强专业技术人员培训，是提高队伍素质的重要手段。一是集中培训。每年对市支中心的主要管理者和技术人员进行集中培训和现场学习，并派员参加省、市级的共享工程建设现场会或培训班；二是办班培训。针对各级基层服务点进行技术培训，通过学习培训班，了解了设备的功能，掌握了技术和资源分发的技能。三是远程指导培训。利用网络和电话等方式对各级技术人员进行远程培训指导。

十、管理和队伍建设

1、组织领导。根据要求建立了相应的工程领导小组和具体负责机构，形成了“分级指导、上下联动、各自开展服务、资源共建共享”的工作机制，有力推动了工程建设。

2、制订制度。市文广新局根据《文化部关于做好2008年全国文化信息资源共享工程建设工作的通知》制定了《莱西市文化共享工程建设暂行办法》和《莱西市文化共享工程乡镇（街道）、村（社区）基层服务点管理暂行办法》等管理制度，在实践过程中，逐步建立健全了文化共享工程各级管理体制和运行机制。

3、加强督查与考核。每年年中和年末各开展一次专项督查。同时，强化目标考核，有力地推进了文化共享工程的建设和推进。

十一、荣誉奖项

近几年来，莱西市以创建全省文化信息资源共享工程示范市为动力，以建成全市人民的大书房为目标，以数字资源建设为重点，不断增强市支中心为基层服务的能力。2009年被评为“山东省文化信息资源共享工程优秀规范化站点”。

十二、工作展望

1、进一步完善全市文化共享工程基础设施建设，推动数字化文化信息资源走进千家万户。市民文化中心建设列为2012年莱西市政府文化共享工程重点工程之一，投资4.38亿，预计2014年投入使用。

2、构建先进实用技术体系，全面提升全市文化信息资源共享工程的服务能力。加快以数字图书馆为龙头的大容量数字化文化资源库建设，积极推进公共图书馆联网，实现资源共享。

3、继续加强地方特色资源建设，加强资源建设的科学规划，重点建设一批主题鲜明、体系完整、质量上乘、地方特色突出的数字资源库，为进一步建设莱西特色馆藏奠定基础。

莱西市文化资源共享工程是一项重要的公共文化基础工程。抓好文化共享工程的实施，推动工程建设是时代赋予我们的光荣使命，让我们迎难而上、用智慧和辛勤汗水成就事业，为建设文化强市做出应有的贡献。

（撰文/张 良）

胶南市支中心

胶南市地处山东半岛西南隅，胶州湾畔，青岛市西海岸，总面积1846平方公里，辖22处镇（街道办事处），总人口83万。胶南市文化信息资源共享工程支中心位于胶南市图书馆，本着“以人为本，资源共享”的原则，在辖区内加快共享工程的普及和推广，满足广大群众就近、经常性、有选择的文化科技需求，真正地做到“优秀文化科技资源”的共建共享。

一、基本情况

胶南市文化信息资源共享工程自2004年实施以来，切实加强文化信息资源共享工程的建设，目前已形成了以市图书馆为支中心，22处镇、街道、955个村为基层点的两级文化信息资源共享工程建设网络体系，覆盖率达100%。支中心年举行影视欣赏、讲座等活动40场次，接待读者1.3万余人次。2008年胶南市荣获山东省文化信息资源共享工程示范县称号。

二、管理和队伍建设

2007年胶南市文化局下发了《关于创建全国文化信息资源共享工程试点的实施方案》，切实加强了全市文化共享工程工作的领导与协调。一是采取与党员干部现代远程教育、中小学校园网合作共建的方法，认真抓好文化信息资源共享工程规范化建设。投资70余万元，在市图书馆设立了文化信息资源共享工程支中心，配备了图书馆业务自动化管理系统、信息浏览监控系统、共享工程运行管理系统以及相关的操作系统和数据库软件等，建立了文化专题资料库，包括戏曲、图书、电影等，并将科普知识、农业技术等资源予以整合，文化信息资源共享工程内容更加丰富。全市955个共享工程基层点，其中有15个镇、440个村达到“文化共享工程”扩展型配置基层点的建设标准，并建成张家楼镇大泥沟头村、泊里镇河北村等22个规范化站点，基本建立起市、镇、村三级文化信息网络。二是在村文化活动室改扩建过程中我市把创建全国文化信息资源共享工程试点工作有机的结合在一起，把宽带网引进村文化培训室，列入年村文化活动室改扩建验收标准条件之一，方便了文化信息资源共享机信息的更新，提高了文化共享机的使用率，为创建文化信息资源共享工程基层点奠定了基础。三是坚持典型引路，抓点带面，注重典型村的巩固和提高，充分发挥他们的辐射和带动作用。继张家楼镇大泥沟头村“文化共享工程”典型之后，又培养了例如灵山卫街道办事处的北街村等典型，使该村的设施上档次，工作上台阶。四是明确职责，健全制度。为充分发挥文化信息资源共享工程的积极作用，我市制定了文化信息资源共享工程工作职责和管理制度，配备专职管理和技术人员，实行统一服务、分级管理。市支中心配备了3名计算机专业的专职人员进行设备的操作与管理。应用服务器、磁盘存储设备、主干交换机、电脑等硬件设备已全部按标准配置完毕，实现了“一房两室”的布局，开通了互联网和卫星接收的渠道。《全国文化信息资源共享工程青岛区市分中心主要职责》和《文化信息资源共享工程青岛市区市分中心服务管理规定》均已制作上墙，并按规章制度及管理规定定期开展共享工程服务活动，做好了活动记录。各镇、街道、村（社区）基层服务点为抓好共享工程规范化建设，统一制作了各种标识牌、门牌和规章制度牌，并已悬挂上墙，各种共享工程利用情况、活动开展情况登记表记录完整，基层服务点档案整理规范。配备了专兼职人员负责文化共享工程工作，定期组织开展公益性服务和共享工程活动，使广大市民和农村群众能够及时便捷地体验到先进数字技术带来的文化信息和创业技术。

青少年电脑培训

三、培训工作

自开展文化信息资源共享工程建设工作以来，我们注重加强共享工程技术人员的队伍建设，一是市、镇各级层层培训，全方位提高利用共享工程为群众服务的水平。每年市文化信息资源共享工程支中心在全市各镇、街道综合文化站举办两期文化信息资源共享工程管理信息员的培训班，并颁发了文化信息资源共享工程管理信息员合格证书，做到了管理人员能够持证上岗。使他们熟练掌握了微机操作技术，提高了微机操作能力。

四、经费投入

胶南市委、市政府将共享工程工作列入了自2007年起对各镇、街道办事处精神文明建设考核的主要内容，且将共享工程列入“十一五”经济社会发展规划和信息建设规划。市、镇、村（社区）层层制定了具体工作方案

灵山卫镇组织妇女电脑培训

和措施，做到场地、资金、设备、人员"四落实"，各镇、街道严格对照制度和考核标准做到了对本辖区建设工作的督导、检查工作。投资70余万元，在市图书馆设立了文化信息资源共享工程支中心，配备了图书馆业务自动化管理系统、信息浏览监控系统、共享工程运行管理系统以及相关的操作系统和数据库软件等，建立了文化专题资料库，包括戏曲、图书、电影等，并将科普知识、农业技术等资源予以整合，文化信息资源共享工程内容更加丰富。各级财政加大资金投入力度，市财政投入专项资金100万元，各镇、街道财政也在镇、村（社区）基层服务点建设中投入资金900多万元，保证镇、村级基层中心和基层站点的设备和资源建设经费，从而确保了我市文化信息资源共享工程的高标准、高效率运行。

五、利民惠众，惠农服务

胶南市文化信息资源共享工程支中心通过印发宣传资料、举行有奖知识问答、网站上发布等多种渠道向市民特别是农村群众进行宣传介绍，利用共享工程资源开展视频讲座、影视欣赏、少儿电脑培训等活动，并对全市镇、街道、村基层服务点发放有关科技、农业生产、文艺小品等方面的光盘3万多张，帮助他们学习科技文化知识，提高科技致富能力，享受文化资源共享带来的实惠。如泊里镇文化信息资源共享基层服务点充分发挥了向群众普及科普知识、引导群众致富奔小康的作用，通过文化资源共享室上网发布、搜集信息，不仅使获得农业部金质奖章的万亩"红富硒"苹果供不应求，而且也使莱园村刚获得农业部认证的千亩无公害蔬菜高价销售，同样还使1000多特种动物养殖户的特种动物种兽和皮张卖了个历年来没有的好价钱。黄山经济区徐村村委委员、芋头生产经营合作社秘书长于海霞，充分发挥农村党员干部现代远程教育和文化信息资源共享工程这一资源优势，上网寻找新技术、新品种，寻找商机，力争把芋头产业做大做强。徐村芋头生产经营合作社被国家农业部列为"全国111个示范点农民专业合作组织"之一。

六、工作展望

胶南市把"共享工程"覆盖到最基层的镇、村两级点，满足广大群众就近、经常性、有选择的文化科技需求，真正地做到"优秀文化科技资源"的共建共享，增强了广大群众的致富本领，更好的满足他们的精神文化生活。我们将在今后的共享工程工作中着重加强地方特色数据库、非物质文化遗产等资源的建设，突出地方特色，把文化信息资源共享工程工作做细做强。

（撰文/李海燕）

日照市支中心

日照市现辖东港区、岚山区、莒县、五莲县、日照经济开发区、山海天旅游度假区和国际海洋城，54个乡镇、街道，2981个村居，总人口280余万，总面积5310平方公里，是中国优秀旅游城市、国家环保模范城市、国家卫生城市、全国双拥模范城市。目前，我市有省级"社会文化先进县"2个、省级"社会文化先进乡镇"3个，全市100%的乡镇建有文化站，70%以上的行政村建立了文化大院，形成了市、县、乡、村四级文化服务网络。莒县和五莲县被省文化厅、省财政厅命名为"共享工程示范县"。

一、基本情况

"共享工程"实施以来，得到了市委、市政府的高度重视和大力支持，市政府专门成立了文化信息资源"共享工程"建设领导小组，由分管副市长任组长，组织、文化、财政、发改、广电、信息产业等部门为成员单位，形成了政府主导、部门齐抓共管的强大合力。

截止目前，我市"共享工程"建设在上级的领导下，建成了1个市支中心、5个县级支中心，其中市支中心设在市图书馆，基层服务点实现了"村村通"。

在推进"共享工程"基层服务点建设上，立足于与党员远程教育共建共享，各"共享工程"支中心与农村党员干部远程教育部门合作开发文化信息资源，切实做到了共建共享、共享共建。全市建成规范化基层服务点33个、扩展型基层服务点13个，所有乡镇文化站和2000多个村级文化大院开展了文化信息服务。

二、经费投入

市支中心加强对基层站点的技术指导，建立健全了基层站点服务规范制度。市支中心累计投入 30余万元，为"共享工程"建设提供经费支持。建立了日照市"共享工程"网站，介绍"共享工程"最新动态和我市"共享工程"建设情况。装修一新的公共电子阅览室已免费开放，配有电脑30余台，并安装了两台触屏电脑，市民可以免费查询和浏览有关信息。为提高"文化共享工程"服务质量，市支中心新安装了U2机架的柜式服务器一台，把业务办公自动化系统调整到新服务器上。大大提高了电子数据库的容量和业务系统的利用率，为今后"网络数字图书馆"的建设做好了前期准备。市支中心还安装了专用卫星接收服务器，配置了投影仪、幕布。通过卫星接收、省中心数据拷贝、互联网等渠道，为基层提供文化信息资源，并开展了影像阅览业务。目前已经存储国家、

省中心发布的资源565个GB。引进国家中心的光盘资源76种（510G）。市图书馆新馆为“共享工程”支中心设计了2300平方米的使用面积，在新馆建成后按照标准配备“共享工程”设施设备。

三、资源建设

市支中心积极与市直文化单位和有关企事业单位合作，整合本地特色文化信息资源，集中力量开发了日照文博、非物质文化遗产、文心雕龙、张行简、家谱文化、明代状元焦竑、清朝大家许瀚、地方志、寺院文化等文化信息，并在图书馆网站开设专栏，在市图书馆公开借阅。

今年，市支中心在做好已普查到的古籍数据库的数据整理、录入工作的前提下，加强了民间古籍的普查，发现了一批有较高文献价值的古籍，新普查发现了丁守存的《海曲诗钞》、明万历三十八年（1610）刻本《史纲要领》等3种42册有较高文献价值的古籍。并完成了对许瀚的《攀古小庐收藏镜铭》的影印工作。完成了“山东省第二批珍贵古籍名录”申报工作，我市民间收藏的《新镌汤睡先生批评历朝捷录》入选。今年4月份，市支中心被省文化厅授予“2011年度山东省古籍保护先进单位”。

目前，市支中心外购有150GB的连环画数字资源库和自建的30GB地方特色资源库，其中地方特色资源库包括日照农民画、日照黑陶等视频资源库。

四、培训工作

在推进“共享工程”建设过程中，我们认真落实分级培训制度，加强技术队伍教育培训。定期举办文化信息资源“共享工程”业务培训班和知识技能竞赛，对区县文体局分管负责同志、图书馆馆长和网络维护技术人员、乡镇文化站长、村居技术人员进行了集中培训和考核。各区县结合实际，通过专题培训或与党员远程教育联合分别对乡镇和村居、社区的技术人员进行了培训，全市每年累计培训技术人员3000余人次。为进一步扩大“共享工程”人才队伍，市支中心今年深入市职业技术学院进行发动、宣传，到目前已发展大学生文化义工20名。

五、宣传推广

我市各级支中心创新“共享工程”服务模式，在丰富群众精神文化生活，扩大“共享工程”影响力等方面进行了积极探索。市支中心每年举办“共享工程”宣传周活动，组织开展了日照日报社“小记者团”走进市支中心活动，让孩子们了解“共享工程”、学会利用“共享工程”。同时在市博物馆广场、东港区广场等场所开展现场宣传活动，得到了广大青少年和市民的大力支持和热情参与。市支中心定期开展“文化共享工程优秀数字资源进社区活动”，通过到社区开展“文化共享工程电影展播”等活动，把优秀的文化共享工程数字资源送到社区居民身边，丰富社区居民的业余文化生活。每年放映电影十余场，观众约六百人次。在每年的元宵节期间，市支中心都会举办元宵灯谜竞猜活动，并通过多媒体播放“共享工程”相关资料，宣传“共享工程”，吸引了市民达1000余人次。

六、工作展望

下一步，我们将继续认真贯彻党的十八大精神，树立科学发展观，全面落实国家和省市文化建设工作会议精神，把“共享工程”建设放在更加突出的位置，认识再提高，领导再加强，措施再强化，力度再加大，努力将“共享工程”建设再上新台阶，为兴起社会主义先进文化建设，推动文化大发展大繁荣做出新的贡献。

（撰文/刘峰、田金良）

日照市东港区支中心

日照市东港区地处山东半岛南部，位于环太平洋经济圈、黄（渤）海经济圈和新亚欧大陆桥经济带结合部，是中国重点开发的沿海主轴线与日照至西安沿桥经济带的交汇点，山东半岛蓝色经济区“一区三带”发展格局中鲁南临港产业带的核心圈层，被列入山东半岛城市群和山东黄金旅游海岸线。东港区是日照市的驻地区、中心区。东港区现辖3个街道、6个镇和1个省级高新区。共有436个村居，63个社区，人口61万。近年来，东港区文化资源共享工程在区委、区政府的正确领导和日照市文广新局、日照市图书馆的大力支持下，创新工作思路，狠抓工作落实，加快推进工程建设步伐，繁荣了基层文化，满足了群众多层次文化需求，保障了群众的基本文化权益，促进了基层公共文化服务体系建设

一、基本情况

东港区文化共享工程建设开始于2003年，区委、区政府把文化信息资源共享工程建设作为一项为民办实事工程，在小莲村、后楼等村进行了第一批试点后，全区逐步推开。在服务平台建设上，对区级分中心进行了建设，配备了中心机房，配备了应用服务器、卫星接收设备和投影仪等设备。同时，强化基层服务点建设。每个镇、街道都成立了一个镇级基层服务点，全区63个社区和436个行政村都建设了活动场所，配备了接收和播放设备，共享工程达到了全覆盖，形成了区、镇、村三级服务网络。

二、管理和队伍建设

东港区文化信息资源共享工程加强了制度建设，制定了支中心、镇、村基层服务点工作职责和制度，实行制度上墙。对设施设备达到配置标准的加挂“共享工程”基层服务点的牌子，逐步建设了一批规范化站点。在队伍建设方面采取村官任专职、两委成员兼职等形式，配齐工作人员，全区9个镇、街道基层服务点都配备了2名专、兼职工作人员；村（社区）级基层中心配备1名专、兼职工作人员，逐步建成了一支高水平的资源开发、网站维护的

技术骨干队伍。

三、培训工作

东港区高度重视文化信息源共享工程人员的培训工作，切实提高他们的业务素质和管理能力。每年都举办2—3期专题培训班，聘请有关专家现场讲课，在内容上着重突出共享工程网络覆盖、共享工程的传输方式、共享工程的资源建设、基层点服务网点的建设和管理四个重点，在培训形式上采取集中培训与现场观摩相结合，几年来累计培训3000余人次，提高了业务人员的素质，促进了全区基层服务网点建设，优化了文化资源配置，扩大了优秀文化资源的传播，促进了文化共享工程建设。

四、经费投入

东港区加大对文化信息资源共享工程的投入，几年来共投入80多万用于建设、维护、人员培训及组织开展各项活动。

五、资源建设

东港区支中心在文化信息资源共享工程建设工作中，每年对基层群众的需求进行调查摸底。针对群众的需求，制作农业种植养殖、卫生保健和普法宣传等光盘，免费发放到群众手中。几年来共发放各类光盘1000余张，各类宣传资料3000余份。

六、合作共建

在文化共享工程建设中，东港区充分发挥电教、党教、科教等教育网络的优势，实现了共建共享、优势互补。充分利用党员现代远程教育点多面广的优势，加强与区党员远程教育中心的协作，对全区远程教育基层点进行了全面普查，实行分类管理，扩大了文化信息资源共享工程的覆盖面。在农村公益电影放映工作中，增加播放一些种植、养殖、加工技术等方面的光盘，既深受群众欢迎，又扩大了文化信息资源共享工程的受众面。

七、利民惠农服务

在文化信息资源共享工程建设上，东港区紧紧围绕广大群众对科学文化知识的需求，找准切入点，寻求突破口，广泛开展图书、音像资料进农村、进社区、进家庭等系列活动，在全区努力营造“多读书、读好书”的浓厚氛围。面向广大党员干部，突出政策理论教育。针对广大党员干部普遍关心的理论热点问题，及时组织收看党的方针政策、理论创新成果，着重进行形势教育、理想信念教育、理论教育。面向广大农民群众，突出科学文化教育。按照培育新型农民、建设现代化农业的要求，围绕农民群众普遍缺乏的文化知识、实用技术，积极筛选了一批良种良法配套、配方施肥、农作物丰产栽培、病虫害综合防治、动物程序免疫等农业实用新技术、新成果，使广大农民群众不仅学到了急需的科学文化知识，而且找到了致富门路。

八、宣传推广

文共享工程利用高科技手段，以最经济、最快捷、最方便的方式为群众提供丰富的精神文化食粮，成为群众接受新事物、学习新知识、享受新生活的新途径。东港区干部群众从文化信息资源共享工程中受益，实现了文化资源的普惠共享。同时，文化信息资源共享工程以先进文化的传播占领了农村思想文化主阵地，广大群众崇尚科学、学习科技蔚然成风。通过文化信息资源共享工程的实施，农民学文化、学科技的积极性空前高涨。

九、工作展望

在下步工作中，东港区要在着力在提高完善场所建设、提高配置标准的同时，加快推进公共电子阅览室建设，使公共电子阅览室成为文化信息资源共享工程的主阵地。积极开展各项服务和宣传活动，为群众提供更加便捷的公共文化服务。

（撰文/日照市东港区支中心）

日照市岚山区支中心

山东省日照市岚山区地处鲁东南，东临黄海，西邻莒南县、莒县，北连日照市东港区，南接江苏省赣榆县，辖岚山头街道、安东卫街道、虎山镇、碑廓镇、黄墩镇、中楼镇、高兴镇、巨峰镇8个乡镇（街道），421个行政村（居委会）。海岸线总长25公里，总面积759平方公里，人口42.3万人，其中城市人口11万人。岚山区文化资源共享工程在日照市文广新局和市图书馆的支持和指导下，稳步发展，在新形势下为繁荣农村基层文化，传递中国民族优秀文化资源发挥了重要作用。

一、基本情况

岚山区文化资源共享工程建设开始于2008年，最初在安东卫街道汾水社区试点安装，此后陆续在全区各乡镇街道开始安装，前期安装设备均通过卫星设备直接接收国家中心下发的各类资源和信息。2009年岚山区文化资源共享工程开始普及进入街道行政村，2010年岚山区所属行政村实现全区共享工程村村全覆盖。共享工程岚山区支中心是全区共享工程的建设和业务指导单位，负责保障区中心共享工程设备的运行，协调街道村级共享工程设备的维修，指导街道村居级共享工程活动的开展以及开展全区共享工程管理员的业务培训和指导。

二、管理和队伍建设

岚山区文化信息资源支中心按照省厅要求，严格依照设备配置标准，由区文体新局聘请有关专家结合我区实际提出设备配置方案。区委、区政府在财政非常紧张的情况下，专门拨付资金10万余元，通过招标配备了用于支中心共享工程建设的设备。我区自实施文化信息资源共享工程以来，不断加大建设力度，采取各种措施，使文化信息资源共享工程更加切近居民生活，使共享工程为居民事业实实在在的实惠，取得了一定的成效。

为方便广大居民使用文化信息资源共享系统，使共享工程充分发挥综合效用，我们依托社区文化活动中心实施共享工程，为确保服务网点的正常运行，制订了《文化信息资源共享工程基层服务点管理办法》、《基层网点电子阅览室管理办法》、《图书借阅制度》、《集体收看制度》、《准备维护制度》、上机管理等一系列的规章制度，确保了共享工程顺利实施和作用发挥。

为确保工程更好的服务广大居民，岚山支中心成立了共享工程领导小组专职的队伍，配备了两名专职管理人员，并根据支中心实际，聘请了市场营销、法律法规，加工行业、企业管理等方面的专业人才，作为共享工程、人才储备库，定期开展各领域的技能培训和科普教育。

三、培训工作

经过几年努力，岚山支中心在共享工程管理员的培养上实现了制度化和常态化。根据支中心工作要求，每年对辖区共享工程管理员进行不少于3期的集中培训，2008年以来一共举办各类培训班20期，参加轮训的各级管理员达600人次。

四、经费投入

岚山区共享工程自2010年实现村村全覆盖以来，为使共享工程做到长效发展，区政府每年拔出10万元资金，作共享工程的设备维护，电子图书内容更新人才培训等方面的专项资金，确保了广大居民技术共享、信息共享等共享工程正常运转和长效发展。

五、资源建设

为使文化信息共享工程发挥其作用，岚山区支中心大力完善基础设施建设。投资50余万元建设了120余平方米的图书馆，5000平方米的多功能服务大厅，100余平方米的电脑室，近3000平方米的文体广场，100平方米的健身房和200多平方米的老年福利活动中心。投资10万余元配置了电脑30余台；投资10万元添置图书2000余册，光碟1000余张；投资10多万元添置了篮球、乒乓球、网球、健身器材等设施，在多功能大厅配备了多功能舞台，放映大屏幕、音响、灯光、卫星接收系统等设施，使文化信息资源共享工程设施更加配套，场所功能更加完善。

六、惠农服务

岚山区支中心建设以来，积极推动惠农服务。目前，通过共享工程，网上采购、网上交易等网络经营已成为一种时尚，居民通过网上丰富的信息资源，不用出门便能找到商机，及时掌握市场行情共享工程的实施为居民带来了实实在在的利益，也赢得了广大民居的支持和拥护，居民们感慨地说："文化共享工程是为老百姓开通的一项富民工程，是实实在在的好事、实事"。岚山区通过共享工程的实施，不但为群众带来了物质上的实惠，也丰富了大众的文化生活，提高了广大居民的文化素养，促进了岚山建设文明、和谐社区的前进步伐。

七、工作展望

文化信息共享服务是现代政府公共服务的重要组成部分，也已经成为繁荣岚山文化，丰富群众精神生活的动力源泉。文化信息共享工程的实施，在引导居民致

富，参与市场经营中，开展文化活动，丰富居民文化生活等方面发挥了积极的作用。今后工作中，我们将在上级中心的支持和指导下，再接再厉，开拓创新，使优秀文化信息资源走进社区、走进企业、走进校园、走进农村，最大限度的实现优秀文化信息资源在全区范围的共建共享，为建设和谐岚山、文明岚山做出应有的贡献！

（撰文/张同环、肖 颖）

日照国际海洋城支中心

日照国际海洋城地处国家重点开发的沿海经济带与路桥经济带的交汇处、环渤海经济圈与长三角经济区的结合部，位于日照主城区和岚山城区之间。海洋城行政区划共有75个行政村，常住人口7.1万人口，规划总面积约169.7平方公里，陆域面积112平方公里，海岸线16.5公里。海洋城三面环山，东临黄海，气候温和，生态环境优美。

一、基本情况

海洋城始终坚持把巩固文明创建作为贯彻落实科学发展观的重要体现，作为构建和谐社会、科学发展的重要内容，作为推进社会主义新农村建设的重要手段来抓，按照"抓巩固、重实效、促提高"的工作思路，积极开展了巩固全国文明镇活动，推动了文明创建工作在巩固中不断提高。

一是经济不断壮大。主动承接并融入全市打造海洋特色城市和鲁南临港产业区的经济发展格局，融合联动海洋城的产业布局，采取多业并举抓经济，突出发展工业经济、旅游经济、海洋经济。

二是文明创建水平不断提高。以巩固全国文明镇为目标，加大镇村环境综合整治力度，为群众提供了良好的生产生活环境，镇村环境进一步美化。精心组织丰富多彩的群众性文化活动，广大群众的文明素质不断提高。

三是党的建设进一步加强。始终把党建作为各项工作的总抓手、牛鼻子。抓班子带队伍。按照"基层组织建设年"活动的要求，开展了"五有"基层组织创建活动，坚持大力选好配强村级班子，让班子在发展和干事中检验和锻炼，对班子抓龙头、抓典型、促后进。

二、管理和队伍建设

一是构建全社会齐抓共建的工作格局。要求各机关、各单位牢固树立文明创建工作"一盘棋"的思想，在工作中相互支持、相互配合、整体联动，切实发挥能动作用，按照"属地管理、上下联动、重点突破、整体推进"原则，全面落实所辖范围的创建任务，确保了创建工作的顺利进行。

二是进一步加强基层民主政治制度建设。不断探索基层组织建设的新路子，在大力实施村务大事村民公决制度的基础上，将其与"党群直通车"机制结合起来，建立了党群直通议事机制，确保了村级决策运行规范有序，近年来无一例因决策不公开、不透明而引发的上访。积极推行了"阳光村务公开栏"，对村里重大事项的决策，进行村务大事村民公决，保证村级决策的民主性和科学性，不断提高村级民主管理水平。

三、培训工作

以提高人的素质为根本，着力实施“育人工程”。强化了三项教育。在干部教育中，加强了党政机关的思想作风建设，强化了部门职业道德建设。在党员教育中，结合创先争优活动的开展，保持共产党员先进性教育，要求每名党员做到“十带头”：即守法带头、致富带头、帮带贫困户带头、清洁美化带头、赡养老人带头、向不良倾向斗争带头、公益活动带头、贯彻党支部决定带头、宣传政策带头、移风移俗带头。在群众教育中，重点做到“十要”：要听党的话、要依法行事、要文明举止、要赡养父母、要邻里和睦、要致富有方、要环境清洁、要爱护公益设施、要讲诚信、要济贫助困。

四、经费投入

海洋城不断加大对创建工作的投入，采取“向上争一点、财政拨一点、乡镇筹一点、市场化运作一点”的办法，破解资金瓶颈。特别是通过招商引资，积极拓宽融资渠道，为创建工作提供资金支持。仅教育基础设施建设方面，近年来就通过社会捐助、招商引资等多种方式筹资500余万元，先后建成了涛雒一中“景辰楼”、“润田”小学、中心小学实验楼、教学楼、涛雒二中“复生教学楼”、永苓图书楼，加快了素质教育的实施进程。

五、资源建设

海洋城有重视精神文明建设的良好传统，多年的创建实践，积累了一定的创建经验，也获得了一些荣誉，但并没有因此放慢精神文明建设的步伐，始终把文明创建工作摆在重要议事日程，特别是自开发建设启动以来，一直按照国家级标准要求，查漏补缺，突出重点，掀起了新一轮精神文明建设的高潮。

六、合作共建

以美化城镇环境为重点，着力实施“基础工程”。积极开展了“多镇同创”活动，坚持“高起点规划、高标准设计、高质量建设、高效能管理”的原则，加快新型城镇建设步伐，制定了详细的发展规划，按照城市化标准对204国道驻地段、商业街、仿古街、文泰路、观海西路等5条主干道路进行了综合改造。不断优化环境，大力发展生态游、渔家文化游。完成了丁肇中祖居一期修复工程，恢复了“种德堂”等部分古建筑群落，修建了“丁肇中科技展馆”，建设爱国主义教育基地和科技教育基地。

七、利民惠农服务

一是构建便民服务网络。设立了便民服务中心，面向辖区人民推行全职代理服务机制，打造为民“一站式”服务通道。目前，站所部门已全部进驻，为群众办理各类服务800余项，受益群众达17000余人次。

二是加快社会事业发展。加快中小学校舍改造，争取省发改委300万元在中心初中建设学生公寓楼，目前该项目已完工并投入使用。扎实开展新型农村合作医疗和新型农村社会养老保险，保证参合率、参保率达到100%，受益群众达8.9万人次，报销总额657.9万元。完成了川子、栈子一等村的自来水改造工程，全年共向21847户发放各类补贴3220余万元。

八、宣传推广

在农村，重点进行了文明一条街、街头公园、文化大院建设活动，目前海洋城涛雒镇建有高标准精神文明一条街70条，90%的村建立了“三栏两室”，即宣传栏、阅报栏、村务公开栏和图书阅览室、科普室，95%的村有了综合文化大院。引导各村深入开展精神文明系列活动，不断丰富方式和内容，相继开展了首届“十大孝子”和“十佳好媳妇、好婆婆”、“十佳村两委成员”等系列评选活动，涌现出了像田春燕、郑美玲等一大批精神文明先进个人，有力地促进了农村精神文明建设，形成良好的社会风气。

九、工作展望

目前全区人民以满腔的热情，在巩固发展已有成果的基础上，认真学习贯彻十八大精神，乘势而上、率先有为，推动新一轮率先创新优质发展，再掀创业大潮，为建设一座国际化程度高、海洋经济发达、海洋科技先进、海洋文化浓郁的滨海生态宜业宜居型新城而努力奋斗。

（撰文/日照国际海洋城支中心）

日照市山海天旅游度假区支中心

山海天旅游度假区位于日照市东北部，1995年9月经山东省人民政府批复建立，2012年7月，日照市委、市政府调整山海天旅游度假区管理体制，现有陆域面积168平方公里，海岸线36公里，辖1镇、1街道，共100个村，常住人口8万。度假区宣传办在市文广新局及图书馆的支持、指导部署下，迅速理清思路，认真规划公共文化服务设施建设，完善各种用室，建立文化信息资源共享工程室，在文化惠民、文明育心等方面发挥了巨大作用，提升了群众的文明程度和文化素质。

一、基本情况

山海天旅游度假区划管的两个镇（街道），在原所属区域的领导和指导下，文化信息资源共享工程建设已经初具规模，建成了覆盖全域的网点，在提高群众素质、拓宽致富渠道等方面发挥了巨大作用。文化信息资源共享工程从2004年开始着手建设，均依托党员远程教育平台，通过卫星接收文化信息资源，在100个村庄建成了文化信息资源共享接收站点。从2007年开始在部分条件具备的村进行文化资源共享的升级工程，如两城镇的东河南、安家村一村、张王庄，临时工委的李家台、乔家墩子等村，进行了文化信息资源共享工程终端的安装，由各村自行负责网络的开通运行，各镇文化站负责维护。至2011年，党员远程教育网开通后，借助该网络的资源，各村开通了文化信息资源共享工程客户端，并实现了全覆盖。部分村建立了融远程教育和电子阅览室于一体的文化资源共享室，提高文化信息资源共享工程利用率，切实发挥网络信息资源的作用，成为群众增长科技知识、拓宽致富门路的有力助手。

区划调整以来，山海天旅游度假区宣传办承担该项工程的建设和指导工作，负责各站点的运行及软件的维护，并为条件具备的站点配备电子阅览室，目前，汪家村、肥家庄等村已经完成电子阅览室的建设。宣传办正积极与市图书馆做好对接，建设好支中心，做好管理员的培训工作。

二、管理和队伍建设

抓好管理，充分发挥文化资源的作用，首要就是加强管理，建立起一支素质过硬的管理队伍，主要是依靠远程教育管理员与农家书屋管理员来共同管理，既整合了文化资源，又节约了人力。同时，制定完善了相关的管理制度及服务制度，明确工作职责，统一制作了版面，实行文化资源使用登记制度，定期检查为群众提供服务情况，及时维护设备的安全稳定运行。

自从远程教育网开通后，管理员主要为村两委成员，政治素质高，带动作用大，实行村干部坐班制后，文化资源共享工程能全天开放，为群众提供更为方便的服务。

三、培训工作

全区的管理员培训主要依托党员的远程管理员培训，结合文化资源共享工程的需要，每年举行培训活动，加强对电脑、网络知识的学习和更新，增强对于文化资源的学习和使用。在对农家书屋管理员的培训上，也注重了对文化资源共享工程的培训，以此推进书屋与文化资源工程的整合。

四、经费投入

我区的文化资源共享工程实现全覆盖以来，每年仅网络投入资金8万元，维护费用5万元，2012年更换电脑设备60余万元，适应新形势发展的需要，正积极在条件较好的村庄建设电子阅览室，为更多群众提供使用文化资源共享工程的便利。

五、资源建设

度假区积极开展文化资源的筹划建设，目前，已完成1T的数据资源整合，印发宣传册3000余份。

六、合作共建

依托党员远程教育网的优势，整合了党员教育及文化资源共享工程的资源，与农家书屋等整合为一，为不同的群众提供不同的需求，读书求知、文化资源开拓视野、远程教育受教育已然成为党员群众的共识。在条件较好的村庄建立了文化资源、远程教育多媒体室，使各项的资源得以共享和共建，共同提高，共同为群众服务。还根据群众的需要，将文化资源共享工程的客户端分发到有电脑有网络的家庭，使文化资源走进群众家中，使群众在家就能使用文化资源。

七、惠民服务

文化资源共享工程各站点积极为群众提供便利的服务，管理员认真进行资源的学习研究，对于资源的分类、篇目、位置等做到心中有数，及时为群众解疑释惑，提供最便捷的服务，在群众的需要求上，能及时给予指导，发挥好管理员的管理指导作用。根据群众不同的需求，为群众提供养殖、种植、浅海养殖等多方面的技术资料，助群众致富一臂之力。共计帮助20余户群众走上了富裕之路，10余户解脱了贫困。

八、宣传推广

1、积极进行网站推介。在区镇两级政府网站上进行推介，介绍文化资源工程的安装、使用，并对资源情况进行说明，摘取部分内容，进行扩展阅读，以便群众加深对文化资源的认识。

2、集会推广。利用农村大集等各种集会形式，分发宣传页，进行普及和推广，让文化资源走进群众百姓家。利用村村响广播优势，制作了广播节目，向外进行宣传。各村在主要路口悬挂标语，利用各种会议进行宣传推广，文化资源进村入户。

3、认真开展活动。结合各种农业技术推广活动、防灾减灾讲座等科普活动，把文化资源共享工程结合进去，融合部分文化资源的内容，扩大受众面，让群众使用文化资源成为自觉的行动。同时，摘取部分优秀期刊内容编印给老师学生，让文化资源走进校园，服务教育事业。

九、工作展望

文化资源共享工程已经开通运行近10年，覆盖面越来越广，形式越来越多，内容越来越丰富，深受群众喜爱，成为文化建设的重要组成部分，丰富了群众的精神文化生活，提升了群众的文化素养，拓宽了学知识、学技术、长见识的有效渠道。度假区今后将把文化资源工程作为公共文化服务建设的一项重要内容来抓，增加投入，建立健全各项制度，增加覆盖面，以电子阅览室建设为主线，以文化资源建设为补充，以管理员的培训为抓手，发挥文化优势，在市支中心的支持指导下，进一步完善公共文化服务体系，形成网络，发挥功能，突出服务，实现文化资源共享工程建设的新突破，加快建设生态文明幸福山海天。

（撰文/许 亮）

日照市经济开发区支中心

日照经济技术开发区地处日照市东南部，东邻东港区石臼街道，东南、南部濒临黄海，与日本、韩国隔海相望，西南接国际海洋城涛雒镇，西与岚山区高兴镇和东港区后村镇相邻，北接东港区日照街道，东北与东港区秦楼街道接壤。总面积115.6平方公里，辖2个街道办事处，86个行政村（居委会）。全区总人口11.75万人。

一、基本情况

日照经济技术开发区文化资源共享工程建设开始于2007年，最初在北京路街道车家村、相家台奎山街道后两河村、西河村等四个村试点安装，此后陆续在全区2个街道办文化中心开始安装，前期安装设备均通过卫星设备直接接收国家中心下发的各类资源和信息。2008年日照经济技术开发区文化资源共享工程开始普及进入街道行政村，至此日照经济技术开发区所属行政村实现全区共享工程村村全覆盖。

共享工程日照经济技术开发区支中心设在区文体新

局，是全区共享工程的建设和业务指导单位，负责保障区中心共享工程设备的运行，协调街道村级共享工程设备的维修，指导街道村居级共享工程活动的开展以及开展全区共享工程管理员的业务培训和指导。

二、管理和队伍建设

“共享工程”建设面广、工作量大、任务十分繁重。要确保“共享工程”的顺利实施，必须加强领导，建立健全组织机构，狠抓各项管理。我们按照国家中心和分中心要求，建立了由局长任组长，副局长任副组长，班子其他人员为成员的“共享工程”日照经济技术开发区支中心组织机构，下设办公室，具体负责技术保障、资源建设和辅导服务工作。为加强对支中心的管理，制定了《共享工程电子阅览室管理制度》、《共享工程展播厅播放制度》、《共享工程节目预告制度》、《支中心工作人员岗位职责》等一整套内部管理制度，使支中心步入规范化、制度化的发展轨道。

日照经济技术开发区共享工程支中心在管理员队伍建设上坚持明确职责，明确思路，制度化管理，常态化培育。对于街道、村两级基层共享工程管理上择优选取文化层次较高，有一定社会基层管理服务实践经验的村委委员为管理员，他们工作热情高，有较高的文化水平能尽快熟悉掌握共享工程设备为所在村民服务。

三、培训工作

按照文化部关于文化共享工程培训工作的总体要求，以基层需求为导向，以提高业务骨干的服务技能、推广文化共享工程为目的，结合农村党员干部现代远程教育工作，对街道村级服务点领导和业务骨干开展了培训；通过合作共建等方式，对村基层服务点人员实施了培训。日照经济技术开发区支中心已举办培训班50多次，为2个街道的文化站长及各村的管理员辅导培训500人次。

四、经费投入

日照经济技术开发区共享工程自2008年实现村村全覆盖以来，每年投入20余万的运行维护经费，用于共享工程设备的维护，人员培训和各项活动的开展。同时，区文体新局每年也投入大量人力物力支援共享工程各项活动的正常开展。

五、拓展服务功能，服务人民群众

1、网络服务。支中心的所有数字资源都可通过网站链接，网站页面点击量平均每天可达500多人次。截至目前，使用电子书刊用户数已有200多个，电子书刊阅览量2000多篇。

2、阅览服务。我区共享工程阅览室于2009年6月免费对读者开放，阅览用电脑30台，每天开放时间为7小时。读者凭有效证件可上网阅览共享工程网站内容和自行开发及购买的数据库资源。

3、读者活动。“共享工程”展播厅于2009年6月免费对读者开放。我们利用展播厅每周举办2次读者活动，定期播放“共享工程”中的讲座、影视节目。目前，共享工程展播厅已播放电影和讲座60余场，参与观众千余人。很多观众认为共享工程展播厅办的好，为大家提供了很好的休闲场所，同时也为我们的展播内容提出了很好的建议，比如：多放些历史性题材的讲座、百家讲坛、最新电影等，这些都为我们的以后更好地开展播放工作提供了方向。此外我们还利用投影设备在社区、农村等基层服务点开展放映活动。

六、工作展望

文化信息共享服务是现代政府公共服务的重要组成部分，加快共享工程建设是构建公共文化服务体系的一个重要抓手。日照经济技术开发区文化资源共享工程已走过5个年头，86个行政村全覆盖。

今后我区将继续努力，以全国文化信息资源共享工程网络资源服务平台为依托，充分利用现代高新技术手段，将各种类型的文献信息资源以及贴近大众生活的现代社会文化信息资源，进行数字化加工处理与整合，通过图书馆、基层文化站等文化设施和社会各界网络传输系统进行文化信息的传输，使优秀文化信息资源走进社区、走进企业、走进校园、走进农村，最大限度的实现优秀文化信息资源在全区范围的共建共享。

（撰文/吴士霞、秦绪鑫）

五莲县支中心

五莲县位于中国东部沿海山东半岛东南部，东邻青岛，北接潍坊，隶属日照市，是国务院确定的沿海经济开放县。全县总面积1443平方公里，辖9镇3乡，总人口51万。

一、基本情况

五莲县文化资源共享工程建设开始于2007年，最初在街头镇代吉子村、洪凝街道大尧村等四个村试点安装，此后陆续在全县十二个乡镇（街道办）文化中心开始安装，前期安装设备均通过卫星设备直接接收国家中心下发的各类资源和信息。2007年下半年五莲县文化资源共享工程开始普及进入乡镇行政村，第一批100个行政村于当年安装调试完毕。2008年第二批449个行政村进行安装，至此五莲县所属行政村实现全县共享工程村村全覆盖。

共享工程五莲支中心设在五莲县图书馆，是五莲县共享工程的建设和业务指导单位，负责保障全县共享工程设备的运行，指导镇村级共享工程活动的开展以及全县共享工程管理员的业务培训和指导。

全市文化信息资源共享工程知识竞赛

二、管理和队伍建设

为使共享项工程更好地为基层群众服务，五莲支中心将共享工程日常管理纳入制度化管理。制定支中心、镇、村基层服务点工作职责和制度，严格落实工作人员职责。并推行管理员工作日志管理，收集整理共享工程服务活动的要点，积极探索共享工程管理和服务的新模式。

三、培训工作

五莲县支中心在共享工程管理员的培养上实现了制度化和经常化。根据支中心工作要求，每年对辖区共享工程管理员进行6期的集中培训，2007年以来一共举办各类培训班36期，参加轮训的各级管理员达1000人次。

四、经费投入

五莲县共享工程自2008年实现村村全覆盖以来，先后投资70万元，建成了包括电子阅览室、文化信息传播中心、主控室、机房等组成的共享工程五莲支中心，制作并建成了文化共享工程五莲支中心网站。并以国际域名（http://www.wuliantour.com）的形式向群众全面开放。同时，五莲县政府每年投入8万元的运行经费，用于共享工程设备的维护，人员培训和惠民活动的开展。

五、资源建设

五莲县支中心在历年的工作中，广泛搜集不同区域民众文化需求，选取、编辑制作各类题材资源6TB，每年制作发放各类光盘1200多张，展板30多块，发放宣传资料3000余份。支中心网站开设了五莲文化、文化动态、三农服务等十多个栏目。对农民群众，为他们量身定做家禽饲养、蔬菜苗木栽培、石材市场等服务信息。对未成年人，专门设立了未成年人专区，引导未成年人科学、安全、文明上网。对老年人，选择《营养与健康》、《科学保健》、《晚年的幸福生活》等系列视频资料为他们播放。同时与省市图书馆、农村党员干部现代远程教育、县电视台远教频道、学校“空中课堂”网络合作共享。

六、合作共建

以共享工程为依托结合农村数字电影放映建立电子文献资源服务中心。将各部门下发的电子文献资源与建立的共享工程服务点结合，根据不同乡镇、村的硬件条件建立形式多样的电子阅览室和多媒体中心。比如在街头镇的代吉子村，洪凝街道的许家庄村等建立拥有多台电脑的多媒体阅读中心，在洪凝街道大尧村和街头镇挑沟等村与农家书屋、共享工程宣教授课和电子资源阅读播放为一体的多功能活动室。通过多方不懈努力，共享工程已逐步走入基层村民生活，成为村民获取新知，娱乐身心的新平台。

七、利民惠众，惠农服务

五莲县支中心在共享工程服务实践过程中，以民众的需求为导向，积极探索，服务民众生活生产。许孟镇建立了“进门有信息课堂、出门有批发市场、实践有示范园地”“三位一体”的镇共享工程服务点，探索创新了“支部+共享工程+协会”的三加市场运作模式，受到省中心的充分肯定。街头镇代吉子村利用村共享工程服务点，组织群众学习先进的花岗岩加工技术，对外宣传村内丰富的花岗石资源，搜集石材市场供销信息，2011年实现农民人均纯收入过2万元。洪凝镇大尧居充分发挥共享工程的资源优势，对群众分类组织学习，向群众传输他们急需的各项实用技术，使共享工程成为大尧居村民的点子库。2009年，大尧居基层服务点被评为“省级文化信息资源共享工程规范化服务站点”。2008年9月份，省共享工程建设检查督导观摩交流团来我县检查观摩时，对我县共享工程建设也给予了高度评价。

八、宣传推广

1、五莲县支中心利用各种渠道宣传推广共享工程。在五莲县每年的科技文化四下乡活动、农村电影放映、消夏文艺晚会等活动中，五莲县支中心坚持以活动为平台，以资源为媒介宣传推广共享工程，让民众不断了解共享工程，走进共享工程。

2、专题活动，精彩纷呈。五莲县支中心在服务中抓住文化的热点和亮点，积极组织群众喜闻乐见的文化服务，使共享工程走进群众生活。例如在每年的世界读书日期间，五莲县支中心都会举办经典美文朗读、名师面对面写作沙龙等活动，邀请当地知名作家、主持人与基层群众一道品读中华经典，切磋写作技巧，共享文化盛宴。同时利用寒暑假期间开展共享工程青少年专题日活动，受到了在校学生和家长的一致好评。

九、工作展望

五莲县文化资源共享工程已走过6个年头，今天的549个行政村已实现全覆盖，从单一的资源接收到今天的编辑分发和群众广泛认知，广泛参与，文化资源共享工程在五莲县已经成为人民文化生活的一大支柱，成为繁荣五莲文化，丰富五莲人民精神文化生活，推动五莲人文科技进步的强大动力源泉。

（撰文/王立功、解 萍）

莒县支中心

莒县地处鲁东南，隶属于沿海开放城市日照市，辖20处乡镇，1195个行政村，对空面积1817平方公里，105万人口，是全国文明县、全国文物工作先进县、“中国民间文化艺术之乡（书画）”、山东省社会文化先进县、山东省民间书画艺术之乡、山东省民间剪纸艺术之乡、山东省历史文化名城、全省文化信息资源共享工程示范县。

一、基本情况

莒县文化信息资源共享工程支中心共享工程建设始于2003年，设在莒县图书馆院内。

2005年上半年，先在电子阅览室购买了两台电脑接入互联网，让部分读者学习现代网络技术和上网浏览查阅资料，开始了与现代信息技术的接轨。

2006年筹建建设了“共享工程莒县支中心”，先自筹资金上了20台套的电子阅览室，接入了互联网光缆，建起了共享工程莒县支中心网站。

2007年5月底，完成了浇灌混凝土卫星天线基座，按标准整理粉刷了中控室、电子阅览室、并对机房完成了改造。制作了部分乡镇、村的“全国文化信息资源共享工程标牌。”对部分乡镇村基层服务点的文化信息资源共享做了指导和辅导。制作了上墙的县级支中心、基层服务点管理制度职责版面。同时，制定了“全县文化信息资源共享工程实施方案”。提出了具体的指导思想，相互间的关系、作用、设备配置、运行经费及人员保证等方法步骤。

省里支持了10.6万元设备，配发了投影设备、卫星接收设备和一些硬件以及购买图创软件及其设备等，县县财政拨付专项资金15万元，建起了40平米中控室，铺设了防静电地板，80平米的电子阅览室，110平米的多媒体室；购置了数码笔记本电脑、照相机、数码摄像机等设施设备，安装了空调，防盗门窗等，内外部进行了装修，制作了县级支中心标牌、基层服务点管理制度和职责的版面，“两室一房”建设完全达标。实现了与现代信息技术的接轨，基本满足了读者学习现代网络技术和上网浏览查阅资料的需求，至此，全国文化信息资源共享工程莒县支中心全面建起。

莒县支中心在共享工程建设工作中，积极主动，争取资金，创造条件，先后建立起了20台规模的电子阅览室，能够进行卫星数据接；建立起了莒县图书馆网站，能够从互联网上浏览浏览国家、省、市和本县的文化信息资源；能通过磁盘阵列对数据进行大容量的存贮，对接收的文化信息资源进行大容量存贮和复制传播（磁盘阵列和光盘刻录机）。实现了文化信息资源能够从天网（卫星接收系统）接收资源，并且与党员干部远程教育系统相融合，实现了共建共享，实现了对100%的乡镇和95%的村庄的覆盖，扩大了在乡镇和农村的服务面。

二、网点建设

乡镇村基层服务点，依托组织部安装的农村党员干部现代远程教育系统，实行共建共享，在全县20个乡镇和全部行政村建立了服务站点，通过与党员远程教育共建共享，利用党员远程基层站点开展文化信息服务，达到了全覆盖。

“共享工程”丰富了党员远程教育的内容，传播了先进文化，更好地满足了居民的精神生活。及时方便、快捷、清晰地接收国家、省、市共享资源。提供了便民服务标识，桌面下载了“基层站点服务平台”，通过互联网和共享工程服务平台，基本满足了读者查阅国家和省市以及县支中心的各种视频和文本资料的需求。支中心为20个乡镇、村制作了70多块“全国文化信息资源共享工程标牌”。

莒县的文化信息资源共享工程建设的总体情况：乡镇规范化服务点14个，拓展型服务点2个，规范化服务点4个；村基层服务点1175个，扩展型6个；规范型2个。近年来，乡镇财政共投入上百万元用于共享工程建设，较好地使全县的共享工程达到了全覆盖。

三、培训工作

近年来，莒县支中心举办了二十多次共享工程培训班，为乡镇文体站长及各村的网络员辅导培训1000人次，教授他们熟练掌握文化共享工程设备使用方法，如使用“山东网上图书馆”、“新农村网上图书馆”的进入密码、程序、徽标等，支中心下基层辅导100多人次，提高了共享工程网络员的技术和管理水平。2009年上半年，为加快基层服务点的普及，编写了《乡镇文体站业务工作手册》培训教材，发放至全县各乡镇文体站长和网络管理人员手中，边利用多媒体对文体站长教学培训学习，边对照书本进行现场演示指导，收到较好效果。

四、经费投入

几年来，莒县支中心共享工程建设在省设备支持和县资金配套支持下，先后投资60余万元，并投入了大量的人力物力支持共享工程各项活动的正常开展。从根本上解决了长期困扰图书馆的电子阅览室和流通系统软件问题，完成了与现代信息技术的接轨，实现了从传统图书馆向现代图书馆的转变。

五、资源管理和技术支持

共享设备经招标，由山东省政通公司提供设备的安装、调试、以及技术支持工作。图书馆业务软件和技术支持均由山东省图书馆计算机中心提供和负责。通过卫星接收天网信息，通过互联网接收地网信息，通过移动硬盘接收省级分中心、市级支中心的共享资源信息，目前，莒县支中心已存有3个TB的音频视频资源。

六、合作共建

“共享工程”利用党员远程教育网，达到了互补和共享。莒县有线电视党员频道，专门来支中心选播我们的视频资料，供全县党员点播，采用广播电视电话免费点播等形式，主动为基层服务点和党员群众做好建设普及和服务工作，效果明显。

七、惠民服务，宣传推广

1、在资源共享中让更多群众得到实惠。

莒县招贤镇的大罗庄是种植西红柿的专业村，他们利用网络引进新品种，通过基层服务站提供的光盘，学习改进种植技术，通过网络进行销售，逐渐富裕起来。莒县招贤镇的董家坡利用村建的广场背投设备，夏天纳凉时间播放支中心提供的共享工程视频影视节目，老电

黄海晨刊小记者在公共电子阅览室共享资源

乡镇文体站长在莒县支中心里学习共享知识

影、老戏曲等，不仅活跃了气氛，增加村民团结和文化氛围，寓教欲乐，而且收到了良好的社会效果。

莒县城阳镇的岳家村，利用共享工程的网络信息服务，进行办企业，办工厂，村风和谐，邻里团结，村貌改观。书记许传江带领全村致富，并不忘及时开展家庭教育、尊老爱老教育，办起了养老院，凡年满60岁的老人，都可以搬进老年公寓，享受晚年幸福时光，解决了村民们的后顾之忧。

2、支中心共享工程进社区。

2011年7月，为庆祝中国共产党成立九十周年，丰富社区群众的精神文化生活，在城阳街道西大街社区，举行全国文化信息资源共享工程进社区、红色题材记录片放映活动。放映国家文化部全国文化信息资源建设管理中心制作下发的《文化共享心向党　庆祝中国共产党成立九十周年》活动光盘152张，受到了社会的欢迎，群众和行人都前来围坐观看，深受教育和启发。

3、建设先进文化，共享文化资源。

莒县支中心网站的“莒地家谱、莒地文史、莒地名人及读者天地”等栏目成为自己的特色栏目。其中利用率最高的是家谱目录（总目），通过我们的网络，解决了他们天南地北采访续制家谱的困难。

先后有北京师范大学历史系的学生、宁夏、河南、福建、济南、青岛、枣庄、临沂（莒南、沂南、沂水）等地，日照（五莲、岚山、东港以及莒县的）200多个氏族的400多名族人来支中心查阅家谱资料，使这一资源很好的达到了共享，市县电视台也做了《莒地家谱与莒文化》的专题报道，市领导给予了积极肯定和书面表扬，受到了社会的欢迎。

4、树立样板，积极服务。

2010年已在全县各乡镇实现了共享工程村村通。阎庄、城阳、夏庄和招贤先后又新建了文化综合大楼和面积不等的文化设施，都建设了电子阅览室，还有一批新建的社区都有共享工程设施，开展了积极的开放服务工作。我们还通过网站、讲座、宣传周等宣传手段进行，达到有声有色。

先后通过十多个乡镇基层服务点的样板进行现场会的形式，宣传学习，扩大影响。

八、管理和队伍建设

目前，莒县支中心由三人管理，均为大专以上学历，平时热爱和积极学习计算机知识，已通过了省计算机培训并取得了计算机证书合格证。乡镇、社区、村庄基层服务点有60名相应的懂计算机知识责任心强、懂得管理和使用的人员，正在发挥着积极的作用。

九、荣誉奖项

2008年4月，莒县被省文化厅、省财政厅命名为“文化信息资源共享工程示范县”。

浮来山镇也被山东省表彰为共享工程先进单位。

2008年度，莒县支中心被日照市文广新局评为文化信息资源共享工程先进单位。

2010年11月，莒县支中心参加日照市文广新局组织的共享工程知识与技能竞赛，夺得日照市团体总分第二名的成绩。

十、工作展望

随着时间的推移，莒县支中心将继续加强全国文化信息资源共享工程支中心的建设，对原建设施设备陈旧老化的早日争取更换，需要引进懂计算机技术和管理的人员进来，制作更丰富的课件，使其作用发挥的更好、更明显。

加强共享工程新农村社区和基层基层服务点的建设，不断进行督导、支持和培育典型，不断增强活力，让更多的人共享文化知识，得到实实在在的益处。

（撰文/杜树景、王瑞峰）

临沂市支中心

临沂市位于山东省的东南部，东部连接日照，地近黄海，西接枣庄、济宁、泰安，北靠淄博、潍坊。总面积17184平方公里，是山东省面积最大和人口最多的地级市。临沂市现辖3区、9县、及3个功能性区划，共计157个乡镇办事处，7151个行政村，人口1003.94万人。

临沂市按照国家和省里的统一部署，把文化信息资源共享工程建设作为统筹城乡发展、完善公共文化服务体系、保障人民群众基本文化权益的一项重要任务，作为一项民心工程、惠民工程，高度重视，精心组织，强化措施，整体推进，开创了文化信息共享工程建设的良好局面。目前，全市已经建立起较为完善的市、县(区)支中心，在全市157个乡镇、7151个行政村全部建立了文化信息资源共享工程基层服务点，形成了覆盖市、县(区)、乡镇、村(居)的四级网络，并开展了富有成效的服务活动，受益群众达120多万人次，在缩小城乡之间文化发展上的差距、建设社会主义新农村、构建和谐社会等方面发挥了重大作用。

一、基本情况

临沂市文化信息资源共享工程于2005年由沂水、平邑等县区开始试点建设。2006年在临沂市没有图书馆的情况下，市文化局通过与临沂网通公司强强联合，由市群众艺术馆提供场地，网通公司出资120万元，建成了全国文化信息资源共享工程临沂支中心。2007年文化共享工程建设工作在全市3区、9县全面展开，并依托党员干部现代远程教育网络平台，通过共享工程一站式服务平台将文化信息输往各村基层服务点，实现了资源共建、信息共享的"双赢"。同年，临沂市作为山东省文化信息资源共享工程"示范省"检查验收第一站顺利通过国家检查。2008年12月，临沂市文化共享工程实现全市范围内"村村通"全覆盖。2009年临沂支中心参加山东省文化信息资源共享工程知识竞赛并荣获团体第二名，同年12月全省文化信息资源共享工程规范化站点建设现场工作会在临沂召开，对大力加强服务终端建设，不断提高文化共享工程惠民效益，提出了明确要求。2011年临沂市图书馆建成并投入使用，临沂市支中心并入市图书馆管理，开始了临沂市文化信息资源共享工程建设新篇章。

二、管理和队伍建设

1、管理制度规范化

为了保证文化共享工程日常工作正常开展，由市中心根据国家中心和省分中心要求制定市、县支中心运行与管理规范，由县区支中心根据当地情况制定基层服务点运行管理规范并上墙公开。实际运行中做到责任到人，按制度要求做好上机登记，培训统计，年度总结等工作，将日常工作纳入规范化管理，为文化共享工程的开展奠定了良好基础。

开展道德讲堂活动

2、人员建设专业化

由于共享工程管理员的计算机操作水平高低直接关系到工程日常工作开展的好坏，市文化局以考聘的方式招聘计算机专业大学生从事共享工程管理工作，并通过市、县、村三级培训机制加强工作人员业务水平。市支中心工作人员通过接受省分中心培训提高业务素养，然后通过集中培训，现场指导，电话咨询和文献传递等方式对县区支中心工作人员进行业务培训，再由县区支中心对各村基层服务点兼职人员进行业务辅导，截止2012年10月市支中心共培训各级工作人员1200余人次。通过聘用专业技术人员和常态化培训，临沂市文化共享工程工作人员素质整体提高，在2009年全省共享工程知识竞赛中荣获团体第二名的好成绩。

三、硬件建设及服务

临沂市委、市政府一直非常重视文化共享工程建设，在市、县支中心建设上总投入达1030余万元，乡镇、村两级基层站、点的投入达到4000余万元。2011年临沂市支中心按照国家最新标准，投资100余万元在市图书馆重新建设了中心机房，配备了共享工程市中心所需服务器、防火墙等硬件设备，在市图书馆和市群众艺术馆分别新建了公共电子阅览室、多媒体教室，并开展电影放映、讲座培训及文化展览等服务。临沂支中心根据实际服务情况确定了市图书馆以未成年人服务为中心，市艺术馆以城乡老年人为服务重点的服务思路，以此整合资源开展针对性的服务。截止2012年10月，市支中心共开展社会专项培训22期，播放电影120余场，服务市民6万余人次，为市民提供了优质的学习、娱乐服务。

四、合作共建

临沂支中心秉承共享工程"山东模式"思路，大力推广"共建共享"并取得一定成效。硬件建设上，依托农村党员干部现代远程教育网络平台，以"一个站点，两块牌子"的模式在各乡镇、行政村建立起文化信息资源共享工程基层点，通过一站式服务平台的安装和资源推送实现了文化共享工程"村村通"全覆盖。资源建设上，市支中心尝试与市直文化部门合作建设"临沂非物质文化遗产数字资源库"已取得一定进展；郯城支中心自建了"服务三农、心系百姓"实用知识讲座视频数据库，已服务村民10万余人次。阵地建设上，面向地税职工和纳税人服务的罗庄地税局基层服务点的建成为市支中心拓展阵地服务奠定了良好开端。

五、工作展望

全国文化信息资源共享工程临沂支中心是临沂市共享工程服务群众的重要阵地，是省分中心与县区支中心沟通的枢纽，是各县区支中心建设的业务指导单位。市支中心运行7年以来，按时完成省中心安排的各项任务，积极组织、参与各项活动；常态化、多样化地对县区进行业务指导；规范化、多元化地为市民提供文化服务，得到了各级领导的肯定和广大市民的认可。同时，也暴露出地方特色数字资源建设匮乏，服务范围窄，已有数字资源适用性差、利用率低等问题。针对这些问题，共享工程临沂支中心制定以下工作计划：

1、加强特色数字资源库建设，展现临沂文化魅力。

2、以发展临沂市图书馆总分馆模式为契机，积极推进文化信息资源共享工程进学校、进企业、进社区，进一步扩大共享工程服务范围。

3、借助数字图书馆推广工程搭建起内容丰富、资源细化、跨网络的文化信息资源共享工程网站。

总之，文化信息资源共享工程是创新工程，是惠民工程。从全国文化信息资源共享工程建设、到公共电子阅览室建设、再到数字图书馆推广工程，文化信息资源共享工程构建了覆盖市、县（区）、乡（镇）、村的四级服务网络，建立了面向未成年人、老年人和进城务工人员服务的阵地，建成了内容丰富、特色突出的数字资源库，搭建了一个方便市民使用的数字化学习、娱乐平台。文化共享工程已融入市民生活，成为市民获取新知，娱乐身心的重要渠道和平台。

（撰文/王　东）

临沂市图书馆公共电子阅览室服务

临沂市兰山区支中心

临沂市兰山区位于山东省东南部，是中共临沂市委、市政府所在地。全区总面积590平方公里，辖4个街道办事处、9个镇，400多个村居、社区，总人口88万，流动人口30万。

一、基本情况

兰山区委、区政府高度重视文化信息资源共享工程的建设，按照“高起点规划、高标准建设、高效率运行”标准和要求，自2002年以来累计投入六十余万元在图书馆建起了文化信息资源共享工程支中心。并配备三名高素质的工作人员，建设了“五个平台”（信息资源管理和发布平台、网络传输平台、图书馆自动化管理平台、公益服务平台、设备安全管理平台）配备了卫星接收设备、规范的机房、多媒体教室和电子阅览室。

全区十一个镇街道及四百多个村居社区分别设立了基层服务点并与农村党员远程教育合网并行。

二、管理和队伍建设

共享工程的日常建设、维护以及使用、宣传、服务均少不了技术人员的技术支持，我馆在上图书管理自动化时就提出了“立足自身、学习提高、培养本馆技术人才”的目标，对于省馆组织的培训和学习我们积极派员参加，并在实际工作中鼓励馆员自学和实践，在这种和实际工作结合的摸爬滚打中，使队伍得到了极大地锻炼。目前，我馆所有工作人员均具有独立操作电脑的能力，保证了我馆共享工程的正常运行和日常服务。在2009年省文化厅举办的文化信息资源共享工程知识竞赛中，我馆代表临沂市获得了团体第二名和个人第二名的优异成绩。

三、培训工作

兰山区支中心自建立以来，共组织全区管理员培训班三届，乡镇培训班五届，培训人员150人，通过培训，不仅解决了他们在管理过程中遇到的实际问题，提高了专业知识，更是对共享工程在发展乡村的重要性有了更加深切的认识，对以后村民提供更加快捷的方便的服务充满了信心。

四、利民惠众、惠农服务

区级各之中心及各镇、社区基层服务点在不断完善硬件建设的基础上，健全各项管理制度和服务制度，加强对基层管理和技术人员的培训，不断丰富共享工程服务内容，提供便捷、丰富的数字文化信息资源。区支中心多次组织共享工程专兼职人员培训，并把接收国家、省中心的信息复制成光盘送到基层服务点。同时开通了兰山文化网网站，达到了资源的共建共享。区级支中心在全国率先开展聊共享工程进校园活动，先后在临沂四中、红星实验学校等建立基层服务点，同时，积极开展文化新信息共享工程进企业、部队、社区、农村活动。“五进”基层活动的开展，丰富了城乡群众的精神文化生活，对提高群众文化素质，构建和谐兰山起到了积极的促进作用。各乡镇、社区文化站也积极开展服务，切实让共享工程惠及到普通百姓。各文化站积极利用设备深入到农村文化大院开展聊送文化资源下乡活动。先后开展活动30场次，直接受益群众近5万人，发送共享工程简介5000余份，播放农村小戏、地方戏曲、农业科普、优秀电影等60余部，极大地丰富了广大农民群众的精神文化生活，得到了广大群众的认可和喜爱。

在认真了解群众文化需求的基础上，各共享工程基层服务点开展了富有特色、针对性强的文化活动，积极满足广大居民求知、求乐和求美的需求。如市南区利用文化共享机，设立“百姓影院”，定期放映各种题材的影片，实现了居民“不出社区（村）观赏影片”的愿望。枣沟头镇基层服务点将文化共享工程与加大农民科技培训结合起来，建立了百余座的培训中心，精心挑选了农业标准化生产、饲养管理、疫病防治、奶牛选育等农民急需的技术培训资料，定期对农民进行培训。枣沟头镇在上级部门配送文化共享工程设备的基础上，镇上自配了20多台电脑，并利用这些设备举办讲座，使生猪、肉鸡、蛋鸡和特种动物养殖，实现了科技含量和经济效益的大幅提升，促进了农民增收致富。

五、宣传推广

利用媒体进行宣传。主动与媒体沟通，在“共享工程宣传月”期间，通过兰山区本地媒体宣传次数达到20余次，扩大了群众知晓率。二是利用网站进行宣传。在区图书馆的网站上开辟了专门的共享工程宣传网页。三是利用展板进行宣传。在共享工程兰山区支中心设立文化共享工程宣传长廊，分建设成果、服务培训、发展规划等版块，用图片的形式介绍临沂市共享工程建设情况。在区图书馆大厅醒目位置设立展牌，还印刷了共享工程的彩色宣传折页，各社会发放累计2000余份。

六、工作展望

今天，前进中的兰山区共享工程支中心正焕发出勃勃生机，以其优雅的环境，优良的设施，优质的服务，现代化的管理手段，弘扬着人类璀璨的文明。它是每个公民的终身学校，它是信息时代的知识殿堂，它让我们美好的生活更加丰富多彩，将为“文明兰山”做出更大的贡献。

（撰文/临沂市兰山区支中心）

临沂市罗庄区支中心

临沂市罗庄区位于山东省东南部，总面积564平方千米，常住人口57.5万人，现辖5个街道3镇，257个行政村。罗庄区地理位置优越，是鲁南苏北重要的交通枢纽。

一、基本情况

罗庄区文化资源共享工程建设开始于2008年初，首先在所辖八个街道文化站的文化活动中心试点安装，面向行政村的普及分两批进行，首批56个村在2008年六月全部建成并开始接收文化资源，同年底第二批201个行政村进行安装，至此罗庄区所属行政村实现全区共享工程村村全覆盖。

共享工程罗庄支中心设在罗庄区文化中心，建设有专用机房一间，电子阅览室一处，拥有服务器3台，联网电脑30台。罗庄区图书馆是罗庄区共享工程的建设和业务指导单位，负责保障区中心共享工程设备的运行，协调镇村级共享工程设备的维修，指导镇村级共享工程活动的开展以及开展全区共享工程管理员的业务培训和指导。

二、管理和队伍建设

为加强共享工程支中心管理工作，使共享工程真正为民所用，罗庄支中心制定了《共享工程电子阅览室管理制度》、《共享工程展播厅播放制度》、《共享工程节目预告制度》、《支中心工作人员岗位职责》等一整套内部管理制度，使支中心步入规范化、制度化的发展轨道。

同时指导制定街镇、社区基层服务点工作职责和制度，实行制度上墙公开。每年有年度工作计划，月度有工作要点，季度有工作督导，年末有工作总结考核，并推行管理员工作日志管理，收集整理共享工程服务活动的得失，探索共享工程管理和服务新模式。

文化资源共享工作落到实处的关键是基层管理员，罗庄区共享工程支中心在管理员队伍建设上坚持明确职责，明确思路，制度化管理，常态化培育。对于街镇、社区两级基层共享工程管理上择优选取文化层次较高，有一定社会基层管理服务实践经验的大学生村官为管理员，他们工作热情高，有较高的文化水平能尽快熟悉掌握共享工程设备为所在村民服务。目前罗庄区共享工程管理员80%为各级大学生村官，20%是由较高学历的村委委员兼任，实现了管理员选取的高起点。

三、培训工作

为建立高素质的管理员队伍，罗庄区支中心在共享工程管理员的培养上实现了制度化和常态化。根据支中心工作要求，每年对辖区共享工程管理员以街镇为单位进行4期的集中培训，年培训各级共享工程管理员达500余人次。

四、经费投入

罗庄区委区政府高度重视文化资源共享工程，自2008年底实现社区全覆盖以来，罗庄区政府每年投入7万余元的经费，用于共享工程设备的维护、人员培训和惠民活动的开展。同时，罗庄区文广新局和罗庄区图书馆每年投入大量人力物力确保共享工程各项活动的正常开展。

五、资源建设

文化共享，资源是基础。罗庄支中心在历年的工作中，根据基层民众文化需求，选取、编辑制作各类题材文化资源3TB，每年制作发放展板30多块，各类海报、招贴画20余副，发放宣传资料2000余份。

六、合作共建

结合农村电影放映工程，以共享工程资源为依托，建立优秀电影资源中心。将各级各部门下发的电影资源整合到电影放映和共享工程资源中去，共建共享的方式对两方面工作起到了促进作用。其次部分社区根据自身实际情况将共享工程基层服务点与原有文化活动中心、电影放映室及远程教育播放室等场所合建，整合了资源，成为村民获取新知，娱乐身心的新渠道新平台。

七、宣传推广

1、罗庄区支中心注重利用各种渠道宣传推广共享工程。在罗庄每年的历次科技文化下乡活动中，罗庄支中心抓住时机，以下乡活动为平台，以现场播放文化资源和发放宣传资料为媒介宣传共享工程，让民众不断了解共享工程，主动走进共享工程。

2、文化资源走进校园。罗庄支中心积极探索文化服务新领域，利用支中心儿童阅览专区，争取学校配合，组织动员青少年儿童关注共享工程，利用共享工程，收集青少年知识兴趣点整理挖掘，深受广大青少年的喜爱。

3、不失时机推出专题活动。罗庄区支中心重视在服务中抓住文化的热点和亮点，紧扣时代主题，积极组织开展群众喜闻乐见的文化服务活动，使共享工程走进群众生活。例如“迎接十八大优秀电影展演”、“暑期优秀电子图书推介”等。

八、工作展望

罗庄区文化资源共享工程已走过5个年头，从最初的几个点到今天的行政村全覆盖，从单一的资源接收到今天的编辑制作和发放，文化资源共享工程在罗庄已经成为罗庄人民文化生活的一大亮点，成为繁荣罗庄文化，丰富罗庄人民精神生活，推动罗庄人文科技进步的强大动力源泉。

今后的发展道路上，罗庄区支中心将在上级部门和领导的大力支持和指导下，充分发挥支中心服务职能，进一步加强共建共享，整合资源，积极开展宣传服务活动，把优秀文化信息送到街道、学校、社区，让广大群众切实感受到文化信息共享工程带来的实惠，提升支中心的亲和力和吸引力，使支中心在繁荣农村文化、推进全区经济社会建设的过程中发挥更大的作用。

（撰文/临沂市罗庄区支中心）

临沂市河东区支中心

河东区位于沂河东岸，区域面积617平方公里，其中绝大部分为平原，是临沂市委、临沂市政府“沿河发展、北上东进”战略的主战场，全区行政区划有8个镇街道，设有省级临沂汤泉旅游度假区、河东工业园区（临沂临空经济区）、临沂农业高新技术产业示范区，共有335个行政村，人口54.5万。近年来，按照省、市部署要求，以党的十七届六中全会和十八大召开为契机，河东区坚持以科学发展观统领文化建设，结合全省公共电子阅览室工程建设，健全网络，狠抓落实，着力推进文化信息资源共享工程标准化、规范化建设，全区文化共享工程建设取得较好成绩，有力地推动了经济文化强区建设。

一、基本情况

2007年，区委、区政府投资100余万元，建起了包括电子阅览室、多媒体教室等于一体的高标准的文化共享工程河东支中心，并整合农村党员现代远程教育资源，实现乡村基层服务点全覆盖。2008年，河东支中心被评为“全省文化信息资源共享工程建设先进集体”，代表临沂市接受了全国文明城市的测评检查。2009年全省文化信息资源共享工程规范化站点建设现场工作会议在河东召开，九曲街道等3个基层服务点被省文化厅评为“优秀规范化站点”，2010年6月份，在全省率先开通了文化共享工程有线电视频道，探索了有线电视进村入户新模式。2011年，依托区图书馆新馆搬迁，建设了新的高标准的文化共享工程支中心，开通了数字图书馆，加快推进“五网合一”工程，根据省、市新的文件精神和标准要求，推进了全区344个文化信息资源共享工程基层服务点改造提升，全区共享工程规范化站点比率达到65%。文化部原副部长周和平，省文化厅原厅长亢清泉、副厅长李宗伟等领导都先后来河东视察工作，给予了较高的评价。

二、管理和队伍建设

为真正发挥共享工程在新农村建设中的先锋阵地作用，使之真正称为造福于民的“惠民工程”。经区里批准，河东区成立了文化信息资源共享工程支中心，从大学毕业生中考聘了2名计算机专业技术人员，专门负责基层点的培训、指导，课件制作、机器维修等。并制定了文化共享工程各项规章制度，建立了管理体系，各基层点建立“四种制度”，即管理制度、工作制度、信息服务制度、效果回访制度。出台了文化共享工程服务平台运行管理《暂行办法》，加强对区综合服务平台的维护和管理，确保安全、可靠、高效运行。为确保设备运行正常，以每个站点50元/年的标准，与电脑公司签订了维修合同，委托其负责全区共享工程设备的维修保养工作。统一印发了“三簿一册”，要求各基层点做到播前有预告、有考勤，播后有有讨论、有心得。并制定了基层服务站点管理员选任标准，在各村公开选配了1–2名站点管理员，并实行备案管理。目前，全区村级站点管理员中高中以上学历的达到80%，大专以上学历的达到25%。今年以来，全区收看文化共享工程节目的干部群众达到10万多人次。

三、培训工作

河东支中心采取集中培训、实地观摩、网上练习、上机操作、业务竞赛、技能比武等形式，着力提高管理员的政治素质和业务水平。每年举办基层服务点管理人员培训班8期以上，集中培训管理员600余人次。站点管理员全部持证上岗，达到会上网操作、会汉字输入、会收发电子邮件、会互动交流、会设备日常维护的“五会”要求。

四、经费投入

河东区委、区政府把文化信息资源共享工程业务经费、维护经费以及日常活动经费等列入财政预算，并制定有效措施，确保资金落实到位。到目前，区支中心建设总投入达160余万元，每年的运行经费10万元以上，镇街、村居两级基层服务点的投入达到1200余万元。2009年上半年，区委、区政府实施了区直部门“为文化办三件实事”活动，共为基层服务点捐赠电脑130余台、购置科技等实用光盘2万多盘（张）。

五、合作共建

为整合资源，共建共享，河东区文化广电新闻局与远程教育中心联合出台了《关于加强全区农村党员现代远程教育与文化信息资源共享工程资源整合工作的通知》等文件，实行农村党员干部远程教育终端接收站点和文化共享工程基层服务点“一站两牌”，在已建成的文化共享工程基层服务点加挂远程教育终端接收点牌子，共同使用资源，共同获益。同时通过与广电网、中小学教育网、政务网联网，完成了“五网合一”工程建设，形成了共建共享的良好建设机制。

六、抓建设带促动

制定了加快建设的方案，大力加强数字资源库、基层服务点和技术平台三项建设。2007年，区政府投资106万元，依托区图书馆建成了集演播室、电子阅览室、机房、办公室于一体的规范化区级支中心，开通了河东数字文化网。将基层服务点建设作为乡镇综合文化站、农村文化大院（社区文化中心）建设的首要重要内容来抓，加快工程建设步伐，率先在全市率先实现乡镇、街道，村居、社区基层服务点全覆盖。到2012年底基层服务点的规范型、扩展型、基本型比例达到70%、25%、5%。目前，全区站点全部做到了场所标识明显、配套设施齐全、物品摆放科学、制度规范上墙，并配置了高像素的摄像头，建有醒目的节目预告栏，其中有80余个站点购置了20台以上微机和投影仪，建立了电子阅览室和多媒体教室，场所面积达到了80平方米以上，有97个站点实行了电子视频监控。同时，统一标准，对全区文化共享工程基层服务点的制度、记录等进行了规范。

七、服务利民

为充分发挥文化共享工程基层网点在周边群众中的服务功能，河东支中心努力创新服务模式，改善服务方法，广开服务渠道，拓展服务领域，不断提高服务质量和水平。一是利用双休日、节假日，组织工作人员进社区、下学校利用投影仪播放名家讲座及影视作品及共享工程专题宣传片100余次，服务人数达200000人；二是充分利用国家及省、市中心资源，为镇街基层服务，先后为本地养殖场、专业生产户提供了大量实用的信息，为他们的生产、发展及销售解决了后顾之忧，如八湖镇以服务“三农”为重点，开展延伸服务，在当地万亩草莓成熟后，及时将信息通过文化共享工程网络发布，引来各地客户、游客竞相收购，使草莓种植每亩增收近千元；三是根据不同人群的阅读喜好、生活习惯，从网上下载整理营养健康、保健、军事等系列视频和文字资料，放到共享工程网站上，满足不同读者人群需求的同时，也丰富了他们的文化生活。各镇、街道结合实际，建设了一批特色鲜明的地方资源，例如九曲的“龙灯扛阁”、“泥塑”，太平街道的“彩印花布”、汤河镇的“柳编”、凤凰岭的“庄户剧团”等，深受当地群众的广泛欢迎。

八、工作展望

河东区共享工程自2007年完成全覆盖以来，特别是规范化站点创建活动以来，无论从服务效果还是服务质量都取得了明显成效，促进了全区文化工作整体水平的提高。但与先进市县区相比，还有较大差距。下一步，我们将以党的十八大精神为指引，虚心学习好经验、好做法，更加扎实地干好工作，为推进全区文化信息资源共享工程上台阶、上水平做出应有的贡献。

1、继续推进共享工程基层服务点的规范化建设

目前，我区文化信息资源共享工程的规范化站点的数量只有65%，离国家、省、市的标准还有较大差距，我们将根据实际情况，分期分批、争取财力，逐步完成共享工程规范化站点的建设，争取2015年底，完成全部334个

共享工程基层服务点的规范化建设，为广大人民群众提供更优质、更全面的服务。

2、发挥优势，整合资源，加大资源建设力度

文化信息资源建设始终是“共享工程”的核心。河东历史悠久，是东夷文化的重要发祥地，文化底蕴深厚，民间文化艺术多姿多彩。我们在利用国家及各省市区已开发的文化信息资源成果的同时，更应发挥本区资源优势，努力将有河东特色的文化信息资源开发出来，建好属于河东自己的数字资源库。

3、加强培训，不断提高队伍素质

共享工程是一项采用高新技术推动文化建设的工程，其特点是技术含量高。要求从事这项工作的人员须具备相应的知识和技术，根据工作需要每年由区支中心中心组织1-2次专业技术培训，以适应共享工程建设和服务的需求。

（撰文/临沂市河东区支中心）

郯城县支中心

郯城县位于山东省最南部，地处鲁苏交界，总面积1195平方公里，辖12个乡镇、1个街道办事处、1个银杏产业开发区、1个省级经济开发区、616个行政村。2007年，郯城县依据国家标准，投资210万元建成了全国文化信息资源共享工程县级支中心。2008年，郯城县被山东省文化厅、省财政厅命名为“山东省文化信息资源共享工程建设示范县”。2010年，郯城县支中心“文化共享服务三农”活动被山东省文化厅表彰为“公共图书馆特色服务品牌”。

一、基本情况

郯城县文化资源共享工程建设开始于2007年，县委、县政府高度重视文化共享工程建设，把文化信息资源共享工程建设摆上了突出位置，纳入重要工作日程，县委常委会、县政府常务会议专题听取了全县文化信息资源共享工程建设的工作情况汇报，成立了 文化信息资源共享工程领导小组。按照《山东省文化信息资源共享工程市、县（市、区）支中心和基层服务点标准》要求，县财政拨付专项资金用于县、乡、村三级文化信息资源共享工程的设备采购、网络维护、日常运行等基本建设，先后购置了服务器3台，笔记本电脑3台，台式电脑25台，以及投影仪、数码相机、打印机等相关设备。建成了集演播室、接收机房、电子阅览室、课件点播室、课件制作室、音像档案资料室于一体的规范化县级支中心。与此同时，大力加强乡镇文化站建设，80%的乡镇达到规范化标准。全县17个乡镇基层点都配备了投影仪、电脑和宽带网络，全县有90%的村街建起了基层服务点，60%的村街达到规范化标准。

文化信息资源共享工程郯城县支中心设在郯城县图书馆，是郯城县共享工程的建设和业务指导单位，负责保障县中心共享工程设备的运行，协调镇村级共享工程设备的维修，指导镇村级共享工程活动的开展以及开展全县共享工程管理员的业务培训和指导。

二、管理和队伍建设

1、实行“四统一”，完善运行机制。在建设过程中，我们实行“四统一”，即统一文化共享工程建设硬件标准，统一制作文化共享工程标志牌，统一文化共享工程管理制度，统一收看纪录簿，真正做到制度上墙，确保服务内容安排科学合理，各服务站点定期、按时开放。

2、坚持以人为本，加强专业队伍建设。今年以来，我们采取社会招聘、部门抽调等方式，组建了7人的资源建设、网站维护专业技术队伍；从农业、畜牧、卫生、司法、妇联等20多个部门聘请各类专家120人，由县政府发放聘书，组成了文化信息资源专家服务团，建立了文化信息资源专家人才库。同时，按照分级分批的原则，通过集中授课、网络互动、光盘教学等方式，县支中心对全县17个乡镇基层中心的34名管理员进行了集中业务培训，并分3批对660个村级基层服务点管理员进行了技术培训，为我县文化共享工程提供了坚实的人才基础。

三、开展特色服务

1、丰富服务内容。我们在郯城县共享工程网站上开设文化娱乐、科普知识、实用技术、医疗卫生、政策法规、商务信息、社会公德等七个栏目，在网上为广大群众提供各种服务信息。根据农民群众的需求，我们成立了专家服务团，启动了“服务三农、心系百姓”实用知识讲座，举办了手口足病防治、防雷电、早期稻田管理、生猪饲养、家禽饲养、夏季多发性肠胃病预防和治疗等讲座50余期，制作出和百姓生产生活息息相关的各类服务光盘万余张，发送到基层服务点，受益群众达10万人。

2、拓宽服务功能。为丰富暑假期间中小学生的文化生活，提高中小学生的道德素质水平，县支中心为青少年播放各类爱国主义影片和知识讲座30多次，受教育青少年达3000多人次。同时，还利用电子阅览室开展农民工免费实用技术培训活动，共举办各类公益性培训与教育12期，收到了良好的社会效益。

3、创新服务方式。我们坚持“贴进生活、贴进实际、贴进群众”二贴进原则，广泛地开展活动，切实让共享工程“五走进”，设立图书馆馆外服务站20处和临时播放点30处，流动图书达2万多册，流动播放影片讲座200余次，结合农村电影放映工程，利用送电影下乡，把共享工程课件送到农民群众手中，使基层群众不用到县城就可以享受到我们的服务。县支中心建立了基层服务点信

息采集报送制度，聘请了140名信息联络员，及时收集反馈信息，做到上下联动，渠道畅通。通过“一上一下”服务形式，开辟出了县、乡、村绿色服务通道，成为我县文化共享工程服务百姓工作新亮点。

四、强化舆论宣传

文化资源共享工程是惠及群众的一项民心工程，为使广大群众充分了解文化共享工程、认识文化共享工程，更好地利用共享工程，我们在县电视台设立了“文化信息资源共享工程专栏”，专门介绍全国文化共享工程概况和意义，并将文化共享资源节目提供给电视台，定期为群众全方位提供文化共享工程服务，使文化共享工程家喻户晓，人人皆知，营造了浓厚宣传氛围，更好地推动了全县文化共享工程健康发展。

五、下一步工作计划

1、积极探索新渠道。积极采用图书馆成熟技术，借助远程教育服务网络，大力开展公益性服务，积极探索共享工程与数字电视的结合方式开创新的发展途径，努力把文化信息资源共享工程用活、用好。

2、开展地方优秀文化展。优秀的古郯文化纳入共享工程，大力推介郯城民间民俗文化，特别是《鲁南五大调》、木版年画、木镟玩具、挂门笺等申报非物质文化遗产的项目，使地方文化艺术形式通过共享工程得到充分发展和保护。

六、工作展望

文化资源共享工程郯城县支中心建成后，我们不断创新思路，整合资源，配套联动，突出在发挥作用上狠下工夫，为广大群众提供了一个崭新的服务平台，但与各级领导的要求，与广大群众的期望还存在一定差距。

今后，我们将努力学习党的十八大精神，全面贯彻落实科学发展观，认真学习其他县区的先进经验，不断探索发展，加强管理，积极服务群众，切实保障人民群众基本文化权益，为建设鲁南经济文化强县做出积极的贡献。

（撰文/郯城县支中心）

苍山县支中心

苍山县位于山东最南部与江苏接壤。南部为平原，北部是山区，总面积1800平方公里，21个乡镇，常住人口117万，1179个行政村。苍山县文化资源共享工程在县文化广播新闻出版局的支持和领导下，逐步推进稳步发展，在新形势下为繁荣农村基层文化传递优秀文化资源发挥了重要作用。

一、基本情况

苍山县文化资源共享支中心始建于2005年，设在苍山县图书馆，没有专职人员，是苍山县共享工程的建设和业务指导单位，负责保障县支中心共享设备的运行，协调村镇级共享工程的设备维修，指导镇村级共享工程活动的开展，以及开展全县共享工程管理员的业务培训工作。

苍山县文化资源共享支中心最初成立时因无资金购买设备，一直无法开展工作，2007年由山东省财政厅、文化厅一起赠送了电脑及服务器、硬盘陈列等设备后开始开展工作。镇村级文化资源基层服务点先是在卞庄镇及卞庄镇代村试点，此后陆续在全县21个乡镇及有条件的村开展工作。

二、管理和队伍建设

苍山县文化资源共享支中心将日常管理工作纳入制度化管理，对照全国文化信息资源共享工程县级支中心考核标准中组织管理的规定，制定了苍山县支中心及镇村基层服务点的管理制度并上墙公开，按章办事。

文化资源共享工程是一个惠及千家万户的民心工程，是新农村建设中一个不可或缺的资源获取平台，有着丰富的文化资源。如何利用好这此资源，需要有一只专业知识过关并且富有责任心的管理员队伍。

苍山县共享工程支中心在管理员队伍建设上坚持择优选取一些文化层次高、有责任心，并有一定社会基层管理经验的人员为管理员。

三、培训工作

为了确保苍山县文化资源支中心的各项工作顺利开展，我们把管理员的培训工作制度化、常态化。在培训学习中我们强调“讲学习、讲态度、讲纪律”，学习的主要内容为《全国文化信息资源共享工程县支中心技术培训参考教材》、《计算机基础知识》、《中国图书馆职业道德准则》、《图书馆文明服务手册》等，每次培训期间组织各种形式的考核，考核后讲评，形成了一种“比学赶帮”的学习氛围。为开展共享工程各项工作打好基础。2007年以来共举办各类培训班35期，参加轮训的各级管理员达800余人。

四、资源建设

数字资源建设是文化共享工程建设和服务的核心，苍山县支中心在工作中，注意搜集有地方特色的各类资源，根据不同层次群众的需求选取、编辑了各类题材资源2TB。

五、合作共建

为拓宽全国文化信息资源共享工程服务范围，进一步提高“共享工程”海量数字资源利用率。苍山支中心根据不同乡镇村的硬件及各地域的特色进行服务，比如卞庄镇代村有一个1万平米农业展览馆。我们以此为依托举办蔬菜水果种植的培训班5期，参加培训的人员200余人，为老年大学的老年学员播放戏曲片30余次。

经过几年的努力，共享工程已逐步走入百姓生活，成为老百姓获取知识、娱乐身心的重要平台。

六、宣传推广

1、苍山支中心主动开展“共享工程”进校园活动，到当地的中、小学校特别是农村学校进行“共享工程”相关的宣传、介绍、培训活动，让师生了解全国文化信息资源共享工程，结合学校图书馆的建设情况让师生了解使用共享工程的网页，学生既可以上网看到健康向上的信息，也能让老师家长不用担心不良信息对孩子误导。让学生上网浏览学习，置身绿色环境，登陆红色网站接受传统教育，继承优秀文化，也可以充分发挥互联网中华文化及本地资源的作用，提高自身文化素质，把我们中华民族的传统文化发扬光大。

2、经常性地开展"共享工程"文化下乡活动。到农村发挥共享工程的普及科普知识引导群众致富奔小康的作用，让农民充分认识到依托文化信息资源共享工程可以提高自身的科技素质和种养殖技术。

我们通过搜集信息上网发布，使广大农民足不出户便知晓天下事，掌握瞬息万变的市场行情，及时调整种养殖结构，为农民的增收打下良好的基础。

播放共享工程推荐的资料片为农村文化中心赠送"文化共享"系列光盘等手段吸引众多的农民参加利用"共享工程"资源，鼓励他们利用共享工程网站查询各种资源。

（撰文/苍山县支中心）

莒南县支中心

莒南县位于山东省东南部鲁苏交界处，东与港城日照市相邻，南与江苏省连云港市接壤，西与临沂市河东区毗邻，北与日照市莒县相接。全县总面积1388平方公里，辖12个乡镇（街道）和1个省级经济开发区，575个行政村（社区、居），81.64万人口。2007年莒南县借助全国文化信息资源建设的强劲东风，把文化共享工程的实施纳入全县文化事业建设整体规划，把实施共享工程与加强基层文化建设、促进图书馆事业发展紧密结合起来，依托县图书馆建成文化信息资源共享工程县级支中心，建成后的支中心成为全县文化事业新的发展引擎。

一、基本情况

文化共享工程莒南县支中心于2007年6月建成，总建筑面积2000平方米，累计投入资金160万元。内设电子阅览室、主机房、综合业务加工室和多媒体教室等4处服务窗口。接入100MBPS光缆宽带专线，网络布线节点数100个。各项软硬件配套设备先进齐全，网络服务环境优良，形成了集数字化加工和信息网络传输于一体的共建共享技术服务平台。县财政每年支持5万元的运行经费，为支中心健康稳步发展提供财力保障。

二、管理和队伍建设

管理出效益，人才是支柱。在管理和队伍建设上，莒南县支中心严格实施科学管理下的制度化建设，规范基础上的专业化服务。一是抓制度，健全管理机制。出台了《支中心工作责任制》、《支中心工作流程与规范、》《支中心设备管理及操作规范》等制度。成立了支中心工作领导小组，明确分工职责，量化目标责任，做到任务分解到人，责任落实到肩。二是抓素养，打好队伍根基。在基层选拔一批思想好、事业心强、熟悉业务的人员担任管理员。县支中心工作人员积极参加上级业务部门开展的业务培训，同时做好传、帮、带，对基层服务点人员进行轮训，努力打造一支专业化的服务团队。三是抓规范，树立文明服务形象。制定并实施《文明服务规范行为和用语》，工作人员统一服装，挂牌上岗、文明用语。

电子阅览室配备导读辅导员，引导青少年健康上网。

三、合作共建

实现了与党员干部现代远程教育、数字电视、中小学校园网、数字电影放映的共建共享。实现了与国家图书馆图书联合编目，共享书目数据资源。在基层建成文化共享工程乡镇服务点13处，村服务点575个，形成了覆盖全县农村的共享工程网络。

四、惠民服务

县支中心始终以"服务群众，繁荣文化"为原则，充分发挥职能，积极开展惠民工作。免费开放了电子阅览室和多媒体教室，每年接待读者2.6万余人次。在城区、乡镇社区及多媒体教室为群众展播优秀影视剧及科教片46部，观众达3万人次。举办各类展览20余次。开展了"我与文明同行•读书之星"朗诵比赛、"送文化下乡、送科技上门"等活动。与县农业局合作举办农业知识讲座11期。与县文化馆合作开展文化辅导，辅导学员3000余人次。

五、资源建设

为建设乡土资源，加大资源储备，莒南县支中心因地制宜，从文化和农业两方面提升特色资源。在文化资源建设方面，继承挖掘本地根亲文化资源，整合历史文化信息，提升文化品位，制成《厉家寨、高家柳沟、王家坊前三个典型村——毛泽东批示五十周年庆典》、《团旗在这里飘扬》、《马髻山》等专题数字资源。同时利用馆藏文献建成地方文献资源数据库。在农业资源建设方面注重开展特色服务，针对农村迅速兴起的特色产业，支中心人员下基层，接地气，深入了解特色产业发展需求，分类制作了《花生高产栽培技术》、《板栗加工》、《梨树管理》、《怎样提高仔猪成活率》等科技光盘300余张，并及时送到农民手中，帮助农民增产增效，发展壮大特色产业。

六、宣传推广

文化共享工程实施之初，很多人特别是农村群众认识不到位，参与的积极性不高。为宣传推广共享工程，县支中心多方式加大宣传力度。一是利用新闻媒体扩大宣传。先后在莒南电视台、《临沂广播电视报》、《沂蒙晚报•莒南版》作专题报道。同时利用宣传车走街串巷，发放宣传单3000余张。二是深入基层，以组织群众收看与日常生产、生活密切相关、喜闻乐见的影片为切入点，开展内容丰富、形式多样的影片展播、收看活动。在播放形式上，采取定期播放和预约播放两种模式。定期播放是每周固定一个晚上定时播放，一般不少于两小时。预约播放则是利用逢集日，群众预约节目，再根据需求灵活安排播放内容。在收看活动中推行"四看"模式：一是党

员干部定期看，二是普通群众分组看，三是个别需要单独看，四是辅导人员引导看。多样的形式，丰富的内容，使农民逐渐认识、了解并喜欢上了共享工程，更好地推动了文化共享工程进村入户。

七、培训工作

截止到目前，莒南县支中心共举办基层网管员培训班15期，免费培训网管员3000余人次，完成了基层服务点全员轮训。结合农时季节进行市场信息发布，帮助农民拓宽致富渠道。举办大棚蔬菜、大棚草莓等各类培训班20多期，培训农民2600多人次，为培养有文化、懂技术、会经营的新型农民发挥了重要作用。

八、荣誉奖项

2007年莒南县被山东省文化厅、财政厅命名为“全国文化信息资源共享工程示范县”。2008年县图书馆被山东省文化厅、财政厅评为“山东省文化信息资源共享工程建设与服务工作先进集体”。馆长孙玉汉被评为“山东省文化信息资源共享工程建设与服务工作先进个人。”2009年莒南县支中心报送的《馆长老曹》在首届山东省文化共享工程服务典型专题片评比中荣获三等奖。

九、工作展望

文化信息资源共享工程的服务任重道远，面对未来，莒南县支中心在各级主管部门的正确领导支持下，将始终以党的十八大精神为指引，结合新的实践和时代要求，积极探索文化共享的服务方式，拓展服务渠道，提升服务水平，完善长效机制，把文化共享工程与广播电视村村通、农家书屋和现代远程教育结合起来，进一步发挥文化共享工程服务作用，不断满足人民群众精神文化生活需求，为促进社会主义文化大发展大繁荣做出新贡献。

（撰文/李 娟）

沂水县支中心

沂水县位于鲁中南地区、沂蒙山腹地，总面积2434.8平方公里，辖19个乡镇，1040个行政村，113.2万口人。

一、基本情况

沂水县文化信息资源共享工程自2005年开始实施以来，就受到了县委、县政府的高度重视，2006年起被列入全县“十一五”规划并作为重要的文化惠民工程来抓。2007年5月依托县图书馆建成了县支中心并投入使用。县支中心设在县图书馆，是沂水县共享工程的建设和业务指导单位，负责保障县中心共享工程设备的运行，协调镇村级共享工程设备的维修，指导镇村级共享工程活动的开展以及开展全县共享工程管理员的业务培训和指导。2008年11月沂水县支中心被授予首批“山东省文化信息资源共享工程建设先进集体”荣誉称号。

县支中心针对当前文化事业的实际情况和科技发展的水平，整合现有的文化资源，积极开展创新工作，推进共享工程在沂水的全面发展。几年来，本着“资源共建共享，不搞好重复投入”的原则，通过联合党员电教基层服务点实现共建共享，对各基层服务实施了“统一管理、统一培训、统一维护和服务”的一体化管理模式，积极推进基层网点建设，在基层建成了19个乡镇级基层服务点和1063个村级服务点，建成了完善的三级网络服务体系。

二、队伍建设、培训与管理

为切实保障共享工程在我县的顺利开展，支中心在图书馆工作人员中选拔责任心强、技术水平高、善于钻研学习的人员作为支中心的具体管理人员，并陆续招考计算机技术专业的大学生加入到管理队伍中去。现有专(兼)职工作人员4名。支中心在管理员队伍建设上坚持明确职责，明确思路，制度化管理，常态化培育。根据支中心工作要求，每年对乡镇级基层服务管理员进行2次集中培训，2007年以来一共举办各类培训班12期，参加轮训的乡镇级管理员达200人次。另外，在县支中心的指导下，乡镇级服务点每年都要对所辖村级服务点管理人员进行1次集中培训。为使共享项工程真正发挥惠民所用，县支中心将共享工程日常管理纳入制度化管理。先后制定了《文化信息资源共享工程县级支中心职责》、《县级支中心管理制度》、《县级支中心机房管理制度》以及《乡镇、村基层服务点工作职责和制度》等一系列规章制度，并实行制度上墙，遵照执行。

三、经费投入

自2007年以来，县支中心先后投入了100余万用于共享工程建设。目前支中心设有信息中心、中控机房、电子阅览室、多功能报告厅四个部门。电子阅览室现有终端共40台，其中成人阅览区20台，少年儿童阅览区20台，服务管理机1台；中心控制机房现有网站服务器、图书馆业务服务器、卫星接收服务器各1台，百兆交换机3台，标准机柜各1台，UPS电源1套，百兆防火墙1台。信息中心现有移动存储播放器1台、扫描仪2台、功放机1台，笔记本2台，外置刻录机1台，移动硬盘4块，复印机1台，激光打印机黑白彩色各1台，数码照像机、传真机各1台，台式机3台；多功能室报告厅有电视机1台，功放1套，音箱、话筒各1套，投影仪1个，电动幕布1块，便携放映幕布1块，支架式幕布1块，笔记本1台，100座位。

四、资源建设

县支中心通过国家中心下发、卫星接收、购买、自制等不同方式，编辑制作了政策学习、科学教育、科技致富、医药卫生、文化遗产、电子图书等各类题材资源4TB。并通过自主开发设计的“文化信息资源网”网站，向基层网点提供在线观看与下载，还在网站上开通了读者自助服务功能，读者可以利用互联网检索县馆书目，自主进行远程续借预约服务，使用方便的信息传输方式，受到了广大群众的欢迎。县支中心还积极开展数字图书馆建设，购买资源建成了数字动漫图书馆，并将馆藏古籍书目进行数字化，做成了26册古籍图录供读者研究使用。

五、业务活动开展

为充分发挥共享工程资源在传播先进文化方面的作用，为让更多的城乡群众享受到内容丰富、健康向上的文化信息，县支中心集思广益，多年来不断开展各项活动，注重了资源整合工作，把共享工程、党员远程教育、农家书屋、社区阅报栏进行大力整合，不仅有效地节约了资金，方便了管理，还进一步扩大了服务范围，2008年5月，县图书馆率先向社会实行“无门槛”免费开放。

县支中心利用共享工程基层服务点配备的设备，通过自建的“沂水文化信息资源网”影视栏目，实现了群众“不出家门观赏影片”的愿望，利用移动存储播放器内储存丰富的影片资源，定期放映各种题材、各个年龄段人群喜爱的影片。与沂水县交警大队联合共建了“交通安全教育宣传之窗”；县支中心还经常利用节假日在多媒体报告厅为广大市民群众开展优秀电影放映、视频讲座等集体活动，既丰富了广大读者的文化生活，又极大地调动了读者群众参加文化活动的积极性，促进了和谐社会的建设。县支中心电子阅览室拥有大量的图书、视频、影视等资源信息，深受读者欢迎，优异的环境为广大青少年提供了绿色上网平台，每到双休日、节假日就为上网的青少年读者开展计算机技术免费培训，不定期开展计算机知识竞赛，都倍受广大家长称赞。县支中心还经常深入各乡镇（村）基层点，把国家、省中心提供的丰富资源送到急需的基层点，并帮助基层点人员为群众开展信息咨询服务。

另外，县支中心还积极参加上级中心举办的各类活动。支中心制作的《姬王崮的传说》、《齐长城穆陵关传说》入选山东文化信息资源共享工程基层中心优秀资源库；在山东省举办的共享欢乐--山东省文化信息资源共享工程摄影作品展，全国举办的文化共享工程学习“双百”人物征文活动以及山东省文化信息资源共享工程少年网页设计竞赛活动中，县支中心都取得了优异的成绩。

2012年与临沂大学沂水分校达成协议，联合开展图书馆资源共建共享，实现了公共图书馆与高校图书馆联合建馆的新的图书馆管理模式，真正达到了文献资源共享，人才资源共享，管理技术共享。

共享工程作为一项文化创新工程，在我县实施以来所发挥的作用十分显著，无论是促进社会主义和谐社会

的构建，还是在促进社会主义新农村建设上，都彰显出了它作为文化创新工程的独特魅力。

六、工作展望

回顾过去，成绩来之不易，展望未来，任重道远。文化共享工程的实施，有力地推动了图书馆事业的发展。目前，沂水县图书馆藏书已超过23万余册，持证读者2万余人，年接待读者10万余人次，外借图书超过20万册次，在社会公共文化服务中取得了显著的社会效益。今后，我们将在不断改造提升县支中心设施建设与服务水平的基础上，大力加强基层文化设施网点网络化、数字化，加强文化、科技信息资源在群众生活中的重要性，不断培养专业技术人员，为深入推进共享工程的实施打好基础。努力把文化信息资源共享工程用活、用好，以先进文化教育广大群众，提高人民群众的思想道德水平和科学文化素质，最大限度地将信息资源转化为生产力，使共享工程更加贴近基层、贴近生活、贴近群众。相信在不久的将来，沂水的文化信息资源共享工程一定会以一个全新的面貌展现在群众面前，成为沂水县在社会主义农村建设中的有力支撑。

（撰文/沂水县支中心）

蒙阴县支中心

蒙阴县位于山东省东南部、临沂市北部，因地处蒙山之阴而得名。总面积1605平方公里，现辖蒙阴、常路、高都、坦埠、野店、岱崮、桃墟、界牌、垛庄、联城10镇和旧寨乡，464个行政村。

一、基本概况

蒙阴县共享工程支中心始建于2007年，由县政府投资近50万元建成，下设机房、电子阅览室和多媒体放映室，所有硬件、软件要求均符合标准要求。支中心共有工作人员3人，设主任一名，副主任1名，负责全县各基层文化共享工程站点的辅导和培训等工作。

为使共享工程真正为民所用为民谋利，蒙阴县支中心将共享工程日常管理纳入制度化管理。各基层站点制定了相应的工作职责和规章制度，制度上墙，使共享工程建设逐步实现了规范化。

二、创新服务方式，扩大共享工程覆盖面

在推进文化共享工程建设过程中，县文化信息资源共享支中心着眼于扩大共享工程的影响力和覆盖面，实施了“四项创新”：通过多种形式拓展服务范围，力求最大化；创新服务方式，力求便民化；创新服务载体，力求因地制宜，不搞一刀切；在服务内容上，力求特色化。

蒙阴县有线电视用户达到了8.4万户，全县464个行政村全部通上了有线电视，入户率达85%。利用这一优势，为扩大远程教育宣传面，县文化信息资源共享支中心与党员远程教育中心、广播电视台共建共享，在县电视台开通了农村党员干部现代远程教育电视专用频道，开辟了一条不受时间、地域限制的崭新文化传播渠道，获得了传统文化传播手段难以达到的社会效益。这是建立在资源共建基础上的开放式、社会化的教育培训体系，具有信息大、覆盖面广、方便快捷、生动直观等明显优势，可以对农村党员干部群众进行“点播式和现场直播式”教育。每周由县文化信息资源共享支中心向广播电视台至少报送2–5部片源与党员远程教育节目共同播放，每周一下午至周日，全天滚动播出。

为更好地服务群众，使群众得到真正的实惠，我馆工作人员深入群众之中进行调研，了解群众最需要什么，充分利用文化共享工程拥有的资源优势及共享工程网络资源内容新颖、实用性强、信息量大、数据传输快速方便的优势，认真搜集下载适用于当地群众的政策法规、先进性教育、农业科技、文化体育等资源信息，通过有线电视台进行播出，使文化信息资源走进了千家万户。

县文化信息资源共享支中心积极采用先进、实用的科学技术手段，通过移动硬盘服务、光盘服务等模式，把文化信息资源传送到城乡基层文化网点和群众身边，使基层文化阵地得到了巩固，活跃了城乡群众精神文化生活。县文化信息资源共享支中心每年将下载的共享工程信息资源刻录千余张光盘、印制几千份宣传资料在文化下乡时免费向群众发放，受到了广大群众的欢迎和赞扬，使共享工程成为了一项“党得民心，民得实惠”的文化工程。共享工程支中心还充分利用多媒体放映设备开展放映工作，每年放映20余场优秀电影及优秀戏剧，观众达万余人，丰富了广大群众的业余文化生活。

（撰文/蒙阴县支中心）

平邑县支中心

平邑县位于临沂市西部，沂蒙山区腹地，辖12个镇、1个街道、1个经济开发区，人口近百万。是享誉中外的“中国金银花之乡”、“中国花岗石之乡”、“中国石材之乡”。

一、基本情况

2005年，全国文化信息资源共享工程会议召开后，我县各级领导和文化主管部门对此项工作高度重视，多次召开专题会议，成立了共享工程建设领导小组，并制定了建设实施方案，特别是2006年以来，各级领导多方筹措资金，争取上级的大力支持，先后投入十二万余元，

对支中心场地进行装修以及附属设施的准备，2007年6月，我县被省文化厅列为全省三十个贫困县之一，为我县支中心配备了服务器3台、卫星接收器一个、微机35台、投影2部等40余万元的先进设备，通过向县人事局申请，为支中心增编主任一名，计算机专业人才两名，成立了中心办公室，健全了各类档案，2007年10月，支中心建成中心机房、电子阅览室、多媒体教室、所有设备安装调试完毕，投入正常使用，并制做了各类制度牌和警示牌等，达到了省文化厅制定的支中心A级标准，顺利通过国家文化部达标验收，特别是我县安装的110联网报警系统和防静电系统，达到了标准，受到了省文化厅领导的表扬。

2008年元月份以来，我们严格按照市文化局关于对电子阅览室的管理规定，通过各方面的关系协调，电子阅览室免费向全县广大读者开放，并对开放时间、服务登记、阅览内容等各项管理制度进行了规范，开放以来，读者达到了3万余人次，其中少儿读者达1万余人次，结合文明城市的创建活动，我们在电子阅览室还设置了盲人专用机座3台，安装了盲人视听软件，购置了盲文书籍，建起了盲人阅览室。通过几年来的努力，受到广大读者的一致好评。同时，我们还利用投影设备定期为乡镇、社区播放科教、娱乐、卫生和安全等内容的影片，深受广大群众的喜爱，全年共播放影片120余部，服务群众达12000余人次。

在基层报务站点建设方面：近几年，县委组织部远教中心为我县733个行政村安装了农村党员现代远程教育设备，并投入使用，进村率达到了100%。每村都配有卫星接收系统、电视机（投影仪）、微机、DVD播放机等设备，并都接入了互联网。

根据省文化厅和省委组织部联合会议要求，县领导和文化行政部门与县委组织部领导协调，将农村党员现代过程教育网络与文化信息资源共享工程相结合，一个站点挂两块牌子，此项工作已基本完成，县支中心对全县基层报务站点进行了文化共享工程系统软件的安装、调试，并培训了管理人员，张贴了管理制度和服务站点职责，全县12个乡镇、一个街道办、一个经济开发区已全部达到了省文化厅制定的乡镇接收站点A级标准，达到了100%，全县733个行政村接收站点有382个达到了A级标准，达52%。

二、管理和队伍建设

为使共享项工程真正为民所用为民谋利，平邑支中心将共享工程日常管理纳入制度化管理。制定支中心、

镇、村基层服务点工作职责和制度，实行制度上墙公开。每年有年度工作计划，月度有工作要点，季度有工作督导，年末有工作总结考核，并推行管理员工作日志管理，收集整理共享工程服务活动的得失，探索共享工程管理和服务新模式。

文化资源共享工程作为一个新的农村文化资源获取平台，如何推广好、利用好共享工程丰富的文化资源关键在于是否有一支专业化的共享工程管理员队伍。平邑县共享工程支中心在管理员队伍建设上坚持明确职责，明确思路，制度化管理，常态化培育。县级支中心配备了两名本科毕业生，计算机专业。对于乡镇、村两级基层共享工程管理上择优选取文化层次较高，有一定社会基层管理服务实践经验的人员为管理员，

三、培训工作

平邑支中心在共享工程管理员的培养上实现了制度化和常态化。根据支中心工作要求，我们统一编写了培训教案，制作了多媒体课件，每年对全县共享工程管理员进行3期的集中培训，2007年以来一共举办各类培训班18期，参加轮训的各级管理员达700余人次。

四、经费投入

平邑县共享工程实施以来，县财政每年为支中心拨款2万元运行经费，2011年，县财政投入30万元，购置了130微机，建设了乡镇文化站和行政村基层服务点公共电子阅览室18家，2012年又投入30万元，购置电脑120台，建设了12家电子阅览室，同时，平邑县政府，平邑县文广新局每年也投入大量人力物力支援共享工程各项活动的正常开展。

五、资源建设

平邑支中心在几年的工作中，搜集不同区域民众文化需求，选取、编辑制作各类题材资源2TB，每年制作发放各类光盘2000多张，发放宣传资料2000余份。

六、合作共建

以共享工程为依托结合全覆盖的农村党员远程教育资源服务中心，与全县中小学远程教育相结合，与电影公益放映相结合，将文化信息资源平台上下载的节目内容为群众播放。通过多方不懈努力，共享工程已逐步走入基层村民生活，成为村民获取新知，娱乐身心的新渠道新平台。

七、利民惠众，惠农服务

平邑支中心在共享工程服务实践过程中，以民众的需求为导向，积极探索，服务民众生活生产，引领群众高尚精神文化生活，打造群在满意喜爱的文化服务新平台。

根据平邑县地域农业生产特点，平邑支中心每年按节令制作农业生产技术光盘和小册子通过行政村基层服务点村民分发。针对不同农业专业者，平邑支中心有针对的选取资源上门指导服务。

八、宣传推广

平邑支中心利用各种渠道宣传推广共享工程。 是利用每年的科技文化下乡活动进行宣传；二是利用电影公益放映时机进行宣传；三是利用送戏下乡时机进行宣传；四是利用读书会、演讲会、图书馆宣传周活动时机进行宣传；五是利用建设农家书屋、电子阅览室时机进行宣传。

（撰文/平邑支中心）

费县支中心

费县位于山东省东南部、蒙山之阳，地处沂蒙山区腹地，总面积1660.11平方公里，现辖12个乡镇，475个行政村，是中国板栗之乡、核桃之乡、西瓜之乡、奇石之乡。费县文化资源共享工程在费县文广新局、市图书馆大力支持下，各级领导高度重视，全面快速推进这项公益性工程，为丰富农民群众多元化文化生活，弘扬中华民族文化，促进地方经济的持续健康发展和社会稳定发挥了重要作用。

一、基本情况

费县文化资源共享工程建设开始于2003年，经过了试点推广、完善提高、普及规范的过程，2007年实现乡镇村落的全覆盖。目前基层服务网点475个行政村，工作人员700余人，其中比较典型的网点有40余处，都各自拥有了基层电子阅览室，多媒体教室，专业技术服务人员。

共享工程费县支中心设在费县图书馆，是费县共享工程的建设和业务指导单位，负责保障县中心共享工程设备的运行以及全县共享工程管理员的业务培训和指导，协调镇村级共享工程设备的维修，指导镇村级共享工程活动的开展。

二、管理和队伍建设

为了让更多的群众知晓全国文化信息资源共享工程，真正为民所用为民谋利，费县支中心将共享工程日常管理纳入制度化管理，制定支中心、镇、村基层服务点工作计划、工作职责和制度，实行绩效考核，季度督查通报，年度总结表彰。文化资源共享工程作为一个新的农村文化资源获取平台，如何利用好、发挥实效关键在于有一支专业化的共享工程管理员队伍。通过考察考核选拔大学生村官和较高学历的村委主任兼任基层点管理员，达到建站标准高、文化起点高、责任心强的目标。各基层点经常在服务点张贴宣传标语，发放服务内容“明白纸”，宣传全国文化信息资源共享工程，各项规章制度上墙。从而提升广大农民群众对全国文化信息资源共享工程的认知度和参与的积极性。同时，加大师资队伍培训管理，坚持每月一培训、每月一考核、地方负责制度，邀请专业老师进行讲座，便于更好的全方位管理培训。

现在费县（支）中心已建设成为拥有工作人员4名，讲师2名，配备电子阅览室，建有容纳100余人的多媒体学术报告培训中心和流动播放车等多功能的服务中心。

三、培训工作

费县支中心为了建设的持续长效化，立足实际，强化措施，狠抓管理员培训步入了制度化、常态化、规范化的轨道。费县支中心根据年度工作计划要求，定期对全县共享工程管理员进行集中培训4期，2003年以来一共举办各类培训班38期，参加轮训的管理员达2200人次。

四、经费投入

费县共享工程自2007年实现乡村全覆盖以来，目前总投入资金80万余元，进行设备维护更新、精英队伍建设以及人才培训等。同时，争取费县人民政府、费县财政局每年也投入大量人力物力支援共享工程建设，为各项

活动的正常开展奠定了基础。

五、资源建设

为了更好的服务群众文化生活，费县支中心在多年工作中，注重不同区域民众文化需求，搜集、编辑制作各类题材资源多媒体光盘资料600有余，涉及种植，戏剧，教育、艺术、医学等多个方面，硬盘资源500G，每年制作宣传展板100多块，各类大型海报、招贴宣传画230张，发放宣传资料10000余份。自2008年费县支中心配置了流动播放车，坚持每星期一次基层播放励志电影，各种种植、养殖技术等科教资源片，及时听取大众意见，完善服务功效，现在已配备各类资源累计500TB。

六、合作共建

为了更大的发挥文化信息资源共享工程作用，费县文广新局和费县图书馆创新工作机制，立足实际，联合县财政局、县党员现代远程教育中心开展共建共享工程，依托党员现代远程教育中心卫星视频传输平台，通过终端收点建设、资源开发、日常管理和运作，乡村支持，加大财政投入，全面推动共享工程建设走向深入。共享工程已逐步走进基层，扎根千家万户，成为村民富脑娱乐的新平台。

同时，各基层点还经常与地方畜牧、防疫、农业、水利、卫生、文化等多个单位人才到实地考察，然后根据实地情况进行对称影片播放和培训，效果显著。

七、利民惠众，惠农服务

费县支中心在共享工程建设实践工作中，以民众的需求、丰富群众高尚精神文化生活、打造满意的文化服务品牌为目标，根据费县农业区域经济的特点，每年选取不同的文化资源如种植、养殖等上门指导，累计服务农村专业合作社120多家，长期点对点跟踪服务重点15户。

八、宣传推广

1、费县支中心利用广播、电视、报纸以及宣传栏等媒介推广共享工程，以科技文化下乡、革命老区红歌会等活动平台，集中全面宣传共享工程，让民众不断了解、认知共享工程。

2、费县支中心与费县教育局、费县消费者协会联合开展进校园活动，组织动员不同层次的学生，举办科普知识竞赛，远离网吧和垃圾食品，倡导科学、理性、环保消费，关注共享工程，利用共享工程。

3、活动形式丰富多彩。费县支中心深入基层，积极组织群众喜闻乐见的文化服务，使共享工程走进群众，贴近生活。例如费县支中心积极参加全县群众“建设生态和谐新费县”歌咏活动，并获得二等奖荣誉。

九、工作展望

费县支中心运行至今，通过各方面努力，得到费县城乡居民广泛的认可。并取得新成效。为发挥全国文化信息资源共享工程最大的作用，对于未来我们相信。在各级领导和广大群众的支持和监督下，我们计划到2015年，使各级人才队伍扩大到1000余人，基层点800余个，资源存储量达到10TB，建设配有基层电子阅览室，多媒体教室等多方面服务基层点60处，形成布局合理完善，工作常态化、制度化、程序化，网点全覆盖全县架构体系，为建设和谐生态新费县做出更大贡献。

（撰文/费县支中心）

沂南县支中心

沂南县总面积1706平方公里，辖15个乡镇（街道）、1个省级经济开发区，572个行政村、90万人。境内有“三高一铁”（京沪、日东、长深高速公路和胶新铁路）及一条国道、三条省道，交通便利；距临沂飞机场30公里，距日照港80公里，区位优势明显。

一、基本情况

2006年，我县被省文化厅批准为省级文化信息资源共享工程试点县，按照统一规划、统一标准、统一格式的要求，我县以图书馆为基础，建立了文化信息资源共享工程沂南支中心，并在每个乡镇建立了一个村级文化信息资源共享工程示范点。

2011年我县实现全覆盖共享工程村村通。

共享工程沂南支中心设在沂南县图书馆，是沂南县共享工程的建设和业务指导单位，负责保障区中心共享工程设备的运行，协调镇村级共享工程设备的维修，指导镇村级共享工程活动的开展以及开展全区共享工程管理员的业务培训和指导。

二、管理和队伍建设

为使共享项工程真正为民所用为民谋利，沂南支中心将共享工程日常管理纳入制度化管理。制定支中心、镇、村基层服务点工作职责和制度，实行制度上墙公开。

每年有年度工作计划，月度有工作要点，季度有工作督导，年末有工作总结考核，并推行管理员工作日志管理，收集整理共享工程服务活动的得失，探索共享工程管理和服务新模式。

文化资源共享工程作为一个新的农村文化资源获取平台，如何推广好、利用好共享工程丰富的文化资源关键在于是否有一支专业化的共享工程管理员队伍。沂南县共享工程支中心在管理员队伍建设上坚持明确职责，明确思路，制度化管理，常态化培育。对于乡镇、村两级基层共享工程管理上择优选取文化层次较高，有一定社会基层管理服务实践经验的大学生村官为管理员，他们工作热情高，有较高的文化水平能尽快熟悉掌握共享工程设备为所在村民服务。

三、培训工作

沂南支中心在共享工程管理员的培养上实现了制度化和常态化。根据支中心工作要求，每年对各个共享工程管理员进行集中培训，2012年以来一共举办各类培训班，参加轮训的各级管理员达500多人次。

四、经费投入

沂南县共享工程自2011年实现村村全覆盖以来，沂南图书馆每年投入30余万的运维经费，用于共享工程设备的维护，人员培训和惠民活动的开展。同时，沂南县政府，沂南县文广新局和沂南图书馆每年也投入大量人力物力支援共享工程各项活动的正常开展。

五、资源建设

沂南支中心在历年的工作中，搜集不同区域民众文化需求，选取、编辑制作各类题材资源，每年制作发放各类光盘1000多张，发放宣传资料3000余份。

六、合作共建

以共享工程为依托结合全覆盖的农家书屋建立电子文献资源服务中心。将各种部门下发的电子文献资源与建立的共享工程服务点结合，根据不同乡镇、村的硬件条件建立形式多样的电子阅览室和多媒体中心。通过多方不懈努力，共享工程已逐步走入基层村民生活，成为村民获取新知，娱乐身心的新渠道新平台。

七、工作展望

沂南县文化资源共享工程已走过7个年头，从昨天的几个示范点到今天的572个行政村全覆盖，从单一的资源接收到今天的编辑分发和群众广泛认知，广泛参与，文化资源共享工程在沂南已经成为沂南人民文化生活的一大支柱，成为繁荣沂南文化，丰富沂南人民精神生活，推动沂南人文科技进步的强大动力源泉。

今后沂南支中心希望在国家中心，临沂分中心大力支持下为沂南共享工程建设一支专业化的服务队伍，建立一个国家、市、县三级知识网络联动的即时问答服务体制和服务形式更加多样，服务网点更加宽广，参与群众更加广泛的共享工程文化带动体系，为建设科技沂南，文化沂南做出贡献。

（撰文/沂南县支中心）

临沭县支中心

临沭县位于山东省最东南部的苏鲁交界处，因濒临沭河而得名。现辖8个镇，2个街道办事处，1个省级经济开发区，1个新型工业化示范区，287个行政村，总人口63万人，总面积1038平方公里，是闻名遐迩的中国钻石之乡、中国柳编之都。

一、基本情况

文化信息资源共享工程临沭支中心始建于2007年5月，2007年8月建成投入使用。临沭县支中心设在县图书馆，包括80平方米的电子阅览室、120平方米的多媒体放映室、8平方米的中心机房各一处，配备服务器、磁盘阵列、交换机、防火墙、UPS电源、投影仪、刻录机、移动硬盘等设备。我们按照“2007年建设临沭街道、郑山街道、白旄镇、店头镇、石门镇5个分站点；2008年建成大兴镇、青云镇、蛟龙镇、曹庄镇、玉山镇5个分站点；2009年，基本实现文化信息资源全县范围内共享”的任务目标，扎实推进共享工程建设。2009年共享工程已覆盖全部行政村。10个镇级站点全部配有电脑、卫星接收系统、电视机，并接入互联网，能够通过互联网等途径利用文化共享工程资源。其中临沭、郑山两个街道建有电子阅览室，行政村基层服务点主要利用卫星设备和互联网接收节目，均配有电脑、电视等播放设备。

二、经费投入

2007年，县政府一次性投入45万元，建成了高标准的临沭县支中心，县财政每年拨付2万元经费予以保障共享工程支中心的顺利运行。2008年及2009年共计投入60万元用于建设乡镇基层服务点，以后由县政府及镇街陆续投入大量人力、物力、财力用于建设、改进村级基层服务点。截至2009年已完成建设县级支中心1处，乡镇基层服务中心10个，村居基层服务点287个，覆盖率达100%。

三、管理培训

县支中心配有1名专职人员对设备进行管理、维护，制定了严格的管理制度及岗位职责；镇街基层服务站点分别配有专兼职人员，制定了相应的管理制度；坚持公益性服务，开放时间每周不低于40小时，年服务人次达到3000人次以上。全县287个行政村全部实现每村至少配有1台电脑、卫星接收系统、电视机等设备，并接入互联网。确定至少1人专职管理设备运行，县支中心不定期对管理情况进行检查。支中心成立以来，已先后组织培训17期，培训人员达2000人次，主要培训对象是基层服务站点的管理人员。通过培训，使管理员了解了基层服务点建设要求及管理，掌握了硬件设备的功能及运行环境，学到了硬件设备的使用及维护方法，能够熟练操作共享应用软件，更好地利用共享信息资源为当地群众服务。

四、惠民服务

临沭县支中心高度重视活动开展和文化惠民，根据全国文化信息资源共享工程要求，每年的文化活动不少于6次。支中心运用多种形式载体，将文化资源送到田间地头。

1、利用光盘资源开展系列活动。文化信息资源的主要传播途径就是利用光盘和上级共享中心下发的数字资源。临沭支中心将管理中心下发的专题光盘资源上传到局域网服务平台上，供读者免费点播。同时，定期向基层网点传播数据资源，已累计刻录光盘2550张，内容主要包括养殖技术、种植技术等农业科技类、养生保健类、戏曲戏剧类等。

2、开展数字资源进社区活动。2010年临沭县支中心顺利完成了国家“县级数字图书馆推广计划”的资源下发、安装和人员培训工作，并投入使用。支中心将馆藏资源全部对各社区图书室开放，依托现有资源，累计已建成140个公益性电子阅览室，发放了免费的数字资源使用账户，把数字资源推向社区、校园。县支中心首先向青少年读者免费开放了电子阅览室，改变了社会上未成年人无处上网的现状，针对未成年人自制能力差的特点，规定每人每天限时上网两小时，保障了青少年的身心健康。对于那些不良网站，我们予以屏蔽，只在电脑里下载了一些益智游戏。自2007年6月开放以来，已累计接待5.6万人

次，得到了广大家长和社会的认可。2009年富民社区利用文化共享资源，设立"百姓影院"，定期放映各类题材的影片，实现了居民"不出社区观赏影片"的愿望。临沭街道基层服务点将文化共享工程与加大农民科技培训结合起来，建立了20余处培训中心，精心挑选了农业标准化生产、饲养管理、疫病防治、奶牛选育等农民急需的技术培训资料，定期对农民进行培训。

3、强化共享工程资源视频讲座。2007年以来，通过卫星设备接收的文化节目，目前已达1.7TB，包括电影、戏剧、农业科普知识、知识讲座等内容。县支中心利用共享工程资源开展视频讲座，根据群众需要，利用多媒体放映室播放，面向社会免费开放，累计已开展讲座140余期，观众达2.1万人次。共享工程利用党员干部现代远程教育平台传输资源，依托县政府网进行信息发布，并在县有线电视台设立了"文化信息资源共享工程专栏"，每天利用中午时间段固定播放2个小时节目，内容包括电影、戏剧和科技知识讲座等。

五、工作展望

为保证文化共享工程发挥实效，能够持续、健康发展，临沭县支中心将继续坚持公益性服务、文化惠民、科技富民的方针，通过整合优秀资源，开发制作课件，积极建设数字资源库，对文化资源进行数字加工，通过网络传输、光盘复制等多种途径，把影视作品、文学艺术、科普知识、农业技术等传播到广大农民手中，并努力拓展服务手段，增强造血功能，使共享工程走向可持续发展的道路，切实成为一项"惠民工程"，为推动和谐社会建设，推动文化大发展、大繁荣作出贡献。

（撰文/临沭支中心）

枣庄市支中心

枣庄位于山东省南部，东依沂蒙山，西濒微山湖，南接两汉文化胜地徐州，北临孔孟之乡济宁。总面积4563平方千米，辖5区1市，总人口约393.93万人。2004年枣庄市共享工程开始进行试点建设，至2012年底，我市建立有1个市级支中心，6个县级支中心，67个乡镇街道基层服务点和2370个社区、行政村基层服务点，基本实现市、县、乡、村级的全面覆盖。2008年，我馆荣获全省文化信息资源共享工程建设与服务工作先进集体。2009年，我馆被评为全国文化系统先进集体、国家一级图书馆。

一、基本建设

枣庄市文化信息资源共享工程支中心于2006年7月在严格按照文化部相关标准的基础上建立。总投资150万元建成了高标准的"一房两室"，即主控机房、多媒体公共电子阅览室和视听报告厅，并在此基础上建立了多媒体培训教学室。主控机房面积106平方米，环境整洁，装备有服务器8台、磁盘阵列6.5TB、百兆防火墙、千兆交换机、配线架、在线式后备电源等关键设备和非线性高清视频编辑系统、服务器版软件防火墙等软件，地面铺设防静电地板，以保证设备正常运行。电子阅览室面积136平方米，专用服务器2台，高配置计算机41台，目前采用山东省分中心配置的公共电子阅览室管理软件系统。视听室报告厅面积300余平方米，多媒体培训教学室100余平方米，均配备有手提电脑、投影设备、会议话筒、功放音响等设备及高档会议座椅，座席近300个。其他辅助设备如磁带机、摄录一体机、数码相机、扫描仪、打印机、数据采集器、移动存贮设备等一应俱全，硬件设备完全可以保障共享工程日常工作的需要。

二、经费投入

至2012年底累计投入资金235万元，其中市财政累计投入专项资金150万元、配套资金65万元，中央补助资金20万元，自2006年建设以来，每年不低于10万元的维护经费，确保我市支中心的正常运行及业务开展。

三、制度建设

一是成立了"共享工程"枣庄市支中心领导小组，领导小组下设办公室，具体负责共享工程的日常工作。二是建立健全支中心各项规章制度，制定了支中心工作职责、工作计划，进一步明确支中心的任务目标，确保支中心在开展服务、人员培训、对外交流等各项工作中发挥积极作用。三是制定支中心公共电子阅览室、多媒体视听报告厅、培训教学室等窗口工作制度，重点在提升服务质量、拓宽服务渠道上做文章，大力创建文明、健康、舒适的服务窗口。在电子阅览室设置7个未成年人专座，明确要求严格控制未成年人的上网时间和浏览内容，有专人对其进行指导和监督，创造"绿色"上网环境。

四、人才队伍培养

枣庄市支中心管理人员积极参加各种培训活动，努力钻研专业知识，自身素质和专业技能有了明显提高。定期参加省中心的培训，有34人次参加了国家中心、省分中心组织的培训班，40人次赴共享工程起步较早、工作

开展较好的兄弟市学习经验。

针对基层工作人员专业知识不够的情况，我馆多次在市支中心举办培训班。对区（市）支中心负责人及技术管理人员进行培训，全市公共图书馆馆长联席会，也是把“共享工程”建设工作作为主要会议内容，及时传达上级文件要求，相互交流建设经验，有效保证我市“共享工程”建设工作的持续健康发展。自2006年，我市支中心利用网络和到基层服务点每年近400余次对基层工作人员进行业务工作和技术工作指导。

五、资源建设

枣庄市图书馆网站2005年3月正式开通，通过网站可以访问我馆馆藏资源和了解本馆的信息动态，2007年枣庄数字文化网建成投入使用，收集整理了千余篇关于枣庄的特产、名士、名吃、风土人情等，同时收录了有关枣庄的文化视频及影视视频设置专栏免费提供观赏，2010年，开通枣庄市数字图书馆分馆，2012年电子图书累计增加至20万册左右，全部免费向我市公众开放。2012年，在网站新增了非物质文化遗产专栏，主要介绍在枣庄市举办的第二届中国非物质文化遗产博览会信息和枣庄非物质遗产项目。枣庄市支中心目前收集整理各类资源达4TB左右。为各县级支中心和服务点传输下发资源量1.5TB左右。至12年底，网站访问量达88万余人次，下载图书67000余册。

六、活动开展

枣庄市支中心利用“共享工程”先进的文化信息资源，开展了丰富多彩的文化服务，送文化知识进社区、进军营、进学校、进乡镇，定期举办各种活动，丰富了市民的业余生活。

1、共享工程进军营。建立了“共享工程”枣庄市武警支队服务中心，是山东省文化共享工程在部队设立的第一家基层中心，每年定期上门更新数据资源。同时根据部队需要，挑选视频或讲座到各支队中队为官兵播放，受到了武警战士的欢迎和好评。

2、共享工程进学校。枣庄市支中心利用公共电子阅览室和多媒体语音报告厅不定期为小朋友准备专场活动。在多媒体语音报告厅播放小朋友喜欢的影视作品，在公共电子阅览室通过上机观看共享工程的青少年专栏学习科普知识，共享工程青少年文化专栏中的开心游戏很受小朋友的喜爱，同时我馆的少儿多媒体图书馆和动漫数据库也是小朋友们点播比较高的节目。枣庄市支中心自2005年以来，平均每年举办共享工程专场活动18场次。

3、共享工程进乡镇。枣庄市共享工程依托农村党员干部现代远程教育、广播电视村村通工程形成了枣庄市“共享工程”网络体系。枣庄市支中心定期进村为村民播放共享工程视频，刻录相关光盘发送到的村民手中，对此省、市媒体都有相关新闻报道。至2012年底，我市公共电子阅览室达到配置要求的数量是1314个。2009年，我市滕州市官桥镇、滕州市南沙河镇、峄城区阴平镇、山亭区西城头村等四个共享工程基层站点被山东省文化厅授予“省级文化信息资源共享工程规范化站点”荣誉称号。2012年，枣庄市山亭区冯卯镇南赵庄村基层服务点被评为“全国文化信息资源共享工程•公共电子阅览室示范点”。

七、工作展望

枣庄市共享工程经过十年的建设发展，在枣庄已取得良好的社会效益，在今后的工作中，我们将继续努力，充分发挥文化共享工程的巨大作用，为此我中心制定了下一步的工作目标：一是采取各种方式加大对文化共享工程的宣传力度，让市民充份认识共享工程，利用共享工程，让更多的人共享人类的优秀文化成果；二是争取市财政对文化共享工程的投资力度，保障系统的正常使用维护和软硬件建设的升级换代；三是借鉴先进地区经验，根据我市实际情况，研究开展服务的新方式、新方法，拓宽服务内容和范围；四是进一步深入对本土优秀文化资源的加工、整合，宣传保存本土优秀文化。

（撰文/李　洁）

枣庄市市中区支中心

一、基本情况

文化信息资源共享工程枣庄市市中区支中心于2007年正式成立。目前，已建成电子阅览室面积200多平方米，多媒体教室面积200多平方米，计算机30台，服务器4台；建成乡镇服务站点11个，村服务站点112个。市中区文化信息资源共享工程建设，以区图书馆和基层文化站为依托，初步形成了区、乡镇（街道）、村统一联网、资源共享的文化信息资源网。2008年荣获省文化厅“文化信息资源共享工程示范县”、“山东省文化信息资源共享工程建设与服务工作先进集体”称号。

二、经费投入、网点建设

市中区按照国家中心的标准规范要求，紧紧依托区图书馆，以区文化馆、乡镇（街道）文化站、村农家书屋、农村党员干部现代远程教育为依托，进一步整合资源，丰富网络资源，提高服务能力。共享工程建设以来，共投入共享工程建设资金150万元，建成乡镇（街道）基层服务站点11个，村级基层服务点112个，初步形成了一个共享工程的服务网络。

三、资源建设

文化信息资源共享工程的主要服务对象是广大基层群众，市中区在文化信息资源的建设上坚持贴近百姓、方便群众、服务大众的原则，把群众喜闻乐见的文化信息资

源作为资源建设的重点。加强基层服务网点建设和网络资源的整合，建立了以区文化馆、乡镇文化站、村农家书屋为依托，遍及城乡的文化信息资源服务网络。在网络资源整合方面，充分利用已有的网络资源优势，努力扩大文化共享工程覆盖面和受益面，与“农村党员现代远程教育工程”、“农村中小学校远程教育工程”等国家重点工程项目相结合，使文化信息资源服务走进了千家万户。

四、合作共建

市中区为切实利用好现有的网络资源， 实现优势互补， 形成合力,利用农村党员现代远程教育系统推进共享工程基层网络建设。区委组织部、区党教中心、区文化局召开了共享工程试点和远教一体化建设的主题会，协调了终端接收站服务方式、资源建设、站点管理和运行模式以及共享工程等各项工作，从而使我区共享工程建设从组织管理和经费落实等方面得到了有效的保障。完成了农村党员现代远程教育终端接收站点作为文化信息资源共享工程的基层服务点,实现了在基层点的硬件、人员、资源、管理等方面的共享。各基层服务点通过互联网可以便捷地查阅所需要的各类知识。市中区支中心、基层服务点， 利用春节、五一、十一等公众假期,在文化大院、村民活动室等地方,利用文化共享工程国家中心投递节目和下发资源,通过投影设备进行播放。

五、惠民服务

市中区充分发挥文化信息资源共享工程区支中心、乡镇（街道）、村基层服务站点的积极作用，把文化共享工程建设与图书馆传统服务建设有机结合起来，不断创新服务形式，整合信息资源，加大资源开放力度，充分发挥文化共享工程的号召力和影响力，为广大人民群众服务。文化共享工程市中区支中心电子阅览室是直接服务于广大市民的前沿阵地,负责接待市中区前来阅读、浏览信息的各类读者。为了满足市区市民的需求,电子阅览室每天对读者开放10小时,双休日实行全天开放。平均每周对读者开放时间达到70小时以上。支中心电子阅览室引导青少年健康上网,指导他们正确进行网络阅读和正确对待网络虚拟世界，力争做到使每个前来的读者满意而归。据统计,市中区支中心电子阅览室平均每周接待到馆读者350人次，电子阅览室每年共接待读者17500人次。

市中区各基层服务网点积极宣传文化信息资源共享工程，有力地缓解了广大农民群众看书、看报、看戏、看电影及查找资料难等具体问题，促进了我区社会主义新农村建设。各基层服务站点利用资源为基层农民群众提供丰富的精神文化生活,在农闲期间,为当地的农民群众播放优秀的文化信息资源;各基层服务站点定期把接收到的信息资源制成目录,向群众公布,让群众了解最新接收到的信息资源,由群众自己选择所需的信息资源,特别是群众所需要的农业科技信息、农村实用新技术等信息,为当地发展农业生产,提高农户的种植、养殖水平作出了积极的贡献。这种方式有效的改善了对农村基层群众的文化服务,提高了农民群众的科学文化素养,为推进市中区社会主义新农村建设产生了积极的作用。

六、宣传推广

市中区采用各种方式，对文化信息资源共享工程进行宣传推广，让更多的群众了解共享工程，也让广大人民享受共享工程的成果。一是利用电子阅览室开展免费上网服务,让更多的人享受共享工程的成果。二利用重大节日和活动开展服务,如利用“七一”开展纪念党的生日的互动活动,利用暑假组织爱国主义电影展播活动,利用春节开展网上献春联活动等。三是世界读书日期间,走上街头宣传,让人们更多地了解共享工程。四是不断创新网络服务方式,如利用QQ、论坛、博客建立特色文化群等等,拓宽服务空间，由此增强共享工程的凝聚力， 真正使群众想用、爱用,发挥出共享工程的应有作用。

七、培训工作

市中区加大对文化信息资源共享工程管理人员的培训， 制定了培训规范标准，对从事文化共享工程建设的图书馆员和基层文化站点管理人员专门进行培训，近几年全区共培训专业技术管理人员1000余人次,做到了认识到位、管理到位、维护不断档、服务不缺失,为工程实施提供了强有力的人才保证。为了提高文化信息资源共享工程管理人员的业务素质,市中区支中心安排专业技术人员,对基层网点工作人员进行了技术和管理的辅导培训,收到了良好的效果。市中区区支中心专业人员在培训后,还多次到基层网点对培训效果进行调查,就未解决的技术问题进行现场解决、示范与培训。市中区支中心坚持到一处培训一处,力求做到每个基层网点都能有足够的技术力量来支持文化信息资源共享工程工作的开展。除此之外,市中区区支中心还通过网络及电话等多种渠道,及时为基层网点提出的问题提供解决办法。

文化信息资源共享工程的实施丰富了我区公共文化服务的方式和手段，改善了服务质量，提高了公共文化服务水平，对于宣传党的方针、政策和国家的法律、法规，促进市中区经济、社会、文化的发展,发挥了巨大的作用。今后将积极面向社会公众传播文化信息，将文化共享工程服务的触角不断的向基层特别是农村延伸，送文化到基层，丰富群众文化娱乐生活，利用现代网络信息资源，

为农业生产服务，开展丰富多彩的服务活动，进一步要发挥文化共享工程的资源优势，建设好、管理好、利用好，不断推进文化事业健康繁荣发展。

（撰文/徐 阳、刘 刚）

枣庄市峄城区支中心

文化信息资源共享工程是国家文化部旨在推进文化信息资源开发、建设、服务而实施的重点工程，工程采用现代化信息技术，对文化信息资源进行数字化加工整合，通过网络最大限度地为社会公众享用的文化工程。这项工作得到了区委、区政府的高度重视，大力将该工程打造成区委、区政府实现"为民"、"惠民"的服务平台，先后建成了文化信息资源共享区级支中心、7个乡镇（街道）基层服务站和117余个村级服务点，各项活动开展正常。

一、基本情况

2006年，山东省被文化部确定为全国文化共享工程试点省份，峄城区图书馆是此项工程的重要实施部门，全体员工加班加点对图书馆的内部环境进行了清理，对现有房间进行了优化，保证工程"2室1房"所需，分别预留了"机房"、"电子阅览室"、"多媒体教室"。区财政先期拿出10余万元对图书馆办公楼进行了翻新整治，在时间紧，任务重，达标要求高的压力下，历时45天完成对办公楼的装修。重点对机房按照省级标准进行了装修，铺设了防静电地板（符合标准要求），并接通了10兆宽带含有3个IP地址的光纤网络（符合标准要求），接通了三项电源（符合标准要求）。区财政在此基础上，又投入14万元，分别购置了12台电脑，2台服务器，1台投影仪，1套卫星天线，并为电子阅览室购置了30多套桌椅及其相关配套设施。在区委、区政府的大力支持下"文化信息共享工程峄城支中心"初具规模。

二、队伍建设

在获悉省厅对全省30个贫困县进行重点支持的通知后，文化局领导及时向区委、区政府领导进行了汇报，并及时调整了这一阶段的工作方向：做好设备的接收和安装工作，对现有人员进行培训，从图书馆现有人员中挑选出具有基本计算机知识和应用水平的人员进行培训，提升工作人员对机器的维护和使用能力，成为顺利完成机器设备接收和安装，甚至今后支中心工作能正常运转的关键。为此，图书馆相关人员先后多次参加了省、市中心举办的业务培训，并参加了社会上电脑培训班，确保了今后业务工作的正常开展。

三、网点建设

基层站点是全国文化信息资源共享工程为广大群众服务的窗口，拥有一定规模的网络站点和良好的服务质量，才能保证共享工程建设健康、持续发展。在此方面我们做了以下几项工作：1.认真做好扩点建站工作。2007年10月开始，先后在全区7个镇（街）建立了"共享工程"镇（街）村（居）服务点，统一挂牌，并安装了"信息资源共享流通媒体服务平台"。在全区7乡镇建立基层站点117个，据统计，117个基层站点共拥有电脑终端服务器300多台，视频投影仪7台。通过山东省党员现代远程教育平台，传播先进文化，实现数字资源共建共享。2.加强基层站点管理。一是与峄城区公安分局联合下达文化信息网站互联网安全管理规定，举办安全管理员培训班，在各网点安装滤毒软件。二是在坚持公益性和社会效益，提高服务质量等方面，制定了一系列管理规定。各基层工作站普遍制定了《信息网络用户须知》、《信息网络管理员职责》、《读者阅览须知》、《演播室管理规则》等规章制度，在日常开放中基本能按规章制度进行管理，实行上网登记，未发现违反国家法律法规和省厅有关规定的情况，涌现出一批先进典型，在2009年12月峄城区阴平镇被评为全省文化共享工程规范化优秀基层服务站点。

四、惠民服务

"全国文化信息资源共享工程"的实施是推进各级公共图书馆信息化工作的一个良好的开端，自峄城支中心建立以来，我们积极发挥自身优势，不断延伸服务领域，从以下几个方面扎实做好工作，努力完成工作任务。

1、阵地服务：文化信息资源共享工程电子阅览室是通过计算机、网络向广大读者提供公益性文化信息服务的重要场所，也是文化共享工程开展服务工作的主要阵地，支中心电子阅览室共有电脑30台，每天接待读者达80余人次，每周平均开放时间不低于48小时，年开展活动42次，平均年服务人数3000余人，自2012年1月起施行免费开放，公益网吧、视频剧场、网上图书馆等利用良好。我们将建好用好图书馆电子阅览室，为丰富和活跃城乡人民群众的精神文化生活发挥积极的作用。

2、服务基层：(1) 开展"文化下乡"活动。在每年5月28日至6月3日的图书馆服务宣传周期间，我区支中心与市农科部门联合开展了"数字文化农村行"活动，收集并编印制作了一批技术信息和影像资料，各基层服务点利用文化共享工程卫星接收播放设备，开展农业科技讲座，利用共享工程网络下载的影视资源，组织开展"爱国主义影片欣赏"、"地方戏欣赏"等活动，让农民在家门口享受到了优秀的"数字文化服务"。(2)做好光盘发放工作。我们对全国文化信息资源建设管理中心下发的光盘，定期向乡镇基层服务点进行发放，截至今年共发放1000余张。(3) 开展"文化资源共享进军营"活动。峄城武警支队是我馆十多年来的基层服务点，2009年"八一"前夕在文化局领导的带领下，我们支中心把200余张文化共享工程资源光盘、500余册图书及“大吕艺术学校”学生的一台精彩的文艺演出送到这里，部队大院里洋溢着欢乐的喜气，战士们不时发出爽朗的笑声，气氛活跃。“文化资源共享进军营”活动，为基层官兵送来了丰富多彩的信息知识，使官兵业余文化生活更加充实，也把军民友谊连接得更加紧密。

五、工作展望

一是进一步搞好宣传。紧密结合新农村建设不同时期的工作任务，提高对实施文化信息资源共享工程的认识，加大投入，加大宣传力度，营造氛围。二是制订好规划。尽快组织制订我区基层服务点规划工作，提高规划的科学性、民主性、可行性，突出文化信息资源共享工程建设的长期性和持久性，加快全区基层网点建设，形成覆盖全区的服务网络。三是培养人才。为乡镇、村服务点做好技术支撑。四是做好督查指导。重点加强对工作进度和质量的跟踪检查，检查项目启动建设情况、各项政策配套和资金投入使用情况、总体建设存在问题等。

总之，文化共享工程是一项重要的公共文化基础工程。抓好文化共享工程的实施，推动工程建设是时代赋予我们的光荣使命，让我们迎难而上、用智慧和辛勤汗水成就事业，为建设文化强省做出应有的贡献。

（撰文/李 萍）

枣庄市台儿庄区支中心

台儿庄地处苏鲁两省交界处，总面积538.5平方公里，人口31万，为山东南大门、江苏北屏障。近年来，在市委、市政府的正确领导下，在各级领导和社会各界有识之士的关心支持下，经济建设和各项社会事业得到了长足发展，特别是文化建设规划起点高，资金投入大，项目质量高，人气越来越旺盛，迎来了“百花开放、百家争鸣”的春天。台儿庄区的文化建设正以前所未有的速度和力度加快发展。

一、基本情况

2007年10月成立的文化信息资源共享工程台儿庄支中心设在台儿庄区图书馆，组建开放的公共电子阅览室，设有中心机房等全套信息设备，依托远程教育终端接收站，加挂共享工程基层服务点的牌子，馆内现设有读者阅览座席共268个，其中少年儿童阅览座席68个，普通读者阅览座席170个，电子阅览室座席30个。馆内各服务窗口常年坚持对外开放节假日不休，每周开放时间在60小时以上，充分发挥了公共图书馆文化阵地的积极作用。

二、资源建设

2007年台儿庄区先后投资60余万元建成了全国文化信息资源共享工程台儿庄区支中心。通过全国文化共享工程国家中心和省分中心配发资源、卫星接收、网络下载、自建购买等方式，文化信息资源馆内现已配置：数字资源服务器4台，卫星接收设备1套，数字投影播放设备1套，移动播放器1台，计算机35台（其中提供读者使用计算机30台、办公管理服务计算机5台），以及数字电视机、摄像机、照相机、打印机、复印机、传真机等现代化技术设施设备，网络对外接口为中国电信光纤宽带专线接入达10M。整理储藏的数字文献资源量达3.5TB(1TB数据量相当于25万册电子图书或926个小时视频节目)，其中国家数字图书馆启动实施“县级数字图书馆推广计划”，台儿庄区图书馆获得配送的数字资源总量就达1.024TB，内容包括《百年守望》、《馆藏故事》、《文明与创造》等3个视频资源，《前尘旧影》、《年画撷英》等2个图片资源，5000种“电子图书”和2000种人文社科类“电子期刊”等2个书刊资源，“政府信息”与“中国事典”等2个网络资源在内的综合数字资源体系。至2010年底，台儿庄区图书馆电子阅览室已初步形成地方志、年画、电子图书、期刊杂志、舞台艺术、影视曲艺、知识讲座、科普知识、文物鉴赏、法律常识、农业科技、职业技能、卫生保健、国防军事、市场经营、基层管理、百科知识、益智游戏等数字资源库，确保广大读者通过浏览数字资源库中优秀文化信息资源，尽情享受数字文化带来的快乐和好处。

三、惠民服务

台儿庄区图书馆在开展文化信息资源共享工程过程中创造性地提出并开展了图书配送活动，全面启动“文化资源共享，流动图书馆”工程，着力推动农家书屋建设，培养新型农民。他们借鉴现代物流方式，在全市成立了首家农村图书配送中心，将馆藏图书分期分批送到基层图书室，与基层图书室实现了互助运行资源共享，让农民不出村就能看到、学到新知识、新科技，享用“文化大餐”。几年来，先后为张山子镇阚庄村、马兰屯镇巫山村等村级图书室配送图书1万余册，该活动相继被中央、省、市20多家新闻媒体报道，并被台儿庄区委组织部评为全区“群众满意工程”。建立流动图书馆，积极开展送书进校园活动，为基层学校赠阅书刊6200余册。同时，在全区农村扶持兴建基层图书室、个体图书室27个，建立读书致富联系户、联系点382个，发展农民读者7000余名，提供致富信息5000余条，97%以上的读书联系户实现了科技致富。针对特殊人群，开展特色图书阅览服务。开设了老干部阅览室，对离退休人员实行免证阅览。开办了儿童阅览室，实行更为方便合理的借阅合一的开架式服务模式，年接待儿童读者1万余人次。开展了拥军爱军、送书进军营活动，建立了区图书馆武警中队分馆，精心准备的大量图书深受战士们的欢迎。

四、培训工作

近几年来，台儿庄区图书馆加大信息资源共享建设，定期对乡镇共享工程管理员进行培训。几年来，参加培训的管理员已达600多人。每季度开展一次计算机网络培训活动，经常与中小学校联合举办“绿色上网健康行”活动，聘请中小学优秀教师和计算机专业技术人员对中小学生进行了心理辅导和计算机专业培训，教育学生远离不健康的网络游戏，受益学生达8000多人，受到广大师生和家长的一致好评。

五、合作共建

台儿庄区支中心以全国文化信息资源共享工程为

依托结合远程教育接收站终端，利用共享工程服务平台将各种下发的电子文献资源与建立的共享工程服务点结合，根据不同乡镇、村的硬件条件建立形式多样的电子阅览室和多媒体中心。比如在张山子镇的阚庄村，涧头集镇的涧头村等建立拥有多台电脑的多媒体阅读中心，在运河办事处的华阳社区等村与数字电影结合建成电影放映，共享工程宣教授课和电子资源阅读播放为一体的多功能活动室。通过几年来的积极工作，共享工程已被台儿庄区广大群众所接受，渗透到群众生活方方面面，成为村民获取新知识、新技术，增强致富能力的重要平台。

六、宣传推广

1、台儿庄区支中心利用开展拥军爱军、军民共建联谊活动为平台，针对我区广大武警官兵爱读书、想读书、读好书的需求，组织人员定期为武警消防大队送去图书，让官兵们不出门就能了解共享工程，走进共享工程。

2、开展图书进校园活动。每年六·一儿童节前组织人员携带1000多册图书，走进农村中小学和同学们一起宣传共享工程，组织动员青少年儿童关注共享工程，利用共享工程，通过共享工程，使儿童全方位地，多渠道地来满足他们的需求。

七、荣誉奖项

多年来，在上级领导和业务部门的指导下，创造性地开展工作，发挥馆藏资源优势，拓展服务空间，优化服务质量，不断提升公共文化服务能力，台儿庄区图书馆获得了一系列的荣誉：2002至今被枣庄市人民政府评为市级精神文明建设先进单位；2010年被山东省文化厅评为全省文化系统先进集体，是枣庄市唯一一家区（市）级图书馆；2010年被枣庄市人民政府评为先进图书馆；2011年被市新闻出版局评为先进集体。

（撰文/张 震）

枣庄市山亭区支中心

近年来，山亭区各级党委、政府按照中央和省、市关于加强基层文化建设工作的要求，切实提高对文化工作重要性的认识，把公共文化服务体系建设纳入党委、政府的议事日程。以城乡人民群众日益增长的文化需求为立足点与切入点，以夯实文化基础设施建设、加强公共文化服务体系为抓手，文化基础设施建设不断完善，群众文化活动蓬勃开展。按照“总体规划，分步实施、逐步推广”的方针，在乡镇（街道）居民居住集中的区域，依托图书馆、群艺馆、文化活动中心等公共文化场所新建一批规范化公共电子阅览室，先后建成了区图书馆公共电子阅览室、8个乡镇（街道）文化站公共电子阅览室和80余个村级公共电子阅览室，为人民群众提供了更加方便的公共互联网服务。实现了公共电子阅览室对社会服务的覆盖，受到了城乡群众的欢迎。。

一、领导重视，认识到位

文化信息资源共享工程是弘扬社会主义核心价值观、传播社会主义先进文化，以未成年人、老年人和农民工等弱势群体为重点服务对象、保障人民群众基本网络文化需求的重要服务阵地。山亭区区委、区政府把文化信息资源共享工程建设列入重要议事日程，在组织领导、资金支持等方面给予重点倾斜。区委、区政府分管领导召开专题会议，听取汇报，安排布置，解决建设中存在的问题。成立了山亭区公共电子阅览室建设领导小组。山亭区党员干部现代远程教育中心、山亭区财政局、山亭区文广新局联合下发了《关于全区党员干部现代远程教育和文化信息资源共享工程建设实现共享共建的意见》、《关于开展公共电子阅览室建设工作的通知》。乡镇（街道）积极组织实施，为全区文化信息资源共享工程建设实施提供了有力的组织和政策保障。

二、明确目标任务，分步实施

山亭区以文化信息资源共享工程网络设施为基础，依托乡镇综合文化站，实施公共电子阅览室建设工程，建成内容丰富、技术先进、覆盖城乡、传播快捷的公共文化信息化服务体系，为广大群众提供丰富便捷的公共数字文化服务，保障信息技术环境下公共文化服务的公益性、基本性、均等性、便利性。2011年根据省文化厅部署和要求，建成3个乡镇公共电子阅览室，分别是山城街道办事处、城头镇、冯卯镇，以及30余个村级电子阅览室；2012年，建成5个乡镇公共电子阅览室，分别是水泉镇、徐庄镇、店子镇、桑村镇、北庄镇，以及50余个村级电子阅览室。

三、多措并施，建管并举

我区按照“逐年逐步推广，边建设边管理”的要求，实行建管并举，实行资源共享，高标准、高质量推进乡村基层建设。依托乡镇文化站，积极选拔培育管理人员和技术人员，组成专兼职远程教育和文化共享工程教学管理技术服务队伍。通过培训，持证上岗，提供了有力的人才保障。二是严格督导，促进公共电子阅览室建设与服务健康开展。按照“建好一个，管好一个，用好一个”的要求，区支中心定期不定期深入检查指导，及时发现和解决站点建设中的问题和困难。

四、严格建设标准，丰富内需资源

1、网点建设：以文化共享工程网络为基础，以乡镇综合文化站为阵地，按照文化部下发的《公共电子阅览室配置标准》，配备资源管理、资源展示、网络连接等硬件设备和信息浏览监控等软件设备。认真工作规划，创造性地开展工作，层层分解任务，落实责任。根据标准着

力升级改造，按照规定数量配备电脑终端，以宽带形式接入互联网，改造配套设施，建成规范化的公共电子阅览室，向社会公众免费开放。

2、数字资源建设：以农业技术、务工培训、少儿动漫、红色历史、经典影视、文化专题、舞台艺术、知识讲座、医疗卫生、电子书刊、益智游戏为主要内容，重点建设一批未成年人喜爱的动漫故事、益智类游戏、进城务工人员实用技能资源、地方特色资源等，采购一批群众喜闻乐见的电影、电视节目，满足社会需求。

3、技术平台建设：建立信息安全管理平台，通过建立实名注册制度、上网限时制度，强化上网内容监控，杜绝反动、淫秽、暴力等不良信息的侵入和传播，确保公共电子阅览室网络信息安全。各级公共电子阅览室负责本室用户的登记、信息浏览监控管理和信息采集。

五、加强合作，整合资源，拓展渠道

为认真贯彻落实国家文化部、财政部《关于进一步加强文化信息资源共享工程建设的意见》精神，按照山亭区《关于全区党员干部现代远程教育和文化信息资源共享工程建设实现共享共建的意见》的文件要求，坚持“统筹规划、密切协作、上下联动、齐抓共管”和“共同建设、共同使用、共同管理、共同服务”的原则，整合党员远程教育和文化共享工程资源，基层网点实行“一站（网）点两牌”制，基层管理人员实行“一肩挑”，科学制订学习、活动方案，建立健全各项规章制度，突出整合重点，拓宽服务渠道，逐步加大实施文化共享工程力度，创新形式，建立机制，先后在城头镇、冯卯镇等乡镇、村居加挂了“共享工程站点”牌子，对人员进行了业务培训，场地、设备建设都达到标准，使基层文化阵地得到了巩固，为丰富全村群众业余生活、弘扬文明新风开辟了新的阵地，为培养“有文化、懂技术、会经营”的新型农民搭建了新平台，成为一项党得民心、民得实惠的文化工程，取得了良好的效果。城头镇西城头村先后被授予“全国民族团结进步先进集体”、“山东省远程教育规范化站点”、“山东省文化信息资源共享工程规范化基层服务站点“、“枣庄市经济百强村”、“枣庄市‘五个好’优秀村（居）党组织”、“枣庄市平安建设先进单位”等多项荣誉称号。

六、发挥效益，服务社会

文化信息资源共享工程建设是一项惠民工程。我们以开展形式多样的文化活动为突破口，充分发挥公共电子阅览室的功能作用，严格按照乡镇级服务点每周开放时间不低于48小时，村级服务点每周开放时间不低于40小时的标准，多次开展采用幻灯片的形式，深入到村、居，向广大农民宣传科普知识、农业科技、防疫保健等知识活动。基层服务点利用省文化共享工程“网上图书馆”，整合了大量的文化信息资源，特别是针办农村广大群众生产生活需要开发的“山东新农村网上图书馆”，深受广大村民群众的欢迎。为保证服务点长期开放，镇、村财政拿出专门补贴，保障正常运转，每天到服务点进行上网学习科技知识的村民络绎不绝。同时，服务点针对农业生产出现的一些实际问题，组织农业科技人员制作农民群众急需的各种实用技术“课件”，许多村民都按照“课件”上的要求播种、施肥、科学管理，深受农民欢迎。同时，基层服务点针对农民需要的新知识、新的科技产品组织培训班，每年组织各类培训活动500余次。利用远程教育积极向农民提供现代种植、养殖技术。采取土地向种植大户、能手流转集中的形式，发展无公害春棚蔬菜。通过网络，帮助养殖户查阅养殖技术，改良品种，了解市场行情，使其收入得到明显提高。文化信息资源共享工程建设，让党员群众受益，成为一个传播知识，传递幸福的平台。开阔了党员干部群众的眼界，引领他们重视文化、学习文化、运用文化。电子阅览室的电脑，几乎每一台从早晨到晚上都不间断的有人去使用，使用者老少皆有，他们都各自享受着网络的乐趣，有不少人每次来上网都带着一个笔记本，有的记录着专家讲授的种养殖技巧，有的记录着党和政府出台的各项惠民政策等等，可以说电子阅览室让大家“站得更高，看得更远”；密切了党群、干群关系，成为村党员干部与群众联系的桥梁和纽带。村级文化信息资源共享工程基层站点作为农村公共网络服务阵地，这里资源丰富、服务便捷、使用安全，群众实现了“时时可看，处处可学”，这些变化，极大的促进了村级文化事业的发展，让山区里的群众共享到了最新的文化成果。

（撰文/王运峰、韩 建）

滕州市支中心

滕州市位于山东省南部，北依齐鲁孔孟圣地曲阜邹城，南邻苏淮平原、枣庄新城，东连沂蒙山，西接微山湖，地处苏、鲁、豫、皖四省交界处的淮海经济区中心位置，自古就有“九省通衢”之称，作为南北交通要地和枢纽，非常出名。全市总面积1485平方千米。辖21个镇（办事处），1226个行政村（居委会）。2009年底全市总人口169.5万人，其中市区人口39.8万人。滕州市文化资源共享工程在滕州市委、市政府的高度重视，滕州市文广新局的大力支持和指导下，由滕州市图书馆承办，于2008年9月建成符合要求的数字文化服务体系，现已成为我市公共文化服务体系的重要支撑，使广大基层群众普遍均等地享受到数字文化服务。

一、基本情况

滕州市委、市政府对支中心的建设、管理和服务工作高度重视。资源共享滕州支中心的建设发展先后经历了四个阶段，共投入资金60余万元。第一阶段，2003年我市拨专款10万元建成了配有21台微机的电子阅览室；第二阶段，2006年我市拨专款10万元更换了最新的业务应用管理软件(interlib图书馆集群管理系统)及10台业务用微机；第三阶段，2007年省支援了10万余元设备，我市拨专款20万元进行了配置。成立了“全国文化信息资源共享工程滕州支中心”，建成了“滕州市数字文化网”http://gx.tzlib.net。以及不断升级和提升的第四阶段，这一阶段我市投入专项资金10余万元更新支中心各项软硬件设备，提升服务能力。

我馆在建设之初，专设支中心单独科室，精心布局。对支中心内部进行翻新装修，网络线路重新布局升级改造，光纤联网保证上网速度，对原有计算机设备的软、硬件进行升级。现支中心主要软硬件配置基本情况为：31台电脑终端设备，更换和添置电脑桌、椅31套，1台投影仪，1套投影幕布，1套高保真有源音箱，1台天融信防火墙，1台24路网络交换机，1台4路VGA切换器，4台服务器，2台笔记本电脑，1部佳能数码相机，1个磁盘阵列，1台3匹空调，1台1.5匹空调确保硬件过硬，具备防尘、防潮、防火、防雷、防盗等基本功能。支中心内部设立的网络信息中控室配设四台服务器（应用服务器、业务服务器、备用服务器、卫星接收服务器各一台）和一套卫星接收系统，构成了整个滕州支中心的核心；配备磁盘阵列一套；配有天融信百兆防火墙一套，为支中心的网络安全提供保障；配备三特机架式UPS不间断电源一台，保障支中心平稳持续安全运行；在此基础上还配备有千兆主干交换机、百兆网络交换机、联想便携式计算机、三星激光多功能一体机、忆捷500G可移动硬盘等系统管理、资源加工设备。根据实际需要，我馆于2010年设置红外线遥控防盗系统，加强支中心安全保护，于2011年对支中心硬件升级改造，更新31台电脑终端，更新千兆防火墙，新增笔记本用于资源加工整理，升级业务INTERLIB系统等，不断完善加强支中心各项软硬件设施，提高服务能力和水平。

二、资源建设

硬件各项标准达标后，我馆克服各方面困难，迅速、全面开展工作，在一个月内同时建成并发布了“滕州市图书馆”（http://www.tzlib.net）、“滕州市数字文化网”（http://gx.tzlib.net）两个动态网站。其中“滕州市图书馆”网站，为滕州市图书馆的专业网站，此网站的发布、使用使图书馆的各项业务工作在网络上得到延伸和发展，读者可以在网上就可以实现办证，图书续接，图书预约等活动，极大了方便了读者。“滕州市数字文化网”则是全国文化资源工程的镜像网站，同时负责对滕州市本土文化资源的进行数字化加工、整合、和发布，使其通过网络能够最大限度地为社会公众享用。网站整体上分为三大板块，第一大版块是全国文化信息资源共享中心的网站的链接，也就是全国文化信息资源的INTERNET（又称“地网”）链接；第二大板块是全国文化信息资源（主要是视频资源）的选择性发布，这一块主要是对全国文化信息资源共享中心发布的资源通过卫星（又称“天网”）进行有选择的接收、存储和发布；第三大板块是滕州市的地方文化资源，这一块的资源由滕州支中心工作人员对本市的文化资源进行挖掘、整理、通过数字化加工后发布在互联网上。网站开设了“滕州风情”、“滕州览胜”、“滕州名士”、“滕州民俗”等栏目，各大版块让读者不仅能看到滕州历史的源远流长，还可以欣赏到古滕新姿的青春焕发。“墨学留香”、“柳琴风韵”、“视频滕州”、“湿地红荷”更是全方位展示了当今滕州的发展。资源种类齐全、存储丰富、浏览形式多样。

三、管理和队伍建设

支中心利用“山东省公共电子阅览室运行管理平台”，实现对全网的即时监控，实现运行管理中的在线查询管理、在线抽查管理、报警查询及更新同步。实现上网基本信息查询统计、网站访问查询统计、应用运行查询统计、服务情况查询统计、明细信息查询、更新同步。建立健全用户上网实名登记、巡查监督、限时上网、工作信息填报、资源利用统计与反馈等制度，确保支中心安全运行。

明确管理人员职责，做到专人专事，高度负责。配备高素质管理人员3人，均系计算机专业本科毕业，管理人员定期参加省市有关部门举办的专业培训指导，我馆每周组织一次思想政治及业务知识学习。

四、网点建设

在开展文化信息资源共享工程建设以来，我馆对基层站点进行免费培训辅导，免费提供有关设备安装的软件和教材等培训资料。举办资源共享工程基层服务站点人员培训班8次，培训基层服务站点工作人员400余人次。同时，深入基层了解具体情况，研究解决建设过程中出现的难题，联合相关部门帮助各镇、街、社区、自然村建立基层服务点。滕州市21个乡镇、街道现已全部建成文化共享工程基层服务点，乡镇、街道基层服务点覆盖率100%。

五、建设效果和服务成果

全国文化信息资源共享工程滕州市支中心的建立得到了各级领导及社会同仁的高度评价，各类媒体对我市进行了专题深入报道。《滕州日报》、《枣庄日报》都在头版对滕州支中心建设进行了专题报道；中国滕州网、滕州在线、枣庄日报网、山东省信息化网、中国图书馆网等网络媒体对我市支中心建设情况进行了发布或转载。2008年，我市被评为山东省文化信息资源共享工程示范县。

支中心建成以来，每周免费开放60个小时以上，每月定期举办农村致富信息、中老年保健、人文历史文化等各类知识公益讲座2次及专题篇放映1场。我市公共电子阅览室建成以来平均年服务人数6000人以上。支中心积极挖掘地方资源进行数字加工，整合和发布图文信息600余项，视频200多个。

六、工作展望

全国文化信息资源共享工程滕州支中心在各级领导的大力关心和支持下，将继续充分利用已建成果，进一步建立科学的管理体制和工作机制，进一步提升网络配置设施，进一步加强地方资源的数字化建设，进一步创新服务群众的方式方法，最大化发挥支中心网点设备设施的服务能力，发挥出支中心促进文化事业大发展大繁荣的巨大作用。

（撰文/滕州市支中心）

济宁市支中心

全国文化共享工程开展以来，济宁市坚持从落实科学发展观、保障人民群众基本文化权益的高度，把文化共享工程建设作为公共文化服务体系建设的重要抓手，创新工作思路，强化工作措施，积极推进实施文化共享工程，取得了明显成效。

一、经费投入

济宁市高度重视文化共享工程建设，把文化共享工程规范化基层服务站点建设作为加快推进共享工程建设，市委、市政府下发了《关于加强全市文化信息资源共享工程建设的实施意见》的通知，组织召开了由各有关单位主要负责人和全市各级政府主要负责人参加的全市文化共享工程工作会议，明确了共享工程建设的目标任务、工作重点、保障措施等，对全市共享工程建设进行了全面安排部署。要求全市各级、各部门要认真学习、深刻领会中央政治局关于加强公共文化服务体系建设会议精神，将共享工程作为推进社会主义新农村建设的一件大事，作为衡量地方公共文化服务体系建设和文化事业发展的重要指标，纳入党委、政府的议事日程，纳入经济社会发展总体规划，纳入财政预算，纳入目标考核体系，纳入扶贫攻坚计划、纳入地方"十一五"规划、信息化建设规划和文化发展纲要。各县市区也成立了相应的工程建设领导机构，指导各级共享工程建设。全市上下形成了齐心协力、齐抓共管，扎实做好文化共享工程工作的有效合力。

市、县两极财政部门建立了长效机制，优化支出结构，进一步加大了对共享工程的投入，把共享工程建设经费列入预算，并确保共享工程所需的网络维护经费、日常运行经费等。工程开展以来，市政府投入150万元，在市图书馆建成了包括中控室、电子阅览室、多功能报告厅等在内的共享工程济宁支中心；对经济欠发达的六个县，除了省里安排专项资金予以扶持的汶上、梁山、嘉祥外，对泗水、金乡、鱼台三个县又投入150万元予以扶持，按照文化共享工程验收标准各配备了50万元的设施设备和相关软件；其他县市区则由各县财政自主投入，其中，邹城市投入80万；曲阜市投入68万元；微山县拨付文化共享工程建设资金两次，分别为：541630元、137980元，每年文化共享工程专项运行经费3万元；兖州市拨专款68万元，并将市委原办公楼作为支中心使用，将年运行经费2万元列入预算；中区投入60万元；任城投入68万元。通过共同努力，全市12个县市区顺利完成了共享工程建设任务。

为了进一步扩大共享工程的覆盖面和辐射力度，在2007年度市政府为民办好十件实事中，又将建设40乡镇、100个村级扩展型基层示范点作为建设重点，市财政拿出500万元作为补助资金，为每个乡镇示范点补助资金5万元，为每个村级示范点补助资金3万元。此项工作正落实之中。另外，市政府还将拿出50万元专门资金对工程建设完成得好、工作扎实的县市区给予奖励。

二、网点建设

共享工程实施以来，我们坚持突出重点、狠抓关键，确保工程建设扎实推进。通过努力，现已建成了一个由市、县、乡、村四级服务中心（站点）构成的完备的共享工程网络。

市级支中心建设配套完备。共享工程济宁支中心配备了5台服务器、30Tb的光纤存储设备、80台微机以及投影仪、摄像机、照相机、非线编等设备，达到了国家规定的文化共享工程标准，具备了数字资源的存储能力、传输能力和服务能力。目前，济宁支中心共存储可供读者访问的电影数字资源500余部、电子文献13万余种。支中心管理制度明确，现有5名专职工作人员，每周开放时间达60余小时，年服务人数达12000余人次。

县级支中心完全达标。通过省、市财政扶持以及采取自建、共建等多种形式，各县市区支中心都已经建成，除汶上县、泗水县因馆舍搬迁暂时无法开展服务外，其他均正常对外服务，具备了数字资源的存储能力、传输能力和服务能力。

基层站点建设全面覆盖。我们不断加强共享工程与农村党员远程教育站点的合作共用，充分发挥党员远程教育工程在镇村覆盖面广的优势，实行一个站点、两块牌子，把文化共享工程室列为镇文化中心"七室"和村文化大院"三室"之一，明确了建设标准，全市镇村站点建设实现了全覆盖，配备了计算机、电视机、卫星接收系统等设施设备，有条件的镇村还接入了互联网，配备了多台电脑，充实、提高了镇村基层站点的服务能力。

信息资源建设成效显著。共享工程的核心是数字资源建设，服务的重点在农村。工程实施以来，我们坚持本地化原则，对省共享工程基层应用平台进行了改造，形成了有本市特点的济宁市共享工程基层应用平台，构建数字资源中心平台，重点增加本地适用的各种实用信息、农业技术、维权法律法规等群众急需的优秀资源建设，满足群众需要，采取网络下载、光盘复制等各种有效形式，向基层群众提供优质服务，使基层站点真正成为了具有文化娱乐、科技普及、信息服务、教育培训等多种功能的综合文化教育中心。

三、管理和队伍建设

人员队伍素质不断提高。人才是事业的保障，加强技术培训、咨询和服务工作，建立一支高素质的人才队伍，一直是我们努力的目标。我市对于县级支中心和基层点的服务人员，都进行了上岗前的培训，并每年组织多次业务培训。在此基础上，保证县级支中心至少有两名以上专职工作人员，确保了共享工程工作的顺利开展。

实施文化信息资源共享工程，建设是基础，管理是关键，使用是目的。在加快基层站点建设，扩大城乡覆盖面的同时，我们进一步加强管理，提高使用率，让广大人民

群众共享服务成果，实现了共享工程的最大效能。

制定了完善的管理制度。我们制定了共享工程周报制度，各县市区确定联络员一名，通过电子邮件、传真、电话等多种形式加强各地联系。及时了解工程建设情况。制定了我市共享工程相关管理制度，包括机房管理制度、电子阅览室管理制度、工作人员职责等，并发到各县市区，同时要求制度上墙，做到了有章可循，防止工作失误。

建立未成年人教育基地。我们将"共享工程"建设作为营造有利于未成年人健康成长的社会环境的重要内容，引导未成年人合理利用互联网获取有益的知识。针对学生双休日和假期空闲时间较多的实际情况，全市"共享工程"的电子阅览室面向广大未成年人全面开放，为未成年人提供绿色上网空间。引导未成人认识、利用"共享工程"的服务内容，汲取中华优秀文化，培养健康向上的价值取向，丰富自身的精神文化生活，摆脱不良网络文化的影响。

组织开展文化活动。共享工程实施以来，我们充分发挥共享工程信息量大、传播便捷的优势，各支中心、乡镇街道和村居基层服务点坚持社会效益和公益性原则，根据不同人群的需求，明确服务内容和方式，充分发挥网站的政治教育、法制科技宣传、信息交流、资料查询等功能，积极主动地运用先进文化信息资源开展活动，为群众提供多样化、个性化服务，满足广大群众对科普知识、文化教育、文艺欣赏、医疗保健等多层次的需求，积极组织开展了形式多样的广场文化、村镇文化、社区文化、家庭文化和文化下乡等活动。邹城市2006年以来，已利用共享工程放映电影1200余场次，受益群众达50余万人次。今年，他们又把"唱响廉政歌、喜迎十七大"廉政文艺汇演的130余个节目收录，并制作成了150余盘光盘赠送给全市50个党工委，进一步扩大了教育面，营造了良好的廉政文化氛围。曲阜市支中心举办培训班12期，培训人员1960人次，刻录并发放光盘1万余张，放映电影960场，举办讲座320期，受益群众达20万人次。济宁市中区学习借鉴先进经验，组织有关人员先后赴青岛、临沂等开展得比较好的兄弟单位考察学习共享工程建设，有机整合了运河之都济宁中区网、区党员干部现代远程教育中心、区教研中心网等，相互依托，资源共享，建立健全了居村、社区服务网络。在党的十七大召开之际，兖州市支中心组织部分读者收看大会直播实况，第一时间了解党中央的路线、方针、政策，增长了知识，拓宽了视野。其他各个县市区也都充分利用共享工程这个平台，积极为群众服务，取得了良好的社会效益。

总之，在上级部门的关心指导下，济宁市共享工程建设取得了一定的成绩，全面完成了共享工程硬件的网络构架，建立了一支素质较高的人员队伍，为基层群众提供了良好的服务，产生了一定的社会效益。在下一步的工作中，我们一定会继续努力，争取克服不足，完善工作，为推动全市文化事业快速发展和实现文化名市建设目标做出应有的贡献。

（撰文/展海峰）

济宁市任城区支中心

全国文化信息资源共享工程任城区支中心成立于2007年7月，济宁市任城区委、区政府财政投资68万元，按照共享工程国家技术平台要求进行招标购买设备。现设有：电子阅览室、机房、制作室、多媒体教室，拥有设备：服务器3台、卫星接收器1个、电脑26台、防火墙1个、UPS不间断电源1个、非线编1台、100兆光缆、打印机1台、扫描仪1台、一体机1台、摄像机、照像机等，另外省中心还于2010年7月为我区配送了1TB的数字资源和光盘等电子资料。

一、基本情况

经过5年的长足发展，共享工程任城支中心开拓创新、利用优势，发挥资源，坚持面向基层，全方位提供惠民服务。到目前为止，任城区43万人口、317个行政村已得到全覆盖，切实为基层群众文化提供了一个良好的平台。

任城支中心成立后，首先开设宣传教育专栏，电子阅览室免费开放，现有持证人员5000多人。我们的工作人员积极宣传全国文化信息资源共享工程，引导未成年人认识、利用共享工程网站的服务内容，通过网站汲取中华优秀文化，培养正确的价值取向，摆脱网络不良文化的影响，加强网上正面宣传，为未成年人提供健康向上绿色上网空间。我们还通过共享工程国家中心的卫星传输通道，将高品质的多媒体文件、电子图书、杂志、报纸、音像等内容以数字方式投递到任何一个"农家书屋"及基层示范点，农民可通过电视、投影、电脑等设备阅读和观看，这一健康、合法、主流的新闻传播渠道，对于弘扬先进文化，缩小城乡之间的文化信息做出了相应的贡献。

二、开展活动

在大力宣传文化信息资源共享工程精神的同时，我们还积极开展阵地活动。2007年12月，在任城区委、区政府、区宣传部的指导下，依托共享工程任城支中心远教平台，开展了一系列有意义、丰富多彩的活动，如：深入学习科学发展观、创先争优等活动。为增强学习使用效果，党员群众可以到远程教育、信息共享多媒体室随时查询、点播和收看自己需要的节目和课件。党员干部远程教育与文化信息共享工程示范点的创建，不仅为社区干部、党员和群众学习知识、掌握致富技能增加了一个新平台，更为推动村经济、提高党员群众综合素质增添了一个新载体，成为党员的活动之家、群众的文体中心、村务的管理平台，更有力的促进了美丽乡村与和谐新农村建设进程。每逢节假日，支中心还利用多媒体教室播放影片和专题讲座，如“三八节女性专题讲座”、“六一儿童节电影播放”、“庆七一晚会演出”、“迎新年元旦晚会”、“爱在任城书画展”等。

三、惠民服务

任城支中心还以农村基层服务点为依托，打造惠农服务网点，为农村群众提供信息服务、技术指导、文化娱乐等资源。我们利用文化下乡、宣传周、农村文化大院、农民文化艺术节等时机，深入基层为群众播放共享工程宣传片、科技信息和文化娱乐资源，为仙营、金城、薛口等社区提供图书资料和视频资源。2010年6月，任城支中心举办“中老年文艺专场”活动，为任城各社区中老年人提供光盘及视听文献，播放老年人喜爱的戏曲类资源。五年来共发放光盘10000余张，我们根据基层不同需要刻录复制不同种类的光盘，赠送给农民朋友。我们还将光盘资源复制到支中心局域网存储区中，通过局域网开展服务。定期到各基层服务点进行业务指导并进行维护，建立面向群众的辅导机机制，配有专业辅导员。在大家的一致努力下，2009年8月，李营镇文化站被评为全省优秀信息资源服务点，开泰花园、李营被评为标准信息资源服务点；文化信息资源任城支中心被评为省级信息资源建设先进集体。

四、技术支持、资源建设及合作共建

任城支中心充分利用现有的技术支持与网络支持，与各单位建立通联，为他们提供视频制作、影像资料、专题片拍摄及制作等服务。为“任城区农行杯青年歌手大奖赛”提供视频资源100余份，并将演出实况制作成光盘，形成影像资料发放给演出单位；为“碳素杯”演讲比赛提供视频资源200余份，并制作光盘送给参赛选手；为“任城区军民共建”演出活动提供视频资源50余份；为“任城区迎新春团拜会”演出活动提供视频资源120余份；为“任城区送文化三下乡”活动提供视频资源20份，影像资料300余份；为“任城区庆祝建党九十周年文艺演出”活动提供视频资源150余份，并制作光盘送给各单位及演出人员；为“任城区双拥晚会”提供视频资源100份，为“盛世激情文艺广场演出”活动提供视频资源80份……协助任城电视台拍摄专题片“最美婆婆”、“最美媳妇”、“最美任城”，播出后取得了不错的社会效果，有效的宣传了社会主义精神文明。

五、培训工作

为使文化共享基层网点及资源建设得到长足全面的发展，2010年11月25日举办了任城区文化信息资源共享工程业务培训班，任城区文广新局局长、副局长、图书馆馆长、各基层服务点技术人员及图书馆职工共100余人，任城区文广新局局长对当前的主要工作、今后的规划和实施意见发表了讲话。副局长对当前的具体工作作了安排，并对培训工作提出了要求。图书馆馆长对任城支中心近几年的发展进行了回顾与展望，对开展基层服务、特色资源建设与利用进行了专题发言。任城支中心技术人员对数字资源建设、多媒体与卫星传输进行技术指导，此次培训取得了十分圆满的效果。

六、管理和队伍建设

任城支中心多年来一直致力于人才队伍建设，多次派人到省里参观学习，并制定出十分严格的管理与考核制度。制度要求每个职工都要掌握基本知识技术、保管好设备及下发设备。技术人员必须掌握卫星小站的安装、调试与维护，卫星小站及软件常见问题及解决办法，服务器的使用与维修，投影仪的使用与培训等相关知识。要做到科学管理，合理利用，最大限度的发挥资源作用。

七、工作展望

经过近几年的努力，文化信息资源共享工程任城支中心已打下良好的基础，省中心对我们取得的成绩也给予了高度赞扬，但我们不能满足目前的成绩，未来我们应该建设更多的示范点，搭建更多的平台，把我们传统的及现代的优秀文化传播出去。

（撰文/任秀卉、高吉峰）

曲阜市支中心

曲阜市文化资源共享工程启动于2006年，并被文化部确定为全国文化共享工程建设试点县。2006年5月，文化部原副部长周和平来曲阜调研文化共享工程建设工作；同年9月，全国文化信息资源共享工程建设现场会来曲阜南池居委服务点现场观摩。经过6年多的建设，曲阜市在市图书馆建设了高标准、规范化的县级支中心，完成了覆盖全市所有乡镇街道及村居的文化信息工程网络建设。2008年2月，曲阜市获山东省文化信息资源共享工程示范市荣誉；2012年11月，曲阜市荣获“山东省公共电子阅览室建设与服务示范市”荣誉；2012年12月，曲阜市南池居委基层点获“全国文化信息资源共享工程公共电子阅览室示范点”荣誉。

一、提高认识，加强领导

文化信息资源共享工程是完善公共文化服务体系，惠及千家万户的一项民心工程，鉴于此，中共曲阜市委、市政府高度重视文化信息资源共享工程，把它纳入曲阜市国民经济和社会事业发展规划、信息化建设和文化发展纲要，切实摆上重要议事日程，为加强组织协调，成立了工程建设领导小组，由分管市长任组长，领导小组下设办公室，具体负责工程的组织协调。加大宣传力度，召开了全市文化信息资源共享工程建设动员会议，制定下发了《实施意见》，明确了工作目标和实施步骤。各乡镇

书院街道服务点

街道及市直有关部门也都按照市里的要求，组成工作班子，召开动员会议，在全市上下形成了文化信息资源共享工程建设的热潮。认识的提高、领导的重视，为做好工作提供了有力的保证。

在具体工作中，注重抓好三个到位。

一是领导责任到位。明确工程建设领导小组各成员单位职责任务，实行工作目标责任制，市领导与各乡镇街道及市直有关部门负责人签订责任书，明确了任务目标和奖惩措施，激发了大家工作的积极性和主动性。

二是抓资金到位。在市财政比较紧张的情况下，挤出近200万元资金用于工程建设，为工程建设提供了财力保证。同时增加预算资金，确保文化信息共享工程年运行经费3万元以上。

三是抓督导检查到位。市文化信息工程领导小组办公室组织专人定期不定期地对各部门、各乡镇街道的工作进行调度检查，并根据检查情况，进行分类通报，促进了工作的全面开展。

二、突出重点，以点促面

市支中心是共享工程的核心和枢纽，是全市共享工程建设的关键所在。因此，曲阜市把支中心建设做为共享工程建设的主要重点，按照文化部、省文化厅的要求，在市图书馆建设了高标准的共享工程曲阜市支中心，设有机房、电子阅览室，多媒体教室、业务加工室4个组成部分，配置了专用的服务器、卫星接收、信息存储以及资源加工等设备。

为充分整合利用现有资源，在农村基层服务点建设中，曲阜市把工作重点放在党员干部远程教育接收点的完善和提高上，投资200多万元在每个乡镇先扶持部分村居，配备10—20台电脑或投影设备，使之达到扩展性基层点标准，用于集中开展活动和为周围村街服务。目前，全市共享工程基层点覆盖率达100%，乡镇扩展性服务点达到100%，村居扩展性服务点达到33%，形成了以市支中心为枢纽、连接国家共享工程中心、省分中心、济宁市支中心、覆盖全市所有乡镇街道村居的文化信息共享工程网络。

三、加强管理，注重实效

1. 坚持"建、管、学、用"相结合的原则，强化市支中心与各基层点的建设与管理。制订完善了有关规章制度，加大技术培训力度，确保信息工程网络的安全运行。支中心机房24小时不间断工作，目前存储影视戏曲讲座等3100余部，举办培训班68期，培训人员1650人次，刻录并发放光盘17000余张，全市放映投影2156场，举办讲座126期。

2、加大共享工程的宣传力度和广度，增强其影响力。采取悬挂宣传联、展牌、电视滑动字幕、发放共享工程利用常识宣传单等形式，增加共享工程的"曝光率"，让更多的群众了解共享工程，利用共享工程。

3、配合中心工作组织开展活动。如为配合党的十七大、十八大召开、抗震救灾和北京奥运会的举办，支中心和各基层点专门面向群众组织了宣传活动。特别是配备投影设备的基层点在室外组织放映活动，得到了群众的好评。

4、加强服务工作的针对性和实效型。注重发挥典型示范带动作用。市支中心立足实际，对上网普及率高的城区主要进行网上利用共享工程的引导，侧重于"教"；对条件差的乡镇农村则以复制光盘、移动播放、

到基层点辅导

集体观看为主，侧重于"送"。

要想服务好，跟着需求跑。支中心和基层点管理人员进村入户进行调查，根据不同人群的需求，建立农村所需信息知识资料档案，有针对性地搜集并制作农民急需的农业科技实用技术，满足广大群众多层次的文化需求。

结合曲阜实际，面向国外游客提供了网络信息服务，与曲阜师范大学、济宁学院、济宁医学等大学联合举办交流活动，提升支中心的业务水平。

此外，曲阜市积极推进文化信息资源共享工程资源建设，加工整理了"曲阜状元文化博物馆"、"楷木雕刻"、"祭孔大典"、"孟母教子"、"孔府菜"、"孔子诞生的传说"、"鲁班传说"等十项数字资源。其中，"曲阜状元文化博物馆"、"楷木雕刻"、"祭孔大典"入选国家中心资源库。

文化信息工程通过提供丰富的数字化书刊和数据库资源，为广大群众的求知、求乐、求富提供了一个便捷的渠道。据初步统计，每年受益群众达16多万人次。尝到甜头的乡镇领导和村干部说，共享工程用丰富实用、健康有益的文化信息知识，提高了群众的政治思想觉悟和道德水平，给农民插上了致富的翅膀，是新农村建设中不可或缺的一项民心工程。

四、工作展望

1、进一步增加投入，提升乡镇村街基层服务点的设施水平和标准，增强其服务能力，充分发挥基层服务点的作用。

2、挖掘地方资源，建设曲阜和孔子文化专题数据库。

3、整合资源，构建公用平台，扩大网络覆盖面，充分利用校园网、企业网和数字电视技术，让广大群众共享文化建设的成果。

五、荣誉奖项

2008年2月，曲阜市荣获"山东省文化信息资源共享工程示范市"荣誉；2008年9月，曲阜市图书馆（支中心）获"山东省文化共享工程建设与服务工作先进集体"称号；2009年，曲阜市支中心报送的专题片《孔府菜烹饪技艺》获得山东省文化共享工程资源建设专题片评比二等奖，《孔子诞生的传说》和《孟母教子的传说》获得优秀奖；2009年，曲阜市南池居委基层点获"山东省文化信息资源共享工程服务示范点"荣誉；2012年11月，曲阜市荣获"山东省公共电子阅览室建设与服务示范市"荣誉；2012年12月，曲阜市南池居委基层点获"全国文化信息资源共享工程·公共电子阅览室示范点"荣誉。

（撰文/孔德安、孟凡玲）

兖州市支中心

兖州市文化信息资源共享工程（以下简称"文化共享工程"）自2007年启动以来，始终围绕"积极发挥设施设备功能，充分保障广大群众文化权益"这条主线，认真抓好管理，不断加大投入，扎实开展活动，文化共享工程服务效果日益凸显。目前全市共有支中心1个，镇级基层服务点10个，村级基层服务点431个。其中，省、市级规范化站点7家，具备10台微机以上电子阅览室的拓展性站点超过50余家。2008年，兖州市被评为"山东省文化共享工程建设示范县"，支中心获得"山东省文化信息资源共享工程建设与服务先进集体"荣誉称号。

一、完善三级网络，为开展服务提供坚强保障

1、建设高标准支中心，搭建良好服务平台。兖州市于2007年8月在严格按照文化部相关标准的基础上建立了支中心，总投资68万元，每年2万元的运行经费列入市财政预算。目前，支中心总体布局是"一房两室"，即机房和电子阅览室、多媒体室。机房面积20M2，服务器4台，磁盘阵列总容量5TB；电子阅览室面积为80M2，现有微机40台，其中未成年人专机10台；多媒体室面积为80M2，投影设备2套。其他辅助设备如扫描仪、打印机、数码摄像机、移动存储播放器等一应俱全，硬件设备完全可以保障共享工程日常工作的需要。专职工作人员3人，其中2人具备计算机专业本科学历。为保障设施设备的安全使用，市图书馆投资3万元安装了电视监控系统、火灾自动报警系统，确保国家财产不受损害。

2、加强镇村站点管理，确保基层工作有序开展。一是按照山东省的总体要求，兖州市委办公室、市政府办公室联合下发了《关于实施全市文化信息资源共享工程建设的意见》，实现了党员远程教育与文化共享工程的共建共享，全市镇村均实现文化共享工程网络全覆盖。二是为提高基层服务点工作积极性，支中心对大部分基层站点加以培植和扶持，为其统一制作了标示牌、规章制度、服务记录簿等，基层服务点面貌大大改观。此外，积极争取上级扶持，多次将微机、多媒体设备、光盘资料等充实到这些基层服务点中。三是制定基层服务点工作制度和考核制度，明确了服务阵地、运行经费、设备管理维护、活动服务标准等有关内容及相关奖惩办法。

二、狠抓管理人员队伍建设

支中心开展培训班

1、加强支中心人员培训，为基层服务点提供技术支持。为使全市共享工程培训工作扎实有效、不走过场，支中心管理人员积极参加各种培训活动，努力研讨专业知识，自身素质和专业技能有了明显提高。截至目前，8人次参加了省、市组织的培训班，10人次赴共享工程起步较早、工作开展较好的兄弟县市学习经验，并且多次向省、市中心电话咨询请教，及时解决工作中遇到的难题，学到了知识，改进了不足。

2、发挥村官作用，扎实搞好基层服务点管理员培训。支中心在每年举办两次全市范围的共享工程培训班的基础上，为使培训工作不留死角，还制作了图文并茂的培训课件，携带多媒体设备到各镇、街道实地培训，全市10个镇、街道已轮训两遍。同时，结合兖州市近几年来面向社会招考村官的有利条件，与各镇、街道政府协商，确定以文化水平高、接受新事物快的村官们为培训主体，让其每人负责3-5个村，实行包干到村、以点带面的方式，定期进行评估奖惩，找到了一条节省开支、简化程序、收效明显的培训路子。年轻的村官们确定服务对象后，工作热情十分高涨，他们充分发挥聪明才智，积极协助各村级基层服务点管理员对所包服务点进行设备维护、工作指导和日常监督，各村级基层服务点工作面貌为之一新，各项工作开展也进入了健康、规范的发展轨道。

三、举办丰富多彩的活动

1、利用"两室"阵地，发挥窗口服务功能。支中心充分发挥设备功能，利用"两室"做文章，活动常年不断。电子阅览室坚持正确导向，不断加强管理，依托共享工程的几个主要网站和卫星接收的资源，积极推荐优秀文化资源，大力弘扬爱国主义、集体主义、社会主义思想，营造了良好的网络环境。目前，已办理电子阅览证3000余张，日接待读者超过100人次。多媒体室也结合支中心毗邻市民休闲广场的优势，不间断地开展了优秀电影展播、优秀戏剧展播、卫生保健知识讲座等50余场，收看群众逾10000余人次。

2、因地制宜，开展多种形式的镇、村服务活动。让最基层群众尤其是广大农民群众接受并利用到丰富的优秀文化资源是共享工程各项工作的出发点和落脚点。兖州市各个乡镇都有鲜明的种植、养殖产业特色和文化特色，大多乡镇都形成了自己的品牌，如辣椒之乡、肉鸭之乡、大蒜之乡、蟋蟀之乡、书画之乡、腰鼓之乡等。为把这些品牌做大做强，兖州市支中心因地制宜，指导各基层服务点组织广大群众有针对性地收听、收看与本地特色相近的视频资源，取人之长、补己之短，拓宽视野，增长知识，全市各镇（街）、村（社区）基层服务点坚持每月2-3场活动，年均开展活动20场以上。支中心还利用网络资源刻制了种植、养殖方面的光碟200多张，分发到各基层点中。服务过程中，积极征求农民群众的意见，及时调正工作思路，不断丰富活动形式，力争使各项活动开展得更具实效性。

3、共享工程巨大作用日益凸现，服务活动效果显著。随着各种服务活动的深入开展，人民群众逐步体会到共享工程的便民、利民和惠民，并且从中也学到了知识，得到了实惠。多年来，小孟镇利用网络资源提供的供求信息，引导各村与曲阜、宁阳蔬菜公司签订了洋葱、辣

椒、土豆、冬枣等种植合同，实行了订单农业，拓宽了销售渠道，有效解决了农产品销售难的问题。

2007年，大安镇牟屯村管理员徐伟利用网络收看了《网上肉鸡饲养技术》，在技术人员的指导下，投资6000元建起了标准化棚架网，经试验后比普通养法缩短出栏时间6—8天，提高了肉鸡成活率，取得了较好的经济效益。2008年，新兖镇薛庙村利用上级扶持的多媒体设备组织村民收看5.12地震有关报道，通过感人肺腑的视觉画面激发大家捐款捐物的热情，仅5月15日晚一场全村就捐款3万余元。小孟镇张王村选取了小麦选种、棉花种植等农业科技知识光碟进行播放，吸引了周围邻村群众前来观看，全村种养殖技术水平有了明显提高。兴隆庄镇晾衣井村在村大院多次开展戏曲、小品、故事片播放活动，引起了群众强烈反响，极大地丰富了群众的精神文化生活。

（撰文/汪亚军）

邹城市支中心

自2006年起，邹城市委、市政府把实施文化信息资源共享工程作为构筑现代公共文化服务体系，推动“文化名市”建设的重大举措，列入了重要日程，明确了共享工程建设的目标任务、工作重点、保障措施等，特别是在实施镇村文化设施标准化建设工程过程中，把文化信息共享工程作为完善公共文化服务体系的首要工程来抓。通过不断努力，2008年邹城市获得山东省的“文化信息资源共享工程示范县”称号，构建了覆盖城乡的市、镇、村服务网络。

一、整体情况

1、组织领导坚强有力，形成共享工程的有效合力，为实施全面覆盖打下了基础。

2006年以来，邹城市高度重视文化共享工程建设，作为加强基层文化建设，构建公共文化服务体系的重要任务，列入了经济社会发展总体规划和年度计划，列为了“文化名市”建设和新农村建设的重点项目，连续两年写入了《政府工作报告》，纳入了文化建设的年度考核目标。文化信息资源共享工程建设运行经费列入了市镇财政预算，市财政保证每年至少列支3万元、镇级财政每年至少列支1万元用于共享工程建设。

2006年以来，连续5年，结合每年投入100万元的村文化大院建设，对一类村基层站点进行电脑更新更换。定期组织召开由各有关单位主要负责人和各镇街政府主要负责人参加的文化信息资源共享工程建设专题工作会议，对全市共享工程建设进行了全面安排部署。各镇街也成立了相应的工程建设领导机构，指导镇村共享工程建设。全市上下形成了齐心协力、齐抓共管、齐头并进的共享工程建设有效合力。

2、明确目标，狠抓关键，服务功能不断完善。

为扎实推进工程建设，不断强化保障措施，完善网络设施、整合数字资源，各级站点服务功能不断完善。

邹城市文化共享工程支中心培训班

一是明确目标。组织召开了共享工程建设专题工作会议，制定下发了《关于全市文化信息资源共享工程和党员干部现代远程教育实现共建共享的意见》，明确了共享工程建设的目标任务、工作重点、保障措施等。二是划分类别。在工程建设中，我们根据各镇村地域、经济等条件不同的实际，坚持因地制宜，把全市所有镇村基层站点建设分成一般站点、重点站点和样板站点三个类别，明确各个类别的建设标准。三是统筹布点。根据各镇村经济条件和人口密集度，在一般站点建设的基础上，全市建设5个镇重点站点、3个镇样板站点和50个村重点站点、25个村样板站点。四是突出重点。市财政列支专项资金80余万元，在市图书馆建成了包括中控机房、电子阅览室、多媒体室等在内的共享工程邹城支中心，配备了投影仪、摄像机、照相机、非线编、图书馆自动化管理系统、共享工程应用服务器和运行管理系统、4.8Tb的光纤存储设备以及30台微机等设施设备，具备了数字资源的存储、传输和服务能力，可供读者访问的数字电影资源500余部、电子文献2000余种。全市16个镇街、887个村居全部建成了基层站点，覆盖率达到了100%，其中3个镇级站点是扩展型站点，52个村达到了扩展型标准，25个村达到了规范化标准，3个村级站点是省级示范点。五、拓展服务。为拓展文化信息资源共享工程的服务功能，我们因地制宜，不断扩充资源，先后结合非物质遗产保护制作了相关的专题片《火虎》、《阴阳板》、《尚寨竹马》等，通过共享平台、刻录光盘发放到基层站点，供群众及时了解邹城的传统文化，增强群众的文化自豪感。

二、管理队伍建设与惠民服务

在文化信息资源共享工程发展过程中，我们特别注重“建设是基础，管理是关键，使用是目的”。在加快基层站点建设，扩大城乡覆盖面的同时，必须加强管理，提高使用率，让广大人民群众共享服务成果。为加强管理，实现文化信息资源共享工程的最大效能，我们探索出了一套行之有效的办法。

1、加强人才队伍建设。我们先后举办了15期镇街宣传委员、文化站长和村级文化骨干共享工程培训班，培训2000余人次。同时，与远程教育中心联合举办了全市镇村站点管理人员培训班，实行“一人双责”，管理人员既负责远程教育站点的管理维护，也负责共享工程站点的管理使用。通过系统的业务培训，镇村基层站点管理人员可以有效使用共享工程的设施和资源，熟练开展技术指导，帮助群众查询文化资源信息。

2、完善制度建设。从制度建设入手，编纂下发了

《基层文化工作手册》，健全完善了《关于加强镇村文化娱乐设施管理使用的实施意见》、《镇村基层服务服务站点标准》、《电子阅览室管理制度》、《管理员岗位职责》等相关制度，积极探索管理使用长效机制。各基层站点统一标牌、制度齐全，对相关设施设备，明确了专人管理。规定开放时间，保障镇、村站点按时、足时向群众开放。市文广新局还组织人员，对管理使用情况进行不定期检查，对不能按要求开放的，追究相关责任人的责任，及时通报批评。

3、建成未成年人教育基地。我们将“共享工程”建设作为营造有利于未成年人健康成长的社会环境的重要内容，引导未成年人合理利用互联网获取有益的知识。针对学生双休日和假期空闲时间较多的实际情况，全市“共享工程”的电子阅览室面向广大未成年人全面开放，为未成年人提供绿色上网空间。组织开展了中小学生“健康成长、我要共享”签名活动，引导未成人认识、利用“共享工程”，汲取中华优秀文化，培养健康向上的价值取向，丰富自身的精神文化生活，摆脱不良网络文化的影响。

4、组织开展文化活动。共享工程实施以来，我们充分发挥共享工程信息量大、传播便捷的优势，把开发利用与群众文化活动紧密结合起来，积极组织开展了广场文化、村镇文化、社区文化等活动，特别是深入实施了农村电影放映工程。

利用节假日，播放专题影片和影视节目；利用多媒体设备和网站资源，举办各类讲座和培训。结合电视远教频道，利用共享工程的优秀资源将百余部优秀影片、科技片等影片通过电视播映，受到了百万群众的喜爱。配合“千张笑脸映邹城”活动，将优秀影片播放到乡镇敬老院，受到老人们的欢迎。几年来，已利用共享工程放映电影1500余场次，受益群众达百余万人次。

5、引导农民科技致富。我们把文化共享工程上级中心提供的资源，加工制作成国家政策、种植养殖技术、农产品开发等方面的信息资源，刻录成2万余张光盘送到全市各镇村，引导农民学习科学技术、市场经济知识，帮助他们勤劳致富，为群众解决生产生活中的实际困难和问题，加快了新农村建设步伐。

如今，文化信息资源共享工程已成为邹城城乡居民学习知识、浏览信息、接受优秀文化熏陶的有效渠道，成为解决农村基层群众看书难、看电影难、获取知识信息难的一条主要途径。今后，我们要全面提升共享工程工作质量和水平，推动共建共享向规范化、制度化方向发展，为完善公共文化服务体系，构建和谐社会做出积极的贡献。

（撰文/邢涛、刘军）

微山县支中心

一、基本情况

按照全国文化信息工程的安排、部署，微山县委、县政府高度重视，县文化局制定了详细的实施方案，县财政投入68万多元专款，2007年8月底全面完成了共享工程济宁市支中心建设任务。主要硬软件设施包括：(1) 中心机房：备好42U标准机柜1台，内设各类高标准服务器4台，磁盘阵列4TB，千兆主干交换机、百兆网络交换机各1台，百兆防火墙1台，网络杀毒软件（1+2+50）一套，业务自动化系统ILASⅡ1套，UPS不间断电源（8小时在线式）1台，4路KVM切换器1个，空调1台，接地系统，防雷系统，防静电地板等；(2) 电子阅览室：面积80平方米，设30套电脑，主机1台，42U标准机柜1台，网络专用配线架1台，空调等；(3) 多媒体室：79平方米，设座位50个，投影仪、幕布1套，便携式计算机2台，音响1套，4路VGA切换器1个，空调等；(4) 数字加工室：23平方米，扫描仪1台，打印机2台，复印机1台，移动存储播放器2台，移动硬盘2块，外置刻录机2台，业务终端计算机4台，数码照相机等；(5) 借阅室业务终端计算机4台；(6) 支中心标牌、共享工程介绍、规章制度已上墙；(7) 经费落实：支中心目前已落实年运行经费3万元。

二、基层点建设

为进一步加强乡镇文化信息资源共享工程服务网点建设，2008年2月，由市财政扶持，市文化局、财政局承办的支援新农村文化建设工程，为我县捐赠了方正文祥系列E350电脑30台，支建了三个扩展型乡镇文化信息资源共享工程示范服务网点，分别为：欢城镇、留庄镇和高楼乡。

三、资源建设

为进一步强化村级文化信息资源建设，2008年2月，由济宁市财政扶持，市文化局、财政局承办的支援新农村文化建设工程为微山县捐赠了音响、功放、DVD、投影仪等8套村级文化共享工程服务设备，支建了8个村文化大院。

四、惠民服务

1、阵地服务：电子文献阅览室是共享工程阵地服务的窗口。微山县支中心共有30台电脑，每天服务时间超过12小时，日均接待读者100人。在电子阅览室读者可以享受到“好戏送下乡”光盘免费欣赏、“星空卫视”流媒体接受服务，可以在这里领到“共享工程”读书卡。中心积极为广大青少年构建网上课堂，免费放映一系列红色经典影片。在全省开展保持共产党员先进性教育活动中，我县支中心与夏镇、昭阳社区居委会联合建立了“文化信息资源共享工程社区服务点”，进一步扩大了共享工程的影响。

2、服务基层：我县支中心通过互联网、邮寄光盘等多种渠道，把下载、整合、购买的资源传输到农村基层站点。微山县支中心刻录文化部“文化共享助春耕”光盘50盘，下发到各乡镇（街道）农村公益电影放映员手中，内容涵盖了春耕时节化肥、农膜、农药及种子等农业生产资料准备、农机具管理、种植及养殖技术等，并积极、及时地播放，在群众中产生了很大的反响，社会效益极大，此次活动的开展，有利于帮助广大农民群众丰富农业科技知识，提高生产技能，促进农业增产增收。

3、丰富群众文化生活：微山县支中心积极开展“优秀电影下农村”活动，力争每村每月播放一部优秀电影。定期开展了“文化进社区进农村活动”、“暑期优秀爱国影片展映活动”、“各类专题系列讲座”等，极大地丰富了人民群众的文化生活。

4、加强人才队伍建设：先后举办了2期乡镇文化站长和村级文化骨干共享工程培训班，培训80多人次。同时，与远程教育中心联合举办了全县乡镇村基层服务点管理人员培训班，实行"一人双责"，管理人员既负责远程教育站点的管理维护，也负责共享工程基层点的管理使用。

五、工作展望

1、加强资源建设，努力建设成具有微山本地特色的数字文化资源。

系统整合科普知识、农业技术等群众急需的优秀文化资源，丰富资源内容，满足群众的需要。积极建设具有本地特色的数字文化资源，把历年来创作的优秀剧目、获奖作品提供给文化共享工程使用。

2、加强村级服务站点建设，建立科学的管理体制和工作机制。

县级支中心负责对农村基层站点的管理、资源更新、日常技术维护、人员培训等职责，要建立农村站点电子阅览室，把数字图书服务作为重要内容。

3、加快全县基层网点建设，形成覆盖全县的服务网络。

各乡镇站点加强与农村党员干部和农村中小学两个现代远程教育工程搭建的基层服务网络合作，依托现有条件，建成基享工程基层服务点，推动文化共享工程服务进乡村。

4、加强基层管理人员和技术人员的培训。

加大培训力度，对基层点专业人员和管理人员进行培训，并将其纳入专业技术人员晋升职称继续教育培训，使每个基层点拥有1–2名经过专业培训的工作人员。

（撰文/井继龙、马长书）

泰安市支中心

泰安市地处山东省中部，北依省会城市济南。泰安下辖泰山区、岱岳区、新泰市、肥城市、宁阳县和东平县共6个县市区、108个乡镇办事处，总面积7762平方公里，人口538.6万，其中泰城建成区面积39平方公里，城区居住人口44万人。

一、基本情况

文化信息资源共享工程的实施和发展得到党中央、国务院的高度重视。山东省文化信息资源共享工程与农村党员干部现代远程教育工作全面合作，在全国第一个建立起了覆盖全省的基层服务网络，为泰安市共享工程的建设提供了良好平台。我市文化信息资源共享工程的深入实施，市委、市政府高度重视，先后投资160余万元，结合数字图书馆建设，在市图书馆建立了文化信息资源共享工程市级中心，并具备对下级支中心和基层站点辅导培训和管理服务的能力。截至2012年12月，共享工程软硬件建设已初步完成，建成后的市共享工程中心包括：共享工程机房，共享工程电子阅览室，共享工程报告厅等。充分利用图书馆现有场地设施，最大限度的为群众提供共享工程培训和辅导。

二、资源建设

近年来，泰安市在大力发展经济的同时，利用全国文化信息资源共享工程建设，有力推动了新农村文化建设，基本上实现了"村村通"。为了保障共享工程的顺利实施，市政府先后投资100余万元，用于共享工程的软硬件建设、数字图书馆建设和网络化建设。截止目前，我市共享工程支中心建筑面积1000多平方米，各种管理规章制度齐全。硬件设备有共享工程应用服务器一台，资源发布服务器一台，卫星接收服务器一台，业务自动化服务器2台，备用服务器一台，卫星接收设备一套，容量6TB的磁盘阵列一台，便携式计算机和500G移动硬盘各2台，投影仪2台，非线编辑系统一套，数码摄象机、数码相机、扫描仪、复印机、刻录机等设备俱全.全馆业务自动化用计算机20台，电子阅览室共享工程专用计算机50台，并拥有400座的共享工程报告厅为群众提供服务。网络使用网通100M光纤接入，配备百兆防火墙、网络杀毒软件、千兆交换机，大功率UPS、中央空调等设备，为共享工程工作的开展提供了设备保障。

三、惠民服务和经费投入

共享工程使得人民群众能够充分利用电子阅览室和办公厅，送信息进社区、进企业、进军营 、进校园，活跃了广大群众文化生活，扩大了共享工程的宣传力度。以下是泰山区图书馆开展文化共享工程惠民服务案例纪实。

作为推进全市文化建设和社会主义新农村建设的一项重要工作，泰山区委区政府将"共享工程"的实施纳入文化事业建设整体规划，在设备、人员、资金等方面统筹考虑，给予保障。截至目前，泰山区实现了文化共享工程100%的乡村全覆盖，累计开展各类农民工素质教育培训活动1万多次，培训农民群众100多万人次。

信息科技知识在老百姓身边开花结果，助推文明和谐乡村发展，开展好基层文化建设。2007年，岱岳区图书馆按照"夯实事业基础，增强服务功能"的总要求，在文体局和上级业务业务部门的正确领导下，充分调动全馆干部的职工的 主动性和创造性，锐意进取，开拓创新，认真开展了工作。

区委、区政府高度重视文化信息共享工程建设工作，在财政极其困难的情况下，投资58万元，完成了图书馆电子阅览室，多功能厅，接收机房等"文化信息共享工程"的设备配置工作，正式开展了"文化共享工程"相关的各种服务工作。

岱岳区是一个近百万人口的农业大区，辖17个乡镇、办事处，663个行政村。我们借助远程教育这个平台，在全区实施了文化信息共享工程，开辟了一个不受地域、时空限制的崭新的文化传播渠道。从而改变了我区广大农村因信息匮乏制约经济、文化发展的状况，促进了基层文化建设，活跃了人民群众的精神文化生活，同时也极大地提高人民群众的思想道德和科学文化素质，推动了当地经济的发展，以及和谐社会的构建。通过对原有设备、场所、人员、网络进行整合，实现了文化信息的共享。如满庄的满北村，依托村委会议室，配备了投影仪，建立起"远程教育院"；利用原有图片室，建起片库图书室；利用计划生育"温馨室"的计算机和VCD电视机等

设备，建起文化信息共享电子阅览室；购金20台电脑，与远程教育网、互联网进行联网，安装了VCD视频点播系统，建成了文化信息共享点播室，由村委会副主任、计划生育协会会长兼任远程教育管理员，6名计划生育小组长和分点播放员兼任文化信息共享信息员。通过对现有资源的有效整合，真正达到了远程教育“变一用为多用”的目的，为广大群众搭建起了一个新的平台。

先后培养了满北村、大陡山村、北留村、油坊村等典型把他们的经验在全区进行了推广，取得了很好的效果。其中满北村和大徒山村尤为突出。中央电视台《焦点访谈》栏目组利用一周的时间对我区满北村和大陡村进行了深入采访，并在中央电视台作专报道，随后，全国众多媒体纷纷到我区采访调研。现在到满北和大陡参观学习的单位络绎不绝，他们的经验和做法得到国家有关部门的充分肯定，并在全国推广。为贯彻落实《中共中央办公厅、国务院办公厅关于加强公共文化服务体系建设的若干意见》，进一步推进文化共享工程建设，充分发挥全国文化信息共享工程在建设社会主义新农村中的作用，文化部于2007年9月17日在北京召开全国文化信息共享工程农村服务工作座谈会，全国共18个县（市、区）参加，我区天平办事处大陡山村养牛专业户夏百嘉以《依靠文化信息共享和谐富裕生活》为题，在会上作了书面发言。

实施文化信息共享工程，也有力地推动了我区文化事业的协调健康发展，带来了全区文化事业得到空前繁荣。岱岳区首届农村文化艺术开幕式的成功举办，就是对共享成果的大检阅。通过实施文化信息共享工程，我们自编自演的文艺节目多次在省、市比赛中获得大奖，如我区夕阳红艺术团自编自演的山东柳琴《让座》获得省“凯银杯”大赛银奖，泰安电视台“相约周末”栏目为此作了专访，我区创作的文学作品先后荣获第五届“新世纪之声”《中华颂歌》大奖赛金奖、山东省文史书刊二等奖和泰安市“五个一精品工程”奖。2006年9月份全国文化信息共享工程会议在济南召开，与会领导前来我区参观了满北村示范点，并给予了高度评价。今后我们必将继续努力，工作再上一个新台阶。

除此之外，我市的宁阳县及肥城市，也都积极响应上级指示精神，立足为民服务，坚持共享工程以公益性为主，积极采用先进、实用的科学技术手段，与农村党员干部远程教育相结合，实现了设施设备、人力资源和文化信息资源的共建共享，把丰富多彩的文化信息资源传送到了城乡、村基层服务点和群众身边，使基层文化阵地得到了巩固和加强，活跃了城乡群众精神文化生活。

四、工作展望

下一步我们将按照国家提出的“资源丰富、技术先进、服务便捷、覆盖城乡”的文化共享工程建设目标，进一步巩固、完善和提升网络设施，大力加强数字文化资源建设；根据文化部信息资源共享工程管理中心的要求，开发一批具有浓厚地方特色、反映地方文化热点和亮点的数字信息资源库，如泰山文化，形成具有泰山地方文化核心资源库和综合信息资源库，并在全省范围内实现数字资源建设的共建共享。

（撰文/李斌、吴　星）

泰安市泰山区支中心

泰山区位于山东省泰安市中部，总面积336.86平方公里，总人口63.37万，辖财源、岱庙、泰前、上高、徐家楼5个街道，省庄、邱家店2个镇，共126个行政村、68个社区。全国文化信息资源共享工程实施后，泰山区紧紧抓住这一历史机遇，将共享工程作为推进文化创新、完善公共文化服务体系、提高公益性文化服务水平的重要抓手，扎扎实实地组织全区共享工程项目的实施。

一、基本情况

文化信息资源共享工程泰山区支中心，是2007年区委、区政府为民办实事之一，区政府积极筹措资金40多万元，建成了省级规范支中心；目前，区、镇、村三级文化网络已全面建成。有7个处镇，194个村街、社区基层服务站点达到规范化标准，总覆盖率为100%，已顺利通过省文化厅检查验收并投入运行，且运转传输通畅。

泰山区支中心面积达到148平方米，配置高标准计算机40台，有微机统一编号并安装监控软件、读者持卡上机，实现了规范化管理。中心机房26平方米，配有各类专用设备。2010年3月，通过10M光纤接入互联网，现已向社会全面免费开放。

支中心的建成，进一步推动了泰山区图书馆基础建设，实现了图书馆网络化、数字化、自动化管理。2009年至2011年，分批在泰山区各街道、乡镇文化站建成文化信息资源共享服务点，在196个行政村建成文化信息资源共享村级服务点，由区委组织部负责实施，由区文广局负责设备配发，区图书馆负责指导设备的调试、运行、人员培训、业务开展等工作，目前各基层服务点设备运行良好。

二、惠民服务

在省中心、市局的正确指导和大力支持下，在区委、区政府的坚强领导下，通过两年多的建设运行，各站点充分利用现有设备，发挥文化共享，为弘扬先进文化，构建和谐社会，建设社会主义新农村，丰富城乡群众文化生活起到了重要的作用。泰山区支中心主要做了以下三方面工作。

1、领导重视，城乡同步推进“工程”建设

全区各级党委、政府充分认识实施“共享工程”的重要意义，建立健全机构，印发了专门文件和《实施方案》，经费投入大幅增加，运行管理逐步规范，服务功能不断延伸。在大力建设区支中心的同时，泰山区以农村乡镇和城市街道文化站、社区文化室等为依托，按照标准要求，加大投入，进行设施设备的提升扩展，至2011年年底，泰山区现辖5个街道，2个镇，共126个行政村、68个社区已全部建立了基层服务点，覆盖率达到100%，规范化基层服务点建设完成48%。

2、服务社会，加强公共电子阅览室建设

在公共电子阅览室试点建设中，泰山区通过建立公共电子阅览室试点运行管理机制、财政投入机制，保障试点建设与服务的顺利进行。2010年泰山区制定了《泰山区公共电子阅览室试点建设工作方案》，明确区、镇（街道）、村（居委会）各级试点配置标准、管理规范和服务要求，建成财源、岱庙等镇（街）公共电子阅览室试点。

泰山区图书馆公共电子阅览室于2009年建成投入使用，高标准计算机40台，购入电子图书50多万册，积极参加省“县级数字图书馆”全覆盖活动，现有资源存储量已达1500G。从2009年8月至今，数据库访问量达34000人次，下载文章共5800余篇，受到读者的欢迎。投入约100万元，按高标准新建村（社区）公共电子阅览室将达40多个，每个投入建设经费约6万元，配置8台以上PC机，2M以上专线光纤。

3、发挥优势，积极开展多样化活动

在建设基层服务网络的同时，泰山区支中心不断拓展服务方式，充分利用这一全新的工作载体条件，开创了基层文化工作的新局面。

（1）．馆内活动丰富多彩

在电子阅览室每周推介优秀栏目、名家讲座、生活常识、电影及优秀地方剧目；每月开展一次共享工程利用知识培训；利用星期天节假日针对未成年人播放百部爱国主义教育影片。

（2）、走进农村、社区，走进学校

区支中心下载生活健康、农业养殖等相关信息达8万多字，并印成资料分发到社区居民、村民手中。结合实际情况，泰山区支中心有选择的提供知识，让广大群众不断感受到先进科学和现代文明。

为加强未成年人思想道德建设工作，与教育局联合，深入各中小学校开展活动。为南实小、泰安新六中等6所学校安装了共享工程。对不具备安装条件的小学，利用投影仪播放知识讲座，利用共享工程开展思想道德建设，将加强未成年人思想道德建设工作落到了实处。

（3）、走进老年人群体

开展为老年群体服务是文化信息资源共享工程工作的又一重点。泰山区支中心对老年大学、敬老院等开展了资源服务。泰山区支中心根据老年人的习惯特点，上网下载了《营养与健康》、《科学保健》等系列视频资料前往放映。使他们获得了精神的强健与文化的关爱。

（4）、服务弱势群体

为让盲人享受社会发展的成果，支中心精心选购了盲文读物和有声读物，购买了盲人阅读软件。通过盲人阅读软件，盲人读者可以了解网上各类信息、聆听有声读物。为盲人读者增强自我发展、自我完善的能力创造了条件，也为建设和谐社会做出了积极的努力。

4、加强培训，管理运行日益规范

为规范管理，提高基层点管理人员业务素质，区文化局、区共享办切实承担起主管责任，加强对基层服务网点的业务指导和监督管理。区支中心配备了专职人员，制定了基层点管理制度，编印了专门的培训教材，印发了2000余份简便的《文化信息资源使用指南》，向全区基层点发放，使广大读者尽快掌握使用文化信息资源的方法。采用分级集中培训、发放培训资料、上门指导、电话咨询、光盘教学、召开现场经验交流会、考试等方法，20多次在区支中心举办共享工程知识培训班，培训1957人次。

三、工作展望

通过近几年的努力，泰山区共享工程建设得到了大力发展和全面推进，但是泰山区支中心也深切认识到，泰山区共享工程建设还存在不少的现实问题，今后，泰山区支中心将抓好以下方面的工作：

1、进一步争取领导重视。共享工程是公共文化服务体系的基础工程，是文化、科技创新的一个重要生长点。今后，泰山区支中心要加大宣传力度，争取各级领导的进一步重视，保证共享工程所需的人力、财力、物力，全面推进基层点建设。

2、加强共享工程的管理与服务。要始终把为读者服务放在第一位，通过共享工程设备，为广大读者提供信息咨询服务，开展讲座、报告会、读书竞赛等形式多样的公共文化活动，满足广大读者日益增长的多样化、个性化服务需求。

3、努力抓好人才队伍建设。改变专业人员缺乏的现状，争取吸收一批专业知识扎实、有经验的管理骨干，建设一支高素质的专业队伍，适应共享工程管理和发展的需要。针对基层点管理人员不稳定的现状，同泰山区支中心要加大培训力度，做好基层点的培训辅导，提高其服务能力。

（撰文/泰安市泰山区支中心）

泰安市岱岳区支中心

泰安市泰安区实施文化信息资源共享工程建设以来，在泰安区委、区政府的正确领导和省、市主管部门的关怀下，始终把文化信息资源共享工程作为基层文化阵地建设和经济社会协调发展的基础工程来抓，以服务基层群众为宗旨，以群众的文化需求为导向，按照“立足实际、周密部署、认真实施，确保质量”的原则，通过加强领导，强化措施，加大投入，有效地推进了文化信息资源共享工程建设进程，使其成为了宣传国家政策法规、丰富群众文化生活、培养“有文化、有道德、懂技术、懂经营”新型农民的新渠道、新阵地和新平台，为构建和谐岱岳、建设社会主义新农村发挥了积极的推动作用。

一、整体情况

支中心建有电子阅览室、多媒体教室和中心控制机房，建筑面积约200平方米，工作人员3名，配备应用服务器1台、卫星接收器1台、3.6T磁盘存储主干交换机1台、百兆交换机2台、电脑30台、工作机5台、手提电脑2台，达到了区支中心建设的标准，具备了应有的接收服务功能。

二、网点建设和经费投入

自2006年以来，我们借助党员远程教育平台，通过对设备、场所、网络、资源、人员进行整合，实现了文化信息资源的共享和农村基层站点的“村村能”，全区17个乡镇（街道）、663个行政村全部建起了基层服务点，总覆盖率达到了100%，建立起了区乡村三级文化资源网络系统，先后培植了满庄镇满北村和北留村、天平街道大陡山村等先进典型。

先后拨付专项经费130多万元用于工程建设；各乡镇（街道）也投入资金近180万元，购置了电脑、光盘等设备，为做好文化信息资源共享工程建设提供了较好的资金保障。

三、资源建设

搜集整理适用于当地群众的政策法规、文化体育、防疫保健、科普知识等共享工程信息资源以及农村实用技术信息，并开展了广泛的宣传活动。在此基础上，区支中心加强了对文化信息资源的管理、维护、开发、加工，规划设计了岱岳文化信息资源共享工程网，网站内容涉及政策法规、美术图片、文物天地、群众文化活动、历史照片等多个栏目，逐步建成完善了25个数据库的建设工作。从2008至2012年我区又建设公共电子阅览室340个，规范化标准基层站点466个，规范化标准站点覆盖率达到了70%以上。

四、技术支持与合作共建

制定全区共享工程业务建设规划，负责全区共享工程工作，为基层服务点提供技术支持，建立各基层服务点技术档案，完成数据拷贝及资源服务准备工作，培训基层服务点工作人员，解答日常服务工作中遇到的技术问题。

借助于远程教育平台将文化共享工程数字资源、农村电影放映工程的电影资源、“农家书屋”的纸质资源有机结合，做到了人、财、物资源的合理配置，提高了资源利用效率。

五、惠民服务和宣传推广

1、利用共享工程资源，积极为群众文化生活服务。2、拓宽思路，积极开展文化科技下乡活动。3、利用共享工程资源，开展未成年人思想道德建设。4、不断丰富内容，突出服务重点。

2007年3月，中央电视台《焦点访谈》栏目在我区满庄镇满北村和天平街道大陡山村进行了深入采访，制作了“共享欢乐”专题报道，在全国范围内推广了我区基层站点建设的经验做法，为全国基层站点建设做出了榜样。

六、培训工作

近年来我们举办各类技术培训班11期，培训技术人员1700多人次。为借鉴外地先进经验和做法，推动建设进程，区文广新局还专门组织有关人员和各乡镇（街道）分工领导、文化站长共计57人，赴新泰、省图书馆参观学习，使大家学习了经验，受到了启发，为加快我区文化信息资源共享工程建设奠定了较好的基础。

七、管理和队伍建设

在区支中心调配了3名计算机技术水平较高的年青管理人员，专门负责全区文化共享工程资源的接收、整理和配送，服务点工作人员培训、业务指导及工程设备的日常维护维修。乡镇基层服务中心人员以现有文化站人员为主，配1名专兼职人员，村服务点配1名青年村干部为专(兼)职人员。

八、荣誉奖项

2008年，我区支中心被评为省级文化信息资源共享工程建设示范区。2009年满庄镇满北村被评为省级文化信息资源共享工程规范化站点。

九、工作展望

我们将按照国家提出的“资源丰富、技术先进、服务便捷、覆盖城乡”的文化共享工程建设目标，进一步巩固、完善和提升网络设施，大力加强数字文化资源建设；进一步加强队伍建设，不断创新服务群众的方式方法；进一步加大对文化共享工程的宣传力度，扩大工程在群众中的影响，为向广大群众提供更多的优质文化服务创造更好的条件。

回顾近些年的工作，我区文化信息资源共享工程建设取得了显著成绩，为促进全区各项社会事业的发展，构建和谐社会发挥了积极的作用，但仍然存在着一些问题和不足，对此，我们将采取有效措施，加大力度，认真加以解决，争取更好的为全区人民建设好精神文化的大粮仓。

（撰文/王　芳、赵　建）

肥城市支中心

肥城隶属于泰安市，地处山东中部、泰山西麓，是资源丰富的鲁中宝地，闻名中外的肥桃之乡。总面积1277.3平方公里，辖3个办事处，11个镇，1个省级高新技术开发区，607个村（居）民委员会，总人口96.7万人。

一、基本情况

文化信息资源共享工程肥城市支中心成立于2007年8月，总投资68万元，是按照县级支中心标准配置建设。2007年10月通过山东省共享工程试点县检查验收。2008年3月被山东省文化厅、财政厅授予“全省文化信息资源共享工程示范县”荣誉称号。中心硬件设施齐备，建有20台计算机的电子阅览室、多媒体教室和中控机房。配备了卫星接收系统一套、服务器5台、投影仪2台、4.5T磁盘阵列、业务自动化软件一套，并有专人管理。中心成立后，指导全市14个乡镇、607个行政村已全部按照省建设投入标准建成共享工程基层服务点，共享工程基层服务点覆盖全市。

共享工程肥城支中心设在肥城市图书馆，是肥城市共享工程的建设和业务指导单位，负责保障市中心共享工程设备的运行，协调镇村级共享工程设备的维修，指导镇村级共享工程活动的开展以及开展全区共享工程管理员的业务培训和指导。

二、管理和队伍建设

为使共享项工程真正为民所用为民谋利，肥城支中心将共享工程日常管理纳入制度化管理。制定支中心、镇、村基层服务点工作职责和制度，实行制度上墙公开。每年有年度工作计划，月度有工作要点，季度有工作督导，年末有工作总结考核，并推行管理员工作日志管理，收集整理共享工程服务活动的得失，探索共享工程管理和服务新模式。

文化资源共享工程作为一个新的农村文化资源获取平台，如何推广好、利用好共享工程丰富的文化资源关键在于是否有一支专业化的共享工程管理员队伍。肥城市共享工程支中心在管理员队伍建设上坚持明确职责，明确思路，制度化管理，常态化培育。对于乡镇、村两级基层共享工程管理上择优选取文化层次较高，有一定社会基层管理服务实践经验的大学生村官为管理员，他们工作热情高，有较高的文化水平能尽快熟悉掌握共享工程设备为所在村民服务。

三、培训工作与惠民活动

肥城市共享工程自实现村村全覆盖以来，每年都有专项运维经费，用于共享工程设备的维护，人员培训和惠民活动的开展。

肥城支中心在共享工程管理员的培养上实现了制度化和常态化。根据支中心工作要求，每年对辖区共享工程管理员进行6期集中培训，联合党员干部远程教育，不定期对基层服务站点技术员进行指导，辅导安装了“山东省文化信息资源共享工程基层服务平台”，“山东省文化共享工程流媒体服务平台”，“山东新农村网上图书馆”等共享工程相关软件。

肥城支中心在共享工程服务实践过程中，以民众的需求为导向，积极探索，服务民众生活生产，引领群众高尚精神文化生活，打造群在满意喜爱的文化服务新平台。根据肥城地域农业生产特点及上级活动精神等，肥城支中心每年结合实际制作光盘和小册子通过行政村基层服务点向市民分发。

肥城支中心利用各种渠道宣传推广共享工程。在肥城每年的科技文化三下乡活动，科普之春，科普之夏，科技周等活动中，肥城支中心不失时机，以活动为平台，以资料为媒介宣传共享工程，让民众不断了解共享工程，走进共享工程。

积极开展共享工程专题放映，举办各类讲座等活动。我中心除固定每周六上午9点在电子阅览室为群众免费放映共享工程资源外，还根据不同群众需求，有针对性地放映影视大全、共享剧场、民间文化、医疗保健、大众讲坛等。年服务人次达10000余人，合理利用了文化信息资源，丰富了群众的精神文化生活。

专题活动，精彩纷呈。肥城支中心在服务中抓住文化的热点和亮点，积极组织群众喜闻乐见的文化服务，使共享工程走进群众生活。例如组织国庆征文比赛，全民读书月等活动。

四、工作发展

肥城市文化资源共享工程依托肥城市图书馆建立，现肥城市图书馆新馆在建，其中图书馆按照国家一级馆标准设计，建筑面积15967平方米，内设多功能报告厅、藏书大厅、地方文献厅、综合阅览厅、少儿阅览厅、自修厅、对外展示厅电子阅览厅、专用机房及文化资源共享中心厅，建成后的文化资源共享中心将更好的为市民服务。服务形式更加多样，服务网点更加宽广，参与群众更加广泛的共享工程文化带动体系，为建设文化强县做出贡献。

（撰文/肥城市支中心）

莱芜市支中心

莱芜市地处山东省中部，辖莱城、钢城两个区和三个省级开发区，总面积2246平方公里，人口125万。自文化信息资源共享工程实施以来，在市委、市政府的领导下，在各级部门大力支持和帮助下，我市文化信息资源共享工程工作取得了显著成效，网络站点建设已初步形成规模，资源建设正在完善。

一、基本情况

莱芜市文化资源共享工程建设完善于2007年，现已建立了1个市支中心、2个县（区）支中心、20个乡镇、街道和1070个村级基层服务点，具备了活动场所、接收设备、管理人员和服务制度，基本实现了文化信息资源共享工程村村通。为有效推进基层服务点建设，各区在基础较好的乡镇、村扶植建设了一批示范点，探索和积累经验，以点带面，树立品牌形象，推动全方位建设。

目前，全市共有12个乡镇达到基本型，8个乡镇达到扩展型；984个村达到基本型，62个村达到扩展型，24个村达到规范型。

共享工程莱芜支中心设在莱芜市图书馆，是莱芜市共享工程的建设和业务指导单位，负责保障市中心共享工程设备的运行，协调区级共享工程设备的维修，指导区级共享工程活动的开展以及开展全市共享工程管理员的业务培训和指导。

二、管理和队伍建设

为加快推进规范化建设工作，建立了检查督导工作制度；建立和完善面向群众的收听、收看和辅导制度；各类学习培训资料、文件归类入档，统一管理，确保档案资料的完整性；加强设备管理，督导管理人员搞好日常设备的保护和维修，确保利用率；各类机构标牌、规章制度均按省级分中心的要求规范上墙。

对于乡镇、村两级基层共享工程管理上择优选取文化层次较高，有一定社会基层管理服务实践经验的大学生村官为管理员。支中心定期对区支中心及基层服务点进行培训，保证基层服务点有1至2名人员熟练掌握文化共享工程基本知识、共享资源使用检索方法以及设备安装、维护、使用等技能。

三、培训工作

为提高人员专业技术水平，市中心的技术人员多次到基层服务点指导解决技术问题，并制定了全市培训计划，采用分批培训、集中培训、发放培训资料、上门指导、电话咨询、召开现场经验交流会等方式。2007年以来共举办各类培训班36期，参加轮训的各级管理员达1500人次。

四、经费投入

市里专门下文并召开专题会议，深入基层调查研究，制定预算方案，保证资金按时到位，确保工程顺利开展。工程管理、网络维护和资源建设经费列入了各级财政预算，目前，市财政部门划拨专项资金225万元，莱芜市支中心年运行经费5万元；两区年运行经费各2万元，保障了工程的正常运转。

五、资源建设

莱芜市图书馆建设开通了网站，专门建立了“全国文化信息资源共享工程莱芜市支中心”专栏。内有共享工程动态、莱芜景点、莱芜名人、莱芜大事记、莱芜特产、莱芜名吃、风土人情、文化视频、影视视频9个栏目，汇集了具有莱芜特色的文化信息资源。共选取、编辑制作各类题材资源12TB。

六、利民惠众，惠农服务

为充分发挥工程建设意义，更好地服务于广大人民群众，积极开展了各项服务活动，定期从远教网络上下载有关文化信息资源方面的知识，组织广大党员群众收看。各基层服务点利用文化共享工程卫星接收播放设备，定期开展农业科技讲座、电影放映、廉政警示片播放等活动，让农民在家门口享受到了优秀的“数字文化”服务。

自工程开通以来，市级支中心月均服务人次达1万余人次；钢城区支中心月均服务人次达3000余人次，乡镇和村基层服务点平均年服务人次达2万余人次；莱城区支中心月均服务人次达5000余人次，乡镇和村基层服务点平均年服务人次达3万余人次。

七、宣传推广

1、莱芜支中心利用各种渠道宣传推广共享工程。工作人员印制大量的名片和宣传单、资源目录等宣传载体，深入到社区、农村、部队、学校等地方，不厌其烦地进行宣传活动，给基层文化站和活动中心送去图书、光盘等文献资源和设备，加强了多方面的沟通和协调。为了提高文化共享工程活动知名度，我馆加强与报社及电视台的联系，对图书馆举办的各种活动以新闻形式在电视台播出、在报纸上刊登，引导社会各界深入了解和充分利用文化信息资源共享工程。

2、专题活动，精彩纷呈。莱芜支中心在服务中抓住文化的热点和亮点，积极组织群众喜闻乐见的文化服务，使共享工程走进群众生活。

例如：利用多媒体设备，先后到毕毛埠村、张家洼镇、辛庄镇开展了送科学种植、养殖方面的视频资源进农村服务活动，受到了农民们的热烈欢迎；与学校合作开展青少年英语才艺表演比赛；组织开展了红色电影展播活动等。

八、工作展望

今后，莱芜支中心将继续争取加大资金投入，完善网络站点建设，拓宽服务渠道，逐步向学校、企业、部队等地方延伸功能。在资源建设方面，突出地方特色，加快建设步伐，将针对莱芜一些具有特色的地方戏剧、文化产业、旅游景点等资源进行自行加工整合，建立具有莱芜特色的文化信息资源库，及时上传省级分中心和下传区级支中心和基层服务点，真正发挥文化信息资源的共享意义，让广大群众切实享受到免费、丰富、健康的文化信息资源，全面推进社会主义和谐文化建设。

（撰文/莱芜市支中心）

莱芜市莱城区支中心

莱芜市莱城区地处齐鲁腹地，位于举世闻名的泰山东麓，素有“八宝凤凰城”之美誉，是齐鲁文化的重要发祥地之一，具有丰厚的历史文化底蕴。全区总面积1862平方公里，辖13个乡镇（街道），719个行政村，84万人口。

一、基本情况

2007年8月，莱城区政府召开了全区文化信息资源共享工程建设工作会议，要求利用一个月的时间完成建设任务。在财政非常困难的情况下，区财政投入60万元，并积极争取省扶持10万元，依托莱城区教师培训中心建起了高标准的莱城区文化信息资源共享工程支中心。硬件部分：配有共享工程应用服务器1台，图书馆自动化管理服务器1台，卫星接收服务器1台，8T的磁盘存储设备，主干交换机1台，百兆交换机2台，百兆防火墙1台，UPS电源设备（与服务器配套，能保证服务器在断电后维持3小时以上），共享工程卫星接收设备1套，互联网接入宽带10M，建有安全配套设施全面的中心机房，两个电子阅览室，一个多媒体教室，配备计算机80台，日常业务用机5台。软件部分：配有图书馆业务自动化管理系统（具备编目、流通、期刊、典藏等功能），信息浏览监控软件，视频点播系统，共享工程运行管理系统以及相关的操作系统和数据库软件，网络版杀毒软件等。在设备配置和服务工作要求上均达到国家和省有关规定的标准。2007年12月份，顺利通过省、市有关部门的达标验收。

目前，全区已建成文化共享工程支中心和基层服务点734个。其中区级支中心1个，乡镇（街道）服务站点13个，村（社区）基层服务点720个，示范站点160个，占22%。全区文化信息资源共享工程与农村党员干部现代远程教育工程、农村中小学现代远程教育实现了共建共享，区、乡镇（街道）、村（社区）形成了全覆盖服务网络。

二、队伍建设和管理

我区按照国家验收标准，配备专（兼）职专业技术人员，建立成一支懂技术、会操作、会管理的专业人才队伍。区级分中心按照试点省建设的要求，配全工作人员。各乡镇（办事处）、各村依托党员干部现代远程教育网、农村中小学远程教育网现有专兼职人员，加强对这些人员的培训指导，形成了良好的工作运转机制，确保了各项管理和服务工作正常开展。

三、培训工作

我区在共享工程管理员的培养上实现了制度化和常态化。根据工作要求，每年对辖区共享工程管理员进行2期的集中培训，2007年以来一共举办各类培训班14期，参加轮训的各级管理员达500人次。

四、利民惠众，惠农服务

莱城区在共享工程服务实践过程中，以建、管、用并举，不断推进基层服务站点规范化建设，建立和完善了面向群众的收听、收看和辅导制度，吸引更多的群众利用共享工程。根据群众生产、生活的要求，组织开展了多项针对性的服务活动，大力推广个性服务、流动服务，做到服务接收多样化，尽最大可能的为群众提供了方便。

五、宣传推广

莱城区利用各种渠道宣传推广共享工程。在莱城区每年的元宵节灯展、消夏文艺晚会等活动中，莱城区不失时机，以活动为平台，以资料为媒介宣传共享工程，让民众不断了解共享工程，走进共享工程。

六、工作展望

莱城区将把文化信息资源共享工程作为提高百姓文化水平、丰富群众娱乐生活、满足群众生产生活需求的载体，不断加大投入，完善设施配备，提高服务水平。

（撰文/莱芜市莱城区支中心）

莱芜市钢城区支中心

钢城区位于鲁中腹地，泰山东芦，东临淄博市沂源县，南临泰安市所辖的新泰市，面积507平方公里，辖3个街道办事处、2个乡镇和1个省级经济开发区，230个行政村，总人口30万人。境内有全国著名的特大型钢铁联合企业莱钢集团有限公司，因此取名为“钢城”。

一、基本情况

钢城区文化资源共享工程建设开始于2007年，在完成钢城区支中心的同时，陆续在全区5个镇（街道办）文化站、230个行政村进行安装，前期安装设备均通过卫星设备直接接收国家中心下发的各类资源和信息。2007年底完成了230个行政村的安装任务，率先在全省实现了共享工程村村全覆盖，于2008年2月，被评为“文化信息资源共享工程示范县”。

共享工程钢城区支中心设在钢城区图书馆，是钢城区共享工程的建设和业务指导单位，负责保障区中心共享工程设备的运行，协调镇村级共享工程设备的维修，指导镇村级共享工程活动的开展以及开展全区共享工程管理员的业务培训和指导。

二、管理和队伍建设

为使共享项工程真正为民所用为民谋利，钢城支中心将共享工程日常管理纳入制度化管理。制定支中心、镇、村基层服务点工作职责和制度，实行制度上墙公开。每年有年度工作计划，月度有工作要点，季度有工作督导，年末有工作总结考核，并推行管理员工作日志管理，收集整理共享工程服务活动的得失，探索共享工程管理和服务新模式。

文化资源共享工程服务工作开展的好与坏队伍是关键。钢城区支中心在管理员队伍建设上坚持明确职责，明确思路，制度化管理，常态化培育。对于乡镇、村两级基层共享工程管理上择优选取文化层次较高，有一定社会基层管理服务实践经验的大学生村官为管理员，他们工作热情高，有较高的文化水平能尽快熟悉掌握共享工程设备为所在村民服务。目前钢城区共享工程管理员大部分为大学生村官、村支书兼任，实现了管理员选取的高起点。

三、培训工作

钢城支中心在共享工程管理员的培养上实现了制度化和常态化。根据支中心工作要求，每年对辖区共享工程管理员进行4期的集中培训，2007年以来一共举办各类培训班20期，参加轮训的各级管理员达1000人次。

四、经费投入

钢城区共享工程自2008年实现村村全覆盖以来，钢城区图书馆将支中心的运维经费列入了长效机制，每年都投入大量的经费用于共享工程设备的维护，人员培训和惠民活动的开展。同时，钢城区政府、区文化局每年也投入大量人力物力支援共享工程各项活动的正常开展。

五、资源建设

钢城区支中心在历年的工作中，搜集不同区域民众文化需求，选取、编辑制作各类题材资源，每年制作发放各类光盘300多张，展板50多块，各类海报，招贴画60副，发放宣传资料3000余份。

六、合作共建

根据不同乡镇、村的硬件条件建立形式多样的电子阅览室。在条件较好的村，将文化信息资源共享工程与文化广场LED大屏幕相结合，提高了信息知识的使用率。比如在颜庄镇的南下冶村，利用广场大屏幕，每天都定时播放各类科普知识，在早晚健身时间段播放健身舞蹈，方便了老百姓学习、休闲、健身。通过多方不懈努力，共享工程已逐步走入基层村民生活，成为村民获取新知，娱乐身心的新渠道新平台。

七、利民惠众，惠农服务

钢城区支中心在共享工程服务实践过程中，以民众的需求为导向，积极探索，服务民众生活生产，引领群众高尚精神文化生活，打造群众满意喜爱的文化服务新平台。根据钢城地域农业、林业、畜牧业等生产特点，钢城区支中心每年按节令制作科学技术光盘和小册子通过行政村基层服务点向村民分发。针对不同农业专业者，钢城支中心有针对的选取资源上门指导服务，有效地提高了种植养殖水平，达到了科技致富的目的。

八、宣传推广

1、钢城区支中心利用各种渠道宣传推广共享工程。在钢城区文化局每年组织的“三下乡”等活动中，钢城区支中心不失时机，以活动为平台，以资料为媒介宣传共享工程，让民众不断了解共享工程，走进共享工程。

2、走进校园。钢城区支中心文化服务中不断探索，与中小学教育网相结合，利用支中心儿童阅览专区，组织动员青少年儿童关注共享工程，利用共享工程，收集青少年知识兴趣点整理挖掘，组织开展阅读、朗诵等各类比赛，拓宽广大青少年的知识面，收到了广大青少年的喜爱。

3、专题活动，精彩纷呈。钢城区支中心在服务中抓住文化的热点和亮点，积极组织群众喜闻乐见的文化服务，使共享工程走进群众生活。例如在迎接建党90周年之际，钢城区支中心充分利用红色电影资源，到各居民区组织开展了“红色电影进社区”活动，播放电影60多场次，受到了广大群众的好评。

九、工作展望

钢城区文化资源共享工程已走过6个年头，文化资源共享工程在钢城已经成为钢城人民文化生活的一大支柱，成为繁荣钢城文化，丰富钢城人民精神生活，推动钢城人文科技进步的强大动力源泉。今后钢城支中心希望在山东省中心、莱芜市分中心大力支持下为钢城共享工程建设一支专业化的服务队伍，建立一个更加多样，服务网点更加宽广，参与群众更加广泛的共享工程文化带动体系，为建设科技钢城，文化钢城做出贡献。

（撰文/莱芜市钢城区支中心）

滨州市支中心

滨州市位于黄河下游、鲁北平原，是山东的北大门。现辖滨城区、惠民县、阳信县、无棣县、沾化县、博兴县、邹平县六县一区，版图面积9453平方千米，人口379万。自全国文化信息资源共享工程启动以来，在各级部门的领导部署下，滨州市文化信息资源共享工程作为推动文化创新、完善公共文化服务体系重要途径，满足广大人民群众多层次文化需求发挥了重要作用。

一、整体情况

共享工程滨州支中心开始建设于2003年。下设滨城区、邹平县、无棣县、阳信县、沾化县、惠民县、博兴县7个区、县级支中心。滨州支中心具备卫星接收条件，架设有卫星接收器，可以接受卫星电视，接收国家、省中心有关科普、农业等教育类电视节目，并拥有高速服务器，依托10M光纤网络，建设有“共享工程”专门网站，拥有影视作品，图书简介，地方戏曲，法律常识，古文诗词等大量数字资源，可供检索阅读。本馆采用ILASII图书馆自动化系统，全部业务实现计算机化管理。滨州市支中心按照国家相关标准建设有：中心机房面积26平方米，配备有10M光纤，浪潮服务器2台，交换机3台，UPS电源设备1套、不间断电源1台，安装了磁盘阵列、防火墙等软硬件工程设备。主机房安装了空调，购买了专业机柜和UPS电源设备，实现了避雷、监控、防盗等系统的全面配套，确保了服务器的安全稳定运行；电子阅览面积200平方米，配备有电脑24台；资源加工室共有业务机4台，配备激光打印复印传真机1台，扫描仪1台。视频播放室面积200平方米，安装投影仪1部，投影幕1套，专业音响1套，桌椅30套。

共享工程滨州支中心设在滨州市图书馆，是滨州市共享工程的建设和业务指导单位，负责保障滨州市支中心共享工程设备的运行，协调各区、县共享工程设备的维护和指导其共享工程活动的开展以及开展全市共享工程管理员的业务培训和指导。

二、网点建设

滨州市下设滨城区、邹平县、阳信县、沾化县，无棣县、惠民县、博兴县六县一区。这7个县级支中心全部建设完成。每个县级支中心都按照文件要求配备了标准的电子阅览室。有专职人员负责文化共享工程工作。全部制定了县支中心、填、村工作职责和制度，实行制度上墙公开。

三、经费投入

自滨州市共享工程建设以来，市财政共投入资金90余万元，用于共享工程设备的购买和维护，人员培训和惠民活动的开展。

四、资源建设

滨州市支中心在国家中心和省中心的支援下，建有共享工程点播平台，利用自身优势建立拥有一定数量的数字化图书、影视作品以及简单的科普知识2TB。整理地方文献1500余册，有一部分具有滨州地方特色的图书、视频资源正在制作中。制作了展板10多块，发放宣传资料1000余份。

五、管理和队伍建设

2005年成立了以滨州市图书馆馆长为组长、副馆长为副组长，区县图书馆馆长为成员的滨州市文化信息资源共享工程支中心领导小组。

计算机部主任李晓旭同志负责滨州市文化信息资源共享工程支中心日常工作。2012年我馆公开招聘了一名计算机硕士研究生来充实我馆共享工程技术部门的力量。滨州市支中心将共享工程的日常工作纳入制度化管理。制定了支中心工作职责和制度，实行制度上墙公开。

六、惠民服务

我馆电子阅览室每天开放8个小时，平均每年接待上网人员15000余人次。

2007年7月图书馆公开在社会上招聘工作人员。报名参加的有76人。参加招聘人员的所有考试包括写作、计算机业务知识等都是在我馆电子阅览室进行的。

2008年7月22日，滨州市人事局在我馆电子阅览室进行了“专家管理系统软件操作”的培训工作。参加人员包括：各县（区）文化局人事科长、市直文化系统各单位负责人事工作的人员共计30余人。市文化系统工作人员计算机考试也在我馆电子阅览室进行。我馆还利用多媒体室，为广大群众普及科谱知识。每年约500名群众获益。

七、宣传推广

2007年7月9日，市政府第77次常务会议召开。市委副书记、市长邓向阳，市委常委、副市长曹兴宽、孙承志，副市长王方正、董吉增、胡炳山、于志刚、崔娅妮，市长助理、市公安局局长韩吉顺出席了会议。滨州市化局汇报了全省文化信息资源共享工程建设工作会议精神。

滨州副市长崔娅妮在2007年7月15日召开的全市文化信息资源共享工程建设工作会议上要求，进一步加大投入，加强市中心和县级分中心建设，加快推进基层服务站点的规范化建设，建立和完善面向群众的收听、收看和辅导制度，吸引更多的群众利用共享工程。到会的还有滨州市财政局长、文化局长、图书馆馆长和各区、县的县长、文化局长、财政局长、图书馆馆长等40余人。

2009年11月22日举行由滨州市文化新闻出版局、滨州市图书馆召开的全市文化信息资源共享工程会议。会议的目的是贯彻落实文化部、财政部和省文化厅、财政厅关于加强基层文化建设指导意见，讨论如何共同做好此项工作。各县（市、区）文化新闻出版局、图书馆分管领导20余人提出了很多好的建议。

我市领导人和省部级领导人多次来我馆视查“共享工程”建设情况。包括有山东省文化厅副厅长李宗伟、山东省委宣传部长李群、滨州市市长孙德汉、邓向阳、副市长崔亚妮、宣传部长齐维华等领导同志。我馆在广大读者中大力宣传“共享工程”，走上街头发传单1000余份，张贴宣传画来宣传共享工程。

八、培训工作

我们每年都参加省中心举办的专业技术人员培训班。先后到江苏、济宁等图书馆参观学习。根据业务发展需要制定培训计划并纳入专项管理。通过专业技术集中培训、上门辅导、远程指导等多种途径，为区县支中心培训与储备了大量优秀的共享工程工作人员。

九、荣誉奖项

2009年9月24日至25日，山东省文化厅在山东省图书馆举办了“山东省文化信息资源共享工程知识与技能竞赛”。山东省17个市支中心和省分中心共18支代表队、54名队员参加了竞赛。滨州市代表队在这次竞赛中获集体三等奖，个人第五名的好成绩。参赛人员有滨州市支中心李晓旭，无棣县支中心王春海，邹平县支中心陈平。

十、工作展望

加大力度整理滨州市地方文化专题资源，建设具有地方特色的共享工程。做好滨州市图书馆网站和滨州市共享工程网站的建设工作。立足滨州市本地实际，深入开展各种宣传活动，广泛宣传文化共享工程，多种形式拓展服务范围、创新服务方式，以群众喜闻乐见的形式使共享工程更加贴近基层、贴近生活、贴近群众。不断加强自身的业务学习，增强全市各基层服务点的沟通协调，做好培训辅导工作。依托现有技术管理平台，建立先进实用、安全可靠、开放互联的公共电子阅览室技术平台。

（撰文/李晓旭）

滨州市滨城区支中心

滨城区地处黄河下游鲁北平原，是滨州市的中心城区，共有10个乡镇（街道办事处），599个行政村。2008年，在滨城区政府、区宣传部及区文化旅游局的支持下，共享工程滨城区支中心正式成立。

一、基本情况

滨城区支中心于2008成立，购置微机20台，服务器、卫星接收器等相关设备，10M高速光纤接入，并建成内部局域网。支中心设有机房、电子阅览室及多功能厅。

二、管理和队伍建设

滨城区支中心现有在岗人员4人，均为大专以上学历。为加强管理，制定了支中心、镇、村基层服务点的管理制度，使支中心步入规范化、制度化的发展轨道。

三、经费投入

我中心自2008年成立以来，区财政每年投入2万元经费，用于设备维护，人员培训和惠民活动的开展。

四、群众服务

1、阅览服务

电子阅览室向免费读者开放，为读者提供信息查询、网上读书等服务，阅览用电脑20台，每天开放8小时，读者可上网阅览共享工程网站内容和我馆的数据资源。

2、读者活动

2.1.利用多功能厅定期向读者免费播放“共享工程”中的讲座、影视节目，并走进社区、军营、企业、校园、农村，开展放映活动，目前已播放电影和讲座20余场，参与观众千余人。

2.2.利用电子阅览室举办培训班。为丰富学生的假期生活，我们多次利用寒暑假举办青少年计算机培训班；还专门为老年人开办了简单易学的电脑入门培训班，

让他们也能享受到信息时代带来的乐趣。

五、培训工作

滨城区支中心与组织部农村远程教育工作相结合，先后在全区10的乡镇（街道办事处）及599个行政村设立设立了基层服务点。我们定期对基层服务点的管理员进行业务培训，并多次到基层进行业务辅导和提供技术帮助。

六、工作展望

1、进一步做好资源建设工作，发挥我馆文献资源优势，加强地方特色数据库建设。

2、加强人员培训，提高队伍的业务能力。

3、加强组织策划，改善基层服务，进一步提高文化共享工程的管理水平。

4、加大现有资源的宣传力度，通过开展集中展播、免费培训等各种活动，不断扩大影响力和知名度。

（撰文/张振波、王　静）

惠民县支中心

一、基本情况

全国文化资源共享工程惠民县支中心是由县财政拨款，严格按照国家文化部“一房二室”的要求建设，本中心共分为中心机房、电子阅览室及多媒体教室三个部分，其中中心机房主要安装有服务器、存储系统、防火墙、主交换机、卫星接收系统、UPS不间断电源等核心设施；电子阅览室配备有高配置品牌液晶电脑30台，通过网通宽带网络连接为读者提供互联网服务；多媒体教室配备投影仪、多功能一体机、业务终端机等设备。通过卫星接收国家信息资源共享工程中心的信息，整合党员干部远程教育资源，为广大城乡群众服务。

二、网点建设和惠民服务

惠民县支中心现有大专以上计算机专业专职工作人员2人，负责支中心正常运行和维护，并对通过互联网及卫星接收的课件进行加工，为全县14个乡镇及街道办事处基层站点448个村级基层站点服务。

惠民县支中心成立以后每月服务人数达3000余人，镇、村基层服务点月服务人数达2万余人，在为农村经济发展、村民致富提供了大量信息的同时也丰富了广大群众的业余文化生活。

2009年9月初惠民县图书馆以滨州市城乡零就业年工作为契机，将通过卫星接收到的走进农村节目通过刻录光盘的形式向全县14个镇区基层服务点发送致富信息，把共享工程送进农村。

2009年11月中旬通过移动存储为4个基层服务点送去24部电影、6部戏曲、100多部实用技术培训视频及各种文字信息，丰富了乡村文化生活，扩展了农民的致富门路，受到广大群众的一致好评。

自惠民县支中心成立至今，惠民县支中心共举办文化信息资源共享乡镇基层负责人培训班16次，对辖区14个乡镇街道办及社区的站点负责人进行培训，向他们详细讲解了文化信息资源共享工程的内容、意义及如何在技术上解决信息接收问题，传达了国家、省市对文化信息资源共享工程的要求，并通过乡镇文化站长将文化资源信息共享的内容、意义传达到全县各个村级基层站点。

（撰文/李守武、杨　鹏）

阳信县支中心

阳信县，面积798平方千米，人口44.5万人；下辖1个县城区、1个开发区、2个办事处、8个乡镇，共计自然村860个，村委会854个。自全国文化信息资源共享工程实施以来，在县委、县政府的重视和相关部门的通力合作下，文化共享工程在阳信县政治、经济等方面发挥了重要、积极的作用。

一、基本情况

为了把文化共享工程这个项目做好，我们在实践中积极探索，大胆创新，初步形成了以县城为中心辐射各办事处、乡镇、行政村的各级基层服务网点的发展模式。自阳信支中心建成以来的四年间，累计提供服务20万人次，共建成村级基层点308个，10个乡镇级基层点全覆盖，文化共享工程已经成为阳信县公益文化事业的一支更具活力的新生力量。文化共享工程的建成与发展对我县公共文化事业起了极其重要的作用，极大丰富了当地群众的文化生活，为信息鸿沟的消除做了极大的贡献。

二、网点建设

2002年7月，建成当时滨州市首家标准化电子阅览室；2007年，确定文化共享工程阳信支中心建制及领导班子，完成120平方米的电子阅览室装修，同年9－12月省统一配发的共享工程软硬件设备到位并安装调试完毕。

2008年元旦，文化共享工程阳信支中心正式落成，市、县各级领导共36人出席落成典礼。阳信县支中心成为山东省首批正式建成的国标化支中心，同年支中心开始对外服务。

2009年，建成金阳办事处（时称阳信镇、银高乡）、信城办事处（时称阳信镇、银高乡）、翟王镇、河流镇、商店镇文化共享工程（党员远程教育）乡镇、办事处基层服务点5个。

2010年，充分发挥公益特性与资源优势，全面实现与党员远程教育终端的联合，同时将服务的触角伸向各中小学校，为它们提供需要的资源。

2011年底实现了全县乡镇、办事处文化共享工程县级以下乡镇级基层点全覆盖，各乡镇基层点均建设有自有的公共电子阅览室。

至2012年10月份共计在全县建成村级基层点308个，初步形成了以点带面的整体态势；至今累计服务人次共计17万人次，其中电子阅览室服务人次约达8万人次，主动下乡服务5万人次，公共场合讲座、电影等放映服务人次计4万人次。

三、经费投入

2002年7月，自筹资金16万元，建成滨州市首家标准电子阅览室；2007年，县财政投入15万元，自筹资金5万元建成120平方米的电子阅览室并标准中心机房基础设施建设。

2008年，申请将文化共享工程年度经费列入财政预算，并获通过，自此，每年有县财政的专款经费5万元。

2009年-2010年，先后争取资金12万元进行县支中心设备的维护升级工作。

2011年-2012年，先后向各乡镇发文，提供专项资金维持共享工程基层点的后续服务与支持。

自建设文化共享工程以来，持续累积共投入资金100多万元以保证了文体共享工程能够更好的为人民群众提供服务。

四、资源建设

[硬件建设]

2002年7月，购进电脑终端20台建成滨州首家电子阅览室，室内接入网通100M光纤。

2007年，省中心统一配发标准设备：电脑、服务器、投影机、移动硬盘、音响等共计60余万元设备。

2009-2011年，对电子设备进行阶段性维护、维修、升级。

2011年-2012年申请为各乡镇配备电子产品，加大建设公共电子阅览室力度。同年制定文化资源共建共享方案书，并请济南阿特拉斯软件公司做出计划与报价。

[软件建设]

卫星接收软件一套，用于接收卫星节目资源。Interlib图书管理软件一套，用于管理馆内资源。电子阅览室共享工程监控软件一套，用于集中管理电子阅览室。远古vod点播系统一套，用于服务器上提供节目点正版office2007一套，用于普通办公用。

[电子资源建设]

利用卫星，接收上级有关资料30G。收集整合种类学习类资源230G。地方文献电子化已达3G。上级配备移动数字图书馆1T容量，可进行集中或异地灵活性服务。

五、技术支持

专业配备2名文化共享工程专职管理人员、2名兼职人员作为支中心的主干业务人员，同时与网通公司保持良好的业务协作关系，并定期进行技术方面的服务方面的交流。两名专职人员为了解底层设备的故障处理，自学了操作系统基本知识、软硬件维修维护常识、汇编语言、C语言，并尝试用LINUX做服务器与NET分享器。与各设备厂商紧密联系，有关设备出现不好处理的故障随时联

电子阅览室内读者查阅资料

系，随时请教，真正做到了基础问题自我解决、中端问题努力解决、高端问题请教协助解决。职中心人员所学专业知识在第一时间开培训班，及时传递到各基层管理人中手中。

六、合作共建

2009年与党员远程教育开展合作，进行服务；

2010年在党员远教电视台上开辟共享工程专栏，持续提供文化共享工程的资源服务；2010年底-2011年，文化共享工程走进各中小学校为学生提供服务；

2008年-2012年，多次与各党政机关、事业单位进行课题研究合作，为其提供信息支持与政策决策判断。先后与县委、县府、宣传部、县档案局、农业局、东进餐具等单位合作，为其提供服务；2012年，在全县成立信息资源共建共享协会，以更好的进行全县范围内的资源共建共享。

七、惠民服务

2008年，县支中心正式成立，电子阅览室开放，当年提供服务21000人次；2009-2012年10月份累积服务6万人次；2008年至今，通过多媒体放映机为特殊人群提供服务，共计放映种类影片200余场，计180余小时；同年进进阳信县聋校，为残障人士提供特殊服务50人次；

2009年3月8日，在老图书馆楼下小广场成立文化共享广场，年播放科教、娱乐、新闻类节目150余部，时长达200小时；2008-2012年10月，进社区服务15次，文化下乡发放光盘资源1000余盘。

八、宣传推广

2008年初期，在县电视台进行了为期2个月共计16期的文化共享工程专题节目，在全县范围内宣传文化共享工程；利用党员远教平台播放共享工程节目8G；定期在《阳信通讯》上发稿介绍支中心的建设及服务情况。每年的世界读书日与读书宣传月活动中，独自做一个文化共享工程的宣传区，努力扩大群众对文化共享工程的认知度。鼓励各基层点进行形式多样的自我宣传活动。

九、培训工作

自文化共享工程成立以来，培训工作已成常态化：年均进行馆内技能培训12次，计260人次；乡镇培训班3期，计240人次；村基层点培训1期，计300人次。系统的培训成为基层点管理人员业务的保障，也为建设基层的更高更好打好了基础。

十、管理与队伍建设

目前的文化共享工程人员队伍庞大：

支中心专职人员2人，兼职人员5人；各乡镇基层点配

备专职人员1人，兼职人员1人；村基层点：兼职人员1人；现已有330人的共享工程人才队伍，支中心及时与各基层点进行互通、交流，努力将阳信文化共享工程的人才队伍打造成一支技术过硬、业务够精、管理严格的人才队伍。

十一、荣誉奖项

2008年，被县委、县政府评为先进集体；

2008-2011年连续三年被评为县级文化先进单位。

十二、工作展望

在不远的将来，我县的文化共享工程将争取把村镇级基层点的建设纳入县财政预算和人事规划中去，在资金和人才两方面进一步加强基层点建设，努力达到将我县文化共享工程基层点村级全覆盖的宏伟目标。

（撰文/查学芬、王宗文）

沾化县支中心

沾化位于山东省东北部的黄河三角洲腹地，渤海湾南岸，地处黄蓝“两区”叠加地带，版图面积2215平方公里，海岸线长162.6公里，-10米浅海200余万亩，未利用地150万亩。辖12个乡镇、办事处，443个行政村，1个省级经济开发区，1个高新技术产业园，总人口38.9万人，是驰名中外的中国冬枣之乡。

一、基本情况

沾化县文化资源共享工程建设开始于2006年，在全县2个乡镇文化站开始安装，前期安装设备均通过卫星设备直接接收国家中心下发的给类资源和信息。2007年沾化县文化资源共享工程开始部分进入乡镇行政村，现有2个行政村与当年安装调试完毕。共享工程沾化支中心设在县图书馆，是沾化县共享工程的建设和业务指导单位，负责保障县中心共享工程设备的运行，协调镇村级共享工程设备的维修，指导镇村级共享工程活动的开展以及开展全区共享工程管理员的业务培训和指导。

二、管理和队伍建设

为使共享项工程真正为民所用为民谋利，沾化支中心将共享工程日常管理纳入制度化管理。制定支中心、镇、村基层服务点工作职责和制度，实行制度上墙公开。每年有年度工作计划，月度有工作要点，季度有工作督导，年末有工作总结考核，并推行管理员工作日志管理，收集整理共享工程服务活动的得失，探索共享工程管理和服务新模式。

文化资源共享工程作为一个新的农村文化资源获取平台，如何推广好、利用好共享工程丰富的文化资源关键在于是否有一支专业化的共享工程管理员队伍。沾化县共享工程支中心在管理员队伍建设上坚持明确职责，明确思路，制度化管理，常态化培育。对于乡镇、村两级基层共享工程管理上择优选取文化层次较高，有一定社会基层管理服务实践经验的村官为管理员，他们工作热情高，有较高的文化水平能尽快熟悉掌握共享工程设备为所在村民服务。目前沾化县共享工程管理员由素质较高的村委委员兼任，实现了管理员选取的高起点。

三、培训工作

沾化支中心在共享工程管理员的培养上实现了制度化和常态化。根据支中心工作要求，每年对辖区共享工程管理员进行2期的集中培训，2007年以来一共举办各类培训班12期，参加轮训的各级管理员达144人次。

四、经费投入

沾化县共享工程自2006年开通以来，每年投入3万元 的运维经费，用于共享工程设备的维护，人员培训和惠民活动的开展。同时，沾化县政府，沾化县文体新局和沾化图书馆每年也投入大量人力物力支援共享工程各项活动的正常开展。

五、资源建设

沾化支中心在历年的工作中，搜集不同区域民众文化需求，选取、编辑制作各类题材资源，每年制作发放各类光盘200多张，展板20多块，各类海报，招贴画30余副，发放宣传资料2000余份。

六、合作共建

将上级部门下发的电子文献资源与建立的共享工程服务点结合，根据不同乡镇、村的硬件条件建立形式多样的电子阅览室和多媒体中心。比如在黄升镇的大姜村，建立拥有多台电脑的多媒体阅读中心，共享工程宣教授课和电子资源阅读播放为一体的多功能活动室。通过多方不懈努力，共享工程已逐步走入基层村民生活，成为村民获取新知，娱乐身心的新渠道新平台。

七、利民惠众，惠农服务

沾化支中心在共享工程服务实践过程中，以民众的需求为导向，积极探索，服务民众生活生产，引领群众高尚精神文化生活，打造群在满意喜爱的文化服务新平台。

根据沾化地域农业生产特点，沾化支中心每年按节令制作农业生产技术光盘和小册子通过行政村基层服务点村民分发。针对不同农业专业者，沾化支中心有针对的选取资源上门指导服务。

八、宣传推广

为了扩大文化信息资源共享工程支中心在基层群众中的影响，广泛宣传其作用和意义，使各级领导和群众充分认识到这是一项惠民工程、民心工程，认识到工作的重要性和必要性以及文化信息资源的可用性。我们利用各种机会，进行广泛宣传，不断拓展共享工程的服务内涵和方式，充分利用这一全新的工作载体，服务大众、联系学校、走进企业，开创了文化服务工作的新局面。

1、科技下乡。沾化支中心利用各种渠道宣传推广共享工程。在沾化每年的科技文化四下乡活动，科普之春，科普之夏，科技周等活动中，沾化支中心不失时机，以活动为平台，以资料为媒介宣传共享工程，让民众不断了解共享工程，走进共享工程。

2、走进校园。为了将先进文化传播进校园，搞好未成年人思想道德建设，我们加强了与学校的联系，搞好校园文化共建活动。沾化支中心文化服务中不断探索，利用支中心儿童阅览专区，组织动员青少年儿童关注共享工程，利用共享工程，收集青少年知识兴趣点整理挖掘。通过一系列的活动是共享工程不仅走进农村也走进校园走进青少年。

九、工作展望

沾化县文化资源共享工程从过去单一的资源接收到今天的编辑分发和群众广泛认知，广泛参与，文化资源共享工程在沾化已经成为沾化人民文化生活的一大支柱，成为繁荣沾化文化，丰富沾化人民精神生活，推动沾化人文科技进步的强大动力源泉。今后沾化支中心希望在国家中心，滨州分中心大力支持下为沾化共享工程建设一支专业化的服务队伍，建立一个国家、市、县三级知识网络联动的即时问答服务体制和服务形式更加多样，服务网点更加宽广，参与群众更加广泛的共享工程文化带动体系，为建设科技沾化，文化沾化做出贡献。

（撰文/李春霞、于振丽）

博兴县支中心

博兴县地处鲁北平原，黄河下游南岸，处在环渤海经济圈、黄河三角洲腹地。辖10镇，1个外向型工业园，448个行政村，总面积900.7平方公里，人口47.8万。支中心在上级领导的高度重视下，紧紧围绕社会主义新农村建设，以提高科技素质.职业技能和经营能力为核心，以农村实用人才带头人和农村生产经营型人才为重点，结合当地实际，大力实施各种有力措施，满足农村新形势下的文化需求，为传递中华民族优秀文化资源发挥重要作用。

一 基本情况

自2007年文化资源共享工程博兴县支中心成立以来，支中心积极扩大文化共享工程覆盖率，至2008年底，博兴县支中心先后在全县12的乡镇（街道办事处）及448个行政村设立基层站点，使县资源共享工程覆盖率达到100%。2009年3月博兴县支中心在店子镇试点共享工程入户工作取得成功，这是博兴县支中心在农村服务中的一次突破，也标志着博兴县共享工程服务工作继续走在全市乃至全省的前列。

2007年，以博兴县图书馆为依托建成全国文化信息资源共享工程博兴支中心，县支中心严格按照国家文化部“一房二室”的要求建设，共分为中心机房、电子阅览室及多媒体教室三个部分，其中中心机房主要安装有服务器、存储系统、防火墙、主交换机、卫星接收系统、UPS不间断电源等核心设施；电子阅览室配备有高配置品牌液晶电脑30台，通过网通10MB宽带网络连接为读者提供互联网服务；多媒体教室配备投影仪、多功能一体机、扫描仪、业务终端机等设备。自2008年8月开始通过卫星接收国家信息资源共享工程中心的信息，为广大城乡群众服务。博兴县支中心建成后多次接受省市级领导的检查验收及各县领导同志的考察学习，受到广泛好评。

二 制度管理

制定支中心、镇、村工作职责和制度，实行制度上墙公开。基层服务站点是文化信息资源共享工程的主阵地，博兴县每季度对全县12镇（街道）和448个村级服务点进行普查，检查共享工程设备、互联网络、学习笔记等运行和完善情况，针对存在的问题专门进行整改。博兴县支中心通过制定规章制度规范各级基层站点的活动制度化，并免费为镇村各基层站点制作了全国文化信息资源共享工程基层站点的标识牌。规定培训村级基层站点管理员的次数，保证每月不低于180小时的开放时间等。

三 培训工作

博兴县支中心共举办文化信息资源共享乡镇文化站长及基层站点管理员培训班8次，对辖区12个乡镇及社区的文化站长和基层站点管理员进行培训，向他们详细讲解了文化信息资源共享工程的内容、意义及如何在技术上解决信息接收问题，传达了国家、省市对文化信息资源共享工程的要求。并通过乡镇文化站长将文化资源信息共享的内容、意义传达到全县各个村级基层站点。参加轮训的各级管理员达2000人次。

四 经费投入

2007年县委、县政府投资88万余元，严格按照国家文化部对县级支中心建设要求，以博兴县图书馆为依托建成全国文化信息资源共享工程博兴支中心，并于2007

年10月份通过省、市两级领导的检查验收。在博兴县支中心建成以后，乡镇党委、政府也加大了对镇、村基层站点的资金投入，落实了运行经费，保证了基层站点的正常运行。

五 资源建设

博兴支中心根据群众需要，选取制作各类文化资源，每年为12个乡镇（街道）送去图书2000余册，将通过卫星接收到的走进农村节目通过刻录光盘的形式向基层服务点发送30部电影、20部戏曲、100部实用技术培训视频及各种致富信息，把共享工程送进农村。

六 利民惠众，惠农服务

1、整合资源，开办了文化信息资源共享工程电视栏目。在县电视台影视频道开通了"远程教育栏目及信息资源共享工程栏目"，固定播出信息资源共享工程节目，每周播出三期，一、三、五播出，二、四、六重播，节目内容设有二个版块：第一是"文化信息资源共享工程动态"，主要播出近段时间全县文化信息资源共享工程工作动态，包括共享工程活动、会议、文件、要求等；第二是文化信息资源共享工程节目，定期征求广大群众的节目需要。目前，已连续播出130期，得到了广大群众的普遍好评。

2、努力办好文化信息资源共享工程传输平台。投资20万元建成"远教资源共享"传输平台，实现了对中央、省、远程教育节目、文化信息资源共享工程节目的统一接收、统一存储、统一播放。在全县数字电视网络中开设了2个专用频道，一个用于播放远教、文化信息资源共享工程节目，一个用于电话点播自主学习收看，投资10万余元为全县400个村级站点统一安装了数字电视接收设备，结合博兴县农村信息传递平台的建设，将文化信息资源共享工程内容同步传递、一网多用，实现了数字电视、互联网双网传送。截至目前，全县共有数字电视用户1万户，互联网用户4万户。

3、依托网络，开展了文化信息资源共享工程入户活动。县联通公司出台优惠政策，支中心开展了以实施农民群众安装宽带上网为主要内容的文化信息资源共享工程入户活动。以优惠政策驱动广大群众上网，连接文化信息资源共享工程网络，收看节目，满足广大群众的学习需求。活动开展以来，新增用户1000余户，截止2012年12月底，全县安装宽带微机的用户达到4万户，占全县总户数的40%；兴福镇汾王村建设成了信息村，安装宽带的微机用户达到全村总户数的90%以上；"网络入户"的实施大大加快了我县文化信息资源共享工程入户的进程。

4、资源共享、农企对接。利用文化信息资源共享工程网络资源优势，搭建农民与企业对接的桥梁，将企业的供求信息及农民的技术需要紧密联系，服务企业、服务农民，使农民增强，增加收入，实现多赢的目标，使农村实用人才培训更具针对性、实效性。通过文化信息资源共享工程网络资源，开展"四送一收"活动增强服务意识。在全县范围内探索实施了以"送政策、送信息、送技术、送资金和合同回收"为主要内容的"农企对接""四送一收"活动。 "

5、科学发展、示范带动，"主题实践"活动丰富对接内容。

为发挥"农企对接"示范工程项目的辐射带动作用，博兴县结合自身实际和本县产业特色，确立了樱桃谷鸭养殖、有机蔬菜种植、工艺品加工、水产养殖等8个"科学发展观'农企对接'示范基地"。全县各"农企对接"示范基地共举办各类培训班16期，培训农民群众4800余人次，辐射带动专业村85个、对接农户3700多户；另一方面结对帮扶，建立"农企对接"示范户帮扶制度。按照"企业联村、部门包村、县级领导驻村和干部包户、先进户联户"的原则，建立"农企对接"示范户帮扶制度，即开展对接的企业至少要联系8个以上的专业村，每个涉农部门至少要包保一个专业村，并都要提供优惠政策予以扶持，据统计，目前全县已与85个村、2212户建立了"一对一"结对帮扶关系。

七 宣传推广

1、馆内活动丰富多彩

充分发挥公共图书馆的阵地作用，在电子阅览室每周推介优秀栏目、名家讲座、生活常识、电影及优秀地方剧目，每月开展一次共享工程利用知识培训；每个星期六上午在多媒体电教室利用投影仪播放名家讲座及影视剧，常年坚持。利用星期天节假日针对未成年人播放百部爱国主义教育影片，科普类等影片，举办思想道德建设方面的讲座、名著赏析等，引导未成年人多读书，深受广大市民的欢迎。

2、走进农村、走进社区

开发区正在进行城市化改造，农民、社区居民对待现代科技信息和文化的需要迅速增加。结合这一现状，支中心深入调查，根据农民的需求，下载家禽饲养、苗木、花卉栽培等相关信息达8万多字，并印成资料分发到村民手中。送科技下乡是实施"共享工程"又一具体举措，结合城区的实际情况，有选择的提供科技知识，让广大农民不断感受到先进科学和现代文明。

八、荣誉奖项

县支中心建成后多次接受省市级领导的检查验收及各县领导同志的考察学习，受到广泛好评。是"山东省文化信息资源共享工程建设与服务工作先进集体"、为博兴县赢得"文化信息资源共享工程示范县"的荣誉。

九 工作展望

博兴县支中心在今后的工作中还要继续加大对乡镇（街道）各基层站点的资金及技术投入，加大文化信息资源的整合力度，加快基层服务站点的规范化建设，加强专业人才队伍的建设和培训，使全国文化信息资源共享工程能够又好又快的为全县经济、文化的繁荣做出贡献。

（撰文/赵文华、张志霞）

邹平县支中心

邹平县，古称梁邹，历史悠久，文化源远流长。位于滨州市最南端，辖11个镇，5个街道办事处，1个国家级经济开发区，858个行政村，69万人，总面积1252平方公里。邹平县文化资源共享工程在各级文化部门的领导部署下，稳步发展，逐步推进，充分发挥文化信息资源在发展经济、提高人民群众思想道德和科学文化素质等方面的重要作用，使基层文化阵地得到了巩固，活跃了城乡群众精神文化生活。

一、基本情况

自2004年启动文化信息资源共享工程以来，邹平县委、县政府积极响应上级指示精神，2007年一次投入180余万元，先后建起了电子阅览室、多媒体演示室、中心机房，实现了卫星接收、宽带接入和党员远程教育网对接，配备有电脑80余台，摄像机、照相机、编辑机配套完整，进一步巩固完善了县支中心阵地建设。先后投入200余万元建成了县、镇、村三级网络体系，共建有基层服务点875处，实现了文化共享工程的全覆盖。其中，建立规范示范点20个，较有影响力的基层服务示范点160个。

二、经费投入

邹平县支中心的运行费用列入财政预算，每年按时拨付，保证了支中心的良性运行。

三、管理和队伍建设

为更好发挥文化共享工程为民服务的作用，邹平县支中心建设初始，按照相关标准建立健全各项规章制度，实行制度上墙。县支中心有两名专人负责日常工作。

加强乡镇、社区文化阵地建设，搭建信息沟通平台。建立完善镇、办、社区文化站、基层服务点管理制度，加强共享工程基层服务点的管理；各镇、办、社区设立1名专兼职文化干事，明确文化专干职责，指导各基层服务点做好群众需求双向反馈工作。利用文化站现有资源、设施设备为基层服务点提供服务。做到了人员、阵地、牌子、设备、制度“五落实”。

四、资源建设

邹平县共享工程历来注重资源建设，接收，制作，编辑、整理各类题材资源5TB，并建有共享工程点播平台。针对不同区域群众的需求，每年适时刻录各类光盘1000多张。发放宣传材料5000余份。

五、培训工作

邹平县支中心举办基层服务点管理员培训班和各种农村实用技术培训班，共计130余场次，培训人数超过3000人次。

六、合作共建

以共享工程为依托，结合各企业自建的电子阅览室，根据不同企业的特点，让共享工程走进广大职工的生活。比如，西王集团公共电子阅览室是由企业自行投资建立、由各级文化部门提供信息资源支持，免费向职工尤其是农民工提供服务的公共电子阅览室。目前拥有两个服务场所，40余台微机。共享工程走进企业，进一步丰富了面向农民工服务的专题数字资源的内容，规范了公共电子阅览室的服务和管理，对丰富农民工的业余文化生活，增强工人的文化知识和务工技能将起到积极的作用，推动农民工文化工作的深入开展。

七、宣传推广

为充分发挥文化共享工程的服务作用，县支中心实施了进农村、进社区、进学校、进企业等宣传推广活动。

1、共享工程进农村。针对广大农民生产中遇到的实际问题，我们对症下药，集中制作编辑有关生活常识、农业技术、法律入门等资源免费赠送给广大农民群众。

2、共享工程进社区。以文体活动为载体，通过视频讲座、征文比赛、名家演唱等各种群众文化活动，提高了群众文化素养和参与热情。我县先后被评委中国书法之乡、国家级卫生城市、最具幸福感城市、国家文明城市等诸多省级以上荣誉称号。

3、共享工程进学校。学校是传播优秀文化的重要阵地，根据不同学校的实际和不同年龄学生的需要，有针对性的为他们提供网上电子图书、网上课堂、专题讲座等资源。受到了广大师生和家长的一致好评。

4、共享工程进企业。各企业自建电子阅览室，一直坚持免费开放的方针。提供互联网浏览、电子文献阅览、信息检索、影视欣赏、健康益智游戏等服务，每天都吸引大量年轻职工前来学习交流，为增强员工的文化知识和业务技能发挥了重要作用。

八、荣誉奖项

2006年11月，邹平县确定为全国文化共享工程试点县。2008年县级支中心被命名为示范县。

九、工作展望

邹平县文化信息资源共享工程从无到有，服务点从少到多，一直到今天的全覆盖。服务活动也从被动接受到现在主动筹划，广大群众广泛参与，文化信息资源共享工程已经深入到群众文化生活中。今后希望在上级中心的大力支持下，把我们的队伍建设的更专业，制度更完善，体系更健全。为邹平文化强县的发展战略贡献自己的力量。

（撰文/郭立民、崔　凯）

无棣县支中心

无棣县属于山东省滨州市，是黄河三角洲综合开发的重点区域，也是“海上山东”建设的前沿阵地，无棣县版图面积1998平方公里，辖6镇5乡，593个行政村，568个自然村，43万人。

一、基本情况

2002年10月，共享工程山东省分中心成立，2003年3月，省文化厅和财政厅联合下发了《关于实施山东省文化信息资源共享工程的通知》，山东省文化信息资源共享工程正式在全省实施。

几年来，在上级主管部门的领导下，把文化信息资源共享工程建设作为无棣县文化强县建设中的一项重要工程来抓。文化信息资源共享工程建设与服务工作开展以来，无棣支中心对所需活动场所、基础设施不断加大投入，根据县级支中心建设的需要，省中心和县支中心共投资60多万元，按照《省文化信息资源共享工程市、县支中心和基层服务点标准》配备了4套服务器、以及35台电脑、高标准桌椅、磁盘阵列、防火墙等软硬件工程设备。接入了带有TP地址的网络光缆，投资10600元购买了省图书馆推荐的机柜和UPS，实现了避雷、监控、防盗等系统的全面配套，确保了服务器的安全稳定运行。

2012年5月，图书馆顺利的搬迁到新区文化中心，建筑面积3500多平方，给共享工程无棣支中心提供了更好的优越条件，有了单独的机房，增加了多媒体教室，扩大了电子阅览室面积，在无棣支中心既能通过卫星接收观看文化信息资源共享工程的各类节目，又能收看党员现代远程教育和中、小学远程教育，还能通过内网浏览县图书馆超星电子图书的在线阅读，数字图书馆等内容。

在100平方米多媒体教室配备了大屏幕投影仪及桌椅、音响等设备可容纳近百人进行业务培训、讲座、影视欣赏等工作，保证了支中心利用共享工程为读者开展各种活动。利用光盘刻录机、复印机、扫描仪、移动硬盘等现有设备组成了数字加工室，可完成音频、视频的采集、加工等业务工作。

二、队伍建设与管理

建立健全文化信息资源共享工程各项规章制度，制定支中心、乡镇、村基层服务点工作职责和制度，实行制度上墙公开。每年有年度工作计划，月度有工作要点，季度有工作督导，年末有工作总结考核，做到了共享共建，相互促进，经过几年的队伍建山，现在形成了一支专业型的管理队伍，乡镇管理员为80%是大学生，村级也达到了50%以上。

三、培训工作

无棣县支中心在共享工程管理员的培养上以点带面，实现了制度化和常态化。根据支中心工作要求，每年对11个乡镇轮流培训一次，在每个乡镇对这个乡镇、村的管理员集中进行为期3天学习培训，几年以来一共举办各类培训班37期，参加轮训的各级管理员达1500人次。

四、经费投入

自开展共享工程以来，共投资了60多万元用于共享工程设备的维护，人员培训和惠民活动的开展。并把共享工程纳入了财政预算内，每年按时拨付。

五、资源建设，合作共建，惠民服务

近几年，无棣县文化信息资源共享工程支中心把共享工程工作重点放在了农村基层站点建设方面，加强农村基层站点建设是做好文化信息资源共享工程建设的关键，不断完善山东省文化信息资源共享服务平台和无棣县共享工程使用平台的安装、培训等工作。

加强乡镇和村之间的网络平台建设，使其发挥应有的作用。让广大人民群众均可享受到该工程带来的益处。在丰富人民精神生活、指导帮助广大农民进行生产、生活、建设等方面均能起到应有的作用。截至目前，共建成乡镇服务点11处，村级基层服务点593处，依托学校建设基层服务点96处，全部配备了卫星接收设备、电视机、DVD机、电脑，有的还配备了投影仪等设备，专职从业人员600人，兼职200人。

无棣县文化信息资源共享工程支中心与县党员远程教育相结合，借助远程教育网络，建成乡镇、村文化信息资源共享工程网络服务站点。

做到了共享共建，相互促进，内容更加丰富，覆盖面更广，收视率更高，加快了农村文化信息资源共享工程的顺利实施。既拓宽了共享工程的服务范围，又充分发挥了职能作用。

我们制作的农村种植、养殖、及文艺类课件1400多件，全部下发到各基层站点，同时，对部分村专职人员进行了业务知识培训，并结合实际，有针对性地制作了《枣树病虫害防治》、《养鸡窍门问答》等课件，通过光盘、移动硬盘、电子图书等形式在基层站点上播放，深受广大农民的喜欢，及丰富了群众文化生活又净化了社会环境，也提高了农民致富能力。

无棣支中心利用儿童阅览室、电子阅览室为广大青少年开展各种共享工程读书活动，组织动员青少年儿童关注共享工程，利用共享工程，向学校推荐各种专家讲座和搜集一些“身心健康、积极向上青年楷模的案例”，帮助学校做好学生的教育工作，为老年人提供网上阅览，为科技工作者、戏曲爱好者查阅提供各种资料，视频资料，受到了广大读者的喜爱。使共享工程不仅走向农村，还要走向学校、社区、企业，将社会主义的先进文化辐射到城市的每个角落。

六、工作展望及荣誉奖项

在各级政府和上级文化主管部门的大力支持和精心指导下，无棣县的文化信息资源共享工程建设工作正在有序推进，文化信息资源共享工程作为构建和谐社会的重要内容，为政府加强文化建设提供了有力抓手。

相信随着资金的加大投入，配套设施的逐步完善，技术人员操作的日益熟练，服务网点将更加宽广，参与群众将更加广泛，文化源共享工程的作用将更加显现。

2008年县图书馆被山东省文化厅授予了“文化信息资源共享工程建设与服务工作”先进集体称号；

2010年文化共享工程“点对点”惠农服务活动，被山东省文化厅授予“山东省公共图书馆特色服务品牌”荣誉称号。

（撰文/文学锋）

菏泽市支中心

菏泽，位于山东省西南部和黄河中下游，与今河南、安徽、江苏三省交界，辖八县一区和一个省级经济技术开发区，面积12238.6平方公里，人口966万。菏泽市文化信息资源共享工程在菏泽市文化广电新闻出版局、山东省图书馆支持和部署下，逐步推进，在新形势下为繁荣农村基层文化，满足农民多层次文化需求，已成为我市基层文化建设中科技含量最高、信息资源含量最丰富、对群众吸引力最强的公益性服务项目。

一、基本情况

菏泽市文化资源共享工程建设开始于2005年，在选取牡丹区图书馆、巨野县图书馆、东明县图书馆3个县级图书馆为试点单位，此后陆续在全市八县一区建立县区支中心、乡镇（办事处）基层服务点、村（社区）基层服务点，文化资源共享工程开始普及进入乡镇、村，全市共建立起1个市支中心，9个县（区）支中心，159个乡镇基层服务点、6106个行政村基层服务点，形成了“市、县、乡、村”四级服务网络，达到了全市文化信息资源共享工程村村全覆盖。文化共享工程菏泽市支中心设在菏泽市牡丹区图书馆，是菏泽市文化共享工程的建设和业务指导单位，负责市中心文化共享工程设备的运行，协调县区共享工程设备的维修，指导县区支中心文化共享工程活动的开展以及开展全市文化共享工程管理员的业务培训和指导。

二、管理和队伍建设

建立健全了市、县（区）部门联席会议制度，文化部门是主管部门，负责与财政、广电、教育、信息产业、新闻出版、党员现代远程教育等有关部门进行沟通与联系，真正把优秀文化资源送入千家万户，并积极提供优秀影视资源。各分管部门定期举行联系会议，各司其职，相互协调，形成了责任明确、齐抓共管的良好局面，共同促进了我市文化信息资源共享工程的顺利实施。我们对市、县区支中心和乡镇、村基层服务点的建设和管理实行统一规划、协作管理、统一使用。在管理上，实行了“三统一”：统一了机构，农村党员教育站点、中小学现代远程教育站点、乡镇综合文化站、农村文化大院、农家书屋同时也是共享工程的基层站点，“一个站点，多个牌子”；统一了人员队伍，注重发挥乡镇综合文化站、农村文化大院、农家书屋等基层文化机构工作人员在基层站点建设、管理维护、宣传利用等方面的作用；统一了规章制度，使各站点的日常管理做到制度化、规范化。在服务上，拓展了基层站点的服务方式，除了集体观看共享工程节目以外，开展了丰富多彩的个性化服务，如刻录共享工程节目以光盘的形式向农民群众借阅、利用视频点播系统自主选择节目观看等，积极为广大基层群众服务。

三、培训工作

菏泽市支中心在文化共享工程管理员的培养上实现了制度化和常态化，根据市支中心工作要求，每年对县区支中心文化共享工程管理员进行培训，2005年以来一共举办各类培训班21期，参加轮训的各级管理员达1000人次。

四、经费投入

菏泽市文化共享工程自开展以来，我市克服了经济欠发达，财力较紧张的困难，多渠道筹措资金，先后投入2000余万元，用于各级支中心和基层服务点建设。各级财政将文化共享工程列入了每年的财政预算，以保证各支中心和基层服务点的正常运行。

五、资源建设

积极加强地方特色文化资源的开发利用，各级支中心结合自身实际，充分利用现代高科技等多种形式，积极挖掘、开发、利用好我市丰富的戏曲、民间音乐、民间器乐、曲艺、杂技、民俗、文物、民间艺术、牡丹、武术、书画等文化资源，录制各类专题片、宣传片等；吸收各种优秀的文化资源，对组织举办的菏泽农村文化艺术节、菏泽戏曲节、大型广场民间文艺展演、书画展、各种文艺晚会、专业与群众艺术比赛、文艺会演等文艺活动所形成的文化资源，确保文化共享工程可以无偿使用该作品。

六、合作共建

在实践中积极探索和大胆开拓，初步形成了符合当地实际的发展模式。通过与党员干部现代远程教育、广播电视“村村通”工程、中小学校园网、“农家书屋”工程、“文明菏泽”工程等实现共建共享，将各种部门下发的电子文献资源与建立的共享工程服务点结合，根据建立形式多样的电子阅览室和多媒体教室。通过多方不懈努力，文化共享工程已逐步走入基层村民生活，成为村民获取新知，娱乐身心的新渠道新平台。

七、利民惠众，惠农服务

菏泽市支中心在共享工程服务实践过程中，以民众的需求为导向，积极探索，服务民众生活生产，引领群众高尚精神文化生活，打造群在满意喜爱的文化服务新平台。例如，牡丹区穆李村通过文化共享工程对外发布了穆李三宝（木瓜、柿饼、面塑）、无公害蔬菜、苹果观光采摘园等信息。木瓜、柿饼等地方特产打开了市场销路，取得了较好的经济效益。美国、韩国等国外朋友通过共享工程了解到穆李村的面塑，主动出资邀请面塑名家时振山、穆绪建出国演出。村民深有感触传颂说：“资源共享进万家，城乡居民乐开花。科学致富用电脑，不出村庄信息查。不愁产品没销路，不愁种地没好法，打开网络啥都有，您想看啥就有啥”。

八、宣传推广

1、活跃了基层文化生活。文化共享工程以先进文化的传播占领了基层思想文化主阵地，为广大基层群众提供了电影、戏曲、名家讲座、经典文献、大众科技、民间文化等丰富多彩、健康向上的精神文化食粮。在各支中心和基层服务点，老年人看戏、看民间文化，青年人学科技、看影视节目，少年儿童看益智节目、学科普文史知识，精神文化生活得到了极大地充实，科学素质、文学素质和文明素养有了很大提高。通过实施共享工程，不仅活跃了基层的文化生活，同时也改变了基层广大群众的生存状态，净化了基层环境，促进了基层社会的和谐。借助共享工程，广大基层群众在各种学习班、讲座和各类文化活动众增强了相互沟通、增进了邻里感情，也改善了干群关系。

2、促进了公共文化服务。由于受经济发展水平和观念落后等多种因素的制约，长期以来，我市基层的公共文化服务建设一直是文化建设的盲点，通过实施文化共享工程，我们真正找到了一条改善基层公共文化服务的新路子。为把各种文化信息资源最大限度地转化为公共资源，并能直接提供给广大基层群众。以最经济、最快捷、最方便的方式为群众提供了图书阅览、影视在线观看、艺术欣赏等丰富多彩的精神文化食粮，成为群众接受新事物、学习新知识、享受新生活的新途径。

3、促进了经济发展。我市文化信息资源共享工程自实施以来，在引导群众致富奔小康、普及科技知识、促进基层经济发展等方面发挥了积极的作用，促进了社会主义新农村建设。文化共享工程让每个村都有了信息资源，村民不用出村便可获得丰富的文化信息。农业新书、农业科普、农业技术、农业新品种等信息资源让广大农民了解并学会了农业新技术，用于自己的实际生产中，提高了收益。

九、工作展望

菏泽市通过这几年文化信息资源共享工程的实施，我们深深地体会到，国家大力实施的文化信息资源共享工程，是一项民心工程、创新工程、战略工程、政府工程、富民工程，是公共文化服务的新方式，是现代文化建设的新探索，对于贯彻科学发展观、构筑社会主义和谐社会、促进人的全面发展，都具有重大意义，特别是对于象我市这样经济欠发达的地区来说，在促进经济社会又好又快发展和发展好、维护好、实现好广大人民群众的基本文化权益方面，更是起着巨大的、不可替代的作用。

（撰文/菏泽市支中心）

菏泽市牡丹区支中心

一、整体情况

全国文化信息资源共享工程实施之初，牡丹区图书馆只是依托一台组装的高性能PC机作为服务器，以从省中心拷贝的120GB数据为资源，简单地开展一些服务工作。截止2004年，相继配备了业务用计算机、卫星接收服务器、投影仪等设备，安装了文化信息资源共享工程卫星接收系统，在菏泽市率先建立了共享工程县级支中心。

2007年，市、区两级政府对工程建设给予了高度重视，在原牡丹区支中心的基础上，合作共建市、区两级支中心，按标准配备了相关设备，建立了电子阅览室、多媒体教室和主控机房。目前，中心共拥有服务器5台，计算机56台，投影设备3套，以及相关软硬件设备。电子阅览室拥有计算机终端36个，多媒体教室观众座席60个。

二、网点建设

与农村中小学现代远程教育、农村党员干部现代远程教育结合，在全区60%以上的乡镇办事处、社区、行政村建立了共享工程基层服务点，其中规范化站点12个，并全部配有专、兼职管理人员，形成了覆盖全区的共享工程服务网络。中心还在菏泽城区建立服务网点16个，不定期开展共享工程“八走进”服务活动。

三、经费投入

2004年之前，累计投资12.5万元，用于购置共享工程前期工作的相关设备。2007年市、区两级政府共同投资68万元，在牡丹区支中心的基础上合作共建市、区两级支中心。从此，文化共享工程工作得到市、区两级政府的高度重视，每年都拨付不低于5万元的工程专项运行经费，来确保工程服务工作有效开展。

四、资源建设

搜集整理当地群众喜闻乐见的地方戏曲音、视频资源共计500GB，并在机房架设了点播服务器实现了电子阅览室内的网络点播。充分利用共享工程资源，积极为广大文化艺术工作者搜集整理并转换、修改各种教学视频、音频、图像、文字等资源262GB。自建了馆藏连环画书目数据库，制作了《前进中的牡丹区图书馆》专题宣传片，购置电子图书、期刊、报纸36种，累计接收国家、省中心传送资源4.6TB，并在局域网内实行了在线阅读和实时点播。

五、技术支持

经常选派技术人员到各县支中心、基层点进行技术指导与培训，对设备和局域网进行维护和调试，并为部分支中心拷贝国家中心、省中心和农村党员干部远程教育传送资源820GB。

2011年，按照有关部门要求安装了“网络审计服务器”和“山东省公共电子阅览室运行管理系统”，对所有上网人员实行了实名上网和实时监控。

六、合作共建

与双拥办公室共同策划制作了双拥专题片《双拥花开火样红》，创建了双拥博客“花乡鱼水情”，编辑出版了双拥专著《双拥之歌》。与牡丹区非物质文化遗产保护中心合作共建国家、省、市级非物质文化遗产名录专题片8部。2008年与省中心合作拍摄了《山东民俗文化系列专题片》——《曹州面人》、《大平调》。

七、惠民服务

电子阅览室设置了便民服务公示牌，向用户公示了共享工程相关网址、链接、用户名称及密码，安装了公共电子阅览室服务托盘，设立了未成年人专用机，组织了一些适合未成年人的游戏、动漫、电子图书等。并于2011年8月全面实行了免费服务，每周对外开放56个小时，服务人次近500人。

重大节日期间，除在多媒体教室向群众播放一些与节日相关的电影、讲座、专题片及文艺节目外，还深入开展共享工程“八走进”服务活动，年均为群众播放文化工程视频资源32场，举办各种展览、讲座6场次，服务群众达3万人次，在丰富和活跃群众文化生活、传播社会主义先进文化、促进菏泽经济社会协调发展等方面发挥了积极作用。

八、宣传推广

一方面借用新闻媒体向人们介绍共享工程的组织架构、运行机制、传播途径、资源类型、相关政策等。凡涉及共享工程会议或活动，都邀请当地新闻媒体参加，给予宣传报道。2007年12月6日举行的中心启动仪式，就是通过新闻媒体报道后，才得到了广大群众的认可，并逐步开始享用起共享工程资源的；另一方面借用重大节日进行阵地宣传，如春节、“世界读书日”、图书馆服务宣传

周、元宵节和六一有奖猜谜活动等，在闹市区或群众相对比较集中的地段设立咨询台，通过悬挂宣传条幅，解答群众咨询，散发宣传彩页，开展文化共享工程知识竞猜，向群众宣传共享工程，宣传图书馆。另外，每次开展多媒体视听服务，都插播由国家中心制作的《全国文化信息资源共享工程》宣传片，向群众广泛宣传共享工程。

九、培训工作

积极选派人员参加省中心举办的共享工程相关培训。在中心成立之初，利用每周四下午对全馆人员进行一到两个小时的共享工程知识学习与培训。累计举办用户培训班6期，培训人员2325人；承办由各县图书馆馆长、中心技术骨干参加的共享工程培训班4期，培训人员近200人；与区远程教育中心联合举办由乡镇办事处组织委员、宣传委员、文化站长和基层站点专、兼职人员参加的全区共享工程培训班5期，培训人员1863人。为方便共享工程方面的业务交流和技术探讨，还专门成立了“菏泽图书馆QQ群”。

十、管理和队伍建设

成立了以馆长为组长的共享工程服务领导小组，明确一名副馆长专门分管文化共享工程工作，配备一名专职技术人员，负责资源开发、建设，设备的维护、调试，以及各县支中心、基层服务点和用户的指导培训。电子阅览室配备三名管理人员，负责电子阅览室的服务和日常管理工作。并建立健全了共享工程和公共电子阅览室各项规章制度和管理措施，加强了组织与管理，确保了共享工程服务工作的有效开展。

十一、荣誉奖项

2008年9月，被山东省文化厅授予“山东省文化信息资源共享工程建设与服务工作先进集体”；2009年9月，在“万方数据杯”山东省文化信息资源共享工程知识与技能竞赛中，获优秀奖；2010年1月，在全国第四次公共图书馆评估定级中，被文化部评为国家一级图书馆。2010年4月，被山东省文化厅评为“读者喜爱的图书馆”；在全省第四、五、六届公共图书馆业务竞赛中，分获组织工作奖。在全省第六、七届读书朗诵大赛中，分获组织工作奖；2012年被评为“全国文化信息资源共享工程·公共电子阅览室示范点”。

十二、工作展望

菏泽历史悠久，地方文献丰富，搜集整理这些丰富的地方文献，并将其加工成方便群众利用的数字资源库群将是我们今后工作重点。馆藏文献中大量早期报刊风化严重，如何将这些早期报刊进行数字化加工，也成为目前牡丹区支中心重要的研究课题之一。

在未来几年，在全区基本建成资源丰富、技术先进、服务便捷、覆盖全区城乡的数字文化服务体系，成为公共文化服务体系的重要支撑，使广大基层群众能够普遍享受到数字文化服务。

（撰文/韩庆国、张　勇）

曹县支中心

曹县地处山东省西南部，处于鲁、豫、皖、苏四省八县交界处，全县总面积1969平方公里，耕地197万亩，辖27处乡镇街道，1174个行政村，2759个自然村，是山东省人力资源第一大县。

一、基本情况

2007年曹县支中心设在曹县图书馆，建立了电子阅览室、多媒体室、中心控制机房。电子阅览室有微机30台，常年实行公益性绿色上网服务；多媒体室设有投影、电动玻珠屏幕、DVD播放机、移动存储播放器、有源音箱、电脑及互联网接入等设施和装备，经常不断地为各类读者开展文化信息的播放与收看服务；中心控制机房接有卫星接收设施，配有业务、应用、卫星接收服务器及以太网交换机、8000G的磁盘阵列、UPS电源、电脑电子监控设备等，能较好地接收、存储、下载、上传全国文化信息资源共享工程中心通过卫星发来的文化信息、互联网资源及其他复制品。支中心还建立了文化信息采制部，配有录像、拍照、文稿打印、复印、扫描、刻录、电传等便于文化信息采制的必配设备。文化信息资源共享工程曹县支中心按山东省文化信息资源共享工程特色建设要求，与党员远程教育工作紧密结合、相互依托、共建共享，在全县各乡镇办事处及部分行政村中建立了文化信息资源共享工程基层服务点，很好地丰富、活跃了城乡文化生活，也使图书馆的工作得以深入广泛地开展。

共享工程工作包括县支中心及基层服务两大方面的工作，这两方面在各级领导的关心支持下，工作开展正常，服务效果明显。县支中心在卫星信息接收、文化信息上传采制、多媒体播映投放、电子阅览室公益性、绿色上网均按照各级要求开展全年工作，工作记录健全，共享工程设施维护完好且不时补充新设施，共享工程环境进一步得到了完善。县支中心举办基层服务点共享工程技术培训班4次，发放资料500余份，并多次随文化工作检查组深入镇、村到共享工程基层服务点工作开展，并积极协助镇、村组建规范化服务点三处，积极自主开发文化信息视频资料50余个，如：《曹县精神之歌》、《曹县县歌》、《曹县老干部书协庆祝建国六十周年书画作品展》、《曹县王光烧牛肉》、《曹县商汤鼓角》等。

二、管理和队伍建设

全国文化信息资源共享工程曹县支中心将共享工程日常管理纳入制度化管理。制定支中心、镇、村基层服务点工作职责和制度，实行制度上墙公开，责任到人。具体制定每年的工作计划，并组织专人按季度进行检查，对工作中出现的问题及时解决，年底要进行工作总结考核，对不合格的要重新培训才能上岗。在管理员队伍建设上坚持明确职责，明确思路，制度化管理，常态化培育。

三、培训工作

全国文化信息资源共享工程曹县支中心在日常管理员的培养上制定了制度化和长效化。按季度分别对各乡镇办事处共享工作点的工作人员进行培训，并根据工作要求及时调整培训内容的时间。培训要求每年对共享工程管理员进行1期的集中培训。同时并利用本平台对全党员干部进行远程培训，培训覆盖人员达全县各机关及企事业单位和各乡镇办事处、行政村的所有党员干部。

四、宣传推广

全国文化信息资源共享工程曹县支中心利用各种渠道办专题活动，宣传推广共享工程。不失时机，以活动为平台，利用县里的各文化团体活动进行广泛宣传文化信息资源共享工程的优越、快捷性，让更多的人不断了解文化信息资源共享工程，走进信息资源共享工程。并在日常工作中，搜集整理适合本地区域民众文化需求，特别是对农业种、养殖方面的材料进行选取、编辑制作成光盘发放到农民手中。每年平均制作发放各类光盘800多张，并制作各种海报和发放宣传资料2000余份。

五、工作展望

全国文化信息资源共享工程曹县支中心文化资源共享工程在现有基础上将加大宣传，让更多的人了解这一工作的重要性。加强好队建设，更好的服务于广大群众，让更多的人广泛认和并参与这一共程中来，为本地区的文化建设、经济的繁荣做出更大的贡献。

（撰文/韩令忠、陈继宝）

定陶县支中心

定陶县位于菏泽地区中部。北和西部与菏泽市接壤，南和西南与曹县毗连，东和东南与成武县相邻，东北与巨野县交界。总面积846平方公里。辖9镇1乡2个街道办事处，366个行政村，67万余人。

一、基本情况

2007年7月，定陶县文化共享建设工作开始启动。我县将工程的活动场地落实于县图书馆，馆长林浩担任定陶县支中心主任、副馆长牛萍担任副主任，负责文化共享的全面建设工作。图书馆对其现有基础设施进行改造和修缮，安全管理制度上墙；并对周边环境进行了美化，率先实现了规范化建设。8月，省里无偿投资了50万元的设备。11月，工程安装完毕并正式启用。在文化共享服务中，支中心以基层服务网点建设为重点，以多种传播方式为手段，以共建共享为基本途径，选拔几个优秀乡镇，采取以点带面的方法，逐步建立了以支中心为依托，12个乡镇为基层中心的工作网络，并依托全县农村党员干部现代远程教育现有硬件设施，把全县366个行政村终端接入点纳入全国文化共享工程管理体系。目前，基本建成资源丰富、技术先进、服务便捷、覆盖城乡的数字文化服务体系，努力实现了“村村通”的愿望。

二、管理和队伍建设

科学管理、加强队伍建设是夯实文化共享工作的基础和保障。在管理方面：一是完善各项规章制度。县支中心和基层服务点规章制度健全，工作记录完整规范，坚持公益性服务；二是确保网上资源的利用率。县支中心定期下乡检查基层站点接收资源情况；制定共享卫星接收登记薄并将群众需要但又短缺的资源登记造册；张贴宣传画、定期公布预告节目。确保了县支中心和乡镇服务点均能够方便、快捷、清晰地接收省中心通过卫星和互联网发布的资源。

在队伍建设方面：支中心始终坚持把骨干队伍建设为重中之重，抓实抓好。根据各个乡镇人力资源基础，制订基层站点管理员选拔标准和方法。一是明确标准。坚持政治素质高、文化水平高、业务能力高和服务意识好的“三高一好”标准。二是严格选拔。本着“宜专则专、宜兼则兼，专兼结合”的原则，做到优中选优，精益求精。三是强化考核，制订切实可行的考核内容和办法，分优秀、合格、不合格三个等级考核，作为以后评定职称的依据。

三、培训工作

加强基层站点管理员经常性培训，是做好“共享工程”工作的关键。县支中心负责对基层的日常管理、运行、服务和培训工作。一是集中培训。组织基层管理员轮流参加每季度举办的培训班；统一发放辅导教材，普及“共享工程”知识和基本操作技能。二是实行持证上岗制度，对管理员定期进行业务技术考核，通过严格的考试，对能够胜任设备管理、维护和接收、播放等服务工作的学员颁发合格证书和岗位证，并持证上岗。截止目前，为基层服务点培训学员2000余名。

四、资源建设

定陶县支中心对资源开发、保护和利用等资源建设工作高度重视。2008年10月，申报的“定陶皮影”、“两夹弦”两个具有地方特色的资源项目，被省中心、省电视台成功拍摄，并进入了省级资源开发库。县支中心制作的近200小时的文化信息“数据光盘”，也达到了省级要求。

五、宣传推广

文化共享工程实施以来，支中心对宣传工作常抓不懈并加大推广力度。利用资源，积极开展丰富多彩的文化活动。每年举办群众辅导班和群众性知识讲座；利用节假日为中小学生开展“共享读书乐”系列活动；配合“全民读书月”、“世界读书日”为群众举办网上活动；利用盛大节日为群众举办“清明节纪念革命先烈”、“五一节旅游常识问答”、“六一节献爱心“、“八一节进军营”、十一节进校园“、“元宵节有奖猜谜”等一系列活动。并开展流动服务，利用投影仪免费播放节目，开展免费刻录光盘、免费配送光盘等多种形式的服务。定陶县文化共享进广场、进社区、进校园、进军营、进家庭已蔚然成风。

六、惠民服务

文化共享工程把群众喜闻乐见的优秀作品方便快捷地传送到广大人民群众身边。群众普遍反映，文化共享缓解了农民看书难、看电影难、看戏难的问题，为基

层群众增加了新颖健康的生活方式，使他们享受到优秀文化和实用科技带来的快乐。2007年12月，定陶县支中心以文化共享为坚强后盾，创新载体，强化服务，打造了“为人民服务热线”这一特色服务品牌。在本馆特设了“服务热线”专线电话，广大群众通过拨打图书馆“服务热线”咨询信息时，支中心通过文化共享工程平台及时为他们查找并提供所需信息资料。这种服务方式实现了广大群众足不出户了就可以共享人类资源的愿望，确实为群众提供了方便、快捷、周到的服务。衍射了文化共享工作的广度与深度，是文化共享工作多样化、个性化的惠民服务体现。

七、合作共建

文化共享在实施过程中，为了使文化共享工程网上资源能够得到充分利用，与乡镇农家书屋合作共建，整合了城乡资源。以现有文化共享平台为纽带，以农家书屋为依托，负责统筹建设、指导协调各个农家书屋服务工作。使农家书屋之间信息互通有无、互相流通。把一切资源整合在一起，提高了文化资源的综合利用率。

八、荣誉奖项

2008年3月，被省文化厅、省财政厅表彰为首批“山东省文化信息资源共享工程示范县”。9月，被省文化厅授予“山东省文化信息资源共享工程建设与服务工作先进集体”的光荣的称号。同时，馆长林浩被省文化厅评为“山东省文化信息资源共享工程建设与服务工作先进个人”。

2009年12月，杜堂乡基层服务点被省文化厅评为2009年“优秀规范化站点”；2010年4月，被山东省文化厅授予“定陶县图书馆为人民服务热线服务活动——山东省公共图书馆特色服务品牌”光荣称号；2011年3月，牛萍同志的摄影作品《牛屯大鼓　辞旧迎新》参加首届2011年山东文化共享工程“我眼中的春节”网络摄影大赛，被山东省文化信息资源共享工程中心和山东省图书馆评为“优秀奖”；2012年12月3日，定陶县陈集镇文化站长胡延福同志被国家文化部授予全国“文化共享之星”殊荣。

九、工作展望

2007年至今，定陶县文化共享工作走过了近6个年头，从一无所知到家喻户晓，从基础服务到打造品牌，我县文化共享正朝着健康有序的方向发展。今后的文化共享工作还应在拓展文化共享领域、完善人员培训体系、优化宣传体系等若干工作中，强化措施，逐步改进和完善。我支中心希望在上级领导和主管部门的关心和大力支持下，在硬件建设、资源建设、服务水平等方面再上新台阶，为我县科学发展、和谐发展、加快发展，在新的起点上实现富民强县新跨越做出更大的贡献！

（撰文/牛萍、林 浩）

成武县支中心

成武县位于山东省西南部，隶属菏泽市。总面积988.3平方公里，辖11镇、2个街道办事处和1个省级工业园区，473个村民委员会（居委会），总人口70万人。

一、基本情况

文化资源共享成武县支中心，于2007年5月开始建设，省文化厅配送了价值50万元的共享工程配套设备。2007年10月正式投入使用，电子阅览室对外开放，多媒体室投入运行。2011年，全县473个行政村全部完成资源共享工程安装，实现了成武县所属行政村实现全区共享工程村村全覆盖。

共享工程成武县支中心设在成武县图书馆，是成武县共享工程的建设和业务指导单位，负责保障县中心共享工程设备的运行，协调镇村级共享工程设备的维修，指导镇村级共享工程活动的开展以及开展全区共享工程管理员的业务培训和指导。

成武县图书馆建设面积500平方米，其中电子阅览室有210平方米，中控机房20多平方米，多媒体室270平方米。支中心的建设是由山东省文化厅协助建成，全县14个乡镇（街道办、区）都有基层服务点，基层服务点的建设是与县组织部结合，同党员远程教育基层点一起建立起来的。

二、管理和队伍建设

为使共享工程真正为民所用为民谋利，成武县支中心将共享工程日常管理纳入制度化管理。制定支中心、镇、村基层服务点工作职责和制度。列入年度考核，并推行管理员工作日志管理，收集整理共享工程服务活动的得失，探索共享工程管理和服务新模式。

文化资源共享工程作为一个新的农村文化资源获取平台，如何推广好、利用好共享工程丰富的文化资源关键在于是否有一支专业化的共享工程管理员队伍。成武县共享工程支中心在管理员队伍建设上坚持明确职责，明确思路，制度化管理，常态化培育。对于乡镇、村两级基层共享工程管理上择优选取文化层次较高，有一定社会基层管理服务实践经验的人为管理员，他们工作热情高，有较高的文化水平能尽快熟悉掌握共享工程设备为所在村民服务。

三、培训工作和经费投入

成武县支中心在共享工程管理员的培养上实现了制度化和规范化。协调县组织部的党员远程教育，对基层服务点的工作人员培训20余期，共3000余人次。为基层服务点培养了一批技术骨干。支中心的技术人员定期到各基层服务点进行辅导和机器维护。

2007年5月开始建设时期，省文化厅配送了价值50万元的共享工程配套设备。

五、资源建设与合作共建

成武县支中心在成立以来，采取电子阅览室和多媒体教室的阵地服务、投影的流动服务、对特定人群的光盘上门服务等多种服务形式，为农民播放农村实用科技及生活小常识方面的科技信息200余场（次），刻录发放

《温棚蔬菜、瓜果、药材种植技术》、《鱼病防治技术》、《肉牛、肉羊养殖技术》、《科学应对禽流感》、《手足口病的防治》等280种科教、实用技术光盘千余张，宣传资料8000余份。

支中心自开放以来，共接待读者近10万余人，并协调县组织部，每年对党员远程教育基层服务点管理培训7期，300余人次。

七、利民惠众，惠农服务

成武县支中心在共享工程服务实践过程中，把基层服务工作，摆在了各项工作的首位。多次通过电视、广播和发放宣传单的方式进行广泛宣传，人们通过投影的流动服务、送光盘上门、来阅览室阅览，认识到共享工程确实是丰富精神文化生活、更好更快的掌握各类科技信息知识优秀载体。

为了更好地服务群众，支中心制定了服务守则，对来访群众进行全方位的服务。

一是我们在电子阅览室旁边开辟了简单休息坐席，群众在上机阅览疲惫时可以在此喝上一杯茶水，浏览报纸或杂志。

二是对特定人群进行一对一的服务。有些阅览者年龄偏大，几乎完全不懂计算机基本操作，工作人员就对这一特定群体进行手把手、一对一的服务，使他们不仅能够获取需要的信息，同时几次下来就能独自进行微机的基本操作。

三是对特定人群进行特定服务。有些人是专门前来查看、学习关于种植、养殖、医疗保健等知识的，只在微机上看一遍或几遍，掌握不了，我们就根据他们的要求，为其刻录光盘。

四是根据区域特种开展个性化服务。有的村镇离县城较远，来往不方便，我们就携带投影上门服务；有些地方是蔬菜、瓜果种植或养殖集中区域，我们就携带投影和相关资料开展流动服务，并送授科技光盘。

八、宣传推广

成武县支中心成立后，努力做好宣传推广工作，开展图书馆员的现代化技术培训工作，为地区文化资源共享工程建设提供技术支持。支中心的全体工作人员到机关，企业、工厂、街道发放宣传单，使广大群众了解文化资源共享工程，同时成武县支中心努力做好建设和对读者的服务共作，为满足广大群众的需要每周对外开放的时间都超过60小时，对读者服务热心周到，成武县支中心于2008年9月被山东省文化厅授予“山东文化资源共享工程建设与服务工作先进集体”称号。

九、工作展望

成武县支中心已走过5个年头，从依托图书馆建立的支中心点到今天的473个行政村全覆盖，从单一的资源接收到今天的编辑分发和群众广泛认知，广泛参与，文化资源共享工程将成为成武人民文化生活的一大支柱，成为繁荣成武文化，丰富成武人民精神生活，推动成武人文科技进步的强大动力源泉。成武县支中心将通过文献信息资源共享系统可以花较少的钱，取得最大的效益，更好地满足我县读者的借阅要求，使我县的教育、科研迈上一个新台阶，推动经济发展和文化水平的提高。

（撰文/白 冰）

单县支中心

单县地处中原，山东省西南隅，苏鲁豫皖四省结合部。总面积1650平方公里。辖有20个乡镇（含4个办事处），共有502个行政村，常住人口120余万人。

一、基本情况

单县文化资源共享工程建设始于2007年，陆续建成一个县级支中心，依托农村党员干部现代远程教育网络，在全县20个乡镇（办事处）建成20个基层服务点，前期安装设备均通过卫星设备直接接收国家中心下发的各类资源和信息。2008年全县所属502个行政村建成基层服务点，实现全县共享工程村村全覆盖。

共享工程单县支中心设在单县图书馆，是单县共享工程的建设和业务指导单位，负责保障支中心共享工程设备的运行，协调镇、村级共享工程设备的维修，指导镇、村级共享工程活动的开展以及开展共享工程管理员的业务培训和指导。

二、管理和队伍建设

为使共享项工程真正为民所用为民谋利，单县支中心将共享工程日常管理纳入制度化管理。制定支中心、镇、村基层服务点工作职责和制度，实行制度上墙公开。每年有年度工作计划，年末有工作总结，并推行管理员工作日志管理，整理共享工程服务活动的得失，探索共享工程管理和服务新模式。

文化资源共享工程作为一个全新的农村文化资源获取平台，如何推广好、利用好共享工程丰富的文化资源关键在于是否有一支专业化的共享工程管理员队伍。共享工程单县支中心在管理员队伍建设上坚持明确职责，明确思路，制度化管理，常态化培育。对于乡镇、村两级基层共享工程管理上择优选取有一定基层管理服务实践经验的人员或村委委员为管理员，他们有认真的工作态度和饱满的工作热情，积极熟悉掌握共享工程设备为所在村民服务。

三、培训工作和经费投入

单县支中心在共享工程管理员的培养上实现了制度化和常态化。根据支中心工作要求，每年对镇村共享工程管理员进行4期的集中培训，2007年以来共举办各类培训班22期，参加轮训的各级管理员达1200人次。

共享工程单县支中心自2008年实现村村全覆盖以来，每年投入运维经费，用于共享工程设备的维护、人员培训和惠民活动的开展。

四、资源建设与合作共建

单县支中心在历年的工作中，搜集、选取、编辑制作各类题材资源3TB，每年制作发放各类光盘200多张，图片展板80多块，发放宣传资料、各类海报2000余份。

以共享工程为依托，结合电子文献资源服务，根据不同乡镇、村的硬件条件建立形式多样的电子阅览室和活动中心。比如在李田楼镇建立拥有多台电脑的电子阅览室。通过多方不懈努力，共享工程已逐步走入基层村民生活，成为村民获取新知，娱乐身心的新渠道新平台。

五、利民惠众，惠农服务

单县支中心在共享工程服务实践过程中，以民众的需求为导向，积极探索，服务民众生活生产，引领群众高尚精神文化生活，打造群在满意喜爱的文化服务新平台。根据单县地域农业生产特点，每年按节令制作农业生产技术光盘通过行政村基层服务点为村民分发。

六、宣传推广

1、单县支中心利用各种渠道宣传推广共享工程。认真做好服务工作，不断丰富完善多种服务手段，提高文化共享工程支中心服务水平。积极引导群众使用“文化信息资源共享平台”；实现文化资源全社会共享。支中心充分利用资源优势，丰富广大群众文化生活。编印文化信息资源共享工程宣传标语、传单和图片，组织工作人员在学校、街道等地向群众发放。让更多群众了解共享工程，走进共享工程。

2、走进校园。单县支中心在服务中不断探索，加强支中心上网浏览信息的管理和服务功能，利用支中心少年儿童专用机位，为广大读者、青少年提供信息浏览服务和绿色上网空间，提倡文明上网。邀请师范老师举办少儿书画讲座，以“爱我家乡、爱我单县”为主题的少儿绘画活动让少年儿童加深对家乡的了解与热爱，提高他们对家乡的关注，不但能够给少年儿童提供一个展示自身才华的舞台，丰富少年儿童课余生活。积极开展送电影进校园活动。

3、专题活动，精彩纷呈。单县支中心在服务中抓住文化的热点和亮点，积极组织群众喜闻乐见的文化服务，使共享工程走进群众生活。如在春节、元宵节期间，举办灯谜竞猜活动，不但活跃了节日气氛，同时也使广大群众接受了教育、增长了知识。开展“庆七•一”红色经典影片广场放映活动。为全面完整地收藏、保护和利用我县地方文献资料，支中心面向社会广泛开展地方资源征集工作，通过广泛宣传，共收集图书资料420余册，其他多媒体资料20余件。为了让群众更多的了解单县，支中心开通了“单县文化网”宣传党的方针政策、有关文化的法律法规、单县文化信息、文化动态。

九、工作展望

希望在上级各级中心大力支持下为单具共享工程建设一支专业化的服务队伍。单县支中心今后将更加努力，开展好各项服务工作，利用共享工程这个平台，通过服务工作的开展，改善我县公共文化服务状况，让文化共享工程更加贴近生活，在普及科学知识、方便群众日常生活等方面发挥重要作用。为我县经济社会文化大繁荣、大发展和社会进步做出更大贡献！

（撰文/郭　霞、黄爱民）

巨野县支中心

巨野位于山东省的西南部，巨野因古有大野泽而得名，总面积1308平方公里，常驻人口101万，巨野县共下辖1个经济技术开发区、15个镇、2个街道办事处、860个行政村。根据中央、省、市一系列文件及各级领导指示精神，巨野县文化信息资源共享工程巨野支中心建设自2007年5月开始，至2007年10月全部完成，2007年11月份正式向广大群众开放服务。

一、整体情况

巨野县支中心建在巨野县图书馆，严格按照国家对县级支中心的标准建设。巨野县支中心使用办公面积200余平方米，内设电子阅览室、多媒体室和中控室等。巨野县支中心设备投资50余万元、配套设施设备投资10万余元。现有终端计算机36台、H工作站5台、手提电脑2部、服务器4个、磁盘阵列1台、交换机4台、切换机1台、卫星接收系统1套、防火墙、UPS电源、移动硬盘4块、音响2套、扫描仪1台、刻录机1台、打印机2台、光盘架2个、投影机2台、录像机1台、照相机1台、移动播放器1台、投影幕3套、42U机柜2个、交换台1台，等设备及软件。配套设施：房间隔断，墙体、地面进行粉刷和装铺，防静电地板的铺设，防尘窗帘，防雷、防电、防盗系统，三相四线、互联网安装、网络布线、电子监控和红外线监控各1套、多台空调等。目前互联网及卫星接收系统运转正常。为广大用户服务工作按计划的向前推进。

二、网点建设

巨野县支中心与县委组织部紧密结合，依托全县农村党员干部现代远程教育现已有硬件设施，把全县17个镇区和860个行政终端接收站点纳入文化信息资源共肆共享管理体系，加挂了文化信息资源共享工程标牌，已形成了为广大农村基层群众创建了文化信息的传播和服务平台，实现了“村村通”。

三、经费投入

2007年5月巨野县支中心设备投资50余万元、配套设施设备投资10万余元。到2012年10月份巨野县支中心共投资各类经费90余万元。由于经费保障到位确保了支中心的正常运行服务。

四、资源建设

巨野县支中心建设和运行以来，为了发掘地方优秀文化资源、宣传地方文化特色，共制作各类文化资源10多种，向省中心上报地方文化资源《麒麟传说》、《山东落子》、《鲁西南鼓吹乐》、《孔楼杂技》、《山东梆子—传承人刘桂松》、《姚桂元一勇创农民书画产业路》、《文明巨野演讲比赛荟萃》7种地方文化。其中《麒麟传说》、《山东落子》、《鲁西南鼓吹乐》、《孔楼杂技》被省中心采用并上传在“山东省文化信息资源共享工程基层服务平台”为各用户服务。同时有力的支持了山东省文化信息资源共享工程资源建设的健康发展。

五、宣传推广、技术支持、合作共建、惠民服务

根据文化信息资源共建共享工程建设要求，结合自身情况，认真细致地做了大量的筹备和初建工作。一是加强领导。成立了以局长为组长、图书馆馆长为副组长、相关业务人员为成员的巨野县支中心领导小组。把有文化信息资源共建共享工程介绍和有本地特色的宣传画及标语在街道、学校周边、企事业单位、广场等场所进行了悬挂和张贴。《菏泽日报》、“巨野电视台”、“巨野广播电台”对县图书馆、县支中心分别做了二次、三次的新闻报导，有力地推动了此项“工程”的宣传和影响，《牡丹晚报》

做了专题报道。支中心深入社会进行10多次的宣传，发放宣传单30000余份，章帖海报上百处，由于宣传力度加强、宣传方式得当，大大提高了巨野县支中心的知明度和文化信息资源共建共享工程的服务率、利用率。

为使县支中心的专职人员更好更早的上岗开展服务工作，我们采取了走出去请进来的办法对专职人员技术指导。同时专职人员经常性的到基础服务点给予他们技术支持。2009年9月15日县支中心按照省、市中心的要求组织全体人员进行业务闭卷考试。大大提高了工作人员的业务技术水平，提高服务质量。

为了加快基层点的建设步伐，在不重复建设、节约高效、快速发展、应用实惠的基础上，县支中心主动与县委组织部电教科紧密结合，依托全县农村党员干部现代远程教育现已有硬件设施，把全县17个镇区和860个行政终端接收站点纳入文化信息资源共建共享管理体系，同时为各个基层点安装了有关软硬件。

2007年巨野县支中心成立运转服务以来，共举办各种形式的服务活动17次；免费为基层点提供24部电影、6部戏曲、200多万字的文学及科技信息；2011年起每年开展2-3次“我为家乡添光彩、文化资源送身边”特色服务活动；举行“网上迎十艺　快乐新农村”文化共享工程优秀资源进村入户活动”。累计免费赠送价值近万元的各自资源光盘400余盘。深入社区、广场、乡村开展“传播中华文化、共享人类资源”、“红色影视展播”、“为少年儿童播放迎奥运专题”、“夏之夜影视展播”、“文化共享新春乐”、庆祝“建党90周年”等影视展播活动100余场次，观众达3万余人次。向省、市中心发布信息报道31条，采用率80%。到2012年10月份，巨野县支中心共接待服务各类用户6万余人次。同时每年对全县16处镇区的综合文化站和部分村级基层点的电子阅览室、多媒体室、图书室进行了设备维护和图书的分类、上架等业务知道工作。

六、加强管理和队伍建设　积极培训工作

为了加强巨野县支中心管理和人员队伍建设，制定了一系列切实可行的管理措施、规章制度和工作守则、读者公约；从管理机制到竞争激励机制，坚持“以人为本、读者第一、服务至上”的宗旨，建立健全了岗位责任制，使之职责分明，有章可循。此外，坚持考勤制度，请销假制度。在落实好以上制度的同时，我们又狠抓了安全安定工作，根据馆里实际情况，及时为各科室安装了防盗门窗和电子监控、红外监控设施设备，24小时有专人值班，确保了图书馆和县支中心的设施设备安全运行。

巨野县支中心为提高业务人员的技术和服务水平，积极参加和开展各种培训活动。累计参加和开展培训活动20多次；其中参加省中心培训13次，本单位开展对基层点业务人员和青少年培训活动7次26场次，共培训人员1000余人。通过学习和培训不仅提高了技术水平而且大大提高了服务效率和服务质量。赢得了用户的满意度。

七、荣誉奖项与工作展望

巨野县支中心自成立以来先后获得了多个荣誉。2007年起连续3年被中共巨野县委、巨野县人民政府授予“文明单位”、同年陈高鹏同志也被中共巨野县委、巨野县人民政府授予“先进工作者”；2010年巨野县大义镇基层站点被评为省级“规范站点”；同年赵伟同志被省文化厅、省图书馆授予先进工作者；陈高鹏、赵伟同志被山东省中心分别评为“先进个人”；上报的自建地方资源《鲁西南鼓吹乐--唢呐》被全国文化信息共享工程山东省分中心评为优秀奖。

巨野县支中心虽然在短短几年里取得了一些成绩，但离读者的需求还有很大的差距。认真贯彻十八大全会精神，全面落实国家中心、山东省中心、菏泽市中心的工作部署，紧紧围绕县委县政府的中心工作，狠抓文体局党组安排的奋斗目标。

（撰文/陈高鹏、赵　伟）

郓城县支中心

郓城县文化底蕴深厚，是水浒故事的发祥地，闻名全国的“武术之乡”、“书画之乡”、“戏曲之乡”。全县辖21个乡镇，1个省级开发区，1041个村（居），110万人，总面积1643平方公里。

一、基本情况

郓城县图书馆的历史应追溯到1921年成立的“郓城县公共图书馆”。目前县馆位于临城路东段，2004年启动了文化信息共享工程，成立了县级支中心，全县21处乡镇、10个社区和1031个行政村全部建设了基层点，有专人负责，配备了接收和播放设备，实现了全覆盖。目前，170个行政村高标准建起了80平方米以上的活动中心，配备了桌凳，乡镇、村级基层服务点也全部实现了卫星信号收视正常，有903个基层点互联网宽带接入，形成了县、乡、村三级完善配套的服务网络。

二、管理和队伍建设

县支中心建立健全了《电子阅览室管理制度》、《计算机集成管理系统管理规则》、《主机房管理规定》等各项规章制度，建立《共享设备使用记录》、《支中心电子阅览室服务记录》、《主机房工作日志》等登记制度，各种共享设备固定的责任到人，移动使用的严格登记制度，使支中心对设备的管理、使用，开展业务工作和服务活动都有章可循。为适应文化共享工作的需要，开展对专业人员的计算机技术的培训工作，县支中心选配了8名政治素质高、业务能力强的专业技术人员专门负责支中心的日常管理。采取到省馆和计算机公司参加培训，与其他县市交流和内部培训等多种方式，进行了系统的专

业培训，提高他们的业务技能和管理能力。

三、培训工作

8年来我们与党员远程教育中心联合举办了12期基层管理人员培训班，两家共同管理，一起培训，参训人员3千余人，通过严格考核，合格率达99%。另外采取上门辅导的方式对基层管理员进行辅导，几年来共深入140个基层点进行个别辅导。再就是发挥乡镇管理员的作用，在乡镇组织业务学习和培训。

四、经费投入

县级支中心建设是全国文化共享建设的重要环节，是承上启下的关键。由于我县财政基础比较薄弱，县委、县政府把文化信息资源共享工程作为惠民工程，舍得花本钱，下气力，在原有设施的基础上，2005年就拨款20万元，用于支中心的基础配套设施建设。

五、资源建设

1、鄄城县图书馆将支中心建设作为共享工程的重中之重抓紧抓好。按照文化部的要求，在县级支中心改造工程中，精心设计、精心施工，做到了又好又快。按标准安装了消防、防雷、防静电系统，全部设备运行正常。电子阅览室一个，面积180平方米、可供60名读者同时上网学习、浏览信息，目前已配备微机60台。县支中设计信息节点100个，局域主干交换网为1000M，局域网网络交换为100M，城域网为100M光纤接入，3个固定IP，并全部安装了空调，实现了避雷、监控、消防等系统的全面配套。

2、加快地方特色数字文化资源库的建设。鄄城是著名的戏曲之乡，民间文艺形式多样，传统文化丰富多彩，为了建设有地方特色的数字文化资源库，我们自行建设了数字加工室。数字加工室是集“音频采集加工、视频节目非线编辑、普通文本的数字化加工和文献采编整序加工”于一体的数码综合加工部门，是我县文化共享工程的文献加工基地，并配合非物质文化遗产普查和各种业余文化活动，逐步实现鄄城地方特色的文化资源数字化，为全县人民提供更好更多的具有鄄城地方特色的精神食粮，为文化资源共享工程建设增加特色和活力。

六、合作共建

1、我们与县党员现代远程教育相结合，与党员远程教育网络实现了共建共享、优势互补。对原有党员远程教育网点实行分类管理，建立了文化共享工程基层点和基层管理人员档案，对符合一、二、三级条件的乡村基层服务点颁发了“文化信息资源共享工程基层服务点”标示牌，有效满足农民自主学习和文化娱乐的需求。

2、与县直机关工委的协作，充分发挥县级支中心资源丰富、设备先进的优势，在党员教育中发挥了重要作用。在今年机关党委的入党积极分子培训工作中，县支中心配合机关党委，为400多名入党积极分子放映6场，受到上级的好评。

3、与“文化下乡”相结合，加强与县电影公司、影剧院和县剧团的合作。围绕农民群众普遍缺乏的文化知识、实用技术，积极筛选了一批良种良法配套、配方施肥、农作物丰产栽培、病虫害综合防治、动物程序免疫等农业实用新技术、新成果的光盘，在农村巡回放映，几年来，共放映电影500多场，观众达20多万人次。

七、利民惠众，惠农服务

我们把文化共享资源进行加工整理，分送到各放映单位，扩大了文化信息资源共享工程的受众面。如我县潘渡镇、随官屯镇的林下养鸭，张营镇的林下养羊，陈坡乡的林下特种动物养殖，玉皇庙镇的植桑养蚕等一批发展优质高效生态现代农业的新典型、新经验，大力宣传新农村建设中改水、改厕、改灶、改路的好处，使广大农民群众不仅学到了急需的科学技术，而且找到了致富门路。

八、宣传推广

支中心利用现有设施，广泛开展宣传文化共享工程，几年来，多媒体室利用媒体播放和邀请县内医疗保健、工农业专家等举办各种小型讲座42次，多功能厅开展了知识竞赛、数字电影放映和各种讲座等活动26次，受到各界人士的好评。通过在支中心开展读书竞赛、放映爱国主义影片、举办讲座，使文化信息资源共享工程成为青少年德育教育的重要渠道。

九、荣誉奖项

鄄城县图书馆是文化部授予的“二级图书馆”，先后被评为 被山东省“先进图书馆”，菏泽市“群众文化先进集体”、“爱国主义教育基地”，2008年被文化部评为“文化信息资源共享工程示范县 ”。

十、工作展望

鄄城县支中心进一步加强县支中心的基础建设、队伍建设、业务建设，文化资源共享工程成为繁荣鄄城文化，丰富鄄城人民精神生活的强大动力源泉。今后鄄城支中心希望在国家中心，山东分中心大力支持下为鄄城共享工程建设一支专业化的服务队伍，在服务体制和服务形式上更加多样，服务网点更加宽广，参与群众更加广泛的共享工程文化带动体系，为建设新鄄城做出更大贡献。

（撰文/张传峰）

鄄城县支中心

鄄城县位于山东省的西南部，西、北两面濒临黄河，与河南省中原油田隔河相望，东接梁山和宋江故里郓城，南邻菏泽。东距济南市250公里、青岛市500公里，西距郑州市250公里。辖16个乡镇435个行政村，总面积1401平方公里。

一、鄄城县支中心整体情况

鄄城县支中心建在鄄城县图书馆，严格按照国家对县级支中心的标准建设。支中心与县委组织部紧密结合，依托全县农村党员干部现代远程教育现有硬件设施，把全县16个乡镇和435个行政终端接收站点纳入文化信息资源共建共享管理体系，加挂了文化信息资源共享工程标牌，为广大农村基层群众创建了文化信息的传播和服务平台，基本实现了“村村通”。2007年鄄城县文化信息资源共享工程开始普及进入乡镇行政村，第一批101个行政村与当年安装调试完毕。2008年334个行政村进行安装，至此鄄城所属行政村实现全县共享工程村村全覆盖。

二、管理和队伍建设

为了加强鄄城县支中心管理和人员队伍建设，制定了一系列切实可行的管理制度、岗位职责、安全制度和读者公约；从管理机制到竞争激励机制，坚持“以人为本、读者第一、服务至上”的宗旨，建立了岗位责任制，责任到人，有法可依，有法必依。我们又狠抓了安全安定工作，根据馆里实际情况，及时为各科室安装了防盗门窗和电子监控，24小时有专人值班，确保了图书馆和县支中心的设施设备安全运行。

三、培训工作与合作共建

加强人员培训，是提高队伍素质的重要手段。我馆十分重视文化共享工程人员培训工作，其中参加省中心培训8次，市中心2次。技术人员通过学习培训，了解了设备的功能，掌握了技术支持和资源分发的技能，提高了设备配置和调试的能力，有效地推进了县级支中心建设，为顺利完成工程建设任务奠定了技术基础和人才保障。支中心共举办各类培训班8期，为各支中心、基层站点培训技术人员267人次。通过学习和培训不仅提高了技术水平，而且大大提高了服务效率和服务质量。

县支中心主动与县委组织部电教科紧密结合，依托全县农村党员干部现代远程教育现已有硬件设施，把全县16个乡镇和435个行政终端接收站点纳入文化信息资源共建共享管理体系，同时为各个基层点安装了有关软硬件。

四、经费投入和资源建设

2007年10月鄄城县支中心设备投资50余万元、配套设施设备年投资5万余元。由于经费保障到位确保了支中心的正常运行服务。

鄄城县支中心建设和运行以来，及时更新资源，并对这些资源妥善进行保存、整序、分类管理和光盘刻录、硬盘拷贝等方式储存。以方便更好的向广大群众开展服务的工作。为了发掘地方优秀文化资源、宣传地方文化特色，向省中心上报地方文化资源《斗鸡》、《鲁锦》等地方文化。同时有力的支持了山东省文化信息资源共享工程资源建设的健康发展。

五、利民慧众，惠农服务

5月的最后一周为我县图书馆的服务宣传周。我馆为鼓励全民阅读，激发青少年的读书兴趣，和三完小结成对子开展了“好书互换，真情互动”活动。根据鄄城地域农业生产特点，针对不同农业者支中心定期派送农业小册子和上门服务的形式对其进行跟踪服务。为了扩大其在基层群众中的影响，广泛宣传其作用和意义，使各级领导和群众充分认识到这是一项惠民工程，切实将加强和改进未成年人思想道德建设工作落到了实处。

六、宣传推广

2007年鄄城县支中心成立以来，将阵地服务和流动服务相结合，日常活动和节庆活动相结合，开展形式多样的文化惠民服务。文化共享工程走进社区、走进农村、走进企业、走进学校，为广大群众播放戏曲艺术、爱国主义电影和农村科技视频，实现资源共享，服务社会公众。和基层站点结合当地经济发展和农业生产实际，为当地人民群众传播农技知识和信息，有力促进了新农村经济发展。服务群众达10000多人次，参加共享工程服务活动的人们达到3000人次以上。共举办各种形式的服务活动17次；免费为基层点提供24部电影、6部戏曲、200多万字的文学及科技信息。如一些“红色影视展播”，如《地雷战》、《铁道游击队》、《黄继光》、《邱少云》等，“为人民群众播放农业科技，及关于国家新闻传播”等等。并免费赠送1万多元的各类科技光盘400余盘。庆祝“建党90周年”，影视展播活动200余场次，观众达5万余人次。

九、工作展望

鄄城县支中心虽然在短短几年里取得了一些可喜可贺的成绩，由于条件有限，我们只能最大限度的服务于群众。但也有不足之处，离读者的需求还有一定的差距。在今后的工作中我们将进一步解放思想，开拓创新，大力利用科学发展观。用十八大精神鼓舞县支中心的工作，用十八大精髓指引县支中心的工作。认真贯彻十八大全会精神，全面落实各级中心的工作部署，紧紧围绕县委县政府的中心工作，狠抓文体局党组安排的奋斗目标。我们深信只要有各级领导的关心和支持，有广大读者的鼎立相助，有全体县支中心人共同努力，就有决心和信心把县支中心各项工作做好做实。

（撰文/张雪霞、高秋景）

东明县支中心

东明县位于山东省西南部，隶属菏泽市，现辖7镇5乡，一个开发区，两个街道办事处，407个行政村，辖区居民81.03万余人。

一、基本情况

东明县支中心设在东明县图书馆。2007年东明县被确定为菏泽地区首批文化信息资源共享工程试点县，3月东明县文化信息资源共享工程支中心正式成立。建设初期，电子阅览室及中心机房约67平方米。由于支中心场地设施达不到标准要求，7月在县委县政府及文化局的大力支持下，在文化局六楼开始了支中心的新建工作，10月建成。新建成的支中心总面积约267平方米，其中，电子阅览室和中心机房约200平方米，原一楼电子阅览室改为多媒体教室。2008年支中心与网通公司正式签订百兆宽带接入合同，并于7月14日起正式对外开放。

二、经费投入

在省中心的扶持下，2007年4月支中心的建设首批投入10万元。在县委县政府的支持下，支中心又自筹资金3万元进行中心机房建设，购置设备，改造老化的设施。

2008年省财政又投入50万元，为新建的电子阅览室购置新设备、各种软件设备及视频光盘。结余资金返还11万，用于支中心的新建，中心机房、电子阅览室和多媒体教室各配置新的设备。

三、资源建设

从2010年至今接收全国文化信息资源共享工程下发光盘439张，内容包括：《文化共享助春耕》、《红色记忆　振奋中国》、《童心向党　快乐成长》、《文化年货带回家》等。支中心还安装有1TB的数字图书馆资源及电子图书一套（包括10余部优秀电影及700余册图书）。

四、合作共建及培训

东明县支中心与县组织部农村党员干部现代远程教育相结合，在现代远程教育基层站点建设的基础上，截止2012年12月，共成立乡镇基层服务点14个，村基层服务点 376个，初步搭建了覆盖全县的服务网络，拓展了文化共享工程服务范围。

自2007年起，支中心连续6年与现代远程教育相结合，对乡镇农村基层服务站点的管理员进行文化共享工程基础知识培训，每年至少培训一次，累计培训人员达400余人次。

五、宣传推广

东明县图书馆利用支中心的文化信息资源及设备，举办各种活动，加强宣传推广。

1、在节假日期间，选取群众喜闻乐见的优秀资源，举办优秀文化资源展播，如爱国主义影片展、东明县非物质文化遗产宣传片等，平均每年服务人次达2000余人，通过服务，吸引更多的人走进共享工程。

2、面向学校，做好文化信息工程在青少年中的宣传服务工作。2009年—2012年，县图书馆连续4年在全县中小学范围内分主题举办读者有奖征文活动，如“网上图

书馆”、“我读书，我受益”等，参与的中小学读者达400余人次；2010年7月，举办“少年网页设计”公益培训班，培训学员40余人，加强青少年认识利用文化共享工程信息资源的意识；2012年6月，举办“少儿读者联谊会暨优秀少儿影片展播”活动，共30余位读者参加联谊会。

六、做好惠民服务工作

县支中心成立以来，我们不断探索，努力实现优秀文化信息在全县范围内的共享共建，做好惠民服务。

1、多次组织送信息进基层。针对广大基层群众的特点和需求，我们不定期的为各乡镇基层服务点安装或拷贝分发电子图书、优秀电影及各种农业生产知识光盘光碟，特别是共享工程中的技术信息，满足了基层群众的生产生活需求。如武胜桥乡玉皇庙村支书陈岐山利用文化共享工程“秸秆制气”这一信息技术，与山东省科学院签订秸秆制气集中供气工程建设及技术支持协议，该工程于2008年4月正式投入使用，周边400多户居民用上了秸秆燃气。

2、我们还利用多媒体设备，不定期举办各种专题知识讲座。如三八节举办女性健康知识讲座、重阳节举办老年养生知识讲座等。

七、队伍建设及管理

支中心现有4名工作人员，全部具备计算机初级合格证，其中1名为计算机专业毕业，3名为本科学历。支中心注重自身队伍建设，工作人员多次参加省、市中心举办的各种业务培训。为了更好的为读者服务，我们建立健全了支中心工作管理制度，规范读者阅览纪律，制定了《管理员工作制度》、《读者须知》、《电子阅览室会员读者登记簿》等，同时电子阅览室的开放时间调整到每周60个小时，保证了电子阅览室正常、健康、安全运行。

八、荣誉奖项

2008年9月，全国文化信息资源共享工程东明县支中心被山东省文化厅评为“山东省文化信息资源共享工程建设与服务工作先进集体”。

九、工作展望

东明县文化信息共享工程建设虽然刚刚起步，但在全县的文化建设中已经发挥着重要的作用。我们将在以后的工作中，进一步确保文化信息资源共享工程的公益性服务性质，加强数字资源建设，提高数字资源总量，采用多种方式普及工程相关知识，进一步在全县范围内实现文化信息资源的共享。

（撰文/郭　英、郭丹丹）

全国文化信息资源共享工程——

江苏省分中心

一、整体情况

江苏省地处我国东部沿海，位居长江、淮河下游，东临黄海，西连安徽，北与山东接壤，南与浙江和上海毗邻。全省总面积10.26万平方公里，占全国土地总面积1.05%；总人口达7800多万，是全国人口密度最高的省份。

2002年9月，江苏省级分中心与共享工程国家中心正式签约，成为全国首批试点的省级分中心之一，由此拉开了江苏省组织实施文化共享工程的序幕。

二、网点建设

江苏省共享工程经过十年的建设和发展，已建成1个省级中心，13个市级中心，86个县级中心，1400个基层点，与省委组织部共建2.5万个“党员远程教育”服务点，共享工程实现了全省城乡全覆盖。

三、经费投入

江苏共享工程建设，得到中央财政以奖代补方式的支持。仅十一五期间，省级财政就投入1570万元，以此带动全省回头13个地市、近百县（区）等各级财政配套投入数千万元，从而有力地推动和保障了共享工程的实施。

四、资源建设

中华民族在五千多年的文明历程中创造了绚丽博大的东方文明，是人类谱写的最辉煌的文化乐曲之一，在这首乐曲中，地处江淮流域的江苏地区奉献了优美的华彩乐章。

五、自建数据库亮点纷呈

经过多年的研发和建设，江苏省中心建设了一批具有自主知识版权、馆藏特色鲜明、内容丰富、史料性强、图像高品质、建设规范标准的数字资源。数据库自2005年8月发布以来，受到海内外图书馆同仁和读者关注和青睐。各数据库简介：

1、中国近代文献图像数据库：设有政治、经济、军事、文化、科技、教育、体育、宗教、法律、人物、民国建筑、民国风俗、民国广告、医药卫生、历史地理等十五个栏日，每个栏目下设有多个子栏月。

2、百年人物：收录在中国历史上产生一定作用和社会影响的中外历史人物。数据库收录的人物既有叱咤风云伟人、历史名人，又有名不见经传的普通人。

3、百年艺苑：收录了民国时期的名家名作，有：漫画、雕塑、书法、西洋画、国画、版画、金石、摄影。这些作品真实地再现了中国近代这一特殊的历史时期社会、中西文化交融现象，对于人们了解历史，有较好的观赏性和史料价值。

4、百年商标：收录了民国政府颁布的商标，数据库着录翔实、有商标图案、商标名称、商标申请人、商标使用年限、商标使用商品、商标注册地等信息。

5、抗日战争历史图库：收录了抗日战争那一特定历史时期的图库。

6、奥运世界 中华圆梦 数据库：以翔实的史料、精彩的图片、精心的编辑，再现了中国体育运动从古至今的发展轨迹，再现了世界奥林匹克运动发展的历史进程及历届精彩赛事。

7、红色记忆：以图文并茂的形式，展现了中国共产党带领中国人民夺取新民民主主义革命胜利的光辉历程。

8、江苏文化：数据库设有人物、作品、旅游、文化民俗等12个江苏特色文化信息子库。

9、江苏地方戏剧视频资源：扬剧、锡剧、昆剧、苏剧、越剧、评弹、京剧、淮剧、淮海戏、话剧、滑稽戏、歌剧、丹剧、梆子戏等。

10、中外文学名著插图数据库：收录中外文学名著插图。

11、江苏省五星工程数据库：收录历年江苏省五星工程获奖作品。

12、专题片制作彰显江苏特色

自2008年起，省中心开始了视频制作。专题片的制作，使图书馆数字资源建设走出了图书馆，走向江苏广阔的天地。

在江苏省文化厅、文物局、南京图书馆党委的领导、指导下，江苏省中心完成了系列专题片的制作。

(1)《江苏非物质文化遗产系列专辑》20集，每集45分钟。每集展现一个国家级非物质文化遗产项目：江南丝竹、苏州玄妙观道教音乐、高邮民歌、昆曲、扬剧、锡剧、苏州评弹、扬州清曲、南京白局、桃花坞木版年画、扬州剪纸、苏绣、扬州玉雕、惠山泥人、秦淮灯彩、南京云锦木机妆花手工织造技艺、扬州漆器髹饰技艺、扬派盆景技艺、秦淮灯会、苏州甪直水乡妇女服饰。

(2)《江苏红色之旅》20集，每集40分钟，每集展现一个江苏境内红色纪念场馆：黄桥战役纪念馆、中国人民解放军海军诞生地纪念馆、沙家浜革命历史纪念馆、新四军纪念馆、苏中七战七捷纪念馆、红十四军纪念馆、周恩来纪念馆、苏皖边区政府旧址纪念馆、新安旅行团革命历史陈列馆、黄花塘新四军军部纪念馆、淮海战役纪念馆、茅山新四军纪念馆、瞿秋白纪念馆、张太雷纪念馆、雨花台烈士陵园、侵华日军南京大屠杀遇难同胞纪念馆、中国共产党代表团梅园新村纪念馆、南京渡江胜利纪念馆、上海战役总前委旧址纪念馆、新四军江南前线指挥部纪念馆。

六、技术支持

江苏省中心硬件设备依托于南京图书馆信息化设备，形成共享工程上传下载区辐射全省各分支中心，具体运行环境如下：

共享工程省中心机房面积150平米，UPS功率80KV，设备均为7×24小时开机。网络设计为3层构架，有完整的防火墙和入侵检测设备，对外网络链路有3条，分别为电信千兆链路、联通300M链路、省政府办公网10M专线，在上传下载的同时，可以根据对方链路要求进行选择切换，满足了各分支中心和不同接入商的要求。

省中心有服务器15台，虚拟机3台，操作系统为windows以及linux，数据库系统为MS-SQL，存储容量40TB。

省中心建立了多网络结合的资源传输渠道，通过政务外网下载国家中心下发的各类资源，形成了互联网、政务外网、移动硬盘（光盘）的多种形式共用、多网络结合的资源传输渠道，实现了电脑、电视、投影等各种终端服务设备的综合运用。

省中心承担全省近100个支中心技术指导、技术验收、资源推送、在线咨询等大量日常工作。

七、合作共建

"共享工程"与"党员远程教育"相结合

2006年9月，江苏省分中心与江苏省委组织部就"全省农村党员干部现代远程教育"与"文化信息资源共享工程"达成合作协议。"远程教育"和"共享工程"这两项重大工程结合意义在于：充分利用"远程教育"广泛的传播网络和"共享工程"丰富的文化资源，实现了节省经费，资源增加，扩大先进的思想文化信息在全省城乡的覆盖面。

多年来，省分中心与省委组织部合作共建数字资源《中国近现化史系列讲座》62集、《江苏红色传奇》128集专题讲座资源。省分中心组织提供的视频资源，通过电视每天播放3小时，传遍省内2.5万个远程教育站点。

省中心自建资源与推送国家中心资源相结合

省中心将国家中心下发的各类资源，及时加工上传，并通过江苏共享工程网站发布、通过硬盘拷贝给各支中心使用。

2011年，江苏省分中心组织近1TB的数字资源赠送给全省共享工程99个支中心使用。

资源由四部分组成：南图讲座视频：著名专家学者精彩演讲、南图后期精心制作，内容涉及政治、经济、军事、文化、历史、教育、科技、生活等。）南图展览：省中心集南图百年馆藏创意制作的各类专题展览电子版。展览，即可网络观展、又可以使用本资源举办各类主题展览。电子图书、电子期刊，省中心专门购买的具有版权的2011年1月后出版的电子期刊和1万种电子图书。

八、惠民服务

1、公共电子阅览室免费开放与开展公益培训

在2011年以前，省中心公共电子阅览室设有共享工程专用席位，无偿供读者使用共享工程资源，2011年开始，公共电子阅览室实现了免费开放。

2012年，为满足社会大众对公共文化服务的新需求，普及电脑知识，南京图书馆公共电子阅览室组织了公益培训101场，培训读者4560人次。培训对象包括老年人、进城务工、少年儿童、下岗人员及残障人员等弱势群体。为切实做好培训工作，以"分层次、有重点、重实效"为宗旨，针对不同培训对象和实际情况，设立了"一对一"志愿辅导员，为培训班学员开展面对面、手把手的辅导，帮助学员们尽快熟悉并掌握电脑应用技能。为保障培训顺利进行，公共电子阅览室组成了教学团队，根据学员年龄结构、专业背景等特点，细致地准备教案，扎实做好培训中的每个环节。

2012年组织了三个班次共计15场进城务工人员专题培训，有600余人次参加了培训。培训课程有：电脑基础操作、文字处理软件的应用、上网检索等课程等。通过培训，绝大多数学员掌握了电脑基本知识和基本操作。

省中心为暑期儿童举办的网页设计、动漫设计专题培训班，都少年儿童积极响应和参与。

2、每周南图讲座与定期视频播放

"南图讲座"自2005年7月创办以来，在馆党委的组织领导下，本着文化资源全民共享、社会工作服务大众的原则，坚持以人为本、公益服务的理念，逐步形成了涵盖政治、经济、文化、教育、科技、军事、历史、生活等八大版块。自2009年起，南图每周举办2场讲座，一年至少104场。截至2012年12月31日，"南图讲座"共举办了653场，先后有487位国内外知名专家学者做客"南图讲座"，听众累计达23.2975万人次。

公益讲座注重品牌化、制度化、特色化建设，受到社会广泛关注和好评，取得了积极的社会效益。市民认为：南图讲座，就像活的能发声的百科全书，所请专家学者的演讲，涉及儿童教育、文学赏析、人生哲理等各类题材，内容引人入胜、切合现实。

省中心平均每月组织影视展播9场，每周固定时段播放电影、戏曲等。

省中心组织的讲座展览、电影展播等一系列文化惠民活动，内容丰富，形式多样，满足了不同年龄、不同爱好、不同情趣读者的文化需求。为市民提供了平等交流的平台，市民在聆听讲座中，在观看影视作品中，愉悦身心、陶冶情操、在潜移默化中受到教育与启迪。

九、宣传推广

1、网站宣传展示窗口

江苏共享工程文化网站，是省中心宣传推广展示平

台和窗口。网站每天滚动发布新闻、业内动态、网上展厅、网上报告厅、江苏特色文化资源精彩纷呈。目前已发布专题数据库19个、整合发布视频资源达8000余个。江苏共享工程网站点击率日益增长，网站访问量达百万余次，其影响力和示范作用不断显现。

2、组织活动提高共享工程影响力

通过组织开展各类活动，提高公民参与度，推动全省共享工程进程。十年中，开展较有影响的活动有：文化共享奥运行、各类专题巡展、共享工程知识技能竞赛活动、电脑小报竞赛活动、春雨活动、颂歌献给党歌咏活动、摄影大赛等。

十、培训工作

随着文化共享工程在江苏的不断推进，特别是全省百余个市县支中心和近1400个由文化系统主管的乡镇、村基层点的建成，需要大批懂技术、会管理，具有创新意识的业务骨干从事工程建设与服务。

省中心每年集中培训各级支中心技术骨干2次，每次培训都邀请国家中心领导、省内专家学者、系统解读政策方针、讲授专业知识、解答共享工程实施过程中疑难问题。

十一、管理与队伍建设

江苏省分中心现有专职工作人员23人（其中：资源建设人员13人，技术人员7人，管理人员3人），兼职工作人员17人。

省中心已形成了一支集数字资源加工、信息采编发布、网络传输服务、技术保障与维护、文化网站内容建设为一体的专业技术队伍。

1、以组织竞赛活动为推手 不断提高人员工作技能

省分中心十分重视共享工程队伍建设，做到：每两年组织一次全省范围的共享工程人员技能竞赛，竞赛有不同的主题：计算机知识、共享工程实用技术操作技能、网络信息资源检索技能等。

每一次全省竞赛，省中心都发布竞赛通知、参赛指导手册、竞赛规则。要求各支中心认真做好赛前培训工作，并以此为契机，掀起文化共享工程岗位练兵大热潮。

通过各级支中心层层选拔参与全省决赛的选手，展现了共享工程基层工作人员干一行爱一行、专一行精一行精神风貌。通过组织全省大赛，提升了共享工程人员的服务技能、增强队伍的凝聚力。

省中心积极组队参加全国性大赛，在历次全国共享工程竞赛活动中，均取得优良成绩，省中心多次获得国家中心颁发的优秀组织奖。

2、以专题片制作为契机 组建全省专题片工作人员队伍

省中心自2008年以来，承接了国家中心专题片制作的任务，这对省中心来说，是资源建设的新亮点和难点。制作专题片，省中心一切从零开始。在江苏省文化厅、文物局的指导下、在南京图书馆党委精心组织下，在各地文化局、各纪念馆支持配合下，摄制组同志团结一致，向一切内行的人学习，边干边学；发挥每个人的智慧和特长，制作工作紧张而有序展开。通过专题片制作，省中心培养了一支集专题片策划、脚本创作、拍摄、视频剪辑、资源整合、包装设计的专业队伍。

如今，江苏的视频专题片制作，已在相关省辖市级图书馆展开，江苏省将有更多公共图书馆加入视频专题片制作的行列。

十二、荣誉奖项

2004年，在南京召开的全国共享工程建设现场工作会议上，江苏省文化厅荣获文化部表彰，江苏成为全国8个先进省份之一；

2008年，江苏省分中心在“文化共享奥运行”服务活动中表现突出，获得文化部全国文化信息资源建设管理中心颁发的二等奖；

2009年，江苏省分中心荣获文化部全国文化信息资源建设管理中心颁发的“文化共享杯—全国文化信息资源共享工程知识与技能竞赛”优秀组织奖；

2011年，江苏省分中心荣获“颂歌献给党——全国文化信息资源共享工程迎接党的90周年群众歌咏活动”最佳组织奖、荣获“阳光少年热爱党”电脑小报比赛活动组织奖，荣获“第二届文化共享杯”优秀组织奖；

2012年，在全国“公共电子阅览室建设计划”百题知识竞赛活动”中，江苏省分中心荣获优秀组织工作二等奖；

2012年，江苏省共有8个基层点被评为全国文化信息资源共享工程·公共电子阅览室示范点，1名基层工作人员被评为“文化共享之星”。

十三、工作展望

随着共享工程国家中心的转型，共享工程队伍将日益壮大，共享工程活动必将进一步深入。江苏的公共数字文化服务，将在党的十八大精神指引下，走向更加辉煌的明天。

（撰文/周小平）

南京市支中心

南京，简称宁，江苏省省会，地处长江下游的宁镇丘陵山区，北连辽阔的江淮平原，东接富饶的长江三角洲。全市总面积6516平方公里，其中市区976平方公里。辖区跨长江南北两岸，包括玄武、白下、秦淮、建邺、鼓楼、下关、雨花台、栖霞、浦口、六合、江宁11个区，以及溧水和高淳两个县，行政区划共有100个街镇，1300多个社区村，常住人口810余万人。南京市共享工程，在新形势下为繁荣基层文化，满足基层民众多层次文化需求，传递中国民族优秀文化资源发挥了重要作用。

一、基本情况

南京市文化资源共享工程建设开始于2003年，目前已有1个市级支中心，11个区县支中心，100个街镇基层点，1300多个社区村基层点。

共享工程南京市支中心设在金陵图书馆，是南京市共享工程的建设和业务指导单位，负责保障支中心共享工程网络的正常运行，提供防火墙设备的升级维护，指导区县支中心及基层点共享工程活动的开展以及开展全市共享工程管理员的业务培训和指导。

二、网点建设

2007年根据苏文社[2007]32号《关于对文化部门自建的原共享工程基层网点进行重新登记并更换标牌的通知》，南京市开始采用各区县支中心及服务点直接与市中心建立VPN专线连接的方式，共享市支中心的数字资源，市支中心制作了南京市文化共享工程门户网站，提供各类影视资源、讲座资源、科普知识、电子图书、南京地方文献等数字资源，目前各类资源总量已达到30T，提高了各支中心、基层服务点的能力。随着2012年超过50%的社区村共享工程基层点创建任务的完成，最终形成基层点VPN双连市级和区县级支中心的模式，即基层点有两条VPN链路，一条连至本区县支中心，一条连至市支中心。区县支中心的链路负责提供视频资源及各具特色的地方资源，而市支中心的链路主要起到协助维护、方便管理作用，同时提供部分数据库资源，从而有效提升基层点的资源服务能力。目前南京市已形成以金陵图书馆为共享工程市中心、各区县图书馆为支中心、各个乡镇街道社区村为基层服务点的文化共享工程的网络服务框架。同时，以共享工程网点建设为契机，推进全市公共数字文化服务体系及通借通还一卡通建设，金陵图书馆及各区县图书馆的分馆建设搭建在共享工程基层点的平台上，同步推进。

三、管理和队伍建设

为规范各级共享工程的管理与服务，南京市支中心将共享工程日常管理纳入制度化管理。制定共享工程服务规则，在开放时间上对基层点的服务进行规范，实行制度上墙公开。

设备条件的改善、服务管理的规范和信息资源的充实，均属于外部因素，要想持之以恒地保障共享工程服务的常规化、持久化的运行，服务人员的管理水平和服务技能成为共享工程能否正常运行的重要内部因素。为推动我市文化信息资源共享工程建设，提高各支中心、基层服务点管理人员的操作技能、应用能力和服务水平，南京市支中心面向共享工程基层服务点管理人员，定期举办文化共享工程应用技能辅导班，培训各级管理员近千人次，并以竞赛活动为抓手，着力提高基层点管理人员的计算机网络的应用能力有共享工程资源服务能力。

四、经费投入

南京市支中心利用金陵图书馆新馆信息系统建设的有利时机，配置了共享工程支中心设备，此外，每年安排共享工程市级支中心的经费约50余万元，用于共享工程设备维护、人员培训及开展各项惠民服务活动。

五、资源建设与惠民服务

南京市支中心在历年的工作中，搜集加工制作了反映南京地方特色的地方数据资源及讲座、农业科技、生活知识、影视作品等各类视频资源共20TB。

南京共享工程支中心利用共享工程的设备，面向中老年市民开展“老年人学电脑”公益培训班活动，年龄最大者将近80岁，利用现代化投影教学设备，一人一机，小班上课，零距离个人辅导，得到了这些“老学生”们的赞不绝口和无数次感谢，共享工程南京支中心公益服务的口碑也在他们的口口相传中深入南京市民的人心。

联合南京新闻广播、南京城市管理广播推出面向视障人士开展的公益性志愿活动“用声音点亮生命的光——朗读者活动”，第一季推出的是现代名家名篇作品集，把书刊等文字内容通过朗读录音，后期制作成有声读物赠送给南京的视障人士，于10月15日“国际盲人节”在金陵图书馆南京手佳盲人分馆举办了作品赠送仪式，所有作品都将入藏金陵图书馆，并作为全国文化信息资源共享工程的重要特色资源库永久保存。

六、合作共建

南京市党员干部远程教育网络，已经实现全市所有社区的100%覆盖。其网络模式是电信adsl宽带接入加党员远程教育专用iTV点播的模式，非常符合社区共享工程基层点建设的网络要求，2012年，市文广新局和市委组织部联合下发的《关于推进党员干部远程教育与文化信息资源共享工程共建共享的通知》（宁文广新字〔2012〕276号）为标志，全市共享工程社区基层点建设模式的最终确立。

为了体现出与党员远程教育中心的共建共享，在“南京党员远程服务平台”（http://www.njycjy.com.cn）上增设“南京文化信息资源共享工程”栏目并开通党员志愿者为远程服务平台的用户提供“读书指导”的咨询解答；支中心还专门建立了南京文化信息资源共享工

程网站（http://njgxgc.jllib.cn），为把更多的资源送到社区百姓身边，定期制作视频资源，上传至党员远程教育iTV点播平台，题材涵盖历史、军事、健康等方面。通过各方的不懈努力，共享工程已逐步走入基层民众生活，成为老百姓获取知识，娱乐身心的新渠道新平台。

七、工作展望

在该市文化信息资源共享工程建设中，我馆极为重视与国家数字图书馆推广工程、公共电子阅览室工程的配套建设和我市市、区县、街镇、村社区四级图书馆服务网络的全覆盖，推进以通借通还为基本服务内容的总分馆制建设相结合，将知识产权明晰的馆藏数字化信息资源，向分馆读者开放，实现了免费向用户提供公益性数据库资源远程文献信息服务的模式创新。同时极为重视在送讲座到基层等方面增加延伸服务，从而整合形成南京地区信息资源保障体系。以此为基础，与本地高校图书馆及南京都市圈图书馆实现互通互联、优势互补、资源共享、协同服务，最终形成高水准、覆盖全南京的图书情报文献信息资源服务网络，在实现基本服务功能的前提下，充实总分馆制建设的内涵，更有效的发挥了共享工程资源的作用。

随着南京市共享工程建设从铺摊设点的规模化建设向专业化和品牌化转变，工作重点从侧重工程设施建设向侧重管理服务转变，向加强资源建设方面转变。我们希望今后将在国家中心的支持下，在全市打造一支共享工程建设的专业化的服务队伍，形成服务方式更加多样，服务内容更加广泛，服务网点更加宽广，参与群众更加广泛的共享工程文化服务体系，将共享工程打造成江苏省公共数字文化体系的重要骨干力量和核心资源。

（撰文/南京市支中心）

南京市白下区支中心

白下区地处钟山之阳，秦淮之滨，历史悠久，文化源远，经济繁荣，交通发达，是南京市主要中心城区之一，源于民国时期的第二区。全区面积30平方公里，人口53万。区内基础设施完善，人居环境优雅，通讯、信息网络容量大，功能配套齐全。科、教、文、卫事业蓬勃兴旺。白下区“全国文化信息资源共享工程”（以下简称“共享工程”）工作正式起步于2003年，经过近10年的发展，目前基层服务点遍布全区，已形成了一定规模的服务体系。

一、基层网点建设

白下区共有7个街道，即大光路、洪武路、五老村、瑞金路、朝天宫、月牙湖、光华路等7个街道。59个社区（行政村）。目前建有共享工程支中心1个，镇街省级示范基层服务点7个，社区基层服务点38个，2013年底前全区将实现社区基层点全覆盖。

白下区“共享工程”支中心创建于2003年，设于白下区图书馆内。主要职责是保障支中心各服务窗口正常运转；负责为全区基层服务点建设提供指导和技术支持；负责指导各基层点开展服务；负责组织基层点管理人员开展业务培训；对各基层点的日常运转情况进行监管。

支中心配备了专业机房，并创建了电子阅览室、多功能报告厅等。支中心机房面积约14平方米，配有专业服务器、UPS稳压电源、千兆交换机、专业防火墙、专用机柜等设备，并配置了静态IP地址。不仅能够支撑支中心各服务窗口的正常运转，同时还能够与全区数十家基层服务点VPN连接，通过支中心网站将资源传递到各基层服务点，在为基层点提供资源的同时也能够对基层点进行监管。支中心“电子阅览室”面积48平方米，拥有电脑终端19台，能够为居民提供信息查询、影视点播、网页浏览、信息传递等多种服务。该窗口始终免费为群众提供服务，每周开放5天。

多功能报告厅面积约50平方米，拥有近60个座位。主要用于开展资源展播、培训、讲座、会议等活动。目前该窗口每周三和周五下午都会免费开展电影、讲座等视频资源展播活动。该窗口还利用我馆有围棋培训的便利条件，在寒暑假为小朋友播放“共享工程”下发的优秀动画片。另外支中心还会不定期利用该窗口开展主题讲座及各类培训活动。

二、经费投入

2003年，白下区投入四十多万元创建了“共享工程”区支中心，街道和社区基层服务点则是按照南京市出台的创建标准进行创建，镇（街）文化站不低于5万元，社区不低于2.5万元。区支中心每年财政投入专项经费数万元用于日常运转，基层服务点目前暂无财政专项经费支撑。

三、技术支持

白下区支中心主要负责对各基层服务点的创建提供技术指导，承担基层点防火墙的安装及调试，并指导基层管理人员对相关设备的管理及应用。当基层点出现不能解决的故障时，支中心通过远程或现场指导的方式，为其解决日常出现的各种问题，确保各基层点能够正常运转。

四、合作共建

近几年，为了在白下地区深入推广“共享工程”，

我们一直在探索合作共建之路，经过努力目前已初显成效。白下区2012年建成的38个社区基层服务点全部与党员远程教育合作共建。“共享工程”与党员远程教育的资源、设备、场地等互通互用，通过合作共建使社区顺利完成了创建任务，避免重复投入，减轻了社区的经济负担，同时发挥了基层点的作用。

五、惠民服务

白下区“共享工程”支中心自创建以来，始终利用这先进的服务平台，免费为基层群众服务，我们创建的惠民小剧场，深受群众好评，曾被南京数家报纸采访报道。每年为群众免费播放的电影、动画、讲座等一百多场。观众近万人次。

六、推广宣传

一直以来，区支中心都十分重视“共享工程”的宣传推广工作，为了提高“共享工程”在群众中的认知度，让更多人认识、了解和利用“共享工程”，区支中心自创建以来就将宣传作为常抓不懈的工作来开展。通过开展广场宣传、社区放映、电视媒体报道等形式，抓住一切机会大力开展各类宣传活动，现已取得一定成效，“共享工程”在当地已被群众广泛认知。

七、培训工作

区支中心自成立以来，一直坚持进行培训工作，每年对街道和社区的相关人员进行培训，形式有集中授课和网络观看资料等，每年对普通群众、农民也进行一定的技能培训，形式有播放光盘、请专家辅导等，每年受益群众数千人。

八、管理和队伍建设

为了做好基层服务点的管理工作，支中心为各基层点制订了《基层点工作人员职责》、《基层服务点管理规定》等一系列管理制度，并要求各基层点建立健全的台帐，做好日常上网登记工作。同时，支中心每年将工作要点上报文化局，列入到区政府对各镇街的文化建设目标管理考核指标体系当中，这也有力推进了文化共享工程的建设和提高。

九、工作展望

更加积极主动开展创新服务工作，为我区共享工程工作增添新的亮点；创建更多基层服务点，构建辐射城乡的数字服务平台点；合理规划资源建设，“十二五”期间推出一批具有白下特色的数字资源；加强人才队伍建设，不断提升共享工程的服务。

（撰文/南京市白下区支中心）

南京市鼓楼区支中心

南京市鼓楼区是江苏省委、省政府机关所在地，是南京市政治、经济、文化的中心。全区面积26.62平方公里，人口70万。辖区内7个街道，64个社区。多年来，区委、区政府高度重视文化事业的发展，大力推进公共文化服务体系的建设，不断创新基层图书馆服务的模式，2002年起，南京市鼓楼区就积极参与共享工程的建设，目前建立了以区图书馆为中心，7个街道为基层服务点，覆盖36个社区的全区共享工程网络群。

南京市鼓楼区的共享工程建设已进入第10个年头，多年来，南京市鼓楼区图书馆不断根据国家文化部要求调整和改进建设模式，经过实际操作和读者群众反映，我们总结发现共享工程在经济发达城区的区县图书馆运行有困难和局限：1、共享工程的数字资源在经济发达城区受众群有限。共享工程的定位是面向全国、全社会，尤其注重西北地区及农村县城，从全国中心下发的资源及卫星接收的资源，可以看出内容偏重于农村科普教育、农作物养殖技术培训以及进城务工人员讲座等等，相比较而言，城市居民尤其经济发达城区的居民对于这类的信息关心寥寥。2、共享工程的使用群体在经济发达城区有限。南京、上海、杭州等经济发达城市网络资源丰富，文化资源丰富，市民尤以青年群众本身就具有在网络上查找资源、下载影视资料的习惯。青年读者对于共享工程的兴趣并不浓厚，他们更习惯自己利用互联网学习与提高。3、共享工程的资源更新模式不利于其发展。共享工程的数字资源更新现在主要依靠上级支中心下发以及自建资源。实际操作中，经常出现资源更新不及时、进度缓慢。

中共中央总书记胡锦涛同志在十七大的报告中指出：“在时代的高起点上推动文化内容形式、体制机制、传播手段创新，解放和发展文化生产力，是繁荣文化的必由之路。”针对共享工程实际运行中出现的问题，2008年7月，在创建全国文明城市之际，南京市鼓楼区图书馆正式向区政府提出了改变现有文化共享工程模式，重新打造适合经济发达城区的共享工程服务模式，区委区政府对此项工作表示了高度的重视，委托区科技局信息中心和区图书馆技术部共同调研、制定升级改造方案。

一、依托政务专网，创新共享工程服务模式

南京市鼓楼区图书馆按照文化部共享工程国家中心及全国文明城市创建测评体系的要求，经过认真调查与研究，在区科技局信息中心协助及省、市支级中心的指导下，确立了对南京市鼓楼区共享工程支中心与基层点的升级改造方案。该方案采用了全新的运作模式，即以区科技局信息中心专业机房为载体，区图书馆为支中心，利用政务专网覆盖全区各个街道、社区的基层点。该方案的特点是：

1、依靠成熟的技术平台，实现服务建设

近年来，南京市鼓楼区政府下属各部门、各街道和社区全部覆盖了政务专网。政务专网是党政机关的非涉密内部办公网，主要用于机关非涉密公文、信息的传递和业务流转，它与外网之间不是通过传统的防火墙来隔离，而是通过网闸，仅以数据“摆渡”方式交换信息，以便实现公共服务与内部业务流转的衔接。

多年来，南京市鼓楼区的政务专网在区科技局信息中心的管理维护下，已经成为了一个高可靠、高效率、高扩展性、高安全性的系统，其技术能力、安全性能和运行模式完全符合共享工程的网络要求。依靠政务专网成熟的技术平台，已覆盖全区的网络体系，南京市鼓楼区的共享工程建设很快搭建完成，不仅节省了重新搭建网络的成

本，而且有区科技局信息中心的管理，网络系统更安全。

2、以最小代价，实现全区数字资源建设真正意义上的共建共享

因为有政务专网的安全、高速、稳定的保障，南京市鼓楼区图书馆大胆取消了各个基层点的服务器，只保留读者用机，并全部通过政务专网连接到区支中心的服务器与存储，为街道、政府节省了成本。同时重点打造区支中心的硬件设备，购置了3台高标准配置的服务器以及8TB存储，信息中心也积极为共享工程调整了政务专网的设置和带宽，全力保证7个基层点的共享工程运行。现在区支中心在存储上更新任何资源，下属基层点可以同步直接浏览，实现全区数字资源建设真正意义上的共建共享。此外，政务专网也无形拓展了原有文化共享工程地理范围，原有共享工程范围为一个支中心（区图书馆）和七个基层点。因为政务专网的全覆盖，从理论上和技术上已经实现了全区各部门、街道和社区的全覆盖，使得全区各部门都能享受全国文化共享工程所提供的各项文化服务。该体系充分利用了全区相关单位现有的计算机、网络资源，以较小的代价实现了在全区范围内广泛共享文化信息资源的目标，使得区内各阶层市民群众在自己的家门口，就能通过计算机网络浏览文化信息资源共享库中浩瀚的资源。

3、利用专业机房，托管共享工程，保证设备完好和网络安全

共享工程要求各级支中心有符合国家标准的机房，而区县级图书馆无伦从房舍条件还是预算资金，都很难达到标准要求。南京市鼓楼区科技局信息中心建设有面积两百平方米的恒温恒湿的专业标准的现代化机房，鼓楼区图书馆在依托政务专网建设共享工程的同时，将服务器以及存储全部托管在信息中心机房，有了优良环境和专业维护能力，保证了设备完好和网络安全，对全区共享工程的运行服务是强有力的保障，同时即达到了共享工程的机房要求，也节省了图书馆的建设成本。

二、整合资源，完善信息服务功能

服务模式建设完成后，服务的推广和后续工作才是推动共享工程发展的重点。为了提高馆藏设备和资源的利用率，充分发挥数字图书馆的作用，南京市鼓楼区图书馆不断强化共享工程支中心和基层点服务工作，以数字资源建设为核心，以基层服务网点建设为重点，以多种传播方式为手段，以共建共享为基本途径，为城区居民群众提供优质的数字文化服务。

1、利用VOD点播技术，实现自建资源的共享工程推广

根据目前自建资源与共享工程网络体系的整合问题，南京市鼓楼区图书馆推出了VOD点播系统，VOD(Video On Demand)即视频点播技术的简称。视频点播是计算机技术、网络技术、多媒体技术发展的产物，是一项全新的信息服务。它摆脱了传统受时空限制的束缚，解决了一个想看什么节目就看什么，想何时看就何时看的问题。

鼓楼区图书馆将馆内自建的数字资源通过VOD点播系统整合推出，主要内容有电子图书、有声读物、动漫、电影、小品、讲座等，目前现有数字资源容量为4TB，全区居民在各基层服务点都可以在政务专网内点击VOD点播系统浏览到区支中心的丰富自建资源。

2、征求读者需求，有目的增加数字化馆藏的建设

鉴于读者反映以往共享工程资源不适合南京城区市民的情况，南京市鼓楼区图书馆积极进行读者调研，了解鼓楼区市民的需要，采用自制自行扫描纸质馆藏、网络下载、利用随书光盘、购买电子图书、报纸、期刊等各种手段，有目的、有针对性地增加数字化馆藏的数量，进一步充实馆内的电子资源，同时满足读者的需求，提高共享工程的利用率。

同时南京市鼓楼区支中心还积极和省、市级支中心联系交流，在条件成熟后区科技局信息中心将为区支中心和省、市级中心之间专门搭建网络专线建立互通，从而实现区中心直接从省、市级中心网络拷贝资源。

3、自行组织、搜集、开发特色数据库

结合鼓楼区的地域、历史和文化特点、以及鼓楼区图书馆的总分馆特色，组织专门人员对鼓楼区特色文化资源、讲座、展览等进行搜集、整理、和数字化加工，并开放共享。

三、广泛宣传，扩展服务规模

共享工程在经济发达城区的宣传推广往往不力，造成共享工程的服务发展缓慢。南京市鼓楼区图书馆在新服务模式建设完成后，将共享工程的宣传推广作为工作重点。

1、根据地域实际，明确宣传重点对象

南京市鼓楼区文化教育水平较高，网络、电脑普及率较高，青年读者在图书馆更多的时候喜欢报刊的阅读休闲和工具书的学术研究，共享工程在这部分人群中的使用率不高。平日馆内读者以中老年群众居多，这部分读者对计算机、网络都有浓烈兴趣，而双休日和寒暑假期间儿童读者也是图书馆的重点人群。于是南京市鼓楼区图书馆将这两类人群作为共享工程重点宣传对象，积极向他们介绍推荐共享工程，逐渐地越来越多的中老年和少儿读者接受并喜爱上了共享工程，中老年读者通过

共享工程收看戏曲、讲座、老电影，少儿读者通过共享工程浏览科普知识、动漫作品，同时通过他们的宣传，不少青年读者也开始了解和使用共享工程。自2008年9月区支中心改造完成以来，仅支中心平均月接待读者就达500余名，是以前的2－3倍。

2、提供入门培训资料，便利市民使用网上资源

在加大宣传的同时，完善的指导服务是推广共享工程的又一重点，尤其南京市鼓楼区图书馆将宣传重点放在中老年和少儿读者这两类计算机知识相对薄弱的群体。鼓楼区图书馆认真制作了指导读者如何使用电脑进行浏览阅读、信息查询、点播下载的指南手册，并通过印刷发送、图书馆网站发布等方式，为便利市民充分利用现有资源提供知识导航。同时在馆内开设读者培训，由技术工作人员为中老年和少儿读者讲解计算机基础知识和介绍共享工程、VOD点播系统的具体使用方法，指导他们学会使用共享工程。

3、整合基础设施和网络资源

鼓楼区政务专网在为共享工程提供服务平台的同时，也承担着党建网、市民学习网、科技网等部门的服务，区支中心充分利用这些部门的资源，与他们积极联络合作，将各部门紧密结合，各网站的终端站点同时作为共享工程的基层服务网点，充分利用社区活动中心和社区党员活动室的电脑、网络等软硬件资源，通过政务专网访问区支中心服务器和存储，不仅实现资源共享，同时做好延伸服务，为基层党员干部和人民群众播放文化信息资源，实现电子阅读、信息下载、读者检索、视频点播等各项功能，做到共享工程对各个社区的无缝覆盖。

（撰文/徐　力）

南京市下关区支中心

一、基本情况

南京市下关区支中心设立在区图书馆内。在下关区委、区政府和上级文化部门的大力支持下，于2009年9月对图书馆原有电子阅览室改造升级，配备了文化共享工程相关设施、设备，并与2010年3月顺利通过合格验收。

二、网络建设

作为共享工程区级支中心，上联市级支中心、下联街道社区基层点，负责将具有下关地方特色的文化资源加工、整合并数字化；同时指导和督促各街道社区完成基层服务点的建设任务。

1、支中心

采用现有的骨干通信网络，12M静态IP光纤接入Internet网。配备有资源加工服务器、多媒体点播服务器、资源发布服务器以及6TB大容量的IBM存储设备等硬件设备以及操作系统、数据库、WEB发布系统等软件设备。逐步建成本地区文献数字化加工中心、数据库检索中心、电子文献服务中心、视听资料服务中心等，并负责为本地区的网络用户提供数据更新服务，直接开展对外资源服务。

2、基层点

指导和督促辖区内6个街道54个社区基层服务点建设。结合下关区关心下一代工作委员会的校外教育辅导站社区电子阅览室建设计划，依托党员干部远程教育网络，利用专用网络设备与区县支中心进行VPN链接，实现资源同享、共同打造，为群众提供数字化网络服务，利用党员远程教育网络的iTV视频点播功能，开展共享工程视频资源播放服务。截止2012年12月底，下关区共有47个社区建成合格的共享工程基层服务点，覆盖率达87%，2013年将实现100%覆盖。

三、资源建设

一是建立图书馆网站，开通网络资源检索，提供网上资源服务。为购置商业数据资源库，地区文化资源共享工程建设奠定基础。

二是整合共建资源。根据读者需求，整合国家中心、省分中心下发的电影、专题讲座、科技等信息外，结合其他部门共建资源、网上信息等多种渠道，建设包括法律法规、音乐美术、戏曲舞蹈、电视电影、科普百科、生活礼仪、卫生保健及电子书刊等优秀文化信息资源。

三是立足下关地区文化特色，收集地域特色的地方文献，为下关地区地方文献数据库建设提供必要信息资源。拟建包括静海寺与南京条约、妈祖文化节下关文物、下关明文化、民国文化等资源库，内容包括图片、视频、文学等的数据资源、素材资料。

四、社会服务

共享工程建成后，利用支中心及基层服务点组成的网络开展社会服务，主要包括：

免费接待读者查阅资料、上网浏览信息、欣赏电影、音乐；开展了网页设计竞赛、计算机知识比赛、网络资源与信息搜索大赛等；定期举办视频讲座、电影欣赏、摄影爱好讲析活动；刻录、赠送信息光盘近千张，为社区、军人、学生、企业、机关和领导服务；为未成年人举办6次计算机知识培训；为街道、社区基层服务点培训辅导5次，三年来，共接待超过5万人前来上网、查阅资料、参加各种活动，赢得了市民的赞誉。

五、队伍建设

本支中心拥有一支高素质、专业化的员工队伍。现有5名正式职工中，100%以上受过图书馆学、信息学等专业教育并具有大专以上学历，其中中级职称以上4名。

六、获得奖项

2009年获江苏省文化信息共享工程实用技术操作技能竞赛个人一等奖；

2010年被下关区委、区政府授予“2008-2009年度文明单位”；2010年被下关区委、区政府授予“2009年度下关区双拥共建工作先进单位”；2010年获南京市文化广电新闻出版局颁发的“2009年度南京市公共图书馆‘服务读者、促进发展’系列活动组织奖；2010年获南京市文化广电新闻出版局颁发的“南京市公共图书馆‘走近读者、创新服务’系列活动优秀组织奖；

2011年获南京市文化广电新闻出版局颁发的“南京市读书系列活动优秀组织奖”；2011年获南京市文化广电新闻出版局颁发的“南京市共享工程基层点服务人员竞赛优秀组织奖”；

2012年获文化信息资源共享工程江苏省级分中心颁发的“全国‘公共电子阅览室建设计划’知识竞赛组织奖”；2012年获南京市文化广电新闻出版局颁发的“共享工程基层服务点管理人员培训竞赛活动组织奖”；2012年获南京市文化广电新闻出版局颁发的“系列活动先进单位优秀组织奖”。

六、工作展望

共享工程支中心的建立，使下关区图书馆拥有了现代化的设备，建立了新的文化信息服务平台，为读者提供了更全面的服务。随着白云亭文化艺术中心的建设，下关区图书馆新馆将结合共享工程，大力推进电子阅览室建设和数字图书馆的建设，把最新的资源和信息提供给读者，让市民充分享受“文化惠民工程”所带来的成果。

（撰文/南京市下关区支中心）

南京市浦口区支中心

浦口区地处南京市西北部，扬子江北岸，与南京市雨花台区、江宁区隔江相望，总面积913平方公里，全区辖8个街道办事处、1个镇，即江浦街道、桥林街道、汤泉街道、盘城街道、沿江街道、泰山街道、顶山街道、星甸街道和永宁镇。浦口区“全国文化信息资源共享工程”（以下简称“共享工程”）工作正式启步于2008年，经过近5年的发展，目前基层服务点遍布全区，已形成了一定规模的服务体系。

一、浦口区支中心与基层点建设情况

浦口区共有9个镇（街），112个社区（行政村）。目前建有共享工程支中心1个，镇街省级示范基层服务点6个，社区基层服务点89个，2013年将实现社区基层点全覆盖。

1、浦口区支中心概况

浦口“共享工程”支中心创建于2008年，设于浦口区图书馆内。主要职责是保障支中心各服务窗口正常运转；负责为全区基层服务点建设提供指导和技术支持；负责指导各基层点开展服务；负责组织基层点管理人员开展业务培训；对各基层点的日常运转情况进行监管。

支中心配备了专业机房，并创建了电子阅览室、多功能报告厅、特色书画阅览室三个服务阵地。

支中心机房面积约15平方米，配有专业服务器、UPS稳压电源、千兆交换机、专业防火墙、专用机柜等设备，并配置了静态IP地址。不仅能够支撑支中心各服务窗口的正常运转，同时还能够与全区基层服务点VPN连接，通过支中心网站将资源传递到各基层服务点，在为基层点提供资源的同时也能够对基层点进行监管。

支中心“电子阅览室”面积近50平方米，拥有电脑终端20台，能够为居民提供信息查询、影视点播、网页浏览、信息传递等多种服务。目前该窗口免费为群众提供服务，每周开放6天。

多功能报告厅面积约80平方米，拥有近百个座位。主要用于开展资源展播、培训、讲座、会议等活动。目前该窗口每周六下午和节假日、纪念日都会免费开展电影、讲座等视频资源展播活动。另外支中心还会不定期利用该窗口开展主题讲座及各类培训活动。

多功能书画特色阅览室面职约100平方米，收藏了书画、艺术类书籍千余册，并配有书画写作岸子、电脑查询终端8台及书画展览区域。该室主要为读者提供书画、艺术类书籍查询服务，为书画爱好者提供笔会活动及小型展览场所，并收集当地书画名家作品，制作成数字资源，加工保存在浦口区图书馆网站供读者赏析。

2、基层点概况

浦口区于2008年开始在各镇（街）文化站创建基层服务点，按照当时创建标准，各基层点配置了服务器、电脑终端、移动硬盘、投影仪等设备。经过几年的发展，现在的镇（街）文化站基层服务点已将电子阅览室的电脑终端提升到10台以上，并增添了新的设备，目前均达到省级示范基层点的要求。

根据2012年江苏省文化工作发展规划，当年必须完成50%社区（行政村）基层点创建任务。浦口区当年完成90个基层点的创建，创建率达80%，超额完成了创建任务，提前为实现基层点社区全覆盖夯实了基础。

二、经费投入

2008年，浦口区投入120万元创建了“共享工程”区支中心，街道和社区基层服务点则是按照南京市出台的创建标准进行创建，镇（街）文化站不低于5万元，社区不低于2.5万元。区支中心每年财政投入专项经费10万元用于日常运转，基层服务点运转目前暂无财政专项经费支撑。

三、资源建设

浦口区支中心自创建之初便对本区的资源建设做好了规划。浦口被益为“书画之乡”，拥有如林散之、萧娴、高二适、胡小石等大批当代书画大师及书画艺术爱好者。因此支中心创建时专门设立了“书画特色阅览室”这个服务阵地，一方面用来为书画爱好者提供学习、活动的场所，另一方面也是为了收集精品书画资源，为今后资源建设做好准备。目前支中心已将部分书画资源加工成数字资源上传到浦口区图书馆网站，在浦口区图书馆网站里就可以查阅到书画大师的作品及个人信息。目前为止，自建的数字资源已近1T。

四、技术支持

浦口区支中心主要负责对各基层服务点的创建提供技术指导，承担基层点防火墙的安装及调试，并指导基层管理人员对相关设备的管理及应用。当基层点出现不能解决的故障时，支中心通过远程或现场指导的方式，为其解决日常出现的各种问题，确保各基层点能够正常运转。

五、合作共建

近几年，为了在浦口地区深入推广“共享工程”，我们一直在探索合作共建之路，经过努力目前已初显成效。浦口区2012年建成的社区基层服务点90%以上是与党员远程教育合作共建。“共享工程”与党员远程教育的资源、设备、场地等互通互用，通过合作共建使社区顺利完成了创建任务，避免二资投入，减轻了社区的负担，同时发挥了基层点的作用。

另外，浦口支中心还走出去，与当地的民营企业、社会团体横向联系，在有条件，有需要的民营企业建立基层服务点。目前已在浦口区民营企业“龙泉山庄”内设立了“龙泉基层服务点”试点，能够直接为当地的村民和游客提供服务。如果试点运行取得成效，我们将在全区范围内加强与民营企业的合作，进一步将“共享工程”资源送到基层群众身边。

六、惠民服务

浦口区自创建“共享工程”支中心和基层点以来，就有效利用这一新的服务平台，以先进的技术传输手段和优秀的数字文化资源为优势，不断开展各类惠民服务。一是开展技能培训。每年利用“共享工程”资源库中的视频资源为当地群众及驻地官兵开展技能培训，截止目前已开展各类技能培训120余期，参加培训达1万余人。二是提供农业信息服务。将农业信息整理成光盘发放到农民及养殖户手中，帮助农户开展特色种养殖，不断提升农民的经济收入。三是经常开展各类主题讲座活动，向群众传播先进文化知识，提升全民整体素质。

通过各种惠民服务的开展，“共享工程”在当地已被广泛认知，并深受基层群众欢迎。

七、推广宣传

一直以来，区支中心都十分重视“共享工程”的宣传推广工作，为了提高“共享工程”在群众中的认知度，让更多人认识、了解和利用“共享工程”，区支中心自创建以来就将宣传作为作为每年的重点工作来开展。通过开展广场宣传、社区放映、电视媒体报道等形式，抓住一切机会大力开展各类宣传活动，现已取得一定成效，“共享工程”在当地已被群众广泛认知。

八、培训工作

浦口区支中心的培训工作主要分为业务培训和社会培训两部分。业务培训主要针对全区基层服务点管理人员，每年区支中心都会以集中培训、网络观看、现场辅导等形式，组织基层点管理人员开展业务业务培训6次以上。截止目前，支中心已组织各类业务培训40余次，参加培训人员达2000余人。

社会培训主要是针对社会人员，自2008年至今，浦口支中心就开始与浦口区劳动局联合利用“共享工程”资源和设备为浦口地区的下岗失业职工、失地农民、低保护以及驻地官兵等开展计算机应用、家政管理、保安员、物业管理员等各类技能培训。目前参加过培训的学员已近1万人，培训工作在本区受到当地群众的广泛认可。

九、管理和队伍建设

为了做好基层服务点的管理工作，支中心为各基层点制订了《基层点工作人员职责》、《基层服务点管理规定》等一系列管理制度，并要求各基层点建立健全的台帐，做好日常上网登记工作。同时，支中心每年将工作要点上报文广局，列入到区政府对各镇街的文化建设目标管理考核指标体系当中，这也有力推进了文化共享工程的建设和提高。

专业的人才队伍是保障共享工程建设质量和服务质量的重要因素。随着基层服务点的不断增多，我区的管理人员队伍也在不断壮大。为了提高管理人员的技术水平，区支中心以集中培训、网络培训、现场辅导等多种形式，每年对全区各基层服务点管理人员开展业务培训，现在全区的基层服务点管理人员均掌握了扎实的业务技能，能够确保基层点各项工作的顺利开展。

十、工作展望

1、更加积极主动开展创新服务工作，为该区共享工程工作增添新的亮点。2、创建更多基层服务点，构建辐射城乡的数字服务平台点。3、合理规划资源建设，“十二五”期间推出一批具有浦口特色的数字资源。4、加强人才队伍建设，不断提升共享工程的服务水平。

（撰文/南京市浦口区支中心）

南京市六合区第一支中心

六合区是江苏省会南京市北大门，全区面积1485.5平方公里，人口88.43万人。全区有耕地6.27万公顷，水域面积3.19万公顷。2002年4月，经国务院批准，六合县与大厂区合并成立南京市六合区。全区辖10个街道、2个镇。原六合地区文化资源共享工程在六合区第一图书馆，在省市图书馆支持和部署下，逐步推进，稳步发展，在新形势下为繁荣农村基层文化，满足农民多层次文化需求，传递中国民族优秀文化资源发挥了重要作用。

一、基本情况

六合地区文化资源共享工程始建于2002年，此后全区14个街镇文体中心陆续安装完成，其中金牛湖街道通过卫星设备直接接收国家中心下发的各类资源和信息。2012年六合地区文化资源共享工程开始普及进入社区、村，第一批35个行政村与41个社区基层点安装调试完毕。至此六合地区实现全区共享工程村村全覆盖。

共享工程六合地区支中心设在六合区第一图书馆内，是原六合地区共享工程的建设和业务指导单位，负责保障原六合地区共享工程设备的运行，协调镇村级共享工程设备的维修，指导镇村级共享工程活动的开展以及开展全区共享工程管理员的业务培训和指导。

二、管理和队伍建设

为使共享项工程真正为民所用为民谋利，六合地区支中心将共享工程日常管理纳入制度化管理。制定支中心、镇、村基层服务点工作职责和制度，实行制度上墙公开。每年有年度工作计划，月度有工作要点，季度有工作督导，年末有工作总结考核，并推行管理员工作日志管理，收集整理共享工程服务活动的得失，探索共享工程管理和服务新模式。

文化资源共享工程作为一个新的农村文化资源获取平台，如何推广好、利用好共享工程丰富的文化资源关键在于是否有一支专业化的共享工程管理员队伍。六合地区共享工程支中心在管理员队伍建设上坚持明确职责，明确思路，制度化管理，常态化培育。对于乡镇、村两级基层共享工程管理上择优选取文化层次较高，有一定社会基层管理服务实践经验的大学生村官为管理员，

开展名家讲座进社区活动

他们工作热情高，有较高的文化水平能尽快熟悉掌握共享工程设备为所在村民服务。

三、培训工作

六合地区支中心在共享工程管理员的培养上实现了制度化和常态化。根据支中心工作要求，每年对辖区共享工程管理员进行2期的集中培训，2003年以来一共举办各类培训班28期，参加轮训的各级管理员达1200人次，此外，还积极参加省市中心历年举办的“文化共享杯”知识竞赛活动。

四、经费投入

2002年以来，因经费投入不足，设备的运行状态已日渐陈旧最后导致无法运转。2012年底，在区财政的投入下投资30万元采购文化共享工程一期设备。

五、资源建设

因设备原因，六合地区支中心的资源以省市中心赠送为主，在历年的工作中，为满足区内广大老百姓文化需求，每年制作发放各类光盘200多张，各类海报，招贴画10副，发放宣传资料1000余份。

六、合作共建

根据省委组织部、省文化厅、省财政厅关于加强全省农村党员干部现代远程教育与文化信息资源共享工程资源整合工作的通知精神，结合实际，六合区街镇、村、社区基层点将农村党员干部现代远程教育与文化共享工程资源进行整合，实现资源共建共享。通过多方不懈努力，共享工程已逐步走入基层村民生活，成为村民获取新知，娱乐身心的新渠道新平台。

七、利民惠众，惠农服务

多年来，六合地区支中心在共享工程服务实践过程中，以民众需求为导向，积极探索，服务民众生活生产，引领群众高尚精神文化生活，打造群在满意喜爱的文化服务新平台。本馆利用省市中心传送的信息，刻录了农业科技知识光盘200多张，将科学知识传播给广大群众。

八、宣传推广

1、六合地区支中心利用各种渠道宣传推广共享工程。适逢每年图书馆服务宣传周、送文化下乡、各种读书活动中，六合地区支中心不失时机，以活动为平台，以资料为媒介宣传共享工程，让民众不断了解共享工程，走进共享工程。

2、文化共享工程进社区、进农村。六合地区支中心在文化服务中不断探索，充分发挥信息资源共享及共驻共建功能，六合地区支中心经常与社区共同举办了“名人讲座进社区”活动。如根据居民需求，精心筛选了《如何防治脑血栓》、《冬季防治老寒腿》、《老年人意外扭伤怎么办》等视频讲座节目。同时还举行六合人文故事、消防安全知识、全国科学家故事等讲座。为了让基层群众能够便捷地享受文化共享工程服务，农闲期间，各基层服务点还经常下村播放《大豆优质高产栽培技术》、《不花钱的猪饲料》、《秸秆代粮养畜禽》、《食用菌栽培基本技术》等科学种植、养殖方面的视频资源，受到了农民们的热烈欢迎。

3、开展送书下基层服务活动

六合区第一图书馆设有图书流通点15个，农家书屋136家，履盖六合地区9个街镇镇。图书流通点由图书馆

统一负责，每季度更换一批图书。配送的图书有法律、经济、历史、农业等类别。图书的内容既有趣味性、知识性和消遣性，又要贴近农村群众的生产和生活，有针对性和实用性。如在竹镇镇，配送桃树种植及加工的图书；在金牛湖街道，配送食用菌栽培、蔬菜种植及病虫害防治等方面的图书；在瓜埠街道，配送旅游知识、服务业培训等方面的图书等；2011年，去雄州街道泰山社区开展“以书为媒牵手新南京人捐书活动”。

4、开展系列专题活动。六合地区支中心在服务中抓住文化的热点和亮点，积极组织群众喜闻乐见的文化服务，使共享工程走进群众生活。如：每年开展春节有奖猜谜活动、“4.23世界读书日”活动、“爱心助残”进特校、文化共享工程宣传、寒暑假及国庆读书系列活动等。此外还举办如迎接建党90周年、“社会生活百科知识”、江苏十年优秀摄影等图片展，还邀请一批知名人士来六合部分社区开展名人讲座进社区活动，共享文化盛宴。

九、工作展望

六合地区支中心文化共享工程已走过10个年头，从昨天的几个点到今天的9个街镇、77个行政村、社区全覆盖，文化共享工程已经成为六合人民文化生活的一大支柱，成为繁荣六合文化，丰富六合人民精神生活，推动六合人文科技进步的强大动力源泉。今后六合地区支中心将在省市中心大力支持下，为建设一支专业化的服务队伍，建立一个省、市、区、街镇、社区、村四级知识网络联动的服务体制和服务形式更加多样，服务网点更加宽广，参与群众更加广泛的共享工程文化带动体系，为建设文化六合做出贡献。

（撰文/南京市六合区第一支中心）

南京市六合区第二支中心

六合区是江苏省会南京市北大门，全区面积1485.5平方公里，人口88.43万人。拥有46公里长江“黄金水道”，属长江下游“金三角”经济区，是“天赐国宝，中华一绝”雨花石的故乡，中国民歌《茉莉花》的发源地。六合区行政区划共有10个街道，2个镇，共有303个行政村。六合区文化资源共享工程在六合区文广局领导下，在金陵图书馆支持下，逐步推进，稳步发展，在新形势下为繁荣基层文化，满足广大群众多层次文化需求，传递中华民族优秀文化资源发挥了重要作用。

一、基本情况

共享工程六合支中心设在六合区第二图书馆，是六合区共享工程的建设和业务指导单位，负责保障区中心共享工程设备的运行，协调镇村级共享工程设备的维修，指导镇村级共享工程活动的开展以及开展全区共享工程管理员的业务培训和指导。六合区文化资源共享工程建设开始于2005年。2005年，六合区第二图书馆建成为文化共享工程基层点，此后陆续在全区各街镇文化中心开始安装。2008年，六合区第二图书馆在上级部门的大力支持下，投入经费65万，完成设备的升级改造，成为文化信息资源共享工程六合区支中心。同年，街镇文体中心也全部建成为共享工程基层点。2012年，全区有102个村（社区）建成为基层点，计划2013年实现156个村（社区）全覆盖。

盲人看电影

二、管理和队伍建设

为使共享工程为民服务到实处，六合区支中心将共享工程日常管理纳入制度化管理。制定支中心、镇、村基层服务点工作职责和制度，实行制度上墙。每年有年度工作计划，年末有工作总结考核，对开展服务情况有详细的台账和活动记录。

实施文化信息资源共享工程，人才是核心，没有专业人才队伍，再先进的设备资源也根本发挥不了作用。支中心积极组织本馆和各基层点相关人员参加上级业务部门举办的培训和竞赛，同时支中心也定期对基层点工作人员进行相关知识和技能培训，提升他们的专业素养，提高他们的服务水平，为更好地服务群众打下了良好的基础。

三、开展服务情况

1、发挥优势，强化阵地服务

支中心和各基层点坚持依托文化共享工程平台，利用自身阵地，积极组织开展丰富多彩的活动，为群众服务。利用共享工程多媒体设施，定期免费播放电影和各种视频资源，定期举办各类讲座、培训，支中心每年播放电影50余场，举办讲座10余场，每个基层点每年也组织播放各种视频资源20场以上；加大对未成年人的服务力度，加强对未成年人上网的管理，引导未成年人文明上网、绿色上网；支中心还启动了南京市首家“少儿真人图书馆”，并定期举办双语亲子绘本故事会，这些全新的阅读模式让阅读变得更有意义，深受广大家长和孩子们的欢迎；强化对残障人员的服务，支中心开设有专门的视障人阅览室、视障人电子阅览室，在助残日期间，支中心还联合区残联开展“电影新视界、关爱满人间”盲人“看”电影活动。

2、增强活力，延伸服务领域

在实施共享工程建设的过程中，支中心和各基层点不断拓展服务内涵和方式，充分利用这一全新的工作载体，积极走出去，使更多的群众得到实惠。认真搜集实用的政策法规、农业科技、防疫保健、科普知识等信息资源，将它们刻录成光盘或编印成册，免费发放给群众；加强与学校的联系，积极开展“送图书、送讲座进校园”活动，将先进文化传播进校园；支中心还在街镇、社区设立分馆，开展市、区、街道、社区四级通借通还服务，使群众享受图书馆的服务更为直接和便利；各基层点纷纷走进乡村、社区，开展各类视频展播活动，给基层群众送上文化大餐，开创了文化服务工作的新局面。

四、工作展望

六合区文化资源共享工程已走过8个年头，越来越多的群众享受到共享工程带来的实惠。“路漫漫其修远兮，吾将上下而求索”。我们将攻坚困难，继续努力，使文化资源共享工程能为读者提供全面高效的服务，让文化信息资源共享工程在推进六合文化事业的建设中发挥出更为重要的积极作用!

（撰文/南京市六合区第二支中心）

南京市雨花台区支中心

雨花台区地处南京主城西南，长江之滨，雨花台畔。雨花台区名源于雨花台。全区面积134.6平方公里，而地域在别区的面积16.36平方公里。总人口33万人，城市化率达87%。下辖宁南、板桥、西善桥、铁心桥、赛虹桥、雨花新村、梅山7个街道以及雨花经济技术开发区、板桥新城管委会和雨花软件园管委会，现已建成基层点43家，今年拟建基层点11家。

一、培训工作

根据支中心工作要求，对新建基层点现场指导，已建成基层点定期培训，今年共现场培训41场，定期培训43场参加轮训的各级管理员达84人次。不断加强自身业务学习，2012年参加“百题知识竞答”获得二等奖1名。

二、经费投入

自2008年建成以来，每年按需投入经费运维，今年购置磁盘整列1套、共享工程专用服务器1台、共享工程专用工作站6台以及硬件防火墙1台，总计16万元。

三、资源建设

我支中心编辑制作各类题材资源4TB，其中包括自建资源、合作共建资源以及向国家管理中上缴任务。

四.合作共建

以共享工程网络为平台结合本地区文化特色。将合作有特色的先进文化资源与共享工程服务点结合，根据不同街道、村的硬件条件建立形式多样的电子阅览室和多媒体中心。

与区电台合作共享的《娇点美食》《法制雨花》《新闻大篷车》等栏目和我区西善桥文化站提供的《西善民歌》系类都整合进共享工程网络平台并对各基层点发布。与我区星光小学和坦克营建立长期文化共建，根据需求定期配送文化资源。

五、管理和队伍建设

为使共享工程真正发挥作用，我支中心将共享工程日常管理纳入制度化管理。制定支中心、街道、村基层服务点工作职责和制度，实行制度上墙公开。每年有年度工作计划，月度有工作要点，做到工作有督导，工作有重点，让共享工程发挥应有作用。

我区共享工程支中心在管理员队伍建设上坚持明确职责，明确思路，制度化管理，常态化培育。对于乡镇、村两级基层共享工程管理上择优选取文化层次较高，有一定社会基层管理服务实践经验的大学生村官为管理员，他们工作热情高，有较高的文化水平能尽快熟悉掌握共享工程设备为所在村民服务。

六、宣传推广

我支中心利用各种渠道以不同形式宣传推广共享工程。为农民和务工人员举办知识竞答，为在校学生创建展示平台，举办演讲和各种比赛。

（撰文/南京市雨花台区支中心）

南京市江宁区支中心

江宁地处江苏省南京市近郊，从东西南三面环抱南京主城，区域总面积1558平方公里，辖10个街道，常驻人口114.6万。江宁是南京经济实力最强的区，全年实现地区生产总值759亿元，人均GDP超过10000美元，地方财政收入216亿元，财政一般预算收入115亿元，连续三年位居全省前五强。

江宁在经济快速发展的同时，更加注重文化事业繁荣发展、人民群众文化生活的需要，不断建立健全公共文化设施网络和公共文化服务体系。

一、基本情况

江宁区文化资源共享工程建设开始于2003年，最初在区图书馆建成电子阅览室，2007年新增1台服务器、一套UPS、20台电脑、一套卫星锅，专职场地及工作人员，初步建成共享工程支中心。通过卫星设备直接接收国家中心下发的各类资源和信息。同年，在东山等6个街道文化服务中心安装了卫星锅等设备。2008年，投入60万专项资金对支中心进行了提档升级，电脑增致33台，2台服务器，2套UPS，接受模式也从卫星锅改成了VPN，并购

上门辅导基层服务点

置了一批电子光盘。10个街道和区文化馆同步建成基层服务点。2011年财政再次投入100万专项资金完成了支中心网站及数字资源建设，先后开通了"江宁区图书馆网站"、"江宁共享工程支中心网站"平台，目前，支中心拥有8台服务器、总容量为96GB，存储裸容量为28TB，有35台电脑、9个数据库，提供数字资源约6TB。2011年江宁区文化资源共享工程进入村社区，在章村、青龙2个村试点安装，此后陆续在全区199个村社区文化活动中心开始安装，2012年底199个村社区安装调试完毕，实现全覆盖。

共享工程江宁支中心设在江宁区图书馆，是江宁区共享工程的建设和业务指导单位，负责保障区中心共享工程设备的运行，协调街道、村社区共享工程设备的维修，指导基层服务点活动的开展以及开展全区共享工程管理员的业务培训和指导。

二、管理情况

为使共享项工程真正为民所用为民谋利，江宁支中心将共享工程日常管理纳入制度化管理，一是明确分工。"共享工程"建设工作由区文化局分管局长牵头，业务科室负责协调监督，区图书馆负责业务指导，镇街文化服务中心全力保障，村委会自主管理。二是统一标准。共享工程按照"三有"标准管理，即：有人负责，规定基层服务点的管理员，必须由村里有一定文化程度的人负责，专职兼职均可；有章可循，制定统一的工作职责，实行制度上墙；有据可查，建立了三大登记制度，即：设备登记制度、上网登记制度、网络维护制度。支中心安排了专业网络公司为村社区基层点提供设备维护维修服务，大大方便的基层服务点，特别是偏远地区。三是加强指导。区图书馆组织专业人员，对街道、村社区基层点进行技术指导，针对基层点管理人员管理知识的情况，通过参加讲座、培训等方式传授管理知识和技能，提高管理人员的业务素质，大大提高了管理员的为民服务水平。四是严格考核。由区文广局业务科室对基层服务点"建、管、用"情况进行跟踪督查，建立档案，发现问题，及时通知整改或撤换，并把这一工作纳入年度街道文化工作考核。

三、活动情况

能否充分利用"共享工程"引导农民掌握知识，开展各种健康有益的文化活动，是发挥共享工程作用的关键。

1、请进来、走出去。支中心利用春节、世界读书日、儿童节等节日，开展了猜灯谜、影视剧鉴赏、小记者参观支中心、走进校园小人书展、图书展、图书捐赠等系列活动，并在市民广场、居民小区以展板、发放宣传单等形式宣传共享工程，让民众不断了解共享工程，走进共享工程。

2、进军营、共创建。通过送红色书籍进军营、在驻区部队活动建流通图书室，与部队官兵包粽子话端午等系列活动，拓展了支中心服务渠道，丰富了军营文化生活。

3、抓契机、搞服务。江宁支中心注重抓契机，以每年送文化下乡活动，科普宣传周、以及广场文化活动"江宁之春"，"江宁和谐大舞台"等传统活动为平台，积极组织群众喜闻乐见的文化服务，使共享工程走进群众生活。例如在每年举办的江宁之春群众文化节，开展以新农村、新面貌为主题读书演讲活动和农民读书征文活动，还邀请鞠萍姐姐等文化名人做精彩的讲座，深受广大青少年的喜爱。同时按照江苏省、南京市中心的部署在全区中小学校开展了电脑小报制作大赛等活动。通动村（社区）—街道—区三级的层层推进的形式，广泛发动基层农民群众参与共享工程活动。

四、资源整合

江宁支中心积极整合资源，将共享工程建设与农家书屋建设工程、农村2131电影放映工程，以及村文化活动室的创建相结合，根据地域特点建立形式多样的电子阅览室和多功能活动室。把共享工程与人口学校、党员远程教育室、科普培训室等结合起来，提高利用率和综合效能。以禄口街道彭福为例，自共享工程基层点建设以来，已组织科普培训、电脑知识讲座50余场次，近2000名村民在这里听取科技讲座，学习使用电脑，上网查阅资料，极大拓宽了农民的信息渠道，促进了农民致富增收。通过多方不懈努力，共享工程已逐步走入基层村民生活，成为村民获取新知，娱乐身心的新渠道新平台。

共享工程作为一项文化创新工程，实施以来所发挥的作用十分显著，无论是促进社会主义和谐社会的构建，还是在促进社会主义新农村建设上，都彰显出了它作为文化创新工程的独特魅力。文化信息共享服务是现代政府公共服务的重要组成部分，加快共享工程建设是构建公共文化服务体系的一个重要抓手。江宁区支中心将针对当前地区文化事业的实际情况和科技发展的水平，继续整合现有的文化资源，在共享工程服务实践过程中，以民众的需求为导向，服务民众生活生产，引领群众高尚精神文化生活，打造群众满意喜爱的文化服务新平台。

（撰文/南京市江宁区支中心）

组织人员参加竞赛

徐州市铜山区支中心

铜山区位于江苏省的西北部，环抱徐州市区，江苏省“三大都市圈”之一，徐州市都市圈核心，地处苏、鲁、豫、皖四省交界，素有“五省通衢”之称。总面积1856.6平方公里，辖20个镇、一个农场、1个国家级经济开发区，总人口122.11万。2010年国务院批复徐州部分行政区域调整，撤销原徐州市铜山县，设立徐州市铜山区。将原九里区的利国、垞城、张集、义安、张双楼、电厂三河尖、拾屯8个街道划归铜山区。铜山区现辖8个街道，20个镇，1个国营农场及1个国家级高新区。

一、基本情况

2002年铜山县图书馆是江苏省第一批全国共享工程建设的试点单位，当年我们采购了10台计算机，1台服务器建立了全国文化资源共享工程铜山县基层点，并开通了铜山县图书馆网站，同时对外开放。2005年铜山县图书馆从同昌街搬到现在的馆址图书馆又采购了30台计算机和1台服务器，建立铜山县图书馆电子阅览室，文化资源共享铜山县基层点也升级为铜山县支中心。2009年是全国县级图书馆文化资源共享工程支中心建设全面达标的一年，图书馆先期投入4万元对机房又进行了改造，新购置了机柜、UPS电源，后又在省厅的帮助下投资了近40万元，升级了服务器、扩大了硬盘的存储容量、新添了网络设备，增加了电子资源数据内容、完善机房各种制度。整个文化资源共享工程铜山县支中心建设共投入经费50万元，圆满的完成了全国文化资源共享工程铜山县支中心建设，通过了省文化厅的验收。2009年完善铜山县图书馆网站（www.tsxtsg.com）的同时，又开通了全国文化资源共享铜山县支中心网站，开辟了本馆概况、读者指南、展览讲座、镇村图讯、读者园地、科普天地、铜山文化、科普技术、影视天地等十几个栏目，随时发送各种信息。电子阅览室也进行了升级改造，将原来的ADSL宽带改为光纤，提高了信息查阅的速度。为了使学生学习方便，在桌面上建立了20几个适应中小学生学习各种资料网站，让同学们一目了然、一点就到。同时在桌面上建立了全国10多个科普信息、实用技术网站的快捷方式，方便农村读者查询阅读。电子阅览室还是铜山县科普信息中心、铜山县政府政务信息查阅点、徐州市高等师范学校学生实习基地。2011年又对电子阅览室进行了更新改造，淘汰了35台老旧计算机，重新采购了48台计算机，建立了全新的电子阅览室，受到了广大读者的欢迎。铜山县图书馆网站改名为徐州市铜山区图书馆网站。

在做好铜山县支中心建设的同时，注意加强全国文化共享工程基层点的建设。2005年政府投资125.6万元，在全县314个行政村建立了党员远程教育点，2009年政府又投入经费46万元，按照江苏省全国文化共享工程的标准要求，统一采购了设备，配发到21个乡镇级文体站，实现了乡镇级文化共享工程基层点的全覆盖。铜山县支中心到各乡镇文体站基层点的网络结构，全部实现光纤入户数字专网的拓扑结构，铜山县支中心现已达到100M带宽。2010年徐州行政区划，将铜山县区划为铜山区，将原来九里区的8个办事处交给铜山区管理，根据省文化共享工程办公室的要求，2011年区政府拨款近50万元，完成了拾屯等4个办事处8个社区的基层点建设任务。剩下的4个办事处9个社区的基层点建设也将在近期完成。到2012年底前用文化资源共享工程建设的经费达354.6万元，完成了铜山区支中心和46个基层点的建设任务。

二、管理和队伍建设

铜山区支中心设在铜山区图书馆，与图书馆信息管理平台共享共用，区文化资源共享工程办公室领导由局领导兼任，图书馆负责支中心和基层点的建设和维护工作。各基层点均设在各乡镇文体站内，具体工作由各文体站长负责。铜山区支中心有2名专职人员，各基层点有1名专职或兼职人员，全区有专兼职人员48名。

三、培训工作

全国文化信息资源共享工程是一项全国性的惠民利民工程，10多年来颇受群众的喜爱和欢迎，为更好的传达党和国家的方针政策，促进地方经济的发展，活跃群众的文化生活，铜山支中心除了管好利用好各种信息资源外，注意加强文化信息资源专业人员的培训工作，并列入每年图书馆的工作计划。根据省中心的要求，结合本区的情况，采取集中培训，分片指导，个别服务等方法，常年开着培训辅导工作，不断提高管理人员的业务技术水平。每年保证1次集中培训，3次片的培训，个别服务不少于50次。

四、资源建设

文化信息资源建设是文化信息资源共享工程工作中一项既重要又长期的一项工作，铜山区支中心除了整理上级中心的资源为我用外，搜集本地区有特色的民俗、风情、等地方文献资料，特别是和文化馆联合搜集整理的非物质文化遗产资料资源，建立本区的信息资源库。每年还购买一定数量的适合本地区的文献资料，来弥补资源的不足，如购买了全国100个爱国主义教育基地的影像资料光盘，中央七套的农村种植、养殖的资料等光盘，丰富资源库的内容。每年要求新增地方文献资源资料在0.5T以上。

五、惠民服务

铜山区支中心一直把服务于民、方便于百姓的工作作为重点来抓，充分利用支中心网络平台，整合图书馆的各种文献资源，开展各种惠民利民优质服务活动。利用各大节日开展影视展播，各大纪念日开展各种图片展览，根据农时开展送科普实用技术下乡活动。如学生放假期间为同学们放映爱国主义教育和传统教育影片，春节期间开展迎春有奖猜谜活动，利用图书馆宣传周和全民读书月开展各种读书活动，常年开展送科普资料，实用技术等下乡活动，免费为群众举办各种培训班。支中心每年教育影片展播不少于20场次，各种图片展不少于5次，各种读者活动不少于4次，为群众培训不少于5次，送科普技术致富资料不少于2000份。各基层点充分发挥各自的优势开展相应的惠民活动。

六、工作展望

铜山区图书馆2002年被江苏省文化厅列为首批文化资源共享工程建设试点单位至今，全区文化资源共享工程建设工作，按照全国和省共享工程中心的要求，区领导的重视和关心，共投资经费354.6万元，完成了1个支中心，46个基层点314个村级党员远程教育点的建设任务，整个铜山区已形成了区有支中心，乡镇、街道、社区有基层点、村有党员远程教育点的四级的文化网络的局面，铜山区图书馆也晋升为国家一级图书馆，江苏省文明图书馆。

铜山区支中心将联合铜山区图书馆坚持以邓小平理论和“三个代表”重要思想为指导，深入落实科学发展观，开拓创新，以数字文化惠民工程为抓手，以现代信息技术为支撑，以资源建设为重点，以新媒体的服务为目标，以数字化平台、数字化资源、数字化服务为内容构建内容丰富、技术先进、覆盖城乡、传播快捷的公共数字文化服务体系，为广大群众提供更加丰富便捷的数字化文化服务。

（撰文/徐州市铜山区支中心）

新沂市支中心

新沂市位于江苏省北部、苏鲁两省交界处，东靠沭阳、东海，南隔新沂河、骆马湖与宿迁相望，西邻邳州，北接山东郯城，全市总面积1616平方公里，下辖16个镇，总人口103.2万。近年来，我市积极实施“文化强市”策略，加大文化资金扶持力度，全市文化事业和文化产业得到平稳、较快发展，文化软实力进一步增强。新沂市文化资源共享工程作为公益性服务工程，在省、市领导部门的大力支持下，逐步推进，稳步发展。在满足城乡人民日益增长的文化生活需求发挥了重要作用。

一、基本情况

1、新沂市文化资源共享支中心设立于新沂市图书馆，2009年年底完成设备安装并对外接待市民。目前，支中心目前设有中心机房、可供30余人同时查阅电子资料的阅览室和技术辅导部。人员主要包括电子阅览室管理员1名、网络维护专业人员2名。目前，支中心各项工作平稳有序开展，年接待读者达1万多人次。

新沂市文化信息共享工程基层服务点设立于镇文化站，共计16个，2010年10月全部完成设备安装及调试，其中加强型服务点3个，配备台式终端电脑5台，液晶电视1台，投影仪1台、打印机1台、便携式笔记本1台、大容量移动硬盘1块及音像设备1套，普通型服务店13个，配置台式终端电脑1台，投影仪1台、便携式笔记本1台、大容量移动硬盘1块及音像设备1套。

二、管理和队伍建设

良好的管理和优秀团结、素质过硬的团队是开展好工作的前提，新沂市支中心十分注重制度和团队建设，先后制定《新沂市文化资源共享工程管理员职责》、《新沂市文化资源共享工程电子阅览室管理制度》、《新沂市文化共享工程基础服务点管理员职责》等制度，分工明晰，责任到人，同时开展定期不定期明察暗访，强化工作落实和监督，提高工作人员工作效率。

为加强文化资源共享工程专业技术人员保障，我市引进高学历人才1名充实支中心，调遣具有丰富业务经验人员1名充当技术骨干，派遣具有丰富管理经营的中层干部负责管理经营，选择具有基层服务经营和一定网络知识的大学生村官担当基层服务点管理员，初步形成了善于管理、技术熟练、熟悉业务、团结奋进的一支团队，对保障我市文化共享工程的顺利运行奠定了基层。

三、培训工作

新沂市文化资源共享支中心凭借文化共享平台积极组织全市管理员进行省文化资源共享支中心开展的网络培训，平均每年举办的网络培训达十几次。同时，新沂市支中心每季度组织开展一次全市文化资源共享工程季度工作总结暨管理员业务培训会议，总结工作得失，交流工作经验，探讨发展思路，取长补短，共同提高，极大了促进了我市管理员业务能力和专业素质的提高。

四、经费投入

新沂市文化资源共享支中心自2008年成立以来，新沂市财政局每年拨付资金1万元用作市支中心文化共享工程活动开展及设备维护维修专项经费，同时，将基层服务点运行经费纳入镇文化站运行整体预算，实施以奖代补文化资金补贴政策，有效地解决了基层服务点的后顾之忧，极大的提高了基层服务点工作人员的工作积极性。

五、资源建设

新沂市支中心十分注重文化共享工程资源建设，投入大量人力、物力用于各类题材资源的收集、整理，初步效果显著。目前，支中心拥有的各类题材资源达3TB，拥有光盘数百张，每年制作的展板达几十张，发放宣传资料达千份。

六、合作共建

为进一步扩大文化资源共享范围，使广大乡（村）居民足不出村共享我市丰厚的历史文化，我们以农家图书室为依托，在全省率先开展农家图书室数字化示范点工程，送设备送资源到图书室，极大的丰富农家图书室服务，同时，图书室管理员负责也负责收集当地的优秀文化资源、反馈居民需求，极大的丰富了支中心资源建设，为支中心工作指明了努力方向。

七、利民惠众，惠农服务

新沂市支中心自面向广大市民开放以来，依托文化共享新平台，积极开展各种利民服务活动。例如：每季度开展一次进城务工人员免费技能培训；年度发放以农业种植、家禽食养等视频为内容光盘200多张；多次邀请专家上门指导等。各项利民活动的开展，提高了进程务工人员的技能，同时，也为农村农业的发展提供一定的技术支持。

八、宣传推广

新沂市支中心非常重视文化资源共享工程的宣传推广工作，实施多项措施进行造势，鼓励广大市民走进图书馆，了解共享文化资源。首先，制定多张文化资源共享工程展板，摆放于图书馆大厅，使得进入图书馆市民便可了解文化资源共享工程。其次，借助图书馆开展的各项活动进行宣传，例如借助青少年免费网页制作培训进行宣传、借助图书馆宣传周活动进行宣传等。

（撰文/新沂市支中心）

沛县支中心

沛县位于江苏省西北端，与山东省微山县毗连，西北与山东省鱼台县接壤，西邻丰县，南界铜山区。沛县全境南北长约60公里，东西宽约30公里，总面积1576平方公里。沛县境内全部为冲积平原，辖15个镇，共324个行政村，58个居委会。全县总人口123.8万，耕地面积114.66万亩。沛县文化资源共享工程在沛县县委、县政府、县文广新体局支持和部署下，逐步推进，稳步发展，在新形势下为繁荣社会基层文化，满足农民多层次文化需求，传递中国民族优秀文化资源发挥了重要作用。

一、基本情况

共享工程沛县支中心设在沛县图书馆，沛县图书馆2002年已和“江苏省文化信息资源共享工程”联网，成为江苏省文化信息资源共享工程首批基层中心点。沛县支中心于2009年10月正式建成并投入使用，专(兼)职人员2名。中心面积260平方米，设有电子阅览室、中心控制机房、多功能室。

电子阅览室现有终端共30台，其中管理机1台，多功能复印机1台，面积140平方米；中心控制机房现有设备：共享工程服务器、综合业务服务器、监控防病毒服务器各1台，磁盘阵列1套，千兆、百兆交换机各1台，42U标准机柜各1台，UPS电源1套，百兆防火墙1台，面积25平方米；多功能室现有设备：电视机1台，功放1套，音箱、无线话筒各1套、调音台1个，投影仪1个，幕布1块，便携计算机1台，面积100平方米。

二、管理和队伍建设

如何推广好、利用好共享工程丰富的文化资源，关键在于是否有一支专业化的共享工程管理员队伍。沛县共享工程支中心在管理员队伍建设上坚持明确职责，明确思路，制度化管理，择优选取文化层次较高的人员为管理员。

三、培训工作

共享工程沛县支中心是沛县共享工程的建设和业务指导单位，负责保障全县共享工程设备的运行及共享工程活动的开展。支中心每年都派人员参加培训班学习，并制定支中心及基层服务点工作职责和制度，实行制度上墙公开。每年有年度工作计划和年末工作总结。

四、经费投入

沛县共享工程自2009年实现以来，每年投入7余万的运维经费，用于共享工程设备的维护，人员培训和惠民活动的开展。

五、资源建设

沛县支中心建立后，积极服务新农村建设，根据各镇特色产业，制作种植、养殖、观光农业等各类光盘100余张，发放宣传资料1000余份。除此之外，我馆特色服务窗口的“程大利捐赠图书馆”4000册资料、冯亦吾书艺馆400册资料及地方文献室2000册沛县地方部门单位、社会团体、个人资料一并纳入工享工程，尤其是冯亦吾书艺馆、程大利书画捐赠馆构成了沛县书画艺术沙龙，最大限度地服务读者，形成沛县馆的共享工程的内涵特色。

六、合作共建

共享工程作为一项文化创新工程，在我县实施以来所发挥的作用十分显著，无论是促进社会主义和谐社会的构建，还是在促进社会主义新农村建设上，都彰显出了它作为文化创新工程的独特魅力。沛县支中心利用共享平台与100多位沛县专家学者和200多位沛籍专家学者取得广泛联系，及时将他们创作成果作品、研究成果作品进行交流，以最快速度推向社会服务大众。为了充分发挥沛县共享工程资源在传播先进文化方面的作用，为让更多的城乡群众享受到内容丰富、健康向上的文化信息，沛县共享工程支中心集思广益，多年来不断开展各项活动，注重了资源整合工作，把共享工程、地方文献开发、农家书屋、社区阅报栏进行大力整合，不仅有效的节约了资金，方便了管理，还进一步扩大了服务范围。

七、利民惠众，惠农服务

沛县支中心利用共享工程基层服务点配备的设备，设立社区百姓影院，实现了社区居民“不出社区观赏影片”的愿望，利用一体机内储存丰富的影片资源，定期放映各种题材、各个年龄段人群喜爱的影片。支中心还在经常利用节假日开展了猜谜、书画展等众多活动，丰富了居民的文化生活，极大地调动了居民参加文化活动的积极性，促进了和谐社会的建设。支中心电子阅览室拥有大量的视频、影视等资源信息，深受读者欢迎，优异的环境为广大青少年提供了绿色上网平台，并开展计算机技术免费培训，倍受广大家长称赞。支中心还经常深入各乡镇（村）基层点，把省中心提供的丰富资源丰富送到基层点，并督察基层点为群众服务开展的工作及活动。

八、宣传推广

沛县支中心利用各种渠道宣传推广共享工程。在每年的送书下乡活动，世界读书日，科普宣传周、红读征文等活动中，沛县支中心不失时机，以活动为平台，以资料为媒介宣传共享工程，让民众不断了解共享工程，走进共享工程。

九、工作展望

文化信息共享服务是现代政府公共服务的重要组成部分，加快共享工程建设是构建公共文化服务体系的一个重要抓手。该中心将针对当前我县文化事业的实际情况和科技发展的水平，继续整合现有的文化资源，积极开展创新工作，推进共享工程在我县的全面发展。

（撰文/沛县支中心）

丰县支中心

丰县位于江苏省西北苏鲁豫皖四省结合部，面积1444平方公里，行政区划14个镇，360个行政村，人口116万。丰县古称丰邑，西汉初年置县，是汉高祖刘邦、道教始祖张道陵故里，秦汉时期，这里还走出了萧何、周勃、卢绾等一大批历史名人。近年来，有情有义丰县人民在建设有中国特色社会主义道路上与时俱进、开拓进取，铸就了一个个时代辉煌，先后荣获江苏省文明城市、江苏省双拥模范县、全国果菜十强县、全国水果生产十强县、全国粮食生产先进县、全国平原绿化先进县、全国民族团结模范县、全国科普先进县、国家级生态示范区等。丰县文化资源共享工程在省文化厅、南京图书馆和县文广体局的大力支持下，逐步推进、稳步发展，为丰县经济社会发展起到了积极作用。

一、基本概况

丰县文化资源共享工程建设始于2007年，最初在欢口、大沙河、华山文化城镇试点安装，此后陆续在全县14个镇文化站安装。前期安装设备均通过卫星设备直接接收，国家中心下发各类信息资源，进行整合利用。2009年，在江苏省文化厅和南京图书馆的支持下，支中心建设趋于完善，安装了10兆光纤专线，配备了3台大型服务器，利用互联网向全县乡村覆盖，在全县范围内免费使用。几年来该中心先后为全县支中心免费投放科技信息逾百场次，要点科技帮助对子20余家，并创造了良好的社会经济效益。

二、管理和队伍建设

为了使共享工程真正发挥其实践作用，丰县支中心将共享工程日常管理纳入制度化管理。制定支中心、镇、村基层服务点，工作职责和管理制度，实行制度上墙公开。每年有年度工作计划，月有工作要点，季有工作督导，年底有工作总结、考核，并推行管理员有工作日志，管理、收集、整理共享工程服务的得失，探索共享工程管理和服务新模式。

文化资源共享工程作为一个新的农村文化资源获取平台，如何推广好、利用好共享工程丰富的文化资源关键在于是否有一支专业化的共享工程管理员队伍。丰县支中心在管理队伍上坚持明确职责、明确思路，制度化管理，常态化培育。对于镇村两级基层共享工程管理上，择优选取文化层次较高，有一定社会基层管理服务实践经验的大学生村官为管理员。他们工作热情高，有较高的文化水平，能尽快熟悉掌握共享工程设备，为所在村民服务。目前丰县共享工程管理员50%为大学生村官，26%是由较高学历的村委员兼任，实现了管理员选取的高起点。

三、培训工作

丰县支中心在共享工程管理员的培训上实现了制度化和常态化。根据支中心工作要求，每年对全县共享工程管理员进行集中培训。2009年以来，一共举办各类培训班12期，参加培训的各级管理员达700人次。

四、经费投入

丰县共享工程从2009年实现全覆盖以来，县图书馆共投入10余万元，用于共享工程设备的维护、人员培训和惠民活动的开展。同时，县政府、县文广局和县图书馆每年也投入大量人力物力支援共享工程各项活动的正常开展。

五、资源建设

丰县共享中心在工作中，根据丰县地域经济，编制了不同类型的两三次文献资源信息数千份（盘），免费发放到各县分支中心及部分村支中心使用，为促进地方经济的发展起了积极的作用。

六、合作共建

以丰县共享工程为依托，结合全覆盖的农村数字电影来建立电子文献资源服务中心。将各种部门下发的电子文献资源与建立的共享工程服务点结合，根据不同镇村的硬件条件建立形式多样的电子阅览室和多媒体中心。与常店、师寨等镇电子队伍成立了电子科技信息免费使用中心。使有限的资源发挥无限的效应，实现了资源共享为农民服务的目的。通过不懈的努力，共享工程已逐步进入基层村民生活成为百姓求知、求富、求乐、求医的新平台。

七、利民惠众

丰县支中心共享工程服务实践过程中，以百姓的需求为向导、积极探索服务百姓生活生产、引领群众高尚精神文化生活，打造群众满意喜爱的文化服务新平台。

根据丰县农业生产“南果北菜，西粮东物”的特点，在大沙河镇六座楼村、常店镇常店村、汪沟镇单楼村、梁寨镇光庄村，实行定点重点服务村。定期开展跟踪定题送科技进村入产活动。几年来先后为他们送去20余次，科技信息万余条。为农民增收致富起到了积极的作用。如丰县常店镇绿地生态果蔬专业服务化，丰县太行堤蔬菜专业合作化等。社员王开合同志常年种植番茄等蔬菜效益不好，自从他利用共享信息后，每亩的效益增加了5%，2011年他种植的8亩番茄收入5万元。

八、宣传推广

1、走进基层利用科技信息推广共享工程。

科学技术是第一生产力，是增收致富的内在动力。因此该中心利用各种社会宣传推广文化资源共享工程。如在每年的图书馆服务宣传活动中，利用资源共享投放科技信息，宣传其职能作用，使广大的群众认识共享工作并利用工程。

2、走进校园

丰县共享工程中心在工作中，不断探索创新，利用支中心，儿童阅览室，组织动员青少年儿童关注共享工程，利用共享工程。如在学雷锋活动中，积极与学校联系，组织学生，到丰县共享中心观看《焦裕禄》、《雷锋》、《郭明义》等电影，通过观看电影学生真正懂得真善美，提高了爱国热情和为人民服务的思想，真正懂得尊老爱幼、勤俭节约、团结友爱。为使孩子们从小知法懂法，利用宣传图片宣传《民法》、《刑法》等法律，并进行现场讲解。通过以上活动，孩子们的法律意识明显增强。

九、工作展望

丰县文化资源共享工程工作的开展已经六个年头了，该项工作已经从单一的资源接收，到现在的科技信息编辑分类和互换共享，真正意义地实现了资源共享、共同利用的目的。丰县共享工程，已成为丰县百万人民了解党的各项方针政策的主阵地，终为教育的第二课堂，增收致富的桥梁，精神生活的乐堂。丰县支中心在县委县政府及县文广体局的大力支持下，勇于开拓，不断创新，全心全意为丰县百万人民服务，用文化资源共享工程推动丰县经济社会的又好又快发展。

（撰文/丰县支中心）

连云港市支中心

2004年，连云港市图书馆作为文化共享工程的一个基层点建成使用，当时的市级支中心设在连云港市少儿图书馆，本馆只有一台服务器，200G的资源。直到2008年上半年，才将市文化共享工程支中心重新设立在连云港市图书馆。

支中心建立以来利用共享工程开展了大量的活动，如名家讲座、地方戏曲欣赏、影视欣赏、知识摘登等；利用自身的技术力量和场所，开展各类培训；对共享工程基层点进行有效的管理和辅导、培训，使其掌握资源更新和运用。

一、打牢基础，稳步发展

全国文化信息资源共享工程是一项政府兴办的文化创新工程、民心工程，是公益性建设项目，有着巨大的社会效益和广阔的发展空间。文化局等各级领导非常重视，为把共享工程规模做大、做好、做强，又进行了设备的扩容、完善。几年来共投资20多万元增加了服务器、存储设备、交换机等，新建了多媒体室，用于开展共享工程的各项活动。

总容量达到500GB，使共享工程资源得以完备的呈现给广大市民；将共享工程网络连接到图书馆网站以扩大受众面；2009年又投资10万元更新了电子阅览室微机36台，在图书馆电子阅览室将文化信息资源共享工程放到每一台微机的桌面，读者可随时点击进入；对基层共享工程服务点进行有效的管理和辅导、培训，使其掌握资源更新和运用的技术和方法。

二、发挥优势，开展活动

在实施共享工程的过程中，不断拓展共享工程的服务内涵和方式，充分利用这一全新的工作载体条件，切实面向“五个走进”（走进农村、走进社区、走进学校、走进企业、走进军营），开创了基层文化工作的新局面。

1、馆内活动丰富多彩

充分发挥公共图书馆的阵地作用，利用共享工程资源在电子阅览室推介优秀栏目、名家讲座、生活常识、电影及优秀地方剧目，开展共享工程利用知识培训；为本馆的品牌讲座——《苍梧讲坛》提供共享工程资源。利用星期天节假日针对未成年人播放百部爱国主义教育影片，科普类等影片，举办思想道德建设方面的讲座、名著赏析等，引导未成年人多读书，深受广大市民的欢迎。

2、为武警官兵、老年读者、下岗职工、进城农民工等开展各类活动和培训。

支中心建立以来，根据上级中心的要求和本中心的工作计划和安排，多次举办各类培训和开展多项活动，为弱势群体和特殊群体服务：如为下岗职工和老年读者举办“电脑基本操作技能培训”；为武警官兵举办计算机知识与使用技能方面的培训；为老年群体开展《营养与健康》、《科学保健》、《晚年的幸福生活》等系列讲座；为农民工举办视频讲座——计算机基础及维护知识讲座。组织各类活动（文化共享奥运行、国事盛典文化作证图片展、清明鲜花献英烈、同乡同龄同梦想——进城农民工系列活动及讲座；学雷锋系列活动等），均取得了很好的效果。

3、走进学校开展各种活动

为加强未成年人思想道德建设工作，除了在馆内针对未成年人开展的活动以外，还与教育部门联合，深入各中小学校开展活动。

几年来举办少儿计算机培训18期，4000余人次，并在此基础上举办“少儿NIT优秀作品推选活动”，选拔优秀作品参加“第二届全国暨江苏省青少年计算机优秀作品评选活动”，经过国家和省有关专家评选，在我们报送的153幅作品中，有28幅作品获得全国表彰，其中一等奖1人，二等奖9人；还组织举办“少儿电脑制作大赛”；开展“学雷锋电脑小报制作比赛”；“数字资源使用知识培训”等。

4、面向基层开展业务培训

为全市的县区支中心、基层点进行业务指导、人员培训及组织各类活动。

除了经常深入基层点为其解答咨询、排除故障、业务指导之外，还为县区支中心及基层点工作人员开展培训，以提高其业务知识和工作技能，更好的发挥文化共享工程基层点的作用。如与文化局相关部门协作，举办全市共享工程基层点工作人员业务培训；

在2007年配合省图书馆并具体承办了“江苏省（苏北片）共享工程技能竞赛”；

2009年、2011年又分别组织了第一届、第二届“文化共享杯连云港市选拔赛”，经本中心培训和选拔出的选手在全省的竞赛中，第一届取得团体总分第二名，个人第二名和第六名的优异成绩，第二届在江北地区名列前茅。并因此获得省文化厅颁发的优秀组织奖。

三、整合资源、共建共享

我们按照“资源共享、优势互补、互利互惠”的原则开展协作共建，正在探索将本馆的馆外服务点同时建成为共享工程资源利用的新窗口；正在着手进行特色数据库建设的准备工作；还正在尝试与广电部门合作，通过有线电视将共享工程资源推广出去的新路。

四、重视宣传、扩大影响

加入全国文化信息资源共享工程以来，为了扩大其在基层群众中的影响，广泛宣传其作用和意义，使各级领导和群众充分认识到这是一项惠民工程、民心工程，认识到工作的重要性和必要性以及文化信息资源的可用性。

我们利用新闻媒体对利用共享工程开展的一些大型活动给予相关报道。还在本馆网站的首页上设置共享工程站点链接。

时刻注意将资源共享活动与当前工作重点有机的结

合，这样既可增强对共享工程的宣传力度，又收到了很好的效果。

随着宣传力度的逐渐深入，文化共享工程在市民心中的影响也在逐渐加深，对文化信息资源的需要也在逐渐加大，市民开始掌握和利用这块知识宝库。

五、工作展望

我们将在今后的工作中更加努力的探索利用共享工程服务的新路子，更好地发挥共享工程的作用，为把共享工程办成惠民工程、民心工程而不懈努力。

（撰文/连云港市支中心）

灌云县支中心

灌云建县于1912年，位于江苏省东北部，隶属于连云港市，是国务院首批批准的对外开放县之一。灌云县得名于南有大川灌河，北有名山云台。县域面积1538平方公里，下辖7镇12乡、2个省市属农盐场、302个行政村和26个社区居委会，常住人口101万。灌云县文化资源共享工程在连云港市文广新局，灌云县图书馆支持和部署下，逐步推进，稳步发展，在新形势下为繁荣农村基层文化，满足农民多层次文化需求，传递中国民族优秀文化资源发挥了重要作用。

一、基本情况

灌云县文化资源共享工程建设开始于2006年，2007年成立灌云县支中心，随后开展乡镇试点工作，在2010年9月全面完成基层点建设任务。建设严格按照《江苏省文化共享工程农村乡镇基层服务点建设配置标准》的要求开展，建成基本型服务点：龙苴镇、杨集镇、图河乡、同兴镇、四队镇、穆圩乡、下车乡、侍庄乡、小伊乡、白蚬乡、南岗乡、陡沟乡、东王集乡、燕尾镇；增强型服务点：伊山镇、圩丰镇、伊芦乡、沂北乡。

共享工程灌云县支中心设在灌云县图书馆，是灌云县共享工程的建设和业务指导单位，负责保障县中心共享工程设备的运行，协调镇村级共享工程设备的维修，指导镇村级共享工程活动的开展以及开展全县共享工程管理员的业务培训和指导。

二、管理和队伍建设

为使共享项工程真正为民所用为民谋利，灌云县支中心将共享工程日常管理纳入制度化管理。制定支中心、镇、村基层服务点工作职责和制度，实行制度上墙公开。我们仔细研究和规划了全县共享工程的发展和建设工作计划，对各项工作作出了具体的部署和安排，并按时进行总结和展望，并根据实际情况不断调整工作思路和进程，促进共享工程事业的发展。我们通过统一招聘，录用专业的计算机毕业生作为技术人员，不仅保障县级支中心各项工作顺利开展，还可对各乡镇基层点进行有效的管理和培训。

三、培训工作

灌云县中心在共享工程管理员的培养上实现了制度化和常态化。根据支中心工作要求，每年对全县共享工程管理员进行3期的集中培训，2007年以来一共举办各类培训班15期，参加轮训的各级管理员达800人次。

四、资源建设

灌云县支中心在历年的工作中，搜集不同区域民众文化需求，选取各类题材资源3TB，每年制作发放各类光盘500多张，展板50多块，各类海报，招贴画30副，发放宣传资料1200余份，解答群众咨询2000余条。县支中心不断摸索创新，通过建立县级支中心网站，整合网络资源，充分利用互联网传播民族文化、科学技术，极大的提高了群众素质和生产、生活水平。

五、宣传推广

1、灌云县支中心利用各种渠道宣传推广共享工程。在灌云每年的送科技文化下乡活动，读者服务宣传周等活动中，灌云县支中心不失时机，以活动为平台，以资料为媒介宣传共享工程，让民众不断了解共享工程，走进共享工程。

2、该馆积极协助乡镇基层点做好文化共享工程服务工作，针对乡镇基层点技术力量比较薄弱的特点，通过现场指导，举办讲座，远程协助等各种灵活多样的方式，使得乡镇基层点可以较熟练的掌握各种必备软件资源的使用，并对硬件资源的维护有了一定的理解，使得各基层点通过县图书馆网站专用通道即可访问图书馆的内网资源，更大限度的实现了资源的共享利用。

3、我们从提升服务能力入手，继续对地方文献数据库的内容进行添加整理。在共享工程网站开文献检索、数字期刊杂志等专栏。我们在专栏收集制作了灌云古籍、灌云县志等重要史料。此外，认真接收省文化厅下发的共享工程资源，做好资源接收的登记工作，并对资源进行更好地学习利用。

六、工作展望

全国文化信息资源共享工程在该县的开展，是新形

势下构建公共文化服务体系、惠及千家万户的一项重要文化基础工程，是政府提供公益性服务的重大文化项目，是实现广大人民群众基本文化权益的重要途径。一路走来，该县支中心工作虽然取得了不少成绩，但也遇到一些困难和不足之处，主要表现在项目资金缺乏，使社会服务活动、信息采访采集、基层技术指导等工作受到了制约。今后，我们将继续努力，不断开拓思路，积极进取，继续加强我县共享工程各方面尤其是资源建设和培训工作，为建设科技灌云，文化灌云做出贡献。

（撰文/灌云县支中心）

共享工程基层点管理员培训

灌南县支中心

灌南是全国首批开放城市——连云港市的南大门，建县于1958年3月，1996年9月由原淮阴市（现淮安市）划归连云港市，辖14个乡镇，4个社区，239个行政村，5个工业园区，2个农业园区，1个文化产业园区，人口76万，县域总面积1030平方公里。灌南是活力迸发的新兴县份，是海河相通的水绿新城，神奇瑰丽的魔术之乡，全国知名的花城菌都，跨越奋进的希望热土。几年来，灌南县支中心秉承全心全意为广大群众服务的宗旨，服务社会“三个文明”建设，满足人民需求，传递民族文化，受到人民群众的高度称赞。

一、基本情况

灌南县文化共享工程建设开始于2004年7月，县图书馆、县文化馆、三口镇文化站、张店镇文化站在县乡财政的支持下，筹集资金15万元，建立了我县首批文化共享工程基层点，初步开展了文化共享工程资源服务。

2008、2009年，结合乡镇文化站站房和内部设施建设，我们利用省奖励资金，投入近40万元，为10个具备条件的文化站配置文化共享工程基层点设备，并进行了管理员培训，健全了文化共享工程基层点管理制度、管理员工作职责等规章制度。

2009年下半年，根据省厅要求，我们启动县支中心机房建设工程，县财政投入近20万元，对机房线路、闭路监控、防静电地板、空气调节、不间断电源、消防安全、照明设备等项目进行了配套建设，一次性通过了省分中心检查验收，省分中心为我县装备了县级支中心硬件设备。

下乡咨询活动

2010年，我省实施文化共享工程乡镇基层服务点全覆盖工程，我们利用省财政下达专项配套资金16.24万元，我们按照省厅的配置标准，通过县政府采购中心上网招标，采购了电脑、音响、投影等设备，下发到其余乡镇和李集、三口等增强型基层点进行配套，7月份与县电信公司签定了10兆光纤，VPN虚拟网网络服务协议，8月份与全县14个乡镇文化站4个社区基层点完成连接。

二、惠民服务

在日常服务工作中，我们除了利用网络上下载的各类资源外，及时将国家中心下发的各类、各批次视频资源加入服务器，还把光盘刻录下发基层点开展服务。支中心和乡镇、社区基层点使用移动播放设备，深入村组、居民点、广场、学校、老年服务中心等公共场所进行服务。据不完全统计，支中心及各基层点每年放映均在400场以上，邀请专家或播放光盘举办各类讲座40多场，服务群众10多万人次。我们还经常和文化、科技部门一起，送农业技术资源、科技资料下乡，开展咨询服务，累计达1200片次、8000份。

三、管理和队伍建设

在共享工程建设和日常服务工作中，县支中心争取局领导的支持、指导，专门下文对共享工程配置设备的产权，使用职责等问题进行了明确，并经常组织相关人员，分片区对14个乡镇、4个社区基层点运行情况进行巡查，现场指导，发现工作、服务、技术等方面的问题及时处理，保证网络服务的正常运行。同时，了解农村干部群众的服务需求，作为下阶段服务工作的重点。每年下基层点辅导不少于60人次，了解群众需求100条项以上。为保证服务工作质量，我们每年组织管理人员收看国家中心网络培训，支中心再集中培训1–2次，使他们做到专业化。对因特殊原因调整的基层点管理员及时一对一进行综合培训，让他们尽快适应工作。

四、合作共建

为扩大共享工程资源的服务面，我们还积极搞好合作共享，将中心资源与县武警消防大队、县老年大学等单位联网，大大丰富了消防官兵，老干部的业余文化生活，特别是“京剧音配像”更受到了县京剧票友联谊会众多票友的青睐，省分中心下发的数字图书馆数据库深受战士们的追捧，安装了数据库链接的电脑在大队俱乐部里是最受欢迎的地方，利用率最高。每年我们都和县实验小心、华侨双语学校、县国税局等联谊单位开展读书系列活动，放映有关视频资源，举办相关专题讲座。

五、宣传推广

在每年图书馆服务宣传周、世界读书日、科普宣传周、送资源下乡等活动中，我们都积极开展共享工程服务宣传工作，发放宣传资料，放映相关宣传片，让大家了解共享工程，走进共享工程，利用共享工程，让共享工程走进千家万户，成为群众业余文化生活之必需。

六、工作展望

文化信息资源共享工程是一项提升文化发展和服务水平的大事，是一项造福群众的实事，更是一项促进社会和谐的好事。

下一阶段，我们准备提升服务器品质，将VPN共享工程虚拟网送进机关、学校。争取地方财政的支持，在乡镇、社区基层点全覆盖的基础上，尽快建立村级基层服务网，让共享工程资源服务走进村组、文化户、为推动“十二五”时期公共数字文化服务，建立、完善三级公共电子阅览室服务网作出努力。

（撰文/灌南县支中心）

宿迁市支中心

宿迁市支中心在省文化厅和市政府的大力支持下，于2009年底启动建设，2010年5月如期建成并通过省、市检查组验收。该工程总投资120万元，其中市财政投入近90万元，省文化厅支持价值30万元的设施设备。两年来，宿迁市支中心不断完善管理，提升服务，取得了良好的社会效益，现将工作情况介绍如下：

一、完善硬件，扩大规模

近年来，该中心继续加大硬件的投入，采购电脑、服务器、投影仪、音响、非编系统等设备，不断扩大支中心规模。目前支中心使用面积120平方米，主体分为机房和电子阅览室两大部分，主要承担全局网络管理和连接省分中心和县区支中心网络信息资源传输任务。拥有各类服务器5套，电脑68台，并配备耳麦、空调等设备，可同时接纳60余名读者上网检索资料。

二、科学管理，提升服务

为保障读者能够便捷地利用支中心提供的各类资源，该中心专门招聘3名计算机专业人员，负责日常网络维护、机房管理、电子阅览室管理与资源使用操作指导等工作，为中老年读者使用计算机提供有力保障。并开辟儿童阅览专区，屏蔽不良网站，对上网时间进行科学管理，给儿童营造一个绿色、健康的电子阅览环境，深受家长们的欢迎。

三、举办活动，集聚人气

支中心举办“文化共享之春——宿迁晚报小记者体验文化共享工程”活动，邀请宿迁晚报领导和40余名小记者参观市文化共享工程支中心，感受网上冲浪的乐趣，体验共享工程提供的各种资源，并将此次活动的所见、所闻、所感写成文章，在《宿迁晚报》上开辟专版，

国家中心网络视频培训

为共享工程进行广泛宣传报道。

四、延伸阵地，深入企业

企业社区是共享工程服务对象里一个重要的群体，也是“基层文化”最大的受众，支中心为了保证企业职工与社区居民能够及时浏览共享工程所提供的优秀资源，在宿迁市图书馆苏宿工业园区分馆、宿迁精科有限公司、宿迁绿林化工有限公司等10家企业、社区建立共享工程专区，提供电子图书6000余册，视频资源1.2T，并开通共享工程网站，方便群众浏览使用。

五、重视宣传，扩大影响

为扩大文化共享工程在我市的影响力，宿迁市图书馆进行了广泛宣传，使各级领导和群众充分认识到这是一项惠民工程、民心工程，认识到工作的重要性和必要性以及文化信息资源的可用性。《宿迁电视台》、《宿迁日报》、《宿迁晚报》、《宿迁新闻网》等我市主流媒体均对我支中心进行了专题报道，并与《宿迁文化网》、《宿迁新闻网》进行网络链接，扩大支中心的影响力。

此外，支中心还加强与宿迁新闻网合作，推出宿迁文化名家系列讲座，邀请本地专家，弘扬本土文化，打造宿迁人文特色品牌。本年度共举办讲坛十期，内容涉及民俗、诗歌、戏曲、小说、影视剧等，先后邀请中国作家协会会员刘家魁、江苏省项羽文化研究会副会长程芳银、宿迁市作家协会副主席金国旗等宿迁著名专家学者主讲。年底将讲座视频做成专题片，上传于支中心网站，展示宿迁地方文化特色，实现与全国文化资源共享。

（撰文/宿迁市支中心）

宿迁市宿城区支中心

宿迁市宿城区文化信息资源共享工程始建于2009年，面积80平米，拥有3台浪潮NF5520服务器，25台台式电脑，10M的网络接入，年接待读者千人左右。

作为全国文化信息资源共享工程县级支中心，按照省文化厅的统一安排部署，在区委、区政府的关心、重视下，投资近80万元，严格按照江苏文化共享工程支中心建设必备条件及2009年度县级支中心系统配置标准建设，于2009年底竣工。建设期间，除了本馆员工积极监

督，还聘请了专业电脑公司人员做好工程的技术把关工作，南京图书馆也安排了专业人员到我馆安装服务器等设施，充分保证了工程质量。

宿城文化资源共享中心在我馆的率先建立，获得省领导的一致肯定，也使我馆在全国第四次县以上公共图书馆评估定级中由三级馆升为二级馆。

2010年我馆文化资源共享工程机房正式对外开放，受到了广大群众的热烈欢迎，为基层群众增加了新颖健康的生活方式，使他们享受到优秀文化和实用科技带来的快乐。除日常免费开放外，我们定期举办演讲，观影，播放讲座等活动，如暑期“七彩夏日”、寒假“缤纷冬日”、“红领巾读书节”、喜迎建党90周年“颂歌献给党”系列活动。我们依托共享工程放映室陆续播放了免费文化讲座及系列优秀影片，举办了电脑小知识等的授课，取得了积极反响，给我们的工作带来了莫大的鼓励。小读者及基层群众的主动配合、积极参与，在欢乐的同时也带给我们莫大的感动。

2010我们完成了12个乡镇资源共享工程的建设。作为经济条件较为落后的苏北地区，乡镇共享工程的建设完工，与省文化厅配套资金的落实和我们的努力督促是分不开的。

首先、乡镇共享工程与农村党员干部现代远程教育相结合，落实了场地。其次，通过我们的多次走访，确定了乡镇文化共享工程的专人负责，切实保证设施建设的标准化和管理、运行、服务的规范化。

2011至2012年底，我们完成了街道社区共享工程的全覆盖。

2011年3月初，我们统计了已配置基层服务点设备的社区文化中心数量及今年计划配备基层服务点设备的社区文化中心数量，确定了一个城市社区文化中心及四个文化活动室的建设任务，之后经过多次督促及检查，我们在11月完成了共享工程社区服务点的验收。2012年我们另外完成了3个社区文化中心及24个文化活动室的建设。

为提高乡镇及街道共享工程的服务质量，保证基层共享工程的正常运作，我们通过网络直播，集中培训等，多次对共享工程基层点的负责人员进行培训，提高了他们的服务意识及技术水平。

共享工程的建设重点在于资源的建设，除了国家及省南京图书馆下方的资源外，我们在日常的工作中积极寻找本地特色资源，目前已开始统计收录宿迁地区已有的谱牒文献，计划于2015年建成宿迁谱牒文化资源库。

目前该馆有1名专职人员负责共享工程支中心的正常运作，各乡镇街道社区的共享工程基层点也有负责人员保证基层点的工作落实到位。

未来我们计划增加1到2名计算机专业人员到宿城支中心，增强我们的技术人才队伍。相信未来我们的工作会开展的更加顺利，更好的发挥共享工程的基层文化传播作用，为该区的文化事业增砖加瓦。

（撰文/宿迁市宿城区支中心）

宿迁市宿豫区支中心

宿迁市宿豫区位于江苏省北部，东接沭阳，南靠泗阳、泗洪，西邻睢宁，北隔沂河与新沂、邳州接壤。辖14个乡镇和2个省级开发区、1个市级开发区，总面积1256平方公里，总人口56万。近年来宿豫区以打造“文化宿豫”为目标，积极打造文化民生，文化建设得到长足的发展，文化设施逐步完善，文化活动更加丰富，文化特色日益彰显，文化惠民更加普及。

一、基本情况

2009年，为了进一步满足群众日益增长的文化需求，宿豫区启动文化资源共享工程建设，按照《文化部关于做好全国文化信息资源共享工程基层服务网点建设工作的通知》精神，支中心依托区图书馆实施建设，先后投入65万元，添置了各类软、硬件设备，并对机房进行装修，进一步完善供电系统、机房环境。2010年5月，江苏省文化厅公布为建成支中心。2010年，宿豫区启动文化信息资源共享工程乡镇基层服务点建设，在省文化厅扶持和区、乡财政配套补助下，共计投入54.8万元，完成了乡镇各基层服务点计算机与区支中心文化共享工程专用网的安装和连接，以及服务点的投影仪、投影幕、音箱、杀毒软件等设施设备的配置、安装、调试工作，2010年底，实现乡镇服务点全覆盖。2011年，宿豫区继续推进文化信息资源共享工程服务点向行政村、社区建设，目前，189个乡镇村、社区均实现了正常开放。

二、开放情况

宿豫区图书馆是宿豫区文化信息资源共享工程的建设和业务指导单位，负责保障区支中心设备运行及乡镇、村级设备维护，并指导共享工程活动开展及专兼职管理员的业务培训和指导工作。为了确保文化共享工程真正惠及于民，宿豫区坚持文化共享工程制度化、规范化管理。制定工作职责和制度，并公布上墙。在日常工作中，坚

持周计划、月总结、季督查、年考核制度，及时总结开放经验，不断探索、积累共享工程管理服务新模式、新方法。

三、平台升级

为了提升城乡群众文化生活品位，让更多的人民群众享受到社会主义先进文化建设成果，宿豫区委、区政府高标准规划建设集文化馆、大剧院、图书馆、博览馆、美术馆、非遗展示馆、项羽纪念馆、城市展览馆、会展中心、文化古玩市场、影视娱乐城等功能为一体的宿豫区文化公园（区文化艺术活动中心），该工程占地约300亩，建筑面积约12万平方米，定位于"宿迁的地标、文化的殿堂、人民的乐园"，将成为宿迁城区地标性建筑，其中图书馆约5000平方米，将于2013年全面建成，届时文化共享工程区支中心将同时搬入，并实现提档升级。随着支中心平台的不断扩大，技术创新手段的不断提高，管理和运行方式的逐渐完善，将更好地服务于民。

（撰文/宿迁市宿豫区支中心）

泗阳县支中心

泗阳县文化共享工程工作，在省、市、县各级领导的关心支持下，取得了较好的成绩，2009年10月建成县级支中心，2010年年底建成覆盖全县16个乡镇的基层点，实现了县乡共享工程网络的全覆盖。

一、领导高度重视，极大推动共享工程建设进展

1、组建领导小组，落实责任机制

文化信息资源共享工程是文化服务的重要手段，是实现广大人民群众基本文化权益的重要途径，是改善城乡基层群众文化服务的创新工程，因而县文广新局领导高度重视，召开专门会议，前瞻规划共享工程建设工作。成立了领导小组，并具体分工，严格落实责任机制，确保共享工程建设进展。

2、深入实地考察，科学建设

共享工程建设领导小组，在共享工程支中心建设和乡镇基层点建设的过程中，深入各乡镇实地考察：了解场地、设备、人员和文化服务开展情况，掌握各乡镇经济、文化建设的第一手资料，为选择增强型基层点和普通型基层点建设拿出了科学的参考依据。

3、多方呼吁，积极争取建设经费和专业技术人员

为了争取共享工程建设经费，县文广新局领导向县委县政府领导进行了专题汇报提出了经费不足和专业人员短缺的问题。县委县政府领导高度重视，及时安排县财政解决基础建设资金，并将县支中心和乡镇基层点网络运行经费纳入县财政预算，为我县文化共享工程提供了基础经费保障。在县委县政府的协调组织下，2010—2012年通过事业单位招聘考试和教育局编制调整等方式为共享工程县支中心招录计算机专业本科生3名，解决了专业技术人员不足的问题。

泗阳地处苏北，属经济欠发达地区，要想高质量、高标准完成省下达建设任务，仅靠县财政的支持远远不

够，共享工程建设领导小组，奔走各地，多方呼吁，积极争取经费，获得了省文化局和南京图书馆的大力支持。

在各级领导的关心支持下，泗阳县文化共享工程建设取得实效。泗阳县共享工程支中心，固定资产110多万元，配套建成面积近300平方米，10M光纤接入，54个机位高标准的电子阅览室，对广大市民实行免费开放，成为了广大市民文化充电的基站、提升素质的学校。

2009年5月21日下午，沭阳、泗洪、宿豫、宿城等县、区图书馆馆长和支中心工作人员，在各县、区文广局分管局长带领下，齐聚泗阳县图书馆，座谈交流共享工程支中心建设情况。共享工程泗阳县支中心于2010年年底建设完成5个增强型乡镇基层点，11个普通型乡镇基层点，超额完成省下达的任务。

二、充分利用共享工程优秀资源开展惠民活动

1、打造"泗水讲坛"品牌项目

"泗水讲坛"自2008年开讲以来，为全县市民奉献专家讲座、视频讲座、优秀电影近300场，听众人数12000多人，已成为市民提升素质的重要课堂和共享工程优秀视频资源展播的主阵地。著名历史学家仓修良教授、南京大学徐雁教授、沈新林教授、官场文学作家樊素科先生、项羽文化研究会副会长程芳银教授等都曾做客"泗水讲坛"，为图书馆读者、泗阳人民奉献了一场又一场关于历史、文学、阅读等方面的精彩讲座。

2、"共享工程"进校园

泗阳县共享工程支中心充分利用共享工程丰富的视频资源，开展文化进校园活动，定期为中小学师生送去优秀的视频资源：在一年一度的4.23世界读书日活动期间，先后深入中小学校播放王蒙先生主讲的《读书与人生》，曹文轩主讲的《儿童文学阅读与成长》等视频讲座；在每年的"六·一"儿童节期间，为广大师生播放《狼牙山五壮士》，《董存瑞的故事》、《苦菜花》等优秀影片。几年来，共享工程支中心累计进校园50多次，服务师生7000多人次。

3、"共享工程"下基层

根据泗阳县各乡镇农村经济发展的特色，共享工程支中心工作人员长期深入农村，开展文化进农家活动达40多次，有针对性地播放视频学习资源，服务当地居民2000多人次；多年来，支中心工作人员曾深入以水产养殖为龙头产业的裴圩镇，定期播放《鱼塘养殖》、《淡水养殖》等视频讲座；走进蔬菜生产基地的南刘集乡田间地头，为农民带去《食用菌栽培》、《黄瓜营养失调症状识别》等视频讲座，及时地解决他们在生产过程中遇到的各类问题，为他们增产增收保驾护航。

4、"共享工程"进社区

为了加强与基层社区居民的文化联系，泗阳县文化共享工程支中心多次进社区，服务社区群众3000多人次：暑假期间，针对当今教育问题，组织各社区家长观看《网络时代家庭教育》、《孩子的心可以看得见》、《培养孩子从改变父母开始》等专题讲座，很多家长在孩子的教育问题上得到了启发；为留守儿童送去《孙文少年行》、《末代皇帝》、《我的1919》等优秀影片，丰富孩子们的暑期生活，激发了他们的爱国热情，得到了社区群众的广泛认可。

5、"共享工程"进敬老院

"每逢佳节倍思亲"，每当重阳节和喜庆节日来临之际，泗阳县共享工程支中心工作人员都会带着播放设备为敬老院里的老人送去精心挑选的老影片和健康讲座。老影片将老人带到他们所熟悉的岁月，勾起他们年轻时的回忆；健康知识讲座有助于老人们健康养生。这些优秀的影片和讲座陪着近千位老人们度过了数个节日，深受到老人们爱戴。

三、重视工程管理人员的专业培训和业务指导

为了提升文化共享工程基层服务点业务水平，泗阳县共享工程支中心自编教材《泗阳县共享工程基础培训教程》，开办学习班，对16个乡镇基层服务点工作人员进行了多次集中培训，提升他们的业务技能。

支中心工作人员长期深入各乡镇基层点，针对各基层点实际情况，对管理人员进行业务指导，确保建成的每一个基层点都能正常开放、及时维护、长期运行。

四、励精图治，勇创佳绩

泗阳县支中心注重对工作人员的业务技能培训，经常组织相关工作人员参加省共享工程分中心举办的各种培训活动，及时收看国家中心举办的各种网络培训。

在历次大赛中，我县共享工程支中心认真准备、积极组队参赛，2007年，在"全省文化共享工程实用技术操作技能竞赛"中，泗阳图书馆荣获组织奖，参赛选手唐晓玲、刘正西、戴媛获鼓励奖；2012年10月，在全国"公共电子阅览室建设计划"百题知识竞赛中，倪晓丽同志荣获江苏赛区二等奖。鉴于泗阳县共享工程支中心工作成绩突出，2012年9月，唐晓玲同志被评为宿迁市"文化共享之星"。

五、创新思路，描绘新蓝图

1、发挥优势，整合资源，加大资源建设力度

文化信息资源建设始终是"共享工程"的核心。泗阳历史悠久，文化底蕴深厚，民间文化信息艺术多姿多彩。我们在利用国家及各省市区已开发的文化信息资源成果的同时，更应发挥本县资源优势，努力将有地方特色的文化信息资源开发出来，建好地方文献数据库。

2、健全制度，加强文化共享工程的管理

我们将不断完善制度，加强管理，稳步推进；深化公共网络，创新服务内容，加快泗阳文化共享工程建设，实现又好又快的发展。

我县文化共享工程工作虽然取得了一些成绩和经验，但与经济发达地区相比还存在着许多问题和不足，我们在今后的运行工作中，要不断探索、创新思路、加强管理，积极服务群众，确实保障人民群众基本文化权益。

（撰文/镇江市丹徒区支中心）

泗洪县支中心

泗洪隶属江苏省宿迁市，地处江苏西北部、淮河下游，位于长三角经济带核心承接区、沿海开发辐射区和南京、徐州两大都市圈交汇区。县域总面积2731平方公里，辖23个乡镇，人口102万，县城建成区30平方公里，城区人口30万，是苏皖边界一座快速崛起的现代化中等商贸旅游城市。

泗洪县文化信息资源共享工程在市、县文广新局支持和部署下，逐步推进，稳步发展，在新形势下为繁荣农村基层文化，满足农民多层次文化需求，传递中国民族优秀文化资源发挥了重要作用。

一、基本情况

泗洪县文化信息资源共享工程支中心建设按照《江苏省文化共享工程支中心建设必备条件》要求，建设有15平方米的中心机房，60平方米的电子阅览室。硬件方面在中心机房配备有应用服务器、业务服务器、资源管理服务器等三台服务器，H3C-U200 VPN防火墙、H3C-1500S存储、H3C-S5120主交换机、H3C-1650C电子阅览室交换机，以及UPS6KV不间断电源、弱电机柜、过流保护器、防雷保护器等设备；电子阅览室配备有30台联想台式电脑、55寸液晶电视、投影设备、数码相机、DVD、移动硬盘等设备。软件方面配备有任子行电子阅览室管理软件、任子行信息浏览监控软件、力博图

图书馆服务宣传周期间小学生在图书馆电子阅览室

书馆业务自动化管理系统、远古文化共享工程资源应用管理系统。

在乡镇基层点建设中，乡镇文化共享工程基层点按照省文化厅的要求，我县23个乡镇中，18个乡镇为普通型基层服务点，5个乡镇为加强型基层服务点。共计招标采购台式电脑43台，投影设备、音箱等23套，激光一体机、52寸电视、移动硬盘等5台（套）。乡镇服务点设备已全部发放安装到位，VPN网络已接通，至此泗洪县所属乡镇实现全县共享工程村村全覆盖。

文化共享工程泗洪支中心设在泗洪县图书馆，是泗洪县共享工程的建设和业务指导单位，负责保障区中心共享工程设备的运行，协调镇村级共享工程设备的维修，指导镇村级共享工程活动的开展以及开展全区共享工程管理员的业务培训和指导。

二、思想高度重视，强化组织领导。

在共享工程建设中，县委、县政府高度重视，充分认识文化信息资源工程作为新时期政府提供公益性文化服务的创新工程，是构建公共文化服务体系的基础工程，也是不断满足城乡基层群众日益增长的精神文化需求的重要载体，认识到共享工程建设的重要性、紧迫性和艰巨性。

为切实有效地加大工作力度，做好文化信息资源源共享建设工作，县里成立了以县委常委、宣传部长为组长的共享工程建设领导小组，文广新局成立了以局长为组长的建设领导小组，各乡镇也分别成立了工程建设领导小组，为工程实施提供组织保障。县领导多次就工程的组织实施做出重要指示，多方协调各部门和乡镇落实资金、场地、人员。明确要求认真贯彻落实省有关共享工程建设的文件精神，进一步增强文化共享工程建设的责任感和紧迫感。

细化责任，责任到人，认真落实标准化建设等工作，保证建设经费落实到位，人员落实到位，建设进度到位，切实采取有效措施，确保如期完成建设任务。充分利用省里对经济薄弱地区共享工程建设进行扶持的有利时机，积极对上争取省文化共享工程建设对县支中心专项扶持设备以及乡镇基层点省级补助资金。

三、细化实施方案，保证工程建设如期完成

为了切实保证工程建设如期完成，县、局领导要求我县在省补资金和设备没有到位的情况下，先行拨付资金，开始进行工程建设，并对工程建设提出明确要求。要求在工程建设过程中，严格按照招投标的程序，由文广新局从严把关，按照县支中心配置标准（2009年度）和乡镇基层点配置标准，建设共享工程泗洪县支中心和各乡镇基层点。对此，我们在多方调研的情况下，制定出科学、合理的设备配置方案，拿出详细的招投标实施计划，开始进行工程建设。共享工程县支中心机房装修在2009年10月完成。在进行中心机房建设的同时，经县政府采购中心招标，完成了共享工程电子阅览室计算机等设备的采购，设备主要包括联想电脑25台、1台日立投影仪、1台52寸的液晶电视等。

在乡镇基层点建设中，县、局领导要求有条件的乡镇，如半城、孙园、梅花、青阳等乡镇把最好的站房用于工程建设。在共享工程乡镇基层服务点的建设中，我县

图书馆助残日活动视障人在阅读有声读物

的23个乡镇中有5个乡镇按照增强型、18个乡镇按照基本型的配置标准配置设备。2010年10月，经县政府采购中心招标，完成了乡镇基层点设备的采购，11月初采购设备经过验收到位后，开始对乡镇基层点的设备进行安装、调试，到当年的11月底，完成了所有乡镇基层点设备的安装调试和网络接入，网络连接通畅，设备运行正常。到目前为止，我县共享工程建设总计投入资金110.4579万多元，包括支中心建设和设备购置经费24.0789万元，基层点设备经费34.149万元，支中心和基层点运行经费23.8万元等。

四、资源建设

文化共享工程作为新时期政府提供公益性文化服务的创新工程，是构建公共文化服务体系的基础工程，也是不断满足城乡基层群众特别是广大农民日益增长的精神文化需求的重要载体。设在乡镇综合文化站内的文化共享工程基层服务点，是农村公共文化服务阵地的重要窗口，可以增加公益性文化服务的科技含量，有效提升公共文化服务手段和服务能力。支中心明确要求各乡镇基层点要正确认识到文化共享工程基层服务点在新农村文化建设中的重要意义，进一步加强资源建设，确保开放时间，切实保证设施建设的标准化和管理、运行、服务的规范化，充分发挥乡镇文化站阵地和设施的服务功能，让更多群众了解共享工程、走进共享工程、利用共享工程、喜爱共享工程。

五、宣传推广

1、泗洪支中心利用各种渠道宣传推广共享工程。在世界读书日和图书馆服务宣传周期间未成年人中间开展“全民阅读”推广活动，邀请部分学校学生走进图书馆，教育、引导未成年人开展文明、健康、有益的阅读活动。泗洪支中心不失时机，以活动为平台，以资料为媒介宣传共享工程，让民众不断了解共享工程，走进共享工程。

2、走进校园。泗洪支中心文化服务中不断探索，在春节期间开展主题为“过新年，读新书”读者活动。宣传免费服务、宣传全民阅读，在全社会中，特别是在未成年人中间开展“好书伴我欢度寒假”的读书宣传活动，大力宣传、倡导多读书，读好书，通过读书开阔眼界，丰富知识，提升素质。利用支中心儿童阅览专区，组织动员青少年儿童关注共享工程，利用共享工程，组织一次以“读书梦想　成长”为主题的征文活动。深受广大青少年的喜爱。通过一系列的活动是共享工程不仅走进农村也走进校园走进青少年。

3、文化助残。为迎接5月20日第22次全国助残日，为

众多的残障人提供切实可行的帮助，有力地推动我县残障人事业的发展，组织开展了“文化助残”活动。此次开展的“文化助残”活动主要有：“扶残助阅读无障碍”、“盲文图书助残”等其内涵丰富，形式多样。图书馆工作人员还精心挑选了一批军事、政治、科教、医疗保健、文学及盲文图书、盲人有声读物等类近百种的图书供大家阅读。活动旨在通过“文化助残”活动，使残障人也和正常人一样享受阅读的快乐。倡导人人读书，真正把读书当成一种人生活追求，不仅广泛的阅读图书及各种报刊，谈论健身、切磋技艺，重要的是增进认识，加强了解，沟通感情。

4、开展红领巾读书活动。在一年一度的江苏省红领巾读书征文活动中，支中心充分利用电子阅览的网络资源与各相关学校紧密合作，为“红读”征文活动创造良好的阅读和欣赏环境，所组织的征文充分展现了当代青少年热爱祖国、努力学习、勤于探索、敢于创新的精神风貌。在征文活动中，所组织的征文在省、市多次获奖，县支中心（图书馆）获省、市颁发的组织奖。

5、举办乐帮义教文明上网活动。为使电子阅览室的资源得到充分利用，发挥最大效益，支中心联合县乐帮志愿者义教中心举办了文明上网、快乐阅读活动。活动中，义教老师从什么是文明上网、为什么要文明上网、怎样利用网络进行学习等方面进行了深入浅出的讲解，并对部分学生进行了一对一的辅导。参加活动的同学纷纷表示要规范自身行为，自觉抵制诱惑，明确上网目的，访问文明网站，利用网络充实、提高、完善自我，做到文明上网。

6、基层点活动有声有色。文化信息资源共享工程信息量大，知识面广，节目形象、直观、生动，一方面是农民群众获取农业生产技术、农业法律法规、农产品种殖销售等致富信息的重要来源，应该成为强村富民的好帮手，它拓宽了农民群众致富奔小康的道路；另一方面，丰富了农民群众的文化娱乐生活，能增加他们的文明进步意识，带动形成学文化、强素质、学技术、促致富等健康向上的农村新风尚。在有条件的乡镇结合当地实际，争取多方支持，走文化信息资源共享工程直接进农户的路子，用建设农村科技文化大院等形势，开展卓有成效的资源共享工作。如半城镇基层点积极联合有关机关学校等部门，充分利用群众喜闻乐见的文艺形式，在全镇举办了“爱读书，读好书”、“知识促进致富”等主题活动，在学校开展“知识改变命运”主题读书活动，并组织文化站、共青团、妇联和学校共同开展了在“播撒阅读种子、创建幸福生活”征文活动，每年举办的读书活动都在10个以上，学生参与阅读活动率达100%。

六、强化管理，确保共享工程正常开放运转

文化共享工程县级支中心和乡镇基层服务点建设完成后，为了积极推动城乡基层信息化、数字化、网络化建设进程，构建新的公共文化服务体系，不断满足城乡基层群众日益增长的精神文化需求，确保县、乡二级共享工程的正常开放运行，县领导要求切实保证县支中心和乡镇基层点开放运行经费，制定出切实有效的开放运行计划，保证把共享工程做成真正的文化惠民工程，让更多的人了解共享工程，走进共享工程，利用共享工程，喜爱共享工程。

县、乡二级共享工程作为公共文化服务的重要窗口，在充足的经费保证下，广泛开展了各项服务工作，提供各种文献视频点播、学习培训、上网浏览等服务。主要是围绕文化娱乐、健康生活、医疗卫生、和谐社会、就业创业以及为青少年服务等开展工作。开放过程中，禁止利用网络制作、复制、查阅、发布、传播反动的、色情的、危害他人的信息，禁止玩游戏、上网聊天等不文明上网行为，保证文明、健康上网。县、乡二级共享工程按要求配备了专、兼职管理人员，要求管理人员要定期检修、勤于维护，定期对计算机设备进行清洁保养，落实好设备的防尘、防水、防火、防盗工作，保证设备处于良好的运行状态，保证系统和设备的正常运转。

县支中心紧紧围绕文化强国，让文化信息资源共享工程在公共图书馆充分发挥保障公民基本文化权益的主战场、主阵地、主力军作用，使广大公众特别是青少年进一步了解公共图书馆，充分利用公共图书馆文化信息资源共享工程这一主战场、主阵地的资源，体现文化惠民让更多公众受益。

七、工作展望

在今后工作中，县支中心要紧紧围绕“全面建设小康社会，全力争当苏皖边界先行军”这一核心任务，大力弘扬“敢想敢干敢担当，创新创业创一流”的新时期泗洪精神，着力培育“点燃激情，追求卓越”为主题的激情文化，唱响激情泗洪之歌，用激情营造服务高地、用激情打造发展福地、用激情构建政策洼地，全力打造全国绿色食品基地县、华东生态旅游知名县、苏皖边界商贸中心县和苏北产业集聚优势县，为泗洪县的文化事业大发展做出应有的贡献。

（撰文/泗洪县支中心）

淮安市支中心

淮安市，是江苏腹地重要中心城市。2001年由原地级淮阴市、原县级淮安市、原淮阴县合并而来。位于江淮平原东部，地处长江三角洲地区，淮河与京杭运河交点，历史上与扬州、苏州、杭州并称运河沿线的“四大都市”，有“中国运河之都”的美誉。全市户籍总人口534.1595万人，下辖清河、清浦、淮阴、淮安4区和涟水、洪泽、盱眙、金湖4县。此外，国家级淮安经济技术开发区计划单列，统计单独列统。至2010年末，全市有116个乡镇，其中24个乡、92个镇；另有11个街道办事处。

一、基本情况

文化信息资源共享淮安市支中心成立于2005年，地点设置在淮安市图书馆内，最初通过互联网连接国家和省级共享工程网站资源，为读者提供信息共享服务。2009年江苏省开始在全省范围普及共享工程，由省中心统一配发服务器、电脑终端等设备，在县区范围建立淮安、淮阴、涟水、洪泽、盱眙、金湖6个分中心。2011年江苏省加大共享工程的普及力度，在全省乡镇街道范围内建立基层服务点，并在全市范围进行推广。共享工程淮安

市支中心，是全市共享工程工作的指导单位，负责全市共享工程开展的协调及业务培训工作。

二、管理与队伍建设

淮安市支中心坚持把管理作为文化共享工程建设的重中之重，实行建管并举，建章立制，制定了各共享工程服务点工作职责及电子阅览室计算机管理制度等；加强了乡镇、社区基层服务点管理员的培训。目前，各基层点通过会议、文件等形式，将各基层服务点建设、管理和使用情况进行定期汇总，对工作不力、问题较多的单位提出意见和建议，对一些管理到位、工作有特色、作用发挥好的单位，及时给予肯定，并通过召开现场会、经验交流会等，在全市进行推广，有力促进了文化共享工程工作的健康开展。

在人才培养方面，市图书馆重视发挥龙头作用，从自身做起，针对共享工程工作的需求，从高校招聘计算机专业人才专门从事开展共享工程工作，所有管理人员均为本科以上学历，比较而言，县区及街道社区等服务点则专业人员缺失，直接影响共享工程工作的管理与开展。

三、培训工作

淮安市支中心每年参加共享工程各项培训班，加强自身建设，坚持以赛促学的方针，积极鼓励全支中心人员参与国家、省、市中心举办的各类共享工程知识竞赛。

2009年，有淮安市支中心组织共享工程工作人员赴南京图书馆参加专项培训，不断提升自身素质和服务读者的能力，随后，又认真组织省共享工程知识竞赛全淮安地区预赛工作，培训选拔了三名选手的赴南京图书馆共享工程江苏省分中心参加决赛，其中淮安市支中心获团体第三名，杨志法获个人三等奖。

2011年在南京图书馆文化信息资源共享工程江苏省分中心举办的"第二届文化共享杯——全国文化信息资源共享工程知识与技能竞赛"中，共享工程淮安支中心经过认真策划，精心准备，通过层层选拔，最终选出由淮安市图书馆业务技术部和六个县区支中心专业技术人员共同组成的淮安市代表队参加共享工程江苏省分中心组织的复赛，并最终获得了团体三等奖（唯一获得团体奖的苏北代表队）和优秀组织奖，其中淮安市支中心技术人员获得了个人二等奖的好成绩。

2012年，淮安市支中心将共享工程培训工作纳为2012年工作任务之一，计划将每年的地区培训工作逐个安排在六个县区支中心举办，促进区域内的相互交流合作。目前已举办淮阴区、洪泽县、盱眙县支中心专场培训班各一次，培训工作准备充分，达到了很好的效果。

四、经费投入

淮安市共享工程自开展以来，淮安市图书馆每年投入数万元维护经费，对市支中心的设备进行维护，添置新设备以及开展各项读者活动，确保共享工程工作的正常开展。县区及街道社区等地方因领导对文化不重视，经费投入相对不足，导致共享工程形同虚设，场地不固定，设备被占用，直接影响日常工作的开展。目前主要投入只有省中心下发的设备及下拨资金维持。

五、资源建设

淮安市支中心资源建设以购买数据库为主，2011年淮安市支中心投入数十万元购进读秀学术搜索数据库。近几年淮安市支中心资源建设还立足自身馆藏资源，对馆藏资源进行数字化，建立独特的数字资源数据库，已建成淮安名人、淮扬美食、周恩来、地方文献书目等专题网站数据库。淮安名人数据库收录了历史上淮安籍及淮安本土的具有影响力的名人，并收集了名人的相关历史信息及研究文章，为研究淮安地方文化提供了重要的信息保障。淮扬美食收录了淮扬菜中典型的菜谱及制作方法，图文并茂，生动的展示了淮扬菜的美妙之处。周恩来作为一个专题网站而建立，全面展示了一代伟人的风采，收录了周恩来的手迹、真实照片、真实影音资料，以及周恩来的著作和专家学者研究周恩来的学术资料，成为淮安市支中心资源建设的一大亮点。地方文献书目数据库将淮安地方文化书籍以及淮安籍专家学者的著作等资料进行整理，因品种繁多，内容多样，则只将其图书目录整理罗列，提供查阅服务。除以上数据库外，淮安市支中心还准备建立淮安古籍文献、淮安大运河、西游记等专题数据库，不断完善共享工程资源数据库，打造独特的地方资源特色。

六、合作共建

为充实地方文化信息资源，淮安市支中心2011年引进读秀学术搜索数据库，实行免费开放，为读者提供信息共享，实现了一站式读书、查资料等功能，2012年对县区基层点授权进行共享，在六个县区支中心设立了淮安市数字图书馆分中心，丰富了共享工程的资源能容，使得资源在全市范围得到共享。

七、宣传推广

为充分了解广大基层群众对文化共享工程数据资源的需求，明确今后资源投放方向及内容，淮安支中心在全市各基层服务点开展资源需求调查工作，并下发资源需求调查表，分别了解群众需要如电影、讲座、戏曲等内容，做到有的放矢，及时更新网站资源内容，满足了群众对文化信息需求的不同需要。淮安支中心并派专人负责，广泛征求群众意见，积极开展服务宣传工作，扩大了文化共享工程在基层的影响，广大群众都明白了开展文化共享工程活动的意义。

1、利用各种渠道宣传推广。淮安市支中心在每年图书馆送书下乡、服务宣传周等读者活动中发放传单等宣传资料，宣传共享工程工作。利用自身的网络媒体，制作图片宣传广告。在支中心阵地制作共享工程宣传展牌，大力加强文化宣传工作。

2、利用流动图书车的流动场地推广。流动图书车配备了笔记本电脑及无线网络，将共享工程服务送到了读

者的家门口，为读者查询信息带来了便利。

3、开展各式各样的专题活动。利用共享工程的数字资源，专题视频讲座活动，淮安市支中心还精心打造淮安文化讲坛，定期邀请知名专家进行现场讲座，丰富了共享工程活动。

八、工作展望

淮安市文化信息资源共享工程已得到了高度的普及，在共享工程服务工作正逐步推进，资源建设力度正逐步加大，人才队伍也不断壮大，相信在各级政府及单位的共同努力下，共享工程工作会开展的更加顺利，老百姓能真正从这项全国范围内开展的互动中得到实惠。随着文化信息资源共享工程工作的不断深化，淮安市支中心也会不断的加大自身建设，为地方文化建设贡献一份力量。

（撰文/淮安市支中心）

淮安市淮安区支中心

淮安区位于中国江苏省中北部地处淮河下游，境内主要为黄淮冲积平原和里下河洼地。淮安区面积1439平方千米，行政区划共有26个乡镇，349个行政村，常住人口125余万人。文化信息资源共享工程在淮安区文化局支持和部署下，逐步推进，稳步发展，在新形势下为繁荣农村基层文化，满足农民多层次文化需求，传递中华民族优秀文化资源发挥了重要作用。

一、基本情况

淮安区文化信息资源共享工程建设开始于2009年2010年投入运行，前期由区文化局拨出专款建设标准化机房，后期省文化厅统一采购下拨运行设备。支中心现在数据接收主要通过国家中心下发的各类资源和信息，以及省分中心传递的数据进行开展服务工作。2011年淮安区文化信息资源共享工程开始普及到乡镇基层点，做到全区共享工程全覆盖。

共享工程淮安区支中心设在淮安区图书馆，是淮安区共享工程的建设和业务指导单位，负责保障支中心共享工程设备的运行，协调基层服务点共享工程业务指导，共享工程活动的开展以及全区共享工程管理员的业务培训和指导工作。

二、管理和队伍建设

为使共享项工程真正为民所用为民谋利，淮安区支中心将共享工程日常管理纳入制度化管理。每年有年度工作计划、工作要点、工作督导、工作总结考核，并建立专门QQ业务交流群，及时与基层服务点进行业务交流、适时解答疑难问题，收集整理共享工程服务成果，探索共享工程管理和服务新模式。

淮安区共享工程支中心在管理员队伍建设上坚持明确职责，明确思路，制度化管理，常态化培育。对于乡镇基层服务点队伍建设方面，择优选取基层文化站学历高、电脑知识强的年青人为管理员，他们工作热情高，有较高的文化水平能尽快熟悉掌握共享工程设备为所在镇村群众服务。

三、培训工作

淮安区支中心在共享工程管理员的培养上实现了制度化和常态化。根据国家及省分中心要求，积极参加各类集中培训班以及定期收看网络培训，支中心工作要求，每年对辖区共享工程管理员进行1−2期的集中培训，2012年以来一共举办各类培训班6期，参加轮训的各级管理员达180人次。

四、经费投入

淮安区共享工程自2009年建设2010年1月竣工，现实现与镇级基层点全覆盖，淮安区文化共享工程建设区文化局投入10万元中心机房建设经费，区财政每年投入2万的运行经费，用于共享工程设备的维护。同时，淮安区图书馆每年也投入大量人力物力支援共享工程各项活动的正常开展。

五、资源建设

淮安区支中心在历年的工作中，搜集不同区域民众文化需求，选取、编辑制作各类题材资源，每年将国家中心制作下发的各类光盘资源达2G及省分中心下传的各类数据资源通过拷贝上传至支中心视频网站，同时，通过区图书馆服务宣传周及走进社区发放共享工程宣传资料2000余份。

六、宣传推广

1、服务社会，淮安区支中心利用各种渠道宣传推广共享工程。在图书馆网站、地方门户网站、图书馆服务宣传周、每月走进社区、科技文化四下乡活动中，淮安区支中心不失时机，以活动为平台，以资料为媒介宣传共享工程，让民众不断了解共享工程，走进共享工程。

2、服务校园，淮安区支中心文化服务中不断探索，利用支中心多媒体播放厅，组织动员青少年儿童关注共享工程，利用共享工程，收集青少年知识兴趣点整理挖掘，每周日为学生播放精彩大片、爱国影片、红色教育专

题片等等，深受广大青少年的喜爱。同时按照国家中心的部署在全区中小学校开展了阳光少年热爱党网页制作大赛和电脑小报制作大赛，通过一系列的活动是共享工程不仅走进农村也走进校园走进青少年。

3、服务群众，专题活动，精彩纷呈。淮安区支中心在服务中抓住文化的热点和亮点，积极组织群众喜闻乐见的文化服务，使共享工程走进群众生活。根据上级指示精神，组织好各类活动，例如技能竞赛、知识大赛、摄影比赛等活动，同时，在每周四下午为成人播放文化、养生、法律、科技等方面专题片以及适时播放各类经典、红色、热播影片，七一建党日组织全系统人员集中收看建党伟业爱国影片，喜迎建党90周年。

七、工作展望

1、加大工作力度，增强推进文化共享工程建设的责任感和紧迫感，争取得到市、区两级政府的重视和政策支持。2、提出合理化建议，用好年度财政项目资金，确保按时、高质量完成建设任务，实现覆盖100%的规划目标。3、进一步完成共享机制，加强与基层点的人员培训、资源共享、技术支持、检查验收工作。4、加强组织策划，改善基层服务，进一步提高文化共享工程的管理水平。

（撰文/淮安市淮安区支中心）

淮安市淮阴区支中心

淮安市淮阴区位于江苏省北部平原的腹地，因古代县域在淮河南岸（水之南为阴）而得名。南北长62.5公里，东西宽38.5公里，面积为1264.10平方公里。行政区划共有21个乡镇，251个行政村，常住人口90余万人。淮阴区区政府所在地在王营镇，为淮安市的“北大门”。淮阴区文化资源共享工程在淮阴区文化广电新闻出版局、淮安市图书馆的支持和部署下，逐步推进，稳步发展，为繁荣农村基层文化，满足居民、农民多层次文化需求，传递中国民族优秀文化资源发挥了重要作用。

一、基本情况

淮阴区文化资源共享工程建设开始于2009年，最初在淮阴区图书馆建设设立淮阴区文化资源共享工程基层点，2010年在全区20个乡镇文化中心建设设立文化资源共享工程乡镇基层服务点。

共享工程淮阴支中心设在淮阴区图书馆，是淮阴区共享工程的建设和业务指导单位，负责保障区中心共享工程设备的运行，协调乡镇级共享工程设备的维修，指导乡镇级共享工程活动的开展以及开展全区共享工程管理员的业务培训和指导。

二、日常管理

为使共享工程真正为民所用为民谋利，我中心将共享工程日常管理纳入制度化管理。制定支中心、乡镇基层服务点工作职责和制度。每年有年度工作计划，月度有工作要点，季度有工作督导，年末有工作总结考核。

三、培训工作

淮阴支中心在共享工程管理员的培养上实现了制度化和常态化。根据支中心工作要求，每年对辖区共享工程管理员进行2期的集中培训，2010年以来一共举办各类培训班8期，参加轮训的各级管理员达200人次。

四、经费投入

淮阴区共享工程支中心自2009年建成以来，区财政每年投入2万元的运维经费，用于共享工程设备的维护，人员培训和惠民活动的开展。同时，区图书馆每年也投入一定的人力物力支援共享工程各项活动的正常开展。

五、利民惠众，惠农服务

淮阴支中心在共享工程服务实践过程中，以民众的需求为导向，积极探索，服务民众生活生产，引领群众高尚精神文化生活，打造群在满意喜爱的文化服务新平台。根据淮阴地域农业生产特点，淮阴支中心有针对的选取资源上门指导服务。历年来累计服务专业生产户20多户，长期点对点跟踪服务6户。

六、宣传推广

该支中心利用各种渠道宣传推广共享工程。在淮阴区每年的科技文化三下乡活动、科普宣传周、社科普及宣传周、图书馆服务宣传周、农家书屋建设等活动中，淮阴支中心不失时机，以活动为平台，以资料为媒介宣传共享工程，让民众不断了解共享工程，走进共享工程。

七、工作展望

淮阴区文化资源共享工程已走过3个年头，文化资源共享工程在繁荣淮阴文化，丰富淮阴人民精神生活，推动淮阴人文科技进步等方面正日益发挥重要的作用。今后淮阴支中心希望在国家中心，江苏省分中心大力支持下，淮阴区文化资源共享工程能在全区的“三个文明”建设中做出更大的贡献。

（撰文/淮安市淮阴区支中心）

金湖县支中心

文化信息资源共享工程（以下简称共享工程）金湖县支中心作为江苏省共享工程的基层组成部分，由金湖县文广新局主办，金湖县图书馆承办。我中心日常负责与上级中心的联系沟通，在其指导下开展各项业务活动；县图书馆承担维护指导县内各共享工程基层服务点，进行技术支持、资源采集与初步制作等工作。

一、建设情况

2002至2004年，金湖县图书馆拟定共享工程支中心的建设计划，向淮安市文化局提交成为“江苏文化信息资源共享工程”建设单位的申请报告。2005至2006年，积极与有关部门沟通协调，落实相关政策与资金支持；同时赴苏南发达地区考察共享工程建设情况。2007至2008年，完成前期准备工作，成立领导小组和办事机构，完成具体建设实施方案，着手支中心建设实施工作。

2009年，对照相关技术标准完成支中心标准机房的建设，并通过专家验收，成为苏北首批符合江苏省下发配套设备条件的县级支中心。年底在江苏省共享工程分中心的指导下，顺利完成系统安装实施工作，实现了图书馆力博图书管理系统、共享工程资源管理播放系统、服务网站的有机整合。2010年第一季度至第三季度，按照标准要求完成我县11个基层服务点的建设，并开通共享工程VPN服务。并于同年11月，作为淮安市首家支中心迎接江苏省文化厅专家组检查验收，专家组一行给予较高评价。2011年，在金湖县创建江苏省文明城市活动中，共享工程建设情况作为文明城市创建体系中的重要测评点，备受关注。以此为契机，我县支中心对乡镇基层服务点进行了完善和提升，同时以街道社区电子阅览室为重点，派专人上门，对县城主要街道社区，如西苑社区、劳动桥社区公共电子阅览室进行了技术改造与指导，实现了我县共享工程服务的全方位覆盖，提升了我县公共信息化服务水平，确保了我县顺利通过江苏省文明城市测评，受到上级部门赞扬。

二、基层网点

我县11个镇均设有基层服务点，分别为塔集、涂沟、前锋、吕良、闵桥、戴楼、金南、金北、陈桥、银集、黎城。其中塔集、涂沟两镇基层服务点建设配置标准为增强型，其他镇基层服务点的建设配置标准为基本型。11个基层服务点接入带宽皆为2M以上，配备有电脑数台、配备投影幕、投影仪。其中增强型基层服务点还配备有数字电视、影碟机、打复扫一体机等设备。基层服务点的设立为广大乡镇居民提供了休闲娱乐、教育培训、自助学习的免费公益服务，成为乡镇基层群众文化娱乐活动的主要场所。在城区的西苑、劳动桥等三个社区设立了电子阅览室，均按要求向他们提供了共享工程服务项目，定期为街道社区居民，特别是老年同志、下岗人员等群体提供了免费优质的信息服务。提供的服务项目有：养生保健、怀旧影视、实用技能、用工信息等信息资源，受到街道社区居民好评。

三、惠民服务

1、服务基层：我县支中心收集整理、精心挑选群众喜闻乐见的资源，通过互联网、邮寄、散发、放送等多渠道送达到基层、服务到基层。如"健康一点通"系列视频讲座已形成了特色，应社区负责人要求，每期都会走进社区放送居民所喜爱的养生保健类资源，内容实用，深受群众欢迎。2、电子阅览室：电子阅览室实行全年无节假日全天候免费开放，月均接待读者约298人次。我中心对电子资源细致分类，方便基层读者使用。同时电子阅览室还提供了数字图书馆服务与我县政府信息查询，拓展了服务空间。3、影视播放：我中心还设有大屏幕电视、可容纳多人的影视播放点，使用的是上级配发和我中心自购的影视光盘为主的热门影视片，吸引了广大读者和小读者驻足观看。我馆每年播放影视片28场。

四、资源建设

我中心具有资源采集、初步制作能力，资源建设以地方化、特色化为建设原则。截至2012年，已初步制作金湖县荷花节专题资源187M、图片162张；读者活动专题资源557M、图片约320张；我县地方志、个人著述、家谱类专题资源在建设中，目前已完成300M，图片约90张；相关宣传片900M。总共合计资源1944M（不包含文字），图片572张。下一步规划制作的专题资源有：金湖地方农耕文化专题、金湖地方文物专题、金湖湖鲜美食专题。同时继续加强我县地方志、个人著述、家谱类专题资源建设。

五、宣传推广

1、坚持做好阵地宣传。做到有信息必发布，有资源必推荐，有活动必参与，通过网站、报纸等多种方式扩大共享工程的知名度。2、走上街头广为宣传。与图书馆读书活动结合，加大宣传力度，如配合每年的科普宣传周，以散发传单、街头咨询等形式增强公众对共享工程的了解。3、开办《信息导航》。每期通过专栏向读者介绍先进科技，推荐优质资源，如向读者介绍掌上阅读、三大中文期刊数据库等，提升公众使用共享工程的兴趣。

六、培训工作

1、面向员工、基层的业务培训：定期组织业务培训并下发业务资料，如共享工程操作技能远程培训、金湖县基层服务点VPN使用培训等，提高了相关工作人员的业务水平与服务能力。

2、面向公众的免费公益培训：引导公众使用共享工程远程培训系统，多次组织免费公益性培训，如老年朋友计算机知识培训、四好少年网页制作培训等。

七、队伍建设

我中心目前共有专职人员1人，兼职人员2人。3人均为本科学历，具有相应计算机资格水平，定期接受共享工程相关业务知识与技能培训。

八、荣誉奖项

2011年，获得淮安市共享工程知识竞赛淮安赛区优秀组织奖；2011年，代表淮安市参加第二届文化共享杯知识竞赛获团体奖（苏北地区唯一获奖的团体）；2012年，我中心吴敏同志被上级中心推荐参加全国"文化共享之星”评比；2012年，我县涂沟镇基层服务点参加全国公共电子阅览室示范点（乡镇基层）评审。

九、工作展望

为继续推进新时期我县共享工程建设，我中心下一步工作将从三个方面入手：一从源头上争取经费投入，加强队伍建设。确保有一定的财力、人力用于该工程；二从规划上着手打造更完善的支中心和重点扶持一批基层服务点。力争形成以点带面的新格局；三从实施上着力做好两个重点工作，即公共服务与资源建设。力求体现出该工程服务的惠民性与资源特色性。

我们相信，秉持着服务大众的工作原则，执著于传承文化的服务信念，通过脚踏实地的不懈工作，一定可以继续推进共享工程事业，在该县构建具有文化辐射力的共享工程服务体系，产生更大的社会效益，让更多的人感受到、享受到党和政府这一文化惠民工程。

（撰文/吴　敏）

盱眙县支中心

近年来，盱眙县始终坚持以“三个代表”重要思想和科学发展观为指导，以党的十七届六中全会精神为引领，事业与产业并重、管理与服务并举，不断加大文化建设力度，文化基础设施建设不断完善，群众文化活动蓬勃开展，文艺精品创作成果丰富，城市文化品位明显提高，城乡文化氛围明显增强，不断建立健全公共文化服务体系，全县文化建设有了长足发展。盱眙县共享工程也在这样的大环境、大氛围下得到发展。

2009年县图书馆建成文化信息资源共享工程支中心，2010年我县以乡镇文广站和村文化活动室为平台，进一步实施建设文化信息资源共享工程，已初步实现文化共享工程县、镇、村三级公共文化服务信息网络覆盖，达到镇有一站、村有一室。2012年还将进一步完善提高文化信息资源共享工程的功能。2011盱眙县图书馆与淮安市图书馆合作，建成淮安市图书馆数字资源服务平台，使我中心的信息资源量得到了扩充。按照文化共享工程要求，每年租用3个IP地址，采用联通10M光纤上网，以保证在文化信息资源共享工程客户端浏览网页时的流畅性。

每年县里对我中心投入1万元的资金作为我县文化信息资源共享工程的运转资金。我中心充分利用资金，建设有地方特色的数字资源，例如盱眙各景点的介绍，每年龙虾节的影音资料，每年重大节日的实况录像，以及精彩盱眙专栏，里面收录了众多盱眙原创歌曲影音资料。盱眙县文化信息资源共享工程，在图书馆内设有专门的播放室，播放室每周开放7天，每天对外开放约7小时。除此以外，我们中心还通过网络对外24小时免费播放文化共享工程资源。在建成文化信息资源共享工程之后，我们便组织工作人员对外进行宣传，主要通过电视广告、校园宣传和发传单等方式。

为了是文化信息资源共享工程能够更好的服务于民，我中心每年不定期组织乡镇文广站及村级继承点的管理员来我馆内进行培训，主要培训管理员一些专业技能，使管理员能够在日常工作中更好的了解文化信息资源共享工程的最新动态并将之运用于工作之中，从而更好的为民服务。为了使我中心更好的运营，我中心专门成立了领导小组 由宋勇同志担任组长，邵昕 同志担任副组长。并建立了相应的制度，如：《机房管理制度》、《电子阅览室管理制度》、《机房安全制度》、《电子阅览室安全制度》等。

文化信息资源共享工程在我国公共文化服务体系建设中具有战略性、基础性地位。文化信息资源共享工程在盱眙建设的几年时间里，覆盖城乡的服务网络已基本建成，数字资源初具规模，传输模式不断完善，惠民服务扎实推进。在文化信息资源共享工程长足发展的今天，我中心将深入学习贯彻党的十八大精神，以面向基层、服务群众为导向，创新机制，整合资源，不断提升文化共享工程的建设管理水平，不断提高公共数字文化服务能力，不断提供优秀的公共数字文化产品，努力满足城乡基层群众日益增长的数字文化需求。

（撰文/盱眙县支中心）

洪泽县支中心

洪泽县位于全国五大淡水湖之一的洪泽湖畔，西依洪泽湖，东挽白马湖，南临淮河入江水道，北濒苏北灌溉总渠和洪泽湖入海水道。全县现有39万人口，11个乡镇，94个行政村，31个居委会。水陆总面积1394平方公里，其中水域面积占54%。文化信息资源共享工程建设在县委、县政府支持下，逐步推进，稳步发展，在建设小康社会的新形势下为繁荣农村基层文化，满足农渔民多层次文化需求，传承中华民族优秀文化资源发挥了重要作用。

一、基本概况

根据中央的部署安排，我县文化信息资源共享工程建设工作，在洪泽县委、县政府及上级主管部门的关心和大力支持下，严格按照省文化厅下达的建设任务和技术标准，认真落实配套资金，在2009年7月底全面完成县支中心建设任务，2010年7月建立了2个增强型，9个基本

型镇基层服务点，125个村基层服务点，做到全县文化信息资源共享工程全覆盖。镇基层服务点前期由县财政投入资金为镇基层服务点配置硬件设备，后期由省文化厅统一采购下拨运行设备。村基层服务点主要是利用党员远程教育现有设备，实现资源共享；支中心现在数据接收主要通过国家中心下发的各类资源和信息，以及省分中心传递的数据进行开展服务工作。

洪泽县支中心设在洪泽县图书馆，它是洪泽县共享工程的建设和业务指导单位，负责保障支中心共享工程设备的运行，协调基层服务点共享工程业务指导，共享工程活动的开展以及全县共享工程管理员的业务培训和指导工作。

二、设施建设

“文化共享工程”是一项受到党中央高度重视的文化创新工程，近几年来，随着市场经济体制不断完善，农业调整力度加大，人民群众尤其是农民朋友对科技文化需求显得尤为迫切。我县2010年7月分别为11个镇基层服务点配置了台式电脑、投影机、打印机、移动硬盘等整套设备，共计20万元。9月份，11个基层服务点设备全部安装到位，并严格按照省厅要求采用VPN技术与支中心建成虚拟网连接。设备安装到位后，为了更好地发挥各镇基层服务点的作用，各个基层服务点均聘用兼职的管理人员，进行机器维护、收发信息、资源播放等业务工作。

三、经费保障

洪泽县共享工程自2009年建设以来，现已完成镇村两级基层点全覆盖。在省里配发全套机房设备的情况下，县财政投入10万元用于共享工程中心机房建设，同时还投入20万元建成有70台电脑的公共电子阅览室，运行经费由当初每年2万元，增加到现在的5万元，用于共享工程设备的维护。同时，洪泽县图书馆每年也投入一定的人力物力支持文化共享工程各项活动的正常开展。

四、资源建设

洪泽县支中心在历年的工作中，搜集不同区域民众文化需求，选取、编辑制作各类题材资源，每年将国家中心制作下发的各类光盘资源（达2G）及省分中心下传的各类数据资源通过拷贝上传至支中心视频网站，同时，通过县图书馆服务宣传周及读书节活动向社会发放共享工程宣传资料3000余份。中心同时收集本地区非遗项目、民俗文化等地方特色资源，如洪泽湖渔民婚嫁民俗资源等。

五、开展服务

洪泽县支中心合理安排电子阅览室、资源播放室开放时间，电子阅览室做到无节假日免费开放，资源播放室周末正常开放。平常每个周末，县支中心利用文化共享工程设备在资源播放室为广大群众播放电影、戏曲、健康讲座、农业科技等节目，丰富了人民群众的文化生活，传播了知识。县支中心工作要求，每年对全县共享工程管理员进行1-2期的集中培训，2010年以来一共举办类培训班4期，参加轮训的各级管理员达120人次。节假日期间，县支中心精心准备一些专题片，如：六一期间，为儿童精心准备的动画片《熊出没》，受到小朋友的喜爱；为庆祝建党九十周年，县支中心举办以“建党九十周年，永远跟党走”为主题的资源播放活动。我们还利用县支中心现有的设备，举办“夕阳红老年读者计算机基础知识免费培训班”，在社会上引起了很大的反响，受到广大老年读者的一致好评。

县支中心还利用共享工程网络内容新颖、实用性强、信息量大、数据传输快捷方便的优势，认真搜集、下载适用于当地群众的政策法规、先进性教育、农业科技、文化体育、防疫保健、科普知识等共享工程资源，特别是大量收集农村实用技术信息，并将下载的共享工程资源信息刻录成VCD光盘或宣传资料，通过文化服务网络及其它途径传输数字资源，扩大宣传面，使群众性学技术，早得实惠。共享工程的实施，为新时期建设新农村、培育新农民、渔民搭建了新的平台。丰富的文化教育资源和科技信息资源，普及到广大农村基层，对打破农村地区信息闭塞的状况，积极推广农业适用技术、节本增效技术，帮助村民及时了解到相关市场、技术信息起到了重要作用。现在不少村民都反映，通过“信息共享工程”，他们的眼界更宽了，信息更灵了，增效致富的本领更强了。全县各基层服务点都能基本按照上级的要求，做到定期为群众开展服务，指导群众在农闲时利用文化共享工程提供的资源，组织学习农业科技知识，观看文化娱乐节目，活跃群众的文化生活。为群众服务，引导广大群众了解并享受文化信息资源，不断满足他们的文化需求是我们的最终目标。

（撰文/孙雅琴）

盐城市支中心

盐城是一座历史悠久、人文荟萃的城市。盐城位于黄海之滨，地处长江三角洲北翼。盐城是一座生态独特、资源丰富的城市。市域面积1.7万平方公里，户籍人口816万。拥有全省最长的海岸线、最大的沿海滩涂、最广的海域面积，沿海滩涂面积45.53万公顷，占全省沿海滩涂面积的70%。盐城市文化共享工程在市文广新局，盐城市图书馆支持和部署下，逐步推进，稳步发展，在新形势下为繁荣农村基层文化，满足农民多层次文化需求，传递中国民族优秀文化资源发挥了重要作用。

一、基本情况

盐城市文化信息资源共享工程建设开始于2001年，

最初在盐城市图书馆、东台市图书馆、大丰市图书馆三个试点安装，此后陆续在全市市、县市图书馆、文化馆、社区、乡镇文化站等28个单位建设了文化共享工程基层服务点。2007年文化资源共享工程开始普及进入乡镇行政村，至目前全市共建设89个乡镇基层服务点，与党员远程教育中心合作建设村基层服务点2177个，实现共享工程村村全覆盖。共享工程盐城市支中心设在盐城市图书馆，是盐城市共享工程的建设和业务指导单位，负责保障区中心共享工程设备的运行，协调镇村级共享工程设备的维修，指导镇村级共享工程活动的开展以及开展全区共享工程管理员的业务培训和指导。

二、管理和队伍建设

为保证支中心和各基层服务点能够正常运行，将共享工程日常管理纳入制度化管理。制定支中心、镇、村基层服务点工作职责和制度，实行制度上墙公开。

三、培训工作

盐城市共享工程支中心每年都定期为基层服务点的工作人员举办共享工程基础知识和应用技术培训班，切实解决基层缺乏技术管理人才问题。同时，通过多次参加全省举办的共享工程知识大赛，在“学习中比赛”，“比赛中学习”的方式培养和锻炼了一批人才，为共享工程开展各项工作打下了基础。2002年以来，通过集中培训，网络培训的方式，一共举办各类培训班24期，参加轮训的各级管理员达820人次。

四、经费投入

盐城市共享工程自2002年建设以来，盐城市图书馆投入120余万元添置各类设备。其它市县级政府也相应投入合计198万元，用于共享工程设备的维护，人员培训和惠民活动的开展。

五、合作共建，活动多样

以共享工程为依托结合全覆盖的农村党员干部现代远程教育培训中心，将共享各工程各类电子文献资源，根据不同乡镇、村的硬件条件建立形式多样的电子阅览室和多媒体中心，、充分利用文化共享工程的视频资源为村民提供服务。共享工程有大量的电影、戏曲小品等影视作品。支中心不定期利用移动硬盘和光盘等设备将这些作品复制给基层服务点，在周末和节假日，基层服务点为广大群众免费播放。通过播放这些视频资料，极大地丰富了村民的业余文化生活，提高了村民的生活素质，成为村民获取新知，娱乐身心的新渠道新平台。

如在盐城市亭湖区东南村建立拥有多台电脑的多媒体阅读中心，利用其广场的全彩LED电子大屏，播放数字电影，农村适用技术等影片资料，受到当地老百姓的热烈欢迎。

六、利民惠众，惠农服务

该中心在共享工程服务实践过程中，结合当地经济发展的地方特色，每年按时节制作信息导航，提供信息参考，帮助当地老百姓发展生产和提高经济效益。如我市的东南村养殖业非常发达，特别是养鸡在全村已形成一定的规模，全村蛋鸡养殖已突破100万羽。根据这一特点，支中心在共享工程的资料中收集所有关的养鸡信息资源，不定期地编印成刊，发送到村民的手中，把一些视频资料编辑成光盘送到基层点的阅览室。村民通过观看这些资料，进一步提高养鸡的技术，提高了经济效益。

七、工作展望

在国家、省中心的领导支持下，盐城市共享工程将利用共享工程的服务网络，切实为基层群众提供丰富的文化信息资源，以满足人民不断增长的文化需要，为构建盐城公共文化服务体系贡献力量。

（撰文/盐城市支中心）

东台市支中心

东台市位于江苏省苏北盐（盐城）、通（南通）、泰（泰州）三市交界处，全市总面积2340平方公里，人口116万。行政区划共14个镇，共有368个行政村。东台市文化资源共享工程在省、市领导和省、市图书馆支持和布署下，逐步推进，稳步发展，在新形势下为繁荣农村基层文化，满足农民多层次文化需求，传递中国民族优秀文化资源发挥了重要作用。

一、基本情况

东台市支中心建设开始于2003年，此后陆续在全市十四个镇文化中心开始安装，2009年东台市健全和完善共享工程支中心，开始普及进入乡镇行政村，至2010年东台所属行政村实现全市共享工程村村全覆盖。

东台支中心设在东台市图书馆，是东台市共享工程的建设和业务指导单位，负责保障市中心共享工程设备的运行，协调镇村级共享工程设备的维修，指导镇村级共享工程活动的开展以及开展全市共享工程管理员的业务培训和指导。

二、管理和队伍建设

为使共享工程真正为民所用为民谋利，东台市支中心将共享工程日常工作纳入制度化管理。制定支中心、镇、村基层服务点工作职责和制度，实行制度上墙公开。每年有年度工作计划，月度有工作要点，季度有工作督导，年末有工作总结，并积极收集整理共享工程服务活动方面的相关资料，探索共享工程管理和服务模式。

文化资源共享工程作为一个新的农村文化资源获取平台，如何推广好、利用好共享工程丰富的文化资源关键在于是否有一支专业化的共享工程管理员队伍。东台市共享工程支中心在管理员队伍建设上坚持明确职

责，明确思路，制度化管理。

对于乡镇、村两级基层共享工程管理上择优选取文化层次较高，有一定社会基层管理服务实践经验的大学生村官为管理员，他们工作热情高，有较高的文化水平能尽快熟悉掌握共享工程设备运用及维护，为所在区域内村民服务。目前东台市共享工程管理员10%为各级大学生村官，90%是由较高学历的村委委员兼任，实现了管理员选取的高起点。

三、培训工作

东台市支中心在共享工程管理员的培养上实现了制度化和常态化。根据支中心工作要求，每年对辖区内共享工程管理员进行集中培训，2003年以来一共举办各类培训班18期，参加培训的各级管理员达1900人次。

四、经费投入

东台市共享工程自2010年实现村村全覆盖以来，市政府每年对支中心投入3余万的运维经费，用于共享工程设备的维护，人员培训和惠民活动的开展。同时，东台市图书馆每年也投入大量人力物力支援共享工程各项活动的正常开展。

五、资源建设

东台市支中心在历年的工作中，搜集不同区域民众文化需求，选取、编辑制作各类题材资源4TB，每年制作发放各类光盘1000多张，展板10多块，各类海报，招贴画10副，发放宣传资料2000余份。

六、合作共建

以共享工程为依托结合全覆盖的农村数字电影厅建立电子文献资源服务中心。将上级下发的电子文献资源与建立的共享工程服务点结合，根据不同乡镇、村的硬件条件建立形式多样的电子阅览室和多媒体中心。比如在梁垛镇梁南村，时埝镇嵇东村等建立拥有多台电脑的多媒体阅读中心和数字电影演播厅，定时为村民放映农业种植、畜牧业养殖等方面的影片服务本地区经济。10多年来，共享工程已逐步走入基层村民的生活中，成为村民获取新知，娱乐身心的新渠道新平台。

七、利民惠众，惠农服务

东台市支中心在服务实践过程中，以民众的需求为导向，积极探索，服务民众生活生产需求，引领群众高尚精神文化生活，打造群众满意喜爱的文化服务新平台。

根据东台市地域农业生产特点，东台市支中心每年按节令制作农业生产技术光盘和小册子通过行政村基层服务点向村民分发。针对不同的专业户，东台市支中心有针对的选取资源上门指导服务。历年来累计服务专业户30多户，长期点对点跟踪服务6户。

八、宣传推广

1、东台市支中心利用各种渠道宣传推广共享工程。在东台市每年的科技文化三下乡活动、科普宣传周等活动中，东台市支中心不失时机，以活动为平台，以资料为媒介宣传共享工程，让民众不断了解共享工程，走进共享工程。

2、走进校园。东台市支中心文化服务中不断探索，利用支中心儿童阅览专区，组织动员青少年儿童关注共享工程，利用共享工程，收集青少年知识兴趣点整理挖掘，针对集中地知识群和关注点东台市支中心聘请专家前来为青少年答疑解惑，其中邀请市土壤研究所专家做精彩的报告、二胡教育家马友德进行授课，深受广大青少年的喜爱。同时在全市中小学校开展了阳光少年热爱党网页制作大赛和电脑小报制作大赛。通过一系列的活动共享工程不仅走进农村也走进校园走进青少年。

3、专题活动，精彩纷呈。东台市支中心在服务中抓住文化的热点和亮点，积极组织群众喜闻乐见的文化活动，使共享工程走进群众生活。例如在迎接建党90周年之际，东台市支中心联合其他单位举办了“爱祖国，爱家乡”读书征文活动，共享文化盛宴。

九、工作展望

东台市文化资源共享工程已走过10个年头，从昨天的几个点到今天的368个行政村全覆盖，从单一的资源接收到今天的编辑分发和群众广泛认知，广泛参与，文化资源共享工程在东台市已经成为东台人民文化生活的一大支柱，成为繁荣东台文化，丰富东台人民精神生活，推动东台人文科技进步的强大动力源泉。

今后东台市支中心希望在国家中心，南京分中心大力支持下为东台市共享工程建设一支专业化的服务队伍，建立一个国家、市、镇三级知识网络联动的即时问答服务体制，服务形式更加多样，服务网点更加宽广，参与群众更加广泛的共享工程文化纽带体系，为建设科技东台，文化东台做出贡献。

（撰文/许德琴）

大丰市支中心

大丰市地处江苏中部，黄海之滨，总人口73万，面积3059平方公里，辖12个镇、259个村、18个社区居委会、两个省级开发区，境内有省属农场和沪属农场各3个。

"十一五"以来，我们紧紧围绕建设文化强市的目标，坚持高起点规划，高标准实施，高质量管理，全面推进文化信息资源共享工程建设，努力完善公共文化服务体系，取得了一定的成绩，收到了各级领导的肯定和广大基层群众的好评。

一、发展现状、网点建设及荣誉奖项

从2003年开始，我市开展了创建省文化信息资源共享工程基层点的工作。2006年，我市抓住申报文化共享工程全国试点县的机遇，利用现代信息技术手段，为城乡群众提供丰富、优质的数字文化资源，努力实现服务手段现代化、服务内容多样化、服务对象大众化、城乡网络一体化的建设目标。以设立市图书馆的县级支中心为核心，在全市12个镇、259个村和18个社区居委会实现了站点全面开通，从而建立起由大丰市市、镇、村三级文化信息资源共享工程服务网络。2010年1月，支中心电子阅览室建成，配备了30台电脑，并实行免费开放。2007年12月，我市通过国家文化部对试点工作的检查验收，2008年5月被命名为"全国文化信息资源共享工程示范县（市、区）"，同年9月我市方强镇基层点被文化部授予"优秀乡镇基层服务点"称号。2010年10月我市大中镇同德村信息员卞婧获得"全国优秀文化信息共享工程优秀信息员"称号，同年11月大丰市新丰镇方强居委会致富能手魏玉海利用共享工程平台带领周边农民致富的专题片《老魏的故事》被文化部资源管理中心录用在全国巡展。

二、经费投入与支持

文化共享工程是一项艰巨的工作，需要大量的经费保证，经费不落实，一切都是纸上谈兵。为了解决资金这个"瓶颈"问题，我们在得到市财政支持的基础上，采取"对上争取一点、各基层点及其主管部门自有资金拨一点、领导小组成员单位和市直挂钩服务部门支持一点"的方针，积极探索多渠道筹措资金、多单位多部门共建终端接收站点的新路子、新模式。通过建立市、镇、村三级投入，解决了共享工程基层服务点设施、设备、网络等建设经费。2006年至2009年，我们除财政投入100多万元用于购置设施之外，其余都是各单位、各部门、各镇村自筹；2008年上半年开始，各级领导积极筹集资金，给每个乡镇基层服务点配备4台电脑，1台电视，及网络费40万元，并在全市建立了"文化共享工程"三级虚拟网；2010年1月，省分中心为我支中心配置了价值28万元的电脑设备，同年8月，省文化厅、财政厅又奖励14万元用于向各基层服务点采购新的设备。

三、合作共建、宣传推广

结合大丰实际，按照《关于开展全省农村党员干部现代远程教育与文化信息资源共享工程共建共享试点工

支中心工作人员为基层服务点工作人员做培训

开展图书通借通还三级网络培训

作的通知》的文件精神，与党员干部现代远程教育工程加强合作，建立了全市共建共享运行模式。在村级基层服务点的建设中，把文化共享工程与图书馆（室）、农家书屋、党员远程教育点、小康建设示范点有机结合，实现一点多用，一点多能，避免了重复投资、重复建设，整合了资源，形成了合力，有效提高了基层服务点的利用率。同时，在文化共享工程实施过程中，我市十分注重舆论引导和促进工作，充分利用报纸、电视、广播、网站等新闻媒体，大力宣传实施共享工程的重要意义，宣传各地共享工程的进度、成效、经验和先进典型，从而吸引了基层群众的广泛参与。

四、人才培训与队伍建设

有了先进设施设备，一支优秀队伍是确保共享工程规范化运行的前提。我市积极打造一支懂技术、会管理、愿意扎根基层的共享工程人才队伍。一是强化人才队伍。采取"加强职工继续教育"与"新增编制、引进人才"相结合的方式，在提高原有人才队伍素质的基础上，通过人才市场公开招录了2名计算机专业技术人员，进一步加强了支中心的技术力量。二是强化队伍培训。通过集中授课、实践操作、现场观摩等多种形式，对镇、村基层点的管理服务技术人员进行文化共享工程的资源介绍、设备安装、使用及维护软件的运用与操作等内容的培训，建立起一支素质较高、相对稳定、专兼职结合的管理服务技术人员队伍。三是强化队伍管理。①建立健全各项管理制度，市镇村三级统一制定了工作人员职责、管理人员岗位规范、设备操作维护规程、安全制度等规章制度，使文化共享工程的日常管理工作步入了规范化的轨道。②注重文化信息资源的利用情况，做好服务成效的反馈工作，要求每个基层服务点建立工作台帐，对查阅人数、活动情况及成果都有详细的记载，以确保文化共享工程的有效实施。③坚持公益服务原则。文化共享工程必须坚持公益性，决不能以盈利为目的。我们文化工程基层服务点都是为群众免费开放、免费使用。

五、资源建设

我们在做好文化信息资源整合的基础上，开展课件光盘的制作和发放，并在图书馆网站开通视频点播、读者服务、资源链接、查找资料、数字图书馆（局域网）、参考咨询等模块。利用这一资源，全市农村党员干部和群众通过农村党员干部现代远程教育网络，可以方便、快捷地享受到共享工程提供的电子图书、数字视频节目和多媒体数据库等内容丰富、形式多样的文化服务，实现了农村党员干部经常受教育、农民长期得实惠、共享工

程基层网点数量和服务质量全面提升的目的。

六、工作展望

文化信息资源共享工程是构建公共文化服务体系的重要内容之一，是一项惠及千家万户的惠民工程。在工作中，我们继续把文化信息资源共享工程作为构建公共文化服务体系，实现广大人民群众的基本文化权利，促进经济社会协调发展的基础文化工程来抓，以服务基层群众为宗旨，以群众的文化需求为导向，全力推动文化信息资源共享工程建设。继续发挥共享工程建设的创新性、导向性、带动性、科学性，以资源建设为核心，以队伍建设为基础，以建设科学的工作机制为保障，不断开拓思路、创新工作，开创我市共享工程建设的新局面。

（撰文/大丰市支中心）

射阳县支中心

射阳县位于江苏沿海中部，相传因精卫填海而成陆，由后羿射日而得名。土地总面积2800平方公里，全县辖13个镇、1个省级经济开发区、1个射阳港经济区，总人口近百万。境内还有省属农场3个、市属盐场1个；世界珍禽丹顶鹤有90%在境内的国家级自然保护区越冬，故射阳又有“鹤乡”之誉。

射阳县文化信息资源共享工程在新形势下为繁荣全县农村基层文化，满足农民多层次文化需求，传递中华民族优秀文化资源发挥了重要作用。

一、基本建设情况

射阳县共享工程成立于2009年4月，设在射阳县图书馆内，没有独立建制、人员编制和预算经费，由县图书馆2名同志兼职负责支中心日常工作和机房运行、维护工作。目前拥有一间设备齐全达到省级标准的70平米机房和80平米的电子阅览室，电信10Mb光纤宽带专线接入互联网，自建了射阳县图书馆、文化共享工程射阳县支中心门户网站，作为全县共享工程的建设和业务指导单位，负责保障县中心共享工程设备的运行，协调镇村级共享工程设备的维修，指导镇村级开展共享工程活动以及全县共享工程基层点人员的业务培训和指导。经过3年的努力，按照文化部的标准在全县搭建了以县支中心为主、镇区、村居基层点为辅的三级共享工程网络全覆盖，为全县人民开展形式多样、丰富多彩的共享工程服务活动，使全县人民的精神文化生活得到了很大改善。

支中心爱国主义电影专场

二、管理和队伍建设

为使全县共享项工程真正为民所用为民谋利，县支中心统一制定了射阳县支中心、镇、村基层点工作职责和制度，实行制度上墙公开接受群众监督。每年有年度工作计划，年末有工作总结考核，强化了管理和服务。

共享工程作为一个新的农村文化资源获取平台，如何推广好、利用好共享工程丰富的文化资源关键在于共享工程管理员队伍。县支中心在对于乡镇、村两级基层共享工程管理上择优选用文化层次较高，有一定社会基层管理服务实践经验的文化专干和村委会干部为管理员，实现了管理人员素质高起点。

三、技术培训工作

县支中心在共享工程管理员的培养上实现了制度化和常态化。根据支中心工作要求，支中心2名技术人员每年都按照要求去省、市中心参加培训和跟班学习。支中心技术人员利用“文化共享工程射阳县QQ群”对全县各基层点日常工作中出现的问题进行现场解答和技术指导工作，如解决不了的就去现场查看帮助解决问题。定期组织他们收看国家中心和江苏省分中心的网络培训；2009年以来县支中心一共举办全县基层点培训班4期，参加轮训的各级管理员达200人次。通过培训不断提升了他们的业务水平和实际能力，有力的推动了全县共享工程建设。

四、专项经费投入

射阳县共享工程自2009年成立以来，经费问题一直是开展文化共享工程工作的“拦路虎”，县财政在十分困难的情况下，先后投入近15万元给县支中心，基本解决了县支中心用于共享工程设备的维护、人员培训和开展惠民服务活动的经费支出。同时，全县各镇区基层点大都数没有共享工程专项经费开支。每年投入人力物力费用都要从文广中心有限经费中支出。但是就是这样的情况下，射阳共享工程仍然坚持正常开展各项服务活动。

五、资源建设情况

射阳县支中心由于经费短缺，建立初期江苏省文化厅支持的摄像机、数码相机和笔记本等设备随着时间的推移，已经跟不上数码时代的变化，机器配置已经严重落伍，只能翻制刻录一些农业生产技术方面的光盘和编印科普宣传单向群众分发，还不能胜任原创性视频资源的制作工作。

六、开展服务惠众

射阳县支中心在共享工程服务实践过程中，以民众的需求为导向，积极探索，服务民众生活生产，引领群众高尚精神文化生活，打造群众满意喜爱的文化服务新平台。

1、根据射阳县是农业大县生产特点，县支中心每年从共享工程资源库中下载刻录适合射阳农业生产特点的技术光盘，编辑《信息文摘》通过各镇区的赶大集时间在街头摆摊设点科技赶集向群众分发。针对不同农业专业者，射阳县支中心有针对的选取资源上门指导服务。几年来累计服务各类养殖专业户20多户，长期点对点跟踪服务4户。

2、县支中心近年来不断探索如何利用共享工程为新农村服务，通过各镇区基层点开展科技培训、电影播

海通镇基层点送养殖科技到养殖户家中

放、专家讲座等服务活动，满足群众基本文化生活同时积极引导农民致富奔小康。如通洋镇基层点利用镇有线电视播放农业科技培训讲座，使该镇1.6万人接受了培训。这一优秀服务案例入选2012年12月18日出版的《文化共享十年路：共创•共建•共享——优秀服务案例选编》一书；海通镇基层点长年坚持开展服务活动，成绩突出，2011年9月江苏省省委副书记、省长李学勇一行到该基层点视察时对他们长期坚持利用共享工程为基层农民群众开展服务的做法给予了高度评价；2012年12月18日被文化部办公厅授予“全国文化信息资源共享工程·公共电子阅览室示范点”称号牌匾。通过一系列的活动使共享工程走进农村最基层，让基层群众真正享受到这一惠农工程带来的实惠。

3、县支中心在服务中抓住文化的热点和亮点，每到重大节日都积极组织群众喜闻乐见的公益性文化活动，使共享工程走进群众生活。如在迎接建党90周年之际，县支中心联合其他单位在县图书馆举办了“纪念建党90周年系列活动”、“庆五一全县老干部象棋比赛”、“庆六一全县小学生现场作文大赛”等活动，通过这些公益性活动的开展，在社会上产生了很大反响，收到了良好的社会效益。2012年7-8月联合各基层服务点组织群众积极参与国家管理中心开展的“全国公共电子阅览室建设计划百题知识竞赛活动”，在活动中有12人获得国家中心和江苏省分中心的个人二、三等奖项，射阳县支中心还获得了江苏省分中心颁发的“优秀组织奖”荣誉证书。

七、媒体宣传推广

几年来射阳县支中心利用各种渠道宣传推广共享工程。在全县每年的科技文化三下乡活动、全县读书节、图书馆服务宣传周等活动中，县支中心不失时机，以各种活动为平台，以资料为媒介积极宣传共享工程，让市民不断了解共享工程，利用共享工程。在对外宣传中，县支中心开展的各种活动稿件先后被《中国文化报》、文化部网站、国家公共文化网、凤凰网、国家管理中心和江苏省分中心《工作简报》、《射阳报》、射阳电视台等新闻媒体给予报道，扩大了射阳支中心的知名度和社会影响力。

八、工作展望

共享工程在射阳县已经成为繁荣射阳文化，丰富射阳人民精神生活，推动射阳人文科技进步的强大动力源泉。今后射阳县支中心将在国家中心，江苏省分中心、射阳县委、县政府的领导、关心支持下，我们有信心把射阳共享工程建设的更加美好，为早日实现射阳县委、县政府提出的文化强县奋斗目标和满足人民精神文化生活作出应有的贡献。

（撰文/射阳县支中心）

阜宁县支中心

阜宁县地处江淮平原中部，县域面积1439平方公里，人口109万，辖14个镇，“两区两园一湖”（省级阜宁经济开发区、东益经济区和澳洋工业园、富士康产业园、金沙湖）。阜宁县文化信息资源共享工程在新形势下为繁荣全县农村基层文化，满足农民多层次文化需求，传递中华民族优秀文化资源发挥了重要作用。

一、基本建设情况

在省中心扶持的38万元设备和县财政拨付12万元建设资金的支持下，于2009年建成了共享工程阜宁县级支中心，财政上每年支付给中心运行经费3万元，已纳入政府财政预算。

共享工程阜宁县支中心设在阜宁县图书馆内，没有独立建制和人员编制，由县图书馆2名同志兼职负责支中心日常工作和机房运行、维护工作。目前拥有一间设备齐全达到省级标准的50m²机房和100m²的电子阅览室，电信10Mb光纤宽带专线接入互联网，自建了阜宁县图书馆、文化共享工程阜宁县支中心门户网站（www.fntsg.com）。作为全县共享工程的建设和业务指导单位，负责保障县中心共享工程设备的运行，协调镇村级共享工程设备的维修，指导镇村级开展共享工程活动以及全县共享工程基层点人员的业务培训和指导。

经过3年的努力，按照文化部的标准在全县搭建了以县支中心为主、镇区、村基层点为辅的三级共享工程网络全覆盖，为全县人民开展形式多样、丰富多彩的共享工程服务活动，使全县人民的精神文化生活得到了很大改善。

二、管理和队伍建设

为使全县共享项工程真正为民所用为民谋利，县支中心统一制定了阜宁县支中心、镇、村基层点工作职责和制度，实行制度上墙公开接受群众监督。每年有年度工作计划，年末有工作总结考核，强化了管理和服务。

共享工程作为一个新的农村文化资源获取平台，如何推广好、利用好共享工程丰富的文化资源关键在于共享工程管理员队伍。县支中心在对于乡镇、村两级基层共享工程管理上择优选用文化层次较高，有一定社会基层管理服务实践经验的文化专干和村委会干部为管理员，实现了管理人员素质高起点。

三、技术培训工作

县支中心在共享工程管理员的培养上实现了制度化和常态化。根据支中心工作要求，支中心2名技术人员每

年都按照要求去省、市中心参加培训和跟班学习。支中心技术人员利用“文化共享工程阜宁县QQ群”对全县各基层点日常工作中出现的问题进行现场解答和技术指导工作，如解决不了的就去现场查看帮助解决问题。定期组织他们收看国家中心和江苏省分中心的网络培训；2009年以来县支中心一共举办全县基层点培训班4期，参加轮训的各级管理员达300人次。通过培训不断提升了他们的业务水平和实际能力，有力的推动了全县共享工程建设。

四、专项经费投入

共享工程阜宁县支中心自2009年成立以来，县财政在十分困难的情况下，先后投入近20万元给县支中心，基本解决了县支中心用于共享工程设备的维护、人员培训和开展惠民服务活动的经费支出。同时，全县各镇区、基层点基本没有共享工程专项经费开支。每年投入人力物力费用都要从镇文化站和社区有限经费中支出。但是就是这样的情况下，共享工程阜宁支中心仍然坚持正常开展各项服务活动。

五、资源建设情况

阜宁县支中心由于经费短缺，建立初期江苏省文化厅支持的摄像机、数码相机和笔记本等设备随着时间的推移，已经跟不上数码时代的变化，机器配置已经严重落伍，只能翻制刻录一些农业生产技术方面的光盘和编印科普宣传单向群众分发，还不能胜任原创性视频资源的制作工作。

六、开展服务惠众

阜宁县支中心在服务实践过程中，以民众的需求为导向，积极探索，服务民众生活生产，引领群众高尚精神文化生活，打造群众满意喜爱的文化服务新平台。

1、根据阜宁县是农业大县生产特点，县支中心每年从共享工程资源库中下载刻录适合阜宁农业生产特点的技术光盘，到村委会集中散发给农民。针对不同农业专业者，阜宁县支中心有针对的选取资源上门指导服务。

2、县支中心近年来不断探索如何利用共享工程为新农村服务，通过各镇区基层点开展科技培训、电影播放、专家讲座等服务活动，满足群众基本文化生活同时积极引导农民致富奔小康。如东沟镇基层点利用共享工程资源播放室播放农业科技培训讲座，使该镇5千人接受了培训。通过一系列的活动使共享工程走进农村最基层，让基层群众真正享受到这一惠农工程带来的实惠。

3、县支中心在服务中抓住文化的热点和亮点，每到重大节日都积极组织群众喜闻乐见的公益性文化活动，使共享工程走进群众生活。如在迎接建党90周年之际，县支中心联合其他单位开展“明伟”杯“红色华诞、党旗飘扬”系列活动，在辛亥革命100周年之际，举办了纪念辛亥革命100周年图片展等系列活动，通过这些公益性活动的开展，在社会上产生了很大反响，收到了良好的社会效益。

七、媒体宣传推广

几年来阜宁县支中心利用各种渠道宣传推广共享工程。在全县每年的科技文化三下乡活动、全县诵读比赛、图书馆服务宣传周等活动中，县支中心不失时机，以各种活动为平台，以资料为媒介，通过报社、电台、电视台等新闻媒体积极宣传共享工程，让市民不断了解共享工程，利用共享工程。

八、工作展望

共享工程在阜宁县已经成为繁荣阜宁文化，丰富阜宁人民精神生活，推动阜宁人文科技进步的强大动力源泉。今后阜宁县支中心将在国家中心，江苏省分中心、阜宁县委、县政府的领导、关心支持下，我们有信心把阜宁共享工程建设的更加美好，为早日实现阜宁县委、县政府提出的万众一心齐拼搏 五年再展新宏图 为阜宁人民过上宽裕安康的生活而努力奋斗作出应有的贡献。

（撰文/阜宁县支中心）

建湖县支中心

建湖县位于江苏省里下河腹部，江苏省盐城市中西部。计有13 个乡镇，199个行政村，地处黄海之滨，背倚苏北平原，素有“水乡明珠”之称。沧海桑田，建湖人杰地灵。是著名的杂技之乡，淮剧之乡。

一、整体情况

建湖县文化信息资源共享工程建设始于2001年。在江苏省图书馆和县文化局的支持下，最初在经济相对发达的上冈镇开始试点安装，取得一定经验后，陆续在其余各乡镇文化中心全面安装，前期安装设备均通过卫星设备直接接收国家中心下发的给类资源和信息。至2009年，共投入150多万元，实现全县各乡镇文化信息资源共享工程全覆盖。

共享工程建湖县支中心设在建湖县图书馆，是建湖县共享工程的建设和业务指导单位，负责保障县中心共享工程设备的运行，协调镇村级共享工程设备的维修，指导镇村级共享工程活动的开展以及开展全县共享工程管理员的业务培训和指导。

二、经费投入

自2009年实现共享工程全县覆盖以来，图书馆每年投入5多万元经费，用于共享工程设备的维护，人员培训和惠民活动的开展。

三、资源建设

2012年，县政府把建湖县数字图书馆建设列为政府实事工程，先期投入75万元。相继购买电子图书10万册计；期刊（2008年-2012年）7000多种；连环画6000多册；书目数据库、移动图书馆软件和远程包库等数字资源。经我们不懈的努力，目前，建湖县数字图书馆和移动图书馆已全面上线开通。

四、培训工作

该支中心在共享工程管理员的培养上实现了制度化和常态化。根据支中心工作要求，每年对各乡镇共享工程管理员进行3期的集中培训，2009年以来一共举办各类培训班9期，参加轮训的各级管理员达170多人次。

五、惠民服务

建湖县图书馆以共享工程作为服务平台，积极开展“送书下乡”工程，为丰富农村群众的文化生活、促进和谐社会构建这一目标服务。

我们深刻体会到：“三送下乡”工程有助于形成乡村文化生活的氛围。这种氛围的形成不在朝夕之间，也不会马上显现效果，却会长久地促进农民素质的提高和农村的发展。因此，我们把“送书下乡”工程当做一件公益事业来认真对待。

我们在每次的“送书下乡”过程中，结合实际，把农民朋友急需的致富信息制作成数字光碟、手册，涉及种田、机械、服装、桑蚕、果蔬、水产、畜牧业、特种养殖业、疾病预防、手工工艺、休闲茶饮等多个领域，深受广大农民朋友的欢迎。

六、宣传推广

1、每年5月份的“图书馆服务宣传周”，向群众大力宣传共享工程数字文化服务体系。

2、每年暑假期间的“红领巾读书”活动，我们除了与驻城各中小学联合进行主题征文外，还组织学生们参观图书馆，走进共享工程支中心，领略数字化图书馆的神奇魅力。

3、在每次的读书报告会上，我们尽可能充分利用共享工程资源，让广大读者在接受我们服务的过程中，提高他们利用共享工程的兴趣。

七、管理和队伍建设

为使共享项工程正常运转，为民所用，建湖县支中心将共享工程日常管理纳入制度化管理。

1、制定支中心管理制度，这是保证共享工程服务的基础。

2、制定乡镇服务网点工作职责。

3、推行管理员工作日志，总结经验，探索共享工程管理和服务新模式。文化资源共享工程作为公共图书馆一个新的农村文化资源获取平台，如何推广好、利用好共享工程丰富的文化资源，关键在于是否有一支专业化的共享工程管理员队伍。

八、工作展望

建湖县文化信息资源共享工程已经走过了10个年头。回顾过去，经过我们的不懈努力，共享工程的基础工作已经告一段落。我们将来的工作重点是要在做好共享工程各项工作的前提下，通过与省中心的密切联系，充分推广信息技术的应用，在符合工程总体建设思路和发展方向的前提下，逐步形成能够统一协调管理、资源分布建设、全面共享、自由访问的开放体系，并最终实现与数字图书馆系统的高度融合。

（撰文/建湖县支中心）

扬州市江都区支中心

江都位于江苏省中部，南濒长江，西傍扬州市广陵区、邗江区，东与泰州市接壤，北与高邮市毗连。境内地势平坦，河湖交织，通扬运河横贯东西，京杭运河纵贯南北。总面积1332.54平方千米。1994年7月，撤江都县，建江都市。2011年11月，撤江都市设为扬州市江都区，全区现设有13个镇、64个居民委员会，309个村民委员会， 常住人口103余万人。新时期的全国文化资源共享工程为江都的文化注入新的活力。江都区支中心充分利用先进信息技术手段，努力扩大优秀文化资源的传播，逐步缩小城乡之间文化发展上的差距，不断满足广大人民群众日益增长的精神文化需求。

一、基本情况

江都区文化资源共享工程建设开始于2003年，最初设有三个基层网点：江都图书馆，江都文化馆和江都小纪镇文化中心。前期安装设通过卫星设备直接接收国家中心下发的给类资源和信息，后期全是通过互联网进行资源共享。江都文化资源共享工程支中心设在区图书馆，2009年9月建成并投入使用。2010年，江都市文化信息资源共享工程基层网点实施方案开始实施，并于年底在区13个乡镇全部建成文化共享工程基层网点。江都区图书馆支中心是全区共享工程的建设和业务指导单位，负责保障区中心共享工程设备的运行，协调乡镇级共享工程设备的维修，指导乡镇级共享工程活动的开展以及开展全区共享工程管理员的业务培训和指导。江都区支中心积极每年开展放映活动，平均每年开展广场影院活动24场，从2003年起总计播放影视作品1200场，播放专题讲座1620场，平均每年下基层举办活动6次，人员培训4期，共达856人次。

二、发挥优势，开展活动

江都区图书馆支中心在实施共享工程建设的过程中，不断拓展共享工程的服务内涵和方式，充分利用这一全新的工作载体，服务大众、走村入户、联系学校、走进企业、深入军营，开创了文化服务工作的新局面。

1、读者活动深受欢迎

区支中心充分发挥公共图书馆的阵地作用，除在图书馆网站进行优秀栏目推荐，向读者介绍名家讲座、生活常识、经典电影及优秀地方剧目外，还在馆内利用共享工程多媒体设施举办各种讲座、培训，深受广大市民

基层点学员培训

的欢迎。这些年来成功举办过“暖冬行动——捐赠冬衣 情暖龙川活动”、“红色的记忆—建党90周年有奖征文活动”、“幸福江都”摄影大赛活动，“数字化阅读”和“农家书屋培训”等活动，参与群众达20余万人次，取得了良好的社会效益。

2、共建工作如火如荼

为更好地服务机关、企业和军营文化建设，区支中心做到了主动服务、上门服务，除了继续与总工会、团区委、武警江都支队等单位加强联系、搞好共建以外，今年还主动与大桥滨江工业园取得联系，免费为其组建职工阅览室，并根据职工需求，提供工程建设、园林规划、计算机知识、文学名著等书籍2000余册。同时，还利用共享工程设备在“八一”、“国庆”、“中秋”等节日为企业职工和部队官兵播放优秀电影3场，深受好评。

3、校园活动丰富多彩

为了将先进文化传播进校园，搞好未成年人思想道德建设，我们加强了与学校的联系，搞好校园文化共建活动。一是与区少年宫联合举办了“龙摄影杯”网络少儿绘画比赛，此次比赛共征集作品300余幅，评出优秀作品28件，并召开典礼，进行了公开颁奖。同时还将所有获奖作品上传至图书馆网站进行公开发布。二是拓展服务群体，与江都实验幼儿园共同搞了一场幼儿社会实践活动，来自幼儿园大班的40余位小朋友和老师们一起走进图书馆，尽情遨游书海，品味书香。通过实践活动，大大的扩展了孩子们的视野，同时在宣传图书馆、幼儿阅读能力培养、图书馆潜在用户的教育等方面也起到良好的效果。

三、整合资源、共建共享

1、在利用共享工程支中心网站进行资源投放的同时，注重与外部单位的联系与合作，整合各类资源，达到共建共享。一是积极争取上级业务部门的支持。如省级中心给我们配发的农业科技知识，我们及时上传至网站共享工程下载中心，供读者免费下载。二是与党员远程教育搞好对接，在图书馆设立了“党员远程教育课件制作中心”。在即将建成的电子阅览室中，我们还将利用党员远程教育设备，搞好资源对接与下载，有效整合资源，实现共建共享。

2、按照“资源共享、优势互补、互利互惠”的原则开展协作共建。对外与江都几个社区签订了资源共享协议书，由他们提供资金，支中心负责资源制作与传播，为其建设图书阅览室，提供流动图书近万册。对内加大资源的采集力度，将该市文化系统、书法界举办的诸多展览

举办“畅想绿色家园”少儿绘画比赛

采集成图片资料，在图书馆网站上设置“网上展厅”，长期供读者点击浏览。

四、重视宣传、扩大影响

为了扩大文化信息资源共享工程支中心在基层群众中的影响，广泛宣传其作用和意义，使各级领导和群众充分认识到这是一项惠民工程、民心工程，认识到工作的重要性和必要性以及文化信息资源的可用性。我们利用各种机会，进行广泛宣传：一是利用区第八届“社科普及宣传周”活动，走上街头进行宣传。在印发的宣传资料中，对“文化信息资源共享工程”进行了专门介绍。二是在图书馆网站上开设专栏，对共享工程活动进行专题宣传；三是在图书馆告示栏中对利用共享工程开展的一些活动给予相关报道。四是通过电视、网站等公共媒体和制发简报等途径，对该馆共享工程工作进行宣传报道，扩大其影响力。虽然该区文共享工程支中心建设任务已取得初步成效，但其建设步伐仍需加快。我们将在今后的工作中将更加努力地探索利用共享工程服务的新路子，更好地发挥共享工程的作用，为把共享工程办成惠民工程、民心工程而不懈努力。

（撰文/扬州市江都区支中心）

扬州市邗江区支中心

本着积极构建全区公共文化服务体系，努力打造全区公共文化服务的新载体，邗江区严格遵照省市关于建设文化信息资源共享工程的相关要求，于2008年起全面组织实施了文化信息资源共享工程。经过近两年的不懈努力，截止到2010年9月底，已建成一个区级支中心、14个镇级基层服务点，初步建成了146个村级基层服务点，其中区支中心于2009年5月经省文化厅验收合格并发牌。区、镇之间建立了直接的、标准的VPN通道连接，构建起了一个区内独立的、完整的文化信息资源专用局域网。区文化共享工程的门户网站，可以实时地面向各村级基层服务点传输信息资源。目前，在全区范围内已经形成了区、镇、村文化信息资源共享工程三级联动、全面覆盖的良好态势。

一、加强组织领导，积极推进共享工程的建设

作为新时期一项重要的文化创新工程，我区为加强文化共享工程建设的组织领导，首先成立了“推进农村党员干部现代远程教育与文化信息资源共享工程共建共享”工作领导小组，由区委组织部部长任组长，区文体局、财政局、教育局主要负责人任副组长，成员由各局相关科室具体负责人担任。各镇（街道）相应成立由分管领导、组织委员、财政所长和文体中心主任组成的工作领导小组，并下设办公室负责本镇（街道）基层点建设的具体工作。

根据省文化厅《关于对文化部门自建的原共享工程网点进行重新登记并更换标牌的通知》（苏文社[2007]32号）和国家共享办《关于印发2008年度文化信

息资源共享工程支中心和基层服务点配置标准的通知》（共享办[2008]20号）文件精神，结合邗江区实际，我区贯彻落实省市文件精神，印发了《关于建设文化信息资源共享工程基层（镇、村）服务点的通知》（扬邗文体[2008]60号），全面启动邗江区文化信息资源共享工程的建设。2009年初我区结合省委组织部、省文化厅、省财政厅《关于全面推进农村党员干部现代远程教育与文化信息资源共享工程共建共享的意见》（苏文社[2009]9号）文件精神，由区委组织部、区文化体育局、区财政局、区教育局联合发文，作出了《关于全面推进文化信息资源共享工程建设的通知》，同期召开了邗江区两个工程检查验收工作会议，明确要求各镇（街道）高度统一思想，积极做好各方面的准备，按自查整改、申报验收、区级验收三个阶段完成共建共享工程建设。

根据通知和会议精神，各镇（街道）对照文件要求，积极推进两个工程共建共享，减少了重复建设，有利于文化信息资源扩大辐射面、提高影响力，共建站点的宣传教育、文化普及和信息交流等功能得到充分发挥，丰富了城乡群众精神文化生活。

二、加大资金投入，提升共享工程的建设水平

基于网络、多媒体阅读终端和现代化存储设备等要素构成的各级文化信息资源共享工程的初期建设与后期运转维护都需要投入大量的资金。面对这一现实问题，我们邗江区确立了“区、镇两级财政分层负责”的建设思路，由区财政和镇财政分别负责区支中心、镇村基层服务点的建设经费，并纳入各级财政预算，以制度化的方式来保障全区各级文化共享工程的建设、运转有一个稳定的经费投入渠道。我区文化共享工程在实际建设中：

首先由区政府分别于2008、2009两年共拨付六十多万元专项经费，于2009年上半年在扬州市率先建成了文化信息资源共享工程区级支中心，开通了邗江区文化共享工程门户网站，并正式对外开放。同时区财政明确今后每年按省厅要求拨付不少于2万元的维护经费。在镇村基层点的建设过程中，我们能够结合自身实际状况，提出了适度超前的建设目标，要求各镇级服务点都要按增强型来配置的。方案制定后，各镇（街道）对照标准都能积极行动、完善设备、培训人员。截至2009年底，全区14个镇（街道），大部分村（社区），都已初步建成了合乎标准的基层服务点，并能正常的面向社会开展服务。其次为了进一步提升全区共享工程基层点的硬件配置水平，2010年由区镇两级财政共统筹近60万元，为全区14个镇级服务点和146个村级服务点，各配置了一台品牌计算机，作为各个服务点的专用设备，所有设备已于当年六月份全部配送到位。再次按照省厅《关于推进全省文化共享工程乡镇基层服务点建设的通知》（苏文社会[2010]14号）文件精神的要求，我区与电信公司合作，于2010年8月份开始在区镇间架设文化共享工程VPDN虚拟专用网，区支中心34M光纤接入，各镇服务点10M宽带接入，所需经费由区、镇财政分别负责，到9月底，全部安装调试到位，并投入使用。当年8月份，区政府还专门发文，要求各村级服务点统一采用ADSL的方式接入区电子政务网络，确保至少一台电脑用于文化共享工程，线路月租费由区信息中心统一支付，切实减轻了基层的建设负担。

三、注重资源建设，努力提高整体服务能力

我区的文化信息资源共享工程支中心和文化信息资源共享工程发布平台，除统一接受并发布国家与省中心下发的各类文化信息资源，同时紧紧围绕支中心工作，加强数字化信息资源建设的力度，充分挖掘、整理、制作具有邗江地方特色的数字化信息资源，充实、制作了贴近实际、贴近生活、贴近群众的精品节目，存储并发布了近100G具有邗江地方特色的自建文化信息资源。2011年3月初我区支中心根据实际运转状况，对原有的资源发布系统进行了升级改版，启用了远古视频点播系统，设计规划了文化邗江、舞台艺术、文化专题、农业专题、知识讲座、电影、电视剧等近十个信息板块，使我们资源发布平台的页面变得更加美观，内容分布更具有条理性，读者使用更加方便。各基层服务站点通过网络即时链接，即可享受区文化共享工程支中心网站的信息资源，高效便捷，提高了整体服务能力。

四、强化使用管理，发挥共建站点的服务功能

管好用好文化信息资源共享工程的基础设施以及信息资源，是做好共建共享工作的落脚点。我区统一制定了全国文化信息资源共享工程邗江区基层服务点管理规定（暂行），在管理人员选配、活动组织和站点运行维护等方面提出严格要求，切实提高管理水平。目前区支中心配备了两名专职管理员，采用阵地服务与流动服务相结合的方式积极主动地为机关、学校、镇村基层服务点及广大市民开展专项服务。自2008年起区支中心在区政府机关图书分馆常年开展优秀影片展播活动，与区纪委、区机关工委合作每周为机关的工作人员各播放一部廉政教育片和一部故事娱乐片，迄今已放映三百多场；每年区支中心都会举行“暑期共享工程优秀影片展播月活动”，在七、八两个月连续每天播放两场电影，为上千名少年儿童和广大市民播放了几百部科普宣传类、爱国主义教育类和生活故事类等方面的影片；从2010年8月份起支中心的工作人员开始坚持深入校园，每周为我区少

体校学生开展一次公益性电影播放活动。为了不影响少体校师生正常作息时间，我们将每次的播放时间安排在晚上6点开始，支中心工作人员与校方的领导、老师们通力配合、加班加点，保证了影片的顺利播放，至今已放映了数十场。本项活动极大地丰富了学生的课余生活，深受大家的喜爱。各镇、村也都明确了一名大学生村官作为文化信息资源共享工程管理人员，负责日常的开放管理、设备维护和活动组织。当前我区文化共享工程能紧紧围绕建设更高水平小康邗江这个主题，广泛开展各种形式的学用活动，努力在增加开放次数、延长开放时间、增加服务人数、积累下载资源、提高站点使用率上下功夫。

为切实提高对各基层共享站点设施的动态管理，我区共享工程联合检查验收小组建立长效机制，定期、不定期走访基层站点，对实施被挪用、站点不能正常开放的进行通报。镇、村共享站点的管理、使用工作纳入邗江区小康文化先进镇（街道）的创建评比指标，对建设管理、使用工作成绩突出的，结合年度综合考核予以表彰。为打造文化共享工程的活动品牌，我区将在2013年开展优秀基层共享站点创建、优秀管理员评比活动。通过创建、评比活动，引导各站点在使用上下功夫，进一步发挥文化信息资源共享工程的宣传、教育、服务的效能，使文化信息资源共享工程工作再上新台阶。

（撰文/扬州市邗江区支中心）

仪征市支中心

仪征市地处江苏省中西部、在长江三角洲的顶端，地势总体呈北高南低之势，地貌多样，南部为长江冲积平原，北部、中部为缓岗丘陵区。全市总面积903平方公里，下辖9个乡镇2个办事处140个行政村，现有总人口61万，这里历来经济发达，人文荟萃，古有“风物淮南第一州”之称。

一、基本情况

共享工程仪征支中心成立于2009年，属于县级支中心，设立在仪征图书馆。仪图作为仪征共享工程的建设和业务指导单位，负责保障支中心的正常运转，筹措建设基层服务点，协调指导镇、村、社区级共享工程活动的开展，组织该中心管理员的业务培训等。

仪图自加入共享工程以来，一直将共享工程支中心建设作为重点工作项目。2009年，在缺乏财政专项经费的情况下，经过多方努力、积极争取，赢得了上级领导及有关部门的关心与支持，与仪征电信达成了合作共建协议，投资近50多万元，新购置了高性能服务器、磁盘阵列、防火墙以及30台电脑等设备，安装了远古VOD点播系统，实现了与省文化信息资源共享工程分中心的联网。2010年到2012年，支中心又不断争取各方支持，增加投影仪、盲人点读机、高分辨扫描仪、数码摄像机、数码照相机等设备，对电子阅览室进行改造，将文化信息资源共享工程链接放到每一台电脑的桌面，方便读者点击进入。支中心依照《江苏文化共享工程农村乡镇基层服务点建设配置标准》，2010年对全市9个乡镇基层点进行试点安装，2011年对下辖社区、行政村基层服务点进行统筹建设，在建设过程中严格按照省里制定的虚拟专用网（VPN通道）传输模式和设备配置标准，统一做好全市基层服务点虚拟网的连接和设备安装以及制度建设等工作。为了更好更广泛的发挥文化信息资源的共享性，2012年，我中心在共建部队也设立了共享工程基层点，根据部队的特殊性，利用局域网进行优秀文化资源共享。

二、管理和队伍建设

“文化共享工程”基层点进入社区、乡镇、村后，给群众带来了切实的变化，数量众多的优秀文化资源融入到群众身边，丰富了群众的精神文化生活。但如何做好基层点的日常管理工作、提高基层点的利用率呢？仪征支中心制定了一系列基层服务点工作职责和制度，并建立仪征共享工程QQ交流群，统一管理，及时沟通，上通下行，各项工作逐级推进，有序发展，成效显著。

现代高新技术日新月异，各种新技术、新方法层出不穷，为共享工程的发展提供了技术条件，要使共享工程既达到较高的技术水平，又能做到操作方便，方便用户使用，这就需要建立一支高素质的专业队伍，捕捉第一流的技术，为文化共享工程做好保障。在基层点的管理上，我们选择对文化业务比较熟识的文化站长或是文化水平较高的大学生村官作为管理员，一方面他们对基层群众文化生活的需求有较好的供给，另一方面他们有较高的计算机应用水平和对共享工程设备的掌握力，能够更加有效的开展共享工程惠民工作。

三、培训工作

支中心从2010年开始，每年都根据业务发展需要制定培训计划并纳入专项管理，对乡镇文化站及各基层点进行有效的技术培训和业务辅导。通过专业技术集中培训、上门辅助、远程指导等多种途径，逐步使各级基层点的管理工作规范系统。我中心还承办了全省文化共享工程实用技术操作技能竞赛，并取得了较好成果。

四、宣传推广

仪征支中心自建立以来，一直以丰富广大基层群众的精神文化生活、保障人民群众的基本文化权益、满足不同文化层次的文化需求为使命，积极探索，努力打造一个文化惠民、群众满意的服务新平台。

1、广泛宣传，扩大共享工程影响力。支中心利用仪图每年的服务宣传周、世界读书日、社科普及周等系列活动，进行连带行动。利用广场宣传、问卷调查、解答咨询等方式，借助报纸、电视、网络等媒体，积极宣传共享工程的服务功能和服务特色。

2、完善网站建设，丰富资源内容。做好与国家、省、扬州市图书馆共享资源的链接，及时更新网站内容。根据基层点的不同需求，针对性的提供农业类、科技类、教育类、经济类、政治类、文化类等方面的书籍、视频、电子资源。自建特色资源库，把仪图搜集的地方文献、古籍等珍贵文化资源进行数字化加工整合，通过文化资源共享平台和图书馆网站的展示，弘扬仪征文化，促进地方经济社会和谐发展。

3、多样化活动，共享盛宴。支中心充分发挥图书馆的优势，围绕"服务延伸上出亮点、阵地活动上出新品"的方针，组织了若干形式多样、内容丰富的文化活动，力求组织创新、形式吸引、成效明显。例如常年坚持节假日播放名家讲座、优秀影视，让更多的读者品尝到丰富精美的"文化大餐"；针对青少年举办思想道德建设方面的讲座，播放爱国主义教育影片、科普类影片，引导未成年人健康成长；打造公益性老年人、小学生电脑学习班，利用共享工程为学员提供教学资源，并配备专业工作人员教学；与老年大学合作，举办茶与文化、时令养生、健康生活、戏剧欣赏等方面的讲座，丰富老年人生活；学雷锋活动月组织群众观看《雷锋档案》、《少年雷锋》等纪录片，举办这些年—我们一起学雷锋大型图片资料展等。

五、工作展望

在国家中心、省中心以及各级领导单位的重视和支持下，通过向兄弟中心学习借鉴，上下共同努力探索利用共享工程的新路子，一定能把共享工程办成真正的惠民工程、民心工程。

（撰文/仪征市支中心）

高邮市支中心

根据国务院、文化部关于大力推进全国文化信息资源共享工程建设的指示精神，为切实保障我市城乡人民群众的文化信息需求，促进文化事业的发展，高邮市文化共享工程支中心在省文化厅和省文化共享工程分中心的支持和指导下，以基础设施建设为核心，完成建设目标：建成了1个拥有专职人员、中心机房、多功能厅、电子阅览室等配置齐全的县级支中心；16个符合"三个一"设备总值约1.5万元的基本型、4个配置完备设备总值约5万元的增强型文化共享工程乡镇基层服务点，并在市图书馆内初步形成共享工程的资源建设中心和技术支持中心。现将我市文化共享工程建设和服务工作总结如下：

一、高度重视，打牢基础，稳步发展

全国文化信息资源共享工程是一项政府兴办的文化创新工程、民心工程，是公益性建设项目，有着巨大的社会效益和广阔的发展空间。

市委、宣传部、文广新局等各级领导非常重视，早在高邮市图书馆新馆规划建设之初，就将全国文化信息资源共享工程和图书馆数字化建设结合起来，充分考虑到网络布线、机房配置、楼层设备承重、强电弱电等一系列工程问题，为我市的文化信息资源共享工程建设打下了坚实的设施基础。在文化共享工程建设的过程中更是全力以赴，排除万难解决资金、技术、人员等等一系列问题，高质、快速地完成我市文化信息资源共享工程建设任务，为人民群众的文化生活，再添一道美丽风景。

二、整体情况

高邮市市文化共享工程支中心设立于市图书馆内，支中心包括中心机房、电子阅览室、多功能厅（多媒体放映室），支中心内专兼职人员2名。支中心建设分为自主建设和省扶持建设两方面。

1、自主建设情况

文化共享工程建设以来，该馆以此为契机向上级部门争取文化共享工程资金累计达25万元。该馆自主建设完成了标准中心机房、电子新阅览室。中心机房的面积为15平方米，配备有静面地板、10兆光纤、业务服务器1台、三层交换机1台、二层千兆光纤1台、百兆交换机4台、在线式UPS电源1台。电子阅览室面积100平方米，配备有电脑20台、移动投影仪和电子幕布1套、1T移动硬盘1个、笔记本1台、打印机1台、数码相机1台。

与此同时抓住建立高邮市妇儿活动中心为契机，在图书馆建立了200余平方米的多功能报告厅，配备有坐席150个、主席台讲台1套、多媒体音响放映设备1套、固定投影仪和电子幕布1套等多种设施。还在图书馆四楼建立了两间标准化教室，里面配有崭新的桌椅，电视等设备。多功能报告厅和标准化教室的建立，为共享工程基层点用户培训、开展各种读者活动和举办社会教育提供了较好的硬件条件。

2、省扶技建设情况

在省中心的大力支持下，至2010年元月配备我市支中心服务器、电脑、交换机、防火墙、打印机、杀毒软件、移动硬盘、扫描仪、投影仪等近30万元设备全部安装调试到位。

三、乡镇基层服务点建设情况

根据江苏省级财政文化共享工程建设专项补助政策，该市文广新局结合省文化厅下发的14号文件，制定我市《关于推进全市文化信息资源共享工程乡镇基层服务点建设的意见》的建设方案，并下发到各乡镇文化站，要求各乡镇文化站参照《意见》，结合自身条件，上报建设类型，并严格按照《意见》制定的序时进度，开展乡镇基层服务点建设工作。

该局充分利用上级政财补助政策，向省级财政争取23.2万元的设备采购资金，同时，积极向地方财政争取近10万元资金用于共享工程乡镇基层服务点的电脑、投影仪、VPN网络设备、网络接入等。并根据全市20个乡镇基层服务点（4个增强型，16个基本型）的反馈信息进行逐一实地检查，严格要求，符合建设条件的，再给予配送、安装、调试设备，确保我市文化共享工程基层服务点建设的高质量、高标准、高效率。至2010年9月底全面完成该市文化信息共享工程乡镇基层服务点的全覆盖工作，达到或超过建设目标和要求。

乡镇基层服务点建设完成后，为了充分发挥基层服

务点的作用，巩固建设成果，统一为乡镇基层服务点制定了设备和服务管理台帐、统一的基层服务点标识，基层服务点管理规章制度。我市文化共享支中心还及时举办了该市文化信息资源工程基层服务点管理员培训班。来自我市各乡镇的文化站长、乡镇基层服务点管理员共计40多人参加了此次培训。培训的内容包括各基层服务点专用设备的使用与维护、共享工程基层服务点管理员规范管理和服务等。

四、服务情况

该市县级支中心在开展服务的过程中，坚持以人为本，丰富服务方式，注重服务效果。强化服务的针对性，普遍服务与个性服务相结合，努力满足全区人民群众的多样化文化需求。目前，该支中心正在对国家、省级分中心下发到我馆的整套实用技术光盘进行分类、整理、刻录，将有序地"送文化到基层"开展服务。此外，支中心还利用共享工程资源和技术服务平台开展了一系列丰富多彩的服务，将具有高邮地方特色的文化资源加入其中，如高邮民歌、高邮群众文艺、申遗视频资料等等，丰富了广大群众的文化生活，受到了广大群众的欢迎。此外，还拓展服务的空间，注重为青少年、老年人、残疾人、务工人员等社会弱势群体和特殊群体服务，最大限度地发挥共享工程的社会效益。

高邮市文化信息资源共享建成以来始终以服务群众、服务基层让百姓满意为宗旨，来始终以群众文化信息服务需要为标准，近期来培训全市乡镇文化工作人员80余人次，使他们熟练共享工程的管理和维护，以便在下一步的文化共享工程服务中发挥更大的作用。

（撰文/高邮市支中心）

泰州市支中心

泰州地处江苏中部，长江北岸。泰州是一个古老的历史文化名城，具有2100多年的历史。1996年8月，经国务院批准，组建地级泰州市，下辖靖江、泰兴、姜堰、兴化四市和海陵、高港两区，总面积5793平方公里，总人口503万。

一、基本情况

泰州市文化资源共享工程建设开始于2003年，最初在兴化、姜堰、泰兴、靖江、海陵、高港四市二区试点安装，此后陆续在全市105个镇（街道办）文化中心开始安装，前期安装设备均通过卫星设备直接接收国家中心下发的各类资源和信息，目前基层点通过易瑞远程访问系统访问浏览支中心信息资源。2010年泰州市文化资源共享工程开始普及进入乡镇行政村，截止2012年底，全市乡镇（街道办）基层点全覆盖。

共享工程泰州支中心设在泰州市图书馆，是泰州市共享工程的建设和业务指导单位，负责保障市支中心共享工程设备的运行，协调共享工程县级地中心的工作，指导市区共享工程基层点活动的开展以及开展全市共享工程管理员的业务培训和指导。支中心前后经过三次升级改造，目前，支中心建有标准化机房，接入带宽50M，配备三台资源服务器，资源存储容量达40T，以及资源制作所需的摄像机、照像机、非编系统，并设立了高规模的共享工程电子阅览室。

二、培训工作

泰州市支中心在共享工程管理员的培养上实现了制度化和常态化。根据支中心工作要求，每年对辖区共享工程管理员进行2–3期的集中培训，2003年以来一共举办各类培训班12期，参加培训的各级管理员达600人次。

三、经费投入

泰州市共享工程自2003年建设以来，泰州市财政共投入近300万元的运维经费，用于共享工程设备的维护，人员培训和惠民活动的开展。同时，泰州市文广新局和泰州市图书馆每年也投入大量人力物力支援共享工程各项活动的正常开展。

四、资源建设

泰州支中心在历年的工作中，搜集不同区域民众文化需求，选取、编辑制作各类题材资源2TB，精心制作了泰州古籍善本、泰州人士著述、泰州地方文化等数字资源。每年还将图书馆凤城讲坛、泰图展览制作成光盘下发给各基层点。

五、宣传推广

1、泰州支中心利用各种渠道宣传推广共享工程。在泰州每年的科技文化三下乡活动，科普之春，科普之夏，科技周以及农家书屋等活动中，泰州支中心不失时机，以活动为平台，以资料为媒介宣传共享工程，让民众不断了解共享工程，走进共享工程。

2、走进校园。泰州支中心文化服务中不断探索，利用共享工程讲座资源举办各种讲座活动，将共享工程讲座活动深入到泰州高校，先后在泰州师专、泰州职业技术学院、江苏牧院、南京师范大学泰州学院举办讲座，并邀请省作协范小青女士、南师大金陵学院郭爱妹女士、泰州籍作家顾坚等知名人士举办讲座。利用支中心音像厅组织动员青少年儿童关注共享工程，利用共享工程，收集青少年知识兴趣点整理挖掘，举办一些深受广大青少年喜爱的报告。同时按照省中心的部署在市区中小学校开展了阳光少年热爱党网页制作大赛和电脑小报制作大赛。通过一系列的活动是共享工程不仅走进农村也走进校园走进青少年。

3、专题活动，精彩纷呈。泰州支中心在服务中抓住

文化的热点和亮点，活动丰富多彩亮点多多，展览讲座月月有，视频电影周周放。积极组织群众喜闻乐见的文化服务，使共享工程走进群众生活。例如在举办上海世博会期间，精心制作有关世博会内容的展览，在全市各基层点及社区进行巡回展览。迎接党的十八大之际，开展了"喜迎'十八大'党的知识网上竞赛活动。还组织开展"颂歌献给党"群众歌咏活动。

六、工作展望

泰州市文化资源共享工程已走过10个年头，文化资源共享工程在泰州已经成为泰州人民文化生活的一大支柱，成为繁荣泰州文化，丰富泰州人民精神生活，推动泰州人文科技进步的强大动力源泉。泰州支中心今后将在国家中心、江苏省分中心大力支持下为泰州共享工程建设一支专业化的服务队伍，为建设科技泰州，文化泰州做出贡献。

（撰文/泰州市支中心）

姜堰市支中心

为切实保障姜堰市城乡人民群众的文化信息需求，促进基层文化的发展，姜堰市文化共享工程支中心在上级部门的关心和指导下，以完善支中心硬件设施为基础，以基层服务网点建设为重点，在全市乡镇广泛宣传、精心组织、指导建设、加强管理、推进发展，具体建设情况如下：

2008年，我市正式启动文化共享工程VPN组网建设，完成文化信息资源共享工程姜堰支中心和白米、娄庄、淤溪、俞垛、蒋垛5个乡镇基层服务点建设，并通过省厅验收。2009年，完成另外9个乡镇的基层服务点建设，实现VPN专网连接，并在2010年5月份通过省厅验收。2010年，省级分中心加大对我市的扶持力度，配送价值20多万元的设备完善该市支中心的硬件设施。市支中心主控机房按照相关建设标准实施了改造工程，确保省配设备顺利安装、成功运行。

截止目前，我们实现共享工程基层服务点乡镇全覆盖，其中增强型基层服务点5家，基本型10家。

各乡镇在完成基层服务点建设的基础上，积极利用共享工程丰富资源，定期开展资源播放活动，不少乡镇利用相关资源，开展农村实用技术培训，取得良好效果。几年来，丰富、实用的文化信息资源极大的方便和吸引了广大人民群众，对促进我市政治、经济、文化、教育的全面发展，提高农民科技致富能力、满足农民政策信息需求等起到了极其重要的作用。

在上级各级领导的关心和支持下，我们将不断完善制度，加强管理，稳步推进；深化服务网络，创新服务内容，加快姜堰市文化共享工程建设，实现又好又快的发展。

（撰文/姜堰市支中心）

靖江市支中心

靖江襟江近海，是长三角一座年轻美丽、充满生机活力的滨江城市。它位于苏中平原最南端，与苏州、无锡隔长江而相望，南至东南与无锡江阴、苏州张家港对峙而立，北至东北与泰兴、南通如皋相连。辖2个街道、8个镇、两个省级经济开发区（靖江经济开发区和江阴-靖江工业园区）。全市总人口66万，连续10年进入全国百强县行列，2012年列全国百强县第29位，是苏中一流强市。随着全市经济的快速发展，广大人民群众的精神文化需求日益提高，市图书馆的地位和作用越来越突出和重要。靖江市文化资源共享工程在市文广新局支持和部署下，逐步推进，稳步发展，为宣传党的方针政策开辟了新渠道，为丰富人民群众业余生活、弘扬文明新风开辟了新的阵地。

共享工程靖江支中心设在靖江市图书馆，是靖江市共享工程的建设和业务指导单位，负责保障县级中心共享工程设备的运行，协调镇、社区、村级共享工程设备的维修，指导镇、社区、村级共享工程活动的开展以及开展全市共享工程管理员的业务培训和指导。

自启动文化信息资源共享工程以来，县支中心充分发挥文化信息资源重要作用，积极通过移动硬盘服务、光盘服务、互联网服务等模式，把文化信息资源传送到城乡基层文化网点和群众身边，截止目前，我市共建设文化信息资源共享工程县级支中心1个、机关事业单位基层点4个、学校基层点10个、乡镇基层点10个、社区基层点21个、村基层点34个，基本形成了覆盖全市城乡的多级群众文化资源共享网络。本支中心下设中心机房、电子阅览室、多媒体播放室、音像资料借阅室，采用电信骨干通信网络，不低于10M 接入Internet网，同时配备了三台机架式服务器和5TB容量的磁盘阵列，终端服务电脑40台、投影仪-幕布1套以及DVD、音响、打印机、扫描仪等设备。

10年来我中心利用共享工程在电子阅览室、多媒体播放室开展了大量的活动，如名家讲座、地方戏曲欣赏、影视欣赏、业务培训等；利用良好的环境，先进的设备等条件，开展网络知识培训；并开通了文化信息资源共享工程靖江市支中心网站，实现共享工程对外的网络服务；对基层共享工程服务点进行有效的管理和辅导、培训，使其掌握资源更新和运用；与党员远程教育对接，每年与市文化广播新闻出版局联合举办《农家书屋与共享工程基层点管理员培训班》，我馆专业人员授课，使对接

的服务点都会运用，收到较好的效果。此外还通过网络提供文化资源下载、组织流动放映、免费讲座、利用电子阅览室提供免费上网服务等。

2013年我们力争把靖江市支中心建设为全国“共享工程”的示范中心、文献数字化加工中心、电子文献服务中心、视听资料服务中心。

（撰文/靖江市支中心）

泰兴市支中心

文化信息资源共享工程是中央推出的一项文化创新工程，是公共文化服务体系建设的重要组成部分。泰兴市委、市政府高度重视和支持工程建设工作，市财政一次性拨付64万元专项资金创建泰兴市支中心，2008年 10月安装调试完毕。

1、泰兴市支中心具体承担以下职能：

1.1.作为泰兴市的文化信息资源管理中心，接收和管理来自上级中心的文化信息资源。

1.2.发挥共享工程信息资源共享共用的优势，利用上级中心的资源，依托泰兴市支中心，积极通过电子阅览室、网站、视频放映、场地培训等方式，为当地的民众提供多样化的、灵活的文化信息资源服务。

1.3.对泰兴全市的基层服务网点建设和服务进行规划，向服务网点拷贝和安装信息资源，并负责基层服务网点的人员培训和业务指导。

1.4.利用支中心平台，推动地方文化资源信息化建设，宣传具有泰兴特色的地方优秀历史文化。

2、支中心硬软件系统由以下几个部分组成：

2.1.信息资源管理和发布平台。主要由资源管理和发布服务器群以及相应的磁盘存储系统、数据安全备份系统以及操作系统、数据库软件组成。

2.2.网络传输平台。主要由中心局域网（综合布线、网络设备、防火墙）、互联网Internet接入、卫星数据接收系统组成。

2.3.图书馆自动化管理平台。建设泰兴市图书馆业务自动化管理系统，实现内部业务和读者服务的自动化管理。

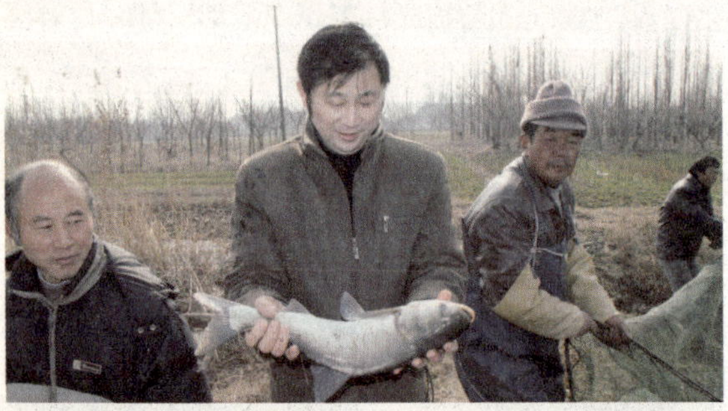

利用文化信息共享工程基层点向农民传播养鱼技术。2010年春，泰兴图书馆周晓季同志在马店镇捕鱼现场。

2.4.公共服务平台。向读者提供数字资源检索和馆藏书目检索服务。主要由多功能电子阅览中心、投影视频播放系统以及相应的软件组成。

2.5.设备安全管理平台。用于系统安全运行的环境建设，包括机房装修、网络防病毒、机房静电屏蔽系统、机房不间断电源、空调组成。

目前，泰兴全市16个乡镇均建有基层服务点。2012年，又在两个示范镇（济川街道、黄桥）所属行政村创建了100个基层服务点。支中心租用了中国电信10兆光纤，确保配送资源快捷畅通。常年深入各基层点指导文化信息资源共享工程运用实践。

（撰文/泰兴市支中心）

兴化市支中心

全国文化信息资源共享工程（以下简称文化共享工程）是我国目前最大的文化信息资源数据和信息网，内涵政府文化信息、历史文化源流、各类艺苑奇葩、世界知识百科、古今人物春秋、大众科普技术、华夏旅游文化等，并可链接全国各省市图书馆，了解和索取地方文化信息资源。

2003年2月，兴化市成为江苏省首批文化共享工程基层服务点之一。在我们的帮建下，该市陆续建成文化馆、博物馆、周庄文化站三个基层服务点。

2008年10月，该市建成文化共享工程兴化市支中心，是共享工程江苏省首批达标支中心之一。目前，支中心有专（兼）职工作人员5人。中心面积近600平方米，设有中心控制机房、资源加工整合中心、电子阅览室、多功能报告厅和办公室。

中心软硬件系统由以下几个部分组成：

1、信息资源管理和发布平台。主要由资源管理和发布服务器群（服务器4台）以及相应的磁盘存储系统、数据安全备份系统以及操作系统、数据库软件组成。

2、网络传输平台。主要由中心局域网（综合布线、网络设备、防火墙）、互联网Internet接入、卫星数据接收系统组成。

3、图书馆自动化管理平台。建设兴化市图书馆业务自动化管理系统，实现内部业务和读者服务的自动化管理。主要由相应的服务器、微机工作站和软件组成。

4、公共服务平台。向读者提供数字资源检索和馆藏书目检索服务。主要由电子文献阅览室、投影视频播放系统以及相应的软件组成。

5、设备安全管理平台。用于系统安全运行的环境建设，包括机房装修、网络防病毒、机房静电屏蔽系统、机房不间断电源、空调组成。

2010年9月底，我市实现了“乡乡镇镇建有基层服务点”的目标，现有35家基层服务点，均达到“十个一”的基本建设标准。其中，有12个乡镇达到增强型服务点建设标准。2010年年底，支中心完成市内VPN网的建设。

目前全市基层点已经实现与市支中心的互联互访。

支中心通过兴化市图书馆网站开展网络服务，及时下载国家文化共享工程资源，制作光盘，发放基层点等。同时，支中心注重特色资源建设，现已将兴化市图书馆15部珍贵古籍、4部不同版本的兴化县志、16部家谱制成电子版，供读者查阅。

兴化市支中心电子阅览室60平方米，配有30台电脑。每年接待读者近2万人次；同时在馆三楼多功能厅设立“兴图讲坛播放角”，周日，免费向广大读者播放文史、法制、环保、科技、养生等各类讲座，每年参加活动人数达1万人次。

兴化市支中心积极组织开展形式多样的群众文化活动，并且做到三个结合：与重大节日相结合、与主题宣传相结合、与群众需求相结合。设立“文化小篷车”，定期到社区进行文化共享工程资源展播，让文化共享工程这一惠民工程真正走进基层。

文化共享工程作为一项文化创新工程，在该市实施以来所发挥的作用十分显著，无论是促进社会主义和谐社会的构建，还是在促进社会主义新农村建设上，都彰显出了它作为文化创新工程的独特魅力。文化共享工程同时也是该市构建公共文化服务体系的重要组成部分。兴化市支中心将针对当前我市文化事业的实际情况和科技发展的水平，继续整合现有的文化资源，扩大服务范围，改进服务手段，不断提高服务质量和服务水平，开创文化共享工程工作的新局面。

（撰文/何晓冬）

南通市支中心

南通市位于江苏东部，东临黄海，南望长江，与上海一江之隔。南通区域面积8544平方千米，人口728万，下辖4区3市2县。南通集“黄金海岸”与“黄金水道”优势于一身，拥有长江岸线226公里。

南通市的文化信息资源共享工程工作由南通市图书馆牵头。近年来南通市支中心开展了如下工作：

一、基本情况

2000年，南通市图书馆最初在电子阅览室辟出“文化信息资源共享工程”专用电脑区域，有明显标识，供读者免费使用。南通市图书馆还指导各县（市）图书馆或乡镇文化中心在电子阅览室建立相应区域，开展“文化信息资源共享工程”工作。

2008年，南通市图书馆成立“全国文化信息资源共享工程南通市支中心”。市支中心对南通地区各县（市）支中心和基层服务点开展业务指导、技术咨询和资源共享服务；在原先开展收集南通地区特色文化视频及图片资料的基础上，开始制作本地区文化特色影像资料。

目前，南通市支中心负责电子阅览室、视听演播室开放服务，共享工程网站管理，机房管理以及特色资源制作。

该支中心现有专职人员6人，其中专业技术人员5人。南通市支中心重视提高人员素质和能力，近年来积极参加国家中心、省分中心组织的各种培训，并在历次竞赛中取得较好成绩。

二、特色影像资源建设

该支中心重视开发本地区特色文化资源，地方特色视频资源的制作和收集有较明显特色。几年来创作加工了近百种视频资料，收集了数十种地方特色视频资料。另外，支中心对南通市图书馆收藏的南通地方电影资料做了抢救性工作，制作完成片长约1小时的老电影DVD。为了记录地方历史，抢救性拍摄了拆迁前的环城东路和东大街，还拍摄了寺街、柳家巷、兴仁和观音山老街及靛蓝种植、蓝印染色作坊等一些地方传统特色照片。

市支中心制作的影像资料的地方特色视频资源包括：南通地方社会政治资料，如《胡耀邦同志在南通》专题片以及南通本地老领导及有关地方革命史；南通地方非物质文化遗产资料，如《西亭脆饼制作技艺》专题片、《南通号子》专题片、《老街》专题片、通剧舞台艺术片、《浒零花鼓》舞台艺术片等；南通地方重要文化活动纪实，如《苏通大桥合龙仪式》、《奥运火炬在南通》、《奥运健儿回家乡》、《第九届亚洲艺术节花车巡街表演》、《南通博物苑暨中国博物馆事业一百周年》；地方群众文艺演出，如“濠滨夏夜”系列演出40场、通州小品16种、地方小戏曲12种；“静海讲坛”等专家学者讲座21多场。此外，南通市支中心还收集了一些地方特色专题片，如《南通蓝印花布》、《南通板鹞》、《南通童子戏》、《南通仿真绣》、《海谣四首》以及各区县专题片。

市支中心为发挥本地文化资源的作用，选择具有本地特色的影像资料制作成了DVD光盘，发放到各基层服务点，供公众观赏利用。部分本地特色文化视频还被转换成网络播放格式，放在本馆网站上供公众浏览。市支中心摄制制作和收集的视频资料无偿向社会各界提供借用或复制。近年来，市支中心还承担市文广新局（原文

组织共享工程知识竞赛

化局）送戏到边防、“文化三下乡”以及承办省、国家级、国际性会议等活动的拍摄任务。

三、网点建设

市支中心负责对南通地区各县（市）支中心提供业务和技术咨询。由于南通市区的崇川区、港闸区、开发区没有公共图书馆，所以市支中心同时也承担对上述三个区下属街道、乡镇文化中心共享工程基层服务点的业务和技术指导。“市支中心”每年对县支中心和市区基层点开展实地走访，现场培训，并举办各类培训班，组织各种交流和竞赛活动。

为配合创建文明城市工作，市支中心还配合市文化局进行实地检查，并将检查情况写成调研报告上报市有关部门。为鼓励街道、社区推进共享工程工作，市支中心对基层服务点实行以奖代拨方式支持基层点建设，并对建设及服务工作突出的基层点加大奖励，对基层点工作人员也进行评比奖励。

四、合作共建

市支中心与市委组织部合作，共同制订、落实“共享工程”进入“村村通”系统的方案，向“网上村村通”网站提供适用于“三农”的生产和生活科普类视频资料。

市支中心与本馆技术部合作设计“共享工程”专用网站，网站开通时同时链接组织部“网上村村通”，使“共享工程”的服务延伸到了村一级。

五、荣誉奖项

另外，南通市支中心对共享工程上级组织和市宣传、文化的其他工作任务也积极组织完成。在全国“公共电子阅览室建设计划”百题知识竞赛、少儿电脑报设计大赛等比赛中，南通市均取得较好成绩。

六、工作展望

随着南通地区各支中心和基层服务点的进一步建设发展，市支中心将进一步加强基层人员培训，特别是对专业从事文化共享工程工作人员的应用技术培训，使他们能更好地承担起向公众提供培训等服务的职责。

在收集制作本地区文化特色影像资源方面，文化共享工程支中心将以2014年新馆落成为契机，提高制作能力、制作质量和制作进度，并整合馆藏及购买的数字影象资源，打造统一资源服务平台。同时结合新馆辐射服务全南通地区的理念和职责，更好地实现在网络环境传播数字化资源，让社会公众平等、免费、便捷地享受到文化建设的成果。

（撰文/南通市支中心）

南通市少儿支中心

南通市少年儿童图书馆建于1993年，是江苏省第一家独立建制的地市级公共图书馆，现有藏书20万册，期刊400余种，音像制品2万余张。持证读者10万余人，年接待读者40万余人，外借书刊50万册次。实行免费办证、

免费借阅服务，坚持每天对外开放9小时。

本馆注重培养青少年阅读兴趣，常年组织形式多样的公益性读书活动达20多项，有生动活泼的智力竞赛、科普讲座、征文演讲、吟诗作画、亲子共读、才艺表演、手工工艺展示、评选读者之星、电脑小报设计比赛等活动，大力激发读者的阅读兴趣。

本馆设馆长室、办公室、社会活动部、采编部、少儿借阅部、低幼借阅部、连环画和外文特色阅览部、电子阅览部、多功能报告厅等9大部门。拥有2家分馆、20个图书流动点。以少年儿童读物和教学参考资料为主体，以借阅一体全开架服务为模式，实行计算机管理科学化、办公自动化、服务规范化，成为全市140多万少年儿童素质教育的一个重要场所。

2011年南通市少年儿童图书馆充分发挥文化信息资源共享工程资源和网络服务平台优势，结合学校电脑课程安排，以“阳光少年热爱党”为主题，组织开展电脑小报设计比赛。活动旨在表现少年儿童在党的关怀下的幸福生活，提高他们使用文化信息资源共享工程资源的能力。活动得到了通师二附、通师三附、实验小学、城中小学、开发区实验小学广大少年儿童的积极参与，参赛作品内容丰富，表达准确，具有鲜明的宣传意义；构思独特，设计合理，富有创新意识；版面活泼，图文比例合理，色彩搭配协调，表现风格引人入胜。我馆已在300多幅参赛作品中遴选出82张电脑小报，报送文化部全国文化信息资源建设管理中心，参加全国“2011年电脑小报设计比赛”活动，我馆被文化部全国文化信息资源建设管理中心授予全国“集体奖”，我市获得全国二等奖1个，优秀奖5个。

2012年，南通市少年儿童图书馆在全市组织开展了2012年电脑小报设计比赛活动，活动主题是“像雷锋那样…”，活动时间从4月初至5月底。经南通市少年儿童图书馆和各县市区图书馆的精心组织以及相关学校的大力支持，活动共收到来自全市各中小学校的633幅参赛作品，经筛选提交618幅作品参加了全国中小学生电脑小报设计比赛活动。在报送的作品中，南通市荣获全国小学组一等奖2个、二等奖2个、三等奖3个、优秀奖2个，全国中学组一等奖1个、二等奖2个，优秀奖4个，获奖总成绩在全国名列前茅。

由于南通市少年儿童图书馆组织工作成绩突出，被文化部全国文化信息资源建设管理中心授予“优秀组织奖”。此外，南通市少年儿童图书馆在全市参赛作品中评选出市级一等奖10个、二等奖20个、三等奖30个和优秀组织奖4个。

（撰文/南通市少年儿童图书馆支中心）

南通市通州区支中心

通州区为南通市辖区，位于江苏省东南部，长江下游北岸，东临黄海。总面积1351平方千米，常住人口125余万人。全区辖19个镇以及1个省级经济开发区。

通州区文化资源共享工程在通州区文广新局，通州图书馆支持和部署下，逐步推进，稳步发展，在新形势下为繁荣农村基层文化，满足农民多层次文化需求，传递中国民族优秀文化资源发挥了重要作用。

一、基本情况

通州区文化资源共享工程建设开始于2007年，最初在骑岸镇、先锋镇、二甲镇等六个镇试点安装，此后陆续在全区19个镇（街道办）文化中心开始安装，前期安装设备均通过卫星设备直接接收国家中心下发的给类资源和信息。2008年通州区文化资源共享工程开始普及进入乡镇行政村，第一批98个行政村与当年安装调试完毕。2010年第二批276个行政村进行安装，至此通州区所属行政村实现全区共享工程村村全覆盖。共享工程通州支中心设在通州区图书馆，是该区共享工程的建设和业务指导单位，负责保障区中心共享工程设备的运行，协调镇村级共享工程设备的维修，指导镇村级共享工程活动的开展以及开展全区共享工程管理员的业务培训和指导。

二、管理和队伍建设

为使共享项工程真正为民所用为民谋利，通州支中心将共享工程日常管理纳入制度化管理。制定支中心、镇、村基层服务点工作职责和制度，实行制度上墙公开。每年有年度工作计划，月度有工作要点，季度有工作督导，年末有工作总结考核，并推行管理员工作日志管理，收集整理共享工程服务活动的得失，探索共享工程管理和服务新模式。文化资源共享工程作为一个新的农村文化资源获取平台，如何推广好、利用好共享工程丰富的文化资源关键在于是否有一支专业化的共享工程管理员队伍。通州区共享工程支中心在管理员队伍建设上坚持明确职责，明确思路，制度化管理，常态化培育。对于乡镇、村两级基层共享工程管理上择优选取文化层次较高，有一定社会基层管理服务实践经验的大学生村官为管理员，他们工作热情高，有较高的文化水平能尽快熟悉掌握共享工程设备为所在村民服务。

三、培训工作

通州支中心在共享工程管理员的培养上实现了制度化和常态化。根据支中心工作要求，每年对辖区共享工程管理员进行2期的集中培训，2007年以来一共举办各类培训班12期，参加轮训的各级管理员达1500人次。

四、经费投入

通州区共享工程自2010年实现村村全覆盖以来，通州区图书馆每年投入60余万的运维经费，用于共享工程设备的维护，人员培训和惠民活动的开展。同时，通州区政府，通州区文广新局和通州区图书馆每年也投入大量人力物力支援共享工程各项活动的正常开展。

五、资源建设

通州支中心在历年的工作中，搜集不同区域民众文化需求，选取、编辑制作各类题材资源6.5TB，每年制作发放各类光盘1200多张，展板50多块，各类海报，招贴画42副，发放宣传资料5000余份。

六、利民惠众，惠农服务

我中心在共享工程服务实践过程中，以民众的需求为导向，积极探索，服务民众生活生产，引领群众高尚精神文化生活，打造群在满意喜爱的文化服务新平台。

根据通州地域农业生产特点，通州支中心每年按节令制作农业生产技术光盘和小册子通过行政村基层服务点村民分发。针对不同农业专业者，通州支中心

有针对的选取资源上门指导服务。历年来累计服务专业生产户20多户，长期点对点跟踪服务7户。

七、宣传推广

1、通州支中心利用各种渠道宣传推广共享工程。在通州每年的科技文化四下乡活动，科普之春，科普之夏，科技周等活动中，通州支中心不失时机，以活动为平台，以资料为媒介宣传共享工程，让民众不断了解共享工程，走进共享工程。

2、走进校园。通州支中心文化服务中不断探索，利用支中心少儿阅览室，组织动员青少年儿童关注共享工程，利用共享工程，收集青少年知识兴趣点整理挖掘，针对集中地知识群和关注点通州支中心联合友邻部分聘请专家前来为青少年答疑解惑，其中邀请南通市作家协会张黎化老师做了题为《阅读　反思　感悟》的精彩报告，深受广大青少年的喜爱。同时按照南通分中心的部署在全区中小学校开展了阳光少年热爱党网页制作大赛和电脑小报制作大赛。通过一系列的活动是共享工程不仅走进农村也走进校园走进青少年。

八、工作展望

通州区共享工程已走过6个年头，从昨天的几个点到今天的374个行政村全覆盖，从单一的资源接收到今天的编辑分发和群众广泛认知，广泛参与，文化资源共享工程在通州已经成为通州人民文化生活的一大支柱，成为繁荣通州文化，丰富通州人民精神生活，推动通州人文科技进步的强大动力源泉。今后通州支中心希望在国家中心，南通分中心大力支持下为通州共享工程建设一支专业化的服务队伍，建立一个国家、市、区三级知识网络联动的即时问答服务体制和服务形式更加多样，服务网点更加宽广，参与群众更加广泛的共享工程文化带动体系，为建设科技通州，文化通州做出贡献。

（撰文/南通市通州区支中心）

海门市支中心

海门市地处长江入海口，东濒黄海，南倚长江，与国际大都市上海隔江相望，直线距离仅为60公里，兼具“黄金水道”与“黄金海岸”之优势，素有“江海门户”之称。全市总面积1149平方公里，人口101万（2006年），下辖2个省级开发区、2个园区和17个乡镇。

一、基本情况

海门市文化资源共享工程建设开始于2003年，最初在海门市图书馆开始安装，接收国家中心下发的给类资源和信息。2009年市政府投资50万元重新购入新的服务器等各种设备。同时海门市文化资源共享工程开始普及进入乡镇行政村，在22个乡镇分别建立共享工程农村基层服务点（其中基本型17个，增加型5个）。

共享工程海门市支中心设在海门市图书馆，是海门市共享工程的建设和业务指导单位，负责保障支中心共享工程设备的运行，协调镇村级共享工程设备的维修，指导镇村级共享工程活动的开展以及开展全区共享工程管理员的业务培训和指导。

二、管理和队伍建设

为使共享项工程真正为民所用为民谋利，海门市支中心将共享工程日常管理纳入制度化管理。制定支中心、镇、村基层服务点工作职责和制度，实行制度上墙公开。每年有年度工作计划，月度有工作要点，季度有工作督导，年末有工作总结考核，并推行管理员工作日志管理，收集整理共享工程服务活动的得失，探索共享工程管理和服务新模式。

文化资源共享工程作为一个新的农村文化资源获取平台，如何推广好、利用好共享工程丰富的文化资源关键在于是否有一支专业化的共享工程管理员队伍。海门市共享工程支中心在管理员队伍建设上坚持明确职责，明确思路，制度化管理，常态化培育。对于乡镇、村两级基层共享工程管理上择优选取文化层次较高，有一定社会基层管理服务实践经验的大学生村官为管理员，他们工作热情高，有较高的文化水平能尽快熟悉掌握共享工程设备为所在村民服务。目前海门市共享工程管理员70%为各级大学生村官，26%是由较高学历的村委委员兼任，实现了管理员选取的高起点。

三、培训工作

海门市支中心在共享工程管理员的培养上实现了制度化和常态化。根据支中心工作要求，每年对辖区共享工程管理员进行集中培训，2009年以来一共举办各类培训班10期，参加轮训的各级管理员达500多人次。同时，支中心积极组织人员认真收看国家中心的在线培训，参与省中心组织的相关培训，提供人员的业务水平和服务水平。

四、经费投入

海门市共享工程自2009年实现村村全覆盖以来，海门市财政每年投入70余万的运维经费，用于共享工程设备的维护，人员培训和惠民活动的开展。同时，海门市政府，海门市文广新局和海门市图书馆每年也投入大量人力物力支援共享工程各项活动的正常开展。

五、资源建设

海门市共享工程支中心网站现有各类音视频资源6941部，音视频时长达4125小时，资源总量达1794GB。网站定期制作、转换由国家中心、省中心下发的各类资源，保证网站资源定期更新。通过建立县级支中心网站，整合网络资源，充分利用互联网传播民族文化、科学技术，极大的提高了群众素质和生产、生活水平。

六、合作共建

海门市文化共享支中心已与海门市党员干部现代远程教育工程实行共建共享，并在海门市网上村村通网站建设共享工程专门链接，实现资源共享，同时制定相关的播放制度，免费为广大市民服务。

七、利民惠众，惠农服务

海门市支中心在共享工程服务实践过程中，以民众的需求为导向，积极探索，服务民众生活生产，引领群众高尚精神文化生活，打造群在满意喜爱的文化服务新平台。自2009年来，海门市支中心利用电子阅览室免费为老年大学举办电脑培训班，已连续举办培训班8期，每期学员20多人，得到了老同志们热烈响应。视频播放室定于每周三，周四下午免费为广大读者播放共享工程视频资源，包括各类知识讲座、记录片，电影等。海市市各共享工程基层服务点针对自身特点定期为群众提供喜爱的资源为群众服务，并为不周的农业专业户提供专门的资源服务。

八、宣传推广

1、海门市支中心利用各种渠道宣传推广共享工程。海门市支中心不失时机，通过报纸、网络等不同平台宣传共享工程，让民众不断了解共享工程，走进共享工程。

2、海门市支中心积极协助乡镇基层点做好文化共享工程服务工作，针对乡镇基层点技术力量比较薄弱的特点，通过现场指导，举办讲座，远程协助等各种灵活多样的方式，使得乡镇基层点可以较熟练的掌握各种必备软件资源的使用，并对硬件资源的维护有了一定的理解，使得各基层点通过县图书馆网站专用通道即可访问图书馆的内网资源，更大限度的实现了资源的共享利用。

3、海门市支中心积极组织群众喜闻乐见的文化服务，使共享工程走进群众生活。在节假日期间利用共享工程丰富的资源举办各类展览、播放各类专题类视频资源，受到群众的好评。

九、工作展望

海门市文化资源共享工程已走过10个年头，从一开始的的在海门市图书馆一台服务器到今天的各行政村全覆盖，从单一的资源服务到丰富资源服务和群众广泛认知，广泛参与，文化资源共享工程在海门市已经成为海门市人民文化生活的一大支柱，成为繁荣海门文化，丰富海门人民精神生活，推动海门人文科技进步的强大动力源泉。今后海门市支中心会在国家中心，江苏省分中心、南通市支中心及地方政府的大力支持下，继续做好文化信息共享工程方方面面的工作，利用网络、电子阅览室，视频播放室，乡镇基层服务点，多开展活动，为广大读者和市民提供更好的服务，服务大众。

（撰文/海门市支中心）

如皋市支中心

如皋，江苏省历史文化名城、中国花木盆景之都、世界长寿养生福地。东濒黄海，南临长江，与张家港隔江相望，总人口145万。世界长寿乡、国家一类开放口岸（独立开放，四大口岸联检机构均为正处级单位）、中国优秀旅游城市、国家卫生城市、国家园林城市，全国综合实力50强县（市），长三角最具投资价值城市。

2009年6月，在省市相关领导的关心支持下，成立了文化信息资源共享工程如皋支中心。该中心由文广新局分馆副局长挂帅，成立了冯建权馆长任组长，洪宝瑚书记，王健副馆长，殷利军，洪善海为组员的共享工程基层服务点建设工作小组。我们首先对全市20个镇的文化活动中心的“共享工程”安装点进行实地踏勘、协调、落实，经过调查摸底后，我们组织相关专业人员做了2个文化共享工程相关知识培训课件，并对全市各镇文化站长进行了2期共享工程基层服务点建设的集中培训。为了在基层乡镇村居切实发挥好文化信息资源共享工程的作用，我们不仅在全市20个乡镇建立了基层服务点，还在雪岸镇万富村和常青镇海圩村建立了2个示范点，养殖大户通过文化信息资源共享工程学到了更多的养殖知识，不仅自己先富起来，还带动了周围的广大村民共同致富。另外借助组织部党员远程教育网络点，对文化信息资源共享工程基层服务点进行试点运行，积极主动与市委组织部、市信息中心沟通协调，实现了与党员远程教育网的信息共享，实现了“文化信息资源共享工程”村村通。目前，文化信息资源共享工程如皋支中心建设以及我市20个乡镇的基层服务点建设已全面完成，工程覆盖率100%，省文化厅已来我市检查、验收，对我市基层服务点建设情况给予了高度评价。

另外按照省统一标准要求，支中心完成全市20个乡镇文化信息资源共享工程基层服务点的建设工程。对全市各镇村文化信息资源共享工程基层服务人员，进行了多期共享工程业务知识的集中培训；在雪岸镇万富村和常青镇海圩村建立了2个共享工程服务示范点，充分发挥文化信息资源共享工程的作用。

到新馆后，支中心更换了新设备，服务器统一换成刀片服务器，存储空间达到40T，采用最新的云技术，让数据更安全更稳定，并购置了大量照相机，摄像机等设备，具备了制作数字资源的条件。另外，新的支中心播放室天天播放共享工程视频，真正做到为广大市民服务。

（撰文/如皋市支中心）

播放室正为小朋友播放动画片

如东县支中心

如东县支中心在上级主管部门的领导下，不断加快共享工程建设步伐，整合资源，创新发展，积极开展“文化惠民工程”系列活动，获得了社会各界的广泛好评。与此同时，大力推进乡镇基层网点的建设，现已初步建立了覆盖全县14个镇，272家村（社区）的文化服务网络体系，满足基层群众文化权益需求，为建设社会主义新农村，构建和谐社会发挥了重要作用。

一、规范建设

如东县文化共享工程支中心在“十一五”期间，得到了各级政府的高度重视和财政的大力支持，于2009年7月份正式建成。建成的支心对照《关于印发2008年度全国文化信息资源共享工程支中心和基层服务点标准的通知》规定的硬件设备配置标准建成了“一房两室”。中心电子阅览室拥有20台高性能计算机、500G大容量移动硬盘、DVD刻录机、扫描仪、激光打印机等，开通10M互联网。每台电脑安装有共享工程服务平台、流媒体服务平台、读秀学术搜索、百万册电子图书、县级数字图书馆图书资源平台等，以保证读者能够充分浏览和利用文化资源共享工程的资源。200多平米的多媒体教室通过投影仪、大型幕布和高性能音响能够同时为100多人开展提供文化资源共享工程的资源观看和讲座学习报告等活动。中心机房拥有远古、防病毒、力博、电子图书4台高性能服务器，防雷系统，百M防火墙，支持断电延时3个小时的UPS电源等设备，保障了中心电子阅览室能够为读者提供优质文化信息资源的服务。基层站点的建设，与党员干部现代远程教育网上村村通相结合，加大共享工程的辐射力度。为保障“共享工程”系统的平稳运行，县支中心专门配备了3名技术人员，保障了“共享工程”系统全年365天不间断提供优质的服务。

二、强化服务意识

建成后的支中心充分利用共享工程资源优势，开展丰富多彩读者服务活动。

1、共享工程电子阅览室坚持365天天天开放，日平均接待读者60多人次。读者可以在电子阅览室登录文化共享工程网站，免费查阅电子图书、论文数据库等数字资源，开设了“视频讲座”、“电影欣赏”等系列公益活动，受到了读者的喜爱，为不同年龄层次、专业领域、兴趣爱好者提供多层次的学习乐园。

2、定期为读者和群众免费放映戏曲、小品、电影。

如我支中心结合中国共产党建党90周年的契机，在多功能室循环播放红色经典电影。如先后播放了《开国大典》、《中华儿女》、《铁道游击队》、《烈火中永生》、《红色娘子军》等经典老片，也有刚上映不久的《建国大业》、《建党伟业》等新片，播出后受到了广大群众的热烈欢迎，累计放映95场次。

3、利用共享工程县级支心平台，举办了多期电脑技术培训班。2010年5月，为帮助部队提高官兵科学文化素质，提升部队战斗力，我支心举办了如东县武警中队电脑知识培训班，来自县武警中队的25名战士参加了培训。关心社会弱势群体，为提高残疾人职业技能水平和就业能力起促进作用，我馆于今年4月27–29日，与县残联、县文峰职业培训学校联合举办了残疾人中级计算机操作员培训班，全县24名残疾人参加培训。

三、丰富资源内容

资源建设是文化共享工程的核心，我县支心数字资源建设不断丰富内容，提高为大众服务能力。

1、按照我县图书馆网站的功能区分，建设成2个具有不同功能的网站。一是县图书馆信息发布平台网站，网站主要内容包括图书馆的活动通知、新书上架发布、与读者互动留言版块等等内容，让读者第一时间了解图书馆动态。二是县支中心文化共享工程资源网站，通过加工制作各类文化资源库、整合采购已有数字资源、网上信息抓取与加工等多种方式和渠道，既可实现包括、图书、戏剧、戏曲、文物、文化科技、艺术教育、文化名人等在内的文化系统的资源整合。将整理好的资源发布到共享工程网站，坚持每天更新最新视频、音频等等。结合省下发资源，积极收集网络资源，丰富流媒体播放内容，目前已经更新视频1TB，包括电影、电视剧、知识讲座、戏曲等与文化相关的资源。比如为迎接建党90周年，搜集整合视频资源，在文化共享工程支中心网站相应更新红色经典专题片、红色电影、红色连续剧等多部视频欣赏，容量共计180G，视频时长约为13200分钟。

2、丰富电子图书资源。09年我馆购买了20万册电子图书，供读者免费阅读。今年5月，该馆与兄弟县（市）馆合买130万册的超星电子图书，还包括丰富的期刊论文、学位论文等资料。读者只需办理一张借书证，登陆如东县图书馆网站，点击进入“如东县文化共享工程”漂浮板块，选择“百万册电子书”或者“读秀学术搜索”，就可以选择各类图书、报纸、期刊以及论文。这种新型的读书方式，给他们的阅读带来了极大的方便和全新的体验。

3、县级数字图书馆的运用。县级数字图书馆安装投入使用，更新视频资源（时长1876分钟），图片资源（3419张），书刊资源（电子书：5000种中文图书全文，电子期刊：200种、2608期人文社科类期刊全文），网络资源（国家图书馆“政府公开信息整合”项目的部分成果——21万余条信息，“网络信息采集与保存”项目的部分成果——5个专题）。

四、网点建设

该县支中心大力推进基层网络建设，将服务的触角不断向基层特别是农村延伸。积极推动农村文化信息资源的数字化和网络化建设，切实保障城乡人民群众的文化信息需求，促进基层文化的发展。按照上级要求，我馆多次投入人力、物力，先后深入全县14个镇，在各镇做好VIP网络互联和平台建设工作。基层服务点计算机与我馆支中心文化共享工程专用服务器已建成直接的、标准的VPN通道连接，构成了一个全县范围内独立的、完整的文化信息资源专用局域网。分馆的读者只需正确登录虚拟网络便可访问县图书馆所有数字资源，弥补了基层馆图书资源相对薄弱的不足，实行了图书馆资源共享的最优化。

目前，全县共14个镇、3个街道基层服务点设备都安装到位，网络互连畅通，已实现全面覆盖。先进的网络技术和丰富的数字资源，大大丰富了当地村民的精神文化生活，有效保障基层群众的基本文化权益，对提高当地村民素质、建设社会主义新农村做出了积极贡献。

五、培训工作

建立一支高素质的人才队伍是支中心工作得以顺利开展的保证。一直以来，该支中心就非常重视，经常开展一些业务学习强化队伍人员的知识更新和综合素质的提高。每年都会选送业务骨干参加省、市专业知识培训学习，掌握现代科学技术，拓宽知识层面。与此同时，我们支中心建立了全县共享工程队伍建设分级培训机制，即采取上级中心带动县支中心，县支中心带动基层服务点的方式，形成有效的梯队培训模式，快速提高各级中心技术人员的水平。比如去年5月份，由省分中心举办的“三馆一站”免费开放的网络培训，培训采用“网络电视”的形式进行直播，县支中心组织人员进行学习培训，通知乡镇基层服务点人员一并学习，为不断提高全县文化共享工程服务人员的业务素质，确保服务质量。从而使县支中心能够切实承担起对乡镇、村服务点的指导和辐射作用，达到了“以县为中心，映射和服务城乡”的既定目标。几年来，先后举办各类技术培训班和共享工程专题讲座等40余班次，参训人员达680余人次；

为了更方便快捷地指导和服务基层，如东县支中心建立了QQ工作群，由专人负责，各基层服务点的工作人员都加入到群里，随时解答各地工作中的问题，并能通过远程操作，解决基层站点共享工程应用问题，受到了基层站点的欢迎。

我们将在今后的工作中更加努力的探索利用共享工程服务的新路子，更好的发挥共享工程的的作用，为把共享工程办成惠民工程、民心工程而不懈努力。

（撰文/如东县支中心）

海安县支中心

海安县图书馆资源共享工程海安支中心在上级部门的领导和支持下，于2002年3月顺利建立。创建初期，设备简陋，人员缺乏，经过这几年的发展，海安支中心建设初具规模，电子阅览室面积100平米，主要设备有力博服务器1台、web远古服务器1台、反病毒服务器1台、电脑15台、手提电脑1台、弱电机柜1个。支中心配有计算机专业管理人员1名，负责日常管理、设备维护、基层点专职人员培训等工作。

支中心坚持全年对外开放，定期为群众服务。利用播放厅在节假日为全县未成年人送上文化大餐，丰富未成年人业余文化生活，引导未成年人走进图书馆，加强未成年人思想道德建设；2011年度，海安县支中心建成与党委组织部门“远程教育”共建共享机制，更加快速、便捷地宣传党的路线、方针和政策，对提高党员干部队伍素质，加强党的基层组织建设，具有重要意义；2011年度，海安支中心对海安全县14个乡镇、212个行政村实现全覆盖，共享工程数字化信息资源对城乡基层的辐射面、影响力日益提高。

（撰文/海安县支中心）

镇江市支中心

镇江市位于江苏省南部，处于上海经济圈和南京都市圈交汇点，是苏南经济板块重要成员；北接扬州，南邻常州，西衔南京；拥有十分优越的区位条件，是江苏南北之交通中枢。现辖京口、润州、丹徒三区，代管句容、丹阳、扬中三市。另有国家级经济技术开发区——镇江新区行使市辖区经济、社会管理权限。至2011年底，全市共有54个镇（街道）。其中：镇35个，街道办事处19个，504个村民委会、285个社区和居民委会。镇江全市总面积3847平方公里，2011年末全市户籍人口271.86万人。共享工程作为一项文化创新工程，在我市实施以来所发挥的作用十分显著，无论是促进社会主义和谐社会的构建，还是在促进社会主义新镇江建设上，都彰显出了它作为文化创新工程的独特魅力。

一、基本情况

镇江市共享工程支中心建设开始于2003年，共享工程镇江支中心设在镇江市图书馆，镇江市共享工程支中心拥有主干为1000兆，因特网接口为100兆光纤，信息布点200多个。拥有业务服务器5台、数据库服务器1台、应用服务器1台、媒体点播服务器1台、6T磁盘阵列1套、硬件防火墙3台、网络信息安全隔离系统1套、网络核心交换机3台、楼层交换机5台、办公用终端计算机50台、供读者使用和检索终端计算机65台以及打印机、投影机、扫描仪等多台外接设备。

镇江市支中心是镇江市共享工程的建设和业务指导单位，负责保障全市中心共享工程设备的运行，协调全市共享工程设备的维修，指导全市共享工程活动的开展以及开展全市共享工程管理员的业务培训和指导。截至2012年12月，全市已建成市级分中心1个，县支中心4个，乡镇、街道基层点50个，村、社区基层服务点638个。

二、管理和队伍建设

为使共享项工程真正为民所用为民谋利，镇江市支中心将共享工程日常运作纳入制度化管理。成立了以馆长为支中心主任，下设综合工作组、技术保障组和资源制作组，制定了市支中心、县支中心、社区街道基层服务点工作职责和制度。每年有年度工作计划，月度有工作要点，季度有工作督导，年末有工作总结和考核，并推行管理员工作日志，收集整理共享工程服务活动的得失，探索共享工程管理和服务新模式。

文化共享工程作为一项文化创新工程、民心工程，如何推广好、利用好共享工程丰富的文化资源关键在于是否有一支专业化的共享工程管理员队伍。镇江市共享工程支中心在管理员队伍建设上坚持明确职责，明确思路，制度化管理，常态化培育。截止2012年12月，镇江市共享工程支中心有专职人员52人，兼职人员54人，拥有本科学历占到60%以上，中高级职称占到80%以上。

三、培训工作

镇江市支中心针对不同岗位的要求，分类实施技术支持、资源使用、服务开展等内容的培训，将现场培训、卫星广播、网络互动、光盘教学等方式有机结合起来，逐步使培训工作实现制度化和规范化；坚持先培训后上岗的原则，特别是对于新建网点，须在完成对骨干人员培训，并做到培训考核合格以后才进行设备安装，使培训人员切实掌握设备操作技能，具备开展服务的能力。每年支中心对共享工程管理人员进行10期以上的集中培训和20期以上的网络培训，2003年以来一共举办各类培训326期，参加培训的管理人员达20000多人次。

四、经费投入

镇江市共享工程自2003年实施以来，镇江图书馆每年投入5万余元经费，用于共享工程设备的维护、人员培训和惠民活动的开展。同时，镇江市市政府、镇江市文化广电新闻出版局每年也投入大量人力物力支援共享工程各项活动的正常开展。

五、资源建设

数字资源建设方面，在充分利用国家中心和省分中心资源的同时，发挥我馆文献资源优势，投入大量人力物力进行专题数据库和地方特色数据库的建设。此外还购买了很多大型的数据库。

1、自行建设。现已建成数据库14个，包括镇江电视图书馆、《文心雕龙》全文数据库、文心讲堂、镇江信息数据库、镇江名人数据库等。这些数据库通过市图书馆网站发布在互联网和馆内局域上，极大的方便了读者的使用。

2、外部采购。市图书馆加大了电子文献购置资金比例，目前我馆已购人人大报刊复印资料数据库、龙源电子期刊、中国知网学术论文数据库等多种大型数据库。

3、接收上级资源。支中心设专职工作人员利用互联网络接收国家中心及省中心的视频资源和电子文献资源，内容涵盖文化遗产、戏剧、音乐舞蹈、曲艺杂技、少儿文艺、影视文化、农民致富信息、科普知识和医疗卫生等。截至2012年底，已接收了8TG的视频资源，为市级支中心开展好文化资源共享工作提供了坚实的保障。

六、合作共建

镇江市共享工程支中心依托省中心，加强与地方院校合作，与江苏大学图书馆、江苏科技大学图书馆和镇江高等专科学校图书馆共建了镇江市文献资源共享联合体，对各馆所藏的各类文献信息资源进行加工与整合，实现文献信息在整个地区范围内的共建共享，丰富了镇江市共享工程的内涵。

七、利民惠众

镇江市支中心在共享工程服务实践过程中，坚持“面向基层，服务民生”，以民众的需求为导向，积极探索，服务民众生活生产，引领群众高尚精神文化生活，打造群众满意喜爱的文化服务新平台。

八、宣传推广

在实施共享工程的过程中，不断拓展共享工程的服务内涵和方式，充分利用这一全新的工作载体条件，切实面向“五个走进”（走进农村、走进社区、走进学校、走进企业、走进军营），开创了基层文化工作的新局面。

1、馆内活动丰富多彩。充分发挥公共图书馆的阵地作用，在电子阅览室每周推介优秀栏目、名家讲座、生活常识、电影及优秀地方剧目，每月开展一次共享工程利用知识培训；每个星期六在多媒体阅览室利用投影仪播放名家讲座及影视剧，常年坚持。利用星期天节假日针对农民工、进城务工人员、弱势群体等播放爱国主义教育影片，科普类等影片，举办技能培训等方面的讲座，丰富他们的业余生活，深受广大市民的欢迎。

2、走进基层　走进社区。积极开展面向基层群众，走进基层，走进社区，利用社区基层点、图书馆分馆开展活动，引导和帮助广大基层群众学习普及知识，享受健康、优质的数字文化资源。将讲座、电影、技术培训送到群众中间，实现学习不必跑到市图书馆，在家门口的社区基层点就能实现。

3、走进学校　走进部队。为加强未成年人思想道德建设工作，除了在馆内针对未成年人开展的活动以外，还与教育局联合，深入各中小学校开展活动。对不具备安装条件的小学，利用图书馆的投影仪到教室播放优秀影片和礼仪知识讲座，开展爱国主义教育活动。从而利用共享工程开展思想道德建设，切实将加强和改进未成年人思想道德建设工作落到了实处。同时也为丰富驻镇部队官兵业余生活，利用图书馆的投影仪将优秀影片、技能培训讲座等推送到部队。

4、走进弱势群体。为弱势群体服务是文化信息资源共享工程工作的又一重点。注重关注弱势群体，彰显人文关怀。我们坚持“贴近生活、贴近实际、贴近群众”的三贴近原则，对老年大学、敬老院等开展专门的资源服务。根据老年人平时生活的诸多习惯特点，上网下载了齐国力主讲的《营养与健康》、《科学保健》、《晚年的幸福生活》等系列视频资料和战争题材的故事片、名著欣赏讲座、中国京剧音配像等前往放映，使他们获得了精神的强健与文化的关爱。我馆还分别在润州区图书馆、丹徒区图书馆建立了盲人阅览流通点，在市女子监狱设立图书流通点。我馆积极邀请盲人读者走进图书馆，安装盲人读屏软件、提供专人服务，并为他们提供免费听书机，工作人员还不定期为残障读者提供送书上门服务。

九、工作展望

如今，文化共享工程走过十年历程。从2003年的建设到现在98%的乡镇、街道、社区、村基层点的覆盖，从单一的资源到现在海量的数字资源，文化资源共享工程在镇江已经成为人民群众文化生活的一大支柱，成为繁荣镇江文化，丰富镇江人民精神生活，推动镇江人文科技进步的强大动力源泉。今后镇江支中心希望在国家中心，江苏省分中心大力支持下，以全国文化信息资源共享工程网络资源服务平台为依托，充分利用现代高新技术手段，将各种类型的文献信息资源以及贴近大众生活的现代社会文化信息资源，进行数字化加工处理与整合，通过全市基层文化站、群众艺术馆、文化馆等文化设施和社会各界网络传输系统进行文化信息的传输，使优秀文化信息资源走进农村、走进社区、走进家庭，最大限度的实现优秀文化信息资源在全市范围内的共建共享。

（撰稿人/陶　涛）

镇江市丹徒区支中心

全国文化信息资源共享工程是2002年起，由文化部、财政部共同组织实施的国家级文化工程。2004年10月，丹徒区图书馆共享工程基层服务点经过江苏省文化厅验收，2005年元月开始对外服务。2009年完成共享工程丹徒支中心的建设，并在2010年建成高资、谷阳、宝堰、辛丰、世业、高桥、上党7个乡镇基层服务点，其中增强型基层点2家，基本型基层点5家。支中心拥有十兆带宽、服务器以及25台电子阅览计算机、多媒体视频播放室。乡镇基层服务点都拥有2M以上的宽带接入、投影仪、计算机及规范的服务场所，所有的基层点均实行公益性免费服务。

为了丰富群众生活，更好地发挥文化共享工程服务百姓的作用，丹徒支中心积极响应省中心、市级支中心号召，充分利用电子阅览室和多媒体视频播放室的资源优势，搞好共享工程服务工作。在多媒体视频播放室播放《红色记忆——中国共产党生日纪念》、《中国非物质文化遗产》、《城市文化的魅力-传奇》、《生活、读书、思考》等视频讲座；暑期为孩子们播放“爸爸妈妈的童年电影”、“国产优秀动画”的主题电影；电子阅览室全天向读者免费开放，并提供代查代找共享工程资源的服务。在建设社会主义新农村的形势下，在以科技兴农为时代特征的今天，农民对现代科技信息和文化的需要迅速增加，结合这一现状，我们深入调查，根据农民的需求，将适合本地区农民种、养殖生产需要的各类数字技术资源整理出来，采取定期、集中播放的方式，组织农民收看，让广大农民不断吸收到先进科学技术；在“送文化、送科技下乡”活动中，我们带上移动投影设备和电脑先后来到上党镇、世业镇、高资镇为农民朋友播放《农业实用节水技术》、《如何饲养好母猪》、《进城打工与维权》、《秸秆快速腐熟还田技术》、《选择用家膜学问多》、《红旗谱》、《井冈山》等科教资源及电影。除了在馆内、农村开展的活动以外，我们还深入丹徒区各中小学校，为孩子们开辟“第二课堂”，积极参与未成年人思想道德建设工作，结合建党九十周年、辛亥革命一百周年等主题，举办了“光辉的历程，伟大的成就”、“弘扬革命精神，振兴中华民族”图片展，带上共享工程国家中心下发的资源《童心向党，快乐成长》、《纪念辛亥革命一百周年》在丹徒新城实验学校、西麓中心小学、丹徒实验小学进行了专题播放。

此外，定期对基层点的网络、设备进行检查，对基层点工作人员进行上门辅导，对平时工作中出现的问题、故障做到及时解决，确保乡镇基层点正常开展服务。

中心建立以来，为了扩大共享工程在基层群众中的影响，广泛宣传其作用和意义，时刻注意将共享工程活动与当前工作有机地结合。在今后的工作中更加努力地探索共享工程服务的新路子，更好地发挥支中心作用，为把共享工程办成惠民工程、民心工程而不懈努力。

（撰文/镇江市丹徒区支中心）

扬中市支中心

扬中市图书馆于2003年3月加入全国文化信息资源共享工程。十年来，扬中市图书馆遵照文化信息资源共享工程建设要求，加强学习，勇于探索，建成了文化信息资源共享工程扬中支中心和规范的电子阅览室，在各镇（区）建起6个基层网点。在具体实践中，本着“共建共享 服务惠民”这一原则和宗旨，积极传播先进的文化信息资源，服务社会大众，努力为全体市民搭建一个利用现代科技手段迅速获取各类信息资源的优秀平台。

一、加大硬件投入，完善共建共享机制

文化信息资源共享工程建设的难点在资金。为了保证这一惠民工程的顺利实施，扬中市图书馆积极争取上级财政支持，通过多种渠道筹措经费，加大建设资金投入，多年来先后共投入资金130余万元进行硬件设施的添置与配备，极大地改善了建设环境。

建成符合标准的共享工程支中心和公共电子阅览室，采取光纤接入互联网，配备电脑40台，全部采用液晶显示屏，电子阅览室内所有电脑桌椅进行隔座排列，同时配备共享工程服务器4台，AMP三层交换机1台，移动式投影仪1台，并建成少儿视听室、多功能媒体播放厅。及时配备、安装了卫星接收器，使远程信息得以保障。

积极推进基层网点的建设。获取各镇、社区、村委会的大力支持和协助，选择合适场所，添置台式计算机、投影仪、音箱、办公软件等必备设施，做到桌椅齐全、照明到位，符合消防安全要求。基层网点均采用虚拟专用网的链接方式，与共享工程支中心进行连接。目前，全市已建成一个增强型基层服务点和五个基本型基层服务点。对文化共享工程支中心和基层网点进行规范管理，建立健全各项规章制度，严格执行省市文化信息共享工程建设的相关规定和要求，及时与各基层网点负责人签订《扬中市文化信息资源共享工程基层服务点责任书》和《文明创建城乡共建协议》。对基层网点工作加大检查力度，将平时检查和年终考核结合起来，实行目标管理和动态管理。

二、强化队伍建设，建立人才保障体系

共享工程支中心配备了包括一名副馆长在内的三名技术人员，组建一支稳定的建设和管理队伍。三名工作人员自觉加强专业知识和业务能力的交流和提高，多次外出参加省分中心举办的各种培训班。努力促进全体馆员信息素养的提升，利用每周五下午集中学习时间组织馆员学习文化信息共享工程建设和现代信息技术的理论文章，学习数字图书馆的发展动态和前沿理念，开展交流与研究；组织全体馆员收看文化共享工程网络培训，开展计算机知识与技能竞赛。在2002年的江苏省公共图书馆计算机知识、技能竞赛中，一人获得一等奖。在2007年江苏省文化共享工程实用技术操作技能竞赛中，两人获得三等奖，扬中市图书馆荣获组织奖。

各乡镇基层网点均落实一位专（兼）职管理人员，对文化共享工程工作全面负责，保障网络和信息的绿色畅通。图书馆支中心加强对基层网点的业务指导和服务，送技术下乡，每年组织基层服务网点负责人参加全国文化信息共享工程的网络培训，并派出人员到省市馆接受学习或培训，增强他们的责任心和专业技能，切实推进文化信息共享工程持续快速发展。

三、开展公益活动，拓展服务领域

充分利用共享工程网络资源的丰富新颖、信息量大、不受时空限制的特点，通过先进便捷的网络技术开展各种公益活动，传递先进文化，让文化共享工程被更多市民所了解所喜爱所利用，不断拓展共享工程的服务内涵和方式，在更大范围更宽领域内发挥共享工程实际效应。

1、跟进时代发展，弘扬主流价值。图书馆宣传周活动期间，通过横幅宣传、站牌展示、现场咨询、免费发放宣传资料等方式加大对共享工程的宣传，营造良好氛围。在多媒体报告厅播放公益讲座视频，利用国家重大活动和事件，如建国60周年、举办奥运会、世博会，开展宣传片展播，营造和谐氛围，弘扬主流价值。

2、坚持公益服务，提升服务水平。坚持“贴近生活、

贴近实际、贴近群众”的原则，提供多种公益服务。免费办起老年大学电脑培训班，一年两期，多年如一日，让老年人老有所学、老有所乐。深入到全市敬老院，精心选择老人们爱看的影视节目，免费播放，丰富老人们的业余生活。寒暑假期里，在少儿播放厅为孩子们免费播放优秀少儿影片和动画片，开展爱国主义教育活动。平时，技术人员携带共享工程设备和仪器深入到多个社区开展“优秀影片展播”活动，积极发挥共享工程的实际效应，提升服务水平。

3、关注“三农”发展，提高农民生产技能。文化信息资源共享工程扬中支中心和基层网点关注“三农”发展，将国家配送的“文化共享助春耕”等与农民、农村密切相关的视频资料进行播放，引导科学种田。各基层服务点根据农民需求，积极下载科学种田、家禽饲养、花卉栽培、粮食增产等相关信息，组织村民收看学习，以掌握运用。

四、注重广泛宣传，扩大社会效应

首先利用馆内宣传阵地如橱窗、展牌、电子显示屏、网站介绍宣传文化共享工程；其次通过媒体宣传报道，彰显建设成果，提升公众的知晓率和参与率；此外，开展视频播放、公益讲座等免费服务活动展示文化信息共享工程的公益性。并且，依托公共电子阅览室构建绿色网络，积极引导市民进行网上学习浏览，感知丰富多彩的优秀文化，对城市文明建设起到一定的促进作用。

十年来，扬中市图书馆努力克服多方面困难，坚持推进文化信息资源共享工程建设，努力发挥其积极作用。但由于资金欠缺，技术力量薄弱，专业人才缺乏，管理服务工作还处于初级阶段，服务成效还不是太显著。

下一阶段，将继续加大财政投入，适当引进高素质的技术人才，开展相应的学习与研究；着力提升文化共享工程的层次，结合扬中地方特色，建设具有乡土色彩的数字资源；注重合作共建，能积极与社区、企业等联合，并设想将各村农家书屋作为共享工程播放点，优化整合多方面资源；组织开展多种活动，让更多的市民享受先进数字文化的惠泽；借助文化信息资源共享工程这一平台，努力建设数字图书馆，完善公共图书馆的服务功能；不断探索文化信息资源共享工程建设的新路子，更好地发挥共享工程的作用，切实把共享工程建设成为一项惠民工程、民心工程。

（撰文/扬中市支中心）

丹阳市支中心

丹阳隶属江苏省镇江市，总面积1059平方公里，人口100万人，地处长江三角洲、上海经济圈腹地；东邻常州市武进区、新北区，西接句容市、镇江市丹徒区，南与金坛市接壤，北接镇江新区，并与扬中市隔江相望，是一座具有悠久历史的文化古城。

一、基本情况

2001年丹阳市图书馆成立电子阅览室，2003年图书

馆投入30万元修葺电子阅览室，并首批进入江苏省文化信息共享工程网。自启动文化信息资源共享工程以来，经过多年坚持不懈的努力，市支中心和基层服务点建设、发展，取得了一定的成效。目前，已建设完成基层服务网点17个，全市乡镇、街道覆盖率达100%，09年市财政投入50万元进行县级支中心建设。馆内配备电信光纤10MB接入，卫星接收，存贮6TB的磁盘阵列，6KW在线不间断电源，网神防火墙等硬件设施，为文化信息资源共享工程的信息传播和共享提供强有力的技术支持。

共享工程丹阳支中心设在丹阳市图书馆，是丹阳市共享工程的建设和业务指导单位，负责保障支中心共享工程设备的运行，协调镇村级共享工程设备的维修，指导镇村级共享工程活动的开展以及开展全市共享工程管理员的业务培训和指导。

二、管理和队伍建设

为更好的规范化管理支中心的工作开展和运作，该馆制订了支中心日常管理制度，并将支中心、镇、村基层服务点工作职责和制度纳入日常管理规范，实行制度上墙公开。严格按照规章制度开展工作，做到每年有年度工作计划，年末有工作总结考核，不定期为乡镇各网点提供技术辅导，针对性的开展技术指导，对症下药解决基层网点在工作中遇到的问题。支中心推行管理员工作日志管理，收集整理共享工程服务活动中的问题和反馈，探索共享工程管理和服务在基层开展的新模式。

文化资源共享工程作为一个新的农村文化资源获取平台，是国家惠民政策的一项重大举措。如何推广好、利用好共享工程丰富的文化资源关键在于是否有一支专业化的共享工程管理员队伍。丹阳市共享工程支中心在管理员队伍建设上坚持明确职责，明确思路，制度化管理，常态化培育。图书馆信息部首先送专业人才外出深造，然后定期举办业务辅导培训班，将最新的理念和技术传授到基层的各个网点，努力做到乡镇网点服务无盲点。大力提升基层网点的技术人员的整体素质，只有工作人员的业务水平提升了，才能将整个工作的服务效果完美呈现。

三、培训工作

支中心在共享工程管理员的培养上实现了制度化和常态化。根据支中心工作要求，每年对全市共享工程各基层网点管理员进行6期的集中培训，2003年以来一共举办各类培训班24期，参加轮训的管理员达1200人次。

四、经费投入

丹阳市共享工程自2004年实现基层网点全覆盖以来，市财政每年投入50余万的运维经费，用于共享工程设备的维护，人员培训和惠民活动的开展。同时，丹阳市图书馆每年也投入大量人力物力支援共享共享工程各项活动的正常开展。

（撰稿人/丹阳市支中心）

常州市支中心

常州位于美丽富饶的长江三角洲中心地带，地处江苏省南部，北携长江，南衔太湖，与上海、南京等距相望。现辖金坛、溧阳2个县级市和武进、新北、天宁、钟楼、戚墅堰5个行政区。全市面积4375平方公里，人口460万。常州文化资源共享工程在常州市文广新局的部署和江苏省分中心的大力支持下，有序发展，扎实推进，极大地丰富了常州人民的精神文化生活，在传承和弘扬传统文化、传播社会主义核心价值观等方面具有重要意义。

一、基本情况

文化共享工程常州支中心始建于2003年，设在常州市图书馆内，是常州地区文化共享工程服务网络的神经中枢，承担了市级中心的软硬件建设和维护工作，负责市区基层点的业务指导和培训，并协调武进、溧阳、金坛三个辖市（区）的共享工程建设。全市现已建成4个支中心，59个基层服务点，其中增强型服务点13点，形成了覆盖市、区（县）、街道（乡镇）、社区的服务网络。

作为全国首批建成的共享工程支中心，常州支中心得到了政府的高度重视。2006年，为贯彻落实全国、全省基层文化工作会议和文化部、财政部《关于实施全国文化信息共享工程的通知》精神，我们制订了《关于创建全国文化信息资源共享工程市级支中心的规划纲要》，明确常州市支中心将按照国家新颁标准，建成高规格的市级支中心；2008年，根据国家新标准，常州市图书馆在文广新局的直接领导下，在国家中心、省分中心的指导帮助下，对照新标准建设，进行调研筹备。2009年市财政下达专项经费100万元用于共享工程支中心硬件建设，同时，省级分中心给予30万元软件及相关设备支持，支中心建设取得突破性进展，存储及数据处理能力大幅提升，全面改善了市级支中心的服务能力；2010年，光纤扩容至100M，共享工程流媒体播放更加流畅。支中心经过近十年建设，其设施、服务已经跃上了新台阶，在全市构建和谐文化、培育社会新风和建立社会主义核心价值体系等方面发挥了重要作用。

二、资源建设

目前，我们支中心除了拥有省中心下达的5000多部共享工程流媒体资源外，我们还加入了拥有5000多部学习资源的《网上报告厅》、拥有9000多种学术期刊的《中国知网》、拥有3000多种流行期刊的《龙源期刊》、20万册电子图书的《书生之家》和《常州十大名人》、《常州籍进士》等14个我们购建和自建数据库，这些资源，各基层点均能通过VPN阅览和下载。同时，广受市民和学生家长欢迎的《常州公开课》以及《道德讲堂》、《龙城讲坛》等一大批我们自建的视频资源，也加入到共享工程点播平台，供广大市民点播欣赏。

三、技术支持

共享工程常州市支中心下设工作部，隶属于技术部，目前拥有专兼职人员6名，全部具有大学以上学历。除了挑选精兵强将，加强内部培养之外，我们还不断引进优秀人才充实我们的队伍，2003年以来共引进本科3名，研究生1名，为工程的不断发展提供了技术保障。在工程建设中，年轻同志逐渐成长主力军。特别是在基层点建设中，工作面广量大，条件恶劣，情况复杂，技术人员常冒着酷暑严寒深入基层指导建设，培训基层点工作人员，让他们有能力去帮助更多读者。正是有了强大的人力资源保障，工程才得以顺利推进。

在经费支持下，我们注重把好钢用在刀刃上，对照配置方案精心配置设施设备。现有，网络出口带宽100M，拥有专用服务器7台（IBM服务器4台，浪潮服务器3台），专用的磁盘阵列2台（DellEMC存储1台，H3C存储1台），共享工程电子阅览室1间，阅览室电脑30台套，以及CDICM资源发布系统、远古VOD流媒体播放系统等软件系统6套，摄影、摄像、投影等设备。这些设备的高效运行，使得工程稳定运作有了硬性保障。

四、宣传推广

2006年以来，我们在做好服务工作的同时，加大对“共享工程”的宣传力度，我们通过印发宣传资料、悬挂横幅标语、展览、电视台新闻报道等多种渠道向市民特别是在农村的群众进行宣传介绍，让市民更真切地了解“共享工程”、使用“共享工程”的优秀文化资源。同时把通过“共享工程”向村民提供信息服务作为文化下乡的一种形式。实现优秀文化资源在全国范围内的共建共享，更好地满足了群众的文化生活需求。如我们新北区的龙虎塘中学，不仅观看支中心共享工程的视频节目，还向我们索取了原始文件。共享工程电子阅览室的免费开放，全方位、多层次满足了全市不同类型读者的要求。我们已经通过这一现代化的阅览阵地举办多期针对新市民的免费的电脑操作方面的基础培训以及共享工程资源的推介活动，受到市民的普遍欢迎。

五、培训工作

作为支中心，每个月都会安排兼职人员参与省级支中心组织的网上培训，并认真填写好留言附上照片。每年都会在电子阅览室举办学习班培训之类的活动，让新市民免费学习使用电脑常识，让老年读者熟悉上网技术。比如如何申请邮箱、写E-Mail，如何利用QQ等网络工具进行即时通讯等。为了提高共享工程基层点工作人员的技术水平，2006年，我们在常州地区开展了计算机网络知识的培训，并在培训的基础上举行了知识竞赛。经过培训、竞赛，工作人员的计算机网络水平有了很大提高。2007年，为了迎接省共享工程实用技术和操作技能大赛。我们在常州地区联合了公共、高校、医卫、中专等系统图书馆开展了常州市文化信息资源共享工程实用技术和操作技能大赛。赛前，我们对常州市区范围内各系统图书馆大部分工作人员进行了一遍轮训。并在培训的基础上，由文广新局主办了常州市文化信息资源共享工

程实用技术和操作技能大赛。这次竞赛，全市各大媒体广泛报导，扩大了共享工程在我市的影响，提高了图书馆工作人员在共享工程工作方面的整体业务水平。同年参加全省共享工程知识大赛，取得了二个二等奖和一个三等奖的好成绩。2008年以来，在市财政的支持下，每年下达专项经费5万元，用于对共享工程基层服务点的技术支持。因此，2008年以来，常州支中心每年下基层服务点都超过30人次，共组织较大规模的技术培训5次，培训共享工程基层点业务骨干532多人。同时，我们还加大了对县级支中心的支持力度，一批县（区）、乡镇（街道）级支中心在我们的支持下得以创办。我们还创办了全省首家村级支中心——雅浦村支级中心。

近年来，我们充分利用文化共享工程电子阅览室的资源优势，面向新市民和老年读者进行了一系列的电脑培训。工作人员对他们进行了“一对一”的指导，从电脑硬件的基础知识开始，到网页浏览、资料检索、软件下载和图片浏览等各方面知识与技术进行了详细讲解，并重点介绍了文化共享工程网站资源。大家的学习热情非常高涨，对于不明白的地方踊跃提问，通过实践操作解决了疑难问题。这类培训，市民们学到电脑知识，了解了文化共享工程，收获不小，纷纷表示希望以后能多举办这类公益活动。

六、工作展望

为了“共享工程”这批优秀的文化信息资源最大程度地发挥效用，更好地满足了群众的精神文化生活需求。我们将在以下几个方向努力：

1、进一步完善常州地区文化共享工程体系，优化布局，充分、合理配置程资源，最大限度发挥共享工程的资源效能。

2、加强“共享工程”资源的宣传力度，特别是对农村居民的宣传，实现共享工程实用优势资源与特色农业技术与市场需求的对接，让其中的富民信息充分发挥作用。

3、从技术角度入手，拓宽工作思路，对共享工程与数字图书馆推广工程和公共电子阅览室进行有机整合，利用三网融合技术与主流媒体、大众通信平台，实现传播手段的全时段、跨网段、全方位、全覆盖，方便人民群众随时、随地学习利用共享工程资源。

4、加大共享工程资源的建设力度，对本地区的特色资源和优秀的报告、讲座和工作经验等进行开发，摄制成专题片和讲座片，上报共享工程各级中心，在更大范围供民众学习、共享。

（撰文/常州市支中心）

常州市武进区支中心

武进区地处江苏省南部，介于南京、上海之间。1995年撤县建市，2002年撤市设区，成为常州市武进区。全区总面积1246.64平方公里，辖14个镇、2个街道、1个国家级出口加工区和2个省级开发区，户籍人口近100万，常住人口160万。

文化信息资源共享工程是利用先进科技手段传播、建设先进文化的大型公益性的文化网络工程，武进区图书馆作为常州市支中心的一个县级基层支中心，自开展这个项目以来，该馆不断创新，把实施文化资源共享工程作为推动社会主义文化大展大繁荣的重要举措，从建设入手，积极开展各种读者活动，努力做好推广文化共享，取得了满意的成绩。

一、优秀影视节目播放活动

在该馆二楼共享工程影视放映室，利用“文化共享机”系列设备，定期进行共享工程优秀影视节目播放活动，针对不同的群体，选择不同的内容进行播放。每年暑假开始时，每周二下午为未成年读者挑选了“践行雷锋精神”、“长征史诗”、“纪念抗日”等专题影片，共计24部，参加活动人数达2500多人次，受到观众的普遍欢迎。周日下午为老年人播放“京剧”、“戏曲”等专题影片。

二、知识网上培训

在各级政府、主管部门的关怀下，2008年，政府投入了70多万元建设资金，使我馆共享工程电子阅览室的设施、设备和服务环境上了一个新台阶，为我区市民搭建了一个利用现代科技手段迅速获取各类信息资源的优秀平台。该馆县级基层支中心充分利用共享工程电子阅览室资源优势，为城区读者、乡镇村民提供信息资源服务。开展了一系列的免费培训活动。

1、老年人电脑培训班

如今电脑已是人们工作中不可或缺的重要伙伴，更给我们的生活带来无穷的乐趣。现在，几乎每个年轻人都能轻松地使用电脑，相比之下，中老年人使用电脑比较困难。因此我支中心特别举办了多期中老年人的电脑使用培训班。当通知发出去以后，吸引了很多市民前来报名，其中年龄最大的学员已经超过七十岁，最小的也有五十多岁，满头白发的花园社区周苏竞老伯伯，戴着一付老花眼镜，仔细地听着工作人员的讲解，认真地做着笔记，因为老人不会汉语拼音，我们工作人员在教打字的时候是用的五笔输入法，在拆字过程中，工作人员不厌其烦，耐心讲解地为老年学员讲解并演示，周老伯说：“我

觉得这么大年纪学打字也不是件难事，只要别人会的我也要学会”。旁边的冯阿姨说，自己平日很喜欢看新闻，学会电脑以后就可以天天上网了解国家大事，也能和自己远的在国外的儿子视频聊天了。他希望能有更多的老人学会上网，丰富老年人自己的生活。关心老人，关心未成年人的文化生活也是我们一直追求的目标。

2、未成年人绿色上网培训班

对未成年人的培训，我们一方面教授未成年人电脑基本知识，讲授正确的上网方式，帮助他们养成良好的上网习惯并以健康科学的方式获取网络知识；另一方面使学生家长受到了启迪，让家长正确对待未成年人上网问题，意识到“绿色上网”既健康又安全，做好未成年人健康上网的家庭辅助工作。

3、组织学生参加动漫设计比赛

积极组织学生参加动漫设计比赛，在“2007中国（常州）国际动漫艺术周”江苏省大中小学生动漫画原创作品征集活动中，星辰学校王一鸣同学获金奖，还有多名学生获得了优秀奖。通过这些实践活动，大大扩展了孩子们的视野，同时确保了文化信息资源以多样化、个性化的服务传输到了群众的身边。

三、资源进工业园区

该区的工业比较发达，工业园比较多，里面大量的新市民也是我们共享工程服务的一个群体。为了发挥我们图书馆的社会教育职能和文化信息资源共享工程的作用，我们利用本馆的电子阅览室，对这些新市民也进行了一系列的培训。让他们在短时间内学会使用电脑写文章、制表、查询信息资料、收发邮件等，考虑到有些新市民白天要上班的原因。我们还专门开设一期晚上的学习班，200多名学校分批来参加了培训。满足了广大新市民日益增长的文化需求，整体提高文化资源的利用率。

文化信息共享工程重在利用，除了我们自己馆内举办的这些活动以外，我们还深入基层，对镇、村、社区的基层支中心和服务点的人员进行了培训，正由于这些基层工作人员的辛勤劳动，使我们的共享工程也更深入人心。通过多年来的工作开展，我们取得了一定的成绩，亦存在许多问题和不足，比如有些基层点的台帐资料不够完美，有些基层点没有专职的人员，业务水平参差不齐等。在今后的工作中，我们要努力克服这些困难，积极挖掘潜力，从满足群众的文化生活需要出发，更加充分地发挥文化共享工程的作用。

（撰文/常州市武进区支中心）

金坛市支中心

金坛市地处江苏省南部，为宁沪杭三角地带之中枢。全市总面积975.46平方公里，人口54.9万人，辖7个镇1个开发区，157个村委会，38个社区居委会，镇区平均人口规模6.87万人，平均面积122平方公里。

2007年金坛支中心在金坛市图书馆建立，并经江苏省分中心验收挂牌。金坛市图书馆，是金坛共享工程的

建设和业务指导单位，负责具体实施，加快支中心软硬件设施建设，确保了共享工程金坛支中心和基层服务点的早日建成。2008年金坛市社头镇文化中心率先完成了基层服务点升级达标及整改工作，大大提高了文化共享工程数字化资源利用率。截止2010年，我市已在7个乡镇建立了基层服务点，实现文化共享工程乡镇全覆盖，为惠民工程的开展打下了坚实的基础。

金坛市支中心自建立以来，与乡镇文化活动中心建设相结合，科学制定学习、活动方案，建立健全各项规章制度，拓宽服务渠道，逐步加大了实施文化共享工程工作力度。在共享工程管理员的培养上实现了制度化和常态化。根据支中心工作要求，每年对全市共享工程管理员进行6期的集中培训，2007年以来一共举办和参加各类培训40期，参加轮训的各级管理员达1200人次。通过远程网络培训，让管理员学到了很多文化共享工程开展服务的新方式、新方法，对我们县支中心文化共享工程的建设将会起到很好的促进作用。其中，2011年的第一次远程网络培训是由云南省分中心主任李友仁介绍云南农文网培学校的建设情况，得到各地好评。李友仁“借助文化信息共享工程这个平台，农民需要什么，我们就培训什么”这句话给我们支中心的蔡小宁管理员留下了深刻的印象。她表示，文化共享工程作为崭新的文化传播渠道，是解决广大农村群众看书难、看戏难、看电影难、看电视听广播难、学科技难的有效途径，在实施过程中，应该学习云南省从实际出发的做法。

金坛支中心在共享工程服务实践过程中，以民众的需求为导向，积极探索，服务民众生活生产，引领群众高尚精神文化生活，打造群众满意喜爱的文化服务新平台。作为江苏省首批开通全国文化信息资源共享工程的指前镇文化站，紧紧围绕新时期农村文化建设的需求，充分利用文化信息共享的资源优势，开展形式多样的文化资源共享服务。真正让资源共享工程真正成为繁荣农村文化，促进农民增收致富的有力助手。

指前镇文化站先后在全镇15个村、中小学和集镇社区建立文化资源共享服务点20多个，投资5万多元购买了4套资源共享工程播放设备，成立两个放映小组，分别深入指前、社头片区进行巡回放映，每月到基层服务点放映都在10次以上，真正让共享工程成为丰富全镇人民精神文化生活的“大餐”。与此同时，指前镇文化站还根据群众需求科技致富知识的实际，及时挑选和下载最新种养殖致富知识，精选出《河蟹全程健康生态养殖》、《茭白高产种植技术》等10多个电教片，到全镇15个村放映，让更多群众掌握这些致富技术，为他们致富搭建了新的平台。该镇旭红村群众在观看了《茭白高产种植

技术》后，大力发展茭白种植，全村茭白种植面积发展到300多亩，30多户群众靠茭白种植走上了致富之路。

金坛支中心利用各种渠道宣传推广共享工程。在每年的科技文化下乡、科技周等活动中，金坛支中心不失时机，以活动为平台，以资料为媒介宣传共享工程，让民众不断了解共享工程，走进共享工程。支中心还在文化服务中不断探索，利用支中心儿童阅览专区和多媒体中心，组织动员青少年儿童关注共享工程，利用共享工程，收集青少年知识兴趣点整理挖掘，先后组织少年儿童观看围棋基础知识培训光碟、暑期动漫联展等活动，取得一致好评。金坛文化资源共享工程建立以来，在市政府及各级文化主管部门的大力支持下，全市的文化信息资源共享工程服务有了长足发展，利用国家、省、市丰富的文化信息资源服务广大人民群众，满足了广大群众精神生活的需要。展望未来，金坛市支中心将进一步扩大共享工程覆盖率，拓宽共享工程宣传和服务渠道，丰富共享工程活动的形式，在提高支中心各级管理员综合素质的基础上提高我们的服务水平，使文化共享工程为金坛科技和文化发展作出更大的贡献。

（撰文/ 康　艳）

无锡市支中心

无锡，江苏省南部的一个地级市，别称梁溪、金匮，简称锡，地处长江三角洲中心区域，太湖流域的交通中枢，北倚长江，南濒太湖，东接苏州，西连常州，京杭大运河穿城而过。无锡是中国吴文化、中国民族工商业和中国乡镇企业的发祥地，素有布码头、钱码头、小上海之称，具有丰富而优越的自然风光和厚重而悠长的历史文化。全市总面积4627.47平方公里，常住人口643.22万。现辖江阴、宜兴两个县级市和锡山、惠山、滨湖、崇安、南长、北塘、新区7个区。无锡市文化资源共享工程在江苏省分中心、无锡市文化主管机构的支持和部署下，逐步推进，稳步发展，为繁荣基层文化生活，满足市民多层次文化需求，传递中国民族优秀文化、无锡地方特色文化资源发挥了重要作用。

一、基本情况

2003年5月，根据江苏省文化厅、财政厅下发的《关于实施江苏文化信息资源共享工程(江苏文化网)的通知》文件精神，无锡市图书馆率先建成无锡市第一家“文化共享工程”基层服务点。2004年，又协助本市18家单位如期完成基层点建设，并顺利通过省级验收，初步搭建起无锡市“文化共享工程”的骨干服务网络。

“十一五”期间，根据市“十一五”文化发展规划要求，认真筹备“文化共享工程”无锡市级支中心的升级建设。2007年，在全市基层点调研的基础上，结合江苏省文化厅发布的“文化共享工程”市级支中心以及基层点的建设标准，无锡市图书馆向政府提交了关于建设“文化共享工程”无锡市级支中心的实施方案，并得到市委市政府的高度重视，于2008年七月份完成了无锡市“文化共享工程”市级支中心的升级建设，达到国家标准。经过改造后的文化共享工程无锡市支中心（无锡市图书馆），承担起了地区支中心的职责与义务，作为基层点资源传播的发射核心，以VPN（虚拟专用网络）的方式，向全市各个基层点全年不间断地发送文化信息资源，并为基层点提供相应的技术支持，从而提高共享工程的使用率，更好地普及传播公共文化知识，使全市市民共享文化信息资源。

截止到2012年底，我支中心还协助各级文化馆（站）及各区、镇（街道）、村（社区）图书馆，先后建成了无锡地区“文化共享工程”市（县）、区级支中心8个，基层服务点784个，基本实现无锡城乡全覆盖的建设目标。

二、管理和队伍建设

为使文化共享工程更加高效地为民服务，无锡市支中心在共享工程日常工作中明确职责，明确思路，强化管理，稳步推进。制定了支中心机房管理制度、资源播放制度、电子阅览室规章制度，并实行制度上墙公开。按照年度工作计划，扎实有序地推进共享工程建设，并对共享工程服务过程中的得失进行归纳总结，不断探索共享工程管理和服务的新模式。

三、培训工作

无锡市支中心在共享工程基层培训工作实现了常态化。2004年以来，无锡市支中心举办培训辅导班二十余期，参加轮训的各级管理员达八百余人次。根据支中心工作要求，自2010年起，每年都会对市属辖区内共享工程管理员进行一到两期的集中业务培训，培训的内容结合工作实际，讲解了共享工程建设过程中所运用到的新技术、宣传了共享工程服务工作的新动向。同时，无锡市支中心还配合无锡市图书馆开展的主题活动，对无锡地区的弱势群体（民工子女、残障人士等）开展爱心辅导培训，传授有针对性有帮助的实用技能方法。

四、经费投入

至2012年，无锡市各级财政累计为文化共享工程无锡市支中心投入的建设资金4800多万元。2008年为实现市级支中心升级达标，无锡市财政一次性拨款68万元，增添了相关硬件设备，并于2012年再次投入35万元对相应设备进行更新补充，为全市共享工程业务培训和社会服务提供了可靠的经费保障。

五、惠民服务

无锡市图书馆作为文化共享工程无锡市级支中心承载单位，建有数据中心及共享工程专属电子阅览区，并始

终坚持公益性原则，全年免费对读者开放，为读者提供各项信息检索服务。无锡市支中心在省分中心的指导下，结合自身实际，积极组织公益性服务活动，开展经常性的咨询活动，定期举办专题视频讲座，并跟随流动车走入各个小学开展阅读讲座视频展播，普及公共文化知识，丰富广大市民的基本文化生活，收到了良好的社会反响。

六、荣誉奖项

2011年，无锡代表队选手参加省中心举办的“第二届文化共享杯——江苏赛区决赛”，取得优异成绩，文化共享工程无锡市支中心获了大赛评委会颁发的优秀组织奖。

2012年，文化共享工程无锡市支中心在“全国公共电子阅览室建设计划”百题知识竞赛中组织工作突出，荣获江苏省分中心颁布的组织奖。

2012年，文化共享工程无锡市支中心推选的无锡市新区江溪街道基层服务点入选“全国文化信息资源共享工程·公共电子阅览室示范点”。

七、工作展望

文化信息资源共享工程在无锡市级支中心已走过10个年头，从单一的几个基层点分布到整个市、区、镇（街道）、村（社区）的全覆盖，通过各种服务方式让群众广泛认知，广泛参与，丰富了无锡人民的精神文化生活，推动了无锡的文化发展。今后无锡市支中心将在国家中心、江苏省分中心的大力支持下进一步拓展服务思路，搭建更加全面的共享工程信息资源平台，联系实际，以满足人民群众精神文化需求为根本目的，创新思路，开拓服务，使文化共享工程成为无锡市精神文明建设不可或缺的重要手段。

（撰文/无锡市支中心）

无锡市崇安区支中心

崇安区地处无锡市区中部，是无锡的政治、经济、文化中心，面积17.82平方公里，人口18.47万，辖广益、崇安寺、通江、广瑞路、上马墩、江海6个街道，39个社区。辖区内有东林书院，民族音乐家阿炳、国学大师钱钟书、教育家顾毓秀的故居，革命家博古、张闻天、陆定一，经济学家孙冶方，民族工商业巨子荣德生的旧居等众多人文古迹。

一、基本情况

共享工程崇安支中心设在崇安区图书馆，是崇安区共享工程的建设和业务指导单位，负责保障区中心共享工程设备的运行，指导街道及社区共享工程活动的开展以及开展全区共享工程管理员的业务培训和指导。

崇安区文化资源共享工程建设开始于2010年，2011年开始普及进入各街道社区，截至2012年年底全区6个街道35个社区（还有4个社区由于搬迁装修尚未安装）均可通过VPN远程观看支中心的共享工程资源。

二、管理和队伍建设

崇安区支中心在管理员队伍建设上坚持明确职责，明确思路，常态化培育。对于社区基层文化站管理上择优选取文化层次较高，有一定社会基层管理服务实践经验的大学生村官为管理员，他们工作热情高，有较高的文化水平能尽快熟悉掌握共享工程设备为所在村民服务。

三、培训工作

崇安支中心在共享工程管理员的培养上实现了制度化和常态化。根据支中心工作要求，每年对辖区共享工程管理员进行集中培训，2011年以来一共举办各类培训班4期，参加轮训的各级管理员达120人次。

四、经费投入

2010年崇安区政府为共享工程的筹建投入了50余万元的经费，用于共享工程设备的采购。

五、资源建设

崇安支中心充分利用网络资源，选取、编辑制作各类题材资源1TB，每年制作发放各类光盘100多张，展板50多块，发放宣传资料1000余份。

六、合作共建

以共享工程为依托结合全覆盖的社区文化站建立电子文献资源服务中心。将上级部门下发的电子文献资源与建立的共享工程服务点结合，根据不同乡镇、村的硬件条件建立形式多样的电子阅览室和多媒体中心。比如在广益街道的莫家庄社区和尤渡社区、江海街道的顺和里社区等建立拥有多台电脑的电子阅览室。通过多方不懈努力，共享工程已逐步走入基层居民生活，成为居民获取新知，娱乐身心的新渠道新平台。

七、利民惠众，惠农服务

崇安支中心在共享工程服务实践过程中，以民众需求为导向，积极探索，服务民众生活生产，引领群众高尚精神文化生活，打造群众满意喜爱的文化服务新平台。

八、宣传推广

崇安支中心利用各种渠道宣传推广共享工程，让民众不断了解共享工程，走进共享工程。

2011年7月23日至8月5日举办了“画由心生”——李春鸣个人油画展；

2011年8月28日举办了读者联谊活动；

小读者在观看共享工程影片《三国演义》；

2011年8月17日到21日举办了秦芳个人画展；

2011年9月25日-10月7日举办了“宝凤先生丙烯画展”；

2012年9月29日-10月6日举办了“老年优秀书法作品展”。

九、工作展望

崇安区文化资源共享工程已经成为崇安人民文化生活的一大支柱，成为繁荣崇安文化，丰富崇安人民精神生活，推动崇安人文科技进步的强大动力源泉。今后崇安支中心希望在无锡分中心大力支持下为崇安共享工程建设一支专业化的服务队伍，服务形式更加多样，服务网点更加宽广，参与群众更加广泛的共享工程文化带动体系，为建设科技崇安，文化崇安做出贡献。

（撰文/无锡市崇安区支中心）

无锡市北塘区支中心

北塘区是无锡市三个中心城区之一，北塘区位于无锡市区西北部，面积31.5平方公里，人口约35万，下辖黄巷、山北、北大街、惠山4个街道办事处。

作为太湖明珠无锡中心城区之一的北塘，地理环境优越，水陆交通便捷，名胜古迹荟萃，人文底蕴醇厚，自古以来就是充满江南灵气的风水宝地。北塘是江南灵秀之地。境内有风光秀丽的江南第一山——惠山、天下第二泉、寄畅园、惠山寺、黄埠墩等名胜古迹。在川流不息的古运河畔，近代科学家徐寿、民意艺人阿炳等留下的深深烙印，使北塘人文底蕴越发深厚。

文化共享工程，由国家支持的文化知识技术普及的社会网络工程。其内容覆盖到各个生活领域，是“推进文化共享工程”成为实施“十一五规划”、建设“百县千乡”宣传文化中心文化共享工程基层示范点的两个层面、一个共同目标。同时文化信息资源共享工程也是一项政府兴办的文化创新工程、民心工程，是公益性建设项目，有着巨大的社会效益和广阔的发展空间。北塘区委宣传部、文体局等各级领导非常重视，为使图书馆把共享工程规模做大、做好、做强，在配送设备的基础上，又进行了设备的扩容、完善。使共享工程资源得以完备的呈现给广大市民。在图书馆电子阅览室将文化信息资源共享工程放到每一台微机的桌面，读者可随时点击进入。

一、基本情况

北塘区图书馆馆于2011年8月份正式引进文化共享工程这一资源，加入全国文化信息资源共享工程以来，为了扩大其在基层群众中的影响，广泛宣传其作用和意义，使各级领导和群众充分认识到这是一项惠民工程、民心工程，认识到工作的重要性和必要性以及文化信息资源的可用性。准备在我们图书馆的网站站的首页上设置共享工程链接。时刻注意将资源共享活动与当前工作重点有机的结合，这样既可增强对共享工程的宣传力度，又收到了立竿见影的效果。随着宣传力度的逐渐深入，在我市农村和城市居民心中的影响也在逐渐加深，对文化信息资源的需要也在逐渐加大，他们开始掌握和利用这块知识宝库。在我们工作人员的不懈努力下，现在我馆的每一台电脑上都有这一链接，读者可随时点击进入，在我们北塘区文化共享工程的这一网站里，有农业专题、动漫、文化专题、文化共享、电影、电视剧等等，丰富的内容、多元化的方式，成为了最受读者欢迎的有声读物。

各街道也设有电子阅览室，给广大群众提供查询资料、学习知识的平台，通过共享工程学习相关知识。尤其是北大街文化站被评为优秀示范点。

二、开展各类培训活动

1、馆内活动

1.1.对于这一资源的有效利用，很多读者不太了解，为了加强宣传，我馆在2011-2012年期间向读者宣传这一资源，让更多的读者来到电子阅览室上网更有目的性和效果性，而不是盲目的。

1.2.图书馆工作人员积极参加无锡市文化共享工程的培训，我们图书馆内部也进行了文化共享工程知识的培训和竞赛，帮助工作人员进行业务上的培训和学习。同时，我们还组织工作人员一起看共享工程中的视频，看完后每一个工作人员都能说出自己的感触和心得，让每一个工作人员深刻的体会到文化共享工程的这一价值和作用。

1.3.定期举办北塘区图书馆基层管理员的培训，学习业务知识和文化共享工程的相关知识，收看省级支中心的网络培训。

2、走进农村

想到农村的经济条件有限，文化发展较慢、很多农民朋友都无法享受到这一知识平台、而他们靠农业发展致富正需要这样的一个知识化平台去指导他们、给他们提供参考和帮助。我们开展了送文化下乡活动，在此之间我馆就进行深入调查，根据农民的需求，下载家禽饲养、苗木、花卉栽培等相关信息，并印成资料分发到村民手中。同时，我们还邀请了乡村领导和农民先进代表到我们图书馆来阅览，把他们需要的材料打印出来，让他们更好去指导老百姓让广大农民不断感受到先进科学

和现代文明。

3、走进学校

为加强未成年人思想道德建设工作，除了在馆内针对未成年人开展的活动以外，我们还与凤翔实验学校联系，利用馆内资源到教室播放优秀影片和礼仪知识讲座，开展爱国主义教育活动。从而利用共享工程开展思想道德建设，切实将加强和改进未成年人思想道德建设工作落到了实处。

4、走进工地

我们发现工地上的那些农民工最需要我们的关注和指导，他们对很多知识一点都不懂，甚至没有防护意识，于是我们和工地上的项目经理联系，请了一些农民工朋友们来我们图书馆来看有关影片，同时还发放了一些宣传手册，让他们也更多的了解这方面的知识。

三、合作共建、技术支持

我们按照“资源共享、优势互补、互利互惠”的原则开展了整合资源、共建共享的活动，我们帮助街道文化站建立文化共享工程社区站。让社区居民在自己街道内就能浏览共享工程网站，进行学习和研究。利用最广大农村的基层文化室、或文化站为纽带，把大量的储备网络资源，传递给农民、农业、农村。

四、工作展望

以面向基层、服务民生为导向，努力实现文化共享工程工作重心的转变。文化共享工程大规模的网点建设已接近尾声，当前和今后一个阶段，文化共享工程建设要努力实现三大转变：一是工作任务要从以网点建设为主向以基层服务为主转变，二是工作重心要从以硬件建设为主向软件建设、内容建设为主转变，三是工作机制要从推进工程建设的机制向以完善日常管理的机制转变。要进一步树立面向基层、服务民生的导向，把广大基层群众欢迎不欢迎、满意不满意作为衡量我们工作的标尺。要依托工程覆盖城乡的服务网络，充分利用现有设备设施，深入、持久地开展多种形式的基层服务，打造服务品牌。要针对基层群众多样化、个性化的要求，围绕国家社会生活的重大主题，结合节庆活动、基层群众文化活动，深入基层，深入群众，送文化、送科技、送健康、送欢乐，切实满足广大基层群众特别是未成年人、进城务工人员、老年人、残疾人等弱势群体的文化需求。

在今后的工作中，我们将更加努力的探索利用共享工程服务的新路子，更好地发挥共享工程的作用，为把共享工程办成惠民工程、民心工程而不懈努力。

（撰文/无锡市北塘区支中心）

无锡市惠山区支中心

惠山区，于2001年初设立，前身为原“华夏第一县”，地处中国经济最发达的长江三角洲腹地，南临万顷太湖、北靠万里长江。全区区域面积325平方公里，下辖一个省级经济开发区、五个街道和两个建制镇，户籍人口41.17万人，常住人口58万人，是“长三角”国际制造业基地的重要板块。

自2004年文化信息共享工程基层点授牌以来，我区各点认真执行有关政策，定期开放各基层服务点，充分发挥基层点作用，丰富了各地群众的业余文化生活，陶冶了情操，接受了先进的文化知识，为改善群众的业余休闲生活起到良好的促进作用。我区共享工程支中心建设是在09年的7月份完成的，投入资金总计达120万。其中中心机房投入60万，播放室50万，上网点9万，查询点1万元，09年购置资源费用达15万元，数字资源总量达2TB，以后每年投入建设资金8万元，今年数字资源总量将达到9TB，支中心成立以来，我馆充分利用好中心平台，开展了一系列活动，收到良好效果，主要如下：

一、加强指导，严格管理

目前，我区范围内有八个镇级（街道级）基层点通过省级验收，村级（社区级）共享工程基层点全部覆盖，并通过市级验收。

为了确保各个基层点的建设规范和日常正常开放，我馆加强对各基层点建设进行指导，从规章制度的规范到具体的布局，从活动的开展到台账资料的规整等一一进行了培训和现场指导，并对各项日常工作进行定期的检查，确保了各基层点的正常开放。

二、网点资源建设

自我区建立支中心以来，我馆积极向区政府争取政策，努力把信息共享工程基层点网络铺开。我馆自推出了“四通”书屋建设以来，将共享工程基层点建设和农家书屋建设整合，取得了一定影响。“四通”即“通借还、通网、通电视、通购”，其中“通借还”就是实现全区，区、镇、村三级的总分馆制的改造。“通网、通影视”就是实现全区共享工程基层点向行政村实现全覆盖，构建区、镇、村三级共享工程建设网络架构，整合有效资源，来发挥共享工程基层点的集聚效能。同时我们借助支中心平台，来完善支中心资源，2009年我区购置了近15万元资源及音像制品来满足各基层点的需要，以后每年投入近8万元用于共享工程的建设、奖励和维护，同时我们还开发了“惠山区读书网”，将网络的优秀网站进行有效整合，去芜存菁，给群众一个洁净的网络阅读空间。

2012年，我们还将进一步整合资源，将我区有关非物质遗产文化资源、文化古迹，各镇、村的汇演内容及百姓大舞台等优秀资源进行整合，初步创立我区的特色文化资源。

三、惠民服务

自支中心平台自成立以来，我区图书馆充分利用共享工程优秀网络资源，进行各种宣传和培训：

1、科普教育活动。

一是利用网上的培训资料，定期开设网上科普培训，吸引广大读者的参与。

二是利用网上科普影片对学生进行科普教育。每年我区图书馆针对学生科普教育要举办各类科普影片展映活动十余场，今年我区图书馆在暑假期间共进行科普影展13场，接待了近1000名学生的参加。

三是利用网上科普资料制作展牌进行宣传，2012年共展出12天，吸引了近800名学生和读者的参与。

2、推动网上读书活动，读书活动中一个重要内容就是共享工程的内容。自09年以来，共开展视频讲座230场，放映各类优秀节目432场次，2009年暑期举办的为期20天的网上读书活动，每天吸引了260名的读者、学生参加，获得良好的效果。

3、普及推广基层点的优秀内容。我们根据共享工程的优秀内容，专门、进行归纳、整理，汇编了《种桃技术》、《葡萄种植》、《甜玉米种植》、《白对虾养殖》、《龙虾养殖》等的科普宣传资料，分发到各基层点，编印了《健康剪报》32期等，举行了18场公益讲座乡镇行活动，吸引了近2万名群众的参与，在对共享工程的推广和宣传上起到良好的作用。同时乡镇基层点也因地制宜，开展一系列活动，如洛社教育文体站基层点：他们一方面是确保开放时间，每天坚持要开放12小时左右；另一方面积极发挥基层点的青少年教育职能。为青少年提供网上学习、网络电影、网上读书等良好的学习、文化休闲机会，这些活动为广大青少年所喜爱。2012年，洛社文体站至今已接待学生近2000人次。阳山教育文体服务站，根据地域要求，通过共享工程提供的种、养殖信息整理成册，归纳了《桃数的剪枝技术》、《桃数的越冬护理》等宣传小册发给群众，同时确保每天开放为群众查询资料学习新的技能提供一个良好的平台。

（撰文/无锡市惠山区支中心）

无锡市新区支中心

无锡是一座有着3000年历史的古城，吴文化的发祥地之一，中国著名的鱼米之乡，无锡地处长江三角洲，是全国15个经济中心城市和全国优秀的旅游城市之一，连续多年位居全国城市国内生产总值前十位，跻身全国城市综合实力50强和投资环境40优行列。

无锡新区是无锡市最重要的经济增长极、改革开放的重要窗口和参与国际竞争的产业高地。无锡国家高新技术开发区成立于1992年，1995年在高新区的基础上正式成立无锡新区。经过近20年的不断发展，无锡新区如今已成为国家级高新技术开发区行列中的排头兵。无锡新区目前下辖无锡高新技术产业开发区、太湖国际科技园、空港产业园、中国工业博览园、中国吴文化博览园、国际生活社区等六大功能区以及旺庄、江溪、硕放、梅村、鸿山、新安等六条街道，行政管理区域从最初的5.4平方公里发展到如今的220平方公里，常住人口60余万人。

无锡新区文化共享工程在新区社会事业局的大力支持下，依托无锡新区图书馆公共资源共享的便利条件向周边街道、社区、企业、学校建立文化共享工程网络分馆。并且根据各个分馆的特殊服务群体提供不同的文化的资源。在新区高速发展的快车道上以文化为武器促进新区文化事业更加繁荣，为新区居民营造一个良好的文化学习环境。

一、基本情况

无锡新区文化共享工程是无锡新区图书馆于2011年建馆时建制的大型网络数字资源，并在新区的旺庄、江溪、硕放、梅村、鸿山、新安等六条街道建立了数字分馆，通过街道文化站向整个新区居民免费提供送上门的文化服务。随后扩散至高新产业园区，于2011年和2012年分别在软件园和创业中心建立了实体与数字相结合的园区分馆，以园区分馆作为宣传数字文化共享工程的试用点，把企业发展和文化建设结合在一起建立全新的新区发展园区。同时制定了以学校作为突出重点的发展策略，在新区大学如无锡科技职业技术学院、中学如新城中学、小学及幼儿园等超过10家学校建立文化共享分点，实现了无锡新区从街道至园区及学校全方位的覆盖。共享工程新区支中心设在无锡新区图书馆，是无锡新区共享工程的建设和业务指导单位，负责保障新区共享工程设备的运行及资源和服务的提供，协调街道、社区及分点共享工程设备的维修，指导各分点共享工程活动的开展以及开展全区共享工程管理员的业务培训和指导。

二、管理和队伍建设

为进一步加强公共文化共享工程数字化建设，提高新区图书馆作为支中心的指导能力，推动整个新区覆盖点的服务及管理体系建设，切实保障数字化、信息化、网络化环境下共享工程服务的便利性、公益性、均等性，更好地满足新区居民日益增长的精神文化需求。无锡新区图书馆作为新区文化共享工程中心的指导作用不仅体现在为各个分点提供更新的的资源，还体现在一套效率极高的管理体系上。

无锡新区图书馆拥有一个高效率、专业、团结的运营团队，负责全新区所有共享工程的运营及管理，并配合学校、街道、社区等展开共享工程送上门服务。整个团队推行分工制合作的管理手段，新区图书馆统筹所有分点的文化服务管理，园区分馆馆员负责整个园区内的资源、活动的推广，免费注册，免费试讲等工作，并时时针对园区不同的企业文化需求提供多样化服务。街道文化站作为新区文化共享工程接近居民的分点，定时向居民推荐各种时效性较高的信息。

整个团队有超过20位以上的管理人员，全部是大学

毕业生，拥有较高的文化水平，团队运用现代化管理手段，定期培训和考核，每人负责不同的区域，并且在每周的例会上汇报一周负责区域如学校的使用情况。

三、培训工作

无锡新区支中心在共享工程管理员的培训上实行的是阶梯式的方法。本馆请知名数据库的专业人才在馆内给馆员做培训，同时根据每位馆员提出的意见做汇总和改进，管理员培训之后再定期派往街道、社区和学校向居民、老师、企业员工现场培训如何使用共享资源。

无锡新区共享资源拥有大量可供使用的数据库，各个数据库均有老师亲自培训使用，2011年和2012年作为中心的图书馆对管理员进行近40次期的集中培训，图书馆管理员对街道和学校、企业的培训更是长达50次以上。以上的培训不仅增加管理员对于资源的了解度，也在一定程度上是对共享资源的宣传。

四、经费投入

无锡新区图书馆自建馆以来，以数字资源作为本馆宣传的重点，每年约花费70万元购买数据库作为文化共享工程的资源，除此之外，图书馆每年外拨10万元经费作为维护及人员培训等工作的开展。同时图书馆也按照社事局的要求和街道文化站合作开展活动。

五、资源建设

无锡新区图书馆拥有可阅读的信息资源有110万本电子书、11万种电子期刊，400多种实时电子报，5678中长达百万分钟的视频资料、3000多种外文图书、45门课程、4万套题库。其中的中文科技期刊数据库是我国最大的数字期刊数据库，VERS维普考试资源系统是维普资讯专门研发的集日常学习、考前练习、在线考试、模拟测试等功能于一体的大型教育资源数据库，网上报告厅包含3200篇视频，共12个系列。

除上述提到的知名数据库外，无锡市新区图书馆有配备专门负责图书馆信息资源建设和文化共享工程的馆员，馆内的电子阅读室免费向读者开放，并提供详细的使用方法和数字资源简介，在手机阅读逐渐流行的时候，图书馆还向市民提供手机阅读的最新版本，免费赠送读者下载账号，据统计无锡新区图书馆2011年和2012年共向读者发放各类阅读下载帐密约2000多个，共享工程资源点击量高达233112次。

六、合作共建

目前无锡新区图书馆拥有的实体图书馆及共享工程使用点，除作为中心的无锡新区图书馆之外，还和各个街道文化站合作建立图书馆特色的电子与实体相结合的街道分馆，街道分馆除为读者提供图书借阅外，还提供免费的注册，读者注册过后在有网络的地方直接登录之后就可使用，同时还提供免费搜索的电子阅览室，目前6大街道的文化站均安置有文化共享工程的注册点，街道分馆是文化共享工程直接走进居民的尝试，是真正的贴近百姓生活的体现。

作为以高新科技为支撑和特色的无锡新区，文化共享工程必须拓展至新兴企业中，为企业员工提供最新的科技资讯，作为走进企业的先头军，新区图书馆在与园区合作的基础上把图书馆的资源引进园区中创建了两大园区分馆：软件园园区分馆和创业中心园区分馆，园区分馆内一切资源均免费向读者提供。

本馆也在资源共享上积极尝试，和学校合作举办资源培训，为读者提供ipad等移动阅读设备，定时组织电影播放。经过近两年的积极创建，共享工程已从居民区走进学校进而从学校走向企业覆盖至整个新区，为新区的不同层次的读者提供集娱乐、学习、休闲为一体的资源共享。

七、宣传推广

无锡新区图书馆在推广馆内数字资源的同时，研究出了两种策略：引进来和走出去。以知识共享，全民阅读学习的口号，在各种人流集中地以资料为媒介宣传共享工程，让读者不断了解共享工程，走进共享工程。

1、免费办证宣传活动。无锡新区图书馆依托固定读者群和新区拥有众多工厂的有利条件，在周边居民区和人流集中的商业区定时举办大型办证宣传活动，现场向居民宣传如何使用数字资源。2011年和2012年两年的时间里无锡新区图书馆共在超过40个企业、30个学校、20个商业区等里做过注册宣传，办证次数近200次，辐射范围已经布满整个新区。

2、共享工程资源使用培训。为了让更多的读者积极使用数字资源，图书馆在企业和学校开展了共享工程资源使用培训的活动。在学校，先进行统一的教师培训，之后由老师指导学生注册使用。

3、读者活动推广。图书馆在引导读者正确使用馆内资源的工作上做出了很多努力，从活动上来看体现在以下几个方面：第一：馆内电子阅览室的配备详细的行为规劝和资源使用说明书；第二：举办数字资源学习大赛等活动，刺激读者的使用热情，同社区合作举办竞赛活动等。

八、荣誉奖项

无锡新区图书馆2011年、2012年连续两个年度荣获无锡市两馆一站考核优秀单位称号；2012年度无锡新区图书馆荣获第四届文化部创新奖。

九、工作展望

无锡新区图书馆作为创建新区文化共享工程的支中心虽然只有短短的两年，但是不论从读者的注册量、使用量，还是分中心的分布范围来看，共享工程资源的使用已经深入新区居民之中，但是如何把文化资源共享工程做大做强，成为新区居民文化生活的支柱仍然是目前图书馆全体人员要努力的方向。

未来图书馆不仅打算要建立一个更加完善的服务体系，为居民提供更多更新的资源，还要精进自己的管理队伍，提高管理员的业务服务水平，扩宽服务网点，把资源建设和经济建设结合。

（撰文/无锡市新区支中心）

江阴市支中心

江阴市图书馆创建于1936年，1987年独立建馆。新图书馆于2005年落成开放，占地面积约5100平方米，建筑面积达14300多平方米，可藏书100万册，设读者座位1200个，日均可接待读者4000人次。多次被评为国家一级图书馆，全国文明图书馆，并荣获全国“读者喜爱的图书馆”称号。江阴市文化信息资源共享工程作为新形势下构建公共文化服务体系、惠及千家万户的一项重要文化基础工程，是政府提供公益性服务的重大文化项目，是实现广大人民群众基本文化权益的重要途径，对提高广大人民的科学文化素质，推进社会主义文化大发展大繁荣和建设和谐社会，具有重要作用。江阴市支中心在上级领导的关心和支持下，各项工作有条不紊地开展落实。

一、基本情况

江阴市图书馆于2007年底着手建设全国文化信息资源共享工程江阴市支中心，是江苏省首批升级达标的共享工程支中心。2008年初，江阴市图书馆专门设立了文化共享工程播放室，新配备投影仪和32台电脑用于访问共享工程资源。同年5月份，我馆抽调技术力量，派专车专人赴各镇、村、社区，进入全市各基层服务点现场进行软、硬件安装调试工作。截止2008年底，全市256家基层点全面完成安装工作，实现了全市文化共享工程“全覆盖”。

2009年8月，该市开始全面实施全市总分馆建设。文化共享工程作为总分馆建设的重要内容，亦同时推进。至2011年底，17家分馆全部完成共享工程建设。根据要求，各分馆都建有共享工程阅览室和播放室，一半以上的分馆播放室电脑都在15台以上，播放室都安装了投影仪，座位少则30个，多则200个以上。江阴市支中心作为江阴地区共享工程的建设和业务指导单位，负责保障支中心共享工程设备的运行，协调镇村级共享工程设备的维护，指导镇村级共享工程活动的开展以及开展全市共享工程管理员的业务培训和指导。

二、管理和队伍建设

共享工程江阴市支中心现有工作人员4名，其中1名为事业性质员工，3名为企业合同制员工。有1人专职负责共享工作支中心工作，其余3人共同参与日常管理与服务、技术保障、资源建设等工作。

作为共享工程支中心，我们坚决按上级要求，认真开展各项工作，常规工作有序开展。共享工程播放室365天每天向读者免费开放，每周开放时间52.5小时。每周六

基层点管理员知识竞赛

2011年11月共享工程基层点管理员培训班

周日上下午为读者集中放映各类节目。

日常工作中，我们注重管理员的业务技能素质培训与提高，对国家中心在网上举行的共享工程网络直播培训认真组织、及时传达，每期安排人员认真学习，不断提高管理员的业务技能。此外，支中心还制订了镇、村共享工程基层服务点的详细的规章制度及台帐资料，汇编成册，并将文化部有关共享工程的多份文件和指导意见汇总，编制了《江阴市全国文化信息资源共享工程基层点操作员简明读本》，发放到各基层点管理员手中。

三、培训工作

为进一步推动基层队伍建设，全面提升管理员的业务能力和服务水平，充分利用共享工程优秀的资源为广大市民提供服务，推动文化共享工程又好又快地持续发展。江阴市支中心在2008年底和2011年11月两次举办了“江阴市文化共享工程基层点管理员培训班”，每期都有200多名基层点管理员参加培训。培训活动使广大基层点管理员在深入了解文化共享工程内容的同时，切实提高了他们在实际工作中解决问题和提供服务的能力。

2012年10月份，该馆举办了“2012年江阴市文化共享工程基层点管理员知识竞赛”活动。活动得到了全市各乡镇文化中心、各基层点的积极响应。共有105名基层点管理员报名参赛。该活动的举办激发了管理员们的学习热情，进一步提高了他们对共享工程知识的深入了解，对今后在工作中更好地为广大市民提供服务起到了积极作用。

四、经费投入

2007年底，该馆在前期投入139万元设备的基础上，又投入31万元购置了卫星接收系统一套、文化资源接收播放服务器一台、存储3TB，建成文化共享工程江阴市支中心。文化共享工程建设受到了市委市政府的高度重视，每年投入大量的人力物力财力，用于设备维护、日常工作、各项活动的开展。

五、资源建设

2009年12月，江阴市支中心添置了专门用于共享工程视频播放的远古视频点播系统，并从南京图书馆复制了由南京图书馆加工的视频资源500G，此外，国家中心不定期下发的光盘我们均有选择地对所需视频进行格式转换并发布到共享工程视频点播平台。该馆开展的特色活动，举办的名家讲座均全程拍摄，编辑后发布至点播平台，进一步充实了资源量。

六、合作共建

为了更好的利用共享工程丰富的信息资源，充分发挥共享工程的便民、惠民功能。该馆与多家社区签订共

建协议，利用各自优势资源，共同组织开展各项文化活动。2008年，江阴市支中心与江阴边检一中队结对共建。市图书馆为边防检查站开通了由文化部实施的文化信息资源共享工程，免费为部队官兵提供文化信息服务，受到了广大官兵的热烈欢迎。

七、惠民服务

支中心在实施共享工程的过程中，以民众需求为导向，积极探索，不断拓展共享工程的服务内涵和方式。为充分利用共享工程这一全新的载体，更好地发挥其作用，我馆从2012年8月份开始编制每月一期的《共享工程资源发布动态》电子刊。每一期的发布动态中都有一项专题系列推荐，例如，农村专题系列节目、儿童教育类专题系列节目、健康养生类专题、科普类专题等等。资源动态发布的导向性让广大市民能更好地有选择地享受共享工程丰富的信息资源，大大便利了群众的不同文化需求。

八、宣传推广

1、每月通过图书馆门户网站定期发布共享工程节目播放预告，有计划、分系列地对优秀的文化资源和影视节目进行统一安排后于每个双休日集中播映，丰富了市民的业余生活，受到了广大市民的欢迎。

2、共享工程走进农村、社区。支中心推出“知识送社区”活动，不定期地携带投影仪、影碟机等移动放映设备，到各农村、社区活动室为群众放映共享工程资源。受到当地群众的一致好评。

3、共享工程进校园。支中心除了在馆内针对未成年人开展的活动外，还与教育局联合，深入各中小学开展活动。如：在2008年图书馆服务宣传周期间，该馆深入学校，为澄江中心小学的孩子们播放共享工程奥运福娃的动画片，开展爱国主义教育活动；2009年，在花园小学开展地震知识图片展；10年开展了科技展进校园活动等。

4、共享工程进企业、部队。江阴市支中心还把共享工程的服务延伸到企业、军营，先后为部分企业、驻澄部队送去了大量的科技信息、知识讲座等信息资源，受到了企业、部队的广泛好评。

九、工作展望

目前，江阴市以该馆为中心的一个全国文化共享工程服务网络已建成，在今后的工作中，我们准备在充实优质资源和提高服务水平上下功夫，努力探索利用共享工程服务的新思路，更好地发挥共享工程的作用。为把共享工程办成惠民工程、民心工程，实现我市城乡一体化建设，不断完善公共文化服务体系而不懈努力。

（撰文/江阴市支中心）

苏州市支中心

全国文化信息资源共享工程是文化部、财政部共同组织实施的国家重大建设工程。它利用现代信息技术，将中华优秀文化资源以及现代社会文化资源进行数

字化加工整合，通过互联网、卫星、电视、手机等新型传播载体，依托各级图书馆、文化站等公共文化设施，在全国范围内实现共建共享。对于满足基层群众日益增长的精神文化需求，完善城乡公共文化服务体系，构建社会主义和谐社会等方面都具有极其重要的意义。

一、组织建设

自2002年起，苏州市开展了共享工程试点建设，2004年布置了第三批基层点建设，2005年苏州市“共享工程”基层点检查小组对各地共享工程的实施和推广应用情况进行了实地验收，制定了“全国文化信息资源共享工程苏州市分中心建设方案”，2008年下发了“关于建立健全苏州市文化共享工程市（县）级支中心工作的通知”和“苏州市文化信息资源共享工程市（县）级支中心组织工作方案”。

根据方案，苏州市图书馆建成了“文化共享工程”市级支中心。中心分为综合工作组、技术保障组、资源制作组。综合工作组配合苏州市文广新局、苏州市级支中心加强对本级支中心、基层服务点的管理和协调工作；负责本级支中心、基层服务点宣传、服务工作资料的收集总结，建立本级支中心工作档案。

技术保障组负责本级支中心系统的日常维护和技术保障工作，建立完善支中心技术档案；为基层服务点提供技术支持，建立各基层服务点技术档案，完成数据拷贝及资源服务准备工作；培训基层服务点工作人员，解答日常服务工作中遇到的技术问题。

资源建设组负责制定本级支中心文化信息资源加工与制作的工作方针、内容、目标和进度，着重建设具有地方文化特色的资源；负责本级支中心共享工程网站的内容建设及网页设计；负责本级支中心、基层服务点有关共享工程活动信息的整理加工和网络发布。

二、硬件设施

苏州图书馆有多条百兆光纤网络接入。其中：中国电信和中国广电有线信息网络各1条百兆光纤用于接入国际互联网，各一条百兆光纤用于分馆的VPN网络接入。一条中国移动的百兆光纤接入，用于与教育局“教育E卡通”的合作。馆内计算机网络系统，主干带宽1000兆，拥有一千多个结点。参照“共享工程”支中心的建设要求，我馆现有应用服务器3台，业务管理系统服务器3台，数据库服务器1台，资源加工服务器1台，点播服务器1台，存储设备4套合计22T的存储空间，网络安全设备四套。通过投入，使我馆的软、硬件配置达到“共享工程”市级支中心配置标准，为苏州图书馆45个社区分馆以及各区街道、乡镇、社区、村建立的共享工程基层服务网络

各项服务功能的顺利实现提供了保障。在完成本馆共享工程支中心软硬件建设后，在本馆设置了847平方米的公共电子阅览室，共有96台计算机为读者提供服务。各社区分馆、街道、乡镇、村根据相应配置要求设置公共电子阅览室和读者服务用机。

苏州图书馆在本馆及45个分馆的公共电子阅览室提供了电脑桌面一站式导航服务。读者可免费使用计算机查阅共享工程的资源；浏览与查询互联网信息；阅览电子文献；免费使用检索、参考咨询、信息资源导航等数字图书馆服务；可免费享受影视欣赏、健康益智类游戏等休闲娱乐服务；免费参与计算机、网络应用有关的各类学习、培训服务。

三、资源建设

利用共享工程支中心网站进行资源投放，注重与外部单位的联系与合作，有效整合资源，实现共建共享。如国家中心、省级中心配发的光盘视频，定期上传音视频至共享工程网站共享视频栏目，供读者免费收看。部分刻录光盘后下发至各基层点，组织市民集中观看。

共享工程苏州市支中心不仅仅是资源的利用中心，还是资源的建设中心。在加快共享工程基层服务网络建设，构建文化信息资源共享平台的同时，苏州图书馆已建立了多种数据库资源，如古城风貌、苏州名人库、民间文化、吴门艺术、地方音乐、旅游库、古籍善本目录、民间文艺等，涵盖了文字、图片、音视频等多媒体格式，并可提供任意词进行全文检索。苏州有着悠久的历史，二千五百年历史的文化沉淀，为我们留下了具有鲜明地方特色的文化资源，各馆所藏苏州地方文献门类齐全，几乎涵盖了苏州所有文化领域，丰富的古今地方文献馆藏为各支中心共同建设苏州地方文献数据库提供了坚实的基础。

鉴于3G时代的来临，WAP网站必将成为重要的信息传播渠道，苏州图书馆与中国移动合作的"掌上苏图"项目，将全国文化信息资源共享工程发布到了苏图的WAP网站上，使此项工程除了通过互联网、卫星宽带传输、光盘的传输途径外，还能够通过WAP网站把文化信息资源传播到群众身边。将"全国文化信息资源共享工程"放到WAP网站上，使群众可以通过手机访问文化信息资源，在整个文化系统中我们是第一家，我们坚信这一新兴的信息传播方式，必将对继承和发扬中华民族优秀文化，实施"科教兴国""以德治国"的战略产生积极的推动作用。按照"资源共享、优势互补、互利互惠"的原则，实现委托管理合作新模式。苏州图书馆与苏州市平江区、相城区、沧浪区人民政府，签署了共享工程支中心机房、基层点设备维护的合作协议。由区人民政府负责提供区级共享工程的建设和维护经费，机房的建设工作和日常服务工作以及区属基层点的计算机设备维护工作分别委托苏州图书馆负责。通过这种合作模式既节约了大量建设机房的费用和大量日常维护所需的人力成本，也使得区共享工程系统更加稳定、可靠和安全，为整个苏州市公共文化服务体系示范区建设的顺利实施提供了一种崭新的合作模式。

四、活动介绍

共享工程苏州市支中心在实施共享工程建设的过程中，不断拓展共享工程的服务内涵和方式，充分利用这一全新的工作载体，提高自身素质，服务大众、联系学校、深入军营，开创了文化服务工作的新局面。

1、发挥阵地作用，积极开展活动。充分发挥公共图书馆阵地作用，利用共享工程多媒体设施，开展形式多样的读者活动，让更多的市民了解共享工程，走进共享工程。积极带动各基层服务点，利利支中心资源，定期开展影视欣赏活动。随着城市老龄化趋势的加快，年龄人口越来越多，老年人对网络的兴趣也越来越浓，针对这个情况，苏州图书馆自2008年开始在支中心和各基层服务点定期开展"扶老上网"学习班，帮助老年人利用网络丰富生活，使其老有所学，老有所乐，老有所为。积极响应国家中心和省中心下达的各类活动要求，组织各县、区、基层点开展相关活动。如《全国"公共电子阅览室建设计划"百题知识竞赛》、《"阳光少年热爱党"——少年动漫设计制作比赛》、《"践行雷锋精神，推动惠民服务"系列活动》等。

2、走进学校，深入军营。为了解决部分城乡结合部未成年人借阅图书难的问题，使更多的未成年人享受到公共文化服务成果，进一步推广宣传共享工程，"苏州市未成年人流动图书大篷车"于2006年9月和2010年1月分别开通了一号车和二号车。该大篷车是由苏州市精神文明办公室筹资兴办的，它依托苏州图书馆的各项馆藏资源，深入苏州城乡社区学校，定点定期开展循环服务。同时为更好地服务机关、企业和军营文化建设，苏州市支中心做到主动服务、上门服务。每年定期走访访慰问驻苏部队流通点，定期开展活动。目前有固定的部队流通服务点6个。

3、深入社区，关爱农民工生活。苏州市支中心定期将苏州图书馆的名牌栏目《苏州大讲坛》、《先锋讲坛》深入各社区基层点开设讲座，深受社区居民的一致好评，2012年共计举办了27场，参与人数3861人次。充分发挥各基层点的优势因地制宜的开展活动，例如苏州图书馆潼泾分馆为社区的外来民工子女搭建了一个阅读平台——"小候鸟"工作站，在获得辖区外来人员家庭良好口碑的同时，也赢得了越来越多的社会关注和赞誉。苏州图书馆相城区分馆的"开心果"亲子活动、"月读　悦读"活动；高新区狮山街道新狮社区开办的苏州市首家关爱农民工子女志愿服务阵地"希望来吧"、开设"工地书屋"和专门针对外来务工人员的景山分馆作为共享工程基层服务点定期组织活动宣传共享工程信息。

五、培训工作

定期组织馆员培训，培训主要以基层站点工作人员为主，通过展示工程资源、推介开展服务的基本方法、宣传典型经验等，使其熟悉工程资源，掌握开展服务技能，提升服务的主动性、创造性，不断提高服务质量。

2011年我市出台了《关于进一步落实<苏州市基层文化从业人员资格认证制度>的意见》，对基层文化从业人员继续教育和年度注册工作做出具体要求，我市县支中心组织讲师团2011至2012年对全市基层从业人员开展了9期公共图书馆从业人员持证上岗培训，参与培训人员2000余名，为市各级文化馆（站）、图书馆（室）的有效运行、基层文化人才队伍的优化管理提供坚实保障。

六、工作展望

在共享工程十周年之际，共享工程苏州市支中心将一如既往地以面向基层、服务群众为导向，创新机制，整合资源，不断提升文化共享工程的建设管理水平，不断提高公共数字文化服务能力，不断提供优秀的公共数字文化产品。积极配合文化部下发的《关于加快实施数字图书馆推广工程意见》文件精神，结合江苏省文化厅、财政厅下发的《关于开展公共数字文化建设的实施方案》，进一步加快推进苏州市公共文化服务体系建设进程，为推动江苏率先实现文化强省的目标而努力奋斗。

（撰文/苏州市支中心）

苏州市吴中区支中心

吴中区文化信息资源共享工程区级支中心设在吴中区图书馆内，作为全区文化信息资源共享工程的资源建设整合中心、数据交换中心、资源管理中心和对外服务中心，由吴中区区政府投资50万元，2009年10月全面完成。主要职责是：推广实施有关标准规范；负责支中心工程实施；组织全区资源建设；培训、指导基层网点业务；负责系统日常运转工作。区支中心的建设得到了区委、区政府的高度重视，区领导曾多次视察支中心的运行及管理情况，并由区文体局副局长担任支中心主任。目前每年运行经费为20万元。为吴中区读者开设了一条绿色信息通道，为广大市民查询文化信息资源提供方便。同时，区支中心的建设与图书馆管理系统及图书馆数字资源共同为吴中区图书馆的数字化建设打下了扎实基础，极大促进了全区总分馆的建设和区图书馆网络的完善。

共享工程资源播放室面积100平方米。支中心利用共享工程的设备定期组织党政机关和企事业单位读者开展放映和教育培训活动，每周不少于3场次，活动有效地改善了教育质量，也大大提高培训的效率。同时利用寒暑假每周两次为小读者播放优秀故事片，吸引小读者走进图书馆，利用图书馆，收到大家普遍欢迎。

公共电子阅览室有文化信息共享工程专用机位25台，每天从9点到17点向读者免费开放。有专业的指导老师，指导读者充分利用各种资源。来馆读者只需到服务台向工作人员出示身份证件，便可获得一个会员用户专属账户，今后只要输入用户名和密码即可登录系统。用户登录后便可直接访问本馆网站，文化共享工程主页会自动弹开，用户经引导界面可以方便快捷地进入全国、省、市、区文化资源信息共享工程中心信息网了解大量时事信息；或进入文化数据库，领略各大艺术门类，细品中华文化精髓；也可回顾国产优秀电影，共享饕餮影视大餐。在线报刊，则为读者用户开辟了更为了便捷的报刊阅览服务功能，凭借在线电子报刊查阅系统软件，详细搜罗了全国各地大型报社以往至今的所有报纸信息，便于读者滚动查阅。

此外，该馆主动积极联系苏州市其他兄弟馆，达成馆际合作意向，各兄弟馆的数据库资源均向我馆开放，其中以万方、CNKI中国知网和维普三大数据库为主要网络推广和增值服务平台，其受众面之广、信息覆盖面之全是其他资源数据库所不能比拟的，它们为用户提供从数据、信息到知识的全面解决方案，以满足用户对深度层次信息和分析的专业需求。

（撰文/苏州市吴中区支中心）

苏州市吴江区支中心

地处江南水乡、人文荟萃之地的吴江图书馆，始建于1917年。因战火之灾和时代变迁，图书馆屡有兴废，逐渐壮大。2006年4月，投资近6000万元，面积达16000平米的吴江市图书馆新馆落成并对外开放。同年，率先实行免费借阅，2009年又率先推出了免押金的少儿借阅制度。在构建“乐居吴江”的进程中，始终以“文献流传，后生之责，维桑与梓”为自勉，把图书馆打造成知识的天堂、信息的中心、没有围墙的大学，努力构建吴江市民平等、自由、快乐、幸福的精神家园。

该馆现代化技术装备齐全，早于1997年起就实行了计算机管理，现有计算机233台，其中提供读者使用的计算机为157台。现今使用的Interlib图书馆集群管理系统更有效地实现了采访、编目、典藏、流通和书目检索的计算机管理。在馆内建有局域网，采用千兆主干，百兆到终端的网络拓扑。电信百兆光纤接入。与各乡镇分馆采用百兆光纤专线互联。我馆现有工作人员60人，其中大专以上学历占95%。馆藏（印本类图刊）138万余册，超星电子图书5万册，清华同方全文报纸937种（2000年至今的中国重要报纸数据库），清华同方工具书4097种，以上外购数据库中，超星可使用读者证号远程登陆查看，报

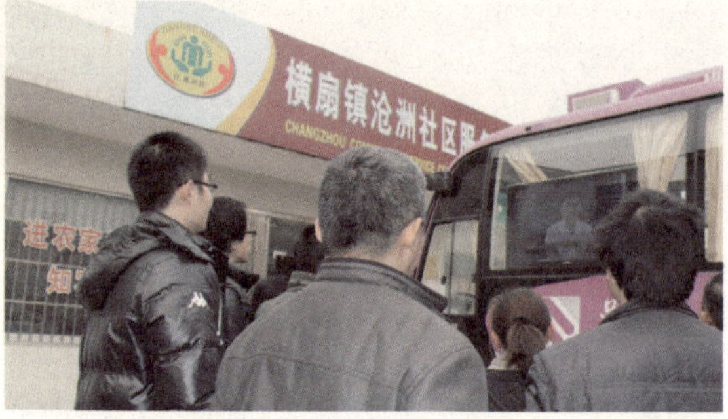

纸和工具书需在本馆及各乡镇分馆或者六县市图书馆查阅。自建的垂虹讲坛VOD视频库也限在局域内观看。另外，共享工程卫星下载资源及本馆自建的吴江五百年地方志、吴江消息索引、吴江胜迹、吴江非物质文化遗产等数据库可通过互联网直接阅览。

2012年已经是该馆加入全国文化信息资源共享工程的第十个年头了，我馆自2003年加入以来，一直受到了市委、市政府以及各级领导的高度重视和大力支持，支中心以资源建设为核心，通过集中购买、资源整合、地方特色资源库建设等形式，不断推进文化共享工程资源建设，同时，积极开展基层服务，按照市、镇、村三级公共文化服务网络，建成了遍及城乡的基层服务点的全覆盖，为广大基层群众开展文化服务提供了重要载体和丰富资源，取得了显著的成效。

一、组织机构情况

我们按照国家中心和分中心要求，建立了"共享工程"吴江图书馆县级支中心组织机构，成立了由图书馆馆领导和技术部主任、技术部专职人员组成的共享工程工作组，全馆共有5名专职人员分别负责文化共享工程的日常维护、技术培训、档案管理、资源建设等工作。一方面我馆积极参加上级支中心的组织的技术培训，同时也制定了对下辖分馆/基层点的培训计划。培训重点分别为文化共享工程资源介绍、网络基础知识、操作系统和软件工具以及图书馆业务自动化管理系统等内容。培训范围将覆盖下辖所有基层点，同时我馆电子阅览室内所有122台电脑全部免费对市民开放使用。

二、硬件设施建设情况

多年来，在各级领导的大力支持下，共享工程支中心及基层服务点建设已得到进一步提升和完善，2003年以来文化共享工程支中心建设经费总投入635万元（其中2006年388万元，2007年5万元，2008年50万元，2009年5万元，2010年37万元，2011年80万元，2012年70万元）。主要用于支中心、基层点硬件设备的购置、日常的维护升级及数据库资源的采购等。

三、资源建设情况

在外购清华同方的《中国重要报纸数据库》、《工具书集锦在线》、《超星电子图书》的基础上，自建《吴江五百年地方志》、《吴江非物质文化遗产》、《吴江胜迹》、《吴江消息索引》《垂虹讲坛》视频库等。在利用共享工程中心网站资源和通过卫星投放以及省中心通过移动硬盘下放的资源的同时，我们注重与省市图书馆的联系与合作，争取上级业务部门的支持整合各类资源，达到共建共享。及时将上级配发给我们支中心的各类文化资源上传至网站，供市民免费点击观看。为了扩大文化信息资源共享工程支中心在基层群众中的影响，广泛宣传其作用和意义，支中心的工作人员每月定时送展板下乡，及时将最新的文化资源送到基层群众的身边，真正的达到了资源共享的目的。

四、开展活动

该馆在共享工程的服务内涵和服务方式上，不断创新、不断拓展，充分发挥我馆的优势，如火如荼地开展各类活动，开创了文化服务工作的新局面。

1、积极开展读者活动。我馆充分发挥公共图书馆的阵地作用，及时地在网站上更新共享工程的最新栏目，并进行优秀栏目的推荐，向读者介绍名家讲座、生活常识、经典电影及优秀地方剧目。在我馆电子阅览室，定期播放共享工程的文化资源视频，视频内容丰富多彩，也具有实用价值。做到了定时定点、准时准点播放，认真做好播映计划，及时公布放映信息，供市民读者参考，制定文化资源播放制度，并严格遵守。

2、努力服务未成年人。为了将先进的文化传承下去，搞好未成年人的思想道德建设，我馆利用暑期，组织了暑期电影播放活动。在丰富假期生活，扩展读者视野上，收到了良好的效果。为更好地服务未成年人，2011年7月，我馆启动了图书流动车，利用流动车进学校、社区以及假日学校进行借阅服务，同时通过车载电视机，播映共享工程资源，使小朋友们在学校和家门口就享受到了便捷的公共文化服务。

3、基层点建设情况。2008年吴江文化共享工程支中心和基层服务点（9个镇（区））被评为首批省级达标的支中心和基层点。同年，我们还实现了吴江所有311个村、社区基层点的全覆盖。

图书流动车，在送书下乡的同时，积极拓展共享工程基层服务，如通过车载电视机播映共享工程资源，取得了较好的反响。吴江图书馆图书流动车载着2000余册各类图书，开进位于吴江经济技术开发区的"南玻玻璃有限公司"，为企业职工送去书籍，并开展现场免费办证、图书借阅和解答咨询等活动，切实把就近、便捷的文化服务延伸到职工朋友的家门口，保障了他们的基本文化权益，为其提供"惠民服务"，受到该公司的热烈欢迎。

（撰文/吴江市支中心）

昆山市支中心

昆山地处中国经济最发达的长江三角洲，是上海经济圈中一个重要的新兴工商城市，位于江苏省东南部、上海与苏州之间。北至东北与常熟、太仓两市相连，南至东南与上海嘉定、青浦两区接壤，西与吴江、苏州交界。东西最大直线距离33公里，南北48公里，总面积931平方公里，其中超过24%是水面。常住人口165.87万，下辖3个国家级开发区（经济技术开发区、国家级综合保税区、国家级高新技术产业开发区）、2个省级开发区（花

桥经济开发区、旅游渡假区）和8个镇。

昆山市文化资源共享工程在昆山市政府、昆山市文广新局的支持和部署下，逐步推进，稳步发展，在新形势下为繁荣农村基层文化，满足农民多层次文化需求，传递中国民族优秀文化资源发挥了重要作用。

一、基本情况

昆山市文化资源共享工程建设开始于2005年。首期成立了文化共享工程建设小组，收集整理全国文化共享工程的有关资料，起草了《建立全国资源共享工程昆山市支中心预算报告》及《共享工程昆山支中心建设方案》。同时，对全市街道和村的文化共享工程相关设施进行调查问卷及现场勘查，以10个乡镇文化站及30个示范村为试点，完成全部试点的安装调试工作和相关制度上墙工作。至2012年，全市范围内共建成文化共享基层服务点及社区公共电子阅览室290个，其中区镇、街道11个、村137个、社区142个，逐步完善了昆山市共享工程网络建设体系，实现昆山市共享工程全覆盖。

共享工程昆山市支中心设在昆山市图书馆，是昆山市共享工程的建设和业务指导单位，负责保障支中心共享工程设备的运行，协调镇村级共享工程设备的维修，指导镇村级共享工程活动的开展以及开展全市共享工程管理员的业务培训和指导。

二、支中心建设

作为全国最大的县级公共图书馆之一，昆山图书馆利用自身良好的软、硬件条件，为全市共享工程建设提供了有力支持：

1、资源建设与服务中心。目前，昆山市支中心累计拥有数字资源总量达20T以上。1、通过与苏州地区公共馆共建共享，采购知网、万方、维普等30多个数据库；2、接收国家及省中心共享工程资源。其中，通过卫星系统共接收视频文件336部，共计容量150G；通过硬盘接收文件1.5T，内容涉及讲座、培训、地方戏、电影、动画片等；3、结合地方特色文化资源，自建5个特色数据库：展示昆山名人风采，弘扬昆山文化精神的“昆山名人网”；保护和宣传“人类口述和非物质遗产的代表作品”—昆曲艺术的“昆曲网”；涉面广泛的昆山地方“大文化”之集大成者--“昆山历代方志”；围绕江苏名石、昆山三宝之一的昆石所形成的“昆石数据库”。以上资源均可通过互联网及VPN网络实现免费访问。

2、网络管理中心。2007年起，昆山市支中心逐步建成以昆山市图书馆为中心，覆盖全市各基层服务点的VPN网络，实现对各基层点的服务推送、运行监控、上网行为管理等功能。通过制订一系列相关制度来规范管理与服务，并统一下发到各基层服务点，实现各服务点服务时间、服务内容与规范的统一；对各阶段的相关服务数据，及时收集整理统计，并作为后期建设与资源调配的依据。

3、业务指导中心。昆山市支中心重视对共享工程人才队伍的培养，积极参加上级中心技术培训的同时，还制定了对分馆和基层点的培训计划。培训重点包含文化共享工程资源介绍、网络基础知识、操作系统和软件工具以及图书馆业务自动化管理系统等内容，培训范围覆盖下辖所有基层点及部分社区、企业等共建合作阅览室。同时，支中心在电子阅览室内特设50台电脑，作为我市文化共享工程培训的基础服务点。每年对辖区共享工程管理员进行集中培训，五年来开展共享工程基层点培训服务总计已达30余场次，参加培训的各级管理员达3200人次。

三、基层点建设

昆山市支中心充分利用已有场地、基础设施和设备，与基层文体活动中心、昆图区镇分馆和基层图书流动点、农家书屋、基层公共电子阅览室、党员远程教育基地等工作相结合，在全市范围内建设“五位一体”的基层服务网络。截至2012年，已建文化共享基层服务点及社区公共电子阅览室290个，其中区镇、街道11个、村137个、社区142个，拥有电脑2500台。所有基层点均向公众开放，免费提供数字资源使用和互联网访问服务，每周服务时间不少于40小时。

四、服务建设

昆山支中心充分利用共享工程资源和数据库资源，通过视频展播、资源体验、读者讲座、VPN试用等多种形式、方法，开展群众数字文化服务。工程开展至今，较大规模的资源播放和专题讲座达68次，电子阅览室每年接待读者近20000人次，服务宣传达19次。

五、工作展望

作为一个不断发展的有机体，未来的昆山市支中心会进一步加大对文化共享工程的投入，夯实软硬件基础，充实文化信息资源，加快技术人员培养，加强工程运行管理，在全市范围内建立健全文化信息资源共享网络服务体系。同时，密切结合昆山图书馆“数字图书馆”建设工程，加大资源建设力度，利用互联网、移动3G网络、有线电视网络等服务平台和手段，为更多市民提供丰富多彩的数字资源服务，以推动我市农村文化设施建设，繁荣群众文化生活，构建和谐昆山。

（撰文/昆山市支中心）

太仓市支中心

太仓位于江苏省东南部，长江口南岸，属长江三角洲冲积平原，全境地势平坦，河流纵横，土地肥沃。东濒长江，与崇明岛隔江相望，南临上海市宝山区、嘉定区，西连昆山市，北接常熟市，是典型的江南鱼米之乡。有锦绣江南“金太仓”、上海浦东“后花园”之誉。总面积为823平方公里，水域面积285.9平方公里，陆地面积为537平方公里，下辖6个乡镇，共有68个社区，88个行政村，常住人口为71.21万。太仓市文化资源共享工程在市文广新局，在南京图书馆、苏州图书馆的支持和部署下，逐步推进，稳步发展，在新形势下为繁荣农村基层文化，满足农民多层次文化需求，传递中国民族优秀文化资源发挥了重要作用。

一、基本情况

太仓市文化资源共享工程建设开始于2003年。2003年购置了服务器等硬件设备，安装完成太仓市文化共享工程支中心服务器，并通过图书馆的电子阅览室等主阵地开始对外服务。2008年，共享工程基层点和市委组织部党员远程教育系统共建，借助党员远程教育的网络系统，实现了全市共享工程基层点的全覆盖。2010年，太仓市图书馆建设新馆，借此机会，升级了共享工程服务器和存储设备，实现了所有分馆基层点都可以通过VPN接入到市馆数字资源服务器，市馆所有的数字资源对分馆基层点的开放。2012年恰逢国家公共文化服务示范区建设，对基层点软硬件设备进行了更高层次的升级工作，现已经有41个点完成升级工作，剩下的基层点预计最迟在2014年内全部完成升级工作。

共享工程太仓市支中心设在太仓市图书馆，是太仓市共享工程的建设和业务指导单位，负责保障市支中心共享工程设备的运行，指导、协调镇村级共享工程设备的维护、维修，指导镇村级共享工程活动的开展以及开展全市共享工程管理员的业务培训和指导工作。

二、管理和队伍建设

为了扩大文化共享工程在基层群众中的影响，使广大群众充分认识到这是一项惠民工程、民心工程。我们从自身服务队伍出发，严格强化自身队伍素质，并把共享工程管理工作纳入制度化、常态化管理。制定有支中心、镇、村基层服务点工作职责和制度，实行制度上墙公开。取得更好的服务效果不但需要好的制度的保障，更需要一个好的队伍来贯彻执行、来发展创新。为了有一个符合这样要求的团队，太仓市文化共享工程支中心在管理员队伍的建设上坚持明确职责，明确思路，制度化管理，常态化培育。对于所有基层点管理员，都要求有较高的学历和较为丰富的服务经验。并对各级管理员实行上岗证制度，在上岗前进行统一的培训，并进行考试，成绩合格上才颁发其上岗证，才能正式上岗服务。我们不但在上岗前有严格的要求，在上岗后，我们也持续不间断的通过集中培训、网络培训、下发培训光盘自行学习以及通过召开现场工作会议等一系列手段，不断强化服务团队技能。

三、经费投入

太仓市文化共享工程在2003年的建设初期就一次性投入40多万资金，用于购买服务器等硬件和升级网络设备。接下来的每年，都投入不菲的经费支撑文化共享工程服务的正常运行。特别是在2010年图书馆新馆建设和2012年的文化服务示范区建设时期，又各投入数十万元更新共享工程服务器、存储以及其它各项网络设备，使得我市共享工程在硬件设备上有了一个质的飞跃。同时，下辖各镇政府每年也投入大量人力、物力支援共享工程的设备更新和各项活动的正常开展。

四、资源建设

太仓市文化共享工程支中心在历年的工作中，不断发掘地方特色资源，先后建设有《太仓方志库》、《娄东书画库》、《太仓历史人物库》、《尔雅》等地方特色数据库，另外还外购有CNKI中国知网数据库并借助于苏州地区公共图书馆数字资源共建共享这一模式，可共享《万方》、《维普》、《独秀》、《龙源》等10多个各类数据库，为广大读者和用户提供了较为丰富的数字资源。在拥有较为丰富的数字资源的同时，我们也购置了丰富的图书、光盘等传统资源，现有藏书73万多册、馆藏电子文献24000多册。另外，每年我们还会制作数百张各类光盘资料，下发到各个基层点。

五、合作共建

太仓市共享工程建设结合新农村文化设施达标建设和国家公共文化服务体系示范区创建工作，是全市“四位一体”（村图书室、农家书屋、党员远程教育、文化信息共享）农村综合信息服务体系建设工作中不可或缺的一部分。全市正在致力于推进标准化电子阅览室的建设工作，目前已经新改建完成41家，兼容和整合了党员远程教育和共享工程服务的功能。通过多方不懈努力，共享工程已逐步走入基层村民生活，成为村民获取新知，娱乐身心的新渠道、新平台。

六、利民惠众，惠农服务

该支中心，想民众所想，急民众所急，针对本市外来务工人员和失地农民比较多的情况，常年开展有针对性的培训、讲座。在2012年一年中就开展农村实用人才培训44次，参与人次达998人次；开展农民工培训16次，参与人次达662人次。更利用像电影展播、免费展览等一系列的活动使文化共享工程真真正正的惠及了大众，使广大群众真真切切的享受到了文化共享工程带来的实惠。

七、宣传推广

太仓市文化共享工程支中心充分利用各种宣传手段宣传共享工程，不但通过传统媒体的电视、报纸还通过新媒体的网络和短信平台等不同渠道、不同手段全方位的宣传文化共享工程。

在我们宣传手段多样的同时，我们的宣传方式也不断变化创新，有最传统的印刷小册子宣传的、有做展板宣传的当然更多的是我们通过活动来进行宣传。例如我们除了有固定的阵地免费播放电影、举办各类型讲座外，还针对各个乡镇情况，支中心和下面的基层点联合举办广场活动，还积极送电影、送讲座、展览下乡，送讲座、展览进学校，根据实际情况，结合当地群众和学生的特点用他们更加喜闻乐见的形式来宣传、推广文化共享工程。让民众不断了解共享工程，走进共享工程。

八、工作展望

太仓市文化资源共享工程建设已经整整走过了10个年头，从刚开始的只有支中心到慢慢的在城区小范围建设的网点，再到后来和党员远程教育共建，以及到现在四位一体（村图书室、农家书屋、党员远程教育、文化信息共享）的建立；从单一的只提供共享工程国家中心提供的资源到现在各基层点全方位的和支中心数字资源共享；群众从刚开始的少人问津到现在的积极参与，共享工程经历了一个蓬勃发展的10年。相信随着“四位一体”、以及标准化电子阅览室的建设更加到位、更加完善，一个服务方式更加多样、服务网点覆盖更广、服务人员服务水平进一步提高的全新的共享工程服务体系不久就将呈现在我们眼前，它也必将使本地的文化建设上到一个新的高度。

（撰文/太仓市支中心）

常熟市支中心

常熟图书馆建于1915年，至今已有90多年的历史。藏书总量达到160万册，其中古籍20余万册，在全国县级图书馆中居前列。进入新世纪以来，常熟图书馆坚持创新、创优、创品牌，在全国图书馆界产生了较大影响。自2002年文化部、财政部组织实施“共享工程”以来，特别是自2006年常熟市被文化部列入全国文化信息资源共享工程试点县（市）以来，常熟市委、市政府高度重视，专门成立创建领导小组，市委副书记、市政府分管市长、市委宣传部、市委组织部领导分别担任文化共享工程领导小组组长、副组长。

2007年8月，常熟图书馆被命名为全国首批文化共享工程支中心，全市251个镇、村和社区全面建成文化共享工程基层服务点，在全国率先实现文化共享工程村村通全覆盖，文化部副部长周和平向常熟市委、市政府发来贺电。中国百县图书馆馆长论坛暨中德两国社区乡镇图书馆建设与发展研讨会在常召开，形成“常熟共识”。2008年常熟又被文化部命名为全国文化共享工程示范市。

在文化共享工程常熟支中心建设过程中，共享工程常熟支中心的具体做法是：

一、加大投入，硬件设施到位

文化共享工程支中心不仅要抓好自身建设和各项服务工作，还承担了对全市基层服务点资源配送、信息传递等服务。我们根据实际情况，对照文化共享工程支中心的建设要求和评估定级标准，2007年，制定了支中心建设方案，与市财政局、市发改委信息办联系并形成共识，市发改委信息办在2007、2008两年拨出专项经费共120万元，用于支中心系统升级，同时通过市财政等渠道投入40万元，用于设备添置和维护，总投入达160万元。安装了卫星接收设备，更新业务服务器、卫星接收服务器、视频及媒体点播服务器、防火墙、网络主交换机、投影仪等设备，添置了光纤存储系统，包含有1台16口光纤交换机，2台磁盘阵列，可用存储容量由原来的2TB扩展到14TB，中心机房网络和各乡镇建成VPN通道，提高基层服务点访问支中心的网络速度。通过投入，使中心机房的硬件和软件配置达到文化共享工程支中心对中心控制室的要求。各乡镇图书馆分馆、基层服务点可以快速访问支中心的资源，文化共享工程资源延伸到全市各乡镇、村、社区。

二、强化服务，资源配送到位

根据全国“共享工程”试点工作验收标准和县（市）级支中心达到一级以上的要求，我馆在多媒体阅览室免费开设“共享工程”阅览服务，发挥这块主阵地的作用，做好宣传推介工作，提高“共享工程”资源的点击率，阅览电脑50多台，每天开放时间为11.5小时，每周开放时间为80.5小时，年阅览量15000多人次。我们还把报告厅作为“共享工程”的播放场所，结合“市民课堂”周末讲座的影响力，用2台投影仪定期播放“共享工程”中的讲座、影视节目，年播放200多场，共有11200多人次收看了“共享工程”的内容。认真做好“共享工程”节目播放的预告、播放记录等台帐资料，为今后提供分析参考资料。我们在充分利用国家中心和省分中心的资源的同时，在共建共享理念的指导下，一如既往地做好图书馆的数字资源建设。专门购置了无边距扫描仪，在古籍数字化工作中发挥了大作用。到目前为止，已建成10个特色数据库：“馆藏地方志数据库”，共8部，10310页，1766170字；“轻纺产品图像数据库”，收集了大量的服装方面的数据资料，主要以图片为主，供企事业单位进行查阅，其中包含了发布会、橱窗、服装款式、设计手稿、时尚杂志、设计素材6个类别，总共20多万张图片，总容量达30GB；“名人数据库”，建立了常熟籍历代名人数据资料，其中古代名人19个、近代名人1个、现代名人3个、两院院士21个虞山流派数据库：虞山琴派数据库，收集虞山琴派10首古琴音频，供访问者欣赏，容量70MB，虞山派书画，介绍常熟11个书画院画师；大型清史工程《徐兆玮日记》总录入文字500多万字，部分日记发布于常熟图书馆网站，可供读者进行查阅；《地方文献目录》，收集了地方文献书目数据1215条；“市民课堂”周末讲座以及“大地情深”农村小戏光盘视频数据，12件。我们将这些自建特色数据库逐步传输到各基层服务点，使这些自建数据库也作为“共享工程”资源提供给读者和广大的乡镇社区居民。

三、加强管理，组织网络到位

为了在全市范围内更好地推动文化共享工程建设工

作，加强对全市基层服务点的管理、宣传和指导工作，做好工作人员培训，做好市支中心和基层服务点各项工作与活动的资料收集和上报工作，我们建立健全相关的规章制度，建立相应的工作机构，狠抓各项管理，保障文化共享工程工作的顺利开展。我们按照国家中心和分中心要求，建立文化共享工程常熟支中心组织机构，下设三个业务工作组，即综合工作组、技术保障组、资源制作组。全市251个基层服务点都配备了1-2名专兼职管理员，形成了支中心、乡镇、村（社区）三级管理网络。为提高管理人员的操作水平和业务能力，支中心专门编印了文化共享工程操作手册，组织全员培训，每年培训人员300多人次，支中心工作人员下基层服务点150多天次，做了大量的业务辅导与指导工作，确保基层服务点正常运行。在建立健全内部管理制度的同时，支中心和各基层服务点做好文化共享工程月报表的统计和上报工作，健全台帐资料，及时统计总结，按时上报资料数据，使支中心和基层服务点步入规范化、制度化的发展轨道。

文化共享工程的实施，有效地推进了农村文化阵地建设，有效地提升了图书馆的服务功能。我们决心在市文化局的直接领导下，在国家中心、省分中心的指导帮助下，求真务实，创新创优，确保文化共享工程取得成效，在新农村建设、构建和谐文化、培育社会新风和建立社会主义核心价值体系等方面发挥积极作用。

（撰文/常熟市支中心）

张家港市支中心

张家港市位于长江下游南岸，江苏省东南部，属苏州地区，北滨长江，与南通、如皋、靖江相望；南近太湖，与无锡、苏州相邻；东连常熟、太仓，是沿海和长江两大经济开发带交汇处的新兴港口工业城市。以境内天然良港张家港港而命名。全市总面积999平方公里，其中陆域面积777平方公里，下辖8个镇和1个现代农业示范园区，175个行政村，常住人口124.8万。张家港市文化资源共享工程建设在张家港市委、市政府的大力支持和部署下，逐步推进，稳步发展，在新形势下为繁荣农村基层文化，满足农民多层次文化需求，传递中国民族优秀文化资源发挥了重要作用。

一、基本情况

全国文化信息资源共享工程张家港市支中心设在张家港市图书馆，是张家港全市共享工程的建设和业务指导单位，负责保障支中心共享工程设备的运行，指导镇、村级共享工程活动的开展以及开展全市共享工程管理员的业务培训和指导。

2002年10月，张家港市图书馆被列为全国文化信息资源共享工程江苏省首批基层点。2006年9月，张家港市被文化部确定为首批全国文化信息资源共享工程试点县（市）。2006年我们把建设共享工程基层点的重点放在了村（社区），到2006年上半年已建成6个乡镇分馆基层点，7家村（社区）分馆，同年政府出台文件将共享工程与建设各镇村（社区）图书馆分馆一起规划、一起部署、一起落实。我市文化信息资源共享工程采用的是“中心——点”的模式。从国家中心下载数据，同时接收省中心配送资源、通过因特网访问苏州地区公共馆数据，然后通过VPN专线和因特网提供给镇、村、社区基层服务点使用，馆内电子阅览室可以随时上网浏览。通过文化共享工程与市图书馆镇级分馆建设、与村（社区）文化服务站、与党员干部现代远程教育相结合，组建了张家港市公共图书馆信息资源共享服务网络，构筑资源共享共用平台的办法，有效地推进了共享工程基层点建设。2007年9月，在全省率先建成规范化县级支中心，率先实现镇、村文化共享工程全覆盖。

二、管理规范，人员保障

为使共享项工程真正为民所用为民谋利，张家港市支中心将共享工程日常管理纳入制度化管理，2006年市政府专门成立了市支中心文化共享工程领导小组，下设资源建设组、技术保障组和基层辅导组。制订下发了《张家港市创建全国文化信息资源共享工程示范市实施方案》，对我市文化共享工程各级机构管理人员作出了具体规定，要求镇级基层点专兼职管理人员不得少于2名，村（社区）基层点不得少于1名，并实行上岗准入制度。市支中心也及时配备了3名计算机专业人才外，对镇、村两级挑选有一定社会基层管理服务实践经验的工作热情高、文化水平高、服务态度好的大学生村官为管理员，同时统一制订支中心、镇、村基层服务点工作职责和制度，实行制度上墙公开。领导小组办公室定期组织人员深入基层，加强督查和业务指导，做到有计划、有督导、有考核，认真抓好创建任务的落实。

三、培训工作，井然有序

张家港市支中心在共享工程管理员的培养上实现了制度化和常态化。组织编印、出版了《全国文化信息资源共享工程基层点操作员简明读本》等培训教材，并根据支中心工作要求，每年对辖区共享工程管理员进行定期集中培训，2002年以来定期举办面授培训班，组织基层服务点管理人员系统学习文化共享工程各类理论知识和资源下载、视频播放等电脑实际操作方法，2006-2007年共培训3批管理员256人，做到了培训率100%，合格率100%，持证上岗率100%。2012年度组织完成国家举办的网络培训每年12期外，全市组织开展文化共享工程工作人员集中培训和网络培训1373期，27559人次；农村实用人才培训242期31203人次；开展农民工培训65期26373人次；同时积极组织参与省、苏州市、张家港市共享工程管理员技能比赛和知识竞赛，先后获得省级技能比赛个人一等奖、二等奖、团体二等奖等荣誉。

四、经费投入，持续保障

共享工程张家港市支中心建有标准化的县级支中心镜像站，拥有卫星接收系统1套、资源发布服务器1台、多媒体点播服务器1台、硬件防火墙1台，磁盘阵列实际容量105TB，网络带宽1000兆，实现了与文化共享工程全国各大中心以及全市各基层点的通畅连接，所有配置达到或超过了《文化部社会文化司关于调整全国文化信息资源共享工程试点县设备配置的函》的标准。各镇、村均按相关标准建设了电子阅览室和文化资源播放室。在建设过程中，得到了各级政府的大力支持，2007年以来全市为工程投入资金近700万元，市财政拨出专款105万元，重点支持市级支中心软硬件平台建设及数字资源的加工与引进，投入大量人力物力支援共享工程各项活动的正常开展；自2008年实现村村全覆盖以来，市图书馆每年投入10余万的运维经费，用于共享工程设备的维护，人员培训和惠民活动的开展。

五、资源建设，自建共享

近几年来，以创建全国文化信息资源共享工程示范市为动力，以建成全市人民的大书房为目标，以数字资源建设为重点，不断增强市支中心为基层服务的能力。数字文化资源是文化共享工程的核心。我市在数字资源建设方面的思路是：充分利用国家及省中心的丰富资源，合理购置本地实用的各类资源，重点建设自己的特色资源。在先后采购《人民日报》电子版数据库、《龙源》期刊数据库、央视教育视频资料库、VERS语言学习数据库等基础上，我市自建了长江戏曲网、张家港非物质文化遗产、河阳山歌等地方数据库、音乐在线、视频在线、电子阅报等数据库，在苏州地区各图书馆之间实行外购数据库资源共享共用。同时建成了张家港市文化共享工程网页，设中心网站、本地资源、共享资源和友情连接四个栏目，进一步扩大了文化共享工程的影响，同时也方便了基层点管理员操作、读者利用数字资源。

张家港市支中心在历年的工作中，搜集、整理、编辑制作各类题材资源17TB以上，每年制作发放各类光盘500多张，发放各类宣传资料3000余份。定期收集整理共享工程服务活动信息，已编印出刊《共享工程张家港市支中心简报》24期。

六、宣传推广，利民惠农

2006年以来利用各种渠道宣传推广共享工程，让文化共享工程逐步走入基层村民生活，成为村民获取新知、娱乐身心的新渠道新平台。除推广共享中心等网络数据库资源外，及时将上级各部门下发的电子文献资源送到各镇、村共享工程服务点供电子阅览室和资源播放室使用。同时注重开展活动，充分利用文化共享工程这个平台，组织开展形式多样的群众文化活动，受到了广大群众的欢迎。市支中心在一楼大厅设立“沧江讲坛”播放角，免费向广大读者播放各类专题讲座；设立“移动播放点”，利用图书流动车开展送书下乡、视频资源播放等活动。与此同时，各基层服务点也结合实际开展了各类活动。杨舍镇南庄村每周二、五下午定期为村民播放戏曲；南丰镇永联村通过在基层点设立“1890（一拨就灵）”服务热线，解决了老百姓在养殖技术、法律常识、文化知识等方面的问题。

2007年在9月17日在文化部召开的文化信息资源共享工程农村服务工作座谈会上，张家港市南丰镇永联村党委书记吴栋材作为江苏全省农民的惟一代表，出席会议并作了题为《基层点建到哪里，服务就跟到哪里》的发言，详细介绍了该村在文化共享工程上的具体做法，也从侧面反映出了该市广大农民在文化共享工程建设中得到的实惠。

七、集体个人、荣誉纷呈

张家港市：2006年被文化部确定为首批“全国文化信息资源共享工程试点县（市）、2008年5月，被文化部命名为“全国文化信息资源共享工程示范市”；张家港市图书馆：2009年6月江苏省文化厅在张家港市召开全省文化共享工程建设现场会，专门推广张家港模式。2010年被中宣部、文化部、广电总局、新闻出版总署等单位联合评选为“全国服务农民服务基层文化建设先进单位”、2011年第二届文化信息资源共享工程知识比赛优秀组织奖、“全国文化共享工程知识与技能比赛”江苏赛区团体二等奖；张家港市南丰镇永联村：获得全国先进农村综合信息服务站。

个人奖项：张家港市南庄村赵小江同志获得“全国优秀信息员”称号、2012年张家港市金港镇的吴虹同志作为江苏地区唯一代表被文化部评为“文化共享之星”称号、在全国“公共电子阅览室建设计划”百题知识竞赛活动中，我市大新镇有2名同志分别获得江苏赛区二、三等奖；2011年张家港市图书馆李倩同志荣获“全国文化共享工程知识与技能比赛”苏州赛区个人一等奖。在“创建全国公共文化服务体系示范区——苏州市公共图书馆馆员演讲展示活动”中，我市锦丰镇殷志斌、大新镇王蕾同志分别获得一、二等奖。

八、工作展望

张家港市支中心已走过11个年头，从几个点到今天的市、镇、村全覆盖，未来我们将坚持“四个进一步”：

1、进一步拓宽基层服务点建设领域。联合相关部门，积极推进文化共享工程走进企业、走进学校、走进军营，努力把文化共享工程建成跨部门、跨行业、跨区域的“大文化工程”。2、进一步加快张家港市数字图书馆建设。充分利用数字图书馆作为市实事工程立项建设的有利契机，打造基于新媒体下数字图书馆推广工程、全国文化信息资源共享工程、公共电子阅览室建设的公共文化服务新业态，最终实现数字图书馆的服务惠及全民，切实保障公共文化服务的公益性、基本性、均等性、便利性，最大限度地发挥数字图书馆在文化建设中引导社会、教育人民和推动发展的功能。3、进一步创新文化信息资源服务方式。加大宣传力度，结合各类主题活动，通过户外大屏幕电视、图书流动车、发送光盘、举办讲座等方式，努力为广大群众提供更加方便快捷的文化服务。4、进一步加强基层点的考核和指导。将共享工程建设和运转情况纳入镇、村（社区）领导年度目标责任制考核，纳入“文明村镇”评比内容；同时，积极引进专业技术人才，加强对基层的辅导、培训和和服务工作，努力建设一支素质高、业务精的管理人员队伍。

（撰文/张家港市支中心）

全国文化信息资源共享工程——

安徽省分中心

文化信息资源共享工程是新时期文化惠民的一项重要工程，也是一项宣传、保护和传承中国各地传统特色文化的民心工程，在文化部全国公共文化发展中心和安徽省文化厅的关心、领导下，安徽省级分中心抢抓机遇，知难而上，奋力而为，按照《全国文化信息资源共享工程“十二五”规划发展纲要》和《全国文化信息资源共享工程地方资源建设指南》的要求，以自建特色资源为核心，立足原创，追求卓越，打造精品，积极探索数字资源建设发展新模式。经过多年的探索和实践，制作了一批低成本、高质量的视频资源。

一、基本思路

安徽历史悠久、文化底蕴深厚、历代名人辈出。境内皖江文化、淮河文化和新安文化三个文化圈特色明显，徽文化博大精深，内容丰富，影响广泛。“徽学”被誉为与敦煌学、藏学比肩而立的中国三大显学之一，在社会、经济与文化发展史上有着独特和重要的地位。安徽自然资源丰富，名山大川风光优美。安徽在民族解放和中国革命、建设、改革开放中发挥了重要作用，红色资源富集。这些是安徽地方特色资源建设的重要保证，在资源建设过程中，我们经过认真研究，一方面做到古为今用，一方面注重创新发展。

1、立足特色、注重选题

安徽的特色在于“徽风皖韵”，只有立足于特色，才能彰显地域文化的魅力，才有打造特色资源精品的可能；在选题上坚持以文化遗存、文化名人和红色历史为主线，既注重内涵的挖掘和再现，又注重宣传、保存和历史价值。

强化品牌意识、品牌优势和品牌效应，建设真正意义上的特色资源，避免同质化，避免资源的浪费。

2007年以来，安徽省级分中心根据文化部下达的任务，在困难多、任务重、人员少、技术和设备匮乏的情况下，先后完成了《徽州建筑》、《安徽历史文化名城》、《安徽红色记忆》、《安徽民间传统工艺》、《安徽花鼓灯》和《安徽馆藏文物》、《红星闪闪耀中华——中国金寨英雄谱》、《红星闪闪耀中华——中国金寨英雄谱》、《安徽历史文化名人》、《安徽省非物质文化遗产》、《双百人物中的安徽人》等11部大型电视专题片的拍摄制作任务。数量达114集，存储容量8.29TB，成片时长3460.58分钟。资源内容涵盖物质文化遗产、非物质文化遗产、红色历史文化遗产和历史文化名人等。其中，《徽州建筑》电视专题片由国家管理中心作为文化共享工程视频资源建设的示范片发放给有关省份。

2、立足自建、规避风险

现代社会对知识产权越来越重视，立足于自建，拥有完全自有版权，可以规避风险，可以无偿地为我省乃至全国共享。数字资源建设从采集、加工、存储到发布的每个环节都涉及知识产权问题，必须处理好版权问题才能进行资源的传播和利用。因此，我省在特色资源建设时，严格遵循“版权先行”的原则，将妥善解决版权问题作为特色资源建设的先决条件。按照《文化部、财政部关于进一步加强全国文化信息资源共享工程建设的意见》和《信息网络传播权保护条例》等有关规定，立足自建为主、合作为辅的建设方式，既解决了数字资源建设的版权问题，又从根本上避免了版权问题所带来的一系列风险。

3、立足创新、敢为人先

当今媒介进入高度发达、多元和融合时代，作为一种独立艺术品种的电视专题片尤为广大群众所喜爱，它通过纪实手法的运用和表现，通过画面语言、声音语言、音乐语言、音效语言、动画语言的完美结合，追求“真实性”、“可视性”、“受众性”、“教育性”和“故事性”，把事物表述的形象生动，让人们感受到真实再现的品格，使观众产生情感的共鸣，达到心灵的互动。

随着现代数字图书馆、移动图书馆的迅猛发展，视频资源建设不再是电视台和少数大型数字公司的垄断行业。省级分中心通过培养人才，打造队伍，制作视频特色资源也不是高不可攀的事，也许是省级公共图书馆开辟数字资源建设新领域的发展模式。

基于这一考虑，我省在特色资源建设的起步阶段，就立足于创新，从共享工程视频资源建设最薄弱的环节入手，把视频资源建设，特别是电视专题片制作作为自己的核心任务，在电视专题片建设方面进行了不遗余力的尝试，通过多年来的学习、实践和锻炼，积累了组织、策划、拍摄和后期制作等方面的宝贵经验，制作了一批具有较高水准的、并且拥有完全自主知识版权的文化电视专题片，取得了良好的社会效果。

二、主要做法

1、成立地方资源建设的组织机构

完善的组织机构是资源建设顺利进行的保障，我省在地方特色资源的建设过程中，建立了以"项目制"为抓手的资源建设模式，成立了领导小组、专家组、摄制组、后期制作组和验收组，做到责任到人，职责明确。具体做法是：领导小组由文化厅厅长负责，给予政策和资源支持，负责审定资源建设总体规划，项目的指导和监督；专家组负责提供决策建议、政策性把关、项目审议的可行性、专业咨询和理论指导，并负责脚本的审核、论证；摄制组和后期制作组具体承担项目的策划、调研、申报、拍摄和制作等；验收组负责项目成果的审核、验收，并提出整改意见。在这种项目管理模式下，各项目组团结协作，相互配合，可以保障资源建设有条不紊地按质按量按时完成。

2、做好地方资源建设的质量控制

专题片的制作是一个复杂的系统过程，从构思策划、脚本撰写、实地拍摄、剪辑、配音、配乐、特效等工序，到最后的成品，就像一个工厂的生产流水线，一道工序都不能缺少。在制作过程中，质量控制与管理是一个非常重要的环节。

文化部的项目是国家级的项目，必须树立精品意识，体现国家级项目水准；必须融准确性、权威性、人文性、知识性为一体；必须体现安徽特色文化的历史价值、人文价值、传承价值和现实意义；必须建立在统一标准的基础上，以实现全国文化信息资源的共建共享。因此在资源建设过程中，我们始终遵循国家管理中心关于资源建设所制定的统一技术标准和规范，如《全国文化信息资源共享工程资源建设标准规范》，并结合安徽省图书馆ISO9001质量管理体系的要求，采取多项措施，严格进行资源建设的质量控制，使我省地方特色资源建设不仅达到了文化部要求的资源建设标准，而且也实现了一次性建设，多次使用，一家建设，全国共享的目的。

3、打造视频资源建设的人才队伍

加强资源建设，人才是关键。我省立足实际，确定了以安徽省图书馆员工为主，培养一批视频制作专业人才，打造一支视频制作专业队伍的思路，使之成为我省文化共享工程资源建设的核心竞争力，实现视频资源建设的跨越式发展。为此，采取多种办法加快人才队伍的训练与培养：

第一步是采取"走出去"的方式。先后选派多名有悟性、有潜力、能够吃苦耐劳的员工到中国传媒大学、合肥新华计算机学院等院校学习摄像、剪辑、数字媒体等视频专业技术，为专业人才的储备和使用打下了良好的基础。

第二步是采取"请进来"的方式。聘请专业导演，在导演的带领下，实行"传帮带"的方式，对省馆两名员工进行实战演练和实际拍摄的强化培训，使他们具备了独立摄像的能力，并且能够比较熟练地操作摇臂等专业设备，既培养了人才，又节约了开支。

第三步是采取"公开招聘"的方式。利用省馆正式编制的余额，由省人事保障厅统一安排，面向社会公开招聘，先后招聘了后期制作、数字媒体和艺术编辑等专业人员各一名，取得了良好的效果。

第四步是采取"战略合作"的方式。有些人才是短期内很难培养出来的，也没有必要花费大量的时间、精力和资金去培养，比如导演、配音和配乐等专业人才。我们采取的是"长期合作"的方式，本着对公益性文化事业的热爱，由省馆与安徽省电影制片厂、安庆黄梅戏剧团等知名导演进行合作，既高质量地完成了项目，又在合作中培养了自己的队伍。

4、配置视频资源建设的基础设备

有了人才和队伍，没有良好的、必备的设备器材是无法保证资源建设质量的，也不可能制作出令人满意的视频资源。为此，我们先后投资了200多万元，用于视频制作设备、器材和设施的配置。

安徽省级分中心使用千兆以太局域网，百兆电信接入互联网，配备服务器30多台，存储50多TB；配备的视频资源建设主要设备有：摄像设备、编辑系统、录音系统、灯光系统、辅材和车辆等视频设备，其中广播级摄像机4台，专业级摄像机1台，广播级非线性编辑系统设备3套、录音系统设备一套、摇臂3套（3米、6米、12米各一套）、轨道2套、灯光12套、车辆2台以及录音棚等设备和设施，能够满足多媒体资源库和电视专题片的建设需要。

几年来，我们以建设安徽地方特色文化电视专题片为己任，缜密策划、精心组织、呕心沥血、艰辛打拼，先后独立制作了一批拥有完全自主知识版权，并且数量较大、质量较高的视频作品。这些作品通过文学语言、画面语言、配音语言、配乐语言以及现代视频技术手法等，再现了安徽悠久文化的历史特征和传承价值，反映了物质文化遗产、非物质文化遗产、文化名人以及红色文化等历史价值和现有风貌。

这些电视专题片的建设，不仅在阐释中华传统文化方面具有特殊的重要意义，而且对于当今社会有着和谐和现实意义。

在文化信息资源共享工程地方特色资源建设方面，虽然我们做了一些大胆的尝试，开辟了数字资源建设新的阵地和发展模式，也取得了一点成绩，但离文化部、发展中心的要求和工作的实际需求还存在较大的差距，下一步，我们将进一步加强资源建设的科学规划，重点建设一批主题鲜明、体系完整、质量上乘、特色突出的数字资源库。建设一批高水平、高质量视频专题片和多媒体资源库，进一步丰富我省的特色馆藏，为全国公共文化资源建设作出新的更大的贡献。

（撰文/易向军、许俊松）

合肥市支中心

一、整体情况

按照文化部文化信息资源共享工程建设的宗旨和精神，在全国文化信息资源共享中心及安徽省级分中心统筹规划下，2005年合肥市文化局、合肥市图书馆向市政府提交合肥市文化信息资源建设的规划报告。按照规划，合肥市文化信息资源共享工程分为市、县区、乡镇、农村四级站点架构，建设成全方位、多层次的文化信息资源共享体系，一期方案中选取了以合肥市图书馆为市级中心站点、肥西、肥东、长丰三县为县区基层站点、选取个别乡镇与农村作为示范点建设。2006年正式立项建设合肥市文化信息资源共享工程。

二、网点建设

1、合肥市文化信息资源共享工程分为市、县区、乡镇、农村四级站点架构。以合肥市图书馆为市级中心站点、肥西、肥东、长丰三县为县区基层站点、选取个别乡镇与农村作为示范点建设。

2、为改变基层站点的“共享工程”建设空白的状态，解决资金不足等条件的限制，由合肥市文化局发文要求合肥市各县区拨付配套建设资金，建设县区文化信息资源分中心。以三县图书馆为依托，在市级中心与基层站点间建成畅通的网络连接，市级中心拥有的信息资源直接向这些基层站点传输共享。使得基层站点能做到镜像站点的建设，开展基层服务，真正成为了当地的文化信息资源中心。

三、经费投入

2006年经由合肥市信息办立项，合肥市文化信息资源建设正式启动。共享工程一期建设，总投入144.5万，分为硬件系统和软件系统两部分，全部由合肥市政府财政投入。目前我市“共享工程”建设还存在着经费不足、后期缺乏专项资金维护与运行，舞台艺术、音乐美术、文物鉴赏等资源来源匮乏等问题，需要市政府加大建设力度和资金投入力度。

四、资源建设

1、向上利用文化部全国文化信息资源建设管理中心和安徽省信息资源中心的数字资源。全国文化信息资源建设管理中心已采用现代信息技术手段，对优秀文化信息资源进行数字化加工与整合，形成包括图书期刊、舞台艺术、音乐艺术、影视作品、科普知识、文物鉴赏等内容的分布式文化信息资源库约5TB。

全国“公共电子阅览室建设计划”百题知识竞赛

2、以市文化系统的可控资源为基础，突出文化信息资源特色，例如庐剧的数字化资源；充分发挥合肥市图书馆等重点单位的资源优势，截至2011年底合肥市图书馆数字化文化信息资源约25TB。

3、作为全市文化信息资源共享工程的县（区）中心，及时建设本县（区）文化信息资源。数字资源建设除包括优秀文化信息资源外，还要建设一批贴近大众日常生活的社会文化资源，围绕与人们日常生活息息相关的内容，传播先进文化。社会文化信息资源包括科普知识、法律常识、生活礼仪、农业科技、卫生保健以及百科知识等资源库。

五、技术支持

全市文化信息资源共享工程合肥市支中心已拥有一部分基础硬件设施。合肥市图书馆作为“共享工程”的市级中心目前已经安装卫星接收器，可以接受卫星电视和国家中心有关科普、农业等教育类电视节目，并依托现有网络，制作了“共享工程”专门网站。

县区中心以县区图书馆、文化站为依托，建设自己的局域网，县区中心作为市级中心的补充，是全市文化信息资源共享平台的重要组成部分。合肥市支中心为县区中心提供数据更新、数据加工、对外服务、数据传送以及系统维护等技术支持。

六、合作共建

全市文化信息资源共享工程整合舞台艺术、音乐美术、文物鉴赏等基本源数据，加大投入，以支持数字资源的加工整合、软硬件平台的建设和技术人员的培训，以保证共享工程建设的持续深入开展。

七、惠民服务

通过在各级中心之间建立交换和通信机制，在各中心之间实现信息的高速共享，从而充分发挥各级中心的服务职能，满足基层群众对于科普、教育、文艺等多方面的资源需求。同时利用文化信息资源联合目录和各级中心的信息导航功能，建立网上资源导航系统，促进科技、教育、农业等已有的专业网络信息资源的传播，并开展网上参考咨询工作。建设文化信息资源服务平台，为广大市民和群众提供文化信息资源的定制、阅读等相关服务。用户可以在各级中心电子阅览室，也可以通过INTERNET享受中心提供的文化信息资源服务。

八、宣传推广

合肥市支中心在利用互联网对共享工程进行宣传推广的同时，定期举办一些知识竞赛、视频教育、科普知识讲座等活动，在实际活动中提高文化信息资源共享工程社会效益。我中心积极参与、组织共享工程相关活动，如合肥市支中心工作人员积极参加安徽省首届文化共享工程知识与技能竞赛并荣获三等奖，组织“国事盛典　文化印证”展览、观看“共享杯”竞赛实况录像以及全国“公共电子阅览室建设计划”百题知识竞赛等系列活动。

九、培训工作

合肥市文化资源共享工程由市政府信息办立项、市文化局负责实施，在共享工程实施阶段进行了多次培训交流活动。

十、管理和队伍建设

“共享工程”市中心的建设是一个系统工程，硬件设备和软件资源的配置、网络布线工程、人员培训、数字化资源的采集、加工、更新、传输等都需要一个专业人才队伍。目前“共享工程”市中心的队伍建设是在对各支、分中心的网点建设和培训中逐步培养起来的具有一定专业技能的人才队伍。

十一、工作展望

随着党和政府对全国文化信息资源共享工程的高度重视，合肥市政府对文化信息共享工程的不断投入，在安徽省级分中心的统筹规划下，合肥市文化信息资源共享工程以丰富多样的文化活动服务多层次群众，满足群众多样化的文化需求，增强了基层文化工作的吸引力和生命力，对于巩固文化阵地具有不可低估的作用。把实施共享工程与开展特色文化创建活动相结合，运用网络载体，配合各级中心的宣传教育，不断丰富和创新新时期基层文化活动。

（撰文/梅国栋）

合肥市少儿支中心

一、整体情况

合肥市少年儿童图书馆于2004年成为“全国文化信息资源共享工程”基层支中心，配备有共享工程资源专用服务器和卫星接收天线，读者可通过电子阅览室电脑浏览共享工程资源和卫星接收节目。另外，我馆通过组织读者观看卫星频道、电影放映、知识竞赛、外出服务等多种方式开展文化传播活动，得到了全市少年儿童的踊跃参与和媒体的广泛报道，取得了良好效果。

二、经费投入

合肥市少年儿童图书馆共享工程支中心建设之初，财政下拨了3.9万元建设经费。支中心建成后，我馆每年对该支中心的工作给予一定的经费安排，以保障各项工作的顺利开展。

三、资源建设

该馆共享工程服务器拥有本地镜像版讲座、电影、戏曲、图书等资源，后又陆续收到全国文化信息资源共享工程中心下发的戏曲、科普和动画类光盘数批。此外，我馆还尝试对这些资源进行二次开发利用，在视频资源点播系统中加入了受读者欢迎的共享工程视频和音频资源，以提高资源利用率。

四、技术支持

合肥市少年儿童图书馆常年为该支中心配备两名计算机专业维护人员，发现设备问题及时解决，保证了该支中心工作的顺利开展。

五、惠民服务

2008年9月起，合肥市少年儿童图书馆打破传统图书馆服务模式，利用共享工程提供的多媒体资源和设备，先后十余次主动走出馆门，前往地处偏远，人口密集的社区，开展免费流动电影放映服务，受到了群众的一致好评和安徽商报、合肥晚报、江淮晨报等媒体的广泛报道。现列举几个典型案例以作介绍：

1、“喜迎中秋佳节，共享欢乐时光”放映活动

蚌埠路第二小学位于合肥市瑶海区长江东路和全椒路交叉口，当地也是合肥市外来务工人员聚集地。2008年9月11日，为迎接即将到来的中秋佳节，该馆与该校联系，从共享工程资源中精选了一部孩子们喜爱的数字电影，于当晚七点在该校门前广场为该校学生和附近的外来务工子女放映，在浓浓秋意中为他们送去一份节日的关怀。

2、“夏夜赏电影，欢乐过六一”放映活动

西园新村位于合肥市蜀山区合作化路和龙河路交叉口，是我市80年代建设的知名小区，位于黄金商业区，人口稠密，但电影院动辄几十甚至上百的票价，对于大部分当地孩子来说，是一个并不太现实的奢望。为满足这些孩子看电影的期望，2009年5月22日，合肥市少年儿童图书馆共享工程支中心与西园社区联系，来到该社区中心广场，为孩子们带来了一场精彩的儿童电影。

3、“庆国庆，迎中秋”放映活动

江河社居委地处合肥市高新技术产业开发区，离市中心有一个多小时的车程，当地人口密集，但文化资源匮乏，孩子们普遍存在着课外阅读资源不足，课外生活单调的情况。2009年9月30日晚，合肥市少年儿童图书馆共享工程支中心来到了高新区江河社居委，为当地少年儿童播放了一部爱国主义教育影片——《太行山上》，用实际行动向共和国六十诞辰献礼，共吸引了当地约一千余名少年儿童及其父母到场观看。

六、宣传推广

合肥市少年儿童图书馆共享工程支中心常年定期组织读者观看共享工程资源，电子阅览室设立共享工程卫星节目专用电脑，每个双休日全天播放，免费提供浏览；此外，还开展一些形式多样、丰富多彩的读者活动，通过互动的方式，做好宣传推广工作。

1、举办“迎新年，庆奥运”电子贺卡设计大赛

2008年春节期间，合肥市少年儿童图书馆共享工程支中心开展了“迎新年，庆奥运”电子贺卡设计大赛，鼓励读者利用共享工程中丰富的图片和视频资源进行制作，借以宣传共享工程资源，宣传奥运精神。此项活动受到广大读者喜爱和踊跃参与，共收到作品30余幅，我馆从技术、创新、内容、设计等多方面审评出各级别奖项，并推荐部分优秀作品参加省中心比赛。

2、宣传奥运知识，放映“福娃奥运漫游记”

2008年7月起，为迎接即将到来的奥运会，宣传奥运知识，合肥市少年儿童图书馆利用共享工程影视资源，在本馆每周一次为读者免费放映知识类动画片《奥运福娃漫游记》，受到读者欢迎，暑假期间共接待观众近十人次。

3、开展爱国专题电影放映活动

为迎接中国共产党九十周年诞辰，2011年暑假期间，合肥市少年儿童图书馆利用共享工程爱国主义教育资源，在本馆为读者免费放映“抗日小奇兵”和“开国英雄”系列电影，以推进未成年人爱国主义教育，受到读者

的热烈欢迎，场场爆满，共接待观众1760人次。

4、开展“阳光少年热爱党”少年动漫制作竞赛活动

2011年暑假期间，该馆还开展了“阳光少年热爱党”少年动漫培训暨设计制作竞赛活动，以激发孩子们学习美术知识的兴趣，提高他们运用信息技术的能力，受到了广大读者喜爱和踊跃参与。经我馆从绘画技巧、主题选材、内容排版等多方面予以审评，最终评选出各级别奖项17名，并予以颁奖。且陶李菁同学创作的《便民西瓜屋》荣获全国小学生漫画组三等奖。

5、开展“像雷锋那样”电脑小报设计比赛

为鼓励广大中小学生在实践中学习雷锋精神，2012年4月12日至5月8日，我馆积极响应全国文化信息资源建设管理中心发出的《关于开展2012年全国中小学生电脑小报设计比赛活动的通知》，配合安徽省级分中心部署，在我市开展以“像雷锋那样…”为主题的电脑小报设计比赛活动，得到了全市少年儿童的踊跃参加，共收到来自全市约30所中小学的近百篇读者投稿。接着，我馆从作品创意和艺术水平等方面予以综合评判，共评出小学组和中学组共11幅获奖作品。

七、培训工作

合肥市少年儿童图书馆共享工程支中心常年来重视对读者使用共享工程资源的培训工作，包括卫星节目的观看，镜像版和远程版资源的浏览，多媒体资源的检索和下载等，培训形式灵活多样，有临时的单独指导，也有集中性的授课培训，得到了广大读者的欢迎，每年接受各类咨询约两千人次。

八、管理和队伍建设

在队伍建设中，合肥市少年儿童图书馆共享工程支中心高度注重工作人员的自我充电和学习，积极参加省中心开展的网络培训，学习兄弟馆先进经验，紧跟图书馆界先进技术和理念，不断充实自身，做好本职工作。

九、荣誉奖项

在2009年举办的“安徽省首届文化共享工程知识竞赛”中，合肥市少年儿童图书馆共享工程支中心郑之敏同志获得三等奖。

十、工作展望

进一步开拓思路，结合未成年人思想道德建设需要，合理有效利用共享工程资源，做好共享工程宣传服务工作。

（撰文/合肥市少儿支中心）

宣传奥运知识，放映“福娃奥运漫游记”

长丰县支中心

一、整体情况

文化共享工程作为公共文化服务体系的基础工程和推动社会主义文化大发展大繁荣的重要抓手，受到党中央、国务院的高度重视。2007年中办、国办下发的《关于加强公共文化服务体系建设的若干意见》，把文化共享工程建设列入5项重要文化工程之一。在文化共享工程建设中，县级支中心不仅要接收资源，还要开展阵地服务和对基层的流动服务以及对基层服务点管理人员进行技术培训，因此，县级支中心在整个文化共享工程网络体系中起着承上启下的作用，是文化共享工程网络建设的重要环节。长丰县支中心是2008年度32个县级支中心建设单位之一，宁国现场会后，我县迅速行动，成立了工程建设领导小组，在县委县政府的高度重视和县财政的大力支持下，尽快的落实了配套资金、设备招标采购、场地、专业人员。县文广新局一把手亲自抓，图书馆长具体抓，形成了组织领导坚强，经费配套到位，工作班子健全，专业人员落实的工作局面。按照要求，四月份完成了机房装修，同时进行政府采购招标，5月份前完成了设备采购和安装调试。

二、经费投入

2008年度县级支中心系统配置标准为68万元，其中中央财政34万元、省级财政配套17万元共51万元，不足的17万元各县配套。我县及时足额落实了配套资金，根据皖文社文函〔2009〕123号《关于文化信息资源共享工程2008年度县级支中心设备采购的通知》精神，按照国家中心《2008年度县支中心系统配置标准》及安徽省级分中心制定的统一技术参数，积极认真地开展了设备的自行采购，装修了机房、电子阅览室多媒体室，按期完成了县级支中心的建设任务。

三、网点建设

为尽快扩大文化信息远程覆盖面，使广大农民也能享受到文化发展成果，在文化共享工程建设中，我们以乡镇、村文化设施建设为基础，以农村党员干部远程教育网络为平台，以服务新农村建设为着力点，凭借我县党员干部远程教育工程起步早、设备好、功能全等优势，在县委组织部、县电信公司的支持配合下，下发了《关于加强党员干部现代远程教育终端站点与文化信息资源共享工程基层服务点资源整合工作的通知》，建立了统筹规划、密切协作、上下联动、齐抓共管和共同建设、共同使用、共同管理、共同服务的新机制，有效整合乡镇文化站、村文化室、党员远程教育和文化共享工程资源，把乡镇级基层服务点建在乡镇综合文化站，把村级服务点建在村文化室。全县共建立镇、村服务点302个，实现了文化信息共享基层服务点乡镇、村全覆盖。通过整合，也丰富了农村信息化和远程教育内容，繁荣了农村文化。

四、管理培训

县支中心成立以来，我县始终把管理培训作为文化共享工程建设的重中之重，

1、增强支中心技术服务能力。为保证支中心的正常

高效运转，与县网吧协会建立了网吧协会技术支持服务机制，充分利用协会雄厚的技术优势，做好支中心设备维护工作，同时加强对基层服务点的技术指导。

2、规范基层建设标准。按照“有固定的活动场所、有必备的设备器材、有专兼职的工作人员、有活动载体、有组织机构活动计划”的建设标准，采取扶持一个，成熟一个的办法来建设基层服务点。县支中心投入2万元，为各基层服务点统一制作了《全国文化信息资源共享工程基层服务点》标牌和管理制度，并协同县远程办对全县所有基层服务点进行了检查验收。

3、加强队伍建设。该支中心配备4名专兼职工作人员，每个基层网点均配备1名专兼职管理员。明确乡镇宣传委员担任远程教育和文化共享工程管理服务中心主任，乡镇文化站长担任副主任，各村党支部书记为本村站点负责人和设备管理的具体责任人。各基层服务点的管理员由各乡镇、行政村推荐，经县共享工程支中心和县委组织部远程办培训后方能上岗。同时，加强对基层队伍指导，我县采取集中培训、岗位练兵和巡回指导等多种方式，不断提高基层管理员工作水平。目前，全县文化信息共享工程运营良好，各网点可随时收视播放。

4、创新管理机制。我县支中心相继制定了《电子阅览室工作职责》、《技术安全奖惩制度》，电子阅览室设立少儿上网区、谢绝游戏区，并实行了未成年人上网家长许可制度，与未成年人家长实现互动管理，定期向他们反映其孩子的上网情况，征询管理意见，实现个性化管理。我县电子阅览室针对未成年人的管理办法得到上级部门的充分肯定，并收到良好的社会效果。

五、惠民服务

文化信息资源共享工程是一项惠民工程。几年来，我们以开展形式多样的文化活动为突破口，充分发挥文化共享工程的功能作用，县支中心每周开放56小时以上，乡镇、村级服务点每周开放时间不低于30小时，先后开展了五项活动：一是文化共享工程基层服务点建设启动仪式，向302个镇、村级服务点赠送价值2万元的投影和音响设备，并对乡镇、村党员干部现代远程教育终端站点提出了服务时间等要求。二是加大未成年人服务力度。深入全县城区及周边乡镇18所中小学，向中小学生发放《致全县中小学生及家长的一封信》，引导未成年人文明上网。开展“网上读书”活动，受到了家长、学生和各界人士的好评。三是利用文化共享工程资源，结合“2131”工程，在广场、小区和乡、村服务点开展公益性电影放映活动，几年来共放映电影2800余场。各基层服务点也经常组织播放农民喜闻乐见的戏曲、电影、小品等文艺节目，极大的丰富了农民文化生活。四是丰富文化共享工程业务培训内容。对全县所有基层管理员进行了业务培训，培训内容涉及文化共享知识、计算机操作技术、新时期如何加强农村文化建设等。五是以服务“三农”为重点，结合科技下乡活动，加大对农业科技知识的培训，培养现代新型农民。各基层服务点还主动与农村合作组织、农民专业户联系进行了网上服务。截至目前，支中心服务人数达19.5万人次，全县基层点服务人数达38万人次。通过一系列服务活动，有效地增强了文化信息共享工程的利用率和点击率，发挥了文化共享工程的资源优势。

六、工作展望

今后我们将进一步创新举措，挖掘资源功能，发挥作用，使我县文化信息共享工程的建设质量和服务水平再上新台阶，为推动我县文化事业的健康繁荣发展作出应有的贡献。

（撰文/庞余良、俞 清）

肥东县支中心

肥东县全县总面积2206平方公里，人口108.4万，辖18个乡镇、331个村（居、社区），现有肥东经济开发区、合肥循环经济示范园、安徽合肥商贸物流开发区。

一、基本情况

文化信息资源共享工程是国家文化部、财政部共同实施的一项文化惠民工程。2009年在县文化局大力支持和争取下，由中央和省财政拨款51万元，由政府招投标在肥东县图书馆建立了文化信息资源共享工程—肥东县级支中心。根据县级支中心建设规划和要求。我馆已建成一个20平米的机房中控室，20平米的综合业务加工室，100多平米的电子阅览室。拥有服务器5台，交换机4台，电脑70台以及现代化办公设施的县级支中心。同年省文化厅、财政厅又为我县文化共享工程和党员干部现代远程教育共建村级基层服务点配置投影仪、幕布、音响等设备340套，价值280万元，

二、管理和队伍建设

为充分利用各级文化共享工程网络平台，支中心制定了县乡村三级工作职责和制度，实行了制度上墙公开，每年都制定工作计划、工作督查、工作考核机制。为切实做好此项文化惠民工作，县委县政府高度重视专门成立领导组，并且明确了专职工作人员和工作队伍，县级有2名专职人员，乡村由文化站长兼任，村级大都由大学生村官兼任。实现了管理员的选取高起点。

三、培训工作

为充分发挥文化信息共享工程在公共文化服务方面的作用，丰富基层群众文化生活。2009年4月底设备发放

至我县，我馆积极配合县文广新局接收设备，该工程由教育局、财政局、文广新局、电信公司、县委组织部和各乡镇文化站共同实施。6月11日在县文广新局会议室举行了村级设备发放仪式和人员培训班。随后由我馆两位技术员对18个乡镇和2个开发区逐一进行了安装与调试。

四、经费投入

省文化厅、财政厅在2009年为县级支中心安排建设经费51万元以及为我县文化共享工程和党员干部现代远程教育共建村级基层服务点配置投影仪、幕布、音响等设备340套,价值280万元。为了使县级支中心能正常开展工作，县级每年还安排财政预算资金近10万元支持该项工作。

五、资源建设

一方面充分吸收国家、省中心资源，另一方面县级支中心还采用现代化信息技术结合县域内现有文化资源进行数字化加工整合。然后通过网络最大限度的为社会公众服务。

六、合作共建

2009年6月11日在县广电局会议室举行了村级设备发放仪式和人员培训班。7月份开始，由县级支中心两位技术员对18个乡镇和两个开发区逐一进行了安装与调试。9月份，县文化局黄局长、组织部宣教科张科长对18个乡镇331个基层服务点进行检查，根据检查针对不同问题分别与组织部门、电信部门、村委会进行解决、协调。基层点现已全部开通。

七、利民惠农工作

为全面满足我县广大人民群众的文化需求，丰富群众的文化生活。该支中心面向社会服务的活动主要是通过网站和图书馆的电子阅览室。电子阅览室正常对外开放，读者到馆率大大提高。群众通过县、乡、村三级共享工程网络享受到各种文化信息资源服务，社会反响很好.

八、工作展望

肥东县图书馆位于肥东县塘杨路与八斗路交叉口的文化广电大厦三、四楼，面积2200多平方米的新的馆舍内。相信有国家的大力支持，我们有信心一定能更好地为广人民群众提供更优质的服务。

（撰文/肥东县支中心）

肥西县支中心

一、基本概况

2002年4月，经国务院批准，一项全新的文化工程“全国文化信息资源共享工程”在文化部、财政部共同组织下正式启动。文化共享工程的实施一开始即受到了党中央国务院领导的高度重视。胡锦涛总书记，温家宝总理，中共中央政治局常委李长春同志多次在讲话中强调这项工程的重要性，或作出批示。全国文化信息资源共享工程（以下简称“共享工程”）是一项繁荣社会主义先进文化的创新工程 ，是充分利用现代高新技术手段，将中华民族几千年来积淀的各种类型的文化信息资源精华以及贴近大众生活的现代社会文化信息资源，进行数字化加工处理与整合；建成互联网上的中华文化信息中心和网络中心，并通过覆盖全国所有省、自治区、直辖市和大部分地(市)、县(市)以及部分乡镇、街道(社区)的文化信息资源网络传输系统，实现优秀文化信息在全国范围内的共建共享。“共享工程”在国家国书馆内设立了共享工程国家中心，在各省级图书馆设立了文化共享工程省级分中心，各司其职。依托市、县、乡镇、村的文化机构逐步建立各级中心和基层服务点。

二、建设情况

“共享工程”从2002年4月实施以来,取得了显著成效。现将我馆支中心关于建设“共享工程”的情况汇报如下：

1、资源建设。我馆2004年就成为安徽省文化信息资源共享工程的一个基层点，当时利用国家配置的小型服务器、和一套卫星接收设备等开展了形式多样的文化服务活动；2007年我馆在成为全省首批 30个县级支中心之一后，就开始了前期的各项准备工作，例如：机房通过改造完善，面积达20平米（符合国家要求标准），以及共享工程的场地要求等诸多问题；我馆共享工程从08年6月正式启动，10月份省中心采购的软件、硬件等设备陆续下发到馆进行安装调试并投入使用。11月进入验收试运行阶段，并且顺利通过国家验收。国家、省文化厅扶持配套资金68万元，配置了专用服务器2台、卫星地面接收设备1套、办公自动化设备1套、pc工作机48台以及投影仪、打印机等设备。建成了集接收机房、电子阅览室、多媒体视听室一体的规范化县级支中心。我馆作为“共享工程”的县级支中心现已具备卫星接收条件，架设有卫星接收器，可以接受卫星电视，接收国家中心有关科普、农业等教育类电视节目。建设“共享工程”专门网站，拥有影视作品，图书简介，地方戏曲，法律常识，古文诗词等大量数字资源，可供广大读者检索阅读。2011年根据财政部发布的《关于加强美术馆、公共图书馆、文化馆（站）免费开放经费保障工作的通知》，各级财政部门加大投入力度，增加专项资金投入，支持开展业务活动，改善设施设备条件。县级图书馆、文化馆补助标准为每馆每年20万元，乡镇综合文化站补助标准为每站每年5万元。确保了公共图书馆、文化馆（站）免费开放后正常运转并提供基本公共文化服务，真正实现了让广大读者无障碍、零门槛进入图书馆。

2、基层网点建设。截至2012年上半年我县建成县以下基层服务网点共340个：各基层网点配备专职人员，具备卫星接收设备和网络设备、多媒体PC、数字投影仪等设备。共享工程是一项惠民工程，它使农村与世界接轨，使农民可以吸收各方面的最新信息。共享工程基层网点的建设树立了肥西的文化新形象，为肥西创建全国文明县城做出新贡献。

远程教育和文化共享工程是新时期加强党员干部教育培训、繁荣社会主义先进文化的创新工程。随着所有镇村的远程教育网络体系的建成，积极推进了两个工程共建共享进入到一个全新阶段和更高层次。充分发挥好共建站点的宣传教育、文化普及和信息交流等功能，对于提高党员干部队伍素质，加强党的基层组织建设，丰富城乡群众精神文化生活，促进社会主义新农村和文化建设，都具有十分重要的意义。管好用好远程教育和文化共享工程的基础设施以及节目资源，是做好共建共享工作的落脚点。各基层点制定和完善了基础设施与基层站点管理使用等规章制度，做好人员选配、活动组织和站点运行维护等工作，切实提高管理水平。把远程教育与就业创业、健康生活、文化娱乐、医疗卫生、安全生产、社会治安等民生工作结合起来，以远程教育和文化共享工程为基础，充分整合广播电视“村村通”、基层电子政务等资源，不断拓展共建站点服务内容和功能，努力把远程教育打造成教育培训农村党员干部和服务农民群众的综合平台。

3、阵地服务：我馆“共享工程”阵地的服务窗口“电子文献阅览室”共拥有pc机40台，每周开放56个小时，日均接待读者60余人，365天免费对外开放。在支中心可以享受到“好戏送下乡”光盘免费欣赏服务，支中心还专门为未成年人设立了“少儿区”，积极为广大青少年构建网上课堂，每逢节假日或者暑期都会免费放映一系列红色经典影片。这些红色经典影视剧的播出将他们带回到那段充满激情与理想的火热青春岁月，使他们再次体验到当年那种燃烧的革命激情，焕发出精神信仰的力度，再次重燃了广大青少年对“崇高”“伟大”等爱国主义关键词的热情，使他们重回那个战火纷飞的革命战争年代，为我们这个时代重塑了爱国主义精神信念。2011年支中心参加合肥市图书馆建党90周年摄影比赛中，我馆作品《关注留守儿童》等两幅作品获得了三等奖。2012年6月，在合肥市图书馆举行的合肥地区公共图书馆业务技能竞赛中，我馆分别荣获了信息检索三等奖、分类编目三等奖、基本技能三等奖。支中心荣获了优秀组织奖。

数字图书馆作为图书馆发展的新形态，其迅猛发展为传统图书馆提供了新的发展机遇和广阔的发展空间，大大提升了图书馆的服务能力，拓展了图书馆的服务范围，丰富了图书馆的服务手段，使图书馆成为没有围墙、没有边界的信息与知识中心。实施数字图书馆推广工程，是时代发展的必然要求。2012年5月29日上午，合肥市数字图书馆四县一市分馆开通仪式在巢湖隆重举行。随着信息社会的到来 ，传统图书馆的社会职能及服务方式、服务手段、服务领域均面临着严峻挑战。因此建立数字图书馆具有了非常重要的意义和作用。自此肥西人民可以通过肥西县图书馆数字分馆充分使用合肥市数字图书馆的数字资源，真正地实现了资源共享。通过卫星交互服务，互联网服务，资源镜像服务，光盘及移动存储服务4种服务手段，使各级中心源源不断获得资源，使信息传递具有双向互动、及时服务的特点。2012年12月我馆一位老读者因参加2013年的研考，急需查找一篇名为《媒介融合现象解析》的论文资料 ，因为是学位论文，目前本地镜像中没有这篇文章，支中心工作人员得知情况后，马上和市馆联系很快从其他资源中找到后立刻传给这位准备考研的读者。读者开心，我们也为及时满足了他的需求 而感到欣慰。

三、工作展望

加强各基层网点建设，建立科学的管理体制和工作机制。支中心要积极建设具有本地特色的数字文化资源，形成分布式资源库。主动配合、积极支持共享工程资源建设。负责为各基层网点提供信息服务，为各基层中心提供技术支持和人员培训，并按照文化部全国文化信息资源建设中心制定的规划和标准，做好镜像站点的建设。

目前共享工程还存在设备利用率偏低、社会影响覆盖面小、以及专业技术人员不到位等问题。在此支中心对自己提出五点要求：一要增强使命感、责任感，加强对共享工程重要性的认识；二要努力加强县级支中心规范化建设，进一步加强与农村党员远程教育、农村中小学等系统合作共建，大力推进基层服务网络建设；三是进一步加快数字资源建设步伐，用好国家中心资源，积极建设好地方特色资源；四要创新活动形式，提高服务水平，增强工程的吸引力；五要进一步加强自身队伍建设，通过培训使我们的专业人员进一步明确文化共享工程的建设目标和意义，使这一惠民工程更好地发挥作用！

（撰文/丁玉勤、潘 云）

庐江县支中心

庐江县共享工程县级支中心于2010年初正式建成并投入使用，聘用工作人员2名。支中心面积约230平方米，设有电子阅览室、中心控制机房、多媒体室和工作室。电子阅览室现有终端共30台，其中成人阅览区20台，少年儿童阅览区10台，面积约100平方米；中心控制机房面积约10平方米；多媒体室现有设备：投影仪1个，幕布1幅，台式计算机1台，面积100平方米；工作室有电脑1台，面积20平方米。

为了充分发挥庐江县共享工程资源在传播先进文化方面的作用，国家财政和县级政府每年投入大量经费用于支中心建设，为让更多的城乡群众享受到内容丰富、健康向上的文化信息，庐江县共享工程支中心集思广益，不断开展各项活动，注重资源整合工作，把共享工程、党员远程教育、农家书屋等进行大力整合，不仅有效的节约了资金，方便了管理，还进一步扩大服务范围。支中心为此经常利用节假日举办活动，开展了读书活动、猜灯谜、脑筋急转弯等众多活动，丰富了市民文化生活，促进了和谐社会的建设。

电子阅览室拥有大量的电子图书、视频、影视等丰富的资源信息，优异的环境为广大青少年提供了绿色上网平台，每年暑假在多媒体室设立少儿影视展播月，放映青少年成长系列励志影片，收到社会一致好评。还经常深入各乡镇（村）基层点，把省中心提供的丰富资源丰富送到基层点，并督察基层点为群众服务开展的工作及活动。

加强文化共享工程服务队伍建设，提高服务能力共享工程建设工作技术含量高，开展共享工程服务工作需要掌握计算机、网络、通讯、多媒体等技术的专业队伍。

县级支中心应高度注重人才培养，积极派相关专业技术人员到上级分中心学习先进的技术，积极组织相关专业技术人员参加上级分中心举办的网上培训班。

提升庐江县共享工程县级支中心数字资源的存储、传输服务能力，尽最大限度地利用馆藏资源，及时推荐和提供相关参考书目和资源目录，开展延伸服务；提升文化信息服务能力，使农民群众随时接收科技致富、普法知识、卫生保健、影视欣赏等内容丰富、形式多样的信息服务；加强信息交流，实施共享工程支中心与农村党员干部现代远程教育的共建和资源整合。

文化共享工程是公共文化服务体系的基础工程，在我县实施以来所发挥的作用十分显著，无论是促进社会主义和谐社会的构建，还是在促进社会主义新农村建设上，都彰显出了它作为文化创新工程的独特魅力。

鉴于取得的成绩，文化建设任重道远，我县支中心在未来将继续通过公共信息网络无偿传送到城乡基层，面向社会提供文化信息资源服务，将让更多的群众享受到更丰富、更便捷的文化服务。

（撰文/庐江县支中心）

宿州市埇桥区支中心

埇桥区总面积2868平方千米，总人口178万人。宿州市埇桥区文化资源共享工程在省文化厅、省图书馆，埇桥区政府支持和部署下，逐步推进，稳步发展，为繁荣基层文化，满足人民多层次文化需求，传递中华民族优秀文化资源发挥了重要作用。

一、基本情况

埇桥区文化资源共享工程建设开始于2008年，那一年全省有30个县级支中心列入建设名单，由省文化厅统一采购安装的，机房面积20平方米，服务器4台；电子阅览室80平方米、有电脑机位34台；另外还配有手提电脑3台、有卫星接收设备，投影机，录像机和数码照相机等专业设备。2009年4月份开始向社会开放服务的。

共享工程埇桥支中心设在埇桥区图书馆，是埇桥区共享工程建设和业务指导单位，负责保障区中心共享工程设备运行，协调基层服务点开展工作及业务培训指导工作。

埇桥区基层服务点2012年共有10个建设指标，7个建在乡镇文化站、3个建在街道居委会，现已建成即将对社会开放服务。

二、管理和队伍建设

为了使共享工程真正发挥应有作用，为民所用，埇桥支中心将共享工程日常管理纳入制度化建设，分别国家、省相关制度张贴公布，接受社会监督。每月都有工作计划，最大限度的做好服务开放工作。埇桥支中心共有3名管理工作人员，具有大学本科、专科学历。我们在管理员队伍上坚持明确职责，明确工作思路，制度化管理。

三、宣传推广

我们首先做好电子阅览室日常接待公众上网工作，我们电子阅览室365天开放，每天开放8个小时。成人上网凭本人身份证，登记后免费上网；未成年人首次须在父亲或母亲陪同下，办理一张免费上机卡，凭卡登记方可上机（上课期间不接待未成年人），一次上网不得超2个小时。在做好电子阅览室工作的基础上，我们还积极开展各种形式的活动，引导人们健康上网、绿色上网，具体如下：

1、2011年暑假，举办“少儿网上国学基础知识有奖竞赛”活动。

2、2011年按照全国文化信息资源共享工程国家中心的部署，我们埇桥支中心积极开展“颂歌献给党——全国文化共享工程庆祝建党90周年群众歌咏活动”，我们分别组织小学生歌咏队、读者歌咏队和埇桥支中心歌咏队。其中小学生歌咏队的演唱获得国家中心的表彰

3、每逢”六一”节假日，在图书馆阅览室用投影机为孩子们放映动漫影片，深受孩子们 的喜爱。

4、走进校园，向学生们宣传文化共享工程的基本情况以及电子阅览室与网吧的区别，引导他们正确利用网上知识，健康上网。我们还在学校、幼儿园放映文化共享工程经典影片；通过开展“少儿网上寻宝”、“网页制作”等活动，让学生们关注共享工程，利用共享工程。

5、2012年元宵节，我们举办“迎新春猜灯谜”活动，吸引许多市民走进图书馆，走进电子阅览室，尤其吸引父母带孩子一道来猜灯谜，进而了解共享工程，让父母不在一味反对孩子上网，树立正确上网的观念。

四、工作展望

文化共享工程埇桥支中心为人们开放服务已有3个年头了，我们要认真总结前期工作的经验和不足，认真听取读者的意见，把文化信息资源共享工程建成人们文化生活的重要组成部分，成为丰富人们精神生活、推动科技进步的重要源泉。希望今后在国家中心，省中心的大力支持下，为埇桥支中心建设一支专业化的管理员队伍，使埇桥支中心服务更上一层楼，为埇桥人们服务更好！

（撰文/宿州市埇桥区支中心）

砀山县支中心

砀山县是世界著名的酥梨之乡，位于苏、鲁、豫、皖交界处，行政区划共有13个镇，15个社区居委会，147个行政村，一个经济开发区。全县总人口874256人。

一、整体情况

文化信息资源共享工程砀山县支中心按照国家中心下发的《2008年度全国文化信息资源共享工程县支心配置标准》及省中心拟定的技术参数和技术要求严格配置标准，通过政府公开招标，于2009年10月基本配齐了所有硬件设施并投入使用。

该支中心已建成一个中心机房和一个多媒体室、资源加工室、电子阅览室，配备了服务器4台、业务终端计算机36台、卫星接收设备、投影设备、数码摄像机、数码照相机等，并接入了20M的光纤，可同时容纳36人上机浏览信息。为保证机房设备正常运转，在机房与电子阅览室、资源加工室分别配备了空调，基本形成了具有接收上传能力与采编能力，设施较为完备的县级服务平台。

文化共享工程砀山县支中心设在砀山县图书馆，不仅要完成对馆内业务的管理和服务，还要实现对全县镇、社区、村基层站点的有效管理和服务，指导共享工程业务活动的开展和共享工程业务人员的管理和培训，通过有效的技术和管理手段完成对镇、社区、村基层点的资源下发、资源更新、统计分析、设备管理等任务。

二、网点建设

砀山县共享工程网络建设主要依托县支中心、综合文化站、社区、村基层网点等载体，形成了县支中心、镇文化站、村级服务点为主体的服务体系。在基层服务点建设上，2010年底我县建立了覆盖全县56个村城乡的信息资源共享工程网络体系。各基层站点按五有标准建设：有固定的活动场所，有必备的设备器材，有专兼职工作人员，有活动载体，有组织机构活动计划。

三、资源建设

砀山县支中心注意收集砀山县独特的风土人情，选取、制作各类资源5TB，共下发各类资料4000余份，制作刻录光盘3000多张，悬挂展板50余副。

四、经费投入

文化信息共享工程砀山县支中心配套建设资金51万元，其中国家补助资金34万元，省配套资金17万元，县级配套资金尚未到位。

五、惠民服务

为方便群众可随时可以找到所需要的信息，包括农业知识讲座、戏曲、图书、电影、专题资源库、科普知识、农业技术等，我支中心刻录下发光盘资源到各个网点，并通过投影设备让群众收看，实现了数字化文化信息服务乡村，为农村、为农民服务的目的。

为充分利用文化共享共享工程这个平台，更好地宣传文化信息资源共享工程，从2009年我支中心建成开始，依托中心资源开展了各种活动，如每年的元宵佳节，举办"共享欢乐，和谐万家"元宵佳节猜灯谜活动，并利用投影在多媒体室播放全国文化信息资源共享工程下发的欢乐共享过大年的节目。多次组织"读好书，讲故事"活动。刻录下发资源进行农业知识讲座与指导等等。

六、培训工作

文化信息资源共享工程砀山县支中心还多次举办了文化工作人员及村基层服务点信息员培训班，并对镇综合文化站和镇、社区、村基层点技术人员多次进行现场培训辅导，多次举办农民专业合作社信息化建设培训班，举办村级文书电脑知识培训班。从2010年到现在共举办培训班15次，培训人员800余人。

七、管理队伍建设

文化信息资源共享工程砀山县支中心把共享工程各项工作纳入制度化管理，制定支中心及社区、村、镇各项规章制度，做到制度上墙，认真遵守，每半年村镇基层点要把工作总结和工作日志交至县支中心，县支中心进行认真考核，奖优罚劣。共享工程技术含量高，为保证工程建设按照统一的标准规范进行，砀山县支中心配备有一名专职计算机人员，一名专职电脑网络维护工作人员，并把培训作为一项重要工作来抓，通过培训，逐步提高共享工程工作人员的管理水平和服务质量。并以基层服务点为重点，分级、分类开展培训，通过分级培训，做到每个基层服务点工作人员须获得上岗资格，建设成了一支适应工程发展需要的、稳定的基层工作队伍。

八、工作展望

下一步进一步争取资金的投入，争取县级配套资金尽快到位，逐步完善镇村基层点的设施配套，配备卫星接收、计算机等设备，以便群众可及时寻找到所需要的信息。2013年文化信息资源共享工程砀山县支中心将迁入我县新建的文化广场，政府将划给我支中心电子阅览室400平方米，机房100平方米，多功能室500平方米，报告厅1200平方米。宽敞明亮的环境必将为我中心提供了一个更好地为群众服务的平台，下一步我们将尽快实现与政务网的连接，积极开展资源的征集和建设工作。将资源建设作为重要任务，注意与当地非物质文化遗产保护工作结合起来，加大对当地富有特色的优秀民族民间传统文化资源的征集、加工力度，丰富支中心的信息资源库。搞好对社会开放服务的同时，还要利用中心设备把"砀山县信息资源共享中心"网站建立起来，将砀山县民间文艺表演活动录制节目，加工整合，上传资料，通过网络这个窗口，及时传递我县文化信息，满足广大人民群众求知、求乐、求美、求富的需求。

（撰文/马军荣）

灵璧县支中心

2008年共享工程灵璧支中心落户图书馆，截止2012年共计拔付5个乡镇1个社区经费资金30万元。灵璧支中心利用资源优势，精心制作3000多张光盘，内容涵盖：农作物种植、畜牧养殖业、农副产品加工业、音乐歌舞、戏曲、琴书大鼓快书、电影等，覆盖乡镇19个，行政村50余个，受益群众数万人。与多家单位开展送电影下乡活动，播放了各类科教片、娱乐片等，极大丰富和满足了群众的业余文化生活，受到了群众的欢迎与好评。

灵璧县文化共享工程支中心自建立以来，与乡镇文化活动中心建设相结合，开展了丰富多彩的文化共享工程服务活动。基层服务点整合党员远程教育和文化共享工程数据资源，加快了文化共享工程基层服务点的建设力度。目前全县基层服务网点均实行“一站（网）点两牌”制，基层管理人员实行“一肩挑”，各村、社区新进的大学生既负责远程教育又负责文化共享工程工作开展，科学制订学习、活动方案，建立健全各项规章制度，突出整合重点，拓宽服务渠道，逐步加大了实施文化共享工程工作力度。县支中心承担全县网点的管理、资源更新、日常技术维护、人员培训等，基层服务点做好技术维护和活动开展。

灵璧支中心自建立以来，活动开展包括放电影活动和科技、农业知识培训，电子阅览室绿色上网，全县各基层服务点深入小区、院落，利用文化共享工程数据资源下载播放人民群众喜爱的影片。以服务“三农”为重点，把群众急需的科学知识、农业技术等信息提供给农民群众。利用投影仪和视频在线播放功能，各基层服务点利用文化共享工程资源每个星期开展至少一次实用信息的田坝院头的播放活动。根据城乡居民的需要，利用电子阅览室提供网络资源查询，电子图书推荐，组织播放农民喜闻乐见的戏曲、电影、小品等文艺节目，极大地丰富了群众文化生活，提高了农民文化素质，为构建和谐社会创造了良好氛围。通过一系列高效优质的服务活动，大大增强了文化共享工程的利用率和点击率。

全国文化信息资源共享工程是一项政府兴办的文化创新工程、民心工程，是公益性建设项目，有着巨大的社会效益和广阔的发展空间。宣传部、文化局等各级领导非常重视，为使县图书馆把共享工程规模做大、做好、做强，在上级配送设备的基础上，又进行了设备的扩容、完善。把文化信息资源共享工程放到每一台微机的桌面，读者可随时点击进入。指导帮助各乡镇利用好共享工程的信息资源，对基层共享工程服务点进行有效的管理和辅导、培训，使其掌握资源更新和运用。

在实施共享工程的过程中，不断拓展共享工程的服务内涵和方式，充分利用这一全新的工作载体条件，切实面向“三个走进”（走进农村、走进社区、走进学校），开创了基层文化工作的新局面。

走进农村。深入调查，根据农民的需求，下载家禽饲养、苗木、花卉栽培等相关信息达8万多字，并印成资料分发到村民手中。送科技下乡是实施“共享工程”又一具体举措，结合城区的实际情况，有选择的提供科技知识，让广大农民不断感受到先进科学和现代文明。

走进社区。社区是共享工程服务对象里一个重要的群体，也是“基层文化”最大的受众。为进一步活跃社区居民的文化生活，充分发挥信息资源共享及共驻共建功能，2012年，灵璧县文化共享工程支中心根据居民需求，精心筛选了《如何防治脑血栓》、《冬季防治老寒腿》、《老年人如何防治健忘》、《老年人意外扭伤怎么办》等视频讲座节目。社区有关负责同志表示，将文化共享工程以广大社区居民喜闻乐见的形式展现给大家，这既是在工作上的一次创新，又能切实的为群众服务，受到广大居民的欢迎。在下一步工作中，将会把这一做法继续延续下去。

走进学校。为加强未成年人思想道德建设工作，除了在馆内针对未成年人开展的活动以外，深入各中小学校开展活动。利用图书馆的投影仪到教室播放优秀影片和礼仪知识讲座，开展爱国主义教育活动。从而利用共享工程开展思想道德建设，切实将加强和改进未成年人思想道德建设工作落到了实处。

加入全国文化信息资源共享工程以来，为了扩大其在基层群众中的影响，广泛宣传其作用和意义，使各级领导和群众充分认识到这是一项惠民工程、民心工程，认识到工作的重要性和必要性以及文化信息资源的可用性。我们利用县电视台和广播电台对利用共享工程开展的一些大型活动给予相关报道。这样既可增强对共享工程的宣传力度，又收到了立竿见影的效果。随着宣传力度的逐渐深入，在全县人民心中的影响也在逐渐加深，对文化信息资源的需要也在逐渐加大，全县人民开始掌握和利用这块知识宝库。

我们将在今后的工作中更加努力的探索利用共享工程服务的新路子，更好地发挥共享工程的作用，为把共享工程办成惠民工程、民心工程而不懈努力。

（撰文/黄　奇）

萧县支中心

萧县总面积1885平方千米。2010年常住人口1130916人，户籍人口1418936人。全县辖18个镇、5个乡，17个街道（社区），共有257个行政村，1个居委会。

一、基本情况

近几年来，在安徽省文化厅的关心支持和指导下，我县认真开展文化信息资源共享工程建设，工作中坚持政府主管，文化局主抓的原则，以县图书馆为支中心，乡镇文化站和行政村（街道、社区）文化活动室为重点的基层服务网络，组织实施文化信息资源共享工程。

通过“共享工程”的实施，将为新时期建设新农村、培育新农民搭建新的平台，并以此推进和完善文化服务体系建设，提高文化服务水平，促进城乡文化事业的发展。萧县文化信息资源共享工程于2009年开始起步建设，市图书馆建立了萧县文化信息资源共享工程县级支中心，配置电脑20台。

县政府对文化共享工程建设比较重视，成立了萧县文化信息资源共享工程建设领导小组，由分管副局长黄茂强任组长，负责指导、协调全县文化信息资源共享工程建设工作，制订了《萧县文化信息资源共享工程实施方案》。2009年8月萧县支中心投入22万元进行设备改造更新。配置电脑40台。此外，还建设了一批基层服务点。

目前，全市已建成萧县文化信息资源县级支中心1个；乡镇基层服务点23个；农村党员干部远程教育基层服务点及村级（社区）共享工程基层点267个。“共享工程”萧县支中心设在萧县图书馆，指导全县“共享工程”工作的开展。

二、管理和队伍建设

萧县支中心重视“共享工程”管理和队伍建设工作，制定了相关工作职责和制度，每年有年度工作计划和总结，并制定了《萧县文化信息资源共享工程实施方案》。萧县支中心选择计算机专业或其他高学历的人员为管理员，并通过出去学习、请老师来馆讲课等形式，努力建设一支专业化的“共享工程”管理员队伍，不断提高业务能力和工作水平。

三、培训工作

萧县支中心注重抓好“共享工程”管理员培训工作，每年通过集中培训、网络培训和上门辅导等形式开展培训，不断提高管理员的专业水平。2012年组织了12次网络培训，并对官桥镇基层服务点、张庄寨镇基层服务点、白土镇基层服务点等进行了上门辅导。

四、资金投入

2008年，萧县文化信息资源共享工程建设经费共计1470万元，每个乡镇综合文化站共享工程专项经费40万元；267个行政村共享工程专项经费每个村2万元，8个社区每个社区共享工程专项经费2万元。由省文化厅统一采购设备已全部配送落实到位。

2012年10月中旬顺利通过了安徽省文化厅共享工程建设项目验收组的检查验收，使萧县建设完善了全县“共享工程”服务体系。

五、资源建设

萧县支中心结合本县实际，利用萧县——中国书画艺术之乡独特的优势；组织书画活动20多次，发放宣传材料5000余份；丰富了群众的文化生活。

六、合作共建

萧县支中心开展多种形式的合作共建，推进“共享工程”建设。同县委组织部党建电教科合作，开展萧县农村党员干部远程教育基层点推进“共享工程”工作，合作建设了267个村级基层服务点。做到基层服务点与党员远程教育对接，与镇组织室联合举办党员远程教育对接共享工程基层点培训班，收到较好的效果。

七、惠民服务

萧县支中心及各级服务点通过电子阅览室和网站为读者提供在线信息服务，通过投影仪播放讲座等视频节目与基层服务点利用下乡放映电影的机会，放映文化共享工程的农村种养培训视频，深受广大农民的欢迎；晚上利用投影仪在文化广场播放视频节目，电影、地方戏剧、科技知识、生活小常识、法律知识等内容都深受居民的喜爱，每晚广场上都聚集着众多的居民观看，是居民夜生活的一大亮点。萧县支中心、各基层服务点充分发挥“共享工程”在农村实用人才队伍建设中的积极作用，开展农村实用人才培训，主要形式是举办文化、卫生、科技、法制、种养等各种内容的培训班、视频讲座，不断开创培训工作的新局面。

八、宣传推广

萧县支中心利用网站、报纸、电视等各种渠道宣传推广“共享工程”，尤其在每年的服务宣传周、科技活动周等活动中，通过宣传让群众不断了解“共享工程”，走进“共享工程”，利用“共享工程”的丰富资源。同时，结合春耕、纪念建党91周年等，开展“共享工程”专题资源下乡、书画展览等活动，使“共享工程”走进群众生活。

九、工作展望

萧县的公共图书馆存在藏书量少、新书少的情况，须继续大力推进“共享工程”建设，充分利用“共享工程”的丰富资源为群众服务。要结合“数字图书馆”工程建设，全面提升萧县县级支中心的设备，提高萧县“共享工程”的建设水平。

要进一步扩充文化设施网点，早日实现行政村全覆盖。以县图书馆为中心，加强基层文化设施网点网络化、数字化建设，加强专业技术人员的培养，为深入推进“共享工程”的实施打好基础。要充分发挥“共享工程”的作用，大力开展公益性数字文化服务，尤其加强对广大农村地区的扶持力度，将文化共享工程建设成为社会主义新农村的重要抓手。通过多种形式拓展服务范围、创新服务方式，将地方音乐、曲艺、歌舞、美术等优秀非物质文化遗产纳入“共享工程”建设内容，以群众喜闻乐见的形式使“共享工程”更加贴近基层、贴近生活、贴近群众。

（撰文/陈朝晖）

濉溪县支中心

为了进一步推进我国文化事业的繁荣和发展，文化部于2002年提出了在全国构建文化信息资源共享工程。濉溪县图书馆在2007年被安徽省文化厅批准为第一批30个资源共享工程县级支中心之一。

濉溪县支中心由中央及省财政和地方财政共同投资68万元建成。其中中央及省财政投入了51万元，由安徽省文化厅统一招标采购配备了50多台电脑，4台服务器：存储服务器、业务服务器、应用服务器、卫星服务器，还配有照相机、摄像机、移动存储设备、卫星接收器、投影设备等硬件设施。软件方面有：瑞星杀毒软件、南京力博业务自动化软件、信息浏览监控软件、系统备份软件等。我馆根据要求配备了机房、电子阅览室，接入了互联网。

资源共享工程是一项全新的工作，为了做好这项工作，该馆特聘了1名计算机专业技术人员。一方面是为了指导该馆的办公、业务自动化。另一方面积极派专业

人员参加省图书馆组织的各类相关培训，以提高专业技能，更好地完成任务。

为了进一步推进濉溪县文化信息资源共享工程的开展，该支中心依托乡镇文化站帮助全县11个乡镇建立了共享工程基层点，并为各乡镇定制并颁发了资源共享工程标志牌及培训了一批相关技术人员。

各乡镇文化站都配备了电脑、桌椅、大屏幕电视机、投影仪等。

目前，濉溪县的文化信息资源共享工程已推进到各个村镇，全县240个村镇都在一定程度上实现了文化信息资源共享。

目前，濉溪县图书馆由于旧馆已拆，新馆还没建好，现租房办公，这在一定程度上影响了该馆的正常工作和服务效果。但我们在现有条件下力争做好各项工作，在2011年6月根据省文化厅要求，已实现对外免费开放。

该馆通过大力宣传以及加强各项举措，使文化信息资源共享工程深入人心，走进普通老百姓的生活中去。我们希望新馆能尽快建设好，再引进一部分专业技术人才以更好地发挥县级图书馆在文化大发展大繁荣中的作用。

（撰文/赵 敏）

界首市支中心

界首市支中心于2009年11月建成并投入使用。“共享工程”旨在整合全国文化信息资源，通过互联网、卫星宽带传输和光盘将数字化文化信息资源传输到群众身边，实现优秀文化信息资源在全国范围内的共建共享，满足广大人民群众日益增长的文化需求，整体提高文化资源的利用率。界首市图书馆“共享工程”系统的正常运行，极大地促进了图书馆的工作，增强了图书馆普及和传播科学文化知识的手段和能力。现就界首市“共享工程”建设工作总结如下：

一、领导高度重视

2009年6月以来，省级财政投入51万元，界首地方财政配套17万元，按全省统一配置标准（安图【2009】21号文件《安徽省文化共享工程2008年度县级支中心机房装修和主控硬件、应用软件技术标准》），招标采购了我市“共享工程”支中心设施设备。“界首市文化信息资源共享工程支中心”于2009年11月在界首市图书馆建成投入使用。支中心现有专职工作人员三人，设有办公室、技术部、辅导部。技术部下设“一房两室”，机房面积50平方米，建有卫星接收系统、图书馆数字化系统、互联网管理系统、大容量信息储存系统等控制技术中心。电子阅览室面积336平方米，有计算机60台，分为“少年儿童浏览区”及“成人浏览区”。多媒体室面积140平方米，有读者座席80个。支中心先后为140个乡镇行政村、街道社区配发了计算机及投影仪等设备，并对管理人员进行了技术培训和业务指导，建立了“共享工程”基层服务点。

二、明确目标计划，稳抓实干促进度

界首市委市政府高度重视文化信息资源共享工程的建设，将“共享工程”和“先锋在线”一并列入全市信息化建设的重点工作。为切实做好“共享工程”支中心的建设，文化局明确了目标计划，制定了建设方案，成立了领导小组，召开了协调会，稳步扎实地高标准完成共享工程建设：

2009年6月5日，市文化局向市招投标领导小组送交《要求进行“共享工程”政府采购的报告》；6月6日，政府采购中心网上发布《JS−2009X186号采购函》；6月11日，采购中心起标报价，5家公司应标报价，“合肥未来计算机技术开发有限公司”以46.5万元中标；6月12日，与合肥未来计算机技术开发有限公司签定《安徽省界首市文化局信息资源共享工程项目合同书》；6月16日，文化局相关负责同志与未来公司项目负责人召开了开工协调会；7月3日起，机房装修，综合布线；设备进场，进行安装调试；9月13日，省文化厅“共享工程”检查组来我市检查“支中心”工程进展情况，我馆工程建设基本完工，通过检查验收。12月3日，工程通过正式验收并投入使用。

文化信息资源共享工程界首市支中心的建成，打破时空、地域限制，开辟崭新的文化传播渠道，把文化信息资源传送到城乡文化网点和群众身边，为我市市民搭建了一个利用现代科技手段迅速获取各类信息资源的优秀平台，为传播信息、发展经济起到积极作用。

三、利用资源优势，形式多样抓服务

1、不断增加服务内容，严格规范服务形式，保证共享工程公益性服务原则

为进一步发展和完善公共图书馆延伸服务环境，提高公共图书馆文化服务能力，充分发挥公共图书馆公益服务的效能，“共享工程”的建成使用，使该馆由传统图书馆时代实现向数字图书馆时代的跨越。作为市共享工程公益性文化服务的支撑平台，电子阅览室以及多媒体室建成后，受到广大市民的普遍欢迎，建成以来，已接待读者近3万人。2011年9月12日，正值中秋佳节，由文化信息共享工程山西省图书馆分中心、安徽省图书馆分中心主办，界首市图书馆支中心协办的“同乡同龄同梦想，共学共享共月圆”服务新生代农民工中秋节活动在界首市图书馆电子阅览室展开。来自界首市第一中学高三年级的李毅和她的姊妹俩人通过界首市图书馆电子阅览室的电脑视频系统和她远在太原打工的爸爸妈妈和弟弟

一家人在网上团聚了。活动充分发挥了共享工程的网络、资源和设备优势，使农民工兄弟享受到节日的快乐，缓解了农民工的思乡之痛。

2、加强对未成年人上网管理，营造绿色上网环境。

电子阅览室实行免费上网，对于“少儿浏览区”，我们加大管理力度，强化管理意识。只保留了文化部规定的可供未成年人使用的益智游戏，其余的全部进行了屏蔽（包括上网聊天），实现了绿色上网。经学校或图书馆组织及寒暑假、双休日学生可上机、上网，而且已设立了少儿浏览区内每台电脑1小时自动断网软件（主要是保护少儿视力，避免上网成瘾）。电子阅览室分区标识牌明确规定少儿（未成年人）上网查询只能在少儿浏览区。另外，还选派专人，作为“未成年人上网咨询辅导员”，专门负责未成年人进电阅室的管理，建立完善了相应的管理制度，要求上网咨询辅导员除指导网上资料查询、点击调看信息，积极引导青少年健康上网，加强网上正面宣传，为广大未成年人创造良好的文化氛围。

3、加强基层服务点建设，促进文化信息共享惠农，信息助推致富。

界首市“共享工程”基层点是与党员干部现代远程教育站点整合共建的一项文化惠民工程，基层点建设完成后，将实现全国先进文化信息村村通、全覆盖。结合“共享工程基层服务点”、“农家书屋”和乡镇文化站建设，2009年，界首市图书馆将价值120万元的“共享工程”基层点配置设备分发到全市140个基层点，同时进行安装调试。目前，所有“共享工程”基层服务点已全面建成并投入使用，基本建成了以市支中心为基础平台和枢纽，乡镇、村基层服务点为重点的文化信息资源共享网络框架。

为确保文化资源共享设备的保管、运行和使用，界首市图书馆积极做好文化信息资源共享工程基层服务点的跟踪服务和管理工作，分别对全市所有18个乡镇、街道的140个行政村（社区）的基层服务点进行了业务培训和上门辅导，更好的服务农民，推动农村基层文化活动的开展，使文化信息资源共享工程能够真正发挥先进文化传播、引领作用。

四、工作展望

1、努力调查、挖掘、整理和制作富有地方特色的文化信息资源充实数据库。创造条件，尽快启动声、像、图、文字资料数字化加工整理工程，力争将图书馆办成最具特色和活力的民间文化艺术展示、查询、宣传、教育中心。

2、完成所有乡、村、街道网点的建设，逐步推进文化资源的共建共享。认真抓好支中心和乡镇、村基层服务点工作人员队伍建设。加强技术培训和指导，建立比较完善的文化信息资源共享工程的人才培训体系。

3、充分利用“共享工程”支中心平台，为广大读者，特别是农村读者提供优秀的文化信息资源，提高网络信息服务水平和利用率。

界首市图书馆在文广新局的领导下，在上级业务部门的指导下，以全国文化信息资源共享工程网络资源服务平台为依托，不断强化自身建设。使图书馆从原始的工作方式，逐步向自动化、数字化方式转变，为读者提供了全新的服务模式，在我市已初步形成一个较为广泛的文化信息资源共享网络，我们仍将继续努力，充分利用现代高新技术手段，将各种类型的文献信息资源以及贴近大众生活的现代社会文化信息资源，进行数字化加工处理与整合，使优秀文化信息资源走进社区、走进走进农村、走进平民百姓家，最大限度的实现优秀文化信息资源的共建共享。

（撰文/界首市支中心）

临泉县支中心

临泉县区域面积2000余平方公里，行政区划共有34个乡镇(含一个工业园区) 395个行政村，常住人口230万余人。临泉县文化资源共享工程，在上级领导部门的支持和关心下，逐步推进，稳步发展，在新形势下为繁荣农村基层文化，满足农民多层次文化需求，传递中国民族文化资源发挥了重要作用。

一、基层情况

临泉县图书馆“文化资源共享工程”支中心，由国家财政和地方财政总投入68万元于2009年底建成，2010年1月投入使用。支中心有专职人员2人，设有办公室、技术部、辅导部。机房面积20平方米，建有卫星接收系统，图书馆数字化系统，互联网管理系统等控制技术中心。电子阅览室面积186平方米，有计算机46台，分为少年儿童浏览区及成人浏览区。多媒体室60平方米，有读者坐席80个，支中心先后为全县395个乡镇行政村配发了投影仪等设备，为管理人员进行了培训和业务指导，建立了“共享工程”基层服务点。

二、管理和队伍建设

为使共享工程真正为民所用，为民利，临泉县支中心将共享工程日常管理纳入制度化管理。制定支中心镇、村服务点工作职责和制度，实行制度上墙公开，每年有年度工作计划，月有更重要点，季度有工作督导，年末有工作总结，并推行管理员工作日志管理。收集整理 服务活动的得失，探索共享工程管理和服务新模式。

三、培训工作

临泉县支中心在共享工程管理员培养上实现了制度化和常态化，根据支中心工作要求，每年对辖区共享工程管理员进行4次培训，2010年以来一共举办各类培训班16期，参加培训的各级管理员达500余人次。

四、资源建设

临泉县支中心在历年的工作中，收集不同区域文化需求编辑制作各类海报20余副，发放宣传资料2000 余份。

五、利民惠众、惠农服务

临泉县支中心在共享工程服务实践过程中，以民众的需求为导向，积极探索，服务民众生活生产，引领群众高尚文化生活，打造群众满意喜爱的文化服务新平台。根据临泉县地域农业生产特点，临泉县支中心按节令制作农业生产技术小册子，通过行政村基层服务点向村民发放，针对不同的农业专业技术人员有针对性的选取资源上门服务。

六、宣传指导

1、临泉县支中心利用各种渠道宣传推广共享工程，在临泉县每年的科技文化下乡活动中，临泉县支中心不失时机，以活动为平台，以资料为媒介宣传共享工程。让民众不断了解共享工程，走进共享工程。

2、走进校园。临泉县支中心文化服务不断探索，利用支中心儿童阅览专区，组织动员青少年儿童关注共享工程，利用共享工程收集青少年知识兴趣点整理挖掘。针对集中地知识群和关注点临泉县支中心聘请部分专家前来为青少年答疑解惑。通过一一系列活动使共享工程不仅走进农村，也走进校园、走进青少年。

七、工作展望

临泉县文化资源共享工程已走近4个年头，广大群众已广泛认知，广泛参与。文化资源共享工程已成为临泉县人民文化生活的一大支柱，成为繁荣临泉文化、丰富临泉人民精神生活、推动临泉人文科技进步的强大动力源泉。今后临泉县支中心希望在省、市分中心的大力支持下，为临泉县共享工程建设一支专业化的服务队伍，建立一支县、乡、村三级知识网络联动体制和服务形式更加多样，服务网点更加宽广，参与群众更加广泛的共享工程文化带动体系，为建设科技临泉、文化临泉做出贡献。

（撰文/临泉县支中心）

颍上县支中心

颍上县图书馆始建于1979年，原馆办公面积400平方米，1996年因旧城改造拆迁后，1998年建新馆面积800平方米，2005年建成投入使用的同时图书馆建了一个6台电脑的电子阅览室，供读者网上阅览图书。

颍上县图书馆县级支中心是2008年的项目，由于县政府给图书馆在城北新区建了一座建筑面积5440平方米的新馆，为了防止重复建设，上报省文化厅请示颍上县图书馆县级支中心推迟建设，请示报告得到了省文化厅的认可。2010年9月图书馆搬入新馆，县级支中心的建设同时也提到了建设中来。根据安图（2009）21号文件关于

下发《安徽省文化共享工程2008年度县级支中心机房装修和主控硬件、应用软件技术标书》的通知精神，图书馆积极向主管部门县文广新局和财政部门，申请共享工程配套资金。同时根据县级支中心技术标书的数据，制定了公开招标文件。县图书馆的机房面积为30平方米，电子阅览室面积为180平方米，综合业务加工室面积为30平方米，机房及电子阅览室的抗静电活动地板和布线，在前期装修时已完成。

由于颍上县图书馆刚搬入新馆，没有专业计算机人员，所以向省图书馆求援，正好赶上省图书馆安排青年干部下基层锻炼，省图书馆安排省图书馆工会主席陈立友同志带队，带来了省图书馆计算机网络部的工程师周铨同志一同前来我馆，两位同志在县图书馆工作的2个月里兢兢业业。

该工程于2011年8月底通过省文化厅、省图书馆分中心的验收。县图书馆前期接入光纤信号为20兆，在实际运行中20兆的光纤速度不能满足电子阅览室60多台电脑、包括馆办公电脑共计80多台电脑的运行，为此将向电信部门申请50兆光纤来满足电子阅览室的工作需要，在共享工程县级支中心的建设中，由于馆内没有专业技术人员，只有边摸索、边请教步履艰难，图书馆专业人才的引进是图书馆向数字图书馆发展道路上的一个坎。

自2011年6月28日免费开放以来，图书馆广泛宣传提供各项惠民工作，凡持有本馆借阅证的读者都可免费上网，电子阅览室分成人区、少儿区。少儿区的读者有家人签订的同意书方可在节假日上网2小时，由于本馆技术力量薄弱，在培训工作方面也是将前期结合自身的工作实际向乡镇文化站推广。县图书馆在2012年4月被县委、县政府评为第八届县文明单位称号。

（撰文/刘 刚）

亳州市蕉城区支中心

谯城区图书馆是2006年5月加入全国文化信息资源工程的，当初有30台电脑。2008年省文化厅又配备了35台电脑及机房，省文化厅在硬件和业务上的扶持，我馆的电子阅览室得以全力位的对外服务，此项服务在

全市得到了好评，2012年谯城区支中心，新增了8个乡镇服务点。我馆与组织部门联合举办《党员远程教育及共享工作基层点培训班》主要培训乡镇管理员及大学生村官，参加培训的有300余人，收到了较好的效果，受到了各级领导表彰和社会的广泛好评。

一、网点建设，稳步发展

2012年我馆又在8个乡镇建立了电子阅览室，每个乡镇投入了资金5万元，10电脑，19寸显示屏，10兆光纤接口，使文化共享资源得以完备的呈现给广大市民，扩大了共享工程在这个地区的影响。

二、开展活动

充分发挥公共图书馆阵地作用，在电子阅览室积极开展，推介优秀栏目，名家讲座，生活常识，老电影，红色经典影电放映月，等活动，每年“六一”儿童节举办一次游戏大赛，丰富少儿的节目生活，引导未成年上网和读书，深受广大市民的欢迎。

三、合作共建，走进社区

和我区花戏楼办事处，牛市社区共建未成年上网基地，加强未成年人的思想道德教育，利用文化共享发放的投讲仪播放教育光盘，知识讲座等。切实将未成年思想道德建设工作培训实处。

四、宣传推广，扩大影响

为了扩大共享工程在基层群众中的影响，广泛宣传共享工作的意义，使各级领导和群众充分认识到这是一项惠民工程，民心工程，我馆结合防病、治病、养生等内容和共享工程宣传内容，印刷成宣传册，发放给广大群众，使群众在掌握养生知识的同时，也了解了文化共享工程，掌握和利用这块知识宝库，收到了很好的效果。

（撰文/宿州市谯城区支中心）

涡阳县支中心

一、基本情况

2008年，全国文化信息资源共享工程在我县建立，我县紧紧抓住这一历史机遇，将共享工程作为推进文化创新、完善公共文化服务体系、提高公益性文化服务水平、促进经济社会协调发展、构建和谐涡阳的重要抓手，扎扎实实地组织全县共享工程的实施，推动了全县共享工程的稳步发展。截止目前，全县共建成全国文化资源共享工程县级分中心1个，乡镇基层中心25个，层服务点393个。通过几年多的建设运行，各站点充分利用现有设备实施，充分发挥文化共享、党员远程教育、特别是农民网络培训的作用，为弘扬先进文化，构建和谐社会，建设社会主义新农村，丰富城乡群众文化生活起到了重要的作用。

二、主要做法

1、加强领导，全面部署，为共享工程建设奠定良好基础。共享工程实施以来，我县县委、县政府高度重视，将文化信息资源共享工程作为“文化强县”建设和新农村建设的重点，扩建了县图书馆，共享工程为我馆配置了40台电脑、1台服务器及其他配套设施，建起了面积50平方米的电子阅览室，并实现了办公自动化，进一步巩固完善了县中心阵地建设。

2、加强乡镇、社区文化阵地建设，搭建信息沟通平台。建立完善乡镇、社区文化站、基层服务点管理制度，加强共享工程基层服务点的管理；各乡镇场、社区设立1名专兼职人员，明确工作职责，指导各基层服务点做好群众需求双向反馈工作。利用综合文化站现有资源、设施设备为基层服务点提供服务。做到了人员、阵地、牌子、设备、制度“五落实”。

3、构建遍布全县的基层服务网络，改善基层文化工作手段陈旧落后的状况。各乡镇、社区服务点依托综合文化站和文化活动室的便利条件，由县支中心向服务点提供图书、杂志、音像资料等，满足乡镇、社区居民精神文化生活需要；每个乡镇选择3-5个人员相对集中、种养殖前景较好的行政村作为基层服务点，示教合一，现场指导。每个服务点指定1名管理人员。并为基层服务点配备了电教器材、投影设备及其它各类图书、光盘。

4、整合网络信息，合理利用共享资源。县级分中心成立以来，通过各种途径共刻录发放《党员纯洁性教育》、《温棚蔬菜、瓜果、药材种植技术》、《鱼病防治技术》、《肉牛、肉羊养殖技术》《科学应对禽流感》等多种科教、文化艺术、实用技术光盘5000余张，宣传资料6000余份。共享工程的实施，为新时期建设新农村、培育新农民搭建了新的平台。丰富的文化教育资源和科技信息资源，普及到广大农村基层，对打破农村地区信息闭塞的状况，积极推广农业适用技术、节本增效技术，帮助村民及时了解到相关市场、技术信息起到了重要作用。现在不少村民都反映，通过“信息共享工程”，他们的眼界更宽了，信息更灵了，增收致富的本领更强了。

三、取得成果

文化共享工程的建设和普及，在我县实现了令人瞩目的变化。

1、丰富了群众文化生活。文化信息资源共享工程利用高科技手段，以最经济、最快捷、最方便的方式为群众提供丰富的精神文化食粮，成为群众接受新事物、学习新知识、享受新生活的新途径。全县干部群众特别是在校学生和青少年从文化信息资源共享工程中受益，实现了文化资源的普惠共享。

2、净化了社会环境，文化信息资源共享工程以先进文化的传播占领了农村思想文化主阵地。现在，农村封建迷信、打架斗殴的现象少了，崇尚科学、构建和谐社会蔚然成风。

3、强化了政府文化服务职能。利用文化共享工程以先进文化教育广大群众，提高人民群众的思想道德水平和科学文化素质，最大限度地将信息资源转化为生产力。

4、提升了公共图书馆的服务能力，文化共享工程的建设使图书馆从传统的服务中解脱出来，开拓了图书馆服务的新功能。

目前，读者群连年增长，我们利用共享工程不断举办各种丰富多彩的活动，2009年在共享工程“读优秀书籍、讲爱国故事”演讲比赛中获得优秀组织奖，协助省中心完成“安徽省历史文化名城”及红色旅游专题片的拍摄任务，极大的提高了知名度，扩大了影响力，创造了良好的社会效益和经济效益。

四、工作展望

1、进一步扩充文化设施网点，以县图书馆、乡镇综合文化站、农家书屋等基层服务点为实施主体。加强基层文化设施网点网络化、数字化建设，加强文化、科技信息资源自动化、网络化建设和专业技术人员的培养，为深入推进共享工程的实施打好基础。

2、积极采用图书馆成熟技术，借助远程教育服务网络，大力开展公益性服务。尤其加强对广大农村地区的扶持力度，将文化共享工程建设成为社会主义新农村的重要抓手。

3、将地方影视戏曲、音乐歌舞、美术等非物质文化遗产艺术表现形式纳入共享工程服务内容，以群众喜闻乐见的形式使共享工程更加贴近基层、贴近生活、贴近群众。

4、做好当地文化品牌的搜集整理工作，依托老子文化的丰富底蕴，制作一批反映道家文化的影视作品，利用共享工程的平台进行传播宣传，让人们了解涡阳、认识涡阳，提升涡阳的知名度，为涡阳的发展做出更大的贡献。

（撰文/涡阳县支中心）

蒙城县支中心

蒙城，庄子故里，历史悠久，文化底蕴深厚，历任县委、县政府都十分重视文化建设。全国文化信息资源共享工程安徽省首批三个试点县之一，全国文化信息资源共享工程首批示范县。

共享工程蒙城支中心于2007年7月建成并投入使用，现有专(兼)职人员5名，办公面积340平方米，县财政每年投入运行经费10万元。支中心设有中心控制机房、资源加工整合室、电子文献阅览室。中心控制机房现有设备：综合管理服务器、综合业务服务器、卫星接收服务器各1台，卫星地面小站1个，磁盘阵列1套，千兆、百兆交换机各1台，42U标准机柜各1台，UPS电源1套，百兆防火墙1台，移动硬盘4块。资源加工整合室现有电脑5台，

移动硬盘2块，移动存储播放器1个，外置刻录机2台，复印机1台，打印机2台。电子文献阅览室现有终端共30台，其中成人阅览区20台，少年儿童阅览区10台，管理机1台，电子图书资源2.5TB。每年中心控制机房接收卫星资源约200GB，整合资源约45GB，年累计刻录3200余张光盘下发给基层站点。

一、统筹规划，实现共建共享

共享工程的核心是数字资源建设，蒙城支中心立足于县情，实行统筹规划，规范了全县乡（镇）、村（居）共享工程基层服务站点的操作流程，加强对基层点的指导，借助社会多方力量合作共建。多年来，蒙城把共享工程的着力点放在面向农村、面向基层、面向普通百姓，积极做好服务，扎实稳步地推进了蒙城共享工程健康稳步地发展。

蒙城的共享工程建设由政府牵头与组织部党员干部现代远程教育合作，整合了基础设施资源、教学资源、基层站点管理资源和资金资源。在此基础上，又整合了农家书屋建设工程、乡镇综合文化站建设工程、公共文化服务信息化建设工程等设施、设备和资源，扩大合作范围和覆盖面，实现了优势互补，互惠多赢。

二、加大培训力度，加强队伍建设

共享工程蒙城支中心在加强自身建设的同时还注重基层站点的培训，要求各乡（镇）、村（居）和基层站点的专（兼）职管理人员上岗前必须经过培训，培训过后考试合格方可上岗。蒙城支中心采取集中培训和分层培训相结合的方式，重点培训乡（镇）骨干管理人员，然后再以乡（镇）综合文化站、党员干部远程教育乡（镇）基层中心为依托对基层服务站点开展培训工作，截至2012年底累计集中培训15次，培训1800人次，网络培训72次，约培训240人次，支中心对基层站点的上门培训228次，约培训1130人次。支中心还前后邀请本县畜牧专家和农业专家利用共享工程设备对农民进行上门辅导10次，分别就饲养家禽各个环节中易出现的问题对当地养殖户进行了耐心的讲解辅导。通过多年努力，蒙城共享工程专业技术管理人员的业务水平和服务能力逐年提高，为蒙城共享工程健康稳步发展提供了坚实的队伍基础。为加强对基层服务点的管理，保证基层服务点顺利开展服务，支中心定期、不定期地开展对基层站点的督查和指导，召开座谈会交流工作经验，举办学习班来充实农民的农业知识，不断探讨工作创新，更优质地服务广大农民兄弟。特别是2011年蒙城按照省文化厅的要求试点建设社区(村)公共电子阅览室以来，对每个新建的基层公共电

子阅览室都逐一上门培训，提高管理人员的技术水平和服务群众的能力。同时也加强对基层公共电子阅览室的督查和管理，对各基层公共电子阅览室的软、硬件建设都作了统一的规定，进行模式化管理。充分发挥了共享工程支中心在全县共享工程的引领和带动作用。

三、提升服务意识

文化信息资源服务是实现文化共享工程的最终落脚点。多年来，蒙城支中心一直强化服务意识，积极为蒙城经济发展和社会进步服务。蒙城支中心立足县情，坚持公益性服务的原则,利用共享工程设备，积极开展走社区、进工厂、到学校、下村庄送科技办讲座，把优秀的文化信息资源传送到广大老百姓手中，其中进社区放映80次，工厂20次，学校60次，村庄60次，共计64200多人次观看了共享工程的内容，得到了广大市民的拥护，好评如潮！为传播先进文化和宣传党的政策，体现了共享工程在助建和谐社会中的独特作用，为方便偏远的乡镇也能享受到农业技术培训，共享工程支中心依托资源优势，加工整合适合本地实际的农业种植和养殖技术光盘送到农民朋友的手中，改变了老农多年的种植习惯。

蒙城县支中心还依托公共电子阅览室，广泛宣传正确引导青少年利用共享工程健康网站“绿色上网”，利用“世界读书日”、“图书宣传周”和寒暑假期开展读书朗诵比赛、网络知识竞赛等形式多样的读者活动，丰富市民文化生活。

该支中心多年来的努力工作，使蒙城基层文化阵地得到了巩固，活跃了城乡群众的精神文化生活。为宣传党的方针政策开辟了新渠道，为丰富农民群众业余生活、弘扬文明新风开辟了新的阵地，为培养“有文化、懂技术、会经营”的新型农民搭建了新平台，成为一项党得民心、民得实惠的文化创新工程；成为传播先进文化、丰富群众精神文化生活的一道亮丽风景线。

四、工作展望

在跨入21世纪的今天，共享工程蒙城县支中心将充分利用现代高新技术手段和互联网络系统，加工整合优秀的各类文化信息资源，通过共享工程设备把优秀文化信息资源传送到广大老百姓手中。以党的十七届六中全会精神为指导，开拓创新、团结进取、扎实工作，努力推进文化共享工程和公共电子阅览室建设工作再上新台阶，为加快建成覆盖城乡的公共文化服务体系，推动县域经济发展，提高群众整体素质，实现科技和文化的完美结合，努力把蒙城县支中心建成全县的知识信息枢纽和三个文明建设的重要阵地。

（撰文/蒙城县支中心）

利辛县支中心

一、基本情况

利辛县总面积为1950平方公里，辖23个乡镇，357个行政村，人口157万，为典型农业大县。全国文化信息资源共享工程利辛县支中心暨电子文献阅览室于2008年由中央及省、县三级财政共同出资建设并投入使用。中心依托利辛县图书馆建设，共配备大型服务器一套，电脑53台，卫星地面接收系统一套，移动放映设备一套及存储、录像设备等。

通过技术支持，县级中心能够访问登录省中心信息资源平台，通过卫星地面接收系统传输下载、安装。也可以利用录音录像及其他电子设备进行文化信息资源的采集、整理、加工并进行发布。读者可以通过互联网访问县级中心的服务器，进行图书在线阅读、观看影视资料等活动。通过现代化的电子设备，真正实现文化信息资源的共建共享。

利辛县图书馆是全县共享工程建设实施和业务指导，负责保障利辛支中心共享工程设备的运行维护工作。负责协调乡镇、村级共享工程设备的维护保养，指导乡镇、村级共享工程活动的开展以及全县共享工程管理员的业务培训和指导工作。

文化信息资源共享工程基层服务点的建设最初在潘楼镇老闫桥村、五里村、城关镇苏店村、董集村、马桥村、振兴社区、朱瓦房社区、阚町镇新河村、镇西社区等十个村试点安装，2009年后陆续在全县23个乡镇100个村进行实地培训安装。2010年全县23个乡镇、357个行政村和社区的共享工程设备全部安装调试完毕，实现了全县所属行政村共享工程全覆盖。

二、管理和队伍建设

为使文化信息资源共享工程充分发挥应有功能作用，利辛县支中心将共享工程日常管理工作纳入制度化管理。制定支中心、镇、村基层服务点工作职责和制度，实行制度上墙。做到工作年年有计划，月月有重点，年末有总结。并制定了《利辛县文化信息资源共享工程实施方案》。

利辛县支中心选择计算机专业为管理员，并通过出去学习、请老师来馆讲课等形式，努力建设一支专业化的“共享工程”管理人员队伍，不断提高业务能力和工作水平。在管理员队伍建设上坚持明确职责，明确思路。对于乡镇、村两级基层共享工程管理上择优选取，让在基层管理服务实践经验丰富的担任管理员，能更好的熟悉掌握共享工程设备，更好的为村民服务。

三、培训工作

利辛县支中心在共享工程管理员的培养上实现制度化和常态化。根据支中心的工作实际和要求，每年对辖区23个乡镇的共享工程管理员进行4期集中培训，2009年以来一共举办各类培训班20期，参加轮训的各级管理员达900多人次。

利辛县支中心利用各种渠道宣传推广共享工程，在每年的科技文化四下乡活动中，以活动为平台，组织支中心的所有力量，送图书、送文化、送科技等下乡活动，以资源为媒介宣传共享工程，让民众不断了解共享工程，积极组织群众喜闻乐见的文化服务，使共享走进群众生活。

四、经费投入

2009年起，县财政将文化信息资源共享工程建设纳入财政预算，每年拨付一定数量的专项资金，专项用于共享工程的建设和运行维护工作。同时，乡镇文化站免费开放经费也可以部分用于文化信息资源共享工程的日常维护工作。

2011年，省文化厅、财政厅通过农村文化建设专项补助资金，将文化信息资源共享工程基层服务点纳入专项资金扶持范围，有力的保障了基层服务点的免费开放工作。

五、工作展望

利辛县作为一个农业大县，人口大县，广大人民群众对文化生活的需求日益增长。利辛文化资源共享工程已经过几年的发展，基层服务点建设已经实现全县357个行政村全覆盖。通过各种形式的广泛宣传，共享工程已经深入到广大人民群众生活工作之中。从单一的资源接收到今天的编辑分发和群众广泛认知，广泛参与，文化共享工程成为全县文化生活的一大亮点。为繁荣利辛文化，丰富利辛人民精神文化生活，作出了巨大贡献。

2011年6月，在中央和省市县文化行政主管部门的关心支持下，利辛县图书馆包括公共电子阅览室在内，实现全免费向读者开放。利辛县图书馆能够以现代化的设备，良好的环境及优质的服务为读者提供丰富多彩的文化信息资源。

今后，该支中心在国家中心、省分中心的帮助支持和指导下，利用现有设备和资源，通过开展多种形式的服务，加大宣传力度，更加广泛的深入到基层，服务基层，充分发挥共享工程优势，为把利辛建设成文化大县、文化强县，更好的用优秀文化服务于人民做出贡献。

（撰文/利辛县支中心）

蚌埠市支中心

中华民族是具有辉煌灿烂、博大精深文化，对人类文明的发展做出过巨大的贡献，在人类进入新世纪之际，如何始终坚持中国先进文化的前进方向，实现中华民族发展的伟大复兴，是摆在我们面前一个十分严肃而重大的历史课题。国家《国民经济和社会发展第十个五年计划纲要》明确地将繁荣发展社会主义文化事业，不断提高全民族的文化素质纳入“十五”计划建设目标，作为社会主义现代化建设的重要内容之一。

针对当前我国文化事业的实际情况和科技发展的水平，整合包括图书馆、博物馆、美术馆、艺术院团、研究机构等现有的文化信息资源，形成互联网上中华文化信息资源的整体优势，对于顺利实现“十五”计划确定的文化建设目标是至关重要的。为此，文化部在全国范围内实施了“全国文化信息资源共享工程”。

文化共享工程是我国公共文化基础工程，是依托现代信息技术手段及对中华优秀文化信息进行数字加工和整合，在全国范围内共建共享。全国文化信息资源共享工程蚌埠支中心自2008年初启动以来，在各级领导关心重视下，在安徽省文化信息资源共享工程分中心具体指导下，业已形成了初具规模的技术服务平台，整合了一批内容丰富、具有地方特色的文化信息资源，构筑了较为通畅的地面宽带和卫星传输信息渠道，初步建立起覆盖全市三县四区的基层文化信息工作站的服务网络。

一、自动化建设概况

以实现文化信息资源共享为宗旨的全国文化信息资源共享工程蚌埠支中心于2008年5月开始筹建，筹备前期先后前往南京图书馆和安徽省图书馆实地考察学习工程的运转情况。安徽省图书馆多次派人到我馆实地指导工程建设，对我支中心的建设提供了技术上的鼎力支持。通过政府采购完成蚌埠支中心（一期）工程的采购。一期工程总投资78万元，加载了地面卫星接收器，安装了56台电脑，设有未成年人电子阅览室和共享资源中心机房。经过安装调试，于2009年4月面向社会开放。

二、为民服务

蚌埠支中心克服运行资金不足的困难，坚持社会效益和公益性原则，充分发挥支中心宣传、教育、娱乐融为一体的作用，在组织和引导群众健康上网，让先进文化占领网络阵地等方面做出了积极努力，较好地解决了广大群众“看书难、看戏难、看电影难”问题，增强了先进文化的感召力和凝聚力，运用先进技术，促进了基层文化单位现代化建设步伐，受到广大读者和市民的好评。

“全国文化信息资源共享工程蚌埠支中心”在现有设备条件的情况下，充分利用现代高新技术手段，将各种类型的文化信息资源精华以及贴近大众生活的现代社会文化信息资源，进行数字化加工、处理、与整合；并通过覆盖全国所有省、自治区、直辖市和大部分地（市）、县（市）以及部分乡镇、街道（社区）的文化信息资源网络传输系统，实现文化信息在全国范围内的共建共享。

三、多媒体电子阅览室建设

1、我支中心电子阅览室共计41台多媒体电脑，除了为读者提供全国优秀文化信息外，还针对未成年人的需求，专门开辟了“未成年人电子阅览室”，提供了科普知识、优秀少年影片以及休闲娱乐频道等，为他们创造了一个健康有益的绿色网上空间。

2、电子阅览室为广大农民朋友开设了“农民专区”，为他们提供种养技术、市场供求信息和国家的重大方针政策等农民朋友急需了解的信息。对于不会使用计算机的农民读者，工作人员还进行面对面指导，让他们尽情畅游网络空间。

3、免费开设蚌埠市政府信息公开查询专区，为广大市民提供免费检索查阅市政信息的平台。

四、网络化及扩容建设

1、分中心技术服务平台建设。1.1.已建成10兆接入的宽带信息传输线路。1.2.已完成存储的升级、扩容任务，现网站数据总资源量已达到24个TB。1.3.建立办业务动化管理系统，为读者检索信息的顺畅传送提供了保障。建立网络安全管理监控系统，配置网络安全防火墙。

2、文化信息资源建设。2.1.投资购买了电子图书13万册，建立电子期刊特色库2个，数据库5个，地方戏曲200多部，共计20TB的数字资源，初步形成内容丰富多彩，图文声影并茂，体现中华民族优秀传统文化和时代特色，为人民喜闻乐见的数字文化信息资源体系。2.2.组建文化信息编辑部，制定文化信息资源报送制度。

五、工作展望

随着网络技术的飞速发展，信息化技术的日益普及，图书馆数字化建设也在不断推进。以此蚌埠市图书馆建设一个以读者为中心、资源整合、信息共享、个性化且互动性强的现代化图书馆门户网站。并通过覆盖全国文化信息资源网络传输系统，实现文化信息在全国范围内的共建共享。为文化信息共享起到推波助澜的作用。

（撰文/蚌埠市支中心）

五河县支中心

五河县图书馆文化共享工程支中心位于县淮河路，馆舍面积3千平方米。目前拥有图书外借、综合阅览室、电子阅览室、典藏室、少儿阅览室、亲子活动室、盲文借阅室及多功能厅。

一、基本情况

五河县图书馆成立于1980年，经过多年来的发展，图书馆基础性借阅服务已步入正轨，于2000年率先使用深圳ilass图书借阅系统，自动化服务成效显著，现有藏书7.5万册，订报纸42种，期刊200种，年接待读者11万人次，为市文明单位，国家二级图书馆。2010年以来，电子阅览室、外借室、阅览室、少儿室、亲子活动室全部实行免费开放。

2009年，在省图书馆的帮助和支持下，我们严格依照设备配置标准，并请教有关专家结合我县实际提出设备配置方案，投入经费55万，通过政府招标，配备了管理计算机——服务器4台，终端计算机50台电脑（增强了可视效果），笔记本电脑1个，摄像机1台，sony数码照相机于打印机等设备，并接入了10兆的光纤，安装了文化共享工程宣传材料及美萍VOD视频点播软件。为保证设备正常运转，在电子阅览室及其他借阅室分别配备了空调。严格按照标准建设了县级文化信息资源共享工程支中心，努力建设设施较为完备的服务平台。

二、网点建设

在网点建设方面，于2006年开设了五河县图书馆专有网站。网站设有：馆藏布局、地方文献、文化共享、服务指南、新书信息、读者园地、馆员天地、活动资料等栏目，并设有最新动态、读者服务、友情链接等。网站上发布最新馆内业务动态，及时方便广大市民查阅。在图书馆电子阅览室将文化信息资源共享工程放到每一台微机的桌面，读者可随时点击进入；将信息资源共享工程扩大应用规模，与县政府网站实现互联互通，使县政府办公大楼内400余台微机可浏览共享工程的信息。

三、经费投入

在经费投入方面，县领导重视，为图书馆建设提供经费保障。县财政每年定期拨专项购书费15万元，其中报纸、期刊定购费5至六万元。上级每年拨县图书馆免费开发经费20万元，确保共享工程工作有序顺利的进行。

四、规范管理、培训工作、开展服务情况

为了搭建完善的信息沟通平台，加强共享工程基层服务点的管理，我们：

1、从制度建设入手，制订了工作人员守则、设备管理与使用等工作制度，对县共享工程支中心和基层服务点进行规范管理。

2、大力培训了骨干，今年以来，县图书馆切实加大了服务点操作人员的教育培训力度，严格把关参训人员素质，将馆内在职人员、、驻乡干部以及村级后备干部纳入站点培训操作管理人员队伍。按照集中培训和分散培训的方式，共举办集中培训班8期，培训人员达400多人次。

3、每个乡级服务点指定1名管理人员，为了确保“文化信息共享工程”发挥其应有的作用，统一印制了“共享工程”活动记录本，发放到基层服务点，记录基层中心与基层服务点活动情况，掌握基层活动情况和群众要求；基层中心与基层服务点悬挂“共享工程”标牌。

4、乡共享工程中心设立专职文化干事，明确文化专干职责。主要是：

4.1.指导各基层服务点做好群众需求双向反馈工作。

4.2.利用文化站现有资源、设施设备为基层服务点提供服务。

4.3.定时对各服务点提供图书、杂志、音像资料等的流通交流，满足每个服务点群众精神文化需求，保证了“共享工程”工作在我县的健康发展。

自实施共享工程的过程以来，我县不断拓展共享工程的服务内涵和方式，充分利用这一全新的工作载体，保证服务质量。每周图书室开放时间达60个小时，电子阅览室实行免费开放，开放时间达48个小时，在保证开放时间的同时，还设立了新书推荐和周末影院公开栏，每周提前告知读者服务内容、时间，向大家推荐优秀栏目，生活常识等，每周六下午利用投影仪向广大群众免费播放一些名家讲座和地方剧目，利用寒暑假为未成年人播放爱国主义教育类、科普类影片，引导未成年人多读书，读好书。

丰富多彩的文化共享工程服务一直是我县图书馆共享工程建设的特色，各种服务活动每年定期开展。今年来，服务活动如期举行，服务案例如下：

1、2012年3月，为宣传文化信息资源共享工程，展示共享工程服务成果，五河县图书馆共享工程支中心在县二实小多媒体阅览室开设了“文化信息资源共享工程服务专区”，自设立以来，深受学生欢迎。服务专区专门将安徽省文化共享工程下发的相关电子期刊、电影、讲座、技能培训软件光盘等资源逐一展示，让文化共享工程更直接地服务读者，服务群众，受益群众达1000人次。

2、2012年5月23日下午，该馆在电子阅览室举办了主题为“共享知识，数字阅读”——网络图书馆体验活动，特邀请县离退休老干部20人参加了此次活动，通过宣传县图书馆网站（www.whxlib.com）、安徽省图书馆网站（http://www.ahlib.com/ahlib）、指引老干部们通过百度等搜索软件查询各图书馆网站地址。向老干部发放宣传资料，指导他们上网阅读图书、期刊等。活动形式新颖，内容丰富，意义重大，参加活动的领导们开阔了眼界，丰富了知识，体验了数字阅读的乐趣。

3、2012年7月，“关爱残障儿童”主题活动如期开展。这个活动是该馆共享工程特色活动。今年，为了让残障儿童在暑期能享受到不同的乐趣，该县支中心特举

图书馆少儿电脑培训

办了一系列有趣的活动，“品味书香”-读后感写作活动，“我读书、我快乐”-寻找图书活动，观看主题教育教育片活动等，孩子们非常开心，活动延续整个暑假。

4、为积极响应县委“学习十八大会议精神的通知，网上大家学活动”。11月20日上午，县委政府在图书馆多媒体阅览室举办了全县宣传系统学习十八大会议精神网络交流平台信息会，来自全县各乡、各部门单位的50余名信息员参加了会议。县委宣传部老师详细传达了十八大会议精神，在网络平台上的操作与“大家谈”活动。

5、2012年12月12日在县图书馆共享工程多媒体室针对15个乡级网络系统管理员，举办了网络管理技能培训班和网络安全和防病毒培训。网络管理技能培训重点介绍了计算机网络基础知识、服务器基础知识与使用 、磁盘阵列基础知识与使用、交换机基础知识与使用以及UPS使用维护常识。力求使绝大多数学员对此有较系统的认识，在今后的工作学习中有针对性地加强计算机技能，学以致用。网络安全和防病毒培训分别讲解了网络安全及防病毒基本知识、互联网行为网关的使用以及常用杀毒软件的使用，收到较好的培训效果。

五、工作展望

立足基层 扎实工作，让文化信息共享工程优秀资源成为百姓的大餐。五河县图书馆已连续多年被评为市级文明单位。今后我们将更加努力地工作，为把共享工程办成惠民工程、民心工程而不懈努力。

（撰文/五河县支中心）

淮南市支中心

文化信息资源共享工程是国家文化部旨在推进文化信息资源开发、建设、服务而实施的重点工程，工程采用现代化信息技术，对文化信息资源进行数字化加工整合，通过网络最大限度地为社会公众享用的文化工程。淮南市文化信息资源共享工程作为该工程有机组成部分，由淮南市文化广电新闻出版局承办，淮南市图书馆是建设与实施主体单位。

一、工程现状

淮南市共享工程工作始于2004年。我市现已完成了2个市级支中心，2个县支中心。

1、建立淮南市图书馆网站，为地区文化资源共享工程建设奠定基础。

2、开展图书馆员的现代化技术培训工作，为地区文化资源共享工程建设提供技术支持。

3、建立了市县区支中心。现在我市已经建成了2个市级支中心，2个县支中心（省建）。

二、工作设想

1、加大工作力度，增强推进文化共享工程建设的责任感和紧迫感，争取得到市领导重视和市政府的政策支持。

2、提出合理化建议，用好我馆争取的参与试预算资金，确保按时、高质量完成淮南市数字化平台建设任务，实现预期规划目标。

3、进一步做好资源建设工作，提高资源建设的针对性和质量，力争建成地方数据资源库。

4、加强人员培训，提高队伍的业务能力。

5、加强组织策划，改善基层服务，进一步提高文化共享工程的管理水平。

（撰文/淮南市支中心）

凤台县支中心

凤台县面积1100平方公里，耕地面积46100公顷，水面16万亩，总人口73万。全县辖7镇12乡1个经济开发区，264个行政村，21个社区。凤台县是皖西北七个地级市中唯一的一个全省10强县，先后被授予全国科技进步先进县、全国粮食生产先进县、全国水利先进县、中国民间艺术花鼓灯之乡、中国民族民间歌舞之乡、全国法制宣传教育工作先进县、全国园林县城、全省文明县城、全省园林县城、全省双拥模范城等荣誉称号。

一、基本情况

凤台县文化信息资源共享工程支中心建设自2008年7月启动以来，得到了各级领导的关心和重视，经过省政府采购中心两轮集中招标采购，所购设备和软件其中包括机房建设、（2008年7月和2009年6月分两批拨付）PC机50台、杀毒软件、服务器信息浏览监控软件等等均已安装调试到位，并于2009年投入使用。

支中心设在凤台县图书馆，是凤台县共享工程的建设和业务指导单位，负责保障县支中心共享工程设备的运行，指导镇村级共享工程活动的开展。位于县城政务新区，现有可利用馆舍面积3660平方米，阅览室面积300平方米，阅览座席200个；可利用藏书4万多册，年订报刊、期刊100余种；馆职人员7人，大专及以上学历7人，中级专业技术职称者3人，初级专业技术职称者3人，职称人员年轻化；我馆拥有先进的现代化办公设备和技术装备，设立了中心控制机房和电子阅览室，分为卫星接星系统、监控子系统、业务办公系统，电子阅览室有计算机终端45台，20兆宽带接入，主要业务环节已经实现了计算机管理，办公条件逐年改善。

二、管理和队伍建设

为使共享工程真正为民所用为民谋利，凤台县支中心将共享工程日常管理纳入制度化管理。制定支中心职责制度，每年有年度工作计划，年末有工作总结考核，收集整理共享工程服务活动的得失，探讨共享工程管理和服务新模式。

截至到2012年6月底，凤台县公共电子阅览室（共享服务室）4个基层建设点已完成，内部采购和配备设施资金达6万4千元，2012年6月中旬完成调试工作，6月下旬正式对外开放，为基层群众增加了新颖健康的生活方式，使他们享受到优秀文化和实用科技带来的快乐。

支中心同时认真抓好支中心和乡镇、村基层服务点工作人员队伍建设。加强技术培训和指导，建立比较完善的文化信息资源共享工程的人才培训体系。在各级各部门的积极配合下，支中心积极为乡镇、村基层服务点提供上门服务和技术指导，组织开展业务学习和技术交流活动。

三、经费投入

共享工程建设项目经费是国家、省、县三级配套资金，项目经费51万元，其中国家资助34万元、省级配套17万元、县级配套17万元。以后每年投入10万元的维护经费，用于设备维护，人员培训等。

四、资源建设

凤台县支中心每年发放各类光盘1000多张，发放宣传资料4000多份。

五、合作共建

将各种部门下发的电子文献资源与建立的共享工程服务点结合，建立基层电子阅览室和多媒体中心。现在全县所有乡镇基层点都有投影仪设备（国家共享工程发放的设备现已全部发放到基层点）的多功能室，以及4个电子阅览室，以后还将继续建设基层公共电子阅览室。以后，共享工程会逐步走向基层村民生活。

六、惠民服务

我们除了利用卫星接收全国文化信息资源共享工程网站的各类资源和省分中心下发的科技光盘提供服务外，我们还发动馆员，针对读者的不同需求，利用网吧或家中电脑在省分中心网站和其他科技网站下载各类资源提供给读者。举办各种专题宣传服务活动、免费开放电子阅览室文化共享工程等服务活动，受到广大读者欢迎。目前，县级支中心和乡镇、村基层服务点都能有效利用共享工程设备为广大群众服务，把优秀的文化信息资源送到百姓手中，丰富和活跃了城乡群众的精神文化生活。

七、工作展望

1、进一步加强对文化信息资源共享工程及城市信息化建设工作重要性的认识，力争政府部门将实施文化信息资源共享工程纳入当地经济与社会发展的总盘子和城市信息化建设总体规划之中，力争从人力上给予保证，资金上予以支持，促进共享工程健康发展。

2、积极争取上级有关部门协助协调、加强与“农村党员干部现代远程教育”、“农村中小学现代远程教育工程”、和“新农村建设”等重点工程的合作，建成以

县支中心为基础平台和枢纽，乡镇、村基层服务点为重点的文化信息资源共享网络框架。

3、努力调查、挖掘、整理和制作富有地方特色的文化信息资源充实数据库。

4、认真抓好支中心和乡镇、村基层服务点工作人员队伍建设。加强技术培训和指导，建立比较完善的文化信息资源共享工程的人才培训体系。

5、充分利用共享工程省级支中心平台，为广大读者，特别是农村读者提供优秀的文化信息资源，提高网络信息服务水平和利用率。

6、力争创建凤台县图书馆网站，为推动凤台共享工程事业的跨越发展，利用先进的计算机技术建立交互式数字信息系统和查询手段，推动我县经济发展，提高群众整体素质，实现科技和文化的完美结合，努力把支中心办成知识信息中心，文化教育中心，把图书馆建成我县重要的知识信息枢纽和三个文明建设的重要阵地。

（撰文/凤台县支中心）

明光市支中心

一、基本情况

明光市支中心依托于明光市图书馆，建筑面积150平方，工作人员2人（其中兼职1人）。全市有8个乡镇文化站建成电子文献阅览室，全市139个行政村均有村级共建服务点。

二、经费投入

每年3万元预算内运行经费

三、资源建设

将明光市非物质文化遗产“端鼓”和著名民歌“布谷声声唱插秧”制作成光盘，并下发到乡镇。

四、技术支持

支中心对8个乡镇电子文献阅览室和139个村级服务点的建设（网络综合布线、设备安装运行维护、软件安装使用）、日常运行、服务活动等各阶段提供技术支持。2012年7月支中心制作了800张“新农村建设”专题节目光盘下发到各乡镇电子阅览室和村级服务点。

举办免费的退休老师电脑培训班

五、合作共建

2009年从省文化厅接收并下发投影设备139套，与村党员活动室共建共享工程村级服务点。

六、惠民服务

共享工程支中心每年举办多次公益性电脑培训，如2011年4月和11月举办2期“退休教师电脑培训班”，2011年9月开展“PHOTOSHOP图片制作软件培训班”，2012年2月开展“迎新春青少年FLASH动画制作培训班”，2012年11月开展“喜迎十八大老年电脑培训班”等。建成数字图书馆，提供40万册电子图书、3500种期刊、大量视频资源供用户和读者阅读下载。

七、宣传推广

举办多种形式的宣传活动，如街头宣传活动、印发宣传单、放映科普电影等。建有共享工程明光市支中心网站，网站上提供各类视频资源供读者、用户、乡村级服务点下载使用。建有明光市数字图书馆，提供40余万册电子图书和3500种期刊免费阅读下载。

八、培训工作

支中心积极参加国家和省中心的业务培训，每年对乡村电子阅览室工作人员进行业务培训。对市民开展5次以上免费公益性电脑培训，特别为老龄读者和青少年服务，管理和队伍建设：明光市支中心目前有工作人员2人，其中专职1人，兼职1人，承担日常服务、培训活动、网络管理等工作。

九、工作展望

明光市图书馆新馆正在建设中，明光市支中心将以此为契机，加强支中心基础设施建设，加大运行经费投入，继续深入农村、社区、企业开展惠民服务，拓宽服务范围，同时深化网络服务，加强本地资源建设。

（撰文/徐 毅）

天长市支中心

天长市共有15个乡镇，186个行政村，常住人口60余万人。天长市共享工程支中心在天长市文广新局的支持和部署下，逐步发展，稳步推进.在新形势下为繁荣农村文化，满足农民多层次文化需求，传递中国农民优秀文化资源发挥了重要作用。

一、基本情况

天长市文化资源共享工程支中心始建于2008年5月，同年9月正式开放，下设8个乡镇基层服务点。共享工程天长支中心最初设在天长市老图书馆，2012年9月天长市政府投入4500万元新建图书档案大楼，共享工程天长市支中心也随之迁入新馆。

二、管理和队伍建设

为使共享工程真正为民所用为民谋利，天长市支中心将共享工程日常管理纳入制度化管理，制定支中心和基层服务点工作职责和制度，实现制度上墙公开。

文化资源共享工程作为一个新的农村文化资源获取平台，如何推广好、利用好共享工程丰富的文化资源关键在于是否有一支专业化的共享工程管理员队伍。天长市共享工程支中心在管理员队伍建设上坚持明确职责、明确思路、制度化管理、常态化培育。

三、培训工作

天长市共享工程支中心在管理员的培养上实现了制度化和常态化，根据支中心工作要求，每年定期对乡镇各基层网点共享工程管理员进行集中培训。自2008年以来共举办各类培训班4期，参加培训的管理员60人次。

四、经费投入

天长市共享工程支中心自成立以来，天长市政府每年投入5万元的运维经费，用于共享工程设备的维护，人员培训和惠民活动的开展。自2012年9月天长市图书馆迁入新馆，天长市政府拨入专款21.5万元为共享工程添置了一批新设备。

五、资源建设

天长市共享工程支中心自成立以来，收集不同民众的文化需求，以民众的需求为导向。为满足不同层次的文化需求，每年都在各重大节日制作并发放各类光盘累计120张。

六、合作共建

根据不同乡镇的硬件条件建立形式多样的电子阅览室和多媒体中心，联合市电影公司在辖区各镇村放映科技电影，大力开展农村科技人才培训活动。经过多方不懈努力，共享工程已逐步走入基层村民生活，成为村民获取新知识、娱乐身心的新渠道新平台。

七、利民惠众，惠农服务

天长市支中心在共享工程服务实践过程中，根据本地区的农业生产特点，每年按节令制作农业生产技术光盘通过乡镇基层服务点向村民分发，历年来共累计发放农业生产科技指导光盘90张。

八、宣传推广

1、天长市支中心利用各种渠道宣传推广共享工程。2012年在天长市电视台“聚焦天长”栏目里播放了宣传的专题片，通过和其他单位的合作共建、开展各类活动的同时，以活动为平台，以资料为媒介宣传共享工程，让民众不断了解共享工程，走进共享工程。

2、走进校园。天长市支中心利用少儿阅览专区组织动员青少年儿童关注共享工程。2009年在市内各中小学开展"新华杯"青少年读书活动的比赛；在乡镇基层服务点尤其重视对留守儿童的关注，联合天长市妇联针对留守儿童也开展了形式多样的活动。

九、工作展望

天长市支中心已走过4个年头，展望未来：在国家中心，省级分中心及天长市政府的大力支持下，我们将不懈努力，为天长市支中心建设一支专业化的服务队伍，使我们的服务形式更加多样，服务网点更加宽广，参与民众更加广泛，为建设科技天长、文化天长做出贡献。

（撰文/天长市支中心）

来安县支中心

来安县文化信息资源共享工程试点工作，在省市文化主管部门的支持及技术指导帮助下，县委、县政府高度重视，由县文广新局精心组织安排，通过县支中心和乡镇基层中心及各村级服务点的共同努力，于9月上旬顺利完成了县级支中心、12个乡(镇)、138个村基层服务点设备的安装工作，并投入运行。现就我县文化信息资源共享工程建设总体情况作以下汇报。

一、领导重视，完善保障措施

文化信息资源共享工程是文化服务的重要手段，是实现广大人民群众基本文化权益的重要途径，是改善城乡基层群众文化服务的创新工程，因而县委、县政府高度重视，县政府召开专门会议，研究安排部署整个工程实施工作。

1、成立以副县长魏晓雁同志为组长，各有关单位主管领导为成员的工程实施领导小组；

2、确定由县财政安排解决全县文化共享工程配套资金，并将全县各分中心及村级服务点运行经费纳入县财政预算，为我县文化共享工程提供了经费保障；

3、县委、县政府分管领导多次召开文化信息资源共享工程协调会议，安排、督促、检查该工程各服务点设备的安装、调试、管理、运行等方面的具体工作，确保了工程的顺利实施。

二、明确任务，逐级落实工作责任

为确保我县文化信息资源共享工程工作顺利进行，县委、县政府就各服务点设备安装场地前期建设、人员配备标准、卫星站建设要求等具体问题向全县各乡(镇)服务点印发通知，专题安排部署该项工程的组织实施。同时要求县文体广电局安排一名副局长主抓此项工作，县图书馆组织工作组督促、检查、验收。由于安排到位、工作扎实，全县各服务网点设备安装的前期准备工作全部达到建设要求，为整个工程实施奠定了良好的基础。

9月10日我县文化共享工程设备安装、调试工作顺利完成。各服务网点根据各自实情，为广大群众不同程度地开展了服务工作。县文化信息资源共享工程领导小组及时对各服务点的工作进行了检查，并于9月29日在县级分中心(县图书馆)迅速组织召开了全县各服务点管理人员培训会议，特别邀请市分中心工程师讲课，后期又派县级分中心技术员对各乡(镇)、村基层服务点管理人员进行手把手地辅导，使每个服务点管理人员人人懂得业务管理知识，并熟练掌握设备操作技术，保证了文化共享设备的安全运行，快速服务群众。

10月12日在县级分中心(县图书馆)举行了全县文化共享工程启动仪式。我县文化共享工程的顺利实施，县、乡(镇)、村三级公共文化网络的建成，标志着我县构建公共文化服务体系建设工作迈上了一个新的台阶。为迎接省、市对我县文化资源共享工程工作的检查、验收。

10月25日，县委、县政府再次召开会议，进一步落实、督促各服务点文化共享设备的规范管理、运行和文化共享工程宣传推介等具体事项。要求各服务点按照县上的统一标准制作宣传版面、张贴宣传画报、室内按要求统一悬挂制度牌，做好文化共享工程的宣传推介工作，扩大社会影响，并充分利用文化共享工程网上信息资源开展形式多样、丰富多彩的文化活动，让群众了解并享受文化信息资源。目前各项工作已完成，基本做到了各服务点工作的规范化、专业化。

三、加强宣传，营造舆论

文化资源共享工程是惠及群众的一项民心工程，为使广大群众充分了解文化共享工程、认识文化共享工程，更好地利用共享工程，我们与县电视台联系在节目播出中，专门安排了文化信息资源共享工程专题栏目，介绍全国文化共享工程概况和意义，并将文化共享资源，如：电影、戏曲、农业科技等节目提供给电视台，定期为群众全方位提供文化共享工程服务，使文化共享工程家喻户晓，人人皆知。营造了浓厚宣传氛围，更好地推动了全县文化共享工程健康发展。

四、利用设备，开展服务活动

我县文化共享工程县级支中心(县图书馆)结合本馆实际，合理安排电子阅览室、多媒体功能室开放时间，平时坚持周二至周日全天开放，保证每周为群众服务50小时以上。还组织人员到军民共建单位，县武警中队、县消防中队利用投影仪、易播宝给部队官兵播放文化娱乐节目，活跃部队官兵的业余文化生活。国庆节期间，县图书馆利用文化共享设备在县城街道给群众播放电影、戏曲节目，丰富节日期间人民群众的文化生活，充分利用文化共享工程网上资源为群众服务，引导广大群众了解并享受文化信息资源。

全县各基层服务点基本按照上级的要求，做到经常定期为群众服务，组织群众充分利用文化共享工程提供的资源，学习农业科技知识，观看文化娱乐节目，活跃群众文化生活。

1、在县委组织部门的配合下完成了138村级基层点设备发放，培训基层技术人员96人次，使他们掌握了投影仪的使用与保养技能。提升了基层站点为农民服务的手段。

2、在七、八月份县支中心利用国家中心下发的信息资源分别对水口、三城、半塔等6个村级基层点的科技示范户播放了科学养殖、种植业光盘，帮助他们利用信息技术服务产业发展。并刻录150张光盘免费赠送给他们。

3、建立图书馆网站，开通一站查询系统，读者可以在家即可查询将借阅的相关资料。

4、公益培训广受欢迎。“老年电脑培训班”作为文化共享服务的一项新举措，已成为图书馆固定服务的项目之一。自去年11月份举办以来，每星期五定期举办一次。“老年电脑培训班—提高班”，反响强烈老年读者学习了即时通讯软件（QQ）的使用，图书的存储处理，杀毒软件的应用等相关内容，进一步提高了老年读者的信息素养。

5、七月份利用共享工程设备，派员到村级基层点播放“文化共享工程”夏日电影，农村种殖，养殖技术资料片，帮助农民朋友发家致富。八月份到县重点工程工地播放电影，丰富农民工的文化生活。九月份重阳节期间到敬老院“送温暖，送电影”活动，丰富老年人的晚年生活。

我县文化信息资源共享工程试点工作在建设过程中虽然取得了一些成绩和经验，但与兄弟县比起来还存在一定的问题和不足，我们在今后的文化共享工程运行中，要以十八大精神为指导，不断探索发展，创新思路，加强管理，积极服务群众。确实保障人民群众基本文化权益。进一步利用文化共享工程平台，宣传来安，让外界了解来安，投资来安，为繁荣我县经济文化，实现小康来安、和谐来安发挥更大作用。

（撰文/来安县支中心）

全椒县支中心

全国文化信息资源共享工程（以下简称“文化共享工程”）是2002年文化部和财政部组织实施的一项文化创新工程，是应用现代科学技术，对全国现有各门类的文化信息资源进行数字化处理和加工整合，并通过覆盖全国的文化信息资源网络传送到城市社区、农村乡镇、边防哨所等广大基层单位，实现优秀文化信息资源在全国范围内的共建共享。既结乡村远程教育，又把农村资源配置进行了智力的调整与平衡。如：解决了农村文化娱乐的困乏，丰富了农民外出务工的信息，支持了本土村民经济发展的技术，引领了乡土文化艺术潮流，传播了经典而优秀的中华文化艺术等等。

2009年6月我县争取到该项目，并建成全国文化信息资源共享工程全椒县支中心。

一. 基本情况

自2009年6月全椒县支中心建立，县支中心目前设有电子阅览室，电子阅览室内装备有50台电脑，可供50名读者同时上网浏览查阅。此外，支中心还配备有对图书馆馆藏资源进行采访、编目、编辑、检索、读者管理等图书馆数字化、信息化建设和管理必备的软硬件设备。如力博图书馆管理系统。并且建成全椒县图书馆网站，目前，电子阅览室和图书馆网站已正常运行，可向读者开放服务，支中心建设完善后，将与国家中心、自治区、市分中心联接，不仅可以保障读者高速访问互联网，快速查询、获取所需知识信息，还可以提供包含文化动态、名家讲坛、传统文化、文化教育、卫生保健及影视等内容的文化信息服务。同时还可以开展视频讲座、知识培训讲座、优秀影视展播等公益性文化服务活动。

二. 惠民服务

根据全国“共享工程”试点工作验收标准和县（市）级支中心的要求，我馆在多媒体阅览室免费开设“共享工程”阅览服务，发挥这块主阵地的作用，做好宣传推介工作，提高“共享工程”资源的点击率，阅览电脑50多台，每天开放时间为6小时，每周开放时间为42小时，年阅览量达15000人次。2年以来，我们以县支中心为依托，围绕我县主导产业开发，下载、整理、配送了一批农民群众急需的种养殖技术、农产品市场、国家相关政策法规等方面的信息资源，县支中心开展活动24次，对基层服务站点上门服务10次；开展送电影、送戏、送文艺节目、送科技下乡等活动20余次。

三、工作展望

通过实施文化信息资源共享工程，我们深刻地体会到文化信息资源共享工程这一保障群众基本文化权益的民心工程、德政工程，得到了广大群众的普遍认可，上级的大力支持和社会各方面的充分肯定，更加明晰了我们发展群众文化的方向，进一步坚定了我们继续发挥共享工程信息高速公路的作用，为广大人民群众，特别是农民群众得实惠，谋发展的信心和决心。

我县在文化共享工程建设方面虽然进行了有益的探索，也取得了一定成绩，但与先进兄弟县(区)和发达地区相比，与人民群众的要求相比，还有较大差距。村级基层服务点的建设还比较薄弱，文化资源库的建设还很有限，队伍建设和管理水平有待进一步提高。

不管存在的问题有多少，困难有多大，我们抓群众文化发展的目标不变，步子不停，劲头不减，信心和决心不动摇。

今后，我们将坚持以科学发展观为指导，以构建和谐文化为目标，认真贯彻落实党的十八大精神，积极开展“回头望”工作，进一步解放思想，深化改革，加快发展，注重效益，及时解决改革和发展中存在的问题。在此基础上，积极探索长效机制，不断创新观念、创新思路、创新机制、创新办法，充分利用文化共享工程资源，大力开展文化信息服务，为全县经济社会协调、快速、健康发展做出重大贡献！

（撰文/徐　刚）

定远县支中心

定远县图书馆前身是县文化馆的图书室，1979年1月由文化馆分离并建立副科级事业单位。1986年在护城河边建成新馆，馆舍面积900多平方米。随着经济社会文化的发展，县委县政府决定图书馆拆迁新建，新馆位于城东新区包公路，占地2600平方米，规划设计3200平方米，一期工程2200平方米于2007年底建成使用。2006年被确定为全国文化信息资源共享工程县级支中心。2009年在全国公共图书馆评估定级中被文化部授予国家三级图书馆荣誉称号。

定远县图书馆按照藏书、文献收藏、借阅、咨询服务、公共活动等服务功能，建立了书库、文献资料室、借阅室、阅览室、儿童阅览室、电子阅览室、采编室、报告厅、多功能厅等，领导岗位设副科1人，编制10人，其中45岁以下9人，大专以上9人。

图书馆在保持开展正常业务前提下，还坚持开展各项社会文化活动。2011年在县武警支队设立了流动图书室，每年春节前组织本地书法家义务写春联，春季举办一次书画展，参观人数达到2000人以上，暑期举办少儿书画培训班等活动。

（撰文/定远县支中心）

凤阳县支中心

凤阳县文化信息资源共享工程于2009年年初建成使用，该工程依托现有的文化设施网点，党员远程教育网，图书馆网络化，数字化建设相结合，实现地区文化信息资源的共管、共建、共享。

一、网点建设

凤阳县支中心依托于凤阳县图书馆，建筑面积150平方，工作人员2人（其中兼职1人）。全县有15个乡镇1个工业区，文化站建成电子文献阅览室，全县198个行政村25个农村社区、16个城镇社区均有村级共建服务点。

二、经费投入

每年5万元预算内运行经费。

三、资源建设

制作“走进图书馆”宣传片，并将凤阳县非物质文化遗产“凤阳凤画”和“凤阳历史文化名城”刻录光盘，下发到乡镇，

四、技术支持

支中心对15个1个工业区乡镇电子文献阅览室和223个村级服务点的建设（网络综合布线、设备安装运行维护、软件安装使用）、日常运行、服务活动等各阶段提供技术支持。2012年支中心制作了3300张“文化年货带回家”系列光盘下发到各乡镇电子阅览室和村级服务点。

对乡镇基层管理员培训

五、合作共建

2009年从省文化厅接收并下发投影设备206套，与村党员活动室共建共享工程村级服务点。

六、惠民服务

2012年度在电子阅览室和多媒体室播放讲座和电影21场，公益性讲座37场5800人次。刻录广盘3300张，发放基层点。2012年2月到临淮镇文化站举办“村级点”管理员培训、组织农民朋友观看农业科教片，2012年6月开展“暑假青少年FLASH动画制作培训班”，2012年11月开展“喜迎十八大老年电脑培训班”等。建有凤阳县数字图书馆，提供60余万册电子图书和130万种期刊供用户免费阅读下载。

七、宣传推广

举办多种形式的宣传活动，如制作展板、走向街头、印发宣传单、放映科普电影等宣传活动。建有共享工程凤阳县支中心网站，网站上提供各类视频资源供读者、用户、乡村级服务点下载使用。

八、培训工作

支中心积极参加国家和省中心的业务培训，每年对乡村电子阅览室工作人员进行业务培训。对市民开展3次以上免费公益性电脑培训，特别为老龄读者和青少年服务，管理和队伍建设：凤阳县支中心目前有工作人员2人，其中专职1人，兼职1人，承担日常服务、培训活动、网络管理等工作。

九、工作展望

凤阳县图书馆新馆7400平方米现已竣工，凤阳县支中心将以此为契机，加强支中心基础设施建设，加大运行经费投入，继续深入农村、社区、企业、学校开展惠民服务，拓宽服务范围，同时深化网络服务，加强本地资源建设。

（撰文/周维萍）

马鞍山市支中心

全国文化信息资源共享工程马鞍山市支中心设在马鞍山市图书馆内，2003年9月11日建立并于2003年11月经共享工程安徽省中心验收合格后授牌。2011年马政文《马鞍山市创建国家公共文化服务体系示范区规划》

中明确提出“建成设施网络覆盖城乡、服务供给高效便捷、组织支撑坚强牢固、保障措施持续有力的基本公共文化服务体系”，共享工程马鞍山支中心围绕这一目标，结合我市工作实际和马鞍山数字图书馆的建设契机，大力推进我市公共文化服务体系的建设，致力于为城乡居民提供多样、便利、均等化的共享工程服务。

一、基本情况

全市已建共享工程基层服务点800个，花山区、雨山区、当涂县已基本实现基层网点到社区、村100%全覆盖，全市电公共子阅览室网点覆盖率已达到88%。

2009年马鞍山市支中心被纳入马鞍山市图书馆新馆信息化建设项目，投资了1200万建设了中心机房、电子阅览室、共享工程演播室等设施，打造了强有力的软硬件保障平台。市支中心设技术保障组、活动宣传组、电子阅览室服务组、资源建设组和基层辅导组，其中专职工作1人，兼职7人，全部实行培训、考核，具备一定的技能和水平后上岗，并每年按时接受省级中心的网络培训。

二、技术保障

技术保障组的设施有：中心机房配有密闭气体灭火、精密恒温恒湿空调；共享工程专用服务器4台（含流媒体服务器、数字资源加工与发布服务器、网站服务器、专题数据库服务器），其它图书馆业务专用服务器20台；存储设备1套，实际容量约60T；网络安全设备30台（其中防火墙2台、硬件流控设备1套、VPN设备1套、核心交换机2台、汇聚交换机2台）；网络带宽100M；业务及系统运维类软件20套。就配置来说，已经达到并超过《2006年度文化信息资源共享工程试点地市级支中心系统配置标准》的要求。

三、活动宣传

活动宣传组主要负责共享工程的活动与安排。“共享工程演播室”演播室配有完善的会议系统，包括音响、高清投影及金属硬幕，舒适的环境定期播放共享工程专题资源，如视频讲座、歌舞晚会、电影、电视等。2012年由市支中心组织开展的展览、讲座、报告会、读书活动、用户培训等常规服务活动126场，近6万人次参加了活动。播放公益电影82场，服务市民2.5万人次。主要有“周末公益电影大放送”、“节假日公益电影”、“送电影进警营、进社区、进企业、进工地”等形式。其中“周末公益电影大放送”自2010年1月份以来，该项活动已开展到第118期。全年共举办讲座18场，包括视频讲座8场，服务5000人次，其中“江东人文讲坛”深受广大市民欢迎。举办公益性展览11次，免费服务3万余人次。展览有“外交官看世界”、红色经典图书推介展、马鞍山市首届中国（马鞍山）国际钢雕大赛优秀作品展、“空中看变化，大美马鞍山”摄影展等。视障读者是我市支中心重要的服务群体。2012年，我馆共开展为盲人读者送书上门服务15次，为他们送去了200余册盲文图书。此外，还通过开展培训活动，指导盲人读者使用阅读软件、数字语音期刊、盲文点读器、盲文打印机等设备。

四、电子阅览室

电子阅览室服务组主要负责市图书馆电子阅览室的开放与接待。其中读者电脑158台，分为成年读者阅览区、青少年绿色阅览区、政务公开查询区及休闲区。年接待读者3万人次，并举行多场特殊群体的上网交流活动，“马鞍山老小孩”俱乐部的许多成员都是马图电阅的常客。

五、资源建设

资源建设组负责市支中心的资源采集、加工、购买及其服务。配有资源采集设备1套（单反相机2台、摄像机2台、三脚架2台）；资源加工设备1套（非编工作机3台、非编软件1套）；资源发布平台1套。截止2012年底，我市支中心外购CNKI中国法律知识总库、CNKI中国期刊全文数据库、重庆维普期刊、爱迪科森网上报告厅、易学多媒体教学视频、龙源期刊等数字资源9大类，镜像资源达6T。同时自建资源三大类，数据约1500GB，包括随书光盘数据库、马鞍山文化视频专辑数据库、马鞍山地方志电子图书。馆藏所有数字资源通过远程访问平台免费服务给市图书馆持证读者。2011年10月与南京图书馆签订“宁马一体化合作协议”，相互接纳有异地阅读需求的对方读者为本馆的认证读者；相互开放约定资源，供双方研究型读者学习使用；建立南京市公共图书馆和马鞍山市公共图书馆的书刊联合目录查询系统，做到馆藏书目数据资源共知共享，探索资源共建共享新的服务模式。

六、基层辅导

基层辅导组配合市支中心积极推进基层网点建设，采取文化共享工程与全市社区、乡镇、村级的“电子阅览室工程”、“全市总分图书馆工程”建设相结合，全市167个电子阅览室通过远程访问系统方便地访问到我馆数字资源。截止2012年年底，已构建遍布市中心的区分馆3个、社区分馆10个及24小时自助图书馆10个，通过光纤专网或VPN与市总馆进行业务对接，将于2013年上半年实现这些总分馆的图书通借通还。村（社区）基层点与党员干部现代远程教育接收站点、村图书室相结合的办法，广泛实现文献信息资源共享。2012年底，我市支中心以文化共享工程建设为抓手，在已建成市级文化共享工程网站的基础上重新规划“马鞍山公共文化信息服务平台”，分为文化地图、文化惠民、数字图书馆、网上博物馆，群众文化、中国李白、网上展厅、节庆活动等栏目，将这些优秀的文化资源通过虚拟专网，以全市公共电子阅览室为支点，打造全方位的马鞍山数字化文化服务体系。

七、荣誉奖项

目前，市图书馆藏书40万余册，订阅报刊800种，持证读者5万人，年接待读者80万余人次，年外借图书超过45万册次，取得了显著的社会效益，为全市实现人文素质升级、深化全国文明城市创建发挥了积极作用。2010年至今，市图书馆被文化部授予“全国文化工作先进集体”、连续两次被文化部授予“国家一级馆”荣誉称号；先后荣获市级“群众文化工作先进集体”、“巾帼文明示范单位”、全民阅读“先进单位”、“爱国主义教育基地”、“基层文化工作先进单位”、连续四届“文明单位”（十一届至十四届）等荣誉称号和诸多奖项。

我们将以共享工程及数字图书馆的建设为契机，为全市市民、读者、学者提供最全面的数字化文化信息资源，为基层群众提供随时、随地、随身、按需使用的公共数字文化服务。

（撰文/王月堂、金 玉）

当涂县支中心

当涂县图书馆事业起步较晚。新中国成立后至1959年5月底，图书工作由县文化馆代管。1978年8月20日，恢复“当涂县图书馆”名称，与县文化馆一个机构，两块牌子，抽出五名职工管理图书工作。1979年7月与县文化馆分开。1985年10月，由安徽省文化厅拨款3万元，县财政拨款10万元建成的三层楼馆舍正式对外开放，面积715平方米，现有七室一库（图书借阅室、报刊阅览室、少儿阅览室、电子阅览室、采编室、辅导室、办公室、书库）图书工作开始走向规范化。截止2012年，馆藏达46.4万册，其中电子图书40万册、电子期刊3千种、视听文献1240件、图书6.2万册、少儿文献7100件、古籍图书618册、盲文图书45册。年购书经费8万元，编制11人，在职11人，其中大专以上人员10人，中级职称5人，初级职称4人。2012年10月8日，建筑面积20217平方米图书馆新馆工程正式开工建设，预计2014年6月完工并交付使用。

一、业务建设

图书馆业务建设主要分为文化信息资源共享工程、书刊采购和分类编目三部分。

书刊采购是图书馆的基础工作。在七十年代之前，由于社会正处于“文革”这一特定的历史时期，因此在书刊采购过程中则表现出鲜明的时代特色，当时馆藏除了少数经典名著外，多数便是一些政治类的读物。

八十年代之后，书刊采购原则进行了调整，采购工作着重点应是紧紧围绕本地经济建设和读者需求服务。对过去不合理的藏书结构进行了调整，降低了文艺读物入藏比例过高的倾向，减少了复本数，尤其是增加了实用科技图书的入藏比重。

进入九十年代后，由于书刊价格的猛涨，购书经费减少，每年事业经费仅能保工资，书刊购置费仅有1−3万元，年新书入藏量也 平均只有 200~600册。1990年元月，为弥补馆藏之不足同时也为加强地方文献资料的采集与补充工作，对省内外当涂籍或曾在当涂工作过的外省知名人士发出信函，征集他们的著作手稿，通过几年的努力共征集到吴泰昌等名人著作128件。2005年县委宣传部等六家单位共同发起全县各县直机关、企、事业单位向县图书馆捐书活动，此次活动共接受捐赠图书近5000册。近几年来，由于县财政收入的逐步向好，图书馆事业经费也逐年增加，2012年事业费124万元，购书费15万元，年购新书 2000册，订购报刊 187种。2008年10月图书编目实现计算机管理。改变了传统的手工操作模式，极大地提高了工作效率， 两个月便将馆藏中最具价值三万余册的书目信息全部输入计算机。

该县支中心建设于2008年5月启动。国家和省财政下拨51万元、图书馆自筹20万元，按照国家中心下达的《2008年度县级支中心系统配置标准》，县政府采购中心招标，安徽皖通科技股份有限公司中标，通过近两个月的施工，于2008年8月建成当涂县文化信息资源共享工程县级支中心暨图书馆电子阅览室。支中心建成后，通过县、乡两级政府和文广局的共同努力，在2011年已全面完成14个乡镇的基层服务点建设，支中心通过网络培训和举办培训班等方式对所有基层服务点的工作人员进行了培训。2010年12月，申请了互联网域名，域名为“dttsg.com”，正式建立并开通了当涂县图书馆网站。

二、读者工作

读者工作是图书馆业务的归宿，是架设在图书馆与广大读者之间的桥梁。纵观建馆以来图书馆工作历程，图书馆读者工作经历了从封闭到开放，从被动到主动的发展阶段。

1979年图书馆与文化馆分离后，只设有图书借阅室和报刊阅览室。由于藏书少，借书证限制发放，阅览室也凭证进室阅读报刊。当时由于文化娱乐设施贫乏，加之馆舍又处于市中心，来馆读者较多，每晚便增加开放两小时。1980年，为向读者推荐介绍新书，添置板报一块，悬于县馆大门旁，每年定期出刊12期，深受读者欢迎。1985年，迁入新馆后为满足少年儿童的阅读要求，又增设少儿阅览室，并与报刊阅览室一起实行全开架服务。现两室共订报刊188种，阅览席位183个。图书借阅则采取半开架方式，并允许部分读者进入辅助书库自由挑选和熟悉藏书。同时还简化了办证手续，随到随办，读者日渐增多。1989年起，为弥补经费不足，将隔年陈刊加以装订 ，有偿对外租借。1991年，为营造读书氛围倡导全民读书，充分发挥图书馆普及科学文化之职能，又率先在全省开展“互惠互利资源共享”图书馆馆际互借工作。将全县19个基层网点图书馆（室）的购书资金集中起来统一采购，再由我馆补充部分书刊、对各图书馆（室）定期进行巡回流通。1994年，根据图书馆评估定级之要求，结合部分读者愿望，将书库中所藏各类工具书、史料等书刊资料专门集中增设了工具书参考咨询室，供读者查阅。2000年，为方便读者借阅图书提高图书的利用率，借阅室实行全开架借阅方式。2001年，为扩大图书馆影响，让更多的读者走进图书馆，我们分别在县城闹市区和丹阳镇中心地段建立了图书馆读者服务部，此举方便了读者又宣传了图书馆。2008年10月全国文化共享工程当涂县支中心暨当涂县图书馆电子阅览室建成，该室面积80平方米，整个网络由一台管理机、四台服务器和30台终端机组成，扩大了图书馆的服务范围。

此外，我馆每年除不定期利用橱窗进行新书介绍外，还根据每届“图书馆服务宣传周”之要求以及配合党和政府重大活动，广泛开展各种大型活动，如图片展、举办读者座谈会、专题讲座、各种培训班等，年接待读者达4万余人次，书、报、刊流通6万余册次。

三、评估工作

公共图书馆开展评估定级工作，对加强图书馆事业管理，提高图书馆工作水平和工作质量，更好地促进图书馆事业发展具有十分重要的作用。评估工作每四年进行一次，首次评估工作始于1994年，1998年、2004年、2008年又分别开展了第二次、第三次和第四次评估工作。四次评估工作得到了省市专家评估组的肯定、并连续四次荣获文化部 命名的“三级公共图书馆”称号。

四、活动和获奖情况

我馆坚持长年对外开放，在搞好日常阵地活动的同时，积极开展各类社会教育活动，如：举办图片展览、读书报告会、专题讲座、春节有奖灯谜竞猜，少儿作文、奥数、书法、美术、围棋培训班以及职称外语考试培训班等。1987年获全省“三爱一优”先进单位，1994年获全省“先进图书馆”，1994年、1998年、2004年、2008年连续四次被文化部评定为“三级图书馆”，1990年、1998年先后被县委县政府评为先进单位，2011年，图书馆支部被评为先进党支部，另外还数次被县委宣传部、县文化体育局评为先进单位。

（撰文/当涂县支中心）

和县支中心

2009年，和县是全省第二批实施“文化资源共享工程”30个县之一。今年以来，我们根据文化部全国文化信息资源建设管理中心相关文件精神，结合县图书馆实际，主要做了一下方面的工作：

一、加强组织领导

成立了全县文化资源共享工程领导组，组长由分管县长担任，政府办、宣传部、组织部、文广新局、财政局、农委、教育局、电信局、发改委等为成员单位。县图书馆为主要实施单位，县级支中心设在图书馆。

二、确保经费投入

2009年初，国家专项经费51万已到位，为确保工程建设顺利进行，经争取，县财政及时投入配套资金17万，主要用于县级支中心的日常运行维护、资源建设、人员培训、管理等。

三、设备招标采购和网络平台建设

在安徽省级中心关心支持下，县级支中心按政府招标采购程序顺利完成设备的招标采购工作和工程建设任务。县级支中心现已建有磁盘阵列存储一套，服务器4台，千兆交换机1台，UPS可延续稳压电源，防火墙，移动硬盘，卫星接收系统1套，投影设备1套，扫描仪，多功能打印机，防静电地板及避雷系统等，电子文献阅览室配置有工作机2台，业务终端计算机26台。完成10兆宽带信息传输线路的接入，卫星传输工作正常。

四、做好基层点服务工作

我县有10个镇，139个村（社区）（区划调整前），根据文化部和国家中心要求，县级支中心认证落实各项工作；积极推进基层点建设和服务工作。

1、对基层点建设业务培训和指导。我中心先行培训镇级点（只要是镇组织人员、文化站人员），在由他们对辖区内其它村级点进行培训和指导服务。形成技术骨干和网络。

2、实施“农村党员远程教育”和“文化共享工程基层网点”整合。利用全县农村党员远程教育网点已普及到村的优势，我县文化资源共享工程基点建设工作正在着手实施农村党员远程网点与文化共享工程基层网点“一肩挑”，实施两点合一。统一制作了共享工程基层点标示牌。并全部挂牌，投入使用。

3、县—镇—村（社区）三级文化网络初步形成。

五、加大管理力度

1、认真执行《全国文化信息资源共享工程安徽省县级支中心管理暂行办法》、《全国文化信息资源贡献工程安徽省乡镇（街道）、村（社区）基层服务点管理暂行办法》等规章制度，教育中心服务对象，遵守法律，文明上网，提供文化信息服务和绿色网络空间。

2、加强电子资源建设

主要是购置刻录数据光盘，加载数字资源，接收卫星资源等。

3、启动数字图书馆建设

充分利用数字图书馆服务传统图书馆的便利和优势，逐步形成传统图书馆、数字图书馆的双轨并行。2010年初，重点做好本馆流通图书数字化录入，条形码、磁条、扫描枪购置安装调试运行工作已完成。

自2010年夏天开始，图书借还首次用电脑操作。之后，图书购置实行“数字化”录入。

（撰文/仲立海）

芜湖市支中心

在各级政府和文化主管部门的关心支持下，芜湖市将文化信息资源共享工程建设作为推进文化创新，完善公共文化服务体系，促进经济社会协调发展，构建社会主义和谐社会的重要抓手，取得了一定成效，芜湖市图书馆先后被批准为全国数字图书馆建设试点单位和全国公共电子阅览室建设试点单位。

一、市级支中心建设

根据芜湖市共享工程建设实施规划和图书馆全面实现自动化建设的要求，芜湖市图书馆在新馆建设中就进行了统一规划，统一实施，完成了共享工程基础设施、基本资源和数字资源加工系统建设，全面实现图书馆流通的自动化、数字化。实现馆内的各项服务的自动化，馆内光纤局域网和无线局域网的全覆盖，全面建成芜湖数字图书馆，实现了资源访问的馆内光纤局域网、无线局域网和远程访问的三种方式。

1、加强数字资源建设，构建完善的馆藏数据库。数字资源的开放使用与图书馆传统服务相结合，为读者提供了更加丰富更加人性化的服务，满足不同层次的读者需求，由于公共图书馆面向社会各领域、各阶层开放，用户的文化层次和知识水平参差不齐，客观上加大了公共图书馆满足其信息需求的难度，因此市图书馆既购买了一些学术性、专业性数据库，如CNKI、方正apabi。同时也考虑到为数更多的普通读者的需要，购买了龙源期刊、博看、万方视频等。使公共图书馆的数字资源能惠及整个社会群体。

2、构建数字资源系统整合平台，简化检索过程。通过易瑞资源整合系统，对所有的数字资源进行整合，建立统一的检索界面，实现数字资源的集中管理，跨平台、跨数据库检索，方便读者更加快捷地利用各种数据库资源。

3、实行统一认证，扩大资源利用范围。由于公共图书馆数字资源用户群体比较分散，而大多数资源商对其所提供的数字资源采取IP地址控制访问范围的策略，造成一方面馆内资源利用率极低，另一方面有强烈需求的读者却难以利用资源的尖锐矛盾。芜湖市图书馆则通过采取通过门户网站的统一认证平台，读者在任何地方都可以凭证号登录网站查找数字资源。不受地域和IP地址的限制，满足读者个性化需求的功能。

4、建设移动平台，满足读者个性化需求。个性化服务主要基于信息定制与推送技术来实现，它是读者在馆外获取电子资源服务的另一有效途径。芜湖市图书馆首推移动图书馆的举措，读者可通过手机查看定制自己感兴趣的内容，系统后台程序定期处理用户定制的检索需求，并把最新结果通过短信或个性化空间推送给用户。

5、加强文化信息资源共享工程支中心建设的技术支撑。先后引进、安装、使用了图书馆业务管理自动化系统、统一认证服务系统、邮件服务系统、资源整合检索系统（含导航）、数字资源采集加工系统（含网络资源）、远程访问管理软件、数据还原保护软件、网络设备管理软件、数字资源服务系统、图书馆门户网站管理系统、电子阅览室硬盘保护还原软件、电子阅览室读者用机管理系统、共享工程远程访问管理系统、手机短信服务系统、信息系统运维管理系统、上网优化和网络行为管理设备、共享工程流媒体资源管理系统等。

购置了H3C核心交换机、网络安全、无线路由等设备，目前，芜湖市市级支中心建设总投入超过1000万元。其中，中心机房设备380万（包括服务器、存储、网络交换设备、网络安全设备和中心机房恒温恒湿系统、新风系统、防雷系统等），电脑280多台120万，软件、管理系统和数字图书馆、移动数字图书馆门户建设260万，数字资源采购300万，资源采集、加工设备60万，百兆互联网接入。主要设备有IBM服务器、H3C存储、H3C核心交换机、网络安全、无线路由等。

6、争取工作经费、确保工程建设和免费开放基本保障。在文化信息资源共享工程建设工作推进过程中，芜湖市图书馆积极争取各级政府加大投入并建立健全财政投入稳定增长和保障机制，以提高文化信息资源共享

芜湖市级支中心（芜湖市支中心电子阅览室）

工程建设水平和社会效益。市财政给予多项专项经费，全力支持此项工作。目前，芜湖市图书馆物业、运行、维护等经费全部由市财政全额拨付，市财政对图书馆文化信息资源共享工程建设方面所需设备的运行、维护及各类软件的升级等均给予了大量资金支持，为市级支中心运行和公共电子阅览室免费开放工作提供了基本保障。

二、县、区支中心和基层点建设

1、发挥资源优势、实现信息共建共享。市级支中心将文化信息资源共享工程建设和指导县、区工作同步推进，在建成了芜湖数字图书馆服务平台的基础上，逐步实现全市各县、区支中心、分馆和基层服务点的连网和数字资源的共享，采购资源和自建资源实现了免费向各县、区支中心及公共电子阅览室推送。

2、推进电子阅览室和基层服务点建设。芜湖市大力推进市、县、区级支中心和镇、街道、村基层服务点和各级公共电子阅览室的建设工作，将街道综合文化站纳入市民生工程建设项目，建设一批规范化的基层服务点和公共电子阅览室，各相关单位和县、区在全面完成建设工作的同时根据自身实际情况，开展了各具特色的活动。繁昌县要求必须建立电脑桌面一站式导航服务，各公共电子阅览室必须配备专人负责，县级电子阅览室除面积符合规定要求外，工作人员不少于3人；镇电子阅览室应与图书室在同一楼层，工作人员不少于2人；村、社区电子阅览室应与农家书屋在场所、人员、资源等方面统一使用、管理，并有专人负责。芜湖县积极探索实践公共电子阅览室的合作共建，在具备条件的相关场所，如中小学、青少年活动中心及其他企事业单位，在文化部门公共电子阅览室建设的整体框架下，建设符合要求的公共电子阅览室，进行分类服务。针对不同社会群体有针对性地整合资源，建立服务模式，为广大青少年营造一个内容健康、绿色安全、信息丰富、功能完善的网络服务空间。镜湖区、鸠江区结合文化示范街道、社区创建工作和乡镇综合文化站建设，分别对电子阅览室建设制定了相应规定。

3、完善公共电子阅览室服务功能。芜湖市要求各公共电子阅览室建设要具备互联网信息浏览、影视欣赏、健康益智类游戏等休闲娱乐服务及信息查询、电子文献阅览、信息资源导航、计算机培训等数字服务功能。为规范公共电子阅览室管理工作，按照文化部《公共电子阅览室管理规范》要求，各单位必须建立健全各项管理制度。同时，要求公共电子阅览室必须向社会公众免费开

放。繁昌县要求县级公共电子阅览室开放时间每周不少于70小时，镇公共电子阅览室每周不少于30小时，村、社区公共电子阅览室每周不少于20小时。芜湖县注重为未成年人服务，设立了未成年人服务专区，并强化管理手段，保证电子阅览室的健康和安全，安装不良信息过滤软件和上机管理软件，实现对用户上网行为有效监管。鸠江区、镜湖区公共电子阅览室每周对外开放时间均在42个小时以上。

4、规范公共电子阅览室的管理。为加强公共电子阅览室管理，正确引导读者利用网络，围绕“一切为了读者，一切方便读者”的服务原则，坚持以营造绿色网络文化为主导，不断加强和完善公共电子阅览室各项管理规章制度，坚持实行用户上网实名登记、限时上网制度，确保公共电子阅览室安全运行。芜湖市图书馆先后制定了《公共电子文献阅览室管理规定》、《少儿多媒体阅览室管理规定》、《文明利用网络言行举止规范》等多项公共电子阅览室管理规章制度。繁昌县坚持以热情服务，正确引导、严格管理为工作原则，对未成年人上网实行限陪、限区、限时、限网、限管等5限管理制度，即：限陪——未成年读者必须由其家长陪同办理“多媒体阅览证”；限区——未成年读者须在指定的少儿区上机；限时——未成年读者上机时间≤2小时；限网——在电子文献阅览室少儿区的PC机的页面上增设了文化部允许的未成年益智游戏和动漫“快乐生活”少儿多媒体窗口；限管——建立少儿多媒体电子文献阅览室辅导员管理制度。为加强社会监管力度，还特别开通了社会监督电话。芜湖县支中心制定了相应的安全应急预案，修改完善了各项规章制度，积极整合资源，完善服务平台，在充分利用好共享工程、数字图书馆信息资源的基础上，积极整合配置新的适用资源，尤其是适合未成年人服务的特色资源。热情的服务，规范的制度，严格的管理，人性化的服务，舒适的环境，营造了良好的绿色网络氛围，受到社会各界的好评。

（撰文/张兆农）

芜湖县支中心

一、基本情况

文化信息资源共享工程是由文化部、财政部自2002年起组织实施的一项社会主义文化建设标志性工程。2006年7月5日，芜湖县图书馆根据芜湖市文化委、市财政局《关于实施全市文化信息资源共享工程的通知》精神，制定《芜湖县文化信息资源共享工程实施方案》上报芜湖县文体旅游局。申报过程中，得到了芜湖县委、县政府领导的高度重视，县政府在2007年3月9日出台的《芜湖县人民政府关于印发芜湖县实施二十项民生工程任务分解表的通知》中，将文化信息资源共享工程列入了民生工程；县委在2007年3月13日出台的《中共芜湖县委、芜湖县人民政府关于实施二十项民生工程促进和谐芜湖县建设的意见》中，确定了文化信息资源共享工程建设的配套资金30万元。

之后，芜湖县文体旅游局向省文化厅提交了申请立项的报告。县委常委、宣传部长杨文玲亲自率领局、馆主要负责人赴省文化厅，汇报了有关文化信息资源共享工程芜湖县支中心建设的具体方案。2007年10月30日，安徽省文化厅下发《关于对文化信息资源共享工程县级支中心建设情况调查模底的函》，芜湖县支中心被列为2007年安徽省第一批建设项目。

二、落实人员、资金和场地

建设文化共享工程县级支中心，需要有计算机专业技术人员、配套资金和场地。芜湖县图书馆积极争取各有关部门的支持，认真抓好人员、资金、场地落实工作。

2006年至2008年，芜湖县图书馆连续向县编委申请进人指标。经县编委批准，3年内通过社会公开招聘共引进1名专科毕业生，2名本科毕业生，使专业人才及时到位。

后期由于文化共享工程县级支中心建设投资标准改为国家补助34万元、省级补助17万元、县级配套17万元，图书馆于2008年又重新向县财政局提交了要求配套17万元资金的报告。县财政在当年预算中安排了19万元（其中2万元作为设备维护费），如期解决了经费问题。

建立文化共享工程县级支中心需配套建立机房、电子文献阅览室、多媒体室，需要具备一定的场地条件。因为图书馆可用面积有限，只有租房才能解决实际问题。为此，图书馆多次向县文体旅游局反映了这一情况。经局长出面协商，县人事局给予大力支持，将位于图书馆上层的118平方米用房租给图书馆使用。

三、项目主体建设

2008年4月底，开始支中心主体建设。为了少走弯路，规范建设，芜湖县图书馆派出人员先后参观了繁昌、宁国等共享工程已经建成的图书馆，学习先进馆的做法。8月，电子文献阅览室、机房、多媒体室按照省里统一要求装修完工。

电子文献阅览室、机房、多媒体室中的所有设备均由省文化厅统一招标和配送。10月31日起，设备陆续进馆。每一次到货，图书馆的技术人员都要认真进行验收。供货部门的技术人员上门安装时，图书馆都要派出技术人员协助他们安装和调试。

为确保安全，图书馆从省里请来技术员安装了大楼防雷和接地系统，在机房、电子文献阅览室安装了监控设备，添置了干粉灭火器。同时，接通了UPS电源启用工作，并以电子政务网的形式接入了10兆光纤入网，确保电子阅览室顺利畅通。12月，共享工程县级支中心建成。

四、制定管理规章

为了加强对电子文献阅览室和多媒体室管理，县图书馆制定了《芜湖县图书馆电子文献阅览室管理规定》、《芜湖县图书馆电子阅览室工作职责》、《芜湖县图书馆未成年人电子文献阅览室管理规定》、《电子文献阅览室办证、收费须知》、《电子文献阅览室上网须知》、《多媒体室规章制度》。并且在实际工作中严格执行，使我馆工作人员和广大读者都能够真正有令可依、有章可循。

五、接受检查验收

2008年6月6日，安徽省文化厅社文处处长丁光清率领社文处主任杨林艳和安徽省图书馆副馆长林旭东，在县委副书记、县长方旭，县委常委、宣传部长杨文玲，副县长吴春兰，文体旅游局长胡昌海的陪同下视察了县级支中心建设情况。视察后，丁处长一行对前期建设和准备工作表示满意。

2008年11月20日，由文化部文化信息资源共享工程国家中心副主任张晓星率领的督查组，在省文化厅社文处副处级调研员杨林艳、市文化委副主任袁长荣等陪同下来到县图书馆督查县级支中心建设。县委常委、宣传部部长杨文玲，副县长朱群及县文体旅游局等单位负责人陪同督查。督查组一行认真查看了场地建设、环境布置、设备安装等情况，并进行上网操作，听取了建设工作汇报。督查组对县级支中心建设表示满意，对县图书馆注重地情资料库的建设表示赞赏。

六、扩大宣传

文化共享工程县级支中心建设属于新生事物。为了使更多的人了解其功能，县图书馆努力扩大对外宣传。一是自制相关光盘送到县影剧院，在电影放映之前进行播放；二是通过县电视台、县报、县网站、局网站、馆网站、馆办刊物《知识　信息文摘》等多种媒体进行推介；三是利用自制灯箱、馆内宣传栏、海报、展版等进行宣传。

七、投入使用

县级支中心电子文献阅览室，2009年1月20日至2月28日进入试运行阶段，免费上网；3月1日起，正式对读者开放。1月16日起，启动多媒体室服务，在规定的时间内为少儿读者播放科教片和动漫片。据统计，至2012年12月共服务读者5万人次，为城关小读者免费播放电影300场，开展共享资源进军营活动8次。送视频资料下基层服务点1万个节目。技术人员下基层辅导社区、乡镇文化站、村级农家书屋的共享工程的管理人员达200余次。

县级支中心现有国家图书馆提供的资源县级版资源容量为1.2TB，乡镇版资源容量为450GB；从省分中心拷贝乡镇资源2TB，下载364GB，通过卫星网络下载的影视资料70余部共58GB。另外，还承担全县124个村、15个社区、6个镇综合文化站等基层点的建设服务，发放了由省分中心统一配送的投影仪138套。

八、新馆建设

2012年芜湖县图书馆迁入新址，新大楼坐落于芜湖县湾沚镇东湖公园内，占地面积10亩。其中电子文献阅览室300平方米，内有计算机57台，其中管理机2台，其余55台为读者所用。为了使读者更快更好的享受数字资源，芜湖县图书馆重新招标采购了配置更高更好的网络设备、服务器、PC机，并接入了20兆的光纤。并且与5月份购买了40万册的超星电子图书供读者阅读。

县图书馆新大楼的多媒体室约50平方米，为了使读者们特别是小读者们能够免费享受到视觉盛宴，馆领导更是费劲心思，计划在2012年内购置一台55寸的3D网络电视和40副第三代不闪式3D眼睛，供读者观看适用。

新年应有新气象，芜湖县图书馆于2012年迁入新址，无论硬件环境还是软件环境都有了巨大的改善，我们一定会好好利用这优越的条件，充分利用共享工程的平台为芜湖县的广大读者好好服务。

（撰文/王国辉、孟　凡）

繁昌县支中心

繁昌县面积590平方公里，人口28万，辖6镇93个村（社区）。在领导的关心重视和支持下，繁昌县全国文化资源共享工程在全县城乡逐步推进，稳步发展。在建立和完善基层公共文化服务体系，满足城乡群众公共文化需求，宣传和传播优秀文化中发挥了重要作用。

一、基本情况

2006年，繁昌县被批准为全国文化共享工程中西部地区100个试点县之一，也是安徽省3个试点县之一。2007年，繁昌县文化共享工程建设完成6个镇3个村基层服务点建设及设备安装调试。2008年，完成全县城乡92个镇、村、社区基层服务点建设，实现文化共享工程全县城乡全覆盖。

文化共享工程繁昌县级支中心设在繁昌县图书馆，是繁昌县文化共享工程建设和业务指导单位，负责保障县级支中心工作运行，协调镇、村、社区基层服务点建设事务和活动开展，负责基层服务点设备维护，管理人员技术培训等项工作。

二、网点建设

2007年，完成全县9个镇、村文化共享工程基层服务点建设，2008年，完成全县城乡92个镇、村、社区基层服务点建设。2011年，完成2个镇、3个社区、10个村基层公共电子阅览室建设。2012年，完成3个镇、3个社区公共电子阅览室建设。

三、经费投入

繁昌县文化共享工程建设以来，在2007年县财政一次性拨付专项经费22万元的基础上，平均每年投入专项建设费用32万元用于文化共享工程设备维护、人员培训和活动开展。

四、资源建设

2007年至2012年，繁昌县级支中心接收、加载、加工、购买各类资源4.25T，为基层点配送各类资源7.1TB（移动存储资源3.5TB，发放光盘5790张3.6TB），制作专题视频6期，宣传展板72张，编辑印发《信息摘要》宣传资料14.4万册。

五、技术支持

县级支中心机房、网络系统、公共电子阅览室综合

实用技能“网培课堂”——中国文明网

基层服务点——《十一五成果展》

平台管理系统由安徽华博胜讯公司负责定期进行技术指导维护；“力博图书馆管理系统”软件系统由南京图书馆技术部定期进行技术指导维护。

六、合作共建

2008年，繁昌县文化共享工程与农村党员干部现代远程教育实现两个工程合作共建，完成两个工程挂牌、场地、管理、资源、人员5个统一；2010年10月开通“网络视频”点播，2011年5月联手打造“实用技能网培课堂”，开班54期。

七、惠民服务

按照文化共享工程进学校、进军营、进企业、进社区、进农村的总体思路，为城乡居民提供免费的“绿色网络”数字阅读，努力用优秀文化服务城乡群众。

2006年，成立“为民服务视频文献播放队”，开展优秀视频城乡巡回播放2760场次12万人次。开展DIY少儿数字点点秀、“像雷锋那样”电脑小报比赛、数字“节日”等丰富多彩绿色少儿数字阅读活动；辅导老年读者利用数字网络。组织数字文化进军营，辅导部队制作PPT多媒体军事教学课件。成立文化共享工程繁昌县京剧戏迷协会，弘扬传承传统文化，活跃城乡文化大舞台。

利用“两个工程”网络资源和图书馆馆藏文献资源，定期编印《信息摘要》半月刊144期15.5万册次，赠阅群众，服务“三农”。建立“实用技能网络培训课堂”，举办全免费农民工、老年读者、部队官兵计算机网络技术培训班及农业科技、普法知识培训讲座计54期。

八、宣传推广

2007年至2012年，共有32篇国家级、58篇省级新闻媒体报道文化共享工程繁昌县级支中心建设情况。其中如“体验绿色网络阅读乐趣”、“颂歌献给党”、“老年读者网上阅读”、“农民工电子阅览室”等图片新闻分别登载在《人民日报》（海外版）、《中国文化报》、《首钢报》、《工人日报》、《安徽日报》等多家新闻媒体上。

2009年1月24日，繁昌县文化共享工程服务城乡群众视频新闻被央视一套、朝闻天下栏目采用播出。

九、培训工作

集中培训、个别辅导相结合开展各类培训862次，参训1720人次。开通了共享QQ群（72682090），为基层点技术人员提供技术交流网络平台。

十、管理和队伍建设

由县政府制定出台了《繁昌县文化共享工程、公共电子阅览室工程建设实施方案》，具体制定了县级支中心机房、公共电子阅览室及基层点各项服务管理规定，与全县106个基层服务点签定了《繁昌县文化共享工程、先锋在线与各镇基层服务点、工作站（点）、公共电子阅览室三方工作协议》，制定了基层站点岗位责职、服务内容及管理人员岗前培训，挂牌上岗制度。

十一、荣誉奖项

2008年5月，繁昌县被评为全国文化共享工程建设示范县；6月，安徽省文化共享工程县级支中心建设现场会在繁昌县召开。2009年5月，评为芜湖市首届信息建设先进单位；9月，繁昌县孙村镇荣获文化部全国文化信息资源建设管理中心颁发的“扎实服务惠群众共享文化在基层”锦旗，徐群同志喜获全国文化共享工程先进个人荣誉证书；10月，繁昌县文化共享工程中控机房建设案例编入全国文化共享工程县级支中心建设教材；2010年10月，繁昌县文化共享工程建设图片编入全国十一五成果展；2011年7月，孙村镇顺风村书记俞华贞事迹登载在《全国文化信息资源共享工程工作简报》；2012年12月，被文化部授予“全国文化信息资源共享工程·公共电子阅览室示范点”。

十二、工作展望

坚持以公共数字文化建设为指导，按照传统图书馆、数字图书馆双轨并行的理念，积极营造绿色网络数字文化平台，向社会公众提供全方位的信息与知识服务，逐步建成覆盖全县城乡的公共数字文化信息化网络服务平台，让城乡百姓实实在在地感受和体验现代数字阅读，充分享受公共数字文化成果。

（撰文/管　霞、俞　柒、袁　琴）

南陵县支中心

南陵县位于安徽省东南部，地处皖南丘陵向沿江平原过渡地带，是通往“两山一湖”（黄山、九华山、太平湖）的重要门户。总面积1264平方公里辖8镇157村、21个居委会，人口55.5万人。

一、基本情况

文化信息资源共享工程是由文化部、财政部自2002年起组织实施的一项社会主义文化建设标志性工程。2009年，南陵县图书馆开始建设文化信息资源共享工程，是安徽省第二批建设项目。

电子文献阅览室、机房中的所有设备均由南陵县图书馆依据文化厅下拨资金和省图书馆统一发放的技术参数，完成招标。招标采购了网络设备、服务器、PC机，并接入了20兆的光纤宽带以及6TB的存储容量。软件采用一期共享工程的中标品牌：力博自动化管理软件、赛门铁克备份软件、百年树人系统、任子行管理软件等。为确保安全，图书馆安装了大楼接地系统和三级防雷系统，在机房、电子文献阅览室安装了监控设备，添置了干粉灭火器。同时，接通了UPS不间断电源。

二、管理制度

南陵县文化共享工程支中心在管理员队伍上坚持明确责任，制度化管理，常态化培育。制定了《南陵县图书馆电子文献阅览室管理规定》、《南陵县图书馆电子阅览室工作职责》、《南陵县图书馆未成年人电子文献阅览室管理规定》等规定。

三、检查验收

2010年6月，文化共享工程安徽省级分中心周全老师、鲍云老师来到南陵县图书馆指导县级支中心建设并验收，提出了南陵县支中心建设整改意见。

四、使用情况

县级支中心电子文献阅览室自2009年建成后，免费对外开放，当时24台电脑供读者使用。2012年6月搬入新馆，电脑增加到52台，其中管理员2台，50台为读者使用。机房每天接收国家图书馆提供县级版资源，并利用卫星网络下载各类科普、影视资料。

文化资源共享工程项目建成投入使用后，我县财政大力支持和帮助。维护运行经费列入预算，保证了县级支中心的正常运转。

五、宣传推广

南陵县图书馆利用宣传栏、海报、展板等多种形式宣传共享工程，让广大市民了解和共享文化资源信息共享工程这个新生事物。

信息化、网络化是现代图书馆的重要特征和管理方式，信息资源。

六、工作展望

建设时图书馆资源建设的重要组成部分。在今后的工作中南陵县图书馆将不断加强对文化信息资源共享工程的建设，充分发挥该工程的资源和网络优势，积极探索长效机制，不断提高工作水平。努力使南陵县文化信息资源共享工程工作再上新台阶。

（撰文/陈 玲、凤艳丹）

无为县支中心

无为县现辖23个乡镇、2个省级经济开发区，共有323行政村和社区。全县总面积2433平方公里，总人口142万。无为县文化信息共享工程建设启动于2007年11月，2008年2月建成完工，并正式投入使用。该工程建设包括了电子阅览室、网络机房建设和卫星接收系统。电子阅览室配备了电脑40台，电脑桌椅40套，少儿室安装了投影仪、多媒体视听等放映设备，供平时给少儿放映文化信息共享工程资源，网络机房安装了4台网络服务器等设备。通过向博西商务购买龙源电子期刊数据几千种，在图书馆网站上建立了电子期刊阅览室，可供读者在电子阅览室阅读浏览，到目前为此，我馆文化信息共享工程已投资100多万元，每年财政专项经费5万元。可以说我馆的文化信息共享工程建成后，办馆条件基本实现了功能多样化、服务数字化、办公自动化和管理规范化。为了加强我县文化信息共享工程覆盖面，实现文化信息资源共享，2009年全县323个行政村和社区都配备了投影议、音响等放映设备，并对全县基层业务人员都进行了专业培训；2012年又开始试点建设了9个乡镇文化信息资源共享工程基层点，并准备在今后2年内完成全县23个乡镇基层点建设。

无为县图书馆在文化信息资源共享工程项目建设完工后，从开始就一直坚持免费对外开放，我们服务的对象主要是面向城乡广大读者，特别做好为青少年学生和未成年人服务，我们坚持每天对外开放，并通过广播电视媒体和散发传单等形式在全县范围内进行大力宣传，让我县广大的读者尤其是青少年学生和未成年人都能了解、认识和利用我们的信息共享工程，从而了解、认识和利用我们的图书馆。我馆注重加强内部管理，使图书馆电子阅览室成为青少年绿色、健康的网络空间。据统计到目前为止，五年来电子阅览室共接待前来上网查阅资料的读者45000余人。同时，为更好的发挥文化信息共享工程的功能和作用，自文化信息共享工程建成以来，我们还利用这些文化信息共享工程资源精心组织开展了多种形式、内容丰富多彩、生动活泼的活动：如在2010年"六一"期间，利用共享工程设备和文化部提供各种影视资料，数字光盘《文化共享工程夏日电影展播》、《共享书香，快乐阅读》、《文化共享助春耕》等，组织小学生观看红色电影和少儿影片，；2011年结合建党90周年，先后到金牛、建国等乡镇小学开展免费放映红色爱国影片，如：《少年孙文行》、《红色记忆、振奋中国》、《共和国不会忘记》等一批适合儿童观看的经典影片，加强他们爱国主义教育，受到老师和学生热烈欢迎。为了丰富广大青少年学生和未成年人的暑期生活，经常利用少儿室组织少儿开展专题影视放映活动，充分发挥公共图书馆的宣传教育舆论阵地作用。几年来共放映优秀影片200多场，接待青少年学生和未成年观众约12000多人，这对于激发他们的爱国热情，帮助他们从小树立正确的人生观、世界观、价值观都起到了积极地促进作用。与此同时我们的电子阅览室也开展了充分发挥公益性电子阅览室作用，积极推进"学习型社会建设"为主题的宣传教育活动，我馆的工作人员在本馆的电子阅览室耐心的给青少年学生讲解电脑的基本使用和网络资源浏览等基本知识。通过活动和培训，使同学们对文化信息共享工程

产生了浓厚的兴趣，一方面吸引了广大的青少年学生和其他一些群众到我馆的电子阅览室享受网络文化服务，另一方面也引导他们健康上网，文明上网，推进了学习型社会建设，受到了良好的社会效果。

今后我馆将以新馆建成为契机，将竭力更好更充分的利用文化信息共享工程资源和阵地，从以下几个方面着力开展与文化信息资源共享工程相关的各种服务工作，积极营造舒适优雅健康的读书学习环境，努力满足广大读者的需求，让图书馆真正成为“知识的海洋，文明的窗口”。1、加强电子阅览室内部管理，开展积极健康的网上阅读，为活跃城乡人民群众的精神文化生活发挥积极的作用。2、争取利用共享工程有关设备，积极开展与“文化共享工程”相关的流动服务工作。充分利用“文化共享工程”的设备和资源，走进广场、农村、社区、学校，将优秀的中华传统文化、科普知识等送到基层。3、加强地方优秀文化数字资源库的建设。数字资源库的建设是共享工程建设的重点工作之一，今后，要将无为优秀的文化资源通过加工、整理，再通过共享工程的媒介提供给广大群众。4、通过业务培训、辅导，指导乡镇基层服务网点开展文化信息资源共享工程工作。5、加强人才队伍建设。数字资源建设，共享工程建都需要大量既懂技术又懂专业、具备较强业务能力和一定科研能力的复合型人才。因此，要从提高人员素质，提高服务水平着手，通过业务培训、参观学习，引进专业技术人才，组建一支高水平的资源建设、网站维护的技术骨干队伍，为共享工程支中心的建设提供有效的人才保证。

随着文化信息资源共享工程建成，我们把群众喜闻乐见的优秀文化作品通过互联网便捷地传送到读者身边，将能填补基层文化需求的空白，对构建和谐的社会，提高广大群众的思想道德素质和科学文化素质将发挥积极的作用。

（撰文/无为县支中心）

铜陵市支中心

铜陵市于2004年6月启动文化信息资源共享工程，是我省最早开始实施的地市之一，经过多年的建设，共享工程服务网络在我市城乡已经形成。

一、制订规划，加大投入，为工程建设提供保障

文化信息资源共享工程是惠及千家万户的一项重要文化基础工程，自文化部和财政部在全国部署开展工程建设以来，我市文化主管部门对此项工程高度重视，多次与相关部门商讨、制订工程建设方案。根据国家、省有关文件精神，结合我市实际，2005年12月由市文化局和市财政局联合下发《关于进一步加强铜陵市文化信息资源共享工程建设的意见》。市委、市政府也非常重视，于2006年元月下发文件：“转发《市文化局、市财政局关于进一步加强文化信息资源共享工程建设意见》的通知”。“通知”对工程建设提出了明确要求，保证了我市共享工程建设工作的开展。在工程建设投入上，2007年至2009年市财政共下拨180万元专项资金，用于共享工程建设，我市共接受省文化厅配送的总价值约500万元的共享工程设备，有力地推动了我市共享工程建设。

二、以服务网点建设为重点，打好工程建设基础

网点建设是共享工程的基础，是优秀文化资源得以传播、广大群众得以方便利用的前提。我市共有三个区一个县，根据工程建设方案，依托图书馆、社区文化活动中心、乡镇文化站、村文化室等来进行服务网点的建设。全市共建立市级分中心1个、县级分中心1个、区级分中心3个、社区（村）基层服务点224个。实现全市共享工程服务网点全覆盖，形成了市、县（区）、社区（村）三级服务网络。

三、以资源建设为核心，不断丰富工程建设内涵

资源建设是共享工程建设的核心，是有效开展服务的保障，我们利用各种渠道和平台，不断丰富资源建设。一是以共享工程市、县（区）级分中心为平台，积极开展文化数字资源配送，把国家、省中心下发的电影、讲座等视频资源配送至各基层服务点。二是市级支中心利用市图书馆丰富的馆藏资源加以整合，制作了例如“名著大片集”、“系列科普视频”、“红色经典影片展”、“少儿优秀动画影片”、“铜都讲坛系列讲座”等提供给县（区）级分中心和基层服务点使用。三是依托市图书馆、县（区）图书馆逐年加大数字资源的购置量，丰富共享工程服务内容。四是充分发挥各服务点的能动性，积极指导乡镇、社区将辖区内开展的文化活动、技术培训、公益讲座等视频资料，制作成光盘或存储于硬盘中，让全体居民共享。

四、规范管理运行，扎实开展服务

一是强化制度建设，规范场所管理。市级支中心根据相关规定制定《铜陵市共享工程服务点管理规章》，要求各服务点制度上墙并遵照执行。二是加强培训指导，提升服务水平。市级、县（区）级分中心，定期在全市范围内开展共享工程管理员培训工作，内容涉及规章制度、电脑基础知识、系统维护、投影仪等设备的使用等。另外，市级分中心还抽调专业人员不定期地开展上门巡回指导，提供技术支持。三是扎实开展服务。为广大群众提供有效服务是共享工程建设的根本。全市每个共享工程服务点均配备了专（兼）职管理人员，为保证开放时间和服务质量，各服务点都将开放时间做出具体规定，保证开放时提供服务。为帮助支持各服务点开展服务，市、县（区）级分中心还经常地走进基层服务点开展活动。如

举办基层服务点培训班

走进各社区开展“健康系列视频讲座”活动，走进农村开展“农业科技影片巡回放映”活动等。

我市共享工程实施以来，在省、市政府的高度重视下，经过多年的建设，共享工程服务点在全市实现了全覆盖，服务水平和能力不断提升，产生了巨大的社会效益，在用先进文化占领互联网阵地，满足群众多样化的文化需求等方面，发挥了积极的作用。今后我们将以整合资源为重点，创新服务方式，提升服务质量，保证必要的运行维护的投入，为广大群众共享优秀文化资源提供更多更好的服务。

（撰文/周　骥）

铜陵县支中心

全国文化信息资源共享工程是由文化部、财政部组织并于2002年4月正式启动实施的国家级文化工程。此项工程是利用先进科技手段传播、建设先进文化的大型的公益性的文化网络工程，旨在整合全国文化信息资源，通过互联网、卫星宽带传输和光盘将数字化文化信息资源传输到群众身边，实现优秀文化信息资源在全国范围内的共建共享，满足广大人民群众日益增长的文化需求，整体提高文化资源的利用率。

铜陵县图书馆文化信息共享工程自2007年启动以来得到各级领导的关心与重视，2007年12月底铜陵县图书馆在铜陵县文化广场隆重举行了全国文化信息共享工程铜陵县支中心启动仪式及迎新年读书月活动，在开展开展启动仪式及全民读书活动中，充分发挥了公共图书馆的自身的优势和独特作用。公共图书馆是我国社会主义文化事业重要组成部分，在活动中利用自身资源和人才优势，发挥服务、引导和组织作用。挥主力军作用，为构建和谐铜陵尽职尽责，为广大群众读好书、多读书提供了良好的信息环境。

2008年省文化厅文化信息工程为铜陵县图书馆县支中心配置了千兆网主干、百兆出口高速网络，功能强大的服务器以及磁盘阵列系统，构成了我馆高效的硬件资源系统，为共享工程的实施提供了较大的发展空间和硬件支持。另外铜陵县图书馆充分利用卫星接收的资源，精心制作了铜陵县图书馆网站，让读者不在图书馆也可以看到电子图书，和卫星接收的各类信息资源，更大的方便广大农村，特别是边远山区山村，以及江湖圩区让大家不出家门口就可以根据自己的需要，学习掌握科技种养技能知识。

2009年初中央财政、省级财政及我县财政，下拨我县文化共享工程县级支中心，村级点设备118套，为了让这些设备能充分的发挥作用，我馆在县委县政府的组织下由县委组织部徐部长亲自将这些设备发放到各个乡镇、村负责人手中，在发放大会上向各村负责人重点强调了全国文化信息共享工程村级服务点的重要作用，提出了具体的服务要求，并且指出，技术有县支中心负责支持，村坚持日常活动，由专人负责，由专业部门检查评比，这项工作的深入地开展有效的缓解农村群众看书难、看戏难、看电影难，丰富农民群众的精神文化生活，满足了广大农民求富裕、求健康、求文明的需求，现在个乡镇村有了设备，铜陵县图书馆文化信息共享工程支中心先后组织了10批次、180人次乡、镇、村负责人来馆培训设备的安装和使用，并且签订了文化信息资源共享工程村级点管理责任书，制作了各个乡镇村负责人的服务联系卡，方便大家互相交流学习。

2009年我馆参加了第四届图书馆评估定级，全国共享工程成为图书馆评估定级的一个重要指标，其中电子阅览室是共享工程文化资源信息服务的一个重要展示窗口，它将传统图书馆的服务项目用全新的信息技术和网络技术手段向广大读者提供全新的服务，目前铜陵县支中心的电子阅览室向广大的读者提供大量阅览资料，2009年以来铜陵县图书馆先后购入电子图书10万册，丰富了数字图书馆内容，向广大读者进一步提供的同时，利用全国文化共享工程县级支中心的平台，完善了馆藏目录以及相关图书馆资源的深度链接，方便读者浏览馆藏电子图书的在线阅览、馆藏书目数据库的即时查询。

文化共享工程建设，是全面履行政府职能完善社会公共服务体制的重要内容；是培养新型农民，推进社会主义新农村建设的重要途径；是落实科学发展观、缩小城乡差别，打破落后地区信息闭塞状况，促进农村跨越式发展的重要抓手；也是加强精神文明建设，用先进文化占领农村文化阵地的有力措施。文化共享工程是一项功在当代，利在千秋的民心工程，是一项具有长远战略意义的工程。在基础站点的实施和运行的过程，铜陵县图书馆、铜陵县文化共享工程支中心，先后组织技术人员60人次，深入乡村实地指导安装，培训操作人员，现场解答问题，先后联合铜陵市文化共享工程分中心，向铜陵地区敬老院，乡村学校利用文化共享工程设备，进行现场播放大家喜爱的爱国主义新片80余场，正是在不间断的活动开展下，基层站点涌现出一大批爱岗敬业的好同志，一批技术熟练的工作人员，2011年9月21日第二届安徽省“文化共享杯”知识于技能大赛区决赛，来自铜陵县文化共享工程基层点邢慧华同志荣获安徽赛区个人“三等奖”。

全国文化共享工程铜陵县支中心，自建成运行以来，累计接待网上查询12万人次，共享工程服务网络覆盖全县108个乡村和社区，极大的丰富全县人民群众的文化和精神生活。极大的体现了文化共享工程的现代服务水平和功能。

（撰文/铜陵县支中心）

安庆市支中心

安庆市现辖8县(市)3区。市级支中心服务范围为城区的迎江、大观、宜秀三区和市经济技术开发区，共15个街道办事处、13个乡镇，面积821平方公里，覆盖人口78万。

文化信息资源共享工程在安庆市的实施，为满足城乡基层群众日益增长的数字文化需求、保障人民群众的基本文化权益，完善公共文化服务体系、提高公益性文化服务水平、促进经济社会协调发展、构建和谐安庆发挥了积极作用。

一、整体情况

安庆市图书馆是省内较早启动“文化共享工程”的地市级图书馆之一，于2004年5月起步建设，当年投入使用。后根据省分中心统一部署，挂牌“文化共享工程安庆市级支中心”。

现有卫星接收系统一套，HP、IBM、浪潮、方正等服务器7台，交换机、无线路由设备6台以及投影仪等设备，存储容量20T。互联网带宽20M，馆内实现无线局域网全覆盖。现主机房40平米，电子阅览室90平米、PC终端40台，2010年建成140坐席的多功能报告厅。180平米能容纳80台以上终端的电子阅览室目前正在扩建中。支中心配备6名专兼职管理员(其中3人参加过省中心组织的专门培训)。共享工程市支中心9年以来，以面向基层、服务群众为导向，创新机制、整合资源，努力推进管理和服务，服务惠民达20万人次，包括机关企事业单位、乡镇、街道、社区、军营、学校，从党政干部到百姓、从老年到少儿的各类人群。

二、网点建设

安庆市级支中心主要服务范围为城区范围的迎江、大观、宜秀和市经济技术开发区，由于上级和本级财政对本支中心均无专项资金投入，自身无力从设备硬件上向基层点投入。市级支中心从实际出发，先期将共享工程基层网点建设与本馆基层图书馆（室）建设结合起来，2012年又与市区乡镇（街道）文化站、社区文化活动室设立的公共电子阅览室建设结合起来，指导各基层服务点设备的调试、运行、人员培训、业务开展等工作，截至2012年12月开展服务的市区乡镇、街道文化站、社区文化活动室和基层图书馆（室）文化共享基层点达42个。

三、经费投入

安庆市支中心主要靠自筹资金并依托图书馆现有的自动化网路设备和数字资源为条件开展服务。虽无专项投入，但从2004年起自筹和直接利用图书馆现有设备、数字资源的资金在60万元以上。

四、资源建设

1、文化共享工程共享的资源，主要包括从共享工程主网站和卫星接收系统下载的国家中心开放的共享资源到本馆服务器，含传统文化、舞台文化、民族文化、文学书籍、名家讲坛、影视作品、衣食住行、科普知识、中华名人。以及中国教育电视台和农村党员干部教育的实时卫星节目等。

2、国家中心和省中心及上图分发的光碟。

3、本馆自建、自购资源。前期由于经费限制，主要是书目数据、光盘和一些自行整合的网络资源以及部分商家授权试用的数据库。2009年开始逐年加大数字资源的建设力度，年投入近15万元，购入了一些主流数据库。现有数据库共14个， 可用资源量超过20T。其中：购进全文数据库11个、自建书目库3个。包括：万方、CNKI中国知网、超星、维普、时夕考试资源，龙源、博看电子期刊，墨香数字报纸、盲人电子图书馆、世纪经典数字图书馆、中小学素质教育资源库等。书目数据库包括：馆藏中文图书书目数据库、馆藏中文期刊书目数据库、馆藏地方文献书目数据库、馆藏古籍书目数据库（正在建设中）。

五、技术支持

安庆市级支中心技术上主要依托市图书馆自动化网络系统的交换机、路由器、服务器、存储器、PC终端、投影仪及卫星接收系统等设备。局域网为千兆以太网星型、树型混合拓扑结构，配备长时不间断电源UPS供电，楼内信息节点140个（楼层可集联扩展），带宽100-1000M，光纤互联网带宽40M，馆内实现无线局域网全覆盖。将卫星接收系统下载国家中心开放的资源和通过互联网与国家中心主站和省市分中心站点连接获取的共享资源以及本馆网站设立的共享工程专栏、数字资源栏目的资源等，在馆局域网内的电子阅览室、多功能厅提供浏览、播放，在馆外通过登录图书馆网站为可上网人群提供网上浏览。

六、合作共建

我们在充分利用国家中心和省分中心的资源的同时，在共建共享理念的指导下，发挥图书馆学会的桥梁纽带作用，与市学会成员馆中的本市大专院校图书馆如安庆师范学院、安庆职业技术学院、安庆技师学院等签订协议建立合作共享关系，数字资源除了在成员之间共享还提供给基层服务点。

七、惠民服务与推广

1、馆内。充分发挥共享工程电子阅览室主阵地的作用做好服务与推广，将“共享工程”的资源和图书馆自身的数字资源提供读者使用。2011年将阅览电脑全部更新，每天开放由7小时增加到10小时，双休日和节假日照常开放，年阅览量15000人次。我们还把报告厅作为“共享工程”的播放场所，结合“安庆大讲坛”品牌的影响力，播放“共享工程”的视频讲座、知识、影视节目，年举办讲座及播放视频共100多场，观众、听众达 12000人次。

2、馆外基层点。为城区基层图书馆（室）和乡镇（街道）文化站、社区文化活动室设立的公共电子阅览室提供图书、杂志、光盘资料和数字资源网上阅读卡，由各基层点直接面向群众服务。

3、网站网络。将本馆的共享工程专栏、数字资源栏目、安庆市科技成果转化与产学研对接服务平台与全国文化信息资源共享工程主站和各省市分中心建立的web站点链接整合到安庆市图书馆网站通过局域网和Internet提供到馆读者、基层服务点用户以及更多的本市和本市以外的广大网民用户阅读，网站年访问量万余人次。

每年还认真选择、搜集、下载一些实用性强、信息量大适合于基层群众的政策法规、农业科技、文化体育、防疫保健、科普知识等共享工程信息资源，刻录成光盘或编成宣传资料，利用"送文化下基层、进社区"、图书馆宣传周、节假日集中向基层群众发放，并现场接受咨询，解决实际问题。

八、管理和队伍建设与培训工作

为加强对支中心管理，建立了由馆长任组长，副馆长任副组长，班子其他人员为成员的"共享工程"安庆市支中心组织机构。下设办公室，具体负责技术保障、资源建设和辅导服务工作。制定了《工作人员岗位职责》和《共享工程电子阅览室管理制度》、《报告厅、展播厅制度》等内部管理制度，使管理工作规范化、制度化。

为提高管理人员的操作水平和运用能力，支中心还编印材料，组织开展基层培训、知识竞赛、操作技能比赛等活动，参加人员280多人次。注重对基层点做好业务指导和技术支持工作，工作人员年下基层服务80多（次），受到基层服务点的称赞。

九、荣誉奖项

2011年9月在"第二届文化共享杯全国文化信息资源共享工程知识与技能竞赛"安徽赛区决赛中安庆市级支中心荣获优秀组织奖；市支中心（市图书馆）方云霞获个人二等奖；

2011年11月在全国文化信息资源共享工程"阳光少年热爱党"少年动漫设计制作竞赛中，安庆市支中心组织选送的参赛作品荣获小学漫画组最佳创意奖和二等奖各一个、初中动画组二等奖一个、初中漫画组三等奖一个。这次全省范围在国家中心获奖的作品共8幅，安庆市支中心选送的就占据了3幅四个奖项；

2012年6月，安庆市支中心组织全市中小学生参加全国文化信息资源共享工程"像雷锋那样……"中小学生电脑小报设计比赛，获共享工程安徽省级分中心表彰，荣获中学组一等奖1个、中学组三等奖2个和小学组三等奖2个。

十、工作展望

目前文化共享工程已进入与公共数字文化建设和数字文化服务相融合的新时期，云技术和全媒体网络也已逐步进入共享工程应用领域。安庆市图书馆2012年被纳入国家数字图书馆推广工程第二批建设单位，新馆建设也已启动。

下一步，安庆市级支中心将抓住契机，将共享工程建设与数字图书馆建设、新馆建设以及基层公共电子阅览室建设相结合、相融合，2013年按文化部配置标准和要求完成硬件平台的搭建，2014年完成与省馆虚拟网的互联及应用系统平台的建设并积极实现与有条件的区县级馆（支中心）的虚拟网连接，2015年前实现与国家、省、安庆区域数字图书馆和文化共享工程系统平台的互联互通，基本建成覆盖安庆城乡的数字图书馆和文化共享工程服务网络。依托互联网、移动终端、数字电视、触摸屏等新媒体传播方式，将海量的数字资源、优秀的文化信息共享资源提供给城乡广大群众，大力提高公共数字文化服务能力，扩大公共数字文化的覆盖面，使文化共享工程工程这一符合时代发展方向、符合群众需求的工程，真正走进千家万户惠及全民。

（撰文/裴　陆）

桐城市支中心

一、整体情况

桐城市图书馆位于市区繁华的盛唐广场北侧，馆名由国学大师任继愈先生亲笔题写。全国文化信息资源共享工程桐城市支中心是安徽省2007年建设的30个县级支中心之一，桐城市委、市政府高度重视，并指示有关部门到市图书馆实地调查了解支中心的场地安排，需要改造的建设项目，需要添置的设备设施等详细情况，随后在2008年的财政预算中安排17万元的支中心建设配套专项经费，使我馆按国家配置标准高质量地完成支中心的建设。2008年7月完成中心机房，电子阅览室，多媒体播放室的装修改造，配套设施设备的购置及10兆宽带网的接入与调试，正常接收国家中心和省分中心的资源，并对支中心的技术管理人员进行了相关培训。

其次，将网络化与图书馆自动化建设结合起来，完成图书馆网站的建设，实现联网开放，加载文化共享工程资源，同时利用馆藏资源，开展网络咨询服务。

2009年7月桐城支中心与组织部门沟通与合作，将文化共享工程基层服务点的建设与农村党员干部现代远程教育基层点的建设结合起来，整合资源，实现共享，完成了基层点"一站两牌"的共建模式。

与此同时，以共享工程资源为主，合理采购适应农村需要的农技，科普，戏曲，电影，医疗保健等专题数字资源，并及时配送到各基层服务网点和群众身边，开展专题流动服务活动。

在加强桐城地方特色文化资源的数字化建设，并按要求积极配合省分中心工作和向其提供数字资源。

在共享工程建设中，我们将不断提高服务水平，传播先进文化，丰富广大人民群众文化生活。

二、网点建设

2009年5月桐城市图书馆网站开通，电子文献阅览室对外开放，政府信息公开查询点在我支中心正式设立，6月份，我市文化共享工程和党员干部现代远程教育共建220多个村级基层服务点，载止到2009年底，服务网络基本形成，资源建设初具规模.技术保障逐步完善，服务效果初步显现。

2012年7月在全市乡镇，社区建立15个公共电子阅览室，充分发挥公共数字文化建设传承先进文化，传播科学知识，提高公民素质方面的重要作用。

三、经费投入

2007年，我市共享工程支中心的成立，国家和省财政安排的51万元购置设备全部安装到位，2008年我市财政预算中也安排了17万元的支中心建设配套经费.以后每年的中心机房和电子阅览阅览室的设备维护和更新都在公务费中列入开支。

四、资源建设

2008年我支中心购置780套光盘资源。

2009年购置15万册电子图书以及6千种电子期刊资源。

2010年至今，国家中心和各公共图书馆以及相关单位赠送给我支中心的光盘达200余套。

2011年5月至7月，为迎接中国共产党成产90周年，开展群从歌咏活动，我支中心制作的三部群众演唱作品视频资源作为优秀视频被省分中心选送参加全国展播。

五、技术支持

1、通过“VPN”模式共享省分中心数字资源。

2、采有“卫星接收机+服务器”模式接收下载文化部数字资源。

六、合作共建

2009年共享工程支中心与市组织部党员干部现代远程教育中心合作共建220个村级基层服务点，整合资源，实现共享，完成了“一站两牌”的共建模式。

七、惠民服务

2010年4月12日，在桐城市文广新局、大关镇党委、政府的大力支持下，“桐城文化共享助春耕”系列活动启动仪式在大关镇青龙村隆重举行.从4月12日到5月10日，桐城市支中心先后在大关镇青龙村、新渡镇香山村、孔城镇红庙村、唐湾镇八一村、鲟鱼镇桐江居委会、吕亭镇双龙村、文昌街道办事处大石板村、双港镇福塘村，利用笔记本电脑，投影仪，音响等播放《文化共享助春耕光盘资源》受到广大农民群众的热烈欢迎。

2010年4月12日，市支中心去大关镇青龙村开展共享资源进农家活动。

2010年5月20日，市支中心去文昌街道胜利社区，播放名家谈读书光盘资源，丰富了社区居民、退休干部、教师等广大群众的文化生活。

2010年5月24日，文化共享工程桐城支中心走进吴汝纶公学校园，将“共享书香，快乐阅读”的视频资源进行展播，深受全校师生热烈欢迎。

从2009年至今，每年国庆节期间，支中心都在图书馆门前广场以及多功能厅开展红色影片大展播，极大的丰富了广大市民的文化生活。

八、宣传推广

每年图书馆宣传周，都将共享工程相关情况做出展牌在图书馆门前展示，我馆网站随时介绍全国共享工程情况以及我市支中心情况，采用“移动硬盘播放器+投影仪”模式开展宣传与服务活动。

九、培训工作

2008年为同安小学学生进行了电脑上网培训。

2009年为全市220个基层服务点工作人员进行相关业务培训。

2011年10月份，支中心技术人员为10个村电子阅览室管理员进行了相关业务培训，帮助他们解决日常工作中出现的相关技术问题。

2012年为全市15个公共电子阅览室的工作人员进行了业务培训。

十、管理和联合体建设

“共享工程”是一项依托现代信息技术的文化工程，具有较高的技术含量，人才队伍建设是保证共享工程持续发展的关键因素，我支中心通过培训和共享工程实践，以岗位专业技能建设为抓手，培养一支掌握计算机技术、通迅技术、网络技术、多媒体技术，并能从事资源采集，整理建设开发的人才队伍。

十一、工作展望

展望未来，桐城文化共享工程将以现代信息技术为支撑，以资源建设为重点，建设遍及城乡的文化信息资源服务网络，推进区域信息一体化。

（撰文/桐城市支中心）

怀宁县支中心

2007年2月，怀宁图书馆自行筹资创办的电子文献阅览室建成并开展服务。为广大读者提供了获取知识信息的新途径，也为共享工程落户怀宁创造着条件。同年9月，县文体局、财政局联合行文（怀文体［2007］37号）向上级部门报告了我县文化资源共享工程建设规划。2008年，全国文化信息资源共享工程落户怀宁。同期，中央财政支付及省级配套51万元专项资金随工程落户下达怀宁。2009年3月，239套共享工程基层点设备陆续抵怀。

工程落户怀宁后，经对周边县市先建工程的多方调研考察，结合工程要求和县情特点，提出了城乡联动整体推进，突出重点抓好支中心建设，逐步推进落实乡镇基层点建设，分工程总体为支中心和基层点两部分、两步走的建设构想。

历经前期的工程调研、通过政府招标确定工程承建商，2009年5月，承建施工方进驻我馆，进行馆业务区间改造，为支中心的施工建设做着准备。

文化共享工程落户怀宁，县委县政府给予了高度重视，2009年7月1日，由县领导及相关部门主要负责同志

利用支中心公共电子阅览室开展中老年人电脑技能培训。

组成的怀宁县文化共享工程建设领导小组获准成立，下设办公室。领导小组的成立，强化了工程建设的组织领导。形成了，县委办、政府办、组织部、宣传部、发改委、农委、财政局、教育局、科技局、广电局、电信局、文体局等多部门协调协作的机制；文化共享工程、党员"先锋在线"、农村中、小学远程教育相结合的工程模式；社区、村镇城乡联动建设的工作局面。

2009年7月23日，共享工程怀宁县支中心在县图书馆建设竣工，怀宁县图书馆网站随即开通并展开工作。工程质量得到了省分中心专家的认可。

2009年8月4日，我县共享工程基层点设备安装调试工作，首先在金拱镇七里社区进行，一举获得成功。俟后，按照既定的"成熟一个建设一个，开通一个服务一片"的原则，共享工程乡镇村基层点建设在怀宁有计划、分步骤地全面铺开。通过先考察定点，继而集中培训网点人员，再行动工建设。做到了人员培训在前、动工建设在后，有效保证了工程建设的整体质量和进度。截至2012年底，支中心已向乡镇村基层点发放工程设备221套，完成了工程总量的93%。

2010年1月，我馆被确定为全国"县级数字图书馆推广计划"的首批实施单位。同年，25万元图书共享工程专项经费列入县财政预算。

有2名专职人员负责着支中心的日常运转；严格的制度规范着业务运作；通过协议，由网维公司为支中心提供技术支持；全馆协力，进行着数字信息的推介、数字资源的配送、基层网点的业务辅导。截至目前，共享怀宁县支中心各类数字资源藏量达4个T。这些资源主要来源于上级中心配送、网络下载和自行出资购买。

在农村，基层点的工作成为当地乡镇的主要领导的分管工作。由所在村自行配置的基层点人员，在镇村的督导下，在县支中心的业务指导下，开展文化信息服务。

县有1个支中心，乡镇村有200余个基层点，星罗棋布，初步形成了我县文化共享工程的服务网络。

建成即运行的共享县支中心，含有一个主控机房、一个多媒体大厅、一个公共电子阅览室和户外卫星接收装置。支中心人员，维护着主控机房设备的日常运转，承担着数字信息的接收与传输、馆网站的刷新，利用共享平台开展读者活动，组织完成上级中心布置的工作任务。2012年3月，县支中心在县内组织选手，参加文化部全国文化信息资源建设管理中心联合文化共享工程各级分、支中心，在全国中小学生中组织开展的以"像雷锋那样…"为主题的电脑小报设计比赛活动。我县江镇镇模范小学李燕在此次比赛中荣获一等奖！在多媒体大厅，工作人员随时为社区老人、到馆读者，免费提供着数字资源播放服务；有选择的为学生播放爱国主义教育题材电影、科普题材影片、动漫作品影片，成为我馆设立的学生课外阅读基地开展的一项重要内容。支中心公共电子阅览室，常年为读者提供着免费电子阅览服务；择时免费开展无纸化办公培训、中老年人电脑技能培训。全馆协同，组织开展数字资源推介下基层、送科技电影下乡和自刻光盘配送到基层点活动。

在乡镇基层点，工作人员利用县支中心配送的资源，或结合当地政府的中心工作、或配合基层党员教育、或结合农令时节、或适应当地群众休闲娱乐需求，长期开展着文化信息服务。共享工程落户怀宁以来，受益于共享服务的公众，年均计达6万余人。2011年初，共享县支中心专门配置了光盘刻录设备，自此，县支中心年均向基层点送出自刻光盘4000余张。城乡互动，为县民们提供着获取文化信息的便利。

结合农令时节，注意打好提前量，县支中心人员走村串乡开展送农技电影下乡活动。

文化共享工程是由文化部、财政部从2002年开始共同在全国组织实施的社会主义文化创新工程。这一公共文化服务体系的基础工程，是政府提供文化服务的重要手段，也是实现广大人民群众基本文化权益的重要途径。是一项实实在在的惠民工程。"十年磨一剑"，全国文化信息资源共享工程已经走过10年发展历程。党的十八大为我们指明了前进的方向："要扎实推进社会主义文化强国建设，坚持社会主义先进文化前进方向，推进社会主义文化大发展大繁荣，兴起社会主义文化建设新高潮，提高国家文化软实力，发挥文化引领风尚、教育人民、服务社会、推进发展的作用"。推进五位一体的我国社会主义经济建设、政治建设、文化建设、社会建设、生态文明建设部署的实施和全面小康社会的早日实现！

未来的共享工程必将是一个资源、设备、技术随着科技进步不断发展的工程；一个服务公众贴心无障碍的工程；一个不断传承中华优秀文化的工程；一个不断吸纳人民群众文化创造成果，资源、人才不断优化的工程；一个越来越得到全社会支持的工程；一个能充分显示文化强国实力的工程。

（撰文/汪恭良、曹新风）

枞阳县支中心

枞阳县总面积1808.1平方公里，辖22个乡（镇）258个行政村（居委会），人口97万。既是历史悠久的文化大县，又是经济快速发展的新兴地区，是国家级皖江城市带产业转移集中区。枞阳人文荟萃。先后涌现出杰出的思想家、科学家、文学家方以智，"桐城文派"三祖方苞、刘大櫆、姚鼐，中国农工民主党主席章伯钧、外交家黄镇、中国"计算机之父"慈云桂、美学家朱光潜等杰出人物，被誉为"诗人之窟、文章之府、气节之乡"，是皖江文化发源的核心区域。

一、基本情况

枞阳县（黄镇）图书馆位于县城银塘新区，旗山公园北侧，占地面积15亩，建筑面积3000多平方米，总投资1100万元；三面青山环抱，其园林式建筑风格与周边山水风貌和谐统一。枞阳县（黄镇）图书馆作为县政府2008年十大实事，在县政府的有力领导和社会各界的鼎力支持下，于2008年10月开工建设，2011年3月竣工。2012年元月8日正式免费对外开放，到目前为止运行情况良好，社会效益显著，实现了我县公共图书事业的跨越式发展，被誉为我县一张亮丽的文化名片。

新馆建设初期就将文化信息资源共享工程支中心建设纳入规划设计，馆里辟有“共享工程”中心机房、多功能报告厅、电子阅览室，设施设备于2011年8月安装调试，10月份经“共享工程”省级分中心验收后投入使用。目前已与全县十七个综合文化站的电子阅览室联网。2011年5月初县委组织部和图书馆对文化信息资源共享工程设备发放及安装调试情况进行了督查。结果为258个行政村（居委会）均发放到位，安装调试达96%；通过检查督促，同年10月份已全部完成了安装调试。至此枞阳县所属行政村实现全县文化共享工程村村全覆盖。枞阳县文化信息资源共享工程在县委县政府的关心下，在主管局的直接领导下，在省、市图书馆的支持和部署下，稳步推进、发展迅速，在新形势下为繁荣农村基层文化，满足农民多层次文化需求，传递中华民族优秀文化资源发挥了重要作用。

二、管理和队伍建设

为使共享工程真正成为民心工程，枞阳县支中心成立了领导班子和确定岗位专业技术人员，有计划、有步骤、有制度、有总结；收集整理共享工程服务活动情况和工作动态，探索共享工程管理和服务新模式。

枞阳县文化共享工程管理人员配备上，择优选聘计算机专业的大学生，这样能尽快掌握共享工程设备，保障共享工程工作正常开展。实现了管理员选取的高起点。

三、经费投入

枞阳县文化信息资源工程设备经费投入70多万元，每年预算维护管理费8万元，县政府在财政收入逐年增长的情况下有加大对支中心经费投入的意向，有力保障了文化信息工程工作的正常运行。

四、资源建设

枞阳县支中心在2012年根据不同区域的生产、生活和文化需求选购、编辑制作各类题材资源8TB，发放各类光盘300多张，展板32块，各类海报、宣传画80余幅。

五、合作共建

以文化信息共享工程为依托，拓宽电子文献资源服务的覆盖面，实现文化共享的主要目的。首先，支中心和县内已开通的十七个乡（镇）综合文化站电子阅览室安装了共享软件，实现了资源共享；其次，与枞阳中学、职教中心、县消防大队、武警中队签署了资源共享协议；再次，建议县、乡两级财政拨专款为258个行政村（居委会）安装相关软件。

六、惠民服务

枞阳县支中心在一年来的共享工程服务实践过程中，根据人民群众生产、生活和精神文化需求，努力打造广大群众喜爱的文化服务平台。

依据县域农业生产特点，支中心精心整合制作有关农业生产和产业结构调整，以及种植和养殖技术光盘和图书发送基层服务网点，并为40多户种植和养殖专业户提供了电子文献和专业图书支持，深受好评。

七、培训工作

枞阳县支中心十分重视共享工程管理员的培训工作。一是在新馆开馆前夕，利用南京图书馆专业技术人员前来安装图书馆力博系统之际，把平时工作中遇到的难点疑点问题做了记录，不失时机拜师学习；二是邀请省馆分中心专业人员前来验收共享工程设备之机，组织支中心管理员参与验收，做到在实践中培训；三是派出去系统学习，2011年底中心派专人到由省馆分中心举办的文化信息共享工程培训班参加学习；四是举办培训班，2012年度我馆先后举办了两期共享工程管理员培训班，县内22个乡（镇），40多个共享管理员参与了培训。

八、宣传推广

1、枞阳县支中心通过多渠道多形式宣传推广文化信息共享工程。在送书下乡、举办展览、讲座和报告会中，支中心以多媒体和服务大厅为平台，宣传推广共享工程，让民众了解共享工程，感受文化共享。

2、专题活动，精彩纷呈。2012年支中心多次组织主办、一系列专题活动，让不同人群走进共享工程，感悟共享工程。例如在开馆之际邀请了全国政协委员、《读书》杂志执行主编贾宝兰女士做《也读读书》的报告会、城区中小学生《经典诵读》比赛、《喜迎党的十八大、歌颂家乡新面貌》小学生绘画展和《解读十八大精神》报告会等。既丰富了文化生活、政治学习，又让广大群众共享文化盛宴，为进一步推进文化共享工程起到了积极的宣传作用。

九、工作展望

枞阳县文化享工程通过一年多以来的良好运行，倍受广大人民群众所喜爱，从县领导到主管部门对文化共享工程将成为今后人民文化生活的主要来源，成为繁荣枞阳文化，实现文化强县战略已普遍达成共识。

相信枞阳县共享工程在上级文化部门和当地政府的大力支持下，枞阳支中心队伍将朝着知识化、专业化发展，服务形式更加多样，服务网点更加宽广，对于传承枞阳文脉，实现文化资源共享的前景会越来越广阔。

（撰文/陶 树、卢 瑶）

潜山县支中心

近年来，潜山县在上级文化部门的鼎立支持下，文化共享工程各项工作有效开展，为地方社会经济发展提供了强有力的服务。

一、建立电子阅览室，为读者提供绿色网络空间

2006年，根据上级进一步加强文化共享工程建设的通知精神，我县积极创造条件，腾出70平方米场地，将2006、2007两年购书经费列支购置电脑20台、桌椅40套，建成电子阅览室。随着读者不断增多，机位明显不足，为满足读者需求，向全馆职工借款添置电脑10台。同时，落实岗位责任制，加强电子阅览室管理，为读者提供特色服务。教会老人上网，引导小学生正确利用绿色网络空间。2009年，省厅配发25台电脑投入使用，为给读者创造良好的读书环境，2011年，对电子阅览室进行了重新装修，购买ROM无盘系统，添置制冷设施。目前，我县电子阅览室运行良好，已成为新学电脑者的培训基地、学生们的第二课堂，累计接待读者达30万人次。

二、建成县级支中心，启动图书馆自动化管理

2007年底，文化共享工程潜山县支中心建设项目列入国家文化部、财政部资助建设计划。为确保此项工程顺利实施，2008年，我县支中心先后派员3人次参加省中心集中学习培训，另一方面，建设中控机房。中控机房的建成为我县文化共享工程的全面实施提供了有力的保证，也为我县图书馆自动化管理工作奠定了坚实的基础。2009年底，我县图书馆全面实现自动化管理，读者可在网上进行课题检索、图书查找。

三、开通基层服务点，实现文化共享工程全覆盖

在县支中心建设的同时，我们启动村级基层网点建设，落实场地，并集中培训管理人员，制定相关管理制度，下发安装设备，并定期检查活动开展情况。2011年底前，各乡镇文广站均建成文化中心大楼，县支中心跟踪服务，先后在16个乡镇建成基层服务点。2012年在省厅支持下，各乡镇又配备了10台电脑，建成面积达40平方米的电子阅览室，从而使文化共享工程在我县实现全覆盖。基层服务点建立后，在资源推广利用的过程中，我们把政治理论学习和农村实用新技术推广有机地结合起来。不仅让农民学到农技知识，而且提升文化素质。共享工程，对发展农村经济，增加农民收入，起到了一定的作用。同时，也让农村居民享受了文化大餐。

电子阅览室免费开放

四、利用VPN平台，加强数字资源建设

为加强我支中心数字资源建设，2012年购买设备，与省分中心对接，本地读者在我支中心电子阅览室或乡镇基层服务点电子阅览室就能直接浏览、享用省分支中心数字资源，大大拓宽了广大读者的知识视野，更为专业学者课题研究提供了查阅资料的便利。

五、搜集整理地方文献，加强特色资源建设

潜山古皖文化底蕴丰厚。为挖掘整理我县文化资源，我馆设立天柱文库，已收集地方史志、地方名人手稿、姓氏家谱等三千余册。支中心建成后，在自办网站上设立在线阅览，将本馆收集的地方文献扫描入网，供读者网上查阅；创立潜山图片库栏目，收集天柱风光、文物古迹、地方特产等特色照片以及老照片。

六、利用媒体做好宣传，充分发挥共享工程作用

2010年，我支中心积极与县有线电视台合作，开设文化共享栏目，在黄金时段播放文化共享助春耕光盘，深受农民朋友欢迎。根据农民朋友需要，我支中心免费为农民刻录光盘400多张。同时，我们利用协办潜山新闻网的机会，在新闻网站上开设“文化共享”栏目，扩大了“文化共享”的影响。2011年，通过文化共享栏目连接全国文化共享工程中心与安徽省文化共享工程分中心，为读者提供了大量的信息资源。

七、努力争取支持，谋求新的发展

2006—2012年，共享工程从项目争取到全面实施，本地政府给予了大力扶持，在电子阅览室建设、中控机房建设中，县政府给予配套经费18万元。县政府还先后将共享工程运行经费5万元、地方文献资源收集整理经费5万元列入财政预算，这些投入有效地保障了我支中心各项工作的良好运行。我县图书馆大楼建于1995年，馆舍面积仅1200平方米，面积小且结构设计局限，支中心的多媒体功能厅无法安置，大大制约了共享工程服务工作的拓展延伸。我支中心已向政府汇报，请求启动新馆舍建设，县政府十分重视，建设方案正在规划设计中。

（撰文/黄德红）

太湖县支中心

文化信息资源共享工程在安徽省太湖县实施了十年多，太湖县支中心十年来始终坚持利用文化共享工程优秀资源服务三农，与时俱进，创新思路，充分发挥这项惠民工程的作用，在改变城乡面貌、传播农业技术、提高农民业余文化生活等方面做了一些实事，把党和国家的温暖送到千家万户。

一、整体情况

太湖县于2002年建起全国文化信息资源共享工程卫星三级站；2006年被确定为全国文化共享工程试点县之一；2007年成立县支中心；2008年太湖县被确定为

全省三个示范县之一，同年与农村党员远程电视教育整合建成乡镇基层点174个，街道（社区）基层服务点10个，实现了文化共享工程在我县全覆盖。2011年，县支中心建成全省首家县级残障人士综合阅览室，配置了相关设备，为残障人士服务；在农村地区精心挑选了10个基层点，建起了村级公共电子阅览室；2012年又自筹资金建起了5个村级公共电子阅览室。现已形成村村都有基层点，农民朋友足不出村就可共享数字文化生活。

二、网点建设

我县辖15个乡镇，174个行政村。2006年初步建成9个乡镇村基层点；2007年建成34个乡（镇）村基层点；2008年上半年，全省实施文化共享工程与远程教育整合共建，我们与县委组织部紧密合作，在全县184个基层点配置了电脑、投影仪、机顶盒等设备，一个以县级支中心为龙头、以乡镇村基层点为服务终端的文化共享工程服务网络全面建成，实现了文化共享工程网络全覆盖。截止2011年我县建成县级支中心1个，乡镇基层服务点174个，街道（社区）基层服务点10个。

三、经费投入

2006年4月，该县被国家文化部、安徽省文化厅确定为共享工程试点县，我们积极争取各级领导的支持，按照要求完成试点工作。工程建设过程中县委、县政府成立了太湖县文化信息资源共享工程建设试点工作领导小组，县政府主要领导专题听取县文化部门的汇报，县分管领导先后两次主持召开协调会，筹集项目建设资金。村级点设备购置经费由帮扶单位资助；乡镇站的设备购置经费由县乡两级共同承担，县政府还拿出90万元资金用于以奖代补。通过多方筹集，确保了基层站点的设备购置经费。如今县政府每年除给予各基层点补助一定的运行经费以外，每年还拨出10万元专项经费用于县支中心正常运行。

四、资源建设

太湖县有重视历史文化的优良传统，也是禅宗的发祥地，为了发扬和繁荣本县地方特色文化，太湖县支中心广泛征集地方各类古籍、家谱、著作等文献资料，以及整合“太湖讲坛”专家学者的讲座视频，加工制作地方特色数字文化资源；利用国家数字图书馆提供的平台建设“数字图书馆”，内容涵盖300多种中文期刊、500多种各类图书，供广大读者在图书馆电子阅览室阅读。目前，县支中心文化信息资源总量已达5TB。

五、技术支持

太湖县文化共享工程的发展主要通过以下几种技术传输方式：

互联网模式：通过互联网浏览国家中心、省分中心及县支中心网站提供的资源；

有线/数字电视模式：利用广播电视数字电视网络，传输和接收数字信号，用户可通过电视机+数字机顶盒方式，收看广播节目和点播节目；

储存介质模式：利用光盘、移动播放器、移动硬盘等刻录或拷贝文化共享工程资源发放到各基层点。

六、惠民服务

服务是文化共享工程工作的重点。为了最大限度发挥文化共享工程设备和资源的整体效益，2003年太湖县支中心成立了文化共享工程服务小分队，进机关、下基层，十年来为县直单位会议服务80多次；节假日为老年大学、老年公寓、武警中队、消防中队、各中小学等上门服务200多次；每周六为未成年人服务，在县支中心多功能厅免费播放文化共享工程优秀影片及名家讲座，引导他们正确对待人生，平均每周接待少儿读者500余人（次）；举办“文化共享工程服务幼儿家长”讲座30余场，指导幼儿家长与孩子进行心灵沟通；2012年又开辟“太湖讲坛”，聘请省内知名学者登坛演讲，带动地方特色文化的发展。十年来累计服务达680万人次。

2003年，县图书馆依托文化共享工程建立了电子阅览室。2007年起，县级支中心电子阅览室免费为读者开放，利用多媒体资源，在节假日组织开展积极有益的文化活动，经常举办读书征文比赛、健康文明网络读书等。十年来县支中心着力于未成年人文化建设，利用文化共享工程优秀文化资源，为未成年人营造绿色、健康的上网空间，引导中小学生正确利用网络资源，免费指导他们上网操作，年接待青少年读者1万人次。同时，县支中心作为太湖县计算机培训基地，承接全县公务员、专业技术人员、会计电算化人员和各乡镇基层站点管理员的培训任务，年培训达2千余人次。

近年来，县支中心延伸服务群体，重点做好为残障读者、农民工、留守儿童的服务工作：利用各级公共电子阅览室，每年定期安排时间，有针对性地开展为残障读者、农民工的计算机培训工作，每年培训达500余人次；利用文化共享工程资源为留守儿童播放他们喜爱的影片，让他们利用公共电子阅览室的电脑上网与在外的父母视频通话，受到在外打工的父母和留守儿童的欢迎。

这些集多功能于一体的服务模式，既充分利用了文化共享工程的设备，又实现了人力、物力、信息资源的共建共享，以较少的投入争取到最大的服务成效和整体效益。

七、宣传推广

为进一步推广文化共享工程，提高广大市民的认知度和利用率，我们开展了多种宣传活动：

1、利用网站开展文化共享工程宣传工作。县支中心的网站除了作为宣传图书馆业务知识的阵地，还定期将文化共享工程的相关工作及进展情况公布于众，让广大市民对我县共享工程工作有所了解，并专设了“共享工程”页面，使他们从图书馆网站上就直接可以享受文化资源共享工程提供的文化大餐。

2009年新春文化共享工程走进农村服务

县领导为基层点颁发设备

2、创办了刊名为《共享》的工作简报，及时报道典型，交流经验，传递信息，每期印发600份，对上开通了一个汇报沟通的渠道，对下起到了互相促进、取长补短的作用；做好文化共享工程资料档案整理收集工作，确保每次活动有文字、照片等纪录。

3、利用电子屏幕、宣传单等形式，宣传文化信息资源共享工程的作用与意义，吸引群众积极参与其中。不同的宣传方式对于扩大文化共享工程的影响力，对发挥文化数字资源传播具有重要意义。

八、培训工作

加强技术人员培训，是提高队伍素质的重要手段。太湖县支中心开展了形式多样的培训工作：

1、现场培训。县支中心每年都到各乡镇基层点进行文化共享工程督查指导，发现问题及时由支中心技术人员现场解答、操作，共计培训430余人次。

2、举办培训班。县支中心十分重视队伍建设和培训工作，建立了县、乡、村三级管理机构，配齐了专职管理员，每年都举办一次基层点管理员培训班，指导他们正确使用、维护和保养文化共享工程的设备，累计培训986人次。

3、利用网络或通讯工具开展远程培训。组织各基层点积极参加国家中心及省分中心的网上培训课程，并通过QQ、电子邮件或电话等方式由县支中心技术人员对基层点管理员进行远程指导，共计指导培训580余次。

九、管理和队伍建设

要推进文化共享工程建设，加强文化队伍的培养是关键；文化共享工程事业的繁荣发展，需要有一支结构合理、素质优良的文化队伍作保障：太湖县支中心现配有大专以上文化程度的计算机专业技术人员5人，均通过了计算机等级考试，其中有3人参加过国家中心或省分中心的技术培训；184个基层点配有专人负责文化共享工程工作，村级文化共享工程工作已实现常态化、规范化和制度化。文化共享工程在太湖县实施十年来，队伍建设和服务质量上每年都有上新台阶。

十、荣誉奖项

2007年太湖县支中心被评为全国文化共享工程工作先进集体；2008年被确定为全省三个示范县之一；2009年在全省首届文化共享工程知识竞赛中荣获组织奖，分获一、二、三等奖；2011年在全省第二届文化共享工程知识竞赛中荣获优秀组织奖，分获一、三等奖；在国家中心举办的“阳光少年热爱党”、“全国青少年纪念建党90周年党史知识大赛”、“公共电子阅览室建设计划”百题知识竞赛等多项竞赛活动中，我县支中心都取得了不错的成绩。

十一、工作展望

文化共享工程是缩小城市与农村数字化鸿沟的有效途径，对丰富广大人民群众特别是农民群众的文化生活，宣传党的方针政策，提供科技致富的信息和技术，起到了非常重要的作用。为使广大农村百姓享受到公共文化的成果，我们将加大文化共享工程的资源建设投入，使文化资源涵盖传统、现代、科技、人文等各个方面，“十二五”期间重点做好村级公共电子阅览室的建设工作，更好地满足基层农村文化的需要。我们将根据本地情况，在党的十八大精神指引下，开拓进取，科学发展，创新服务模式，管好、用好文化共享工程设备和资源，让优秀文化资源在太湖县得到更好、更广泛的传播。

（撰文/曾玉琴、严敏敏）

宿松县支中心

共享工程是利用现代高科技手段，将中华民族几千年来积淀的各种类型的文化信息资源精华以及贴近大众生活的现代社会文化信息资源，建成互联网上的中华文化信息中心和网络中心，通过覆盖到乡(镇)、村的网络传输系统，实现优秀文化信息在全国范围内的共享共建。宿松县高度重视这一先进文化工程建设，2008年，我县把此列入民生工程实施，优先安排17万建设经费，全面启动建设任务。到目前为止，全国文化信息共享工程宿松县级支中心、村级服点已全部建成并投入使用，发挥出她独特的公共功能。

一、未雨绸缪建工程

宿松位于皖、鄂、赣三省八县交界，有着80余万人口的大县，文化底蕴丰厚，信息量十分庞大。在国家启动此项工程之初，我馆就积极争取，认真做好前期工作。在2007年就筹建全国文化信息共享工程宿松县级支中心，自筹资金建起了60多台电脑的电子阅览室，设立了共享工程宿松县级支中心网站(宿松县图书馆网站)，利用报纸、电视等媒体大力宣传此项工程的意义，赢造全社会关心支持共享工程的舆论氛围。经过一系列卓有成效的工程，共享工程成为宿松倍受关注的社会工程。2007年11月，安徽省文化厅厅长杨果亲自率有关部门负责同志到宿松作专项调研，对我馆此项工作给予高度肯定。县委、县政府顺势而为，使共享工程进展非常顺利。

二、规范管理办工程

2008年，该馆作为全省30个共享工程建设点之一。11月，国家、省提供的工程设备在我县全部到位。为了做到发挥工程的最大效益，该馆按照省委组织部、省文化厅，组通字[2007]39号文件精神，迅即与县委组织部党员远程教育中心联系，实现了共享工程与县委组织部党员远程教育网的对接，全县200百多村都能接收共享工程信号，完善资源互补、信息共享，为做到规范管理，根据《安徽省县级中心管理暂行办法》，我馆迅速研究制定了一系列规章制度，努力做到用制度管人管事，一并出台了《共享工程宿松县支中心管理规定》、《机房工作人员守则》、《共享工程宿松支中心设备管理制度》、《共享工程宿松支中心档案管理制度》，统一制匾上墙。在这些较为完善的制度管理下，工程启动之初，共享工程运行平稳，作用明显，广受欢迎，在宿松上下受到积极评价。

三、开展活动兴工程

共享工程的意义在于贯彻落实“三个代表”重要思想，抵制西方发达国家文化渗透、占领基层文化阵地，加强以德治国方略，实施科技创新，改变我国文化建设现状，为了彰显她的作用。2008年至2012年，我馆先后给22个乡镇80个村，免费送达价值30多万元的图书及农业科技光盘。尤其是在2010年7月，我县遭受十年末遇的特大暴雨袭击，强降水导致山洪暴发山体滑坡、公路水毁、河堤崩塌和农田淹没，我支中心工作人员为了帮助山区农民生产自救，跋山涉水带文化共享设备，及科学种植光盘到我县柳坪乡为山区农民播放。此举不但丰富了山区群众的精神生活、增强山区群众脱贫致富本领，而且达到了共享工程实施的初衷。2007年至今，我支中心先后与20多个部门和乡镇共同举办了40多场讲座和各种业务培训班及展览活动，例如：支中心与县疾病控制中心举办“宿松县儿童预防接种信息管理系统”培训班，参加人员60人，培训达到预期效果。为了配合全国万名中小学班主任远程培训项目实施，同县教师进修学校合作开办了安徽分区宿松远程教育培训班，来自全县百名中小学班主任参加了培训，使他们在高科技的环境中接受更加先进的知识学习培训，发挥了共享工程服务教育的功能。2010年8月，我支中心携带文化共享工程设备和有关资源，随同日本农学博士古野隆雄到高岭乡姚圩村，向农民和农技站的人员传授“稻鸭共作” 新技术。2008-2012年全县99‰村级服点均开展了活动，例如：邱山、广福、乌池、金龙、白云等村利用投影机设备为村民举办了各类培训班和播科教片等达800多场次，深受广大农民的欢迎。据不完全统计全县接受共享工程支中心和村服点的培训人（次）达30余万人。

宿松县石庙村级服务点电子阅览室免费开放

2010年，省分中心举办的“我与文化共享工程”有奖征文比赛，该支中心积极组织选手参加，四名作者分别获得了1、2、3等奖，支中心荣获组织奖。为了保证共享工程各类设备的正常运行与维护，我支中心连续3年呈报告给县政府，要求拨给支中心运行费，经过不懈的努力，从2011年起，县财政每年拨给支中心运行费用10万元，并列入财政予算，使宿松县支中心能正常运转。

宿松县文化信息资源共享工程工作在建设过程中，虽然取得了一些成绩和经验，但还存在一定的问题和不足，我们在今后的文化共享工程运行中，要以十八大精神为指导，不断探索发展，创新思路，加强管理，积极服务群众。确实保障人民群众基本文化权益。共享工程已经在松兹大地扎根，这朵文化的奇葩在全社会的广泛关注下，一定会越来越亮丽。

（撰文／宿松县支中心　摄／雷鸣文）

望江县支中心

望江县县域总面积1357.37平方公里，辖8镇2乡、14个社区、120个行政村，总人口63.2万人，其中农业人口58.4万人。望江县支中心在省文化厅、共享工程省中心统一部署和县文化主管部门支持下，作为全县文献信息资源的保障与服务中心和重要枢纽，文化共享工程将望江县图书馆带入一个从量变到质变的跨时空文献信息资源共享建设阶段。

一、基本情况

1、望江县共享工程建设基本思路：

健全信息服务网络体系和完善目标管理体系，全力推行“加大投入、转换机制、增强活力、改善服务”十六字方针。

首先，在劳动价值取向和目标选定上，改变事业机制惰性带来的封闭、僵化和低效能状态，确立适应新农村发展需要的思维方式，使图书馆潜在价值向服务效益转移，实现服务观念的转变；

其次，改变藏书结构失衡状况，重视网络资源整合，增加网络化信息技术服务设施的投入，实现藏书方向的转变；

其三，增加服务网点建设投入，将服务触须向社区、农村延伸，扩大服务覆盖面，实现服务重点的转变。

2、望江县支中心主体结构：

文化共享工程是依托县图书馆、乡镇综合文化站、村（社区）党员远程教育活动室，建立和完善县级支中心、乡镇、村基层服务点为主体的三级管理体系。以科学发展观为指导，以数字资源建设为核心，以基层服务网点建设为重点，以多种传播方式为手段，以共建共享为基本途径，实现县有支中心，乡镇有服务站，村有服务点，建成资源丰富、技术先进、服务便捷、覆盖城乡的数字文化服务体系。

3、望江县支中心建设情况：

青少年参加网络知识竞赛

2004年，望江县图书馆经多方筹措资金3.6万元对馆舍进行整体维修。

2005年，省文化厅批准设置文化共享工程望江县图书馆基层服务点（文化部赠送3万元设备）。

2006年4月，通过引进社会资金完成电子阅览室阅读平台建设。

2007年9月，县文化体育局、县财政局共同提出《望江县文化信息共享工程建设实施方案》。

2008年4月，望江县图书馆列入安徽省首批30个县支中心建设名单，2008年底，县级支中心完成机房改造、设备安装调试。

2009年，协助组织部远程办、文体局完成了基层点布点调研任务，至2010年底，乡镇、村（社区）基层网点覆盖率达到94%。

2011年，在基础设施和设备逐渐完备的基础上和免费开放资金的注入，望江县图书馆启动升级和改造公共电子阅览室建设项目，并向社会实行免费开放。

2012年，启动县级公共图书馆数字化阅读推广计划，搭建县、乡镇、村三级网络服务体系。

二、活动与宣传

2007年5月，“新农村大讲堂”开课，邀请华东政法大学陈柱钊老师讲授刑法、物权法等法律法规知识。9月，图书馆电子阅览室配合财政局组织“第三届用友杯会计知识竞赛”，全县2000余名财会人员参加。

2008年，与北京卓雅世纪文化发展有限公司合作，举办“望江县首届全民读书月”活动。

2009年8月，组织全县共享工程技术人员参加省中心网络知识与技能网上培训，乡镇文化站2名技术员获奖。9月，组织全县中小学生600余人参加全省网上有奖知识竞赛，其中获一等奖1人、获二等奖1人、获三等奖2人。10月，国庆活动期间展出“国事盛典，文化印证”图片32幅；利用广告公司临街视频，播放共享工程专题制作的《走向和谐》、《伟大历程》等爱国主义教育片，播放容量达到55.4GB，总时长为4971分钟。

2010年5月，组织580名中小学生参加安徽省“普及国学文化知识”网络竞赛，12名学生获优秀奖，160名学生获纪念奖，图书馆获组织奖。

2011年10月，举办“第二届全民读书月”活动。

2012年7月10日至8月10日，组织文体系统和乡镇村共享工程技术人员参加“全国公共电子阅览室建设计划百题知识竞赛”；配合县财政局组织举办“全国财政‘六五’普法法院知识竞赛”

三、工作展望

随着全国文化信息共享工程网络的形成，县级公共图书馆之间的交流变得更加容易、更加频繁，从集中编目到联合目录，从信息检索到馆际互借，图书馆的基本业务都可以通过网络来实现，县级公共图书馆通过文化共享工程网络进行文献资源共享的条件已经成熟。

全国文化信息共享工程五级网络体系的形成，有赖于市（县）支中心共享平台的规范和完善。它既是文献资源传递服务的关键区域，也是技术支持相对弱势的群体，具有承上启下的作用。因此，按行政区划架构起来的市（县）图书馆首先应打破“围墙”，其次是制定具有现实意义的资源共享制度、协议、办法和标准，通过联机方式开展互惠服务。此外，其业务活动将得到不断向外延伸，与省分中心和其他信息机构协作，使之成为大图书馆虚拟局域网络中的一员，把本中心的业务活动与整个网络系统联系起来。

数字图书馆是网络环境和数字环境下图书馆新的发展形态，是利用高新技术拓展公共文化服务能力和传播范围的重要途径。国家图书馆提出的县级数字图书馆推广计划将为公共图书馆传统的文献传递服务消除人们在信息获取方面的不平等，实现对人类知识的普遍存取。在网络环境下县级图书馆的馆藏特色与特色发展将更加重要，各县级图书馆应以现有馆藏为基础，遵循标准化、规范化、质量第一的原则，有计划、有步骤地建立起本馆馆藏检索系统和特色数据库，并将其汇入大图书馆虚拟局域网络环境中，才能真正实现具有现代化意义的馆级互借与文献传递服务。

总之，县级公共图书馆利用文化共享工程开展文献资源网络化传递服务，实现了图书馆之间的资源共享，成为面向基层群众提供数字阅读服务的重要阵地，使得县级公共图书馆向数字化发展方向迈出重要的一步。同时，通过县级公共图书馆进一步向基层辐射，使乡镇村基层文化设施都能够方便快捷地利用图书馆网络联盟建设成果提供优秀文化服务，从而搭建起覆盖全社会的数字图书馆服务网络，以切实推进文化创新，激发文化发展活力。

（撰文、摄影/童　辛）

县级支中心、基层点及文化系统工作人员参加网络培训

岳西县支中心

全国文化共享工程是利用先进科技手段传播、建设先进文化的大型的公益性的文化网络工程，旨在整合全国文化信息资源，通过互联网、卫星宽带传输和光盘将数字化文化信息资源传输到群众身边，实现优秀文化信息资源在全国范围内的共建共享，满足广大人民群众日益增长的文化需求，整体提高文化资源的利用率。

一、基本情况

2007年，岳西县上报了岳西县文化共享工程的建设发展规划，初步制定了《岳西县乡镇、村两级基层服务点2007—2010年度规划表》。2009年，岳西县开始了建立全国文化共享工程岳西县支中心的筹备工作，参照相关技术参数，岳西县图书馆与安徽映山红电脑有限公司签署了《安徽省文化共享工程2008年度岳西县级工程项目采购合同书》，建立了合作关系。

2009年3月份，中央财政支付和省级配套资金合计51万元随工程落户下达岳西，岳西县财政局根据相关文件精神拨付县级配套资金17万元。至此，共享工程岳西县支中心建设资金总投入68万元全部到位，188个共享工程基层服务点设备（投影仪、银幕、音响）亦相继运抵岳西，这188套设备总价值近200万元。7月份，文化共享工程岳西县支中心将188套设备分别发放到各基层信息服务点，并督促专人进行设备签收、调试工作。

经过长期的规划和精心的准备，2009年8月18日，岳西县图书馆举行了全国文化信息资源共享工程岳西县支中心正式揭牌暨共享频道开通仪式，岳西县政府、县委组织部、县委宣传部、县财政局、县文广新局、广电局等单位相关负责人悉数出席，至此，文化信息资源共享工程岳西县支中心正式成立。共享频道作为文化信息资源共享工程的宣传窗口和服务平台，赢得了岳西县电视台的技术支持。支中心利用共享频道，每天播放共享工程音像资料，内容包括种植、养殖技术，养生保健以及为大众所喜闻乐见的娱乐节目等，节目一经播出，收视率良好，社会反响热烈。根据有关要求，2009年5月份，岳西县支中心结合现有的条件和设备，通过资源整合，在图书馆一楼建立了多功能厅，用于开展各类技术培训活动。同时，建立了建筑面积40平方米，拥有25台计算机，10兆带宽的公共电子阅览室。为保障公共电子阅览室建成发挥作用，岳西县支中心安排专职工作人员接受培训，负责电子阅览室的正常开放、管理和维护工作。公共电子阅览室建成后，立即实行了免费开放，并建立用户上机登记制度，对未成年人上网加强管理，规定未成年读者须有家长陪同或征得家长同意方可办理上机登记手续，保障未成年读者健康上网。

二、积极参加各类活动

1、2011年，在建党九十周年群众歌咏比赛中，岳西县之中心自编自导自演的《姐妹欢歌赞共享》和支中心选送编排，冶溪镇综合文化站基层服务点组织表演的《文化共享好工程》双双获得文化部颁发的优秀原创作品奖和优秀提名奖。此次活动，全国共有267个作品提交专家评审，安徽省共有3个单位获殊荣。岳西支中心选送节目的获奖，既是全国文化信息资源共享工程建设管理中心与安徽省分中心对我县共享龚恒工作的肯定，也是对岳西县支中心和基层服务点齐心协力开展优质服务的鼓励。

2、2011年8月份，岳西县支中心及基层管理人员在县图书馆按时参加了《安徽省“第二届文化共享杯”知识竞赛网上答题》活动，通过层层选拔，岳西县支中心工作人员周吴峰和响肠镇文化站基层点汪薇薇入选在安徽省图书馆举行的安徽省第二届“文化共享杯”知识与技能竞赛决赛，分获优秀奖。

3、2011年11月13日下午，岳西县支中心在天堂镇文化站举办保健知识讲座，吸引了来自各社区健身点和体育协会长期从事社会体育指导工作的近60名同志参加。这期讲座利用共享工程国家管理中心下发的光盘进行知识产波，内容主要是四季养生保健知识，讲座受到观看者的一致好评，纷纷表示类似的讲座应定期举办，部分受众还表示要到共享工程岳西支中心下载、借阅这类相关影音资料。

4、2012年，在文化部全国文化信息资源共享工程主办的“向雷锋那样……”电脑小报设计比赛中，岳西县支中心选送的城关初中王梦佳同学创作的电脑小报获得全胜初中组三等奖，支中心荣获优秀组织奖。

5、为了提高文化共享工程基层管理人员的业务水平，岳西县支中心利用共享工程数字学习港开展形式多样的网络培训及知识竞赛，多次组织支中心及基层服务点工作人员参加，对提高工作人员的管理水平及操作技能起到了一定的作用。

6、利用共享工程管理中心下发的光盘，开展形式多样的数字服务，深受群众好评。为农村、农民开展科技下乡服务；为返乡农民工送去精神食粮；为孤寡老人及残障人士送温暖献爱心；为县两会开展文化服务等等

三、工作展望

1、继续开展好共享工程的各项日常工作，坚守岳西县支中心阵地，与各基层服务点形成业务指导关系，自行开展内容丰富、形式多样的文化活动，突出共享工程的社会效应和作用。

2、继续组织支中心和基层服务点工作人员参加各类技术培训活动，提高工作人员的管理水平和业务技能，形成小问题自行解决、大问题互相探讨的局面。

3、加强数字化建设。争取在2012年建成数字化图书馆，打破地域限制，让支中心和图书馆的公共服务能力向更边远地区延伸，打破落后地区信息闭塞状况，缩小“数字鸿沟”。

（撰文/岳西县支中心）

黄山市屯溪区支中心

自2006年6月加入全国文化信息资源共享工程以来，屯溪区图书馆把文化信息资源共享工程建设工作作为加强精神文明建设、传播科学文化知识、提高市民素质的重要抓手，扎实予以推进。利用共享工程设施不仅在电子阅览室开展了大量的活动，如“爱国主义影片”展播、医疗卫生保健常识讲座等，还在武警黄山边检站设立了“全国文化信息资源共享工程武警黄山边检站基层点”，将开展的服务活动和优秀资源直接推送到该基层服务点，收到较好效果。利用这个平台，屯溪区图书馆让群众了解了优秀文化信息，开阔了眼界，丰富了市民群众的文化生活。该馆已建成了10余平方米的主控机房和30台计算机的电子阅览室，图书馆网站的建设也正紧锣密鼓地进行着。

一、馆内阵地活动

充分发挥公共图书馆的阵地作用，做到因人制宜、因时制宜、因事制宜选择活动内容。在建党、建军、建国等重大节日，放映一些红色经典影片和党史题材影片。国庆期间则举办系列“爱国主义影片”展播，唱响“共产党好、社会主义好、改革开放好、伟大祖国好”的时代主旋律。精心挑选一批关于革命传统与社会主义教育、祖国灿烂文化、优秀人物传记等方面的资源，暑期在阅览室播放，传播中华文化的精髓，目的是以先进文化教育群众，提高群众的思想道德素质和科学文化素质。

二、关爱青少年活动

电子阅览室将文化信息资源共享工程放到每一台微机的桌面进行重点推介，读者可随时点击进入。针对青少年读者的特殊性，制定了严格的家长同意制度和上网限时制度(每人每次2小时)，从而有效地保证了我馆网络服务的安全性。同时我们还大力宣传推介共享工程网页，并在网上积极为青少年读者查找优秀健康网站网页，为青少年读者学习求知提供了极大方便。节假日则播放优秀影片和礼仪知识讲座，开展爱国主义教育活动。我馆利用共享工程积极开展思想道德建设，切实将加强和改进未成年人思想道德建设工作落到了实处。

三、服务新农村建设

根据农民的需求，及时发放农村实用技术及养身保健等方面信息资料。如：我馆利用国家中心下发的信息资源，刻录《文化共享和谐风》系列光，在屯溪区“文化、科技、卫生三下乡”活动中，面向各乡镇及村文化站免费发放。向各乡镇文化站、农家书屋赠送“文化共享助春耕”系列光碟，内容涉及春耕备耕科技、农机管理、养殖技术等方面。

四、开展拥军活动

根据部队需求，下载有关资料，刻录成光盘，送到部队，做好拥军工作。利用“共享工程”资源及设备，不定期在部队举办电影晚会，帮助部队开展思想政治教育工作。在武警黄山边检站设立了“全国文化信息资源共享工程武警黄山边检站基层点”，将我们开展的服务活动和优秀资源直接推送到该基层服务点，使武警官兵享受到更为充实、便利的文化生活服务。

在开展多项活动的同时，我中心还积极配合共享工程省中心开展工作。省中心“安徽红色之旅”摄制组在老街皖南特委旧址拍摄期间，我馆派工作人员协助拍摄。协助共享工程省级中心“非遗”摄制组开展工作。“安徽历史名人”之“戴震’摄制组在该市拍摄期间，该馆选派优秀人员协助拍摄。

（撰文/黄山市屯溪区支中心）

黄山市黄山区支中心

根据国务院、文化部关于大力推进全国文化信息资源共享工程建设的指示精神，为切实保障我区城乡人民群众的文化信息需求，促进基层文化的发展，黄山区文化共享工程支中心在省文化厅和省文化共享工程分中心的指导下，以数字资源建设为核心，以基层服务网点建设为重点，在全区（乡镇村）广泛宣传、精心组织、指导建设、加强管理、推进发展。截止2012年12月底，已建成开通79个村级基层服务点，14个乡镇已有11个乡镇建成了公共电子阅览室，较好地满足了我区人民群众不断增长的文化需求。

一、建设情况

自全国文化共享工程实施以来，黄山区图书馆作为文化信息资源共享工程建设的主要依托实施单位，得到了省、市、区各级领导的关心重视，2005年黄山区图书馆被列为全国文化信息资源共享工程安徽省级分中心基层支中心示范点，2007年又被省文化厅列入县级支中心建设名单。安徽省共享工程工作从2006年起步。2008年我馆成为第二批县级支中心示范点，目前村级基层服务点覆盖率达到100%。

几年来，丰富、实用的文化信息资源极大的方便和吸引了广大人民群众，对促进我区政治、经济、文化、教育的全面发展，提高农民科技致富能力、满足农民政策信息需求等起到了极其重要的作用。

二、工程专项资金和设备落实情况

共享工程区县级支中心作为一个承上启下的重要环节，是贯彻与落实国家、省级文化共享工程战略部署的基层实施单位，也是文化共享工程向乡、村基层推广与普及的前沿阵地。

2009年国家、省和当地财政共投入68万资金设备，全部用于文化共享工程黄山区支中心的建设。通过省文化厅统一招标陆续为我支中心配备了应用、业务服务器、卫星接收系统、存储（磁盘阵列）、交换机、百兆防火墙、计算机、扫描仪、激光打印机、刻录机等软硬件设备。地方财政配套资金也用于光纤接入和场所装修等。设备设施达到文化部制定的配置标准，为我区文化共享工程的顺利推进奠定了坚实的基础。

三、工程管理运行和开展服务情况

1、我支中心积极促进队伍建设。聘请2名专技人员管理工作，积极组织培训，使全体职工熟练掌握使用图书管理软件和设备；逐步建立健全内部管理机制。制定了一系列规章制度并严格实施，对具体的岗位操作流程、人员管理、安全防范、服务程序等都进行了规范管理，特别在全区公共电子阅览室接待未成年人和小读者方面都有统一规范要求，并注重与家长沟通，使孩子能够健康上网，享受获取网络资源带来的乐趣和帮助。

2、为了加快黄山区图书馆数字化建设 ，尽早实现数字化图书馆这个目标。我馆在2009年就建立了图书馆网站和文化信息资源发布平台，为更好地为读者提供资源服务，满足图书馆的信息化建设需求，我中心2012年又对文化共享工程服务器和网站进行扩容升级，增加了8TB的磁盘阵列、2台交换机和upn等设备，同时新增了40万册电子图书和3000多种电子期刊资源，并购了共享工程管理软件，实行了全区11个乡镇公共电子阅览室与文化共享工程国家中心、省中心和黄山区支中心的上传下达及资源共建共享服务，充分利用文化共享工程传播平台和网站，全力做好黄山区文化信息资源服务。

四、宣传推广、活动开展、惠民服务

在实施共享工程的过程中，不断拓展文化共享工程的服务内涵和方式，充分利用这一全新的工作载体条件，切实面向“五个走进”（走进农村、走进社区、走进学校、走进企业、走进军营），开创了基层文化工作的新局面。为使更多的黄山人民了解和使用文化共享工程，我们以“共享文化资源，服务黄山人民”为主题开展了形式多样的宣传活动。

1、利用新闻媒体宣传文化共享工程，经常在本地区电视台、政府网站上报道文化共享工程支中心的建设动态，领导关心指导情况。

黄山区支中心积极开展送资源送文化进校园活动

2、利用共享工程设备到城区群众活动集中的中通广场、重要社区街道等地进行宣传，每年在城区人群密集地区开展图书馆“知识工程”、“文化信息资源共享工程”宣传周活动，向基层群众赠送共享工程免费阅读卡。经常深入社区、学校、乡镇、军营等开展文化宣传活动，通过举办科技讲座、送科技光盘和放映优秀电影等方式向百姓宣传什么是文化信息资源共享工程，介绍如何利用它获取自己需要的知识等。

3、积极开展活动，提高文化共享工程传播利用率。

文化共享工程的建设目的是通过现代网络把先进文化送到广大基层，使群众享受到文化共享工程带来的文化大餐。我中心按照“资源共享、优势互补、互利互惠”的原则开展协作共建，与11个乡镇电子阅览室和79个基层点签订了资源共享协议书，为基层站点免费提供电子图书、电子期刊和特色的信息资源等资源服务。截止2012年12月，我馆为学校、基层点提供共享信息资源500余种。为逐步实现这一根本目的，几年来，我馆一直积极利用共享工程设备积极开展基层服务，举办了丰富多彩的文化活动，如下载优秀视频文献将优秀戏剧、电影、科教片送进社区、学校、军营，送科技知识培训下乡等活动等。

盛夏时节我们在城区广场、居民小区播放电影的屏幕前总是聚集着热情的观众，节假期间馆内多功能厅坐满了观看优秀动画片的小读者朋友，校园内播放的军事题材优秀故事片引来中学生的热烈欢呼，农业科技知识视频讲座为渴求知识的农民朋友提供了学习的课堂。5年来共选送优秀影片下基层380余场，向农民朋友赠送农业科技资料2万余份，举办各类讲座20余次，服务群众达6万余人次，培训农民和下岗职工达7千余人次。我们利用下载的信息资源为群众做好文化宣传和信息服务工作，充分发挥文化信息资源共享工程的公众利用率，把为民服务的脚步走遍了黄山区的很多地方，在当地产生了一定的影响。

五、工作展望

今后我们将不断以提升服务质量、发挥资源惠民作用为中心，完善设施设备，提升技术水平，拓展服务方式，更好的服务于民。

1、加强地方特色资源建设，充分发挥县级支中心在资源建设上的示范作用；

2、全面提升数字图书馆与文化共享工程的紧密结合。利用已建成的乡镇基层站点和行政村服务点优势，全面提高基础设施和资源的利用率。以面向农村和城市社区的文化服务为重点，以文化共享工程阵地为依托，加强对基层服务站点的技术指导与管理，着力提高乡镇和行政村基层站点的服务能力；

3、积极推动公共电子阅览室规范化建设。通过公共电子阅览建设工作，建设一批内容安全、服务规范、环境良好的公共电子阅览室，为广大人民群众提供健康、便捷的网络文化服务，使其成为网络环境下公共文化服务的新平台、新渠道。使我区的县级支中心成为文化共享工程基层服务的资源提供中心、技术支持中心和信息反馈中心，全面提升其延伸服务基层的拓展能力，促进数字图书馆在基层的发展。

（撰文/黄山市黄山区支中心）

黄山市徽州区支中心

2011年6月徽州区文化图书馆大楼建成并投入使用。新馆改变了传统的服务模式，实现了藏借阅一体化的全面开架管理；并增设了电子阅览室、多媒体室、成人阅览室、少儿阅览室等功能，满足不同读者群的文化需求。

2010年，在文化图书馆规划设计中已将全国文化信息资源共享工程徽州区支中心纳入区图书馆组成部分统一设计，专门成立了徽州区文化信息共享工程领导小组，负责具体组织实施。区图书馆建设抓住有利时机，利用财政资金，购入共享工程相关设备、布设网络环境，搭建共享工程区级支中心平台。

一、硬件设施

区财政局投入大量资金，加强文化信息资源共享工程徽州区支中心的建设。机房面积22平方米，设计装修符合国家相关标准，地面加装了抗静电地板，粉刷了墙面和顶棚，按标准进行了配电安装，并按规定配置了3台高端服务器，磁盘阵列一套，容量达到4TB；百兆防火墙1台、网络核心交换机1台、楼层交换机2台，充分保证网络安全；安装UPS电源系统一套，充分供应服务器和磁盘阵列；安装了标准机柜、4路KVM切换器等附属设施，局域网为20兆光纤。

电子阅览室面积80平方米，供读者使用终端计算机30台，每台机器有2平方米的空间，光线充足，进出方便。网络布线及电源分布合理，利用线槽进行了保护。拥有完善的消防设施和消防器材。安全疏散通道畅通，建立信息管理平台，实时监控阅览室内信息浏览状况。

多媒体室面积达100平方米，安装了投影机，配有有源音箱，能形象直观地把文化资源信息通过投影的形式表现出来。

二、数字资源建设

设专职工作人员利用省中心下发的数据资源、卫星接收的视频资源和电子文献资源，将读者感兴趣及有实用价值的内容，包括文化遗产、戏剧、音乐舞蹈、曲艺杂技、少儿文艺、影视文化、农民致富信息、科普知识和医疗卫生等，上传到应用服务器中，发布在互馆内局域网上，2012年新建成的乡镇综合文化站电子阅览室可通过VPN的方式浏览，方便了读者的使用。

三、拓展服务功能

1、阅览服务。图书馆一楼共享工程阅览室于2011年6月免费对读者开放，阅览用电脑30台，每天开放时间为8.5小时。读者凭有效证件可上网阅览共享工程网站内容和馆内行开发及购买的数据库资源。

2、读者活动。图书馆一楼“共享工程”多媒体室于2011年6月免费对读者开放。利用多媒体室举办读者活动，定期播放“共享工程”中的讲座、影视节目，为市民提供各类培训和文化需求。

四、组织管理

为加强对支中心管理，制定了《共享工程电子阅览室管理制度》、《共享工程展播厅播放制度》、《共享工程节目预告制度》、《支中心工作人员岗位职责》等一整套内部管理制度，使支中心步入规范化、制度化的发展轨道。“共享工程”的实施，有效地推进了农村文化阵地建设，全面提升了区图书馆的服务功能。我们希望在省分中心的指导帮助下，求真务实，创新创优，确保“共享工程”在美好乡村建设中构建和谐文化、培育社会新风和建立社会主义核心价值体系等方面发挥积极作用。

（撰文/黄山市徽州区支中心）

歙县支中心

歙县区域地理总面积2122平方公里，丘陵面积约占95%。歙县行政区划共有28个乡镇，304个行政村，常住人口50多万人。歙县文化信息资源共享工程建设在安徽省图书馆的部署下和各级部门支持下，经过努力逐步完成基础设施建设和各种设备的安装、调试，最终顺利通过上级部门对县级支中心建设的检查验收。

一、基本情况

全国文化信息资源共享工程歙县支中心建设始于2004年。前期通过安装卫星接收设备，接收国家中心下发的各类信息和资源。2007年被省文化厅列入建设名单，2008年建设完成，并于当年在全县304个行政村实施村级基层服务点建设。2009—2011年分三批在全县28个乡镇综合文化站进行文化信息资源共享工程建设，至此文化共享工程在本县乡镇的覆盖率达100%。

共享工程歙县支中心设在歙县图书馆，是歙县共享工程建设和业务的指导单位，负责保障支中心共享工程设备的运行，协调镇村级共享工程设备的维修，指导镇村级共享工程活动的开展并负责全县共享工程镇村级管理员的业务培训。

二、管理和队伍建设

歙县支中心为做好共享工程为民服务的工作，严格按照《全国文化信息资源共享工程安徽省乡镇（街道）、村（社区）基层服务点管理暂行办法》，制定了支中心、乡镇、村服务点的规章制度，并将制度上墙公开。每天做好读者接待工作，加强未成年人上网指导和管理，严格按照文化部未成年人上网的有关规定，对学生读者上课期间不予接待，还与学生读者的家长签订协议，节假日在家长允许的情况下来电子阅览室上网阅读，时间连续不超过2小时；支中心开辟了青少年上网专区，为青少年读者提供绿色安全健康的网络环境；并做好读者登记工作。

文化共享工程作为一个新的农村文化资源获取平台，如何推广好、利用好关键在于是否有一支专业化的共享工程管理员队伍。歙县支中心在队伍的建设上，要求各乡镇任用年轻懂电脑的作为乡镇、村级服务点的工作管理人员，并加强对其业务培训，明确职责，进行制度化管理。管理员队伍基本上都能做好日常化管理工作。

三、培训工作

歙县支中心自建成以来，在共享工程管理员的培养上实行制度化、常态化管理，充分利用共享工程的信息资源和设备举办各种培训，自2008年以来共举办各种培训班9期，共培训500多人次。

四、经费投入

2008年支中心建设时共投入51万元（其中国家资助34万，省级资助17万，县财政出资5万）。其后本县财政给于大力支持，将日常设备的维护和活动的开展等运行经费列入图书馆年度预算。

五、资源建设

历年来收集了一些信息资源；印制了一些宣传册、宣传单；制作了30多块展板；发放信息资料1000多份。由于在人力和物力上存在瓶颈，资源建设显得力不从心。支中心在以后的工作中，将把资源建设作为工作重点。

六、惠民服务

支中心充分利用全国文化信息资源共享工程这个平台，积极探索新的服务方式，依据各类的读者群的文化需求，开展具有针对性的服务内容为民服务。

2010年复制刻录了“文化共享助春耕”光盘，把光盘送到文化站共享工程基层点，深入农村开展服务活动，帮助广大农民群众丰富农业科技知识，提高生产技能，促进农业增产增收。

利用“共享书香　快乐阅读”光盘资源走进校园，在学生当中开展阅读活动。

特别是利用“文化共享工程夏日电影展播”光盘资源，在暑期里为同学们举办了为期一个月的电影放映活动，受到同学们的欢迎，2010-2012年支中心连续3年在暑假举办了“暑期电影展播”活动。

支中心积极地走入社会为民服务，特别是为弱势群体服务，历年来多次与儿童留守中心共同举办各种活动，为留守儿童送去图书、电影、文具等等。

七、宣传推广

1、支中心利用各种机会宣传推广共享工程。在每年县里举办的“送文化下乡”活动中，以资料为媒介宣传共享工程，让农民了解共享工程，学会利用共享工程。

2、走进校园。2009年在各小学举办了“读优秀书刊讲爱国故事”的比赛。2010年在县城小学里开展了“共享书香　快乐阅读”、“普及国学文化知识——少年有奖网上阅读问答”等活动。通过在学生中开展的活动，让同学们了解了共享工程，并学会使用这个平台增长知识认知世界。

3、专题活动。充分利用现有的设备设施和国家中心下发的信息资源在二楼多功能厅举办视频讲座。如2010年5月24日—28日举办了由国家高级心理咨询师、一级教师特聘优秀心理专家周俊池教授主讲的《提升学习功能与方法》为期一周的视频讲座，邀请了学生家长前来参加，大家热情很高，认真笔记，活动得到大家认可。

自2007年文化信息共享工程实施以来，随着国家、省、县各级资金的投入，歙县图书馆抓住契机逐步加强图书馆的基础设施建设和图书馆自动化建设，购置了大量的新书、新书架、自动化管理设备、办公设施，从而从根本上改变图书馆的面貌，使得图书馆事业得以突飞猛进的发展。

随着电子阅览室的建成并免费向读者开放，以及歙县图书馆网站的建立，拓展了图书馆服务空间。支中心开展的培训工作，举办的各种对外宣传和惠民活动，以及与各基层网点的联动，这些都在完善着图书馆的服务方式，不断地促进歙县图书馆事业向前发展。

（撰文/歙县支中心）

休宁县支中心

休宁县地处皖南，有21个乡镇，157个行政村，常住人口 28万人，是古徽州一府六县之一，是徽文化的主要发祥地，自古以来文风鼎盛、文人辈出。近几年来通过实施“生态立县、文化塑县、工业强县、开放兴县”的发展战略，已成为名闻遐迩的“中国第一状元县”、“中国有机茶之乡”、“中国乡村旅游福地”。

一、基本情况

2004年我县被列为文化信息资源共享工程县级支中心建设点，开始文化共享工程筹备工作，2007结合县图书馆新馆舍大楼的建设，完成文化信息资源共享工程县级支中心的建设。同时对乡镇、村、社区等基层服务点的建设按照文化共享工程和现代远程教育两个项目“整合资源、共建共享”的指导原则，全面推进。截止2010年8月底，完成全县基层服务站点178个，其中乡镇一级21个、村级157个，覆盖了所有乡镇和行政村。

二、管理和队伍建设

我们在县支中心和每个站点配备一名专职管理员和一名兼职管理员，同时结合村级工作实际，原则上要求村“两委”成员都要学会操作、使用，实行统一规划、相互协调、共同管理、共同服务。

对每一名站点管理员都进行严格的操作培训，切实加强防雷、防火、防盗的安全教育，确保管理员能熟练使用遥控器，能安全维护终端接收设备。先后制定了《共享工程基层服务点工作制度》、《站点管理员工作守则》、《节目收看学习制度》、《站点设备管理与使用制度》、《站点设备操作规程》、《站点信息反馈制度》等各项规章制度，切实加强站点的日常运行维护与管理。

三、培训工作

休宁县文化共享工程支中心在文化共享培训工作中依托网络和集中培训的形式，每年对管理员开展培训。截止2012年11月，集中培训6次，网络培训26次，培训人员达4659人次。

四、资源建设

休宁县支中心结合本地实际，根据地方特色，选取编辑地方特色资源和群众需要资源每年制作发放光盘200余张，发放宣传资料1000余份，制作展板20余块。

五、宣传推广

我县支中心依托共享工程的资源，充分利用图书馆丰富的信息资源优势，开展了丰富多彩的宣传推广。如利用投影仪、移动播放设备等开展公益性电影放映、奥运会节目广场现场直播、为社区开展各类培训服务，举办各种展览等，开展送书下乡、送书进社区、送光盘节目下乡等，截止2012年11月已累计利用共享工程设备到农村放映电影500场、广场转播奥运节目5次、到社区开展送书、送数字资源服务10次、送书和光盘到村10次，送数字资源1000GB，举办书画作品、摄影作品展5次，服务群众15.1万人次。这些丰富多样的文化活动既满足了群众多层次、多样化的文化需求，也增强了共享工程的吸引力和生命力，对于巩固文化阵地具有不可低估的作用，使“共享工程”的优秀的文化资源尽快尽可能多地为群众所用。

六、创新形式　优化服务

休宁县是个农业县，结合农村特点，休宁县文化共享工程充分利用农闲季节和晚上时间，积极开展农技培训、计生培训、文化知识培训以及新农村建设相关知识培训等。

各基层服务站点设备全部对党员群众开放；管理员随时为村民在网络查找信息资料，并免费打印提供给村民；结合各村实际下载编印文化信息，在村务公开栏和村民居住集中地张贴。依托村级站点“进门是课堂，出门是现场”的优势，利用共享工程助推农村“双培双带”先锋工程建设。

全县已建成榆村乡藏干村市级蘑菇示范基地1个，海阳镇盐铺村等县级示范基地6个，乡镇示范基地21个，1043名党员、干部培养成了发展能手，635名发展能手培养了党员。充分利用文化共享工程资源，以阵地服务和流动服务相结合的方式为当地人民群众开展了一系列文化活动。

除了在固定的场所服务外，还通过定期不定期流动服务的方式，为乡村中小学、敬老院提供播放农业科技，医疗保健讲座、电影、戏剧等视频资料服务。着眼农村地区居住分散不方便的现实，结合“村村送电影”购买服务工程，利用送电影下乡“2131工程”开展流动服务。下载了一大批优秀故事片、科教片深入农村放映，2012年11月已累计服务群众127700人次，受到了农民群众的普遍欢迎。

七、工作展望

全国文化信息资源共享工程网络资源服务平台为依托，通过多种形式拓展服务范围、创新服务方式，充分利用现代高新技术手段，将各种类型的文献信息资源以及贴近大众生活的现代社会文化信息资源，进行数字化加工处理与整合，将地方影视、戏曲、音乐、歌舞、民俗、美术等艺术表现形式纳入共享工程服务内容，通过共享工程服务网络传输，使优秀文化信息资源走进社区、走进企业、走进校园、走进农村，让更多的基层群众更加方便地使用、利用，以先进的文化和科学技术教育、培训广大群众，促进经济社会发展，为打造和谐休宁服务。

（撰文/休宁县支中心）

文化部副部长周和平向村级服务点赠送共享工程设备

黟县支中心

黟县支中心作为黟县图书馆信息化时代的重要服务手段，自2009年8月建成以来，在上级文化部门和地方党委政府的关心和支持下，不断强化软硬件设施建设，提升服务功能，拓展服务范围，在服务基层，传播优秀文化、服务社会主义新农村建设、丰富群众精神文化生活等方面发挥了重要的作用，取得了明显的成效。

一、高标准建设，形成网络化服务体系

黟县支中心建设严格按照国家中心《2008年县支中心系统配置标准》及安徽省分中心制定的《安徽省文化共享工程2008年度县级支中心机房装修和主控硬件、应用软件技术标书》进行政府采购和设备安装，并结合乡镇文化站和社区公共电子阅览室建设的需要，自筹资金不断升级扩容，与基层服务点形成网络和资源共享，完成了全县8个乡镇、4个社区公共电子阅览室建设和66个行政村投影设备的配送任务，实现了全县服务网络的全覆盖，保障了基层广大群众的享受数字化资源的权益。目前，县支中心拥有终端计算机62台、服务器5台、存储19TB、VPN防火墙及三层交换机1台、网络100M接入，并在今年进一步加大了数字资源建设力度，开设了的网站、采购了40万册电子图书、新增了《龙源期刊》和《视频中国》、购置了两台电子触摸屏报刊阅读系统等。全县文化资源共享工程已投入资金280多万元，服务区域受益人口约10万人。为保障共享工程正常运转，县政府将每年县支中心运转经费26万元列入了财政预算。

二、强化资源整合，推进共建共享

黟县支中心充分发挥自身资源优势和技术优势，积极指导基层服务点建设，加强技术人员队伍的培训，不断强化资源整合，推进共建共享。

1、在保持原有数字图书馆资源的连续性基础上，适当增加数字资源采购数量，同时，针对未成年人和外来务工人员，加工和采购特定资源，形成特色资源体系，并通过互联网、VPN、移动存储、扩大存储容量等方式，逐步建立起全县范围内的资源共建共享体系。

2、依据文化部全国文化信息资源建设管理中心制定的《公共电子阅览室管理信息系统技术规范（V1.0）》和有关公共电子阅览室管理信息系统部署，搭建管理系统技术平台。全县公共电子阅览室终端管理系统实行实名注册制度、服务情况监控和统计、上网限时制度，上网内容即时监控，杜绝不良信息的侵入和传播，确保网络信息安全，引导和推荐使用健康游戏。

3、通过建立资源推送管理与统计平台，及时将各类数字资源自动推送到各乡镇公共电子阅览室，自动收集统计各乡镇公共电子阅览室资源使用情况。引导公共电子阅览室读者访问优秀文化信息资源，特别是针对青少年读者提供一个内容健康、学习方便、娱乐丰富的多功能绿色上网工具。对符合公共电子阅览室要求的游戏、动漫书、学习软件、视频等资源进行分类管理，实现资源导航一站式服务。

三、健全管理制度，实现良性发展

公共电子阅览室免费开放后，黟县支中心结合实际情况，根据建设标准和服务规范，制定了《黟县图书馆公共电子阅览室免费开放管理方案》、《黟县图书馆公共电子阅览室服务规范》、《黟县图书馆公共电子阅览室读者须知》、《黟县图书馆公共电子阅览室设备配置标准》等一系列管理规章制度，同时指导各乡镇公共电子阅览室建立健全各项服务管理制度。如，在对未成年人的上机管理上，对未成年人上网实行“5限”管理制度，即：限陪——未成年读者必须由其家长陪同办理“多媒体阅览证”；限区——未成年读者须在指定的少儿区上机；限时——未成年读者上机时间不超过2小时；限网——在电子文献阅览室少儿区PC机的页面上增设了文化部允许的未成年人益智游戏和动漫“快乐生活”少儿多媒体窗口；限管——建立少儿多媒体电子文献阅览室辅导员管理制度，开通社会监督电话等。确保公共电子阅览室的正常、安全、高效和持续运转。

四、坚持面向基层，拓展服务功能

1、关爱未成年人成长。针对网络过度娱乐化的现状，黟县图书馆在开展公共电子阅览室工作伊始，在服务功能上就注意到了电子阅览室信息浏览功能、绿色娱乐休闲功能、网络学校及培训功能3个方面的兼顾。同时，将公共电子阅览室划分为信息浏览区、检索服务区、娱乐休闲区、培训学习区，按照各区对电脑要求的数量和配置，灵活分配现有资源，进行分区管理。将有益儿童身心健康的一些儿童教育网站的网址做成专辑，放在桌面上便于小读者们点击浏览。公共电子阅览室还为儿童区安装了“网络神盾”监控软件，有效地抑制了儿童接触网上黄毒及其他一些不健康内容。为更好地服务少儿这一特殊读者群体，管理员会询问每一个来电子阅览室的未成年人作业是否做完。对于18岁以下的少儿读者，统一规定上机时间为1小时，最长不超过2小时。

2、利用多种形式开展专题培训和丰富多彩的活动。针对计算机水平较低、缺乏文献信息检索方面基础知识的读者，开展“心手相牵、快乐成长——学会利用馆藏电子资源”系列培训班、外来务工人员电脑培训、夕阳红老年读者电脑培训、留守儿童网络快乐学习培训、少儿电子图书阅读培训等。举办了“党旗飞扬—全国青少年纪念建党90周年党史知识大赛活动”，举办了“祖国美景、网上共享——网上游世博活动”、开展了“情系农民工、关爱留守儿童”活动、“阳光少年热爱党”电脑小报设计比赛和少年动漫设计制作竞赛等活动。

黟县支中心举办党史网上竞赛活动

3、服务社会主义新农村建设。县支中心非常注重围绕帮助农民致富和促进地方经济发展的需求来有针对性地开展工作。两年来共自制刻录光碟900多盘，内容包括农村种植养殖技术、农产品供销信息、农村政策法规、医疗卫生保健常识、影视剧等视频资源，利用共享资源基层服务点开展服务活动累计达100余次，受众达8万多人次。由于文化共享工程为县级公共文化服务提供了新的技术服务手段，极大地方便了基层群众享受信息化时代的公共文化服务。2010年，县图书馆被中宣部等四部委命名为全国“服务农民、服务基层”文化建设先进集体。

（撰文/黟县支中心）

祁门县支中心

祁门县总面积2257平方千米。总人口15余万人。全县辖8个镇、11个乡152个行政村。祁门县文化资源共享工程在祁门县文广新局、祁门图书馆的支持和部署下，逐步推进，稳步发展。在新形势下为繁荣农村 基层文化，满足农民多层文化需求，传递中国民族优秀文化资源发挥了重要作用。

一、基本情况

黄山市祁门县资源共享工程建设从2007年到2010年通过分期分批实施共享工程建设。中心拥有33台资源客户端，一中控室（含无线接收器1台，存储设备、网络服务器和共享资源服务器各1台，另含有各种相应支持的网络设备）。将全县18个乡镇划分为6个片，对6个片（计152个行政村和6个社区、18个乡镇技术人员）176人进行了技术培训，每个点拥有资源客户端10台，以及相应的网络资源设备，并按计划通过VPN方式与中心共享资源链接接收省级分中心数字资源。

二、管理队伍建设

我中心针对内部人员及设备建立一整套完整的管理制度，所有工作人员均通过培训取得培训资格证书后上岗，并将相关人员职责公示于工作场所规范工作人员行为。对于所有在岗人员制定技术培训计划，并加强基层点技术支持与辅导，每年年终对基层点进行技术回访，确保每个点都有一至二名技术合格人员。每年中心制定技术培训方案，不仅对在岗人员进行技术培训，更着重于与兄弟支中心之间的技术交流，与时俱进提升每位工作人员素质。

三、培训工作

祁门县支中心成员采取培训上岗的原则，每位工作人员需取得相关培训合格证书方可上岗。不仅如此，我馆每年制定相应的技术培训方案，针对对各乡村站点人员进行进一步培训。每年对各片点进行一至二次面对面培训，除此之外还对各片点工作人员进行网络远程培训。年底对相关技术人员进行回访，并有针对性的对各片点技术盲点进行技术支持。

四、经费投入

我支中心在共享工程建设中陆续投入资金240余万元。其中设备投资（含机房设备、各片点设备、及电子阅览室及相关设施）120余万元，各片点及中心运行维护等费用为32.3万元/年（其中城区支中心所在地年维护运行费用为11.8万元/年，乡镇运行维护费用为4.1万元/年），其他技术培训、技术支持、惠民服务及推广活动等经费约为1.7万元/年。

五、资源建设

全县18个乡镇划分为6个片，建立乡镇电子阅览室。其中城区阅览室为县级支中心所在点，配备有专用中控室，内设卫星接收服务器、应用服务器、业务服务器、备用服务器各1台，并拥有磁盘阵列存储大量共享资源。支中心通过防火墙与卫星网、专属网、互联网以及联通电子阅览室的主干交换机相连。并配备DVD机与投影终端。其余5个点配备乡镇VPN网关、BS3000E存储等。

六、合作共建

祁门县支中心除拥有与省级VPN相连的共享平台外还建有自己的网站，并与天融信、浪潮、微软等公司建立技术支持关系。除此之外，祁门支中心与全省其他中心及各兄弟单位建立合作共建关系。其中包括各基层社区乡镇居委会、县文化局、广播电视局等。

七、利民惠民，惠农服务

自2011年6月28日以来，电子阅览室免费对外开放。未成年人通过监护人可办理相关证件进行上网，合理控制其上网时间。为广大市民提供健康安全的上网环境。每季度举办一次培训惠民活动。不定期向乡村站点免费配送基层资源科技光盘3000张，输送视频资源3TB，为各有关机构提供投影服务30多次，年均服务群众31000人次。

在开展普及推广活动中支中心工作人员指导老年人上网

八、宣传推广

自接上级有关通知后，我馆免费开放，并对全县进行广泛宣传在我县各学校发布免费开放说明书。本馆除通过惠民、惠农服务宣传以外每月举办一次小型的宣传推广活动，对我县中老年普及计算机应用，为我县青少年提供安全上网环境，为广大市民提供丰富资源。

九、工作展望

祁门县地处安徽与江西交界处，多丘陵地区，在设备的假设上存在一定的地理难度。但通过合理整合，将辖区进行合理划分，初步实现了共享工程的基本覆盖要求。但对于教偏远地区仍需要进一步加强共享工程计划落实。使共享工程这项惠民政策真正的给每个市民带来福利。

（撰文/祁门县支中心）

六安市金安区支中心

六安市金安区是安徽省西部政治、经济、文化中心。位于六安市区中心和东部。区域地理面积1654平方千米，是国家级皖江城市带承接产业转移示范区的成员城市，安徽省会经济圈合肥经济圈的核心区域。金安区辖5个街道、11个镇、6个乡，299个行政村，常驻人口约85万，金安区文化资源共享工程在金安区文广新局的支持和部署下，逐步推进。稳步发展，为乡镇、农村的基层文化工作，满足广大群众的文化需求，传播中华民族优秀文化资源发挥了重要作用。

一、基本情况

金安区文化资源共享工程建设开始于2003年，初期在金安区图书馆建设了“共享工程”县级支中心，配备了40余台电脑，然后陆续配备了大型服务器、专用电源等配套设施。

从2010年起陆续在乡镇一级开始开展设点，到2012年底已经安装完成16个乡镇、街道等示范点，计划在2013年继续在剩余的4个乡镇安装建设，实现全区大连网、全覆盖。按照文化部要求，为每个点配套安装了12台电脑、1台服务器、打印机、投影仪、光盘架等硬件设施，统一采购了管理、资源、杀毒等相关软件。

金安区图书馆建设了县级支中心，受金安区文广新局委托，该中心是全区共享工程的建设和业务的指导单位，负责保障支中心设备的正常运行，协调乡镇一级的设备维修，指导共享工程的活动开展以及管理员的业务指导和培训。

二、管理和队伍建设

为了更好的发挥文化资源共享工程的作用，金安区支中心重视“共享工程”管理队伍建设工作，制定了相关工作职责和制度，每年有年度工作计划和总结，并制定了《金安区文化信息资源共享工程实施方案》和各项规章制度。选派一批具有大专以上学历的专职辅导、管理人员，保证每个点都有人员从事管理、辅导及日常维护工作。并在金安区图书馆设立支中心的《“共享工程”维护中心》办公室，专门负责各个点的软、硬件保障，辅导员的业务指导和培训等工作。

三、培训工作

金安区支中心注重抓好“共享工程”辅导员的培训工作，通过集中学习、当面授课和实际操作等形式开展培训，不断提高管理员的专业水平。仅2012年就组织了12次通过集中授课、网络远程指导和上门辅导等形式的业务辅导。努力建设一支专业化的“共享工程”管理员队伍，不断提高业务能力和工作水平。

四、资金投入

截止2012年底，金安区文化信息资源共享工程建设经费共计110万元，由区文广新局统一采购设备并配送。农村党员干部远程教育基层点（299个村）149.5万元设备配送落实到位，无挪用现象。2012年10月中旬顺利通过了安徽省文化厅共享工程建设项目验收组的检查验收，使金安区建设完善了全区“共享工程”服务体系。

五、资源建设

金安区支中心结合本区实际，进行了一些数据库建设，其中“金安区红色文化数据库”收集、整理了300余篇相关资料和大量图片、视频，为金安区红色文化、旅游等作出了积极贡献。

同时，支中心正在对金安区图书馆的2000余册馆藏古籍进行数字化处理，既有效地保护了纸质古籍图书，也极大地丰富了“共享工程”数据库的资料。

六、合作共建

金安区开展多种形式的合作共建，推进“共享工程”建设。借助农村党员干部远程教育基层点推进“共享工程”工作，合作建设了299个村级基层服务点。三十铺镇等基层服务点与党员远程教育对接，与镇组织室联合举办党员远程教育对接共享工程基层点培训班，收到较好的效果。

七、惠民服务

县支中心及各级服务点通过电子阅览室和网站为读者提供在线信息服务，通过投影仪播放讲座等视频节目。毛坦厂、孙岗镇等基层服务点利用下乡放映电影的机会，放映文化共享工程的农村种养培训视频，深受广大农民的欢迎；晚上利用投影仪在文化广场播放视频节目，电影、地方戏剧、科技知识、生活小常识、法律知识等内容都深受居民的喜爱，每晚广场上都聚集着众多的居民观看，是居民夜生活的一大亮点。各基层服务点充分发挥“共享工程”在农村实用人才队伍建设中的积极作用，开展农村实用人才培训，主要形式是举办文化、卫生、科技、法制、种养等各种内容的培训班、视频讲座，不断开创培训工作的新局面。

八、宣传推广

金安区支中心利用网站、报纸、电视等各种渠道宣传推广“共享工程”，尤其在每年的“服务宣传周”、“图书馆活动周”等活动中，通过宣传让群众不断了解“共享工程”，走进“共享工程”，利用“共享工程”的丰富资源。同时，结合十八大、纪念建党91周年等，开展“共享工程”专题资源下乡、专题视频展播等主题活动，使“共享工程”走进群众生活。

金安区图书馆作为六安市唯一的公共图书馆，还积极开展“共享工程”进社区，通过光盘拷贝、网络传输等方式将一些优秀的文化资源共享到社区电子阅览室，丰富了老百姓的文化生活。

九、工作展望

随着时代发展，广大读者对数字化资源的需求越来越大，须继续大力推进“共享工程”建设，充分利用“共享工程”的丰富资源为群众服务。要结合“数字图书馆”工程建设，全面提升金安区级支中心的设备，提高金安区“共享工程”的建设水平。以金安区图书馆为中心，加强基层文化设施网点网络化、数字化建设，加强专业技术人员的培养，为深入推进“共享工程”的实施打好基础。要充分发挥“共享工程”的作用，大力开展公益性数字文化服务，尤其加强对广大农村地区的扶持力度，将文化共享工程建设成为社会主义新农村的重要抓手。

结合金安区农村的实际情况，开拓工作思路，加大对留守儿童的关爱，让这些和父母分离的儿童，使用“共享工程”网络，通过视频、语音等手段，建立和父母沟通、交流的爱心平台。

同时加强和农村中小学的合作，收集、整理、发掘一批少年儿童喜闻乐见的“共享工程”资源，组织动员学生关注“共享工程”，利用“共享工程”，让“共享工程”走进校园。发展本土经济，着力打造高科技农业，为农民送去农业、科普、科技、医疗、法律等方面的数字化“共享工程”资源，加快实现全区进入“小康生活”的步伐。通过多种形式拓展服务范围、创新服务方式，将地方音乐、曲艺、歌舞、美术等优秀非物质文化遗产纳入“共享工程”建设内容，以群众喜闻乐见的形式使“共享工程”更加贴近基层、贴近生活、贴近群众。

（撰文/六安市金安区支中心）

寿县支中心

2006年10月，寿县图书馆馆舍进行了较为彻底的维修改造。改造后馆舍面积800平方米，设有借书处、阅览室、资料室、电子阅览室。其中借书处藏书30000余册，资料室藏书近20000册。电子阅览室有电脑45台。现阅览室每年订杂志20余种，报纸30多份。

2010年1月，被国家文化部列为三级图书馆。2011年6月28日，寿县图书馆面向社会公众，正式免费对外开放包括图书借阅、电子阅览、知识讲座等服务项目。

一、基本情况

2009年6月，寿县图书馆建成全国文化信息资源共享工程支中心。

寿县全国文化信息资源共享工程为第二批建设项目，2009年6月实施，9月正式运转。项目设备网络工程总投入为：498000元。整体建设为政府采购设备资金投入。建设成后的寿县全国文化信息资源支中心设有支中心网络设备机房、电子阅览室、采编室、多媒体室。

2012年起，作为重要的文化民生工程乡镇综合文化站建设中将文化信息资源共享工程电子阅览室建设单独列为单项民生工程在我县25个乡镇实施，现已建成25个乡镇电子阅览室，并已投入正常运转，每年都有固定的设备资金保障。

我县除前期国家一次投入498000元设备资金外，自2012年6月起，公共图书馆实行免费开后，每年都有约20万元的免费开放专项资金用于运转。其中大部分资金都用于共享工程支中心的设备及维护。

我县支中心的资源，除接收国家中心的光碟及数字传输资源外，不定期还通过移动硬盘设备从省馆分中心下载相关资源数据。

2012年10月，我馆为提高公共图书馆的服务水平，让广大读者享受改革开放的成果，正式建成开通了寿县图书馆网站（http://www.shouxianlib.com/）。加快了由传统图书馆向数字图书馆建设步伐，在六安市公共图书馆数字图书馆建设中走在了前列。

寿县图书馆的“数字图书馆”，除上级文化部门提供的资源外，还采购了超星《电子图书》，并试用博看《电子期刊阅览室》，这是国内知名的数字图书馆和中文报刊数据库。采购的超星《电子图书》共40万册；涵盖22大类图书；博看《电子期刊阅览室》收录了3600多种期刊杂志，内容丰富，涵盖面广，每天更新100本杂志。新刊上线时间基本上与纸版杂志上市时间同步。所有的过刊也仍然都保存阅览室里，可以采取与现刊同样的方式阅读。除了有原文原貌的多媒体版，还提供电子版、语音版、下载版等多种阅读方式以满足不同读者的需求。

寿县图书馆“数字图书馆”的开通，是全国文化信息资源共享工程在我县建设的又一大成就，将给我县读者提供现代化的读书方式，更好的丰富群众的文化生活。

二、工作展望

2013年，寿县图书馆新馆建设选址已确定，新馆主体建筑设计图纸已委托清华大学正在进行设计中。未来的寿县图书馆和文化信息资源支中心的建设将会更加的完善和充实，支中心建设将会依托乡镇综合文化站的电子阅览室，将更加充分地发挥阵地作用，将服务向乡镇延伸，将支中心的服务做好，做强，让文化的春风吹到每一位人民群众的身上。

（撰文/寿县支中心）

霍邱县支中心

霍邱县面积3488平方公里，下辖32个乡镇，441个村（居），总人口162万人。

一、基本情况

县图书馆1978年底筹建，过去一直借居在文庙后院的五间古房里，面积仅216平米，条件较为简陋。2002年11月新图书馆大楼落成并投入使用，馆舍建筑面积2000平米。现馆藏图书47万多册（其中：电子图书40万册）。内设图书外借处、综合阅览室、少儿阅览室、电子阅览室、多媒体室等对外服务窗口。2010年，在全国第四次公共图书馆评估中被文化部授予“三级图书馆”，现有干部职工7人。

二、建设情况

霍邱县图书馆2007年度被列入安徽省文化信息资源共享工程30个县级支中心后，县馆便以此为契机，以“整合资源、传播文化、服务群众”为己任，在上级领导的关心支持下，完善硬件设施设备，发展软件服务平台，共建共享文化信息资源，工程总投资近70万元。支中心严格按照国家文化部“一房二室”的要求建设，共分为中心机房、电子阅览室及多媒体教室三个部分，电子阅览室面积50多个平方，配备有高配置品牌液晶电脑30台，并通过电信10MB宽带网络连接为读者提供互联网服务；多媒体教室配备投影仪、多功能一体机、扫描仪、业务终端机等设备，现已全面投入运行。

为了充分发挥霍邱县共享工程资源在传播先进文化方面的作用，让更多的城乡群众享受到内容丰富、健康向上的文化信息，县支中心向全县所有行政村发放了一套信息资源共享设备（投影仪、幕布、音箱、话筒）。支中心集思广益，把共享工程、党员远程教育系统及乡镇公共电了阅览室进行资源整合，不仅节约了资金，方便了管理，还进一步扩大了服务范围。县政府还每年投入专项运维经费，用于共享工程设备的维护、人员培训和惠民活动的开展。

三、活动的开展

共享工程作为一项文化创新工程，在我县实施以来所发挥的作用十分显著，无论是促进和谐社会的构建，还是在促进新农村建设上，都彰显出它作为文化创新工程的独特魅力。每到夜幕降临之际，支中心的镇、村管理员就充分运用共享工程基层服务点配备的设备，或放映科教片，或举办卡拉OK自娱自乐，或在广场、稻场对照银幕学跳健身舞等。在节庆日期间，举办群众联欢会，开展舞蹈、象棋、扑克比赛等众多活动，极大地丰富了人民群众的文化生活。支中心电子阅览室拥有的大量图书、视频、影视等资源信息，也深受读者欢迎，优异的环境为广大青少年提供了绿色上网平台。支中心还邀请专业人员对少儿、老年人进行计算机技术免费培训，倍受广大家长及读者称赞。支中心工作人员还经常深入各乡镇（村）基层点辅导工作，定期对基层管理人员进行业务培训，并督促基层点为群众服务开展的工作及活动。

霍邱县文化共享工程实施以来，通过广泛宣传、加快基层网点建设、开展形式多样的服务活动等方式，使这项整合先进文化资源的利民工程越来越受到基层群众的欢迎和喜爱，这对促进农村公共文化服务体系建设，丰富城乡群众多层次的文化需求与构建和谐社会等方面发挥了积极作用。下一步，霍邱县级支中心将在上级领导的关怀下，在先进科技的支持下，进一步更好的服务基层，服务群众，为繁荣霍邱文化、构建和谐社会做出新的贡献！

（撰文/霍邱县支中心）

舒城县支中心

舒城县全县有21个乡镇1个经济开发区，393个行政村，总人口100万，属国家贫困县。全国文化信息资源共享工程实施后，我县紧紧抓住这一历史机遇，把共享工程建设作为推进文化创新、完善公共文化服务体系、提高公益性文化服务水平、促进经济社会协调发展的高度，多方争取上级部门重视，扎扎实实地组织全县共享工程项目的实施。先后投资152万元，建成了文化信息资源共享工程县级支中心1个，乡镇级服务点21个（其中已建电子阅览室16个），村级服务点393个，县、乡、村三级共享工程服务网络体系基本形成，缓解了基层农民看书难、看电影难、看戏难的问题。

一、基本情况

舒城县支中心于2009年元月建成投入使用，设备总投入71万元，其中：建成公共电子阅览室100平方米，计算机服务终端49个，多媒体室66平方米，主控机房15平方米，内装服务器6台，交换机3台，文化共享工程资源建设总量达61个TB。通过10M光纤网的接入，使本馆的公共电子阅览室和办公室的56台计算机都可浏览共享工程的信息。公共电子阅览室已面向社会免费开放，日均资源传输量可达1.2GB，音视频资源的传输下载初步实现。支中心的建成进一步推动了我县图书馆基础建设，实现了图书馆网络化、数字化、自动化的管理。

基层服务点建设情况：2009至2010年底，全县建立共享工程村级服务点393个，每个村服务点1台投影仪、1个投影幕、2个功放音箱，全部由国家投入配送。每个村信息终端接收点链接电信网络，由县委组织部负责实施，与农村党员干部现代远程教育工程合为一套设备接收资源信息。县级支中心提供文献信息，负责人员培训、业务开展等工作。

共享工程乡镇服务点于2012年9月完成了公共电子阅览室建设16个，总投入81万元，在原已初步建成的21个服务点的基础上，选择了16个乡镇，以综合文化站为依托，每个乡镇按照国家规定的标准，再配备10个终端计算机、1台服务器、1台中央控制台交换机、4个存储、杀毒软件等价值5万元的设备，建成了16个乡镇公共电子阅览室，接通了电信网络，配备了工作人员，现已免费开放。目前，大部分乡镇、村级服务点设备运行基本良好。

二、开展惠民服务情况

在省中心的正确指导和大力支持下，在县文广新局的坚强领导下，为发挥共享工程在弘扬先进文化、构建和谐社会、建设社会主义新农村、丰富城乡群众文化生活起到重要的作用。主要开展了以下方面服务工作：

1、构建遍布全县的基层服务网络，改善了基层文化落后的状况。各村服务点充分利用农村党员电教室设施设备优势，通过网络接收共享工程信息，使党的方针政策、科学技术信息更加新奇直观、形象生动，迅速走向千家万户。

2、为了使基层群众对农业新科技能看得懂、用得上、见效快，我们利用共享工程网络资源内容新奇、实用性强、信息量大、数据传输快捷的优势，认真搜集、下载适用于当地群众政策法规、农业科技、文化体育、防疫保健、科普知识等共享工程信息资源，刻录成VCD光盘或宣传资料，直接支持乡村服务点，由各服务点面向群众服务。

3、利用图书馆服务宣传周、节假日期间，协调农业科技、卫生等单位前往农村集贸市场向群众免费发放共享工程光盘和实用技术资料，并现场接受咨询，解决实际问题。针对种养殖户在种养植过程中碰到的实际问题，对症下药，从共享工程网络资源库中下载相关内容刻录成实用光盘，免费赠给他们学习使用。从2009年元月至今，我馆已为我县基层服务点和农村群众下载家禽饲养、农作物栽培和法律法规知识等相关信息达3万多字，印发宣传资料1500余份，制作宣传光碟300余份，举办视频讲座培训6场（次），受益群众5000多人次，帮助基层群众及时了解到相关技术信息，解决了一些实际问题。不少村民反映，通过“信息共享工程”，他们眼界更宽了，信息更灵了，增收致富的本领更强了。

4、广泛开展图书音像资料进农村、进学校、进社区等项活动，进行群众思想道德、民主法制、理想信念教育。通过群众喜闻乐见的形式，把学习党和国家方针政策的热情转化为建设社会主义新农村、构建和谐社会的自觉行动。

4.1.利用共享工程资源面向广大群众，突出政策理论教育。在城关11个社区，流动进行专题展播8余场次，共接待观众1600余人次。

4.2.面向老年人，突出思想健康教育，为老年活动中心开展资源共享服务。根据老年人平时生活需要，选择了《营养与健康》、《科学与保健》等光盘资料和战争题材的故事片为老年人放映，同时每年开展“夕阳红”电脑培训班3期，使他们获得了精神的强健与先进文化的关爱。

4.3.面向广大青少年，突出思想道德教育。每年暑假期间，利用共享工程支中心的投影仪为城区的青少年播放优秀影片和礼仪知识讲座15场（次），受教育人数1100人（次），切实加强和改进了未成年人思想道德建设。

三、工作展望

1、加强基层文化设施网点网络化、数字化建设，加强文化、科技信息自动化、网络化建设和专业技术人员的培训，为深入推进共享工程的实施打好基础。

2、努力把文化信息资源共享工程用活、用好。借助数字电视和远程教育服务网络，大力开展公益性服务，以先进文化教育广大群众，提高人民群众的思想道德水

平和科学文化素质。

3、在实施过程中，加强与上级部门、县直各部门的沟通与协调，使共享工程服务更具针对性和时效性。同时，不断总结经验，改进创新治理体制和运行机制，以群众喜闻乐见的形式使共享工程更加贴近基层、贴近生活、贴近群众。

（撰文/舒城县支中心）

金寨县支中心

金寨县境内诞生了11支中国工农红军队伍，10万金寨儿女参军参战，有59位金寨儿女成为共和国的开国将军，全县被追认为革命烈士的达1.3万人，占安徽省烈士总数的五分之一，有着“红军的故乡，将军的摇篮”的美誉。金寨县现有23个乡镇，233个行政村（社区），人口68万人。金寨县文化信息资源共享工程在上级文化主管部门和省级分中心的重视和支持下，逐步推进，稳步发展，为繁荣群众文化生活，满足人民多层次的文化需求，发挥了积极作用。

一、基本情况

2003年文化部、财政部组织实施“文化信息资源共享工程”，2005年，金寨县图书馆被列入我省“共享工程”实施点。同年，县委办、县政府办文件联合出台了《关于加强全县文化信息共享工程建设的意见》。2006年初，文化信息资源共享工程金寨县支中心成立，设在县图书馆，同年，省共享工程分中心为县支中心配备了1套设备，县图书馆派员参加了省级分中心的业务培训，并利用下发的设备开展活动。拉开了金寨县文化信息资源共享工程的序幕。

2008年10月20日，安徽省文化厅暨全国文化信息资源共享工程安徽省分中心在金寨县梅山将军大酒店举行基层服务点设备配发仪式。向228个村级基层服务点发放电脑。

2009年，省文化厅又向金寨县文化信息资源共享工程村级服务点投放277套投影设备，包括一台投影仪，一块幕布、一组音箱。至此，金寨县273个行政村和4个社区达到的文化信息资源共享工程村级全覆盖。

从2009年开始，乡镇综合文化站建设纳入“民生工程”，截止2011年，全县23个乡镇综合文化站全部建成，每个综合文化站均投入了5万元的资金，建立了文化信息资源共享工程乡级服务点。

2011年6月，金寨县文化中心建成，金寨县图书馆迁入文化中心。7月，投资68万元（其中中央及省财政财政51万元，县级配套资金17万元）的文化信息资源共享工程县级支中心同时建设，2012年3月建成投入使用。接入电信光纤10M，电子阅览室拥有电脑终端30台，共享工程视频播放厅拥有120个坐位，免费向群众开放。

二、管理和队伍建设

该县十分重视文化信息资源共享工程建设。2005年，县文化主管部门向县委、县政府做了专题汇报，并成立了有文化局牵头，县委宣传部、组织部、广电局、教育局参加的联系工作会议，研究、制定了我县实施全国文化信息资源共享工程的方案，提交县委、县政府。2005年10月16日，金寨县出台了《关于加强全县文化信息共享工程建设的意见》，并以县委办公室、县政府办公室文件（金办2005[28]号）正式下发。县文化主管部门作为全县文化信息资源共享工程实施的主管部门，统一协调、管理、实施全县的文化信息资源共享工程建设，县级分中心设立在县图书馆，有县图书馆负责文化信息资源共享工程的具体工作。

为了把文化共享工程建成真正的“惠民工程”，金寨县支中心将共享工程日常管理制度化管理。2007年，金寨县启动了以图书馆、文化馆为主体的文化中心建设，图书馆老馆闭馆拆迁，共享工程县级支中心建设也因此暂停。虽然县级支中心建设暂停了，但共享工程的工作仍在在不断推进。在此期间，制定了县级支中心和乡镇、村基层服务点的各项规章制度，有县级支中心统一制作服务点标牌和制度牌，在2008年、2009年两批共享工程设备发放时一起送到乡村，做到制度上墙。县级支中心做到年初有计划、月月有安排、半年有督查，年终有总结。各乡村服务点做到周周有活动，并注意收集群众对共享工程的服务的意见和对资源的需求，及时向县级支中心反馈，不断发现新情况，探索新路子，提升服务水平。

为了让群众充分利用好文化信息资源共享工程这个全新的获取文化信息的新平台，必须要有一批好的共享工程管理员。该县支中心在共享工程队伍建设上，与相关单位密切配合：乡镇级服务点有乡镇综合文化站站长负责，确定一名乡镇文化站干部担任具体工作，村级服务点有村农村党员干部远程教育管理员和“农家书屋”管理员兼任，做到齐抓共管，常态化培育。

三、培训工作

共享工程金寨县支中心在业务培训上实施制度化，常态化。县级支中心按照省级分中心和国家中心的要求，参加网络培训，并派员参加省级中心的集中培训；对乡镇服务点，一年进行2次专门的培训，同时，利用文化工作会议，农家书屋管理员培训、农村党员干部远程教育管理员培训、专业技术人员继续教育等时机，积极争取，将共享工程的业务培训纳入其中。

四、经费投入

为保证文化信息资源共享工程建设顺利实施，金寨县地方财政给予了大力支持，一是在县级支中心建设

上，按照国家和省要求，全额配套17万元，同时，为保证县级支中心的正常运行，将县级支中心经费列入财政预算。二是在乡镇综合文化站建设中，将共享工程建设作为重要项目列入，并确定每个文化站共享工程设备资金达到5万元以上，地方财政还将乡镇共享工程纳入乡镇综合文化站免费开放的主要内容，保证其正常运行的所需经费。三是对村级共享工程服务点，和农村党员干部远程教育整合在一起，有县、乡镇和村三级共同保证其正常运行所需的经费。

五、合作共建

金寨县是在全国最早实施农村党员干部远程教育4+1（4个省区+1个县）试点。原行政区划是28个乡镇、408个行政村。从2003年开始，金寨陆续建立了乡镇农村党员干部远程教育基层服务网点，到2007年，已经建立基层点225个，其中村级网点180个。金寨县图书馆在闭馆期间，对金寨县的农村党员干部远程教育和中小学远程教育情况进行了调查，并形成了调查报告，提出了文化信息资源共享工程建设与农村党员干部远程教育和农村中小学远程教育相结合，实行资源共享的建议，以金寨县文化局文件上报省文化厅。同时，馆长吴建国结合调研情况，撰写了《文化信息资源共享工程资源整合之我见》的学术论文，发表在2008年第1期的图书馆核心期刊《图书与情报》杂志。金寨县图书馆的调查和建议，得到了省文化厅的重视，针对金寨县的情况，省文化厅在2008年的文化信息资源共享工程建设的设施投入上，给予了大力支持，对尚没建立农村党员干部远程教育服务点的228村，每个村配发电脑一台，使共享工程和农村党员干部远程教育与共享工程实行了共建共享。这次设备的发放，基本完成了村级服务点的建设。是安徽省党员干部现代远程教育工程、文化信息资源共享进行资源整合的重要举措。加强文化信息资源共享工程和党员干部现代远程教育工程的资源整合，既是以科学发展观为指导，落实正确政绩观，科学管理和合理利用资源，避免重复投资、资源浪费，建设节约型社会的必然要求，也是最大限度发挥现有资源作用，构建"远教搭台、部门唱戏、多方参与、共建共享"的工作机制，实现优势互补、互惠多赢，推动文化信息资源共享工程、农村党员干部远程教育工程和农村信息化建设健康协调发展。

金寨县文化信息资源共享工程和农村党员干部现代远程教育工程的资源整合，在投入设备以及资源共享上走在了全省的前列，为群众提供更有效的服务，真正"让党员干部经常受教育，农民群众长期得实惠"，把基层服务站点变成培训、学习和娱乐中心；探索文化信息资源共享工程向党员干部、经营大户扩展和延伸问题；整合好各方面资源，使农村党员干部远程教育工程和文化信息资源共享工程在金寨农村全面开花，为农民提供更好的服务，让广大农民共享丰富的精神文化食粮，共享改革开放的成果。

2009年，省文化厅和省级共享工程分中心第二次向金寨县村级服务点投放设备，当时金寨县的行政区划已经调整到28个乡镇，273个行政村和4个社区（2011年又调整为23个乡镇，233个行政村），省文化厅按照当时的行政区划，为277个村（社区）配发1套投影仪，特别是已经配发电脑的228村，在这批设备到位后立即从普及型升级拓展型。加上农村党员干部远程教育已经配发的有线电视上网设备，应该说：金寨县农村党员干部远程教育工程和文化信息资源共享工程的的资源整合进入了一个全新的发展时期。

程金寨县支中心在合作共建上，还积极和农村中小学远程教育、农家书屋向结合。特别是在村级服务点，共享工程管理员同时又兼任农家书屋管理员，因此，县级支中心将这些业务活动进行整合，统一布置，统一安排，互相促进，共同开展，使活动开展的有声有色。

六、资源建设

在资源建设上，金寨县级支中心根据群众的不同需要，选取、编辑各种资源，并建立了图书馆网站，采购了《超星电子图书》40万册（4TB）、《龙源电子期刊》、和《博看电子期刊》。加上上级配发的资源，开通了"金寨县数字图书馆"。通过VPN技术，让乡镇和村级共享工程服务点利用县级支中心的资源。同时，金寨县支中心还配合省中心，拍摄共享工程专题片《安徽红色之旅》、《红星闪耀大别山——安徽金寨将领风采录》、《皖西大别山名歌》等，在自建资源上，在网站开设《红军文萃》、《金寨文汇》、《阅读金寨》《金寨非遗》4个板块，对金寨特有的资源进行整理、加工。

七、惠及大众，服务三农

金寨县支中心在实施文化信息共享工程中，以群众需求为导向，服务农村、农民、农业。县级支中心在采购数字资源时，根据金寨实际情况，选取了蚕桑、板栗、高山蔬菜、家畜家禽养殖等农业科技电子书，针对金寨县发现世界第二、亚洲第一的大型钼矿，采购了与钼矿相关的电子图书数百种；并订购了《龙源电子期刊》、《博看电子期刊》和《百科视频》等数字资源。县级支中心还向乡镇、村服务点和农村养殖、种植专业合作社发放登陆卡，让他们免费使用县级支中心的数字资源。

八、宣传推广

金寨县支中心利用各种渠道，积极宣传推广文化信息资源共享工程。一是积极争取重视，有县委、政府出台相关文件；二是利用当地的广播电视等新闻媒体进行宣传；三是走上街头，散发材料，进行宣传推介；四是举办专题（共享工程进校园、进社区、进军营）活动，让群众亲身体验；五是下乡开展服务（共享工程送资源、送温暖、送欢乐）活动，让农民积极参与；六是通过网站设立专栏，便于群众利用。通过多方努力，让金寨县更多的群众了解共享工程、走进共享工程、利用共享工程。

九、未来展望

金寨县文化共享工程已经形成了全覆盖，不仅县、乡、村三级网络已经形成，而且走进了一些农村的专业合作社和农家。2012年，乡镇公共电子阅览室建设列入民生工程，第一批13个乡镇公共电子阅览室已经建成。2013年将完成所有乡镇的公共电子阅览室建设。每个公共电子阅览室面积均达到40平方米以上，电脑达到10台以上，配备了资源管理服务器、网络交换机，购置1台数码相机和1台数码摄像机及办公桌椅、在县级支中心建立了交换平台，在全市率先实现通过文化信息共享工程县级中心交换平台，向各乡镇公共电子阅览室无障碍地提供文化信息资源并进行日常运行监控。随着文化信息资源共享工程的进一步推广，数字图书馆工程、公共电子阅览室工程的实施，金寨县文化信息资源共享工程，将向社会提供更多的文化信息资源，让群众享受到更多的改革开的成果，为建设文化金寨、美好金寨添光加彩。

（撰文/吴建国）

石台县支中心

石台县总面积1403平方公里，约占全省总面积的1%。石台县划为8个乡镇，共有79个行政村，常住人口11万多人。石台县文化信息共享工程在县文广新局部署下，逐步推进，稳步发展，在新形势下为繁荣农村基层文化，满足农民多层次文化需求，传递中国民族优秀文化资源发挥了重要的作用。

一、基本情况

根据省文化信息资源共享工程“十一五”规划，石台县文化信息资源共享工程被纳入2008年建设规划。2009年4月成立文化共享工程石台县支中心。为加强对支中心管理，制定了《共享工程电子阅览室管理制度》、《电子阅览室管理员岗位职责》、《未成年人上网管理办法》等一整套内部管理制度，并配备了计算机专业技术人员。2010年开始普及进入乡镇行政村，第一批29个行政村与当年安装调试完毕，2011年第二批50个行政村安装，至此石台县所属行政村实现全县共享工程村村覆盖。

共享工程石台县支中心在县图书馆，是石台县共享工程的建设和业务指导单位，负责保障县支中心共享工程设备的运行，协调镇村级共享工程设备的维护，指导镇村级共享工程活动的开展以及开展全县共享工程管理员的业务培训和指导。

二、经费投入

为认真贯彻安徽省文化共享工程会议精神，自2008年以来，我县共投入68万元用于县支中心建设(主要包括主机房、电子阅览室、多功能报告厅等)，通过10M光纤接入互联网，电子阅览室的40台计算机可浏览共享工程的信息，现已向社会全面免费开放，年运行经费7万元。

三、队伍建设和培训工作

石台县支中心在管理员队伍上坚持明确职责，明确思路，制度化管理。目前各乡镇、村级管理员60%由大学生村官担任，30%由村委委员兼任。县支中心也积极组织培训工作以加强乡镇、社区文化队伍建设。培训工作主要是采用集中培训的方式，每年对基层管理员进行4期集中培训，到目前为止共举办16期，参加人员达1000人次。

四、资源建设和合作共建

我县支中心主要是通过卫星正常接收上级下发的资源、征集、购买等方式建设资源。我们按照“资源共享、优势互补、互利互惠”的原则开展协作共建，与各基层服务点签订设备接收责任书，免费为基层点提供电子图书、电子期刊和特色的信息资源等资源服务，还将国家、省、市和本地的一些优秀视频资料加工制成光盘资源送到各基层服务点。

五、惠民服务和宣传推广

县支中心将阵地服务和流动服务相结合，日常活动和节庆活动相结合，开展形式多样的文化惠民服务。

1、积极开展文化共享工程走进军营、走进务工人群、走进老年群体，四年共送电影280多场，举办讲座48次。

2、结合当地经济发展和农业生产实际，利用文化共享工程丰富的科技信息资源，编辑成册，向当地群众发放，有力促进了新农村经济的发展。

3、借助电子阅览室平台以“寓教于乐”的方式多次举办了以“走进电子阅览室　共享网络文化”为主题的益智类游戏比赛，引导青少年正确认识网络、认识游戏；为了培养小读者良好的阅读习惯，激发持久的阅读兴趣，提高孩子们的语言表达能力、心理素质、思维能力等，帮助他们健康成长。几年来，县支中心在“六一”来临之际，特为小读者们举办“阅读伴我快乐成长”讲故事比赛；在寒暑假期间，针对青少年的知识结构、兴趣爱好、成长需求等，定期开展“假期电影展播”活动。

4、多次举办各种主题的图片展活动，如庆元旦、迎国庆、迎接十八大等。

5、每周一至周五下午专请计算机老师给老年人讲解计算机基础知识，服务群众累计达4000多人次。

加入全国文化信息资源共享工程以来，为了扩大其在基层群众中的影响，广泛宣传其作用和意义，使各级领导和群众充分认识到这是一项惠民工程、民心工程；认识到工作的重要性和必要性以及文化信息资源的可用性。我们利用电视台、图书馆网站(www.stxlib.com)以及发放宣传单的形式对共享工程开展的一些大型活动给予相关报道。在开展阵地活动中，我馆电子阅览室设置40台微机为共享工程专用机，免费对市民开放。随着宣传力度的逐渐深入，在市民心中的影响也在逐渐加深，对文化信息资源的需要也在逐渐加大，市民开始掌握和利用这块知识宝库。

六、荣誉奖项

2009年我县选手舒海晶在文化信息资源共享工程安徽省青少年“读优秀书刊　讲爱国故事”比赛中荣获三等奖，县图书馆荣获组织奖。2011年我县基层服务点选

基层服务点培训会

手在安徽省图书馆举办的“第二届文化共享杯——全国文化信息资源工程知识与技能竞赛”中荣获省三等奖。

七、工作展望

今后我们将不断以提升服务质量、发挥惠民作用为中心，完善设施设备，提升技术水平，拓展服务方式，更好的服务于民。加强地方特色资源建设，充分发挥县级支中心在资源建设上的示范作用。全面提升文化信息资源共享工程的服务能力。将利用已建成的乡镇基层服务点和行政村的省共享工程设备配置，全面提高基础设施和资源的利用率。以面向农村和城市社区的文化服务为重点，以文化共享工程阵地为依托，加强对基层服务网点的技术指导与管理，着力提高乡镇和行政村基层网点的服务能力。积极推动公共电子阅览室规范化建设。通过公共电子阅览建设工作，建设一批内容安全、服务规范、环境良好的公共电子阅览室，为广大人民群众提供健康、便捷的网络文化服务，使其成为网络环境下公共文化服务的新平台、新渠道。

（撰文/苏娟娟、方玲丽）

青阳县支中心

青阳县图书馆是国家举办的综合性县级图书馆，是全民所有制公益性文化事业单位，始建于1928年，距今已80多年。因历史原因，几经撤并，后于1980年独立建制挂牌，对外服务。2004年底，馆舍迁入县文广大厦二楼。馆舍建筑面积2000平方米，目前，图书馆设施设备等都得到了进一步的改善，现已建成全国文化信息共享工程县级支中心、古籍善本收藏室、报刊阅览室、电子文献阅览室、自修室、少儿阅览室、图书外借室、多媒体室、视听室，并建有图书馆网站（www.qytsg.com），点击图书、数字图书馆、影视欣赏等数字资源，从而向文献信息电子化和图书馆网络自动化跃上新台阶。

全国文化信息资源共享工程是2002年起由文化部、财政部组织实施的一项社会主义文化建设标志性工程，旨在通过采用现代科学技术，将中华优秀文化信息资源进行数字化加工与整合，通过互联网、卫星、光盘等方式，实现优秀文化信息资源在全国范围内的共建共享。下面就青阳县支中心“共享工程”建设情况汇报如下：

一、基本情况

2005年6月我馆建成全国文化信息资源共享工程县级点，2007年我县图书馆被列入全省30个县共享工程县级支中心建设单位之一。工程共投入资金68万元，其中国家及省财政投入51万元，县政府配套17万元，整个工程于2008年5月份正式开工建设，所有设施设备由省文化厅按照国家统一标准进行公开招标，该工程于2008年11月全部完工，并接受了文化部全国文化信息资源共享工程督导组的检查验收。拥有业务服务器1台、卫星接收服务器1台、应用服务器1台、媒体点播服务器1台、3.6T磁

电子文献阅览室

盘阵列1套、硬体防火墙1台、网络核心交换机1台、楼层交换机1台、办公用终端计算机13台、供读者使用和检索终端计算机40台以及打印机、投影机、扫描仪等多台外接设备。

二、管理和队伍建设

全国文化信息资源共享工程是文化建设第一大工程，国家领导人对工程建设给予了高度重视，国家财政也给予了很大的投入，该工程的建设对县级图书馆事业的发展起到了积极推动作用，设备设施有了一个质的改变，服务功能得到了进一步拓展，如何让共享工程发挥最大功能作用，让广大读者及老百姓能享受工程丰富的信息资源，这就需要我们开拓创新，扩大宣传，举办多种活动，在建设共享工程县级支中心工作中，我县专门成立了以分管县长为组长，宣传部、组织部、文化局、财政局、农委、科技局等单位为成员的青阳县文化共享工程建设领导小组，制定了工作责任制和工作计划。另外我县支中心配备了两名专职管理人员，其中特招一名计算机专业的本科生，为加强对支中心管理，制定了《共享工程电子阅览室管理制度》、《支中心工作人员岗位职责》等一整套内部管理制度，使支中心步入规范化、制度化的发展轨道。县政府对共享工程也十分重视，2008年在配套17万元建设费用的基础上，又安排共享工程运转费5万元，并纳入当年财政预算。

三、资源建设

在充分利用国家中心和省分中心资源的同时，每年利用移动设备在省中心拷贝数字资源500G，通过卫星接收上级的数字资源，还购买了很多数字资源。购买了数字图书、点点书库等资源，全部通过图书馆的网站发布到互联网和馆内局域网上，极大的方便了读者的使用。

四、培训工作

青阳支中心在共享工程工作人员培养上实现了制度化和常态化，根据安排和要求，每年对县区及各乡镇共享工程管理员进行集中培训6次，另外每年利用共享工程设备与其他行业地位联合举办各类培训班，受训人次达1500人次。

五、利民惠众，惠农服务

文化信息资源共享工程的建设，目的是让广大老百姓都享受到丰富的文化科技大餐。我们精心挑选农业种植、养植技术光盘，科普知识讲座直接送到农民手中，精选名家名人讲座送到居民当中，利用寒暑假为学

生播放中小学远程教育优秀课件和传统教育电影，引领基层群众认识文化共享工程丰富的资源优势。每年深入110个行政村为广大农民朋友播放科技知识讲座100余场，观看群众达3万余人，深入社区为广大居民播放科普知识讲座50余场，观看居民达2万余人。我们利用多媒体室，与县劳动部门、农委、县工会等单位合作，积极开展技能培训等工作，我们共举办了"家政服务培训班"、"针灸加工培训班"、"帮扶困难职工再就业培训班"、"电焊工技能培训班"、"电脑办公自动化培训"、"会计电算化培训"等，共计培训人员2000余人。开展送科技信息下乡活动，每年自编信息摘要4期8000余册，刻录的光盘2000盘左右送到农民及养殖户手中。我馆内电子阅览室40台微机为共享工程专用机，免费对读者开放。在电子阅览室接待未成年人方面也有工作规范要求，注重与家长沟通，并与家长签订上网协议书，让孩子能够健康上网，享受获取网络资源带来的乐趣和帮助。

六、合作共建

我县积极推进基层点建设，县委组织部、县文化局、县财政局即时转发了省委组织部，省文化厅、省财政厅"关于加强全省党员干部现代远程教育与文化信息资源整合"的通知，根据通知要求，我们采取相互协调、共同管理，共同服务的原则，与全县110个行政村进行对接确定为基层服务点建设单位，下发了投影仪、音响等设备，进行统一挂牌和制度建设，与各基层服务点签订设备接收责任书，免费为基层点提供电子图书、电子期刊和特色的信息资源等资源服务，分批次开展了基层工作人员的业务培训班。"共享工程"支中心不仅要抓好自身建设和各项服务工作，还承担了对全县基层服务点资源配送、信息传递等服务。全年为各基层点拷贝黄梅戏、科技讲座、经典电影等资源约500G。今年我县投入55万元建设11个公共电子阅览室，我们严格按照文化部下发的《公共电子阅览室配置标准》，实施统一招标采购，为每个乡镇公共电子阅览室配置终端计算机10台和一台服务器，配备了公共电子阅览室的资源管理、资源展示、网络连接和信息浏览监控等软件设备，并与县图书馆实施了网络链接，实现了数字资源共享和网络远程监控。期间，我们按照要求，加强了对电子阅览室管理人员的业务培训和考试。

七、宣传推广

在农村基层点放映科教片

为了扩大共享工程信息宣传，将共享工程内容编成对联，带上一些书法家，春节前深入农村为老百姓免费书写春联，深受百姓欢迎。（青阳支中心编写的共享工程春联：文化共享惠百姓，信息资源遍城乡。传承中华文明，共享文化资源。促进资源共享，建设文明新村。文化信息传千里，共享工程惠万家。文化信息化雨露，和谐社会沐春风。）在此基础上，利用广播电视，报纸等宣传媒体，广泛宣传全国文化信息资源共享工程，介绍工程信息资源，引导人们多利用信息资源，传播科学知识。

八、工作展望

通过我们的系列活动，让全国文化信息资源共享工程优秀丰富的文化资源，渗透到广大农村、社区和学校，真正利用先进文化资源教育人、激励人、鼓舞人，为构建社会主义先进文化，促进文化大发展大繁荣起到了积极推动作用。今后，我们将充分利用文化信息共享工程资源，创造性开展丰富多彩的活动，让共享工程真正服务于农民、服务于居民、服务于广大读者。

（撰文/汪应培、陈　丽）

宁国市支中心

宁国地处皖东南，东接天目，西依黄山，全市面积2487平方公里，总人口38万，全市辖19个乡镇、街道办事处。近年来，随着我市经济的快速发展，文化事业建设呈现勃勃生机。

一、基本情况

文化信息共享工程宁国市支中心始筹建于2005年，在2007年初和新建成的宁国市图书馆新馆一起正式向读者开放，是宣城地区率先成立的文化信息共享工程支中心。2008年建成以市图书馆为支中心，覆盖18个乡镇、105个行政村、11个社区共计134个基层服务点的网络体系，并提前一年半完成建设规划，实现了市、乡、村三级全覆盖的目标。

宁国市支中心自2007年建成以来，节假日及晚间均正常开放，每周开放时间长达91小时，并于2009年4月开始，实行免费对读者开放。现支中心每年接待读者12万余人次。

二、管理和队伍建设

为加强管理，我市支中心相继制定了《电子阅览室工作职责》、《技术安全奖惩制度》等规章制度，电子阅览室设立少儿上网区、谢绝游戏区，并实行了《未成年人上网家长许可制》，与未成年人家长实现互动管理，定期向他们反映其孩子的上网情况，征询管理意见，实现个性化管理。

我市按照"有固定的活动场所、有必备的设备器材、有专兼职工作人员、有活动载体、有组织机构活动计划"等五个建设标准，采取扶持一个，成熟一个的办法来发展基层服务网点。每个基层网点均有一名专兼职工作人员，图书馆支中心有五名工作人员，有一名专职管理员。要求管理员能熟练地掌握计算机软件的卸载、安装技术，具备对电脑普通硬件的维修和保养能力，要求一般工作人员能熟练地掌握电脑操作程序。

三、合作共建

为尽快扩大文化信息远程覆盖面，使基层群众也能享受到文化事业发展成果，我市凭借着党员远程教育工程起步早、设备好、功能齐全等优势，在建设过程中，创新机制，采取IP电脑上网的形式，与各乡镇党员远程教育工程资源进行充分整合，实现了共建共享的格局。通过整合，丰富了农村信息化和远程教育内容，为文化共享工程提供了平台。文化共享工程以其内容汇聚了全国图书馆、博物馆、美术馆等各类优秀文化资源，也充实和丰富了农民和农村党员干部现代远程教育内容，也有效解决了农民看书难、看电影难、看戏难的问题。

四、工作展望

宁国支中心要充分挖掘本地文化资源优势，加大宁国文化信息资源的征集力度，丰富本地网站内容，使其成为展示宁国文化形象的良好平台。规范“共享工程”对外服务，在服务效益上下功夫，使共享工程进学校、进机关、进企业，充分发挥资源效益。

（撰文/宁国市支中心）

郎溪县支中心

郎溪县全县总面积1104.8平方公里，辖8镇4乡119个行政村，人口33.37万人，按照文化部的统一部署，2009年，我馆开始了文化共享工程的建设。经过半年多多时间的努力，2009年10月年正式对外开放。截至2012年底，郎溪县有12个乡镇建有公共电子阅览室，覆盖率100%。文化信息资源共享工程的实施，丰富了我县广大群众文化生活，拓宽了视野。

一、网点建设

县级支中心网点建设是按照省级分中心的统一部署安排的，设备统一招标采购。2009年安装了基层点卫星接收设备，存储器1台，服务器2台，路由器（防火墙）1台，交换机2台，电脑28台。随着图书馆的发展需求，2012年7月陆续又添置设备存储器1台、服务器1台、神经码核心交换机1台、艾泰6830G（防火墙）1台。

二、经费投入

我馆支中心建设经费投入主要依靠国家、省财政，2009年共计投资51万元。2012年由县财政投入20万元。

三、资源建设

我馆支中心已具备资源接受、制作、发布的能力。数字资源总量近6TB。信息资源除了通过卫星接收外，为了满足读者的需要，新增了40万册的电子书和2500种的电子期刊，并于免费开放之前安装了公共电子阅览室信息管理软件平台。实现了全县12个乡镇的公共电子阅览室与文化共享工程国家中心、省中心、县中心的上传下达及资源共建共享服务，充分利用文化共享工程传播平台和网站，做好郎溪县文化信息资源服务。

四、技术支持

技术支持主要是依靠省级分中心。设备日常维护主要采取技术外包方式。

五、培训工作

1、技术人员的培训。我馆人员积极参加省级分中心组织开展的各项培训，及观看国家管理中心的网上在线培训讲座。

2、辅导培训。利用现有资源，为当地人事、民政等各部门举办网络培训，取得了良好的社会效益。

六、工作展望

1、加强资源建设，努力建设成具有地方文化特色的分布式文化信息资源库群，给居民提供更多的文化和知识资源，为缩小城乡数字鸿沟，建设和谐社会做出贡献。

2、加强镇、村基层服务点的建设，建立科学的管理体制和工作机制，实现文化扶贫，帮助农村走向致富发展。

3、加强基层服务点的管理人员和技术人员的培训。

（撰文/郎溪县支中心）

广德县支中心

文化信息资源共享工程广德支中心由于受客观原因限制（老的馆舍面积狭小），因此迟迟没有启动，2008年在上级主管部门及县委、政府的关注下，县政府将原来的政协办公楼无偿的交给图书馆使用，经过近两年的筹备和建设，文化信息资源共享工程广德支中心终于在2010年底正式投入使用。

广德支中心设施建设按照国家要求的标配进行建设，工程项目通过招标的形式，建成后的支中心拥有中控机房1个，电子阅览室1个，总面积150平米，阅览室设有41台电脑，有两名工作人员管理，经过两年的积累，数据资源保有量1.5T（包括电子图书、电子期刊、影像资料），光盘资料500盘，2011年建立广德图书馆网站，开通网络服务，为读者提供网上检索、网上荐书、网上续借等网络服务项目，并在2012年底购买了博看电子期刊、超星电子图书数字资源，为广大读者提供了多层面、多形式的公共文化服务。

共享工程广德支中心建成以后，我们利用三馆免费开放、送文化下乡等活动，向广大市民发放宣传单，并且通过广德论坛、报纸等媒体向广大市民宣传文化信息资源共享的作用。2012年11月还和乡镇文化站公共电子阅览室进行了联网，使得偏远地区的农民朋友也能享受利用到丰富的数字资源。

支中心建成后利用这个平台开展了一系列读者活动，中心积极参加由全国文化信息资源共享工程管理中心举办的全国性活动，给广大读者提供了一个充分展示自我的机会。在2012年的由全国文化信息资源建设管理中心主办的“2012年全国中小学生电脑小报设计比赛”活动中，我支中心选送的作品荣获1个全国小学组三等奖、2个全国小学组优秀奖，1个全国中学组二等奖的优异成绩，2012年7月支中心又组织了本馆电子阅览室工作人员及乡镇文化站电子阅览室工作人员，参加了“全国‘公共电子阅览室建设计划’百题知识竞赛”活动，2011年我们还组织读者参加了“颂歌献给党———全国文化信息资源共享工程迎接建党九十周年”群众歌咏活动，此外我们还利用信息资源共享的优秀资源为小读者播放电影及动画片，通过这些活动的开展，广大市民能够更加直观地了解文化信息资源共享的优越性，满足人们日益增长的文化需求，丰富活跃广大市民的文化生活。

支中心建成运行已有两年多了，虽然开展了一些活动，但是由于受客观条件限制，工作开展起来还是困难重重，首先在资金上没有专用的运行经费来进行保障，缺乏专业技术人员，技术支撑力量不够，这样对开展更多的服务项目受到很大制约。

近年来该县政府对文化工作也日益重视，公共文化基础设施建设也提上议事日程，我县即将建设文化中心，新建成的文化中心包括文化馆、图书馆、博物馆、档案馆、城市规划馆及大剧院，县委政府及文化主管部门正在积极筹备，准备在明年启动建设项目，我们也打算利用这一契机能够争取到编制，吸收一些专业技术人才充实到支中心，丰富馆藏数字资源，开展更多的网络文化服务，实现资源共享，将全国文化共享工程落到实处，让广大市民充分享受到国家的文化惠民政策。

（撰文/刘 健、汪 龙）

泾县支中心

泾县全县总面积2059平方公里，辖9镇2乡，人口36万。全国文化信息资源共享工程实施后，我县紧紧抓住这一历史机遇，将文化信息资源共享工程作为推进文化创新，完善公共文化体制服务体系，提高公益文化服务水平，促进经济社会协调发展，构建和谐泾县的重要抓手，扎扎实实地组织全县共享工程项目的实施。先后投资400余万元，在县城依托县图书馆成立了文化信息资源共享工程县级支中心，在11个乡镇建成了标准化乡镇综合文化站，投资302万元建成了“农家书屋”151家，县、乡、村三级文化服务网络体系已基本形成。

一、基本情况

该县支中心于2010年9月建成投入使用，设备投资68万，其中建成80㎡电子阅览室，15平米标准主控机房，电子阅览室30个座位，通过电信20M光纤接入互联网。图书馆建立网站，并坚持每月更新网页，建立信息服务平台，实现资料服务及信息发布的网络化。读者在网站就能浏览全国文化信息资源共享工程信息、图书馆的80万册电子图书和3000种电子期刊，使单一的纸质阅读走向多元化的电子阅读、网络阅读，极大丰富了图书馆办馆内涵，现已向社会全免费开放。支中心的建设，进一步推动了我县图书馆基础建设，县图书馆已全面实现图书采编、流通、检索等自动化管理，广大读者远程就能进行图书续借，方便了读者。2008年至2012年共投入资金400余万元，分批在我县11个乡镇文化站建成文化信息资源共享服务点，在132个行政村和15个社区、4个未设社区的街道建成了“农家书屋”（文化信息资源共享服务点），目前各基层服务点设备运行良好。

二、管理和队伍建设

1、建立了《计算机机房管理制度》、《电子阅览室管理制度》、《管理人员岗位职责》、《图书借阅制度》等等，并规范上墙，并将文化共享工程工作纳入乡镇年度目标考核。

2、加强乡镇、社区文化队伍建设，全县配备了乡镇文化站长11名，18名文化专干，151名村（社区、街道）文化管理员。明确文化专干职责，指导各基层服务点工作。利用文化站资源、设施为基层服务点提供服务，做到人员、阵地、牌子、设备、制度“五落实”。

三、培训工作

县支中心在培训上实行制度化、常态化。县支中心对全县“农家书屋”和全县中小学校的图书管理员进行业务培训，对乡镇电子阅览室提供数字资源和技术支持；为丰富老干部的精神文化生活，拓宽了解信息的渠道，免费为老干部举办电脑操作培训班；各服务点为农民朋友开展养植、种植和计算机实用操作培训等。根据农户的需求，利用多媒体播放科学种植、养殖等方面的光碟，并请科技人员现场讲解答疑，为广大的种养殖户提供一个学习的平台，2010—2012年参加各种培训达13000余人次。

四、经费投入

近几年来，随着市场经济体制的不断完善，农业结构调整力度的加大，人民群众尤其是农民朋友对科学文化的需求显得尤为迫切。面对我县基层文化设施陈旧、文化投入不足、文化资源匮乏，信息转送滞后等现状。县委、县政府高度重视，决定以文化共享工程为契机，把传播先进文化、转变致富理念、普及科学文化知识作为文化信息资源共享工程建设落脚点，并采取有力措施，使共享工程工作落实到实处。一是加大投入，加强基础设施建设，按照“政府主导、社会参与、统一规划、分别实施”的方针，通过因地制宜、整合资源、多渠道建设的原则。目前，投资900余万元建立县级支中心1个、文化站11个、“农家书屋”151个。向各乡镇文化站、村基层服务点直接提供图书300万余册，电子音像制品200多种近20000张，多媒体设施120套、投影仪151套，书橱、桌椅、报架、电脑、电视等一应俱全。

五、资源建设

县支中心实现图书采编、流通、检索自动化管理，图书馆的各项内务统计都已实现电脑操作。建成80平米电子阅览室，15平米标准主控机房，服务器4台，电脑36台，电子阅览室30个坐位，DFT存储专用磁盘16TB，通过电信20M光纤接入互联网。县图书馆建立网站，并坚持每月更新网页，建立信息服务平台。县支中心有80万册电子图书和3000种电子期刊。"农家书屋"已拥有各类图书近300万余册，电子音像制品200多种近20000张，多媒体设施120套、投影仪151套，县支中心与乡镇电子阅览室实行文化信息资源共享。

六、利民惠众、惠农服务

由于条件所限，乡下群众不便到县城享受优质的网络资源，将新思想，新科技用一种直观、易懂的形式送到农民身边就成了及时雨、雪中炭，为使群众对农业科技能够看的懂，用得上，见效快，县委政府组织文化调研，了解群众需要什么，搞清楚为群众送去什么，怎样送之后，利用共享工程网络资源实用性强，信息量大，数据传输快捷方便的优势，认真搜集、下载适用于当地群众的政策法规，先进性教育，农业科技，文化体育，科普知识等共享信息资源，通过县、乡、村三级文化服务网络及其他途径传输信息，扩大宣传面，使群众快学技术，早得实惠。

1、通过协调组织、宣传、林业、农业等部门将各信息资源通过业务部门的工作传播千家万户，使群众受益。

2、开展形式多样利民惠农活动：如桃花潭镇、茂林镇综合文化站开展了"进村入户送惠民明白信"，将近年来党的一系列强农惠农政策和各级政府所办的10大类33项强农惠农政策，编写印制成了《政策宣传册》和《一封信》，发放到用户；榔桥镇综合文化站组织青年志愿者们开展了送书进校园，并每两周为孩子们更换新书籍。还利用课余时间辅导孩子们阅读，解答孩子们学习生活中的各种困惑；黄村镇综合文化站组织青年志愿者走进敬老院，送去节日的祝福，带去浓浓的暖意；云岭镇综合文化站创办了文化专刊《云岭春韵》，为全镇文学爱好者提供了发表文章，抒发情怀的园地；茂林镇文化站开展"文化遗产日"宣传活动；桃花潭镇、琴溪镇综合文化站举办端午龙舟表演赛；还有开展送戏、送电影下乡，为广大的群众提供精神大餐；打造面向基层的"送文化下乡"、"送欢乐下基层"活动品牌。2012年5月，安徽省"学雷锋，做美德少年"网上签名寄语暨"快乐童心"文化志愿服务活动在泾县王直助教中心启动，经在全县范围内公开招募的泾县文化志愿者服务团也正式授牌成立，并全程参与了此次活动；6月29日成功举办"泾川风"2012泾县送文化下乡启动仪式暨走进榔桥镇和琴溪镇慰问演出。各乡镇综合文化站每年举办多场文艺汇演、书画展、棋类比赛和健身广场舞等等。现在广大群众都反映，通过信息共享工程他们的眼界更宽了，增收致富的本领更强了。

七、宣传推广

利用共享工程设备为广大青少年学生开展学雷锋和十•一红色影片公益电影大放送活动，受到学生及家长的好评 ，切实加强和改进未成年人思想道德建设；开展"全县农家书屋读书演讲比赛"、"书香满泾川，喜迎十八大"农家书屋征文比赛；各乡镇以"农家书屋"为载体，在学校开展读书征文活动，并选出优秀的作品在"农家书屋"宣传栏进行展出等等。加入全国文化信息资源共享工程以来，为了扩大其在基层群众中的影响，广泛宣传其作用和意义，使各级领导和群众充分认识到这是一项惠民工程、民心工程，认识到工作的重要性和必要性以及文化信息资源的可用性。我们利用电视台和报纸对利用共享工程开展的一些大型活动给予相关报道。还在县图书馆网站的首页上设置共享工程网站链接。时刻注意将资源共享活动与当前工作重点有机的结合，这样既可增强对共享工程的宣传力度，又收到了立竿见影的效果。

八、工作展望

1、要加大宣传力度，争取各级领导的进一步重视，建立共享工程发展长效机制，健全工作协调机制，以县图书馆、乡镇综合文化站、基层服务点为实施主体，保证共享工程所需的场地、人力、财力、物力、技术，全面推进社区、村基层点建设。要加强基层文化站网点的网络化、数字化建设和专业技术人员的培训；

2、努力把信息共享工程用活、用好。积极采用图书馆成熟技术，借用数字电视和远程教育网络，大力开展公益性服务，尤其是加强对边远农村地区的技术扶持力度，将共享工程建设成社会主义新农村建设的重要抓手；

3、在实施过程中加强与上级部门的沟通与协调，使共享工程服务群众更加有针对性和时效性，及时不断总结经验，努力创新使信息共享工程成为文化创新工程。

我们将在今后的工作中更加努力的探索利用共享工程服务的新路子，更好地发挥共享工程的作用，相信不久的将来，文化信息共享工程一定会以一个全新的面貌展现在群众面前，为把共享工程办成惠民工程、民心工程而不懈努力。

（撰文/泾县支中心）

旌德县支中心

旌德县区域面积904.8平方公里。旌德是国家级生态示范区建设试点县，辖6个镇、4个乡：旌阳镇、蔡家桥镇、三溪镇、庙首镇、白地镇、俞村镇、版书乡、云乐乡、兴隆乡、孙村乡。常住人口15.3万人。2009年，利用专项资金50余万元，旌德县文化共享工程在县局的主导及省图书馆和相关部门的支持部署下建设完成。

一、基本概况

旌德县文化共享工程始建于2009年，县级支中心当年完成投入使用。并于2012年6月先后在旌阳镇、蔡家桥镇、云乐乡、白地乡、孙村乡、兴隆乡6乡镇建设了共享工程。使文化共享工程这一惠民工程全面进入到社区、乡村，进入到千家万户，为"惠民工程"的开展打下坚实的基础。

二、建设情况

旌德县支中心自建立以来，与乡镇文化活动中心建设相结合，开展了丰富多彩的文化共享工程服务活动。基层服务点整合党员远程教育和文化共享工程数据资源，加快了文化共享工程基层服务点的建设力度。

目前全县基层管理人员实行"一肩挑"，各乡镇负责文化共享工程工作开展。科学制订学习、活动方案，建立健全各项规章制度，突出整合重点，拓宽服务渠道，逐步加大了实施文化共享工程工作力度。县支中心承担全县网点的管理，资源更新，日常技术维护、人员培训等，基层服务点做好技术维护和活动开展。

三、活动开展

旌德县县级支中心建设以来，以邻近旌德一中为契机，开展多项活文化动。以庞大的共享资源为依托宣传先进文化和传统文化，对青少年进行良好的文化教育。各乡镇开展各种面向基层群众的培训、讲座、展览、电影播放等服务活动。使广大群众切实感受到文化共享工程带来的各种益处。

四、工作展望

旌德县文化共享工程紧紧围绕国家、省、市中心的工作部署，进一步培训上岗人员素质，提供良好的服务态度和环境，整合中华优秀传统文化以及现有的各类文化信息资源，扩大网上中华文化信息资源的存储、传播和利用，实现全国文化信息资源的共建共享，实现优秀文化信息通过网络为大众服务的目标。

（撰文/旌德县支中心）

绩溪县支中心

绩溪县总面积1126平方千米，辖8个镇、3个乡，户籍人口18万，常住人口15.6万（2010年数据）。

一、网点建设

绩溪县级支中心设在绩溪县图书馆。按照文化部的统一部署，2008年，我馆作为安徽省第一批试点县正式开始了文化共享工程的建设。县级支中心网点建设是按照省级分中心的统一部署安排的，设备统一招标采购。

我馆领导高度重视，成立了专门领导小组负责该项工作。2009年3月安装完毕。电子阅览室于2009年7月正式对外开放。2010年绩溪县文化共享工程开始普及进入11个乡镇，2011年76个行政村进行安装，至此绩溪县实现了共享工程村村全覆盖。文化信息资源共享工程的实施，为农村基层文化和保障弱势群体的基本文化权益添砖加瓦，丰富了我县广大群众文化生活，拓宽了视野。

二、经费投入

我馆支中心建设经费投入主要依靠国家、省、县财政，2008年共计投资68万元。2008年安装了基层点卫星接收设备，存储器1台，服务器4台，路由器（防火墙）1台，交换机2台，电脑47台。

随着图书馆的发展需求，2010年至2012年我馆自筹资金添置设备共计增加投资16万元，陆续又添置设备存储器1台、服务器1台、交换机3台、电脑23台、VPN路由器（防火墙）1台。

三、资源建设

我馆支中心已具备资源接受、制作、发布的能力。数字资源总量近5TB。信息资源除了通过卫星接收外，为了满足读者的需要，我馆还购买了大量电子图书、电子期刊、教育资源网。

四、技术支持

技术支持主要是依靠省级分中心。设备日常维护主要采取技术外包方式。

五、惠民服务

1、阵地服务：共享工程阵地服务的窗口是电子文献阅览室。我馆支中心电子阅览室终端机共有65台电脑，每天服务时间超过12小时，年接待读者十万多人次。在我馆支中心可以享受到“好戏送下乡”光盘免费欣赏、“星空卫视”流媒体接受服务，读者可以在这里领到“共享工程”读书卡。同时还积极为广大青少年构建网上课堂，免费放映一系列红色经典影片。

2、服务基层：我馆支中心通过互联网、邮寄光盘等多种渠道，把下载、整合、购买的资源传输到农村基层站点。我馆利用共享工程的资源给村民分期分批进行培训，组织观看农业科教片。农民朋友们都说：又听，又看，又学技术，共享工程真是一项富民工程。

3、关怀老人服务：利用共享工程资源，组织开展“送电影”进县社会福利中心，每月为老人家们放映一场共享工程资源电影，为中心老人带去了一份快乐，送上了一份关怀。

4、关爱留守儿童服务：利用共享工程资源让留守儿童得到一份关爱，为留守儿童免费放映孩子们喜爱的动漫电影片。留守儿童在电子阅览室免费看共享工程少年儿童资源，与远方的父母亲进行视频电话等等。

六、宣传推广

为了使共享工程的实施能达到最大的社会效益，我馆积极将这项惠民工程宣传推广给广大老百姓，让大家都来了解它，使用它。我们通过宣传标语，上街散发传单，电视广播，手机短信等多种方式。

七、培训工作

1、技术人员的培训。我馆人员积极参加省级分中心组织开展的各项培训，及观看国家管理中心的网上在线培训讲座。

2、读者培训。为了使得广大老百姓都能熟练的使用共享工程。我馆分别开展了电脑初级，中级培训班，取得了良好的社会效益。

八、管理和队伍建设

在管理和队伍建设方面，我馆领导高度重视。管理上由我馆馆长亲自分管。绩溪县级支中心将共享工程日常管理纳入制度化管理，制定县级支中心、乡镇、村基层服务点工作职责和制度。乡镇、村两级基层共享工程管理员是由较高学历的村委委员兼任。

九、工作展望

1、加强资源建设，努力建设成具有徽文化特色的分布式文化信息资源库群，给居民提供更多的文化和知识资源，为缩小城乡数字鸿沟，建设和谐社会做出贡献。

2、加强镇、村基层服务点的建设，建立科学的管理体制和工作机制，实现文化扶贫，帮助农村走向致富发展。

3、加强基层服务点的管理人员和技术人员的培训

总之，文化共享工程是一项重要的公共文化基础工程。抓好文化共享工程的实施，推动工程建设是时代赋予我们的光荣使命，让我们迎难而上、用智慧和辛勤汗水成就事业，为建设文化强省做出应有的贡献。

（撰文/绩溪县支中心）

全国文化信息资源共享工程——

浙江省分中心

浙江省，地处中国东南沿海、长江三角洲南翼，东临东海，南接福建，西与安徽 、江西相连，北与上海、江苏接壤。境内最大的河流钱塘江，因江流曲折，称之江，又称浙江，省以江名，简称“浙”。浙江省东西和南北的直线距离均为450公里左右，浙江省陆域面积104141平方公里（2010年），陆域面积为全国的1.06%，是中国面积最小的省份之一。浙江省海域面积26万平方公里，大陆海岸线和海岛岸线长达 6500公里，占全国海岸线总长的20.3%，居中国第一。全省有面积500平方米以上的岛屿3061个，是中国岛屿最多的一个省份。浙江省下辖杭州、宁波、温州、嘉兴、湖州、绍兴、金华、衢州、舟山、台州、丽水11个设区市，其中杭州、宁波为副省级城市；下分90个县级行政区，包括32个市辖区、22个县级市、35个县、1个自治县。

一、基本情况

2007年7月，省文化厅批复同意浙江图书馆增挂“全国文化信息资源共享工程浙江省分中心”牌子，增设文化共享工程浙江省分中心办公室为浙江图书馆中层机构，有专职工作人员4人。办公室负责全省文化共享工程的联络、指导和服务工作。浙江省分中心不断加强自身建设，积极开展业务组织协调、技术指导、资源建设、人员培训、管理服务和绩效考核等工作，努力成为全省开展技术服务、数字资源建设、人员培训的中心，在推进全省文化共享工程建设过程中发挥了重要作用。

二、建设资源传输渠道

文化共享工程资源传输渠道建设，是工程的重点工作。浙江省结合实际，根据我省的特点，多种方式推进资源传输渠道建设。

1、VPN网络。充分利用宽带网络等基础设施比较完善的优势，积极探索利用基于互联网的VPN技术建设全省文化共享工程服务网络。在2006年的试点工作中，我省的嘉兴市、温州市、杭州市等，积极开展了利用VPN技术建设本地文化共享工程服务网络，取得了很好的效果。嘉兴市建成了二级构架的VPN服务网络，全市各县（市）支中心和1000多个基层服务点通过VPN网络可以安全、快速地访问到市级支中心发布的丰富的文化信息资源。我们认真总结了嘉兴、温州、杭州等地的建设经验，向全省重点推广应用VPN技术建设基层服务网点。与此同时，浙江省分中心主动发挥龙头作用，由省馆牵头制定了《浙江省公共图书馆信息网络互联方案》提出了建设以省图书馆为中心，市级支中心为骨干，县级支中心为基础的全省文化共享工程 VPN 服务网络规划，如今，一个省、市、县VPN互联网络已经形成。

2、有线数字电视。杭州市是数字电视起步较早的城市，用户多，技术成熟。文化部领导非常关心有线数字电视这一传送文化共享工程视频资源的渠道。为此，我省积极开展与杭州数字电视的建设方华数数字电视集团进行合作。2008年2月28日，省分中心与华数数字电视有限公司就文化共享工程进入数字电视正式签订了合作协议。在华数字互动电视添加“文化共享”项目入口，建设一个表现形式类似网站的内容展现平台，提供给交互式增强型用户进行免费自主点播；“文化共享”栏目包括舞台艺术、怀旧电影、乡土浙江、百家讲座、科技生活、文化聚焦、新书推荐、演出信息等八个。

3、建设全省文化共享工程资源服务平台——浙江网络图书馆。2009年5月26日，浙江省分中心联合全省公共图书馆建成了浙江网络图书馆。浙江网络图书馆是以浙江省文化信息资源共享工程和全省公共图书馆的传统文献与数字资源为基础，以促进全省公共图书馆整体、协调、均衡发展为宗旨，实现元数据整合检索，对象数据分布式存储，实现数字资源的无缝链接、跨库检索，提供读者“一站式”资源检索和文献服务的统一平台。自2009年5月26日开通以来，到2012年11底，浙江网络图书馆点击次数达2720余万次，电子期刊阅读下载1755余万篇，全文阅读82.7余万册，电子文献传递45.6万余次，成员馆上传书目记录355万余条。浙江网络图书馆实现了成员馆传统文献和数字资源在同一平台上的整合，实现全省公共图书馆用户信息和资源的统一认证，实现全省公共图书馆和文化共享工程基层服务点资源统一使用，实现全省范围的电子文献传递和纸质文献的馆际互借，为促进“资源丰富、技术先进、服务便捷、覆盖城乡”的数字文化服务体系建设，为广大读者提供全方位、公益性文献获取服务发挥了重要的作用。浙江网络图书馆的开通获得社会各界的认可，2010年，浙江网络图书馆作为“2009年浙江省文化传播创新十佳网站”受到省委宣传部、省委外宣办、网宣办等七部门的隆重表彰。2011年，浙江网络图书馆再次荣获省委宣传部“全省宣传思想文化工作‘三贴近’优秀奖”，入选“全省宣传思想文化‘三贴近’创新100例”。

三、资源建设

资源建设是文化共享工程建设的核心。浙江省分中心在用好国家中心海量数字资源的同时，在省财政的大力支持下，一方面引进适用、成熟、有影响的大型数据库，为全省文化共享工程体系提供文献资源保障；另一方面，积极开展本地特色资源建设，着力发掘保存浙江地方文化资源，以特色馆藏和浙江地域文化为主线建设专题数据库。

1、资源引进

浙江省分中心根据各级支中心的需求，在充分调研的基础上，采购了万方数据资源系统，维普中文科技期刊数据库，龙源人文电子期刊阅览室建设，读秀知识库，中华连环画数字阅览室，天方有声数字图书馆，国际数字视频图书馆等资源库，纳入到浙江网络图书馆网络服务平台，为全省各级支中心和基层服务点提供服务，形成全省公共数字资源保障体系。

2、本地特色资源建设

2.1.特色数据库建设。浙江省分中心在特色资源的建设工作中，选题注重反映浙江的地方特色，以浙江记忆为主线，选择读者喜闻乐见的题材，并抢救一批重要的历史文献。类型涵盖目录、全文、多媒体等。内容包括家谱数据库，地方志，民国文献，名人图像数据库、浙江文化地理、文澜讲坛等。主要采用TRS数字图书馆平台作为支撑平台，编排方面通过模板技术来进行控制，通过模板所具有的灵活性，可以充分保证内容表现形式的多样性。在著录上严格按照国家有关标准进行，参照《中国机读目录格式使用手册》、DC(都柏林核心元数据集)标准等进行建设，以保证数据的标准化。通过多次的数据质量检查和严格的加工要求，保证数据的质量。数据准确、用户界面友好、提供了丰富的内容检索方式，使用灵活，检索准确、方便。

2.2.全省特色数据库建设组织与协调

浙江是文化强省，文化资源十分丰富。为了加大特色资源建设的力度，发挥文化共享工程专项资金对各地特色资源库的支持作用，省分中心积极发挥龙头作用，组织协调全省各市县支中心开展本地特色资源的建设工作。作为文化共享工程浙江省分中心，充分发挥在全省资源建设中的主导作用，2007年开始，在省文化厅和省财政厅的指导、支持下，组织全省各市县支中心开展地方特色资源建设。按照"统一标准，统一平台，分别实施"的原则，指导全省有条件的市县级图书馆开展资源建设，这些资源包含了地方戏曲、地方志、家谱、民俗文化、历史人物、新农村建设、传统食品等方面的内容，完成地方特色资源库建设31个。省分中心为立项的数据库建设单位提供建设平台，为各立项数据库建设人员提供技术培训。2012年，浙江省文化厅下发《关于开展文化信息资源共享工程地方特色资源建设工作的通知》【浙文社（2012）11号】，部署2012年地方特色资源建设项目的申报工作，新立项23个资源库。为了提高地方特色资源建设的系统性和整体性，浙江省分中心提出了浙江人文数字地图的建设方案，组织全省各市级支中心开展浙江名人和浙江方志2个指定专题资源建设。

2.3.地方戏曲、特色文化视频征集。为更好地推进我省文化信息资源共享工程资源建设，丰富共享工程特色资源库，开展优秀地方戏曲、特色文化视频资源的征集工作。到目前，已完成203部优秀作品的征集工作，其中向国家中心推荐139部，国家中心审查通过136部。浙江省分中心与浙江省广电影视资源中心签署了浙江广电集团优秀节目的征集协议，获得了包括《浙江文化地理》、《西湖》、《风雅钱塘》、《不可能的任务》、《亲爱的小孩》、《政策面对面》、《民工热线》等20个栏目2100多集深受广大群众喜爱的节目的使用权，时长700小时。

浙江省文化共享工程进企业

技术培训班

四、培训工作

浙江省在实施文化共享工程建设过程中，一直重视人才的培养和培训工作。根据文化部全国文化信息资源建设管理中心下发的培训规划，结合本省实际，在全省建立分级分批培训体系，通过集中授课、网络互动、光盘教学等方式，开展人员的培训工作，努力培养一支责任心强、熟练掌握设备操作技术与服务要领的适应工程建设需要的人才队伍。

浙江省分中心积极开展全省的业务指导和联络工作，每年举办浙江省文化信息资源共享工程技术培训班和浙江省文化信息资源共享工程资源建设培训班，指导各级支中心联合农村党员干部现代远程教育共同举办培训班，对基层点服务人员进行培训，取得了很好的效果。与此同时，还将文化共享工程培训纳入全省公共图书馆培训主题，纳入全省公共文化人才培训体系。由浙江省文化厅组织的浙江省公共图书馆馆长培训班和乡镇文化站骨干培训班，文化共享工程均作为重要内容列入培训课程。同时，省分中心还与省图书馆学会联合举办全省公共图书馆网络化自动化培训班，将文化共享工程列为培训课程。各市、县支中心在加强自身培训的同时，积极开展基层服务点的人员队伍培训，组建了一支思想水平、业务素质较高的专、兼职结合的管理队伍，为工程的发展打下了良好的基础。2008年管理中心培训评比活动中浙江的培训工作荣获三等奖，2009年获得二等奖。浙江省分中心与萧山培训基地共同承办第一届、第二届"文化共享杯·全国文化信息资源共享工程知识与技能知识竞赛"。在第二届"文化共享杯"竞赛中，我省代表队笔

浙江省文化共享工程"走进"军营

试成绩总分第一，在初赛、复赛中成功晋级，进入半决赛，荣获三等奖。

五、合作共建

开展共建共享是文化共享工程建设快速推进的基本途径，浙江省分中心主动联络有关方面，积极开展合作共建工作。

1、与农村党员远程教育系统合作，建设覆盖全省乡镇（街道）行政村基层服务点。为切实利用好现有的网络资源，实现优势互补，形成合力，省文化厅、财政厅与省委组织部合作，利用农村党员干部现代远程教育系统推进共享工程基层网络建设，联合下发了《关于利用农村党员干部现代远程教育系统实施文化信息资源共享工程的通知》（浙文社[2006]49号），实现了全省、市、县级农村党员干部现代远程教育资源库和文化共享工程市县级支中心联合挂牌。全省乡（镇）、村现代远程教育终端接收站点作为文化信息资源共享工程的基层服务点，实现了在基层点的硬件、人员、资源、管理等方面的共享。全省共建设基层服务点44886个。乡镇（街道）、行政村村基层点实现全覆盖。浙江省文化共享工程与浙江省农村党员干部现代远程教育系统开展合作后，在农村党员远程教育系统播出平台上开设了文化共享工程专栏，省分中心根据组织部门的要求，建立省农村党员干部现代远程教育资源库——文化分库，目前文化分库的视频资源已达8千余部。

2、与华数数字电视合作。浙江省分中心于2008年2月28日，与华数数字电视有限公司下属负责内容建设的子公司浙江华盈传媒有限公司就文化共享工程进入数字电视正式签订了合作协议。协议规定华数方在华数数字互动电视添加“文化共享”项目入口，提供给交互式增强型用户进行免费自主点播。“文化共享”栏目设有舞台艺术、怀旧电影、乡土浙江、百家讲座、科技生活、文化聚焦（图文）、新书推荐（图文）等内容板块，2012年又进行了改版，并已正式上线。目前，上传相关优秀视频节目200余部。

3、与浙江省总工会合作。2009年8月18号，浙江省文化厅与省总工会联合开展“浙江省文化共享工程进企业”行动。提出了在三年内创建千家“文化共享工程进企业示范服务点”，万家“职工电子书屋”，依托网络化管理和服务体系，逐步实现文化信息资源在全省企业中的共建共享的目标。浙江省分中心专门设计制作了浙江省文化共享工程进企业网页，并在浙江数字文化网开辟了“共享工程进企业”专栏，整合了适合企业职工学习和娱乐的文化资源。经过三年的努力，圆满完成建设任务，累计建成示范服务点1389家，职工电子书屋8814家，总计10203家，为全省企业职工提供优质网络文化服务发挥了重要作用。

六、服务开展

浙江省分中心在文化厅领导下，在管理中心的指导下，积极发挥龙头作用，创新活动形式，着力提高工程资源的利用率。2007年开始在全省启动了“数字文化乡村行”系列活动，各市结合本地实际，制定相应的细化方案，依托各类文化设施和场所，利用广场、集市及集庆活动等，采取阵地服务和流动服务相结合的形式，开展丰富多彩、形式多样的服务活动，广泛宣传工程的资源内容，推进基层点作用发挥和资源的有效利用。2008年，以奥运圣火在浙江传递为契机，“五环旗下——文化共享奥运行”活动在全省铺开，初步统计，全省有9万余人次参加了文化共享奥运活动。活动受到了管理中心的肯定，获得了管理中心“文化共享奥运行”行动三等奖。2009年，我们把建国60周年服务列为重点，根据国家中心统一安排，年初就进行了部署并下发了《关于开展建国六十周年服务活动的通知》，在全省掀起了一场“祖国万岁　文化共享—庆祝新中国六十华诞”主题服务活动热潮。2010年，我省于2010年6月到8月开展了文化共享工程少年网页设计竞赛活动。与浙江省青少年校外教育中心、浙江省网络文化协会、浙江省科技馆、浙江省计算机学会等单位合作开展“网聚少年”暑期网络夏令营活动，已连续举办两届。所有这些活动，都极大地推动了工程资源的利用和影响力。

七、宣传推广

为了及时总结工程建设和服务经验，传达国家、省有关文化共享工程重要精神，加强省内交流，推广先进典型，促进工程发展，我们定期编辑刊出《浙江省文化信息资源共享工程工作简报》（每月一期）。为了使公众了解文化共享工程，省文化厅积极与浙江日报等主流媒体合作，广泛宣传工程建设的成果，提高工程在广大基层群众中的知晓度。浙江日报将文化共享工程纳入全省推动文化大发展大繁荣板块，在2008年7月16日头版以“文化共享工程给百姓送去‘数字文化’”为题报道了我省文化共享工程建设成果。2008年7月25日，浙江日报又以“惠民工程　共建共享--浙江省文化共享工程建设纪实”为题，专版报道了我省共享工程建设成果。2011年8月16日，中国文化报“文化共享　惠民服务”专栏《让优秀文化资源流动起来——浙江省文化共享工程系列“走进”活动综述》一文总结推广了我省资源服务的做法。同时，中国文化报还推出了题为《建设网络环境下公共文化服务新平台——浙江省公共电子阅览室建设成效显著》的专版报道（2011年9月29日第8版）。为了推广网络阅读，宣传浙江网络图书馆，我们邀请阿里巴巴董事局主席马云作为形象代言人拍摄推广数字阅读的宣传片。该片的拍摄得到马云的支持，公益广告片于2010年11月顺利完成，并于2010年12月18日—31日在浙江卫视播出。这一做法在国内省级图书馆属于首创。

（撰文/浙江省分中心）

南湖区余新镇金星村16组村民周文荣正在村文化中心

杭州市支中心

杭州市总人口870.04万人（2010年），辖8个市辖区、2个县，3个县级市。杭州市文化信息资源共享工程由杭州市文化广电新闻出版局主管，杭州图书馆开展相关业务工作，在浙江省分中心的支持下，逐步推进，稳步发展，在新形势下为繁荣基层文化，满足市民多层次文化需求，传承本地优秀文化资源发挥了重要作用。

一、基本情况

2002年4月，全国第一家文化共享工程基层服务点在杭州市萧山红山农场成立，时任国务院副总理的李岚清同志在该农场观看了文化共享工程现场演示，并给予很高评价。杭州市文化信息资源共享工程建设正式拉开帷幕。同年底，依托于杭州图书馆，成立文化共享工程杭州市支中心。2003年，杭州市成立由市文明办、市文化局、市财政局等部门组成的杭州市文化信息资源共享工程领导小组，制定了《杭州市文化信息资源共享工程社区（乡镇）建设意见》（以下简称《建设意见》）。至2010年底，各级支中心、基层服务点的规范化建设的完成，标志着由市级支中心、县级支中心、乡镇（街道）基层服务点、村（社区）基层服务点组成的文化共享工程四级服务网络形成。

共享工程杭州市支中心设在杭州图书馆，是杭州市文化信息资源共享工程的建设和业务指导单位，负责保障市级支中心的共享工程设备的运行，协调全市共享工程相关工作的开展，指导区、县级共享工程支中心的相关工作，开展全市共享工程管理员的业务培训和指导。

二、经费投入

杭州市文化共享工程自成立以来，主管部门十分重视相关工作，每年保证100万元的专项经费用于共享工程基层服务点的建设、支中心设备的维护、人员培训和惠民活动的开展。新馆建成时，投入30万元采购电子阅览室的电脑，供读者免费使用，并且全馆提供免费无线网络供读者上网。之后，每年投入300万元用于设备的维护，以保证各项服务。于此同时，杭州支中心每年也投入大量人力物力支援文化共享工程杭州市各区县支中心的各项活动的正常开展。

三、资源建设

目前基于三大网络的杭州数字图书馆通过网站、手机、电视三大平台可为读者提供多样、立体、专业、便捷的信息服务。截止2012年11月，数字资源数据库容量约为60TB左右。其中从访问方式上，本地镜像资源约占47%，远程访问资源约占53%；从数据库类型上，多媒体占18%，电子图书、期刊、报纸各占18%；从专题分类上，人文大众类主要占30%，经济统计类、学术教育类各占18%；华数宽频提供最新的影视资源，电视剧600多部、电影960多部、高清91部、综艺8000多部、视频短片17000多部等，总共约8T；手机平台提供最新近3000种在线杂志。电视图书馆现提供69个主题系列的视频资源，每个系列20集，总共约1.79T。

杭州市支中心还在历年的工作中，立足于地方特色，搜集不同区域民众文化需求，选取、编辑制作各类题材资源，共有地方特色资源库21个，包括了杭州美食、杭州特产、城市学、民国书、西湖古今揽胜、杭州名人故居、杭州民间故事、杭州老字号、杭州坊巷录、杭州风俗等数据库。制作数字资源宣传海报5000份，已向社区、企事业单位发放宣传资料2000余份。

四、管理和队伍建设

为使共享工程真正为民所用为民谋利，杭州市支中心安排了专人负责文化共享工程的工作，同时有若干兼职人员协助专职人员工作。每年有年度工作计划，月度有工作总结，年末会整理相关台账，进行考核。同时根据相关文件的要求，建立支中心公共电子阅览区域，有60台电脑供读者使用，并在相关区域设立指示牌，在电脑中设定共享工程及相关网站的快速入口，便于读者利用共享工程资源及自建资源，并有专人负责进行定期维护。

文化资源共享工程作为文化资源共建共享的平台，让优秀的资源被公众所知所用需要我们的工作人员的宣传和引导。因此杭州支中心每年都会举行文化共享工程工作人员的培训，一方面传递业界的新知识新动向，另一方面提高工作人员的专业素养，以保证能更好地为公众提供优质的服务。

五、合作共建

杭州市支中心建设了杭州数字图书馆，并将共享工程的网站与之相结合，为广大杭州市民提供多方位服务。杭州数字图书馆在建设过程中一直注重集合各方的力量共同打造数图工程，以杭州市支中心为建设主体，各区（县、市）支中心、部分高校图书馆为辅助，与社会机构的合作，既丰富资源，又提升服务能力，尤其是与华数电视集团的跨界合作，通过共享技术、资源和传播平台，使得数字图书馆的资源可以经由电视输送到千家万户，这种形式的合作在全国具有首创的意义。

杭州数字图书馆实现了所有杭州地区的IP地址用户（高校系统除外），不需要任何注册信息，都可以免费获取数字图书馆的各种资源。这样全时空的数字信息服务模式充分发挥了数字图书馆超越时空限制的优势，实现了服务的免费、无限制和无障碍，真正做到了资源使用的零门槛和文化共享。

六、惠民服务

杭州市支中心在共享工程服务实践过程中，以市民的需求为导向，积极探索新的服务方式，努力打造第三文化空间。

点菜式服务：让读者直接点购自己想要而图书馆暂时缺藏的图书。

特殊人群服务：推出针对特殊人群（残疾人）的服务办法，为特殊人群提供邮寄办证服务、委托办证服务和文献邮寄服务，同时特殊人群还享受外地身份证免押金及免逾期费等优惠。

七、宣传推广

1、杭州市中心利用各种渠道宣传推广共享工程资源。利用文化共享工程和数字图书馆服务两会，提供相关信息服务和数字资源，被浙江省文化厅评为“两会”信息服务“优秀服务奖”。

2、文化共享工程数字资源推广进基层。

由数字资源讲师团的讲师进基层，向大家介绍浙江

网络图书馆、杭州数字图书馆及各区县数字资源的基本情况和使用方法，力求以简单易懂的方式让群众对可以使用的数字资源有比较全面的了解，并学会如何使用。

八、培训工作

杭州市支中心在搬迁至新馆舍以后，积极开展培训工作，将共享工程管理员的培训工作实现了制度化和常态化。根据支中心工作要求，每年都会安排1-2场专门的培训，同时根据当年的实际情况，相应增加相关的培训以满足工作需求。2009年以来一共举办各类培训班5期，参加的各级工作人员达170人次。

九、荣誉奖项

2007年“群星奖”服务奖。2010年浙江省文化共享工程先进集体。2012年杭州数字图书馆获文化部创新奖。2012年“两会”信息服务“优秀服务奖”。

十、工作展望

杭州市公共图书馆服务体系已基本形成，作为一个不断发展的有机体，杭州支中心将积极探索共享合作、共同创新、共谋发展的道路，与“一证通”、农家书屋等基层文化服务工程相结合，与杭州数字图书馆资源、活动、服务等加强互动、增强体验、促进聚合，使实体服务网络与虚拟服务网络相辅相成，为老百姓提供更全面、更及时、更丰富的文化资源，最终实现较为完善的共享服务体系。

（撰文/杭州市支中心）

杭州市拱墅区支中心

拱墅区下辖10个街道，90多个社区，面积87平方公里，总人口60万，其中户籍人口31万。

随着杭州市委市政府对运河的多次保护与整治，拱墅区委区政府不断加大对文化设施的投入，十几年如一日的坚持，“运河文化”逐渐成为拱墅区的品牌。当文化与经济呈互动的良性循环发展时，拱墅区委区政府更坚定了一个理念，即：运河文化，是“执政为民”在“改善文化民生”上的具体体现。要改善文化民生，就要努力推进“文化惠民”。文化惠民，就要惠及到民。

一、整体情况

拱墅区文化资源共享工程建设开始于2007年，从我馆建馆开始对我区下属各个街道社区进行逐步的建设和推广，到2010年做到下属10个街道93个社区共享工程100%全覆盖。

共享工程拱墅支中心设在拱墅区图书馆，是拱墅区共享工程的建设和业务指导单位，负责保障区中心共享工程设备的运行，协调街道、社区级共享工程设备的维修，指导镇村级共享工程活动的开展以及开展全区共享工程管理员的业务培训和指导。

二、管理和队伍建设

为使共享工程真正为民所用为民谋利，拱墅支中心将共享工程日常管理纳入制度化管理。制定支中心、街道、社区基层服务点工作职责和制度，实行制度上墙公开。每年有年度工作计划，月度有工作要点，季度有工作督导，年末有工作总结考核，收集整理共享工程服务活动的得失，探索共享工程管理和服务新模式。

三、培训工作

拱墅支中心在共享工程管理员的培养上实现了制度化和常态化。根据支中心工作要求，每年对辖区共享工程管理员进行6期的集中培训，2007年以来一共举办各类培训班35期，参加轮训的各级管理员达400余人次。

四、经费投入

拱墅区共享工程自09年以来至今，通过省市补助等共投入15余万的运维经费，用于共享工程设备的维护，人员培训和惠民活动的开展。同时，拱墅区政府，拱墅区文广新局和拱墅区图书馆每年也投入大量人力物力支援共享工程各项活动的正常开展。

五、资源建设

拱墅支中心在历年的工作中，搜集不同区域民众文化需求，每年发放各类光盘500多张，展板30多块，各类海报，招贴画10多副，发放宣传资料600余份。

六、合作共建

以共享工程为依托结合全覆盖的党员电化教育点、多功能活动室。将各种部门下发的电子文献资源与建立的共享工程服务点结合，根据不同街道、社区的硬件条件建立形式多样的电子阅览室和多媒体中心。通过多方不懈努力，共享工程已逐步走入基层，成为市民获取新知，娱乐身心的新渠道新平台。

七、惠民服务

“运河大讲堂”，作为我们的一个品牌活动，旨在倡导运河文化、服务全区企业，提升干部素养、惠及全体

市民的综合型大讲堂。自2008年成立以来，为读者提供了30余场的精彩讲座，主要有“运河文化、“人文素养”、“家庭教育”、“健康养生”等系列公益讲座。先后邀请了运河研究学者朱坚白、国学大师董平、邓松林、中医经络望诊师余致馨等大师加入大讲堂的讲师队伍，以丰富大讲堂的内涵，提升讲堂品位，逐步打造成拱墅区响亮的运河文化品牌。

另外，运河大讲堂还与拱墅社区学院合作，通过网络现场直播形式，吸引居民同步收看，扩大了受众面，增强了社会效益，受众率是原先的两倍多，让“运河大讲堂”成为了一座“没有围墙”的市民大课堂。

八、宣传推广

1、拱墅支中心利用各种渠道宣传推广共享工程。在拱墅每年的“送书下社区、送戏下社区”的活动中，全力打造共享工程活动品牌，陆续推出了“情系蓝天雏鹰，共享灿烂阳光”等活动，让民众通过文化共享工程，真正地享受到“文化惠民”和“文化利民”。

2、走进校园。拱墅支中心文化服务中不断探索，利用支中心儿童阅览专区，组织动员青少年儿童关注共享工程，利用共享工程，收集青少年知识兴趣点整理挖掘，通过“未成年人读书节”这个平台组织的系列活动使共享工程不仅走进校园走进青少年。

九、工作展望

拱墅区文化资源共享工程已走过5个年头，从昨天的几个点到今天的103个街道、社区全覆盖，从单一的资源接收到今天的编辑分发和群众广泛认知，广泛参与，文化资源共享工程在拱墅已经成为拱墅人民文化生活的一大支柱，成为繁荣拱墅文化，丰富拱墅人民精神生活，推动拱墅人文科技进步的强大动力源泉。今后拱墅支中心希望能建设一支专业化的服务队伍，服务形式更加多样，服务网点更加宽广，参与群众更加广泛的共享工程文化带动体系，使“文化惠民”真正惠及到民。

（撰文/杭州市拱墅区支中心）

杭州市下城区支中心

下城区城区面积31.46平方公里，全区常住人口52万，辖8个街道，下设72个社区。下城区历史悠久，具有深厚的历史底蕴和丰富的文化内涵，自古就是商贾繁盛之地。

一、基本情况

下城区文化信息资源共享工程自启动以来，受到区委、区政府的高度重视，全区围绕文化信息资源共建工程积极开展各项建设工作，大力推进和确保该文化工程的有效开展，并取得显著成效。

早在2005年我区构建起了系统、有效的街道、社区两级文化信息共享资源网络，初步形成“8+72”模式，把基层两级服务点设在街道，基层三级服务点建在各社区，实现了文化信息共享资源网络覆盖全区8个街道，72

播放共享工程光盘

个社区，实行大网络、高覆盖率，为文化信息共享工程的创新发展打下坚实的基础。

2008年，区委、区政府着眼于全区文化信息资源共享工程在原有基础上进一步规范化、系统化建设，下城区政府拿出黄金地段，投入重金，全力打造文体中心，建立了下城区图书馆新馆，该馆的建立为文化信息资源共享工程区支中心的建设创造了先决条件，打下了良好的基础。2010年，文化信息资源共享工程下城区支中心建设通过浙江省督导组的验收，并得到高度肯定。

在基层两级文化信息资源共享工程服务点建设上，区政府每年投入36万元。自2004年以来，已先后投入250多万元，极大地推动了基层文化信息工程建设，已逐渐形成全覆盖的大网络，使8个街道72个社区的文化信息资源共享工程全部达标。

共享工程下城区支中心建在下城区图书馆，是下城区共享工程的建设和业务指导单位，负责保障区中心共享工程设备的运行，协调街道社区共享工程设备的维修，指导街道社区共享工程活动的开展以及开展全区共享工程管理员的业务培训和指导。

二、管理和建设队伍

下城区区委、区政府一直高度重视文化建设，为大力推进我区文化信息资源共享工程建设，我区在建立一系列实施意见的同时，成立了区文化信息资源共享工程领导小组，由区分管副区长任组长，文化局长、区信息办主任、区财政局长等任副组长，领导小组下设办公室，具体负责工程建设有关工作。

领导小组每月定期举行例会，对于建设文化信息资源共享工程中出现的重要和亟待解决的问题，做到“当月事、当月毕”，严厉杜绝拖沓情况的出现，研讨出一条切实可行的道路，力争做到“一有问题，马上解决”。领导小组成员定期实地走访，重点关注该工程开展情况，同时开展自查工作，对出现的问题予以指导、全力解决，以确保文化资源共享工程所有工作都能落实到实处。

三、培训工作

下城区支中心根据国家中心、杭州市支中心及本支中心的工作要求和基层服务点的工作需求，每年对辖区共享工程管理员进行培训，自2010年下城区支中心建立以来一共举办8次培训，参加培训人员达360人次。

四、经费投入

下城区支中心自2010年建立以来，浙江省图书馆投入10万元，下城区政府共投入18万的运维经费，用于共享工程设备的维护，人员培训和惠民活动的开展。同时，下城区文化广电新闻出版局和下城区图书馆每年也投入大量人力物力支援共享共享工程各项活动的正常开展。

五、合作共建

创新共建共享机制，让商业性最新高科技产品，首次引入公益图书馆，免费为读者服务。2012年，下城图书馆与中国移动杭州分公司联袂打造的全国首创G3阅览室，免费对外开放，开启了公共图书馆“低碳阅读”之门，开创了纸质阅读与电子阅读并存的新格局。活动启动后，新华社及省市各大报社、电视、网络20余家媒体争相进行报道，全国各大网站相继进行了转载，取得了较大的社会影响。

六、惠民服务

下城区支中心不断创新公共文化信息资源共享工程新载体，将学术报告厅实现“一厅多用”，使学术报告厅变成文化信息资源共享主阵地，开展了“影聚星期六，免费看大片”活动。于2010年2月20日（正月初七）起，免费为读者放映最新、最优质的影片。开馆至今共放映电影300余场，共有3万余人次读者观看，此活动深受广大读者的好评。为丰富老年人精神文化生活，提高老年人晚年生活生命质量，下城区支中心每年举办老年人免费电脑扫盲培训班。

七、宣传推广

下城区支中心利用各种渠道宣传推广共享工程，让市民不断了解共享工程，走进共享工程。并利用每年的中小学生读书节，向学生宣传共享工程，并为学生播发国家中心下发的教育类光盘，受到广大教师和学生的好评。还请教育专家为家长在如何教育孩子和如何与孩子相处的问题上答疑解惑。

下城区支中心组织开办了“文明大讲堂”，丰富市民文化生活。先后邀请各领域专家学者来馆演讲，共举办40余场。2012年，由杭州市文化创意产业办公室与区图书馆联合举办的创意力量团队跨界学习和专业交流讲座，特邀中山大学副教授吴柏林“论道体验经济，揭开了体验营销的密码”；由区图书馆特邀的来自美国的手工艺术家兰亭老师现场向手工艺爱好者传授中国结、立体纸浮雕等手工技艺，“快乐手工•无限创意”培训讲座目前已成功举办4期；由区图书馆与西湖读书节组委会联合举办的“关注营养，打造健康”专题讲座，特邀浙二医院临床营养科的张片红主任主讲老年人如何养生保健；由区图书馆与中国计量学院光电学院学生党员开展“小实验，大道理”暑期少儿讲座，为青少年普及科技知识，引导青少年参与科技实践。丰富多彩的讲座为读者提供了一个精彩文化生活大平台。

九、工作展望

支中心自2010年建立以来，积极配合国家，省中心和市支中心，使共享工程深入人心，丰富了市民的精神生活。今后下城区支中心将投入资金进行特色数据库建设，力求把独具下城区特点的各类文献资源进行收集编辑整合，满足广大读者需求和有效保存下城精品文化。

（撰文/杭州市下城区支中心）

杭州市江干区支中心

江干区图书馆位于江干区文化中心的六楼，馆内还配有新品推荐厅、采编室、藏书库、多功能报告厅、休闲吧等，设施齐全，设备完善，面积约3500多平方米，区图书馆充分考虑到各层次群众的需求，具备丰富的馆藏资源。电子阅览区占地110平方米，配置电脑36台。我区支中心的建设工作和近几年取得的主要工作如下。

一、基本情况

为了认真贯彻落实中央、省、市关于实施共享工程的文件精神，区图书馆提交了关于要求建立共享工程区级支中心的报告，区文广新局予以高度重视，批准成立了江干支中心，并在图书馆设立办公室。

建设好“共享工程”区级支中心，必须有技术人员、配套资金、场地等作保障。在图书馆的建设上，得到了各级区财政部门的资金支持。在支中心的建设上，对照共享工程支中心的建设标准，配备了完善的设施。图书馆建筑面积达到3500平方米，其中电子阅览区占地110平方米。在硬件资源方面，区文化信息资源共享工程分中心拥有百兆高速网络，强大的服务器以及磁盘阵列，高达4.6T的海量存储容量，构成了我馆高效的硬件资源系统，为共享工程的实施提供了较大的发展空间和硬件支持，电子阅览室建成有36台电脑供读者查阅资料之用。

二、学习先进馆的经验以完善自身建设

为了少走弯路，规范建设，我们先后参观了杭州市图书馆、拱墅区图书馆，学习好的做法，从而使我区支中心电子文献阅览室在场地装修、设备安置等方面进展十分顺利。电子文献阅览室现有电脑36台，信息接口已在图书馆建设之初完工，防盗措施全部到位。电子文献阅览室的各项制度已经上墙。为营造绿色上网环境，关心青少年健康成长，我们将阅览室划分为成人区和未成年区，并策划制作了名人名言标语，借此提醒读者：电子文献阅览室不同于社会上的网吧，来这里应该多学点知识，多掌握点信息，多了解点国家大事。为了保护读者视力，室内所有宣传画的底色全部选用蓝色调。

电子阅览室、机房、新品推荐厅中的所有设备全由区文广新局按照共享工程建设标准统一进行招标配置。每一次到货，图书馆的技术人员都认真进行验收。供货部门的技术人员上门安装时，我们都要派出几位同志协助他们安装和调试。这样做的目的：一是让馆里人员了解安装的全过程，便于今后技术上链接；二是对设备起到保护作用。为加强电子文献阅览室的管理，便于读者明了相关的基本要求，我们公示了《全国文化信息资源共享工程浙江省基层服务点工作规则》、《全国文化信息资源共享工程浙江省基层服务点管理人员工作守则》，制定了《读者文明公约》、《电子阅览室管理制度》、《区图书馆电子阅览室工作职责》等制度。

三、主要工作设想

该区“共享工程”支中心电子阅览室于2009年2月6日正式对外开放。为了充分发挥区级支中心的职能，更好地服务于全区人民，我们将从以下几个方面努力开展工作：

1、认真办好电子阅览室。电子阅览室开放后，我们要和未成年人读者的家长达成共识，保持经常性电话联系，使每位家长了解自己的孩子在电子文献阅览室上网的时间、内容和次数。凡未被家长许可的孩子，一律禁止上网。力争使电子文献阅览室真正成为“孩子上网，家长放心；不误学习，有益成长”的绿色网络空间。热情帮助读者做好信息文献下载和文本拷贝、打印工作。工作人员要耐心解答读者提出的各种问题，引导、帮助读者正确利用网络的方法。2、成立“共享工程”宣传服务小分队，有计划地到社区播放科教片，传播科技知识。3、自制刻录关于科普知识、法律常识、生活礼仪、农业科技、卫生保健以及百科知识在内的贴近大众日常生活的社会文化信息资源光碟，送往基层点供市民共享。4、对基层点工作人员进行全面培训，积极指导基层点的工作开展。5、节假日期间，利用多媒体室播放爱国主义教育和科技影片，激发青少年的爱国热情和科学创造精神。6、努力推进基层服务点建设，全面铺开共享工程，完成8个街道、镇基层中心和113个社区、村基层点的建设，由图书馆提供文化信息资源以业务指导。7、建立健全“共享工程”工作档案，使所做工作有档可查。及时向上级部门汇报工程的进展情况。8、做好区级支中心与党员干部现代远程电视教育共建共享工作。9、围绕国家中心、省分中心关于“文化共享工程为农村服务”的宗旨做好其他方面的工作。

四、工作展望

该区将继续努力，增强共享工程建设的责任感和自觉性，提高区级分中心的建设力度，从服务网络、资源建设、人员培训、基层服务、合作共建等方面着手，扩大服务辐射半径，提高资源利用率，丰富群众文化生活，努力开拓文化信息资源共享工程建设新局面。

（撰文/杭州市江干区支中心）

杭州市西湖区支中心

西湖区总面积312.43平方千米，辖2个镇9个街道，有172个社区和行政村，常住人口66.75万人。西湖区风景优美，地杰人灵，历史悠久，文化底蕴深厚，辖区内有世界文明的明珠——西湖，中国国家级西溪湿地公园，东南佛教文化发源地灵隐寺，宋城、六和塔等著名的旅游景点，还有许多历史文物点、历史人物故居，中国的十大名茶之一龙井茶和杭州特色红茶——九曲红梅都出自西湖区。

一、基本情况

西湖区图书馆位于古墩路413号，总面积近3000平方米，藏书20多万册，是由西湖区政府出资建立的公益性、综合性、现代化、开放式的区级公共图书馆。西湖区支中心就设在图书馆内，是西湖区共享工程的建设和业务指导单位，负责开展全区共享工程管理员的业务培训和指导。2010年西湖区支中心通过西湖区党员远程教育系统合作，村社区文化信息资源共享系统实行了全覆盖，同年通过浙江省中心的验收。

二、建设情况

1、硬件设施及其经费：

西湖区支中心于2010年1月28日正式对外开放，硬件设施达到文化部制定的文化信息资源共享工程的配置标准，专用于文化信息服务的面积达一千平方米：电子阅览区、多媒体报告厅、培训教室会议室、弱电机房、音控室，按照县区支中心配置要求配备了先进的自动化业务系统。每年区图书馆投入大量人力物力支持共享工程，并且西湖区支中心得到省市相关共享工程扶持经费同时，区财政也按1：1比例配套，用于共享工程设备的维护，人员培训和惠民活动的开展，

2、组织管理及队伍建设和培训：

西湖区支中心专门成立了共享工程管理小组，负责图书馆共享工程的资源建设、资源维护、技术支持和其它一些综合工作。建立了电子阅览规章制度、工作人员职业道德规范，并把各项规章制度上墙张贴；同时还建有日常服务登记台帐、活动台帐。我们通过报纸、网站宣传共享工程的建设成果，建立反馈机制，及时反馈信息。并且每年对镇街村社的管理人员进行集中培训和上门指导相结合，参与人数达到1000人次。

3、文化信息共享工程为读者服务：

西湖区支中心利用各种途径为读者提供各类服务。从2010年1月28日开馆至2012年11月底，电子阅览区累计接待读者超7万多人次，音像制品借还15万人次；举办展览、讲座、送资源下基层等流动服务及专题活动300多次，服务读者30多万人次。西湖区支中心还利用文化信息共享工程开展以下活动。

3.1.开展文化信息资源共享工程“八进”活动。3.1.1文化信息工程进社区村。每年分别对周边社区进行走访，和社区书记主任洽谈用文化信息资源共享工程为社区开展各项服务事项等，利用社区的宣传栏及张贴相关宣传资料，让社区居民了解文化共享工程；为这更好地让社区居民享受共享工程的资源，我们还制作了西湖人文讲堂资源放给镇街社区村，还不定期在社区的党员远程教育中播放爱国主义教育和科技影片；在本馆的多功能厅也为不定期播放文化部下发的影片；3.1.2.文化共享工程进两会。西湖区支中心利用每年的“人代会”及“政协会议”，为“两会”代表们办理开通市民卡的借书功能，发放文化信息共享工程的宣传单，利用相关资源

进行专题解答服务等相关服务；3.1.3.文化共享工程进机关。西湖区支中心为了让机关工作人员更好地利用文化信息资源，为建设学习型机关提供助力，区支中心上门为西湖区政府的工作人员，区行政服务中心的工作人员服务，开通市民卡的借书功能，发放文化共享工程的宣传单等相关资料，图书点单服务等；3.1.4.文化共享工程进“幼儿园”进学校，西湖区支中心利用文化共享工程资源，制作了一批主题是“珍惜生命，爱护生命”的卡通安全漫画送到新金都等幼儿园，对幼儿开展安全普及教育；与留下小学合作，把人文讲堂送进学校，翠苑中学合作举办了翠苑中学“读书节，让学生多读书爱读书，读好书。3.1.5.文化共享工程进企业活动，西湖区支中心送文化信息资源共享工程资源进浙江意森服饰有限公司，受到广大公司员工的欢迎。3.1.6.文化共享工程进活动景区活动，西湖区支中心送文化信息资源共享工程资源，在西溪湿地景区设点，利用共享资源开展各类活动，如感动瞬间的摄影比赛，西溪读书月等活动，让员工和游客了解共享工程，走进文化共享工程。3.1.7.文化共享工程进活动警队活动，西湖区支中心利用共享资源在西湖交警大队下面的中队设点开展各类读书活动，受到警员们的欢迎。3.1.8.文化共享工程活动进残联活动，西湖区支中心和西湖区残联合作，发挥支中心文化助残、信息助残、智力助残的优势，利用丰富的文化信息资源来助残帮残的，提升残疾人的文化素养。读书和其他活动相结合，如保健讲座、盲人听电影、音乐欣赏等等，让更多的残障读者享受文化信息工程和阅读的快乐。

3.2.利用大型读书活动宣传文化信息资源共享工程：为扩大文化共享工程的的影响力，更好地为市民服务；2010年4月17日，西湖区图书馆（支中心）、西湖区文化馆、中国湿地博物馆三馆联动举办大型朗读接力活动，直接参与活动的人数近1000人，人员来自各行各业，年龄从6岁横跨到70岁，杭州日报、都市快报、人民网、浙江教育台等媒体对此活动都作了大量的报导。2011年−2012年西湖区图书馆（支中心）分别举办了西湖区全民阅读启动仪式，通过展板等形式宣传了文化信息资源共享工程。并且参与省市各类读书活动，如组织全区1800多名读者，参加浙江省文明办和省文明网举办的“传播绿色文明，倡导低碳生活”征文比赛，荣获一等奖就有十人，其他奖更多。所有得奖文章，都全文刊登在浙江文明网活动专栏中。

播放共享工程影片

3.3.借助社会力量加大宣传共享工程活动力度：该支中心联合社会力量利用文化信息资源共享工程组织开展各类读者活动，如学生假日小队、“创意悦读手作坊”、“贝尔外教与你亲密接触”、“小小图书管理员”“儿童情商智乐园”等活动，在轻松、愉悦的活动过程中，让孩子们了解文化信息资源共享工程，提高孩子的动手、创意想象能力，激发孩子的灵感和挖掘其潜能！并且通过报纸、电视、广播、网络媒体对相关活动进行了宣传。

3.4.创新形式，优势互补，软件服务提升：西湖区支中心为加强文化信息共享工程资源建设，除建立电子阅览区外，还建立了网站，开辟了《西图动态》、《读者服务》、《参考咨询》、《在线教育》、《在线阅读》、《共享工程》、《新书推荐》等栏目，读者不出门就可点击网站查阅、观看，通过网站的链接进入到国家中心资源和省级分中心资源的数据库，通过浙江网络图书馆，就能共享央视教育视频资源库以及各类专业数据库的资源。

四、工作展望

西湖区支中心将继续努力加大建设力度，从服务网络、资源建设、人员培训、基层服务、合作共建等方面着手，扩大服务辐射半径，想方设法提高文化信息资源共享工程的资源利用率，让文化共享工程真正惠及于民，为西湖区建设学习型城区、文化名区而努力。

（撰文/杭州市西湖区支中心）

杭州市余杭区支中心

余杭区面积1228平方公里，户籍人口87.67万，下辖14个街道、6个镇。2011年，全区生产总值（GDP）突破738亿元，财政总收入达150亿元，其中地方财政收入95亿元。余杭区文化信息资源共享工程自2003年启动以来，区委、区政府高度重视，全区积极开展资源建设、人员培训、基层服务、技术支撑、合作共建等工作，大力推进本地文化信息资源共享工程建设，取得了明显成效。余杭区图书馆承担余杭区文化信息资源共享工程任务。目前建成以区图书馆为中心，遍及全区19个镇（街道），延伸300余个村（社区）的共享工程三级网络。

一、整体情况

余杭区图书馆自1994年以来连续三次被评定为“全国一级公共图书馆”。余杭区按照全国一流标准，于2003年新建区图书馆，新馆于2005年11月9日投入开放使用，建筑面积10931平方米，总投入近4000万元。全馆配置服务器7台，电子阅览室计算机96台，包括10台少儿专用机，拥有200余座的报告厅，配备全套音控、投影、摄像设备。电子阅览室于2005年命名为浙江省文化信息资源共享工程县级分中心。电子阅览室现实行免费开放，周开放72小时，为市民提供上网、电子文献阅览、数字技能培训、信息资源检索、影视欣赏等多种文化休闲服务。

二、网点建设

目前，全区建有1个县级分中心、19个镇（街道）二级基层服务点，328个村（社区）三级基层服务点。

为有效推进本地文化信息资源共享工程建设，我区制定了《关于余杭区文化信息资源共享工程建设的意见》，建立了由区委宣传部、区文广新局、区财政局等8个部门组成的建设领导小组，领导小组下设办公室，具体负责工程建设有关工作。《意见》参照杭州市建设标准，明确规定了建设宗旨、创建规划、创建与管理要求、资金投入机制及奖励考核办法等。

对基层电子阅览室统一了规章制度、工作人员岗位责任制，建有日常上网登记台帐，使工作有章可依、有据可查、井然有序。各项规章制度上墙。重视对未成年人上机的引导、教育和管理。

为保证服务质量，区图书馆每年安排几十次的下基层辅导督查，制定电子阅览室考核制度，并纳入到镇（街道）图书分馆考核体系中去，2012年由区文广新局出台文件，成立由区文广新局分管局长挂帅的考核组。年底对乡镇（街道）基层服务点进行考核，并采用以奖代补的形式，补助电子阅览室建设。

2012年开始在全区推广使用全省统一的电子阅览室上机管理系统，每台电脑统一桌面、统一登录方式、统一资源推荐。由此省、市、区各级中心都可以实时了解监控各基层服务点的运行情况。

为扶持基层点建设、提升人气，每年举办展览、讲座、送资源下基层等流动服务及专题活动30余次，年服务读者达到10万人次以上。

三、经费投入

余杭区财政每年投入共享工程各项经费在40余万元，主要用于区级电子阅览室运营、中心机房软硬件维护、设备更新、数据库资源采购、自建数据库建设、基层培训等。

四、资源建设

余杭区文化资源共享工程的资源主要通过采购、自建项目和共享等途径建设。所有资源通过“余杭数字图书馆”和“手机图书馆”对外提供24小时不间断服务。

资源种类涵盖电子图书、期刊论文、杂志、报纸、古籍、视频、电影、资讯平台等多种门类。目前可供使用的电子图书50万种以上、期刊论文100万篇以上、杂志200种以上、报纸600种以上、视频资源存储容量达到3T以上。

自建数据库包括少儿视频点播平台、VOD视频点播系统、余杭区共享信息资源共享平台，并自行收集整理了地方特色资源列表。同时为积极宣传本地特色资源，区图书馆积极上传全区非物质文化遗产及我区举办的各类大赛视频资料，让更多市民共享文化盛宴。2010年建成浙江省文化厅项目“良渚文化系列数据库”。目前“章太炎文化数据库”已通过省文化厅立项，正在筹备建设。

另外，余杭区文化信息资源共享工程通过共享省、市数字资源，为读者提供服务。

五、技术支持

余杭区文化信息资源共享工程由余杭区图书馆网络信息中心负责开展工作，该部门配备工作人员7人，其中1人为研究生学历，本科及以上学历4人，计算机相关专业背景人员2人，具有较高的业务技术水平和服务能力。在一些非擅长领域采用服务外包的形式作为补充。

六、合作共建

余杭区共享工程在多个层面开展合作共建工作。资源建设上与市图书馆搭建VPN专线、共建数字资源，并通过“杭州地区公共图书馆一证通工程”，使用统一办证系统，互认对方读者，使读者能方便的利用对方馆的资源。在自建数据库项目上与省考古研究所、良渚博物院、江南水乡博物馆、太炎故居管理所等单位合作，共建共享“良渚文化系列数据库”、“章太炎文化数据库”等。在网点建设上与企业、工人文化宫、社区合作，建立资源互通的电子阅览室，并提供免费业务培训。

七、惠民服务

为方便读者使用共享工程资源、提高资源利用率，余杭区图书馆对原图书馆网站进行了升级，推出余杭数字图书馆和手机图书馆。读者能方便的在两个平台获取数字资源、活动资讯、在线交流等。

平时，利用电子阅览室，面向外来务工人员、中老年群体提供免费电脑技能培训。

每年国庆等节假日为广大市民及外来务工者放映共享工程优秀影片。

八、宣传推广

宣传推广是共享工程的关键，余杭区图书馆通过每年开展专题数字资源讲座，编印《数字资源使用手册》、制作共享工程及数字图书馆宣传海报下发各基层服务点进行宣传推广。同时还在图书馆醒目位置张贴资源和平台宣传海报，通过媒体报道等形式，多层次、全方位地推广共享工程。

九、培训工作

余杭区文化信息资源共享工程每年安排面向基层服务点工作人员的业务培训，以提高基层服务点工作人员的服务水平。定期安排面向普通读者特别是弱势全体的电脑培训。不定期地为读者提供数字资源使用辅导。

十、管理和队伍建设

队伍建设是业务提升的根本动力，余杭区图书馆积极参加上级馆组织的人员培训，并制定制度鼓励员工参加再学习，每人每年参加培训10次以上。

在团队建设方面，以争创为抓手，锤炼队伍，加强技能，凝聚人心。网络信息中心自2006年被评为余杭“区级青年文明号”，2009年被评为杭州“市级青年文明号”，并于2012年被评为浙江“省级青年文明号”。

注重个人能力提升，引进硕士研究生一名，经培训

后加入“浙江省数字文化讲师团”。加强职工继续教育，1人在读硕士，3人在读本科。

十一、荣誉奖项

2006年获杭州市公共图书馆青年岗位技能比武集体二等奖；2010年太炎读书网荣获“浙江省文化共享工程十佳网站”；2011年在共享工程杭州支中心举办的“共享杯”共享工程知识与技能竞赛中获得集体一等奖；2012年网络信息中心被评为浙江“省级青年文明号”。

十二、工作展望

依据建设公共文化服务体系的要求，促进城乡一体化，我馆将在原有基础上，内建资源，外布网点。以基层服务提升为重点，促进服务的专业化、品牌化。以新思路、新技术、新内容为引导，打造集知识性、休闲性于一体的共享工程服务点。使余杭区文化信息资源共享工程真正成为实现优秀文化信息服务大众的平台。

（撰文/杭州市余杭区支中心）

杭州市萧山区支中心

一、整体情况

浙江省于2002年4月启动文化共享工程，是全国最早实施文化共享工程的省份之一。2002年4月18日，前国务院副总理李岚清同志视察了全国首个共享工程基层服务点——萧山区红山农场文化中心，这一事件标志着文化信息资源共享工程在我区正式启动。我区共享工程基层服务点的建设是通过与党员远程教育点、图书馆分馆、农家书屋等共建共享的方式进行的。到2007年年底，已完成全区所有乡镇、村和城市街道、社区服务点等的建设，在全省范围内率先实现共享工程“村村通”。全区人民通过文化共享工程已经能就近阅读到各种书籍，学习各种科学知识，提高文化素养并陶冶情操。

全国文化信息资源共享工程萧山支中心（以下简称萧山支中心）历年来多次被评为浙江省图书馆工作先进集体、浙江省文化工作先进集体，另外获评杭州市人民满意基层站所（2011年）、全国文化共享工程培训基地（2009年获批）、全国服务农民服务基层先进集体（2010年获得）。

二、信息化及资源建设

萧山支中心的建设得到了萧山区政府的大力支持，已经完成了一期和二期的信息化建设，三期信息化建设正在进行中，累计投入资金560余万元。萧山支中心开放面积2万多平米，现有116位工作人员。包括下属分馆在内，总共拥有240余万册（件）的藏书总量；拥有萧山图书馆网、萧山文化网两网宣传平台；拥有330人坐席的报告厅1个，220人坐席的报告厅1个，100人坐席的会议室1个，70人坐席的会议室1个，其他规格的会议室3个，92台电脑配备的电子阅览室1个，毗邻萧山歌剧院（同一广场）；拥有恒温恒湿机房，并配备UPS保障突发性断电时各种设备正常运转，具备网络实时直播能力；拥有“湘湖讲堂”品牌讲座丰富的师资库。

萧山支中心经过一期、二期信息化项目的建设，构建了一流的软硬件平台，完善了数字资源平台，使所有萧山图书馆的持证读者，在全区范围内都能免费使用支中心提供的各类资源，将图书馆的服务从“零门槛”提升到“零距离”。在硬件方面，萧山支中心拥有服务器14台，磁盘阵列43.5T，网闸1台，防火墙1台，核心交换机2台，接入层交换机18台，照相机2台，非编系统1套。软件方面，除了oa系统、瑞星防病毒系统、阿帕比数字资源加工系统等应用系统的建设，还大力加强数字资源建设，目前自购的数字资源有apabi电子图书、CNKI中国知网、万方数据、爱迪科森网上报告厅、维普考试系统、龙源期刊、随书光盘系统，新东方口语学习平台等。同时，大力开展本地资源的数字化建设，自建了家谱、萧山名人著述、萧山图书馆工作、萧山地方系列文化展等数据库。另外，积极与其他单位进行资源共享，特别是共享了杭州图书馆的很多数字资源。

近年来，萧山支中心在省中心的指导下，积极创新服务模式，不断拓展服务范围，服务水平显著提高，特别在电子阅览室建设方面、数字图书馆建设方面、资源共享服务体系建设方面做了大量有益的探索，在软硬件建设和应用系统建设上都打下了良好基础。

三、培训服务及队伍建设

萧山支中心在过去几年内依托便捷的交通环境、精良的设施设备、优秀的服务团队和丰富的基层文化工作经验，在省文化厅的指导下，成功承办多次国家级和省级及以下各种级别的师资培训和工作人员培训，受到了主办单位、上级领导及参训学员的广泛好评。如2010年10月承办“2010年新疆文化共享工程市县支中心负责人内地培训班”，2009年和2011年分别承办了第一、二届“文化共享杯——全国文化信息资源共享工程知识与技能竞赛”。

萧山支中心也在2009年正式获得批准成为全国文化共享工程培训基地。

同时，萧山支中心也非常重视自身共享工程人才队伍的建设。除积极参加由国家中心、省中心及市中心组织的各类业务培训外，我们也以多种形式开展中心及下属各基层服务点工作人员的培训工作。经过多年的努力，萧山支中心已经培养了一大批优秀的共享工程服务人员，使中心及下属基层服务点的社会效益得以充分发挥。

四、惠民服务

支中心电子阅览室是一个标准化电子阅览室，拥有100M的互联网带宽和92台计算机。在做好硬件设施建设的同时，强化未成年人上网管理，为广大基层群众提供绿色、便捷的互联网信息服务。2011年3月按照相关文件要求实现免费对外开放。室内还设置了政府公开信息查阅点。为充分发挥电子阅览室资源优势，我们多次义务为公共文化服务相关部门提供培训场地和技术支持。

通过统一授权访问平台等软件平台系统为读者提供了一种全新的体验，一次登录即可使用所有数字资源，而且不再限于馆内使用，比常见的vpn形式访问速度明显提升。2012年1–7月份，各类数字资源库的访问次数就达566537次，创历史新高。与此同时，充分利用萧山区公共文化服务连锁体系深入农村和社区通过讲座、发放使用手册、设咨询台等方式开展数字图书馆体验活动，受到基层群众欢迎。

“墨韵书香”放映厅活动以放映电影的形式为广大读者提供数字文化体验服务，电影内容主要来源于共享工程网站资源。自2009年2月启动以来，至2012年7月，已经顺利举办173场，受到了群众的热烈欢迎，尤其在丰富外来人员及其子女的文化生活方面发挥了重要作用。

以讲座为主的湘湖讲堂活动为广大人民群众所喜欢。萧山支中心专门成立活动策划部，由该部门负责各类活动的组织，与其他单位及萧山支中心下属各部室、各基层服务点相互配合，以多种形式开展活动，继续打造“湘湖讲堂”品牌。抓住各节庆时节，推出一系列有针对性的活动，在烘托节庆气氛的同时，也更有效的传播了知识和文化。

多年来，萧山支中心始终坚持“走出去，送下去”的工作思路，根据当地读者需求，有针对性地将各类讲座带到社区、企事业单位、乡村，让人民群众在家门口就能够参与湘湖讲堂活动，扩大活动的收益人群范围，社会效益显著。

扎实推进共享工程创新服务，加强软硬件资源建设，有效地满足人民群众日益增长的精神文化需求，是时代赋予我们的光荣使命。我中心将在今后的工作中再接再厉，在加强公共数字文化管理体系和服务体系建设方面下功夫，进一步发挥文化共享工程的社会效益。

（撰文/杭州市萧山区支中心）

临安市支中心

临安市总面积3126.8平方千米，行政区划共有5个街道、13个镇，共有298个行政村，常住人口52.6万人。临安市文化资源共享工程在临安市文化局、临安市图书馆支持和部署下，逐步推进，稳步发展，在新形势下为繁荣农村基层文化，满足农民多层次文化需求，传递中华民族优秀文化资源发挥了重要作用。

一、基本情况

临安市文化资源共享工程建设开始于2009年5月，

文化共享助春耕

在时间紧、任务重、资金无着落的情况下，我们一方面组织相关人员到已经完成建设的兄弟馆取经，制定本馆的实施方案；一方面积极向市财政争取资金，抓紧实施政府采购，同时对机房、电子阅览室进行装修改造，多头并进。8月底，一期建设基本完成，设备进入正常运行。此后陆续在全市18个镇、街道图书馆开始安装覆盖。2009年底临安市文化资源共享工程开始普及进入行政村，298个行政村实现共享工程村村全覆盖。

二、管理与队伍建设

为使共享工程真正为民所用为民谋利，临安支中心将共享工程日常管理纳入制度化管理。制定支中心、镇、街道服务点工作职责和制度，实行制度上墙公开。

临安市支中心在管理员队伍建设上坚持明确职责，实行制度化管理。镇街道共享工程服务点由专门的分馆图书管理员进行管理，村级共享工程有专职的文化宣传员进行管理。他们都经过专门的业务培训，工作热情高，能尽快熟悉掌握共享工程设备为所在村民服务。

三、培训工作

临安市共享工程支中心每年对辖区共享工程馆员进行业务集中培训，同时派支中心业务负责人到各个服务点进行现场指导，解决疑难问题。

除了针对管理员的培训之外，支中心每年还策划文化信息共享工程的读者培训，指导读者如何利用其中的信息资源，让文化信息共享工程的资源能够得到普及利用。自建立支中心至今，累计举办读者培训10余次，深受读者好评，产生了良好的社会影响。

四、经费投入

临安市支中心自建立起来后，当地市财政每年给予5万元的运行维护经费，用于每年支中心设备的维护、人员培训和惠民活动的开展。同时，临安市图书馆每年投入大量的人力物力、挤出相应的活动经费支持支中心的日常工作，在经费缺乏的情况下保证其能正常开展。

五、活动推广

共享工程临安支中心利用各种形式为社会大众举办活动。利用设备定期播放免费电影、为少儿读者举办阅读推广活动，科技文化下乡活动，科普宣传活动等。这一系列活动不仅充分利用了共享工程的资源，对共享工程这一信息平台也起到了很好的宣传作用。

六、荣誉奖项

2011年，在杭州市文化共享工程知识与技能竞赛

业务操作指导

中，临安市支中心在11支参赛队伍中脱颖而出，获得团体亚军，其中的一名选手张媛还获得优秀选手奖。

七、工作展望

临安市文化资源共享工程自建立至今只有短短的3年时间，从单一的支中心发展到全覆盖，文化资源共享工程在临安已经成为群众文化生活的重要平台。今后临安支中心希望在国家中心，浙江省分中心大力支持下为临安共享工程建设一支专业化的服务队伍，为公共文化服务体系建设、实现广大群众基本文化权益、改善城乡基层群众文化服务做出贡献。

（撰文/钟飞亚）

富阳市支中心

富阳市全市现有人口67余万，辖21个乡镇、4个街道、276个行政村、23个社区。富阳市文化信息资源共享工程在浙江省图书馆的支持和部署下，稳步发展，在文化大发展的新环境中，为传递中国优秀文化资源、普及文化知识发挥了重要作用。

一、基本情况

2002年，富阳市共享工程建设拉开序幕，最初，对支中心进行了电脑的配置和业务系统的安装，之后对各乡镇、村进行统一安装，最终实现了富阳市范围内共享工程村村全覆盖，丰富的文化知识，跟随着共享工程的春风，吹入富阳寻常百姓家。

二、经费投入

富阳市共享工程支中心自2002年以来，财政下拨经费155万元，用于共享工程设备购置、维护，人员培训和惠民活动的开展。同时，支中心的规范化建设也得到了富阳市财政的大力支持。

三、资源建设

支中心建成至今，共接收上级业务部门主题视频及富阳支中心录入讲座、电影等视频、音频、其他资源共计213419个、1402.5GB，资源日益得到补充和更新。同时在已建成“郁达夫特色数据库”基础上，向全市文化共享工程各基层点开展资源征集，先后征集到胥口镇综合文化站、里山镇综合文化站、龙门镇综合文化站等乡镇视频资源并解决版权，其中《“一代梅师”陆九畴》、《灵秀里山》、《安顶云雾茶炒制技艺》、《记忆家园》已被杭州市支中心录取并录入本级支中心平台，该4项视频资源已经向省分中心作了提交。

四、合作共建

支中心建成以来，依托农村党员干部远程教育，与组织部开展合作共建，在全市构建了文化共享工程县级支中心、乡镇（街道）基层服务点、村（社区）基层点的三级服务体系。同时，完成全市335个基层点账号、密码的设置及试链接，使之打开网址或采用账号登陆方式均可进入文化共享工程富阳市支中心平台。

五、惠民服务

中心结合本地实际，充分发挥文化共享工程资源优势，因地制宜，组织开展了一系列符合读者需求的服务活动：先后开展“文化共享助春耕”、“共享书香　快乐阅读”、“文化共享工程夏日电影展播”等主题视频播放、网上视频点播、资源下发流动服务和“万册图书送基层”、“万册过刊赠读者”、“书斋文化”主题活动及富阳市富春江“读书节”系列活动。

六、宣传推广

文化共享工程是一项惠民工程，如何让更多的民众了解它，使用它才是这项工程真正的落脚处，富阳市支中心自成立以来，开展了多种多样的推广活动：一方面对各乡镇的文化员和村级管理员进行培训，使之具备对民众的服务能力；另一方面，依托图书馆的活动，如：富阳市富春江“读书节”、富阳市科普展等活动，对共享工程进行宣传，让跟多的人走进共享工程。

七、培训工作

富阳市支中心常年坚持对管理员的培训工作，根据支中心工作要求，每年对富阳市共享工程管理员进行6期的集中培训，从2003年以来共举办各类培训班60期，参加轮训的各级管理员达2480人次。每一次的培训，我们都会给乡镇、村的管理员带去最新的共享工程建设动态，为他们讲解一些工作中的操作规范，使他们的服务工作更专业，让群众更能得到帮助。

八、管理和队伍建设

共享工程的建设和推广需要一支规范化的队伍，而这支队伍的建设需要一套规范的制度。富阳市支中心本着立足群众、服务群众的理念，制定支中心、镇、村基层服务点工作职责和制度，实行制度上墙公开，在这支队

伍的的管理和完善方面，坚持明确职责，制度化管理、常态化培训。

九、工作展望

富阳市文化共享工程从建设之初至今，一步步走来，为富阳人们带来了丰富的精神食粮。从开始的单一接收上级资料到现在自身整理、加工素材，上传富阳特色资源，工作方式、思路都紧随全国文化共享工程建设的脚步，也努力为资源实现共享做出最大的尝试。今后，富阳市支中心将在国家中心、浙江省分中心、杭州市支中心的支持和自己的努力下，为支中心建设一支更规范、更有素质的队伍，并以此为基础，扩大网点，增加信息量，为广大群众提供更优质的服务，努力让更多健康有益的知识实现资源共享。

（撰文/富阳市支中心）

建德市支中心

建德市总面积2321平方公里；人口50万。下辖16个乡镇、街道，232个村。今天，浙江省文化共享工程督导组来到建德督导文化共享工程建设情况，这充分体现了省文化共享工程督导组领导、专家对建德文化共享工程建设的关心和支持，必将又好又快地推动我市文化共享工程的发展。现将我市文化信息资源共享工程建设情况向各位领导作一简要汇报。

一、基本情况

建德图书馆新馆位于市文化中心内，总面积达4295平方米。图书馆内设图书流通部、网络技术部、读者工作部、采编部四个业务部门。现有事业编制12名，辅助性岗位聘用人员16名。坚持以“读者满意是我们的追求”作为办馆理念，开展形式多样的读者活动，创办的《新安讲坛》已成为我市具有浓厚地方特色的文化品牌，建设的《建德文化信息资源共享网》已成为我市公共文化服务数据整合、文化交流、对外宣传的有利平台，举办的“文化惠民　共享生活”免费电影放映活动已成为周边居民及农村朋友一项喜闻乐见的休闲娱乐项目。

二、支中心建设情况

1、组织健全，规划有序，硬件设施到位

为推进本地文化信息资源共享工程建设，我市制定了《关于建德市文化信息资源共享工程建设的实施意见》，建立了由市文广新局领导的共享工程领导小组，领导小组下设办公室，具体负责工程建设有关工作。

《实施意见》参照浙江省建设标准，明确规定了建设任务、建设目标、创建规划、创建与管理要求等。自2007年起我馆依据资金到位情况，本着“能做的先做，能自己解决的先自己解决，能提前一步的就先提前一步”的工作原则，前后分批完成了我市文化信息资源共享工程县级支中心设备设施采购要求，到目前止总投资63万元。2008年1月新馆开放至今，共享工程建德支中心共有网络光纤2根，其中100M网通光纤线路为一证通业务专用线路；100M电信光纤为共享工程自建网站和电子阅览室外网专用线路。整个大楼共有信息点400余个，在用120余个。拥有DELL服务器5台，核心交换机两台，次级交换机6台，路由器2台，无线路由器3台和磁盘阵列存储（4TB）；建有标准电子阅览室1个，共有台式电脑52台，笔记本3台，投影仪4台，扫描仪1台，配备移动硬盘和音响功放。建有180座多功能媒体播放厅，建有恒温恒湿机房，配备专业防火墙和2台UPS以保障设备正常运行。

2、创新形式，优势互补，软件服务提升

我市图书馆加强共享工程资源建设，除建立电子阅览室，还创建建德文化信息资源共享网站(www.jdwhxx.com)，开辟文化动态、本地新闻、在线电影、在线音乐、软件下载、图书馆动态、读者论坛等20余个文化信息相关栏目。现有电影连续剧495部，音乐639首，软件资源197个，资源可存储量达到4TB，读者在家就可观看。同时接收国家中心资源和省级分中心资源，通过浙江网络图书馆，Apabi数字资源平台，就能共享央视教育视频资源库以及各类专业数据库的资源，包括维普信息资源系统、万方数字资源系统、龙源期刊、独秀知识库、超星数字图书馆等。

在馆内，市民还可以通过电子阅览室，阅读到12万册的电子图书，在电子读物借阅室内有3万余张音像视听光碟提供借阅，年借阅量达3.5万人次。

积极自建数字资源，充实本地文化信息资源共享工程数据库。目前，图书馆正在积极筹建本地区非物质文化遗产数据库，并向浙江省文化共享工程数字资源建设项目申报“新叶村的民俗和乡土建筑”视频、图文数据库立项项目。并结合本地区资源，与建德新闻传媒网、市文联等单位协作，开创《新安讲坛》，传播地域文化。积极上传全市非物质文化遗产及我市举办的各类大赛图片、视频资料，让更多市民共享文化盛宴。

3、制度完善，延伸服务，基层建设有力

图书馆电子阅览室严格遵守《浙江省文化厅关于进一步加强公共图书馆电子阅览室和文化信息资源共享工程各级中心管理的通知》制定规章制度，做到制度规范，张贴上墙。做到实名登记上网，未成年人上网需填写申请表，家长签字方可上网，上机限时2小时。机房建设有序，环境整洁。图书馆配有1名计算机维护人员，2名共享工程专职管理人员，负责图书馆共享工程资源开发和基层辅导。组织管理中，工作档案完整，并通过报纸、网站宣传建设成果。达到了文化部制定的全国文化信息资源共享工程建设标准。

实施杭州地区公共图书馆“一证通”工程，依托全国文化信息资源共享工程，积极构建城乡共融的公共文化服务体系。2004年，杭州地区公共图书馆“一证通”在我市图书馆实施，标志着我市与杭州地区九个市县馆实现图书资源的通借通还。我市已基本构建起市、镇乡（街道）、村（社区）三级服务网络，至今已在全区建立14个基层服务点，100个基层流通点。通过网络的构建，基层群众能与杭州的市民一样共享图书资源。为进一步推进村级基层服务点建设，“一证通”工程还与文化信息资源共享工程、农村党员干部现代远程教育相结合，充分利

用远程教育系统方便党员干部自学和文化娱乐活动，目前全市已有部分村级基层服务点开展合作共建，充分发挥了基层服务点的效益。

积极为乡镇（街道）、村（社区）文化信息资源共享工程点提供技术支持，指导基层建设，提升基层服务水平。通过市图书馆对共享工程基层服务点进行辅导，对"一证通"图书管理系统、共享工程网络平台给予技术上的支持。每年定期组织全市各镇乡（街道）文化站工作人员、共享工程点管理人员，举办基层文化信息资源共享工程培训班。对全国文化信息资源共享工程平台的登陆、国家级省级分中心资源利用及"一证通"图书管理系统的操作进行讲解，促进基层服务点管理水平的提升。

两年来，我市在省、市主管部门的有力指导下，文化信息资源共享工程工作通过积极努力和探索，取得了一定的成绩和效果，带来了良好的社会效益，更多的读者通过文化信息资源共享工程分享了改革开放以来的文化成果。但是，我市对照高标准高要求还存在一定的差距。如图书馆硬件设施还待投入和改进，存储设备容量还要增加到6T以上，地方文献收集人员力量不足，文化信息资源共享的面还不够广，基层共享点的利用率还有待提高等。我市将继续努力，增强共享工程建设的责任感和自觉性，提高县级分中心的建设力度，从服务网络、资源建设、人员培训、基层服务、合作共建等方面着手，扩大服务辐射半径，提高资源利用率，丰富群众文化生活，努力开拓文化信息资源共享工程建设新局面。

（撰文/建德市支中心）

桐庐县支中心

二十一世纪是人类文明走向更高程度的时代，资源共享、人与自然和谐相处是这个时代的主旋律。而全国文化信息资源共享工程的大力实施，更为社会文化的发展创造了一个新的契机。2002年，全国文化信息资源共享工程在全国如火如荼地开展起来，该工程得到了党中央、国务院的高度重视。在各有关部门的大力支持下，工程依托各级图书馆、乡镇综合文化站、村文化活动室等基层文化单位开展服务，取得显著成效。借此契机，2003年10月，桐庐县在县城城南动工兴建了新图书馆。经过一年建设，2004年10月底新图书馆正式开馆起用。新图书馆占地面积31.5亩，其中绿地面积达45%，按照国家一级馆标准建设。馆内设施、装备齐全，成为桐庐文化事业的标志性建筑之一。桐庐县图书馆的文化共享工程工作于2003年3月正式启动，同时建立了全国文化信息资源共享工程桐庐县支中心，支中心成立十年来，得到了各级领导的高度重视，经费投入大幅增加，网络建设迅速发展，运行管理逐步规范，服务功能不断延伸，宣传培训效果明显，人才队伍不断加强。具体表现在：

一、逐步完善硬件设施设备

桐庐县支中心成立至今，硬件设施不断升级完善。机房从最初的一台资源服务器，发展到如今的2台应用服务器、2台资源服务器，一套总容量达4000GB的磁盘阵列系统。2008年，又将陈旧的交换机、路由器等网络关键设备全部更新。2009年4月，投入十多万元，将电子阅览室进行重新装修，对原来的布局作了较大的调整，还设置了一个待机休息室，休息室里经常性地播放一些文化共享工程相关影片供读者观看。在改善上机环境的同时，还不断更新供读者使用的计算机，除了2004年新馆建成时，县政府为电子阅览室投入配备的100台计算机外，还先后更新了50余台速度快、性能稳的高配置计算机。在电子阅览室还配备了2万余张光盘资源供读者随时借阅，且光盘资源以每年3000张左右的量在逐年新增。另外，支中心其他配套设备也日趋完善，目前已经配备有电视机、投影机、扫描仪、多媒体播放器、音响、流动车等设备。2009年7月，我馆顺利地通过了全国文化信息资源共享工程省级督导验收，硬件设施完全达到"公共电子阅览室建设计划"配置标准。

二、加强信息资源的利用与建设

对于文化共享工程信息资源的利用和本地特色资源的建设一直都是桐庐县支中心的工作重点。为了做好这项工作，一是大力宣传推广共享工程中心网站资源，在县支中心、乡镇（街道）、村三级公共电子阅览室的系统桌面上都设置了"全国文化信息资源共享工程"及"浙江数字图书馆"网站的主页快捷方式，便于读者浏览使用；二是加强与省市图书馆的联系与合作，争取上级业务部门的支持，整合各类资源，达到共建共享的目的；三是注重本地特色资源建设。2007年6月，桐庐县图书馆网站正式启动，"文化共享工程"成为网站的一个重要单独

电子阅览室管理培训

板块，通过不断建设，“越剧精选”、“潇洒桐庐”、“大型文艺晚会”、“桐江人文讲堂”、“特色活动”等五大系列数字资源利用共享工程平台呈现给广大群众，让他们足不出户，就可以享受到我县的特色文化信息资源。

三、拓展服务内容，延伸服务范围

为了充分发挥共享工程的基层服务功能，桐庐县支中心创新工作思路，通过放电影、办讲座、搞展览等多种形式积极拓展服务内容。其中，具有本地特色、每月一期的“桐江人文讲堂”自开办以来，深受桐庐人民的喜爱，逐步形成了品牌，成为本中心服务的一个亮点。十年来，累计共举办各类讲座50余期，展览60多次，电影1000余场，受益群众达30余万人次。在拓展服务内容的同时，我们还积极延伸服务范围，主动把活动送到乡镇（街道）、农村、企业、部队等不同社会群体，将文化共享工程的触角延伸到了全县的每个角落，受到了当地群众的热烈欢迎。并且将基层网点不断铺开，现在该县的每个乡镇（街道）都有共享工程基层点，这些基层点担负起了普及优秀文化的责任，丰富了全县40万人民群众的精神生活。

四、完善公共电子阅览室管理制度

公共电子阅览室是文化共享工程的主要窗口，为了进一步规范管理，本支中心主要采取了四项措施。一是推行免费开放。2011年，桐庐县被确定为“公共电子阅览室建设计划”浙江省试点县市之一，县支中心在全县范围内率先开展此项工作，在紧紧围绕“建设计划”总体目标的前提下，理清思路，科学地制定了免费开放具体实施方案，并于2011年3月1日起率先实行，而后逐步延伸至全县各乡镇（街道）、村级公共电子阅览室；二是统一管理软件。为了满足公共电子阅览室的管理要求，2011年与易灵信软件公司签订协议，重新开发并使用了适合免费开放的计时管理软件。2012年5至8月，又为全县各公共电子阅览室安装了由我省统一招标的公共电子阅览室管理系统。三是实施办卡制度。为了实现上机实名制的目的，我馆采取了办卡制度，规定成年人办卡需携带有效证件；未成年人办卡，需家长携带身份证与未成年人有效证件，与孩子一起来馆办卡。同时，对所有办卡读者进行拍照留底，限制本人本卡上机。自从实行办卡制度以来，家长投诉的问题就再也没有出现。四是严管上网内容。

五、注重人才队伍建设

为了全面提高支中心全体工作人员的整体素质，一方面安排人员积极参加上级中心组织的业务培训和相关会议；另一方面，本支中心每年都会组织全县各乡镇（街道）、村级基层站点的工作人员进行集中培训，努力打造我县一支素质高、技术硬、服务好的管理人员队伍。

全国文化信息资源共享工程，给桐庐这座古老文明的城市带来了全新的现代文化知识氛围，也吸引了越来越多的阅读群体，2005年7月，桐庐县图书馆被国家文化部评为国家一级图书馆，同年10月，桐庐县被授予“全国文化先进县”荣誉称号。站在新的起跑线上，乘着党的十八大的强劲东风，桐庐县支中心全体工作人员将继续努力探索和创新科学发展的新型服务模式，优化服务，优化环境，优化管理，让文化共享工程真正地深入人心，惠及全民。

（撰文/桐庐县支中心）

淳安县支中心

淳安县全县共有23个乡镇，425个行政村，人口40多万。近几年，在县委、县府的领导下，淳安县文化信息资源共享工程逐步推进，稳步发展，在新形势下为繁荣基层文化，满足人们多层次文化需求，传递中华民族优秀文化资源等方面发挥了重要作用，受到了群众的普遍欢迎。

一、基本情况

我县文化信息资源共享工程从2006年开始实施，2007年8月县委组织部、县文广新局、县财政局正式联合下发了《关于在全县开展文化信息资源共享工程》的文件，成立了领导小组，围绕城乡一体化建设战略目标，按照结构合理、发展均衡、网络健全、运行有效、惠及全民的原则，坚持政府主导、社会参与、整体规划、统一实施的方针，构建以县图书馆为中心，乡镇图书馆为纽带，村级图书室为基础，以学校、企业等图书室联合为补充的，覆盖全县、城乡一体、功能完善、资源共享、管理科学的新型公共图书馆服务体系。一个遍及全县的文化信息资源网正在建立并发挥出应有的作用。

文化信息资源共享工程淳安县支中心设在淳安县图书馆，是淳安县文化信息资源共享工程的建设和业务指导单位，负责保障县中心文化共享工程设备的运行，协调镇村级文化共享工程设备的维护，指导镇村级文化共享工程活动的开展以及开展全县文化共享工程管理员的业务培训和指导。

二、管理和队伍建设

淳安县文化信息资源共享工程由淳安县支中心统一协调和管理。支中心安排工作人员3名，2007年8月按照《关于在全县开展文化信息资源共享工程》的文件要求，各乡镇由文化员兼任文化共享工程管理员和联络员，由乡镇作纽带逐渐延深文化信息资源共享工程的各项活动。在2011年由县委宣传部统一安排和布署，全县各个村级“文化管理员”全面落实到位，至此我县文化信息资源共享工程在每个村级都建立了支点，为进一步服务农村、服务农民打下了坚实的基础。

三、培训工作

淳安县支中心自2006年开始就十分注重人员培训工作。首先是县支中心管理人员积极参加省市组织的培训，至2012年12月本支中心已参加各内上级培训30余次，既提高了业务水平又扩大管理员的视野。与此同时，县支中心还积极组织乡镇及村级管理员的培训，从2007年开始每年组织1-2次文化员培训。通过培训宣传了共享工程的最新成果、传达了最新精神、明确了各自的任务，同时也时一步提高了各级管理人员的服务意识和业务能力。

四、经费投入

淳安县文化信息资源共享工程自2006年开始实施以来，每年各级服务点都有一定经费的投入，从设备到人员日益完善。其中县支中心先后投入了近百万元，购置了80台电脑，4台服务器、投影、音响、摄像机、照相机、相关软件和共享工程所需其他设备。

县支中心播放露天电影

五、资源建设

淳安县支中心十分注重共享工程的资源建设，在接收和利用国家、省、市提供的资源信息之外，县支中心还通过各类方法不断建立自有资源。首先是通过建立视频点播系统，通过点播系统播放各类共享工程的视频、音频资源，包括本地新闻、农业科技、地方民俗等。其次是制作数字资源，通过调查、收集本地文化特色资源建立相关数字资源合集，比如家谱、非遗项目等。目前县支中心已收集和自制此类数字资源2T以上，同时每年还有增加。最后是申报建立各类特色数据库。2008年县支中心成功申报了浙江省文化厅科研项目——睦剧数据库，经过两年的努力和建设顺利通过验收，通过省中心资源平台使县支中心资源面向了更广的范围。

六、合作共建

文化信息资源共享工程是我县面向基层的服务工程之一，如果单独开展在资源利用、人员安排上都有很大浪费。通过整合，我们与党建远程教育、一证通工程、农家书屋工程都进行了人员、资源的有效整合。一个场所几块牌子实现资源的整合是一个很有效的方法，特别是经济还不是那么发达的地方，要购置设备、安排场所真不是件容易的事，比如在村民活动室布置书柜和电脑，既可以作农家书屋用又可以作一证通工程流通点用也可以是共享工程的服务点，同时管理员也可以兼职，节约人力物力。在乡镇公共电子阅览室建设中我们也建设了几个合作共建的典型例子，比如我县姜家镇共享工程公共电子阅览室建立在姜家镇文化站内，与比邻的姜家镇小学达成了共建共享合作双赢的模式。还有些乡镇把成教培训与共享工程相结合，既满足了各方面的要求又充分利用了共享工程的资源。

七、服务基层，惠民利民

淳我中心在共享工程服务实践过程中，紧贴实际、积极探索，为提供市民、村民所需的文化服务，引领群众高尚精神文化生活，打造群众满意的文化服务新平台。

1、结合节日、活动等，我县文化共享工程支中心每年开展优秀电影展播10余次30余场次，比如每年六一前后都为小朋友们带来适合小朋友的优秀电影以此庆祝他们的节日。2010年开始还在图书馆大院内固定设置了露天投影设备，每到节假日不定期播放各类优秀文化视频节目。

2、结合基层文化、科技需要我们还制作发放文化共享工程光盘给一般村民和专业养殖户。截至2012年12月，我县共享工程支中心已累计制作发放各类光盘2000余张，受到了基层群众的普遍赞誉。

3、利用文化共享工程公共电子阅览室为基层群众提供免费上网和培训服务。我县支中心和已建成公共电子阅览室的各乡镇及村级服务点都已全面实行上机免费服务。每年接待上机群众10余万人次，组织各类培训20余场次。

4、利用各级共享工程资源平台和自建资源为群众服务。例如随着人民群众生活的日益改善，原先已经衰落的睦剧演出又重新红火起来。我县共享工程支中心适时申报和建立了"淳安睦剧数据库"收集和整理相关剧本、曲谱、视频、音频和剧照600余条，数字资源总量16G，极大方便了群众，也进一步促进了"睦剧"这一非遗项目的发展。

八、宣传推广

1、网络、网站。2009年在县支中心建立了文化共享工程服务平台；2010年建立了县支中心睦剧数据库使用平台；2011年完成"淳安县睦剧数据库"在"浙江网络图书馆"平台上的转换，使当地优秀文化有了一个更高的传播平台。

2、宣传报道。通过当时传媒，适时宣传文化共享工程的各类活动，包括平面媒体和电视媒体报道已达200余次。特别是2009年，《淳安文化》以一个版面的篇幅详细宣传和报道了我县文化共享工程的现状和进展，使得更多人更详细地认识了文化共享工程，群众参与意识进一步提升。

3、开展各类活动。结合社会热点和人民群众需求，适时的开展各类专题活动可谓是文化共享工程宣传的重要渠道。通过活动群众参与到具体活中来，感受了文化共享工程带来的便利与实惠，使人们切实认识了文化共享工程的实质。

九、获得荣誉

因工作出色，2011年该县支中心唐巧进被浙江省文化厅授予"浙江省文化共享工程先进工作者"称号。

十、工作展望

目前淳安县文化信息资源共享工程已在全县各乡镇各行政村和社区都设立了支点，共享工程的各项活动也在日益完善和增加。随着我县相关政策的出台，在政策的保障下，在设备改善、经费投入相对稳定和增加的前提下，我们相信我们的队伍将进一步壮大，各类活动的影响力也将进一步扩大，各类资源也会进一步增加，传播方式也会更加广泛。

（撰文/淳安县支中心）

湖州市支中心

湖州市支中心以市、县图书馆，乡镇基层服务站，村级（社区）、企业和学校基层服务点的四级网络建设为重点，以多种传播方式为手段，以共建共享数字信息资源为目标，依托远程教育平台，取得了较好的效果。目前全市建有市支中心1个、县级市支中心4个、乡镇街道基层点60个、村级基层点1063个、社区基层点160个，覆盖率达100%。湖州市支中心目前已建成技术先进、资源丰富、服务便捷、覆盖全面的共享工程数字信息资源服务体系，现有服务器15台，存储设备4套50T，电脑300台。投影仪5台，摄像机2台。为共享工程活动的开展提供了技术设备支撑。

一、加强阵地建设

为提高服务质量，市图书馆全年免费开放，每周服务时间、年均开展活动、年服务人次等方面都超过国家标准。在服务方式上也不断拓展，如利用报告厅播放文化共享工程优秀资料片和在节假日、双休日、学生寒暑假，播放各类视频讲座、学术报告等。湖州市图书馆“韵海影院”年放映数字电影在150多场次以上、观看人数达3万多人次，并在农民工子第学校，老年活动中心，聋哑学校等弱势群体放映优秀影片。已成为共享工程湖州市支中心的品牌项目，得到共享工程省中心的认可及好评。利用电子阅览室平台举办农民工电脑检索培训班和少年网页制作培训班，在文化部举办的全国少年网页制作大赛中获得一，二等奖各1名。2013年春节期间推出的“农民工文化之家　一票难求我来帮——春运网购火车票”服务，在多家媒体进行了报道，受到社会的好评。

二、加强合作提高利用

湖州市支中心不仅立足阵地开展共享资源的服务，还按照全面发展、典型培育的原则，加大建设力度，把织里镇文化站的“流动人口俱乐部”、八里店镇章家埭村建成为乡镇典型；把碧潮苑社区、余家漾图书分馆建成为社区典型；把湖州教育中心、湖州市总工会建成为学校、企业典型；把湖州市图书馆武警部队8691分馆建成为与部队合作的典型，打造为一个覆盖乡镇、行政村、社区、学校、企业和部队的典型示范点。与湖州市组织部党员远程教育网合作，丰富了党员远程教育网的资源，有效推动了文化共享工程的建设。

1、开展文化共享工程“五进”活动。

①文化共享进乡村。进一步加强乡镇、行政村管理人员的培训工作，利用VPN 技术使乡镇、行政村看到更多的数字资源，实现优秀文化信息的共享。②文化共享工程进社区。湖州图书馆大力加强图书馆的分馆建设，进一步完善通借、通还工作，使广大市民不出社区就能看到图书馆的图书，看到图书馆的数字资源。③文化共享工程进企业。我馆与湖州市总工会开展“职工书屋”示范点、“文化共享工程进企业服务点”和“职工电子书屋”，服务活动，让企业员工足不出户即可获得海量电子文献资源。充分为我市中小企业提供了服务。④文化共享工程进学校。利用VPN等现代化技术积极筹划，将Apabi电子图书、万方数据库等更多的共享资源送到学校。⑤文化共享工程进机关，整合共享资源，有针对性地将共享资源送进市级机关各部门，为机关干部服务。

2、红色影院工程

为配合湖州市党员远程教育网开展形势多样的活动， 2009年湖州市支中心启动了“全国文化信息资源共享工程湖州市支中心红色影院”工程，2009年在全市三县二区中心集镇建设了100个红色影院。2010年，在全市50%的行政村和社区建有可供数字电视接收、播放的固定红色影院。在2012年100%的行政村和社区建有可供数字电视接收、播放的固定红色影院。影院每星期推出一部红色经典影片、一部科教片，供群众观看。

3、文化援川活动

一方有难八方支援，文化信息共享工程湖州市支中心根据湖州市援川指挥部统一安排和要求，派出2　名工作人员去四川省青川县马鹿乡，将价值10余万元的3000多册图书、1台DELL服务器、1台投影仪、1台打印机、1套音响、1台数字播放器、5台PC机和其它配套设备送到四川省青川县马鹿、完成安装调试工作，同时对该点技术人员进行了相关业务培训。另外，支中心工作人员还为马鹿乡群众放映了数字电影。

4、合作共建

与组织部远教办合作，开展送资源到乡村，送电子书，电子期刊、报纸等。开用户帐号1200多个，丰富了湖州远程教育网的内容。与湖州市组织部合作，在湖州市领导干部学习网络学院开通湖州市数字资源，让每位学员都有一个专用帐号，定期学习。

三、注重资源投入　提升硬件服务

湖州市图书馆不断加大投入，在硬件建设方面，存储达50TB、购买了VPN等设备、有万方、中宏、国研等多种数据库，自建了湖州市民俗文化，湖笔博物馆，湖州名人等地方特色数据库，目前，除了藏有10万种Apabi电子图书外，还藏有万方标准、学位论文、法规全文等近5600种合计1500多万篇（另外还每月更新15万篇左右）、清华同方中国重要报纸全文数据库计500多万篇，中国年鉴网络出版总库计650万多篇，科技信息、商务信息100余个数据库和多个包库数字资源。

四、加强管理健全队伍建设

1、健全日常管理制度。推行站点管理责任人制度，建立健全电子阅览室规则、管理人员职责、读者须知等各项管理制度，提高管理和服务水平。

2、健全交流反馈制度。市图书馆及时掌握各县分管和两区基层站点的管理运行情况，组织各基层站点开展活动，相互交流，取长补短。

3、健全跟踪指导制度。市图书馆与各县分管和基层站点紧密联系，通过强化指导力度，做到“三个一”，即：每月对县分管检查指导不少于一次；每季度对示范点检查指导不少于一次；每年对各站点做一次专门的调研检查，日常指导服务随叫随到。

五、扩大宣传　积极推广

每年开展的“4.23”世界读书日、图书馆服务宣传周、未成年人读书节和市民读书节活动期间，将文化共享工程列为主要的宣传内容，通过展板宣传、专题讲座、现场演示、实地操作等形式，使广大群众能了解、掌握文化共享资源的使用。这些年在浙江省文化信息资源共享工程工作简报、浙江数字文化网、湖州日报等媒体先后多次报道了湖州市信息资源共享工程的工作建设经验。同时，利用网络使共享工程建设更加专业化、便民化，使其成为群众了解共享工程，利用共享工程的新载体。

六、总结经验，研究对策

为了解情况，促进工作，总结经验，发现问题，研究对策。按照上级文件精神，由湖州市委组织部和湖州市文化广电新闻出版局统一部署，对全市三县二区文化站及区县文体局进行考核验收。考核验收组每到一处首先认真听取区、县文体局情况汇报，随后到村基层点进行检查验收。通过听取汇报和实地察看，我市“共享工程”设施完备、基础扎实、制度完善，工作台帐详细清楚，服务形式多样、内涵丰富。

文化共享工程建设是一项长期艰巨的任务，我们将按照上级的要求，在市委、市政府的领导下，根据局的统一部署，围绕大局，积极探索，扎实工作，服务基层，努力扩大影响力，实现文化信息资源的共享。

（撰文/纪　军）

湖州市南浔区支中心

南浔区全区幅员面积716平方公里，辖9个镇、1个省级开发区和1个古镇管委会，人口53万。2011年4月，全国文化信息资源共享工程南浔区支中心在南浔图书馆挂牌成立。成立伊始，区财政就加大投入，设立“共享工程”专项资金，各单位落实责任，加大督查考核力度。区文体局具体实施，加快支中心软硬件设施建设，确保了“共享工程”南浔区支中心和基层服务点的早日建成。截止2013年2月，南浔区累计投入资金400万元，建成区级支中心1个，乡镇基层服务点10个，村、社区基层服务点225个，建成覆盖率达100%。实现乡镇、村、社区文化共享工程全覆盖，使文化共享工程这一惠民工程全面进入到社区、乡村，进入到千家万户，为“惠民工程”的开展打下坚实的基础。

一、整合资源，加强阵地建设

在区图书馆设立了支中心，按照国家标准完成了机房建设，建立了电子阅览室，工作人员配备齐全。目前已建成技术先进、资源丰富、服务便捷、覆盖全面的共享工程数字信息资源服务体系，现有服务器4台，存储设备10T，电脑80台，投影仪1台，摄像机1台，照相机2台，为共享工程活动的开展提供了技术设备支撑。

二、注重实效，探索多种形式服务模式

1、区支中心电子阅览室实行免费开放，读者可通过文化信息资源服务平台，查询所需资源。

2、共享模式，乡镇、企业、社区等基层服务点，通过区支中心提供的账号，远程登录文化信息资源服务平台查询所需资源，开展共享服务。

3、区支中心根据乡镇、农村用户实际需求，主动上门服务，送去农业、科技、养殖类等专题光盘，方便读者的同时也提高了共享资源利用率。

三、加大资源投入，提升服务质量

南浔区图书馆不断加大投入，不仅在硬件上达到了国家要求，实现了与市馆VPN互通，在资源建设上也成效明显。构建了以南浔本地特色产业为主的特色数据库和少儿信息服务为主的多媒体数字数据库，初步搭建起了自己的数据库资源。目前拥有爱迪克森少儿多媒体图书馆4大板块，3000多课时，书生电子图书10000余册，全球产品样本数据库GPD收录240多万件产品和380多万件产品样本（年更新数据量60−80万件），重点行业数据等数据库等，基本满足南浔读者对信息资源的需求。

四、丰富共享内容，积极宣传推广共享工程

1、开设节假日共享工程免费电影放映。2011年开始，每逢国定节假日，为市民免费放映共享工程电影，累计放映已达75场次，观众达4000人次。

2、利用元宵节等传统节假日，充分发挥文化共享工程的资源优势，举办赏花灯、猜灯谜等活动，丰富广大人民群众的精神文化生活。

3、依托共享工程的丰富资源，举办“精彩资源，你我共享”文化共享工程有奖问答，吸引了100多位读者积极参与，不仅很好地服务了读者，更进一步宣传了图书馆，让更多人了解了共享工程，起到了良好的宣传效果。

五、工作展望

目前，共享工程已成为农民致富、获取科技信息的有效途径。利用共享工程这一平台积极开展文化资源、科技信息传播等共享活动，为宣传党的方针政策，丰富群众文化生活搭建了有效平台。今后我们将以贯彻落实十八大精神为契机，进一步加大资金投入，完善文化共享工程基础设施建设，加大业务培训力度，全面提升服务能力，进一步拓宽服务方式，丰富服务模式，让文和共享工程为促进全区文化大发展发挥更大作用。

（撰文/湖州市南浔区支中心）

长兴县支中心

长兴县位于浙江省最北端，太湖西岸。长兴县历史悠久，文化底蕴深厚，交通区位优越，自然资源和条件丰富，生态环境优越，经济和社会发展迅速，是一颗璀璨的“太湖明珠”。全国文化信息资源共享工程实施后，我县紧紧抓住这一历史机遇，将共享工程作为推进文化创新、完善公共文化服务体系、提高公益性文化服务水平、促进经济社会协调发展、构建和谐环县的重要抓手，扎扎实实地组织全县共享工程项目的实施。

一、基本情况

共享工程长兴支中心设在长兴图书馆。长兴图书馆新馆位于县龙山新区行政文化中心、市民休闲广场西侧，总占地面积70亩，建筑面积近10000平方米。设立电子阅览室，通过100M光纤接入互联网，60余台计算机都可浏览共享工程的信息，现已向社会全面免费开放。以新农村文化信息服务三级网络为基础，建成共享工程县分中心、乡镇（街道）分中心及行政村（社区）图书室，并依托农村党员远程教育系统，实现“全国文化信息共享工程”全覆盖。

二、经费投入

近年来，长兴县加大对共享工程的经费投入，加强县、乡、村三级网络建设，累计共投入280余万元。

三、资源建设

长兴县支中心共有存储26TB，主要包括百万册电子图书资源及音像视频资源。

四、开展活动情况

在省、市中心的正确指导和大力支持下，长兴各级站点充分利用现有设备，发挥文化共享，为弘扬先进文化，构建和谐社会，建设社会主义新农村，丰富城乡群众文化生活起到了重要的作用。我们主要做了以下几方面工作。

1、“新市民天天公益影院”

“新市民天天公益影院”根据观众的实际需求，推出“点片制”。观众可根据自己的观影喜好来进行点片，还可以在“观众自由谈”上写下自己的建议，我馆根据反馈意见进行实时调整。一年来，“点片制”这一新举措为广大新市民架起了沟通的桥梁，提供了交流的平台，有利于我馆更全面地了解新市民的文化需求，为他们提供更好地服务。

2、“农家书屋”

“农家书屋”工程是党中央、国务院确定的全国农村公共文化服务体系建设的五项重大工程之一，是推进社会主义新农村建设、提高农民群众科学文化素质的一重要举措。为了积极发展先进文化、构建和谐社会，推进新农村文化建设步伐，不断满足人民群众就近、方便、快捷享有先进文化建设成果，早在2006年，我馆就已全面启动了建设三级公共图书馆网络体系，打造农村文化信息服务工程，并初步形成了以县图书馆为中心、乡镇图书馆、行政村（社区）图书室为基层网点的文化信息服务三级网络。今年来，我馆按照县里的统一部署，结合三级网络建设体系，有序推进“农家书屋”工程建设。目前已有72个农家书屋全面建成并投入使用，共配送图书72000册图书，杂志8203册，音像资料7300片，今年年底我馆预计将完成100个农家书屋的建设。

3、乡镇公共电子阅览室

按照上级要求，全县各乡镇综合文化站配置了公共电子阅览室，县支中心对各个乡镇的公共电子阅览室安装“联创电子阅览室管理系统”，对乡镇公共电子阅览室实行有效管理。

4、陈朝文献网站建设

2012年我馆成功申报了浙江省文化共享工程地方特色资源建设项目——陈朝文献数字化建设。目前正全力以赴开展工作，收集相关书目和网站上传内容。确保明年项目验收成功。

5、玄坛庙居民村

近几年来，长兴县雉城镇玄坛庙居民村充分发挥优越的区位优势，坚持贯彻强化新农村文化建设，加大基础设施建设，全力打造富有地方特色的文化村平台。2004年以来，该村累计投入了25万元，建成了500平方米的文化活动中心，加入了以县图书馆为总馆的信息服务三级网络，并且成为国家资助的“全国文化信息资源共享工程”示范基层服务点，把农业实用技术、农村地方特色文化等加以推广，以此丰富农民文化生活，提升村民文化素质，进一步推进玄坛庙居民村文化事业的快速发展。

五、工作展望

1、进一步扩充文化设施网点，以县图书馆、乡镇综合文化站、基层服务点为实施主体。加强基层文化设施网点网络化、数字化建设，加强文化、科技信息资源自动化、网络化建设和专业技术人员的培养，为深入推进共享工程的实施打好基础。

2、努力把文化信息资源共享工程用活、用好。积极采用图书馆成熟技术，借助数字电视和远程教育服务网络，大力开展公益性服务。尤其加强对广大农村地区的扶持力度，将文化共享工程建设成为社会主义新农村的重要抓手。以先进文化教育广大群众，提高人民群众的思想道德水平和科学文化素质，最大限度地将信息资源转化为生产力，通过多种形式拓展服务范围、创新服务方式，将地方影视戏曲、音乐歌舞、美术等艺术表现形式纳入共享工程服务内容，以群众喜闻乐见的形式使共享工程更加贴近基层、贴近生活、贴近群众。

（撰文/长兴县支中心）

德清县支中心

德清县面积936平方公里，常住人口43万。2012年国内生产总值316亿元，财政总收入50亿元。德清县是全国文化先进县，武康是全国文明县城。

德清县图书馆是国家县级一级图书馆，湖州市文明单位，馆舍面积2900平方米，面积近万平米的新馆即将投入使用。德清县图书馆现有员工20人，其中有中级职称5人。2012年县财政预算400余万元，其中共享工程运行经费10万元。县图书馆现有藏书量20万册，去年接待读者22万人次。

德清县的文化信息资源共享工程工作起步于2003年。十年来，在省文化厅的关怀支持下，在县委、县政府的领导下，按照县主管局的工作要求，周密计划，认真实施，全县文化共享工程建设取得了阶段性的成果。

一、基本情况

1、服务网络基本建成。全县已建有县级支中心1个、乡镇基层点8个、村级站点194个，形成覆盖全县的服务网络，并且通过电话、网络建立了联系和信息反馈机制。

2、资源建设不断丰富。截止去年底，县支中心共有自建数据库1个、引进共享数据库5个、电子图书2万多种、接收上级中心资源4TB。采购各类光盘一万片（套），上传了《德清县非物质文化遗产》、《德清县土地志》、《德清县水利志》等地方文化信息资源。

3、设备设施不断完善。在县财政和上级的支持下，县支中心和基层站点的硬件建设均达到甚至超过上级规定的标准。县支中心建设各项量化指标全部符合省颁标准。如配有7台服务器，1台4T的磁盘阵列，1台百兆的防火墙，interlib图书馆管理软件，业务工作用机22台，电子阅览室配有24台全新的电脑，UPS的延时达1小时，10兆的光纤专线接入等。配备投影仪、幕布、音响设备，与市支中心建成了VPN虚拟专网，初步实现了数字资源的共建共享。

二、服务能力

根据主管局的工作要求，从三个方面加强共享工程平台建设，以增强影响力和服务能力。

1、电子阅览室的主阵地建设。制订上网浏览规则，辅导读者使用共享工程资源，查阅数据库。还积极充实光盘库，开展光盘免费出借服务。还在馆内开设了音像资源播放室，每周五播放共享工程、优秀纪录片等。

德清县新市镇共享工程基层服务点

2、创新流动图书车的流动阵地建设。在省厅和县财政的支持下，本支中心购进了流动图书车，配置了笔记本电脑、投影仪幕布等放映设备。我们把这当作共享工程建设的流动阵地，进农村、进社区、进病区，送书送资源，播放优秀共享资源影片，宣传共享工程建设。据不完全统计，播放数字电影100余场次，累计观众约13000人次，扩大了影响，收到了良好的社会效益。

3、做好德清县共享工程网站，加强网络平台建设和宣传。网络是信息共享工程的资源库，做好网络平台建设对于推进共享工程建设具有重要的作用。今年以来，我们一是充实网络资源，设置了共享工程专栏，上传了《德清县非物质文化遗产目录》、《德清县土地志》、《德清县水利志》等地方志和乡镇志。及时更新网页，成为广大读者了解享受共享工程的主要平台；

三、开展各类活动

为提高服务质量，在服务方式上也不断拓展。我们从共享工程的特点出发，主要开展以下三类的活动：

1、推广宣传共享工程资源：我们在送资源下乡等播放活动中，都在开始播放共享工程资料片，使更多的人了解知晓共享工程；还专门组织共享工程、数字资源的体验活动，教读者浏览使用资源；

2、让广大的民工子女享用共享工程：共享工程资源丰富，种类繁多，有许多群众喜闻乐见的内容，传播播放电影、电视片、记录片，使更多的读者知晓享用共享工程。

3、把共享工程资源应用到生活中：共享工程资源庞大，对生活生产都有很好的指导作用。根据新市镇厚皋村把信息资源共享工程应用到村民调解。遇到什么纠纷或者认识上的问题，有针对性地打开共享工程的普法栏目，请他们先学习。调解员可以节省好多口舌。于是，在今年3月份，在该村组织村民观看有关土地、婚姻等法律讲座。有村民称，没有想到共享工程里还有这么好的东西。

四、增加投入，增加资源总量

不断加大投入，提升文化共享工程的服务功能。尽管图书馆的事业经费很有限，仍然积极争取资金，县支中心在省厅、县财政和主管局的支持下，尽可能投入多的资金用于共享工程等数字建设，购买了各类光盘，阿帕比电子图书、维普期刊数据库系统等丰富了我们的馆藏资料，与市馆等共享数据库等。

五、工作展望

我县文化共享工程支中心工作开局良好，重要指标基本完成，为保证我县共享工程更好的发展，发挥其应有的作用，为更多的读者服务，我们将在巩固成果的基础上，重点做好以下三个层面的工作：

1、进一步加强县支中心的资源建设和推广。要在三个方面下功夫：

1.1.进一步加大宣传、推广力度

我们将采取多种形式加大对文化共享工程的宣传力度，在全社会营造良好的舆论氛围和工作环境，及时总结工程建设的情况和服务经验，加强交流，促进工程发展，进一步扩大文化共享工程的影响力和知晓度。

利用图书馆服务宣传周、未成年人读书节等活动，将文化共享工程列为主要的宣传内容，通过展板宣传、

德清县武康镇中利达花园小区播放电影

专题讲座、现场演示、实地操作等形式，使广大群众能了解、掌握文化信息共享资源的使用。同时逢重大节日把服务工作开展到村镇，制定共享工程进村镇活动计划，加强宣传推广。

1.2.进一步加强县支中心的网站建设。投入一定的经费，定期更新网站的资源，同时把我县的一批优秀文化成果数字化，在文化共享工程平台进行宣传，使共享工程的内容更加贴近我县居民的生活，来吸引更多的人来了解和利用它。

1.3.继续做好数字资源的引进和自建工作，丰富文化共享工程资源，建设具有地方特色的数据库。县支中心在现有文化信息资源的基础上，引进群众欢迎的电子图书、电子期刊、实用信息数据库。同时，加快地方特色文化信息资源数字化工作。

2、重视加强乡镇村基层服务点的建设

2.1.结合乡镇图书分馆建设，充实提高乡镇共享工程基层服务点的档次，实行规范运作。向乡镇下发了《共享工程乡镇设备配置标准》，要求有条件的乡镇先行一步，根据新标准进行设备的配置。

2.2.提供规章制度、提供内容配置，培训业务骨干。为基层网点配置移动硬盘，拷入大量多媒体资源，及时更新基层点的文化信息资源。

2.3.健全交流反馈制度，通过电话、传真、邮件和QQ，实行支中心和基层服务点的经常性联系反馈。经常性地开展一些活动，相互交流，取长补短，以扩大基层服务点的影响力。

3、村级层面的服务点抓重点。我县有两个省级“双示范点”我们要加强联系加强辅导，总结经验。还要适当地铺开，加强与组织部门的衔接联系，通过图书馆的业务辅导和送书下乡、送资源下乡，扩大辅导点。

（撰文/德清县支中心）

安吉县支中心

安吉县全县辖16个乡镇（开发区），人口45万，面积1886平方公里，建县于东汉中平二年，至今已有1800多年历史，汉灵帝赐名“安吉”取之《诗经》“安且吉兮”。安吉县行政区划共有16个乡镇，共有169个行政村，常住人口40余万人。安吉县文化共享工程在安吉县文化局，安吉县图书馆支持和部署下，逐步推进，稳步发展，在新形势下为繁荣农村基层文化，满足农民多层次文化需求，传递中国民族优秀文化资源发挥了重要作用。

一、基本情况

2003年，随着“文化信息资源共享工程”的不断实施推广，进一步贯彻落实党中央十六届五中全会提出的“逐步形成覆盖全社会的比较完备的公共文化服务体系”。作为图书馆（室）等农村公共文化机构在农村公共文化服务体系中无疑占有重要的作用和位置。尽管安吉有着悠久的人文历史和丰富的自然资源，但是文化馆图书师德建设人处于相对落后的情况，其主要表现为：乡镇图书馆数量不断减少，功能日渐萎缩。缺乏长远的规划，或者说地方政府尚未真正重视图书室的建设。在“东海明珠工程”创建初始，全县各地开展创建群众文化先进乡镇活动有力地推动了乡镇图书室建设。“十一五”期间，随着农村精神文明建设评比达标活动的开展，图书馆（室）的建设作为“文明村”的硬性指标，也涌现出了一大批乡镇图书室，其中，补发设施先进，藏书过万，管理规范的乡镇图书馆。如递铺镇文化中心图书室、孝丰镇文化中心图书室、梅溪镇文化中心图书室等乡镇图书室，一度成为全县农村文化建设亮丽的风景。但是，许多图书室名存实亡。一方面是乡镇图书室数量和功能的萎缩，另一方面，农民朋友尤其是农村的孩子对知识、对阅读的渴求难以实现。因此，提出加强乡镇图书室建设的对策思考。

二、管理和队伍建设

为使共享项工程真正为民所用为民谋利，安吉支中心将共享工程日常管理纳入制度化管理。政府主导，做好规划，提高思想认识，加强乡镇图书室建设的力度。由县委宣传部牵头，制定权限图书馆（室）建设的总体方案，将方案分解落实到各乡、镇政府。把图书室建设列入年度工作计划，每年或每个阶段对图书室建设 有明确的目标、任务和措施；领导亲自抓，制定落实目标责任制考核制度，形成层层抓，合力抓的氛围。

文化资源共享工程作为一个新的农村文化资源获取平台，如何推广好、利用好共享工程丰富的文化资源关键在于是否有一支专业化的共享工程管理员队伍。安吉县共享工程支中心在管理员队伍建设上坚持明确职责，明确思路，制度化管理，常态化培育。对于乡镇、村两级基层共享工程管理上择优选取文化层次较高，有一定社会基层管理服务实践经验的大学生村官为管理员，他们工作热情高，有较高的文化水平能尽快熟悉掌握共享工程设备为所在村民服务。目前安吉县共享工程管理员70%为各级大学生村官，26%是由较高学历的村委委员兼任，实现了管理员选取的高起点。

三、培训工作

安吉县图书馆在共享工程管理员的培养上实现了制度化和常态化。根据支中心工作要求，每个季度对辖区共享工程管理员进行1–2期的集中培训，2003年以来一共举办各类培训班40期，参加轮训的各级管理员达1200人次。

四、经费投入

安吉县共享工程自2003年实现村村全覆盖以来，首都图书馆每年投入20余万的运维经费，用于共享工程设备的维护，人员培训和惠民活动的开展。同时，安吉县政府，安吉县文化委员会和安吉图书馆每年也投入大量人力物力支援共享共享工程各项活动的正常开展。

五、资源建设

安吉支中心在历年的工作中，搜集不同区域民众文化需求，选取、编辑制作各类题材资源1TB，每年制作发放各类光盘500多张，展板40多块，各类海报，招贴画25副，发放宣传资料2000余份。

六、合作共建

以共享工程为依托结合全覆盖的农村数字电影厅建立电子文献资源服务中心。将各种部门下发的电子文献资源与建立的共享工程服务点结合，根据不同乡镇、村的硬件条件建立形式多样的电子阅览室和多媒体中心。

比如在孝丰镇，梅溪等建立拥有多台电脑的多媒体阅读中心，共享工程宣教授课和电子资源阅读播放为一体的多功能活动室。通过多方不懈努力，共享工程已逐步走入基层村民生活，成为村民获取新知，娱乐身心的新渠道新平台。

七、利民惠众，惠农服务

安吉支中心在共享工程服务实践过程中，以民众的需求为导向，积极探索，服务民众生活生产，引领群众高尚精神文化生活，打造群在满意喜爱的文化服务新平台。

根据安吉县农村经济的特点，安吉支中心每年按节令制作农业生产技术光盘和小册子通过行政村基层服务点村民分发，历年来累计服务专业生产户30多户，长期点对点跟踪服务6户。

八、宣传推广

1、安吉支中心利用各种渠道宣传推广共享工程。深入贯彻执行中办、国办《关于进一步加强农村文化建设的意见》荷省委、省政府关于推进我省新农村文化建设精神，立足我县实际，大力实施农村文化繁荣工程，送戏送书下乡工程，以重点带全局，以工程促进发展，全面开创我县新农村文化建设新局面。

2、走进校园。2011年12月28日，安吉县教育装备中心在杭垓小学教育集团召开全县中小学图书馆（室）标准化建设现场推进会，各中小学图书馆（室）专兼职管理教师52人参加会议。

会议期间，与会代表听取了杭垓小学教育集团关于

学校办学特色和重视图书馆（室）建设、管理、发挥图书阅读作用的具体做法、经验和体会的介绍，实地参观了该校标准化图书藏书室和阅览室；听取了图书馆（室）规范管理业务辅导讲座。会议还通报了全县中小学图书馆（室）基本现状、首批标准化图书馆（室）建设情况，分析了存在的主要问题，对下阶段中小学图书馆（室）工作提出了意见。

县教育装备中心王小泉书记在会上讲话，他充分肯定了杭垓小学教育集团打造“书香校园”、重视学校标准化图书馆（室）建设的做法。他希望，各校要以本次现场会为契机，以杭垓小学教育集团为样板，扎扎实实做好第二批标准化图书馆（室）建设，加强内部规范管理，积极开展读书活动，让全县的中小学校园书香飘溢。

九、工作展望

安吉县文化资源共享工程已走过13个年头，从昨天的几个点到今天的169个行政村全覆盖，从单一的资源接收到今天的编辑分发和群众广泛认知，广泛参与，文化资源共享工程在安吉已经成为安吉人民文化生活的一大支柱，成为繁荣昌平文化，丰富昌平人民精神生活，推动安吉人文科技进步的强大动力源泉。

今后安吉支中心希望在国家中心，浙江分中心大力支持下为安吉共享工程建设一支专业化的服务队伍，建立一个国家、市、区三级知识网络联动的即时问答服务体制和服务形式更加多样，服务网点更加宽广，参与群众更加广泛的共享工程文化带动体系，为建设科技安吉，文化安吉做出贡献。

（撰文/周　凯）

嘉兴市支中心

嘉兴市陆地面积3915平方公里，现有人口约450万。嘉兴市为浙江省省辖市，下设南湖区、秀洲区，辖嘉善、海盐2个县以及平湖、海宁、桐乡3个市（县级市）。截止2011年12月30日嘉兴市共有44个镇，29个街道（涉农街道22个），246个城市社区，115个城镇社区，809个行政村。文化信息资源共享工程嘉兴市支中心成立以来，该市按照科学发展观要求和城乡统筹思路，以城乡一体化公共图书馆服务体系建设为切入口，努力探索以“政府主导、多级投入、集中管理、资源共享”为主要特点，稳扎稳打，实现了服务时间、内容等规范化、正常化。在保障城乡居民平等获取知识和信息的权益方面得到了社会的一致好评。

2007年，该市与电信嘉兴市分公司合作，由电信公司提供技术支撑，文化部门提供内容服务，形成了具有嘉兴特色的文化信息资源共享工程VPN（Virtual Private Network）技术推广服务模式。至2008年我市文化信息共享工程基层点建设达到全覆盖，各乡镇、街道基层点、村级基层点都较正常开放服务，为丰富基层百姓的文化生活发挥了重要作用。目前嘉兴市为文化信息

资源共享工程总计投入1000多万元

一、公共电子阅览室建设

1、嘉兴市、县两级公共图书馆均已达到国家一级图书馆标准，建设有技术先进、设施齐全、管理规范的电子阅览室。其中，嘉兴市图书馆电子阅览室拥有电脑120台，宽带接入1000M；五个县、市级图书馆电子阅览室拥有电脑25台以上，宽带接入10M以上，市、县级公共图书馆电子阅览室开放时间均达70小时以上，并设有专门的共享工程播放室；在资源建设上，各市、县均建立结合当地特色的文化信息共享工程支中心，为全市（县）读者进行免费服务。

2、近几年，该市大力推动城乡一体化公共图书馆服务体系建设，覆盖全市的44个乡镇分馆中，均设有电子阅览区，配备电脑10台以上，网络接入10M以上，实行少儿阅览与成人阅览分开管理；设有专门的共享工程播放室，配备投影机等设备。在村（社区）分馆建设中，要求每个村分馆计算机不少于5台、社区分馆计算机不少于10台，计算机网络带宽不低于4M。乡镇分馆及村（社区）分馆的建设巩固了共享工程的阵地。

二、免费服务

共享工程信息资源从建设之初即实行免费服务。自2011年1月1日起，全市所有公共图书馆电子阅览室均实行包括互联网上网服务在内的全面免费服务。读者可以免费查询、使用图书馆及文化信息资源共享工程的所有资源，免费获得图书馆开展的各类计算机、网络应用培训等。

三、共享海量数字资源

2010年前，通过VPN技术，全市各级公共图书馆电子阅览室及共享工程基层服务点都能共享到嘉兴支中心、浙江省分中心及国家中心的数字资源。2010年底，嘉兴市结合文化信息共享工程、浙江省网络图书馆等资源，建设并开通了嘉兴数字图书馆。嘉兴数字图书馆作为嘉兴市民生工程之一的，由嘉兴市图书馆联合本市五县（市）公共图书馆、嘉兴市中小学书馆、嘉兴教育装备与信息中心等联盟馆共同建设，数字资源免费服务走进了千家万户。嘉兴数字图书馆是以“合作共赢、资源共享”为目标，以综合性、跨系统、全民共享的数字文献保障服务为特色，运用现代网络技术，打破地域限制，整合嘉兴地区现有资源，以手机图书馆、掌上阅读器为补充，以参考咨询、个性化服务为服务方式，构建符合嘉兴读者需求和本地经济、科技、社会文化发展需要的文献资源保障体系。在享受文化共享工程资源及省级平台资源的基础上，我市又新购数据库15个，使嘉兴数字图书馆总数据库资源达到50多个，充分满足全市各类人群的阅读需求。如针对少儿，我市购买了点点漫画书库、新东方多媒体学习库等；针对盲人用户，购买了天方有声读物等音频文献；针对专业人员，采购了中国知网等专业文献资源；针对政府决策工作，购买了国研网、社科院皮书等数据库等。另外，我们还自建了一些地方文化的数据库，如嘉兴古代名人、南湖文献、记忆嘉兴、嘉兴血防数据库等。

四、技术支持

市、县级图书馆作为中心图书馆，为各级公共电子阅览室、共享工程基层点提供技术支撑、设备维护及人员培训。全市总分馆系统电子阅览室采用联创电子阅览室管理软件平台对用户、资源进行管理、监控，确保公共电子阅览室安全运行。

五、制度建设

该市各级公共图书馆电子阅览室，均建立了健全的管理制度，并实行制度上墙、规范管理，每位读者凭身份证、户口本等证件登记，未成年人上网时间一直限于2小时以内。免费开放后，在机位紧张的情况下，成年人上网也以2小时为限实行限时上网。

六、网络联盟建设

在城乡一体化公共图书馆服务体系建设中，我市不断推动文化共享工程、图书流通服务进企业、学校。2010年，与总工会联合发文，合作开展图书流通站和“职工书屋”共建活动。如2010年开通的庄史村分馆，是实现共享工程、职工书屋与村（社区）分馆（流通站）建设结合的典型试点工作，由嘉兴市图书馆、浙江中法投资股份公司、市总工会与庄史村四方联合构建，其中，建有拥有32台电脑的电子阅览室，以及一个60平方米的文化共享工程培训、播放室。

（撰文/嘉兴市支中心）

平湖市支中心

平湖市陆地面积537平方公里，海域面积1086平方公里，下辖6镇3街道，户籍人口48.5万，外来常住人口27万。境“十一五”期间，平湖市支中心在市文体局、嘉兴市支中心、省分中心等上级各部门的领导和部署下，努力践行科学发展观，积极探索、不断创新，较好的完成了各项工作任务，为文化共享工程在平湖市传播优秀文化、活跃基层群众精神文化生活发挥了应有的作用。

一、基本情况

平湖市于2004年五月开始启动“文化信息资源共享工程”建设。通过在服务器硬盘数据拷贝的方式，依托电子阅览室设备组建完成平湖市第一个“文化信息资源共享工程”基层中心。随后利用VPN技术（通过VPN安全网关设备搭建跨地区的局域网）先后实现了以市馆为中心，通过VPN安全网关设备搭建的“文化信息资源共享工程”镇、街道、社区基层服务中心，实现了镇（街道）基层服务点的全覆盖。

几年来，平湖市根据文化部的有关要求，结合嘉兴和平湖市的实际，在文化共享工程的建设上有了飞速发展。2007、2008年文化部两次来平湖督导都给予了高度肯定，2009年被浙江省文化厅列为免督导单位，2011年被省文化厅评为“浙江省文化共享工程先进集体”，2011年10月派代表参加由文化部主办的全国文化信息资源共享工程知识与技能竞赛获三等奖。

二、加大投入，全力推进基层服务点全覆盖

2007年，平湖市财政追加拨款28万元用于平湖市支中心建设。近五年来，市财政用于文化信息资源共享工程支中心建设的金额已达300多万元。用于支中心网络、存储、服务器等设备的配置，完成了全国文化信息资源共享工程资源数据镜像的安装并正常运行。

在全面推进镇（街道）、村（社区）基层服务点的过程中，市政府分管市长亲自协调，市电信局和广电大力支持，密切配合，用最少的投资，实现了最大的建设成效。村（社区）共享工程终端设备中的电脑、电视（或投影仪）整合了党员干部现代远程教育网的原有设备。市政府办、市文体局、市委组织部、电信局、市广播电视台这5家单位共同签署了合作协议，在协议中明确了各自职责：共享工程网络及设备由电信负责维护，其它设备由原维护单位负责。保障了村级基层服务点今后的维护和顺利运行。2007年底，我们实现了全市94个村和51个社区基层服务点的全覆盖。我们的各基层服务点除能正常访问全国中心和省级中心外，均能流畅访问嘉兴市级支中心及各县级支中心，实现了资源的共建共享。

三、管理和队伍建设

为使共享项工程真正为民所用为民谋利，平湖市支中心将共享工程日常管理纳入制度化管理。由市支中心统一制作文化共享工程标牌及规章制度，并全部配发至各基层服务点规范悬挂和张贴。基层服务点配备专人管理员进行管理和服务。活动服务内容、时间均以公告样式通知村民，并及时了解群众的需求，进行有针对性地服务和个性化服务，完善集中放映和个性化点播服务，方便广大基层群众。

如何推广好、利用好共享工程丰富的文化资源关键在于是否有一支专业化的共享工程管理员队伍。在管理

员队伍建设上平湖市支中心坚持明确职责，明确思路，制度化管理。各镇（街道）专门安排文化共享工程管理人员，负责日常的技术维护和服务，各村（社区）安排基层服务点管理人员（可兼职），对所有的管理人员我们采用了集中强化培训的方式，提高服务能力，培训由平湖市支中心负责实施。

四、培训工作

自2007年我市举办第一届文化信息资源共享工程基层服务点技术培训以来，形成了每年培训的制度，参加培训人员达700多人次，培养了一大批爱岗敬业、技术熟练的共享工程基层服务点的管理员，他们活跃在镇（街道）、村（社区）的文化共享工程基层服务点，为我市文化共享工程的深入推广和使用起到了至关重要的作用，为普通村民了解和获取文化共享工程资源架起了桥梁。每年的培训内容和培训方式都有所不同，根据基层服务点在资源使用和设备维护中出现的各种问题我们及时制定和修改培训方案。

五、宣传推广

1、积极配合上级部门开展活动

配合文化部全国文化信息资源建设管理中心文件，根据管理中心下发《数字文化乡村行》、《文化共享助春耕》、《文化繁荣　岁月如歌》、《欢乐共享过大年》等视频光盘，压缩制作专题视频点播节目在市支中心网页上发布，供市民免费点播。并根据管理中心文件精神开展了知识竞赛、讲座、展览、春节游园活动、元宵灯谜、每周四场的共享工程电影播放，极大的丰富了节假日市民的文化生活。

2、创新模式　活动推新

2.1.播放电影。我馆报告厅及各镇街道分馆利用双休日、节假日固定播放共享工程电影，已经实行多年，为了让市民提前知道节目内容，每期节目我们都提前在本馆网站及大厅作出预告。从刚开始的寥寥数人到现在时常到整个报告厅都坐满的，来观看的读者及市民越来越多，平均每场在50−60人次左右，慢慢形成了一个固定活动。通过共享工程电影的长时间有规律播放不仅服务了广大读者和市民，收到了良好社会效果，同时也让更多的市民由此了解共享工程、利用共享工程。据统计，近三年来累计播放电影600多场次，接待观众5万人次。

2.2.开展资源淘宝知识竞赛。为宣传推广浙江网络图书馆，介绍推广共享工程数字资源及使用同时，进一步宣传文化共享工程所开辟的不受地域和时空限制的文化传播渠道，充分发挥两者的资源优势，我馆精心组织了“浙江网络图书馆暨文化共享工程资源利用知识竞赛”。我市的10个镇（街道）各派出了一支由3名选手和10名啦啦队组成的代表队参加了比赛

2.3.数字资源进企业。为响应文化共享工程进企业的精神，我们利用自购的数字图书，深入企业进行推广和使用，将近千张阅览证送到了多家大型企业中，数字图书提供了一种较为新颖的网络阅览模式，读者通过网络和专门软件，可以将电子书籍借到自己的电脑中，保留一定期限，到期后自动归还，方便快捷，极大的满足了实体图书馆辐射范围外的读者的阅读需求，也最大限度的提高了数字资源的使用率。

2.4.为“两会”开展信息服务。支中心利用自身资源优势，积极开展对“两会”代表委员的信息服务工作。为“两会”代表委员赠送我馆阅览卡与嘉兴数字图书馆宣传折页、在我馆网站上设“传递信息服务两会”专题等服务内容。将数字图书馆提供给“两会”代表委员，既是向代表委员们提供了一个资源丰富、使用便捷的信息查阅、参考平台，同时也是对数字图书馆自身的一次广泛宣传。

六、工作展望

平湖市支中心在浙江省分中心及嘉兴市支中心的领导和大力支持下将继续全面开展共享工程工作，以强化工程服务效果为导向，坚持服务创新，加强资源建设，不断探索文化信息资源从进村到入户的新型服务模式，繁荣我市的文化共享工程建设。同时要在市镇两级建立一支稳定的、专业化的共享工程技术服务队伍，在保证共享工程服务正常开展的情况下，使形式更加多样，服务网点更加宽广，参与群众更加广泛，为平湖市的公共文化服务体系建设做出一份贡献。

（撰文/平湖市支中心）

海宁市支中心

一、整体情况

海宁市文化资源共享工程自2006年开始建设以来，目前已实现海宁市全覆盖，顺利通过各级督查评估，取得优异成绩。

二、网点建设

全国文化信息资源共享工程海宁市支中心设立在海宁市图书馆。下设11个乡镇分馆，均设有共享工程区。到2008年底，海宁市实现在12个乡镇（街道），基层点建成率100%。2009年，实现228个基层点全覆盖。

三、经费投入

2007年投入340585元，用于购买磁盘阵列和服务器等；2008年投入534980元，更新防火墙、交换机和杀毒软件，并添置了IPS、服务器、TPN等；2009年投入156510元，购买了服务器、计算机、数码摄像机、打印机等设备。

2009年，把资源共享工程建设工作列入了全市“星级文化阵地”创建的考核内容，并将考核结果作为年终市财政经费补助的依据。

到目前为止，市财政共计投入350万余元经费，保障市级支中心和基层点的设备配置、资源建设管理、服务和维护，并对各镇（街道）基层服务中心和村（社区）基层服务点建设进行补助。各镇（街道）、村（社区）相应保障文化信息资源共享工程基层服务中心（点）建设的经费投入。

四、资源建设

目前海宁市支中心能查看到全国文化信息资源共享工程主站、国研数据网、CNKI全国学术期刊、浙江网络图书馆、中华连环画数字阅览室、健康信息数据库、Apabi中国报纸资源全文数据库、全球产品样本数据库、中国科学指标数据库、维普人物信息检索平台等一系列有特色的数字资源库。

基层管理员培训班

对网络资源进行收集整理，构建知识地图，快捷便利定位信息。陆续编制了国内外公共图书馆、高校图书馆导航，在线报刊导航等网络导航体系。引入豆瓣评书系统，积极形成文献资源评论互动平台。

在普遍网络中华文化资源的同时，积极搜集海宁特色文化。针对海宁三大文化、三大产业，推出“潮乡风物”板块，集中展出具有潮乡特色的图片、视频资源，提供馆藏相关书目推荐。在充分的资料收集的基础上，开展特色文化数字库建设。2010年启动“海宁名人资料库”建设。

五、技术支持

逐步提高硬件标准。支中心配有Dell、HP、IBM、联想等各品牌服务器5台，并配备安达通T1500 TPN、联想网御防火墙、联想网御IPS、中兴5952系列48口3层交换机、卡巴斯基企业版杀毒软件等一系列高性能网络和安全设备，保证了网络的稳定性和可靠性；配备了浪潮磁盘阵列，总容量达4.2TB，用于存储共享工程的数字资源；配备力博图书管理系统用于图书采编及用户借还书服务，自行研发Nax管理系统管理电子阅览室的日常服务。

支中心网络接入带宽为100M，电子阅览室机位面积不小于2平米，用户使用计算机桌面上设有工程网站、平台软件的快捷方式，读者可正常接收国家和省级分中心信息和数字图书等电子资源。电子阅览室还提供光盘借阅、打印和免费咨询等服务，对未成年人提供规范服务。

六、合作共建

与社区开展共建活动，和白漾社区居委会联合举办了“社区居民走进‘数字图书馆’”的活动，让社区居民实地感受“共享工程。定期赴社区开展共享工程资源使用宣传、指导等活动。

海宁市支中心与民工子弟学校开展共建，关爱新居民子女，开展了“共享蓝天——文化共享工程走进友谊学校”。把投影设备带到了友谊学校，为同学们介绍和演示了全国文化信息资源共享工程的概况和使用，请同学走上讲台，即时体验共享工程，“零距离”享受网络服

民工子弟学校电影放映

务。与“两会”服务开展合作，2010年开始推出“两会”专题服务。制作“两会”专题网络资源导航，印制《水仙阁资讯》等信息产品，同时由技术骨干带队到“两会”代表驻地进行现场咨询、代查等服务。

七、惠民服务

支中心根据群众需求，开展丰富的文化活动。2006-2012年间，共开展精彩视频放映活动1926次，吸引观众9580人次。(统计至2012年11月30日)

相继开辟了“共享工程资源查询区”、“多媒体资源浏览区”等电子阅览专区，免费为读者提供“共享工程”资源的检索和欣赏。相继开展了“我心中硖石灯彩”少儿鼠绘比赛、“绿色上网　健康成长”五子棋竞技比赛、“海贝创E谷”桌面制作秀等活动。利用共享工程网络资源制作图文展板，向基层推送。推出了“海图百科窗”科普品牌展览，每月推出一期科普展览。同时结合时事热议陆续推出了“奥运图片展”、“国事盛典——文化印证图片展”、“海宁古石桥摄影展”、“城市，让生活更美好”世博图片展等相关展览，陈列展览、走上街头、走进分馆、走进基层。

八、宣传推广

制作精致宣传展板在图书馆大厅张贴。充分运用网络渠道，定期在网站公告栏目预告活动。携手《海宁日报》等媒体进一步扩大辐射面。根据服务情况编制读者网络使用指南，宣传图书馆网络数字资源，指导读者使用共享工程资源。

九、培训工作

组织开展读者培训工作，提高读者的信息检索能力，提高网络资源的利用率，培训读者5000余人。培训工作采用现场授课和实地操作结合的方式，针对读者群需求，开展了系列读者培训服务，介绍“共享工程”各部分的功能和使用方法，边学边练。

面向城乡读者开展了“读者信息化服务”培训，着重讲解了电子期刊和数字图书馆的登录、借阅流程以及图书馆的各个网络服务模块。面向海宁电大师生、教育系统开展了“信息检索与论文写作”专题培训，结合学习需求着重介绍电子期刊和论文的查询。

海宁市支中心面向外来务工人员开展了“新居民信息素养”系列培训，在介绍共享工程信息的基础上，进一步延伸内容，讲解了如何网上购买火车票、网上预约就医等知识。

面向青少年读者开展了“少年网页设计培训”，利用多媒体手段，图文并茂的用视频介绍了dreamweaver利用过程中文字、图像、flash动画、音视频、版式布局、色彩设计、超链接等网页要素的运用，解析了网页的制作流程。并组织优秀作品参加“全国文化信息资源共享工程少年网页设计竞赛(浙江站)”。

十、管理和队伍建设

不断增强信息服务能力，提升信息服务工作者的综合素质。开展了一系列基层点专职管理员培训，从2006年以来到2012年，已经连续开展培训6次，近40期，培训人次近1200人次。2009年至今开展了11期13讲内部培训，16期岗位练兵，涉及图书馆基本业务知识和信息技术等各个领域，由信息骨干主讲，着力提升“共享工程”服务平台的信息服务能力和综合服务指数。

十一、荣誉奖项

浙江省文化共享工程(公共图书馆)十佳网站评选中获得“最佳设计奖”。

十二、工作展望

1、加强对支中心的标准化建设。随着市图书馆新馆建设提上日程，争取加大对共享工程所需设备和运行资金的投入力度并形成长效机制，以适应共享工程未来逐年的发展需求，根据全国文化信息资源共享工程县级支中心配置标准和考核要求，积极争取财政资金，完成支中心的规范化建设工作。同时加强支中心的规范管理力度，进一步丰富共享工程资源、提高管理人员业务水平、深化和细化服务品质，充分发挥支中心的服务、管理职能。

2、规范基层服务点建设管理。对于共享工程村级基层服务点存在的问题，我们将加大宣传教育力度，提高村、社区领导干部对共享工程的思想认识，加强基层技术人员的辅导培训工作，使基层服务点共享工程真正走近群众、服务群众。

3、进一步加快资源建设。逐步加强专业人才队伍建设，加快搜集整理具有本地特色的优质资源，优化资源后续处理流程。通过更新设备、更换音视频编辑软件等手段，提高资源处理的质量，丰富支中心数据库的内容，满足广大群众的文化需求。

(撰文/海宁市支中心)

桐乡市支中心

桐乡位于浙江省北部杭嘉湖平原腹地，属于嘉兴五县市之一，1993年4月撤县设市。东距上海131公里，北离苏州74公里，西邻杭州65公里，居沪、杭、苏金三角之中；境内地势平坦，河网密布，气候四季分明，自然环境优美，一派江南水乡景象，素有“鱼米之乡、丝绸之府、百花地面、文化之邦”之美誉。

桐乡市文化资源共享工程在市文化局，嘉兴市图书馆支持和部署下，逐步推进，稳步发展，在新形势下为繁荣农村基层文化，满足农民多层次文化需求，传递中国民族优秀文化资源发挥了重要作用。

一、基本情况

2007年支中心成立以来，我馆把共享工程的建设纳入到正常的业务工作当中，由分管业务的副馆长具体负责，配备二名工作人员协作做好各项工作（一名负责电子阅览室日常事务，一名负责基层辅导）。

共享工程桐乡支中心设在桐乡市图书馆，是桐乡市共享工程的建设和业务指导单位，负责保障市中心共享工程设备的运行，协调镇村级共享工程设备的维修，指导镇村级共享工程活动的开展以及开展全市共享工程管理员的业务培训和指导。

二、资金投入

2007年3月桐乡市人民政府办公室下发了《关于实施文化信息资源共享工程的通知》（桐政办发〔2007〕24号），市财政分别于2007年投入20万元、2008年投入5.6万元、2009年投入15万元，2010年后每年投入5万元用于共享工程的日常运行维护。保障了桐乡分中心和桐乡地方数据库设备配置、资源建设管理、服务和维护的经费。

三、管理和队伍建设

我支中心按照文化部下发的标准，统一制作标牌和管理制度，做到“标识上墙，制度上墙，内容上墙”。在我馆共享工程的设备仪器上都贴有标识；在电子阅览室里张贴了《全国文化信息资源共享工程桐乡市支中心管理规程》、《电子阅览室岗位职责》、《电子阅览室阅览规则》；并建立了一整套完整的工作档案。

文化资源共享工程作为一个新的农村文化资源获取平台，如何推广好、利用好共享工程丰富的文化资源关键在于是否有一支专业化的共享工程管理员队伍。桐乡市共享工程支中心在管理员队伍建设上坚持明确职责，明确思路，制度化管理，常态化培育。对于乡镇、村两级基层共享工程管理上择优选取文化层次较高，有一定社会基层管理服务实践经验的大学生村官为管理员，他们工作热情高，有较高的文化水平能尽快熟悉掌握共享工程设备为所在村民服务。

四、培训交流

支中心对基层中心进行业务辅导。每年举办了共享工程培训班，参训人员基本掌握了文化共享工程的基本内容、电脑操作基本知识，每近150人次参加。

积极参加省文化信息资源共享工程技术培训班，了

解文化共享工程支中心系统运行的基本原理和主要设备硬件的基本知识及服务平台的安装和使用方法。

成立自动化信息小组的成员定期参加嘉兴市馆组织的各项活动，相互交流，以提高业务知识水平和实际操作能力。

五、资源建设

我支中心能够正常接收国家中心、省级分中心的各种资源，与嘉兴市馆及嘉兴地区各县市馆合作共建，每年在购书经费中划出10万元，由嘉兴市馆统一添置各种数据库，目前有CNKI期刊全文数据库、清华同方、方正数字图书、龙源期刊、等人型数据库30余个，整合各种资源，通过共享工程及本馆的网站，实行了一站式服务，为全市人民实行免费开放。同时，市财政每年下拨5万元作为网络设备的维护和保养费。

六、开展服务

我们致力于把自己的网站办成具有时效性的信息发布、交互平台，对我馆组织的各项活动，及时地在网上进行发布。今年还对网站进行了大规模的调整，逐步完善“文化信息资源共享工程”网页的资源。

我馆的电子阅览室供读者用的电脑30台，每台电脑都设有共享工程网站、平台软件的快捷方式，读者一打开电脑就能链接，年接待读者近2万。

利用文化信息共享资源，为市民举办免费电影放映活动，极大地丰富了市民群众节假日的业余文化生活。我馆每月预告播放的影片，周六、周日在报告厅为广大市民免费播放，共96场，观众3546人次。与市电影公司合作结合电影2131工程每年播放共享影片1000余场。

七、下乡服务

在新春节日期间，开辟了“春节文化乐”专题，为广大读者免费播放优秀影片，并把活动送到梧桐街道三新村、高桥镇迎丰村及桐乡实验幼儿园，参与人次达700余人。结合文化共享工程“数字文化乡村行”春季篇、夏季篇、秋季篇及冬季篇的系列活动，在洲泉东田村、河山石拦桥村、民工子女学校等地，利用共享工程的平台，播放经典影片，参与人次达1000余人。

我中心利用嘉兴市爱国主义教育基地、嘉兴市青少年法制宣传教育基地，我馆的“少儿之家”，每年会针对未成年人开展一系列的活动。在“4•23”世界读书日、图书馆服务宣传周、暑期、全民读书活动及浙江省未成年人读书节，播放爱国主义、法制教育等方面的影片及怎

样利用文化信息资源共享工程的活动。深受学校、学生及家长的欢迎。

八、宣传推广

桐乡市支中心利用各种渠道宣传推广共享工程。在桐乡每年的送文化下乡活动，文化惠民等活动中，桐乡市支中心不失时机，以活动为平台，以资料为媒介宣传共享工程、数字图书馆利用等，让民众不断了解共享工程，走进共享工程。

九、工作展望

随着，城乡一体化的公共文化服务体系建设的深入，桐乡市174行政村文化资源共享工程建设已完成达到了全覆盖，文化资源共享工程已经成为繁荣桐乡文化，丰富人民精神生活一大支柱。我们支中心将依托共享工程平台的资源优势，加强专业技术培训学习，加强对基层服务点的辅导培训，加强数据库开发把桐乡的特色资源数字化，加强共享工程和嘉兴数字图书馆的推广及利用，努力打造一支专业化的服务队伍，形成一个更宽更广的公共文化服务体系为桐乡市文化繁荣做出贡献。

（撰文/杨浙兵）

嘉善县支中心

嘉善县是典型的江南水乡，面积506平方公里，辖6个镇3个街道。是全国文化工作先进县。近年来，嘉善大力弘扬“地嘉人善、嘉言善行、善气迎人”的嘉善传统美德，把“善文化”打造成为嘉善县域文化的标志。

一、基本情况

嘉善县文化资源共享工程建设开始于2004年。到2007年，陆续建立乡镇村级共享工程服务点134个。2008年，我县开展乡镇图书分馆建设，建成分馆8个，覆盖了全县每个镇、街道，分馆都建有公共电子阅览室和文化共享工程服务点。2012年，我县开展农家书屋建设，建成农家书屋118个。其中30个农家书屋带有公共电子阅览室和文化共享工程服务点。共享工程嘉善支中心设在嘉善县图书馆，是嘉善县共享工程的建设和业务指导单位，负责保障县中心共享工程设备的运行，协调镇村级共享工程设备的维修，指导镇村级共享工程活动的开展以及开展全县共享工程管理员的业务培训和指导。

二、管理和队伍建设

为使共享工程真正起作用，支中心将共享工程日常管理纳入制度化管理。制定支中心、镇、村基层服务点工作职责和制度，实行制度上墙公开。每年有年度工作计划，年末有工作总结考核，抓好典型及时推广，结合浙江省网络图书馆、嘉兴数字图书馆数字资源进行宣讲，对基层服务点工作人员、各乡镇文化站站长、分馆工作人员和农家书屋工作人员进行集中培训和现场指导，2004年以来总共举办各类培训班20多期，参加培训的各级管理员700多人次，现场指导30多次。

三、经费投入

嘉善县级支中心建设始于2007年，累计投入设备购置经费近100万元，达到了县级支中心的配置标准，每年10万元的运维经费，用于共享工程设备的维护，人员培训和惠民活动的开展。

四、资源合作共建

嘉善县级支中心参与了嘉兴数字图书馆的共建，每年投入资源购置费8.6万元。每年发放各类展板200多块，发放宣传资料2000余份。

五、惠民宣传、推广服务

1、利用光盘资源开展服务活动

县图书馆利用《文化共享助春耕》光盘资源开展服务活动，将农民急需的农技知识送到田间地头，为春耕助力。有关乡镇图书分馆和村服务点也积极组织群众观看并学习相关内容。内容主要分为“春耕备耕科技”、“春耕时节话三农”、“春耕农机管理”及“春季养殖技术”等4个部分，内容涵盖了春耕时节化肥、农膜、农药及种子等农业生产资料准备、农机具管理、种植及养殖技术等。

2、共享工程、数字图书馆进校园

为切实加强中小学图书馆的建设，共享工程进校园，服务学校信息化教育工作，县教育局信息装备中心和县图书馆联合举办嘉善县中小学数字图书资源应用培训。培训从现代图书馆资源类型和服务模式产生的变化，具体讲解了文化信息资源共享工程、浙江网络图书馆、嘉兴数字图书馆资源平台和数字资源检索和文献服务方式，并对如何使用这些海量文献信息进行了现场演示。来自全县各中小学图书管理员与县图书馆总分馆部分工作人员60余人参加了听讲。

同时，县图书馆为全县中小学教师集体办理了近5000张数字图书馆阅读卡，为教师工作学习、资源检索提供方便，对我县教育信息化工作及教育资源的配置起到了积极的促进作用。

3、与乡镇文化站进行合作培训

县文化信息资源共享支中心与姚庄镇文化站联合举办了文化信息资源共享工程点培训班。该次培训与姚庄镇农村党员干部现代远程教育工作及各乡镇信息化建设相结合，旨在做好基层工作人员的培训工作，努力培养一支责任心强、熟练掌握设备操作技术与服务要领的基层工作队伍，推动全县文化信息资源共享工程培训工作深入开展。培训班的举办，加强了县支中心与乡镇之间的交流，为推进全县文化信息资源共享工程培训工作积累了经验。

4、共享工程进企业 职工图书馆共建

根据县文化局《关于开展"播文明 种文化 十万职工展风采"活动的实施意见》的要求，县图书馆积极协助企业筹建职工图书馆，开展了"共享工程（浙江网络图书馆）进企业"工作。目前，县图书馆建成了新嘉联、昱辉阳光流通点。县图书馆流通服务点和共享工程工作任务是指导流通点实行共建、共享各类文献和数字资源，实现图书馆资源的优化与共享。

5、专题活动、讲座

为丰富广大未成年人假期生活，提升未成年人的思想道德素质和科学文化素质，进一步倡导和营造多读书，读好书，让经典润泽童年，用书香熏染人格，用文化启迪智慧的良好读书学习氛围。在全县组织开展"我的假期书香四溢"暨"我喜欢的一本书"读书（征文）比赛系列活动。

利用共享工程嘉善支中心的平台开展了"家长如何指导孩子课外阅读"讲座、"平安和谐家庭建设公益"讲座、"如何经营幸福婚姻"等公益讲座。

六、工作展望

嘉善县文化资源共享工程已走过了近10个年头，从昨天的几个点到今天的行政村全覆盖，从单一的资源接收到今天的编辑分发和群众广泛认知，广泛参与，文化资源共享工程在嘉善已经成为嘉善人民文化生活的一大支柱，成为繁荣"善文化"，丰富嘉善人民精神生活，推动嘉善人文科技进步的强大动力源泉。今后嘉善县支中心希望在浙江省中心，嘉兴市分中心大力支持下为嘉善共享工程建设一支专业化的服务队伍，参与群众更加广泛的共享工程文化带动体系，为建设科技嘉善，文化嘉善做出贡献。

（撰文/嘉善县支中心）

海盐县支中心

张元济图书馆自2007年初加入全国文化信息资源共享工程以来，利用共享工程对乡镇信息辅导取得很大成绩，从电脑配备的硬件指导，到业务上的扶持，进行了全方位的服务。利用技术力量雄厚的条件，开展网络知识培训；实现新版共享工程对外服务，此项服务在全市得到好评。对基层共享工程服务点进行有效的管理和辅导、培训，使其掌握资源更新和运用；为共享工程基层点进行了共享工程服务器软件升级；收到较好的效果。受到了各级领导的表彰和社会的广泛赞誉。

一、打牢基础，稳步向前发展

全国文化信息资源共享工程是一项政府兴办的文化创新工程、民心工程，是公益性建设项目，有着巨大的社会效益和广阔的发展空间。宣传部、文化局等各级领导非常重视，为使图书馆把共享工程规模做大、做好、做强，在市文化局配送设备的基础上，又进行了设备的扩容、完善。使共享工程资源得以完备的呈现给广大市民；

2012年1月1日，开放的电子阅览室

将共享工程网络连接到市民家中，扩大受众面；2007年张元济图书馆投资30万元，于2008后更新了电子阅览室计算机33台，显示器换用19吋宽屏，增强了可视效果。在图书馆电子阅览室将文化信息资源共享工程放到每一台计算机的桌面，读者可随时点击进入。

2010年6月1日张元济图书馆扩建工程正式破土动工。张元济图书馆在筹备新馆开放的同时，共投资100余万元，用于更新服务器、交换机等设备，并新增计算机100台，并设立文化信息资源共享工程专区，供读者使用。机房拥有4台高性能服务器，大容量磁盘阵列存储，大数据吞吐量的核心交换机的标准机房。2012年1月1日，张元济图书馆新馆开放，电子阅览室所有设备也正式投入使用。

近两年来，我县图书馆乡镇分馆建设已全面的展开，相继建成了西塘桥分馆、秦山分馆、沈荡分馆、于城分馆、百步分馆、澉浦分馆、通元分馆共7个乡镇分馆，同时建成8个村级分馆。这批乡镇分馆都通过TPN设备与县支中心链接，每个乡镇分馆都设有公共电子阅览室，为乡镇基层用户提供共享工程信息服务。每个乡镇分馆，村级分馆可供读者使用浏览文化信息资源的计算机分别达到10台以上和5台以上。

二、发挥优势，定期组织活动

在实施共享工程的过程中，不断拓展共享工程的服务内涵和方式，充分利用这一全新的工作载体条件，切实面向"五个走进"（走进农村、走进社区、走进学校、走进企业、走进军营），开创了基层文化工作的新局面。

1、馆内活动丰富多彩

充分发挥公共图书馆的阵地作用，在电子阅览室每周推介优秀电影及优秀地方剧目，每年开展多次计算机基础知识及应用培训，每年多次对分馆工作人员进行文化信息资源共享工程业务培训，组织共享工程工作人员进行文化信息资源共享工程网络培训，利用星期天节假日针对未成年人播放百部爱国主义教育影片，科普类等影片，举办思想道德建设方面的讲座、名著赏析等，引导未成年人多读书，深受广大市民的欢迎。

2、走进农村、走进社区

利用省赠送的县级图书馆共享工程流动播放设备，我们准备好适合地区的农作物种植和家禽家畜饲养的科技宣传片，在各乡镇进行播放。同时，在每年夏天，走进市民文化社区，利用投影仪播放名家讲座及影视剧。

3、走进学校

为加强未成年人思想道德建设工作，除了在馆内针对未成年人开展的活动以外，对不具备安装条件的小学，利用图书馆的投影仪到教室播放优秀影片和礼仪知识讲座，开展爱国主义教育活动，同时与民工子弟学校结成互助单位，送去适合小学生的书籍与刊物。从而利用共享工程开展思想道德建设，切实将加强和改进未成年人思想道德建设工作落到了实处。

4、走进老年人群体

开展为老年群体服务是文化信息资源共享工程工作的又一重点。我们坚持“贴近生活、贴近实际、贴近群众”的三贴近原则，对老年大学、敬老院等开展了资源服务。我们始终坚持贴近生活这一原则，根据老年人平时生活的诸多习惯特点和爱好，上网下载了齐国力主讲的《营养与健康》、《科学保健》、《晚年的幸福生活》等系列视频资料和战争题材的故事片、名著欣赏讲座、中国京剧、戏曲等前往放映。使他们获得了精神的强健与文化的关爱。

5、军民共建

在建军85周年之际，张元济图书馆与秦山核电武警二中队共建走过了20周年，每年在此之际，我们为武警官兵带去消暑品以表慰问的同时，和武警官兵及其他共建单位一起，举行了庆“八一”警民共建联欢晚会。百余人欢聚在二中队营地的操场上，整台晚会歌舞、小品、乐队演唱、部队与地方的合作游戏等节目精彩纷呈，现场欢呼声、喝彩声此起彼伏，始终在一片热闹、祥和、有序的气氛中进行着，充分体现了军爱民、民拥军，军民鱼水一家亲的深情厚意。同时，我们也经常更新部队的书籍，让武警官兵能读到新书，好书。

三、注重学习，加强队伍建设

县支中心共有3位专职共享工程技术人员，负责支中心共享工程建设和维护，3位计算机信息技术人员均多次参加省图书馆等承办的共享工程操作培训，每季一次参加嘉兴市公共图书馆网络信息技术人员工作例会，3位技术人员均能熟练操作设备设施。

基层服务点管理员培训由县支中心负责实施。为使镇村基层服务点建立健全共享工程管理和开放制度，创新服务方式，完善集中放映和个性化点播服务；为使共享工程基层服务点发挥应有的作用，培养一批适合共享工程需要的专（兼）职管理员队伍十分重要。因此，县支中心对所有的基层管理员县支中心专业技术人员采用了集中强化培训和上门面对面辅导及现场维护实践等措施，提高其服务技能。

四、共建共享、充分整合资源

在利用共享工程中心网站资源同时，我们注重与嘉兴市图书馆以及其他县区图书馆的联系与合作，达到共建共享。县支中心网页链接了共享工程国家中心、浙江省分中心、嘉兴市支中心的海量信息资源，还有全国文化信息资源共享工程、浙江网络图书馆、浙江数字文化网、浙江省联合知识导航网、嘉图数字资源等相关链接，集中了各类信息、数字图书、全文期刊、网上报告厅、市民讲坛、VOD点播、网络咨询、书目查询等，通过信息资源整合共享，为读者提供了一个内容丰富、使用便捷的文化信息服务平台。

五、重视宣传、逐步扩大影响

我们每月会在图书馆网站把本月文化信息资源共享工程将播放的影片以及播放时间和地点发布通知，让市民和读者能及时了解资讯。如果有文化信息共享工程的宣传资料，我们将会放在读者服务台供读者取阅。有共享工程其他活动的，我们将会张贴通告，方便读者及时了解活动详情。2012年4月，嘉兴市五县二区手机图书馆也正式开通，我们的宣传方式又多了一个贴近读者、贴近生活的重要手段。

今后，我们将继续加大信息资源共享工程宣传力度，继续通过培训，加强管理，充分利用现代高新技术手段，将各种类型的文献信息资源以及贴近大众生活的现代社会文化信息资源，进行数字化加工处理与整合，使优秀文化信息资源走进社区、走进军营、走进企业、走进校园、走进农村，最大限度的实现优秀文化信息资源在全县范围的共建共享，确保共享工程长久、持续地发展下去，真正发挥文化信息资源共享工程的作用，繁荣和丰富城乡文化生活，保障人民群众的文化权利，满足人民群众的精神文化需求。

（撰文/海盐县支中心）

舟山市支中心

舟山市是我国唯一一个群岛型的地级市，也是国家级浙江舟山群岛新区。区域面积22,200平方公里，陆域面积只有1440平方公里，在1390个岛屿（数量占全国的25.7%）中有住人岛屿103个，其中万人以上11个，“渔、港、景”资源丰富，素有“海天佛国、渔都港城”的美誉，全市下辖2区2县，总人口约106万，其中渔农村人口近63万，约占60%。作为海岛城市，实施文化共享工程建设，不仅拥有弘扬中华优秀文化、推进公共文化惠民服务的新阵地，更成为岛城民众享受数字阅读、提升综合素质的新平台。

一、整体情况

2002年开始，舟山市按照省文化厅统一部署，制定了《舟山市文化信息资源共享工程建设方案》，在舟山市图书馆建立市级支中心，开设网站、电子阅览室和近70座的集中展播厅，并负责3个县级支中心及基层服务点建设业务指导。2006年，利用农村党员干部现代远程教育系统网络，在全市329个远教终端接收点建立基层服务点，实现服务网络全覆盖。

2009年以来，舟山市把文化共享工程作为信息化建设的重点，纳入文化发展总体规划，进一步加大建设力度，市支中心设施设备配置达到规定标准，建立统一访问平台，以VPN方式实现各级支中心服务器群互联，技术人员配备、数字资源建设、日常管理维护、基层示范点

双示范点创建工作现场会

创建、宣传推广活动、培训服务工作都得到有效落实，实行全免费服务，基本形成"建设合作化、管理规范化、服务常态化"的良好局面。

二、经费投入

舟山市支中心前期建设因海岛经济基础薄弱，每年投入3-5万元，只有3台塔式服务器，存储容量不超过500G。2009年通过以市电信公司总承包、市支中心5年分期付款方式一次性投入近150万元，完成中控机房和网络扩容建设，服务器达到10台，存储设备容量增至15T，全千兆防火墙，实现双千兆线路直接接入，配置资源加工处理机6台、专业非编系统2套，更换电子阅览室PC机50台。每年专项经费近70万元。

2012年随着舟山市图书馆新馆建成，服务器增至15台，存储容量达到58T，配置PC机114台，设有300多座集中展播厅，全新的设备、全新的服务，为舟山市文化共享工程繁荣发展提供了强有力的保障。

三、资源建设

舟山市支中心积极采取自建、共建、购建等方式加强数字资源建设，将国家中心、省分中心和本市资源分15个条块整合在统一访问平台上，总量达75TB，实现"一站式"服务。围绕"蓝色记忆"舟山海洋文化数字资源库建设，积极采集储备，开展共建共享，四年来加工制作和存储发布组织、妇联、宣传和文化系统等单位各种视频资源680余部，约380G、时长23，000分钟；为VOD点播平台加工上传700余部，约420G、时长22，000分钟。目前正在建设舟山名人库、舟山方志库等多个地方特色资源库。此外，相继购置了中国书法馆、中国美术馆、世界美术馆、中国珍贵古籍插图馆、世界经典摄影馆、中国老照片馆6个资源库精品图片共17.8多万张，少儿数字科技馆教育资源13大主题126小项，漫画电子书6000多册，电子报纸500多种。

四、合作共建

舟山市支中心在合作建设基础设施的同时，也在积极谋求与市委组织部远教中心的全面共建。

2009年6月，在全市广泛开展现代远程教育和文化共享工程"双示范点"创建活动，充分利用远教优势，实现机构、硬件、资源、管理等方面的共享，不断提升基层服务点的建设质量和服务效果。2010年8月，召开全市"双示范点"创建工作推进现场会，使创建工作成为舟山市加快基层服务点建设的重要推手。

五、惠民服务

舟山市支中心始终坚持"免费、便捷、延伸"的服务理念，致力于让共享工程惠及到更广更多的市民群众。

1、阵地服务，推行免费开放。自2009年以后，就全面实行免费服务，设立未成年人专区引导健康上网，在节假日和双休日定期播放文化共享工程各类经典影片。

2、网络服务，更加便捷通畅。加强网络日常维护，优化统一访问平台，改进VOD点播系统，改版升级网站，全馆无线网络覆盖，提供馆外查阅服务，不断增强服务的便利性和广泛性。

3、延伸服务，组织"四进"活动。针对渔农村学生、边防武警官兵、海岛群众和弱势群体，每年开展"进校园、进军营、进海岛、进社区"的"四进"活动，放影片、送光盘，辅导资源使用和网络知识，受到普遍好评。

六、宣传推广

1、策划开展以"资源淘宝"、"全民数字阅读"、"网络擂台赛"和重大节庆等为主题的各类现场体验活动，吸引媒体记者关注报道；

2、每年举办中老年读者电脑知识与操作技能免费培训班，拓展共享工程使用面，已举办5期共260余人；

3、结合"三下乡"和科普周等全市性活动，制作展板，印发《文化共享工程服务指南》，让更多的市民群众了解和熟悉文化共享工程及资源，不断扩大社会影响。

七、培训工作

舟山市支中心因地制宜，每年采取集中培训与分级分批培训、上课培训与下乡辅导相结合的方法，加大对各级支中心网络技术人员和基层服务点管理人员的培训力度。2007年以来，共举办各类培训班13期、受训300余人次，轮训四县区110个社区管理员400余人次。

八、管理和队伍建设

在管理上，实行制度上墙，加强日常养成，统一印制下发《舟山市支中心工作手册》、《舟山市基层服务点工作手册》以及基层服务点电子阅览记录表与专题活动记录表，对工作职责、建设标准、场所管理、服务登记等提出明确要求，有力推动各级支中心和基层服务点的规范化管理和常态化服务。

在队伍建设上，支中心注重技术对口人员的引进和培养，市支中心从当初3人增加到目前6人，接受省市各类培训27次，以适应和满足文化共享工程建设和服务需要。

九、荣誉奖项

2009年，获得浙江省第一届文化共享工程知识和技能竞赛季军；2011年，获得浙江省第二届文化共享工程知识和技能竞赛冠军；2011年，被评为浙江省文化共享工程建设先进单位。

十、工作展望

文化共享工程作为公共文化建设的创新工程和公共文化服务的惠民工程，已经在舟山社会形成一致的共识，越来越得到各级政府部门的重视，也越来越受到广大市民群众的关注。

今后，舟山市支中心将紧紧围绕"智慧舟山"建设，继续完善硬件设施，不断丰富数字资源，积极探索服务模式，努力为舟山海洋数字图书馆提供技术支撑和资源保障，为全市人民提供精神文化大餐，让文化共享工程之花在千岛之城绽放盛开。

（撰文/邵　娜）

舟山市普陀区支中心

舟山市普陀区区域面积6728平方公里，其中海域面积6269.4平方公里，陆地面积458.6平方公里。全区辖4镇3乡5街道，50个农村社区，23个城市社区，95个自然村，总人口31.9万人。在区委区政府高度重视和领导下，文化信息资源共享工程各项工作稳步推进，在完善公共文化服务体系，丰富广大基层渔农村文化生活，促进社会协调发展等方面发挥了积极的作用。

一、基本情况

为推进全区文化信息资源共享工程建设，确保文化共享工程的顺利开展，成立了由区政府分管副区长任组长，各级职能部门领导为成员的区文化共享工程建设领导小组。2007年1月，文化共享工程普陀支中心和党员远程教育在普陀区图书馆新馆同时挂牌，标志着文化共享工程在普陀的全面铺开。

2007年，普陀支中心先后与全区12个乡镇（街道）签订了《全国文化共享工程舟山市普陀支中心与基层点服务协议》，制定印发了《文化共享工程基层服务点建设标准》和《文化共享工程基层服务点量化考核标准》。

普陀区图书馆作为文化共享工程业务指导单位，负责支中心日常运行，指导乡镇（街道）级共享工程的开展以及对全区基层管理员业务指导和培训。负责对基层建设、资源需求与服务情况开展常态化调研工作，和建立日常信息反馈制度，对于共享工程服务过程中出现的问题及时给予解决。

二、管理和队伍建设

为进一步规范了共享工程工作制度，支中心建立了上网登记，活动档案、工作日志等各项制度。制订了《文化共享工程简介》、《文化共享工程传输网络与服务手段》、《文化共享工程工作规则》、《文化共享工程管理人员工作守则》、《文化共享工程电子阅览室阅览规则》、《文化共享工程总控室维护与保养制度》等规章制度和标准标牌统一规范张贴。并结合我区实际，按照统一领导、统筹规划、分级管理、分级负责的管理模式，制定《舟山市普陀区文化信息资源共享工程建设实施方案》，并以区人民政府的文件下发执行。

全区12个乡镇（街道）配备专职兼职人员各1名，管理人员具有文化教育程度高，年龄结构年轻化等特点。

三、培训工作

为配合文化共享工程建设项目的实施，每年对辖区基层管理员固定进行2期的集中培训。为基层服务点组织了共享工程基层操作员培训班、共享工程知识培训班、普陀文化共享工程（乡镇）基层服务点培训班、基层“文化共享工程”多媒体数字制作培训班、文化共享工程和党员远程教育培训班等培训，参培人员达到243人次。支中心还先后选派4名同志到省、市、区参加各类文化资源共享工程培训15次。

四、经费投入

普陀支中心成立之初，依托普陀区图书馆新馆建设的有利条件，建立起完善的文化共享工程设施设备。截止2011年6月已投入普陀支中心各类建设资金80多万元，年运行经费4万元，均用于支中心日常维护及设备更新，人员培训，资源建设和共享工程惠民活动的开展。

五、资源建设

目前，普陀支中心已接收了国家中心资源和省级分中心资源近1TB的数字资源，购入了800多种各类电子读物，重点采集加工了一批富有地方特色的资源，自建视频数据158部，文字数据183篇。向省级分中心提供数字资源专题《海岛传统儿童游戏》、专题《舟山船拳》、专题《普陀德顺坊酿酒制作技艺》、地方戏曲《把木梳卖给和尚》、地方戏曲《滃州走书》、综艺汇演《中国沈家门渔港国际民间民俗大会》、综艺汇演《舟山锣鼓一沸腾的渔港》等地方文化数字资源16篇。

六、合作共建

共享工程联合建设是关键，科学建设是基础。一方面，我们与相关部门、行业进行积极沟通，推进文化共享工程与他们的合作共建，逐步探索设施、管理、服务、队伍、资源、技术方面的共建模式。另一方面，我们积极倡导和推动各方资源的交换、整合和互用，探索信息资源的共享模式。构建起“共享搭台，多方参与，共建共享”的工作机制，实现优势互补、互惠双赢。从2007年1月起，中心先后同中共普陀区委组织部、区档案局、区总工会、区妇女联合会、中国共产主义青年团舟山市普陀区委员会、普陀区科学技术协会、普陀区广播电视台、普陀区博物馆、普陀区文化馆、普陀区传媒中心等10家单位签订了《舟山市普陀区“共享工程”资源共知、共建、共享合作协议》，征集到协作单位各类资源261件。

同时，利用党员远程教育前端播出平台设置共享工程专题栏目，把共享工程中适合农村党员干部和广大农民群众特点的文化信息精品资源，通过远程教育向终端接收站点推送，实现远程教育资源和共享工程资源的互联互通，建立起远程教育的教学资源和共享工程的文化信息资源的整合开发。

七、惠民服务

利用农闲季节、伏休期间深入农村、船头为广大渔农民群众放映优秀影片82部，科技视频46部，累计4000余人次观看了影片、视频，受到了广大群众的好评。八一建军节期间，支中心流动放映队带着影片深入部队、哨所，为广大官兵送上节日的祝福，累计播放影片24部，赠送光盘52盘。春节期间，支中心放映队又在车站、码头、

企业为留守在普陀的外来民工累计放映电影20场。

八、宣传推广

图书馆利用每年的“图书馆服务宣传周”活动和“全民读书月”活动组织材料上街宣传，在闹市区悬挂宣传横幅，举办展览、发放资料。通过广播、电视、报刊、网站 、短信平台、LED大屏、简报等各种宣传媒体，对文化共享工程进行宣传报道，努力扩大文化共享工程的社会影响力和知名度。此外，还组织召开了推广会、交流会、研讨会，编辑出刊《工程快讯》，介绍共享工程知识，宣传典型经验 ，努力营造出全社会关心、支持文化共享工程建设的良好舆论氛围。

九、工作展望

目前，全区12家乡镇（街道）建立了文化共享工程基层服务点，社区、自然村充分利用农村党员现代远程教育系统推进文化共享工程基层网络建设，农村党员现代远程教育终端接收站点作为文化信息资源共享工程的基层服务点，实行“一站两牌”、“一肩挑”的工作制度。

我区文化共享工程基层服务点建设，努力创新服务模式，广开服务渠道，拓展服务领域，延伸服务内容，不断提高服务质量和水平，各方面工作在多年的努力下已初见成效。在今后的工作当中需要我们解放思想，开拓创新，努力把文化共享工程建设推向新的阶段，为普陀区公共文化事业做出新的贡献。

（撰文/乐盛凯）

嵊泗县支中心

嵊泗县海域面积8738平方公里，陆地面积86平方公里，由404个岛屿组成，常住人岛16个。嵊泗县行政区域辖3镇4乡，18个农村社区，8个城市社区，38个行政村，总人口8万。嵊泗县文化资源共享工程在舟山市文化局、嵊泗县文广新局、舟山市图书馆支持和部署下，抓住共享工程发展机遇，围绕共享工程服务体系，紧扣海岛实际、巩固基层基础、兼顾特殊需要，为文化共享工程服务提供了良好的展示平台，文化信息资源共享工程建设充分顺应“文化为民”、“文化惠民”的时代潮流，满足了渔农村多层次文化需求，在文化发展领域中也为嵊泗泗列岛添设一道别具特色的文化风景线。

一、统一思想，组织管理到位

改善城乡基层群众文化，是促进社会主义新渔农村建设，构建和谐社会的一项十分重要的战略措施。为确保这项工程顺利实施，我县各级领导统一思想、结合实际、分步实施，组建项目实施工作班子，制定、制作了文化共享工程简介、文化共享工程传输网络与服务手段、文化共享工程工作规则、文化共享工程电子阅览室阅览规则、文化共享工程总控室维护与保养制度等规章制度和标准统一装框上墙。嵊泗县文化资源共享工程创建于2006年，2007年初期在五龙东山社区、黄龙乡、黄龙鱼

品厂试点安装，2008年会同县委组织部实行全县农村党员干部现代远程教育与文化信息资源共享工程资源整合工作。2009年嵊泗县文化资源共享工程开始普及进入乡镇社区，当年完成6个乡镇25个社区基层服务点安装设置共享工程专题栏目，同年又与县总工会共建六个“共享进企业”服务点，至此嵊泗县所属乡镇社区 实现全县共享工程全覆盖。

嵊泗县支中心设在嵊泗县图书馆，是全县共享工程的建设和业务指导单位，对基层建设、资源需求与服务情况，每年年初有工作计划，年尾有工作总结，及时掌握全县文化共享工程的建设动态。2010年以新馆启用设计、制作共享工程宣传小册子3000份向社会投放，建立共享工程网站。通过本县宣传部新闻网、电视台、县文广新局简报等各种宣传媒体，对文化共享工程进行宣传报道，扩大社会影响，提高共享工程知名度，营造全社会关心、支持文化共享工程建设的良好的舆论氛围。

二、经费保障，设施设备到位

嵊泗县共享工程自2009年实现全覆盖以来，省文化厅投入71余万元，县政府、地方财政、县文广新局投入75万的运维经费，用于电子阅览室等共享工程基础服务设施设备的购置、维护、人员培训和活动开展，保障了共享工程各项工作正常化的展开。

三、体现特色，服务质量到位

文化信息资源共享是强化资源利用，推进本土文化建设，提升传播效率，发挥共享工程在公共文化服务体系中的作用，让群众充分享受的便民服务。嵊泗支中心依靠文化信息资源平台，从2007年起至今，为广大群众提供“文化共享送船头”、“文化共享驻军营”、“文化共享谋未来”、“文化共享弘美德”、“文化共享创绿色”、“文化共享越高墙”、“文化共享设基层”等主题鲜明、内涵深刻、富有地方特色、丰富多彩、切实惠民的系列共享工程宣传服务活动。

共享工程嵊泗支中心还把嵊泗“列岛遗风”非遗文化、本土旅游文化、鱼文化进行数据加工、编辑上传网站供全县民众共享。

四、强化培训，队伍建设到位

文化共享工程建设是一项长效工作，需求有一支素质高、能力强、技术过硬的专业队伍，保证共享工程持续发展。嵊泗县支中心坚持培养人才和引进老师讲授相结合，按照要求对操作人员和管理人员输送省市培训，在

共享工程建设和图书馆业务自动化实施伊始过程中，对操作人员和管理人员操作技能进行面授培训与学习，熟悉掌握工作业务中所涉及的共享工程管理系统。嵊泗县支中心还举办全县文化信息资源共享工程基层操作员培训班，共享工程和党员远程教育共建基层培训班，老干部共享工程操作培训班，青少年安全上网知识等培训，培训工作为共享工程事业快速发展夯实了人力资源坚实的基础。

回顾总结十年来文化共享工程建设服务过程，倍感欣慰。虽然目前还有很多工作需要去继续努力，但共享工程给了我们极大信心。通过思想解放、开拓创新，我们将一如既往地做好文化共享工程服务模式，把文化信息资源共享工程建设推向更好、更多、更新的阶段，使共享工程深入百姓、走进百姓的生活，让文化信息资源共享工程之花，开得更加绚丽多姿。

（撰文/章淑苹）

宁波市支中心

宁波市区域面积9365平方公里，总人口568.09万人，其中市区面积2560平方公里，市区人口215.8万人，辖海曙、江东、江北、镇海、北仑、鄞州6个区，宁海、象山2个县，慈溪、余姚、奉化3个县级市。如今的宁波是浙江省经济最发达的城市和全国14个中央计划单列之一。

宁波市的文化信息资源共享工程在上级领导和有关部门的支持和部署下，充分利用新形势下宁波经济社会发展较快、城乡基层文化建设力度不断加大、宽带网络等信息化基础设施比较完善等条件，坚持机制创新、管理创新、服务创新，实现资源共享，联合共建，稳步扩大文化共享工程的覆盖面，切实提高了文化共享工程的社会效益和影响力。

一、基本情况

宁波市文化信息资源共享工程建设开始于2002年，经过多年的努力，目前全市建有1个市级支中心、11个县级支中心，累计建成4513个“共享工程”基层服务点（其中乡镇91个、街道60个，村2650个、社区338个，学校1080个，其它294个），初步实现了县县建有支中心，乡乡建有基层点，全市所有行政村、社区和中小学都建有基层服务点的目标。同时，基本建成了以市支中心为龙头、县（区）支中心为骨干、乡镇社区基层服务点为主体的文化共享工程三级服务网络。

共享工程宁波市支中心设在宁波市图书馆，是宁波市共享工程的建设和业务指导单位，负责保障宁波市支中心共享工程设备的运行维护，开展全市共享工程管理员的业务培训和指导，协调县、区级支中心和基层服务点共享工程活动的开展及设备的维修。

二、各部门密切合作，坚持走共建共享之路

根据国家和上级部门有关文件精神，结合宁波市实际，2006年11月，市委组织部、市文化广电新闻出版局、市教育局和市财政局联合下发了《关于利用农村党员干部现代远程教育系统和教育城域网络实施文化信息资源共享工程的通知》，明确以农村服务网点建设为重点，以共建共享为基本途径，加强组织协调，加快文化共享工程网络建设和基层服务点建设，同时通过各方资源整合，实现文化信息资源共享共用。

三、加强资金保障，稳步推进

文化共享工程是一项系统工程，也是一项需资金长期投入工程。宁波支中心每年投入100万元运行经费，用于共享工程设备的购买、维护，人员培训和各类活动的开展。大量资金的投入保证了宁波市级支中心硬件设施、设备的建设更新，同时也保证了宁波市共享工程各类数据库的购置和本地特色资源数据库的建设，对文化共享工程的快速发展和规范化建设起到了积极的促进作用。

四、整合服务资源，丰富共享平台

为进一步加快数字资源建设，充实共享工程资源库，2006年底，宁波市文化广电新闻出版局专门下发了《关于直属单位无偿为文化信息资源共享工程提供信息资源的通知》，明确规定其下属单位需无偿向“共享工程”提供以下资源：由政府公共财政投入创作、排演的各类剧（节）目；在公共财政支持下收集、整理、编辑的民间文化资源；由各单位独立创作或与民间团体、各人联合创作的群众文艺节目等。

宁波市支中心积极整合图书馆、文博、群文、戏曲等文化系统自身拥有的信息资源，向基层服务点输送。例如，根据农村群众喜欢看戏看电影的特点，对市图书馆征集的地方戏曲类、群文类及影视类等数字资源进行了整理和加工，通过网络集中播放和自助点播的形式，为农村群众带去了一道丰富的文艺大餐。此外，加大宁波网络图书馆和图书馆“一卡通”建设力度，充分利用图书馆现有数字资源，把市图书馆采购的大量电子书、期刊、数据库纳入到共享工程的资源库中，在基层服务点电子阅览室内的电脑上统一设置了桌面链接，实行“一站式”服务，使基层群众更直观地了解“共享工程”的资源内容，更加方便、快捷地读取信息，取得了良好的效果。

建设全国文化信息资源共享工程宁波市支中心网站，设立了工程快讯、本地特色资源、网络图书馆、非物质文化遗产、参考咨询等栏目，加大了信息量和传播力度。在远程教育和教育城域网工作平台设立了“文化共享”栏目，整合了“共享工程”的视频资源，并通过远程教育和教育城域网平台向服务点推送。

通过一系列举措，既充分整合了现有资源，避免了

重复建设，规范了共享工程建设，同时也使“共享工程”建设大大提速，提早实现了行政村、社区、学校“共享工程”基层服务点的全覆盖。

五、以活动为载体，吸引群众充分利用各类资源

为丰富基层服务点服务内容，吸引更多的群众参加到各项文化活动中来，近年来，宁波市“共享工程”建设紧紧围绕社会主义新农村建设和构建和谐社会的目标，以服务群众为中心，充分发挥文化共享工程的信息资源和设备资源，促进了社会和谐发展。

宁波市共享工程依托自建点和农村党员干部现代远程教育平台，在各乡镇街道基层服务点积极开展法律知识讲座和农业技术培训，宣传相关政策法规和市场信息，拓宽了农民群众获取信息的渠道，提高了广大农民发展农村经济、参与市场竞争的能力。

近年来，该支中心和基层点也分别开展了各具特色的文化服务活动。如有的基层点根据老年人的兴趣、需求，每月定期利用投影设备为群众放映爱国主义影片，有的基层点利用文化共享工程所提供的资料，对群众进行健康教育、科普知识宣传等活动，也有的基层点根据未成年人特点，开展了绿色网吧、图书漂流等活动。

2009年6月，宁波市支中心和基层点开展了以“资源淘宝”为主题的文化共享工程资源利用活动，通过开展文化共享工程和网络图书馆的版面宣传、资料发放、共享工程知识现场问答、优秀文化信息资源推介、文化共享工程技术现场操作指导、优秀经典电影大回放等宣传推广活动，活跃了城乡群众精神文化生活，巩固了基层文化阵地。2010年，举行了“文化共享助春耕”和“共享书香、快乐阅读”等活动。

同时，文化共享工程宁波市支中心不断加大对农民工子弟的服务力度，以需求为导向，采用“走出去”和“请进来”的方法开展各类形式的服务活动，先后与民工子弟学校——江东仇毕小学、江北灵峰学校、江北怡江小学和宁波城区首个外来人口集中居住地——江北梅堰社区结成服务合作对象，每年定期对他们进行优秀数字文化的推荐和服务活动。通过丰富多彩的文化共享工程推广宣传活动，一方面扩大了文化共享工程的社会影响力，另一方面丰富了农民工子弟的业余文化生活，在社会上产生了良好的效益。

六、加强管理，开展培训服务

加强文化共享工程各级支中心和基层服务点的服务管理工作，是正常开展文化共享工程服务工作的重要保证。

目前，我市专门建立了市、县（市、区）、乡镇三级管理机构，不断完善基层服务点设备管理、资源利用等各项制度。并以专兼职相结合的方式，每个乡镇均配备2–3名管理员。村级操作员则从村两委会成员及村后备干部中选用，并结合“一村一名大学生”工作，将共享工程基层点的管理作为到村工作大学生的主要职责之一。同时建立了信息专报制度，实行专人负责，层层落实，确保国家中心和省中心的指示及时传达到基层，同时基层服务点的动态也能迅速反馈到上级。

宁波市级支中心积极开展针对基层服务点工作人员的业务辅导、技术培训等工作，通过举办培训班、进村辅导、现场维护实践等措施，保证和提高基层站点管理和技术人员的素质。

2008年，为了提高全市共享工程基层服务点工作人员的素质，开展了对宁波市所有乡镇（街道）文化站、行政村、社区和中小学共享工程基层服务点工作人员培训，使其充分了解和掌握共享工程基础知识和基层设备的具体操作规范。

2010年6月，举行了共享工程特色资源库建设培训班，来自全市各县、市（区）共享工程支中心相关技术人员40余人参加了此次培训。通过此次培训，大家更加深刻的了解了共享工程特色资源库建设的意义和目的，提高我市共享工程工作人员的特色资源建设水平。

为加强公共电子阅览室建设，提高公共电子阅览室管理水平和服务能力，2012年5月，举行了宁波市公共电子阅览室管理系统培训活动，40余位来自全市各县（市）、区公共图书馆电子阅览室相关负责人和管理员参加了培训。

通过各类业务培训，不仅进一步强化了文化信息资源共享工程基层服务点工作人员的业务素质，还为工作人员能够更好地服务于基层群众打下了坚实的基础，有利于加快全市文化信息资源共享工程建设的步伐。

七、工作展望

文化信息资源共享工程是一项开创性工程，任务艰巨，责任重大，意义深远。今后，宁波市将继续致力于城乡文化信息资源建设，充分发挥“共享工程”的资源优势，不断创新思路，创新方法，加大投入，科学管理，扎扎实实抓好服务工作，努力提高“共享工程”建设水平，为构建和谐社会，建设社会主义新农村创造良好的文化氛围。

（撰文/华东杰）

宁波市海曙区支中心

海曙区全区总面积29.44平方千米。截止2012年底，户籍人口30万人。海曙区辖8个街道办事处，75个居民委员会。海曙区系中共宁波市委、宁波市人民政府所在地，是全市政治、经济文化中心。

一、基本情况

宁波市文化信息资源共享工程建设已形成以宁波市文化广电新闻出版局为主，市委组织部和市教育局为辅的三家共建的局面。文化信息资源共享工程海曙支中心紧随其后，在宁波市图书馆、海曙区文广新局支持和部署下，逐步推进，稳步发展，在新形势下为丰富市民群众基层文化，满足社区居民多层次文化需求，传递中华民族优秀文化资源发挥了重要作用。

海曙区文化信息资源共享工程建设始于2008年，第一批建设了16个共享工程基层点。支中心派专人分别前往海曙区辖下的望春、白云等8个街道，并邀请南都、云丰等8个社区参与基层点建设，根据每个点的不同情况，结合党员远程教育平台，搭建了文化信息与党员建设共通的平台。2009年、2010年海曙区文化信息资源共享工程继续普及，第二批52个社区全部安装完毕，至此，海曙区所属社区实现全区共享工程全覆盖。

共享工程海曙区支中心设在海曙区图书馆，是海曙区共享工程建设和业务指导单位，负责保障区中心共享工程设备的运行，协调街道、社区共享工程设备的维修，组织共享工程活动的开展以及对全区共享工程管理员进行业务培训和指导。

二、管理和队伍建设

为了让更多群众享受到丰富多样的文化，加强对“共享工程”建设的管理和服务，保证各基层服务点的正常运行是一项长期的工作任务。海曙区为着力打造区、街道、社区三级“一卡通”图书借还系统，构建区、街道、社区三级网络阅览（含文化信息资源共享工程基层服务点）终端服务系统，始终坚持不断完善基层服务点设备管理、资源利用等各项制度。并以专兼职相结合的方式，每个社区均配备1–2名管理员，采用社区工作者或者是公益性岗位人员，同时建立了信息专报制度，实行专人负责，层层落实，确保国家中心和省中心的指示及时传达到基层，同时基层服务点的动态也能迅速反馈到上级。

三、培训工作

海曙支中心在管理员的培养上实现了制度化和常态化。根据支中心工作要求，每年对辖区共享工程管理员进行2至3期的集中培训，通过举办培训班、进社区辅导、现场维护实践等措施，保证和提高基层站点管理和技术人员的素质。2008年以来，海曙支中心共举办各类培训班16期，参加轮训的各级管理员达600余人次。

四、经费投入

海曙区共享工程自2010年实现社区全覆盖以来，数字（网络）图书服务系统建设项目被列入海曙区信息化建设新项目之一。该项目计划在“十二五”期间，在海曙区建成覆盖全区的数字图书服务系统，主要内容包括：构建区、街道、社区三级“一卡通”图书借还系统；构建区、街道、社区三级网络阅览（含文化信息资源共享工程基层服务点）终端服务系统；建设区级数字（网络）图书门户网站。项目总投资100万元，计划分五年完成。

五、宣传推广

1、活动推广。海曙区文化信息资源共享工程支中心自建立以来，为加强我区基层文化建设，完善城区公共文化服务体系，满足全社会对科学文化知识的需求，倡导全民阅读，构建学习型社会，海曙区文化信息资源共享工程支中心与区图书馆联合组织、精心策划，开展了一系列以文化信息共享工程为平台的各类丰富多彩的读者活动。主要有图书馆服务宣传周系列活动、未成年人读书节系列活动、读书月活动、暑期系列活动、党建系列活动等。通过与读者的互动让民众不断了解共享工程。

2、技术支持。为了进一步推进数字文化信息资源共享工程的服务深度与广度，海曙区图书馆着力打造具有海曙特色的数字（网络）图书服务系统——社区数字文化服务中心。截止2012年12月31日，已在全区18个社区完成了数字图书服务系统建设，并为这18个社区增配3台高配置计算机，并安装联创上网管理软件和身份证读卡器。2013年，共享工程海曙区支中心将继续分批分步骤在全区72家社区推进建设数字（网络）图书服务系统建设，力争早日实现数字（网络）图书服务系统全覆盖。

3、网络宣传。海曙区图书馆一直注重网络的宣传作用，在海曙区图书馆的官方网站链接了全国文化信息资源共享工程的网站，同时开通海曙图书馆官方微博，扩大共享工程的知名度，促使读者更多的了解该工程。

六、工作展望

海曙区文化共享工程将紧紧围绕国家、省、市中心的工作部署，将进一步构建资源优质丰富、技术先进实用、传播高效互动、服务便捷贴近、管理科学规范、体系完整可控的公共数字文化传播服务体系，使文化信息资源共享工程真正成为城镇群众参与文化娱乐、获取科普信息、接受教育培训、享受惠民服务的重要平台。

今后，文化信息资源共享工程海曙区支中心将继续致力于城乡文化信息资源建设，充分发挥“共享工程”的资源优势，不断创新思路，创新方法，加大投入，科学管理，扎扎实实抓好服务工作，努力提高“共享工程”建设水平，为构建和谐社会，建设社会主义新型社区创造良好的文化氛围。

（撰文/张　晴）

宁波市江东区支中心

江东区域面积37.66平方公里，共有人口30余万，辖7个街道72个社区。江东区文化信息资源共享工程经过7年的建设与发展，支中心在资源建设、合作共建、惠民服务和人员培训等方面都取得了显著的成绩。

一、基本情况

1、江东区支中心建设

江东区文化共享工程支中心创建于2005年。在各级领导的重视和支持下，全面完善了支中心共享工程的设施设备，为满足读者需要，支中心开设了二个电子阅览室(区)，统一使用省支中心管理系统并实现自助化管理。图书借、还已实现RFID图书馆智能化管理。在资源建设上，区支中心结合图书馆自动化、网络化建设，积极开展合作共建、资源共享。为全区的街道社区分馆和“一卡通”服务联盟馆提供强有力的资源保障、网络服务、业务培训和统筹协调。现已实现全区72个街道社区文化共享工程基层服务点全覆盖，并相继在企业、学校、机关等领域成立“一卡通”文化共享工程基层点18家。2011年江东区共享工程支中心被评为省级先进单位。

2、江东区基层服务点建设

江东区图书馆根据江东共享工程基层服务点的现状和特点，区支中心在人员、技术、资源上进行有机整合，全力推进基层服务点建设：2.1.指导分馆进行科学建设图书馆，统一配送服务规则、上墙标牌、标识、宣传册、宣传袋；2.2.为各分馆配备电脑、网络等，指导建立电子阅览室。2.3.统一购置书刊文献，有针对性地为分馆提供图书资源，建立地方文献专架，实行呈缴制度，普查古籍和建立保护计划；2.4.统一为街道社区配备音响等设施设备；2.5.宣传和推广网络数字图书馆，实行“你点书，我买单”服务；2.6.帮助分馆对原有图书进行编目、分类、标引、加工后进行集群化管理和网络流通；2.7.对管理人员进行技术指导、业务培训；2.8.区馆以整体联动方式开展读书活动，带动分馆读者活动的全面开展；2.9.建立建全分馆长效考评机制。目前，江东区7个街道、40家社区全部建立电子阅览室，其中新城社区和常青藤社区电子阅览室分别为全国和省级文化共享工程电子阅览室示范点。

二、管理和队伍建设

1、制定各项规章制度

为使共享项工程真正落实到位，江东区支中心按照文化共享文件要求，制作文化共享标牌，根据实际情况制定支中心、街道、社区基层服务点工作职责和相应的规章制度，支中心统一制作，配送，上墙，实行一站式服务。

宣传小队

建立总分馆长效考评机制。根据社区基层点每年上交的月报表，实际考察共享基层点运行情况，实行有效评优奖励制度，调动社区基层点的积极性，更好的为文化共享工程开展工作。

2、建立共享工程宣传小分队

为了让网络无法触及的市民也能共享到丰富的文化信息服务，江东区图书馆在2006年8月正式成立了一支由青年团员为主力的文化信息共享工程宣传小分队，并购置了投影仪、放映机、手提电脑等必备设备，2006年，宣传队第一次走进仇毕小学，就近500名学生观看电影并参加了共享工程知识竞答等活动，受到了师生的欢迎和好评。6年多来，共享工程宣传队的队员们始终坚持如一，相继在机关、学校、部队、社区、楼宇、敬老院、工地等积极推广、宣传、传播文化信息共享工程。

三、加强支中心、基层点队伍培训工作

区支中心始终把学习指导、培训基层点工作人员工作放在重要地位，每年开设二期基层点文化干部、网管、管理员培训班。为实现辖区文化共享工程全覆盖打下了良好的基础。今年40家街道社区建立了电子阅览室，支中心制作了江东区公共电子阅览室管理系统培训手册，并制作成PPT，为街道社区公共电子阅览室的工作人员进行了集中式和分批次的培训，利用省中心的管理系统资源，为各分馆电子阅览室的建设提供系统管理终端服务，实现全区内街道社区分馆公共电子阅览室的规范化管理。今年，江东区已培训基层管理技术人员达近200人次。于此同时不断壮大队伍建设，吸收机关、企业、军营、学校的志愿者加入共享工程建设，目前为止，我们的志愿者队伍已发展有200余人，固定的团队有7支。

四、经费投入

江东区图书馆自2005年成立文化共享支中心以来，一直得到上级领导的重视和支持，历年来区政府投入文化共享工程运营经费上百万元，2012年区财政追拨50万元用于文化信息资源共享工程服务项目。

五、资源建设

江东区支中心在历年的工作中，利用文化共享资料，制作发放光盘，结合各项文化活动，每年根据不同的活动主题制作可移动的宣传版面上千个，让基层服务点共享支中心的资源。现支中心已制作20个不同主题的活动版面进入社区、学校、企业、工地等地提供了200多场版面展示活动。

六、合作共建

1、共享工程服务与“一卡通”工作相结合。

2008年8月8日，全市“一卡通”社区图书馆网络服务在江东区划船社区开启，支中心抓住“一卡通”联网服务工作这一契机，将“一卡通”社区图书馆创建工程与全国文化信息资源共享工程基层服务点有机结合，把它作为文化信息共享工程支中心服务基层的主要阵地和重点平台。配备必要的电脑、投影仪等设施设备。利用QQ群的管理服务模式，与各分管的文化干部和管理员紧密地联系在一起，搭建相互交流和相互学习的网络，目前我们QQ群人员已发展到近103人。相继在机关、社区、校园、工地、军营、企业、楼宇建立“一卡通”分馆和共享工程基层服务点，实现资源共享。

2、大力推进一体化公共图书馆服务体系建设

到2011年，我们在全区建立了文化资源共享工程服务点82家，运作中也暴露一些问题，主要是有些街道、社区基层点设备陈旧落后、网速慢、专线不到位等，严重制约着基层点工作的有效开展，为此，我们对全区街道、社区图书馆进行全面调研，通过查看、排摸，召开基层实地公共图书馆交流会，对照有关标准、结合各辖区街道、社区实际，形成了《江东区一体化公共图书馆服务体系建设调研报告》，并在2012年正式纳入区政府实事工程。区政府投入248万元为文化共享工程基层点分配电脑共496台，带宽4兆专线，同时配送路由器、交换机、扫描枪各72个、手写板144个、耳麦216个、多用插座288个等设施设备，并在两年内实现街道社区图书馆一体化服务全覆盖，更好的为文化共享工程活动的开展提供支援，为文化共享工程电子阅览室建设创造条件。

七、惠民服务

近年来，群众文化活动蓬勃发展。据统计我区业余文化团体已发展到600余支，江东区图书馆意识到文化信息资源不仅只是停留在计算机和基层点中的静态信息，它更应该是融入到群众文化生活中的一项基层惠民工程，江东区支中心创新服务意识，依托街道社区文化团队的资源开展共享工程宣传活动，联合开展了“书香江东”读书节，图书馆宣传周，未成年人读书节等活动。进机关、进社区、进校园、进工地、进军营、进企业“六进”活动，受到普遍欢迎。

区支中心利用文化共享数字资源，策划动态文化活动，如知识抢答、情景剧表演等，增强了文化信息共享工程知识宣传的趣味性，并利用这一平台，丰富了群众的业余生活。

通过形式多样的载体与平台，将文化信息资源共享的惠民服务更贴近百姓，增强了参与性和互动性。

近年来，广场舞文化悄然兴起，这一民间艺术之花深深扎根于广大群众的社会生活之中。区支中心看到了广场舞在开展中存在着音响设备欠缺、电源供应困难，缺乏专业的舞蹈培训和指导，场地照明限制等问题，在全面开展“江东区共享欢乐广场舞”调查基础上，积极挖掘社会资源，募集资金为街道社区开展街舞活动提供音响设施设备72套，同时提供话筒、U盘，充分发挥共享工程丰富的数字资源优势，为广场舞团队提供光盘刻录，下载音乐服务上百次。

八、工作展望

今天，江东区文化资源共享工程已走过7个年头，经过不断创新和探索，取得了一定的成绩。今后，我们将总结经验，不断努力，计划在三年内打造完成“江东区社区居民记忆库”文化共享服务体系建设工程。并在文化共享工程服务观念上，更加充分发挥网络便利、快捷的优势，更好地体现共享工程服务社会、惠及百姓的功能；服务管理上，用更科学、更合理完善的管理机制来运作；服务方式上，用更灵活，更丰富的内容，巧妙地融进日常生活中，吸引不同的群体。通过形式多样的载体，使文化信息宣传变得有声有色，进一步扩大文化信息共享工程惠民服务的影响力。

（撰文/胡桂桂）

宁波市江北区支中心

文化共享工程宁波市江北区支中心位于宁波姚江畔的江北区文化中心内，地理位置位于丽江西路与宝庆路交汇口南端，东临杭甬铁路，南临余姚江，西临江北大道。近年来，文化共享工程江北区支中心在宁波市江北区委宣传部、文广局，文化共享工程浙江省分中心和宁波市支中心的支持和部署下，逐步推进，稳步发展，在新形势下为繁荣乡镇基层文化，满足市民多层次文化需求，传递中国民族优秀文化资源发挥了重要作用。

一、基本情况

文化共享工程江北区支中心目前共有供读者使用的电脑25台，计算机硬件、网络设备及软件建设中都符合文化部有关对共享工程县级支中心的配置要求。硬件资源方面拥有光纤为主的高速网络，功能强大的服务器以及海量存储容量，构成了高效的硬件资源系统，为共享工程的实施提供了较大的发展空间和硬件支持。而在软件资源方面，文化共享工程江北区支中心链接了浙江省和宁波市的共享工程网站，平时指导读者使用网站中有关影视文化、戏曲天地、古代诗词、科普知识以及名家讲坛等栏目的内容。

公共电子阅览室作为共享工程文化资源信息服务的一个重要展示窗口，将传统图书馆的服务项目用全新的信息技术和网络技术手段向广大读者提供全新的服务，目前该区支中心的公共电子阅览室可向广大读者提供共享工程的文化信息资源浏览、馆藏数字化电影的点播、馆藏电子图书的在线阅览、馆藏书目数据库的即时查询和各专题数据库的全文检索等多项文化资源服务项目。

二、管理制度和队伍建设

为使文化共享工程真正为宁波市民所用，江北区支中心将共享工程日常管理纳入制度化管理。详细制定了公共电子阅览室的服务制度和读者上网制度。并且每年有年度工作计划，月度有工作要点，季度有工作督导，年末有工作总结考核，并推行管理员工作日志管理，收集整理共享工程服务活动的得失，探索共享工程管理和服务新模式。

文化信息资源共享工程作为一个市民获取文化信息的公共平台，如何推广好、利用好共享工程丰富的文化资源关键在于是否有一支专业化的共享工程管理员队

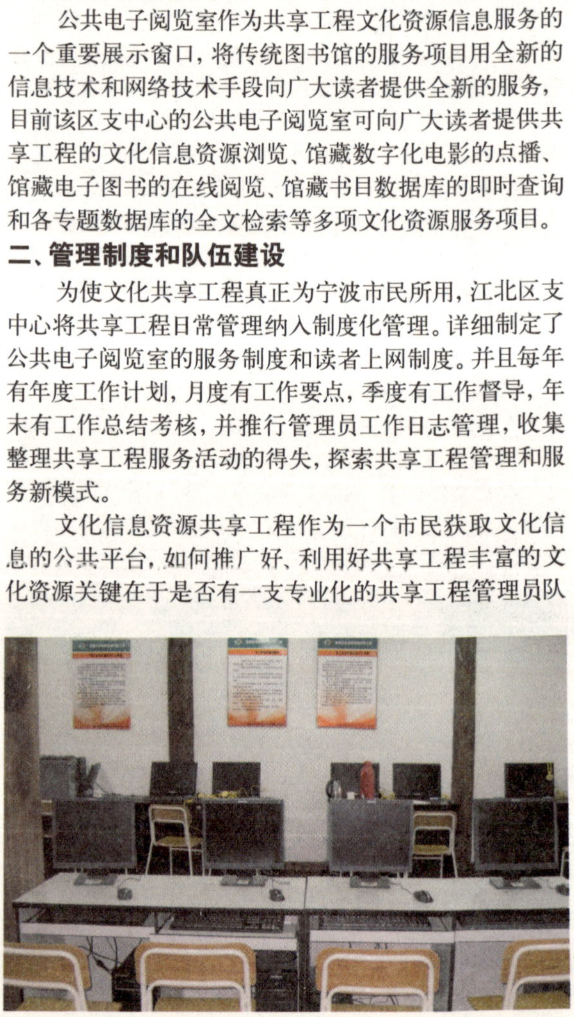

伍。文化共享工程江北区支中心在管理员队伍建设上坚持明确职责，明确思路，制度化管理，常态化培育。8个乡镇街道的基层服务点都有各自的文化站长来负责文化共享工程的建设和管理。

三、培训工作

文化共享工程江北区支中心每年都会派共享工程负责人对下属共享工程基层服务点进行工作人员的培训，同时向每个基层服务点赠送了3台电脑，规范了基层服务点公共电子阅览室的规章制度。我支中心工作人员定期走访各个基层服务点，解决各个公共电子阅览室在开放期间遇到的各类技术问题，并为基层服务点的管理员提供技术指导。

四、经费投入

江北区委宣传部和区文广局非常重视共享工程的建设，加大经费投入，确保每年资金投入大于3万元。并加强基础工程建设，先后投入10多万元，为江北区支中心购置了25台电脑、1台服务器，面积近50平方米的公共电子阅览室，进一步巩固完善了支中心阵地建设。

五、资源建设

文化共享工程江北区支中心拥有独立网站，在线为读者提供数字资源服务，同时，网站实时为读者提供文化共享工程的最新动态，包括新闻发布，活动概况和新书报刊推荐，同时网站创新开发建设宁波数据库名人项目，通过授权人授权的方式，建立名人数据库，可供读者上网查询。目前，已有名人数据库包括戏剧大师周信芳，甬城画家罗一钦等。

六、合作共建

江北区文化信息资源共享工程公共电子阅览室于2008年01月01日正式对读者开放，现有30余个机位。整个阅览室采用网络集中管理模式，提供局域网内全方位服务，同时能通过教育网登陆全国各高校网站等等。同时为响应全国文化信息资源共享工程合作共建共享的号召，文化共享工程江北区支中心与基层服务点的信息工程管理保持着紧密的联系，我支中心的信息技术人员以此展开工作，确保通过建立各电子阅览网点之间的各种合作、协作、相互协调关系，共同建设和共同利用信息资源，以最大限度地为读者服务。

七、为读者和市民服务

为了宣传共享工程开辟的不受地域和时空限制的文化传播渠道，充分发挥浙江网络图书馆和文化共享工程的资源优势，让更多的读者了解和利用好我们的网络图书馆和文化共享工程。文化共享工程江北区支中心于2009年7月开展了浙江网络图书馆暨文化共享工程资源利用活动，活动的内容主要关于网络图书馆的资源利用情况、检索服务以及文化共享工程的发展情况、意义等，活动以书面竞答的形式在图书馆借阅开放窗口举行。

为进一步扩大数字图书馆的服务效益，逐步在全区范围内形成一个资源丰富、服务快捷的分布式数字图书馆网络，文化共享工程江北区支中心于2010年7月19日上午，在洪塘街道姚江社区图书室开展了数字图书馆宣传推广活动。数字图书馆整合了宁波大学园区图书馆、宁波市图书馆、宁波市科技信息研究院以及各在甬高等院校的数字资源，有中、英数据库四十余个和电子图书百余万册。在姚江社区现场近50名青少年领取了数字图书馆的读者证，同时文化共享工程江北区支中心的工作人员还在现场对数字文献资料使用进行培训。

2010年7月29日区文化共享工程江北区支中心人员来到新马和北岸社区图书室，为那里的群众做文化信息资源的推广服务工作。通过多次的文化信息资源的的推广服务活动，不但了丰富社区、村文化资源建设，解决基层图书馆藏书有限、更新缓慢等问题，同时对丰富基层群众的业余生活，起到很大的作用。

八、宣传推广

近来来，江北区支中心依托共享工程的资源优势，开展了丰富多彩的文化服务和推广活动。例如：开展“文化共享工程”与奥运同行放映及宣传活动、在企业设立创新与共享论坛、送书进社区、共享活动大冲浪等等，丰富多样的文化活动既满足了群众多层次、多样化的文化需求，也增强了基层文化工作的吸引力和生命力，对于巩固文化阵地具有不可低估的作用。使“共享工程”的优秀的文化资源尽快尽可能多地为群众所用。把实施共享工程与开展特色文化创建活动，与配合中心的宣传教育，与运用网络载体提高市民素质等有机的结合起来，不断丰富和创新新时期基层文化活动的内涵。

九、工作展望

1、进一步扩充文化设施网点，以街道文化站、基层服务点为实施主体。加强基层文化设施网点网络化、数字化建设，加强文化、科技信息资源自动化、网络化建设的服务工作，为深入推进共享工程的实施打好基础。

2、努力把文化信息资源共享工程用活、用好。积极采用成熟技术，借助数字电视和远程教育服务网络，大力开展公益性服务。尤其加强对广大农村地区的扶持力度，将文化共享工程建设成为社会主义新农村的重要抓手。以先进文化教育广大群众，提高人民群众的思想道德水平和科学文化素质，最大限度地将信息资源转化为生产力，通过多种形式拓展服务范围、创新服务方式，将地方影视戏曲、音乐歌舞、美术等艺术表现形式纳入共享工程服务内容，以群众喜闻乐见的形式使共享工程更加贴近基层、贴近生活、贴近群众。

3、在实施过程中加强与上级业务部门、区各部门的沟通与协调，使共享工程服务群众更具针对性和时效性。同时，不断总结经验，改进创新管理体制和运行机制，使“共享工程”真正成为文化创新工程。

（撰文/宁波市江北区支中心）

宁波市北仑区支中心

北仑区总面积614平方千米，下辖6个街道、2个镇、1个乡，全区共有户籍人口35万人，常住人口70万人，自1984年建区以来，经过近30年的建设和发展，北仑区现已成为华东地区新崛起的现代化港口城市。

管理员培训

一、基本情况

2004年5月，全国文化信息资源共享工程北仑支中心（以下简称中心）在宁波市北仑区图书馆建立，并经浙江省中心验收并挂牌。中心由区文体局领导，区图书馆负责具体工作的实施，中心建立之后，区财政加大投入，设立“共享工程”专项资金，加快中心软硬件设施建设，各单位落实责任，加大督查考核力度，确保了“共享工程”北仑支中心和基层服务点的顺利建设。

根据胡锦涛主席提出的“发展文化信息资源共享工程农村基层服务点，构建农村公共文化服务体系”的精神，以及温家宝总理提出的“要突出抓好全国文化信息资源共享工程”的任务要求，组织各街道（乡镇）文化共享工程基层服务点依托现有资源开展服务。街道（乡镇）基层服务点分别配置10台以上共享工程电脑，开放时间与图书馆分馆开放时间同步，每周开放时间不少于42小时，管理员由分馆管理员担任，这些电脑作为共享工程的末梢神经，为广大基层群众提供了广阔的学习交流平台。各共享工程服务点平均每天来学习的群众有20人次。

二、资金投入、网点建设

截止2010年，北仑区累计投入资金800万元，建成区级支中心1个，街道（乡镇）基层服务点9个，社区、村基层服务点187个，实现了街道（乡镇）、社区（村）文化共享工程全覆盖，使文化信息资源共享工程这一惠民工程全面进入到社区、乡村，进入到千家万户，为“惠民工程”的开展打下坚实的基础。

三、利民惠众、惠农服务

作为共享工程的县区级节点，我们充分利用现有资源，依托区图书馆逐步完善扩大共享工程，把群众喜闻乐见的优秀文化作品通过互联网方便快捷地传送到广大人民群众身边，丰富、活跃基层群众的文化生活。把实施“共享工程”与加强基层文化建设、促进图书馆事业发展紧密结合起来，不断推进“共享工程”的优质服务。一系列“文化信息资源共享”的惠民工程，受到广大群众的欢迎与好评。电子阅览室作为图书馆的一部分，在文化共享工程建设中起着至关重要的作用，在便民、惠民的同时，还担负着传播优秀文化知识、引导公众健康上网的功能，我们通过设置浏览器导航页、链接以及WEB桌面吸引群众关注、使用共享工程的数字资源。为丰富我们的数字资源，从2010年开始，我们将随书光盘上传到网站以方便读者使用，截至目2012年底，已上传光盘2000余张，数据量近3TB。目前，在上级中心的指导下，我们不断丰富自己的数字资源，为广大群众提供更加优质、多样的服务。

文化共享工程要得民心，就必须实惠于人民群众。我们在指导基层服务点在开展工作工程过程中，引领他们为这一目标服务，针对各地的不同情况，有针对性的开展开展讲座、培训服务，如柴桥街道的园艺苗木培训、小港街道的瓜果类农技培训，让广大农民有更多的机会学科学、学技术，促使他们提高市场经济竞争能力，促进特色经济的发展。自小港街道开展文化共享工程以来，农民朋友通过培训和技术指导，丰富了农业知识，提高了农业技能，街道农业产量已从原来的5百万提高到1千万，农业产值翻一倍多。实践证明，通过文化共享工程的特色化培训，有力的提高了农业的科学发展。

四、培训工作

为进一步推进文化共享工程的建设，扩大文化共享工程影响，惠及更多百姓，我们针对群众实际需要和不同的文化层次，开设个性化的培训讲座，如市场经济知识、文学知识、法制道德知识、养生保健、食品安全、农牧科技等。到目前为止共举办了14期内容丰富的讲座，听众共计5000余人次，受到广大群众的好评。我们注重本级建设的同时，积极引导促进下级文化共享工程服务点建设和发展。着眼于文化共享工程的长期性、科学性和实效性，加强领导，健全机制，落实措施，规范管理，紧紧把住文化共享工程的“建、管、学、用”四个环节，不摆花架子，注重实效，在“夯实基础、强化教育、规范运作、优化服务、突出学用”上下功夫，使文化共享工程真正成为人们群众欢迎的一项民心工程。

每年定期组织不少于两次的基层管理员培训交流，在丰富理论知识、提高业务水平的同时，积极帮助解决存在的问题，使其能够更好的为广大群众服务。

五、荣誉奖项

基层服务点建设以来，也取得了一些成绩：2011年我区柴桥街道基层服务点被浙江省文化信息资源共享工程领导小组办公室授予“浙江省文化信息资源共享工程基层示范点”称号；我区小港街道基层服务点高月明同志被浙江省文化信息资源共享工程领导小组办公室授予“获浙江省文化共享工程先进工作者称号”。

六、工作展望

我区的文化共享工程起步较晚，相比成熟地区我们还有很多需要学习，下一步，在推动原有工作的同时，我们要做以下几点工作：争取政府的更多支持，不断完善软硬件配置；加强地方文献及其它资源的数字化工作，不断丰富共享工程内容；完善共享机制，加强与各基层服务点远程服务与学校远程教育工程的合作。

文化共享工程建设不是一朝一夕的事，重在普及，贵在坚持。宁波市北仑区支中心将继续按照党的十八大精神，以长远眼光，持之以博，常抓不懈，使文化共享工程在参与经济建设，社会主义精神文化建设，丰富人民群众文化生活中不断可持续发展，真正成为民之所用，民之所乐的民之工程。

（撰文/宁波市北仑区支中心）

宁波市镇海区支中心

镇海区面积246平方公里，下辖2个镇、4个街道，户籍人口22.6万。在政府部门的支持和部署下，我区以满足群众基本文化权益为出发点，以公益性、基本性、均等性、便利性为原则，构建城乡一体化文化共享工程、公共图书馆、公共电子阅览室文化服务体系，一个全域化“15分钟文化圈网络”初步形成。

一、基本情况

镇海区文化信息资源共享工程建设于2002年启动，在2008年完成县支中心、街道（乡镇）、村（社区）84家基层服务网点全覆盖，2010年在全市率先完成镇、街道图书分馆建设，2012年进一步向村（社区）延伸，将村（社区）基层网点、公共电子阅览室建设并入分馆模式，纳入区文化惠民三个百分百工程，提出“100%镇（街道）、村（社区）建有标准配置的公共电子阅览室和公共图书馆分馆”，目前完成43家。通过推动平台整合、资源共享、创新模式、拓展功能、提升服务，形构建区、镇（街道）、村（社区）三级文化共享、公共阅读、电子上网的大服务格局。

二、网点建设

按照国家、省中心“统筹规划、统一标准、共建共享”要求，区支中心负责设备标准配置、数字资源建设、元数据交换平台维护及公共电子阅览室窗口服务及指导基层网点建设，依托镇街道综合文化站、村社区文化活动中心，与农村党员干部现代远程教育合作共建，搭建覆盖城乡的文化信息共享网络，在2008年完成全覆盖受到省工程督查组的好评，2012年完成村（社区）公共电子阅览室与图书分馆的合建34家，惠民工程初见成效。

三、经费投入

镇海区文化共享工程实施以来，投入200万元的建设经费，自2008年全覆盖以来每年投入20万元的运行经费，用于设备维护，人员培训和宣传活动开展。2012年开始，我区文化共享工程村（社区）公共电子阅览室建设纳入总分馆模式，年投入经费60万元，经费投入力度不断加大。

四、资源建设

镇海区文化共享工程资源以国家中心、省分中心、市网络图书馆资源共享为主，另开展馆藏资源数字化及地方特色资源的收集整理工作，先后完成馆藏书目数据化、地方文献资源专题书目数据化以及收集整理地方家谱、名人传记、地情概括等特色视频资源，并计划到2015年数字资源达到10TB。

五、管理和队伍建设

镇海区文化共享工程管理，业务上以区支中心为龙头，镇（街道）、村（社区）基层网点及公共电子阅览室纳入总分馆模式，经费区、镇（街道）、村（社区）三级投入，人员队伍各镇（街道）统一招聘，接受区支中心业务培训和考核，业务模式实行配置标准、业务规范、服务标准统一，每年支中心与各网点联合举办宣传活动、开展业务培训，对各网点进行业务考核等。

五、技术支持

镇海区支中心负责全区文化共享工程所有技术问题，提供设备配置、软件安装、平台操作管理及信息资源更新、网络安全保障等全程技术服务，为各基层网点提供技术辅导，指导公共电子阅览室建设，定期上门解决各类业务咨询和技术难题。

六、培训工作

镇海区支中心先后于2008、2009年对全区基层服务点管理员进行了文化信息共享工程的实务知识培训，每次约300人；此外，不定期对基层网点新进管理员进行业务辅导，累计培训60人次。文化共享工程还列入2011年镇海全区文化员队伍培训内容，由我馆技术负责人主讲集中培训。

七、宣传推广

镇海区每年组织服务宣传队，遍及城郊社区、农村文化广场、建筑工地、民工子弟学校播电影，送文化，重点将精品文化资源向农村倾斜，解决农民看书难、看报难、看电影难，满足农村文化需要，实现最大限度的全社会共享。积极利用资源优势，受区纪检委托开设党风廉政教育窗口，为全区党员干部提供电子书籍、讲座视频等学习资料；配合宣传重大主题活动，在全区两会上推广网络卡，开展两会信息服务；免费播放爱国主义电影、“中国非物质文化遗产”等专题片，扩大文化信息共享社会影响力。

八、惠民服务

利用国家、省市中心资源以及文化共享工程、电子阅览室平台，开展各种服务。2008年，面向全区下岗失业人员及外来务工人员开展“普网工程”培训，提升再就业，培训近1500人，赢得文化共享美誉。开展为农服务，每年面向农村推送农业科技视频资源，为农民提供实用信息。先后举办“共享书香　快乐阅读”视频讲座、“青少年网页设计辅导及制作比赛”、“看连环画　体验数字阅读”、“淘金国际数字视频图书馆”有奖征文、“绿色网苑•数字悦读”及多次“名家视频”讲座等特色读书活动，重点为外来务工人员、农民、青少年提供数字共享服务。

九、荣誉奖项

2012年8月，获“全省公共图书馆开展两会信息服务工作优秀服务奖”表彰（浙文社〔2012〕42号）。

十、工作展望

按照区文化主管部门规划，我区文化共享工程与村（社区）公共电子阅览室、村（社区）图书分馆建设纳入

区支中心电子阅览室

敬德村公共电子阅览室，读者上网看电影享受休闲之乐

“十二五”三个百分百惠民工程之一，计划将基层服务网点与电子阅览室建设并入城乡一体化总分馆服务模式，实现图书、电子阅览、数字资源共享三结合服务网络，构建全域化公共文化服务网络。同时，在破解人员管理难题，建设一支专业化、专职化的文化共享管理人员队伍，在完成规范化高标准建设的基础上，取得切实的服务成效，拓展文化共享服务的内涵和创新服务形式，让更多的群众、更需要的群众享受到普惠均等的文化共享服务。

（撰文/宁波市镇海区支中心）

宁波市鄞州区支中心

鄞州区全区总面积1346平方公里，下辖18个镇乡、6个街道，共有389个行政村，55个社区，户籍人口82.2万，外来人口80万。公共服务惠民体系全面构建，率先实施十二年免费教育、新一轮农村医改、全覆盖社会保障等新举措，先后荣获全国文化先进县、省首批卫生强区、省教育强区、省体育强区等称号。近年来，鄞州区文化信息资源共享工程在鄞州区文广局、宁波市图书馆等单位的支持和部署下，逐步推进，稳步发展，在新形势下为繁荣农村基层文化、满足农民多层次文化需求、传递中国民族优秀文化资源发挥了重要作用。

一、基本情况

全国文化信息资源共享工程鄞州区支中心是由鄞州区图书馆在2007年开始组建成立的。支中心设在区图书馆，部分服务器放在区电信局。鄞州区图书馆新馆的的主建筑于 2003年12月28日建成并正式向社会开放，占地面积为58000平方米，总建筑面积约28000平方米，总投资近1.4亿元，为宁波市八大文化设施之一。馆内设有阅览区，共有2000个座位，1200个网络信息接点和250台计算机；还设有公众教学区、报告厅、展览厅、小型音乐厅、文化沙龙、活动中心等设施，为市民提供学习、娱乐和文化休闲等场所。截止2012年12月鄞州区支中心在全区23个乡镇（街道）均建立了文化信息资源共享基层服务点，在此基础上由全区统一规划，从乡镇（街道）、行政村（社区）中选择了102家单位建立了公共电子阅览室和村级图书分馆，电子阅览室电脑总数达到1070台，项目投入资金1200余万元。此外，鄞州区图书馆还建立了113家分馆和63家汽车图书馆借阅点，广泛分布在全区机关、学校、企业、部队等单位，通过这些服务点的设立，扩大了文化信息资源共享工程的影响和服务范围。

2011年11月，针对农村文化工作，区文广局推出了三项实事工程，其中公共电子阅览室工程与“天天读”图书共享工程相结合，政府投入1200余万元经费，并出台了《鄞州区公共电子阅览室工作实施意见》。鄞州区公共电子阅览室工程建设采取“政府主导、服务外包、全民共享”的运行模式。具有三大特点：1、公共电子阅览室建设与农家书屋、社区图书室等工程有机整合在一起，实行统一建设，统一管理，专门配备一名专职的管理员来负责日常的运行管理。2、与区电信局等单位开展合作共建。委托区电信局设立公共电子阅览室服务公司，对公共电子阅览室进行管理、维护。乡镇（街道）负责对公共电子阅览室电脑等固定资产进行登记管理。3、公共电子阅览室的建设和管理资金以区、乡镇（街道）两级财政投入为主，公共电子阅览室的基本装修和水电等费用由各村（社区）承担。

二、管理和队伍建设

组织管理是关系到一项工作是否能顺利开展的重要保证。鄞州区支中心成立了由区图书馆馆长胡春波同志任组长、各相关部门人员为成员的工作小组，制定了《支中心职责》、《支中心管理制度》、《基层服务点管理制度》、《鄞州区公共电子阅览室管理人员工作职责》、《鄞州区公共电子阅览室上网管理制度》、《鄞州区公共电子阅览室图书借阅制度》、《鄞州区公共电子阅览室场所管理制度》等一系列规章制度，实行制度上墙。此外，鄞州区支中心还配备了政治素质高、业务能力强的2名专业技术人员，专门从事区级支中心的日常管理，并对各乡镇（街道）、村（社区）各基层服务点的管理人员进行技术操作培训。

基层服务点管理人员的业务素质水平、服务意识、队伍的稳定等因素都直接影响着服务质量及效果。鄞州区基层服务点的管理人员由专职人员和兼职人员两部分构成，其中102家公共电子阅览室的管理员是专职的管理人员，专职人员经费由区和乡镇（街道）两级财政承担，中心每年对专职的管理员进行考核，这极大地增强了专职管

管理员培训班

理人员的稳定性和工作积极性，也避免了由于人员流动太大造成管理员重复培训、业务技术不熟练等的情况发生。鄞州区支中心每年会对基层服务点的管理员进行6次业务培训，针对鄞州区公共电子阅览室和图书室一体化相结合的特点，培训内容主要包括图书分类上架 、图书检索与索书、文化信息资源共享工程网站的使用及最新发展方向、读者服务的有关知识等，通过培训激发了管理员学习业务的兴趣，提高了管理员的业务水平。每年年度末都会举行一次管理员的考核竞赛评比活动，对部分表现突出的管理员给予一定的物质奖励，营造出一种争先创优的良好氛围。2012年区文化广电新闻出版局出台了《关于印发《〈鄞州区"天天读"图书共享工程村级图书分馆（农家书屋）暨公共电子阅览室管理员考核办法（试行）〉的通知》，进一步明确和规范了管理员的各项职责。

三、资源建设

2004年6月，鄞州区图书馆与宁波大学园区图书馆合并，两馆分别隶属于鄞州区文广局和宁波市教育局，实行"二块牌子、一套班子、统一管理"的机制。借助大学园区馆高速的网络基础实施（千兆城域网，百兆电信网）和标准的机房配置，根据文化信息资源共享工程县级支中心系统配置标准，我中心累计投入60余万元资金，购置了一系列必要的设备，如服务器、磁盘存储阵列、投影仪、扫描仪、激光打印机、电脑等，建立起了鄞州区支中心，接收国家中心和省中心的资源。

近两年，我中心还购买了大量电子文献数据库。有CNKI全文报纸1000多种、全文期刊8000多种、会议论文1300多种、学位论文400多种， 超星电子图书100万册左右，法律法规（万方数据）134219篇，总容量144G；汉语大词典，Springer Link：802种刊物，EBSCO：近2000种刊物；四库全书互联网版181张、95G，还有强制性标准库：国道数据（2张）、国研网、资讯行、中经网和随书光盘（3T），以及其他试用数据库等。并成为国内唯一拥有互联网版《四库全书》的图书馆。自建有《沙耆网站》、《宁波籍院士》、《民国鄞县通志》、《沙孟海网站》4个数据库。极大地丰富了我中心的信息资源。

四、推广宣传

积极开展宣传活动，扩大文化共享工程的知晓度，鄞州区支中心努力寻找突破口通过多种模式开展服务，扩大影响，产生良好的社会效益。

1、充分发挥图书馆流动图书车的功效，汽车图书馆在各服务点开展图书借阅的同时，组织开展"文化共享工程流动课堂"活动。"流动课堂"根据服务对象的不同情况，设置了课程菜单，供不同群体选择，利用开展图书借阅的空隙，播放科普讲座、电影、戏曲等。让读者在借阅图书的同时，可以感受到有声读物的乐趣。

2、通过与学校、村（社区）联合开展各种惠民活动，提高文化信息共享工程资源的利用率。如通过王应麟读书节、书法家进村（社区）写春联、未成年人读书节等，在这些文化活动中穿插播放优秀影像资源、开办讲座和展览、数字图书馆推广等活动，加大宣传力度，让更多的老百姓了解文化共享工程。

五、经费保障

鄞州区共享工程自2008年实现村村全覆盖以来，鄞州区图书馆每年投入15万的运维经费，用于共享工程设备的维护，人员培训和惠民活动的开展。2011年—2012年区级财政投入1200余万元，建设公共电子阅览室，为102个镇乡（街道）、村（社区）购买电脑1070台。出台相关政策，采用区、镇、村三级财政各自承担相应责任和经费的方法。网络经费、服务公司管理费用由区财政承担。公共电子阅览室设备投入，区财政按一类镇乡（街道）40%、二类镇乡（街道）60%、三类镇乡（街道）80%的比例予以补助。各镇乡（街道）要确保公共电子阅览室免费开放，保障管理人员到岗到位，并支付管理人员工资。

洞桥镇树桥村公共电子阅览室

六、工作展望

经过几年的建设，我中心在全区23个乡镇（街道）均建立起了文化信息资源共享基层服务点，实现了服务范围全覆盖。我中心未来的工作重点。一是从网点建设转变到提升服务质量和水平上来。随着鄞州区102家公共电子阅览室的建成，软硬都达到了比较高的水平，但专职管理员配备的时间还不长，业务水平还有很大的提升空间。下一步需要我们加强管理和培训工作，使公共电子阅览室的服务水平也能达到一流水平。二是做好特色资源的建设。在《沙耆》和《沙孟海》等几个数据库的基础上，尽快完成《沙文汉和陈修良》数据库建设。三是进一步推进数字图书馆的推广工程，提高文献资源的利用率。

（撰文/宁波市鄞州区支中心）

慈溪市支中心

慈溪图书馆作为慈溪市"全国文化信息资源共享工程"县级支中心。2003年，专门投入15万元用于"共享工程"慈溪市县级分中心建设。2005年，利用慈溪市图书馆新馆开馆的有利契机，投入70多万元，购置120台电脑，在成人电子阅览室同步建立"共享工程"县级分中心。2008年11月慈溪图书馆"全国文化信息资源共享工程"县级支中心以优异的成绩通过了文化部共享工程第四督导组的考核。

一、公益性服务、坚持社会效益

"共享工程"慈溪支中心坚持文化信息工程是公益性的文化信息服务场所，坚持社会效益第一的原则，自从2005年慈溪图书馆新馆建成以来，对所有十八周岁以上的持宁波市公共图书馆借阅证的读者免费开放，让读者免费享受文化信息共享的全部数字资源，真正体现图书馆的公益性。

二、信息服务

"共享工程"慈溪支中心主要提供文化信息"共享工程"和宁波网络图书馆、浙江网络图书馆的电子文献的阅读、查询，为读者提供信息检索、网上信息查询等服务为主。每一台计算机都安装了文化共享工程桌面，方便读者进行查询。把自2006年3月开始举办的"三北讲坛"的每一场讲座都以视频的形式放在农村党员干部现代远程教育系统和慈溪图书馆网站上，真正实现了网络资源共享。通过安装监控软件、工作人员巡查等方式，防止用户利用电脑设备和互联网制作、下载、复制、查阅、发布、传播含有反动的或不健康内容的信息和从事有关法律法规规定的危害网络安全和信息安全的行为。

三、实行实名登记制度

严格实行上机服务实名登记制度。读者须持宁波市公共图书馆借阅证登记，经管理人员确认后方可上机，同时分配机号，对号入座。登记内容和记录长期备份。电子阅览室严禁未满十八周岁的人员进行上机，严禁上网玩游戏，为广大读者创造良好的网络文化氛围。

四、管理制度

以制度促规范运转，制订了《成人电子阅览室规则》、《电子阅览室管理员职责》、制作了《全国文化信息资源共享工程基层服务点场所管理使用制度》、《课件收看利用制度》，张榜公布，进行规范化管理。

五、下乡辅导、加强培训

下乡辅导，加强培训，努力扶持"共享工程"基层服务点。自2005年9月新馆开馆开始，慈溪市分中心工作人员积极响应基层需求，在浒山、坎墩、长河、大牌头村兴办基层图书馆（室），开展"共享工程"基层服务点建设时，先后10余次汇同省馆、宁波市馆专家，开展"共享工程"安装的下乡辅导工作，确保了"共享工程"基层服务点的顺利安装、开通，受到基层文化部门的欢迎。同时，通过举办村落文化员、社区文化员、基层图书管理员培训班等形式，对他们进行培训和动员，进一步统一思想，提高认识，熟练掌握操作技能，做好基层群众的工作。

六、建立长效制度、提供优质服务

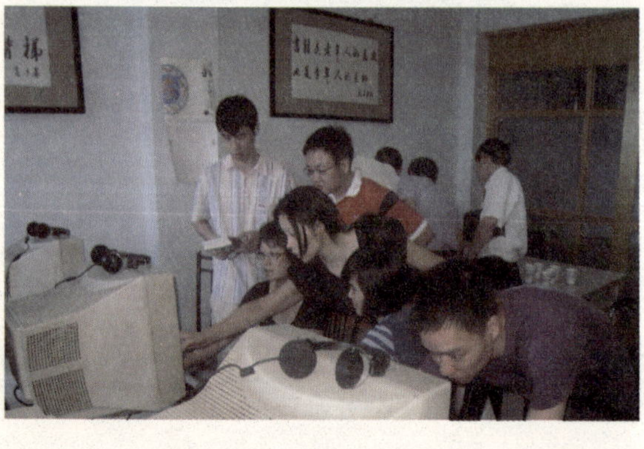

为保证各基层服务点的正常运行，通过着手建立一系列的长效制度，努力提供优质服务，让更多的人能够享受到"共享工程"。

1、定期维护制度。在慈溪市县级分中心，工作人员定期对电脑设施进行检测、修复，努力确保"共享工程"各项设施运转良好。

2、下乡辅导制度，慈溪市支中心与当地远程教育机构共同承担起对基层中心和基层服务点工作人员的业务辅导，邀请省、宁波市级专家一起下乡辅导，对"共享工程"基层服务点的要求，努力提供必要的技术保障。

3、举办培训制度，每年邀请省、宁波市级的专家，开设"共享工程"专业知识培训，通过现场维护实践等多种培训手段，努力提高基层站点管理和技术人员的素质和实际操作技能。

目前，市、镇（街道）、村（社区）三级基层点有稳定的工作人员，初步形成一支适合共享工程建设需要的管理、技术保障和基层服务队伍。

（撰文/慈溪市支中心）

余姚市支中心

余姚市辖6个街道、14个镇、1个乡，常住人口83万余人。区域总面积1501平方公里，其中山地、丘陵面积占52.73%，平原面积占28.33%，水域面积占18.94%。

余姚市文化信息资源共享工程在浙江省文化厅、浙江图书馆支持和部署下，逐步推进，稳步发展，在新形势下为繁荣农村基层文化，满足农民多层次文化需求，传递中国民族优秀文化资源发挥了重要作用。

一、基本情况

余姚市支中心成立于2002年4月，设在余姚市图书馆，是余姚市共享工程的建设和业务指导单位，负责保障市中心共享工程设备的运行，协调镇村级共享工程设备的维修，指导镇村级共享工程活动的开展以及开展全市共享工程基层管理员的业务培训和指导。在2011年获得"浙江省文化共享工程先进集体"称号。

除了做好县级支中心建设外，还积极做好基层服务点建设，做到全市各乡镇（村）全覆盖。省双示范服务点泗门镇谢家路村，共有个人计算机16台，标牌标识、规章制度制作规范，用户使用的计算机桌面上设有工程网站、平台软件的快捷方式，方便读者使用；今年在余姚经济开发区建立了"文化信息资源共享工程基层服务点，进一步扩大共享工程的影响。

二、管理和队伍建设

为使共享项工程真正为民所用为民谋利，余姚支中心将共享工程日常管理纳入制度化管理。制定县级支中心工作规则和管理人员工作守则等规章制度，实行制度上墙公开，按照省中心的要求制作了共享工程标识、标牌，并在设备上张贴。

网络图书馆数字资源推介讲座

目前使用省分中心统一平台《联创公共电子阅览室管理系统》管理全市各公共电子阅览室，读者采取实名制方式上机，一人一证一机；规范读者上网和玩游戏，自动记录上网日志，并上传相关数据，实现与国家中心的无缝对接。

三、培训工作

积极组织工作人员参加省分中心和宁波市支中心组织的各种培训活动，先后有十余人次参加了省市中心的培训。同时做好基层服务点工作人员培训，为全市155位村级基层服务点的工作人员讲解了共享工程的概况，并进行了实际操作技能的培训，以确保基层点的正常开放。

四、经费投入

余姚市共享工程自2007年实现全覆盖以来，在设备、软件、网络等方面投入自筹资金共65.8万元，每年运行经费大于5万元。设备、设施包括：个人计算机68台；服务器6台（其中机架式服务器2台）；主机磁盘容量达5T；交换机5台；4路KVM切换器1台；42U标准机柜1台；投影仪/幕布/音响1套；扫描仪2台；激光打印机4台；数码相机2台；移动硬盘2块；UPS电源1套；空调5台；图书馆业务自动化系统2套；资源应用管理系统1套，互联网电信100M光缆接入。

五、资源建设

着力开展数字资源共建共享，结合余姚实际，建立了2个具有地方特色的数据库（余姚地方志数据库、余姚当地作家作品数据库），利用当地特色资源，以本馆网站为平台，为群众提供简便快捷的服务。

六、合作共建

合作共建方面，与浙江网络图书馆及宁波全大市十二家图书馆合作开展数字资源共建共享。同时把国家中心下发的光盘资源及时上传到支中心服务器，供读者在本馆局域网内观看、学习和下载。

七、惠民服务

作为共享工程阵地服务窗口的电子文献阅览室，支中心电子阅览室共有20台电脑，免费为读者提供电子文献阅读和互联网浏览，还可以在这里欣赏国家中心下发的各种数字资源。积极开展共享工程流动服务及专题活动，在乡村、社区举办各种活动每年在20次以上，电子阅览室、多媒体室、流动服务及专题活动等服务人次超过一万人次。

八、宣传推广

1、余姚支中心利用各种渠道宣传推广共享工程。在每年的文化科技卫生“三下乡”活动、余姚市全民读书节、未成年人读书节等活动中，余姚支中心不失时机，以活动为平台，以资料为媒介宣传共享工程，让民众不断了解共享工程，走进共享工程。

2、余姚市支中心为配合“宁波市首届未成年人文化艺术节”，认真组织“未成年人暑期趣味读书活动”，注重参与对象的广泛性，关注山区小移民的暑期生活。支中心与梨洲街道阳光小区联袂举办了山区小移民暑期趣味读书活动。展出了“奥运蓝图”、“迎奥运、讲文明、树新风”等图片版面，送去了“未成年人思想道德建设”图书杂志，举行了“未成年人：挑战自我，多读书，读好书”有奖知识竞赛，还放映了抗战影片《太行山上》。通过一系列的活动使共享工程不仅走进农村也走进校园走进青少年。

3、注重网络数字资源推介。支中心先后在余姚市职业技术学校、宁波电大余姚分校、丈亭镇和泗门镇举办网络图书馆数字资源推介讲座，支中心工作人员通过对浙江网络图书馆、宁波网络图书馆和余姚市图书馆网络资源及文化信息资源共享工程等内容的讲解，帮助读者更好地应用网络数字资源，丰富专业知识，提高文化素养，养成健康向上的上网习惯。

九、工作展望

余姚市文化信息资源共享工程经过十年的发展，已经成为广大人民群众文化生活的一大支柱。今后，余姚市支中心将在省市分中心和上级行政部门的大力支持下，建立一支专业化的服务队伍，进一步加强数字资源建设，把具有余姚本地特色的历史文化资源，制作成特色专题数据库，实现共建共享。

（撰文/余姚市支中心）

奉化市支中心

奉化市全市陆地面积1268平方公里，海域面积96平方公里。辖6镇5街道，356个行政村，人口48万。奉化市文化资源共享工程在宁波、奉化两级文化部门，宁波市图书馆的支持和部署下，逐步推进，稳步发展，在新形势下为繁荣农村基层文化，满足农民多层次文化需求，传承优秀民族文化资源发挥了重要作用。

一、基本情况

2008年，根据全国文化信息资源共享工程县支中心标准要求，奉化市先后投入60余万元，购置了相应软件、投影仪、电脑等建立了共享工程奉化市支中心，覆盖了11个乡镇（街道）、356个行政村。

共享工程奉化支中心设在奉化市图书馆，是奉化市共享工程的建设和业务指导单位，负责保障支中心共享工程设备的运行，协调镇村级共享工程设备的维修，指导镇村级共享工程活动的开展以及开展全市共享工程管理员的业务培训和指导。

二、管理和队伍建设

奉化市支中心重视“共享工程”管理和队伍建设工作，制定了相关工作职责和制度，每年有年度工作计划和总结。奉化市支中心选择计算机专业或其他高学历的人员为管理员，并通过出去培训学习、请专业人士来馆讲课等形式，努力建设一支专业化的“共享工程”管理员队伍，不断提高业务能力和工作水平。

三、培训工作

奉化市支中心注重抓好“共享工程”管理员培训工作，每年通过集中培训、网络培训和上门辅导等形式开展培训，不断提高管理员的专业水平。

四、经费投入

该中心设备设施建设均按照标准配备，还配备了投影仪、扫描仪、激光打印机、数码照相机、数码摄像机等设备，先后投入60余万元。年运行经费保障3万元以上。

五、资源建设

奉化市支中心结合本市实际，进行了一些数据库建设的前期准备，其中“弥勒文化”收集、整理了大量相关资料和视频，为弥勒文化的研究作出了积极贡献。同时还收集蒋氏父子相关材料，筹备建设“民国时期的奉化”等数据库。

六、合作共建

奉化市开展多种形式的合作共建，推进“共享工程”建设。和奉化市组织部举办远程教育及文化信息资源共享工程基层站点管理员培训班，合作建设了356个村级基层服务点。

七、利民惠众，惠农服务

奉化市支中心通过电子阅览室和网站为读者提供在线信息服务，通过投影仪播放讲座等视频节目，每周对外开放时间为60小时以上，并且利用文化共享工程资源在多媒体放映室为学生放映红色经典影片，深受广大市民的喜欢；在图书馆网站上开辟共享工程专栏，奉化布龙、奉化走书等非遗视频、科技知识、生活小常识、法律知识等内容都深受居民的喜爱，北海市县支中心、各基层服务点充分发挥“共享工程”在农村实用人才队伍建设中的积极作用，开展农村实用人才培训，主要形式是举办文化、卫生、科技、法制、种养等各种内容。

八、宣传推广

奉化市支中心利用网站、报纸、电视等各种渠道宣传推广“共享工程”，尤其在每年的服务宣传周、科技活动周等活动中，通过宣传让群众不断了解“共享工程”，走进“共享工程”，利用“共享工程”的丰富资源。同时，结合纪念建党91周年、十八大召开等，开展“共享工程”专题资源下乡、专题视频展播等主题活动，使“共享工程”走进群众生活。还积极开展“共享工程”进军营活动，通过光盘拷贝、硬盘拷贝等方式将一些优秀的资源共享到部队电子阅览室，丰富了部队官兵的文化生活。

九、工作展望

奉化市支中心要克服人员少、经费少等困难，结合“数字图书馆”工程建设，全面提升奉化市级支中心的设备，提高奉化市“共享工程”的建设水平。以市图书馆为中心，加强基层文化设施网点网络化、数字化建设，加强专业技术人员的培养，为深入推进“共享工程”的实施打好基础。要充分发挥“共享工程”的作用，大力开展公益性数字文化服务，尤其加强对广大农村地区的扶持力度，将文化共享工程建设成为社会主义新农村的重要抓手。通过多种形式拓展服务范围、创新服务方式，将地方音乐、曲艺、歌舞、美术等优秀非物质文化遗产纳入“共享工程”建设内容，以群众喜闻乐见的形式使“共享工程”更加贴近基层、贴近生活、贴近群众。

（撰文/奉化市支中心）

宁海县支中心

宁海县全县总面积1880平方千米，人口64万，下辖14个镇乡、4个街道。宁海历史悠久，人文荟萃。已连续多年跻身全国县域经济基本竞争力百强县、全国综合实力百强县行列，这为文化共享工程建设创造了良好的社会条件。几年来，在县委、县政府及县文广新局的正确领导和关心支持下，我县共享工程建设呈现出勃勃生机，成效明显。

一、抓好建设环节，加强组织管理

县委、县人民政府高度重视文化信息资源共享工程建设工作，我县多次专题研究部署，并根据工作需要召开现场会、情况汇报会、专题培训班等，及时发现问题、解决问题。分管文教副县长经常深入图书馆进行实地调研，指导站点建设工作。目前，全县上下形成了党委“一把手”负总责，分管领导具体抓，一级抓一级，总体抓落实的格局，实现了“安装要保证质量，管护要保证安全，使用要保证效果”的工作目标。

宁海支中心非常注重电子阅览室的管理，先后建立了一系列管理制度，逐级签订《文化信息资源共享工程工作责任书》，使工作人员的责任意识和管护水平明显提高，做到了边学、边用、边整改、边建设。实现了工作的正常化和制度化，保障了读者上网安全，提供了绿色上网空间。

为了及时掌握全县文化共享工程建设动态，县支中心对基层建设、资源需求与服务情况开展常态化调研工作，及时解决文化共享工程建设过程中出现的问题。

二、加大资金投入，完善设施设备

2010年，我们借县图书馆落成的有利时机，把共享工程与图书馆新馆建设进行统一规划，通盘考虑，电子阅览室电脑总数达到60台，新建机房和不间断的电源系统，总投资达120万元。年运行经费15万元。同时，多功能报告厅于2010年投入使用，标准座位100个，配备有完整的播放系统。

为加强对共享工程建设的领导，我馆成立了以馆长为组长，业务副馆长为副组长，信息技术部全体同志为组员。经过几年的发展，现在我中心技术力量雄厚，业务能力强，专兼职工作人员2名。

中心网络用20兆光纤直接接入，置有完整的共享工程服务平台。各类设备设施齐全，包括置有个人计算机80余台，服务器4台，磁盘陈列存储一个5TB，交换机、服务器显示器、4路KVM切换器、42U标准柜，有投影仪、幕布、音箱、扫描仪、激光打印机、数码相机、数码摄像机、移动硬盘、播放器、UPS电源、图书馆业务自动化系统、资源应用管理系统、网络杀毒软件等一应俱全，且在所有仪器设备上都张贴了设备设施的工程标识，中心的硬件水平已经达到《全国文化信息资源共享工程县级支中心配置标准》。档案齐全，各类规章制度上墙。

三、依托硬件设施，发展软件平台

硬件设施的完善，是发展软件平台的基础。宁海支中心先后购买了Symantic网络杀毒软件，美萍安全卫士、美萍网管大师信息浏览监控软件等软件，用于网络安全运行。Interlib管理系统用于图书馆业务开展、管理。利用图书馆网站，开展网上咨询服务，设有活动公告专栏和全国文化信息资源共享工程等栏目，提供维普、万方、超星和龙源等数字资源库。

Interlib图书馆业务自动化系统的应用，不仅提高了图书馆各项业务工作的效率，也方便了广大读者的借阅活动。读者可以足不出户，通过图书馆提供的网络入口完成书目检索，借阅查寻，新书推荐等服务，让读者充分享受到图书馆现代化技术带来的便捷。为了保护和弘扬优秀的地方文化，宁海中心采集加工了富有地方特色的资源，自建正学讲堂视频和古戏台专题片。

四、寻求多方支持，实现共建共享

文化共享工程联合建设是关键，科学建设是基础。我们充分认识到文化共享工程建设不是一个部门、一个单位的事情，因此加强部门间和跨行业的协作至关重要。

2007年，与县委组织部合作，利用远程教育前端播出平台设置共享工程专题栏目，推送文化信息精品资源。宁海县支中心获得由省文化厅资助的共享工程应用设备1套，包括1台浪潮服务器，1台投影仪，1个幕布。期间，我们还领到了由省文化厅统一颁发的“浙江省党员干部现代远程教育资源库•浙江省全国文化信息资源共享工程县级分中心”铜牌。2008年，县图书馆完成“一卡通”图书互借互还系统安装，实现了与全市12个公共图书馆的文献互借共享。

五、积极筹划活动，发挥工程效益

在“共享工程”服务方面，我中心积极响应省中心和市中心的指示，创新服务方式，拓展服务领域，提升服务水平。除了在本部设立电子阅览室、多功能报告厅及大型主题专版外，还在双休日为少儿读者提供阅读和播放各类动漫画影像片，周服务时间在6小时。其次，我们紧紧依靠组织部门的党员远程教育平台积极开展共创共建共享工程基层服务点活动。这些基层服务点有专人负责，设施齐全，管理规范，周开放时间基本上都在30小时以上。我们还经常组织开展共享工程走进基层巡回展和专题影视作品放映活动。此外，作为惯例，我们结合每年的图书馆服务宣传周活动在潘天寿广场举行“一卡通”馆际图书互借互还及网络图书馆应用技术推介宣传活动。

2010年起，我中心开始创办“正学讲堂”讲座平台，邀请国内知名专家来我县讲授，为市民提供免费听讲服务，做到每月1—2讲，至今已累计投入资金超过30万元，举办讲座30多场，有近万名听众前来听讲。今年我们还启动了讲座资源的数字化制作工作。

六、举办各类培训，强化队伍建设

文化共享工程建设工作是一项没有句号的工作，它随着资源的增长、服务范围的扩大和提高而动态地发展，人才是事业的保障。为配合文化共享工程建设项目的实施，我们先后派选3名同志参加由省市文化部门和省市图书馆等举办的各类培训班，学习掌握专业技能，进而使我中心工作人员的技术水平和服务能力有了显著的提高。

针对农村涉及面广的实际情况，为提升基层服务点工作人员素质，熟练掌握共享工程操作技术与规范。2008年，我们对全县58名基层服务点专兼职工作人员进行了首次集中培训，对培训、考核合格者颁发结业证书，不断提高基层工作者的管护意识和操作水平。此后，开展共享工程培训班18期，参训人员800多人次，并常年送资源到村。

七、总结经验，不断完美

宁海县文化资源共享工程风风雨雨走过了5年，克服了经费不足、场地有限，许多专职人员待遇问题难以解决等等问题，从2007年图书馆仅有一台浪潮服务器用作资源接收、发布和管理使用，到现在大家知晓文化信息资源共享工程是什么、干什么，通过传帮带，引导更多人利用文化信息资源。

在今后的服务过程中，更好地引导群众正确选用新知识、新技术，结合实际、结合产业发展、结合各地供求信息，力争提高使用效益。此外，还将大量的休闲节目送到各村、各乡镇（街道），在满足了当地经济发展、新农村建设和农民群众的服务需求的同时，极大地丰富农村精

神文化生活。

我们将不断加强对文化信息资源共享工程建设的领导，充分发挥该工程的资源和网络优势，不断提高工作水平，努力使全县的文化信息资源共享工程工作走上新台阶。

（撰文/杨飞云）

象山县支中心

象山县总人口53.5万，陆地面积1175平方公里，由象山半岛东部和599个岛礁组成，素有“海山仙子国、东方不老岛”之美誉，2005年被评为浙江省文化先进县。几年来，共享工程象山县支中心在市县文广新局的正确领导和关心支持下，紧紧围绕国家文化部、省文化厅关于做好文化信息资源共享工程的重要指示积极开展工作，取得了明显成效。

一、基本情况

2003年，我们借县图书馆新馆落成的有利时机，把共享工程与图书馆新馆建设进行统一规划，通盘考虑，先是创建了我馆有史以来第一家公共电子阅览室，购置电脑20台电脑及2台IBM服务器。之后的1、2年，又自筹资金分两批采购电脑40台，使电子阅览室电脑总数达到60台。同时，多功能报告厅也于2003年投入使用，标准座位160个，配备有完整的播放系统。2005年，开始使用“共享工程”数字资源，由宁波市图书馆技术人员来我馆帮助安装调试，总共有数字资源200GB。同年，我们加大了流动图书站建设，截至目前，我们馆已在全县各镇乡街道、机关、企事业单位和当地驻军共建立了流动图书站130家，流动图书达8万余册，年实现图书流动近200家次。2007年，该中心获得由省文化厅资助的村级“共享工程”应用设备一套，包括一台浪潮服务器，一台投影仪，一个幕布。期间，我们还领到了由省文化厅统一颁发的“浙江省党员干部现代远程教育资源库　浙江省全国文化信息资源共享工程县级分中心”牌匾。2008年，象山县图书馆完成“一卡通”图书互借互还系统安装，实现了与全宁波市12个公共图书馆的文献互借共享。现在，我们馆与省、市图书馆建立了完整的网络图书馆体系，使全县读者能够充分享受省、市网络图书馆里的所有文献数据。2009年，该中心开始承担起象山文化网网页技术维护和页面更新，并被县人民政府办公室指定为县人民政府信息公开公民查询点。2011年，象山县图书馆新版网站正式上线运行，不仅是该馆宣传服务的重要窗口，更是提出了“智慧阅读平台”这一概念，读者可以直接从网站登录，查阅丰富的数字图书馆，实现在线阅读等功能，同时开通了象山县图书馆官方微博，与读者进行更多的互通交流。

二、管理规范，设备齐全

为加强对共享工程的领导，该馆成立了以馆长为主任，业务副馆长为副主任，信息技术部全体同志为专门工作人员的工作班子。经过几年的发展，现在我中心技术力量雄厚，业务能力强，专兼职工作人员4名。中心网络用100兆光纤直接接入，置有完整的共享工程服务平台。各类设备设施齐全，包括置有个人计算机80余台，服务器4台，磁盘阵列存储一个5TB，交换机、显示器、4路KVM切换器、42U标准机柜、投影仪、幕布、音箱、扫描仪、激光打印机、数码相机、数码摄象机、移动硬盘、播放器、UPS电源、空调图书馆业务自动化系统、资源应用管理系统、网络杀毒软件等一应俱全，且在所有仪器设备上都张贴了设备设施的工程标识，文字符合规定。档案齐全，各类规章上墙。

三、服务方式多样，受众面广

在“共享工程”服务方面，该中心积极响应省中心和市中心的指示，创新服务方式，拓展服务领域，提升服务水平。除了在本部设立电子阅览室、多功能报告厅及大型主题专版外，还在城区服务部建有4点钟学校，专门为早放学回家的少儿读者提供阅读和播放各类动漫画影像片，周服务时间在70小时以上。其次，我们紧紧依靠组织部门的党员远程教育平台积极开展共创共建共享工程基层示务点活动，建设多家村级共享工程服务试范点。2011年，紧跟我县的乡镇综合文化站建设的步伐，全县18家镇、乡、街道全部建成共享工程基层服务点。这些基层服务点有专人负责，设施齐全，管理规范，并保证开放时间。作为海洋文化大县和渔文化之乡，我们还经常组织开展“渔文化”走进校园巡回展和专题影视作品放映活动。此外，作为惯例，我们结合每年的图书服务周活动在丹城公园门口举行“一卡通”馆际图书互借互还及网

两会期间“共享工程”展览

络图书馆应用技术推介宣传活动。更是于2006年起，该中心开始创办“塔山讲堂”讲座平台，邀请国内知名专家来象山县讲授，为市民提供免费听讲服务，做到每月1—2讲，至今已累计举办讲座90多场，有近25000名听众前来听讲。这一业绩不仅深受领导及广大市民的一致好评，并且还被写入了县长政府工作报告中。2009年起，我们还启动了讲座资源的数字化制作工作，现已制作讲座视频光盘30余套。

四、注重队伍建设，业务能力较强

为提升基层服务点工作人员素质，熟练掌握共享工程操作技术与规程，2008年，我们对全县544名基层服务点专兼职工作人员进行了首次轮训，反响较好。同时，我们还也积极派员参加由省文化厅、市文广新局、省图书馆、宁波市图书馆等举办的各级各类培训班，学习掌握专业技能，进而使我中心工作人员的技术水平和服务能力有了显著的提高。2009年，该馆主管共享工程服务的李欣同志，代表宁波地区参加全省共享工程知识与技能比赛中，为宁波地区夺得全省第三的好成绩。2011年，李欣同志被浙江省文化厅评为“十一五期间浙江省文化共享工程先进工作者”。

（撰文/象山县支中心）

绍兴市支中心

一、整体情况

绍兴文化信息资源共享工程自2002年开始实施，得到了绍兴市委、市政府的高度重视，绍兴市文广局根据实际情况制定了《绍兴地区文化共享工程建设方案》，对全市文化信息资源共享工程建设作了具体规划。2007年3月，绍兴市人民政府办公室印发了印发了《关于切实加强文化信息资源共享工程建设的通知》，成立了绍兴市文化信息资源共享工程建设领导小组，并每年安排财政专项资金用于工程建设。十年来，经过各级相关部门的共同努力，坚持面向基层、面向农村，通过创新服务手段和方式，在网络体系、资源建设、合作共建、服务开展等方面进行了有益的探索和实践，实现了文化共享工程在绍兴“又好又快”地发展，使之成为绍兴公共文化服务体系建设领域的新平台，扎实推进了优秀文化信息资源的全民共享，初步形成了市、县、乡（街道）、村（社区）四级服务网络。

二、网点建设

自2002年以来，绍兴市共享工程各级支中心不断加强规范化建设，硬件水平有了显著提升。市支中心及5个县级支中心都设立了共享工程阅览室，配齐共享工程专用服务器，配备了投影仪、笔记本电脑、数码相机、数码摄像机、卫星接收设备、VPN网关等设施设备，并结合当地实际情况，利用多种途径打造覆盖全市的共享工程服务网络体系。越城区支中心把文化共享工程网络与区教育网、社区网等进行对接，推进文化共享工程进学校、进社区工作；上虞市依托覆盖全市的城域网，快速建立起覆盖全市各乡镇的共享工程服务网络；诸暨市、嵊州市、新昌县根据各自实际情况，或依托电信网络，或依托农村党员远程教育网，都基本建成了覆盖城乡的网络服务体系。绍兴县作为全国文化信息资源共享工程试点县，投入专项资金，依托中广有线的有线电视网络建成文化共享工程光缆专网，实现乡镇（街道）、行政村（社区）全覆盖。目前全市共享工程初步形成了市、县、乡（街道）、村（社区）四级服务网络，乡（街道）基层中心覆盖率达到100%，村（社区）基层点覆盖率达到93%。

三、资源建设

绍兴文化共享工程数字资源建设遵循实用、特色、整合、共享的原则，创新思路，不断丰富数字资源。通过建立VPN网络和数字资源授权访问系统，共享全市各公共图书馆的数字资源，建立惠及全市的数字资源库群。目前，全市各公共图书馆在线提供服务的数据库就有20余种，包括电子图书，数字期刊，学术会议论文，博、硕士学位论文，经济、教育、法律、医学、化学、综合等学科数据库，也包括休闲阅读的新闻与杂志数据库。2012年，全市的数字资源库群的访问量超过135万人次。

绍兴是历史文化名城，文化资源积淀深厚，各级支中心都十分重视把绍兴优秀文化整合融入到文化共享工程中。市支中心建设了“古越文化”、“古越揽胜”、“绍兴名士”、“特色文献”四大类20个特色数据库，绍兴县支中心建设了“越地联匾”、“越地遗珍”等图文数据库；上虞市支中心制作了“上虞名人”、“上虞家谱”等系列数据库；诸暨市支中心制作了“诸暨人文”数据库；新昌县中心制作了“民间表演艺术”数据库等。

四、合作共建

建立多方协作，加强合作共建是文化共享工程建设快速推进的有效途径，绍兴市支中心主动联络有关方面，积极开展合作共建工作。

1、与绍兴市总工会合作在全省率先开展“文化共享工程进企业行动”。

该行动以“以文化人、以文兴企”为目标，依托共享工程丰富的数字文化资源，使大批优秀文化资源为以产业工人为主体的企业服务，让文化共享工程走进千厂万企、服务职工群众，不断满足广大职工日益增长的精神文化需求，切实增强职工队伍凝聚力、创造力，扩大和提高文化共享工程在企业的覆盖面、服务面和影响力。通过三年努力，目前已累计创建“共享工程进企业”示范服务点（职工书屋）563家，向职工书屋赠送电子图书和视频学习资料近170万册，向全市职工赠送“电子阅读卡”5万张。

2、与绍兴市农村党员现代远程教育合作，开设共享工程服务新平台。

充分利用远程教育网络现有的硬件基础和工作机制优势，积极拓展共享工程服务网络，为共享工程建设打造新的平台。通过远程教育网，全市共建成共享工程基层点1454个，提高了共享工程建设速度，避免了重复建设，节省了资金。除利用党员现代远程教育网，还充分利用区域性的教育网、广电网、vpn网等多种网络平台，传输共享工程资源，极大的提高了工程的覆盖面。

3、与绍兴市信息中心合作，开辟“绍兴图书馆政府

服务平台”。

为充分利用政务网平台推广共享工程，市中心在绍兴政务内网里设立了“绍兴图书馆政府服务平台”，为机关工作人员提供数字资源查阅、信息参考、新书推荐、网上图书续借、网上图书订购推荐、书目查询等服务，此外市中心每月编辑出版两期《信息与参考》，为各级机关、部门领导决策提供信息参考，还开通了“市外媒体报道绍兴新闻集成平台”，为市委、市政府领导及相关部门提供全方位的媒体报道信息服务，在每年“两会”期间，为两会代表提供信息服务。这些举措使机关干部切实体会到共享工程的服务，对促进全市共享工程的发展具有重要的意义。

4、与中广有线绍兴分公司合作，在绍兴数字电视平台上，开通“绍兴电视图书馆”。

2012年10月25日，“绍兴电视图书馆”在数字电视平台上正式开通。

全市近30万有线电视用户，可享受到绍兴图书馆所提供的文化信息、精彩讲座、书目查询、图书续借、休闲娱乐等服务。“绍兴电视图书馆”，通过数字电视播出平台，以图文信息与视频相结合的方法，将共享工程等各类文化信息送到千家万户。“绍兴电视图书馆”系全国地市级首家开通的电视图书馆，2012年，“绍兴电视图书馆”先后荣获2012年绍兴市网络传播创新奖、2012年宣传文化创新奖。“2013年4月，“绍兴电视图书馆”改版，增加了百家讲坛、少儿读物、小学课堂等节目，“绍兴电视图书馆”逐步成为绍兴市民的学习中心。

五、惠民服务

十年来，绍兴各级支中心通过丰富多彩的活动和实实在在的服务，不断拓展共享工程的服务内涵和方式，开创了基层文化工作的新局面。结合建国六十周年、改革开放30年、奥运会等主题，开展“庆祝建国60周年”图片展、“改革开放30年”图片巡回展、“五环旗下—文化共享奥运行”展览、“青春暖流—关爱农民工子女”首届连环画展、“文化共享奥运行”视频展播等活动。为进一步扩大共享工程的影响力，举办了“浙江网络图书馆暨文化共享工程资源利用知识竞答”活动、组织开展少年网页设计培训活动，还定期推出“共享工程周末视频讲座”、“共享工程少儿动漫电影周”，“共享工程春节影片点播”、“4.23读书日”等系列活动。共享工程各级中心除组织各类阵地活动外，还经常组织人员深入社区、军营和农村开展共享工程活动，先后开展了“共享工程数字文化基层行”系列活动、“文化共享助春耕”服务活动、“国际志愿者日-文化共享进乡村”活动，精心挑选农业种植、养殖技术等实用知识光盘、数字资源，直接送到农民手中，把优秀的文化信息资源送到农民的田间地头，为基层百姓送去实实在在的文化服务。

六、培训工作

联络员队伍是文化共享工程工作正常开展的关键，我市成立了由市支中心牵头、各县支中心组成的绍兴市共享工程联络员队伍。为加强管理和方便交流，市中心对各县中心联络员进行登记，并充分利用QQ工作群开展业务交流和技术支持。市中心专技人员每年都会到各县中心实地查看，对中心的规范化建设提出建议，并帮助解决相关的问题。同时，市中心还结合各县级支中心的实际情况，为各县级支中心提供了文化共享工程建设参考方案和技术指导，推进各县级支中心的建设。为提高基层工作人员的业务能力，市中心通过集中授课、网络互动、光盘教学等方式，组织开展对县级支中心、文化馆、乡镇文化站等基层文化单位工作人员的培训工作。除次以外，还积极联合农村党员干部现代远程教育系统共同组织培训。

七、工作展望

绍兴市文化共享工程经过十年的建设，已形成一定的发展态势，取得了一定的成绩。展望未来，我们将从以下几方面继续推进绍兴市共享工程建设工作：

1、积极推动标准规范化建设。进一步发挥市级支中心技术引领和管理核心作用，坚持统一的技术标准，重视资源建设和网络建设，实现技术有保障、服务有标准、管理有规范，形成市、县、乡（镇）管理梯次，分级负责、分层培训、分工合作的机制。

2、积极建立多方协作机制。按照“互惠互利，优势互补，共建共享，共同发展”的思路，继续加强行业间、地区间的共建共享，加强与社区、企业、学校等各行各业之间的协作，做到共享工程与“农村党员干部现代远程教育工程”对接，与教育网系统对接，实现资源建设的共建共享，扩大文化共享工程网络的覆盖面。

3、积极推动共享工程与数字图书馆共同发展。数字图书馆是当前图书馆事业发展的新形态，文化共享工程作为数字图书馆的早期服务形式，紧密结合数字图书馆建设，在服务网络、数字资源、技术平台、工作队伍、共建共享等方面同建设共发展。同时通过文化共享工程平台，实现数字图书馆服务网络覆盖基层。

（撰文/绍兴市支中心）

诸暨市支中心

诸暨市区域面积2311平方公里，总面积2311平方公里。总人口115.79万人（2011年）。诸暨市辖3个街道、23个镇、1个乡，共有32个社区、34个居委会、467个行政村。诸暨市文化资源共享工程在诸暨市文广局，绍兴图书馆支持和部署下，逐步推进，稳步发展，在新形势下为繁荣农村基层文化，满足农民多层次文化需求，传递中国民族优秀文化资源发挥了重要作用。

一、基本情况

诸暨市自2007年上半年启动文化信息资源共享工程建设工作以来，市委、市政府对此项工作高度重视，相继出台相关扶持政策。于2007年6月下发市委55号文件，市财政安排专项经费用于工程建设运行，并且把文化共享工程建设与乡镇（街道）综合文化活动中心和村（社区）综合文化活动室建设结合起来，市、镇、村三级投入大量财力、人力，扎实开展工程建设。市文广新局明确了诸暨市图书馆作为文化共享工程建设单位，并加大投入，认真按照国家中心和浙江省文化厅关于文化信息资源共享工程建设的有关通知精神，高效率、高质量地推进文化信息资源共享工程建设，基本建成了全国文化信息资源共享工程县、镇、村三级网络体系。目前，诸暨市已经实现村级基层点全覆盖，全市群众可就近免费、便捷的享受到共享工程丰富的文化资源。

二、管理和队伍建设

为使共享项工程真正为民所用为民谋利，诸暨支中心将共享工程日常管理纳入制度化管理。制定支中心、镇、村基层服务点工作职责和制度，实行制度上墙公开。每年有年度工作计划，年末有工作总结考核，并推行管理员工作日志管理，收集整理共享工程服务活动的得失，探索共享工程管理和服务新模式。

文化资源共享工程作为一个新的农村文化资源获取平台，如何推广好、利用好共享工程丰富的文化资源关键在于是否有一支专业化的共享工程管理员队伍。诸暨市共享工程支中心在管理员队伍建设上坚持明确职责，明确思路，制度化管理，常态化培育。对于乡镇、村两级基层共享工程管理上择优选取文化层次较高，有一定社会基层管理服务实践经验的大学生村官为管理员，他们工作热情高，有较高的文化水平能尽快熟悉掌握共享工程设备为所在村民服务。

三、培训工作

诸暨支中心在共享工程管理员的培养上实现了制度化和常态化。根据支中心工作要求，每年对辖区共享工程管理员进行2期的集中培训，2007年以来一共举办各类培训班12期，参加轮训的各级管理员达400人次。

四、经费投入

诸暨市共享工程自2010年实现村村全覆盖以来，诸暨市财政每年投入20万的运维经费，用于共享工程设备的维护，人员培训和惠民活动的开展。同时，诸暨区政府，诸暨市图书馆每年也投入大量人力物力支援共享共享工程各项活动的正常开展。

五、资源建设

诸暨支中心在历年的工作中，搜集不同区域民众文化需求，多方搜寻建立越剧精品数据库175GB，诸暨非物质文化遗产视频库等地方特色资源。

六、荣誉奖项

2011年，经我市文化广电新闻出版局推荐，并经省文化厅审核，决定授予诸暨支中心宣何村基层点“浙江省文化信息资源共享工程基层示范点”称号。

七、工作展望

诸暨市文化资源共享工程已走过7个年头，从当初的几个零星点到今天的467个行政村全覆盖，从单一的资源接收到今天的编辑分发和群众广泛认知，广泛参与，文化资源共享工程在诸暨已经成为诸暨人民文化生活的一大支柱，成为繁荣诸暨文化，丰富诸暨人民精神生活，推动诸暨人文科技进步的强大动力源泉。今后诸暨支中心希望在国家中心，绍兴分中心大力支持下为诸暨共享工程建设一支专业化的服务队伍，建立一个国家、市、区三级知识网络联动的即时问答服务体制和服务形式更加多样，服务网点更加宽广，参与群众更加广泛的共享工程文化带动体系，为诸暨的文化大发展大繁荣做出贡献。

（撰文/洪郑东）

上虞市支中心

上虞支中心设立在上虞图书馆。上虞图书馆位于上虞市民大道一路2号，总建筑面积12478平方米，图书馆使用近10000平方米左右。现有员工42人，全年开放时间365天，每天开放时间为12.5小时。

上虞图书馆是绍兴市委、市府授予的“文明单位”，在第二、三、四次（2003年、2008年、2010年）全国公共图书馆评估定级中被国家文化部评为国家“一级图书馆”。曾先后被授予浙江省文化系统先进集体、浙江省文明图书馆、浙江省第四批生态环境教育示范基地、上虞市2011年度“群众满意基层站所”、浙江省文化共享工程十佳网站。2006年6月盛昌黎副省长在全国文化信息资源共享工程经验交流大会上介绍了上虞的经验。

上虞图书馆信息化工作一直走在全省县级公共图书

馆前列，在全省县级公共图书馆界是第一个构建“上虞图书馆综合电子信息网”和多媒体电子阅览室，也是第一个在互联网上建立上虞综合信息网站——“上虞信息港”和上虞市图书馆网站。2002年4月，文化部、财政部共同实施了全国文化信息资源共享工程。2003年，利用广电宽带IP网的优势和特色，组织实施上虞市文化信息资源共享工程，请省中心输入数据，在广电宽带IP网16网段上建成了全国文化共享工程上虞基层中心。

一、基本情况

1、设备设施

文化共享工程上虞支中心，整套设备统一招标购置安装，共分四部分：机房、电子阅览室、多功能演播厅、文化资源数字加工。上虞市图书馆电子阅览室共有60台电脑，每天服务时间近10小时，并匹配了10兆光纤网络。上虞支中心现有专职工作人员3个和临聘工作人员1个，自2002年以来，总经费投入98.7万元。上虞图书馆承担全国文化信息共享工程上虞县级分中心建设，已在全市建成多个基层站，形成了市和镇乡（街道）和村（社区）三级文化信息传播网络。

2、配置标准

为了操作方便，使文化信息共享系统的稳定性更好，我馆分批投入了150多万元，建立了高标准的系统配置。上虞市支中心，现由1台共享工程专用服务器，1台联创公共电子阅览室服务器和3台力博系统服务器构成。上虞市支中心采用了先进的数字图书馆管理、数字加工软件，不仅能够保证网络系统在高流量下的高速运转，保持较高的系统稳定性和安全性，为我市城乡居民提供了优质高效公共文化服务。

二、信息服务

在上虞市支中心电子阅览室可以享受到免费上网，可查询、阅读、下载包括万方、维普等多个数据库的数字资源，“戏剧”等光盘可免费欣赏，读者可以在电子阅览室领到“浙江网络图书馆”阅读卡。每年寒暑假定期为青少年免费放映一系列红色经典影片。

上虞市支中心还通过网上下载、光盘刻录等多种渠道，把下载、整合、购买的资源传输到社区、农村基层站点。2009年7月，与卧龙社区合办，推出了“浙江网络图书馆宣传进社区”的系列活动。2010年4月，与绍兴市图书馆在上虞市叶家埭村联合开展了“文化共享助春耕”活动，发放“文化共享助春耕”光盘资源90张。从2009年开始至今，年年开展“送万册图书下乡”工程，向全市24个行政村赠送图书。并对乡镇文化中心、村文化活动室图书室建设的进行辅导。

丰富群众文化生活，已连续三年举办市民讲坛，每年举办讲坛30多期，直接受众5000余人次。在每次举办讲座后，《上虞日报》、上虞电视台、上虞广播电台和上虞新闻网等及时做好讲座信息发布和活动报道工作，扩大讲坛的影响，成为城市品味提升的一个重要象征，受到各界好评，被市民誉为“知识园地”、“百姓课堂”。

三、培训工作

拥有一支怎样的专业技术人员队伍，很大程度上决定了文化共享工程的建设质量和服务质量，加强人员培训，是提高队伍素质的重要手段。上虞市支中心十分重视文化共享工程人员培训工作，一是办班培训。2008年6月举办了年度镇村两级文化信息资源共享工程业务培训班。2009年底，举办了“上虞市基层图书室管理员培训班”，全市21个乡镇119个村和11个社区的图书室管理员以及乡镇文化站干部共153人参加了本次培训。二是远程指导培训。利用网络和电话等方式对各级技术人员进行远程培训指导。

四、主要特色

强化数字化图书馆建设，上虞图书馆网站建有各类数据库，通过与上虞支中心网站互链，传播到千家万户。

1、地方志数据库建设：为了充分展示上虞的政治、经济、文化和社会事业的发展以及风俗、民情、自然资源等等，更好地开发利用馆藏地方文献。通过网络，以数字化的形式展示上虞历代方志，方便读者检索查阅。目前已完成光绪《上虞县志》、《沥海所志稿》、《曹娥江志》、《曹娥乡志稿》等方志的全文录入和上网工作。

2、上虞名人数据库建设：上虞人杰地灵，英才辈出。收集、整理、利用好这些名人的资料，不仅是我市文化建设的重要课题，也对全市上下建设新世纪新上虞有着深远的现实意义。每位名人的介绍基本上都包括了：生平、成就、传记、报道、图片、作品、相关链接等内容，部分名人还有相关的音像资料。

3、《上虞文物》数据库建设：有曹娥庙、春晖中学、王充墓等省级文物保护单位和36件从越瓷起源到上虞越窑衰落时的珍贵文物进行资料搜集和建设。

4、上虞历代家谱数据库建设。据不完全统计，现存于各大图书馆有关上虞的家谱有近60个姓氏，我馆已收集了276条有关上虞的家谱书目提要。2012年底，已完成《上虞松夏连氏宗谱六卷》、《花垦叶氏宗谱》《妙环王氏宗谱》等近70余部家谱的数字化工作。

五、工作展望

下一个阶段，我们将密切关注我省各市支中心工作开展，向兄弟馆学习好的经验，推动我市文化共享工程快速发展。文化共享工程是一项重要的公共文化基础工程。抓好文化共享工程的实施，推动文化工程建设是时代赋予我们的光荣使命。

（撰文/上虞市支中心）

嵊州市支中心

嵊州市总面积1784.43平方公里。户籍人口73.43万人。文化资源共享工程在逐步推进，稳步发展，在新形势下为繁荣农村基层文化，满足农民多层次文化需求，传递中国民族优秀文化资源发挥了重要作用。

一、基本情况

嵊州市文化资源共享工程建设开始于2003年，最初在市图书馆试点安装，此后陆续在全市5个镇（街道办）文化中心开始安装，前期安装设备均通过卫星设备直接

接收国家中心下发的各类资源和信息。2007年嵊州市文化资源共享工程开始普及进入乡镇行政村，分二批共630个行政村进行安装，至此嵊州市所属行政村实现全区共享工程村村全覆盖。

共享工程嵊州市支中心设在嵊州市图书馆，是嵊州市共享工程的建设和业务指导单位，负责保障区中心共享工程设备的运行，协调镇村级共享工程设备的维修，指导镇村级共享工程活动的开展以及开展全市共享工程管理员的业务培训和指导。

二、管理和队伍建设

为使共享项工程真正为民所用为民谋利，嵊州市支中心将共享工程日常管理纳入制度化管理。制定支中心、镇、村基层服务点工作职责和制度，实行制度上墙公开。每年有年度工作计划，月度有工作要点，季度有工作督导，年末有工作总结考核，并推行管理员工作日志管理，收集整理共享工程服务活动的得失，探索共享工程管理和服务新模式。文化资源共享工程作为一个新的农村文化资源获取平台，如何推广好、利用好共享工程丰富的文化资源关键在于是否有一支专业化的共享工程管理员队伍。嵊州市共享工程支中心在管理员队伍建设上坚持明确职责，明确思路，制度化管理，常态化培育。对于乡镇、村两级基层共享工程管理上择优选取文化层次较高，有一定社会基层管理服务实践经验的大学生村官为管理员，他们工作热情高，有较高的文化水平能尽快熟悉掌握共享工程设备为所在村民服务。目前嵊州市共享工程管理员由各级大学生村官为主岗，由较高学历的村委委员兼任副岗，实现了管理员AB岗保障制度。

三、培训工作

嵊州市支中心在共享工程管理员的培养上实现了制度化和常态化。根据支中心工作要求，每年对辖区共享工程管理员进行集中培训，2003年以来一共举办各类培训班48期，参加轮训的各级管理员达2400人次。

四、经费投入

嵊州市共享工程自2008年实现村村全覆盖以来，每年投入80多万的运维经费，用于共享工程设备的维护，人员培训和惠民活动的开展。同时，嵊州市政府、嵊州市组织部和嵊州市图书馆每年也投入大量人力物力支援共享共享工程各项活动的正常开展。

五、资源建设

嵊州市支中心在历年的工作中，搜集不同区域民众文化需求，选取、编辑制作各类题材资源，共制作发放各类光盘1400多张，展板70多块，各类海报，招贴画37副，发放宣传资料4000余份。

六、合作共建

以共享工程为依托结合全覆盖的农村数字电影厅建立电子文献资源服务中心。将各种部门下发的电子文献资源与建立的共享工程服务点结合，根据不同乡镇、村的硬件条件建立形式多样的电子阅览室和多媒体中心。比如在长乐镇的上南庄、三界镇的南街村等建立拥有多台电脑的多媒体阅读中心。通过多方不懈努力，共享工程已逐步走入基层村民生活，成为村民获取新知，娱乐身心的新渠道新平台。

七、利民惠众，惠农服务

该支中心在共享工程服务实践过程中，以民众的需求为导向，积极探索，服务民众生活生产，引领群众高尚精神文化生活，打造群在满意喜爱的文化服务新平台。

根据嵊州市地域农业生产特点，嵊州市支中心每年按节令制作农业生产技术光盘和小册子分发基层服务点村民。针对不同农业专业者，嵊州市支中心有针对的选取资源上门指导服务。历年来累计服务专业生产户30多户，长期点对点跟踪服务6户。

八、宣传推广

1、走进校园。嵊州市支中心文化服务中不断探索，利用支中心儿童阅览专区，组织动员青少年儿童关注共享工程，利用共享工程，收集青少年知识兴趣点整理挖掘。通过一系列的活动是共享工程不仅走进农村也走进校园走进青少年。

2、专题活动，精彩纷呈。嵊州市支中心在服务中抓住文化的热点和亮点，积极组织群众喜闻乐见的文化服务，使共享工程走进群众生活。配合市越剧节活动，与社区联合举办越剧大家唱活动。

九、工作展望

嵊州市文化共享工程已走过10个年头，从昨天的几个点到今天的630个行政村全覆盖，从单一的资源接收到今天的编辑分发和群众广泛认知，广泛参与，文化共享工程在嵊州市已经成为嵊州市人民文化生活的一大支柱，成为繁荣嵊州市文化，丰富嵊州市人民精神生活，推动嵊州市人文科技进步的强大动力源泉。今后嵊州市支中心希望在国家中心大力支持下为嵊州市共享工程建设一支专业化的服务队伍，建立一个国家、市、区三级知识网络联动的即时问答服务体制和服务形式更加多样，服务网点更加宽广，参与群众更加广泛的共享工程文化带动体系，为建设科技嵊州市，文化嵊州市做出贡献。

（撰文/嵊州市支中心）

绍兴县支中心

一、整体情况

绍兴县作为全国经济文化强县，广播电视、宽带光纤等网络基础设施比较完善。自2006年被定为文化信息资源共享工程示范地区试点县后，绍兴县支中心积极利用现代信息技术和共享工程网络资源，高效率、高质量地推进共享工程建设，在提高农村信息化水平，丰富广大人民群众精神文化生活等方面发挥了重要作用，实现了优秀文化信息资源在全县范围内的共建共享。

二、网点建设

2006年起，绍兴县支中心通过与中广有线合作，由中广有线通过其覆盖全县的光缆骨干网络构建绍兴县文化共享工程专用网，完成全县19个镇（街）和402个村（社区 ）共享工程网络100%覆盖，建设基层服务点共计421个。并为每个村配备文化共享工程专用电脑3台。

三、经费投入

绍兴县财政2007年安排250万专项经费用于共享工程建设，其中80万元补贴县级支中心；170万元用于村级服务点补助；山区村财政配套70%的经费，平原村财政配套50%的经费；镇（街）服务点自筹建设，同时对所辖村级基层服务点再进行补助。2008年县支中心建设资金40万，2009年建设资金12万，2010年建设资金12万，2011年建设资金20万，2012年建设资金25万（包括省财政补助5万元）。

四、资源建设

1、着力建设特色资源数据库，如越地遗珍—绍兴县文物精品数据库、越地联匾数据平台、绍兴碑石图书数据库、中国戏曲音像数据库等特色资源。其中越地联匾数据平台和摩崖碑版图文数据库项目被省文化厅立为浙江省文化共享工程特色数据库项目，得到省补助资金共计16万元。

2、稳步推进方正APABI电子图书数据库、地方戏曲视频数据库等的技术维修及软件升级工作。

3、加强与绍兴市支中心的沟通协调，利用“一卡通”工程的网络覆盖优势，配合市馆建立全市统一的数字资源平台，共享包括中国知识资源总库、国务院发展研究中心信息网、中国宏观经济数据库在内的34个专业数据库。

五、惠民服务

1、2011年，完成全市公共图书馆“一卡通”工程建设，实现区域性图书通借通还，各县市数据库资源也实现共享。极大地提升了为广大读者服务的能力和水平。

2、以图书馆资源为依托，在电子阅览室开辟专用区域利用150台业务终端电脑开展文化共享工程服务。对群众免费开放，对群众免费提供文化信息浏览服务，指导群众使用文化共享工程信息，发挥文化共享工程作用，平均每周开放不低于72小时。

文化共享助春耕

3、利用乡镇平台，对所有乡镇、村社区基层点的工作人员进行培训，提高其认识水平和管理能力。

4、对基层点进行定期走访服务，解决基层点在共享工程实施和应用过程中遇到的困难。

5、送文化信息下乡，为农村群众播放实用技术、戏曲节目优秀电影的文化信息资源如数字文化乡村行系列活动等。

6、从支中心到各基层服务点统一设立了读者上机记录本和工作人员工作记录本，具体服务过程都有记录在案，为今后开展惠民服务提供依据和参考。

六、宣传推广

1、媒体及馆内宣传：绍兴县报刊登活动报道、易拉宝、悬挂横幅、数字资源宣传折页、网站宣传、微博宣传等。

2、深入村、社区基层服务点，通过分发光盘、播放视频等活动宣传推广共享工程资源。

3、在读者人流比较密集的区域，开展现场咨询服务，发放问卷调查，分发数字资源使用培训讲座宣传单，增设意见留言箱。

4、开办培训讲座，如数字资源专题培训讲座、共享工程进村入户培训等。

5、举办内容丰富、形式多样的活动，宣传推广共享工程。如文献检索知识技能竞赛、我的阅读生活　数字时代有奖征文活动等。

6、文化进乡村宣传活动。送共享工程进乡村播放实用技术、戏曲节目、优秀电影等。

七、培训工作

2006年以来，绍兴县图书馆（共享工程绍兴县支中心）积极利用文化信息共享工程资源，通过开展培训、举办展览、播放电影、分发光碟等活动，为县各基层点提供共享工程服务。服务对象达95000余人次，年平均服务次达近15000人次。1、数字资源专题培训讲座——数字资源检索利用。2、共享工程数字资源使用现场答疑活动。3、共享工程动漫基础网络直播培训。4、共享工程关于网站建设的网上直播培训。5、共享工程进村入户的技术交流培训。

八、管理和队伍建设

绍兴县支中心根据自身工作实际，专门设立共享工程业务指导部，协调教育培训和社会教育等部门开展共享工程视频展映、展板宣传和培训讲座等活动。在运行机制上，以乡镇基层文化站、村（社区）服务点为依托，通过树形管理模式，建立联动机制，带动整个绍兴县文化共享工程工作的开展。在人员考核上，制定岗位目标责任制，明确职责、规范管理，确保了文化共享工程建设的可持续发展。

队伍建设是事业发展的基础和关键，县支中心高度重视人才培养和队伍建设，现有专职计算机技术人员4名，兼职1名，全部为本科及以上学历。各镇（街）基层服务点落实专职或兼职人员2名，行政村（社区）服务点落实专兼职人员1名，按照规划要求，相关工作人员配备到位，并加强人才队伍的技能知识培训，定期组织参加省文化信息资源共享工程业务培训。

九、荣誉奖项

1、2007年绍兴县被评为全国文化信息资源共享工程示范县。

2、2009年，在由浙江省文化厅主办，浙江省图书馆承办的“文化共享杯——全国文化信息资源共享工程知识与技能竞赛”中，绍兴县图书馆技术人员刘平代表市级代表队参赛获第一名，同时获得县级最佳选手的称号。同年，刘平同志被选为浙江省代表队成员参加了全国总决赛，获优秀奖。

3、2010年，在由浙江省图书馆举办的共享工程业务知识辩论会上，绍兴县图书馆信息技术部刘平同志获得最佳辩手称号。

4、2010年，绍兴县图书馆新版门户网站在浙江省公共图书馆网站建设评比中获“最佳口碑奖”。

5、2011年，杨汛桥基层服务点被评为浙江省文化信息共享工程基层示范点。

6、2012年，杨汛桥基层服务点被评为全国文化信息共享工程（公共电子阅览室）基层示范点。

十、工作展望

1、加大数字图书馆建设力度。以绍兴县支中心网络平台为依托，建立数字图书馆网络服务平台，开创图书馆网络服务新模式，提升信息化服务质量，扩大绍兴县支中心的区域影响力和服务能力。

2、充分利用云技术推进文化共享工程的建设与发展。积极响应共享工程国家中心的号召，创新文化服务理念和服务方式，配合市支中心探索研究文化共享云技术服务模式。

3、加强公共电子阅览室建设。引入虚拟桌面软件系统，推进公共电子阅览室计算机管理的无盘运作方式，降低人员维护成本，提高计算机维护效率，促进公共电子阅览室的可持续发展。

4、引进VOD视频点播系统。充分利用先进的流媒体技术，提供交互式的网络视频点播服务，实现优秀文化信息资源的共建共享，满足基层群众的文化信息需求。

（撰文/绍兴县支中心）

新昌县支中心

一、整体情况

新昌县文化信息资源共享工程的建设，是在2006年，首先由新昌县文化广电新闻出版局提出分两步走的思路。第一步，先解决图书馆网络，基本建成电子阅览室、主机房等县级支中心的建设。第二步，逐步推开乡镇、街道、社区、农村各基层点的建设。

经过近六年不懈的努力，在省中心的督导和帮助下，在县委县府的重视和支持下，新昌县支中心建设及基层点建设逐步完善并已步入正轨，通过接收全国文化信息资源共享工程和浙江省文化信息资源共享工程的最新数字资源，为我县百姓带去实实在在的文化信息资源共享。具体建设情况如下。

二、网点建设

新昌县文化信息资源共享工程农村（社区）基层点的建设，我们是结合农家书屋工程建设，实现资源共建共享。继2006年建成文化信息资源共享工程新昌县支中心后，2007年建成第一批48家农村（社区）基层点，2008年建成第二批60家农村（社区）基层点，2009年建成80家农村（社区）基层点，2010年建成70家农村（社区）基层点，2011年又分前后两批分别完成157家农村（社区）基层点建设。各项工作正在朝着“布点全覆盖，网络全连接，数据全海量，服务全共享”的方向有序推进。

三、经费投入

2006年，县财政一次性下拨专款16万元，省文化厅专额补助8万元，建成县图书馆网站（www.xclib.com），县图书馆电子阅览室和主机房。县图书馆按有关要求先进行配套部分硬件，一次性配置电脑50台，电子阅览室2006年10月1日向社会开放。2007年，县财政局又追加投入10万元，图书馆新增10台电脑，以及服务器、防火墙等硬件设备。2008年，为加快推进图书馆服务工作现代化和支中心规范化建设，县财政局一次性拨专款10万元。2009年，省下拨专项经费16万元。2010年，省下拨7万元，县财政再次投入支持加强县级支中心建设总为27万元专项资金。2011年，省下拨8万元，县财政投入8万元。2012年，省下拨7万元公共电子阅览室建设补助资金，以及8万元文化共享工程资源建设补助经费，用于目前正在建设中的新昌调腔数据库地方特色资源。

四、资源建设

新昌县级支中心已正常完成接收国家中心资源（http://www.ndcnc.gov.cn/），接收省级分中心资源（http://www.zjwhgx.cn/）。自建数字资源方面，县图书馆市县志数据库，新昌县名人数据库，新昌籍人士著作数据库，及新昌风景名胜数据库等，已基本建成或正在建成。现在积极争取县财政介入支持，正在启动《向我们的爷爷奶奶致敬》暨尉建行、梁柏台、尹桂芳等新昌十名人专辑特色数据库的建设。其它一些象立足于新昌山区县的特点，在网站中特设“三农看台”专题栏目等，我们也加以用心打造。新昌支中心于2012年4月上报了《新昌调腔数据库》项目，今年上半年获得省共享工程分中心有关项目评审会议通过，同意予以立项，目前正在建设中。

五、技术支持

县支中心技术支撑（设备设施）方面，无论电脑台数，投影仪、扫描仪、摄像机、移动硬盘、空调等，还是存储系统，图书馆业务自动化系统，资源应用管理系统，网页内容的传输和互联网的接入等已具备，并于2010年新购两台服务器，防火墙，网络版杀毒软件，UPS，VPN等设备设施，使县支中心硬件配套更加完善。

六、合作共建

县支中心在加强资源整合，技术支撑，基层服务的同时，继续扩大存储能力和提高分布式资源库群的整体服务能力。文化信息资源共享工程基层服务中心，结合农村党员干部远程教育基地建设或镇乡街道图书室建设，按不少于30——40平米，8台以上电脑配置等有关要求，将设备配置和建设工作落实到位。文化信息资源共享工程基层服务点，要特别重视将农村党员干部远程教育农村、社区基地建设，和"农家书屋"（社区书屋）建设相结合，务求达到资源共享，场地共用。按总不少于15——20平米，2台以上电脑配置等有关要求，确保图书借阅和网上读书功能完备，服务共促，建设工作落实到位。

七、惠民服务

新昌县支中心通过新昌县图书馆网站为多层次人群提供馆内外免费数字资源，而且为未成年人提供绿色上网服务，为读者朋友的工作、生活带来很大的帮助。充分利用省文化厅配置的图书流动车高清视频播映设备，规划了全年的送知识下乡，到敬老院，社区，农村各地，特别是边远山村，结合县图书馆送书下乡活动，开展了"崇文学堂"馆外流动知识讲座播映服务，深受各地民众特别是山村农民的热烈欢迎。

八、宣传推广

新昌县支中心大力宣传全国文化共享工程，通过新昌县图书馆网站最新动态栏目，向广大读者推广一系列共享工程有关活动，号召全民参与。配合省中心向读者宣传浙江网络图书馆以及浙江网络影视频道等，通过我馆举办的未成年人读书节活动，三下乡活动等推广阅读和利用。本馆也制作了《读书天地》等一系列宣传手册，进一步向各机关，企业以及读者个人来推广共享工程。

九、人员培训

新昌县支中心安排专职或兼职人员参加了省统一组织的每年一次的文化信息资源共享业务培训。在全县范围内，自2008年起多次举行新昌县文化信息资源共享工程业务培训班，通过对大学生村官，农村文化指导员以及村干部等人员培训，提升服务品质。也通过下基层开展个别辅导，组织各村基层服务站点的同志来图书馆等方式，重视抓好了镇乡（街道）基层服务中心和农村（社区）基层服务点管理人员的业务培训。

十、工作展望

十八大报告把文化建设推向了一个新的高度，这不仅表现在它提出了"推进社会主义文化强国建设"思想和目标，还表现在它对文化在整个社会发展中地位与作用更全面认识。相信在十八大报告的引领下，我国将逐步走向一条科学、协调和可持续的文化发展之路，渐渐实现文化强国目标。在这样一个大环境下，文化信息资源共享工程的工作一定能再上一个台阶。目前，新昌县支中心及下级基层点建设已逐步完善，我们也同样有信心把文化信息资源共享工程新昌支中心的工作做得更好。

（撰文/新昌县支中心）

衢州市支中心

衢州市现有46个乡、47个镇、2597个行政村、13个街道办事处、62个城市社区，常住人口250余万人。衢州市文化信息资源共享工程在市图书馆，全市实现了所有行政村终端站点全覆盖，并逐步向社区、非公企业等领域延伸，基本建成资源丰富、技术先进、服务便捷、覆盖城乡的数字文化服务体系。共享工程在基层的实施，不但积极推进了图书馆事业在基层的发展，还密切了政府与群众的联系，切实促进了新农村建设。

一、基本情况

衢州市文化信息资源共享工程建设开始于2003年，最初在市图书馆建立了市级支中心的安装，之后于2004－05年期间先后在开化、江山、龙游、常山、柯城分别建立了县支中心。2008年，各级支中心进行软硬件设备的升级；同期与市、县党员干部现代远程教育系统衔接，2009年实现基层服务点全覆盖。目前，在全市建成各级中心2808家，其中包括地市级支中心1家、县市级支中心5家、村级基层中心2802家，实现了"共享工程"由社区向农村、非公企业等领域延伸。

二、管理和队伍建设

共享工程运用的好坏最终依靠懂技术、懂管理、志愿为农村信息化服务的各级人才。衢州市各县人员结构基本一致，主要有村民、文化员、大学生村官组成。据我们调查发现存在这么一个情况：村民有心而无力，一是经费问题，二是文化程度不高的问题；文化员任务比较多，而且普遍年龄偏大，没有很强的学习欲望，无法真正专职管理；大学生村官文化程度高，基本都掌握计算机操作知识，而且学习能力很强，应充分发挥其润滑剂的作用，要帮助他们借助共享工程开展农村工作，为农民增收致富出谋划策。

三、培训工作

在推动文化共享工程工作中，要着力加强管理员队伍建设，为了规范站点日常管理，完善工作机制，要求各县支中心每年至少两次邀请远教中心的远教骨干和大学生村官进行日常基层点管理与维护的培训，不断提高他们的工作水平；市支中心针对基层点和农村图书室还编制《农村图书室管理员工作手册》，手册中介绍了文化共享工程、服务方式、以及浙江网络图书馆、市县自购数字资源的使用。通过定期组织培训、发放手册，努力提高各类技术人员和管理人员利用远程教育系统实施文化信息资源共享工程的能力。十年来一共举办培训班37期，参加面授培训的各级管理员达1687人次，而参加远程培训的为12756人次。

四、经费投入

共享工程衢州市各级支中心自开通以来共投入资金419.5万元，其中市支中心投入147.5万元，各县支中心投入272万元，每年市支中心运维经费为20万元，5个县支中心共为25万元。

五、资源建设

在利用共享工程中心网站资源的同时，我们注重与省文化部门单位的联系与合作，争取上级支持整合各类资源，达到共建共享。一方面，对内加大资源采集力度，将宣传文化系统举办的诸多展览、节庆活动等资料纳入共享工程数据库，丰富了信息储备。2003年以来，市支中心收集、整理了本地戏曲资源20部，衢州相关视频31部约5000分钟，民工热线音频140期约2100分钟，14类约1000张图片在共享工程“本地特色资源库”栏目展出。另一方面，对外无偿提供衢州特色文化信息资源，推进“资源共享、优势互补、互利互惠”。2007年在征集优秀地方戏剧目工作中，市支中心制作了《女皇错断梨花案》、《唐宫冤》、《忠壮公徐徽言》等九篇婺剧（数据量13G）的DVD和VCD两种版本，报送国家中心和省分中心，2008年10月被全部采用。2012年中心开始建设衢州名人、衢州方志特色数据库建设。

六、整合资源，共建共享

1、与远程教育系统合作

为更好地实现衢州市农村党员干部现代远程教育中心资源库与共享工程各级中心资源库之间的互联互通，资源共享，优势互补，建立了文化共享工程衢州镜像站，并在市远程教育前端播出平台设立“文化共享工程”栏目，整合视频资源，并通过农村党员干部现代远程教育系统向终端接收站点推送。

2、电子资源合作建设

为向广大读者提供更为便捷的借阅服务，几年来引进各种数字资源供读者使用。2009年市馆引进文史资源库；2011年建成维普信息资源系统镜像站；2012年建成万方数据资源系统镜像站。

七、繁荣文化生活，营造和谐氛围

自“共享工程”建成以来，衢州市支中心按照“把文化信息资源共享工程服务送到农村去，送到边远地区去，送到民工朋友身边去，送到民工子女身边去”这一原则，深入农村，深入基层，开展了一系列内容丰富、形式多样的文化信息资源共享工程活动，深受广大老百姓的喜爱。衢州市农村地域广、人口多，市支中心针对农民需求，分别在常山县招贤镇樊村、衢江区杜泽镇郑家村、民工子弟学校、柯城区彩虹社区、市聋哑学校、军营等90余个村（社区、学校、部队）进行送“共享工程”资源活动。发放种植、养殖、老年保健、民工维权等科普资料3.5万余份，先后放映科技片110余部、经典老电影90余场，并送去了各种图书刊物，受到了农村群众热烈欢迎；在全市

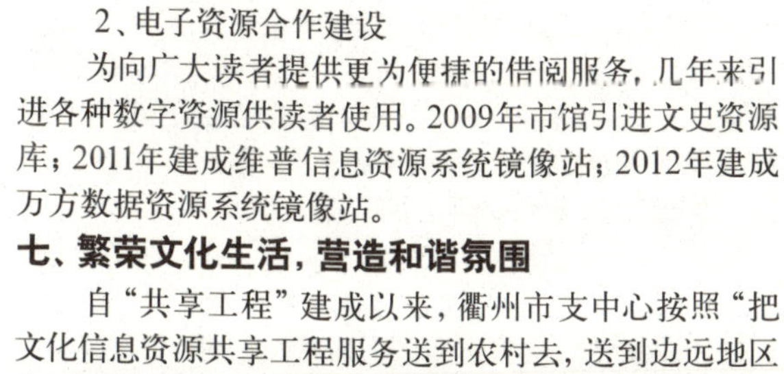

与同方知网合作对基层点管理员进行数字资源应用的培训

市支中心送文化共享工程到常山县樊村

范围举办了大型图片巡回展，包括“文化共享奥运行”图片展、迎世博大型图片展、“未成年人读书节”历届图片展等。据统计，几年来全市各支中心进行“共享工程”服务的人数约25.9万人。

八、重视宣传，扩大影响

为了扩大其在基层群众中的影响，广泛宣传其作用和意义，使各级领导和群众充分认识到这是一项惠民工程、民心工程，认识到工作的重要性和必要性以及文化信息资源的可用性。几年来结合当前工作重点，大力开展送“共享工程”下乡服务活动，并利用主流媒体对利用共享工程开展的一些大型活动给予相关报道。其中衢州电视台拍摄的共享工程到郑家村服务的视频报送到省分中心后，后转报到了文化部。省分中心主办的浙江省共享工程《工作简报》上，已刊登我市中心三十余篇投稿文章。随着宣传力度的逐渐深入，在市民心中的影响也在逐渐加深，对文化信息资源的需要也在逐渐加大，市民也逐渐开始掌握和利用这块知识宝库。

九、荣誉奖项

1、2005年9月12日，浙文办［2005］42号文件，被浙江省文化厅评为03—04年度全省文化信息网络建设先进单位；

2、该市支中心被浙江省文化厅评为“十一五期间”先进集体（浙文社[2011]42号）；

3、荣获浙江省第一届、第二届文化信息资源共享工程知识与技能竞赛组织奖；

4、工作人员被浙江省文化厅评为文化共享工程数字资源讲师团讲师；被市组织部评为远程教育“百名专家咨询团”成员；荣获浙江省第二届文化信息资源共享工程知识与技能竞赛最佳先手等。

十、工作展望

衢州市文化资源共享工程已经走过了十个年头，支中心服务内容与服务方式也慢慢地在转变，从国家资源为主转变为突出地方特色资源建设为主文化资源平台，以先进、实用的文化资源来教育广大群众，提高人民群众的思想道德水平和科学文化素质，最大限度地将信息资源转化为生产力，通过多种形式拓展服务范围、创新服务方式，将地方影视戏曲、音乐歌舞、美术等艺术表现形式纳入共享工程服务内容，以群众喜闻乐见的形式使共享工程更加贴近基层、贴近生活、贴近群众。

（撰文/衢州市支中心）

衢州市柯城区支中心

柯城区辖6个街道、2个镇、7个乡，共有278个行政村，常住人口40余万人。浙江省文化信息资源共享工程柯城区支中心自2007年12月加入全国文化信息资源共享工程以来，在上级部门和领导的关心下，支中心建设顺利发展，一年来为100多位读者通过QQ提供网络服务，为近万人次的读者通过共享工程资源提供网络资源，达到了资源共享的目标。现将情况如下：

一、基本情况

在省厅的指导下，区各级领导非常重视，为使区图书馆把共享工程做好、做强，立即进行了设备采购。在第一次采购设备的基础上，又进行了设备的扩容、完善。分别于2005年投资22万元更新了电子阅览室微机50台。2007年底，投资20万元增加了存储设备——磁盘阵列，增加了网络发布服务器，总容量达到4000GB，使共享工程资源得以完备的呈现给城乡群众。2008年投资2.6万元升级图书馆自动化系统，购置基于因特网管理的自动化软件，以便适应图书馆的实际管理需要。为共享工程基层点、农家书屋的村级管理、党员远程教育、及中心小学图书馆资源等提供整合共享的平台。通过党员远程教育资源整合，基层点覆盖率到达100%。2009年7月又投资20万元升级图书馆服务器，使共享工程柯城区支中心达到省县级标准化支中心的要求。

二、发挥共享优势，开展丰富活动

在实施共享工程的过程中，我们不断拓展共享工程的服务内涵和方式，充分利用这一全新的工作载体，抓住“五个走进”（走进农村、走进社区、走进学校、走进企业、走进军营），开创了基层文化资源共享工作的新局面。

1、馆内资源多，活动丰富多彩

一是将全国文化信息资源共享工程网站、浙江省文化信息资源共享工程、浙江网络图书馆、浙江文化信息资源共享工程柯城支中心网站放到每一台微机的桌面，读者可随时点击进入，点播自己喜爱的信息；二是充分发挥公共图书馆的阵地作用，在电子阅览室每学期推介优秀栏目、名家讲座、生活常识、电影及优秀地方剧目，为兴华中心师生开展如何利用图书馆及共享工程知识培训，三是利用柯城区教育城域网络针对未成年人播放百部爱国主义教育影片，科普类等影片，举办思想道德建设方面的讲座、名著赏析等，引导未成年人多读书，上健康绿色网站，深受广大市民的欢迎。

2、基层多培训，紧扣农民需求

随着城市化改造的进行，农民、社区居民对待现代科技信息和文化的需要迅速增加。结合这一现状，我馆一方面深入调查，根据农民的需求，下载家禽饲养、苗木、花卉栽培等相关信息，放置于共享工程网站提供市民阅读。另一方面通过对基层共享工程服务点进行有效的管理和辅导、培训，使其掌握资源更新和运用， 2008年5月在文化文物科的安排下，为50个村级基层点的管理开展有关共享工程的培训。

3、关注未成年人，拓宽信息资源共享面

为加强未成年人思想道德建设工作，除了在馆内针对未成年人开展的活动以外，还与教体局联合，深入各中小学校开展活动。为兴华中学、姜家山小学、二附小、航埠小学、新世纪学校航埠校区等6所学校安装了共享工程。利用共享工程开展思想道德建设，切实将加强和改进未成年人思想道德建设工作落到了实处。

4、走进老年人群体，让文化回归社会群体

开展为老年群体服务是文化信息资源共享工程工作的又一重点。我们坚持“贴近生活、贴近实际、贴近群众”的三贴近原则，对府山社区老年大学等社区学校开展了资源服务。我们始终坚持贴近生活这一原则，根据老年人平时生活的诸多习惯特点，上网下载了齐国力主讲的《营养与健康》、《科学保健》、《晚年的幸福生活》等系列视频资料和战争题材的故事片、名著欣赏讲座、中国京剧音配像等前往放映。使他们获得了精神的强健与文化的关爱。

三、整合各类资源，齐抓共建共享

在利用共享工程中心网站资源的同时，我们注重与省市图书馆的联系与合作，争取上级业务部门的支持整合各类资源，达到共建共享。如省级中心给我们配发了京剧音配像光盘，市分中心配备了上图讲座光盘。

我们按照“资源共享、优势互补、互利互惠”的原则开展协作共建，为基层图书点提供流动图书近20000册，同时加大资源的采集力度，将宣传文化系统举办的诸多展览、节庆活动采集视频资料，并制成光盘资源，为我馆特色数据库的建立做好信息储备。

四、重视信息宣传，努力扩大影响

加入全国文化信息资源共享工程以来，为了扩大其在基层群众中的影响，广泛宣传其作用和意义，使各级领导和群众充分认识到这是一项惠民工程、民心工程，认识到工作的重要性和必要性以及文化信息资源的可用性。我们利用柯城区教育城域网对利用共享工程进行了一系列的链接。还在学校网站的首页上设置共享工程热站链接，这样既可增强对共享工程的宣传力度，又收到了立竿见影的效果。

我们将在今后的工作中更加努力的探索共享工程服务的新路子，更好地发挥共享工程的作用，为把共享工程办成惠民工程、民心工程而不懈努力。

（撰文/衢州市柯城区支中心）

江山市支中心

江山市辖2个街道、12个镇、6个乡，共有人口60.13万人。江山市文化信息资源共享工程支中心在市文化广电新闻出版局的直接领导下，逐步推进，稳步发展，服务群众，为弘扬中华民族传统文化发挥了重要作用。

一、基本情况

江山市文化信息资源共享工程建设开始于2004年，

最初利用省转向补助资金添置20台电脑，安装了新版文化信息资源共享工程系统，为地方文献资源数字化加工提供了条件。以上级中心数字资源库为后盾，积极为读者提供数字资源服务。

扎实开展基层服务点网络建设，利用城乡基层文化设施基本普及、广播电视和宽带网络基础设施比较完善等有利条件，依托农村党员远程教育网络，按照全国文化共享工程试工作要求以及浙江省、衢州市文化信息资源共享工程建设的有关通知精神，抢抓机遇，趁势而上，推进文化信息资源共享工程建设，基本建成了全国文化信息资源共享工程市、乡镇、村三级网络体系。到目前为止，全市已经在乡镇（街道）文化站、村（社区）文化活动室建立了345个基层服务点，使文化共享工程基层服务点普及率达到100%。全市群众可就近免费、便捷的享受到文化共享工程丰富的文化信息资源。

二、管理和队伍建设

为更好地开展工作，建立了江山市文化信息资源共享工程建设领导小组，由市人民政府分管副市长任组长，由市府办副主任、财政局局长、文广局局长、市教育局局长任副组长。成员单位为：市府办、市财政局、市文广局、市教育局、各乡镇街道。其职责是：组织起草建设规划和编制实施方案；负责专项资金的管理与使用；制定年度工作计划；承担领导小组的日常工作等；组织协调、指导资源建设和信息服务；协调与有关局、单位、各地主管部门的联系等事宜。

文化信息资源共享工程作为一个新的农村文化资源获取平台，如何推广好、利用好共享工程丰富的文化资源关键在于是否有一支专业化的共享工程管理员队伍。江山市支中心在管理员队伍建设上坚持明确职责，明确思路，对于乡镇、村两级基层共享工程管理上择优选取文化层次较高，有一定社会基层管理服务实践经验的大学生村官为管理员，他们工作热情高，有较高的文化水平能尽快熟悉掌握共享工程设备为所在村民服务。目前江山市共享工程管理员80%为各级大学生村官，16%是由较高学历的村委委员兼任，实现了管理员选取的高起点。

三、培训工作

2007年初，市支中心派相关同志赴浙江省图书馆参加“浙江省文化信息资源共享工程基层点（国家资助）技术培训班”。听取了文化共享工程工作开展情况的介绍，

工作开展的要求，接受了基层版系统和下发服务器等设备的配置、操作、使用的培训。2008年又先后二次派人参加文化共享工程业务培训，为在基层开展文化共享工程的工作打下了坚实的技术基础，提升了业务人员的工作水平。

加强基层服务点管理人员技术培训。针对乡镇、村、社区服务点做到管理分级负责、分层培训的要求。市级支中心对基层服务点工作人员的业务辅导，特别的计算机技术的培训。

通过举办培训班、进行辅导、现场维护实践等措施，提高基层站点管理和技术人员的素质。市支中心工作人员对每一个基层站点均上门对相关工作人员指导服务，安装调试设备，确保每个基层点的正常工作。

四、经费投入

江山市共享工程建设经费主要来源与省中心专项补助，用于设备的维护，人员培训和惠民活动的开展。2012年11月，支中心进行了一次设备的升级，共享工程服务器、电子阅览室等硬件设施得到了较大的改善。

五、资源建设

经过几年的努力，搜集了江山24个姓氏宗谱，通过翻拍和扫描，制作成54张光盘，共计192GB的数字资源。另外，还在省中心的帮助下，制作了地方志数据库。

六、宣传推广

江山市支中心利用各种渠道宣传推广共享工程。以“走基层，种文化，孕幸福”活动为平台，以资料为媒介宣传共享工程，让民众不断了解共享工程，走进共享工程。结合读书节活动“让书香润泽心灵——经典美文诵读赏析”，在该市文化广场与基层群众一道品读中华经典，共享文化盛宴。

七、工作展望

江山市共享工程虽然起步较晚，但是得到了上级领导的重视，发展较为迅速，逐渐赶上其他兄弟支中心的脚步，实现了95%的行政村覆盖率，从单一的从上级单位下载资源到今天的自主收集资料开发数据库，文化资源共享工程在江山已经成为繁荣江山文化，丰富人民精神生活，推动人文科技进步的强大动力源泉。今后，江山市支中心希望在浙江省中心、衢州市分中心支持下为江山市共享工程建设得更加完善，服务体制和形式更加多样，为建设科技江山，文化江山做出贡献。

（撰文/江山市支中心）

常山县支中心

常山县总面积1099平方公里，辖5乡6镇3街道，342个行政村，人口33万。为保障常山人民群众的基本文化权益，构建起覆盖城乡的公共文化服务体系就变得迫在眉睫，而文化共享工程就是这样应运而生，这是一项实实在在的惠民工程，它通过采用现代科学技术，将中华优秀文化信息资源进行数字化加工与整合，通过互联网、卫星、光盘等方式，实现优秀文化信息资源在全国范围内的共建共享。

一、基本情况

共享工程常山县支中心于2005年1月建成，设立在常山县图书馆，改建了1个电子阅览室，拥有15台计算机服务终端和1台服务器。我馆根据全省实施文化共享工程的统一部署，在省、市图书馆和县文广新局支持和指导下，逐步推进，稳步发展，常山县图书馆积极组织全县的文化共享工程建设。按照重点推进，分步实施的原则，先行在全县15个乡镇（办事处）综合文化站建立共享工程基层分中心，基层分中心管理由各文化站站长负责，接着又与党员干部现代远程教育系统合作共建共享，截止2008年年底，通过其网络已覆盖全县342个行政村。

俗话说要想火车跑得快，全靠火车头带动。2009年抓住创建省级文化先进县的契机，新建了2740平方米的图书馆新大楼，新大楼三楼专门作为我馆电子区，设立电子阅览室，多媒体室以及独立的防雷防静电机房，图书馆共享工程硬件水平得到极大提高，机房中除了中央空调，还有挂式空调，还配备了24小时不间断电源，馆内共享工程服务终端也从原来的15台增加到48台。

二、服务工作

文化信息资源共享工程是一项惠民工程，为积极使这项工程惠及全县人民群众，尤其是偏远山区和薄弱的行政村，丰富基层他们的的文化生活。为此，我馆积极做好以下几项工作：

1、加强服务网点建设，扩展服务网络。着重加强农村公共文化建设，积极发展文化信息资源共享工程农村基层服务点，重点支持偏远和薄弱行政村基层服务点建设。同时结合农家书屋工程和图书流通点建设，积极推进文化信息资源共享工程建设，让健康的文化信息资源通过网络进入企业、校园、社区、乡村、家庭，不但提高农村劳动者素质，促进农民和农村社会全面发展，还丰富广大人民群众的精神文化生活。

2、加强管理和培训力度，充分发挥共享工程的社会效益。每年都深入农村，采用现场讲解示范，对服务点的管理人员进行耐心细致地解答，帮助他们用好文化共享工程上的各类优秀资源，从而提高文化共享工程在当地群众中的知名度。共享工程的全面覆盖，使得田间工作的农民朋友在农闲时，可以就近方便的获取先进的现代农业创业致富和法律等知识，提高他们的综合素质，为农村培养新型农民，促进农村科学民主建设，有利于繁荣农村文化事业，也有利于美丽农村建设。

3、注重合作，关注未成年人的健康成长。一是与县残联合作，从2008开始让残疾人家庭的孩子免费在我馆电子阅览室上网；二是与团县委合作，在青少年宫建立共享工程基层点，为孩子们送去各类健康的文化资源。三是结合每年的未成人读书节，在多媒体室为孩子们放映共享工程下发的各类电影。

三、工作展望

共享工程常山县支中心经过7个年头的发展，在硬件方面已具有一定的规模，也存在一些发展不足之处。要想使之全面发展，今后要做好以下几个方面：

1、加强人才队伍建设，完善管理制度。目前，仅靠县图书馆现有的1个专业技术队伍，要充分发挥出共享工程作用，力量就显得有点薄弱。一方面要对现有的管理队伍进行行之有效的培训，另一方面也要充分调动他们的积极性。这就需科学合理的奖惩激励管理制度和考核办法。

2、加强数字文化资源建设步伐，打破传统服务模式。目前，要建立一个独立的图书馆网站，要建立网民读者群。现有的读者服务模式，读者群的发展速度一直不温不火，主要原因是网络读书已经成为人民群众生活中一部分，建立图书馆网站有利于扩大读者群，利用网络开放的交流平台，让读者充分参与到图书馆事业发展中来，帮助我们改进工作方式，增强服务意识。

3、加强宣传，提高我们图书馆的美誉度。要想让全县人民愿意进我们图书馆，我们就要从建设美丽图书馆开始。抓住公共图书馆电子阅览室建设契机，打造一个健康、安全、免费的未成年人上网品牌，让社会各界人士认识到公共电子阅览室的建设意义，也让孩子们不但享受到图书馆的学习乐趣，还有休闲乐趣，孩子们认识到图书馆的美丽，我们图书馆的未来才会变得更美好。

（撰文/常山县支中心）

开化县支中心

开化县县域面积2236平方公里，辖9个镇、9个乡、1个工业园区、255个行政村，总人口34万。

开化县文化资源共享工程在衢州市文广局，衢州市图书馆支持和部署下，逐步推进，稳步发展，在新形势下为繁荣农村基层文化，满足农民多层次文化需求，传递中国民族优秀文化资源发挥了重要作用。

一、基本情况

2003年12月开化县图书馆在各级领导和主管部门的关心和帮助下，拉开了文化资源信息共享工程开化县支中心的建设序幕。通过9年时间的不断学习和摸索，在省文化厅共享工程建设专项资金和县级各部门的支持下，文化共享工程开化县支中心实现了以共享工程公共电子阅览室为主宣传阵地，以文化信息共享工程网络资源为依托，通过和县委组织部合作，借力浙江省农村党员干部现代远程教育网络，实现了县域内255个行政村的全覆盖。通过公共电子阅览室每周超过60小时的开放，和送书下乡时的深入宣传，让文化信息共享工程——（这一实现广大人民群众基本文化权益，打破落后地区信息闭塞的状况，缩小“数字鸿沟”，提高广大人民的科学文化素质的民心工程）的概念逐渐被人们所认知。回顾9年的建设经历，仿佛就在昨天，9年的建设和积累让我们实现了县域内255个行政村的全覆盖，拥有了超过30台用户机的公共电子阅览室，还有了标准化的机房设施，同时还建设了自有知识产权的数字资源。共享工程开化县支中心设在开化县图书馆，是开化县共享工程的建设和业务指导单位，负责保障区中心共享工程设备的运行，协调镇村级共享工程设备的维修，指导镇村级共享工程活动的开展以及开展全区共享工程管理员的业务培训和指导。

二、管理和队伍建设

为使共享项工程真正为民所用为民谋利，开化支中心将共享工程日常管理纳入制度化管理。制定支中心、镇、村基层服务点工作职责和制度，实行制度上墙公开。几年来，在开化支中心建设管理过程中发现，原有的县级支中心管理制度不符合、不适应文化信息资源共享工程建设运行的要求，我支中心先后进行更新，并印制了《全国文化信息资源共享工程开化县支中心工作规则》，发放到各个乡镇、村级基层站点，各级管理员人手一份。

组织开展培训。借力浙江省农村党员干部现代远程教育平台，把文化信息资源共享工程远程视频播放作为提高农村群众素质的抓手，依托农村图书流通点，加强共享工程农村基层服务点建设，围绕共享工程村级服务点抓党建，抓好党建促发展，每年开设理论学习和农村实用技术知识培训4–5次，使45岁以下党员掌握了1–2门实用技术，全村党员干部受训率达100%，提高其业务素质和操作技能。

三、培训工作

开化支中心主要以营造指导怎样学、督促激励学，最终形成学员主动学的浓厚氛围。

1、制度指导学。各村级共享工程基层服务点都能贯彻上级有关文件要求，充分发挥终端站点作用，本着宁可用坏，不可放坏的原则，把共享工程基层服务点作为党员和村民受教育的“主阵地”、农民学技术的“大课堂”，基层干部了解文化大事件的“绿色通道”，取得了实实在在的成效。

2、利用大学生“村官”，2008年选聘到共享工程山甸基层服务点的大学生“村官”，变远教为近教，把远程教育站点打造为最热闹的地方，点播文化信息资源共享工程县级支中心资源里的专家实用技术讲座，通过上网查找资料，播放农业技术视频，帮助农民解决实际问题，农民称他为“农村门口不收费的大学”。

四、经费投入

自开展文化信息共享工程开化支中心标准化建设，经费投入较大，9年来累计投入超过90余万元，按县级支中心建设标准建设了标准化机房，20M光纤接入，配备了服务器机柜、磁盘阵列、UPS、硬件防火墙、投影仪、打印机、空调等设备，建立了“文化信息共享工程县级支中心”镜像站。县级财政每年配套 余万的运维经费，用于共享工程设备的维护，人员培训和惠民活动的开展。同时，开化县文广局和开化县图书馆每年也投入大量人力物力支援共享共享工程各项活动的正常开展。

五、资源建设

在使用服务平台方面，不但有“全国文化信息资源共享工程”服务平台，“浙江文化信息资源共享工程”服务平台，浙江网络图书馆服务平台，我们还建有“浙江文化信息资源共享工程开化支中心”服务平台。在“共享工程开化支中心”服务平台上特别增加了“本地特色资源”，在“本地特色资源”里，可以浏览到“开化苏庄草龙”（省级非物质文化遗产）、“开化马金姚家扛灯节”、“开化根雕宣传片”、“钱江源头生态开化”、“开化龙顶宣传片”等。同时，我们还立足现实，根据自身地域文化特点，在2010年建设了自有知识产权的数字资源开化县民俗文化数据库”和“浙江省母亲河钱江源头特色文化数据库”，将开化这一徽派文化、皖南文化和江浙文化的交汇地在漫长的历史岁月中，开化人民积淀、丰富的民间文化内涵，形成的独具特色的钱江源头文化，传承、演绎数千年之久的开化民风习俗，通过创建开化民间艺术数据库的形式将我们有地方特色的民族文化得以传承和延续，给我们后人留下了一笔极其珍贵的文化瑰宝。促使文化信息资源共享工程开化县支中心走向了从单纯的接受省级资源到以省级资源为主，自建资源为辅的建设发展道路。让文化信息共享工程这一民心工程在浙西小山城——开化生根发芽，开花结果。

六、合作共建

为推动文化信息资源共享工程终端站点建设工作扎实开展，认真做好宣传工作，着重宣传全国文化信息资源共享工程的重大意义、指导思想和主要建设任务，借力党员干部现代远程教育力求使文化共享工程做到家喻户晓，增强广大党员和群众的认知感。

领导重视是关键。村级以村支书为第一责任人的领导机构和工作机构。由每年选聘到村任职的大学生村官兼任管理员和操作员，切实加强对这项工作的领导。

经费投入是保障。以党员电教和远程教育为依托，不断加大经费投入，配齐了电脑、背投仪、打印机、空调等设备，建立了3个基层公共电子阅览室。

七、利民惠众，惠农服务

2009年9月共享工程开化支中心科普下乡活动来到联盟村，专门播放了关于食用菌种植方面的视频资料，该村也组织了很多村民和种植户来观看学习。看完视频当地的种植户特别高兴，以前他们经常为种植过程中的病害和减产问题而十分苦恼，没想到共享工程还有专为农民种植做的科教片，而且还送到家门口，他们希望能多看几次，并咨询是否还有这方面的书籍，最后，我们支中心还送了一批食用菌种植的书籍和光碟给村里，该村的种植户可到村里借书借光碟看。这天，村委们和种植户都很高兴，希望我们能经常去。

八、宣传推广

共享工程开化县支中心在发挥多功能作用上，把远程教育作为服务新农村建设、产业建设的重要载体，通过开展视频播放、农业技术讲座，宣传党在农村的方针、政策，随着开化县“小县大城、产业高新、生态立县”战略的不断深化，墩南村吸引了一批企业落户村里，有大溪边食品罐头厂、开化华德食品有限公司、开化县伏坞

山茶油专业合作社等，这些项目需要大批的工人，村两委敏锐的扑捉到这个信息，马上通过村文化信息资源共享工程基层点，通过文化信息共享工程网络互联互通这一平台，主动将企业的用人需求发上网，一来解决了本村、邻村乃至本县的剩余劳动力，同时也为落户企业输送了大量的本地年轻劳动力。村里的产业壮大了，群众的致富能力增强了，解决实际问题的能力提高了，开化县级支中心利用村级共享工程基层服务点为所在村企业解决实际问题，技术难题，村民说，文化信息共享工程村级基层服务点送我三大法宝，即“方向盘”（能方便地学习掌握农村政策）、“助推器”（通过学习先进典型激发斗志）、“金钥匙”（学习使用技术增加收入）。

九、工作展望

通过共享工程10年的建设，极大地改善了办馆条件和服务品质，对于欠发达地区的图书馆来说，意义和效果远比单独建设这个项目更大。它实现了欠发达地区县级图书书馆提前实现数字化发展的梦想，在新的历史时期，开化支中心将紧紧围绕“十二五”发展规划要求，好中求快，不但重视优质服务，还要抓好建设速度，实现文化共享工程又好又快发展的战略目标，使文化共享工程建设稳步推进。

（撰文/开化县支中心）

龙游县支中心

龙游县总面积1143平方公里。辖2街道、7镇、6乡、262个行政村，总人口39.9167万人。为研究龙游文化，县政府要求发挥全县人民的智慧，做到立体参与、共建共享。文化共享工程是一项文化创新工程，深受人民群众欢迎，是构建公共文化服务体系、加强农村文化建设、推动社会主义文化大发展的重要抓手。文化共享工程龙游县支中心响应中央2009年一号文件号召，自2009年筹建完成后，在县文广新局及在市图书馆支持和关心下，龙游县支中心共享工程建设得以逐步推进，稳步发展。

一、基本情况

龙游县图书馆是文化资源共享工程龙游支中心地点所在地，也是龙游县共享工程的建设和业务指导单位，负责保障县支中心共享工程设备的运行，及村镇级共享工程设备的维修，指导村镇级共享工程活动的开展以及开展全县共享工程管理员的业务培训和工作指导。

2010年3月，文化共享工程得到了龙游县政府及各级部门的高度重视，县政府经研究决定专门成立了龙游县文化资源共享工程领导小组，在领导小组的统一部署下，陆续在全县15个乡镇262个行政村，建立共享工程基层点。并于2010年完成了第一批96个行政村共享工程基层服务点的建设，2011年完成第二批166个村的建设安装工作，至此龙游所辖行政村实现共享工程村村全覆盖。

建设完工的基层服务点配备普通pc机，投影机，电视机，及高清视频播放机，以及移动播放器。各基层点依托有线电视、农村党员干部现代教育平台、农村中小学远程教育工程以及龙游县支中心配送的文化数字资源，为基层群众开展了科学种植、养殖、气象、医疗、法律等方面的服务，实实在在地把文化信息送到农民的家门口。同时结合送书下乡把数字资源配送给各乡镇村的基层服务点，深受群众的欢迎。

二、管理和队伍建设

文化资源共享工程作为一个新的农村文化资源获取平台，如何推广好、利用好共享工程丰富的文化资源关键在于是否有一支专业化的共享工程管理员队伍。为使共享项工程真正为民所用、为民谋利，龙游县政府办公室成立了由周向军副县长任组长的共享工程龙游县支中心领导小组，由县府办杨红宁、县委宣传部严士平、县文广新局姜锴、县财政局陆雄、县科技局赖晓清、县广电总台应敏、县远程办叶华民、县文广新局徐兆云任副组长，各乡镇镇长、各街道办事处主任为成员，担负组织起草村级基层点建设规划和编制实施方案，负责专项资金的管理和使用，组织协调、指导资源建设和信息服务等职责。下面又专门配备人员专门负责支中心日常工作，将共享工程日常管理纳入制度化管理。支中心，镇、村基层服务点均制订相关工作职责和制度，实行制度上墙公开。要求每年有年度工作计划，月度有工作要点，季度有工作督导，年末有工作总结考核，并推行管理员工作日志管理，收集整理共享工程服务活动的得失，探索共享工程管理和服务新模式。

龙游县支中心在管理员队伍建设上坚持明确职责，明确思路，制度化管理，常态化培育。对于乡镇、村两级基层共享工程管理上择优选取文化层次较高，有一定社会基层管理服务实践经验的大学生村官为管理员，他们工作热情高，有较高的文化水平能尽快熟悉掌握共享工程设备为所在村民服务。

三、培训工作

为提高龙游县文化共享工程乡镇基层服务点工作人员素质，打造一支服务意识强，技术素质过硬的文化共享工程服务队伍，我支中心制定了培训计划。有步骤有层次的开展培训，首先召开乡镇，基层服务点业务协调交流会，按照层级管理方法，开展分级培训，不定期的牌人员到基层点开展基础培训和业务指导，组织开展文化共享工程业务培训。

龙游县支中心在共享工程管理员的培养上实现了常态化。根据支中心工作要求，每年对辖区共享工程管理员进行集中培训，近三年来一共举办各类培训班12期，参加轮训的各级管理员达2000人次。在2010年12月份，对辖区内乡镇基层点管理员进行了培训，有针对性的介绍了文化共享工程整体情况介绍，电子阅览室管理及维护，文化共享工程技术基础知识三个方面。

四、经费投入

龙游县共享工程自2011年实现村村全覆盖以来，图书馆每年投入20余万的运维经费，用于共享工程设备的维护，人员培训和惠民活动的开展。同时，龙游县政府，龙游县图书馆每年也投入大量人力物力支援共享工程各项活动的正常开展。

五、资源建设

龙游县支中心在历年的工作中，搜集不同区域民众文化，编辑制作富有地方文化特色的数据库资源，其中和县文广局合作拍摄的视频资源《石窟天问》、《龙游民居苑》、《人文古城龙游》等各数十部视频资源，被收入到全国文化共享工程资源库。现正在申报浙江省文化共享工程数字资源建设项目《龙游商帮文化数据库》，该库数据能反映历代来龙游商人在各行各业中取得成绩以及其独特的经商理念和无畏创业的精神的图文及视频资料。对商帮文化的研究起到很大的作用。在资源建设的同时，我中心还致力于本地区的地方文献的收集，古书及家谱的收集，现已建成拥有1000余册地方文献的数据库，家谱古书则采用扫描拍摄的方法，用图片方式保存，已建成总量为1T的专项数据资源库以备查用。

六、合作共建

根据文化部和教育部的等部门的联合发文，龙游县支中心积极主动的联系主管文化行政部门，与当龙游县组织部，教育局沟通。推进文化共享工程与农村党员干部现代远程教育工程，农村中小学现代远程教育工程的合作共建，同时与龙游县广播电视台联系利用其数字电视和有线电视等传播共享工程优秀文化资源，支中心积极利用一切可以利用的平台，最大范围的传播先进文化资源。

七、宣传推广

我县支中心在每年的未成年人读书节、六一、暑假期间，组织工作人员为农村小学的孩子放映爱国主义影片。近两年来为农村孩子放映爱国主义影片达50场次。

联合县文广新局在体育馆宣传共享工程

而在支中心内，每周都会放映一到两部教育影片，内容包括《井冈山》、《小人物大英雄》、《娃娃唱大戏》等。

自我县支中心开展工作以来，还多次利用送书下乡的机会将全国文化信息共享工程配发给县级支中心的视频等数字资源直接送到农民手中。在做好共享工程服务的同时，也积极做好宣传工作。2009年国庆前夕，我们在县体育馆设立展板，分文化共享工程简介、文化共享工程传输网络和服务手段等版块，用图片的形式展示了我省文化信息资源共享工程建设的丰硕成果以及我县文化共享工程的建设情况。

在2009年6月份，针对于当时青少年沉迷于网络，丧失了学习兴趣的现状，我中心发放大量的关于青少年健康网络游戏的调查问卷，了解分析未成年人对网络的沉迷原因，并邀请县文化局执法大队的罗良军大队长给未成年人讲了一堂“青少年于网络”的讲座，有针对性的深入分析了沉迷于网络的危害性，提出了健康绿色上网的方式方法，得到了广大学生和家长的好评。

龙游支中心多次组织开展活动，制作展板画报，走上街头广场，向读者推广介绍使用文化共享工程网站，浙江网络图书馆，等数据资源库。

八、工作展望

共享工程是公共文化服务体系的系统工程，是政府提供公共文化服务的重要手段，是实现广大人民群众基本文化权益的重要途径，是改善城乡基层群众文化服务的创新工程，龙游县支中心仍将继续努力，以全国文化信息资源共享工程网络资源服务平台为依托，通过图书馆、乡镇文化站等文化设施和网络传输等多种渠道进行文化信息的传递，使优秀文化信息资源走进社区、走进企业、走进农村，实现优秀文化信息资源在全县范围的共建共享，为文化龙游的建设做出应有的贡献。

（撰文/龙游县支中心）

金华市支中心

金华市面积10941平方公里，常住人口536余万人。金华市文化资源共享工程在金华市广电新闻出版局支持和部署下，逐步推进，稳步发展，在新形势下为繁荣基层文化，满足市民多层次文化需求，传递中国民族优秀文化资源发挥了重要作用。

一、基本情况

金华市文化资源共享工程建设开始于2003年，共享工程由金华市图书馆建设和业务指导，负责保障中心共享工程设备的运行，协调各县市共享工程设备的维修，指导县市级共享工程活动的开展以及开展全市共享工程管理员的业务培训和指导。

共享工程资源最初只在金华市图书馆安装，后在各个地市县图书馆安装了共享工程资源，到目前陆续在全市了发展地市支中心1个、县支中心8个、乡镇基层服务点

36个、街道基层服务点7个、村基层服务点490个（合作共建基层服务点）、社区基层服务点6个。

二、管理和队伍建设

以本中心为主要辐射基地，各县市图书馆已经拥有专职的工作人员5名，兼职人员29名，各县市基层服务点有服务人员521人为共享项工程工作进行服务，为民所用为民谋利。文化资源共享工程作为一个新的资源获取平台，如何推广好、利用好共享工程丰富的文化资源关键在于是否有一支专业化的共享工程管理员队伍。金华市共享工程支中心在管理员队伍建设上坚持明确职责，明确思路，制度化管理，常态化培育。

三、培训工作

金华市支中心2003年起对所在的地区进行培训活动期间，网络培训次数达到了462次，每年对辖区共享工程管理员进行2到3次的集中培训，共举办培训班32期，参加轮训的各级管理员达600人次。

四、经费投入

金华市共享工程自2003年实现覆盖以来，省级图书馆共投入170余万的运维经费，用于共享工程设备的维护，人员培训和惠民活动的开展。同时，金华市每年也投入大量人力物力支援共享工程各项活动的正常开展。

五、资源建设

金华市支中心在历年的工作中，制作发放各类光盘5万余张，展板上千块，发放宣传资料50多万份。

六、宣传推广

1、金华市支中心利用各种渠道宣传推广共享工程。开展未成年人读书节、未成年人歌诵比赛、读书节等等，以活动为平台，以资料为媒介宣传共享工程，让民众不断了解共享工程，走进共享工程。

2.走进工厂。金华支中心文化服务中不断探索，利用省共享工程提供的光盘和由金华支中心提供的书籍，组动员关注打工人员者服务，为工厂务工人员提供娱乐和文化服务。

3.专题活动，精彩纷呈。该支中心在服务中抓住文化的热点和亮点，积极组织群众喜闻乐见的文化服务，使共享工程走进群众生活。例如在暑假期间组织了学生家长观看“珍惜生命　安全第一”教育警示片，为暑假期间的学生和家长学习到了新的知识与亮点。

七、工作展望

金华市文化资源共享工程已走过10几个年头，从只有一两个人的工作队伍，到现在发展上百人的服务队伍，期间有许多的困难，在不断的完善中金华市支中心已经是作为金华市重点的文化项目，将来也会成为金华市的文化支柱，对此我们充满信心。

（撰文/金华市支中心）

金华市少儿支中心

金华是浙江的一个省辖市，全市总人口536.16万人，其中市区城市人口71.06万人，面积2044.68平方公里。金华市少儿支中心就是在这座美丽的城市开展共享工程服务工作，充分利用共享工程资源优势，努力传递信息，传播文化，实现资源共享。

一、基本情况

金华市少儿支中心设立在金华市少儿图书馆，是于2004年正式成立启动。在金华市文化广电新闻出版局的支持下，金华市少儿支中心在2011年之前一直承担着金华市级支中心工作，带领金华各县级支中心开展共享工程建设与服务。因此2011年之前一直挂牌为“金华市支中心”，后金华市图书馆恢复重建，共享工程工作进行转移交接，才更名为“金华市少儿支中心”。

二、站点建设

金华市少儿支中心于2008年通过第一阶段80万元设备购置费招投标，购置了共享工程服务器、交换机、磁盘阵列、防火墙、杀毒软件、UPS电源、VPN等软硬件设备及机房装修，建立起符合国家规定的共享工程市级支中心标准机房；后又投入共享工程电子阅览室购置费32万元，采购了公共电子阅览室配套设备。至此金华市少儿支中心硬件设施基本达到标准，实施信息资源共享工程迈开了实质性的一步，每年投入共享工程运行经费5万元。之后各县级支中心陆续完成设备采购，特别是全市VPN虚拟网络设备的统一采购，进一步加快实现了金华市公共图书馆的互联互通，网上资源的共建与共享。

三、资源建设

金华市少儿支中心近年来通过自建、自购与免费引进三种途径不断丰富与完善数字资源建设。金华历史悠久素有“小邹鲁”之称，地方特色资源丰富，各县市纷纷筹建了众多本地乡土气息浓厚的特色资源。金华市少儿支中心自建了金华婺文化数据库；自购了新东方多媒体学习库、百科视频学习库、软件通网络视频学习库以及少儿类电子图书10万余元；并通过省分中心免费引进数字资源维普数据库、万方数据库、龙源人文电子期刊、1000部科普视频节目等大型资源库，以满足群众文化需求。

四、队伍培训

金华市少儿支中心现有专职工作人员2人，为了提升工作人员技术水平，平时积极参加国家中心开展的网络视频培训；组织参加共享工程知识竞赛培训；每年定期召开全市共享工程技术人员与负责人培训班平均2次，例如举办"全市共享工程网站建设培训"，开设网页美工设计、网站维护管理、网络配置等培训课程，以更好地开展网站建设工作，2010年金华市少儿支中心网站改版，荣获浙江省共享工程十佳网站建设评比"最佳设计奖"；每年组织召开全市共享工程专题会议，如围绕金华地区共享工程"城乡一体化"建设、县级共享工程支中心评估等问题进行统筹安排落实，带领全市共享工程工作，完成省分中心布置的要求。

五、服务开展

1、日常活动开展：1.1.信息查询检索：利用图书馆场地优势，读者可在电子阅览室访问文化共享工程专网，查询、浏览共享专题资源；馆外的基层服务点，可通过镜像进行共享资源下载、更新和直接点击访问，并将本地特色资源进行上传。1.2.视频展播与专题讲座：在周末节假日期间，为读者提供各种共享工程优秀电影播放、专题讲座等服务，如依托国家中心共享工程优秀数字资源，播放"童心向党，快乐成长"等系列专题片，让青少年了解历史、增长文化、坚定信念、培养崇高精神。

2、全市共享活动联盟：2.1.举办全市主题巡回展览：为了扩大文化信息共享工程宣传，让共享工程活动扩大规模，形成影响，结合各种契机，组织全市支中心举办专题巡回展，由金华市少儿支中心统一协调，制作展板，各县市支中心协办，开展了诸如"改革开放30周年图片巡回展"、"文化共享　奥运行巡回展"、"钱学森华平事迹巡回展"、"国事盛典文化印证"大型图片巡回展、"纪念雷锋牺牲50周年宣传图片展"、"非物质文化遗产婺州窑精品图片展"、"阳光下的书芽儿"等，让市民和未成年人多一份乐趣，多一点见识；2.2.举办全市主题征文：发动学校、社区等图书流通点及基层服务点，配合省分中心组织开展了"国学经典伴我成长"有奖征文，纪念共产党建党90周年、辛亥革命100周年"红色浙江"系列征文，参加人数众多，影响颇广；2.3.举办全市主题讲座：利用"红五月宣传周"、"文化共享工程宣传周"、"十一国庆"期间，邀请革命老战士到各个县市学校对小朋友们宣讲金华当地战争故事，讲述金华解放抗战奋斗史及抗美援朝故事，让孩子们了解家乡的革命光辉史，增强自豪感。在开展过程中，各个支中心积极组织配合，让共享工程活动取得了很好的宣传效果。

3、共享工程活动推广

3.1.数字文化乡村行：将各种实用致富技术、生活小常识、家禽饲养等信息，编印成资料，与省分中心下发的各种多媒体光盘一起，下发到各乡村、社区图书流通站，由流通站工作人员帮助分发到群众手中，以满足群众对科技文化的迫切需求，并在乡村、社区播放各种农业科教片、革命经典影片，例如"数字文化乡村行夏季篇---下乡播放优秀电影"、"红色记忆，振奋中国"共享工程精品资源展播等活动，均是利用文化共享工程的网络资源到各农村、社区播放了电影《狼袭草原》、《铁血》、《新警察故事》等红色电影100多场，服务人数近2万人次，以丰富广大群众的文化生活，让数字文化行在乡村，服务在基层，提高了图书馆以及共享工程在乡村社区的知名度。

3.2.数字文化进校园：未成年人是共享工程服务的一个重要群体，尤其是作为金华市少儿支中心，更加这一群体作为重中之重，到学校为未成年人播放优秀影片、礼

2009金华市共享工程网站建设培训班

仪知识，读书知识讲座、开展爱国主义教育活动，切实将加强和改进未成年人思想道德建设工作落到了实处。

3.3.数字文化走进两会：依托丰富的馆藏、网络资源与图书情报专业队伍，把服务延伸到金华"两会"的会场和驻地，为两会代表、委员提供信息服务。例如编印了"金华市两会特刊"；组建咨询服务小组开展现场咨询；派遣小记者跟踪采访两会代表，让两会代表委员们充分了解共享工程，享受资源共享服务。

六、合作共建

金华市各支中心通过依托农村党员干部现代远程教育系统已建设的网点的基础上，合作共建共享工程基层服务点，并对其进行有效的管理和辅导，统一制作共享工程标牌、标识，制定了服务开展、设备管理维护、服务时间等各方面的制度；同时，开展基层网点工作人员培训，让广大基层点工作人员掌握资源更新、设备运用等各项技能。金华市农村的服务网络站点已达到了95%。

金华市少儿支中心积极与市农村党员干部现代远程教育办密切合作，多次联合下乡给群众分发文化信息资源共享工程的宣传册，提供地方文献数字光盘，指导村民了解共享工程；派技术人员为全市党员远程教育系统工作人员辅导上课，宣传"浙江网络图书馆"特色服务，普及共享工程数字文化服务，让广大群众通过网络享受全省公共图书馆服务。

七、工作展望

金华市少儿支中心接下来将进一步争取上级单位的支持，加大投入，努力壮大共享工程服务队伍，紧密联合周边共享工程服务点，进一步完善共享工程服务体系，搭建全市"一卡通"服务平台，丰富服务手段与形式，拓宽基层服务网点，进行宣传与推广，让更多的群众充分了解共享工程，认识共享工程，乃至利用共享工程丰富的文化资源，为金华文化繁荣做出贡献。

（撰文/金华市少儿支中心）

金华市婺城区支中心

婺城区现辖9镇9乡9街道，总面积1387.88平方公里，其中建城区面积43平方公里，总人口62.24万，

一、基本情况

婺城区支中心设立在婺城区图书馆，共享工程建设工作相对启动比较迟，从2006年我省被列为文化共享工程试点省后开始的，在各级领导的支持下，当时我馆购置了13台电脑，并安排了专职人员分管。因为没有场地，还特意腾出会议室作为实施共享工程的中控室和电子阅览室，并安装好了省文化厅赠送的浪潮服务器和投影仪。从2007年下半年开始，我馆作为共享工程县支中心的一个雏形建立了，接受了省中心大量的文化资源。但现有装备与2008年度下发的全国文化信息资源共享工程县级支中心的基本配置标准对比相差甚远。在浙江省共享工程分中心的鼎力帮助下，于2010年投资近40万元的婺城区文化信息资源共享工程建设项目通过了浙江省中心的督导。2012年，婺城区图书馆迎来了新的机遇，不但从文化馆中单列出来，还面临新馆的搬迁，所有这些都为文化信息资源共享工程支中心提供了新的发展机遇。

二、管理和队伍建设

为使共享项工程真正为民所用为民谋利，婺城区支中心将共享工程日常管理纳入制度化管理。制定支中心、镇、村基层服务点工作职责和制度，实行制度上墙公开。每年有年度工作计划，月度有工作要点，季度有工作督导，年末有工作总结考核，并推行管理员工作日志管理，收集整理共享工程服务活动的得失，探索共享工程管理和服务新模式。

文化资源共享工程作为一个新的农村文化资源获取平台，和党员远程教育平台相结合，坚持明确职责，明确思路，制度化管理，常态化培育。对于乡镇、村两级基层共享工程管理上择优选取文化层次较高，有一定社会基层管理服务实践经验的大学生村官为管理员，他们工作热情高，有较高的文化水平能尽快熟悉掌握共享工程设备为所在村民服务。

三、培训工作

根据工作要求，每年对辖区共享工程管理员进行不定期的上门当面培训，2010年以来一共举办各类培训讲座50多期，参加各级管理员达600多人次。2011年以来整合共享工程、农家书屋、公共电子阅览室三大工程，与各单位联合举办读书活动、培训讲座展览等丰富了共享活动内容，扩大了共享工程的宣传力度，成效卓著。

四、队伍培训

金华市婺城区支中心现有专职工作人员1人，为了提升工作人员技术水平，平时积极参加国家中心开展的网络视频培训；组织参加共享工程知识竞赛培训；每年定期参加全市共享工程技术人员与负责人培训班平均2次，积极及时完成省分中心布置的要求。

五、服务开展

1、信息查询检索：利用图书馆场地优势，读者可在电子阅览室访问共享工程专网，查询、浏览共享专题资源；馆外的基层服务点，可通过镜像进行共享资源下载、更新和直接点击访问，并将本地特色资源进行上传；

2、举办主题巡回展览：为了扩大文化信息共享工程宣传，让共享工程活动扩大规模，形成影响，结合各种契机，组织全区支中心举办专题巡回展，开展了诸如“改革开放30周年图片巡回展”、“文化共享 奥运行巡回展”、“钱学森生平事迹巡回展”、“国事盛典文化印证”大型图片巡回展、“纪念雷锋牺牲50周年宣传图片展”、“非物质文化遗产婺州窑精品图片展”、“阳光下的书芽儿”等，让市民和未成年人多一份乐趣，多一点见识，让共享工程活动取得了很好的宣传。

六、合作共建

以共享工程为依托结合覆盖婺城区的农村党员远程教育平台建立电子文献资源服务中心。将各部门下发的电子文献资源与共享工程服务点结合，根据不同基层点的硬件条件建立形式多样的电子资源服务方式。多次联合下乡给群众分发文化信息资源共享工程的宣传册，提供地方文献数字光盘，指导村民了解共享工程；派技术人员为全市党员远程教育系统工作人员辅导上课，宣传“浙江网络图书馆”特色服务，普及共享工程数字文化服务，让广大群众通过网络享受全省公共图书馆服务。

通过多方不懈努力，共享工程已逐步走入基层村民生活，成为村民获取新知，娱乐身心的新渠道新平台。

七、工作展望

金华市婺城区支中心接下来将进一步争取上级部门的支持，加大投入，努力壮大共享工程服务队伍，紧密联合周边共享工程服务点，进一步完善共享工程服务体系，搭建“一卡通”服务平台，丰富服务手段与形式，拓宽基层服务网点，进行宣传与推广，让更多的群众充分了解共享工程，认识共享工程，乃至利用共享工程丰富的文化资源，为婺城区文化繁荣做出贡献。

（撰文/陈佳丽）

兰溪市支中心

兰溪市共有6个街道，7个镇，3个乡，总人口66万人。兰溪市文化信息资源共享工程支中心在浙江省文化厅和浙江省文化信息资源共享工程省中心的大力支持和统一部署下，结合我市特点和现状逐步推进，稳步发展，充分利用共享工程支中心平台扎实做好农村基层文化服务，消除老百姓的文化数字鸿沟，着力丰富农村文化生活，满足农民多层次文化需求，我市支中心真正给我市老百姓送去了实实在在的精神文化。

一、基本情况

兰溪市文化信息资源共享工程支中心平台架构在兰溪市图书馆，是我市支中心共享工程的建设和业务指导单位，负责保障支中心设备的运行和业务开展，负责对全市各街道、乡镇和村级共享工程基层点的开通和设立，指导基层点开展共享工程活动，组织全市共享工程基层点管理员的业务培训和指导工作。

兰溪市图书馆是目前我市最大的文化服务场所，具有较好的信息化服务平台。兰溪市图书馆是浙江省最早的27家县级图书馆之一。2002年以来被金华市、兰溪市评为文明单位、卫生先进单位。2003年被金华市、兰溪市巾帼文明先进单位。2005年被国家文化部评为“一级

图书馆”。新馆位于兰溪市溪西新区李渔路180号，距市政府500米，周围辐射金融、商业、车站、中(小)学校、幼儿园等于一体的新区中心地带。是我市读者、学生、百姓等人群休闲、娱乐和学习于一体的重要文化休闲中心。

兰溪市文化共享工程支中心2005年初次建立，2007年在浙江省中心的支持下，配发了浪潮器1台以增加支中心服务能力，之后随着我省对文化共享工程越来越重视，不断加大投入，我市也不例外，根据省文化厅和共享工程省中心要求逐步完善支中心建设几年来不断增加文化共享工程经费的投入和设备的采购，增强支中心对各基层点的服务，2012年为进一步增强支中心的服务能力和资源共享能力，投入了60万元对原有的支中心进行升级，现我市支中心配备设备先进，网络架构技术超前，服务能力大幅提升，建立了充裕的资源存储系统。当前，我市支中心配备了服务器5台采用虚拟化网络架构技术，可将其服务器扩容至20余台，存储容量达20TB，还配备了各种网络配套设备。以我市支中心当前的设备、容量和架构技术已走在了我省县市级支中心的前列。

二、基层点建设

兰溪市支中心自2007年建立后，先后分批对我市各街道、镇乡和村开通建立文化共享工程基层点。截止目前已对我市16个乡镇、街道全部开通文化共享工程，在全市90%的村建立了文化共享工程基层点，基本实现了文化共享工程村村通，十二五期间将对全市社区开通和建立共享工程基层点。确保共享工程100%全覆盖。

三、管理和队伍建设

为充分发挥文化共享工程支中心的作用，使共享工程真正为走进行家万户，为民所用为民谋利，兰溪市支中心将文化共享工程日常管理纳入制度化管理。制定了规范化的支中心和基层服务点工作职责及制度，实行制度上墙公开。年度有规划、有计划、有任务目标和有考核总结，季度有工作督导和工作小结，月度有工作任务和工作要点。为增强支中心工作人员的服务能力，不断强化技术队伍，经常性地派出支中心技术人员参加省中心组织的各种培训学习和交流，同时，还不断加强馆际之间交流学习，使共享工程技术人员有更好服务能力和技术保障能力，更好地利用文化共享工程服务平台做强做大我市的数字化信息资源文化服务工作。

四、经费投入

兰溪市文化共享工程支中心自2007年建立以来共投入建设经费71万元，其中2012年一次投入标准化支中心设备设施建设经费60万元。投入运行维护经费10万元，用于基层服务点人员培训和惠民活动的开展5万元。

五、资源建设

兰溪市文化共享工程支中心资源建设方面，主要采用多渠道方式获，一是从文化共享工程浙江省中心下载部分；二是从数字化资源商处采购部分；三是通过自建资源形式。以不断充分兰溪市支中心资源。截止目前市支中心共有3.2TB的数字资源，以提各基层服务点下载、阅读和浏览使用。下步我支中心还不断加强大经费投入下载、采购和自建更多的数字资源，以丰富支中心的资源，为更多的基层服务点推出更多的资源服务，满足各基层服务老百姓的需求。

五、宣传推广

兰溪市支中心利用各种渠道宣传推广共享工程。每年利用我市的各种宣传活动周广泛开展文化共享工程宣传活动。同时，还利用媒体加强文化共享工程的宣传和引导，让更多我市民了解文化共享工程的意义和重要性。兰溪市图书馆推出每周一天文化共享工作体验日，图书馆充分利用共享工程电子阅览室的作用，坚持每周一天体验活动，由支中心人员向读者推广文化共享工程资源。还利用移动硬盘经常性的在乡间开展文化共享工程讲座、电影等视频节目资源的播放。让民众不断了解共享工程，走进共享工程。

六、工作展望

兰溪市支中心将进一步发挥优秀的数字文化平台，为我市各基层服务点提供各种优质的服务，真正消除老百姓的数字鸿沟。不断增加资源建设，丰富资源内容，让文化共享工程成为我市人民文化生活的一大支柱，成为繁荣兰溪文化，丰富兰溪人民精神生活，推动兰溪人文科技进步的强大动力源泉。不断强化兰溪支中心人才队伍建设，增强技术人员服务能力的培养，更全面地为我市基层服务点做好文化共享工程服务工作。

（撰文/郑建明）

永康市支中心

永康市位于浙江省中部，地理上素有“七山一水二分田”的说法，属于低山丘陵地区，总面积1049平方公里。永康古称丽州，建县于三国赤乌八年（公元245年）。相传孙权之母吴国太因病到此进香，祈求“永葆安康”而得名。1992年10年永康撤县设市，截止2010年末，辖11镇、3街道和1个经济开发区，下辖600多个行政村，户籍人口达到57.34万人，外来人口30余万。永康市的文化信息资源共享工程工作在省共享中程分中心的指导和帮助下，正在逐步地推进，硬件设施和人员的培训方面有了长足的进步，为繁荣农村文化事业，满足基层民众的文化需求做出了贡献。

一、基本情况

永康市的文化信息资源共享工程建设始于2008年。根据文化信息资源共享工程国家中心的相关文件的建设要求，在永康市委市政府的重视下，文化信息资源共享工程列入了2008年农村文化建设十项工程，市财政专门设立专项经费34万元，市图书馆着手开展支中心建设，于2009年3月份完成了文化共享工程县级支中心建设。并由市财政为文化信息共享工程支中心每年提供4万元的运行经费。为了避免重复投资造成浪费，根据浙江省当时正在进行农村党员远程教育网点建设的情况和省有关文件精神，由市文化局与市委组织部、市财政局联合发文，将充分利用农村党员干部现代远程教育系统已建设的网点，合作共建基层共享工程服务点，并对其进行有效的管理和辅导。统一制作了规范的共享工程标牌、标识，制定了服务开展、设备管理维护、服务时间等各方面的制度；同时，与组织部联合开展基层网点工作人员培训，由图书馆和组织部专业人员进行授课，让广大基层点工作人员掌握资源更新、设备运用等各项技能，收到了较好的效果。截止2009年，已拥有共建文化共享工程基层服务点569个。2009年7月，永康市的文化信息共享工程建设工作通过了省文化信息共享工程督导小组的考核。

二、管理和队伍建设

为了让文化信息资源共享工程真正为民所用，把群众喜闻乐见的文化资源送到百姓身边。中心在乡镇村的基层服务点建设中注重标准化和制度化，从一开始就制定了基层服务点的标准和要求，每个基层点必须悬挂省里制作的四块宣传板，涵盖了共享工程的建设情况、服务制度和守则等各个方面。同时，印制了标准的共享工程服务登记手册，发放到每个基层服务点，要求对服务情况进行记录。

另一方面，要把共享工程平台上的丰富资源送到百姓身边，还需要一批掌握一定专业知识的管理服务人员。永康市大部分基层服务点与农村党员远程教育网点合作共建，许多服务点服务人员同时也是党员远程教育网的管理人员，大部分具有一定的电脑和网络知识，稍加培训即可掌握共享工程平台各项操作，保证了人员队伍的基本素质和服务的效果。

三、培训工作

基层服务点管理人员的培训是共享工程生命力的保证。目前永康市共享工程基层点培训的主要困难在于经费有限，无法保证培训工作常态化。永康支中心根据经费有限的现状，采用网络培训与办班培训相结合，且办班培训尽量与其他文化工作培训合并举行的办法。每年的网络培训都及时通知各基层点工作人员，保证网络培训落到实处。同时，每年举办共享工程方面的培训两期，参加培训的管理员达500多人次。

四、经费投入

共享工程永康支心自2009年建成以来，地方上每年都拨出专项经费8万元，用于共享工程设备的维护、人员培训、活动的开展及数据库资源的购置。

五、资源建设

永康支中心根据永康的地域经济特点，每年制作发放各类农村养殖、种殖科技光盘600多张，制作各种展板100多块。同时，每年都购进各种数据库如《点击动漫数据库》，《软件通》软件学习数据库，目前累计已购入了9个数据库。2012年还上报了地方特色资源数据库建设项目一个，目前已经立项并正在建设中。

六、合作共建

永康市的乡、镇、村基层服务点大部分与党员远程教育网点合作共建，充分利用了党员远程教育网的设备，很多服务点都配备大屏幕电视和投影仪等视听设备，保证了共享工程的服务效果。另一种合作共享形式是与文化站合作共建，如石柱镇的后吴村，把共享工程基层点建设在村社区服务中心，文化中心内有大会堂、电子阅览室、图书室等文化设施，是村里的娱乐中心，群众在借书、看戏的同时也可享受到文化共享工程提供的文化大餐，即大大提高了共享工程的知名度，同时也方便群众获得共享工程的服务。

七、惠民服务

永康支中心在共享工程服务实践过程中发现，在广大农村，电影放映仍然是农村群众所喜闻乐见，同时也是受众面最广的一种娱乐方式。为此，支中心与永康农村电影放映队合作，把共享工程的视频资源制作成光盘，把光盘提供给放映队，由放映队拿到乡村去播放。视频资源中有农业科技、爱国主义教育影片、娱乐片等等，受到了群众的欢迎和好评。仅2012年一年，共享工程视频资源放映已经达到300多场，每场的观众平均达300人次。

八、宣传推广

1、有效的宣传和推广可以大大提高共享工程的知名度和服务效益。永康支中心从各方面进行宣传推广，尤其注意与各种活动相结合、如每年举办的未成年人读书节、各种讲座展览、各种知识竞赛等。

2、青少年读者是共享工程服务的重要对象。永康中心专门为未成年人开办了未成年人电子阅览室，电子阅览室的主页上把共享工程链接放置于显著位置，让青少年儿童关注共享工程，利用共享工程；在每年五六月份的未成年人读书节活动中，都举办知识有奖竞答活动，让青少年查询共享工程网页寻找答案，在竞赛中让青少年熟悉共享工程各种资源的使用。

3、与卫生局合作，开办健康知识讲座。健康的身体是每个人都渴望的。中心与卫生局合作，每月举办一次健康讲座，邀请本地医院的一些知名医生前来讲课，内容包括各种常见病的预防、治疗、康复，以及养生、保健等方面的知识。讲座已连续举办两年24期，听众累计达七千多人次，受到群众，尤其是老年和中年群体的欢迎。

九、荣誉奖项

小读者在浏览共享工程网站

2011年，永康市图书馆徐关元馆长，文化信息共享工程永康支中心应俊获得2011年度金华市文化信息共享工程先进工作者；2011年，永康市石柱镇后吴村基层服务点获得“浙江省文化信息资源共享工程基层示范点”称号；2012年，永康市图书馆获得“全国文化信息资源共享工程先进单位”称号。

十、工作展望

永康市文化资源共享工程建成以来，虽只过短暂的三年，但已经实现了文化共享工程基层点基本覆盖全市所有行政村，已经拥有一个比较健全的网络和一大批素质较高的工作人员队伍。文化资源共享工程已经为广大群众，尤其是农民和外来务工人员业余休闲和学习提供了大量服务和资源，为丰富地方的精神文化生活做出了贡献。永康支中心将在各上级中心的领导和支持下，继续前进，不断完善服务网络，继续提高服务人员工作水平，为永康的文化事业做出贡献。

（撰文/永康市支中心）

义乌市支中心

在党和政府的高度重视下，全国文化信息资源共享工程已经走过10年的发展历程。下面就我馆共享工程建设作一个汇报。

一、整体情况

义乌市图书馆文化信息资源共享工程建设历程：

1、2002年开始建设；

2、2008年以移动硬盘外挂方式完成200个偏远基层点建设，通过党员远程教育网合作共建，达到村村通；

3、2010年通过将视频资源加载到门户网站上的方式，开通视频点播系统，达到共享工程全覆盖。

二、经费投入

为了顺利开展共享工程建设，结合我市实际，财政投入了百余万经费：

1、2002年，投入了5万经费，购得PC服务器1台，有源音箱1套；

2、2008年，投入25万元，购得移动硬盘300个；

3、2010年，投入90余万，建成共享工程义乌支中心；

4、2011年起，每年投入6万元的运行经费。

三、资源建设

1、古籍库建设

在我馆的门户网站上，建有古籍库，目标将我馆的全部估计资源入库，目前共已扫描上传629册地方文献类古籍。读者可以通过我馆网站直接浏览古籍资源。

2、电子图书建设

我馆目前已购得5万余册电子图书资源，读者可以凭本馆读者证上网阅览电子图书。

3、讲座视频库

目前这个库正在开发建设中。建成后，我馆开展的讲座视频都将上传存放于此。

四、培训工作

为更好的开展文化信息资源共享工程建设工作，提高工作人员业务水平，我馆先后举办了数届共享工程基层点工作人员培训班，共培训了500余人次。

五、管理和队伍建设

我馆现有专职人员2名，资源建设兼职人员4名。

（撰文/义乌市支中心）

武义县支中心

武义县总面积1577.2平方公里，总人口35万人。武义县文化信息资源共享工程（以下简称文化共享工程）在各级政府和文化主管部门的高度重视和支持下，逐步推进，稳步发展，在新形势下为繁荣农村基层文化，满足农民多层次文化需求，传递中华民族优秀文化资源方面发挥了重要作用。

一、基本情况

武义县文化共享工程建设开始于2003年，经过十年的不断努力，我县文化共享工程步入了良性发展轨道，投入机制不断增强，信息网络基本完善畅通，管理工作日益规范有序，人员队伍相对稳定提高，社会作用日益显现，文化共享工程建设已成为我县城乡一体化建设和社会主义新农村小康建设中的一大亮点。

武义县支中心设在武义县图书馆，是武义县共享工程的建设和业务指导单位，负责保障支中心共享工程设备的运行和活动的开展，协调村级共享工程设备设施的维护，指导村级共享工程活动的开展以及开展全县共享工程管理员的业务培训和辅导。截止到2012年12月，已建成以县图书馆电子阅览室为依托的县级支中心和115个村级基层示范点，网络遍及全县512个村，覆盖率达94.1%。

二、经费投入

为了抓好文化共享工程在该县的实施，武义县委办于2007年下发了73号文件《关于加强农村文化体育建设的实施意见》、县财政在预算中每年安排专项经费12万元用于共享工程建设。2009年又下发了29号文件《中共

武义县委办公室 武义县人民政府办公室关于推进文化大发展大繁荣的政策意见》，提出了共享工程的建设要求，三年内建立100个文化共享工程村级基层示范点，每个基层示范点配备1.3万元的视频放映设备。

从2003年到2012年12月，县支中心已累计收到省、市、县各级政府投入共享工程专项经费271万元。

三、资源建设

建立了共享资源平台，包括硬件资源建设和信息资源建设。在得到多方经费补助和扶持下，县支中心投入了大量精力开展了共享工程硬件建设工作，经过多次政府招投标完成了县级支中心、115个村级基层示范点所需软、硬件设备的采购工作，设备设施达到国家配置标准，为开展信息服务提供了前提条件。

信息资源建设是整个共享工程建设的核心，除了充分利用国家管理中心通过各种途径下发的资源外，我们还积极整合省分中心和市支中心的信息资源，向基层服务点输送。目前，县支中心已整合了华文报纸阅览平台、浙江网络图书馆、百科视频点播系统、随书光盘系统等数据库，使共享平台拥有各类电子期刊、电子图书、视频讲座和特色数据资源，总容量达到3.6TB。这些资源极大丰富了共享工程的内容，特别是一些视频讲座尤其受到广大基层群众的欢迎。

四、管理和队伍建设

武义县支中心现有工作人员3名，1人专职2人兼职，负责支中心共享工程工作的具体开展。每个村级基层服务点落实专兼职人员各1名，具体负责设备设施维护以及信息服务。

根据本县实际情况，制作并下发了文化共享工程标牌及一系列规章制度。分期分批对乡镇文化干部、村级基层服务点管理人员进行业务培训辅导，并编印了《共享工程武义县级支中心工作记录表》、《共享工程武义村级基层示范点工作记录表》，指导其详细记录工作档案，做到统一规范。

五、宣传推广

通过浙江省文化信息共享工程工作简报、金华市图书馆通讯、武义电视台、电台、《今日武义》报、武义新闻网、武义县图书馆网站等多家新闻媒体，同时利用社区和学校的宣传栏、板报等阵地，多方位宣传共享工程内容。

1、充分利用各种渠道宣传推广共享工程。在每年的“未成年人读书节”、“图书馆宣传服务周”、“武义民生大篷车”等活动中，支中心不失时机，以活动为平台，以资料为媒介宣传共享工程，让民众不断了解共享工程，走进共享工程。

2、流动服务及专题活动。支中心在服务中抓住文化的热点和亮点，积极组织群众喜闻乐见的文化服务，使共享工程走进群众生活。例如“2008年数字文化乡村行春季篇——文化共享·奥运展览活动”；“暑期中小学生主题电影月活动”；“文化繁荣·岁月如歌——改革开放三十周年文化成就展”；“文化信息共享工程进校园”；“服务农村·送农业科技下乡”；“关爱孤寡老人·送电影进福利院”等，深受广大群众的热烈欢迎。

3、关爱未成年人。针对未成年人的身心特点，利用支中心电子阅览室儿童阅览专区，组织动员其关注共享工程，利用共享工程，派专人对其上网进行辅导和监管，为未成年人营造良好的绿色上网空间。同时，在未成年人放学、放假期间，组织未成年人开展专题活动，如“庆六一·优秀少儿影片展播”、“文化共享·奥运主题展览”等。

六、合作共建

积极开展合作共建，2007年和2008年分别与县继续教育中心和县消防大队建立合作共建共享协议，把共享工程各数据库资源提供给两个单位员工使用。

七、荣誉奖项

2010年8月，在由浙江省文化厅主办的文化信息共享工程十佳网站评比活动中，武义县图书馆网站荣获“最具特色奖”；

2011年7月，武义县图书馆荣获“浙江省共享工程先进集体”称号。

八、工作展望

文化共享工程作为政府实现公共文化服务职能的重要手段，对改善城乡基层群众服务条件，建立公共文化服务体系，缩小城乡差距，消除数字鸿沟，保障广大人民群众共享文化发展成果，促进经济社会协调发展，构建和谐社会将发挥重要作用。

今后，全国文化信息资源工程工程武义县支中心还将继续争取各级政府及部门的重视，充分发挥文化共享工程的资源优势，不断创新思路，创新方法，科学管理，提高服务能力，为推进社会主义城乡文化的大繁荣大发展作出应有的贡献。

（撰文/武义县支中心）

磐安县支中心

一、基本情况

磐安县总面积1196平方公里，辖19个乡镇，20.9万人口。文化资源共享工程建设开始于2003年，第一期工程投资近20万元在县图书馆建成共享工程县级支中心，并以公网拨号方式为全县20万用户开展视频点播等服务项目，乡镇村以党员远程教育平台为基础开展服务，2007

年磐安县文化资源共享工程进行升级改造，增设存贮、服务器等硬件，并改拨号方式为4M光纤接入，乡镇级以视频会议系统为依托，开启县支中心与乡镇服务点间的光速时代，至此磐安县所属行政村实现全县共享工程村村级全覆盖。

共享工程县支中心设在图书馆，是共享工程的建设和业务指导单位，负责保障全县中心共享工程设备的运行，资源分发及相关业务指导工作，协调镇村级共享工程设备的维修，指导镇村级共享工程活动的开展以及开展全县共享工程管理员的业务培训和指导。

二、管理和队伍建设

为使共享项工程真正为民所用为民谋利，磐安支中心将共享工程日常管理纳入制度化管理。制定支中心、镇、村基层服务点工作职责和制度，实行制度上墙公开。每年有年度工作计划，月度有工作要点，季度有工作督导，年末有工作总结考核，并推行管理员工作日志管理，收集整理共享工程服务活动的得失，探索共享工程管理和服务新模式。

文化资源共享工程作为一个新的农村文化资源获取平台，如何推广好、利用好共享工程丰富的文化资源关键在于是否有一支专业化的共享工程管理员队伍。磐安县共享工程县级支中心在管理员队伍建设上坚持明确职责，明确思路，制度化管理，常态化培育。对于乡镇、村两级基层共享工程管理上择优选取文化层次较高，有一定社会基层管理服务实践经验的大学生村官为管理员，他们工作热情高，有较高的文化水平能尽快熟悉掌握共享工程设备为所在村民服务。目前磐安县共享工程管理员基本由较高文化素养的村委会成员兼任，实现了管理员选取的高起点。

三、培训工作

磐安县支中心在共享工程管理员的培养上实现了制度化和常态化。根据支中心工作要求，每年对辖区共享工程管理员进行不定期的上门当面培训，2003年以来一共举办各类培训讲座100多期，参加各级管理员达3000多人次。2010年以来整合共享工程、农家书屋、公共电子阅览室三大工程，与各单位联合举办读书活动、培训讲座展览等丰富了共享活动内容，扩大了共享工程的宣传力度，成效卓著。

四、经费投入

磐安县共享工程自2008年实现全县行政村全覆盖以来，磐安县支中心每年投入3万多元的运行维护经费，用于共享工程设备正常运行及维护，人员培训和惠民活动的开展。同时，磐安县各级财政每年也投入大量人力物力支援共享共享工程各项活动的正常开展。

五、资源建设

磐安县支中心在历年的工作中，搜集不同区域民众文化需求，选取、编辑制作各类题材资源3TB，制作发放各类光盘1400多张，展板370多块，发放各类宣传资料3000余份。

六、合作共建

以共享工程为依托结合全覆盖的农村党员远程教育平台建立电子文献资源服务中心。将各部门下发的电子文献资源与共享工程服务点结合，根据不同基层点的硬件条件建立形式多样的电子资源服务方式。

七、宣传推广

1、磐安县支中心利用各种渠道宣传推广共享工程。在磐安县每年的科技文化四下乡活动，科普之春，科普之夏，科技周等活动中，磐安县支中心不失时机，以活动为平台，以资料为媒介宣传共享工程，让民众不断了解共享工程，走进共享工程。

2、走进校园。磐安县支中心文化服务中不断探索，利用支中心儿童阅览室，组织动员青少年关注共享工程，利用共享工程，结合未成年读书节、学校读书节联合聘请专家前来为青少年答疑解惑，其中浙江师范大学的金明生教授、浙江师范大学儿童文学研究所所长分别做阅读和儿童文学方面的精彩的报告，深受广大青少年的喜爱。

3、专题活动，精彩纷呈。磐安县支中心在服务中抓住文化的热点和亮点，积极组织群众喜闻乐见的文化服务，使共享工程走进群众生活。例如在迎接建党90周年之际，磐安县支中心联合其他单位在县影剧院举办了“品味书香，聆听经典”活动，邀请浙江图书馆袁逸研究员等一批知名学者来与基层群众一道品读中华经典，共享文化盛宴。

八、工作展望

磐安县区文化资源共享工程已走过10个年头，从昨天的几个点到今天的全县行政村全覆盖，从单一的资源接收到今天的编辑分发和群众广泛认知，广泛参与，文化资源共享工程在磐安县已经成为磐安县人民文化生活的一大支柱，成为繁荣磐安文化，丰富磐安人民精神生活，推动磐安县各项事业壮大动力源泉。今后磐安县支中心希望在国家中心，省分中心大力支持下为磐安县共享工程建设一支专业化更强的服务队伍，服务网点更加宽广，群众广泛参与的共享工程服务体系，为建设优美磐安，生态磐安、幸福磐安做出贡献。

（撰文/磐安县支中心）

台州市支中心

台州市行政区划共有3个市辖区4个县2个县级市，常住人口近600万人。台州市文化资源共享工程在台州市文广新局的支持和部署下，按照公益性、基本性、均等性、便利性的要求，逐步推进社会主义文化大发展大繁荣，完善公共文化服务网络，让群众广泛享有免费的基本公共文化服务。

一、基本情况

全国文化信息资源共享工程浙江省台州市支中心（简称：台州支中心）设在台州市图书馆，是台州市共享工程的建设和业务指导单位，负责保障共享工程设备的运行，指导县市区共享工程活动的开展以及开展全市共享工程管理员的业务培训和指导。

二、管理和队伍建设

为使文化共享工程落到实处，台州市支中心将共享工程日常管理纳入制度化管理。制定支中心、县、区基层服务点工作职责和制度，实行制度上墙公开。每年有年度工作计划，月度有工作要点，并推行管理员工作日志管理，实行共享放映厅放映情况登记，探索共享工程管理和服务新模式。

为了更好地满足人民群众日益增长的精神文化需求，我们需要打造一支专业化的共享工程管理员队伍。台州市共享工程支中心在管理员队伍建设上坚持权责清晰、责任到位，技术过硬，服务热情。

三、培训工作

台州市支中心在共享工程管理员的培养上实现了制度化和常态化。根据新技术新资源利用的需要，每年对辖区共享工程管理员进行300余期的集中培训，2012年一共举办各类培训班311期，参加轮训的各级管理员达17923人次。

四、经费投入

台州市共享工程为了建设覆盖城乡的公共文化服务体系，台州市图书馆每年投入固定的运维经费，用于共享工程设备的购买和维护，人员培训和惠民活动的开展。同时，其它部门也为台州市共享工程建设提供人力、资金等帮助，比如：在2012年，台州市残疾人联合会提供二十万资金支持台州市无障碍图书馆建设，并对无障碍图书馆建设提出建设性的建议。

五、资源建设

台州市支中心在根据不同层次的文化需求，每年制作发放各类光盘，定期开办各类展览、讲座，发放宣传资料3万余份，文化共享资源固定每周放映一场。

六、合作共建

以共享工程为依托,以专家讲座为形式，与台州市科学技术协会联手举办惠民科普讲座。尊重并满足群众文化需求，举办与群众实际生活有关的科普讲座。提供有针对性的文化服务，提高他们的文化素质、科学水平。例如《PM2.5与台州环境大气质量现状》、《人参等常用滋补中药知识介绍》、《核辐射对人们生活的影响--从福岛核泄漏谈起》等讲座。

七、利民惠众，惠民服务

随着台州无障碍图书馆于2012年12月25日开放，为共享工程台州支中心提供了新的、更广阔的活动舞台。台州市无障碍图书馆旨在无障碍地阅读，消除数字鸿沟和消除视障人员的阅读障碍，为每位台州人和新台州人提供均等的上网阅读机会。台州无障碍图书馆共设少儿、成年人、视障人员三个电子阅览区，少儿电子阅览区为未成年人提供安全、绿色的公益性上网场所，配置适合少儿的音像制品、电子出版物、动漫作品；成年人电子阅览区为读者提供全国共享工程信息资源以及互联网等信息服务（包括视频点播，职业培训、学习等）；视障人员电子阅览区视障人员阅览区设有一台盲文打字机，一台盲文刻印机，一台盲人电子助视器，一台多功能阅读器和两台盲人电脑点显器等专门为视障人员配置的设备。每台电脑上都配备了盲人语音阅读器，视障读者可根据语音提示独立完成上网、写作、阅读等工作。另有100余本盲文书籍。

台州无障碍图书馆为少儿、成年人、视障人员搭建了共享工程资源信息服务平台，让更多的人群了解共享工程，有利于更好地满足群众的精神文化生活需求，切实地实现共享工程利民惠众的特点。

八、宣传推广

1、共享工程台州支中心在每周三定期放映共享工程文化视频，内容包括读者喜闻乐见的电影、戏曲、动漫等，面对不同的年龄群和时间段，推出不同的播放内容，让共享工程文化更多层次进入读者生活，让共享工程文化成果和更多的读者分享。

2、在无障碍图书馆推广共享工程文化服务，通过举办一些培训或者比赛等活动形式，让更多不同年龄阶层的读者了解文化共享工程，能切身得到共享文化工程带来的益处。

九、工作展望

共享工程台州支中心成立于2010年，走过的年头尚少，但是在这短短的一年多的时间也在不断地摸索前进的道路，共享工程台州支中心从当初2个人员配备，到现今的4个工作人员配置，人员的扩充，也使得工作的开展更加有力，工作从无从开展，到共享放映厅的定期举办，无障碍图书馆的开放和数字图书馆业务有序地开展，文化资源共享工程逐渐显示出其带来的文化效应。随着今后各项工作的开展，希望读者能更多的参与支中心举办的各项活动，文化资源共享工程能给台州人带来新的文化气息，无障碍图书馆会能成为文化资源共享工程宣传的新阵地。希望在国家中心、浙江分中心的大力支持下，台州支中心能打造出共享工程建设专业化的服务队伍，能创造出利民、惠民的文化资源共享品牌系列活动，台州公共文化服务体系建设奉献绵薄之力。

（撰文/台州市支中心）

台州市椒江区支中心

椒江区全区陆地面积280平方公里，海域面积1604平方公里，海岸线长51.4公里，下辖8个街道、1个海岛镇、1个农场和1个渔业总公司，275个行政村，2010年末全区总人口为50.92万人。椒江区文化共享工程建设，在区委、区政府的正确领导下，在各部门通力合作共同努

力下，区文化信息资源共享工程建设得以顺利实施，工程建设取得明显成效。

一、基本情况

椒江区文化资源共享工程建设开始于2003年，最初在椒江区图书馆建立区共享工程资源镜像站，同时在白云、洪家、前所等街道试点安装，此后陆续在全区9个街道、镇开始安装，前期安装设备从省中心通过硬盘拷贝和公网Ftp下载各类资源和信息。2007年对资源发布系统进行改版，广大群众可在互联网上观看或下载优秀的文化视频资源。

共享工程椒江支中心设在椒江区图书馆，是椒江区共享工程的建设和业务指导单位，负责保障区中心共享工程设备的运行，协调镇村级共享工程设备的维修，指导镇村级共享工程活动的开展以及开展全区共享工程管理员的业务培训和指导。

2009年实现了共享工程275个村级基层服务点覆盖率达到100%，其中具有规范性的图书流通点35个。并于2009年通过浙江省分中心规范化建设督导考核。

二、人员队伍及组织管理建设

区支中心管理人员为3名，经省中心培训能熟练地操作设备设施，为群众提供正常的服务。区支中心制定了切实可行的规章制度和开放时间安排，张贴规范。管理人员严格按照区支中心管理制度对外开放，认真填写活动记录，对当日的活动时间、人数等情况都有详细记载，活动档案完整。并不定期向台州市支中心、省分中心反馈信息，遇有问题及时解决，保证服务点开放工作正常运行。

三、开展骨干人员培训

根据《浙江省文化信息资源共享工程培训工作计划》要求，区文广新局专门制定《椒江区文化信息资源共享工程培训工作计划》，分批对全区9个街道、镇的综合文化站，275个村、社区文化俱乐部的文化共享工程的基层骨干人员全面开展培训，努力培养一支责任心强、熟练掌握设备操作技术与服务要领的骨干队伍。

四、经费投入

在省中心、区政府的支持下，椒江区共享工程自2003年以来共投入近40万的运维经费，用于共享工程设备的购置、维护、人员的培训和惠民活动的开展。

五、资源建设

2007年区支中心在椒江区图书馆网站的首页，对全国、省中心有关资源网站都做了链接；同年区支中心引进Apabi电子图书，并于当年8月正式开放在互联网上，读者免费申请账号。另外还不断挖掘如“戚继光抗倭传说”、“台州绣衣”、“台州玻雕”、“葭芷送大暑船”、“台州木雕”、“椒江同康酝酒”、“制笔”等一批地方特色文化，通过加工整理成数字资源，充实共享工程，加以推广。

六、合作共建

2004年区支中心与区科协在椒江图书馆建立科技人员俱乐部，内设八台电脑。与区组织部建立人才交流活动室，内设12台电脑和大屏幕、多媒体、播放设备等。区支中心还与党员远程教育展开全面的共建共享，比如在下陈街道下陈村建立多媒体放映厅，不定期开展党员远程教育和共享工程资源展播。

七、惠民服务和宣传推广

区支中心通过网络、光盘等方式及时更新资源。设有服务预告专栏，以电子屏形式发布服务内容与时间。主要是在未成年人放学期间（主要集中在周六、周日），组织未成年人开展专题活动，还通过与“残联”合作不定期的组织残疾人开展活动。通过图片展览等形式宣传推广文化资源信息共享工程，先后举办了《腾飞的中国》、《祖国万岁》等图片展览80多场次，采取手段多样有巡展、流动服务等，如2011年6月椒江区支中心在区青少年宫广场以图文并茂的形式介绍了“全国文化信息资源共享工程”情况以及椒江区支中心的资源建设情况、基层服务点发展情况等，并免费为广大群众办理电子图书借阅证等。此外通过休闲阅览室向外提供涉及共享工程资料光盘借阅服务等。另外经常性地对各基层服务点进行设备维护，业务指导，其中下陈街道下陈村、三甲街道海明村，成为<全国推动公共文化服务体系建设现场会>与会代表的考察地，深受各代表的好评。

八、工作展望

通过近几年的运作可以证明，共享工程在满足人们群众基本文化需求方面确实起到了积极意义。今后我们仍将继续努力，以全国文化信息资源共享工程网络资源服务平台为依托，充分利用现代高新技术手段，将各种类型的信息资源，进行数字化加工处理与整合。通过扎实的服务工作，充分发挥网络资源优势，使优秀文化信息资源走进社区、走进企业、走进农村、走进全区的每个角落，实现优秀文化信息资源在全区范围的共建共享。

（撰文/台州市椒江区支中心）

台州市黄岩区支中心

黄岩区全区总面积988平方公里，全区地貌可概括为“七山一水两分田”，下设5镇6乡8街道（其中院桥、宁溪为省级中心镇，头陀、北洋为市级中心镇），36个社区、533个行政村，常住人口59.67万，暂住人口20多万。黄岩区文化资源共享工程面向基层、服务群众，扎实推进共享工程的实施，在新形势下为繁荣基层文化，满足群众多层次文化需求，提高城乡居民的精神文化生活质量

发挥了重要作用。

一、基本情况

黄岩区图书馆根据浙文社（2007）14号文件精神，于2007年底开始实施文化资源共享工程。至2008年6月中旬，黄岩区文化资源共享工程完成了软、硬件的政府采购和设备安装、调试，以及人员的技术培训工作，年底黄岩区文化资源共享工程建设工作已按要求基本完成，并于2009年通过浙江省文化共享支中心规范化建设督导考核。

共享工程黄岩支中心设在黄岩区图书馆，是黄岩区共享工程的建设和业务指导单位，接收文化共享工程各种信息资源，制定共享工程相关服务工作的规划，负责保障支中心共享工程设备的运行，以及开展全区共享工程管理员的业务培训和指导。

二、经费投入

黄岩区共享工程项目建设过程中上级共投入34万元，用于共享工程设备件软、硬件的购买以及人员的相关培训。共享工程支中心建设完成后，黄岩区政府每年投入10万元用于共享工程设备的维护、资源的建设、人员培训和相关活动的开展。

三、资源建设

黄岩支中心通过互联网等渠道接收文化信息资源共享工程的各种文化信息资源，并对这些资源进行妥善保存、整序和分类管理。

台州市黄岩区支中心通过光盘拷贝方式自建的优秀动画片视频库，供少儿进行观看。还通过购买等方式建设数字资源，现有中国知网期刊全文数据库、起点考试网、方正apabi电子图书、国际视频数字图书馆等资源。

三、管理和队伍建设

黄岩支中心将共享工程日常管理纳入制度化管理，制定支中心、基层服务点工作职责和管理制度，实行制度上墙公开。

四、合作共建

黄岩共享工程和黄岩农村党员干部现代远程教育开展合作共建，共同努力，使文化共享工程基层点覆盖了全区19个乡镇街道，498个行政村。

五、培训工作

黄岩支中心运用多种方式加大培训力度，开展了形式多样、内容丰富、效果显著的培训工作。开展乡镇（街道）和村（社区）基层服务点的专兼职人员的集中培训，进行基层指导活动，对乡村基层点和社区服务点进行指导。

开展文化共享工程进企业、进校园活动，对企业有关工作人员、学校教师等进行培训。自2008年黄岩文化共享工程建立以来，共培训相关人员达1200余人。

六、宣传推广

黄岩支中心利用各种渠道宣传推广文化共享工程。

1、利用活动、资料宣传共享工程。在黄岩每年的读书节、读书宣传服务周等活动中，以活动为平台，以资料为媒介宣传共享工程，让民众不断了解共享工程，走进共享工程。

2、走进企事业单位、校园进行宣传推广。为充分发挥共享工程的作用，黄岩支中心走进浙江联化集团、浙江永宁制药厂、浙江省柑橘研究所等企事业单位，走进黄岩中学等学校进行文化共享工程的宣传推广，讲解文化信息资源共享工程各部分的功能和使用方法，指导大家如何有效选择和利用共享工程的资源。

七、惠民服务

黄岩支中心积极组织文化服务，使共享工程走进群众生活。支中心开展“送电影下学校”服务，运用移动播放器将优秀电影送到明星、三友等外来民工子弟学校进行展播，受到学校师生的欢迎。支中心运用共享工程平台开展数字资源服务，自支中心建成以来，读者访问数字资源的检索量近45万次，浏览量近18万次，下载次数近20万次，取得了很好的社会效益。

八、工作展望

黄岩文化共享工程自建立以来，数字资源不断丰富，服务网络不断完善，社会影响不断扩大。文化共享工程使文化信息能够经济、快速地传送到黄岩的各个地方，使城乡的群众能平等地享受到优秀文化精品。今后黄岩支中心将进一步充实和提高文化共享工程的的综合实力和服务能效，为黄岩的广大群众提供形式更加多样的文化信息服务，为推动黄岩文化事业作出贡献。

（撰文/台州市黄岩区支中心）

临海市支中心

临海市区域面积4022平方公里（含海域面积1819平方公里），辖5个街道、14个镇，总人口116万。临海市文化信息资源共享工程的组织实施，将为新时期建设新农村、培育新农民搭建新的平台，并以此推进和完善文化服务体系建设，提高文化服务水平，促进城乡文化事业的发展。

一、基本情况

临海市文化信息资源共享工程始建于2002年8月，为浙江省公共图书馆首批建有该项工程的镜像站点之一，属台州市首家，前期配备了服务器、投影、电脑及复印机等设备，成立初期主要以局域网形式运行，资源主要通过省中心定期拷贝及自行采购或试用万方、超星、

等数据库免费提供读者网上浏览及下载服务，并设立放映厅，定期播放共享工程影视资源。

随着时间的推移，设备的老化淘汰，2007年重新投入资金，按照共享工程建设新的标准，对系统进行升级改造，设立专用机房，重新添置服务器，存储设备及更新了部分电脑。在软件方面对共享工程系统进行了全面升级，建立对外服务的网络平台，实现支中心向互联网开放，依托农村党员干部远程教育网络，实现数字资源区域内全覆盖。

目前，全市已建成县支中心1个；乡镇及街道基层服务点19个；村级（社区）共享工程基层点821家。“共享工程”临海市支中心设在市图书馆，指导和服务临海市“共享工程”工作的业务开展以及本市共享工程管理员的业务培训。负责保障县级支中心共享工程设备的运行。

二、管理和队伍建设

该支中心重视“共享工程”管理和队伍建设工作，在成立一开始就设立了文化共享工程工作团队，设专人管理，制定了相关工作职责和制度，并制定了《临海市文化信息资源共享工程实施方案》下发到各基层服务点，每年有年度工作计划和总结。临海市支中心选择具有相关专业技术的工作人员为管理员，并通过出去培训学习、请老师来馆讲课等形式，努力建设一支专业化的“共享工程”管理员队伍，不断提高业务能力和工作水平。

三、培训工作

临海市支中心通过集中培训、网络培训和上门辅导等形式开展培训，不断提高管理员的专业水平。此外，为提升广大基层工作人员的操作技能和服务水平，支中心还举行了文化共享工程与远程教育资源共建共享技能大比武等活动。2012年共组织了11次网络培训，并对多个基层服务点等进行了上门辅导。

四、资金投入

临海市共享工程自2002年投入使用以来，市本级支中心共投入资金约60万余元。初期建设约投入15万元，2007年投入资金30万元用于设备的整体升级改造，后根据工作开展的需要，又添置了相应的设备，支中心的整体建设符合上级规定的标准。设备维护经费从起初的2万元逐年递增，2012年维护经费为8万元整。基层服务点的设备投入及维护主要由市农村党员干部远程教育办公室负责建设管理，前期建设投入资金约800万元，覆盖全市所有的行政村，基层服务点设备更新维护也全部由农村党员干部远程教育负责管理，年维护经费约30万。主要用于设备维护及补贴欠发达基层点网络接入费用。

五、资源建设

临海市支中心依托省中心网络图书馆的强大后盾，本馆读者及各基层点均能共享访问，在此基础上，支中心又自行采购了起点自主考试学习系统、阿帕比电子图书、中国知网学习期刊及工具书数据库等数字资源向各基层点开放使用。在本地特色数据库建设开发中，已建成的数据库包括临海市非物质文化遗产网、临海地方网络文献数据库等。当前正在建设的数据库有：申报世界非物质文化遗产项目的“台州府城墙”数据库；被评为中国十大名街的“紫阳古街”数据库等。

六、合作共建

临海市支中心开展多种形式的合作共建，2007年初，我市支中心与组织部门达成协议，使文化信息资源共享工程和农村党员干部远程教育网进行了有机的结合，利用远教现有的网络，进行资源整合利用，并利用远程教育网的视频直播功能进行各类文化、文艺活动的直播。使本地的文化资源得到了有效地宣传和利用。为方便广大基层群众更准确、快捷地利用文化共享工程和远程教育的资源，更好地服务新农村建设，我市支中心和远教办在省分中心的指导下共同开发了一套WEB桌面，并在2009年12月底推广到全市19个镇街道和800余个行政村及社区的基层服务点。WEB桌面的开发及推广，解决了基层服务点人员记网址难、查找资源难的后顾之忧，对文化共享工程在基层的推广起到了很好的促进作用，达到了共享工程和远程教育两者之间共建共享、互惠双赢的服务效果。此外，每年还开展远程教育和文化共享工程服务“双示范点”评比等活动。

七、惠民服务

临海市县支中心及各级服务点通过电子阅览室、网站以及投影仪播放讲座等视频节目为读者提供在线信息服务。县支中心及镇街道基层服务点利用下乡放映电影的机会，放映文化共享工程的农村种养培训视频，深受广大农民的喜欢；晚上利用投影仪在文化广场播放视频节目、电影、地方戏剧、科技知识、生活小常识、法律知识等内容都深受居民的喜爱，每晚广场上都聚集着众多的居民观看，是居民夜生活的一大亮点。临海市县支中心、各基层服务点充分发挥“共享工程”在农村实用人才队伍建设中的积极作用，开展农村实用人才培训，主要形式是举办文化、卫生、科技、法制、种养等各种内容

广场宣传活动

的培训班、视频讲座，不断开创培训工作的新局面。临海市支中心每年利用共享资源印发农村种养等专题资料在送书下乡时无偿向农民发放。

八、宣传推广

临海市支中心利用网站、报纸、电视等各种渠道宣传推广"共享工程"，尤其在每年的服务宣传周等活动中，通过宣传让群众不断了解"共享工程"，走进"共享工程"，利用"共享工程"的丰富资源。同时结合春耕生产等活动，开展"共享工程"专题资源下乡、专题视频展播等主题活动，使"共享工程"走进群众生活。临海市图书馆还积极开展"共享工程"进军营活动，通过光盘拷贝、硬盘拷贝等方式将一些优秀的资源共享到部队电子阅览室，丰富了部队官兵的文化生活。

九、工作展望

临海市文化资源共享工程已走过了10个年头，在以后的路上须继续大力推进"共享工程"建设，充分利用"共享工程"的丰富资源为群众服务。要结合"数字图书馆"工程建设，全面提升支中心的设备，提高临海市"共享工程"的建设水平。要进一步扩充文化设施网点，早日实现行政村全覆盖加强基层文化设施网点数字化建设，加强专业技术人员的培养，为深入推进"共享工程"的实施打好基础。要充分发挥"共享工程"的作用，大力开展公益性数字文化服务，尤其加强对广大农村地区的扶持力度，将文化共享工程建设成为社会主义新农村的重要抓手。通过多种形式拓展服务范围、创新服务方式，将地方音乐、曲艺、歌舞、美术等优秀非物质文化遗产纳入"共享工程"建设内容，以群众喜闻乐见的形式使"共享工程"更加贴近基层、贴近生活、贴近群众。

（撰文/陈增强）

温岭市支中心

温岭市陆域面积836平方公里，岛屿面积14.72平方公里，滩涂面积155平方公里。温岭市是纯汉族聚居地，分别居住在16个镇（街道），人口136.68万。温岭市文化资源共享工程在温岭市文化广电新闻出版局，浙江省图书馆支持和部署下，逐步推进，稳步发展，在新形势下为繁荣农村基层文化，满足农民多层次文化需求，传递中国民族优秀文化资源发挥了重要作用。

一、基本情况

温岭支中心按照文化部《2008年度文化共享工程试点县分中心系统配置标准》配备了相应的软硬件设施，并向各乡镇文化站与基层文化俱乐部开通信息资源共享服务，建立县级中心、乡镇基层中心和行政村（社区）图书室为基层网点的体系，开展送共享工程下乡活动，确保广大群众能就近享受文化信息服务。共享工程温岭市支中心展示平台，主要由三方面组成：

1、共享工程温岭支中心机房：配有共享工程应用服务器1台，数字图书馆服务器1台、图书馆web服务器1台、应用服务器1台、柏科磁盘阵列（9T）、防火墙2台、交换机1台、42U机柜3只、CPU1套、空调1台等，互联网光纤接入10M，机房环境能保证所有设备安全正常运行。

2、共享工程温岭支中心视听室：配有联想电脑31台、管理机1台、打印机、空调等等。

3、共享工程温岭分中心演示厅：投影机1台、幕布1块、音响1套、DVD1台、空调等。

二、资源建设

1、正常接收省级分中心资源800多G。

2、自行采购中国期刊全文数据库、万方期刊和学位数据库，维普数据库并在温岭区域内开放。购买中宏数据库、国研网数据库以及北大方正电子图书12万册。

中国期刊全文数据库介绍：2002年温岭图书馆开省内县级图书馆之先河，首家引进该数据库，读者可以在电子阅览室免费下载。通过温岭日报的报道、发放宣传资料、举办讲座、发放使用说明小册子等，让更多的读者开始了解认识期刊全文数据库，下载量也逐步上升，月下载量曾一度破万。2008年9月首创在区域范围内免费开放中国学术期刊全文数据库下载权限，更多的读者可以共享到这一资源库，在家在单位都可以免费下载论文。

3、建有家谱资源库和温岭海洋剪纸数据库，目前已完成家谱数字化1000多册，海洋剪纸精品500多幅，可供读者全文下载阅读。初次并建有学生习作库和内部刊物等。

三、培训工作

温岭支中心在共享工程管理员的培训上基本采用集中培训的方式。每年对辖区共享工程管理员进行4期的集中培训，2003年以来一共举办各类培训班36期，参加轮训的各级管理员达1000人次。特别邀清华同方CNKI培训经理张玉兰为我市农村中小学教师"领雁工程"培训班的学员们等读者，作"中国知网数据库检索与应用"专题讲座。另外还邀请北大方正老师在温岭师范为老师和学生就电子资源的使用举办了多次专题讲座。

四、经费投入

几年来我支中心在主管局文化广电新闻出版局和上级各有关部门的领导和大力支持下，共投入了100多万，建成了共享工程免费视听点、报告厅、演示平台，为全市人民共享文化发展成果提供极大的便利条件，并通过整合自有资源、外购数据库、电子图书等数字资源，依托共享工程平台，有效利用维普数据库、万方数据库等资源为读者提供服务，受到了读者的欢迎，较好地满足了读者的信息需求，特别是依托在本单位门户网站的中国期

刊全文数据库，下载量跃居全国市县级公共馆之首。

五、宣传推广

温岭支中心还多途径多渠道推进基层网点建设，不断的通过发放宣传资料、送书下乡、广场活动、媒体报道等举措宣传文化信息资源共享工程，逐步扩大了文化信息资源共享工程的影响。

1、积极配合全国图书馆服务宣传周、未成年人读书节等活动，举办各类读者活动，宣传图书馆、吸引读者到馆。2008年累计举办各类展览26场次，如三门石窗图片展、汶川抗震救灾图片展、台州记忆——市级文保单位及古建筑摄影图片展、从雅典到北京——奥林匹克运动图片展等，参加者达1万人次。2009年举办展览8次，如浙江文化名人图片展、敲锣打鼓——王伯敏‘剪纸书房’文物展，参观者达4500人次。

2、开展送纸质图书与数字图书下乡活动，帮助各镇、街道文化站建设、管理图书室，并为16个乡镇、20个局机关干部职工配备温岭数字图书馆借阅帐号6000多个，并作借阅使用演示，使大家了解了数字图书馆的优势和使用方法。

3、推广学生习作平台和数字图书。落实专人前往太平小学、横湖小学以及方城小学等10多个学校推广市图书馆数字图书馆网站上开通的“学生习作”平台，并提倡“亲子共读”，共享阅读乐趣，受到了学校老师和家长、小朋友的欢迎。举办方正阿帕比杯电子书读书大赛，比赛内容在温岭日报三版通版刊出，收回有效答题卡近2000张，取得了良好的社会反应，扩大了温岭图书馆电子图书影响力。

4、数字资源淘宝活动。7月11日，“共建图书馆，有益你我他”宣传服务活动在温岭市文沁公园举行，展出有关各科室、资源介绍展板——《帮您了解图书馆》20多块，并向过往行人分发浙江网络图书馆（www.zjelib.cn）宣传资料，介绍网络数字图书馆利用知识，开展图书馆利用调查问卷活动。

5、承办浙江省共享工程“数字文化讲师团”培训班。2012年7月16日，浙江省共享工程“数字文化讲师团”培训班在温岭方山开办班，原国家图书馆副馆长孙承鉴等一批老师亲临授课。7月19日，浙江省共享工程“数字文化讲师团”在温岭大溪成立，这是国内第一个数字文化讲师团，文化部全国文化信息资源管理中心李宏主任、浙江省文化厅陈瑶副厅长到会祝贺。李宏主任还对我市的基层公共数字文化服务设施进行了调研、考察，予以积极的评价和肯定。

六、其他服务

从2007开始到2012年两会召开和温岭市科学技术协会第八次代表大会之际，温岭图书馆分别致函给与会代表，主动利用馆内丰富的数字资源为两会代表、科技工作者免费提供资料查找服务共计1000多次。这是作为公共图书馆提供便民服务和扩大社会影响的两次尝试，均收到了良好的社会效果。

七、合作共建

在扎扎实实做好业务工作的同时，我们还加强了与媒体的联络，相关的工作和活动及时见报。新华社、浙江日报、台州日报、温岭日报、温岭电视台等多家媒体也多次报道或转载了温岭图书馆共享工程建设及推广方面的情况，积极地肯定了该馆的工作。与此同时，还向省共享工程分中心保持积极联系，及时反馈建设情况。

八、工作展望

温岭市文化资源共享工程支中心已走过10个年头，从昨天的几个点到今天的800多个行政村全覆盖，从单一的资源接收到今天的编辑分发和群众广泛认知，广泛参与，文化资源共享工程在温岭已经成为人民文化生活的一大支柱，成为繁荣温岭文化，丰富温岭人民精神生活，推动温岭人文科技进步的强大动力源泉。

今后温岭支中心希望在国家中心，浙江分中心大力支持下为温岭共享工程建设一支专业化的服务队伍，建立一个国家、市、区三级知识网络联动的即时问答服务体制和服务形式更加多样，服务网点更加宽广，参与群众更加广泛的共享工程文化带动体系，为建设文化温岭做出贡献。

（撰文/温岭市支中心）

三门县支中心

三门县县域面积1510平方公里，其中陆域面积1072平方公里。全县辖10镇4乡511个行政村，总人口43万。三门县文化信息资源共享工程是全国文化信息资源共享工程重要组成部分，它由县文广新局牵头实施，以浙江省图书馆、三门县图书馆的网络信息服务平台为依托，是一项采用现代信息技术，对文化信息资源进行数字化加工和整合，通过网络、移动存储、光盘等方式，实现文化信息资源共建共享的工程。逐步建立和完善公共文化服务网络，努力建好文化共享工程县级支中心，以满足广大群众日益增长的精神文化需求。

一、基本情况

三门县文化资源共享工程建设开始于2007年，机房设在三门县图书馆。三门县图书馆是三门县共享工程的建设和业务指导单位，负责保障县中心共享工程设备的运行，协调镇村级共享工程设备的维修，指导镇村级共享工程活动的开展以及开展全区共享工程管理员的业务培训和指导。下设12个基层服务点，各基层站点管理有序，运行良好，技术服务平台安全有效。注重培养广大农村群众学习的习惯和兴趣，解决了农民看书难、看报难、看电影难，信息来源渠道窄的困难，为农民创造了一片良好的网络文化天地，使农民得到了共享工程的实惠，享受到了共享服务的好处。

二、管理和队伍建设

为使共享项工程真正为民所用为民谋利，三门县支中心将共享工程日常管理纳入制度化管理。制定支中心管理手册、基层服务点管理手册。每年有年度工作计划，月度有工作要点，季度有工作督导，年末有工作总结考核，并推行管理员工作日志管理，收集整理共享工程服务活动的得失，探索共享工程管理和服务新模式。

文化资源共享工程作为一个新的农村文化资源获取平台，如何推广好、利用好共享工程丰富的文化资源关键在于是否有一支专业化的共享工程管理员队伍。三门县共享工程支中心在管理员队伍建设上坚持明确职责，明确思路，制度化管理，常态化培育。对于乡镇、村两级基层共享工程管理上择优选取文化层次较高，有一定社会基层管理服务实践经验的大学生村官为管理员，他们工作热情高，有较高的文化水平能尽快熟悉掌握共享工程设备为所在村民服务。

三、培训工作

三门县支中心在共享工程管理员的培养上实现了制度化和常态化。根据支中心工作要求，每年对辖区共享工程管理员进行2期的集中培训，2007年以来一共举办各类培训班24期，参加轮训的各级管理员达1100人次。

四、经费投入

三门县支中心自2007年建设以来，省文化厅、县财政每年投入15余万的运维经费，用于共享工程设备的维护，人员培训和惠民活动的开展。同时，三门县政府和三门县图书馆每年也投入大量人力物力支援共享共享工程各项活动的正常开展。

五、资源建设

三门县支中心在历年的工作中，搜集不同区域民众文化需求，选取、编辑制作各类题材资源1TB，每年制作发放各类光盘100多张，展板50多块，各类海报，招贴画20多副，发放宣传资料1000余份。

六、合作共建

以共享工程为依托结合县组织部的党员远程教育网。将各种部门下发的电子文献资源与建立的共享工程服务点结合，根据不同乡镇、村的硬件条件建立形式多样的电子阅览室和多媒体中心。比如在海游镇的上坑村帮助其建立农村电脑室，六敖镇、健跳镇等建立拥有多台电脑的多媒体阅读中心，配有投影仪、有源音箱等移动设备在各乡镇、村等流动播放电影。通过多方不懈努力，共享工程已逐步走入基层村民生活，成为村民获取新知，娱乐身心的新渠道新平台。

七、惠民服务

我县是一个农业大县，种养殖户们对种养殖相关的科技信息的需求十分旺盛，如黄秋葵种植技术、青蟹养殖技术等。针对这一现状，三门县支中心组织人员寻找和下载了相关数字资源，分为种养殖技术类和疾病防治类，将之刻录成光盘，截至目前，已经刻录了800张；我馆也考虑到种养殖户们的实际生活条件，购买了大量有关养殖和种植方面的书籍，现都已送至种养殖户手中。

八、宣传推广

1、三门县支中心利用各种渠道宣传推广共享工程。在每年的未成年人读书节活动、科技文化三下乡活动、图片下乡展览等活动中，三门县支中心不失时机，以活动为平台，以资料为媒介宣传共享工程，让民众不断了解共享工程，走进共享工程。

2、走进校园。三门县支中心文化服务中不断探索，组织动员青少年关注共享工程，根据实际需求，开展了“琴江大讲堂”、“优秀影片展播”、“百家讲坛”等活动，深受广大青少年的喜爱。通过一系列的活动共享工程不仅走进农村也走进校园走进青少年。

3、专题活动，精彩纷呈。三门县支中心在服务中抓住文化的热点和亮点，积极组织群众喜闻乐见的文化服务，使共享工程走进群众生活。例如在十八大期间，我中心联合其他单位开展“十八大精神进乡村”活动。

九、工作展望

三门县文化信息资源共享工程支中心和基层服务点的管理工作在各级领导的关心支持下，取得成效有目共睹，今后我们会坚持努力，多方改进，切实发挥共享服务的作用，为广大人民群众提供健康、丰富的精神食粮。

（撰文/柳正法）

天台县支中心

天台县行政区划有12个乡镇，3个街道，共有597个行政村，常住人口58万。天台县文化信息资源共享工程在浙江省财政厅、浙江文化厅的财政支持下，科学规划，全力推进，为繁荣农村文化发挥了重要作用。

一、基本情况

天台县文化信息资源共享工程 建设开始于2007年，利用省财政逐年下拨的浙江省文化信息资源共享工程专项经费68万元，于2010年完工。建成电子阅览室和天台县支中心机房，中心机房按照浙共享办【2010】4号《关于印发文化信息资源共享工程各级支中心和基层服务点建设配置标准的通知》的要求进行配置，中心机房配置了3台服务器，磁盘陈列1套，容量4TB，交换机3台，百兆防火墙和VPN路由器1台，UPS电源系统1套，及标准机柜等附属设施。

同时加强文化信息资源共享工程乡镇、农村服务点的建设，与县组织部农村党员干部现代远程教育一起共建农村基层点，做好共建共享工作。

共享工程天台县支中心设在天台县图书馆。以天台县共享工程的建设和业务指导单位，负责保障县支中心共享工程 设备的运行，协调各镇村级共享工程基层服务点设备的维修，指导村级共享工程基层服务点的业务开展，开展全县共享工程管理员的业务培训和指导，目前各基层服务点设备运行良好。

二、管理制度

天台县支中心在上级有关部门的领导下，严格执行浙江省文化信息资源共享工程办公室制定的标准，规范以及规章制度，做到工作档案完整，数据统计规范。天台县支中心和各基层服务点将电子阅览室安全上网管理制度，工作人员岗位职责、机房管理制度、开放时间等规章制度上墙公示。加强对未成年人上网的管理，规范上网内容，除文化部指定的棋牌类等益智游戏外，未成年人不得在电子阅览室和共享工程各基层服务点上网玩游戏，积极引导青少年健康上网，加强网上正面宣传，为广大未成年人创造良好的网络文化氛围。

三、队伍建设

在队伍建设方面，工作人员队伍精简专业，具备一定技术和服务能力，熟练操作和维护设备设施，并且定期的参加有关技术方面、业务方面、服务方面的培训。努力打造一支技术水平和服务水平高，服务意识和责任心强的高效率队伍。

四、资源建设

天台县图书馆历来重视地方文献工作。天台县支中心相继搜集和制作了《台州四库荟萃》光盘，馆藏宗谱光盘，非物质文化遗产（电子版）等，由于天台素有“佛宗道源”之称，天台县支中心搜集了许多佛道题材的光盘，同时根据各基层服务点的需求，制作各类光盘发放到各基层服务点。

五、宣传服务工作

1、宣传工作，利用省中心下发给支中心的宣传资料到各基层服务点进行宣传分发；在各集镇的集市日，向农民发放共享工程光盘，并根据各地产业分布情况，有针对性地提供各地百姓所需内容的光盘，小册子，如苍山的木珠、平桥的工业滤布、石梁的高山蔬菜种植等等，使老百姓真正感受到共享工程的实惠。

2、在读者服务方面，由于文化共享工程各级中心和基层服务点是公益性的文化信息服务场所，坚持社会效益第一的原则，天台县支中心有专门人员管理，实行全免费开放，开放时间与图书馆开放时间相同，用于读者服务的计算机可以检索、浏览、下载所需文献。其次主动做好读者上网指导工作，特别是帮助指导读者登录“浙江省文化信息资源共享工程服务平台”，如何利用里面的资源，使他们从中收益匪浅。在基层服务方面，我们定期送图书送电影下乡下基层丰富基层群众的业余文化生活，为新农村建设贡献微薄之力。

3、开展共享工程进校园活动，结合本县中学生自杀问题，从网上下载有关青少年心理健康、人际交往、情感交流、家庭氛围与青少年成长的关系等内容，到学校播放，帮助青少年走出心理阴影，增强青年少年心理上的抗击打能力。

六、工作展望

天台县文化信息资源共享工程经过5年的努力，初步建成了以天台县图书馆为中心，全面覆盖各乡镇街道、行政村的网络体系。

积极配合省中心将文化信息资源共享工程中的资源用好、用活。开展形式多样的服务方式，加强宣传力度，使广大群众充分认识共享工程这个服务品牌。使文化信息资源共享工程成为广大群众生产活动的智囊库，生活中的好帮手，文化活动中的百宝箱。重视天台县地方文化的数据库建设，向世人展示天台山佛道儒相互融合的独特的文化现象，今后希望浙江省中心大力支持天台县支中心的建设，帮助天台县支中心培训出一支专业化的服务队伍。从而更多地帮助农民朋友学会利用共享工程中的资源，使文化信息资源共享工程真正成为天台人民的知识源泉，为天台县文化强县建设作出贡献。

（撰文/天台县支中心）

仙居县支中心

仙居县全县总面积2000平方千米，下辖3个街道、7个镇、10个乡，共722个行政村。其中，县城规划区89.6平方千米，建成区14.6平方千米。全县总人口48万，汉族约占99%多，土著少数民族有畲族等。

一、基本情况

仙居县文化资源共享工程建设开始于2000年10月，共享工程仙居县支中心设在仙居县图书馆，是仙居县共享工程的建设和业务指导单位，负责保障县中心共享工程设备的运行，协调社区、企业、乡镇、村级共享工程设备的维护，指导共享工程基层点活动的开展以及对全县共享工程管理员的业务培训和指导。目前全县建有镇村级共享工程基层点8个，学校共享工程基层点2个。

二、管理和队伍建设

仙居县支中心将共享工程日常管理纳入制度化管理。实行制度上墙公开，每年有计划，有工作总结考核。共享工程在镇、村队伍建设上择优发展，将有责任心、工作热情高的年轻人为管理员，目前仙居县共享工程管理员90%为各级大学生村官，10%是由较高学历的村两委干部兼任，实现了管理员选取的高起点。

三、培训工作

仙居县支中心在共享工程管理员的培养上实现了制度化和常态化。根据支中心工作要求，每年对全县共享工程管理员进行4期的集中培训，自2000年以来一共举办各类培训班48期，参加轮训的各级管理员达1200人次。

四、经费投入

仙居县属于欠发达县市区，共享工程建设经费以省拨为主，自支中心建设起累计投入经费78万元，年维护经费2.4万元。仙居县政府每年也提供部分资金（光纤租费）支持共享共享工程各项活动的正常开展。

五、资源建设

仙居县支中心数字资源主要依托省共享工程资源。自建资源有“仙居历史人文地图”数据库、“仙居彩石镶嵌”数据库等，数据累计3TB，每年发放宣传资料2000余份。

六、宣传推广

1、合理利用馆内条件，开办老年大学电脑班。自

2007年起，支中心与县老年大学合作，以电子阅览室作为培训基地，义务为老年大学学员开办计算机基础培训，截至2012年底，开办培训班12期，学员期期爆满，累计接收学员720人。通过学习，学员学会了上网，利用网络登录共享工程网站，观看视频、书刊、期刊等资源。这一举措，既解决了老年人学电脑难的问题，又提高了共享工程的知名度、影响力。

2、共享工程进校园。仙居支中心文化服务中不断探索，利用学校硬件资源，大力宣传推广共享工程。如在仙居县职业中专建立共享工程基层点，将优秀资源免费与师生共享，宣传共享工程平台，经常组织学生关注共享工程，利用共享工程资源；送电影到民工子弟学校，宣传推广共享工程优秀资源；邀请业界知名人士、专家为青少年答疑解惑，如省图书馆学会秘书长、研究馆员袁逸老师、浙大蔡天新教授的精彩讲座都受到了热烈的欢迎。

3、创新思路，服务延伸。支中心为全县乡镇机关、行政事业单位职工办理仙居县图书馆数字资源阅览证，用户只要凭借账号和密码登录浙江网络图书馆，就可以免费使用共享工程数字资源，累计发放数字资源阅览证5000余本，这一举措大大提升了共享工程的知名度，共享工程网站也成了每周必看的主流网站。

七、工作展望

仙居县图书馆文化信息资源共享工程已走过12个春秋，尽管条件艰苦，但我们始终不懈怠。文化共享工程已经具有很高的认知度及使用率，她已成为仙居人民精神生活不可缺少的一部分，她也必将会推动、丰富仙居人文科技的发展，为丰富百姓精神生活、为发展仙居经济做出应有的贡献。

（撰文/仙居县支中心）

玉环县支中心

玉环县全县常住人口61.63万人。辖3街道5镇3乡，其中，楚门镇入选浙江省省级小城市培育试点镇，沙门镇为浙江省省级中心镇。文化资源共享工程玉环县支中心在玉环县文广新局，台州市图书馆的支持和部署下，逐步推进，稳步发展，在当前中国进入了全面建设小康社会的关键时期和深化改革开放、加快转变经济发展方式的攻坚时期，为丰富基层群众的精神文化生活，满足基层群众的精神文化需求，增强基层群众的精神力量发挥了重要作用。

一、基本情况

文化资源共享工程玉环县支中心建设始于2006年，自共享工程建设开展以来，我们通过送书下乡、到社区或村基层点安装共享工程设备及软件、培训专职或兼职工作人员、在各乡镇举办相关活动、提供光碟资料免费馆外流通等手段，把群众喜闻乐见的优秀文化作品通过方便快捷的方式传送到百姓身边，不仅提高了基层文化服务水平，丰富了基层群众的文化生活，而且在一定程度上提高了基层群众的文化品位，推动了基层文化传播手段的升级换代。

2007年5月，文化资源共享工程玉环县支中心以“楚洲文化城老年人电影室”作为试点，在文化资源共享工程浙江省分中心的支持和帮助下，为老人们提供存储了大量革命老电影和古装戏剧的硬盘播放器。由于楚洲文化城老年人电影室的工作受到肯定，2007年9月由文化资源共享工程浙江省分中心推荐，我们选拔老年人电影室的党员张子弦代表浙江省前往北京参加全国文化信息资源共享工程农村服务工作座谈会，使我们的工作在全国范围内受到了广泛关注。2007年10月在鸡山乡人民政府的帮助下，文化资源共享工程玉环县支中心以鸡山岛作为本县共享工程建设的第二个试点，相继开展了数据库开通使用及硬盘播放器赠送活动，为当地群众、政府机关提供浙江省文化信息资源共享数据库远程访问服务和共享工程各类影片的播放服务。

除了建设共享工程试点，我们每月还在各基层点、文化站或民工子弟学校开展一次送书下乡活动，以此打造图书集群、方便群众借阅。同时我们还在各社区、活动室组织开展远程数据库访问平台使用培训，2007年至2010年期间分别为坎门街道红旗社区、坎门街道水龙村、玉城街道县前社区、陈屿双峰社区、沙门镇沙门村、沙门镇里山村、鸡山乡南山村、海山乡、沙门镇、玉环县公安局边防大队、披山部队、玉城街道小水埠村等基层服务点提供了共享工程软件的安装和使用培训服务。2012年11月，楚门图书馆和爱心书院相继建成开放，文化资源共享工程玉环县支中心为其电子阅览室提供了馆内数字资源共享、影碟播放等服务。

文化资源共享工程玉环县支中心设在玉环县图书馆，是玉环县共享工程的建设和业务指导单位，负责保障县中心共享工程设备的运行，协调、指导、提供镇村级共享工程设备的维护服务，指导镇村级共享工程活动的开展以及开展全县共享工程管理员的业务培训和指导。

二、管理和队伍建设

为使共享工程切实改善城乡基层群众文化生活，玉环县支中心将共享工程日常管理纳入制度化管理。制定支中心、镇、村基层服务点场所管理及使用制度，并且实行制度上墙公开。每年年末有工作的总结和相关培训人次统计，有计划有步骤地开展对新增基层服务点的工作人员的业务培训工作，引导和鼓励各基层点的工作人员提高自身业务水平、提升服务意识，不断加强和规范对乡镇村级

基层点的管理和指导工作，汇集群众反映强烈的意见和建议，有针对性地改善服务工作，改进服务方式，切实提高服务质量，积极探索共享工程管理和服务新模式。

文化资源共享工程作为公共文化服务体系的基础性工程和创新工程，如何推广好、利用好共享工程丰富的文化资源，如何创新共享工程的服务形式和模式关键在于是否有一支业务水平高、服务意识强的共享工程管理员队伍。文化资源共享工程玉环县支中心在管理员队伍建设上坚持明确工作职责，注重工作实效，提高思想水平，规范化培育。对于乡镇、村两级基层共享工程管理上择优由各基层点选拔当地群众或服务基层人员为管理员，他们工作态度端正，自律意识和服务意识强，能尽快熟悉掌握共享工程的软件使用和硬件维护方法为所在基层点的群众服务。

三、培训工作

文化资源共享工程玉环县支中心在共享工程管理员的培养上实现了制度化和规范化。根据支中心工作要求，每年不定期上门对辖区共享工程管理员进行培训，2007年以来一共开展各类培训活动超过30次，参加培训的各级管理员超过100人次。

四、经费投入

文化资源共享工程玉环县支中心自2007年开始建设共享工程基层试点以来，玉环县图书馆平均每年投入10余万的运维经费，用于共享工程设备的维护，人员培训和惠民活动的开展。同时，玉环县人民政府，文化资源共享工程浙江省分中心，浙江省财政厅和浙江省文化厅也投入大量人力物力支援共享工程各项活动的正常开展。

五、资源建设

文化资源共享工程玉环县支中心在历年的工作中，积极搜集基层群众文化需求，采购CNKI中国期刊全文数据库镜像资源近7TB，总计8839种，1142693期，共计文章26321695篇。每年借出各类光盘超过50张，把共享工程宣传穿插于各类在图书馆内举办的活动之中，制作张贴各类海报、喷绘广告超过20幅，发放相关宣传资料超过1000份。

六、合作共建

以建设共享工程基层点为契机，将自行采购以及各部门下发的电子文献资源与建立的共享工程服务点结合，根据不同乡镇、村的硬件条件建立形式多样的电子阅览室和多媒体室。比如在玉环县爱心书院合作共建了拥有多台电脑的电子阅览室，拥有数十个座位的多媒体放映室，由我们不定期提供共享工程影碟在多媒体放映室播放，提供本馆采购的数字资源共享共用。在楚门图书馆合作共建了数字浏览室，室内提供6台ipad，7台台式电脑，1台55寸看报机方便读者查询、利用数字资源和共享信息，提供1台投影仪播放影片。从2007年开始，共享工程玉环支中心提供的共享工程中心资源库与中共玉环县委组织部启动的玉环县党员远程教育中心资源库之间实现了互联互通，资源共享，优势互补。在党员远程教育标牌旁增挂文化信息资源共享工程玉环支中心的标牌。在远程教育前端播出平台设立“文化共享工程”栏目，通过帐号的方式利用共享工程的电子图书、电子期刊和各类数据库，为基层群众服务，较好地满足了广大农民对各种文化信息资源的需求。通过玉环县支中心和各基层点的不懈努力，共享工程已逐步建成了文化信息资源共享的新平台，不仅为基层群众查询信息、利用数字资源提供了便利，而且满足了基层群众不同的文化需求，丰富了他们的精神生活。

七、宣传推广

玉环支中心一直以来高度重视宣传工作，利用包括网站、微博、QQ群、LED跑马灯显示屏、海报、展板等渠道宣传推广共享工程。在玉环县图书馆每年的未成年人读书节、全民读书月等活动中，玉环支中心不失时机，以活动为载体，以宣传小折页、易拉宝为媒介宣传共享工程，让读者不断了解共享工程，走进共享工程。

玉环支中心在宣传服务中注重把握不同形式，利用不同的载体，积极组织开展共享工程宣传服务。例如在2013年玉环县“两会”召开期间，玉环县支中心依托浙江省公共图书馆信息服务联盟、浙江网络图书馆的信息资源优势和数字化的服务手段，结合本地实际整体部署成立两会服务小组，于3月4日——9日期间在今年的玉环“两会”驻地酒店，以“一站式服务”的形式为“两会”代表委员提供个性化、针对性的信息服务。服务主要设置三大内容：触摸屏信息展示、文献自助拷贝、个性化信息咨询。多元化的信息服务在代表和委员的参政议政过程中发挥了积极作用。这是我们服务“两会”的第六个年头了。

八、工作展望

玉环县支中心已走过6个年头，文化资源共享工程在玉环已经成为群众文化生活的一大支柱，成为繁荣玉环文化，丰富玉环人民精神生活，推动玉环经济社会发展进步的强大动力源泉。今后玉环支中心希望在国家中心，浙江省分中心的大力支持下为玉环共享工程建设一支专业化的服务队伍，让服务形式更加多样，不断拓宽服务渠道，为建设美丽玉环，文化玉环作出贡献。

（撰文/玉环县支中心）

温州市支中心

温州市现辖鹿城、龙湾、瓯海3区，瑞安、乐清2市（县级）和永嘉、洞头、平阳、苍南、文成、泰顺6县。全市有65个镇、6个乡，60个街道办事处，5405个行政村，

322个社区、210个居民区。温州市文化共享工程在温州市委、市政府的支持和领导下，扎实推进，开拓创新，在文化大发展大繁荣的背景下为满足群众多层次文化需求，努力构建温州市公共数字文化服务平台，传递中华民族优秀文化资源发挥了重要作用。

一、基本情况

温州市自2002年开展“全国文化信息资源共享工程”以来，认真实施、积极探索，在技术和资源建设上创新，从挖掘区域优势和特色入手，坚持城乡统筹、共建共享思路，真抓实干，走出了一条适合温州实际情况的建设路子。特别是2005年我市共享工程中心迁入温州市图书馆新馆后，对我市的共享工程服务平台进行了进一步技术改造和升级，拓展和深化了合作共建模式，充实和丰富了数字资源，实现县县建有支中心，乡乡建有基层点，全市100%的行政村、社区都建有基层服务点的目标。

二、管理和队伍建设

为扩大共享工程的知名度和利用率，温州市支中心设立专门岗位并配备专职管理人员。温州市支中心是温州地区文化共享工程的核心管理与服务机构，严格按文化部相关配置标准，建立规范化文化共享工程地市级支中心。明确市、县、镇、村四级管理机构和工作人员的职责，完善基层服务点设备管理、资源利用等各项制度，实行制度上墙公开。每年有年度工作计划，月度有工作要点，季度有工作督导，年末有工作总结考核，并推行管理员工作日志管理，收集整理共享工程服务活动的得失，探索共享工程管理和服务新模式。建立信息专报制度，每一基层服务点都有专人负责，层层落实，确保国家中心和省分中心的指示和传达，同时基层服务点的动态也能迅速反馈到上级。

三、培训工作

市、县、乡、村级分中心和基层点有稳定的工作人员，并按照分级负责、分层培训的要求，市级分中心完成对县级文化共享工程专职人员的轮训任务，县级分中心要与当地远程教育机构共同承担起对基层服务点工作人员的业务辅导、技术培训任务，通过举办培训班、网络培训、现场维护实践等措施，保证和提高基层点管理和技术人员的素质。2003年以来一共举办各类培训班48期，参加轮训的各级管理员达1800人次。为温州地区的共享工程工作提供了坚实保障。

四、经费投入

温州市共享工程自2008年实现村村全覆盖以来，每年投入70余万的运维经费，用于共享工程设备的维护，人员培训和惠民活动的开展。同时，温州市政府，温州市文化广电新闻出版局和温州市图书馆每年也投入大量人力物力支持共享共享工程各项活动的正常开展。

五、资源建设

支中心整合了期刊论文、电子书资源及本地区特色文化资源，建立了温州市图书馆数字资源服务平台。除了充分利用国家管理中心通过各种途径下发的资源外，还充分发挥温州市支中心的职能，积极整合图书馆及其他文化系统拥有的信息资源，向基层服务点输送。市支中心根据数字资源使用率排名，购买数字资源的互联网使用权，所有的用户只要登录温州市图书馆数字资源平台，在家即可使用优秀的文化信息资源。同样，每一个基层点在享有共享工程的资源外也可免费使用支中心的所有数字资源。目前，数字资源服务平台已整合了中国知网、重庆维普、万方数据、龙源期刊、超星数字图书馆等数据库。使共享平台拥有8000多种电子期刊、40多万册电子图书、7000多部视频讲座和特色数据资源，总容量达到了35TB，这些资源极大丰富了共享工程的内容，特别是一些视频讲座尤其受到广大基层群众的欢迎。据统计，2008年至今，我中心共下载各类论文300万篇、各类视频讲座点播100万次。

市支中心坚持特色数据库建设，根据温州的地方特色和广大人民群众的文化需求，建设温州鼓词数据库、温州地方文献全文数据库、籀园讲坛视频数据库、温州人著作数据库、温州地方文献全文和温州地方文献联合目录，受到了基层的普遍欢迎。协作各县级支中心开展地方特色资源库建设，如乐清市支中心和泰顺县支中心分别着手建设乐清老照片和廊桥三维全景数据库；龙湾区支中心建设了龙湾民俗资源数据库；瓯海区支中心建设泽雅古法造纸资源数据库。这些资源的建成，将极大的丰富本地特色资源数据库，提高数字资源的吸引力。

六、合作共建

温州市在推广文化共享工程实践中，充分利用各系统的资源开展合作共建。目前已建成以正泰、康奈、巨一、奥康集团有限公司等共享工程企业示范点10个。2008年，温州市支中心与市总工会推出了“企业书屋”建设工程，在全市企业内建成200个配备文化共享工程阅览功能的企业图书室。利用总分馆模式激活基层服务点。通过总馆的技术和资源支撑，分馆一般能正常的运转，较好的发挥阵地作用，服务于周边的群众。将基层服务示范点建立到分馆中，扩大分馆的服务范围。基层服务示范点也能依托分馆正常的运转，解决了基层服务点难以持续开展服务的难题。基层服务点与分馆的良性互动，既有传统的借阅服务，又有数字资源服务，达到了双赢。

八、宣传推广

我们通过电视、报纸等传统媒体，同时辅以温州网、温州文化信息网、温州学习网等网络媒体，介绍实施文化共享工程的目的意义、文化信息资源和操作流程等，通过网络链接提高共享工程的点击率。并印发共享服务平台使用手册，介绍实施文化共享工程的目的意义、文化信息资源和操作流程等。此外，我们还制作了共享工程的宣传短片，协助电视台完成两期“信息化在

你身边”节目制作。通过举办老年人电脑培训，向广大市民群众开展面对面的教育，使群众既了解共享工程服务内容，又掌握共享工程资源的使用方法。在节假日期间开展经典电影、名家讲座等视频放映活动，多次组织聋哑人士观看有声电影。此外，温州市支中心根据共享工程服务的基本性，均等性原则，开展共享工程进校园、进军营、进企业活动，针对特殊群体开展共享工程进监所、进厂区等活动。

九、工作展望

温州市文化信息资源共享工程从起步至今，从最初的基层点建设为重点到现在的地方特色资源建设，从利用VPN技术进行资源传输到现在的多种渠道并重，温州市文化共享工程正处在一个发展的转型期。在文化大发展大繁荣和温州市“六城联创”的背景下，温州支中心必将抓住机遇，严格按照文化部、省文化厅有关要求，将温州市支中心打造成一个技术先进、管理规范、资源丰富的专业队伍，使共享工程早日成为基层群众的信息中心、学习中心和数字文化中心。

（撰文/温州市支中心）

温州市少儿支中心

温州市少年儿童图书馆作为全国地市级一级少年儿童图书馆，积极配合全国文化信息资源共享工程开展各项工作，投入大量人力物力财力，开设分馆、建设数字资源、建设未成年人公共电子阅览室、开办公益讲座、送书下乡、开展阅读推广活动等。为温州地区未成年人打造一个文化信息资源共享的平台，为全国文化信息资源共享工程做出了自己的贡献。

一、网点建设

1、流通点

温州郊区的一些偏远县市由于经济贫困，当地的学校普遍缺少藏书，图书室形同虚设。学生一直处于无课外书可读的窘境，阅读需求远远得不到满足。

为了解决这些问题，从2007年至今，温州市少年儿童图书馆一直为这些偏远山区的学校送去书籍，并且不定期的更换。至今已经建设了永嘉溪下乡黄皮一村的金盾学校、苍南县蒲城乡辅导学校、苍南马站镇魁里学校、苍南县霞光镇南坪辅导学校等53个流通点。定期为山区的孩子送去文化信息共享资源，丰富学生的课余文化生活。

2、分馆

温州市共有11个县（市区），却仅鹿城区拥有一座独立建制的少年儿童图书馆为未成年人提供服务。这说明了我市少儿图书馆事业发展不平衡、服务范围不均衡。为了让我市更多的幼儿及在校青少年能够享受到我馆服务，2011年起我馆逐步将服务范围扩大到各中小学校，并与鹿城区教育局合作，在全市范围内选择能满足开设分馆条件的学校作为我馆分馆，使在校学生不出校门即能享有均等体验少儿图书馆服务的权利。

截止2012年底，我馆先后在泰顺县图书馆、温州市鹿城第二实验小学、温州市绣山小学、温州市第五幼儿园、泗溪镇东溪中心学校、温州市少年游泳学校、温州市第一幼儿园、温州市水心小学二校区、温州市瓦市小学江滨校区、瓯海区燎原小学、蒲鞋市小学、瓦市小学本校区、城南小学花柳坦校区、温州市广场路小学本校区、广小沧河巷校区、广小上陡门校区、百里路小学、建设小学大南校区、朱自清故居19个地方建立了温州市少年儿童图书馆分馆。我馆派遣专业的图书编目人员前往各学校帮助指导图书编目标引加工，并给予校方图书室建设的专业意见；为各学校分馆的在校生免费办理我馆分馆读者证，到2012年底共办理12250个分馆读者证，新增分馆藏书248276册；分馆的书目数据全部录入我馆数据库，系统地实现通借通还，这项工作得到了广泛学校的支持，也有更多的学校申请加入分馆的行列。与此同时，我们还通过VPN网络，将文化信息共享工程资源输送到学校分馆。

3、建设免费开放未成年人公共电子阅览室

我馆实行免费开放未成年人公共电子阅览室，读者只需凭借读者证即可免费在此畅游网络，查看本馆和互联网的数字资源。2012年上半年的时候我馆电子阅览室拥有38台读者机和3台G3电子图书阅读器。

二、数字资源建设

随着计算机、网络的普及，人们获取知识的越来越依赖网络，为此温州市少年儿童图书馆努力建设温州地区有特色的数字资源库。

1、硬件建设

目前温州市少年儿童图书馆已经拥有8台服务器、30TB存储空间、100M光纤网络。

2、数字资源

在资源类型方面，除了网站之外还包含特色数据库、电子图书、网页、多媒体资料等各种类型。目前我馆拥有的少儿资源有：央视教育视频3054部67.3G、动漫点点书库7776部78G、金话筒朗诵录音41篇465M、从前有座山儿童故事3666篇11.9G、童音谷儿童歌曲743首2.77G、多彩世界5968篇、维普数字资源8080410篇3TB、各类活动视频263部513G。访问资源渠道可分为www网络环境访问和网络专线进行访问。网络专线可覆盖各地图书馆、学校、各类培训机构、文化基站、各类电子阅览室和网吧等等。

三、技术支持

各个分馆原本使用借书系统五花八门，为了实现各个分馆与本馆的通借通，我们特别将书目数据导入本馆的interlib系统里，解决了部分图书需要重新编目，减少总分馆建成的劳动、资金成本；一幼、瓦市小学江滨校区、瓦市小学新校区分馆作为自助借还机RFID设备学校试用点，我馆多次安排计算机人员到各分馆进行设备检测并对教师学生进行了设备使用指导。

四、惠民服务

我馆实现免费借书、初次办证免工本费、免费年审、免费参考咨询等惠民服务。

五、宣传推广

家庭教育宣传实践活动包括节日的广场活动、公益讲座、阅读课等免费公益活动每年都有做。仅2012年就做了78场。

六、培训工作

为了给孩子们一个书香童年，为了儿童阅读公益推广事业。让阅读在家长中得到普及和提升，引导家长帮助孩子寻找读书的乐趣，增强孩子对阅读的兴趣。我馆推出了毛毛虫上书房“蝴蝶爸妈”阅读志愿者公益培训。至今已经推出32期。

2010年7月，为了配合响应文化部全国文化信息资源建设管理中心、浙江省文化厅主办，全国文化信息资源共享工程浙江省分中心承办的“全国文化信息资源共享工程少年网页设计竞赛”。我馆组织了photoshop、dreamweaver、flash青少年免费培训班，最终我馆获得了此次活动的优秀组织奖。培训班里的学生也获得优秀成绩，获得了一个一等奖和两个三等奖。

七、队伍建设

加强队伍建设，培养数字资源建设专业人材，为数字资源建设打下良好的基础。

八、工作展望

根据少年儿童图书馆的服务宗旨和对少年儿童的培养目标，结合少年儿童图书馆文献资源建设的原则开展少年儿童数字资源建设。

在少年儿童数字资源内容方面，围绕儿童成长各方面需求，有计划、有分类、有重点地积累数字资源，形成以教育、儿童成长培养为主，兼顾其他少年儿童各方面辅助资源，重视素质教育的馆藏资源体系，建设少年儿童网络图书馆。

（撰文/温州市少年支中心）

温州市龙湾区支中心

龙湾区区域陆地面积279平方千米。行政区划共有11个街道，共6个社区、14个居委会、147个行政村，常住人口71.9万人。龙湾区文化资源共享工程在省市业务主管部门的帮助支持和精心指导下，坚持城乡统筹，共

建共享的思路，逐步推进，稳步发展，在新形势下为繁荣农村基层文化，满足农民多层次文化需求，传递中国优秀文化资源发挥了重要作用。

一、基本情况

龙湾区文化共享工程于2003年开始建设。最初是在硬件条件比较好的沙城镇、灵昆镇、天河镇、状元镇、宁村、罗东锦苑社区等6个基层点开始安装，后来我们分片区对街道、社区、村进行调查并安装调试，2009年龙湾区所属行政村实现了共享工程村村全覆盖。

二、管理和队伍建设

龙湾区重视共享工程管理和队伍建设工作，将共享工程日常管理纳入制度化管理。制定支中心、镇、村基层服务点工作职责和制度，实行制度上墙公开。每年有年度工作计划，并推行管理员工作日志管理。支中心选择计算机专业或其他高学历的人员为管理员，对于镇（街道）、村两级基层共享工程管理上择优选取文化层次较高，有一定社会基层管理服务实践经验的大学生村官为管理员，努力建设一支专业化的共享工程管理员队伍。

三、培训工作

龙湾支中心一贯注重共享工程管理员的培养，每年通过集中授课、网络培训、发放光盘等形式开展培训，不定期开展经验交流会，逐步提高管理员的专业水平。

四、经费投入

龙湾区从文化共享工程启动至今，得到了浙江省文化厅和龙湾区政府的大力支持，先后投入经费30多万元用于文化共享工程支中心规范化建设以及各项设备的购置维护、人员培训和惠民活动的开展。

五、资源建设

龙湾支中心自运行以来，以共享工程基层中心建设为契机，建立了馆内局域网、电子阅览室、图书馆自动化管理系统，设立了读者检索终端，提升了图书馆自动化和网络化程度。同时结合自身特点，建立开通了龙湾区图书馆网站。此外加紧数字化工作，建设本地特色的数据资源库，申请完成了浙江省文化信息共享工程数字资源建设项目——龙湾民俗数据库。

六、合作共建

多年来龙湾区开展多种形式的合作共建，借助农村党员干部远程教育基层点和依托全覆盖的农家书屋推进“共享工程”工作，根据不同街道、村社区的硬件条件建立形式多样的电子阅览室和多媒体中心，使共享工程逐步走入基层。

七、惠民服务

龙湾区支中心及各级服务点通过电子阅览室和网站为读者提供在线信息服务，通过移动硬盘拷贝和网络传输方式，为街道、村选取分发文化共享工程数字资源，为弱势群体提供共享工程信息资料，通过投影仪在文化广场播放讲座等视频节目，利用下乡放映电影的机会，放映文化共享工程的培训视频，每年利用共享资源编印农村种养宣传小册子，送书下乡时向农民发放。

八、宣传推广

龙湾区支中心利用网站、报纸、短信等各种渠道宣传推广共享工程。同时结合重大节日、宣传活动周等，开展共享工程专题资源下乡、专题视频展播等主题活动，让民众不断了解共享工程，走进共享工程。

九、工作展望

龙湾支中心将通过多种形式拓展服务范围、创新服务方式，深入推进文化信息共享工程，使共享工程真正成为利民惠民的服务平台。

（撰文/温州市龙湾区支中心）

温州市瓯海区支中心

瓯海区面积467平方公里，辖12个街道、1个镇，1个省级经济开发区，251个行政村、26个居委会，户籍人口41万，外来人口约80万。瓯海区支中心在区文化广电新闻出版局领导和部署下，逐步推进，稳步发展，在新形势下为繁荣社区、农村基层文化，满足居民和农民多层次文化需求，传递中国民族优秀文化资源发挥了重要作用。

一、基本情况

2003年瓯海区图书馆在全市率先启动了文化信息资源“共享工程”（以下简称文化“共享工程”），建成了文化共享工程县级中心。截至2013年1月，全区共建成文化共享工程县级中心一个，基层服务点33个，与党员远程教育中心共建服务点200个。2003年在瓯海区图书馆设立了县级中心后，先后在景山街道繁荣社区、新桥街道站前社区、仙岩镇文化活动中心、新桥街道前花社区、泽雅镇文化活动中心、梧田街道泽霞社区、梧田街道龙潭社区、南白象镇文化活动中心、新温州人俱乐部、瓯海区物流中心、新桥社区、金蟾社区、老殿后村、蟠凤村、景山街道、新桥街道、茶山街道茶山村等16个乡镇（街道）文化站或社区、村的文化服务场所设立了基层服务点。2007年6月，全区200个农村党员远程教育中心顺利与文化共享工程实施对接，在远程教育前端播出平台设立“文化共享工程”栏目，整合文化共享工程视频资源；各村的农村党员干部，通过规定的账号可以直接利用共享工程的电子图书、电子期刊和各类数据库，正式挂牌成为文化共享工程基层服务点。

瓯海区开展的文化共享工程建设工作取得了良好的社会效益，受到了各级领导的关心和支持，2004年浙江省文化厅副厅长金庚初视察瓯海区，对于瓯海区的文化共享工程工作给予了充分的肯定。

二、管理和队伍建设

从2007年开始，为了规范我区的文化共享工程开展情况，瓯海区图书馆下发了《对瓯海区文化信息资源“共享工程”基层二级中心进行年度考核的通知》（瓯图[2007]3号），每年对全区的基层服务点进行年度考核，通过打分的形式，对各基层服务点的开展工作情况，进行考核评定。打分的标准既有基层服务点面积、设备配置等硬性标准，也有接待读者人次、查询次数等软性内容，能够比较全面的反映基层服务点的开展工作情况。对于未达标的基层服务点，必须在规定时间内按标准整改，整改后仍未达标的，则予以撤销。该项举措受到了文化共享工程省中心和国家中心的重视，填补了文化共享工程没有考核制度的空白，省中心和国家中心在今后的工作中会逐步推广这一举措。

瓯海区支中心在管理员队伍建设上坚持明确职责，明确思路，制度化管理。因为共享工程涉及计算机方面的知识，所以对于基层服务点我们要求有文化水平的大学生村官作为管理员，他们一般都具备较高的计算机水平能尽快熟悉掌握共享工程设备为所在地居民服务。

三、培训工作

为了给文化共享工程建设提供人才保证，我县支中心建立了管理服务人员培训工作制度，把人才培训落到实处。2009年开始制定培训规划，对共享工程基层服务点管理人员进行培训。定期举办“文化信息资源共享工程培训班”，并通过开展业务竞赛、服务创新等活动，激发共享工程服务点管理人员学习业务、提高技术水平的积极性和创造性。

四、经费投入

瓯海区从2003年开始每年平均投入14万元的运维经费，用于共享工程设备的维护和惠民活动的开展。同时，瓯海区政府每年也投入资金支持共享工程各项活动的正常开展。

五、资源建设

瓯海支中心有自建数据库“泽雅古法造纸数据库”，2010年我们完成了数据库方案的编制和上报，在浙江省共享工程分中心的关心和支持下，获得了该项目的立项工作。在温州支中心的帮助下，2011年“泽雅古法造纸数据库”完成建设并通过省分中心的验收。

同时，我们每年还利用文化共享工程国家中心下发

瓯海区文化共享工程基层服务点管理员培训

的影视资源光盘进行刻录和拷贝，发放到各基层服务点组织开展观影活动，获得了当地群众的一致好评。

六、合作共建

2008年9月，瓯海区图书馆成为温州市图书馆的二级分馆，实现了和市图书馆图书通借通还、资源共建共享，有效整合了共享工程、图书馆和网络资源，极大地方便读者使用。

七、利民惠众，开展服务

瓯海支中心在共享工程服务实践过程中，以民众的需求为导向，积极探索，开展各式各样的社会服务。

定期开展老年人电脑培训，走进校园为未成年人带来共享工程丰富的学习资源，为农民工开展免费上网活动等等，引导群众享受文化信息资源，把群众喜闻乐见的优秀文化传送到广大人民群众身边。填补基层文化需求的空白；丰富活跃基层群众的文化生活；扩大共享工程的的社会影响。

八、宣传推广

1、瓯海支中心利用各种渠道宣传推广共享工程。在每年的共享工程活动日中，瓯海支中心以活动为契机，以资料为媒介宣传共享工程，让民众不断了解共享工程，走进共享工程。

2、走进校园。瓯海支中心利用共享工程丰富的少儿资源，走进校园为未成年人提供视频资源播放服务。

3、专题活动，精彩纷呈。瓯海支中心结合图书馆各类活动开展共享工程服务。例如，利用全民读书月活动联合各基层服务点开展“共享工程在身边”活动，结合国家中心下发光盘引导基层服务点开展观影活动等，通过一系列定期开展的专题活动引导群众使用共享工程平台，体验共享工程文化服务。

九、工作展望

瓯海区文化资源共享工程已走过10个年头，从开始的几个点到今天的33个基层服务点和200个党员服务中心，从以前的没人知道到今天的群众广泛参与，文化资源共享工程已成为瓯海文化发展的重要组成部分，丰富瓯海人民精神生活，推动瓯海文化发展的强大动力。今后瓯海支中心希望在国家中心、浙江分中心和温州市支中心的大力支持下把瓯海区文化共享工程事业建设得更加辉煌，建立一个服务形式更加多样、服务内容更加丰富、服务范围更加宽广、参与群众更加广泛的共享工程文化带动体系，为建设文化瓯海做出贡献。

（撰文/蔡斌斌）

组织群众观看国家中心下发电影

瑞安市支中心

瑞安市占地面积约3600平方米，建筑面积10657平方米，设计藏书容量50万册，阅览座位1000个，网络节点500个，日均可接待读者4000人次。

瑞安市图书馆采用大开间的设计理念，功能布局合理，读者服务分布于四个楼层：一楼设儿童阅览室、亲子阅览室、盲人阅览室、地方文献展览厅、报告讲座厅；二楼设总服务台、外借书库、报刊阅览室、休闲阅览室；三楼设外借室、多媒体阅览室、地方文献书库；四楼设视听读物外借室、电子阅览室、自学阅览室。

作为瑞安市图书文献收藏和利用中心及文献信息资源开发中心，全馆现有藏书30万余册，年订阅报纸400多份、期刊1500多种，并与温州地区各公共图书馆资源共享，通借通还。在编人员35人，其中高级职称3人，中级职称16人，大专以上学历占总人数的91%。

瑞安市图书馆秉承最大限度满足读者需求的公益服务宗旨，全年365天开放，并实行免费服务，每周对外开放78小时。馆内无线网络全覆盖，阅览区内所有书刊实行开架式服务，并采用了先进的RFID（无线射频卡）技术，为读者高效利用图书馆和图书的防盗安全提供强有力的技术保障，同时还提供电话续借、网上续借以及24小时自助还书等多种开放性服务措施，使读者获取文献信息更为便捷、自由；全年开展公益性的专题讲座、周末电影、读书会、展览等多种形式的读者活动，丰富读者阅读内容，提升服务内涵；广泛开展延伸服务、流动服务，在全市各学校、社区、部队、企业设有图书流通站40个，初步形成覆盖全市的图书馆服务网络体系。

先后获得了温州市未成年人思想道德建设工作先进单位、温州市文明单位、温州文化广电新闻出版局系统先进集体，瑞安市精神文明工作先进集体等荣誉称号，并被命名为温州社科普及示范基地、瑞安市“春泥计划”实践基地。成为融入社会、贴近民众的市民终身教育的知识殿堂和我市公共文献信息资源共享的保障中心。

我馆是全国文化信息资源共享工程县级支中心，在共享工程的建设上一直不遗余力，截至到2010年我市共建成有共享工程基层点31个，所有的基层点建设标准均按照共享工程相关文件的要求进行。

除此之外我们还将图书馆流通点的建设和共享工程相结合，为基层点送去图书和共享工程视频资源，深受广大群众欢迎。

（撰文/瑞安市支中心）

乐清市支中心

乐清市陆域面积1223.3平方千米，海域面积270平方千米。行政区划共有17个乡镇（含8个街道办事处），辖190个行政村、17个社区，常住人口120余万人。乐清市文化共享工程在乐清市文化广电新闻出版局、温州市图书馆的支持和部署下，努力推进全市文化共享工程的规范化建设，积极从挖掘区域优势和特色上入手，坚持城乡统筹、共建共享和少花钱多办事的思路，真抓实干，在新形势下为繁荣农村基层文化，满足农民多层次文化需求，传递中国民族优秀文化资源发挥了重要作用。

一、基本情况和网点建设

1、县级支中心

乐清市文化共享工程于2003年4月开始建设。共享工程乐清支中心设在乐清市图书馆，是乐清市共享工程的建设和业务指导单位，指导镇村级共享工程活动的开展，并开展全市共享工程管理员的业务培训和指导。

支中心设有机房和电子阅览室，以及多媒体活动室。电子阅览室面积51平方米，多媒体活动室109平方米。硬件配有4台服务器（其中1台由温州市馆共享），25台电脑，存储容量达10个T（由温州市馆提供），投影设备1套，视听设备1套。扫描仪、激光打印机、数码相机、移动硬盘、硬盘播放器、UPS电源、空调等设备齐全，部分达到高配。网络接入带宽达100M，利用高速的互联网通过VPN方式，直接从温州市馆共享数据资源。支中心有计算机专业管理人员2名，年接待上网读者2万人次。

2、基层服务点

乐清市文化共享工程基层服务点建设分自建和共建两种方式。第一种是文化系统自建的基层服务示范点，按照温州市关于基层示范点的有关建设要求，制定相应的建设标准：对基层服务点硬件和软件条件进行现场查看，拥有3台电脑以上或拥有1台电脑和1套投影设备的，且拥有宽带网络2M以上。截止2012年12月，乐清市共建有基层示范服务点87个，其中14个乡镇基层服务点，73个村、社区基层服务点。第二种方式是依托市委组织部的农村党员远程教育网络，开展合作共建的形式，实现乐清市文化信息资源共享工程的基本覆盖。基层示范服务点的建设起带头和示范作用，能够扩大文化共享工程的影响力和使用范围，极大丰富了农村党员远程教育网络的内容，促进了农村党员教育点的建设。

二、管理和队伍建设

为使共享项工程真正为民所用为民谋利，乐清支中心将共享工程日常管理纳入制度化管理。制定支中心、镇、村基层服务点工作职责和制度，实行制度上墙公开，每年有年度工作计划和工作总结。乐清市文化共享工程建设初期在温州市图书馆有关专家的指导下进行，后期建设都是独立完成。对基层示范服务点的建设主要采用以下方式，根据有关的申报程序，确定基层服务点的安装名单，然后由乐清市支中心派出技术人员对基层服务点的文化共享工程资源进行安装，并就场地布置、服务方式、工作台帐等有关建设要求一一向负责人、管理人员说明，要求在验收前进行调整，最后由乐清市文广新局组织验收、温州文广新局抽查。建好后乐清市文广局组织人员定期随访，并通过电话、QQ聊天的方式定期反馈信息。

文化资源共享工程作为一个新的农村文化资源获取平台，如何推广好、利用好共享工程丰富的文化资源关键在于是否有一支专业化的共享工程管理员队伍。乐清市共享工程支中心在管理员队伍建设上坚持明确职责，明确思路，制度化管理，常态化培育。对于乡镇、村两级基层共享工程管理上择优选取文化层次较高，有一定社会基层管理服务实践经验的大学生村官为管理员，他们工作热情高，有较高的文化水平能尽快熟悉掌握共享工程设备为所在村民服务。目前乐清市共享工程管理员60%为大学生村官，实现了管理员选取的高起点。

三、培训工作

乐清市支中心在共享工程管理员的培养上实现了制度化和常态化。根据支中心工作要求，每年对共享工程基层管理员进行1期集中培训，2003年以来一共举办各类培训班10期，参加轮训的各级管理员达2000人次。

四、经费投入

乐清市共享工程支中心自成立以来，财政和有关部门平均每年投入10余万的运维经费，用于共享工程设备的维护、人员培训和保障各项活动的开展。

五、资源建设

现依托资源平台有4个，即国家数字文化网、浙江数字文化网、浙江数字图书馆以及温图数字资源。同时，乐清市支中心在历年的工作中，搜集本地民众的文化需求，选取、编辑制作特色文化资源课件和数据库，均获得浙江省文化厅的立项。近年来，支中心分别制作了《对鸟》、《乐清民间艺术家》和《黄杨木雕和细纹刻纸》三个课件及"乐清记忆"老照片资源库、雁荡山摩崖石刻资源库等。我们还在计划进行"乐清湾"和"雁荡旅游"等有特色资源的建设。

六、惠民活动

乐清市支中心在共享工程服务实践过程中，以民众的需求为导向，积极开展多种形式的服务活动，注重把共享工程和乐清市图书馆各种读者活动相结合。2005年，乐清市图书馆成立了全省首家残疾人阅览室，为残疾读者配备了8台电脑提供文化共享工程信息服务；2007年，乐清市图书馆成立法律文献中心，配置1台电脑让读者查找文化共享工程资源里面有关法律方面的信息；注重未成年人文化共享工程服务，定期在四楼多媒体活动室播放爱国影片、网络视频讲座。此外，我馆还将文化共享工程建设与流动图书馆建设相结合，除了给广大群众、部队官兵送书，还送共享工程的有关光盘资源，并且利用硬盘播放器现场为广大群众播放文化共享工程视频资源，深受广大农村群众和部队官兵的欢迎。

七、宣传推广

图片展览的形式是乐清市支中心宣传文化共享工程活动的主要方式。除了浙江省共享办要求做的文化共享工程展览，支中心还自制展板，举办了“奥运冠军风采录”、“历史名人图片展”等文化共享工程图片展。这些图片展览活动产生了极大的社会效应。譬如，我们在各大中学、社区、老年协会设置展览点，广大群众争相观看，场面壮观。

近年来，支中心还注重以电视台、报纸的形式宣传文化共享工程，譬如，乐清市支中心举办的浙江网络图书馆宣传推广活动在《乐清日报》头版刊出，引来不少读者电话咨询，取得了更好的效果。

八、工作展望

乐清市文化资源共享工程已走过10个年头，从单一的资源接收到今天的编辑分发和群众广泛认知，广泛参与，极大地丰富了乐清人民的精神生活。今后乐清市支中心希望在国家中心和各级分中心的大力支持下为乐清市共享工程建设一支专业化的服务队伍，服务网点更加宽广，参与群众更加广泛，为建设文化乐清做出贡献。

（撰文/乐清市支中心）

永嘉县支中心

永嘉县全县面积2698平方公里，其中山地面积为2308.5平方公里，平原面积为277.0平方公里，河流湖泊面积为112.7平方公里，素有“七山二水一分田”之称。辖区10镇8街道，906个行政村，2011年末，全县户籍总户数28.56万户，总人口96.04万人。在浙江省文化厅、温州市和永嘉县文化广电新闻出版局，温州市图书馆支持和部署下，逐步推进，稳步发展，在新形势下为繁荣农村基层文化，满足广大人民多层次文化需求，传递中国民族优秀文化资源发挥了重要作用。

一、基本情况

永嘉县自2003年开展“全国文化信息资源共享工程”工作以来，在上级领导与支持下，认真实施该项工程，积极在技术和资源建设上创新，从挖掘区域优势和特色入手，坚持城乡统筹、共建共享和少花钱多办事的思路，真抓实干，走出了一条适合永嘉实际情况的建设路子。在认真做好共享工程农村基层服务点建设的同时，积极开展特色服务，先后建成“文化共享阅读平台、永嘉党员干部学习网、永嘉企业创业创新学习平台”等载体，率先开展共享工程进企业服务，服务企业成为推进文化惠企服务的重要内容。永嘉共享工程建设在农村基层服务点建设方面结合文化强镇、文化示范村、文化示范社区建设，对接县委组织部农村党员干部现代远程教育系统，实现了村村通。联合县经贸局、总工会、企业家联合会等单位推广进企业服务。对于企业共享工程服务点建设分两种方式。一是企业示范服务点建设，以奥

康集团等较大规模的大企业作为企业示范服务点的准入条件，主动到企业单位进行宣传推广，从已建成的企业中进行选择，对具备条件的，验收通过后授予企业示范服务点。二是企业服务点建设，以永嘉企业100强为建设对象，主动上门到企业开展服务建设企业服务点。通过开展共享工程进企业服务工作，将共享工程与图书馆丰富的文化信息资源搬进企业内，使企业员工步不出户就能享用公共文化权益，为创建学习型企业、增强企业创业创新学习与发展活力、提升企业人才队伍的综合素质、提升企业经营管理，促进企业技术研发人才和高技能人才的培养，以学习促进企业人才思想解放，以学习增强企业创新发展活力，以学习提升企业员工的综合素质，培养造就一支适应创业创新发展需要、结构合理、素质优良的创新型人才队伍，为实现永嘉产业结构优化升级、推进工业创新提供坚实的文化和智力保障。

二、管理和队伍建设

在管理上，基于建好文化共享工程，成为文化惠民的重要内容，真正为民所用为民谋利，永嘉支中心将共享工程日常管理纳入制度化管理。制定支中心、镇、村基层服务点工作职责和制度，实行制度上墙公开。制定每年度工作计划，月度工作任务，组织季度工作督导，年末有工作总结考核，实行管理员工作日志管理，积极探索共享工程管理和服务新模式。

在队伍建设上，基于建设一支专业化的共享工程管理员队伍，有效开展共享工程惠民服务工作，首先，注重人员日常专业化培训工作，定期与不定期对管理员进行培训教育，组织参浙江省中心、温州市分中心的培训学习，针对不同服务对象学会相应的推广服务方式，将丰富的共享工程文化资源送到广大群众手中。在工作上，明确职责，分工协作，明确思路，制度化管理。乡镇支中心由乡镇文化员担任管理员、村服务点由大学生村官和年轻干部兼任管理员。

三、培训工作

永嘉支中心在共享工程管理员的培养上实现了制度化和常态化。根据支中心工作要求，每年度分批组织基层各级管理员5期的集中培训，2003年来共举办各类培训班40期，参加轮训的各级管理员达1200人次。

四、经费投入

永嘉县共享工程自2009年实现村村全覆盖以来，永嘉县财政每年投入30余万的运维经费，用于共享工程设

备的维护，人员培训和惠民活动的开展。永嘉县委、县政府对文化共享工程建设高度重视，把文化信息共享工程作为基层公共文化体系建设的重要抓手。多次牵头协调文化与财政等部门就"共享工程"建设进行专题研究，要求结合永嘉实际，把"共享工程"作为提升公共文化服务水平，实现广大人民群众基本文化权利，改善城乡基层群众文化服务，促进人的自由全面发展的一项重要工作抓实抓好，抓出成效。

五、资源建设

从丰富广大群众文化生活需求的资源内容上着手服务。永嘉支中心依托共享工程国家中心、浙江省分中心、温州市支中心的资源，结合永嘉实际，整合各数据资源与分类建设，以国家中心主站资源、浙江省分中心、温州市支中心资源为内容整合到永嘉文化共享阅读平台，满足广大群众阅读。采集企业急需的电子化培训学习视频课程等视频资源整合到企业创新学习平台，供企业员工阅读学习。建设地方特色数据库"山水永嘉"、"永嘉乱弹"，以满足不同人群文化需求为导，向把资源与内容进行整合提供服务，使共享工程服务受到广大群众喜爱，特别是视频讲座尤其受到广大企业员工的欢迎。

共享工程作为一项开创性工程，需要我们坚持科学发展观，在实践中不断探索，采取灵活多样、切实可行的工作方式，针对当前企业普遍面临培训资源少、培训组织难、培训费用高、培训周期长、培训覆盖面不广、培训效果不理想等难题，永嘉支中心建立了永嘉企业创新学习平台，使已建立企业服务点的企业员工可通过平台以电子化学习方式学习企业战略与组织、领导力与执行力、经营战略、管理技能、人力资源、财务管理、 市场营销、生产管理、领导艺术、沟通谈判、商务礼仪、职业化训练、生产管理网络课程，在一定程度解决企业培训学习难的问题，推进了企业人才培养，提升了企业创业创新与发展活力，也为企业降低企业培训学习成本。

从企业低成本投入需求的服务方式上着手服务企业。为做好服务企业工作台，因地制宜，积极创新，在服务上变被动等企业来申请为主动上门到企业推广。在推广方式上，采取点面方式相结合。在点上，对有条件的企业采用VPN联网方式，我县依托温州市支中心使用VPN组网技术建设企业服务点，企业购置相应电脑网络设施设备，建成固定的企业服务点场所，企业员工需要到服务点使用文化信息共享工程资源。企业需要增加投入成本，只能在少数企业进行推广。而在面上，采用网上读者证帐号登陆方式，向企业发放永嘉企业创新学习平台与共享阅读平台网上读者证，企业普遍采用平台帐号登录方式，给每一个企业服务点发放50至100帐号和密码，企业员工任意在能上网的办公电脑上登录平台后使用共享工程资源，此种方式简化了建设流程，节约了建设企业服务点的资金成本，满足了企业无成本使用，文化共享工程利用互联网平台，打破了空间和时间的限制，有效地改变了企业文化信息资源不足，公共服务水平较低的状况。从企业建设图书馆分馆需求的导入上服务企业。建设企业服务点，向企业共享工程数据资源使企业员工可以利用网络电子学习企业法律知识和生产技术，宣传相关政策法规和市场信息，提高企业经营生产、参与市场竞争的能力外。我们始终把企业服务点建设与企业图书馆建设结合起来，帮助对有条件的企业建立企业图书馆分馆，极大丰富了企业员工的文化生活。

六、合作共建

积极拓展服务空间，增加共享工程的受众范围。共享工程是一项惠民工程，理应惠及到全社会的各个阶层。先后与县委宣传部合作建成了"永嘉干部学习网（网址www.yjxx.org.cn）"为全县党员干部提供在线阅读学习服务。与县总工会、县经贸局、企业家协会等单位合作建成了"永嘉企业创新创业学习平台"，我县民营企业众多，大部份是劳动密集型企业，许多民营企业越来越重视企业的文化建设和员工业余文化娱乐。一些企业建有图书室、棋牌室和小型电子阅览室。利用企业共享工程服务点建设推进企业图书流动站和总分馆建设，把共享工程与图书馆资源输送到各类企业，受到了广大企业员工的欢迎，丰富了企业员工的业余生活，增加了企业的活力和凝聚力。

七、利民惠众，惠民服务

为更好服务广大群众，制作网上读者证，并免费上门办理网上读者证，网上读者证主要资源为基于文化共享工程资源整合而成的文化共享阅读平台；在县机关、乡镇、社区（村居）、学校、企业等地开展各类服务活动，定期与不定期开展免费上门送图书、送文化信息视频、送讲座和图片展览。推广文化共享工程丰富多彩的资源，特别是满足广大企业员工对文化信息需求，通过文化共享工程永嘉企业创新学习平台，免费使用平台资源进行员工培训培育与人才培养。

八、宣传推广

积极提高共享工程知晓率。采取多种措施，加强对共享工程的宣传，使广大群众了解它，从而更好地使用它。我们通过印发共享阅读平台使用手册，介绍实施"共享工程"的目的意义、文化信息资源和操作流程等，通过网络链接提高共享工程的利用率。通过深入到县机关、乡镇、社区（村居）、学校、企业等开展知识讲座、展览，宣传共享工程资源。使广大群众既了解"共享工程"的内容，又掌握"共享工程"的使用方法，从而进一步提高"共享工程"的知晓率和利用率。

九、工作展望

文化资源共享工程已成为永嘉人民文化生活的一大支柱，成为繁荣永嘉文化，丰富永嘉人民精神生活，推动永嘉人文科技进步的强大动力源泉。共享工程的优秀资源，是共享工程的生命源泉和最大优势，我们将在充分用好国家中心、浙江省分中心、温州市支中心的丰富资源，同时，根据永嘉广大群众的实际需求，合理建设本地适用的各类资源，建设富有地方特色的资源。加强人才培养与管理，加大阵地建设与服务，将共享工程公共电子阅览室列为永嘉县图书馆总分馆建设必备项目内容，从而有效推进县支中心、乡镇、社区（村居）、学校、企业服务点一体化服务，将丰富的文化共享工程资源内容送到永嘉每一个角落，让每个人都有机会享用，为永嘉文化事业建设贡献力量。

（撰文/刘有满）

文成县支中心

文成，位于温州西南部，以本县历史名人、明朝开国元勋刘基的谥号为名，面积1292平方公里，总人口37万。全县行政区划共有10个乡镇，共有384个行政村，常住人口21余万人。我们文成县图书馆自2004年开展“全国文化信息资源共享工程”以来，认真实施该项工程，文化、财政和有关部门密切合作，坚持城乡统筹、共建共享，少花钱多办事的思路，真抓实干，走出了一条适合文成实际情况的建设路子。

一、基本情况

1、县级支中心建设

全国文化信息资源共享工程是一项政府兴办的文化创新工程、民心工程，是公益性建设项目。为了实现资源共享工程，我馆建立了90平方米电子阅览室。硬件配有4台服务器（其中1台由温州市馆共享），26台电脑，存储容量达10个T（由温州市馆提供），投影设备1套，视听设备1套。扫描仪，激光打印机，数码相机，移动硬盘，硬盘播放器、UPS电源、空调等设备齐全，软件拥有interlib系统、杀毒系统、摇钱树管理软件、资源应用管理系统（由温州市馆提供）以及视频处理软件等。网络接入带宽为光纤4M。文化共享工程服务方式采用VPN方式，利用高速的互联网通过VPN方式，直接从温州市馆共享数据资源。资源平台有3个，国家数字文化网、浙江数字文化网以及温图数字资源，现在增加了1个浙江数字图书馆。读者可随时点击进入，点播自己喜爱的信息和节目。目前可向广大的读者提供共享工程的文化信息资源浏览、电影点播、电子图书的在线阅览和各专题数据库的全文检索等多项文化资源服务项目。支中心有计算机专业管理人员2名，每周开放时间56个小时，年接待上网读者1.2万人次。

2、基层服务点的建设

我县文化共享工程基层服务点建设分自建和共建两种方式。第一种是文化系统自建的基层服务示范点，我市按照温州市关于基层示范点的有关建设要求，制定了相应的建设标准。对基层服务点硬件和软件条件进行现场查看，对使用场地拥有3台电脑以上或拥有1台电脑和1套投影设备的，并且拥有宽带网络2M以上的，我们认为符合要求，对其进行上报，上级有关部门批准后，我们派出技术人员对基层服务点进行安装。截止2012年12月，我县共建有基层服务点152个，其中10个乡镇基层服务点，142个村/社区基层服务点。第二种方式是依托市委组织部的农村党员远程教育网络，开展合作共建的形式，实现我县文化信息资源共享工程的基本覆盖。基层示范服务点的建设起带头和示范作用，能够扩大文化共享工程的影响力和使用范围，极大的丰富了农村党员远程教育网络的内容，促进了农村党员教育点的建设。

二、主要做法和经验总结

1、文化共享工程建设基本形式。我市文化共享工程建设初期在温州市图书馆有关专家的指导下进行，前期的基层点建设也是温州市图书馆派技术人员下来安装，我馆的人员从旁学习。后期建设都是我馆独立完成。基层示范服务点的建设方式采用以下形式，根据有关的申报程序，确定基层服务点的安装名单，我馆即派出技术人员对基层服务点的文化共享工程资源的安装，并就场地布置、服务方式、工作台帐等有关建设要求向负责人、管理人员进行说明，要求在验收前进行调整，然后县文广新局派人进行验收，温州文广新局进行抽查。建好后文成文广局组织人员进行定期随访，以及通过电话、QQ聊天的方式定期进行信息反馈。

2、支中心服务方式多样化。支中心自成立以来就开展多种形式的文化共享工程服务，注重把共享工程和各种相关活动相结合。尤其注重把共享工程服务与未成年人思想道德教育相结合。2009年暑期我们开展了以“读书提高素质　读书强盛中华”为主题的未成年人暑期系列读书活动，活动依托文化共享工程的资源优势，以新中国成立六十周年为载体，持续2个多月，活动内容形式多样，重点突出，有“阅读才艺表演、非遗零距离、演讲与口才等十个系列活动，先后有5000多名未成年人及家长参与进来，覆盖全县33个乡镇，36所中小学校。在广大群众特别是在少年儿童当中得到积极的支持与热烈的回应，好评如潮，我们馆获得了“2009年度文成县未成年人思想道德建设先进集体”的称号。

3、文化共享工程和流动图书馆相结合，2005年成立了流动图书馆，成立之初，我们就把流动图书馆流通点的建设和文化共享工程统一起来，我们在给广大群众、学校师生送图书的同时，还送文化共享工程的有关光盘资源，定期在馆内和各基层点播放革命战争题材和爱国主义教材的老电影，文化共享助春耕等资源，吸引了众多少年儿童前来观看，为学生的课余生活增添了社会教育内容，帮助广大农民群众丰富了农业科技知识、提高生产技能，促进农业增产增收。此外，还利用温图数字资源的戏曲、鼓词视频，刻成光盘送给老年协会，并定期交换光盘，及时更新资源。

4、图片展览的形式宣传文化共享工程活动，以这种形式宣传文化共享工程是我们主要的方式，除了省里要求我们做的文化共享工程展览，我们自己还组织了“奥运冠军风采录”、“历史名人图片展”“中外著名科学家”等文化共享工程图片展。这些图片展览活动收到了极大的效果，譬如我们在各大中学、社区、老年协会设置展览点，广大群众争相观看，场面壮观。近年来我们注重以电视台、报纸的形式宣传文化共享工程，去年浙江网络图书馆宣传推广活动就通过文成电视台、今日文成等媒体进行宣传，效果更好。

5、结合县局工作做好基层服务人员的培训工作。近年来我们加大对基层人员的培训工作，县局每年对基层人员进行培训，都安排讲解文化共享工程知识。譬如“2012年度全县乡镇文化干部培训会”，其中一项重要的培训内容，就是我馆技术人员向乡镇文化干部讲解文化共享工程方面的知识。鉴于基层服务点工作人员业务管理水平不高的实际情况，今年县文广新局还将对文化共享工程的基层示范服务点负责人和管理员进行针对性的培训，现在正在准备阶段。

（撰文/文成县支中心）

平阳县支中心

平阳县下辖10个乡镇，常住人口约有76万。全国文化信息资源共享工程是一项政府兴办的文化创新工程、民心工程，是公益性建设项目。按照省厅要求，平阳县自2004年开展“全国文化信息资源共享工程”以来，认真实施该项工程，文化、财政和有关部门密切合作，坚持少花钱多办事的思路，真抓实干，走出了一条适合平阳实际情况的建设路子。

一、建设现状

为了实现资源共享工程，我馆建立了100平方米电子阅览室，拥有多功能扫描仪、空调、数码照相机、摄象机、移动硬盘等设备。2004年20台电脑，服务器1台，接入100兆光纤电缆线，使用VPN技术与市馆联网，四台空调等设备。2007年省文化厅拨款25万，我馆用于设备更新，购买31台电脑。于2009年7月搬迁至现地址，由于馆舍面积的变化以及建筑使用情况，电子阅览室面积调整为70平米。电子阅览室将文化信息资源共享工程在每一台电脑都设有快捷方式，读者可随时点击进入，点播自己喜爱的信息和节目。目前可向广大的读者提供共享工程的文化信息资源浏览、电影点播、电子图书的在线阅览、馆藏书目数据库的即时查询和各专题数据库的全文检索等多项文化资源服务项目。我馆电子阅览室开放时间为每周一到周五，每周开放约40小时。

为了保护未成年人健康上网，我们严格按照文化部规定，安装了绿坝、一键恢复等软件，严格按照规定控制上网时间，实行实名制，电脑不安装游戏。

目前电子阅览室工作人员2人。负责支中心设备的正常运转及维护工作，与此同时，我们积极建立健全完善支中心各项规章制度，按文化部下发的标准制作了文化共享工程标牌，电子阅览室规章制度全都上墙，并制作了数字资源使用说明；建立了信息反馈机制，管理人员加入市馆共享工程QQ群，加强与市中心及各兄弟馆的联系，及时上报反馈各种信息。

播放室200平方米，具有会议室功能，有配置齐全的投影机、投影幕布、VCD、手提电脑，配有高保真有源音箱，形象直观地把文化资源信息通过投影的形式表现出来。我们提前发布播放内容与时间。

自2006年开通了五馆合一工程，实现了一卡通的借约服务。安装了图书馆集群业务管理系统，实现了业务自动化系统。现已录入馆藏4万多册图书数据。

我县对于基层文化共享工程服务点建设截止2012年12月，我县共建有文化信息共享工程基层示范点30个，其中乡、镇级基层示范点10个，村、社区基层示范点20个。

二、共享共建 活动开展

共享工程企业服务点建设，目前已建成以乔治白服饰有限公司为代表的企业示范点1个。该企业有员工1500多人，公司设有职工电子阅览室，有20多台能上网的电脑，企业员工凭账号与密码可任意在能上网的办公电脑上登录平台使用共享工程资源；由于海岛交通、通讯不便，在为平阳南麂海军观通站服务过程中，我们和市图书馆协作，采用镜像方式，定期用硬盘更新数据，极受驻岛官兵欢迎。

根据中共浙江省委组织部、浙江省文化厅、浙江省财政厅《关于利用农村党员干部现代远程教育系统实施文化信息资源“共享工程”的通知》（浙文社〔2006〕49号）文件精神，结合我县实际，经县委组织部商定，我们决定利用农村党员干部现代远程教育系统实施“共享工程”，进一步加快我县“共享工程”建设步伐。2008年底至2009年初我们参与县委组织部举办的“农村党员干部现代远程教育”培训班，培训农村党员远程教育点590个，培训人员1200多人。实现我县文化信息共享工程大面积覆盖，覆盖平阳县全部行政村，促进了农村党员远程教育点的建设。实现了文化信息资源共享资源库与农村党员干部现代远程教育系统的互联互通，真正达到了资源共享，优势互补的目的，实现了全市县行政村 “共享工程”基层服务点的覆盖。使群众既了解“共享工程”的内容，又掌握“共享工程”的使用方法，从而进一步提高“共享工程”的知晓率和利用率。

整合各类资源，丰富共享平台。充分利用国家管理中心、浙江省中心通过各种途径下发的资源外，整合了温州市图书馆市级分中心的资源，向基层服务点输送。每一个基层点可无偿使用我中心提供的所有数字资源，全县群众在家也可使用文化共享工程的资源。

以基层服务点建设为重点，消除数字鸿沟，使广大农民平等享有公共文化设施，促进社会和谐发展。我县的“共享工程”建设紧紧围绕社会主义新农村建设和构建和谐社会的目标，充分发挥“共享工程”的功能。我们把基层服务点建设与村文化站、图书室建设结合起来，2009年我馆送书下乡到全县29个乡镇，送书一万多册。联合县文化馆、县文物馆、县新农村数字电影放映公司等单位，为群众提供展览、放映等活动，借机宣传文化信息资源“共享工程”，扩大其在基层群众中的影响，广泛宣传其作用和意义。共同为农村群众提供文化信息服务，极大丰富了基层群众的文化生活。

积极开展“文化共享奥运行”系列服务活动，为未成年人提供网络新平台。我中心积极探索指导未成年人正确使用网络的方法，抓好支中心和乡村服务站点建设，使共享工程成为教育未成年人课外学习、绿色上网的新乐园，帮助未成年人戒除“网瘾”，正确引导和培育新一代社会公民。积极创新活动载体，激发少儿读书热情。2009年通过开展的“完美降落”少儿课外科学动手比赛活动，开发少儿动手能力，讲所学与实际紧密联系。开展了以丰富少儿暑期生活，培养少儿读书兴趣为主题的“暑期少儿系列活动”，其中“小巧手”、“英语之星”、“小作家”、“暑期夏令营”活动的开展，使未成年人更加完善人格培育，进一步激发儿童读书共享的热情。

（撰文/平阳县支中心）

泰顺县支中心

泰顺县原有36个乡镇，2011年撤乡并镇后，改为9镇1乡，全县人口36万余人。在温州市文化广电新闻出版局，温州市图书馆的支持和部署下，在县文化广电新闻出版局带领下，泰顺县文化资源共享工程稳步推进。共享工程把先进文化知识传播到群众中去，活跃了泰顺人民群众的文化生活，弘扬了文明新风。

一、整体情况

泰顺县文化资源共享工程支中心建设始于2006年。设在泰顺县图书馆，是泰顺县共享工程的建设和业务指导单位。先后县支中心购置了46台电脑、1台服务器，电子阅览室面积达到100余平方米。为了加快建设覆盖城乡的公共文化服务体系，结合我县工作实际，大力推进我县公共文化服务体系的建设，致力于为城乡居民提供方便、快捷、均等化的共享工程服务。

二、管理和队伍建设

泰顺县支中心将共享工程日常管理纳入制度化管理。年初有计划年终有总结，制定基层服务点管理制度。在基层点建设过程中，严格基层点标识、规章制度和行为规范建设。同时，建立基层点信息反馈机制，并经常组织人员下乡检查指导工作。管理人员大部分由村居大学生或者相对较高文化水平的村两委干部任职。

三、培训工作

县支中心从2007年开始，每年都根据业务发展需要制定培训计划，培训工作由县文化广电新闻出版局统一部署，县图书馆统筹协调。培训对象为各乡镇、村的文化员、管理员。县支中心通过专业技术集中培训和远程指导等多种途径，为基层中心培养了优秀的共享工程管理员。

泰顺县支中心还在县文广新局的调配下，进村辅导管理员开展工作，使管理员更进一步熟悉共享工程网络构架和工作流程，掌握文化共享工程资源服务平台的安装和使用方法。

四、经费投入

浙江省财政厅、浙江省文化厅每年都有专项资金下拨县支中心，用于共享工程设备的更新和维护，人员培训和文化活动的开展。

五、惠民服务

在文化共享工程实施过程中，我们充分利用这一全新载体，以农民、未成年人、老年人等为重点服务对象，深化服务内涵，创新服务形式，提高服务质量。结合重要节日、假日和国家重大事件，精心打造影响大、范围广、群众参与多的基层文化活动。

1、服务少年儿童。为丰富广大中小学生的文化生活，提供信息服务，利用支中心少儿电子阅览专区，组织动员青少年儿童学习交流，共同关注共享工程，利用共享工程，对青少年感兴趣的知识点进行整理挖掘。同时，结合馆内少儿阅览室的读物，引导学生们自觉的参与到读书学习中。浓郁的文化氛围深受广大中、小学生的喜爱和学生家长的好评。

2、服务老人。泰顺支中心深入农村、敬老院、退休干部职工之家进行“文化共享关爱老人”活动，收集戏剧、温州鼓词等老人喜欢的视频资料送给他们。为老人们送去一份关爱，保障他们的基本文化权益，让他们共享文化发展的成果。

3、服务农民。根据泰顺县农业生产占主导地位的地域特点因地制宜，深入基层，深入农村。通过泰顺电视台“新农村”等节目宣传进行宣传，将科技、农村建设等优秀的数字文化信息送到群众中去，以引导和满足群众崇尚文明、健康的精神追求。

六、资源建设

为充实和丰富泰顺县图书馆的数字化馆藏，充分利用和挖掘图书馆地方文献资源，我馆建成了泰顺廊桥数据库。数据库内容包括廊桥概况、廊桥工匠、文献资料、乡土介绍、廊桥介绍、研究进展、廊桥保护、申遗进展、相关动态等。数据库有图片112张，有22座廊桥利用FLASH 三维展示，使人有一种身临其境的感觉。

我馆申报的泰顺提线木偶数据库建设已获得省共享中心立项，现已开展各项数据的收集、整理和录入。

五、技术支持

在市馆的大力支持和帮助下，通过VPN技术链接到市图书馆Interlib第三代图书馆自动化集群管理系统，实现了通借通还自动化管理。电子阅览安装了全省公共电子阅览室统一管理平台，实行免费开放。

六、宣传推广

文化共享工程是一项惠民工程，应进一步提高公共文化共享工程在群众中的认知度。泰顺支中心积极开展宣传活动。通过电视、报纸等媒体，以及网站宣传、发放宣传单等形式，进行共享工程的宣传，主要宣传实施“共享工程”的目的意义、共享工程操作流程以及温州市图书馆数字资源等。

七、工作展望

文化资源共享工程，已被人民群众广泛认知，广泛参与。今后我们以公共电子阅览室建设为抓手，进一步健全覆盖城乡的服务网络。加强地方特色资源建设，进一步做好地方特色文化数据库，大力开展文化共享工程的人员培训，提高工作队伍的业务能力和管理服务水平，加强日常管理，建立健全绩效考核和评估体系，确保文化共享工程和公共电子阅览室建设的可持续发展。

（撰文/郑　周）

洞头县支中心

洞头县全县总面积892平方公里，其中陆地面积100.3平方公里，2010年常住人口8.77万，辖北岙、东屏、元觉、霓屿4个街道，大门镇和鹿西乡。

一、基本情况

洞头县文化资源共享工程设在洞头县图书馆电子阅览室，起步较晚，始于2005年，由于当时地区设备条件落后，只有极少数的街道、社区、村满足安装要求。最早对大门镇大溪居、大门镇潭头村、大门镇朝阳居、鹿西乡口筐村委会、东屏镇东岙顶村、进行文化信息资源共享工程安装，得到了良好的反响。新馆搬迁以后，开始分片区对街道、社区、乡村进行调查安装，先后对北岙街道岭背社区、北岙街道上新社区、北岙街道新城社区、北岙街道城南社区、北岙街道打水鞍村、霓屿街道综合文化站、东屏街道东港社区、东屏街道蓝港社区、东屏街道中仓村、东屏街道后寮村、东屏街道后坑村等进行安装指导，至此，对大部分有条件的地区完成了安装。

二、管理和队伍建设

洞头支中心建立之初，由于人员紧张，没有配置专门人员，与街道、社区、村基层服务点联系不紧密，没有及时将最新的资源信息送到基层。如何推广好、利用好共享工程丰富的文化资源关键在于是否有一支专业化的共享工程管理员队伍。随着馆员队伍的壮大，馆领导组织了一批人员定期对文化信息资源共享工程基层服务点进行回访，确定基层服务点联系人，及时了解服务点的工作情况及困难。制定支中心、镇、村基层服务点工作职责和制度，实行制度上墙公开。

三、培训工作

洞头县支中心非常重视共享工程管理员的培养和学习，在制度上和经费上给予了很大的支持，积极参加省、市文化信息资源共享工程的培训，学习好的经验和方法，在对街道、社区、村基层服务点进行回访时，将好的经验方法进行当场示范交流，对他们遇到的问题及时解决。同时加强馆内员工自身的学习，通过国家的共享网站学习政策与精神。

四、经费投入

洞头图书馆从支中心建立以来，逐年加大经费投入，先后投入十多万元筹建新的机房及2套USB不间断供电设备，保证机房、电子阅览室及工作台不间断供电，保证图书馆服务网络通畅稳定，建立3D影院室，极大地丰富群众特别是少儿的活动内容。

五、资源建设

根据自身特点，建立有自己特色的图书馆网站，加强图书馆自身宣传，更好的引导读者进行资源共享利用，同时将馆内活动、讲座、培训的录像、照片在网上进行共享，如绘本阅读讲堂，将幼儿园老师精彩的讲课内容进行保存，方便其他读者进行观看。

六、合作共建

以文化共享工程洞头县支中心为核心，以共享工程为依托奖励，以街道、社区、村文化办事机构为触点，形成由点到面的覆盖。将国家、省、市下发的电子文献资源与创建的共享工程服务点结合，根据街道、社区、村的硬件条件建立形式多样的电子阅览室和多媒体中心。

七、利民惠众，惠农服务。

洞头县支中心及各级服务点通过电子阅览室和网站为读者提供在线信息服务，通过投影仪播放讲座等视频节目。利用送书下乡、拥军活动，将视频、音频资源带去拷贝给当地。指导有条件的农民利用电脑设备上网查看农业种植视频，利用图书馆网站的数字资源检索搜索感兴趣的知识讲座。

八、宣传推广

洞头县支中心利用网站、举办活动、多媒体展播等方式宣传推广共享工程。通过网站使群众在家里就可以实时的了解最新的动态信息；以活动为平台，使群众在了解共享工程的过程中学习有益的知识；通过多媒体展播，寓教于乐，激发群众的主动学习性。

九、工作展望

洞头县支中心紧紧围绕国家、省、市中心的工作部署，将进一步构建资源优质丰富、技术先进实用、传播高效互动、服务便捷贴近、管理科学规范、体系完整可控的公共数字文化传播服务体系，使文化共享工程真正成为城乡群众参与文化娱乐、获取科普信息、接受教育培训、享受惠民服务的重要平台。

（撰文/洞头县支中心）

苍南县支中心

苍南县总面积1261.08平方公里，海域面积3.72万平方公里。辖10个镇、2个少数民族乡，总人口约130多万人。苍南图书馆新馆是县重点建设工程项目，于2007年12月奠基，2008年5月开工建设，2011年9月建成开放。新馆为苍南标志性文化建筑，位于县城新区湖滨路，总占地面积10.2亩，建筑面积8185平米（含半地下室2030平米），设文化共享工程、信息查询、地方文献、送书下乡等20多项服务功能，具有一定的先进性。

一、基本情况、网点建设

2002年底，苍南图书馆积极落实并启动国家文化部、财政部组织实施的“全国文化信息资源共享工程”建设项目。10多年来，苍南县支中心的建设，得到了县委、县政府和宣传文化主管部门高度重视，给予了财政的大力支持，省、市业务部门也对支中心给予悉心指导，从最初在苍南图书馆老馆试点安装，到现在陆续在全县12个乡镇文化中心普及安装，并覆盖了100多个乡镇行政村，已成为满足广大人民群众精神文化追求和工作生活需要的公益性品牌，保障了人民群众的文化权益，缩小城乡之间文化发展上的差距，为建设社会主义新农村，构建和谐社会发挥了重要作用。

苍南县支中心，为保障区中心共享工程设备的运行，协调镇村级共享工程设备的维修，指导镇村级共享工程活动的开展，每年定期进行相关的业务培训活动，并派出人员参加省、市共享工程举办的各类培训，对县内各基层点管理人员进行业务指导。同时，支中心还通过与党员干部现代远程教育实行共建共享，借助较为完善的基层文化设施和设备，将共享工程服务网络延伸到社区、村落，并将数字图书馆建设与共享工程有机结合，拓展了服务领域，丰富了服务内容，实现设施、管理、服务、队伍、技术资源的共建共享，大力推进构建城乡公共文化服务体系建设。

苍南县支中心自实施建设以来，县财政对每个基层点按省财政要求给予资金补助，确保了共享工程建设的顺利推进。在苍南图书馆新馆建设项目中，县财政对机房及电子阅览室的资金投入200多万元，每年还投入约15万的运行维护经费，以保障共享工程设备的维护和惠民服务的开展。同时，各乡镇政府每年也根据实际需要，给予财力、人力、物力的扶持，使得共享工程各项活动能够正常开展。

二、资源建设、培训工作

2011年9月，该馆搬迁新馆以来，苍南支中心各类资源建设迎来了一个大好时机，建设开通了苍南图书馆网站：www.cnlib.com.cn，结合RFID无线射频技术，实现图书定位查询，通过链接为本馆读者提供省、市共享工程的数字资源，筹建苍南数字图书馆，逐步建成苍南地方特色数据库（含谱牒资料），结合地方文献视频资源建设，将各种视频资源进行整合，制作了内部视频点播系统，现已拥有视频资源约3TB。

建立了全新的现代化的苍南县支中心电子阅览室。

苍南支中心电子阅览室

现有读者电脑36台，管理电脑2台，通过省中心提供的管理软件实现全省统一管理，并配备盲人有声阅览室。

建立了独立的苍南县支中心多媒体视听室，现已收藏各类光盘5000多张，供读者免费观看。

建立了独立的苍南县支中心展览厅，每年举办资源共享、科普知识等各类展览20多场次。

同时，结合苍南图书馆“玉苍讲坛”、“红杜鹃学堂”两个大平台，举办各类文化学术报告会，推进大众化文化传播，有计划制定共享工程视频播放时间、场次，使读者得到免费优质的服务。通过与地方文献的合作，建立视频资源数据库，收纳地方特色资源（如地方文献电子版等），使共享工程充分发挥作用，营造出浓厚的阅读文化氛围。

三、惠民服务

苍南支中心在共享工程服务过程中，始终紧扣“以人为本，读者第一”的服务理念，以丰富多彩的内容、灵活多样的形式，引领广大人民群众不断提高精神文化生活层面，打造人民群众喜闻乐见的文化服务新平台。通过各类文化艺术、时事政治、科普知识等各类讲座为读者搭建富有专业性、先进性的学习平台，为读者便利快捷地提供省、市、地方的多媒体数字资源，真正实现了资源共享。

四、宣传推广

苍南支中心利用各种渠道宣传推广共享工程。在每年的读者服务宣传周、读书节、送书下乡等活动中，结合各种活动内容，依托各类活动平台，以资料为媒介大力宣传共享工程，使之不断扩大影响力。同时，支中心还在服务过程中紧扣时代热点，凸现各种专题重点，积极组织群众所关注的文化服务，使共享工程走进群众生活。坚持送文化活动到农村、学校、军营，举行一些跨区域的边邻县革命老区读书活动，如文学讲座、谜语竞猜、诗歌创作朗诵比赛、未成年人征文大赛、图片展览、故事大王评选、百科知识竞赛、绘画比赛、农村图书漂流；为农村基层点送去“共享助春耕”光盘，举办“共享书香，快乐阅读”活动，“祖国万岁　文化共享—庆祝新中国六十华诞”、“文化共享奥运行”主题展等。

五、荣誉奖项

苍南图书馆多次荣获浙江省未成年人读书节组织奖和福建省“读好书唱好歌•亲亲红领巾”浙江赛区选手金奖、单位组织奖；温州市“我爱我家”读书竞赛、“刘伯温传说”讲故事电视大赛、第七届“英语之星”电视大奖赛等赛事选手一等奖、单位组织奖；省文化厅曾授予“文明图书馆”称号，并颁发继续保持荣誉称号证书；1992年被省委、省政府评为“省级文明单位”，之后连续3次通过复评；1999年被文化部评定为“二级图书馆”（2000年以后，因馆舍危房而未能参加省级文明单位复评和图书馆考评定级）。

六、工作展望

苍南县文化资源共享工程历经10多年，已形成从苍南县支中心向各乡镇社区及各行政村的全覆盖，文化资源共享工程在苍南县已经成为人民文化生活的一部分，丰富了苍南县人民精神生活，推动苍南县人文科技进步，为我县学习型社会建设做出了成绩。今后，我们根据构建城乡公共文化服务一体化的需要，将我县优秀文化信息资源进行数字化加工和整合，通过共享工程网络体系，以互联网、镜像、移动存储、光盘等方式，实现优秀文化信息资源在全县范围内的共建共享，努力实现优秀文化资源进乡村、进家庭，为构建和谐社会、建设社会主义新农村提供更加有力的文化支撑和信息支撑，为创建"文化先进县"和"文化强县"建设做出更大贡献。

（撰文/王成樂、唐朝腾　摄影/张为民等）

丽水市支中心

一、整体情况

丽水地处浙西南山区，辖8县（市）1区1市，共有公共图书馆9个。文化信息资源共享工程建设于2002年启动，2003年在市图书馆首个建成市级支中心并对外开放。市委市政府充分认识共享工程建设的战略意义，把共享工程作为提升公共文化服务水平，实现人民群众基本文化权利，改善城乡基层群众文化服务的一项重要工作来抓，认真贯彻落实文化部、浙江省人民政府、省文化厅的有关文件精神，在"丽水市人民政府关于加快文化事业和产业发展的若干意见"，"《培育特色文化品牌》等六大举措实施方案"，丽水市文化建设"十一五"规划中都对共享工程建设作出规划，成立以文化广电新闻出版局、财政局主要负责人为组长副组长的共享工程领导小组，组织协调相关工作，确保工程建设顺利进行。通过10年的努力，全市共建成市级支中心1个，县（区）级支中心9个，乡镇（街道）站点及行政村（社区）基层点3637个，初步建成共享工程市、县、乡镇、村四级服务网络，8个县级支中心都已完成规范化建设。共享工程的实施，有效促进了本地区公共图书馆事业的健康发展。

二、经费投入、资源建设、技术支持、惠民服务

省中心对市县支中心的中控机房、流动服务、电子阅览室、资源加工以及基层点的设施都有配置标准，我市支中心抓住规范化达标验收的契机，以省财政对欠发达地区的专项补助经费为基础，积极争取当地政府支持，10年中累计投入资金212万元（其中省财政补助81万、市131万）用于建立机房，购买服务器、存储器、投影仪等设备，电子阅览室电脑50台，100兆光纤接入，安装了防火墙、杀毒软件，建立了门户网站，除了共享省中心的所有资源外，还拥有丽水市网络图书馆36TB的资源，支中心自购了方正阿帕比电子图书、点点书库、少儿数字科技馆等，丰富的数字资源为组织开展网上读书、信息咨询、视频播放等活动创造了条件，通过共享工程平台为群众提供数字资源服务，有力推动了数字图书馆的发展。

图书馆与共享工程互为依托，依靠共享工程所拥有的资源、技术、组织及人员优势，开展各具特色的惠民服务，"文化共享助春耕"、"文化共享乡村行"、为外来务工人员子弟学校送书籍送电影、为偏僻山区农民送农业科技知识，受到基层群众的普遍欢迎。

春节期间利用共享工程到农村进社区送春联，举办有奖猜灯谜活动，举办计算机基础知识免费培训，邀请中小学生集体来电子阅览室体验共享工程网，向他们推荐优秀资源，举办读后感征文比赛，举办科技电脑小报制作等比赛活动，吸引了大批中小学生走进图书馆。

三、合作共建、宣传推广、培训工作、队伍建设

丽水市共享工程为乡镇、农村提供服务主要依靠农村党员干部现代远程教育系统网络。我们在市农村党员干部现代远程教育系统播出平台"时代先锋"网站（www.lssdxf.com）设文化共享工程专栏，经过需求调研，精心挑选了名家讲座、红色剧场、戏曲精品、小品小戏、少儿文化、网上读书等9个子栏目，通过这个通道把基层群众喜爱的文化资源送到群众家门口。

通过这种资源整合、优势互补、共建共享的模式，加快了基层点的建设进程，全市2851个行政村基层点已全覆盖，不仅满足了基层群众多层次、多样化的文化需求，提高农民的致富能力，同时也增强了基层文化工作的吸引力和生命力，对于巩固文化阵地具有积极的作用。在青田县白浦村，村支书亲自掌管电教文化室，带头学习杨梅的储藏、保鲜技术，取得可喜的经济效益，遂昌县大马埠村，远程教育、共享工程、图书室、文体活动室集于一体，人气相当旺，共享工程资源库里的戏曲节目，从早到晚在这里播放。

为保障共享工程建设工作的顺利进行，必须组建一支稳定的、适合工程建设需要的管理队伍、技术队伍和基层服务队伍。这几年，通过省中心对市县中心人员的培训、国家中心的网络培训、市县支中心对基层管理员的培训，共享工程整个服务队伍的业务水平有了较大的提升，培养了一批技术骨干。

利用读书节、服务宣传周、科普周及节假日开展共享工程宣传活动，如编发宣传画册、播放优秀电影、举办农业知识讲座、举办电脑知识培训，每年春节与市委组织部联合开展的"远程教育、文化共享'六送'"活动，举办文化共享送科技下乡活动，"欢乐共享过大年"猜谜活动，"资源淘宝"活动，较好地宣传了共享工程。

2009年9月至12月，市图书馆与市网络图书馆、市委组织部联合为9县（区）新招的大学生村官和公务员举办共享工程资源利用培训，受训700多人，这些村官上岗后成为基层点的骨干力量，市文广出版局举办文化站长培训班也安排共享工程课程，通过这些举措，共享工程慢慢让各阶层人们所熟悉。

经过十年的不懈努力，丽水市支中心文化共享工程建设取得一定成果，多次受到市委宣传部、市主管局的肯定，得到表扬。支中心组织参加文化共享工程知识技能竞赛（浙江），获得优秀组织奖，选送选手参加全国文化信息资源共享工程少年网页设计竞赛，成绩优异，得到嘉奖，市支中心工作人员也多次获得浙江省共享工程先进个人荣誉。

四、工作展望

党的十八大把文化建设提到一个非常重要的位置，强调坚持面向基层、服务群众，加快推进重点文化工程。文化共享工程在为基层群众提供数字文化服务方面将大有可为，作为一个经济相对落后的市级支中心，是机遇也是挑战，倍感肩上担子的沉重。丽水市共享工程的建设与发展一方面需要省中心技术力量的支持，另一方面更需要我们继续加大宣传力度，争取政府给予政策上的倾斜和资金上的支持，营造全社会关注、参与这一民生工程的良好氛围，积极引导市民享受公共数字文化服务；继续探索新的服务方式，以提高资源利用率，丽水农村信息化程度相对滞后，很多农民还不会利用现代技术，今后，支中心要根据这些实际，做到服务更细致、更贴心，努力探索适合的服务方式，使基层群众真正享受到文化共享带来的快乐，整合一些基层群众需要的资源，定期推送，大力推进共享工程进社区，引导居民使用优秀的信息资源，促进资源的利用；继续加强队伍建设，主动与主管部门沟通，积极探索建立科学的引进人才、培养人才的机制，继续与市网络图书馆、组织部电教中心联合对基层管理员进行培训，建立一支责任心强、懂技术、会管理、熟练掌握文化共享工程技能的专业队伍，为文化共享工程的可持续发展提供人才保障；加快特色资源建设，这是丽水市共享工程“十二五”的重点工作任务，一要进行多方征集，二是抓紧自建，同时做好浙江省人文数字地图资源库建设的相关资源收集及数字化加工。当前我市数字图书馆推广工程已启动在建，省市县的VPN网已建成，力争通过我们的坚持努力，使得文化共享工程、数字图书馆推广工程和公共电子阅览室建设能成为我市居民工作、学习和生活的重要信息来源。

（撰文/王玉英）

龙泉市支中心

龙泉市全市面积3059平方公里，人口28.85万，辖3个街道办事处8镇8乡444个行政村，为浙江省面积第二大县级市。龙泉市图书馆将共享工程作为推进文化创新、完善公共文化服务体系、提高公益性文化服务水平的重要抓手，全面组织全市共享工程项目实施，极大地推动了我市共享工程的建设步伐，网点建设、资源建设、队伍培训、服务惠民等方面取得显著成绩。

一、基本情况

共享工程龙泉支中心设在龙泉市图书馆，于2004年5月建成投入使用，是龙泉市共享工程的建设和业务指导单位，负责保障市中心共享工程设备的运行，协调镇村级共享工程设备的维修，指导镇村级共享工程活动的开展以及开展全市共享工程管理员的业务培训和指导。

文化信息资源共享工程在龙泉市，最初在住龙村等村试点安装，此后陆续在全市19个镇（街道办）文化中心开始安装。2009年龙泉市文化资源共享工程开始普及进入乡镇行政村，第一批200个行政村 于2009年安装调试完毕。2010年第二批244个行政村进行安装，截至2011年底，乡镇街道标准化综合文化站19个乡镇建成文化信息资源共享基层服务点，在444个行政村建成文化信息资源共享村级服务点，完成设备配置，实现了基层服务点城乡全覆盖、网络运行正常、资源建设逐步提升、基层队伍培训有效开展的建设目标。

二、经费投入

龙泉市共享工程自2010年实现村村全覆盖以来，龙泉市财政每年投入20余万的运维经费，用于共享工程设备的维护，人员培训和惠民活动的开展，投入大量人力物力支援共享工程各项活动的正常运行。

三、资源建设

龙泉市支中心广泛征集本市历史文化和民间文化资源，利用数字化设备，加工制作特色数字文化资源。通过自建的方式建设了集文本、图像、音频、视频于一体的“中国（龙泉）香菇资源库”。内容涵盖150余条文字说明、460多张图片信息、2.82GB多的视频资料，该数据库已投放于浙江网络图书馆，供广大读者在线查阅。2006年5月，列入首批国家级非物质文化遗产代表作名录的龙泉宝剑锻制技艺，距今已有2500多年历史。以“龙泉宝剑数据库”名称作为特色资源库，已通过浙江省文化厅立项，预期2013年建成使用。

四、合作共建

将省中心下发的各种电子文献资源与建立的共享工程服务点结合，根据不同乡镇、村的硬件条件建立形式多样的电子阅览室和多媒体中心。比如在安仁镇、八都镇等建立拥有音响设备、投影仪、多台电脑等多媒体电子阅读室，在岭上村和岭根村等村的文化活动中心建成共享工程数字放映室，共享工程宣教授课和电子资源阅读播放为一体的多功能活动室。通过多方不懈努力，共享工程已逐步走入基层村民生活，成为村民获取新知，娱乐身心的新渠道新平台。

五、惠民服务

我市支中心将阵地服务和流动服务相结合，日常活动和节庆活动相结合，开展形式多样的文化惠民服务。文化共享工程走进社区、走进农村、走进军营、走进企业、走进学校，为广大群众播放舞台艺术、爱国主义电影和农村科技视频，实现资源共享，服务社会公众。

支中心和基层站点结合当地经济发展和农业生产实际，利用文化共享工程丰富的科技信息资源，为当地人民群众传播农技知识和信息，有力促进了新农村经济发展，搜集、下载适合于当地群众的政策法规、先进性教育、农业科技、文化体育、防疫保健、科普知识等共享工程信息资源，刻录成VCD光盘或宣传资料，通过镇、乡、村三级文化服务网络及其他途径传输信息，扩大宣传面，使群众快学技术，早得实惠。

我市支中心还与基层服务点利用电子阅览室服务群众，鼓励群众积极参加共享工程服务活动。一系列活动如“共享工程迎新春视频展播”，“欢乐暑期精彩共享”，“‘资源淘宝’有奖竞猜活动”，“‘文化共享助春耕’服务活动”，“青年就业创业项目培训活动”等系列服务，取得了良好的社会效果。

六、宣传推广

龙泉支中心利用各种渠道宣传推广共享工程。通过龙泉图书馆网站建设中共享工程工作内容的宣传、共享工程及数字资源的图片展，文化共享工程内容的知识竞赛等活动，以资料为媒介宣传共享工程，让民众不断了解共享工程，走进共享工程。

七、管理队伍建设及培训工作

加强乡镇、社区文化队伍建设，建立完善乡镇、社区文化站、基层服务点管理制度。全市19个乡镇街道社区配备了38名乡镇文化员，明确了文化员及管理员的职责，指导各基层服务点做好群众需求双向反馈工作，利用乡镇综合文化现有资源、设施设备为基层服务点提供服务，做到人员、阵地、牌子、设备、制度“五落实”。

我支中心十分重视文化共享工程人员培训工作，定期举行乡镇、村两级基层管理员培训班，结合龙泉市基层图书室及基层服务点的特点，进行相应课程的培训，增强乡镇、村级文化管理员的业务水平，为文化共享工程发展提供人员保障。

八、荣誉奖项

龙泉支中心通过工作人员的共同努力，2010年我馆馆长荣获“第六届浙江省未成年人读书节先进个人”，2011年我馆荣获浙江省文化共享工程先进集体。

九、工作展望

1、完善全市文化共享工程基础设施建设

进一步扩充文化设施建设，以市图书馆、乡镇文化站、基层服务点为实施主体，加强基层文化设施网点网络化、数字化建设，加强文化、科技信息资源自动化、网络化建设和专业技术人员的培养，为深入推进共享工程的实施打好基础。

2、全面提升全省文化信息资源共享工程的服务能力

努力把文化信息资源共享工程用活、用好。积极采用图书馆的成熟技术，借助数字电视和远程教育服务网络，大力开展公益性服务。尤其加强对广大农村地区的扶持力度，将文化共享工程建设成为社会主义新农村的重要抓手。通过多种形式拓展服务范围、创新服务方式，将地方特色、影视戏曲、音乐歌舞、美术等艺术表现形式纳入共享工程服务内容，以群众喜闻乐见的形式使共享工程更加贴近基层、贴近生活、贴近群众。

3、继续加强地方特色资源建设

加强资源建设的科学规划，重点建设以当地资源为主的数字资源库，建设视频数据库、多媒体数据库、图文数据库、文本数据库和专题网页，为进一步建设特色馆藏奠定基础。

随着宣传力度的逐渐深入，市民对于文化信息共享工程逐步了解并开始使用。我们将在今后的工作中更加努力的探索利用共享工程服务的新路子，更好地发挥共享工程的作用，为把共享工程办成惠民工程、民心工程而不懈努力。

（撰文/龙泉市支中心）

缙云县支中心

缙云是革命老根据地县，也是一个欠发达地区县。位于浙中南部腹地，扼金（华）、温（州）要冲，周边与丽水、永康、仙居等七县（市）相邻。总面积1503.52平方公里，辖8乡7镇3街道，分为6个社区、253个行政村，人口约44万，外来务工人员10万余众。

一、基本情况

缙云县文化信息资源共享工程支中心建设以县图书馆为依托，建有共享工程支中心机房和县图书馆电子阅览室、视频培训室，开设了图书馆网站；在馆外设立了1个中心镇电子阅览室、18个乡镇（街道）共享工程服务点和259个社区（行政村）共享工程服务点。每年服务读者10万余人次，年均利用共享工程资源和设备，开展培训或读者活动20次以上，直接参与读者5万多人次。

缙云“共享工程支中心”建设起步较早，全国文化信息资源共享工程建设尚在试点时期，缙云支中心就已建成投入使用。

由于地方经济欠发达，硬件设施建设相对滞后。为了有效解决大众获取信息的难题和满足社会公众阅读

老年读者在学习

需求，缙云县图书馆于2003年就着手“信息化”、“自动化”服务建设了。先后投入资金为省财政补助45万元、县财政配套50万元。购置3台服务器、54台电脑、1台备份机、1台ups及复印机、扫描仪、投影机等现代办公设备，设置专用机房，接入100M（光纤）互联网宽带，并共享了全国文化信息共享工程资源，建成了“县文化信息资源共享工程支中心”和拥有40台电脑的公共电子阅览室、48座的多媒体教室，于2007年10月，正式向社会公众开放。

二、基层网点建设

2008至2010年，缙云县共享工程支中心先后利用农村党员远程教育设备，“共建”了642个村级服务点（2011年随着行政村撤并后，现村级服务点为253个）；并由县财政投入50多万元，建设乡镇（街道）级共享工程服务点18个、社区共享工程服务点6个、中心镇综合文化站电子阅览室1个（45座）。全县“共享工程”网络实现全覆盖。

在完善基层网点建设和提高服务功能方面，缙云县支中心通过开展“数字文化乡村行”系列活动中，向辖区内东山扬村赠送了价值3万元的文化信息资源共享工程设备，并导入电子图书、电影欣赏、名家讲坛、农业技术、京剧精品等内容的数字资源300G。以此引导和推进农村基层“共享工程”建设。

3、特色资源建设。以图书馆丰富的地方特色文献资料为依托，以当地“三大文化”为主体，创建了“南方黄帝文化”数据库，并于2012年在浙江省分中心取得项目立项；同时，支中心还建设了“缙云特色剪纸”、“缙云地方姓氏宗谱”等当地特色文献资源数据库。

三、管理和队伍建设

1、制度建设。为充分发挥好“共享工程”的综合文化服务功能，缙云支中心从制度建设入手，建立了长效管理机制。在对电子阅览室的管理上，认真制定了《电子阅览室工作职责》和《电子阅览室管理规定》，公布了文化部指定的适合未成年人的游戏，并严格执行法律法规及全国文化共享工程管理规定。实行电子阅览室与其它借阅窗口同步开放，严格实行“绿色上网”，要求未成年人连续上网不得超过2小时。出台了乡镇（街道）、村“共享工程”基层服务点管理办法。从2011年12月起，电子阅览室全面实行了免费上网上机服务。

2、队伍建设。缙云共享工程支中心县本级有工作人员12名，其中专（兼）职共享工程人员3名，主要负责电子阅览室开放服务和支中心日常管理运行；同时，定期组织开展对乡镇（街道）、村共享工程管理人员进行业务指导和培训；并根据需要，不定期深入乡镇和农村，开展系统维护和业务指导。截止目前，累计为基层开展业务辅导和系统维护服务1300余人次。各乡镇（街道）及村服务点均有专（兼）职“共享工程”服务人员。

四、服务与推广

1、建设缙云县图书馆网站。为了能给读者提供更便捷、优质的服务，缙云在建设共享工程支中心的同时，建立了“缙云县图书馆”网站，进一步整合和利用共享工程资源优势，向读者提供全天候、不间断的全方位服务。经过向专家咨询和认真探讨，于2010年6月正式在互联网上开通了“缙云县图书馆”（www.jylib.net）网站。网站开辟了“服务指南”、“读者中心”、“数字资源”、“地方特色文化”等11个专栏，并链接加载了全国共享工程及省、市网络图书馆等授权的超星电子图书、龙源电子期刊等20个大型数字资源库。形式新颖、美观大方、简洁明快、图文并茂。读者只需轻点鼠标，就能轻松登录任意一个网站或资源库，阅读自己感兴趣的知识信息或预约自己需要借阅的图书。在2010年浙江省公共图书馆网站建设评比中，“缙云县图书馆”网站脱颖而出，获得浙江省“十佳网站”称号。

2、开展“数字文化乡村行”活动。缙云县共享工程支中心积极开展送文化进农村、进社区、进学校、进军营等社会教育活动。截止2012年，先后利用多媒体室举办各类经典阅读数字资源和名家讲座77期；举办“独峰讲堂”知识讲座、图书自动化管理培训等讲座、培训活动62场次；播放北京奥运会精彩比赛83场次；在每年寒暑假时期，为未成年“留守儿童”播放爱国主义教育专题影视片、优秀动漫影视等180多场次；利用周六、周日为少儿读者播放共享工程优秀爱国主义教育影视片200场次；同时，利用文化共享工程视频资料，在全县农村巡回为老年读者开展戏剧及医疗保健知识讲座播放等服务，深受农村老年朋友喜爱；充分利用“共享工程”中丰富的农业生产、农业科技知识及专家解读和指导等资源，开展农技培训服务50场次，大大提高了农民的科学文化素质和致富能力。

3、丰富特殊群体文化生活。缙云分中心根据老年人的特点和需求，专门为老年朋友举办了“电脑基础知识学习班”和“网络基础知识、摄影图片处理技术培训班”等，从认识鼠标、键盘，正确开、关机等电脑基本知识入

工作人员学习交流

手，“手把手”教老年朋友懂得使用电脑以及一些基础软件。共举办8期培训，每期不少于60课时，共培训学员1600余人次；2012年9月，应广大老年读者摄影爱好者要求，建立了“读者摄影工作站”，开设了“图书馆网络培训班”和“摄影创作提高班”，利用现代网络、电子阅览室、投影设备等共享工程资源和设施，定期举办讲座或组织创作、评鉴等活动22次，培训1600余人次，有效提高了参与读者的摄影和电脑水平。

同时，支中心还利用图书馆设施，设置了“视障阅览室”，专门添置盲人电脑软件及包括按摩、医药卫生实用技术等内容的有声资料，修建无障碍配套设施，建设了丽水市首个公共图书馆视障阅览室，方便视障或肢残人群到图书馆公平享受阅读和上网的快乐。

五、工作展望

随意科学技术的迅速发展以及人民群众对于文化生活需求的日益提高，共享工程技术体系必将更加先进和完善，将充分为广大人民大众提供更为优质的服务。

（撰文/缙云县支中心）

云和县支中心

云和县地处浙江省西南部，东邻莲都区，西倚龙泉市，南连景宁畲族自治县，北接松阳县。南北长47公里，东西宽38公里，总面积978平方公里，素有“九山半水半分田”之称。全县辖4街道、3镇3乡（其中两个畲族乡），169个行政村，现有常住人口11余万，其中畲族人口9千余人，占全县总人口的8.6%。云和县在各级领导的高度重视下，在各相关部门通力合作共同努力下，认真实施文化资源共享工程，为我县公众提供一个不受地域、时空限制的文化传播渠道。丰富了他们的业余生活，使他们享受到优秀文化和实用科技带来的快乐。

一、基本情况

云和县文化资源共享工程建设开始于2003年，最初在云和县图书馆内建成电子阅览室，此后我县对于基层文化共享工程服务点建设分两种方式。第一种是基层服务示范点建设，制定共享工程基层服务示范点的准入条件，各基层单位在达到相应条件后提出示范点建设申请，由我县共享工程支队中心组织相关人员进行安装。截止2008年12月，我县共建有文化信息共享工程基层示范点3个。第二种是依托组织部的农村党员远程教育网络，实现我县文化信息共享工程大面积覆盖。2008年对全县169个行政村进行安装，至此云和县所属行政村实现全县共享工程村村全覆盖。

共享工程云和县支中心设在云和县图书馆，是云和县共享工程的建设和业务指导单位，负责保障县中心共享工程设备的运行，协调镇村级共享工程设备的维修，指导镇村级共享工程活动的开展以及开展全县共享工程管理员的业务培训和指导。

二、管理和队伍建设

云和县文化信息资源共享工程自启动以来，云和县委、县政府高度重视，成立了由县政府副县长任组长的县文化信息资源共享工程管理领导小组。云和县支中心将共享工程日常管理纳入制度化管理。制定支中心、镇、村基层服务点工作职责和制度，实行制度上墙公开。每年有年度工作计划，月度有工作要点，季度有工作督导，年末有工作总结考核。管理员队伍的素质高低和工作责任心，直接关系到文化信息资源共享工程工作的成效。云和县支中心在管理员的选配上坚持“能专则专、专兼结合”的原则，村（社区）站点管理员，主要从村（社区）“两委”成员、大学生村官中选配。目前云和县已建设了一支具备较强的组织协调能力和计算机网络操作技术政治合格、业务熟练、服务周到的管理员队伍，为文化信息资源共享工程工作的深入、持续、健康发展，提供可靠的人才支撑和技术保障。

三、培训工作

云和县支中心在共享工程管理员的培养上坚持理论联系实际，探索多种途径和形式开展教育培训。通过采取集中办班、网上自学、以会代训、交流答疑、技术比武、知识竞赛、考察观摩、实际操作、现场辅导等方式，增强培训效果。确保每个站点管理员每年参加培训至少一次。自2004年以来一共举办各类培训班25期，参加轮训的各级管理员达1500人次。

四、经费投入

云和县文化信息资源共享工程自2008年实现全覆盖以来，每年投入4余万的运维经费，用于共享工程设备的维护，人员培训和惠民活动的开展。同时，云和县委、县政府高度重视，多次牵头协调文化与财政等部门就文化信息共享工程工作进行专题研究，积极安排配套资金，确保了共享工程县级支中心各项工作的顺利开展。

五、资源建设

资源建设是文化共享工程的核心工作，资源的丰富程度决定了文化共享工程的成败。除了充分利用国家管理中心通过各种途径下发的资源外，我们还充分发挥云和县级支中心的职能，积极整合图书馆及其他文化系统拥有的信息资源，向基层服务点输送.目前，我中心共享了丽水市网络图书馆市清华同方、重庆维普、万方数据、龙源期刊、超星及爱迪达森网上报告厅等数据库。使共享平台拥有8000多种电子期刊、40多万册电子图书、7000多部视频讲座和特色数据资源，总容量达到了16TB。

六、合作共建

举办村级管理人员上机操作培训

为更好地宣传和发挥我馆文化信息资源共享工程的资源效应，2007年开始与云和电视台、组织部的农村党员干部现代远程教育网等多部门联系，开展了合作共建平台，在电视台开设了互动点播台，开通了8个栏目，中小学远程教育网和组织部的农村党员干部现代远程教育网上开通文化信息共享工程专栏，以开展农业知识讲座、放映科教宣传片和优秀影视作品、组织开展电脑基础业务培训、播放动漫片和与企业联营等多方位、多层次的服务形式，开展了系列卓有成效的信息服务活动。扩展了共享服务的辐射面，从而达到了协作共建，利益共享，效益双赢的良好效果。

七、利民惠众，惠农服务

据不完全统计，自2007年来，我们利用现有的条件和设备，开展了丰富多彩的活动，共计放映电影20场，观众达8000余人；主办各类公益性讲座30次，听众达5000余人；“送文化下乡”40次，向农民，学校学生赠送图书10000多册、光盘2000多张，发放科普资料2000多册；搜集云和当地的各类文史资料100件，并在科艺长廊宣传橱窗中分70期进行了宣传；购买、收集、制作各种光盘500余张，免费供读者借阅。我县的文化信息资源共享工程建设工作,受到了上级领导的肯定和社会的广泛赞誉，丽水日报、云和电视台、云和报等多家新闻媒体先后10余次对我馆共享工程开展情况给予了宣传报道。

八、宣传推广

共享工程是一项创新的文化建设工程，为了更加广泛地宣传共享工程的意义和作用，我们作了大量的宣传工作，一是充分发挥电视、报纸、网络、短信平台等现代传媒作用。适时适度地介绍实施“文化共享工程”的目的意义、文化信息资源和操作流程等。使群众真正地了解它，从而主动使用它。二是编辑制作宣传手册，陆续下发到了农村、学校、企业和社区，用通俗易懂的方式介绍共享工程，三是利用馆内科艺画廊及在公共场所悬挂条幅、办板报、墙报等形式让广大市民了解共享工程”的内容,从而进一步提高共享工程”的知晓度和利用率。

九、网站建设

云和县支中心网站创建于2009年7月，是一个为广大读者提供全方位、公益性服务的网站。以体现本土文化为特色。同时开设了服务指南、书目检索（读者网络服务）、数字资源、木玩文化、旅游文化、地方文献、馆内动态、网上报告厅、链接网络图书馆等栏目。

云和县支中心的木玩数据库对玩具城产业的历史与现状，有全面的描述；对产业链的延伸状况也有完善的反映；对文化支撑力也有较好的体现；载体形式特别丰富；自主创新精神较为强调。

十、荣誉奖项

几年来，云和县支中心的文化共享工程工作赢得了市民的赞赏和社会的认同，取得了较好的社会效益，2011年我馆网站被评为浙江省公共图书馆十佳网站，2010在文化部全国文化信息资源建设管理中心举办的全国文化信息资源共享工程少年网页设计竞赛中，云和县支中心选送的县江滨实验小学赵宁同学的作品《国粹京剧》，荣获全国一等奖。2011年暑假期间全国文化信息资源共享工程中心举办的‘阳光少年热爱党’少年动漫设计制作竞赛活动中，选送的动漫设计作品云和三中蓝雯丽的《水缸的秘密》荣获初中生动画组二等奖，云和县实验小学周有强的《鲜花献给党》荣获小学生漫画组一等奖，云和县江滨实验小学 魏婧文的《机智勇敢》荣获小学生漫画组二等奖。

十一、工作展望

我们决心以建设数字资源为核心，加快基层服务点的开拓工作，以服务广大基层群众为目标，充分发挥共享工程资源优势，加强宣传，通过形式多样的活动载体，进一步发挥共享工程的作用，为进一步实施小县大城发展战略提供文化和智力支持。

（撰文/云和县支中心）

遂昌县支中心

一、整体情况

“十一五”期间，是全党、全国人民全面贯彻落实科学发展观，开创社会主义建设新局面，提高人民生活水平，全面建设小康社会和和谐社会的重要时期。文化共享工程作为农村文化建设的二号工程和社会主义文化建设的标志性工程，县委县政府高度重视文化共享工程建设，并作为基层公共文化服务体系建设的重要抓手，主要领导曾多次亲临我馆调研指导，要求按照上级部门的建设精神，加快推进文化共享工程建设。同时专门拨付16万元专项资金用于文化共享工程硬件实施建设。县图书馆严格按照工程设备配置标准，请教了省、市及有关专家，结合我县实际提出设备配置方案。在省、县两级政府的关心支持下，于2007年10月建成了文化信息资源共享工程遂昌县支中心，实现了与全国文化信息资源共享工程的联网，建立了拥有24坐席的电子阅览室，负责共享工程日常工作，有专兼职管理人员2人。

二、建设情况

1、业务管理自动化。2005年10月我馆开始着手业务自动化系统建设，购买了南京力博管理软件和资源应用管理系统，购置了主干服务器、办公用电脑等设施于2008年6月建成本馆书目数据库，实现了流通服务和办公自动化管理。

2、县级支中心建设。2004年我馆就积极地投入文化共享工程创建工作；特别是近年来，在省、县两级政府的关心支持下，先后拨了86万元专项经费（其中省文化厅和财政厅补助经费70余万元，县财政补助经费16万元）用于我馆的自动化和文化共享工程设施建设，通过政府采购，先后购置了服务器5台、备份机、磁盘阵列、防火墙、网络杀毒软件、网络专用配线架、切换器、机柜、交换机、ups，复印机，扫描仪，笔记本电脑、数码相机、投影机、空调以及电子阅览室电脑40台和业务办公用电脑18台等设备。接入互联网宽带10M（光纤），建有机房20平方米，多媒体教室面积60平方米，于2007年10月建成

并面向社会开展服务；从而，实现了与全国、省文化信息资源共享工程的联网。为了更好地服务于社会，为广大读者提供优质服务，于今年六月在互联网上建立了“遂昌县图书馆”网站，同时标志着我县图书馆服务水平上了一个新的台阶。

3、电子阅览室管理。电子阅览室面积60平方米，它的建成体现图书馆服务的提升，同时也给图书馆的管理提出了新的要求。一方面是实现了资源共享，也为未成年人提供了“绿色上网”的公共场所，使互联网这项人类社会的文明成果惠及到祖国的下一代，培养他们了解和学会使用互联网知识，提倡文明上网；另一方面是家长的意见、社会的责任，对图书馆接纳未成年人上网提出了严格的管理要求。因此，我们认真制定了《电子阅览室工作职责》和《电子阅览室管理规定》；严格执行法律法规及国家文化共享工程管理规定。开放时间与图书馆其他服务窗口同步，收费标准为每小时1元，对未成年人上网作了相应限制，上网登记一律实行实名制，其连续上网或使用计算机不得超过2小时。同时在上网过程中，管理人员要经常在电子阅览室检查和在网上发布信息，提醒读者文明上网、健康上网。电子阅览室开放时间与馆内其他窗口相同，每周开放48小时；近两年来的运行状况良好，年接待读者约1万多人次，得到了社会各界和学生家长的欢迎。

三、共建共享

加快推进基层文化共享工程服务点建设，实现2010年“村村通”，是工程建设的重中之重。根据“浙发改规划[2007]143号”《浙江省文化事业发展“十一五”规划》精神和“浙文社[2007]36号”《关于实施浙江省新农村文化建设十项工程的通知》及我县创建省级文化先进县的目标和要求，在2010年实现县县建有支中心；所有的乡镇、行政村建成基层服务网点，并通过与农村党员干部现代远程教育网、中小学远程教育网、总工会企业网的共建共享。

为了贯彻实施上级文化信息资源共享工程有关精神，和县委组织部协调，对全县推进文化共享工程建设作出了详细的实施规划，同时把文化共享工程建设纳入各乡镇文化工作目标考核。计划在“十一五”期末，全县所有乡镇、村（社区）建成文化共享工程基层网点。目前，我县总投入140余万元，建成了20个乡镇、384个行政村、7个社区农村党员干部远程教育网点和文化共享工程服务网点，基本实现了文化共享工程基层网络的全覆盖。并组织人力，对各基层服务网点的人员进行培训。目前我县支中心已完成部分乡镇和社区、行政村共60多个基层网点管理员的培训工作。计划在2010年继续培训村级基层网点管理人员，同时计划实施文化共享工程进企业行动，实现覆盖全县各乡镇、村（社区）、企业、学校等文化共享工程的共建共享。

四、开展文化共享服务

服务是工程建设的根本。随着工程基层服务网络建设的推进，以基层群众为服务重点，依托文化共享工程的资源和图书馆丰富资源优势，采取阵地服务与流动服务相结合的形式，因地制宜，利用广场、节庆活动、图书服务宣传周、未成年人读书节等，深入基层，深入农村、学校，开展丰富多彩、形式多样的文化服务活动。例如：“万册图书送下乡”，建立农村图书室，送书送科技信息到学校、到社区、到军营等；视频讲座、技能培训和影视活动等，丰富多样的文化活动不仅满足了群众多层次、多样化的文化需求，提高基层群众特别是农民群众的职业技能和致富能力；同时，也增强了基层文化工作的吸引力和生命力，对于巩固文化阵地具有积极的作用。

随着资源内容不断丰富、传输方式不断拓展，工程的服务内容和方式也日益丰富，越来越多的群众方便快捷地享受到文化共享工程的服务。优秀的文化信息源源不断传输到基层群众中，在不同程度上解决了农民看书难、看戏难、看电影难的问题，丰富了群众业余文化生活；而且，工程丰富的农业生产、农业科技知识方面的资源，为农民致富提供了有效的帮助。许多地方依托文化共享工程开展农业技术培训等，提高了农民的科学文化素质和生产技能，有力地促进了农村经济的协调发展。在与农村党员干部现代远程教育、农村中小学现代远程教育的合作共建中，文化共享工程积极发挥自身优势，丰富了农村党员干部远程教育的节目内容，活跃了中小学生的校外生活。

五、工作展望

近年来，我县支中心坚持阵地服务与流动服务相结合，开展数字文化进农村、进社区、进学校、进军营等活动，受到了群众广泛欢迎。同时，共享工程的实施，使基层文化单位增强了活力，充实了服务内容，全面提升了公共文化服务的能力和水平，促进了文化工作手段的现代化，成为文化工作新的重要增长点。

（撰文/遂昌县支中心）

庆元县支中心

庆元县位于浙江省西南部，东、南、西三面与福建寿宁、政和、松溪3县交界，北与浙江省龙泉市、景宁畲族自治县接壤。庆元县下辖3街道5镇12乡。全县有345个行政村，8个社区。户籍人口为204956人，自2005年以来，在庆元县政府关心和支持下，庆元县文广新局创新思路，多措并举，扎实推进信息资源共享工程建设，将电子阅览室建设为信息资源共享工程开展的县级支中心，承担全国文献信息与我县地方特色文化资源整合的重要任务平台，并且成为青少年健康免费绿色上网的重要场所，几年来，为广大人民群众提供了较好的文化服务，发挥应有的作用。并逐步推进，稳步发展，在新形势下为繁荣农村基层文化，满足农民多层次文化需求，传递中国民族优秀文化资源发挥了重要作用。

一、基本情况

庆元县文化资源共享工程建设开始于2005年，县图书馆利用省信息资源共享专项资金7万元，配置1台服务器和6台PC机，以当时老馆舍电子阅览室为平台，利用原有局域网络和2000年购置的16台PC机，开展信息资源共享工程服务工作。此后2008年、2009年陆续在县20个镇（街道办）文化中心开始安装，安装设备均通过卫星设备直接接收国家中心下发的给类资源和信息。2010年庆元县文化资源共享工程开始普及进入乡镇行政村。

共享工程庆元县支中心设在庆元县图书馆老馆舍，图书馆是庆元县共享工程的建设和业务指导单位，负责保障区中心共享工程设备的运行，协调镇村级共享工程设备的维修，指导镇村级共享工程活动的开展以及开展全县共享工程管理员的业务培训和指导。

二、日常管理建设

庆元支中心将共享工程日常管理纳入制度化管理。制定支中心、镇、村基层服务点工作职责和制度，实行制度上墙公开。并推行管理员工作日志记录管理，收集整理共享工程服务活动心得，探索共享工程管理和服务新模式。

三、培训工作

庆元支中心在共享工程管理员的培养上实现了制度化和常态化。根据支中心工作要求，每年对辖区共享工程管理员进行一期的上门指导培训，2006年以来一共举办培训20期，参加轮训的各级管理员达359人次。

四、经费投入

庆元县共享工程自2005年开展以来，图书馆每年投入5万余元的运维经费，用于共享工程设备的维护，人员培训和惠民活动的开展。

五、资源建设

庆元支中心在历年的工作中，搜集不同区域民众文化需求，选取、编辑制作各类题材资源3TB，每年收集各类数字资源及光盘100多种，展板30多块，各类海报，发放宣传资料5000余份。

六、宣传推广

1、庆元支中心利用各种渠道宣传推广共享工程。在庆元每年的科技文化四下乡活动，科普之春，科普之夏，科技周等活动中，庆元支中心不失时机，以活动为平台，以资料为媒介宣传共享工程，让民众不断了解共享工程，走进共享工程。

七、工作发展

庆元县地处浙西南浙闽交界处，自然地理经济条件比不上浙江省各县市，是浙江省有馆无舍图书馆之一，在设施设备人手落后的情况下找出软件差距与不足，统一思想，提高认识，振奋精神，在创造条件等一方面进一步努力。必须加强宣传，得到各级领导重视和地方财政的大力支持，争取经费，努力分期解决共享工程后续开展必要设施。硬件达标是基础，优质服务是根本，通过多年时间探索，庆元支中心在现有条件下做好网站建设工作，通过互联网、共享机制、有线电视、移动硬盘/光盘，以农村党员现代教育网、中小学现代远程教育网等为渠道为广大读者服务，在客观条件制约下向优秀馆多学习取经，今后支中心在国家中心，浙江省分中心大力支持下为庆元县共享工程建设一支专业化的服务队伍，建立一个国家、市、县三级知识网络联动的即时问答服务体制和服务形式更加多样，服务网点更加宽广，参与群众更加广泛的共享工程文化带动体系，为建设科技丰富庆元人民精神生活。

（撰文/吴林雄）

景宁畲族自治县支中心

景宁畲族自治县，隶属浙江省丽水市，地处浙江省西南部，洞宫山脉中段，属于浙南中山区。总面积1949.98平方千米，地形复杂，地势由西南向东北渐倾。景宁县辖5个镇16个乡，5个社区、254个行政村，户籍人口17.5万，其中畲族人口1.75万。景宁畲族自治县文化资源共享工程在浙江省文化厅，浙江省图书馆，丽水市文化局，丽水市图书馆，景宁县文广新局的支持和部署下，逐步推进，稳步发展，在新形势下为繁荣农村基层文化，满足农民多层次文化需求，传递中国民族优秀文化资源发挥了重要作用。

一、整体情况

景宁县文化资源共享工程于2007年6月份开始筹备建设。投资近30万元对电子阅览室的环境进行了改造，购置31台电脑。此外先后购置了服务器2台、交换机、ups电源、复印机、扫描仪、笔记本电脑、数码照像机、投影仪等设备。安装了电子阅览室的的管理软件，用于电子阅览室的日常管理。2009年上半年投入大量资金建成景宁图书馆网站，开辟共享工程专栏，对全国和浙江省的所有共享工程相关网站进行了链接，宣传大量的共享工程的资源。2010年，已建成初期的基层服务点23个，基本覆盖每个乡镇，街道社区，并对所建基层点的管理人员进行培训，2011年，建设完成基层服务点100多个，2012年，基本完成共享工程村村通，计划到2013年完成所有乡镇和村级基层点的建立和培训任务，实现文化共享基层网络的全覆盖。

二、队伍建设和人员培训

景宁县支中心在共享工程队伍建设上遵循科学化，实际化，制度化的管理方式，定期培育。对于乡镇、村两级共享工程管理上择优选取文化层次较高，技术基础较好，有一定社会基层管理服务实践经验的乡镇文化骨干作为基层工作人员，他们有较丰富的基层工作经验，有较高的文化水平，有较扎实的技术能尽快掌握共享工程设备，为基层服务点的群众服务。目前景宁县的共享工程工作人员，都能较好的将文化共享工作在乡镇，村两级基层点开展；实现了“文化下乡”。

该支中心在共享工程管理员的培养上实现了制度化和常态化。根据支中心工作要求，每年定期对全县共享工程工作人员进行强化培训，2007年以来一共举办各类培训班10期，参加轮训的工作人员达270多人次。

三、经费投入

共享工程自2007年开展以来，景宁畲族自治县图书馆每年投入30万的运维经费，用于共享工程设备的维护，人员培训和惠民活动的开展。同时，景宁畲族自治县政府，景宁县文化广化广电新闻出版局每年也投入大量人力物力支援共享工程各项活动的正常开展。

四、资源建设

景宁畲族自治县支中心在过去几年的建设中，根据本地畲族特色文化资源，积极开展畲族文化搜集，选取，编辑制作畲族文化数据库，以及抢救畲族非物质文化遗产工作。

2008年，我馆向全国文化信息资源共享工程浙江省分中心申报建设的“畲族文化资源数据库”是丽水市唯一立项的数据库，畲族文化资源数据库分为畲族文化文献全文数据库和畲族文化实物图片数据库两部分，将畲族特色的服饰、民间工艺、农具、建筑、畲药等，此外还包括畲乡“三月三”、畲族婚嫁等民俗风情的视频录制，完成了52万文字、800多张图片、100多条视频的录入工作。

2012年，浙江省图书馆与景宁县图书馆联合建设了“畲族文化多媒体资源数据库”。建设的内容包括八大类：婚礼仪式、宗教祭祀、传统体育、服装服饰、饮食习惯、手工技艺、文化艺术、文化传承。畲族文化多媒体资源数据库建设完成后，预期总量达到330TB，视频资源达到33万小时，专题资源库不少于500个。其中，管理中心数字资源建设总量不少于50TB，视频资源不少于3万小时，专题资源库不少于60个，少数民族语言资源不少于15TB。

目前，资源数据库建设工作也已经取得了阶段性的进展。资源库已拍摄制作视频240分钟，文字类达26万字，畲族图片近500张，征集畲族视频502分钟。立志建成全国资料最全，规模最大的畲族文化数据库。此外，我馆每年用于宣传推广工作的展板、海报、招贴画50多副，发放宣传资料1000余份。

五、为民服务，合作共建

我中心和基层服务点积极开展各类活动，让越来越多的基层群众方便快捷地享受到文化共享工程的服务。支中心建立少儿电影播放室，利用共享工程设备节假日为少年儿童播放免费电影，坚持每周至少放映一次，并做好相关记录，丰富了学生的课余生活。基层服务点与农村党员干部远程教育合作共建，按照管理制度规定每周为村民播放一次电影，为农民送去了农业生产、农业科技知识方面的资源，为农民的生产致富提供了有效的帮助。我县有关乡镇依托共享工程这个平台开展了农业技术培训，提高了农民的科学文化素质和生产技能，有力地促进了当地经济社会协调发展，推进新农村建设。

六、宣传推广

该支中心自建设共享工程以来，就通过各种渠道，利用各种平台，做了大量文化共享工程的宣传推广工作。2009年开设图书馆官方网站，此外还有官方微博，以及在畲山风论坛、畲乡风论坛等平台及时的向大家告知各项活动，以活动为平台，以资料为媒介宣传推广共享工程，让民众不断了解共享工程，走进共享工程。

自2012年1月1日起，为使共享工程真正的为民所用为民谋利。电子阅览室全面实行免费开放，此外还开放公益性讲座和展览、优秀影视片展播等共享项目，民众可以凭畲乡文化卡享受共享权利，共享文化发展成果。

文化共享走进农村，走进社区，走进校园。景宁县支中心积极开展民众喜欢的的文化服务，使共享工程走进基层。例如，2012年1月，举办的“欢乐共享榅龙年，文化年货到家”的春节活动。2012年5月，在县实验小学举办了“第八届未成年人读书节”活动，活动中还邀请了周玲娟老师做了“快乐成长，伴我成长”的公益性讲座。

七、工作展望

“星星之火，可以燎原”。景宁畲族自治县文化资源共享工程已走过5个年头，从最初的几个点到现在的254个行政村全覆盖，从单一的资源接收到编辑分发和群众广泛认知，广泛参与，文化资源共享工程在景宁畲族自治县已经成为畲乡人民文化生活的一道“文化大餐”，成为繁荣畲乡文化，丰富畲乡人民精神生活，推动畲乡人文科技进步的支柱。在2013的工作计划中，为了做好冲一级馆的准备，我支中心共享工程的软件硬件设备也在更新换代中，尽早达到一级馆的验收标准。此外，县支中心希望在国家中心，浙江省分中心的大力支持下为景宁共享工程建设一支更加专业化，规范化的服务队伍，加大力度推广宣传，让更多的民众参与进来，共建共享。

（撰文/景宁畲族自治县支中心）

全国文化信息资源共享工程——

江西省分中心

全国文化信息资源共享工程推广工作开展以来，在文化部和省委、省政府的高度重视和关怀下，在共享工程国家中心的悉心指导下，我省文化共享工程建设取得了丰硕的成果，初步实现了优秀文化信息资源在全省范围的共建共享，推动了覆盖省、市、县、城乡、村的公共文化服务体系的构建，为改善基层文化服务，切实保障人民群众的基本文化权益，发挥了重要作用。现将我省文化共享工程建设情况汇报如下：

一、在领导重视和关怀下，工程建设稳步发展

江西省委、省政府对文化共享工程建设高度重视。2007年6月，江西省委书记孟建柱、省长吴新雄先后赴九江、上饶、景德镇、南昌等地考察了我省文化资源信息共享工程建设工作。2010年12月，江西省副省长孙刚同志亲自到文化信息资源共享工程江西省分中心（以下简称"省分中心"）考察工作，视察了省分中心机房，仔细询问了省分中心的建设情况和对支中心、基层服务点的技术支持情况，要求省分中心及时更新文化共享工程信息资源，不断创新服务模式。2012年2月和2012年4月，江西省副省长朱虹同志和江西省委常委、省委宣传部长姚亚平同志也先后来到省分中心视察，对我省的共享工程建设工作做出了重要指示。在各级领导的重视和支持下，我省文化共享工程推广有序推进，工程建设稳步发展。

二、基层网点建设顺利推进，实现网点全覆盖

在中央财政和地方财政的全力支持下，我省文化共享工程建设迅速发展。截止到目前，全省已搭建起文化共享工程省、市、县、乡、村五级服务网络，全省已建成省级分中心1个，市级支中心11个，县级支中心100个，乡镇（街办）基层服务点1121个，村级（社区）基层服务点17099个，驻赣空军部队基层点1个，实现网点全覆盖。

三、创新资源传输模式，积极开展服务活动

文化共享工程推广期间，省分中心以"丰富基层群众文化生活"为目标，采取多种资源传播方式，成功开展多项服务活动，取得了良好效果。比较突出的有举办"见证辉煌——庆祝新中国成立六十周年展览"、"全国文化共享长征行——纪念红军长征胜利70周年"启动仪式、

江西省分中心工作人员为南昌市福利院儿童送去《缤纷假期 欢乐共享》系列光盘

"江西省第一届文化信息资源共享工程知识与技能竞赛"、学习宣传"双百"人物事迹和开展网上世博宣传活动、"践行雷锋精神、推动惠民服务"活动以及"关爱弱势儿童、播撒阅读种子"系列活动等。

此外省分中心还与景德镇市支中心、上饶市支中心、靖安县支中心、武宁县支中心、永新县支中心、靖安县支中心等联合开展了惠民服务活动共28次，受惠的基层群众达21000余人。

四、推进数字资源建设，打造特色数字资源库

文化共享工程推广期间，省分中心抓住数字资源建设这一核心，积极参与建设"公共文化数字资源基础库群"，建设体现社会主义核心价值、以中华优秀数字文化资源为主要内容、关系文化民生的公共文化数字资源。截止到目前，省分中心拥有数字资源36TB，其中13TB为自建的地方特色数据库，包含《江西地方戏剧资源库》、《江西陶瓷文化资源库》、《江西非物质文化遗产资源库》、《江西旅游文化资源库》、《鄱阳湖生态经济区建设》、《井冈山斗争全景画》、《大型情景歌舞"井冈山"》等共53个；14TB为国家下发的数字资源有名家讲座、农业种植/养殖技术、专题电影、动漫、城镇务工技术等；此外省分中心还购买了包括《中国知识资源总库》、《领导决策信息支持系统》、北大方正阿帕比、《中文科技期刊数据库》、《博看畅销期刊数据库》等在内的共计9TB的网络数据库。

共享工程下基层，千里亲情一线牵

五、加强人员培训，全面提高基层技术人员素质

共享工程实施以来，省分中心十分注重对基层人员的业务培训，每年都根据业务发展需要制定相应的培训计划，对县区级支中心的技术培训、业务指导已进入常规化、日常化。为使各支中心和基层点的工作人员业务熟练，省分中心借为全省的11个市级支中心、100个县级支中心组建网络，安装、调试卫星及计算机设备、安装资源管理软件的机会，下到基层，结合当地实际，有针对性的对各支中心及乡镇基层点的人员进行了一系列的专业培训，为县区开展面向基层服务网点的培训指导打好了基础。共享工程实施以来，省分中心下基层为各级支中心提供现场培训超过3000人次，为确保基层群众服务工作的正常进行提供了强有力的技术保障。

为灾民送上水灾自救手册等资源

此外，省分中心还通过集中培训、现场授课、远程培训等各类培训方式，培训基层业务骨干达46000人次，主要业务技术和管理人员的培训率达到了100%，并获得由省分中心颁发的"上岗资格证书"。全省各市级支中心共举办各类业务培训班78期，培训人员1530名，县区级支中心共举办1218期，培训人员共149586人，乡镇街道共312期，计2560人。

六、积极开展推广活动

自国家数字图书馆推广工程于2011年启动以来，为使这项工程在江西有效实施，省分中心积极响应，配合相关部门完成了对全省11个市级图书馆数字图书馆现有建设条件的摸底工作。

以集中培训、分片培训、现场培训等多种形式相结合的方式完成了对省图书馆和全省11个市级图书馆的数字图书馆从业人员的第一批业务培训。并拟定了省图书馆和7个市级图书馆的数字图书馆硬件平台搭建方案，逐步在全省范围内开展数字图书馆推广工作普及培训，努力实现收藏数字化、操作电脑化、传递网络化、信息存贮自由化、资源共享化和结构连接化，满足我省群众日益增长的文献信息需求。

七、以合作共建为途径，谋求资源共享共同发展

多年来，省分中心坚持合作共建，分别与"江西电信信息田园"、省信息中心政务外网合作，为广大基层群众提供文化讲座和农村实用技术方面的资源近2.5TB，实现信息推送60多万人次，并在全国率先开展了依托政务外网，开展文化共享工程的信息资源传输的试点工作，实现了省、市、县三级分/支中心利用政务外网进行文化信息资源传输线路的联通，将试点经验推向全国各省市。此外，省分中心还与农村党员干部开展现代远程教育合作，向党员电化教育中心提供包括文化讲座、实用技术、经典影片和生活顾问等内容的共享资源3.2TB。至2011年，合作共建村级基层点达16876个。

十二五期间，我们将在文化部和国家中心的正确指导下，在省委省政府的关怀和重视下，在省文化厅的领导主持下，进一步加大共享工程工程的宣传力度，加快推广进度，推动我省文化信息资源共享工程实现新的跨越，为实现广大人民群众的基本文化权益，为推进社会主义新农村与和谐社会建设发挥重要作用。

（撰文/江西省分中心）

南昌市支中心

作为公共文化建设重点工程，文化共享工程已列入了《中华人民共和国国民经济和社会发展第十一个五年规划纲要》和《国家"十一五"时期文化发展规划纲要》。文化共享工程是推进南昌市文化事业发展，提升公共文化服务质量，满足人民群众基本文化需求的重要内容。在文化共享工程的建设实践中，我市抓住机遇，求真务实，不断拓宽建设思路，创新技术手段，完善服务机制，取得了良好的社会效益。

一、站点建设 稳步有序

全国文化信息共享工程南昌市共享工程支中心于2004年正式成立。南昌市图书馆建有占地面积300余平方米的电子阅览室，配备7名专业技术人员，拥有200台工作站，中心机房光纤硬盘存储达到20TB，联通光纤宽带接入速度100MB，服务器9台，PC机60台，安全设备1台，卫星接收器1台。现有藏书82万册，现刊873种，报纸80种，少儿图书6万册以及《四库全书》、线装书7000余册（其中古籍2000余册）珍贵书籍，并且提供同方知网学术数据库、超星电子图书数据库、博看数字期刊、VIPExam考试学习资源数据库供读者网络查阅。

文化资源共享南昌市级支中心就是依托市图书馆丰富的文化资源为广大市民提供服务，于2005年2月开放全省首家"绿色网吧"，为未成年人提供免费公益性上网服务场所，并明确的管理及规章制度，禁止网络游戏和单机游戏，安装了上网管理软件"绿坝-花季护航"，避免青少年受互联网不良信息的影响和毒害。

2011年我馆全年共接待读者读者约25万人次；办理电子图书借阅证7000余个；图书借阅册次约24万册次。截止到2011年12月底本市已建各级中心和服务点2411个。其中包括市级分中心1个，区县支中心9个，街道（乡镇）图书馆的基层服务点86个，行政村基层服务点1057个，社区服务点33个，实现了全市共享工程区（县）支中心、街道（乡镇）、村级基层服务点建设的网络全面覆盖。

二、丰富资源建设 提供数字化服务

我馆在2006年上半年接收到"共享工程"卫星接收设备并安装、调试、投入使用，全部免费为广大群众开放，在最短的时间内充分发挥基层点为群众服务的作用。截止目前，已经接收数据超过500G，在经费允许的

留守儿童服务

情况下我馆继续增加投入，进一步扩大数据存储容量。数字资源建设始终是文化共享工程的建设核心，所以我馆积极引进同方知网期刊数据库、超星电子图书数据库、VIPExam考试学习资源数据库；免费为读者提供海量的信息检索。

同时，采取深度链接的方式，将本地区的博物馆、美术馆等文化单位适合文化共享工程服务的互联网数字资源纳入文化共享工程网站的整体服务框架中，丰富了文化共享工程的资源内容。

三、强化人员培训 加强完善队伍建设

强化人员培训，确保服务质量。对县区级图书馆的进行业务辅导，相继举办全市文化共享工程培训班、ILAS业务知识培训班，并积极组织员工参加省馆举办的各类学术报告会，极大地提高了我市公共图书馆从业人员的整体素质。南昌支中心专门成立了共享工程地市支中心QQ工作群。

目前，全市有9个县区支中心、45个县级支中心的联络员加入了这个群，方便了市中心与各地联络员以及联络员之间互相沟通，充公利用QQ工作群开展业务交流和技术支持。

我馆还积极运用P2P（对等网络）、FTP（文件传输协议）等成熟技术向支中心传输资源；在互联网服务平台建设方面，南昌市图书馆作为南昌市分中心主网站，因其丰富的数字文化资源，越来越为公众所欢迎，点击率日见攀升。同时采取先进技术手段和有效措施，封堵不良信息。

1、在人力资源建设方面，我们积极建立起长效培训机制。这种培训机制采用了立体型的培训：一是地毯式培训，即每位“文化共享工程”的管理人员必须经过上岗前的培训，不培训不上岗，培训不合格不上岗；二是现场针对性培训，即南昌分中心及各支中心的业务和技术指导人员通过现场维护和故障排除，进行一对一的各类实务培训。

我馆还采取了请进来走出去的培训方式，一方面邀请兄弟省市共享工程领导、专家来我馆授课；另一方面每年分批组织分、支中心及基层服务点的业务骨干赴外省分支中心实地考察、培训学习，极大地提高了我市共享工程基层服务点工作人员的整体素质。

2009年组织市、区中心的馆长参加了“志愿者行动——基层图书馆馆长培训”；2012年组织了各县(区)馆馆长及本馆工作人员参加《数据资源建设》、《中美图书馆比较概述》两门课程的培训学习。有力地促进了南昌市文化共享工程的人力资源建设和服务人员整体水平的提高；

2、充分利用多功能报告厅，举办论坛、讲座和报告会，把图书馆的服务提高到一个新层次、新水平。相继承办及与有关单位合办了“演讲比赛”、“洪城读书周”暨“洪城书香节”、家庭教育的艺术与提高学习成绩方法大型报告会、未来的计算机技术与数字图书馆讲座及百场科普报告会（讲座）、市民论坛等讲座。坚持对县区支中心进行相关培训，2010年组织县区支中心和基层服务点相关技术人员参加共享工程专门培训和《未来的计算机技术与数字图书馆》知识讲座等培训活动，大大的提高了基层点工作人员计算机水平；

3、根据共享工程对市级支中心的要求，针对县、区、乡镇、社区等基层的技术服务，我馆派专人到各县级支中心和基层服务点进行“共享工程”设备和数据的安装、调试，对相关人员每年均安排了技术培训，并帮助各级支中心和基层建立和健全了相关制度，并按照上级要求，做到所有工作人员都执证上岗。

四、合作共建 扩大服务半径

我馆先后建立“省武警总队南昌市一支队共享工程基层服务点”、“江西省女子监狱共享工程基层服务点”、“南昌市劳教所共享工程基层服务点”和“南昌市社会福利院共享工程基层服务点”，并定期将共享工程“文化大礼包”送进军营、福利院、劳教所，更好地满足了不同读者的阅读需求。

五、深入开展 长效惠民服务

1、为青少年提供公益性讲座报告会。邀请省艺协影视家专业委员会会长、作家专业委员会会长孙海浪先生到馆进行主题是“把命运这团泥牢牢捏在自己手中——与青年朋友畅谈生命价值探寻自己生存空间”的学术演讲，并举行了现场签名赠书仪式。激励他们在大学生和青年朋友在宽松和愉悦的环境里刻苦学习，将来把所学到的知识和自己美丽的青春献给祖国人民；

2、充分利用共享工程资源，长期坚持专场电影播放。寒暑假期间为青少年读者免费放映多场动漫、科普类电影；春节期间为农民工专场电影播放并设立共享工程农民工阅览室；

3、以提高基层点网络服务的水平和综合服务素质为主题，组织南昌县区共享工程基层服务点工作人员参加“文化共享工程知识与技能竞赛”。

今后，南昌市图书馆文化信息资源共享工程市级支中心将依托现有文化设施网点，以县、区公共图书馆为主体，利用共享工程国家中心、江西省中心的资源，联合城区图书馆共同成立“一卡通”同城互借，即“一馆办证、各馆通用”、“一卡借阅、就近还书”、“一馆藏书、各馆共享”、“一馆讲座，各馆转播”、“一馆咨询、多馆服务”，最大化的方便读者借还书，丰富为群众服务的内容和形式，逐步实现南昌本地优秀文化信息资源的整合，建设特色数字资源库，为广大市民提供更为便捷的网上查询服务。

（撰文/南昌市支中心）

南昌市东湖区支中心

为学习贯彻党的十八大精神，充分发挥文化信息资源共享工程在公共文化服务体系中的重要作用，推动文化共享工程又好又快发展，东湖区文化信息资源共享工程支中心对本中心工作进行了自查，对所辖街道文化信息共享工程工作进行了检查，现将情况汇报如下：

一、设备、经费及服务情况

1、设备安装及服务开展情况

1.1.东湖区支中心

国家文化部、省文化厅2009年为东湖区支中心下拨了68万元的设备及装修经费。目前区级支中心有服务器4台，PC机55台，存储器1台，存储容量4.39TB，安全设备1台，卫星接收系统一套，接入带宽10MB。东湖区支中心获省级中心下发的1TB的资源总量。

东湖区支中心坚持每天开放8小时，从上午9：00至下午17：00，每周开放56小时，年服务人次10000人次以上。

东湖区支中心还不断拓展共享工程的服务内涵和方式，充分利用这一全新的工作载体条件，切实面向“五个走进”（走进农村、走进社区、走进学校、走进企业、走进军营），开创了基层文化工作的新局面。

1.1.1.馆内活动丰富多彩

充分发挥阵地作用，东湖区支中心在电子阅览室推介优秀栏目、名家讲座、生活常识、电影及优秀地方剧目，每年培训基层服务点人员2次，免费开展读者计算机知识培训2次，培训人数百余人。

1.1.2.走进农村、走进社区

在社区服务上，东湖区支中心开展了“优秀影片展播”活动。2012年联合东湖区流动电影放映队，到五纬路社区、公园村、长巷村、八一公园进行红色经典影片展播，受到了群众的欢迎。

1.1.3.为青少年服务

为加强未成年人思想道德建设工作，除了在东湖区支中心针对未成年人开展的活动以外，还与区教体局联合，深入各小学校开展活动。在向荣小学、南京路小学等开展了爱国主义教育活动，利用共享工程开展思想道德建设，切实将加强和改进未成年人思想道德建设工作落到了实处。

1.1.4.走进老年人群体

开展为老年群体服务是文化信息资源共享工程工作的又一重点。东湖区支中心坚持“贴近生活、贴近实际、贴近群众”的三贴近原则，根据老年人平时生活的诸多习惯特点，上网下载了齐国力主讲的《营养与健康》、《科学保健》、《晚年的幸福生活》等系列视频资料和战争题材的故事片、名著欣赏讲座、中国京剧音配像等前往放映。使他们获得了精神的强健与文化的关爱。

1.2.街道基层服务点

2009年，东湖区政府为九个街道、贤士湖管理处各下拨电脑一台，在街道、贤士湖管理处设立共享工程街街道基层服务点，覆盖率达100%。2011年至2012年上级部门又为豫章街道、墩子塘街道、八一桥街道、百花洲街道文化信息共享工程基层服务点各配备投影机1台、管理计算机2台，终端计算机10台，设立街道公共电子阅览室。目前设备已经全部安装到位。各街道基层服务点每天开放不少于4小时，每周开放不少于25小时，年接待群众访问人次平均达2000次。

1.3.村级基层服务点

东湖区共有公园村、贤湖村、永溪村、永和村、长巷村、七里村等6个行政村。2009年上级部门为6个村各配备电脑1台，电视机1台，在每个村设立了共享工程村级基层服务点。各村级基层服务点每天开放不少于3小时，每周开放不少于20小时，供村民免费使用，年服务人次上千人。

1.4.社区公共电子阅览室

东湖区将共享工程工作全面铺开，2011至2012年已在全区17个社区设立社区公共电子阅览室。目前，已为每个社区公共电子阅览室配备投影机1台、管理计算机1台，终端计算机10台，供社区居民免费使用。各社区公共电子阅览室每周开放不少于25小时，年服务人次2000人。

2、运行经费情况及来源

东湖区财政已将共享工程东湖区支中心运行经费纳入财政预算，2012年东湖区财政为共享工程东湖区支中心提供运行经费伍万元。

目前，街道基层服务点、村级基层服务点、街道社区公共电子阅览室运行经费都由各单位自筹解决。

3、人员情况

共享工程东湖区支中心和各级基层服务点目前都没有专职工作人员，东湖区支中心有兼职工作人员2人，各级基层服务点都只有兼职工作人员1人。

二、发展方向

1、继续加快构建基层服务网络，全面完成东湖区支中心和街道、村基层服务点建设任务，完善区、街道、村（社区）三级服务网络，推动数字化文化信息资源走进千家万户，实现“乡乡有，村村通，人人享”。特别是要着重加强共享工程社区公共电子阅览室的建设，逐步将全区各街道、村（社区）基层服务点建设成为市（村）民文化素质教育培训的场所。

2、继续做好共享工程国家、省、市中心的资源接收和资源配送工作，以多种渠道将资源及时发送到街道、村（社区）基层服务点，确保全区群众及时共享国家中心的丰富资源。

3、完善分级培训，培养专业人才。

建立完善的分级培训制度，形成梯次结构得当、层次健全完整的共享工程人员培训体系，东湖区支中心接受省分中心、市支中心的人员培训，东湖区支中心负责街道、村（社区）人员的培训，做到层层抓培训。培养出能够做好东湖区支中心和各基层服务点管理与组织协调工作的管理人才；熟练掌握计算机网络技术，能够开展技术指导与服务的技术人才；能够使用共享工程设施设备，开展日常服务的基层服务人才；能够运用现代网络技术和信息手段，开展数字资源加工的人才。通过人才的培养，建设一支技术好、业务强、作风硬、结构合理的共享工程工作队伍。

4、将工作重点逐步由基础建设向强化长效管理、发挥服务功能转变。

进一步完善共享工程东湖区支中心、街道、村（社区）基层服务点的管理办法和相关制度，建立健全长效管理运行机制，确保各项工作有组织开展、有专人负责、有经费保障，逐步将共享工程由建设工程变为常态的工作，充分发挥服务功能和作用，确保全区范围内人民群众都能够享受到共享工程的数字化服务。

积极争取财政支持，建立经费投入保障机制，确保东湖区支中心、街道、村（社区）基层服务点的人工、日常管理、设施配套等运行经费得到落实，并纳入当地财政预算。

建立工作激励机制，争取上级部门的支持，对共享工程建设、管理、服务工作成绩突出的街道、村（社区）基层服务点予以奖励，调动各地做好共享工程工作的积极性。

加大管理力度，实行“黄牌警告制”，由区文化部门、财政部门组成检查组，定期不定期到东湖区支中心、街道、村（社区）基层服务点进行抽查，对管理和服务中存在严重问题的各级服务点以“黄牌警告”。

总之东湖区文化信息资源共享工程将以农村（社区）为重点，以文化信息资源共享工程东湖区支中心为依托，结合农村党员干部现代远程教育工程、农村中小学远程教育工程和街道综合文化馆站建设，重点推进街道、村（社区）共享工程基层服务点建设，努力搭建辐射全区的区、街道、社区（村）三级服务网络，把文化共享工程建设成为资源丰富、技术先进、传播高效、服务便捷、管理规范的公共数字文化传播服务体系，使之成为我区公共文化服务体系建设领域充满生机与活力的新平台，努力实现优秀文化信息资源的全民共享！

（撰文/南昌市东湖区支中心）

南昌市青云谱区支中心

按中央、省、市部署，青云谱区于2004年7月开始在全区实施“全国文化信息资源共享工程”，并制定了《青云谱区文化信息资源共享工程建设实施方案》，成立了领导小组及办公室，成立了区级支中心。2008年、2009年相继成立了街道、镇、行政村级基层服务点。

多年以来，青云谱区级支中心积极向上级部门争取文化共享工程建设及运行管理的资金，并加强文化共享工程的建设，开展丰富多彩的群众服务，常组织支中心及基层服务点工作人员队伍进行业务培训，使青云谱区的共享工程发挥着积极的作用。

一、网点建设

2004年7月，青云谱区级支中心成立，由青云谱区文化广电旅游新闻出版局承办，青云谱区图书馆是建设与实施主体单位。

2008年，我区的5个街道、1个镇成立了5个街道基层服务点和1个镇基层服务点，2009年又在12个行政村建立了12个行政村级基层服务点，达到了街道、镇、行政村基层服务点覆盖率100%。

举办免费劳动就业电脑培训

目前，我区形成了一个以区级支中心为龙头，街道、镇基层服务点为骨干，以行政村基层服务点为终端的文化共享工程服务网络，实现了文化共享工程服务网络全覆盖。

二、经费投入

青云谱区文化信息资源共享工程合理分配和利用共享工程专项资金。中央、省、市、区财政下拨的共享工程专项资金主要用于区级支中心的软件硬件基础设施的建设及维修维护、技术研究和人员培训等。乡镇、村级基层服务点的建设款部分由中央、省、市配发，部分由区财政专项资金支持，部分由青云谱镇及村委会解决。区级支中心及各基层服务点在国家、省、市、区财政部门的大力支持下，配套资金累计过120万元。

2008年，区财政对区级支中心建设配套17万元；2009年，中央财政、省财政对区级支中心建设配套68万元，区财政对区级支中心建设配套2万元；2010年，区财政对区级支中心建设配套2万元；2011年，区财政对区级支中心建设配套4万元。2012年，区财政对区级支中心建设配套8万元。

三、资源建设

1、青云谱区级支中心建有“青云谱区特色群众文化资源库”，内容为新春庙会、“象湖之春”社区文化艺术节、“青云之上”歌咏大赛、社区群众文艺团队演出等，视频资料近30个。

2、青云谱区图书馆网站于2011年3月18日正式对广大群众开放，如今网站成了广大群众便捷获取知识及信息的平台。

3、区级支中心于2012年底开始筹建报纸杂志电子资源、触摸屏读报阅读系统、中小学电子图书系统及资源将再次提升区级支中心的服务能力。

四、技术支持

1、为了更好的支持文化共享工程，健全我馆数字图书馆建设，本区级分中心面向社会招聘计算机专业人才1名从事共享工程专职工作，使共享工程的队伍更加专业性，同时也给全区其他基层服务点提供更有力的技术支持保障。

2、江西省分中心、南昌市支中心对县区级支中心的人员培训，我区级支中心再对基层服务点进行培训，层层抓培训，形成了得当、层次健全完整的梯次结构培训体系，为我区级支中心和基层服务点提供了长效的技术支撑。

3、由我区共享工程领导小组聘请的“共享工程建设专家咨询小组”也对我区共享工程建设提供了得力的咨询服务及技术支持。

五、合作共建

区级支中心与区劳动人事与社会保障局合作，每年为社区居民开展多期劳动就业免费电脑培训班，利用晚上时间在电子阅览室开班。区劳动人事与社会保障局负责聘请专业老师授课并支付授课费，区级支中心协助组织人员参加并管理培训班。同时，区级支中心还与区文化广电旅游新闻出版局合作共建廉政文化建设示范点，在电子阅览室成立“廉政教育影视室”。区文化广电旅游新闻出版局为支中心增购大量红色经典题材、政治题材、警示教育等，区级支中心则不定期为广大党员干部群众放映廉政影视片，用先进文化进行思想和道德修养的引导、感染、陶冶，让干部群众在娱教于乐中受到廉政区文化教育。

六、惠民服务

区级支中心将阵地服务和流动服务相结合，日常活动和节庆活动相结合，为广大群众开展了丰富多彩、形式多样的文化惠民服务活动。电子阅览室一年365天对读者免费开放，每周开放时间不低于60小时。同时区级支中心还开展读者免费电脑培训班、基层服务点管理人员电脑培训班、公益讲座、爱国题材电影展播共享工程下社区等活动，收到很好的社会效果。

七、宣传推广

文化共享工程只有大力地宣传推广，其资源才能被广大群众所熟知及共享。青云谱区级支中心通过以下途径对工程进行宣传推广，一是通过电子阅览室的免费开放；二是通过图书馆网站及《青云谱区图书馆工作简报》的宣传报道；三是通过开展各类丰富多彩的活动；四是通过街道、镇、行政村级基层服务点、社区公共电子阅读室的覆盖辐射作用。

八、人员培训

青云谱区级支中心十分重视文化共享工程管理人员的培训工作，不断提高队伍的素质。

一是派共享工程人员参加江西省分中心、南昌市分中心举办的各类业务培训班。通过学习培训，奠定工程建设的技术基础和人才保障，有效地推进了区级支中心的建设。

二是区级支中心举办共享工程基层服务点管理员培训班，每年举办2期，通过培训，各级基层服务点管理人员具有了既懂技术又能开展群众服务的能力。

九、管理和队伍建设

我区级支中心建设按规范化、制度化实施，制定了工程实施方案。我区成立了以区文化广电旅游新闻出版局局长罗洪斌为组长，以区图书馆馆长宋雪涛等为成员的区文化共享工程领导小组，职责是宏观规划建设方向，组织协调、指导资源建设和信息服务，协调与有关单位以及文化系统内部各单位之间的关系等。

成立了共享工程建设专家咨询小组，由区文化广电旅游新闻出版局聘请有关人员组成，职责是对“共享工程”领导小组的规划、实施方案、资源建设、标准规范、技术路线等重大问题的实施给予咨询。成立了“共享工程”办公室，办公室设在青云谱区图书馆，职责为组织起草规划和编制实施方案；负责专项资金的管理与使用；制定工作计划；承担领导小组的日常工作等。

十、工作展望

1、对共享工程加大宣传，为群众开展丰富多彩的活动，增强社会影响力，引起各级领导的重视，为共享工程争取到更多的专项资金，扩大服务人群，让更多的群众共享文化资源。

2、加强工程队伍建设，积极安排区级支中心工作人员参加继续教育及省、市图书馆举办的业务培训班。

同时区级支中心积极为各级基层服务点管理人员开展业务培训班。把我区共享工程队伍造就成一支有知识、有文化、懂技术、会操作、能运用的队伍，使我区信息资源共享工程建设工作进入规范化管理的轨道。

（撰文/南昌市青云谱区支中心）

南昌市湾里区支中心

自从湾里区成为全国文化信息共享工程的一份子以来，湾里区民众在电子信息网络的帮助下，不仅可以从中获取不少的科技知识，还能丰富广大群众的业余生活，群众对此感到非常满意。

一、打牢基础，稳步发展

文化信息资源共享工程是一项政府兴办的文化创新工程、民心工程，是公益性建设项目，有着巨大的社会效益和广阔的发展空间。上级领导对这项工作非常重视。为了更好的将共享工程规模做大、做好、做强.在上级部门配送设备的基础上，我们又进行了设备的扩容、完善，逐步充实共享工程的内容。

二、发挥自身优势，开展活动

在实施共享工程的过程中，不断拓展共享工程的服务内涵和方式，充分利用这一全新的工作载体条件，并创了基层文化工作的新局面。充分发挥公共图书馆的电子信息阵地的作用，丰富广大群众的业余活动。

三、利用电脑上网功能做好电教化工作

利用网络让群众能够用和眼睛看到中国社会的发展和走向这样做不仅快速提高了党员知识水平，还能及时的了解国家的最新政策。

四、重视宣传、扩大影响

自从文化信息资源共享工程创建以来，为了扩大其在基层群众中的影响，广泛宣传其作用和意义，使各级领导和群众充分认识到这是一项惠民工程、民心工程，认识到工作的重要性和必要性以及文化信息资源的可用性，我们利用各种媒体渠道进行了广泛宣传和推广，取得了良好的社会反响。

五、基本情况

文化信息资源共享工程建设工作在我区2009年启动，迄今已建成文化共享工程湾里支中心1个，乡镇基层服务点2个，街办服务点2个，村级基层服务点35家。支中心和基层服务站点设备全部配发到位，部分通过安装调试投入运转，运行状况良好。

1、区级支中心情况

湾里区支中心2009年经上级主管部门批准立项建设，2010年6月建成，设电子阅览室一处160平米和主控机房义处15㎡，配备了台式电脑36台、服务终端1套、投影仪1套，接入了10兆政府网光纤，制订了《湾里区电子阅览室入室须知》等6项制度并上墙，抽调2名业务骨干参与文化共享工程支中心日常工作，同年7月完成调试，正式免费对外开放，可供34人同时开展电子阅览或者接受培训讲座。电子阅览室周开放56小时，年阅览3500余人次；至目前设备基本完好，运行状况良好。

2、乡镇基层服务点情况

乡镇基层服务点2个，位于湾里区太平镇和梅岭镇，街办基层服务点2个，位于湾里区站前街办和幸福街办，管理员由各乡镇街办文化专干兼任，村级基层服务点35家，由当地"农家书屋"管理员兼任，业务工作较熟练。部分乡镇综合文化站设备已安装，通过调试正常运行，目前设备完好，运行状况良好，活动开展较频繁。

3、经费情况

财政拨付电脑维修费6.4万、电子阅览室水电费9.5万、电子阅览室网费3.6万，共计19.5万元用于湾里区文化资源共享工程区级支中心运行维护。

4、规范管理和开展服务情况

本中心主要从事电子文献的阅读、查询服务，为读者提供信息检索、网上信息查询等服务性业务，严格控制读者的上网行为，利用上网行为管理器禁止读者运用共享平台制作、下载、复制、查阅、发布、传播含有反动或不健康内容的信息和从事有关法律法规规定的危害网络安全和信息安全的行为。

湾里区级分中心、乡镇、村级服务点严格按照文件精神进行规范管理，要求制作标识牌，制定管理制度。由专人持证上岗。区分中心和乡镇村级服务点严格遵守相关法律法规，自觉接受上级主管部门的管理和社会监督，实行上网服务实名登记制度，读者需持本人有效证件上网。登记内容完好保存，保存期不少于2个月。

六、工作展望

今后，我们将在工作中更加努力的管好、用好、开发好共享工程设备和信息资源，力争走出一条利用共享工程服务的新路子，让共享工程更好地发挥作用，把共享工程真正办成惠民工程、民心工程。

（撰文/南昌市湾里区支中心）

南昌县支中心

近年来，南昌县经济建设在一路高歌猛进的同时，文化事业也得到了同步协调发展，呈现了百花齐放，欣欣向荣的喜人局面。在文化大发展、大繁荣的大潮中，南昌县按照国家和省市文化部门关于创建文化信息资源共享工程的要求，于2009年及时成立了文化共享工程南昌县支中心，县财政拨出专款50多万元，对全县16个乡镇综合文化站配备了5台终端，设立了乡镇服务点，全县263个行政村都配送了电脑终端设备，成立了基层服务点。南昌县在开展数字文化服务中不断探索开拓创新，打造品牌，为老年人、未成人和残疾人等弱势群众提供了良好的数字文化服务，在努力追求社会效益中实现了有所作为。

历年来，南昌县作为文化大县、强县，一直对文化建设都十分重视。在此次文化共享工程创建中，南昌县县委、县政府成立了专门的领导小组，多次召开了专题会议，以高位推动促进各项工作的落实。县政府拨付了36万元专项资金用于文化共享工程的建设和运行，严格按照有关要求高标准配备了115平方米的电子阅览室、68平方米的多媒体视频点播室、11平方米的独立中心机房和卫星接收器，配置了60个用户终端，省文化厅又为我中心添置了价值50多万元的设备，这些高标准、高质量配套设施建设，切实为我县文化共享工程的正常运行奠定了坚实的基础，使文化共享工程县支中心打造成为了全县文化服务的一道亮丽风景。加强管理力度，严格按照有关规定要求，制定了《文化共享工程南昌县支中心电子阅览室管理制度》等一系列完善的规章制度，实现了各项措施到位，为文化共享工程充分发挥作用提供了有力保障。

文化共享工程南昌县支中心的科普视听室吸引了许多人来听讲座，看影片，从中学文化、学科技，常常是座无虚席。到现在，科普视听室里已开展面对未成年人安全知识教育、面对老年人消防知识教育和面对农民工安全生产知识教育的各类讲座达230多场次，放映优秀科技影片280多场次，参与人数达35790多。去年7月，我县澄碧湖水上公园发生多起小孩溺水身亡事件，为此，县支中心及时邀请有关专家举办了"保护小孩，远离溺水"的讲座，当时来听讲座的家长近100人，大家一致称赞这样的讲座真实让人受益匪浅。

几年来，科普视听室以其独有的功能成为了全县中小学生学文化、学科技的第二课堂，成为了全县广大成年人学知识、增本领的第二学校。

电子阅览室里，读者中引人注目是那些"空巢老人"了，他们来这里上网，和子女视频聊天，给他们带来了莫大的乐趣。莲塘镇的一位叫王顺根的老人刚来电子阅览室时不懂电脑操作，于是这里的工作人员就手把手地教。人家以一颗爱心和耐心，足足花了两天的时间才教会了老人，让老人直夸奖这里胜似自己的家。

南昌县是全国有名的畜牧水产大县。近年来，县支中心立足本县实际充分利用全国文化共享工程管理中心和省分中心下发的科教光盘资源，积极为全县的种养殖户传递相关科技知识和信息，让他们在家门口就能及时享受到文化信息的服务。据了解，全县共有200多户养殖户从中受益，有的还和县支中心建立了服务对接关系，2010年2月，八一乡新坊村的养猪专业户魏火根与县支中心对接后，几乎每个星期就要来县支中心一次，已成为了县支中心工作人员的老朋友，他对这里的服务常常是赞不绝口。

去年10月，南昌县的一家高速公路收费站在了解县支中心有如此好的文化服务后，还邀请县支中心的技术

人员前往企业举办电脑知识培训，放映优秀革命题材影片《井冈山》，县支中心还向企业赠送了一批电脑知识等方面的光盘，深受企业干部职工的欢迎与好评。

去年，县支中心在全县中小学校中积极开展了“阳光少年热爱党”电脑小报设计活动，评选出20多件优秀作品参加省分中心的评选，经省分中心推荐，以优异的成绩获得了国家中心小学组优秀奖。今年，县支中心还在全县中小学校中组织开展了“像雷锋那样…”电脑小报设计比赛活动，评选出20多件优秀作品参加了国家中心的评选，取得了小学组优秀奖、全省优秀组织奖和6名优秀指导老师的好成绩。针对广大中小学生开展的系列文化服务活动，有利激发了他们学习的热情，提高了他们运用现代多媒体技术的能力。

从2009年建立至今，文化共享工程是南昌县支中心一朵奇葩，在全县文化的大苑中盎然绽放，在服务全县文化建设中日益彰显出积极的作用。去年县支中心的有序的管理、优良的服务被江西省分中心授予“先进单位”荣誉称号。

（撰文/南昌县支中心）

新建县支中心

一、整体情况

新建县位于江西省中部偏北，南昌市西北部，赣江下游西岸。鄱阳湖的南面，总面积2337.84平方公里。辖19个乡镇（含生米镇），县城和各乡镇街道共有41个居委会，295个行政村，总人口69.2万。

新建县图书馆座落于长堎镇解放路185号，有馆舍1200平方，馆内阵地优化，布局合理。设有图书外借室、报刊阅览室、少儿阅览室、电子阅览室、读书俱乐部、科普影视厅、档案资料室、行政财务室、馆长办公室等9个工作室。坚持全年365日（节假日不休）对外开放，为读者提供借阅、视听讲座、打印、复印、休闲品读等系列活动。

二、网点建设

我县在进一步加快县级支中心建设的基础上，着重加强基层网点的建设工作，特别是乡镇基层分中心和村级服务点的建设。随着共享工程的全面推进，待建基层分中心和村级服务点积极争取政府和财政部门的关心支持，建设经费进一步落实，截至2012年年底，圆满完成了295个基层网点的建设任务。达到共享工程100%行政村覆盖。

为了全面推进全县文化信息资源共享工程建设和发展，今年7月省市县专门派出检查组对望城、樵舍等地基层服务点的建设和服务进行了检查和调研。检查组先后到十几个基层服务点听取基层服务点建设及运行情况的汇报，检查了设备的运转、存储的容量、宽带的接入以及技术人员的配备等情况。重点是各基层服务点开展服务情况的调查，包括举办服务活动的内容、形式、次数、服务人数、服务效果等。并耐心听取了用户对共享工程的意见及建议。

三、经费投入

自文化信息资源共享工程实施以来，各级党委、政府高度重视，积极落实建设经费，保证了我县文化信息资源共享工程的顺利实施。

确保资金到位。在省财政下拨了2万元经费作为与当地信息中心联通的光缆建设费（含20年的维护费、光电传换器或交换机光模块）前提下，县财政安排配套资金7万元。支中心（县图书馆）在经费困难的情况下挤出部分资金，专门用于主机房和电子阅览室的装修整理，确保《工程》建设顺利推进。

四、资源建设

新建县图书馆现设有外借室、报刊阅览室、多媒体影视厅、少儿阅览室及电子阅览室，作为“共享工程”的县级支中心现已具备卫星接收条件，架设有卫星接收器，可以接受卫星电视，接收国家中心有关科普、农业等教育类电视节目，并拥有高速服务器，依托十兆光纤网络，拥有影视作品，图书简介，地方戏曲，法律常识，古文诗词等大量数字资源，可供检索阅读。

通过文化共享工程平台，优秀的文化信息资源不断地传输到基层群众当中，在其覆盖地区多层次、多渠道地解决了农民看书难、看戏难、看电影难的问题，丰富了人民群众业余文化生活。

另外，文化共享工程还为农民致富提供了有效的信息保障，许多地方依托文化共享工程提供的农村生产生活知识、农业科技知识、医疗保健知识，开展农业技术培训、农民工培训、再就业培训等，提高了农村信息化水平和基层群众科学文化素质，有力地促进了当地经济、社会的协调发展。

五、技术支持

支中心因自身规模的局限性，不可能完全储备共享工程建设所需要的各类专业化人才队伍。为了组建一支思想水平、业务素质较高的管理队伍、技术保障队伍和基层服务队伍，我们采取培训和与相关企业合作的方法，顺利地解决了工程建设中遇到的各种疑难问题。

我馆每年抽调若干名业务精干人员到省馆进行有针对性的学习培训，不断提高自身的服务水平。

对基层服务点的人员定期举办培训班，加强进行业务培训，强化技术和服务指导。目前，全县共计完成培训3次，培训人数达300人次，基本建立了一支基层技术业务骨干队伍。

六、合作共建

为更好地宣传和发挥我县文化信息资源共享工程的

资源效应，在做好传统阵地服务的同时，我支中心与电视台、社区等部门联系，开展合作共建平台。

2009年建设的295个村级服务点，充分利用文化信息资源共享工程丰富的信息资源，开展农业知识讲座、放映科教宣传片和优秀影视作品、组织开展电脑基础业务培训、对管理工作人员进行共享工程业务培训以及与企业联营等多方位、多层次的服务形式，开展信息服务等活动。从而达到协作共建，资源共享的良好局面和效果。

七、惠民服务

近年来县委、县政府集中力量、狠抓落实，高效率高质量地完成了文化共享工程建设，2010年12月，这条“信息高速公路”全面开通了！该工程以县图书馆为中心，以各乡镇文化站为基层中心，以295个村委会的文化室等作为基层服务点，形成了一个完整的文化信息共享体系，所有读者可以免费上网浏览电子书、下载最新影视片、学习现代农业科技知识。

支中心将阵地服务和流动服务相结合，日常活动和节庆活动相结合，开展形式多样的文化惠民服务。文化共享工程走进社区、走进农村、走进学校，为广大群众播放舞台艺术、爱国主义电影和农村科技视频，实现资源共享，服务社会公众。

支中心和基层站点还结合当地经济发展和农业生产实际，利用文化共享工程丰富的科技信息资源，为当地人民群众传播农技知识和信息，有力促进了新农村经济发展，取得了良好的社会效果。

文化信息共享工程极大地丰富了城区和乡村人民群众的文化生活，提高了农民群众的科技种养水平，有效地促进了农村基层组织建设和农村的和谐稳定，为社会主义新农村建设提供智力支持、思想保证、精神动力和文化环境。

八、宣传推广

我支中心积极开展“文化信息资源共享工程”知识宣传与推广工作，通过媒体宣传、拉横幅、举办读书日等方式，引导广大读者特别是青少年抵制不良网站，发挥文化信息资源共享工程网站传播中华灿烂历史和优秀文化的作用。

为进一步丰富读者节日文化生活，元旦及十一等节假日期间，开展了“书香节”、“洪城读书日”活动。另外，读者可在图书馆免费登陆“国家文化信息资源共享网站”，了解相关知识。

九、管理和队伍建设

为加强共享工程技术队伍建设，促进我市共享工程工作的顺利开展，县文广局每年组织各镇文化共享工程相关人员在县图书馆进行培训，并邀请了技术人员授课。

通过理论学习和上机实践，让每个信息管理员达到“操作规范，程序熟练，运用自如，随点即现，且能处理常见小故障”的要求，造就一支有知识、有文化、懂技术、会操作、能运用的信息共享工程队伍，使我县信息资源共享工程基层建设工作进入规范化管理的轨道。

十、工作展望

随着科学技术的发展，各种文献资料呈几何级数剧增，人们对获取文献资料的要求也越来越强烈。过去由于受技术等诸多因素的制约，资源共享只是一个遥远的梦想，但近年来随着计算机技术、通信技术、网络技术在图书情报界的广泛应用，异地之间信息的高速交流和快速传递成为现实，网络的畅通扫平了图书馆之间因距离所造成的资源无法共享的障碍，信息资源共享已经成为现实和可能。

（撰文/新建县支中心）

安义县支中心

安义县全境666平方公里，辖龙津、鼎湖、万埠、石鼻、东阳、长埠、黄洲7镇、乔乐、新民、长均3乡和万埠垦殖场，共109个行政村，1093个自然村，人口26万，其中农业人口20万。平日里10万人在外打工，2.5万余名留守少儿，文化信息需求成为我县广大人民群众的精神食粮。安义县文化信息共享工程在省市县文化部门的关心支持下，2008年统一配发了服务器、电脑、存储器卫星接收器及安全设备等，为我县文化信息资源共享发挥了重要作用，为基层文化服务夯实了坚实基础，

一、基本情况

安义县图书馆于2006年建成电子阅览，购买10台电脑，其中9台终端服务机，与综合阅览在一起，对外开放，直到2008年批准建立安义县支中心，电子阅览室经过装修于2009年7月1日正式对外开放。目前，我中心有机房、工作房20平方米、电子阅览室面积200平方米，可供读者使终端服务机72座席，多媒体阅览室120平方米，座席100位；机房服务器3台，存储器1台，安全设备1台，卫星接收器1台，工作电脑8台，10兆专线光缆，电子阅览室月接待读者3000人次，支中心从2011年11月起实现无障碍免费开放。全县105个行政村，每个村分配了1台电脑，基层村级服务网基本形成。

共享工程安义支中心设在安义县图书馆，是安义县共享工程建设指导单位，负责保障县支中心共享工程设备的运行，指导乡镇村级共享工程活动的开展以及开展全县共享工程管理员的业务培训和指导。

二、管理和队伍建设

安义支中心始终坚持讲团结、守纪律、谋发展、重实绩、比奉献的原则，围绕支中心的发展规划，认真开展各项业务工作，充分发挥文化信息资源共享工程在本县域中的文献信息保障职能作用，较好地完成各项工作任务，制定各项服务规则，根据本县的实际情况，有针对性的为不同类型，不同层次的群体，提供创新性服务，计划每年每季工作定质定量到人。

安义支中心开始技术人员缺乏，在外单为临时聘请技术员，为了进一步做好文化信息资源共享工程工作，在2011年面向社会公开招聘了计算机专业的大学毕业生，经过二次江西省分中心的业务培训，熟练上岗，共享工程工作步入正常运行轨道。每年支中心还安排其他工作人员前往省、市共享中心学习业务，加强业务培训，提高

文化信息资源共享工程工作服务水平。

文化信息资源共享服务为乡镇村级提供了网络服务平台，对服务工作提出了新的要求，因此专业人才队伍建设成为安义支中心迫切解决的问题，在南昌市文化局和市残联的协调下，解决一批残疾人就业问题，我县105个行政村级基层服务的管理工作由经过筛选的残疾人担任（同时也是农家书屋管理员），实行考评上岗制，每年进行村级管理员培训，做到制度上墙，挂牌上岗，各乡镇村之间互动服务。

三、培训工作

开展各种培训，不仅是提高服务水平，还是提高全民素质的一种手段，也是延伸服务途径，做好文化信息共享工程工作是重要工作之一，因此安义支中心开展形式多样，内容丰富的培训，如：民政干部电脑培训班，留守少儿电脑培训班，基层村级服务管理员培训班等。在培训村级管理员过程中，面对他们的特殊性以及年龄老化实际状况，我们的技术讲解员不厌其烦，耐心细致讲解电脑知识，传授经验。

针对留守少年儿童较多的实际情况，特别是有些留守少儿居住分散在不同山村的实际现状，为充分利用文化信息资源共享工程这一平台，成立英才少儿活动中心，举办署假期间少儿“电脑培训班”、“少儿书画学习班 ”、“故事会”，指导阅读等活动，通过活动教育和引导留守少年儿童正确使用网络，阅读健康知识，为留守少儿创造了一个良好的节假日学习环境。在安义支中心的电子阅览室常常会出现留守少儿与在外打工家长视频交流感人一幕，很多家长把这一平台当成及时了解自己孩子的“眼睛”，真正成为留守少儿与家长联系的桥梁和纽带。

四、经费投入

文化共享工程工作开展以来，县、局领导非常重视，每年投入维修运行经费5万元。免费开放以来每年上级拨专款12万元，地方财政8万元.用于图书馆免费开放。

五、资源建设

整合各种信息资源，迅速传递，听取农民群众意见和建议，搜集、整理、加工编辑各种信息2TB。充分利用农业、文化、教育信息资源，实行农业、文化、教育资源互相交叉汇集信息2TB；根据需要筛选编辑《科技知识摘编》3000份资料免费发放到农民手中，刻录转发文化部共享中心的光盘800余张到村级服务网点。

六、合作共建

支中心将各乡镇村不同的信息资料做成影碟光盘相互交换，各自有求必应。在硬件上，统一筹划安排乡镇影院，电子阅览室的建设，如新民乡珠珞村的电影院，东阳镇刘家村的电子阅览室的共建，给临近其他辖属乡镇村的农民群众就近享受文化盛餐。

七、利民惠众

之中心积极利用共享工程平台，为在外打工的农民工寻找就业信息，为建设家乡的人们提供科技生产、加工制造，农作物栽培，家禽养殖防疫等新信息，农副产品信息畅通是我县众人所望，通过共享平台农户脱贫致富，迅速致富的人们笑足颜开。为安义县铝合金产业成为响亮大江南北，共享平台发挥重要作用，企业的发展为当地提供了大量的就业岗位，为安义人民的精神生活，经济生活，政治稳定起到了不可估量的作用。

针对特殊读者群体，创新服务。安义县有10万人在全国大中城市创业，留守少年儿童较多的实际情况，充分利用文化信息资源共享工程这一平台，实行免费，开放查阅文献信息资料，每逢双休日合理安排学生读者上网查询，并有专人引导阅读成立英才少儿活动中心，举办署假期间少儿“电脑培训班”、“少儿书画学习班 ”、“故事会”、网络多媒体兴趣指导阅读等活动，为了激发网上学习热情，在结束时评选出“英才少儿之星。净化网络内容，健康浏览阅读，为留守少儿年创造健康向上的阅读环境，受到广大家长和学生的青睐。安义之中心电子阅览室常常会出现留守少儿与在外打工家长视频交流感人一幕，很多家长把这一平台当成及是了解自己孩子的“眼睛”。真正成为留守少儿与家长联系的桥梁和纽带，是少年儿童增长知识、了解信息、陶冶情操的文化绿洲。

加强与学校校网链接，学校信息成为文化共享工程的受用者。通过采取上述措施，不仅充分发挥了文化信息资源共享工程的作用，而且受到了家长、老师的一致好评。安义支中心文化信息资源共享工程真正成为了少年儿童增长知识、了解信息、陶冶情操的文化绿洲。

八、宣传推广

县支中心抓住各种有利时机，进行文化共享工程的宣传推广，为了让全县老百姓知道文化共享工程的性质和内容，了解通过文化共享平台获取信息后所带来的实惠；本中心采使用各种宣传手段进行多形式的宣传活动，如：在电视台播放通告，组织工作人员上街发放免费上网优惠卡，要求每个乡镇文化站长做好自己区域内的文化共享工程宣传工作，从而文化共享工程在我县家喻户晓。

九、工作展望

安义县支中心以走过了六个春秋，从无到有发展到如今105个行政村覆盖全县，共享工程平台已被我县广大人民群众知晓与使用，文化资源共享工程在安义已成为群众文化生活的一大亮点，使其成为富民强县信息保障平台，成为安义打造南昌市文化强县的源泉。今后，安义支中心将按照国家、省、市中心的工作部署，加强信息互动服务，加强队伍建设，增加软硬件管理建设，扩大服务范围，把文化共享工程植入每个安义老百姓心里，为丰富安义人民文化生活，为安义农民科技致富发挥重要作用。现在安义支中心的职工正以饱满的工作热情投入到各项工作中。

（撰文/安义县支中心）

进贤县支中心

进贤县总面积1971平方千米，总人口90万人。全县辖9个镇、12个乡、1个场，共有28个居委会、270个行政村。进贤县文化资源共享工程在省、市图书馆的支持和部署下，逐步推进，稳步发展，在新形势下为繁荣农村基层文化，满足农民多层次文化需求，传递中华民族优秀文化资源发挥了重要作用。

一、基本情况

进贤县图书馆坐落在进贤最繁华路段—胜利中路，馆舍面积达2439平方米，全馆在岗人员18名，现馆藏各类书籍9.6万册，年接待读者9.2万余人次，借阅各类文献资料8.4万册次，年举办各类读者活动12次，取得了显著的社会效益，为全县实现人文素质升级、推进创建省级文明城市发挥了积极作用。连续四次被文化部评估定为“二级馆”，连续三届荣获本县文化系统唯一一家市级“文明单位”，连续6年被评为“文明规范服务示范窗口”。

共享工程进贤支中心设在进贤县图书馆，是进贤县共享工程的建设和业务指导单位，负责保障县中心共享工程设备的运行，协调乡镇村级共享工程设备的维修，指导乡镇村级共享工程活动的开展以及开展全县共享工程管理员的业务培训和指导。

二、县支中心建设

2009年初，上级下拔了六万元县级支中心建设资金，县政府非常重视，对该项工作给予了十一万元的经费配套。进贤县图书馆便着手对主机机房及电子阅览室进行了维修改造、装修，安装了照明、空调、消防等配套设施。当年五月份，上级下拔的各种设备陆续到位后，县图书馆及时地对此进行了验收，并联系上相关安装调试人员对所有设备进行了安装调试。在馆大门前醒目的位置上悬挂了县级支中心的标识牌，电子阅览室建立了有效的规章制度，同时根据省支中心的统一安排，选派了6人次参加省支中心的业务培训。

三、基层服务点建设

当省文化厅下拨了270台电脑后，共享工程领导小组即刻召开了全县各乡镇分管领导及文化站站长专项工作会议。为了使参会人员深刻认识共享工程的意义和作用，姜钦华馆长向大家具体介绍了什么是全国文化信息资源共享工程以及我县资源共享工程建设的进展情况。之后又为全县270个基层点记录了业务技术辅导光盘270张，统一按国家中心规定的格式定制了标识牌、制度牌291套，并由姜钦华馆长制作了PPT教学课件。2010年6月9日，在李渡镇举行了全县文化信息资源共享工程基层服务点设备配送启动仪式。

四、培训工作

进贤县支中心在共享工程管理员的培养上实现了制度化和常态化。根据支中心工作要求，每年对辖区共享工程管理员进行两期的集中培训，2009年以来，一共举办各类培训班8期，参加轮训的各级管理员达1200人次。

五、共享共建

我们除了能正常接收国家中心、省分中心资源外，还采取自行购买光盘等方式增加资源，同时还利用信息资源，免费为有所需的读者用户刻录光盘提供服务。例如：为三里乡三家养黄鳝的专业户刻录了三张光盘，免费送到三个农户手中。同时对我县11个省级非物质文化遗产信息资源自建项目正在建设中。到目前为止，全县已建成全国文化信息资源共享工程县级支中心及电子阅览室1个（10M光纤、30台终端、3台服务器、存储量15TB），乡镇基层服务点及电子阅览室10个（4M宽带、11台终端、1台服务器、存储量5TB），村级基层服务点270个。

六、服务城乡大众

1、做好阵地开放，利用电子阅览室，实行每周免费全天开放，同时杜绝玩大型网络游戏，三年来，共接待上网读者44367人次。

2、在步入老龄化社会的今天，许许多多的离退休老干部、老工人无所事事。针对这一情况，我馆主动联系一些单位的老年科协、老年体协，组织离退休老同志免费观看防疫保健、养生、休闲等方面的讲座视频共18场次，观众达一千多人次。

3、校外教育一直是我馆坚持长抓不懈的一项工作，为了丰富中小学生的业余课外生活，我们主动联系中小学校，利用周末、六一、寒暑假组织中小学生免费观看科普、怎样阅读等讲座视频及一些爱国主义教育老电影视频资料共11场次，观众达六百多人次。

4、开展流动服务，根据农民朋友赶集的习惯，我馆专项服务小组，顶烈日，冒酷暑，不畏辛苦，不辞劳累，带上投影仪、电脑、音响设备及编印好的各类小册子赶赴各个集镇。针对种养殖户在种养殖过程中遇到的实际问题，对症下药，从共享工程网络资源库中下载相关内容，刻录成实用光盘，免费赠送给种养植户或种养植集中连片的村组，使农业科技推广更具有针对性和时效性。有时还根据种养大户的要求，带上设备上门为一些养猪、养鸡大户现场免费播放。我们先后送科技下乡、赶集镇，达二十六次，发放科技小册子二万七千多册；专门针对种养殖大户上门送科技四次。

5、为基层服务点当好后勤及参谋，我们做到每季度要下到乡镇、村基层点巡回一次，对使用中遇到的问题及时帮助解决或信息反馈。到目前为止，已为15个基层点重装了系统，联系了22次厂家维修硬件。文港镇张罗、新岭两个村基层点组织全村养鱼专业户举办养殖培训班的活动，白圩乡政府帮助全乡所有村级基层点统一安装宽带，对这些举措，我们帮助拍照，及时总结并向全县推广。

七、重视宣传，扩大影响

加入全国文化信息资源共享工程以来，为了扩大共享工程在基层群众的影响，广泛宣传其作用和意义，使各级领导和群众充分认识到这是一项惠民工程、民心工程，认识到工作的重要性和必要性以及文化信息资源的可用性。我们还利用电视台对共享工程开展一些相关的报道。随着宣传力度的逐渐深入，在市民心中的影响也在逐渐加深，对文化信息资源的需要也在逐渐加大，市民开始掌握和利用这块知识宝库。

八、工作展望

进贤县文化资源已走过四个年头，从当初的几个点到今天的270个行政村的全面覆盖，从单一的资源接收到今天的编辑分发和群众广泛认识，广泛参与，文化资源共享工程在进贤已经成为进贤人民的一大生活支柱，成为繁荣进贤文化，丰富进贤人民精神生活，推动进贤人文科技进步的强大动力源泉。我们将在今后的工作中努力地探索利用共享工程服务的新路子，更好地发挥共享工程的作用，为把共享工程办成惠民工程、民心工程而不懈努力。

（撰文/进贤县支中心）

九江市支中心

九江市全境总面积19078平方千米，占江西省总面积的11.3%，下辖15个县（市、区），其中市区辖浔阳区、庐山区、开发区，市区人口60余万。九江市支中心位于九江市图书馆内，建成以来，支中心不断完善设备设施、加强管理，广泛开展形式多样的共享工程数字文化服务，取得了良好的社会效益，为丰富人民精神文化生活、保障人民基本文化权益作出了积极的贡献。

一、基本情况

九江市支中心建设始于2005年，九江市图书馆获得了文化信息资源共享工程江西省中心下发的资源服务器、卫星接收器、投影仪等专业设备，九江市级支中心的建设开始起步。支中心利用电子阅览室、图书馆网站等平台，系统发布共享工程讲座、影视、戏曲等数字文化资源，供馆内外读者使用；同时，支中心不断接收上级中心下发的共享资源光盘，定期刻录、复制资源光盘，深入农村、社区、军营等地进行播映或发放，为基层群众开展服务。2009年，九江市将“文化资源共享工程”建设列入当年的市政府“为民实事”项目，安排专项70万元用于市级支中心和基层点建设，文化共享工程九江市级分中心服务设施实现全面升级和扩建，建设了标准化的计算机中心机房，配置服务器、磁盘阵列、硬件防火墙等专业设备；对馆内计算机局域网进行升级和整改；互联网光纤接入带宽扩容至20M；支中心硬件设备基本达到文化共享工程市级中心建设要求标准。支中心还完成了市区内十个社区、乡镇基层服务点建设，由支中心统一配置计算机设备和共享工程资源，各基层点也予以一定资金或设备的配套，定制统一的基层服务点牌匾和宣传牌；拟定基层服务点管理制度，各基层服务点设施基本达到国家标准要求。2011年，支中心又在九江市图书馆九江电厂分馆设立了共享工程基层服务点。

此外，九江市下辖各县（市区）共计建成文化资源共享工程县级支中心13个、乡镇基层服务点56个、村级基层服务点1623个，其中村级基层服务点整体覆盖率已超过90%。

二、资源建设

九江市支中心通过网络传输、光盘传送、硬盘拷贝等多种途径从上级中心接收、收集文化共享工程资源，九江市图书馆将共享市级支中心建设与数字图书馆建设相结合，图书馆每年从购书经费中安排资金用于数字化资源建设，目前支中心配置的数字化资源包括文化共享工程资源、电子图书15万册以及万方数字化期刊全文、“博看”畅销期刊、中国宏观经济、银符考试题库等专业数据库，总存储容量达到8TB、数据光盘近千张。

三、人员与管理

支中心配备有专职工作人员4人，负责电子阅览室、软硬件维护、资源服务等工作，其中业务骨干人员均有计算机网络知识基础，参加过文化共享工程的专业技能培训，掌握了比较系统完备的工作技能。支中心制定有《部门岗位责任制度》、《机房管理制度》、《电子阅览室管理制度》、《网站信息发布制度》，管理制度完备。支中心每年制定工作计划，年底纳入全馆工作绩效考核。

四、业务辅导

九江市支中心在做好本中心各项业务工作之外，还面向辖区内各县级中心及基层服务点积极开展技术支持和业务辅导工作。支中心经常派出技术人员担任县级中心举办的共享工程技术培训班的授课工作，通过电话咨询、上门辅导等方式帮助解决下级中心和基层点的各级技术问题，市内所有县级支中心都接受过九江市支中心的技术支持和辅导。

五、服务工作

九江市支中心建成后，通过各种有效途径积极开展共享工程资源服务，取得了良好的社会效益。

网上服务。九江市图书馆建有图书馆网站，设置有“文化信息资源共享工程九江市级中心”版块及共享工程资源视频点播系统，馆藏共享工程资源及数字图书馆资源均在网站平台发布，读者可以通过互联网方便地查询、浏览和点播。

电子阅览室服务。支中心电子阅览室配备有40台电脑，免费开放，每周开放时间45个小时。电子阅览室管理

和服务规范，积极引导读者尤其是少儿读者正确利用网络，提供内容健康向上的数字化精神文化食粮。另外，支中心还在外借、阅览等所有读者服务部门均配备电脑，读者在图书馆局域网内各服务部门都可以查询、利用文化共享工程资源和馆藏数字化资源。

基层服务。阵地服务之外，支中心每年都会组织面向基层的资源服务和宣传。工作人员深入农村、社区、厂矿、军营，为基层群众和部队官兵播放视频，送去图书、光盘、资料、设备，丰富基层的精神文化生活。几年来，九江市开展共享工程基层文化服务活动共计三十余场次，受到当地群众的热烈欢迎和好评。

六、宣传与推广

九江市支中心重视文化共享工程的宣传和推广，图书馆宣传周、全民阅读日期间，支中心都积极利用展板、设置咨询台、发放宣传资料等方式向读者和群众演示、宣传文化资源共享工程，扩大共享工程的社会影响力和使用效率。2011年，九江市图书馆开展流动图书车服务，每次出车，支中心都派出技术人员在服务点进行共享工程服务的演示和宣传，取得了良好的效果。

七、荣誉

2009年9月，九江市代表队在江西省文化信息资源共享工程知识与技能竞赛中赢得总分第一名，荣获团体一等奖，队员赵杰获得优秀选手奖，被选派作为江西省代表队成员参加全国文化信息资源共享工程知识与技能竞赛，九江市图书馆还获得竞赛组织奖。

八、工作展望

文化资源共享工程九江市支中心工作经过多年的努力，取得了一定的成绩，但与先进单位相比，与共享工程的服务要求相比还有很大的差距。今后，九江市支中心将进一步完善服务设施、丰富资源内容、创新服务手段，逐步开展资源自建工作，开展移动阅读、触模屏阅读等新型服务，积极推进文化资源共享工程的全面深入实施，让广大基层人民群众真切地感受到党的公共文化政策的普惠。

（撰文/九江市支中心）

九江市浔阳区支中心

为落实党的十七届六中全会精神，充分发挥文化信息资源共享工程(以下简称"文化共享工程")在公共文化服务体系中的重要作用，推动文化共享工程又好又快的发展，我区文化共享工程支中心情况汇报如下：

一、基本情况

全国文化信息资源共享工程浔阳区支中心（以下简称"共享工程浔阳区支中心"）是结合浔阳区少年儿童图书馆的建设打造的，共投资200万于2011年7月中旬初步完成建设工程，在9月2日正式免费向公众开放的一项文化惠民工程。

信息时代的到来让数字化阅读成为人们获取知识的重要途径，活泼新颖的知识传播方式也符合读者的基本特点，文化信息资源共享工程是公共文化服务体系的基础工程，是广大人民群众"求知、求富、求乐"的重要渠道，其手段就是利用数字化技术，把图书、文献资料等文化资源转化成数字化的共享资源，通过公共信息网络无偿传送到城乡基层，面向社会提供文化信息资源服务。初具规模的浔阳区支中心设置数字资源用机近40台、电子触摸屏1台、快捷的网络服务、丰富的数字资源等先进设备供读者使用，为读者提供了一个网上绿色阅读平台。截止到目前为止我们提供服务的人数达到5000余人，总共下载的资源流量达到1TB。

二、特色亮点

由于浔阳区处在城镇闹市区且城区面积较大，全面集中在浔阳区支中心，对开展文化共享工作难度较大。于是我们采取了以下几点做法。

1、把文化信息资源共享工程服务点设在街道，与街道正在打造"三个服务中心"相结合。

街道三个中心即：党员服务中心，便民服务中心，家政服务中心。目前我们街道级的文化共享工程浔阳服务点有人民路街道长虹村和金鸡坡街道曹家山村两处，这两处服务点人口密集且农民工居住比较集中，区街道打造的"三个服务中心"正好填补了外来人员无处查获信息的空白。

2、把文化信息资源共享工程设在社区，与"农家书屋"相结合。

随着人民群众对文化生活的不断追求，浔阳区领导对文化建设的重视与关心，使得浔阳区资金条件有明显的改善，继打造"农家书屋"工程后，又开展文化信息资源共享工程的基础建设，并把这两项工程相结合，建立电子阅览书屋。"农家书屋"和"电子阅览书屋"还专门聘请有自理能力的残疾人担当管理员。目前我区共设立了甘棠街道城市花园社区、白水湖街道沿江社区、金鸡坡街道大塘村社区、金鸡坡街道鸡公庵社区、人民路街道罗家洼社区、白水湖街道琵琶亭社区、白水湖街道庐峰花园社区等7个社区公共电子阅览室。

3、把文化信息资源共享工程和我区"三全两化"系统相结合。

"三全两化"系统是我区正在打造"全域"、"全面"、"全员"、"网格化"、"信息化"的工作平台，通过这个平台能将浔阳区范围内的党建、文化、计生、综治等信息反映的详实、具体、精确。通过这个系统能准确的反映文化信息资源共享工程基层服务点，对文化共享服务点的建设和运行情况进行全面掌握。

由于以上一些做法，浔阳区才能够在在构建学习型社会的大背景下，结合我中心自身建设的需要，发挥突出作用，为文化资源的共享做出更大贡献。

三、管理与保障

1、加强人才队伍建设

人才是事业的基石和保障。各级各类浔阳区图书馆要积极采取措施．以自有队伍和社会队伍相结合的方式，组建一支思想水平、业务、素质较高的管理队伍，坚持培训工作经常化、规范化，制定统一的培训标准，通过集中授课、卫星广播、网络互动、光盘教学等方式，开展培训工作。对于基层单位，要充分发挥县、乡、镇文化站等工作人员在文化信息资源共享工程建设中的积极作用，通过分级培训逐步形成国家中心、省分中心、市区县支中心、乡镇和村基层服务点四级管理人员队伍。建设一支高水平的资源建设、软件开发、网站维护等专业技术骨干队伍。使每个基层服务点都有获得上岗资格的操作人员。

2、加强行业内信息共享与交流

首先要加强临近区域内支中心之间的交流与合作，积极借鉴优秀的工作模式和创新理念，结合当地实际大胆改革创新，比：如，可与同省的兄弟建立战略合作关系．共同研究重要的理论与实践工作课题，在合作中实现共享，在共享中促进合作；其次是，有条件的要积极“走出去”，接触其他省份的优秀支中心，学习当地特色文化信息资源传播工作中的亮点，积极引进全国范围内其他优秀的民族文化，促进国内文化资源的传播与共享。

3、保障经费

为了快速推进文化共享工程，维护经费应列入各级政府设置主体的财政预算，确保文化信息资源共享工程的顺利运转。从理论上说“列入财政预算”是对文化共享工程浔阳区支中心维护经费的一个基本保证。

4、服务与推广

要确保文化共享工程的公益性服务．各级分支中心和基层文化部门要明确服务内容、方式和范围，采取多种手段，为群众提供多样化、个性化服务，满足群众的基本文化需求。省分中心、市县支中心要依托浔阳区图书馆计算机网络环境．建立电子阅览室，为群众提供绿色上网空间，并积极开展网上参考咨询服务和为乡、村基层服务点提供硬盘镜像、光盘发送等服务。县级支中心、乡、村基层服务点要制定统一的服务制度和服务规范，明确开放时间，维护、利用好设备设施。要采取多种方式，在广大基层群众中加快普及文化信息资源共享工程相关知识．既要让群众了解它的资源内容．又要让群众熟悉它的设备使用方法，以便快捷地获得所需要的信息。

四、工作规划

目前浔阳区的社区较多，仅仅几个基层服务点和几个公共电子阅览室是远远不能满足人民群众的需求，我们将在未来工作中做到以下两点：

1、到“十二五”规划末，力争我区5个街道的文化共享工程基层服务点覆盖率达到100%。

2、力争78个社区的公共电子阅览室的覆盖率达到60%以上。让人民群众真正享受网络快速，资源共享的便利。

（撰文/九江市浔阳区支中心）

瑞昌市支中心

瑞昌市全市总面积1442平方公里，辖21个乡（镇、场、街道），共有157个行政村，总人口43万。瑞昌市文化信息资源共享工程在上级领导部门的支持和部署下，逐步推进，稳步发展，在新形势下为繁荣农村基层文化，满足农民多层次文化需求，传递中华民族优秀文化资源发挥了重要作用。

一、基本情况

共享工程瑞昌市支中心设在市图书馆内，于2010年开始建设，2011年底建设完成，负责保障支中心共享工程设备的运行，以及全市共享工程管理员的业务培训和指导。瑞昌市支中心主机房约10平方米，接入电信10MB光纤宽带；电子阅览室约120平方米，对外服务电脑40台，运行以来一切正常。共享工程基层服务点共166个，设备全部安装完毕，并投入使用。

二、管理与队伍建设情况

为使共享项工程真正为民所用、为民谋利，瑞昌市支中心将共享工程日常管理纳入制度化管理，制定了《文化信息资源共享工程支中心职责》和《公共电子阅览室管理规范》（试行），由图书馆为各村级服务点统一制作了共享工程基层服务点标示牌、管理员职责牌和管理制度牌，并与各乡镇府签定《共享工程基层服务点建设协议》。每年由支中心组织人员对各共享基层服务点进行督导检查并指导工作。瑞昌市共享工程支中心现有专职人员1人，计算机本科毕业，兼职人员1人，大专毕业；各村级服务点管理员大多为村干部兼任。

三、资源建设情况

瑞昌市共享工程支中心的资源主要来源于省共享工程和互联网，主要有电影、视频、动画、图片、电子图书、音乐等。目前，支中心拥有各种资源约2.6T。

四、宣传、服务情况

1、通过各种渠道宣传推广共享工程。在瑞昌市每年的全民阅读活动中，瑞昌市支中心不失时机，以活动为平台，以资料为媒介宣传共享工程，让民众不断了解共享工程，走进共享工程。

2、指导培训，赠送资源。瑞昌市支中心每年都会对各基层服务点的管理人员进行技能培训，组织人员到各基层点进行检查和指导工作、考贝资料，目前下发资源已累计超过3000GB。

3、专题活动，精彩纷呈。瑞昌市支中心在服务中抓住文化的热点和亮点，积极组织群众喜闻乐见的文化活动，使共享工程走进群众生活。例如：在开展“学雷锋”活动之际放映关于雷锋的电影；利用电视为大众播放十八大会议精神；到敬老院、学校、部队等地播放各类影片；每年举办教育、环保、法律、安全、人文等各类专题讲座15场以上。

五、工作展望

瑞昌市共享工程正在蓬勃发展，先进的设备和丰富的资源将使它成为人们文化生活的一大支柱，成为繁荣瑞昌文化，丰富瑞昌人民精神生活，推动瑞昌人文科技进步的强大动力源泉。今后，瑞昌市支中心希望在江西省分中心和九江市支中心的大力支持下建设一支专业化的服务队伍，建立一个市、乡、村三级联合的服务体制和服务形式更加多样、服务网点更加宽广、参与群众更加广泛的共享工程文化联动体系，为“打造文化大市，建设书香瑞昌”做出贡献。

（撰文/瑞昌市支中心）

武宁县支中心

一、整体情况

武宁县文化信息资源共享工程起步于2003年，是江西省第一个实施该工程的县级单位。2004年被评为“全国文化信息共享工程先进单位”。2008年被列为全国文化共享工程建设县，得到了国家中心和省财政68万元设备扶助。建成了一个县级文化共享工程支中心和16个乡镇基层服务站，183个行政村基层服务点，实现了村级全面覆盖的目标。目前，武宁县支中心已建成20平米机房1个、110平米多媒体视听厅1个、80平米电子阅览室1个；支中心拥有卫星接收、应用等服务器4台、PC机44台、投影设备2套、数码影音移动播放设备4台、液晶电视机、数码相机、数码摄像机各1台，下载资源2.5TB，建成了馆局域网，通过10M光纤接入互联网，60余台计算机都可浏览共享工程资源，实现了图书馆网络、数字化、自动化管理，现已全部向社会免费开放。

二、网点建设

2008年~2011年，武宁县支中心分批在鲁溪镇、罗坪镇等16个乡镇文化站建成文化共享工程乡级基层服务站，在鲁溪梅颜等183个行政村建成文化共享工程村级基层服务点，实现了全县行政村文化共享工程覆盖率100%的目标。至此，县、乡、村三级文化共享工程服务网络已基本形成，鲁溪镇文化共享工程基层服务点被列为“江西省文化共享工程基层中心样板点”。

三、经费投入

2008年，武宁县被列为全国文化共享工程建设县后，县财政大力支持文化共享工程建设，逐年加大资金投入力度。截至2012年底，我县投入文化共享工程的建设经费已达278万元。其中，中央、省财政投入198万元，地方财政投入80万元。

四、资源建设

支中心现有资源2.5TB。其中：数字图书馆和接收国家中心资源1.03TB，自购资源1.47TB。近年来，县支中心一直从事收集本县文化遗产和当代文化艺术产品工作，条件成熟后，整理加工成数字资源，充实资源数量。

五、技术支持

为了保证全县基层服务点正常开展服务，充分发挥文化共享工程文化惠民的功能，县支中心安排2名技术人员负责文化共享工程管理工作，保障网络正常运行。并经常下到乡、村、社区、学校指导基层工作人员利用数据专网进行资源下载更新，开展相关设备维护，排除故障等活动。

六、合作共建

在村级服务点建设上，我县实行“一站（点）两牌”、“两网合一”模式，在设立“农村党员干部现代远程教育终端接收站（点）”的镇、村，均设立“文化信息资源共享工程基层服务站（点）”，并将两块牌子合为一体，此外，还在一中、二中等中小学远程教育网实行了文化信息资源共享，有效实现了社会资源的优势互补。

七、惠民服务

武宁县支中心利用共享工程网络资源和数字图书馆内容新奇、实用性强、信息量大、数据传输快捷方便的优势，认真搜集、下载适用于当地群众的政策法规、先进性教育、农业科技、文化体育、防疫保健、科普知识等共享工程信息资源，刻录成VCD光盘或宣传资料，通过县、乡、村三级文化服务网络及其它途径传输信息，扩大宣传面，使群众快学技术，早得实惠。一是通过协调组织、宣传、农业等专业部门，将各类信息资源通过业务部门的工作，传播到千家万户，使群众受益。二是向各乡镇文化站、村基层服务点直接提供图书、光盘支持，由各服务点直接面向群众服务。三是利用“三下乡”、宣传周、农村集市、节假日等，积极协调有关单位，在各乡镇集中向农民赠予向群众发放共享工程光盘和实用技术资料，并现场接受咨询，解决实际问题。四是针对种养殖户在种养植过程中碰到的实际问题，对症下药，从共享工程网络资源库中下载相关内容，刻录成实用光盘，免费赠予给种养植户或种养植集中连片的村组及文化中心户，使农业科技推广更具有针对性和时效性。

八、宣传推广

该支中心采取电子显示屏滚动字幕和展板宣传的方式，开展文化共享工程宣传推广活动，利用图书馆服务宣传周活动契机，现场演示文化共享工程资源，免费发放宣传资料，吸引广大市民和读者参与，扩大文化共享工程在市民中的影响力。

九、培训工作

武宁县支中心实行“一站式”培训模式，做到岗前培训，执证上网。先后对基层服务点管理员进行了2次集中培训，培训人员达160人次，使管理员培训率达到100%。

十、管理和队伍建设

武宁县支中心在基层服务点管理员的选配上，坚持“统一规划，相互协调，共同管理，共同服务”的原则，实行两站管理员“一肩挑”，基层站点的管理员既是文化共享工程的管理员，又是农村党员远程教育站点的管理员，实现了人力资源的有效整合，培养了一支德才兼备、锐意创新、结构合理的文化共享工程基层骨干队伍。

十一、荣誉奖项

2004年，评为“全国文化信息资源共享工程先进单位”。2010年，评为“江西省文化共享工程宣传先进单位”。“江西省文化共享工程服务先进单位”。2010年，鲁溪镇文化共享工程基层服务列为“江西省文化共享工

程基层中心样板点”。2012年，鲁溪镇文化共享工程基层服务站评为“全国文化信息资源共享工程•公共电子阅览室示范点”。2012年，甫田乡文化共享工程基层服务站管理员李炳南评为“文化共享之星”。

十二、工作展望

“十二五”期间，武宁县支中心要以党的十八大精神为引领，充分利用数字图书馆和远程教育共建共享这一途径，进一步完善县级支中心、乡村基层服务点等文化共享工程基层服务网络，形成结构合理、发展均衡、网络健全的公共数字文化传播服务体系。通过多种形式拓展服务范围，创新服务方式，将本地区非物质文化遗产和当代文化艺术产品纳入共享工程服务内容，充实共享工程资源数量，以群众喜闻乐见的形式，让共享工程更加贴近基层、贴近生活、贴近群众，使共享工程真正成为文化富民工程。

（撰文/武宁县支中心）

修水县支中心

一、整体情况

修水县地处赣西北边陲，是一个有着80多万人口的农业大县，面积4504平方公里，辖36个乡镇，340个行政村，23个居委会。

全国文化信息资源共享工程修水县支中心设在修水县图书馆内，2010年修水县被定为全国文化信息资源共享工程实施项目县，至2012年8月修水县已建起规范化县级支中心，和以县图书馆支中心为依托的全县362个基层服务中心，基本上实现了所有行政村服务网点全覆盖。

二、网点建设

县支中心建有标准化的县级支中心镜像站，拥有卫星接收系统1套、资源发布服务器1台、多媒体点播服务器1台、硬件防火墙1台，磁盘阵列实际容量1TB，网络带宽10兆，实现了与文化共享工程全省各大中心以及全县各基层点的通畅连接。各村级基层服务点都配有电脑一台，依托村（社区）基层点与党员干部现代远程教育接收站点接收信息。

三、经费投入

县财政将县级支中心的日常运行经费2万元列入预算。确保县级支中心的运行，充分发挥图书馆在资源整合过程中的资源优势和图书馆对内容资源的组织优势。各乡镇（街道）党委、政府将“共享工程”列入重要议事日程，切实负起组织、协调、推动的责任，每年给予运行经费2000元不等，以确保乡镇分中心和基层网点的日常运行经费。

四、资源建设

县支中心镜像站坚持接收服务器全天24小时开机等待，确保国家中心每天投放的数据资料下载成功；本馆书目数据全部进入书目数据中心；建立了古籍数据库，建成视频在线、音乐在线、网上读报、便民信息库等。购买了100多种500多册适合基层群众尤其是农民阅读的电子图书。

五、技术支持

县支中心现有技术人员1名，管理人员1名。主要依靠省技术中心的支持，我们支中心派员到省分中心参加培训，掌握技术。

六、合作共建、惠及百姓

村级服务网点的建设，修水县采取与农村党员干部现代远程教育工程合作共建，充分利用已建起的远程教育端点，使远程教育工程得到充分利用，与共享工程优势互补。把共享工程与“文化下乡三项活动”、农村中小学现代远程教育工程、“农家书屋”、新农村文化建设、信息村建设等活动结合起来 ，共同建设基层网点，实现共建共享，共同为提高农民科技文化素质，为社会主义新农村建设服务。

七、宣传推广，营造氛围

我们通过《修水报》、修水电视台、板报、专栏等宣传方式进行宣传，各乡镇、村根据自己的实际，相继开展了不同形式的共享工程宣传活动，召开村干部，联户代表会议，把党和政府对农民的关怀以及共享工程为丰富农村文化生活、提供致富技术、发展科学农业生产等诸多好处告诉农民朋友，鼓励群众广泛利用。

八、强化培训，提升水平

2010年初，修水县支中心抽调了技术骨干参加省市举办的共享工程技术培训班。要求村级服务点选定有计算机操作技术的人员为网点服务工作人员，为迅速提高网点工作人员的管理水平，我们派出专业技术人员下去采取一边安装一边教，一边调试，一边教。

2011年7月上旬举办了全县共享工程管理人员培训班，2012年底，省技术中心人员多次莅临修水支中心进行技术指导并安装调试好设备。2012年3月份我县又组织支中心的技术人员赴九江市分中心和永修、武宁等县级支中心学习先进的技术和经验，为“共享工程”的顺利实施提供了人才保证。

九、规范管理、健全队伍

县级支中心制度健全，管理规范，有技术人员一名，管理人员一名。各基层工作站硬件建设达到了“五有”，即：有一块标识牌，有一间办公场地，有一名以上兼职工作人员，有一台电脑及上网设备，有一套健全的管理制度标牌和工作机制。

十、荣誉奖项

2010年荣获九江市共享工程建设先进单位。2011年荣获九江市共享工程实施先进单位。

十一、工作展望

1、大力实施"公共电子阅览室的建设计划"，按照上级的指示精神和建设计划，我县将依托已建成的县级支中心、乡镇、村级基层服务点建立公共电子阅览室。统一标识，规范管理，与乡镇综合文化站建设的项目相结合，完成乡镇基层服务点建设任务。结合免费开放，建立有效的运行保障机制，提升文化共享工程基层服务能力，充分发挥社会效益。到2015年底，努力实现公共电子阅览室在我县乡镇、街道、社区全覆盖。

2、加强对我县本地资源建设和整合。资源建设是"工程"的核心，除了上级提供资源外，要充分利用我县丰富的地方资源，重点整合做作成红色历史文化资源、古色资源、绿色生态资源、特色旅游资源、农村实用技术资源数据库。加强我县图书馆信息资源中心的建设，增强对基层的辐射能力。

3、加大对各级支中心人力及财力的投入力度。由于目前县图书馆人力不足、经费不足，因而资源的搜集、数字化整合与加工还达不到要求。为此，在十二五期间，要利用已经建成新图书馆和先进的数字图书馆技术的有利条件，由县财政拨给专项经费，适当增加编制，配备必要的技术人才和设备，做好镜像站点的建设，建立县信息资源建设和管理中心，从事数字资源建设，设立县级技术服务平台。要进一步加大各级资金的投入。县财政要在原有的基础上增加投入，建立"工程"建设专项资金，重点支持县文化信息资源建设管理中心的数字资源加工与整合、软硬件平台建设和日常运行，以及奖励基层中心和网点建设。镇乡（街道）要确保"工程"基层中心建设的设备投入经费和日常运行经费，确保目标计划任务的实现。

4、加强对各级基层点人员的培训

鉴于目前各级基层服务站点的管理人员技术跟不上，无法熟悉操作，广大群众还不能享受到"工程"的应有效果。在十二五期间，我们计划分期分批培训技术人员。首先组织县支中心的技术人员赴省中心跟班学习，全面掌握核心技术。之后，我们将加大基层站点操作人员的教育培训力度，按照集中培训和分散培训的方式，将电脑基本操作技术、共享工程等有关内容进行传授。通过培训，使学员做到打开设备会操作，一般故障会排除，还能辅导其他人上网查阅资源。

（撰文/修水县支中心）

永修县支中心

永修县国土面积2035平方公里，人口38万，辖17个乡（镇、场）和2个企业集团。永修县文化资源共享工程在省文化厅、省图书馆的大力支持下，文化共享工程建设得到快速发展，支中心充分发挥文化共享工程丰富的优质资源，开展走进农村、走进社区、走进校园，丰富了广大群众的精神文化生活，使他们享受到优秀文化和实用科技带来的快乐。

一、基本情况

永修县文化信息资源共享工程于2008年启动，制定了《永修县文化信息资源共享工程实施方案》，2009年对县支中心和电子阅览室房屋进行装修、布线。2010年6月县支中心和电子阅览室建成对外开放。支中心面积300平方米，机房安装5台服务器，电子阅览室PC机55台。2010年7月村级基层服务点建设得到全面发展，第一批76个行政村服务点建成投入使用，2012年7月第二批87个行政村服务点建成投入使用。至此全县163个行政村实现共享工程村村全覆盖。

二、管理、队伍建设与培训工作

为搞好我县村级基层服务点规范化建设，县支中心为163个服务点统一制作了标准识牌、制度牌，并规范上墙公开，每个服务点有1名兼职工作人员，每周开放时间不少于20小时，支中心与各基层服务点签订了管理协议书，每年对全县村级服务点开展一次督导检查。

如何管好、用好共享工程，关键要有一支负责任的、有一定专业知识的管理队伍，县支中心要求各村级服务点工作人员由村委会年轻的文化素质较高的村干部兼任，或者由大学生村官担任。永修县支中心在管理员队伍建设上始终坚持高起点、专业化、制度化管理。

县支中心在管理员的培训上采取集中培训与下基层现场指导相结合。县支中心每年都邀请省、市专业老师对基层管理员进行培训。

三、经费投入，资源建设，合作共建

永修县高度重视文化共享工程，县财政每年安排4万元专项资金，保障运行，资源建设，活动开展。

县支中心资源总量为1.5TB，每年发放光盘500多张，发放宣传资料、科技信息1500份。

县支中心共享工程为依托，与党员远程教育、农村"村村通"、"农家书屋"等合作共建，利用共享工程资源开展讲座视频播放，爱国电影、英模事迹、农业科技知识宣传片播放。

四、宣传推广，惠民服务

为使文化共享工程这一惠民之举让更多群众了解，县支中心做了大量的宣传推介工作。一是向社会公示电子阅览、各基层服务点免费开放时间、内容与服务承诺；二是发放宣传资料；三是通过送书下乡、科普宣传等活动，不失时机宣传文化共享工程，让更多百姓了解共享工程，利用共享工程。

县支中心根据本县农业生产特点，开展了文化共享助耕光盘的发放，各基层服务点开展水稻种植、果树种植、家禽家兽养殖等知识的视频播放，为种粮大户与养殖大户上门送资料提供服务。

五、荣誉奖项

县支中心2009年度"荣获九江市文化局表彰的全市公共图书馆共享工程建设先进单位"、2010、2011年度荣获九江市文化局表彰的"全市公共图书馆目标考评

先进单位”，2012年度全市公共图书馆特色服务“先进单位”，2012年9月荣获永修县委表彰的“群众满意十佳窗口单位”。

六、工作展望

文化共享工程经过十年的建设，现已实现了由国家、省、县、基层服务点为一体的服务网络，今后永修县支中心充分发挥文化共享工程信息枢纽和精神文明建设基地的重要作用，把县支中心建设成为资源丰富、技术先进、传播高效、使用安全、服务便捷。成为广大群众的信息中心、学习中心和数字文化中心，为永修的经济建设和社会发展做出贡献。

（撰文/叶德云）

星子县支中心

文化信息资源共享工程（以下简称文化共享工程）是国家的一项文化创新工程、民心工程，有着巨大的社会效益和广阔的发展空间。

一、基本情况

省、市下达给我县文化共享工程村级服务网点建设任务73个（73套电脑设备）。为确保该项目抓实抓好，根据省市统一部署，我县高度重视，统筹安排，周密部署。2012年7月下发了《关于印发星子县文化信息资源共享工程建设实施方案的通知》的文件，并成立了星子县文化信息资源共享工程建设领导小组，文化共享工程县级支中心在领导小组的指导下开展了筹备工作。目前已经完成了文化资源共享工程57个基础服务点的建设工作。

二、网点建设

2012年结合远程教育网，在全县73个行政村设置文化共享工程基层服务点，并按照下发的《关于做好文化信息资源共享工程建设村级基层服务点申报工作的通知》文件要求，确保各个基层服务点的基础设施建设达到文件所要求，同时制作了统一的文化共享工程标识牌：《文化共享工程基层服务点工作职责》和《文化共享工程基层服务点工作制度》下发到各基层点，并派专人对各基层点进行指导。目前，已经完成57个基础服务点的建设工作，另外个16点也在陆续筹建过程中。今年年底，我们将对完成全县所有建点的行政村配送电脑等设备，实现全县文化共享工程的全覆盖。

三、资源建设

由于我县图书馆大楼正在新建中，电子阅览室还未有条件开放，在阅览室建成后，建立功能建全的文化共享工程支中心。届时，将按照省中心具体要求，新建设标准机房，添置服务器，电脑设备、空调等基础设施，扎实完成了支中心的基础设施建设工作。

在文化信息资源的采集和建设方面，我们将在正常接收和充分利用国家中心和省中心数字资源的同时，不断加强与县内各部门的联系，挖掘和整合本地各类信息资源，真正实现共建共享，让更多的人从文化共享工程中受益。我们还将搜集和整理各类地方文献和视频数字资源上报到省中心。

四、技术支持，培训及管理工作

组织培训技术人员2人次，负责支中心设备的正常运转和维护工作，与此同时，积极建立健全完善支中心各项规章制度，按文化部下发的标准制作了文化共享工程标识牌，中心机房、电子阅览室规章制度全部上墙，建立了信息反馈机制，加入江西省文化共享工程运行管理系统，加强与省中心及各兄弟馆的联系，及时上报反馈各种信息，规范机房值班管理及操作。

五、合作共建

共享工程与农家书屋服务点相结合，根据不同乡镇、村的硬件条件建立形式多样的服务。现有资源结合利用，使共享工程逐步走入基层村民生活，成为村民获取新知识，娱乐身心的新渠道新平台。

六、惠民服务

在文化共享工程实施过程中，我们将充分利用这一全新载体，不断丰富共享工程服务内容和方式，提高服务效率和水平，真正做到资源的全社会共享，服务广大群众，一、根据不同人群的阅读喜好、生活习惯，从网上下载整理各类视频和文字资料，放在共享工程网站上，满足不同读者人群的需求；二、利用国家及省中心资源，为基层提供实用信息，并利用宣传栏将收集到的信息及时发布，供读者查阅；三、不断改善服务质量，提高服务水平，始终以“读者第一、服务至上”的原则来指导我们的工作，在实际工作中，注重人性化服务，及时为那些不熟悉电脑操作的读者进行计算机操作方面的简单辅导。

七、宣传推广

利用各种渠道宣传推广共享工程。以每年各项活动为平台，以资料为媒介宣传共享工程，让民众不断了解共享工程，走进共享工程。积极组织群众喜闻乐见的文化服务，使共享工程走进群众生活。

八、工作展望

星子县文化共享工程正在陆续建立，最终将实现73个行政村全覆盖，未来将首先实现资源的接收功能，然后推进人民的广泛参与，使文化资源共享工程成为人民文化生活的一大支柱，丰富人民的精神文化生活。同时希望在省中心大力支持下为县共享工程建设一支专业化的服务队伍，建立更加宽广的服务网点及更加丰富的服务内容。

（撰文/星子县支中心）

都昌县支中心

全国文化信息资源共享工程是文化部、财政部联合启动实施的一项文化创新工程。这项工程是一项民心工程，德政工程，主要服务于基层群众特别是农村。

2006年6月，都昌县被国家中心列为首批100个共享工程试点县之一；2007年被九江市文化局授予全市公共图书馆系统先进单位；2008年被九江市文化局授予全市文化信息资源共享工程建设先进单位；2010年被九江市文化局授予全市公共图书馆综合先进单位。

一、基本情况

都昌县共享工程支中心占地面积近700多平方米，建筑总面积2026平方米。2004年在全国公共图书馆评估定级工作中被确定为国家二级馆，2009年再次被确定为国家二级馆。

馆内现有藏书8.4万册，书架总长达1015米，阅览座席380座，持证读者2800余人，年征订报刊165种以上，年新购图书1980种以上。馆内现设有采编室、图书外借室、报刊阅览室、少儿阅读乐园、电子阅览室、多功能厅、中心机房、资料室、行政办公室等9个科室。

自2006年共享工程开展以来，我们结合常规展阅活动，利用投影仪等资源设备免费为基层农户、中小学生放映科技、教育、娱乐性光盘活动，不断扩大共享工程的影响力。截止2012年底，累计开展"书刊展阅暨农业科技光盘放映"等服务活动24次，送书下乡3万余册次，电子阅览室接待读者14万人次以上，受到服务对象的广泛好评。

二、网点建设完成情况

自2006年以来，省文化厅为我县支中心配备了价值68万元的设施设备，县财政在财力非常紧张的情况下拿出24万元为第一批乡镇基层中心购置了设施设备。截止2012年4月，都昌县257个乡镇基层服务网点已全部建设完成，各服务中心均配备了1台电脑。都昌县共享工程服务网络正式建立。

都昌县支中心现有综合应用服务器1台，综合管理服务器1台，备用服务器1台，卫星接收服务器1台，UPS1台，4500G磁盘阵列，办公及日常管理工作站电脑10台，笔记本4台，投影仪2台，电子阅览室有电脑65台，千兆局域网，外网采用30M光纤接入。

人员方面：我们县支中心目前配备一名计算机专业人员，专职从事共享工程的硬件维护、资源建设和对外服务，共有专职人员2人，另有1名兼职工作人员。各个乡镇基层服务网点均配备了一名共享工程兼职工作人员。

经费方面：县财政每年将20000元的共享工程运行经费纳入年度财政预算。

三、培训情况

对于乡镇基层点，人员技术培训是非常重要的一个环节。因为基层工作人员普遍计算机水平不高，配发的设备有很多是他们所没接触过的。他们的水平提高了，才能更好地为农民服务。我们都昌县支中心对基层的培训主要以巡回指导和集中培训相结合的方式进行，先后由县局领导带着图书馆工作人员对各乡镇建设情况进行现场指导。

都昌县支中心每年分3批对全县24个乡镇综合文化站站长、257名基层服务网点共享工程工作人员进行业务知识培训，每年共培训人员281人。培训内容主要包括：共享工程介绍、计算机硬件的认识、常见问题维修、系统维护、常用软件的使用、因特网浏览、下载、发送电子邮件、投影仪的使用等。

四、服务情况

县支中心主要负责为城区和县城周边提供共享工程服务，同时为乡镇基层服务网点提供资源和技术指导。

我们的电子阅览室月接待读者2500人次以上，每月至少举办一次户外宣传服务活动。每年为我县招募兵役提供心理测试考试场所。县支中心充分发挥共享工程设备优势，利用多功能厅在暑期为中、小学生免费播放爱国主义教育影片，还组织广大群众观看了"十七大精神"辅导讲座录像。

为了准时接收文化信息资源，各乡镇基层服务网点安排专人负责此项工作，自开通之日起，坚持每天上午9时准时开机，下午5时关机，现在电脑中储存的节目越来越多，内容越来越丰富，以保证能够更好地为农民服务。

在乡镇文化站前，都为各个基层服务点配备了规范统一的标识牌和制度牌，部分基层服务点还设立了文化信息资源共享工程专栏，它详细介绍了全国文化信息资源共享工程的实施目的、实施意义以及它的性质和定位，让群众了解共享工程，走近共享工程。

各乡镇基层服务点的工作人员还主动上门为农民服务。全县各乡镇基层点每年的服务人次都在500人次以上，并做好了日常工作记录。

五、今后的工作方向

1、以建成现代化的综合文化设施都昌县文体中心为契机，力争把都昌县图书馆在全国公共图书馆评估定级中达到国家一级馆标准。

2、完善文化信息资源共享工程县支中心建设，形成县、乡(镇)、村三级文化服务网络。

（撰文/九江市都昌区支中心）

湖口县支中心

湖口县因国土面积669.33平方公里，其中山地面积占22.01%，水域面积占28.2%，耕地面积占23.3%。全县人口29万，下辖5镇7乡2场，122个行政村。湖口县共享工程支中心在江西省文化局，省图书馆；九江市文化局，市图书馆的部署和领导下，克服困难，创新观念，紧抓机遇，遵循"公益性为主，社会效益第一"的原则，在新时期，为精神文明建设，繁荣城乡文化发挥了重要作用，展现了文化共享工程惠民新思路。

一、基本情况

湖口县支中心始建于2013年5月18日，县新图书馆当

日落成开放，同时也启动了湖口县支中心成立挂牌仪式，正式对外免费服务。初具规模的湖口县支中心，总面积150余平方米，计算机50余台充分利用国家中心下发的视频资源，文献资源，抓好共享工程建设，建立数字图书馆，努力满足广大群众需求。

为了充分发挥优秀文化信息资源在推动农村文明建设中的作用，在着力打造县支中心平台的基础上，不断推进基层服务网点服务，到目前为止，建成村级基层服务网点122个，行政村覆盖率100%，部分基层服务网点正在抓紧筹建。县支中心承担着对基层服务网点的管理、资源更新、技术服务、人员培训等职责,同时要求各乡镇基层中心，村级基层点的服务人员提高认识、明确目标、掌握技术、增强文化共享工程建设工作的责任感、紧迫感，推动县域经济的发展，为建设社会主义新农村，推动信息化、现代化文明进程，起到桥梁纽带的积极作用。

二、管理和队伍建设

资源建设是共享工程的核心，为群众服务是共享工程的出发点。近阶段以来，湖口县支中心大力推进公共电子阅览室的建设，整合公共数字文化资源，创新服务方式和手段。抓管理，促发展，加强共享工程队伍建设，在基层选拔懂电脑会技术的优秀人才，充实资源管理中心。以点带面，落实村级管理，熟悉掌握共享工程设备，及时分享上级中心的数字资源。让大学生和大学生村官壮大基层队伍，形成制度化管理，使得管理经验和技能从实践中来，到实践中去。进一步完善公共文化服务体系，增强服务意识和创新意识，提高了服务质量。

三、培训工作

在十二五期间，湖口县支中心分期分批培训技术人员。首先组织选送文化素质好，业务能力强的县支中心的技术员到上机中心学习，掌握核心技能，之后传经解惑，辐射村级共享工程。在此基础上，湖口县支中心还利用农闲时间每年举办三期专业技术培训班，做到内容详实，专业性强。在培训学习中，各技术人员就各自的文化共享工程的建设和服务情况进行了深入的交流，并且就专业知识和资源共享等方面的工作进行了沟通。传递更多更广的文化信息，提高了工作效益。

四、经费投入

湖口县支中心自2012年5月18日成立以来，已投入100万元的运营经费，用于共享工程的基础建设，和维护。县财政准备在原有的基础上增加投入，建立共享工程专项资金，重点支持县支中心的数字资源加工与整合、软硬件平台的建设和日常运行。镇、乡、街道要确保共享工程基层中心建设，确保投入经费和运行经费，做到人力物力财力相匹配。

五、资源建设

湖口县支中心汇集共享工程数字资源，搜集整理民间文化，刻录光盘500余张，分发到基层管理中心。开办农业知识和种植养殖专题讲座。在全县开展“好读书，读好书”等活动。利用广播电视等宣传工具，扩大宣传力度，服务群众，服务基层。

六、合作共建

湖口县支中心在文广局和图书馆的支持带领下，在流泗、马影、城山等全县各乡镇开办农家书屋，与农家书屋携手，建立共享工程平台。将多媒体和数字资源引入乡镇文化站。通过多方努力、合作、共建，县域文化事业欣欣向荣，朝气蓬勃。

七、宣传推广

1、在全县开展全民读书月活动，搭设网络平台，让广大读者了解中央惠民政策，收看十八大进程，学习会议精神；利用公共电子阅览室，积极推进党史教育，播放爱国题材影片。

2、读书活动走进军营、走进校园。湖口县支中心将好图书，好光盘送进军营，送进校园。与广大官兵和同学们一起，共同学习，共同促进。增进了军民之间的感情，弘扬了先进文化。

3、开展并组织了各种形式的专题性讲座。湖口县支中心联络各个基层点，开办了健康讲座、农业知识、种植养殖等专题讲座。

八、工作展望

湖口县支中心虽然成立不久，起步较晚，但起点高，发展的思路清晰。半年以来，我们已经初步建立和完善了一支专业化队伍。文化资源共享工程已经成为县域文化的靓丽风景，越来越受到广大群众的喜爱。我们一定会牢牢把握这一难得的历史性发展机遇，迎难而上，着眼未来，使其在公共文化服务体系中，如银河璀璨的一颗星，熠熠闪光，服务于湖口县域经济，为湖口的全面发展提供强有力的精神动力和文化支撑。

（撰文/湖口县支中心）

彭泽县支中心

彭泽县行政区划共有17乡镇场，161个行政村（含居委会），常住人口34万。彭泽县文化信息资源共享工程在江西省文化厅、彭泽县的文广局支持和部署下，稳步推进，不断探索发展，创新思路，加强管理，积极服务群众。确实保障人民群众基本文化权益。进一步利用文化共享工程平台，宣传彭泽，让外界了解彭泽，为繁荣我县经济文化，实现小康彭泽、和谐彭泽发挥更大作用。

一、基本情况

彭泽县文化资源共享工程建设开始于2009年，共享工程昌平彭泽县支中心设在彭泽县图书馆，于2010年6月隆重举行了文化信息资源共享工程彭泽县支中心揭牌仪式，是彭泽县共享工程的建设和业务指导单位，负责保障县中心共享工程设备的运行，协调乡镇村级共享工程设备的维修，指导乡镇村级服务点共享工程活动的开展以及开展全县共享工程管理员的业务培训和指导。

全县共有13个乡镇综合文化站142个共享工程村级服务点，2010年彭泽县文化资源共享工程开始普及进入乡镇行政村，第一批5个乡镇综合文化站电子阅览室46个共享工程村级服务点设备当年安装调试完毕。2011年上半年第二批60个，下半年第三批36个行政村进行安装，至此彭泽县所属行政村实现全县共享工程村村全覆盖。

二、管理和队伍建设

为使共享项工程真正为民所用为民谋利，彭泽县支中心将共享工程日常管理纳入制度化管理。制定支中心、镇、村级服务点工作职责和制度，实行制度上墙公开。县中心与个村级服务点负责人签订管理协议责任书，每年有年度工作计划，月度有工作要点，季度有工作督导，年末有工作总结考核，并推行管理员工作日志管理，收集整理共享工程服务活动的得失，探索共享工程管理和服务新模式。

文化资源共享工程作为一个新的农村文化资源获取平台，如何推广好、利用好共享工程丰富的文化资源关键在于是否有一支专业化的共享工程管理员队伍。彭泽县共享工程支中心在管理员队伍建设上坚持明确职责，明确思路，制度化管理，常规化业务培训。对于乡镇、村两级共享工程管理人员上要求文化层次较高，有工作热情，能尽快熟悉掌握共享工程业务知识，便于更好地管理和服务广大村民。

三、培训工作

彭泽县支中心在共享工程管理员的培养上实现了制度化和常规化。根据支中心工作要求，每年对全县共享工程管理员进行2期的集中培训，2010年以来一共举办各类培训班4期，参加培训的管理员达580人次。

四、经费投入

彭泽县共享工程自2010年实现村村全覆盖以来，江西省文化厅对彭泽县共享工程支中心投入60余万的电子设备，对全县13个乡镇综合文化站142个共享工程村级服务点投入160万元，用于共享工程活动的开展。同时，彭泽县政府每年也投入大量财力支援共享共享工程各项活动的正常开展。

五、资源建设

彭泽支中心在工作发展过程中，虽然专业技术工作人员缺乏，结合图书馆工作特点，充分搜集和整合资源，满足读者文化需求，选取、编辑制作各类题材资源1.2TB，为各综合文化站和村级服务点制作发放各类光盘720，多种形式活动12场。

六、合作共建

以共享工程为依托，彭泽县支中心与县电信局、社保局利用县支中心电子阅览室共同举办全县乡镇卫生所工作人员进行电脑培训，使全县乡镇卫生所工作人员在学习当中了解文化信息共享工程；指导全县13个乡镇综合文化站电子阅览室与多功能厅举办各种类型的培训班和学习班，充分整合利用网点合作共建，使更多农民群众了解共享工程，利用共享工程成为村民获取新知，娱乐身心的新渠道新平台，为新农村文化建设增光添彩。

七、利民惠众，惠农服务

彭泽支中心在共享工程服务实践过程中，以民众的需求为导向，积极探索，服务民众生活生产，引领群众高尚精神文化生活，打造群在满意喜爱的文化服务新平台。

根据彭泽地区农业生产特点，彭泽支中心联合县科协，针对不同农业养殖、种植专业者的需求，制作农业生产技术光盘和小册子通过村级服务点对村民分发，并有针对性的选取资源上门服务。

八、宣传推广

1、彭泽县支中心利用各种渠道宣传推广共享工程。在“书香彭蠡　和谐家园”读书节活动中，彭泽支中心不失时机，以活动为平台，以资料为媒介宣传共享工程，让民众不断了解共享工程，走进共享工程。

2、走进校园。彭泽支中心文化服务中不断探索，利用支中心电子阅览室，组织动员青少年儿童关注共享工程，利用共享工程，收集青少年知识兴趣点整理挖掘，针对中小学生每学期开展作文征集活动；在迎接建党90周年之际，彭泽县支中心联合电影公司举办了“红色记忆”爱国主义电影展播活动，对青少年学生进行爱国主义教育；通过一系列的活动使共享工程不仅走进农村也走进校园走进青少年。

3、专题活动，精彩纷呈。彭泽县支中心在服务中抓住读者服务的热点和亮点，积极组织群众喜闻乐见的文化服务，使共享工程走进群众生活。例如彭泽县支中心利用多功能厅举办《龙城讲坛》系列讲座，通过县电视台转播，组织我县老文化工作者为全县群众介绍当地文化、历史、风俗人情，通过电视让更多的群众了解彭泽历史文化和文化资源共享工程，丰富了图书馆的服务内容和社会形象；根据老年读者对身心健康知识需求，县支中心每季度组织老年读者观看视频健康知识讲座，深受老年读者的欢迎和喜爱。

九、工作展望

彭泽县文化资源共享工程从发展中已走过5个春秋，从单一的馆内服务到馆外的服务与宣传，从昨天的几个点到今天的全县13个乡镇综合文化站142个共享工程村级服务点的全覆盖，从开展活动中不断探索总结经验，培育文化市场，运作文化市场，创造条件，整合资源，使文化资源共享工程在彭泽县成为人民文化生活的一大支柱，让彭泽群众广泛认知，广泛参与，成为繁荣彭泽文化，丰富彭泽人民精神生活，推动彭泽人文科技进步的强大动力源泉。

今后彭泽县文化共享工程支中心希望在上级部门大力支持下为彭泽共享工程建设一支专业化的服务队伍，建立一个县、乡镇、村三级服务网络体制和服务形式更加多样，服务网点更加宽广，参与群众更加广泛的共享工程文化带动体系，为构建学习社会、构建和谐彭泽做出应有的贡献。

（撰文/廖　杰）

景德镇市支中心

景德镇市下辖乐平市、浮梁县、昌江区和珠山区，全市土地面积5256平方公里，总人口160多万，其中非农业人口59.6万人，是国务院首批公布的24座历史文化名城之一和国家甲类对外开放地区。并先后获得中国优秀旅游城市、国家生态园林城市、全国文明卫生城市、江西省创建文明城市工作先进城市等称号。它保存至今的古代瓷业遗迹及以此为基础的丰厚的文化遗产，在中国是独一无二的，在世界亦是独一无二。全国文化信息资源共享工程景德镇市支中心在省中心的指导下，景德镇市文广新局支持下，由市图书馆具体建设与实施。工程依托现有的公共文化、图书站（点），为本地区读者提供全国文化信息资源网的信息资源，实现优秀文化信息资源的共建、共享。

一、基本情况

共享工程景德镇市支中心成立于2004年，设在景德镇市图书馆，担负着市级支中心的建设和服务工作，保障支中心共享工程设备的正常运行，同时对本市下属一市一县两区支中心的设备维护使用，开展共享工程活动、宣传教育、全市共享工程管理员业务培训等方面的工作进行指导和协助。

景德镇市支中心十分重视基层服务点的建设，最初在珠山区所属七所小学及竟城镇文化站设立基层服务点，安装有共享工程少儿版网站，大量的数字图书和期刊，这些资源一方面便于教师指导学生学习如何使用互联网，另一方面又可以增加学生的阅读量和知识面。

2007年，在国家中心及省中心的大力支持下，我市共享工程建设得到了跨越式的发展。是年，珠山区与昌江区分别在区属图书馆建立了符合国家要求的区级支中心，至2012年底，除建立珠山区和昌江区支中心外，还建立了社区、乡镇服务点16个，村级基层服务点28个，而浮梁虽然县级支中心未建成，但也已建成96个村级基层服务点，乐平市将建一个支中心、20个乡镇基层服务点、87个村级基层服务点。实现文化共享工程街道、乡镇基层服务点全覆盖，所有服务点均实行了免费对外开放，将优秀文化信息资源送进了街道社区和乡镇、农村。据不完全统计，至2012年底，各服务点累计向群众提供服务近20万余人次，受到了广大居民群众的普遍欢迎。

二、加强制度建设，规范人员管理

制度如渠，行为如水。为了充分发挥文化共享工程的服务功能，我市支中心将日常工作制度化、常态化、标准化，制定了共享工程机房设备管理制度、电子阅览室管理制度、共享工程网站管理及应急方案、共享工程工作计划及总结，每天都要根据工作日志，对设备运行情况进行记录。

在人员上，安排专职人员进行设备管理，对于县区支中心，建立联系人制度，经常了解他们的服务情况，出现问题，及时上门协助解决。定期参加各类培训。

三、经费投入

共享工程是一项利国利民的民生工程，市图书馆在运行经费比较困难的情况下，仍然挤出资金，购置相关设备。目前购买了面包车一台，建立了拥有42台电脑的电子阅览室，以及投影仪、数码相机、数码摄像机等，用共享工程的服务工作。

四、资源建设

陶瓷文化是江西景德镇特色文化之一，因地方特色浓郁，具有不可替代和不可重复性，成为国家中心历史图片资源不可或缺的部分，因此，文化部在2008年2月28日组织专家论证会，批准通过了《江西景德镇陶瓷文化资源库》资源建设项目，并拨给江西省分中心资源建设专项经费。我市分中心承担了《江西景德镇陶瓷文化资源库》具体建设工作。该库以江西景德镇陶瓷文化数字资源为主体，通过图文表现形式集中反映了江西景德镇陶瓷文化、陶瓷艺术、陶瓷制作技术、古窑遗产等历史发展概貌。整个资源库的素材采集包括图片12000幅，文字50万字，视频8小时，素材总量达到50GB。

2010年，该项目经专家评审通过。《陶瓷文化资源库》的建设，一能有效地保护历史文献，避免查找物质文献造成的文献损害；二能发挥宣传教育作用，使更多的读者真切地了解江西优秀的传统文化和民间文化，接受历史教育，发扬民族精神；三能拓展文献利用通道，提高文献利用水平，增长服务效益。

为满足人民群众日益提升的对文化需求，进一步拓展共享工程传播文明、引领风尚、教育人民、服务社会、推动发展的作用，从2009年始开设了《珠山讲坛》。它以科学发展观为统领，以坚持正确舆论导向，解析时代热点，传递信息与知识为宗旨；以本市知名专家学者为讲师，以大众百姓为听众；“寻历史之源，建文化之都”，为广大人民群众奉献精美的文化食粮，成为大众的良师益友，弘扬社会主义先进文化的阵地。至2012年底，共举办讲座35期，并且与市电视台合作，将讲座通过电视进行传播，受众达50余万人次。

与此同时，接收上级中心下发各类光盘1000多张，宣传资料2000余份，用于共享工程的宣传服务工作。

五、服务推广

根据群众需求，由专门人员免费送节目、讲座到社区、乡村，使基层群众通过投影、视频、计算机网络等，了解我国优秀的文化艺术、前沿的科学知识，丰富业余文化生活，从而占领文化阵地。

按照全国中心的统一调配、布置，协助区支中心圆满完成共享工程各类服务宣传工作。村级基层服务点往往由于资金、技术等多方面原因，设点十分困难，市级支

中心与区级支中心通力合作，指导各村基层点的工作人员使用共享工程资源，确保文化信息资源共享工程设备早安装、早落实、群众早受益。

举办“文化共享工程电影展播”活动。为使文化共享工程走到广大市民身边，丰富广大基层群众的文化生活，让市民在轻松、愉快的气氛中，增长知识、开阔眼界，过一个有意义的假期。除了在馆共享工程电子阅览室播放光盘外，还将根据社区居民的需要，把电影、讲座视频送到社区进行播放。

六、工作展望

十年来，景德镇市支中心对外积极拓展服务范围，更新服务形式，对内严格管理，加强自身建设，积极充实共享工程数字资源，以满足广大人民群众日益增长的精神文化需求，并将为社会主义文化事业大繁荣、大发展作出新的贡献。

（撰文/景德镇市支中心）

景德镇市昌江区支中心

昌江区区域总面积432平方公里，辖二乡、二镇、二街道，48个村（分场）、30个居委会，总人口19.5万人，其中农业人口9.3万，设有13个基层党（工）委、257个基层党支部（总支），中共党员5686人。

2007年5月，全国文化信息资源共享工程昌江区支中心在景德镇市昌江区图书馆建立，并经景德镇支中心验收并挂牌。出台了《昌江区文化信息资源共享工程实施方案》。区财政加大投入，设立“共享工程”专项资金，各单位落实责任，加在资源共享工程建设力度。区文化广播影视新闻出版局具体实施，加快支中心软硬件设施建设，确保了“共享工程”昌江区支中心和基层服务点的建成和全面完成免费对外开放工作。截止2012年10月，昌江区累计投入资金260万元，建成区级支中心1个，乡镇基层服务点6个，村、社区基层服务点28个，乡镇建成覆盖率达100%，社区、乡村覆盖率达30%。实现文化共享工程街道、乡镇基层服务点全覆盖，使文化共享工程这一惠民工程全面进入到社区、乡村，进入到千家万户，为“惠民工程”的开展打下坚实的基础。

昌江区文化共享工程支中心自建立以来，与区图书馆和乡镇文化活动中心建设相结合，开展了丰富多彩的文化共享工程服务活动。基层服务点结合党员远程教育和文化共享工程数据资源，加快了文化共享工程基层服务点的建设力度。目前全区基层服务网点均实行与文化站、文化室合署办公，每个乡镇综合文化站及村、社区有专人负责文化共享工程工作的开展，科学制订了学习、活动方案，建立健全各项规章制度，拓宽服务渠道，逐步加大了实施文化共享工程工作力度。区支中心承担全区网点的管理，资源更新，日常技术维护、人员培训等，基层服务点做好技术维护和活动开展。

昌江区支中心自建立以来，活动开展包括放电影活动和科技、农业知识培训，电子阅览室绿色上网，全区各基层服务点深入村、社区，利用文化共享工程数据资源下载播放人民群众喜爱的影片。以服务“三农”为重点，把群众急需的科学知识、农业技术等信息提供给农民群众。利用投影仪和视频在线播放功能开展播放活动。根据城乡居民的需要，利用电子阅览室提供网络资源查询，电子图书推荐，组织播放农民喜闻乐见的戏曲、电影、小品等文艺节目，极大地丰富了群众文化生活，提高了农民文化素质，为构建和谐社会创造了良好氛围。通过一系列高效优质的服务活动，大大增强了文化共享工程的利用率和点击率。

2007年以来，昌江区把管理作为文化共享工程建设的重中之重，实行建管并举，建章立制，加强了乡镇、社区基层服务点管理员的培训，全区共有专兼职管理和技术服务人员42名。同时，昌江区加大对基层服务点的检查力度，进行考核评估，利用召开现场会、经验交流会等，在全区进行推广，有力促进了文化共享工程工作的健康开展。

区文化共享工程建立以来，在区委、区政府及各级文化主管部门的大力支持下，在昌江区文化信息资源共享工程领导小组的领导下，全区的文化信息资源共享工程服务工作有了长足发展，增强了文化共享工程在基层的辐射力和影响力，特别是利用省、市丰富的文化信息资源，服务广大人民群众，满足了广大群众精神生活的需要。

目前，各街镇乡基层服务点日平均接待群众约50人次，村、社区基层服务点日平均接待群众10人次，各街镇乡年开展面向基层群众的培训、讲座、展览、电影播放等服务活动近100场以上，服务受众近8万人次。区支中心年举办展览、讲座、报告会、读书活动、电影放映等常规服务活动40场，服务群众近1万人次。

今后，昌江区文化共享工程紧紧围绕国家、省、市中心的工作部署，全面完成村级文化信息资源共享工程建设，搞好文化信息资源共享工程的对外服务，将进一步构建资源优质丰富、技术先进实用、传播高效互动、服务便捷贴近、管理科学规范、体系完整可控的公共数字文化传播服务体系，使文化共享工程真正成为城乡群众参与文化娱乐、获取科普信息、接受教育培训、享受惠民服务的重要平台，充分发挥文化共享工程作用，为昌江经济发展做出极大的贡献。

（撰文/景德镇市昌江区支中心）

文化信息资源共享工程基层服务点

景德镇市珠山区支中心

珠山区位于江西省东北部，总面积39.9平方千米。总人口27.7万人，其中非农业人口27.3万人。全区辖9个街道：石狮埠街道、新厂街道、里村街道、周路口街道、昌江街道、新村街道、珠山街道、太白园街道、昌河街道。共有71个社区、8个居委会。

按照《江西省文化信息资源共享工程市、县（市、区）支中心和基层服务站、点标准》的要求，我区充分利用现有资源，2007年——2009年，区财政投入大量资金，在区群众文化活动中心建成支中心，辖区街道建设了7个文化信息资源共享工程基层服务点。

2010年，在国家文化部和省文化厅的大力支持下，我区投入文息资源共享工程专项资金，重点建设了2个街道基层服务站。到2012年底止，我区已建成文化信息资源共享工程支中心1个，基层服务点10个，实行了免费对外开放，将优秀文化信息资源送进了街道社区，受到了广大居民群众的普遍欢迎，据不完全统计，各服务点累计向群众提供服务近4万人次，文化惠民工作取得了实效。

为确保"共享工程"发挥其应有的作用，各服务点首先从制度建设入手，借鉴外地与其它兄弟单位的经验，制订了工作人员守则、设备管理与使用等一系列工作制度，对各服务点进行规范管理；使用区"共享工程"领导小组统一印制的"共享工程"活动记录本，记录基层服务点活动开展情况，便于及时掌握出现的问题和群众的要求；配齐管理服务人员负责日常维护和管理工作，通过加强业务培训，提高管理人员的专业素质，更好地为广大群众提供优质的公共文化服务。

支中心配备了四十台电脑，各基层服务点配备了十台电脑，连接了互联网，建立了相关文化网站链接，及时传递文化信息，广泛传播中华民族的优秀文化成果，群众在这里可以免费享受安全、便捷的数字化文化信息服务；基层服务点基本达到了"文化氛围浓厚、服务功能齐全、站舍清新整洁、环境优雅和谐"的要求，据统计，到目前为止，已向居民群众提供各类服务达2000多人次。

为了充分发挥珠山区共享工程资源在传播先进文化方面的作用，为让更多的社区群众享受到内容丰富、健康向上的文化信息，我区共享工程支中心集思广益，多年来不断开展各项活动，极大地丰富了社区群众的文化生活。

珠山区共享工程支中心利用共享工程基层服务点配备的设备，设立社区百姓影院，实现了社区居民"不出社区观赏影片"的愿望，定期放映各种题材、各个年龄段人群喜爱的影片；支中心定期开设义务法律咨询讲座，解答群众关心的法律问题；支中心还在经常利用节假日在社区举办群众联欢会，丰富社区居民的文化生活，极大地调动了社区居民参加社区文化活动的积极性，促进了和谐社会的建设；支中心电子阅览室拥有大量的图书、视频、影视等资源信息，深受读者欢迎，优异的环境为广大青少年提供了绿色上网平台。

共享工程作为一项文化创新工程，在我区实施以来所发挥的作用十分显著，"共享工程"通过采用现代通信技术和网络技术，消除了我区不同社区在获取文化信息资源上的不平等，使文化信息能够经济、快速地传送到群众中，使我区的居民群众也能享受到优秀文化精品。在一定程度上改变了我区文化建设的现状。

文化信息资源共享工程，是积极推动先进文化的传播而实施的一项文化创新工程，是探索繁荣群众文化工作的新思路、新方法，是一条利用先进技术传播先进文化，以适应时代发展的新途径。今后，我区将进一步加快推进文化信息资源共享工程的建设步伐，开拓思路，勇于创新，充实内容，丰富形式，逐步实现我区文化信息资源共享工程的网格化覆盖，让辖区广大人民群众充分享受中华优秀文化成果，营造浓厚的文化活动氛围，努力推进我区文化事业的大发展、大繁荣。

（撰文/景德镇市珠山区支中心）

乐平市支中心

一、整体情况

全国文化信息资源共享工程是由文化部、财政部共同启动的一项繁荣社会主义先进文化的创新工程。这个工程在服务对象、服务途径、服务方式以及设施设备、资源建设和管理运作等方面都具有相同之处。该工程充分依托"文化信息资源共享"的网络、设施、人员和管理，积极推进"共享工程"的深入实施，对减少基础设施的重复建设、实现数字化资源的整合与共享、建设社会主义新农村都具有重要的作用。全国文化信息资源共享工程乐平市支中心设立在乐平市图书馆，由乐平市图书馆负责指导、协调全市文化信息资源共享工程网络的规划建设及数据资源的传输、加工、技术服务等工作。乐平市支中心主要依托电子阅览室平台直接向广大群众提供丰富、快捷、高质量的文化信息资源服务。乡（镇）基层站点主要通过当地服务站为当地农民百姓提供科学种植、科学养殖等农业生产和生活服务。

二、网点建设

乐平市文化信息资源共享工程已建成由1个市级支中心和20个乡（镇）基层网点组成的网络构架。乐平市支中心充分利用互联网、卫星、移动存储、镜像、光盘、有线电视和数字电视网等多种传输方式加快全国文化信息资源共享工程基层服务网络建设。

三、经费投入

乐平市支中心的设备购置费68万元由中央财政承担；乐平市支中心基础设施改造、必备设施的配置、人员培训、日常运行和人员经费列入县级财政预算；全市20个乡（镇）服务网点设备购置费100万元（每乡镇5万元）由中央财政承担；各乡（镇）基层服务网点必备设施的配置、日常运行和人员经费由各乡（镇）承担。

四、资源建设

乐平市支中心对150平方米的电子阅览室进行了全

面的装修，安装了20兆电信光纤和防静电地板，完全达到了电子阅览室的国家标准。乐平市支中心的资源建设项目包括场地、机房、电子阅览室、桌椅、地线系统、防雷系统、供电、防火器材、防盗设施、电话及互联网宽带接入；各乡(镇)服务点面积不少于30平方米，粉刷干净，门窗牢固，网络畅通，信息畅通，并建立了必要的防盗、防火、防雷等安全保卫系统。

五、技术支持

江西省文化信息资源中心技术部定期指派技术人员到乐平市支中心进行设备维护和操作指导。如果遇到突发状况，可以通过互联网向他们申请远程协助，务必保证在最短的时间内解决问题。

六、合作共建

1、乐平市支中心与乐平市武装部为长期合作单位，电子阅览室是节假日期间士兵的必去之地，为广大部队官兵提供优秀文化资源，满足部队官兵日益增长的文化需求，提高部队官兵的科学文化素质。

2、乐平市博物馆和乐平市文化馆是乐平市图书馆的兄弟单位，三馆之间经常会进行资源互补，工作交流。

七、惠民服务

电子阅览室每周开放时间不少于56小时，配有专门的电脑专业人员服务，2011年至今，共接待读者15000余人，成为乐平市免费绿色安全的公益性上网场所。乐平市文化共享工程坚持“统一规划、统一服务、分级管理、分期分批建设”的原则，因地制宜在各乡（镇），创造条件，保障工程建设顺利进行。同时，将文化共享工程与农村党员干部现代远程教育试点工程、农村中小学现代远程教育工程、广播电视“村村通”工程和数字电视技术等有机结合起来，最大限度地实现资源共建共享，为广大群众提供具有实用性、知识性、娱乐性的文化信息服务，特别是为未成年人提供具有实用性、知识性、娱乐性的文化信息服务，特别是为未成人提供课外精神食粮。共享工程从根本上解决了农民看书难、看戏难、看电影难的问题，它以方便快捷的方式、以较少的投入将文化信息资源直接送到千家万户。

八、宣传推广

1、乐平市支中心定期在本地广播电视台播放全国共享工程宣传片，宣传片的主要内容是：1）乐平市支中心免费开放电子阅览室，为广大市民提供绿色安全的公益性上网场所；2）乐平市支中心在全市20个乡（镇）设立了农村基层服务网点，使得广大农民朋友足不出户便可知天下事，还可在全国文化信息资源共享工程的网站上学习各种先进的农村种植养殖技术和各种实用的法律知识。

2、乐平市支中心定期在全市大型的市民休闲广场张贴大海报，主要宣传乐平市支中心免费开放电子阅览室，为广大市民提供绿色安全的公益性上网场所。

九、培训工作

由乐平市支中心邀请江西省文化信息资源中心专家亲临辅导授课，使每位管理人员从不会到会，从不了解到了解，从不懂到懂，从陌生到熟悉，让每位管理人员都能充分发挥全国文化信息资源共享工程的巨大效率。基层服务点的管理人员由乐平市支中心的管理人员进行培训，通过现场实际操作和演练，使每位基层管理人员都熟练掌握操作技能，为他们以后服务广大农民朋友打好扎实的基础。

十、管理和队伍建设

为保证全国文化信息资源共享工程网络正常运转，组建和培养一支高技术、高水平的资源建设、软件开发、网站维护的技术队伍，按照国家一级标准的要求，目前乐平市支中心已有3人取得全国计算机等级考试初级资格证书，各乡镇也配有专职工作人员1人以上，且获得全国文化信息资源共享工程上岗资格证书。

十一、工作展望

通过完善乐平市支中心和基层服务网点环境设施要求、资源服务细则、管理运行办法，对于丰富城乡人民群众文化生活，开拓广大农民群众的视野，补充精神营养，促进国民素质的整体提高，使乐平市图书馆和乡（镇）基层网点成为具有文化娱乐、科技普及、信息服务、教育培训等多种功能的文化中心。积极有效的引导农民群众通过文化共享工程基层服务点欣赏文化精品、学习实用技术、广开致富途径，把文化共享工程与社会主义新农村建设结合起来，推动新农村建设。到2015年，逐步建立起以乐平市图书馆为枢纽，各乡（镇）文化站和村委会（社区）文化活动室为重点，遍及城乡一体化的文化资源服务网络。汇聚市图书馆、文化馆、博物馆、电影公司、赣剧团、文联等机构的各类优秀文化资源以及全市的民族民间传统文化资源，建设具有乐平特色的文化数据库，实现以电子阅览室和网络管理系统为平台，联合建设、联合服务、协调发展、面向全社会的服务体系，达到覆盖乡（镇）和大部分村委会（社区）的目标。

（撰文/乐平市支中心）

鹰潭市月湖区支中心

月湖区全区辖5个街道、1个镇，43个社区、16个行政村。面积137平方千米。总人口19.6万人，其中非农业人口14.6万人。月湖区文化资源共享工程在江西省文化厅、鹰潭市文化局及月湖区文化局的支持和部署下，逐步推进，稳步发展，在新形势下为繁荣城乡基层文化，满足群众多层次文化需求，传递中国民族优秀文化资源发挥了重要作用。

一、基本情况

月湖区支中心从2008年9月开始安装调试机房及电子阅览室设备，并直接与互联网连通。共建立了16个基层文化信息共享工程网点。2010年5月又将省文化厅配置的电脑都送到了基层网点，将文化信息共享工程向乡镇、社区基层推广和普及。

月湖区是党员远程教育和文化信息资源共享工程共同合作建设，实现了乡、镇、村（社区）文化信息资源共享工程100%的覆盖率，区支中心做到了“边建、边管、边学、边用”，在发展乡镇经济和建设社会主义新社区等

组织少儿读者观看电影

方面，起到了积极的推动作用，成为当前乡镇各项工作的“助推器”。

共享工程月湖区支中心设在月湖区图书馆（鹰潭市林荫东路7号），是月湖区共享工程的建设和业务指导单位，负责保障区中心共享工程设备的运行，协调镇村级共享工程设备的维修，指导镇村级共享工程活动的开展以及开展全区共享工程管理员的业务培训和指导。

二、做好管理工作

为使共享工程真正为民所用、为民谋利，月湖区支中心将共享工程日常管理纳入制度化管理。制定支中心、镇、村基层服务点工作职责和制度，严格落实“管、学、用”具体措施。还向16个基层网点发放了《文化信息资源共享工程》标牌和工作制度牌。逐级签订《文化信息资源共享工程工作责任书》，使工作人员的责任意识和管护水平明显提高，做到了边学、边用、边整改、边建设，实现了工作的经常化、正常化和制度化。并及时收集整理共享工程服务活动的信息，探索共享工程管理和服务新模式。

三、狠抓队伍建设

区支中心在管理员队伍建设上坚持明确职责，明确思路，制度化管理，常态化培育。区支中心将操作人员和管理人员送到省图书馆进行培训，要求培训考核合格获取结业证书者才能上岗。而且经常请省馆的老师下来进行督促与指导，不断提高基层工作者的管护意识和操作水平。

针对社区及乡镇、村两级基层网点涉及面广的实际，我们按照“政治素质过硬、奉献精神较强、工作积极负责”的基本要求，选拔操作人员和管理人员，建立了基本档案，实名定岗。并加以培训，使他们能尽快熟悉掌握共享工程设备为所在地的群众服务。

四、贴近“六结合”，为“学用”活动搭建平台

为充分发挥文化信息资源共享工程信息量大、生动直观的宣传教育的优势，区支中心紧紧围绕区委、区政府的中心工作，把文化信息资源共享工程的开展与加强城乡基层组织建设、与广大群众致富需求、与广大群众的日常生活和文体娱乐活动的开展、与社区干部具体工作相结合，通过送科普知识、保健医疗及电影等光盘，不断丰富和充实了广大党员干部群众的学习内容，使他们从不同层面的“学用”结合点中，获得了相应的精神食量和致富信息，社区基层党组织的凝聚力，感召力也得到明显增强。文化信息资源共享工程在服务群众、服务基层中找到了活学活用的平台。

1、搭建了学习和宣传平台。区支中心充分发挥文化信息资源共享工程主阵地的作用，为基层干部群众提供大量的政治理论、政策法规、时政新闻、形式教育、非物质文化遗产等方面的信息资源，保证了基层党员群众及时了解当前国内外形势，及时宣传了当前我区良好的发展态势。

2、搭建了培训和交流平台。区支中心以民众的需求为导向，积极探索，服务民众生活生产，引领群众高尚精神文化生活。基层群众通过网络及时了解了党的方针政策，开阔了眼界，增长了见识，丰富了业余文化生活，他们在电子资源阅读中获取了许多有用的知识和技能。

3、针对少年儿童的特点，区支中心经常组织他们观看电影，进行电脑知识和网上阅读查询有关方面的技能培训，并请专业人士进行辅导，从而提高了孩子们网上阅读水平，帮助他们实现享受平等文化资源的权利。

文化资源共享工程在月湖区已经成为人们文化生活的一个重要组成部分，成为繁荣月湖文化，丰富月湖人民精神生活，推动月湖人文科技进步的强大动力源泉。

今后，区支中心将不断加强对文化信息资源共享工程建设的管理，充分发挥该工程的资源和网络优势，积极探索长效机制，不断提高工作水平。努力使全区的文化信息资源共享工程工作再上新台阶。

（撰文/鹰潭市月湖区支中心）

贵溪市支中心

为深入贯彻十七届六中全会和十八大会议精神，推进文化共享工程在新时期的持续发展，我馆严格按照上级有关文件精神和要求，认真组织，贵溪市支中心是2008年省文化厅在全省投资建设的支中心之一，2009年通过省级文化厅的检查验收，并正式对外开放，自实施以来，我们馆主要做了以下几方面的工作。

一、加大宣传力度

文化共享工程对广大读者来说是一个陌生的名词，对图书馆工作人员也是一个新生事物，因此贵溪图书馆利用新闻媒体、自行自作的宣传单等宣传方式进行宣传，充分利用共享工程设备的作用，不断提高共享工程这一惠民工程的影响力。

二、提高职工业务素质

2009年贵溪市支中心电子阅览室建成，全馆人员只有3人对电脑知识略知，但阅览室的阅览人员总是座无虚席，为了满足后来读者的需求，我馆对每位阅览人员进行每人每次2小时的限制，使每个来图书馆阅览的人员都能阅览，根据省中心的要求，我馆把配置的5台工作机分别安装在少儿阅览室、成人外借室、采编室、报刊阅览室和书库，使职工利用业余时间加强学习，互相进步，使每个职工都能独立完成办公自动化操作。

三、开展好文化共享服务活动

我馆利用文化共享开展各项活动，对全市各个村级基层点人员进行业务培训、组织工作人员对各乡镇、村共享工程基层点的管理人员进行培训，加强基层点的工作人员的业务水平。

四、利用共享资源，服务广大读者

广大的读者是图书馆的命脉，服务好每位读者是我们图书馆的宗旨，丰富精神需求是共享工程的最终目的，电子阅览室的工作人员在上班中认真学习电脑知识，监督广大青少年读者在网上玩暴力及不健康的游戏，劝导他们查阅一些对学习有帮助的有益资料，制定图书电子阅览室规章制度和工作管理人员工作守则，制作全国对青少年有益的网址供每位读者使用，工作人员在工作中不断提升业务学习，在平时维护过程中，遇到问题及时解决，保证每个机位都能正常对外使用，目前贵溪市已建成190多个共享工程服务网点，达到乡镇村全面覆盖。

（撰文/贵溪市支中心）

余江县支中心

余江县总面积936平方公里，全县有11个乡镇，5个农林场，124个行政村。全国文化信息资源共享工程实施后，我县紧紧抓住这一历史机遇，将共享工程作为推进文化创新，完善公共文化服务体系，提高公益性文化服务水平，促进经济社会协调发展的重要抓手，扎扎实实地组织共享工程项目的实施，投资70余万元建成了文化信息资源共享工程县级支中心一个，村级服务点33个，现将我县文化资源共享工程建设情况作如下汇报：

一、基本情况

余江县支中心于2012年7月建成投入使用，设备总投资70余万元。目前建成电子阅览室50平方米，设座席30个。2012年6月，与县电信局协商，专线以每年4000元年租，通过10M光纤接入互联网，现已向社会免费开放。2012年6月在县局和县新农村建设办公室的指导下，我县邓埠镇马岗村委会等33个行政村建成文化信息资源共享村级服务点，目前各基层服务点设备运行良好。

二、管理和队伍建设

为使共享项工程真正为民所用为民谋利，余江支中心将共享工程日常管理纳入制度化管理。制定支中心、镇、村基层服务点工作职责和制度，实行制度上墙公开。每年有年度工作计划，月度有工作要点，季度有工作督导，年末有工作总结考核，并推行管理员工作日志管理，收集整理共享工程服务活动的得失，探索共享工程管理和服务新模式。

三、资源建设

1、电子阅览室以计算机技术、网络通信技术为基础，集电子型文献（如磁盘、光盘、网络服务等）阅览、咨询、培训、服务为一体的现代化多功能阅览室。为各界人事和学生提供上网的地方，里面有一些数据库，为人们查资料提供查找资料的场所。余江县总面积936平方公里，全县有11个乡镇，5个农林场，124个行政村。

全国文化信息资源共享工程实施后，我县紧紧抓住这一历史机遇，将共享工程作为推进文化创新，完善公共文化服务体系，提高公益性文化服务水平，促进经济社会协调发展的重要抓手，扎扎实实地组织共享工程项目的实施，投资70余万元建成了文化信息资源共享工程县级支中心一个，村级服务点33个。

2、文化资源共享工程余江支中心于2012年7月建成投入使用，设备总投资70余万元。目前建成电子阅览室50平方米，设座席30个。2012年6月，与县电信局协商，专线以每年4000元年租，通过10M光纤接入互联网，现已向社会免费开放。2012年6月在县局和县新农村建设办公室的指导下，我县邓埠镇马岗村委会等33个行政村建成文化信息资源共享村级服务点，目前各基层服务点设备运行良好。

文化信息资源共享工程是一项政府兴办的文化创新工程、民心工程，是公益性建设项目，有着巨大的社会效益和广阔的发展空间。余江图书馆电子阅览室拥有计算机38余台，资源服务器达2台，拥有共享资源达2T多，包括电子图书5万余册.红色题材的电影80余部.新农村建设.科学强国等众多板块，丰富了人们的生活和学习。

四、发挥优势，开展活动

文化信息资源共享工程是一项政府兴办的文化创新工程、民心工程，是公益性建设项目，有着巨大的社会效益和广阔的发展空间。

由于我县支中心的设备刚刚组装调试，许多电子数字资源还要等待上级中心来安装，目前还不能及时和基层站点对接，只能是通过相关部门下发上级中心配发的有关科技知识的光盘，下一步我们将整合各类资源、注重与外部联系与合作，依托各基层站点的便利条件，提供图书、杂志、音像资料，满足基层群众的精神文化生活需要，使党的方针政策、科学技术信息以更加直观、形象的方式迅速走向千家万户。

五、社会活动情况

1、为了充分发挥图书馆在公益性社会教育.文化传播.促进学习型组织建设.构建和谐社会等方面的作用。不断提高广大人民群众的综合素质。余江图书馆于5月份组织开展了“读好书，好读书，读书好”阅读活动。本次活动经过精心策划，积极组织，人民群众踊跃参与，取得了可喜的成绩和不错的社会反响。

2、电子阅览室也是常年开放，每大都会有人来到电子阅览室学习知识.查查资料，关住国内外的大事新闻，民生，放松时欣赏一下电影，听听歌曲等。

3、余江图书馆今后也一直会在公益性社会教育，文化传播，促进学习型组织建设，构建和谐社会等方面出一份力量。

4、惠民活动

4.1.根据国家数字图书馆数字图书馆工程和省市分中心的有关安排，余江县图书馆在电子阅览室向读者大力宣传推广县级数字图书馆，向来馆阅览的读者大力推广。许多读者饶有兴趣地观看阅览了有关数字资源，对这一工程相当满意，认为内容比较全面，还希望尽快丰富各类资源。此次活动共有约50多位读者查阅了该资源，并

有一些读者在工作人员的指导下填写了反馈意见。

4.2.余江县图书馆以“分享阅读快乐 共建书香社区”为主题的“图书馆走进社区”活动拉开了帷幕。结合宣传公共图书馆免费开放，图书馆工作人员现场为居民免费办理借阅证30余张；为社区赠送图书杂志100余本及光盘30余张，供社区居民阅读欣赏，还老年人座谈会。由此也让我们悟出了一个深刻，只有扎根民众，服务民众，与民众亲密接触，表现民众心声，我们的任何想法和做法才会得到大家的顶力支持，才会更具的生命力。“图书馆走进社区”活动的开展，拉近了公共图书馆与社区群众的距离，使得广大社区群众了解公共图书馆、走进公共图书馆、爱上公共图书馆，营造全民阅读的良好氛围，从而能够喜欢阅读、享受阅读，增长知识；满足了广大社区群众多样化的文化需求，为我县的“三个文明”建设注入了不竭的精神动力。

六、工作展望

余江县支中心正积极申请资金，筹备建立图书馆暨文化共享工程网站、地方文献数据库、并加大投入购买数字资源，为群众提供更好的服务。

展望未来，余江县文化共享工程将紧紧围绕国家、省、市、县中心的工作部署，将进一步构建资源优质丰富、技术先进实用、传播高效互动、服务便捷贴近、管理科学规范、体系完整可控的公共数字文化传播服务体系，使文化共享工程真正成为城乡群众参与文化娱乐、获取科普信息、接受教育培训、享受惠民服务的重要平台。

（撰文/余江县支中心）

新余市渝水区支中心

渝水区辖区总面积1775平方公里，户籍人口85.2万人，经济社会事业综合实力位居全省前列，文化事业也蒸蒸日上，形成了仙来新城、罗坊集镇、百丈峰养生三大文化功能区。渝水区图书馆作为肩负文化传承重任的县级国家一级图书馆，位于渝水区老干部活动中心内，交通便捷、环境清雅，馆舍内外散发着城市中难得的舒适与恬静，全国文化信息资源共享工程渝水区支中心就建在这里，经过三年多的建设和不断完善，这里已成为渝水区广大群众享受文化大餐的“精神乐园”，并于2010年和2011年连续两年荣获江西省文化信息资源共享工程先进单位。

一、领导重视 资金支撑 助推共享工程迅速铺开

2008年至2009年间，渝水区图书馆积极争取省财政厅、省文化厅以及渝水区财政的大力支持，成为全省第一批县级共享工程建设单位，先后获得省级项目资金69万元和渝水区财政配套经费180万元。

2009年6月，渝水区图书馆正式启动全国文化信息资源共享工程渝水区支中心的建设，全区179个基层服务点的建设也全面铺开，并很快实现了基层服务点覆盖率100%的目标，让广大群众享受到党和国家“文化惠民”政策的实惠和好处。

二、硬件先行 软件跟进 确保共享工程全面完善

建设之初，为确保达到国家规定的县级支中心配置标准，渝水区图书馆专门聘请了省级文化信息资源共享中心的专业队伍进行高标准建设。硬件方面，渝水区支中心已拥有50台电脑、4台服务器、4路KVM切换器和投影仪等设备，磁盘列阵存储可用容量超过3.6TB。软件方面，该中心专门配备了业务自动化、资源应用管理、信息浏览监控等系统，实现对国家和省文化信息资源共享中心的连接访问和数据接收。

为满足读者对文化信息的不断需求，渝水区支中心积极收集各方文化资源，及时填充国家中心配发的套装光盘、数字图书馆资源、卫星数字资源和数字光盘，信息资源总量已高达2TB。同时，高标准创建了渝水区图书馆网站，建立了读者QQ群，为读者讨论交流文化信息、查找阅览图书资料营造了良好环境，受到广大读者的普遍喜爱。

三、注重管理 丰富活动 提升服务水平

要提供优质高效的服务，管理须先行，活动要助力。渝水区图书馆于2009年7月在全国率先实现免费开放，渝水区支中心每年坚持投入5万元以上的运行经费，用于日常管理和活动开展，做到了规章制度统一上墙，中心标识规范醒目，管理服务全面到位，极大满足了读者的各种需求。在管理上，该中心制定了完善的长效运行机制，在中心和基层服务点配备了管理人员，并开展管理人员培训13次，培训人数242人次。2009年和2011年，支中心的两名管理人员先后两次在全国共享工程知识竞赛中获得优秀奖。

为提升公共图书馆服务水平，拓展延伸服务内容，该中心还通过形式多样的活动，丰富群众的文化生活。三年来，该中心坚持每周二开展一堂电脑培训课、每月举办一个主题活动，每年进行多次温暖慰问等活动，努力创建群众喜爱的文化品牌活动。截止到目前，支中心已举办老年人电脑培训课145次、开展文化信息视频讲座46次，播放未成年人保护法、健康知识、农业技术等专题片89篇，主动为老年人、青少年和农民等各类群体提供文化服务。当前，渝水区支中心正组织人员收集整理本土的风土民俗、民间歌舞、民间美术等非物质文化遗产，准备将其融入到共享工程中，以群众喜闻乐见的方式全面推广，使文化信息资源共享工程更加贴近群众、贴近基层、贴近生

活，全面提升网络传播优秀文化信息的服务水平。

文化服务百姓，渝水孕育文明。三年来，全国文化信息资源共享工程渝水区支中心秉承“资源共享　文化惠民”的服务理念，不断完善管理体制，丰富服务内容，提升服务水平，以优美的环境，一流的设施，高效的服务，赢得了广大群众的普遍赞誉和喜爱，每年接待读者人数36500人次，为建设文明渝水做出了积极贡献，成为新余市积极构建公共文化服务体系，建设文化大市的一个缩影。

四、合作共建与基层服务

1、合作共建

结合“共享工程基层服务点”、“农家书屋”和“农村党员远程教育”建设，启动了“共享工程农村基层点”仪器发放暨人员培训，在我馆会议室及电子阅览室进行了4次集中培训，同时分别对个6乡镇和近15个村进行了上门辅导，并抽样检查下发设备使用情况。

截止目前已基本完成为每个乡镇基层服务点配发文化共享工程个人计算机一台并都实现互联网宽带接入的目标任务。

2、走进农村

在建设社会主义新农村的形式下，在以科技兴农为时代特征的今天，农民对待现代科技信息和文化的需要迅速增加。结合这一现状，我们深入调查，根据农民的需求，将适合本地区农民种、养殖生产需要的各类数字技术资源和文字资源共记500多份光盘送到村民手中。

五、工作展望

渝水区支中心未来将做好以下几点工作：

1、进一步加强对文化信息资源共享工程及城市信息化建设工作重要性的认识，力争政府部门将实施文化信息资源共享工程纳入当地经济与社会发展的总盘子和城市信息化建设总体规划之中，力争从人力上给予保证，资金上予以支持，促进共享工程健康发展。

2、努力调查、挖掘、整理和制作富有地方特色的文化信息资源充实数据库。

3、认真抓好支中心和乡镇、村基层服务点工作人员队伍建设。加强技术培训和指导，建立比较完善的文化信息资源共享工程的人才培训体系。

4、充分利用共享工程市级支中心平台，为广大读者，特别是农村读者提供优秀的文化信息资源，提高网络信息服务水平和利用率。

（撰文/新余市渝水区支中心）

分宜县支中心

一、基本情况

分宜文化共享工程支中心2009年经江西省文化厅批准列入了江西省第二批全国文化信息资源共享工程实施项目，获国家和江西省共68万元设备，全国文化信息资源共享工程分宜支中心在分宜县图书馆内正式成立。分宜图书馆建筑面积达2864平方米，现有藏书8万余册，工作人员10人，共享工程兼职人员3人。图书馆功能齐全，充分考虑了时代发展的要求，其中共享工程支中心使用面积540平方米，设有标准机房，电子阅览室，多媒体报告厅三大部分。支中心配备48台电脑、4台服务器、有3T容量的磁盘阵列、2台防火墙、48口交换机、投影仪、数码摄像机、数码相机和可连续供电4小时的不间断电源、专业音响等设备。设备达到了共享工程标准化水平。自2010年7月份起正式运行，为广大读者提供各式各样的文化信息服务，开展电子信息资源加工、服务和电影、讲座、学术视频欣赏、演出演讲等活动。

支中心下设10个乡级基层服务点，133个行政村级基层服务点，各网点共享工程设备相继到达，现已基本建成。

二、政府支持，经费有保障

分宜县委、县政府高度重视文化信息资源共享工程在我县的开展，建设了拥有电子阅览室和多媒体报告厅的“分宜文化信息资源共享工程支中心”，并将共享工程项目运行经费列入财政预算，把共享工程作为构建分宜公共文化服务体系的一项重要工作来抓，充分发挥共享工程在文化阵地建设中的重要作用。

三、支中心的各种活动

1、阵地建设

分宜文化共享工程支中心制定了完善的管理制度，各项管理工作以为读者服务为核心，热情接待，耐心解答读者提出的各种问题，努力提高服务质量，并接受群众监督。分宜支中心在建成后，开通了对读者的免费上网服务，大家都能够严格遵守《公共电子阅览室管理规范（试行）》的规定，工作人员都能主动推荐和宣传共享工程，引导他们上主流网页，观看共享工程服务信息，宣传好文化共享工程这一项惠民工程，让更多的人了解文化共享工程，认识这一工程，利用好这一工程。电子阅览室每天座无虚席。目前，除通过卫星接收国家中心下传的电影、专题讲座、科技、扶贫信息，为读者查阅资料、上网浏览信息、欣赏电影、音乐外，还把农业科技、电影、讲座等资源送到乡村、街道、社区、学校、企业。并及时了解本地群众对文化信息资源服务的具体需求，征集具有本地特色的文化信息资源

2、专题活动

分宜文化共享工程支中心还在一些有意义的纪念日以及国庆、春节黄金周举办各种讲座、共享工程网站上的专题视频讲座、演讲、报告会、影视音乐欣赏等活动。按照党员干部、青年、妇女、老年人、儿童或按产业协会划分，有计划地组织不同群体收听收看，并搞好辅导。

3、电视宣传

充分利用分宜广电文化一家的优势，在分宜电视台推出“文化共享工程”专题栏目，内容涉及农业科技、节日文化、先进性教育等。有效地拓宽了共享工程辐射范围。

4.乡村辐射

支中心还经常深入各乡、村基层点，把省中心提供的丰富资源送到基层点，并督察基层点为群众服务开展的工作及活动。共享工程支中心集思广益，注重资源整合工作，把共享工程、党员远程教育、农家书屋进行大力整合，不仅有效的节约了资金，方便了管理，还进一步扩

大了服务范围。

四、指导和培训

支中心不仅给农村服务点送去调试好计算机，还定期组织技术人员上门维护和调试，保证设备正常运行。对133个村级服务点聘请专业人员进行了培训。

未来，分宜图书馆将利用共享工程这一平台，建设“分宜图书馆网”。要整合分宜优秀文化资源，建设具有分宜地方特色的书报刊、影视、戏曲、美术．摄影、文博及文化旅游资源数据库，通过网络传送到城乡基层、文化单位和每个家庭，向社会公众提供一个新的文化传播渠道，以满足城乡群众日益增长的文化需求，占领思想文化阵地，繁荣先进文化事业，为分宜的经济建设和社会发展服务，以实现将社会主义优秀文化信息资源通过网络为大众服务的目标。

（撰文/分宜县支中心）

萍乡市支中心

萍乡市面积3827平方公里，总人口186万。萍乡的区位优势明显，交通四通八达。浙赣铁路、沪瑞（昌金）高速公路横贯东西；319、320国道纵横交叉，畅通东西南北。萍乡市文化信息资源共享工程在萍乡市文化广电新闻出版局和文化信息资源共享工程江西省分中心的支持和部署下，逐步推进，稳步发展，在新形势下为满足广大人民群众日益增长的文化需求，传播中华民族优秀文化资源发挥了重要作用。

一、基本情况

文化信息资源共享工程萍乡市支中心（以下简称萍乡支中心）设在萍乡市图书馆，是萍乡市共享工程的建设和业务指导单位，负责保障共享工程市支中心的运行与管理，协调和指导各县区、乡镇共享工程有关活动的开展以及全市共享工程管理员的业务培训。

萍乡市共享工程的建设工作始于2005年，在上级政府部门的支持下和共享工程江西省分中心的指导下，萍乡市图书馆专门招聘了2名计算机专业毕业的技术人员，投资了60多万元购买了服务器、计算机、管理软件，建立了中心机房、电子阅览室和网站；制定和完善了有关制度，先后制定了技术部岗位责任制、中心机房设备管理制度、电子阅览室管理制度等，于同年11月正式建立了共享工程萍乡市支中心。

二、管理和队伍建设

为使共享工程真正造福于民，萍乡支中心将共享工程日常管理纳入规范化、制度化范畴，不但制定了各项设施设备管理制度，而且还制定了工作人员岗位责任制度、年度考核制度，要求每月有工作小结、每季有工作督导、每年有考核总结，并作为评先评优的基本条件。

共享工程是一项功在当代、利在千秋的民生工程，是中华民族优秀文化资源的传播平台。如何利用、推广好共享工程丰富的信息资源，关键要建立一支品行优良、技能过硬的专业化管理员队伍。萍乡市支中心在管理员队伍建设上坚持好中选优、常态培育、优胜劣汰的原则，坚持让那些工作热情高、文化层次较高并有一定实践经验的专业人员从事管理和服务工作。

三、培训工作

萍乡支中心自建立以来就十分重视管理人员的培训工作，每年采取集中培训、外出学习、分散辅导、跟班训练等多种形式对辖区共享工程管理人员进行培训。

四、经费投入

共享工程萍乡市中心自2005年建立以来，市财政局、市图书馆累计投入近100万元，分别用于共享工程设施设备的购置与维护、人员培训与服务工作的开展。

五、资源建设

萍乡支中心在资源建设过程中，采取市场购买、自行制作、接受赠送等办法不断丰富各类信息资源，先后购买了电子图书11万册、数字期刊6000余种，还有购买和收集的光盘2000余张，收集的主要有：萍乡戏剧：国家戏剧“梅花奖”获得者、国家一级演员赵一青等人演出的《榨油坊风情》（获得了“五个一”工程奖）、《燃烧的玫瑰》（入选“五个一”工程奖）；萍乡非物质文化遗产：萍乡曲艺“莲花落”；萍乡民间艺术家、春锣大王雍开泉的作品等。接受赠送的资源主要有国家中心赠送的光盘、上海图书馆赠送的讲座光盘等。

六、合作共建

萍乡支中心于2008年开始与萍乡市现代农村党员干部远程教育网合作为广大农村地区干部群众提供有关农民致富信息、农村种养技术、农产品加工及文化讲座等资源，使得全市农民朋友能够便利使用共享工程的信息资源。

七、惠民服务

共享工程萍乡支中心建立后，通过各种形式为广大人民群众服务，主要是：

1、每年定期将文化部全国文化信息资源建设管理中心赠送的数字光盘上传到我馆网站上，让广大人民群众免费使用。

2、通过网络为读者提供电子图书阅读服务，让广大读者享受数字阅读的快乐。

3、经常派出专业技术人员到县区支中心、乡镇及社区服务点进行技术辅导，并向基层群众赠送光盘及纸质小册子。

4、通过与上海图书馆的合作，将上海图书馆赠送的“上图讲座”光盘资源全部上传到共享工程专用服务器上，让广大读者通过共享工程可以使用这些视频资源。

八、宣传推广

做好宣传推广工作是进一步推进共享工程建设与发展、争取各级政府重视和广大人民群众支持的重要途径。萍乡支中心每年利用世界读书日、图书馆服务宣传周、科普宣传周、科技文化卫生法律四下乡活动等时机宣传共享工程，让全市广大人民群众了解共享工程、利用共享工程，并积极与全市大专院校、中小学校联合举行“共享工程进校园”等活动，为师生们播放有关专题片。

九、工作展望

萍乡市共享工程经过近7年多的建设和发展，从无到有、从点到面，现已成为萍乡人民文化生活的重要支柱，成为推动萍乡文化大发展大繁荣的强大动力。今后萍乡支中心将在国家中心和江西省分中心的支持下，继续加强共享工程建设工作，加大投入力度，进一步加快建设步伐，首先将具有萍乡特色的安源红色文化、武功山绿色文化、萍乡采茶戏、萍乡傩文化等资源制作成数字资源，通过网站传播到千家万户，更好地为广大读者服务；其次通过与有关部门和单位合作共建，将共享工程服务点延伸到千家万户，为全市人民提供更加方便、快捷的服务，真正让共享工程成为造福子孙后代的惠民工程，为建设和谐萍乡、文化萍乡作出新的更大贡献。

（撰文/萍乡市支中心）

萍乡市湘东区支中心

湘东区全区总面积为853.4平方公里，全区辖1个街道、8个镇、2个乡、127个行政村、39.6万人。湘东区文化资源共享工程在萍乡市文广新局，萍乡市图书馆支持和部署下，逐步推进，稳步发展，在新形势下为繁荣农村基层文化，满足农民多层次文化需求，整合、共享和传递中国民族优秀文化资源发挥了重要作用。

一、基本情况

湘东区文化资源共享工程建设开始于2009年6月，根据江西省文化厅的统一部署和安排，各服务点是按照先村、后区再乡镇的顺序逐步建立，最初在我区的山区乡镇东桥镇茶红村，长塘村和界头村等18个村试点安装文化信息资源共享工程服务点，并与之签订了《湘东区文化信息资源共享工程村级服务点建设责任状》，要求各服务点每周平均开放时间不少于20小时，年运行费不低于1000元，此后陆续在全区11个乡镇（街道办）文化中心开始安装，各服务点安装设备均通过接入ADSL电话拨号进行上网接收国家中心下发的各类资源和信息，2010年湘东区文化资源共享工程开始普及进入乡镇行政村，127个行政村当年安装调试完毕。至此湘东区所属行政村实现全区共享工程村村全覆盖。

目前，湘东支中心设在湘东区文化馆，是湘东区共享工程的建设和业务指导单位，负责保障区中心共享工程设备的运行，协调镇村级共享工程设备的维修，指导镇、村级共享工程活动的开展以及开展全区共享工程管理员的业务培训和指导，湘东区支中心于2010年6月份开始建设，于2011年建成投入使用，设备总投资60万元。其中：建成电子阅览室50平方米，主控机房5平方米，综合阅览室和电子阅览室共设坐席30个。2010年，与区电信局协商，通过10M光纤接入互联网，30台计算机都可浏览共享工程的信息，现已向社会全面免费开放。支中心的建成，进一步推动了我区文化基础设施建设。

二、管理和队伍建设

为使共享项工程真正为民所用为民谋利，湘东区支中心将共享工程日常管理纳入制度化管理。制定支中心、镇、村基层服务点工作职责和制度，实行制度上墙公开。每年有年度工作计划，月度有工作要点，季度有工作督导，年末有工作总结考核，并推行管理员工作日志管理，收集整理共享工程服务活动的得失，探索共享工程管理和服务新模式。

文化资源共享工程作为一个新的农村文化资源获取平台，如何推广好、利用好共享工程丰富的文化资源关键在于是否有一支专业化的共享工程管理员队伍。湘东区共享工程支中心在管理员队伍建设上坚持明确职责，明确思路，制度化管理，常态化培育。对于乡镇、村两级基层共享工程管理上择优选取文化层次较高，有一定社会基层管理服务实践经验的大学生村官或身残志坚的残疾人员为管理员，他们工作热情高，有较高的文化水平能尽快熟悉掌握共享工程设备为所在村民服务。目前湘东区共享工程管理员90%为各级大学生村官，10%是由较高学历的村委委员或其他人员兼任，实现了管理员选取的高起点。

三、培训工作

湘东支中心在共享工程管理员的培养上实现了制度化和常态化。根据支中心工作要求，每年对辖区共享工程管理员进行4期的集中培训，2009年以来一共举办各类培训班16期，参加轮训的各级管理员达2030人次。

四、经费投入

湘东区共享工程自2009年实现村村全覆盖以来，湘东区全区每年投入近20余万的运维经费，用于共享工程设备的维护，人员培训和惠民活动的开展。同时，湘东区政府，湘东区文化馆每年也投入大量人力物力支援共享共享工程各项活动的正常开展。

五、资源建设

湘东区支中心在历年的工作中，非常注重本地资源建设，一方面利用自身优势将多年积累的文化方面的珍贵资料建立了可访开放文本，另一方面开创性的和区电视台合作建立起湘东区科、教、文、卫各条战线上的珍贵视频资源，选取、编辑制作各类题材资源2TB，每年制作和发放各类宣传资料3000余份。

六、合作共建

以共享工程为依托结合全覆盖的农村三项活动数字电影电子文献资源服务中心。

将网上电影资源下载与农村数字电影放映相结合，建立起湘东区数字电影资源下载中心，中心每年提供科学教育、故事片等电影达1TR的下载量，大大方便了农村电影放映员。

七、利民惠农服务

支中心在共享工程服务实践过程中，以民众的需求为导向，积极探索，服务民众生活生产，引领群众高尚精神文化生活，打造群在满意喜爱的文化服务新平台。

根据湘东区地域农业生产特点，支中心与农业科技等部门合作每年按节令制作农业生产技术小册子通过送戏下乡进行分发。历年来累计发放各类资料1万余份。

八、宣传推广

1、湘东区支中心利用各种渠道宣传推广共享工程。在湘东区每年的农村文化三下乡活动中，湘东区支中心成立湘东区文化志愿者服务队不失时机，以活动为平台，以资料为媒介宣传共享工程，让民众不断了解共享工程，走进共享工程。

2、走进校园。湘东区支中心文化服务中不断探索，利用支中心儿童阅览专区，组织动员青少年儿童关注共享工程，利用共享工程，收集青少年知识兴趣点整理挖掘，利用自身资源开展各类多媒体视频讲座活动，深受广大青少年的喜爱。

九、工作展望

湘东区文化资源共享工程已走过5个年头，全区的127个行政村实现了全覆盖，从单一的资源接收到今天的编辑分发和群众广泛认知，广泛参与，文化资源共享工程在湘东已经成为湘东人民文化生活的一个重要平台，成为繁荣湘东文化，丰富湘东人民精神生活，推动湘东人文科技进步的强大动力源泉。今后湘东支中心希望建立起自已的共享网站，将自建资源更多的与民分享，为建设科技湘东，文化湘东做出贡献。

（撰文/胡建新）

上栗县支中心

上栗县全县总人口49万，总面积702.4平方公里，辖六镇三乡一垦殖场，154个行政村，8个社区。县城区面积7平方公里，城区人口7万。上栗是"中国花炮之乡"、

"中国傩文化之乡"、"中国民间艺术之乡"、"中国现代民间绘画之乡"，上栗传统烟花制作技艺为第一批国家级非物质文化遗产。

一、基本情况

上栗县文化资源共享建设开始于2011年。上栗县共享工程中心设在上栗县图书馆，是上栗县共享工程建设和业务指导单位，负责保障区中心共享工程设备的运行，协调镇村级共享工程设备的维修，知道镇村级共享工程活动的开展以及开展全区共享工程管理员的业务培训和指导。

二、管理和队伍建设

为使文化共享工程真正为民所用为民谋利。上栗中心将共享工程日常管理纳入制度化管理。制定支中心、镇、村基层服务点工作职责和制度，实行制度上墙公开。每年有年度工作计划，年末有工作总结考核。

文化资源共享工程作为一个新的农村文化资源获取平台，利用好共享工程丰富的文化资源关键在于是否有一支专业化的共享工程管理员队伍。上栗县共享工程支中心在管理员队伍建设上坚持明确职责，明确思路，制度化管理，常态化培育。对于乡镇、村两级基层共享工程管理上择优选取文化层次较高，有一定社会基础管理服务时间经验的大学生村官和有知识的残疾人为管理员，他们工作热情高，有较高的文化水平能尽快熟悉掌握共享工程设备为所在村民服务。

三、共享工程培训情况

上栗支中心在共享工程管理员的培养上实现了制度化和常态化。根据支中心工作要求，每年对辖区共享工程管理员进行4期集中培训，2011年以来一共举办各类培训班8期，参加轮训的各级管理员达240人次。

（撰文/上栗县支中心）

赣州市支中心

全国文化信息资源共享工程是近年来由文化部、财政部组织实施的一项创新工程。其主要内容是应用现代科学技术，将中华民族优秀文化信息资源进行数字化加工整合，通过共享工程网络体系，以卫星、互联网、镜像、移动存储、光盘等方式，实现优秀文化信息在全国范围内的共建共享。

赣州市图书馆作为资源共享工作的市级支中心，资源共建共享工作在市政府、市文广局的高度重视和省中心的具体指导下，精心组织实施，共享工程工作进展顺利，取得一定的成效。现将工作开展情况总结如下：

一、共享工程建设必要性

1、是推进我市先进文化建设、构建全市文化发展战略新高地的需要。努力实现好、发展好广大人民群众的文化权益，必须启动文化资源共享工程，使广大人民群众充分享受到全社会的文化成果。

2、是加强基层文化建设的需要。文化信息资源共享工程可以迅速扭转我市基层文化设施陈旧落后、文化投入严重不足、文化资源匮乏、文化服务比较落后、无法满足人民群众日益增长的文化需求的局面；工程采用先进的现代化信息技术手段，向广大人民群众传送丰富的文化信息，进一步巩固基层文化阵地，充实基层文化建设内容，活跃城乡人民群众文化生活，充分发挥文化信息资源在发展经济，提高人民群众思想道德和科学文化素质等方面的重要作用。

3、是文明城市建设的需要。文化信息资源共享工程的市、区级支中心建设和乡镇、街道基层服务点建设是全国文明城市创建测评体系中的测评点。

二、建设成效

赣州市图书馆于2003年实施了这项工程，经过十年的实施，取得了明显的阶段性成果，受到省文化厅、市文广局的充分肯定。我馆努力加强自动化和信息化建设，在网上为市民提供信息化服务。到目前为止，市图书馆共享工程支中心配备了四台服务器，电脑80台、扫描仪一台和空调四台。已建成共享工程赣州市支中心以及赣州市图书馆网站1个，县区图书馆、乡镇图书馆、文化站等基层中心近千个；建成拥有数万种电子图书，多个地方特色数据库的数字化资源库群；建立了图书检索网，大力开展网上信息服务，积极为基层群众提供优质的文献检索和免费远程文献传递服务。

三、工作设想

加大工作力度，增强推进文化共享工程建设的责任感和紧迫感，争取得到市领导重视和市政府的政策支持。提出合理化建议，用好项目资金，确保按时、高质量完成建设任务，实现覆盖100%的规划目标。进一步做好资源建设工作，提高资源建设的针对性和质量，力争建成《红色历史文化资源库》。加强人员培训，提高队伍的业务能力。加强组织策划，改善基层服务，进一步提高文化共享工程的管理水平。

（撰文/赣州市支中心）

南康市支中心

南康市位于江西省南部，因“地接岭南，人安物阜”而得名，总面积1800平方公里，辖18个乡镇，2个街道办事处，278个行政村，总人口近80万人。晋太康元年（公元280年）建县，1995年3月经国务院批准撤县设市，已有1700多年的历史。2009年被评为全国文化先进县（市）。

一、建设基本情况

作为2007年全省28个全国文化信息资源共享工程建设县之一，南康市以图书馆为依托，统筹各种资源，对原有电子阅览室进行了改装，建立了中心机房、多媒体教室、铺设了专用光缆（10M）建成了1个县（市）级支中心。按照县、乡、村三级共建的原则，到2012年底，全市已建成278个村级基层服务点，18个乡（镇）综合文化站基层服务点，我市村级基层服务点覆盖率达100%，目前，所有基层服务点都在正常服务，惠及我市广大农民。同时，南康市图书馆依托支中心在全省率先建立了县级图书馆网站（网址为:www.nktsg.com）及开通了ilasIII（图书馆图书自动化管理）系统。

二、具体做法

共享工程是文化工程，更是惠民工程，为高质量建设好我市文化共享工程工作，南康市委、市政府将此项工作作为农村文化工程的重中之重，积极探索，创新方法，努力做到用有限的经费，建成真正便民利民惠民的文化信息服务网络。

1、加强领导，完善机制，确保共享工程“抓”得到位。

南康被列为全国文化信息资源及共享工程建设县之前，南康市财政局、市文化局就联合下文印发了《南康市文化信息资源共享工程实施方案》的通知，成立了专门的机构。2005年市财政一次性下拨10万元专项资金用于电子阅览室的建设，还每年拨给1.2万元网费列入财政预算。2007年列入全省28个文化共享工程建设县之后，市委、市政府更加高度重视，以南康市委、市政府名义印发了《南康市文化信息资源共享工程建设工作方案》（康办字[2008]194号），成立了以市委宣传部部长谢业雄任组长，副市长黄菊兰为副组长，有关职能部门一把手为成员的组织机构。市财政还专门拨给了每年3.5万元（其中1.5万元网费，2万元运行经费）经费列入财政预算。全市20个乡镇（街道办）也成立了相应的领导小组，确定一名分管宣传的乡镇领导，具体负责基层服务点的工程建设，帮助解决实施过程中遇到的困难和问题，为了把这项工作落实到位，市委、市政府还规定把文化共享工程建设列入新农村考核中去。

2、整合资源，共同协作，确保共享工程“建”得满意。

为推进我市文化共享工程建设工作，最关键的是必须解决好选点、场地、设施等方面的问题。我们采取整合多方资源，加强部门协作的有效办法，将原图书馆电子阅览室重新整合，建成了一个面积达10平方米的中心机房，拥有40台电脑的电子阅览室，一个80平方米的多媒体教室。目前，共享工程南康支中心正以先进的设施、丰富的文化信息资源、多样化的服务、推进文化共享工程工作。同时，我们积极主动地与电信部门加强沟通，将村级基层服务点建设做到资源及利用的最大化，依靠遍布各乡镇的村村通、中小学远程教育、农村党员干部远程教育和村级党员电教室等现有资源，按照互补互惠，共建共享的原则，统一挂牌。到2010年9月底，全市278个村级服务点建设完成，覆盖达100%，并做到制度、标牌规范上墙。2012年全市18个乡镇已建好了综合文化站已建成服务点。

3、专兼结合，建好队伍，确保共享工程“管”得规范。

为加强文化共享工程队伍建设，在市（县）、乡镇、村三级网点配齐专兼职管理人员，保证各基层服务点正常服务。我市支中心还配备了2名具有计算机专业知识方面的管理人员，其中一人专门进修了计算机专业。20个乡镇基层服务点管理人员，均由当地乡镇文化干事兼任；278个村级基层服务点管理人员，主要由村落社区志愿者组成。市支中心举办了“全市文化共享工程管理人员培训班”，各乡镇基层服务点和村级服务点管理人员均参加了培训。此外，市支中心还充分利用技术优势，积极开展各种对点、对人帮扶活动，想方设法提高乡、村两级管理人员的维护水平和管理能力。市支中心政府投入年运行经费3.5万元，图书馆负责运行管理；乡镇基层服务点和村级基层点，由乡镇政府、村委会负责运行和日常管理。突出强化市支中心的指导和带动作用，增强文化共享工程在农村的辐射力和影响力，让数字信息真正走进寻常百姓家。

4、贴近基层、服务群众，确保共享工程“享”得实惠。

为了使文化信息共享工程让群众满意，我市支中心通过集中收视、上机个性化浏览、信息查询服务及上门服务（用手提电脑、移动硬盘、投影仪等设备）送文化信息到农村、学校、社区等，让广大人民群众真正享受到共享工程中的电影、戏曲、小品、讲座、文艺节目以及农业实用技术和生活百科知识。近几年来，我市支中心将各种农村急需的实用技术刻录成光盘3500多张，免费赠送给乡、村级基层服务点。另外，市支中心管理人员下基层270多次，将信息送到基层，极大地丰富了我市群众的精神文化生活，切实解决了农民生产生活中的问题，真正让老百姓得到了实惠。

三、取得的成效

通过全国文化共享工程的建设与开展，南康支中心依托公共电子阅览室已经形成了具有影响力的以开展各种培训、知识讲座、读书活动为内容的服务。由于工作突出，2012年南康市支中心被推荐申报了“全国文化共享工程　公共电子阅览室示范点”，顺利通过了国家文化共享工程的初审并已经公示。

“十二五”期间、南康的文化共享工程工作将认真贯彻中共十八大的精神，在做好各项基本工作的同时，积极抓好品牌服务活动，力争南康的文化共享工程工作更上一个台阶。

（撰文/南康市支中心）

信丰县支中心

信丰县全县辖16个乡镇（其中13个建制镇），1个工业园管委会，259个行政村，总面积2878平方千米，总人口75万余人，其中非农人口26万人。文化信息资源共享工程信丰县支中心在江西省分中心以及信丰县文广局的大力支持下，已成为丰富人民精神文化生活，推动基层文化发展以及传递中华民族优秀文化的重要文化阵地。

一、整体情况

文化信息资源共享工程信丰县支中心成立于2009年，具体位置设在信丰县图书馆（县城老广场旁边），是信丰县文化共享工程的建设和业务指导单位，负责保证县支中心文化共享工程设备的正常运行和维护，指导乡镇服务点以及村级基层服务点开展各类文化共享工程活动。目前，全县共建成有17个乡镇服务点（13个镇，3个乡，1个工业园）。2010年发放第一批149台电脑到各村级基层服务点；2012年发放第二批114台电脑到各村级基层服务点，从而共建成263个行政村基层服务点。

二、资源建设

信丰县支中心按照工作要求，通过卫星接收各类文化资源，并将下发光盘资源转格式后上传到服务器上供广大读者在电子阅览室进行查阅，极大地丰富了人民群众文化生活。同时，信丰县支中心根据信丰地方特色，正努力规划以“中国脐橙之乡”和“赣粤边三年游击战争”为地方特色的地方特色资源。

三、惠民服务

信丰县支中心为了满足人民群众日益增长的精神文化需求，每年都有针对，有策划，有效果地开展数次文化活动以丰富广大人民群众的业余文化生活，例如：电子阅览室开展针对中小学生的电影展播活动；图书借阅室开展针对中小学生的读好书活动；在春节期间开展“迎新春”文化娱乐活动等等。

四、宣传推广

信丰县支中心为了让更多读者了解文化共享工程，通过发放宣传单、出共享工程专题黑板报以及喷绘彩色展板等各类方式对文化共享工程进行宣传推广，让更多人知道文化共享工程，并走进文化共享工程，做到切实丰富广大人民群众的文化生活。

五、管理和队伍建设

对了更好地管理各乡镇服务点以及行政村基层服务点，信丰县支中心制定了基层服务点工作职责制度并订制了制度牌，要求制度牌悬挂于基层服务点显眼位置，并要求基层服务点有专人负责，实行负责人问责制，同时跟各基层服务点签订工作协议书，要求文化共享工程设备用到实处，切实为广大人民群众服务。

文化资源共享工程建设需要　支专业化的管理员队伍。信丰县支中心在管理员队伍建设上引进专业对口的大学毕业生，不断强化自身队伍整体素质，以适应新形势下文化共享工程发展的需要。乡镇服务点由乡镇宣传委员作为负责人，村级基层服务点则由村支部书记或委员兼任，这样就保证了自身队伍的整体素质。

六、工作展望

信丰县文化共享工程已走过4个年头，从当初的一个县支中心发展到现在的17个乡镇服务点以及263个行政村基层服务点，文化共享工程在信丰已经成为丰富信丰人民精神文化生活的一个重要渠道，为信丰人民提供了强大的精神动力和智力支持。信丰县支中心希望在国家中心、省分中心以及信丰人民政府的大力支持和帮助下，为信丰县文化共享工程打造一支专业化服务队伍，建立一个服务网点更加宽广，服务形式更加多样，参与群众更加广泛的文化共享工程体系，为经济繁荣信丰，生态宜居信丰作出贡献。

（撰文/信丰县支中心）

大余县支中心

文化共享工程大余县支中心紧紧围绕全县经济社会发展大局，以传承文明、服务社会为己任，坚持“读者第一，服务至上”的办馆理念，认真实施免费开放工作和文化信息资源共享工程。2008年3月20日正式颁布了大余县文化共享工程实施方案，成立了文化共享工程领导小组，确定了文化共享工程实施的保障措施、总体目标以及实施步骤。截止到2012年12月，大余县已建成文化共享工程县级支中心1个，乡镇基层服务点5个，村级基层服务点105个，文化共享工程网络已覆盖我县100%的行政村。尤其是大余县支中心，高标准建设、规范化运行，还积极开展群众喜闻乐见、丰富多彩的数字文化活动，为赣南苏区的发展振兴提供精神动力和文化支撑，赢得群众的一致好评。

一、建设情况

大余县图书馆于2008年向中央及省财政厅争取了文化共享工程县级支中心建设资金68万元，完成了县级支中心的整体布线和机房装修，并标准配备了电脑及桌椅等设施设备。县级支中心设在大余县图书馆，设置上网、培训、活动三个区域，面积共计200平方米。配有专职和兼职工作人员各1人，负责公共电子阅览室的正常对外开放、数字文化活动的开展以及全县文化共享工程的运行管理和技术指导。县级支中心设施设备齐全。设有中心机房一个，配备了4台服务器，1台存储器，存储容量1.5TB，安全设备1台，卫星接收器1台，接入带宽10MB，分别用于保障公共电子阅览室的正常运转以及图书馆ILAS系统自动化设备正常运行。多媒体教室配有投影仪、液晶电视、DVD和音箱功放等设备，为我县支中心对外进行各种公共活动（含影视播放）提供了坚实的硬件基础。公共电子阅览室配置了一台扫描仪、一台打印复印一体机、50台电脑终端，是我县市民朋友免费上网浏览数字资源的好去处，也向市民朋友提供各种免费电脑培训服务。县级支中心每年的运行经费由县财政配给，每年2万元，用于公共电子阅览室的网费和设备维护等开支。目前已累计投入运行经费6万元。

二、运行情况

文化共享工程大余县支中心公共电子阅览室坚持周三至周一的免费对外开放（周二为电脑维护日，不对外开放），每周开放时间48小时。免费阅览是供人们上网查阅资料和学习之用的，只允许16岁以下的未成年人适当玩玩益智类游戏。16岁以下的未成年人必须在家长的陪同下到电子阅览室上网学习，且青少年连续上网的时间不得超过1个小时。截止到2012年12月，公共电子阅览室已接待读者3万余人次，日平均接待读者40人次。

我县级支中心除了完成下设公共电子阅览室的正常对外开放外，还依托文化共享工程这个平台，利用文化共享资源，开展了丰富多彩的读者活动，在全县营造了浓厚的读书氛围，得到社会的一致好评。比如：

2011年5月14日-15日、7月16日-17日、8月13-14日，我县支中心在公共电子阅览室分别免费举办了工商系统电脑基本技能培训班、少儿暑期电脑培训及县直机关单位“电子政务”培训班，共培训学员260人。

2012年2月6日，开展了元宵节灯谜会暨读书有奖竞猜活动，吸引了600余人前来参加。市民朋友纷纷表示，举办这样的活动不仅丰富了老百姓的业余生活，还让大家在节日之余感受中华传统文化的魅力，非常有意义。

2012年5-7月，大余县支中心分别开展了老年读者和少儿读者免费上网培训，通过面授、答疑及与读者互动交流等形式，帮助老年人和儿童循序渐进地掌握电脑网络知识。共培训学员300人，其中，年龄最大的76岁，最小的8岁。

2012年7-8月，大余县支中心面向全体市民推出了暑期电影展播活动，在每周三的下午为市民朋友奉上免费电影盛宴。既有适合中老年观众的科学养生以及家庭教育系列，又有为学生朋友量身打造的动漫卡通系列，好看新鲜的大片和讲座共吸引了近千人次参加。

2012年，大余县支中心还开展了“春节好书推荐”、“大余县第二届读好书活动启动仪式”、“4·23世界读书日签名活动”、“红色经典图书推荐”、全国“公共电子阅览室建设计划”百题知识竞赛、“像雷锋那样…”电脑小报设计比赛等数字文化活动，活动惠及各类群众近万人。其中，在“像雷锋那样…”电脑小报设计比赛活动中，大余县支中心选送的作品分获全国二等奖和全国三等奖，大余县支中心由于宣传到位、组织得力、成效显著，还获得了江西省分中心颁发的“优秀组织奖”荣誉称号。

三、管理和队伍建设情况

工作水平的高低，服务质量的好坏，与队伍建设息息相关。建设一支政治强、业务精、作风正的工作队伍，才能保证县支中心工作顺势而为，才能推动工作上新的台阶。近两年，大余县支中心从管理入手，建立了以绩效为指标的激励机制，登记考勤签到，设立投诉热线和意见箱，将出勤和服务情况与年终考评、阳光津贴挂钩，进一步增强工作人员的责任感和使命感，牢固树立“读者第一，服务至上”的工作理念。同时，创造条件选派工作人员参加专业培训或赴外学习考察，如参加文化信息资源共享工程省分中心、市分中心举办的各类专业培训班，并组织馆员赴国家图书馆、苏州图书馆学习先进工作经验。

通过一系列的努力，打造一支素质较高、进取意识强、团结合作好的文化共享工程工作队伍。同时，注重对基层服务点管理人员业务素质的培养，共举办基层服务点业务培训2期，培训学员105名。

四、下一步工作和打算

经过全体工作人员不懈的努力，大余县支中心已成为最受大余县广大市民朋友欢迎的基层公共文化服务阵地之一。每年接待读者2万余人次，每年举办各类培训和数字文化活动惠及群众愈万人，成为了市民身边的数字文化乐园。但同时，我们也清醒地认识到，大余县支中心的建设与文化部的要求，与人民群众日益增长的精神文化需求相比，还存在一定的差距。下阶段，我们将进一步增强责任感和使命感，开拓进取，创新发展，努力加强文化共享工程数字资源建设，积极建设《陈毅在梅岭三年游击战数字资源库》，努力打造一个资源丰富、技术先进、服务便捷、覆盖城乡的数字文化服务体系，让全县人民群众共享现代文明成果！

（撰文/大余县支中心）

上犹县支中心

上犹县全县总面积1543平方公里，总人口30万。近年来，在省文化厅、市文广局的关心指导和大力支持下，在县委、县政府的正确领导和高度重视下，我县各项文化事业不断发展，公共文化服务体系不断完善，文化基础设施不断加强，文化信息资源共享工程扎实推进，较好地满足了我县人民群众不断增长的文化需求。现将我县文化信息资源共享工程建设情况汇报如下：

一、基本情况

县委、县政府对文化共享工程高度重视和大力支持，切实把共享工程作为一项繁荣社会主义先进文化、提高广大人民群众的科学文化素质的“文化惠民工程”和“文化创新工程”来抓，要求做到高标准建设，高效能运行，高质量服务，把共享工程建成群众满意工程。

1、制定了《上犹县文化信息资源共享工程实施方案》。明确了文化信息资源共享工程建设的指导思想和目标任务，确立了以县图书馆为服务中心，各乡镇、村为基层服务点的文化共享工程服务网络架构。

2、全面完成了县级支中心的建设。国家和省级财政支持配备的资金达68元的各项设施设备安装完成，并投入正常运行对外开展服务，实现了免费开放。并且充分利用省级两馆维修项目为县级支中心配备服务电脑达到60台，工作电脑达到13台。

3、运行经费有了一定保障。县政府从2012年起为文化信息资源共享县级支中心拨给30000元的年度运行经费并列入了财政预算。

4、互联网光缆接入宽带达到10M。积极与电信部门沟通，取得支持，县级支中心与县电信部门签订了有关协议，互联网光缆接入宽带达到10M。

5、乡镇基层服务点建设扎实推进。乡镇基层服务点建设与乡镇综合文化站建设统筹安排，已完成6个乡镇基层服务点建设并对外开展服务。

6、村级基层服务点建设全部到位。截止2012年5月31日，全面完成了文化信息资源共享村级基层服务点电脑配送，村级基层服务点建设覆盖率达到100%，并实现与农村党员干部远程教育共建共享。

7、县级支中心实现了制度化和规范化。制定了《上犹县文化信息资源共享县级支中心工作人员岗位职责》、《上犹县文化信息资源共享工程管理制度》和《上犹县图书馆电子阅览室数字服务须知》，并已实现全天候上网，对外实行了免费开放。

8、积极选送人员参加培训。已按上级要求组织3人参加了省级文化信息资源共享工程专门培训2次并获得上岗合格证，配置了1个专职人员，1个兼职人员，在联想电脑科技公司聘请了1个兼职技术员。

9、建立了上犹县图书馆专门网站。为进一步推介文化信息资源共享工程、发展公共图书馆事业、树立图书馆新形象，为读者群众提供更多、更广、更好的公共文化服务建立了一个很好的平台。

10、开展了多形式、多渠道、多载体的群众服务活动。充分发挥公共图书馆的辐射带动作用，利用图书馆服务宣传周、世界读书日、农村圩日和村级基层服务点电脑发放等向广大读者介绍“全国文化信息资源共享工程”的建设情况，宣传“全国文化信息资源共享工程”的重要作用，积极开展播放公益电影、公益性讲座等活动。

二、文化共享工程建设的努力方向及有关建议

1、加大宣传，提高认识，争取全社会广泛支持。广泛深入宣传“文化共享工程”的重大意义和重要作用，让广大干部群众充分认识建设“文化共享工程”的重要性和必要性。让大家充分了解到“文化共享工程”是我们党和政府的一项“文化惠民工程”，为宣传党的方针政策开辟新渠道，为丰富活跃群众业余文化生活开辟新阵地，为培养“有文化、懂技术、会经营”的新型农民搭建新平台。

2、加大基础平台建设，扩大共享工程服务内容与形式。不断完善电子阅览室的建设，提高服务水平和质量，充实电子阅览室网上服务内容，建设具有自己本地区、本单位特色的资源数据库，如旅游资源数据库、藏书资源数据库、期刊检索资源数据库等，以适应广大读者的需要。积极开展各种丰富多彩的文化服务活动。以建立农村流动图书、送书进乡村、送书进军营、送科技下乡，服务新农村建设等形式，拓宽文化服务方式，丰富群众多层次、多样化的文化需求，使文化信息资源共享工程更加贴近基层、贴近生活、贴近群众。

3、争取重视，落实经费，做好共享工程的保障工作。要认真制定切实可行的共享工程建设规划和实施方案，纳入当地的“十二五”规划，在人员、场地、经费等方面提供充分保障，特别是对文化共享工程建设后续保障（人员、宽带、耗材、维护、设备更新等）更加应该充分重视，对乡镇、村级包括社区和居委会等基层服务站点的纳入同步规划建设目标和要求。积极争取增加人员编制和文化信息资源共享工程专项培训经费，引进专业技

术人才，对现有工作人员进行专业化培训，开办乡镇和村级基层服务站点培训班，

4、理顺关系，完善机制，加快各级服务中心站点的建设速度。各级政府应该出台实用性和操作性较强的《文化信息资源共享工程实施方案》，理顺关系，完善机制，明确责任，建立规范的运作制度和机制，从设施设备的投入、人员的配备、前期经费投入到后续经费的保障，从建设的目标、任务、要求到服务内容、形式和手段等各个方面进行明确的规定。建议各级政府特别是省级政府加大对文化共享工程县级支中心投入，明确提高运行经费的补助的标准，扩大规模，建立健全县、乡镇和村（社区）三级服务网络，实现绿色上网，为全社会特别是未成年人的健康成长提供一个更加优良的文化环境。

文化信息资源共享工程自启动以来，通过各级的共同努力，已经取得了初步的成果。但是，由于共享工程建设起步较晚，宣传不到位，工程庞大，政策性强，技术含量高，经费要求多，仍然面临着许多急待解决的问题。今后，我们将一如继往地不断努力，把群众喜闻乐见的优秀文化作品，丰富的科技知识通过共享工程这个平台方便快捷地传送到广大人民群众身边，大力推动以科学的理论武装人，以正确的舆论引导人，以高尚的精神塑造人，以优秀的作品鼓舞人，以先进文化教育广大群众，不断提高人民群众思想道德素质和科学文化素质，为构建和谐社会和推动全县文化事业大发展大繁荣作出更大的贡献。

（撰文/上犹县支中心）

崇义县支中心

崇义县面积2206平方公里，人口19.8万。辖16个乡镇、124个行政村，3个居委会。崇义县文化资源共享工程在县委、县政府的高度重视下，在省市县主管部门的支持和部署下，逐步推进，稳步发展，为繁荣我县农村基层文化，满足农民多层次文化需求，传递中国民族优秀文化资源发挥了重要作用。

一、基本情况

崇义县共享工程建设开始于2005年，最初只建成了县图书馆电子阅览室；2006年6月，被确定为全国文化资源共享工程江西省五个试点县之一，开始了县支中心的全面建设，并在全县16个乡镇建立了基层中心，在19个行政村建立了基层服务点，圆满地完成了2007年试点工作任务，并于12月28日顺利通过国家文化部文化共享工程督导组的检查验收。此后，我县于2008年按照省文化厅《关于2008年文化共享工程32个县支中心经费下达和5个试点县368个村级基层服务点设备选配标准的通知》，在与县委组织部对全县124个村现有信息设施进行调查的基础上，就我县农村党干部现代远程教育和文化信息资源共享工祖有关资源整合提出了意见和建议，陆续在全县剩余的105个行政村建立了基层服务点。至此崇义县所属行政村实现全县共享工程村村全覆盖。

共享工程崇义县支中心设在崇义县图书馆，是崇义县共享工程的建设和业务指导单位，负责保障县中心共享工程设备的运行，协调镇村级共享工程设备的维修，指导镇村级共享工程活动的开展以及开展全县共享工程管理员的业务培训和指导。

二、管理和队伍建设

为使共享项工程真正为民所用为民谋利，崇义支中心将共享工程日常管理纳入制度化管理。制定了《崇义县文化信息资源共享县级支中心工作人员岗位职责》、《崇义县文化信息资源共享工程管理制度》和《崇义县图书馆电子阅览室数字服务须知》，支中心、镇、村基层服务点工作职责和制度，实行制度上墙公开。并积极探索共享工程管理和服务新模式。

文化资源共享工程作为一个新的农村文化资源获取平台，如何推广好、利用好共享工程丰富的文化资源关键在于是否有一支专业化的共享工程管理员队伍。崇义县共享工程支中心在管理员队伍建设上，按照与农村党干部现代远程教育共建共享的原则，同县农村党干部现代远程教育对乡镇、村两级基层共享工程管理上择优选取文化层次较高，懂电脑操作，有一定社会基层管理服务实践经验的大学生村官和村干部为管理员，他们工作热情高，有较高的文化水平能尽快熟悉掌握共享工程设备为所在村民服务。目前崇义县共享工程管理员30%为各级大学生村官，76%是由较高学历的村委委员兼任，实现了管理员选取的高起点。

三、培训工作

崇义县支中心建成之后，首批管理员56人是由省中心直接培训的，2008年以后，根据支中心工作要求，每年选派工作人员到省市中心学习，然后组织对基层中心和基层服务点共享工程管理员进行培训，2008年以来一共举办各类培训班10期，参加轮训的各级管理员达1360人次。

四、经费投入

崇义县共享工程自2006年开展试点工作以来，县财政为文化信息资源共享县级支中心拨给30000元的年度运行经费并列入了财政预算，用于共享工程设备的维护，人员培训和惠民活动的开展。

五、合作共建

2008年，我县认真按照省厅赣文社字〔2008〕31号通知要求，从文化信息资源共享工程专项资金中购置一批电脑、投影仪和DVD配发到每个行政村点，农村党员干部现代远程教育办为每个村安装了机顶盒和配发了电视，利用这些设备开展农民知识化培训、农村党员远程教育、播放文化信息资源光盘、电子阅览等服务，共享工程基层服务点已逐渐成为村民获取新知，娱乐身心的场所。

六、服务活动

崇义县支中心在共享工程服务实践过程中，以民众的需求为导向，积极探索，服务民众生活生产，引领群众高尚精神文化生活，打造群在满意喜爱的文化服务新平台。

根据县委、县政府确定的以发展刺葡萄、南酸枣、林业等农业主导产业，鼓励发展红豆杉苗木、蔬菜、脐橙、油茶、茶叶等农业特色产业，提高产业知名度和美誉度，提升产品市场占有率，把产业发展成为农民增收致富的一条重要途径，实现产业富民、富县的战略布署，县中心每年按节令制作农业生产技术光盘和小册子通过行政村基层服务点村民分发。针对不同农业专业者，崇义县支中心有针对选取符合县委、县政府主抓的刺葡萄、南酸枣和鼓励发展农业特色产业，指定专人对项目进行跟踪服务，为专业大户开展送资源上门指导服务。历年来累计服务专业生产户40多户，长期点对点跟踪服务4户。

（撰文/黄符新）

安远县支中心

安远县安远总人口38万，辖18个乡镇，151个行政村。通过参加全国“共享工程”建设，既利用了全国各地的文化信息资源，又整合我县的文化信息资源，达到真正的资源共享，和发挥好文化传播的职能。

一、基本情况

我县自2008年起成立“共享工程”领导小组并完成县级支中心的基础设施建设。2009年开展全县文化信息资源现状调研，采购、制作、整合各类数字文化信息资源并参与联合目录系统的试运行。通过前期的努力，和在省工作人员的指导下，我县文化资源共享工程已例入2010年建设县级支中心。6月左右全县103个行政村将配备电脑一台完善基层文化室、或文化站为纽带，把大量的储备网络资源，传递给农民、农业、农村。2012年共享已做到151个行政村全覆盖，村村通。

支中心设在安远县图书馆，是共享工程的建设和业务指导单位，负责保障区中心共享工程设备的运行，协调镇村级共享工程设备的维修，2012年开始安排工作人员指导镇村级共享工程活动的开展以及开展全区共享工程管理员的业务培训和指导。

二、宣传和推广

电子阅览室是该县共享工程支中心的主要服务窗口，为公众提供全国优秀文化信息资源、学习培训、互联网信息浏览等方面的服务。我县电子阅览室自今年免费开放以来每天开放2小时，每月接待读者1120余人次。开放期间尽量开展有益于市民，贴近大众日常生活的社会文化。今年以来开展了以返乡农民工为主的农业技术讲座3次、暑期留守孩少儿电影节目12场、老年饮食保健讲座一场、妇性健康与保健知识讲座一场、国庆“红色经典电影”滚动播放、为基层服务点的服务人员进行了2次上岗培训，使服务点工作人员的业务熟悉，技术精湛。

三、工作展望

共享专项资金的管理使用做到专款专用。今后目标将工程建成资源优质丰富、技术先进实用、传播高效互动、服务便捷贴近、管理科学规范、体系完整可控的公共数字文化传播服务体系。

（撰文/安远县支中心）

全南县支中心

全国文化信息资源共享工程(以下简称文化共享工程)是新形势下贯彻落实科学发展观、构建公共文化服务体系、惠及千家万户的一项重要文化基础工程，是政府提供公益性服务的重大文化项目，是实现广大人民群众基本文化权益的重要途径，对于提高广大人民群众的科学文化素质，推进社会主义文化大发展大繁荣与建设和谐社会，具有重要作用。根据国务院、文化部和省文化厅、市文广局关于大力推进全国文化信息资源共享工程建设的指示精神，为切实保障全县城乡人民群众的文化信息需求，促进基层文化的发展，我县的文化共享工程建设在省文化厅和市文广局的指导下，以数字资源建设为核心，以基层服务网点建设为重点，在全县各乡(镇)村广泛宣传、精心组织、指导建设、加强管理、推进发展。截止2011年12月底，我县已建成开通了9个乡镇服务站、86个村级基层服务点，较好地满足了我县人民群众不断增长的文化需求。我县是全国文化信息资源共享工程试点县，图书馆利用这一难得的发展机遇，积极落实上级指示精神，立足为民服务，因地制宜，整合资源，充实力量，扎扎实实地开展支中心建设，现将我县文化共享工程建设概况汇报如下：

1、领导重视、工程建设稳步推进。县图书馆在县委、政府的大力支持以及县文广局的正确领导下，于2008年正式申报了文化共享工程建设县并获省厅批准，2009年5月启动了文化信息资源共享工程县支中心的建设，经过对县级支中心电子阅览室、中心机房、供电线路改造，防盗、消防设施及桌椅等设备配置建设，至2009年12月全南县县级支中心的各项建设工作基本完成并对外运行开放，为我县文化信息资源共享工程的正常运作奠定了坚实的基础。2010年8月，配齐了第一批新改建的龙下、城厢、龙源坝、社迳等4个乡镇综合文化站的资源共享设备（占乡镇的44.4%），各站配有专用电脑4台。同时，我局又联手与县委组织部党员干部现代远程教育、数字电视工程等实行共建共享。截止2010年12月底，在全县建成农村村级基层服务点68个，各点配有电脑1台，建点率占全县行政村的80%。建成农家书屋40家，全县信息资源共享网络基本形成。通过近两年的努力，2011

年12月在建成县级支中心原有的基础上，在全县9个乡镇，86个行政村范围内，又建成开通了金龙、大吉山、南迳、中寨、陂头等5个综合文化站的资源共享设备、新增18个村级基层服务点。至今，农村村级基层服务点遍布86个行政村，从而较好地满足了我县人民群众不断增长的文化需求。丰富、实用的文化信息资源极大的方便了和吸引了广大人民群众，对促进我县政治、经济、文化、教育的全面发展，提高农民科技致富能力，满足人民政策信息需求起到了极其重要的作用。

2、合理布局，严格把关。共享工程作为一项利用先进高科技手段、有步骤地整合和发布优秀文化信息资源的网络工程，在基层点起步阶段，我们妥善处理好公益性文化项目与经营性网吧的关系，合理布局，严格把关。(1) 抓好龙头，以点带面，为共享工程开局树立样板。2009年，根据实际情况，确定以县图书馆为共享工程分中心，作好示范，为我县共享工程基层点建设提供学习和借鉴平台。(2) 统一标准，严格把关，为推进共享工程建设营造环境。针对我县各级基层单位申请建设及实际现状，结合省厅、市局建设要求，我们在抓好示范的基础上，分级进行实地勘察，严格把关。(3) 加强培训，技术指导，为共享工程建设提供保证。为了保证全县基层站点建设任务的顺利完成，我们多次聘请省、市专家来我县进行技术培训或指导。在工程建设中，县图书馆技术部的同志与省、市馆专家担负了对基层点工程的安装调试等技术指导。

3、加强管理，认真做好技术培训和各项规章制度的建立。一是积极抓好职工培训，做好技术储备。二是积极抓好各台账及建章立制工作。我县积极学习借鉴其它县的先进管理经验，制定了《电子阅览室管理制度》、《电子阅览室工作人员工作制度》、《文化共享工程设施设备管理制度》等，县支中心文化共享工程的开展做到了有章可行、有据可依，同时也保障了广大读者的利益，为我县广大群众，尤其是青少年提供了绿色上网空间。

"十二五"期间，将是利用"十一五"期间建成的文化信息资源共享工程服务设施，全面提高基础设施和资源的利用率，为全县大众提供高品质文化服务的阶段。在这一阶段，文化共享工程的功能将得到真正释放，全县人民群众的基本文化权益将得到进一步保障。我馆将以面向农村和城市社区的文化服务为重点，以文化共享工程阵地为依托，加强县、乡、村级基层服务网点的技术建设与管理，着力提高乡镇和行政村基层网点的服务能力。

1、扩大宣传。在宣传上下功夫，利用各种宣传媒体，开展广泛宣传，丰富和活跃人民群众的精神文化生活，占领城乡思想文化阵地，抵御一切不良文化的侵蚀，维护全南县经济发展和文化安全，为全国文化信息资源共享工程的运行和其社会功能的充分发挥营造一个良好的社会氛围。

2、加强人才队伍建设。实施文化信息资源共享工程，人才是核心，没有专业人才队伍，我们再先进的设备资源也根本发挥不了作用。所以，我们首先要加强学习要抓好现有工作人员的计算机基础知识培训。除了选派人员参加省市馆和省市分支中心组织的培训外，在文广系统内部定期、不定期组织计算机知识培训；图书馆工作人员在学习计算机知识的同时，更要加强数字资料采集、加工、制作等数字图书馆、网络知识、局域网、服务器等相关知识的学习。

3、建立健全各项管理规章制度。积极做好设施设备的日常管理与维护，使设施设备运行更加规范和科学，为全县广大读者提供更加全面的服务，以计算机和文化共享工程的相关知识为主，抓好乡镇基层站点工作人员的培训工作。

4、建立起文化信息资源共享与社会各领域优势互补、资源共享的良性发展模式。建立健全地方特色数据库，发挥资源优势。由县文广局统一协调县直各有关单位与全县支中心共同加工制作具有地方特色的各种数据资源，真正达到文化共建共享的目的。

（撰文/全南县支中心）

于都县支中心

一、整体情况

于都县图书馆创建于1979年，馆址于都县建国路13号，是于都县规模最大、藏书最多的综合性公共图书馆，是全县文献资料、图书目录、馆际协作、信息交流和专业人才培训的中心。大楼建筑面积1728平方米，设有采编室、资料室、外借室、综合阅览室、少儿阅览室、特种文献典藏研究室（于都籍人士著作陈列室）、中心控制室、电子阅览室、培训讲座室、辅导室、电子文献加工室、视听室、办公室等部门，配有多种现代化设备，采用图书馆自动化集成系统(ILAS)进行文献和读者服务管理。阅览座位200余个，年接待读者近20万人次。

我县级共享工程支中心建设被列为2007年度建设对象，2008年文化信息资源共享工程于都县支中心建成；2009年，省财政、文化主管部门拨专款120万元，对馆舍全面维修改造，并全面更新服务设备设施；2010年2月，率先在全省县级图书馆建起数字图书馆并对读者开放。目前共享工程专职人员为一人，兼职2人。

二、网点建设

目前各乡镇文化站的共享工程点为23个，其中有4个文化站还未投入使用但已建设好站房明年将投入使用，每个文化站的共享工程都有设备，比如电脑、投影仪、摄像机、照相机，可以为乡镇举办各类文化活动。村共享工程点有356个，每个点有一台电脑，可以为村提供文化信息资源服务，方便村民使用电脑使用网络，比如网上观看讲座，网上查阅信息和网上购物等。

三、经费投入

目前我共享工程支中心每年运行经费为县级财政拨付的2万元。

四、资源建设

目前我支中心的数字资源总量近3T，其中包括音视频1080部，时常32400小时、视频占1259G，适合农村的数量为146G，适合为成年的为206G，电子图书75G共5500多册等，各类光盘300多张，内容广发而丰富，有国家中心提供的数字资源也有省中心提供的，自己也在组建自己的数字资源。

五、技术支持

依靠省中心提供技术支持，我县支中心共享工程运行正常，各服务器和卫星接收设备均正常使用。省中心提供有关技术培训，比如ilas的培训，目前我馆的图书馆管理系统为ilasIII。有一位专职工作人员管理共享工程，为新招的计算机专业大学生，这样使得我馆的共享工程的建设提供了技术保障。

六、合作共建

我支中心提供了容量为40G的数字资源到各个基层服务点和社区，目前正和县文化人士根据当地文化特色共建文化资源。比如文化能人的相关资料，文化活动的相关资料，各类当地文化作品的相关资料等制作成视频或图片等媒体资料和文字资料。和武警中队共建文化资源，但是以图书资源为主，数字资源较少。

七、惠民服务

近两年每年送书下乡1000多册，每年为农户发放科技文摘6期，发放农业技术类图书400多册和光盘100多张，种植养殖类视频20G，去敬老院养老院贫困村小等弱势群体播放电影20余次，支中心服务人次每年1810人次，其中未成年900人次。

八、宣传推广

目前共享工程的宣传推广已基本告一段落，全县各个服务点都有共享工程服务点且群众都知晓。支中心每天都有读者在电子阅览室查阅信息，越来越多人知晓图书馆的文化信息资源共享工程。但还存在问题，实际运用还不够，服务还需要改善，需要推出新的产品和服务理念然后宣传才有效果。

九、培训工作

组织各乡镇文化站长和各基层服务点负责人文化信息共享工程在基层服务点的运用的培训2次，下乡到各基层服务点指导共享工程的建设，每年各乡镇都要下去指导一次，共23个乡镇。到目前为止举办共享工程“于山论见”之摄影讲座讲座68期，其他视频讲座累计15期。

十、管理和队伍建设

工程工程建设队伍目前还比较薄弱，因为专业人才有限，专职人员只有1人，兼职人员2人，对于建设自己的数字资源有一定困难。

十一、荣誉情况

2000年12月，在全国公共图书馆开展的评选“读者喜爱的图书馆”活动中，荣获“读者喜爱的图书馆”称号；2002年元月荣获“首届江西公共图书馆为两个文明建设服务成果奖”优秀成果奖，项目名称为：利用《科技文摘》为农民服务；2002年元月荣获“首届江西公共图书馆为两个文明建设服务成果奖”优秀成果奖二等奖，项目名称为：于都籍人士著作库建设；2005年6月，在第三次全国公共图书馆评估定级工作中被评为二级图书馆；2010年1月，在第四次全国公共图书馆评估定级工作中被评为一级图书馆。

十二、工作展望

全国文化信息资源共享工程作为一项以现代信息技术为基础和载体的文化推广工程，信息技术的应用贯穿于其方方面面。

今后，我县共享工程支中心将继续为全县人民服务，将增大共享工程的服务量，增加专业人才，创造一个文化性信息资源库，建设自己丰富而庞大的数字资源。在国家中心和省中心的技术支持下，我支中心共享工程技术体系将逐步形成能够统一协调管理、资源分布建设、全面共享、自由访问的开放体系，并最终实现与数字图书馆系统的高度融合。

今后将组建自己的特色数字资源，以当地文化特色为主，不断挖掘文化能人、地方文化特色，以文字、图片、音视频等形式进行组建。同时也将重点为全县各个阶层各个群体提供相关数字资料，方便及时查阅使用。

（撰文/于都县支中心）

兴国县支中心

兴国县启动全国文化信息资源共享工程建设工作以来，一直得到县委、县政府的高度重视，把文化共享工程作为完善公共文化服务体系、推进新农村建设、构建和谐社会的重要抓手，将此项工作纳入我县文化、社会事业发展和信息化建设，创建文明城区、文明村镇的工作规划，积极推动共享工程县级支中心和基层服务点的建设。各乡镇也充分认识到此项工作的重要性和紧迫性，把信息资源共享工作摆上议事日程，列入工作重点，从工作实际出发，制定方案，统筹规划，全面推进。目前，我县三级公共图书馆服务网络建设逐步完善，建立了全国文化信息资源共享工程兴国县支中心，乡镇（街道）基层服务点和村级（社区）基层服务点，文化信息资源共享工程有序推进。图书馆自动化管理，图书馆网络化建设，馆藏中文图书书目数字化和地方文献专题数据库建设工作正在进行之中。

2009年9月，兴国县支中心在兴国县图书馆正式成立。按照江西省分中心的要求，着眼于共享工程的长期性和实效性，加强领导，健全机制，强化措施，规范管理，同步推进软硬件建设。在统一配置文化共享工程设备的基础上，省分中心负责调试安装好程控机房、卫星接收设备和图书馆自动化管理集成系统ILASiii。现拥有业务服务器1台，应用服务器1台，视频点播服务器1台，流媒体服务器1台，磁盘阵列1套，上网行为管理，防火墙、网络主交换机等网络设备，以及办公用终端计算机、打印机、投影机、扫描仪等多台外接设备。做到互联网接入带宽10M，开放电子阅览室，建立图书馆网站，配备专职管理人员，制订“机房操作流程”、“电子阅览室管理制度”等规章制度，实行自动化管理，开展电子信息服务。截止2012年底，完成文化共享工程1个县级支中心，25个乡（镇）基层服务点和304个村级基层服务点建设工作，

实现了文化共享工程在我县的全覆盖。

中央和省级财政对文化信息资源共享工程县级支中心建设的经费投入达68万元，县财政将建设、运行经费纳入财政预算，2011年以来，每年为县级支中心提供专项运行经费1万元，乡镇基层服务点的建设和运行也得到一定的保障。

在资源建设方面，除接收文化部全国文化信息资源共享工程建设管理中心提供的文化信息资源外，结合兴国是全国著名的苏区模范县、红军县、烈士县和誉满中华的将军县的地方特色，为把我县得天独厚的这一宝贵精神财富得到更好地开发利用，促进社会主义先进文化建设，拟建立具有兴国地方特色的红色文化、兴国山歌和乡土人物等具有地域特色的文化信息资源，供广大读者用户使用。

县图书馆作为业务主管部门，切实担负起本县文化共享工程基层服务点的业务指导、技术支持和信息传输工作，最大限度地利用好文化信息资源。一方面选派共享工程专职人员到省中心参加培训，另一方面做好基层业务指导和培训工作，按期开展对基层服务点的指导、检查和培训，认真抓好基层服务工作，向基层管理人员进行分类辅导和个别辅导，多次深入到各基层服务点帮助工作与指导业务，对共享工程建设的各个环节进行指导，建立健全管理体系，确保面向基层服务的各项措施落到实处。

共享工程的建设，有力推动了该馆事业的发展，使我馆赶上时代步伐，产生质的飞跃，实现跨越式发展。不仅提升了图书馆的服务层次，增强服务能力，完善服务方式，而且更新了图书馆的服务理念，扩大服务范围，进一步满足群众的阅读需求，充分发挥了图书馆的功能作用。

（撰文/兴国县支中心）

会昌县支中心

在省、市文化主管部门的高度重视下，在县委、县政府的大力支持下，我县文化共享工程建设快速推进，基本完成“十二五”规划建设目标，初步实现了优秀文化信息资源在19个乡镇范围的共建共享，推动了覆盖城乡的公共文化服务体系的构建，为改善城乡基层文化服务，切实保障人民群众的基本文化权益，发挥了重要作用。

一、公共电子阅览室建设工作初见成效

自2010年9月全国公共电子阅览室建设工作会议召开以来，会昌县图书馆认真贯彻落实上级文化主管部门有关要求，积极筹措资金，及时安排部署，大力推进免费开放，加强规范化管理，电子阅览室工作初见成效。一是建立健全了网络平台。我县已经建立了10兆网络交换机为核心，高性能服务器为支撑，磁盘阵列数字资源存储介质的星型网络结构的计算机网络平台，已开通4M光纤接入互联网，开通了卫星接收系统，现有服务器4台，磁盘阵列存储空间4T。推出“公共电子阅览室资源管理系统。通过互联网（电子政务外网、虚拟专网）、卫星、有线电视（数字电视）、移动硬盘、光盘等多种方式，实现文化共享工程资源的快捷、稳定传输，并与省分中心建立了反馈机制；二是经费设备配套到位。按时足额下拨了全年运行经费12万元，配备了摄像机、数码相机、扫描仪、激光打印机、复印机、投影仪等先进设备；三是制度建设规范。目前，全县19个乡镇243个行政村基层文化信息资源共享工程服务点各种设备全部到点，制定了文化共享工程标牌，制度均做好上墙。

二、服务工作亮点纷呈，社会效益不断扩大

1、文化共享工程会昌县级支中心，结合“两个永远”主题教育实践活动，紧扣农民科技致富、下岗职工再就业及农民工等民生热点问题，积极推进文化共享工程进社区、进农村、进企业、进校园，开展面向未成年人、弱示群体、外来务工人员及广大社会公众的服务，丰富基层群众的文化生活，特别是拓宽了盲人阅览室志愿者服务内容，志愿者帮助盲人在盲人阅览室及盲人家中为盲人朗读盲人读物以及正常人读物，使盲人读者能更好地了解社会。同时，利用电子阅览室共享工程这个平台，帮助那些没有条件上学的盲人学习盲文，帮助盲人读者操作有声读物播放设备，使用录音磁带、CD光碟、mp3光碟等有声读物资源，使用安装有阳光3.0盲人版、IBM网页之声等软件，获取文献信息，让盲人读者借助共享工程设施进入广阔的网络空间，产生良好的社会反响。

2、强化了电子阅览室管理系统用户登录指导。电子阅览室管理系统具有管理、监督等功能，它能够合理、有效、规范地对电子阅览室上机读者进行管理、监督。新读者基本上是初次接触这种管理系统，如何使用这个管理系统，读者都相当陌生，电子阅览室工作人员在新读者入馆时，及时指导新读者操作管理事项，使他们较好了解掌握电子阅览室管理系统的日常操作要领。

3、强化了网站的导读服务。电子阅览室网站是网络信息技术发展过程中图书馆与读者交流、接触比较频繁的平台，是图书馆与读者之间的桥梁。电子阅览室已建立了自己的服务网站，大部分信息资源都收集、整理、存贮在电子阅览室网站，并向读者提供电子阅览室网址，指导新读者通过网站查看图书馆的概况、部门设置、楼层分布、各部室的规章制度、最新动态、馆藏书目查询及各类数据库，了解各部室的开放时间、借阅流程，浏览书目查询系统及电子文献资源库。

4、制作电子阅览室主页。电子阅览室网站是图书馆

在Internet上的一个信息点，电子阅览室主页可以让读者及时、准确、全面地获得电子阅览室的所有信息，准确指导Internet上健康的网络信息资源，如设置相应的导航指南：①本室概况；②规章制度；③读者须知；④电子公告(BBS)；⑤常用软件；⑥读书推荐；⑦常见问题；⑧友情链接；在不侵犯知识版权的前提下链接质量较高的网络报刊、在线图书馆、网络书屋，向读者推荐电子图书，使读者吸取有益的知识，正确引导读者的学习方向，从而提高读者的信息鉴别水平和专业知识。

5、采用辅导等手段帮助读者提高信息检索和处理能力。信息的检索和处理能力是指人们所具备的信息查询技能和对信息进行筛选、鉴别及使用的能力。过去图书馆对读者进行信息检索和处理能力等方式已远远不能适应信息化社会高度发展的需要。不懂网络信息，不会使用各类软件工具，不具备查询网络信息的能力，网络检索就无从下手，网络学习就更无法实现。电子阅览室是学生信息处理和信息检索能力培养的重要基地，电子阅览室工作人员利用现有技术人员和设备条件对读者进行适当的辅导，指导读者正确选择和使用网络信息检索工具，帮助读者掌握复杂书目的检索方法和确定检索策略，使读者从丰富的网络信息中快速准确地获取自己需要的信息。

三、充分挖掘馆藏资源，开发课题研究

毕业论文作为在校大学生考核鉴定重要指标，论文质量高低体现着学生综合素质的高低。不少学生在撰写毕业论文的过程中，为了占有大量分析资料，不仅会查找纸质文献，更多的喜欢到电子阅览室上机检索网络资源。从繁杂的信息资源中迅速而准确地为学生提供所需文献资料，具体的做法是：

1、向毕业生推广馆藏特色资源库。特色资源库是图书馆的特色和优势所在，集中了本馆的馆藏资源优势和所在地域文化资源优势。电子阅览室工作人员将馆藏特色资源库的使用方法、检索方式、适用范围等编写成电子文档，并将这些文档发给毕业生，以便使这些特色资源库能更好地发挥作用。

2、向毕业生开展形式多样的个性化服务。电子阅览室的个性化信息服务是以网络为依托，紧紧围绕用户的兴趣、爱好、专业特长、研究方向等个性需求而开展的动态特定信息服务活动。个性化信息服务的根本就是要以用户为中心，尊重用户，研究用户的行为和习惯，为用户提供信息推送服务、个性化的信息快报，还可为毕业生提供文件打印复印、电子文献浏览编辑下载、光盘刻录等便捷服务。

3、引导毕业生利用电子文献资源撰写论文。向毕业生提供网上电子资源的网址、光盘检索和电子文献资源服务，使之能快速准确地获得大量信息，快速准确地检索到所需资料，节省检索时间，提高毕业论文的撰写速度和论文质量。

四、数字资源建设扎实推进，资源内容日益丰富

文化共享工程会昌县级支中心，将建设自有版权地方特色资源作为文化共享工程建设的重点工作，建成会昌地方特色文化资源库、红色历史文化资源库、艺术创作文化资源库、文物保护文化资源库、美术书法摄影资源库、文学艺术创作资源库、民间传统采茶资源库、地质金属矿产资源库等，主要有如下8个主题数据库：

1、征集会昌非物质文化遗产名录39项、民间文学2项、民间舞蹈2项、传统医药3项、民间民俗5项。收集《汉仙岩的传说》、《会昌民俗赖公庙会》、《会昌米粉制作技艺》《会昌酱干制作技艺》、《会昌民俗匾额》非物质文化遗产项目等地方特色文化。

2、征集会昌县志（康熙十四年、同治十一年）、会昌年鉴、会昌统计年鉴、会昌金融志、会昌国土志、会昌政协志、会昌邮政志、会昌公安志、会昌春秋、会昌文物志、会昌人物志、会昌军事志、会昌党史、今日会昌、会昌财政志、会昌粮食志、会昌工会志、会昌土壤、会昌苏区工人运动斗争史、走向新世纪的会昌等红色历史文化。

3、征集地方艺术创作，会昌岚山文化传媒演艺有限公司，打造品牌剧目57个，自己创作的采茶小戏、小品、曲艺、歌舞等节目32个，比如采茶小戏《月亮湾笑声》、《姐妹招商》、《杜鹃花开》、小品《你我他》、《三送暖人心》、《红玫瑰》、《最后期限》等艺术创作文化。

4、征集中共粤赣省委旧址、中共会寻安中心县委旧址、汉仙岩摩崖石刻。有县级文物保护单位17处，其中革命文物有文武坝毛泽东旧居、筠门岭邓小平旧居、会昌山红军医院、会昌县苏维埃政府旧址等革命文物保护单位6处，都是重要的20世纪遗产和文物保护单位，是会昌红色旅游景区的主要组成部分。历史文物有水西龙光宝塔、文家祠、林岗坝唐窑、孔圣殿、肖帝岩石刻、胡庄泽墓等11处。古代的汉文化“百匾堂”——匾额130方木。

5、征集专业作者的油画《三老谈富》获赣州地区专业美术创作一等奖。专业、业余作者每年都有美术、书法、摄影作品在全国各报刊（展览）发表或展出。会昌四位作者的国画作品分别入选北京毛泽东思想研究会书画院、北京锦绣文化艺术中心等主办的国庆60周年“百名将军百名画家书画展”，并被北京图书馆收藏。

6、征集会昌业余文学作品，以文化馆的文学干部为核心，组织一批业余作者，组成“文学沙龙”，定期切磋创作，交流经验，还不定期地聘请赣州地区的著名作家前来会昌点评作品，传授方法，有力地带动了全县的文学创作。而且硕果累累。1986——2009年，全县作者在省级以上刊物发表中篇小说17篇。2000年——2009年，全县作者在省级以上刊物共发表报告文学18篇（不含专集篇数）。1992年——2009年，全县作者在省级以上刊物发表短篇小说、故事和散文23篇。至2009年，共刊发诗词作品2500多篇，其中县内作者作品1500多篇。1986

年——2009年，会昌诗词作者在国内公开刊物发表诗词作品1900多篇。

7、征集会昌民间灯彩（龙灯、马灯、狮灯、香火龙灯等）、民间舞蹈（花鼓）、民间演艺（木偶戏）、帐子戏等，民间剧团等活跃在民间。以其淳朴的乡情，热情的气氛，吉祥的祝愿，生动的故事感染着万千群众。具有演艺传统习俗的西江镇坝子村，1988年始，以股份制的形式，先后创办3个农民业余剧团，十几年如一日活跃在会昌与于都、瑞金和闽赣交界的山区。他们演出的剧目都是在民间广为流传的传奇故事和传统采茶戏，乡土气息十分浓厚，演出风格淳朴无华、通俗易懂，贴近生活，贴近农民，山村群众十分欢迎。每年春节前后，山区农民都会找到剧团签订预约合同，交付演出定金。这3个剧团，每年各团演出都在300场次以上。《人民时报》《海外版》《江西日报》《赣南日报》等多家媒体，先后报道了他们的事迹与经验。地方资源库建设工作，为文化共享工程提供了相应的数字资源，加强了地方民族精品的资源建设。

8、征集地质金属矿产，比如锡、铜、金、稀土、铁、铋、钼、锑、锰、钴、铅、钨、锌、钛等。尤以清溪乡的锡矿为最，储量达10万吨，平均品位0.84%。已开发利用的有锡、钨、稀土、铜等。非金属矿有石灰石、岩盐、萤石、石膏矿、陶土、花岗石、无烟煤等，以周田镇的岩盐为最，储量为21.4亿吨。其次是文武坝、筠门岭镇的萤石矿储量260万吨。分布在西江镇、小蜜乡的石灰石绵延几十里，正在开采的筠门岭石膏矿储量达5000吨，分布在小蜜、西江、庄口、白鹅等地的无烟煤175万吨，分布在右水、文武坝等地的陶土5000万吨，已开发利用的有锡、钨、石灰石、岩盐、萤石、厂膏矿、陶土、无烟煤等。

五、培训工作有序开展，队伍素质明显提高

会昌县级支中心十分重视基层服务点人员素质的提高，一是培训规模庞大。先后举办了4期乡镇文化专干“共享工程”业务培训班，培训了200多名基层技术人员，平均每个乡镇3名（宣传委员、文化站长及技术骨干），县支中心技术人员参加；二是培训内容丰富。重点围绕计算机硬件组装、播放器和阅览器的使用，常规故障检测和排查，电脑设备的维护和保养等业务知识做了专门讲解，利用多媒体向大家演示了基层服务点共享工程桌面设置方法和公共图书馆现代化管理平台及应用等内容，帮助基层服务点文化专干快速有效地掌握应用，共享工程的方法与技巧，通过培训，提高了基层服务点文化专干的业务知识水平和实际操作能力；三是培训形式多样。今年5月县级支中心举办了首届“文化共享杯——全国文化信息资源共享工程知识与技能竞赛”，在基层掀起了岗位练兵的热潮，活动覆盖了会昌19个乡镇基层服务点，有300余人参加了竞赛活动。

文化共享工程是顺应时代发展的民生工程，是深受基层群众欢迎的民心工程，已列入我县国民经济及社会发展“十二五”规划。文化共享工程会昌县级支中心要按照上级文化主管部门的要求，以科学发展观为指导，抓住机遇，乘势而上，扎实工作，为进一步构建公共文化服务体系，推动社会主义文化大发展大繁荣，为更好地满足人民群众日益增长的精神文化需求，做出新的更大贡献。

（撰文/会昌县支中心）

寻乌县支中心

一、整体情况

寻乌县图书馆始建于1984年6月（之前为县文化馆图书室）。现有编制4个，实有人数3人。近三十年来，寻乌县图书馆几经坎坷、数度异址，甚至还经历过长达九年无馆址、无水电，蛰居外单位不足120m²的四间办公室办公的艰难岁月。2012年3月在本届县委、县政府的关心、重视下，县图书馆被安排在了新落成的“寻乌县青少年活动中心”，终于使图书馆走出了长期无馆址、办公条件恶劣、阅读环境简陋、设备陈旧老化的窘境，更重要的是购书经费得到了一定的保证（年购书经费4万元），并列入了财政预算。目前县图书馆馆用面积1980m²，各类藏书7.14万册，电脑55台，大型投影设备2套，大型卫星接收设备1套，设立了电子阅览室，纸质图书外借室，成人报刊阅览室，少儿图书、报刊阅览室，多功能视频报告厅，一应设施也正在逐步完善中，基本达到了部颁三级馆的最低硬件要求。

二、网点建设

由文化部、财政部统一调配给我馆用以装备电子阅览室以及多功能视频报告厅的各类电子设备，早在2009年10月就已全部到齐，由于当时我馆仍蛰居在县东江源剧院三楼不足120m²的狭小场地无法安装运营，所以直到今年3月搬迁至“县青少年活动中心”后才开始筹备安装调试。可能是放置时间过长，安装调试过程中不断有设备出现问题需要送回厂家修理，因此直到现在电子阅览室和多功能视频报告厅还没有正式对外开放，预计明年初所有馆室可对外开放。乡、村的网点我们主要是依托县教育局开设的远程教育网进行建设。目前全县十五个乡镇文化站网点已基本开通运行，村级开通运行的达百分之六十。

三、经费投入

2010年及以前我馆的财政拨款除了人头经费之外，县财政下拨的购书经费长期保持在1.3万元左右（1993年初经县委、县政府两套班子联席会议研究决定，按当时全县人口人平0.05元的标准拨付）。2011年中央财政下拨免费服务资金10万元，省财政配套资金2万元，县财政购书专款4万元；2012年中央财政下拨免费服务资金8万元，县财政配套资金6.4万元，购书专款4万元。由于我馆长期以来均处于无馆址和经费异常拮据的窘境，家底单薄，设施陈旧，图书稀少，搬迁至“县青少年活动中心”后，上述资金绝大部分用于了电子阅览室桌椅，外借室书架，少儿阅览室、成人阅览室图书及桌椅、多功能视频报告厅桌椅等设备添置、更新及图书购置上，图书馆面貌焕然一新。

四、惠民服务

为了切实执行和贯彻上级文化主管部门关于公共图书馆实行免费服务的有关精神，我馆根据自身实际在2011年就制定并开展了惠民及无偿服务。具体内容及做法：一是在所有对外开放的公共空间实行免费接待。主要包括电子阅览室、少儿阅览室、成人阅览室、外借室、多功能报告厅等；二、对所有对外开放的文化信息资源实行免费借阅。主要包括图书、报刊、文献、典籍及影视资料等；三、在自行举办和开展的活动领域实行免费服务。主要包括公益性讲座、展览、业务辅导、县乡村图书流动等；四、在延伸和拓展的业务领域尽可能提供优惠服务。主要包括为读者收集专题信息，编写参考资料，代查、代译、复印书刊资料等。

五、工作展望

县图书馆作为县域唯一一家专业收集、保存、开发、利用、传播地方典籍、文献和人类优秀文化资源的公益性事业单位，各级政府和主管部门除了在经费预算、人员编制及业务培训上要进一步加大扶持和重视外，硬件的改造、升级和完善方面也还有很大的提升空间：一是随着纸质图书将逐步被电子图书取代的大势所趋，电子数字产品的更新和扩容已是当务之急。这一目标的实现，不仅免除了读者长期以来只能到图书馆才能浏览到所需纸质图书的奔波辛苦，足不出户就可在家或单位通过电脑登陆县图书馆文化信息资源这个平台，浏览到所需电子图书，更重要的意义是：它更绿色、更环保、更节约林木资源、更符合世界性节能减排要求。而目前仅50台电脑的县级电子阅览室远远难以满足来馆读者的需求，建议上级每年在拨付免费服务资金的同时考虑增加一定的经费用以添置或更新电子设备，以解来馆读者不时之需；二是图书管理人员的培训和本科专业人才的引进刻不容缓。二十一世纪是人才的世纪、知识的世纪、数字化的世纪，图书馆更是现代科学技术、人类优秀文化的传播地和集散地，因此，对图书管理人员的要求也将更高、更苛刻。目前，县一级的图书管理人员基本属于"现代文盲"，且年龄偏大，对即将由传统的图书管理模式向数字化图书管理模式转变这一新事物根本无法适应和接受。鉴于此加强对图书管理人员的培训、加快引进本科专业人才刻不容缓；三是接待任务日益繁重，馆容升级应列入议事日程。随着人民生活水平的不断提高和城镇化建设步伐的不断加快，人们对精神文化生活的需求也随之不断增加和提高。作为人类优秀文化资源收集、传播的图书馆，将是人们今后闲暇之余的首选之地。因此，面临的接待任务也将越来越繁重。我馆目前虽已达到部颁三级馆标准，但日接待量也只能在百余人左右，三、五年后将无法满足读者来馆借阅需求。所以，馆容升级为部颁二级馆亦应列入议事日程。建议政府五年或十年规划，在人口较集中的地域兴建一座占地面积不少于2000m²、总使用面积达5000m²、部颁一级馆的独立图书综合大楼。

"图书馆是社会的一面镜子"，通过图书馆这面镜子，可以折射出一个地区的过去，可以反射出一个地区的现在，还可以透射出一个地区的将来。图书馆是地方城市形象的主要构件，是一个地区、一定时期物质文明和精神文明综合成就的体现，在一定程度上代表着一座城市的品味。我们期望不久的将来一座造型别致、功能齐全、服务完善、深得读者喜爱的现代化寻乌县图书综合大楼展现在我们眼前。

（撰文/寻乌县支中心）

石城县支中心

石城县全县总面积1581.53平方千米。其中山地面积2111347亩，约占总面积的89%，耕地面积192646亩，约占总面积的10%，水面面积57794亩，约占总面积的3%，道路、城镇、村落、厂矿237230亩，约占总面积的10%。人谓"八山半水一分田，半分道路和庄园"，是个典型的东南丘陵低山地区。自古以来，石城都是江西进入闽西粤东必经之地，素有"闽粤通衢"之称。总人口30.2万人、辖10个乡镇、13个居委会、131个行政村。

石城支中心在上级部门的部署下，就提高农村信息化水平，形成互联网上中华文化信息资源的整体优势，丰富广大人民群众特别是经济欠发达地区群众的精神文化生活，保障人民群众的文化权益，满足群众不同层次的文化需求，缩小城乡之间文化发展上的差距，建设社会主义新农村，构建和谐社会等方面发挥了重要作用。

一、基本情况

该中心文化资源共享工程于2008年成立，共有面积90平米，室有电脑35台提供上网查询。2009年县支中心文化资源共享工程开始普及进入乡镇行政村，全县10个乡（镇）有5个乡（镇）于当年安装调试完毕，2010年剩下的5个乡（镇）配齐并于当年安装调试完毕。行政村第一批配发76个电脑于当年安装调试完毕。2011年配发第二批55个电脑于当年进行安装，至目前为止石城县支中心所属行政村实现共享工程村村全覆盖。

共享工程石城支中心设在县图书馆，是石城县共享工程的建设和业务指导单位，负责保障县中心共享工程设备的运行，协调乡（镇）村级共享工程设备的维修，指导乡（镇）村级共享工程活动的开展以及开展全县共享工程管理员的业务培训和指导。

二、管理和队伍建设

为使共享项工程真正为老百姓所用谋利，石城县支中心将共享工程日常管理纳入制度化管理。制定支中心、镇、村基层服务点工作职责和制度，实行制度上墙。每年有年度工作计划，工作要点，年末有工作目标管理考核，并推行管理员工作日志管理。

文化资源共享工程作为一个新的农村文化资源获取平台，如何推广好、利用好共享工程丰富的文化资源关键在于是否有一支专业化的共享工程管理员队伍。县共享工程支中心在管理员队伍建设上坚持明确职责，明

确思路，制度化管理。对于乡镇基层共享工程管理均由文化站站长兼任，对于行政村共享工程管理人员由村委委员兼任.选取这样的管理员都有一定社会基层管理服务实践经验的，有高中以上的文化水平并能尽快熟悉掌握共享工程设备为村民服务。

三、培训工作

县支中心在共享工程管理员的培养上实现了制度化和职责化。根据支中心工作要求，每年对乡(镇)共享工程管理员进行4期的培训，2008年以来一共举办各类培训班20期，参加培训的各级管理员600人次。

四、经费投入

县支中心共享工程自2010年实现村村全覆盖以来，每年投入运维经费，用于共享工程设备的维护，人员培训和活动的开展。

五、资源建设

石城县支中心在历年的工作中，搜集购买各类光盘400多张，发放宣传资料2000余份。

六、利民惠众，惠农服务

石城县支中心在共享工程服务实践过程中，以民众的需求为导向，积极探索，服务民众生活生产，引领群众高尚精神文化生活，做到共享工程真正惠利于民，打造老百姓满意喜爱的文化服务新平台。

七、宣传推广

县支中心利用各种渠道宣传推广共享工程。支中心每年利用黑板报　宣传报道，展板，新闻报道节假日活动等为平台宣传共享工程，让民众不断了解共享工程，走进图书馆共享工程。

八、工作展望

支中心文化资源共享工程已走过5个年头，从一个中心到今天的141个乡(镇)行政村基层服务点全覆盖，群众从不知到广泛认知，参与，共享工程在县已经成为繁荣石城文化，提升城市品位，丰富人民精神生活，推动人文科技进步的强大动力。今后石城县支中心希望在上级中心和分中心大力支持下为石城共享工程建设一支专业化的服务队伍，让更多的人可以享用共享工程资源，为建设科技石城，文化石城做出贡献。

（撰文/陈晓梅）

抚州市支中心

抚州市图书馆位于抚州市迎宾大道588号，占地面积4100平方米，建筑面积为9610.07平方米，于2010年9月1日正式对外开放。随着文化信息资源共享工程在全国范围内开展，抚州市政府及市文化新闻出版局将这项工程列入抚州市文化设施建设重大项目，将抚州市支中心设立在抚州市图书馆。近年来，我馆充分利用财政资金，参照市级支中心建设要求，购入共享工程相关设备、架设网络环境，经过不懈努力，抓住2010年迁入新馆的大好时机，初步建成了资源常更新、技术有保障、覆盖范围广、惠民服务多的共享工程平台，获得了上级部门的肯定。

一、基本情况

在新馆规划时期，抚州市支中心按照共享工程市级支中心建设标准，制订了支中心建设方案，与市财政局形成共识，拨出专项经费用于系统升级与设备添置，总投资共计200万元。抚州市支中心现有PC160余台，100M带宽的光纤网络，建有标准化中心机房，配备专用服务器8台、磁盘阵列存储空间15T、硬件网络防火墙1台、防火墙配有VPN接口、千兆网络交换机1台、百光网络交换机9台、大功率UPS两组、防雷器1套、网络防病毒软件1套。

业务工作采用ILASIII3.0进行自动化管理，建有图书馆网站（www.fulib.cn），配备有视频点播服务器、卫星天线接收服务器、资源发布服务器、资源加工服务器、应用服务器，可在图书馆网站实现馆藏书目查询、续借、馆藏数字化资源查询、文化信息共享工程视频资源点播等功能。

二、资源建设

1、设专职工作人员利用卫星接收器及互联网接收、转存国家中心和省中心的视频资源，内容涵盖文化遗产、戏剧、音乐舞蹈、曲艺杂技、少儿文艺、影视文化、农民致富信息、科普知识和医疗卫生等。截至2012年底，共接收了500G的视频资源，为支中心开展好文化资源共享工作提供了坚实的资源保障。

2、划拨专项经费，组织技术人员开展自有资源库、专题数据库及地方特色数据库建设（建成及在建的有临川文化、抚州市非物质文化遗产、抚州市地方志等特色专题数据库）。

3、加大电子文献购置资金比例，目前安装了电子图书20万余部、CNKI四大库（期刊、论文、会议记录、报纸）90个专题、博看畅销期刊、银符考试题库等十多种数字资源，总存储容量达到3TB。这些数据库均已发布在该馆网站上，读者可在在互联网和馆内局域网上点击观看，极大的方便了读者的使用。

三、宣传推广

1、充分发挥电子阅览室的主阵地作用，做好宣传推介工作，提高“共享工程”资源的点击率，不断美化共享工程主页、少年版、农村版、社区版、企业版网页页面，增加读者的阅读兴趣。电子阅览室85台PC，每周开放60小时，年接待读者21900人次。

2、将多功能报告厅作为共享工程展播室，定期对读者开放，播放“共享工程”中的影视、讲座视频。2012年，共享工程展播厅共播放电影和讲座40余场，参与观众2万余人。在做好节目播放预告过程中，我们积极吸收读者意见，调整了播放计划。此外，我们也利用投影设备在社区、农村等基层服务点开展放映活动。

四、合作共建

为了更好地实现文化的互惠共享，我们不断加大对现代数字资源建设、网络技术开发力度，创新服务方式，以满足各层次读者各方面各个时期不同的文化需求。如在残障阅览室安装盲人读屏软件，满足盲人的“阅读”需求；利用多媒体设备与少儿室的工作人员合作开展少儿绘本阅读、“月亮姐姐”讲故事、“涂涂画画”绘画教学等活动，让孩子们健康成长，感受科技的魅力。在农村，将“农村党员干部现代远程教育试点工作”与“农村中小学现代远程教育工程”相结合，以共建的基层站点为依托，为广大农村基层群众提供实用性、知识性、娱乐性的数字文化信息；与有线电视数字化推广工作相结合，利用数字电视技术将“共享工程”的文化信息资源送入千家万户。

五、培训工作

“共享工程”的建设工作量大，涉及范围广，必须加强制度建设，健全组织网络，狠抓管理才能取得成效。我馆在加强自身建设的同时，积极帮扶县（区）基层中心和乡镇基层站点建设，多次组织专业技术人员到基层督查指导。抚州市支中心自2010年以来，下基层服务点30多次，做了大量的业务辅导与指导工作，确保基层服务点正常运行。目前，全市12个公共图书馆已按要求完成县级支中心和乡镇级、村级基层四级文化信息资源共享工程服务点建设，各县（区）图书馆严格按照省共享工程中心的要求，对机房进行装修，达到要求机位面积，设备、设施齐全，设备能够正常运行，开通了对外服务，形成了支中心、乡镇、村（社区）三级管理网络。同时，为提高管理人员的操作水平和运用能力，支中心专门对共享工程管理员进行集中培训，培训人员1000余人次。

六、工作展望

努力建成资源更为丰富、覆盖更为广泛、服务更加便捷、技术更有保障的共享工程市级支中心是我们的最终目标。虽然我们取得了一定的成绩，但同时面临着设备更新、资源加工整合、软硬件平台建设和技术人员培训等许多问题。我们坚信，在国家中心、省支中心的大力支持下，只要我们稳步推进“共享工程”建设，确保“共享工程”成效，真抓实干、开放创新，就一定能为构建和谐文化，推动社会主义文化大发展大繁荣作出应有的贡献。

（撰文/抚州市支中心）

抚州市临川区支中心

临川区全区总面积2121平方公里，辖1个工业园区，26个乡镇，2个基殖场，5个街道办事处，总人口108万。全国文化共享工程实施后，城区紧紧抓住这一历史机遇，从二00五年将共享工程作为推进文化创新，完善公共文化服务体系，提高公益性文化服务水平，促进经济社会协调发展，构建和谐临川的重要巧手，扎扎实实地组织全区共享工程项目的实施，在文化部、江西省文化厅等各级领导的关怀和重视下，临川区文化信息资源共享工程的各项建设进展顺利，并达到实施方案的预期目的。

一、基本情况

1、区支中心

2005年4月由区委、区政府投资十万建立抚州市首个全国文化信息资源共享工程临川区支中心，采购电脑20台和其它配套设备，并于当年10月28日对外开放，2008年在中央文化部江西省文化厅的关怀和支持下，又获全省首批县（区）级支中心68万元配套设备，配送电脑55台，服务器4台，投形机2台，数码照相机、摄影机，五位一体打印机，卫星接收机等一批设施和设备，目前已安装十兆光纤连入互联网并实行全方位免费开放模式，每天开放8小时，节假日不休晚上增加2小时开放，全馆人员轮换上班，全年共接待8614人次。2012年3月开始报批维修改造立项，于6月10日起闭馆进行内部打包工作，维修改造工程9月1日正式开工，装修后的电子阅览室，多媒体报告厅按照文化部全国文化信息资源共享工程管理中心的各项要求进行逐步实现全民资源共享的愿望。

2、乡镇（街办）基层服务点

临川区有乡镇26个，街道办事处5个，有电脑312台，每个服务点都配备了一定数量的配套设备，并按照上级有关要求实行免费开放，各地每天开放8小时，节假日照常上班，全年按待群众超过8万人次。

3、村（社区）基层服务点

全区有369个村级基层服务点，共有电脑396台，每天开放4小时，年接待群众近10万元次，社区73个服务点正在筹备当中，2013年12月前有望全部完成社区布点工作。

二、工作开展情况

临川区文化信息资源共享工程在中央、省、市、区各级领导的关怀和重视下，以区为中心，带动乡、村二级基层服务点快速发展，三放网点共有电脑763台，基本实现了区、乡、村三级的共享工程全覆盖。

以区为中心、乡、村基层服务点，在开展乡镇电子阅览室建设的同时，要求规范管理，统一标识，积极开展面向基层群众，特别是面向青少年、进城务工人员和互联网上网服务，引导和帮助广大基层群众学习电脑和网络知识，让更多的群众享受文化信息资源、浏览绿色网站，同时区支中心于2012年4月26日至27日两天在区支中心多媒体教告厅举办了一期乡镇基层服务点管理员培训班和基层文化信息资源共享工程座谈会，参加学员42人，村级服务点管理员培训班将分期分批在2013年内完成，让村级服务点全部都能接受一次系统的培训，区支中心也派出5名管理技术人员到省分中心参加了培训。同时，区支中心配备三名专职人员，乡镇也配备了最少一名专职工作人员，村（社区）有兼职人员，确保了对本级系统进行日常管理，并为基层服务点提供技术支持，使全区网点顺利为群众更快、更好的服务。

三、今后展望

一是进一步扩充文化设施网点，临川区图书馆、乡镇综合文化站、村级文化活动室为实施主体，加强基文化设施网点网络化、数字化建设，强化文化、科技信息资源自动化、网络化建设和专业技术人员的培训，为深入推进共享工程的实施打好基础。

二是努力把文化信息资源共享工程用活、用好，积极采用图书馆先进技术，借助数字电视和远程教育服务网络，大力开展公益性服务，尤其加强对广大农村地区的扶持力度，将文化共享工程建设成为社会主义新农村的重要抓手。以先进文化教育广大群众，提高人民群众的思想道德水平和科学文化素质，最大限度地将信息资源转化为生产力，通过多种形式拓展服务范围，创新服务方式，将地方影视劝视戏曲、音乐、歌舞、美术等艺术表现形式纳入共享工程服务内容，以群众喜闻乐见的形式使共享工程更加贴近基层、贴近生活、贴近群众。

三是在实施过程中加强与上级业务部门，区直各部门的沟通与协调，使共享工程服务群众更具针对对性和时效性。同时，不断总结经验，改进创新治理体制和运行机制，使"共享工程"真正成为文化创新工程。

（撰文/抚州市临川区支中心）

南城县支中心

南城县县域面积1698平方公里，辖8镇4乡150个村，总人口32万。作为一个有着千年文化底蕴的古城，文化的传承和发展得到地方政府的高度重视，文化资源共享工程在县委、县政府的统一部署下，全面建成，为繁荣农村基层文化，满足农民多层次文化需求，传播中华民族优秀文化资源发挥了重要作用。

一、基本情况

2007年，南城县成立了由县文体广电局牵头，县图书馆组织实施的"共享工程"筹备小组。由县图书馆提交了关于要求建立"共享工程"县级支中心的报告，得到了县委、县政府的高度重视。考虑到当时图书馆因旧城改造拆迁，新馆尚未兴建的事实，县委、县政府决定加快图书馆新馆建设的步伐，决不让馆舍的问题拖了共享工程的后腿，同时，县文体广电局向省文化厅提交了请求列项的报告，县、局领导亲自去省厅汇报了南城县的具体情况并争取批复，得到了省厅领导的理解和关心，南城县支中心建设项目得到了批准，列入第二批建设名单。2009年12月，地方政府投资800万元兴建的图书馆新馆建成并投入使用，国家文化信息资源管理中心配发的设备也相继到位，共享工程建设进入设备安装、调试阶段，从筹备、馆舍建设、设备接收、安装调试，历时3年时间，南城县文化信息资源共享工程于2010年4月顺利完成了县支中心的建设工作，并投入使用。村级基层服务点于同年9月，先后完成了人员培训、设备安装调试等工作，全县150个村级基层服务点全部挂牌投入运行。至此，南城县文化资源共享工程平台建设工作基本完成。

二、管理和队伍建设

共享工程南城县支中心结合图书馆工作实际，建立和完善各项规章制度，专门配备了两人负责共享工程县支中心的工作运转，并选派参加省分中心组织的业务培训，县级分中心(县图书馆)对全县150个村级基层服务点实行业务上统一管理，各服务点悬挂统一的标识牌和管理制度牌，督促落实专人管理，建立基层服务点工作信息人员档案，为后期业务指导及业务咨询做好基础，同时，对他们进行业务培训，通过培训，各服务点工作人员的业务管理水平有了提高，并能熟练操作电脑，保证了文化共享设备的安全运行，快速服务群众，各服务点工作也基本做到了规范化、专业化。

三、培训工作

南城县支中心在共享工程管理人员的培养上，积极选送管理人员参加省、市组织的各种培训和业务交流活动，根据支中心工作要求，每年还要对共享工程各基层服务点管理员进行1–2期的集中学习培训，不断提高他们的业务管理能力。

四、经费投入

图书馆每年的公用事业经费非常有限，共享工程南城县支中心的成立，给原本紧张的经费带来了很大压力，县支中心把这一情况向县相关领导作了汇报，并争取县支中心运行经费纳入到县财政预算，得到了领导重视。目前财政预算县支中心每年3万的运行经费、每年2万的村级基层点业务辅导经费，为我县文化共享工程运行提供了有力的经费保障。

五、资源建设

南城县图书馆把科技为农服务工作作为一项特色服务工作一直坚持在做，每年编印《农业科技》12期，自支中心成立以来，支中心把这些科技资料制作成光盘，累计达3000张，分发到各基层服务点，为科技用户提供科技信息服务。

六、合作共建

南城县图书馆与县看守所图书室一直以来就建立了合作关系，图书馆改变传统的服务方式，利用共享工程这个平台和看守所的多媒体活动室，建立了多媒体阅读中心，将支中心电子文献资源库的信息以及国家中心下发的电子文献资源通过多媒体进行传播，大大的丰富了服狱人员的文化生活，为他们的改造起到了积极作用。

七、惠民服务

县支中心资源共享平台的建立，推动了文化传播手段的升级换代，图书馆利用这个平台优势，采用多种方式，开展更多的群众文化活动，如：利用多功能报告厅投影仪向广大中学生播放爱国电影、科普教育等影片，与消防中队建立军民共建单位，活跃部队官兵的业余文化生活等，充分利用文化共享工程网上资源为群众服务，引导广大群众了解并享受文化信息资源。各村级基层服务点，基本做到定期为群众服务，组织群众充分利用文化共享工程提供的资源，学习农业科技知识，观看文化娱乐节目，极大地活跃了群众业余文化生活。及时地把群众需要的农业技术、科学知识、文化娱乐等资源送给群众，使群众从网上获取致富信息，发家致富，群众反应很好。

八、宣传推广

文化资源共享工程是惠及群众的一项民心工程，为使广大群众充分了解文化共享工程、认识文化共享工程，更好地利用共享工程，县支中心与县教育局联合举办了中小学教师电脑知识及技能竞赛，组织读者参与“共享工程”信息知识竞赛。

通过多种形式介绍全国文化共享工程概况和意义，并将文化共享资源，如：电影、戏曲、农业科技等节目提供给广大群众，定期为群众全方位提供文化共享工程信息服务，使文化共享工程家喻户晓，人人皆知。营造了浓厚宣传氛围，更好地推动了全县文化共享工程健康发展。

九、工作展望

南城县文化资源共享工程建立五年来，发展健康，也得到群众的广泛认可和积极参与，文化资源共享工程在繁荣农村文化，丰富农民精神生活方面，起到不可替代的作用。南城县文化信息资源共享工程工作在建设运行过程中，虽然取得了一些成绩和经验，但还存在一定的问题和不足，主要是技术人才缺乏。服务创新方面还要进一步开拓，要不断探索，创新思路，加强管理，积极服务群众，确实保障人民群众基本文化权益。进一步利用文化共享工程信息平台，占领基层文化阵地，推动文化事业的发展。

（撰文/南城县支中心）

黎川县支中心

文化共享工程就是利用先进技术传播先进文化。它充分利用现代高新技术手段，将优秀的文化信息资源进行数字化加工、整合，通过互联网、卫星和光盘等方式传送到基层，为广大群众提供优秀的文化信息服务，实现文化信息资源的共建共享。我馆自2012年4月工程启动以来，相继投入资金44余万元，设有中心电子阅览室，业务自动化系统。

根据县图书馆所具备的计算机网络系统，严格按照国家确定的建设标准，添置必须的设备、软件，搭建起适合文化信息资源共享工程的数字化生产、传输服务环境，建成了黎川县支中心，利用计算机网络系统、文献扫描设备等开展了资源建设服务工作。

一、县级支中心建设情况

我馆2011年，积极争取文化信息资源共享工程项目资金44万元。成立了黎川县“文化信息资源共享工程”支中心，建成电子阅览室和实现文化信息资源共享及图书馆自动化管理系统。现正用于图书、报刊书目数据库和读者信息库的建设。1、县支中心电子阅览室：阅览室面积100平方米，配有卫星接收站1个，服务器4台，存储容量4TB，安全设备1台，资源总量2TB，自建资源：视频照片6GB，卫星接受资源2GB，文化信息共享工程专用服务器机柜1台，空调2台，45台高性能品牌电脑，19英寸宽屏液晶显示器，UPS断电保护，电信因特网10兆光纤接入。目前配备1名兼职的计算机专业管理人员，每天免费对外开放，最大限度为公众提供网上信息服务和阅读信息资源及电子图书。

2、业务自动化系统按照公共图书馆的业务需求设计，配有服务器一台，功能全面、实用性强，具备采访、编目、典藏、期刊、流通、信息查询等功能，在图书管理的采、编、流、查等环节实现计算机自动化管理。

二、队伍建设情况

为了保障我县文化信息资源的数字化建设与管理，使工程建设顺利实施，我馆在2010、2011年，先后两次派4人到省分中心学习专业知识和上机操作培训，他们都具备了利用共享工程设备开展群众文化活动的技能。同时，省图书馆的系统网络部、技术制作部、采编部、特藏文献部、报刊信息部也积极配合共享工程工作。104个基层服务站点都配有1名兼职的管理人员。

三、开展服务情况

1、利用文化共享工程平台，在寒暑假针对广大中小学生开展了"推荐百部爱国主义、科普类影片"活动、举办了"学习雷锋精神"的思想道德建设专题讲座；举办了图书馆宣传周、电脑知识培训和未成年人专题知识讲座。

2、根据未成年人的特点，加大对未成年人的服务力度，引导未成年人文明上网，同时加强对未成年人上网的管理，对未成年人进人电子阅览室的，必须征得家长同意，才予登记、上机，且严格规定上机时间，监督他们的阅览内容及范围，确保他们文明、健康上网。

四、基层服务站点建设情况

2011年4月，全县已建立以县图书馆为支中心，乡镇文化站和行政村为基层服务站点的工作网络体系。截止目前，已建成乡、村基层中心和服务站点104个（包括15个乡镇和1个社区）。

目前104个基层服务站都配置了电脑，英特网4兆光纤接入。支中心积极开展基层文化活动，充分利用共享工程国家中心和省级分中心及县支中心提供的丰富文化信息资源，通过广泛宣传、举办文化信息资源进社区、进农村活动的方式，以局域网点播、网络服务、送资源到家门口等方式为广大基层群众提供文化服务，使这项旨在利用现代信息生产和传输技术，整合先进文化资源的利民工程越来越受到基层群众的欢迎，丰富多彩的文化活动既满足了群众多层次、多样化的文化需求，也改善了基层文化工作的吸引力和生命力，从而使这一改善广大基层群众文化生活贫乏现状的工程逐渐深入人心。已建成的104个乡村基层站点（包括15个乡镇和一个日峰镇社区）均能正常开展活动。其中90%以上的站点都有兼职人员负责日常工作。

1、大量收集农村实用技术信息，宣传资料通过服务网络传输信息，使群众快学技术早的实惠。

2、在各个乡镇举办农村实用技术培训班，为他们播放科技知识和生活小常识，培训农民9000余人，发放《农村百事通》、《二十四节气与农事活动》、《猪健康高效养殖》、《优质水稻生产与病虫害防治》等光盘32个。

在推进共享工程过程中也碰到一些实际问题，县财力薄弱，每年3万的运行经费捉襟见肘，尤其是乡镇农村基层服务点设施配套完善上存在很大问题，影响了共享工程的实用效果，二是管理体制和运行体制需要在实践中探索完善。

五、工作展望

1、加强文化设施基层网点网络化、数字化建设，加强文化科技信息资源自动化、网络化建设和专业技术人员的培养，为深入推进共享工程打好基础。

2、努力把文化信息共享工程用活用好，积极采用图书馆成熟的技术借助数字电视和远程教育服务网络开展公益性服务，特别要加大广大农村服务力度，将共享工程建设成为社会主义新农村的重要抓手，最大限度将信息资源转化为生产力，通过多种形式拓展服务范围，将地方特色产业、影视、戏剧、美术等艺术形式纳入共享工程服务内容。

目前有图书、报刊数据库1个，今后打算建民间文化保护数据库、未成年人数据库、文化旅游数据库、戏曲数据库13个、娱乐资讯数据库、音乐作品数据库、美术数据库、人物数据库、未成年人资源数据库，视频节目数据库。文化信息资源建设始终是"共享工程"的核心。我县文化底蕴深厚，民间文化信息艺术多姿多彩。我们在利用国家及各省市区已开发的文化信息资源成果的同时，更应发挥本县资源优势，努力将有地方特色的文化信息资源开发出来，建好"地方文献资源"数据库。积极整合系统内资源，将获得文化部群星奖的剧节目以及非物质文化遗产等资源进行征集、加工制作。

3、加强与上级业务部门的沟通和协调，同时不断总结经验，使共享工程真正成为文化创新工程。相信在不久的将来，文化信息资源共享工程一定会有一个全新的面貌展现在群众面前，一定会成为老百姓满意的文化信息工程，成为社会主义新农村建设的用力支撑。

（撰文/黎川县支中心）

南丰县支中心

根据国务院、文化部关于大力推进全国文化信息资源共享工程建设的指示精神，为切实保障我现城乡人民群众的文化信息需求，促进基层文化的发展，南丰县文化共享工程支中心在省文化厅的支持和省、市文化共享工程分中心的指导下，以数字资源建设为核心，以基层服务网点建设为重点，在全县各乡、村广泛宣传、精心组织、指导建设、加强管理、推进发展。截止12月底，已建成12个乡镇服务点、159个村级服务点，较好地满足了我县人民群众不断增长的文化需求。

一、基本情况

南丰县有12个乡镇、172个行政村，自全国文化共享工程实施以来，我县一直把它作为一项文化建设的重点创新工程来抓。在县委、县政府的重视及有关部门的通力合作下，以县图书馆为基础，于2010年正式启动了文化共享工程建设。

通过向上争一点、县里给一点、乡镇出一点、村民筹一点的方式，初步形成了以县、乡、村为发展模式的各级基层服务网点，到2011年底，在全县建成乡镇服务点12个、村级基层服务点159个。

二、网点建设

南丰县文化信息共享工程网点建设相对完善，共有1个县级支中心（县图书馆）、12个乡镇服务点和159个村级服务点，其中乡镇服务点和乡镇文化站共建，村级服务点和农家书屋共建，在方便群众共享网络信息的同时，也方便他们阅读其他形式的知识。

三、经费投入

自2009年启动文化信息资源共享工程建设以来，我县共获得上级文化部门支持经费34万元，本县财政投入经费26万元。

四、资源建设

南丰县共享工程县级支中心（县图书馆）建立了"南丰文化网"，建立数据库3个，发布数据300多条。设立电子阅览室1间，拥有电脑40台，开通10兆光纤网。设立报告厅及多媒体室1个，安置桌椅70套，购置投影、数字电视2套，设立外借室、少儿借阅室、期刊借阅室、资料室、古籍室等，并全部对外开放。

馆藏图书8万余册、电子书400余种。各基层服务点配置电脑171台，其中村级服务点159台，与农家书屋实行共建共享。

五、技术支持

南丰县文化信息资源共享工程县级支中心为基层服务点提供技术支持，包括网络维护及技术培训。

六、合作共建

县图书馆抽调业务骨干负责全县各图书站流动点及农家书屋业务工作的辅导，并为各个图书流动站点制定了借阅制度、管理员工作职责、图书管理制度等，指导农家书屋管理员运用《中图法》管理农家书屋。

根据社区农村读者特点、统一制定了图书站牌匾、借书证、分类著录卡以及书标，并提出藏书布局和阅览区域布置，得到广大读者的好评。

七、惠民服务

结合自身优势和服务特色，开展了丰富多彩的图书服务宣传周系列活动，在图书馆内设置了“经典专柜”，利用文化共享设备，定期进行共享工程优秀影视节目播放活动，受到观众的普遍欢迎。开展南丰地方文化专题讲座，进一步加强了宣传文化共享工程，推广文化共享工程丰富的资源，取得了良好的服务效果。根据学校需求，从资源库中精挑细选优秀节目，开展送文化信息资源进校园活动，为广大中小学生提供服务。联合广大书商在我县开展平价优惠购书与赠书活动，促进了我县全民阅读活动的深入开展，为打造南丰文化旅游名城提供了精神动力和文化支持。

八、宣传推广

每年4–5月的读书月活动期间，在县华联广场举行“多读书、读好书”宣传活动，通过悬挂宣传横幅、标语，制作宣传展板，设立咨询台等方式，大力营造浓厚的读书宣传氛围，吸引了广大市民踊跃参与读书活动。

九、培训工作

由县图书馆技术骨干及外聘技术人员每年举办相关的文化信息资源共享培训2次，培训学员180人次；每年举办基层服务点培训2次，培训乡镇文化站文化员26人次，培训农家书屋管理员318人次。

十、管理和队伍建设

南丰县文化信息资源共享工程县级支中心在岗人员9名，其中副研究员1名，中级馆员2人，外聘专业技术人员1名，其他人员6名。年龄在40岁以上的6人，40岁以下3人，70%以上为大专以上学历。基层服务点以兼职人员为主，其中农家书屋30%管理员为残疾人。

十一、工作展望

1、继续推进我县共享工程基层网点的建设。目前我县还有13个村未建基层服务点，我们将争取在2013年完成以上网点的建设。

2、发挥优势，整合资源，加大资源建设力度。南丰县历史悠久，文化底蕴深厚，民间文化信息艺术多姿多彩，在利用国家及省市已开发的文化信息资源成果的同时，着重发挥本县资源优势，建好“南丰地方文献资源”数据库，编好南丰《图书园地》。

3、努力建好南丰数字图书馆。为方便读者检索，利用共享工程这个平台，争取在2013年底建成南丰数字图书馆。

4、加强培训，不断提高队伍素质。继续每年由县支中心组织1–2次专业技术培训，以适应共享工程建设和服务的需求。

5、健全制度，加强文化共享工程的管理。不断完善制度，加强管理，稳步推进，完善公共网络，创新服务内容，深化南丰文化共享工程建设。

（撰文/南丰县支中心）

崇仁县支中心

崇仁县总面积1520平方公里。全县现辖7镇8乡，3个垦殖场，148个村委会，总人口40万人。崇仁有着较深的文化底蕴，随着崇仁经济的飞速发展，文化建设事业呈现出前所未有的生机和活力。由于受到时间、地域的限制和城乡差别等等，“数字鸿沟”给人民带来了无法得到同等文化享受的障碍，而全国文化信息资源共享工程正是为人们开辟了一条良好的途径。因此，崇仁共享工程覆盖全县的基层服务点，将逐步缩小崇仁城乡之间文化发展差距，构建全县公共文化服务体系，让广大群众共享文化发展新成果。为切实加强共享工程建设的进度，崇仁县政府高度重视，崇仁县文广新局专门成立了共享工程领导小组。2008年建成全国文化共享工程县级支中心。

一、基本情况

2008年至现在，建成一个县级支中心，15个镇级基层服务点，与农村党员远程现代教育项目相结合，合作共建村级基层服务点148个，实现了村级100%全覆盖。

1、文化共享工程县级支中心建设。

2008年文化信息资源共享工程崇仁县级支中心设在崇仁县图书馆内，我县支中心现设有电子阅览室220平方米，视听室200平方米，报告厅200平方米，主控机房15平方米，视听室、报告厅和电子阅览室共设坐席250个，工作人员5人。2012年7月，与县电信局协商，专线以每月720元月租，通过15M光纤接入互联网，45台计算机都可浏览共享工程的信息，现已向社会全面免费开放。支中心的建成，进一步推动了我县图书馆基础建设，实现了图书馆网络化、数字化、自动化管理。

2、基层服务网点建设。根据文化部要求镇、村基层服务点与农村党员远程现代教育资源整合的要求，2008年开始，我县文化共享工程与农村党员远程现代教育相结合，合作共建镇级基层服务点15个、村级基层服务点148个，共发放了电脑148台。实现了村级网络100%全覆盖。

3、经费投入情况。2008年，省地投入建设物资为68万元，文化厅就需匹配6万元经费。2010年我县争取到90万两馆维修经费，其中42万用于文化信息资源共享工程（30万用于装修、12万用于购买设备）。

4、资源建设情况。要保证共享工程长久、持续地发展，就必须建立具有地方特色优势的文化信息资源库群，以满足广大基层群众的文化生活需求。收集、整理、加工、整合共享工程地方的、民族的、特色的优秀文化资源库群，要充分体现资源具有“人无我有，人有我优，人优我特”的主导地位。为此共享支中心在对全县各地文化资源进行全面系统调查摸底，并收集地方文献资料。还重点建设了一批能够满足农村群众需要的讲座、戏曲、图书、电影、专题资源库，特别是适合农民群众急需的种植养殖技术等资源。

5、人员培训情况。2012年，我县进一步加大基层文化共享工程队伍的培训力度，举办了1期培训班，培训县支中心和基层点人员20余人次。通过培训，有效提高了我县文化共享队伍的素质和服务能力。

6、管理和队伍建设情况。一是积极抓好职工培训，做好技术储备。我县图书馆于2008年10月、2010年11月、2012年4月，安排业务骨干到南昌参加省分中心举办的文化共享工程县级支中心培训班3人次，并多次安排业务骨干到市支中心学习。在设备安装完成后，相关工作人员认真学习由网络公司技术员现场讲授的电子阅览室的基本操作和管理维护知识。二是积极抓好各台账及建章立制工作。我县积极学习借鉴其它县的先进管理经验，结合工作实际，相继制定了《电子阅览室管理制度》、《电子阅览室工作人员工作制度》、《文化共享工程设施设备管理制度》等，县支中心文化共享工程的开展做到了有章可行、有据可依，同时也保障了广大读者的利益，为我县各族群众，尤其是青少年提供了绿色上网空间。

二、开展活动情况

从2008年12月开通文化信息资源共享工程以来，崇仁县图书馆积极开展共享工程宣传工作，扩大共享工程的的社会影响；利用共享资源丰富广大人民群众的文化生活，弘扬优秀传统文化。

1、开展宣传活动。4月23日“世界读书日”期间(1)在崇仁县电视台做文化信息资源共享公益宣传(2)在崇仁县人民广场开展大规模文化信息资源共享的宣传活动。

2、免费播放电影。服务宣传周和节假日免费播放了文化共享工程国家中心赠送的光碟：“双百人物、感动中国十佳青年、雷锋的故事”优秀爱国题材电影，使广大青少年受到了更多的爱国主义教育，受到了广大人民群众的欢迎。年放映电影10场次以上，扩大了我馆社会服务的广度和深度。

3、把文化信息资源送到农村去。2009年3月19日在崇仁县文化体育局的带领下送文化下乡，将文化信息资源共享工程十大类（优秀电影、实用讲座、农村新戏、农村科普、农村医疗、城镇务工技术、种植技术、养植技术、地方戏、舞台精品）分别刻录成光盘送到三山、河上等乡镇。2009年8月26日与县科协联合送科技下乡，在河上镇播放文化信息资源共享工程宣传片，将优秀电影、实用讲座、农村新戏、农村科普、农村医疗、城镇务工技术、种植技术、养植技术、地方戏刻录成盘送到123名农民的手中。服务农民近千人次，丰富了农村群众业余文化生活，提高了科学水平，深受农民朋友好评。

4、扩展性服务。县图书馆在县消防队开展双拥活动。2009年7月27日，县图书馆与县消防大队共同创建流通图书室，县图书馆加班加点地将全国文化信息资源10类下载下来，送给县消防队，共建县消防队图书室。

5、送资源进学校。2010年3月为崇仁四小下载资料8类，同时2010年和2012年在电子阅览室和视听室开展了关爱留守儿童活动。

6、聘请专家、学者走进图书馆。以共享工程县支中心的电子阅览室和视听室为平台，聘请专家、学者走进图书馆进行专题讲座。

三、工作展望

1、进一步扩充文化设施网点，以县图书馆、乡文化站、基层服务点为实施主体。加强基层文化设施网点网络化、数字化建设，加强文化、科技信息资源自动化、网络化建设和专业技术人员的培养，为深入推进共享工程的实施打好基础。

2、努力把文化信息资源共享工程用活、用好。积极采用图书馆成熟技术，借助数字电视和远程教育服务网络，大力开展公益性服务。尤其加强对广大农村地区的扶持力度，将文化共享工程建设成为社会主义新农村的重要抓手。以先进文化教育广大群众，提高人民群众的思想道德水平和科学文化素质，最大限度地将信息资源转化为生产力，通过多种形式拓展服务范围、创新服务方式，将地方影视戏曲、音乐歌舞、美术等艺术表现形式纳入共享工程服务内容，以群众喜闻乐见的形式使共享工程更加贴近基层、贴近生活、贴近群众。

3、在实施过程中加强与上级业务部门、县直各部门的沟通与协调，使共享工程服务群众更具针对性和时效性。同时，不断总结经验，改进创新治理体制和运行机制，“共享工程”使 真正成为文化创新工程。

我县文化信息资源共享工程中在各方面的不懈 努力下已初见成效，但目前的运行状况距离上级领导的要求和人民群众的需要还有很大差距，希望上级领导和业务部门能够 在资金、技术等方面能够给予大力支持。相信在不久的将来，文化信息资源共享工程一定会以一个全新的面貌展现在群众面前，一定会成为老百姓满足的文化信息工程，成为社会主义新农村建设的有力支撑。

（撰文/崇仁县支中心）

乐安县支中心

一、工程建设

1、我县文化共享工程支中心设在乐安县图书馆内，面积120余平方米。乐安县图书馆建于1983年，总面积1500平方米，馆内设报刊阅览室、少儿阅览室、图书借阅室、电子阅览室等功能室。自2010年以来，上级文化部门分期分批为我县图书馆配备了电脑45台（其中业务终端电脑35台、日常管理工作电脑10台）；服务器4台（分别为业务、应用、卫星、视频）和配套的业务自动化系统、资源应用系统、卫星接收系统、机柜1台、交换机2台、防火墙1块、信息浏览监控软件1套、存储器1台、UPS1台；液晶电视机2台、投影仪2台及幕布2块以及触摸查询机、打印机、扫描仪、音箱等其他设备。江西省图书馆下发拷贝资源总量0.3TB，资源主要是视频资源，涵盖影视、科技、歌舞、文化、戏剧等内容。

为了做好乐安县县级支中心建设工作和县图书馆的免费开放，乐安县图书馆争取到上级维修经费对本馆进行了维修改造，并配套相应的座椅、电脑桌等设备，同时与电信签订合同，接入10M光纤，保障网络的信息传输为读者提供了舒适宽敞的读书阅览环境。

2011年10月，县图书馆已完成电子阅览室标准化维修改造，卫星系统安装和接入电信网络，并对电子阅览室进行安全防护加固，安装了不锈钢防盗窗和监控设备。

2、为了加快我县村级文化共享工程服务点建设，2012年4月23日乐安县支中心在县图书馆举办了“庆祝第十七个世界读书日暨乐安县农村文化信息共享工程启动仪式”，并对第一批村级点的工作人员进行了培训，目前共下发村级点电脑60台。各村陆续完成设备的安装，宽带接入等工作，并进行开放。

二、活动开展

1、图书馆电子阅览室于2011年11月免费对读者开放，阅览用电脑35台，每天开放时间为8小时。读者凭有效证件可上网阅览共享工程网站内容和我馆自行开发及购买的数据库资源。

2、利用图书馆报告厅每周举办2次读者活动，定期播放“共享工程”中的讲座、影视节目。目前，已播放电影和讲座30余场，参与观众千余人。此外我们还利用投影设备在社区、农村等基层服务点开展放映活动。

3、支中心利用信息资源优势，开展科技支农活动，每年编印《农科信息》资料六期，每期近千份，定期无偿送到乡村图书室、文化活动中心、送到专业户手中。

4、支中心积极响应县文体广电局党委关于迎接十八大和基层党组织建设年活动，发挥自身的优势，多次组织党员干部群众尤其是退休党员干部等群体开展活动，如：读书活动、报告演讲、影片展播等。

5、各村充分发挥村级文化服务点与村农家书屋、党员远程教育活动站点相邻的优势，经常组织党员干部群众开展各项活动，收效良好。

三、下一步工作打算

1、支中心除继续争取县委县政府的支持，力求将文化信息网络工程纳入县财政统一预算中获得必要的经费保障外，也将积极争取省文化厅和省财政给予专项资金支持，以解燃眉之急，保障县支中心、乡镇和村基层服务点各项工作顺利开展。

2、在今后的工作中支中心将进一步加强与上级业务部门、县直各部门的沟通与协调，使共享工程服务群众更具针对性和时效性。同时，不断总结经验，改进创新管理体制和运行机制，使“共享工程”真正成为文化创新工程。

3、支中心计划将采用图书馆成熟技术和共享工程网络等技术力量，大力开展公益性服务。尤其加强对广大农村地区的扶持力度，将文化共享工程建设成为社会主义新农村的重要抓手。以先进文化教育广大群众，提高人民群众的思想道德水平和科学文化素质，最大限度地将信息资源转化为生产力，通过多种形式拓展服务范围、创新服务方式，将地方影视戏曲、音乐歌舞、美术等艺术表现形式纳入共享工程服务内容，以群众喜闻乐见的形式使共享工程更加贴近基层、贴近生活、贴近群众。为我县文化事业大发展大繁荣做贡献。

（撰文/乐安县支中心）

宜黄县支中心

宜黄县建县于三国吴太平2年（公元257年），迄今有1755年历史，因县址设于宜水、黄水汇合处而得名。全县总面积1944.2平方公里，现设6镇、6乡、2个垦殖场，辖8个居民委员会、139个村民委员会、1077个村民小组，总人口23万，其中农业人口17万。

一、基本情况

宜黄县图书馆成立于1978年，现馆舍建于1989年底，建筑面积1121平方米，其中阅览室5个，面积380平方米，设有阅览座位数200个，书库面积360平方米。

2011年，宜黄县政府在河东新区新建一个面积2000多平方米的图书馆，预计2013年可投入使用。

二、工作进程

2003年12月接到文化厅、财政厅《关于印发<江西省文化信息资源共享工程实施方案>的通知》文件。2008年1月，宜黄县图书馆制定了《宜黄县文化信息资源共享工程实施方案》。2008年8月，取得了宜黄县县政府的支持。县政府下文《关于同意宜黄县图书馆信息资源共享工程实施方案的批复》。2008年8月，宜黄县图书馆向省文化信息资源共享中心提出：《关于宜黄县图书馆建设文化信息资源共享工程基层支中心的申请》，并且双方签订了基层中心建设工作实施协议。2009年12月，省文化厅、财政厅转发了文化部、财政部通知，同意宜黄县实施文化信息资源共享工程，资金分配额为34.27万元。2010年5月，我馆根据赣财教［2009］182号文件，完成了机房装修工作，之后，我馆将继续努力，做好各项准备，包括培训业务工作人员，落实运行经费等等，尽快让文化信息资源共享工程在我县正式实施。2011年1月，由于新馆将建成，我馆在旧馆舍放置电脑10余台，供读者上网查找资料、信息。2011年10月，新馆开始装修，专门设有电子阅览室，待搬迁后，宜黄县文化信息资源共享可全面启动。2012年1月10日，文化信息资源共享工程宜黄县村级服务点正式启动。现已覆盖全县各村。

（撰文/宜黄县支中心）

金溪县支中心

现代信息技术和信息高速公路，将人类社会带入了一个崭新的时代。信息的产生、储存、传播和利用正式成为人类认识世界和改造世界必不可产的重要手段，文化信息资源共享工程正是这样一个创新。它充分利用现代高新信息技术手段，将优秀的文化信息资源进行数字化加工、整合，通过互联网、卫星和光盘等方式传送到基层，为广大群众提供优秀的文化信息服务，实现文化信息资源的共建共享。

我馆自2010年4月工程启动以来，相继投入资金40余万元，设有中心电子阅览室，业务自动化系统。根据县图书馆所具备的计算机网络系统，严格按照国家确定的建设标准，添置必须的设备、软件，搭建起适合文化信息资源共享工程的数字化生产、传输服务环境，建成了金溪县支中心，利用计算机网络系统、文献扫描设备等开展了资源建设服务工作。

一、县级支中心建设情况

我馆2010年，积极争取文化信息资源共享工程项目资金40万元。成立了金溪县“文化信息资源共享工程”支中心，建成电子阅览室和实现文化信息资源共享及图书馆自动化管理系统。现正用于图书、报刊书目数据库和读者信息库的建设。

1、县支中心电子阅览室：阅览室面积96平方米，配有卫星接收站1个，服务器4台，存储器1台，存储容量3TB,安全设备2台，资源总量1.6TB,自购资源：电子图书期刊数据40G、自建资源：视频照片20G，卫星接受资源30GB，文化信息共享工程专用服务器机柜1台，空调2台，46台高性能品牌电脑，UPS断电保护，电信因特网10兆光纤接入。

目前配备1名兼职的计算机专业管理人员，每天免费对外开放，最大限度为公众提供网上信息服务和阅读信息资源及电子图书。

2、业务自动化系统按照公共图书馆的业务需求设计，配有服务器一台，功能全面、实用性强，具备采访、编目、典藏、期刊、流通、信息查询等功能，在图书管理的采、编、流、查等环节实现计算机自动化管理。

二、基层服务站点建设情况

2012年11月，全县已建立以县图书馆为支中心，乡镇文化站和行政村为基层服务站点的工作网络体系。截止目前，已建成乡、村基层中心和服务站点141个。目前141个基层服务站都配置了电脑，英特网4兆光纤接入。

支中心积极开展基层文化活动，充分利用共享工程国家中心和省级分中心及县支中心提供的丰富文化信息资源，通过广泛宣传、举办文化信息资源进社区、进农村活动的方式，以局域网点播、网络服务、送资源到家门口等方式为广大基层群众提供文化服务，使这项旨在利用现代信息生产和传输技术，整合先进文化资源的利民工程越来越受到基层群众的欢迎，丰富多彩的文化活动既满足了群众多层次、多样化的文化需求，也改善了基层文化工作的吸引力和生命力，从而使这一改善广大基层群众文化生活贫乏现状的工程逐渐深入人心。

已建成的141个乡村基层站点（包括11个乡镇和三个社区）均能正常开展活动。其中92%以上的站点都有兼职人员负责日常工作，都进行业务培训。为服务点配备电器教材、农村实用技术图书和光盘，下载先进性教育、农业科技、文化体育、防疫保健、科普知识等共享工程信息资源。

1、大量收集农村实用技术信息，刻录成光盘或者宣传资料通过服务网络传输信息，使群众快学技术早的实惠，并现场接受咨询和解答问题，针对种养殖户在种养过程中碰到的实际问题，对症下药，使农业科技推广更具时效性和针对性。

2、在各个乡镇举办农村实用技术培训班，为他们播放科技知识和生活小常识32场，培训农民3000余人，发放《果树嫁接新技术》、《蔬菜优质高产栽培技术》、《农作物栽培技术问答》、《二十四节气与农事活动》、《猪健康高效养殖》、《优质水稻生产与病虫害防治》等光盘46个。

在推进共享工程过程中也碰到一些实际问题，县财力薄弱，每年4万的运行经费捉襟见肘，尤其是乡镇农村基层服务点设施配套完善上存在很大问题，影响了共享工程的实用效果，二是管理体制和运行体制需要在实践中探索完善。

三、工作展望

1、加强文化设施基层网点网络化、数字化建设，加强文化科技信息资源自动化、网络化建设和专业技术人员的培养，为深入推进共享工程打好基础。

2、努力把文化信息共享工程用活用好，积极采用图书馆成熟的技术借助数字电视和远程教育服务网络开展公益性服务，特别要加大广大农村服务力度，将共享工程建设成为社会主义新农村的重要抓手，最大限度将信息资源转化为生产力，通过多种形式拓展服务范围，将地方特色产业、影视、戏剧、美术等艺术形式纳入共享工程服务内容。

目前有图书、报刊数据库1个，今后打算建民间文化保护数据库、未成年人数据库、文化旅游数据库、戏曲数据库13个、娱乐资讯数据库、音乐作品数据库、美术数据库、人物数据库、未成年人资源数据库，视频节目数据库。文化信息资源建设始终是“共享工程”的核心。

我县文化底蕴深厚，民间文化信息艺术多姿多彩。我们在利用国家及各省市区已开发的文化信息资源成果的同时，更应发挥本县资源优势，努力将有地方特色的文化信息资源开发出来，建好“地方文献资源”数据库。积极整合系统内资源，将获得文化部群星奖的剧节目以及非物质文化遗产等资源进行征集、加工制作。

3、加强与上级业务部门的沟通和协调，同时不断总结经验，使共享工程真正成为文化创新工程。

相信在不久的将来，文化信息资源共享工程一定会有一个全新的面貌展现在群众面前，一定会成为老百姓满意的文化信息工程，成为社会主义新农村建设的用力支撑。

（撰文/金溪县支中心）

资溪县支中心

文化共享工程就是利用先进技术传播先进文化。它充分利用现代高新技术手段，将优秀的文化信息资源进行数字化加工、整合，通过互联网、卫星和光盘等方式传送到基层，为广大群众提供优秀的文化信息服务，实现文化信息资源的共建共享。我馆自2008年4月工程启动以来，相继投入资金80余万元，设有中心电子阅览室，业务自动化系统。根据县图书馆所具备的计算机网络系统，严格按照国家确定的建设标准，添置必须的设备、软件，搭建起适合文化信息资源共享工程的数字化生产、传输服务环境，建成了资溪县支中心，利用计算机网络系统、文献扫描设备等开展了资源建设服务工作。

一、县级支中心建设情况

我馆2008年，积极争取文化信息资源共享工程项目资金80万元（国家投资66万元、地方财政投资14万元）。成立了资溪县“文化信息资源共享工程”支中心，建成电子阅览室和实现文化信息资源共享及图书馆自动化管理系统。现正用于图书、报刊书目数据库和读者信息库的建设。1、县支中心电子阅览室：阅览室面积160平方米，配有卫星接收站1个，服务器4台，存储器1台，存储容量3TB,安全设备2台，资源总量1.6TB,自购资源：电子图书期刊数据40G、自建资源：视频照片20G，卫星接受资源30GB，文化信息共享工程专用服务器机柜1台，空调3台，55台高性能品牌电脑，19英寸宽屏液晶显示器，UPS断电保护，电信因特网10兆光纤接入。目前配备1名兼职的计算机专业管理人员，每天免费对外开放，最大限度为公众提供网上信息服务和阅读信息资源及电子图书。

2、业务自动化系统按照公共图书馆的业务需求设计，配有服务器一台，功能全面、实用性强，具备采访、编目、典藏、期刊、流通、信息查询等功能，在图书管理的采、编、流、查等环节实现计算机自动化管理。

二、队伍建设情况

为了保障我县文化信息资源的数字化建设与管理，使工程建设顺利实施，我馆在2010、2011年，先后两次派4人到省图书馆文化共享工程中心学习专业知识和上机操作培训，他们都具备了利用共享工程设备开展群众文化活动的技能。同时，省图书馆的系统网络部、技术制作部、采编部、特藏文献部、报刊信息部也积极配合共享工程工作。71个基层服务站点都配有1名兼职的管理人员。

三、开展服务情况

1、利用文化共享工程平台，在寒暑假针对广大中小学生开展了“推荐百部爱国主义、科普类影片”活动、举办了思想道德建设专题讲座；举办了图书馆宣传周、电脑知识培训和未成年人专题知识讲座。

2、根据未成年人的特点，加大对未成年人的服务力度，引导未成年人文明上网，同时加强对未成年人上网的管理，对未成年人进人电子阅览室的，必须征得家长同意，才予登记、办卡上机，且严格规定上机时间，监督他们的阅览内容及范围，确保他们文明、健康上网。

3、网点服务：在共享工程示范点鹤城镇城东社区试点推广共享工程与党员远程教育相结合，为社区居民和农民提供文化和农业科技服务。

四、基层服务站点建设情况

2010年11月，全县已建立以县图书馆为支中心，乡镇文化站和行政村为基层服务站点的工作网络体系。截止目前，已建成乡、村基层中心和服务站点71个。目前71个基层服务站都配置了电脑，英特网4兆光纤接入。支中心积极开展基层文化活动，充分利用共享工程国家中心和省级分中心及县支中心提供的丰富文化信息资源，通过广泛宣传、举办文化信息资源进社区、进农村活动的方式，以局域网点播、网络服务、送资源到家门口等方式为广大基层群众提供文化服务，使这项旨在利用现代信息生产和传输技术，整合先进文化资源的利民工程越来越受到基层群众的欢迎，丰富多彩的文化活动既满足了群众多层次、多样化的文化需求，也改善了基层文化工作的吸引力和生命力，从而使这一改善广大基层群众文化生活贫乏现状的工程逐渐深入人心。已建成的71个乡村基层站点（包括7个乡镇和一个鹤城镇社区）均能正常开展活动。其中92%以上的站点都有兼职人员负责日常工作。为服务点配备电器教材、农村实用技术图书和光盘，下载先进性教育、农业科技、文化体育、防疫保健、科普知识等共享工程信息资源。1、大量收集农村实用技术信息，刻录成光盘或者宣传资料通过服务网络传输信息，使群众快学技术早的实惠，并现场接受咨询和解答问题，针对种养殖户在种养过程中碰到的实际问题，对症下药，使农业科技推广更具时效性和针对性。2、在各个乡镇举办农村实用技术培训班，为他们播放科技知识和生活小常识232场，培训农民9000余人，发放光盘46个。

五、工作展望

1、加强文化设施基层网点网络化、数字化建设，加强文化科技信息资源自动化、网络化建设和专业技术人员的培养，为深入推进共享工程打好基础。

2、努力把文化信息共享工程用活用好，积极采用图书馆成熟的技术借助数字电视和远程教育服务网络开展公益性服务，特别要加大广大农村服务力度，将共享工程建设成为社会主义新农村的重要抓手，最人限度将信息资源转化为生产力，通过多种形式拓展服务范围，将地方特色产业、影视、戏剧、美术等艺术形式纳入共享工程服务内容。目前有图书、报刊数据库1个，今后打算建民间文化保护数据库、未成年人数据库、文化旅游数据库、戏曲数据库13个、娱乐资讯数据库、音乐作品数据库、美术数据库、人物数据库、未成年人资源数据库，视频节目数据库。我们在利用国家及各省市区已开发的文化信息资源成果的同时，更应发挥本县资源优势，努力将有地方特色的文化信息资源开发出来，建好“地方文献资源”数据库。积极整合系统内资源，将获得文化部群星奖的剧节目以及非物质文化遗产等资源进行征集、加工制作。

3、加强与上级业务部门的沟通和协调，同时不断总结经验，使共享工程真正成为文化创新工程。相信在不久的将来，文化信息资源共享工程一定会有一个全新的面貌展现在群众面前，一定会成为老百姓满意的文化信息工程，成为社会主义新农村建设的用力支撑。

（撰文/资溪县支中心）

东乡县支中心

一、基本情况

全国文化信息资源共享工程东乡县支中心，在上级文化主管部门的大力支持下，于2008年启动建设，通过几年的发展，我县支中心已按照相关要求在建设好本级支中心的同时，对基层服务点的建设工作也已基本完成，现本级支中心有服务终端45个，村级基层服务点148个。

二、县级支中心建设情况

我县于2008年成立了东乡县“文化信息资源共享工程”支中心，建成电子阅览室和实现文化信息资源共享及图书馆自动化管理系统。现正用于图书、报刊书目数据库和读者信息库的建设。1、县支中心电子阅览室：阅览室面积160平方米，配有卫星接收站1个，服务器4台，存储器1台，存储容量3TB,安全设备2台，资源总量1.6TB,自购资源：电子图书期刊数据40G、自建资源：视频照片20G，卫星接受资源30GB，文化信息共享工程专用服务器机柜1台，空调3台，55台高性能品牌电脑，19英寸宽屏液晶显示器，UPS断电保护，电信因特网10兆光纤接入。目前配备1名兼职的计算机专业管理人员，每天免费对外开放，最大限度为公众提供网上信息服务和阅读信息资源及电子图书。业务自动化系统按照公共图书馆的业务需求设计，配有服务器一台，功能全面、实用性强，具备采访、编目、典藏、期刊、流通、信息查询等功能，在图书管理的采、编、流、查等环节实现计算机自动化管理。

三、队伍建设情况

为了保障我县文化信息资源的数字化建设与管理，使工程建设顺利实施，我馆在2010、2011年，先后两次派4人到省图书馆文化共享工程中心学习专业知识和上机操作培训，他们都具备了利用共享工程设备开展群众文化活动的技能。同时，省图书馆的系统网络部、技术制作部、采编部、特藏文献部、报刊信息部也积极配合共享工程工作。148个基层服务站点都配有1名兼职的管理人员。

四、今后发展

1、加强文化设施基层网点网络化、数字化建设，加强文化科技信息资源自动化、网络化建设和专业技术人员的培养，为深入推进共享工程打好基础。

2、努力把文化信息共享工程用活用好，积极采用图书馆成熟的技术借助数字电视和远程教育服务网络开展公益性服务，特别要加大广大农村服务力度，将共享工程建设成为社会主义新农村的重要抓手，最大限度将信息资源转化为生产力，拓展服务范围，将地方特色产业、影视、戏剧、美术等艺术形式纳入共享工程服务内容。目前有图书、报刊数据库1个，今后打算建民间文化保护数据库、未成年人数据库、文化旅游数据库、戏曲数据库13个、娱乐资讯数据库、音乐作品数据库、美术数据库、人物数据库、未成年人资源数据库，视频节目数据库。积极整合系统内资源，将获得文化部群星奖的剧节目以及非物质文化遗产等资源进行征集、加工制作。

3、加强与上级业务部门的沟通和协调，同时不断总结经验，使共享工程真正成为文化创新工程。相信在不久的将来，文化信息资源共享工程一定会有一个全新的面貌展现在群众面前，一定会成为老百姓满意的文化信息工程，成为社会主义新农村建设的用力支撑。

（撰文/东乡县支中心）

广昌县支中心

一、整体情况

广昌县全县总面积1612平方公里，人口24.02万人，县城城区人口8万，辖5镇6乡1个垦殖场，129个行政村，是国家扶贫开发工作重点县。

2009年3月，我县文化体育广播电视局根据省文化厅下发的《关于做好2009年度文化信息资源工享工程建设县和村级基层服务点申报工作的通知》（赣文新字[2009]9号文件）的通知要求，立即向县人民政府提出申请。县人民政府高度重视，立即下发《关于同意实施我县文化信息资源共享工程支中心和村级服务点项目工程的批复》广府字[2009]9号。根据县政府批复，我县文化体育广播电视局、县财政局联合向江西省文化信息资源共享工程分中心提出《关于要求建设我县文化信息资源共享工程支中心的申请》广文体字[2009]10号。2009年12月21日省文化厅下发了《关于做好2009年文化信息资源共享工程县级支中心、村级基层服务点建设工作及加强各级中心和基层服务点管理的通知》赣文社字[2009]40号文件，批准了我县建设文化信息资源共享工程县级支中心1个。2011年1月底，省文化厅下发《关于做好2010年全国文化信息资源共享工程村级服务点的通知》（赣文社字[2010]38号），批准建设我县村级基层服务点66个。

二、网点建设

该馆大楼于2003年初在旧城改造中拆除（被建设部门鉴定为危房），图书馆一直处于闭馆状态。为彻底改变该馆无馆舍状态，县委、县政府高度重视，2011年初把老政府办公大楼无偿划拨给图书馆使用。

同时，我县文化信息资源共享工程支中心设备也于2010年8月底全部到位。2011年2月在我县图书馆全体干职工精心安排、努力工作下，严格按照省分中规定的技术指标标准和要求装修机房，购置电子阅览室所需设备，开通网络信号。2011年3月在省派技术人员帮助下，我县文化信息资源共享工程支中心于2011年4月底正式免费对外开展服务活动。

我县首批村级基层服务点设备于2011年12月底到位。2012年3月初我县举行了“共享工程”66个村级基层服务点设备发放仪式。发放仪式上，分管文化的副县长作了重要讲话，提出了要求，要切实利用文化信息资源工享工程直接为广大农民群众服务。县支中心在现场为66个村级基层服务点签订了《建设工作及设备接收实施协议》。

同时，县支中心立即派出技术人员，分赴各基层网点。经过一个多月的努力，各村级基层服务点设备都安装完毕并投入使用，开展了正常的服务活动。

三、经费投入

我县文化信息资源共享工程支中心建设得到省、市的大力支持。首先，省财政投入设备购置费51万余元，下达机房装修及电子阅览室设备购置经费8万元。

其次，我县66个村级基层服务点省政府共投入设备款17.16万元，各村级基层服务点购置其他设备资源及开通了网络，共投入资金8万余元，省财政下达每个村级基层服务点维护经费2千元，总计13.2万元。不足维护经费由乡镇及各村级基层服务点自行筹措。

四、技术支持、资源建设

由于我县图书馆在编人员只有4人，而且图书馆严重缺乏专业技术人员，特别是"共享工程"计算机专业技术人员。在开展"共享工程"服务活动中，我支中心对外聘请了一位计算机专业技术骨干，馆内配兼职人员2名做好服务和村级基层服务点维护工作。遇到重点难题，请教省市馆专家加以解决。在资源方面：

一是利用网络资源，供广大读者阅读和阅览。

二是通过服务器刻入的资源服务。我县支中心现有服务器资源300个GB，内容有戏曲、影视、讲座等视频资源。

三是因地制宜、整合资源。我县甘竹镇"广昌孟戏"被国务院批准为国家级非物质文化遗产保护项目，我支中心将争取县财政资金支持，聘请上级业务部门专业技术人员把广昌孟戏视频资料《长城记》上传到服务器中。《长城记》视频影像长度8个多小时，建设资源5.5个GB。四是建立电子图书资源库，我支中心每年不定期采购读者喜爱的电子图书，不断充实资源，更新资源。

五、宣传推广、惠民服务

文化共享工程作为一项民心工程，对传播科学知识、先进文化、引导农民群众脱贫致富、丰富和活跃城乡基层文化生活都有着巨大的推动作用。我县支中心运行一年多来，利用各种媒体报道宣传"共享工程"。支中心努力改善服务环境，不断提升服务质量，尽量满足广大读者个性化需求，支中心电子阅览室每周开放40小时。署假期间积极引导未成人健康上网，绿色上网。特别是针对广大离退休老干部和老职工，他们对电脑知识几乎模糊不懂，加上年龄大，眼睛老化的情况，支中心工作人员耐心细致为其讲解计算机操作程序，手把手教他们开机，关机，怎样使用鼠标和键盘看新闻、电影、电视剧等。此项服务得到老同志的充分肯定。在村级基层服务点服务过程中，支中心了解到广大农民群众通过"共享工程"的信息服务。

一是增长科技致富知识。

二是作为"白莲之乡"产莲大县，广大农户通过网络销售，不仅在价格上得到实惠，销售量、出口量也大幅增加。真正提高了白莲在全国的知名度，切实发挥了"共享工程"的惠民服务。

六、规范管理、加强培训

为充分发挥"文化共享"工程的功能和作用，进一步规范管理，县支心结合实际制定了《电子阅览室工作岗位职责》，《电子阅览室管理制度》。为村级基层服务点统一制作了《文化信息资源共享工程基层服务点职责》、《文化信息资源共享工程基层服务点管理制度》等，各项制度牌都悬挂在醒目位置，实现了工作规范化、管理制度化。

在支中心工程建设中，支中心工作人员积极配合省技术员安装设备，边请教专家、边实践、进行现场培训，也不定期参加省、市馆业务技术培训，不断提高业务素质和服务能力。

七、工作展望

文化信息资源共享工程的实施建设，在科学发展观的指导下，坚持公益性、基本性、均等性、便利性的原则。以保障人民群众基本文化权益为目标。以未成年、老年人、进城务工人员等特殊群众为重点对象，依托现有文化共享工程的服务网络和设施，为广大人民群众的学习、工作和生活开展一系列的惠民服务。

在"十二五"期间，县级支中心将以乡（镇）综合文化站建设、街道（社区）文化中心建设，全面完善村级基层服务点的覆盖，形成"共享工程"发挥独特功能的网络体系。切实加强与农村党员干部现代远程教育、农村中小学现代远程教育工程等部门的共建共享。依托文化共享工程国家数字图书馆资源，省馆资源、建设一批地方特色资源，不断丰富县级支中心资源的内容。着力加强技术培训和人才队伍建设。

按照上级业务部门的有关要求，建立"共享工程"基层人员培训长效机制，大力开展人才培训，有效解决县级支中心能熟悉和掌握计算机网络知识的业务骨干，提高公共图书馆工作人员的素质，为"共享工程"服务广大人民群众提供人才保障。

加大宣传和推广"共享工程"，营造良好的舆论氛围，让广大社会公众了解"共享工程"，进一步增强"共享工程"的辐射能力和影响力，吸引更多的社会公众到"共享工程"（电子阅览室）享受公益性的上网服务。

（撰文/广昌县支中心）

宜春市支中心

宜春市总面积18669平方千米，全市人口总量达到544.46万人。宜春市文化资源共享工程在宜春市文化新闻出版局、宜春市图书馆的支持和管理下，全市范围内基本建成县级支中心以县市图书馆为中心，乡镇服务点以文化站为依托，辐射村级服务点的服务网络。在此同时，各县市支中心及基层网点也在不断开拓思路，积极扩大共享工程的服务范围，以及拓展各项延伸服务，不断满足广大人民群众多层次、多方面的精神文化需求。

一、基本情况

全国文化信息共享工程自2006年在我省实施以来，通过几年的建设，我市各级图书馆已经初步建成共享工程基层站点并有计算机数量不等的电子阅览室，极大地推动了我市文化事业的发展。随着国家的大量资金以及各县市配套资金的投入，我市10个县市已全部建成规范化的县级支中心，乡镇文化站均已按照国家要求完成或正在建设中，村级基层服务网点拥有了现代化的设备，全市共建成乡镇基层服务网点124个，覆盖率达70%；村级基层服务网点2183个，覆盖率99.6%。

二、管理和队伍建设

宜春市文化信息资源共享工程共有地市级机构1个，县级支中心10个。工作人员总数为27人，包括资源建设7人，技术人员8人，管理与服务人员12人。全市共有共享工程专职人员12人，其中资源建设4人，技术人员5人，管理与服务人员3人。而在全市各级支中心，共享工程兼职人员有15人，包括资源建设人员3人，技术人员3人，管理与服务人员9人。

三、培训工作

宜春市支中心采取了各种方式对各级管理和技术人员进行了技术培训。我们的工作人员多次下到基层，做到了手把手的培训工作。

四、积极拓展延伸服务

每年，宜春市各县市支中心依靠全国文化信息资源共享工程开展了各式各样丰富多彩的活动。有提供免费查阅资料播放农事技术视频和开展猜谜、唱歌等的活动；有利用共享工程平台开展"留守儿童亲情视频"活动，让留守儿童与远隔千里的父母进行温情互动；有共享工程平台开展了村级计生专干培训班、农事技术推广等活动；有利用资源服务开展教育宣传，比如在周六或周日，就列入1-2小时的专题节目，内容丰富，知识性、趣味性强，受到许多读者的欢迎；还有在以支中心为阵地开展服务活动的同时，还拓展服务范围，把服务延伸到学校、农村、社区、企业、军营、高墙，向基层网点延伸，充分发挥文化引领风尚、教育人民、服务社会的作用。

五、工作展望

我市文化信息资源共享工程将更加深入地提高认识，抓住机遇，主动出击，发展自己，切实加大对文化信息资源共享工程的工作开展，让人民群众共享优秀文化成果。

（撰文/宜春市支中心）

宜春市袁州区支中心

袁州区全区总面积2532.36平方千米，其中城区面积17.8平方千米，全区户籍人口为100.96万人。全区辖9个街道、14个镇、8个乡：灵泉街道、秀江街道、凤凰街道、湛郎街道、珠泉街道、化成街道、官园街道、下浦街道、金园街道、彬江镇、西村镇、金瑞镇、温汤镇、三阳镇、慈化镇、天台镇、洪塘镇、渥江乡、新坊镇、洪江乡、南庙乡、竹亭镇、水江乡、楠木乡、遗市乡、寨下镇、芦村镇、柏木乡、湖田镇、新田镇、飞剑潭乡。共有49个社区、311个行政村。

一、基本情况

袁州区共享工程支中心面积600平方米，配置44台电脑，同时提供上网信息点40余个。

二、管理和队伍建设

为适应现代图书馆工作的需要，袁州区共享工程支中心配备专业技术人员3人，兼职人员1人，能满足现有设备运转的需要。

三、培训工作

支中心对于工作人员进行各种技术培训，不光将工作人员送出去学习专业知识，还不定期的请专业老师前来培训。支中心要求每个工作人员能熟练掌握共享工程及现代化图书馆各项技术工作。

四、积极拓展延伸服务

支中心利用共享工程资源组织各式各样精彩的专题活动。如送电影下乡，送书进看守所等。同时还利用假期开展丰富多彩的活动，如元宵节猜谜活动、儿童节朗诵比赛等。不光在以支中心为阵地开展服务活动的同时，还拓展服务范围，把服务延伸到学校、农村、社区、企业、军营、高墙，向基层网点延伸，充分发挥文化引领风尚、教育人民、服务社会的作用，开展了形式多样的文化信息服务。

五、工作展望

图书馆未来的发展将以数字化、自动化为主，袁州区支中心在做好本职工作的同时，将积极探索本地特色资源的挖掘和数字化建设，努力宣传共享工程，要让普通民众了解共享工程、利用共享工程，充分共享工程的积极作用。

（撰文/宜春市袁州区支中心）

丰城市支中心

丰城市图书馆建于1932年，至今已有90多年的历史。藏书总量达到14万册，2010年被文化部评为国家二级图书馆。自2011年馆舍维修完成开放以来，不仅改变了阅读环境，更重要的是实现了服务功能的突破。新馆建成的局域网，主干为10兆光纤，实现了传统服务模式向现代服务方式的转变。

自2002年文化部、财政部组织实施"共享工程"以来，特别是2008年，丰城被列入江西省"共享工程"试点县（市）以来，引起了丰城市委、市政府的高度重视，专门成立文化共享工程建设领导小组，先后三次将共享工程工作列入市长办公会议专题研究。2010年，全面完成支中心建设。2011年，全市建成467个"共享工程"基层服务点。

一、舍得投入，硬件设施到位

"共享工程"支中心不仅要抓好自身建设和各项服务工作，还承担了对全市基层服务点资源配送、信息传递等服务。由于前几年图书馆网络系统建设经费投入不足，无论是信息存储，还是信息传输能力都显得薄弱，设备的运行状态已日渐陈旧。根据现实情况，对照"共享工程"支中心的建设要求和评估定级标准，2010年，我们制订了支中心建设方案，争取了市市委、市政府人财物支持。

将支中心每年运转经费2万元、网络运行费1万元列入了年度财政预算。解决连网经费2万元，并引进了一名计算机专业的大学生。同时，积极争取省中心支持，已安装调试了服务器、投影仪、卫星接收、10兆光纤、ILAS系统、工作站、50台电脑等全部设备。先后四次派12人次到省图书馆学习共享工程、ILAS系统等方面技术。建成的"共享工程"丰城支中心，存储容量大，数据处理能力强，网络传输速度快，为"共享工程"各项服务功能的顺利实现提供保障，使全市各基层服务点都能无障碍地使用支中心的"共享工程"资源，各乡镇基层服务点可以快速访问支中心的资源，"共享工程"资源延伸到全市各乡镇、村。

二、强化服务，资源配送到位

根据全国"共享工程"试点工作验收标准和县（市）级支中心达到一级以上的要求，我馆在电子阅览室免费开设"共享工程"阅览服务，发挥这块主阵地作用，做好宣传推介工作，提高"共享工程"资源点击率，配备了50多台电脑免费阅览，每天开放时间为8小时，每周开放时间为56小时，年阅览量5000多人次。我们还把报告厅作为"共享工程"的播放场所，结合"市民课堂"周末讲座的影响力，用2台投影仪定期播放"共享工程"中的讲座、影视节目，年播放50多场，共有3200多人次收看了"共享工程"的内容。认真做好"共享工程"节目播放的预告、播放记录等台帐资料，为今后提供分析参考资料。

三、加强管理，组织网络到位

"共享工程"建设面广量大，任务十分繁重。要确保"共享工程"的顺利实施，必须加强领导，建立健全组织网络，狠抓各项管理。我们按照国家中心和分中心要求，建立了"共享工程"丰城支中心组织机构。

全市467个基层服务点都配备了1-2名专兼职管理员，形成了支中心、乡镇、村三级管理网络。

为提高管理人员的操作水平和运用能力，支中心专门编印了"共享工程"操作手册，组织全员培训，培训人员280多人次。同时，还组织读者参加省图书馆主办的"我的读书故事"征文比赛、"我喜欢的书房"摄影比赛。

为弘扬国学倡导文明，促进全民阅读活动的广泛开展，我馆还与市文化教育局联合举办了《论语》诵读比赛，通过诵读比赛平台，在全市形成了"读书好、好读书、读好书"的文明风尚。我们按照市文化局"工作重心下移"要求，以农村基层服务网点为依托，为农村群众提供信息服务、技术指导、文化娱乐等资源。利用"送文化下乡"、宣传周等时机，深入基层为群众播放共享工程宣传片、科技信息和娱乐资源。

在新城区的爱心书屋、武警中队分别建立图书流通站2个，流通图书500余册、期刊500余册，光盘100份，丰富了新城区读者与驻队官兵的文化生活。

"共享工程"的实施，有效地推进了农村文化阵地建设，有效地提升了图书馆的服务功能。我们决心在市文化局的直接领导下，在国家中心、省分中心的指导帮助下，求真务实，创新创优，确保"共享工程"取得成效，在新农村建设、构建和谐文化、培育社会新风和建立社会主义核心价值体系等方面发挥积极作用。

（撰文/熊雷辉）

樟树市支中心

樟树市支中心位于樟树市杏佛路63号，周围覆盖着樟树市大多数的行政中心和学校，与105国道接壤，交通便捷。樟树市位于江西省中部，全市总面积1291平方公里，人口60万，辖5个街道办事处、10个镇、4个乡。樟树因树而得名、因酒而立市、因药而扬名、因盐而闻世，具有悠久的历史文明、厚重的文化底蕴，历史上是江西四大名镇之一。

一、基本情况

樟树市支中心建馆时间为1985年12月，现馆含建成时间2000年10月，建筑面积2254平方米，其中阅览室共8个，实际使用面积2254平方米，书库面积200平方米，座位300个，获省文化厅两馆维修资金时间2009年，2010年7月底圆满完成维修改造任务。

二、管理和队伍建设

现代化图书馆概念正在逐步形成，为适应现代化图书馆所需人才的需要，我们通过政府引进和招聘增加了3名本科专业人才，充实了图书馆技术力量，满足了现有设施设备的运转需要。

三、培训工作

对于新进的员工，系统学习ILAS系统，了解图书馆编录采的相关工作。定期进行思想教育培训，以党员为榜样带动其它馆员的工作积极性。

四、经费投入

支中心属于全额拨款的公益性事业单位，经费的投入主要来自省市运营经费的投入，2012年江西省文化共享工程运行经费来自县级财政补助3万元，用于共享工程设备的维护，人员培训和惠民活动的开展。

五、资源建设

樟树支中心在历年的工作中，搜集不同区域民众文化需求，选取、编辑制作各类读者喜闻乐见的读书活动，据统计2012年开展各类读书活动10场，并且充费利用共享工程每年制作发放各类光盘200多张各类海报，招贴画18副，发放宣传资料300余份。

六、合作共建

以共享工程为依托结合全覆盖的社区流动图书室，建立文献资源服务中心。将各种读书文献资源与建立的共享工程服务点结合，根据不同社区硬件条件建立形式多样的阅览室和多媒体中心。今年，我们设立了3个流动图书室，分别是市背街社区流动图书室、福城社区流动图书室、垱下亭社区流动图书室，供给图书近2000余册，500册期刊和4台电脑，社区流动图书室接待读者3000余人次。通过多方不懈努力，共享工程已逐步走入基层群众生活，成为群众获取新知，娱乐身心的新渠道新平台。

七、宣传推广

1、樟树支中心利用各种渠道宣传推广共享工程。在樟树每年的科技文化四下乡活动，科普之春，科普之夏，科技周等活动中，樟树支中心不失时机，以活动为平台，以资料为媒介宣传共享工程，让民众不断了解共享工程，走进共享工程。

2、走进社区。充分利用文化信息资源共享工程平台，免费开放电子阅览室，少儿视听室和多媒体室，为少儿朋友播放革命传统教育影片，动漫片、益智片，为成人提供网络讲座等服务为最大限度实现公共文化资源的公共化，满足更广大群众的文化需求，今年，我们设立了3个流动图书室以及走进福利院“关爱老人”为老人提供一系列养生书籍和光盘。

3、专题活动，精彩纷呈。今年以来，我们认真落实省文化厅《关于认真组织开展第二届“读好书”活动》的通知精神，倾力打造“全民阅读年”系列读书活动，活动得到广大读者的支持。从3月至10月，据不完全统计，参与活动的人次达到上千人。读者数量和来馆借阅人次大幅增长，社会影响力明显提升。

一是3月18日开展为期一个月的“学雷锋•树新风”活动，活动期间每周一次组织少儿读者或听雷锋歌曲，或看雷锋电影，或讲雷锋故事，或学雷锋事迹，生动丰富的活动内容很受小读者喜爱，参与的积极性非常高，共计有300多少儿读者参与了活动。

二是为宣传“4•23世界读书日”，助推更多民众喜爱阅读，4月23日我们举办的“您读书，我买单”读书活动吸引了近500民众参与进来，书店当日销售图书300余册。

三是5月26日举办了“对我影响最大的一本好书”主题演讲比赛，参加演讲的读者激情洋溢，比赛中无不反映出一本好书对人的精神世界所产生的积极影响。活动得到参与者及家长好评。四是举办了“我的读书故事”征文活动。活动为期一个月，读者投稿踊跃，共收到近百名读者的稿件，有学生，有离退休干部，活动评出一、二、三等奖。五是开展以“关爱老人•奉献爱心”为内容的送书、送报进福利院活动，共送去书刊于200余册。

通过开展形式多样、丰富多彩的读书活动，有效提升了公共图书馆的影响力。迄今为止，我馆共服务读者达5万人次。

八、工作展望

1、建立数字图书馆（雏形）

数字图书馆是用数字处理和存储技术为读者提供各种文献资源服务的网络平台，是一个了解世界的窗口，是你可以在互联网上以多语种格式免费享受包括手稿、地图、珍本书籍、乐谱、录音、电影、印刷品、照片、建筑图等的库房。我们争取在2013年5月把数字图书馆的雏形建立起来。

2、开设“樟树讲台”

2013年开设“樟树讲台”，给我们平凡的樟树人讲平凡事的一个舞台，讲述自己或所见所闻的平凡故事。

3、规范社区图书室

2013年我馆将进一步规范各社区的流动图书室，定期更新相关书籍，真正做到资源共享，让书籍能够在居民之间流动起来。

4、充实文献资源。

为更全方位的满足读者需求，2013年将进一步加大图书采购力度，力争实现馆藏文献达到5万册。

（撰文/樟树市支中心）

高安市支中心

高安市总面积2439.33平方千米，其中市区面积15平方千米。高安市行政区划共有23个乡镇（含2个街道办事处），共有296个行政村，常住人口83余万人。高安市文化资源共享工程在江西省文化厅，江西省图书馆支持和部署下，逐步推进，稳步发展，在新形势下为繁荣农村基层文化，满足农民多层次文化需求，传递中国民族优秀文化资源发挥了重要作用。

一、基本情况

高安市文化共享工程建设是在2004年启动的，2004年7月我市与省文化共享工程中心签订了协议，成立了高安市文化共享工程支中心。2005年向国家中心争取了卫星信号接收设备、投影仪等设备，于2006年元月安装完毕。

2006年在市委、市政府的高度重视下，我市的文化信息资源共享工程建设有了飞速发展，2006年10月被列为全国文化信息资源共享工程试点县（市），2007年7月在国家的大力扶持下，我们建设了中心机房，配置了卫星接收设备、专业服务器、存贮器等设备。2008年完成了19个乡（镇）基层中心、121个村级服务点的建设。2008年9月我市独城镇文化共享基层中心被国家文化信息资源建设管理中心评为“全国文化信息资源共享工程基层服务点先进单位”，文化站站长魏长庚被评为“先进个人”。2009年3月文化部周和平副部长亲临我市石脑镇赤岸村服务点检查指导工作，给予了高度的评价和充分的肯定。2012年全市23乡（镇）基层中心，296个村级服务网点全部建成，至此高安市实现全市共享工程全覆盖，并为广大干部和农民群众提供优质的文化信息服务。

高安市支中心设在高安市图书馆，是该市共享工程的建设和业务指导单位，负责保障该中心共享工程设备的运行，协调乡镇、村级共享工程设备的维修，指导乡镇、村级共享工程活动的开展以及开展全市共享工程管理员的业务培训和指导。

二、管理和队伍建设

为使共享项工程真正为民所用为民谋利，高安支中心将共享工程日常管理纳入制度化管理。制定支中心、镇、村基层服务点工作职责和制度，实行制度上墙公开。不断探索共享工程管理和服务新模式。

文化资源共享工程作为一个新的农村文化资源获取平台，如何推广好、利用好共享工程丰富的文化资源关键在于是否有一支专业化的共享工程管理员队

伍。高安市共享工程支中心在管理员队伍建设上坚持明确职责，明确思路，制度化管理，常态化培育。对于乡镇、村两级基层共享工程管理上择优选取文化层次较高，有一定社会基层管理服务实践经验的为管理员，他们工作热情高，有较高的文化水平能尽快熟悉掌握共享工程设备为所在村民服务。

三、培训工作

高安支中心在共享工程管理员的培养上实现了制度化和常态化。根据支中心工作要求，每年对乡镇共享工

程管理员进行2期的集中培训，2006年以来一共举办各类培训班12期，参加轮训的各级管理员达350人次。

四、经费投入

高安市共享工程自2010年实现村村全覆盖以来，高安市政府每年投入1万元的运维经费，用于共享工程设备的维护，人员培训和惠民活动的开展。

五、合作共建

以共享工程为依托结合全覆盖的文化信息共享资源，与高安市组织部一起携手共同组织干部开展远程党员教育活动，提高党员的党性意识和品德修养，通过开展远程党员教育，使广大党员干部了解党和国家的相关政策和法规，了解农村基层党建工作的基本知识，掌握有关农民致富的新经验、新信息，收到了较好的效果。

六、利民惠众，惠农服务

高安支中心在共享工程服务实践过程中，以民众的需求为导向，积极探索，服务民众生活生产，引领群众高尚精神文化生活，打造群众满意喜爱的文化服务新平台。

根据高安地域农业生产特点，高安支中心按节令制作农业生产技术光盘和小册子通过行政村基层服务点村民分发。针对不同农业专业者，高安支中心有针对的选取资源上门指导服务，利用设备组织农民开展实用技术培训，同时，利用集市播放群众喜闻乐见的农业科技、文艺影片等，增强了基层中心的综合服务功能。

基层中心还组织“优秀老片大家看”“农业科技进万家”光盘放映等活动，极大地丰富了农村文化内容，使共享工程成为当地干部群众生活中的一道靓丽风景。

七、宣传推广

1、该中心利用各种渠道宣传推广共享工程。高安支中心抓住时机，以活动为平台，以资料为媒介宣传共享工程，让民众不断了解共享工程，走进共享工程。2009年9月5日，派员参加江西文化共享工程知识与技能竞赛活动，取得了好成绩。2012年在全省文化信息资源共享工程2012年“像雷锋那样……”全省中小学生电脑小报设计比赛活动中，我中心荣获优秀组织奖。

2、为了加强广大群众对全国文化信息共享工程的了解，市支中心还通过省图书馆网站及省图书馆动态及时报导了我市文化共享工程的建设和服务情况。支中心在省图书馆网站及省图书馆动态发表了很多报导。

八、工作展望

高安市文化资源共享工程已走过8个年头，从昨天的几个点到今天的296个行政村全覆盖，群众广泛认知，广泛参与，文化资源共享工程在高安已经成为高安人民文化生活的一大支柱，成为繁荣高安文化，丰富高安人民精神生活，推动高安人文科技进步的强大动力源泉。

今后高安支中心希望在国家中心，江西省分中心大力支持下为高安共享工程建设一支专业化的服务队伍，建立一个国家、省、市三级知识网络联动的即时问答服务体制和服务形式更加多样，服务网点更加宽广，参与群众更加广泛的共享工程文化带动体系，为建设科技高安，文化高安做出贡献。

（撰文/高安市支中心）

奉新县支中心

奉新县辖18个乡镇场，人口32万，县域面积1642平方公里。奉新县文化资源共享工程支中心在来自各方面的关心和支持下，逐步推进，稳步发展，为满足人民群众日益增长的精神文化发挥了重要作用。

一、基本情况

奉新县文化资源共享工程建设开始于2008年。经过四年的发展，在硬件设施设备建设方面，奉新县支中心配备有电子阅览室、中心机房、咨询台及检索处等，电子阅览室提供给读者使用的计算机42台，标配酷睿双核E5300处理器、2G内存、G33/31显卡、存储容量500GB。中心机房配有视频服务器一台、应用服务器一台、业务服务器一台、卫星服务器一台，24口交换机、48口交换机各一台。在软件建设方面，奉新县支中心备有专业技术人员进行管理和更新维护，咨询台及检索处均配有专人提供服务。目前，奉新县支中心设施设备齐全、人员配置到位、各项工作均有条不紊地展开。

二、网点建设

奉新支中心下辖146个村级点，乡（镇）文化中心已完善19站。到2012年底，已建成资源丰富、技术先进、服务便捷、覆盖城乡的数字文化服务体系。耗资一万余元制作的文化共享工程标牌、制度牌已上墙。各村级点均配备专职管理人员，负责数字资源的实时上传、更新。

三、经费投入

奉新县支中心自2008年建设以来，上级每年共计拨款10万元的运维经费，用于共享工程设备的维护，人员培训和惠民活动的开展。同时，奉新县政府、图书馆也投入人力物力全力开展共享工程各项活动。

四、资源建设

奉新支中心建成后，利用卫星接收全国文化信息资源共享工程网站的各类资源和省分中心下发的科技光盘，截止2012年底累计接受数字资源1.53TB。针对读者的不同需求，利用网络互连设备在省分中心网站和其他科技类网站下载各类资源21.5GB，供读者检索使用。

五、技术支持

奉新支中心的技术支持工作由两方面的力量组成，一是来自奉新支中心自身的专业技术人员，负责处理支中心网络资源建设、资料挂接、页面维护、软硬件故障排除、计算机基础知识培训等。二是来自设备供应商和服务供应商的售后技术支持，负责处理较为严重的技术故障和设备问题。

六、合作共建

以文化共享工程的资源一方面将各部门下发的电子文献资源拷贝复制到各村级点和乡（镇）文化中心共享室，实现资源共享。各个村级点依据自身特点各有侧重，比如在渣村共享工程服务点就依据身为猕猴桃种植基地的特点，在果树生长各个关键期，为猕猴桃种植大户播放猕猴桃种植技术视频资料。在宋埠镇，因该镇部分群众因在外从事门窗业的家庭式经营，苦于不懂技术，

无法通过网络等途径拓展业务。县支中心根据反馈，联合宋埠镇服务点，组织10余人次对有需求的群众普及基本的网络操作知识，更联系专业的网页制作团队为群众提供页面制作服务。另一方面，利用文化共享工程资源与县武警中队开展了“警地流动图书室共建”活动，先后将1000余册图书和60盘光盘资料送到武警中队，每季度为官兵更换资料一次。

七、惠民服务

奉新县是一个以粮食生产为主的农业县。在澡下镇、会埠镇两地的绿色大米标准化示范区里，对农民进行技术培训和全程技术指导，建立农户农事记录档案。对基地的农户加强技术培训，推广农业新技术。对山口村、渣村猕猴桃种植户进行一系列的专业种植培训。

从猕猴桃的选种、栽培、施肥、防虫等方面通过播放专家讲座，发放光盘等进行了全方面的学习。收集农户在种植过程中遇到的实际问题，把问题递送给农业部门相关的专家进行解答，并及时反馈到农户手中。

我中心在电子阅览室开展了以“无公害蔬菜栽培技术”为主题的培训，通过播放相关的信息共享资源，并邀请农业局的专家进行问题解答，让农民实行标准化的种植。另外，奉新支中心还举办了多期培训班，培训内容主要有旱床育秧技术、软盘抛秧技术、少耕和免耕栽培技术、薄露灌溉技术、平衡施肥技术、直播技术、病虫综合防治技术和生态农业技术等。

八、宣传推广

耗资三千余元在县电视台（一套）做了长达一月余的广告宣传，在县城、乡镇、农村派发宣传单，宣传文化共享工程的作用和意义。开展宣传文化信息资源共享工程的活动，在奉新县华林广场、商业街、客运站等人流量大的场地，举办了多期的宣传活动，通过发放宣传单、制作横幅、粘贴告示等手段扩大文化共享工程在在群众中的影响，广泛宣传其作用和意义，使公众充分了解熟悉这一项惠民工程，更多的公众走进共享工程。

九、培训工作

奉新支中心利用自身资源条件，一是文化共享工程奉新县支中心举办文化资源共享工程村级点管理员培训班。培训已进行12期，参加学员达800余人次，分别来自全县的一百多个村。二是与县机关事务局、计生委、老干局、监察局等联合举办多次的节能综合培训、信息化办公培训和工程建设领域信息公开培训。

十、管理和队伍建设

奉新县支中心在管理方面，对岗位进行了详细的划分、明确岗位责任、确立考核制度、落实奖惩措施。制定了一系列的财产管理制度、人事管理制度、工作流程等，做到了年初制定计划，季度明确目标，每月确定重点，年终全面考核和总结，奖惩及时兑现。在队伍建设方面，奉新县支中心一方面不断加大对人员的培训工作力度，定期组织村级点的管理人员进行培训，培训的内容主要包括计算机的基础操作、业务软件的使用等。在培训过程中明确责任目标，在履行责任过程中提高能力，在提高能力之时提供给公众更好地服务。另一方面不断收集公众的反馈信息，定期对公众的建议和意见进行整理和归纳。对存在的问题，分析成因，找出对策。对合理的要求，及时进行相应的调整。通过不断的自我修正，带来了队伍的健康稳定发展。

十一、荣誉奖项

我县文化共享工程支中心被评为“2011年江西省文化信息资源共享工程先进单位”；2012年被宜春市文化新闻出版局评为“信息共享工程先进单位”；2012年被宜春市委、市政府评为“文明规范示范窗口”；2012年7月被县委、县政府授予“基层先进党组织”；2012年入选首批“江西省社会科学普及宣传基地”。

十二、工作展望

奉新县支中心在各方面的关注中走过了五年时间，这五年从寥寥的几张光盘和空荡荡的硬盘到现在的近千张各类光盘资料和1.53TB的各类硬盘数据，从共享工程的无人问津到现在的共享工程的深入人心，从村级点的零覆盖到现在的146个村级点的全覆盖。奉新县支中心走过了不平凡的五年，奉新县支中心也逐渐成为人们获取新知，丰富精神文化生活的又一个新的、更全面的、也是更高效的途径。今后希望奉新县支中心在江西省分中心、宜春市分中心的大力支持下为奉新提供更新更全更为丰富的各类资料和业务指导，为奉新的精神文明建设添油加力。

（撰文/奉新县支中心）

万载县支中心

在省、市文化行政部门的关怀支持下，万载县被国家文化部确定为“2008年度文化信息资源共享工程建设县”。几年来，在万载县委、县政府的高度重视和上级业务部门的精心指导下，形成了覆盖全县城乡的共享工程网络体系，为建设万载文化大县搭建了扎实的信息资源共享工程网络平台，数字化水平得到全面提升，文化惠民工程得到进一步落实。

一、整体情况

现在共享工程万载县支中心建设已经全面完成，并按国家中心的要求对支中心机房进行了全面装修，辅设了防静电地板，安装了防雷地线。专用服务器，应急电源等设备也已全部安装在支中心机房，支中心电子阅览室拥有40个读者座位，于2009年8月份正式向读者开放。

二、服务点建设及培训工作

2012年，万载县17个乡镇基层中心已经全部建成并投入使用，并能定期为农民开展服务，全部向社会公众免费开放。

乡镇综合文化站已按上级要求配置了电脑终端服务器、电脑、电视、投影仪、幕布、音响等相关设备，并按要求悬挂了"读者须知"、"工作人员岗位职责"等制度牌。全县181个行政村村级基层服务点已于2010年4月30日全部配送了共享工程设备（联想电脑），并于2010年11月9日和10日举办了两期全县共享工程村级管理员培训班。县支中心聘请专业技术人员为全县17个乡镇和181个"共享工程"行政村基层服务点管理员传授了共享工程设备使用和维护的基本知识，并为管理员提供设备后续使用和维护的技术支持。通过培训提高了管理员的业务水平和管理水平。

三、管理与队伍建设

狠抓督办落实。我县共享工程领导小组定期到乡镇文化站、村基层点现场指导、检查督办，协调解决工程建设中出现的有关问题，促使该项工作得以扎实推进。要求基层服务点遵守服务协议，最大限度地满足基层群众的精神文化需求，同时要做好设备的管理和维护。对规范基层服务网点建设、提升服务"三农"功能起到了促进作用。我们组织技术人员定期对全县所有乡镇和大部分行政村进行了督查。大部分村级服务点已经能较好的开展工作，如：康乐街道的猛辉村，株潭镇的杨源村、同胜村，高村镇的高村村，白良镇的廖杭村、马步乡的寨下村等村级基层服务点都能较好的利用共享工程设备服务当地群众。

我馆有计算机专业人员对共享工程进行管理，经常对基层服务点进行业务指导。

四、惠民服务及宣传推广

为解决边远山区共享工程基层服务点联网难的问题，县图书馆派专人赴省共享工程分中心下载500G（2个移动硬盘）适合农民读者的科技资料，输送拷贝到基层网点，实现资源共知、共建、共享，使老百姓真正受益。

图书馆业务人员深入全县17个乡镇村举办一系列活动。在乡镇政府领导的支持下，利用上级配送的数字信息资源，在村部举办一系列多媒体讲座，同时开展了猜谜语"读好书"活动。

在积极做好"共享工程"乡镇基层中心及村级服务点延伸服务的同时开展好"全民阅读"工作，并亲手把县图书馆的相关信息资料送到广大农民手中，为了进一步做好读者服务工作，更好地发挥图书馆的社会教育功能做了大量卓有成效的工作。

五、建立合作共建机制

文化共享工程是以提供数字化资源服务为主要内容，通过合作、共建、共享机制实现公益文化服务的重点文化服务建设项目。我县积极主动与农村党员干部现代远程教育工程进行沟通，探索合作的方式与途径，整合资源，形成合力，建立职责明确、互相配合、互相推动、横向协调的合作机制。避免了重复建设、达到共建共享的目的。

六、创建地方优秀文化资源载体

收集、整合和发布优秀文化资源，把打造文化共享工程精品资源库作为文化共享工程的一项核心工作任务。在县图书馆建立文化共享工程万载支中心，设万载县文化信息网，为收集、整理、发布万载优秀文化资源搭建了服务平台。

（撰文/万载县支中心）

宜丰县支中心

宜丰县全县总面积1935平方公里，总人口28万，辖16个乡镇（场），214个行政村。炎凉适宜，物阜民丰。具有深厚的文化底蕴，拥有丰富的文化资源，为"全国文化先进县"。2004年，根据文化部、财政部《关于实施全国文化信息资源共享工程的通知》（文社图发[2002]54号）以及江西省文化信息资源共享工程办公室文件《江西省文化信息资源共享工程管理办法》（赣文信字[2004]）等文件精神，按照上级要求的配置标准，自筹资金3.8万元建立了文化信息资源共享工程县级支中心。

2009年投资68万元配置了专业机房，机房内铺设了防静电地板，添置了避雷装置、空调设备、UPS不间断电源、专业机柜、服务器等，更新了电子阅览室联想品牌电脑40台，19吋宽屏显示器。

目前中心有终端电脑40台，服务器1台，存储量达6TB，网络带宽10M，兼职管理员2名。有数字资源1TB，建立起了县乡村三级服务网点，使文化信息共享工程惠及宜丰的每个村落。

一、网点建设、经费投入

宜丰县委、县政府十分重视文化信息资源共享工程这项创新惠民工程建设，2009年出台了《关于印发宜丰县文化信息资源共享工程建设实施方案的通知》（宜府办字［2009］25号）文件，成立了以分管县长为组长、其他有关单位为成员的领导小组，就组织机构、经费保障、技术支撑方面作了详细的规定。各乡镇也成立了相应的组织机构，具体实施文化共享工程的相关事宜。2010年，由中央、省、市、县四级财政投入资金70万元，为全县16个乡（镇、场）和214个行政村配置了电脑、电视、服务器等设备，建立起县乡村三级网络，使文化共享工程网络覆盖面达到了100%。

二、资源建设

在利用共享工程中心网站资源和通过卫星投放的资源的同时，我们注重与省市图书馆的联系与合作，争取资源上级业务部门的支持整合各类资源，达到共建共享。如省级中心给我们配发了《京剧音配像光盘》、《农业实用技术》等。

我们按照"资源共享、优势互补、互利互惠"的原则开展协作共建，与230个乡、村基层站、点签订了资源共享协议书，为基层图书点提供流动图书近20000册，同时无偿搜集其特色的信息资源。截止2012年11月，我馆与省中心、基层点共享信息资源500余种。

三、技术支持

建立了信息反馈机制，加入江西省共享工程QQ群，加强与省中心及各兄弟馆的联系，及时上报反馈各种信息，取得技术支持。同时建立起宜丰支中心QQ群，及时与乡、村服务站、点沟通，并对其进行业务指导。规范机房值班管理及操作，建立了中心机房值班记录，电子阅览室文献咨询记录，要求工作人员做好工作原始记录和人员、数据统计、备份工作。

四、合作共建

结合农村干部党员远程教育、中小学教育远程教育、农家书屋等工程，通过对乡（镇、场）、村部原有的阅览室的改造、拓展，先后建成了农家书屋、老年文化活动中心，添置了文化、农普类藏书（光盘）2000余册，积极推动"共享工程"的建设，不断完善配套设施，提高硬件条件，每个乡（镇、场）基层站配备了联想启天电脑、DVD播放机和电视机等，并接通了电信宽带网络和有线电视网络，设置了共享工程连接快捷方式，完善了"共享工程"硬件设施上的架设。并下发了"全国文化信息资源共享工程基层服务站"标牌、管理制度、管理职责等。各乡（镇、场）逐渐形成了一个融图书借阅、党员教育、信息传递、休闲娱乐为一体的基层服务中心。

五、惠民服务

在实施共享工程的过程中，宜丰县支中心不断拓展共享工程的服务内涵和方式，充分利用共享工程的平台，开创了文化共享工程工作的新局面。

1、馆内活动精彩纷呈

充分发挥公共图书馆的阵地作用，开展丰富多彩的读书活动。如利用双休日、节假日播放共享工程优秀影片、举办法律、健康知识讲座、戏曲赏析等。2012年共播放了30场次，服务时间达80小时。深受广大读者的欢迎。开展光盘外借服务。将国家中心、省中心下发的光盘资源供读者借阅，比如《文化共享工程夏日电影展播》、《万方数据资源系统》、《共享书香、快乐阅读》、《文化共享助春耕》、《振奋中国，红色会议》、《共享知识，和谐万家》、《实用农业技术》等，还利用刻录设备将部分农业技术资料刻录成光盘发给全县230个乡、村级服务站、点。这一举措深受读者和基层站、点的欢迎。

2、"文化共享"进社区

我馆通过共享工程平台，每年都要在县城各社区举办多场知识竞赛、知识讲座、报告会等，利用投影仪等设备现场播放新书简介、爱国主义教育片、健康知识讲座、报告会等，让优秀的文化信息源源不断传输到基层群众中，极大地丰富了全县广大市民的业余文化生活。

3、文化共享进军营

为了全面推进"双拥"工作的开展，把拥军优属政策落到实处，密切军民关系，增进军民友谊，加强"文化拥军"，争创双拥模范县。我馆除每年"八一"期间，都派工作人员携带流动书箱和共享工程设备对我县驻军消防大队、武警中队进行服务，现场指导部队官兵电脑知识技能、播放优秀影片等，极大的丰富了官兵的业余生活。

六、宣传推广

在做好各项工作的同时，对各项工作定期进行回顾和总结，编写各类信息材料100余篇，大部分被江西图书馆动态、宜丰信息网、宜丰电视台、宜丰通讯、等新闻网络媒体采用，受到了上级的好评。

七、培训工作

1、打造支中心精湛的技术服务队伍

我支中心狠抓队伍建设，除组织全体干部职工学习由国家中心、省中心举办的网络视频教学外，还于2008年、2010年、2012年分别选送骨干力量参加省中心举办的培训班，系统学习文化共享工程的基本操作技能知识、ILASII图书管理软件的使用和维护等，通过培训，我支中心打造了一支精湛的文化共享工程技术服务队伍，极大提高了我支中心的综合服务水平，对我县文化共享工程事业的发展起到积极的推动作用。

2、村级基层服务点技术培训

为了进一步健全我县文化信息资源共享工程服务网络，提高文化共享工程管理员的操作技能，让文化共享工程更好地为广大群众服务，我馆还于2012年9月至10月举办了4期"文化共享工程"基层服务点管理员培训班。来自全县各村基层服务点的230名兼职管理员在宜丰县支中心三楼多媒体室进行了"文化共享工程"培训班，培训内容为文化共享工程概述、支中心基本情况、电脑的基本使用方法、电脑的组装、文化共享工程管理办法及考核内容、上机操作实践。经过培训，各村基层服务点的管理员都掌握了基本的电脑使用方法和管理办法。

3、加强村级基层点业务指导

为进一步加强共享工程建设，我支中心每年对全县230个村级基层服务点进行技术业务指导及督查工作，并认真听取群众的意见，切实解决群众中存在的问题，并对不规范的基层点提出了建议和意见，共解答基层点技术问题200余条、电脑故障问题50余条，帮助申请厂家售后维护的电脑10余台。通过指导，切实加强了文化共享工程的建设，为基层点的服务建设奠定了良好基础。

八、管理和队伍建设

加强管理，按文化部下发的标准制作了文化共享工程标牌和规章制度，加强了监督管理机制，对不符合标准的基层点进行了批评和要求整改；并配备了专业人员专门负责我县文化共享工程的建设与管理。

九、工作展望

随着共享工程的不断开展，我中心将不断加大对文化共享工程的投入，充分利用共享工程这一平台，开展形式多样的活动服务社区、服务农村，服务企业。让更多的人享受共享工程的文化成果。

（撰文/宜丰县支中心）

靖安县支中心

靖安县位于江西省西北部，宜春市北部，辖5镇6乡75个行政村，总人口14.2万人。文化信息资源共享工程靖安县支中心坐落在县城后港西路101号，面积3000平方米，工作人员7人。2007年，靖安县被列为文化信息资源共享工程建设县；2008年初，县财政为支中心解决配套专项资金10万元，用于加固装修电子阅览室和机房，购置空调、电脑桌椅等；2009年，国家文化部和省文化厅配送了价值68万元的共享工程设备设施，建成了共享工程专用机房、视听室和电子阅览室。2011年支中心争资10万元，拓展服务空间，增设中小学生网络自修室。支中心于2009年7月1日建成开放，全县11个乡镇、75个村级服务点于2010年建成服务大众，靖安县文化共享工程县、乡、村三级服务网络已全面建成运行。

近年来，县支中心以合作共建和宣传推广为抓手，以队伍建设和技术培训为手段，以资源建设和惠民服务为重点，充分发挥共享工程设备资源的作用，创新服务形式，拓展服务范围，依托设备资源组织开展各种活动，为群众提供多种服务，取得了丰硕的成果。

一、合作共建

为宣传推广这项惠民工程，支中心成立了宣传服务小分队，小分队携带设备资源，开展流动服务活动，通过发放宣传单页、悬挂横幅、举办展览以及电影播放、农技培训、视频讲座、光盘赠送等服务形式大力营造浓厚的宣传氛围，扩大共享工程的影响。支中心及时总结工作经验，积极向上级部门和媒体报道工作动态和成果，自2009年以来，国家文化部网站、江西省文化厅网站、《全国文化信息资源共享工程工作简报》、《江西日报》、《宜春日报》、《江西省文化信息资源共享工程简报》等媒体采用、刊登支中心宣传报道共计161篇。

文化共享工程实施以来，支中心承担着与靖安县委

影视片展播活动

组织部、县文教局等单位、系统的技术合作共建任务，与农村党员干部现代远程教育和农村中小学现代远程教育相结合，积极为这两个工程提供数字化文化资源，依托这两个工程的基层服务点，快速发展共享工程服务网络，开展惠民服务活动。并且为乡镇、村基层服务点提供技术支撑，确保基层网点正常开展服务活动，取得了明显成效。

二、整合资源

支中心通过卫星接收和视屏点播系统接收国家中心和省分中心的各种资源并为全县群众开展服务，各级中心下发的光盘资源支中心及时复制交付乡（镇）村服务点使用。数字资源建设是共享工程的核心，对传承优秀传统文化，促进知识传播具有重要意义。除接收上级提供的资源以外，支中心重视资源建设，制定资源建设规划，不断提高自建能力，将靖安本地非物质文化遗产、地方影视戏曲、诗词歌舞、书法绘画等纳入自建资源范围，逐步建立起具有靖安地方特色的共享工程资源数据库。

支中心充分利用共享工程设备资源为全县人民服务，组织开展了一系列惠民服务活动，如科学观察日全食、网上看世博、免费开通通读党的光辉历史专题热线、农业科技培训、网络读书活动和寒暑假影视片展映等。党史专题热线，吸引全县近万名干群参与。开展农技培训，为群众提供农业科技信息、致富信息，解决了长期困扰农民的学科技难、获取信息难、找市场难的问题，使文化信息共享工程成为了实实在在的民心工程。网络读书活动蓬勃开展，参与的中小学生累计达20000多人次。影视片展映活动播放经典和励志教育影片，让孩子们在学习中娱乐，在娱乐中学习，累计接待中小学生15000人次。每年7月，支中心在全县11个乡镇开展为期十天的送电影下乡活动，播放电影累计上百场，接待群众20000余人次。充分发挥了文化引领风尚、教育人民、服务社会的积极作用。

三、惠民服务

面对农民工、下岗失业人员等社会特殊群体，支中心除了与县总工会通力合作，为全县8000多名农民工建档建卡，有针对性的开展了农民工和下岗失业人员技术培训外，还开展“三爪仑‘漂流课堂’”特色品牌活动，针对特殊群体开展流动培训服务，包括电脑操作、机械维修、酒店服务等，截止2012年12月培训农民工、下岗失业人员达1900多人次，很多参训人员找到了工作，有的已经

发家致富；针对“空巢老人”、“留守儿童”，支中心整合设备资源，组织师资力量，在全县范围内开展上门服务，为孩子开展户外安全、文化艺术培训，为老人举办养生保健知识讲座、电影播放等。为了方便他们与亲人联系，支中心在电子阅览室开通了亲情电话、亲情视频服务。

四、队伍建设

按照建设共享工程的要求，支中心努力打造一支高素质的服务队伍，本着“缺什么，补什么”的原则，采用“走出去，请进来”的办法，多次派人员进修深造，并引进两名专业人才充实共享工程队伍。为提高基层网点的服务水平和能力，支中心采取集中培训、网络视频培训和现场辅导等多种形式，培训基层点管理员，累计培训、辅导基层点管理员658人次。

在开展阵地服务活动的同时，支中心把服务向学校、农村、社区、企业、军营、高墙和基层网点延伸，每年到看守所，给劳改、劳教人员现场播放电影，向残疾人和社区孤寡老人捐赠养生保健音像资料等。截止2012年12月，该支中心服务群众累计达9万人次。

在全体人员的共同努力下，支中心的各项工作得到了上级部门和领导的充分肯定。2010年12月，被江西省分中心评为本年度综合评比先进单位和宣传工作先进单位。2011年11月，支中心摄影作品“共享工程下基层，千里亲情一线牵”荣获文化部全国文化信息资源共享工程管理中心颁发的三等奖。2012年12月，被国家文化部评定为“全国文化信息资源共享工程•公共电子阅览室示范点”。

五、工作展望

今后，支中心将继续深入开展各种惠民服务活动，进一步完善优化县、乡、村三级服务网络，打造“三爪仑‘漂流课堂’”和“读者服务110”这两个具有地方特色和广泛社会影响力、群众喜闻乐见的服务品牌，想群众所想，急群众所急，把支中心建成一所流动学校，为群众提供贴身、贴心、贴近实际的服务，让人民群众充分享受到党和政府的文化惠民政策，满足群众不同层次的文化需求，缩小城乡之间文化发展上的差距，为建设社会主义新农村和构建和谐社会发挥重要作用！

（撰文/靖安县支中心）

铜鼓县支中心

在省、市领导的关心支持下，2008年成功争取纳入江西省第二批32个文化资源共享工程建设县，积极向中央财政和省财政争取资金68万，用于购置县级支中心建设设备，2010年我县文化共享工程“支中心”机房建成，配备的所有设备均安装到位。并于6月份完成电子阅览室的对外开放工作，实现图书阅览电子化。同年完成全县102个行政村的基层网点建设。

机房设计按标准进行了配电安装，并按规定接入宽带10MB，配置了3台高端服务器，磁盘阵列1套，容量达到

2.3TB。拥有交换机2台，百兆防火墙1个，充分保证网络安全。卫星接收器1台，安装UPS电源系统1套，充分供应服务器和磁盘阵列，安装了标准机柜、切换器等附属设施。

电子阅览室面积80平方米，光线充足，进出方便。网络布线及电源分布合理，利用线槽进行了保护。拥有完善的消防设施和消防器材。安全疏散通道畅通。拥有联想电脑30台，有配置齐全的投影机、投影幕，配有有源音箱，形象直观地把文化资源信息通过投影的形式表现出来。

县管辖102个行政村，基层网点设备配置均达到了规定标准，安装了电脑，配备了制度牌。但由于县资源共享工程平台的建设还需进一步完善，目前，我县和村之间的资源共享工程还不能实现互通互联。

（撰文/铜鼓县支中心）

吉安市支中心

吉安市全市现辖10县2区1市，总面积2.53万平方公里，总人口470万。全国文化信息资源共享工程从2004年4月实施以来，在吉安市文广新局，江西省图书馆支持和部署下，逐步推进，稳步发展，在新形势下为繁荣农村基层文化，满足农民多层次文化需求，传递中国民族优秀文化资源发挥了重要作用。

一、基本情况

吉安市文化资源共享工程建设开始于2004年，最初在吉安市图书馆老馆试点安装，此后陆续在全市各县市（区）开始安装，前期安装设备均通过卫星设备直接接收国家中心下发的各类资源和信息。2004年吉安市文化资源共享工程开始普及进入乡镇行政村，第一批泰和县290个行政村、新干134个行政村于当年安装调试完毕。2008年第二批井冈山106个行政村、万安县138个基层服务点、吉安县186个行政村、安福县256个基层点进行安装，2010年至今，吉安市所辖10县2区1市共享工程共建立一个市级分中心，13个县级支中心、213年乡镇级基层服务点及2500多个村级基层服务点，完成了市、县、乡、村共享工程四级网络体系建设。至此，吉安市共享工程建设实现村村全覆盖。

二、管理和队伍建设

为使共享项工程真正为民所用为民谋利，吉安市级分中心将共享工程日常管理纳入制度化管理。制定支中心、镇、村基层服务点工作职责和制度，实行制度上墙公开。每年有年度工作计划，月度有工作要点，季度有工作督导，年末有工作总结考核，并推行管理员工作日志管理，收集整理共享工程服务活动的得失，探索共享工程管理和服务新模式。

三、培训工作

吉安市分中心在共享工程管理员的培养上实现了制度化和常态化。根据支中心工作要求，每年对辖区共享工程管理员进行集中培训，2005年以来一共举办各类培训班28期，参加轮训的各级管理员达2300人次。

四、技术支持

建立了信息反馈机制，加入江西省共享工程QQ群，加强与省中心及各兄弟馆的联系，及时上报反馈各种信息，取得技术支持。规范机房值班管理及操作，建立了中心机房值班记录，电子阅览室文献咨询记录，要求工作人员做好工作原始记录和人员、数据统计工作；

五、宣传推广

在做好各项工作的同时，对各项工作定期进行回顾和总结，编写各类信息材料，大部分被江西省文化信息网、江西图书馆动态、吉安文化信息网、吉安电视台、井冈山报、吉安市人民政府网、等新闻网络媒体采用，受到了上级的好评。

六、规划发展

1、依照国家、省级工程的安排，由市文化主管部门统一领导，吉安市图书馆作为市级分中心。依靠图书馆本身的数字化优势担负好对基层中心的管理、资源更新、日常技术维护、人员培训等职责，并把数字图书服务作为重要内容。

2、市图书馆要成为市级中心的技术平台，市图书馆要利用先进的数字图书馆技术、计算机网络技术，建成"共享工程"的资源建设中心和技术支持中心，加强舞台艺术、音乐美术、文物鉴赏等方面原材料的收集，由市图书馆统一进行数字化加工。

要与市图书馆的数字图书馆建设紧密结合，在数字图书馆技术体系框架下，按照统一规划、统一标准、统一格式进行建设，将已建的数字图书馆资源通过"共享工程"为群众提供服务；要与市图书馆自动化、网络化建设紧密结合，科学规划，避免重复建设；要进一步加强和完善"共享工程"的网站建设，使之适应计算机网络技术的发展，成为"共享工程"资源发布和服务的重要窗口。

3、利用公共网络于2005年建立市、县级中心的硬件设施，充分利用现有的电信、有线电视等公共网络设施传输资源，与有线电视数字化推进工作相结合，要将"共享工程"基层站点的基础设施建设与电话"村村通"工程相结合，鼓励市电信运营企业优先把"共享工程"基层网点介入互联网。市广播影视部门要把"2131工程"、广播电视"村村通"工程和"共享工程"相结合。利用电信网络和数字电视技术将"共享工程"的优秀文化信息资源送入千家万户。

（撰文/吉安市支心）

吉水县支中心

吉水县位于江西省中部，赣江中游，吉泰盆地东北部，京九铁路中南段。东邻永丰县，北接峡江县，西界吉安县，南连青原区。赣江与恩江合行洲渚间，形若"吉"字，吉水由此得名。全县辖15个镇、3个乡；共有21个居委会、249个行政村。总面积2509.73平方公里，属丘陵地形。有蒙古、回、畲等19个少数民族，总人口501337人。吉水县文化资源共享工程在省市文化主管部门的支持及技术指导帮助下，县委、县政府高度重视，在县文化广播电视局精心组织安排部署下，逐步推进，稳步发展，在新形势下为繁荣农村基层文化，满足农民多层次文化需求，传递中华民族优秀文化资源发挥了重要作用。

一、基本情况

吉水县资源共享工程建设开始于2008年，最初在县图书馆建立起支中心，2010年开始进入乡镇行政村，第一批陆续在全县17个乡镇137个行政村与当年安装调试完毕。2012年第二批在18个乡镇文化中心进行安装。

共享工程吉水支中心设在吉水县图书馆，是吉水县共享工程的建设和业务指导单位，负责保障支中心共享工程设备的运行，协调镇村级共享工程设备的维修，指导镇村级共享工程活动的开展以及开展全县共享工程管理员的业务培训和报导。

二、管理和队伍建设

文化信息资源共享工程是文化服务的重要手段，是实现广大人民群众基本文化权益的重要途径，是改善城乡基层群众文化服务的创新工程。自全国文化共享工程实施以来，我县一直把它作为一项文化建设 的重点创新工程来抓，与县委组织部党员干部现代远程教育、数字电视工程等实行共建共享，并为他们制定了统一的标牌，统一的规章制度，统一张贴，以达到规范化效果。并由县级支中心对各服务点管理人员进行了培训，后期又派县级支中心技术员对各乡(镇)、村基层服务点管理人员进行手把手地辅导，使每个服务点管理人员人人懂得业务管理知识，并熟练掌握设备操作技术，保证了文化共享设备的安全运行，快速服务群众。但因基层服务点没有配备专职管理人员，大多是由村干部兼管，并不能保证足够的开放时间，及时的为农民朋友服务。为我县文化共享工程的顺利实施，县、乡(镇)、村三级公共文化网络的建成，2012年的基层服务点我们把它们统一建在各乡镇的文化站，这样就有了专职人员管理和场所，也能保证足够的开放时间及时规范的为群众服务，这也标志着我县构建公共文化服务体系建设工作迈上了一个新的台阶。

三、宣传与服务

我县文化共享工程县级分中心结合本馆实际，合理安排电子阅览室、多媒体功能室开放时间，平时坚持周日至周五全天开放，开放时间每天从早上8点到12，点下午2：00到6：00。

在暑期，吉水县支中心都会为留守学生开通亲情视频，让留守学生感受家的温暖；邀请经验丰富的老师以"珍爱生命，打造快乐平安暑假"为主题举行各种健康安全知识讲座，向中小学生传授健康、安全知识，使他们快乐、安全度过暑假。

我馆每年在全县18个乡（镇）邀请50余名农村留守生来到电子阅览室体验绿色上网快乐。围绕“为了明天，保护未成年人”这一主题，组织开展了“快乐绿色上网、宣传未成年人保护法规”等一系列读者活动，并利用互联网站，根据未成年人成长进步的需要，精心制作集知识性、趣味性、科学性为一体的文化信息资源，制作面向未成年人的网站、网页专栏，为未成年人提供他们喜闻乐见的文化信息服务。以“推进文化建设、共享文化成果”为主题，邀请残疾人读者来支中心开展各种活动，让残疾人也能享受到共享工程的这一惠民工程。在节假期间，我馆会利用文化共享设备在县城街道社区、企业、工厂及各乡镇给群众播放电影、戏曲节目，丰富了人民群众的文化生活。每年在县支中心开展5场以上的各种内容的讲座，4场以上的培训。充分利用文化共享工程网上资源为群众服务，引导广大群众了解并享受文化信息资源。

文化共享工程是惠及全民的一项民心工程，为了拓宽文化共享工程使用范围，更好的利用共享工程，我们与江西金山科技工商学校协商共建，为他们提供学习基地，让学生们都能利用文化共享工程学习到优秀的文化科技知识；同时也是农民科技文化电教馆。

全县各基层服务点大部分都能按照上级的要求，做到定期为群众服务，组织群众充分利用文化共享工程提供的资源，学习农业科技知识，观看文化娱乐节目，活跃群众文化生活，及时地把群众需要的农业技术、文化娱乐、科学知识等资源送给群众，既活跃了群众的文化生活，又能使群众从网上获取致富信息，发家致富。

通过几年来的建设发展我县的文化信息资源共享工程已有一定的规模，我们在今后的文化共享工程运行中，要以十八大精神为指导，不断探索发展，创新思路，加强管理，稳步推进；深化公共网络，创新服务内容，积极服务群众，加快我县文化共享工程建设，早日完成县、乡(镇)、村三级公共文化网络的建成。

（撰文/吉水县支中心）

峡江县支中心

全国文化信息资源共享工程从2002年4月开始实施，2008年我县被列为江西省首批文化信息资源共享工程县级支中心建设重点县。2009年4月峡江县图书馆开始组织实施文化信息资源共享工程建设，在上级主管部门的具体指导下，严格按照文化信息资源共享工程的要求和部署，推动了文化共享工程实施又快又好的发展。

一、整体情况

峡江县图书馆文化共享工程自2009年开始严格按照合同要求，精心组织实施。一是制定《峡江县文化信息资源工程试点县建设实施方案》。二是按照国家相关标准要求，设计装修县支中心电子阅览室，配置了应用服务器和业务服务器。三是按每台机器有3平方米以上空间、光线充足，进出方便的150平方米的电子阅览室。四是在馆内并建立了一个160平方米的多功能投影厅，配备了多功能扫描仪、激光网络打印机、移动硬盘、数码照相机及数码摄像机等设施。随着今年27个基层服务点的设备到位，全县1个县级支中心、11个乡镇基层服务中心、84个基层服务点，2011年6月起全部都实行了免费对外开放，整个设备运行正常，效果良好。

二、资源建设和网点建设

县图书馆文化信息资源共享工程的资源建设以一是广泛征集、收集本县历史文化和民间文化资源，利用数字化设备，加工制作具有峡江特色数字文化资源。已完成了峡江地方志、峡江曲艺、峡江民间文学、峡江民俗、峡江名人等。二是通过自建、购买、征集等方式建立了内容涵盖300多种中文期刊、400多种各类图书以及法律法则文献，供广大读者在图书馆电子阅览室阅读。三是认真完成图书信息刊登，内容涉及文化资源共享工程的建设，古籍书的收集及保护以及诗词碑文等，通过刊登信息向社会更好地宣传图书馆的文化共享工程。

网络为基层图书馆提供了一个全新的信息环境。我馆基层建设采取“示范引导，逐步推广”的办法，2002年建立了县图书馆支中心网点，2009至2011年先后完成了马埠镇、桐林乡、福民乡、罗田镇、砚溪镇、仁和镇的基层服务中心，2012年相继完成了戈坪乡、巴邱镇、水边镇、金坪民族乡的基层服务中心建设。

按省首批配额指标，我县先后有十一个乡镇文化站、84个村委会为建设单位，每个乡镇文化站配置4台电脑，每个村委配置一台电脑，共计配置电脑128台每个基层网点都有活动场所，各配有一名管理人员，基本实现了县乡村网络服务，顺利地实现了文化信息资源在最大范围内的共建共享。

三、经费投入和合作共建

文化信息共享工程属于政府向全社会提供的公共文化服务，是一项公益性文化事业，需要积极的投入支持。我县文化共享工程主要经费投入有：每年中央财政拨款12万元用于图书馆免费对外开放，江西省财政每年拨经费给每个乡镇图书免费开放维护费5千元，县财政每年划拨给图书馆文化信息资源维护费3万元。

相互协作，合作共建是推进基层图书馆信息资源共建共享的好方式。我馆在合作共建中一是争取县电信部门支持，开通了互联网络，充分利用电信的网络资源优势和技术优势，扩大了信息来源渠道，使文化信息资源共享工程的资源优势得到进一步发挥。二是我馆和县老年大学长期开办了初级班、高级班的2个退休干部免费培训电脑班，每班40人，共80人，每星期三、四上课2天。通过培训，使退休老干部能够掌握一些基本操作方法，做到上网查阅资料、看信件、发邮件、玩游戏等，深受广大老同志的好评喜爱。

四、培训工作及惠民服务

要建立一支业务精技术强的文化共享工程管理队伍，必须认真抓好管理人员的技术培训工作。培训工作我们一是召开现场会培训。每年对即将建设的乡镇管理人员集中现场学习培训。通过现场培训，了解设备功能，掌握技术支持和资源分发技能，提高实际操作和调试能力。二是办班培训。我们先后为乡、村基层点举办各类业务技术培训班8次，培训人员226人。三是馆里技术人员下乡到基层点搞好传帮带，手把手地教，面对面地讲。四是利用电话、手机等方式对各级技术人员临时碰到的技术问题难题进行指导传授。实践使我们认识到，积极搞好培训工作，是提高文化共享工程管理队伍素质的重要手段。

在做好文化共享工程惠民服务工作中形势多样，其主要有：

1、阵地服务。文化共享工程阵地服务以电子阅览室为主要窗口，县图书馆共有50台电脑，每天阵地服务时间不少于8小时，乡镇基层文化站每站也配置4台电脑，每个村委一台电脑，共配置128台电脑运转服务。

2、下基层服务。县图书馆通过下载、整合、购买的资源传输到农村基层站点，挑选农村需要的图书6200多册在世界读书日、图书宣传周等时间到水边郭家村、分界村委、江口村委、罗田镇的安山村委、东梅村委、戈坪乡的戈坪村、白沙村等地送图书下乡活动，并把网上下载的农村养殖信息、技术与农业科技读物、编印成《科技信息》，下农村送到村民手中，取得了很好的社会效益和经济效益，农民朋友高兴地说：又听、又看、又学技术，文化共享工程真是富民工程。

3、节庆文化服务。春节期间我馆开展“新春有奖猜谜语”活动，暑假期间组织“优秀爱国主义影片展”活动，世界读书日期间组织“为中华复兴而努力读书”等活动，丰富了群众节庆文化生活，又提高了全民的文化政治素质。

4、投资一万余元修建了一条残疾人专用通道和一个残疾人专用卫生间，制作完成了一个峡江图书馆网页，在百度中都能找到县图书馆有关资料信息。

五、宣传推广与工程管理

在实施“文化共享工程”过程中，结合我县图书馆丰富的图书资源优势，开展了丰富多彩的宣传推广服务，组织人员及宣传车深入到各乡镇、村委积极开展“文化共享工程”的重要性和必要性，利用县有线电视台增设“文化共享工程”专题讲座，为大家了解“文化共享工程”的实施，为宣传党的方针政策开辟了新渠道，为弘扬文明新风享受改革开放成果开辟新的阵地，为培养“有文化、懂技术、会经营”的新型农民搭建了一个新平台。

为了充分发挥“文化共享工程”的功能和作用，我们加强组织领导，强化管理。成立了以周敏为组长的文化共享工程领导小组，各乡镇也相应建立了工程领导小组，形成了“分级指导、上下联动、各自开展服务、资源共享共建”的工作机制。二是制定规章制度。县图书馆结合实际完善制定了《电子阅览室岗位职责》、《电子阅览室规则》、《网络安全与设备维护保养制度》等规章制度。三是按照省文化厅制定的《文化共享工程县级中心暂行办法》和《乡镇（街道）村（社区）基层服务管理办法》等管理办法，结合我县及各乡镇村、社区实际情况因地制宜地进行管理细化。三是加强督促与检查。每年对网点设备安装、经费落实、人员配备、辅导培训及开展服务等管理情况进行检查督促，使之安全运转无事故发生，提高工作效率，保持良好效果，促进社会协调发展，构建和谐社会发挥积极作用。

（撰文/峡江县支中心）

新干县支中心

新干县位于江西省中部，赣江中游，吉安市北部，东邻丰城、乐安，南接永丰、峡江，西毗新余，北界樟树。全县现辖5镇8乡和2个国营农林场，134个行政村，9个居委会，1145个村民小组，人口31万，总面积1248平方公里。我县气候条件优越，属中亚热带湿润季风气候区，气候温和，雨量充沛，光照充足，无霜期长，年均降水量1521毫米，年均气温17.9℃，无霜期277天。新干县物华天宝，资源丰富，享有“粮仓、桔乡、林海、盐田、药邑、青铜王国”之美称。新干历史名人辈出。晋代有堪称世代母亲楷模的陶母湛氏，宋代有状元何昌言，明代有著名宰相金幼孜，清代有康熙皇帝赐匾“天下清官第一”王言，近代有中共江西早期青年革命领袖邹努等。

新干县文化资源共享工程在县委、县政府支持下，在新干县文化信息资源共享工程领导小组的领导下，按照国家中心和省中心的要求积极工作，依托农村党员远程教育点和基层服务点为农村提供农技光盘，视频讲座，影视等服务。新干县支中心正以丰富的文化信息资源、多样化服务，为广大人民群众提供优质的精神食粮，为构建和谐社会传递中国民族优秀文化资源发挥了重要作用。

一、整体情况

全国文化信息资源共享工程是一项由文化部、财政部从2002年开始共同组织实施的社会主义文化文化惠民工程创新工程。2004年7月县财政拨专款9万元，全国文化信息资源共享工程新干县支中心在县图书馆建成。2007年我县被列入全国文化信息资源共享工程试点县，投资68万元用于设备购置，6万元用于电子阅览室进行整体装修，总面积达到160平方米，座位45个，10兆电信光纤接入，2009年由县网络公司施工建设与县信息中心政务外网完成联结，县支中心按标准完成了软硬件建设。

电子阅览室正在举办视频讲座

2010年开始按部颁标准完成了 13个乡镇，134 个行政村基层共享工程基层服务点的采购和建设，实现了“村村通”。完成了县、乡、村共享工程三级网络体系建设。

二、网点建设和队伍建设培训情况

按国家中心的部署和要求，2010年县支心开始乡、村基层服务点的布点建设，建立了119个村级基层服务点，8个乡镇级基层服务点。2011年建立了15个村级基层服务点，5个乡镇级基层服务点，实现了“村村通”，共享工程全覆盖。为完善管理，县政府颁发文件【干府办字[2010]74号】《关于进一步加强全县农村文化设施管理的通知》，明确了各级的责任和义务：县支中心负责各服务点设备的维护和资源更新、人员培训，乡文化综合站负责辖区内基层服务点的管理员的选配和日常管理，为整合资源将农家书屋管理员、共享工程管理员、村广播室管理员三员合一，择优选取文化层次较高，有一定社会基层管理服务实践经验的大学生村官为管理员，他们工作热情高，有较高的文化水平能尽快熟悉掌握共享工程设备为所在村民服务。县支中心为县、乡、村三级服务点统一制作标牌和制度牌，每年对管理员轮训一次。依托农村党员远程教育点和基层服务点为农民提供农技光盘，视频讲座，影视等服务。为新农村建设提供了丰富的文化数字信息资源。

三、经费投入和资源建设

2009年起县财政预算2万元为县支中心运行维护经费，5万元为各服务点网络运营费，村基层服务点管理员每月补助300元，为共享工程正常运行提供了资金保障。至今，共享工程三级网络共投入设备资金186.6万元。

新干县支中心每年购置数字图书和视频光盘的经费在3000元左右，依托国家和省中心的资源每年刻录1500多张农技和百科讲座光盘分发到各基层服务点，县支中心机房存储了8.5TB的各种题材的资源。

四、合作共建和利民惠民服务

1、县支中心与县电影公司合作，在送电影到村放映前放专门刻录的农技专家讲座。

2、县支中心与县电视台合作在假期举办经典少儿电影专场和"文化共享心向党"专题片展播月活动，播放了148个专题片。

3、县支中心配合“一村一品”工作，上门为农村专业养殖户送资料1300多份，讲座视频光盘600多张。

五、荣誉奖项

2011年10月周欣同志获国家管理中心颁发的“第二届文化共享杯全国文化信息资源共享工程知识与技能竞赛参赛选手”荣誉证书。

六、工作展望

文化信息共享工程是一项利国利民的惠民工程，随着资源建设的丰富完善，新干县支中心正以丰富的文化信息资源、多样化服务，为广大人民群众提供优质的精神食粮，为构建和谐社会作贡献。

（撰文/新干县支中心）

永丰县支中心

永丰县位于江西省中部、吉泰盆地东沿，东邻乐安、宁都县，南接兴国县，西与吉水、青原区毗连，北和峡江、新干县接壤。国土面积2695平方公里（404万亩），辖区南北长，东西狭，地势同东南向西北倾斜，最高处海拔1455米，最低点51.7米。辖8个镇、13个乡（其中1个民族乡）、3个国有场，总人口45万。

近年来，在县委、县政府的正确领导和上级业务主管部门的关心支持下，永丰县文化资源共享工程逐步推进，稳步发展，在新形势下为繁荣农村基层文化，满足农民多层次文化需求，传递中华民族优秀文化资源发挥了重要作用。“十二五”时期我县文化共享工程建设的指导思想是：高举中国特色社会主义伟大旗帜，以邓小平理论和“三个代表”重要思想为指导，深入贯彻落实科学发展观，坚持公益性、基本性、均等性、便利性原则，充分利用现代化信息技术手段，贴近实际、贴近生活、贴近群众，更好地满足人民群众日益增长的精神文化需求，实现优秀文化资源的全民共享。

一、强化领导 统筹规划

文化信息资源共享工程是新形势下构建我国公共文化服务体系惠及千家万户的一项重要文化基础工程。我馆就共享工程建设问题及时向县委、县政府分管领导作了汇报，引起了县委、县政府高度重视。县财政将每年2万元的信息资源共享工程运作经费纳入预算。成立了永丰县文化信息资源共享工程建设领导小组，县政府副县长吴小莲任组长，县文化广播电视新闻出版局局长金有亨、副局长刘金燕为副组长，办公室设在县文化广播电视新闻出版局，由刘金燕副局长担任办公室主任，成员从局机关和图书馆抽调，县图书馆为业务主管部门，负责支中心和基层服务点管理人员的技术指导和业务培训。

二、精心组织 快速推进

在信息共享工程项目建设过程中，县图书馆严格按照省厅要求，一环扣一环狠抓各项工作落实。一是在县信息共享工程支中心接入宽带≥为10M光纤，并能正常接收国家中心以及省级分中心信息资源，自建数字资源和自行采购数字资源，基本实现了图书馆业务自行管理和资源应用自动化管理。二是严格按要求，确保相关设备发放到位。2009年9月省厅文化信息资源共享工程电脑设备下发后，我馆及时与县电信局取得联系，按要求开展共享工程支中心建设。还统一定制了基层服务点的门牌、规章制度。同时，召开了文化信息资源共享工程村级服务点设备发放仪式，会上，县委常委、宣传部长陶保平、文化广播电视新闻出版局局长金有亨分别作了讲话，阐述了文化信息资源共享工程的重大意义，要求各乡镇一定要把相关设备落实到各基层服务点，并积极配合做好相关设备的安装调试工作，严禁将设备截留或挪为他用。三是开展业务培训，加强督促检查。为了让文化信息资源共享工程这一新生事物尽快发挥出最大效益，受惠于广大基层群众，我馆先后在2009年10月、2010年8月、2012年10月举行了三期业务培训班，共培训业务技术人员146人次，馆里抽调专业人员会同电信局技术人员深入各基层服务点逐一安装调试设备，悬挂相关规则制定，截止8月，电信部门提供的网络宽带≥10M，交换机，防火墙，网络配线架，42V标准柜，UPS电源等网络设备都已测试完毕。220个村级服务点电脑全部完成安装调试。近期，坑田、古县、沙溪、中村、君埠等5个乡镇综合文化站的电脑、电视、投影仪等设备也已完成安装调试工作，全面投入使用，管理人员基本掌握了文化信息资源共享工程设备设施的性能和日常管理。与此同时，我馆还分派人员深入各基层服务点利用文化信息资源共享工程这一平台积极开展文化活动。定期不定期督查各基层服务点有没有将文化信息资源工程占用或挪为他用的现象，发现问题，及时督促其整改到位，受到群众好评。

总之，"十二五"时期，永丰县文化共享工程要以农村基层为重点，在实现和保障人民基本文化权益上取得新突破、迈出新步伐、开创新局面，为我县公共文化服务提供整体性支撑，为消除数字鸿沟、增进人民福祉发挥关键性作用，成为我县公共文化服务体系建设的骨干力量，为富裕和谐秀美永丰的建设提供精神动力和智力支持。

（撰文/永丰县支中心）

泰和县支中心

一、整体情况

泰和县位于江西中部，全县人口53万人，城区人口15万人。文化底蕴丰厚，文化资源丰富，为"全国文化先进县"。2004年，根据文化部、财政部《关于实施全国文化信息资源共享工程的通知》（文社图发[2002]54号）以及江西省文化信息资源共享工程办公室文件《江西省文化信息资源共享工程管理办法》（赣文信字[2004]）等文件精神，按照上级要求的配置标准，我县建立了文化信息资源共享工程县级支中心。

泰和县支中心于2009年投资68万元配置了专业机房，机房内铺设了防静电地板，添置了避雷装置、空调设备、UPS不间断电源、专业机柜、服务器等，更新了电子阅览室联想品牌电脑50台，19吋宽屏显示器。目前中心有终端电脑50台，服务器5台，存储量达6TB，网络带宽10M，兼职管理员2名。初步架设了我县文化共享工程网站，实现了图书自动化管理，建立了数字图书馆，有数字资源1TB。

二、网点建设、经费投入

泰和县委、县政府十分重视文化信息资源共享工程这项创新惠民工程建设，2009年出台了《关于印发泰和县文化信息资源共享工程建设实施方案的通知》（泰府办字［2009］25号）文件，成立了以分管县长为组长、其他有关单位为成员的领导小组，就组织机构、经费保障、技术支撑方面作了详细的规定。各乡镇也成立了相应的组织机构，具体实施文化共享工程的相关事宜。

2010年，由中央、省、市、县四级财政投入资金70万元，为全县290个行政村配置了电脑，进一步加大了文化共享工程网络在我县的覆盖面，达到了100%。

三、资源建设

在利用共享工程中心网站资源和通过卫星投放的资源的同时，我们注重与省市图书馆的联系与合作，争取资源上级业务部门的支持整合各类资源，达到共建共享。如省级中心给我们配发了《京剧音配像光盘》、《农业实用技术》等，我馆也向省图书馆提供了有关乌鸡的地方文献。

我们按照"资源共享、优势互补、互利互惠"的原则开展协作共建，与290个基层点签订了资源共享协议书，为基层图书点提供流动图书近20000册，同时无偿搜集其特色的信息资源。截止2012年11月，我馆与省中心、基层点共享信息资源500余种。对内加大资源的采集力度，将我县地方特产"泰和乌鸡"地方文献扫描成PDF文件，并采集了电视台近几年拍摄的"乌鸡"专题片等，为我馆特色数据库的建立做好了丰富的信息储备。

四、技术支持

建立了信息反馈机制，加入江西省共享工程QQ群，加强与省中心及各兄弟馆的联系，及时上报反馈各种信息，取得技术支持。规范机房值班管理及操作，建立了中心机房值班记录，电子阅览室文献咨询记录，要求工作人员做好工作原始记录和人员、数据统计工作；

五、合作共建

结合农村干部党员远程教育、中小学教育远程教育、农家书屋等工程，通过对村部原有的阅览室的改造、拓展，先后建成了农家书屋、老年文化活动中心，添置了文化、农普类藏书（光盘）2000余册，积极推动"共享工程"的建设，不断完善配套设施，提高硬件条件，每个村级基层点配发了联想启天电脑一台、一个DVD播放机和一台电视机，并接通了电信宽带网络和有线电视网络，设置了共享工程连接快捷方式，完善了"共享工程"硬件设施上的架设。并下发了"全国文化信息资源共享工

程基层服务点”标牌、管理制度、管理职责等以及由县支中心翻刻的“文化共享助春耕”光盘，内容涉及育苗育种、特种养殖、科学抗旱、科学种植等一些适合我县实情的资源。泰和县各村部逐渐形成了一个融图书借阅、党员教育、信息传递、休闲娱乐为一体的基层服务中心。

六、惠民服务

在实施共享工程的过程中，泰和县支中心不断拓展共享工程的服务内涵和方式，充分利用这一全新的工作载体条件，贯彻落实“8个走进”（进农村、进农场、进林场、进学校、进机关、进军营、进社区、进广场），开创了文化共享工程工作的新局面。

1、馆内活动精彩纷呈

充分发挥公共图书馆的阵地作用，在电子阅览室每周推介优秀栏目、名家讲座、生活常识、电影及优秀地方剧目，每月开展一次共享工程利用知识培训；每个星期六上午在少儿阅览室利用投影仪播放名家讲座及影视剧，常年坚持。利用星期天节假日针对未成年人播放百部爱国主义教育影片、科普类等影片，举办思想道德建设方面的讲座、名著赏析等，引导未成年人多读书，深受广大市民的欢迎。每周服务时间达90小时。

开展光盘外借服务。将国家中心、省中心下发的光盘资源供读者借阅，比如《文化共享工程夏日电影展播》、《中国农业知识仓库》、《万方数据资源系统》、《共享书香、快乐阅读》、《文化共享助春耕》、《振奋中国，红色会议》、《共享知识，和谐万家》、《实用农业技术》等，还利用刻录设备将部分农业技术资料刻录成光盘发给全县290个村级服务点。这一举措深受读者和基层点的欢迎。

热情为盲人服务。在电子阅览室划分了4个盲人专席，安装了盲人读屏语音软件、语音输入法，并有专职工作人员指导盲人上网，盲人朋友每按一次键盘，屏幕上出现新的内容，或者可操作界面上状态出现任何变化，系统都会有语音提示。通过清晰悦耳的语音提示，盲人可以轻松上网浏览、收发电子邮件、上网聊天、炒股、写文章、英汉翻译……总之，明眼人通过电脑能做的事盲人一样可以做。

2、“文化共享工程农村巡回展演”活动深受农民欢迎

为了充分利用文化信息资源共享工程服务网络的资源优势，扩大文化信息资源共享工程的社会影响，我们抽调骨干力量组成“共享工程巡回展览小组”，由馆领导亲自带队，不畏辛苦，先后赴全县各乡镇、行政村基层服务点、林场、农场开展农林科普知识竞赛和巡回展播，把科技知识直接送到各村小组、农户家中，现场播放《西瓜种植》、《养猪要诀》、《水稻栽培》、《文化共享助春耕》、《世博文化解读》等科技片，赠送科技图书，散发各类科技资料宣传单，开展科普知识竞赛，现场评奖及颁发奖品和纪念品，深受农民群众和林场职工的热烈欢迎，自2007年开始，截至到2012年11月底，我馆共开展科普竞赛活动250余场次，向农民群众赠送科技图书20000余册，发放科技资料宣传单50000余份，播放科技影片100多部，惠及农民群众30多万人。

通过这些讲座和竞赛，不仅让广大农民群众真真切切享受到了图书馆的服务，也实实在在让老百姓共享了一次优秀的文化信息资源。丰富的农村生产生活、农业科技知识、医疗保健知识为不仅农民致富提供了有效的信息保障，还为开展农业技术培训、农民工培训、再就业培训等，提高农村信息化水平和基层群众科学文化素质，促进当地经济社会的协调发展奠定了良好的基础。

3、“文化共享”进社区

我馆通过共享工程平台，每年都要在县城人民广场、澄江文化广场举办多场知识竞赛、知识讲座、报告会等，利用投影仪等设备现场播放新书简介、爱国主义教育片、讲座、报告等，让优秀的文化信息源源不断传输到基层群众中，极大地丰富了广大市民的业余文化生活。

4、文化共享进校园

为加强未成年人思想道德建设工作，除了在馆内针对未成年人开展的活动以外，还与教体局联合，在每年的“六一”儿童节期间，联合县实验小学、澄江一小、二小等县城各中小学校开展活动，进行少儿知识竞赛、乒乓球比赛、跳棋比赛、象棋、军棋比赛等，还利用图书馆的投影仪到教室播放优秀影片和读书讲座，开展爱国主义教育活动。从而利用共享工程开展思想道德建设，切实将加强和改进未成年人思想道德建设工作落到了实处。

5、文化共享进军营

为了全面推进“双拥”工作的开展，把拥军优属政策落到实处，密切军民关系，增进军民友谊，加强“文化拥军”，争创双拥模范城。我馆除每年“八一”期间，都派工作人员携带流动书箱和共享工程设备对我县驻军消防大队、武警中队进行服务，现场指导部队官兵电脑知识技能、播放优秀影片等，极大的丰富了官兵的业余文化生活。

6、文化共享进专业户

在文化共享工程的推进当中，我支中心经常对各地的种养大户进行跟踪服务，对我县各地的种养大户进行跟踪服务，切实了解他们的需求，为他们排忧解难。比如：澄江镇月池村养菇大户田建平通过文化共享工程，上网了解菇类的供求情况、养菇的技术要求后，在自家的田地里搭起了养菇大棚，年收入达到5万元。泰和县桥头镇东山村张既新，通过我馆的信息技术服务，了解市场信息，养殖了近10万只石蛙，成了远近闻名的富翁……通过这些服务，有力地助推了当地经济的发展。

七、宣传推广

在做好各项工作的同时，对各项工作定期进行回顾和总结，编写各类信息材料100余篇，大部分被江西省文化信息网、江西图书馆动态、吉安文化信息网、泰和电视台、井冈山报、泰和县人民政府网、泰和通讯、泰和党建网等新闻网络媒体采用，受到了上级的好评。

八、培训工作

1、打造支中心精湛的技术服务队伍

我支中心狠抓队伍建设，除组织全体干部职工学习由国家中心、省中心举办的网络视频教学外，还于2008年、2010年、2012年分别选送骨干力量参加省中心举办的培训班，系统学习文化共享工程的基本操作技能知识、ILASII图书管理软件的使用和维护等，通过培训，我支中心打造了一支精湛的文化共享工程技术服务队伍，极大提高了我支中心的综合服务水平，对我县文化共享工程事业的发展起到积极的推动作用。2009年我支中心派李明华代表吉安市参加全省文化共享“江西省文化信息资源共享工程知识与技能竞赛”，经过激烈竞赛，吉安市代表队荣获二等奖，李明华同志荣获“最优秀参赛选手”称号。

2、村级基层服务点技术培训

为了进一步健全我县文化信息资源共享工程服务网络，提高文化共享工程管理员的操作技能，让文化共享工程更好地为广大群众服务，我馆还于2010年4月至 5月举办了4期“文化共享工程”基层服务点管理员培训班。来自全县各村基层服务点的290名兼职管理员在泰和县支中心五楼进行了“文化共享工程”培训班，培训内容为文化共享工程概述、支中心基本情况、电脑的基本使用方法、电脑的组装、文化共享工程管理办法及考核内容、上机操作实践。经过培训，各村基层服务点的管理员都掌握了基本的电脑使用方法和管理办法。

3、加强村级基层点业务指导

为进一步加强文化共享工程建设，我支中心每年对全县290个村级基层服务点进行技术业务指导及督查工作，并认真听取群众的意见，切实解决群众中存在的问题，并对不规范的基层点提出了建议和意见，共解答基层点技术问题200余条、电脑故障问题500余条，帮助申请厂家售后维护的电脑50余台。通过指导，切实加强了文化共享工程的建设，为基层点的服务建设奠定了良好基础。

九、管理和队伍建设

加强管理，按文化部下发的标准制作了文化共享工程标牌和规章制度，加强了监督管理机制，对不符合标准的基层点进行了批评和要求整改；

积极争取县委、县政府的支持，打报告增编增人，今年通过事业单位招考，招进一位计算机专业的人才，专门负责我县文化共享工程的建设与指导。

十、荣誉奖项

2009年9月15日，派李明华同志代表吉安市参加由全国文化信息资源共享工程江西省分中心主办、江西省图书馆和江西省图书馆学会承办的“江西省文化信息资源共享工程知识与技能竞赛”，经过激烈竞赛，吉安市代表队荣获二等奖，李明华同志荣获“最优秀参赛选手”称号；2011年获全省文化信息资源共享工程工作先进单位；

2012年获中国图书馆学会百县馆长论坛案例征集活动优秀奖、“江西省文化信息资源共享工程2012年‘像雷锋那样……’全省中小学生电脑小报设计比赛活动”优秀组织奖。

十一、工作展望

随着国家对农村文化的重视，加大对文化共享工程的投入，我支中心将在未来的几年里着重搞好为农村基层点服务，建立覆盖全县的城乡一体化文化共享工程服务网络，加强对管理员的培训和技术指导、联合开展多种活动等，以更好地发挥文化共享工程的作用。

（撰文/李明华）

遂川县支中心

遂川，位于江西省西南边境，与井冈山毗邻，是福建、广东、海南等沿海地区通往革命圣地的重要通道。全县总面积3144平方公里，辖11个镇，12个乡，2个国营林场，308个行政村，现有总人口55万人，是吉安市面积最大、人口最多的县，也是国家扶贫开发重点县。

遂川县图书建成于1984年，馆址位于泉江镇工农兵大道17号，馆舍建筑面积1644平方米，是一栋砖混三层半框架式楼房。

一、基本情况

2009年，全国文化信息资源共享工程遂川基层服务站在遂川县图书馆建立并经江西省分中心验收并挂牌，共建立乡镇基层服务点23个；村级（社区）共享工程基层点308个，建成覆盖率达100%。实现了街道、乡镇、村、社区文化共享工程全覆盖，使文化共享工程这一惠民工程全面进入到社区、乡村，进入到千家万户，为“惠民工程”的开展打下坚实的基础。

二、管理和队伍建设

遂川县图书馆支中心重视“文化共享工程”管理和队伍建设工作，制定了相关工作职责和制度，每年有年度工作计划和总结，并制定了《遂川县文化信息资源共享工程实施方案》。

选择计算机专业人员为管理员，并通过出去学习、培训等形式，努力建设一支专业化的“共享工程”管理员队伍，不断提高业务能力和工作水平。

三、培训工作

遂川县支中心注重抓好"文化共享工程"管理员培训工作，每年通过集中培训、网络培训等形式开展培训，不断提高管理员的专业水平。

四、资金投入

遂川支中心文化信息资源共享工程在上级领导单位和本县县委县政府的大力支持和帮助下每年投入万余元的运维经费，用于共享工程设备的维护，人员培训和惠民活动的开展。

五、资源建设

遂川县支中心结合本地实际，进行了一些数据库建设，共收集、整理了各类题材资源和视频，每年制作发放各类光盘300多张，各类海报7副，发放宣传资料2000余份。

六、合作共建

遂川支中心开展多种形式的合作共建，推进"文化共享工程"建设。借助农村党员干部远程教育基层点推进"共享工程"工作，合作建设了308个村级基层服务点。通过与学校、残联联合举办文化共享工程基层点培训班，收到较好的效果。

七、惠民服务

自建立以来，活动开展包括放电影活动和科技、农业知识培训，电子阅览室绿色上网，全区各基层服务点深入小区、院落，利用文化共享工程数据资源下载播放人民群众喜爱的影片。以服务"三农"为重点，把群众急需的科学知识、农业技术等信息提供给农民群众。利用投影仪和视频在线播放功能，各基层服务点利用文化共享工程资源每个星期开展至少一次实用信息的播放活动。

根据居民的需要，利用电子阅览室提供网络资源查询，电子图书推荐，组织播放农民喜闻乐见的戏曲、电影、小品等文艺节目，极大地丰富了群众文化生活，提高了农民文化素质，为构建和谐社会创造了良好氛围。通过一系列高效优质的服务活动，大大增强了文化共享工程的利用率和点击率。

八、宣传推广

遂川县支中心开展了"图书馆服务宣传周"活动工作。利用图书馆"服务周"活动，让更多的人走进图书馆、利用图书馆、享有图书馆。另外，多次与其他单位共同筹办征文比赛，使得广大居民、读者都能够享受文化共享工程的好处。

九、工作展望

展望未来，遂川县支中心文化共享工程紧紧围绕国家、省、市中心的工作部署，将进一步构建资源优质丰富、技术先进实用、传播高效互动、服务便捷贴近、管理科学规范、体系完整可控的公共数字文化传播服务体系，使文化共享工程真正成为城乡群众参与文化娱乐、获取科普信息、接受教育培训、享受惠民服务的重要平台。

（撰文/遂川县支中心）

万安县支中心

一、整体情况

文化信息资源共享工程万安县支中心建成于2008年2月，活动场地设在县图书馆二楼，总面积86平方米，县支中心场地主要由以下几部分组成：中心机房8平方米，人员办公场地约5平方米，电子阅览室73平方米。现有兼职管理人员2人。其中1人为计算机本科，1人为大专。

2011年3月25日实行免费开放。

二、网点建设

在县支中心建成后，我馆一直致力于乡镇文化信息资源共享工程基层网点的建设，到目前为止，已建成覆盖全县乡、镇（场）的138个基层网点。乡村级基层网点均设在乡、村图书室，每天开放时间大约3小时。

三、经费投入

县支中心自建成至2011年一直无运行经费，2012年县财政解决运行经费2万元并纳入财政预算。乡、镇基层网点没有运行经费，也没有纳入财政预算。

四、资源建设

到目前为止，资源建设还是一项空白，计划在2012年12月开通网站并上传资源。

五、技术支持

万安县支中心现有服务器4台，PC机50台，存储器1台，存储容量1.TB，安全设备1台，卫星接收器1台，接入带宽100MB,资源总量1.15TB，自购资源150GB，自建资源181.7GB，接收资源31.7GB，上传资源0GB，下发资源38.75GB，资源接收形式为卫星接收。

万安县支中心软、硬件系统由以下几个部分组成：

1、信息资源管理和发布平台。主要由资源管理和发布服务器群以及相应的磁盘存储系统、数据安全备份系统以及操作系统、数据库软件组成。

2、网络传输平台。主要由中心局域网（综合布线、网络设备、防火墙）、互联网Internet接入、卫星数据接收系统组成。

3、图书馆自动化管理平台。建设万安县图书馆业务自动化管理系统，实现内部业务和读者服务的自动化管理。主要由相应的服务器、微机工作站和软件组成。

4、公共服务平台。向读者提供数字资源检索和馆藏书目检索服务。

5、设备安全管理平台。用于系统安全运行的环境建设，包括机房装修、网络防病毒、机房静电屏蔽系统、机房不间断电源、空调组成。

六、合作共建

我县村级基层服务点建设主要依托农村党员干部现代远程教育工程进行。农村党员干部现代远程教育工程计划实现"村村通"，共享工程也同步推进，实现设施、管理、服务、队伍、资源、技术方面的共享。同时，积极与广播电视部门合作，使文化共享工程通过数字电视、有线电视将优秀文化资源进入千家万户。

七、惠民服务

1、“电子阅览室”伴随县支中心的建成而成立，并向读者开放，特别是2011年3月25日免费开放后，更是方便了读者阅览、查阅资料，每年接待读者近3万人次。

2、县支中心于2008年建成后，每年在“电子阅览室”举办各种主题的免费培训班至少八期，年培训读者200多人。

3、县支中每年还定期在电子阅览室举办至少四次少儿益智活动，配合开学，五一、十一节日等，举办开发少儿智力的益智活动或游艺活动。从效果来看，这种活动更受小读者的欢迎。

4、方便读者查阅馆藏，以前来图书馆的读者只是借阅图书，阅览报刊，你借我找，服务方式比较单一，现在读者可以来支中心自己动手查阅所需资料，快捷方便。资源共享使读者享受到了更便捷的服务，满足了不同读者的更多需求，产生了积极的社会效益。

八、宣传推广

支中心成立初期，就通过电视、宣传单、墙报等形式向全县人民宣传文化信息共享工程的内容。“电子阅览室”的免费开放，各种免费培训及益智游艺活动的开展，进一步向读者诠释了文化信息共享工程的核心内容。

九、培训工作

1、2008年举办“2008老年人电脑基础免费培训班”四期，举办基层服务点人员培训4期。参训人员226人。

2、2009年举办“2009办公软件基础免费培训班”四期，举办基层服务点人员培训4期。参训人员233人。

3、2010年举办“2010少儿动漫制作免费培训班”四期，举办基层服务点人员培训4期。参训人员242人。

4、2011年举办“2011Powerpoint课件制作免费培训班”四期，举办基层服务点人员培训4期。参训人员249人。

5、2012年举办“计算机基础免费培训班”四期，举办基层服务点人员培训4期。参训人员231人。

十、管理和队伍建设

1、运营管理：支中心坚持公益性服务，所有设施都免费提供使用，所有培训都免费举办，无任何收费现象。

2、支中心平均每天开放时间为8小时，年接待群众访问人数36962人次。

3、支中心主要由具有下列技能的人员组成：网络及硬件设备管理人员1人，大学本科，计算机专业。具有一定的从事网络维护工作经验。掌握网络设备的作用、功能和性能，负责网络建设计划的制订、日常维护、设备升级。普通管理人员1人，大学专科，负责日常事务的处理及电子阅览室的开放。

4、县支中心重视人员队伍建设，每年均派员到省馆或兄弟馆学习先进的管理经验，取他馆之长，补己之短。

十一、荣誉奖项

1、2009年，派员代表吉安市参加江西省文化信息资源共享工程知识竞赛，喜获二等奖。

2、2010年被全国文化信息资源共享工程江西省分中心评为江西省“文化信息共享工程培训工作先进单位”。

十二、工作展望

1、继续开展更加丰富多彩的活动和各灯培训，让支中心真正成为青少年活动的“绿色家园”。

2、资源建设。计划在2013–2015年建设具有万安特色的专题资源：万安鱼文化专题目、万安农民画专题目、万安经色文化专题等资源库。

3、在保证公益性服务的前提下，适当拓展服务手段，开展多样化、深层次的服务，使共享工程走向良性滚动发展的轨道。

（撰文/万安县支中心）

安福县支中心

安福县位于江西中部偏西，全县人口40万人，城区人口10万人。文化底蕴丰厚，文化资源丰富。2004年，我馆与全国文化信息资源共享工程江西省分中心签订共享协议，建立起了安福支中心，几年来，在省、市、县等各级部门的支持下，我县文化共享工程建设进展顺利，取得了良好的效果。

一、基本情况

2008年，我县被列为江西省文化信息资源共享工程28个建设县之一。按照上级要求的配置标准，我县建立了文化信息资源共享工程县级支中和256个基层服务点建设。我馆配置了专业机房，机房内铺设了防静电地板，添置了避雷装置、空调设备、UPS不间断电源、专业机柜、服务器等，更新了电子阅览室联想品牌电脑50台，19宽屏显示器。在图书馆电子阅览室将文化信息资源共享工程的快捷方式放到每一台微机的桌面，读者可随时点击进入；建立了共享工程网站面向社会全面开放，读者点击即可随时进入，点播自己喜爱的信息。

安福县支中心积极建立健全完善支中心各项规章制度，按文化部下发的标准制作了文化共享工程标牌，中心机房、电子阅览室规章制度全都上墙；建立了信息反馈机制，加入江西省共享工程QQ群，加强与省中心及各兄弟馆的联系，及时上报反馈各种信息，规范机房值班管理及操作，建立了中心机房值班记录，电子阅览室文献咨询记录，要求工作人员做好工作原始记录和人员、数据统计工作；在做好各项工作的同时，对各项工作定期进行回顾和总结。

二、主要做法

1、抓技术培训，全面促进文化共享工程基层服务点建设。一是我支中心组织干部职工参加省中心举办的文化资源共享工程培训班，于2008年、2010年、2012年分别选送骨干力量参加省中心举办的培训班，系统学习文化共享工程的基本操作技能知识、ILASII图书管理软件的使用和维护等，还请专业技术人员到我馆现场教学。通过培训，我支中心打造了一支精湛的文化共享工程技术服务队伍，极大提高了我支中心的综合服务水平，对我县文化共享工程事业的发展起到积极的推动作用；二是村级基层服务点技术培训。为了进一步健全我县文化信息资源共享工程服务网络，提高文化共享工程管理员的操作技能，让文化共享工程更好地为广大群众服务，我馆举办了二期“文化共享工程”基层服务点管理员培训班。人员来自全县256个村级基层服务点的兼职管理员，培训内容为文化共享工程概述、支中心基本情况、电脑的基本使用方法、电脑的组装、文化共享工程管理办法及考核内容、上机操作实践。经过培训，各基层服务点的管理员都掌握了基本的电脑使用方法和管理办法；三是加强村级基层点的业务指导。为进一步加强文化共享工程建设，我支中心每年对全县256个基层服务点和19个乡镇基层服务点进行技术业务指导及督查工作，并认真听取群众的意见，切实解决群众中存在的问题，并对不规范的基层点提出了建议和意见。

2、开展形式多样，内容丰富的共享工程活动。一是充分发挥公共图书馆的阵地作用，在电子阅览室每周推介优秀栏目、名家讲座、生活常识、新书介绍、电影及优秀地方剧目，每月开展一次共享工程利用知识培训；二是热情为盲人服务。在电子阅览室划分了6个盲人专席，安装了盲人读屏语音软件，并有专职工作人员指导盲人上网，盲人朋友每按一次键盘，屏幕上出现新的内容，或者可操作界面上状态出现任何变化，系统都会有语音提示。通过清晰悦耳的语音提示，盲人可以轻松上网浏览、收发电子邮件、上网聊天、炒股、写文章、英汉翻译……总之，明眼人通过电脑能做的事盲人一样可以做；三是利用多媒体报告厅，开展专题知识讲座。如：如何培养少儿学习英语的兴趣、法律知识讲座、书法知识讲座、播放爱国主义教育影片、科普教育影片。

3、文化共享进社区、进农村，拓展共享工程服务内容和方式。一是我支中心通过共享工程平台，每年都要在县城广场、人员聚集的街头举办多场知识竞赛、知识讲座、报告会等，利用投影仪等设备现场播放新书简介、爱国主义教育片、讲座、报告等，让优秀的文化信息源源不断传输到基层群众中，极大地丰富了广大市民的业余文化生活；二是开展光盘外借服务。将国家中心、省中心下发的光盘资源供读者借阅，比如《文化共享工程夏日电影展播》、《中国农业知识仓库》、《万方数据资源系统》、《共享书香、快乐阅读》、《文化共享助春耕》、《振奋中国，红色会议》、《共享知识，和谐万家》、《实用农业技术》等，还利用刻录设备将部分农业技术资料刻录成光盘发给全县256个村级服务点。这一举措深受读者和基层点的欢迎。

三、主要成效

文化信息资源共享工程建设以来，通过不断提升其文化创新的功能，提升其资源整合的功能，提升其文化服务的功能，提升其思想教育的功能，提升其生产生活的功能，全方位、多层次、全时段，多内容地去服务群众，取得了显著成效。

1、丰富了群众的文化生活。把丰富的电影、戏曲、民间艺术、动漫游戏、综艺晚会等文化产品送到群众身边，把根据群众关注的热点问题开发的专题文化资源送到群众身边，把数字报刊、图书、资料等数字读物送到群众身边，让群众自主选择，自由下载，点播收看，不受时间、空间、地域等因素限制，极大地丰富了广大群众的文化生活。

2、提高了群众的思想素质。广泛地传播中华文化精髓，传播现代科技、法律知识和党的方针政策，提高广大群众的思想道德素质和科学文化素质。为促进社会安定，构建和谐社会发挥了积极作用，成为了科技、文化的教育平台、法律普及和政策宣传的有效渠道，群众接受再教育的大课堂。

3、推动了农村经济等快速发展。紧紧围绕农田增效、农业增产、农民增收、加强文化科学建设和服务、购置配送种植业、养殖业、加工业的科学实用技术，及时发布市场信息。广大农民群众及时快速地了解掌握市场需求，供应信息，指导农业生产和经营，调整产业结构，发展优势产业。有效地推动了农村经济的发展，促进农民增收、增效。

4、有效地改变了群众生活方式。紧紧围绕提高群众健康水平，积极提供防病治病、科学饮食、卫生保健等方面的知识。引导广大群众保护环境，减少污染。引导群众科学锻炼，远离“黄、赌、毒”，采取积极健康的科学生活方式。

（撰文/安福县支中心）

永新县支中心

永新县地处赣西边境，罗霄山脉中段，属国家级贫困县，辖24个乡镇、两个场，总人口50万，是井冈山革命根据地的重要组成部分，是“三湾改编”所在地，是全国将军大县、书法之乡、国家级非遗保护中心。

近年来，永新县图书馆深入贯彻十七届六中全会精神，以发展繁荣文化事业为目标，立足实际，整合资源，大力实施“文化信息共享工程”，创新服务载体，拓宽服务范围，延伸服务功能，让广大群众享受公共文化的阳光。

我馆该项工作2007、2008年连续两年得到了文化部的充分肯定；2010年的服务案例《文化共享暖人心》视频在国家共享网站上播放，这是江西唯一被选中并推广的案例，为全国全面推广文化信息资源共享工作提供了经验；

2011年全国七大媒体记者莅临我县，共同见证“科技改善民生”，并在江西卫视做了专题报道，对外宣传了我县在文化惠民工作中取得的成绩。同时，我馆各项工作受到了省、市、县各级领导的表彰和社会各界的广泛好评，近三年连续被评为全省“共享工程先进工作单位”和宣传先进单位。

一、整合各类资源，完善硬件软件

我馆积极整合中央、省、市、县四级资源，硬件软件并重，不断构建公共文化服务体系。

加大资金投入，抓好设施建设。县财政挤出40万元配套专项资金用于“文化共享工程”的建设，国家、省级财政配套68万元的机房设备，目前已按标准全面完成了县、乡、村三级“共享工程”网络建设。对县中心的建设，完成了机房的装修和环境改造，进行了机房改造，按照国家相关标准配备了有关设备器材，并注重中控室的建设、中心电子阅览室的建设、综合业务加工室的建设；

对乡镇点的建设，全县100%的乡镇都建有基层服务中心，23个乡镇点均有电脑10台以上，这些服务点都能接收县中心、省中心及国家中心的资源；

对村级点的建设，全县100%即238个村级点的建设已全面完成，各基层服务点都提供电脑、电视机、DVD、图书资料等设备。

同时，我馆巧借外力，依托组织部门的农村党员干部现代远程教育资源实行联合共建，资源共享，取得了良好的成效；还以中宣部“千乡万村书库”建设服务点为契机，积极引导基层服务点设立书报阅览室、篮球场、图书室和增加共享工程网络服务点。

创新地方特色，推介优秀信息。充分整合各类资源，自建了3个数据库，即地方特色视频数据库、文献书目数据库、馆藏光盘数据库。建立了永新县文化信息资源共享视频点播平台，内容涵盖永新非遗文化、永新风情风貌、红色旅游文化、永新书法、农业科技知识、贺子珍纪念馆、永新将军馆开馆纪实等资料，大大丰富了特色数据库信息储备，实现了优秀文化信息在全国范围内共建共享。

加强队伍建设，提升服务水平。县级分中心聘请三名获得了全国计算机一级证书的技术人员，使传输和发布提供技术保障；分批举办了制作技术人员、资源制作人员、业务骨干、“农家书屋”残疾人管理员等各类培训班，多次邀请省、市技术专家前来授课，为信息传输和发布充实了一批过得硬的技术力量。

二、开展“五进”活动，延伸服务功能

我馆依托共享工程资源，开展“五进”活动，将公共文化服务延伸到乡村、社区、企业、学校、医院等各类基础点，让文化信息工程走进千家万户。

开展“进城乡”活动。在全县开展了“百村千户文化工程”、“特色文化村”、美丽乡村文化示范村建设活动；举办“激情广场”文艺演出，大力宣传共享工程；配合政法系统开展“健康网络、远离网瘾”、“珍爱生命，远离毒品”为主题的大型图片巡回展；围绕党的十八大的胜利召开在全县各乡镇、开展“开拓前进、勇于创新”、“科学发展、成就辉煌”大型图片展，让全县百姓感受党的建设取得的巨大成就，人民安居乐业。

在全县范围内开展“读红色经典、扬爱国激情”为主题的大型演讲比赛及征文活动。

开展“进校园”活动。多次组织学生集体来馆参观，联合志愿者“关爱留守儿童”与他们共度“六、一”，开展安全自护教育、免费上网和观看科普知识活动；与“永新县特殊教育学校”创办流通图书站，解决残疾儿童行动不便，看书难的问题。

开展“进社区”活动。根据不同群体的喜好，利用投影仪为老年人播放最喜欢看的京剧节目，为青少年播放青睐的进口大片，为中年人播放关注的保健知识，为“空巢老人”送上温暖等，进一步提高了文化资源的利用率。

开展“进农家”活动。克服资金短缺、无服务车等困难，不定期地把惠民服务延伸到农村基层文化中心、村落社区以及农民个体文化户和种养专业户之中。

开展“进广场”活动。每逢元旦、春节、三八、五一、六一、中秋、国庆等节庆日，世界读书日、科技活动日等工作人员走到中心广场、三湾广场，摆开宣传架势，举办大型宣传展览，发放宣传单，开展现场咨询和办证服务，给广大群众送上了免费的精神文化大餐。

三、依托共享工程，实施技能培训

我馆还以“文化共享工程”为载体，实施农村实用技能培训，帮助农民科技致富，打造出“文化共享富农民”这一影响力强、群众普遍欢迎的服务品牌。

深入开展以“送书下乡、送展览下乡、送讲座下乡、送科普知识下乡、送设备下乡”为主题的“五送”活动。

据不完全统计，几年来累计举办各类农村实用技术培训班60多期，向种养户、文化个体户送去各类图书资料1.5万余册、光盘800余张、电脑241台，受益农民达1万余人。可以说，“文化共享工程”真正成了农民朋友获取信息、查询资料、掌握技能的重要渠道。

如：里田镇南城村的老农龙桃仔，两年前，在龙门镇铁境山中采摘到野生红米，共享工程工作人员从互联网上找到了关于原生态红米稻种植技术的相关资料，刻成光盘专程送到龙桃仔家来，使他掌握了原生态红米的种植技术，龙桃仔去年种了10亩红米，收入有2万多元，还引领全村农民种起了红米，把南城村打造成了一个纯天然原生态红米生产专业村。像这样的帮扶例子还有很多很多。

如今，永新县正在加快实施“公共电子阅览室”建设计划”，加大数字资源建设，进一步丰富地方特色资源内容；充分利用共享工程优秀资源，与实际情况结合。

一方面与党员远程教育相结合、一方面与“农家书屋”相结合、一方面与种养专业户相结合，采取特色服务、网络服务、流动服务，满足基层群众的多种文化需求。展望未来，永新县“文化信息共享工程”明天会更美好！

（撰文/永新县支中心）

全国文化信息资源共享工程——

福建省分中心

福建省，简称“闽”，省会福州，位于中国东南沿海，东隔台湾海峡，与台湾省相望，辖九个地市、一个综合实验区、85个县。全国文化信息资源共享工程福建省分中心设在福建省图书馆。

福建是文化信息资源共享工程的策源地之一。2001年，福建省文化厅根据福建省图书馆的提议，在之前省图提出的“福建城乡知识网络工程”方案思路的基础上，正式启动“福建文化信息网络工程”建设。2002年4月，在吸收与借鉴福建文化信息网络工程建设经验的基础上，文化部与财政部启动实施全国文化信息资源共享工程，福建文化信息网络工程正式纳入文化共享工程统一管理，成为文化共享工程的重要组成部分。

自工程启动以来，福建省根据文化部的统一部署，在文化部全国文化信息资源建设管理中心的指导下，以“海西文化信息网”为门户，以数字文化资源建设为核心，以基层服务网点建设为重点，以共建共享为基本途径，积极探索地方特色文化信息资源建设，推进全省的数字资源整合和服务网络的覆盖，创新服务方式与技术手段，与时俱进、因地制宜地推进文化共享工程建设发展。

一、基本情况

至2012年12月底，福建省已建成省级分中心1个，地市级支中心9个，县级支中心83个，乡镇基层服务网点749个，村级基层服务网点15003个（其中14990个依托农村党员现代远程教育工程建立）。至2010年底，全省各级财政累计投入建设资金8702.36万元；建立16256人的专兼职操作管理队伍，培训人员19007人次（未计入远程培训人员），服务人群达957万人次。整合各类资源约100TB，其中省中心55TB，包括150万册电子图书，1.8万多种电子期刊，大型数据库30多个，影视、戏剧、讲座及科普节目等视频资源40748部（片）。已在全省范围内初步形成资源比较丰富、辐射范围较广的数字文化服务体系。

二、资源建设

福建省分中心始终坚持把资源建设摆在福建省文化共享工程建设的核心位置上，重点突出地方特色文化资源建设，并集中人力、财力、物力，保证资源建设数量每年有新增长，质量不断有新提升。在资源建设途径上，一方面加大对福建省各地方特色文化资源的征集力度；另一方面，加大对自有知识产权资源建设的组织力度。2001年7月下旬，省文化厅成立福建文化信息网络工程资源工作小组，负责全省文化系统信息资源的收集、整合和提供等具体工作。2002年12月，出台了福建文化信息网二期工程资源建设工作方案。2006年，围绕国家中心的资源征集部署，向全省各地市文化 局发文《关于有偿征集我省优秀地方戏剧目的通知》、《关于有偿征集我省非物质文化遗产宣传片的通知》等，并组建征集工作小组奔赴各地，在较短时间内征集到了一批富有地方特色的文化资源。2007年，在共享工程国家中心的大力扶持与指导下，省分中心从“闽南文化专题资源数据库”项目建设启动，以“福建文化记忆资源数据库群”建构为目标，着手地方文化专题资源数据库联合建设的探索与实践。目前，通过有效机制保障，省分中心已自建特色资源10.906TB。已初步建成闽南文化专题资源数据库、福建省非物质文化遗产保护资源数据库、海西红土地党建信息库、福建省地方志全文数据库、三坊七巷、寿山石雕、福建名祠、闽剧荟萃、21世纪福州名人墨迹、福建省家谱联合目录、馆藏家谱提要等特色数据库，正在抓紧进行客家文化专题资源数据库建设工作。

三、平台建设

硬件方面，福建省分中心已初步建成较为完善的面向全省的公共数字文化服务技术支撑环境：局域网平台主干通讯能力达到1000M，互联网接入带宽400M，服务器30余台，计算机370余台，投影机5台，存贮(阵列)能力达到150TB，卫星站点1个，并于2011年构建了高性能云计算中心；建有广播级专业摄像机、广播级数字切换台、广播级非线性编辑系统、专业数码相机等资源采编设备和资源数字化加工生产线。

软件方面，福建省分中心搭建了网络管理系统、统一检索系统、统一用户管理系统、政府公开信息整合平台；依靠新媒体技术建成手机图书馆、公共文化服务机等便捷、智能的公共数字文化服务平台；以TRS WCM内容协作平台为技术支撑的信息资源的采、编、发系统，利用该平台进行《闽南文化》专题资源数据库的搭建。2010年与北京邦丰公司联合研发福建文化共享工程资源管理播发平台，用于面向省、市、县、乡各级中心的资源播发、管理与建设。目前60个具备安装条件的市、县已部署完成，已建成的各市、县支中心具备资源接收与上载、资源存贮与组织、资源内容分发、资源服务等多种功能，具有一定的存贮能力（4T左右），基本搭建起了省、市、县、乡四级资源服务体系平台，开始向各地推送资源。同时省分中心构建了海西资讯监测平台，及时向各级领导及政府部门提供媒体发布的信息，为政府部门立法决策、经济建设、文化建设等服务。

四、机构、队伍建设

2009年，经省编办批复，福建文化信息资源共享中心正式组建，并担负全省文化信息资源共享工程建设的业务指导职能。福建省分中心坚持“人才兴馆”的指导思想，几年来，采用请进来，走出去的业务培训模式，不断加强人才队伍建设。现有专业技术人员近30人(非专职)，专业涵盖图书馆学、信息管理与信息系统、计算机网络、计算机应用、数字媒体艺术、戏剧影视美术设计、广播电视编导、新闻、摄影摄像等，具有较强的自动化、网络化、信息化服务水平及数字资源策划、采拍、编辑制作能力。

五、培训工作

自2005年后，我省文化共享工程队伍培训工作已有计划的走过了“由点到线，局部拓展、覆盖全省”三个阶段。应该说，在项目工程建设起步伊始，为了更好的总结经验，我省主要是针对个别试点单位或试点区域开展。随着时机和条件的成熟，共享工程建设进入了快速发展时期，省分中心制订了《福建文化信息资源共享工程基层培训计划》，在资金比较紧张的情况下，省文化厅每年都核拨30余万元培训专项经费给省分中心，中心的培训工作也进入了有计划，有方案，有总结的阶段。迄今为止，省分中心相继开设近三十期（次）培训班，培训内容包括《文化共享工程运行管理系统的使用》、《县级支中心的组织与建设》、《文献信息资源的利用与服务》、《新闻写作》、《新闻摄影技巧实践》、《如何宣传文化共享工程》等，培训基层业务骨干1700余人次，并向通过考核的人员颁发了相应的上岗资格证书。目前，每个县级图书馆（支中心）都有2至3名经过基础培训的人员，260多个乡镇文化站人员参加了培训。我省还与国家中心、中国图书馆学会合作开展培训，先后举办了省级分中心技术骨干（南方区）培训班、全国图书馆志愿者行动——福建省公共图书馆馆长培训班、“中美图书馆员专业交流项目•全省图书馆馆长高级研讨班、“数字图书馆推广工程”宣传推广项目•福建省图书馆馆长高级研讨班，这些培训为我省共享工程的人才队伍建设提供了积极保障。此外，福建省分中心还通过联办、移动讲座、远程教学、现场辅导等方式，培训村级文化协管员、基层管理人员5000多人次，提高了基层服务队伍的整体素质。

六、惠民服务

福建省分中心充分利用文化信息资源共享工程的资源优势，以服务为重点，面向社会，开展了各种形式多样、内容丰富的系列主题活动，如节庆期间的视频资源展播、专题资源服务、光盘刻录配发等。分中心将信息资源通过互联网线路、卫星传输、光盘和移动硬盘等多种方式输送到政务网系统、农村党员远程教育系统、各级支中心、各地信息中心，以及部队、学校、企业、监狱等特殊领域，为社会各群体提供数字文化共享服务。目前，“数字武夷”可向闽北300万农民群众提供服务，仓山监狱网点在服刑人员的思想改造与提高劳动技能等方面都发挥了积极的作用。同时采取文化帮扶，促进苏区、老区支中心建设。2010年选取了清流、福安、仙游等10个县级支中心作为文化帮扶重点对象，为其配送近万册图书、图书馆自动化管理系统及文化共享工程数字资源，同时安排技术人员下基层进行业务培训辅导。从2009年开始，利用文化信息资源共享工程的“数字资源服务平台”和网络资源，以“共享数字文化”为目的，连续四年走进福建省“两会”，开展立法决策服务，为省人大代表、政协委员撰写提（议）案、大会发言材料和讨论发言稿，查询提案办理情况，提供信息咨询服务。

多年来，省中心配合国家中心主题活动还开展了以下活动：2006年，举办“文化共享长征行——福建站”活动；2008年，开展“文化共享奥运行”活动；2009年，举

办“文化共享杯——文化共享工程知识与技能竞赛福建选拔赛”；近几年，按照国家中心部署，相继举办了“少年网页设计竞赛”、“同在蓝天下，共享文化资源——关爱进城务工子女”、“县级数字图书馆推广计划”、“欢乐共享楹龙年　文化年货带回家”、“同乡同龄同梦想　共学共享共月圆”等系列活动。2011年，福建省分中心开始积极尝试将共享工程引进企业服务农民工，以情感关怀、文化服务、素质提升为重点，精心设计形式多样、内容丰富的农民工培训和信息服务。2012年元月，福建省文化厅与文化部全国文化信息资源建设管理中心密切合作，率先在石狮市启动文化信息资源共享工程为外来务工人员服务的系列活动，首先在石狮市大帝集团等30个外来务工人员密集企业进行试点，并逐步在全省推广。

此外，2010年12月，省分中心公共电子阅览室重新装修正式启用并免费对社会开放，新建电子阅览室400平方米，电脑120台。福建省分中心充分利用公共电子阅览室的设施条件，着力打造数字阅读、信息查询、文化课堂、休闲娱乐四大功能，建立和完善公共电子阅览室服务技术支持平台，通过开展内容丰富、形式多样的辅导、咨询、培训等惠民服务，引导社会公众特别是未成年人正确地认识和使用互联网，充分利用文化共享工程资源。一年多来，接待读者15万人次。

七、规范建设，建章立制

在试点建设阶段，福建文化信息网络工程就注重各项制度的规范建设，从站点选择、人员培训到安全保障、服务规范都建章立制。如在站点选择上规定必须符合四方面条件：一是领导重视支持；二是场所条件具

2012年9月，福建省分中心在泉州市召开福建公共数字文化服务体系建设培训班。

2008年，福建文化共享工程国家级试点县建设举行签约仪式。

备；三是人员专职管理；四是具备宽带接入条件。规定上岗人员必须经过省级中心专门培训，取得上岗资格。在安全管理与服务方面，省文化厅与省公安厅联合下文规范基层点互联网安全管理工作，举办安全管理员培训班，在各网点安装滤毒软件；指导各基层工作站制定《信息网络用户须知》、《信息网络管理员职责》、《读者阅览须知》、《演播管理规则》等规章制度，要求基层服务网点在日常开放服务工作中按规章制度进行管理，实行上网登记等等。这些举措在网络运行中起到了良好的保障作用。

八、优势互补，合作共建

2007年起，福建省文化厅就共享工程的对外合作展开了一系列的努力。2008年，向省委组织部报送“关于我省农村党员干部现代远程教育工程与文化信息资源共享工程共建共享的实施建议”，福建文化共享工程的资源成功搭载在福建农村党员现代远程教育网络平台上，以IPTV（网络交互式电视）方式实现了全省“村村通”。2006年以来福建省政府开展了大规模的乡镇文化站改造工程，福建省文化厅将文化共享工程配套设施作为改造完善工程中的主要项目之一，通过乡镇文化站改造工程完善共享工程配置。至2011年底，省级财政共安排专项经费2.3亿元，新建和改扩建乡镇综合文化站749个，并安排1790万元专项经费购置文化信息共享设备配送到乡镇综合文化站。已建成符合部颁标准的乡镇基层服务网点749个，街道网点31个，加上文化部、财政部的示范点18个，共计798个，占全省乡镇数的80%。

此外，省分中心与省电信公司就文化共享工程与海西新农村信息化工程联合共建进行了前期磋商，与省经济信息中心就利用国家电子政务外网平台传输资源达成合作协议。在福建特色文化数据库群建设方面，也采取了联合文化系统的图书馆以及其他文化单位协同建设，实现优势互补，合作共赢。

九、宣传推广

福建省分中心长期以来注重文化信息共享工程的宣传推广，充分利用广播、电视、报刊、互联网等新闻媒介，进行宣传报道。早在2002年4月24日，中央电视台《焦点访谈》栏目播出“基层文化、魅力无限”的访谈节目，对福建省建设文化信息网，丰富和发展基层文化的探索进行了专题报道，在全国范围内引起良好反响。为加大宣传力度，省分中心专门拍摄制作了文化共享工程宣传片在各种场合进行展播，并编印共享工程宣传册、资源使用手册，通过各种渠道向社会发放。同时，省中心也通过建设“海西文化信息网”进行文化共享工程宣传推广，在各重大活动日、纪念日，充分利用各种宣传手段宣传文化共享工程，如：悬挂条幅、制作易拉宝、制作宣传海报等。

十、荣誉奖项

2004年4月，福建省分中心荣获文化部“全国文化信息资源共享工程建设先进单位”称号；2008年，在全国文化信息资源共享工程培训工作年终评审中，福建省分中心获得二等奖；2009年10月，获全国文化信息资源共享工程领导小组办公室颁发的“首届文化共享杯——全国文化信息资源共享工程知识与技能竞赛”优秀组织奖；2010年12月，荣获全国文化信息资源共享工程少年网面设计竞赛活动优秀组织奖；2011年6月，在全国文化信息资源共享工程“阳光少年热爱党”电脑小报设计比赛活动中荣获组织奖；2011年11月，荣获广西桂林召开的全国通讯员工作会议“优秀摄影作品评选”一、二等奖各一名。2012年5月，由福建省分中心、文化部全国文化信息资源建设管理中心完成的“基于云计算的公共数字文化服务技术支撑平台建设研究与应用”项目获第四届文化部创新奖；2012年10月，荣获杭州萧山召开的“‘走基层’活动通讯稿件”二等奖。

十一、工作展望

回顾十年历程，共享工程福建省分中心始终坚持“贴近基层、贴近群众、贴近生活”的原则，秉承“传承文明，服务社会“之宗旨，为满足群众精神文化需求，维护基层群众平等文化权益，提高公民科学文化素质，发挥了重要作用。

今后，我们将按照文化部全国文化信息资源共享工程的部署，以有效开展服务为重心，以打造精品、优化应用为重点，以可持续发展的体制机制作保障，将文化共享工程建成资源优质丰富、技术先进实用、传播高效互动、服务便捷贴近、管理科学规范、体系完整可控的公共数字文化传播和服务体系，实现“时时可看，处处可学，人人可享”，使文化共享工程成为基层群众的信息中心、学习中心和数字文化中心。

（撰文/福建省分中心）

2007年11月15日在泉州召开《闽南文化》专题资源数据库论证会。

福州市支中心

福州市总面积11968平方公里，辖5个区、6个县、2个市。总人口712万人（2010年）。

一、基本情况

福州市文化信息资源共享工程建设始于2002年。2002年2月经福建省文化厅批准授牌，作为福建省文化信息网络基层工作站开始建设。多年来，在福州市委市政府关心和支持下，福州市不断增加财政经费投入，用于福州市级支中心公共电子阅览室等设施与设备建设。目前全国文化信息资源共享工程福州市支中心建有电子阅览室和视频播放室，拥有服务器13台、电子阅览室液晶电脑40台、60M网络带宽接入，以及各种交换机防火墙等专业网络设备；各种交换机防火墙等专业网络设备；另有投影机、音响设备以及各类电子数据库资源等，达到共享工程市级支中心标准。

文化信息资源共享工程实施几年来，福州市服务网络基本形成，建成全市市级支中心1个、全国文化信息资源共享工程国家级示范县（市）1个，全市12个县级支中心，五城区46个街道、乡（镇）依托街道、乡（镇）综合文化站、社区、村级文化活动室等，建有46个基层服务点，实现了福州市区街道、乡（镇）文化信息资源共享工程基层服务点100%的全覆盖。辐射城区大部分人群，初步建成了具有一定规模的五城区文化信息资源共享服务网络，提高了福州市的公共文化服务水平，基本满足了城乡群众、外来务工人员的精神文化需求，特别是缓解基层社区、农村群众看书难、看戏难、看电影难问题，丰富城乡群众的精神文化生活，抵御腐朽文化，培育文明乡风等方面发挥了积极作用。

全国文化信息资源共享工程福州市支中心设于福州市图书馆，是福州市5区8县共享工程的建设和业务指导单位，负责保障市级中心共享工程设备的运行，协调县区级共享工程设备的维修，指导县区级共享工程活动的开展以及开展全市共享工程管理员的业务培训和指导。

福州市支中心充分发挥福州市图书馆在全市公共图书馆中的领头羊作用，通过技术扶持、培训人员、规范管理、资源支持等各方面的努力，促进各县（区）图书馆作为县级支中心的文化共享工程工作站的建设。利用图书馆的信息资源优势，通过馆外远程登陆访问的形式，提高图书馆电子资源的利用率，加强基层图书馆的服务功能。把基层图书馆与共享工程紧密结合起来，促进了图书馆馆藏电子资源与共享工程数字化文化信息资源的有效整合。市支中心本着“读者至上、服务第一”的宗旨，充分发挥精神文明建设的窗口作用，为城市、社区、乡村基层群众提供内容丰富、形式多样的电子文化产品。

二、管理和队伍建设培训工作

福州市支中心全年全免费开放，读者可以在电子阅览室免费查阅本馆各类电子数据库资源、全国文化信息资源共享工程资源网、海西文化网和市政府信息公开内容。另外，福州市级支中心每周播放共享工程视频，逢节假日和宣传周在本馆视频播放室播放精选爱国主义影片；每年六一节都到各个社区播放儿童喜爱的动画片，文化下乡期间，还到贫困乡镇播放共享工程农村科技教育影片。

福州市级支中心努力推动全市的文化信息共享工程基层服务点建设，为12个县（市）区、街道、乡（镇）、社区（村）各基层支中心、服务点提供软、硬件技术支持，指导、规范各基层站点的管理。

福州市级支中心虽只拥有2名专职专业技术人员，却还每年举办一期培训班，辅导、培训各基层服务点工作人员，并已开始依托社区文化站活动向社区延伸。

三、经费投入

随着国家中心、省分中心、市（县）支中心、乡（镇）村四级网络的形成，福州市图书馆成为全国文化信息资源共享工程福州市支中心。历年来，在市委、市政府的关心支持下，先后核拨专项经费184万元，用于支中心电子阅览室和机房等软硬件设施建设。

四、资源建设

福州市支中心充分发挥信息服务功能的作用，拥有自建的本地网站系统（网址：www.fzlib.org）。自2000年成立电子阅览室以来，通过市图书馆网站平台及服务窗口，向社会宣传、推广国家、福建省文化信息资源共享工程网，整合本地区的地方文献、古籍、文化遗产、地方特色等文化资源（其中与林则徐纪念馆合作委托加工馆藏林则徐专题库396种、扫描加工馆藏地方文献专题库422种，船政文化133种，馆藏古籍81种，自建福州市非物质文化遗产名录、族谱目录、福州院士榜等）进行数字化加工整理，向国家中心、省分中心提供丰富的信息资源。

本馆数字资源包括电子图书、电子工具书、电子连环画、电子期刊、地方特色专题库、网上报告厅、考试题库、有声读物等共20T存储容量的各类电子数据库，本馆读者也可以通过代理服务器系统在馆外远程登陆访问本馆的数字资源和视频点播。

五、合作共建

福州市市级支中心通过从国家中心下发、网上下载等形式共享工程的视频资源拷贝到服务器，为读者提供服务；把基层群众最需要的生产技术、农作物栽培、生活百科等方面的视频影像资料进行了采集整理，作为光盘资料分发给基层服务点，用于宣传播放；并为驻榕共建部队提供各类共享工程视频光盘的拷贝或借阅服务，得到社区、乡镇居民、共建部队的热烈欢迎。

六、利民惠众，惠农服务

结合农村党员干部现代远程教育工程建设，农村中小学远程教育工程建设，有效实现与文化信息资源共享工程的共享建设，服务网络向城乡基层农村、社区的延伸。还通过农村电影放映工程，把文化信息资源共享网络电影资源引向基层农村、社区。到2010年，基本建设成技术先进、服务便捷、覆盖城乡的数字文化服务体系，成为福州市公共文化服务体系的重要组成部分，使广大基层群众普遍享受到数字文化服务。

七、工作展望

福州市委、市政府高度重视文化共享工程的建设，将文化信息资源共享工程的建设纳入《福州文化强市发展战略纲要》中公共文化服务体系建设的一项重要内容，市政府分管领导亲自挂帅，成立了领导小组，领导和推动城乡文化信息资源共享工程的建设工作，结合福州市社会经济发展实际，市委、市政府相继出台了《关于进一步加强城区文化建设的实施意见》、《关于进一步加强农村文化建设的实施意见》，明确了在“十一五”期间通过改、扩建等形式，完成街道、乡（镇）100%都有综合文化站（文化中心）的建设目标，强化各文化站的信息化服务功能，实现全市173个（130个乡镇、43个街道）文化信息资源共享工程基层服务点的覆盖任务。

为了实现这一工作目标，福州市委、市政府要求各县（市）区要将文化共享工程各级工作站（服务点）建设纳入各重要议事日程，纳入当地经济社会发展的规划，纳入当地文化建设规划、信息化建设规划以及创建文明县（市）区、文明村镇、社区的工作内容；并把这项工作做为年终考核县(市)区绩效的一项重要指标。文化部门还将文化信息资源共享工程纳入创建文化先进县（市）区、先进乡（镇）等相关评比标准，将文化信息资源共享工程的实际情况纳入街道文化事业发展的重要目标。

（撰文/福州市支中心）

福州市台江区支中心

台江区总面积180平方千米，总人口44.7万人（2010年），全区辖10个街道。

一、基本情况

全国文化信息资源共享工程台江区支中心（以下简称“支中心”）位于台江区文化活动中心七层，于2011年5月随台江区图书馆迁入现址，随后逐步建立完善。目前，区支中心平均日接待读者近60人次，节假日期间平均日接待读者近100人次。

台江区支中心含电子阅览室与多功能厅，总面积约300平方米，多媒体室现配备一整套完整的多功能视听设备，设有50个席位，播放内容涉及本地馆藏视听资料、省分中心分发的资源以及全国文化信息资源共享工程主页上的视频资料等，可满足举办公益讲座、培训、会议及日常读者活动等全方面的要求；电子阅览室现拥有电脑33台（其中少儿室部分4台），并接入50M网络宽带，充分满足各类读者对各级政府信息公开查阅、电子文献阅读、视听资源浏览的需求。

支中心机房服务器为两台“曙光天阔I420r”，配以核心交换机“锐捷RG-S5750S-24GT/12SFP”，接入层交换机使用“锐捷RG-S2026G”，安全接入网关使用“锐捷RG-EG1000S易网关”。服务器以Windows Server 2003 Enterprise Edition Service Pack 2为操作系统，以配套支持高性能服务器，可处理较大的负荷；运用微软的SQL数据库系统对馆内各项数据进行管理。以“华为SRG1210业务路由网关”实现外网接入的路由管理，软件版本：SRG1210 V100R002C01SPC100。区支中心布署了“管易通电子阅览室管理软件2.0版”、“管易通流通点远程服务管理系统 1.0（CY_CSM 1.0版）”、“管易通在线服务系统（LIB_web）”。

台江区支中心为广大读者提供文献查阅、信息咨询、网络检索、视听娱乐、讲座培训、专业教育等全方位免费服务。全国文化信息资源共享工程的优秀剧目视听室、百家讲坛多功能室、电子阅览室、数字图书馆均实行免费对外开放。读者可在电子阅览室免费查询各级政府信息公开、阅览电子资源；每周末多功能厅均开放，播放读者喜闻乐见的影视节目、视频讲座。同时，区支中心还不时邀请各行业专家进行讲座、授课。如：福州市科技局党组书记、学者朱光华同志受邀在支中心多功能厅所做的《饮食与养生之道》讲座；区消防大队专家所做的《消防安全知识》讲座；区工会专家所做的《妇女健康知识》讲座；省体育界专家所做的《健步人生——说健行运动的技巧与注意事项》等，都深受群众读者的欢迎，认为讲授的知识科学、通俗而且实用。

二、管理和队伍培训

台江区支中心认真抓工作人员的管理、技术水平提升工作。要求工作人员认真学习贯彻《全国文化信息资源共享工程台江区支中心管理人员工作规则》；对中心内设备器材要求做好保管登记工作，要做到“会用、会维护”，同时重点开展工作人员的技术培训工作，为区支中心文化信息资源共享工程工作提供技术保障，选派工作人员参加了历次与共享工程相关的培训学习，包括福建省图书馆主办的“元数据专题班”，省文化厅主办的“全省公共数字文化服务体系建设培训班”等；并以福州地区图书馆年会为契机，与地区各支中心技术人员交流经验，分享心得，从各种角度提升管理与业务水平。台江区支中心成立以来，还按照福建省分中心的要求布署、开展基层服务点的辅导工作，重视基层点工作人员的培训，对国家中心下达的网络培训通知均认真组织执行。每期接到通知后，区支中心工作人员均及时通知街道文化站人员到多功能厅学习，并按时播放网络讲座视频。中心内工作人员也积极参加各种文化信息资源共享工程工作的培训班。

区支中心以图书馆“云服务”为核心，积极利用“共享工程”区县支中心承上启下的功能，通过“远程电子阅览室管理系统”在台江区十个街道文化站建立起了远程电子阅览室服务点，把文化共享服务建设到了读者的家门口。同时，以台江区图书馆馆外流通点为主体，有序推

电子阅览室

动基层服务点合作共建工作。自区支中心成立伊始，包括街道、社区、学校、部队在内的20余个基层服务点建设工作也开始有条不紊地开展。目前，各基层点结合所在区域实际情况，陆续建成了设施完善的服务环境，实现了网络通畅的共享条件。同时，区支中心以资源远程共享为目标，向各个基层点布署了“电子阅览室远程管理软件”。

三、经费投入

区支中心创建以来，区政府、区文体局等上级有关部门对区支中心的建设十分关心支持。2011年，投入40余万元用于区支中心的起步建设，采购了各类必需的硬件设施、软件环境，以及50M网络带宽接入。2012年，又陆续投入12万余元用于增加机房服务器10T的网络存储，近13万元用于采购各类电子资源，以及建设台江区特色资源库。

四、资源建设

台江区支中心除了由国家中心下发的1T“县级数字图书馆推广计划–文化信息资源共享工程”移动硬盘资源、由省中心确然系统在线分发的多媒体资源外，区支中心还拥有普通电子图书2万6千余册，连环画电子书1000余册，视听节目（含动漫）1100多节，电子期刊200种，在线报纸180余种。同时，建设了“台江区特色资源库平台”，该库以台江区传统文化为特色，内容涵盖农业科技、经济与管理科学、社会科学，以及文艺、文化、科普、党建、经济信息。平台以台江特色为主体，集中展示了双杭文化、台江旅游、台江特产美食、政府信息公开等内容。平台另有以下模块：决策支持、民生聚焦、行政管理、县域经济、招商引资、农技普及、教育园地、百姓生活、医疗保健、图书馆工作参考、文献服务；该资源库实现了以下功能：1、可以根据实际需要选择学科资源总库，构建服务于本单位的文献检索系统；2、主动推送：可以配置期刊、文艺、文化、科普、党建等原版资源；系统自动将最新一期的文献推送给读者；3、按需定制，自动聚类：可以配置自建主题文献馆，按需定制检索式，将符合要求的文献资源自动聚类到一起，形成本单位专有的资料馆；4、一站式检索：可实现期刊、文艺、文化、科普、党建、经济信息期刊库等各类资源的统一导航、统一检索，提高各类资源的利用率，支持全文下载。

五、宣传推广

支中心结合国家中心、省分中心主办下达的活动内容，以节假日为契机，以新闻媒体、网络新兴媒体为渠道，积极向读者朋友宣传推广区支中心的服务、建设。如：2011年6月至8月期间的“党旗飞扬　文化共享——全国青少年纪念建党90周年党史知识大赛”活动；中秋节假日期间“同乡同龄同梦想　共学共享共月圆”——共享工程服务新生代农民工中秋节活动等。这些活动不仅让群众对共享工程工作有了新的认识，而且也培养了工作人员的责任感、使命感。

六、工作展望

全国文化信息资源共享工程台江区支中心起步的时间并不长，这对我们来说，既充满机遇，又充满挑战。机遇在于，我们有先行者的领路指导，他们积累的丰富经验，可以让我们走得更加顺遂；挑战在于，很多优秀的共享工程践行者取得的耀眼业绩，鞭策着我们戮力攻坚。珠玉在前，我们将奋勇直追，在今后的文化信息资源共享工作中，我们将积极响应上级中心的总体部署，抓好区支中心的服务、辅导、管理、工作人员业务等建设工作，力争成绩达到新水准，服务更上一层楼！

（撰文/福州市台江区支中心）

福州市仓山区支中心

仓山区辖区面积146平方公里，人口约76.27万人（2010年），辖7个街道、5个镇，共有112个居委会和112个行政村。

一、基本情况

全国文化信息资源共享工程仓山区支中心设于仓山区图书馆，自2007年开始规划建设。经过省级分中心多次业务培训和辅导后，在各级领导重视和财政支持下，2009年以来仓山区图书馆开始加大文化信息资源共享工程支中心建设力度。

围绕实现共享工程支中心的基本服务能力的工作重点，仓山区图书馆购置业务服务器、传输服务器、应用服务器以及电脑等设备，50M网络带宽接入。目前，已基本完成仓山区支中心机房建设任务。仓山区支中心拥有30台电脑，其中20台电脑用于电子阅览室，6台电脑用于政府公开查询点，4台用于共享工程支中心技术部；该支中心还拥有投影仪以及幕布、音响等设备，用于演播室。仓山区支中心设立电子阅览室，目前已初具规模并具备远程服务条件。同时设立仓山区图书馆网站，宣传图书馆，介绍图书馆的基本情况；还设立政府公开信息查询点。

二、管理和队伍建设

全国文化信息资源共享工程仓山区支中心和基层服务点队伍培训主要依托省、市中心，通过集中面授、网络培训等形式，开展了内容丰富的培训工作，培训合格者发放上岗证，提高了县、乡、村三级工作人员的业务素质，截至2011年底，培训人次总计36人次。

三、经费投入情况

仓山区财政2010年下拨15万经费，用于设备基本购置，2011年下拨68万元文化信息资源共享工程专项经费，2012年下拨10万元设备购置经费，这些经费全部专款专用于文化共享区支中心的建设。

四、资源建设情况

仓山区支中心计划启动地方文献数字化工作，以及仓山区文化信息平台建设工作，用文字、图像、视频等形式，着力于从地方人文、优美景观、非物质文化遗产、文物建设、文化基础设施等方面等展现仓山区悠久的历史文化和独特的人文底蕴，并以此为重心建设支中心特色数字馆藏资源，丰富文化信息资源共享工程支中心的内容。但由于缺乏技术人才，此项工作还未付诸实施。目前区支中心的数据为省中心传输的1TB硬盘的数字资源和367片光盘的视听文献，涵盖艺术欣赏、农业科技、文化教育、知识讲座、少儿动漫等各种信息。

五、技术支持、合作共建

为充分发挥区级图书馆在全国文化信息资源共享工程支中心的作用，在缺乏信息技术人才的情况下，仓山区支中心主要依托省、市图书馆及软件公司合作共建。通过引进了远程电子阅览室管理系统和技术管理，实现对所辖13个街道、乡镇文化站电子阅览室的服务与支持。

在省、市图书馆指导下，仓山区图书馆通过“数据服务协作（云平台）技术”实现各种资源在不同单位中、不同系统上、不同隶属条件下的协作。简而言之，就是把馆内的电子图书、数据库全面整合，并与协作图书馆（省、市、兄弟县区图书馆）的数据进行合作的综合管理。实现对图书馆资源有效的管理，实现对区、市、省、国家各级图书馆和各级文化信息资源共享工程平台数据的统一调度，并在协作图书馆之间提供平台。

提供图书馆一卡通管理服务平台，自动兼容各种图书馆管理软件，在不互相拷贝数据的前提下实现对数据高度统一，达到图书馆协作的目的，提供网上自动转接功能的服务器，能够安全、可靠且支持Internet连接的远程系统与用户提供访问、管理和联网服务。基于云计算的服务具有根据需要扩展的好处。这些基本的远程服务可以让远端电子阅览室管理平台轻松安全地延伸联接到图书馆电子阅览室管理平台。

当前在仓山区各街道、乡镇社区电子阅览室可以自助登陆到远程电子阅览室平台。通过对身份的认证，进行绿色上网管理，在线看报纸、全国文化信息资源库中的视频资料等。

六、服务活动丰富多彩，文化惠民成效显著

仓山区支中心电子阅览室和少儿演播室自2010年起已全部实行无障碍零门槛进入，读者仅凭有效身份证件，在管理员处登记后即可免费使用电脑，对未成年人实行绿色上网服务，屏蔽黄色网站，限时1小时等管理手段，保护未成年人健康成长。电子阅览室使用“图书馆电子阅览室管理（试用）系统”软件，可实现远程服务：文化信息资源共享平台服务，实现对国家、省市以及仓山区文化信息资源的一站式服务；政府信息公开；图书、报刊、电子书库等资源；绿色上网服务等。

仓山区支中心运用福建省中心传输的各类视频数据，在法定节假日、传统节日、全民阅读日、图书馆服务宣传周等，除在本馆内开展各类读者活动外，还联合各街镇、社区，将先进文化带到基层文化服务点去。先后举办“书香南台”、“道德论坛”、“爱国主义影片展”、“非物质遗产走近你”等活动。

（撰文/福州市仓山区支中心）

福州市马尾区支中心

马尾区总面积254平方千米，人口16万人（2004年），辖1个街道（罗星街道）及3个镇（马尾镇、亭江镇、琅岐镇）。

一、整体情况

全国文化信息资源共享工程马尾区支中心设于马尾区图书馆，成立于2009年5月，面积50平方米，兼职管理人员。其建设配置标准是按2008年县级支中心标准进行配置，拥有应用服务器、业务服务器、视频点播服务器、卫星接收服务器/系统各一台、5TB磁盘存储阵列、2台交换机、1台防火墙、22台业务终端计算机、5台日常管理工作站、1台投影机以及数码摄像机、数码相机、多功能扫描仪等网络设备，以及6M网络带宽接入。

马尾区支中心使用国家中心、省中心下发的县级图书馆推广计划资源、确然点播、省中心远程访问、市级支中心远程访问等系统。

截止2012年9月止，马尾区支中心基层服务点已覆盖三镇一街（马尾镇、亭江镇、琅岐镇、罗星街道）以及12个社区，37个村，三镇一街配有10台及以上计算机，社区、村只有5台左右，已全部接入互联网。

二、管理和队伍建设

马尾区支中心尚无计算机技术专业人员，目前还是兼职人员进行管理。若遇问题临时聘请技术人员进行技术更新或维修。

三、经费投入

2009年，马尾区政府一次性投入58万元建设区支中心，此后每年专项运行经费为3.6万元（含宽带费、人员支出等）；镇街服务点为20万元一次性投入。社区也一次性投入10万元，作为建设维护经费。

四、资源建设

马尾区支中心的电子阅览室，设有计算机20台、电子图书6万册、知识讲座5000集、知识大百科5000条、图片数据2000幅、音乐精品500条、奥斯卡精品影视200集、工具书、中文电子期刊3千多种、数字有声读物4百多种及文化信息资源共享工程信息资源等电子文献资源可免费供读者查阅。

五、惠民服务，宣传推广

马尾区支中心利用宣传指南向读者推荐全国文化信息资源共享工程、“县级数字图书馆推广计划”及本馆所有的电子图书资源，让读者接触到更多的数字资源，开辟新阅读途径。同时，定期公布新书征订目录以及已到新书目录，不断拓宽服务渠道。利用“文化下乡”、图书宣传周、科技宣传周、深入基层为群众播放共享工程宣传片、科技信息和娱乐资源。刻录和发放光盘600多份。“六一”儿童节到来之际，为充分发挥图书馆的资源优势，使少年儿童度过一个快乐而有意义的节日，支中心举办庆“六一”赠光盘活动。这些光盘都是少年儿童喜闻乐见的电子资源，《昨夜星光灿烂》《大地之子》《东方跋涉者》《真的猛士》等30部红色经典电影、有《中华勤学故事系列》、有《蓝猫运动系列》等20部动画资源。通过此项活动让更多的少年儿童能尽情享受节日的快乐。在“马尾区科技　人才活动周”活动中，支中心免费发放了科普类宣传品400多份，其中包含有防震抗灾、养生指南、科学养殖等科普光盘200多片，吸引了众多群众。

马尾区支中心还积极开展共享工程进社区活动，为社区中老年人的文化生活提供光盘及视听文献，还开办"中老年文艺专场"，播放老年人喜爱的戏曲类资源。党的"十八大"胜利召开之际，马尾区支中心在罗星街道沿山社区举办迎接党的"十八大"、"科学发展成就辉煌"图片展。在展览的同时，还免费发放了科技小册350多本，光盘200多份，展览了200多册有关宣传党的"十八大"的精品图书，受到社区居民的欢迎。马尾区支中心在罗星街道综合文化站还设立了绿色网吧，对青少年的上网进行限时、规范、健康的管理，对一些黄色、暴力等内容的网页、暴力游戏等都用特定的管理软件进行限制或者人为进行监督。

马尾区支中心还举办共享工程进部队活动。每逢建军节，支中心向共建部队赠送文化信息资源共享工程300张光碟和800余册图书

六、工作展望

1、加强队伍建设，提高管理水平。"共享工程"是一项依托现代信息技术的文化工程，具有较高的技术含量，它需要熟悉网络知识和信息化知识的技术骨干，为此，马尾区支中心下一步计划向社会招聘计算机网络技术人才，以确保支中心的工作正常运行，并能担负乡镇、社区、村级基层服务点的培训、指导。

2、加大宣传力度，发挥共享工程的作用。为了使广大基层群众了解和熟悉共享工程、利用共享工程，马尾区支中心要持续开展"文化信息资源共享工程进村入户"活动，坚持每月下乡开展各式各样的宣传活动，并做好宣传报道工作，扩大宣传力度，提高共享工程的影响力。

文化信息资源共享工程是一项长期的任务，县级支中心工作人员要有乐于奉献精神，以实际行动支持共享工程，让共享工程精神成果遍地开花。

（撰文/福州市马尾区支中心）

福州市晋安区支中心

晋安区面积552平方公里，下辖4个镇、2个乡、3个街道、113个村委会和75个社区居委会，总人口79万人。

一、基本情况

全国文化信息资源共享工程晋安区支中心启动于2011年，设于晋安区图书馆。2011年3月18日晋安区图书馆新馆建成，全国文化信息资源共享工程晋安区支中心随之免费向全社会公众开放。

晋安区支中心机房拥有服务器4台，高端存储设备、核心交换机、10M网络带宽接入等网络设备；其自动化管理系统采用图创软件开发的第三代图书馆自动化系统interlib，具有统一的集中监控平台，能够提供服务器单机状态实时监控、IPMI远程管理、服务器节点管理、节点资产管理、远程登录工具等功能。

晋安区支中心设有独立的电子阅览室，室内面积92平方米，拥有30台可供读者上网的计算机。此外，图书馆大厅设有两台OPAC专用触屏计算机。

二、管理和队伍建设

晋安区图书馆仅有副馆长1名，助理馆员2名，外聘人员2名，工勤人员3名。文化信息资源共享工程由馆长和馆员兼任，馆长和馆员每年均按时参加由省、市图书馆主办的图书馆专业技能培训。

三、资源建设

晋安区图书馆与晋安区文化馆共用一座办公大楼，文化信息共享工程的资源除了由国家中心下发的1T"县级数字图书馆推广计划-文化信息资源共享工程"移动硬盘资源、由省中心确然系统在线分发的多媒体资源外，还充分利用文化馆收藏的寿山石、书法、字画等工艺美术作品资源，开展文化信息资源共享工程工作。

（撰文/福州市晋安区支中心）

福清市支中心

福清市全市户籍人口120.51万人（2003年末），其中非农业人口18.53万人。人口中汉族占绝对多数，有畲、京、瑶、壮、藏等14个少数民族。全市下辖7个街道办事处，17个镇。

一、基本情况

全国文化信息资源共享工程福清市县级支中心设于福清市图书馆，其建设始于2008年。2008年，福清市图书馆自建电子阅览室，开始实施文化信息资源共享工程。此后两年多的时间内，福清市图书馆完成了全国文化信息资源共享工程的标准配置，更新电子阅览室，建立独立机房，购置5台服务器，以及10TB容量存储设备和终端计算机40台，（供读者使用的有20台，其中专供未成年使用的有5台），以及10M网络带宽接入。福清市支中心还购置了触摸电子报刊阅读器，盲人阅读器等设备，建立了多媒体活动室。

2011年，福清市结合实际，统筹规划，加大投入，根据全国文化信息资源共享工程基层服务点的配置标准，采取市财政、镇（街）、村（社区）各承担一半资金的方式，在国家和省投入51万的大力支持下，先后投入了431.6万，建立了县支中心和24个镇（街）基层网点，486个村（社区）基层网点，基本上实现了辐射全市的服务网点。

二、管理和队伍培训

规章制度是科学管理不可缺少的重要内容，是共享工程有序运转并促进事业发展的主要手段之一。福清市支中心采取"走出去，引进来"的方式，积极向先进的邻近的兄弟支中心学习，吸纳其好的经验及运行机制，进一步规范工程的运行程序，制作了文化信息资源共享工程标牌，制定了文化信息资源共享工程县支中心工作规则、文化信息资源共享工程基层服务点工作规则及人员上网登记制度，建立了活动档案，公布开放时间，达到标牌标准，规章制度张贴规范，确保了基层服务点正常、有序、有效的发挥作用。

2011年11月底，福清市支中心对全市24个镇（街）和486多个村（社区）基层服务点的建设情况进行抽样验收工作和业务指导，并深入基层了解当地群众的实际需求，提供服务。随着现代化信息技术的发展和基层服务网点不断扩大，培养一支责任心强，熟练掌握设备操作技术与服务要领的人员队伍至关重要。这也给图书馆人才队伍建设和文化信息资源共享工程管理人员建设提出了新的要求。福清市图书馆在人员急缺的情况下，给支中心配备了3名工作人员，其中专职2人（专业技术人员1人），兼职1人。

福清市支中心重视业务培训，通过观看国家中心的视频培训，参加省中心的培训班及远程网络指导、电话指导等方式的培训，有效的提高了支中心文化信息资源共享工程队伍的素质和服务能力。对基层服务网点的培训采用分级分类的方法，对镇（街）和村（社区）基层服务点的文化信息资源共享工程的兼职人员进行较系统的培训，使之更有效的为当地群众进行优秀文化信息资源的传播服务。

三、资源建设

资源建设是文化信息资源共享工程的核心。福清市支中心购买了电子图书60000册，博看期刊2100种、31164册，龙源期刊800种，有声读物200G，图片数据库5395张和九星电子报，并按照省一级的要求安装了确然软件，下载国家中心和省中心下发的1TB资源。形成了包括文化艺术、农业技术、科普知识、医药保健、生活百科等内容的数字资源数据库。

四、加强宣传，注重服务实效性

文化信息资源共享工程是惠及千家万户的一项重要的文化基础工程，为了扩大文化信息资源共享工程在群众中的影响力，福清市支中心采取多种方式，注重实际效果，在广大群众中大力宣传普及文化信息资源共享工程的相关知识，印刷了大量的宣传资源，组织职工累计向社会分放各种宣传资料8000余份。结合每年宣传部组织的“文化三下乡”活动，以推进文化信息资源共享为目的，充分有效的利用国家中心和省中心提供的资源，走进各镇（街）、村（社区）基层服务点，为当地的群众播放视频，送去群众喜闻乐见的节目，受到当地群众的欢迎。开放视听室，播放动漫节目，让孩子们在“六·一”里感受不一样的现代化图书馆。建立了图书馆网站，形成了以互联网、有线电视、数字电视网、电子政务专网、光盘移动硬盘等多种传播模式。在图书馆的电子阅览室将文化信息共享工程和政府信息公开网放在每一台微机的桌面，读者可以随时点击进入，实现了文化信息资源的有效传播，使广大群众能够通过多种途径方便的享用文化信息资源。2010年，福清市支中心组织了暑期“少年网页设计”培训班并组织作品参加省文化信息共享工程“少年网页设计”竞赛活动，获得了省级“优秀组织奖”。借助电视台介绍县支中心的机房、多媒体播放厅和电子阅览室，让群众认识和了解电子阅览室，并及时对共享工程开展的一些大型活动给予相关报道将成为今后宣传文化信息资源共享工程的一种重要方式。通过直观性的宣传使广大人民群众了解了文化信息资源共享工程这一惠民工程的意义和作用，享受到文化信息资源共享工程带来的便利，从而让文化信息资源共享工程更好走进人们的生活、服务于人民群众。

五、工作展望

在今后的工作中，福清市支中心将针对现阶段基层服务点缺乏一批懂计算机技术的专职人员的问题，加强对基层服务点人员进行定期有计划、有步骤的培训，将之列入支中心实施文化信息资源共享工程的重要工作之一。2013年，福清市支中心还将扎实做好资源整合、科学管理和合理利用资源，避免重复投资、资源浪费，采取“多方参与、共建共享”的工作机制，实现优势互补、互惠多赢，推动文化信息资源共享工程与农村党员干部远程教育工程、中小学远程教育工程健康协调发展。

福清市支中心还将借鉴其他馆的经验，根据本地方的特色建设《叶向高研究特色库》和《福清市地方文史专题库》。

在今后的工作中，福清市支中心将更加努力的探索利用文化信息资源共享工程服务的新路子，更好地发挥文化信息资源共享工程的作用，为把文化信息资源共享工程办成惠民工程、民心工程而不懈努力。

（撰文/福清市支中心）

长乐市支中心

长乐市陆地面积717.5平方公里，海域面积约1000平方公里，辖15镇、2乡。总人口66.03万人（2003年），辖4个街道、12个镇、2个乡。

一、基本情况

2002年，全国文化信息资源共享工程开展以来，文化部便将长乐市定为全国文化信息资源共享工程试点县，设全国文化信息资源共享工程长乐市县级支中心于长乐市图书馆。长乐市图书馆以文化部把长乐市定为全国文化信息资源共享工程试点县为契机，加大投入，完善设施，强化服务，扎实抓好全国文化信息资源共享工程长乐市图书馆县级支中心建设。为加强全国文化信息资源共享工程长乐市支中心的基础建设，历年来，长乐市图书馆累计投入115万元完善文化信息资源共享工程的软硬件配备。至2012年，长乐市图书馆已建成卫星接收小站、中心机房、电子阅览室（区）和视听阅览室。中心机房总面积达55平方米，服务器9台（安装有网络杀毒软件、信息浏览监控软件、资源应用管理系统软件）、显示器3台、磁盘阵列2台（存储空间达23TB）、4路、8路VGA输入切换器各1台、核心交换机1台、层交换机9台、百兆硬件防火墙2台，以及30M网络带宽接入（长乐市图书馆20M，长乐市少年儿童图书馆10M）；另有UPS不间断电源3台，windows 2003 server服务器1台，CPU双核四线程3.1GHZ、内存4GB高性能的i3PC机1台、Osprey210PCI采集卡1块、电脑61台、并配备有大屏幕背投彩电、全套音响、电子幕布1个、投影仪1台、移动播放器2台、DVD播放器1台、500G移动硬盘2个、笔记本电脑

2台、多功能音频调节器2套；还配有数码摄像机1台、数码相机2台、复印机2台，打印机2台，传真机3部、扫描仪1台、OPAC专用计算机4台、监控系统2套。

目前长乐市支中心、镇（乡）、街道（村）基层服务点软硬件配备已达到全国文化信息资源共享工程试点县配置标准，村级基层服务点依托组织部远程教育平台，实现了村村通，基本上形成市、镇（乡）、街道（村）三级服务网络。

二、管理和队伍建设

为保障文化信息资源共享工程的顺利进行，长乐市支中心专门成立了"长乐市图书馆文化信息资源共享工程建设工作领导小组"，具体负责支中心信息资源共享工程建设的组织、协调工作。领导小组定期开会，听取各方面工作进展情况，及时协调并上报解决建设中遇到的困难和问题。同时配有5名专兼职管理员和技术员，负责文化信息资源的接收、加工和发布。

为了把全国文化信息资源共享工程工作落到实处，长乐市支中心还制定了完善的管理和开放服务制度，实行对外挂牌，制定了开放时间表和播放节目单，并全部上墙对外公布。建立、健全了《全国文化信息资源共享工程长乐县级支中心工作规则》、《全国文化信息资源共享工程长乐县级支中心管理制度》、《全国文化信息资源共享工程长乐县级支中心电子阅览室管理人员工作守则》、《全国文化信息资源共享工程长乐县级支中心电子阅览室用户须知》等各项规章制度。

长乐市支中心根据工作的特点，采取"走出去、请进来"的方法，狠抓业务培训，积极派专兼职技术人员参加上级安排的文化信息资源共享工程培训，年均培训70课时；还定期派技术员到乡镇、村各基层站点进行业务辅导（年均培训6次）。

三、资源建设

长乐市支中心不仅通过卫星设备和互联网从国家中心下载广大市民喜闻乐见的，涵盖文化遗产、戏剧、音乐舞蹈、曲艺杂技、少儿文艺、影视文化、农民致富信息、科普知识和医疗卫生等视频资源和电子文献资源，还在文化信息资源共享工程福建省分中心的大力支持下安装了福建省文化信息资源共享工程播发管理平台县级支中心资源应用管理软件（确然播放管理软件）系统视频点播和直播两个模块，极大方便了对省级分中心信息资源的接收和发布。此外，积极发挥地方优势，自建《长乐地方歌曲数据库》，购买《清华同方期刊报纸镜像数据库》，《中国知网—期刊报纸数据库》、《超星名师讲堂》、《就业培训数据库》、《少儿多媒体图书馆》、《网上报告厅》、《两岸关系数据库》以及视听文献光碟资源2836种，文化信息资源共享工程数字资源达到3.6TB。

四、合作共建

长乐市支中心在不断拓展服务内涵和方式的基础上，充分利用县级支中心这一平台，开展校园文化、军旅文化、社区文化、农村文化建设，实现资源共享。同时充分利用寒暑假等节假日，与各学校共建，举办夏令营等各种活动，播放"与法同行"、"青少年网络安全导航"等电视系列教育片，对广大学生开展法制、安全教育。结合文化"三下乡"活动，组织干部职工，带着电脑、投影仪等设备深入罗联乡、松下镇、首祉村等偏远乡村进行现场播放农民群众喜闻乐见的视听节目，年均播放场次6场，观看人数约300人次，内容涉及计生、农业科技、卫生保健等方面，并现场发放农业科技知识、信息宣传资料300多份，受到当地农民群众的热烈欢迎。

五、宣传推广

为了把全国文化资源共享工程工作落到实处，长乐市支中心制定了开放时间表和播放节目单，并全部上墙对外公布。配备专职管理人员、开机人员，坚持每周制作一期节目单，每期节目包括影片、讲座、动画片、戏剧等，基本上能满足不同年龄及不同层次读者的需求，平均每月服务500人次以上，并把观看视频资源和文献资源等活动的照片，在长乐市图书馆的门户网站及宣传栏上对广大群众进行宣传，有力地促进了资源的共建共享。

六、工作展望

长乐市支中心创建以来，获得"福建省文化信息资源共享工程建设先进单位"等荣誉称号；2010年被中宣部、文化部、广电总局、新闻出版总署等单位联合评选为"全国服务农民服务基层文化建设先进集体"。长乐市支中心将继往开来，进一步加强文化信息资源服务网络建设，实现城市到农村服务网络全覆盖。创新服务方式，开展形式多样的惠民服务，多为农村群众提供喜闻乐见的影视、戏曲、农业科技讲座等，努力实现优秀文化信息资源全民共享，更好地满足人民群众的精神文化需求。

（撰文/长乐市支中心）

闽侯县支中心

闽侯县总面积2136平方公里，总人口61万人，辖15个乡镇313个行政村（居）。

一、基本情况

全国文化信息资源共享工程闽侯县县级支中心设于闽侯县图书馆，2009年，闽侯县在原有的电子阅览室、计算机培训基地的基础上，按照县级支中心的配备标准对所有设备进行更新。初始投入50万元经费，以后每年更新经费为6万元。目前共有电脑25台，服务器2台（存储设备达8TB），以及投影机等设备和信息浏览监控软件1套。

近年来，闽侯县委、县政府对乡镇、村文化事业高度重视，不断加大乡村文化建设力度。结合村级综合服务场所建设，县政府拨出专项经费为15个街道乡镇310个社区（村）服务点提供软、硬件技术支持，逐步完善全县310个行政文化室、阅览室，文化娱乐活动场所建设；已完成县级文化信息资源共享工程中心建设，完成15个乡镇按照乡镇配置标准的文化信息资源共享分中心建设。至2011年底，全面完成310个行政村文化信息资源共享村级点建设工作。现每年村级文化信息资源共享服务点资源更新经费为10万元，村民足不出户就可以共享文化饕餮大餐。

二、管理和队伍培训

建置以来，闽侯县图书馆积极配合主管部门，直接下基层对各乡镇进行分片区培训，先后对白沙镇、青口镇、南通镇、南屿镇等共享工程点进行业务辅导，促进农家书屋管理水平的提高。2010年起，每年对各网点管理人员开展分片区业务培训和集中业务培训相结合，聘请省图书馆专家授课指导。同时又选派一些优秀协管员到省、市进行培训。

三、资源建设

闽侯县支中心现有电子图书11000册、视频资源2TB，极大地丰富了闽侯县图书馆的馆藏资源。

四、利民惠众，惠农服务

在闽侯县人口中，山区农民占绝大部分，以科学养殖、种植为主的文化信息服务，成为闽侯县支中心的主要任务。支中心主要在农闲时节为农民播放农业种植、养殖新技术等知识片。在重大节假日，组织开展各种群众喜闻乐见的读书活动，播放农民熟知的电视、电影、闽剧等，寓知识于娱乐之中，让群众在休息的同时获取知识、增长知识，为新农村文化建设增加新亮点。每年举办文化三下乡、文化年货送下乡活动，现在学校、村民活动中心、田间地头，都是支中心移动播放场所。2010年，福建电视台还为支中心共享工程服务工作做了专题报道。

教育下一代，也是共享工程的重要工作之一。闽侯县支中心每年结合全民读书月，为实验小学、农民工子弟学校等送去共享工程文化专题讲座。2012年10月，闽侯县支中心与福州市少儿图书馆联合举办“书香八闽”全民读书活动，特聘福建省教育学院作“阅读与写作”专题讲坛，得到广大师生的好评。

为了更好地发挥共享工程的宣传服务力度，闽侯县支中心利用本土资源——昙石山文化讲坛，聘省市有关专家做专题讲座。同时给合各种活动、节假日（如图书服务宣传周、暑期开展夏令营等），在馆内、街头开展共享工程文化活动；利用电子阅览室帮助农民工学习电脑，利用政府信息公开网帮助农民工找工作、及相关文件政策等。

五、工作展望

闽侯县支中心从初期共享工程雏形的电子阅览室开始，到现在多媒体、多介质、多手段的服务，支中心需要开展的工作形式还需多样化，各项工作该完善的地方还很多，今后的发展，将主要从特色服务入手。

青口镇是闽侯县的重工业，大型的汽车城在这里，支中心将联系青口管委会，针对农民工开展特色服务，把文化大餐送进厂区，同时依托青口文化中心，把共享工程的资源分发下去，让农民工可以随时享用。

少儿的计算机培训基地

近年来，私人图书在闽侯悄然兴起，目前初具规模的私人图书馆已有五家。支中心将在完成村级服务点的基础上，重点扶持私人图书馆，让共享工程的基层服务点设到私人图书馆里，以便这些为特殊人群服务的私人图书馆馆藏和服务手段更加丰富。

（撰文/闽侯县支中心）

连江县支中心

连江县总面积4280平方公里，其中海域面积3112平方公里、陆域面积1168平方公里（包括待统一的马祖列岛），总人口约62万，辖22个乡镇270个村居。

一、基本情况

文化信息资源共享工程工作连江县支中心启动于2007年，设在连江县图书馆。在县委县府的重视下，县支中心建设共投入资金85万元，建成包括中心机房、影视播放厅、电子文献阅览室在内的完整机构，其机房设备按照文化部颁发的县支中心要求配置，电子文献阅览室共有电脑30台，县支中心拥有各类文化信息文献光盘261件，数字资源库量3.5TB，各乡镇、社区基层点24个。

二、管理和队伍建设

建置以来，县支中心除了按上级中心要求组织专业人员定期培训外，还积极做好基层单位的业务辅导并提供技术帮助，为文化信息资源共享工程的推广普及发挥应有作用。

三、服务与宣传

几年来，在文化信息资源共享工程国家中心和省市分中心的指导帮助下，在县委、县政府的重视与支持下，连江县支中心坚持以科学发展观为指导，积极发挥信息资源优势，努力开展丰富多彩的信息服务活动。

支中心利用电子文献阅览室，让群众免费阅览各类文化信息资源光盘以及国家、省、市、县中心的数据库文献。连江县支中心还利用影视播放厅，定期播放丰富多彩的影视节目，如与小学、幼儿园协作联动，开展优秀少儿节目专场播放；学生寒暑假期举办“爱国主义优秀影片”展播；在国家法定节假日和重大节日，县支中心举办专题展播（包括专题讲座）。县支中心每年各类展播在50场以上，成为当地群众获取文化娱乐信息的重要窗口。

县支中心通过互联网传输和寄送光盘等形式，把上级发送和下载整合的文化信息资源及时输送到基层点，如每年的全民读书月和科技宣传月，为农村送去网上下载的种养殖科技信息和实用技术资料；每月两次向全县乡镇种养殖专业户免费寄送由科技文体局和县图书馆联合编印的《科技信息》半月刊；每年八一建军节向双拥共建单位赠送图书和光盘；春节前组织文化下乡，除了送书送资料送节目，还免费向群众献赠春联；春节、国庆的

“读书知识有奖竞猜”也成为连江县支中心的传统活动项目，坚持多年不间断。丰富多样的文化信息服务活动，为群众增添了文化精神食粮。

四、工作展望

连江县支中心将结合连江地方实际，加强地方文化信息资源建设，努力整合连江非物质文化遗产名录、连江地方文献以及具有连江特色的海洋文化数据库建设，将连江地方文化信息资源提供社会共享；同时积极争取地方政府和基层单位的支持协作，做好共享工程基层点的拓展和服务。

（撰文/连江县支中心）

永泰县支中心

永泰县简称“樟”，雅称“永阳”，素有“福州后花园”、“中国李果之乡”的美誉。位于福建省中部，东邻闽侯、福清，西界德化、尤溪，南连莆田、仙游，北接闽清，总面积2241平方公里，总人口359280人，辖12个乡，254个村，10个社区。

全国文化信息资源共享工程永泰县支中心设立于永泰县图书馆内，现有兼职人员1名负责支中心的日常管理与维护工作。管理人员每年参加上级中心组织的业务培训，持证上岗。县支中心设有公共电子阅览室等设施，县境内的21个乡镇文化站为基层网点，通过远程电子阅览室管理系统实现资源共享与业务管理。

永泰县支中心第一期共投入30万元建设资金，购置服务器、电脑、投影仪、摄像机等设备。永泰县支中心的数字资源除国家中心配置的县级图书馆数字推广计划资源外，还有福建省图书馆提供的电子数字资源以及本馆购置的部分电子图书。目前，设于县图书馆内的公共电子阅览室可正常对外开放，提供免费服务。

现永泰县支中心正筹备进行二期工程建设，采购完善相关设施设备，扩大电子阅览室规模，建立多媒体教室，增加数字资源等。

（撰文/永泰县支中心）

平潭县支中心

平潭县全县陆地面积371.1平方千米，海域面积2164平方千米，人口38.61万。辖7个镇、8个乡，共有200个居委会、行政村。

一、基本情况

全国文化信息资源共享工程平潭县支中心创建工作启动于2007年初。2007年1月，平潭县图书馆被设为“全国文化信息资源共享工程县级支中心”。在福建省分中心的指导下，县委、县政府和文体局、财政局的支持下，前期筹备工作顺利完成，并抽派工作人员参加了“福建省第二批全国文化信息资源共享工程示范点配送设备交接仪式暨共享工程基层示范点”培训班，2月初，平潭县共享工程建设正式启动。2009年下半年，全国文化信息资源共享工程平潭县支中心电子阅览室正式向读者开放。2012年10月，在各级领导的重视下，在平潭图书馆三楼重新开辟一块面积约128平方米的电子阅览室，着手设计、布局硬件设施及软件投的重新配置。

二、管理和队伍建设

为保障共享工程的长期可持续发展，需要高水平的资源建设、网站维护的专业技术人才，县支中心注重培养基层中心管理和技术骨干，提高现代科技意识和应用能力，将管理人员培训作为重点来抓。创建以来，县支中心积极派人参加省中心举办的各种培训，或参加其他培训机构举办的有关培训，不断更新知识、提高计算机操作技能和软、硬件的管理与维护技能。

三、宣传推广

全国文化信息资源共享工程平潭县支中心除电子阅览室外，还设有约80平方米面积的多功能厅（设图书馆四楼），每逢周末或节假日，县支中心组织以中小学生为主的不同类型社会群体，根据不同需要播放爱国主义红色经典影片，如《闪闪的红星》、《小兵张嘎》、《地道战》等革命传统教育片；此外开设百家讲坛、农村科普、知识改变命运、与孩子一起成长等各种视频资料和在线知识讲座，以丰富读者的精神文化生活，从而真正达到创建学习型社会的目的。

县支中心还充分利用电视、报纸、网络等平台，利用公共广场、体育场，走上街头，向群众推荐、宣传共享工程知识，比如悬挂横幅、张贴宣传海报、摆放宣传展板、发放宣传资料、播放共享工程资料宣传片等，以此来吸引更多的人认识文化信息共享工程。又如，为农村文化站、图书室和农家书屋赠送“文化共享”光盘，以此吸引更多农民利用共享资源，鼓励他们利用共享工程网站查询各种科普资料。

县支中心还与全县各中小学联合举办各种活动，组织学生参观支中心文化信息资源共享工程，对学生进行相关宣传，辅导学生们健康上网，让学生们打开共享工程的网页，置身绿色环境，登录红色网站，接受传统教育，继承优秀文化。

四、工作展望

平潭县共享工程工作在各方面的不懈努力下虽已见

成效，但目前的运行状况距上级领导的要求和人民群众的需求还有一定差距，希望上级能够在人员培训、技术指导等方面继续给予大力支持，加强基层站点工作人员的技能培训工作，多批次地举办各种技术培训班，并且能及时地提供技术指导，进一步提高基层工作人员的服务能力。县支中心继续把文化信息资源共享工程作为构建公共文化服务体系、促进社会协调发展的基础文化工程来抓。在今后的工作中，县支中心从满足群众的文化生活需要出发，以服务基层群众为宗旨，更加充分地发挥文化信息资源共享工程在图书馆工作中的作用，全力推动文化信息资源共享工程建设。

（撰文/平潭县支中心）

南平市支中心

南平市是福建辖区面积最大的设区市，辖区面积2.63万平方公里，总人口304万人，辖一区四市五县，共121个乡镇、19个街道办事处，1601个村委会、69个居民委员会，136个社区居委会。

南平市文化信息资源共享工程始于2005年初，市级支中心设于南平市图书馆。2008年，南平市图书馆在初期的基础上，投资近8万元，添置新的共享工程设备。2009年，投资近26万元，购置液晶显示屏电脑并接入10M网络带宽光纤。2010年，又投资18万元，对市级支中心进行改造、装修。目前，南平市支中心拥有3台服务器、2台交换机、1台防火墙、1个标准机柜，以及24台电脑、1台笔记本电脑、1台单反相机等设备。

作为市级分中心，南平市图书馆除随时对数字资源进行更新与筛选、服务器进行维护外，还对南平市内的其它共享示范点进行跟踪指导，时刻关注乡镇文化站等示范点的开展，同并提供技术支持，帮助解决困难。例如：指导帮助建瓯、建阳等地基层服务点进行有效的管理和辅导培训，使其掌握资源更新和运用技术；为这些基层服务点进行共享工程服务器的软件升级。南平市支中心还不定时为基层服务点开展共享工程利用知识的培训。2011年9月，南平市支中心选拔选手，参加省文化厅举办的第二届文化共享杯——全国文化信息资源共享工程知识与技能竞赛，南平市支中心的选手荣获团体季军及个人优秀选手等称号。

南平市支中心利用共享工程中心网站资源，在图书馆网站的首页上设置共享工程热站链接。同时，注重与省市图书馆的联系与合作，争取上级业务部门的支持，整合各类资源，达到共建共享。如支中心与上海图书馆协商，由上海图书馆定期向南平市图书馆提供《上图讲座》光盘视频，在图书馆网站上链接。

在实施共享工程的过程中，南平市支中心不断拓展共享工程的服务内涵和方式，充分利用这一全新的工作载体条件，切实面向“五个走进”（走进农村、走进社区、走进学校、走进企业、走进军营），开创基层文化工作的新局面。

南平市支中心充分发挥公共图书馆的阵地作用，每周坚持在电子阅览室推介优秀栏目、名家讲座、生活常识、电影及优秀地方剧目；每个星期六、日上午在南平市播放名家讲座及影视剧；利用暑假对未成年人推出“暑期少儿电影月”播放活动，播放百部爱国主义、科普类、动画类等影片；支中心举办思想道德建设、名著赏析等讲座，引导未成年人多读书。

南平市图书馆与市属各单位建立共建，无偿为延平区法院、地税征收分局等单位提供文化资源。市图书馆还将驻延部队的6个图书室作为图书馆的流动图书点。除免费提供书籍外，还将共享工程的信息资源免费刻录成光盘赠予部队，为官兵提供良好的文化服务，满足官兵们的精神文化需求。截止目前已借阅65盘，赠送12盘。

南平市支中心深入调查，根据群众的需求，下载瓜果栽培、养殖、烹饪、保健、花卉栽培等相关信息，并刻录成资料光盘分发到居民手中。

南平市支中心坚持“贴近生活、贴近实际、贴近群众”的三贴近原则，对老年群体开展了资源服务，根据老年人平时生活的诸多习惯特点，上网下载了《营养与健康》、《科学保健》、《晚年的幸福生活》等系列视频资料和战争题材的故事片、名著欣赏讲座、中国京剧音配像等前往放映。同时，还为老年人举办多期免费电脑基础知识培训，帮助近50名老年人了解学习上网浏览，打字，及查阅共享工程内的资料信息。

加入全国文化信息资源共享工程以来，为了扩大其在基层群众中的影响，广泛宣传其作用和意义，使各级

领导和群众充分认识到这是一项惠民工程、民心工程，认识到工作的重要性和必要性以及文化信息资源的可用性。时刻注意将资源共享活动与当前工作重点有机的结合，这样既可增强对共享工程的宣传力度，又收到了立竿见影的效果。

在今后的工作中，南平市支中心将更加努力探索利用共享工程服务的新路子，发挥共享工程的作用，为把共享工程办成惠民工程、民心工程而不懈努力。

（撰文/南平市支中心）

邵武市支中心

邵武市地处福建省西北部，武夷山南麓，闽江支流富屯溪中上游，史称南武夷。邵武县东北邻建阳县，东南连顺昌县，南接将乐、泰宁、建宁三县，西与江西黎川县毗邻，西北与光泽县交界，面积2852平方公里，总人口30万，现辖12镇3乡4个街道，共134个行政村，43个居委会。

一、基本情况

邵武市文化信息资源共享工程自启动于2007年，县级支中心设于邵武市图书馆。2007年初，邵武市图书馆利用原有的基础上，升级硬件设备，同时，将原有的网络宽带提高至4M。经过整改，邵武市支中心于2007年4月正式对外挂牌服务。

为培养技术骨干，2007年初，邵武市图书馆选派两名干部参加省文化厅组织的专业培训。学成后又对馆内有关人员进行辅导，熟练操作规程。2008年，邵武市图书馆又投资近16万元。添置一批共享工程设备，并专门开辟一间50个座位的共享工程播放厅和多媒体阅览室，对读者开放服务。至今为止，邵武市图书馆6年来共投入经费20余万元，用以建设文化共享工程邵武市支中心。

2008年，邵武市市委、市政府将文化信息资源共享工程列入农村基层文化阵地建设为民办实事项目之一，在乡（镇）综合文化站、村文化俱乐部建设的同时，配套建设文化信息资源共享工程基层服务点，当年完成5个乡镇、21个村建成文化信息资源共享工程基层服务点；2009年4月伴随着全省农村党员干部现代远程教育系统的开通，邵武市文化信息资源共享工程的基层服务网络的覆盖面达到100%。

二、队伍建设

在升级硬件设备同时，为培养技术骨干，2007年初，邵武市图书馆选派两名干部参加省文化厅组织的专业培训。目前，邵武市支中心有专兼职人员各1名，负责共享工程设备的日常操作维护。为加强全市社区、农村图书网点的业务辅导，近年来，市支中心每年都为乡镇街道基层点人员如文化协管员、农家书屋管理员等举办业务培训。

三、资源建设

邵武市支中心多媒体阅览室的专用电脑，通过远程访问系统连接省图书馆和国家图书馆免费授权我馆使用的方正电子图书，万方数据库等，可查阅12多万种，24万多册的电子图书，弥补了邵武市图书馆现存馆藏的不足，为邵武市图书馆文化信息资源共享工程的开展提供了极大的便利。

四、利民惠众

邵武市支中心的共享工程播放厅每个星期三下午对读者开放，利用投影仪播放名家讲座及影视剧。在星期天节假日，针对未成年人播放部爱国主义教育类、科普类等影片。至今为止，已放映380多场次、观众达2万人次。邵武市图书馆还利用共享工程设施，举办思想道德建设、名著赏析方面的讲座，引导读者。

为了更有效地开展工作，邵武市支中心组织人员，分别深入到社区、近郊农村，对不同职业、不同文化层次、不同年龄以及一些特殊人群，做了充分的调研，针对他们不同的需求，做到有的放矢。邵武市支中心分别在不同时期，不同地点，对不同的对象，选择适合的内容，配合市里各项中心任务，支持各相关部门开展服务。在馆内，则举行“太极拳健身”、“国家防治艾滋病政策倡导”、“ 毒品与健康危害”、“怎样利用图书馆”等主题的视频讲座以及专家现场授课；同时，每月举办一期专题图片展览，如“六五普法”、“弟子规”、“福建精神在我心，海西精神永相传”等专题图片展览；

邵武市支中心利用手中的设备，积极参与邵武市共建和谐社区活动，将文化信息资源共享工程工作融入到平安城市、和谐社区建设工作中去。支中心开展了“优秀影片展播”、电影纳凉晚会等活动。近年来，在五四社区、溪南社区、新建社区、市老年公寓等第展播30余场次，共接待观众6000余人。为配合全市计生宣传月活动，支中心挑选了《女性第二春》、《如何得到一个健康的宝宝》、《人在更年期》等以计生为主题的影片深入小区播放；在我国非物质文化遗产日，则展播邵武市非物质文化遗产项目；八一建军节之际，则为子弟兵们送去丰富的精神食粮；弱势群体的工作；每逢近郊农村墟日集市，则根据农民的需求，下载家禽饲养、苗木、花卉栽培等相关信息达1万多字，并印成资料分发到村民手中；支中心的干部职工甚至不顾酷暑炎寒，赶班车、运设备、手把手地教会村民利用电脑上网查找信息，真正使文化资源信息共享工程成为农民科技致富的向导。

五、宣传推广

为了营造活动氛围，提高广大市民的对共享工程的知晓率，使更多人尽快融入到此项活动中来，支中心在播放大厅的醒目位置，专门设置了全面介绍文化共享工程内容版面，并组织编印了文化信息资源共享工程《宣传手册》，分发到各乡镇、街道、社区。同时，还充分利用新闻媒体开展宣传，多次召开了相关人员座谈会，广泛听取各界人士的建议，不仅及时改进了工作，还大大提高了广大市民的参与热情。支中心印发《宣传手册》1500本，为基层刻录资料1800余片，为社区分类编目整理图书13000余册，得到了广大市民和相关部门的好评。

目前，邵武市图书馆老馆已闭馆，邵武市支中心的工作展示处于停顿状态。而位于市文化艺术中心的邵武市图书馆新馆正在装修施工中。预计在2013年春节前后，新馆将投入使用。新的文化资源信息共享工程点邵武市支中心将拥有500多平方米的场所，其中将设一个配备25台电脑的电子阅览室；配备60个座位、投影机、投影幕、电视机等设备完善的多媒体演示厅；以及一个专门刊登文化信息资源共享工程普及知识的共享工程宣传区；还有一个专用机房。新中心建成后，将极大地提升邵武市支中心的工作服务水平。

（撰文/邵武市支中心）

建瓯市支中心

建瓯简称“芝城”，总面积4233平方公里。总人口53.89万，全市辖4个街道、10个镇、4个乡，217个村、27个居民委员会。

建瓯市文化信息资源共享工程建设始于2006年，县级支中心设于建瓯市图书馆。

2006年，建瓯市文化体育局成立了“建瓯市图书馆文化信息资源共享工程建设工作领导小组”，具体负责建瓯县支中心建设的组织、协调工作。领导小组定期开会，听取各方面工作进展情况，及时协调并上报解决建设中遇到的困难和问题。为加强建瓯县图书馆文化信息资源共享工程基础建设，县图书馆于2006年底投入20万元建成电子阅览室，2008年投入2万元建设了配套的视听播放室及业务加工室，2012年又投入20万元完成中心机房以及图书馆内部局域网，并安装2M网络带宽光纤和1台大型服务器，目前，建瓯市图书馆文化信息资源共享工程的软硬件配备已基本达到全国文化信息资源共享工程试点县县级支中心标准配置的要求。

建瓯市支中心的中心机房中心机房面积15平方米，配备有2兆光纤、服务器2台（安装有卫星接收及省图资源接收系统软件）、8路VGA输入切换器1台、交换机1台，存储空间达到6TB；电子阅览室面积150平方米，配备有电脑40台及服务器1台，并接入10M网络带宽光纤；视听播放室面积100平方米，设有座位60个，配备有全套音响及桌椅、电子幕布1个、投影仪1台、500G移动硬盘2个；业务加工室面积20平方米，配备有笔记本1台、打印机1台、数码相机1台，120G移动硬盘。基本实现了接收、加工、发布视频资源和文献资源的功能。

在做好信息资源共享工程硬件建设的同时，建瓯市支中心还制定了完善的管理和开放服务制度，同时认真做好人员的培训工作。

作为全国文化信息资源共享工程县级支中心，建瓯市支中心主要通过卫星设备和互联网从国家中心下载广大市民喜闻乐见的视频资源、文献资源，以及本市自制的地方文化视频资料为广大市民服务。

建瓯市支中心的共享工程视听室每周六、周日免费向广大读者开放。除了播放“共享工程”网站的优秀电影、卫星节目及省级中心下发的文化资源系列光盘以外，还有选择地租赁播放一些国内外优秀影片。另外还把光盘目录张贴在视听室门口，供读者点播和免费借阅；搞好文化共享工程每周收看节目预告，使读者能够预先了解收看的内容；建瓯市支中心还即使做好共享工程节目收看记录，及时了解群众对信息服务的意见和需求。同时还利用文化共享工程的设备和资源，为读者提供图文并茂的特色化服务。迄今为止已组织开展各种讲座7场。

建瓯市支中心的电子阅览室共有40台电脑，支中心将信息资源“共享工程”网站设为每一台电脑的主页，读者可随时点击进入。2007年1月，电子阅览室成立之时，支中心邀请本地电视台、媒体对电子阅览室和“全国文化信息资源共享工程”进行宣传，引起广大群众的关注。

几年来，建瓯市图书馆以“共享工程”为平台，开展建设新农村送文化下乡活动，分别到东峰镇桂林村、徐墩镇丰乐村、川石乡后山村等地，为农民朋友和农村小学生带去了农业科教片、少儿动画片、并放映了30多场电影，观众达2000余人次。建瓯市图书馆还对老年服务中心开展资源服务，根据老年人平时生活的诸多习惯特点，提供了《老年人情绪、情感的变化与调适》、《冬季高血压及其并发症的防治》等系列视频和战争题材的故事片、《中国京剧音配像精粹》等前往放映，使他们获得精神的强健与文化的关爱。

在社区服务上，支中心开展的“优秀影片及科普类影片展播”活动，成为社区文化中一道亮丽的风景线。这些活动的开展既深受广大群众的欢迎，又提升了图书馆的服务理念，拓展了图书馆的服务领域，充分体现了建瓯市图书馆文化共享工程的公益性服务功能，体现了共享工程在助建社会主义新农村活动中的独特作用。

（撰文/建瓯市支中心）

建阳市支中心

建阳，另称“潭城”，是福建省最古老的五个县邑之一，面积3383平方公里，总人口33.77万人，辖10个镇、3个乡、190个自治村、14个居委会。

一、基本情况

建阳市文化信息资源共享工程建设启动于2007年2月，2008年1月，建阳市被确定为“全国文化信息资源共享工程”试点县。对此，市委、市政府高度重视，并确定列入市政府常务会议议题，制定了具体的工作措施，将县级支中心设于建阳市图书馆。

2006年12月，建阳馆投入26万元建成电子阅览室，2008年投入15万元建设了配套的视听播放室及业务加工室，2009年又投入20万元完成中心机房，2011年，再投入10万元重新建设了20台电脑规模的电子阅览室，并建立图书馆内部局域网且安装8M蛙鸣红络带宽光纤和3台服务器。目前，建阳市图书馆已建成中心机房、电子阅览室、文化共享工程视听室、业务加工室。

建阳市支中心的中心机房面积10平方米，配备有8兆光纤、2台服务器（安装有卫星接收及省图资源接收系统软件）、1台输入切换器、2台交换机、千1台兆硬件防火墙、1台UPS不间断电源，存储空间达到6TB；电子阅览室面积70平方米，配备有20台电脑及1台服务器；共享工程视听播放室面积140平方米，配备有等离子显示屏显示系统，多媒体电脑、功放、全频音响等音频设备以及投影仪、电动幕布等视频设备；业务加工室面积20平方米，配备有笔记本电脑、打印机、数码相机、移动硬盘。基本实现了接收、加工、发布视频资源和文献资源的功能，软硬件配备已基本达到全国文化信息资源共享工程试点县县级支中心标准配置的要求。

此外，2008到2010年间，建阳市向将口镇、莒口镇各投入5万元用于信息共享工程基层服务点的建设工作，为两镇文化站配备了电脑、投影机、幕布、音箱等现代化设备，另外漳墩镇获得省资助4台电脑及其它设备，建阳市已按标准在莒口镇、将口镇、漳墩镇等三个乡镇建成共享工程基层服务点。

二、队伍建设

作为县级支中心，建阳市图书馆有专兼职技术人员2名。2007年1月份，建阳市图书馆有关技术人员参加了福建省文化厅举办的全省第二批国家资助设备共享工程示范点培训班，2008年9月及2009年9月，建阳市图书馆又分别派2名技术人员和2名乡镇文化站长参加福建省文化厅举办的“福建省全国文化信息资源共享工程”第一、二期培训班。

在2009年及2011年二届“文化共享杯——全国文化信息资源共享工程知识与技能竞赛福建选拔赛”中，建阳市图书馆作为南平队代表之一分别荣获团体亚军、团体三等奖、个人一等奖、优秀选手等好成绩。建阳市图书馆还选派技术人员到各服务点，结合镇、村基层点的工作实际，帮助解决在实际中所遇到的难点，并通过现场指导，进一步强化相关知识技能的操作和运用。在做好对全市各乡镇中心工作人员进行培训的同时，建阳市图书馆还对相关村文化协管员进行了业务辅导。2010年4月7日至9日，全市村级文化协管员培训班分别在水吉、麻沙、将口镇政府礼堂举办，来自全市13个乡镇的东片、西片、中片三个片区的150多名村文化协管员参加了培训。

三、资源建设

建阳市文化共享工程网络资源从平台上已实现全市城乡资源的共建共享，文化共享工程与农村党员远程教育网络资源的共建共享工作已全面启动。建阳市图书馆与省图书馆签定了网络资源共享协议，向市民开通了维普全文电子期刊、万方数据化期刊、书生之家电子图书、国研网、Apabi数字资源、中经网、龙源电子期刊等网络数据库资源供广大读者检索利用；2009年7月20日，建阳市图书馆正式开通了数图文献管理系统，目前建阳市支中心的平台里拥有文本类电子图书1万册，内容涉及文学、教育、法律、历史、文化等各个学科；以及奥斯卡电影200部；知识大百科元数据10000条，音乐精品500首，JPG素材图片10000副；建阳市“县级数字图书馆推广计划”新春系列活动也于2010年2月全面展开。文化共享工程实施几年来，分中心卫星接收正常，接收资源达到一个TB，畅通的网络和丰富的资源为工程的顺利开展提供了有力的保障。

四、面向群众，服务惠民

在实施共享工程的过程中，建阳市支中心不断拓展共享工程的服务内涵和方式，充分利用这一全新的工作载体条件，切实面向“五个走进”，开创了基层文化工作的新局面。

建阳市支中心的“文化共享工程视听室”，配有全套音响、投影仪及电动幕布等设备，设有座位50个，每周六、日免费向广大读者开放。同时还与图书馆的“潭山市民讲坛”有机地结合起来，为读者提供图文并茂的特色服务。迄今为止已组织各种讲座数十场，建阳市支中心力求把“潭山市民讲坛”办成建阳市共享工程建设中一个叫得响、立得久的文化品牌。

电子阅览室是文化信息资源共享工程在图书馆重要的服务阵地，电子阅览室成立之时，建阳市图书馆邀请本地电视台和媒体对电子阅览室和“全国文化信息资源共享工程”进行宣传，引起广大群众的关注。支中心电还将“文化信息资源共享工程”网站设为每一台电脑的主页，读者可随时点击进入。

多年来，建阳市图书馆以共享工程为平台，开展建设新农村送文化下乡活动，分别到马伏村、将口镇、石奄村等地，为农民朋友和农村小学生带去了农业科教片、少儿动画片、并放映了数十场电影，观众达数千人次。

除了在图书馆针对未成年人开展的活动以外，建阳市图书馆还与市内各中小学校联合深入校园开展活动。对不具备条件的学校，利用分中心的投影仪到教室播放优秀影片和礼仪知识讲座，开展爱国主义教育活动，从而切实把改进未成年人思想道德建设工作落到了实处。开展为老年群体服务是文化工享工程工作的一个重点。

建阳市图书馆坚持三贴近原则，对老年活动中心、敬老院等开展资源服务，使他们获得精神的强健与文化的关爱。在社区服务上，支中心组织业务骨干走进社区广场，开展主题性宣传活动。在市区各个街道小区广场，先后为广大群众展示了“县级数字图书馆推广计划”中的各种资源及“优秀影片及科普类影片展播”活动，成了社区文化中一道亮丽的风景线，让老百姓享受到免费的文化大餐。这些活动的开展大大地丰富了城区广大人民群众的业余文化生活，既深受广大群众的欢迎，又提升了图书馆的服务理念，充分体现了市图书馆文化信息资源共享工程的公益性服务功能，体现了共享工程在助建社会主义新农村活动中的独特作用。

（撰文/建阳市支中心）

顺昌县支中心

顺昌县全境面积1992平方公里，人口24万，辖9镇5乡，共有129个行政村13个居委会。

顺昌县文化信息资源共享工程启动于2009年，县级

支中心设于顺昌县图书馆。2009年，顺昌县图书馆投入30万元，配备26台电脑（其中读者使用20台）、1台服务器、接入8M网络带宽光纤，建立了50平方米的电子阅览室，同时建立了图书馆内部区域网；2010年，又35万元，建立中控机房、多功能厅和业务加工室。中控机房内安装2台服务器、2台交换机、防火墙、1台存储器等设备以及省图书馆信息接收系统软件；多功能厅面积100平方米，内设座位42个，配备全套音响，投影仪、播放器等设备；业务室10平方米、配备电脑、激光网络打印机、数码相机、移动硬盘等设备。基本实现了县支中心的接收、加工、发布视频资源和文献信息的配备要求。

到2012年底，顺昌县支中心已在郑坊、埔上、洋口、元坑、仁寿五个镇建立了文化信息资源共享工程服务网点。这些网点的建设，进一步缩小城乡之间的文化差距，解决农村读者看书难、看戏难、看电影难、获取信息难、参加活动难的现象，提升了广大农民的文化生活质量。

该支中心设有1名专职人员，管理文化信息资源共享工程工作。几年来，顺昌县图书馆多次送专职人员参加福建省文化厅举办的文化信息资源共享工程培训，通过培训再把学到的知识传授给基层文化站协管员。2010年以来，县支中心共享工程多功能厅先后12次举办乡镇文化站站长，图书协管员业务培训班；每次参加培训人数约30多人次，共计400多人次，2010年到2011年，县支中心业务骨干馆下乡20多次，先后到漠武、吉周村、北门社区、中解社区、城东村、下沙村、口前村、大布村、面对面地为基层文化协管员进行业务培训，通过培训大大提高基层文化协管员的业务水平和服务能力。

县支中心拥有有电子图书1000万册（内容涉及文学、法律、经济、历史等各学科）、电影大片100多部，以及少儿动画片，知识信息，文化信息共享工程卫星接收转播的各类节目资源。县支中心的电子阅览室共有电脑20台，每台电脑上都设有《文化信息资源共享工程》页面，以便让更多的读者了解文化信息资源共享工程。

县支中心利用每周六、日等节假日，在多功能厅免费为读者播放名人讲座、少儿动画片、养生节目、历史故事、法制教育等光盘；同时，分别请县博物馆馆长、福建师大图书馆学教授作讲座。2010年至今，该馆在文多功能厅举办了“迎新年读者围棋对抗赛”（与顺昌团县委共同举办）、“有奖猜谜亲子活动”“全民读书月活动”、“读者之友”有奖知识问答竞赛等活动。

几年来，县图书馆以共享工程为平台，开展惠农服务。将农村需要的《种植养殖业》、《科普知识》、《法律知识》、《如何理财》、《戏曲片》、《农业科教片》等光盘资源，先后到郑坊乡、元坑镇、大干乡、埔上镇，为农民群众播放。

2012年5月，图书馆利用图书馆少儿室的资源，文化信息共享工程电子阅览室的资源，与县妇联共同设立“四点钟学校”，让放学以后无人照看的孩子到图书馆学习，让年轻妈妈的心有所依托。为了更好地丰富军营文化生活，县图书馆在“八一建军节”期间，启动流动图书车，将满车的流动书籍和《光辉的历程》《红色记忆、振兴中华》等光盘送到武警战士的手中。

顺昌县支中心的共享工程“走进社区”、“走进军营”、“走进乡村”、“走进学校”活动，充分体现了图书馆文化信息资源共享工程的公益性服务功能，体现了共享工程在建设社会主义新农村中的独特作用。

（撰文/顺昌县支中心）

浦城县支中心

浦城县总面积3374.7平方公里，人口41万人（2006年），全县辖2个街道、9个镇、8个乡。

一、基本情况

浦城县支中心启动于2010年，县支中心设于浦城县图书馆。浦城县支中心的建设先后投入60万元资金，建成中心机房、电子阅览室、文化信息资源共享工程视听室、业务加工室以及图书馆内部局域网等设施。

中心机房面积20平方米，配备2台服务器，35台电脑（其中供读者使用的22台）、1台输入切换器、2台交换机、1台防火墙、1台UPS不间断电源以及6TB存储空间、4M网络带宽光纤。电子阅览室面积70平方米；视听播放室面积80平方米（配备有投影仪、电子幕布、500G移动硬盘、全套音响等设备）；业务加工室面积25平方米（配有3台电脑、2台笔记本电脑、2台打印机、1台数码相机、120G移动硬盘等设备）。

软硬件配备已基本达到全国文化信息资源共享工程县级支中心标准配置的要求，基本实现了接收、加工、发布视频资源和文献资源的功能。

为了扩大基层网点和改善基层服务点的服务，确保全县文化信息资源共享顺利进行，按照省、市文化部门的安排，浦城县文化信息资源共享工程的建设以县级分中心建设、管理、服务为重点，逐步开展网点覆盖工程，目前已建好临江、盘亭、富岭、官路、莲塘、枫溪、濠村7个基层服务点。

二、管理和队伍建设

浦城县委、县政府重视、支持文化信息资源共享工程的建设，将文化信息资源共享工程建设纳入新农村建设规划，并在一系列有关新农村建设的文件中将文化信息资源共享工程建设作为农村社会发展的重要任务加以部署；近年来，县委、县政府还将文化信息资源共享工程建设作为目标任务之一纳入县文体局目标责任书，年底进行考核；县文化体育局进而将文化信息资源共享工程建设也作为县图书馆年度目标任务写进责任书，并视考核结果予以奖惩。

为了加强文化信息资源共享工程建设工作的管理，县支中心配备了文化信息资源共享工程专职人员；制定了工作职责、管理职责、日常管理维护、绩效考核等运行管理制度；组织各基层服务点的运行管理、技术保障和基层服务队伍。并严禁任何单位和个人将文化信息资源共享工程设备挪作他用。

县支中心的3名专兼职技术人员，都经过省级技术培训，获的全国文化信息总资源共享工程上岗证书，具有较强的业务素和独立操作能力，且能带动基层点服务点人员，形成有效的梯队模式。县支中心每年进行共享工程技术和服务知识培训，培训的内容不仅包括共享工程赖以依靠的计算机、网络、通迅等方面的内容，还有共享工程实施的意义、人员的组织能力、管理能力等方面的内容，并结合共享工程检查督导工作，选派技术人员到各服务点，结合基层的工作实际，在基层网点建立一支相对稳定、专兼职结合的管理服务技术人员队伍，为全县服务网络健康有序的发展提供有力的保障。

三、资源建设，共建共享

县支中心于2010年正式开通了数字文献管理系统，目前，平台里拥有文本类电子图书1万册，内容涉及文学、教育、法律、历史、文化等各个学科；奥斯卡电影150部；知识大百科元数据8000条，音乐精品600首，JPG素材图片10000副；CSLN“网图”图书馆管理系统于2011年12月正式投入使用，实现了图书馆业务（包括图书采、编、典、流通控制、期刊管理及WEB发布）的自动化。还与省图书馆签订了网络资源共享协议，开通了维普全文电子期刊、万方数据化期刊、书生之家电子图书、国研网、Apabi数字资源、中经网、龙源电子期刊等网络数据资源库，以供广大读者检索利用。

文化信息资源共享工程实施以来，县支中心接收资源达到1TB。

县支中心将优秀的文化资源通过现代网络送到广大基层，为农业生产服务，为基层群众服务，较好地缓解了城乡基层群众看书难、看戏难、看电影难、获取信息难等现象。县支中心加强资源整合，全面启动文化信息资源共享工程与农村党员远程教育网络资源的共建共享。

四、服务惠民，宣传推广

县支中心100平方米的“文化信息资源共享工程视听室”，设有座位40个，每周二至周日免费向广大读者开放。除播放文化信息资源共享工程网站的优秀电影及省级中心下发的文化资源系列光盘以外，还有选择地租赁播放一些国内外优秀影片。

2011年1月，电子阅览室成立之时，县图书馆请县电视台、《浦城时讯》等媒体对电子阅览室和“全国文化信息资源共享工程”进行宣传，引起广大群众的关注。

近年来，县支中心充分发挥共享工程的资源优势，密切配合当地的经济、文化建设，开展富有当地特色的数字文化服务，为广大基层群众提供了丰富的精神文化享受。

（撰文/浦城县支中心）

政和县支中心

政和，简称熊城。面积1749平方公里，总人口23万，全县辖5乡4镇1街道，124个行政村，7个社区，

政和县文化信息资源共享工程启动于2007年，县支中心设于政和县图书馆。2007年，政和县图书馆被福建省文化厅列为文化信息共享工程试点单位，省文化厅配送一台电脑及服务器，一台投影仪和幕布，一套卫星接收设备，图书馆利用唯一的一台电脑和设备，开展对外宣传工作，定期播放电影、讲座，开展送科普、送戏下乡等服务。因政和县财力十分拮据，无法购置相关配套设施，加之馆舍陈旧、多年失修，每逢雨季，地下冒洪水，屋顶漏雨水，全馆约2/3场地不能使用，文化信息资源共享工程建设项目就此止步不前。2010年以来，政和县图书馆在省文化厅、省财政厅强力支持下，投入48万元对县图书馆进行建馆后的首次大维修，重新设立了读者报告厅、少儿阅览室、报刊借阅室、读者活动室、读者阅览室等，文化信息资源共享工程政和县支中心的电子阅览室、多媒体报告厅也在修复之列。与此同时，县图书馆又投入42万元，购置了两台服务器、3.6TB存储磁盘阵列、防火墙，以及30台电脑等。初步建成政和县支中心，实现了与国家中心、省分中心优质文化信息资源的无缝链接。

此后，省文化厅分别在政和县的澄源乡、杨源乡、石屯镇、铁山镇、熊山镇、东平镇等地援建了文化共享工程基层综合服务点。政和县支中心技术人员常深入基层共享工程服务点，尽力为其排解业务上的问题与困难。

政和县图书馆旧貌换新颜后，全馆实行零门槛、全免费、一站式对外开放服务。同时充分利用文化共享工程平台，开展各种文化活动。除每天播放各种题材讲座和优秀电视剧外，开展的活动有：政和县全民科普读书月活动、小小主持人培训等、“喜迎十八大、话说政和美”活动。政和县图书馆设立“云根讲坛”，自2012年5月起，每周日下午开展各类讲座，现已举办20余场。

由于新的图书馆和新型服务，政和县图书馆的工作再度得到社会广泛认可，地位得到巩固提升。然而新的任务和要求，要求政和县图书馆和政和县支中心必须“而今迈步从头越”。

（撰文/政和县支中心）

三明市支中心

三明市土地总面积2.29万平方公里；人口266.72万(2008年末)，辖1个市、2个区、9个县。

一、基本情况

文化信息资源共享工程三明市市级支中心于2006年3月挂牌建立，至今已累计投入资金40万元。

三明市支中心使用面积200多平方米，建立电子阅

览室、演播厅，拥有服务器4台、电脑80台，其中电子阅览室40台供读者使用，存储容量4TB，配备投影机与屏幕2套，外出流动服务演播设备1套，皮卡车1辆，以及交换机、路由器、复印机、10M网络带宽光纤等设施设备。

三明市支中心充分利用创国家文明城的契机，把图书馆图书服务和文化信息服务延伸到每个乡镇、社区。在三明市区的13个乡镇、街道都建立了共享工程基层服务点。由市支中心统一挂牌，统一管理制度。支中心的13个基层服务点，每月读者流通人数约2000多人。

三明市支中心还加强与社会各部门之间的共建共享，加强公共文化资源和服务的集成、整合，提升效能，形成统一规划、合理布局、整合资源、规范管理、高效运作的公共文化服务体系。2012年，在武警森林三明大队增设了基层服务点，向武警森林三明大队送去200余册流动图书和经典世纪视听图书馆（总藏10万册）一套，得到部队官兵的热烈欢迎；在小蕉工业园区、三明军分区预备役通讯团、东乾社区等处，三明市支中心也增设服务点，每个服务点都配备了200册图书，并定期轮换，大大提升了图书馆公共服务水平。2012年9月3日，《三明日报》以《让图书馆“走”到读者身边》为题，报道了三明市图书馆在拓展构建公共文化服务上的做法。

三明市支中心建成了三明市图书馆网站（www.fjsmlib.cn），并链接到国家中心和省中心，读者可以随时进入网站点播自己喜爱的信息。

二、完善机制，加强培训

三明市支中心配有专职人员2名兼职1名。每个服务点都配有专门管理人员，所配的书刊不少于200册，采取由市支中心配发一些，两区文明办配送一些、社区自购一些的方式，尽可能满足社区居民读书看报的要求。

文化信息资源共享工程三明市支中心加大对共享工程基层服务点管理人员的培训，采取集中培训与分散培训相结合、理论知识与实际操作相结合、知识培训与实地参观典型相结合的三种形式，使管理员掌握业务技能，做好服务工作。2009年至今，支中心先后派专业管理人员16人次参加省厅举办的文化资源共享工程培训班，并通过考核，取得了相关资格证书。市支中心每年还举办一期共享工程基层服务点管理员培训班，先后有30多人参加培训，培训覆盖面达到100%。同时，市支中心工作人员还定期或不定期的到各基层服务点进行现场业务辅导，帮助解决实际困难，增进了支中心与各基层服务点之间的交流，建立了有效的沟通渠道，有利于进一步推进三明市文化信息资源共享工程的建设工作。

三、利用资源优势，开展活动

文化信息资源共享工程三明市支中心在实施共享工程建设的过程中，不断拓展共享工程的服务内涵和方式，充分利用这一全新的工作载体条件，切实开展文化信息进农村、进社区、进学校、进军营，为老年群体、特殊群体、外来务工群体服务，开创了基层文化工作的新局面。

1、走进农村。三明市支中心充分利用共享工程网络资源，认真搜集、下载适用于农民群众的政策法规、农业科技等信息资源刻录成光盘和宣传资料，利用“三下乡”、宣传周、集市、节假日等，在各乡镇集中向农民免费

2010年12月17日共享工程青州行

发放。2009年至今，市支中心工作人员先后深入大田、永安、三元区岩前、梅列区陈大等地送书、传播文化信息，举办农村实用技术培训班10多场，为农民播放《科学种柑橘》、《预防禽流感》等科教片30余场，吸引了2000多名村民前来观看，尽最大程度地满足农民“求知、求富、求乐”的要求。

2、走进社区。2009年-2011年，市支中心工作人员到三明市各社区开展文化信息视频点播和知识讲座20余场，暑假期间为学生们播放了《暑期安全教育》等专题片，并开展送流动图书到社区活动，累计流动图书1000余册，期刊800余册。2011年5月31日，为庆祝中国共产党建党九十周年，市支中心精心收集了70多幅珍贵历史图片，制作成《光辉的历程》系列展板30多块，先后在图书馆一楼大厅、多个社区、三明职业技术学院、三明白沙小学等进行巡回展出，吸引了近3000多名市民观看。2011年10月，为纪念辛亥革命100周年，市支中心开展了视频展播活动，组织50多位社区居民观看辛亥革命100周年的影片播放，受到社会居民的称赞。

3、走进学校。自2009年以来，市支中心的工作人员先后到大田武陵八一希望小学、列东中学等多所学校，为师生们播放了《海尔兄弟》、《中国古发明》等多部动画片、科幻片，同时还播放了预防地震、海啸、森林大火、泥石流等科教片，深受师生的欢迎。利用共享工程开展思想道德建设，切实将加强和改进未成年人思想道德建设工作落到了实处。

4、走进军营。文化信息资源共享工程三明市支中心充分发挥文化信息资源优势，通过各种方式把优秀的文化信息资源送进军营，组织优秀国产军事题材影片去部队巡映，丰富广大干部战士的业余文化生活，并为部队官兵送去图书，在部队建立共享工程基层服务点和图书流动点，结成军民共建单位，优势互补，促进发展。2011年3月，三明市支中心送文化下军营，与三明武警教导队资源共享，组织了书画表演、“党的光辉历程”图片展、共享工程优秀影片播放，受到官兵的热烈欢迎，并向部队赠送图书200多册。

5、为特殊群体服务。三明市支中心注重利用共享工程为残疾人、外来工、老年人等特殊群体服务。支中心开展“牵手残疾人走进图书馆”活动。利用图书馆多媒体演示厅为盲聋哑学校的视障孩子播放电影，利用盲人服务专区为盲人提供盲人书刊、有声读物和互联网的语音系统，让弱势群体同样能够领略精彩的电影世界，能用指尖和耳朵享受阅读，感受到知识带来的乐趣。2012

年的"国际盲人节"，三明市支中心与市残联联合，利用图书馆共享工程演播厅为我市38名盲聋哑视障人播放了无障碍电影《燃烧的生命》；三明市支中心充分体现文化信息资源共享工程以人为本、服务群众的原则，向外来务工人员开展"送温暖"活动，积极为他们提供免费的休闲、阅读场所，向他们推荐劳动者权益保护、三农问题等多方面内容的图书，满足他们多样化的精神文化需求。2011年4月，文化信息资源共享工程三明市支中心还参与了关爱农民工志愿者活动，举办了《农民工技能图书展》，展出了加工制造、建筑、纺织、餐饮等方面适合农民工阅读的图书300多册，各类期刊200多册，吸引了众多农民工围观咨询；三明市支中心坚持"贴近生活、贴近实际、贴近群众"的三贴近原则，准备了《中老年保健知识》、《冬季滋补篇》等系列视频资料和战争题材的故事片等为社区的中老年人进行播放，使他们获得了精神的强健与文化的关爱。

四、荣誉奖项

2009年12月，在中国文化报社、文化部全国文化资源建设管理中心组织的"好新闻"评选活动中《三明市级分中心喜迎建国60周年，主题活动精彩纷呈》报道荣获二等奖。2009年9月，三明市图书馆洪一鸣、杨建峰二位同志在2009年全国文化信息资源共享工程知识与技能竞赛福建选拔赛中获得了团体季军的佳绩。2010年，由文化部全国文化信息资源建设管理中心、省文化厅主办的"全国文化信息资源共享工程少年网页设计竞赛（福建站）"活动中，市支中心组织选送的10幅作品荣获团体第1名，其中一等奖2名，二等奖2名，三奖5名，鼓励奖1名。在2011年全国文化信息资源共享工程"阳光少年热爱党"电脑小报设计竞赛活动中，市支中心组织选送的中学组3幅参赛作品均获三等奖佳绩。2012年，共享工程三明市支中心被福建省文化厅授予"全省文化信息资源共享工程建设先进单位"称号。

五、工作展望

今后，三明市支中心将更加丰富服务内涵，拓展服务领域，特别是关心弱势群体，关爱进城农民工等方面不断探索服务新思路，争取为三明的精神文明和经济建设做更大的贡献。

（撰文/三明市支中心）

三明市少儿支中心

三明市少儿图书馆成立于1993年，是国家二级图书馆，位于三明市三元区三元街，馆舍建筑面积1214平方米，在编工作人员10人，设有外借部、低幼活动中心、采编室、期刊室、电子阅览室、培训中心、辅导部等7个免费对外窗口。三明市少儿图书馆支中心创建于2009年。近3年多来，三明市少儿图书馆投入经费近10万元，用于共享工程建设，包括电子阅览室的建设、购买设备、升级网络、开展共享工程活动经费等。

三明市少儿图书馆支中心建有公共电子阅览室，阅览室配备了20台电脑，免费提供读者使用。为了满足未成年人健康的网络文化需求，阅览室电脑设置了统一管理平台，以保证安全、绿色的网络环境。支中心的电子阅览室为少儿读者准备了电子图书、电子期刊、中图立体数字图书馆检索、视频资源、科普电子书等数字资源，让未成年读者在网络的海洋里遨游，吸取博大精深的精神食粮，提高文化素养。

为了让更多的少年儿童走进图书馆，从小培养他们的阅读兴趣，了解中华文化，2011年3月，三明市少年儿童图书馆推出幼儿园小朋友集体参观图书馆活动。活动中，少儿馆工作人员带领孩子们参观阅览室，介绍图书馆使用常识，并向他们推荐适合阅读的书籍，引导孩子阅读的习惯，并享受到公共图书馆的公益服务。

2011年6月，为庆祝中国共产党成立90周年，讴歌中华民族实现伟大复兴的奋斗历程，三明市少儿图书馆在白沙小学举办的"党的光辉历程图片展"，展出图片30幅版面，100张照片，系统展示了中国共产党90年来走过的光辉历程。

2012年"六一"国际儿童节之际，三明市少儿图书馆开展中华民族传统文化——"剪纸"主题活动，让孩子动手剪纸，体验民族文化；还举办电子图书阅读比赛，通过新科技的阅读方式，让孩子更好的体验文化阅读。

共享工程作为公共文化服务体系建设中的基础工程，在图书馆界发生了翻天覆地的变化，共享工程实施以来图书馆的文化服务本体正在日益凸显。在三明市少儿图书馆的未来规划中，文化信息共享工程建设首先要保障青少年儿童的基本文化权益，以新思路、新内容为引导，打造集知识性、趣味性、互动性、娱乐性为一体的少儿公共数字文化体验。

（撰文/三明市少儿支中心）

三明市梅列区支中心

梅列区是三明市政治、经济、信息、商贸、文化中心。下辖1乡1镇，3个街道办事处，24个居委会，23个行

政村，总面积353平方公里，人口18.7万人。

全国文化信息资源共享工程梅列区支中心设于梅列区文化馆。梅列区支中心按县级标准建设中心机房，配备1台服务器，1套总容量4TB的存储系统、25台计算机，用于网络应用、业务管理。三明市梅列区文化资源共享中心起着辐射全区5个乡镇、街道的作用，主要负责下载国家中心和省级分中心的资源，并将资源分类整理后有针对性的提供给基层服务点。区支中心的信息资源传输模式以互联网为主，以光盘下发、硬盘拷贝为辅，主要手段为FTP下载，IPTV模式、视频点播系统共用等。

梅列区支中心构建面向全社会的资源丰富、技术先进、布局合理、服务便捷的文化信息资源共享网络体系。到目前为止，支中心已建成1个区级支中心，辐射全区5个乡镇街道，与全市各基层文化信息资源共享工程服务点共同服务大众的网络格局，实现了全区镇（街道）、行政村（社区居委会）文化信息资源共享工程全覆盖。

梅列区支中心依托区内丰富的数字资源及互联网、移动网络等通讯手段，为群众直接提供文化共享宣传服务，将文化信息共享工程的资源传输到全区的基层点。并建立公益性电子阅览室和国家数字图书馆基层服务站（点），逐步将国家数字图书馆的资源与服务覆盖到全区、乡镇街道文化站，提高全区信息资源的总体保障能力和服务水平。

梅列区支中心设专人专岗从事共享工程建设，为保证共享工程网络的正常运转，提升各级基层点的服务水平，三明市梅列区文化资源共享中心积极组织开展基层辅导培训与技术指导，做到专人专干，逐步建立了一支懂业务、善管理的干部队伍。

梅列区支中心以公共信息服务网点建设为重点，以共建共享为基本途径，以电子阅览室和网络管理系统为平台，汇聚区内文化馆、图书室、美术音乐培训室等各类优秀文化资源，向全区乡镇、街道提供总量 4TB的数据库资源。

梅列区支中心以让全市市民“了解共享工程、使用共享工程、受益于共享工程”为目标。搭建统一认证平台，所有数字资源免费向市民开放，满足市民随时随地免费共享数字资源和视频资源的需求；区文化馆将文化信息共享工程与“农村电影放映工程”、“农家书屋”等相结合。将文化信息共享工程数字资源、农村电影放映工程的电影资源、“农家书屋”的纸质资源有机结合，做到了人、财、物资源的合理配置，提高了资源利用效率。

梅列区支中心举办共享工程宣传展、巡回展；开展有奖知识问答等活动；进社区、进农村、进学校和工业园区开展共享工程服务宣传；以移动硬盘和光盘的方式送资源到部队。为扩大宣传力度，梅列区支中心还设置共享工程宣传专栏，定期发布共享工程宣传信息；印制宣传手册、宣传单，并到社区、农村、工业区等分发给读者、市民；同时，利用网络把本馆资源、国家下发资源、讲座影视资源、数据库等共享资源送到网络未覆盖的偏远地区，扩大市民享受资源的覆盖面。

展望未来，三明市梅列区文化资源共享中心将以最优的管理和丰富的资源，努力完成文化信息资源共享工程“十二五”的建设任务，为全面建设惠及全区人民的小康社会做出更大的贡献。

（撰文/三明市梅列区支中心）

永安市支中心

永安，别名“燕城”，总面积2942平方公里。总人口35万人，市辖4个街道、7个镇、4个乡。

一、基本情况

文化信息资源共享工程永安市支中心（以下称“永安市支中心”）于2003年成立并实施建设，支中心设于永安市图书馆。2003年至今，永安市委、市政府和各级领导部门在财政较为紧张的情况下，先后投入近300万元专款，用于永安市支中心的建设。

迄今为止，根据全国文化信息资源共享工程国家中心和福建省分中心对县级支中心建设标准的要求，永安市支中心已建立了700平方米的电子阅览室（配备电脑50台）；300多平方米的多功能报告厅（配备音响一套）；中控机房（配有4台服务器、2台交换机，3套投影设备（含幕布/音箱），1台47寸液晶电视，2台UPS电源设备，20TB存储器以及配套的服务设备设施，设立了网络安全管理监控系统，配置了网络安全防火墙，接入40M网络带宽光纤）；70平方米的业务加工室（配备1台多功能扫描仪，2台打印机，2个500GB移动硬盘，1台数码照相机，1台数码摄像机，2台便携式计算机）。基本实现了接收、加工、发布视频资源和文献资源的功能。

二、管理和队伍建设

永安市支中心现有2名兼职管理人员。支中心每年都派人参加福建省分中心举办业务技术培训学习，已取得上岗资格证书，对永安市支中心的日常运行管理都能掌握和运用，但由于没有系统的学习计算机专业知识，且目前没有计算机专业的技术人才，在设备、网络维护和维修方面还存在一定的困难，为了保证永安市支中心设备正常运行，永安市图书馆根据实际情况，采取引进技术的办法解决问题。2009年，永安市图书馆与福建恩特计算机公司达成协议，由永安市图书馆提供场所，计算机公司则常年驻守在图书馆内，以房租代替设备和网络维护费用，负责永安市支中心整个网络运行及设备的维护工作，使该支中心设备运行得到了很好的技术保障。

在基层服务点的建设中，永安市支中心在技术指导、人员培训、资源建设等方面给予了大力支持，要求各基层服务点配备不少于1名专（兼）职管理人员，明确管理人员职责，加强基层服务点的管理，建立完善各项管理制度，指导各基层服务点做好群众需求双向反馈工作，做到人员、阵地、牌子、设备、制度“五落实”，从而达到协作共建，资源共享的良好局面和效果。

三、资源建设

永安市支中心的数据资源量达到2.7TB，包括文字、图片、视频讲座、电影电视、戏曲等，电子期刊3000种、6万册；电子图书5000种；自建永安地方特色资源量达到2GB（闽派古琴、永安大腔戏）。永安市支中心还建立永安市图书馆网站（www.fjyalib.net）。

四、合作共建

为了使社会公众能够就近享受到文化信息资源共享工程所带来文化服务的实惠，永安市支中心采取以支中心为中心，以乡村、社区、部队文化活动室为主要阵地，建设遍及城乡的“文化信息资源共享工程”基层服务网络。近年来，先后在乡村、社区、部队建立了11个文化信息资源共享工程标准化示范基层服务点。采用网络和硬盘拷入的办法，将优秀文化资源信息和数字图书馆资源进行有效的加工整合，拷入到基层服务点的服务器中，并且不定期的为基层服务点更新文化信息资源，为社会公众提供丰富的文化信息服务，得到市各级领导的肯定和社会公众的欢迎。

五、利民惠众

永安市支中心充分发挥电子阅览室传播先进文化的优势，免费向社会公众开放电子阅览室，方便群众读书求知、学习掌握各种实用技术知识，提高劳动技能，为永安市人民群众搭建文化信息服务平台；同时，为关心未成年人身心健康成长，电子阅览室在设立未成年人专位，屏蔽不良网站，使未成年人远离色情暴力网络游戏之中，为未成年人撑起一片蔚蓝的网络空间。

永安市支中心注重关爱农民工子女和留守儿童的成长，经常组织他们到电子阅览室上网学习，享受绿色网站给他们带来快乐的学习氛围。

永安市支中心充分利用共享工程丰富的文化资源，在永安市图书馆经常组织开展优秀电影周、各种文化讲座和演讲等活动，并且开展送文化资源信息进社区、厂矿、部队。为农民工提供技能培训，帮助他们提高再就业技能；为农村文化协管员、中小学校图书馆管理人员举办计算机网络知识培训，促进他们计算机操作能力；为空巢老人与其外地工作的子女通过网络进行视频见面服务；为部队官兵开展知识讲座，更新文化知识。永安市支中心每年开展文化活动达到60多次，参加活动15000多人次。

永安市支中心充分发挥资源效应，将全国文化资源信息建设管理中心配送的文化专题讲座和优秀电影刻录复制到支中心的资源库，为全市社会公众提供文化服务。永安市支中心积极开展“文化共享助春耕”活动，刻录适合农业、农村、农民生产的信息资源光盘，赠送到全市农民手中，为“三农”生产提供信息资源服务，

六、荣誉奖项

十年来，永安市支中心的建设取得了可喜的成效，为繁荣永安市文化事业的发展，满足广大人民群众的文化娱乐生活作出重大贡献，得到上级各有关领导部门的充分肯定和一致好评。2006年，永安市被文化部核定为福建省文化信息资源共享工程试点县；2010年成为福建省首批“县级数字图书馆推广计划”城市；2010年核定为“一级图书馆”；2012年获福建省文化厅授予“全国文化信息资源共享工程建设先进单位”。

七、工作展望

随着信息网络技术的飞速发展，文化信息资源共享工程的发展趋势越来越强，为推进永安市文化信息资源共享工程的实施，满足群众多形态的文化需求，今后，永安市支中心将继续推行全市基层服务网点的建设。积极争取永安市委、市政府的大力支持，在全市乡村、社区、部队建成基层服务点，努力做到建成一个，成活一个，发挥效益一个，促进永安市文化信息资源共享工程持续稳定发展。

永安市支中心将发挥优势，整合资源，加大资源建设力度。永安市文化底蕴深厚，民间文化信息艺术多姿多彩，支中心应发挥本市资源优势，努力将永安地方特色的文化信息资源开发出来，建好“永安地方特色资源”数据库。

永安市支中心将加强培训，不断提高队伍素质。文化信息资源共享工程是一项采用高新技术推动文化建设的工程，其特点是技术含量高，支中心将加大对管理人员的技术培训，不断提高管理人员的技术水平和工作能力，以适应文化信息资源共享工程建设和服务的需要，同时加强对基层服务点管理人员的培训，为基层服务点的建设和发展提供技术保障。

永安市支中心将拓宽服务领域，进一步实现资源共享，利用文化信息资源共享工程的丰富资源，进行加工整合，传输到各基层服务点，实现资源共建共享，以较少的投入争取最大的服务成效和效益。

（撰文/永安市支中心）

明溪县支中心

明溪县全境面积1704平方公里，人口11.7万，全县辖4个镇、5个乡，94个村（居）。

文化信息资源共享工程明溪县支中心于2010年6月初正式建成并投入使用，中心面积200平方米，设有中心控制机房、电子文献阅览室、多功能室、资源加工整合室和办公室。中控机房面积20平方米，现有综合管理服务器、综合业务服务器、磁盘阵列、交换机、标准机柜、UPS电源，防火墙等设备；电子文献阅览室面积60平方米；现有电脑25台，管理机1台；多功能室面积85平方米，现有功放、音箱、无线话筒、调音台、投影仪、便携计算机等设备；资源加工整合室面积20平方米，现有移动存储播放器、扫描仪、计算机、移动硬盘、复印机、激光打印机、DV机、数码照相机、传真机、等设备。

明溪县支中心配有专(兼)职人员2名。

明溪县支中心注重资源整合工作，把共享工程、党员远程教育、农家书屋、社区阅报栏予以大力整合，不仅有效节约资金，方便管理，还进一步扩大了服务范围。

为了充分发挥共享工程资源在传播先进文化方面的作用，为让更多的城乡群众享受到内容丰富、健康向上的文化信息，明溪县支中心集思广益，多年来不断开展各项活动，。

明溪县支中心电子阅览室拥有大量的图书、视频、影视等资源信息，并以优异的环境为广大青少年提供了绿色上网平台，开展计算机技术免费培训，不定期开展计算机知识竞赛。支中心还经常深入各乡镇（村）基层点，把省中心提供的丰富资源丰富送到基层点，并督察基层点为群众服务开展的工作及活动。

充分利用支中心的优势，以远程教育为依托，积极与网通、广电等部门合作，以试点站点为典型，以点带面，进一步向企业、社区、农村、学校、军营延伸扩展，让不同职业、不同年龄、不同爱好的群众，尽可能的享用到全国文化共享工程资源，真正达到文化信息资源共享。

明溪县支中心将针对当前文化事业的实际情况和科技发展的水平，继续整合现有的文化信息资源，积极开展创新工作，推进共享工程在明溪县的全面发展。

（撰文/明溪县支中心）

大田县支中心

大田别称“岩城”，总面积2294平方公里，人口45.76万人，全县设5个镇、13个乡、269个村（居委）。

全国文化信息资源共享工程大田县支中心设于大田县图书馆，于2010年12月底建立。2010年8月至10月，大田县图书馆共投入60万元，按照“2009年全国文化信息共享工程县级支中心配置标准”配置支中心的设施设备。大田县支中心的设施设备包括中控机房、多媒体演示厅、电子阅览室流动服务、信息采集、资源加工及办公区域组成。中控机房配有服务器、存储设备、交换机及防雷、防火、防尘、防静电等安全系统，还安装了信息浏览监控软件、业务自动化系统、资源应用管理系统、远程管理软件；电了阅览室配有25台电脑，于2011年起每周末向读者免费开放，至今已接待读者3000人次；多媒体演示厅设有60个席座，配有电视机、投影机、投影幕、音箱等设备；流动服务、信息采集、资源加工及办公区域配有投影机、投影幕、音箱、照相机、摄像机等设备。

大田县支中心利用馆藏资源，同时建设一批满足农村需要的讲座、戏曲、科普知识、农业技术等专题资源，提供便捷的文化资源信息服务。

大田县支中心利用共享工程开展组织读者参加“阳光少年热爱党”为主题的网络知识问答。

支中心每年5月最后一周在图书馆楼下悬挂宣传横幅、宣传标语，制作宣传展板，设立宣传咨询台，发放宣传单，并通过电视台宣传等方式，吸引广大市民踊跃参与图书馆宣传周系列活动。活动中开放公共电子阅览室，多媒体演示厅“播放儿童影片”，同时推出“残疾人特约服务”等各种活动，使广大公众特别是青少年、进城务工人员、残疾人等特殊群体进一步了解公共图书馆。

每年元旦，大田县图书馆读者迎新年联欢会活动。活动中有心有灵犀，默契大比拼（你比划我来猜）、抢椅子、吸啤酒、岁岁平安（踩气球）等游戏，在活动过程中还穿插一些抽奖活动及趣味活动。通过活动让读者体验了图书馆中的文化信息资源共享，同时也为了给读者提供一个沟通、交流、联欢的平台。

作为具有承上启下作用的县级支中心，应充分发挥自己的职能。大田县支中心将以公共图书馆为依托，采取多种形式为广大人民群众提供特色化信息服务，从而为“共享工程”实现优秀文化信息在全国范围内的共建共享做出应有的贡献。

（撰文/大田县支中心）

尤溪县支中心

尤溪县总面积3421.88平方公里，人口42.3万人（2006年），全县辖个8镇、8个乡，261个村（居）。

一、基本情况

2008年，尤溪县列入福建省文化信息资源共享工程十个试点县之一。2009年7月，通过省财政和县财政的资金补助，总投资75万元的文化信息资源共享工程尤溪县县级支中心建成并投入使用。全国文化信息资源共享工程尤溪县县级支中心设于尤溪县图书馆。

尤溪县支中心根据《全国文化信息资源共享工程县级支中心配置标准》并结合自身实际，在有限的资金内，对一些设备进行删减，资金投入主要用于服务器、存储器等关键设备的配置。县支中心共投入近75万元，使用面积 140平方米，内设中控室、电子阅览室和多媒体演播室。主要硬件设备包括：业务服务器、存储服务器、磁盘阵列（容量6TB）、24口交换机两台、UPS电源、2台便捷式计算机以及40台电脑等；软件有服务器备份系统，电子阅览室管理系统、瑞星防火墙和杀毒软件等。

支中心目前有容量2.2TB的文化信息共享资源，主要分为省中心下发的资源，如电影、戏曲、养殖技术培训和电子图书等以及本县的一些特色资源，如朱子文化资源等。为了方便读者查询、检索书目等，尤溪县图书馆建设了自己的图书馆门户网站，并且将互联网对外接口带宽升级为10M光纤。 目前，尤溪县已依托各乡镇文化站，设立了15个基层服务点。

二、管理和队伍建设

为了使文化信息资源共享工程正常开展，尤溪县支中心依据《全国文化信息资源共享工程管理暂行办法》的相关规定，结合本县支工作实际，摸索设立了《共享工程尤溪县支中心管理使用制度》、《共享工程电子阅览室管理员岗位职责》、《共享工程阅览室光盘借阅规定》、

《少年儿童上网安全提示》等制度。另外，县文体局还对所有乡、村基层服务点统一制作了《共享工程基层服务点管理使用制度》。这些制度的建立，确保了共享工程工作的有序进行和规范管理。

2008年到2011年，尤溪县支中心派专业管理人员12人次到福建省图书馆和省少儿馆参加省分中心举办的四次文化信息资源共享工程培训班，参训人员通过认真学习、实践，基本掌握了共享工程的有关知识，并且通过了省文化厅的考核，领取了相关的资格证书。在参加完省中心举办的培训后，县支中心也相应举办共享工程培训班，培训乡镇和村级服务点技术人员学习业务知识，轮流上机操作。先后举办4期培训，有60人次参加。此外，县支中心技术人员经常到各乡村基层服务点进行业务指导，基层服务人员也经常到县支中心学习请教，形成互动。通过经常性的培训学习，全县已建立了覆盖县、乡、村三级共30人的共享工程工作队伍，从人员上保证了共享工程的开展。

三、宣传推广、利民惠众

为了扩大文化信息资源共享工程的社会影响力，提升共享工程的管理和服务，尤溪县支中心组织开展了共享工程"宣传月"系列活动，主动与媒体沟通，利用媒体进行宣传。在"共享工程宣传月"期间，通过县电信和联通两个部门，以发送手机短信的方式宣传共享工程尤溪县支中心，以扩大群众知晓率；同时利用网站进行宣传，在图书馆网站上开辟专门的共享工程宣传网页。尤溪县支中心还利用县财政的宣传栏，以文字与图片相结合的形式，介绍尤溪县文化信息共享工程建设情况。

尤溪县支中心开展数字资源进社区活动，在馆藏数字资源全部对各乡镇文化站开放的同时，还对15个基层服务点中具备上网条件的，发放了免费的数字资源使用帐号，把数字资源推向农村、推向社区。另外，针对农村不具备上网条件的基层服务点，利用共享工程国家中心提供的资源和尤溪县支中心自有的资源，通过刻录光盘的形式，送到农村基层服务点，目前共刻录光盘600张，内容主要包括养殖技术、种植技术等农业科技类，以及养生保健类、戏曲戏剧类等资源。

尤溪县支中心强化共享工程资源视频讲座。自2009年以来，县中心每周开展一次共享工程资源视频讲座，选取高端讲座，利用共享工程多媒体教室，面向观众免费播放，至今累计开展讲座50余期，观众3000余人次。

尤溪县支中心针对需求提升服务。在认真了解群众文化需求的基础上，在网站上设立"百姓影院"，定期放映各种题材的影片，实现了居民"不出社区（村）观赏影片"的愿望；2010年，支中心帮助洋中镇基层服务点，将文化信息资源共享工程与加大农民科技培训结合起来，建立了20余座培训中心，精心挑选了茶叶培育、饲养管理、疫病防治、油茶种植等农民急需的技术培训资料，定期对农民进行培训。尤溪县支中心针与新桥镇基层服务点合作，利用镇政府为服务点配置的10多台电脑、上级部门配送文化信息资源共享工程设备，以及县支中心下发的资源举办讲座，帮助农民发展生猪、肉鸡、蛋鸡和特种动物养殖，以实现科技含量和经济效益的大幅提升，促进农民增收致富。

（撰文/尤溪县支中心）

沙县支中心

沙县位于福建省中部偏北，闽江只留沙溪下游，全境总面积1815平方公里，总人口25.5万人，辖6镇4乡2个街道，共183个村（居）。

一、基本情况

全国文化信息资源共享工程沙县支中心设在沙县图书馆。沙县图书馆是福建省最早实施文化信息资源共享工程的县级图书馆之一。

2002年1月，沙县图书馆就被福建省文化厅列为首批福建文化信息网络工作站之一，配置10台计算机免费向读者开放，开展文化信息服务。

2007年3月安装了卫星接收器、服务器、投影仪等设备，利用馆里已有的电子阅览室，开展文化信息共享服务工作。

2008年，沙县被确定为福建省8个文化信息资源共享工程试点县之一，沙县图书馆按照《文化部 财政部关于进一步推进全国文化信息资源共享工程的实施意见》和《福建省国家级文化信息资源共享工程试点县（市、区）建设责任书》的要求，结合本县的具体实际，制定了《沙县文化信息资源共享工程实施方案》并认真实施。2009年4月，沙县图书馆按照文化部、省文化厅有关要求，根据《共享工程福建省技术平台设备配置参考建设方案》，投资80万元完成了文化信息资源共享工程沙县支中心的建设。

沙县支中心使用面积350平方米，设有机房、电子阅览室、多功能播放厅，并建有门户网站。沙县支中心配置有4台服务器，5TB容量存储设备，40台电脑（其中供读者使用的32台），投影仪、展示台、音响和卫星接收等设备，同时接入10M网络带宽光纤。

目前，沙县结合农村党员干部远程教育平台，基本建成了12个乡镇（街道）的文化信息资源共享工程服务点，全县所有行政村也实现了文化资源信息共享全覆盖。

二、管理和队伍建设

为了确保支中心安全、规范地运行，沙县支中心严格按照《全国文化信息资源共享工程福建省县支中心工作守则》、《福建省市、县支中心电子阅览室用户须知》的规定管理。在工作中边摸索边总结，完善各项工作制度和管理制度，抓好网络安全，坚持免费开放。多年来，支中心环境整洁、服务热情、管理规范、秩序井然，多次受到省文化厅、市文化广电新闻出版局以及省分中心、市支中心领导的表扬。

为了保证县支中心管理人员具有较高的专业技术水平，2010年，经县委、县政府研究同意，向社会公开招考聘用一名电子信息工程专业毕业的本科生，专职管理支中心的各项业务。支中心还选派专业技术人员参加省分中心、市支中心的业务培训，争取省、市中心的技术支持和业务指导。为了提高基层文化共享服务点管理员的业务水平，县支中心每年举办一期文化资源信息共享乡镇基层服务点管理员培训班，每次培训8个课时。每月组织一次对乡镇、村服务网点的业务辅导，每年组织人员到

全县所有乡镇（街道）服务点进行现场业务辅导。通过人员培训、合作共建、业务辅导等方式，沙县文化信息共享工程管理员专业队伍的业务素质得到很大提高。

三、利民惠众，惠农服务

沙县支中心设备投入运行后，支中心利用国家中心、省中心提供的数字资源，以及支中心自购、自建的电子信息资源，为全县群众提供完全免费的浏览和查询服务。支中心还积极配合国家中心、省中心的统一部署，组织形式多样的数字文化活动。据统计，自县支中心成立以来，年均开展各类活动12次，年参加活动的读者达1500人次以上，年接待8000余名各类读者到图书馆上网查阅电子信息资料。

沙县支中心在中心、在社区开展影视作品展播和科普知识宣传，以丰富居民的文化生活。

沙县支中心利用节假日，组织中小学生观看爱国主义教育影片视频，在中小学校举办党史教育、英语沙龙、学科知识研讨等活动，在青少年中倡导绿色上网，开展“远离网吧，走进图书馆”活动。

沙县农村人口众多，许多农村主要劳动力外出经营小吃，留守儿童和老人文化生活贫乏。因此，以优秀的文化信息资源充实农村群众的文化生活，成了沙县支中心的工作重点。

4年来，支中心人员带着计算机、投影仪、光盘资料、图书图片等设备和资料，下乡100余次，将种养殖技术、经济动态、医疗保健、法制教育、历史人物故事等数字资源和优秀影视作品推荐给广大农村群众。

沙县支中心积极开展县级数字图书馆推广计划。2010年2月初，全国“县级数字图书馆推广计划”正式启动。沙县图书馆作为全国首批县级公共数字图书馆之一，无偿获得国家图书馆赠送的总量达1TB（1024GB）的数字资源。

支中心人员精心组织，认真做好“县级数字图书馆推广计划”的信息服务工作。为读者提供2007年以来出版的5000种“电子图书”、2009年来出版的2000种人文社科类“电子期刊”等书刊资源。

多次组织读者观看《百年守望》、《馆藏故事》、《文明与创造》等视频资源，取得了良好的宣传效果和社会效益。

四、工作展望

经过10年的工作探索，特别是2009年沙县支中心的建成，沙县图书馆在文化信息资源共享工程建设实践中积累了一些行之有效的工作经验，沙县支中心将更好地发挥共享工程的作用，把共享工程办成真正的惠民工程、民心工程。

（撰文/沙县支中心）

将乐县支中心

将乐县位于福建省西北部，金溪中游，总面积2246.7平方千米。总人口17.3万人，全县辖13个乡镇，共有135个行政村、5个社区。

一、基本情况

将乐县文化信息资源共享工程建设始于2007年，县支中心设于将乐县图书馆。

2007年，将乐县财政拨出专项资金15万元，按照国家文化信息资源共享工程县级支中心的要求，在将乐县图书馆建立了面积90多平方米的电子阅览室，并配有16台电脑、1台服务器、交换机、路由器、投影机、屏幕以及复印机等设备。2008年，将乐县被福建省文化厅确定为第一批文化信息资源共享工程省级试点县，省里拨给经费20万元和8万元设备，县财政拨给配套资金28万元，将乐县支中心严格按照“文化信息资源共享工程”标准建立了机房，多媒体演播室（面积100平方，设座位100个），并将扩大电子阅览室，电子阅览室的电脑添加到25台，并接入4M网络带宽光纤。将乐县支中心的设施设备具备互联网服务，资源镜像服务，光盘及移动存储服务等4种服务功能。

将乐县支中心还在在万安镇、高唐镇建立了“文化信息共享工程基层点”，并利用党员远程教育实现了“文化信息共享工程”村村通。

支中心现配有专职管理员2名。近年来，县图书馆逐渐加强管理人员业务能力和爱岗敬业的培训指导工作。为使广大读者走进图书馆、利用图书馆，充分发挥文化信息共享工程支中心的信息资源作用，将乐县图书馆邀请省市专家和业务骨干对读者和群众进行了培训辅导工作，先后举办了少年网页制作培训班、电脑入门培训班、全县妇女干部培训班、将乐县食品企业关键岗位人员持证上岗培训及考试等，培训人数达300多人次。

二、资源建设

将乐县图书馆建有图书馆门户网站（http://www.csln.net/jltsg）、全国文化信息网站，拥有电影、电子图书、戏曲、知识讲座、文化专题等共2.5TB的本地资源（含300部电影、2万本电子图书），该网站能访问国家图书馆与福建图书馆资源，并定期更新本地资源。目前，已在将乐县文化系统区域网内实现资源共享并已对外服务。

2011年3月初，将乐县数字图书馆全面开通，图书馆在支中心安装文化信息资源共享工程播发管理平台软件，实现了省、市、县数字资源的高质量播发控制、管理和服务、高效传输、信息反馈等功能。

三、合作共建

2008年，将乐县支中心开始实施“农家书屋建设工程”，到2012年为止，已在将乐全县135个行政村中建成农家书屋114家，基本实现了农家书屋村村全覆盖目标。同年，将乐县支中心与团县委共建的“青少年绿色网络活动中心”正式揭牌，为广大青少年创造一个绿色上网、促进健康成长的上网环境。2009年，县图书馆与县行政工商管理局联合开展的庆祝建国六十周年活动，以隆重、热烈、欢乐、祥和为主题，在全县范围内开展一系列的读书活动。并在活动现场连续播放“国事盛典，文化印证”幻灯片，此次活动共创谜语500条，发放宣传单300余张；县图书馆还在县有限电视台、县支中心播放国庆特辑“好书、新书推荐”等专题片。

四、宣传推广，惠民服务

将乐县支中心的电子阅览室每周开放63小时，支中心每月接待读者1000多人次，接受信息咨询2百多条。将乐县支中心举办一系列活动服务民众，如“春蕾行动”不仅为农村女童送去新书5000多册，且免费播放“文化共享新春乐”光盘以及一系列红色经典影片等，共播放包括儿童题材电影、爱国主义教育题材、农村生活题材30部电影。将乐县支中心还组织读者参与共享工程门户网站举行的“赏年画，过新年”网上活动。

为使读者进一步走进图书馆、认识图书馆、利用图书馆，县图书馆将文化信息资源共享工程和图书馆服务宣传相结合，将爱心读书活动从县城延伸到农村。近几年来，图书馆利用支中心的设施设备和资源为读者和群众提供服务，并开展了一系列丰富多彩的活动。主要包括制作读书传单在街头发放，开展网络读书征文、有奖灯谜竞猜和演讲比赛，现场免费办理借书证等活动。

将乐县支中心还在三明电视台、将乐有限电视台播放《将乐县文化信息资源共享工程支中心惠泽镛城百姓》专题片等。

五、荣誉奖项

将乐县支中心成立以来，屡获奖项。2011年，获得福建省文化信息共享工程少年网页制作“团体组织奖”；由将乐县支中心少年网页设计培训班选送的网页作品《少年文化》（邓瀚文作），在省文化信息共享工程“少年网页设计”竞赛活动中，荣获三等奖；2012年，将乐县

将乐县支中心举办少年网页培训班

支中心被福建省文化厅评为“福建省文化信息资源共享工程建设先进单位”。

六、工作展望

将乐县图书馆将进一步加大宣传力度，争取建设资金，加强队伍建设，完善共建机制，在未来三五年内使共享工程设施和管理更加完善。

（撰文/将乐县支中心）

泰宁县支中心

泰宁县位于福建省西北部，武夷山脉南麓，居两省三地市交界处，总面积1533.8平方千米，总人口12.8万人，辖3镇7乡，117个村（居）。

全国文化信息资源共享工程泰宁县支中心建设正式启动于2009年，县支中心设在泰宁县图书馆。当年，泰宁县图书馆投入22万元，建成拥有20台电子计算机的电子阅览室、1台服务器的机房、1台电视与DVD的视听室，并添置了相应的桌椅、空调与安防设备。

2011年，泰宁县图书馆收回了之前出租的店面，对照最新全国文化信息资源共享工程县级支中心标准，投入60万元，对支中心进行全面改造与升级，对各功能室的布局进行调整与完善。经过近半年的建设，全新的全国文化信息资源共享工程泰宁县支中心于2011年6月建成并投入使用。

新的支中心配备专职工作人员1名，兼职工作人员3名；拥有布局基本合理、设备基本完善的机房、电子阅览室、多功能厅及管理室。其中机房配备3台服务器，分别用于应用、存储与点播，容量8TB的磁盘阵列系统，交换机，防火墙，备份管理软件及不间断电源；电子阅览室配备25台电子计算机；多功能厅配备高清投影系统及音响系统；另外还配备便携计算机、复印机、传真机、扫描仪、照相机、摄影机等采录及办公设备。

泰宁县支中心建成后，对繁荣发展社会主义文化事业，提高全民的文化素质，丰富群众的文化生活起了极大的拉升作用。电子阅览室日常开放，为群众提供免费的、安全的上网场所，并可以点播馆内储存的视听资源；

多功能厅日常为群众播放国内外优秀影视资源，还经常邀请相关部门开展讲座，解答群众关心的营养保健、产品安全等热点问题。全国文化信息资源共享工程泰宁县支中心与泰宁县社科联合作，定期在多功能厅开设的“金湖讲坛”，已经成为泰宁社科文化亮丽的名片。另外，全国文化信息资源共享工程泰宁县支中心与县老年大学合作开设“电脑基础班”，深受老年朋友的喜欢，其经验得到国家中心的肯定并加以报道推广。

2012年6月，泰宁县图书馆网站（www.tnlib.com）建成并投入运营，为该支中心的推广与传播将起到更大的作用。

（撰文/泰宁县支中心）

建宁县支中心

建宁县是福建省的母亲河闽江的发源地，是著名的中国建莲之乡。中央苏区县之一。位于福建省西北部，总面积1742.3平方千米。人口15万人（2006年），全县辖4个镇、5个乡。

全国文化信息资源共享工程建宁县支中心设立于建宁县图书馆。

2009年，建宁县委、县政府积极实施建宁县支中心的建设，为使其落到实处，将其纳入县信息建设的总体实施规划，狠抓落实。

2010年国家财政拨专款25万元，在建宁新图书馆原电子阅览室基础上，建设建宁县文化信息资源共享工程。建设初期，建宁县图书馆仅有电脑10台，无专业服务器。

2011年6月，建宁县支中心工程正式启动。县文体局专门组建招投标小组开展专项工程的筹备建设工作。7月份，支中心共投入45万元，用于相关功能区的改造装修和设备配套等。至2011年8月，建宁县支中心正式投入使用。

建宁县支中心新增20平方米的中控机房和80平方米的多媒体室，配备25台电脑、投影机、自动缩放投影幕、笔记本电脑及数码相机等硬件设施；并接入10M网络带宽光纤。建成后的县支中心实现了接收、加工视频资源和文献资源的功能，并可通过网络，及时接收省中心文化信息资源。

建宁县支中心尚未建立自己的门户网站，其网站依托于县政府网站，在县政府网站便民服务栏里点击“文化信息资源共享工程”便可快速链接县支中心网站。

建宁县支中心的电子阅览室以福建省图书馆远程访问系统为依托，可上网查阅万方数据、方正Apabi电子图书系统、维普资讯、综合数字图书馆、E线图情等期刊与电子数据。涵盖时政、管理、财经、文学、艺术、哲学、科普、体育、休闲、健康、职场等领域。

此外，建宁县图书馆克服有限的人力与财力，加强对下传资源的利用与加工。如将国家图书馆1.2TB的硬盘资源导入服务器，便于广大群众共享。

建宁县支中心电子阅览室每周二、周四读者定期开放。支中心成立一年多来，共接受省中心资源417个，浏览人数达到6497人次。

建宁县支中心开办以来，与县老年大学联合办班。先后举办了电脑基础知识讲座及摄影技术讲座，培训学员达800多人次；2011年中秋、春节，举办“同乡同龄同梦想共学共享共月圆”及“文化年货带回家”活动；2012年全民读书月中，建宁县图书馆举办形式各样的读书活动及群众讲座；建宁县支中心还结合图书馆服务宣传周，利用村“农家书屋”开展农民朋友喜闻乐见的群众活动。

2012年5月，我馆到伊家乡伊家村农家书屋举办现场灯谜竞猜活动，并在现场发放图书、“学习雷锋好榜样”系列光盘及信息咨询200多册，受到农民群众的热烈欢迎；建宁县支中心利用节假日开展各项活动。如“六一”儿童节向特殊小学的留守儿童送书活动等。建宁县图书馆和支中心开展的这些活动，在一定程度上有力促进了文化信息资源共享工程与当地社会的和谐发展。

到2012年底，建宁县农村基层网点的建设还比较薄弱。只有少数乡镇建有电子阅览室。为进一步加快信息服务网络的建设，建宁县支中心将以基层服务网点建设为重点，尽快建成资源丰富、技术先进、服务便捷、覆盖城乡的数字文化服务体系，努力实现“村村通”。

建宁县支中心限于人力财力等因素，在文化信息数字资源的建设、加工、上传上还较薄弱，尤其是开展地方特色数字资源的建设还有待进一步加强。今后支中心将着力于信息的采集加工，逐渐充实丰富自己的特色数字资源。

（撰文/建宁县支中心）

莆田市支中心

莆田，史称兴化、兴安，又称"莆阳"，陆域面积4119平方公里，海域面积1.1万平方公里，海岸线总长534.5公里，人口326.5万(2011年)。莆田市现辖荔城区、城厢区、涵江区、秀屿区和仙游县。

一、基本情况

莆田市文化信息资源共享工程建设启动于2002年5月，莆田市支中心设于莆田市图书馆。初期，由于图书馆网络系统建设经费投入不足，设备陈旧，无论信息存储，还是信息传输能力均显薄弱。至2010年，已添置各类型IBM服务器6台、千兆安全网关、三层核心交换机，光纤交换机、备份软件、机柜、UPS电源、防雷安全等设备，添置了IBMDS4700存储系统，存贮容量扩展到44TB，网络带宽已提升至30兆，提高基层访问支中心的网络速度；安装了interlibsso统一认证系统，建成了网络VPN通道，实现数字资源网上远程服务能力。2012年底，莆田市支中心中心机房的硬件和软件配置已达到要求，存储容量较大，数据处理能力较强，网络传输速度较快，为"共享工程"各项服务功能的顺利实现提供保障，使支中心的"共享工程"资源延伸到全市各县（区）、乡镇、村、社区和持证读者，各县区图书馆分馆、基层服务点和馆外读者都可以快速访问支中心的"共享工程"资源。

二、管理和队伍培训

自2002年文化部、财政部组织实施"共享工程"以来，莆田市支中心不仅抓好自身建设和各项服务工作，还承担全市基层服务点资源配送、信息传递等服务。

为确保"共享工程"的顺利实施，支中心按照国家中心和分中心要求，建立了"共享工程"莆田市支中心组织机构，由莆田市图书馆馆长任主任，分管馆长任副主任，相关部室负责人为组成成员，分为技术保障组、资源建设组和辅导服务组，服务全市基层服务点，形成了支中心、县（区）、乡镇三级管理网络。

为加强对支中心和全市基层服务点的业务管理，支中心拟定并印发了"共享工程"信息查询制度、播放制度、节日预告制度、支中心工作人员岗位职责等一整套内部管理制度，使支中心和基层服务点步入规范化、制度化的发展轨道。

为提高管理人员的操作水平和运用能力，支中心专门编印了"共享工程"数字资源简介和使用操作手册，组织全员培训，培训人员达280多人次。同时组织开展知识竞赛、操作技能比赛等活动。按照上级的图书馆延伸服务、"工作重心下移"的要求，支中心在"共享工程"基层服务点建设中做好业务上的指导、技术上的支持工作。

支中心在图书馆网站上专门设计了简单便捷的服务界面，为基层服务点使用"共享工程"资源提供了操作指南。近年来，支中心工作人员每年都下基层服务点80多天（次），做了大量信息服务工作。

根据全国"共享工程"支中心验收标准和县（市）级支中心达到一级以上的要求，莆田市支中心在多媒体阅览室免费开设"共享工程"阅览服务，阅览电脑30多台，；支中心还将报告厅作为"共享工程"的播放场所，结合"市民课堂"周末讲座的影响力；支中心用2台投影仪定期播放"共享工程"中的讲座、影视节目，年播放200多场，共有10200多人次收看了"共享工程"的内容。同时认真做好"共享工程"节目播放的预告、播放记录等台帐资料，为今后提供分析参考资料。在充分利用国家中心和省分中心的资源的同时，支中心在共建共享理念的指导下，一如既往地做好图书馆的数字资源建设。专门购置了无边距扫描仪，在古籍数字化工作中发挥了大作用。迄今为止，全市基层文化共享服务点和持证读者通过登录莆田市图书馆门户网站，通过interlibsso统一认证系统，进行注册，在线查阅、浏览和下载支中心的数字资源，满足读者的多元化需求。

三、经费投入

2008年，根据"共享工程"支中心的建设要求和评估定级标准，支中心制订了建设方案并上报莆田市文广局和财政局。2010年，获得中央增投经费200万元，地方配套16万元，总投入达216万元。同时，莆田市财政每年安排5万元，用于设备运行维护。

四、资源建设

支中心通过接收上级中心的资源、外购、自建数据库资源等方式，丰富馆藏数据库资源。截止2012年底，已投入资源建设资金达到121.6万元。

支中心现拥有汇雅电子图书，中国知网、读秀中文学术、博看人文期刊、新东方多媒体学习库、爱迪科森少儿多媒体图书馆、智联起点试题库、超星名师讲坛、文化资源共享工程、莆仙特色地方文献等10多个数据库，内容涵盖各种学术期刊、人文期刊、论文、精品文艺、科普读物、工具书、政府公告、考试题库、网上报告厅等视频资源，本地镜像数字资源量达到15TB以上。同时，还在策划自建部分地方文献数据库，如"莆田市文史资料"、"莆田市族谱"、"妈祖文献"等特色数据库，以丰富馆藏数据资源，改善馆藏文献资源结构。

五、工作展望

"共享工程"的实施，有效地推进了莆田全市基层文化阵地的建设，提升了公共图书馆的服务能力，莆田市支中心全体人员决心在上级的直接领导下，在国家中心、省分中心的指导帮助下，求真务实，创新创优，确保"共享工程"在全市范围内共建共享，为市民学习提供强大的智力支持，在建设文化莆田中发挥更大的作用。

（撰文/莆田市支中心）

莆田市涵江区支中心

涵江区为莆田市辖区之一，位于福建东南沿海中段，东临台湾海峡，西倚八闽腹地，南接闽南金三角。全区辖2个街道、9个镇、1个乡，共有199个村（居）。全区面积752平方公里，人口近42万。

涵江区文化信息资源共享工程建设始于2010年，由区文化体育出版局承办，区支中心设于涵江区图书馆，依据涵江区图书馆现有馆舍场地及基层文化设施网点，为全区域群众提供全国文化信息可资利用资源。

在区委、区政府的高度重视和上级文化主管部门的大力支持下，涵江区支中心建设按照县（区）级支中心的配置标准，采用政务公开的招投标方式进行建设，经过一系列专业设备购置、安装、调试，于2011年6月底完成了中心机房、电子阅览室、多媒体播放厅等设施建设，其网络为10 M带宽接入，目前区支中心处于起步阶段。在试运行及初始起步阶段，基本上能满足公众的需求。

涵江区支中心配备具有图书管理及计算机专业的人员进行试运行管理和服务，每周星期六、星期日对群众开放。

涵江区支中心资源包括省分中心下发光盘、本区与莆田市图书馆协作联网的数据库资源以及本区图书馆网站资源，随着共享工程的逐步普及使用，将逐步开发一批为公众喜闻乐见的信息资源。

涵江区支中心设立时间短、底子薄。但涵江区委、区政府看到，区支中心的投入试运行，势必进一步提升全区的文化软实力，能更好地履行传承优秀传统文化，传播科技文化知识，丰富人民大众文娱生活等职责。今后，涵江区支中心将进一步完善文化信息资源共享工程建设，加大公共财政投入力度，努力推进各乡、镇、街基层服务点建设，实现与区支中心的配套与联网；并督促各乡、镇、街加快完成村、居、社区服务点建设。同时加大宣传、运用多种形式宣传文化信息资源共享工程的为民、惠民作用，增强各级政府和社会方方面面主动作为的积极性。加大培训力度，对投入运行的服务点，重点做好资源利用人群的培训工作，让更多的人获得文化信息资源的共享能力。加大管理示范力度，进一步提升规范管理和服务的水平，充分发挥区支中心在全区的龙头、示范、辐射作用。通过上下联动、横向互动，学习引进外地先进地区的管理经验，最大限度地增进全区文化信息资源共享工程的社会效益。

（撰文/莆田市涵江区支中心）

莆田市秀屿区支中心

秀屿，是湄洲湾内靠近陆地的一个海面小屿，古称狮屿、小屿、候屿，位于醴泉半岛最南端的海面上，濒临湄洲湾。总面积508平方公里，人口79万人（2006年），辖10个镇、1个乡、190村居。

一、基本情况

秀屿区文化信息资源共享工程建设始于2009年，由于秀屿区暂无图书馆及文化馆馆舍，区支中心设于秀屿区区青少年活动中心。

2011年2月，秀屿区人民政府制定《莆田市秀屿区文化信息资源共享工程区级支中心实施方案》，《实施方案》要求，秀屿区支中心的配置标准按照国家出台的县（区）级支中心配置，配置资金68万元。区支中心建设用房面积200平方米（包括中控机房20平方米、多媒体演示厅100平方米；电子阅览室60平方米、资源加工及办公区域20平方米），中控机房、多媒体演示厅和资源加工区域所配置的服务器、电脑、交换机、存储(磁盘阵列2TB)、防火墙、数码相机、数码摄像机、投影仪、移动硬盘等IT设备均按照国家出台的县（区）支中心配置标准，并接入5M网络带宽，电子阅览室电脑25台。

秀屿区支中心已于2011年6月底前完成第一期建设任务及安装调试，并通过检查验收。

秀屿区现有文化馆机构1个（尚无馆址）、乡镇综合文化站7个（其中3个已建成站舍并投入使用）、行政村147个、农家书屋36个，基本形成覆盖城乡的群众文化网络，其文化信息资源共享工程主要依托现有的文化设施进行传播。目前已完成1个区级支中心，5个乡镇基层服务点共享工程设备的配置，已具有接收国家中心和省、市分中心提供的信息资源并提供信息服务功能；能够对各种资源进行整合，并在本区局域网上进行发布、维护和更新；对乡镇和社区共享基层网点提供技术支持。

二、管理和队伍建设

秀屿区文化信息资源共享工程建设伊始，秀屿区人民政府便成立以副区长为组长、区委、区政府各相关部门负责任人为成员的“秀屿区文化信息资源共享工程领导小组”，以促进文化信息资源共享工程建设的实施。

秀屿区支中心采取“走出去、引进来”的方式，积极向先进的及邻近的县、市、区学习，吸纳其好的经验及好的运行机制，进一步规范工程运行程序，制作了文化信息资源共享工程标牌，制定了文化信息资源共享工程区支中心工作规则、文化信息资源共享工程行政村基层服务点工作规则及人员上网登记制度，建立活动档案、日志，公布开放时间。

秀屿区支中心现在由区文化馆配备2名专职技术人员及资源加工人员，以确保区支中心技术支持与日常工作开展。随着工作的开展，将开展馆员的现代化技术培训工作，进一步为区域文化资源共享工程建设提供技术支持。

三、资源建设

目前，秀屿区支中心资源以省分中心下发的光盘、仙游县图书馆网站资源及莆田市图书馆协作网站与数据库资源为主。

四、工作展望

秀屿区支中心将加大工作力度，进一步争取市领导、区领导的重视和政策支持，进一步将收集本区特色地方文献，做好资源建设工作，为本区地方文献数据库建设提供必要信息资源，也为农民群众提供必要的文化信息精品资源。同时建立网站，为地区文化资源共享工程建设奠定基础。秀屿区支中心还将加强宣传，利用专题宣传介绍共享工程知识、宣传典型和经验，努力营造全社会关心、支持文化信息资源共享工程建设的良好的舆论氛围。

（撰文/莆田市秀屿区支中心）

仙游县支中心

仙游县区域总面积1815平方公里，其中耕地35.5万亩，山地203万亩。仙游县现有人口108万，辖18个乡镇、4个管委会、327个村（居）。

一、基本情况

仙游县文化信息资源共享工程启动于2010年，全国文化信息资源共享工程仙游县支中心设于仙游县图书馆。在上级专项资金的支持下，2010年6月，县财政斥资29万元完成了自动化建设。在此基础上，2011年7月，又投入53.36万元，按照县级支中心的68万元的配置标准，进行设备招投标，2011年11月，进入设备安装并试运行。

仙游县支中心设有面积约60平方米的多媒体播放室、面积约40平方米的电子阅览室（网络带宽仅4M），电子阅览室每周双休日和节假日开放，多媒体室则不定期开放，播放文化信息资源视频。

仙游县支中心工作，由新招考的计算机专业、网络专业的大学生1人兼职管理与服务。

目前,县文化行政主管部门正在推进基础服务点建设。

二、资源建设与宣传推广

仙游县支中心资源，以省分中心下发的光盘、仙游县图书馆网站资源，及莆田市图书馆协作网站与数据库资源为主。在起步阶段勉强可以满足需要。由于人手少，目前电子阅览室每周双休日和节假日开放，多媒体室不定期开放。

在宣传推广方面，仙游县支中心通过县政府网站、县文体局文化协管员和农家书屋培训、本馆网站和门口电子显示屏宣传文化信息资源共享工程，并在日常管理服务工作中宣传引导。

三、工作展望

仙游县图书馆正处于建新馆前的馆舍过渡阶段、人员新老交替阶段，共享工程尚未能规范运作。根据县主管部门的安排，仙游县支中心计划，2013年将努力推进18个乡镇基层服务点建设，做好技术和资源、管理等服务工作；力求充分利用现有资源、积极开发自主特色资源，开展针对性服务，逐步发挥共享工程的惠民作用；

2013年后，还将招考适合共享工程的网络工程类技术人员，安排专人专职从事支中心的管理与服务工作。同时并导入志愿者机制，发动群众参与文化信息资源共享工程工作，参与用户培训，以加大宣传推广力度，让更多的人具备获取共享工程资讯的能力。

（撰文/仙游县支中心）

泉州市支中心

泉州，简称鲤城，又称刺桐城、温陵，全市现辖4区3市5县，陆地面积11015平方公里，海域面积11360平方公里，人口812万（2010年，不含金门县）。

一、基本情况

泉州市文化信息资源共享工程建设起步较早，2001年，福建省文化厅率先在泉州市开通4个文化信息资源共享工程试点工作站。2002年起，文化信息资源共享工程便在泉州市由点到面铺开建设。至2004年，泉州市文化信息资源共享工程服务点共有30个。通过与“农村党员干部远程教育网”合作共建，实行“一站两牌”，至2012年已建成基层服务网点3567个，实现了全覆盖。

全国文化信息资源共享工程泉州市市级支中心设于泉州市图书馆。从创建开始，截止2012年，泉州市图书馆共投入资金400万元，建设泉州市文化信息资源共享工程。泉州市支中心现拥有服务器11台，电脑162台，其中读者用机55台，便携式电脑3台，卫星接收设备1套，投影仪3台，广播级摄像机2台，数字照相机4台，存储设备达20TB，20M网络带宽接入。同时开通馆内无线免费上网服务。泉州市支中心建有网站3个：泉州市图书馆网www.qzlib.com.cn，泉州数字文化网（共享工程网）www.qzcul.com，闽南文化保护区网(闽南文化数据库)www.mnwhstq.com。3个网站年访问点击量达60万次。此外，泉州市支中心在“农村远程网”平台上推送文化共享信息资源，资源推送侧重泉州地方戏曲视频资源和泉州文化资讯图文信息。近年来，市支中心已向“农村远程网”推送百部视频。另外，利用文化信息资源共享工程资源优势及时提供了“农村远程网”急需的视频，如“红旗渠”、“刘胡兰”、“98抗洪抢险”等视频资源。

二、管理和队伍建设

泉州市支中心在省中心的指导下建立健全了各种工作工作制度和管理制度。制定了“电子阅览室用户须知”、“管理人员工作守则”、“支中心工作规则”等制度，并规范上墙。支中心做足安全预防措施，配足消防器材，安装防盗报警系统，实现与110联动。

泉州市支中心是全国文化信息资源共享工程网上参考咨询成员馆，咨询数量居前列；每周日举办“温陵讲坛”、视频讲座；文化信息资源共享工程下乡，分发科普、农技图书、光盘资料，并利用投影设备为农民播映农村实用技术视频。泉州支中心年接待读者人次近4万。

泉州市支中心积极有效地利用国家中心、省中心提供的资源为群众提供多媒体阅览服务，积极配合国家中心、省中心的统一部署组织形式多样、丰富多彩的数字文化服务和数字文化活动，充分发挥文化信息资源共享工程资源和技术优势，获得良好的社会效益。

泉州市支中心利用网站开展网络服务活动。泉州支中心建有文化信息资源共享工程网站—泉州数字文化网（www.qzcul.com），网站设置了共享资源、在线剧场、文化信息资源共享工程资讯及共享工程活动专栏、培训、廉政文化等栏目。网站内容及时更新，数据库定期充实。如今“在线剧场”栏目收录近3000部国家中心、省中心及地方视频资源；“廉政文化”栏目被泉州市纪委网站（www.qzjw.net）列为一级导航链接。网站在春节、元宵、端午、五•四青年节、五一劳动节、国庆节等节庆假日推出各种网络主题活动。网站及时更新发布共享工程的有关动态资讯及泉州文化新闻。

泉州市支中心现配有具备上岗资格的专职工作人员5人。市支中心还积极承担起对基层网点辅导和培训职能，开展形式多样的辅导培训工作。一是进行集中培训，在每年上级文化主管部门培训文化协管员、基层图书馆（室）业务人员图书馆知识技能培训班上，将“文化信息资源共享工程培训内容”结合进去，培训达10课时以上。二是网络培训。在泉州数字文化网上，把“文化信息资源共享工程在线培训”链接到支中心共享工程网站首页上供基层点在线点播。三是通过腾讯QQ、电话、电子邮件等手段开展培训、辅导。

三、资源建设

泉州市支中心重视数字资源建设，其资源建设渠道有三个，一是国家中心和省级中心资源推送；二是外购，泉州支中心现建有“泉州文献之窗　泉州数字图书馆”一站式综合检索平台（http://www.qzlib.5read.com/），平台提供图书、报纸、期刊、标准等检索频道，百万种图书在线阅读，千万篇论文在线实时传递。另购有apabi、软件通等专题数据库；三是自建，泉州支中心现建有“泉州文史库”、“两岸谱牒库”等14个闽南文化特色数据库。支中心数字资源从无到有，从少到多，逐渐充实丰富起来，并初步形成自己的数字资源特色。

四、宣传推广，利民惠众

泉州市支中心利用各种渠道宣传推广共享工程。

在泉州市图书馆馆内，泉州市支中心设有电子阅览室、展播厅和多媒体室。电子阅览室分设有少儿区、成人区及政府信息公开查询区。展播厅每天播放文化共享工程视频资料、央视新闻节目，通过IPTV播放“党员远程网”资源，并在重要节庆期间，组织专题系列资源，举办展播活动。如“欢乐共享庆元宵”、“喜迎中共成立90周年”、“铭记历史缅怀先烈”、“庆五一迎五四学英模”、“文化共享心向党”专栏活动。暑假期间开展“红色影视系列联播”等等。年活动场次超过600场次。

在泉州市图书馆馆外活动。支中心密切配合泉州市委、市政府的号召，每年开展下乡进村活动，参加市委宣传部、市教育局、科协、办事处、社区等相关部门举办的读书活动。2009年以来，支中心在“两会”期间，编辑《决策信息参考》专题资料现场服务两会代表，并事先在每位代表的资料袋中派送网上阅读卡及文化信息资源共享工程宣传材料。邀请专家在市政府会议室为市委、市政府公务员宣讲、介绍文化信息资源共享工程的时代意义及相关资源库的使用方法。大力推广数字阅读，服务经济建设，向福建炼化公司、3610公司等泉州企业赠送网上阅读卡，向市民发放网上阅读卡2万多张。利用文化信息资源共享工程的技术、资源优势，与文广新局党委、街道开展数字学习型组织建设。特色鲜明的党建活动受到泉州市直党工委肯定，《泉州晚报》对此做过专题报道。泉州市支中心的服务活动受到多家媒体的报道，《中国文化报》曾以“农村集市上的‘共享工程’”为标题报道了泉州支中心的活动情况，中图学会网站、泉州电视台、《泉州晚报》也作过专门报道。

五、荣誉奖项

泉州市支中心代表队在2009年、2011年省中心举办的“文化共享杯”知识竞赛中取得佳绩，分别夺得团体第一名、团体第四名，及个人第一名、第二名。在全国“阳光少年热爱党”电脑小报设计比赛中，泉州支中心选送的作品喜获一、二、三等奖各一名的好成绩。2012年5月，福建省文化厅授予泉州市支中心“全国文化信息资源共享工程先进单位”称号。

六、工作展望

展望未来，泉州市支中心将紧跟时代潮流，以现代信息技术传承、传播中华优秀文化，为子孙留下一份珍贵的文化记忆。

（撰文/泉州市支中心）

泉州市鲤城区支中心

鲤城区史有“温陵”、“刺桐”等雅称，是国务院首批公布的全国24个历史文化名城之一，是古代海上丝绸之路的起点，鲤城区总面积53.37平方公里，总人口26.7万，现辖8个街道。

一、基本情况

鲤城区文化信息资源共享工程建设始于2008年，全国文化信息资源共享工程鲤城区支中心设鲤城区图书馆。2004年，鲤城区图书馆开馆时，投入25万元建成电子阅览室，建成图书馆内部局域网并接入2M网络带宽光纤和两台小型服务器，完成自动化建设。2008年，鲤城区图书馆被福建省文化厅选定为第一批省级文化信息资源共享工程建设试点。作为区级支中心所在地，在鲤城区图书馆原有的基础上，2009年福建省文化厅补助20万元、同年鲤城区政府再投入45万元，合计65万元，建成了中心机房、多媒体阅览室，更换了10台19寸液晶电脑，以及电视音响设备等。投入8万元购买apabi和超星两家网络技电子图书数据库、开通人民网、龙源期刊网等网站资源，为推动鲤城区支中心建设提供了有力保障。目前鲤城区支中心已建成中心机房、电子阅览室和多媒体阅览室。中心机房面积10平方米，配备有12M网络带宽光纤、服务器2台（安装有网络杀毒软件、信息浏览监控软件、资源应用管理系统软件）、8路VGA输入切换器1台、核心交换机1台、百兆硬件防火墙1台、UPS不间断电源2台，存储空间达到7TB；电子阅览室面积60平方米，配备电脑30台；多媒体阅览室面积45平方米，配备有大屏幕背投电子幕布1个、投影仪1台、500G移动硬盘2个、公共查询检索机1台、数码摄像机2台、数码相机2部、打印机2台、扫描仪2台；目前，鲤城区支中心的软硬件配备已达到全国文化信息资源共享工程试点县（区）级支中心标准配置要求，基本实现了接收、制作、发布视频和文献资源的功能。

鲤城区支中心创建伊始，严格按照《全国文化信息资源共享工程区、街道、社区三级网络配置标准》，在鲤城区委、区政府的高度重视、区文体新局的具体指导下，加大人力、物力、财力的投入。至2012年，先后与区属相关单位合作、已建成街道服务点8个，社区基层服务点16个，农家书屋8个，部队基层服务点1个，形成区级支中心和街道、社区三级基层服务点。区支中心定期派技术人员到各基层服务站进行业务辅导培训。

二、管理和队伍建设

鲤城区高度重视全国文化信息资源共享工程建设，2008年，为确保该项工作顺利开展，区政府成立了“文化信息资源共享工程建设工作领导小组”，负责信息资源共享工程建设的筹备、协调和建设工作，通过定期召开会议，听取街道和社区等各方面工作进展情况，及时协调解决建设中存在的困难。

鲤城区支中心在做好信息资源共享工程软硬件建设的同时，也认真做好人员的培训工作。鲤城区支中心不仅配有1名专职管理员，历年来，还多次派技术人员参加福建省图书馆举办的“福建省全国文化信息资源共享工程”培训班，并取得了文化信息资源共享工程上岗资格证书。此外，为充分发挥县级支中心的优势，定期派技术人员到各基层服务站进行业务辅导培训，每年定期举办文化协管员培训班、社区图书室管理人员业务技能培训班等，并送去支中心的文化信息资源材料，使基层管理人员能及时获得全国文化信息资源共享工程的最新资讯。

三、资源建设

为了实现鲤城区图书馆的信息化、数字化、资源共享化，满足网络时代读者的需求，建立了鲤城区图书馆门户网站（http://www.lclib.cn/）；为了推进鲤城区文化信息资源共享工程工作，鲤城区支中心建立鲤城区文化信息资源共享工程网站（http://www.lclib.cn/gxgc/），共享工程网站栏目包括地方文史资料、文化遗产、古城旅游、名家讲坛、地方戏曲、文化专题以及视频欣赏等。其中文化遗产信息库，录入了鲤城辖区内大量文化遗产信息，包括鲤城区非物质文化遗产图典、闽南文化生态保护区泉州古城区图典等具有闽南特色的宝贵资源，并且与国家、省、市各级文化资源共享工程进行链接，方便了读者浏览和共享。此外，为了丰富网站资源，鲤城区支中心还购买apabi和超星两家网络技术有限公司的电子图书数据库，开通了人民网、龙源期刊网等网站资源，供广大读者阅读使用。

四、宣传推广，利民惠众

为了加强全国文化信息资源共享工程服务内容和方式，在加入全国文化信息资源共享工程以来，鲤城区图书馆与农家书屋、社区基层、部队、青少年素质教育基地等共建了“图书服务网点”，并提供技术指导、维护升级，志愿服务的技术资源培训，通过“合作共建”，鲤城区图书馆将图书馆的数字资源与服务源源不断送到基层，使数字图书馆的服务覆盖各街道社区，满足群众需求，为群众提供了更多优秀的文化资源。为文化建设和文化教育提供资源保障，在推进文化建设中发挥更大的作用，成为信息化时代的新楷模。

鲤城区支中心在每年“4.23世界读书日”期间，营造“多读书，读好书”的良好社会氛围，以阅读陶冶人的情操，提高全民整体素养，推动和谐社会的建设。开展了形式多样、丰富多彩的读书活动：如新书推荐活动、送书进社区进企业、免费办理借阅证、新书、好书、精品书展、电影讲座展播、4.23电影讲座专场等。世界读书日活动的开展，是图书馆为广大市民提供便民服务、提倡全民阅读的一项主要内容，也是文化信息资源共享工程延伸服务的又一举措。

为进一步活跃和丰富全区外来务工人员的文化生活，吸引他们更好地利用图书馆，利用共享工程数字化资源和馆藏资源，鲤城区支中心组织开展了形式多样的读书活动，并免费为他们办理了借书证，真诚欢迎外来工及留守儿童更好地利用支中心文化共享工程的平台，进一步活跃和丰富群众及外来工的业余文化生活。

鲤城区支中心还运用传统节日弘扬民族文化，举办新春有奖猜谜、中秋博饼、重阳节关爱老年人等主题活动，积极倡导文明、和谐、喜庆、节俭的节日理念，努力发展健康向上的节庆文化，使民族传统节日成为展示和传播优秀民族文化的重要阵地。

为了给读者提供一个知识搜索及文献传递的服务平台，支中心购买了大量了电子图书、电子期刊，并制作了2000张电子阅读卡赠送给区直机关单位、学校、企业。鲤城区支中心利用共享工程丰富的数字资源开展加强未成年人思想道德建设活动，推荐优秀科普读物、举办科普知识竞赛、举办“关爱女孩”网页设计比赛、建立“绿色网吧”、举办电影、讲座、图片展等各种形式的未成年人读书活动，用直观形象的形式，让青少年感受阅读的快乐。

五、工作展望

随着计算机技术的普及和高速信息公路的兴起，图书馆自动化建设发展的目标向网络化、共享化、社会化发展，馆藏资源的电子检索，馆际之间的联合作业，同效率的网络化信息化服务，开放式的社会化管理，都将成为一种发展趋势，都与图书馆自动化建设的发展密不可分，无论是图书馆，还是共享工程支中心，只有用现代化的信息技术和观念武装自己，融入网络大环境中去，建设现代化的图书馆网络，文化信息共享工程网络，才能得到更多可利用的信息资源，既增加图书馆文献资源的容量，又从真正意义上实现信息资源共享的目标，这是21世纪图书馆的新标志。

（撰文/泉州市鲤城区支中心）

泉州市洛江区支中心

洛江区位于泉州中心城区东北部的洛阳江畔，因其辖区内有国内外著名的洛阳古桥，且境内有泉州市第二大河流——洛阳江而得名。洛江区东北毗邻惠安、仙游两县，西连南安市，南接丰泽区，总面积382平方千米，人口18万。

一、基本情况

全国文化信息资源共享工程区洛江区支中心是由泉州市洛江区政府与洛江区灵感文化公社合作共建的结晶，建成于2012年底。区支中心位于洛江区万安街道。

洛江区支中心的建设以“整合资源、传播文化、服务群众”为己任，严格按照县级支中心建设标准，以完善硬件设施设备，发展软件服务平台，共建共享文化信息资源。其总面积170平方米，包含主机房、电子阅览室、共享工程多媒体播放室等三个相对独立的固定场地。

机房面积10平方米，地面加装了抗静电地板，粉刷了墙面，按标准进行了配电安装，并按规定配置了4台高端服务器，磁盘阵列一套，容量达到8TB。拥有各类交换机2台，百兆防火墙一个，充分保证网络安全。其设计装修完全符合国家相关标准。

电子阅览室及多媒体演示厅总面积160平方米，每台机器有2平方米以上的空间，光线充足，进出方便。网络布线及电源分布合理，利用线槽进行了保护。拥有完善的消防设施和消防器材，安全疏散通道畅通。拥有电脑25台，多媒体演示厅有配置齐全的投影机、投影幕及4路VGA输入切换设备，配有有源音箱，形象直观地把文化信息资源通过投影的形式表现出来。

二、管理及队伍建设培训

洛江区支中心的资金、设备管理：共享工程设备专用专署，配备专人对设备进行操作和管理。

洛江区级支中心每天开放时间在10个小时以上；年服务达91250人次以上（平均每天为本区群众每人提供一小时的免费上网时间）；多媒体演示厅平均每天公映两部优秀影视剧作品、文教、科普宣传片等，并在中心门口设立LED广告牌，进行活动宣传和预告。

作为县级支中心，洛江区共享工程支中心委托灵感文化公社安排专职工作人员3名，其中1名网络技术员、2名管理员，负责共享工程日常工作。

网络技术员取得全国计算机等级考试三级网络技术资格证书并具有相关专业学科经验，2名管理员是计算机专业毕业并取得全国计算机等级考试二级资格证书。

洛江区支中心对各级各类工作人员的业务素质和管理素质要求很高。培训工作按照分级负责，层层培训的原则，分期、分批、分层次地有序进行。因此洛江区共享工程支中心还要负责起对乡镇服务点工作人员的培训。在基层服务点建设过程中，区支中心做好现场培训，由灵感文化公社在工程实施过程当中一对一地负责当地共享工程工作人员的培训；其次，在工程实施尾声，由灵感文化公社分片对共享工程工作人员集中培训。为了加强技术人员的业务培训，提高各基层中心、基层网点的技术服务水平和管理水平，确保各基层网点能够优质、高效地工作，洛江区支中心负责乡（镇）、村（社区）基层网点专业人员的培训，平均每年在10学时以上，培训内容包括：共享工程宣传培训、共享工程设备使用培训、共享工程服务的培训、共享工程资源的使用培训、各类电子资源的使用培训等，逐步形成比较完善的洛江区文化信息资源共享工程的人才培训体系。

三、经费投入、资源建设

洛江区支中心建设资金投入由洛江区政府与灵感文化公社双方共同承担，并利用灵感文化公社平台委托其在国家规定的范围内进行管理。

其经费投入，由洛江区文体旅游新闻出版局争取各级财政资金68万元用于购置区级支中心建设设备和场所装修费用；日常运营费用每年约10万元，包括装修折旧费、宽带接入费、人员配置费用、水电通信费、房租、设备维护费等。

洛江区支中心对共享工程国家中心的资源、省分中心电子资源、省图书馆网站进行链接，保证在系统桌面能通过快捷方式阅读这些资源；对省级分中心下发的光盘资源，进行上架管理，方便读者查询、使用。同时已建成以洛江区旅游、地方文献、地方名人、文化遗产为特色的数字资源库，并配合洛江区文体局等相关部门，结合洛江本地特色，制作具有洛江文化标签的特色作品。

四、惠民服务

洛江区支中心设在灵感文化公社二楼，有800平米的阅读空间，涵盖人文社科建筑艺术等上千种图书免费借阅，阅览用电脑25台，每天开放时间为10小时。读者凭有效证件可上网阅览共享工程网站内容和自行开发及购买的数据库资源。

洛江区支中心“共享工程”展播厅每天定时免费对读者开放。区支中心利用展播厅每周至少举办2次读者活动，定期播放“共享工程”中的讲座、影视节目。目前，共享工程展播厅已播放电影和讲座20余场，参与观众千余人。观众普遍反映认为共享工程展播厅办的好，为大家提供了很好的休闲场所，同时也为支中心的展播内容提出了很好的建议，比如：多放些历史性题材的讲座、百家讲坛、最新电影等，这些都为支中心更好地开展播放工作提供了方向。此外，区支中心还计划利用投影设备在社区、农村等基层服务点开展放映活动。

五、工作展望

洛江区文化信息资源共享工程建设除积极主动与省共享工程进行沟通和信息资源共享外，结合洛江区本地情况，并与灵感文化公社相配合，多渠道、创新思路，探索工程服务新模式，通过整合资源，形成合力，努力建立职责明确、互相配合、横向协调、相互联动的合作机制，实现共建共享，拓展共享工程资源服务领域，推动共享工程服务进社区、进乡村，优秀文化资源进家庭、政府、学校、军队、企业。

“共享工程”建设面广、工作量大、任务十分繁重。要确保“共享工程”的顺利实施，必须加强领导，建立健全组织机构，狠抓各项管理。此后，为加强对支中心管理，必须健全《共享工程电子阅览室管理制度》、《共享工程展播厅播放制度》、《共享工程节目预告制度》、《支中心工作人员岗位职责》等一整套内部管理制度，使支中心步入规范化、制度化的发展轨道。

区支中心还将加大资金投入，使基层网点设备配置均达到规定标准，并聘请省文化厅专业人员对村级服务点人员进行培训。

（撰文/泉州市洛江区支中心）

泉州市泉港区支中心

泉港区位于福建省沿海中部的湄洲湾南岸，东临湄洲湾，南与惠安县毗邻，西南与洛江区相连，西北及北面同仙游县接壤。总面积306.03平方千米。人口37万人（2006年）。全区辖1个街道、6个镇：共有4个社区、96个行政村。

全国文化信息资源共享工程泉港区中心于2011年11月 15日正式建成并投入使用，区中心面积120平方米，设有中心控制机房、电子文献阅览室、多功能室和办公室。

中心控制机房面积25平方米，现有综合管理服务器、综合业务服务器、卫星接收服务器各1台，卫星地面小站1个，磁盘阵列1套，百兆交换机各1台，42U标准机柜各1台，UPS电源1套，百兆防火墙1台等设备；电子文献阅览室面积120平方米，现有电脑30台，管理机1台；多功能室面积20平方米，现有电视机1台，功放1套，音箱、无线话筒各1套、调音台1个，投影仪1个，幕布1块，便携计算机1台等，面积120平方米；办公室有电脑1台等设备。

区中心配有2名专业技术人员从事日常管理，并对管理人员进行专业技术培训，增强其业务技能和管理能力。

泉港区共享工程中心优异的环境为广大青少年提供了绿色上网平台，并开展计算机技术免费培训，不定期开展计算机知识竞赛，都倍受广大家长称赞。共享中心还经常深入各乡镇（村）基层点，把省中心提供的丰富资源丰富送到基层点，并督察基层点为群众服务开展的工作及活动。

（撰文/泉州市泉港区支中心）

石狮市支中心

石狮市是中国休闲服装名城、福建综合改革试验区、著名侨乡。面积189.2平方公里，人口31万人（2006年）。全市辖2个街道、7个镇，共有21个社区、共有102个村25个社区。

一、基本情况

石狮市文化信息资源共享工程建设工作起步较早，2001年，石狮市图书馆编译开通自建网站，成为福建省首家开通自建网站的县级图书馆。当时的石狮市图书馆通过网站为读者提供海量信息资料、数据库、电子图书，数字化地方文献，网站累计访问量突破百万，这一举措，为共享工程的推广奠定了基础。2002年，国家文化创新工程——全国文化信息资源共享工程开始实施，石狮市图书馆便成为石狮市支中心的依托单位。

当时，石狮市委、市政府高度重视文化信息资源共享工程建设工作，专门成立了以市领导为组长，各相关部门领导组成的市文化信息资源共享工程建设领导小组，并在财政上给予大力支持。2006年，石狮市又将共享工程建设列入市党代会的报告中，并拨付25万元建设石狮市的VPN网络建设。2005年底，石狮市支中心又得到文化部首批共享工程设备的支持。2012年，文化信息资源共享工程建设被列为石狮市为民办事实项目，石狮市财政又投入资金173万，未来几年还将持续不断投入，进一步加强和提升石狮市共享工程工作。迄今为止，石狮市政府先后投入200多万元，用于支中心主机房、电子阅览室、共享工程放映厅等硬件设施建设。

目前，石狮市支中心配备有服务器6台、硬件防火墙1台、UPS不间断电源1套，存储空间达到20TB，计算机设备40台，投影仪2台以及42M网络带宽光纤等设备。初步完成文化信息资源共享工程县级支中心的建设，基本实现了接收、加工、发布视频资源和文献资源的功能。

至2012年，石狮市文化信息资源共享工程已建成县级支中心1个、镇级基层服务点9个，实现了文化信息资源共享工程在全市的全覆盖。

二、管理和队伍培训

创建以来，石狮市支中心定期播映共享工程视频资源；赠送共享工程多媒体资源和图书给基层服务点；开展少儿放映节，播放共享工程少儿视频节目；开展数字资源市民普及共享活动。石狮市支中心还不定期向部队、企业、学校提供视听资源、电子资源免费应用服务，科普视频播放、图片展、图书推介活动，读书征文有奖活动，开展主题讲座和培训活动等。这些活动，每年都达10场以上，年均参加人数数万人以上。

该支中心虽然只有1名专职管理员和技术员，却能积极承担基层网点的辅导和培训工作，开展形式多样的辅导培训工作。2012年，石狮市支中心举行石狮市“书香狮城全民读书月”暨文化信息资源共享工程操作培训会，参加人数达数十人。

由于石狮市图书馆软硬件设施配备齐全，图书馆工作和文化信息资源共享工作服务到位，石狮市图书馆曾获评国家一级图书馆，福建省十佳图书馆；2005年12月，石狮市支中心成为福建省首批“全国文化信息资源共享工程基层示范点”基层示范点之一；2010年10月，石狮市支中心被福建省文化厅推荐参加文化部、财政部于在北京举办的文化信息资源共享工程“十一五”成果展。2012年4月，石狮市支中心被福建省文化厅授予全省文化信息资源共享工程建设先进单位。

三、资源建设

石狮市支中心设立之始，文化信息资源来源借助于共享工程国家中心的下发资源、省分中心的电子资源、以及福建省图书馆、泉州市图书馆网站的链接等。2005年底，石狮市支中心得到文化部首批共享工程设备、资源的支持，成为全省首家第一时间将文化部下放资源发到网上共享的县级支中心。此后，石狮市支中心购进“中国期刊全文数据库”、“方正Apabi电子图书”、“方正Apabi剪报通”等多个数据库；并自建“地方文献数据库”和“纺织服装数字图书馆”两个具有石狮本地特色的专题数据库。与此同时，石狮市图书馆积极参与本地文化资源建设工作，同石狮绿洲读书社合作编写《海内外石狮人著述资料汇编》、《闽南地方文献丛刊》系列，并由市图书馆网站进行数字化工作，网络推广。各大门户网站、报章媒体进行相关报道，在海内外产生很大的反响。

2008年11月20日，石狮市图书馆分馆——万祥图书馆落成开馆。万祥图书馆致力于收藏闽南文化包括闽台文化的资料、华侨文化和海洋文化。其中台湾县市志典藏室落户石狮，现有台湾县市志文献近400件，极大丰富了石狮市有关台湾的馆藏，为大陆学者和民众研究和了解台湾提供便利，为两岸的文化交流和资源共享再添新桥梁。直接向台湾各县市征集县市志资料，在祖国大陆尚属首次。

石狮市支中心建有自己的门户网站，其网站的内容汇聚了全国图书馆、博物馆、美术馆、艺术研究机构、艺术表演团体等系统的各类优秀文化信息资源，其中包括文献资源、地方剧目、影视作品、音乐作品、美术作品、珍贵文物及社会公众文化信息资源等。这一网站，与石狮市图书馆网站互相辉映，引人注目。也因此，2010年7月，石狮市文林图书馆网站荣获石狮市“十佳文明网站”称号。

四、合作共建，利民惠众

在共享工程县级支中心建设过程中，石狮市支中心注重将图书馆现代化建设与共享工程建设紧密联系、共享工程与农家书屋建紧密联系，积极打造文化信息资源共享的新平台。

2008年，石狮市支中心与高科办合作，推广农村科技文化信息服务站（IPTV+宽带互联网+电脑模式）。2011年，石狮市支中心与“世纪之村”合作，借助“世纪之村”农村信息化综合服务平台，联合举办了云南“农文网培学校”工程展播活动。作为双方合作的重头戏，石狮市图书馆精心挑选了全国文化信息共享工程的经典案例通过平台播放，解决了群众看书难、看戏难、学科技难等问题，从而实现文化信息资源共享。此举不仅拓展了平台4000余个信息点的功能，使信息点的功能更为丰富、更为完善，更好地为农民提供信息服务，也可使石狮市96家农家书屋向“信息服务点”的功能转换，为农民提供包括文化信息、政务信息、商务信息等综合服务，探索“文化信息共享工程+信息点+农家书屋”的创新做法。

富贵鸟集团（鸿山分厂）电子阅览室

2009年，石狮市支中心与农村党员干部现代远程教育进行整合，通过整合进一步健全石狮市文化信息资源共享工程乡村网络，全市覆盖率达100%。

2010开始，石狮市图书馆先后设立科技分馆、边防分馆，开辟了共享工程资源送企业、共享工程为军队服务的新模式。

石狮市是全国县域经济百强县，其民营企业、外资企业等优势产业尤其发达。将文化信息资源共享工程与企业文化建设工作相联系，便成为石狮市支中心建设工作的又一重点。历年来，石狮市支中心依托市总工会的职工书屋建设，将共享工程基层服务点的建设向各企业辐射，石狮市支中心不仅精心设计了农民工文化生活需求问卷调查表，及时听取农民工心声，从而按需配置整合资源，开展相关培训，为农民工的创业发展提供有效服务。2012年，石狮市政府提出“质量石狮·文化进企业”的方针，石狮市支中心拟定计划，选择基础条件较好的10家企业作为示范点，进行重点扶持和建设，在全市部分条件较好的企业中建立共享工程服务点。目前，初具规模的服务点有富贵鸟集团、大帝集团等。

如今，在福建沿海地区工业园区内，新开的基层服务点往往成为外来务工人员扎堆儿的地方。各级支中心还广泛开展了网上读书、网页设计培训等农民工读者喜闻乐见的培训活动，2012年初，福建省分中心打破以往只在文化系统中寻求合作对象的思路，主动将在社会上具有影响力的企业吸纳到农民工培训中来。2012年10月，文化信息资源共享工程服务农民工系列活动福建站的启动仪式在石狮市民营企业大帝集团公司举行，英特尔(中国)有限公司为服务点提供了电脑、培训资料以及志愿者讲师等。启动仪式结束后，石狮市支中心还准备了丰富多彩的文化活动，主要包括观赏摄影、诗作品展、撰写春联、灯谜展猜、电子阅览室参加网上对春联、网上购票技能培训、移动阅读体验、网上“文化年货带回家”有奖竞答等系列活动。出席这次活动的一行领导在帝牌男装总裁吕錡先生及工会主席吴尔德陪同下参观了大帝电子阅览室、图书馆、文化馆及职工之家，一行领导对大帝集团的企业文化事业的建设及设施齐全的职工活动中心给予了充分的肯定与赞许。

五、工作展望

在现有共享工程工作的基础上，石狮市支中心将在开展日常服务的同时，继续有针对性地为企业、为外来务工人员举办形式多样的共享工程服务活动，逐步将开展共享工程服务“进社区、进企业、进部队、进学校”等活动日常化。我们相信，在石狮市委、市政府领导下，在社会各界的关心支持下，石狮市共享工程建设将通过科学的管理、细致周到的服务，充分发挥服务社会、服务经济的文化阵地、文明窗口的作用，向全面建设图书馆城、书香石狮迈进。

（撰文/石狮市支中心）

晋江市支中心

晋江市总面积721.7平方公里。人口104万人（2006年）。全市辖6个街道、13个镇，共有92个社区、293个行政村。

一、基本情况

2002年，晋江市图书馆成为晋江市第一个文化信息资源共享工程基层服务点，自此，晋江市文化信息资源共享工程服务网络建设正式启动。2002年以来，晋江市委、市政府对文化信息资源共享工程建设高度重视，先后投入675万元用于共享工程硬件设施建设，目前已按县级支中心建设要求完成中心机房、电子阅览室、培训教室、学术报告厅等建设。中心机房面积88.2平方米，配有20M网络带宽光纤、服务器13台（安装有网络杀毒软件、防火墙、入侵防御系统、上网行为管理系统、资源应用管理系统软件等）、存储空间达到38TB；电子阅览室面积675平方米，配备有电脑150台。

2008年，晋江市图书馆被福建省文化厅确认为全国文化信息资源共享工程晋江市支中心；2009年，建立了青阳街道阳光社区、东石镇第二社区等23个文化信息资源共享工程示范基层点。

2010年，根据文化信息资源共享工程建设的要求及晋江市的现状，晋江市委、市政府专门成立晋江市文化信息资源共享工程建设领导小组，确定晋江市的文化信息资源共享工程服务模式为“互联网+IPTV”模式，并制定了“2010年度镇（街道）基层服务点配置标准”、“2010年度村（社区）基层服务点配置标准”，投入专项经费300多万元完成全市408个基层服务点的建设，形成了市、镇（街道）、村（社区）三级信息资源技术服务体系。截止到2011年底，晋江已建有19个乡镇基层服务点和389个村级基层服务点，实现了全市共享工程市（县）支中心、街道（乡镇）、村级基层服务点建设的全覆盖。

二、管理和队伍建设

在人员管理上，晋江市支中心积极实施多种形式的学习培训，采取“请进来，走出去”的方式，提高文化信息资源共享工程人员队伍素质，除邀请兄弟省市共享工程领导、专家来晋江授课外，每年还分期分批组织有关业务骨干和优秀服务人员赴省分支中心实地培训学习，考察基层服务点共享工程建设与服务经验。2011年，市支中心举办了全市文化信息资源共享工程基层服务点管理人员培训班，对408个基层服务点管理人员进行集中培训，有力地促进了晋江市文化信息资源共享工程的人力资源建设和服务人员水平的提高。另外，市支中心还通过现场针对性培训，即支中心的业务和技术指导人员深入各基层，通过现场维护和故障排除，进行一对一的各类实务培训，提高基层管理人员技术水平。

三、资源建设情况

在文化信息资源建设方面，晋江文化信息资源共享工程主要从以下几方面进行资源建设：

1、下载资源。通过互联网和移动硬盘从国家中心、省中心下载广大市民喜闻乐见的视频资源、文献资源。除在支中心进行服务外，根据各基层服务点的需求，以光盘等形式下发至基层服务点；

2、引进资源。截止目前，晋江市支中心购置了“超星数字图书馆”、“中国学术期刊网络出版总库”、“维普中文科技期刊数据库”、“软件通数据库”四个数据库，拥有22万种电子图书、1.2万种期刊、8400个软件教学视频海量信息资源，市民在全晋江市区行政区域内，只要凭借晋江市图书馆借阅卡，便能在家享受数据库资源，且为无限量浏览下载，真正实现了全开放式服务管理。

3、自建资源。在下载、引进的基础上，晋江市文化信息资源共享工程将服务拓展与晋江市图书馆建设的创意和思路相结合，形成自建数字化资源的特色，实现服务的创新。目前，已自建成晋江地方文献数据库（包括《晋江理论》、《晋江谱牒》、《印象晋江》、《晋江文化丛书（共四辑）》四个具有晋江本地特色的专题数据库）；晋江老照片；晋江名人专题库；晋江非物质文化遗产专题库；晋江文化专题数据库等。这些具有地方特色的文献服务，不仅形成规模性的数字化内容支撑文化共享功工程网站，还丰富了网上联合知识导航站等网上服务和数据库查询，将文献信息、数字资源、视频点播、展览、网络服务等与图书馆各种读者服务融为一体，逐步形成各具特色主题资源库群，实现传统与现代并存的文化信息共享服务。

4、共建共享。积极开展协作协调，资源共建共享。2008年以来，晋江市支中心与上海市图书馆、福建省图书馆签订资源共享协议，共享“上图讲座”和省图书馆的数字资源；与泉州经贸学院建立泉州地区的首个馆际互借平台，开创图书馆与高校馆合作的新模式；加入“全国少儿阅读年”官方网站，成为馆际网络联盟成员，与其他馆共享资源。2010年与泉州市图书馆携手打造“泉州文献之窗”区域数字图书馆服务平台。此外，市支中心还与晋江一中、晋江老年大学签订共享资源协议，让文化共享资源走入校园，走进老年活动中心，促进公益性文化事业的发展。

依托这些资源建设方式，晋江市支中心初步形成了文化享工程资源“接收→自建→整合→下发”的“资源传输链”。因丰富的数字文化资源，晋江市文化信息资源共享工程网站越来越为公众所欢迎，点击率日见攀升，2009年来，网站年访问量分达到162485万。

四、创新服务，利民惠众

为加强文化信息资源共享工程为基层群众服务的重要作用，晋江市支中心主要在拓展服务内涵和方式上。

晋江市支中心开展校园文化、军旅文化、社区文化、农村文化建设，举办了多场广泛而有影响的读者活动。晋江市支中心的服务特色在于如下四点：

1、加大未成年人服务力度。晋江市支中心利用优雅、先进的环境，开展青少年电脑基础知识培训、打字比赛、网页培训设计培训等未成年读者喜闻乐见的活动。近年来连续举办了5届青少年打字比赛，进一步培养了全市青少年的动手能力、学习能力；为传达学生对教师的感激之情以及老师对学生的爱护之心，晋江市支中心举办了“丹桂飘香 师生情长”传微博、颂师恩活动；晋江市支中心组织青少年参加福建省文化信息资源共享工程少儿网页设计大赛，支中心选送的4名选手中，来自阳溪中心小学杨航同学的《城市让生活更美好-2010上海世博》、道南小学唐可同学的《万里长城-中国人的骄傲》获得文化信息资源共享工程福建省分中心少年网页设计作品评选个人成绩鼓励奖；2011年来，晋江市支中心举办了“缤纷校园 七彩童年”微博随手拍活动、“文明上网 健康成长”专题培训讲座等等，为广大天真可爱的小读者创造了一个展示自我、分享快乐的平台；这些读者活动，得到了青少年读者的热情欢迎，产生了广泛的影响力。

2、公益播放视频资源。晋江市支中心坚持每周为读者免费播放一期影片、讲座、动画片、戏剧；晋江市支中心深入基层服务点，派送上级管理中心下发的文化信息资源共享工程系列服务光盘，播放农民喜闻乐见的戏曲、电影、小品等文艺节目，丰富群众文化生活。近年来，晋江市支中心播放文化信息资源共享工程专题讲座及优秀影视作品展播240余次（场），受到了市民的普遍赞誉。

3、文化共享进军营，军民共建促发展。晋江市支中心利用传统节假日、“七一”、“八一”等建党、建军节，与94921部队、晋江机场雷达站和驻晋空军罗裳山雷达站等部队官兵开展篮球友谊赛、“三八”妇女节联谊活动等等，结合晋江市图书馆在94921部队设立部队分馆，指导他们建成规范电子阅览室，丰富军营文化生活。

4、关爱农民工。为了营造尊重农民工、关受农民工、帮助农民工的良好环境，晋江市支中心精心组织策划了多项读者活动，如开通文化信息资源共享工程晋江市支中心微博（http://weibo.com/jjslib），及时与农民工分享文化信息资源共享工程最新资讯，听取农民工心声，了解农民工需求；制定关于《全国文化信息资源共享工程进民营企业问卷调查表》。通过对恒安、安踏、利郎、晋工等民营企业员工文化生活需要的调查，分析了目前民营企业员工的文化生活状况，为文化信息资源共享工程进民营企业活动的开展和实施提供了有力的参考意见；为丰富民营企业员工的业务文化生活，晋江市支中心还开展了“微博知识竞答活动”、“你在他乡还好吗”摄影、征文主题系列活动，并赠送文化信息资源共享工程光盘给有条件的企业，及赠送电子书刊阅读卡给企业外来工，激发广大外来建设者融入晋江社会、共同建设第二故乡的积极性；此外，为帮助外来务工青年掌握计算机专业技能，增强其在劳动力市场上的竞争能力，让在晋江工作的外来务工青年真正得到实惠，享受到区域建设成果，晋江市支中心长期举办“‘情系外来工’计算机基础知识培训活动”，采用随到随学的教学方法，吸引了大批务工青年前来学习。同时，为了让晋江外来工学子在思想品德、学习教育、身心健康、社会参与、安全自护等各方面需求，晋江市支中心积极倡导全社会共同关注农民工子女，为他们送去购书卡、书籍等等，让他们能在晋江这片土地上健康快乐地成长。

这些丰富多彩的文化推广宣传活动，全面展示了共享工程服务平台的影响力，并取得了丰硕的服务成果。2009年，支中心工作人员吴秋琴同志在“全国文化信息资源共享工程知识与技能竞赛活动”福建赛区选拔赛中获个人优秀选手一等奖。2010年，支中心精心组织青少年读者参加福建省文化信息资源共享工程少儿网页设计大赛，并获设计竞赛组织奖。2012年，支中心被授予“福建省文化信息资源共享工程建设先进单位”。

五、工作展望

晋江市文化信息资源共享工程，本着“重在建设、旨在共享”的指导思想，结合晋江现代化制造基地、商贸中心、滨海港口城市的城市功能定位以及文化服务体系建设的特点，充分利用和发挥晋江地域的特点和优势，从全地区范围着眼，激活文化资源存量、减少重复浪费、提高资源共享能力，构建主从有序、高效完善的现代城市文化信息服务体系，有力推动晋江市文化建设，建成与晋江市发展相协调、相适应的数字文化服务网络，使广大市民获取更加便捷的基层服务点服务。

展望未来，晋江市支中心在市委、市政府的正确领导下，在有关部门的大力支持下，结合晋江市文化信息资源共享工程建设的进展实际，拟抓好以下重点：

1、扎实推进基层服务点的建设工作。今后，晋江市支中心将着重以基层服务点建设为重点，加强对晋江市408基层服务点的资源配送工作，完善全市文化信息资源共享工程服务体系。将文化信息资源共享工程建设与晋江市图书馆读者服务活动相结合，依托图书馆图书流通点、分馆、24小时城市街区自助图书馆，继续创新服务方式，继续扩大为群众服务的覆盖面，让文化信息资源共享工程的触角延伸到最偏远地区，实现真正意义上的全民共享。

2、加大地方特色文化资源建设力度。继续加大对晋江地方文献资源征集与建设力度。晋江市支中心将依托晋江侨乡特色，完成台湾文献资料室的文献征集和数字化加工，以台湾文献为主，香港和澳门有关文献为辅，形成台湾文献专题资源数据库。

3、加强队伍建设，提高管理和服务水平。十一五期间，晋江已完成全市文化信息资源共享工程全覆盖。在十二五期间，晋江市支中心将继续投入专项培训资金，举办基层管理人员培训班，不断加强人才培训工作，努力建立一支思想水平高、业务素质好，服务意识强的人才队伍。

晋江市文化信息资源共享工程建设在巩固服务成果的同时，走出了一条政府为主导，全社会参与，既符合地方经济发展，又符合市民需求的新路子，文化信息资源共享工程建设得到长足发展。在今后的工作中，晋江市支中心将继续立足当前，着眼长远，以更开阔的思路、更有效的政策和更得力的措施，加强文化信息资源共享工程建设，进一步推动晋江文化大繁荣大发展。

（撰文/晋江市支中心）

南安市支中心

南安市总面积2011平方千米，人口148万人（2006年）。全市辖3个街道、21个镇、2个乡，共有32个社区、416个行政村。

全国文化信息资源共享工程南安市支中心设于南安市图书馆。2007年，南安市图书馆在原有的福建文化信息网基础上，承担文化信息资源共享工程建设的任务。这一任务，引起南安市委、市政府的高度重视，南安市委、市政府成立由分管副市长组成的市文化信息资源共享工程建设工作领导小组，制定出台《南安市文化信息资源共享工程方案》，及时抓好贯彻落实。

南安市支中心按照县支中心的配置标准配置，现有中控机房、电子阅览室、多媒体演示厅、资源加工和办公区域等场地。其中控机房拥有应用服务器、业务服务器、管理服务器和传输服务器各1台，磁盘阵列1台（可用存储容量6TB，可扩容到10TB）以及10M网络带宽光纤接入；电子阅览室面积120平方米，配有40台电脑；多媒体演示厅面积200平方米，座位80个，配有投影仪和音响等设备。

经过数年的努力，至2010年底，南安全市、社区全部完成文化信息资源的“村村通”。

为了促进市支中心工作的规范化管理，南安市支中心制定了《全国文化信息资源共享工程南安市支中心管理制度》、《全国文化信息资源共享工程福建省市、县支中心电子阅览室管理人员工作守则》、《全国文化信息资源共享工程福建省市、县支中心电子阅览室用户须知》等制度，确保各项工作有计划、有步骤开展。建立详细的工作记录，对网络运行情况、设备使用维护情况、服务活动情况等进行系统的记录和总结。

南安市支中心负责全市乡镇、村级基层服务点人员的培训工作。支中心每年都对全市乡镇、村级基层服务点人员进行业务技能、服务理念的培训，年培训管理员300人次以上。

南安市支中心重视文化信息资源的整合利用，其手段一为接收全国文化信息资源工程提供的优秀资源以及和福建省图书馆、泉州市图书馆等协作共建资源；二为搜集本地的资源，通过购买或者从网络下载适用于本地群众的信息资源。2008年，还整合万方、维普等数据库提供服务；2011年，南安市支中心着手建立本地特色数据库，有“南安名人库”、“南安经济特色库”两个专题数据库，同时，又引进“读秀”超星百万书库等多个数据库，着手建立南安数字文献服务平台；2012年10月，在整合所有数据库资源基础上，开通了移动数据图书馆。

南安市支中心积极开展各种便民惠民活动。

南安市支中心的电子阅览室，为广大读者提供方便、快捷、舒适的上网环境，读者只要通过实名登记以后，就可以使用图书馆的所有资源。南安市支中心开展周末影视展播和举办文化南安讲坛，每周六精选一些针对不同读者需求的专题资源进行播放。

南安市支中心开展送资源进社区、学校、企业服务。支中心精选适合本地区养殖、种植的视频，通过刻录光盘，移动存储等方式，送给需要该方面知识的社区和农民，以推广农业科技，帮助农民致富增收；还挑选一些有关青少年安全教育和优秀动漫影视送到学校；精选一些法律法规知识和技能培训的资料送给企业。

南安市支中心抓住传统节假日、农闲时间等时机，在农村文化活动中心开展活动，并邀请理论宣讲员、农技专家、致富能人等到农家书屋举办讲座，既宣传党和政府的路线方针政策，也普及了科技知识、培育了文明乡风，激发广大农民群众的参与热情与积极性。

南安市支中心组织志愿者下乡帮扶，组织党员、业务骨干到乡镇、村服务网点进行现场业务指导和资源整理，年下乡达300人次以上。在推动共享工程建设过程中，南安市支中心着力建立健全城乡联动、对口帮扶的共建机制，盘活全市各级图书馆的资源，整合了各类惠民工程和下乡项目，有效发挥了城市文化设施对农村文化建设的支撑带动作用。根据农村信息资源获取模式相对传统的特点，将共享工程基层点建设与农家书屋建设结合起来，将基层服务点依托于农家书屋这一文献资源中心，形成了“大馆带小屋”（即图书馆发挥人才和资源的优势，对农家书屋进行帮扶，保证其正常运转）的格局，建立需求信息反馈和资源流动交换机制，既促进信息资源合理配置，又满足了多样文化的需求，极大激发了基层服务点的生机与活力。

（撰文/南安市支中心）

惠安县支中心

惠安县是闽南著名侨乡和台湾汉族同胞主要祖籍地之一，素有“海滨邹鲁”、“雕艺之乡”之美誉。全县陆域总面积720平方公里，海域面积1833平方公里；辖15个镇、1个民族乡，共有11个社区，共284个行政村。

惠安县共享工程建设始于2006年，全国文化信息资源共享工程惠安县支中心设于惠安县图书馆。

2007年1月，惠安县图书馆即已建成电子阅览室并对读者开放。2010年，文化部和福建省文化厅下拨了20万元文化信息共享工程建设专项资金，为保证文化信息资源共享工程惠安县支中心建设工作的顺利实施，惠安县财政逐年分段拨出文化信息资源共享工程惠安县支中心建设专项资金共40万元，推进惠安县图书馆文化信息资源共享工程建设。同时，县财政每年拨出2万元运行经费，为县支中心正常运行给予资金保障。

惠安县支中心中心机房参照国家规定的设备配置标准，并由泉州市图书馆技术人员结合县支中心实际提出设备配置方案，通过政府招标，惠安县支中心配备服务器4台、存储容量8TB、计算机30台、笔记本电脑2台、索尼投影机1台、索尼数码摄像机、索数码照相机、清华紫光扫描仪与光盘刻录机、打印机等设备，购入广州图创计算机软件开发有限公司的INTERLIB图书馆集群自动化管理系统，并接入了4M的光纤，建立了电子阅览室和初步建成了县级支中心机房。为保证机房设备正常运转，在机房配

备了山特3KV不间断电源和空调，形成了具有接收、传播能力与图书馆自动化管理能力的县级服务平台。

在中心机房完善的同时，惠安县支中心完善电子阅览室，建立视听室。其电子阅览室每周开放49小时，视听室，充分利用文化信息共享工程的资源，在节假日和寒暑假，开展了“优秀影片及科普类影片展播”活动，丰富了读者和少年儿童的娱乐生活。

此外，惠安县支中心还建立了“文化信息资源共享工程惠安支中心”(whxx.hatsg.cn)和“惠安图书馆”(www.hatsg.cn) 网站，通过网络平台传递惠安县文化建设和图书馆服务、馆藏、活动等信息，广泛传播中华民族的优秀文化和地方特色文化，满足广大人民群众求知、求乐、求美、求富需求，实现“以科学理论武装人，以正确的舆论引导人，以高尚的精神塑造人，以优秀的作品鼓舞人”的工作方针。

惠安县支中心重视有地方特色的资源建设，将有关惠安女、惠安石雕、闽南建筑等资源作为重点并进行数字化处理，在网站上设立“惠邑记忆”栏目，下设“惠安革命英烈”、“名胜古迹”、“城乡老照片”等子栏目；在“惠安文化”栏目中，则设立“非物质文化遗产”、“歌唱惠安”、“惠女.服饰.生活　”、“锦绣惠安”等子栏目，以彰显惠安文化的特色。

惠安县支中心通过多种方式和途径宣传“共享工程”的资源和内容，同时也强调自身建设，提出“加强人才队伍建设，提高现有人员的素质，通过各种途径，有计划地培养和造就适应信息服务工作需要的新型信息人员队伍，以适应共享工程现代化建设的要求。

（撰文/惠安县支中心）

永春县支中心

永春县全境总面积1451.8平方公里，人口55万人(2006年)。全县辖18个镇、4个乡，共有27个社区、209个行政村。

全国文化信息资源共享工程永春县支中心设立于永春县图书馆。永春县图书馆于2008年开始着手创建永春县支中心机房，先后投入45万元左右，购置服务器、存储器、不间断电源（UPS）、42U标准机柜、交换机、电脑以及4M网络带宽光纤等。2010年，永春县支中心机房投入使用。2012年底，县支中心已建立了10个基层服务点。

永春县支中心现有兼职工作人员1名。通过现场指导、电话咨询、举办培训班等形式，定期、不定期的对各基层服务点的管理人员进行业务指导，多次参加福建省中心培训。支中心的服务器和网站出现故障，及时请计算机网络管理公司解决。

县支中心建立了永春县图书馆网站（http://www.yclib.org）。在文化信息资源上，拥有光盘1320张，电子图书103334册，视频资源3000多部，并提供网上服务。

该支中心充分利用共享工程资源和图书馆传统文献资源、电子资源及网络资源开展军营文化、乡村文化和校园文化。2011至2012年12月，先后到呈祥雪山部队开展科技拥军活动，采用硬盘拷入的方法，将文化信息资源和视频资源拷入服务器中，同时定期送书和光盘到部队，供部队官兵阅读和观看。

永春县支中心定期举行视频展播活动。2012年1月23日—25日，为了丰富广大少年儿童春节期间的文化生活，使少年儿童过上一个快乐、祥和的春节，支中心开展文化信息资源共享工程视频展播活动，播放《小鲤鱼历险记》、《抗日小奇兵》和《历史传奇故事》等小朋友喜欢的电影。2012年国庆期间播放了《气血通畅保健操》、《白雪公主》、《小王子》、《灰姑娘》、《木偶奇遇记》、《扬起你的笑脸》等宣传片。

永春县支中心将精选文化信息，争创特色优势。深入挖掘具有地方特色的传统文化。通过已有数字资源的整合、新建各类资源库、网上信息的抓取和加工等多种方式和渠道，自主创建数字化资源库。

（撰文/永春县支中心）

厦门市支中心

厦门市是我国五个经济特区之一，由厦门岛、鼓浪屿、内陆九龙江北岸的沿海部分地区以及同安等组成，是一个国际性海港风景城市。厦门陆地面积1565.09多平方公里，海域面积300多平方公里。全市户籍人口185.26万人，常住人口361万人，厦门市现辖思明、湖里、集美、海沧、同安和翔安6个区。

一、基本情况

厦门市支中心设于厦门市图书馆。厦门市支中心设中心机房按文化共享工程A级标准建设，目前配备21台服务器，用于资源加工、网络应用、业务管理。厦门市支中心充分利用区级图书馆和全市各种文化场所在文化信息资源共享工程建设中的基础作用，实现了市图书馆、区级图书馆和图书流通服务点、街道文化站、社区乡村文化室与绿色网吧的有机结合。到目前为止，全市已建成市级支中心1个，区级支中心7个，镇街基层服务点41个、社区（村）基层服务点104个，形成全市各层次文化信息资源共享工程服务点共同服务大众的网络格局，实现全市镇（街道）、行政村（社区居委会）文化共享工程全覆盖。

二、管理和队伍建设

厦门市支中心为保证共享工程网络的正常运转，设专人专岗从事共享工程建设。同时提升各级基层点的服务水平，厦门市支中心积极组织开展基层辅导培训与技术指导，逐步建立了一支懂业务、善管理的干部队伍。2008年12月，厦门市支中心报送的文化信息资源共享工程项目获中国移动通信集团厦门分公司和《厦门日报》主办的“第四届72行移动信息化应用大赛”最佳社会效益奖；2009年9月，厦门市支中心获“文化共享杯——全国文化信息资源共享工程知识与技能竞赛”福建选拔赛团体季军；厦门市支中心工作人员卢荣宾获优秀选手奖和福建选拔赛个人一等奖。2011年6月7日到10日，厦门市支中心组织开展了全市共享工程建设情况调研，重点调研了厦门市6个区级支中心及13个镇街基层服务点的硬件建设及活动开展情况。调研过程中发现各区支中心硬件配置比较完善，服务活动能正常开展；镇街服务点建设完善，但活动开展不平衡。根据调研情况，市文广新局要求文化信息资源共享工程各级支中心、基层服务点要结合文化信息资源共享工程建设要求，依托共享工程资源优势，规范服务管理，做好群众服务工作；2010年12月，厦门市支中心组织召开全市共享工程观摩交流会，市级支中心负责人介绍了近年来市级支中心建设情况以及组织开展全市共享工程调研工作的设想、对厦门共享工程工作重点和工作要求等；各区支中心就目前共享工程的运行管理、活动开展及碰到的困难和存在的问题进行交流。与会人员还参观了湖里区支中心，并就其利用共享工程资源开展免费培训等工作进行了交流。这一交流活动进一步加强了厦门市各支中心的工作联系和业务交流，并为厦门市共享工程各项工作的开展打下了基础。

三、资源建设

厦门市支中心起着上传下达的作用，既要自建资源上传，也要负责下载国家中心和省级分中心的资源并将资源分类整理后有针对性的提供给下级区级支中心和基层服务点。支中心的信息资源传输模式以互联网为主，以光盘下发、硬盘拷贝为辅，主要手段为FTP下载，IPTV模式、视频点播系统共用等。

厦门市支中心充分利用市图书馆的资源与人员优势，购买并自建了一大批数据库，目前已包括：12种镜像数据库，含清华同方知网系列数据库、中国年鉴资源全文数据库、Apabi电子图书维普全文期刊、万方数据资源系统、世图文献、超星电子图书、中华连环画数字阅览室；7种网络资源数据库，含超星读秀平台、龙源电子期刊阅览室、新东方多媒体学习库、知识视界教育视频库、中宏网、中经视频、方正阿帕比触摸屏报纸库。同时自建了“厦门记忆”地方特色数据库资源，内容包含小城春秋（包括厦门之最、厦门历史上的今天、厦门地名）、图说厦门（包括：厦门风光、厦门民俗、特色建筑、文物古迹、厦门戏曲、摩崖石刻、百业纵览、街景市容）、厦门人物库、厦门文献库（包括：图书库、期刊库、报纸库）、厦门地方文献索引库（包括：馆藏地方文献书目索引、厦门地方资料篇名索引、地方文献书目题录、闽籍海外华人华侨文献书目索引）、闽南戏曲（包括：歌仔戏、高甲戏、布袋戏）、其它专题（包括：海峡两岸文化产业博览会、中国国际钢琴比赛）、厦门市政府信息公开数据库、视频点播等。支中心的所有数字资源均免费向办证读者开放，为全市群众提供丰富的文化信息资源。

厦门市支中心以公共信息服务网点建设为重点，以共建共享为基本途径，以电子阅览室和网络管理系统为平台，汇聚全市图书馆、博物馆、文化馆、美术馆、艺术研究、艺术表演团体等机构的各类优秀文化资源以及广播、电视、报刊等新闻媒介的地方特色文化信息资源，向基层提供43万种电子图书和总量28TB的数据库资源，向上传输具有地方特色的专题数字资源。

四、合作共建

厦门市共享工程建设还利用3G无线网络作为传输的辅助手段，与中国移动厦门分公司共建，由移动公司免

水警区官兵集中培训数字资源利用

省选拔赛团体冠军

费向偏远地区的农村提供3G无线服务，借助移动100%覆盖网络的优势，将文化信息资源共享工程的资源传输到全市的每一个基层点。2010年11月中国国家数字图书馆厦门分馆成立，大大扩充了厦门市图书馆的数字资源保有量，只要是厦门图书馆的用户，可根据授权远程访问国家数字图书馆的资源，同时厦门市图书馆负责国家数字图书馆厦门全覆盖的具体实施工作，以厦门市图书馆为阵地，在全市建立公益性电子阅览室和国家数字图书馆基层服务站(点)，逐步将国家数字图书馆的资源与服务覆盖到全市各区、街图书馆，促进全市各级数字图书馆建设，提高全市信息资源的保障能力和服务水平。

五、宣传推广

厦门市支中心以让全市市民“了解共享工程、使用共享工程、受益于共享工程”为目标，自2010年10起，搭建统一认证平台，所有数字资源免费向办证读者开放，满足市民随时随地免费共享数字资源和视频资源的需求；设立共享工程免费播放点，每个周末为群众播放电影或讲座资源；举办共享工程宣传展、巡回展；开展有奖知识问答等活动；进社区、进农村、进学校和工业园区开展共享工程服务宣传；以移动硬盘和光盘的方式送资源到部队。为扩大宣传力度，厦门市支中心还设置共享工程宣传专栏，定期发布共享工程宣传信息；印制宣传手册、宣传单，并到社区、农村、工业区等分发给读者、市民；同时，利用3G无线网络把本馆资源、国家下发资源、讲座影视资源、数据库等共享资源送到网络未覆盖的偏远地区，扩大市民享受资源的覆盖面。

六、工作展望

厦门市支中心将以最优的管理和丰富的资源，努力完成文化信息资源共享工程“十二五”的建设任务，为全面建设惠及全市人民的小康社会做出更大的贡献。

（撰文/厦门市支中心）

厦门市少儿支中心

厦门市少年儿童图书馆创办于1986年，是福建省首家独立建制的市级公共儿童图书馆，是中国数字图书馆厦门少儿分馆，首批“福建省小公民道德建设示范点”。曾获两届全国“文明图书馆”、文化部“精神文明建设服务表彰单位”、全国“文化工作先进单位”及五届全国“红读活动先进集体”等荣誉称号。现有文灶馆和中山公园馆，文灶馆馆舍面积5031平方米，中山公园馆馆舍面积约6000平方米，全馆现有馆藏文献50万册、电子图书30万多册、视频资料1万多条以及可供读者联机阅览的全国各地出版的报纸200多种、主流畅销人文期刊2000种、乐儿科普动漫电子书100集等。

2008年，全国文化信息资源共享工程厦门市少年儿童图书馆支中心正式挂牌成立。支中心主要利用厦门市少年儿童图书馆现有的电子资源和自建的各类数据库，通过电子阅览室、中山公园馆多功能厅和互联网这三个平台为全市少年儿童提供文化共享工程宣传服务。

厦门市少年儿童图书馆支中心设有中山公园馆和文灶馆两服务点，两个中心机房，配备9台服务器，近17TB的存储系统，读者服务用机56台。中心机房均设有防火墙、交换机共12台，并接入10M网络带宽光纤。

为保证共享工程网络的正常运转，提升服务水平，厦门市少年儿童图书馆支中心积极组织技术骨干参加省共享工程中心每年举办的业务培训活动，以提高其业务能力，加深对共享工程服务工作的认识。

厦门市少年儿童图书馆支中心充分利用在儿童教育方面的资源优势，购买了一批适合青少年读者使用的数据库。尤其是近几年加大了对电子资源的建设力度，不但在采购经费上给予了充分的倾斜，在建设品种和形式上也尽量做到全面完整。目前已积累十种镜像数据库（北京书生电子图书、超星电子图书、博看电子期刊、乐儿科普动漫库、点击动漫库、天方听书音频库、少儿知识视频库、爱迪科森多媒体数据库、公元集成教学图片数据库、国家数字资源中心提供的各类地方报纸200种）；三个自建资源数据库（闽南地方文献数据库、上下五千年历史专题数据库、儿童核心网站导航数据库），合计投入经费近200多万元，容量9TB。

厦门市少年儿童图书馆支中心以“为读者提供优质的电子阅读”为服务宗旨。截止2011年，新办理到馆读者电子阅览证6659个，2011年起，实行图书馆读者服务全免费后，只要是本馆读者，均可以凭借书证号及密码随时随地免费共享数字资源和视频资源的需求；支中心每个周末还在中山公园馆四楼活动厅为广大青少年儿童免费播放电影。

厦门市少儿图书馆支中心将以最优的管理和丰富的资源来为全市青少年儿童提供更优越的网上阅读服务。

（撰文/厦门市少儿支中心）

厦门市思明区支中心

思明区是厦门市所辖的一个区，位于厦门市南部，由本岛南部和鼓浪屿全岛组成包括厦门，是厦门市的经济、政治、文化、金融中心。思明区北面与湖里区毗邻，东、西、南面与小金门诸岛及漳州市隔海相望，总面积75.31平方公里。现有人口约93万人， 辖10个街道，96个社区居委会。

全国文化信息资源共享思明区支中心创建于2006年，区支中心设于区文化馆，由区文化馆负责共享工程建设的日常管理工作。2006年，思明区以争创全省文化先进区为契机，成立以分管副区长挂帅的厦门市思明区文化信息资源共享工程建设领导小组，领导小组下设办公室。办公室设思明区文体局，区支中心在区党校的电教设备基础上，拓展资源共享网站服务，加挂“思明区文化信息资源共享工程支中心”并建立管理制度和开放时间，面向基础网站和社区居民群众开放。

2009年，为了更好地做好支中心的建设并发挥职能作用，思明区文化馆投入30万元，购置电脑35台，在思明区文化馆三楼创建了功能专一的区支中心。

2011年5月，根据上级部门的统一部署，思明区文化信息资源共享工程区级支中心设于思明区图书馆，由思明区图书馆负责共享工程建设的日常管理工作，主要担负了思明区文化信息资源的建设与服务，负责本区网络的运行与维护，指导基层工作站的建设，培训基层工作站工作人员。

区支中心设有中心机房1间，120座多功能厅1间，同时设有70台电脑的电子阅览区，每日免费开放12小时。

截止2012年底，思明区总共建立区级支中心1个、镇街基层中心以及社区基层点105个，站点覆盖率达100%。每个基层服务点均按《福建省文化厅2010年度文化信息资源共享工程县支中心标准配置》要求进行设置，每个基层服务点均配有11台电脑及相关设备。

创建以来，思明区支中心积极推进全区公共电子阅览室和文化信息共享工程基层服务点建设，2012年8月份期间，组织网络技术工作人员深入10个街道和95个社区进行现场业务指导。创建以来，思明区支中心举办基层服务点管理人员培训班2期200多人/次。

2009年，思明区文化馆投入约30万建设区级支中心；2010年思明区图书馆投入约50万元建设区支中心；2011年思明区图书馆投入约22万元用于采购阵列存诸等相关共享设备；2012年思明区图书馆投入2.5万元用于门户网站建设，投入15万元用于采购电子阅览室管理设备；2012年，由思明区财政投入约400多万元用于105个基层服务点设备相关建设；2013年，思明区图书馆拟向区财政申请经费约16万元，拟用于采购数字资源。

思明区图书馆于2008年加入厦门市公共图书馆联合体，依托厦门图书馆市级支中心数字资源库，支通过网络平台，做到数字资源共享。2012年，区支中心投入2000元制作一套思明区文化信息共享工程网页导航软件提供镇街基层中心以及社区基层点使用。

2010年，思明区图书馆新馆开放以来，区支中心电子阅览区提供70台电脑，免费提供来馆读者上网浏览各类文献资源；2012年，区支中心利用文化共享设备开展视频欣赏播放活动，内容包括爱国主义教育、安全生产、法制宣传等，共免费播放电影场107场，观看约1万多人次，开展各类讲座和培训30场，参与活动人次4000多人次。2012年，区支中心举办多次未成年人电子阅览体验活动，让未成年人亲身体验文化信息资源共享工程带来的乐趣。区支中心在莲花五村社区居委会原有的社区老年学校基础上增设电脑班，手把手教社区老年人上网，浏览信息资源共享网站，使他们感受到信息资源带来的好处，通过网络平台了解现代文化生活。

（撰文/厦门市思明区支中心）

厦门市海沧区支中心

海沧区是福建南部拓海贸易的重要港口，位于厦门岛西面，闽南厦漳泉金三角地区的突出部，南临九龙江出海口，东南与厦门岛隔海相望，西与漳州接壤，北与集美相连。面积173.6平方公里，总人口28.9万人，辖1镇、2街道，共13社区、23村委会。

一、基本情况

海沧区文化信息资源共享工程启动于2008年，支中心设在海沧区图书馆。

启动之时，区文体广电出版旅游局成立创建文化信息资源共享工程海沧区支中心工作小组，专门负责海沧区支中心的创建工作。

建设初期，工作小组对文化信息资源共享工程建设情况开展调研，请厦门市支中心相关领导及管理人员对海沧区支中心的建设做了相关的论证；工作小组到厦门市几个兄弟图书馆参观学习，吸取兄弟图书馆在建设文化信息资源共享工程区支中心的经验。

在局领导的支持下，海沧区图书馆于2008年投入资金33万元，购置DELL POWEREAGE服务器3台，EMC AX4-5i存储器1台；利用投影仪、大屏幕等多媒体设施建设了共享工程视听阅览室。在资金不足的情况下，利用之前的图书馆电子阅览室，通过基本的设备升级，建成了共享工程电子阅览室。

于2008年7月份建设完成。达到基本要求的区级支中心，开始了海沧区的文化信息资源共享工程的工作。2010年在馆领导的积极争取下，又增补了21万元经费，用于完善区支中心的硬件设施。包括达到要求的中心机房、卫星接收系统、工作电脑、及用于采集视频图像资源的专业摄像机和照相机。

二、管理和队伍建设

为更好的开展文化信息资源共享工程工作，区支中心工作小组成员多次到厦门市支中心、及其他区支中心进行学习与交流，并对可借鉴的其他区支中心先进做法开展的可行性分析与讨论，并结合本区实际情况，制定了符合本区开展活动的方式、方法。

为使共享工程得到正常运行，更好的发挥其功能作用，海沧区图书馆对区支中心的管理人员安排上岗培训，提高管理人员的业务技术。2008年至今，区图书馆每年都多批次地派出相关技术人员，参加省、市中心的业务培训和学习。区支中心管理人员还利用业余时间，通过学习提高自身专业水平。区支中心专职管理人员中，已考取“计算机技术与软件专业技术资格（水平）考试”高级工程师技术资格1人，中级工程师技术资格2人。

海沧区的基层点管理人员专业知识参差不齐，有的连基本的电脑操作都不会，为此，区支中心管理人员在对村居基层服务点管理人员调查摸底的基础上，按不同能力层级进行分批次的培训指导工作，使基层点管理人员都会基本的电脑操作。

2008年至今，区支中心共开展了服务点培训活动5期，保证每年都有一期的基础培训。除集中培训之外，支中心管理人员还多次到各基层点分别指导工作，并对各基层点管理人员个人能力差异，有针对性的开展辅导，解答他们在工作中所遇到的问题。

三、惠民服务

2008年8月至今，海沧区支中心利用国家中心、省中心下发的资源以及自购资源，每周开展播放活动，丰富了区基层群众的业余生活，深受广大基层群众的喜爱与支持。

随着电影播放活动的开展，区支中心管理人员对开展的活动进行总结与分析，发现基本的电影播放这种简单的活动形式，不能满足读者实际的、深层次的需求。为解决这一问题，经过研究，区支中心决定开展形式多样、内容丰富、富有内涵、能基本满足读者深层次实际需求的活动。这些活动包括专家专题报告会、图片展览、读者走进图书馆、优秀资源送下乡等。根据这一要求，2009年至今，年平均开展活动达8场以上，年受众近2000人。

海沧区支中心管理人员在工作中努力提高自身业务水平，还通过个人不懈努力学习，提高个人自身的理论基础，提升个人综合素质，为更好的、更深层次的开展工作提供保障。2009年，支中心管理人员代表厦门市代表队参加首届“文化共享杯”比赛，最终获得团体第三名，个人第三名的优良成绩。

数年来，海沧区支中心管理人员的不懈努力、积极工作，认真细致的完成各项工作。2012年4月，海沧区支中心被福建省文化厅评为“全省文化信息资源共享工程建设先进单位”。

（撰文/厦门市海沧区支中心）

厦门市湖里区支中心

湖里区是厦门市所辖的一个区，位于厦门岛北部，三面临海，与金门岛隔海相望。面积65.78平方公里，总人口93.1万，现辖5个街道、45个社区居委会，

一、基本情况

全国文化信息资源共享工程厦门市湖里区支中心创建于2008年，支中心设于湖里区图书馆。2008年根据文化部共享工程建设标准，湖里区政府拨专项经费63万元，购买了27台计算机、3台服务器、3台交换机、1套卫星接收系统等共享工程设备。在新设立的共享工程视频放映厅（多功能厅）配备数码投影仪和音响设备；同时，在区图书馆2004年建立的电子阅览室基础上，进一步完善电子阅览室装备，建立起了共享工程区级支中心。

2012年，湖里区支中心投入专项经费160万按高标准建设区级支中心机房及监控室。目前配备服务器6台，1套总容量12TB的存储系统以及75台用于资源加工、网络应用、业务管理的计算机，此外，还有卫星接收、防火墙、交换机、10M网络带宽光纤（备用3M网络带宽光纤）等相应的网络设备。区级支中心在设备管理及网络带宽得到保证的情况下使用确然点播系统与省分中心进行数字资源的共享、分发。

根据区政府的要求，我馆负责承担全区共享工程建设任务，自2008年以来，我馆起草了《湖里区共享工程实施方案》并组织实施。用区政府调拨的176套计算机及专项经费48万购置的44套投影仪等设备，为全区44个社区基层服务点进行了装配，建成9个基层服务点，同时对基层服务站工作人员进行了辅导培训。2012年，新增348万元用于“云计算”管理模式的租赁服务，为辖区内5个街道、53个社区共58个电子阅览室配备了610台翼云终端电脑，将共享工程基层服务点由44个增加至58个，形成面向辖区居民的资源丰富、技术先进、布局合理、服务便捷的文化信息资源共享网络体系，实现全区街道、社区基层服务点的文化信息资源共享工程全覆盖。

二、管理和队伍建设

为保证共享工程网络的正常运转，我中心设专人专岗从事共享工程建设。湖里区支中心目前拥有4个具备本科学历的专职人员，其中三名专职人员通过参加省分中心举办的专业技术培训，获得上岗资格证，基本上都能胜任共享工程的技术操作。积极组织开展基层辅导培训与技术指导，逐步建立了一支懂业务、善管理的干部队伍。2004被福建省文化厅授予区支中心电子阅览室“文化信息网基层工作站”，2010年湖里区图书馆获得首批

共享工程知识竞赛

“县级数字图书馆推广计划”试点单位，2009年9月支中心裴彗龙同志参加“文化共享杯——全国文化信息资源共享工程知识与技能竞赛”福建选拔赛获得团体季军。

三、资源建设

2009年开始，湖里区图书馆加入厦门市图书馆集群管理系统，成为厦门市公共图书馆集群系统的成员馆，实现图书通借通还。本馆读者也能免费使用市级28TB的数字资源，共享使用国家数字图书馆的全部资源。在厦门市共享工程中，区支中心起着上传下达的作用，既要自建资源上传，也要负责下载国家中心和省级分中心、市级支中心的资源，并将资源分类整理后有针对性的提供给街道、社区、部队基层服务点。依托省、市两级共享工程分中心丰富的数字资源，充分发挥区支中心的职能。

区支中心的信息资源传输模式以互联网为主，以光盘下发、硬盘拷贝为辅，主要手段为FTP下载、视频点播系统方式与市分中心进行资源的共享传送。同时，湖里区支中心充分利用图书馆的资源与人员优势，购买了部分数据库，有点点漫画、数字科技馆、九星电子读报系统、电子期刊等。自建视频点播系统、湖里区地方文献数据库等。区支中心的所有数字资源均免费向市民开放，为群众提供丰富的文化信息资源。

四、宣传推广

长期以来，湖里区图书馆和区支中心和利用春节、元宵节等重大节日在“和谐社会、文明礼貌”宣传橱窗展出宣传图片；组织迎春读书奖励赠春联活动。举办元宵灯谜晚会，编写千条谜语，吸引了上千名群众到场参加晚会活动。开展新春军民共建联谊、图书流动活动，受到部队官兵欢迎。开展庆“三八节”妇女知识竞赛活动。组

免费电脑培训

织开展“4.23世界读书日”系列读书活动，世界读书日向到馆读者赠送读书笔记本，鼓励热爱阅读的读者，建立“爱书日”，举办破损图书展览、组织小朋友修补图书、看动漫片及听“魔法妈妈讲故事”活动、评选“阅读之星”，在我区诵读节仪式活动上奖励热爱读书的读者。每年的五月至六月份，开展图书馆服务宣传周及庆六一节活动，举办“读者找书”比赛、读书知识讲座、小读者“朗诵才艺表演会”，六一节期间，与区教育局、区妇联联合举办了“书香伴我成长　湖里区少儿讲故事大赛”活动。举办各种知识有奖抢答竞赛、播放免费影片，丰富了群众业余文化生活。

五、工作展望

厦门市湖里区支中心将以丰富的数字资源，先进的技术、设备，努力完成文化共享工程“十二五”的建设任务，相信在省、市、区各级领导部门的支持下，湖里区支中心的建设将会更好，工作也会作出更大的成效。

（撰文/厦门市湖里区支中心）

厦门市集美区支中心

集美区全区总面积276平方公里，常住人口60多万人，下2个镇，4个街道办事处，37个社区居委会，21个行政村。

文化信息资源共享工程集美区支中心设立于2002年。长期以来，集美区支中心工作在区委、区政府的高度重视下，得到了各级相关部门的大力支持，运行经费得到了充分保证。2002年至2008年6月份，共投入30万元用于添置硬件及开展服务。2008年7月，随着集美区少年儿童图书馆新馆舍的启用，文化信息资源共享工程集美区支中心的建设取得了长足的发展，区政府一次性投入100多万元下拨经费，用于建设文化信息资源共享工程专用机房及公共电子阅览室等，现年运作经费10万元。

集美区支中心按照支中心要求标准建设，用于添置共享工程设备。目前本中心配有服务器4台、管理工作站4台、读者用电脑80台，投影系统2套，笔记本电脑2台等设备，集美区支中心资源信息存储总量为4.58Tb；另外，集美区支中心还设立了公共电子阅览（面积150平方米）、共享工程多媒体播放厅（面积400平方米），座位200多个。集美区文化信息资源共享工程共设立了1个文化信息资源共享工程区级支中心及64个基层服务点，已普及面涵盖到各村（居）。

集美区支中心现有3名专业技术人员专门从事支中心管理及基层服务点指导工作。十年来，集美区各镇（街）、村（居）已逐步建成了文化信息资源共享工程基层服务点网络，并得到不断完善。区支中心积极做好指导建设工作，10年来共举办10多场基层服务点管理人员培训班，并经常到现场直接指导建设，保证了基层服务点工作的顺利开展。

集美区支中心除免费为群众提供公共电子阅览室读

电子阅览服务

者上网及视频播放服务外，还开展群众喜闻乐见的文化活动，平均每年开展50多场次，包括文化信息资源共享工程图书下乡、公益性读者讲座、节庆日游园、夏令营、少儿读书月、读书征文比赛、专题图片展、关爱农民工子女及扶残助残等活动，所有活动全部免费，每年共吸引了2万多人次前来参加。

集美区支中心还积极利用文化信息资源共享工程先进的平台资源和图书馆丰富的文献资源，积极接收国家、省、市中心下发的各类资源，不断购置、收集电子图书及光盘等，资源类型及总量不断丰富。

在区委、区政府各级领导的重视关心下，在省分中心及市支中心的直接指导下，十年来，集美区支中心规模从小到大，服务内容不断丰富，取得了良好的社会效益。今后，支中心将继续以国家规定标准，严格对照，补缺补漏，不断添置更新设备、补充资源，本着一切为群众服务为宗旨，继续做好本中心工作，积极指导基层服务点建设，不断探索，积极开展形式多样的便民惠民措施，满足集美区广大群众日益增长的文化生活需要，为集美区三个文明建设做贡献。

（撰文/厦门市集美区支中心）

厦门市同安区支中心

同安别称“银城”，厦门市最大的行政区，著名的侨乡和台胞祖籍地，素有“海滨邹鲁之地、声名文物之邦”的美誉。现有土地总面积658平方公里，人口42万（其中外来人口11.5万），辖6个镇、2个街道办事处、7个农林场、81个行政村、44个社区居委会。

一、基本情况

全国文化信息资源共享工程同安区支中心设于同安区图书馆。2002年全国文化信息资源共享工程建设启动之后，同安区委区政府高度重视文化信息资源共享工程同安区支中心的建设，2009–2011年共拨款333万元用于配置：服务器4台、不间断电源、防火墙，并接入4M带宽光纤，建成标准机房、多媒体播放厅、公共电子阅览区、数字图书馆系统等，区财政年下拨3万元的文化信息资源共享工程支中心专项经费。目前同安区支中心拥有公共电子阅览区、多媒体功能厅、多媒体制作室。其公共电子阅览区总面积300多平方米，供读者使用的终端计算机62台；多媒体播放厅有座席108个；多媒体制作室配备有高清非线性编辑系统、广播级摄像机、摄像DV、专业级单反照相机、移动播放器、复印机等采编设备。同安区支中心管理人员利用现有设备采集制作服务信息、地方文化信息等。

同安区支中心在同安区少儿图书馆、各镇(街)、部队设立基层服务点12个，同时利用区委组织部在每个村(居)设立的党员远程教育设备，设立村(居)级基层服务点125个，达到基层服务点覆盖率100%。每个镇（街）服务点配备了投影仪1套、电脑11台、2M上网宽带。为广大城乡居民学科技、学文化搭建广阔的平台，提供数字资源检索、文化信息资源共享、政府信息公开查询、公共目录检索等现代化服务。

二、管理和队伍建设

同安区支中心日常工作由同安区图书馆馆长直接分管。支中心配有专职管理人员3名，积极参加省市举办的各种业务培训，如：福建省文化厅举办的全省文化信息资源共享工程市县支中心负责人和基层管理人员培训班，厦门图书馆举办的关于图书馆的数字化应用实例培训等，有3人获得由福建省文化厅颁发福建省省市（县）级支中心技术骨干上岗证。2011年9月，同安区支中心管理员黄长龙荣获“第二届文化共享杯——全国文化信息资源共享工程知识与技能竞赛”福建选拔赛获团体冠军，同时荣获“个人优秀选手”称号。2011年10月，黄长龙作为福建省代表队成员之一，参加“第二届文化共享杯—全国文化信息资源共享工程知识与技能竞赛”，荣获全国优秀选手奖，是福建省唯一的获奖者。

同安区支中心严格依照文化部、财政部联合下发的《关于实施全国文化信息资源共享工程的通知》和《全国文化信息资源共享工程管理暂行办法》，对同安区文化信息资源共享工程进行规范化管理，各基层服务点制定出《乡镇（街道）、村基层服务点管理人员工作规则》，《乡镇（街道）基层服务点工作规则》等相关工作规则；同安区支中心指导各基层服务点并督促其严格按照规则管理；同安区支中心结合厦门市开展创建全国公共文化服务体系示范区工作，配合区委宣传部、区文化体育出版局开展经常性检查指导工作。2011年至2012年度，同安区支中心管理人员共计105次到镇（街）、村（居）基层服务点进行现场指导，使基层服务点管理人员掌握文化信息资源共享工程设备的管理与使用、资源的利用与服务等业务知识与技能。

三、利民惠众，宣传推广

同安区支中心电子阅览区常年免费开放，为广大市民提供数字图书馆的利用、厦门地区公共图书馆的馆藏书目数据检索、政府信息公开查询、全国文化信息资源共享、视频资料等数字资源的使用。拥有数字图书馆文献管理系统，电子图书13万册、视频资料1.6万集，通过卫星设备接收国家中心的文化信息资源；通过同安区图书馆网站可利用：在线报刊、中国国家数字图书馆厦门分馆、厦门市图书馆数字图书馆等数字资源。2011年至2012年10月到我馆电子阅览室检索信息资源、查阅电子图书等达18969人次，政府信息公开查询5638人次。

支中心利用双休日、节假日在文化资源共享工程多媒体播放厅为市民免费播放电影、举办知识讲座和学术报告，如："如何告别'哑巴英语'"等讲座。开设"微众德育学堂"，由北京著名高校的教授、老师对青少年进行心理健康、互动家教等远程授课。2011年至2012年10月播放免费电影、讲座413场次，观看人次4375人次。

同安区图书馆网站（http://www.xmtalib.net）于2011年4月15日起正式开通网上服务。网站设有文化信息资源共享工程专栏（http://ttgx.xmtalib.net），可供读者检索文化信息及数字资源。至今点击次数已达2.6万多次。

2011年1月至2011年6月期间，同安区支中心把文化信息资源共享工程国家中心下发的"春耕行动"视频资源光盘拷贝刻录后送到各基层服务点，并组织同安区支中心工作人员到基层服务点进行现场指导，使基层服务点的管理人员掌握利用文化信息资源和设备做好为城乡老百姓服务的技能。2012年春节期间，同安区支中心开展了"文化年货带回家"系列活动，刻录467张视频资源光盘下发到镇（街）级基层服务点，丰富城乡市民的文化生活。2011年3月，同安区支中心在取图书馆一楼展厅举办为期一个月的"厦门市文化信息资源共享工程服务宣传展"。展览共有宣传版17幅，展出近年来厦门市及各区文化信息资源共享工程的基本建设、运行管理、活动开展以及文化信息资源的共建共享的显著成效，进一步推动同安区文化信息资源的共建与共享，加快岛内外公共文化服务一体化的建设。2012年4月，文化信息资源共享工程同安区支中心被福建省文化厅授予"福建省文化信息资源共享工程建设先进单位"称号。

四、工作展望

同安区支中心将建设适用于基层群众的数字文化资源，丰富文化信息资源共享工程服务内容，采集制作数字宣传短片、知识讲座、地方民俗文化节目等视频资源；同安区支中心还将积极采用先进技术，逐步完善基层服务方式和服务手段，加强基层网点的管理与服务，用先进技术手段和有效措施，传播健康的文化信息；同安区支中心还将加强基层管理人员和技术人员的培训，不断提高文化信息资源共享工程管理人员的管理水平和服务能力。

（撰文/厦门市同安区支中心）

文化共享工程同安区支中心配备读者使用的计算机终端62台

漳州市支中心

漳州市是国家历史文化名城、中国优秀旅、游城市、国家园林城市，也是著名的侨乡和台胞祖居地，素有"海滨邹鲁"的美誉。全市总面积1.26万平方公里，常住人口近481万，现辖2区1市8县。

一、基本情况

全国文化信息资源共享工程漳州市市级支中心设于漳州市图书馆。2001年12月，经福建省文化厅批准，漳州市图书馆被列入"文化信息共享工程"第二批试点名单。当时，漳州市图书馆在各级领导重视和支持下，对原有图书馆电子阅览室进行改造，建立了福建省文化信息共享工程基层工作站。

从2001年开始，漳州市图书馆更新设备，在软硬件系统上逐年加大投入，在资金有限的情况下，为漳州支中心的建设打下坚实的基础。2005年9月，漳州市文化与出版局、财政局出台《关于进一步加强文化信息资源共享工程建设的实施意见》，成立漳州市文化信息资源共享工程建设领导小组，明确规定：漳州市的共享工程"由市县两级文化行政管理部门主管。在2010年前，基本完成市、县级分中心的建设。市级分中心依托漳州市图书馆，县级基层中心依托各县（市、区）图书馆（文化馆），具体负责'工程'的实施，实行统一服务，分级管理。"漳州市的共享工程必须"按照全国文化信息资源共享工程国家中心要求的技术标准和规范，建成市级分中心和县级基层中心，担负本级中心的管理、资源建设和更新、日常技术维护、人员培训等职责。"在《实施意见》的精神指导和各方的努力下，到2006年底，漳州市支中心基本建成。

二、管理和队伍建设

漳州市支中心拥有的活动面积接近200平方米，电子阅览室提供20台电脑供读者上网浏览，每周开放时间达98小时（上午8时至晚上10时，每天14小时）；视频放映室40座位，提供讲座、节假日视频放映等服务。仅2006年一年，漳州市支中心约接待读者1.3万人次。漳州市支中心强化日常工作的管理，以相关工作制度为制约，将《支中心职责》、《支中心管理制度》、《电子阅览室网络安全制度》、《用户上网须知》等规章制度，上墙公布。漳州市支中心设有共享工程专职工作人员2人，同时组织市图书馆的技术力量进行软硬件系统的学习，力求以较好的业务能力保证对各县支中心建设和服务的技术支持。漳州市支中心组织各县技术力量，通过学习文化信息共享工程授课网络视频，及时了解最新的业务工作能力。组织各县技术力量参加省图书馆组织的全国文化信息共享工程管理和操作人员培训班，提升了各县级支中心人员的业务工作能力，熟悉了共享工程平台的操作和使用，增强了服务群众的意识。通过各课程，了解并掌握了基本的摄影、摄像，资料收集等资源建设的能力。

三、资源建设

漳州市支中心的数据资源建设以地方文献为中心，结合网络资源的收集。目前，漳州市支中心拥有的数字化地方文献资源约300G；网络收集的科教视频资源1.4TB；

国家中心下发的京剧、戏曲、文娱、科教各类节目视频光盘近十套，同时，还拥有从事漳州市非物质文化遗产保护和闽南文化生态保护工作中所收集的各类音视频、文献和图片资源。今后，将在此基础上做好数字化转换工作，制作数据库，让本地特色资源给更多的地区分享使用。

四、活动开展，惠民服务

漳州市支中心将共享工程的视频播映活动、多媒体资源的检索与浏览等与图书文献的流通、借阅相结合，在阅览室中设立提供读者使用的共享工程计算机终端，使读者能方便使用，也便于图书馆工作人员进行管理，保证图书馆与支中心的正常开放。

漳州市各支中心将上级下发光盘、数字文化的各类视频和共享工程各类数据库的丰富网站资源，通过在支中心的电子阅览室提供群众免费浏览，丰富了基层文化生活。同时，通过共建单位，将这些资源输送到基层乡村、部队、街道等地。

以2011年计，漳州市支中心举办读者活动共17场次，服务读者约1200人次；举办芝山讲坛共11场次，服务读者约900人次；举办视频放映共4场次，服务读者约300人次；还举行拥军支前活动两次，一次为2011年春节，漳州市图书馆送书下军营（济南二团），赠书30种48册；另一次为2011年8月，漳州市支中心举办文化共享进军营活动，国家文化信息资源共享工程中心下发的“文化信息资源共享工程”光盘赠送给武警森林大队。

五、工作展望

漳州市支中心紧紧围绕制度完善、人才队伍建设、资源建设、服务创新等方面下工夫，发挥文化信息资源共享工程支中心的功能和作用，取得了一些成效，也得了社会和读者的认可。

今后，漳州市支中心将更好地推进共享工程服务到基层，切实地发挥共享工程在全民文化服务系统中的重要作用。

（撰文/漳州市支中心）

漳州市龙文区支中心

龙文区是福建著名的侨乡之一，闽东南重要物质集散地，素以“鱼米花果之乡”著称。总面积126平方公里，辖4个镇、1个省级开发区，人口16.7万人。共有42个行政村、9个社区居委会。全国文化信息资源共享工程漳州龙文区支中心设于漳州市龙文区行政服务中心，于2011年11月开始建设。区支中心设阅览室、多媒体演示厅、活动大厅等。现已部分投入使用。投入使用龙文区支中心每周一至周五免费开放。龙文区支中心面向群众，针对不同人群开展各类免费培训，有广场舞、武术、太极拳、乒乓球、羽毛球、象棋、舞蹈、语言表演、葫芦丝、吉他等项目。

（撰文/漳州市龙文区支中心）

漳州市芗城区支中心

芗城区是漳州市政治、经济、交通、文化中心，历史文化名城，位于福建省南部九龙江西溪、北溪夹峙的漳州平原，东南与龙海市相联，西和南靖县接壤，东北同长泰县隔九龙江北溪相望，北及华安县毗邻。全区总面积264.59平方公里，人口54.1万人，辖6个街道、4个镇。

全国文化信息资源共享工程芗城区支中心设于漳州芗城区文化馆，总面积246平方米，于2011年9月建成，12月5日上午举行揭牌仪式，投入使用。

芗城区支中心项目总投资93万元（其中省补助20万，区财政投入73万）。区支中心内设有主控机房、电子阅览室、多媒体演示厅三个部份，配备6M带宽网络光纤，以及25台计算机及多媒体演示设备。

芗城区支中心成立以来，充分利用该场所，每周一次向群众免费提供上网服务；还面向未成年人开展免费培训服务，提高未成年人的思想道德品质和文化修养；芗城区支中心还利用暑期期间，每周二、五上午分别开设灯谜、国学课，进一步在未成年人中普及中华传统优秀文化。

芗城区支中心成立芗城区水仙花童声合唱团，每周三下午免费为60多名学生培训合唱，目前共培训了50课时；芗城区支中心还免费为阳光合唱团40多名团员提供排练场所，充分利用现有资源、设施设备为群众提供服务。另外，芗城区支中心利用支中心设备，拍摄大鼓凉伞、村级广场舞大赛及福建省第九届灯谜艺术节等专题片，进一步丰富文化资源。

（撰文/漳州市芗城区支中心）

龙海市支中心

龙海自古有“海滨邹鲁、文化之邦”美誉，是福建省重点侨乡之一、“龙江风格”发祥地和中国水仙花之乡。总面积1128平方公里，总人口81.49万人，辖1个街道、11个镇、2个乡（1个民族乡），239个行政村。

一、基本情况

龙海市文化信息资源共享工程始于2007年，县级支中心设于龙海市图书馆。

龙海市支中心设有中控机房、电子阅览室、多媒体播放厅，其硬件设备以“2010年度县支中心配置标准”配置。配有4台服务器、1组磁盘存储阵列、1套网络管理设备、多媒体播放厅设备、电子阅览室设备和其它办公设备等，总投资69万多元。电子阅览室安装60台电脑，室内加装防静电地板，并采用网管系统软件，以屏蔽游戏和购物网站，可支持浏览网站、在线听音乐、耳机模式看电影、方便即时网络聊天、清晰全面的微博互动。多媒体播放厅配有2台投影机，2块投影幕，6个音箱，1台4通道功放机，1台DVD播放机以及1套智能无线会议系统、无线话筒、机柜等其它设备。便于图书馆和支中心举办各种活动，开展馆内外信息服务。

龙海市支中心充分利用省级分中心的拨款和市财政局经费支持，努力构建市、镇、村（社区）三级服务网络，充分融合各部门的资源优势，为全市80万父老乡亲搭设更广阔的共享平台，提供更贴心的信息资源服务。

龙海市支中心成立后，建成龙海市首个地方文献数据库，该数据库拥有一台容量3TB、价值十几万元的服务器，内装windows操作系统和SQL server数据库程序，承载有1448条（本）地方文献文本、图形数据。目前已实现馆内局域网内查询阅览。地方文献数据库的建立为图书馆数字化建设积累经验，也为今后共享工程资源建设提供技术支持。

二、宣传推广，惠民服务

龙海市支中心与龙海电视台合作，开展文化信息资源共享活动。从2010年开始，市支中心与龙海电视台共同开辟“农民之友”、“中华民俗大观”、“科普与健康”三个电视栏目，分别在周一、周三、周六晚8点“龙海新闻”之后播出，同晚10点新闻后重播，第二天中午12点新闻后再重播，每周共播放9次。播放内容为图书馆提供的共享工程视频资料。龙海市支中心的这一举动，旨在通过电视平台文化信息资源共享工程真正走进千家万户。

龙海市支中心与部队官兵开展资源共享活动。市支中心成立以来，龙海市图书馆相继和73131部队军垦农副业基地、73678部队110分队紫泥通信站、龙海市消防大队建立文化信息资源共享。向部队官兵赠送有关政治法律、军事百科、科学普及、文体生活、技能学习等有益于部队建设和官兵文化生活需要的过刊杂志；为他们办理成人集体借书证，允许一次到馆借阅各类图书100册，借期100天；为他们提供光盘借阅服务，如“纪念辛亥革命一百周年”和“学习英雄楷模”等历史和人物类光盘，为官兵的政治学习提供丰富的视频素材。

龙海市支中心深入学校幼儿园开展文化信息资源共享活动，始终坚持把文化信息资源和未成年人的思想教育活动有机地结合起来。经常在图书馆内和龙海一中、龙海市实验小学、镇中心小学等镇区周边的几所中小学举办各种报告会、讲座或图片展。如2008年10月举办《向“抗震救灾英雄少年”和“抗震救灾优秀少年”学习》报告会；2009年5月12日，为了贯彻国务院防灾减灾精神，举办《防灾减灾知识讲座》；2009年7月开展“庆祝祖国六十华诞系列活动——暨暑假优秀爱国儿童电影展播”活动及图片展；2010年7月，结合世博会，举办《世博文化知识讲座》；2011年7月开展“庆祝中国共产党成立90周年暨龙海市图书馆红色经典电影展播”活动及图片展。2012年6月1日儿童节，支中心在市妇联的牵头下到程溪镇东马新村幼儿园开展赠书活动。赠送幼儿图书200多册，并办理了一张集体借书证，开辟了图书流通点。此外还开展了其它活动，如春联书法比赛、校园十佳歌手赛、优秀读书心得评选活动、清明节祭扫烈士墓活动等共计50次，参加人数达10万人次。

三、荣誉奖项

2010年8月，龙海市支中心组织个小学参加省文化信息资源共享工程少儿网页设计竞赛活动，先从各小学选出20名有一定基础的小选手进行培训，再对完成的作品进行层层筛选，最后选出四幅优秀作品参赛，其中林奕君同学获得个人省级一等奖（全国三等奖）的殊荣，龙海市图书馆获得集体组织奖。

四、工作展望

几年来，龙海市支中心的活动取得了不少的成效，但是共享工程的软件设备还有待于进一步完善。还要组建一个更强大的网络技术服务团队，创建一整套完备的服务管理制度，还要争取足够的后续资金支持，以便让整个服务系统有序、持续地开展下去。

（撰文/龙海市支中心）

漳浦县支中心

漳浦县地处闽南金三角，是漳州市人口大县、福建省农业强县和全国最早的对外开放县之一，又是著名侨乡和同胞祖籍地之一。全县面积1981平方公里，人口81万人，辖21个乡镇、10个农林茶盐场，277个行政村、16个社区、8个居委会、56个农场作业区。

一、基本情况

漳浦县文化信息共享工程启动于2008年3月，县支中心设于漳浦县图书馆。创建伊始，漳浦县图书馆缺乏文化信息资源共享工程的专项建设经费，建设工作分步进

电子阅览室

行。2008年8月，漳浦县支中心与福建东南网络公司等合作，投资近20万，添置电子阅览室部分设备及图书馆业务工作的相应设备；2009年5月，与厦门隆利强电脑有限公司等合作，投资近25万，主要用于支中心的机房建设、电子阅览室设备的完善及图书馆服务环境的改善；2011年5月，充分利用上级下达的文化信息资源共享工程专项资金，通过招投标的方式，与漳州佰科网络工程有限公司、漳浦新振兴电器等合作，共投资近17万元进一步完善文化信息资源共享工程漳浦支中心的建设。

漳浦县支中心设施分中控室、电子阅览室、多媒体放映室、业务加工室等部分。中控室配备2台服务器（1台高性能服务器用于文化信息资源共享工程，另1台服务器用于业务自动化）；同时，配置5TB存储设备，4M网络带宽接入光纤；电子阅览室配备电脑30台；另配备1台便携式电脑、2台投影仪、2套音箱、2套屏幕，用于文化信息资源共享工程投影放映服务。其中1套固定于多媒体放映室，另1套用于移动放映；此外，有6台电脑用于日常管理工作。

二、管理和队伍建设

漳浦县图书馆窗口多，工作人员少，县支中心的3名工作人员都为兼职。为了更好做好服务工作，漳浦县图书馆先后派10人次参加省中心举办的文化信息资源共享工程建设、服务方面的专题培训；同时组织本馆的工作人员参加文化信息资源共享工程网络培训，不断提高本馆工作人员的业务水平。

三、资源建设

为了电子阅览室更好地开展服务工作，进一步完善县支中心的信息资源建设，漳浦县图书馆除利用国家中心、省分中心下发的资源以外，还利用确然软件根据本馆的实际需要，定期从省分中心下载更新资源，自行挑选加工入库。同时，还派人赴厦门市中心拷贝资源，以充实资源库。

四、服务惠民

漳浦县支中心充分利用电子阅览室的30台电脑，开展文化信息资源服务。县支中心每周开五天为读者提供免费服务。读者通过电脑桌面上的快捷方式图标，就可以轻松访问福建省文化厅网站、海西文化网、全国文化信息资源共享工程网站、漳浦县图书馆存储器的资源及漳浦县政府信息公开网站。同时，漳浦县支中心还免费向读者提供由文化部全国文化信息资源建设管理中心制作的“全国文化信息资源共享工程”的系列光盘及其他的电子光盘，利用电子阅览室的电脑在馆内阅读。电子阅览室年接待读者2.6万多人次。

漳浦县支中心还利用多媒体放映平台，做好周末和节假日的放映活动。其多媒体放映室每年接待读者约3000人次。

为了更好地满足群众精神文化需求，营造欢乐祥和的氛围，漳浦县图书馆利用共享工程的网络、资源优势，举办多种文化主题服务活动。其一是利用共享工程资源，播放充满节日喜庆气氛的经典电影、相声小品、少儿动漫、文化专题片等节目；其二是以图书馆电子阅览室为重要文化阵地，为群众（尤其是外来务工人员）提供信息服务，引导他们登录文化信息资源共享工程网站，积极参加有关活动，活跃节日文化生活；其三是积极开展下基层放映活动。为了更好服务留守的老人、儿童，漳浦县图书馆先后到绥安镇、旧镇镇、石榴镇、杜浔镇、盘陀镇、赤岭镇等多个乡镇开展放映活动。针对老人爱看地方戏、上网困难的特点，漳浦县图书馆组织工作人员，利用文化工程的戏曲视频资源，在基层放映慰问老人。

五、工作展望

漳浦县支中心将按照2010县支中心配置标准，进一步完善硬件设施建设，同时进一步整合资源，为基层群众提供更多、更好的文化信息资源服务。

漳浦县支中心将以未成年人、老年人、进城务工人员等群体为重点服务对象，漳浦县支中心将根据基层群众的实际需求，有针对性地为各基层站点收集整理相应的资源。

漳浦县支中心将进一步整合地方资源，做好地方特色的数据建设，进一步充实文化信息资源共享工程的信息资源，更好地开展服务工作。

（撰文/漳浦县支中心）

长泰县支中心

长泰县是全国山区综合开发试点县，素有“闽南宝地”之称。面积896.75平方公里，常住人口20.8万（2011年），辖4个镇1个乡，设57个村委会，8个社区居委会。长泰县的文化信息资源共享工程建设启动于2009年，县支中心设于长泰县图书馆。2009年，长泰县图书馆在资金不足的情况下，初步投入12万元，完成电子阅览室和多媒体教室的建设，购置了17台终端电脑、1套多媒体教室设备等设备，初步完成部分“文化信息资源共享工程”的基础设施，实现了文化信息资源的存储、传递、使用等基础服务。

长泰县支中心根据上级要求和本县实际情况，制定了《文化信息资源共享工程长泰支中心职责》、《文化信息资源共享工程长泰支中心管理制度》、《文化信息资源共享工程长泰支中心电子阅览室管理制度》、《电子阅览室安全管理制度》、《电子阅览室网络安全制度》、等相关管理和运作制度，在日常运作过程中严格按照制定的制度形成管理机制，实行上网有效身份登记，提倡文明上网、健康上网。

长泰县支中心参加上级中心举办的各类培训，先后选派工作人员参加全省公共图书馆馆长岗位培训班、“县级数字图书馆推广计划”培训班、政府信息公开培训班、省文化信息资源共享工程县级支中心技术骨干培训班等上级主管部门举办的业务培训，把实践和培训结合起来开展服务。

长泰县支中心以“文化信息资源共享工程”为载体、以公共电子阅览室为依托，深入开展公益服务。支中心天天免费开放为读者服务。读者通过电脑桌面上的快捷方式图标，就可以轻松访问福建省文化厅网站、海西文化网、全国文化信息资源共享工程网站、本馆存储器的资源及政府信息公开网站。同时，长泰县支中心还免费向读者提供由文化部全国文化信息资源建设管理中心制作的“全国文化信息资源共享工程”的系列光盘及其他的电子光盘，利用电子阅览室的电脑在馆内阅读。电子阅览室年接待读者3万多人次。

长泰县支中心积极配合当地县政府的“书香长泰”建设工作，利用电子阅览室开展科普知识宣传，开展“书香长泰•科学利用电脑”、“书香长泰•数字科技知识”等活动，并通过广泛的宣传，有效提高群众对该县“书香长泰”知晓率和参与率，收到良好的效果。

在建党90周年期间，长泰县支中心利用投影仪等设备，播放大型爱国影片、一些庆祝大会和大型联欢晚会等视频，举行“庆祝共产党建党90周年”系列活动，营造浓郁的爱国爱党的文化氛围。

长泰县是个农业大县，当地农产品十分丰富。为了能够利用共享工程信息资源帮助农民，提高当地生产力，长泰县支中心主动下乡，带上投影仪等设备走入田间村口，为当地农民播放关于《黄瓜无公害生产技术》、《跳出价格的怪圈》等相关农业影像资料，让当地的农民获益匪浅，受到人们的热烈欢迎。

为了丰富群众的文化生活，长泰县支中心还利用节假日时间，组织社区居民免费观看视频节目，如：《詹大佑》、《东方神州》、《红领巾的故事》等，充实中小学生的课余生活；还挑选了部分精品戏剧、健康教育的视频，包括《盗御马》、《窦娥冤》、《岳飞》、《漫谈饮食与健康》等节目，让老年人共享社会文明发展成果，深受老年朋友的欢迎。

长泰县支中心积极利用文化信息资源共享工程资源开展文化拥军活动。长泰县图书馆与文化信息资源共享工程长泰县支中心与中国人民解放军73156部队签订“流动图书馆”协议，开展送书、影像资料进军营活动。把文化信息资源共享工程下发的“欢乐过大年”、“庆祝建党90周年”等影视资料送入军营，为当地官兵送去丰富多样的文化精神大餐。

长泰县支中心在上级领导的重视与关心下紧紧围绕机制完善、队伍建设、服务创新等方面狠下工夫，充分发挥文化信息资源共享工程支中心的功能和作用，并取得了一些成效。支中心将认真学习和借鉴兄弟馆的先进经验，迎难而上，齐心协力，勤奋工作，再创长泰县文化信息资源共享工程建设事业发展的新局面。

（撰文/长泰县支中心）

南靖县支中心

南靖县，古称兰水县，位于福建省南部，东临华安县，西接永定县，北与龙岩市、漳平市接壤，东南与芗城区毗邻。全县总面积1962平方公里，总人口36万，辖11个镇，共有199个村（居）。

一、基本情况

南靖县文化信息资源共享工程始于2008年，县级支中心设于南靖县图书馆。

2008年，南靖县图书馆投资10余万元，配备了1台服务器、20台终端电脑、1台打印机等设备，接入4M带宽网络光纤，建成电子阅览室，于12月开始免费向全县人民开放。

2010年，南靖县委、县政府将县图书馆改造工程列入为民办实事民生工程项目之一，投入220万元，对县图书馆大楼进行全面的装修与改造，并于2011年初全面完成、电子阅览室也重新装修，面积200多平方米。新建成的南靖县支中心投资50万多元，拥有机房、卫星小站、公共电子阅览室等设施，配有1套卫星接收系统、50台电脑、4台服务器以及投影仪、扫描仪、数码相机等设备，其存储空间达到6TB，电子阅览室终端电脑增加到40台。

二、管理和队伍建设

南靖县支中心根据上级要求和本县实际情况，制定了《支中心职责》、《支中心管理制度》、《电子阅览室网络安全制度》、《用户上网须知》等规章制度，并上墙公布，要求在日常服务工作中按规章制度进行管理，从而有效地保障了县支中心的正常运作。

南靖县支中心参加上级中心举办的各类培训，先后选派工作人员参加了全省公共图书馆馆长岗位培训班、“县级数字图书馆推广计划”培训班、政府信息公开培训班、省文化信息资源共享工程县级支中心技术骨干培训班等上级主管部门举办的业务培训，把实践和培训结合起来，更好的开展服务。同时，本支中心还积极引进人才，2011年，通过考试录用3名具有本科学历的工作人员，大大缓解了人员不足的困难。

南靖县支中心开展对乡镇综合文化站、文化中心户及农家书屋等相关人员的培训与指导。近年来，支中心以漳州市实施宣传文化中心户建设“百千万”工程建设为契机，通过集中培训和现场指导等方式，提高各级基层服务点人员的自身管理和服务“三农”的水平，培训覆盖面达本县乡镇85%以上，培训人数达1000多人次。

三、利民惠众，惠农服务

南靖县支中心以“文化信息资源共享工程”为载体、以公共电子阅览室为依托，深入开展公益服务。电子阅览室免费向读者开放，并对用户上网操作进行规范与指导；多功能厅则播放适合农村农业发展或群众喜闻乐见的节目；在节假日、农村传统节日及重大活动期间，县支中心配合各基层服务点，深入开展文化服务。同时，支中心选出1000多册有关“三农”的书籍和100多张视频光盘，用于扶持基层服务点文化建设。

南靖县旅游资源丰富，尤其以土楼著称。境内仍有保存完好的清朝道光年间建造的土楼220多座， 各类土楼15000多座，堪称“土楼王国”、2008年7月，福建土楼被正式列入《世界遗产名录》。在福建土楼申报世界遗产时期，南靖县支中心积极配合福建土楼“申遗”工作，将“申遗”知识、标准与条件、环境整治任务要等求内容，刻录成光碟，派出专人，带上电脑、投影仪等设备到“申遗”点及县城地区轮流播放，服务人数达5000多人次。通过广泛的宣传，有效提高群众对“申遗”的知晓率和参与率。此外，县支中心还配合各旅游文化节，利用镇、村基层服务点的平台，在重点旅游景区播放宣传片，大力推介南靖县丰富文化旅游资源。

南靖县民风淳朴，民俗活动丰富多彩。各基层服务点所在地，每年都举行许多富有地方特色的民间民俗活动。县支中心和基层服务点工作人员利用民间民俗活动，将设备搬到人群中，宣传推广文化信息资源共享工程。

北京奥运会期间，南靖县支中心针对在县城务工人员夜间无法观看奥运赛事直播的情况，将共享工程设备搬至图书馆大院，利用数字电视信号，全程转播夜间的奥运赛事直播节目，先后有2000多人次观看了比赛直播。

四、工作展望

南靖县支中心紧紧围绕机制完善、队伍建设、服务创新等方面下工夫，发挥文化信息资源共享工程支中心的功能和作用，取得了一些成效，南靖县图书馆因此获评省“十佳图书馆”、省“文化信息资源共享工程建设先进单位”，进而成为全国“县级数字图书馆推广计划”试点单位。

南靖县支中心将认真学习和借鉴兄弟馆的先进经验，迎难而上，齐心协力，勤奋工作，再创南靖县文化信息资源共享工程建设事业发展的新局面。

（撰文/南靖县支中心）

龙岩市支中心

龙岩市是全国著名革命老区，原中央苏区的重要组成部分，客家人的主要祖地和聚居地之一。位于福建省的西部，通称闽西，东与泉州、漳州两市接壤，西与江西赣州交界，南与广东梅州毗邻，北与福建三明相接，全市辖1区1市5县，11街道58镇63乡2民族乡，面积19050平方公里，人口256.1万(2010年)。

文化共享工程进部队

一、基本情况

新罗区共有20个乡镇、街道办事处、282个自然行政村。随着信息时代的到来，农民、社区居民对现代科技信息和文化的需求迅速增加。龙岩市支中心深入调查并根据农民的需求，带着家禽饲养、苗木、花卉栽培、水果种植等相关信息，送信息下乡工作。送科技下乡，以实施“共享工程”的又一具体举措。同时在基层建立20余个文化信息共享工程服务点，定期下乡开展服务工作，让广大农民不断感受先进科学和现代文明。

文化信息资源共享工程龙岩市支中心建设始于2004年，市级支中心设于龙岩图书馆。至今为止，总投资60万，每年运行维护经费约3万元。

龙岩市支中心设备配置有服务器4台、电脑108台（其中供读者使用的有50台）、笔记本电脑1台、存贮设备4TB、10M网络带宽光纤、投影仪1台、投影幕、多功能扫描仪1台、激光网络打印机1台、数码照相机1架、移动硬盘1个。

二、队伍建设

龙岩图书馆大力加强文化信息资源共享工程的队伍建设，设2名专业技术人员负责文化信息资源共享工程工作。同时，每年组织人员对乡镇、村服务网点的业务进行有效的管理和辅导、培训，使基层管理人员共掌握资源更新和运用技术。近年来，龙岩市支中心派出数位同志配合区文体局对全区19个乡镇街道及282个自然行政村近300名文化协管员进行培训，取得良好的效果。

三、资源建设，合作共建

龙岩市支中心在利用共享工程中心网站资源、国家中心下发的资源和通过卫星投放的资源的同时，注重与新罗区各部门联系合作，按照“资源共享、优势互补、互补互惠”的原则开展协作共建，为基层图书点提供流动图书近2000册。同时，争取上级业务部门的支持整合各类资源。近年来，龙岩市支中心加大资源采集力度，采集龙岩市宣传文化系统的诸多节庆活动视频资源，转换成光盘资源，无偿提供给个基层服务网点，既达到共建共享的目的，又为龙岩图书馆特色数据库建设留下了丰富的资源储备。

在开展文化信息共享工程活动的过程中，龙岩市支中心不断拓展共享工程的服务方式，充分利用这一全新的工作载体条件，切实拓展基层文化工作的新局面。近年来，龙岩市支中心有效利用国家中心、省中心提供的资源，为当地群众提供多媒体阅览服务；并积极配合国家中心，省中心的统一部署组织形式多样、丰富多彩的数字文化服务和数字文化活动，每年开展活动十余场，参加人数达8000人次以上。

四、活动开展，惠民服务

龙岩市支中心充分发挥电子阅览室在共享工程中的作用，每周在电子阅览室对读者推介优秀栏目、名家讲座、生活常识、电影及优秀地方剧目；每周六、周日上午9:00定期为读者播放名家讲座及影视剧。龙岩市支中心还利用星期天、节假日为未成年人播放爱国主义教育类、科普类影片，举办思想道德建设、名著赏析等讲座，以教育民众。近年来，龙岩市支中心每年播放电影50余场、讲座20余场。

龙岩市支中心还切实贯彻并按国家中心、省中心的指示，举办各式各样的活动。如2010年8月10日至8月24日举办的文化信息资源共享工程少年网页设计培训活动，共有150多人次参加培训。在活动中，通过讲授制作网页的理论基础知识和上机操作相结合，使学生掌握简单网页制作技能，并在老师的指导下以独立或团队协作的方式创作网页作品。又如2012年4月份，文化信息资源共享工程活动之图书漂游活动；8月份的文化信息共享工程讲座；10、11月份的书画展，都吸引了不少市民朋友前来参观。

龙岩市支中心注重利用共享工程开展思想道德建设、爱国主义教育活动，将加强和改进未成年人工作落到实处。支中心不仅日常利用支中心的投影仪为青少年播放优秀影片和礼仪知识讲座。

2009年，支中心结合文化信息共享工程活动，在图书馆大厅为小朋友提供了防震减灾知识读本，并开辟"地震科普知识图片"专栏，播放地震科普动画片。

2010年5月21日，新罗区教育局、区文体局等单位主办，龙岩图书馆协助承办的新罗区青少年爱国主义读书教育活动在图书馆顺利举办，全区各中小学均派代表参加了本次比赛，学生们以"辉煌六十年"为主题的精彩演讲博得观众阵阵掌声。

为老年群体服务是龙岩市支中心文化信息资源共享工程工作的又一重点。龙岩市图书馆坚持"贴近生活、贴近实际、贴近群众"的三贴近原则，根据老年人平时生活的诸多习惯特点，在图书馆及敬老院定期播放《营养与健康》、《科学保健》等系列视频资料和生活题材的故事片、名著欣赏讲座、中国京剧音配像等，使他们获得了精神上的关爱。

电子阅览室

五、荣誉奖项

2010年1月，龙岩图书馆在第四次全国公共图书馆评估定级工作中被评为"一级图书馆"；2010年10月，龙岩图书馆获得"福建省文化信息资源共享工程少儿网页设计竞赛组织奖"；2012年4月，龙岩图书馆获得福建省文化厅颁发的"全省文化信息资源共享工程建设先进单位"。

六、工作展望

展望未来，龙岩图书馆将进一步加强支中心的建设，按照相关标准完善主机室、电子阅览室、多媒体室的建设；龙岩图书馆将依托支中心的设备与技术力量，完成数字化图书馆的转型任务，带动馆内数字图书馆的建设，实现图书馆从传统向数字化的转型；龙岩图书馆将建立建全区乡村文化站信息共享网络，将全区已建成的20个乡镇综合文化中心纳入支中心服务系统；龙岩图书馆将加强人才队伍建设，通过培训不断提高人员的业务素质水平。

（撰文/龙岩市支中心）

漳平市支中心

漳平，又名"菁城"。漳平市是闽西的东大门，是中央苏区县之一，总面积2951.1平方公里，人口24万人，辖2个街道、8个镇、6个乡，198个村(居)。

一、基本情况

全国文化资源信息共享工程漳平市支中心设于漳平市图书馆，于2007年5月29日正式启动。

2006年，漳平市图书馆全面实现图书馆业务自动化管理后开始漳平市支中心的建设。2007年至今，漳平县共投入约55万元，用于市支中心的建设。

漳平市支中心中心机房于2009年建成，中心机房除上级配备卫星接收系统（服务器、投影仪）一套外（2007年5月卫星接收应用系统正式投入使用），现有服务器4台，用于卫星接收、视频资源点播和图书馆业务自动化管理及网站访问服务等。大型磁盘冗余阵列存储器一套，可用容量为8TB。购置移动播放设备一套。图书馆临街大门安装了LED电子显示屏，门厅配置公共查询触摸屏。配备数码相机、笔记本电脑、扫描仪各一台。安装监控摄像一套（12个探头），自动报警系统一套，计算机11台，并接入10M带宽网络光纤一条；另外，还配备防雷、防火系统。漳平市支中心的电子阅览室配备25台计算机供读者使用。电子阅览室及视听室2009年6月对读者开放。

2010年10月，漳平市图书馆门户网站（网址：www.zptsg.com）上线，2011年7月，"确然多媒体资源应用系统"对读者开放。此外，漳平市在永福、双洋、赤水、象湖、芦芝等5个乡镇设有基层服务点。

二、管理和队伍建设

漳平市支中心基础建设由图书馆馆长亲自抓，并配备1名副馆长及2名职工专职负责共享工程工作。

漳平市支中心制定了《共享工程漳平支中心工作制度》、《自动化岗位职责》、《电子阅览室管理人员工作守则》、《电子阅览室用户须知》、《视听室规章制度》等，并及时做好每年的工作计划及总结。

2007年支中心成立以来，努力做好服务日常化、正规化。充分利用国家中心、省中心提供的资源，电子阅览室、视听室周二至周日全天开放，每天开放7小时，视听室坚持每周为读者播放30小时视频节目。

漳平市图书馆与共享工程相关项目建设公司签订技术维护和支持合同协议，做到谁投标，谁维护，以保证共享工程设备的正常运行。

为做好职工及群众应用计算机网络等现代技术的能力，漳平市支中心十分重视共享工程技术骨干和管理人员的知识及观念更新，积极派员参加省图书馆组织的业务培训，再由参加培训人员对全馆工作人员进行再培训，发挥学习培训的最大作用。漳平市支中心还及时做好职工应用新系统的培训，争取所有职工尽早熟练工作程序，高效服务读者。

漳平市支中心定期针对不同人群开展不同的培训服务，对老年人等文化水平低，接受能力差的人群开展比较浅的入门级的基础应用服务；对学生则开展网页制作和英语学习等培训；对农民、工人开展实用技能及劳动保障等法律知识培训。

三、资源建设

漳平市支中心电子阅览室目前可供广大读者浏览的有国家县级数字图书馆推广计划配备资源及确然多媒体应用系统下发资源、福建省图书馆的远程访问系统，以及国家图书馆提供的送书下乡工程精选图书数据库和方正电子图书数据库及我馆自建的视频点播系统等多项文化信息资源。

漳平市图书馆开设有本馆的门户网站，设有"印象漳平"等专栏，以图片资料展示漳平的自然风光及文化特色。

四、合作共建

为发挥共享工程的最大功能，漳平市支中心积极与有关部门协调，逐步建成了以支中心为基础平台和枢纽的文化信息资源共享网络。目前，与漳平市委组织部、文明办、教育局、广电局、农业局等部门建立起合作关系，漳平市支中心在漳平市"农村党员干部现代远程教育"、"农村中小学现代远程教育工程"、"村村通工程"、"新农村建设"等活动中起着重要作用。

五、惠民服务

漳平市支中心在实施共享工程建设的过程中，不断拓展共享工程的服务内涵和方式，充分利用这一全新的工作载体，服务大众、联系学校、走进企业、深入军营，开创了文化服务工作的新局面。

支中心从建成开放之初即坚持免费服务，读者只需出示身份证件凭借书证即可开通电子阅览服务。视听服务更是零门槛，所有到馆读者都可随时观看播放的影视、讲座等节目。并鼓励读者组团预约点播节目，做到所播放节目的针对性，起到良好的社会效果。

漳平支中心实施"走出去，请进来"方针，与社区、厂矿合作，资源互补，深入基层靠站服务活动。每年"五一"则进工业园区为员工播放，"六一"进校园为小学生播放，"七一"为农村党员播放红色经典，"八一"进军营为消防官兵播放。另外在各个乡镇设立服务点，定期为群众免费发放科普材料、播放科技知识视频和爱国主义电影、开办文学讲座等。通过延伸服务范围，努力让社会全体成员平等地享用支中心的资源。

漳平市支中心结合重大节日开展主题活动。春节期间，充分利用文化信息资源共享工程设备和下发资源，每天为市民播放春节特别节目。让广大城乡群众享受"文化盛宴"，增添了节日的喜庆气氛；2008年北京奥运会前夕，支中心举办共享工程奥运宣传活动，结合"喜迎奥运享受阅读"的主题，通过印制奥运宣传单（500份）、专题图书展（图书专架100余册）、视频、以及主题征文比赛、迎奥运知识竞赛等活动，推广奥运知识，促进青少年关心奥运，参与奥运。市支中心开展的"我与奥运同行"主题征文收到征文50余篇。纪念改革开放三十周年之际，支中心举办"文化繁荣　岁月如歌——纪念改革开放三十年"图文展活动。先后分别在漳平市双洋镇、漳平市政府广场、漳平市图书馆阅览室举办文化信息资源共享工程"文化繁荣　岁月如歌——纪念改革开放三十年"图文展，向读者展示了我国改革开放三十年来的重要文化成果和优秀文化资源。纪念建国60周年，支中心举办"国事盛典，文化印证"展览，以图文形式展现六十年来在党的领导下，文化战线产生的巨大变化和文化大发展大繁荣的历程；展播活动则播出"走向和谐"、"解放"、"伟人"、"伟大的历程"等系列视频；同时还举办"庆祝建国六十周年知识竞赛"。2011年，支中心紧紧围绕建党90周年和辛亥革命100周年两大主题，组织播放学习英雄楷模"双百人物"及"开国"等系列专题片。2012年，支中心在图书馆馆网站视频点播栏目设"学习雷锋好榜样"专题，有雷锋之歌及雷锋、焦裕禄、张思德模范人物等内容丰富、体裁多样的多媒体资源供读者浏览。

六、宣传推广

为了扩大文化信息资源共享工程在基层群众中的影响，使各级领导和群众充分认识到这是一项惠民工程、民心工程，认识到工作的重要性和必要性以及文化信息资源的可用性。支中心利用各种机会进行广泛宣传。通过"4·23国际读书日"、图书馆服务宣传周、读者座谈会等活动，印发宣传折页、设立展台和展板，对文化信息资源共享工程的功能进行重点介绍；并发挥志愿者的宣传主动性，走上街头，深入学校、社区等进行宣传；同时在图书馆网站上开设专栏，对共享工程活动进行专题宣传；还通过LED、网站等公共媒体对漳平市图书馆共享工程工作进行宣传报道，以扩大其影响力。

七、工作展望

为更好地服务读者，适应现代社会读者要求，漳平市图书馆拟重新选定醒目、宽敞的位置，设置新的电子阅览室及视听室；漳平市支中心还将进一步加强地方特色资源建设，注重读者群的组织及联系交流，发挥志愿者的能动性，创新读者活动的组织形式和方式，与社会各界进一步加强共建共享，积极联动社会力量共同参与支中心建设及服务活动。

（撰文/漳平市支中心）

永定县支中心

永定县是著名的革命老区、苏区、侨区、矿区、烟区，又是蜚声世界的福建土楼之乡，是纯客家县。总面积2216.3平方千米。人口36.2658 万人（2010年末），全县辖10个镇、14个乡，共有279个村（居）。

一、基本情况

永定县文化信息资源共享工程始于2006年，县支中心设永定县图书馆。2006年至2007年间，永定县陆续建成了一些文化信息资源共享工程乡镇和行政村服务点；2007年，永定县委、县政府把文化信息资源共享工程列入为民办实事的民生工程。

2008年，永定县图书馆投入资金10万元，配置联想计算机20台，接入4M网络宽带光纤，建成电子阅览室并免费对外开放；

2010年，县委、县政府与文化厅签订了《福建省文化信息资源共享工程建设责任书》，全力推进永定县的文化信息资源共享工程建设。

2010年，上级下拨25万元专项资金，用于文化信息共享工程永定县县级支中心设备购置。永定县支中心采取政府招标形式购进一批设备，包括服务器、存储、电脑、摄像机、数码相机、卫星接收系统、复印机、打印机、扫描仪、移动播放器、移动硬盘、投影仪、防火墙、交换机、42U机柜、UPS不间断电源以及相关配套设施，同时安装了防雷系统。

整套设备于2011年元月安装调试完毕。至此，永定县支中心全部设备正式投入使用。

与永定县支中心投入使用的同时，永定县依托乡镇综合文化站、村文化活动室及农村计划生育中心户、农业科技协会组织，设立了200个服务点。其具体做法是：乡镇服务点建设补助2万元，行政村服务点建设补助1万元。配置电脑、电视、VCD等设备，用已经覆盖全县90%以上地区的广播电视村村通网络和党员远程教育网络，传输共享工程的信息资源，采用点播的方式，实现文化信息资源共享工程进村入户。

二、管理和队伍建设

永定县支中心与计算机技术部门签订服务合约，从而保证设备的正常运作。支中心的设备运行及网站管理，依托龙岩恒冠计算机技术有限公司维护。图书馆业务办公自动化则依托中国专业图书馆网平台，实现图书编目、借阅、管理自动化。

县支中心开设电子阅览、视频播放室，免费对广大民众开放；乡镇服务点则利用广播电视村村通网络和党员远程教育网络，传输共享工程的信息资源，采用点播的方式，实现文化信息资源共享工程进村入户，受益人数达数十万之众。

为了提高管理人员的业务素质，县支中心先后4次派出管理人员参加省图书馆等部门主办的业务培训班学习；县支中心与主管局合作举办基层管理人员业务培训2期，参训人数125人次。

三、资源建设

永定县支中心资源建设以全国文化信息资源建设管理中心和省分中心提供的资源为主，同时整合文化、科协、教育、农业、计生等部门的信息资源，包括聚焦三农、供求信息、科普之窗、教学园地、知识讲堂、文化艺术、阳光政务、图书阅览、电影欣赏等。共接收国家中心下发的各类光盘1000多张，接收、下载卫星传送资源约0.5TB。

2010年，县支中心建立永定县支中心网站（网址：http://ydtsg.com)，设置相关栏目。除链接国家中心、省分中心等栏目资源外，2011年，永定县图书馆投入10万元，购置超星电子图书15万册（1.4TB），贮存于硬盘上，并在网站上设立“馆藏电子图书”栏目，供广大读者点阅。

四、宣传推广

永定县支中心充分利用墙报、电视台、宣传车、编印小报等形式，大力宣传文化信息资源共享这一惠民工程，让民众认识实施这一工程的重要意义和实施内容，享受党的富民政策和改革开放所取得的成果。至2012年底，共编制墙报4期、电视台播放3次、出动宣传车2次、分发小报2000多份。

五、工作展望

永定县将加强共享工程机制建设。加强对文化信息资源共享工程的组织领导，将文化信息资源共享工程作为公共文化服务体系建设的重要内容，列入各级部门的重要议事日程。将文化信息资源共享工程的实施情况纳入创建文化先进乡镇等相关评比标准，纳入目标考核体系。永定县支中心将强化管理，逐步建立行之有效的工作机制，保障服务点规范高效运行；永定县支中心将改变无专职管理人员，许多资料无法转换成数字资料输送到网上的现状，完善支中心的建设，加强队伍建设，提高工作人员的业务素和能力，建立一支适合文化信息资源共享工程建设需要的人才队伍，以确保每个站点运作常态化。

永定县支中心将充分利用广电网络传输文化信息。对文化信息资源共享和广播电视村村通两大工程进行有机整合，实现用一个机顶盒就能看数字电视、接收共享工程信息，将文化信息、党员教育、计划生育、农业科普等公共信息资源传到农户家中，真正让广大用户便捷地享受文化信息服务。

永定县支中心将改变信息资源量总体不足，无法满足群众多方面的文化需求的状况，加强共享工程资源建设。多方筹集资金，将馆藏地方文献进行数字化处理。

永定县支中心将改变基层工作站规模小，乡与乡、村与村之间发展不平衡，不能满足基层群众日益增长需求的状况，构建多层次的资源服务体系，加大资源整合力度，进一步整合各类信息资源，努力推进地方资源的征集和制作常态化，满足不同层次民众的对不同文化信息需的求。充分利用电子文献资源，开展电子书刊推送服务。

（撰文/武平县支中心）

上杭县支中心

上杭县是著名的革命老区县、中央苏区县，总面积2879.0平方公里，全县人口49.38万人（2008年）辖22个乡镇（其中9个镇、11个乡、2个畲族乡），共有342个村（居）。

一、基本情况

上杭县支中心设于上杭县图书馆。县支中心的设备总投资20余万元，于2010年10月建成并投入使用。其中电子阅览室80平方米、多媒体室100平方米、主控机房20平方米，电子阅览室共设坐席26个、计算机26台，接入10M网络带宽光纤，每台计算机都可浏览共享工程的信息，现已向社会全面免费开放。多功能影视报告厅可容纳150人。县支中心在数字办工作人员的技术支持下建立了图书馆网站和文化信息网，图书馆网站主要用于发布支中心各工作动态，并提供图书馆馆藏书目查询、读者服务指南等栏目。上杭文化信息网网站是“文化信息资源共享工程”专门网站，目前县大大小小的各类文化信息都可以通过此网站予以发布，网站设红色文化、客家文化、上杭记忆、三农服务、地方文献、文化动态等栏目，内容包括上杭文史名人传记、上杭风情、上杭特色、文献资源、上杭大事记等。支中心的建成，进一步推动了县图书馆基础建设，实现了图书馆网络化、数字化、自动化管理。2011－2012年，县支中心加大对共享工程资金投入，先后购买电子图书3万余册，服务器容量扩充至2.5TB，并实现了电子资源与电子阅览室内的计算机相连接，电子阅览室的电脑可以方便阅览服务器上的电子资源。

目前，上杭县已经建成文化信息资源共享工程县级支中心1个，“农家书屋”257家，实现了文化信息资源共享工程在上杭县的全覆盖。

二、利民惠众，惠农服务

上杭县支中心成立的两年多时间里，充分利用共享工程网络资源内容新奇、实用性强、信息量大、数据传输快捷方便的优势，搜集、下载适用于当地群众的政策法规、先进性教育、农业科技、文化体育、防疫保健、科普知识等共享工程信息资源，刻录成VCD光盘或宣传资料，通过县、乡、村三级文化服务网络及其它途径，或直接，地提供图书、光盘服务；或利用文化“三下乡”、宣传周、农村集市、节假日等，在各乡镇集中向农民群众发放共享工程光盘和实用技术资料，现场接受咨询并解决实际问题，从而扩大宣传面。同时，通过协调宣传、农牧、林业、卫生、计划生育、公安、森林武警、看守所等部门，将各类信息资源通过各业务部门的工作，传播到千家万户。上杭县支中心还在县图书馆主要位置开设“文化信息共享宣传栏”，提供共享工程节目预告，节目内容介绍等服务。上杭县支中心定期在多功能影视播放厅，为读者播放各种优秀视频资源，入文化娱乐、科技知识、农业科普、法律常识、医疗卫生、种植养殖技术等影视佳作。

上杭县是客家文化的发源地之一，客家文化资源十分丰富，支中心开设“客家讲坛”专题讲座。上杭县图书馆在开展文化信息资源共享工程工作的同时，也承担着宣传、研究客家文化的重任。2011年5月，在县委宣传部、县社会科学界联合会的支持下，上杭县图书馆在县图书馆多功能报告厅成功开设“客家讲坛”。“客家讲坛”主要内容包括客家文化的源流及研究成果、客家族群研究、客家人与中华汉民族、客家的未来之路、红土地文化与客家文化的关系、红土地文化的主要内容与研究成果，红土地文化的发展与走向、客家文化、红土地文化与海西发展的关系等等专题。“客家讲坛”每月开设一次，邀请本县或全国、省、市级知名专家学者担任主讲。这些举措和活动有力地推进了县公共文化服务体系建设、新农村建设和和谐社会的建设。

三、工作展望

上杭县支中心将以县图书馆、乡文化站、基层服务点为实施主体，进一步扩充文化设施网点，做好县支中心与乡镇服务点的联系，实现县、乡、村三级文化服务网络体系一体化，深入推广共享工程。

上杭县支中心将借助数字电视和远程教育服务网络，加强广大农村的共享工程扶持力度，以文化信息共享工程为社会主义新农村建设的重要抓手，通过多种形式拓展服务范围、创新服务方式，提高人民群众的思想道德水平和科学文化素质，最大限度地将信息资源转化为生产力。

（撰文/上杭县支中心）

武平县支中心

武平县是革命老区县、中央苏区县，面积2635.2平方公里，人口37万，辖全县辖7个镇、10个乡，共有214个村（居）。

一、基本情况

全国文化信息资源共享工程福建省武平县支中心成立于2004年，设于武平县图书馆。

2008年以来，在中央、省、市、县的财政支持下，武平县支中心投入近百万元开展了自动化建设以及标准化机房、电子阅览室、多媒体展示厅的建设。

文化信息资源共享工程工作启动后，武平县图书馆收回一楼出租店面，建起一间有50台电脑的公共电子阅览室和一间多媒体展示厅，同时在县市民服务中心设立了市民阅览室，大大方便群众的阅读，丰富了群众的精神文化生活。

武平支中心机房配备了业务服务器、应用服务器、视频点播服务器、存储服务器（160TB）。同时，配备了60台电脑以及投影仪、数码摄像机、数码照相机、便携式电脑等。此外，还配备了网络光纤10M，防雷设施1套，防静电地板1套，机柜2套，UPS1套，防火墙软件1套，自动化ILASII软件1套，服务网站2个，电子图书平台2套。

二、网点建设

在上级和各相关单位的支持和配合下，县支中心和基层服务网点的建设得到有效推进，2009年，武平县整合“村村通”、“农村党员远程培训教育平台”等资源，在全县17个乡、镇、村建立了236个基层服务点，各基层点基本配套设施有网络接入点、电脑、电视、播放器、复印机等设备，从而使服务网站延伸到各乡镇和村居，有效地提升了图书馆的服务功能。

三、管理和队伍建设

武平县支中心由县图书馆馆长黄惠英负责，有1名专职管理人员和两名兼职管理人员。各基层点由文化站长负责，并配备1至2名兼职管理人员，全县有专兼职管理人员470人，

该支中心每年均派专兼职管理人员1—2人次到省分中心进行培训，各基层点每年派4—5人次参加省、市各级培训。同时，县支中心每年都要派专业技术人员到各基层点进行现场业务指导，并对乡镇文化站站长和图书馆管理工作人员进行培训。

2012年，黄惠英馆长荣获“武平县劳动模范”荣誉称号。

四、资源建设

武平县支中心现有图书、电子图书等12.6万册，音像视频600多套。视频资源、图片、音乐等数字资源5000个，共占存储21TB，并建设了地方特色资源数据库8个，收集了地方文献、古籍、客家族谱、武平汉剧、文史资料等。此外，福建省分中心统一办理的确然系统，还为武平图书馆建立了丰富的数字资源。

五、合作共建

合作共建是推进文化信息资源共享工程基层网点建设的有效途径，武平县支中心积极与各相关部门合作共建，实现优势互补。县支中心结合“农村党员现代远程教育工程”、广电“村村通”工程，完成了“文化信息资源共享工程”村村通任务。

2012年10月16日，武平县支中心到十方镇高梧村开展了“科技文化”下乡活动，与黄陌自然村共建了“全国文化信息资源共享工程”黄陌基层点。

六、惠民服务

近年来，武平县支中心通过举办专题知识讲座、读书报告会以及走出馆门，开展送书、送科技信息进社区、厂矿企业和进乡村活动，努力贴近读者、贴近群众，弘扬科学精神，促进群众素质的提高。仅2012年，县支中心就开展了科技文化走进厂矿企业、世界读书日宣传等活动，举办了“品味书香、文化武平”以及“健康上网，快乐成长”等讲座，并召开了小读者座谈会。支中心还积极利用“共享工程”资源在乡村开展党的政策宣讲，农业科技下乡等活动，并开展送戏下乡，少儿读书征文比赛等多种形式的主题活动。2012年9月，支中心还到象洞乡联坊中心小学开展了“锦麟乡村读书计划”下乡辅导活动。

七、工作开展

今后，武平支中心将更加求真务实、争先创优，确保“共享工程”取得更大的成效，并进一步在新农村建设、构建和谐文化、培育社会新风和建设社会主义核心价值体系等方面发挥积极作用。

（撰文/武平县支中心）

连城县支中心

连城县，简称“莲”，连城县是革命老区，是闻名遐迩的旅游胜地，是客家人的聚居地和发祥地之一，总面2596平方公里， 总人口33万人，辖7镇 10乡240个行政村，共240个村（居）。

一、基本情况

连城县2008年列入福建省文化信息资源共享工程试点县，县支中心设连城县图书馆。

共享工程建设初期，由于县图书馆缺乏计算机网络专业技术人员，给文化信息资源共享工程项目的启动和实施带来了一定的困难。为确保2010年底按照标准完成试点县建设任务，县文体局于2009年初委托县信息中心规划编制项目实施方案和经费预算，鉴于连城县属财政转移支付县，县财政困难，加上县图书馆场所不足和缺

少计算机专业技术人员的限制，提出了本着集中式、集约化的建设模式，即县图书馆与县信息中心共建、共享、共用的建设方式和多方共同争取资金、分期分批投入的建设思路，最后确定分两期进行建设，完成县支中心的建设工作。

连城县支中心不在县图书馆投资建设专业的计算机网络机房，而是将按标准采购的机柜、服务器等设备托管在县信息中心机房，共享、共用县信息中心机房现有的专业设备、网络资源和技术力量，最大限度实现资源共享，避免重复建设和资源浪费。

县信息中心技术力量较强，具有多年政府门户网站建设管理经验，而且网站安全防护设施比较齐全。已建成的“连城县图书馆网站”和“连城县文化信息网”由县信息中心提供技术支持并负责管理维护，工程师实时监控防护，更新维护反应快捷、便利，既保障了图书馆和文化信息资源共享工程网站的信息安全，又节省了人力、物力。

2008年至今，根据连城县和县图书馆的实际情况，按照中央财政、省文化厅、县财政不同程度的拨款投入，分期分批规划建设，县支中心的建设共投入74万元，按照国家中心规定县支中心的配置要求，完成各项设备的配置。

依托在县信息中心的机房设备有：4台IBN刀片服务器、6.5TB的存储矩阵、web应用防火墙、绿盟入侵防御系统、图书馆网站系统、自定义表单系统。在连城县图书馆的县支中心现有免费开放电子阅览室1个（配备电脑25台）、卫星接收设备1套、投影仪、投影幕1套以及电子显示屏1个，并接入20M带宽网络光纤。

此后，经过福建省文化厅的设备投入支持，以及县财政拨款投入，建立了隔川乡、北团镇、四堡乡、赖源乡4个基层服务点。每个基层服务点均有电脑8台，液晶电视1台，投影仪、投影幕1套，灯光音响设备1套等设备。服务场所均设置在临街地段，以便正常开放为群众服务。

二、管理和队伍建设

为保证文化信息资源共享工程工作的顺利开展，连城县支中心制定了电子阅览室管理人员工作守则等各项管理制度，制度上墙，明确职责。

工作人员具有一定的专业知识，且不断参加专业知识学习和培训，提高工作能力，促进文化信息资源共享工程工作的顺利开展。

连城县支中心现有专职工作人员1名，各服务点配备工作人员1名。县支中心充分利用电子阅览室，开展多次培训活动。

邀请北京专家在电子阅览室举办自动化业务培训班，让全图书馆职工更好地掌握中国专业图书馆的自动化管理功能。

县支中心还与县数字办联合共同免费举办了连城县协同办公系统应用培训班，邀请专家授课，县委办、县政府办、县人大机关、县政协机关领导及相关人员参加。

邀请省消防协会宣传工作人员，在电子阅览室举办消防安全知识讲座，让全馆职工掌握基本的预防火灾和逃生自救常识。

三、资源建设

县支中心利用国家中心下发的光盘资源，和图书馆所购置的2.6万册电子图书以及视频资源等，利用文化信息网站和电子阅览室，免费为群众服务。

四、惠民服务、宣传推广

连城县图书馆充分利用电子阅览室资源，建立政府信息查阅室，收集全县各有关单位公开信息的纸质文件和电子文档，供群众查阅。与县效能办共同开展连心桥活动，征集群众意见，关注民生大计。

2009年10月，“连城县图书馆网（http://www.lctsg.cn）”和“连城县文化信息网（http://whgx.lctsg.cn）”开通运行。“连城县文化信息网”开设了双百人物、农村种植、技术培训、医疗保健、电影欣赏、相声小品、知识讲座、科普知识、文学鉴赏、开国英雄、新农村建设、农业养殖、普法教育、中医按摩、综艺晚会、历史地理、文物遗产等栏目，还根据连城县地方特色，开设了红色歌曲、连城文化、投资连城、非物质文化遗产、冠豸山国家地质公园、申报世界自然遗产、连城新闻等具有地方浓厚特色的栏目。对各种文化信息资源进行有效的展示，为公众提供在线点播、浏览、下载和咨询服务。群众可以通过连城县图书馆网站、连城县文化信息网点击查阅电子图书和文化信息资源共享工程有关视频资源。“连城县文化信息网”开通运行时，县支中心通过向全县手机用户发送短信，公开宣传网站网址，欢迎广大群众登录网站。

五、工作展望

连城县文化信息资源共享工程的工作是持续发展的，县支中心的建成，充分发挥文化信息资源的作用，为全县人民提供优质的三农、科教、党建、文化等影、视、听等数字资源，使乡镇、街道、村居基层服务店的覆盖率将达到100%。

（撰文/连城县支中心）

宁德市蕉城区支中心

蕉城区，是福建省宁德市政府所在地，是闽东的政治、经济、文化中心，地处福建省东北部沿海，面积1664.54平方公里，总人口约43万，辖2个街道、10个镇、3个乡、1个民族乡。

宁德市蕉城区文化信息资源共享工程建设工作始于2002年，蕉城区支中心设于宁德市蕉城区图书馆。

2002年2月，蕉城区图书馆自筹资金8.8万元，配备10台电脑，安装了天通的卫星接收设备和VGA接口电视，在宁德市澳风大厦临时过渡的馆内开通“福建文化信息网络”基层站，以省图的网络资源平台为依托，将共享工程与电子阅览室合办，但在使用过程中功能作用发挥不明显，在管理上带来诸多不便。

2003年，蕉城区图书馆搬迁至蕉城南路，改变文化信息资源共享工程的管理方式，将“福建文化信息网络”独立出来，并加大宣传力度。此举大大方便了管理，也方便了读者。

2006年因为经费等各方面的原因，福建文化信息网络蕉城区基层站电子阅览室关闭。

2007年2月，蕉城区图书馆再次开通“全国文化信息资源共享工程基层点”，接受国家中心的3万元设备资助，配备共享工程服务器1台，卫星接收设备1套，投影机、投影幕1套。后陆续投入经费约2万元，建立50平方米共享工程演播室，设45个座位。

2008年9月，蕉城区图书馆被列为“福建文化信息资源共享工程县级支中心”。

2011年3月，蕉城区图书馆开始新馆建设。2012年9月，新馆全面竣工投入使用，蕉城区图书馆再次搬迁。

以新馆建设为契机，蕉城区图书馆投入68万元，按照文化部制定的县级支中心配置标准进行建设。

新建的宁德市蕉城区支中心公共电子阅览室50平方米，配备25台电脑，安装了公共电子阅览室管理系统、电子阅览室资源应用门户系统等软件；多媒体播放室120平方米，设70个座位，配备投影机、投影幕、电视机、数字展台等设备。同时还配备了卫星接收设备、数码相机、数码摄像机、笔记本电脑、触摸查询一体机、光盘刻录塔等设备。

2012年9月，新建成的文化信息共享工程蕉城区支中心以崭新的面貌，正式对外开放。

共享工程各项工作的顺利开展和所取得的成效，离不开规范的运行管理机制和工作人员的辛勤劳动。经过几年的探索实践，蕉城区图书馆逐步完善健全了《全国文化信息共享工程支中心岗位工作规范》、《公共电子阅览室》、《电子阅览室青少年上网规划》等一系列规章制度，对共享工程的各项工作从制度层面加以规范。同时，蕉城区图书馆在人手紧缺的情况下，安排2名责任感强、素质较高的业务骨干兼职担任支中心的工作，每年都派员参加省中心举办的各种业务培训学习，努力提高工作人员的业务素质。

自开始文化信息共享工程工作以来，蕉城区图书馆就充分利用文化共享工程设备和资源，结合当地经济和文化发展的需要，将文化共享工程服务与图书馆服务有机结合，努力创新服务方式，通过刻录光盘、送资源下乡、播放视频等方式开展服务，将优秀的数字文化资源送进农村、送进社区、送进校园、送进军营、送进企业。

几年来，先后开展了农村实用技术节目展播、普法节目展播、健康知识展播、中学生网络知识教育等活动。同时还结合春节、“六一”、“七一”等节假日和图书馆服务宣传周、科普宣传周、全民读书月等，开展展览、讲座、送书下乡等多种形式的宣传服务活动。

共享工程丰富、优秀的信息资源受到了百姓的热烈欢迎，让广大基层群众“求知识、求富裕、求健康、求快乐”的需求从共享工程的服务工作中得到进一步的满足，取得了良好的社会效益。

经过十年的建设、探索，蕉城区文化信息共享工程建设初见成效，但专业技术人员匮乏、当地财政困难没有配套资金投入等问题，也给共享工程的建设、服务和发展带来了一定的困难。

宁德市蕉城区支中心将继续充分发挥“全国文化信息资源共享工程”的资源优势，扎扎实实地抓好服务，不断拓展文化信息资源共享工程的服务方式，充分利用文化信息资源共享工程的载体，加大宣传力度、打造服务品牌，加快《宁德市蕉城区地方文献》、《蕉城区图书馆馆藏古籍》等数据资源库建设，全面实现蕉城区文化信息资源的共建共享。

（撰文/宁德市蕉城区支中心）

福安市支中心

福安市位于福建省东北部、地处闽东地理中心，市境东邻柘荣县、霞浦县，西连周宁县，北界寿宁县、浙江省泰顺县，南接蕉城区。总面积1880平方公里，全市下辖11个镇7个乡3个街道，447个村（居）民委员会、社区，108个少数民族村，总人口62万，其中畲族人口为5.8万人，占全国畲族总人口的9.20%，是全国畲族人口最多、最集中的一个市(县)。

福安市文化信息共享工程启动于2008年，县级支中心设于福安市图书馆，于2010年元旦正式投入运行，向广大读者提供网络信息服务。

2008年，福安市图书馆列入“福建省文化信息资源共享工程试点县馆”，市政府于2008年12月与福建省文化厅签定了共享工程试点县（市区）建设责任书。鉴此，福建省文化厅安排建设补助资金10万元。福安市财政局拨付配套资金30万元，合计40万元作为启动资金，但按国家文化部颁发的2008年度共享工程建设标准预算，该工程造价至少为68万元。在工程资金缺口较大的情况下，福安市图书馆主动争取主管部门领导的支持，积极研究具体解决方法，结合本馆的实际情况，制订合理可行的实施方案，采取先预付部分工程资金招投标，待工程竣工验收后分期付还的办法，争取缓冲的机会，再向上级财政及文化部门争取拨款，以补还工程的缺口资金，最后如期完成工程的建设工作，于2010年正式投入运行，并获得2009年度“文化信息共享工程先进集体”称号。

福安市支中心工程由电源系统、防雷系统、卫星接收系统及多媒体演播厅、机房建设等部分组成。拥有应用、视频点播、多媒体点播等服务器；信息资源存储设备、系统管理软件、方正防火墙等系列硬件设备。其中控机房拥有4台服务器、6台网络交换机、1套达6000G容量的信息资源存储设备、1套视频点播系统、3台系统管理软件、1套卫星信号接收转播系统、1套大型UPS稳压电源及空调等，硬件水平达到国家规定的建设标准，其信息资源将辐射全市各乡、镇文化站及各社区文化站的共享工程基层服务点。目前，已建设9个乡、镇、6个行政村的共享工程基层服务点。

福安市支中心的电子阅览厅接入10M网络带宽光纤，拥有电脑20台及千兆交换机、空调等设备。

福安市支中心的多媒体演播厅具有大屏幕电视、投影机、120英寸投影幕。

福安市支中心拥有视频资源1825G，电子图书15万多册，光盘资源1300多张，以及国家文化信息资源共享工程中心，福建省图书馆的网络信息资源库的资源，还有福安市图书馆不断为文化信息资源共享工程补充的更多更优秀的电子资源。

福安市支中心额度电子阅览厅常年对外开放，每周服务时间达49小时。向用户免费提供本馆书目数据的检索、数字化图书、报刊的阅览、视频资料的实时点播、共享资源各类多媒体光盘资料的检索、专题数据库和互联网信息的浏览、政府公开信息查询、本馆网页相关信息的发布等方面的服务，并提供光盘资料刻录、链接国家文化信息资源共享工程中心，省图书馆网络信息资源库查阅服务。

利用中华优秀文化信息资源，丰富基层群众文化生活，为广大读者提供丰富多彩的民俗文化、影视节目以及农业种植、养殖等科普知识、专题讲座。

福安市支中心的多媒体演播厅定期播放农业、养殖、养生、科学等科普类电视节目，以及吸引少儿读者电影和动画片等视频资源。还不定期设立专题讲座。

福安市的文化信息资源共享工程的建成，为群众构建了网络信息服务的平台，也提供了电子信息资源阅览的空间，同时形成资源丰富、技术先进、服务便捷，覆盖福安市城乡的数字文化体系，将丰富的文化信息资源通过数据传输网络送到城乡基层文化站点，同时有效提高图书馆文献资源和设施的利用率，发挥图书馆的公益文化职能，为建设社会主义新农村提供有益的服务。

（撰文/福安市支中心）

福鼎市支中心

福鼎市位于福建省东北部，东南濒临东海，东北接浙江苍南县，西北邻浙江泰顺县，西接柘荣县，南连霞浦县，总面积1526.3平方公里，人口57万人（2006年），全市辖3个街道、10个镇、3个乡（其中2个民族乡），共281个行政村(居委会)。

福鼎市文化信息资源共享工程建设启动于2008年，县级支中心设于福鼎市图书馆。

2008年，福鼎市被列入文化信息资源共享工程试点县后，福鼎市政府作出决定，由市财政划拨133万元专款，用于全市文化信息资源共享工程的建设。

在获得专项资金之后，福鼎市图书馆开始投入资金达62万元，筹建县级支中心，

至2010年1月底县级支中心已基本建成并投入使用。支中心共拥有4台高性能服务器、6台交换机、1套存储设备、1套视频点播系统、3台系统管理软件、41台电

脑、10M光纤接入，另外还配备了52寸大屏幕电视、投影机、120英寸投影幕等设备，上述设备表明，福鼎市支中心的硬件水平已达到并超过国家现行规定的建设标准。

2009年12月，福鼎市文化信息资源共享工程二期启动，工程规划为建设乡、镇、村基层服务点，共投入资金71万元，目前已完成11个乡镇基层服务中心、5个村服务点的建设。总投入资金133万元。

2011年起，福鼎市财政每年补助资金6万元，用于福鼎市支中心的日常运行。

福鼎市支中心投入运行之后，结合全市共享工程实施过程中的实际情况，与全市乡镇、街道、村的基层服务点签订使用协议，制定《电子阅览室管理制度》、《福鼎市图书馆电子阅览室规则》、《全国文化信息共享工程基层服务点电子阅览室管理办法》等一系列完备的管理制度，有力的规范了各服务点的建设与管理。

福鼎市支中心经常派专业人员到省参加文化厅举办的共享工程培训班，并专门调配3名专业技术人员，组成技术服务小组，对各基层服务点人员进行逐一培训，对基层共享工程服务点进行有效的管理和辅导、培训，使其掌握资源更新和运用，还为共享工程基层点进行了共享工程服务器软件升级。

在实施共享工程的过程中，福鼎市支中心不断拓展共享工程的服务内涵和方式，充分利用这一全新的工作载体条件，结合本市实际情况，开创了基层文化工作的新局面。

福鼎市支中心充分发挥公共图书馆的阵地作用，将电子阅览室26台微机设为共享工程专用机、免费对市民开放；在多功能厅则每周推介优秀栏目、名家讲座、生活常识、电影及优秀地方剧目、宣传资料视频，如《远离毒品，珍爱生命》宣传篇等；还利用星期天、节假日对未成年人播放百部爱国主义教育、科普类等影片；同时举办思想道德建设、名著赏析等方面的讲座，引导未成年人多读书，深受广大市民的欢迎。

福鼎市支中心利用省分中心下发的视频文献资源，在各乡镇文化站、村文化室与基层中心、村服务点进行整合使用，实行一站点两块牌子，一套工作人员，使各项资源得到充分利用。如：太姥山镇文化站，专门设立了文化共享工程集体播放室和电脑室，利用共享工程丰富的数字资源开展加强思想道德建设活动，利用设备组织干部开展远程党员教育活动，组织农民开展实用技术培训、

利用集市播放群众喜闻乐见的文艺影片等，增强了文化站的综合服务功能。今年，该文化站放映了《飘扬的红领巾》、《亮剑》、《科学养猪》、《肉牛快速育肥》等光盘，共计8次，观看人数达1300人次。

福鼎市支中心利用农业科技信息资源，通过共享工程深入农村，满足农民群众劳动致富需求。一年来，支中心定期且有选择地为各乡镇基层中心及村服务点提供各种资料，下载家禽饲养、农作物栽培等相关信息。支中心举办“文化信息资源共享工程进社区”活动，在桐北社区全天播放共享工程的优秀节目。

为加强未成年人思想道德建设工作，支中心除了在馆内针对未成年人开展的活动以外，还与红领巾读书活动联合，深入各中小学校开展活动，播放优秀影片和礼仪知识讲座，开展爱国主义教育活动。

文化信息资源共享工程福鼎市支中心坚持“贴近生活、贴近实际、贴近群众”的三贴近原则，利用文化信息资源共享工程开展为老年群体服务。根据老年人平时生活的诸多习惯特点，下载了《健康之路》、《养生堂》、《晚年的幸福生活》等系列视频资料和战争题材的故事片、名著欣赏讲座、中国京剧音配像等视频，在老年大学、敬老院等场所开展服务。

为增进军民友谊，丰富广大官兵的业余生活，表达对子弟兵的深切关怀，福鼎市支中心在部队设立了共享工程服务点，向共建部队赠送了2台电脑、1台投影机、1个100寸支架投影屏幕和1个500g的硬盘，并安装了文化信息资源共享工程内容。在部队多媒体教室为部队官兵播放经典电影《建国大业》，举办“科技知识与现代军事运用”的讲座等，将文化信息资源共享工程引进部队，在双拥工作中融入新形式、新内容，将知识拥军、文化拥军和科技拥军推上一个新的台阶。

福鼎市支中心利用图书馆专刊及“鼎图信息”，对共享工程开展的一些大型活动给予相关报道，时刻注意将共享工程活动与当前工作重点有机结合，既可增强对共享工程的宣传力度，又收到了立竿见影的效果。随着宣传力度的逐渐深入，共享工程在市民心中的影响也逐渐加深，对文化信息资源的需要也在逐渐加大。

文化信息资源共享工程福鼎市支中心将在今后的工作中更加努力的探索利用共享工程服务的新路子，更好地发挥共享工程的作用，为把共享工程办成惠民工程、民心工程而不懈努力。

（撰文/福鼎市支中心）

柘荣县支中心

柘荣县是闽东北的内陆山区县，是全省人口最少、区域面积最小的一个县，闽浙两省边界贸易点，素有“中国太子参之乡”、“中国民间文化艺术之乡”的美誉。位于福建省的东北部，与霞浦、福鼎、福安和浙江泰顺毗邻。全县区域面积554平方公里，总人口10.3万，辖2镇7乡，共116个村(社区)。

柘荣县文化信息资源共享工程启动于2009年，县级支中心设于柘荣县图书馆。2007年至2012年，柘荣县支中心共投入经费近40万，用于支中心的建设。其中全国文化信息共享工程专项资金20万；县财政共投入5万；其他资金投入10万；目前该中心已配建中控机房、电子阅览室和多媒体室。

柘荣县支中心的小型公共电子阅览室建于2007年，总面积35平方米，配置15台电脑；2012年接入10M网络带宽光纤，开通WIFI，开辟少儿上网专区，安装网吧系统管理软件、过滤软件、资源导航软件，广大读者可凭馆内借书证或个人身份证上网冲浪，基本能实现对读者身份及上网行为的监控和管理。

柘荣县支中心的中控机房建于2011年，配置2台服务器、1台磁盘阵列、1个标准机柜、2台交换机、2台笔记本电脑及一部投影仪。2012年，实施机房基础配套建设及周边系统改造，同年接入10M网络光纤，安装确然软件。至此，中控机房软硬件基本到位。柘荣县支中心依托确然软件平台和息洋图书馆自动化软件平台，基本实现数字资源的收割、播放、下发功能，以及馆内图书资源的数字化信息存储、编辑、借阅、共享等，在局域网内实现文化信息互通共享。

柘荣县文化信息资源共享工程乡镇基层站点建设相对滞后，目前仅建设有东源乡东源村和富溪镇文化站2个基层站点，分别配置有1台服务器和5台终端电脑，接入2M网络带宽光纤，基本能实现网络信息资源的浏览、查询，服务农村基层。

柘荣县支中心专业人员短缺，没有专职编制，现有兼职工作人员1名，负责日常运作和维护；柘荣县支中心重视队伍建设工作，逐年加大专业队伍的培训力度。2007年5月，选送两位同志赴省参加“全国文化信息共享工程县级支中心建设”上岗人员培训；2008年组队专程赴福安市图书馆交流取经，参观学习该馆中控机房、电子阅览室、多媒体中心建设、运转经验；2010年继续选送

两位同志赴省参加共享工程培训，并挑选确立共享工程联络员，负责日常运转；2012年选送一名馆员赴福建泉州参加省中心组织的培训，提高设备维护能力。

柘荣县支中心经过多方努力，初步构建以国家、省、市中心下发的各类资源为主的资源框架，目前数字资源总量达1.2TB（可扩展至16TB）。柘荣县支中心还在筹建地方非物质文化遗产——柘荣剪纸数据库。

2008年春节“三下乡”活动，支中心印发各类信息1000多份送发到堵坪乡、黄柏乡、英山乡、富溪镇等；2009年六一期间将全国文化信息共享工程下发的爱国主义影像资料、教育专题讲座光盘、动漫画光盘等送至全县各中小学播放；2010年图书服务宣传周，组织工作人员在仙屿广场开展了好书新书推荐、电子阅览室推介活动，引导读者入馆阅览、浏览；期间馆内电子阅览室连续播发了多场专题讲座和中国百年老电影等，邀请新老读者上网浏览、听讲、观看、学习。举办了少儿知识讲座，馆内电子阅览室一日一主题，连续播发了5场专题讲座。2012年启动两个基层站点建设及开放辅导，并组队深入全县9个乡镇20多个行政村农家书屋开展全国文化信息共享工程、国家数字图书馆等资源推荐和引导，让广大农民接触、熟悉并使用优秀的、健康的网络文化信息资源。

柘荣县支中心将完善9个乡镇20个基层站点的配套建设，实现信息共享，服务基层。

柘荣县支中心将以确然播发软件为基础构建柘荣县图书馆数字信息服务平台，建立柘荣县支中心WEB网页，创建和集成页面资源一站导航，集中优质网上数字资源，形成辐射馆内电子阅览室、9个乡镇20个行政村基层站点的局域公共文化数字服务网络；共建柘荣县地方文献库资源库，即剪纸非物质文化遗产、刀剪工艺传承、柘荣太子参等三大精品资源库群。

该支中心还将利用电子阅览室，开设数字信息家园公民终身教育网培学校，培训基层站点网络管理员，提高居民网络普及知识；选送优质的文化信息资源下乡，让优秀的讲座、影视、戏曲等文化信息资源更好地满足广大人民群众的生活需要。

（撰文/泽荣县支中心）

屏南县支中心

屏南县位于福建省东北部，位于福建省东北部霍童溪、古田溪上游，东南与宁德市相连，东北与周宁县交界，北与政和县接壤，西北至西与建瓯县毗邻，西南至南与古田县相接。面积1471平方公里，总人口18.89万人，辖4镇7乡，共151个村委会7个社区居委会，

2009年，屏南县图书馆被列为“全国文化信息资源共享工程县级支中心”，开始着手屏南县的文化信息资源共享工程建设。在获得福建省图书馆捐赠的14台旧电脑的基础上，又自筹资金购置了6台电脑，并配备了20套电脑桌椅，设立了面积约30平方米的电子阅览室对外开

2012年到屏南县长桥中学开展图书馆服务宣传周系列活动

放。同时积极选派人员参加福建省共享工程县级支中心培训班的相关业务培训，组织人员到兄弟馆参观、学习，努力提高工作人员的业务素质。

由于当时地方财政困难，缺乏配套资金投入，以及屏南县图书馆馆舍位于县政府拟定的搬迁改造地段等客观原因，给共享工程的建设带来了一定的困难。至今为止，屏南县图书馆的共享工程建设工作依然处于筹建之中。屏南县图书馆拟投入50多万元，按照文化部制定的县级支中心配置标准，配备共享工程服务器三台，配备投影机、投影幕、电视机、数字展台、数码相机、数码摄像机、笔记本电脑、触摸查询 体机等设备，安装公共电子阅览室管理系统、电子阅览室资源应用门户系统等软件，将重新配备25台电脑，扩大电子阅览室为40平方米，同时建立多媒体播放室。现屏南县共享工程建设工作已进入招标阶段，屏南县图书馆将加快共享工程建设的步伐，争取早日对外开放，更好地为广大群众服务。

（撰文/屏南县支中心）

古田县支中心

古田又称玉田，古田县位于福建省东北部，闽江支流古田溪中下游，东依宁德县、罗源县，西连南平市、建瓯县，北邻屏南县，南界闽清、闽侯县。总面积2376.6平方千米。人口42万人（2006年）。全县辖2个街道、7个镇、5个乡，12个居委会、272个村委会。

一、基本情况

古田县共享工程建设启动于2006年，2006年12月古田县图书馆被列为全国文化信息资源共享工程县级支中心。2010年，古田县图书馆被列入福建省“县级数字图书馆推广计划”试点馆。在此基础上，古田县图书馆积极争取了中央对老区县文化共享工程专项补助20万元，以及“数字图书馆”建设资金及设备购置款50万，共70万元资金，按照《全国文化信息资源共享工程县级支中心系统配置参考标准》，采购了共享工程主体设备，建立起支中心机房，增加了电子阅览室的电脑，达到25台终端电子计算机的县级配备标准，并重新安装10M网络带宽光纤，完成了县级支中心机房建设和电子阅览室建设。

县支中心成立初期，积极探索与县农村联动网共建共享的运作模式，利用农村联动网已有的网络系统，将共享工程向乡、镇、村辐射。随着支中心设施的进一步完善，该馆建立了机房和与县农村联动网相结合的双重的数据传输模式，进一步扩大了共享工程的覆盖面。

二、资源建设

古田县图书馆于2002年开始收集建立古田县地方史料信息网络数据库平台，主办了玉田在线（www.352200.com）网站。2009年，古田县图书馆在古田县政府网站——翠屏湖在线增设了共享工程专用服务器、视频制作电脑，设立了《文化信息资源共享工程古田支中心》资源平台，把文化共享工程县乡资源拷贝到“翠屏湖在线”网站。目前数据库文本容量已达200M，图片、视频资源约100G，共采编文章30000多条，涵盖2002—2012年间古田县的地方新闻资讯、文史资料、地方文献、文学作品等内容，广大读者可即时登录网站在线检索数据库。2011年，县支中心与县联动网联合开展的“科技培训百村行”活动被刊登在《全国文化信息资源共享工程工作简报》2011年第6期的文化共享工程“农村实用人才培训经验交流会”专刊上。

三、利民惠众，惠农服务

古田县支中心深入调查，根据农民的需求，下载了家禽饲养、苗木、花卉、蔬菜栽培等相关信息，开展农村实用技术培训，有效地提高了农村农民的生产力。

古田县支中心充分发挥公共图书馆的阵地作用，在节假日、服务宣传周期间，经常利用共享工程的电子阅览厅开展节目展播和各种讲座、培训等活动。例如：开展周末讲坛活动、“青少年网络安全导航”大型系列活动、健身专题讲座、摄影艺术知识讲座、少儿阅读辅导专题讲座；2012年中秋、国庆两节期间，古田县支中心开展了“同赏数据文化 共享幸福生活”——共享工程展播活动，古田县电视台、宁德市视台、福建省新闻频道等媒体都对这次活动传报道。

利用文化信息资源，为古田县户外 LED全彩显示屏“信息之窗”（位于古田县城关中心体育广场）提供农村种植养殖技术、农村医疗、地方戏、优秀电影等丰富的信息资源，利用节假日在馆内电子阅览厅为社区老年活动中心的老年人播放共享工程中的“农村医疗”、“地方新戏”中的优秀节目，受到了广大群众的好评。

图书馆服务宣传周期间，我馆结合实际，围绕“延伸服务、深化服务、提高社会效益”这一主题，到古田县溪山中学为中学生播放《青少年网络导航》、电影《冲出亚马逊》等，目的是向青少年推荐健康、文明、有益的网站，引导青少年在网络社会中趋利避害，正确认识与使用网络，健康上网，使网络成为青少年学习知识、了解世界的第二课堂。2008年，古田县图书馆开展了“迎奥运、讲文明、树新风”为主题的送书、送信息下乡进校区活动。分别确立了县大桥镇、鹤塘镇两所中心校做为共享工程的基层播放点。利用“共享工程”资源为山区小学生展播优秀节目，古田县电视台、宁德市电视台、福建省新闻频道等多家新闻媒体对这次活动做了宣传报道。

（撰文/古田县支中心）

出版后记

历时年余，几经修改，《全国文化信息资源共享工程概览》（全4卷）终于面世了。作为文化部全国公共文化发展中心编撰出版的第一部大型行业性专业套书，《概览》从组织策划、征集组稿到整理编撰，凝聚了诸多人的心血和勤奋。我们的愿望，通过对文化共享工程10余年建设发展的理论和实践经验进行全面梳理总结，系统地展示工程实施成效，起到鼓舞士气，凝聚力量，促进交流，推动文化共享工程可持续发展的作用。

《概览》套书征集各地文稿800余万字，经反复甄选整理，成书共503万字，4个分卷，第1卷为共享工程国家中心卷，整理了10余年来共享工程发展的重要批示指示、政策文件，建设历程，重大活动等图文资料；2-4卷按地域汇编了33个省级分中心及1798个地（市）、县（市）级支中心建设情况，包括每个分支中心的概况介绍、经费投入、建设成果等。这是文化共享工程服务网络、资源建设、技术支持、合作共建、惠民服务、宣传推广、培训工作、管理和队伍建设、荣誉奖项诸多方面情况的汇总。

《概览》套书通过这些详实的图文资料，全面客观地反映出文化共享工程建设状况，真实准确地记述了文化共享工程发展史实，为总结文化共享工程建设发展规律提供了重要科研资料，将成为系统内和社会各界了解和研究文化共享工程的权威工具书、参考书。同时起到在广大基层群众中宣传普及文化共享工程，进一步提高工程的影响力和社会效益的作用。

本套《概览》由文化部全国公共文化发展中心主任李宏担任主编，邀请了公共文化领域领导、专家，文化共享工程国家中心、省级分中心负责同志共同组成编委会。《概览》编辑过程中，国家中心各处室及全国共享工程系统同仁大力配合，搜集、整理了许多第一手素材资料。《概览》编撰涉及面广，内容繁多，时间跨度大，系统性强，任务艰巨，正是依靠上述各方的大力支持和文化共享工程各级中心的倾力合作，才确保了本套书的品质和质量。借此书籍出版之际，也向大家表示最诚挚的感谢。

谨以此套书献给全国文化信息资源共享工程的建设者们，是你们的执着坚守和不懈努力，共享工程才得以建立、成长、壮大。希望本套《全国文化信息资源共享工程概览》的出版能为促进全国文化共享工程在新形势下的科学发展、推进覆盖全社会公共文化服务体系的构建发挥应有的作用。

由于组稿、编辑和整理时间的局限，本书中难免错谬之处，希望读者批评指正。

《概览》编委会

2013年10月

2002-2012

全国文化信息资源共享工程

National Cultural Information Resources Sharing Project

概 览

Overview

第4卷：中南、西南

文化部全国公共文化发展中心 编

中国文史出版社

图书在版编目(CIP)数据

全国文化信息资源共享工程概览 ：全4册 / 文化部全国公共文化发展中心编. -- 北京 ：中国文史出版社，2014.4

ISBN 978-7-5034-4875-1

Ⅰ. ①全… Ⅱ. ①文… Ⅲ. ①文化事业-资源共享-中国 Ⅳ. ①G12

中国版本图书馆CIP数据核字(2014)第059452号

责任编辑：梁 洁
装帧设计：童 昊 李玉琴

出版发行：中国文史出版社
网 址：www.wenshipress.com
社 址：北京市西城区太平桥大街23号 邮编：100811
电 话：010-66173572 66168268 66192736(发行部)
传 真：010-66192703
印 装：北京亮点印像印刷设计有限公司
经 销：全国新华书店
开 本：16
印 张：140
印 数：1-2600
版 次：2014 年 4 月 北京第 1 版
印 次：2014 年 4 月 第 1 次印刷
定 价：1198.00元(全四册)

审稿：（按姓氏笔画排序）

王 珊	王丽华	王曙光	邓菊英
冯锦福	司建华	刘 刚	刘正伟
许俊松	许新龙	杨向明	苏 建
李 茁	严 轩	肖贵中	吴 昊
张 勇	张永环	张鹤明	邹序明
周小平	周玉山	郑智明	胡晓峰
荀 晋	赵保颖	夏 磊	秦 升
曹 旻	梁海燕	黄蕴翘	琚存华
蒋卫东	詹利华	靳志军	

组稿：（按姓氏笔画排序）

丁 枫	马 丽	王 蕾	王文杰
王菲菲	史 画	包格根	朱学武
刘 平	刘 红	闫卫军	孙振东
李 臻	李亚男	严春子	余欣夤
邹文欣	沈丽丹	宋建增	张 珊
张 娇	张尔宁	张弘晞	张利民
杜麓舟	陈 旭	陈 顺	陈 瑛
周 娴	周 蕾	孟 洁	相国民
赵晓星	钟丽峰	荀 晋	姬 黛
徐小芳	袁 庚	高 平	高 峰
程志峰	谭 苹		

CONTENTS 目录

河南省

湖北省

湖南省

广东省

海南省

广西壮族自治区

重庆市

四川省

贵州省

云南省

西藏自治区

全国文化信息资源共享工程10周年

第四卷

全国文化信息资源共享工程——

河南省分中心

河南省位于中国中东部、黄河中下游，是中华文明的重要发祥地，中原文化是中华民族传统文化的根源和主干，在中华文化发展史上占有突出地位。河南省现有18个省辖市、158个县（市、区）、1892个乡镇、4.8万个行政村，总人口9768万，其中农业人口6774万。全国文化信息资源共享工程的开展，为全省开辟了一条文化服务农村、服务农业、服务农民的新途径。

一、基本情况

回顾河南省文化共享工程发展历程，大致分为起步、跨越和持续发展三个阶段。2002年至2005年是河南省文化共享工程的起步探索阶段。2002年 9月，河南省图书馆与文化共享工程国家管理中心签定了协议，正式成为国家中心第15个共享工程省级图书馆签约单位，标志着河南省分中心业务建设正式启动。2005年2月，《中共中央办公厅国务院办公厅转发<文化部财政部关于进一步加强全国文化信息资源共享工程建设的意见>的通知》（厅字[2005]5号），文件下发后，河南省认真贯彻落实，迅速成立“河南省文化共享工程领导小组”、组建“河南省文化信息资源共享工程省级分中心”，各地市、县区也组建了文化共享工程支中心，积极推进文化共享工程建设。

2006年至2007年是河南省文化共享工程的跨越性发展阶段。河南省委、省政府高度重视文化共享工程建设工作。2007年5月，经省政府同意，省文化厅发起建立了河南省文化共享工程厅际联席会议制度，协调解决河南省共享工程建设中的重大问题。各级财政开始有计划地为工程提供相应资金支持，河南省文化共享工程支中心建设和基层点建设进入迅猛发展期。

2007年至今，是河南省文化共享工程的持续发展阶段，在各级财政的大力支持下，工程建设逐年稳步推进，已初步建成包括省级分中心、市级支中心、县级支中心、乡镇（街道）、村（社区）基层服务点的五级网络体系。目前已经建成1个省级分中心、15个市级分中心、158个县级支中心、1279个乡镇综合文化站、181个街道文化中心、851个社区文化活动室、47533个村级基层服务点，基本实现了文化共享“村村通”。

“十一五”期间，河南省文化共享工程按照国家规划，结合河南省实际，制定了《河南省文化共享工程“十一五”发展规划》、《河南省文化共享工程建设方案》、《河南省文化共享工程运行管理体系建设》等，明确了河南省共享工程的建设模式和目标。始终坚持实现一个目标（在完善网络的基础上，实现河南省共享工程的可持续发展）、主抓一个途径（和农村党员干部现代远程教育共建共享）、完善一种模式（IPTV模式），积极探索适合河南省情的文化共享工程的发展道路。

河南省委、省政府高度重视文化共享工程建设，2006年，文化共享工程建设被列入省委1号文件《河南省委省政府关于推进社会主义新农村建设的若干意见》，2007、2008、2009年连续三年被纳入省委省政府承诺为人民群众办好的十大实事之中。2010年，共享工程建设又被列入省委、省政府十大民生工程。省文化厅党组高度重视文化共享工程建设工作，在工程建设中，加大督导力度，强力推进文化共享工程建设进度及服务开展。

多年来，河南省文化共享工程建设取得了一些成绩，也获得了一些荣誉，如：2004年河南省分中心被全国文化信息资源共享工程领导小组授于“全国共享工程建设先进单位”、2006年获国家中心颁发“地方戏优秀剧目资源征集杰出成绩奖”、“国家资助文化共享基层点设备发放优秀二等奖”、2009年获文化共享杯“全国文化共享工程知识与技能竞赛优秀组织奖”、2012年获全国“公共电子阅览室建设计划”百题知识竞赛活动三等奖等。

二、加强管理，提高服务能力

建设完善的服务网络只是共享工程得以实现的途径，管好、用好文化共享工程设备，发挥其服务功能，才是共享工程建设的最终目的。

河南省文化共享工程本着边建设、边管理、边服务的原则，建立了“四种制度”，实现了“四个结合”。四种制度是管理制度、工作制度、信息服务制度、效果回访制度。“四个结合”是资源建设和农民需求相结合、服务形式和服务效果相结合、定点服务和跟踪服务相结合、数字图书馆与传统图书馆相结合。通过以规范基层服务点建设为核心的管理制度（《文化共享工程基层服务点管理制度》、《文化共享工程基层管理员职责》），以明确职责、完善服务为标准的工作制度，以人为本、动态调整服务内容和手段的信息服务制度和效果回访制度，不断改善服务方法，广开服务渠道，拓展服务领域，增强共享工程服务能力。

三、搞好培训工作

结合河南省实际，制定了《河南省文化信息资源共享工程培训规划（2008年—2010年）》，指导全省有组织有计划地开展培训工作。在培训机制上，与省党员干部现代远程教育结合，建立了一套科学有效的管理工作机制，使基层服务点的管理工作“动”起来、“活”起来、“亮”起来，使每个基层服务点都有获得上岗资格的操作人员。

在培训原则上，按照分级分批的原则，通过集中授课、卫星广播、网络互动、光盘教学等方式，开展培训工作。省级分中心负责市级支中心人员培训工作，各县（乡、村）培训工作由市级文化主管部门负责安排。培训工作做到经常化、规范化，通过分级培训逐步形成了省级分中心、市级支中心、县级支中心、乡镇和村基层服务点五级管理人员队伍。在培训内容上，重点指导基层管理员学习共享工程知识，充分了解河南省农村党员远程教育与共享工程合作共建的特点，使他们掌握为基层群众服务和开展文化活动的基本方法，提高了基层管理员的实际工作能力。

河南省分中心还利用河南省配备大学生村官的有利时机，和各级组织、文化部门联手推动大学生村官兼任共享工程基层管理员，充分发挥大学生村官文化素质高、有能力有热情的优势，更好地推进村级基层点的服务工作。

近年来，在全省范围内举办了各种理论培训班、技术培训班、基层管理员辅导班等，采取面授和远程培训相结合的方式，通过分级分类培训，参与培训的基层工作人员已达19万人次。通过培训使他们掌握了为基层群众服务和开展文化活动的基本方法和基本技能。

四、经费投入

中央财政将共享工程建设列为“十一五”期间重点支持的文化建设工程，“十一五”期间，中央财政对河南省文化共享工程共投入资金2.28亿元，省级投入0.35亿元，市级投入0.4亿元，县级财政投入1.5亿元，用于县级支中心及基层服务点的建设，为河南省共享工程建设提供了强有力的经费保障。2009年省级财政投入200万元用于省级分中心的二期建设，河南省市级支中心在中央财政、省级财政没有资金投入的情况下，全省各地市级财政加大对文化共享工程市级支中心建设的投入，如郑州市投入490万元，用于市级支中心的扩展升级，平顶山市在财政十分困难的情况下，累计投入120万元用于市级支中心的建设。

五、资源建设

资源建设是文化共享工程的核心。全省各级文化共享工程中心按照既突出农民需求和地方文化特色，又服务区域经济发展的思路，加大地方文化资源征集力度，不断扩大资源容量，提高资源质量，重点推进地方文化资源的加工、发布工作。一是建设符合农民需求、实用性强的图文、音频等各类资源，为广大农民的终身学习，如网络培训、职业教育等提供信息资源服务。如鹤壁市依托文化共享工程建立各类教学辅导队伍13支，建立市管专业技术拔尖人才与信息文化中心教育辅导联系点50个。全市农业、林业、水利、畜牧、科技等部门根据职能定位，在文化共享工程基层服务点开展各具特色的教育培训活动，使不少村民共同走上小康之路。二是以河南特色文化为建设重点，让共享工程和当地民俗民风相结合，按照不同地域、不同县乡的标准，树立地方文化品牌。三是利用文化共享工程网络优势为区域经济建设服务，重点为当地支柱产业和优势农业提供定点、跟踪信息服务，利用各级公共图书馆的馆藏资源，加快相关内容的数字化加工和发布，使广大农村群众从文化共享工程中得到实惠。

近年来文化共享工程省分中心采取自建和合作共建的方式，陆续完成《中州文化览胜数据库》、《河南地方戏曲数据库》、《新农村致富之路数据库》、《河南省非物质遗产保护资源数据库》等特色资源库建设，资源量达到2867GB。数据库建设完成后，放在了河南省文化共享工程网站上，供用户在线点播，各级用户还可通过IPTV、硬盘拷贝、光盘刻录等途径，传送到各个基层点，满足基层群众的文化需求。目前，河南省文化共享工程整合了以文学、艺术、科普、文化典籍、各类人物、图书馆与博物馆发展等为主题的分布式专题资源库群；整合了48万种电子书刊；整合农村地区需要的实用技术和信息资源，为农村党员干部现代远程教育工作提供了丰富多彩的文化信息资源，截至2012年底，向远程办累计提供了2789GB数字资源。

许昌市支中心自建了三国文化、钧瓷文化、禹州中药、烟草专题、花木文化、许昌旅游等十个专题数据库，总容量149.2GB；安阳市支中心自建了安阳古籍、地方文献、安阳家谱、考古文献、民俗风物等七个数据库，总容量51GB；偃师市支中心自建了玄奘文化、历史名人、古都文化等八个数据库，总容量35GB；永城市支中心自建了地方名人、永城记忆、汉梁文化等三个数据库，总容量43.9GB。郑州新郑市自建了地方特色文化数据库，包括黄帝文化、裴李岗文化、郑韩文化等11个子库，总容量12GB。

2012年，按照文化部全国文化信息资源建设管理中心资源建设项目方案的要求，河南省分中心申报的两个项目：“舞之河南——河南民族民间舞蹈系列”和“风卷红旗——中原红色历史文化系列•信阳篇”已经通过审批立项，将于2013年拍摄完成。其他地方资源建设项目《河南曲艺研究多媒体资源库》、《河南大调曲子研究专题片》等正在申请立项中。

六、合作共建

河南由于县、乡、村基数较大，要建成覆盖全省的网络，需要投入数亿资金、花费数年的时间，依靠原有的发展手段和途径，很难在短期内迅速普及共享工程基层网点。通过调研，结合河南实际，河南省分中心找到了适合河南省情的共享工程发展途径，即IPTV（“宽带网络＋机顶盒＋电视机”）建设模式。2007年2月，中共河南省委组织部、河南省党员干部现代远程教育试点工作领导协调小组、河南省文化厅、河南省财政厅联合下发了《关于加强全省农村党员干部现代远程教育与文化信息资源共享工程资源整合工作的通知》，实现了“四个整合”（“整合网络、整合资源、整合管理、整合队伍”），不断扩大全省共享工程的覆盖范围。通过与省农村党员干部现代远

程教育的合作共建，达到了农村党员干部经常受教育、农民长期得实惠、共享工程基层网点数量和服务质量全面提升的目的。2007年6月时任中央政治局常委的李长春同志视察许昌市鄢陵县文化共享工程建设，对河南省共享工程建设的创新模式和做法给予了充分肯定和表扬，文化部于2007年8月在郑州召开了经验交流会，在全国推广河南省的IPTV模式。2011年底，由河南省党员干部现代远程教育办公室、省文化厅、省联通公司共同实施的“三屏合一”工程正式启动。通过共建一个播控平台，实现了电视屏、手机屏、电脑屏“三屏合一”和“上互联网、上手机、上电视”的目标，使远程教育和文化共享工程内容实现了多种平台“构造技术融合、内容共享合一”的效果，成为文化共享工程进一步拓宽服务领域，提升服务质量的新契机。

七、利民惠众和惠农服务

河南省分中心定期在电子阅览室和文化共享工程资源展映室推介优秀栏目、名家讲座、生活常识、电影及优秀地方剧目；利用投影仪播放名家讲座及影视剧；经常利用星期天节假日针对未成年人播放爱国主义教育影片、科普类影片；每年春节期间，都会组织开展丰富多彩的春节系列服务活动。河南省分中心还积极拓展服务方式，走进农村、走进社区、走进校园，不断开创文化共享工程服务工作的新局面。例如2012年省分中心“走进若木书院”已经成为一个定期服务项目，2011年由胡圣年夫妇在郑州庙李村发起建立的若木书院是一个民间教育公益组织，该书院立足城中村，整合社会各方面的资源，努力改善流动儿童的成长环境，丰富流动儿童的课余生活。河南省分中心利用文化共享工程的丰富资源，和书院建立长期的合作关系，开展了一系列针对流动儿童教育的服务活动，受到孩子们热烈欢迎。近期省分中心和郑州市武警支队开展共建活动，已经送去约200个小时的文化共享工程优秀资源，包括《党史上的重大事件》、《红色记忆》等，极大丰富了武警官兵的精神生活。

文化共享工程提升了各级文化单位的服务水平和能力，丰富了基层群众的文化生活。村级基层服务点配备了专职管理人员，依托已建成的服务网络，为广大农村提供包括戏曲、影视、知识讲座、文艺鉴赏、农业科技服务、电子图书、法律常识、民间艺术等内容丰富的文化共享工程资源，活跃了农民的文化生活，提高了广大农民群众的素质，受到了大家的欢迎，较好地发挥了村级服务点的职能。如郑州市新密市根据全市十几个乡镇的经济发展、主要是农业发展和农村文化的需求状况，建立了服务档案，设置了文化共享工程咨询服务热线电话，充分掌握农村读者及各类型专业户的科技信息需求动态，以使服务工作及时有效。

再如南阳邓州市以点带面，创新服务方式和内容，实现了传统茶馆经营服务与数字化的文化共享工程服务有效对接。邓州的文化茶馆因共享工程内容的进入，增添了新的内涵，形成了独具特色的农村文化服务体系，使之真正成为深受农民欢迎的“文化活动中心”，使共享工程真正得以扎根农村并有了长久的生命力。目前已在500余家文化茶馆设有文化共享设备，开通了先进文化进农村的“直通车”，基本惠及全市132万农民群众，使“小茶馆”承载起了“大文化”。

八、宣传推广

河南省分中心利用各种渠道广泛宣传文化共享工程。为了更好地推动河南省文化共享工程建设，搭建工作交流的平台，河南省分中心编辑了《河南省文化信息资源共享工程工作简报》，按时邮寄到国家中心和相关领导部门单位、各省级分中心和河南省各支中心；多年来，河南省分中心还积极向国家中心的简报投稿，及时汇报反馈工作情况；河南省文化共享工程各分支中心和服务点通过集中播放、网络互动、组织活动、讲座和培训等多种方式，为群众提供多样化、个性化服务，提高吸引力，扩大了共享工程的影响。还利用传统节假日，围绕国家重大主题，策划和组织开展了各种丰富多彩的活动。

河南省各级分支中心还非常重视文化共享工程的新闻宣传报道工作，通过报纸、电视台、广播电台、网络等舆论工具大力宣传文化共享工程，营造良好社会氛围，使文化共享工程逐步融入到广大人民群众的日常生活中。

九、工作展望

河南省文化共享工程建设十年来稳步推进，在资源建设、模式创新、共建共享、提供服务、人员培训等方面取得了很大成绩，初步建成资源适用、服务便捷、覆盖城乡的数字文化服务体系，成为丰富河南人民精神生活的重要渠道。

河南省文化共享工程“十二五”目标：始终把保障人民群众基本文化权益作为文化共享工程建设的出发点和落脚点，以资源建设为核心，以共建共享为基本途径，大力推进基层服务网络建设，不断完善传输方式，进一步加强管理和服务工作，推动工程建设又好又快地开展。

今后我们将加大建设力度，以文化共享工程基层服务网络为基础，进一步优化布局，形成结构合理、发展均衡、网络健全的公共数字文化互联网络服务体系格局。在县区支中心、乡镇街道、村和社区基层服务点，努力推进公益性电子阅览室的免费开放，实现其社会效益的最大化；进一步做好资源建设工作；进一步加强共建共享，整合资源，形成合力；加强管理和培训，建立一支具有较高水平的专业文化共享工程队伍，实现工程的健康持续发展，为文化兴省、中原崛起做出新的贡献。

（撰文/河南省分中心）

郑州市支中心

一、基本情况

郑州，地处中华腹地，九州之中，中原地区都会，河南省省会。全市总面积7444.2平方公里，人口910万人。作为承担"全国文化信息资源共享工程"郑州市支中心建设主体的郑州图书馆是一座开放型、多功能的现代化图书馆，2005年被评为国家一级图书馆至今。馆内现拥有藏书80万册（件），开放有11个服务窗口，阅览室座位600多个；配置有计算机、终端170台，实行计算机自动化管理和服务。

全年365天开馆，推行"四免、四服务"措施；馆外设有4个分馆、15个集体借书点，并承担300多个基层图书馆（室）的业务辅导。现有在职职工73人，其中中高级专业技术人员40人。

郑州支中心的建设，得到郑州市政府的大力支持。2008年，作为市重大科技建设项目，由市政府投入专项资金490万元，是我省城市公共图书馆中一次性投资规模最大的市级支中心。

经过三年的建设，郑州支中心已初具规模。目前，有工作人员7人。中心拥有34T的网络存储容量，具有万兆网络交换能力和完善的网络安全防护设备。基本建成了包含3W资源门户网站、3G移动资源门户、协同办公自动化系统、Internet 网络搜索系统、定制资源推送系统等五个子系统在内的综合应用软件平台——"郑州图书馆数字文化网"。它汇集了丰富多彩的文化信息、大型文献资源库、动漫及综合电子图书、科普知识库、视频等各类资源上百种。完成了'文革'资料综合信息数据库的整合，自建了商都文化全景数据库和百名中华爱国人物数据库。

二、建设回顾

根据郑州市政府对"文化信息资源共享工程"建设的要求，结合郑州市图书馆具体情况，本着短期目标与长远规划相结合，量力而行，分步实施的原则，到2010年完成三个阶段实施目标的建设。

第一阶段（2008年）

1、成立"全国文化信息资源共享工程"郑州支中心建设领导小组，负责制定了"全国文化信息资源共享工程"郑州支中心建设规划：组织、协调、指导资源建设和信息化服务；协调网络通道使用，协调与地方相关主管部门、单位的关系等事。

2、进行郑州支中心的系统安装和运行调试。

2008年8月底完成"共享工程"郑州支中心硬件平台建设，配置了华为三康万兆核心交换机1台、汇聚/接入交换机7台、IBM服务器5台（分别是资源服务器、VOD视频点播服务器、网络杀毒服务器、网站WEB/邮件MAIL/FTP服务器、数据加工服务器）；华三H3C IX3040存储系统，容量达24T；资源加工工作站10台、扫描仪5台，对机房和网络环境进行了全面改造，配备防雷系统、专用配电系统和CDH10K UPS 8小时不间断电源系统。

第二阶段（2009年）

"共享工程"郑州市支中心"资源建设及综合管理系统平台建设"于2008年7月启动。经过一年的努力，开发出五大子系统：3W资源门户、3G资源门户、Internet Content搜索系统、资源推送系统、知识管理中心系统。

第三阶段（2009年6月—2011年）

1、利用支中心网络平台，启动郑州市文献信息资源数据库建设工作，对现有文化信息资源进行整合、加工、存贮。使郑州支中心数字文化网的资源量逐年递增。目前已拥有视频资源2400部，综合类电子图书共计15.88万种。

2、努力通过国家现有的骨干通讯网络（包括由光缆连接的传输网络以及由卫星接发的网络）向郑州市区、县级支中心传输资源。向边远地区发放数据光盘，通过"农村党员干部现代远程教育网"、"农村中小学现代远程教育工程"提供共享工程资源等多种服务方式。目前能与12个区/县级支中心、2400多个乡镇、村和全市社区中80%以上基层服务点联网，实现资源共享。

3、郑州市区县级支中心是"全国文化资源共享工程"郑州支中心综合的一个重要组成部分，从各市级支中心到各区、社区（乡镇村级）基层点通过郑州支中心系统可以实现资源的有效共享，即市级支中心-区（县）级支中心-社区（乡镇村级）基层点，最终联结成为一个有机的整体。

4、利用远程接入（VPN）技术，实现为专业用户提供全方位专业数据库资源共享服务和基层图书馆远程管理服务。

三、取得成果

经过三年的努力，郑州支中心已成为郑州地区各基层支中心的龙头。对各基层支中心起到指导、辅助、组织和协调作用。

自郑州市支中心成立以来，为各级支中心进行人员培训达2000多人次；累计下基层指导工作平均每月3--6次，向基层支中心分发硬盘9块，数字资源上百余种，光盘500余件。郑州支中心数字文化网开通三年来，访问人次累计达85万多人次。

①2009年郑州支中心加大了资源整合的力度，与郑州北区五个高校建立了馆际互借和资源共享平台，使电子信息量据全省市级支中心首位，为我市创建文明城市做出了重要贡献。

②2008年，在"郑州市文化信息资源共享工程暨图书馆基础业务知识竞赛"暨郑州地区选拔赛中组成的郑

州市代表队，在参赛的全省17个地市代表队中是唯一一支由市县图书馆选手联合组队的参赛队，最终获得团体一等奖和优秀组织奖。

③2010年郑州支中心组织郑州市中小学生网页设计培训班，选拔六副作品参加了“全国文化信息资源共享工程少年网页设计竞赛”活动，取得了全国一等奖一名，省一等奖三名、二等奖一名、三等奖二名的好成绩。同时获得省分中心颁发的“郑州支中心优秀组织奖”。

④2011年，经郑州支中心推荐作品，获得“全国文化信息资源共享工程——阳光少年电子报设计竞赛”三等奖一名。

⑤2011年，郑州支中心组织基层支中心开展迎七一唱红歌活动，有5个基层参赛队被共享工程河南省分中心推荐参加了全国共享工程网上红歌比赛，其中一个队荣获三等奖。

⑥2011年，组织各基层支中心开展“阳光少年热爱党党史竞赛”活动，有三名少年获得国家管理中心比赛三等奖，

⑦截止到2012年底，举办“全国文化信息资源共享工程”精品展播144场次，受到读者的欢迎。

郑州支中心的建立，推动了地区共享工程的发展，实现文化信息资源在全市范围的共建共享，通过文化信息资源服务社会、服务大众。

从而树立郑州市在整个“中原城市群”中的领跑地位，弘扬中原文化博大精深的底蕴；同时为建设和谐社会做出应有的贡献。

（撰文/郑州市支中心）

郑州市中原区支中心

中原区辖区面积97.1平方公里，其中城区面积24平方公里。46个行政村。总人口70万。中原区文化资源共享工程在郑州市中原区文新局的带领下，中原区图书馆支持和部署下，逐步推进，稳步发展，在新形势下为繁荣农村基层文化，满足农民多层次文化需求，传递中国民族优秀文化资源发挥了重要作用。

一、基本情况

中原区文化资源共享工程建设开始于2010年，资源共享工程开始普及进入行政村，2010年7月5日，已将省文化厅统一采购的20套投影仪设备发放到航西及中原西路办事处未配置投影仪的文化大院；9月13日已将省文化厅统一采购的26套配套电脑发放至航海西路办事处及须水镇未配置电脑的文化大院。2010年11月底将配置的机顶盒及调制调解器发放至须水镇及航西办事处的26个文化大院；2010年12月27日联通公司为26个文化大院安装网络，于2011年1月初安装完毕。

共享工程中原区支中心设在中原区图书馆，是中原区共享工程的建设和业务指导单位，负责保障区中心共享工程设备的运行，协调镇村级共享工程设备的维修，

指导镇村级共享工程活动的开展以及开展全区共享工程管理员的业务培训和指导。

二、管理和队伍建设和培训工作

为使共享项工程真正为民所用为民谋利，中原区支中心将共享工程日常管理纳入制度化管理。制定支中心、镇、村基层服务点工作职责和制度。探索共享工程管理和服务新模式。

中原区支中心在共享工程管理员的培养上实现了制度化和常态化。根据支中心工作要求，每年对辖区的工作人员进行培训指导。

三、经费投入和资源建设

根据郑州市财政局、文化局《关于下达2009年文化信息资源共享工程专项资金的通知》信息资源专项工程区级支中心工序建设资金68万元，区财政按照1:1比例对中央补助资金进行配套，现中央补助资金34万元，2009年已经到位，我区安排配套资金34万元；农村党员远程教育基层点由基本型升级为扩展型，我区现有46个行政村，其中按6000元建设标准的行政村15个，按5000元建设标准的行政村31个，资金于2010年6月初落实到位。中原区图书馆每年也投入人力物力支援共享共享工程各项活动的开展。

该支中心在历年的工作中，搜集不同区域民众文化需求，选取、编辑制作各类题材资源。发放宣传资料。

四、利民惠众，惠农服务

该支中心在共享工程服务实践过程中，以民众的需求为导向，积极探索，服务民众生活生产，引领群众高尚精神文化生活，打造群在满意喜爱的文化服务新平台。

五、宣传推广

1、中原区支中心利用各种渠道宣传推广共享工程。在每年全民阅读世界读书日下公园活动，放映周等活动中，中原区支中心不失时机，以活动为平台，以资料为媒介宣传共享工程，让民众不断了解共享工程，走进共享工程。

2、专题活动，精彩纷呈。在区文化旅游局的带领和指导下，区图书馆利用文化共享工程平台，在寒暑假针对广大中小学生开展了“推荐科普类影片”活动，举办了思想道德建设专题讲座，深受广大学生的欢迎；基层服务点依托文化共享工程资源，积极组织开展丰富多彩的文化服务活动，如桐柏路街道办事处基层服务点举办了歌曲、棋牌、乒乓球、戏曲、盘鼓等活动；林山寨街道办事处基层服务点举办了培训、电教室、远程教育等等。

该支中心在服务中抓住文化的热点和亮点，积极组

织群众喜闻乐见的文化服务，使共享工程走进群众生活。

六、工作展望

中原区共享工程已走过这几个年头，，我们对本区共享工程现状有了进一步的认识，坚定了我们今后的发展思路，首先图书馆一定要提高认识抓住机遇，在建设共享工程的过程中乘势而上，主动出击，加强宣传。发展自己。其次，随着国家对文化资源共享工程的投入加大，要管理使用好共享资源，组织各种活动，运用各种办法、手段推动共享工程的发展。为文化中原作出贡献。

（撰文/姚恒辉）

郑州市管城回族区支中心

管城回族区全区总面积112.66平方公里，下辖2乡1镇9个街道办事处。总人口64万，含26个民族，其中回族人口近3万。管城回族区文化资源共享工程在河南省文化厅、郑州市文广新局、管城回族区文化旅游新闻出版局的支持和部署下，逐步推进，稳步发展，在新形势下为繁荣农村、社区基层文化，满足群众多层次文化需求，传递中国民族优秀文化资源发挥了重要作用。

一、基本情况

管城回族区共享工程县级支中心于2010年12月初正式建成并投入使用，专(兼)职人员6名。支中心设有电子文献阅览室、中心控制机房、视频演播室、资源加工整合室等，面积360平方米。

电子文献阅览室现有终端共24台，管理机1台；中心控制机房现有设备：综合管理服务器、综合业务服务器，磁盘阵列1套，千兆交换机1台，42U标准机柜1台，UPS电源1套，百兆防火墙1台；资源加工整合室现有设备：移动存储播放器、扫描仪各1个，便携计算机1台，移动硬盘2块，复印机1台，激光打印机1台、DV机、数码照像机、传真机各1台；视频演播室现有设备：液晶电视机1台，投影仪一个，幕布1块，DVD播放机1台。

共享工程乡镇、村基层接收点同期开建，29个乡镇、行政村均按标准化配置，100%全覆盖。城市街道办事处、社区2012年10月建设完成26个基层接收点，100%全覆盖。

共享工程管城区支中心设在管城区图书馆，是管城区共享工程的建设和业务指导单位，负责保障区中心共享工程设备的运行，协调镇村、街道、社区级共享工程设备的维修，指导镇村级共享工程活动的开展以及组织全区共享工程管理员的业务培训和指导。

二、管理

为使共享工程真正为民所用为民谋利，管城区支中心将将共享工程日常管理纳入制度化管理。制定支中心、镇村基层服务点工作职责和制度，实行制度上墙公开。每年有年度工作计划，月度有工作要点，季度有工作督导，年末有工作总结考核。收集整理共享工程活动的得失探索共享工程支的管理和服务新模式

三、宣传推广

管城回族区支中心自建成投入使用以来，为传播优秀文化，丰富人民群众精神文化生活，发挥文化信息资源共享工程市级支中心的作用，坚持电子阅览室、视频演播室免费向群众开放。精心组织“红色电影回顾”、“国粹精品”、“名家讲坛”、“健康讲座”、“文化讲座”等系列优秀电影和讲座视频资源，于每周五下午向读者播放，暑假期间，组织儿童电影专题播放，深受读者欢迎。2012年共播放电影、讲座68场，服务群众1800人次。

（撰文/郑州市管城回族区支中心）

郑州市金水区支中心

全国文化信息资源共享工程（以下简称文化信息资源共享工程）应用现代科学技术，将中华优秀文化信息资源进行数字化加工和整合，通过互联网、有线电视网、移动存储、光盘等方式，实现优秀文化信息资源在全国范围内的共建共享。它是公共文化服务体系的基础工程，是政府提供公共文化服务的重要手段。

一、总体情况

金水区是河南省会郑州的中心城区，因发源于春秋战国时期的金水河流经辖区而得名。辖区总面积242.2平方公里，其中城区面积69平方公里，辖1个镇、16个街道，常住人口113.3万，是全省面积最大、人口最多、经济最发达的城区之一。金水区下辖17个办事处、156个社区、40个村，共享工程建设任务重。我区高度重视此项工作，成立专门领导小组，设专项经费，规范管理。

二、网点建设

1、2010年金水区全国文化信息资源共享工程建设工作：全国文化信息资源共享工程建设是我省惠民工作的“十件实事”之一，2010年全区已建成1个区支中心、2个乡镇综合文化站和71个村级服务点（目前，由于区划调整还有40个村，2个乡镇综合文化站已改为办事处文化站），实现文化共享工程“村村通”的工作目标。

1.1金水区支中心建设工作。金水区支中心设在金水区图书馆，我们对此项工作高度重视，成立了专项研究组，结合图书馆实际，认真筹划，详细探讨了区支中心建设具体方案，跟踪督促区财政资金配套到位，并向省厅请示，争取到我区支中心建设列入第一批建设规划，2010年11月上旬工程顺利竣工，是郑州市第一个竣工的区支中心，现已投入使用。

1.2.71个村共享工程基层点建设工作。我们于2010年5月25日下午召开了村级点建设所需电脑、投影仪设备发放和操作要领培训会议。全区的乡/镇、街道办事处的文化专干及71个村级基层服务点的管理员技术骨干参加了我区支中心组织的培训，通过培训我区乡镇、村级基层服务点管理人员进一步了解了文化共享工程的发展进程，为下一步促进我区的文化共享工程走上了规范化、制度化、经常化道路，打牢了基础。11月份，我支中心安排网络技术人员去已连接好网线的村级服务点协助链接设备、调试共享工程网页，使网络顺利的链接上，并能查阅读国家文化信息资源，实现国家资源共享。

1.3.柳林、庙李两个文化站共享工程建设工作：柳林、庙李文化站分别于2010年8月、10月竣工。现已投入使用。

2、2011年金水区全国文化信息资源共享工程建设工作：2011年已签订过合同的有6个街道文化中心和38个社区文化活动室，目前，这6个街道办事处综合文化站和38个社区活动室已经竣工并投入使用。

3、2012年金水区全国文化信息资源共享工程　公共电子阅览室建设工作：2012年国家共享工程已签订过合同的有4个街道文化中心和10个社区文化活动室，目前，所有4个街道文化活动中心和10个社区文化活动室都已顺利竣工，并进行了检查验收工作。另外，在原共享工程基层点的基础上，国家任务还建设了2个镇、6个街道文化站、38个社区的公共电子阅览室。另外，为全面推行公共电子阅览室建设计划，今年市财政出资为我区40个社区建设了公共电子阅览室，我区财政还专项投入250余万元，建设了56个社区公共电子阅览室，使金水区文化信息共享工程　公共电子阅览室的总设置率达到了84%以上，有望明年全覆盖。

三、资源建设

对于共享工程资源的建设，金水区支中心以群众需求为导向，在建设前充分考虑了辖区群众的需要，通过发放调查问卷、反馈意见簿、网络调查等方式，充分做好了前期调查工作，共购买了电子书6万余件。同时考虑到盲人等残疾人群的文化需求，区支中心又新添了有声数字图书4万2千余件，盲人朋友可通过听的方式来享受文化的盛宴。配合中央配备的国图资源网站和在线视频点播软件，金水区支中心已经具备了较为全面的共享资源服务能力。

目前，金水区支中心正在筹划金水数字文化网及特色数据库的建设，建成后，将为广大群众提供更丰富、优质的文化资源。

四、技术支持

为保证共享工程软、硬件设备的顺利安装和正常使用，区支中心和郑州几家信誉较好的网络技术公司建立了长期、良好的合作关系，由他们提供强大的技术支持，区支中心定期组织人员对辖区内共享工程设备进行检修和维护，保证设备的正常运转。

五、合作共建

随着服务群众的增多，现有资源已经无法满足支中心的需求，为了增加可用资源，同时节约财政经费，金水区支中心购置安装了vpn设备，并通过虚拟专用网与市图书馆互联，实现了两地资源可以相互访问，避免了重复购买和浪费，同时也增加了可提供的文化资源总量，受到辖区群众的好评。

六、惠民服务

服务是文化共享工程的重点。我们图书馆区支中心、街道办事处、社区活动室基层服务点、村基层服务点工作人员都要强化服务意识，明确服务内容，创新服务方式，为群众提供多样化、个性化的服务。金水区支中心采取阵地服务与流动服务相结合的形式，扩大服务范围，提高资源使用效率；同时依托各类文化设施和活动场所，开展丰富多彩、形式多样的惠民服务活动。各个基层服务点都开展了各种各样的惠民活动，如进行室外播放电影、送书进小区等形式，吸引了大批群众参与到我们的文化活动中来。

七、宣传推广

为了使更多的辖区群众了解共享工程、享受共享工程带来的文化惠民服务，金水区支中心组织工作人员开展了一系列的宣传活动。充分利用区支中心设在图书馆的优势，通过流动图书车进社区、进乡村宣传，发放传单、网络宣传、制作宣传片等多种方式。支中心还印制了精美的日历和书签，免费发放给辖区群众，既方便了群众，又起到了宣传作用。

八、培训工作

共享工程建设需要较为专业的系统理论支持，区支中心根据实际情况需要，按时组织人员参加省、市、区各级组织的培训，同时，也组织、鼓励辖区各镇办、社区工作人员参与有关培训，力争通过完善的培训学习，使共享工程工作的建设开展更加专业化。

九、管理和队伍建设

区支中心配备了熟悉计算机和网络知识的专职人员，各基层服务点都安排电脑专业人员专人管理，区支中心对基层点统一标牌和制度，下发了共享工程“一册三簿”，规范管理。

并积极组织参加省、市组织的培训班，进一步加强队伍建设，提高管理和服务水平。在工作之余，区支中心还组织工作人员到省、市支中心参观、学习，增加实践经验，增强队伍素质。

十、荣誉奖项

经过3年来的不懈努力，我区共享工程建设已经初具规模，基本形成了可以为广大群众提供服务的数字服务网络。在搞好硬件建设的同时，我们也充分发挥共享工程提供的丰富的资源优势，响应文化部号召，积极参与或举办了一系列活动，丰富了辖区居民的文化生活。在2011年的共享工程迎接建党90周年群众歌咏活动中，我区支中心组织的《美丽草原我的家》节目荣获文化部三等奖。我区支中心将再接再厉，为辖区群众提供更优质、更便捷的文化服务。

十一、工作展望

金水区支中心将严格按照上级有关文件要求，积极响应文化部号召，保质保量完成每年度共享工程建设任务，争取早日实现辖区内所有社区全覆盖，为更多的居民群众提供优秀的文化资源服务。

同时要严格督促辖区内各基层服务点，将共享工程有关精神落到实处，使这一文化惠民工程真正的融入老百姓的生活之中。

（撰文/郑州市金水区支中心）

郑州市上街区支中心

上街区现有面积64.7平方公里，辖一个镇，5个办事处，13万人口。上街区文化信息资源共享工程是在民众日益增强的精神文化需求的推动下，在中央和地方财政资金的大力支持下，由上街区文化广电新闻出版局全面启动和展开的文化惠民工程。该工程为提高全区科技文艺水平，推动全区文化事业健康、持续发展，加快建设和谐上街做出了积极贡献。

一、基本情况

上街区文化信息资源共享工程始于2009年，依托上街区图书馆成立支中心，协调镇村级共享工程设备的维修，指导镇村级共享工程活动的开展以及开展全区共享工程管理员的业务培训和指导。2010年8月，上街区政府举办文化信息资源共享工程村级基层站点设备发放仪式，标志着我区文化资源信息共享工程进入全面实施阶段。目前，上街区支中心与各行政村的网络已联通。该工程的建成可为上街区5.7万名农民提供包括科技致富、戏迷园地、务工指南、学法懂法、厚重河南等文化信息资源服务。

二、管理和队伍建设

为使共享项工程真正为民所用为民谋利，上街支中心将共享工程日常管理纳入制度化管理。制定支中心、镇、村基层服务点工作职责和制度，实行制度上墙公开。每年有年度工作计划，月度有工作要点，季度有工作督导，年末有工作总结考核，并推行管理员工作日志管理，收集整理共享工程服务活动的得失，探索共享工程管理和服务新模式。

上街区共享工程支中心在管理员队伍建设上坚持明确职责，明确思路，制度化管理，常态化培育。对于乡镇、村两级基层共享工程管理上择优选取文化层次较高，有一定社会基层管理服务实践经验的大学生村官为管理员，他们工作热情高，有较高的文化水平能尽快熟悉掌握共享工程设备为所在村民服务。

三、培训工作

上街支中心在共享工程管理员的培养上实现了制度化和常态化。根据支中心工作要求，每年对辖区共享工程管理员进行2-3期的集中培训。

四、经费投入

截止2010年8月，上街区政府共争取到中央和地方财政资金98万的运维经费，用于共享工程设备的维护，人员培训和惠民活动的开展，实现该区文化信息资源共享工程的“全覆盖”。

同时，上街区政府，上街区文化广电新闻出版局和上街区图书馆每年也投入大量人力物力支援共享工程各项活动的正常开展。

五、合作共建

以共享工程为依托结合全覆盖的农村数字电影厅建立电子文献资源服务中心。将各种部门下发的电子文献资源与建立的共享工程服务点结合，根据不同乡镇、村的硬件条件建立形式多样的电子阅览室和多媒体中心。通过多方不懈努力，共享工程已逐步走入基层村民生活，成为村民获取新知，娱乐身心的新渠道新平台。

六、利民惠众

上街支中心在共享工程服务实践过程中，以民众的需求为导向，积极探索，服务民众生活生产，引领群众高尚精神文化生活，打造群在满意喜爱的文化服务新平台。

1、利用节假日举办各种文化惠民活动，营造出浓厚的节日文化氛围。2013年春节期间，区文广新局组织辖区内图书出版发行单位开展了形式多样的活动，“以书代礼、以书压岁”，让广大市民在书香中度过了一个文明、健康的文化年。

2、全面开展弱势群体帮扶工作。为方便弱势群体有效使用公共文化资源，建设和谐上街，定期为残障人士开展送书上门、免费办卡服务，区图书馆设有盲人阅览室，建立无障碍设施，配置无障碍视听设备。

3、在基层开设农家书屋。目前，农家书屋已基本覆盖所有行政村，大大丰富了农村群众文化生活。这些贴近农民“胃口”的图书，有种植养殖业的、加工业的、农机和家电使用维修方面的，还有安全卫生保健知识方面的，农家书屋成为农民茶余饭后常去的求知课堂，从而为提高农民群众的科技文化素质，推动社会主义新农村建设全面协调和可持续发展发挥了作用。

4、实施“红色网络家园”工程。在绿色网吧基础上，与党员远程教育平台相结合，在全区范围内建立以宣传党的方针政策，宣扬科学反对邪教，服务党员群众，传递知识与力量为宗旨，融学习交流、信息查询、技术培训、休闲娱乐于一体的红色阵地，为党员和群众营造红色文化教育氛围。

七、工作展望

上街区文化资源共享工程已走过5个年头，从原先的几个点到今天的24个行政村全覆盖，文化资源共享工程在上街区已经成为上街人民文化生活的一大支柱，成为繁荣上街

文化，丰富上街人民精神生活的强大动力源泉。

今后上街支中心希望在上级部门的大力支持下为上街共享工程建设一支专业化的服务队伍，建立一个国家、市、区三级知识网络联动的即时问答服务体制和服务形式更加多样，服务网点更加宽广，参与群众更加广泛的共享工程文化带动体系。

（撰文/秦红阳）

郑州市惠济区支中心

惠济区下辖2镇、6个办事处和河南惠济经济开发区、郑州农业高新技术试验区和大河工业园三个开发区。总面积232.8平方公里，总人口27.4万，其中城镇人口18.5万。近几年来，在市文广新局的关心支持和指导下，我区认真开展文化信息资源共享工程建设，以区图书室馆为中心，镇（街道）文化站和行政村（街道、社区）文化活动室为重点的基层服务网络，组织实施文化信息资源共享工程。通过“共享工程”的实施，为新时期建设新农村、培育新农民搭建新的平台，并以此推进和完善文化服务体系建设，提高文化服务水平，促进城乡文化事业的发展。

一、基本情况

惠济区文化信息资源共享工程于2010年11月开始起步建设，辖区的54个行政村，按照上级的工作部署，成立了文化信息资源共享工程基层服务点，覆盖率为100%，并在2010年底为各个行政村配发了专门的投影仪和机顶盒及相关的设备，完善了服务点。各村的服务点都挂有标牌，大部分的设备都安装在了文化活动中心大院内，有个别的村庄（像小杜庄、刘寨）现因为村庄改造没有地方而被迫拆除。

共享工程惠济区支中心设在惠济区图书馆，是惠济区共享工程的建设和业务指导单位，负责保障区中心共享工程设备的运行，协调基层共享工程设备的维修，指导基层共享工程活动的开展以及开展全区共享工程管理员的业务培训和指导。

二、管理和队伍建设

惠济区支中心重视“共享工程”管理和队伍建设工作，制定了相关工作职责和制度，每年有年度工作计划和总结。惠济区支中心选择计算机专业或其他高学历的人员为管理员，并通过出去学习、请老师来馆讲课等形式，努力建设一支专业化的“共享工程”管理员队伍，不断提高业务能力和工作水平。

三、培训工作

惠济区支中心注重抓好“共享工程”管理员培训工作，每年都抽调专人对各乡镇、村基层服务点进行上门培训指导工作，并制定培训计划，确保每年对基层服务点工作人员不少于两次的集中培训，通过展示工程资源、机顶盒投影仪安装、系统网络设置、在线点播设备的使用，使其熟悉工程资源，掌握开展服务技能，提高各基层服务点的业务骨干掌握现代信息技术与数字资源建设的能力。

四、资金投入

惠济区累计投入资金150余万元，建成区级支中心1个，乡镇基层服务点8个，村、社区基层服务点54个，建成覆盖率达100%。实现街道、乡镇、村、社区文化共享工程全覆盖，使文化共享工程这一惠民工程全面进入到社区、乡村，进入到千家万户，为“惠民工程”的开展打下坚实的基础。

五、资源建设

惠济区历史文化璀璨，中华第一城·西山古城和古汉冶铁遗址、纪信庙、花园口扒堵口、惠济长桥遗迹等古文化遗存首尾相连。惠济区支中心根据这一特点，对辖区的地方数据库进行了建设，邀请了多位专家学者对数据资料进行整理论证，确保数据库资料的准确性、真实性。

六、合作共建

惠济区开展多种形式的合作共建，推进“共享工程”建设。根据不同镇（街道）、村（社区）的硬件条件建立形式多样的电子阅览室和多媒体中心，并结合辖区实际，将“共享工程”触角延伸至景区。2012年4月23日，惠济区图书馆丰乐农庄分馆正式向社会开放。这是我市首次在景区设置公共图书馆。丰乐农庄景区拥有员工数百名，其中八成以上是年轻人，他们居住、工作地点离城区较远，平常借阅图书、浏览网络资讯不太方便。同时，由于该景区一直免费开放，每逢假日日接待游客量多在万人以上。为给众多游客和旅游工作者提供阅读好去处，惠济区支中心专门在丰乐农庄设置分馆，设有电子阅览室、图书预览区等多个区域。

通过多方不懈努力，共享工程已逐步走入基层群众生活，成为广大群众获取新知，娱乐身心的新渠道新平台。

七、惠民服务

惠济区抢抓惠民工程的历史发展机遇，积极争取国家专项资金，新建1个文化大院、6个社区文化活动中心、18个农家书屋的任务，为文化大院配备了电脑、打印机、图书柜、阅览桌、椅、手风琴、音响、盘鼓、腰鼓、大鼓等器材和设备。每个月为54个行政村各免费放映一场公益电影，3台数字化电影机共为各村义务放映电影648场。各项文化实事真正做到了利民惠民，特别是各种文化活动器材的配置，极大满足了不同层次、不同人群的文化和精神需求，为惠济区物质文明、精神文明和政治文明的全面发展、和谐共进做出了贡献。

八、宣传推广

1、惠济区支中心利用各种渠道宣传推广共享工程。在昌平每年的读书节、公共图书馆服务宣传周、元宵节送图书下乡等活动中，惠济区支中心不失时机，以活动为平台，以资料为媒介宣传共享工程，让民众不断了解共享工程，走进共享工程。

2、开展一系列的电影展播活动。在暑假期间，充分发挥共享工程惠济支中心丰富的数字资源优势，播放了多部优秀少儿电影，获得广大读者一致欢迎。庆祝建党90周年期间，惠济区图书馆组织了“重温经典影视、共贺党的生日”共享工程影视展播活动，播放内容主要分两个主题：红色7月和童心8月。于7月1日——8月30日的每周一上午9点、周三下午3点放映影视节目，吸引大批市民观看，广获好评，共放映18场次，观看读者约1000多人。

3、开展专题讲座。青春期孩子存在多种问题，比如退缩、自我为中心、害羞、自卑、攻击性强、爱欺负同学或被同学欺负、社交困难、早恋等问题，以及家长在家庭教育方面存在的困惑，如考试成绩和心理健康哪个更重要？如何达到二者的双赢？怎样与孩子沟通？针对上述情况，图书馆邀请心理专家，开展“直面青春期暴风雨”专题讲座，讲座分别于7月14日、7月27日、8月10日、8月14日举行，累计接待听众400余人次，受到家长朋友的欢迎。

九、工作展望

惠济区的公共图书馆存在藏书量少、新书少的情况，须继续大力推进“共享工程”建设，充分利用“共享工程”的丰富资源为群众服务。要结合“数字图书馆”工程建设，全面提升惠济区支中心的设备，提高“共享工程”的建设水平。

要进一步扩充文化设施网点，以区图书馆为中心，加强基层文化设施网点网络化、数字化建设，加强专业技术人员的培养，为深入推进“共享工程”的实施打好基础。要充分发挥“共享工程”的作用，大力开展公益性数字文化服务，尤其加强对广大农村地区的扶持力度，将文化共享工程建设成为社会主义新农村的重要抓手。通过多种形式拓展服务范围、创新服务方式，将地方音乐、曲艺、歌舞、美术等优秀非物质文化遗产纳入“共享工程”建设内容，以群众喜闻乐见的形式使“共享工程”更加贴近基层、贴近生活、贴近群众。

（撰文/王 佳）

新郑市支中心

新郑市总面积873平方公里。新郑市辖12个乡镇、3个街道办事处，共有309个行政村。由于市委、政府重视共享工程建设，加大投入，加强共享工程基础设施改造建设，努力构建遍布全市的基层服务网络，在中央到地方各级财政的支持下，我市现已建立起以市支中心为依托，以乡镇文化中心、村基层服务点为网络的共享工程基本框架，基层文化工作手段陈旧落后的状况得到了一定改善。

一、基本情况

1、县级之中心建设

2008年经过省文化厅统一采购，电脑、网络设备等设备配备到位。于2008年12月，在新郑市图书馆建成配套设施齐全的中心机房、综合业务加工室和电子阅览室，完成了国家标准县级支中心的建设任务。

2、基层服务点建设

2008年在建设县级支中心的同时，为我市农村80个行政村配送电脑设备各一台，完成了新郑农村80个基层服务网点的扩展升级情况。

2009年7月完成对我市其余229个农村基层服务网点硬件的扩展升级任务，使我市309个行政村全部建成基层服务点，同时与农村基层党员远程教育相结合，有效实施了“一站两牌”的工作模式，促进了合作共建的有效开展。

3、乡镇服务站建设

2010年8月省文化厅为我市5个乡镇（辛店镇、薛店镇、和庄镇、郭店镇、梨河镇）服务站配备了电脑、投影仪、VCD等设施设备，总价值191850元（每个乡镇38370元）。

2011年11月省文化厅为我市6个乡镇（观音寺镇、龙湖镇、孟庄镇、新村镇、城关乡、八千乡）服务站配备了电脑、投影仪、VCD等设施设备，总价值236880元（每个乡镇39480元）。

二、管理队伍建设及业务培训工作

为使共享项工程真正为民所用为民谋利，新郑支中心将共享工程日常管理纳入制度化管理。新郑支中心每年组织基层业务骨干，按照分级分批的原则，对各级服务人员进行系统培训，不断提高基层工作人员的技术水平和服务能力。通过培训，建立持证上岗制度，按计划逐步达到每个基层服务点都有获得上岗资格的服务人员，并积极争取有关部门支持，发展大学生志愿者队伍，使其在文化共享工程基层服务中发挥更大的作用。

三、经费投入

新郑市共享工程自2009年实现村村全覆盖以来，新郑市财政每年投入10余万的运维经费，用于共享工程设备的维护，人员培训和惠民活动的开展。

四、资源建设

为使群众尽快接受先进思想文化教育，掌握适合当地实际的实用技术，市文化部门协调农牧、卫生等部门深入基层调研，了解群众所需，认真搜集、下载适用于当地群众的政策法规、先进性教育、农业科技、文化体育、防疫保健、科普知识等共享工程信息资源，特别是大量收集农村实用技术信息，并将下载的共享工程资源信息刻录成VCD光盘，通过市、乡、村三级文化服务网络及其它途径传输信息，扩大宣传面。主要做法：一是通过协调各专业部门，将各类信息资源通过业务部门的工作，传播到千家万户。二是向各乡镇文化站、村基层服务点直接提供图书、光盘支持，由各服务点直接面向群众服务。三是利用“三下乡”、宣传周、农村集市、节假日等向农民集中赠送、发放共享工程光盘和实用技术资料，开展现场咨询，解决实际问题。四是针对种养殖户在种养植过程中遇到的问题，从共享工程网络资源库中下载相关内容，刻录成实用光盘，免费赠送给种养植户或种养植集中连片的村组及文化中心户。五是在各乡镇举办农村实用技术培训班，为农民播放农村实用科技及生活小常识等科技信息。共享工程的实施，对打破农村地区信息闭塞的状况，积极推广农业适用技术、节本增效技术，帮助村民及时了解到相关市场、技术信息起到了重要作用。

五、惠民服务

1、馆内共享工程服务

全国文化信息资源共享工程新郑县级分中心免费为读者开放。

新郑市图书馆利用报告厅免费为读者提供戏曲、舞剧、音像美术、文学古籍、名家讲坛、历史地理、社会文化等共享工程文化信息资源，截至目前累计接待50000余人次。

2、馆外共享工程服务即共享文化信息资源，服务新农村建设

目前建立了11个基层服务站，固定播放站点11个。自中心建成以来，新郑市图书馆的工作人员曾多次将文化信息共享工程的数字资源送到部队、学校、敬老院、工地等文化相对匮乏的单位去播放。

支中心还利用“共享工程”资源开展了如“青少年赏识教育”、“关爱女性健康知识”、“就业与创业”、“黄帝文化知识”等10多次知识讲座活动、在电子阅览室开展电子图书阅读，数字视频节目和多媒体数据库的文化、教育资源的传播服务，并指导基层点通过村终端接收站为基层群众开展种养殖、戏剧艺术、综艺节目等信息资源服务。现每村每周平均开放时间达30小时以上、年播放200余次，服务群众达20万人次。

3、支中心网站建设

新郑市特色文化数字网2012年5月22日上午正式向社会开通。新郑市特色文化数字网共有黄帝文化、裴李岗文化、郑韩文化、新郑历史名人、具茨山岩画、非物资文化遗产、旅游文化、大枣文化、古籍书目、地方文献和当代特色文化11个数据库组成，共收录文字资料近200多万字，图片资料3000余幅，视频资料51个，12G。这一特色数字文化网是基层图书馆建设的新项目、新亮点，是服务读者、服务社会的新窗口，是当今数字化时代县级图书馆服务领域的新拓展、新跨越、新课题。

六、工作展望

1、按照上级文化部门要求，继续做好市、乡、村三级共享工程建设。

2、加强调查研究，强化管理。按照《文化共享工程基层服务点管理制度》、《文化共享工程县级支中心考核

标准》、《文化共享工程村级基层服务点考核标准》等规章制度和监督考核机制，对已支中心和各基层服务点设备、服务、人员、工作流程等加强常态化管理，保证设备的完好率和使用率；在管好用好设备同时，提高服务群众的能力，努力建立工程发展的长效机制，实现文化共享工程的可持续发展。

3、抓好队伍培训。进一步加大培训力度，建立一支具有较高水平的专业文化共享工程队伍，实现工程的健康发展。

4、做好服务工作。文化共享工程各基层服务点要按照工作制度，通过集中播放、网络互动、组织活动、讲座和培训等采取多种方式，为群众提供多样化、个性化服务。要围绕国家重大主题、利用传统节假日多策划和组织开展一些丰富多彩的活动，努力做到每月都有新活动，每季都有新内容。

（撰稿人/石晓尧）

新密市支中心

新密市总面积1001平方公里。新密市行政区域共有349个村、居委会，其中46个居委会、303个行政村。常住人口80万余人。新密市支中心依靠当地政府部门，依托当地文化资源，拓宽社会渠道，开展一系列文化信息服务基层活动，使文化信息资源共享工程影响力渗进了新密市各个乡镇村组。

一、基本情况

新密市支中心2005年正式加入工享工程的“135”计划成为全国5000个基层网点的联户之一，2009年完成了“共享工程”县级支中心的建设。在当地政府主管部门的大力支持下，年年按规划进行，工作有序的开展，2008年共投入37万元，其中中央及省市25.9万元，县级配套11.1万元，建70个村级站，另外县级支中心还投入68万元，2009年，投入60.3万元，其中中央及省市补助42.21万元，县级配套18.09万元，建113个村级站点。2010年，加大力度，投入64万元，中央配套32万元，省级配套6.4万元，市级配套6.4万元，建村级站点120个，

另外县中心还配套19.2万元。2012年建立一个社区活动室，配套资金为2.48万元。2013年建7个乡镇公共电子阅览室，配套资金为12.516万元。

新密市支中心承担的"共享工程"共建303个村级服务点和社区服务点，建成米村镇、袁庄镇、超化镇、白寨镇、平陌镇、曲梁镇、来集镇、7个乡镇服务站。推出了通过全国文化信息资源联合目录、建立网上文化信息导航系统、利用光缆传输网络和卫星接发网络进行文化信息资源传输服务。服务站、服务点的大力建设，确立了"文化信息资源中心"在新密市的主导地位、为新密市充分利用共享资源、搭建共享平台，为社会提供文化节信息服务奠定了坚实基础。

二、管理和队伍建设

为使"文化信息资源共享工程"充分发挥社会效能，新密市支中心制定了管理制度和职责分工到人，工作有力，紧紧围绕服务，使文化信息的共享覆盖新密全村各乡镇村组。提高"共享工程"在新密的影响力。

要服务，就要有一支高度敬业的服务队伍，新密支中心成立了"下基层共享工程"工作服务队，分工明确，思路清晰，时刻于乡镇文化站站长联系，并于各村的大学生村官沟通交流，认真开展"共享工程"服务工作。

三、培训工作

新密市支中心利用"共享工程"举办社会各种培训、知识讲座50场次。如摄影知识讲座、商业礼仪培训、电脑、投影仪使用知识讲座、彩票知识讲座、商业营销知识讲座、图书资料员培训等。参加培训人员达2000人次。少儿阅览室每逢周末定期放映交通安全、百科知识、教育讲座等科普和寓教于乐的电影节目，活跃少儿的课余生活。

四、经费投入

新密共享工程自实现村村全覆盖以来，图书馆每年投入10万元经费开展共享工程各项活动。

五、资源建设

新密市图书馆网站是图书馆和广大读者进行交流的沟通桥梁，是图书馆服务读者的网络。新密市图书馆网站开通于2012年8月，内设有本馆简介、读者须知、部门设置、开放时间、办证指南、本馆动态、新书展示、数字资源在线服务等模块。搜集地方文献密县文史资料进行编辑归类。每年编发信息情报12期和领导参考12期。

六、合作共建

几年来，根据上级指示精神，新密市图书馆与河南省郑州监狱联合开展了"文化阳光进高墙"系列活动，充分利用社会文化系统资源优势，增强监狱文化氛围，提高对服刑人员的教育改造质量，推动监狱"三化"工作，服务于和谐社会建设。建立文化信息资源共享工程基层服务点，定期播放适合监狱的电影等音像资料，服务服刑犯人10万余人。颇受欢迎，效果良好。

七、利民惠众，惠农服务

新密支中心"共享工程"在农村服务活动中，定点在乡镇村巡回播放农业科技、计划生育、新密风光宣传和爱国主义教育影片30场次。并组织文艺小分队义务多次下乡演出，组织专业人员下乡进行书法、绘画、声乐、手工等专项培训8次。并对他们送去我们编发的信息情报，利用新密丰富的文化资源，多种渠道针对性的把文化信息送到群众手中。利用共享工程网站和综合图书外借室新书推介，使"文化信息资源共享工程"平台正真正发挥了作用，服务落到了实处。

八、宣传推广

借助文化部门的"月末文化广场"在市区开展"资源共享"文化广场活动，利用资源优势，在西广场、青屏广场多个地点展播优秀影片，从春天到秋天，每至月末，定期播放。定期举办"中外优秀放映周活动，每周末一场电影，播放科普教育优秀影片。共有200多场。每年夏季，在图书馆门前举办"夏之风"中外优秀影片展播活动，共放映220多场，这些渠道的拓展，极大满足了市民的文化需求，让广大读者在轻松和愉快中充分体验"共享工程"带来的实惠，充分发挥"共享工程"的社会效益。

为了弘扬雷锋精神，加深青少年对雷锋精神的认识和理解，通过共享工程平台，利用省中心发放的"学习雷锋好榜样"优质资源为新密市实验小学开展了"继承优良传统，弘扬雷锋精神进校园活动，通过电影展播，让全校600名师生更加了解雷锋事迹，更加深刻领悟雷锋精神。

充分利用5月份的全民读书月活动大力宣传阅读活动"，大力宣传"共享工程"。利用"共享工程"资源，举办"中外优秀影片放映周活动，让更多读者走进"共享工程"、了解"共享工程"、利用"共享工程"。

利用共享工程向孤儿院、聋哑学校等开展"献爱心、送温暖"活动，并播放了爱国主义教育影片35场。切实关注了弱势群体的文化需求，收到良好的社会效果。

九、工作展望

新密的"资源共享工程"在取得成绩的同时，我们也找到了工作中的不足和问题，还有待于在新的一年，我们将继续努力，使各项工作更上一个新台阶。在未来我们将大力推动新密人文科技进步，让文化资源共享工程在新密人民的精神生活中起到重大的作用，成为繁荣新密文化的强大的动力资源。在今后我们将更加的注重服务形式的多样化以及网点的宽广化，为新密的文化建设作出应有的贡献！

（撰文/新密市支中心）

荥阳市支中心

荥阳市下辖9镇3乡2个街道办事处和1个风景区管委，人口59万，面积908平方公里，其中城镇建成区面积17平方公里。荥阳市的文化信息资源共享工程得到荥阳市市委、市政府的高度重视和支持，荥阳市文广新局坚持以"建设和谐文化、提高人民群众文化品质"为宗旨，由荥阳市图书馆具体负责文化资源共享工程建设任务。现将荥阳市文化信息资源共享工程建设情况概括如下：

一、基本情况

荥阳市文化信息资源共享开始于2007年，2007年至

2009年升级改造文化信息资源与农村党员干部远程教育共建共享工程村级基层站点283个（2007年70个行政村、2008年131个行政村、2009年82个行政村），投入专项资金150.6万元；2009年建成县级支中心1个，投入专项资金68万元；同时2010年起又通过信息资源共享工程对已建成的乡镇综合文化站进行设备配置，设备配置到位11个文化站（高山镇、豫龙镇、汜水镇、崔庙镇、贾峪镇、广武镇、刘河镇、王村镇、高村乡、金砦乡、城关乡），投入专项资金110万元。全市文化信息资源共享工程覆盖率基本实现100%。

截止2012年，我市累计争取中央、省、市、县文化信息资源共享专项配套资金328.6万元。

共享工程荥阳市支中心设在荥阳市图书馆，是荥阳市共享工程的建设和业务指导单位，负责保障支中心共享工程设备的运行，协调镇村级共享工程设备的维修，指导镇村级共享工程活动的开展以及开展全市市共享工程管理员的业务培训和指导。

二、管理和队伍建设

为使文化信息资源共享工程真正为民所用为民谋利，荥阳市支中心将共享工程日常管理纳入制度化管理。制定支中心、镇、村基层服务点工作职责和制度，实行制度上墙公开。每年有年度工作计划，年末有工作总结考核，并推行管理员工作日志管理，收集整理共享工程服务活动的得失，探索共享工程管理和服务新模式。

文化资源共享工程作为一个新的农村文化资源获取平台，如何推广好、利用好共享工程丰富的文化资源关键在于是否有一支专业化的共享工程管理员队伍。荥阳市共享工程支中心在管理员队伍建设上坚持明确职责，明确思路，制度化管理，常态化培育。对于乡镇、村两级基层共享工程管理上择优选取文化层次较高，有一定社会基层管理服务实践经验的大学生村官为管理员，他们工作热情高，有较高的文化水平能尽快熟悉掌握共享工程设备为所在村民服务。

三、资源建设

我市文化信息资源共享工程资源建设尚处于初级阶段，主要分两部分，一是接受文化共享工程国家中心和郑州市支中心配发的光盘资源；二是购买一些优秀的多媒体资源和电子图书资源，如《二十一世纪视听图书馆》、《有声•四大名著》、《有声•上下五千年》、《有声•世界童话典藏》《让我们的孩子爱学习、会学习系列讲座》等。

四、技术支持

我市支中心在做好自身建设的同时，积极做好对乡镇和村级基层服务点的技术支持工作。有技术问题需要咨询的基层服务点管理员通过荥阳市图书馆办公电话，或者直接拨打我市支中心专职管理员的手机进行询问，必要时进行现场指导，在2012年十月份为了配合荥阳市网格化建设，应基层服务点的邀请，前往豫龙镇和刘河镇进行设备现场安装调试，并对其基层管理员进行操作指导。

五、惠民服务

我市支中心电子阅览室每天坚持对外开放7小时，每周对外开放7天，有力的保证了对外开放时间。在电子阅览室开放过程中，由专职管理员负责计算机及网络的日常运行及维护工作，并做好读者的上机登记工作。

在做好电子阅览室开放的同时，荥阳市支中心利用文化信息资源共享工程配发的投影、电脑、音响等设备，深度挖掘文化共享工程配发光盘资源和网络优秀资源，在寒暑假及重大节日前后积极开展优秀讲座及影视节目放映活动，吸引众多读者前来观看，为广大读者的业余文化生活增光添彩，在放映节目的同时认真做好读者登记工作，做到工作记录齐全。

在2010年5月29日至6月4日紧紧围绕“充分发挥公益性电子阅览室作用　积极推进学习型社会建设”这一主题，组织开展了丰富多彩的服务宣传周活动，活动期间放映了《东方名家教育讲座　陆士桢》、《“我读经典”视频讲座：于丹<在成长中感悟>》、《纪录片：旅行到宇宙边缘》、《奇妙仙子小叮当第一部　春天约会》等多部优秀视频讲座、国内外优秀影视节目。

在2011年7月4日至7月30份开展了“庆祝建党九十周年荥阳市图书馆红色专题片放映月”活动，放映了《红色记忆 振奋中国》系列光盘资源。

2012年4月21日至23日，支中心电子阅览室再荥阳市图书馆“世界读书日”读者活动期间，为广大读者放映了《家园》、《丁丁历险记》、《快乐的大脚》等优秀的动画和纪录片电影。

2012年六一儿童节，支中心电子阅览室为广大少年儿童播放《喜羊羊与灰太狼》、《狩猎者》、《玩具总动员》、《爱丽丝仙境历险记》等深受喜爱的经典影片。

2012年8月份在每周周一至周五为广大青少年放映《寻龙夺宝》、《大闹天宫》、《喜羊羊与灰太狼之开心闯龙年》、《深海火山》、《微观世界》、《BBC生命：01生命的挑战》等国内外优秀动画和纪录片电影。

我市文化信息资源共享工程每个村级基层服务点配

备专门管理人员，进行设备日常运行及维护工作，坚持每天开放，广大群众通过信息资源共享平台了解农业、经济、政治等多方面资讯，及时掌握国家相关惠农政策及有关法律法规为广大群众提供了方便。

六、宣传推广

我市文化资源共享工程建设工作从建设之初就非常重视宣传推广工作，在我市人民广场村级基层服务点的设备发放仪式，邀请市委、市政府相关领导出席并讲话，邀请电视台做现场报道。为了更好地让广大群众了解文化信息资源共享工程，在我市支中心开展优秀讲座及影视节目放映活动之前，荥阳市支中心印制宣传页并前往广场、学校、街道进行发放，同时通过电视台播放字幕通知，吸引众多读者前来观看。今年下半年，荥阳市图书馆又建立图书馆网站，开辟文化信息共享工程专栏，利用互联网加大对我市文化信息资源共享工程的宣传。

七、培训工作

为了提高我市基层举办基层图书管理员及文化信息资源共享工程基层管理员的业务水平和技能素质，2010年和2011年，相继两年协助郑州市图书馆在我市荥阳宾馆开展图书管理员培训班，近500名荥阳、巩义、登封三县市文化站、文化大院、社市文化活动中心图书室及化文化资源共享工程基层管理员等基层业务骨干参加了培训，培训结束后由郑州市文广新局颁发结业证书。

八、工作展望

荥阳市文化资源共享工程已走过6个年头，从昨天的几个点到今天的283个行政村全覆盖，从单一的资源接收到今天的编辑分发和群众广泛认知，广泛参与，文化资源共享工程在荥阳已经成为荥阳人民文化生活的一大支柱，成为繁荣荥阳文化，丰富荥阳人民精神生活，推动荥阳人文科技进步的强大动力源泉。今后荥阳支中心希望在河南省分中心，郑州市支中心大力支持下为荥阳市文化信息资源共享工程建设一支专业化的服务队伍，力求建成服务网点更加宽广，参与群众更加广泛的共享工程文化带动体系，为建设科技荥阳，文化荥阳做出贡献。

（撰文/周利强、周延超）

中牟县支中心

中牟县土地总面积1416.6平方公里，总人口68万人，辖11镇6乡，424个行政村。全国文化信息资源共享工程的开展，为全县开辟了一条文化服务农村、服务农业、服务农民的新途径。我馆根据文件精神，深入实际、深入基层、深入群众，对我县共享工程基层服务点进行调研，

一、基本情况

高度重视，积极推进文化共享工程建设。中牟县委、县政府高度重视共享工程建设工作。2009年，共享工程建设被列入中牟县为民办理“十大实事”之中。

1、县支中心建设工作

县文化广电旅游局党组高度重视文化共享工程建设工作，成立了专项研究组，结合我县实际，认真筹划，详细探讨了我县支中心建设具体方案，跟踪督促资金配套到位。县支中心于2009年10月上旬顺利竣工，并投入使用。

共享工程中牟县支中心设在中牟县图书馆，是中牟县共享工程的建设和业务指导单位，负责保障县支中心共享工程设备的运行，协调乡镇村级共享工程设备的维修，指导镇村级共享工程活动的开展以及开展全县共享工程管理员的业务培训和指导。

2、村级服务点共享工程建设工作

我县于2008年发放电脑、投影仪70台，2009年发放电脑、投影仪100台，2010年发放电脑、投影仪252台，三年圆满完成村级点建设所需电脑、投影仪422台。

3、乡镇基层服务点建设工作

我馆克服任务重、人员少的状况，召开各乡镇文化站长会议，认真讲解、分解任务，并积极督促中标公司加快建设进度；我馆组织专人到各乡镇及青年路街道办事处进行检查督办，并纳入考核，有力地促进了各项工作的顺利开展。于2010年完成6个乡镇基层服务点建设工作，2011年完成4个乡镇基层服务点建设工作，2012年完成2个乡镇基层服务点电子阅览室建设工作。

二 、管理和队伍建设

为使共享项工程真正为民所用为民谋利，中牟支中心将共享工程日常管理纳入制度化管理。制定支中心、镇、村基层服务点工作职责和制度，实行制度上墙公开。每年有年度工作计划，月度有工作要点，季度有工作督导，年末有工作总结考核，各乡镇街道办事处也高度重视这项工作，成立各级文化共享工程领导小组，制定政策，为工程建设创造良好的政策环境和社会条件，并推行管理员工作日志管理，收集整理共享工程服务活动的得失，探索共享工程管理和服务新模式。

文化资源共享工程作为一个新的农村文化资源获取平台，如何推广好、利用好共享工程丰富的文化资源关键在于是否有一支专业化的共享工程管理员队伍。中牟共享工程支中心目前，县级支中心只有一人暂时管理着机房及电子阅览室，在管理员队伍建设上坚持明确职责，明确思路，制度化管理，常态化培育。

对于乡镇、村两级基层共享工程管理上择优选取文化层次较高，有一定社会基层管理服务实践经验的文化站长、文化专干及大学生村官为管理员，他们工作热情高，有较高的文化水平能尽快熟悉掌握共享工程设备为所在村民服务。

三、培训工作

全县18个乡镇、街道办事处的文化站长，专干，及422个村级基层服务点管理员技术骨干在分别2010年11月、2011年10月、2012年12月参加了乡镇基层服务点建设工作培训。通过培训，使乡镇、村级基层服务点管理人员进一步了解了文化共享工程的发展进程，基本掌握了设备的操作要领，为下一步促进我县的文化共享工程走上了规范化、制度化、经常化道路，打牢了基础。

四、经费投入

中央财政支持建设的县级支中心、乡镇及村级基层服务点，硬件建设任务完成后，运转经费不足严重制约了

服务工作的开展。县级支中心设备正常运转功率高，耗电量大，产生的费用也较大，加上正常的维护保养费用，存在着运转经费严重不足等问题，影响了共享工程惠民服务作用的发挥，支中心运转经费亟待给予保障。

五、合作共建

以共享工程为依托结合全覆盖的农村电子文献资源服务中心。将各种部门下发的电子文献资源与建立的共享工程服务点结合，根据不同乡镇、村的硬件条件建立形式多样的电子阅览室和多媒体中心。共享工程宣教授课和电子资源阅读播放为一体的多功能活动室。通过多方不懈努力，共享工程已逐步走入基层村民生活，其中青年路街道办事处、狼城岗镇开展群众服务活动达万余人次。活动的开展，充分发挥了共享工程的作用。

六、利民惠众，惠农服务

中牟县支中心在共享工程服务实践过程中，以民众的需求为导向，积极探索，服务民众生活生产，引领群众高尚精神文化生活，打造群在满意喜爱的文化服务新平台。根据中牟地域农业生产特点，通过集中播放、网络互动、组织活动、讲座和培训等多种方式，为群众提供多样化、个性化服务。在广大基层群众中普及工程相关知识，围绕国家重大主题、利用传统节假日多策划和组织开展一些丰富多彩的活动，并加强制度建设，实现收听收看、开展学习教育和娱乐活动规划化、制度化，实现文化共享工程的可持续发展。

七、宣传推广

一、县支中心：响应国家文化信息资源部号召，鼓励来我馆的读者踊跃参加“阳光少年热爱党”电脑小报设计比赛活动，开展“颂歌献给党—河南信息资源共享工程迎接建党90周年群众歌咏比赛，制作优秀节目视频，并报送国家信息资源共享工程资源中心；

二是积极组织青少年读者参加“党旗飞扬，文化共享”全国青少年纪念建党90周年党史知识大赛活动，报送国家信息资源共享工程资源中心参加评奖，并荣获组织奖；积极组织到馆的读者及工作人员参加公共电子阅览室百题建设计划，有一人获得个人三等奖。

三是基层服务点工作。我馆组织基层服务点利用共享工程，组织开展红色电影展播，使老百姓们足不出户就能看到纪念我党成长历程的优秀电影栏目，并重温党的昨天，呈现党的今天，憧憬党的未来。

八、工作展望

中牟县文化资源共享工程已走过3个年头，从昨天的0到今天的422个行政村全覆盖，从单一的资源接收到今天的编辑分发和群众广泛认知，广泛参与，文化资源共享工程在中牟已经成为人民文化生活的一大支柱，成为繁荣文化，丰富人民精神生活，推动人文科技进步的强大动力源泉。

今后中牟县支中心希望在国家中心，河南分中心大力支持下为中牟共享工程建设一支专业化的服务队伍，建立一个国家、市、区三级知识网络联动的即时问答服务体制和服务形式更加多样，服务网点更加宽广，参与群众更加广泛的共享工程文化带动体系，为郑州市创建国家公共文化服务体系示范区，文化中牟做出贡献。

（撰文/中牟县支中心）

三门峡市支中心

三门峡市区划共有3县2市，常住人口223万人。三门峡市文化信息资源共享工程在三门峡文化局的领导下，在文化共享工程河南省支中心的支持下，逐步推进，稳步发展，为繁荣基层文化，满足人民群众多层次文化需求，传递中华民族优秀文化资源，推动三门峡市经济社会发展发挥了重要作用。

一、基本情况

2003年以来，文化资源共享工程三门峡支中心，在市文化信息资源共享工程领导小组和市党员远程教育领导小组的领导下，坚持“逐步推进，稳步发展”的指导思想，深入基层，逐个指导，现已建成全国文化信息资源市级中心1个，县级中心5个，其中，全国文化信息资源共享工程试点县级支中心1个（全省仅5个）；在党的十八大召开期间，为广大人民群众及时转播十八大盛况。

近10年来，经常为人民群众转播致富信息，帮助一部分种植业、养殖业专业户脱贫致富奔小康，还利用文化共享工程设备下载传统战斗故事片到驻峡部队军营播放。充分发挥了传播文化科技知识的作用。

为了切实搞好文化信息资源共享工程建设工作，2003年，成立了由市文化局局长任组长、主管局长任副组长，各县（市、区）文化局局长、公共图书馆馆长为成员的三门峡市文化信息资源共享建设领导小组，领导小组下设办公室，办公室设在市图书馆，主要负责工作计划的拟定、督察督办、资料保存及日常事务处理等工作。领导小组多次召开专门会议，研究解决文化信息资源共享工程各级支中心建设中遇到的问题。

经三门峡市文化信息资源共享工程领导小组研究决定，全国文化信息资源共享工程三门峡支中心设在三门峡市图书馆，为了切实搞好全国文化信息资源共享工程三门峡市支中心建设，市图书馆抽调业务骨干由主要领导负责筹建支中心，馆长带领技术部的技术人员，先后前往郑州、洛阳、孟州等地，学习兄弟馆建立全国文化信息资源共享工程支中心的经验。

回到三门峡后，首先，制定出筹建方案，经过比较兄弟地（市）、县支中心的主机、地面卫星接收设备的优缺点，初步选定了我市支中心的拟用主机、地面卫星接收设备，并报请市文化信息资源共享工程领导小组审定。

其次，选派技术部的业务骨干参加省支中心举办的业务培训班。其三，想方设法筹集资金，在市馆建立了中心机房、地面卫星接收站、馆内局域网、多媒体视听室等。经过努力，2005年6月，建成了全国文化信息资源共享工程三门峡市支中心。

文化共享工程三门峡市支中心，是三门峡市共享工程的建设和业务指导单位，负责保障市支中心共享工程设备的运行，协调县级支中心共享工程设备的维修，指导县、乡（镇）村级共享工程活动的开展和全市共享工程管理员的业务培训。

二、深入基层督促指导，搞好县级中心建设

2006年文化部、财政部给河南省5个试点县级中心

指标，该中心验收合格后，国家财政给每个中心投支40.8万元，经市文化信息资源共享工程建设领导小组研究决定，渑池县申报全国试点县级中心，为了使渑池县创建全国文化信息资源共享工程试点县级中心成功，市文化信息资源共享工程领导消息副组长锁彦忠，多次带领市支中心技术人员，前往渑池县督促指导创建工作，帮助解决创建工作中遇到的疑难问题。

锁局长和渑池县文化局局长一起向渑池县主管文化的县长汇报文化信息资源共享工程创建工作，并采取积极主动汇报，争取上级支持的办法，确保了该县建成6个文化信息资源共享工程地面卫星接收站。在各级领导的关心、支持下，在渑池县图书馆技术人员的努力下，渑池县图书馆投资30余万元建起了中心机房、地面卫星接收站、多媒体视听室等。

2006年经文化部文化信息资源共享工程支中心验收组检查验收，渑池县支中心被确定为文化信息资源共享工程全国试点县级支中心。

文化部、财政部投资40.8万元，县财政局投资27.2万元，渑池县支中心共获得68万元的文化信息资源共享工程设备。新设备的到位进一步提升了渑池县文化信息资源共享的服务质量，在党的十七大、十八大召开期间，该中心的工作人员，日夜坚守工作岗位，及时为广大人民群众转播十七大、十八大盛况，受到人民群众赞扬。

为了切实搞好文化信息资源共享工程县级支中心建设，我市文化信息资源共享工程建设领导小组成员，于2006年6月，在渑池县支中心召开了现场会，参观学习推广渑池县支中心建设经验。

会后各县（市）充分发挥主观能动性，搞好文化资源共享工程建设，目前，我市共建成文化共享工程市级中心1个，县级支中心5个，接受各类影视资源、农业技术、文史知识等信息上千兆，极大地促进了我市三个文明建设。

三、利用共享工程内容 切实搞好拥军工作

驻在三门峡的部队较多，他们的营区远离市区，为了丰富官兵的业余文化生活，文化共享工程三门峡市支中心的工作人员，利用文化共享工程设备将传统战斗故事片《地道战》、《地雷战》、《狼牙山五壮士》等下载到笔记本电脑上，节假日携带笔记本电脑、投影仪前往驻峡部队军营免费播放，深受官兵欢迎。

四、通过各种途径 搞好优质服务

1、深入基层 服务人民

文化共享工程三门峡市支中心根据上级要求，积极开展工作，为社区居民、农民朋友提供多项服务，如影视点播、农业技术下载，提供信息服务，积极传播文化科技信息，特别是利用文化共享工程设备将电影、文艺节目下载到笔记本电脑上，利用投影仪节假日到社区播放的举措，受到人民群众的广泛欢迎与好评。

2、利用党员远程教育设备 尽心竭力服务山区人民

积极主动与市委组织部党员远程教育科联系，利用党员远程教育设备，将丰富的文化信息资源共享工程内容及时传播到千家万户，深受广大人民群众的欢迎。

五、健全规章制度 加强队伍建设

1、建立健全规章制度

三门峡市支中心，根据上级要求，结合本市实际，制定了各分中心职责，督查、巡回指导，培训等规章制度，对开放时间、转播内容、设备管理、维修保养都有详细规定，公布于众，方便群众查询了解相关信息。

2、加强队伍建设

三门峡市支中心在文化共享工程基层管理员的培训上实现了制度化和常态化，根据工作需要，对基层站点的技术人员定期进行各种业务培训，互相交流经验体会，为文化信息资源在我市各县（市、区）的传播提供了人力保障。

六、工作展望

今后，我们将以党的十八大精神为指导，认真学习兄弟单位的先进经验，努力探索创新服务途径，不断提升服务水平，充分发挥文化信息资源共享工程三门峡支中心的职能，为三门峡经济社会发展、推动中原经济区建设作出新贡献。

（撰文/刘宝彦）

义马市支中心

义马市图书馆（文化共享支中心）位于珠江路中段文化城院内，共有建筑面积2500平方米，2009年根据省市部门安排部署，由义马市财政拨付61.6623万元兴建文化信息资源共享工程。共享工程的实施，对于弥补馆舍面积小、藏书少等硬件设施上的不足，把文化信息资源全面快捷地传送到城乡基层文化网点和群众身边，促进公益性文化建设具有重要的现实意义，对于改变市图书馆建设相对滞后的现状无疑提供了良好的发展机遇。一方面，我们认真研读有关政策，积极谋划电子阅览室建设项目，争取到上级领导和相关部门的支持，加强自身硬件设施建设，建成了拥有35台电脑规模的电子阅览室，使义马市图书馆初步实现了网络化和数字化，为共享工程市级支中心的创建工作奠定了坚实的硬件基础。另一方面，积极争取市级财政配套资金，完善软件建设，推动试点建设全面铺开。与此同时，大力开发利用人力资源，通过多种渠道广泛宣传，吸引精通计算机的技术人才充实到图书馆的岗位，同时加强馆内人员及全市范围内站点技术人员学习培训，通过走出去请进来，以老促新、以新带老等多种形式。努力提高全体人员的计算机知

识技能，为共享工程建设提供强有力的技术保障。

为积极稳妥地推进共享工程试点建设，义马市图书馆（文化共享支中心）采取总体规划、分步实施、逐步推广的方式，努力为试点建设创造良好的外部条件。在完成市级支中心建设任务的同时，市图书馆（文化共享支中心）还积极下基层、进办事处社区，多方争取办事处领导和各社区负责人的支持，向他们宣传共享工程建设的现实意义，帮助基层站点选点建设，协助培训技术人员，足迹遍及全市7个办事处33（其中涉农社区20各）个社区，协助创建20个基层服务点。在具体的工作中，我们开展了以下几方面的工作：

一、网络信息平台的建设

近年来，先后开通了义马市图书馆（文化共享支中心）博客和微博，该博客设置了馆内活动、域外来风、豫情文事等12个栏目，围绕风土人情、优秀戏曲节目、书法绘画等方面进行了对内对外的宣传展示，并链接了国家、省、市文化信息资源中心。用先进文化抢占信息网络空间，营造绿色健康文明氛围，为广大群众开拓视野、了解科技致富信息、博览群书、提高知识素质、共享优秀文化信息资源提供了网络服务平台，成为对外宣传义马，对内传播文化信息的一个重要宣传窗口，得到各级领导、社会各界、农民群众、学校及家长的肯定和好评，丰富了我市共享工程的内容和内涵。我市将文化信息资源共享工程与党员远程教育实施共建，一室两用，目前，已建成基层服务点20个，为马岭社区、裴村社区等等10个社区发放投影仪设备10套，为常村社区、义马村社区等10个办事处发放电脑10套，以及往各个办事处发放各种设备300余套，大大加强了文化信息资源共享网络在我市的覆盖面。

二、文化资源共享工程活动的开展

1、文化信息资源共享工程知识讲座

活动自开展以来组织专业人员进行专题讲座，进一步加强了文化共享工程，为追求“共享工程”服务成效的最大化，义马市图书馆（文化共享支中心）不断创新服务方式，拓展服务范围，严格规范管理，有效利用现有人力、物力条件，把“共享工程”与文化建设、图书馆事业发展有机结合，实现相互促进和共同发展，努力使优秀的文化信息资源走进千家万户。阵地服务规范化。有效利用馆内人力物力资源，把电子阅览室作为固定场所开展阵地服务工作，一是有计划地开展不同主题的集体活动，充分发挥阵地的教育职能作用，如举办读者座谈会、倡导读书的专题公益讲座、服务宣传周活动等，年开展活动10余次，参加人数达3000多人。

2、组织基层管理员培训

为更好地提供基层服务点的工作效能，组织各社区服务点管理员进行定期培训，采取集体培训的方式方法，加大对全市各办事处社区基层点的技术及管理的培训力度，举办培训班5次，培训人员300多人次；做好阵地个别辅导工作，面对上门求教的单位或个人，通过耐心规范的服务，接待咨询群众300余人次，回答、解决疑难问题350多个。

3、对农家书屋的指导

在提供阵地优质服务的同时，通过开展多种形式的流动服务增强服务效果。切实承担对各基层站点的指导和辐射作用，市图书馆（文化共享支中心）组织人员先后深入20个涉农社区农家书屋进行图书分类排架指导 ，检查各站点制度标牌是否规范上墙，管理是否规范到位，技术人员是否履行职责。

4、文化资源共享资源走进农户活动

加大宣传力度，扩大服务成效，市图书馆（文化共享支中心）“五进社区三下乡”将带动各服务点将图书文化知识、科技信息资料、优秀节目等传送到基层、农民、群众中。

5、军民共同庆八一

武警义马市消防大队、义马市文化广电旅游和新闻出版局举行庆八一联欢晚会，武警三门峡市消防支队支队长李存海致辞，希望全体消防官兵要牢记使命，为驻地经济和社会发展保驾护航。

6、可爱家园暑期征文比赛

为建设“书香三门峡”，丰富孩子们的暑期生活，展现义马市城市建设发展成就以及少年儿童朝气蓬勃、奋发向上的精神面貌，今年暑假期间义马市文化广电旅游和新闻出版局面向全市所有少年儿童，举办了“可爱的家园”征文比赛，广大少年儿童踊跃投稿，用征文作品表达对身边美好（美丽）的人、事、景、物等的看法和感受，充分反映了义马市城市面貌、人文气息、日常生活、文化教育等方面的所见所闻、所思所感，展现自己及周围的人们热爱义马、热爱生活的精神面貌。

7、世界读书日之书画比赛

为庆祝第17个“4、23”世界读书日到来之际，义马市文广新局举行少儿书画比赛，参加书法比赛孩子们挥毫泼墨，各类书法作品或行云流水，或苍劲有力，充分展示了孩子们扎实的书法功底，“书山有路勤为径，学海无涯苦作舟”、“读书破万卷、下笔如有神”等参赛的作品主题鲜明反映了少年儿童热爱学习、热爱读书的良好风尚；参加绘画比赛的小朋友用自己手中的画笔，歌颂了美丽的校园、美好的生活，表现了孩子们积极向上的精神风貌。

8、春节免费为市民送春联活动

为感谢广大市民对文化事业的支持，义马市图书馆、文化馆联合举办春联送读者活动，来自驻义部分国家级、省级书法家协会的书法家及文化馆的小朋友们冒着严寒走上街头，免费为市民书写春联，为大家送上了新春的美好祝福。

9、元宵节猜谜语

龙年元宵佳节到来之际，义马市文广新局举办各种活动，丰富煤城人民节日文化生活义马市文化馆、图书馆联合举办庆元宵猜谜活动，本次活动共有谜语560多条，参与猜灯谜的群众有800多名，大家积极参与，认真解答，工作人员为获得正确谜底的群众兑换了精美的奖品，整个举办场地洋溢着一派热闹的欢乐景象。

10、到观音堂煤矿发放数字借阅卡

义马文广新局为观音堂煤矿捐赠数字借阅卡，为他们带去了精神粮食，同时我们也处处感受到观音堂煤矿浓厚的文化氛围，希望进一步加强企业和地方共同建设，努力促进文化大发展、大繁荣。

11、金芭蕾七一晚会

此次演出广泛宣传近年来义马市在发展公共文化方面取得的巨大成就，开展了系列数字图书推广计划，为广大市民免费发放了数字借阅卡，使广大市民足不出户就可浏览到海量的数字图书资源，使公共文化事业最大限度贴近群众，贴近人民群众生活。

12、对外宣传

义马市图书馆精心策划，认真开展2012年服务宣传周活动，活动紧扣"文化强国—图书馆的责任与使命"的主题，扎实开展各项工作。为确保宣传周各项活动达到预期效果，义马市图书馆一是采取请进来、走出去的办法；二是充分利用广播电视和网络等有效形式，广泛宣传公共图书馆的功能和作用，同时走上街头悬挂标语横幅，设立咨询服务台，为广大市民解疑释惑。

三、工作展望

随着丰富多彩服务活动的开展，共享工程服务的触角不断向基层特别是农村延伸，人们开始掌握和利用这块知识宝库；我们也将在今后的工作中更加努力的探索文化资源共享的新路子，强化组织领导，加大投入力度，增强基层服务点的设施配备，不断加大文化信息资源共享网络在我市的覆盖面，积极打造文化信息资源的"共享"平台，使文化信息资源共享工程取得较大进展，更好地发挥共享工程的作用，为把共享工程办成惠民工程、民心工程而不懈努力。

（撰文/义马市支中心）

渑池县支中心

渑池县总面积1368平方公里，行政区共有5镇7乡，共有235个行政村，总人口36.57万人。渑池县文化资源共享工程在上级部门和县委、县政府的支持和部署下，逐步推进，稳步发展，在新形势下为繁荣农村基层文化，满足农民多层次文化需求，传递中国民族优秀文化资源发挥了重要作用。

一、基本情况

2006年4月，渑池县被国家文化部、财政部确定为文化信息资源共享工程试点县。县政府投资5万余元购置投影、功放等设备，建成了较高标准的文化信息资源共享工程县级支中心。2007年，中央财政补贴资金41万，县财政划拨配套资金29万元，以省政府采购形式装备和加强了县级支中心建设，配置了电脑、复印机、扫描仪、传真机等办公器材，建成了机房中控室、电子阅览室、电教室，完成了县级支中心技术平台建设。在文化信息资源共享工程建设中，我们以乡村文化设施为基础，依托农村党员干部现代化远程教育网、农村有线电视 "村村通"工程建设平台，积极整合资源，开展共建基层站点活动。2008年，第一批国家配置电脑、投影仪105台，当年对105个乡村服务点的设施进行了安装。2009年，第二批国家配置电脑130台，当年对130个乡村进行调试安装。2010年，第三批国家配置设备28套，当年对7个乡镇设备进行调试安装。2011年，第四批国家配置设备20套，当年对5个乡镇设备进行调试安装。2012年国家加强乡镇站点电子阅览室建设，为我县12个乡镇配置电脑设备48套，当年对设备进行了发放安装。目前，全县建成12个乡镇基层服务站，235个村级服务点。

文化信息资源共享工程渑池支中心设在渑池县图书馆，是渑池县文化信息资源共享工程的建设和业务指导单位，负责保障县中心设备的运行，协调乡镇村级文化信息资源共享工程设备的维修，指导乡镇村级文化信息资源共享工程活动的开展以及开展全县文化信息资源共享工程管理员的业务培训和指导。

二、管理和队伍建设

为了让文化信息资源共享工程这个惠民工程真正发挥作用，在支中心运行管理上，我们按照"逐年逐步推广，边建设边管理"的要求，实行建管并举，把全县农村党员远程教育与文化共享工程有机结合，实行资源共享，高标准、高质量推进乡村基层站点管理。一是从严要求，组建高素质管理队伍。依托党组织和乡镇文化中心，选拔教师和技术人员组成专兼职远程教育和文化共享工程教学管理技术服务队伍。村服务点的管理员由各行政村推荐，经过培训后方能上岗。同时，还组建了网通、文化等单位工作人员组成的辅导队伍，为各乡镇的远程教育和文化共享工程基层站点辅导技术，排除困难。二是建章立制，我们结合实际，制定了《渑池县远程教育和文化共享工程站点"十有"规定》（"十有"即：有场地、有设备、有制度、有标牌、有标语、有播放员、有信息发布栏、有学习计划、有播放手册、有防盗防火设施）、《管理员操作规则》等规章制度。同时，全面落实管理责任，明确乡镇组织委员担任远程教育和文化共享工程管理服务中心主任，并为所辖区域内站点设备管理的第一责任人；各村党支部书记为本村站点设备管理的具体责任人，对站点设备管理中出现的问题负主要责任。并且按照《全国文化信息资源共享工程试点县工作方案》和（豫组通〔2007〕10号）《关于加强全省农村党员干部现代远程教育与文化信息资源共享工程资源整合工作的通知》的要求，坚持"共同建设、共同使用、共同管理、共同服务"的原则，基层网点实行"一站（网）点两牌"制，基层管理人员实行"一肩挑"。三是渑池支中心每年制定工作计划，不定时对各乡镇、村级站点设备运行和活动开展进行监督，及时发现存在问题，探索共享工程管理和服务新模式。

三、培训工作

2008年至2012年，县文化信息资源共享工程支中心共举办文化共享工程乡、村业务培训班10期，培训管理人员共计2470余人。培训内容涉及有文化共享知识、计算机操作技术、新时期如何加强农村文化建设等。通过学习培训，进一步提高了文化共享工程基层服务点的业务水平。

四、经费投入

渑池县文化信息资源共享工程自2007年开始建设以来，国家、省、市、县财政共计投入278.7万元：其中

2007年中央资金41万，县级配套20万。2008年105个村级服务点建设：中央资金27.9万，省5.6万，县级配套22.3万。2009年130个村级服务点建设：中央资金62.8万，省12.56万，市12.56万。2010年7个乡镇基层站点建设：中央资金17.5万，省3.5万，市3.5万。2011年5个乡镇基层站点建设：中央资金12.5万，省5万，市5万，县级配套3万。2012年12个乡镇基层站点建设：中央资金12万，县级配套12万。县财政每年向各乡镇、村服务点拨付运行经费。同时，渑池县文化广电和新闻出版局每年投入人力物力支援共享共享工程各项活动的正常开展。

五、严格督导，促进文化共享工程健康发展

按照“建好一个，管好一个，用好一个”的要求，强化对站点的督导，县委组织部电教科和县文化共享工程领导小组办公室牵头，从农业、网通等职能部门抽调精干力量组成远程教育和县文化共享工程建设专项督导组，定期不定期深入村组检查指导，及时发现和解决站点建设中的问题和困难。同时，逐步建立完善教学评估机制，将教学设施、教学组织、教学内容、作用发挥等进行量化分解，通过调查问卷的形式，定期对各站点教学情况进行考核评估。通过会议、文件等形式，将各乡镇站点建设、管理和使用情况进行通报，对工作不力、问题较多的单位提出批评，对一些管理到位、工作有特色、作用发挥好的单位，及时给予表扬，并通过召开现场会、经验交流会等，在全县进行推广，有力进促进了远程教育和文化共享工程工作的健康开展。

六、惠民服务

天池镇利用文化共享工程网，结合产业化发展实际，重点对农民进行种植培训，在桐树沟村建立了烟叶培训基地，在石泉村建立了辣椒培训基地。陈村乡利用文化共享工程网，结合本乡发展实际，重点对农民进行种植、养殖技术培训，2012年全乡新增养猪出栏1.7万余头，鸡36万只，建蔬菜大棚80个，发展蘑菇种植30户。果园乡建立了烟叶培训基地，村村利用文化资源共享工程信息开展烟叶种植培训，达到了较好的收成。城关镇西关村在开展活动中，针对群众不同的层次、不同需求、不同时间等方面的差异，制定了切合实际的学习培训计划，采取农忙时少学，农闲时多学，晴天少学，雨天多学等多种形式分期分批组织学习进行培训。几年来，各基层服务站点利用文化共享工程和农村党员远程教育网络资源，培训新型农民2.5万人次，培养乡土人才580多人。各乡镇还充分发挥乡村文化共享工程作用，开展丰富多彩的群众文化活动。各乡村站点经常组织群众收看喜闻乐见的戏曲、电影、文化娱乐、体育赛事节目，丰富农村文化生活，为构建和谐社会营造了良好氛围，基本上缓解了群众看书难、看戏难、看电影难问题。

七、宣传推广

1、渑池支中心利用各种渠道宣传推广共享工程。在每年的科技文化三下乡活动中，渑池支中心不失时机，以活动为平台，以资料为媒介宣传共享工程，让民众不断了解共享工程，走进共享工程。

2、创新活动形式，经常组织开展活动。我县各乡镇、村文化共享工程基层服务点，利用农闲经常组织播放农民喜闻乐见的戏曲、电影、文娱节目，丰富群众文化生活，为构建和谐社会营造了良好氛围。

3、渑池支中心在服务中抓住文化的热点和亮点，积极为群众服务，使共享工程走进群众生活。例如在党的十八大召开后，渑池支中心邀请县委党校讲师到之中心多媒体电教室开展“党的十八大精神报告会”。

八、工作展望

渑池县文化信息资源共享工程已走过6年，从试点到建成县之中心、乡镇服务站点和村级服务点三级网络，网点覆盖了12个乡镇235个行政村。从信息资源卫星接收到今天的通过网络获取海量的资料，我县广大群众通过广泛参与站点活动，文化资源共享工程在渑池已经成为人民文化生活的一大支柱。今后渑池支中心希望在国家中心，河南省分中心的大力支持下，建立一个服务形式更加多样，服务网点更加宽广，参与群众更加广泛的文化共享工程体系，为我县实施“工业强县、生态立县、文化育县”三大战略，开创渑池和谐发展、谱写渑池富民强县的新篇章做出应有的贡献！

（撰文/渑池县支中心）

陕县支中心

陕县国土面积1763平方公里，辖4镇9乡，34.6万人。陕县文化信息资源共享工程支中心，在三门峡市文化新闻出版局、陕县文化广电和新闻出版局的支持和部署下，逐步推进，稳步发展，在新形势下为繁荣农村基层文化，满足农民多层次文化需求，传递中华民族优秀文化资源发挥了重要作用。

一、基本情况

陕县文化信息资源共享工程支中心建设开始于2006年，最初是在省文化厅的部署下成为全省首批试点单位，安装设备均通过卫星设备直接接收国家中心下发的各类资源和信息。此后按照河南省文化厅的安排部署统一采购设备，陆续在全县4镇9乡文化中心和256个行政村，安装配置了文化信息资源共享工程基层服务点的标配设施。截止2012年底，陕县文化信息资源共享工程共完成资金投入260万元，其中：中央财政投入137万元，省、市财政各投入

21万元，陕县财政配套资金达102万元。全县4镇9乡256个行政村实现全县文化信息资源共享工程村村全覆盖。

文化信息资源共享工程陕县支中心设在陕县图书馆，是陕县文化信息资源共享工程的建设和业务指导单位，负责保障全县文化信息资源共享工程设备的运行，协调乡镇村级文化信息资源共享工程设备的维修，指导乡镇村级文化信息资源共享工程活动的开展以及全县文化信息资源共享工程管理员的业务培训和指导。

二、管理和队伍建设

为使文化资源共享项工程真正为民所用为民谋利，陕县支中心将文化信息资源共享工程日常工作纳入制度化管理。制定支中心、乡镇、村基层服务点工作职责和制度，实行制度上墙公开。每年有年度工作计划，月度有工作要点，季度有工作督导，年末有工作总结考核，并推行管理员工作日志管理，收集整理文化信息资源共享工程服务活动的得失，探索文化信息资源共享工程管理和服务新模式。

文化信息资源共享工程作为一个新的农村文化资源获取平台，如何推广好、利用好文化信息资源共享工程丰富的文化资源关键在于是否有一支专业化的文化信息资源共享工程管理员队伍。陕县文化信息资源共享工程支中心在管理员队伍建设上坚持明确职责，明确思路，制度化管理，常态化培育。对于乡镇、村两级基层文化信息资源共享工程管理上择优选取文化层次较高，有一定社会基层管理服务实践经验的大学生村官和有志服务村民的年轻人为管理员，他们工作热情高，有较高的文化水平能尽快熟悉掌握文化信息资源共享工程设备为所在村的群众服务。目前陕县文化信息资源共享工程管理员68%为各级大学生村官，32%是由较高学历的年轻村民或村委委员兼任，实现了管理员选取的高起点。

三、培训工作

陕县支中心在文化信息资源共享工程管理员的培养上实现了制度化和常态化。根据支中心工作要求，每年对全县文化信息资源共享工程管理员进行5期的集中培训，2006年以来一共举办各类培训班16期，参加培训的各级管理员和乡镇村综合文化中心干部达600人次。

利用文化信息资源共享工程多媒体室举办基层服务点管理员培训班，并派出图书馆业务骨干4人下乡辅导，手把手教会她们设备维护管理和利用，使她们都能以最快的速度投入到工作中去，更好地为广大群众服务。这次活动收到了良好的社会效果，《文化时报》、《三门峡日报》等媒体进行了报道。

四、经费投入

陕县文化信息资源共享工程自2006年开始到2012年实现村村全覆盖以来，陕县财政每年投入5万余元的专项运行经费，用于文化信息资源共享工程设备的维护，人员培训和惠民活动的开展。同时，陕县文化广电和新闻出版局和陕县图书馆每年也投入大量人力物力支持文化信息资源共享工程各项活动的正常开展。

五、资源建设

在历年的工作中，搜集不同地方民众的文化需求，选取、编辑制作各类题材的数字资源4TB，每年国家中心安排的各类光盘复制加工免费发放1000多张，制作宣传展板20多块，印刷发放各类海报、招贴画、宣传资料6000余份。

六、合作共建

以文化共享工程为依托结合乡镇综合文化中心电子阅览室，建立电子文献资源服务中心。将各个部门下发的电子文献资源进行整合，统一安排进行学习宣传，根据不同乡镇、村的硬件条件建立形式多样的电子阅览室和多媒体中心。比如在大营镇的新店村，原店镇的郭家村等建立拥有多台电脑的多媒体阅读中心，文化共享工程宣教授课和电子资源阅读播放为一体的多功能活动室。通过多方不懈努力，文化共享工程已逐步走入基层村民生活，成为村民获取新知，娱乐身心的新渠道新平台。

七、利民惠众，惠农服务。

陕县支中心在文化共享工程服务实践过程中，以民众的需求为导向，积极探索，服务民众生活生产，引领群众高尚精神文化生活，打造群在满意喜爱的文化服务新平台。

根据陕县地域农业生产特点，陕县支中心每年按农时节令制作农业生产技术光盘和小册子通过行政村基层服务点村民播放、分发。针对不同农业专业者，陕县支中心有针对的选取资源上门指导服务，并在适时季节组织周边农村专业户开展视频专家讲座16期，通过文化信息资源共享工程的视频节目直观反应新技术在农村的发展和应用。我们走村入户调查摸底，宣传文化共享工程是党和政府为农民办的惠民工程，请新店村、温塘村、城村、原店村等种植、养殖专业户240余人到支中心，倾听新农村的发展政策和新技术在农村的广泛应用，开阔了他们的视野，激发了他们干事创业的积极性，增长了他们科技致富的信心。本次活动共建立46份专业户档案，为下一步开展追踪咨询服务打下基础。

八、宣传推广

1、陕县支中心利用各种渠道宣传推广文化信息资源共享工程。在陕县每年的文化科技卫生三下乡活动中，陕县支中心不失时机，以活动为平台，以资料为媒介宣传文化信息资源共享工程，让民众不断了解文化信息资源共享工程，不断利用文化信息资源从中汲取知识，促进农业生产的科技进步和农村文明村镇建设步伐。

2、走进兵营。陕县支中心在服务基层中不断探索，利用支中心丰富的文化信息资源，开展“文化拥军”活动，为驻守在陕县境内的武警官兵服务。每季度进行一次集体借阅，每次每个点更换新书300册，先后将4200册图书和180盘光盘分别送到了县公安消防大队和武警部队驻地，使官兵们不出军营就享受到了丰富的文化大餐，及时阅览到各类书籍和视频资源，受到部队官兵的一致好评，也体现了

"同呼吸、共命运、心连心"的新型军民关系。

3、为少年儿童服务。陕县支中心在文化服务中不断探索，利用支中心儿童阅览方面的丰富资源，联系周边学校组织在校少年儿童参观支中心，让青少年了解利用文化信息资源共享工程，按照青少年关心的知识兴趣点，有针对性的为他们播放相关的数字资源和视频资料。在暑假期间邀请专家教授结合视频资料讲解"青少年暑期安全常识"，深受学校和广大青少年的欢迎。通过一系列的活动是文化共享工程不仅走进农村也走进校园走进青少年。

4、专题活动，精彩纷呈。陕县支中心在服务中抓住文化的热点和亮点，积极组织群众参与喜闻乐见的文化活动，使文化信息资源共享工程走进民众生活。例如在迎接建党90周年和党的十八大召开等重大活动之际，陕县支中心联合相关单位在全县举办了"书香陕县，阅读经典"活动，邀请知名文化人士在支中心开展系列讲座，和机关事业单位干部及基层群众一道品读中华经典，共享文化盛宴。并配合县委宣传部开展的"颂歌献给党"群众歌咏活动，组织各个单位在支中心多媒体室播放视频歌曲现场练唱编排节目，收到了良好的社会效果，该项工作受到县委宣传部和局党委的充分肯定。

九、工作展望

陕县文化共享工程，从陕县图书馆成为河南省首批试点单位开始，到2012年的全县4镇9乡256个行政村实现全县文化共享工程村村全覆盖。从单一的卫星信息资源接收到今天的网络信息资源的无线传输，从单一的接收利用到支中心结合当地实际的信息资源编辑发布，从陕县支中心的孤军奋战到全县4镇9乡256个行政村服务点的积极参与，从中央政策的逐级传达到群众广泛认知参与的惠民文化活动。

文化共享工程在陕县已经成为全县人民文化生活的一大精神支柱，成为繁荣陕县文化，丰富陕县人民精神生活，推动陕县人文科技进步的强大动力源泉。

今后陕县支中心希望在国家中心，河南省分中心大力支持下，为陕县文化共享工程建设培养一批专业化的服务队伍，建立一个国家、省、县多级联动的网络即时服务模式，逐步使服务网点更加宽广，参与群众更加广泛的文化共享工程服务体系。真正实现全国文化信息资源的共建共享，让人民群众公平享受到文化惠民政策的阳光，共享改革发展成果，保障公民的基本文化权益，为陕县文化共享工程的健康发展再创佳绩，为陕县文化的大发展、大繁荣做出应有的贡献。

（撰文/崔国民）

洛阳市支中心

洛阳市下辖九县和六个城市区，总人口610万，其中市区常住人口150余万。洛阳市文化信息资源共享工程在缩小数字鸿沟，传播科学文化，逐步推进，稳步发展，在新形势下繁荣基层文化设施，满足群众多层次文化需求等方面发挥了重要作用。

一、基本情况

洛阳市文化信息资源共享工程建设于2011年，当地政府对文化信息资源共享工程建设比较重视，2008年，成立了洛阳市文化信息资源共享工程建设领导小组，由洛阳市文广新局分管局长负责指导、协调全市文化信息资源共享工程建设工作，并由洛阳市图书馆制订了《洛阳市文化信息资源共享工程实施方案》。

2010年末，经过多方努力和争取，市财政批准投入经费140万元，按照"国家2010年度地（市）支中心配置参考标准"进行市级支中心的建设，2011年6月份建设完成。主要包括：新建标准化机房、增添数据库服务器4台、构建存储容量达到36TB的磁盘阵列、购置读者阅览电脑100台、其它的网络和安全设备以及自动化办公设备等。

目前，全市已建成洛阳市文化信息资源市级支中心1个，文化信息资源县级支中心9个；"共享工程"城区支中心6个；共享工程洛阳市支中心设在洛阳市图书馆，负责保障支中心共享工程设备的运行、辅导区级共享工程建设、以及开展全市共享工程业务培训和指导。

二、管理和队伍建设

洛阳市支中心高度重视"文化共享工程"管理和队伍的建设工作，制定了相关工作职责和制度，每年制定年度工作要点，每月有工作安排，季度有工作总结，年末有工作考核，并制定了《洛阳市文化信息资源共享工程管理与实施方案》。

洛阳市支中心通过派出人员学习和邀请专家教授来馆讲课等形式，努力建设一支高水平、专业化的"共享工程"管理员队伍，不断提高业务能力和工作水平。目前市级支中心的管理人员全部具有中级以上专业技术职称，实现了管理员选取的高起点。支中心管理队伍在服务过程中，经常整理和总结共享工程活动的开展情况，探索共享工程管理和服务新模式。

三、培训工作

洛阳市支中心注重抓好"共享工程"管理员培训工作，每年通过集中培训、网络培训和上门辅导等形式开展培训，不断提高共享工程工作人员的专业水平。

在2012年度，每月组织一次网络培训，集中收看国家共享工程中心的网上辅导讲座。并在2012年7月份对汝阳县支中心、宜阳县支中心等基层支中心进行了上门业务辅导。

2012年10月份在市文化共享支中心组织召开了"洛

阳市公共图书馆基层业务辅导和馆长业务研讨班”，这次业务培训的中心内容就是文化共享工程建设。

参加轮训的各县、区级支中心管理员达百余人次。市支中心依托共享工程的实施，利用共享工程下发的资源和教材，多次开展了面向社会的公益性电脑应用技能培训，这些活动的开展拓展了图书馆服务内涵和方式，为基层群众增加新颖健康的生活方式，使他们享受到优秀文化和实用科技带来的便利和快乐。

四、资金投入

共享工程洛阳市级支中心有地方政府全额投入财政资金140万元，于2011年建成洛阳市文化信息资源共享工程支中心。

九个县级和六个城市区级文化共享工程建设起步于2009年，建设标准为68万元，经费来源有国家专项经费与地方配套组成，投入的比例是1:1。

硬件设备统一采购和配发。目前共享工程市级支中心的各项活动开展由洛阳市图书馆给予一定的人力物力支援。

五、资源建设

洛阳市文化共享支中心结合本馆实际，进行了一些数据库建设的尝试，其中的“洛阳牡丹文化数据库”整理和收集了1500余张高清图片和大量视频文献资源，拍摄了1000多幅洛阳市周边实景牡丹园图片，为宣传洛阳地方特色旅游文化做出了积极贡献。

同时还利用网络，收集和自建了“高清视频数据库”，包括世界地理风光、自然科学、生命科学、体育探险、航空航天等方面的记录片。

六、合作共建

洛阳市支中心开展多种形式的合作共建，推进“共享工程”建设。以共享工程下发的各种电子文献资源和馆藏各种数据库为依托，建成了洛阳市网上电子文献资源服务中心。通过新兴的网络技术和用户认证等手段，免费向洛阳市各个基层文化共享服务站点放开远程访问的权限。让各个基层阅览室的读者足不出户即可访问我馆已建成的以及国家中心下发的电子资源。

七、惠民服务

洛阳市支中心以及各级文化共享服务点依托各级图书馆的设施和场地。为读者提供多种文化信息服务。例如，通过投影仪播放讲座和公益电影等视频节目。县级服务点利用下乡放映电影的机会，放映文化共享工程下发的技能培训视频，并免费为群众刻录光盘，受到农民的欢迎。

另外市级支中心利用节假日时间，定期举办“公益剧场”播放活动，每个月至少播放4至5场公益电影。包括专题讲座、养生保健、地方戏剧、生活常识、法律知识、技术培训等内容。公益剧场每次播放都吸引了众多读者前来观看。另外利用电子阅览室设施，针对传统节假日期间火车票买票难的问题，在2012年春节期间，推出了便民网购火车票举措，帮助群众利用网络购买火车票。

工作人员帮助和指导他们使用电脑在互联网上完成实名订购程序，这项活动受到电脑操作技能有限的农民工等弱势群体的欢迎，解决了他们生活中一些实际问题。

洛阳市支中心在共享工程惠民服务实践过程中，以群众的实际需求为导向，积极探索，服务群众生活和生产新方式。引领群众远离低俗文化，打造吸引民众参与的健康文化服务平台。

八、宣传推广

洛阳市文化共享支中心利用图书馆网站、地方报纸、电视等多种渠道宣传和推广“共享工程”。特别在每年的服务宣传周、优质服务月等活动中，通过多种宣传途径让群众不断了解和走近“共享工程”。同时，利用“共享工程”下发的各类文化资源。开展“共享工程”专题活动，使“共享工程”贴近人民群众的生活中。

洛阳市图书馆还是地方“文化拥军”基地，每年都定期开展“共享工程”进军营的活动，通过数据拷贝、电影播放等方式将一些优秀文化资源送到部队去，丰富官兵的文化生活。

九、工作展望

洛阳市的公共图书馆财政经费投入少，存在藏书少、纸质资源不足的情况，所以大力推进“共享工程”建设，充分利用“共享工程”的丰富资源为群众服务，将会全面提升洛阳市文化共享支中心的服务水平，提高洛阳市“共享工程”的建设水平。今后要以市县图书馆共享工程服务点为中心，加强基层文化设施网络化、数字化建设，加强工作人员的专业技能培养，为深入推进“共享工程”的实施打好基础。

展望未来，洛阳市文化共享支中心将按照“共享工程”国家中心和省中心的工作部署，进一步构建资源丰富、技术先进、传播高效、服务便捷、管理科学、体系完整的公共数字文化传播服务体系，使文化共享工程真正成为城乡群众享受免费惠民服务的重要平台。

（撰文/洛阳市支中心）

新安县支中心

新安地处豫西黄河南岸，区域地理面积1160.3平方公里，行政区划共有11个乡镇，6个居委委，共有296年行政村，常住人口53余万人。新安文化资源共享工程在新安县文化广电新闻出版局，新安图书馆支持和部署下，逐步推进，稳步发展，在新形势下为繁荣农村基层文化，满足农民多层次文化需求，传递中国民族优秀文化资源发挥了重要作用，

一、基本情况

新安县文化资源共享工程建设开始于2007年，分3年，县域内每一个行政村都要建成资源共享基层站点。第一批50个行政村与当年安装调试完毕。2008年第二批140个行政村进行安装。2009年第三批62个行政村进行安装。至此文化信息资源共享工程基层服务点，实现了村村通、全覆盖。

共享工程新安支中心于2008年建设，设在新安县图书馆，是新安县共享工程的建设和业务指导单位，负责

保障县中心共享工程设备的运行，协调乡镇、村级共享工程设备的维修，指导乡镇、村级共享工程活动的开展以及开展全县共享工程管理员的业务培训和指导。

二、管理和队伍建设

为使共享项工程真正为民所用为民谋利，新安县支中心将共享工程日常管理纳入制度化管理。制定支中心、镇、村基层服务点工作职责和制度，实行制度上墙公开。每年有年度工作计划，月度有工作要点，季度有工作督导，年末有工作总结考核，并推行管理员每年向支中心反馈意见制度，收集整理共享工程服务活动的得失。

文化资源共享工程作为一个新的农村文化资源获取平台，如何推广好、利用好共享工程丰富的文化资源关键在于是否有一支专业化的共享工程管理员队伍。新安县共享工程支中心在管理员队伍建设上坚持明确职责，明确思路，制度化管理，常态化培育。对于乡镇、村两级基层共享工程管理上择优选取文化层次较高，有一定社会基层管理服务实践经验的大学生村官为管理员，他们工作热情高，有较高的文化水平能尽快熟悉掌握共享工程设备为所在村民服务。目前新安县共享工程管理员70%为各级大学生村官，26%是由较高学历的村委委员兼任，实现了管理员选取的高起点。

三、培训工作

新安县支中心在共享工程管理员的培养上实现了制度化和常态化。根据支中心工作要求，每年对辖区共享工程管理员进行2期的集中培训，2007年以来一共举办各类培训班10期，参加轮训的各级管理员达700人次。

四、经费投入

新安县共享工程自2009年实现村村全覆盖以来，新安图书馆每年投入10余万的运行经费，用于共享工程设备的维护，人员培训和惠民活动的开展。同时，新安县政府，新安文化广电新闻出版局和新安县图书馆每年也投入大量人力物力支援共享共享工程各项活动的正常开展。

五、资源建设

新安县支中心在几年的工作中，利用共享工程国家中心的下发资源，同时搜集适合本内区域民众文化需求，选取、编辑制作各类题材资源，每年制作发放各类光盘300多张，展板20多块，发放宣传资料500余份。

六、合作共建

以共享工程为依托结合全覆盖的农村数字电影放映建立电子文献资源服务中心。将各种共享工程国家中心下发的电子文献资源与建立的共享工程服务点结合，根据不同乡镇、村的硬件条件在重大节日或纪念日开展形式多样的活动，比如，在纪念雷锋逝世五十周年时，就组织有关雷锋的资源视频，与农村数字电影放映结合，在我县11个乡镇轮流播放。通过多方不懈努力，共享工程已逐步走入基层村民生活，成为村民获取新知，娱乐身心的新渠道新平台。

七、利民惠众，惠农服务

新安县支中心在共享工程服务实践过程中，以民众的需求为导向，积极探索，服务民众生活生产，引领群众高尚精神文化生活，打造群在满意喜爱的文化服务新平台。根据新安地域农业生产特点，新安支中心每年按节

令制作农业生产技术光盘和小册子通过行政村基层服务点村民分发。针对不同专业者，新安支中心有针对的选取资源上门指导服务。历年来累计服务长期跟踪服务对象12人。

八、宣传推广

1、新安县支中心利用各种渠道宣传推广共享工程。在新安每年的科技文化三下乡活动，科普之春，科普之夏，科技周等活动中，新安县支中心不失时机，以活动为平台，以资料为媒介宣传共享工程，让民众不断了解共享工程，走进共享工程。2.走进校园。新安支中心文化服务中不断探索，利用支中心儿童阅览专区，组织动员青少年儿童关注共享工程，利用共享工程，收集青少年知识兴趣点整理挖掘，如青少年知识讲座和优秀电影资源展播，这些活动深受广大青少年的喜爱。新安县支中心每个月都要组织1次这样的活动。通过一系列的活动是共享工程走进校园走进青少年。

九、工作展望

新安县文化资源共享工程已走过5个年头，从昨天的几个点到今天的296个行政村全覆盖，从单一的资源接收到今天的编辑分发和群众广泛认知，广泛参与，文化资源共享工程已经成为新安县人民文化生活的一大支柱，成为繁荣新安文化，丰富新安人民精神生活，推动新安人文科技进步的强大动力源泉。今后新安县支中心希望在国家、省、市中心大力支持下为新安共享工程建设一支专业化的服务队伍，形成服务形式更加多样，服务网点更加宽广，参与群众更加广泛的共享工程文化带动体系，为建设科技新安，文化新安做出贡献。

（撰文/新安县支中心）

嵩县支中心

一、基本情况

文化信息资源共享是一项文化创新工程。嵩县文化信息共享工程县级支中心于2012年6月正式建成投入使用，16个乡（镇）分中心也陆续建立起来，各个行政村也在调试进行中，努力做到资源共享村村覆盖。县支中心面积200余平方米，设有电子阅览室、中心控制机房、资

源加工整合室、多功能室。电子阅览室面积75平方米，终端25台；中心控制室面积25平方米，现有设备：综合管理服务器、交换机各1台，USP电源1套，百兆防火墙1台；资源加工整合室面积76平方米，移动存储播放器、扫描仪、功放各1台，移动硬盘2块，复印机一台、数码照相机、传真机各1台；多功能室面积101平方米，功放1套，音响、调音台、投影仪、幕布。嵩县支中心为了把共享工程做好，将共享工程日程管理纳入制度化管理，实行制度上墙公开。制定支中心、乡（镇）、村基层服务点工作职责和制度。培养优秀计算机人才，各项工作落实到人。

二、服务工作

资源共享工程作为一项文化创新工程，在我县实施以来所发挥的作用十分显著，无论是促进社会主义和谐社会的构建，还是在促进社会主义新农村建设上，都彰显出了它作为文化创新工程的独特魅力。

为了充分发挥嵩县共享工程资源在传播先进文化方面的作用，为了更多的城乡群众享受到内容丰富、健康向上的文化信息，嵩县共享工程支中心集思广益，不断开展各项活动，注重资源整合工作，把共享工程、农家书屋进行大力整合，不仅有效的节约了资金，方便管理，还进一步扩大了服务范围。

嵩县共享工程支中心利用共享工程基层服务点配备的设备，设立社区百姓影院，实现了社区居民“不出社区观赏影片”的愿望，利用一体机内储存丰富的影片资源，定期放映各种题材，各个年龄段人群喜爱的影片。支中心还经常利用节假日在社区举办群众联欢会，开展猜谜、象棋比赛、扑克比赛等众多活动，丰富了社区居民的文化生活，极大地调动了社区居民参加社区文化活动的积极性，促进了和谐社会的建设。

支中心电子阅览室拥有大量的图书、视频、影视等资源信息，深受读者欢迎，优异的环境为广大青少年提供了绿色上网平台，并开展计算机技术免费培训，不定期开展计算机知识竞赛，都倍受家长称赞。

支中心还经常深入各乡镇（村）基层点，做好技术辅导，把省中心提供的丰富资源送到基层点，不仅解决了农民看书难、看戏难、看电影难的问题，丰富了农民群众业余文化生活。而且资源共享工程丰富的农业生产、农业科技知识、医疗保健知识，为农民致富、提高生活质量提供了有效的信息保障。有力地促进了我县的经济社会的协调发展。

三、工作展望

嵩县支中心将针对当前该县文化事业的实际情况和科技发展水平，继续整合现有的文化资源，积极开展创新工作，推进共享工程在我县的全面发展。

（撰文/裴智立）

宜阳县支中心

一、基本情况

宜阳县辖9镇7乡1个办事处，353个行政村，总人口69.5万。宜阳县图书馆位宜阳县中心地带，共有建筑面积1500平方米，共享工程的实施，对于弥补馆舍面积小、藏书少等硬件设施上的不足，把文化信息资源全面快捷地传送到城乡基层文化网点和群众身边，促进公益性文化建设具有重要的现实意义，对于改变多年来县图书馆建设相对滞后的现状无疑提供了良好的发展机遇。

一方面，我们认真研读有关政策，积极谋划电子阅览室建设项目，争取到上级领导和相关部门的支持，加强自身硬件设施建设，建成了拥有50台电脑规模的电子阅览室，并成功升级改造为县级支中心，使我县图书馆初步实现了网络化和数字化，为共享工程县级支中心的创建工作奠定了坚实的硬件基础。

另一方面，积极争取县级财政配套资金，完善软件建设，推动试点建设全面铺开。与此同时，大力开发利用人力资源，通过多种渠道广泛宣传，通过走出去请进来，以老促新、以新带老等多种形式。努力提高全体人员的计算机知识技能，为共享工程建设提供强有力的技术保障。

为积极稳妥地推进共享工程试点建设，宜阳县图书馆采取总体规划、分步实施、逐步推广的方式，努力为试点建设创造良好的外部条件。

在完成县级支中心建设任务的同时，县图书馆还积极下基层、进乡镇村街，多方争取乡镇领导和各村街负责人的支持，向他们宣传共享工程建设的现实意义，帮助基层站点选点建设，协助培训技术人员，足迹遍及全县16个乡镇353个村。目前已形成县级支中心为龙头带动各基层站点协同发展的良好格局。

2008年宜阳县文化资源共享工程开始普及进入乡镇行政村，第一批70个行政村与当年安装调试完毕。

2009至2010年第二批230个行政村进行安装，至此宜阳县所属行政村基本实现全县共享工程村级覆盖。

作为共享工程的建设和业务指导单位，负责县级支中心设备的运行，协调镇村级共享工程设备的维修，指导镇村级共享工程活动的开展以及开展全县共享工程管理员的业务培训和指导。

二、管理和队伍建设

为使共享项工程真正为民所用为民谋利，宜阳县支中心将共享工程日常管理纳入制度化管理。制定支中心、镇、村基层服务点工作职责和制度，实行制度上墙公开。

每年有年度工作计划，月度有工作要点，季度有工作督导，年末有工作总结考核，并推行管理员工作日志管理，收集整理共享工程服务活动的得失，探索共享工程管理和服务新模式。

文化资源共享工程作为一个新的农村文化资源获取平台，如何推广好、利用好共享工程丰富的文化资源关键在于是否有一支专业化的共享工程管理员队伍。宜阳县共享工程支中心在管理员队伍建设上坚持明确职责，明确思路，制度化管理，常态化培育。

对于乡镇、村两级基层共享工程管理上择优选取文化层次较高，有一定社会基层管理服务实践经验的大学生村官为管理员，他们工作热情高，有较高的文化水平能尽快熟悉掌握共享工程设备为所在村民服务。目前宜阳县共享工程管理员70%为各级大学生村官，26%是由较高学历的村委委员兼任，实现了管理员选取的高起点。

三、数字资源

1、利用国家文化共享工程管理中心下发的数字资源和县级数字图书馆的硬盘资源，内容包括少儿、农业种植、养殖技术、经典影片等，及时拷贝或刻录成光盘送到各基层点电子阅览室，要求各试点电子阅览室利用这些资源主要做好为农村未成年人服务的工作。

2、通过河南省图书馆网站和论坛发布数字资源，及时将有用资源上传到图书馆网站或论坛进行发布，便于基层点管理员指导上网村民下载浏览；

上述两种方式充实了各试点的资源量，并且为村民提供了多种资源的访问方式。各乡镇文化中心根据实际情况展开了服务，取得较好的效果。

在做好资源传输与技术服务的同时，宜阳县支中心要求文化站做好网络安全管理，在没有软件监控的条件下，做好纸质上机记录，采取实名登记制，对每位上机人员都要查看身份证，并记录下身份证号码，以备查验。未成年作为乡镇文化中心重点接待读者，他需要在管理员处经过家长授权且进行上网实名注册登记后，方可进行限时上机，每次上机时间不超过一小时。

宜阳县支中心在历年的工作中，联合河南省图书馆开通数字图书馆资源建设现有资源达到5TB，开办数字图书馆账号达到2000人。让每个乡镇的人员都能在网络上面获得必备资源。

三、工作展望

几年来，共享工程服务的触角不断向基层特别是农村延伸。充分利用共享工程资源优势，开展丰富多彩的服务活动，取得了良好的社会效益，深受基层群众的欢迎。今后我们将认真做好文化信息资源共享工程工作，强化组织领导，加大投入力度，强化基层服务点的设施配备，不断加大文化信息资源共享网络在我县的覆盖面，积极打造文化信息资源的“共享”平台，使文化信息资源共享工程取得较大进展。

（撰文/宜阳县支中心）

伊川县支中心

伊川县辖城关、鸣皋、水寨、彭婆、高山、白沙、半坡、江左、吕店9个镇和鸦岭、平等、酒后、葛寨、白元5个乡369个行政村，全县总面积1059.45平方公里，总人口75.76万人。伊川县文化资源共享工程在伊川县文广新局的支持和部署下，逐步推进，稳步发展，在新形势下为繁荣农村基层文化，满足农民多层次文化需求，传递中国民族优秀文化资源发挥了重要作用。

伊川县文化资源共享工程开始于2007年，2007年伊川县文化资源共享工程开始进入乡镇行政村，第一批完成了170个行政村共享工程安装。

2008年第二批完成了150个行政村进行安装及文化信息共享工程伊川县支中心建设任务。

2009年第三批完成了149个行政村进行安装，至此，所属行政村实现全县共享工程村村全覆盖。

（撰文/伊川县支中心）

焦作市支中心

文化信息资源共享工程（以下简称“共享工程”）是一项繁荣社会主义先进文化的创新工程，它主要借助现代化信息技术手段，对各类优秀文化信息资源进行数字化加工和处理，实现文化信息资源在全国范围的共建共享，并将优质文化信息资源传送到基层，满足人民群众不同层次的文化需求，提高人民群众的科学文化素质。我市文化信息资源共享工程作为该工程有机组成部分，由焦作市文化新闻出版局承办，焦作市图书馆是建设与实施主体单位。工程依托现有的文化设施网点，与基层文化设施网点建设、党员远程教育网、中小学远程教育网、图书馆网络化、数字化建设相结合，为地区读者提供全国文化信息资源网的信息资源，实现地区文化信息资源的共建共享。

近年来，特别是2006年被确定为全国共享工程五个试点市之一以来，在市委、市政府的正确领导和关心支持下，焦作市的共享工程建设从无到有，从小到大，全面开花，得到了较快的发展，各级支中心、基层服务点逐步建成并投入使用。目前，已建成1个地市级支中心、10个县（市）区级支中心、103个乡镇（办事处）服务点、1831个村基层服务点（覆盖率达100%），从而在全市形成了机构健全，运转良好的市、县、乡、村四级共享工程服务网络。在服务人民群众文化娱乐、查阅资料、科技致富、满足人民群众精神文化需求等方面发挥了积极作用。

一、高度重视，建章立制

焦作市的共享工程建设始于2005年底。2006年7月，在被文化部确定为全国共享工程五个试点市之一后，焦作市专门成立了共享工程试点工作领导小组，并下发《焦作市文化信息资源共享工程建设方案》，对试点工作进行安排部署。并于2007年将全市的文化信息资源共享工程建设列入为群众办的十件实事之一。相继出台了《焦作市文化信息资源共享工程市级支中心建设方案》、《焦作市文化信息资源共享工程市级支中心配置标准》等操作性强的指导性文件，为共享工程发展提供了有力的政策保障。

二、加大投入，保障到位

2006年，市政府拨付5万元共享工程建设启动资金，2007年又投入70多万元用于市级支中心购买设备，2011年，随着焦作市图书馆新馆投入运行，市政府又投入800多万元进行了图书馆数字化建设。在馆内计算机硬件、网络设备及软件建设中兼顾了共享工程的需要。百兆主干、10M光纤专线出口，多台服务器及磁盘阵列以及120台计算机的公共电子阅览室，为共享工程的实施提供了较大的发展空间和硬件支持，市级支中心初步建设完成。作为全国文化信息资源共享工程市级支中心，在基层网点建设、人员培训、资源传输、合作共建等方面，发挥了图书馆阵地服务功能，为基层群众服务取得了良好效果。

与此同时，各县市区政府共享工程建设如火如荼。温县、孟州市、修武县新建的图书馆已投入使用；沁阳市新馆已竣工即将投入使用。博爱县、武陟县新馆建设列入计划，设施条件的改善，为共享工程县级支中心建设奠定了良好的基础。2010年，我市解放区建成全省第1个区（县）级支中心，2011年完成了全部4个市辖区的县级支中心建设。从2007年到2012年，全市为共享工程县、乡、村基层网络建设筹措专项资金1500多万元，配备电脑、投影仪等设备，大大加快了共享工程基层网点的建设。

三、资源整合，共建共享

本着“合理运用、节约投资、共建共享”的原则，市文化局积极与市委组织部、市党员远程教育办公室等部门协作，联合下发了《关于加强全市党员干部现代远程教育与文化信息资源共享工程资源整合工作的通知》，同时进行科学规划，依托乡镇文化站、农村文化中心，加强资源整合工作，努力做到在基础设施、教学内容、组织管理、人才利用等方面的互惠互用，实行“一站网点两张牌，两个资源一线连，两项任务一肩挑，两个服务一教员”，避免了重复投资，资源浪费等现象，促进了全市乡村基层服务点建设。形成了以市级支中心为龙头、以县级支中心为枢纽、以图书馆、文化站、文化中心为依托的共享工程建设网络，实现了资源共建共享。

四、建立队伍，加强管理

一是建立专职队伍。共享工程焦作市支中心对市县两级图书馆有关业务人员和乡镇文化专干组织进行技术培训，同时广泛吸纳农村文艺骨干、积极分子，充实到共享工程建设中，建立兼职队伍。目前全市共享工程基本队伍专、兼职人员达1600余人。二是统一操作规范。制订了信息操作员工作制度、岗位职责、操作规程和管理办法，建立了管理档案，努力做到“三固定”：“固定操作人员，固定存机房间，固定开放时间”，使其走上健康有序的轨道。三是加强督促检查。为了保证共享工程的各项工作落到实处，共享工程领导小组对相关单位，相关人员都进行了具体分工，明确责任，不断加强对各县市区的指导、督促和检查，及时掌握和了解共享工程的进展情况。

五、加强培训，增强技能

近年来，共享工程焦作市支中心举办了5期共享工程培训班和1次共享工程业务技能竞赛，700余人接受了培训。各县市区也针对实际问题，每年举办培训活动。同时，为了营造比学习、比技能、比贡献的良好氛围，各县市区支中心都开展相关活动，评选出优秀信息操作管理员，不断提高基层共享工程队伍的专业知识和业务技能。2007年，共享工程焦作市支中心在参加省文化厅举办的共享工程暨图书馆业务知识竞赛中，获得团体二等奖和优秀组织奖，个人二等奖1名、个人三等奖2名的好成绩。

举办共享工程培训班

六、建用并举，开展活动

共享工程焦作市支中心十分注重建用并举，边建边用，真正使这项工程取之于民，用之于民，服务于民。一是规范活动，做到“四有”。即切实做到活动内容有记录，活动情况有记载，活动效果有显示，群众反映有体现，讲究实际，务求实效。二是拓展形式，丰富内容。采取播放爱国主义影视片、举办专题讲座、制作专题光盘发放基层点等形式，既为群众提供喜闻乐见的戏曲、曲艺、音乐等文艺节目，也有贴近群众日常需求的种植、养殖等技术讲座。三是广泛宣传，扩大服务。利用橱窗、画廊、版面、广播等宣传工具，把从网络上获得的信息及时传播给广大群众，充分提高信息共享网络服务的利用率和普及率。充分诠释文化信息资源共享工程于服务社会，服务群众的建设目的，使人民群众得到实惠。

（撰文/焦作市支中心）

焦作市解放区支中心

全国文化信息资源共享工程解放区级支中心2009年开始建成，是中央、省、市财政配套资金扶持单位之一，区支中心面积330㎡，有100台电脑，分为浏览区、综合培训区、多媒体教室、办公室、机房五部分。

解放区级支中心共有工作人员6名，都为招聘的文化文化爱好者，电脑浏览器98台，网络已通，网络主页设置为共享工程标志，可以上网浏览共享工程网络信息，下一步正准备安装维克木图书阅览系统，届时可以随时上网阅读1万册电子图书。支中心多媒体培训室，大约50㎡，是可以一次容纳40人参加的小型培训教室，安装有投影机、电脑、音响、打印机等设备，建成后已经在这里举行了多次培训活动。

解放区支中心建设得到了各级政府的大力支持，

2009年上级投入34万元资金设备，我区配套80万元资金用于设备购置，装修、人员培训。截至2012年底，我区共建成基层服务点32个，其中街道办事处5个，社区（村）27个都已正常运转。

为加强消防安全我们两次邀请了区消防大队的领导前来指导，配备了部分消防器材，打通了安全通道，这边两个，对面正在布置的综合培训室里也有一个安全通道。解放区支中心正在按照上级的要求逐步完善设施，加强管理，中心于2009年12月份建成，各方面工作还有很多困难和问题。比如，下一步我们将要在浏览区完成网络交流区、媒体中心区、电子图书区、特殊服务区等内容建设，把支中心打造成为真正的数字文化共享空间，争取尽早全面投入使用，为居民群众做好优质的文化服务。

（撰文/焦作市解放区支中心）

焦作市中站区支中心

中站区辖区总面积162平方公里（北部山区面积72平方公里，城区面积6平方公里），总人口12万（农业人口4万，城市人口8万）。中站区下辖10个办事处：其中农业办事处3个，城区办事处7个。全国文化信息资源共享工程实施后，我区紧紧抓住这一历史机遇，将共享工程作为推进文化创新、完善公共文化服务体系、提高公益性文化服务水平、促进经济社会协调发展、构建和谐中站的重要抓手，扎扎实实地组织全区共享工程项目的实施，为丰富社区群众文化体育生活创造了良好条件。目前，区、办事处、村三级文化服务网络体系已基本形成。

一、基本情况

文化信息资源共享工程区级支中心于2010年11月份建成投入使用，设备总投资39万元，建成配备有16台电脑以及投影仪的电子阅览室，拥有各类文化信息资源。电子阅览室集图文、视频、声像、打印等多功能为一体，广大读者即可免费查阅有关文化信息的资料，都可浏览共享工程的信息，现已向社会全面免费开放。支中心的建成，进一步推动了我区文化资源共享工程基础建设，实现了信息网络化、数字化、自动化管理。

2010年至2011年，分批在中站区35个行政村建成文化信息资源共享村级服务点，目前各基层服务点设备运行良好。

二、开展活动情况

在省中心、市局的正确指导和大力支持下，在区委、区政府的坚强领导下，通过两年多的建设运行，各站点充分利用现有设备，发挥文化共享，为弘扬先进文化，构建和谐社会，建设社会主义新农村，丰富城乡群众文化生活起到了重要的作用。我们主要做了以下三方面工作。

1、加强领导，加快共享工程基础设施建设

近几年来，随着市场经济体制的不断完善，农业结构调整力度的加大，人民群众尤其是农民朋友对科学文化的需求显得尤为迫切。面对我区基层文化设施陈旧、文化投入不足、文化资源匮乏，广播电视覆盖面小，信息转送滞后等现状，区委、区政府高度重视，决定以共享工程建设为契机，把传播先进文化、转变致富理念、普及科学文化知识作为共享工程建设的最终落脚点，并采取有力措施，使共享工程建设工作落到实处。

2、依托文化项目建设，拓展公共文化服务功能

我区先后投入资金1.2亿余元，规划建设了许衡广场、许衡文化公园、青少年活动中心、老年活动中心、街心文化游园、青少年科普基地等一批集休闲娱乐、文化健身、科技教育等公共项目，使全区文化基础条件有了较大改善，为丰富城乡群众文化生活、促进全区文化事业发展搭起了平台。进一步完善了我区公共文化服务体系建设，有效提升了公共文化服务功能。

3、依托文化惠民工程提升公共文化服务水平。

一是投资94万元，建成了文化信息资源共享工程区级支中心和35个行政村的村级服务点，为广大基层群众提供了文化信息服务和绿色上网平台。二是投资106万元，建成了53个农家书屋，统一配置图书1267种1500册，音像制品100种529盘，报纸4类，期刊20种，广泛涉及农业实用技术、文化教育、生活科技、政法等各个领域，实现了农村、社区文化书屋全覆盖，有效解决了全区群众“买书难、借书难、看书难”的问题。截至目前，各文化书屋共累计接待阅读群众30000余人（次），借阅书籍报刊5700余册。三是投资50万元，建成了10个社区文化活动室，配备了琴、棋、书、画等器材设备，为丰富社区群众文化体育生活创造了良好条件。四是大力实施农村数字电影“2131”放映工程，结合乡村人口分布、行政村规模等情况，制订详细的年度放映计划，确保每年每个行政村放映电影不少于12场次。近年来，共放映电影2200余场，观影群众达50余万人（次）。五是在每年的春节、中秋节等重大节假日，组织开展“欢乐中原”乡（村）、社区优秀节目展演、民间歌舞演出和太极拳表演等丰富多彩的文化活动。

4、依托村（社区）文化队伍建设，搭建信息沟通平台。

建立完善街道文化站、社区文化活动室和基层服务点治理制度，加强共享工程基层服务点的治理。通过聘请等形式为全区10个接单文化站配备文化站长10名、文化专干10名，社区文化专干14名，村文化管理员35名。明确了文化专干职责，指导各基层服务点做好群众需求双向反馈工作，利用文化站现有资源、设施设备为基层服务点提供服务。做到了人员、阵地、牌子、设备、制度“五落实”。

5、依托基层服务网络，改善基层文化工作状况。

各村（社区）服务点依托文化活动室的便利条件，由区文体广电局向服务点提供图书、杂志、音像资料等，满足社区居民精神文化生活需要；选择3–5个人员相对集中、种养殖前景较好的行政村作为基层服务点，示教合一，现场指导。并为基层服务点配备了电教器材、农村实用技术图书及其它各类图书、光盘。充分利用农村党员电教室设施设备的优势，使党的方针政策、科学技术信息以更加新奇直观、形象生动的方式迅速走向千家万户。

6、依托民俗文化资源和非物质文化遗产，丰富群众文化生活。

利用全国文化信息共享工程区级支中心优势资源，

对我区独特的民俗文化资源，小尚虎舞、查拳、白猿通背、炮锤、常家武虎拳等传承人进行培训，充分挖掘民间民俗文化资源，推广非物质文化遗产的普及力度。

7、依托时代楷模打造品牌文化。

我区是现任全国政协常委、近代美术大家、原中央美院院长靳尚谊的家乡，涌现出了全国劳模刘九学、丁百元以及全国“孝老爱亲道德模范”谢延信等一大批时代楷模。在文化活动开展中，我们充分宣扬时代楷模“特别能战斗”、“大孝至爱”的先进精神文化，着力打造文化品牌，先后举办了谢延信先进事迹报告会、感动中站十大人物评选等活动，充分展示了中站人民的优良品德和时代风貌，进一步提升了我区的知名度，激发了广大群众崇尚先进、强化自身文化修养的能动意识。

8、依托体育设施建设丰富群众业余文体生活。以群众的文体需求为出发点，加强文体基础设施建设，积极营造健康向上的浓厚氛围。全区共建成体育场地50处，注册体育健身站点20个、各级社会体育指导员200余人，所有的农村和社区均安装了健身器材，9个乡镇体育健身中心正在加紧建设，基本实现了健身工程全覆盖。

三、坚持创新，突出重点

针对广大干部群众普遍关心的理论热点问题，广泛开展图书音像资料进农村、进学校、进社区、进农户等一系列活动，进行思想道德，民主法制教育、形势教育、理想信念教育、理论教育，通过群众喜闻乐见的形式，把学习党和国家方针政策的热情转化为建设社会主义新农村、构建和谐社会的自觉行动。

一是面向广大干部群众，突出政策理论教育。在区直机关礼堂进行了专题展播，共接待观众2000余人。

二是面向中老年人，突出思想健康教育。为区老年活动中心开展了资源共享服务，根据老年人平时生活的诸多习惯特点，上网下载了适合老年人观看的系列视频资料和战争题材的故事片、名著欣赏讲座、豫剧等为老年人们放映。

三是面向广大青少年，突出思想道德教育。与县教体局联合，深入各中小学校开展活动。为许衡实验学校、实验小学、焦作四中等学校，利用投影仪到教室播放优秀影片和礼仪知识讲座10场（次），受教育学生3000人（次），切实加强和改进了未成年人思想道德建设。

（撰文/焦作市中站区支中心）

焦作市马村区支中心

马村区辖区面积122平方公里，焦作东部工业集聚区分布境内，总人口14万，下辖7个办事处：其中农业办事处3个，城区办事处4个。全国文化信息资源共享工程实施后，我区紧紧抓住这一历史机遇，将共享工程作为推进文化创新、完善公共文化服务体系、提高公益性文化服务水平、促进经济社会协调发展、构建和谐马村的重要抓手，扎扎实实地组织全区共享工程项目的实施，为丰富社区群众文化生活创造了良好条件。目前，区、办事处、村三级文化服务网络体系已基本形成。

一、基本情况

文化信息资源共享工程区级支中心于2011年5月份建成投入使用，设备总投资101.2万元，建成配备有16台电脑以及投影仪的电子阅览室，村一级文化设施不断扩容，实现文化资源共享工程基层服务点在64个行政村的全覆盖。拥有各类文化信息资源。电子阅览室集图文、视频、声像、打印等多功能为一体，广大读者即可免费查阅有关文化信息的资料，都可浏览共享工程的信息，现已向社会全面免费开放。支中心的建成，进一步推动了我区文化资源共享工程基础建设，实现了信息网络化、数字化、自动化管理。

二、开展活动情况

在省中心、市局的正确指导和大力支持下，在区委、区政府的坚强领导下，通过两年多的建设运行，各站点充分利用现有设备，发挥文化共享，为弘扬先进文化，构建和谐社会，建设社会主义新农村，丰富城乡群众文化生活起到了重要的作用。我们主要做了以下三方面工作。

1、加强领导，加快共享工程基础设施建设

近几年来，随着市场经济体制的不断完善，农业结构调整力度的加大，人民群众尤其是农民朋友对科学文化的需求显得尤为迫切。面对我区基层文化设施陈旧、文化投入不足、文化资源匮乏，信息转送滞后等现状，区委、区政府高度重视，决定以共享工程建设为契机，把传播先进文化、转变致富理念、普及科学文化知识作为共享工程建设的最终落脚点，并采取有力措施，使共享工程建设工作落到实处。

2、依托文化项目建设，拓展公共文化服务功能

我区先后投入资金1100余万元，规划建设了新时代广场、绿园公园、青少年活动中心、老年活动中心、街心文化游园、青少年科普基地等一批集休闲娱乐、文化健身、科技教育等公共项目，使全区文化基础条件有了较大改善，为丰富城乡群众文化生活、促进全区文化事业发展搭起了平台。进一步完善了我区公共文化服务体系建设，有效提升了公共文化服务功能。

3、依托文化惠民工程提升公共文化服务水平。

建成了文化信息资源共享工程区级支中心和64个行政村的村级服务点，为广大基层群众提供了文化信息服务和绿色上网平台。建成了78个农家书屋，统一配置图书1267种1500册，音像制品100种529盘，报纸4类，期刊20种，广泛涉及农业实用技术、文化教育、生活科技、政法等各个领域，实现了农村、社区文化书屋全覆盖，有效解决了全区群众“买书难、借书难、看书难”的问题。截至目前，各文化书屋共累计接待阅读群众30000余人（次），借阅书籍报刊5700余册。建成了14个社区文化活动室，配备了琴、棋、书、画等器材设备，为丰富社区群众文化体育生活创造了良好条件。

4、大力实施农村数字电影“2131”放映工程，结合乡村人口分布、行政村规模等情况，制订详细的年度放映计划，确保每年每个行政村放映电影不少于12场次。近年来，共放映电影2200余场，观影群众达50余万人（次）。

5、在每年的春节、中秋节等重大节假日，组织开展

"欢乐中原"乡（村）、社区优秀节目展演、民间歌舞演出和太极拳表演等丰富多彩的文化活动。

6、依托村（社区）文化队伍建设，搭建信息沟通平台。

建立完善街道文化站、社区文化活动室和基层服务点治理制度，加强共享工程基层服务点的治理。通过聘请等形式为全区7个文化站配备文化站长7名、社区文化专干14名，村文化管理员64名。明确了文化专干职责，指导各基层服务点做好群众需求双向反馈工作，利用文化站现有资源、设施设备为基层服务点提供服务。做到了人员、阵地、牌子、设备、制度"五落实"。

7、依托基层服务网络，改善基层文化工作状况。

各村（社区）服务点依托文化活动室的便利条件，由区文体局向服务点提供图书、杂志、音像资料等，满足社区居民精神文化生活需要；选择3-5个人员相对集中、种养殖前景较好的行政村作为基层服务点，示教合一，现场指导。并为基层服务点配备了电教器材、农村实用技术图书及其它各类图书、光盘。充分利用农村党员电教室设施设备的优势，使党的方针政策、科学技术信息以更加新奇直观、形象生动的方式迅速走向千家万户。

8、依托体育设施建设丰富群众业余文体生活。以群众的文体需求为出发点，加强文体基础设施建设，积极营造健康向上的浓厚氛围。全区共建成体育场地80处，注册体育健身站点20个、各级社会体育指导员400余人，所有的农村和社区均安装了健身器材，7个乡镇体育健身中心正在加紧建设，基本实现了健身工程全覆盖。

三、工作展望

针对广大干部群众普遍关心的理论热点问题，广泛开展图书音像资料进农村、进学校、进社区、进农户等一系列活动，进行思想道德，民主法制教育、形势教育、理想信念教育、理论教育，通过群众喜闻乐见的形式，把学习党和国家方针政策的热情转化为建设社会主义新农村、构建和谐社会的自觉行动。

（撰文/焦作市马村区支中心）

孟州市支中心

2006年6月，孟州市建立"孟州市文化信息资源共享工程支中心"，按照国家标准配置全套设备功能齐全，并拥有30台微机对社会开放服务，同时指导11个乡镇办事处建立了"孟州市文化信息资源共享工程基层中心"（乡级全部建立达到100%），在141个村建立了"孟州市文化信息资源共享工程基层服务点"（占全市274个行政村总数的51.6%），到2008年3月孟州市文化信息资源共享工程村级基层服务点已经达到村村通。我市的文化信息资源共享工程建设，是按照"由点到线，由线到面，示范带动，逐步扩展 "的方法进行的，其具体做法是：

一、加强领导，提高认识，摆正共享工程工作位置

一是成立组织。成立了以市委常委、常务副市长汤文胜为组长，市委常委、宣传部部长闫春喜、副市长王荔为副组长，宣传、文化、教育、科技、网通公司等有关部门负责人为成员的"孟州市文化信息资源共享工程领导小组"，定期召开工作会议，听取工作汇报，研究解决工作中出现的问题。各乡镇办村也成立了相应的组织，具体负责日常工作。二是层层发动。我们制订了《孟州市文化信息资源共享工程工作方案》，召开了由各乡镇、办事处党委副书记、宣传委员、文化站长、35个试点村支部书记和市直有关单位负责人参加的共享工程建设工作会、推进会、现场会、座谈会，对共享工程试点工作做了具体安排与部署。三是落实经费。按照共享工程试点县（市）的建设标准要求，县级支中心、乡级基层中心、村级基层服务点年运行经费不低于国家标准，以孟政办[2006]92号文件下文，由同级财政列入预算。四是明确责任。为了保证共享工程试点工作各项任务的圆满完成，市委、市政府明确指出各单位党委（总支、支部）书记是第一责任人，管理人员是直接责任人。

二、加强指导，整合资源，搭建共享工程服务载体

我们努力加强农村党员干部现代远程教育与文化信息资源共享工程的联合共建，实现优势互补，互惠双赢，有力地推动了文化信息资源共享工程的顺利进展。一是整合资源，互惠互用。依托党员远程教育平台，构建共享工程服务体系，实行"一站网点两张牌"努力做到在基础设施、教学内容、组织管理、人才利用等方面的互惠互用。二是科学规划，典型引路。我们把共享工程建设工作与新农村构建和谐社会结起来，搞好发展规划，实行"试点先行，样板引路；以点带面，逐步扩建"战略。三是构建网络，层层推进。在35个试点村取得经验的基础上，2007年3月，我们把农村文化共享工程基层服务点扩展到141村（占全市行政村总数的51.6%），到2008年3月孟州市文化信息资源共享工程村级基层服务点已经达到村村通，使文化信息资源共享工程稳妥地向前迈进，逐步形成了以市图书馆为龙头、以乡镇办文化站为枢纽、以村文化中心为依托的共享工程建设网络，保证了此项工作的顺利进展。

三、加强辅导，培训技术，造就共享工程服务队伍

为了培养和造就一支专业队伍，我们采取了以下措施：一是举办信息操作管理员培训班。在每个乡镇固定两名、每个试点村固定一名信息操作管理员。定期对他们进行统一培训，使他们掌握信息操作的基本方法、基本步骤和基本常识，达到熟练掌握、灵活运用的水平。二是组成小分队下乡辅导。在文化、科技、网通、教育等部门抽调技术人员，组成下乡服务小分队，深入社区村镇现场指导，帮助他们排忧解难。三是走出去，请进来，努力提高专业技术水平。一方面挑选信息操作技术骨干到省市文化信息资源共享工程分中心和计算机培训中心进行学习培训；另一方面聘请河南省图书馆、焦作市图书馆等信息操作技术专家来我市授课，举办学习讲座，提高大家的专业技能。四是实施微机操作员等级考试制度。通过培训和印发"信息操作常识"等资料，经过考试，使11个乡镇办基层中心和274个村的信息操作员全部获得共享工程上岗资格证书。五是广泛开展"优秀信息操作管理员评选活动。通过开展"专业技术大比武"，

"爱岗位、比贡献"，"学专业、当能手"等竞赛活动，通过征求群众意见、乡村基层单位推荐、现场技术考核等方式，从中评选出15名"优秀信息操作管理员"，10名"十佳信息传播者"，进一步激发他们的工作积极性，鼓励他们当好"网络维修员、信息服务员、文化宣传员、民情联络员"。

四、加强引导，优化服务，拓展共享工程服务领域

为了使信息共享工程发挥应有的作用，孟州市努力创新服务模式，改善服务方法，广开服务渠道，拓展服务领域，使农民受利受益。一是广泛宣传，扩大服务。利用橱窗、画廊、版面、广播等宣传工具，把从网络上获得的信息及时传播给广大群众，充分提高信息共享网络服务的利用率和普及率。二是方便群众，优化服务。要求各乡镇办文化站基层中心为单位，广泛征求群众意见，每月填写群众需求意见簿，反馈给市级支中心，以便及时为群众赠送、播发他们所需要的信息。县级支中心每月根据群众需求免费向11个乡镇办事处基层中心和试点村各赠送3—5盘光盘。同时，发挥支中心20台移动播放器的作用，为其免费巡回播放，定期更新反映农机、农技、养殖、种植、林果管理、法律道德、生活常识、体育健身、影视文化娱乐等方面的内容，解决乡村文化资源内容单调、资源不足的问题。并要求乡村建立信息预报制度，于每月初进行下月信息播放预报，以便各乡镇村基层服务点有选择有针对性的适时接收观看。三是多方合作，综合服务。我们努力拓宽服务领域，除积极开展与农村党员干部现代远程教育共建共享外，并与全国中小学现代远程教育工程、有线数字电视、广播电视村村通工程、数字电影放映等项目合作，努力拓宽服务载体。

五、加强督导，建章立制，创新共享工程服务方法

文化资源共享工程是创新工程，要使它在基层深深扎根，开花结果，立于不败之地必须建立健全使其发展的长效机制。因此，孟州市支中心从管理入手，一是建章立制，做到"三固定"。制订了信息操作员工作制度、岗位职责、操作规程和管理办法，建立了管理档案，努力做到"三固定"："固定操作人员，固定存机房间，固定开放时间"，使其走上健康有序的轨道。二是规范活动，做到"四有"。免费向乡村统一印发了孟州市信息资源共享工程"基层服务点工作情况登记薄"、基层服务点分组情况登记薄"、"基层服务点（中心）领取光盘情况登记薄"和"征求群众意见反馈统计表"，努力做到"四有"：活动内容有记录，活动情况有记载，活动效果有显示，群众反映有体现，讲究实际，务求实效。三是灵活多样，做到"六结合"。在活动方法、活动内容上，努力做到"六结合"：与党员远程教育、科技网络相结合，与新农村建设相结合，与群众文化活动相结合，与农时季节相结合，与当前中心工作相结合，与群众需求相结合，使文化信息资源共享工程真正成为人民群众"学科学增知识，谋富裕奔小康，传文明促和谐，陶情操愉身心的乐园"。

五、工作展望

孟州市文化信息资源共享工程成绩的取得，得益于文化部、省文化厅、焦作市文化局和孟州市委、市政府的高度重视和支持，得益于乡村广大干部群众的积极配合与参与，得益于社会各界人士的通力协作与帮助我们深知，我们所做的一切离上级领导的要求还相差甚远，与兄弟省、市（县）相比还有很大差距，工作中存在的困难需要我们去克服，存在的问题需要我们去解决。在以后的工作中，我们将以更大的努力和热情投身到文化信息资源共享工程中去，为建设富裕文明和谐开放的新孟州做出积极的贡献。

（撰文/孟州市支中心）

沁阳市支中心

文化信息资源共享工程作为一项国家级公益性文化创新工程，由于科技含量高，需要一定的经费投人，在实施过程中，必定会出现一些问题和困难。通过对我市文化信息资源共享工程建设的调查，分析了在文化信息资源共享工程建设中遇到的问题，探讨了下一步的建设对策。　　为更好地推进文化信息资源共享工程(以下简称"文化共享工程")的建设，2010年11月底，举办了全市文化共享工程各基层服务点培训班，来自全市13个乡镇、办事处的工作人员参加了这次培训。

目前已建成的县级支中心和各基层点均能正常开展活动，能有效利用设备，制订了详细的管理办法和措施。都有大专以上学历的专职人员负责日常工作;能有效利用设备，制订了详细的管理办法和措施。我市文广局高度重视文化共享工程建设，积极争取各级党委、政府和有关部门的关心与支持，统筹规划，稳步推进文化共享工程建设。各级政府和文广部门积极配合，齐抓共建基层服务点，用好有限的资金，让设备和资源充分发挥作用。

从本次调研的情况可以看出.尽管近年来我市文化共享工程建设工作中存在种种困难，但图书馆和乡镇文化站仍坚持开放，为群众服务，其中公共图书馆基本做到了文化共享工程支中心的开放时间和开馆时间同步。如柏香镇依托文化共享工程资源，积极组织开展丰富多彩的文化服务活动，举办了图书宣传周、电脑知识培训和未成年人专题知识讲座;西向镇利用文化共享工程平台，在寒暑假针对广大中小学生开展了"推荐百部爱国主义、科普类影片"活动，举办了思想道德建设专题讲座，深受广大学生的欢迎;崇义镇根据未成年人的特点，加大对未成年人的服务力度，引导未成年人文明上网，同时加强对未成年人上网的管理，对未成年人进人电子阅览室的，必须征得家长同意，才予登记、办卡上机，且严格规定上机时间，监督他们的阅览内容及范围，城保他们文明、健康上网;王召乡利用文化共享工程资源，充分挖掘镇、村图书阅览室的潜力，开展"读书、爱书、用书"活动，为广大群众提供了一个良好的读书学习环境。在文化共享工程建设中，我馆纷纷抓住机遇壮大自身实力，建立电子阅览室，与此同时，目前已建成的大部分乡镇通过配置文化共享工程设施设备和丰富的信息资源，使以往缺书少报的文化站重新焕发出勃勃生机与活力。

（撰文/沁阳市支中心）

修武县支中心

一、基本情况

修武县修武县面积722平方千米，人口27.43万。辖1个街道办事处、8个乡镇，人口27.43万。2007年3月，修武县支中心在修武县图书馆成立，并经焦作市分中心验收并挂牌。县政府随即成立了文化信息资源共享工程领导小组，出台了修武县《文化信息资源共享工程实施方案》。县财政加大投入，设立"共享工程"专项资金，各单位落实责任，加大督查考核力度。县文广新局具体实施，加快支中心软硬件设施建设，确保了"共享工程"修武支中心和基层服务点的早日建成。截止2012年6月，累计投入资金34万元，建成县级支中心1个，乡镇基层服务点10个，村级基层服务点223个，覆盖率达100%。实现街道、乡镇、村、社区文化共享工程全覆盖，使文化共享工程这一惠民工程全面进入到社区、乡村，进入到千家万户，为"惠民工程"的开展打下坚实的基础。

修武县文化共享工程支中心自建立以来，积极与乡镇文化活动中心建设相结合，开展了丰富多彩的文化共享工程服务活动。基层服务点整合党员远程教育和文化共享工程数据资源，加快了文化共享工程基层服务点的建设力度。目前全县基层服务网点均实行"一站（网）点两牌"制，基层管理人员实行"一肩挑"，各村、社区新进的大学生既负责远程教育又负责文化共享工程工作开展，科学制订学习、活动方案，建立健全各项规章制度，突出整合重点，拓宽服务渠道，逐步加大了实施文化共享工程工作力度。县支中心承担全县网点的管理，资源更新，日常技术维护、人员培训等，基层服务点做好技术维护和活动开展。

二、活动开展情况

修武县支中心自建立以来，活动开展包括放电影活动和科技、农业知识培训，电子阅览室绿色上网，全县各基层服务点深入小区、院落，利用文化共享工程数据资源下载播放人民群众喜爱的影片。以服务"三农"为重点，把群众急需的科学知识、农业技术等信息提供给农民群众。利用投影仪和视频在线播放功能，各基层服务点利用文化共享工程资源每个星期开展至少一次实用信息播放活动。根据城乡居民的需要，利用电子阅览室提供网络资源查询，电子图书推荐，组织播放农民喜闻乐见的戏曲、电影、小品等文艺节目，极大地丰富了群众文化生活，提高了农民文化素质，为构建和谐社会创造了良好氛围。通过一系列高效优质的服务活动，大大增强了文化共享工程的利用率和点击率。

修武图书馆始终把科学管理作为文化共享工程建设的重中之重，实行建管并举，建章立制，加强了乡镇、社区基层服务点管理员的培训。各基层点的管理员均经过培训上岗。截至2012年底，共有专兼职管理和技术服务人员10名。同时，加大对基层服务点的检查力度，通过会议、文件等形式，将各乡镇、基层服务点建设、管理和使用情况进行通报，对工作不力、问题较多的单位提出批评，对一些管理到位、工作出色、作用发挥好的单位，及时给予表扬，并通过召开现场会、经验交流会等方式，在全县进行推广，有力促进了文化共享工程工作的健康开展。

为充分了解广大基层群众对文化共享工程数据资源的需求，明确今后资源投资方向及内容，修武县支中心在全县各基层服务点开展资源需求调查工作，并下发资源需求调查表，分别了解群众需要如电影、讲座、戏曲等内容，做到有的放矢，及时更新网站资源内容，满足了群众对文化信息需求的不同需要。修武县支中心派专人负责，广泛征求群众意见，积极开展服务宣传工作，扩大了文化共享工程在基层的影响，广大群众都明白了开展文化共享工程活动的意义。2012年7月9月，修武县支中心还举办了首届文化共享工程暑期有奖征文，共收到征文稿件384篇，分别评出一等奖1名，二等奖3名，三等奖10名，优秀奖20名，极大地提高了修武县文化共享工程工作的知名度。

搬入新馆以来，修武县文化共享工程工作在国家中心以及省市分中心的领导下，各项工作都取得了一定成绩。修武县文化共享工程建立以来，在县委、县政府及各级文化主管部门的大力支持下，在修武县文化信息资源共享工程领导小组的领导下，全县的文化信息资源共享工程服务工作有了长足发展，增强了文化共享工程在基层的辐射力和影响力，特别是利用国家、省、市丰富的文化信息资源，服务广大人民群众，满足了广大群众精神生活的需要。目前，各街镇乡基层服务点日平均接待群众约100人次，村、社区基层服务点日平均接待群众20人次，各乡镇年开展面向基层群众的培训、讲座、展览、电影播放等服务活动近2000场，服务群众近16万人次。县支中心年举办展览、讲座、报告会、读书活动、电影放映等常规服务活动80场，服务群众近2万人次。

三、工作展望

修武县文化共享工程紧紧围绕国家、省、市中心的工作部署，将进一步构建资源优质丰富、技术先进实用、传播高效互动、服务便捷贴近、管理科学规范、体系完整可控的公共数字文化传播服务体系，使文化共享工程真正成为城乡群众参与文化娱乐、获取科普信息、接受教育培训、享受惠民服务的重要平台。

（撰文/修武县支中心）

博爱县支中心

一、基本情况

博爱县图书馆文化资源共享工程于2008年初开始建设，用时两年建成了文化资源共享县支中心和全县233年基层服务点。2010年8月开始投入运行。

1、县支中心，包括机房和电子阅览室。机房硬件设施包括主机、交换器等设备配套齐全。电子阅览室配备电脑25台，投影仪1台及其它配套设施。

2、各服务点，全县233个行政村，全部建成文化资源共享工程基层服务点。其中99个基层服务点配置了投影仪，134个基层服务点配置了电脑，并全部安装了网线。

二、经费投入

自文化享工程建设开始以来，得到了中央、省、市以及县财政的大力支持，先后投入资金201.7万元，加强对文化资共源共享工程建设。2007年、2008年，中央、省、市、县财政共投入资金123.7万元，用于基层服务点的建设。2011年，中央拨付10万元资金，用于文化资源共享和免费开放工作，确保文化资源共享工正常运转。

三、运行情况

1、文化共享工程于2010年正式开始运行，支中心全部对外开放。利用节日假期，组织中小学校学生到中心，让他们体验共享工程带来的知识的宽度和深度，引导他们适度利用共享工程的资源，发挥共享工程的优势。

利用报纸、电视台等新闻媒体，对外宣传共享工程以及图书馆免费开放的相关政策。

利用专题版面、宣传咨询、发放传单等方式，扩大对外宣传，让群众认识、了解文化资源共享工程的目的、使用方法，吸引群众积极参与合理利用资源共享，以资源共享学知识，学技术，改变自己的生活。

利用国家文化资源共享工程发放的光盘，以投影的方式为学生播放优秀节目，为农民播放农业科技知识等，传播知识，宣传教育。

2、全县233个基层网点，也不同程度地开展活动，利用投影仪、电脑播放农业科技知识，进行群众性文化娱乐活动，帮助群众走科技致富之路，引导群众转变生活方式。

四、队伍建设

为确保文化资源共享工程的正常运行，我们采取各种方法，竭力加强职工技术培训，提高干部职工素质。

一是多次组织全馆职工到周边县市图书馆参观学习，了解其他馆在资源共享工程方面的情况，借鉴他们的先进经验和做法。二是积极参加市馆举办的资源共享培训，凡是涉及资源共享工程的培训，保证全馆职工能参加的全部参加培训，全面提高职工素质。三是聘请专业技术人员到馆进行现场指导，帮助我馆职工解决在共享工程方面的技术难题。

我县文化资源共享工程自建设以来，得到了上级领导的大力支持，受到了社会各界的广泛关注，开始运行以后，也深受好评，取得了很好的社会效益。随着各项功能的不断完善和发展，运用熟练程度的不断提高，文化资源共享工程的熟知度也会不断提高，对今后文化资源共享工程的利用也会越来越多，越来越好。

（撰文/博爱县支中心）

武陟县支中心

近年来，武陟县文化信息资源共享工程支中心在县委、县政府的正确领导和各级文化部门的关心支持下，创新思路，创新机制，创新模式，不断深化文化信息资源共享工程公共电子阅览室建设，构建覆盖城乡的公共文化服务体系，充分发挥文化共享工程和公共电子阅览室服务基层、服务社会、服务群众等方面的作用，初步实现了优秀文化信息资源在全县范围的共建共享，为改善城乡基层文化服务，切实保障人民群众的基本文化权益发挥了重要作用，受到了社会各界的广泛赞誉。

1、健全队伍，保障有力，夯实文化信息资源共享工程公共电子阅览室建设根基。

成立了由主管县长为组长，县文化局长为副组长，主管副局长和县支中心主任、副主任为成员的武陟县文化信息资源共享工程公共电子阅览室建设领导小组，统筹规划全县的文化信息资源共享工程公共电子阅览室建设工作，各乡镇也相继成立了相应的领导机构，配备了必要的专兼职工作人员；与此同时，县、乡、村三级累计投入资金292万元用于文化信息资源共享工程公共电子阅览室建设，建成了覆盖城乡规范化的公共电子阅览室，软硬件配置全部达到文化部制定的相关标准。目前，我县文化共享工程已建成1个县级支中心，10个乡镇基层服务点，352个村基层服务点，基本建立了覆盖城乡的服务网络，基本实现了县、乡、村三级文化文化服务一体化发展，文化共享工程专兼职工作人员达400人，各级中心通过集中培训、以会带训等形式，开展了形式多样、内容充实的培训工作，提升了工作队伍的业务能力和综合素质，为全县文化信息资源共享工程公共电子阅览室建设提供了有力保障。

2、健全机制，规范管理，推动文化信息资源共享工程公共电子阅览室建设上档升级。

积极探索文化信息资源共享工程公共电子阅览室建设长效机制，推动其规范化、科学化管理，出台武陟县文化信息资源共享工程公共电子阅览室建设管理考评办法，实行一季度一小评，半年一考评，年终总考评；先后制定了《公共电子阅览室管理制度》、《公共电子阅览室管理员职责》、《公共电子阅览室服务规定》、《公共电子阅览室服务范围》、《公共电子阅览室服务制度》等一系列规章制度和工作规范，统一制作成标准、规范的标识牌，悬挂在活动室显著位置；各活动室配备1-2名责任心

强、业务熟练的管理人员，明确其管理职责和行为规范，具体负责各应用系统和设备设施的正常运转、服务维护和监督管理。与此同时，县中心也组建监督小组，对全县文化信息资源共享工程公共电子阅览室建设管理进行不定时督查，及时发现和解决设备运行和管理工作中存在的困难和问题，通过技术监控与人员巡查、教育引导相结合，努力创建健康绿色的网络服务阵地。

3、创新形式，创新服务，文化信息资源共享工程公共电子阅览室建设成效显著。

积极探索文化信息资源共享工程公共电子阅览室建设在和谐社会建设中的积极作用，坚持以保障人民群众基本文化权益为宗旨，以未成年人、老年人、残疾人、农民工等群体为重点服务对象，依托文化共享工程服务网络，积极推进免费开放和面向广大社会公众的服务，在探索建设模式、创新服务等方面均取得了积极进展。为方便群众借阅，在各级公共电子阅览室人口处设置借阅引导平面图、借阅须知和相关知识介绍，安排工作人员提供现场咨询服务。主动为成年人和未成年人办理“一卡通”借阅卡，提供免费服务。结合实际，针对全社会关注的未成年人上网问题，始终坚持公益性原则，不允许出现各种形式的私人经营、承包，把公共电子阅览室变成网吧或者变相网吧，坚持免费对社会开放，根据未成年人的心理特点和文化需求，在县支中心开设专门的文化共享工程少儿文艺节目，整合一批为广大未成年人喜闻乐见、融艺术性和思维性相结合的精神文化资源，为未成年人提供网络文化服务；为丰富未成年人的文化生活，充分利用文化共享工程设备、资源，每年平均放映20余场宣传思想道德建设的影视资料。针对残疾人开设无障碍通道，安排工作人员进行全程陪护服务。利用农闲和茶余饭后，对农民工提供免费计算机应用基础和技能培训，帮助他们从网上查询相关的生活常识和致富信息，满足他们求知、求乐、求富的精神文化需求，引导广大群众树立健康的生活理念和正确的价值观念，让人民群众共享文化建设成果，从而推动和谐社会健康发展。文化信息资源共享工程公共电子阅览室在当地已成为宣传党的方针政策、传播精神文明、活跃群众文化生活的重要载体，形成了特色文化品牌，深受广大群众的喜爱。

（撰文/武陟县支中心）

温县支中心

一、基层情况

温县总面积482.37平方公里，总人口42万，辖10个乡镇，262个行政村。按照全国文化信息资源共享工程建设标准，2006年，我县的文化共享工程启动，建立了县级支中心1个，乡镇基层服务点10个，村级基层服务点262个，2007年被省文化厅评为信息资源共享工程试点县（市）；2008年，被文化部评为共享工程先进示范县。

二、设备配置

全国文化信息资源共享工程是一项政府兴办的文化创新工程、民心工程，是公益性建设项目，有着巨大的社会效益和广阔的发展空间。县委、县政府等各级领导非常重视，2007年，共享工程被县委、县政府列为为民办十件实事之一。焦作市文化信息资源共享工程县级支中心管理员第一期培训班在我县举办。

我县被列为省共享工程试点县后，利用各级配套资金68万元，配置了存储设备--磁盘阵列，增加了网络发布服务器，进行了设备的扩容、完善，使共享工程资源得以完备的呈现给广大群众，目前支中心拥有中控室1个，多媒体电子阅览室1个，其中包括服务器1台，pc机30台，卫星接收设备1套，投影设备1套。

乡（镇）、村两级基层网络建设方面，利用文化部及地方财政配套资金110余万元配备了投影设备及pc机，统一为村级服务点制作牌匾、统一工作制度、统一发放设备，从2007年至今，全县10个乡（镇）、262个村级服务点实现了挂牌运行，制度上墙，完善了服务规范、收视纪录，为广大农民群众提供了文化娱乐、科技致富信息等服务，保障了群众的基本文化权益，进一步满足了群众地文化需求，使之成为广大群众致富路上的好帮手。

三、加强队伍建设和培训工作

共享工程实施至今，共举办培训班5期，培养专兼职技术人员300余人次，为全县开展共享工程和农村党员干部远程教育提供了有力的人才保障。

同时，我们还利用网络资源，大力开展新型农民培训活动，重点加强养殖、种植等农村实用人才培训，积极整合农业、科技等部门的人员和技术优势，开展各项专题讲座，较好的解决了广大群众生产、生活上的难点问题，促进了群众增产、增收。联合县永真畜禽病医院聘请农业部专家举办了两次养殖技术培训，培训养殖户800余人次。

四、开展服务情况

充分发挥公共图书馆的阵地作用，每个星期六在图书馆电子阅览室利用投影仪播放名家讲座及影视剧。利用星期天节假日针对未成年人播放百部爱国主义教育影片，科普类等影片，举办思想道德建设方面的讲座、名著赏析等，引导未成年多读书，深受广大市民的欢迎。

利用共享工程网络资源内容新颖、实用性强、信息量大、数据传输快捷方便的优势，认真搜集、下载适用于我县群众的政策法规、先进性教育、农业科技、文化体育、防疫保健、科普知识等共享工程信息资源，通过县、乡、村三级文化共享服务网络传递给农民群众；我馆深入调查，根据农民需求，下载家禽饲养、苗木、花卉栽培等相关信息编成小册子，送到农民手中，送科技下乡是实施“共享工程”惠民的又一举措。

把文化信息资源共享工程和党员远程教育网相结合，避免了重复建设。充分利用网上数字资源，先后举办了一系列以社会主义荣辱观为主题的公益讲座，发放专题信息2000余份，多次举办读者活动。

（撰文/温县支中心）

新乡市支中心

新乡市现辖两市(辉县市、卫辉市)、六县(新乡县、获嘉县、原阳县、延津县、封丘县、长垣县)、四区(卫滨区、红旗区、凤泉区、牧野区)及市高新技术产业开发区和西工区。共有乡镇122个、街道办事处21个、3549个行政村,总人口570万,总面积8169平方公里。新乡市图书馆文化资源共享工程在新乡市文化广电总局的支持和部署下,逐步推进,稳步发展,在新形势下为繁荣基层文化,满足多层次文化需求,传递中国民族优秀文化资源发挥了重要作用。

一、基本情况

新乡市图书馆文化信息资源共享工程建设开始于2003年。2006年卫辉市、延津县安装了两个卫星接收系统。从2008年开始,在国家资金的扶持下,共享工程基层服务建设全面铺开。目前,全市共建立县级之中心12个,乡镇文化站服务网点85个,村级基层服务点3533个。城市街道文化活动中心服务点10个(红旗区5个,卫滨区3个,牧野区2个),社区服务点39个。共享工程新乡支中心设在新乡市图书馆,是新乡市共享工程的建设和业务指导单位,负责保障区中心共享工程设备的运行,协调县级共享工程设备的维修,指导县级共享工程活动的开展以及开展全区共享工程管理员的业务培训和指导。

二、管理和队伍建设

为使共享项工程真正为民所用为民谋利,新乡支中心将共享工程日常管理纳入制度化管理。制定工作职责和制度,实行制度上墙公开。每年有年度工作计划,月度有工作要点,季度有工作督导,年末有工作总结考核,并推行管理员工作日志管理,收集整理共享工程服务活动的得失,探索共享工程管理和服务新模式。

文化资源共享工程作为一个新的群众文化资源获取平台,如何推广好、利用好共享工程丰富的文化资源关键在于是否有一支专业化的共享工程管理员队伍。新乡市共享工程支中心在管理员队伍建设上坚持明确职责,明确思路,制度化管理,常态化培育。我们在管理上选取文化层次较高,有一定管理服务实践经验的大学生为管理员,他们工作热情高,有较高的文化水平能尽快熟悉掌握共享工程设备为当地市民服务。目前新乡市共享工程管理员100%为本科大学生,实现了管理员选取的

高起点。

三、培训工作

新乡市支中心在共享工程管理员的培养上实现了制度化和常态化。根据支中心工作要求,每年对共享工程管理员进行2期的集中培训,2003年以来一共举办各类培训班20期,参加轮训的各级管理员达500人次。

四、经费投入

新乡市共享工程自2003年实现各社区全覆盖以来,我们每年投入运维经费,用于共享工程设备的维护,人员培训和惠民活动的开展。同时,新乡市政府,新乡市广电文化总局每年也投入大量人力物力支援共享共享工程各项活动的正常开展。

五、资源建设

新乡市支中心在历年的工作中,搜集不同区域民众文化需求,选取、编辑制作各类题材资源5TB,每年发放各类光盘1500多张,展板50多块,各类海报,招贴画30副,发放宣传资料5000余份。

六、宣传推广

新乡市支中心文化服务中不断探索,举办各类专题活动,精彩纷呈。1、利用支中心儿童阅览专区,组织动员青少年儿童关注共享工程,利用共享工程,收集青少年知识兴趣点整理挖掘,针对集中地知识群和关注点,新乡市支中心聘请专家前来为青少年答疑解惑,其中邀请河南省教育时报总编辑刘肖和河师大曾祥芹教授分别做精彩的报告,深受广大青少年的喜爱。针对青少年家庭教育,还定期举办"家庭教育视频学习"活动,深受广大家长朋友们的欢迎。在暑期和寒假专门针对青少年举办影视连连看和红色经典影片展等一系列的活动。

新乡市支中心在服务中抓住文化的热点和亮点,积极组织群众喜闻乐见的文化服务,使共享工程走进群众生活。例如在迎接建党90周年之际,新乡市支中心联合其他单位举办了"品味书香,聆听经典"活动;在每年重阳节到来之际邀请老年大学、两报老年记者团来我馆一道品读中华经典,共享文化盛宴;在每年敬老月举办"敬老月有奖竞猜活动";在每年雷锋月,中心举办当代雷锋图片展。

九、工作展望

新乡市文化资源共享工程已走过10个年头,从昨天的几个点到今天的三千多个行政村全覆盖,从单一的资源接收到今天的编辑分发和群众广泛认知,广泛参与,文化资源共享工程在新乡已经成为新乡人民文化生活的

一大支柱，成为繁荣新乡文化，丰富新乡人民精神生活，推动新乡人文科技进步的强大动力源泉。今后新乡支中心希望在国家中心，省馆分中心大力支持下为新乡共享工程建设一支专业化的服务队伍，建立一个国家、市、区三级知识网络联动的即时问答服务体制和服务形式更加多样，服务网点更加宽广，参与群众更加广泛的共享工程文化带动体系，为建设科技新乡，文化新乡做出贡献。

（撰文/许 蕊）

卫辉市支中心

一、基本情况

卫辉市文化资源共享工程建设在河南各县市中开展较早，2006年，省文化厅下拨一套卫星接收设备，在卫辉市图书馆安装使用，每天直接接收国家中心下发的各类资源和信息，并下载和存储。

2007年、2008年，卫辉市争取国家资金和省、市、县配套资金，参加文化厅统一招标，建成68万元标准的卫辉市支中心，分3次给我市347个行政村和10个办事处发放了电脑或投影，并统一制作了标准化标牌，要求悬挂标牌，制度上墙，建立档案，随后又对所有基层点管理员进行了培训。至此卫辉市所属行政村及办事处实现了共享工程100%全覆盖。

共享工程卫辉支中心设在卫辉市图书馆，是卫辉市共享工程的建设和业务指导单位，负责保障支中心共享工程设备的运行，协调共享工程基层点设备的维修，指导基层点共享工程活动的开展以及开展共享工程管理员的业务培训和指导。

二、管理和队伍建设

为使共享工程卫辉支中心真正为民所用，发挥应有作用，卫辉市图书馆专门从馆里抽调2人进行管理，负责机房设备的运行和维护，负责电子阅览室的正常运转，负责基层点的业务指导和维修，并常态化下乡对基层点共享工程工作进行调研和检查。每年年初有年度工作计划，年末有工作总结考核。

文化共享工程基层点作为一个新的农村文化资源获取平台，如何推广好、利用好共享工程丰富的文化资源关键在于是否有一支专业化的共享工程管理员队伍。

为此，我们和各乡（镇）政府共同协商，择优选取文化层次较高，有一定社会基层管理服务实践经验的大学生村官作为管理员，他们工作热情高，有较高的文化水平能尽快熟悉掌握共享工程设备为所在村民服务。目前我市共享工程管理员70%为大学生村官，实现了管理员选取的高起点。目前我市基层服务点均实行“一站（网）点两牌”制，基层管理人员实行“一肩挑”，并推行管理员工作日志管理，记录活动内容，整理共享工程服务活动的得失，探索共享工程管理和服务新模式。

三、培训工作

为了学习外地先进经验，提高管理水平，我们经常派支中心管理人员参加上级馆培训，并到兄弟馆参观交流，使他们管理水平不断提高。对于基层点管理人员，我们在发放电脑时集中培训的基础上，每年都由支中心管理人员集中培训一次，解决工作中新发现的问题和介绍外地好的经验。并经常利用下乡检查、调研的机会对管理员现场说法，单独培训。

四、经费投入

由于我市近几年财政困难，支中心没有专项经费，但市图书馆每年都从自己的办公经费和国家免费开放补贴中拿出一部分资金，用于支中心电费支出、机房维修、电子阅览室电脑维修、管理人员下乡检查调研基层服务点运行情况等。

五、资源建设

由于共享工程管理人员水平有限，无法自制资源，但我们注重收集我市文化活动资料和照片，选取、编辑、复制了一些各类题材的资源。

六、合作共建

我们主要采取三种形式进行合作共建：1、和组织部党员远程教育中心联合搞活动或下乡调研。2、和影剧院联合搞电影放映活动，借机播放共享工程方面内容。3、和农家书屋联合，把一些惠农方面的光盘放到农家书屋，适时播放。

七、宣传推广

卫辉市图书馆和支中心利用各种渠道宣传推广共享工程。在每年的科技文化下乡活动、科普活动，图书宣传周等活动中，不失时机地以活动为平台，以资料为媒介宣传共享工程，让民众不断了解共享工程，走进共享工程。

八、工作展望

文化资源共享工程是国家一项实实在在的惠民工程。目前我市已按国家要求完成了全部硬件建设，为此项工作的开展创造了良好条件。也经常收到国家中心寄来的资料和光盘，但由于缺乏专业管理人员，缺乏业务培训，软件建设还任重道远。

尤其是村级基层点没有发挥最大作用。今后希望在国家中心，河南省分中心大力支持下为共享工程建设一支专业化的服务队伍，建立一个国家、市、县三级知识网络联动的、服务体制和服务形式更加多样，服务网点更加宽广，参与群众更加广泛的共享工程文化带动体系，为国家文化建设做出贡献。

（撰文/樊小振）

获嘉县支中心

获嘉县县域面积473平方公里，辖8镇3乡，共219个行政村，总人口43万。县城区规划面积24平方公里，建成区12平方公里，常住人口10万。获嘉县文化资源共享工程在获嘉县文广局、县图书馆支持和部署下，逐步推进，稳步发展，在新形势下为繁荣农村基层文化，满足农民多层次文化需求，传递中国民族优秀文化资源发挥了重要作用。

一、基本情况

获嘉县文化资源共享工程建设开始于2008年，当年获嘉县文化资源共享工程开始普及进入乡镇行政村，第一批70个行政村于当年安装调试完毕。2009年第二批145个行政村进行安装，当时获嘉县215个所属行政村实现全县共享工程村村覆盖，全国文化信息资源共享工程获嘉县支中心正式成立。

2010年至2011年又迁入4个移民村尚未安装全国文化信息资源共享工程设施。

共享工程获嘉县支中心设在获嘉县图书馆，是获嘉县共享工程的建设和业务指导单位，负责保障全县中心共享工程设备的运行，协调乡、村级共享工程设备的维修，指导乡、村级共享工程活动的开展以及开展全区共享工程管理员的业务培训和指导。

二、管理和队伍建设

为使共享工程真正为民所用为民谋利，获嘉县支中心将共享工程日常管理纳入制度化管理。制定支中心、镇、村基层服务点工作职责和制度。

文化资源共享工程作为一个新的农村文化资源获取平台，如何推广好、利用好共享工程丰富的文化资源关键在于是否有一支专业化的共享工程管理员队伍。获嘉县共享工程支中心在管理员队伍建设上坚持明确职责，明确思路，制度化管理，常态化培育。对于乡镇、村两级基层共享工程管理由较强责任心的村委委员担任，尽快熟悉掌握共享工程设备为所在村民服务。目前获嘉县共享工程管理全部为村委委员和大学生村官，实现了管理员选取的高起点。

三、培训工作

获嘉县支中心在共享工程管理员的培养上实现了制度化和常态化。2008年以来一共举办培训班2期，参加轮训的各级管理员达430人次。

四、工作展望

获嘉县文化资源共享工程已走过6个年头，由于资金短缺、人员不足，各项工作还没有很好的开展起来。在今后的工作中，获嘉县支中心任重道远，首先要向当地政府和上级主管部门争取资金投入，加大文化共享工作的人员培训、资源建设、合作共建等工作。其次，利用各种渠道宣传推广共享工程，积极开展文化共享进校园、进家庭活动，根据获嘉地域农业特点，将共享工程普及到田间地头，使文化共享工程成为繁荣获嘉文化，丰富获嘉人民精神生活的强大动力源泉。今后获嘉支中心希望在国家中心，新乡分中心大力支持下为获嘉共享工程建设一支专业化的服务队伍，建立一个国家、市、县三级知识网络联动的即时问答服务体制和服务形式，使服务网点更加宽广，参与群众更加广泛的共享工程文化带动体系，为建设获嘉做出贡献。

（撰文/获嘉县支中心）

延津县支中心

延津县地处河南省北部，开封市西北部。西距新乡37公里，南望郑州93公里，东南至开封50公里，北距安阳130公里。区域南北宽45.5公里，东西长42.5公里，隶属新乡市。辖12个乡（镇），345个行政村，县域总面积886平方公里，总人口48万人。延津县文化资源共享工程在延津县文广局、县图书馆支持和部署下，逐步推进，稳步发展，在新形势下为繁荣农村基层文化，满足农民多层次文化需求，传递中国民族优秀文化资源发挥了重要作用。

一、基本情况

延津县文化资源共享工程建设开始于2007年，前期安装设备均通过卫星设备直接接收国家中心下发的给类资源和信息。2008年延津县文化资源共享工程开始普及进入乡镇行政村，第一批90个行政村与当年安装调试完毕；2009年第二批251个行政村进行安装调试，至此延津县所属行政村实现全县共享工程村村全覆盖，全国文化信息资源共享工程延津县支中心正式成立。此后陆续在全县十二个乡镇文化站开始安装，已有十个文化站安装完毕。共享工程延津支中心设在延津县图书馆，是延津县共享工程的建设和业务指导单位，负责保障本地区中心共享工程设备的运行，协调乡、村级共享工程设备的维修，指导乡、村级共享工程活动的开展以及开展全县共享工程管理员的业务培训和指导。

二、管理和队伍建设

为使共享工程真正为民所用为民谋利，延津县支中心将共享工程日常管理纳入制度化管理。制定支中心、乡、村基层服务点工作职责和制度，实行制度上墙公开。

文化资源共享工程作为一个新的农村文化资源获取平台，如何推广好、利用好共享工程丰富的文化资源关键在于是否有一支专业化的共享工程管理员队伍。延

津县共享工程支中心在管理员队伍建设上坚持明确职责，明确思路，制度化管理，常态化培育。对于乡镇、村两级基层共享工程管理上择优选取文化层次较高，有一定社会基层管理服务实践经验的大学生村官为管理员，他们工作热情高，有较高的文化水平能尽快熟悉掌握共享工程设备为所在村民服务。目前延津县共享工程管理全部为各级大学生村官，实现了管理员选取的高起点。

三、培训工作

延津县支中心在共享工程管理员的培养上实现了制度化和常态化。2008年以来一共举办培训班2期，参加轮训的各级管理员达682人次。

四、工作展望

延津县文化资源共享工程已走过6个年头，由于资金短缺、人员不足，各项工作还没有很好的开展起来。在今后的工作中，延津县支中心任重道远，首先要向当地政府和上级主管部门争取资金投入，加大文化共享工作的人员培训、资源建设、合作共建等工作。其次，利用各种渠道宣传推广共享工程，积极开展文化共享进校园、进家庭活动，根据延津地域农业特点，将共享工程普及到田间地头，使文化共享工程成为繁荣延津文化，丰富延津人民精神文化生活，推动延津人文科技进步的强大动力源泉。今后延津支中心希望在国家中心，河南省分中心大力支持下为延津共享工程建设一支专业化的服务队伍，建立一个国家、省、市、县四级知识网络联动的即时问答服务体制和服务形式更加多样，服务网点更加宽广，参与群众更加广泛的共享工程文化带动体系，为建设科技延津，文化延津做出贡献。

（撰文/延津县支中心）

长垣县支中心

长垣县面积1051平方公里，耕地86万亩，人口84万，辖10镇4乡4个办事处、1个省级产业集聚区，600个行政村。近几年来，在县文化局的关心支持和指导下，我县认真开展文化信息资源共享工程建设，工作中坚持政府主管，文体局主抓的原则，以县图书室馆为中心，乡镇文化站和行政村（街道、社区）文化活动室为重点的基层服务网络，组织实施文化信息资源共享工程。通过“共享工程”的实施，将为新时期建设新农村、培育新农民搭建新的平台，并以此推进和完善文化服务体系建设，提高文化服务水平，促进城乡文化事业的发展。

一、基本情况

长垣县文化信息资源共享工程于2008年开始起步建设，县图书馆建立了长垣县文化信息资源共享工程支中心，配置电脑45台。县政府对文化信息资源共享工程建设比较重视，2008年成立了长垣县文化信息资源共享工程建设领导小组，由分管副县长任组长，负责指导、协调全县文化信息资源共享工程建设工作，制订了《长垣

县文化信息资源共享工程实施方案》。目前，全县已建成长垣县文化信息资源支中心1个；乡镇基层服务点18个；基层服务点及村级（社区）共享工程基层点598个。“共享工程”长垣县支中心设在长垣县图书馆，指导长垣县“共享工程”工作的开展。

二、队伍建设

长垣县支中心重视“共享工程”管理和队伍建设工作，制定了相关工作职责和制度，并进行年度工作计划和总结，并制定了《长垣县文化信息资源共享工程实施方案》；支中心有专人负责，并开展了计算机知识培训，并通过市馆、省馆业务培训，收听远程教育等形式，逐步建设管理员队伍，不断提高业务能力和工作水平。

三、群众服务

长垣县支中心及各级服务点主要通过电子阅览室和网站为读者提供在线信息服务，其次，利用下乡放映电影的机会，放映文化共享工程的农村种养培训视频，深受广大农民的欢迎；第三是利用文化广场播放视频节目，电影、地方戏剧、科技知识、生活小常识、法律知识等内容都深受居民的喜爱。此次之外，长垣县支中心、各基层服务点充分发挥“共享工程”在农村积极发挥大学生村干部的作用，开展农村实用人才培训，举办了文化、卫生、科技、法制、种养等各种内容的培训班、视频讲座，受到了基层干部群众的好评。

四、宣传推广

支中心利用广播、网站、报纸、电视等各种渠道宣传推广“共享工程”，尤其在每年的服务宣传周、全民读书月、读者服务周等活动中，通过宣传让群众不断了解“共享工程”，走进支中心，利用“共享工程”的丰富资源。与此同时，结合大棚种植、畜牧养殖等，开展“共享工程”专题资源下乡、专题视频展播等主题活动，使“共享工程”走进群众生活。

五、发展规划

县支中心是文化服务体系的重要组成部分，是承上启下，辐射城乡的重要文化阵地，也是一个城市精神文明建设的窗口单位。为进一步提高服务能力，我们今后将继续做好以下几点工作：

1、提高服务，办群众身边的支中心。首先，加强自身建设，主动出击，增强内部活力，充分利用现有的资金和资源，坚持免费开放，使其产生最大的社会效益。其次，充分利用自身文化资源丰富的优势，积极开展文化讲坛、科普讲座、书画、摄影展览、爱国主义教育和多媒体放映等群众喜闻乐见的文化活动，不断提高队伍服务水

平和社会影响力。

2、公共图书馆是政府投资兴办，面向人民群众寻求知识，实施自我教育，终身教育的重要场所。今后，我们将尽最大力量加强对自身的宣传，将争取上级部门资金支持做为馆内重要工作做好。

3、以即将乔迁新馆为契机，尽早适应工作环境，应对将来可能会遇到的井喷式借阅，积极探索图书馆发展新途径，不断学习和创新办馆理念；尽快引进长垣数字图书馆，丰富地方特色馆藏史料，加强馆际交流，以人为本，读者至上，全面体现图书馆的公益原则，使更多的人民群众走进支中心，爱上图书馆。

（撰文/长垣县支中心）

鹤壁市支中心

鹤壁市位于河南省北部，1957年建市，辖两县四区即浚县、淇县、山城区、鹤山区、淇滨区和经济技术开发区，25个乡(镇)，889个行政村。面积2182平方公里，人口145万。鹤壁市文化资源共享工程在市委、市政府和市文化广电新闻出版局的支持和部署下，与党员干部现代远程教育相结合，逐步发展，已经建立了市、县（区）、乡（镇、街道办）、村（社区）四级服务体系，初步实现了优秀文化信息资源在全市范围的共建共享。为繁荣基层文化，满足全市市民文化需求，传递中国民族优秀文化资源发挥了重要作用。

一、基本情况

鹤壁市文化资源共享工程建设开始于2007年，我市的共享工程服务机构设立在市县公共图书馆、乡镇（街道办）综合文化站和农村文化大院（社区活动室）之内，共有已建成的市级支中心1个、县级支中心5个，乡级（乡镇、街道办）服务点28个，村级（农村、社区）基层服务点879个，实现了乡镇和农村的全面覆盖，城市街道办和社区活动室共享工程建设也在积极推进中。共享工程鹤壁市支中心设在鹤壁市图书馆，是鹤壁市共享工程的建设和业务指导单位，负责协调各县区、乡镇（办事处）、村（社区）共享工程设备的运行，指导各级共享工程基层服务点活动的开展以及共享工程管理员的业务培训和指导。我市所有已建成的共享工程服务机构，均按照要求配备了文化信息资源共享工程标牌，悬挂在室外显著位置，相应的规章和管理制度、使用制度一并张贴上墙，让前来使用群众所熟知。

共享工程设备培训

1、县级支中心

浚县县级支中心和淇县县级支中心建成于2008年，淇滨区以及山城区、鹤山区县级支中心建成于2010年，每个支中心投资68万元，配备了电脑、服务器等共享工程设备，建起了电子阅览室和多媒体放映室，并配备了专职的管理员，通过了文化厅的检查验收。

2、乡镇和街道办基层服务点

2010年，我市24个乡镇和4个街道办事处得到了上级配备的价值5万元的共享工程设备，配备了其服务功能得到了进一步的完善，目前设备配套，管理规范，运行良好。

3、农村和城市社区基层服务点

2008、2009两年，我市879个行政村得到了省厅招标配送的价值3000到5000元的一台电脑或者投影仪，由基本型升级为扩展型；2010年，10个城市社区文化中心得到了上级配备的价值2万元的共享工程设备，基层服务点的服务能力得到了很大的加强，所有的基层服务点均配有电视机、VCD和机顶盒，并配备了电脑或投影仪，实现了升级换代，文化活动和科技培训日趋活跃，基层服务点已经成为农村广大党员群众开展各类文化活动的重要阵地。

我市各级共享工程服务机构，均能充分利用现有的资源，采取多种形式，通过网络这个窗口，为群众提供多样化、个性化服务，将文艺作品、农业生产技术、商业信息、医疗卫生等中华民族的优秀文化广泛传播，满足广大人民群众求知、求乐、求美、求富需求，实现以科学理论武装人，以正确的舆论引导人，以高尚的精神塑造人，以优秀的作品鼓舞人。我市大部分的村级服务点，设备多由大学生村官、村干部代为管理，利用投影仪不定期的为群众播放戏剧、电影、科教片等节目，为群众送上精神文化大餐，丰富了群众的日常文化生活。

二、管理和队伍建设

文化信息资源共享工程是一项业务性、技术性很强的工程，要求有技术熟练的人员进行操作，为此，我们注重和加强技术人员培训，着力培养一批较高水平的资源建设、软件开发、网络维护的技术骨干队伍，为工程建设及工程正常运行提供强力的人才支持。2012年，进一步修订完善了各项规章制度，明确了服务点管理员的工作标准，定期开展工作目标考核，按标准进行排名，对不合格或达不到工作要求的人员进行调整和淘汰，有效提高了站点管理员的规范化管理水平。同时建立A、B、C三岗负责制（“大学生村官”为A岗，是服务点第一责任人，村两委干部为B岗，村青年志愿者为C岗），对在岗人员实行了服务点收看情况定期抽查、故障站点限期整改、学用成效现场观摩等措施，切实增强了骨干队伍的工作责任心和积极性，确保了基层站点收看及时、学用有效。

三、培训工作

今年以来，我市按照“分级管理、分类指导、分层培训”的原则，举办举办市、县共享工程和远教办人员培训班1期、基层站点管理员培训班6期，对全市1158名基层服务点管理员进行了分级培训，培养出一支政治素质高、业务技术精、工作能力强的管理员队伍。

四、合作共建，积极引导，提升学用效果

以共享工程为依托，结合全市党员远程教育，创新思路，积极引导，不断提升学用效果。一是科学规划引导学。根据全市农村生产发展实际和党员群众致富技术的需求，制定了全市年度学习培训指导性规划。各县区、乡镇也通过认真调查，全面了解，制定了本地区不同特点的学习培训计划和内容。浚县善堂镇临河村是瓜果种植专业村，瓜果种植面积超过2200亩。近年来，由于瓜类品质差、果树老化等使群众收入增收缓慢，影响到群众的生产积极性。

村党支部利用远程教育平台收看新品种和新的品种和种植技术，并带领种植群众到山东、海南等地实地参观，最终引进3个新品种，并得到大面积推广，群众收入增加35%，种植面积超过3000亩，并带动周边4个村的60户群众发展瓜果种植。

二是整合力量组织学。我们从全市乡镇农业服务站所、村级致富能手中选出60多名"乡土专家"，组成7个"远程教育教学专家组"深入田间地头，采取面对面讲解、现场观摩等形式，指导干部群众提高学用技能。今年以来，全市共组织专家组开展培训活动150余次，参学党员群众20000余人。洪峪村"大学生村官"李振华通过邀请专家组指导，摸索出了的高温食用菌品种经验，实现了食用菌高、低温品种交替种，一年四季不断茬，效益成倍增加。

三是示范基地带动学。在全市建立20个高标准培训示范基地，全面推行"基地+站点+农户"的教育培训模式，突出产业特色，提高培训的针对性。淇县桥盟办事处东关庄村站点管理员郭富利用自己创办的天地农源蔬业农民专业合作社，注册成立了天地农源蔬业专业合作社，吸收合作社成员达120人，采取远教播放与基地实践相结合的方式，现场教学、就地指导，组织本村及周边村庄80余户农民从事蔬菜种植，创造产值达1000多万元

今后，我们将着力于建立发展和巩固共享工程与现代远程教育成果的长效机制，在大力探索共享工程与远程教育新平台等方面大胆创新，努力创造新经验，不断取得新成效。

（撰文/鹤壁市支中心）

安阳县支中心

安阳县县辖21个乡镇，608个行政村，全县总面积1201平方公里，总人口93.43万人。近年来，安阳县文化信息资源共享支中心在上级部门的领导下为丰富广大人民群众的精神文化生活、促进本地区经济的发展做出了应有的贡献。

一、整体情况

自2006年4月安阳县被确定为全国文化信息资源共享工程试点县后，这项工作得到了安阳县委、县政府高度重视，在县文化旅游局成立了安阳县文化信息资源共享支中心，建立了电子阅览室，设立了安阳县文化信息资源共享网站。至2009年我县共建成608个基层服务点，实现了文化共享工程全覆盖。

二、网点建设

按照文化部、国家中心对县级支中心建设设备配置要求，结合我县实际，通过政府招标，2006购进了所需设备，建立了安阳县文化信息资源共享支中心，支中心设立在安阳县图书馆。2007年各级财政共同投资，对我县支中心进行了升级改造，并建立了安阳县文化信息资源共享中心网站。

在村级基层服务点建设方面，2008年、2009年由中央、省、市、县四级财政共同投资分批对我县的村级基层服务点配发了电脑、投影仪等设备，我县建立了608个基层服务点，共配备电脑495台、投影仪118台，全面完成了村级服务点建设工作。2011年共享工程工作转向乡镇基层服务中心建设，目前乡镇基层服务点建设随着乡镇文化中心建设展开，已经为7个乡镇更新配备了设备。

三、经费投入

安阳县委、县政府在财政资金十分困难的情况下，县政府拨付"文化共享工程"专项资金100万元。其中20万元用于安阳文化信息资源共享中心建设，80万元用于乡镇农村基层服务中心与基层服务点建设。县文化局自筹资金7.5万元用于县级支中心建设。至2009年各级政府先后投资538.64万元。

为保证县、乡、村共享工程的正常运行，各级政府都保证了运行经费及时到位，县年运行经费20000元；乡年运行经费10000元；村年运行经费1000元。

四、资源建设

2009年拍摄了《安阳县非物质文化遗产掠影》，2012年制作了国家级非物质文化遗产项目之一的安阳县淮调剧种的传统剧目《吴汉反潼关》全套光盘，搜集整理一批有影响的非物质文化遗产资料。累计整理编辑资源50G。

五、技术支持

县级支中心先后有两位同志三次接受省级中心的培训，并组织参加了省中心组织的基层共享工程知识竞赛。

六、合作共建

我县被省政府、省文化厅确定为河南省全国文化信息资源共享工程试点县之后，支中心积极和县组织部党员远程教育中心的工作人员沟通并获得支持，依托县委组织部党员远程教育在全县21个乡镇建立了21个基层分中心、608个基层服务点。

七、惠民服务

县支中心针对我县村多面广，有的地方交通、通讯等各方面条件较差的实际，与我县开展的送"百场戏曲下乡"、"送电影"下乡活动紧密结合，将农民喜闻乐见的戏剧、电影、科技知识等刻录成光盘，利用"送戏、送电影、送图书"下乡活动送到交通不便的乡村，提高我县文化共享工程服务覆盖面。

自2006年实施文化信息资源共享工程以来，群众通过文化信息资源共享工程得到了真正的实惠。水冶镇北街村充分发挥文化信息资源共享工程的作用，利用网上

丰富的知识对广大党员群众进行长期性、经常性教育。长期坚持富有特色的双向承诺等党建主题活动，党支部坚持对群众实行公开承诺制，把每年所办实事在公开栏内公开，党员把公开承诺制作成标牌挂在门口，接受广大群众监督。不仅化解了矛盾，维护了农村稳定，而且密切了党群关系，树立了党的良好形象。更可喜的是一部分群众通过学习掌握了一定的科技本领，实现了科技致富。许家沟乡黄口村村民周运城，办了一个养猪场，效益不太好，原本不打算干了，通过文化共享在学习了养猪适用技术、成功典型经验、专家行情分析后，坚定了养猪的信心，扩大了规模，取得了可喜的经济效益。

总之，实施文化信息资源共享工程最受惠的还是群众。他们通过收看各种文化知识，了解了政策法律，懂得了科学，增长了智慧，有了致富门路。

八、宣传推广

县支中心开展了送电影送光盘下乡活动，深入乡村和学校宣传文化共享工作。2011年为都里乡送去农业技术光盘3套，到最偏远的盘金脑村为群众放映了爱国主义影片，受到当地群众的一致好评，2012年在我县辛村镇部分村开展了送光盘下乡活动，并在该镇小学校放映安全教育片，提高了学生应对突发事件的能力。

九、培训工作

县支中心组织人员编写了基层管理员培训教材，对基层分中心、基层服务点的管理人员进行业务培训。累计对全县基层分中心、基层服务点的管理员和乡镇文化站长及进行了九次业务培训，培训人员1000余人次。

十、管理和队伍建设

为确保“共享工程”发挥其应有的作用，县级支中心设置主任一名，由图书馆副馆长兼任。制定了工作人员守则、设备管理与使用、节目播放预告等一系列工作制度，对基层中心与基层服务点规范管理。根据工作任务与基层需要，采取以点带面的方式，以乡镇基层服务中心为桥梁，通过对乡镇的服务和督查，发现问题及时解决，并透过乡镇辐射到村级基层服务点。

基层中心与基层服务点悬挂文化共享工程统一标牌，统一印制了共享工程活动记录本，发放到各基层中心与基层服务点，记录基层中心与基层服务点活动情况，掌握、了解基层活动情况和群众需求。

十一、荣誉奖项

2008年3月安阳县支中心和安阳县水冶镇北街村基层服务点被河南省文化厅授予河南省文化信息资源共享工程服务基层先进集体称号；2008年5月我县被文化部命名为全国文化共享工程建设示范县。9月22日至24日，文化部在北京召开的全国文化信息资源共享工程先进经验交流会上，文化部全国资源共享管理中心授予安阳县“扎实服务惠群众，共享文化在基层”锦旗。

十二、工作展望

七年来，安阳县文化共享工程工作虽然取得了一定的成绩，但今后的发展空间更大。希望以后有更多专业人才进入支中心工作，建立一支专业化的服务队伍，使我们能够有能力加强文化共享资源建设，开发出更多的贴近本地农民生活生产的文化产品，更好的为人民群众服务。

（撰文/王爱红）

滑县支中心

滑县辖9镇13乡，共有1019个行政村，常住人口110余万人，农村人口占全县人口的90%。“文化信息资源共享工程”在我县的实施，促进了我县农村文化跨越式发展，大大提升了基层文化单位服务能力。在新形势下为繁荣农村基层文化，满足农民多层次文化需求，传递中国民族优秀文化资源发挥了重要作用。

一、基本情况

滑县文化共享工程建设开始于2007年，最初在滑县图书馆安装了卫星接收设备，通过卫星设备直接接收国家中心下发的各类资源和信息。2008年滑县文化资源共享工程开始普及进入乡镇行政村，目前，文化信息资源共享工程滑县支中心和我县22个乡镇及新区共1019个行政村的基层服务点已全部建设完成，其中263个行政村配备了投影仪，756个行政村配备了电脑,并接入互联网。

滑县支中心设在滑县图书馆，机房面积25平方米，电子阅览室面积75平方米，阅览座位40个，现有电脑41台，滑县支中心是全县共享工程的建设和业务指导单位，负责保障滑县支中心共享工程设备的运行，协调镇村级共享工程设备的维修，指导镇村级共享工程活动的开展以及开展全县共享工程管理员的业务培训和指导。

二、管理和队伍建设

共享工程能否真正为民所用为民谋利要有完善的管理制度做保障，共享工程在我县建设完成后，为使共享项工程逐步走向规范化，滑县支中心编制了各项管理规章制度和管理员岗位职责，实行制度上墙公开，使共享工程在我县的各项工作有章可循，有据可依。并且要求管理员每年有工作计划，年末有工作总结，有日常工作记录、季度业务数据统计报表等，为乡镇基层建立了常态工作档案。

文化资源共享工程作为一个新的农村文化资源获取平台，如何推广好、利用好共享工程丰富的文化资源关键在于是否有一支专业化的共享工程管理员队伍。目前滑县共享工程支中心有专职管理员1名，行政村基层服务点专职工作人员542名，兼职工作人员477名，其中大专以上文化程度的542人，初中到高中文化程度477人，为共享工程的正常运行提供了人员保障。

三、培训工作

人才队伍的建设是共享工程能否顺利实施并充分发挥效应的重要保证。滑县支中心和乡镇基层中心工作人员都不是专业的计算机人才，对计算机知识应用能力较低，缺乏专业系统维护技能，甚至一些小的问题自己也不能马上处理，为了让共享工程充分发挥作用，滑县支中心积极参加省市级各类培训指导，努力培养计算机专业技术人才，并每年举办培训班，聘请省市级专家对基层技术人员进行业务培训和技术指导，提高共享工程维护管理人员的素质，2007年以来一共举办各类培训班18期，参加轮训的各级管理员达1200多人次。并且支中心每年都派工作人员下基层数次，对设备的维护与运行做现场指导，保证了设备的正常运行和基层服务点工作的正常开展。

四、经费投入

文化共享工程在滑县建设完成后，县委县政府对这项工作十分重视，每年拨2万元经费保证共享工程的正常运作。2010年在共享工程的基础上投资50多万建成河南省首家县级数字图书馆，以丰富的数字资源拓宽了图书馆的服务领域，提高了图书馆的服务能力。

五、资源建设

滑县是农业大县，为了满足农民朋友的需求，滑县支中心每年都编辑制作农业生产技术光盘500张发放给村民，并且每年印发宣传资料5000余份。

2010年以共享工程为平台，滑县支中心建设完成了滑县数字图书馆，数字图书馆拥有6个数据库，电子图书5000多册。

六、合作共建

2011年，滑县图书馆与滑县家庭教育指导中心合作，以共享工程丰富的数字资源为依托，在滑县图书馆电子阅览室举办了每周一期的家庭教育讲座。我们的合作解决了家庭教育指导中心聘请专家难、师资力量薄弱的困难，同时也使共享工程丰富的数字资源合得到了有效地利用。

七、惠民服务

滑县支中心的主要做法是组织群众到馆内资源共享演播室观看节目。近年来我们每年都组织群众观看节目30多场，在座人次达1500多人次，受到了广大群众的欢迎。暑假期间，我们利用共享工程提供的优秀资源，组织家长及学生观看了“陪孩子一同成长”等家庭教育讲座；国庆节期间，我们利用共享工程提供的优秀资源，为学生们举办了爱国主义教育活动，组织学生观看了《小兵张嘎》、《地道战》、《地雷战》等优秀影片，学生们称我们给他们上了一堂生动的爱国主义教育课。另外我们还积极和农村基层服务点结合，把整合好的文化信息送到农村播放，充分发挥共享工程信息多而新的优势，帮助农民致富，丰富他们的文化生活。

基层服务点也是定期组织群众收看农业养殖、种植等科技致富信息和外出务工信息，有目的的选择通过农业科技脱贫致富的典型事例，帮助群众掌握大量致富信息和技术手段，激发群众创业高潮，引导群众走向勤劳致富之路。向群众宣传国家大政方针和各项法律法规，提高群众法律意识，有效地维护自身合法权益，稳定基层社会秩序。收集文化娱乐项目，引导群众开展多种多样的文化娱乐活动，丰富农村文化生活等等。

八、宣传推广

1、为了提高公众对文化共享工程的认识和利用，滑县支中心以散发传单的方式宣传推广共享工程。滑县支中心每年都印发传单5000多份，在学校门口，集贸市场等人员聚集的地方发放，让民众不断了解共享工程，走进共享工程，利用共享工程。

1、引导青少年利用共享工程，加大对未成年人的服务力度。在每年的六一儿童节，我们利用共享工程提供的优秀资源，组织少年儿童观看他们喜爱的动漫节目；暑假期间组织少年儿童举办“珍爱生命—远离网吧”签名活动，引导他们健康上网；国庆节期间，我们利用共享工程提供的优秀资源，为学生们举办了爱国主义教育活动，组织学生观看了《小兵张嘎》、《地道战》、《地雷战》等优秀影片，学生们称我们给他们上了一堂生动的爱国主义教育课。

九、工作展望

自2007年文化共享工程在我县建设以来，经过几年的艰辛建设和发展，文化共享工程在我县已实现了1019个行政村的全覆盖，各项工作也已经步入正常运行轨道。在今后的发展中，滑县支中心希望在国家中心和省中心等各级领导的大力支持下，进一步完善各项管理制度，建设一支专业化的服务队伍，努力为滑县人民提供内容丰富、形式多样的服务。使文化资源共享工程在滑县成为人民文化生活的一大支柱，成为繁荣滑县文化，丰富滑县人民精神生活，推动滑县人文科技进步的强大动力源泉。

（撰文/滑县支中心）

濮阳市支中心

濮阳市辖濮阳、清丰、南乐、范县、台前五县和华龙区、高新区两区。根据规定，除高新区外，我市五县一区均设立了支中心，“共享工程”实体框架已基本形成。

一、领导组织及队伍建设

濮阳市高度重视“共享工程”工作，于2007成立了濮阳市文化信息资源共享工程工作领导小组，并明确了领导小组的责任，各县区也相应成立了本区域内的领导小组，并拟定了工作规划。

市县“共享工程”支中心已建立了具有计算机专业知识的专兼职工作队伍21人，均参加了“共享工程”专业知识业务培训，基本掌握了“共享工程”设备的操作维护和工作程序。全市2973个“共享工程”基础服务点配有专兼职工作人员3000余名，全部参加了市委组织部门组织的培训，基本达到了上级要求所应掌握的管理操作技能。

二、硬件设施和网络建设

建市级支中心1个，已经安装了卫星接收系统、购置了投影设备1套、专用服务器1台和计算机7台，初步具备为基层群众服务的能力。建设了良好的网络环境，具有100Mbps的局域网带宽，20Mbps的互联网出口带宽。

建县级支中心6个，即濮阳县支中心、清丰县支中心、南乐县支中心、范县支中心、台前县支中心、华龙区支中心，每个支中心68万元的建设资金全部落实到位，硬件配置工作于2010年底前全部完成。

建基层服务点2973个。随着全省“共享工程”与农村党员干部现代远程教育资源的整合，“共享工程”基于互联网的IPTV建设模式——宽带网络+机顶盒+电视机”在我省的广泛推广和应用，我市“共享工程”村乡镇基层服务点已达2973个，辐射面积迅速增加，覆盖率已达100%。

三、数字资源建设

濮阳市“共享工程”支中心自2006年7月启动以来，坚持“贴近实际、贴近生活、贴近群众”的指导思想，从颇具地方特色的数字文化信息资源建设入手，以图书馆为依托，积极自建和接收国家中心、河南省分中心配送的数字资源500GB，内容包括影视、戏曲、文艺晚会、农业科技、城镇务工技术等。市级文化信息资源库正在逐步形成。特别值得一提的是濮阳市“共享工程”支中心，克服自身在技术、人员、设备等方面的困难，自行制作了《华夏儿女汉服周制婚礼》，被河南省“共享工程”分中心收藏利用，填补了我省地市级自建资源的空白。

四、专项资金投入

截止2012年6月，濮阳市“共享工程”累计投入资金693.58万元。其中市级财政投入160.56万元（15万元用于市支中心建设，145.56万元用于基层点建设）；县财政投入533.02万元，（204万元用于濮阳县支中心、清丰县支中心、南乐县支中心、范县支中心、台前县支中心、华龙区支中心建设，329.02万元用于基层服务点建设）。各级专项资金的投入，有效地促进了我市“共享工程”的发展。

五、服务宣传

2007年，随着“共享工程”与农村党员干部现代远程教育工程的对接完成，“共享工程”基层服务点迅速覆盖了我市的2973个村乡镇，覆盖率达100%，把丰富的具有地方特色的文化信息资源传送到基层，使广大人民群众可以就近享受“共享工程”的服务成果，在社会主义新农村建设中起到了积极的促进作用。

市县“共享工程”支中心利用电子阅览室、投影设备、印发资料等形式，宣传播放全国文化信息资源共享工程宣传片、故事片、农业科技等，聘请专家举办知识讲座。几年来，共开展服务500余次，服务受众20余万人次，被电台、电视台、日报社多次宣传报道，收到了良好的社

会效益与宣传效果。

六、工作展望

根据目前“共享工程”建设的现状，我们应统一部署，努力做好以下几个方面的工作：

1、重视市级支中心建设，实现预期建设目标。目前，我市已经按照国家的要求，如期完成了县级支中心及基层服务点的建设，市级支中心硬件建设则刚刚起步。因此，我们应用足用好国家及省扶持政策，采取主动措施，积极争取资金，有计划、有步骤地加快“共享工程”建设的步伐，争取在十二五期间，完成市级支中心建设。

2、科学制定培训制度，加强人员培训工作，组建一支技术过硬的专业人才队伍。“共享工程”支中心、基层点设备的操作与维护以及为群众提供高质量的服务，都需要具有一定计算机网络知识和专业技术的人员来提供。因此，我们要建立培训的长效机制，每年制定培训计划，按实际需要对本支中心、下级中心进行培训，以提高管理服务人员的技术水平。目前应选派“共享工程”业务骨干，参加全国及省有关单位举办的业务培训班。市支中心要制定培训计划，及时地对县（区）、基层点的工作人员进行培训，乡（镇）基层服务点技术人员的培训工作由县级文化行政主管部门负责安排。培训工作要经常化、规范化，统一制定培训标准，按照分级分批地原则，通过集中授课、网络互动、光盘教学等方式开展培训。通过分级培训，逐步建成一支过硬的资源建设、网站维护等专业技术骨干队伍和管理队伍。

3、以公益性经营为原则，强化信息服务工作，拓展服务内容，确保“共享工程”的可持续发展。信息服务是“共享工程”工作的核心内容和最终目的，“共享工程”市、县（区）支中心要利用“共享工程”平台，开展网上阅读、信息查询、视频点播等服务，同时还可利用投影设备对基层开展上门服务。在遵守公益性为主、社会效益第一的原则下，积极尝试利用电子阅览室的网络平台开展各种创收活动，以利于“共享工程”的可持续发展，如：借鉴电子商务手段扩展网络平台功能，提供超值信息服务；开设科技信息与市场商品供求信息栏目；开展计算机网络知识培训；开展网上教学辅导和远程教育；提供网上数据库查询下载服务；利用扫描仪、刻录机、打印机等设备提供具有附加值的技术服务等等。通过公益性经营模式，丰富服务内容，减轻政府投资负担，向广大人民群众提供更多更好的文化信息。

4、改善服务，加大宣传和推广力度。全国文化信息

资源共享工程从2002年正式启动至今已10个年头，但因经费问题的制约和宣传力度不大，大部分群众对其还不够了解。因此各级文化部门和各级支中心要充分利用电视、电台、广播、报刊、杂志、信息简报等各种宣传媒体，采取“五走进”、电影展播、举办讲座、印刷资料等方式进行广泛宣传，让更多的人了解“共享工程”，支持“共享工程”。市县支中心、基层服务点要制定服务制度和服务规范，明确服务时间，维护好设备设施，发挥好设备设施的使用效益，利用其设备与技术，尽可能采取多种方式，为群众提供多样化、个性化服务。

5、建立“共享工程”专项资金投入的长效机制。“共享工程”作为新时期一项“惠民”工程，不仅需要基础设施建设资金，也需要日常运行经费、设备后续维护经费、数字资源建设经费等。因此各级财政部门应按照上级要求，将所需经费纳入财政预算，同时建立相应的资金管理办法，规范经费管理，确保经费使用的规范和安全。同时为引导“共享工程”的公益性运营，省、市政府部门还可以设立“共享工程”的专项补助资金，以奖代补：对工作力度大，效果好，信息资源建设成绩突出、社会效益显著、管理运行规范的支中心、基层点，给予一定的奖励。

（撰文/ 濮阳市支中心）

南乐县支中心

南乐县支中心于2009年1月成立，所有设备经省网通公司技术人员安装调试已正常开展工作。共有18台电脑.防火墙.3台服务器一台投影仪.一块活动荧幕等设备。现有工作人员3名，均是中专学历。全县文化共享工程基层服务点设备发放分两批进行，第一批于2009 年1月8日发放完毕，第二批于2009年8月8日至10日发放完毕，共发放电脑281台.投影仪及活动荧幕41套。至此，文化共享工程实现了全县322个行政村的全面覆盖。南乐县图书馆自2009年初加入全国文化信息资源共享工程以来，利用共享工程对乡镇信息辅导取得很大成绩，从电脑配备的硬件指导，到业务上的扶持，进行了全方位的服务。利用技术力量雄厚的条件，开展网络知识培训。

一、基本情况

全国文化信息资源共享工程是一项政府兴办的文化创新工程、民心工程，是公益性建设项目，有着巨大的社会效益和广阔的发展空间。我县2008年投资68万元用于省文化厅配送设备，于2008年配备电子阅览室微机18台，显示器为19吋宽屏，增强了可视效果。在图书馆电子阅览室将文化信息资源共享工程放到每一台微机的桌面，读者可随时点击进入；将信息资源共享工程扩大应用规模。对基层共享工程服务点进行有效的管理和辅导、培训，使其掌握资源更新和运用。

二、惠民服务

在实施共享工程的过程中，不断拓展共享工程的服务内涵和方式，充分利用这一全新的工作载体条件，切实面向“五个走进”（走进农村、走进社区、走进学校、走进企业、走进军营），开创了基层文化工作的新局面。

1、馆内活动丰富多彩充分发挥公共图书馆的阵地作用，在电子阅览室每周推介优秀栏目、名家讲座、生活常识、电影及优秀地方剧目，每月开展一次共享工程利用知识培训。利用星期天节假日针对未成年人播放百部爱国主义教育影片，科普类等影片，举办思想道德建设方面的讲座、名著赏析等，引导未成年人多读书，深受广大市民的欢迎。

2、走进农村、走进社区开发区正在进行城市化改造，农民、社区居民对待现代科技信息和文化的需要迅速增加。结合这一现状，我馆深入调查，根据农民的需求，下载家禽饲养、苗木、花卉栽培等相关信息达3万多字，并印成资料分发到村民手中。送科技下乡是实施“共享工程”又一具体举措，结合城区的实际情况，我们有选择的提供科技知识，让广大农民不断感受到先进科学和现代文明。

3、走进老年人群体开展为老年群体服务是文化信息资源共享工程工作的又一重点。我们坚持“贴近生活、贴近实际、贴近群众”的三贴近原则，对老年大学、敬老院等开展了资源服务。我们始终坚持贴近生活这一原则，根据老年人平时生活的诸多习惯特点，上网下载了齐国力主讲的《营养与健康》、《科学保健》、《晚年的幸福生活》等系列视频资料和战争题材的故事片、名著欣赏讲座、中国京剧音配像等前往放映，使他们获得了精神的强健与文化的关爱。

三、整合资源、共建共享

在利用共享工程中心网站资源和通过卫星投放的资源的同时，我们注重与省市图书馆的联系与合作，争取上级业务部门的支持整合各类资源，达到共建共享。

四、宣传推广

加入全国文化信息资源共享工程以来，为了扩大其在基层群众中的影响，广泛宣传其作用和意义，使各级领导和群众充分认识到这是一项惠民工程、民心工程，认识到工作的重要性和必要性以及文化信息资源的可用性。准备在政府网站的首页上设置共享工程热站链接。时刻注意将资源共享活动与当前工作重点有机的结合，这样既可增强对共享工程的宣传力度，又收到了立竿见影的效果。总之，我们将在今后的工作中更加努力的探索利用共享工程服务的新路子，更好地发挥共享工程的作用，为把共享工程办成惠民工程、民心工程而不懈努力。

（撰文/南乐县支中心）

范县支中心

范县位于河南省东北部，辖12个乡镇，共有581个行政村，常住人口50万人。范县文化资源共享工程县级支中心在河南省文化厅，国家图书馆的支持和部署下，逐步推进，稳步发展，在新形势下为繁荣农村基层文化，满足农民多层次文化需求，传递民族优秀文化资源发挥了重要作用。

一、基本情况

范县文化资源共享工程建设开始于2008年，第一批90个行政村的设备与2008年安装调试完毕。第二批250个行政村的设备于2009年安装完成，2010年第三批241个行政村的设备安装调试完毕，2010年3月共享工程范县县级支中心安装调试完成。支中心设备有25台电脑，4台服务器，1台投影仪。其中在2011年安装了陆集乡、陈庄乡、颜村铺乡、辛庄乡、白衣乡、王楼乡、濮城镇7个乡镇基层服务点，2012年安装了杨集乡、城关镇2个乡镇基层服务点。社区方面我中心于2011年安装了城关镇老干部活动室服务点，2012年安装了和谐小区服务点。至此范县所属行政村实现了全县文化信息资源共享村村全覆盖。

共享工程范县支中心设在范县图书馆，是范县共享工程的建设和业务指导单位，负责保障县中心共享工程设备的运转，协调乡、镇、村共享工程设备的维修，指导乡、镇、村共享工程活动的开展，以及开展全县共享工程管理员的业务培训和指导。

二、管理和队伍建设

为使共享工程真正为民所用为民谋利，范县县级支中心将共享工程日常管理纳入制度化管理。制定了县级支中心、乡镇服务点、村级基层服务点的工作职责和制度，实行制度上墙公开。

每年有年度工作计划，月度有工作要点，年末有工作总结考核，并推行管理员工作日志管理，收集整理共享工程服务活动档案资料，探索共享工程管理和服务新模式。

文化资源共享工程作为一个新的农村文化资源获取平台，如何推广好、利用好共享工程丰富的文化资源关键在于是否有一支专业化的共享工程管理员队伍。范县共享工程支中心在管理员队伍建设上坚持明确职责，明确思路，制度化管理，常态化培育。

对于乡镇、村两级基层共享工程管理上择优选取文化层次较高，工作热情高，有较高的文化水平能力的村干部，尽快熟悉掌握共享工程设备，为所在村民开展服务。

三、培训工作

范县支中心在共享工程管理员的培养上实现了制度化，根据支中心工作要求，每年对辖区共享工程管理员进行不少于4期的集中培训，2010年以来一共举办各类培训班15期，参加培训的管理员达300余人次。

四、资源建设

范县支中心在历年的工作中，根据群众文化需求，每年制作发放各类光盘200多张，展板10多块，发放宣传资料1000余份。

五、合作共建

以共享工程为依托，建立了地方戏曲、电子文献资源数据库。将各部门下发的电子文献资源建立了数据库。共享工程已逐步进入基层群众文化生活，成为群众获取新知识，娱乐身心的新渠道，新平台。

六、利民惠众，惠农服务

范县支中心在共享工程服务实践过程中，以群众的需求为导向，积极探索，服务群众生活生产，引领群众高尚精神文化生活，努力打造群众满意喜爱的文化服务新平台。根据范县地域农业生产特点，范县支中心每年按季节制作农业生产技术光盘和小册子，通过乡镇基层服务点向村民分发。

（撰文/范县支中心）

台前县支中心

在市委市政府、市文广新局的高度关注和大力支持下，我县形成了以县图书馆为中心，以镇（村）“农家书屋”及“农村文化室现行点”为结点的公共图书馆网络，利用互联网、计算机与网络技术等现代通讯技术，将共享工程文化信息资源和文化服务延伸到角角落落。

一、基本情况

台前县支中心成立于2008年12月，配发设备有文化共享工程服务器3台、电脑35台、投影仪1台及DVD播放工具等，投入设备总价值达68万元。该机构隶属于台前县图书馆，现有3名专职工作人员。3人均分次参加了省文化厅与省文化共享工程分中心举办的专业技能培训。2009年底依托“农村党员干部现代远程教育”，全县7乡、2镇300多个行政村已建成文化共享工程基层服务点，每个服务点配备了投影仪、电脑等器材，实现全覆盖，建立了比较完备的信息服务体系。

二、服务开展情况

1、广泛宣传

2008年省文化厅为我馆配备了文化信息资源共享服务器及播放设备1套。为使广大群众及时了解文化共享工程，我们经常策划组织开展不同形式的宣传活动，不定期的在馆内馆外，利用该设备为广大居民、读者提供投影视频服务，在每次播放前先播放文化共享工程宣传片，经常播放“科普知识”、“法律课堂”、“农业技术”、“医药保健”讲座等。我们还利用“图书馆服务宣传周”、“文化、卫生、科技三下乡”、“科普宣传日”等活动，带上展板、宣传资料到乡镇赶科普集扩大宣传。利用“世界文化遗产日”、“世界读书日”上街宣传，解答群众咨询。

2、积极培训农村基层服务点操作员

今年以来共举办了三期培训班。培训基层操作人员一百多人，给他们系统的讲解了电脑的基础知识，邮件的收发及原理。投影仪操作规范等。通过多次培训，操作人员均能达到上岗要求。

3、多媒体室开展视频讲座（优秀电影展播）

台前县支中心自2008年开展工作以来，共播放视频专家讲座50场次，爱国主义影片35部；下基层20次，受益群众共2000多人次。

4、信息资源的采集、整合、加工

台前县支中心设有信息资源加工室，日常工作为对采集的地方戏、邀请的知名人士或地方专家讲座、地方文献、地方史料的数字化加工和整理。

对基层的服务在一般条件下，通过乡镇、村信息员搜集到的乡镇、村及农民的各种信息需求，汇总到支中心。

另外，在每年信息需求量大的特定时期，如农时、节气之前或赶集之日，针对当地农户的经营水平和网络使用率低而信息需求量大的实际情况，开展有针对性的信息调查摸底工作。通过这两种方式，及时把基层的各种信息反馈到支中心，支中心根据收集到的信息做出相应的回复，或是将基层需要的信息通过编印《信息简报》或刻成光盘，反馈回去

三、工作展望

跨入21世纪的台前县图书馆将以建设现代化、数字化图书馆为发展目标，利用先进的计算机技术建立交互式数字信息系统和查询手段，推动国民经济发展，提高国民整体素质，实现科技和文化的完美结合，努力把台前县图书馆办成知识信息中心，文化教育中心，把图书馆建成台前县重要的知识信息枢纽两个文明建设的重要阵地。

（撰文/台前县支中心）

通许县支中心

通许县文化资源共享工程在县委县政府的支持和部署下，逐步推进，稳步发展，在新形势下为繁荣农村基层文化，满足农民多层次文化需求，传递中国民族优秀文化资源发挥了重要作用。

一、基本情况

通许县文化资源共享工程建设开始于2008年，共分三批进行建设，第一批在城关镇、长智镇、孙营乡、冯庄乡四个乡镇60个行政村安装，第二批为四所楼、孙营乡、大岗李、邸阁、练城、厉庄乡镇的144个行政村，剩余的100个在第三批全部建成。至此实现了通许县12个乡镇304个行政村共享工程村村全覆盖。

通许县支中心于2010年6月建成并投入使用，共享工程通许支中心位于通许县咸平大道中段，是通许县共享工程的建设和业务指导单位，负责保障县支中心共享工程设备的运行，协调镇村级共享工程设备的维修，指导镇村级共享工程活动的开展以及开展全县共享工程管理员的业务培训和指导。

二、管理和队伍建设

为使共享项工程真正为民所用为民谋利，通许县将共享工程日常管理纳入制度化管理。以人为本、建章立制，完善操作员考核机制，制定支中心责任人制度、管理制度、举报制度、服务范围制度和镇村基层服务点工作制度，实行制度上墙公开。定期对各乡、村文化共享服务点进行检

查指导，并推行管理员工作日志管理，收集整理共享工程服务活动的得失，探索共享工程管理和服务新模式。

文化资源共享工程作为一个新的农村文化资源获取平台，如何推广好、利用好共享工程丰富的文化资源关键在于是否有一支专业化的共享工程管理员队伍。通许县共享工程在管理员队伍建设上坚持明确职责，明确思路，制度化管理，常态化培育。对于乡镇、村两级基层共享工程管理上择优选取责任心强的村干部或大学生村官为管理员，为所在村民提供优质服务。

三、培训工作

通许县支中心把共享工程管理员的培养放在了重要位置。根据支中心工作要求，每年对乡村共享工程管理员进行不定期的集中培训，2008年以来一共举办各类培训班20期，参加轮训的各级管理员达1200人次。

四、经费投入

通许县共享工程自2008年实现村村全覆盖以来，2012年，投入各级财政资金60.8万元，用于共享工程宽带接入、运行、维护及开展文化宣传讲座等活动，保障了共享工程各项活动的正常开展。

五、资源建设

通许支中心在历年的工作中，积极了解基层群众的实际需求，筛选种植、养殖、科技、教育、经济等各类优秀题材资源，每年利用这些资源和上级下发的光盘资源存储到支中心局域网存储区中，并采用复制刻录发放和移动播放等方式开展服务，最大发挥资源效用，进一步丰富基层群众的文化生活。

六、合作共建

将共享工程与党员干部现代远程教育相结合，加快文化信息资源共享工程基层点建设，形成“共享工程”覆盖城乡的文化服务网络。通过多方不懈努力，共享工程已逐步走入基层村民生活，成为村民获取新知，娱乐身心的新渠道新平台。

七、利民惠众，惠农服务

通许支中心在共享工程服务实践过程中，以民众的需求为导向，积极探索，服务民众生活生产，引领群众高尚精神文化生活，打造群众满意喜爱的文化服务新平台。

根据通许各乡镇农业生产特点，通许支中心每年都邀请省市农业养殖种植专家开展专业知识讲座。针对各乡镇特色农业，通许支中心有针对的选取资源上门指导服务。如针对长智集中种植果树、冯庄生猪养殖、邸阁反季节西瓜、练城大棚蔬菜种植等的特点，特邀省市有关专家利用文化共享资源网络开展农业讲座和技术指导。

八、宣传推广

在通许每年的送戏下乡、送电影下乡等活动中，通许支中心不失时机，以活动为平台，以资料为媒介宣传共享工程，让民众不断了解共享工程，走进共享工程。

九、工作展望

通许县文化资源共享工程已走过5个年头，从当初的人员管理不完善到今天的活动正常开展、群众广泛认知、广泛参与，文化资源共享工程在通许已经成为全县人民文化生活的一部分，为繁荣通许文化，丰富通许人民精神生活做出应有贡献。今后通许支中心希望在省市县大力支持下，服务队伍更加专业、服务体系更加完善、服务形式更加多样、服务网点更加宽广、参与群众更加广泛，为通许文化事业的繁荣发展做出更大贡献。

（撰文/通许县支中心）

兰考县支中心

兰考县位于河南省东北部，东连商丘，西接开封，是通往鲁西南的重要门户，管辖11个乡、5个镇、458个行政村，总人口82万人，总面积1116平方公里。兰考县是焦裕禄同志长眠的地方，在这里我们继承了焦书记的务实、务干、勤劳为民的优良风格。

一、县级支中心运行情况

1.1、兰考县图书馆于2007年建成文化共享工程，并与农村党员干部现代远程教育实现了共建共享。

1.2、共享工程建成以来，我馆加大宣传力度，积极组织读者服务活动，扩大服务面，确保资源能够得到及时有效的使用，最大限度的发挥资源效用。我们设立了定期学习制、节目预告制、节目点播制、集中播放制，组织广大干部职工定期集中观看共享工程相关节目，并利用节目预告栏和节目点播箱，有针对性的为读者播放节目。同时，积极了解青少年朋友的实际需求，收集反馈意见，及时整理，且报上一级管理中心，为下一步更好的服务打下基础。

二、读者服务

1、直接将光盘装入电脑利用投影仪组织中小学生观看。

2、将光盘资源复制刻录，发放给村基层服务点。

3、通过对每次观看人员层次统计，青少年占80%、干部职工15%、农民群众5%。

三、运行情况

2010年兰考县图书馆建成县级支中心的同时，并建成了一个有40台电脑的电子阅览室，并建立健全了有关电子阅览室各项规章制度，购买了万象管理软件，对一些不健康的网站及大型游戏进行过滤后定时定期免费向广大读者，特别是青少年学生开放。努力打造成本地域的绿色“网吧”。例如：中小学生看动画片不超过一个小时。

四、培训工作

针对文化信息资源共享工程设备如何使用管理，我

们分两批对全县60个村级服务点管理人员进行了专门的培训，共计81人。

五、经费投入

兰考县图书馆共享工程自2008年实现村村全覆盖以来，兰考县政府每年投入一定的运维经费，用于共享工程设备的维护，人员培训和惠民活动的开展。同时，兰考县图书馆每年也投入大量人力物力支援共享共享工程各项活动的正常开展。

六、工作展望

文化资源共享工程在兰考县已经成为人民文化的生活，丰富兰考县人民精神生活，推动兰考县人文科技进步的强大动力源泉。今后服务体制和服务形式更加多样，服务网点更加宽广，参与群众更加广泛的共享工程文化带动体系，为建设科技兰考县做出应有的贡献。

（撰文/兰考县支中心）

虞城县支中心

一、基本情况

虞城县图书馆于1954年成立，当时归属文化馆管理，1979年图书馆从文化馆分出，成立县图书馆，馆址迁至大同路中段北侧任家旧式房院，占地面积3000余平方米，房屋100余间，内设科室有外借室、报刊资料室、少儿阅览室、老年阅览室、采编室、读者活动室等，工作人员10名，实有图书3100册，经过几年的努力和政府部门的支持，到1986年已有各种书籍53000册，订各种报刊363种，发放借书证，阅览证2100余个，全年阅读量11.3万人次，为社会的发展，科技的进步做出了不可磨灭的贡献。1991县成立博物馆，图书馆和博物馆同在任家四合院办公，由于任家四合院是清代末期建筑，是县城唯一保留完整的古式建筑，1992年此院被省委省政府命名为省级文物保护单位，后又被县委县政府列入民族博物馆规划，县使用权归属博物馆。图书馆暂借博物馆前院进行办公，图书馆实属有馆无址。随着经济的发展和改革的深入，对图书馆的投入越来越少，以至有当时的财政

全供成为差供单位，工作人员的工资难以保证，每月只有少量的生活保障金与全县的最低生活保障金差不多，多数人不能正常上班，只能临时外出谋生。随着十七届六中全会的召开，文化的发展迎来了一个良好的发展契机，要求县图书馆对全县开展免费开放工作，我们图书馆由原来的旧式任家四合院搬迁到木兰大道北侧的县宣传文化中心，办公尽管和其它单位合属办公，房屋使用面积不太大，但优美的环境以让人能从喧哗的浮世中有一个清净的陶冶人情操的圣地。

我们去年搬迁以来，购置了对外开放所需的新书架，阅览桌椅，收藏包柜等，我们一次性购置了10多万册的新图书，订购了20多种报刊杂志，安装了光纤专线，供读者免费上网，阅览图书、查阅资料，提供现代化的信息服务。

二、管理和队伍建设

文化资源共享工程，专兼职人员3名，内设电子阅览室，支中心控制机房，占地面积320多平方米，阅览室里有30台电脑，其中成人区19台电脑，少儿区10台电脑，管理机1台，投影仪一台，面积100多平方米。中心控制机房现有设备：综合管理服务器、综合业务服务器、卫星接受服务器各1台、卫星地面小站1个、千兆、百兆交换机各1台、UPS电源1套、百兆防火墙1台。为使共享工程真正为民所用为民谋利，我馆将共享工程的工作职责和制度上墙公开，每天都做好读者的个人登记，及意见反馈，并对基本操作技能进行指导，及时地向读者提出的问题进行回答及交流。

三、培训工作

1、每年我馆都进行文化共享工程管理员培训，提高技术管理人员的基本素质，使他们能够熟练掌握电脑操作技术和服务要领。

2、每年8月份我馆会针对23个乡镇文化站进行培训，使他们通过培训来了解系统学习共享工程的建设概况，计算机的基础维护等专业技术知识。

四、宣传推广

1、我县图书馆以“免费开放，全民共享”为主题开展了公共图书馆免费开放宣传活动，我们逐步到孙门楼村、张李楼村、三座楼村、孙尧村，发放《读者手册》，利用投影机宣传公共图书馆免费开放，让群众了解图书馆、走入图书馆，利用图书馆多读书、读好书，即丰富了人民群众的文化生活，又充分利用了文化共享工程网上资源为群众服务，引导广大群众了解图书馆免费开放是进一步提高政府，为全社会提供公共文化水平的重要举措，是实现和保障人民群众基本文化权益的积极行动，对于提高广大人民群众的思想道德和科学文化素质促进社会和谐稳定具有重要意义。

2、情系留守儿童，共享文化资源。2012年8月份，我馆为孙门楼村留守儿童，赵冰冰、杨慧娟、与孙尧村刘静、张小雨、刘岩、谷梦奇等通过公共电子阅览室与外出打工的父母进行视频通话，向远在异乡的父母汇报了学习情况，并诉说了对父母的思念和愿望，此外，我馆将精心准备的1500册儿童图书送到了这些留守儿童的手中。

五、工作展望

文化资源共享工程是构建公共文化服务体系的重要内容之一，在工作中，我馆继续把文化信息资源共享工程作为构建公共文化服务体系，实现广大人民群众的基本文化权利，促进经济社会协调发展的基础文化工程来抓，以服务基层群众为宗旨，以群众的文化需求为导向，全力推动文化信息资源共享工程建设，为建设科技虞城，文化虞城做出贡献。

（撰文/许 蕊）

宁陵县支中心

宁陵县地处豫东平原，辖14个乡镇、364个行政村，总人口60万人，总面积798.12平方公里，耕地72万亩，是远近闻名的中国葛天文化之乡、中国长寿之乡、中国酥梨之乡。宁陵县文化资源共享工程在市、县文广新局，市、县馆支持和部署下，逐步推进，稳步发展，为传递中国民族优秀文化资源发挥了重要作用。

一、建设情况

1、县级支中心建设

共享工程宁陵县支中心设在宁陵县图书馆，是宁陵县共享工程的建设和业务指导单位。该中心由国家和当地政府投人建设资金68万元，于2010年9月10日建设完成，2010年10月1日全方位向读者开放。

全国文化信息资源共享工程是于2002年4月起，由国家文化部、财政部联合实施的一项文化创新工程，其主要目的是利用现代信息技术，对优秀文化信息资源进行数字化加工整合，通过互联网和卫星传播等手段将文化信息资源传输到基层，为广大群众提供公益性服务，实现优秀文化信息资源在全国范围内的共建共享。

2010年以来，宁陵县的文化信息资源共享工程的建设得到了县委、县政府的重视和支持，投入了大量资金，按标准和要求对该工程支中心的总控室（机房）、信息采编工作室、中心电子阅览室进行了装修。全国文化信息资源共享工程宁陵县级支中心的总控室（机房）建筑面积24平方米、信息采编工作室建筑面积24平方米、中心电子阅览室建筑面积120平方米，多功能厅建筑面积90平方米，各室均按标准和要求进行装修，设备齐全，布置合理，美观大方。

2、村级基层网点建设

2010年9月10日到2010年9月20日，文化信息资源共享工

程宁陵县级支中心对全县247个村级基层网点设备进行了发放和安装，配置均达到了规定标准，并聘请省专业人员对村级服务点人员进行了培训。每个村均配置了电脑及附属设备。2010年12月全部完成宁陵县247个行政村的全国文化信息资源共享工程村级网点中心的建设。

3、乡镇文化信息资源共享工程建设

由于国家对文化事业发展力度的加强，2010年以来，我县14个乡镇1个工业园区都恢复文化站。配置了专职人员5名，并相继建设起了标准文化站，各站面积均在350平方米。

二、管理和队伍建设

为使共享项工程真正为民所用为民谋利，宁陵支中心将共享工程日常管理纳入制度化管理。制定支中心、镇、村基层服务点工作职责和制度，实行制度上墙公开。并要求在工作中做到有计划、有要点、有督导、有总结、有考核。使支中心工作正常化、规范化、制度化。

宁陵支中心在管理员队伍建设上坚持明确职责，明确思路，制度化管理，常态化培育。对于乡镇、村两级基层共享工程管理上择优选取文化层次较高，有一定社会基层管理服务实践经验的村干部为管理员，他们工作热情高，有较高的文化水平能尽快熟悉掌握共享工程设备为所在村民服务。目前全县共享工程管理员70%是由较高学历的村委委员兼任。

三、服务工作开展情况

我馆文化信源共享工程工作人员除了加强阵地建设外，在电子阅览室积极推广文化信息资源库的信息资源，如：4.23世界读书日读者座谈会，庆七一精品图书展览，播放梨都知识讲座，名家讲坛等。

为将新思想、新科技送到基层群众中，我馆在全县开展的"送文化、送技术、送温暖"等三下乡活动中，一是我们结合农家书屋建设，利用共享工程网络资源内容新、实效性强、信息量大、数据传输快捷方便的优势 搜集、下载适用于当地的政策法规、教育、农业科技等共享工程信息资源，刻录成VCD光盘或宣传资料，通过县、乡、村三级文化服务网络及其它途径传输信息，扩大宣传面使群众快学技术。二是在图书馆免费开放宣传周期间，在各宣传点集中向农民赠予、发放共享工程光盘和实用技术资料，并现场接受咨询，解决实际问题。三是针对群众集中反映的问题，安排专职人员从共享工程网络资源库中下载相关内容，刻录成实用光盘，免费赠予基层群众。

2012年，共印发宣传资料3000多份，制作宣传光碟2种26份。办视频讲座培训10场次，受益群众1320多人次。

四、工作展望

下步工作中，我们将从着重从以下方面将工作做实做细：一是努力把文化信息资源共享工程用活、用好。积极采用图书馆成熟技术，大力开展公益性服务。将地方影视戏曲、音乐歌舞、美术等艺术表现形式纳入共享工程服务内容，使共享工程更加贴近基层、贴近生活、贴近群众。二是在实施过程中加强与有关部门及基层群众的沟通与协调，使共享工程服务群众更具针对性和时效性。

（撰文/杨冬梅）

夏邑县支中心

夏邑县地处豫、鲁、苏、皖四省结合部，全县总面积1470平方公里，总人口117万余人，辖24个乡镇727个行政村。2008年开始，夏邑县文化资源共享工程在县文化局的支持和部署下，逐步推进，稳步发展，到2010年全面实现全县727个行政村全覆盖，这一信息资源共享工程的实施，为繁荣农村基层文化，满足农民多层次文化需求，传递中华民族优秀文化资源发挥了重要作用。

一、基本情况

夏邑县文化共享工程建设开始于2008年，并建设了第一批70个，第二批文化共享工程2009年建设120个行政村，到2010年夏邑县所属24个乡镇727行政村已全部建设完成，实现了全县文化信息资源共享工程全覆盖。

信息资源共享工程夏邑支中心设在县图书馆，是夏邑县信息资源共享工程的建设和业务指导单位，负责保障县支中心共享工程设备的运行，协调镇村级信息资源共享工程设备的维修，指导镇村级共享工程活动的开展，以及对全县共享工程管理员的业务培训和指导。

二、加强设备管理和队伍建设

1、为落实好全县727个行政村的文化信息资源共享工程建设，县文化局专门成立了文化信息资源共享工程领导组，各乡镇文化站抽出一名专职人员具体负责此项工作的实施，县图书馆聘请专家对各基层服务网点的专职人员进行定期培训，学习文化信息资源共享工程支中心和各服务点的具体操作、服务方法及软硬件的使用方法，通过技术培训确保了全县的文化信息资源共享工程设备正常使用，更好地为民服务。

2、为使信息资源共享工程真正为民所用为民谋利，夏邑县支中心将信息资源共享工程日常管理纳入制度化管理。制定支中心、镇、村基层服务点工作职责和制度，实行制度上墙公开。每年有年度工作计划，月度有工作要点，季度有工作督导，年末有工作总结考核，并推行管理员工作日志管理，收集整理共享工程服务活动的得失，探索共享工程管理和服务新模式。对于乡镇、村两级基层共享工程管理上择优选取文化层次较高，有一定社会基层管理服务实践经验的大学生村官作为管理员，由于他们工作热情高，文化层次高，因而能尽快熟悉掌握共享工程设备的运用，以便更好地为村民服务。目前，夏邑县信息资源共享工程管理员大部分为大学生村官，有一少部分是由较高学历的村委委员兼任，基本实现了管理员选取的高起点。

三、活动开展情况

加入全国文化信息资源共享工程以来，为真正在基层群众中的发挥作用，我们一是利用县有线电视台和广播电台对利用信息资源共享工程开展的一些活动给予了宣传报道，让老百姓充分了解和认识到文化信息资源共享工程建设具有的深刻意义。二是充分发挥支中心的挥地作用，在县图书馆电子阅览室推介优秀栏目、专家讲座、生活常识、电影投影及优秀地方剧目等。利用投影仪在双休日、节假日对未成年人共播放20余部爱国主义教育影片、科普类影片等，深受未成年人的喜爱。

四、做好利民惠民服务基层工作

夏邑支中心在信息资源共享工程建设的服务实践过程中，以民众的需求为导向，积极探索真理，服务民众生活生产，引领群众走向高尚精神文化生活，打造群众在满意喜爱的文化服务新平台。

根据全县地域农业生产特点，夏邑县图书馆每年按节令制作农业生产技术光盘和小册子通过行政村基层服务点村民分发。针对不同农业专业者，我们有针对的选取资源上门指导服务。历年来累计服务基层农户20多户，长期点对点跟踪服务2户。

五、宣传推广

1、夏邑支中心利用各种渠道宣传推广共享工程。在每年的送文化科技下乡活动中，我们都不失时机，以宣传信息资源共享工程活动为平台，以有关资料为媒介宣传共享工程，让民众真正了解信息资源共享工程，走进信息资源共享工程。

2.走进校园。夏邑支中心在文化服务中不断探索，利用支中心儿童阅览专区，组织动员青少年儿童关注共享工程，利用共享工程，收集青少年知识兴趣点整理挖掘，有针对集中地知识群和关注点我们聘请有关专家前来为青少年答疑解惑，深受广大青少年的喜爱。通过系列活动使共享工程不仅走进农村也走进校园走进青少年。

（撰文/夏邑县支中心）

许昌市支中心

许昌市地处中原腹地，辖三县二市一区，全市2256个行政村，总人口460万人。我市文化信息资源共享工程自2005年实施以来，着力抓了文化信息资源共享工程各级支中心、乡（镇）、行政村基层服务点建设。通过对农村党员干部现代远程教育与文化信息资源共享工程进行有效整合，构建"远程搭台、部门唱戏、多方参与、共建共享"的工作机制，有效地提高了农村信息化水平，丰富了广大人民群众的精神文化生活，有力地促进了社会

主义新农村建设。

一、提高认识，统一思想

近年来，许昌市委、市政府高度重视文化信息资源共享工程工作，根据"中共中央办公厅国务院办公厅转发《文化部财政部关于进一步加强全国文化信息资源共享工程建设的意见》"和"中共河南省委组织部河南省党员干部现代远程教育试点工作领导协调小组河南省文化厅河南省财政厅《关于加强全省农村党员干部现代远程教育与文化信息资源共享工程资源整合工作的通知》精神，对全市文化信息资源共享工程建设作出了具体部署。2007年6月6日，中共中央政治局常委李长春同志到我市鄢陵视察了农村文化大院建设、文化信息资源共享工程建设等，给予了我们充分肯定，并提出了新的要求。2007年6月20日，许昌市委、市政府又召开了"全市农村党员干部现代远程教育与文化信息资源共享工程资源整合工作会议"，制定了《关于加强全市农村党员干部现代远程教育与文化信息资源共享工程资源整合工作的实施意见》，下发了《关于成立市农村党员干部现代远程教育与文化信息资源共享工程资源整合工作领导协调小组的通知》，制定了《许昌市公共文化服务体系建设工作目标台账》，就全市文化信息资源共享工程建设工作的指导思想、工作目标、主要任务及保障措施提出了明确要求。要求全市各级党委、政府认真贯彻落实中共中央政治局"研究加强公共文化服务体系建设"会议精神和中共中央政治局常委李长春来许昌鄢陵农村视察重要讲话精神，进一步提高认识，统一思想，以高度的政治责任感和历史使命感，以饱满的热情、科学的态度、扎实的作风，切实把文化信息资源共享工程建设抓好抓实，把党对农民群众的关心真正落到实处。2007年6月27日，许昌市委宣传部召开了文化信息资源共享工程资源整合工作会议，进一步加强了文化信息资源整合力度，及归整理、发布与农民群众密切相关的文化信息，不断满足农民群众对生产及精神文化生活的需求。2010年3月，市委办公室、市政府办公室转发了《市文化新闻出版局、市财政局关于进一步加强文化信息资源共享工程建设的意见》，成立了许昌市文化信息资源共享工程领导小组，召开了全市文化信息资源共享工程工作会议，会上对我市共享工程工作的试点任务、范围、条件、组织领导等方面做了明确的规定。

二、明确任务，多策并举

1、以设施建设为重点，大力发展网络服务

开展共享工程建设工作以来，许昌市支中心注重夯实文化信息资源共享工程基础设施建设，2010年通过政府采购程序，投入202万元建设了高标准中心机房，为数字资源共享提供便捷通道。投入54.8万元添置了文化信息资源共享工程设施设备，投入70万元建设了图书馆及共享工程数字化网络平台。在自建资源方面还投入83万元建设了包括许昌三国文化、烟草文化、钧瓷文化在内的11大具有许昌地方特色的资源数据库，使支中心建设在全省走在前列。专门开辟文化信息资源共享工程阅览区，阅览区使用面积达202平方米，配备65台机位，切实发挥了共享工程资源服务社会的功能，为广大市民免费查阅资料提供极大便利。

目前，全市已建成文化信息资源共享工程市级支中心1个、县级支中心6个，实现了市、县级支中心全覆盖。建成文化信息资源共享工程基层服务点2256个，占全市行政村总数的100%，实现了文化信息资源共享工程“村村通”。完成了文化信息资源共享工程20个乡镇文化站服务点、4个街道文化中心、12个社区文化活动室的建设任务，在农村建成了50个农村文化信息资源共享工程示范户。文化信息资源共享工程有效地提高了农村信息化水平，丰富了广大人民群众的精神文化生活，有力地促进了社会主义新农村建设。

2、以农村实际工作为出发点，建立了一支基层管理员队伍。我们根据农村实际工作需要，在全市选配了基层服务点管理人员2401名、技术服务人员350名、教学骨干2200余名，建立了一支由村组干部、大学生村官和农村优秀青年专（兼）职的文化信息资源共享工程基层管理员队伍，负责行政村文化大院、基层服务点的管理和各项活动的开展。出台了《站点管理员工作规范》和《考核办法》，并深入开展了“五好”站点和优秀站点管理员评选活动。

3、结合许昌农村实际，重点整合了符合农民需求的信息资源。与外地相比，我市各地的农村经济各有特点，鄢陵的花卉苗木和棉花生产、襄城的烟叶、禹州的钧瓷和中药材生产、长葛的废旧金属加工和机械制造、许昌县的档发和腐竹生产等，在全省乃至全国都较有名气，特色明显。这些产业和行业对生产经营者和农民的素质要求都比较高，并且随着市场经济的发展，农民对信息、科技等方面的服务更渴望、更迫切。我们把农民需求的信息资源进行整合，通过基层服务网络输送到农村、送进千家万户，让更多的农民群众掌握更多的致富本领。我们还将许昌列入国家级和省级非物质文化遗产保护名录的《钧瓷烧制技艺》、《葛天氏传说》等8个项目、鄢陵蜡梅造型艺术和著名越调表演艺术家毛爱莲的音像资料整理后及时发布到文化信息资源共享工程网络，满足了农民群众对家乡特有文化信息的需求。在资源整合过程中，文化、旅游、科技、报社待部门都建立了信息员管理制度，做到信息及时上传。

目前，全市资源入库节目已达8000小时，平台在线节目4500余个，时长超过3000小时，并开发制作了一批深受党员干部和农民群众欢迎的高质量节目，增强了现代远程教育和文化信息服务的实效。

4、大胆创新，积极探索新方式。在文化信息资源共享工作开展中，我们积极探索“课堂＋基地”、“课堂＋乡土人才＋基地”、“课堂＋协会＋基地＋产业”等学用模式，把党员电教农村科技致富工程示范基地和文化信息共享工程结合起来，做到“进门是课堂，出门是现场”，为党员群众学习技术技能、了解市场信息开辟了通道。鄢陵县以共享工程为学习内容，以站点为学习阵地，采取集中观看专题讲座、专家教师集中授课等方式，在全县实施以培训农村党员干部和致富带头人为主的“百千万”工程，即培训100名农村基层干部、1000名农村党员、10000名农村科技示范户、致富能手、产业化经营带头人和广大青壮年农民。培训方法采取统一报名，分期分类培训，统一闭卷考试，合格后发放职业资格证书，有力的促进了农村基层党员干部学习科技文化的积极性。通过已建成的文化信息资源共享服务网络，优秀的文化信息资源源源不断传输到基层群众中，不仅初步解决了农村看书难、看戏难、看电影难的问题，丰富了群众业余文化生活，而且丰富的农业科技知识、医疗保健知识，为农民致富提供了有效的信息保障。鄢陵县柏梁镇姚家村依托文化信息资源共享工程开展花卉苗木技术培训、文艺培训等，提高了农村信息化水平、科学文化素质，有力地促进了全村经济、文化和谐发展。2006年，姚家村被河南省文化厅命名为文化示范村。科技技能的提高，让姚家村的花卉苗木走俏全国各地，住有楼房、行有汽车在姚家村已是平常。

文化共享工程服务重在基层。许昌市文化信息资源共享工程支中心充分发挥积极性、创造性，不断创新和拓展文化信息资源共享工程的服务内涵与方式，充分利用这一新的工作载体，开创了基层文化工作的新局面。在许昌市聋哑特殊教育学校、许昌市武警支队各中队，许昌市老干部休养所，各社区及大企业等单位建立了十余个服务网点，定期开展上门服务，针对服务对象需求的不同，有区别的开展工作。利用光盘、移动存储、资源镜像设备等方式开展服务。在每年国家法定的节假日和在校学生的寒假、暑假期间，在馆楼前广场和少儿部利用文化信息资源共享设备播放专题爱国主义影片和开展专题讲座等活动取得了良好的社会效益。

5、加强管理，提升服务质量

文化信息资源共享工程支中心实行专人管理，专人负责，对信息资源实行定期检查充实和更新，工作人员实行24小时值班制度，有力保证了信息资源的安全可靠和及时的传输，加强对网络和计算机的维护，每天对各服务器及各客户端进行系统查看记录，对局域网设备，机器运行情况，都进行维护和详细记录，防止数据丢失，确保各种设备正常运行。文化信息资源支中心免费向大众（含大中小学生）提供使用；凡持有有效证件（含借阅证、学生证、身份证等）的读者均可使用该资源；未经许可，不得以任何商业形式使用该资源信息；服务器所有客户端，只能使用"共享工程"资源，不得登陆其他网站，禁止玩电脑游戏；必须在共享工程基层中心、基层服务点使用该资源。为保证文化信息资源共享工程许昌支中心系统的日常运转，聘请多名专业技术人员负责此项工作，采取走出去请进来的做法，对他们定期进行专业培训，提升业务技能。

三、工作展望

在下步工作中，我们将认真贯彻落实党的十八大精神，按照市委、市政府制定的工作目标，切实把文化信息资源共享工程建设工作抓好抓实。利用各种有效方式对全市2401名基层站点管理员进行业务培训，全面提升管理员的服务水平。

继续开展文化信息资源共享工程乡镇文化站服务点、街道文化中心、社区文化活动室的建设，在全市形成市、县、乡、村（社区）、户五级农村党员现代远程教育和文化信息服务体系，使全市城乡群众能够便捷地享受到健康丰富的文化、科技信息资源，为建设社会主义新农村，构建和谐社会提供保障。

（撰文/许昌市支中心）

许昌县支中心

许昌县总面积1002平方公里，耕地面积101万亩，辖16个乡镇，445个行政村，7个居委会，总人口近80万。许昌县文化资源共享工程在许昌县文化局的支持和部署下，逐步推进，稳步发展，在新形势下为繁荣农村基层文化，满足农民多层次文化需求，传递中国民族优秀文化资源发挥了重要作用。

一、基本情况

许昌县图书馆成立于1986年，之前是许昌县文化馆图书室，位于许昌市衙前街39号，后于1985年4月搬至许昌市文庙前街春秋楼院内大成殿。1991年10月因许昌市开发春秋楼旅游景区，图书室由大成殿搬出。

许昌县图书馆现在办公大楼由各级财政拨款及自筹136万元投资建设，于1998年立项，1999年11月12日破土动工，2000年6月26日竣工，2004年6月30日正式开馆。许昌县图书馆新馆占地面积6293平方米，建筑面积1572.92平方米，主楼五层，位于文苑路南段，交通便利。

二、管理和队伍建设

为使共享项工程真正为民所用为民谋利，我馆将共享工程日常管理纳入制度化管理。制定支中心、镇、村基层服务点工作职责和制度，实行制度上墙公开。每年有

年度工作计划，月度有工作要点，季度有工作督导，年末有工作总结考核，探索共享工程管理和服务新模式。文化资源共享工程作为一个新的农村文化资源获取平台，如何推广好、利用好共享工程丰富的文化资源关键在于是否有一支专业化的共享工程管理员队伍。对于乡镇、村两级基层共享工程管理上择优选取文化层次较高，有一定社会基层管理服务实践经验的大学生村官为管理员，他们工作热情高，有较高的文化水平能尽快熟悉掌握共享工程设备为所在村民服务。

三、培训工作

许昌县中心在共享工程管理员的培养上实现了制度化和常态化。根据支中心工作要求，每年对共享工程管理员进行2期培训。

四、资源建设

许昌县支中心在历年的工作中，搜集不同区域民众文化需求，选取、编辑制作各类题材资源，展板10多块，各类海报，招贴画20余副，发放宣传资料600余份。

五、利民惠众，惠农服务

许昌县支中心在共享工程服务实践过程中，以民众的需求为导向，积极探索，服务民众生活生产，引领群众高尚精神文化生活，打造群在满意喜爱的文化服务新平台。

六、工作展望

许昌县文化资源共享工程已走过5个年头，文化资源共享工程在已经成为许昌县人民文化生活的一大支柱，成为繁荣许昌文化，丰富人民精神生活，推动人文科技进步的强大动力源泉。今后许昌县支中心希望在市中心大力支持下为许昌县共享工程建设一支专业化的服务队伍，服务网点更加宽广，参与群众更加广泛的共享工程文化带动体系，为建设科技许昌，文化许昌做出贡献。

（撰文/刘　瑜）

许昌市魏都区支中心

魏都区总面积88平方公里，全区总人口40万，辖12个街道办事处，97个社区居委会。魏都区支中心自成立以来，得到了魏都区区委、区政府及区文广局的大力支持，为繁荣基层文化，满足各阶层多样文化需求，实现

优秀文化信息资源的共建共享做出了积极贡献。

一、基本情况

2009年，在魏都区区委、区政府的大力支持和协调下，在魏都区文化馆设立全国文化信息资源共享工程支中心。2010年由河南省文化厅统一招投标采购对我区93个社区配置了电脑、投影仪等。并于10月份顺利完成全国文化信息资源共享工程基层服务网点的建设。2011年河南省文化厅拨出专项资金对魏都区4个办事处和12个社区的文化中心（文化活动室）进行升级改造。同年，魏都区文化馆搬迁新址，专门开辟文化信息资源共享工程电子阅览室，使用面积一百余平，配备电脑30台，全年无节假日免费对外开放。2012年，由河南省文化厅和许昌市文化局进行招投标采购，对魏都区的1个街道文化活动中心和15个社区文化活动室进行升级改造。目前魏都区已实现区级、办事处、社区三级文化信息资源共享网络全覆盖。

二、管理、培训和队伍建设

为确保我区文化信息资源共享工程的规范管理，有序使用和最大程度地发挥其社会功能。魏都区支中心在上级文化主管部门的指导下，制定业务流程、业务规范，安排专业人员对各文化活动中心和文化活动室进行业务指导。对全区基层共享工程服务点定期进行业务培训及服务评比。每季度对各文化活动中心和文化活动室设备使用情况、文化活动开展等情况进行专项检查，并通报全区。通过日常检查和经验总结，进一步提高了魏都区支中心的管理和服务水平。

文化信息资源共享工程作为一种新的信息资源展示平台，不仅对使用者的计算机操作水平有一定要求，工作人员更需要具备一定的专业知识和服务水平，魏都区支中心注重业务指导和人员培训，所有工作人员均经培训、考核合格后上岗。

三、经费投入

自2009年魏都区支中心成立以来，各级政府及河南省文化厅为魏都区共享工程建设投入资金340余万元，新增电脑、音响、投影仪、电视机、照相机、DV、调音台、桌椅等设施，实现区级、办事处、社区三级文化信息资源共享网络正常运行。

四、资源建设

魏都区支中心根据群众文化需求，选取、购买、整合数字资源200G。为更好的服务我区少年儿童和特殊群体，特自建包含四万余种图书的有声数字图书阅览系统，极大地丰富了读着的阅读方式，扩展了阅读内容，得到广大少年儿童和盲人读者的称赞。

五、合作共建

支中心与基层各共享工程服务点协同合作、共建共享，拓展共享工程资源服务领域，推动共享工程服务进乡村、进社区，进学校。魏都区支中心全年免费对外开放，并向基层共享工程服务点提供优秀资源，组织、指导各办事处文化活动中心及社区文化活动室免费向群众开放，到访群众可利用电子阅览室阅览电子读物、浏览网络信息、学习科普知识等。这些合作共建活动的开展，活跃了市民的文化生活，提高了文化活动的层次和质量。

六、服务、宣传活动

魏都区支中心充分发挥自身优势，在服务中抓住文化的热点和亮点，积极开展群众喜闻乐见的文化服务，如爱国主义视频展播、名家专题讲座、农业指导、技能培训等，使共享工程走进群众生活，让广大群众参与其中，切实享受文化惠民服务的盛宴。

1、进乡村、进社区

魏都区支中心联合各乡村、社区文化服务站利用配发的音视频设备，先后播放了爱国主义教育片、科普知识宣传片、老年人常见疾病预防、四季食疗等养生保健知识等视频资料130余部；播放具有本土特色的豫剧和其他戏曲曲目120余部；播放与农民生活密切相关的农业科教片、计生宣传片等100余部；播放爱国主义教育影片和小朋友喜欢的动画片等影视娱乐片160余部。

举办“名家书画交流展”这些活动的开展，活跃了广大市民的日常文化生活，极大地充实和丰富了群众的文化需求，提高了文化活动的层次和质量。

开展“九九重阳节•情暖夕阳红”主题活动，为社区老年人举办精彩纷呈的文艺展演，弘扬中华民族的敬老爱老的传统美德。

2、进校园

魏都区支中心与区属各中小学签订图书借阅协议，为各学校提供图书3000余种；开展中小学生绿色上网指导讲座，介绍计算机知识、网络操作技能及运用互联网读书学习的方法；开展青少年普法教育主题活动，提高未成年人的知法用法水平，增强自我保护意识；举办了“倡导全民阅读，建设文化魏都”主题活动，引导少儿读者走进知识殿堂、完善自身人格修养、提高文化品位。通过活动的开展增强了魏都区支中心在学生群体中的影响力，为文化信息资源共享工程的建设和发展培养了一大批新生力量。

七、工作展望

经过三年的建设、发展，魏都区支中心从无到有，逐渐成长，目前已实现区级、办事处、社区三级文化信息资源共享网络正常运行。能够充分利用现代信息技术和网络工具，向市民提供和传播丰富多彩的文化信息，充分发挥文化信息资源在促进经济发展、提高城乡人民思想道德水平和科学文化素质等方面的重要作用。

今后魏都区支中心将以加快发展文化信息资源共享工程建设，以整合、开发优秀文化信息资源，推进思路创新、技术创新和服务创新为工作重点，始终坚持以满足广大人民群众文化信息需求为服务中心，努力把我区的文化信息资源共享工程推上一个新的台阶。

（撰文/许昌市魏都区支中心）

漯河市召陵区支中心

召陵新区总面积405.3平方公里，辖6个乡镇、2个街道办事处，208个行政村、13个居委会。全区总人口497578人。召陵区文化共享工程在漯河市召陵区文化旅游局，召陵区文化馆的支持和部署下，逐步推进，稳步发展，在新形势下为繁荣农村基层文化，满足农民多层次文化需求，传递中国民族优秀文化资源发挥了重要作用。

一、基本情况

召陵区文化资源共享工程建设开始于2008年，陆续在召陵区6个乡镇文化中心安装，前期安装设备均通过卫星设备直接接收国家中心下发的给类资源和信息。共享工程召陵支中心设在召陵区文化馆，是召陵区共享工程的建设和业务指导单位，负责保障区中心共享工程设备的运行，协调镇村级共享工程设备的维修，指导镇村级共享工程活动的开展以及开展全区共享工程管理员的业务培训和指导。

二、管理和队伍建设

为使共享项工程真正为民所用为民谋利，召陵支中心将共享工程日常管理纳入制度化管理，收集整理共享工程服务活动的得失，探索共享工程管理和服务新模式。文化资源共享工程作为一个新的农村文化资源获取平台，如何推广好、利用好共享工程丰富的文化资源关键在于是否有一支专业化的共享工程管理员队伍。召陵区是一个新区，我们的队伍还不够完善，随着队伍的逐步扩大，我们的管理模式也会不断改进。

三、培训工作

召陵支中心在共享工程管理员的培养上实现了制度化和常态化。根据支中心工作要求，每年对辖区共享工程管理员进行3期的集中培训，2008年以来一共举办各类培训班15期，参加培训的各级管理员达300人次。

四、经费投入

召陵区共享工程自2012年实现乡镇全覆盖以来，召陵区文化旅游局为共享工程设备的维护，人员培训和惠民活动的开展投入了运维经费。同时，召陵区委、区政府和召陵区文化旅游局每年也投入大量人力物力支援共享共享工程各项活动的正常开展。

五、宣传推广

1、召陵支中心利用各种渠道宣传推广共享工程。在召陵每年的科技文化四下乡活动中，召陵支中心不失时机，以活动为平台，以资料为媒介宣传共享工程，让民众不断了解共享工程，走进共享工程。

2、专题活动，精彩纷呈。召陵支中心在服务中抓住文化的热点和亮点，积极组织群众喜闻乐见的文化服务，使共享工程走进群众生活。例如在本中心组织开展唱戏、放电影等各种形式的文化娱乐活动，丰富了群众的文化生活，提高了他们的生活质量。

六、工作展望

文化信息资源共享工程是一项惠及千家万户的民心工程，召陵区文化资源共享工程建设从2012年实现乡镇全覆盖后，文化资源共享工程在召陵区已经成为召陵部分人民文化生活的一大支柱，成为繁荣召陵文化，丰富召陵区人民群众精神生活，推动召陵人文科技进步的强大动力源泉。今后召陵支中心希望在省中心，市分中心大力支持下为召陵区共享工程建设一支专业化的服务队伍，建立一个省、市、区三级知识网络联动的即时问答服务体制和服务形式更加多样，服务网点更加宽广，参与群众更加广泛的共享工程文化带动体系，为建设科技召陵，文化召陵做出贡献。

（撰文/漯河市召陵区支中心）

临颍县支中心

临颍县全县辖9镇6乡，363个行政村，人口75万，面积821平方公里。临颍县文化信息资源共享工程在各级政府的关怀和支持下，逐步推进，稳步发展，在新形势下为繁荣农村基层文化，满足农民多层次文化需求，传递中国民族优秀文化资源发挥了重要作用。

一、整体情况

临颍县文化共享工程从2007年启动，分三批完成。2008年完成了第一批90个共享工程基层服务点和县支中心的建设；2009年完成了第二批90个基层服务点的建设；2010年完成了第三批183个基层服务点建设。到2010年底，共向全县基层服务点配送投影仪307套，电脑56台。

建成临颍县县级支中心1个（设在县图书馆），建设完成标准配置的电子阅览室1个，建成文化信息资源共享工程村级服务点363个，文化信息资源共享工程基层服务点在全县村级覆盖率达到100%，形成了以县级支中心为中心，基层服务点星状分布的服务框架。

二、经费投入

临颍县文化信息资源共享工程建设从2007年到2010年，历时四年，先后投入资金262.1万元。其中中央投入131万元，省级投入19.46万元，市级投入19.46万元，县级配套91.79万元，各级政府的大力投入，为文化共享工程建设提供了强有力的资金保证。

三、管理和队伍建设

为了保证基层设备有序发放、规范管理和充分利用，发挥文化信息资源共享工程的作用，临颍县支中心和各乡镇签订了《文化信息资源共享工程终端设备接收情况登记表》、《文化信息资源共享工程终端设备责任人情况登记表》、《文化信息资源共享工程基层服务点终端设备使用管理责任书》，全县统一制作发放共享工程工作职责和制度，公开上墙。设备下发后，支中心对全县基层服务点进行了二次督导检查，确保设备准确到位。

临颍县共享工程支中心在队伍建设和管理上，坚持高起点选拔，常态化培育。我们选派优秀年轻管理人员参加省中心的培训，提升支中心管理人员业务素质。在乡镇、村两级基层共享工程管理员队伍建设中，积极和基层政府沟通，择优选取文化层次较高，有一定社会基层管理服务实践经验的大学生村官为管理员，他们工作热情高，有较高的文化水平，能尽快熟悉掌握共享工程设备为所在村民服务。

目前临颍县共享工程管理员65%为各级大学生村官，30%是由具有高中以上学历的村委委员兼任，实现了管理员选取的高起点。为了提高共享工程管理员服务能力，共举办基层管理员集中培训四次，对基层服务点辅导八次。共培训管理员240人。

四、惠民服务

临颍县支中心在共享工程服务实践过程中，积极探索服务方式。根据临颍县地域经济发展特点，选取国家中心下发的共享资源，下载网上有用的信息资源，针对不同时节和服务对象，支中心先后在多媒体报告厅及社区播放“共享工程助春耕”“庆五一迎五四英雄楷模”等资源展映活动15次，举办“文化共享心向党”等讲座11次；面向农村复制下发共享资源30种。

特别是积极配合我县南水北调移民安置工作，先后为周湾村、闫楼等移民村进行设备安装调试，并播放节目，使他们一来到就备感温馨。受到了群众的欢迎，也得到了有关部门的肯定。

贴近未成年人服务。未成年人是共享工程服务主要对象之一，支中心在电子阅览室开辟了专门的少儿阅览专区，利用管理中心下发的共享工程资源，针对青少年感兴趣的知识点进行播放，深受广大青少年的喜爱。在连续几年的中考和高考之际，免费为考生提供分数查询和志愿填报服务，通过一系列的活动，共享工程服务逐步在青少年中有了一定的影响力。

五、宣传推广

临颍支中心利用各种形式宣传推广共享工程。2009年，在电子阅览室创建之初，相关经费还未到位，我们就想法自筹资金，在电视台进行整版公告，印制宣传版面和宣传横幅，印刷宣传单，免费面向社会公众开放二个多月，吸引了大批社会人士的关注和读者的高度评价。

开展专题活动宣传。临颍支中心在服务中抓住文化的热点和亮点，积极组织群众喜闻乐见的文化服务，使共享工程走进群众生活。例为迎接建党90周年，举办迎七一系列活动：“争先创优增党辉”、重温入党誓词、爱国电影展播等。

支中心在组织各种活动时，积极与县电视台、临颍网站等单位联系，进行宣传报道，通过电视媒体、网络媒体宣传共享工程。

六、工作展望

临颍县共享工程自2008年发放第一批设备以来，至今已走过五个年头，几年间从无到有，从部分村镇到覆盖全县各乡镇、各行政村，发放的设备从最初单一的电脑、投影到与之相配套的DVD、音响、话筒等，服务方式也从单纯的支中心电子阅览服务到基层面向群众的遍地开花式服务，共享工程推动了文化发展，特别是对丰富农村文化生活起到了重要作用。

临颍县共享工程服务框架已经搭建完成，在今后，我们将进一步联合和现代党员干部远程教育平台、农村中小学远程教育平台，和农家书屋结合，在上级各级中心的支持下，进一步提升人员素质，大力开展丰富多彩的活动，充分发挥共享工程县乡村三级网络的作用，为临颍经济发展和社会发展做出贡献。

（撰文/临颍县支中心）

平顶山市支中心

一、基本情况

平顶山市文化信息资源共享工程支中心筹建于2007年底，市财政下拨30万元资金，开始了支中心建设的起步阶段。装修了专用机房(面积40平方米)，购置了2台业务服务器、15台PC机及UPS设备，升级了图书馆业务自动化软件，安装了杀毒软件控制中心以确保网络安全。2008年市财政又下拨资金40万元，我们在已建成的内部局域网的基础上，购置了共享工程应用服务器两台、卫星接收服务器1台及卫星接收设备1套，媒体点播服务器1台、防火墙1台、存储设备1台，存储容量达到了9TB。

2009年市财政继续下拨资金50万元，我们购置了电子阅览室专用计算机39台、非线编设备1套、广播级数码摄像机1部、单反相机1部、投影仪两部、读者查询用OPAC系统四套等设备，进一步完善了市级支中心的硬件配置，市级支中心建设已初步完成，并投入使用。在此基础上，截止2012年底共建成基层服务网点3个，公共电子阅览室1个。

从2009年开始，市财政每年投入支中心专项运行经费10万元。资金的投入确保了支中心有效运行。

二、资源与队伍建设

共享工程工作是图书馆新的业务工作，既无经验可以借鉴，又无专业的技术队伍。支中心筹建之始，局领导与图书馆班子就非常注重队伍建设，努力做到“边建、边学、边用”。2008年派两位技术部同志参加河南省文化厅举办的《全国文化信息资源共享工程》培训班，2009年又派主管领导带队，技术部同志参加，赴深圳进行图书馆自动化管理ILAS软件培训。完善队伍建设为开展以后工作打下了坚实的基础。

支中心努力加快资源建设，在已有的书目资源的基础上，支中心还把通过卫星接收到的资源以及国家中心下发的光盘资源上传到应用服务器上。在经费紧张的情况下，图书馆想方设法增加支中心的资源藏量，2010年，投入10多万元购买《点点动漫》数据库一套，2011年又投入十多万元租用超星、维普等数据库，不仅丰富了资源种类，也在一定程度上满足广大群众的需求。

三、技术支持

在加强馆内队伍建设的同时，兼顾平顶山辖区内的县、区级支中心技术人员的培训，2010年举办《平顶山市共享工程基层业务培训班》，共有八个县区的15名技术员参加了培训。通过培训，提高了文化共享工程基层服务点工作人员的业务素质和工作能力，为更好地向基层群众提供文化服务，实现优秀文化信息资源的共建共享起到了积极的促进作用。支中心还先后多次派技术人员赴鲁山、宝丰、叶县等县级支中心帮助开展工作提供技术支持。

四、宣传推广

为了让广大市民了解“共享工程”是个惠民工程，在支中心建设之初，图书馆就注重对外宣传，先后多次在省、市级电台、电视台、报纸等媒体上宣传报道支中心的建设情况，开展活动内容等。通过宣传，不仅使广大市民了解“共享工程”，还享受到国家带给他们的实惠，有效地发挥了文化信息资源共享工程主阵地的作用。在新城区，通过免费开放的电子阅览室，为基层干部群众提供大量的政治理论、政策法规、时政新闻、形式教育、非物质文化遗产等方面的信息资源，保证了基层群众及时了解当前国内外形势，及时体现了支中心良好的发展态势。

五、网点建设

2012年，新的领导班子在现有的基础上拓宽思路，加大了支中心开展服务的力度，在坚持开展阵地服务的同时，加快基层网点建设，目前共建成村级服务站两个，农村小学服务站一个，将国家中心下发的《春耕》等系列光盘资源直接赠送到王庄村、曹东村基层网点，为叶县廉村镇后崔小学的留守儿童送去了他们渴望的精神食粮。

六、工作展望

“十二五”期间，平顶山市支中心要进一步深入实施文化信息资源共享工程，构建遍及全市的服务网络，让全市人民共享数字化的文化成果。

1、建立健全完善的服务网络。

以共享工程市级支中心为平台，大力加强人才建设和技术研发，整合各类资源，加大与县（区）的联系，加快构建基层服务网络，建成市区、街道、社区三级服务体系，依托共享工程的海量资源和完善的网络，逐步建成覆盖全市的服务网点。推动数字化文化信息资源走进千家万户，实现“街道有，社区通，人人享”。

2、继续大力建设特色鲜明的数字化文化信息资源。

加强资源建设的科学规划，根据共享工程国家管理中心制定的资源建设标准和规范，制定适合本市的资源建设计划和实施细则。建设一批主题鲜明、体系完整、质量上乘、特色突出的数字资源库，着力打造《平顶山观音文化资源库》、《汝官窑与汝瓷文化资源库》等一批精品资源，力争2015年底资源建设总量达到5TB以上。着重加强地方特色资源建设，注重对优秀传统文化的数字化抢救、保存与传承，提高具有自主知识产权资源的比例。

3、将工作重点逐步由基础建设向强化长效管理、发挥服务功能转变。

进一步完善共享工程支中心的管理办法和相关制度，建立健全长效管理运行机制，确保各项工作有组织开展、有专人负责、有经费保障，逐步将共享工程由建设工程变为常态的工作，充分发挥服务功能和作用，确保全市范围广大人民群众都能够享受到共享工程的数字化服务。

（撰文/平顶山市支中心）

舞钢市支中心

舞钢市全市幅员面积646平方公里，下辖5个街道办事处，8个乡镇，人口31万。近年来，随着文化信息资源共享工程的不断推进，各种互联网资源的应用，为繁荣舞钢文化繁荣发展发挥了重要作用。

一、基本情况

2008年5月，全国文化信息资源共享工程舞钢市支中心在舞钢市图书馆建立。截止2012年12月底，舞钢市支中心累计投入资金300万元，建成县级支中心1个，机房面积20平方米，设计装修完全符合国家相关标准，安装UPS电源系统一套，保证服务器不间断供电；配备百兆防火墙1台、交换机2台，搭建网络环境，接入10M光纤，保证网络速度；配置了3台高端服务器，4TB磁盘阵列一套，保证应用软件的硬件环境；此外，还配备文化信息资源卫星接收系统一套。

电子阅览室面积108平方米，配备电脑40台，常年开放，节假日不休息，自2011年5月搬新馆以来，累计接待读者4万人次。此外还配有打印复印一体机、扫描仪、照相机、摄像机等电子设备，免费为读者提供服务。多功能报告厅面积180平方米，桌椅96套，配备会议音响系统、投影仪、DVD播放机、笔记本电脑等设备，充分满足文化共享资源播放、举办讲座等活动的需要。乡镇基层服务点6个，配备有电脑4台，服务器1台，投影仪1台投影幕1个数码相机1台。村、社区基层服务点192个，充分利用条件，配备电脑一台、投影仪一台。舞钢市支中心的目标是基层服务网点覆盖率达100%，实现街道、乡镇、村、社区文化共享工程全覆盖，使文化共享工程这一惠民工程全面进入到社区、乡村，为“文化大繁荣大发展”打下坚实的基础。

二、队伍建设

舞钢市文化共享工程支中心自建立以来，与市图书馆、乡镇文化站、农家书屋建设相结合，科学制订活动方案，建立健全各项规章制度，突出整合资源，拓宽服务渠道。目前市支中心承担全市网点的管理，资源更新，日常技术维护、人员培训等工作。各基层服务网点实行“一点两牌”制，基层管理人员实行“一人双岗”制，各村、社区农家书屋管理员既负责远农家书屋又负责文化共享工程工作开展，做好技术维护和活动开展。

三、惠民服务

舞钢市支中心自建立以来，开展了包括放电影活动和科技、农业知识培训，电子阅览室绿色上网等活动，全市各基层服务点深入小区、院落，利用文化共享工程数据资源下载播放人民群众喜爱的影片。

以服务“三农”为重点，把群众急需的科学知识、农业技术等信息提供给农民群众。根据城乡居民的需要，利用电子阅览室提供网络资源查询，电子图书推荐，组织播放农民喜闻乐见的戏曲、电影、小品等文艺节目，极大地丰富了群众文化生活，提高了农民文化素质，为构建和谐社会创造了良好氛围。通过一系列高效优质的服务活动，大大增强了文化共享工程的利用率。为充分了解广大基层群众对文化共享工程数据资源的需求，明确今后资源投放方向及内容，舞钢市支中心在全区各基层服务点开展资源需求调查工作，并下发资源需求调查表，分别了解群众需要如电影、讲座、戏曲等内容，做到有的放矢，满足了群众对文化信息需求的不同需要。舞钢市支中心并派专人负责，广泛征求群众意见，积极开展服务宣传工作，扩大了文化共享工程在基层的影响力，使群众明白了开展文化共享工程活动的意义。

舞钢市文化共享工程建立以来，在市委、市政府及各级文化主管部门的大力支持下，在舞钢市文化信息资源共享工程领导小组的领导下，全市的文化信息资源共享工程服务工作有了长足发展，增强了文化共享工程在基层的辐射力和影响力，特别是利用国家、省、市丰富的文化信息资源，服务广大人民群众，满足了广大群众精神生活的需要。目前，各街镇乡基层服务点日平均接待群众约100人次，村、社区基层服务点日平均接待群众20人次，各街镇乡年开展面向基层群众的培训、讲座、展览、电影播放等服务活动近200场，服务受众近16万人次。市支中心年举办展览、讲座、报告会、读书活动、电影放映等常规服务活动10场，服务群众近2万人次。

四、工作展望

舞钢市支中心正积极申请资金，筹备建立图书馆暨文化共享工程网站、地方文献数据库、并加大投入购买数字资源，为群众提供更好的服务。

展望未来，舞钢市文化共享工程将紧紧围绕国家、省、市中心的工作部署，将进一步构建资源优质丰富、技术先进实用、传播高效互动、服务便捷贴近、管理科学规范、体系完整可控的公共数字文化传播服务体系，使文化共享工程真正成为城乡群众参与文化娱乐、获取科普信息、接受教育培训、享受惠民服务的重要平台。

（撰文/舞钢市支中心）

汝州市支中心

汝州市全市总面积1573平方公里，总人口105.6万，辖6个乡、9个镇、5个街道办事处，453个行政村。素有“百里煤海”之称，是中部地区重要的能源化工基地，是中国中部经济实力20强县（市）、河南省重点扩权县、河南省直管县。2010年被省政府确立为河南10个省直管试点县市之一，并于2011年6月1日正式实施省直管体制。2010年以来，汝州市文化资源共享工程逐步推进，稳步发展，在新形势下为繁荣县、乡、村文化网络建设，传递民族优秀文化资源，满足新型城镇化建设文化需求发挥了重要作用。

一、基本情况

汝州市图书馆始建于1979年，1998年被文化部命名为三级图书馆，主要对外服务窗口有：外借室、青少年阅览室、电子阅览室、报刊杂志阅览室、咨询室、资料室等。

文化资源共享工程汝州支中心设在汝州市图书馆，是汝州市共享工程的建设和业务指导单位，负责各个乡镇文化站的共享工程运行，指导村级文化大院农家书屋等共享工程活动的开展，以及开展全市共享工程管理员的业务培训和指导。

二、管理和队伍建设

为使共享项工程真正为民所用为民谋利，汝州市图书馆将共享工程日常管理纳入制度化管理。制定支中心、乡（镇）、村基层服务点工作职责和制度，实行制度上墙公开。每年有年度工作计划，月度有工作要点，季度有工作督导，年末有工作总结考核，并推行管理员工作日志管理，收集整理共享工程服务活动的得失，探索共享工程管理和服务新模式。

汝州市图书馆在管理员队伍建设上坚持明确职责，明确思路，制度化管理，常态化培育。对于乡镇、村两级基层共享工程管理上择优选取文化层次较高的村委委员或有一定社会基层管理服务实践经验的大学生村官为管理员。目前汝州市共享工程管理员70%为各级大学生村官，26%是由较高学历的村委委员兼任，实现了管理员选取的高起点。

三、培训工作

汝州市图书馆为共享工程基层管理员的培养上实现了制度化和常态化。根据支中心工作要求，2010年以来

对各乡镇农家书屋管理员进行3期的集中培训，参加农家书屋培训的各级管理员200多人次。举办青少年远离网吧等培训讲座十余场次。

四、经费投入

汝州市图书馆在汝州市政府的支持下，每年投入20余万的运维经费，用于共享工程设备的维护、光纤使用、人员培训和惠民讲座活动的开展。2008年投入68万元建设电子阅览室，并在2009年投入40万元，扩大电子阅览室面积增加计算机40台，使用网通、电信双光纤接入，不断满足广大读者的需求。

五、资源建设

依据群众对文化资源的需求，汝州市图书馆选取、编辑制作5万册电子图书。每年制作发放各类光盘400多张，展板20多块，发放各类宣传资料3000余份。

六、合作共建

汝州市图书馆以共享工程为依托，结合全覆盖的农村文化站、农村书屋，充实各类有益于“三农”发展的书籍和电子文献资源。在乡文化站建立藏量6000余册的阅览室一处，在村级建设农家书屋4个，藏书8000册。通过多方不懈努力，共享工程已逐步走入基层村民生活，成为村民获取新知，帮助致富的新渠道新平台。

七、利民惠众，惠农服务

汝州市图书馆在共享工程服务实践过程中，以民众的需求为导向，积极探索，服务民众生活生产，引领群众高尚精神文化生活，打造群众满意喜爱的文化服务新平台。根据汝州市地域农业生产特点，汝州市图书馆每年按节令制作农业生产小册子，通过行政村基层服务点为村民分发。针对不同农业专业者，汝州市图书馆有针对性选取资源上门指导服务。历年来累计服务专业生产户20多户。

八、宣传推广

汝州市图书馆利用各种渠道宣传推广共享工程。我们以“共享文化资源，构建和谐社会”为主题的图书馆服务宣传活动，使图书馆服务宣传周成为传播科学知识、弘扬先进文化的有效载体，以资料为媒介宣传共享工程，让群众不断了解共享工程，走进共享工程。①举行大型下乡免费宣传活动30余场次，制作了宣传板，介绍图书馆的自然概况、服务职能。②开展送文化下乡活动。

九、荣誉奖项

汝州市图书馆的工作也取得了好的成绩，也荣获了不少荣誉。我们先后获得2009-2013年市级文明单位、汝州市春灯节文娱活动先进单位、汝州市纪检监察宣传教育先进单位汝州市五星级工会等荣誉。

十、工作展望

汝州市文化资源共享工程经过几年的发展，已经被群众广泛认知，广泛参与，成为繁荣汝州文化，丰富汝州人民精神生活，推动汝州人文科技进步的强大动力源泉。今后的工作中，汝州市支中心希望在河南分中心的大力支持下，为汝州市共享工程建设一支专业化的服务队伍，完善文化站农村书屋的建设，使得共享工程服务形式更加多样，服务网点更加宽广，参与群众更加广泛，为人民群众文化生活需求和地方经济发展建设做出贡献。

（撰文／杨佳）

宝丰县支中心

全国文化信息资源共享工程宝丰县支中心建成于2008年12月。现已逐步建成以县级支中心为平台，乡镇基层服务点为载体，覆盖全县304个行政村基层服务点的文化共享工程服务网络。支中心坚持以公益为主，充分发挥文化信息资源在发展经济、提高人民群众思想道德和科学文化素质等方面的重要作用，积极采用先进、实用的科学技术手段，通过移动硬盘服务、光盘服务等模式。把文化共享工程资源及时地传送到城乡基层网点和广大群众身边，使基层文化阵地得到巩固，极大地活跃了基层群众的精神文化生活。为宣传党的方针政策开辟了新的渠道、为弘扬精神文明建设、构建和谐社会开辟了新的阵地。

一、加强领导，完善制度

支中心建成后，实行积极的人才政策，引进专业技术人才，组建一支高水平的资源建设、软件开发、设备维护管理的技术骨干队伍。建立健全各项管理制度，建立设备管理使用制度、管理员守则等制度。坚持“三贴近”原则，即“贴近群众、贴近生活、贴近实际”的要求，不断创新文化信息资源共享工程的服务内容和服务形式，联合农业、科技、卫生等单位，深入农村调研、通过走访农户了解广大群众的需求，把调查到的结果整理成资料，通过共享工程网络资源下载农业科技、政策法规、医疗保健、农村党员远程教育、戏曲、电影等视频资料刻录成光盘及拷贝移动硬盘，送到各基层站点。每年下乡和阵地播放20余场，为农民朋友发放农业科技、戏曲、电影等光盘1000张，开辟“农业科普种养简报”18期300余份发往各服务点。与县行政服务中心、县工会等部门联合举办公务员礼仪培训5期，培训公务员400余人次。结合电子阅览室举办形式多样丰富多彩的培训活动，在每年“十·一”期间，与城区中、小学校联合举办“迎十·一送好礼—优秀文化信息资源展播活动”，利用共享工程资源为孩子们播放经典励志影片、精美动画片、名家讲座等深受孩子们喜爱的视频资源。在“五·一”劳动节期间，利用共享工程设备为县城外来打工人员举办“关爱农民工，共享工程优秀电影播放周活动”。在每年“春节”、图书馆服务周、“文化三下”等重大节日期间结合图书馆免费开放工作，带着共享工程设备深入乡镇、社区、学校、厂矿等地，广泛开展各种形式的共享工程服务工作。通过举办一系列活动，让广大群众了解共享工程的真正内涵，使财政投入产生的公共科普产品迅速传送到基层，服务公众。

二、整合资源，加强管理

加强乡镇共享工程站点、村基层点的管理力度，2011年对全县304个基层服务点下发“关于全国文化信息资源共享工程基层服务工作制度、设备管理制度和管理员职责的通知”，明确规定基层服务点工作制度、设备管理制度和管理员制度。对乡镇服务网点和村级基层服务点进行规范化管理。分期举办“宝丰县共享工程基层服务点管理员培训班”，对全县304个村共享工程管理人员进行集中培训。累计培训管理员500余人次，有效地提高了基层管理人员的操作能力和服务水平。要求各基层点每月报送“全国文化信息资源共享工程宝丰基层服务点月报表”，以便及时了解运行情况。定期召开“共享工程管理员学习交流会”，相互学习，互相借鉴，共同发展。整合各类资源，采用不同的宣传形式，在节假日、农村集市、宣传周、县里重大活动期间，现场为农民朋友赠送光盘、农业科技、科研等宣传资料。

各基层点不断创新，赵庄乡袁庄村服务点闭路前端接入，实现资源共享入户，使全村农户足不出户就可以分享到文化信息资源。与农村党员远程教育、村村通相结合，使村民利用网络在家就可以解决在生产、生活中遇到的各类问题。村民自发利用共享工程设备在文化大院学习秧歌、广场舞等活动，现已组建秧歌队8支，参与学习广场舞的广大村民越来越多，每天在文化大院里充满着欢声笑语。全村从未发生过打架斗殴的现象，村民们和谐相处，相互协助，共同致富。被评为“国家级文明村”。龙泉寺村每月在共享工程基层点举办共产党员先进性教育讲座3次、先进人物报告会5期，养殖技术培训班6期，村民座谈会5次，大力宣传廉洁奉公，树典型、扬正气。党员李军朝不但加工油料致富，还帮助村民贷款发展养猪事业，在共享工程网站上搜索各类在养殖过程中遇到的技术问题，不断学习研究。现在，他的养猪业已经有了一定规模。广大党员团结一致，共建新农村，现在村里已建成8家民营企业。使村民生活、居住条件大大改善，全村家家吃上自来水，80%以上农户用上沼气，并建有线广播站、文化广场、文化大院、体育健身场、街心游园等文化娱乐场所。获得“全国先进基层党组织”、“全国文明村”、全省“五个好”党组织等称号。肖旗乡枣庄村基层服务点针对农村留守儿童利用共享工程设备在暑期开展：“关爱留守儿童，共享文化大餐科普教育活动”，组织孩子们浏览共享工程少儿文化专版，学习文史大观、人物星空、科普之窗等科学知识教育。在暑假期间这里成了孩子们接受教育的第二校园。文化共享工程对培养新型农民，推进社会主义新农村建设，构建和谐社会发挥着重要作用。

截止2012年底，全县已建成304个基层服务点，支中心累计送科技图书5000余册，发放光盘2000余张，发放传单1万余张，举办各类培训班20余期，培训人员达3000余人次，利用共享工程设备播放科教片50余场，累计受益群众达20000余人次，受到广大人民群众的称赞。

（撰文/宝丰县支中心）

邓州市支中心

一、基本情况

全国文化信息资源共享工程（以下简称“文化共享工程”）是2002年起文化部、财政部组织实施的一项社会主义文化建设标志性工程。2007年，文化部、财政部下发了《关于进一步推进全国文化信息资源共享工程的实施意见》（文社图发[2007]14号）文件精神，所需资金由中央、省、市、县按5：1：1：3比例分级负担，河南省也正式启动全省农村党员干部现代远程教育与文化共享工程整合工作，目前全市共投入资金600余万元，建起基层服务点562个，县级支中心1个，培训专业播放人员736人，其中289个建在文化茶馆，形成具有地方特色，可持续发展的建设模式。

二、具体做法

1、以点带面、整体推进。2008年起，为切实改变农村基层文化设施落后、文化投入不足、文化资源匮乏、文化活动推广渠道不畅的现状，我市开始实施农村党员干部现代远程教育与文化信息资源共享工程整合工作，作出了信息共享与文化茶馆结合的新举措，并确定了以点带面、整体推进的工作方针，首先选择基础条件较好、管理规范的穰东镇穰西村等16个乡（镇办）80个文化茶馆为试点，建成第一批农村党员干部现代远程教育与文化共享工程基层服务点，并按照标准统一制作了标牌，配备了电脑、投影仪、机顶盒、电视机等设备，同时加强管理人员的培训，取得经验后推广到全市农村。在参与文化茶馆和共享工程建设的过程中，文化局一方面利用图书馆自身文献资源的优势，积极与文化茶馆共建馆外流通借阅室，促进文献信息的共享，另一方面积极培育他们的信息共享功能，通过与乡、村两级联系和沟通，引导他们把农村党员干部现代远程教育机顶盒请进文化茶馆的图书室，实现了传统书刊文献与现代数字化信息共享的有机结合。2009年，为进一步加强农村文化建设，满足广大农民群众多层次、多方面精神文化需求，在中央、省各级支持下，投资68万元（中央、省投入34万元，市财政配套34万元）建成了文化共享支中心。同年，又建成了289个文化共享基层服务点；2010年建成了193个基层服务点。

2、创新管理，合理播出。为使茶馆传统服务与数字化的共享工程有效对接，我市加强了对文化茶馆服务的管理和引导。在基层服务点，每天有许多群众争相点播自己喜欢的节目，甚至出现了争抢遥控器的现象，为解决这些实际问题，各基层服务点按照不同时段、不同群体、不同需求，制定了切实可行的播出计划，使不同需求的群众都得到了满足。

3、开展特色服务，不断满足群众需求。指导各基层服务点根据本地产业特点，举办实用技术知识讲座，组织开展读书阅览、文艺演唱、科技培训、棋牌娱乐等服务项目；针对农民群众因个体差异而产生的不同文化需求，文化茶馆制定节目播放表，以公告牌的形式告知农民朋友；不断推出特色服务，吸引更多的群众走进茶馆，满足群众“求知、求乐、求美、求健康”的文化需求。

三、取得的成效

邓州文化茶馆与文化共享工程的有机结合，走出了一条新时期农村文化建设的新路子、新模式，政府引导、部门共建、自主经营的文化茶馆管理模式，有效解决了农村文化建设场地、设施和管理难的问题；贴近群众、场地开放、经营方式灵活，改变了以往农民群众进入基层文化场地不便的现象；现代信息技术、文化共享工程接入文化茶馆，丰富了茶馆的文化内涵，提高了茶馆的文化品味；丰富文化资源吸引了大批群众，使茶馆聚拢了人气，增多了顾客，经营利润随之增长。基层服务点依托文化茶馆，让群众享受到优秀文化和现代文明成果带来实惠的同时，有效地解决了农民群众看书难、看电影难、看戏难的问题；解决了文化设施缺乏管理人员和资产流失问题。同时带动催生了一批文化产业经营者。文化共享基层服务点的建设，使广大农民群众能够及时、便捷、按需享用到丰富的信息资源，促进了文化产业发展。文化共享基层服务点的建设，也拓宽了农民科技致富的渠道。构林镇构林村村民陈庆是一名养猪专业户，想进一步了解养猪技术与信息，到文化茶馆上网浏览了生猪养殖信息，掌握了生猪市场信息和科学养殖技术。通过自制饲料、修建标准化猪舍、沼气池，实现了生态立体养殖。在他的带动下，周围30余户农家共同走上了养猪致富的道路。目前邓州市专业养殖户8000多户，修建沼气池2.6万个，202个生态文明村正在建设中。至今，在文化茶馆，通过文化共享工程基层服务点，发布科技信息20万余条，产生社会经济效益5万余条，化解各类矛盾纠纷3万余起，信访量下降80%，村级违纪违法案件下降60%。

（撰文/邓州市支中心）

镇平县支中心

镇平县总面积1500平方公里，共辖3个街道办，19个乡镇，410个行政村，总人口103万。镇平县文化信息资源共享工程在省分中心和县文化局高度重视下，在活跃基层群众精神文化生活方面发挥了积极作用，强有力地推进了社会主义文化大发展大繁荣。

一、基本情况

镇平县文化信息资源共享工程开始于2009年4月，首先按上级标准68万元建成县支中心，当年5月第一批80个村级基层点设备安装调试完毕，2010年元月第二批100个行政村调试安装，当年7月第三批230个行政村进行安装。2011年和2012年，有7个乡镇基层点建成。至此镇平县所属行政村实现“文化共享村村通”。

共享工程镇平支中心设在镇平县图书馆，是镇平县共享工程的建设和业务指导单位，负责工程设备、设施的维护，对数字资源的接收、存储与整合，落实、完善各项管理制度，对乡镇、街道、村基层点的工作进行调研、检查和督导，加强信息报送和统计工作，担负对基层点人员的培训。

二、管理和队伍建设

县支中心将共享工程纳入制度化、规范化管理，制订支中心、乡镇、村基层服务点工作制度，并签订《规范服务承诺书》，每季度进行督导、检查，每半年一小结，每年一考核，考核结果以县文化局文件形式进行通报。严格的管理使各基层点发挥了应有的作用。

三、培训工作

县支中心建成后，设立了技术信息指导部，配备专职人员2名，积极参加省分中心举办的业务培训班，提高其专业技术水平。制订培训计划，对基层点管理人员进行相关理论技术培训。几年来，共举办培训班11期，培训人员430人次，收到了良好效果。

四、经费投入

镇平县文化共享工程全面建成以来，县财政每年投入3万元用于支中心的后续运转和设备维护，支中心每年进行基层点管理人员的免费培训和设备维护。

五、资源建设

镇平县支中心结合本县实际，进行了“镇平玉雕”数据库的建设，共收集、整理文章50篇和相关视频，拍摄玉雕图片800余幅，为宣传玉雕、宣传镇平做出了积极贡献。

六、合作共建

镇平县支中心开展形式多样的合作共建，借助农村党员干部远程教育基层点推进“共享工程”工作，合作建成410个村级基层服务点，实现了资源整合，共建共享。

七、惠民服务

镇平县支中心结合重大事项和节假日，精心策划文化共享活动入社区、驻学校、下乡村，让人民群众切实感受到文化共享工程带来的实惠。组织有关人员对上级下发的优秀资源进行巡回展映，确保资源能够及时、有效地使用，最大化的发挥效用。

八、宣传推广

支中心开放后，与有关单位协办活动多次，播放视频并开展绿色上网活动。借助“文化下乡”、“全民读书月”、“图书馆服务宣传周”等宣传共享工程，使更多的群众了解共享工程、利用共享工程、受益共享工程。另外，在图书馆告示栏中对利用共享工程开展的一些活动给予相关报道。

九、工作展望

虽然县支中心在文化信息资源共享工程工作中取得了一些成就，但在实际工作中还存在着不足，如在“管、学，用”方面还需进一步探索和创新，基层点操作人员、管理人员的业务水平还有待提高。在今后的工作中支中心将不断加强对文化共享工程的建设，充分发挥该工程的资源和网络优势，积极探索长效机制，不断提高工作水平，努力使全县的文化共享工程工作迈上新台阶。

（撰文/张少杰）

内乡县支中心

内乡县总面积2465平方公里。全县辖16个乡镇289个行政村和8个居民委员会，3840个村民小组，总人口65万人。文化信息资源共享工程作为一项国家级公益性文化创新工程，由于科技含量高，需要一定的经费投人，在实施过程中，必定会出现一些问题和困难。内乡县通过实地调研方式，根据共享工程的建设、发展、运行情况，逐步推进，稳步发展为满足群众文化生活，传递优秀文化资源发挥了重要作用。

一、基本情况

全国文化信息资源共享工程2008年在内乡县开始立项建设。第一批2008年立项建设的有县支中心及村级服务基层服务网点90个。中央补助58万，省级补助4.8万，市级配套4.8万，县级配套48.4万。2009年元月县图书馆共享工程支中心正式建立投入使用，总投入68万元，面积达120平方米，国家配置的存储控制、机电设置以及电脑均到位使用。每个村级服务基层网点设备为一台电脑或一台电视。第二批2009年省下达的村级基层服务网点升级改造任务为100个，已全部完成，其发放的设备为一台电脑或一台投影仪，配套资金中央、省、市、县按5：1：1：3的比例配给，分别为：26.65万、5.33万、5.33万、15.99万。第三批2010年改造任务为102个，其发放的设备为一台电脑或一台投影仪，也已全部完成，配套配套资金也是按5：1：1：3的比例配给，分别为26.15万、5.23万、5.23万、15.69万。到此目前，全县一个支中心，292个村级服务基层服务网点已全部建成。

信息共享支中心设在图书馆四层楼，按照要求已重新装修，做到远离电气管道、高压线路、变电所、电波微波发射塔等设施，光线充足。30KVA交流电接入到电子阅览室和机房，机柜、UPS和计算机电源均能做到接地。制作了防盗门窗、监控探头等设备。并配置了相应的干粉灭火器，禁止吸烟的消防警示标志。互联网目前使用的是电信光纤，并配备2名管理人员，1人为专职，1人为兼职，两人均精通计算机设备应用。尽管近年来文化共享工程建设工作中存在种种困难，但县图书馆仍坚持开放，为群众服务，基本做到了文化共享工程支中心的开放时间和开馆时间同步。并积极组织开展丰富多彩的文化服务活动，举办了图书馆宣传周、电脑知识培训和未成年人专题知识讲座、寒暑假针对广大中小学生开展了“推荐百部爱国主义、科普类影片”活动，引导未成年人文明上网，对未成年人进人电子阅览室的，必须征得家长同意，才予登记、办卡上机，且严格规定上机时间，监督他们的阅览内容及范围，确保文明、健康上网。

图书馆共享工程支中心统一制作了资源共享工程牌子和管理制度下发给村级服务网点，并分批分次对全县所有村级服务网点管理人员进行技术培训，已建成的292个村级基层服务点目前能够正常工作，有效利用设备开展活动。我们在10个村进行了实地调查，其中每天开放时间2-4小时6个村，4小时以上下2个村，不足2小时的有2个村；经常受益人30岁以下45人，31-60岁10人，60岁以上还未有；文化程度上小学以下16人，初中及高中20人，高中以上19人；群众使用工程比较少的原因一是没有时间，二是因为内容不丰富。随着共享工程深入生活，人们切实体会到共享工程带给老百姓的实惠，赤眉镇的东北川村，杨店村等利用电脑在网上发布油桃销售信息，效果显著。

二、工作展望

1、加大宣传力度，确保文化共享工程深入人心

要自上而下，切实加大对文化共享工程的宣传力度，取得社会的共同关心、重视和支持。建议由共享工程河南省分中心统一制作文字和视频宣传材料，尽快发放到各级文化主管部门和基层服务点，向各地领导和群众进行广泛宣传，用一切手段使文化共享工程家喻户晓，深人人心。

2、明确政府行为，加大财政投入

目前，国家已明确公共图书馆、乡镇文化站属于公益性事业，这就意味着政府正加大投入。建设文化共享工程，需加大国家和省级财政的专项投入，并辅之以市、县、乡镇各级财政的经费补助，明文规定并督促地方各级财政拨付配套资金，切实保证各级支中心、村级服务网点的设备维护更新、宽带线路、活动开展等日常费用。

3、加强培训，稳定队伍

文化共享工程各级支中心要以人为本，不断壮大技术力量，招聘专业人员，培养技术骨干。村级服务网点要加强人员培训，提高综合素质，能够承担基本的教学和服务。同时，要创造良好的工作环境，提高基层人员的待遇，使他们安心工作。

（撰文/余　柯）

淅川县支中心

淅川县总面积2798平方公里（约420万亩），全县辖16各乡镇，516个村，74万人。全国文化信息资源共享工程淅川支中心充分利用自身优势发挥文化的力量和作用，为广大群众提供精神食粮的场所，为文化建设的发展提供资源支持。

一、基本情况

淅川县文化信息资源共享工程建设工作自2006年5月启动以来，在上级文化部门的大力支持下，经过县文化、财政等有关单位的共同努力，到2007完成了文化资源共享工程第一阶段的建设任务，形成了覆盖全县的县、乡、村三级共享工程网络。我们在县城区除建起了县支中心之外，还在县文化局和文化馆分别建起了两个集中服务点。其中县支中心电子阅览室面积达到120平方米，电脑25台，扫描仪、打印机、刻录机各1台，大容量移动播放器20台。至2010年在全县16个乡镇（街道）均建立了文化信息资源共享工程基层服务点，实现了零盲点覆盖，较好地服务了各级群众。

二、服务工作

淅川县支中心利用节假日免费向群众开放，使人民群众真正了解共享工程，走近共享工程，利用共享工程。同时，县支中心技术人员定期到各基层服务网点进行辅导并播放专题节目，很受群众欢迎。为了进一步满足广大农民生产和生活的需求问题，中心组织专门人员深入调查，采编了一批家禽饲养、苗木花卉栽培、法律法规等相关信息资源录制成光盘下发到各基层网点。仅2010年就下发光盘1375盘，服务各类人员达34810人。现在淅川县文化信息资源共享工程支中心正着手淅川楚文化、范蠡商圣文化、丹江水文化等文化信息资源库的建设。

三、队伍建设和培训工作

为了建立和培养一支过硬的队伍，我们坚持把队伍建设放在各项工作的首位，从提高整体素质入手，提出了"内强素质、外树形象"的方略，通过不同形式的学习培训，全面提高工作人员的理论水平和业务能力。县支中心每年对基层服务网点管理员至少培训一次，支中心技术人员每月下基层辅导不少于4次。

尤其是支中心充分利用县级图书馆这个阵地，在为广大读者免费服务的基础上，创新服务方式，每年都开展10次以上丰富多彩的服务活动，受到了读者的好评。

2008年淅川县支中心被河南省文化厅评为全省文化

信息资源共享工程服务基层先进集体。

四、工作发展

淅川县文化信息资源共享工程支中心成立以来，通过各级领导的关心支持，工作人员的不懈努力，硬件建设和软件管理都发生了深刻变化，共享工程取得了很大发展。今后淅川支中心希望健全自己的服务体制，完善自己的服务形式，积极创新服务手段，带动群众参与共享工程的积极性，努力成为文化建设的中坚力量，为社会主义文化的繁荣发展做出贡献。

（撰文/淅川县支中心）

社旗县支中心

社旗县现辖12镇3乡248个行政村，总面积1203平方公里，耕地128万亩，总人口73万人。社旗县文化资源共享工程在河南省文化厅、河南省图书馆支持和部署下，逐步推进，稳步发展，在新形势下为繁荣农村基层文化，满足农民多层次文化需求，传递中国民族优秀文化资源发挥了重要作用。

一、基本情况

社旗县文化资源共享工程建设开始于2009年，2009年首批70个行政村终端设备在15个乡镇部分条件好点村试点安装，此后陆续在全县15个乡镇文化服务中心和村级服务点开始安装，经过经过四年的发展全县248个行政村现已安装236个行政村，下余行政村设备正在努力申报配置中。至此社旗县文化共享工程覆盖行政村达到95%。社旗县支中心设在社旗县图书馆，是社旗县共享工程的建设和业务指导单位，负责保障县中心共享工程设备的运行，协调乡镇镇村级共享工程设备的维修，指导镇村级共享工程活动的开展以及开展全县共享工程管理员的业务培训和指导。

二、队伍建设

为使共享项工程真正为民所用为民谋利，社旗县支中心将共享工程日常管理纳入制度化管理。制定支中心、镇、村基层服务点工作职责和制度，实行制度上墙公开。每年有年度工作计划，月度有工作要点，季度有工作督导，年末有工作总结考核，并推行管理员工作日志管理，收集整理共享工程服务活动的得失，探索共享工程管理和服务新模式。

文化资源共享工程作为一个新的农村文化资源获取平台，如何推广好、利用好共享工程丰富的文化资源关键在于是否有一支专业化的共享工程管理员队伍。社旗县共享工程支中心在管理员队伍建设上坚持明确职责，明确思路，制度化管理，常态化培育。对于乡镇、村两级基层共享工程管理上择优选取文化层次较高，有一定社会基层管理服务实践经验的大学生村官为管理员，他们工作热情高，有较高的文化水平能尽快熟悉掌握共享工程设备为所在村民服务。

目前社旗县共享工程管理员63%为各级大学生村官，13%是由较高学历的村委委员兼任，实现了管理员选取的高起点。

三、培训工作

社旗县支中心在共享工程管理员的培养上实现了制度化和常态化。根据支中心工作要求，每年对辖区共享工程管理员进行2期的集中培训，2009年以来一共举办各类培训班6期，参加轮训的各级管理员达200多人（次）。

四、经费投入

社旗县共享工程自2009年实现村村全覆盖以来，社旗县财政每年投入6万余万的运维经费，用于共享工程设备的维护，人员培训和惠民活动的开展。

五、文化下乡，惠农服务

社旗县支中心在共享工程服务实践过程中，以民众的需求为导向，积极探索，服务民众生活生产，引领群众高尚精神文化生活，打造群在满意喜爱的文化服务新平台。

社旗县属农业大县，根据每年节令时间县支中心制作农业小册子通过行政村基层服务点村民分发。针对不同农业种植者，县支中心有针对的选取资源上门指导服务。

六、多渠道宣传推广服务大众

1、社旗县支中心利用各种渠道宣传推广共享工程。

在社旗县每年“三下乡”的文化下乡活动中，社旗县支中心不失时机，以活动为平台，以资料为媒介宣传共享工程，让民众不断了解共享工程，走进共享工程。

2、走进校园。

社旗县支中心文化服务中不断探索，利用中小学开学之际，组织动员青少年关注共享工程，利用共享工程。

开展共享工程征文活动，深受广大青少年的喜爱。通过一系列的活动是共享工程不仅走进农村也走进校园走进青少年。

七、工作展望

社旗县文化资源共享工程的建设，为我县“三县”建设中文化名县建设起到了推动作用。

如今文化资源共享工程在社旗已经成为社旗人民文化生活的一大支柱，成为繁荣社旗文化，丰富社旗人民精神生活，推动社旗文化名县建设作出我们应用的贡献。

（撰文/社旗县支中心）

唐河县支中心

唐河县总面积2512平方公里，132万人口，203万亩耕地，辖12镇7乡两个办事处，150个行政村。

唐河县支中心在县文广新局的支持下，稳步发展，为满足人民群众多层文化需求，传播民族优秀文化发挥了重要作用。

一、基本情况

全国文化信息资源共享工程唐河县支中心始建于2009年6月，配备电脑25台，投影1台，服务器3台，至2009年10月，全部设备安装调试完成。支中心设在唐河县图书馆，负责支中心自身的服务、维修与管理，配合文广新局对村级管理员进行业务培训和指导。

二、管理和队伍建设

为充分发挥共享工程传播优秀文化，丰富群众精神文化生活的职能，唐河县支中心实行制度化、规范化管理，制订中心管理制度，确保设备安全和运行畅通；年初制订全年工作计划、服务项目、服务内容、服务办法，公布上墙，使读者一目了解。

为保障支中心各项工作高质量运行，我们多次派人参加省中心举办的共享工程管理人员培训班，并请网络技术人员到馆对工作人员进行网络和电脑技术专业培训，使他们不断提高专业技能，在加强自身提高的同时，配合文广新局，对村级基层站点管理员进行培训指导，使他们能较熟练地使用共享工程设备和信息资源，更好地为群众提供服务。

三、宣传推广与惠民服务

为使共享工程充分发挥作用，我馆进行了多种形式的宣传活动，发放宣传资料、展出宣传版面，制作电视专题片，结合节假日，免费播放优秀影视片、健康知识讲座等视频节目，传播优秀传统文化，丰富群众业余文化生活。

四、工作展望

全国文化信息资源共享工程作为互联网上中华优秀文化信息中心，它的建设和信息传播，对于传承和弘扬中华优秀文化，丰富和提高广大群众的精神文化需求有着积极的意义和作用。未来，我馆将进一步发挥县级支中心的作用，除做好日常服务之外，将逐步把服务推广延伸至社区、学校、军营、企业等，使更多的人享受这一国家的文化惠民政策，让更多的人享受到公共文化的阳光。

（撰文/唐河县支中心）

新野县支中心

新野县位于河南省的南部，北与南阳接壤，南于湖北相连，是一个平原县，新野县共有14个乡镇，16个行政村，常住人口80多万人。新野县文化资源共享工程在省文化厅、省图书馆，县文广新局的支持下，逐步推进，稳步发展，在新形势下，为繁荣农村基层文化，满足农民多层次文化需求，发挥了重要作用。

一、基本情况

新野县文化资源共享工程建于2011年，2012年8月光纤安装完毕，此后陆续在6个文化站开始安装，共享工程支中心设在新野县图书馆，是新野县共享工程的建设和业务指导单位，负责保障新野县共享工程设备的运行，指导乡镇村及共享工程活动的开展以及业务的培训指导。

二、共享工程资源，全县共享

为使共享工程真正为民服务，新野县图书馆支中心实行一星期56个小时免费开放，全县人民只要走进图书馆，走进电子阅览室，在这里使他们真正感受到资源共享的快乐，他们想看戏网上就有戏看，想看什么就看什么，真正活跃了全县群众的生活。

三、培训工作

新野县图书馆支中心对乡镇文化镇和村镇文化室进行了培训，我们派人给6个服务点进行了简单的业务指导和培训。

由于我县资源，共享工程安装时间短，另外专业人才欠缺，因此有些工作我们还做的很不到位，我相信在不久的将来，一切都会好起来。

（撰文/新野县支中心）

信阳市支中心

信阳市文化资源共享工程在信阳市文化广电新闻出版局，河南省图书馆支持和部署下，逐步推进，稳步发展，在新形势下为繁荣市民众基层文化，满足市民多层次文化需求，传递中国民族优秀文化资源发挥了重要作用。

一、基本情况

信阳市文化资源共享工程支中心建设开始于2003年，最初在老馆文化大厦内建立，设有卫星接收系统，可以接收全国文化信息共享工程发来视频影像资料。共享工程信阳支中心是全市文化共享工程建设和业务指导单位，负责保障市中心共享工程设备的运行，开展市共享工程管理员的业务培训和指导。

二、管理和队伍建设

为使共享项工程真正为民所用为民谋利，信阳支中心将共享工程日常管理纳入制度化管理。

制定信阳支中心服务点工作职责和制度，实行制度上墙公开。信阳市图书馆配有2名兼职的工作人员负责支中心工作，每年有年度工作计划，月度有工作要点，季度有工作督导，年末有工作总结考核，并推行管理员工作日志管理，收集整理共享工程服务活动的得失，探索共享工程管理和服务。

三、开展工作

根据支中心工作要求，每周都要开展讲座，及播放文化信息资源共享工程优秀影像，发挥其弘扬文明、传播知识、履行社会教育的功能，极大的丰富了市民的周末文化生活。

四、经费投入

信阳市共享工程自建立至今，共投入大约80余万元，用于基础建设，保障信阳市支中心工作的正常开展。

五、资源建设

信阳支中心在历年的工作中，搜集不同区域民众文化需求，选取、编辑制作各类题材资源5TB，每年制作发放各类光盘600多张，展板80多块，各类海报，招贴画55副，发放宣传资料2000余份。

六、宣传推广

1、信阳市支中心利用各种渠道宣传推广共享工程。多年来，我馆这一直关心特殊的文化需求，信阳市图书馆为援建的董家河乡驼店联小爱心图书室和市劳教所图书流动站定期提供送书上门服务。

我馆联合浉河区董家河乡驼店联小共同建设驼店联小爱心图书室，并捐赠少儿图书700余册，少儿书架20组，阅览桌椅一批同，我馆尽其所能为山区孩子们创造条件多读书、读好书，打开一扇扇希望之门！

同时，我馆专门针对在教人员的特点和需求，精心挑选了法律、文学、历史类新书1000多册，希望在教人员在党和政府关怀下，树立正确的人生观和世界观，能够尽早回归社会，融入社会。

关心关注特殊群体的精神文体生活，是我馆拓展服务，体现图书馆对特殊群体的人文关怀，让服刑人员和留守儿童也能感受到社会的关怀和图书馆的温暖，得到社会各界的一致好评。

2、到信阳市第三实验小学，为孩了们送上近500张经典阅读卡，向小朋友介绍信阳市图书馆少儿部丰富的馆藏少儿读物，推介经典读物并为孩子作经典阅读指导，鼓励青少年熟悉经典、阅读经典，并从经典中汲取宝贵的知识营养。

图书馆是孩子们的第二课堂，也是孩子们共有的精

神家园，希望更多的孩子多走进图书馆，了解学会利用图书馆。

3、为充分发挥图书馆公益性文化设施服务社会的职能，让广大农民工及其子女共享社会文化发展成果。信阳市图书馆举办了关爱农民工消夏电影展播活动。

4、十八大胜利召开后，为贯彻落实好党的十八大精神，信阳市支中心举办了"学习贯彻十八大精神，大力倡导全民阅读活动"系列活动。

其中包括"学习十八大精神"专题讲座，播放权威教授讲解的十八大精神讲座、亲子故事会、国学知识抢答、灯谜竞猜、送书上门等活动。

七、工作展望

信阳市支中心文化资源共享工程已走过10个年头，从最初单一的资源接收到现在的资源的建设和推广，使更多的市民群众参与进来。

展望未来，信阳市支中心要继续推动社会主义文化大发展大繁荣，进一步传播科学文化知识，提升市民文化思想素质，全面推动文化共享工程，推进建设学习型社会，努力在全社会形成"共文明共分享"的良好文明风尚，为建设魅力信阳做出贡献。

（撰文/朱　翔）

信阳市浉河区支中心

浉河区全区总面积1520平方公里，其中耕地面积25.5万亩，山林面积165万亩。总人口55.6万人，辖7个办事处、7个乡、2个镇、161个行政村、64个居委会。浉河区文化资源共享工程在浉河区文化局的支持下，积极发展，稳步前进，在当前形势不断焕新之下，为满足地区人民多元的文化需要，继而源源不断地传递着中华民族的优秀文化。

一、基本情况

浉河区文化资源共享工程于2011年建成并实现全区乡（镇）覆盖，全部经费由上级拨付。浉河区共享工程中心设在浉河区图书馆，是浉河区共享工程的建设和业务指导单位，负责协调各级共享工程设备的维修，保障共享设备的正常运行，指导各级共享工程工作的顺利开展，以及相关管理人员的辅导和培训。

二、管理和队伍建设

为了使资源共享工程更好的为民所用，浉河区中心将制度化管理的理念运用到其日常管理当中。制定了基层服务点工作职责和制度。拥有一支专业化的共享工程的管理队伍，是完善共享工程的强心剂。浉河区共享工程中心在管理员队伍建设上采取"择优而用"的原则，有一定社会基层管理服务实践经验者优先纳用，他们有较高的文化基础知识，能够在共享工程服务的工作中尽快熟悉、掌握工作流程，其丰富的实践经验亦能让其在工作中"化干戈为玉帛"。热情大方的服务态度，想人所想的工作效率，从而把管理员的水平提升到较高的层次。

三、经费投入

浉河区共享工程2011年实现全区个各乡（镇）覆盖以来，全区每年上级拨付55万元经费，用于工程的维护和文化惠民活动的开展。

四、共享共建

以共享资源为依托，在浉河辖区各乡（镇）建设电子阅览室，将各部门下发的电子文献资源与建立的浉河区共享工程服务点结合，把共享工程服务融入到基层人民群众的生活当中，为其拓宽信息渠道，提供新知识。

五、利民惠众

浉河区共享工程服务中心在其实践中，结合当地的实际为群众的需求做打算，积极探索发展道路。以传播科技、普及农业知识为主，引领人民群众向着更高的精神文化生活和实用技术领域迈进，将文化服务的新平台打造成为人民群众喜闻乐见的生活模式。

六、工作展望

2012年按照区委区政府的要求，浉河区共享工程中心将迁入琵琶台浉河区图书馆新馆，我们将以此为契机，加强专业技术人员的培训，大力宣传推广共享工程，组织动员少年儿童关注共享工程。开展各项活动，使文化共享工程深民心，不断拓展共享工程的服务范围和服务技能，使共享工程成为传播科学文化知识和教育阵地，为建设大美浉河做出贡献。

（撰文/信阳市浉河区支中心）

信阳市平桥区支中心

信阳市平桥区全区总面积1889平方公里，人口78万人。现辖23个乡镇（管理区、办事处），含214个行政村和49个居委会。平桥基层支中心自列入区委、区政府2008年度重点文化建设项目以来，在平桥区委、区政府、文化局的支持和部署下，逐步推进，稳步发展，为繁荣农村基层文化，满足农民多层次文化需求，传递中国民族优秀文化资源发挥了重要作用。

一、基本情况

平桥区文化资源共享工程建设开始于2005年，最初在平桥镇、明港镇、五里镇等6个镇试点安装，此后陆续在全区19个乡镇（街道办）文化中心开始安装，前期安装设备均通过卫星设备直接接收国家中心下发的各类资源和信息。2007年平桥区文化资源共享工程开始普及进入乡镇行政村，目前平桥区23个乡镇(管理区、办事处)中已覆盖181个行政村（居委会），覆盖率达85%以上。

平桥区支中心设在平桥区图书馆，是平桥区共享工程的建设和业务指导单位，负责保障区支中心共享工程设备的运行，指导18个乡镇图书分馆和村级共享工程活动的开展以及全区共享工程管理员的业务培训工作。

二、管理和队伍建设

为使共享工程真正为民所用为民谋利，平桥区图书馆将共享工程纳入制度化日常管理。制定了平桥区支中心、镇、村基层服务点工作职责和制度，实行制度上墙公开。每年年初有工作计划，月度有工作要点，季度有工作督导，年末有工作总结考核，并推行管理员工作日志管理，收集整理共享工程服务活动的得失，探索共享工程管理和服务新模式。

文化资源共享工程作为一个新的农村文化资源获取平台，如何推广好、利用好共享工程丰富的文化资源关键在于是否有一支专业化的共享工程管理员队伍。平桥区共享工程支中心在管理员队伍建设上坚持明确职责，明确思路，制度化管理，常态化培育。对于乡镇、村两级基层共享工程管理上择优选取文化层次较高，有一定社会基层管理服务实践经验的大学生村官为管理员，他们工作热情高，有较高的文化水平，能尽快熟悉掌握共享工程设备并努力为村民服务。

目前平桥区共享工程管理员是由大专以上学历的各乡镇图书馆管理员兼任,实现了管理员人员遴选的高起点。

三、培训工作

平桥区支中心在共享工程管理员的培养上实现了制度化和常态化。根据工作要求，每年对辖区共享工程管理员进行3期的集中培训，选派业务骨干到省图书馆、武汉大学、东莞图书馆等进行业务培训和顶岗实习。2005年以来一共举办各类培训班24期，参加轮训的各级管理员达200人次。

四、经费投入

平桥区财政每年投入10余万元运行经费用于共享工程设备的维护、人员培训和惠民活动的开展。同时，平桥区委、区政府，区文化局和区图书馆每年也投入大量人力物力支援共享工程各项工作的正常开展。

五、资源建设

平桥区支中心在历年的工作中，搜集不同区域不同层次的民众文化需求，选取、编辑制作各类题材资源6TB，每年制作发放各类光盘800多张，展板60多块，各类海报，招贴画35副，发放宣传资料5000余份。

六、合作共建

平桥支中心以共享工程为依托，结合乡镇图书馆多媒体阅览室和“零钱电影院”建立电子文献资源服务中心，同时将各部门下发的电子文献资源与建立的共享工程服务点结合，根据不同乡村的硬件条件建立形式多样的电子阅览室和多媒体中心。

比如在陆庙核心区、五里镇等建立拥有多台电脑的多媒体阅读中心；在甘岸等村镇与数字电影厅结合建成电影放映厅，共享工程宣教课堂和电子资源阅读播放为一体的多功能活动室；在长台关乡图书馆建立农村党员干部现代远程教育示范点；在学校举办“红色电影进学校”、未成年人读书活动。通过多方不懈努力，共享工程已逐步走入基层人民生活，成为全区读者获取新知，娱乐身心的新渠道新平台。

七、利民惠众，惠农服务

平桥区支中心在共享工程服务实践过程中，以民众的需求为导向，积极探索，服务民众生活生产，引领群众崇尚精神文化生活，打造群众满意喜爱的文化服务新平台。五里镇大堰村村民吕贵福乐呵呵地表示，当地不少村民从“资源共享工程”不但学到了农产品种植技术，还学到了市场营销、生态农业、文明礼仪等知识，打开了思路，增加了收入，比看书来得更直接。根据平桥区农业生产特点，平桥区每年按节令制作农业生产技术光盘和小册子通过行政村基层服务点向村民分发。针对不同农业专业者，平桥区有针对的选取资源上门指导服务。历年来累计服务专业生产户20多户，长期点对点跟踪服务5户。

八、宣传推广

1、普及推介

平桥区支中心利用各种渠道宣传推广共享工程。在平桥区每年组织的科技文化四下乡活动以及科普之春、科普之夏、科技宣传周等活动中，平桥区图书馆不失时机，以活动为平台，以资料为媒介宣传共享工程，让民众不断了解共享工程，走进共享工程。

2、走进校园

平桥区文化服务不断探索，利用图书馆儿童阅览专区，组织动员青少年儿童关注共享工程，利用共享工程，收集、整理、挖掘青少年知识兴趣点，针对集中知识群和关注点，聘请专家前来为青少年答疑解惑，深受广大青少年的喜爱。

3、专题活动精彩纷呈

平桥区在服务中抓住文化的热点和亮点，积极组织群众喜闻乐见的文化服务，使共享工程走进群众生活。

九、工作展望

平桥区文化资源共享工程支中心已走过8个年头，从起步的几个点到今天的85%以上的行政村已覆盖，从单一的资源接收到今天的编辑分发和群众广泛认知，广泛参与，文化资源共享工程在平桥区已经成为人民文化生活的一大支柱，成为繁荣平桥区文化、丰富平桥人民精神生活、推动平桥区人文科技进步的强大动力源泉。

今后，平桥区文化资源共享工程支中心计划在国家中心，河南省分中心的大力支持下，为平桥共享工程建设一支专业化的服务队伍，建立一个国家、市、区三级知识网络联动的即时问答服务体制和服务形式更加多样，服务网点更加宽广，参与群众更加广泛的共享工程文化带动体系，为建设科技平桥、文化平桥做出贡献。

（撰文/简立云）

固始县支中心

固始县总面积3000平方公里，601个行政村，总人口170万。近年来，我县在加快县域经济发展的同时，坚持把文化工作作为社会主义精神文明建设的突破口，以文化信息资源共享工程为抓手，有力促进了物质文明和精神文明的相互促进共同发展，为切实把共享工程这项民心工程办好落实。固始县文化共享工程在河南省文化厅，省图书馆支持和部署下，逐步推进，稳步发展，在新形势下为繁荣农村基层文化，满足农民多层次文化需求，传递中华民族优秀文化资源发挥了重要作用。

一、基本情况

固始县文化资源共享工程建设开始于2008年，2008年固始文化资源共享工程开始普及进入乡、村，第一批95个行政村与当年安装调试完毕。2009年第二批270个行政村进行安装调试完毕。2010年第三批202个行政村进行安装调试，至此固始县所属行政村基本实现全县共享工程村村全覆盖。

共享工程固始支中心设在固始县图书馆，是固始县共享工程的建设和业务指导单位，负责保障区中心共享工程设备的运行，协调镇村级共享工程设备的维修，指导村级共享工程活动的开展以及开展全区共享工程管理员的业务培训和指导。

二、管理和队伍建设

为使共享工程真正为民所用为民谋利，固始支中心将共享工程日常管理纳入制度化管理。制定支中心、村基层服务点工作职责和制度，实行制度上墙公开。每年有年度工作计划，月度有工作要点，季度有工作督导，年末有工作总结考核，并推行管理员工作日志管理，收集整理共享工程服务活动的得失，探索共享工程管理和服务新模式。

文化资源共享工程作为一个新的农村文化资源获取平台，如何推广好、利用好共享工程丰富的文化资源关键在于是否有一支专业化的共享工程管理员队伍。固始县共享工程支中心在管理员队伍建设上坚持明确职责，明确思路，制度化管理，常态化培育。对于乡镇、村两级基层共享工程管理上择优选取文化层次较高，有一定社会基层管理服务实践经验的大学生村官为管理员，他们工作热情高，有较高的文化水平能尽快熟悉掌握共享工程设备为所在村民服务。

三、培训工作

固始支中心在共享工程管理员的培养上实现了制度化和常态化。根据支中心工作要求，并对培训作有专门的工作流程和培训计划，每年对乡村共享工程管理员进行6期的集中培训，2008年以来一共举办各类培训班20期，参加轮训的各级管理员达1000人次。

四、资源建设

固始支中心在历年的工作中，搜集不同区域民众文化需求，选取、编辑制作各类题材资源，每年制作发放各类光盘50多张，展板20多块，各类海报，招贴画25副，发放宣传资料1000余份。

五、合作共建

以共享工程为依托结合全覆盖的农村数字电影厅建立电子文献资源服务中心。将各种部门下发的电子文献资源与建立的共享工程服务点结合，根据不同乡镇、村的硬件条件建立形式多样的电子阅览室和多媒体中心。比如在石佛乡、城郊乡等建立拥有多台电脑的多媒体阅读中心，共享工程宣教授课和电子资源阅读播放为一体的多功能活动室。通过多方不懈努力，共享工程已逐步走入基层村民生活，成为村民获取新知，娱乐身心的新渠道新平台。

六、利民惠众，惠农服务

固始支中心在共享工程服务实践过程中，以民众的需求为导向，积极探索，服务民众生活生产，引领群众高尚精神文化生活，打造群众满意喜爱的文化服务新平台。

根据固始县地域农业生产特点，固始支中心每年按节令制作农业生产技术光盘和小册子通过行政村基层服务点村民分发。针对不同农业专业者，固始支中心有针对的选取资源上门指导服务。

七、宣传推广

1、固始支中心利用各种渠道宣传推广共享工程。不断开展各项活动，开国英雄系列影视展播活动，受到了读者的热烈欢迎，激励了他们热爱伟大祖国、热爱中国共产党、热爱中华民族、热爱当今时代的真挚情感。固始支中心不失时机，以活动为平台，以资料为媒介宣传共享工程，充分发挥共享工程丰富的数字资源优势，满足广大读者的文化需求，让民众不断了解共享工程，走进共享工程。

2、邀孩子品味书香。利用支中心儿童阅览专区，组织动员青少年儿童关注共享工程，利用共享工程，收集青少年知识兴趣点整理挖掘，营造了良好的氛围，让学生在轻松的、不拘一格的学习形式中，丰富他们的知识面，培养读书乐趣和锻炼自我展示才能，活动内容丰富，形式多样，通过一系列的活动使共享工程不仅走进农村也走进校园走进青少年。

八、工作展望

全国文化信息资源共享工程作为我国公共文化服务体系的基础工程，是政府提供公共文化服务的重要手段，是实现广大人民群众基本文化权益的主要途径，是改善城乡基层群众文化服务的创新工程，自2008年我县支中心正式启动至今，已经走过了6年不平凡的历程。六年来，我县文化共享工程通过广泛整合，基本建成了资源丰富、技术先进、服务便捷、覆盖城乡的资源共享文化服务体系，基本实现"村村通"。初步满足了基层群众"求知识、求富裕、求健康、求快乐"的基本需求，初步缓解了农民群众看书难、看戏难、看电影难的问题。

今后固始支中心文化共享工程会不断提高标准、完善服务、改进管理等方面，全面提升公共文化服务能力和服务水平，促进固始公共文化服务体系的完善和发展。坚持社会主义先进文化前进方向，树立高度的文化自觉和文化自信，扎实推进文化共享工程等重大文化惠民工程，为建设文化固始作出应有的贡献！

（撰文/固始县支中心）

项城市支中心

一、基本情况

全国文化信息共享工程项城支中心依托市图书馆为实施主体，项目总投入116万元。建成了中心机房、用户终端、多媒体播放、电子阅览等系统，并拥有39个座位的用户大厅。具备了提供数字化文化信息服务的基本能力，搭起了城乡数字文化、信息共享的平台，为全市构建社会主义和谐社会起到了巨大的推动和促进作用。同时，该中心是全市唯一允许未成年人上网的场所，中心通过监控，实施"绿色上网"，杜绝未成年人玩游戏、浏览黄色网页等不健康的上网活动，保障未成年人身心健康，为学生提供一个良好的网上学习环境。

二、管理和队伍建设

为使共享工程真正为民所用为民谋利，项城支中心将共享工程日常管理纳入制度化管理。制定支中心、镇、村基层服务点工作职责和制度，实行制度上墙公开。每年有年度工作计划，月度有工作要点，季度有工作督导，年末有工作总结考核，并推行管理员工作日志管理，收集整理共享工程服务活动的得失，探索共享工程管理和服务新模式。

三、培训工作

为了使"共享工程"为民、便民，真正服务于广大人民群众，项城市图书馆成立了领导机构，落实责任，责任到人。同时利用文化共享工程对工作人员定期进行专业技术和操作技能培训，项城市文化广电新闻出版局长田桦在

全国文化资源信息共享工程项城支中心，利用多媒体给工作人员讲解Flash软件的应用范围，Flash动画的设计、制作。此次培训主要为了让工作人员熟练掌握动画制作的操作要领，提高业务技术水平，更好地为项城市民服务。

培训结束后，几位学员兴奋地说："以前只听说过Flash，也想学，就是没人教，去电脑培训班学习吧，他们安排的时间和我们上班时间相冲突。现在好了，我们有田局长这样的老师在身边，有不懂、不会的，可以随时去问，解答的非常详细，有时也可以上网实践操作。"

目前，支中心的技术人员均具有独立操作电脑的能力，保证了文化信息资源共享工程的正常运行和日常服务。

四、经费投入

共享工程项城支中心自2009年每年投入4万的运维经费，用于共享工程设备的维护，人员培训和惠民活动的开展。同时，图书馆每年也投入大量人力物力支援共享共享工程各项活动的正常开展。

五、资源建设

项城支中心在历年的工作中，搜集民众文化需求，选取、编辑制作各类题材资源7TB，每年制作发放各类光盘400多张，展板30多块，各类海报，招贴画20副，发放宣传资料1000余份。

六、合作共建

以共享工程为依托结合全覆盖的农村数字电影厅建立电子文献资源服务中心。将各种部门下发的电子文献资源与建立的共享工程服务点结合，根据不同乡镇、村的硬件条件建立形式多样的电子阅览室和多媒体中心。比如在秣陵镇的陶湾行政村，李寨镇的郭王行政村等建立拥有多台电脑的多媒体阅读中心，通过多方不懈努力，共享工程已逐步走入基层村民生活，成为村民获取新知，娱乐身心的新渠道新平台。

七、利民惠众，惠农服务

项城支中心在共享工程服务实践过程中，以民众的需求为导向，积极探索，服务民众生活生产，引领群众高尚精神文化生活，打造群在满意喜爱的文化服务新平台。

根据项城地域农业生产特点，项城支中心每年按节令制作农业生产技术光盘和小册子通过行政村基层服务点村民分发。针对不同农业专业者，项城支中心有针对的选取资源上门指导服务。历年来累计服务专业生产户20多户，长期点对点跟踪服务4户。

八、宣传推广

1、全国文化信息资源共享工程项城支中心利用全国文化信息资源共享工程项城支中心移动播放设备，自2011

年7月1日开始，开展为期100天的“文化共享工程夏日电影展播”活动。播放影片涵盖了儿童、喜剧、爱国主义教育、农村生活、励志等多种题材，优秀电影。

2、全国文化资源信息共享工程项城支中心开设“绿色通道”方便高考学生，项城市图书馆利用全国文化资源信息共享工程项城支中心的39台电脑，每年高考结束后开设为期一个月的“绿色通道”，为考生提供网上查询分数、网上填报志愿等服务。图书馆指定专人对前来查阅资料的考生和家长进行上网指导，深受考生及家长的一致好评。

文化信息资源共享工程的创建，不仅仅是局限于形式上的创建，关键是在于充分利用这一科技文化信息平台，为广大人民群众提供各种健康有益和实用的科技信息动态、专业技术知识，丰富人民群众的精神文化生活，使广大人民群众愉悦身心，陶冶情操，掌握科学文化知识，充分得到实惠。因此，支中心坚持每天全天开放，随时接纳群众上网查阅和进行各种文化活动。

据不完全统计，截止目前，放映农业科教片、电影、戏曲、安全知识、卫生常识及各种信息100多场次，直接受益者达60000人次。

九、工作展望

文化共享工程在项城市的实施运行，架起了城乡科技文化信息的桥梁，为推进项城的经济发展和社会事业建设起到了不可低估的作用，但是，在工作中还存在着管理服务制度不完善、投入资金有缺口、技术力量较弱等一系列问题，这有待于在今后的工作中进一步加以改进。

乘着十八大的强劲东风，在建设社会主义文化大潮中，文化信息资源共享工程必将进一步推广应用，“文化共享工程”必将在项城大地上绽放出绚丽的光华。

（撰文/赵 坤）

西华县支中心

一、基本情况

西华县文化信息资源共享工程建设开始于2009年，陆续在全县十八个乡镇和三个办事处文化站开始安装，并逐渐普及到行政村，截止目前，西华县所属行政村共有400多个村庄安装调试完毕。

支中心设立在西华县图书馆，是西华县文化共享工程的建设和业务指导单位，负责保障支中心文化共享工程设备的运行，协调乡镇、村级共享工程设备的维修，指导乡镇、村级共享工程活动的开展以及开展全县共享工程管理员的业务培训和指导。

二、管理和队伍建设

为使共享工程真正为民所用为民谋利，西华县支中心将共享工程日常管理纳入制度化管理，制定支中心、镇、村基层服务点工作职责，实行制度上墙公开，并制定严格的工作计划和考核制度，推行管理员工作日志管理，收集整理共享工程服务活动的经验，探索共享工程管理服务的新模式。

文化共享工程作为一个新的农村文化资源获取平台，如何推广好、利用好共享工程丰富的文化资源关键在于是否有一支专业化的管理员队伍。西华县共享工程支中心在管理员队伍建设上坚持明确职责、明确思路、制度化管理，择优选取文化层次高、有一定基层管理实践经验的同志或大学生村官为基层文化共享工程管理员。

三、培训工作

西华县支中心对共享工程管理员的培训工作大力支持，每年对全县的共享工程管理员进行2期的集中培训，2009年以来共举办各种培训班10期，参训人员达800多人。

四、经费投入

县图书馆每年投入5余万元的运行维修经费，用于共享工程设备的维护，人员培训和惠民活动的开展。

五、资源建设

西华县支中心在历年的工作中，根据基层群众不同的文化需求，制作发放各类光盘800多张，发放宣传资料2000余份。

六、宣传推广

西华县支中心利用各种渠道宣传推广文化资源共享工程，以民众的需求为向导，积极探索，打造人民群众满意喜爱的文化服务新平台，并以资料为媒介，让人民群众不断了解共享工程，走进共享工程，并在服务中不断探索创新，积极组织群众参加各类文化活动，真正使共享共享工程走进千家万户。

七、工作展望

西华县文化资源共享工程现如今已成为丰富西华人民文化生活的重要渠道，成为繁荣西华文化、推动西华人文科技进步的强大动力源泉。今后西华县支中心希望在国家中心、河南省分中心的大力支持下为西华共享工程建设一支专业化的服务队伍，建立一个国家、省、县三级知识网络联动的服务体系，参与群众更加广泛的文化体系，为建设西华美好的明天做出贡献。

（撰文/西华县支中心）

郸城县支中心

郸城县文化信息资源共享工程支中心在郸城县委、县政府的大力支持和上级业务部门的具体指导下，逐步推进，稳步发展，在新形势下为繁荣农村基层文化，满足群众多层次文化需求，传递中国民族优秀文化资源发挥了重要作用。

一、基本情况

郸城县文化信息资源共享工程郸城县支中心始建于2010年6月，建筑面积120平方米，设有多媒体播放室及电子阅览室，配有30台电脑和专业服务器、网络存储器等相关设备，配有全国文化信息资源共享工程电视机顶盒接收器，同时接入10兆光纤。

目前，该中心设施设备健全，乡、村文化站网络基本形成，进入运行阶段。

郸城县文化信息资源共享工程郸城县支中心设在郸城县图书馆，是郸城县共享工程的建设和业务指导单位，负责保障县支中心共享工程设备的运行，协调镇村级共享工程设备的维修，指导镇村级共享工程活动的开展以及开展全县共享工程管理员的业务培训和指导。

二、管理和队伍建设

为使共享工程真正为民所用为民谋利，郸城县支中心将共享工程日常工作纳入制度化管理。制定支中心、镇、村基层服务点工作职责和制度，实行制度上墙公开。年初有工作计划，每月有工作要点，季度有工作督导，年末有工作总结和考核，并推行管理员工作日志管理，收集整理共享工程服务活动的点滴得失，探索共享工程管理和服务新模式。

文化资源共享工程作为一个新的农村文化资源获取平台，如何推广好、利用好共享工程丰富的文化资源关键在于是否有一支专业化的共享工程管理员队伍。郸城县共享工程支中心在管理员队伍建设上坚持明确职责，明确思路，制度化管理，常态化培育。对于乡镇、村两级基层共享工程管理上择优选取文化层次较高，有一定社会基层管理服务实践经验的大学生村官为管理员，他们工作热情高，有较高的文化水平能尽快熟悉掌握共享工程设备为所在村民服务。目前郸城县共享工程管理员70%为大学生村官，26%是由较高学历的村委委员兼任，实现了管理员选取的高起点。

三、培训工作

郸城县支中心在共享工程管理员的培养上实现了制度化和常态化。根据支中心工作要求，每年对辖区共享工程管理员进行6期的集中培训，2010年以来一共举办各类培训班12期，参加轮训的各级管理员达800人次。

四、经费投入

郸城县共享工程自2010年实现村村全覆盖以来，郸城县图书馆每年投入2万余元的运维经费，用于共享工程设备的维护，人员培训和惠民活动的开展。同时，郸城县政府、郸城县图书馆每年也投入大量人力物力支援共享工程各项活动的正常开展。

五、资源建设

郸城县支中心在历年的工作中，搜集不同区域民众文化需求，选取、编辑制作各类题材资源7TB，每年制作发放各类光盘200多张，展板20多块，各类海报，招贴画12副，发放宣传资料2000余份。

六、合作共建

以共享工程为依托结合全覆盖的农村数字电影厅建立电子文献资源服务中心。将各种部门下发的电子文献资源与建立的共享工程服务点结合，根据不同乡镇、村的硬件条件建立形式多样的电子阅览室和多媒体中心。比如在东风乡的单楼行政村，宜路镇的杨洼行政村等建立拥有多台电脑的多媒体阅读中心，通过多方不懈努力，共享工程已逐步走入基层村民生活，成为村民获取新知，娱乐身心的新渠道新平台。

七、利民惠众，惠农服务

郸城县支中心在共享工程服务实践过程中，以民众的需求为导向，积极探索，服务民众生活生产，引领群众高尚精神文化生活，打造群众满意喜爱的文化服务新平台。根据郸城县地域农业生产特点，郸城县支中心每年按节令制作农业生产技术光盘和小册子通过行政村基层服务点村民分发。

针对不同农业专业者，郸城县支中心有针对的选取资源上门指导服务。历年来累计服务专业生产户10多户，长期点对点跟踪服务6户。

八、宣传推广

1、郸城县支中心利用各种渠道宣传推广共享工程。在郸城县每年的科技文化四下乡活动，科普之春，科普之夏，科技周等活动中，郸城县支中心不失时机，以活动为平台，以资料为媒介宣传共享工程，让民众不断了解共享工程，走进共享工程。

2、走进校园。郸城县支中心文化服务中不断探索，利用支中心儿童阅览专区，组织动员青少年儿童关注共享工程，利用共享工程，收集青少年知识兴趣点整理挖掘，针对集中的知识群和关注点，郸城县支中心在全县中小学校开展了“喜迎十八大，祖国在我心中”征文比赛和电脑小报制作大赛。通过一系列的活动是共享工程不仅走进农村也走进校园走进青少年。

3、专题活动，精彩纷呈。郸城县支中心在服务中抓住文化的热点和亮点，积极组织群众喜闻乐见的文化服务，使共享工程走进群众生活。例如在迎接党的“十八大”之际，郸城县支中心在才源中学举办了“红色经典电影进校园”活动，全校4000多名师生共享文化盛宴。

九、工作展望

郸城县文化资源共享工程已走过2个年头，从昨天的几个点到今天的378个行政村全覆盖，从单一的资源接收到今天的编辑分发和群众广泛认知，广泛参与，文化资源共享工程在郸城县已经成为郸城人民文化生活的一大支柱，成为繁荣郸城文化，丰富郸城人民精神生活，推动郸城人文科技进步的强大动力源泉。

今后郸城支中心希望在河南省支中心，周口市支中心大力支持下为郸城共享工程建设一支专业化的服务队伍，建立一个知识网络联动的即时问答服务体制和服务形式更加多样，服务网点更加宽广，参与群众更加广泛的共享工程文化带动体系，为建设科技郸城，文化郸城做出贡献。

（撰文/刘艳杰）

淮阳县支中心

一、基本情况

淮阳县全县辖20个乡镇（场），465个行政村，人口134万，面积1474平方公里，耕地147万亩，属典型的农业大县。2009年，我县实施文化信息资源共享工程建设，通过三年的努力，基本实现了所属行政村共享工程全覆盖。全国文化信息共享工程淮阳县支中心依托县图书馆为实施主体，项目总投入59万元。建成了中心机房、用户终端、多媒体播放、电子阅览等系统，并拥有60个座位的用户大厅。实现了提供数字化文化信息服务的基本能力，搭起了城乡数字文化、信息共享的平台，为全县构建社会主义和谐社会起到了巨大的推动和促进作用。

二、管理和队伍建设

为使共享工程真正为民所用为民谋利，淮阳县支中心将共享工程日常管理纳入制度化管理。制定支中心、镇、村基层服务点工作职责和制度，实行制度上墙公开。每年有年度工作计划，月度有工作要点，季度有工作督导，年末有工作总结考核，并推行管理员工作日志管理，收集整理共享工程服务活动的得失，探索共享工程管理和服务新模式。

三、培训工作

为了使“共享工程”为民、便民，真正服务于广大人民群众，淮阳县图书馆成立了领导机构，落实责任，责任到人。同时利用文化共享工程对工作人员定期进行专业技术和操作技能培训，淮阳县文化广播新闻出版局局长樊廷贵在淮阳支中心，利用多媒体给工作人员讲解Flash软件的应用范围，Flash动画的设计、制作。此次培训主要为了让工作人员熟练掌握动画制作的操作要领，提高业务技术水平，更好地为淮阳县人民服务。培训结束后，几位学员兴奋地说：“以前只听说过Flash，也想学，就是没人教，去电脑培训班学习吧，他们安排的时间和我们上班时间相冲突。现在好了，我们有樊局长这样的老师在身边，有不懂、不会的，可以随时去问，解答的非常详细，有时也可以上网实践操作。”目前，支中心的技术人员均具有独立操作电脑的能力，保证了文化信息资源共享工程的正常运行和日常服务。

四、经费投入

共享工程淮阳支中心自2009年以来，每年投入1万的运维经费用于共享工程设备的维护，人员培训和惠民活动的开展。同时，在县图书馆搬迁新址后，又投入35万资金，建成拥有60台计算机的电子阅览室，各种设备正在试营中。每年也投入大量人力物力支援共享工程各项活动的正常开展。

五、资源建设

淮阳支中心在历年的工作中，搜集民众文化需求，选取、编辑制作各类题材资源7TB，每年制作发放各类光盘400多张，展板30多块，各类海报，招贴画20副，发放宣传资料1000余份。

六、合作共建

以共享工程为依托结合全覆盖的农村数字电影厅建立电子文献资源服务中心。将各种部门下发的电子文献资源与建立的共享工程服务点结合，根据不同乡镇、村的硬件条件建立形式多样的电子阅览室和多媒体中心。比如在白楼镇的付楼行政村，王店乡的刘庄行政村等建立拥有多台电脑的多媒体阅读中心，通过多方不懈努力，共享工程已逐步走入基层村民生活，成为村民获取新知，娱乐身心的新渠道新平台。

七、宣传推广

文化信息资源共享工程的创建，不仅仅是局限于形式上的创建，关键是在于充分利用这一科技文化信息平台，为广大人民群众提供各种健康有益和实用的科技信息动态、专业技术知识，丰富人民群众的精神文化生活，使广大人民群众愉悦身心，陶冶情操，掌握科学文化知识，充分得到实惠。因此，支中心坚持每天全天开放，随时接纳群众上网查阅和进行各种文化活动。据不完全统计，截止目前，放映农业科教片、电影、戏曲、安全知识、卫生常识及各种信息56场次，直接受益者达60000人次。

八、工作展望

全国文化信息资源共享工程在淮阳县的实施运行，架起了城乡科技文化信息的桥梁，为推进淮阳的经济发展和社会事业建设起到了不可低估的作用，但是，在工作中还存在着管理服务制度不完善、投入资金有缺口、技术力量较弱等一系列问题，这有待于在今后的工作中进一步加以改进。

（撰文/牛楠方）

驻马店市驿城区支中心

驻马店市驿城区辖11个街道办事处，4个乡镇，总人口81万人总面积1327平方公里，建成区面积55平方公里。近年来，随着文化信息资源共享工程的深入开展，我馆抓住有利时机，购入相关设备、架设网络环境，搭建共享工程平台。利用互联网资源，为建设“和谐驿城，文化天中”发挥了重要作用。

一、基本情况

2009年，我局向省文化厅申报实施全国文化信息资源共享工程，该项目由国家投资设备分期建设，一期

工程国家投资120万元配备区基层中心机房服务器设备1套，电子阅览室电脑30台，建成县级支中心1个，机房面积24平方米；39个村（社区）文化活动室终端电脑39台，78个村（社区）文化活动室投影仪78台，安装工作已经于2010年11月全部完成。二期工程2010年配备终端设备3个乡镇（办事处）文化站电脑15台、8个村（社区）文化活动室24台。三期工程2011年配备终端设备2乡镇（办事处）文化站电脑10台、15个村（社区）文化活动室电脑45台。以后每年均有终端配备，直至实现全区各乡镇（办事处）文化站、各村（社区）文化活动室全覆盖。

二、队伍建设

区支中心自建立以来，与省图书馆、乡镇文化站、农家书屋建设相结合，科学制订活动方案，建立健全各项规章制度，突出整合资源，拓宽服务渠道。目前区支中心承担全区网点的管理，资源更新，日常技术维护、人员培训等工作。并对各图书室业务建设进行指导。激发管理员学习业务的兴趣，提高管理员的业务工作能力。各乡镇村委、社区农家书屋管理员既负责农家书屋又负责文化共享工程工作开展，做好技术维护和活动开展。

三、惠民服务

1、积极参加“三下乡”活动，支中心利用馆藏资源为各个图书服务点和农民朋友送书8次，送去了科技信息、致富之友等书刊3000多册，向农民朋友无偿提供图书馆编印的信息资料、小册子1000余份。在送书下乡的同时，积极宣传科学文化、普及科技知识，受到了广大农民朋友的欢迎。

2、在图书服务宣传周和读书日活动中，支中心为读者安排了丰富多彩的读书活动：优惠办证、新书展览、争当“文明小读者”演讲赛、庆“六一”青少年书画比赛、“青少年走进图书馆”夏令营活动，关注弱势群体，开展送书上门，为聋哑学校免费发放图书证，及向小读者开展免费电脑培训。在多媒体室，开展了文化信息资源共享工程红色经典电影展播，放映电影有：《共和国不会忘记》、《英雄儿女》、《抗日小奇兵》等优秀电影。

通过一系列活动，让更多的人了解图书馆，走进图书馆，在读书学习中提高自身素质。

3、为部队官兵送书是我馆的光荣传统。支中心为驻军“军营图书流动站”每季度更新图书、科技影视光盘，内容涵盖各类文艺、军事、法律，使部队官兵有了充足的精神食粮。适时组织开展军民联欢活动，增进军民情谊，加强军地间的相互支持与合作。

四、工作展望

今后驻马店驿城区支中心将继续在和谐的氛围中，紧紧围绕国家、省、市中心的工作部署，加快文献资源建设步伐，特别是电子、信息资源建设应稳步推进。加大投入购买数字资源建立图书馆暨文化共享工程网站、地方文献数据库、以人为本，开拓创新，强化服务意识，增加服务功能，提高服务质量。使文化共享工程真正成为城乡群众参与文化娱乐、获取科普信息、接受教育培训、享受惠民服务的重要平台。在维护公民基本文化权益、倡导学习阅读、丰富社会文化生活、构建和谐社会等方面发挥应有作用。

（稿人/冯　伟）

确山县支中心

确山县区域面积为1497.3平方公里，辖10个镇、2个乡，人口约43万人。确山县文化资源共享工程在驻马店市文化局支持和部署下，逐步推进，稳步发展，在新形势下为繁荣农村基层文化，满足农民多层次文化需求，传递中国民族优秀文化资源发挥了重要作用。

一、基本情况

确山县文化资源共享工程建设开始于2004年，最初在确山县的李新店乡、刘店镇、竹沟镇和留庄镇4个乡镇文化站安装“共享工程”传输接收设备。2008年后，陆续在全县12个乡镇文化中心开始安装，前期安装设备均通过卫星设备直接接收国家中心下发的给类资源和信息。2011年全县209个行政村实现共享工程村村全覆盖。

共享工程确山支中心设在确山县图书馆，是确山县共享工程的建设和业务指导单位，负责保障县中心共享工程设备的运行，协调镇村级共享工程设备的维修，指导镇村级共享工程活动的开展及开展全县共享工程管理员的业务培训和指导。

二、管理和队伍建设

为使共享工程真正为民所用为民谋利，确山县支中心将共享工程日常管理纳入制度化管理。制定支中心、镇、村基层服务点工作职责和制度，实行制度上墙公开。每年有年度工作计划，月度有工作要点，季度有工作督导，年末有工作总结考核，并推行管理员工作日志管理，收集整理共享工程服务活动的得失，探索共享工程管理和服务新模式。

确山县共享工程支中心在管理员队伍建设上坚持明确职责，明确思路，制度化管理，常态化培育。对于乡镇、村两级基层共享工程管理上择优选取文化层次较高，有一定社会基层管理服务实践经验的大学生村官为管理员，他们工作热情高，有较高的文化水平能尽快熟悉掌握共享工程设备为所在村民服务。目前确山县共享工程管理员50%为各级大学生村官，30%是由较高学历的村委委员兼任，实现了管理员选取的高起点。

三、培训工作

确山县支中心在共享工程管理员的培养上实现了制度化和常态化。根据支中心工作要求，每年对辖区共享工程管理员进行3期集中培训，2008年以来一共举办种类培训班20期，参加轮训的各级管理员达400多人次。

四、经费投入

确山县共享工程自2008年实现村村全覆盖以来，县图书馆每年投入5余万的运维经费，用于共享工程设备的维护，人员培训和惠民活动的开展。同时，确山县政府，县文化广电新闻出版局和确山县图书馆每年也投入大量人力物力支援共享工程各项活动的正常开展。

五、资源建设

确山县支中心在历年的工作中，搜集不同区域民众文化需求，选取、编辑制作各类题材资源1TB，每年制作发放各类光盘200多张，展板10块，各类海报、招贴画13副，发放宣传资料1000余份。

六、合作共建

以共享工程为依托结合全覆盖的农村数字电影厅建立电子文献资源服务中心。将各种部门下发的电子文献资源与建立的共享工程服务点结合，根据不同乡镇、村的硬件条件建立形式多样的电子阅览室和多媒体中心。通过多方不懈努力，共享工程已逐步走入基层村民生活，成为村民获取新知，娱乐身心的新渠道新平台。

七、利民惠众、惠农服务

确山县支中心在共享工程服务实践过程中，以民众的需求为导向，积极探索，服务民众生活生产，引领群众高尚精神文化生活，打造群众满意喜爱的文化服务新平台。

根据确山地域农业生产特点，确山支中心每年按节令制作农业生产技术光盘和小册子通过行政村基层服务点村民分发。针对不同农业专业者，确山支中心有针对的选取资源上门指导服务。历年来累计服务专业生产户10多户，长期点对点跟踪服务3户。

八、宣传推广

1、确山支中心利用各种渠道宣传推广共享工程。在确山县每年的科技文化四下乡活动，科技周等活动中，确山支中心不失时机，以活动为平台，以资料为媒介宣传共享工程，让民众不断了解共享工程，走进共享工程。

2、走进校园。文化服务中不断探索，利用支中心儿童阅览专区，组织动员青少年儿童关注共享工程，利用共享工程，收集青少年知识兴趣点整理挖掘，为青少年答疑解惑。同时按照国家中心的部署在全区中小学校开展了阳光少年热爱党网页制作大赛和电脑小报制作大赛。通过一系列的活动是共享工程不仅走进农村也走进校园走进青少年。

3、专题活动，精彩纷呈。确山平支中心在服务中抓住文化的热点和亮点，积极组织群众喜闻乐见的文化服务，使共享工程走进群众生活。例如在每年的"五一"、"七一"、八一"、"十一"等重大节日到来之际，确山支中心均为广大读者组织一批群众喜闻乐见的影视作品及讲座，深受读者的喜爱。

八、工作展望

确山县文化资源共享工程已走过将近5个年头，从昨天的几个点到今天的209个行政村全覆盖，从单一的资源拷贝到今天的编辑分发和群众广泛认知，广泛参与，文化资源共享工程在确山已经成为确山人民文化生活的一大支柱，成为繁荣确山文化，丰富确山人民精神生活，推动确山人文科技进步的强大动力源泉。

（撰文/确山县支中心）

遂平县支中心

遂平县总面积1080.2平方公里，共有15个乡镇，行政村207个，人口54万。遂平县文化共享工程在驻马店市、遂平县文广新局的支持和部署下，逐步推进，稳步发展，在新形势下为繁荣农村基层文化，满足农民多层次文化需求，传递中国民族优秀文化资源发挥了重要作用。

一、基本概况

遂平县支中心始建于2008年，位于图书馆二楼，是遂平县共享工程的建设和业务指导单位，负责保障县中心共享工程设备的运行，协调镇村级共享工程设备的维修，指导镇村级共享工程活动的开展以及开展全县共享工程管理员的业务培训和指导。

二、管理和队伍建设

支中心将共享工程日常管理纳入制度化管理。制定支中心、镇、村基层服务点工作职责和制度，实行制度上墙公开。县支中心配备2名管理员进行日常维护，制定定期培训活动计划，收集整理共享工程资源信息，探索共享工程管理和服务新模式。对于乡镇、村等基层共享工程管理上择优选取文化层次较高，有一定社会基层管理服务实践经验的大学生村官和村委委员为管理员，他们工作热情高，有较高的文化水平能尽快熟悉掌握共享工程设备为所在村民服务。

三、培训工作

根据市中心安排，遂平县支中心每年对乡镇共享工程管理员举办免费培训班3期，其它社会讲座2次，2008年以来，一共举办各类培训及讲座班20期，参加人员高达2000人次。

四、经费投入

遂平县共享工程自2008年实现村村覆盖以来，从专项资金里每年拨入2万的运维经费，用于共享工程设备的维护，人员培训和惠民活动的开展。同时，遂平县政府，县文广新局及图书馆每年也投入大量人力物力支援共享工程各项活动的正常开展。

五、合作共建

以共享工程为依托结合实地情况与社会教育联合办班，利用共享工程文艺类资源开办舞蹈班和画画班，通过视频平台选取教材，制作光盘，招募社会文艺类人才授课。通过这一合作共建举措，既丰富少年儿童的业余生活，又提高了县级支中心共享工程的利用率和知名

度，受到社会各界热烈欢迎。

六、利民惠众，惠农服务

遂平县支中心利用共享工程资源，拓宽服务渠道，积极开展文化下乡服务活动，在综合调研分析农民群众科技、文化需求的基础上，精心挑选数百本以种植、养殖、家电维修、健康指导为主要内容的图书及群众喜闻乐见的电影、戏剧光盘，开展“文化共享　下乡服务”为农民群众免费送信息资源服务活动。将农民急需的农技知识、文化娱乐节目及时送到农村，以提高生产技能，有效的促进了相关区域农业增产增收，活跃了当地文化生活，受到广大农民群众的欢迎。

七、宣传推广

1、遂平县支中心利用各种渠道宣传推广共享工程

图书馆在户外举办读书服务宣传周时，把支中心简介分发给路人，不失时机为每一位咨询读者介绍文化共享工程；在文化广场宣传免费办理图书借阅证时，不忘为群众介绍文化共享工程；在每年的送书下乡活动中及下乡指导图书编目分类服务时，以活动为平台，以资料为媒介宣传共享工程，让民众不断了解共享工程，走进共享工程。

2、向青少年送文化大餐

派管理员将共享工程网络资源带进校园，免费为中小学生讲解网络知识，介绍绿色上网资源，及如何利用网络资源开发潜力，提高学习兴趣。暑期，利用县支中心网络设施，免费为未成年人开放，并配有专职辅导员，讲解文化共享工程资源。全县中、小学生均可上网免费查阅资料、看电影动画、欣赏文艺类节目、电脑绘画、写作文等。以丰富青少年的假期生活，为未成年人健康上网提供阵地。

八、工作展望

遂平县支中心共享工程自从建设以来，已经成为遂平县人民文化生活的一大亮点，通过广大群众积极参与，互相传播，共同享受文化盛宴。就目前的建设模式来说，在未来会有很大的发展空间。虽然文化共享工程有很多局限性（人员素质、维护队伍、专业知识等），限制了工程的进一步发展，但解放思想，拓展思路，才能让大家都可以享用共享工程资源，这是未来的一大趋势，相信我们会做的越来越好，今后会在省支中心、市支中心的正确领导和支持下，建立一个服务形式多样，服务网点宽广的共享工程文化体系，使遂平县文化建设更上一个台阶。

（撰文/张　静）

上蔡县支中心

上蔡县现辖22个乡镇，4个办事处，528个行政村（居委会），总人口138.74万人，上蔡县文化共享工程在上级有关部门的支持和部署下，逐步推进，稳步发展，在新形势下为繁荣农村基层文化，满足农民多层次文化需求，传递中国民族优秀文化资源发挥了重要作用。

一、基本情况

上蔡县文化资源共享工程建设开始于2008年，2009年支中心开始安装，前期安装均通过国家财政下发设备，给与资源和信息。2008年至2010年共建成基层文化服务点444个，文化共享网络在我县已全部覆盖。上蔡县支中心配备服务器3台，配电盘1台，UPS电源1台，打印机、复印机、一体机各1台，投影机1部，工作机5台，电脑45台；工作人员4人（兼职1人），建立了上蔡县图书馆网站（www.shclib.com），目前上蔡县基层服务网点共有电脑336台，投影机108部，村级服务点管理人员749人，共中专职人员370人，兼职人员379人。共享工程上蔡县支中心设在上蔡县图书馆，是上蔡县共享工程的建设和业务指导单位，负责保障全县共享工程设备的运行，协调镇村级工程设备的维修，指导镇村级共享工程活动的开展以及开展全县共享工程管理人员的业务培训和指导。

二、经费投入

2008年至2010年由中央、省、市、县四级财政共投入360万元，用于我县文化信息资源共享工程建设，其中县支中心68万元，11个文化服务中心44万元，444个基层服务点248万元，县财政投入近100万元，并且每年投入运行经费10万元，用于共享工程设备的维护，人员培训和惠民活动的开展。确保了共享工程的正常运转。

三、培训工作

上蔡县支中心经常对村级服务点的管理人员进行组织培训，2009年至2012年之中心分四批对上蔡县444个基层服务点管理人员及24个乡镇文化中心主任749人进行了有效的管理、辅导和培训，使其掌握了资源的更新和运用，为共享工程建设和发展打了夯实的基础。

四、资源整合　共建共享

我县将文化信息资源共享工程与党员远程教育实施共建，一室两用，目前已建成基层服务点444个，文化共享网络在我县已全部覆盖，2008年以来共服务259万人次，让全县群众可以方便、快捷地享受到共享工程提供的电子书、文化科技培训、数字视频节目等丰富内容和形式多样的文化服务及远程教育。为了扩大在基层群众中的影响，广泛宣传其作用和意义，使各级领导和群众充分认识到这是一项惠民工程、民心工程，认识到工作的重要性以及文化信息资源的可用性，我们利用电子阅览室对社会进行了全天开放，星期六上午免费播放名家讲座或播放电影，所购买搜集的200多种光盘全部可免费欣赏。随着宣传力度的逐渐深入，在城镇居民心中的影响也在逐渐加深，对文化信息资源的需要也在逐渐加大，人们开始掌握和使用这块知识宝库。

五、发挥优势 开展服务

在实施共享工程的过程中，不断拓展共享工程的服务内涵和方式，充分利用这一全新的工作载体条件，切实面向“五个走进”（走进农村、走进社区、走进学校、走进企业、走进军营），开创了基层文化工作的新局面。

1、馆内活动丰富多彩

充分发挥公共图书馆的阵地作用，在电子阅览室每周推介优秀栏目、名家讲座、生活常识、电影及优秀地方剧目；每月开展一次共享工程利用知识培训；利用星期天、节假日针对未成年人播放百部爱国主义教育影片、科普类等影片，举办思想道德建设方面的讲座、名著赏析等，引导青少年、社会务工人员走进图书馆，了解共享工程，利用电子阅览室网络平台。掌握更多的科学知识，深受广大群众的欢迎。

2、走进农村、走进社区

新农村建设正在进行城市化改造，农民、社区居民对待现代科技信息和文化的需要迅速增加。结合这一现状，图书馆深入调查，根据农民的需求，下载家禽饲养、苗木、花卉栽培等相关信息达2千多条，组织村民阅读学习。送科技下乡是实施“共享工程”又一具体举措，结合城区的实际情况，我们有选择的提供科技知识，让广大农民不断感受到先进科学和现代文明。

六、工作展望

上蔡县文化资源共享工程已成为上蔡人民文化生活的一大支柱，成为繁荣上蔡文化、丰富上蔡人民精神生活，推动上蔡人文科技进步的强大动力源泉，成为领导决策的重要信息依据。今后上蔡支中心在国家中心、省分中心大力支持下，为上蔡共享工程建设一支专业的服务队伍，建立一个省、市、县三级知识网络联动的即时问答服务体制和服务形式更加多样，服务网点更加宽广参与群众更加广泛的共享工程文化带动体系，为建设科技上蔡、文化上蔡做出贡献。

（撰文/上蔡县支中心）

汝南县支中心

汝南县现辖17个乡镇、街道办事处，281个行政村（居委会），总人口79.41万，总面积1475平方公里，耕地面积119.5万亩。汝南文化资源共享工程在汝南县图书馆，在驻马店市文化局和汝南县文化局支持和部署下，逐步推进，稳步发展，在新形势下为繁荣农村基层文化，满足农民多层次文化需求，传递中国民族优秀文化资源发挥了重要作用。

一、基本情况

2007年，我县被列为第二批试点县以来，便引起各级领导高度重视，由于我县有一定的经济基础，群众文化工作开展较好，县、乡（镇）、村三级文化网络健全；有符合开展文化共享工程工作的设施场所。2007年全县17个乡镇（街道办）文化中心开始安装，前期安装设备均通

过卫星设备直接接收国家中心下发的给类资源和信息。2008年县区范围文化资源共享工程开始普及进入乡镇行政村，第一批85个行政村与当年安装调试完毕。2009年第二批112个行政村进行安装，2010第三批84个行政村与当年安装调试完毕。至此汝南县所属行政村实现全区共享工程村村全覆盖。共享工程汝南支中心设在汝南县图书馆，是本县区共享工程的建设和业务指导单位，负责保障本县支中心共享工程设备的运行，协调镇村级共享工程设备的维修，指导镇村级共享工程活动的开展以及开展全区共享工程管理员的业务培训和指导。

二、管理和队伍建设

乡级文化信息资源共享县级支中心的各种服务器、多媒体资源加工设备、存储设备、业务自动化管理系统均按标准进行了配置，建设了统一、交互式的网络管理平台，丰富了公共文化服务的方式和手段，改善了服务质量，提高了公共文化服务水平。为使共享项工程真正为民所用为民谋利，汝南支中心将共享工程日常管理纳入制度化管理。制定支中心、镇、村基层服务点工作职责和制度，实行制度上墙公开。每年有年度工作计划，月度有工作要点，季度有工作督导，年末有工作总结考核，并推行管理员工作日志管理，收集整理共享工程服务活动的得失，探索共享工程管理和服务新模式。

三、培训工作

汝南支中心在共享工程管理员的培养上实现了制度化和常态化。根据支中心工作要求，每年对辖区共享工程管理员进行1期的集中培训，2008年以来　共举办各类培训班4期，参加轮训的各级管理员达200人次。

四、经费投入

汝南区共享工程自2008年实现村村全覆盖以来，县财政每年投入2万余的运维经费，用于共享工程设备的维护，人员培训和惠民活动的开展。同时，汝南文化局每年也投入大量人力物力支援共享共享工程各项活动的正常开展。

五、资源建设

汝南县支中心在作好传统服务工作的同时，深入开展文献资源的开发，同时不断地提高精品意识，努力打造高质量的品牌。做好信息服务工作，为领导决策服务。支中心编制的《信息参考》是一份专门向各级领导提供各类信息的刊物，编印的《科技参考》，每次下乡送书时都要免费发放到农民手中，深受广大农民群众的欢迎。

六、合作共建

以共享工程为依托结合全覆盖的农村数字电影厅建立电子文献资源服务中心。将各种部门下发的电子文

献资源与建立的共享工程服务点结合，根据不同乡镇、村的硬件条件建立形式多样的电子阅览室和多媒体中心。比如在古塔街道办事处的宋庄村，老君镇的老君村等建立拥有多台电脑的多媒体阅读中心，在金铺村和任楼等村与数字电影厅结合建成电影放映，共享工程宣教授课和电子资源阅读播放为一体的多功能活动室。通过多方不懈努力，共享工程已逐步走入基层村民生活，成为村民获取新知，娱乐身心的新渠道新平台。

七、利民惠众，惠农服务

汝南支中心在共享工程服务实践过程中，以民众的需求为导向，积极探索，服务民众生活生产，引领群众高尚精神文化生活，打造群在满意喜爱的文化服务新平台。根据汝南地域农业生产特点，汝南支中心每年按节令制作农业生产技术光盘和小册子通过行政村基层服务点村民分发。针对不同农业专业者，汝南支中心有针对的选取资源上门指导服务。历年来累计服务专业生产户30多户，长期点对点跟踪服务6户。

八、宣传推广

1、利用各种渠道宣传推广共享工程。在汝南图书馆每年的科技文化三下乡活动，科普之春，科普之夏，科技周等活动中，汝南支中心不失时机，以活动为平台，以资料为媒介宣传共享工程，让民众不断了解共享工程，走进共享工程。2.走进校园。汝南支中心文化服务中不断探索，利用支中心儿童阅览专区，组织动员青少年儿童关注共享工程，利用共享工程，与县妇联、县教育局、广播电视局、网通公司等单位协调，开展“打字比赛”少儿活动、红色影视展播、举办讲座、电脑培训、印发宣传标单等一系列活动。进一步引导未成年人加强对图书馆电子阅览室的了解，同时加强对少年儿童的爱国主义教育，让孩子们了解历史，树立信仰，提高中小学生的爱国热情。3.专题活动，精彩纷呈。汝南县支中心在服务中抓住文化的热点和亮点，积极组织群众喜闻乐见的文化服务，使共享工程走进群众生活，大力宣传引导，积极带动全县大众阅读。充分利用广播、电视等新闻媒体的宣传作用，开设“文化共享”专题报道、开设专栏、进行专题访谈等形式，宣传文化共享活动的开展情况和社会效果，提高新闻媒体在文化共享活动中的导向性、权威性和公信力。例如在迎接建党90周年之际，汝南支中心联合其他县计生委在古塔镇服务中心举办了“欢乐中原.和谐汝南”红歌赛等活动，取得了很好的社会效果，受到社会各界一致好评。

九、工作展望

汝南区文化资源共享工程已走过5个年头，从昨天的几个点到今天的281个行政村全覆盖，从单一的资源接收到今天的编辑分发和群众广泛认知，广泛参与，文化资源共享工程在汝南已经成为汝南人民文化生活的一大支柱，成为繁荣汝南文化，丰富汝南人民精神生活，推动汝南人文科技进步的强大动力源泉。今后汝南县支中心希望在驻马店市文化局、汝南县文化局大力支持下为汝南共享工程建设一支专业化的服务队伍，建立一个县、乡村三级知识网络联动的即时问答服务体制和服务形式更加多样，服务网点更加宽广，参与群众更加广泛的共享工程文化带动体系，为建设科技汝南，文化汝南做出贡献。

（撰文/汝南县支中心）

正阳县支中心

一、总体情况

正阳县于2009年开始启动文化信息资源共享工程建设工作，当年同步完成了县级支中心和70个村级基层点建设，2010年至2012年，我县文化信息资源共享工程村级基层服务点建设全面铺开，截止目前，全县已建成1个县级支中心，配备机房1座、电脑25台、桌椅25套、笔记本电脑、投影机、摄像机、照相机、储电设备等；19个乡镇分中心，各配备电脑3台、机房1座、DVD、笔记本电脑、投影机、播放设备和桌椅1套；建成293个村级基层服务点，配备有电脑、电视、机顶盒、桌椅，基层服务点覆盖率达100%。2009年，当时按上级要求将县级支中心设在县图书馆，由图书馆具体负责县级支中心建设和管理，包括机房建设、开设电子阅览室及其他相关设备安装使用等，支中心建成后，我们按照要求开展了很多专题活动。4年来，每年元旦节、春节、五一、中秋节、国庆、重阳节等节假日期间县图书馆利用文化共享设备在县城中心广场、街道、图书馆院内为群众播放电影、戏曲节目，图书馆内利用报告厅开展有关历史、文学、民俗、国学、青少年教育等为主题方面的视频讲座，丰富节日期间人民群众的文化生活，充分利用文化共享工程网上资源开展“文化三下乡”、“走进社区”为群众服务，引导广大群众了解并享受文化信息资源，成效显著，曾得到上级主管部门的肯定和好评，几年来共播放电影、戏曲节目130场次，影片达270多部，举办视频讲座68场，参加活动的群众达到20000多人次。自2009年开展文化共信息资源共享工程建设以来，各基层服务点基本实现了设备安装使用到位、专兼职管理人员到位、制度标识规范到位、服务活动开展到位，其平台搭建基本完成，各项专题活动也正在有序开展，工作效益日渐显现，深受基层群众的好评和称赞。

二、主要成效

1、基层群众业余生活更加丰富了。以前，由于乡村缺少文化生活平台，信息资源缺乏，农村群众文化娱乐活动不多，形式单调。共享工程建成投入使用以后，广大基层群众利用共享工程平台，充分享受丰富的文化信息资源，通过村级基层服务点组织村民集体收看文艺节目、涉农知识讲座，通过开放电子阅览室让村民自已学会上网看电影、看书、聊天、玩游戏，极大地丰富了基层村民的业余文化生活。2、基层群众信息咨询更加方便了。以往，由于信息相对比较闭塞，特别是一些边远村，村民对于如何利用当地资源更好地发展种植、养殖业等方面的信息更多的是局限于本县市场，对外界市场信息了解的内容不多、收集可靠的信息渠道不便。共享工程建成投入使用以后，广大基层农民在家可以很快很方便收集到各地广泛的市场信息，为他们更好地调整种养结构和销售农产品提供了很好的参考。3、基层群众致富效益更加提高了。村级基层服务点建成后，我们引导乡、村充分利用文化共享工程平台向农民群众开展各种农业种养科普知识宣传，使一大批农民尝到了科学种养、技术致富的甜头。

三、主要做法

1、部门协作，齐抓共管。统一思想，充分认识实施“共享工程”的重要意义，加强领导与协调，及时成立了以县政府分管副县长为组长，县委宣传部、县财政局、县文广局、县邮政局、县图书馆主要领导为成员的工作领导小组。二是调动各有关方面的积极性，统筹规划，统一标准，共建共享，以县文化信息资源共享工程建设领导小组名义制定下发了正阳县文化信息资源共享工程建设工作方案，明确了各部门的工作职责，落实了人员分工和任务分解。三是将文化信息资源共享工程建设工作列入当年县委、县政府重点工作进行定期调度。四是县财政及时落实了建设配套资金，并在预算内列支了运行保障经费。五是由纪检、审计等相关部门共同参与监督设备采购、资金使用及设备使用等相关事宜，对专项资金的使用要符合国家文化政策，遵守国家财务制度，坚持诚实申请、公正受理、科学评估、择优支持、专款专用的原则，建立项目与经费管理相互监督制约的机制，建立项目事前审核、事中监督、核实后考核的管理体系。2、统筹资源，合力共建。一是实行农村党员干部现代远程教育工程建设与文化信息资源共享工程基层服务点建设工作合并开展，实现硬件设施和信息资源的最大优化整合，实现了二者的共建共享，群众足不出村就可以随时点播收看精彩的文化类和科技类节目，共享工程在新农村文化建设中发挥了积极作用。二是实行村委会干部经专业培训后专门管理，实现文化共享工程管理队伍的有力保障。三是采取上级项目扶持、县级财政配套和乡村自筹相结合的方式，实现文化共享工程建设资金的统筹落实。四是把实施“共享工程”与加强基层文化建设、促进图书馆事业发展紧密结合起来。3、组织引导，保障共享。一是规定开放时间。县级支中心全周开放，确保每周对外开放时间不少于56个小时；乡镇基层分中心和村级服务点可根据当地情况合理安排开放时间，但须确保每周平均开放时间不少于30个小时。二是组织专题活动。要求县级支中心要做好各基层服务点资料更新配送工作，并每年力争定期按要求组织开展好县支中心专题活动以及对基层服务点管理人员的业务培训，各基层服务点可根据本地情况每年须开展8次以上的专题活动。三是督促正常运行。县级支中心在做好自身正常运行开放的同时，经常不定期对乡村基层服务点进行督查，协调乡村要尽可能确保各服务点运行经费的落实，电脑要开通上网，设备要保障正常运行使用。

（撰文/任应丽、曾亚伟）

全国文化信息资源共享工程——

湖北省分中心

湖北省地处长江中游，位居华中腹地，素有九省通衢，鱼米之乡的美誉。美丽富饶的大地孕育出灿烂悠久的荆楚文化，是中华民族璀璨文化瑰宝的重要组成。近年来，湖北省按照文化部对共享工程建设的各项要求，在全省各级党委、政府及组织、财政等部门大力支持下，坚持以科学发展观为指导，坚持面向基层、面向农村，着力提高数字资源的质量，广泛开展惠民服务，抓好队伍建设，加强资源整合，完善技术体系，深化共建共享机制，强化科学管理，全面、扎实地推进文化共享工程建设。

文化信息资源共享工程湖北省分中心设在湖北省图书馆。湖北省图书馆始建于1904年，是中国近代史上第一座真正意义上的公共图书馆，迄今已有108年的历史。2012年，湖北省图书馆新馆正式开放。新馆占地100.5亩，建筑面积10万平方米，总投资7.8亿元人民币，是目前国内单体建筑面积最大的省级公共图书馆。新馆建设在环保方面采用了低碳、节能新技术。在功能布局方面分设藏书区、借阅区、业务区等八大区域，有6300个阅览坐席，4000个信息点，700个信息检索终端。藏书能力达到1022万册，在线存储数字资源能力350TB，能提供电子书刊100余万种，地方特色数字资源100TB。建有万兆局域网，千兆到桌面，双千兆接入互联网，无线网络覆盖全馆主要服务区。日均接待读者可达10000人次。此外还设有功能完备的展览厅、报告厅、多功能厅、数字化体验区，为社会公众提供内容丰富、形式多样的文化教育、休闲娱乐服务。新馆在设计上体现了以人为本、服务为先的理念，采用了大开间、一站式、自助化服务。设置了24小时自助图书馆和24小时街区图书馆，能满足读者全天候的借阅需求。馆内特别设立了少儿图书馆、盲人图书馆，视障人士用语音控制电脑，通过“盲人数字图书馆”可以获得与正常读者一样的数字信息资源。

省分中心自2002年建成以来，以保护、传承、普及和传播优秀荆楚文化为己任，基本实现了省、市、县、乡、村五级服务网络全覆盖，着力建设了一批具有浓郁地方特色的数字资源，全省各级专业人才队伍不断壮大，文化共享工程事业展现出蓬勃发展的良好态势。

一、经费投入

湖北省委、省政府将文化共享工程建设纳入新农村建设规划，并在一系列有关新农村建设的文件中将文化共享工程建设作为农村社会发展的重要任务加以部署。省财政自2007年至2010年共安排专项资金4622万元，用于支持全省支中心建设和省分中心设备购置、资源建设和网络系统运行维护。为了改善乡镇基层服务点服务条件，省财政在“十一五”规划期间，投入1个亿用于“乡镇综合文化站”项目建设，每站有3万元用于共享工程设备购置。全省市、县、乡财政也投入了6051.5万元用于共享工程建设，加上中央财政投入我省的12705.5万元，截至目前，中央及各级财政投入我省文化共享工程的建设资金已达2.3亿元。

二、网点建设

湖北文化共享工程以市级、县级支中心和乡镇、村级基层服务点建设为重点，扎实开展网点覆盖工作。在网点建设方面严格按照“会议部署——协议规范——业务培训——设备采购——安装调试——检查验收”这条主线，层层把关，严保质量。在市级支中心建设方面，由省财政补助每个市级支中心44万元。结合已经展开的“数字图书馆推广工程”，每个市级支中心还投入75万元的数字图书馆建设经费，强化市级支中心的建设。在县级支中心建设方面，我们严格按照68万元的设备技术标准，对全省90个县级支中心进行建设，实现了全覆盖。其中，2006年建成的6个试点县全部获得文化部颁发的“全国示范县”荣誉称号。在乡镇（社区文化中心、文化活动室）基层服务点建设方面，我省采取与乡镇综合文化站建设项目统筹安排建设，“十一五”期间共完成985个乡镇综合文化站建设项目；同时，争取国家财政支持，2009–2010年投入我省5313万元用于社区文化中心和文化活动室建设，共建成社区文化中心基层服务点99个、社区文化室基层服务点825个。

在普及村级基层服务点建设方面，我们始终坚持与农村党员干部现代远程教育和农村中小学远程教育密切合作，积极探索、实践共建共享模式。“十一五”期间，国家、省财政分别投入6814万元、1.2亿，共完成27413个村级基层服务点从基本型到扩展型的升级改造工作；通过与农村中小学远程教育工程合作共建12000个，文化共享工程的触角逐步延伸至基层群众身边，实现了全省五级网络体系的全覆盖。

三、资源建设

资源建设是文化共享工程的核心。我省数字信息资源建设以荆楚地方文化为重点，突出湖北地方特色、注重资源的针对性和实用性，现已建成数据库40个，资源总量达6TB。

2008年，省分中心对资源加工系统进行了升级，购置了新的软件和两套专业级的索贝非线性编辑平台，并对所有的数据库进行了结构调整，圆满完成了湖北地方戏、荆楚民俗、湖北非物质文化遗产、“八艺节”、荆楚揽胜、湖北小吃、辛亥革命等7个湖北地方特色数据库建设任务。2009年起，组织拍摄了荆楚名胜系列专题片21部及其它视频资源。其中专题片《襄阳古城》等多部专题片荣获湖北省委组织部2010年度优秀资源建设评审一等奖。

此外，湖北省分中心采取与相关单位合作，自主拍摄等方式，征集地方戏资源120部；加工、制作并在网上发布省图公益讲座数字化资源790余部，国家中心选用353部，录用场次居全国前列。省图书馆讲座资源建设还被湖北省委宣传部评为全省十大文化活动品牌之一。

通过几年努力，文化共享工程湖北省分中心建设了一批贴近农村、贴近基层、贴近普通百姓的农业科技知识、农村生产生活资源和一批能够满足普通群众需要的讲座、戏曲、图书、电影等专题资源库，增强了信息的大众性、实用性，进一步增强了文化共享工程的辐射力和影响力。

四、惠民服务

近年，湖北省各级中心和基层服务点通过视频展播、专题展览、专题讲座、网站专栏等方式举行了大量的服务活动，获得了广泛的社会认可，涌现出了当阳、大冶、五峰、秭归茅坪镇、浠水竹瓦镇等一大批服务典型。其中，由湖北省分中心组织的，影响较大、范围较广的有：2006年举办的文化共享长征行活动；《极目楚天》文化共享工程专题片拍摄及巡展活动，该片获“全国文化信息资源共享工程建设成就视频展播评比活动”一等奖；2007年为纪念改革开放三十年举办的“文化繁荣，岁月如歌”系列活动；2008年的“湖北文化奥运行”活动，获国家管理中心全国评比三等奖；2009年的“同庆和谐盛世，共创文化辉煌”主题活动，“湖北文化共享杯”知识竞赛全省大比武活动；2010年的“文化共享世博行”湖北宣传月活动，获全国三等奖。

全省各级中心和基层服务点注重服务基层，积极开拓创新共享工程服务手段，如当阳的“文化共享春耕科普行”，秭归的“关爱留守儿童”、浠水的“共享工程服务三农”，大冶的“文化进社区活动”等，每年定期开展，形成惯例，深受基层群众的喜爱，也多次获得文化部和国家管理中心表彰。

目前，我省星罗棋布的文化共享工程支中心和基层服务点，已在新农村建设中承担起为农民群众求知、求富、求乐提供服务的重要职能。为丰富文化共享工程资源服务内容，2008年湖北共享工程开通了数字资源服务平台，购买了方正电子书、影视频等数十种数字资源库，提供给全省共享工程用户免费使用，资源总量达17TB，年服务近45万人次。

五、管理和队伍建设

湖北省分中心从分管领导到工作人员，每年积极参加国家中心举办的各类培训班学习，确保了省中心工作

的正常开展和对基层技术指导的顺利进行。同时，省中心面向基层举办了县级支中心建设工作培训班、县级支中心技术员培训班、文化共享工程馆长培训班、图书馆自动化管理系统培训班以及电子资源使用培训和共享工程专题讲座，并参与全省乡镇综合文化站和“千村书记”培训班。通过省中心带动县级支中心，再由县级支中心带动基层服务点，形成有效的梯队培训模式，快速提高各级中心技术人员的水平，使县支中心能够切实承担起对乡镇、村服务点的指导和辐射作用，达到了“以县为中心，映射和服务城乡”的既定目标。

此外，省分中心还积极参与全省农家书屋和文化站长培训班等各类文化培训项目，对参训人员进行共享工程宣传和技术服务培训，收到积极效果。“十一五”期间，省分中心面向市、县支中心举办各类技术培训班和共享工程专题讲座等100余班次，参训人员达8000余人次；各市、县支中心组织的培训，参训人员达20000余人次。因我省培训工作成绩突出，省分中心荣获国家中心培训工作二等奖。与此同时，全省各支中心积极参加国家中心开展的云计算、数字参考咨询服务、特色资源建设等各类网络远程培训，每年近3000人次参加培训。

六、工作展望

湖北省分中心拟在未来几年，将文化共享工程建成资源优质丰富、技术先进实用、传播高效互动、服务便捷贴近、管理科学规范、体系完整可控的公共数字文化传播服务体系，实现优秀文化资源的全民共享。

1、完善五级服务网络，建设公共电子阅览室

湖北省分中心将强化乡镇基层服务点的管理和服务，在城市街道、社区建立文化共享工程公共电子阅览室，大力推进公益性电子阅览室的免费开放，实现其社会效益的最大化。拟结合共享工程建设，对乡镇、村已有设备设施进行分期、分批的扩容，使乡镇、村基层服务点具备公共电子阅览室服务能力。以文化共享工程基层服务网络为基础，紧密结合国家三网融合发展战略，加强与信息产业部门、广电部门的沟通，结合湖北实际，把进村入户作为文化共享工程建设的重大课题，积极探索技术路线和服务模式。目前，我省已投入建设资金2529万元，建成了乡镇、社区公共电子阅览室2078个，文化共享工程的优秀资源正逐步走进千家万户。

2、全面建设荆楚文化精品数字资源库群

建好若干主题鲜明、体系完整、质量上乘、具备广度和深度的数字资源库，进一步加大资源征集和版权解决的力度，完善全部数据库的发布，建成以省分中心为实施主体，集图书馆、群众艺术馆、艺术团体、博物馆、美

术馆、艺术研究所等于一体的文化系统文化信息资源联合目录，建立支持文化信息资源共建的基础信息资源库，完善各主题资源库群及各资源子库的结构。整合制作一批适合公共电子阅览室使用的专门资源，采取有效措施促进优秀数字文化资源在互联网空间的释放；特别针对青少年、新一代农民工的需求，整合、定制资源，鼓励对文化信息资源的创造性利用。

大力推进农村实用技术资源建设。围绕社会主义新农村建设，以提高科技素质、职业技能和经营能力为目标，整合制作一批适用于农村实用人才和农村生产经营型人才培训的专题资源库。“十二五”期间，湖北文化共享工程自建的数字资源总量要达到10TB，免费提供服务的资源总量要达到100TB，精品资源库不少于50个。

3、加强人才队伍建设

按照分级分批的原则，通过集中面授、卫星广播、网络互动、光盘教学、教材自学等方式，每年培训6000人次。建立持证上岗制度，按计划逐步达到每个基层服务点都有获得上岗资格的服务人员。按照《国家中长期人才发展规划纲要（2010——2020年）》要求，实施“农村实用人才培养计划”。充分发挥文化共享工程基层培训网络主渠道优势，通过合作共建和远程教育手段，大规模开展农村实用人才培养。计划“十二五”期间，面向农村基层群众开展农业技术、务工技能、经营管理等方面的培训，不少于5000万人次。

4、打造先进实用技术平台

“十二五”初期，结合湖北数字图书馆建设，将全省共享工程网络建成超过500TB的存储空间和10000台以上计算机终端，开展网络视频直播、点播和视频分享服务，建立“云”服务平台，最大限度满足基层群众多样化的文化信息需求，大幅度提升文化共享工程基础设施的管理服务能力，节约建设成本，实现绿色低碳网络运营。

文化共享工程作为公共文化服务体系的基础工程，既是顺应时代发展的民生工程，又是深受基层群众欢迎的民心工程。应该说天地广阔，前景光明，是一项大有可为的事业。湖北省分中心将进一步提高认识，勇于开拓，积极探索工程建设与发展新模式，切实发挥工程在公共文化服务体系建设中的重要作用，不断开创工作新局面，使湖北文化共享工程在丰富和活跃群众文化生活、传播社会主义先进文化，促进经济社会协调发展等方面取得更大的成绩。

（撰文/湖北省分中心）

武汉市支中心

全国文化信息资源共享工程(以下简称“文化共享工程”）作为公共文化建设重点工程，自启动以来就一直受到武汉市委市政府的高度重视。几年来，武汉市文化共享工程通过制定完备的建设方案、整合优秀的文化资源、构建先进的服务网络，为我市推进文化创新、完善公共文化服务体系、提高公益性文化服务水平、促进经济社会协调发展、构建社会主义和谐社会做出了贡献。在十一五期间，各级财政对我市共享工程共投入1800万余元，以市、区两级公共图书馆为实施主体，实施武汉市文化信息资源共享工程建设。截止2012年底，已建成文化信息资源共享工程市级中心2个、区级支中心13个和基层服务点2288个。

一、基本情况

2008年，武汉市财政局拨专款336万元对武汉图书馆及武汉市少年儿童图书馆两个市级支中心的设施设备进行全面升级改造。武汉图书馆的网络系统结构采用万兆以太网双机热备，千兆到桌面，与互联网的接入采用的是中国电信150M和中国移动10M独享的光纤宽带；配置服务器14台，分别应用于共享工程网站建设、视频点播服务、数据备份服务、网络管理服务、数据交换服务和网站资源开发等服务；存储为统一架构，总存储容量配置达到140T。2010年，由国家、省、市区财政按比例配套的68万共享工程专用资金全部下发到位,13个区级支中心按国家中心验收标准对电子阅览室、主机房、业务加工室进行全面改造，完成了共享工程的提档升级建设，提高了区级图书馆的自动化服务水平。目前，武汉市完成了全部乡镇及90%以上行政村共享工程基层服务点的建设任务,形成了市、区分中心、街道（乡镇）及社区（村）基层点的三级服务网络。

二、特色资源建设

文化共享工程武汉市级支中心的资源建设以地域文化为主体，建设了一批具有鲜明地方特色的专题资源库,构建起具有一定规模的武汉地方特色信息资源库群，其容量达30TB，类型涉及书目、全文电子期刊、全文数据库、电子图书、光盘、多媒体、讲座视频等。

武汉“名家论坛”是由武汉市委宣传部、武汉市文化局、武汉市社会科学院主办，武汉图书馆承办的公益性讲坛。论坛自2003创办至今，按照“大众化、公益性”的指导思想，以提升城市文化品味为主旨，以打造武汉文

化服务的高端品牌为目标，共成功举办讲座547场，接待到场听众20万余人次，网络与电视受众超过2000万人次，逐渐成为市民共享文化、交流思想的重要平台，被美誉为武汉本土的"百家讲坛"。为了最大限度地扩大讲座覆盖面，提高讲座影响力，武汉图书馆依托"名家论坛"丰富的讲座资源，以弘扬先进文化，传播科学知识为宗旨，选取阎崇年、葛剑雄、钱文忠等具有专业性和权威性的高端专家的讲座视频，建设容量已达3TB的文化共享工程"名家论坛"资源库，内容涉及城市人文、家庭教育、生活理财、历史经典、医疗保健、职业技能、新农村建设等，其中30%的讲座资源已被共享工程国家中心收录、选用。

三、基层网点建设

文化共享工程武汉市级支中心网站是一个独具地方特色，追求个性服务的文献信息平台，是为方便市民使用共享工程数字资源服务的主要窗口。此服务平台搭载了RFID智能图书馆系统及远程登陆系统。通过"数字资源馆外访问"这种新型服务，市民可足不出户的在馆外免费浏览、检索及下载全市各级公共图书馆的各类数字资源（包括外购和自建的），真正实现信息资源共建共享。

2010年，在武汉市支中心的大力倡导下，本着"资源共享、优势互补"的原则，全市十六家公共图书馆共同建立了武汉地区公共图书馆讲座、展览联盟。通过建立讲座分会场实现在线直播，各联盟馆可及时畅通地交流及宣传讲座信息，共享专家资源和讲座成果；通过制作讲座光盘提供给各区支中心和基层服务点使用，不但拓展了共享工程精品文化的受众面，也扩大了图书馆联盟的影响力。

四、创新服务

1、延伸资源服务范围，把基础文化建设融入共享工程中。在武汉市文化局、武汉市财政局的支持和帮助下，全市13个区均配备了流动图书服务车，市、区两级公共图书馆设立馆外服务点共计339个，建成以"流动图书服务车"为纽带，以市级图书馆为龙头，各区图书馆为分中心，社区图书馆（室）为基层服务站的武汉市流动图书服务网络。武汉市共享工程建设将武汉市流动图书服务网络与共享工程服务有效整合，在各流动服务点广泛开展共享工程宣传推广活动，为青少年、老年人、进城务工人员、残障人士等特殊群体送文化送信息，同时开展丰富多彩的文化活动，将共享工程的优秀文化资源传播到城市乡村的每一处，为实现全民享受均等的公共文化服务做出了表率。2、深化信息服务层次，把对社会经济发展的服务纳入共享工程中。武汉市各级支中心均编有领导决策类专题信息，利用文化共享工程的资源优势，积极为当地领导决策和事业发展提供信息咨询服务。如武汉市支中心编辑的《领导决策参考》，根据城市发展规划形成预先信息服务机制，为市政府的重大决策项目提供专题信息服务。3、优化宣传教育功能，让市民学在共享工程中。为了深化服务内涵，扩大服务效果，市、区两级支中心常年开展免费专题讲座，向市民详细介绍全国信息资源共享工程的现状、发展及资源的利用技术并进行现场演示。2004年，武汉市还在全国首创"阳光电子阅览室"，本着"免费、健康、安全"的原则，为未成年读者暑假期间提供网络服务，借助共享工程的优秀资源帮助青少年了解网络知识，引导他们正确利用网络。4、加大农业科技服务力度，让强农惠农体现在共享工程中。文化共享工程武汉市支中心以面向农村、服务农民为工作重点，成立科技兴农服务专班，常年扎根基层农村，切实了解农民需求，组织各区支中心、基层服务点，举办各类型共享工程资源宣传推广活动，帮助农民了解、使用共享工程，为农业生产、生活服务。2010年4月，市支中心与江夏区支中心合作，在江夏区法泗镇红星村基层服务点举办了"实践科学发展观，文化共享乡村行"活动，邀请武汉市知名农科专家张原教授讲授适合当地行情的农作特种植及栽培技术的讲座，举办共享工程知识展览，现场指导农民如何通过共享工程网站学习娱乐等。

五、管理和队伍建设

武汉市文化共享工程逐年加大培训力度，市区两级支中心都明确划分了培训职责，制定培训方案， 统一培训标准，按照分级分批的原则，通过多种方式开展培训工作，形成了市级支中心、区级支中心、乡镇和村基层服务点三级管理培训模式，并逐步培养了一批专业技术骨干队伍。2011年9月，分别从市支中心，区级支中心以及村基层服务点精心选拔出三名优秀业务骨干组成参赛团队，在"文化共享杯——第二届全国文化信息资源共享工程知识与技能大赛"湖北地区选拔赛中喜获集体二等奖的好成绩。

六、工作展望

1、完善服务网点建设，规范管理制度。推进街和社区基层服务点建设，实现图书基层服务网络全覆盖。建立健全规章制度，组织开展好日常工作；组织开展特色文化共享工作服务活动；注重与各区支中心的协作、协调，加强技术指导和业务辅导，促进武汉市文化信息资源共享工程健康、有序、科学发展。2、延伸共享工程服务范围，扩大辐射面和影响力。坚持面向基层、面向农村，积极推进文化共享工程"进村入户"，启动"公共电子阅览室"试点工作，广泛开展惠民服务，满足基层群众"求知识、求富裕、求健康、求快乐"的文化需求，努力实现优秀文化信息资源全民共享。3、强化共享工程队伍建设。采取多种方式与措施，组建一支稳定的、适合共享工程建设需要的专业技术骨干队伍。同时从工程管理、系统构建、资源制作、信息服务等方面对各级共享工程人员进行系统培训，全面提高工程队伍的业务素质和服务能力。

（撰文/武汉市支中心）

武汉市少儿支中心

全国文化信息资源共享工程作为公共文化建设重点工程，自启动以来就受到武汉市委市政府的高度重视。我市共享工程以市、区两级公共图书馆为实施主体，实施武汉市文化信息资源共享工程建设。

截止2012年底，已建成文化信息资源共享工程市级中心2个、区级支中心13个和基层服务点2288个，形成了市、区分中心、街道（乡镇）及社区（村）基层点的三级服务网络。武汉市少年儿童图书馆支中心作为市级支中心之一，认真学习和落实全国共享工程中心及省文化信息资源共享工程建设的精神，制定完备的建设方案，认真组织实施，为推进我市少年儿童文化创新、完善公共文化服务体系、提高公益性少年儿童文化服务水平做出了贡献。

一、积极做好设施和网络建设

自2003年启动以来，市财政对市少年儿童图书馆分中心的资金共投入200余万元，建设了比较完善的服务设施和网络。其中，2008年，武汉市财政拨专款52万元，对武汉市少年儿童图书馆支中心的设施设备进行升级改造，增加了服务器、网络存储、多媒体资源加工设备等。武汉市少年儿童图书馆的网络系统结构采用千兆以太网，与互联网的接入采用的是中国电信100M独享的光纤宽带；配置服务器6台，应用于共享工程数字资源服务、网络管理服务、数字资源开发、网站建设、视频点播服务等；总存储容量配置达到6TB。有计算机等设备70余台，自建和购买的数字资源3TB。

二、突出特色，努力建设好资源

武汉少年儿童图书馆支中心针对服务对象是少年儿童，精心组织人员，配备相应设备，大力开展适合少年儿童特色资源的加工和采集。

1、建设共享工程国家中心的“少年文化•名人故事”版块专题资源自2005年开始，承担全国文化信息资源共享工程“少年文化•名人故事”专题数据库建设工作，共完成了430位名人故事网页设计制作；经过精心制作的《名人故事》，在全国文化信息资源网少年文化版块上，已成为精品栏目。2、充分利用图书馆讲座品牌，建设讲座视频资源。《童窗讲坛》讲座是我支中心主办的公益讲座，讲座内容涉及思想品德、文学、科普、家庭教育方法等方面，自2005年以来，共举办“童窗讲坛”讲座200余场次，累计服务读者20000余人次。我中心选取洪战辉、杨叔子、陶宏开、秦文君等名家讲座进行数字化，实现视频资源网上发布；制作讲座光盘提供给武汉市的区级支中心和基层服务点，服务基层群众，拓展了共享工程文化的受众面。3、采集电子文献，丰富数字化资源。几年来，我支中心投入资金采集了涉及电子图书、多媒体、讲座视频等类型的数字资源容量1.7TB。主要有：“超星数字图书馆”、“领航卡通动画资源库”、“央视教育视频资源库”、“天方有声图书馆”及“点点电子漫画馆”等，这些数字资源不仅可供少年儿童在中心内的电子阅览室中使用，还可通过发放的“数字读书卡”，在馆外免费在线阅读我支中心的电子资源。

三、积极做好宣传服务工作

市少年儿童图书馆支中心通过网络、展版等多种形式大力宣传全国文化信息资源共享工程，扩大全国文化信息资源共享工程的影响力。1、我中心将“全国文化信息资源共享工程”的总体目标、主要特点、专题资源等制作成展版，在湖北省和武汉市的“图书馆服务宣传周”等活动中和本中心内进行宣传展示；将全国文化信息资源共享工程网站和各种专题资源在市少儿图书馆支中心网站上及本电子阅览室的桌面上建立链接图标，方便少年儿童读者使用。2、我支中心不定期举办公益性“少儿趣味电脑知识系列讲座”，“电子图书使用讲座”等吸引小读者的兴趣，使小读者掌握正确的网络技能，普及健康上网的理念。3、将全国文化信息资源共享工程网站和各种数字资源编印成“资源推介”发放给读者，并利用电子阅览室等设备，辅导少年儿童文明使用网络，有效利用网络资源。

四、开展各类少儿活动

我支中心利用共享工程资源优势有针对性地开展少儿活动，取得了良好的社会效益，深受少年儿童的欢迎。

1、“知识工程”读书活动。“知识工程”少儿读书系列活动是由文化局、教育局、妇联、团市委及关工委主办，市少年儿童图书馆承办，13区图书馆协办的全市性读书活动；开展有武汉市“马良杯”少年儿童书法绘画（现场命题）大赛、电脑绘画作品征集赛，“楚童杯”武汉市少年儿童故事大王、诗歌朗诵、书评演讲大赛及读书知识抢答赛等系列读书赛事；每年有近300余所中小学校、近万名中小学生参加，活动深入到全市中小学校、幼儿园、社区乡镇文化站及偏远村及留守流动儿童中心，产生了良好的社会效益，受到社会好评。

2、“小脚印故事吧”讲故事活动。“小脚印故事吧”开讲几年来，已经是我支中心人气最旺的读书活动之一，加入的爱心主讲人有电台主播、幼儿园老师、小朋友、小学生、及故事妈妈等。2012年，还以最高得分获得了中国图书馆学会“未成年人提升计划”案例评选二等奖（一等奖空缺），并在中图学会长春峰会上向全国的少儿图书馆作经验介绍。

3、“我们爱科学”科普活动。武汉市少儿图书馆和武汉科技报社、一元街办事处联合成立了武汉市少年科普教育基地，举办了“科普大篷车”体验、4D立体恐龙图片展 、少年科普展和“神奇的光”科普讲座等活动。孩子们或驻足展板前，欣赏人类和大自然和谐一体；或体验各种神奇的科学设施，企图挖掘科学中的奥秘。

4、积极参与组织少年儿童参加共享工程国家中心主办的主题活动。近年来，共享工程国家中心暑期在网上主办主题活动，如：“2007缤纷夏日”、2008年的“文化共享奥运行”、2010年的“全国文化信息资源共享工程少年网页设计竞赛活动”、2011年的“党旗飞扬 文化共享—全国青少年纪念建党90周年党史知识大赛”等，我支中心积极组织小读者参加，并且有小读者获得全国二等奖和优秀奖。

五、工作展望

1、规范管理制度，加强共享工程队伍建设。

规范健全规章制度，组织开展好日常工作；加强共享工程建设需要的专业技术骨干队伍建设，从工程管理、资源制作、信息服务等方面对基层共享工程人员进行技术指导和业务辅导，全面提高共享工程队伍的业务素质和服务能力，促进文化信息资源共享工程健康发展。

2、完善共享工程服务网点建设，扩大服务范围。

通过开展特色文化共享工程服务活动，注重与各级支中心及基层服务点的协作、协调，实现服务范围的扩展；面向基层、积极推进文化共享工程满足基层少年儿童文化需求，努力实现优秀文化信息资源全民共享。

（撰文/武汉市少儿支中心）

武汉市江汉区支中心

武汉市江汉区支中心于2003年建成，2010年按全国文化信息共享工程标准和要求，进行了提档升级。在江汉区支中心的建设过程中，我们按照完善结构合理、发展均衡、网络健全、运行有效、惠及全民的公共文化服务体系，坚持公益性、基本性、均等性、便利性原则，结合我区工作实际，大力推进我区公共文化服务体系的建设，致力于为广大群众提供方便、快捷、均等化的共享工程服务。江汉区图书馆以共享工程建设为契机，把传播先进文化、转变理念、普及科学文化知识作为共享工程建设的最终落脚点，并采取有力措施，使共享工程建设和服务工作落到实处。

一、基本情况

我区在建设文化信息资源共享工程工作中，充分认识“共享工程”的重要意义，成立了工作专班，专题研究共享工程建设工作，对照上级标准和要求，找差距、找不足、找问题，制定工程建设方案，由江汉区图书馆具体落实，力争建设一流的文化信息资源共享工程基层中心。2003年至2010年区财政先后投入资金80余万元，2003年投入40万元开始建设并通过省文化信息资源共享工程基层中心的验收，2004年“共享工程”江汉区基层中心正式挂牌。07年先后投入资金20万元，新增设20台液晶电脑，光纤上网。2010年，我馆按全国文化信息资源共享工程工作标准和要求，购置设备，完成了共享工程升级工作。新建成的局域网，主干为1000兆，桌面带宽100兆，因特网接口为10兆光纤，信息布点300多个。拥有业务服务器2台、数据库服务器1台、应用服务器1台、媒体点播服务器1台、6T磁盘阵列1套、硬体防火墙1台、网络核心交换机1台、楼层交换机5台、办公用终端计算机、供读者使用和检索终端计算机80台以及打印机、投影机、扫描仪等多台外接设备。我馆在整个支中心升级建设工作中，严格按共享工程工作要求规范建设，做好了机房改建及设备采购等工作。

二、惠民服务

在文化信息资源共享工程建设中，积极推进网络化、数字化，组织实施了共享工程进企业、进军营、进校园、进社区活动。开展为领导机关、科研与经济建设、社会大众的信息服务工作。围绕区委、区政府中心工作，以及关注的重点、难点和热点问题，积极开展信息资料搜集、筛选和加工工作；结合文明创建、行风评议、党风廉政等编辑《文化信息》、《党风廉政》专刊，及时送发，受到了领导的好评，推进了文化共享工程基层活动，取得了显现的成效。

充分发挥公共图书馆的阵地作用，组织开展“文化共享工程”系列服务活动。我馆电子阅览室于2011年6月率先在全市免费对读者开放；在电子阅览室推介优秀栏目、名家讲座、生活常识、电影及优秀地方剧目；每个周四全天视听室利用投影仪播放名家讲座及影视剧，常年坚持。利用寒暑假及节假日针对未成年人播放百部爱国主义教育影片，科普类等影片，举办思想道德建设方面的讲座、名著赏析，引导未成年人多读书等；图书馆上街开展图书宣传、新书推荐活动，并向群众宣传和利用共享工程数字资源，开展了丰富多彩馆内活动。深受广大读者的欢迎。

长期以来我馆以共享工程为平台，积极开展各类读书活动，营造书香江汉。开展的举办了24届的“金桥”文化品牌活动。通过演讲、征文、座谈会、报告会、展览、知识竞赛等几十余种活动形式，吸引全区70余万群众参加，形成了“万人读、千人评、百人赛”的恢宏气势，受到广大读者、业内人士、专家学者以及中央、省市领导的高度评价和赞扬，“金桥”书评活动已成为武汉地区一个家喻户晓文化品牌。活动荣获文化部第十四届群星奖（服务奖）。

同时我们切实开展了面向社区、学校、企业、军营、机关、家庭的“六个走进”，开创了基层文化工作的新局面。

社区，是共享工程服务对象里一个重要的群体。在社区服务上，我们开展了“优秀影片展播”、“流动讲座”、流动展览进社区等活动总计40余场次，共接待观众6000余人。同时，我们在基层建立了50余个流动图书服务点，从建起至今，免费为其送书累计20余万册。

为加强未成年人思想道德建设工作，除了在馆内针对未成年人开展活动以外，我们还利用共享工程资源到学校、社区开展播放优秀影片、文明知识讲座、少儿信息素养培训和爱国主义教育等活动，开展少儿书画、征文比赛等读书活动。

为老年群体、外来务工人员、残疾读者服务是文化信息资源共享工程工作的又一重点。我们坚持三贴近原则，坚持对福利院、农民工子女学校等开展了资源服务和读书活动，“金桥”流动讲坛在区福利院举办了共享工程健康、剪纸等讲座，与区残联每年开展了“牵手残疾人，走进图书馆”的为残疾人服务的活动，使他们获得了精神的强健与文化的关爱。与家民工子女学校开展“送知识献爱心”活动，免费送书、送图书证、送文化用品，让他们充分感知社会对他们的关爱。

为密切军民关系，我们坚持不定期为辖区多个部队提供文化信息数字资源、流动图书服务。为部队官兵举办讲座、放映电影，还为他们带去“世界读书日”展览。各种活动的开展为部队发展建设起到很好的促进。

我们还通过共享工程这个平台与区纪委、区司法局联合开展活动，建廉政文献室，开展廉洁文化社区行活动，建法制图书专柜在全区开展普法教育，并开展万名干部普法行流动讲座活动。

三、工作展望

一直以来，我们按照“资源共享、优势互补、互利互惠”的原则开展协作共建，与省、市图书馆以及基层点和辖区机关、企事业单位签订了资源共享协议书，进行资源的整合与共享。2011年12月，我们开始进行图书馆网站的更新工作，并配合CDI共享工程资源管理系统建成文化共享工程网并接入图书馆网站，指派专人负责更新和维护。建成地方文献专题数据库5个；充实其它栏目内容120篇，发布新闻报导百余篇；推荐新书千余种。此外，加大视频资料的购买，极大的方便了馆内外读者查阅资料，受到了读者的一致好评。

几年来，我们利用报纸、广播、电视对共享工程开展的一些大型活动进行报道，还在图书馆网站上设置共享工程站点链接。制作共享工程宣传牌、印制共享工程宣传资料免费向市民发放。随着宣传力度的逐渐深入，在市民心中的影响也在逐渐加深，越来越多的市民开始掌握和利用这块知识宝库。

文化共享工程任重而道远，在今后的工作中，我们将继续做好这个文化惠民工程，为促进两个文明建设和构建和谐社会做出我们应有的贡献。

（撰文/武汉市江汉区支中心）

武汉市硚口区支中心

武汉市硚口区文化信息资源共享工程支中心自加入全国文化信息资源共享工程以来，以加快构建公共文化服务体系，充分体现公益性、基本性、均等性、便利性，促进基本公共文化服务的均等化为宗旨，利用共享工程在电子阅览室和多功能报告厅开展了大量的活动，如名家讲座、影视欣赏、知识摘登等；利用技术力量雄厚的条件，开展网络知识培训；开通了《硚口区图书馆网站》，以国家域名的形式对外开放（http://www.qklib.cn）；对共享工程基层服务点进行有效的管理和辅导、培训，使其掌握资源更新和运用；电子阅览室对未成年人免费开放，免费培训，为未成年人思想道德教育提供绿色平台，把共享工程办成惠民工程、民心工程。

2011年底，电子阅览室全面对外免费开放后，年接待读者近3万人次，其中下载资料的读者有近1000人次左右。读者从我支中心获得了大量的学术论文、电子图书等免费资源，收益非浅。

一、打牢基础，稳步发展

全国文化信息资源共享工程是一项政府兴办的文化创新工程、民心工程，是公益性建设项目，有着巨大的社会效益和广阔的发展空间。武汉市硚口区文化信息资源共享工程自2003年启动以来，得到了区委、区政府和区文体局的高度重视，对图书馆电子阅览室的建设在财力和物力上给予大力扶持。2003年6月投入近39万元建成了拥有多媒体电脑55台，10M光纤专线接入Internet的电子阅览室，并逐年进行了设备的扩容、完善，2005年正式成为全国文化信息资源共享工程区级支中心。2007年6

月又投入了10多万元更新了20台电脑，9月投入5万元，购置了三台专供盲人使用的电脑、1000盘影音资料和300册盲文书籍。2009年支中心进行了全面升级，国家、省、市、区共计投入了68万元，存储总容量达到5T，使共享工程资源得以完备的呈现给广大市民。

在建设好共享工程支中心的同时，还对共享工程基层服务点的建设给予指导帮助。为各基层服务点统一了服务制度、管理制度、信息发布制度，进行有效的管理和辅导、培训，每年举办社区基层服务点网络管理员集中培训1次，网络培训6次以上，采取面授、答疑、互动、参观、考核实践等形式讲授《共享工程概要》、《网络资源索取与服务》、《基层服务点设备使用》、《公共电子阅览室的建设与管理》等课程。通过培训，使基层服务点网络管理员掌握了共享工程基层服务点日常管理与服务、数字资源的对外服务等知识，让老百姓在自己家门口就能用到全国、省、市以及我支中心的信息资源。

二、发挥优势，开展活动

在实施共享工程的过程中，不断拓展共享工程的服务内涵和方式，充分利用这一全新的工作载体条件，开展了大量的活动，开创了基层文化工作的新局面。

在志愿者服务日期间，开展“践行雷锋精神，推动惠民服务”主题活动，举办了“学习雷锋好榜样”资源点播活动；在“全国助残日”期间，以丰富残疾人精神文化生活为目标，开展文化共享“全国助残日”电影展播活动；在“五一”和“五四”期间，利用国家管理中心提供的光盘资源，在电子阅览室和图书馆网站开展“庆五一迎五四　学英雄学楷模”等播映活动；在科普宣传周期间，在电子阅览室举办“科普电影”点播活动，同时上传至图书馆网站，实现网络点播；在“六一”期间，开展“童心向党　快乐成长”专题资源点播活动，通过声像资源的展播，让更多青少年了解历史、热爱祖国、热爱党；在建党周年之际，精心挑选了162部红色经典电影，为读者免费提供点播及光盘借阅活动，我们通过红色电影点播和借阅活动，让人们重温一组组感人的画面，回顾党的伟大发展历程，感受中华民族不屈不挠的革命精神；在“八一”建军节之际，深入驻地部队开展“文化共享军营行”活动，让文化共享“和谐风”为战士们在炎炎夏夜带去一丝清爽；辛亥革命100周年期间，在电子阅览室推出“纪念辛亥革命100周年”特色专题库，为广大读者提供一个了解辛亥革命历史、弘扬辛亥革命精神、振兴中华民族的爱国主义教育平台；深入养老院、福利院进行“文化共享关爱老人暖冬行”慰问活动，为老人们送去一份关爱，送去一份温暖，保障他们的基本文化权益，让他们共享文化发展成果。

除开展数字资源展播活动外，我支中心在日常服务中还积极做好资源查询、资源服务、资源索取三个方面的工作。通过电脑桌面为读者链接了共享工程的视频、音频、电子图书的检索；依托共享工程省、市分中心，获得了重庆维普、清华期刊、万方数据、读秀等数字资源使用权，为读者提供大量的文化信息资源，平均每日为读者下载文化资源信息50多条；利用共享工程资源内容新颖、实用性强、信息量大、数据传输快捷方便的优势，定期接受国家中心通过卫星下发的数字资源，完整的在支中心网站上发布；通过报纸、互联网、实地走访等收集地方文献资料，并充实到地方文献数据库；择选一些数字资源刻录成DVD光盘，即加强了本地数据库的建设，也送到了基层社区，充分发挥资源共享优势；积极开展文化信息进社区活动，利用现代化设备到各街道、社区放映有关“健康知识”、“优秀爱国影片社区展映活动”、“暑期优秀影视及相关科教片放映月活动”，不仅让广大群众真真切切享受到了图书馆的服务，也实实在在的共享了优秀文化信息资源。

在送数字资源进社区的同时，还根据社区需求，大力开展送流动图书到基层活动，在基层建立了50个流动图书服务点，为每个流动图书服务点铺垫流动图书500余册，每季度更新流动一次，使基层图书室保持图书常新状态。全年更新流动图书达到3万余册次。

为扩大共享工程社会影响，我支中心把走进未成年人群体为未成年人服务作为共享工程的重要工作之一。为丰富广大中小学生暑期生活，自04年起，每年从7月开始“阳光行动”，电子阅览室暑期对中小学生免费开放。利用多媒体视听室开展“文化共享暑期电影展播”活动，每周一至周四下午放映一场国内外电影大片。每周进行一次电子计算机基础培训班，引导未成年人正确利用网络资源，健康上网，使他们在学习中掌握了技术，在娱乐中接受了再教育。

三、重视宣传、扩大影响

加入全国文化信息资源共享工程以来，为了扩大其在基层群众中的影响，广泛宣传其作用和意义，使各级领导和群众充分认识到这是一项惠民工程、民心工程，认识到工作的重要性和必要性以及文化信息资源的可用性。我们利用世界读书日、图书馆服务宣传周开展广泛的共享工程宣传活动，还在区政府网站的首页上设置图书馆热站链接，时刻注意将资源共享活动与当前工作重点有机的结合，这样既可增强对共享工程的宣传力度，又收到了立竿见影的效果。

在开展阵地活动中，我馆电子阅览室免费对外开放；多功能报告厅星期六下午免费转播武汉图书馆《名家讲坛》名家讲座或播放电影；所购买、搜集的2000多种光盘全部可免费欣赏；我馆举办的《社区名家讲坛》每月举办一场公益讲座，年初以“讲座预告”的形式，告示每月讲座的内容简介。随着宣传力度的逐渐深入，在市民心中的影响也在逐渐加深，对文化信息资源的需要也在逐渐加大，市民开始掌握和利用这块知识宝库。

我们将在今后的工作中更加努力的探索利用共享工程服务的新路子，更好地发挥共享工程的作用，为把共享工程办成惠民工程、民心工程而不懈努力。

（撰文/武汉市硚口区支中心）

武汉市汉阳区支中心

一、整体情况

汉阳区图书馆成立于1982年，现位于墨水湖北路徐家大湾372号。馆舍建筑面积达3377平方米。馆内设有成人借阅室、报刊阅览室、少儿借阅室、电子阅览室、工具书室、典藏室、自习室、多功能报告厅，盲人盲文有声读物阅览室等多个服务窗口。

现有馆藏文献13万7千余册（件）。阅览座席400个，每年购置新书6000余册，订报刊400余种，实行全开架借阅，开展了预约借书、电话续借、网上续借、送书上门等多种服务方式。2010年投资68万搭建了全国文化信息资源共享平台，建立了图书采编系统，电子阅览室添置计算机35台。

日常办公实现了计算机网络化管理，建立图书馆网站、馆内局域网，实现网上阅读、信息查询、书目检索等服务功能。

2004年由湖北省文化资源共享工程领导小组授予文化资源共享区级支中心；

2005年被全国文化信息部授予全国文化信息资源共享工程区级分中心。

二、网点建设

2008年9月我区成立了1个支中心，12个共享工程基层服务点（以下简称基层服务点），汉阳区图书馆作为区级支中心，承担着基层服务点的组织、指导和培训工作。由此，我区形成了以区图书馆为区级支中心，街道和社区基层服务点组成的共享工程网络，覆盖全区。

三、经费投入及技术支持

2003年，汉阳区政府投入20万建立电子阅览室，面积60平方米，拥有计算机25台。2010年接收全国文化信息资源共享工程建设各级（国家、省、市、区）专项经费合68万元，用于支中心的建设（机房建设和文化信息资源共享工程设备的采购）。

目前支中心电子阅览室室面积达到120平方米，拥有计算机50台，新建成的局域网，因特网接口为10兆光纤。按照《文化部办公厅关于印发2009年全国文化信息资源共享工程各级分支中心和基层服务点建设配置标准的通知》要求，对支中心机房的应用服务器、业务服务

器、管理服务器、传输服务器、存储设备、交换机、安全设备等进行标准配置。

如2台机房服务器、1台存储、2台光纤网络交换机、1台百兆防火墙、2个网络专用配线架、一套KVM控制平台、2个42U标准机柜、1台10KVA的UPS电源、2台投影仪、2套120英寸的投影幕布、1套电子触摸屏、1个4路VGA切换器、2套有源音响、1台多媒体播放器、1台多功能扫描仪、1台激光打印机、1个500G移动硬盘、2台数码照相机、1台数码摄像机、2台笔记本电脑、1套网络杀毒软件、1套信息浏览监控软件等专项设备。共享工程电子阅览室对读者全免费开放。

2008年汉阳区政府为补充各基层服务点设施设备，拨款5万为12个街道基层点配备计算机、VCD、电视等设备，2009—2010年，汉阳区政府投入40余万元为图书馆添置书架、图书、乐器、音响等基本业务设备购置，2009—2012年政府投入45万元为基层服务点提档升级。

区级支中心对街道文体站及社区文化活动室设备配置分别作了相应的购置标准，为其配备管理计算机、终端计算机、移动终端自助服务设备、投影、网络设备、中央控制台、资源服务软件、杀毒软件、信息浏览监控软件等。

四、资源建设

为开展好文化资源共享工作提供了坚实的保障。我馆目前有电子文献、视听文献1400余种（件）提供给读者，并和汇嘉、瑞嘉诚等多家数据库公司达成数据库试用协议，以期给读者提供更多的学术、学习、生活、技能等各方面的信息。

五、合作共建及惠民服务

为更好搭建资源共享平台，汉阳区图书馆加入武汉市图书馆讲座联盟、展览联盟等，利用联盟的平台，举办展览交流，开通“武汉名家论坛”远程在线直播，利用共享工程设备为广大民众服务，开通至今，已为民众播出“名家论坛”近百场，并利用共享资源为读者开展讲座活动、电影欣赏、动漫播放、活动专题等多种形式和内容的活动。图书流动车开进社区、学校、部队、福利院等，满足偏远地区及弱势群体的文化需求。

共享工程电子阅览室作为青少年活动阵地，为青少年提供了广阔的视界和海量的信息，为青少年提供健康的绿色知识通道，引导他们健康接触网络，通过各种主题培训活动树立健康向上的价值取向。

六、管理培训

我区资源共享工程支中心设专职人员1名，负责支中心的网站建设和维护、运行以及各基层点的技术指导，每年除接受相关部门的业务培训，还负责组织各基层点的检查、培训工作。各基层点都按照文化共享工程的工作要求，做到专人管理、定时开放、标牌统一、制度上墙，免费上网，提供资源。

共享工程的实施，提升了图书馆服务功能，拓宽了服务领域，有效地推进了地区文化建设。为更好的推广普及文化信息资源共享工程，我们会不断加强队伍建设，不断地开发、利用资源，为广大读者提供更多更好的文化信息，为读者服务。

（撰文/武汉市汉阳区支中心）

武汉市青山区支中心

一、整体情况

青山区图书馆成立于1978年，是青山地区唯一一所由政府投资兴办，面向社会开放的公益性图书馆。现馆舍建筑面积3200平方米。设有成人外借、报刊阅览室、少儿外借阅览室、电子阅览室、工具书室、典藏室、自习室、盲人盲文有声读物阅览室等多个服务窗口。

拥有各类馆藏文献20余万册（件）。实行全开架借阅，开展了预约借书、电话续借、网上续借、送书上门等多种服务方式，日常办公实现了计算机网络化管理。建立图书馆网站、馆内局域网。实现网上阅读、信息查询、书目检索等服务功能。

2009年在全国公共图书馆评估定级中被文化部评为“国家一级图书馆”；

2004年由湖北省文化资源共享工程领导小组授予文化资源共享区级支中心；

2005年被全国文化信息部授予全国文化信息资源共享工程区级分中心。

二、网点建设

2008年9月我区十个街道文化信息资源共享工程基层服务点（以下简称基层服务点）成立，2009年批复设立6个社区文化信息资源共享点，2010年批复设立14个社区文化信息资源共享点，2011年批复设立21个社区文化信息资源共享点。支中心作为区级分中心，承担着基层服务点的组织、指导和培训工作。由此，我区形成了以区图书馆为区级支中心，街道和社区基层服务点组成的共享工程网络，覆盖全区。

三、经费投入及技术支持

2003年，青山区政府投入20万建立青山区图书馆电子阅览室，面积30平方米，拥有计算机25台。2010年接收全国文化信息资源共享工程建设各级（国家、省、市、区）专项经费合68万元，用于支中心的建设（机房建设和文化信息资源共享工程设备的采购）。2012年，区财政又投入10万元购置电脑20台用于2003年旧设备的置换。

目前支中心电子阅览室室面积达到110平方米，拥有计算机50台，新建成的局域网，因特网接口为10兆光纤。

按照《文化部办公厅关于印发2009年全国文化信息资源共享工程各级分支中心和基层服务点建设配置标

2012年社区电脑培训

名家论坛会场

准的通知》要求，对支中心机房的应用服务器、业务服务器、管理服务器、传输服务器、存储设备、交换机、安全设备等进行标准配置。如 4台机房服务器、1台存储、2台光纤网络交换机、1台百兆防火墙、2个网络专用配线架、一套KVM控制平台、2个42U标准机柜、1台10KVA的UPS电源、2台投影仪、1套120英寸的投影幕布、2台52寸电视机、1套电子触摸屏、1个4路VGA切换器、2套有源音响、5台多媒体播放器1台多功能扫描仪、1台激光打印机、2个500G移动硬盘、2台数码照相机、1台数码摄像机、2台笔记本电脑、1套网络杀毒软件、1套信息浏览监控软件等专项设备。共享工程电子阅览室对读者全免费开放。

2008年青山区政府为补充各基层服务点设施设备，拨款10万为10个街道基层点配备计算机、VCD、电视等设备，并拨发40000元专项服务经费。2009——2010年，我区根据《市财政局、市文化局关于下达2009年城市社区文化中心（文化活动室）设备购置专项资金的通知》武财预[2010]488号和《省财政厅关于下达2010年城市社区文化中心（文化活动室）设备购置资专项资金的通知》鄂财教发[2010]177号文件的要求，2009——2010年分别下拨城市社区文化中心（文化活动室）设备购置专项资金78万元，其中35万元用于文化信息资源共享工程设备购置，其余用于书架、图书、乐器、音响等基本业务设备购置。

区级支中心根据《配置文化部办公厅关于印发2009年度全国文化信息共享工程城市社区文化中心（街道文化站）、城市社区文化活动室设备配置的通知》要求，对街道文体站及社区文化活动室设备配置分别作了相应的购置标准，为其配备管理计算机、终端计算机、移动终端自助服务设备、投影、网络设备、中央控制台、资源服务软件、杀毒软件、信息浏览监控软件等。

四、资源建设

2008年—2012年共接收国家信息中心下发的15套视频资源，内容涵盖农业、科技、养生、教育、动漫、电影、专题等，为开展好文化资源共享工作提供了坚实的保障。

我馆目前有电子文献件、视听文献3500余种（件）提供给读者，并和超星、读秀两家数据库公司达成数据库试用协议，以期给读者提供更多的学术、学习、生活、技能等各方面的信息。

五、合作共建及惠民服务

为更好搭建资源共享平台，青山区图书馆加入武汉市图书馆讲座联盟、展览联盟等，并开展馆际互借，和武汉市图书馆开通通借通还服务，利用联盟的平台，举办展览交流，开通"武汉名家论坛"远程在线直播，利用共享工程设备为广大民众服务，开通至今，已为民众播出"名家论坛"近百场，并利用共享资源为读者开展讲座活动、电影欣赏、动漫播放、活动专题等多种形式和内容的活动。

图书流动车开进社区、学校、部队、福利院等，满足偏远地区及弱势群体的文化需求。

共享工程电子阅览室作为青少年活动阵地，为青少年提供了广阔的视野和海量的信息，为青少年提供健康的绿色知识通道，引导他们健康接触网络，通过各种主题培训活动树立健康向上的价值取向。

六、管理培训

我区资源共享工程支中心设专职人员1名，负责支中心的网站建设和维护、运行以及各基层点的技术指导，每年除接受相关部门的业务培训，还负责组织各基层点的检查、培训工作。

各基层点都按照文化共享工程的工作要求，做到专人管理、定时开放、标牌统一、制度上墙，免费上网，提供资源。

共享工程的实施，提升了图书馆服务功能，拓宽了服务领域，有效地推进了地区文化建设。为更好的推广普及文化信息资源共享工程，我们会不断加强队伍建设，不断地开发、利用资源，为广大读者提供更多更好的文化信息，为读者服务。

（撰文/武汉市青山区支中心）

武汉市洪山区支中心

全国文化信息资源共享工程是一项政府兴办的文化创新工程、民心工程，是公益性建设项目，有着巨大的社会效益和广阔的发展空间。

一、基本情况

2010年武汉市洪山区支基层中心开始升级建设，得到了区政府、区文体局领导的大力支持，馆领导严格按照建设标准执行，安排专人负责中心的维护和管理工作，把区基层中心要打造成富有洪山特色的服务平台。在这个指导思想下，我馆通过多种途径收集有关资料，并结合我馆实际，从收集地方文献入手，积累数据。以图书馆网站为依托，以电子阅览室为中心，全面推进文化信息资源共享工程洪山区基层中心的建设。

我馆在实施共享工程建设的过程中，不断拓展共享工程的服务内涵和方式，充分利用这一全新的工作载体，服务大众、联系学校、走进企业、深入军营，开创了文化服务工作的新局面。

二、活动开展

读者活动深受欢迎。我馆充分发挥公共图书馆的阵地作用，首先在图书馆网站实时更新最新报道，将本馆的活动和工作及时呈现在读者面前，积极进行宣传报道，使读者能迅速了解本馆的情况。

在网站进行优秀书目推荐，本馆采购的新书第一时间向读者进行介绍。2011年，我馆的共享工程提档升级工作已经完成，设备也已经安装调试完毕，电子阅览室正式对外免费开放。

利用共享工程数据资源向读者介绍名家讲座、生活常识等。

在馆内利用共享工程多媒体设施举办各种讲座、培训和播放影片，深受广大读者的欢迎。全年利用共享工程设备和市图书馆《名家论坛》的视频资源在社区开展讲座；利用共享工程资源开展暑期爱国主义优秀影视展播，在馆内进行优秀影片和讲座的展播，取得了良好的社会效益。

三、培训工作、开展服务情况

为更好的服务于社会，我馆主动服务、上门服务，根据需求，利用到社区图书室和农家书屋开展辅导工作的时机，向资源共享基层服务点免费发放电子资源光盘；通过“三下乡”、图书馆服务宣传周等活动向居民发放《全国文化信息资源共享工程光盘目录》和光盘。

同时，还利用共享工程设备和资源到部队为官兵播放阅读辅导讲座。

基层辅导，坚持不懈。我们不仅抓好馆内基层中心建设，同时也没有放松对基层服务点的管理。要使全国文化信息共享工程真正服务于千家万户，基层服务点的作用不可忽视。

我区已对各基层服务点做了书刊、电脑设备上的投入，管理人员的培训也必须跟上。有了高素质的管理人员，基层服务点才能正常运转，才能发挥更大的效益。为此我馆技术人员建立农家书屋QQ群、洪山区流动图书服务点QQ群，洪山区社区图书室、洪山区文体站QQ群，通过网络对社区图书室和农家书屋管理员进行工作指导和业务辅导，便于及时解决基层服务点的各种问题。组织各基层服务点技术人员业务培训。

四、工作展望

为了扩大文化信息资源共享工程支中心在基层群众中的影响，我馆利用各种途径和机会，广泛宣传其作用和意义，使各级领导和群众充分认识到这是一项惠民工程、民心工程，认识到文化信息资源共享工程工作的重要性和必要性以及文化信息资源的可用性。

（撰文/武汉市洪山区支中心）

武汉市东西湖区支中心

一、基本情况

文化信息资源共享工程是中央推出的一项文化创新工程，是公共文化服务体系建设的重要组成部分。东西湖区自2004年启动文化信息资源共享工程以来，目前已建立东西湖图书馆支中心1个，并在所辖8个行政街道和3个办事处104个社区、大队建设基层服务点，实现了区、街、村三级全覆盖。该工程的文化信息资源服务平台，免费向全区居民提供文献资料、科技知识查询、影视戏曲、音乐歌舞点播等多项服务。

2004年，东西湖区文化信息资源共享工程支中心由湖北省文化共享工程领导小组正式授牌，工作地点设在区图书馆。随着近年来的发展，截止到2012年底，我中心共有计算机41台、固定公网IP地址，20M光纤专用上网，设立有图书馆网站、近万种电子图书、影视作品及多个国内大型全文数据库（维普科技期刊），可提供各种上网服务及文献资源免费检索。我中心现有多功能报告厅、电子阅览室及主机房215m²。

2006年以来，东西湖区委、区政府高度重视和支持工程建设工作。2009年，中央、省、市、区各级政府共拨付68万元专项资金建设东西湖区级支中心。按照程序全部设备由区政府采购中心招标采购。2010年4月区级支中心安装调试完毕，通过了“全国文化信息资源共享工程”达标验收。

东西湖区文化信息资源共享工程支中心是东西湖区共享工程的管理中心和服务中心，该中心具体承担以下职能：一是作为我区的文化信息资源管理中心，接收和管理来自上级中心的文化信息资源。二是发挥共享工程信息资源共享共用的优势，利用上级中心的资源，依托区级支中心，积极通过电子阅览室、网站、视频放映、多功能报告厅场地培训等方式，为当地的民众提供多样化的、灵活的文化信息资源服务。三是对东西湖全区的基层服务网点建设和服务进行规划，向服务网点拷贝和安装信息资源，并负责基层服务网点的人员培训和业务指导。

区级支中心软硬件系统由以下几个部分组成：一是网络传输平台。主要由中心局域网（综合布线、网络设备、防火墙）、互联网Internet接入、卫星数据接收系统组成。二是图书馆自动化管理平台。建设东西湖区图书馆业务自动化管理系统，实现内部业务和读者服务的自动化管理。主要由相应的服务器、微机工作站和软件组成。三是公共服务平台。向读者提供数字资源检索和馆藏书目检索服务。主要由多功能报告厅和电子阅览室、投影视频播放系统以及相应的软件组成。四是功能划分。支中心共分三部分：主机房、电子阅览室、多功能报告厅。机房按照计算机运行特点及设备要求而定，约15m²。电子阅览室面积100m²，共计69台电脑。多功能报告厅面积100m²，共计70个座位。五是设备安全管理平台。用于系统安全运行的环境建设，包括机房装修、网络防病毒、机房静电屏蔽系统、机房不间断电源、空调组成。

二、宣传推广

东西湖区支中心大力宣传、推广文化信息资源共享工程，让更多的人知道共享工程、了解共享工程、利用共享工程。

一是加大工程的宣传力度，用多种方式推广文化信息资源共享工程。我们以宣传栏、展板、发放宣传单、挂横幅的形式宣传共享工程，以图片的形式介绍共享资源；通过在区图书馆一楼大厅电视上播放从全国文化信息共享工程网站、湖北数字文化网上下载的数据、视频资料片，每年播放时间达300小时；将共享工程提供的数据库（超星数字全文图书馆、维普科技期刊）放在每台电脑的桌面上以便上网读者了解及使用数据库；利用图书馆网站和光盘阅读室在互联网上宣传东西湖区图书馆的办馆宗旨、业务范围、开放时间、活动计划、新书推介、办证指南等，有关栏目的电子版按传统出版频率及时更新，及时上传馆情新闻、读者活动、书目信息等。通过以上措施，极大的提高了图书馆的利用率，为读者了解共享工程、了解图书馆打开了方便之门，深受读者欢迎和认可。

二是积极组织开展培训活动，普及文化信息资源共享工程相关知识。东西湖区图书馆区级支中心以电子阅览室、多功能报告厅为阵地，开展丰富多彩的网络服务和人员培训工作。如读者信息检索服务、基层服务点管理员培训、计算机知识和网络知识培训、“阳光电子阅览室”青少年免费上网活动等。为拓展基层点管理员的视野，图书馆还组织一批文体站长和管理员到省图书馆参加培训，收到了良好的效果。

三、开展活动情况

我区目前已建立东西湖图书馆支中心1个，并在所辖8个行政街道和3个办事处104个社区、大队建设基层服务点。依托我区文化信息资源共享工程平台，深入基层开展了丰富多彩的文化活动，丰富全区人民文化生活取得了显著地成效。

一是帮建共享工程基层服务点。东西湖区图书馆常年坚持为一批有条件的农场、社区（大队）开展电子信息技术的扶持。多年来以光盘、硬盘的方式向他们提供电子信息资源服务。2004年成立文化信息资源共享工程东西湖区支中心以来，更是积极组织对相关基层点工作人员进行培训指导，并积极向区政府、区财政介绍共享工程及共享工程在本区的成效，引起决策者的重视与支持，帮助社区（大队）建立共享工程基层服务点，让共享工程基层服务点更好的服务农村、服务社区，共创和谐社会。目前，我馆已在东西湖区内帮建了104个全国文化信息资源共享工程基层服务点，并为他们配置了电脑、投影等设施设备。

二是举办文化信息资源共享工程——“农业种植”知识巡讲2012年，我中心还邀请了武汉市农科院教授张原女士，到东西湖区东山办事处卫东大队举办了“文化信息资源共享工程”之“农业种植”知识巡讲。同时，区图书馆与辛安渡办事处移民新村签订图书流动协议，为移民送去各类图书及科技知识。

三是依托文化共享平台，深入基层开展活动，丰富全区人民文化生活。我们充分发挥共享工程支中心的作用，利用资源优势，积极开展送文化科技下基层活动。针对农户中普遍存在的科学种田技术缺乏的现状，我中心科技工作人员携带影视投放器材，为大队送去了草莓、辣椒种植栽培技术科教片，深受当地农民的欢迎。为配合大队进行家园建设的工作，在科教片之前，还专门播放了新农村建设的影像资料，以促进大队的农村城镇化建设。

同时，我们将在共享工程平台上收集涉及种植、养殖、加工、病虫害防治、医药卫生等通俗易懂、图文并茂的科技信息、知识资料，编印成册送到农民手中。在科技下乡活动现场我中心工作人员还把联系电话、传真号码、网址、E-mail地址、QQ号等告诉农民，让他们随时把急需的科技信息告诉我们，然后由工作人员在中心内进行信息检索服务，编印成资料送到他们手中。这些精心准备的特殊“礼物”——科技图书、科技信息、科技资料、信息平台服务受到了在场农民的极大欢迎，纷纷称赞共享工程是一项利农的好工程。

四、取得的成绩

一是运行维护经费得到了保障。经过近年来的发展，我区在文化信息资源共享工程建设中，开展了许多工作。这些工作取得了一定的成效，各级领导也给予了充分的肯定与支持。2012年，我中心的网络光纤实现了提档升级，由5M提升到20M。2013年区财政预算也将共享工程项目经费定为9万元。

二是人员得到了保障。由于缺少正式人员编制，我中心长期仅由1名正式编制工作人员和2名临时聘用人员组成，日常运行工作由2名聘用人员完成。2011年后，在区财政的支持下，我中心新进一名以费养事人员；2012年又新进一名正式计算机工作人员充实支中心建设。这2名新进人员均为有国家财政经费支持的专业人员，为我中心今后开展各项工作，加强我区共享工程建设提供了人员保障。2011年9月，我中心工作人员秦斌同志，通过层层选拔，作为武汉市代表队的一员，参加了“第二届文化共享杯——全国文化信息资源共享工程知识与技能竞赛湖北省选拔赛”，并取得了团体二等奖的好成绩。

三是硬件设施建设得到了大幅提升。我区文化信息资源共享工程的规模从无到有、从小到大，从单一的电子阅览室服务发展到今天的全区覆盖服务的文化信息工程，离不开历任领导和同志们的辛劳工作及努力。从2004年发展到今天已将近10年，硬件设施不断提档升级。工作平台由50m²发展到现在的215m²；计算机设备由当年的22台，发展到现在的69台；光纤由以前的5M升级到20M。

2012年9月11日，武汉市委常委、宣传部长彭丽敏在市文化局领导的陪同下，专门到我区调研文化信息资源共享工程建设情况。彭丽敏部长先后视察了设在我馆的支中心、金银湖街碧海花园社区基层点，了解共享工程在我区的建设和使用情况。彭部长对东西湖区文化信息资源服务平台建设工作给予了充分肯定和关心。她指出，目前文化信息资源共享工程在我市已经实现了社区覆盖，今后要注重充分利用、发掘资源、设计开发，用好这个平台，做好顶层设计，搞好服务，进一步扩大成效。

五、工作展望

一是进一步加大文化信息资源服务平台在我区的宣传力度，提高基层服务点的利用率。

二是加快完成地方文化资源数据库的设计及建设。

三是不断丰富文化资源共享工程的服务内容，提升服务质量，着力推进“读书之城”建设。

（撰文/张 洁）

武汉市蔡甸区支中心

二十一世纪是信息的时代，随着计算机、网络技术飞速发展，它们在图书馆的运用也日益普及与深化。为在时代的潮流中不辱使命，更好地服务经济社会发展，武汉市蔡甸区图书馆从2002年开始，建电子阅览室，开通互联网，进行计算机网络服务。至今已走过整整十年的发展之路。十年风雨，披荆斩棘，成果喜人。现在，文化信息资源共享工程蔡甸区支中心拥有建筑面积224㎡，其中中控室16㎡，电子阅览室104㎡，资源加工室16㎡，多媒体视听室88㎡。全馆共有信息点75个，语音点2个，外网为10M光纤接入（有固定IP）。区支中心配备管理人员5人，其中由1名副馆长负责。在区支中心建设发展的同时，覆盖街、乡镇及村两级的基层服务点网络建设也稳步推进。2010年，实现全区11个街、乡镇及288个村级基层服务点的全覆盖。与此同时，对全区基层服务点管理员的培训也有序展开，且力度不断加大。仅2012年，培训人数多达410余人次，发放光盘近千张。辛勤耕耘，得到了有关部门的肯定。2009年、2011年，我馆均被授予“武汉市基层公共文化优质服务奖”。

一、发展之路

蔡甸区图书馆从2002年开始，建成电子阅览室，开通互联网，从事信息服务工作。2004年，文化信息资源共享工程省级分中心对我馆文化共享工程建设及服务工作进行考核，认定达到共享工程区级分中心建设标准，并授牌。2007年，在武汉市支中心大力支持下，我馆建起网站，在武汉图书馆主网页（http://www.whlib.gov.cn/）上可以链接。利用网页，我们加强了馆藏资源的宣传与推介，实时报道全馆的业务及读者活动，开展与读者间的交流互动。

2009年—2010年，是区支中心建设实现跨越发展的时期。2009年初，作为文化共享工程全省首批提档升级对象，区支中心改造升级工作提上议事日程。我馆成立工作专班，并由馆长挂帅。在吃透上级精神，摸清家底的基础上制定了《文化信息资源共享工程蔡甸区支中心建设方案》，并报请市、区主管部门批准。5月，按要求签署并上报《湖北省文化信息资源共享工程建设责任书》。7月，投入近3万元资金，对全馆电源线路进行了综合整改，保障用电荷载增加与安全管理需要。经过一系列运作，12月，区级配套资金到位。年底，省、市专项资金相继到账。2010年4—5月，区支中心设备采购项目采用政府采购方式，由区财政局、文体局通过竞争性谈判确定武汉友邦数码科技有限公司作为集成供应商。竞争性谈判确定了支中心设备采购的主体部分。此后，我馆根据省级分中心、市支中心相关技术培训的最新要求，又作了新的补充与调整，并最终签订总额46万元的工程采购合同。6月上旬，设备陆续进场。我馆组织技术力量，和供应商一道参照合同约定逐一开展设备验收、安装与调试。至7月份，支中心工程建设已累计完成投资68万余元。期间，基建工作完成了电子阅览室、资源加工室、多媒体视听室的装修改造，综合布线；并配套添置了空调、电脑及报告桌椅等设施。7月底，工程基本完成。

支中心建成后，我们的服务工作如虎添翼，积极开展了一系列活动。先后在多媒体视听室开展“知识工程”系列读书活动，如知识竞赛、英语演讲、故事大王比赛；举办“武汉市青少年素质教育陶宏开工作室蔡甸工作站”心理疏导与亲子教育咨询、报告会，寒暑假期间举办青少年电影展播。电子阅览室免费对未成年人开放，重点加强了对未成年人的计算机、网络知识培训，每年达10多期。

2012年，区支中心独立自建了网站（http://www.whzylib.org.cn/）。加强了地方文献及蔡甸特色文化资源的利用与宣传。推介地方名胜景点、特色旅游资源，实时报道本馆读者活动，业务工作，及时推介新书，开展读者网上咨询及互动。

经过提档升级后的区支中心面貌焕然一新。三年来，支中心正以一流的设施设备及海量的信息资源为广大读者服务。一是通过卫星接收设备，及时选择性接收、下载国家中心的信息，然后拷贝成光盘、硬盘，发送至街、乡镇及村两级基层服务点，为支农强农服务。二是利用多媒体视听室在寒暑假期间搞好为青少年的服务。一方面从共享工程网络下载中外优秀儿童电影视频资料，提供给他们观看欣赏；另一方面则是抓紧对青少年文化共享工程的知识培训。我们制作了生动的PPT课件，以互动形式向他们介绍共享工程相关知识。即既给“鱼”，也教“渔”，促进青少年从小喜爱，利用优秀文化资源。三是充分发挥电子阅览室的作用。过去阳光电子阅览室只对青少年免费开放。从2011年6月起，正式向全社会免费开放，落实“县级数字图书馆推广计划”，重点对未成年人、进城务工人员开展文化信息服务，发挥文化引领风尚、教育人民、服务社会、推动发展的作用。

二、基层服务点建设

支持、指导街、乡镇及村两级文化共享工程基层服务点建设，是我们义不容辞的责任和义务。从2008年开始，我们用3年时间，完成了街、乡镇及村两级文化共享工程基层服务点建设的全覆盖。我区由区委组织部、区财政局、区文体局联合管理村级基层服务点建设，区文体局社文科兼作领导小组办公室，区支中心负责技术指导、培训。2008年建成基层服务点19个。2009年力度加大，完成10个街、乡镇和269个村级基层服务点建设。2010年完成扫尾工作，做到全区11个街、乡镇和288个行政村全覆盖。每建设一个点，免费配送计算机及网络设

备，做到村级零负担。在基层服务点建设过程中，我们积极搞好外部协调，整合资源，做到了快、好、省。2007年，区委组织部建成了农村党员干部现代远程教育系统。在每个行政村设有阵地并配备了电视机、DVD播放机、机顶盒等设施。2008年—2009年，经联络协调，我区开始利用此平台，为基层提供文化共享工程服务。2009年—2010年，文化部加大力度，开展基层服务点的提档升级工作，投入专项资金按专款专用原则，由财政局、文体局进行招投标、资金监管，分批为基层点配送计算机，开通互联网络。还在市文化局、区文体局的指导下，为各基层服务点配置了信息服务标牌，以彰显地位，服务好“三农”。2010年，我们根据区情、村情，进一步实行整合。在村一级，把农村党员干部现代远程教育系统，文化信息资源共享工程、农家书屋三大块的设备、人员进行整合，在硬件方面做到三大系统，一个阵地。软件方面，则将三大块的信息资源进行整合、互通共享。整合后的优势在于，既节省了人力资源，又解决了人员经费问题。

三、培训工作

阵地有了，管理是促其更好发挥作用的关键。解决好这个问题，就是切实搞好对管理人员的培训。我们采取个别指导和集中培训相结合的办法，每年都花大气力开展这项工作，务求让基层服务点每一位管理员都能独立上岗，规范服务。2009年—2012年，共完成培训1310人次。从2012年起，又计划用3年时间对农村文化员进行系统培训，今年已首批培训97人。十年历程，一路风光，展望前景，更加壮美。随着区支中心和基层服务点经常性维护资金得以保证，人员的配备更加优化和专业，基层人民群众文化需求的持续迸发，我们坚信，在党的十八大精神指导下，在建设社会主义文化强国的时代背景下，蔡甸区文化信息资源共享工程建设必将迎来新的高潮，消除城乡数字鸿沟的美好愿望必定能够实现。

（撰文/武汉市蔡甸区支中心）

武汉市黄陂区支中心

黄陂区文化信息资源共享工程建设支中心在完成提档升级任务之后，以崭新的面貌迎接读者，服务读者，2012年对所的634个基层服务点进行了服务、检查。2012年，认真贯彻“三个代表”的重要思想，利用先进的科技手段传播先进文化，以满足人民群众的文化需求。在馆领导的带领下，坚持一切为读者服务的办馆宗旨，拓展服务功能，提高服务质量，营造健康有序的网络环境。

支中心每年共接待上机读者近4万人次，平均每天100余人次。各基层服务点安排时间为农民读者上网学习提供便利。通过全体干部职工的共同努力，圆满完成上级领导交给的各项工作任务。

一、基本情况

电子阅览室是文化信息资源共享工程支中心在图书

馆的重要服务阵地。目前，我馆电子阅览室面积近60平方米，电脑21台，光纤10兆接入，并将主页设置为湖北数字文化网，每天8：00—17：30开放，图书馆建立了独立的门户网站。始终坚持按时对读者开放，工作正常运行，紧张而有序。在工作中，同志们团结协作，认真负责，任劳任怨，接待读者热情周到，对读者提出各种的问题，给以及时的解答和指导，帮助不会上网的读者了解操作规程，掌握电脑操作技术。

由于工作人员较少，常常需要牺牲吃饭和休息时间为读者加班加点，提供便利，他们的无私精神令人感动，受到领导和读者的一致好评。

二、管理和队伍建设

我馆要求工作人员通过自身的努力学习和刻苦钻研，不断提高业务素质和专业技能。熟练掌握计算机的一些基本知识和相关知识，以及网上操作技能，通过学习工作人员均能胜任本职工作的需要，及时处理和解决读者在上网过程中遇到的一些常见问题，并提供网上指导服务。电子阅览室微机系统的安装及维护需要专业人员来操作，以保证了硬件的维护和软件的安全完整及正常工作，为此，我馆安排熊焰、朱杰两位同志到有关单位进行了专门的电脑学习培训，保证了电子阅览室各项工作的顺利进行，提高了服务质量。

三、开展服务工作

我馆文化信息资源共享工程基层中心在平时工作中充分利用省中心提供的共享资源，最大限度地为前来上网的读者提供服务。加强了数据库的建设，收入了一批好的电影、电视节目，提高了点击率；做好了在资源查询、资源服务、资源索取三个方面的工作，为读者提供大量的文化信息资源，为读者下载了大量的文化资源信息资料。加强网络建设，利用图书馆自己的网站，作为服务读者、宣传图书馆的平台，将科技、图书、活动等各类信息及时发送到网上，让读者了解图书馆的最新动态，为读者提供学习、工作和生活上的服务。图书馆每周六下午，转播武汉图书馆的“名家论坛”视频讲座，在学生寒暑假期间，组织学生观看电影等活动，利用多媒体室开展报告会、讲座等活动，年接待读者2000余人次。

按照中央、省、市有关对文化信息共享工程基层服务点的要求，2012年图书馆投入了大量人力物力，多次派出车辆、人员配合区文体局对各街、乡镇（场）的基层服务点工作情况进行检查，加强各基层服务点管理员的培训和辅导工作，发挥好的服务功效，为广大农民读者学习提供方便。

（撰文/武汉市黄陂区支中心）

武汉市新洲区支中心

新洲区文化信息资源共享工程区级支中心建设于2003年正式启动，基层服务点在2006年开始布局，截止2012年12月，全面完成了区级支中心设备更新添置、资源整合，668个基层服务点设备、人员到位、并与组织部党员远程教育成功对接。整个建设过程中，支中心前后投入经费98万元、基层服务点及党员远程教育建设投入254.8万元。区级支中心和基层服务点在提高市民和农民思想觉悟、文化素质及提升生活品质等方面起到了非常重大的作用。

一、网点建设

文化信息资源共享工程是一项利国利民的工程，为了将工程建设好，我馆在有关部门支持下开展了大量的工作，工作中我们特别重视基础建设。2003年，全国文化信息资源工享工程建设轰轰烈烈开展，为了完成我区支中心建设，在没有上级经费支持下，我馆自筹资金进行区级中心平台建设，建成了一个30台电脑加两台服务器的电子阅览室，2004年再借资追加20台电脑，成为整个武汉市区级馆中拥有电脑台数最多、服务效果最好的服务平台。建成后的区级支中心在信息服务、视听阅读、少儿阳光上网、市民教育等方面开展了大量工作，受到了广大市民的欢迎和好评。2008年市财政调拨8万元经费用于首批基层服务点建设，为了将这批资金用到实处，我馆组织专班经过反复考察确定了20个首批基层试点，并于当年完成了设备配送、资源提供和人员培训，2010年完成了668个基层服务点设备建设，2012年完成了我们的网站架设，同时架设了局域网发布系统，全面向农民和社区居民开放，鼠标轻点，文化娱乐资源源源不断；视频打开，发家致富信息息息相关。每一个基层服务点都成为社会主义新农村建设的“加油站”、农民朋友奔小康的“充电所”。

二、经费投入

经过几年的服务和利用，正当我馆区级中心面临着设备老化、资源不能满足读者和市民需求之际，迎来了文化信息资源共享工程建设新的发展机遇，2009年我区上报的区级中心和668个基层服务点建设计划得到了上级主管部门的批准，国家、省、市、区建设经费相继到位，其中区级中心经费68万、基层点经费168万、组织部党员远程教育建设经费78.8万。为了将国家的每一分钱用到刀刃上，我们采用公开招投标的方法，在网上公布招标文书，体现了我区在文化信息资源工享工程建设中的廉洁、公开、公平、公正性。我们花了最少的钱，买到了最好的设备：区级中心配备了中心机房、高端专业服务器、30台20寸联想终端机、卫星接收系统、UPS电源设备、视频视听影印设备、移动办公和储存设备、专业软件及其它配套设备；668个基层点暨党员远程教育点全部配有19寸清华同方电脑、摄像头、2.1高级音箱和UPS延时电源器等品牌设备。2010年8月，所有设备全部安装调试完毕并投入使用，基层点覆盖率达到了100%，我们的设备在整个武汉市区级中心和基层点都是最好的、基层点覆盖率也是最高的。

三、培训工作

为了更好地开展文化信息资源工享工程区级中心服务和辅导基层的工作，我馆多次组织服务人员赴省、市参加学习和培训，提高业务水平和能力，电子信息服务部的四名工作人员通过自学全部拿到了计算机等级证书。在基层点服务工作中，我们发现很多信息员电脑知识十分欠缺，服务方式和方法比较落后，针对这种情况，我馆计划了详细的基层服务点信息服务员培训计划和我们自己编写的教材，计划和教材得到了组织领导的认可。每年9月份培训工作将全面展开，我们将组成巡回培训组，分别在10个街、镇举办10场基层信息员培训班，讲授文化信息资源工享工程服务业务，668个基层点和党员远程教育信息员将参加为期一天的学习和实践，基本掌握电脑操作、卫星接收系统及投影设备应用等方面知识，由市级和区级专家进行授课。通过培训，工作人员业务能力、为农民和市民的意识和手段将会有很大的提高。并从2012年起，开始对全区农村信息员进行培训，首批培训班在新洲区委党校举行，培训会以区文化体育局牵头，由我馆负责讲课，首届培训共有200多名学员参加，区委、区政府、区人大、区政协领导参加了培训会开班仪式。整个培训计划三年内完成，参训信息员估计达700人。

四、资源建设

我们在每一台终端机上都把全国、省、市文化信息资源工享链接放在桌面醒目位置，我们还把国家发放的光盘也拷贝到服务器上，让大家可以通过网络查询，还有卫星接收的资源，我们自己也正在积极筹备我们自己的特色资源，申请项目做自己的资源，争取越来越多的农民和市民朋友通过信息平台，享受着文化信息资源共享工程带来的实惠，已经成为他们农业生产、增效增收和丰富文化生活的“宝库”，以前农民朋友学技术难、看戏难、看电影难、看书难等等问题都通过网络得到了解决。

五、惠民服务

我们利用支中心建设配置的移动放映设备，积极和社区、街道、村和各个机关单位联系，送去他们需要的电子图书、视屏资源。我们还根据季节和农民的生产需要，送去我们的针对性数字资源，利用我们的各个渠道，宣传共享工程。让大家享受到共享工程的便利和好处。

我们还根据暑假的特点，开展针对学生的暑期特别节目，开展培训和各种比赛活动，丰富孩子们的生活，也丰富我们共享工程的内容。

我们积极和省市级图书馆合作，开展学习取经等活动，参加了省市的各种学习班，还先后到青山、江岸、硚口、黄陂等地方去互相交流，学习大家的技术和方法，

六、工作展望

目前，我区文化信息资源共享工程建设已接基本布置完成，新的任务是将各地服务工作上一个新台阶，人员培训和数字资源整合利用工作十分紧迫，我馆将在充分利用国家、省、市级中心资源为读者服务外，还要利用各种有力的宣传工具和媒体，对文化信息资源共享工程大力宣传，并积极进行横向联合，同更多的单位进行对接，真正实现资源的共享和利用，让更多的单位、家庭和个人享受到文化信息资源共享工程带来的实惠。

（撰文/武汉市新洲区支中心）

十堰市支中心

十堰市所辖6个县市均为国家级贫困县。文化共享工程实施10年来，对迅速扭转十堰市基层信息匮乏和经济、文化落后的状况起到了显著的作用。

一、网络建设与服务情况

根据鄂文化文[2008]48号文件，贫困县支中心建设硬件所需经费由中央和省级财政全额负担；乡镇基层服务点建设与国家、省实施的乡镇综合文化站建设项目统筹安排；村级基层服务点随着农村党员干部现代远程教育工程基层点建设同步推进的政策。

十堰市现有6个县/市，106个乡镇，1729个村。如上图所示，目前县级支中心、乡村基层服务点截止2010年底，按照文化共享工程县级、乡级、村级的建设标准全部建设完成，达到了全覆盖的建设要求。

同时，在“十一五”时期，十堰市各级财政加大了对农村文化基础设施建设的投入力度。

针对城乡文化二元结构的突出问题，十堰市坚持“送”、“种”结合，促进了城乡文化交流和协调发展。坚持开展“文化下乡”活动，充分利用元旦、春节、端午、国庆等重大节庆日，广泛举办各种形式的群众文化活动，呈现出月月有活动、村村有锣响的局面，既传承了民间文化，又丰富了群众文化生活。同时，顺应农村文化发展的需要，积极培育农村新型文化主体，引导农民自编自导、自娱自乐。以郧县为代表的“农民演艺队”，以竹山县为代表的“特色文化户”，以张湾区、茅箭区为代表的“文化农家乐”，以丹江口市为代表的“农村文化互助合作社”，常年活跃在田间地头、茶余饭后。据统计，全市各类特色文艺团体达到2112家，年组织活动7100余场次，农民自办文化已经成为新时期农村文化生活的重要形式和公办文化的重要补充。

十堰市图书馆作为文化共享工程市级支中心，积极进取，开展了文化共享工程走进城乡学校帮助农民工子女共享信息资源与技能的“爱心手拉手　温情你我他”系列活动；走进农村免费信息技术培训、专题咨询与汇编、帮建基层服务点等服务；走进社区开展“广场电影公益放映”和“共享戏剧大家乐”活动；走进机关开展公益讲座和视频资源播放活动，以及走进军营、企业、劳教所等地开展数字资源服务活动，年受益群众数万人，取得了良好的社会效益。

2007年湖北石花酒业有限公司向十堰市图书馆投资20万元，打造了汽车流动图书馆，流动服务目前已遍布临近县市的社区、农村，尤其是为军营、聋哑学校、劳教所服务，取得了明显效果。2010年十堰市图书馆与十堰市数字电视网络有限公司签订了合作协议。图书馆通过分析本地市民，尤其是弱势群体的阅读倾向和地域经济的发展特色等，为数字电视搜集、整合文化共享工程数字资源。数字电视网络有限公司在数字电视平台专门设置文化共享工程栏目，向所有市民免费传输选送的信息资源。

二、资金投入与运行经费保障情况

以十堰市图书馆为依托的市级文化共享工程支中心2004年经湖北省文化共享工程分中心授牌成立，2009至2011年市财政分三年划拨了100万元文化共享工程专项经费。依据“十堰市政府采购计划下达函和文化部办公厅《关于印发2010年度全国文化信息资源共享工程支中心和基层服务点配置标准的通知》，2010年，市图书馆组织采购了文化共享工程计算机软硬件产品，采购金额为51.7980万元；更新完善了全馆的网络线路，费用为6.5万元；购买了信息采集设备，金额为1.16万元；中心机房装修，金额为21.98万元，合计81.438万元。2011年，采购电子阅览室硬件设备，金额为46.2240万元，软件管理系统，金额为20.0664万元；采购电子触摸屏2台，金额为8万元，合计74.2904万元。2010至2011年，采购金额共计155.7284万元。

目前，市图书馆市级支中心的年度运行经费地方财政没有配套。六县一市县级支中心，郧县配套10万元，丹江口市配套6.7万元，竹山县配套5万元，竹溪县配套2万元，郧西和房县没有配套。

三、人才队伍建设、业务培训与基层辅导情况

十堰市文化共享工程目前有15名专兼职工作人员。其中十堰市图书馆支中心有工作人员6名。各县支中心有1—2名专兼职技术人员。在参加湖北省文化共享工程分中心每年举办的技术培训的基础上，十堰市图书馆支中心及时下载国家中心的网络版培训课件，组织馆里35岁以下的年轻职工积极学习信息技术和各种文件精神、创新服务等。

与此同时，十堰市图书馆支中心积极通过上门、电话、网络等方式向各县支中心开展业务辅导和信息通报。

尤其是丹江口市和郧县支中心都相继针对乡镇办（处、区）的组织委员、文化站长、村组干部及共享工程和远程教育专用电脑配村播放员或大学生村官开展了文化共享工程培训活动，使基层共享工程专兼职人员集中系统的学习了信息技术基础知识和共享工程建设情况。

四、荣誉奖项

2006年，湖北省文化信息资源共享工程领导小组授予十堰市文化共享工程支中心为先进集体。

2011年9月29日，在“第二届全国文化信息资源共享工程知识与技能大赛”湖北地区选拔赛上，十堰市图书馆代表队喜获团体二等奖和个人三等奖的好成绩。

五、工作展望

今后几年，十堰市文化共享工程各市、县支中心将在现有的基础之上，以公共图书馆全免费开放和国家数字图书馆试点工程为契机，以十七届六中全会精神和十八大报告为指导，尽快启动地方特色专题资源的建设，做实专业人员培训工作，用好文化共享工程共享资源，使文化共享工程真正成为弥补城乡百姓大众数字鸿沟的惠民工程。

（撰文/十堰市支中心）

丹江口市支中心

由国家文化部、财政部联合组织实施的“全国文化信息资源共享工程”于2008年在我市正式启动，国家和省共投入资金68万元，本级财政为支中心列入每年运行经费6.7万元。2009年元月在丹江口市图书馆建成，正式开放接待读者。

丹江口市支中心电子阅览室设有32个读者机位，5台服务器。建成开放后在本市电视台制作了一期专题节目，对文化共享工程进行了很好的宣传报道。现将建成开放三年来的情况汇报如下：

一、服务运行情况

丹江口市支中心开放以来，管理规范，运行良好，积极探索创新服务的内容和方式，按照文化共享工程各上级部门的要求，在省、市中心的大力支持下，在特色资源服务上进行了有益的尝试和探索，针对不同层次、不同年龄段读者的需求，我们把清华科技期刊CKNI、国研网、方正电子书等特色资源放在桌面显要的位置，使广大读者到馆就能充分了解共享工程的特色资源，也方便了读者查找和利用，受到了广大读者的好评，取得了良好的社会效益。

二、网点建设情况

1、建设情况

从2009年开始，我们积极推进文化共享工程乡镇和村级基层点的建设，为全市所有乡镇办制作了规范的文化共享工程乡镇基层服务点标识牌，制订了《文化共享工程乡镇基层服务点目标管理责任书》以及统一规范的规章制度。目前已在习家店镇、浪河镇、六里坪镇、丹赵路办事处等15个乡镇办建成开放了乡镇基层服务点，乡镇基层服务点覆盖率达到100%；共有专兼职工作人员22人，都具备一定的计算机基础知识。

2、人员培训情况

自启动乡镇和村级共享工程基层点建设以来，丹江口市共享工程支中心与丹江口市市委组织部联合举办了全市农村党员干部现代远程教育知识培训班，培训班分二期在六里坪镇和习家店镇培训基地开班。来自江南、江北两片乡镇办（处、区）的组织委员、文化站长、村组干部及共享工程和远程教育专用电脑配村播放员或大学生村官共200余人参加了学习培训，并为156个行政村配发了专用电脑。

三、建设运行取得的成绩

1、市支中心建成开放三年多以来，管理规范，运行良好。电子阅览室共接待读者33572人次。我们积极探索创新服务的内容和方式，按照文化共享工程各上级部门的要求，在省、市中心的大力支持下，在特色资源服务上进行了有益的尝试和探索，针对不同层次、不同年龄段读者的需求，我们把清华科技期刊CKNI、国研网、方正电子书等特色资源放在桌面显要的位置，使广大读者到馆就能充分了解共享工程的特色资源，也方便了读者查找和利用，受到了广大读者的好评，取得了良好的社会效益。

2、服务广泛。2012年全市15个乡镇、社区基层点共接待服务3万余人次。各乡镇基层点都能充分利用现在的设备设施为广大基层干部和农民提供农村科技信息、业余文化生活等服务。

3、设备达标、管理规范。已经建成开放基层服务点都完成了国家补助设备的采购工作，设备、设施全部符合国家对共享工程乡镇基层服务点的要求；基层点的规章制度健全、服务记录完善、标示标牌规范，为共享工程乡镇基层点的良好运行打下了较好的基础。

4、科技信息服务。基层服务点能够充分利用设备设施为广大基层群众提供科技信息，如丹赵路办事处基层点利用《共享工程助春耕》系列光盘服务农村春耕生产，习家店基层点设立农村科技信息查询专用电脑服务农业生产等。

5、健康的文化娱乐服务。在如何利用共享工程提供的丰富的优秀的信息资源上，已经建成开放的基层点探索出了很好的服务方式，如浪河镇基层点每天坚持免费为中老年群众播放文化共享工程戏曲节目。

6、服务于广大基层党员干部。浪河镇基层点很好的

贯彻落实了省委组织部、省文化厅关于农村党员远程教育要与文化资源共享工程互联互建的精神，利用共享工程资源与市委组织部在我市成立了第一家农村科技网吧。建成开放半年来，运行良好，管理规范，共免费接待基层干部群众8700人次。

7、服务中心工作。乡镇基层点积极服务于我市移民工作，为移民提供迁入点查询服务，结合人口普查提供人口普查工作人员培训、统计培训等。

8、创造性的开展工作，为当地群众排忧解难。针对农村外出务工人员多，基层点积极为广大农村外出务工人员子女提供免费视频通话服务，使他们感受到关心和温暖；为家里没有电脑、网络的农村家庭提供查阅学习资料服务，培养他们的学习兴趣、延长他们的受教育时间。

（撰文/丹江口市支中心）

郧县支中心

郧县文化信息资源共享工程属省财政全额扶持建设项目，目前已建成一个支中心，20个乡镇服务中心和338个村级服务网点。支中心项目总投资69.2万元，其中，省财政划拨68万，图书馆自筹1.2万元。乡镇服务中心和村级服务网点于2006年至今由省财政扶持逐步完成的。

一、基本情况

郧县图书馆于2009年9月11日完成了共享工程支中心建设。机房装修包括机房内饰装修工程（地面、墙面、天花板、机房承重处理、隐蔽工程）、电气系统（机房总配电系统、照明系统、防雷系统）、监控系统总投入11.2万元，工程施工工艺严格按照国家相关标准执行。共享工程设备包括服务器、电子阅览室PC、应用软件和信息资源加工设备等总投资58万元。整个设备配置均达到或超过《2009年度全国文化信息资源共享工程县级支中心软硬件配置标准》，并结合实际适当增加了电子阅览室PC容量，建设成了容纳45位读者的电子阅览室。配套建成了郧县图书馆共享工程网站并实施了与国家共享工程网站的有效连接；完成了国家下发的内容包括农业农村、医疗卫生、科学技术、经济社会、法律法规、文艺影视等，容量超过4TB的文化信息资源储备。

二、运营情况

支中心建成后，我馆遵照全国文化信息资源共享工程中心要求，积极开展服务。一是实施电子阅览室全面免费开放，节假日不休，每周开放70小时以上，极大的方便了读者。二是认真做好读者上网查阅的引导和管理工作，杜绝了读者浏览不良信息行为。三是开展共享工程基层技术培训，努力服务基层共享工程建设。2010年月24日至26，我馆在电子阅览室内举办了为期两天的“全国文化信息资源共享工程郧县基层技术员第一期培训班”。来自我县20个乡镇基层服务点相关技术人员36人参加。在整个培训过程中，我馆运用“电子教室”对参训人

员进行了“共享工程的介绍及资源建设和服务”、“计算机基础知识”、“网络应用基础知识”、“县级支中心数字资源介绍及下载应用”等知识的讲解，并对计算机组装、局域网建设进行了演示操作。使参加培训的基层技术人员清晰的了解共享工程的建设及运行现状，同时大大增强实际操作技能，取得了良好的培训效果。2011年、2012年支中心又组织了两期培训班，使基层技术人员培训率达到了40%以上。

据统计，自电子阅览室全面开放以来，支中心共年接待读者超万人，支中心网站点击率逐年增长，网站信息资源利用率超过25%。支中心为服务全县文化及精神文明建设发挥了应有的作用。

（撰文/郧县支中心）

竹山县支中心

竹山县辖17个乡镇，254个行政村，国土面积3586平方公里，总人口45.4万。在2004年正式实施文化资源共享工程，建立了以县图书馆为阵地的县级分中心，以宝丰、麻家渡等8个乡镇基层点，以党员远程教育电视接收模式为主的62个村级网点。目前三级网点可以通过宽带互联网、卫星、光盘播放、多媒体等多种模式接收全国和省的文化信息资源，建立了一次可接待30人的电子阅览室，通过这个科技传播平台，开展了丰富多彩的文化服务。

一、组织干部数字化学习

2010年以来，十堰市规定干部职工要进行“武当数字选学城”学习，要求每个在职人员进行廉政文化、职业道德、理想信念等每年不少于100课时的网上学习，图书馆利用电子阅览室，积极为全县党员干部提供了很好的学习平台。

二、开展电影放映

在电子阅览室经常为学生放映红色电影，对青少年进行爱国主义教育。同时也配合县的中心工作，下乡为农民放电影、送欢笑。特别是2010年夏天竹山多次出现大范围强降雨，致全县所有乡镇全部受灾，农作物受损，房屋倒塌，直接经济损失达3.4亿元。在全县干群积极投入到抗洪救灾的同时，图书馆带上放映设备，下载资源深入乡镇，为农民开展了电影放映，并发放了以“灾后重建、卫生保健”等内容的科技文摘。以欢笑排解农民受灾的忧愁，用文化的力量增添战胜困难的决心。

三、"三万"活动进村组，文化信息惠农家

2011年全省开展万名干部进万村入万户的"三万"农村帮扶工作，图书馆根据当地的经济发展，利用共享资源编印《科技文摘》5000份，并刻录了实用性强的种、养技术科技光碟，同"三万"工作队一起送到乡村，为帮助农民致富提供科技服务。

四、在电子阅览室开展网上培训活动

以"青少年网页制作"、"体彩从业人员知识培训"、"农村电影放映业务培训"、"会计办公自动化培训"等培训内容，填满了电子阅览室的空间，有效地利用了共享资源。

五、扩充资源

为了更好地发挥好图书馆的功能，丰富馆藏，购进了有声数字图书光盘，可听可看10万文库，包括有《中国古典文学》、《中国古典戏曲》、《世界名著新百部》、《红色精典影片》等，充实了电子阅览室的资源。

六、荣誉奖项

2010年《科技信息开发项目》，被竹山县人民政府授予"科技进步三等奖"。此项目填补了历来竹山文化科技奖的空白。竹山县图书馆用传统和现代的科技传播手段，引导全县人民走进图书馆，利用图书馆，使人民群众把读书作为一种生活习惯、一种工作责任、一种生活态度，大力倡导全民读书，让阅读丰富人生，使阅读成为构建和谐社会的促进剂。

七、工作展望

2012年12月7日，竹山馆接回了省财政厅、省文化厅配送的我县首台"流动图书车"。流动图书车可藏书5000册，设置车载电视、音响、投影、影碟机设备，图书馆将以这个文化传播平台，利用共享工程资源，把流动图书车变成宣传车，宣传好党的十八大精神，把党的惠民政策宣传到基层；把流动图书车变成传播车，传播优秀文化，为民众送去丰富的精神食粮；把流动图书车变成科技车，引导基层农民用科技指导生产生活，使先进文化进企业、进社区、进农村，更好地让竹山人民群众享受到文化发展成果。

（撰文/竹山县支中心）

房县支中心

根据国务院、文化部关于大力推进全国文化信息资源共享工程建设的指示精神，为切实保障我县城乡人民群众的文化信息需求，促进基层文化发展，以县、乡、村三级共享体系建设为重点，加大公共文化服务体系建设，及时提供丰富的文化知识和科技信息，丰富人民群众文化生活，改变山区信息闭塞、文化生活信息贫乏的现状，努力提高群众科技文化素质，促进我县文化繁荣、经济发展和社会稳定，推动社会主义新农村建设。截至2012年底，已建成开通1个县级支中心；326个基层网点，其中电信宽带接入156个，卫星基站170个。省级投入131万元；县级投入183万元。

房县位于湖北省西北边陲，介于大巴山和武当山之间，东邻保康，西接竹山，南倚神农架林区，北界十堰车城，绵亘千里，是湖北省第一版图大县，素有"千里房县"之称。全县20个乡镇（场），297个行政村，总人口50.43万人，其中城区人口13万人。

一、资金投入

2008年我县被列入省文化信息资源共享工程拟建县，省投资金68万元，自筹资金20万元，累计88万元用于文化信息资源共享工程县级分中心的建设。

二、网点建设

2008年3月在全县文化工作会议上与20个乡镇、279个村签订了共享工程建设任务书，至此此项惠民工程在我县全面启动。

为了让更多的人了解共享工程的意义和作用，我们根据省文化厅的统一部署，明确职责，制定方案，宣传发动，设立机构。为推进共享工程建设提供组织保证，成立了共享工程领导小组；制定规划，明确工程建设目标任务；明确共享工程建设经费渠道，争取政府投入与自筹资金相结合，确立了以县图书馆为县级分中心，各乡镇、村为全县文化共享工程基层点的网络构架；通过多种形式宣传共享工程在推动基层文化事业跨越发展中的作用，为共享工程的顺利实施打下基础。

随着站点的逐步建立，为积极推进共享工程建设的有序发展，提高服务水平，针对我县实际现状，结合省厅要求统一标准，严格把关，分级进行实地勘察。加强培训，技术指导，为共享工程建设提供保证，为了保证县、基层点的建设任务顺利完成，共享工程领导小组担负了县中心和基层点设备的安装及技术指导工作。

三、管理制度

为了确保广大读者能随时享受到共享工程带来的便利，我们按照日报表制度要求，认真填写工作日志，调整节假日时差，延长工作时间，最大限度的服务好广大读者。

四、开展服务情况

积极服务新农村建设。深入研究、探讨制定适合农村实际的各项服务计划，利用共享工程网络资源内容新颖、实用性强、信息量大、数据传输快捷方便的优势，认真收集、下载适用于当地群众的政策法规、先进性教育、农业科技、文化体育、防疫保健、科普知识等共享工程资源，特别是大量收集农村实用技术信息，并将下载的共享工程资源信息刻录成DVD光盘，编印二级文献《实用技术信息》资料。通过县、乡、村三级文化服务网络及其他途径传输信息，扩大宣传面，使群众便于学习，得到实惠。一是向各乡镇、村基层服务点直接提供图书、光盘支持，由各服务点直接面向群众服务；二是利用“三下乡”、宣传周、节假日等向农民赠送科技信息；三是针对种植、养殖户在种养过程中遇到的实际问题，对症下药，直接刻录或下载相关文献，免费赠送种养户。

五、培训工作

共享工程运行以来，业务培训4次，培训人数120人次；发放实用技术光盘400张，宣传资料8000余份。共享工程的实施，为新时期建设新农村，培育新农民搭建了新的平台。

六、工作展望

房县历史悠久，文化底蕴深厚，黄香文化、诗经文化等民间文化信息艺术多姿多彩，我们在利用国家、省及市已开发的文化信息资源成果的同时，更应挖掘和整理地方资源，努力将地方特色的文化资源开发出来，建立“房陵文化圈”资源数据库。

（撰文/房县支中心）

郧西县支中心

郧西县文化信息资源共享工程建设于2003年底启动，前身是文化信息资源共享工程郧西县分中心，共计投入资金10万元，于2004年4月建成并开放。2009年10月，在中央和省级财政资金扶持下，按照国家最新标准，投资68万元启动新的文化信息资源共享工程郧西县支中心建设，2010年3月中旬建成并投入使用。

一、基本情况

目前的文化信息资源共享工程郧西县支中心拥有标准机房1个、地面卫星接收设施1套、25台清华同方超锐E500型商用电脑的电子阅览室1个、同方超锐V80A笔记本7台、SONY专业数码摄像机、数字放映设备、监控系统，以及大屏幕电视机、投影仪、触摸屏、打印传真等设备一应俱全。18个乡镇场（区）分中心和284个基层服务点都严格按照国家建设标准建设。

二、资源建设

在资源建设方面，我们紧紧围绕“旅游立县文化为魂”战略，建设中国（天河）七夕文献中心，并将央视和各级媒体拍摄的围绕郧西（天河）七夕文化的专题片应收尽收，将县内涉及文化遗产和文物保护等方面视听照片等资料全部集中收集。

三、管理和队伍建设

在日常工作中，配备专职和兼职管理人员各1名，并注重和省市业务主管部门交流，取得技术支持与指导。2012年，我们投资近万元，在大门口安装电子显示屏一块，固定滚动字幕宣传免费开放。主动参与上级业务主管部门组织的业务培训学习，积极组织分中心和基层服务点进行业务培训和技术推广。

四、工作展望

下一步，我们将紧紧依托各级业务部门的关心与支持，招录专业技术人员，加强资源建设，借助文化资源共享工程平台，为我县打造旅游强县、文化名县而努力。同时，加强基层服务站点的服务与管理，把党和政府的文化惠民政策做到实处。

（撰文/郧西县支中心）

竹溪县支中心

2009年初，竹溪图书馆在省、市各级领导的关心支持下，借建设“竹溪宣传文化中心”契机，开始筹建“共享工程—竹溪县级支中心”，2008年国家加大投入54万元、地方投入14万元，改造支中心规模，建立了机房、资源制作室，配置了服务器、电脑、数码相机、摄像机、卫星地面站等设备，由地方政府支持拨付运行经费、光纤

接入到位等，至此，共享工程竹溪县级支中心正式完备运行所需要设备及费用，对外正式免费开放服务。

一、基本情况

竹溪县支中心现有服务场所面积90平方米，设有电子文献阅览室、中心控制机房、资源加工整合室、多功能室和办公室。电子文献阅览室终端共25台，其中成人阅览区15台，少年儿童阅览区10台，管理机1台；中心控制机房现有设备：综合管理服务器、综合业务服务器、卫星接收服务器各1台，卫星地面小站1个，磁盘阵列2套，千兆、百兆交换机各1台，42U标准机柜1台，UPS电源1套，百兆防火墙1台；资源加工整合室现有设备：移动存储播放器、扫描仪、功放机各1台，便携计算机2台，刻录机2台，移动硬盘1块，激光打印机2台、数码像机2部、摄像机2部。多功能室现有设备：电视机1台，功放1套，音箱、无线话筒各1套，投影仪2个，幕布1块，便携计算机3台，办公电脑4台。

二、网点建设

我县共享工程乡镇基层服务点建设：截止2012年底，我县共建设乡镇共享工程基层点15个，村基层服务 310个。

三、开展服务工作

为了充分发挥我县共享工程支中心资源在传播先进文化方面的作用，为让更多的城乡群众享受到内容丰富、健康向上的文化信息，共享工程支中心集思广益，多年来不断开展各项活动，注重了资源整合工作，把共享工程、党员远程教育、农家书屋、农村文化中心户等资源进行大力整合，进一步扩大了服务范围。

四、工作展望

1、进一步加强对文化信息资源共享工程及城市信息化建设工作重要性的认识，力争政府部门将实施文化信息资源共享工程纳入当地经济与社会发展的总盘子和城市信息化建设总体规划之中，力争从人力上给予保证，资金上予以支持，促进共享工程健康发展。

2、积极争取上级有关部门协助协调、加强与“农村党员干部现代远程教育”、“农村中小学现代远程教育工程”、和“新农村建设”等重点工程的合作，建成以县支中心为基础平台和枢纽，乡镇、村基层服务点为重点的文化信息资源共享网络框架。依据上级要求，我们将结合本地实际，逐步完善社区服务点的建设，力争在十二五期末使共享工程服务点实现全市全覆盖并有效运行。

3、努力调查、挖掘、整理和制作富有地方特色的文化信息资源充实数据库。

4、认真抓好支中心和乡镇、村基层服务点工作人员队伍建设。加强技术培训和指导，建立比较完善的文化信息资源共享工程的人才培训体系。

5、充分利用共享工程县级支中心平台，为广大读者，特别是农村读者提供优秀的文化信息资源，提高网络信息服务水平和利用率。

（撰文/竹溪县支中心）

襄阳市支中心

我市现辖枣阳、宜城、老河口3个县级市，谷城、南漳、保康3个县，襄城、樊城 、襄阳3个城区，国家级高新技术开发区、国家级经济技术开发区、省级鱼梁州旅游经济开发区3个开发区。2004年，全国文化信息资源共享工程在我市实施以来，得到了各级领导的高度重视，领导机制进一步健全，经费投入大幅增加，网络建设迅速发展，运行管理逐步规范，服务功能不断延伸，宣传培训效果明显。至2010年底，我市已建成市级支中心1个，县（市）级支中心7个，社区基层文化站及街道基层服务点110个，城区乡镇街道基层点覆盖率达到100%。

一、领导重视，积极推进“工程”建设。

全市各级政府和有关部门从保障人民群众基本文化权利、促进经济社会协调发展的高度，充分认识实施“共享工程”的重要意义，认真组织，落到实处，取得初步成效。2004年，市财政投入60万元完成了市级支中心的建设，各级财政累计投入400多万资金完成县（市）级支中心的建设，这几年，在财政资金的支持下又启动了地方数字资源建设工作，加大了地方文献的征集力度。

在大力建设市、区、县支中心的同时，我市的街道文化站、社区文化室、基层服务点也按照《标准》要求，加大投入，进行设施设备的提升扩展，使全市城区100%的乡镇、街道、社区建立了具备电脑、投影、大容量的移动硬盘的基层服务点，有的还建立了电子阅览室。

2011年，襄阳市图书馆东津新馆建设已纳入市“十二五”规划，并获得国家财政资金支持，襄阳数字图书馆的建设工作也在如火如荼的进行中，襄阳数字图书馆已获得国家及地方财政总计150万的投入。

二、加大投入，丰富共享工程数字资源。

襄阳支中心自建成以来，除了利用卫星接收全国文化信息资源共享工程网站的各类资源和省分中心提供的数据库及科技光盘提供服务外，还发动部门人员，针对读者的不同需求，在省分中心资源服务器上进行分类下载，现我馆采取多种方式下载的静、动态数字资源超过10TB，除此之外，积极与科技局、农业局等部门合作，收集整理适合本市农业种、养殖技术的农业科学技术资源等特色资源库，满足了各类读者不同的检索需示。

为使我馆的馆藏资源更加丰富，市政协在我馆设立政协襄阳市委员会文史资料中心，目前，湖北省政协文史委员会已收集整理来自全国政协和省、地(市州)政协的文史资料2千余册，资料中心向读者免费开放，不仅集中展示了文史资料成果，使大众可以更好地利用文史资料，也丰富了省我馆的馆藏资源，是政协文史资料和公共图书馆相互促进的双赢模式。

充分利用图书馆"汉江讲坛"的讲座品牌，建设讲座资源库。共摄制、加工"汉江讲坛"讲座50余场，整理收集讲座文稿60余件，现我馆"汉江讲坛文集"已正式出版两册，第三册正在紧锣密鼓的整理校对中。

近几年，襄阳支中心大力加强地方文献建设，以地方文献、地方信息为特色，拟建立馆藏文献数字化资源库群，包括古籍特藏文献、地方文献、缩微文献、老照片等各类资源。其中，襄阳古藉数据库、胡绳藏书数据库、三国文化数据库等地方文献的数据库建设工作正在进行中。

三、脚踏实地，搭建惠民服务平台

自实施共享工程以来，我市不断探索新的服务内涵和服务方式。从2008年起，我馆延长开放时间，每天开放12小时，一周免费开放时间长达85小时。在保证开放时间的同时，还设立了周末影院公开栏，周末晚上利用投影仪向广大群众免费播放一些名家讲座和地方剧目，寒暑假为未成年人播放爱国主义教育类、科普类影片。为了丰富广大市民的广场文化，我中心组织人员，牺牲休息时间，走进西门广场、小北门广场、人民广场、鼓楼广场、南门广场等市内各大广场为市民义务放映优秀电影。

电子阅览室为了引导读者健康上网、阳光上网，为青少年读者提供优质网络服务，引导他们正确利用网络。我中心实行严格青少年读者登记管理制度，规定每人每天上网不得超过2小时。为青少年读者提供丰富的学习资料，包括全国文化信息共享工程少儿版，内容涉及了天文地理、自然奇观、动物植物、人体科学等。电子阅览室通过安装网络防护软件，对不适合未成年人的内容和信息实行自动屏弊，为青少年读者打造网上绿色阅读通道。我中心还利用图书馆自身的优势举办讲座、网页设计培训、"电子贺卡"设计竞赛等各类主题活动丰富青少年的暑期生活。

利用共享工程资源实用性强、信息量大的优势，精选了适用于当地群众的先进性教育、农业科技、文化体育、防疫保健、科普知识等资源，刻录成VCD光盘或宣传资料面向农村和社区发放。我中心购买复制了8000多张文化信息资源光盘，开展向基层点赠送光盘资源活动，并为部分基层点拷贝了硬盘资源。近几年来，深入宜城板桥、王台村、襄城卧龙镇、欧庙镇、尹集、双沟镇等地，为当地农民提供信息咨服务，累计发放光盘或宣传资料近3万册，为农业增产和增收发挥有效的作用。

为满足弱势群体日益增长的文化需求，让盲人享受社会发展的成果，今年，我们加大了对弱势群体的关注。市支中心精心选购了盲文读物和有声读物，购买了盲人电脑及阅读软件。盲人读者可以在此阅览图书，也可以在工作人员的指导下，通过盲人阅读软件，免费访问文化信息资源等各类网站，了解网上各类信息、阅读语音图书、聆听有声读物。为盲人读者提高文化素养，增强自我学习的能力创造了条件，也为扶助弱势群体，建设和谐社会做出了积极的努力。

四、特色服务，为共享工程增添亮色

为宣传文化信息资源共享工程，展示共享工程服务成果，襄阳支中心在电子阅览室开设了"共享工程服务专区"，自设立以来，深受读者欢迎。服务专区专门将共享工程省中心下发的相关电子期刊、电影、讲座、技能培训软件光盘等资源逐一展示，让文化共享工程更直接地服务读者，服务群众，受益群众达1000人次。

为纪念中国共产党建党，襄阳市支中心组织"颂歌献给党--迎接建党90周年群众红歌会"活动，支中心工作人员、附近党政机关干部职工、部分读者及爱好音乐的一些群众50多人踊跃报名，积极参与到活动之中。

2010年"中秋"、"国庆"两节期间，襄阳图书馆，共享工程襄阳支中心以"弘扬民族精神、共享发展成果"为主题，在夫人城城墙上举办了中秋赏月晚会。晚会以歌舞、配乐诗朗诵、独唱、民乐演奏、书画等表现形式，展示襄樊的跨越发展，文明进步和繁荣和谐。

襄阳支中心连续四年的为"两会"服务工作取得较好效果。为了更好的服务今年的"两会"，我中心专门制定了服务方案，明确了参加人员、工作职责，服务内容等具体内容。"两会"期间，将为代表、委员现场办理图书证，并提供近千册图书、500种杂志、20种当天的报纸供各位与会人员现场借阅。另外，在现场将为参会代表、委员提供有针对性的信息服务，为他们免费查询相关资料，得到代表、委员的认可和肯定。

襄州区共享工程支中心走出了文化共享工程帮企业联系技术支持，企业通过文化共享工程进行品牌宣传的大胆尝试。在襄州区共享工程支中心努力下，襄阳万丰源黑猪养殖有限公司与华中农业大学达成院企合作，院校为企业发展提供技术支持和经营指导。襄州区双沟镇陶王岗襄阳万丰源黑猪养殖有限公司专门从事襄阳黑猪品种养殖，经过4年发展，该单位初具规模，种猪达50多头，母猪达70多头，但该单位一直为黑猪的养殖技术及销售渠道不畅所困惑。为此，襄州区共享工程支中心与襄阳万丰源黑猪养殖有限公司结对建立"襄州区图书馆文化共享工程惠民示范点"，该公司通支中心的网络资源拓宽产品销售渠道。

虽然我市文化信息资源共享工程中心建设已取得初步成效，但其建设步伐仍需加快。我们将在今后的工作中将更加努力地探索利用共享工程服务的新路子，更好地发挥共享工程的作用，为把共享工程办成惠民工程、民心工程而不懈努力。

（撰文/襄阳市支中心）

襄阳市襄州区支中心

自襄阳市襄州区图书馆启动全国文化信息资源共享工程（以下简称共享工程）以来，我们充分发挥文化信息资源重要作用，积极通过移动硬盘服务、光盘服务等模式，把文化信息资源传送到城乡基层文化网点和群众身边，为宣传党的方针政策开辟了新渠道，为丰富农民群众业余生活、弘扬文明新风开辟了新的阵地。截止目前，我区共建设文化信息资源共享工程县级支中心

一个，配置电脑终端30台、服务器4台、存储1台；镇级服务点40个，各配置电脑终端1台；村级服务点236个，配置电脑终端各1台。ftp网络连接已覆盖全区40个镇级服务点，村级服务点覆盖30%。

一、加强领导，加快基础设施建设

面对全区基层文化设施陈旧、文化投入不足、文化资源匮乏，广播电视覆盖面小，信息传送滞后，新思想、新科技的宣传、推广受局限的现状，区委、区政府深感责任重大，在湖北省启动共享工程后，立刻认识到了信息资源共享工程对传播科学知识、先进文化，引导农民群众脱贫致富，丰富和活跃农村基层文化生活的巨大推动作用，并引起高度关注，决定以共享工程建设为契机，以区图书馆为起点，把传播先进文化、转变致富理念、普及科学文化知识作为共享工程建设的最终落脚点，并采取有力措施，使共享工程建设工作落到实处。一是加大投入，加强基础工程建设。投入68万元，先后为区图书馆配置了30台电脑、4台服务器、一台2T容量的存储，建起了面积230平方米的电子阅览室，进一步巩固完善了区中心阵地建设。二是加强乡镇、社区文化阵地建设，搭建信息沟通平台。完善乡镇、社区文化站、基层服务点管理制度，加强共享工程基层服务点的管理；各乡镇、社区设立1名专兼职文化干事，明确文化专干职责，指导各基层服务点做好群众需求双向反馈工作。利用文化站现有资源、设施设备为基层服务点提供服务。做到了人员、阵地、牌子、设备、制度“五落实”。三是构建遍布全区的基层服务网络，改善基层文化工作手段陈旧落后的状况。各社区服务点依托文化活动室的便利条件，由区图书馆向服务点提供图书、杂志、音像资料等，满足社区居民精神文化生活需要；每个乡镇选择3-5个人员相对集中、种养殖前景较好的行政村作为基层服务点，示教合一，现场指导。在村党员电教播放点增挂文化活动室牌子，每个服务点指定1名管理人员，并为基层服务点配备电教器材、农村实用技术图书及其它各类图书、光盘。充分利用农村党员电教室设施设备的优势，使党的方针政策、科学技术信息以更加新颖直观、形象生动的方式迅速走向千家万户，使共享工程真正起到面向基层、服务大众的作用。目前，共建立较有影响力的基层服务点20多个。

二、整合信息资源，服务群众

由于条件所限，乡下群众不便于到城市享受优质的网络资源，将新思想、新科技用一种直观、易懂的形式送到农民身边就成了及时雨、雪中炭。为了使群众对农业新科技能够看得懂、用得上、见效快，共享中心组织领导专班带领中心技术人员到基层走访、调研，了解群众最需要什么，搞清为群众送什么、怎样送之后，利用共享工程网络资源内容新颖、实用性强、信息量大、数据传输快捷方便的优势，认真搜集、下载适用于当地群众的政策法规、先进性教育、农业科技、文化体育、防疫保健、科普知识等共享工程信息资源，特别是大量收集农村实用技术信息，并将下载的共享工程资源信息刻录成DVD视频光盘，直接免费发放到群众手中。在全区开通40个镇级服务点，通过FTP数据连接方式直接连接到区共享中心服务器，可实现实时数据资源共享。

通过文化服务网络及其它途径传输信息，扩大宣传面，使群众快学技术，早得实惠。一是通过协调组织、宣传、农牧、林业、卫生和计划生育、公安等专业部门，将各类信息资源通过业务部门的工作，传播到千家万户，使群众受益。二是向各乡镇文化站、村基层服务点直接提供图书、光盘支持，由各服务点直接面向群众服务。三是利用“三下乡”、宣传周、农村集市、节假日等，积极协调有关单位，在各乡镇集中向农民群众免费发放共享工程光盘和实用技术资料，并现场接受咨询，解决实际问题。目前已与我区双沟镇万丰源牲畜养殖有有限公司、龙王镇养鹅专业户等多个种养殖户建立“襄州区图书馆文化共享工程惠民示范点”。四是针对种养殖户在种养植过程中遇到的实际问题，对症下药，从共享工程网络资源库中下载相关内容，刻录成实用光盘，免费赠送给种养植户或种养植集中连片的村组及文化中心户，使农业科技推广更具有针对性和时效性。此外，区中心还利用图书馆多媒体室播放文化信息资源共享工程传送的科技、文化、卫生、少儿科普等方面的视频资料，深受群众欢迎。

区级支中心成立以来，通过各种途径共刻录发放《党员先进性教育》、《温棚蔬菜、瓜果、药材种植技术》、《鱼病防治技术》、《肉牛、肉羊养殖技术》《科学应对禽流感》等280种科教、实用技术视频光盘12000余张，宣传资料6000余份。目前，本中心发往共享工程国家中心稿件一篇，湖北省中心稿件一篇，均已被采纳并受到好评。在市级报纸发稿数十篇，并得到广大读者的众多反馈，共享中心电子阅览室还被评为2012年度全民阅读“十佳最佳阅读基地”。

共享工程的实施，为新时期建设新农村、培育新农民搭建了新的平台。丰富的文化教育资源和科技信息资源，普及到广大农村基层，对打破农村地区信息闭塞的状况，积极推广农业适用技术、节本增效技术，帮助村民及时了解到相关市场、技术信息起到了重要作用。现在不少村民都反映，通过“信息共享工程”，他们的眼界更宽了，信息更灵了，增收致富的本领更强了。

三、工作展望

1、紧紧围绕惠民、便民服务，进一步完善设施，提高服务质量；

2、搞好基层服务点的辅导，提高FTP连接覆盖率；

3、搞好共享工程平台建设，把共享工程真正建成惠民工程；

4、搜集本地各种资源，广泛传播文化资源，真正做到文化资源共享。

（撰文/襄阳市襄州区支中心）

老河口市支中心

一、整体情况

湖北省老河口市图书馆位于汉江中游，全市辖10个乡镇、办事处，224个行政村，总人口53万。2007年，老河口市被列为湖北省首批文化信息资源共享工程建设重点县市，在上级领导和各级财政的关心支持下，迅速建起了文化共享工程老河口市支中心。

支中心在图书馆大楼建成了高标准、高质量的主机室、三级卫星接收站、多媒体视听室和电子阅览室。面积110平方米的电子阅览室采用先进的CPU处理器，提高了网络带宽，形成了服务器4台，终端机30台，信息点60个以及相关设备的中型局域网络。根据读者需要，近日又开通了视频点播（VOD）系统。2008年11月27日，文化部对我市文化信息资源共享工程建设进行达标检查，一次性检查验收合格。文化共享工程老河口市支中心和全市10个乡镇、办事处，224个行政村文化共享工程基层服务点的全部建成，充分发挥了文化资源共享作用，有力地推动了全市经济社会发展。

二、网点的合作共建

近年来，我们扎实认真抓好文化共享工程基层网点建设，先后在仙人渡镇、张集镇、李楼镇、赞阳办事处、洪山咀镇、袁冲乡、光化办事处、竹林桥镇、薛集镇、孟楼镇等10个乡镇、办事处综合文化站建起了文化共享工程乡镇基层服务点。与此同时，我们又和市委组织部农村党员干部现代远程教育相结合，在全市224个行政村建起了文化共享工程村级基层服务点，各村级服务点都达到了“五有”标准，即有固定活动场所、有必备设备器材、有专兼职工作人员、有保障性活动经费、有经常性文化科技活动。目前，全市已形成了以市支中心为龙头，以乡镇、办事处基层服务点为桥梁，以村级基层服务点为基础的老河口市三级文化共享工程服务网点。

全市村级共享工程基层服务点均选择在条件较好，人口密集并与农村党员远程教育、农家书屋所在地相结合。

三、经费投入

为认真搞好文化共享工程建设工作，我们按照《湖北省文化共享工程县、乡镇检查验收标准》的要求，市政府两次召开市长办公会，具体研究解决市支中心配套设备的购置费、年运行费，乡镇办服务点配套设备的购置费、年运行和村级服务点配套设备的购置费、年运行费。市财政先后共投入90多万元，确保全市文化共享工程建设顺利进行。

安装测试三级卫星接收装置

四、资源建设

以我市文化系统的可控资源数字化为基础，突出老河口文化信息资源特色，着重整合历史文献资源及其他地方特色资源。在资源整合过程中充分发挥市图书馆等重点单位的资源优势和图书馆对内容资源的组织优势，充分体现信息内容的关联性和信息组织的条理性。

根据全国“共享工程”试点工作验收标准和县（市）级支中心达到一级以上的要求，我馆在多媒体阅览室免费开设“共享工程”阅览服务，发挥这块主阵地的作用，做好宣传推介工作，提高“共享工程”资源的点击率，阅览电脑30多台，每天开放时间为9小时，每周开放时间为63小时。

五、惠民服务

文化信息资源共享工程是一项惠民工程。我们以开展形式多样的文化活动为突破口，充分发挥文化共享工程的功能作用，严格按照乡级服务点每周开放时间不低于40小时，村级服务点每周开放时间不低于30小时的标准，开展了多项活动。

暑假期间，结合中央、国务院《关于进一步加强未成年人思想道德建设》决定精神，根据未成年人特点，加大未成年人服务力度，引导未成年人文明上网，利用电子阅览室开展“网上读书，我喜爱的一本书”活动；在城市居民小区、广场、体育中心、乡村服务点组织开展公益性电影放映月活动，利用文化共享工程下载播放人民群众喜爱的影片，如《地道战》、《烈火金刚》、《英雄无泪》、《村官李天成》、《我的长征》等优秀影片，巡回播放800余场，观众达15万余人次。

以服务“三农”为重点，把群众急需的科学知识、农业技术等信息提供给农民群众。积极做好“共享工程助春耕”科技光碟下乡放映活动，编辑共享工程科技信息资料3000余份，免费送到农民手中，深受广大农民群众欢迎。

利用文化共享工程和党员远程教育网络资源，大力开展新型农民培训活动，举办科技知识、公民思想道德教育培训30余期，5000余人次。

充分利用乡村文化共享工程基层服务点，组织播放农民喜闻乐见的戏曲、电影、小品等文艺节目，极大地丰富了群众文化生活，提高了农民文化素质，为构建和谐社会创造了良好氛围。

市图书馆还经常深入农村种养殖业专业户家中，走访调查，详细了解他们对科技信息的需求，并在农村建立常年联系点15个。举办“网络信息检索技巧知识讲座”5期。我们还积极参与全省精品网页制作大赛活动，大大提升了电子阅览室公众形象，文化部文化资源共享工程建设中心《工作简报》对老河口市图书馆“充分发挥电子阅览室作用，积极推进学习型社会建设”活动，进行了专题报道。

六、宣传推广

在市电台、电视台、老河口网站上开展文化共享工程建设宣传，在市图书馆大楼、滨江广场、各乡镇综合文化站等地通过举办展板、设置宣传栏等多形式、多渠道地宣传发动，为全市文化共享工程建设的顺利开展营造了良好的氛围。

七、技术支持和相关培训

我市支中心共有5人先后参加了省文化共享工程技术员培训班，取得了共享工程上岗证书。市支中心对全市10个乡镇办和行政村基层服务点管理人员进行了4期专业技术培训，共培训246人。通过层层培训，使技术人员基本掌握操作技能，能够满足工作需要，确保农村文化共享工程顺利进行。

八、管理和队伍建设

强化组织领导，我市分管文化工作副市长、市文体旅游局局长与省文化厅厅长签订了《湖北省文化信息资源共享工程建设责任书》，制定了《老河口市文化信息资源共享工程建设实施方案》成立了老河口市文化信息资源共享工程建设领导小组，下发了《市文体局、市财政局关于加强文化信息资源共享工程建设实施方案》，建起了文化共享工程老河口市支中心，乡镇和村基层服务点专兼职共236人的文化共享工程专业队伍，保证了文化共享工作蓬勃开展。

九、获得的荣誉及工作展望

全国文化信息资源共享工程老河口市支中心、老河口市图书馆，近年来，由于工作扎实认真，各项工作取得了显著成绩，图书馆被文化部命名为“国家一级图书馆”、“全国读者最喜爱的图书馆”，并先后被湖北省文化厅、湖北省人事厅和襄阳市文旅新局作为“文化工作先进单位”进行表彰。

党的十八大召开后，在党中央关于建设社会主义文化强国的号召下，我市文化信息资源共享工程也迎来了进一步发展的契机，将进一步加大文化信息共享工程建设力度，加大资金投入，不断探索创新服务方式，让文化信息资源共享工程在构建和谐社会，推动我市文化大发展、大繁荣上发挥更大的作用，逐步提高文化共享工程建设质量和服务水平，不断推进我市文化事业健康、持续发展。

（撰文/老河口市支中心）

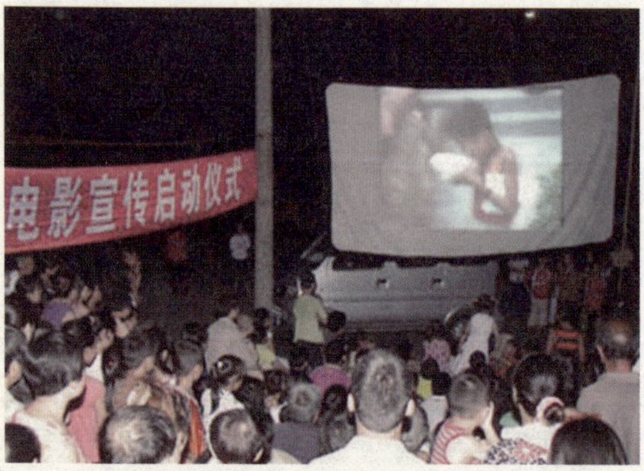

组织播放农民喜闻乐见的文艺节目

南漳县支中心

南漳县地处鄂西北山区，是楚文化发祥地、和氏璧故乡，三国故事源头。全县板土面积3859平方公里、辖11个镇（区）、282个行政村、58万人口。近年来，随着新农村建设的进程不断加快，农民对文化信息的渴求日以显现，由于远离县级图书馆，作为推进新农村建设和农村公共文化,共享工程服务体系建设的重要载体及时进入了农家，时至今日，在县图书馆的积极主动配合下，全县已建乡镇共享工程基层点11家，村级共享工程基层点283家。这在促进我县社会主义新农村建设、为广大人民群众提供公共文化服务等方面发挥着越来越重要的作用。

2007年以来，文化共享工程南漳支中心在县委、县政府和上级业务部门的正确领导下，组织全县各镇（街）、村（社区）基层服务点坚持以科学发展观为统领，紧紧围绕“积极发挥设施设备功能，充分保障广大群众文化权益”这条主线，认真贯彻落实党的十七大精神和国家、省、市、县各级关于开展共享工程工作的要求，扎实开展活动，确保服务效果，为丰富人民精神文化生活、提高农民科技致富能力、促进社会主义新农村建设等方面发挥出了重要作用。

一、网点建设

支中心、镇（街道）、村（社区）三级信息传输网络是基层群众接受和利用文化信息资源的载体。只有建立健全这个网络系统并保证其畅通和高效，共享工程服务群众的巨大作用才能得到有效发挥。我县以支中心建设为重点，积极加大镇（街道）、村（社区）基层服务点培植力度，三级网络不断趋向完善。

1、建设高标准支中心，搭建良好服务平台。在县委、县政府的高度重视下，我县于2007年争取为全省第一批29个试点县之一。目前，支中心总体布局是“一房一室”，即机房和电子阅览室，机房面积20平方米，服务器4台，磁盘阵列总容量4.5TB；电子阅览室面积为224M2，现有微机42台，其中未成年人专机20台。其他辅助设备如扫描仪、打印机、数码摄像机、移动存储播放器等一应俱全，硬件设备完全可以保障共享工程日常工作的需要。专职工作人员3人。为保障设施设备的安全使用，县图书馆投资3万元安装了电视监控系统、火灾自动报警系统，确保国家财产不受损害。

2、开展基层服务点普查调研，培植镇、村基层服务点典型。按照湖北省的总体要求，实现了党员远程教育与文化共享工程的共建共享。目前，全县所有镇（街）、村（社区）均建立了基层服务点，其中镇级基层服务点11个，村级基层服务点282个。

为提高基层服务点工作积极性，支中心在普查的基础上确定了五个基层点为共享工程示范点，积极对其加以培植和扶持，为他们统一制作了标示牌、规章制度、服务记录簿等，基层服务点面貌大大改观。扶持过程中与他们签订协议，严格规定了设备的使用及开展服务活动的各项要求，以此来规范基层服务点日常工作管理，促进共享工程活动扎实有效开展。通过培植典型，各基层服务点的工作热情被带动起来，对共享工程的认识程度和开展服务活动的积极性都有了很大程度的提高，达到了以点带面、整体提高的目的。

3、加强制度建设，保障各项工作有序开展。一是成立了南漳县共享工程领导小组，分管副县长任组长，文化、财政、组织等相关部门为成员。领导小组下设办公室，具体负责文化共享工程的日常工作。各镇、村基层点也建立了机构，明确了专人负责。二是建立健全支中心各项规章制度，制定了支中心职责、支中心工作计划，进一步明确支中心的任务目标，确保支中心在开展服务、人员培训、对外交流等各项工作中切实发挥积极作用。三是制定支中心及各基层服务点的电子阅览室、多媒体室等窗口工作制度，重点在提升服务质量、拓宽服务渠道上做文章，大力创建文明、健康、舒适的服务窗口。尤其在电子阅览室，明确要求严格控制未成年人的上网时间和浏览内容，有专门人员跟踪对其进行指导和监督，引导他们自觉学习中华民族优秀的传统文化，利用丰厚的网络资源不断提高科学文化水平和思想道德素质。

二、管理和队伍建设

共享工程工作重在基层。只有搞好基层管理员的培训工作，使他们通晓共享工程的运行机理和操作方法，不断提高工作能力和水平，才能为广大群众更好地开展服务，最大限度实现共享优秀文化的目的。鉴于此，南漳县支中心不断加大管理人员队伍建设力度，取得了较为明显的效果。

1、加强支中心人员培训，为基层服务点提供技术支持。支中心管理人员不仅担负着支中心设施设备维护、对外日常服务等工作，而且还是各基层服务点技术环节的咨询者和培训者。打铁还须自身硬。为使全县共享工程培训工作扎实有效、不走过场，支中心管理人员积极参加各种培训活动，努力研讨专业知识，自身素质和专业技能有了明显提高。4人次参加了省、市组织的培训班，6人次赴共享工程起步较早、工作开展较好的兄弟县市学习经验，并且多次向省、市中心电话咨询请教，及时解决工作中遇到的难题，学到了知识，改进了不足。

2、发挥村官作用，扎实搞好基层服务点工作人员培训。对基层服务点工作人员的培训是支中心长期坚持的一项重要工作任务。近段时间以来，支中心举办了两次全县范围的共享工程培训班，各镇、街道以及部分村级服务点管理员参加培训，对共享工程产生背景、重要意义、各级重视程度、运行机理、操作技能、设备维护维修等各方面进行讲解和示范操作，促使大家提高认识，增强了解，进一步熟练操作规程，收到了很好的效果。

三、惠民服务

利用南漳县图书馆阵地，发挥窗口服务功能。电子阅览室是支中心开展对外服务的主要窗口。南漳支中心充分发挥设备功能，利用电子阅览室做文章，开展了一系列活动。电子阅览室坚持正确导向，不断加强管理，依托共享工程的几个主要网站和卫星接收的资源，积极推荐优秀文化资源，大力弘扬爱国主义、集体主义、社会主义思想，营造了良好的网络环境。目前，日接待读者超过100人次。此外，开展了十八大精神解读讲座、文明服务培训、新时期文化工作发展方向讲坛等活动，收到了很好效果。

文化信息资源共享工程任重道远，我们确立下一步工作目标：一是采取各种方式加大对文化共享工程的宣传，让广大人民认识共享工程，自觉利用共享工程，积极开展共享工程进社区、进企业、进学校活动，让更多的人共享人类优秀文化成果；二是进一步加强对文化共享工程管理人员的培训，提高全体工作人员的思想认识和工作水平；三是借鉴先进地区经验，研究开展服务的新方式新方法，拓宽服务内容和范围，最大限度发挥共享工程的作用；四是尝试进行对本地文化资源的加工、整合，传播本土文化，将南漳文化实现更大范围内的共建共享。

（撰文/南漳县支中心）

谷城县支中心

谷城县县委、县政府历来都很重视文化工作，使我县首批荣获了全国文化先进县，对图书馆的建设和发展也给予了高度重视和支持，县图书馆是首批命名的国家二级馆，2010年又被命名为“国家一级图书馆”，2011年7月被省政府公布为“全省古籍保护重点单位”，是七家入选单位中唯一一家县级单位。历届书记、县长都曾亲临图书馆检查指导工作、解决办馆过程中的重大实际问题，由于领导的重视，图书馆干部职工的艰苦努力，现已形成了以纸质图书为基础，以电脑互联网为媒介的“文化信息资源共享工程”四级网络初步形成；即以县图书馆（支中心）为龙头，以乡镇图书馆【乡镇点】为枢纽，以村图书室【基层点】为基础，以农家书屋远程教育为补充的县、乡、村、户四级图书资源网络基本形成。全县拥有标准图书馆（室）320个，图书总藏量达50万册，数字资源达50G，实现了图书资源网络遍及城乡，读书活动高潮迭起，用书致富蔚然成风，信息共享成为时尚的良好氛围和崭新格局，全县的图书事业步入辉煌的发展时期。

近些年来，我们特别重视数字化图书馆建设，县委、县政府也非常重视和支持。全省要求首先实施《湖北省文化信息资源共享工程》的文件下发后，我们认为这是数字化图书馆建设的重要机遇，共享工程的实施将

谷城县图书馆电子阅览室

极大地促进图书馆事业的发展。

通过及时向县委、县政府汇报，获得了领导的支持，县委、县政府专门召开了有县委宣传部、文体局、财政局、教委等有关部门参加的协调会，全面安排部署了“谷城县文化信息资源共享工程”建设工作。

一是成立了共享工程建设领导小组，由县委常委、宣传部长任组长，分管文化工作的副县长任副组长，各职能部门的主要领导参加，下设了办公室，由县委宣传部常务副部长兼任办公室主任，抽调专门人员成立了三个办事组：资金筹措组、协调联络组、资质建设组，随后开展了扎实有效的工作。

二是及时与省签订了“全国文化信息资源共享工程湖北分中心与基层中心建设工作实施协议”。我县经过襄阳市推荐同意，及时向省递交了“关于在谷城县图书馆设立湖北省文化信息资源共享工程县级中心的请示报告”，并首批次与省中心签订了建设协议。

三是千方百计筹措资金，确保了建设资金到位。全县累计投资458万元，其中县支中心从房屋装修、设备购置、配套设施共投资98万元；十个乡镇点投入90万元；310个村（社区）点投入270万元，从而有效地保证了工程建设设施设备的高标准、高质量。

四是利用共享工程平台、积极开办“网上农家乐”

谷城县图书馆是全省最早兴建电子阅览室的图书馆之一。还也是最早建成自己网站的馆之一。

2012年，谷城县图书馆又结合本馆实际，适时开办“网上农家乐”，创新了数字图书馆时代图书馆服务工作的新视野。

谷城县图书馆的“网上农家乐”活动是以党的十七届六中全会精神为指导，以文化乐民、文化富民为宗旨，认真贯彻落实党的一系列文化惠民政策，进一步加强公共数字文化建设，提高公共文化服务能力，推动覆盖城乡的公共文化服务体系建设，切实保障数字化、信息化、网络化环境下公共文化服务的公益性、基本性、均等性、便利性，更好地满足人民群众日益增长的精神文化需求，提高公民思想道德素质和科学文化素质。以全国文化信息资源共享工程为平台制作网上“农家乐”专题网页，栏目设置包括四大板块：

1、乡村影院：①红色经典。提供100余部各个时代的经典影视剧，如：《地道战》、《地雷战》、《上甘岭》、《小兵张嘎》、《铁道游击队》等；②农家故事。提供各个时期反映农村革命和建设的影片，如月亮湾的笑声、喜盈门、乡村爱情、刘老根等；③农民风采。提供我县农民自娱自乐音像节目，如村镇文艺晚会，农民自拍的健康向上的音像短片等。

2、农民阅读：1、经典名著，如中国古典四大名著、现代经典小说等；2、谷城美文①谷城作家撰写的代表性作品；②反映谷城社会发展及人文风情的各种形式的代表性作品；③农民视点。由我县民自创的反映我县“三农”建设各种形式的文艺作品；④政府信息，发布各个方面农村农民政府信息；⑤惠农“三字经”，用“三字经”等形式，深入浅出的宣传党的各项惠民政策。

3、农家歌声：①各个时代的经典名曲100首；②反映谷城农村变化的并由谷城人自创的歌曲；③谷城地区具有代表性山歌民歌。如《放花牛》、《对花》、《南河船歌》等。

4、互动平台：①接收农村文化需求的各种信息；②接收对网页制作的各种建议和意见；③及时反馈网页改建意见；④及时答复农民的各种诉求。

此项活动的开展，很好的吸引了更多的干部群众的积极参与，同时进一步丰富了谷城县图书馆网站内容，增加了数据库容量。通过卫星接收、下载国家、省中心资源以及购买各种音像制品等形式，不断充实图书馆数据库。同时积极开展了一系列活动。如：举办了电影大展播活动；举办经典名剧（曲）大家唱；举办书香溢谷城有奖读书征文活动；并注重收集谷城地方特色歌曲、名剧上传到共享工程网；完成了万部名著上传任务，使网上阅读内容更加丰富。收到了良好的社会效果。

（撰文/谷城县支中心）

保康县支中心

保康县全县辖11个乡镇，261个行政村，版图面积3225平方公里，人口28.6万人，全省2008年文化信息共享工程建设县。文化共享工程建设任务下达后，县委县政府把文化共享工程当作惠民强县的基础工程来抓，以科学发展为指导，以利民惠民为宗旨，以信息化技术为手段，克服时间紧、头绪多、任务重的困难，抢抓机遇，乘势而上，实现了文化信息资源覆盖率和人民群众满意率的较大提升，赢得了各级领导的充分肯定和社会的较好赞誉，为保康社会经济大发展注入新的动力。

一、基本情况

2009年6月开始对主机房、多媒体报告厅、电子阅览室、资源加工室及其他工程用房进行了全面改造装修，对全馆用电线路全面改造，对电源和网络线路采用综合防雷系统，有效提高了强、弱电安全性能。经政府采购的设备按规定制作了相应标识，设备到位后，日夜加班安装调试，软硬件安装调试就绪后，支中心软硬件设备进行了9个月无故障运行，经省中心专家检查，采购程序、设备配置，使用效果符合共享工程支中心服务要求。通过以前的建设和改造、升级、扩展，支中心硬件系统、网络系统、软件系统具备了相应的服务功能，通过10兆光纤和卫星接收系统获取的信息资源，将在内外网上为读者提供丰富便捷的信息服务。2009年我县黄堡镇、两峪、歇马、店垭文化站建设被省验收，具备建设共享工程乡镇服务中心条件，经政府采购电脑5台和其他设备，接入宽带，开展对外服务；龙坪、马桥两镇文化站达到村级服务点设备要求，除城关镇无站址外，其余4个乡镇文化站均在建设中，待省验收后，按标准建成基层服务中心；115个村级服务点设备通过政府采购发放到位，县委组织部、文体局举行了隆重的设备颁发仪式，并共同与乡镇签订了设备保管使用责任书，共享工程与农村党员远程教育工程相结合，通过整合，村级服务点设备由基本型升级拓展型，服务方式和手段大大提高。

二、强化制度建设，抓好规范化管理

我们以向群众提供丰富、及时、便捷的文化信息服务为目标，以健全制度，规范行为，加强管理为手段，不断提高工程运行的规范化水平。

1、健全制度。县支中心和各基层服务点根据上级要求，结合实际，建立健全了各项制度，形成了规范化的管理体系。如县支中心在对资产逐一登记造册的同时，明确了保管，使用程序民，明确了负责人；制定了《资产管理制度》《电子阅览室工作人员岗位职责》《电子阅览室管理办法》《读者守则》和《电子阅览室服务内容》等制度和公示牌，支中心和基层中心均统一制作了钛金门牌、管理制度、服务记录薄、形态标识和信息发布栏，树立了共享工程规范化形象。2、规范行为。我们通过公示制，将服务时间、服务项目向社会进行承诺，明确提出了服务宗旨，及时在信息发布栏公布。2007年2月，县关工委、文明委将图书馆电子阅览室确定为我县“绿色网吧”。支中心对青少年管理也采取三条相应措施：一是制定了少儿阅览规则，提供健康有益的内容，开设文史大观、人物星空、非常才艺、五彩缤纷、开心游戏等7大板块栏目，其中开心游戏均为文化部游戏产品内容审定委员会公布推荐的适宜未成年人健康的网络游戏，并将文化部的公告醒目地张挂阅览室，保证了少儿读者增知益智；二是限定上机时间，对少儿开放时间是节假日的9：00－17：30，每次上机限定2小时；三是推行委托看护。少儿读者进入阅览室一般由家长陪护，如家长无时间，可填写《少儿阅览委托看护卡》，由阅览室工作人员代为看护，保证孩子在特定的时间上机阅读，并保证孩子在阅览室的在安全，此举受到家长和社会的好评。3、严格管理。为使这项民心工程真正起到为民服务的作用，我们将出台共享工程考核办法，对全县共享工程建设、资产管理、运行服务进行严格考核，县文体局对支中心肯乡镇基层中心直接考核，考核结果作为乡镇文化站年度工作的重要依据；县委组织部、文体局、财政局对村级服务点进行考核，考核结果将与组织委员政绩和村以钱养事经费挂钩。

三、强化服务效能，抓好资源利用

我们紧紧围绕民所思、民所需、民所求加大信息资源的储备和利用，为社会公众生产生活服务，为全县经济建设和精神文明建设服务。

1、多渠道整合资源。我们通过互联网、卫星接收等途径，不断将国家中心，省分中心信息资源导入存储，3次到省中心栲入240G讲座等视频资料，这些宝贵的数字资源我们将通过支中心网页（xftsg.163.com）供全县内外网读者浏览。我们将用资源加工设备采集本地特色文化信息上传加工、发布，多方式努力增加信息资源的总量满足不同用户的信息需求。2、多方式利用资源。我们在支中心电子阅览室举办少儿心理健康咨询、精英——如何培养孩子的内动力、食品安全知识视频展播6期；与县消防中队举办消防知识网上答题活动；周末在多媒体报告厅为青少年开展爱国主义教育视频展播活动，为成人读者展播视频展播活动14次，目前支中心每周开放时间在63小时以上，两年来共接待群众上网查询4.74万人次，信息下载1852多条，乡镇基层中心每周开放时间

保证在30小时以上，全县共接待群众上网查询8.32万人次。支中心不断拓展服务空间，利用移动播放设备开展共享工程进农村、进军营、进社区活动，共放科普教材、电影、讲座等视频资源25场。3、深化服务效果，为两个文明建设服务。共享工程唤醒了人们沉寂已久的求知愿望，支中心和村服务点成为当地群众学习聚会的热闹场所。读者动情地说：从网上能找到我日常生活急需的东西！通过学文化，农村群众开拓了眼界，自觉地用科学理念指导生活。在读者座谈会上陈家河村的田桂花说：“为什么城里的孩子聪明？我看了你们放的育儿知识才知道，他们在肚子里就开始接受教育（胎教）！”通过学政策法律，提高了思想觉悟，增强了法制观念，自觉远离了愚昧鲁莽行为，形成了互谅互让互帮的新型人际关系，促进了农村社会和谐稳定。农户通过学技术，学管理，找信息，开启了智慧之门，掌握了一技之长，增强了致实本领，如根艺专业户徐加兵、养殖户邓必康、温室大棚种植户刘兴启都是支中心电子阅览室常客。

四、工作展望

保康县文化资源共享工程已走过6个年头，从昨天的几个点到今天的273个行政村全覆盖，从单一的资源接收到今天的编辑分发和群众广泛认知，广泛参与，文化资源共享工程在保康已经成为保康人民文化生活的一大支柱，成为繁荣保康文化，丰富保康人民精神生活，推动保康人文科技进步的强大动力源泉。今后保康支中心希望在湖北省分中心大力支持下为保康共享工程建设一支专业化的服务队伍，建立一个知识网络联动的即时问答服务体制和服务形式更加多样，服务网点更加宽广，参与群众更加广泛的共享工程文化带动体系，为建设科技保康，文化保康做出贡献。

（撰文/康保县支中心）

荆门市支中心

八年来，共享工程荆门支中心在湖北省“共享工程”领导小组和荆门市文化体育新闻出版局的正确领导和大力支持下，结合本地实际情况，努力进取，真抓实干，在荆门地区初步建立了覆盖城乡、层次分明、互联互通、多种方式并用的数字文化服务网络。荆门支中心还充分利用现代信息技术成果，拓展服务功能，努力做到处处

可以共享文化信息资源，人人可以利用文化信息资源。

一、整体情况

荆门市图书馆“共享工程”建设工作于2004年开始启动，2005年10月“共享工程”荆门支中心正式挂牌成立。八年来，荆门支中心不断加强基层服务网络建设、数字资源建设、基层工作人员培训和文化信息服务，取得了重要进展。到2012年底，我市文化共享工程建设总投入达122万元（其中本省级财政总投入达82万元），自建地方特色数字资源8TB，培训人员1千多人次，利用共享工程资源为民服务一百万人次，建成34个社区基层服务点，覆盖率达99%。

二、经费投入

荆门支中心在2004年共投入40万元（湖北省财政下拨）进行第一期建设，2010年共投入82万元（国家下拨经费42万元，地方配套资金40万元）进行第二期建设。目前荆门支中心共有服务器6台，电脑66台，存储容量达16TB，一个多功能报告厅，一个电子阅览室。

三、资源建设

在文化信息资源建设方面，荆门支中心通过“接收—自建—整合”形成了一系列具有荆门特色的信息资料库。一是接收国家中心和湖北省中心下发的资源，截止2012年11月荆门支中心共接收全国文化信息资源建设管理中心和湖北省中心下发的光盘资源0.5TB，卫星资源500GB。二是自建一系列的特色文化信息资源。荆门支中心广泛征集本市的历史文化和民间文化资源，利用数字化设备，加工制作特色数字文化资源，目前已完成的具有荆门特色的文化信息资源包括：荆门传说、媒体荆门、荆艺荟萃、旅游景观、文博天地、荆门史志、名优特产、荆门群星、作家文库、郭店楚简、非物质文化等。同时通过收集整理荆门的各类视频资源，自建本地多媒体数据库，形成具有荆门特色的视频资源信息系统，视频总数达到148个，容量1TB，并建立起视频点播系统和内容管理平台，所有资源均通过元数据标引，视音频压缩后形成适合于互联网传输的格式，方便群众浏览。三是在湖北地区率先建立了特色鲜明的语音图书馆主题资源库，为盲人上网提供了方便，给他们带来的福音。

四、技术支持

通过互联网浏览全国文化信息共享工程网站提供资源服务；有线/数字电视：利用广播电视网络传输和直播文化共享工程资源，直播信号为模拟信号，用户可通过电视直接收看，或依托广播电视数字电视网络，传输和接收的信号为数字信号，用户可通过电视机+数字机顶盒方式，收看广播节目和点播节目；卫星：利用卫星广播网络，广播和传输文化共享工程资源。用户可通过计算机或卫星机顶盒，收看卫星直播节目，或点播存储在计算机或卫星机顶盒中的节目；IPTV：以宽带互联网为基础通道，通过互联网协议传输数字信息资源，以电视和PC电脑作为重要终端，能够提供多种交互式服务；VPN：在互联网基础上，通过建立虚拟专用网络，实现资源的安全可靠性传输与管理，用户可在PC上观看和使用VPN内的资源；无线网：利用无线信号传输数据信息，用户可通过接入无线网络，接入互联网，浏览使用互联网上的文化信息资源；政务网：依托电子政务外网，用户可在指定区域浏览和使用电子政务外网上提供服务的资源；移动播放：使用移动播放终端，如移动播放器、数字电影放映机等，通过与电视机、投影仪、PC机相连接，收看存储在移动播放终端中的资源。

五、惠民服务

为加强文化共享工程基层群众服务的重要作用，努力在全社会营造积极向上的文化氛围，荆门支每年结合清明节、五一劳动节、五四青年节、端午节、七一党的生日、八一建军节、中秋、国庆节等重大节庆日、纪念日，以及重大历史纪念日、“八艺节”、“省运会”重大活动等，积极组织本市的区（县）支中心和基层服务点，通过有针对性的信息资源服务和丰富多彩的文化活动，丰富了人们群众的文化需求。平常通过报告会、座谈会、主题征文、专题讲座、流动图书馆、下乡巡回播放、群众文艺汇演、合作联办等形式，增强文化共享工程服务的针对性和实效性。现在荆门支中心的文化共享工程六走进（走进社区、走进农村、走进军营、走进企业、走进学校、走进机关）和“共享周周乐”文化展播广场已深入荆门群众的心中，真正实现了文化乐民、文化育民、文化富民。

六、宣传推广

为进一步推广利用文化共享工程，充分发挥文化共享工程的传输渠道和资源优势，提高广大市民的知晓率和利用率，荆门支中心开展了展板宣传，现场演示，接收咨询，免费下发光盘、电视宣传等一系列活动。这些活动吸引了广大群众参与，扩大文化共享工程在群众中的影响力。如：在每届“两会”期间，荆门支中心会带着共享工程的设备和资料进驻会场，免费为政协委员和人大代表服务，获得了支持共享工程建设的强大力量。

特别是2012年荆门支中心举办的“春问耕、夏问管、秋问收、冬问暖”系列活动，辐射的地域面积广，受惠群众多，影响持久。2005年至2012年荆门支中心共制作16期主题展板，下发5000张光盘，荆门电视台报道共享工程宣传活动5期，接收咨询十万条。这些活动的开展真正实现了群众与先进文化的零距离接触，达到宣传“共享工程”，文化资源共享的目的。

七、培训工作

培训工作是荆门支中心每年的工作重点，通过探索，我们建立起长效培训机制。这种培训机制在读者培训方面采用了按需培训，在文化共享工程人员培训方面采用多样化培训。

1、读者培训

每年荆门支中心会根据读者调查表按对象和专业制定培训计划，并按时按量的完成。2005年至2012共开展了"少儿电脑培训"、"盲人电脑培训"、"财务软件培训"、"办公软件培训"、"家电协会电脑培训"等一系列的主题培训工作，其中"盲人电脑培训"已成为荆门支中心的常规培训，并在电子阅览室设立了荆门盲人电脑培训基地。

2、文化共享工程人员培训

荆门支中心十分重视文化共享工程人员培训工作，为了让培训工作起到很好的效果，对文化共享工程人员培训形式多样，方式新颖。一是现场针对性培训，即荆门支中心的业务和技术指导人员到现场进行一对一的培训。每年李群馆长和余金国主任都会到京山、钟祥、沙洋、东宝、掇刀支中心和部分基层服务点进行走访，并对中心出现的问题进行实地培训。特别是在各支中心成立之初荆门支中心的工作人员经常到现场对场地的设置、设备的配置和使用进行详细的指导，推进了各中心的建设进程。二是系统的专业培训，即举办培训班，用专业的教材对人员进行共享工程知识的系统培训。八年来，荆门中心共举办共享工程培训班八期，培养业务骨干200余人，大大提高了共享工程人员的技术和服务水平。三是远程指导培训，即利用网络和电话等方式对各级技术人员进行远程培训指导。荆门支中心累计通过电话、网络解决了卫星设备无法接收，服务器、投影机、移动播放器故障等问题500余次。

八、管理和队伍建设

一是成立以荆门市文体新局局长为组长的荆门市文化共享工程领导小组，有力推动了工程建设。

二是制定了《荆门支中心共享工程管理制度》、《荆门支中心电子阅览室》等规章制度。

三是加强督查与考核。每年年末由馆长带队对各支中心的采购招标、设备安装、经费落实、人员配备、辅导培训及服务开展等情况进行考核，有力提高了文化共享工程的建设。

九、荣誉奖项

第一届"文化共享杯——全国文化信息资源共享工程知识与技能竞赛"湖北赛区三等奖；第二届"文化共享杯——全国文化信息资源共享工程知识与技能竞赛"湖北赛区三等奖；2010年市支中心获得全省"共享工程十佳"称号；少儿网页设计培训中学员李林宸的作品获得全国二等奖。

十、工作展望

荆门支中心的文化共享工程建设这些年虽然取得了一些成绩，但按照中央的精神和要求，对照人民群众的需求，还存在不少差距。未来荆门支中心的共享工程建设将从以下几个方面进行：1、进一步完善服务网络。使各基层服务网点成为具有信息服务、教育培训、文化娱乐等多种功能的文化服务中心。2、继续加强地方特色资源的收集整理，建设主题鲜明、体系完整、质量上乘、特色突出的数字资源库。3、完善与规范培训工作，形成一套层次分明培训体系。4、加强电子阅览室规范化建设，使其内容安全、服务规范、环境良好。5、用适合人民群众的需求的服务内容和服务方式，为人民服务。

荆门支中心将继续深入贯彻落实科学发展观，围绕大局，开拓创新，扎实推进，全面发展，进一步巩固和完善文化信息资源共享工程平台的建设成果，不断满足广大人民群众多样化的文化信息需求，为构建社会主义和谐社会贡献更大的力量，为构建社会主义公共文化服务体系而努力奋斗。

（撰文/荆门市支中心）

荆门市掇刀区支中心

全省文化信息资源共享工程建设是省文化厅乃至全国文化部门近几年的重点工作之一。作为全省2008年29个支中心的掇刀区图书馆，把"文化信息资源共享工程"建设作为本馆工作中的重中之重，在局领导的大力支持下，经过全体职工的努力，掇刀支中心于2009年正式启动，其启动极大地丰富读者的业余生活，使读者享受到现代化阅读方式，从而对掇刀区经济、文化教育的整体工作起到极大地推动作用，为市民享受信息资源提供了便利。

一、以社会效益为主，服务读者至上，把基层中心办成传播先进文化的阵地。区图书馆基层中心自筹建以来，就一直把"建绿色网络，树高雅网风，办优质窗口"作为服务理念。为此，先后制定了"电子阅览室管理制度"、"电子阅览室管理员职责"、"网络文明公约 "、"电子阅览室办证须知"等规章制度。为正确引导读者文明上网、科学用网，电子阅览室内安装了网络信息监控系统和不良网络屏蔽软件，从技术上屏蔽不健康网站。电子阅览室内配有打印机、复印机和刻录机，对网上的各种学习资料可以备份带走。较好地体现了服务社会、造福民众的公共文化服务职能。

二、为了提升信息资源共享工程乡镇基层中心管理员以及乡镇图书馆和农家书屋管理员业务水平，近几年以来掇刀支中心在市图书馆、区文体局的大力支持下，多次举办全区乡镇基层中心管理员和图书室管理员参加的业务培训班，针对管理员计算机操作水平普遍不高、普遍不懂图书分类和编目、图书馆网络管理、网络维护、主要管理软件使用方法和中国图书馆分类法、图书编目等方面知识进行了培训，为共享工程基层管理和乡村书屋管理规范化奠定了基础。

三、为满足掇刀区中小学校需要，我们每年都对全区中小学图书管理员进行为期半月的图书分类、采访、编目、排架、粘贴条码、打印粘贴索书号知识培训，并指导培训学员现学现用，对各中小学新购置的图书进行分类，打印粘贴索书号上架工作，理论与实践结合，增进并强化了学习效果，提升了各个学校图书管理员的业务能力。

四、对全区基层点情况进行了详细调查，积累了第一手资源，并指派专人下基层点进行业务培训和建设指导，充分利用信息资源共享工程的便利为掇刀区广大农民科学种田、发展特色经济服务。

五、服务社会，促进地方经济发展，把"中心"办成信息、技术推广的园地。区图书馆借助"基层中心"实现了办公自动化，信息传递网络化，为图书馆的网络化、数字化奠定了物质基础。同时，也为开展各项职能服务、对外联络提供了便利。先后开展了“未成年人教育书画展”、中小学生“我快乐、我读书”征文活动、利用电子阅览室进行的FLASH电脑动画制作培训等，深受社会各界的好评；与北京四中联办网校、接受远程教育信息等为学生课外学习提供了优越条件，初步取得服务社会、服务青少年、服务学校的功效。

六、向社区开放，把“基层中心”办成软硬环境双优的社区文化中心。随着我区人民物质生活条件的改善，精神生活的需求提升，居民对文化需求的层次大大提高，人们已不满足单纯从报刊和电视获取信息。“基层中心”依靠网络媒介传播文化信息资源，推动文化进社区，向农民传授农业种植、养殖技术，向外出务工人员介绍各种实用技术，向社区居民开放各种休闲娱乐项目。

七、为了解决经费问题，区图书馆自筹资金，保证支中心的正常运行。目前电子阅览室网速快、空间大、配置高，软硬环境幽雅舒适，不仅吸引了大批青少年读者，而且招徕了居民、农民到电子阅览室浏览各种技术信息，基层中心已经或正在成为信息资源传播的中心。当然，社会效益好，人气旺，也为“共享工程”事业的快速发展赢得了更大的空间。

几年来，掇刀区支中心虽说开端良好，成效明显，然而毕竟事业才刚刚起步，对于正在开展的业务等待着我们进一步去拓展，还有和多新的业务领域等待着我们去挖掘。在今后的工作中将重点从一下几个方面进行努力：一是继续大力推进“共享工程”建设，充分利用“共享工程”的丰富资源为群众服务。要结合“数字图书馆”工程建设，全面提升掇刀支中心的设备，提高掇刀区“共享工程”的建设水平。二是进一步扩充文化设施网点，早日实现行政村全覆盖，加强基层文化设施网点网络化、数字化建设，加强专业技术人员的培养，为深入推进“共享工程”的实施打好基础。要充分发挥“共享工程”的作用，大力开展公益性数字文化服务，尤其加强对广大农村地区的扶持力度，将文化共享工程建设成为社会主义新农村的重要抓手。通过多种形式拓展服务范围、创新服务方式，将地方音乐、曲艺、歌舞、美术等优秀非物质文化遗产纳入“共享工程”建设内容，以群众喜闻乐见的形式使“共享工程”更加贴近基层、贴近生活、贴近群众，真正成为掇刀广大人民群众学习、休闲、交流的天地。

（撰文/荆门市掇刀区支中心）

钟祥市支中心

2007年钟祥市被列入全省文化信息资源共享工程建设试点县市以后，市政府高度重视工程的建设与实施。我们按照试点县市建设要求，对照标准、统筹规划、加强宣传、加大投入、狠抓建设、共享工程服务点积极主动开展服务，使该工程成为政府提供公共文化服务，实

现广大人民群众基本文化权益的一项文化创新工程，有效推进了我市公共文化服务体系建设。

一、加强领导，明确责任

一是强化组织领导。为使文化共享工程建设在我市稳步推进，市政府成立了钟祥市文化信息资源共享工程建设领导小组，由政府分管文化工作副市长任组长，市委组织部、市政府办公室、市文体局、市财政局、市教育局等相关部门领导为成员。领导小组办公室设在市文体局，市文体局分管局长任主任，市图书馆馆长任副主任。同时市政府要求各乡镇也要成立相应的领导机构，以确保乡村两级服务点建设如期进行。

二是科学制定建设方案。结合我市实际，市政府下发了《钟祥市文化信息资源共享工程建设实施方案》（钟政办[2008]42号文件）。方案明确了我市文化信息资源共享工程建设的指导思想、任务目标、工作步骤、资金保障等有关问题。同时要求各相关部门通力协作、加强配合、抓好建设，努力完成全市建设目标任务。

三是积极宣传发动。市共享工程小组牵头召开了全市文化信息资源共享工程建设工作会议。共享工程共建单位的相关领导、各乡镇分管文化工作领导和乡镇文化站长参加了会议。会上市政府与17个乡镇签订了乡村服务点建设责任书。同时我市电视台、电台、市门户网站等新闻媒体对文化共享工程及我建设与服务情况进行了相关报道。

四是加大资金投入。按照国家和省对县级文化共享工程建设资金配套要求，2008年市财政列入预算配套资金14万元，主要用于市支中心基础设施建设，市财政将市支中心5万元运行经费从2009年起列入年度财政预算，并要求乡镇服务点每年运行经费从乡镇“以钱养事”经费中列支。

二、明确任务，狠抓建设

一是强化硬件建设。为实现工程建设目标，我们着重抓了基础设施及硬件建设。一是市支中心建设。按照建设方案要求，市支中心主要进行了公共电子阅览室、中控室、综合业务加工室、自动化、网络化等建设。市支中心硬件建设投入共68万元，达到了国家一级标准。二是乡镇基层服务点建设。在上级部门大力支持下，全市17个乡镇均已建成了公共电子阅览室，电脑数量为10台，达到国家二级标准。三村级服务点建设。全市共有498个行政村，按照建设要求，文化共享工程与农村党员远程教育村级服务点建设同步推进。2010年底全市村级服务点建设任务已顺利完成，实现了“村村通”。

二是强化软件建设。根据业务需要，市支中心安装了资源接收、应用、发布、加工系统以及各种服务器软件，开通了我市文化信息资源共享工程站点，各地登陆该站点，便可享受工程提供的数字文化服务和下载资源。同时，业务自动化管理系统正式投入使用，图书馆业务实现了自动化管理。

三是强化队伍建设。我们十分注重工程管理队伍的业务提升培训。2008年以来，我市先后组织举办了5次乡村服务点工作人员业务知识培训班，培训近5百人次。同时市支中心先后多次选派业务骨干到省分中心进行业务提升培训。由于对管理人员培训工作的重视，我市文化共享工程管理人员理论水平和实际操作水平均有大幅提升，为文化共享工程在我市全面实施提供了技术保障。

四是强化规范管理。为使文化共享工程运行规范化，我们结合实际，在工程的规范管理上做了积极探索。1、结合实际，建章立制。根据上级文件精神和建设方案要求，结合我市实际，制定了《钟祥市文化信息资源共享工程管理办法》、《机房管理制度》、《电子阅览室管理制度》、《文化共享工程工作人员职责》等一系列规章制度。为各服务点明确了开放时间、服务范围、工作人员职责。要求各服务点按照规章制度开展业务，维护好设施设备，发挥好工程设施的使用效益，并确保工程的公益性质。2、统一标识，规范服务。全市所有服务网点要悬挂共享工程统一标识，张贴规章制度，公开承诺服务范围。我市统一印制了钟祥市文化信息资源共享工程工作记录表、资源索取记录表、服务记录表。要求各服务点必须认真遵守服务协议，按时填好各项记录，各项记录必须规范、真实、齐全。3、建立考核机制，加强监管。为加强工程建设与实施的监督管理，我市制定了操作性较强的乡村基层服务点绩效考核办法，并将其纳入各地各部门绩效考核的范畴。考核办法将各服务点的建设和工作任务指标细化量化，通过查记录、查资料、查建设、查运行情况、查运行经费，走访服务对象等方式对各服务点进行绩效考核。

三、共享资源，加强服务

服务工作是文化共享工程的命脉，也是工程得以发展的生命力。我市各服务点认真强化服务意识，为基层群众提供多样化服务，较好地发挥了工程的整体效益。

一是立足阵地，探索服务模式。各服务点结合各地实际，探索服务模式，强化阵地服务。1、电子阅览室模式。2、卫星服务模式。3、宽带电脑模式。4、宽带电视模式。5、移动硬盘/光盘模式。

二是利用资源，开展培训服务。市支中心利用接收的信息资源与工程设备平台，积极主动与市直有关单位联合举办了各类培训班。乡镇服务点还经常组织当地农民进行农村种植养殖知识培训，举办农技类讲座，有效提高基层农民科技致富能力。

三是走进校园，开展思想文化教育。为配合开展未成年人思想道德教育，市支中心每年在“世界读书日”、“图书馆服务宣传周”、“兰台读书月”及各类征文及活动中走进城区各中小学，利用数字资源与投影设备开展爱国主义经典影片放映，专题影片播放，科普、卫生防疫视频及少儿心理健康教育展播等活动。

四是走进社区，丰富社区广场文化。让文化信息进社区、进广场是政府办好社区广场文化的重要举措。每年市支中心充分利用地处阳春广场的便利条件，在广场定期播放群众喜爱的各类影片。另外，市支中心还将工程的信息资源放到市区几个广场的大型显示屏进行免费播放，吸引了成千上万的广场休闲居民驻足观看，成为社区居民满意的文化大餐。

五是走进农村，服务新农村建设。我市文化共享工程一直把促进农业产业结构调整，提高农民科技致富能力，增加农民创收和加强社会主义新农村建设作为服务工作的重中之重。在“三下乡”活动中，市支中心编印《农民致富小窍门》送到农民群众手中，聘请农业、畜牧专家现场讲授农技知识。同时结合农村当地实际，有针对性地播放农业技术类的视频讲座等共享工程资源，将农村需要的种植养殖技术送到田间地头。各乡村服务点充分利用工程设备和资源，结合自身优势，积极开展各项服务，始终坚持用先进文化占领农村文化阵地，坚持用科技引导群众致富，坚持向基层群众免费提供所需信息。

四、工作展望

我市文化信息资源共享工程严格按照要求与标准进行建设，现已基本形成资源丰富、技术先进、覆盖城乡、服务便捷的数字文化服务体系，积极开展服务，产生了较好的社会效益，得到基层群众认可。我们将进一步加大力度，要求各级服务点积极探索创新服务手段和服务方式，使文化共享工程在构建和谐社会与社会主义新农村建设中发挥更好的作用，切实让文化共享工程成为我市公共文化服务体系建设中名符其实的标志性工程，为促进我市文化大发展大繁荣做出新的更大贡献。

（撰文/钟祥市支中心）

沙洋县支中心

沙洋县总面积2044平方公里，人口65万。县文化资源共享工程支中心位于荷花大道14号沙洋县图书馆内，中心建筑面积800平方米，设有电子阅览室，多媒体演示厅，资源接收室，资源加工室，中控机房等，文化信息资源共享工程是一项全国性的公共文化服务工程。

一、城乡同步，工程建设不断完善。

全县各级党委政府和有关部门从保障人民群众基本文化权利，促进经济社会协调发展的高度，充分认识实施“共享工程”的重要意义，认真组织，把有关政策落到实处，取得初步成效，今年，县支中心投入五万多元完善机房建设，接入10兆光纤，大大提高了网络运行速度。投入2万元架设卫星接收天线，请省图书馆的专家调试接收设备，全天候接收资源信息，增加信息储量。对电子设备进行了维修升级，确保信息资源的正确接收和传输。中心常年对读者开放，年接待人次在1万以上。在大力建设县中心的同时，我们还指导全县13个镇基层服务点，按照标准进行站点建设，其中高阳、后港、沈集等几个基层服务示范点加大资金投入，完善服务设施，提高服务水平，面向农村服务农民，取得了很好的效果。加强共享工程的管理与服务，完善县级支中心主控机房配套设施建设，始终把为读者群众服务放在第一位，通过共享工程设备，为广大读者提供信息咨询服务，开展讲座，报告会，读书竞赛等多种形式的公共文化活动，满足广大读者日益增长的多样化，个性化服务需求，全面彰显共享工程履行公共文化服务职能。

二、资源共享，服务功能不断延伸。

共享信息是共享工程支中心的服务重点，也是共享工程的出发点和落脚点。今年以来，县支中心购买复制农村种植养植等农林科技方面的光盘2000多种，对13个镇各配备100多盘。在节假日期间，县支中心还组织共享工程入农家，直接将科技光盘送到农民手中，受到广大农民热烈欢迎。在建设基层服务网络的同时，我们把文化共享工程的服务与管理作为重点，建立和完善资源服务细则、管理运行办法等管理与服务规范。认真抓好基层点的服务工作，要求基层点抓好电子阅览室、多媒体等设备免费向广大农民朋友开放，公布开放时间和资源内容，为广大群众提供实用性，知识性，娱乐性的文化信息服务，使其掌握有关政策法规，学习先进实用技术，提高发展农村经济，参与市场竞争的能力，为广大未成年人提供课外精神粮食，将“工程”的优秀资源送入千家万户，全县13个乡镇服务点年接待读者量累计在5万人以上，使各基层点成为具有信息服务，教育和培训等多功能的文化中心。

三、加强培训，运行管理日益规范。

为规范管理，提高基层点的服务水平和管理人员的业务素质，2012年7月，县局会同县支中心，组织举办为期三天的文化站长培训班，请市支中心的老师讲课，对基层服务网点的管理人员进行了专门辅导，并组织全县文化站长到省内随州市和县内高阳镇进行了参观学习，此次活动开阔了视野，提高了认识，学习了经验，让大家受益匪浅。县局还把共享工程业务培训作为文化站目标考核的重要内容，让学习培训形成制度。今年以来，县局领导带领县支中心人员，多次到13个乡镇基层服务点进行指导建设和管理，解决基层服务点的困难，要求各基层点挂牌显眼，制度上墙，开放时间公示，电子阅览室管理规范，活动开展经常。

（撰文/沙洋县支中心）

京山县支中心

一、基本概况

共享工程京山支中心于2006年建成运行；2007年被列为湖北省文化信息资源共享工程29个试点县之一，2008年，按照共享工程A方案进一步完善了县级支中心，

同时完成了14个镇级服务点和244个村级服务点的建设，并代表湖北省六个共享工程县支中心接受了国家文化部督导组的检查验收。截止2012年，我县已形成了由一个县级支中心、14个镇级基层服务点和421个村级基层服务点组成的完善的共享工程服务体系。

目前支中心功能室和服务窗口由中心机房、资源加工室、培训辅导室、多功能报告厅和电子阅览室组成，拥有服务器5台，信息服务点40个，建成网络服务平台2个即共享工程京山县支中心信息发布系统平台http://www.221.234.33.59.com和图书馆外宣网站http://www.hbsjstsg.com，并设专职和兼职管理人员各一名，确保了支中心设备运行、资源加工和服务活动的开展。

二、经费投入

京山县支中心建成时总体投入84万元，其中县级财政投入30万元，国家财政补贴54万元，2006——2011年，共享工程运行经费每年纳入财政预算额为5万元，2012年为10万元，加上全县共享工程村级基层服务点建设，到2012年为止，全县共享工程建设共投入资金538万多元，其中上级补助178万元，县财政投资200万元，镇和文化站筹资30多万元，各村筹资160多万元。

三、惠民服务

共享工程基础设施建设完成后，我们着重抓了规范化管理和服务，截止2012年底，支中心累计组织主题活动15次，专题讲座10场，电子阅览室实行全免费开放，累计服务约8万人次。

一是以阵地建设为抓手，开辟“京山县未成年读书活动中心”，积极开展活动，努力服务青少年读者，绿色知识平台初具规模。

共享工程支中心建成后，我们设立绿色通道，为未成年人提供良好的网络文化氛围，把服务于未成年人思想道德建设作为工作重点。以共享工程为依托，建设京山县未成年人读书活动中心，构建电子阅览、影音视频、读书阅读三位一体的服务格局。先后组织全县中小学生开展了捐书换证活动、迎奥运征文、改革开放三十年成果展、“我说改革开放三十年”网络征文、优秀爱国主义教育片展播、“手拉手与环保同行”主题宣传活动、“大手牵小手”亲子共读故事会、“书香满荆楚　文化耀湖北”全民读书月活动暨杨红樱小读者见面会、“好书伴我成长”、“好书点亮智慧，阅读陪伴成长”主题读书活动等等。

二是以丰富社区群众文化生活为目标，积极组织文化进社区活动，共享服务成效显现。

为了充分体现资源共享和文化惠民，支中心积极寻找共享服务与社区文化的结合点和切入点，先后组织了社区文化节广场电影放映、“国防知识进社区 共建共享促和谐”主题宣传活动、辛亥100年电影展播、庆“建党90周年”暨迎“建国62周年”红色电影放映活动等。

三是以服务老年人和弱势群体为特色，把为离退休老干部、农村老年群体的关爱和服务作为共享工程服务的又一个重点。

近五年来，我们以共享工程资源为依托，每年6月份组织老干部服务周活动，在县老干部活动中心、县福利院为老干部播放中老年人常见病防治、廉政建设和革命战争题材的影片。2012年还先后以“文峰讲坛”为平台，组织老干部、绀弩诗社成员举办了吟诗祝寿会、喜庆十八大诗歌朗诵会、聂绀弩诗词鉴赏等活动。

四是为进一步开辟服务空间，打造支中心服务品牌，2012年支中心以“赏析与解读，共享与传承、影响与引导”为宗旨，创办了“文峰讲坛”，并先后举办了英语优质课竞讲、聂绀弩诗词鉴赏、“绀弩诗社”诗画鉴赏等活动。

四、培训工作

为适应共享工程建设、管理和服务的需要，建成以来支中心主要开展了三个方面的培训辅导：1、对支中心管理员的培训。先后7次参加了省分中心和市支中心组织的共享工程知识培训，累计培训16人次，并有4人取得共享工程合格证书。2、对基层服务点管理员的培训。2008——2012年，支中心共组织镇级基层服务点管理员培训6场次、村级基层服务点管理员培训29场次，达到了培训范围的全覆盖和参训人员的全覆盖。除了培训外，支中心每年还组织支中心管理员进村辅导，以提高村级基层服务点管理人员资源利用、设备操作管理和服务的水平能力。3、对读者的培训。共享工程县支中心建成后，引导读者利用、分享资源才是最终目的，为此，支中心以电子阅览室为阵地，开展了对读者的培训和引导，特别是对未成年人，支中心利用节假日时间在电子阅览室以视频形式开展共享工程建设的宣传，引导他们走进共享工程网站，分享共享工程建设成果。

五、荣誉奖项

2008年，在县支中心和基层服务点建设中，我县以建设力度大、标准严、质量高作为湖北省6个县支中心接受了国家文化部督导组的检查验收；2009年，支中心派周晓燕同志参与荆门市组队参加湖北省分中心组织的共享工程知识竞赛获集体三等奖、个人二等奖；2010年支中心被评为2006——2010年度湖北省十佳共享工程支中心。

（撰文/京山县支中心）

孝感市支中心

2003年11月，孝感市图书馆被全国文化信息资源共享工程湖北省分中心正式授牌，为湖北省中等城市图书馆首批共享工程支中心之一。2004年，由于工作出色，

三万活动 送电影下乡

孝感支中心被全国文化信息资源共享工程领导小组评为“先进中心”。2004年，孝感市支中心又被湖北省文化厅评为2006-2010年度“十佳共享工程支中心”，这些荣誉，凝结了湖北省文化厅、文化共享工程湖北省分中心对孝感市支中心长期的支持与鼓励，凝结了孝感市委市政府对图书馆事业的全力扶助和严格要求，凝结了孝感市图书馆全体员工多年来艰苦奋斗、不懈进取的精神风貌和实干品质，提醒着我们孝感支中心时刻不能放松对文化共享工程的建设。

一、加强领导，科学规划

科学规划是文化共享工程实施的重要保障。孝感市支中心根据省文化厅下发的《湖北省文化信息资源共享工程“十一五”发展规划》，结合我市实际，制定了孝感支中心的共享工程建设规划，从硬件建设、资源建设、队伍培训、社会服务四个方面作出了计划安排。孝感市文化体育新闻出版局对文化共享工程建设非常重视，把文化共享工程建设纳入了本地文化建设的重要议事日程，纳入了孝感市的经济社会发展规划，以及孝感建设文明城市、文明乡镇和文明社区的工作内容。在市级支中心建设的同时，我们对各县市区文化共享工程支中心、以及乡镇和村级服务点的规划和建设同样没有放松，孝感所辖七个县市区共享工程支中心全部建成，乡镇和村级基层服务点基本上做到全覆盖，安陆市因为文化共享工程建设工作出色在2006年还获得了全国文化信息资源共享工程先进县的光荣称号。

二、加大投入，重视基础建设

自2003年我们孝感市图书馆与全国文化信息资源共享工程湖北省分中心签署协议，正式成立全国文化信息资源共享工程孝感支中心以来，我馆共享工程软硬件以及网络建设方面得到很大发展。支中心建立以来，我们在文化共享工程方面的建设总投入超过150万元。建设有三个机柜、六台高低配服务器、40TB存储设备的标准中心机房，建立有30台电脑的电子阅览室，另在各读者服务大厅配备了自助电脑30台，全馆实现了免费无线网络信号覆盖，建设了多媒体投影厅，建成馆内高速局域网和孝感市数字图书馆网站，可以向读者提供十余种数据库和数字网站阅览查，包括中国知网CNKI全文数据库、维普中文科技期刊全文数据库、方正数字图书，博看网电子期刊、超星数字图书馆等电子文献，读者只需到馆内使用电脑或无线接入我馆网络，就可方便地查询并获

取到自己需要的信息。另外，我中心收藏有近2000盘的VCD、DVD影视光盘，以及影视服务器上超过1000GB的影视资源，均建设了统一服务界面，通过网站在电子阅览室供读者进行欣赏及查阅。

三、强化培训馆员队伍

文化共享工程建设需要技术和服务的专业人才，只有高度重视队伍建设，通过引进人才，加强培训，不断提高队伍素质，文化共享工程服务才可能有真正的效果。我馆自成立文化共享工程支中心以来，一直重视培养计算机人才，把文化基础好，年纪轻，工作有活力的同志配备在分中心工作，督促他们在实践的同时，一定注重专业知识的自学，要有知识储备，了解共享工程以及图书馆界新技术、新设备、新模式的运用。

在全馆要求全员学习，重点在自动化技术和网络资源应用。经过多年的培训工作，全馆工作人员已经全部实现电脑扫盲，简单电脑故障均能自己处理，工作涉及的技术设备都能自主操作，部分支中心工作人员已成我市本行业，本系统的技术能手，工作多次得到上级领导的肯定。

在队伍建设过程中，我们注重与文化共享工程湖北省分中心保持密切联系，工作得到了湖北省分中心的大力支持，所有省分中心组织的自动化培训和学习活动我们全部派员参加，一些技术上的难点都及时请教并得到技术援助。在这种与实际工作结合的摸爬滚打中，使我们的队伍得到了极大的锻炼，在2009、2011年两次文化共享工程湖北省分中心承办的全国文化共享工程知识技能大赛湖北赛区的竞赛中，我们孝感市代表团蝉联团体和个人第一名。多年来的工作实绩证明：在文化共享工程技术人才的培养上，我们走在了省内同级公共图书馆中走在前列。

四、做好社会宣传服务工作

文化共享工程孝感市支中心建成以来，依托孝感市图书馆，充分利用“文化共享工程”的设备和信息资源，积极为孝感市的政治、经济、文化建设服务，发挥了其应用的作用。主要工作包括：

1、以每年的春节元宵节、“两会”现场、4.23世界读书日、图书馆服务宣传周，六一儿童节、暑假、十一国庆，以及其它各类读者文化活动为媒介，大力宣传“文化共享工程”的意义和作用，充分展示“文化共享工程”给读者、给市民带来的海量信息资源和文化享受，让我市广大市民充分认识这一文化创新工程的公益服务宗旨和资源优势，让更多的人主动利用“文化共享工程”的各类信息资源。

2、充分发挥多媒体放映厅和电子阅览室为文化共享工程主服务阵地的作用。几年来，我馆在每年的春节、元宵、六一、暑假、十一等节假日均利用多媒体放映厅为读者及青少年放映各类电影及资料片，电子阅览室提供各类网络数据库查询，网络浏览和影视欣赏，并为未成年人和资料查询读者免费服务。五年来，我们孝感支中心共放映电影200余场次，电子阅览室接待各类读者近十万人次。

3、以“送文化到农村”、“送文化进社区”、“送文化进军营警营”等活动为载体，拓展共享工程的服务范围。我们针对农民、社区居民、人民子弟兵等的不同需求，有针性的利用共享工程提供优秀资源，组织各类信息服务，开展送文化进农村、送文化进社区、送文化进军营警营活动，受到了广大农民朋友、社区群众和人民子弟兵基层官兵的欢迎和好评。

4、以我馆被授牌为“孝感市青少年思想道德教育基地”为契机，利用文化共享工程的爱国主义教育影视资源和其它多媒体资源，采取电影放映、作文竞赛、集体阅读等方式，与学校联合开展“观影感”、“建国六十周年征文”、“儿童阅读年”等丰富多彩的少儿活动，为促进我市未成年人思想道德建设和健康成长发挥了良好的作用。

随着文化共享工程孝感支中心服务的开展、以及国家文化共享工程的逐步推进，使孝感市支中心在软硬件建设、馆员队伍培训、服务内容的拓展和服务向更高层次的发展提供了绝好的机会。我们相信，文化共享工程孝感支中心在省分中心的正确领导下，在各级部门的重视和支持下，孝感支中心不仅能成为“文化共享工程”的受益者，而且必将提高层次，成为“文化共享工程”的良好的服务者和推广者，真正将“文化共享工程”融入到我市的公共文化服务体系的全局性建设之中，发展自己独特的影响和作用。

（撰文/孝感市支中心）

孝感市孝南区支中心

2008年，孝南区被定为湖北省信息资源共享工程29个县级支中心建设单位之一，作为支中心的孝南区图书馆，抢抓机遇、克难奋进，根据湖北省文化厅、省财政厅文件精神，按照县级支中心建设标准要求于2009年完成了建设任务，通过了省、市共享工程领导小组的检查验收。支中心建成后，在区委区政府及上级业务主管部门的大力支持和严格要求下，开展了系列活动取得一定的成效，充分发挥了共享工程县级支中心作用。

一、基本情况

政府重视和科学规划是文化共享工程顺利实施的重要保障及条件。孝南区支中心根据湖北省文化厅、湖北省财政厅《关于印发进一步推进全省文化信息资源共享工程建设实施办法》的通知精神，按照县级支中心建设标准要求，结合本地实际，制定了文化共享工程孝南区支中心建设方案，积极争取政府重视，以加强基础设施建设为抓手，以结合党员远程教育为依托，以合理配备人才队伍为支撑，认真规划科学布局，建成了以孝南区图书馆为中心，以4条街道33个办事处、17个乡镇综合文化站为支点，以446个村级服务点为辐盖面的服务网络体系。对所有基层服务站（点）的电脑、投影仪、数码相机、数字电视、音响等设备配置全部配发到位，真正做到孝南区文化共享工程全覆盖。

二、经费投入和基础建设

自2008年孝南区被定为湖北省信息资源共享工程县级支中心建设单位以来，孝南区委区政府非常重视此项工作，跟踪督办支中心工作进展情况，严格按照上级要求落实经费，当年区财政投入14万配套资金，用于支中心基础设施建设，同时每年还投入5万元共享工程运行经费，已纳入当年度财政预算。至目前孝南区支中心在文化共享工程建设方面的总投入突破80万元，建设成有1个机柜、4台高配置服务器、8TB存储设备的标准中心机房，建成了60平方米、30台电脑的电子阅览室，在读者服务厅配备了4台自助电脑，全馆实现了免费无线网络信号覆盖，建成了多媒体投影厅，建成孝南图书馆网站，读者只需到馆内使用电脑或无线接入就可方便地查询并获取到自己需要的信息。另外，支中心收藏有200余盘的VCD、DVD影视光盘，以及影视服务器上超过200GB的影视资源，供读者通过网站在电子阅览室进行欣赏及查阅。

三、管理和队伍建设

文化共享工程建设需要技术和服务的专业人才，只有高度重视队伍建设，才能使文化共享工程服务发挥实效。我馆自成立文化共享工程支中心以来，非常重视培养计算机人才，把文化基础好，年纪轻，工作有活力的同志配备在支中心工作，督促他们在实践操作的同时，注重专业知识的自学，了解掌握共享工程相关知识以及图书馆界新技术、新设备、新模式的运用。要求全体馆员掌握图书馆自动化技术和网络资源应用知识。通过派技术人员参加湖北省分中心举办的“湖北省共享工程管理员、技术员培训班”，通过派业务骨干参加孝感市图书馆“ILASII图书馆自动化管理系统及电脑软件维护培训”，使孝南区支中心一部分工作人员成为行家里手，专业技术工作多次得到上级领导的肯定。在队伍建设过程中，我们十分注重与文化共享工程孝感市支中心保持密切联系，工作得到了大力支持，一些技术上的难点都及时请教并得到技术援助。在2009、2011年，两届文化共享工程湖北省分中心承办的全国文化共享工程知识技能大赛湖北赛区的竞赛中，我馆先后选派2名参赛选手，代表孝感市组队参赛，蝉联团体每一名。

四、惠民服务

孝南区支中心建成以来，依托孝感市、区图书馆，充分利用全国文化信息资源共享工程的设备和信息资源，积极为孝南区的政治、经济、文化建设服务，发挥了其应用的作用。主要做法一是充分利用节庆、假日宣传文化共享工程。以每年的春节、元宵节、4.23世界读书日、图书馆服务宣传周，六一儿童节、暑假、八一建军节、国庆节等节庆假日为契机，开展丰富多彩的读者活动。如元宵佳节猜灯谜、燃烟花、放电影，烘托节日气氛，弘扬传统文化。4.23世界读书日以“我读书、读好书、爱读书”为主题，开展全民阅读活动，让广大读者了解世界读书日，走进图书馆。5月份图书馆服务宣传周期间开展“文化共享”进乡镇、进街道、进社区活动，免费给乡镇基层点赠送春耕助耕共享知识光盘，传播水稻的直播技术、品种选择、合理施肥、病虫害防治等方面知识，为培养新型农民，农业增产和农民增收发挥更大、更有效的作用；为居民播放红色经典老电影，丰富人民群众精神文化生活；图书馆与社区读者互动，掌握读者的需求动向，及时调整图书馆服务方向，不断提高服务水平。八一建军节期间到武警中队、消防支队、军休所，开展军民共建文化共享交流活动。播放革命电影27场，丰富了驻地官

兵的业余文化生活，受到官兵一致认可。国庆节开展“红色电影展播周”活动，晚上在图书馆门前广场，为广大市民免费播放《雷锋》、《焦裕禄》、《张思德》、《七根火柴》等红色电影，吸引近4000余人前来观看。通过丰富多彩的读者活动，大力宣传了“文化共享工程”的意义和作用。

二是充分利用多媒体放映厅、电子阅览室服务阵地宣传文化共享工程。为了发挥公共图书馆的社会职能，丰富未成年读者的暑期精神文化生活，每年暑假，图书馆充分利用共享工程丰富的数据库资源，借助网络技术，通过网上监控，过虑，屏蔽等措施来堵截“网毒”和垃圾信息，为未成年读者提供健康文明的网络环境，做到真正的“绿色上网”，电子阅览室暑期免费开放使广大青少年对图书馆有了全新的认识，年接待读者7200人次，阅览3.17万人次。多媒体室开展培训、讲座活动年10余次，服务480余人次。三是充分利用送文化下乡宣传文化共享工程。孝南区支中心组织举办10次孝南区乡镇管理员培训班，培训内容主要包括电脑基本操作技术，简单的文档制作、共享工程知识宣传，培训对象为各乡镇文化站、街道、社区、村级基层点共享工程专（兼）职人员，培训采取互动教学方式，所有学员通过了考核。

今后，我们将在工作中更加努力的管好、用好、开发好共享工程设备和信息资源，力争走出一条利用共享工程服务的新路子，让共享工程更好地发挥作用，把共享工程真正办成惠民工程、民心工程，让广大群众真正享受文化共享的阳光。

（撰文/孝感市孝南区支中心）

应城市支中心

应城市位于湖北省中部，地域面积1103.38平方公里，辖16个乡镇和1个开发区，396个行政村，总人口86万人。文化资源丰富，文化底蕴深厚。目前，市、镇、村二级文化机构和网络健全，均有开展文化活动及文化共享工程的设施和场所。2008年，成立全国文化信息资源共享工程应城市支中心。自开展文化信息资源共享工程以来，我们按照上级文化信息资源共享工程的要求和部

共享工程进乡村

署，积极行动、克服困难，在市委、市政府和省、市主管部门的具体指导下，各级工作进展顺利，取得了很好的成果。现将工作情况汇报如下：

一、加大宣传力度

文化信息资源共享工程是国家的一项文化创新工程、民心工程，有着巨大的社会效益和广阔的发展前景。自成立以来，围绕这一惠民工程的开展，我们逐步加大了图书馆自身宣传力度，以此来引起广大人民群众的的关注和政府领导的重视。在每年的图书服务宣传周及“四下乡”活动中，利用广告宣传、媒体报道、板报展、电影放映等多种形式重点宣传文化信息资源共享工程，收到了良好的社会效益。五年以来，共利用电子屏及时推介宣传12期，应城电视台播放宣传5期，广场电影放映每年一场次。

二、加强基础设施建设

2008年，借助市委、市政府的支持，迅速启动文化共享工程支中心的建设，对原有电子阅览室进行改造，建成面积80多平方米，拥有全新配置电脑50台的电子阅览室。同时，按照省中心具体要求，新建25平方米的标准主机房，对馆原有房屋进行全面翻新，扎实完成了支中心的基础设施建设工作，通过了文化部督导组的验收。2009年，继续加大对支中心的投入，投入资金10万元，添置200英寸投影布、高清晰投影仪1台（套）、42英寸液晶电视机1台、激光打印机1台、17英寸触摸屏1台（套）、安装安全监控设施、空调4台（套）及电线、桌椅全部更换等，同时，引进资金，对房屋、大院进行了全面的改造。2012年8000平方米的新图书馆大楼正在建设中，支中心面貌将更加焕然一新。组织技术人员3人，负责维护支中心的设备运转及日常维护，与此同时，建立健全完善支中心的各项规章制度并按规定上墙；建立信息反馈机制，加入省文化共享工程QQ群，加强与省中心及各兄弟支中心的联系，及时上报反馈各种信息；与农村党员远程教育网合作，定期派专人对基层点进行辅导。16个乡镇、244个村级服务点都配备了IPTV，有电视机+机顶盒，投影仪，DVD播放器，电脑等设施。

三、积极开展服务活动

在文化共享工程实施过程中，我们充分利用这一载体，不断丰富文化共享工程的服务内容和方式，提高服务水平，推动信息进社区、农村、学校，切实服务广大群众：一是通过设置服务专栏，发布服务信息。二是建立多媒体视听室，不定期地播放专题讲座、电影、戏曲等。三是在“八一”期间和节假日，利用共享工程资源，到武警、消防大队送书上门、播放电影等活动。四是借助国家和省中心信息网络平台的农业科技、生活百科、电影资源，常年开展服务活动。五是结合未成年人思想道德建设，联系我市中小学开展征文、演讲活动。几年来，“书香满蒲城”读书征文活动服务品牌深入中小学校园。六是利用农村党员干部现代远程教育网，不定期组织村民观看文化共享工程中的丰富资源。使党中央的这一惠民工程落实到了实处，广大农民真正享受到了文化大餐。

四、发展思路

我支中心将以加快发展文化共享工程建设，以整合、开发优秀文化信息资源，推进思路创新、技术创新和服务创新为工作重点；始终坚持以满足广大人民群众文化信息需求为服务中心，努力把我市的文化共享工程推上一个新的台阶。1、发挥优势，整合资源，加大资源建设力度。文化信息资源建设始终是“共享工程”的核心。我们在利用国家及各省市区已开发的文化信息资源成果的同时，更应发挥本市资源优势，努力将地方特色的文化信息资源开发出来，建好地方文献数据库。2、加强培训，不断提高队伍素质。共享工程是一项采用高新技术推动文化建设的工程，其特点是技术含量高。要求从事这项工作的人员须具备相应的知识和技术，根据工作需要每年由市中心组织1-2次专业技术培训，以适应共享工程建设和服务的需求。3、健全制度，加强文化共享工程的管理。在分中心的领导下，我们将不断完善制度，加强管理，稳步推进；深化公共网络，创新服务内容，加快应城文化共享工程建设，实现又好又快的发展。

（撰文/应城市支中心）

安陆市支中心

2004年全国文化信息资源共享工程启动后，安陆馆抓住机遇，积极向市委市政府汇报，得到了市政府和财政局的重视和支持，拨款20万元组建电子阅览室，当年成功加入全国文化信息资源共享工程湖北省分中心并授牌。

2006年11月，安陆成为全国文化信息资源共享工程首批试点县之一，2008年被文化部授予全国文化信息资源共享工程“示范县”。2010年安陆市支中心又被湖北省文化厅评为2006-2010年度“十佳共享工程支中心”。这些荣誉，凝结了湖北省文化厅、文化共享工程湖格要求，凝结了市图书馆全体员工多年来艰苦奋斗、不懈北省分中心对安陆市支中心长期的支持与鼓励，凝结了安陆市委市政府市文体新局的领导对图书馆事业的全力扶助和严进取的精神风貌和实干品质，激励着我们安陆市支中心时刻不能放松对文化共享工程的建设。

一、争取领导重视，科学规划布局

领导重视，科学规划是文化共享工程实施的重要保障。安陆馆抓住这一契机，多次向市委市政府汇报，领导非常重视此事，多次召开专题会议，及时协调解决共享工程建设过程中的问题，将试点县建设工作列为安陆文化建设重点项目。制定了安陆支中心的共享工程建设规划和实施方案,从硬件建设、资源建设、队伍培训、社会服务四个方面作出了计划安排。对所辖16个乡镇基层中心和387个村级基层服务点,无偿地进行了设备配置和安装,提供了技术支持及人员培训。2009年对农村党员远程教育、文化共享工程及农村中小学远程教育工程进行了资源整合,信息共享,形成了覆盖全市的服务网络。

二、狠抓硬件建设,创优质服务环境

自2004年正式成为全国文化信息资源共享工程安陆支中心以来,我馆共享工程软硬件以及网络建设方面得到很大发展。我们在文化共享工程方面的建设总投入超过百万。建设有机柜、4台高低配服务器、10TB存储设备的标准中心机房,建立有36台电脑的电子阅览室,另在各读者服务大厅配备了电脑12台,全馆实现了免费无线网络信号覆盖,建设了多媒体投影厅,建成馆内高速局域网,可以向读者提供十余种数据库和数字网站阅览查询。包括中国知网CNKI全文数据库、维普中文科技期刊全文数据库、方正数字图书,博看网电子期刊、超星数字图书馆等电子文献,读者只需到馆内使用电脑或无线接入我馆网络,就可方便地查询并获取到自己需要的信息。投入20万元对馆容馆貌进行整体亮化,更新书架、桌椅,配置空调设施,使馆容面貌焕然一新,给读者创造一个优雅的学习环境。

三、强化馆员队伍建设,让先进技术服务大众

随着信息时代的到来,图书馆无论在知识上还是技术上,对馆员有了更新更高的要求。近几年来,安陆馆不断重视提高馆员业务工作能力和学术研究水平,多次派职工到省、地、兄弟馆学习经验和业务知识,鼓励职工参加各类学习和各类学术交流活动。同时不断规范各项制度,对职工采取"三定"方案,即定人、定岗、定责。对各项工作实行规范的制度化管理,对各个职位作详细的说明,确定了各个职位的职责范围和服务要求,把无形的力量整合成一股有形的强大动力,使图书馆工作得以不断开拓创新。在2011年全国文化共享工程知识技能大赛湖北赛区的竞赛中,我们馆张磊获全省个人第一名的好成绩。

四、利用共享工程资源,创新型服务模式

共享工程的建设,促进了中华民族优秀文化的传承与创新,为提高人民群众的思想道德素质和文化素质,开辟了一个不受地域、时空限制的文化传播渠道,也为图书馆开展公益服务活动提供了一个新的平台。

几年来,安陆馆充分利用支中心设施设备和资源,举办多种形势共享工程活动。在馆内多媒体室开展"少儿寒暑假快乐剧场"、"周末放映室"、"文化共享长征行抗战专题电影周"等活动;在馆外通过军民共建、社馆联谊、馆企联合等途径让数字电影走进社区、走进军营、走进学校。受到了老师和学生、社区群众和人民子弟兵基层官兵的欢迎和好评。

随着文化共享工程安陆支中心服务的开展、以及国家文化共享工程的逐步推进,我们坚信,在党的十八大和国务院关于文化大发展大繁荣的精神鼓舞下,在各级领导的大力支持下,安陆市图书馆一班人会更加努力,为图书馆事业而奋斗。

(撰文/安陆市支中心)

汉川市支中心

一、基本情况

自2007年文化共享工程实施以来,通过近五年的建设,我市已建成包括文化共享工程1个市级支中心、26个乡镇基层服务点、589个村级基层服务点的服务网络,文化共享工程乡镇覆盖率、村级覆盖率达到100%,文化共享工程服务网络初步形成,极大地推动了我市文化事业的发展。

1、市支中心基本情况。市政府在支中心建设中投入51万元,用于支中心馆舍改造;同时下拨设备配套资金14万元,用于设备购置;市政府每年安排六万元日常运行经费,确保了市中心的正常运转。截至目前,市图书馆建成了拥有卫星接收和宽带接收、存储、发布、索取以及办公自动化等功能的规范化市级支中心并投入使用,设有主控机房、多媒体视听室、电子阅览室等部门,配备文化共享工程卫星接收器、网络存储器、电脑65台(其中电子阅览室53台)、服务器3台,投影仪、摄影机、照相机、打印机等相关设备,同时接入10M宽带网。

2、乡镇基层服务点基本情况。全市26个乡镇场,我们在21个乡镇综合文化站和5个农场机关建成了乡镇基层服务点,并于2009年—2010年对21个乡镇综合文化站共配置电脑设备135台(其中服务器14台、笔记本1台、PC机120台)、投影仪16套、照相机11部、一体机15台,2009年为5个农场机关配置电脑5台。

3、村级基层服务点基本情况。在文化共享工程村级服务点建设上坚持资源共建共享的原则,与我市农村党员远程教育终端站点建设相结合,在各行政村远教站点基础上不再重复建设,实现一个平台,两套资源共享,截至2012年10月共建成589个文化共享工程村级基层服务点。

二、主要成绩

一是市图书馆做到文化共享工程支中心的开放时间与开馆时间同步,依托文化共享工程资源,积极开展丰富多样的文化服务活动。如开展业务培训;针对广大中小学生开展了"推荐百部爱国主义影片"活动;加大对未成年人的服务力度,引导未成年人文明上网;将电子阅览室建成老年大学培训基地,常年为老干部免费提供电脑培训等。二是乡镇、村基层服务点也不断创新思路,利用文化共享工程直接为广大农民群众服务。如有的乡镇文化站利用共享工程设备和资源,举办农业技术培训,帮助农民提高技术;有的利用文化共享工程设备为群众播放电影、戏曲等节目,极大的丰富了广大农民群众的文化生活。三是加强培训。支中心经常组织乡镇村的管理员进行电脑基本操作知识培训。以提高基层的服务水平服务质量。

三、工作展望

1、加强宣传力度,确保各级领导和广大群众都熟悉和了解文化共享工程。要自上而下,切实加大对文化共享工程的宣传力度,取得各级政府的重视和支持,争取社会各界的关心和帮助,使文化共享工程家喻户晓,深入人心。2、明确政府行为,加大财政投入。目前,公共图书馆和乡镇综合文化站属于公益性事业,各级政府必须加大投入，切实保证各基层服务点的设备维护、宽带线路、活动开展等日常活动经费。3、加强培训，提高队伍素质。市支中心将以人为本，不断壮大技术力量，引进专业技术人员，培养技术骨干。同时要加强对基层服务点人员的技术培训，提高管理员综合素质，使他们能够承担基本的服务。4、拓宽延伸服务，提高社会效应。市支中心和乡镇、村基层服务点应积极发挥自己的作用，通过卫星接收资源和利用共享工程网络资源，勇于创新，拓宽延伸服务，帮助广大农民拓宽获取知识的渠道，增长创造富裕生活的手段，吸引更多的群众走进图书馆、走进文化站、走进村级服务点，了解文化共享工程，利用文化共享工程。

（撰文/汉川市支中心）

孝昌县支中心

孝昌县现辖12个乡镇，1个开发区，1个管理区以及双峰山风景区，共有455个行政村，3505个村民小组，国土面积1220平方千米，人口66万（含双峰山风景区）。图书馆现有干部职工11人，馆舍面积480平方米，现有各类藏书4万余册，2008年我县被列为湖北省文化共享工程29个县级支中心建设的市县之一，我们严格按照文化部下达的全国文化信息资源共享工程县级支中心配置标准进行设备购置，建起了中心机房及电子阅览室，电子阅览室现有电脑42台，服务器4台。2010年元月4日安装调试正常，一举通过了湖北省文化信息资源共享工程领导小组的检查验收，现已投入运行。三年来，我们利用现有设备资源在丰富和活跃群众文化生活、传播社会主义先进文化等方面发挥着积极的作用，具体做法如下：

一、加强领导，统一认识

文化信息资源共享工程是文化服务的重要手段，是实现广大人民群众基本文化权益的重要途径，是改善城乡基层群众文化服务的创新工程。县委、县政府高度重视，召开专题会议，研究部署文化信息资源共享工程建设工作。一是成立专班，以副县长为组长、各有关单位的主管领导为成员的工程实施领导小组。二是保证配套资金到位。孝昌虽然贫困，但县委、县政府十分重视、克服困难，预拨前期工程费用14万元，保证基础设施建设的顺利进行，提前完成基础设施建设任务。三是召开专题会议，研究部署工作。四是经常进行督导检查。五是将运行经费3万元列入了财政预算，保证了我中心各项服务工作的正常开展。

二、注重实效，狠抓落实

在筹建过程中，我们重点在狠抓“四个到位”上下功夫。根据鄂文化文[2008]48号文件、湖北省文化厅、湖北省财政厅《关于进一步推进全省文化信息资源共享工程的实施办法》的要求，对照建设标准，加大投入各项工作落实到位的力度，到2010年底，全面完成了文化共享工程县级支中心、12个乡镇基层服务点和445个村级服务点的建设任务。

三、加大宣传力度

文化信息资源共享工程对于老百姓来说是一个完全陌生的概念，我们非常重视文化共享工程建设的重大意义和社会作用，我们在全县进行广泛宣传活动，多次印制文化共享工程宣传小资料，先后通过文化服务宣传周、全民读书月活动和节假日等形式组织的一些读书活动发放给广大读者；制作相关内容的横幅、海报在文图大楼进行悬挂，利用县电视台，采取屏底飞字的形式进行宣传。通过宣传加深广大群众对文化共享工程的了解和认识。

四、强化专业技术

我馆自列入湖北省县级支中心以来，全馆工作人员掀起了学习文化共享工程专业技术知识的高潮，馆领导也十分重视，单位组织、派遣职工到省、市及兄弟县市图书馆文化共享工程中心学习。2009年4月我支中心3名人员通过全国计算等级考试一级考试，并取得了证书。同时也通过了湖北省分中心组织的“湖北省共享工程县支中心技术培训班”的培训考核，取得了证书。通过认真组织全馆职工各种方式的学习，全体工作人员的共享工程专业技术知识都有了明显的提高，都能达到工作的需要。

五、开展服务活动

1、合理安排，保证服务时间。我县文化共享工程县级支中心(县图书馆)结合本馆实际，合理安排电子阅览室、多媒体功能室开放时间，坚持每周一至周日全天候开放，每天早上8:30至下午5：30不间断，保证每周服务60小时。免费提供网上信息查询，电子阅览，免费播放电影、戏曲、各类视频讲座，充分利用文化共享工程网上资源及文化共享工程下发的光盘资源为群众服务，引导广大群众了解并享受文化信息资源。同时指定专人就计算机网络基础知识、信息查询、数字资源利用等内容现场进行详细讲解和演示，让广大群众充分认识文化共享工程站点是学习文化知识的重要平台。

2、为青少年打造绿色上网空间。针对一些青少年沉溺网吧和网络游戏比较严重的现象，社会各界十分关注，家长反映强烈的问题，我们制定了上网实名制管理。电子阅览室安装绿色控住软件，严格要求未成年读者需在家长陪同或许可的情况下才可以进入电子阅览室、不得玩文化部门指定的棋牌类等益智游戏以外的网络游戏、实行限时开放，每人每天累计上网阅览时间不超过2小时等制度，有专人巡逻，受到家长、老师和学生的好评。每个周末电子阅览室是机不应求，排队等候。

3、为老年群体送温暖。每年春秋季，开始定期播放老年人常见疾病的预防、感冒的防治、四季食疗等系列养生保健知识视频讲座，受到了老年朋友们的欢迎，极大地丰富了老年人的文化生活，大家都亲昵地称这里是没有门槛的文化大课堂。

4、丰富群众文化生活。自2010年6月以来，我们拉开了“文化共享百部电影露天放映”的序幕，充分利用共享设备，走进农村、走进社区、走进敬老院及县城各广场给群众放映电影，至目前为止共放映影片80部200场次，观众多达15000余人，丰富了人民群众的文化生活。

5、视频讲座进党校。我们充分利用我县县委党校每周二晚7：00——9:00为全县党政机关干部学习时间这一有利条件，开展了文化共享视频讲座进机关活动。

自2010年7月份开展至今，已经开展了《我读经典——在成长中感悟》、《我读经典——独特的启蒙》、《世博文化解读》、《思想的享受》、《两会热点解读》等多场次的视频讲座，观众达2000余人，受到了热烈欢迎，很多机关干部都说通过观看这样的视频讲座，受益匪浅，自身素质得以提升，同时也认识到文化共享工程资源的丰富性和便利性。

6、开设学生影片专场。每年暑期学生读者明显增多，针对这一情况，我们特将电子阅览室的活动做了调整，从每年的7月1日假期开始就开设学生影片专场，时间为周二至周日下午2:30，并列出播放影片名单张贴在电子阅览之醒目位置，让他们选择性地观看。每个假期都会放映包括爱国题材、科幻之类的影片。自2010年7月至今，累计放映电影300余场次，共有10000多名学生读者前来观看，让他们度过了一个又一个有意义的暑期，很多家长对此都是大加赞赏，他们说图书馆为群众办了一件真正意义上的大实事。

7、送资源信息到基层。自2010年3月至今，我们支中心共收到国家中心发放的“文化共享助春耕”、“共享书香、快乐阅读”、“文化共享工程夏日电影展播”、“红色记忆、振奋中国”、“共享知识、和谐万家”资源光碟200多张，我们充分利用这些优秀资源刻录了光盘资源2000多张发送给全县12个乡镇基层服务点，并指导他们按照要求开展相关服务。

8、孝昌县是一山区贫困县，多数乡镇交通不便、信息闭塞，为了将丰富的文化资源让乡镇学校的广大师生共享，孝昌县支中心开展了将文化信息中心下发给我们系列优秀资源通过移动硬盘拷贝给各学校，同时选择名家讲座或经典电影为广大师生进行播放的活动，活动的举办得到了各学校领导及同学们的热烈欢迎。

六、举办“书•时光”公益讲坛

按照孝昌县文体新局2011年县文化馆创办“书•时光”期刊，图书馆举办“书•时光”公益讲坛的工作计划，孝昌县支中心自去年六月以来开办了一个以走进机关、学校、企业、军营等，内容涵盖文学、政治、经济、历史、科学、生活等，主题为“激发民间智慧、播扬孝昌精神”的“书•时光”公益讲坛，得到了社会各界的大力支持与积极响应。我们每一次讲座过程都采取了全程录像，同时邀请新闻媒体进行相关采访报道，后期进行了讲座光碟刻录，以及文字、照片、光盘的收集归档工作，整个流程井然有序。从讲坛开办至今，支中心已经组织社会知名人士成功举办了18期讲座，听众达5000余人，深受广大民众的赞誉，树立了图书馆公益服务的良好局面，也扩大了图书馆的社会知名度。

七、开展读书活动

每年“4.23”世界读书日，支中心都在孝昌县文图大楼门前举行大型读书活动。一是通过悬挂宣传条幅、摆放活动展牌、发放宣传册，营造了活动氛围；二是组织中学生集体朗诵名篇名作，让现场观众感到极大的震撼；三是组织我县知名书法家现场挥毫泼墨书写励志格言，本土知名作家带来优秀作品进行签名赠书，让书法之乡与书香孝昌相映成趣；四是展示本地藏友珍藏的古籍书及小人书，让人回想起久远的年代；五是精心采编千余册图书现场免费借阅，并办理免费借阅证。二楼电子阅览室还同时播放共享工程下发的相关视频讲座，让广大读者再次享受了免费开放之后的优质服务；六是开展百米条幅万人签名暨“远离网吧，阅读经典”有奖征文活动；活动现场气势恢宏，很多读者久久不愿离去。读书日活动的开展，加大了免费开放的宣传力度，再次扩大了孝昌县支中心免费开放的公众知晓率，让更多人认知了图书馆。

八、工作展望

文化共享工程已成为改善孝昌县城乡基层文化服务的创新工程，是深受基层群众欢迎的民心工程。在今后的工作中我们一定总结经验，趁势而为，开拓创新，充分利用现代信息技术的成果，全面推进工程建设，在实现和保障人民基本文化权益方面迈入新步伐、开创新局面，使文化共享工程真正成为我县公共文化服务体系建设领域充满生机与活力的新平台，从而为推动社会主义文化大发展大繁荣，更好地满足人民群众日益增长的精神文化需求，为建设“五个孝昌”做出新的更大贡献。

（撰文/孝昌县支中心）

大悟县支中心

大悟县全县人口达65万多人，辖17个乡镇，362多个行政村。全县文化工作开展得有声有色，尤其是“优秀电影进社区”等系列活动深受广大市民的好评。目前，县、乡镇、村三级文化机构和网络健全，均有开展文化活动及文化共享工程的设施及场所。2009年12月，我县完成了全国文化信息共享工程建设。自文化信息共享工程实施以来，我们按照上级文化共享工程的要求和部署，积极行动克服重重困难。在县委、县政府领导和主管部门的具体指导下，于2009年12月顺利完成了文化信息建设的工作任务。现将情况汇报如下：

一、加大宣传力度，争取政府重视

文化资源共享工程是国家的一项文化创新工程，民心工程，有着巨大的社会效益和广阔的发展空间。

围绕这一惠民工程的顺利开展，从2007年开始，我们就逐渐加大了图书馆自身的宣传报道力度，希望以此引起社会各界的关注和政府的重视。在连续几年的图书服务宣传周活动中，利用广告宣传、媒体报道、电影放映等方式重点宣传文化共享工程。也此同时，积极做好向县委、县政府的请示汇报工作。

二、夯实基础，切加强共享工程基础设施建设

2009年8月，在县财政的大力支持下，我们迅速启动了共享工程大悟县支中心建设工作，建立了标准的主机房，新添置了电脑70台，空调设备6台。现在，图书馆设立了电子阅览室、多媒体放映室、机房控制室，实现了业务自动化。

与此同时，我馆还组织培训技术人员，有六人通过考试，拿到国家颁发的计算机等级证书。他们负责支中心设备的正常运转及维护工作；积极建立健全完善支中心各项规章制度，中心机房、电子阅览室规章制度全都上墙，并制作了数字资源使用说明。

三、发挥优势，开展丰富多彩的服务活动

在文化共享工程实施过程中，我们充分利用这一全新载体，不断丰富共享工程服务内容和方式，提高服务效率和水平，推动信息进农村、进社区、进学校，切实服务广大群众。

1、利用现代网络信息资源，为农业生产和农业科技服务，使文化共享工程基层点成为学习农业技术，获取农业科技信息的咨询站。为本地养殖场、专业生产户提供了大量的信息，为他们的生产、发展解决了后顾之忧。

2、利用双休日、节假日，组织工作人员进社区、下学校利用投影仪播放专题宣传片20余次。文化共享工程送文化到基层，是基层群众的文化大餐，它既是图书馆，又是影剧院、科技馆，丰富了农民群众文化娱乐生活。

3、根据不同人群的阅读喜好、生活习惯，从网上下载整理营养健康、保健、军事等系列视频和文字材料，放到共享工程网站上，满足不同读者人群需求的同时，也丰富了他们的文化生活。另外，在各项实际工作中，我们更加注重人性服务，如电子阅览室时，及时为那些不会熟悉操作电脑的读者进行计算机操作方面的简单辅导。健康、舒适的阅览环境、人性化的关怀，深受读者的好评。

下一步，我们计划将购置到的适合部队以及对服刑人员有教育帮助意义的光碟刻录后送到部队、监狱，为丰富战士的文化生活及帮助服刑人员改造思想提供服务；同时深入到农村，了解农民群众的需求，为他们制作共享工程传送的农业科技知识光碟，为丰富他们的文化生活，科技致富提供信息资源与服务。

（撰文/大悟县支中心）

云梦县支中心

2009年4月，多方筹资1300万、建筑面积达4600平方米，集图书馆、文化馆为一体的云梦县宣传文化中心正式对外免费开放，宣传文化中心成为广大市民和青少年朋友开展学习、文化休闲、娱乐活动的首选阵地，2009年曾被《湖北日报》誉为全省首家“文化超市”。这一年，我们图书馆再接再厉，积极申请国家、省、县专项

资金68万元在宣传文化中心内建设了文化信息共享工程云梦图书馆支中心，开辟了青少年电子阅览室，广泛而深入地推广传播文化信息资源。

一、基本情况

云梦图书馆在整个馆计算机硬件、网络设备及软件建设中都兼顾了共享工程长远发展的需要。现建设有总控室、中心电子阅览室，拥有25台用户终端，完善专用地板、供电系统、防雷、防火装置，接入百兆网主干、十兆出口网络、磁盘阵列系统、5个T的海量存储构成的高效硬件资源系统，为共享工程的拓展提供了较大的发挥空间和硬件支持。

经过两年多的建设，云梦县图书馆共享工程已形成了雏形规模的服务平台，整合了一批内容丰富、具有地方特色的文化信息资源，构筑了较为通畅的地面宽带传输信息渠道。

电子阅览室是共享工程文化信息服务的一个重要展示窗口，它将传统图书馆的服务项目用现代信息技术和网络技术手段向广大读者提供了快捷地服务，云梦县图书馆青少年电子阅览室目前向广大读者提供的是：共享工程的文化信息资源浏览，馆藏、网络数字化影视节目的点播，馆藏、网络电子图书的在线阅览，各专题数据库的全文检索等多个文化信息资源服务项目。

二、活动开展，服务情况

宣传活动中心（图书馆）自开放以来，依托共享工程资源，充分利用图书馆里丰富的信息资源优势，开展了丰富多彩的文化惠民服务。

例如：利用“世界读书日”、“全民读书月”、“图书宣传周”等活动契机送书下乡、投影设备器材就地观摩、现场播放共享信息、建立长期图书流通服务站点、建立青少年素质教育基地。结合“一县一品”建设，深入打造“全民阅读”活动，发掘地方文献内涵树立一个样板，做到阵地活动有看点、有亮点、有特色。真正调动全民参与文化建设的热情，让全民长期享受到文化建设与信息资源建设带来的成果。我馆有效开展送书进县直部门、送书进军营等丰富多样的系列活动，既满足了广大民众多层次、多样化的文化需求，也增强了县级支中心的吸引力与生命力，对于巩固文化阵地具有不可低估的作用。

从而使“共享工程”的优秀的文化资源尽可能地为群众所用。目前，与县纪委合作共建的农村远程教育平台以彰显作用，在全县292个村中建立了284个行政村基层服务网点，已基本上实现了县、乡、村服务网点的全覆盖，

广大农民充分享受到服务型政府和信息所带来的实惠。

三、队伍建设

文化共享工程建设需要技术过硬的专业人才，只有高度重视队伍建设，不断加强人员培训，不断提高队伍素质，文化共享工程服务才可能有实质性的成效。我馆工作人员大部分只具备简单的网络技术知识，共享工程、亲少年电子阅览室虽配备有专职人员，但跟不上信息技术的发展，我们馆只有不定期的邀请专业人员为我们大家讲解网络知识，并用制度强化学习效果。学习是永恒的话题，是提高素质的重要途径。

通过认真制订每月、每季度的学习计划，科学统筹，合理安排，做到学习与工作两不误，两促进。每个阶段的学习活动、工作完成后，及时进行小结，积累经验，克服不足。

四、工作展望

我们馆仍将投入力度，继续通过努力，以全国文化信息资源共享工程网络资源服务平台为依托，充分利用现代高新技术手段，将各种类型的文献信息资源以及贴近大众生活的现代社会文化信息资源，通过省、市公共图书馆和社会各界网络传输系统进行文化信息传输，使优秀的文化信息资源最大限度的实现全民的共建共享。

（撰文/云梦县支中心）

黄冈市支中心

黄冈市现辖武穴、麻城2个县级市和红安、罗田、英山、浠水、蕲春、黄梅、团风7个县以及黄州区，版图面积17453平方千米，总人口740万。全国文化信息资源共享工程于2002年正式启动后，已逐步形成六级服务网络布局和远程教育共建站点全面推进、共同发展的多层级文化共享工程服务体系的构建。共享工程的建设，对于迅速改变全市贫困地区信息匮乏和经济文化发展相对滞后的局面将起到积极的作用。

一、基本情况

全国文化信息资源共享工程建设实施以来，黄冈市所辖二市七县一区根据《湖北省文化资源共享工程建设责任书》和《湖北省文化信息资源共享工程建设方案》精神，积极争取各级党委、政府和上级部门的政策支持，全面推进了各县市的文化共享工程建设。全市共建成1个市级支中心、10个县（市、区）级基层中心、128个乡镇基层中心和4643个村级服务点先后挂牌，面向社会开展服务工作。

二、宣传推广及惠民服务

共享工程的建设，促进中华民族优秀文化的传承与创新，为提高人民群众的思想道德素质和文化素质，开辟一个不受地域、时空限制的崭新的文化传播渠道，也为图书馆开展现代化服务提供了新的平台。

1、积极宣传，扎实做好基础服务工作。各级基层中心牢固树立“以人为本，突出服务”的理念推动共享工程发展。通过媒介展示共享工程网络信息服务特色；重视服务，利用设备广泛开展社会活动；树立典型，完善重点服务对象资料的搜集与整理；重点推广，针对服务对象需求提升工程形象。充分利用电子阅览室平台，面向社会提供网上冲浪、资料查询、下载文印、培训指导、影视欣赏、休闲娱乐等服务；开辟青少年绿色上网通道，引导学习网络应用知识与技能。2011年，全市共享工程电子阅览室全部实行免费开放。共享工程树立了为民、便捷、高效的社会服务品牌。全市各级基层服务点的社会活动常年受到各地媒体的关注。全市共享工程年均社会活动在电视台、报刊报道30余篇（次），赢得了良好的社会效益和群众口碑。

2、注重延伸，利用共享工程传播先进文化。全市各级基层中心正在加强本地特色数字资源库建设步伐，搭建多元数据共享平台服务社会大众。通过下载国家中心资源、采购建立本地镜像资源数据库、向省中心索取针对性社会服务数据资源、整合本地特色文化资源等方式服务社会经济发展。向社会公众提供数字电影、电子图书、馆藏书目数据查询、学术期刊数据库全文检索、网络信息参考咨询等社会服务。共享工程把阵地服务与网络信息服务相结合，深入农村建立流动图书室、阵地服务强化应用技能培训、“五进”扩展服务范围、共建协作推广共享工程品牌，把共享工程的设备和资源广泛应用到社会服务和活动中，利用共享工程传播先进文化。

3、军民共建，鱼水情深友情长。各级服务点与驻地部队、武警部队、消防部队等达成长期共建协作，针对需求送书刊、送电影、送资源，与部队官兵建立了深厚的友情。全市各级基层服务点年均为部队放映科教、影视110余部（次）、送资源6T，为提升部队官兵科学文化知识、增强部队官兵专业技能水平、丰富官兵的文化生活提供了资源保证。

4、自建特色，数字资源建设展示璀璨特色文化。黄冈文化底蕴深厚，自然人文交相辉映。依托共享工程，整理和挖掘我市丰富的人文资源以及传统民间文化，实现文化信息资源的共建共享，展示黄冈独特文化魅力。黄冈名人、旅游特产、民风民俗、非物质文化遗产、麻城籍将军名录、黄梅戏、东路花鼓戏、苏东坡黄州诗词、地方文献书目等特色资源专题数据库正在不断充实完善。

5、阵地服务，围绕中心阵地开展社会活动。充分利用各基层服务点阵地，开展“少儿信息检索技能赛”、周末动漫院、“少儿寒暑假快乐剧场”丰富少年儿童节假日生活；围绕传统节日、奥运会、世博会等节会制作展览，开展巡回展示；开展消暑露天影映、专题讲座论坛、专题

放映展播，建立共享工程品牌活动等等，受到了广大读者的喜爱。中心阵地活动的开展受到了家长的关注，称中心的活动为孩子们提供了一个良好的环境，丰富了他们的假期生活。

6、信息咨询，为群体用户提供免费信息服务，提升社会地位。各支中心为特殊群体服务，如两会代表群体、残疾人群体、社区居民群体、老年人群体、下岗再就业人员群体等，为两会代表参政议政提供信息参考、为残疾人提供相关的优惠政策咨询、为社区居民提供百姓关心的生活参考、为老年人提供健康知识专题、为下岗再就业人员提供本地或外地就业信息等。免费信息搜集和发放工作不仅强化了分中心的工作力度，同时也架设了与残联、社区管委会、劳动就业机构间的信息连接桥梁。

（撰文/黄冈市支中心）

黄冈市黄州区支中心

黄州区文化信息资源共享工程于2009年6月1日启动，总投资130余万元，建成区级支中心1个，乡镇级服务点4个，村级基层服务点52个。区信息资源支中心配有共享工程应用服务器2台，图书馆自动服务器1台，8T的磁盘存储设备，主干交换机3台，图书馆自动服务管理器1台，百兆防火墙1台，UPS电池10KVA（保证服务器在断电后继续工作）、共享工程卫星接收器1套，互联网接入宽带100M，机房安全配套设施齐全。配有60多平方米的电子阅览室1个，多媒体报告厅1个，配备长城计算机25台，日常管理工作台5台，便携式电脑1台，投影仪1套，激光打印机1台。

共享工程黄州区支中心自2009年成立以来，在区委、区政府大力支持下，始终坚持“读者第一，服务至上”的服务宗旨，紧紧围绕免费开放这一中心工作，锐意进取、开拓创新，积极为社会和广大群众提供优质的免费服务。尤其表现在公共电子阅览室服务工作方面，为了发挥电子阅览室功能作用，我们投入了专项的年度运行经费，制定了健全的管理规章制度，建立了长效运行机制，有力保证了电子阅览室的工作正常运转。电子阅览室充分利用各种新技术、新方法、新手段为群众提供丰富多彩的特色数字文化服务，不断强化阵地服务和延伸服务，形成了以下载阅览、制作科技光碟、培训、公益讲座等为主的特色品牌服务。

一、建立长效运行机制，积极实施阵地优质服务

自2009年12月建成文化共享工程黄州区支中心后，电子阅览室成为支中心为广大群众服务的主阵地，实行“零门槛，无障碍”全天候免费对社会开放，平均每周开放60时小时以上。为了充分发挥服务作用，电子阅览室制订了健全的《电子阅览室工作职责》、《电子阅览室公共财产管理制度》、《电子阅览室免费开放须知》等相关制度，制作多副精美的宣传画，并悬挂在墙面显著位置，不仅如此，电子阅览室还免费提供一台饮水机，为读者营造一个好的学习环境。区财政将3万元的运行经费纳入每年财政预算，有力的保障了电子阅览室正常运转。服务中我们热情接待每一位读者，想方设法满足他们的文化需求，推行便民措施，适时为读者提供笔和抄写纸以及一次性水杯，延长服务时间，免费为读者需求下载复印网上资料。对未成年人、老年人等弱势群体实行一对一服务，手把手指导他们正确上网，使其“乘兴而来，满意而归”。

三年来，年均免费接待读者上网查询、下载浏览1.6万人次，解答咨询462人次。每年的节假日免费到社区、学校、农村、军营放映科教片、爱国主义影片近百余场场次，观众近万余人次，赠送各类科技光碟2000多张。在做好日常服务工作的同时，我们每隔1个月组织专业技术人员到乡（镇）、村、社区基层服务点进行业务指导，规范他们的服务，帮他们解决技术上的难题，让最基层的人民群众享受公共文化资源所带来的便利。细心的服务落实到每一个环节上，让读者看到了工作人员阳光般的笑脸，听到了最热情的问候，电子阅览室优质的服务得到了社会各界的一致好评。

二、强化服务品牌，为社会各类人员提供培训

为了更好的发挥公共电子阅览室的功能作用，扩大服务范围，体现公共电子阅览室的公益性，为群众提供适时有效的帮助，我们采取了多种手段，免费为需要帮助的社会人员进行了有针对性的培训，使他们有了一技之长，走上了就业岗位。2010年元月和5月，我们分别对全区的所有157名乡、镇社会文化服务员进行为期7天的综合免费培训，参加培训的学员经考试后全部合格并走上了工作岗位，现已成为乡镇基层群众文化服务工作的主力军。8月应黄商集团的要求，我们对黄商集团70名新进员工进行岗前培训，内容涉及礼仪、商业营销等10个部分，经过近半个月的培训，新员工基本能胜任营业员这一岗位，对于我们培训服务不仅学员很满意，商场方面也非

常满意。2010年10月，公共电子阅览室对黄州城区115名网吧业主进行4天免费培训。2011年5至6月我们先后3次为黄冈市粮食局系统60名干部职工，进行了1个月的电脑办公操作培训，使他们熟练掌握电脑办公的系列程序。9月公共电子阅览室为40位黄冈市老年大学学员免费培训电脑基本应用操作，手把手的进行辅导，使老人们在短短几天的时间里学会了怎样上网。10月至12月联合黄州区劳动就业局，为黄州区就业人员免费举办计算机培训3期，历时3个月，共培训就业人员260名。2012年4月集中对黄州区45个社区的文化管理员进行摄影、舞台布置等科目的培训，使各个社区的大家乐活动开展的更加有声有声，极大的丰富了市民的文化生活。7月，我们组织了60名留守儿童，为他们开设了“第二课堂”，免费进行阅读和作文辅导，提高孩子们阅读水平和写作技巧，并定期为他们提供与在外地打工的爸爸妈妈进行视频对话，让孩子们过一个非常有意义的暑假。三年来，我们先后近20次对社会各类人员进行了免费培训，参加培训人员807名。

三、开展服务情况

2009年以来，公共电子阅览室成立服务专班，为辖区内的农村、社区、学校等进行长期免费服务。一是常年坚持开展“专题科技讲座下乡”活动，每年分别定期到路口、陈策楼、堵城、陶店等乡镇开展《淡水养鱼技术》、《特色蛋鸡养殖技术》、《常见棉花病虫害防治》、《大棚西瓜种植技术》有针对性的科技专题讲座。为配合科技讲座，让农民真正学到科技知识，电子阅览室专门下载当地农民需要的农村科技致富信息网络视频资料3000余次，制作科技光碟55套，合计2000多盘，免费发放给农户，每年春节前后及时将文化部下发的《文化共享助春耕》光盘送到农民手中，满足了农民朋友之所需，对此，农民朋友是拍手称快。二是到社区、学校、看守所等地进行免费放电影活动，每年的春节、六•一、国庆节等节假日期间组织专人到建新、大地、体育路、一字门等社区放映娱乐电影，共计放电影46场次，观众达7000多人。为考棚街小学、东门小学、体育路等小学循环放映爱国主义影片、科教片40场次，使小学生深受教育，增强了他们的爱国热情和学习兴趣。不仅如此，电子阅览室专班人员还精心下载具有教育意义的影片，到黄冈市第一看守所进行定期放映10多场次，鲜活的教育，使劳教人员产生了强烈的震撼，表示一定要积极改造重新做人。积极为群众服务，宣传黄冈文化，电子阅览室开展了4次文化公益讲座，为广大市民宣讲了黄冈文化和东坡文化。

四、发挥优势，积极创新服务方式。

公共电子阅览室利用文化信息资源丰富的特点积极为社会开展各项活动，为进一步服务好群众。2012年1月13日，借助流动图书车这一服务平台，在车内安置4台电脑到黄商购物中心广场门口免费让市民查阅、浏览、下载，接待上网人52人次、解答市民咨询115条，这一流动全新的服务方式受到了现场市民的欢迎。黄冈电视台黄州新闻2月8日、黄冈日报黄州新闻1月30日、鄂东晚报1月17日等本地新闻媒体特为此次活动作了宣传报道。2月6日（正月十五），在遗爱湖广场和市图书馆联合开展活动，将“流动电子阅览室”停放在广场人员密集处，进行一系列的宣传服务，吸引了众多游园市民上车查询、浏览。为迎接第17个“世界读书日”，同时配合黄州区委、区政府“书香黄州”全民阅读活动，4月23日与黄冈市武警支队二中队共同举办了一场别开生面的“网上读书心得交流演讲”活动。同时针对部队官兵对电子文化书籍的需求，“流动电子阅览室”及时为官兵进行下载，丰富了官兵的精神文化生活。

（撰文/黄冈市黄州区支中心）

麻城市支中心

自2008年麻城市图书馆被确定为全国文化信息资源共享工程建设单位以来，我们抢抓建设机遇，扎实推进共享工程这一大型公益性文化网络服务工程建设，为构建麻城公共文化服务体系提供强有力的信息保障。

一、把握重点　合理布局

我市文化共享工程启动以来，得到了市委、市政府高度重视，将文化共享工程建设列为我市的一项重点工作来抓，2006年7月15日，圆满完成“文化共享长征行”湖北麻城接旗仪式；2008年组织召开工程建设会，制定工作方案，签订责任状；先后共投入建设资金380多万元，建设了1个市级支中心和19个乡镇、716个村级基层服务点，已形成共享工程市、乡、村三级服务体系。

1、高标准建设市(县)级支中心。文化共享工程麻城市支中心对馆际局域网、中控机房、电子阅览室等进行了全面的升级改造，目前已拥有千兆主干网、百兆出口的馆际局域网和由多台PC机、高端服务器、大容量存储组成的硬件系统，搭建多元化的数据共享平台。

2、合理规划乡镇基层服务中心。市支中心根据全市19个乡镇综合文化站现有的设备、设施情况，组织专班进行技术指导，协助各乡镇基层中心的建设，保证乡镇基层服务中心建设均衡发展，提高乡镇基层中心的服务能力。

3、全面推进村级服务点建设。结合农村党员干部远程教育站点的建设，整合村级基层服务点现有的人力资源及设施设备，顺利完成716个村级基层服务点的建设任务，我市基本实现文化共享工程全覆盖。

二、整合资源　共建共享

自共享工程实施以来，市支中心不断丰富和创新文化内涵，开展特色文化服务，使大量的优秀文化资源更多地为群众服务。一是积极收集国家中心和省中心配发的大量优秀数字资源；二是加大自身资源建设力度，有计划地对馆藏文献进行数字化加工，整合我市文化系统内部的现有资源，并对网上可用资源进行搜索，分门别类进行标目和链接，充实支中心资源建设；三是向各兄弟馆和党员远程教育办、党史办等相关部门搜集部分适合的资源加以利用；四是不断整理和挖掘我市丰富的人文资源、传统民间文化以及彰显地方特色的数字资源；五是利用图书馆网站展现我市优秀的地方文化资源，宣传推介图书馆，不断满足广大人民群众的精神文化生活需求。

三、科学管理　发挥实效

文化信息资源共享工程是党和政府的一项惠民工程，麻城市支中心作为具体实施单位，有责任、有义务加强共享工程的管理，充分发挥共享工程的作用。

1、抓管理，强责任。不断规范支中心公共电子阅览室的免费开放工作，年累计接待免费查询服务800余人次；结合《麻城市文化信息资源共享工程管理办法》，深入19个乡镇及村级基层服务点，针对工程设备的日常管理、运行维护及服务情况进行检查，督促基层网点工作规范化，进一步提升服务水平。

2、抓培训，强技能。主要是采取集中授课、专题辅导、光盘教学等方式，集中举办业务培训讲座，年累计参训人数达1000余人；支中心利用"共享工程数字学习港"的学习资源，组织各乡镇、村级基层服务点开展了网络培训；选派工作人员参加各类技能竞赛活动，进一步提升共享工程工作技能。

3、抓基础，强服务。利用共享工程数字资源库创办图书馆期刊《领导参考》，截止2012年底共编辑出版了月刊56期，深受各级领导的好评；结合春节文化周、图书馆宣传周及重大节庆日，在市区开展共享工程免费放影活动；利用流动图书车，深入到农村开展"以钱养事"服务农民、"群众点单"免费放映活动，将各类科技信息资源，分为四大类共189个品种，让农民群众有针对性地选择急需的科教片进行播放。6年来，支中心为农村和社区免费放映463场，免费刻录科技光盘1800多张；同时，还深入基层调查了解，广泛收集各种科技资料，精选并刻录成光盘近1800张、印制20000余份技术资料免费向农民群众发放，文化共享工程对服务"三农"和新农村建设发挥了积极作用，真正起到了"缩小城乡差别"的纽带作用。

经过几年的努力，共享工程麻城支中心服务设备日趋完善，服务功能不断增强，服务水平稳步提升，先后通过了国家、省、市部门的检查验收及专题调研等一系列活动，取得了一定的成绩：

2008年，文化部全国文化信息资源建设管理中心授予盐田河基层中心"扎实服务惠群众，共享文化在基层"的荣誉称号；

2009年11月，我市文化共享工程工作代表全省迎接并通过了国家级检查验收，对我市、乡、村三级共享工程建设给予了充分肯定；

2010年12月，图书馆被黄冈市文化局授予"2010年度共享工程先进基层中心"；

2011年3月，麻城市支中心被湖北省文化厅授予"全省十佳文化信息资源共享工程支中心"；支中心主任周建军同志被湖北省文化厅授予"全省公共图书馆先进工作者"光荣称号；

2011年3月，麻城市支中心顺利迎接了国家文化科技提升计划项目调研组的专题调研工作；

2011年9月，麻城市支中心被全国文化信息资源共享工程黄冈市支中心授予"全国文化信息资源共享工程知识与技能竞赛"黄冈市代表队选拔赛组织奖；

2012年元月，图书馆被黄冈市图书馆授予"2011年度黄冈市'共享工程'服务工作先进单位"。

（撰文/麻城市支中心）

武穴市支中心

2008年随着全国文化信息资源共享工程在全国范围内的开展，武穴市市政府及市文化广播电影电视局对这项工程在我市的实施给予了高度重视，将工程建设列入武穴市政府为市民办的十件实事之一。我馆抓住有利时机，利用财政资金，购入共享工程相关设备、架设网络环境，搭建共享工程平台。

一、经费投入

市财政局投入大量资金，加强文化信息资源共享工程武穴市市支中心的建设。新建成的局域网，主干为1000兆，桌面带宽100兆，因特网接口为10兆光纤，信息布点400多个。拥有业务服务器2台、数据库服务器1台、应用服务器1台、媒体点播服务器1台、4.0T磁盘阵列1套、硬体防火墙1台、网络核心交换机1台、楼层交换机13台、办公用终端计算机12台、供读者使用和检索终端计算机20台以及打印机、投影机、扫描仪等多台外接设备。目前，支中心的共享工程阅览室和多媒体演播室已对读者开放。

二、资源建设

数字资源建设方面，在充分利用国家中心和省分中心资源的同时，发挥我馆文献资源优势，投入大量人力物力进行专题数据库和地方特色数据库的建设。此外还购买了很多大型的数据库。

1、自行建设

现已建成数据库11个，包括《医疗保健》、《信息快讯》、《财经信息》、《最新网络用语》、《农业科技》、《武穴文曲戏》、《文化休闲》、《旅游常识》、《武穴市方言》、《武穴市自然风光》和《武穴市名胜古迹》。这些数据库通过市图书馆网站发布在互联网和馆内局域上，极大的方便了读者的使用。

2、外部采购

市图书馆加大了电子文献购置资金比例，目前我馆已购入万方期刊全文镜像数据库、方正阿帕比电子图书、超星数字图书馆、中国知网工具书总库等多种大型数据库。

3、接收上级资源

支中心设专职工作人员利用互联网络接收国家中心及省中心的视频资源和电子文献资源，内容涵盖文化遗

产、戏剧、音乐舞蹈、曲艺杂技、少儿文艺、影视文化、农民致富信息、科普知识和医疗卫生等。截至2008年底已接收了300G的视频资源，为市级支中心开展好文化资源共享工作提供了坚实的保障。

三、惠民服务

1、门户网站服务

在继续承办武穴市文化信息网的同时，我馆于2008年10月20日创建了武穴市市图书馆网站，图书馆的所有数字资源都可通过网站链接，网站页面点击量平均每天可达800多人次。截至目前，使用电子书刊用户数已有500多个，电子书刊阅览量2000多篇。

2、电子阅览服务

我馆三楼共享工程阅览室于免费对读者开放，阅览用电脑30台，每天开放时间为8.5小时。读者凭有效证件可上网阅览共享工程网站内容和我馆自行开发及购买的数据库资源，服务形式由基本服务向特色服务方向发展，诸如：2008年6月开始每年暑假免费向大学生和下岗人员开设电脑技能培训；联合老年干部大学开展老年干部网络知识讲座五次；还举办少年电脑绘画大赛六次等。

3、读者活动

我馆二楼多媒体演播室于免费对读者开放。我们利用演播厅每周举办2次读者活动，定期播放“共享工程”中的讲座、影视节目。目前，共享工程展播厅已播放电影和讲座30余场，参与观众千余人。很多观众认为共享工程展播厅办的好，为大家提供了很好的休闲场所，同时也为我们的展播内容提出了很好的建议，比如：多放些历史性题材的讲座、百家讲坛、最新电影等，这些都为我们的以后更好地开展播放工作提供了方向。此外我们还利用投影设备在社区、农村等基层服务点开展放映活动。

4、馆外活动

为迎接建党90周年，武穴市文化信息资源共享工程支中心积极响应，周密策划，在市龙潭公园开展两次大型演唱活动，活动影响广泛，深入人心，极大地提升了武穴市文化信息资源共享工程支中心的社会影响力。

5、共享工程乡镇场、社区服务点工作

建立完善乡镇、社区文化站、基层服务点管理制度，加强共享工程基层服务点的管理；各乡镇场、社区设立1名专兼职文化干事，明确文化专干职责，指导各基层服务点做好群众需求双向反馈工作。利用文化站现有资源、设施设备为基层服务点提供服务。做到了人员、阵地、牌子、设备、制度“五落实”。定期进行共享工程优秀影视节目播放活动共计播放影片8部，参加活动人数达1000人次，受到观众的普遍欢迎。组织农技、医院、法律、计划生育等部门进行专题讲座，进一步加强了宣传文化共享工程，推广文化共享工程丰富的资源，取得了良好的服务效果。利用农村婚宴及高校生入学和参军等时机，挑选优秀节目深入农户，为其免费播放，丰富了群众的精神生活，受到广大群众的普遍欢迎。根据镇中心学校的需求，从资源库中精挑细选资料刻录成套的学习光盘，为镇中小学生提供服务，受到有关领导和老师的好评。在市图书馆的关怀下，为更好地提高基层服务点的工作效能，组织各村管理员进行了短期的培训。

四、加强组织管理

有效推进工程进展“共享工程”建设面广、工作量大任务十分繁重。要确保“共享工程”的顺利实施，必须加强领导，建立健全组织机构，狠抓各项管理。我们按照国家中心和分中心要求，建立了由一把馆长任组长，副馆长任副组长，班子其他人员为成员的“共享工程”武穴市市支中心组织机构，下设办公室，具体负责技术保障、资源建设和辅导服务工作。为加强对支中心管理，制定了《共享工程电子阅览室管理制度》、《共享工程展播厅播放制度》、《共享工程节目预告制度》、《支中心工作人员岗位职责》等一整套内部管理制度，使支中心步入规范化、制度化的发展轨道。

“共享工程”的实施，有效地推进了农村文化阵地建设，有效地提升了市图书馆的服务功能。我们决心在市文化广播电影电视局的直接领导下，在国家中心、省分中心的指导帮助下，求真务实，创新创优，确保“共享工程”取得成效，在新农村建设、构建和谐文化、培育社会新风和建立社会主义核心价值体系等方面发挥积极作用。

（撰文/武穴市支中心）

红安县支中心

一、基本情况

文化信息资源共享工程是红安县人民的一件大事，也是红安文化惠民工程的重点，支中心建在红安县图书馆，县领导非常重视这项工程的建设，2009年副县长田胜辉与省文化厅签订了共享工程的责任书。2011年我县文化信息资源共享支中心建成并接收省馆验收。我县资源共享分为县支中心的建设和各乡镇及村级服务点的建设，乡镇及村级服务点的建设与农村党员干部现代远程教育服务是一致的，因此，整合两大工程的资源，实现优势互补，推动两大工程健康协调发展，是我县信息资源共享的另一项任务。基层资源共享服务网点由县委组织部具体承担建设。

二、县支中心与基层服务点的投入和建设情况

根据文化部和《湖北省文化信息资源共享工程实施方案》的要求，我县支中心建在红安县图书馆，由于是贫困县，68万元的建设经费全部由省财政负责，已全部到位，经费全部投入到支中心的建设中，地方配套的年运行经费3–5万元一直在争取中，支中心的建设主要有以下几点：

1、多功能报告厅的建设：多功能厅是文化信息资源共享工程开展活动的场所，承担报告会、演讲会、视频教学及各种业务活动的主要场所。多功能厅面积120平方米，室内配置了格力空调柜机、投影仪、扩音机、八十人的会议桌椅等，基本上能满足图书馆各种活动的开展。

2、机房建设：机房是文化信息资源共享工程大型服务器的运转和职工工作的场所，我馆严格按照机房的建设要求进行施工，机房面积约十五平方米，办公面积约为十二平方米，机房内所有设备是按照县级标准配备的，主要包括防静电地板、220/380V电源、不间断电源

(UPS)、防雷接地安装、固定IP光纤接入、空调、卫星接收服务器等等，为网点建设做好了准备。

3、全馆综合布线：充分利用固定IP光纤接入，对全馆网络进行了综合布线，布线结构考虑了以后的可扩展性，及故障检修的方便。布线信息点共100个，线缆标号一目了然，设备的端口与实际计算机终端设备根据线缆编号一一对应。

4、电子阅览室：利用资源共享经费，更换了电子阅览室的所有上网桌椅，购买了25台四核电脑为读者服务，安装了视频监控系统，完善了电子阅览室的各项服务制度,县级数字图书馆推广计划在这里应用。

5、加入了interlib区域图书馆集群自动化管理系统，提升了红安县图书馆的自动化管理水平，安装了卫星接收系统，为资源共享收集资料提供了下载平台。

我县资源共享乡镇基层服务点，自2007年农村党员干部现代远程教育启动以来，按照上级统一部署和要求，紧密结合本地实际，有重点、有步骤地推进了各项工作的开展。并积极与资源共享整合，先期试点安装，已经全部建成，目前已经建成12个乡镇（场）服务点，306个村级服务点，发放电脑200台、26台投影仪、192台电视机、挂远程教育牌匾和资源共享牌匾共612块，全县基层服务网点已成规模，并发挥作用。

三、培训管理人员、搞好队伍建设

资源共享管理人员的培训工作，直接关系到基层服务点的正常运转，红安县委县政府非常重视，配备优秀的讲师，由组织部和宣传部先后分别下文，对全县397个基层服务点的管理人员，从不同的角度进行了系统培训，通过集中面授、实际操作、现场观摩、交流讨论等方式，向资源共享和远程教育工作人员详细讲解了，接收系统的安装和使用、设备常见故障的排除解决方法等基础知识，培养出一支"土生土长"的站点管理员队伍，有力保证了基层服务站点长期有人管、管得好队伍。

四、构建公共文化服务体系、开展各项服务活动

自红安县文化信息资源共享支中心建设以来，支中心与基层服务站点每年都要组织和策划多次活动，主要有以下几个方面：

1、在多功能报告厅，利用节假日免费播放电影、科技知识、各类教育等影片100余场，丰富了群众的文化生活，也让少年儿童在假期有了学习和娱乐的场所。

2、利用电子阅览室的互联网和设备，为广大市民提供上网查资料、上网指导等多种服务，他们通过浏览信息、查阅资料、艺术欣赏，获取各类知识，丰富了群众的精神文化生活，推进了我县公共文化服务体系的建设。

3、充分利用多功能报告厅，结合红安县的红色教育资源丰富这一特色，多次举办了红安籍"文"武将军专题讲座，让更多的群众了解红安的历史，让他们在一次次讲座中收获知识，净化心灵。

4、充分发挥支中心馆藏文献资源丰富的优势，以及数字图书馆推广计划，将大批科技图书和制作的各类科技光盘，免费发放给农民群众，让农民真正体会到资源共享给他们带来的甜头。并利用共享工程数字资源库，编辑出版了多期《领导参考》，及时向全县各级领导提供服务，为他们当好参谋。

5、依托文化信息资源共享工程，构建图书馆网站，利用网络宣传红安丰富的人文资源以及优秀的传统民间文化，促进红安县文化事业的发展繁荣。

6、利用资源共享设备，与基层服务点一起，举办全县农家书屋管理员的培训讲座20场次，参加培训人员达400余人，为农家书屋开展工作提供了技术支持。

五、荣誉奖项

我县支中心连续荣获黄冈市文化局2010年度和2011年度共享工程"先进基层中心"，在2011年黄冈市举办的资源共享比赛中荣获第三名。

六、工作展望

文化共享工程是一项惠民工程，更是一项深受农民欢迎的民心工程，我们一定会克服困难，扎实工作，为构建公共文化服务体系，推动红安文化大发展大繁荣，为更好地满足人民群众的精神文化需求，做出贡献。

（撰文/红安县支中心）

罗田县支中心

罗田县图书馆共享工程自2003年在政府落实配套10万元资金启动以来，得到各级领导的关心和支持。2009年中央财政和省财政提供68万元，按照国家的统一部署在上级政府的大力支持下，将68万余元投入建成了罗田县共享工程分中心和村级基层网点。已建成机房，内设服务器4台、ups1台、交换机3个、防火墙1个、路由器1个、磁盘阵列1台、无线AP1个、42U标准机柜1个；80平方米的多媒体阅览室内设投影机、150寸投影幕、功放、音箱、话筒、桌椅；还有扫描仪、激光网络一体打印机、数码相机、数码摄像机、移动硬盘、笔记本电脑等资源加工设备。电子阅览室80平方米，有电脑43台；配备专职人员5人。近年来我馆不断拓展文化信息资源共享工程的服务内涵和方式，充分利用这一全新工作载体开创了基层文化工作的新局面，截止2012年上半年我县共建设乡镇服务点12个，行政村及社区基层服务点412个，基本建立了辐射全县的服务网络全县共享工程在服务网络建设、特色资源建设、基层服务工作等方面取得了初步成效为下一步工作展开积累了经验。

一、宣传推广

信息资源共享工程是惠及千家万户的一项重要文化基础工程，为了扩大共享工程在群众中的影响力，我们采取多种方式，注重实际效果，在广大群众中大力宣传普及共享工程相关知识，印刷了大量的宣传资料组织职工累计向社会发放各种宣传资料3000余份。通过主动与媒体进行沟通、多次在当地新闻频道上宣传报道和讲解共享工程有关情况在人民广场摆放展板、在步行街悬挂过街条幅、在馆内醒目位置设立了展牌让群众与共享工程实现零距离接触，从而使广大群众充分了解共享工程的实质内容，熟悉相关软件的使用方法帮助其方便、快捷地获得所需要的信息资源。通过一系列的宣传活动及对共享工程在实施和开展过程中的一些活动予以广泛宣传报道从而使广大群众对共享工程有了充分深入的认识扩大了共享工程在群众中的影响力充分认识到了共享工程是实现广大人民群众基本文化权益的重要途径促进了共享工程真正成为深受群众欢迎的民心工程为老百姓提供更多更好健康、实用、积极向上的文化信息资源。

二、惠民服务

我馆开展共享工程以来，紧紧依托共享工程充分发挥阵地优势，利用现代网络信息资源广泛开展形式多样的群众文化活动。近年来我馆每年都举办读者座谈会、见面会，让更多读者参与到图书馆的日常管理工作当中，通过召开读者坐谈会等形式，听取群众对图书馆在社会服务工作中和开展共享工程中存在的问题和不足，对所涉及到的问题逐一进行反馈，认真加以整改，做到让读者、让全市人民满意。为搭建文化示范效应平台，积极组织读者走进电子阅览室，体验共享工程信息资源利用共享工程提供的数字资源，定期为读者提供免费的数据库基本知识的讲座让读者更加充分地了解各种数据库的背景、基本情况以及使用方法。此外我馆利用学生寒暑假、大礼拜、节假日、针对未成年人从共享资源库精选出爱国主义教育、童话故事、科普知识等方面的影片在六楼多功能演播厅免费为中小学生播放引导未成年人多读书读好书深受广大市民的普遍欢迎。

三、培训工作及队伍建设

为响应党的十七大精神，培养和造就有文化、懂技术、会经营的新型农民。我馆把开展共享工程与培育新型农民有机地结合起来，对农村进行深入细致地调查研究。针对我县多数农村不具备上网条件基层服务网点，利用共享工程国家中心提供的信息资源自行加工、整理刻录成光盘和印成资料手册内容涵盖了种养殖技术、花卉栽培、农业科技讲座等当前农民所急需的实用资源。自2007年以来我们先后10次通过送科技下乡、农村大集等活动将3000余份新型实用技术资料、100多张光盘送到农民朋友手中；利用共享工程农业信息资源为凤山镇栗子坳等村村民播放共享工程农业知识视频，2011年4月，我们组织共享工程走进北丰李家楼村为村民播放了《科学养猪殖专家谈》系列光盘资源，使该村村民侯南鹏生猪养殖收入当年增收数千元；利用共享工程培训"农家书屋"管理员、农村农业技术员等各种技术人员437人，我们注重与各乡镇农技服务站合作将共享工程与农民科技培训紧密结合起来精心挑选了农业标准化生产、饲养管理、疫病防治、生猪选育等农民急需的技术培训资料定期对农民进行培训、播放专家讲座进一步促进了农业增效农民增收。通过开展共享工程走进农村活动帮助农民掌握到了一定的新型农业实用技术推进了我县新农村新型农民队伍的建设。

为农民播放共享工程电影

四、创新服务

一是以共享工程为媒大力开展共享工程下基层、进监狱等活动；二是以共享工程为礼给农民和学生播放教育电影，促进共享工程普及和推广，我馆还把开展共享工程送进武警中队活动做为礼物，通过大力开展文化拥军、智力拥军不断加强军、警营文化建设丰富战士们的业余文化生活，提高战士们的文化素养增加战士们在军、警营内学习充电的机会。2011"三八妇女节"，组织妇女观看生殖保健、计划生育宣传片；为纪念建党九十周年，组织学生观看"红色经典影片"，使学生受到很好的教育。三是以共享工程为基营造少年儿童健康、快乐成长氛围。把走进校园开展共享工程，做为新形势下培育和造就少年儿童成为有中国特色社会主义事业合格接班人和建设者的精神文化基础，从他们的兴趣、爱好出发营造出和谐、快乐的氛围竭诚为少年儿童健康成长服务。我们认真开展的"文明小卫士"、"中小学生环保知识竞赛"、"预防青少年违法犯罪"教育；春节期间，将共享工程"欢乐过大年"礼包播放给市民观看，丰富节日群众文化生活。

（撰文/罗田县支中心）

英山县支中心

文化信息资源共享工程英山支中心于2009年12月初正式建成并投入使用网络遍布全县11个乡镇309个村的基层站点，县级支中心现拥有专(兼)职人员4名，设有电子阅览室、中心控制机房、资源加工整合室、多功能报告厅。电子阅览室现有终端计算机共25台；中心控制机房现有综合管理服务器、综合业务服务器、卫星接收服务器各1台，卫星地面接收站1个，磁盘阵列8套，千兆、百兆交换机各1台，42U标准机柜各1台，UPS电源1套，百兆防火墙1台，面积25平方米；资源加工整合室现有：移动存储播放器、扫描仪、功放机各1个，便携计算机1台，移动硬盘1块，复印机1台，激光打印机1台、专业索尼摄像机1台、佳能单反照相机1台、传真机1台，计算机4台；多功能室现有：功放1套，音箱、无线话筒各1套，投影仪1个，电动幕布1块，便携计算机1台。

为了充分发挥英山县文化信息资源共享工程在传播先进文化方面的作用，让更多的城 乡群众享受到内容丰富、健康向上的文化信息快餐，英山县文化信息资源共享工程支中心集思广益、整合资源，把共享工程、党员远程教育、农家书屋、社区图书室进行大力整合，不仅有效的节约了资金，方便了管理，还进一步扩大了服务范围，充分利用全县309个基层站点设立社区百姓影院、毕昇讲坛，实现了村民“不出 家门口看电影学科技”的愿望，利用一体机内储存丰富的影片资源，定期深入到基层放映各种题材的影片和科技讲座。还开展了猜谜、演讲比赛、读书征文活动极大 地丰富了社区居民的文化生活，广泛调动了农民群众参加社区文化活动的积极性。

（撰文/英山县支中心）

浠水县支中心

浠水县图书馆建于1987年，现有干部职工25人，其中党员8人，大专学历8人，中专学历12人，中级职称4人。馆内开设了图书借阅览室、报刊借阅览室、少儿借阅览室、电子阅览室、多媒体报告厅、资料参阅室、藏书室和科技辅导部。总藏书10万余册，电子图书1万册。

图书馆、共享工程电子阅览室常年对外开放，为读者提供借阅、解答咨询、代查代印、送书上门、网上查询、发布信息及跟踪服务，年编《领导参考》24期、书刊宣传栏12期，开展各类读书活动4次，服务网点遍布全县各机关单位、乡镇、村。

共享工程浠水支中心，接受国家验收组检查，获得好评，在全省共享工程建设会议上作经验交流，图书馆共享工程支中心服务成果先后被国家文化共享工程中心来馆拍摄了专题片，通过卫星、互联网等提供各地交流，省、市、县电视台进行宣传报道。

县图书馆2009年率先被国家列入全国320个“数字图书馆”建设之一，湖北省1+8城市圈10家联网集群化图书馆管理之一。

（撰文/浠水县支中心）

蕲春县支中心

共享工程蕲春县支中心，成立于2007年4月，为正股级事业单位，与县图书馆一套班子两块牌子，人员从县图书馆在职在编人员中调剂。支中心职能是：业务上隶属省分中心，负责本区域范围内文化信息资源及基层服务点的监督与管理；负责文化信息资源的数字加工与整合；全县共享工程县、乡、村服务网络的搭建、技术培训与指导；提供公益性服务等。

一、设施建设情况

县支中心现有服务器4台，卫星接收设备正常，电子阅览室电脑设备36台套。共建成乡镇基层点15个，乡镇基层服务点有服务器7台，卫星接收设备7套，村级基层服务点572个，共有电脑520台，投影仪36台，电视机63台，移播宝20台。

二、运行经费情况

县级支中心年运行经费3万元。

三、工作人员情况

县级支中心工作人员3人，均取得全国计算机等级考试一级资格证书，各乡镇基层中心和村级服务点均有兼职人员。

四、培训情况

自2007年至2012年每年举办基层点培训2次，累计培训587人次，通过培训均能初步开展服务工作。

五、对外服务情况

坚持全年365天免费对外服务，平均每周开放时间不低于56小时，有完整规范的服务记录。截至2012年底，共开展各种服务活动1168场次，累计服务122906人次，其中未成年人24164人次。

（撰文/蕲春县支中心）

黄梅县支中心

在县委、县政府的高度重视及县文化局的领导下，根据《湖北省文化资源共享工程建设责任书》和《湖北省文化信息资源共享工程建设方案》精神，我县共享工程建设稳步推进，截止今年为止，以县图书馆为依托的县级支中心及乡镇基层中心已全部建成，95%行政村的场地已验收完毕，现将有关情况汇报如下：

一、基本情况

今年电子阅览室投入2万元新购置设备及桌椅48套，现共有电脑设备48台套。根据省文化厅、省财政厅《关于印发进一步推进全省文化信息资源共享工程建设实施办法的通知》（鄂文化文[2008]48号）精神，县财政每年对支中心拨付5万元运行经费并纳入财政预算。县级支中心工作人员2人，其中2人取得全国计算机等级考试一级资格证书。实行全免费对外服务，平均每周开放时间不低于80小时，年服务人次达到28000人次。今年8月26-30日县支中心对所有乡镇基层中心工作人员及部分村级服务点工作人员进行了一次培训，共培训86人次。

二、乡镇基层中心建设情况

1、设施建设情况：全县十六个乡镇基层中心的活动场地已全部落实，省补助设备已经安装到位。2、工作人员情况：各乡镇基层中心均已配备工作人员。3、对外服务情况：所有乡镇已对外开展免费服务，开放时间平均每周不低于60小时，年服务人次达到800人次以上。

三、村级服务点建设情况

全县挂牌正式投入运行的村级服务点有465个。待建的行政村场地均选择在农家书屋和组织部推行的村级农党远程教育活动场地。

（撰文/黄梅县支中心）

团风县支中心

文化共享工程是由文化部和财政部共同组织实施一项重点文化惠民工程项。我馆自2010年11有18日开馆之初就在图书馆一楼按文化共享工程的要求，配备了专门的机房和服务器，机房按要求安装了空调，浪潮服务器，兹盘阵列，防火墙，路由器专人管理，并在楼顶安装了卫星接受锅。我们利用现代信息技术依托各级图书馆通过互联网，卫星网，广播电视网，无线通信等外新型传播载体，在全国范围内实现中华优秀文化资源的共建共享。

为了更好的发挥文化共享的作用，也为了更好的为读者提供文化信息。我馆把全国大型图书馆的网址放到了服务器上，这样可以让广大读者浏览全国各级图书馆的有关信息，广大读者通过文化共享这个平台学到自己想要的信息。广大读者可以在文化共享信息网上浏览各类海量信息，比如说戏曲，农业知识讲座，电影，各种学习知识讲座。

我们还利用文化共享园地向基层服务点播放不少于100小时的资源，并已经建立了20个基层服务点。多次组织有关单位在电子阅览室进行培训，象工商系统管理培训网络考试，象保安人员资格考试都取得了良好的社会反响，中小学生网络知识竞赛等。还有不少的读者只要有空就泡在电子阅览利用文化共享这个平台学习各类网上视频培训。

他们感叹的说我就是靠文化信息共享工程提供的致富信息，找到了科学致富的路啊！”我们充分利用公共电子阅览室，开辟绿色上网让青年读者浏览绿色，健康的网上冲浪。让青年读者在绿色，健康的网络环境下学习，娱乐。

文化共享工程针对少数民族群众、青少年、新生代农民工和低收入人群的实际需求，开展专项服务；充分利用公共电子阅览室阵地服务，开辟绿色上网空间；工程尤其致力于向西部地区广大农村传播优秀文化资源及农业种植养殖新技术、城镇务工实用技术和致富信息，在消除东、西部之间数字鸿沟，推动西部地区持续发展，丰富百姓文化生活等方面发挥了重要作用。

（撰文/孙 燕）

鄂州市支中心

全国文化信息资源共享工程是采用现代信息技术，对优秀文化信息资源进行数字化加工和整合，通过网络最大限度地为社会公众享用的工程。它开辟了一个不受地域、时间限制的崭新的文化传播渠道，这对迅速扭转我市城乡基层特别是贫困地区的信息匮乏和经济、文化落后的状况将起到显著的作用。鄂州市文化信息资源共享工程（以下简称鄂州共享工程）建设以来，在省共享工程中心、市委、市政府、市文体局和市财政局的关心支持下，取得了可喜成绩，荣获全省文化信息资源共享工程先进单位。

一、领导重视

共享工程鄂州支中心于2003年3月15日建成，是全省第一批一次性通过湖北省文化信息资源共享工程领导小组验收合格的市级中心。工程实施以来，得到了市委、市政府高度重视。市文体局、市财政局把实施共享工程作为文化工作的重要内容来抓，成立了鄂州共享工程领导小组，由主管文化副市长亲自抓，市文化局、市财政局牵头，图书馆班子抓落实。出台了《鄂州共享工程实施方案》、《鄂州共享工程管理办法》、《鄂州共享工程建设方案》等一系列文件，来加强鄂州共享工程的建设和实施。完成了机构设置、人员配备、设施配置、制度建设，使鄂州共享工程顺利、稳定、扶持健康地发展。

二、经费投入

经费支持是保障共享工程发展的重要因素之一。作为公益性的文化项目，鄂州共享工程得到了省共享工程、市委、市政府、市财政局的大力支持，2003年市政府投入建设资金20万元，省中心下拨45万元的补助设施、设备及资源，建立起拥有服务器两套，投影设备一套，20T储存器一台，终端65台，10M带宽的光纤接入，面积约120平方米的电子阅览室及多媒体室和中控室，鄂州支中心还

共享工程进学校，学校远程教育点

申请了域名和空间，建立了自己的网站（www.ezhoulib.cn）。2010年国家和鄂州市又分别投入43万元、25万元对共享工程设施、设备进行更新升级，建立鄂州市共享工程信息中心。鄂州共享工程建设以来，鄂州市将共享工程运行经费已经纳入财政预算，保证共享工程每年的正常运行。十年以来，投入鄂州共享工程建设经费达到200万元，建成目前拥有大型服务5台，终端100台，投影机2套、播放设备3套、资源加工设备2套，15M光纤接入，端口达到200个容量的信息中心。

三、服务效果

鄂州共享工程的实施把鄂州优秀文化通过现代化网络向全国及全市广大基层传播。鄂州市共享工程建成以来，依托鄂州市图书馆为平台，以舒适、优越的环境，方便、快捷的方式，高效的手段和严格的管理，取得阶段性的成果。共接待读者50万余人次，下载文献信息资料20000余份，办理阅览卡10000个，开展网上培训100余次，组织中小学开展网上教育50期。推动了“文化信息进社区”、“进厂矿”等活动不断深入，并根据社区居民精神需求、文化素质的差异，有针对性地开展文化信息服务活动，把优秀文化资源送到群众面前，丰富了广大基层群众的精神文化生活，满足社区居民、乡镇农民“求知”、“求美”、“求乐”的精神文化需求，促进了健康文明，团结友善的良好风尚的养成的发展。一是充分利用共享工程信息面广，时间性强，采集便利的特点，将文化信息资源共享工程开展延伸服务，利用网络上最新的政策法规信息、科技文化信息下载，编印成册，为鄂州市有关职能部门提供决策参考300期，开展各类活动300次，面向我市、社区传播先进文化，不断满足广大市民日益增长的文化精神生活需求。二是结合全市三送下乡，为农民提供广泛采集的科技兴农信息、发家致富等科技资料，指导农民利用科技进行生产，同时还根据不同用户对象、不同时间或季节，开展丰富多彩的进农村、进学校、进机关、进企业、进社区、进广场服务活动。如：鄂州市在了解全市产业特色和产业规模的基础上，建立了多个长期跟踪服务点，有杜山蔬菜种植基地、蒲团水产养殖专业户、沼山的胡柚种植户、东沟珍珠养殖专业户，定期召开座谈会，播放各种科技讲座，为农民免费开展系列培训，免费咨询，免费提供农业科技、农产品销售等信息，并在鄂州市共享工程网站（www.ezhoulib.cn）上开办了网上信息专栏200余期，同时根据专业户传递给的要求下载信息，刻录成光盘，免费赠送，再由专业户传递给农民，形成“以点带线”、“以线带面”的服务模式。我市共享工程还根据农民的需求，从网上下载养猪、养鱼、果树栽培、农药和化肥合理使用等信息，编印成农业科技资料，为各乡镇村的农户服务，为农民致富提供了有效的信息保障，深受基层群众的喜爱。

四、资源建设

共享工程资源建设是关键。要加强资源征集和生产，满足群众多层面的需求，着力建设贴近农村、贴近基层、贴近普通百姓的农业科技知识、农村生产生活等资源。在立足本馆馆藏文献信息资源的基础上，根据我市的特色，与非物质文化遗产保护工作结合起来，加大特色的优秀民间传统文化资源的征集和加工力度，建设一批能够满足农民群众需要的讲座、戏曲、文艺、图书、电影等专题资源库，容量达到500G。同时要加强资源建设的科学性、针对性、规范化，提高资源建设质量，防止重复建设。另外通过共享工程各地资源的共建共享，如国家资源库：电子书刊、年画、地方志、展览、讲座进行加工、整合，为已所用，通过文化共享工程网络平台，以互联网、馆域网、资源镜像等方式，向基层网点提供服务。

五、队伍建设

培养责任心强、熟练掌握设备操作技术与服务要领的人员队伍是共享工程顺利实施的重要条件。鄂州共享工程配备熟悉计算机和网络知识的专职人员，建立起专职培训队伍，承担起区、乡镇、村网点专兼职人员的培训工作，通过开展技术支持、资源使用、服务开展、网络设备操作使用、计算机专业知识的培训，达到每个基层网点都有1—2名有资格的操作人员，建立起各基层网点共享工程建设专业队伍。

六、工作展望

党的十八大报告中，胡锦涛同志指出要“推进社会主义文化强国建设”，全国文化信息资源共享工程作为公共文化服务体系的基础工程和推动社会主义文化大发展大繁荣的重要抓手，党中央、国务院高度重视。因此在“十二五”期间，鄂州共享工程建设任务要以数字资源建设为核心，以基层服务网点建设为重点，以多种传播方式为手段，以共建共享为基本途径，到“十二五”末期，将鄂州市共享工程基本建成资源丰富、技术先进、服务便捷、覆盖全市乡镇的数字文化服务体系，全面实现“村村通”。并与农村党员干部现代远程教育工程实现共建共享。使鄂州共享工程成为政府提供公共文化服务的重要手段，改善全市乡镇基层群众文化服务的创新工程。

（撰文/鄂州市支中心）

黄石市支中心

一、基本建设情况

自2003年至今，黄石地区文化信息资源共享工程共建成市支中心1个、县（市）支中心2个、乡镇基层服务点28个、村基层服务点406个、街道基层服务点3个、社区基层服务点135个、其他服务点2个及下陆区支中心和黄石监狱服务点。到2012年，全市135家社区全部建成公共电子阅览室，基本配置电脑5台，条件好的配置电脑台数超过了10台，较好地满足了我市人民群众不断增长的文化需求，在全省首家实现全覆盖。

2004年黄石市图书馆网站（www.hstsg.com）建成，标志着我市数字图书馆建设正式启动。黄石市数字图书馆建成至今，数字资源总量已达1.3TB，主要来源为外购数据库1TB，馆藏特色资源数字化0.3TB。

为了充分发挥共享工程的职能，使丰富的共享工程资源能够服务人民，在过去的几年中，我们主办了走进部队、监狱、社区、农村、校园的电影放映活动，主办了“元旦”、“春节”、“五一”、“中秋”、“十一”长假电影放映活动，主办了黄石市第五届暑期中小学生主题电影展影月活动，主办了针对老年人和女同志的“老年人心理健康”、“女性健康美容知识”等专题讲座和针对当前就业难这一问题的“知识改变命运”专题网络知识讲座和针对中、小学生及幼儿园小朋友的“如何利用图书馆资源”专题等，接待人数148450人，极大丰富了人民群众的文化生活.

二、具体措施

1、强化领导，制定方案，广泛宣传，充分认识数字图书馆的重要作用

根据省厅的统一部署，文化局一手抓统筹规划，一手抓宣传发动。明确共享工程建设经费渠道，争取政府财力投入与自筹资金相结合；制定方案，确立了以市、区、县图书馆、文化站为各级分中心，各乡镇、村和街道、社区文化站（室）为全市文化共享工程基层点的网络构架。通过多种形式宣传共享工程在推动基层文化事业跨越发展中的作用，为共享工程的顺利实施打下基础。

为加快文化共享工程建设速度，按照《全国文化信息资源共享工程“十一五”发展规划（2006年—2010年）》的指示精神，黄石市文化局出台了《黄石市共享工程分中心基层服务点的实施方案》，该方案确定了建设任务、建设目标、实施步骤、经费保障、服务要求、基层服务点验收标准及硬件设备补助标准。这个方案的出台极大的加快了基层服务点发展的进程。

为使全市各级基层文化单位更多的了解共享工程的意义和作用，我们根据省文化厅的统一部署，明确职责、制定方案、宣传发动。(1)设立机构，为推进共享工程建设提供组织保证。成立了由市文化局牵头组成的黄石市文化共享工程领导小组，以市图书馆为主要技术力量的市级分中心。(2)制定规划，明确共享工程建设的目标任务。

2、明确分工、严格把关，整体推动切实加快文化信息资源共享工程建设步伐

数字图书馆作为一项利用先进高科技手段、有步骤地整合和发布优秀文化信息资源的数字工程，在基层数字加工起步阶段，我们合理分工，严格把关，整体推进。(1) 抓好龙头，以点带面，为数字图书馆开局树立样板。根据实际情况，确定以黄石市图书馆为数字图书馆建设示范，为大冶市、阳新县县级图书馆提供学习和借鉴平台。(2) 统一标准，严格实施，为数字图书馆建设营造环境。针对我市实际现状，结合市委、市政府的总体要求，我们在抓好示范的基础上，分级进行资源调配，严格把关有计划的实施。(3) 加强培训，技术指导，为数字图书馆提供保证。为了数字图书馆建设任务的顺利完成，我们多次聘请省专家来黄石进行技术培训。在建设过程中，市图书馆技术部的同志向省馆专家认真学习，担负起了安装调试等技术工作。

三、工作展望

1、将新馆打造成“百姓的大书房”。

文化信息资源共享工程数字图书馆重点实现“五化”，即：数字化、自动化、智能化、网络化、人性化，搭建新的数字图书馆服务平台，使黄石市数字图书馆成为鄂东南地区数字资源加工、组织、保存、揭示等各方面的软件系统和灾备中心。今后市民只需在图书馆免费办理借书证，就可以在家中、在办公室或在外出途中，打开电脑，点击黄石市图书馆网站，能免费查阅图书馆收藏的100万种电子图书和5000种电子期刊。

2、发挥区域优势，整合数字资源，加大文化信息资源共享工程数字图书馆建设力度。

文化信息资源建设始终是“数字图书馆”的核心。黄石市历史悠久，文化底蕴深厚，民间文化信息艺术多姿多彩。我们在利用国家及各省市区已开发的文化信息资源成果的同时，更应发挥本市资源优势，努力将有青铜文化地方特色的文化信息资源开发出来，建好“青铜文化”和“民间文化”数据库。

3、努力建好黄石市图书馆网站。

为充分展示黄石文化，方便读者检索，我们利用数字图书馆这个平台，进一步丰富黄石市图书馆网站，丰富服务内容，拓展服务渠道。

4、实现黄石地区“图书馆联盟”建设。

新馆建成后，数字图书馆硬件平台达到了新的高度，为城区各公共图书馆（室）及湖北师院、黄石理工图书馆实现资源共享奠定了基础，市民只要拥有图书馆的借书证就可以查阅各级公共馆（室）及湖北师院、黄石理工图书馆的电子文献，在条件成熟后还可以实现纸质书刊的通借通还。

（撰文/黄石市图书馆）

大冶市支中心

全国文化信息资源共享工程自2002年开始组织实施，通过采用现代通信技术和网络技术，实现文化信息资源在全国范围的共建共享。2002年我市被列为省文化信息资源共享工程分中心6家试点县之一，2004年授牌为大冶之中心，文化信息资源共享工程的建设和发展对我市文化事业的发展有着重要的意义。共享工程发展初期，由于服务意识淡薄，共享工程的服务平台主要是电子阅览室模式，由于缺乏经费等原因，电子阅览室不同程度地开展经营服务，虽然保障了共享工程正常运转，却也背离了共享工程建设宗旨，影响了共享工程功能的发挥。

一、规模逐渐扩大

为刘仁八镇基层文化管理员培训共享工程知识

自2004年我馆开始被省文化信息资源共享工程分中心授牌为基层支中心，受传统服务模式的影响，共享工程没有得到有效的使用和深入发挥，但是我馆始终积极探索发展的新思路，2005年，我支中心利用共享工程，自制大冶建市发展成果、图书馆职能和服务模式、青少年爱国主义教育和农村致富信息等知识宣传片，在全市各社区、学校等场所巡回展放，并为种养殖庄园、专业户送去种养殖方面的信息技术等，既宣传了共享工程服务内容，也提升了图书馆在大冶的社会形象，为沉闷的图书馆氛围注入了活力，让市民重新认识图书馆，走进图书馆，利用图书馆。共享工程建设成为了我馆持续发展的强心针，为了让更多的人享有文化共享工程资源，向基层群众传送丰富的文化资源，在大冶市政府和我馆的共同努力下，2007年在全市建成了首批208个基层服务点，这样，共享工程服务延伸到最基层，扩大了受众面，有利于发挥共享工程资源的利用率。为进一步巩固基层文化阵地，活跃城乡人民群众文化生活，充分发挥文化信息资源在发展经济、提高人民群众思相道德和科学文化素质等方面的重要作用，至2009年，全市14个乡镇场，333个行政村实现共享工程建设覆盖率达100%，标志着我市全面进入文化信息资源共建共享时代。

二、共享内容不断丰富

随着对共享工程服务意识的加强和政府逐渐加大投入，共享工程渐渐发挥公益性、公共性和知识性职能，共享工程的建设目标是把文化信息资源传送到城乡基层文化网点和群众身边，我支中心利用电子阅览室，方便群众查获相关文献信息资源，建立青少年绿色通道，为他们提供有益身心健康的电子书，游戏、故事等；成人区有电子书、科技信息、地方特色文化资源；盲人阅览区专为视障人士配装阳光阅读软件，利用多媒体功能厅为市民开展一些公益性讲座、培训、社会活动等，深受群众欢迎和喜爱。

在省中心和有关部门的支持下，我馆数字资源生产技术水平和产品质量不断提高，内容不断增多，已经建设了一些具有地方特色的专题数据库，有青铜文化专题、非物质文化遗产专题、大冶诗词楹联专题等数据库让广大市民共享。对挖掘、整理、传承大冶优秀文化，开展对外交流、促进文化事业的发展具有深远意义。各基层服务点也积极参与资源收集建设工作，将各乡镇、村具有地方特色的文化信息资源、农业科技、家庭养殖等信息集中起来上传我支中心，统一整合，共建共享，丰富了共享工程文化信息资源。

全市14个乡镇场、333个行政村实现共享工程基层服务点全覆盖后，大冶市政府，市财政加大对共享工程的投入，特别是值2011年创建国家公共文化服务体系示范区之际，我支中心更是迎来了前所未有的良好发展契机，馆域网主干光纤接入达10兆，局域网工作总数50多台，配有专用服务器和硬盘容量40T，支中心负责利用局域网为本地用户提供服务。为基层服务点配备电脑1000台，投影仪400台，硬件设施得到极大的改善，扩大了网上中华文化信息资源的存储、传播和利用，实现优秀文化信息通过网络为广大人民群众服务。

三、服务模式不断完善

共享工程的利用，最初通过电子阅览室模式为大众提供上网服务，有的基层服务点也是利用国家所配资源，把为大众服务的电子阅览室以网吧方式经营，受对共享工程认识上的局限，基层服务点没有充分发挥文化资源共享的宗旨，另外，支中心的数据库建设、信息开发滞后，向读者提供的数字资源服务内容单一，资源整合能力不足，随着我支中心加大对共享工程的宣传力度及有关部门的关注和投入，基层群众对共享工程有了一定程度上的认识，利用整合的贴近大众生活的文化资源购建各类资源库，对网络上的信息抓取与加工，特别是2009年实现了广播电视村村通后，利用广播电视村村通网络，传输共享工程信息资源，让广大农民群众在家用电视机就能收看共享工程的节目，实现文化信息资源共享工程进村入户。这一创新对共享工程提供的文化信息资源需求越来越高，这就对支中心的各项工作提出了更高要求。

为了让各基层服务点管理人员更好地为群众服务，我支中心今年特组织业务精干人员深入14个乡镇，以乡镇为单位，对全市333个行政村和社区基层服务点管理人员进行集中培训，讲解了共享工程实施的意义、设备操作方法、文化信息资源的收集和整理等方面的知识，制定服务规范，加强宏观指导。

四、工作展望

我支中心文化信息资源共享工程自2004年发展到现在，经历了几年的艰辛探索和发展，基层服务点从无到有，从有到全，取得了一定的成绩，这得益于领导的重视，共享工程是完善公共文化服务体系，改善公益文化服务条件的一项重点文化工程，必须依靠各级领导的重视，大冶市政府对这一惠民政策给予了高度关注，全市最后一批基层服务点建立设备发放仪式在我支中心举行，四大家领导百忙之中亲临现场为他们发放设备，并给予资金上的支持。

（撰文/大冶市支中心）

阳新县支中心

一、基本情况

我县文化信息资源共享工程支中心于2004年建成并通过省共享工程中心的检查验收并授牌。2005年筹建了电子阅览室这一作为共享工程的服务平台，为我县市民提供了数字化、网络化的服务。2007年，作为共享工程的支中心，为增加服务对象，扩大服务面我们积极努力工作，筹集资金20万元，添置设备，扩大了电子阅览室的规模，年接待上网读者3万余人次。利用这一服务平台，为广大市民提供网上阅读、信息查询和听音乐等项目的服务。利用互联网共同享用全国文化信息资源中心及省中心的特色资源，与组织部联合，开展干部远程教育培训工作，利用共享工程的设施、设备，组织职工走进社区、走进农村，放映群众喜爱的电影、戏曲，并插播实用的科技信息知识、医药保健知识，很受广大群众的欢迎。

2009年，按照国家规定的县级基层中心的标准投入68万元，建成了具有3台服务器、1台存储、1台千兆交换机、1台百兆交换机的标准机房，能接收和发放共享工程的资源和信息。在县文体局主管及分管领导的支持帮助下，向地方财政争取到文化信息资源共享工程专项运行经费5万元。

二、加强队伍建设

为加强技术力量，适应新的工作需要，承担起对全县基层服务点的指导和管理重任，县支中心安排3人赴省分中心的共享工程培训班，取得了省分中心颁发的结业证书，同时安排3人参加了全国计算机等级考试，其中2人脱产学习达3个月。与此，县支中心组织对乡镇基层服务点进行了技术培训，培训专业技术人员31人，聘请黄石图书馆计算机部老师重点讲解了共享工作的性质，服务开展、省图书馆电子资源利用、卫星收发系统和计算机基础知识，确保共享工程设备用得上、用得好。

三、强化服务，充分发挥共享工程的社会效益

1、做好阵地服务。电子阅览室和多功能厅是共享工程基层中心的主要服务阵地。为帮助市民更好地利用共享工程资源，县图书馆还制作了自己的网站，及时发布共享工程相关动态和信息。针对许多市民缺乏基本电脑知识这一情况，县图书馆还开办了计算机培训班，帮助市民提高计算机和网络应用水平。

2、开展农村和社区服务。县图书馆从2005年起，变被动式服务为主动式服务，每年暑期都要开展为期一个月“文化进社区——图书馆服务宣传月活动”，在全县各大社区免费巡回放映优秀国产电影，同时以幻灯片和专题片的形式，对共享工程及图书馆的职能、社会性质等进行宣传。丰富了市民文化生活，受到市民的热烈欢迎，“文化进社区”活动现已成为我县图书馆的一个服务品牌。各基层中心还积极为种植、养殖大户有针对性地提供信息帮助，上门放映农技专题片，取得了一定成果。如兴国镇宝塔村的刘富家一直与县图书馆保持联系，在养鸡技术上长期接受我们的帮助和跟踪服务，保持着较高的蛋鸡存活率和出蛋率，养鸡规模不断扩大，现已养殖蛋鸡达到11000多只，年产值达到了120余万元，用他自己的话说“确实从共享工程中得到了益处” 。

3、做好特殊服务。我县的共享工程在做好普通人群服务的同时，也没有遗忘敬老院、光荣院和武警、消防等特殊社会群体，每逢重阳节、建军节都要带上电影、图书前去开展服务，平时根据他们的需要，经常免费送文化上门。

4、做好宣传工作。为让社会各界更多了解共享工程，更好地发挥共享工程的社会作用，县图书馆也非常注重做好共享工程的宣传工作，做到有活动必报道，善于总结经验。每次开展大型活动，县图书馆都会邀请电视台记者进行报道，对共享工程和图书馆工作进行全面的介绍，使市民对共享工程和图书馆有了进一步的了解，提高了共享工程和图书馆的社会知名度，吸引了更多的市民进共享工程、走进图书馆。

四、镇、村级基层服务点建设

我县是一个拥有百万人口的大县，2008年阳新县分中心被授予第三批29个文化信息资源共享工程建设单位之一，2009年和2010年分别对我县17个乡镇336个村级服务点配置了电脑、电视机，DVD、投影仪等共享工程设备，目前全县村级服务点覆盖率达到95%。我县图书馆还对各村管理人员组织了多次专业知识培训，建成后可以利用互联网、电脑、浏览网上各中心的信息资源，也可以利用光碟、投影仪等设备组织集体观看、集中学习。

阳新县文化信息资源共享工程建设，在各级领导的高度重视和社会各界的共同关心下，工作进展顺利，取得了一定的成绩，实现了“建成资源丰富、技术先进、覆盖城乡、服务便捷的数字文化服务体系”的工作目标。但也存在一定的不足。如收集整理的地方文化信息资源还不够丰富，全县共享工程工作人员素质还有待进一步提高，共享工程的服务形式和手段还需要不断创新和丰富等。下一步，我们将重点抓好资源建设、规范管理和服务开展工作，同时根据上级要求，力争让文化信息资源共享工程这一深受中央高度重视的民心工程，在阳新县发挥出最大的作用，为丰富基层群众文化生活，推进数字阳新、和谐阳新、小康阳新建设做出更大的贡献。

（撰文/阳新县支中心）

咸宁市支中心

咸宁市面积9861平方千米。人口278.3万，辖咸安区和通山、崇阳、通城、嘉鱼4县和赤壁市。为了贯彻落实关于建立全国文化信息资源共享工程的有关文件精神，用先进的科学技术手段向广大民众传播先进文化，充分发挥文化信息资源在发展经济，提高民众思想品德和科学文化素质等方面的重要作用。在市委、市政府、市文化局及有关部门的关怀重视和大力支持下，咸宁市共享工程市级分中心于2005年12月建成，并通过湖北省文化信息资源共享工程领导小组验收合格。

一、资金投入

为了实现咸宁与湖北省乃至全国各地文化信息资源的共享，并通过网络为社会服务的目标，建设咸宁市级分中心得到了咸宁市委、市政府及市文化局、市财政局等各级有关单位高度重视和大力支持。咸宁市文化局、市财政局联合成立了咸宁市文化信息资源共享工程领导小组，制定工程建设实施方案。2005年11月我们争取地方财政共享工程专项资金26万元（用于共享工程B方案），保证了咸宁市级分中心的建成，通过了湖北省共享工程领导小组验收并授牌。

二、设备建设

咸宁市级分中心为了将咸宁文化信息资源共享工程建设好，发挥其社会、经济效益，在硬件建设方面：建立电子阅览室，占地面积130平方米，接入10M光纤，有主机1台，终端43台。实现业务自动化管理，有服务器1台，终端3台，购置ILAS管理软件等，现已对广大读者服务。在软件建设方面：充分利用互联网高新技术手段，传播先进文化及信息资源，利用国家中心、省级分中心电子资源文献通过网络为社会服务。

三、服务效果

咸宁市级分中心自建成以来，以舒适、优美、整洁的环境，以方便快捷的方式，向全市民众传播先进文化，不断满足市民日益增长的文化精神生活需求，同时为广大读者提供各种信息咨询服务。我们还通过文化信息资源开展了广泛的对外延伸服务，我们利用播放投影的方式，带着国家中心下发的文献资源进社区、进机关、进学校、进农村，丰富了他们的文化生活，市级电视台和报纸多次给予了报道，取得了很好的社会效益。

四、队伍建设和荣誉奖项

咸宁市级分中心在开展对外服务的同时，强化管理人员的培训。在专业技术上，精选专业技术好、业务能力强的人员进行培训学习，获取宝贵的管理经验，为咸宁市级分中心工作的开展提供了技术保障。在管理上，制定了咸宁市级分中心管理条例，工作人员管理规定及读者查阅资料指南等规章制度，加强中心管理，实行文明服务。管理人员以热情的态度接待读者，耐心细致的指导读者查阅文献资料，帮助读者解答咨询问题。2009年咸宁市级分中心参加了首届文化共享杯—全国文化信息资源共享工程 知识与技能竞赛湖北地区选拔赛，获得了优秀奖。2011年9月参加了第二届文化共享杯—全国文化信息资源共享工程知识与技能竞赛湖北地区选拔赛，通过激烈的竞赛，获得了团体第三名的成绩。在今后的工作中我们将继续努力，在国家中心和湖北省分中心的指导和帮助下，不断完善和发展，使咸宁市级分中心在咸宁市经济文化建设中发挥更大社会作用。

（撰文/咸宁市支中心）

咸宁市咸安区支中心

咸宁市咸安区地处湖北南部，全区辖14个乡镇办场、178个村（社区），人口50万。2007年10月，我区建立了湖北省文化信息资源共享工程区支中心。2008年1月，我区被列为全国文化信息资源共享工程试点区。按照试点区建设要求，我们强化组织领导，层层落实责任，狠抓硬件建设，积极开展服务，为促进地方经济社会发展作出了应有的贡献。

一、明确职责，营造文化共享工程建设氛围

一是强化组织领导。2008年6月，全省文化共享工程试点区建设工作会后，市政协副主席、区政府副区长孙基志同志代表咸安区人民政府与省文化厅签订了《湖北省文化信息资源共享工程建设协议》，制定了《咸安区文化信息资源共享工程建设实施方案》，成立了文化信息资源共享工程建设领导小组，区委常委、区政府常务副区长王用新任组长，市政协副主席、区政府副区长孙基志、区委宣传部副部长廖世斌、区委组织部副部长陈斌洋、区文体局局长毛晓光、区财政局副局长赵东成任副组长，区委组织部、区委宣传部、区政府办公室有关领导及区文体局、区财政局、区教育局和各乡镇党委、政府主要负责人或分管领导为成员，领导小组下设办公室，区文体局分管局长任主任，区图书馆馆长任副主任。为共享工程提供了组织保证。

二是广泛宣传发动。我们在市广播电视台、各乡镇文化广播电视服务中心相继开展文化共享工程建设专题宣传，咸宁电视台、南鄂晚报多次报道建设情况。区支中心充分利用数字电影设备和投影设备下农村进社区反复播放国家中心制作的文化共享工程专题宣传片。通过多形式、多渠道、广泛深入地宣传发动，为全区文化共享工程的顺利开展营造了良好的氛围。

三是层层落实责任。按照《建设协议》要求，区政府多次召开专题会议进行安排部署，做到组织、人员、经费、方案四到位，并组织专人到各乡镇进行检查督办，与各乡镇党委、政府和部分乡、村基层服务点领导进行沟通，达成共识，有力地促进了各项筹备工作的顺利开展。

二、强化措施，夯实文化共享工程建设基础

在实际工作中，我们重点在狠抓四个到位上下工夫。根据省文化厅、省财政厅《关于印发〈湖北省文化信息资源共享工程施实办法〉的通知》（鄂文化文〔2008〕48号）要求，县级支中心硬件建设必须达到国家一级标准，

乡镇基层服务点硬件建设必须达到省级D方案标准。我们对照标准，加大投入，逐步落实到位。

一是设施到位。区支中心按照国家统一建设标准，对中控室、工作室、电子阅览室、多媒体室进行了改造，安装空调4台。电子阅览室面积110平方米，配置电脑46台，多媒体室60平方米，安装投影仪一台。由中国电信提供10M光纤直接导入主机房，14个乡镇基层服务点分别连接1M至2M宽带网。8个乡镇直接连接各乡镇政府局域网。13个乡镇在各文化站建立基层服务点，13个乡镇在街道闹市区建立电子阅览室。共集中发放电脑设备137台，标示、制度牌各137块，建立137个村级基层服务点，均农村党员电化教育共建共享。

二是人员到位。首先，落实项目建设牵头人，由区文体局局长担任项目建设第一责任人，分管局长和各乡镇分管领导牵头主抓；第二，落实项目建设责任人，由区图书馆馆长和各乡镇文化站站长具体负责；第三，落实共享工程管理员，由区图书馆和各乡镇文化站业务骨干担任；第四，落实村级基层服务点管理员，均由各村懂电脑、善管理的文化管理员兼任。

三是经费到位。为搞好文化共享工程建设工作，区、乡、村政府按照《湖北省文化共享工程试点县建设评估验收标准》的要求，将区、乡、村三级文化共享工程运行经费纳入各级财政预算。区政府两次召开区长办公会，共解决配套经费15万元，省财政先期解决我区50%行政村服务点设备购置费17万元。

四是培训到位。区支中心共有4人先后参加省、市举办的专业技术培训，均取得了上岗证书。对全区14个乡镇基层服务点80个村级服务点的94名管理人员进行了岗前培训。通过层层培训，现在技术人员基本掌握了操作技能，能够满足工作需要。

三、创新服务，提升文化共享工程建设品位

1、开展图书服务宣传周活动。以4月23日“世界读书日”为契机，我馆在桂花镇开展了第24届图书服务宣传周活动。现场展阅杂志报刊800多册，发放《财政部、文化部关于推进全国美术馆、公共图书馆、文化馆（站）免费开放工作的意见》2200多份，悬挂谜语362条，对答对谜语的读者发放字典、钢笔、笔记本等，奖品价值2265元。解答读者咨询1126次，参与市民达1500余人，活动现场气氛热烈，群众积极参与，极大地提高了区图书馆的知名度和影响力。咸宁日报社、咸宁电视台作了专题报道。配合全国文化信息资源共享工程开展了“庆五一迎五四学习英雄楷模”的主题服务活动，多媒体室播放专题片28部，观众3618人，发放复制刻录的光盘300余张，送数字电影进村入户26人次，正实现了资源共享。

2、开展农家书屋管理员培训活动。农家书屋工作是我馆工作的重点，为更一步做好农家书屋工作，6月26日我馆在多媒体室举办了咸安区首届农家书屋管理员培训班，对全区农家书屋管理员进行了图书的登记、分类、上架等业务培训，开展了先进管理员经验交流，参观了5家优秀农家书屋。此次培训开得及时、成功，发到了预期效果。邀请宣传部、文体局领导2人，共培训图书馆管理员21人。咸宁日报作出了专题报道。

3、开展全民阅读进机关、进社区、进军营活动。集中人力、物力和财力，精心组织，安排一批新书送到机关、社区、军营，进行图书漂流活动。让广大干部职工、社区居民、部队官兵都参与到读书活动中来，丰富他们的文化知识，实现公共文化资源共享。组织武警中队的战士休息日来我馆期刊室阅读，多媒体室观看红色电影，丰富了武警官兵的文化生活。

4、开展“送文化下乡”活动。3-4月，走进咸安区余佐村、桂花镇、双溪镇、贺胜桥镇，开展“文化助春耕”活动。免费赠送“农业科技”、“新农村建设”光盘150张，图书1000册，电脑2台，受到农民群众的热烈欢迎。6月-9月，送优秀书刊、视频资源到咸安区实验中小学、桂花镇中学，丰富了农村学生精神食粮。

咸安区文化共享工程建设在各级领导高度重视和社会各界人积极支持下，目前已逐步建成资源丰富、技术先进、覆盖城乡、服务便捷的数字文化服务体系。以后我们将不断加强文化共享工程建设的宣传角度，不断加大资金投入力度，不断探索创新服务方式，推进文化大发展大繁荣，推动咸安经济迈上新台阶，使文化共享工程在构建和谐社会中发挥更好作用。

（撰文/咸宁市咸阳区支中心）

赤壁市支中心

赤壁市现辖15个镇，4个办事处，两个国有林、茶场。总面积1723平方公里，人口50万。全国文化资源信息共享工程赤壁市支中心（以下简称赤壁市支中心）成立2009年5月。赤壁市支中心自成立以来，赤壁市开展文化共享进机关、进学校、进农村、进社区活动20余场（次），放映科教片30余场，放映电影30余场，接待观众共2千余人（次）。

一、网点建设

赤壁市现建有全国文化资源信息共享工程赤壁市支中心1个，下设有19个镇（办事处）基层服务中心，村级基层服务点正在筹建中，建立有25人的专兼职工作队伍。

二、经费投入

赤壁市委、市政府高度重视文化共享工程建设，市财政每年为赤壁市支中心安排共享工程专项运行经费5

万元并纳入预算，19个镇（办事处）基层服务中心每年安排运行经费10万元。

2010年5月，投资50万元对机房、电子阅览室和中控室进行了整体建设，设立了全国文化资源信息共享工程赤壁市支中心。卫星接收信号良好，服务器、专用发布设备、磁盘阵列等高端设备运行正常。

赤壁市19个镇（办事处）基层中心全部设在镇（办事处）文化服务中心，19个镇处安装了电脑，均按省级D方案建成了电子阅览室。现有计算机95台，服务器19台，投影仪19台，电视机19台，VCD19台，场地面积合计400平方米，桌椅95套，空调19台。

三、资源建设

赤壁市支中心现有卫星接收系统1套，服务器　台，计算机磁盘存储容量达160GB，方正电子图书。电子阅览室30台电脑光纤接入，能随时免费浏览查询中国知识资源总库——CNKI系列数据库、维普中文科技期刊数据库等省馆开发的数字资源服务平台，以及数字图书馆资源。

四、管理与培训工作

赤壁市支中心一直注重对各级基层点的管理和培训，统一印制了赤壁市文化共享工程工作日志、服务记录表、资源索取记录表，要求各基层中心按时填报，把共享工程纳入了文化站的考核内容，半年进行一次实地考核打分。赤壁市支中心还与各镇处基层中心签订了服务协议，明确服务场次与效果，为年底考核提供依据。

为了提高共享工程服务人员的业务技能，赤壁市支中心还经常举办业务培训班，为保证共享工程支中心的正常运转和可持续发展，经市政府批准公开录用一名专业管理技术人员，并组织全市镇（办事处）文化站站长及部分市级中心工作人员进行集中培训，学习共享工程电子资源利用，组织策划开展共享工程服务等专业知识，力求掌握更先进、更有力的技术手段服务于共享工程应用。

（撰文/赤壁市支中心）

嘉鱼县支中心

嘉鱼县面积1018.4平方千米，人口38万，下辖8个乡镇、82个行政村。近年来，在县委县政府以及县文体新局的关心支持下，以“发展先进文化、建设和谐嘉鱼”为目标，切实把加强文化信息资源共享工程建设作为全县文化建设的重要内容抓紧抓实。于2010年建成嘉鱼县文化资源共享工程支中心，2012年为全县8个乡镇文体服务中心设立了资源共享工程基础服务点，切实发挥了作用，为全县人民群众提供了先进的文化信息服务。

一、整体概况

文化资源信息共享工程是利用先进科技手段传播，建设先进文化的公益性文化网络工程。2008年嘉鱼县被文化部、财政部列为全国文化共享工程建设试点县，政府加大投资力度，新建图书馆大楼，九层4500平方，由于在建设期间，特申请了缓建共享工程于2010年建成。图书馆认真做好试点的各项准备工作，县委县政府十分重视文化阵地建设，特别是文化信息资源共享工程建设，把该项工作纳入重要议事日程，抓紧抓实。对该项工作下发相关文件，明确了工作机构、主要任务和工作要求，对文化共享工程建设作了全面安排。

二、资金投入

文化信息资源共享工程是一项政府兴办的文化创新工程、民心工程，是公益性建设项目，有着巨大的社会效益和广阔的发展空间，县委县政府以硬件基础设施为重点，加大资金投入，2010年至今，累计投入约120万元，成立了资源共享工程嘉鱼县支中心，设立了电子阅览室，面积500平方米，有电脑60台，配置桌椅60套，卫星接收锅，磁盘阵列UPS电源，投影设备3套，照相机、摄像机各1套，开通了互联网，进一步扩充文化信息共享资源。

三、外宣推广

随着建设及宣传工作的不断深入，文化共享工程在广大人民群众中的影响越来越大，共对文化信息资源的需求也越来越丰富。在宣传活动中，我们一时利用图书宣传周、双休日等机会以印发宣传资料、播放光盘、现场讲解等各种形式对文化共享工程进行宣传，收到了良好的效果。自2010年以来，累计发放共享工程宣传资料3000余份，播放光盘100余张次，现场讲解200余人次，张贴宣传标语150余幅；二是通过阅览全体信息报道等形式对文化资源共享工程进行宣传，使广大群众不断了解认知并接受文化共享工程，进一步扩大了文化资源共享工程在社会和群众中的影响。

四、规范管理

为了充分发挥好文化共享工程的作用，我们在文化共享工程建设过程中，始终严格执行国家文化共享工程管理相关规定，实行专人负责管理，不断加强自身管理，积累经验，制定出了切实可行的管理办法。一是对读者一律实行持证（本人有效证件）上机阅读，至今从未发生任何违规现象。二是围绕文化共享工程的公益性质开展服务，发挥好设施设备的使用效益。我馆坚持将电子阅览室免费向社会开放，满足社会的基本文化需求。为了方便读者查阅电子信息、图书等资料，我们坚持每天按时免费开放，自2010年开放以来，前来免费阅览的人数达到20000余人次，受到了广大读者的欢迎和好评。三是我们按照上级对文化共享工程方面的规定，制定完善了《电子阅览室、图书使工作条例》、《电子阅览室、图书室读者规则》、《电子阅览室机房管理办法》等一系列规章制度，并张

挂在图书馆电子阅览室的醒目位置，做到有章可循。电子阅览室实行专人管理，明确工作职责，工作人员每天要作好工作记录，包括服务内容、设备运行情况、开展宣传活动内容效果及服务对象的建议和需求等情况。利用现有网络，探索推进文化共享工程与农村党员干部现代远程教育工程、农村中小学现代远程教育工程的合作共建。

五、创新服务

为充分发挥文化信息资源共享工程的作用，本着共享工程设备“不是放坏，而是用坏”的原则，我馆按照“贴近群众、贴近生活、贴近实际”的要求，不断创新文化信息资源共享工程的服务内容和形式。

1、资源共享工程支中心充分利用现有信息资源传播设施，实时进村入社播放群众喜闻乐见的节目以及开展科技培训。2010以来与县劳保局协作举办计算机培训6期，共培训学员480人次。

2、利用多元化载体使全国文化信息资源达到服务于民的最好效果。通过互联网、卫星传输、光盘、移动硬盘、电影拷贝、图书下乡等方式，把信息资源传送到村镇、社区、学校、企业等。

3、利用图书馆投影设备，通过影视光碟，向广大群众传输各种信息资源。

六、工作展望

目前，我县的文化共享工程工作开展良好，运行正常，各项重要指标基本完成。虽然取得了一些成绩，但距离广大读者及群众的要求还有一定的差距。一是政府配套资金不足，导致资源更新较慢，不能满足需要；二是支中心及基层服务点工作人员基本技能有待进一步提高。今后的工作中，我馆将继续加强管理，努力探索利用共享工程服务的新路子，更好的发挥共享工程的作用，为把共享工程办成惠民工程、民心工程而不懈努力。

（撰文/嘉鱼县支中心）

通城县支中心

全国文化信息资源共享工程是党中央、国务院实施的一项文化惠民工程，工程自2002年启动以来，在全国各级公共图书馆开始试点，通过努力争取，我县2008年被确定为全省29个试点县之一，并获得了中央和省两级财政共54万元的设备配套到位，在县委、政府领导的高度重视下，县财政也配套了14万元的启动经费，2009年4月1日，全国文化信息资源共享工程通城县级支中心正式建成并对外开放，该工程的启动将惠及全县城乡百姓，使广大读者更方便、更直接、更全面、更准确地分享博大浩瀚的图书信息资源，从而成为通城县文化事业的重头戏，有效地推进了我县文化事业的发展。同时，至2010年年底，我县又建成11个乡镇基层中心和162个村级服务点。

文化信息资源共享通城县支中心现有专业技术人员3人，其工作任务主要是征集、整合、加工优秀健康的数字资源，并通过卫星、网络、移动硬盘、光盘等方式传递到我县11个乡镇基层中心及162个村级服务点，该工程共拥有1万种、3.5册电子图书，2400多部、420小时有关农业生产方面视频资源，1097场、153小时文艺演出，1093场、1776小时优秀剧目和专题讲座，并联通了维普科技网和方正图书网络，其含量之大，涉及面广，前所未有。其时，早在2006年我县图书馆通过向上级争取，干部职工自筹等方式筹集资金22万元，已建立了面积约260平方米的电子阅览室，配置了液晶电脑30台，电脑桌椅30套，空调2台，2008年获得了试点县之后，更加丰富了电子阅览室的各种资源，使电子阅览室的电脑已增至60台，后又增购了空调两台，由于2011年6月10日的特大洪涝灾害，致使电子阅览室损失惨重，所有电脑都被洪水淹没长达6小时，并冲走了电脑13台、桌椅10套，至2011年10月，通过多次找县委、政府及上级主管部门领导反映，获得了部分资金，重新把电子阅览室进行了维修，把所有被浸过的电脑进行了维修，目前，已恢复34台电脑正常运行，电子阅览室各项对外开放工作也顺利正常运转。文化信息资源共享工程通城县级支中心建成后，县财政每年也配套了2万元的运行经费，我馆也经常组织工作人员走上街头，下到乡村，利用图片、标语、横幅、黑板报、电视媒体等多种形式开展大张旗鼓的宣传，力求做到家喻户晓，有效地提高了民众对共享工程的认识。同时，利用共享工程配发的投影设备，国家中心配送的光盘资源，积极送文化、送信息下乡，做到每月到一个村送一、二场影视资源，使基层百姓真正享受到了共享工程文化大餐，同时，利用世界读书日、读者服务周、全民读书月和法律节假日等契机开展了有声有色的宣传服务活动，利用读书竞赛、征文、《湖北省图书馆条例》实施纪念日等时机向全县广大人民群众宣传共享工程的作用和好处，大大激发了广大读者的学习热情，提升了共享工程的知名度。

共享工程通城县支中心开通后，每年接待各类读者150000余人（次），在网上免费为读者检索、查询各种资料、信息5000余（次），为农民朋友查询各类致富信息1000余人（次），为政府领导提供政务信息200余人（次），免费为中小学生开展电脑初级技能培训3000余人（次），并为中小学生在网上开展少儿动漫设计制作、网页制作、资料下载、图片剪接等培训2000余人（次），得到了全县各类人层的高度赞扬。同时，我县支中心已聘请了一名地方技能人员，制作了图书馆自己的网站，把通城县地方名人名事、名胜古迹、文化遗产、地方文物、本单位已上电视节目的各种活动等资料全部载入图书馆网站，做到随用随调，既方便了他人，又传承了通城文化，对我县文化事业的发展作出了共享工作人的贡献。

十二五期内，通城县图书馆事业的发展方针是“以

实践三个代表”重要思想为指导，认真贯彻落实科学发展观，坚持以人为本，高度重视图书馆事业的建设和文化信息共享工程县级支中心的资源建设，不断满足全县人民日益增长的精神文化需求，积极推进图书馆事业和文化共享工程进企业、进村落、进社区、进楼群、进家庭，提高群众的读书兴趣，发挥共享工程的作用，营造健康浓郁的文化氛围。做到定期送书、送信息上门，利用健全的文化信息网络，多开展大型的读书竞赛和演讲活动，认真实施“全国文化信息资源共享工程”，积极推进全县文化信息网络建设和图书馆数字化建设，提高城乡文化品味，增强图书服务功能，完善图书馆各种设施，，保护和利用好优秀民间文学和地方文献，实施民族民间和地方好的图书珍藏品和文化艺术保护工程，挖掘民间文献精髓，鼓励干部职工及其他读者多出作品，出好作品，同时，加强宏观调控，加大宣传力度，规范和繁荣我县图书事业的发展，吸引民间图书资本，促进我县“三个代表”的协调发展，切实提高全县人民的思想文化素质和科学文化水平，使先进的文化成为实现小康社会，构建和谐社会的重要力量。

新的形势，新的使命，新的征程，通城县图书馆全体工作人员正满怀信心与激情，借十八大胜利召开之东风，用国家免费服务的好政策，以务实图强的工作作风，去描绘新的蓝图，为通城文化大发展、大繁荣作出更大的贡献。

（撰文/通城县支中心）

崇阳县支中心

崇阳县位于湘鄂赣三省交界处，面积1968平方公里，辖12个乡镇，186个行政村，9个社区，人口47万。是一个“八山半水分半田”、经济落后的山区县。2003年和2007年，我县被湖北省确定为文化信息资源共享工程基层中心试点单位和全国文化信息资源共享工程建设示范县后，县支中心和基层服务点在各级党委、政府的大力支持下，积极配合新农村建设，大力发展公共文化事业，实现了全县文化信息资源共享工程村村通，为农民提供科技咨询和网络检索等全新的信息服务，为读者提供了各种电子出版物的阅读，为中小学生提供卫星远程教育。全县电子阅览年接待读者十余万人次，下载科技信息35000余条，为服务基层，构建公共文化服务体系发挥重要作用。

一、加强领导　推进文化共享工程建设

我县是湖北省首批文化共享工程试点单位，县委、县政府非常重视，在政策上给予倾斜，在经费上给予大力支持。2003年，县政府制定了“文化共享工程”建设实施方案，并成立了试点县建设领导小组，分管文化工作的副县长任组长，文体局局长任副组长，成员是图书馆正副馆长。领导小组成员分工负责制，明确各自工作任务，负责项目建设中的各项工作，做到齐心协力，专人专抓，按照预期目标完成各项工作任务。2003年，按照“基层中心分中心”B方案建设要求，我县建立了拥有面积80平方米的电子阅览室，于当年6月正式向读者开放。

2007年，我县又把文化信息资源共享工程进一步部署设置，筹措资金18.6万元，按照试点县支中心建设的要求，对室内进行了重新装修，更新了所有设备，安装了防雷系统。建成县支中心1个（设在县图书馆内），乡镇基层中心12个（设在乡镇文化站），村级服务点20个（设在行政村）。县支中心有工作人员5人，拥有计算机69台，支中心场地348平方米，其中少儿免费区60平方米，成人阅览区120平方米，多功能演讲厅100平方米，机房26平方米，值班室等42平方米。10兆光纤接入互联网。乡镇基层中心和村服务点共有工作人员32人，场地设备均达到了验收标准。为确保共享工程建设持续发展，从2007年开始，县政府将共享工程建设纳入年度财政预算，每年拨运行经费10万元，县支中心年补贴2万元，基层中心每个年补贴5000元。

二、落实措施　制定完善各项管理规范

公共电子阅览室是面向社会公众开放的公共互联网服务场所，是传播社会主义先进文化的重要阵地，为确保这项惠民工程落到实处，县支中心和基层服务点成立以来，制定了严格的管理规范。一是凡需进入电子阅览室的服务对象，都是凭身份证上机阅览，才可进入电子图书馆网页，可使用图书数据库和电子图书及其它网上信息。二是老师组织的集体阅读，由老师课前进行登记，上课时按照老师要求有组织进行阅读，三是实行限时服务，为确保未成年人的身心健康，每人每日上网时间不得超过2小时，由工作人员负责监督。四是实行巡查制度，发现上网有违反国家相关法律法规行为的，工作人员应当立即予以制止，并向文化部门或公安机关举报。五是根据用户需求，电子阅览室开展实用技术、科普教育、政

策法规等方面的辅导与培训，每年组织群众收看文化共享工程节目不少于24次。六是公共电子阅览室配备一名治安和消防员，负责安全巡查，确保室内环境安全。

县支中心和基层服务点成立以来，县文体局每年与县支中心和基层服务点负责人签订责任书，明确工作目标和任务，落实责任和措施。要求县支中心在双休日，开展“广场电影放映”和“学生暑假电影放映”活动。每年放映120场。每个基层服务点开展“农村农闲放映月”活动，每年放映120场。全县农村每年举办科技讲座23次。每年组织开展大型现场咨询活动2次。每年向农民发放科技资料3000份，种养殖科技光碟300张。

三、发挥优势　努力实施文化惠民服务

1、开展业务技能培训　提高基层网点服务水平　为进一步健全我县文化信息资源共享工程服务网络，提高文化共享管理员的操作技能，让文化共享工程更好地为广大群众服务。2012年6月4-6日，在我馆影视厅举办了“崇阳县乡镇村文化共享工程技术服务培训班”参加人数48人，都是来自全县基层服务点、农家书屋管理员。培训内容包括文化共享工程有关知识、管理办法、县支中心日常管理与开展服务、网页制作和资源采集技术四个部分。具有针对性和实用性。通过开展培训活动，基层站点管理员的服务水平、操作能力得到了提高，为今后开展工作打下了坚实的基础。

2、举办技术培训班　加强共享工程慧民力度　今年7月12-14日，我馆举办了第二期“科普之夏”培训活动。我们以青山镇棠岭果园基地为中心，举办了全县种养殖专业户科技培训班，参加人数500多人次，培训内容涉及育苗、育种、特种养殖、科学抗旱、科学种殖等一些适合我县实情的实用技术。每年组织开展现场咨询活动2次，同时就开展农业技术、农民工、再就业等也作了培训。2008年至今在农村组织举办各类科技讲座23次，服务农民15000余人次，对带动周边农民科技致富，促进当地经济社会的协调发展发挥了重要作用。

3、认真做好资源使用　用科技帮助农民致富　我县港口乡是个竹木资源大乡，全乡拥有林地面积28万亩，其中楠竹面积5.2万亩，楠竹蓄积量680万支，全乡人均拥有楠竹面积2亩。2008年元月，碰上了50年不遇的罕见冰冻灾害，使楠竹产业受到了极大损害，针对雪灾对楠竹造成的损失，支中心与基层中心，积极配合乡镇府，在全乡各村放映《楠竹科学管理》25场，通过灾后补救，全乡人均楠竹增收100元。

帮助种、养殖大户，用科技致富。石岭村外出务工人员金初宝回乡创办养殖、种植树造林业，投资150万元盖房1000平方米左右，精养鱼20余亩、养猪150头、养鸡5000余只、种水果30亩，我们把她作为重点跟踪服务对象，按照要求，从网上下载科技资料300份，刻录《池塘养鱼技术》、《养鸡新技术》、《小尾寒羊家庭饲养管理》、《果树嫁接技术》等光盘20碟送到她手中。帮助她用科技种养殖，当年实现利润40万元。

4、收集传递资源，开展科普服务。为提升基层群众的科学文化素质和科技致富能力。我县支中心以乡镇基层中心和村级服务点为依托，开展了送光碟、送科技信息资料下乡活动，2003年至今向农民发放农技资料18000余份，种养殖科技光盘3000余张。为我县科技带头人王天才提供最新科技信息资料，并与合办《农友》报，全年发行量达到4.8万份。

5、营造声势　开展形势多样的放映活动　为丰富广大群众和少年儿童的文化生活，举办了“广场宣传电影周”和“暑期电影月”以及“农村农闲放映月”活动。2007年5月27日晚，在大集广场举办了全县文化共享工程建设大展示活动，在交通要道拉横幅12条、制作宣传展牌10块，邀请县领导参加广场电影开周仪式，并作了重要讲话。县支中心和12个乡镇基层中心参加了放映活动。十几台放映设备在广场一字排开，放映内容有科教片、故事片、革命传统教育片、戏曲片。此次活动盛况空前，吸引了方圆十里的群众前来观看，每晚观众人数达几千人，县长在现场感受到这种观影气氛高兴地说：“今后这样的大型活动要经常开展，还要深入到乡村多为农村群众服务”。2007年开始，全县广大群众免费观看国内外优秀故事片、科教片、动画片1386场，针对不同观众的需求，利用文化共享积极传播文化科技资源。广泛开展送电影进社区、进军营、进学校活动。支中心每年为社区群众和武警官兵、学校师生放映各类电影186场，受到社会各界普遍好评。咸宁市电视台、崇阳县电视台多次报道。

在今后工作中，我们将加强领导不断拓展服务范围、进一步巩固县支中心和基层服务点，扩大服务网络。对县支中心和基层服务点设施设备进行一次全面年审，对从业人员定期进行技术培训。使全县设备达到技术要求，从业人员业务素质得到提高，从而提高工作效力。使文化共享工程朝着健康稳定方向发展，全面推动我县文化共享工程建设为社会主义新农村服务。

（撰文/崇阳县支中心）

通山县支中心

共享工程通山县基层中心于2003年10月通过省分中心检查组的验收，11月25日我馆赴省出席“全省首批（16个）共享工程基层中心授牌仪式”，宣告我县基层中心正式成立。

一、基本情况

共享工程通山县基层中心的成立与建设，得到了上级及地方政府的大力支持，为筹建中心，省分中心投资20万（设备），县财政投资25万，使中心建设顺利完成。省中心配备了服务器、投影仪、卫星接收器、电脑等设备，地方政府的资金主要用于购置电子阅览室电脑及图书馆办公自动化软件、外借防盗仪等。基层中心建立，使我馆的自动化服务得以实现，从而各项工作跃上了一个崭新的台阶。

2009年10月，“全省共享工程支中心建设”工作启动，我馆属省分中心下达的2008年度建设点，获省分中心专项建设资金68万元。通过政府采购，我中心建成了高标准主控机房，有服务器4台，磁盘陈列、交换机、配

电箱、电源设备、防雷设施一应俱全；还购置了摄像相、照相机等器材；电子阅览室及办公电脑全部更新；新开设了多媒体放映室，购置了投影音响；业务办公自动化软件升级，各项办公设施，馆容馆貌也得已改观，使自动化服务日臻完善，业务工作更上了一层楼。

二、活动开展、服务情况

通山县图书馆实施“共享工程”建设工作以来，通过艰苦创业，努力创造条件，使“共享工程”工作取得了一定成绩。文化共享工程的实施，丰富了我馆文化服务的方式和手段，改善了服务质量，提高了文化服务水平。几年来，我馆在“少儿电子阅览室”的管理，尝试开展多媒体放映、走向基层开展服务等工作中作了新的探索，丰富了广大读者的精神文化生活，满足了广大农民求富裕、求健康、求文明的需要，取得了良好的社会效益，深受基层群众的欢迎。1、“少儿电子阅览室”的管理日臻完善。通过几年的摸索与实践，我馆根据省馆少儿部的模式，于05年底正式开设“少儿电子阅览室”，该室屏蔽了不良的信息，内容设置健康，还规范了开放时间。在少儿电子阅览室里同学们可以看书，上网查资料，看电影，听音乐，玩健康益智游戏等，因此，受到广大青少年的欢迎，有的家长还亲自带孩子来电子阅览室上网学习，查阅资料，欣赏影视。他们觉得让孩子来图书馆上网放心。我们的工作因此也得到了有关职能部门及社会的肯定。在文化部统一部署下，我馆电子阅览室于2011年12月1日起对读者免费开放。2、开展多媒体放映。根据上级关于“县级图书馆，要依托共享工程，充分利用工程提供的讲座数字资源，为当地群众开展讲座服务”的精神。近年来，我馆在多媒体室尝试开展周末少儿影院放映工作，即精选一批少儿喜爱的儿童、科幻影片，每周周六下午放映一场。现已累计接待少儿观众近5千余人次，每逢周末，多媒体室内坐满了少儿读者，精彩的影视节目象磁石一般吸引孩子们的目光，受到少儿读者的热烈欢迎。3、开展“共享工程”下基层服务活动。几年来，我馆利用文化信息资源共享的设备、资源，以县图书馆为中心，服务辐射到社区、学校等基层服务点。2010年，我馆利用国家中心下发的资源，赴农村开展“共享工程乡村行”活动。分别在通羊镇、大路乡、高湖乡等地开展活动，4月29日，县图书馆来到大路乡余长畈村，开展“文化共享工程乡村行”活动。当晚，余长畈村大屋场内热闹非凡，精彩的文化共享工程视频播放吸引了许多村民前来观看。工作人员为200多名村民放映了精心挑选的《巧手种水稻》、《轻松早育秧》、等春耕视频资源，引起了村民的浓厚兴趣。接着，工作人员播放了我县精心打造的大型民俗歌舞《白云深处》，博得了在场村民的阵阵叫好声。听到熟悉的通山民歌、山鼓，让村民们大饱耳福。往往到了精彩之处，台上唱，台下合，形成了一幅独特的民俗风景。70多岁的村民余兆黑老人高兴地说：“共享工程送来了通山人自己的戏，真好看。这次还冇过足瘾，欢迎你们再来。”此次活动增添了农民群众品味通山地方文艺的乐趣，受到群众的热烈欢迎。几年来，我馆赴基层开展活动16次，放映影片26部，累计接待观众2万余人次。4、与有关部门积极配合，优势互补，联合推进共享工程服务。为实现优势互补，资源共享联合服务，在上级的部署下，我中心与县委组织部达成共识，将共享工程优秀的文化资源纳入党员干部现代远程教育之中，通过这个平台，传播先进文化，实现数字资源共建共享。至2011年初，我中心与县组织部联合建立农村基层点203个，通过农村党员现代远程教育平台，向全县农村播放，初步实现了共享工程服务覆盖全县。

（撰文/通山县支中心）

荆州市支中心

禹划九州，荆州居其一。荆州市地处长江中游，物华天宝，人杰地灵，为历朝封王置府的重镇和兵家必争之地。她孕育了奇伟瑰丽、雄奇激越的楚文化。荆州市图书馆始建于1956年，下设“少儿图书分馆”和“古城图书分馆”。

一、基本情况

1996年，荆州市图书馆在省内首批实行计算机自动化管理。2001年，省文化厅根据各地市州图书馆的条件，把荆州市图书馆列为首批文化信息资源共享的建设单位。2002年底，市图书馆与省分中心签订了共建共享协议。2003年初，市文化局、市财政局在市图书馆联合召开了全市共享工程建设工作会议，决定建设文化信息共享工程荆州支中心。当年，市财政局拨专款45万元，省分中心奖励10万元设备，完成图书馆内结构化布线，装配网络控制中心、电子阅览室。计安装信息节点113个，服务器3台，电脑60台，于当年10月初步建成共享工程荆州支中心。同时，市少儿图书馆争取各级财政支持建成共享工程荆州少儿分支中心。

2011年底，国家财政投入44万元，荆州市财政配套40万元，按国家共享工程管理中心《2010年度地市支中心配置参考标准》和要求，荆州市图书馆与政府采购中心签订集中采购协议进行工程招标，并和建设单位签订了工程合同。先后对共享工程中心机房进行了装修，将全馆网线网络全面优化清整，装配专用机柜、控制防雷电源，更换了图书馆业务共享服务器、web服务器、增加了资源加工服务器，多媒体服务器和云存储阵列，把总存储不到2T的空间提升到20T。更换了电子阅览室和业务终端电脑60台，添置了防火墙、路由器，数字交换机等网络设备；扫描仪、摄像机、数码相机、激光打印机等数字化加工设备；以及笔记本电脑和投影仪等服务演示设备。

现荆州市支中心，设在荆州市图书馆网络部，专职工作人员四人，兼职三人。荆州市所辖7个县市区支中心，52个街道及社区文化站，100个乡镇基层服务点，2003个村级服务点。到2012年止，共享工程基础设施设备全部到位，文化共享工程网络在我市已实行全覆盖。

二、资源建设与服务

荆州市图书馆网站（http://www.jzlib.org.cn）于2005年9月，正式开通，其中专门建有“共享工程”网页。同时，荆州少儿分馆也率先加盟“中国少儿信息大世界——网上图书馆”，并承担了国家文化科技项目“艺术蓝天”少儿资源库建设。《未成年思想道德建设数据库》项目获省重点科研课题立项。通过几年来的努力，支中心不断提高对网络的管理，积累了一些好的经验，图书馆网站也在建设过程中逐步完善。为了加强文献信息资源建设和自动化、网络化建设，加强对专业技术人员的培养和充分利用好网站这一阵地，2009年6月，我们把“共享工程”网页从荆州市图书馆网站分离出来，建成“荆州数字文化网”（http://www.jzszwh.cn），搭建我市为“文化共享工程”提供专门服务的平台。

“荆州数字文化网”旨在建成为：一个立足荆州本地、面向全国，全面提供和介绍荆州地方信息的服务站点。网站目前共设立了14个栏目。在互联网上通过这些栏目向社会宣传荆州文化信息资源。网站的开通标志着，荆州市图书馆在荆州市文化共享工程建设方面，不断探索，创新服务，在提高服务建设水平上又迈出了新的一步。2009年，我市支中心尝试制作了以文化产业为主题的专题光盘，共收集了文化产业理论、文化信息产业、文化娱乐产业、群众文化产业、文化艺术产业及文化旅游产业六大类的条目2000条，200MB。几年来，数字文化网下载、收集以及自建资源达到500GB，发布信息10174条。“荆州数字文化网”已成为传播荆州地方文化的重要平台。

荆州市支中心常年利用共享工程资源，切合当前社会时政，每年至少制作两批宣传展牌向市民宣传展览；在多媒体阅览室向读者免费播放共享工程各种视频资料，定期邀请荆州各界专家学者举办各种文化讲座。

每半年一次组织县市区各基层服务点共享工程专兼职人员业务培训，并免费提供数字资源和发放学习资料。每年不定期由市支中心编写《荆州市文化信息资源共享工程简报》，向国家、省、市各级组织和领导以及省内各兄弟图书馆分别进行报送，《简报》的编印既通报了我市“共享工程”建设服务情况也提供了与各地支中心交流共享工程工作方面的详细资料。

2009年荆州市支中心创办“春夏影视欣赏会”，此活动每年五至十月间的所有节假日双休日，在图书馆门前广场，为市民读者举办影视展播、文化讲坛、科普报告、电教阅读等内容的系列活动，播放优秀影视作品，弘扬中华民族优秀文化，受到市民喜爱。五年来共举办各类讲座50余场次，播放电影三百余场。

2012年国家示范项目“荆州市小太阳读书节”将共享工程服务作为子项目开展活动，支中心制定详细的活动计划，将共享工程文化讲座、业务培训送到县市的乡镇；将优秀电影深入本市各个社区、军营、学校为市民免费放映，实践证明，创新共享工程服务，取得了很好的社会效益。从荆州共享工程建设发展过程来看，各级机构重视力度正在提高，社会公众参与的积极性不断增强。接下来在市委、市政府正确领导下，惠及全民的文化信息资源共享这一德政工程，必将得到进一步发展壮大。

（撰文/荆州市支中心）

荆州市荆州区支中心

全国文化信息资源共享工程（以下简称“文化共享工程”）是新形势下构建公共文化服务体系、惠及千家万户的一项重要文化基础工程，是政府提供公益性服务的重大文化项目，文化共享工程应用现代科学技术，将中华优秀文化信息资源进行数字化加工整合，通过工程网络体系，以互联网、卫星、移动存储、镜像、光盘、有线电视/数字电视网等方式，实现优秀文化信息资源在全国范围内的共建共享。

胡锦涛总书记要求：要积极推进文化共享工程建设，2007年6月16人，中共中央总书记胡锦涛主持召开中央政治局会议，研究加强公共文化服务体系建设。会议强调，当前，要大力加强重大公益性文化工程建设，认真组织实施包括文化共享工程在内的几项公共文化服务工程。《中华人民共和国国民经济和社会发展第十一个五年规划纲要》把文化共享工程列入公共文化建设重点工程专栏。优先安排关系群众切身利益的文化建设项目。突出抓好广播电视村村通、社区和乡镇综合文化站（室）工程、全国文化信息资源共享工程。

荆州区图书馆被纳入2008年全国文化信息资源共享工程实施单位，按照文件精神，我们及时向主管局汇报了该项工作，得到主管领导的高度重视。局领导几次来我馆现场办公，指导科学合理布局。

将二楼西边及三楼拿出近400平米用作共享工程，拟建一个电子阅览室，一个中心机房及多媒体报告厅，建设方案也在很短时间内制定出来，按照建设方案，地方财政配套资金14万元也很快落实到位。

2009年7月我馆开始对原有场地进行改造，经过近一个月装修改建，建成一个近200平米的电子阅览室和30平米的中心机房，改造严格按照上级业务部门下发的建设标准执行。改造一新的电子阅览室宽敞明亮，舒适宜人，机房建设及防雷工程等配套设施也如期全部竣

工。同期我们将馆内三楼闲置场所近200平米装修改造成1个功能齐全的多媒体报告厅。结合工作需要，在社会上公开招聘了1名计算机专业管理人员，专门负责共享工程各项工作。

2009年12月31日，局领导在荆州区常委会议上，将荆州区共享工程县级支中心建设工作与在会的四大家领导作了汇报，并提出解决运行经费的请示，常委们一致通过，支持我馆的该项文化惠民工程，同意解决年柒万元运行经费并纳入年度预算。

实施全国文化信息资源共享工程。是2009年馆内中心工作，年内建成全国文化信息资源共享工程县级支中心，充分发挥图书馆服务社会、服务读者的职能作用。同时积极探索文化信息资源共享工程网络、党员干部现代远程教育网络和"农家书屋"网络"三合一"的办法，实现资源整合。

2010年我馆主要对全区乡镇村级服务点的设施设备、网络接入、技术人员情况进行摸底调查，在李埠镇，我们针对他们的技术人员开展了技术扶持，使他们在业务技术上有了很大的提高，为充分发挥基层网点的服务功能，更好地服务基层群众创造了条件，并对他们大部分村级服务点无法接入网络宽带的实际问题做了调查，并与当地电信部门领导进行沟通；在弥市镇、马山镇的大部分村级服务点工作人员由当地的村委副书记兼职，对计算机知识应用能力较低，缺乏电脑操作系统维护技能，对此我馆技术人员为他们讲解如何处理电脑故障，如何正常的开展服务工作，怎样通过电脑网络浏览全国文化信息共享资源，确保村级服务点能正常、有效的开展服务工作。

在2011年图书馆服务宣传周期间，围绕"倡导全民阅读，构建学习型社会"这一主题，以图书馆数字资源为依托，宣传开展2011年图书馆服务宣传周活动的重要意义和即时在网上放出本次活动的宣传资料和活动内容；发布新书推介、书评，介绍一些好的读书方法，推荐知识共享工程的著名网站，开展网上读书活动。

在利用共享工程中心网站资源和通过卫星投放的资源的同时，我们注重整合各类资源，我们按照"资源共享、优势互补、互利互惠"的原则搜集特色的信息资源，加大资源的采集力度，为我馆特色数据库的建立做好了丰富的信息储备。

对全区乡镇村级服务点的技术人员我馆主要开展了电脑技术培训，电脑操作系统的安装、故障排除、宽带网络的建立与维护，使他们在业务技术上得到提高，充分发挥基层网点的服务功能，更好地服务基层群众。

2012年，我馆配合局机关对马山镇已建的农家书屋图书管理员进行了图书登记、分类、贴标签、上架的培训，督促他们规范记录"农家书屋"财产登记台帐，图书借阅登记本等。

另外，对李埠镇等四个乡镇共享工程管理员也进行了网上远程培训，我们利用丰富的文化信息资源共享工程，开展了进社区，进乡村活动，及时更新科技信息发布，并根据需求，编印了实用科技资料，并把这些科技资料编印成册发放到农民手中，为服务农村做了大量扎实有效的工作。

自我馆争取到流动图书车以来多次组织开展"流动图书车"进农村下乡活动，为广大农民朋友送上一席又一席丰富的文化大餐。

流动图书车的运行不仅丰富了农民的业余文化生活，而且提高了农民的文化素质和利用科学技术的水平。

为深化信息服务工作，针对本地农业特点，我馆对流动图书车的运行，根据乡镇人口分布区域合理确定服务点，定时间、定路线，以方便、快捷灵活的特点为读者提供服务。

目前我馆已在荆州区所辖四个乡镇（李埠镇、川店镇、马山镇、弥市镇）、三个村（龙洲村、白荷村、杨井村）作为服务点，定期将流动图书车进镇进村，将最新的科技信息，送至田间地头，让农民及时了解最新技术动态，掌握致富信息，受到农民朋友的一致欢迎。

我馆文化信息资源共享工程支中心建设任务已取得初步成效，但其建设步伐仍需加快。

我们将在今后的工作中将更加努力地探索利用共享工程服务的新路子，更好地发挥共享工程的作用，为把共享工程办成惠民工程、民心工程而不懈努力。

（撰文/荆州市荆州区支中心）

石首市支中心

石首市文化信息资源共享工程启动前后，均得到了市政府和市文化局的高度重视，文化共享工程石首市支中心设在市图书馆，2004年1月，我市正式启动文化信息资源共享工程石首市支中心，我们选择了C方案，即按10万元配置，此次共配置14吋台式电脑17台，卫星接收设备一套，惠普投影仪一台。2007年初，我局通过各方面的争取工作，石首市文化共享工程试点县市建设获得初步通过。6月，市文化局、财政局、图书馆领导参加了全省文化信息资源共享工程建设工作会议。2008年石首文化共享工程建设项目列入湖北省文化共享工程29个试点县市之一。

随后，我市与省文化厅签订了文化共享工程试点县市建设协议，并成立了石首市文化共享工程建设工作专班，落实了我市文化共享工程建设专项配套经费14万元。市委、市政府下发《关于加强石首农村文化建设的通知》文件，也将石首文化共享工程建设项目列入其中。

国家和地方财政先后投入68万元，建立了符合国家建设标准的机房、电子阅览室、多媒体报告厅，并配备了各种软硬件设备，市财政每年还列入专项经费5万元，确保了我市支中心按时对外开放。现已建成1个市级支中心，15个乡镇服务点，311个村级服务点。

一、基础设施建设

现已建文化共享工程机房、电子阅览室、多媒体影视厅，增设了防雷设施，已配置服务器4台，磁盘阵列存储3.6TB（可用容器）；交换机、防火墙、4路KVM切换器、42U标准机柜等网络设备；卫星接收系统；投影仪、扫描仪、激光打印机各1台，数码照相机、数码摄像机各1台；移动硬盘、播放器5块（台）；UPS电源、空调；图书馆业务自动化系统、资源应用管理系统；网络杀毒软件、信息游览监控软件等软件；机房面积30平方米，投入资金16万元，环境建设达到标准；电子阅览室配置电脑23台，所有配置均已达到了国家建设标准。多媒体报告厅设坐席80个，配置了先进设备，投入近了50万元。

二、资源建设情况

一是立足自身馆藏文献信息资源。在坚持做好馆内阵地服务和开展送科技文化下乡的基础上，以荆楚文化底蕴为依托，不断加强石首地方特色资源建设，做好数据化加工。收集多种地方文化信息资源，如《荆河戏/地方剧种》、《桃花山红军树景点》、《天鹅洲景点》等。

二是加强网络资源建设。坚持以国家中心网站、湖北数字文化网资源为依托，不仅在电子阅览室开通了维普期刊、方正电子图书等大型数据库便利读者的查询，还与市科技、教育、文化、卫生、农业等部门加强联系，整合各类信息资源，有选择地传输老百姓感兴趣、有需求的信息资源，扩大了共享工程的服务面。

三、合作共建情况

石首市支中心通过“易播宝”存贮农业技术专题片和电影，例如，2009年，根据乡、镇、村服务点需求上门服务，携带刻录机现场为群众刻录所需科技资源光盘100张。“易播宝”实行统一管理，分类存贮，按需流动，免费使用原则。南口等乡镇服务点利用投影仪、笔记本电脑、“易播宝”等设施设备，围绕乡镇中心工作和当前任务，结合自身服务优势，产生资源共享效应，基层群众生产效益得到提高，一大批农民尝到了科学种养与技术致富的甜头，活跃了基层群众的业余文化生活。还运用村级基层服务点与农村党员现代远程教育网相结合模式开展服务。

农村老百姓借助服务点先进的设施设备，就可便捷地享受到文化信息资源服务。南口镇服务点还组织到各村放映科教片和爱国片30场次。

多媒体报告厅内文化交流工作会议

服务宣传周期间，石首图书馆组织文昌小学一年级至三年级800学生多名观看“小升初远程教育讲座”

四、开展服务情况

1、为青少年打造阳光电子阅览室，与普通网吧区分开来，配置了高档应用系统，有效利用湖北省文化信息资源共享工程网站寓教于乐的教育软件。为了保证学生们能健康安全上网，采取3项独特措施：一是通过设置网络神警防火墙隔离网络不良信息；二是联结了维普科技期刊、清华学术期刊、方正数字图书馆、文化共享工程卫星频道、VOD视频点播系统、中国教育在线等重要数据库；三是有图书馆管理员陪同，上网2个小时之后系统将会自动停机等有效措施，为青少年营造了一片绿色的网络世界。

2、多媒体放映厅已成为公众开展科技文化传播、会议交流、商务洽谈等多项活动的服务场所。社会各界及团体利用我馆多媒体放映厅成功举办了“全市收藏品交流会”、“石首文学作品交流会”、“石首曲艺交流表彰会”等多种活动，我馆全年为社会各界提供场地服务达30余次。还定期举办了暑期少儿影片展映活动，展映期间中小学生可免费观看。为配合开展未成年人思想道德教育，支中心与城区几所中、小学校联合开展了爱国主义和传统教育影片放映活动，放映《长征》、《闪闪的红星》、《国学经典弟子规》等影片，每年为广大学生放映免费电影20场次，观看的学生5000人次以上/年。多媒体报告厅外设有服务预告专栏，及时发布服务内容与时间。

3、为城区和乡镇小学生免费播放爱国电影。2010年，组织了博雅高中等学校学生在我馆多媒体报告厅参加学习交流，为学生播放《世博文化解读》、《人生角色与社会和谐》、《我读经典 浩然之气与人格之美》等视频讲座5场次，参加学生达500余人次。2011年，组织了市文昌小学、久合院乡小学学生在我馆多媒体报告厅参加学习交流，为学生播放爱国电影5场次，演示展播共享工程建设成果等活动。参加学生达500多人次。

4、2012年，开展了主题为“文化强国——图书馆的责任与使命”、“推进公共图书馆服务规范化”一系列丰富多彩的读者服务宣传活动。活动期间，组织文昌小学一年级至三年级学生观看“小升初远程教育讲座”、“石首籍开国将军宣传片”，放映20场次，服务3000余人次

五、培训及制度建设

每年专门安排技术骨干参加了省、荆州市分中心组织的文化共享工程专业技术培训班，努力提高工作人员的服务水平和能力。

制定了《机房管理制度》、《电子阅览室管理制度》、

《管理人员培训制度》、《网络系统设备管理制度》、《安全管理制度》等规章制度。由文化局、支中心牵头组织系统培训，先后举办培训班4期，培训技术骨干100多人次，包括乡镇基层服务点负责人、管理人员和村级基层服务点技术人员，为帮助基层服务人员尽快掌握共享工程实用技术，我们有计划、有步骤地在工作和考核环节上针对性地设置一些项目，引导业务人员学习。例如信息交流的网上传输，基层文化点建设和大型文化活动图片的网上报送，主要设备的连接等系列操作规程，以及对一般性问题的判断和处理等等，这些专项培训活动有利于服务人员正确掌握服务器、独立使用和维护共享工程应用系统技能的提高。

六、工作展望

我市文化信息资源共享工程在建设过程中虽然取得了一些成绩和经验，但同时也存在一定的问题和不足，如服务手段还需创新，地方特色资源建设迫在眉睫，更需要打造一支专业技术力量较强的管理队伍等。

我们将进一步拓宽服务内容和领域，让文化共享工程在我市经济文化建设中发挥更大作用是我中心今后工作的重点。

我们将以十八大精神为指导，不断探索工作思路，创新工作方法，确实保障人民群众的基本文化权益，让文化共享工程为我市的文化大发展大繁荣做出更大的贡献。

（撰文/石首市支中心）

洪湖市支中心

一、整体情况

2006年初，洪湖市图书馆在省、市各级领导的关心支持下，借建设“洪湖市宣传文化中心”契机，开始筹建“共享工程洪湖市县级支中心”，并于6月自筹资金10万元，配置20台电脑等设备，组建电子阅览室，利用省分中心下发的单机服务器、卫星接收系统及投影仪等建设施设备开展工作。2008年国家加大投入54万元、地方投入14万元，升级、改造支中心规模，建立了机房、资源制作室，配置了服务器、电脑、数码相机、摄像机、卫星地面站等设备，由地方政府支持拨付运行经费、光纤接入到位等，至此，共享工程洪湖市县级支中心正式完备运行所需要设备及费用，对外正式免费开放服务。

洪湖市支中心现有服务场所面积600平方米，设有电子文献阅览室、中心控制机房、资源加工整合室、多功能室和办公室。电子文献阅览室终端共40台，其中成人阅览区25台，少年儿童阅览区15台，管理机1台；中心控制机房现有设备：综合管理服务器、综合业务服务器、卫星接收服务器各1台，卫星地面小站1个，磁盘阵列2套，千兆、百兆交换机各1台，42U标准机柜1台，UPS电源1套，百兆防火墙1台；资源加工整合室现有设备：移动存储播放器、扫描仪、功放机各1台，便携计算机2台，刻录机2台，移动硬盘5块，激光打印机1台、照片打印机1台、数码像机4部、摄像机2部。资源制作计算机4台；多功能室现有设备：电视机1台，功放1套，音箱、无线话筒各1套，投影仪2个，幕布2块，便携计算机3台，办公电脑8台。

2009年建立《洪湖图书馆》网站（网址：www.hhtsg.cn），2010年建立《洪湖文化网》网站（网址：www.hhwhw.com.cn）。到2012年底止，网站浏览量已达40000人次以上，为宣传洪湖文化建设，图书馆建设起到了窗口作用。

我市共享工程乡镇基层服务点建设：截止2012年底，我市共建设乡镇共享工程基层点17个，村基层服务488 个，社区2个，企业2个。

为了充分发挥我市共享工程支中心资源在传播先进文化方面的作用，为让更多的城乡群众享受到内容丰富、健康向上的文化信息，共享工程支中心集思广益，多年来不断开展各项活动，注重了资源整合工作，把共享工程、党员远程教育、农家书屋、农村文化中心户等资源进行大力整合，进一步扩大了服务范围。

二、工作展望

1、进一步加强对文化信息资源共享工程及城市信息化建设工作重要性的认识，力争政府部门将实施文化信息资源共享工程纳入当地经济与社会发展的总盘子和城市信息化建设总体规划之中，力争从人力上给予保证，资金上予以支持，促进共享工程健康发展。

2、积极争取上级有关部门协助协调、加强与“农村党员干部现代远程教育”、“农村中小学现代远程教育工程”、和“新农村建设”等重点工程的合作，建成以市支中心为基础平台和枢纽，乡镇、村基层服务点为重点的文化信息资源共享网络框架。依据上级要求，我们将结合本地实际，逐步完善社区服务点的建设，力争在十二五期末使共享工程服务点实现全市全覆盖并有效运行。

3、努力调查、挖掘、整理和制作富有地方特色的文化信息资源充实数据库。

4、认真抓好支中心和乡镇、村基层服务点工作人员队伍建设。加强技术培训和指导，建立比较完善的文化信息资源共享工程的人才培训体系。

5、充分利用共享工程市级支中心平台，为广大读者，特别是农村读者提供优秀的文化信息资源，提高网络信息服务水平和利用率。

（撰文/洪湖市支中心）

松滋市支中心

为了充分利用现代高新技术手段，整合中华优秀传统文化以现有的各类文化信息资源，扩大网上中华文化信息资源的存储、传播和利用，实现全国文化信息资源的共建共享，实现优秀文化信息通过过互联网为大众服务，我市于2007年正式启动了文化信息共享工程。是湖北省首批29家试点县市之一。支中心于2007年8月正式在市图书馆挂牌成立。经过不懈努力，我市共享工程建设进展顺利，取得了阶段性成果，完成了阶段性任务。

一、加强领导，明确责任，夯实共享工程建设基础

1、加强组织领导

为加强对共享工程建设的领导，市委和市政府联合成立了文化信息资源共享工程建设领导小组，同时各乡镇也成立了共享工程领导小组，一起商定全市共享工程建设工 作方案，对资金安排、领导、动员部署等主要工作进行了明确。把共享工程建设作为一件重中之重的大事来抓，多次召开党委会研究共享工程建设，解决建设中出现的问题。

2、抓好宣传发动，层层落实责任

为提高全市上下对共享工程的认识，尽快启动工程实施，市政府主持召开了全市共享工程建设动员大会，共享工程领导小组成员、各乡镇分管领导和部分村主任参加会议。会上，副市长作动员报告，会议内容丰富，气氛热烈，起到了很好的宣传发动效果。

为明确责任，加大全市共享工程建设的工作力度，我市采取了层层目标管理方式，对各乡镇提出了具体的工程建设要求。各乡镇将工程建设的每项任务都进行了分解和落实。

并在实施过程中，工程建设领导小组先后多次深入到乡镇和村进行共享工程建设指导和督办，通过督办，全面掌握了全市的工程建设动态，即时发现了工程建设中存在的问题，对各乡镇给予了具体的指导。根据检查情况，向各乡镇发出检查通报和整改通知，有力地促进了全市共享工程建设的整体推进。

二、突出重点，很抓落实，推进共享工程建设进程

1、突出建设重点

在共享工程建设过程中，我们抓住重点提高效益，不搞“一窝蜂”。

以市支中心为龙头作为工程建设中的重点，以重点为中心分散指导建设，并突出不重复建设、乡镇基层中心因地制宜，据实发展，标准作业授牌上墙、提高服务意识。

2、确保资金落实

资金落实是共享工程建设成败的关键。各级领导对共享工程建设都给予了大力支持。

在许多工作环节都给予了特殊对待，加快了实施进度。并在2010将共享工程运行经费50000元纳入了财政预算。

3、确保设施落实

市支中心通过办理政府采购手续，合理有效利用资金，建成了中心机房，并对机房安装静电地板、电源改装、安装防盗监控系统、卫星接收器，完全达到上级要求的标准。省分中心补助的设备全部到位，并已经安装投入使用，并建立了相应的管理制度。

各乡镇基层服务点的设备也相继到位，并与农村党员远程教育联合，采取合作共建的模式而建立。目前，全市16乡镇共享工程建设覆盖率已经达到100%，234个行政村已完成80%，对剩下没完成的行政村和39个社区正在进行摸底、达标验收过程中。计划在2015年底前完成全市共享工程全覆盖。

4、确保培训落实

为加强技术力量，适应新的工作需要，承担起对全市基层服务店的指导和管理重任，图书馆抽调技术骨干对全市各个乡镇基层服务点以乡镇为单位进行培训，重点讲解共享工程的性质和服务开展，电子资源利用，卫星收发系统和计算机基础知识。

截止到2012年底，全市共开设培训287课时，参与培训人员16740人次。

三、强化服务，充分发挥共享工程的社会效益

1、做好阵地服务

电子阅览室和多功能报告厅是共享工程基层中心的主要服务阵地，市支中心实行电子阅览室对市民全免费开放，让全体市民增加对共享工程的了解，了解共享工程、走 进共享工程。

对新装修的多功能报告厅实行对社会全免费开放，多次组织城区中小学生到多媒体室观看爱国题材、科普题材电影，经常性组织读者观看文化、保健、学术类讲座。

聘请专家、学者对市民需求量较大的技术、知识、文化，进行讲座，观众场场爆满，打造了“乐乡讲坛”品牌，受到领导和市民的高度赞赏。

2、开展农村和社区服务

市图书馆从2008年起，变被动服务为主动服务，每年暑期都开展为期一月的消夏电影展播，在全市各大社区免费巡回放映优秀国产电影，同时以幻灯片和专题片形式，对共享工程及图书馆的职能、社会性质等进行宣传，每个活动月放映30场次，丰富了市民文化生活。

引导和指导农民使用共享工程平台，为本地种植、养殖大户提供信息帮助，上门提供农机服务，让农村、农民时刻与图书馆保持联系，并长期跟踪服务，并做好活动记录，反馈活动信息。

3、做好特殊服务

我市共享工程在做好普通人群服务的同时，也加强对特殊群体、弱势群体的服务。

对福利院、敬老院开展免费送文化演出。主动与市聋哑学校联系，开设盲人电子阅览室。开通亲情热线通道，在节假日为留守儿童免费提供视屏聊天等。

4、做好宣传工作

2012年暑期，与松滋电视台联系，对共享工程和图书馆工作进行全面介绍，专题报道，是市民对共享工程和图书馆有了进一步的了解，提高了共享工程和图书馆的社会知名度，吸引了更多的市民走进共享工程、走进图书馆。

5、与非物遗管理部门联系，搜集、整理、上报具有松滋地方特色的优秀文化信息。

四、工作展望

文化共享工程市惠及百姓的一项民心工程，我们将在今后的工作中，充分利用农村党员干部远程教育平台和设备共享设备，指导和引导全市人民的生产生活，为让广大群众充分认知共享工程，享用文化资源。

（撰文/松滋市支中心）

江陵县支中心

湖北省文化信息资源共享工程江陵县支中心于2009年1月正式启动，江陵县支中心现有工作人员4名，本科学历占50%，地方财政每年拨付运行经费3万元。江陵县支中心成立以来，通过不断构建网络平台，加强地方文化资源建设，为全县社会用户提供免费信息服务。同时，我中心全力开发江陵县文化信息网，并通过该网站传播我县文化资讯信息，取得了较好的社会成效。江陵县支中心通过多年努力，全面建成全县乡镇基层网点8个，覆盖率达100%，村级基层服务点215个，覆盖率达100%，江陵支中心常年坚持对乡镇基层网点和村级基层服务点进行专业培训，提高基层工作人员综合素质，更好地服务基层。江陵支中心资源总量现已达到2TB，资源包括地方戏曲、影视作品、专题讲座、农业专题片、曲艺作品、文化专题片、综艺晚会等视频资料。这些数字资源通过江陵文化信息网（www.jlwh.cn）传送，全县广大群众可以在江陵支中心电子阅览室免费观看。江陵支中心成立以来，在全县范围内通过增强宣传力度，加快乡镇基层网点建设，开展了大型文化娱乐活动，露天电影放映等一系列文化服务活动，使这项旨在利用现代信息生产和传输技术，整合先进文化资源的利民工程越来越受到本地老百姓的欢迎和喜爱，在缓解农民群众“看书难、看戏难、看电影难”，满足群众多层次、多样化的业余文化生活，增强文化工作的吸引力和生命力，提升文化单位的服务水平，促进农村公共文化服务体系建设等方面发挥了积极作用。

江陵县文化共享工程实施以来，江陵支中心积极组织县内各乡镇基层网点开展农村农业专题培训讲座活动。在开展活动的同时，积极了解当地群众的困难，多渠道提供农业技术帮助，为农业增收、提高农民经济收入起到了一定的作用。江陵县文化共享工程在县委、县政府领导的关怀下，在先进科技的支持下，将进一步更好的服务基层，服务群众，为繁荣江陵文化、构建和谐社会做出新的贡献！

（撰文/江陵县支中心）

公安县支中心

文化共享工程是文化部、财政部共同组织实施并得到党中央、国务院高度重视的一项重点文化创新工程。自2002年“文化共享工程”启动以来，至今已有10年岁月。公安县图书馆在此期间，以“文化共享工程”开展为契机，立足本馆实际，深度挖掘文化工作潜力，充分发挥基层公共文化设施的作用，积极推进城乡一体化公共文化共享工程建设，开展了以支持建设乡镇(文化站)、村级基层服务点的文化共享工程服务工作，取得了显著的社会效益，赢得了广大读者的赞赏。

为了加强基层文化共享工程阵地建设，扩展图书馆的服务领域，向读者快速高效地提供信息服务，从2009年开始，在公安县文化局的统一领导下，由县图书馆牵头，在乡镇(文化站)、行政村普遍开展了创建县文化信息资源共享工程基层服务点的工作。全县投入500余万元，建成了344个文化共享工程基层服务点；从2010年下半年起，加强与县党员干部现代远程教育工程的合作，以设立在县图书馆的支中心建设为核心，在全县16个镇、328个村全面实现了镇、村站点的全面开通，从而建立由县级支中心、乡、村基层服务点组成的公安县文化共享工程三级服务网络架构。

公安县文化共享工程建设遵循“实际、实用、实效”原则，采用建立卫星接收终端、互联网、传统光盘“三位一体”的运行模式，将文化共享工程服务的触角不断向基层特别是农村延伸，在县支中心、部分镇级和条件较好的25个村的文化站、农家书屋配置了投影仪和屏幕，由县图书馆定期进行信息播放预报，以便各级基层服务点有选择有针对性的适时参与观看。县图书馆为使基层群众深入了解文化共享工程，享受文化共享工程为大家带来的文化宝库，在图书馆服务宣传周和科普宣传周中加大文化共享工程宣传，采用展板宣传和现场演示相结合的形式，举办文化共享工程进社区等系列宣传活动。一是坚持开展送文化、送科技下乡活动，以丰富农民群众的文化娱乐生活。在“送科技、送电影、送戏下乡”的三送工程中，充分发挥文化共享工程“既是图书馆，又是影剧院、科技馆”的优势，定期深入农村发放农业科技光盘，编印农业科技资料，免费向农民发放，现场解答农民咨询。二是围绕与人们日常生活息息相关的还围绕与人们日常生活息息相关的法律法规、戏曲、文化科技信息等内容，以各种方式传播先进文化，倡导健康文明新风尚，推动社会主义先进文化进社区、进农村、进家庭。为进一步完善文化共享工程网络建设，在做好文化信息资源的下载和整合的基础上，开展课件光盘的制作和发放，并开通图书馆网站，开通书目检索、读者服务、资源链接、查找资料、数字图书馆等模块。同时，还将对公安的三袁文化、三国文化等特色文化资源进行加工，通过网络展示公安独特的文化底蕴。

公安县图书馆作为全县各基层服务点的技术支撑，承担着全县文化共享工程系统的日常维护、数字资源建设、业务培训的重任。在县文化局的组织领导下，与麻豪口镇、杨家厂镇等文体中心配合，周期性联合举办了“麻豪口镇镇文化共享工程、农家书屋管理员培训班”。每次培训班均有20个以上行政村的管理员和全县各乡镇文体中心主任参加培训。现场赠送培训资料100余册，通过培训使管理员看到了中央十七届六中全会以来关于文化大发展、大繁荣给广大农村带来的文化实惠，同时也为我县的基层文化共享服务网点的全面发展起到了促进和推进作用。公安县图书馆一直坚持面向基层、面向大众、面向社会，认真履行公共文化职能，不断拓展服务内容，创新服务方式，提升服务水平，为满足全县人民多样化的精神文化需求，促进全县的经济建设，发挥了应有的作用。曾在2008年全市文化工作会议上，做了经验交流，多次荣获公安县县委宣传部“先进单位”的表彰。

文化共享工程是落实十八大精神关于发展繁荣社会主义文化事业的重要举措，意义重大。作为文化工作的基层战地，县图书馆工作是文化共享工程的难点，也是文化共享工程的攻关要点，要落实文化面向基层、服务群众，健全完善各级基层支中心文化共享职能是文化共享工程的工作核心。今后，我馆仍将按照中央的要求和部署，抓住文化发展机遇，以创建文化共享工程优质县为目标，进一步统一思想，坚定信心，统筹兼顾，继续抓好文化共享的工作，努力构建优质、高效的公共文化服务体系，开创文化共享工程建设新局面。

（撰文/公安县支中心）

监利县支中心

监利县图书馆地处湖北省荆州市监利县容城镇民主路305号。2009年10月，电子阅览室及信息资源共享工程县级平台获省、市验收并投入使用，使用面积300平米，总投资110万元，分为一般电子阅览室和未成年人阅览室。用于服务的计算机52台（套），服务器4台（套），互联网出口带宽10兆，投影机2台（套），年度运行经费3万元，各种标牌、制度规范齐全并悬挂，2011年12月起全面实行免费开放。另外，全县共有300个农家书屋建有电子阅览室。近年来，监利县图书馆着力打造文化共享工程，使之成为体现公益职能、服务社会民生、广大群众喜爱的“5个平台”。

一、培训平台

4月17日，监利县2012年首届乡镇文化站长、农家书屋管理员业务培训会在县图书馆举行。培训会特邀文化共享工程荆州市支中心专家、荆州市图书馆馆长欧阳军作业务辅导。活动达到了让基层文化工作者既自己会操作，又能在工作中宣传、教授相关知识的效果，保障农民朋友能操作使用共享工程的丰富资源。来自全县21个乡镇文化站长、部分农家书屋管理员共50余人参加了培训。监利县支中心采取不定期下乡到最基层为文化站、农家书屋及农民朋友指导、服务，成为农民朋友的良师益友。

二、教育平台

监利县支中心经常利用多媒体教室播放爱教片，让红色形象在广大中小学生心中烙下印迹。县实验小学和县外国语学校师生来馆观看爱教片《小兵张嘎》、《闪闪的红星》等红色影片，教育他们继承革命传统，弘扬民族精神。党史讲座，重温党的红色历程。邀请县党史办老干部、关工委“五老”宣传团成员，向城区中小学生宣讲中国共产党90年来的奋斗史和监利革命史，师生们一次次感受到心灵的震撼和灵魂的洗礼。

三、扫盲平台

电子阅览室工作人员专门为老人和小孩进行集中或一对一网络基础知识讲课，帮助他们如何完成网上聊天、购物等实际操作，受到网络特殊群体的热烈欢迎。

四、信息平台

县图书馆利用《文化共享助春耕》信息资源，复制、刻录光盘370余张计23套，在第一时间把收录农业科普技术知识的光盘发送到全县各乡镇文化站，并指导他们按照要求开展相关服务，把文化信息资源及时送到田间地头，为监利勇夺湖北省县级粮食总产“九连冠”做出了积极贡献。

五、宣传平台

近年来，文化共享工程监利县支中心根据上级信息共享资源平台、结合监利实际编印的《领导参考》共印行105期近4000册。该资料内容上紧紧把握时代脉搏，关注热点、焦点和难点问题，贴近县域经济改革实际，并在第一时间内送县委、县政府等四大家领导参阅，已成为县领导决策的重要助手。“流动电影队”热力进社区。如2012年9月10日晚，中百超市监利购物中心门前人头攒动，熙熙攘攘，“监利县图书馆2012年信息资源共享工程进社区电影放映周”活动正在举行。招商引资宣传片《开放的监利，投资的热土》不断吸引行人驻足，电影《太行山上》让200余名观众津津乐道，勾起不少中老年人儿时露天电影的怀旧之情。把公益文化大餐搬到百姓门口、送到百姓手中，让文化惠民触手可及。电影放映周观众达2000余人。《监利讲坛》正式开坛。2012年12月8日，由监利县文化旅游局主办、县图书馆承办的综合类免费开放活动《监利讲坛》在县图书馆三楼多功厅开坛。该讲坛作为免费开放的重要阵地将成为宣传监利、推介监利、传播信息知识的的重要平台。

《监利讲坛》首期主题为：“爱我家乡”摄影讲座。由监利县摄影家协会主席朱本立、副主席徐祖林主讲。讲座分上下午两个时段进行。整个讲座通俗易懂、由浅入深、言简意赅，讲座在图文并茂、现场互动、心得交流中将活动推向高潮。在普及摄影知识的同时，激发人们拿起手中的相机去发现美、记录美、传播美，成为打造“美丽监利”的忠实自愿者。讲座充分利用共享工程相关设

备和资源，使活动收到直观、震撼的视角效果。来自县摄影家协会会员、县女子摄影家协会会员、部分乡镇摄影家协会代表、社会摄影爱好者共100多人参加了讲座。

六、规范化建设

制定《电子阅览室工作人员职责》、《电子阅览室办证须知》、《未成年人电子阅览室管理规定》、《监利县图书馆电子阅览室管理规则》、《崇尚"八荣八耻" 共建文明社会》。完善《全国文化信息资源共享工程服务记录表》、《全国文化信息资源共享工程监利支中心资源查询登记表》、《全国文化信息资源共享工程监利支中心服务记录表》、《全国文化信息资源共享工程内容检索》、《全国文化信息资源共享工程监利支中心电子阅览室资源介绍》。服务品牌化：在工作中，统一服饰、着装整洁，统一配带标识标牌，统一使用文明用语，统一讲普通话。倾力打造"5个平台"，让文化共享工程成为人们生活的一部分。

七、领导推动加速化

2012年2月8日，监利县委常委、县人民政府县长黄镇，县委常委、宣传部长高启秀，组织县委办公室、县财政局、县文化旅游局等部门主要负责人，深入图书馆详细了解情况，现场办公解决问题。2012年5月31日，湖北省图书馆学会常务副会长、原省图书馆馆长万群华一行来县图书馆调研免费开放等工作。并题词勉励：读者至上，服务第一。"领导推动"，全面激发干部职工的干事热情和爱岗敬业的自豪感，更使全县百万民众尽享文化资源共享大餐，近年来，监利县支中心共接待和服务各类人群近20万人次，广大群众的文化幸福指数大大提高。建立图书馆人深知领导重视是关键、运行经费是保障、规范化建设是根本。

（撰文/钟武平）

宜昌市支中心

一、整体情况

宜昌市文化共享工程建设始于2003年初。宜昌市级支中心于2003年5月经省中心验收通过并挂牌。2008年9月，宜昌市图书馆新馆建成开放，市支中心按照文化部文化共享工程《2008年度地（市）级支中心系统配置标准》的要求，完成了新的文化共享工程宜昌市级支中心基础设施建设。

新的支中心建设了约100平方米的专业机房，配备了精密空调系统，中高端专业服务器12台，核心交换机、路由器与硬件级防火墙，20KVA UPS系统提供电源保障，局域网采用六类线实施综合布线，实现了千兆到桌面，电信光纤连接，对外网络带宽达到20M。开通了多项网络服务功能。

二、网点建设

截止2012年底，全市文化共享工程共完成11个县级支中心的建设，所有乡镇都建有基层服务点，文化共享实现了乡镇全覆盖。

三、经费投入

2009年至2011年，国家财政和地方财政先后投入140余万元用于市级支中心基础设施建设。硬件设备达到并部分超过了2010年国家文化共享工程市级建设标准的要求。

四、资源建设

我们在经费和人员都比较紧张的情况下启动了文化共享工程资源建设工作。完成了《车溪—不能忘却的记忆》、《昭君故里》、《长阳巴人故里》等文化旅游专题片的拍摄制作。拍摄了端午习俗、嫘祖庙会、后河原始公园等资源素材，高清素材资源达500G。比较有特色的是旧城区影像资料，随着城市建设步伐的加快，城市面貌变化日新月异，为了留下宝贵的城市遗迹资料，我们启动了"城市记忆"资源保护工作，拍摄了大量老街区、巷道等视频资料。

五、技术支持

我们建有专业的多媒体数据制作中心，除了广播级的摄像、非编设备外，还配有多机位导播台与网络直播卡，能够为小型演出、讲座等活动提供现场导播与网络直播。建设了虚拟演播室、录音棚等基础设施。这些基础设施的建立为文化共享工程更好的开展服务提供了技术保障。

六、合作共建

我们积极推动相关部门的参与，合作共建文化共享工程。2009年，我们向宜昌市残联争取了20万元的资金支持，与宜昌市残联共同建设了多媒体爱心阅览室，该阅览室提供专用的语音电脑、引进了国内先进的盲人多媒体点播系统、购置了盲文打印机，能够为盲人读者提供语音上网、AOD（音频点播）、盲文资料打印等服务。实现了公民文化权益的均等化享受，以此创新、拓展了文化共享工程的服务形式。爱心阅览室每周定时开放，深受盲人读者欢迎，取得良好的社会效益。

暑期青少年公益放映活动场场爆满

电子阅览室向广大市民免费开放

七、惠民服务

自2009年以来，推出了一系列惠民服务举措，开展了一系列服务活动。

开展多项为农民及农民工服务的活动。受2008年金融危机的影响，大量农民工在2009年春节到来之前早早回到家乡，为了给返乡农民工提供精神上的抚慰，我们在秭归县九里村举办了“回家乡，过大年，文化共享伴我行”活动，邀请市级书法家现场写春联，安排了农民工维权视频资源放映，并穿插了小型文艺演出，受到当地村民的欢迎，共享工程国家中心通讯对此次活动作了图片报道。还开展了如“文化共享助春耕”等活动，受到广大农民朋友的欢迎。

2011年9月以来，电子阅览室向所有市民免费开放，市民凭有效身份证件登记以后，都可享受每天两小时的免费上网服务。2009年以来，坚持每周末免费电影放映活动，累计观众达到102667人次。市支中心还在每年暑期为广大青少年安排电影放映专场，每天一部优秀的影片，丰富了广大青少年的暑期生活。40多个座位的视听室每天都挤满一百多个小朋友，我们不得不安置一些临时座位，但还是不够，一些儿童仍站着观看。

八、宣传推广

通过各种形式做好文化共享工程的服务推广工作，让广大老百姓进一步了解文化共享工程建设服务的宗旨。2010年，在文化共享工程的基础上，我市数字图书馆建成并投入使用。在每年的市级“两会”期间，我们开展数字图书馆推广活动，在代表委员驻地发放数字图书馆阅读卡，引动代表委员的广泛关注，我们并在现场答疑，帮助代表委员有效利用数字图书馆资源。利用网络平台，我们开展了网络少儿优秀电子文献展、文化强国专题电子文献展，开通了文明小博客，为广大青少年提供了一个文明的网络资源服务平台。

市支中心与市疾控中心合作，组织完成了全市大中专学生防艾知识公益宣传FLASH大赛。该大赛面向全市五万名大中专学生开展，深入多所大中专院校进行宣传，此次大赛共征得作品100多个，其中不乏优秀作品。全市各新闻媒体都对此次活动进行了跟踪报道，活动取得较大社会影响。通过此次大赛，既让文化共享工程走进校园，得到了宣传，也将大赛成果作为我市共享工程资源建设的一部分，为共享工程征集、补充了具有本地特色的动漫资源。

九、培训工作

市级支中心每年都举行全市文化共享工程专业技术人员培训。2003年6月，支中心刚建立，就与市文化局联合举办了“全市民族民间文化保护数据库建设专业人员培训班”。我们还深入基层为县级以下基层服务点工作人员举办培训，如2010年为宜都举办的文化站工作人员培训班学员授课。近年来，举办了“图书馆新技术应用”、“数字图书馆技术与应用”等多个新业务培训，为帮助基层中心工作人员掌握新技术新知识起到了重要作用。邀请了三峡大学信息学教授、RFID技术经理授课、数字图书馆系统研发人员、电视台编导等各领域专家为基层中心技术人员进行授课。

十、管理和队伍建设

建立完善了各项规章制度。2008年以来，建设完善了电子阅览室管理制度、未成年人电子阅览管理制度、文化共享工程专用设备管理制度、网站管理制度等，使得文化共享工程管理与服务规范化、制度化。目前，支中心拥有专职工作人员6人，均为大学本科学历，专业领域涉及较广，既有计算机专业人员，也有美术等专业人员。其中，计算机高级工程师1名、图书情报专业中级职称2名。

十一、荣誉奖项

2009年组织并带领共享工程基层中心（点）人员参与全省“文化共享工程知识竞赛”，获得团体二等奖。2010年组织举办全市共享工程暑期青少年网页制作培训班，免费培训学员43人，并推荐10个作品参加全省比赛，其中有2个作品获推荐参加全国比赛，获全国三等奖一个。

十二、工作展望

加强本土特色文化资源数据库建设，建设宜昌数字文化网，逐步实现宜昌本土文化信息资源的数字化。宜昌是古代巴文化的摇篮、楚文化的发祥地，有着十分丰富的特色文化资源，将这些有特色的文化资源挖掘、整理出来，为广大人民群众服务，是我市共享工程建设的重要内容。创新服务形式，充分发挥文化共享工程资源优势，进一步推动公民文化权益均等化。随着社会的多元化发展，广大群众对文化资源的差异化需求日益提高，要利用文化共享工程的资源优势，利用最新的信息技术与科技手段，通过不断创新服务形式，不断满足广大人民群众的文化需求。

（撰文/宜昌市支中心）

宜昌市西陵区支中心

西陵区全区国土面积89.9平方公里，常住人口45.9万，辖6个街道办事处、1个乡和1个省级开发区。西陵区图书馆始建于2007年，总建筑面积1000平方米，馆藏图书2万册，分设电子阅览室、综合阅览室和外借部。区级支中心以图书馆为依托而设定，共投入建设资金54万元。目前，支中心正处于规范运营中。

一、领导高度重视，明确建设任务

长期以来，西陵区委、区政府高度重视文化基础工程建设工作。2008、2009年分别将农家书屋、社区图书室建设任务纳入"政府八件实事之一"。今年年初将文化信息资源共享工程支中心建设纳入政府工作报告，并提出了"文化西陵"建设目标。西陵区坚持以人为本、以广大农民群众为本的理念，积极探索适合西陵本地实际的文化共享工程建设模式。一是建立组织机构。全区专门成立文化信息资源共享工程领导小组，由分管副区长任组长，区文化局局长任副组长，并在文化局设立了文化信息资源共享工程建设办公室，具体负责文化信息资源共享工程建设的组织、协调和指导。二是加强组织领导。区委、政府主要领导高度重视，多次召开文化工作专题办公会，了解情况、实地指导查看，就如何加强支中心建设提出明确要求，促进了该项工程的有效深入推进。把"共享工程"的实施纳入文化事业建设整体规划，在设备、人员、资金等方面统筹考虑，给予保障。三是设施配备齐全。2008年，为实现"全国文明城市"创建目标，西陵区财政垫支15万元完成了5个街办基层服务点建设任务。今年，又将先后完成支中心和10个村级服务点建设任务。至此，西陵区将率先完成文化信息资源共享工程"三级网络覆盖率100%"的工作目标。四是落实建设资金。2009年，区财政列支支中心建设专款10万元，并在10月份通过政府招标形式，完成机房基础设施建设工作。截止目前，中央配套建设资金34万、省财政分担7万元资金已全部到位，并按照省、市文化部门要求，迅速启动了设备采购招投标工作。

二、严格建设标准，打牢工作基础

西陵区把"共享工程"作为政府兴办的一项文化创新工程、民心工程，主动向上级业务主管部门沟通，掌握工作动态，做到有的放矢。一是统一标准。严格按照省厅制定的网络建设、资源建设等技术标准，做到标准统一、上下一致。支中心、街办、村级三级信息网络体系将全面实行联网、并网服务。二是统一形象。西陵区统一制作了制度牌、匾牌并分发到基层单位，规范了共享工程的服务形象。统一印制了《西陵区文化信息资源共享工程服务记录表》、《西陵区文化信息资源共享工程工作日志》、《西陵区文化信息资源共享工程资源索取登记表》等管理簿。三是统一制度。先后建立了《西陵区图书馆计算机机房管理制度》、《西陵区电子阅览室管理规则》等管理制度，用制度确保服务质量。四是统一链接。年前，我们将借助西陵区电子政务建设契机，扩大信息资源共享工程应用规模，不但在图书馆电子阅览室能阅览，而且与区政府大楼实现互联互通，使区政府办公大楼内200余台微机可浏览共享工程的信息，加大了对基层共享工程服务点的宣传力度。2009年10月份，还选派了2名专业技术人员参加省图书馆专业技术培训，使对接服务点工作做到提前准备、精心筹备。

三、搭建活动平台，拓展服务功能

"共享工程"的建设目标是把文化信息资源传送到城乡基层文化网点和群众身边，坚持以公益性为主，充分发挥文化、财政部门的积极性。今后，我区将在实施共享工程的过程中，不断拓展共享工程的服务内涵和方式，充分利用这一全新的工作载体条件，切实面向基层，开创服务基层群众的文化工作新局面。一是组织开展形式丰富的馆内活动。充分发挥公共图书馆的阵地作用，在电子阅览室每周推介优秀栏目、名家讲座、生活常识、电影及优秀地方剧目，每月开展一次共享工程利用知识培训；每个星期六上午在市民文化学校利用投影仪播放名家讲座及影视剧，常年坚持。利用星期天节假日针对未成年人播放百部爱国主义教育影片，科普类等影片，举办思想道德建设方面的讲座、名著赏析等，引导未成年人多读书，深受广大市民的欢迎。二是深入开展基层服务活动。窑湾乡作为城中乡，正在进行城市化改造，农民、社区居民对待现代科技信息和文化的需要迅速增加。结合这一现状开展深入调查，根据农民的需求，将下载家禽饲养、苗木、花卉栽培等资料分发到村民手中。送科技下乡是实施"共享工程"又一具体举措，结合城区的实际情况，我们有选择的提供科技知识，让广大农民不断感受到先进科学和现代文明。在送数字资源到农村的同时，还根据农村需求，大力发挥农家书屋、村级图书室的作用，加强图书流转，使基层图书室保持图书常新状态。在社区服务上，我们将社区作为共享工程服务对象一个重要群体，社区居民作为基层文化最大的受众，开展"优秀影片展播"流动放映活动。加强与社区图书室资源的整合运用，指导帮助社区利用好共享工程的信息资源，促进学习型社区工作的开展。三是引导开展未成年人思想道德建设活动。除了在馆内针对未成年人开展的活动以外，将主动与区教育局联合，深入各小学校开展活动，利用共享工程开展未成年人思想道德建设，切实将加强和改进未成年人思想道德建设工作落到实处。

四、完善后续管理，确保常态运行

文化共享工程是公共文化服务体系建设的重要内容，也是一项艰巨的工程。我们将按照"资源共享、优势互补、互利互惠"的原则，把实施"共享工程"与加强基层文化建设、促进图书馆事业发展紧密结合起来，提高市民文化素质，推进文化事业的发展。一是强化资源建设。文化共享工程的核心是数字资源建设。我区将以区级公共图书馆为实施主体，加强文献信息资源建设和自动化、网络化建设，更加注重统筹规划，规范操作流程，借助社会力量合作共建，本着"三贴近"的原则，把着力点放在面向农村、面向基层、面向普通百姓上，推动资源建设快速发展。创新思路及时为地方传递资源，策划组织各类活动为全社会提供服务，促进建设与服务。取得显著成效。在利用共享工程中心网站资源和通过卫星投放的资源的同时，注重与省市图书馆的联系与合作，达到共建共享。二是强化内部管理。实施"共享工程"要依托现有的文化设施网点，做到与基层文化设施网点建设、图书馆网络化、数字化建设紧密相关，互为促进。区级支中心将强化管理，加强督察，实施周报制度，坚持定期分析、检查督促相结合的工作方法，确保建设任务顺利进行。加强对工程设施设备的维护和管理。制定、完善有关设施设备使用、维护、管理的制度和规范，确保设施设备的正常运转，充分发挥设施设备的效益。三是强化队伍建设。文化信息资源服务是实施文化共享工程的最终落脚点。区级支中心将进一步强化服务意识，积极为西陵经济社会发展服务。首先是开展培训，建立一对一联络员制度。从2010年起，区级支中心将举办3期次文化共享工程管理员培训班。通过集中培训，帮助管理员加深认识、掌握技术，解决问题，从而实现更好的服务效果。其次，区级支中心制定培训方案，通过多种方式，逐年加大培训力度，要求基层服务点工作人员上岗前均须通过培训考试，获得从业资格，争取逐步形成区级支中心、街办（乡镇）和村基层服务点三级管理人员队伍，加快建设高水平的专业技术骨干队伍。

西陵区文化共享工程处于良好的发展态势。但必须清醒地看到，作为一个文化创新工程，文化共享工程各项工作刚刚起步，还存在许多困难和问题。我们将以数字资源建设为核心，以技术体系建设为重点，以多种传播方式为手段，以共建共享为基本途径，扎扎实实做好文化共享工程的各项具体工作，让文化共享工程在构建公共文化服务体系、促进社会主义文化大发展大繁荣、保障人民群众基本文化权益等方面发挥更大的作用。

（撰文/宜昌市西陵区支中心）

宜昌市猇亭区支中心

猇亭区位于宜昌市东南部，全区国土面积119.22平方公里。下辖3个街道办事处，100个居（村）民小组，常住人口8.6万人，其中包括企业职工近3万人。猇亭区图书馆于2008年8月份正式挂牌成立，总建筑面积2000平方米，馆藏纸质图书1.6万册，电子图书10万册，目前设有2个电子阅览室、3个多媒体室、1个资源加工室和图书外借室。区级支中心以图书馆为依托而设定，目前，支中心机房建设和设备采购安装调试工作已完成。

一、领导高度重视，明确建设任务

长期以来，猇亭区委、区政府高度重视文化基础工程建设工作。去年年底将农家书屋、社区书屋和文化信息资源共享工程项目建设纳入政府工作报告，并提出了“四个一”工程建设目标，即在每个社区和村居建成一个农家（社区）书屋、一个社区（村居）文化体育活动场所、一个文化信息资源共享工程基层服务点和一支文体活动表演队伍。

一是建立组织机构。全区专门成立文化信息资源共享工程领导小组，由分管副区长任组长，区文化局局长任副组长，并在文化局设立了文化信息资源共享工程建设办公室，具体负责文化信息资源共享工程建设的组织、协调和指导。

二是加强组织领导。区委、政府主要领导高度重视，多次了解情况、实地指导查看，就如何加强支中心建设提出明确要求，促进了该项工程的有效深入推进。把“共享工程”的实施纳入文化事业建设整体规划，在设备、人员、资金等方面统筹考虑，给予保障。

三是设施配备逐步健全。图书馆建成以来，为加强图书馆建设和促进图书馆的作用发挥，区委、区政府在经费紧张的情况下仍先后投资20余万元购置图书和相关设备。2012年底，共享工程建成后的图书馆共设有2个电子阅览室、3个多媒体室、1个资源加工室和图书外借室，共计有60余台电脑，3套投影设备、1.6万册纸质图书和10万册电子图书；古老背文化站基层服务点及多个村级基层服务点设备也已按照标准配备到位，至此猇亭区文化信息资源共享工程三级网络业已建设完成。

四是落实建设资金。2009年，区财政列支支中心建设专款10万元，并在2009年10月底全面完成文化信息资源共享工程机房等基础设施建设工作。

二、严格建设标准，拓展服务功能

我区严格按照省厅制定的相关标准来建设，目前支中心、街道、村级三级信息网络体系已全面实行网络连通，且支中心和街道文化站已与全区电子政务网实现互联互通，所有链接在全区电子政务网内的政府部门电脑均可浏览共享工程的信息。我区还统一制定了《区图书馆计算机机房管理制度》、《区电子阅览室管理规则》和《基层服务点工作职责》等管理制度，用制度确保服务质量。

“共享工程”的建设目标是坚持以公益性为主，把文化信息资源传送到城乡基层文化网点和群众身边，我区也组织开展形式丰富的馆、站、社区及文化下乡活动，通过以公共图书馆为中心阵地，联合文化站、社区和村级基层服务点为全区广大群众带来优秀的文化知识、服务栏目、致富信息及生活常识。一是支中心将定期开展共享工程、农家（社区）书屋管理员培训，并结合农村电影放映“2131”工程，与古老背文化站携手利用移动投影仪和农村数字电影放映设备每个月为每个社区、村居送去名家讲座及优秀影视剧；二是结合猇亭区青少年活动中心的未成年人教育阵地作用，利用星期天节假日针对未成年人播放爱国主义教育影片，科普类等影片，举办思想道德建设方面的讲座、名著赏析等，引导未成年人好读书、读好书。除了在馆内针对未成年人开展的活动以外，以今后我们还将与区教育局联合，深入各中小学校开展活动，利用共享工程开展未成年人思想道德建设，切实将加强和改进未成年人思想道德建设工作落到实处。三是根据全区目前正在较大范围地进行征地拆迁工作，众多失地群众由农民转变为市民，对现代科技信息和文化的需要迅速增加的情况，我们将加强基层文化服务力度，根据群众需求，抓住共享工程基层服务点、农村党员远程教育与社区（农家）书屋的契合点，不断加强纸质信息与电子音像信息资源的交叉补充。

三、完善各项管理，确保正常运行

文化共享工程是公共文化服务体系建设的重要内容，也是一项艰巨的工程。我们将按照“资源共享、优势互补、互利互惠”的原则，把实施“共享工程”与加强基层文化建设、促进图书馆事业发展紧密结合起来，提高市民文化素质，推进文化事业的发展。一是强化资源建设。文化共享工程的核心是数字资源建设。我区将以区级公共图书馆为实施主体，加强文献信息资源建设和自动化、网络化建设，更加注重统筹规划，规范操作流程，借助社会力量合作共建，本着“三贴近”的原则，把着力点放在面向农村、面向基层、面向普通百姓上，推动资源建设快速发展。创新思路及时为地方传递资源，策划组织各类活动为全社会提供服务，促进建设与服务。二是强化内部管理。实施“共享工程”要依托现有的文化设

施网点，做到与基层文化设施网点建设、图书馆网络化、数字化建设紧密相关，互为促进。区级支中心将加强对工程设施设备的维护和管理。制定、完善有关设施设备使用、维护、管理的制度和规范，确保设施设备的正常运转，充分发挥设施设备的效益。三是强化队伍建设。文化信息资源服务是实施文化共享工程的最终落脚点。目前区级支中心配有3名工作人员，其中本科学历2人，专科学历一人，三人均获得中级职称，且管理人员的年龄、知识结构方面也较为合理，但我们仍将进一步强化服务意识，积极为猇亭经济社会发展服务，争取逐步形成区级支中心、街办（乡镇）和村级基层服务点三级管理人员队伍，加快建设高水平的专业技术骨干队伍。

我区作为一个新建的工业区，全区公共文化服务体系正在逐步完善，我们面对刚刚起步的文化共享工程各项工作，还存在许多困难和问题。但是，我们始终坚信“有志者事竟成”，只要我们坚持不懈的努力，加强与省市图书馆的交流与学习，扎扎实实推进各项具体工作，那么我区的文化信息资源共享工程一定会在构建公共文化服务体系和丰富人民群众文化生活方面发挥巨大的作用。

（撰文/宜昌市猇亭区支中心）

宜昌市夷陵区支中心

宜昌市夷陵区共享工程支中心位于夷陵区图书馆三楼，2003年挂牌成立共享工程基层中心，2008年正式成立夷陵区共享工程支中心，总面积160余平方米，电子阅览室120平方米，主机房20平方米，资料制作室20平方米，10M独立电信光纤，50台17#液晶电脑，累计持证读者1000余人。2008年我宜昌市夷陵区图书馆被列入全国文化信息资源共享工程示范（区县级）支中心建设范围。国家补助资金34万元、省补助资金20万元，采取由湖北省共享中心统一实施设备采购，帮助夷陵区图书馆按国家规定设备配置标准（价值约68万元）建立了共享工程(县级)支中心。夷陵区支中心在地方政府和国家、省中心的大力帮助下，为夷陵文化建设和读者服务注入了新的活力，为建设和谐夷陵发挥了重大作用。

一、基本概况

夷陵区图书馆位于城区夷兴大道108号，建筑总面积3000㎡，大楼内设书库六层，可藏图书20余万册，同时接纳读者500余人，图书馆内设采编部、外借部、报刊部、少儿部、共享工程阅览室，工作人员12人，大专以上文化程度12人，取得本科学历8人，副高级1人，中级以上专业技术职称8人，馆内藏书13万册，报刊400余种，持证读者近4000人，每年接纳读者10万人次，年借阅图书12万余册次，年购书经费10万元。1999年被国家文化部评定为全国地（市）县级一级图书馆。求规范、树形象、创特色、争一流是夷区图书馆工作的总体要求和奋斗目标，全体工作人员正以百倍努力，使自己的工作无愧于夷陵人民的殷切希望。

二、发展历程

1997年夷陵区图书馆实现图书借阅自动化系统。2003年夷陵区图书馆便率先探索共享工程模式，争取青岛对口支援资金10万元，开通了10M电信光纤，首建25㎡电子阅览室，配置电脑20台套，后扩充到40㎡面积，电脑30台。电子阅览室实行身份证登记，办理读者卡，上午8:00－9:00实行免费开放， 其他时间实行成本收费服务，2003－2008年累计持证读者1500余人，日均接待读者100余人。

共享工程夷陵区基层中心建设对促进夷陵区图书馆事业发展具有重要意义：一是使区图书馆业务管理迈上了新台阶，自动化设备从无到有，实现了计算机配备零的突破，为图书馆数字化建设打下了坚实基础，引入的全国中小型图书馆自动化集成（ilas）系统让图书采编、借阅、书目查询更为快捷和规范；二是兴建的电子阅览室为服务读者提供了一个新的信息检索平台，在纸质文献查询不能满足时，网络信息检索渠道是实现借阅满足的重要补充，有效提高了图书馆的社会影响力；三是多媒体影视厅的建立为方便地组织读者举办各类学术讲座、视频观看等提供了便利，让更多的读者认识到图书馆社会文化服务的重要性。

三、建设情况

2008年8月夷陵区财政安排专项资金14万元，把图书馆三楼统一规划成共享工程支中心阵地。支中心现有三部分构成：电子阅览室120㎡，配置电脑50台套，可同时接纳读者50人，主机房20㎡，资料制作室20㎡，总计160㎡。副区长饶玉梅亲自督办支中心建设，装修结束后便迅速协助筹集资20万元，采购了41台17#液晶清华同方电脑并安装到位，支中心于2008年10月接受了国家文明城市创建验检查。于11月20日成为宜昌市基层文化网络现场会的参观现场，市委常委、宣传部长赵举海、区委书记熊伟、区长刘洪福、区委宣传部长杨燕亲临支中心，上机查询感受文化共享工程，该中心现每天对外开放，累计持证读者1000人，年接待读者15000人次，成为我馆读者的新阵地。

目前，夷陵区支中心已投资14万元对馆内设施进行装修改造，如静电地板、主机房改造、宣传标牌等，投资20万元对电子阅览室设备进行补充，新增电脑41台。支中心按照国家中心要求，年运行经费5万元已纳入地方财政预算。我区现有12乡镇实现了基层共享工程配套建设。

共享工程利用自身资源优势，针对地方农村经济产业特点，编辑科技信息视频短片，利用共享工程投影设备下乡播放，形式新颖直观易学，深受村民欢迎，每年送科技下乡20场次。共享工程送科技下乡成了百姓的热门话题，致富的希望工程，科技助农的好帮手，更是农村文化娱乐的新舞台。

农闲时节共享工程夷陵区支中心就忙个不停，很多村的书记来馆联系共享工程到该村送科技，要求播放种植、养殖等农技科技片，我们播放做多的是柑橘技术、养猪、养鱼、板栗储藏等科技短片，电影播放最多的是在本地拍摄的电影《山楂树之恋》，2010年为了更好的满足村民要求，共享工程又专门购置了一套8千余元的音响设备用于露天放映。只要我们共享工程下乡村民观看热情很高，有的很远徒步赶来，有的骑摩托，有的开着小三轮，小面包车，男女老少自带坐凳早早就来了，谈笑着象过大年一样开心等待，每个村都是场场爆满，气氛热烈，深受好评。

夷陵区图书馆现有工作人员12人，8人具有本科学历，多次参加计算机相关知识培训，计算机专业人员1名，支中心现配备3名工作人员，按照国家中心的验收标准，管理人员必须具备计算机专业知识，能够进行硬件组装维修，软件使用维护，网络架构，能迅速学习适应新软件的应用，有一定的数据库基础和开发能力，能摄影、摄像，并能进行非线性编辑，能够制作网站并架构Web服务器，同时具备辅导培训能力。我馆已与2005年独立架设共享工程服务器，现对外开通有图书馆网站，网址http://tsg.10.gov.cn/,内容丰富数据常更新，点击率高，成了对外联系的重要窗口，共享中心现已拥有本地数据资源400GB。

自2003年夷陵区图书馆共享工程建设探索以来，我馆采用了美萍网管系统，对读者实行登记办卡，读者自动上下机，系统对读者浏资内容进行记录和监控，多年来已累计办理读者证1000人.电子阅览室常年对外开放,每周开放时间不低于60小时,读者咨询记录规范、完整。

夷陵区共享工程领导小组联合区委宣传部，对全区12个乡镇基层中心和196个村级服务点在2010年逐个进行了验收检查，做到所有乡镇、村级服务点资金保障，人员到位，服务场所设施健全，并统一进行标牌制作，挂牌服务。2009年3月，区文体局统一组织了乡镇村基层中心，技术人员培训工作，印发了专用培训教材，进行相应的考核，合格后发放共享工程上岗资格证书。

四、工作展望

我们坚信，在国家中心和省分中心的大力支持和帮助下，夷陵区支中心全体工作人员和乡镇村基层服务人员共同努力，一定会把夷陵区共享工程建设的更好。在构建和谐社会，繁荣文化，服务基层的建设过程中一定能发挥重大作用，取得丰硕的成果！

（撰文/余国斌）

枝江市支中心

枝江市总面积4500平方公里，全市有9个镇（社区）、198个行政村、49.7万人。全国文化信息资源共享工程实施后，我市紧紧抓住这一历史机遇，将共享工程作为推进文化创新、完善公共文化服务体系、提高公益性文化服务水平、促进经济社会协调发展、构建和谐枝江的重要抓手，扎扎实实地组织全市共享工程项目的实施，先后投资500多万元，在全市9个镇（社区）建成了标准化乡镇综合文化站。

投资200多万元，建成“农家书屋”198家，文化信息资源共享工程县级基层中心1个，村级服务点198个，乡镇、社区基层服务点11个，县、镇、村三级文化服务网络体系已基本形成。

一、整体情况

文化信息资源共享工程枝江市基层中心于2004年6月建成投入使用，2005年10月与湖北省分中心签订协议并授牌，设备总投资76万元。其中：电子阅览室95平方米，多功能活动厅200平方米，主控机房15平方米，多功能活动厅和电子阅览室共设坐席200多个。

2003年3月，与市电信局协商，以每年年租12000元通过10M光纤接入互联网，50余台计算机都可浏览共享工程的信息，现已向社会全面免费开放。基层中心的建成，进一步推动了我市图书馆基础建设，实现了图书馆网络化、数字化、自动化管理。

2004年至2012年，分批在我市9个镇（社区）文化站建成文化信息资源共享工程基层服务点，在198个行政村、9个文化站和2个社区建成文化信息资源共享工程基层服务点，其中有电信模式终端接收点23个，卫星模式终端接收点198个。

23个电信模式接收点和农村党员干部现代远程教育工程由市委组织部负责实施，198个卫星模式接收点由市文广局负责设备配发，市图书馆负责指导设备的调试、运行、人员培训、业务开展等工作，目前各基层服务点设备运行良好。

二、惠民服务及宣传活动情况

在省中心、市局的正确指导和大力支持下，在市委、市政府的坚强领导下，通过八年多的建设运行，各站点充分利用现有设备，发挥文化共享，为弘扬先进文化，构建和谐社会，建设社会主义新农村，丰富城乡群众文化生活起到了重要的作用。我们做了以下三方面工作。

1、加强领导，加快共享工程基础设施建设

近几年来，随着市场经济体制的不断完善，农业结构调整力度的加大，人民群众对科学文化的需求显得尤为迫切。面对我市基层文化设施陈旧、文化资源匮乏，广播电视覆盖面小，信息转送滞后等现状，市委、市政府高度重视，决定以共享工程建设为契机，把传播先进文化、转变致富理念、普及科学文化知识作为最终落脚点，采取有力措施使共享工程建设工作落到实处。

一是加强基础设施建设。投资3000多万元，在市区建成了五柳公园和七星文体中心，积极争取国家、省市投资300多万元，市镇投入200多万元，建成标准化文化站9个，“农家书屋”198个，文化信息资源共享工程服务点198个，覆盖乡村，功能齐全、设施完善的文化服务网络逐步形成。为丰富城乡群众文化生活、促进全市文化事业发展搭起了平台。

二是加强镇、社区文化队伍建设，搭建信息沟通平台。建立完善乡镇、社区文化站、基层服务点治理制度，加强共享工程基层服务点的治理。通过招考、聘用等形式为全市9个乡（镇）配备文化站长9名、文化专干19名，社区文化专干17名，村文化管理员198名。明确了文化专干职责，指导各基层服务点做好群众需求双向反馈工作，利用文化站现有资源、设施设备为基层服务点提供服务。

三是构建遍布全市的基层服务网络，改善基层文化工作手段陈旧落后的状况。各村、社区服务点依托文化活动室的便利条件，由市图书馆向服务点提供图书、杂志、音像资料等，满足社区居民精神文化生活需要；每个镇选择3-5个人员相对集中、种养殖前景较好的行政村作为基层服务点，示教合一，现场指导。

2、整合信息资源，让共享工程在基层开花结果

由于条件所限，乡下群众不便到市区享受优质的网络资源，我们将新思想、新技术用一种直观、易懂的形式送到农民身边。利用共享工程网络资源内容新奇、实用性强、信息量大、数据传输快捷方便的优势，下载适用于当地群众的政策法规、农业科技、文化体育、防疫保健等信息资源，刻录成VCD光盘或宣传资料，通过县、镇、村三级文化服务网络及其它途径传输信息，扩大宣传面，使群众快学技术、早得实惠。

一是通过协调各个专业部门，将各类信息资源通过业务部门的工作，传播到千家万户，使群众受益。

二是向各镇文化站、村基层服务点直接提供图书、光盘支持，由各服务点直接面向群众服务。

三是利用“三下乡”、宣传周、农村集市、节假日等，积极协调有关单位，在各镇（社区）集中向农民赠予、或以成本价向群众发放共享工程光盘和实用技术资料，并现场接受咨询，解决实际问题。

四是针对种养殖户在种养植过程中碰到的实际问题，从共享工程网络资源库中下载相关内容，刻录成实用光盘，免费赠予给种养植户或种养植集中连片的村组及文化中心户。

今年，图书馆已为农民群众下载家禽饲养、农作物栽培和法律知识等相关信息达3万多字，印发宣传资料2000多份，制作宣传光碟6种300份，受益群众4000多人（次）。现在不少村民都反映，通过“信息共享工程”，他们的眼界更宽了，信息更灵了，增收致富的本领更强了。

3、坚持创新，将共享工程建设引向深入。

针对广大干部群众普遍关心的理论热点问题，结合我市“文化三下乡”活动，及时收集整理党的方针政策、理论创新成果，广泛开展图书音像资料进农村、进学校、进社区、进农户等一系列活动，进行思想道德教育、民主法制教育、理想信念教育、理论教育，通过群众喜闻乐见的形式，把学习党和国家方针政策的热情转化为建设社会主义新农村、构建和谐社会的自觉行动。

一是面向广大干部群众，突出政策理论教育。利用阵地多功能活动厅，进行了专题展播10余场次，共接待观众2000余人。

二是面向中老年人，突出思想健康教育。为市老年活动中心开展了资源共享服务，根据老年人平时生活的诸多习惯特点，上网下载了《营养与健康》、《科学保健》等系列视频资料和战争题材的故事片、名著欣赏讲座、中国京剧音配像等为老年人们放映。

三是面向广大青少年，突出思想道德教育。与市教育局联合，深入各中小学校开展活动。在枝江一中、江汉小学、实验小学3所学校，利用图书馆的投影仪到教室播放优秀影片和礼仪知识讲座10场（次），受教育学生2700人（次）。切实加强和改进了未成年人思想道德建设。

三、工作展望

一是进一步扩充文化设施网点，以市图书馆、乡文化站、基层服务点为实施主体。加强基层文化设施网点网络化、数字化建设，加强文化、科技信息资源自动化、网络化建设和专业技术人员的培养，为深入推进共享工程的实施打好基础。

二是努力把文化信息资源共享工程用活、用好。积极采用图书馆成熟技术，借助数字电视和远程教育服务网络，大力开展公益性服务。尤其加强对广大农村地区的扶持力度，将文化共享工程建设成为社会主义新农村的重要抓手。通过多种形式拓展服务范围、创新服务方式，将地方影视戏曲、音乐歌舞等艺术表现形式纳入共享工程服务内容，使共享工程更加贴近基层、贴近生活、贴近群众。

三是在实施过程中加强与上级业务部门、市直各部门的沟通与协调，使共享工程服务群众更具针对性和时效性。同时，不断总结经验，改进创新治理体制和运行机制，使“共享工程”真正成为文化创新工程。

（撰文/枝江市支中心）

宜都市支中心

宜都文化信息资源共享工程建设，按照以数字资源建设为核心，以共享工程村级服务点建设为重点，以多种传播方式为手段，以共建共享为基本途径，全面实施文化共享工程建设，在市文化局领导下，宜都市图书馆认真贯彻落实科学发展观，以构建公共文化服务体系为己任，根据上级领导指示精神，狠抓落实，不断加大工作力度，加强管理，全面推进宜都文化共享工程建设，

取得了显著成效。

一、领导组织有力，确保文化共享工程有效开展

在“文化共享工程”建设的实施过程中，我们认真贯彻党中央、国务院和中央领导有关文化共享工程文件和讲话的精神，充分认识文化共享工程是公共文化服务体系的基础工程，是政府提供公共文化服务的重要手段，是实现广大人民群众基本文化权益的主要途径，是改善城乡基层群众文化服务的创新工程。

市文化局党委对共享工程建设高度重视，局领导专人负责，成立专门组织机构，统筹规划，积极争取财政支持，督促全市文化共享工程配套资金足额到位，为共享工程建设提供保障。同时，高标准配置市支中心设备，在局领导的直接领导下，按照国家中心对县级支中心和乡镇、村基层服务点的设备配置要求，按要求完成宜都市支中心和乡镇、村服务网点建设。

在工程建设中注重管理，不断加强对市支中心和乡镇、村服务网点的检查、管理和督导，发现问题及时协调解决。开展合作共建，与党员干部远程教育网络通力合作，让广大农村和基层享受文化共享工程的建设成果。

二、网点建设取得成效

宜都利用国家投入资金，按文化共享工程国家管理中心设备的配置要求为市支中心配备了服务器、磁盘阵列、计算机、网络设备、投影仪、数码相机、数码摄像机等设备。地方配套的资金主要用于支中心机房、电子阅览室和多功能厅等的建设（含配电、防雷、综合布线、空调等设备）。文化共享工程市支中心建设，使宜都市图书馆实现了信息化建设的跨越式发展，从传统手工方式向机器自动化转变，服务能力得到极大提高。

乡镇基层服务点每个基层服务点按5万元标准进行建设，国家财政出资4万元，地方配套1万元，投入专项资金购置了计算机、网络设备和投影仪等，有力地支持了村级公共文化服务中心建设工作。行政村覆盖率为100%，基本实现了文化共享工程乡乡、村村建有基层服务点的发展目标。

三、资源建设初具规模

共享工程市支中心不断加大资源建设的力度，注重资源使用权的解决，建立具有地方性、民族性的数字资源。截至2011年底，宜都文化共享工程资源建设总量达到7.67TB，资源内容包括：历史文化、舞台艺术、农业科技、新农村建设、非物质文化遗产、政策法规、电影视频、务工培训、少儿动漫、知识讲座、生活百科、科普知识等，形式涉及文本、图片、视频、Flash和音频等。

电子阅览室少儿网络辅导

四、服务网络有效拓展

宜都结合自身实际，大胆探索，逐步形成了互联网、卫星、电子政务外网、数字电视、光盘、移动硬盘等多种技术模式的资源传输手段，信息获取日趋稳定、快捷和方便。2008年以来，我们通过与各乡镇、村党员干部现代远程教育网合作，将文化共享工程的知识讲座、务工培训、经典电影、少儿动漫电影等资源，提供给乡镇、村级服务点开展活动，实现了互联互通，数据传递流畅。

五、服务效果日益明显

市文化共享工程中心和基层服务点充分利用文化共享工程设备和资源，结合经济和文化发展的需要，将文化共享工程服务与图书馆服务有机结合，不断创新服务方式，丰富文化生活，服务农村经济，为广大群众提供服务。同时不断加强电子阅览室的管理，制定相应的规章制度，进一步改进电子阅览室服务，加强青少年网络安全教育，引导未成年人健康上网，合理安排电子阅览室对外开放时间，努力使电子阅览室成为公益性绿色网络空间。在服务中，图书馆利用文化共享工程资源，通过刻录光盘、送资源下乡、播放视频等方式开展服务，结合农村经济的发展，利用文化共享设备和资源为农民提供种养、病虫害防治、供求信息等农业技术信息。

在充分肯定成绩的同时，我们也要清楚看到文化共享工程建设中存在的问题：一是支中心现有的设备和资源没能发挥应有的作用，服务效益不高；二是运行管理机制尚不完善，长效运行机制没有完全建立，运行经费不足，导致部分设备无法正常开展服务；三是资源的针对性、适用性、可看性还有待提高；四是专业技术人才匮乏，影响到系统平台建设、维护和提供相应的服务。这些问题应引起我们的高度重视，要采取有效措施，认真研究，加以解决。文化共享工程宜都市支中心作为我市文化惠民工程重点项目，作为公共文化服务体系建设的基础工程，得到了各级领导部门高度重视，受到了广大基层群众的普遍欢迎。我们将结合宜都实际，不断创新工作，开拓探索发展路子，促进文化共享工程建设又好又快的发展。

（撰文/宜都市支中心）

当阳市支中心

当阳市现辖7个镇、3个城区办事处，国土面积2159平方公里，耕地面积66万亩，总人口48.6万人。全国文化资源信息共享工程当阳市支中心成立于2003年6月。9年来，当阳市开展文化共享进机关、进学校、进军营、进农村、进社区活动1500余场（次），放映科教片900余场，放映电影 600余场，接待观众共30余万人（次）。

一、网点建设

当阳市现建有全国文化资源信息共享工程当阳市支中心1个，下设有10个镇（办事处）基层服务中心，20个村级基层服务点，建立有34人的专兼职工作队伍。

两河镇双龙村文化共享工程科技展播

二、经费投入

当阳市委、市政府高度重视文化共享工程建设，市财政每年为市支中心安排共享工程专项运行经费5万元并纳入预算，10个镇（办事处）基层服务中心每年安排运行经费5.5万元。

2007年3月，筹资8.2万元对机房、电子阅览室和中控室进行了改造，新设了综合业务加工室，省中心为当阳市支中心和镇（办事处）基层中心安装了67万元的补助设备，至今卫星接收信号良好，服务器、专用发布设备、磁盘阵列等高端设备运行正常。2009年，筹资15万元，更新电子阅览室电脑30台及电脑桌椅，安装2台3匹空调。2010年，市财政投入5万元，兴建了盲人阅览室，采购桌椅40套，配置盲文图书155册，盲人有声光盘读物85盘，盲人上网电脑3台，盲人专用听书郎3部，可供盲人点播的数字资源达100G，电影、音乐、小品、相声等类别的视听节目共800余部，并专门修建盲道一条。当阳市10个镇（办事处）基层中心全部设在镇文化服务中心，其中7个镇（办事处）安装了卫星接收设备，3个镇处安装了电脑，均按省级D方案建成了电子阅览室。

三、资源建设

当阳市支中心现有卫星接收系统1套，服务器4台，计算机磁盘存储容量达3300GB，方正电子图书11641种。电子阅览室30台电脑光纤接入，能随时免费浏览查询中国知识资源总库——CNKI系列数据库、维普中文科技期刊数据库等省馆开发的数字资源服务平台，以及宜图读秀、百科视频等宜昌市数字图书馆资源。

2011年，当阳市支中心积极响应省分中心开展的“颂歌献给党——湖北文化信息资源共享工程迎接建党90周年群众歌咏活动”，协助宜昌市支中心到我市老干局、北门村委会拍摄《四渡赤水出奇兵》、《当阳当阳》、《当阳风》等三部选送曲目，为建党大庆献礼。

四、服务方式

近年来，结合我市实际，我们探索出形式多样的建点模式。一是互联网模式。如市支中心，玉泉、王店、两河3个镇（办事处）基层中心。3个镇处都建起了电子阅览室，市支中心由中国电信提供光纤入户到主机房。二是卫星服务模式。如市支中心，玉阳、坝陵、半月、河溶、庙前、育溪、草埠湖7个镇（办事处）基层中心，主要是利用卫星三级站开展服务。三是共享机制模式。如2个村与党员远程教育网共享开展服务，16个村与中小学现代远程教育网共享开展服务。四是有线电视模式。如育溪镇、草埠湖镇基层中心，都有自办电视节目，育溪镇设有文化共享专栏，每天定时通过有线电视网络传输节目。草埠湖镇则将下载的科教片用数字摄像机拍摄后制作成电视节目进行转播，群众还可点播节目。五是移动硬盘/光盘模式。如市支中心通过易播宝存贮专题农业技术节目和电影，根据镇、村需求上门服务，并携带刻录机现场为群众刻录所需资料光盘。并对易播宝实行统一管理，分类存贮，按需流转，无偿使用。

五、惠民服务

通过实施文化共享工程，充分利用共享网络和平台，加大为基层、为群众服务的力度。一是服务农民。如春季的“春耕科普行”，为农民们放映科技讲座，并根据农时编印《致富门径》二次文献科技资料，复印无偿发放给村民。制作《信息资源征求意见表》，及时了解群众信息需求，以便提高服务针对性和实效性。二是服务学生。开展“暑期电影展播”活动，每周一至周五，在电子阅览室分上下午放映两场国内外电影大片供读者欣赏。同时，结合馆内少儿阅览室的读物，引导学生们自觉的参与到读书征文活动中去；在“六一”儿童节期间，开展“文化共享进校园”活动，深入各村镇学校，关注留守儿童，为他们送书送电影，丰富他们的课余生活。三是公益性服务活动。秋季市支中心充分发挥龙头示范作用，依托社区、文化中心户，深入到全市17个社区开展“文化共享进社区”数字文化服务，把党建、法律、电影、戏曲、保健等优秀的数字文化信息送到居民身边，以引导和满足社区居民崇尚文明、健康娱乐的精神追求，传播先进文化，活跃群众生活，密切邻里关系，增强社区活力；冬季支中心深入各镇处养老院、敬老院进行“关爱老人暖冬行”慰问活动，为老人们送去一份关爱，送去一份温暖，保障他们的基本文化权益；每年“八一”建军节之际，深入驻当部队开展“文化共享军营行”活动，在炎热夏夜，为部队官兵送去文化共享“和谐风”；每年的“全国助残日”到来之际，都会以丰富残疾人精神文化生活为目标，开展文化共享“全国助残日”电影展播活动；在奥运期间，为配合奥运火炬在宜昌传递，专门制作奥运宣传展板30块，先后到王店镇、两河镇、庙前镇等各中小学校及市太子桥小学开展“文化共享工程奥运行”图片巡回展，接待学生达6000多人次。

六、管理与培训工作

当阳市支中心一直注重对各级基层点的管理和培训，统一印制了当阳市文化共享工程工作日志、服务记录表、资源索取记录表，要求各基层中心按时填报，把共享工程纳入了镇处综合文化站的考核内容，半年进行一次实地考核打分。当阳市支中心还与各镇处基层中心签订了服务协议，明确服务场次与效果，年底考核兑现。

为了提高共享工程服务人员的业务技能，当阳市支中心还经常组织各种培训活动。一是举办业务培训班2次。组织全市10个镇（办事处）文化站站长及部分市级中心工作人员参加了培训，学习全国、全省试点市会议精神和镇、村基层中心验收标准，对文化共享工程总体技术及各基层中心建设方案进行了培训，重点介绍了省、国家中心资源建设现状，讲解如何组织策划开展共享工程服务。二是参加全省培训。利用全省试点县（市）管理员培训班在当阳举办之机，当阳市支中心的工作人员虚心向专家请教，与其他试点县（市）管理员进行了技术交流。同时，当阳市支中心选派一名同志到武汉参加省分中心举办的“县级支中心技术员培训班”，学习共享工程电子资源利用等专业知识，以期掌握更先进、更有力的技术手段服务于共享工程应用当中。三是参加“文化共享杯——全国文化资源共享工程知识与技能竞赛”湖北赛区选拔赛。当阳市支中心两名同志入选宜昌代表队，获得团体二等奖以及个人三等奖和个人优秀奖。四是利用文化共享工程设备，为市政府培训全市电子政务管理人员近百人。

七、荣誉奖项

2006年11月，当阳市被确定为全国文化信息资源共享工程100家试点县（市）之一；2008年5月，被文化部命名为“全国文化信息资源共享工程示范市”称号；2011年3月，被湖北省文化厅评为“2006-2010年度十佳共享工程支中心”；2005年被当阳市委、市政府确定为“未成年人思想道德教育基地”。

（撰文/当阳市支中心）

远安县支中心

一、基本情况

远安县支中心于2010年7月份建成投入使用，设备总投资68万元，年运行经费为5万元（纳入县财政预算）。其中：建成电子阅览室30平方米，主控机房15平方米，电子阅览室共设坐席25个。通过10M光纤接入互联网，20余台计算机都可浏览共享工程的信息，现已向社会全面免费开放。县支中心的建成，进一步推动了我县图书馆基础建设，实现了图书馆网络化、数字化、自动化管理。2010年至2012年，分批在我县建成7个乡镇文化信息资源共享工程服务点（覆盖率100%），110个行政村级文化信息资源共享服务点（覆盖率100%），由县图书馆负责指导设备的调试、运行、人员培训、业务开展等工作。

二、开展活动情况

在省、市图书馆的正确指导和大力支持下，在县委、县政府的坚强领导下，通过两年多的建设运行，各站点充分利用现有设备，为弘扬先进文化，构建和谐社会，建设社会主义新农村，丰富城乡群众文化生活起到了重要的作用。我们主要做了以下几方面工作。

1、加强领导，加快共享工程基础设施建设

近几年来，随着生产和生活条件的不断改善，人民群众尤其是农民朋友对科学文化的需求显得尤为迫切。县委、县政府高度重视，决定以共享工程建设为契机，把传播先进文化、转变致富理念、普及科学文化知识作为共享工程建设的最终落脚点，并采取有力措施，使共享工程建设工作落到实处。一是加大资金投入，加强硬件建设。投资1亿多元，在县城筹备建立文化体育中心，并积极争取国家、省市以及地方投资300多万元，建成标准化文化站7个，“农家书屋”110个，文化信息资源共享工程村级服务点110个，覆盖乡村、功能齐全、设施完善的文化服务网络逐步形成。二是完善乡镇、社区文化队伍，配套软件建设。建立完善乡镇、社区文化站、基层服务点管理制度，加强共享工程基层服务点的管理。通过招考、聘用等形式为全县7个乡（镇）配备文化站长7名，社区文化专干8名，村文化管理员110名。明确了文化专干职责，指导各基层服务点做好群众需求双向反馈工作，利用文化站现有资源、设施设备为基层服务点提供服务。做到了人员、阵地、牌子、设备、制度“五落实”。

2、整合信息资源，使共享工程在基层开花结果

由于条件所限，乡下群众不便于到县城享受优质的网络资源，将新思想、新科技用一种直观、易懂的形式送到基层群众身边就成了及时雨、雪中炭。县图书馆利用共享工程网络资源丰富、实用性强等优势，认真搜集了适用于当地群众的政策法规、先进性教育、农业科技、文化体育、防疫保健、科普知识等信息资源送到群众手中。一是向各乡镇文化站、村基层服务点直接提供图书、报刊等支持，由各服务点直接面向群众服务。二是利用“三下乡”、宣传周、农村集市、节假日等，积极协调有关单位，在各乡镇集中向农民赠予。向群众免费发放共享工程实用技术资料，并现场接受咨询，解决实际问题。针对种养殖户在种养殖过程中碰到的实际问题，对症下药，从共享工程网络资源库中下载相关内容，刻录成实用光盘，赠予给种养殖户或种养殖集中的村组。今年，图书馆已为农民群众印发宣传资料1000多份，制作宣传光碟4种120份，办视频讲座培训6场（次），受益群众300多人（次）。三是面向广大干部群众，突出政策理论教育。在县城鸣凤、嫘祖两个社区，进行了专题展播4余场次，共接待观众800余人。四是面向中老年人，突出思想健康教育。为县老年活动中心开展了资源共享服务，根据老年人平时生活的诸多习惯特点，上网下载了《营养与健康》、《科学保健》、《晚年的幸福生活》等系列视频资料和战争题材的故事片、名著欣赏讲座、中国京剧音配像等为老年人们放映。同时，开展“夕阳红”电脑培训班3期，使他们获得了精神的强健与先进文化的关爱。五是面向广大青少年，突出思想道德教育。与县教育局联合，深入各中小学校开展活动。为县外国语学校、实验小学、鸣凤二小、南门小学等4所学校，利用图书馆的投影仪到教室播放优秀影片和礼仪知识讲座4场（次），受教育学生1600人（次）。切实加强和改进了未成年人思想道德建设。

三、工作展望

一是进一步扩充文化设施网点，以县图书馆、乡镇文化站、基层服务点为实施主体。加强基层文化设施网点网络化、数字化建设，加强文化、科技信息资源自动化、网络化建设和专业技术人员的培养，为深入推进共享工程的实施打好基础。

二是努力把文化信息资源共享工程用活、用好。积极采用图书馆成熟技术，借助数字电视和远程教育服务网络，大力开展公益性服务，尤其加大对农村地区的扶持力度，使文化信息共享工程建设成为社会主义新农村建设的重要抓手。以先进文化教育广大群众，提高人民群众的思想道德水平和科学文化素质，最大限度地将信

息资源转化为生产力，通过多种形式拓展服务范围、创新服务方式，将地方影视戏曲、音乐歌舞、美术等艺术表现形式纳入共享工程服务内容，以群众喜闻乐见的形式使共享工程更加贴近基层、贴近生活、贴近群众。

三是在实施过程中加强与上级业务部门、县直各部门的沟通与协调，使共享工程服务群众更具针对性和时效性。同时，不断总结经验，改进创新管理体制和运行机制，使“共享工程”真正成为文化创新工程。

（撰文/远安县支中心）

兴山县支中心

一、基本情况

兴山县图书馆曾两度迁建，现有办公面积1610平方米。内设机构：办公室、财务室、档案室、采编室、咨询室、业务研究辅导部、社会科学、自然科学阅览室、少儿阅览室、工具书查阅室、图书外借室、特色医籍馆、电子阅览室、中控室、业务加工室、多功能报告厅、多媒体影视厅等。在职职工8人，其中大专以上文化程度4人，中、初级专业技术职称7人。馆内现有藏书10万余册，县人均藏书达到0.49册，持证读者4700多人，累计接待读者90多万人，借阅图书117多万册。

文化信息资源共享工程兴山县支中心按照国家统一建设标准，投资32万元对中控室和工作室进行了高标准改造，电子阅览室配置电脑30台，电脑桌椅30套，空调2台。现拥有千兆主干网、百兆出口的馆际局域网和由多台PC机、高端服务器、大容量存储组成的硬件系统，搭建多元化的数据共享平台。共享工程多功能活动厅，用于召开会议、举办讲座、开展培训、影视放映等活动。现有专业技术人员3人，其主要工作是加工数字资源、网站更新及维护、辅助基层业务、将加工好的资源传递到我县8个乡镇基层中心及96个村级服务点。

二、网点建设、资源建设

2004年4月，兴山县图书馆建立了湖北省文化信息资源共享工程基层中心，2006年被列为全国文化信息资源共享工程100个试点县之一，建县级支中心1个，基层中心8个、村级服务点96个，全县覆盖率达到100%。在县委、县政府、财政局大力支持下，每年共享工程专项经费5万元。自共享工程实施以来，积极收集国家中心和省中心配发的大量优秀数字资源，加大自身资源建设力度，有计划地对馆藏文献进行数字化加工，整合我县现有资源，并对网上可用资源进行搜索，分门别类进行标目和链接，充实支中心资源建设，推进网络化、数字化。2004年与县委组织部党员干部现代远程教育、数字电视工程、中小学校园网等实行共建共享，截止2010年12月底，在全县建成农村村级基层终端接收站点96个，成立文化共享工程服务小分队开展共享工程进企业、进军营、进校园、进社区、进特殊人群、下基层服务等活动。

三、培训工作

县支中心以共享工程多功能活动厅为阵地以集中授课、专题辅导、光盘教学等方式，联合县直各单位举办了“财务改革培训班”、“国有资产管理登记”、“干部职工上岗技能”、“疾病防控培训班”、“爱国主义教育培训班”、“消防安全知识讲座”、“人寿保险知识讲座”、“疾病防控演示与讲座”等培训班；开办了“兴山讲坛”活动等累计参培参训人员达6000余人。县支中心以图书馆电子阅览室为阵地，服务社会大众。

免费开放电子阅览室，开通维普期刊中国知网、超星数字图书馆、方正数字图书馆、万方数据资源系统等网络检索平台，累计接待免费查询服务11000余人次。并利用“共享工程数字学习港”的学习资源，组织各乡镇、村级基层服务点开展了网络培训，进一步提升共享工程工作技能。

四、惠民服务

县支中心利用世界读书日、图书馆服务宣传周、全民读书月和法律节假日，向全县广大人民群众宣传共享工程的功能和作用，开展播放科技兴农、文化共享专题片、电影等活动380多场，观众达3万多人次。特别是峡口镇、南阳镇、黄粮镇文化共享基层中心开展“迎国庆”、“喜迎十八大　”、“国产新片和红色经典电影进农村公益放映”为主题的送电影下乡活动。利用国家配发的先进高清晰的数字电影放映设备，转战23个村，3所学校，给老百姓送电影、送科技、送致富信息，还结合“卫星广播电视转星调整”、“新型农村合作医疗体检”等为全镇中心工作展开全方位的宣传。文化共享基层中心利用国家配套的数字设备进村入户，打开了农村电影的新篇章。使农村看电影难有了明显的缓解，用先进的文化占领阵地，极大的丰富了人民群众的文化生活。

五、荣誉奖项

经过几年的努力，共享工程兴山县支中心服务设备日趋完善，服务功能不断增强，服务水平稳步提升，先后通过了国家、省、市级的检查验收及专题调研等一系列活动，取得了一定的成绩：

2008年文化部授予兴山县支中心“示范县”的荣誉称号；2010年中央政治常委李长春同志来我县视察共享工程工作；2010年兴山县支中心被宜昌市授予“2010年度十佳文化先进单位”；2012年兴山县支中心被宜昌市授予“2011年度优质服务窗口”。

（撰文/兴山县支中心）

举办基层技术人员培训班

秭归县支中心

秭归，地处鄂西北山区，县辖12个乡镇，39.5万人，总面积2427平方公里。秭归县图书馆位于茅坪镇平湖大道19号，占地1192.50平米，建筑总面积2569.02平米。2003年，秭归县成立共享工程秭归县支中心，与秭归县图书馆合署办公。

一、基本情况

县图书馆现有职工8人，其中大专以上学历7人，副研究馆员1人，馆员4人，助理馆员2人。现有馆藏文献15万册，持证读者5000余人，阅览座席220座，年接待读者5万人次以上，读者年借阅书刊12万册次以上。馆内现开设有图书外借部、报刊阅览室、亲子阅览室、电子阅览室等四个常年服务窗口，此外还有多媒体影视厅、文献数据采集室、共享工程资源制作室、中心机房等部室。

2006年6月，秭归县被国家中心列为首批100个共享工程试点县之一。被列为全国试点县以后，支中心主任郑燕积极主动地宣传政策，争取资金，做好前期的筹备工作。在支中心的积极争取下，县财政2006年投入17万元，按照试点县基础环境建设标准，先后进行了计算机机房改造，成立了共享工程资源制作室，对多媒体影视厅进行了重新装修，制作了崭新的相关标牌和宣传牌。

2007年10月，国家中心为县支中心配备的价值40万元的设施设备到位，秭归县支中心正式建成。

秭归县支中心现有综合应用服务器1台，综合管理服务器1台，备用服务器1台，4000G磁盘阵列，投影仪2台，电子阅览室有电脑26台，千兆局域网，外网采用10M光纤接入。秭归县支中心设备已达到国家级一类标准。

人员方面，支中心专门抽调了一名计算机专业人员周未同志，从事共享工程的硬件维护、资源建设和对外服务，另有两名兼职工作人员。

二、网点建设

2007年5月28日至6月3日，共享工程湖北省分中心网络部荀晋、王锦东和董辉等一行赴秭归，指导进行共享工程乡镇基层中心设备安装调试，拉开了秭归县乡镇基层中心建设的序幕。

2007年10月，最后一批国家配备的共享工程服务设备运抵秭归，并分发到乡镇，标志着秭归县12个乡镇基层中心全部建设完成。

秭归县12个乡镇基层中心均配备了3台以上电脑，1台投影，1台移播宝，其中有8个乡镇配备了卫星三级站。各乡镇都配备了一名共享工程兼职工作人员，乡镇财政每年拨付5000元运行经费。

2009年11月，秭归县开始共享工程村级服务点建设，到2011年3月，共建成村级服务点182个，每个村级服务点均配备一台电脑，为基层群众提供免费的文化和信息服务。

三、人员培训

对于乡镇基层点，人员技术培训是非常重要的一个环节。秭归县支中心对基层的培训主要以巡回指导和集中培训相结合的方式进行，每年县支中心对各乡镇基层中心和村组织服务点建设服务情况都要进行两次以上的现场指导。

2007年至2012年，秭归县支中心对基层举办了五次集中业务知识培训，实现了工作人员持证上岗。

同时，县支中心还以赛促训，2012年12月19日，举办了秭归县共享工程知识竞赛。竞赛采用集中时段网上答题方式进行，限时一个半小时，全县11个乡镇参加了本次比赛，最后茅坪镇和沙镇溪镇获得竞赛一等奖。

通过培训，基层工作人员充分了解了共享工程的目的及意义，能够利用共享工程资源为基层农民服务，不断提升服务质量。

四、服务情况

秭归县支中心主要负责为城区和县城周边提供共享工程服务，同时为乡镇基层中心提供资源和技术指导。近年来，先后开展了“文化共享助春耕”、“欢乐共享过大年”、“共享工程伴我行”等一系列基层服务。

县支中心电子阅览室月接待读者1000人次以上，每月至少举办一次户外宣传服务活动，暑期为中小学生开展“爱国主义电影月”活动，每月服务在1800人次以上。

秭归县支中心把服务留守儿童作为品牌建设服务，先后开展了“服务留守儿童，共建精神家园”、“小学生礼服务”、“留守儿童演讲比赛”、“乐当爱心妈妈”等一系列活动，把县支中心建成了“留守儿童学习乐园”，受到社会和各级领导的一致肯定和好评。

针对各乡镇提出的卫星接收资源不完全、不适用的情况，县支中心用移动硬盘把资源送到他们手中。同时，我们构建了共享工程秭归县支中心网站，有选择性地把一部分适用资源放在网站上，既方便了乡镇基层中心下载，也增添了一条新的服务渠道，扩大了共享工程的服务面。秭归县支中心的网址是：http://www.zgxtsg.com。

近年来，茅坪镇基层中心以文明新风进社区进农村为主题，常年开展共享工程文化下乡活动。他们以新农村建设为主题，走进试点村建东村，以“银龄行动”为纽带开展共享工程系列服务活动；带着下载的杜仲和桑蚕技术，走进边缘村乔家坪村；带着烤烟技术走进贫困村罗家。不仅如此，他们以共享工程为载体，为其他涉农部门提供为农村农民服务的平台。

秭归县地域宽阔，人员众多，有线电视网络遍布村组。为了做好共享工程服务，杨林桥镇充分利用有线电视网络，建立专门的共享工程频道，把文化信息通过有线电视传送到千家万户。人民群众足不出户就能欣赏到优秀的文化节目，学到科技知识。

沙镇溪镇基层中心还别出心裁，把共享工程服务与

村组干部的年度考核挂钩，有了村组干部的强力支持，共享工程服务活动开展得更加有声有色。全县各乡镇基层点每月的服务人次都在300人次以上。

五、成绩和展望

一份耕耘，一份收获。2008年，秭归县图书馆被评估为“国家一级图书馆”，秭归县被评为“全国文化信息资源共享工程示范县”；2010年，被中宣部、文化部、国家广电总局、新闻出版总署联合表彰为“全国服务农民服务基层文化建设先进集体”、2012年，被湖北省文化厅表彰为“全省文化系统优质服务窗口”，为秭归经济和社会发展做出了突出贡献。

展望未来，我们将继续深入贯彻党的方针政策，进一步推动文化惠民工程实施，为建设宜旅秭归、文化秭归、生态秭归和幸福秭归做出更大的贡献！

（撰文/周 未）

长阳土家族自治县支中心

长阳土家族自治县全县国土面积3430平方公里，辖11个乡镇、154个行政村，4个居民委员会、970个村民小组，总人口42万。全国文化信息资源共享工程实施后，长阳县紧紧抓住这一历史机遇，将共享工程作为推进文化创新，完善公共文化服务体系，提高公益性文化服务水平，促进经济社会协调发展，构建和谐长阳的重要抓手，扎扎实实地开展全县共享工程项目的实施。

一、基本情况

文化信息资源共享工程长阳支中心于2008年建成投入使用，设备总投资70万元。其中，建成电子阅览室50平方米及电脑60台，多功能报告厅60平方米及相关设备，主控机房16平方米，综合阅览室和电子阅览室共设座位100个。通过10M光纤接入互联网，可供100余台计算机同时上网浏览共享工程的信息，现已向社会全面免费开放。目前，文化信息资源共享工程长阳支中心建在县图书馆，另外，在全县11个乡镇分别建成文化信息资源共享乡级服务点，在154个行政村分别建成文化信息资源共享村级服务点，在6个社区分别建成文化信息资源共享基层服务点。截止2012年，在全县范围内，基本建成资源丰富、技术先进、服务便捷、覆盖城乡的数字文化服务体系，基本实现“村村通”。

二、开展工作情况

近几年来，长阳支中心始终坚持以科学发展观为指导，以数字资源建设为核心，以基层服务网点建设为重点，以多种传播方式为手段，以共建共享为基本途径，以县图书馆、乡镇综合文化站（或文化广播电视服务中心）等公共文化设施为依托，紧紧围绕基层群众信息畅通、科学致富的需求，坚持文化信息资源共享工程面向基层、服务群众的指导思想，不断提升和改善长阳支中心接受、整理、加工和向乡村配送资源的能力和文化共享工程在农村的辐射力、影响力，建立健全全县安全、高效的图书情报信息协作网，为全县新农村建设服务。同时，长阳支中心还利用电子阅览室及多媒体报告厅开展面向社会公众的免费服务，结合重大节庆活动等，广泛开展各种文化娱乐活动、知识讲座、技能培训和咨询。其中，支中心每年开展视频放映等集体活动达到60次以上，服务人次达到3000人次以上，公共电子阅览室年服务人次达到10000人次以上，开放时间平均每周不低于56个小时。此外，在开展常规的服务工作基础上，不断丰富共享工程服务内容和方式，提高服务效率和水平，积极开展信息进农村、进社区、进学校，进军营活动，切实为广大群众和部队官兵服务。近年来，长阳支中心充分利用长阳“老、少、边、穷、库”的特点，针对驻军部队、农村、特别是库区文化生活贫乏的问题，利用易播宝从“共享工程”网站上下载优秀文化、军事、实用养殖业技术培训等资源提供给部队官兵和库区渔民。结合当地特色农业的发展特点，根据群众需求，通过发放光盘、资料和从“共享工程”网站上下载资源的形式，为本地种养殖专业户提供了大量实用的科学种养知识信息，为他们解决种养殖过程中出现的各种疑难问题，从而走上脱贫致富的道路。文化信息资源共享工程得到当地广大干部群众和驻地官兵的欢迎，真正实现资源共享，惠泽边区。

三、今后打算

1、进一步扩充文化设施服务网点，以县图书馆、乡镇文化站，基层服务点为实施主体。加强基层文化设施网点网络化、数字化建设，加强文化、科技信息资源自动化、网络化建设和专业技术人员的培养，为深入推进共享工程的实施打好基础。2、努力把文化信息资源共享工程用活、用好、落实到位。积极采用县图书馆成熟技术，借助数字电视和远程教育服务网络，大力开展公益性服务。尤其加强对广大农村地区的扶持力度，将文化共享工程建设成为社会主义新农村的重要抓手。以先进文化教育广大群众，提高人民群众的思想道德水平和科学文化素质，最大限度地将信息资源转化为生产力。通过多种形式拓展服务范围，创新服务方式，将长阳“三件宝”（山歌、南曲和巴山舞）等艺术表现形式纳入共享工程服务内容，以群众喜闻乐见的形式使共享工程更加贴近基层、贴近生活、贴近群众。3、在实施过程中加强与上级业务部门、县直各部门的沟通与协调，使共享工程服

务群众更具针对性和时效性。同时，不断总结经验，改进创新管理体制和运行机制，使共享工程真正成为文化惠民工程。文化信息资源共享工程长阳支中心通过近四年的不懈努力，已初见成效，但目前的运行状况距离上级的要求和人民群众的需要还有很大差距。在以后的工作中，长阳支中心将继续抓好共享工程服务工作，重点做好各乡镇、村的服务，建立和完善基层中心及服务网点环境和设施要求、资源服务细则、专业人员培训、管理运行办法等管理与服务规范，积极实施规范化管理，创新服务方式，面向基层群众，积极引导农民群众通过文化共享工程基层点欣赏文化精品，学习实用技术，广开致富途径，把文化共享工程与社会主义新农村建设紧密结合起来，使文化共享工程让群众得到实惠，产生显著的服务成效。相信在不久的将来，长阳支中心资源共享工程一定会以一个全新的面貌展现在广大群众面前，一定会成为老百姓满意满足的文化惠民工程，也一定会成为社会主义新农村建设的有力支撑。

（撰文/长阳土家族自治县支中心）

五峰土家族自治县支中心

一、整体情况

“共享工程”五峰县基层支中心经各级主管部门批准，于2003年6月与湖北省分中心签订共建共享协议，自筹资金10.5万元，于同年8月正式实施，9月底建成。2008年被省文化共享工程领导小组纳入全省第一批29个县级支中心建设计划。6月中旬出席全省文化共享工程工作会议，正式领受县级支中心及全县三级网络建设任务。在主管局主持下，专程赴兴山等县实地考察，借鉴兄弟馆经验，认真准备汇报材料，精心谋划县级支中心、乡镇中心及村级服务点建设实施方案。6月26日，经县委第十次常委会专题办公，批准了《五峰土家族自治县文化信息资源共享工程建设实施方案》，成立了领导机构和工作专班，配套了运行经费。县政府于8月5日召开了“全县文化信息资源共享工程建设工作会议”，并以五政办发[2008]38号文件形式，安排部署全县文化共享工程建设事宜。随后本支中心建设项目正式全面开工，先后完成主机房防静电地板及其装修、电子阅览室墙面乳胶漆装饰、综合加工室整修、防雷防静电接地装置埋设施工、三相四线制电源敷设、综合布线等分项工程。陆续配置了大型不间断电源组件1套、网络打印机2台、扫描仪2台、数码摄像机1部、数码相机2部、终端机及工作站55台、服务器4台、磁盘阵列1台、联想网御1台、网络交换机3部、卫星接收设备1套等设备。主机房机柜主要设备亦全部安装调试完毕，8兆光纤经挪移位置后重新开通，电子阅览室电脑桌椅重新整修维护，并对局域网终端机

在五峰镇小河村14组村民何贤章家放映

和工作站安装与调试，加装应用程序和监控软件。各种制度牌、标示牌制作与完善也同时进行。除电子阅览室原有31个信息点外，各楼层新增信息节点29个。经过新一轮建设，县支中心初步具备了网络学习、新闻浏览、查找信息、上网推介、下载资料以及影视欣赏、文娱休闲等综合性服务功能。

二、网点建设

2009年开始，乡镇基层中心及村级服务点建设则由县级财政、组织部门联合实施，全县8个乡镇中心（均设在各乡镇综合文化站）和97个行政村基本实现了全覆盖。在这一过程中，县支中心除了从新设备中无偿调拨每个乡镇中心1台新电脑外，还从本馆退役设备中无偿捐赠8个乡镇中心各2台旧电脑，部分乡镇中心还领用了“易播宝”1台，为他们拷贝或复制光盘资源。除此之外，县支中心结合送共享工程下乡之机，深入乡镇中心和村级点指导交流，或与乡镇中心联手开展数码投影放映活动。能常年坚持电子阅览和相关活动的乡镇中心主要有五峰镇、渔洋关镇、仁和坪镇，其他乡镇稍欠缺一些。

三、经费投入

2004年至2008年五年间运行成本费用约30万元。2009年重新建设改造时，设备投入方面，中央和省级财政共扶持68万元；运行费用方面，县财政从2008年开始每年预算3万元，但远远不够，不足部分图书馆自行想法解决。2011年开始，从中央支持免费开放专项资金里寻求弥补；乡镇基层中心基本按《五峰土家族自治县文化信息资源共享工程建设实施方案》要求，由乡级财政配套5000元/年，村级服务点则可能虚一些。

四、资源建设

县支中心除了分享宽带网络资源外，省分中心将本馆IP进行绑定，给我们基层中心带来极大方便，无论什么类型的读者，经本中心局域网远程登录后，可共享省分中心的所有数字资源；关于地方特色资源，其实，我们的素材还是不少，主要受技术、人才的限制。

五、惠民服务

十年来，作为最不具备条件的贫困老区民族地区山区县馆，想方设法实施“共享工程”，虽然遭遇了许多困难，但利用“共享工程”服务当地百姓群众，还是做了不少实事。如一方面坚持电子阅览室阵地的常年免费开放；一方面注重把“共享工程”辐射到最基层。我们经常结合山区特点，组成小分队或与各乡镇文化站同行联手，背负投

影设备，翻山越岭，走村入户，把数码电影和数字资源送进街头社区、残疾人福利院、土家山寨、武警军营、边陲小镇和农民家中，送到群众身边，让“共享工程”真正惠及山区民众。累计接待基层群众超过20万人次。

六、荣誉奖项

本中心尹杰同志2006年12月被湖北省文化信息资源共享工程领导小组授予“先进个人”称号；2012年9月本中心电子阅览室被省分中心推荐到国家中心“全国文化信息资源共享工程•公共电子阅览室示范点”参评。

七、工作展望

十年来，五峰县支中心及其整个“共享工程”建设和发展，经历了许多艰辛和困苦，但我们从未退缩，始终迈着坚实的步子，面向基层，以人为本，创新思路，跨越发展，实现了文化共享工程的价值，受到基层群众欢迎。

我们深信：十二五期间乃至今后更长的岁月里，只要我们在人才队伍建设、技术力量支撑等方面下苦功夫，更好地完善“共享工程”建设，五峰县支中心在服务当地经济、文化民生、社会发展的前景，一定会愈来愈广阔！

（撰文/尹　杰）

随州市支中心

随州市文化共享工程支中心在市委、市政府的关心和支持下，以“整合资源、传播文化、服务群众”为己任，完善硬件设施设备，发展软件服务平台，共建共享文化信息资源。建于2006年6月，随州支中心一期项目顺利完工，经过六年的网络安全、网络存储、资源数字化等方面建设，已取得一定的成绩。

一、基本情况

目前，随州支中心机房面积30平方米，设计装修完全符合国家相关标准，地面加装了抗静电地板，粉刷了墙面和顶棚，按标准进行了配电安装，并按规定配置了3台高端服务器，磁盘阵列1套，容量达到4TB。拥有各类交换机4台，百兆防火墙1个，充分保证网络安全。安装UPS电源系统1套，充分供应服务器和磁盘阵列。安装了标准机柜、4路KVM切换器等附属设施。

电子阅览室面积120平方米，每台机器有2平方米以上的空间，光线充足，进出方便。网络布线及电源分布合理，利用线槽进行了保护。拥有完善的消防设施和消防器材。安全疏散通道畅通。配有电脑100台，有配置齐全的投影机、投影幕及4路VGA输入切换设备，配有有源音箱，形象直观地把文化资源信息通过投影的形式表现出来。

二、资源建设

存储容量将达到5T左右，服务器3台，并整合10余种知名数据库以及地方特色资源库等，全区的数字化文化信息服务网络将达到全覆盖，使随州支中心的服务能力达到“村村通”，更好地为广大城乡群众提供方便、快捷的文化信息资源服务。共享工程下载科教及宣传片1.5个T，自建地方文献资源2个T，制作光盘500张。

三、网点建设

辖区有2个县级分中心，38个乡镇网点，876个行政村，已有60%的政村建立了基层网点，设备配置均达到了规定标准，并对乡镇村级服务点人员进行了培训。但由于我支中心资源共享工程平台的建设还需进一步完善，目前，我市和省之间及市和村之间的资源共享工程还不能实现互通互联。

四、经费投入

2006年20万，2007年5万，2008年3万，2009年1万，2010年8万，2011年15万，2012年20万。

五、惠民服务

我们主要开展了让市民利用网络查阅资料，教老年朋友使用电脑上网，将科技资料下载制作光盘免费送到乡镇及村，同时，开展利用共享资源和设备到学校对广大师生进行宣传教育活动。

六、宣传推广

为了让更多的市民了解和利用共享工程，我们利用本地的宣传媒体进行宣传报道，我们也利用每年的图书宣传周进行宣传散发资料。

七、培训工作

我中心自建立以来先后同市计划生育局联合举办了，乡镇村计划生育干部网络统计培训班，共培训人员102人，为期7天，同市会计局培训财会电算化人员150人，利用全省贫困乡镇领导在我市开会之机进行共享工程知识和计算机知识，浏览网络知识讲座共培训230人，发放共享工程宣传资料250份。

八、工作展望

我们在未来的共享工程建设中，将以新馆落成为起点，建立一个更为标准的，设备更为完备的，技术手段和服务功能更加完善的共享工程支中心，加大数据资源建设，特别是地方文献资源数据化建设，为共享工程作出更大贡献。

（撰文/随州市支中心）

广水市支中心

2012年我馆在市政府和文化部门的重视支持下，文化共享工程工作取得了良好的成效和较好的社会反响。积极组织各乡镇之间互相学习，增进交流，在工作中积极发挥自身优势，因地制宜，有效利用文化共享工程、公共电子阅览室的数字资源、服务网络及基础设施，发挥市图书馆公益性文化机构的阵地作用，联合各乡镇政府部门、企业和社会力量的参入，积极探索文化工作的新思路和创新服务的新方式，为文化共享工程在新形势的发展提供借鉴，为构建公共文化服务体系建设做出更大的贡献，以实际行动迎接党的十八大召开。

“六一”儿童节期间，邀请不同地方的孩子们到公共电子阅览室共同制作一些卡片和玩具，通过一系列精彩节目和互动活动，为小朋友们提供一个增进友谊的交流平台，使孩子们在欢声笑语中度过一个愉快的节日。还先后通过流动服务和阵地服务的形式，为部分乡镇的同学们送去了文化共享工程的光盘资源和资源服务，以及近5000册各类少儿读物。及时整合特色资源、丰富资源储备，通过多媒体向农民传授一些先进的农业知识，使农民通过信息资源共享工程，能够迅速的发家致富，实现了信息资源全民共享。与此同时，共享工程在市镇府各级领导的高度重视下，在春节期间开展了

多种形式的文化活动，向广大市民推广与龙有关的传统文化，召集各乡镇文化部门在元宵佳节之际，举办了一次大型的全民闹元宵活动，使广水市民在锣鼓声声中度过了一欢乐祥和的传统佳节。

（撰文/广水市支中心）

仙桃市支中心

仙桃市，地处美丽富饶的江汉平原，北依汉水南望长江，国土面积2538平方公里，辖15个乡镇，3个街道办事处，1个工业园区，2个国营农场，总人口150万。2002年底，为进一步加强公共文化设施建设，我市被列入湖北省首批文化共享工程建设试点市，开始实施共享工程建设。2003年4月，由市政府投资建成了文化信息资源共享工程仙桃市基层中心。2008年，我市被列入国第二批共享工程建设县（市），目前已高标准完成市支中心的升级改造和建设，建成了18个乡镇基层服务点、658个村级层服务点和17个社区基层服务点。全市累计投入建设资金530万元，每年财政安排运行经费55.4万元，共享工程专兼职工作人员达到786人。

一、强化领导，明确责任

1、成立机构，加强组织领导。为加强对共享工程建设的领导，迅速成立了以副市长为组长的仙桃市文化信息资源共享工程建设领导小组，副组长分别由市委宣传部和组织部负责人担任。其职责是：组织起草建设规划和编制实施方案；推广有关标准规范；培训管理人员；监督和管理镇村基层服务点的运行等。市委、市政府对共享工程工作高度重视，多次听取工作汇报并专题研究共享工程建设工作，对共享工程建设提出了指导性意见，对项目资金、动员部署、检查督办等主要工作进行了明确安排。市文广新局和市财政局联合印发《仙桃市文化信息资源共享工程建设实施方案》，对全市文化共享工程建设提出了目标任务。

2、提高认识，抓好宣传发动。为提高全市上下对共享工程的认识，尽快全面启动工程实施，确保建设标准的规范、统一，在试点运行的基础上，市政府召开了全市共享工程建设现场推进会，市委组织部、市委宣传部等共享工程建设领导小组成员、各镇办分管负责人、文化站站长参加了会议。副市长作动员报告，对全市共享工程建设进行了再动员再布署，市财政局领导就工程建设资金落实和财政部门加强支持拿出措施办法。会议内容丰富，起到了很好的宣传发动效果。

3、明确责任，层层落实任务。为明确责任，加大全市共享工程建设的工作力度，我市采取了层层签订责任目标的工作方式。市政府与各个镇政府签订了工程建设目标责任书，对各镇提出了具体的工程建设要求。各镇政府又和镇文化站与所辖行政村签订了目标责任书，将工程建设的每项任务都进行了分解和落实。

4、加强指导，深入督办检查。在工程实施过程中，市文广新局代表工程建设领导小组，组织专班，定期深入到各镇办和村进行共享工程建设业务指导和督查。通过指导和督查，全面掌握了全市的工程建设动态，及时发现了工程建设中存在的问题，市支中心技术人员随队给予技术支持。每次检查完毕，市文广新局都要向工程领导小组汇报检查情况，向各镇办发出检查通报和整改通知，有力地促进了全市共享工程建设的整体稳步推进。

二、狠抓落实，突出重点

1、突出建设重点。在共享工程建设过程中，我们突出重点，抓住重点，从而带动全局。市支中心是全市共享工程建设的龙头，因而也是工程建设的重中之重。我们对支中心的建设提出了设备全、标准高、环境好的工作目标。支中心的高标准建设一是确保了共享工程的核心资源优势，二是对基层服务点起到明显的示范作用。

2、确保设备高标准。市支中心通过办理政府采购手续，合理有效利用资金，对中心机房、多媒体教室和公共电子阅览室进行了全面的升级改造建设，共享工程使用面积达300多平方米。支中心拥有服务器4台，卫星接受系统1套，磁盘陈列4TB，投影仪2台，硬件防火墙1台，电脑60台，10KUPS电源等设备全部达到了国家文化部文件要求的配置标准，配套设施完善，管理制度健全，工作环境和服务环境焕然一新。乡镇和社区基层服务点的设备也相继配置到位，都建有公共电子阅览室。村级基层服务点依托农村党员远程教育采取合作共建模式而建立，都有互联网宽带接入，均有计算机1台和电视机、机顶盒。为实现标准化和规范化，全市所有的基层服务点的共享工程标识牌由支中心统一定点制作下发，规章制度也由市支中心统一拟定，统一制作。

3、确保培训落实。为加强技术力量，适应新的工作需要，承担起对全市基层服务点的指导和管理重任，市支中心安排多人参加了湖北省分中心的共享工程技术人员培训，取得省分中心颁发的结业证书。与此同时，支中心组织对镇村基层服务点进行了多批次的管理员技术培

训，重点讲解了共享工程的性质和操作技能、服务应用，计算机基础知识等。采取集中培训模式，支中心统一组织，统一授课，统一考核，统一发放结业证书。

三、规范管理，创新服务

1、注重规范管理。文化共享工程是公共文化服务体系中的一项创新工程和惠民工程。我们从工程实施开始就决心将实事办实，好事办好，狠抓规范管理，做到全市共享工程实行“四个统一”：即统一形像标识、统一岗位职责、统一开放时间、统一行为规范。我们为全市文化共享工程制定了《服务管理制度》、《接收资源制度》、《设备管理制度》，印刷了统一的《工作日志簿》、《服务记录簿》、《资源索取记录簿》，所有管理员必须持证上岗，优质服务不打折扣。

2、做好阵地服务。公共电子阅览室和多媒体室是共享工程主要对外服务阵地，我们坚持公益性原则，开展免费服务。市支中心电子阅览室每天安排8个小时对市民开放，节假日对青少年开放，提供绿色健康上网，让他们利用共享工程平台，走进全国文化信息资源共享工程。寒暑假举办优秀影视展播活动周《佳片有约》，组织城区中小学生到多媒体教室观看爱国题材、科普题材影视。利用共享工程的资源，同市教育局、团市委开展未成年人思想道观讲座，受到中小学生的家长和学校老师的高度评价与赞扬，发挥了很好的社会效益，累计服务达18960人次。

3、开展农村和社区服务。市支中心变被动式服务为主动式服务，做到服务走出去。我们紧紧围绕新农村的大局，开展“我为新农村送文化、送信息”活动，到仙洪新农村试验区沿线各村巡回放映种养殖科教片、优秀影视片，结合当地种养殖实际，共刻制光盘360多张，发放科技资料3000多份。乡镇基层服务点也积极响应活动号召，为种植、养殖大户有针对性地提供信息帮助，上门放映农技专题片，得到农民朋友的好评。支中心每年在城区都要开展为期一个月的“文化进社区——图书馆服务宣传月活动”，在全市各大社区、广场免费放映优秀电影，丰富市民文化生活，受到了市民的热烈欢迎，“文化进社区”活动现已成为仙桃市文化共享工程的一个服务品牌。

4、服务特殊群体。我市的共享工程在做好普通人群服务的同时，也没有遗忘敬老院、特校和武警、消防等特殊社会群体，每逢重阳节、助残节、建军节都要带上电影、戏曲和慰问物资前去开展服务，平时根据他们的需要，经常免费送文化上门。配合学习实践科学发展观教育活动，市图书馆先后开展了“践行科学发展观，关注特殊群体”等活动。

5、发挥共建共享作用。我们利用与党员干部现代远程教育合作共建的优势，开展科学发展观的学习与讲座。市委组织部和市文广新局联合发文，规定全市村级党支部必须定时定点参加共享工程组织的各种教育培训，并纳入年终考核目标。现累计培训6800多人次。

6、做好宣传工作。为让社会各界更多了解共享工程，更好地发挥共享工程的社会作用，市图书馆也非常注重做好共享工程的宣传工作，做到有活动必有报道，共发给市报社、市电视台和湖北省电视台新闻稿件30多篇。在深入社区巡回放映电影前，以幻灯片和专题片的形式，对共享工程工作进行全面的介绍，使市民对共享工程有了进一步的了解，提高了共享工程的社会知名度，吸引了更多的市民走进共享工程。

四、工作展望

仙桃市的文化信息资源共享工程建设，实现了“建成资源丰富、技术先进、覆盖城乡、服务便捷的数字公共文化服务体系”的工作目标。下一步，我们将重点抓好资源建设、规范管理和创新服务方面开展工作，力争让文化信息资源共享工程这一深受党中央高度重视的惠民工程，在仙桃市生根开花结出丰硕的成果，为丰富基层群众文化生活，建成数字仙桃、小康仙桃、幸福仙桃做出更大的贡献。

（撰文/仙桃市支中心）

潜江市支中心

一、基本情况

2002年11月17日，潜江市图书馆与湖北省图书馆签署《全国文化信息资源共享工程湖北省分中心与基层中心试点工作实施协议》。同年底，《潜江文化信息资源共享工程实施方案》得到多方认可，市财政先后投入经费58.6万元，用于“潜江基层中心”建设。2005年8月20日通过“湖北省文化信息资源共享工程基层中心A方案”的验收，获得省图书馆提供的“联想”电脑15台。2005年底，潜江文化信息资源共享工程投入使用，电子阅览室对外开放，采编、借阅、检索等全面实现了计算机自动化。

2007年，“潜江基层中心”被纳入湖北省信息资源共享工程29个县市支中心建设试点之一。2008年，根据文化部《全国文化信息资源共享工程试点工作验收标准》和《湖北省文化信息资源共享工程实施办法》的要求，我们按照县级支中心A方案标准，完成了支中心的建设并验收合格，“潜江市支中心”正式挂牌，同时在13个乡镇和60%的行政村建立了共享工程基层服务点。2010年，支中心被纳入湖北省首批10家“县级数字图书馆推广计划”试点之一。截止2012年，我市已形成了由一个支中心、23个乡镇基层服务点和395个村级基层服务点组成的共享工程服务体系，覆盖率达100%。

目前支中心功能室和服务窗口由中心机房、资源加工室、多媒体活动室和电子阅览室组成，拥有服务器6台，信息服务点100个，建成网络服务平台1个（图书馆网站http://www.qjlib.gov.cn/），并设专职管理人员2名，确保了支中心设备运行、资源加工和服务活动的正常开展。

二、经费状况

2002年至今，潜江支中心累计投入资金142.6万元，其中上级财政补助54万元，本市财政投入58.6万元，运行经费纳入市财政预算，每年5万元，2007年–2012年共30万元。

三、资源建设

通过共享工程湖北省中心下发、自行网络收集、经费购买等多种方式，潜江支中心已收集到各类资源近

300部，总容量达200GB。同时，为弘扬我市地方特色文化资源，支中心采用现代化手段，对曹禺文献进行整合，对曹禺资料进行数据化处理，建立了曹禺专题资料库，并通过电子阅览室向市民免费开放。

四、惠民服务

潜江支中心本着边建设、边服务的宗旨，不断探索服务手段，更新服务内容，在实践中提高服务水平，为广大群众提供高质量的信息服务。

1、加强设备管理，优化网络环境

2007年，支中心建成了图书馆局域网，实现了网络集成化管理与服务自动化，实现了电子阅览室免费开放。

为了营造一个良好的网络环境，支中心少儿电子阅览室在原有基础上安装了"网络爸爸"反黄反暴软件，加强了限制权限，增加了电脑系统的更新维护频率，为少儿读者开辟了绿色上网通道，确保青少年在电子阅览室能健康上网。

2、利用信息资源，丰富读者文化生活

1.1.常年免费放映电影。支中心利用共享工程丰富的视频资源，为市民提供电影放映服务，内容涵盖了红色经典片、动画片、教育片、科幻片、历史片、纪录片等。除固定在每周六下午放映电影外，还利用节假日及特定宣传日开展"欢乐共享过大年"、"快乐六一大放送"、"学习雷锋好榜样"、"党在我心中"等主题放映活动，为市民滚动播放电影。仅2012年，支中心免费放映电影达136场，服务8000人次。

1.2.举办各类展览活动。我们从共享工程信息资源库中精选时下重要时政内容、科技信息、文化信息等资源，下载并制成图片模板，在广场、公园等人流密集区域进行集中展示，并充分利用共享工程资源信息丰富、更新快的特点，不断提供新的展览素材。2010年，支中心制作的"璀璨世博，辉煌潜江"图片展板在市曹禺公园、市南门河游园、市内各中小学展出。支中心还制作了"我与世博同行"宣传短片，在曹禺公园的巨型电子屏上滚动播出。截止2012年底，我中心共举办类似展览活动10余次。

1.3.建设图书馆网站。(1) 在图书馆网站主页建立了"潜江数字文化网"专栏，介绍潜江本土文化、风俗、历史和地方文献捐赠信息；开通了"潜江市电子阅览室资源链接网"，罗列了共享工程、电子数据、网上教育、中文期刊杂志等多方面的网站检索，为用户提供最新、最全面的知识链接；开辟了读者论坛、新书推介、赠书留芳、文化动态等栏目，为读者提供网络交流的服务平台。(2) 凡我市举办大型活动，支中心都在网站上发布相关活动信息。如"第二届曹禺文化周"、"第三届龙虾节"期间，发布一系列活动资料、图片等，宣传我市经济、文化品牌，扩大我市影响。(3) 从2011年起，每年寒暑假定期招募少儿阅览室志愿者，让志愿者参与到电子阅览室日常管理及图书馆网站的维护工作中。同时建立读者QQ群，由图书馆工作人员及电子阅览室志愿者担当管理员，活跃读者交流氛围。(4) 对业务活动开展活跃的基层服务点，在图书馆网站上进行宣传和重点推介。

五、培训工作

为适应共享工程建设、管理和服务的需要，潜江支中心主要开展了三个方面的培训辅导：

1、对支中心管理员的培训。先后7次参加了省分中心组织的共享工程知识培训，累计培训20人次。

2、采取"请进来，走出去"的方式对基层服务点管理员进行培训。截止2012年，支中心共组织乡镇、村级基层服务点管理员培训30次，达到了培训范围和参训人员的全覆盖。除集中培训外，支中心每年对基层服务点进行检查，对管理员进行现场技术指导，保证共享工程在基层服务点稳定运行。

3、对读者的培训。支中心利用共享工程设备建立了多媒体活动室，举办各类讲座30余场。以电子阅览室为阵地，先后开展了少儿电子阅览室志愿者、"四好少年"少儿网页设计等培训活动，引导读者走进共享工程，了解共享工程，分享共享工程建设成果。

全国文化信息资源共享工程的实施，以及潜江支中心的建立，加快了潜江市图书馆信息化建设的步伐，使图书馆更好的发挥了公共文化服务体系的作用。

（撰文/潜江市支中心）

神农架林区支中心

神农架总面积3253平方公里，辖5镇3乡和1个国家级森林及野生动物类型自然保护区、1个国有森工企业林业管理局、1个国家湿地公园（保护区管理局、林业管理局和湿地公园均为正处级单位），林地占85%以上，总面积3253平方米，辖5镇3乡67个村321个组，总人口8万。神农架是1970年经国务院批准建制，直属湖北省管辖，是我国唯一以"林区"命名的行政区。

一、基本情况

神农架林区图书馆始建于1980年6月28日，曾两度拆建，2002年新馆落成。新馆占地1200余平方米，馆舍面积1129平方米。馆内设馆办公室、财务室、采编部、期刊部、借阅部、技术服务部（信息咨询部），电子阅览室、中控室、多功能厅等。

在职职工6人，其中大专以上文化程度5人，中、初级专业技术职称3人。

馆内现有藏书6万余册，建立了25个流动图书点。曾经荣获过湖北省文化系统先进单位。

2008年6月，神农架林区图书馆建立了湖北省文化信息资源共享工程基层中心，建县级支中心1个，基层中心8个、村级服务点67个，全县覆盖率达到100%。

在区委、区政府、财政局大力支持下，每年共享工程专项经费3万元。

二、资源建设

文化信息资源共享工程神农架林区支中心按照国家统一建设标准，投资68万元对中控室和工作室进行了高标准改造，电子阅览室配置电脑38台。现拥有千兆主干网、百兆出口的馆际局域网和由多台PC机、高端服务器、大容量存储组成的硬件系统，搭建多元化的数据共享平台。共享工程多功能厅，用于召开会议、举办讲座、开展培训、影视放映等活动。

现有专业技术人员2人，其主要工作是加工数字资源、网站更新及维护、辅助基层业务、将加工好的资源传递到我区8个乡镇基层中心及67个村级服务点。

自共享工程实施以来，林区图书馆积极收集国家中心和省中心配发的大量优秀数字资源，加大自身资源建设力度，有计划地对馆藏文献进行数字化加工，整合我区现有资源，并对网上可用资源进行搜索，分门别类进行目标和链接，充实支中心资源建设，推进网络化、数字化。2009年与区委组织部党员干部现代远程教育、数字电视工程、中小学校园网等实行共建共享，截止2010年12月底，在全县建成农村村级基层终端接收站点67个，积极开展共享工程进企业、进军营、进校园、进社区等基层服务活动。

三、活动开展，惠民服务

林区支中心利用世界读书日、图书馆服务宣传周、全民读书月和法律节假日，向全区广大人民群众宣传共享工程的功能和作用，开展播放科技兴农、文化共享专题片、电影等活动100多场，观众达1万多人次。特别是下谷乡、阳日镇文化共享基层服务点开展"迎国庆"、"喜迎十八大 "、"国产新片和红色经典电影进农村公益放映"为主题，给老百姓送电影、送科技、送致富信息，用先进的文化占领阵地，极大的丰富了人民群众的文化生活。

四、工作展望

神农架林区图书馆全体工作人员，将认真贯彻党的方针、政策，充分利用文化共享平台，把党的声音送到神农架林区的千家万户，做好图书馆的各项免费开放工作，为城乡百姓服好务。

（撰文/神农架林区支中心）

恩施州支中心

恩施土家族苗族自治州位于中国湖北省西南部，辖恩施、利川2个县级市和巴东、来凤、咸丰、建始、鹤峰、宣恩6个县，首府恩施市。全国文化信息资源共享工程实施后，我州紧紧抓住这一历史机遇，将共享工程作为推进文化创新、完善公共文化服务体系、提高公益性文化服务水平，扎扎实实地组织全州共享工程项目的实施，建成文化信息资源共享工程市级支中心1个，县级支中心8个，村级服务点已全覆盖，州、市（县）、乡、村四级文化服务网络体系已基本形成。

一、基本情况

恩施州图书馆共享工程自2004年启动以来，得到了各级领导的关心与重视。2008年，我馆参加了第四次全国公共图书馆评估，共享工程已经成为申报一级馆的一个必备指标。恩施州图书馆共享工程支中心共建成电子阅览室140平方米，其中电脑36台，服务器1台；多媒体室30平方米，主控机房28平方米，综合阅览室和电子阅览室共设坐席36个。

二、网点建设

恩施州图书馆电子阅览室通过10M电信光纤接入互联网，电子阅览室36台计算机都可浏览共享工程的信息，以于2011年12月向社会全面免费开放。支中心的建成，进一步推动了我州图书馆基础建设，实现了图书馆网络化、数字化、自动化管理。2009年至2011年，分批在我州恩施市等8个市、县建成8个文化信息资源共享县级服务点，目前各基层服务点设备运行良好。

三、经费投入

2004年州财政按共享工程基层支中心的配置拨款要求拨款34万元，启动恩施州图书馆共享工程一期建设，其重点配置了服务器、存储设备、网络交换设备及相关软件，为恩施州图书馆共享工程建设打下了坚实的基础。为了充分发挥共享工程的的使用功能，2009年恩施州图书馆又自筹25万元，对馆内电子阅览室进行了重新规划、设备更新，使电子阅览室符合共享工程要求。到目前为止，恩施州图书馆共享工程建设上投入资金共59万元。

电子阅览室每年网络费用14400元，硬件、软件的维护、更新及使用费用每年20000元，共享工程人员培训每年费用5000元。

四、技术支持

恩施州图书馆文化共享工程支中心的技术支持，具体有：计算机技术、高密度存储技术、数据库技术、网络技术、多媒体技术、数字图书馆共享等等。技术支持能使图书馆事业发展呈现出工作管理自动化、文献存储信息化、读者服务人性化、服务手段网络化等特点，为图书馆带来空前的发展，也给图书馆提出了更多新的要求，使其更好地服务于社会。

五、合作共建

承资源共享理念，为加强恩施州图书馆与湖北民院图书馆合作关系，实现各自资源的外延扩张以及借阅的广泛性、便利性，使文献资源更好地发挥其功能，2012

年6月，湖北民院图书馆在恩施州图书馆设立“图书流通服务点”，恩施州图书馆与湖北民院图书馆依据各自读者特点就文献信息资源合作共享，恩施州图书馆馆长向长明与湖北民院图书馆签订协议书，制定相关借阅规则，为双方读者提供借阅服务。

六、开展惠民服务活动

在省中心、州局的正确指导和大力支持下，在州委、州政府的坚强领导下，通过几年的建设运行，恩施州图书馆文化共享工程支中心充分利用现有设备，发挥文化共享，为弘扬先进文化，构建和谐社会，建设社会主义新农村，丰富城乡群众文化生活起到了重要的作用。

1、开展恩施市全民阅读活动，建立州、市图书流通服务点。恩施州、市图书馆一起开展全民阅读活动，分别在舞阳坝派出所、航空路居委会、恩施市特殊教育学校、恩施州火车站、州武警支队直属三中队、武警恩施市中队、州武警支队一中队、恩施监狱，设立“恩施州、市图书馆——图书流通服务点”，满足人民群众日益增长的文化需求。

2、加强机关单位、社区文化队伍建设，搭建信息沟通平台。建立完善机关单位、社区文化站、基层服务点治理制度，加强共享工程基层服务点的治理。

3、构建遍布全州的基层服务网络，改善基层文化工作手段陈旧落后的状况。各单位、社区服务点依托文化活动室的便利条件，由州图书馆向服务点提供图书、杂志、音像资料等，满足社区居民精神文化生活需要。

七、宣传推广以及培训工作

为了进一步提高基层图书室专业人员业务素质和专业技能，促进基层图书室业务工作规范化、标准化，全面推进恩施市基层图书室农家书屋的建设，增强服务社会的能力，恩施州、市图书馆联合加大文化信息共享工程宣传力度，多次组织了恩施市农家书屋管理员培训。不仅提高了业务人员的业务知识储备，还加强各了图书馆（室）之间的业务交流，提高基层图书室的规范化管理和服务水平，使免费开放工作更进一步台阶。

八、管理和队伍建设、获得的荣誉奖项

实现现代化的图书馆就必须建立起一支素质高、结构合理、应变能力强的文献信息开发服务队伍，这就对新时期的图书馆员有了更新更高的要求。

恩施州图书馆共享工程支中心由州馆馆长向长明亲自挂帅，领衔全州文化信息资源各项工程建设，统筹全局工作。由副馆长袁少如、副馆长陈利平负责人员、项目、资金安排，由陈方勇，黄坤等为业务技术骨干，为进一步开展文化信息资源共享工程夯下了坚实的基础。

九、工作展望

一是进一步建设现代化电子图书馆，加大资金投入，更新电子设备，对硬件和软件站在战略高度上进行评估，让人民群众方便，满意，使恩施州图书馆在数字化的道路上迈出坚实的步伐。

二是扩充文化设施网点，以州，市（县）图书馆、乡文化站、基层服务点为实施主体。加强基层文化设施网点网络化、数字化建设，加强文化、科技信息资源自动化、网络化建设和专业技术人员的培养，为深入推进共享工程的实施打好基础。

三是努力把文化信息资源共享工程用活、用好。积极采用图书馆成熟技术，借助数字电视和远程教育服务网络，大力开展公益性服务。

四是在实施过程中加强与上级业务部门、县直各部门的沟通与协调，使共享工程服务群众更具针对性和时效性。

恩施州图书馆文化信息资源共享工程中在各方面的不懈努力下已初见成效，但目前的运行状况距离上级领导的要求和人民群众的需要还有很大差距，希望上级领导和业务部门能够在资金、技术等方面能够给予大力支持。相信在不久的将来，文化信息资源共享工程一定会以一个全新的面貌展现在群众面前，一定会成为老百姓满意的文化信息工程。

（撰文/恩施州支中心）

恩施市支中心

恩施市系恩施土家族苗族自治州首府，位于湖北省西南部。自2002年全国文化信息资源共享工程实施后，2010年，我馆结合实际，科学制定实施方案，严格遵从招投标程序，恪守专项资金管理原则，建成了文化信息资源共享工程恩施市支中心，村级服务点已全覆盖，市、乡、村三级文化服务网络体系已基本形成。

一、基本情况

恩施市图书馆共享工程自2007年启动以来，得到了各级领导的关心与重视。现中心由中控机房、电子阅览室、资源加工室组成。中控机房集服务器、存储、监控、防雷系统为一体；资源加工室集资源扫描、加工等功能为一体。电子阅览室面积80平方米，共设坐席32个。

二、网点建设

我馆计算机硬件、网络设备及软件建设均兼顾了共享工程的需要。在硬件资源方面我们拥有10M光纤宽带接入，多台小型机和高端服务器组成的功能强大的服务器以及磁盘阵列系统，高达2个T的大存储容量，构成了我馆高效的硬件资源系统，为共享工程的实施提供了较大的发展空间和硬件支持。

三、经费投入情况

2007年市财政拨款12万元启动共享工程建设，2009年由省财政拨款68万元按照省中心的要求重新进行规划更新，目前我馆有公共图书馆免费开放运行资金20万元。其中用于网络费用8000元，培训费用6000元，软硬件的维护及水电费用10000元。我馆严格按照《全国文化信息资源共享工程县级支中心建设标准》要求，健全完善各项规章制度，已于2011年12月对外免费开放。

四、资源建设

恩施市属于土家族、苗族居住地，有着丰富的文化资源。我馆通过对群众喜闻乐见的戏曲和地方特色文化进行重点采集和整合，形成了具有恩施市土家族、苗族优秀传统文化和民族特色的数字文化信息资源体系，如土家摆手舞、恩施扬琴视频教学等。目前我馆的资源建设虽取得初步成效，但是仍有较大的发展空间。同时我馆利用共享工程网络平台上的资源，不定期举办图书馆工作人员业务技能培训、组织全馆工作人员观看专家讲座，不断提高我馆人才队伍的建设和管理工作水平。

在共享工程资源建设方面，我馆准备建立一个特色专题数据库。我们将继续利用共享工程网络平台向外界宣传介绍具有恩施州少数民族民间民俗文化的声、像、图等资料，力争将“共享工程”恩施市支中心办成最具地方特色的代表性站点，使其更好地服务于社会。

五、惠民服务及合作共建

经过两年多的建设，我馆的共享工程已形成了初具规模的技术服务平台。我馆依托共享工程的资源，充分利用图书馆里丰富的信息资源优势，开展了丰富多彩的文化服务。我馆始终坚持以建立健全公共文化服务体系为目标，以共享工程为平台，大力推进文化基础设施建设，不断提升公共文化服务质量和水平，保障人民群众基本文化权益。恩施市图书馆不仅做到公共空间设施场地免费开放，而且与其职能相适应的基本公共文化服务项目健全也免费向群众提供。恩施市图书馆在搞好阵地服务的同时，也开展多方面的惠民服务，在恩施州城设立多个图书流动服务点，通过送书进社区、送书进校园、送书进车站机场等措施，使图书文献资源利用率大大提高。至今，我们已经设立了16个图书流动服务点。既满足了群众多层次、多样化的文化需求，也增强了基层文化工作的吸引力，促进了我市公共文化事业的大繁荣、大发展。

我馆按照上级统一部署，深入推进数字图书馆推广工程和公共电子阅览室建设工程，按期完成上级下达的电子阅览室建设任务。2011年底，全州县市级公共图书馆数字图书馆推广工作会议在我馆召开。

六、宣传推广及培训工作

恩施市图书馆不断加大免费开放宣传力度，通过网站、报纸、电视台等新闻媒体向广大市民发布我馆免费开放信息，并且通过全民阅读活动及每次送书活动，设立图书流动服务点，让越来越多的民众对图书馆的免费开放政策有了相应的了解，愿意走进图书馆和图书流动服务点借阅图书，享受精神食粮的补给。经统计，我馆在电台、报刊及网站的宣传报道共有40篇左右。

恩施市图书馆同时利用电子阅览室平台，举办各类培训，绿色上网等各种方式进行惠民服务，并利用送书进社区，进乡镇，进学校之机，为基层图书室工作人员业务知识及技能等方面给予指导，旨在进一步提高专业工作人员的业务素质，使免费开放工作真正做到人人知晓，人人享受。并举办了各类基层图书室业务知识、技能培训。

2011年全州县市级公共图书馆数字图书馆推广工作会议

七、管理和队伍建设

恩施市图书馆为促进共享工程的建设与发展，提高服务水平，加强队伍建设于2010年、2011年公开招录2名计算机专业人才。现代数字图书馆的建设需要有长远的发展目标，在当今迅猛发展的二十一世纪，更要有一支高素质、高水平、高技能的合作团队。在各馆员的共同努力下，不断加强自身的业务技能，充实专业的业务知识，与时俱进地学习，不仅搞好阵地服务，在各类培训、活动中也积极主动，加强与同行、合作伙伴及各类服务对象的交流与沟通，为图书馆的现代化建设献力建言，与图书馆一起发展，一起进步。

八、工作展望

下一步我馆将积极争取上级有关部门的支持，努力创造条件，购买软、硬件设备，完成所有下属基层中心的联网。我馆将以全国文化信息资源共享工程网络资源服务平台为依托，充分利用现代高新技术手段，将各种类型的文献信息资源以及贴近大众生活的现代社会文化信息资源，进行数字化加工处理与整合，通过共享工程网络资源服务平台，使优秀文化信息资源走进社区、走进军营、走进校园、走进农村，最大限度的实现优秀文化信息资源在全市范围的共建共享。

（撰文/恩施市支中心）

利川市支中心

利川市下辖14个乡、镇、办事处、开发区，575个行政村，总人口92万余人。文化信息资源共享工程是一项全国性的公共文化服务工程，利川市一直把实施文化资源共享工程作为推动社会主义文化大发展大繁荣的重要举措。近几年来，利川市文化共享工程在上级有关部门的领导支持下，逐步配齐了硬件设备，优化了服务环境，并充分利用先进的资源优势，提供信息资源服务，为市民搭建了一个利用现代科技手段迅速获取各类信息资源的优秀平台。

一、基本情况

2006年5月中旬，利川市图书馆被湖北省文化信息资源共享工程分中心授予“全国文化信息资源共享工程县级支中心”，并配备了价值四万多元的地面卫星接收设备（如多媒体电脑、投影仪及相关服务器等）。2009年文化共享工程更上新台阶，在利川市文体局领导的共同努力下，湖北省文化厅、财政厅等把利川市共享工程基层中心建设纳入2009年计划，2010年实施。后因涉及广电文化传媒大楼的新建，我市共享工程建设2011年才得以具体实施。经过政府公开招投标，县级支中心基础设备设施已全部到位，配有51台电脑、4个服务器、1个存储等硬件设备，建立了电子阅览室、资源加工室以及馆内监控，通过安装调试2012年7月份正式投入使用。

二、网点建设

近几年，基层服务点建设工作也扎实稳步推进。截止目前，11个乡镇，575个行政村、社区都配齐了电脑和专业技术人员，其中283个行政村配备了整套投影设备，现只剩都亭办事处、东城办事处、凉雾乡正在筹建之中。依托这种遍布城乡的文化信息共享服务点，使广大群众不出村就能享受到文化共享工程关于农村实用人才培训等视频资源，解决了农民看书难、获取农业信息难等问题。

三、经费投入

利川市共享工程支中心共获得68万元的项目资金购置设备设施，同时每年投入3万元的运行经费，用于共享工程设备的维护、人员培训和惠民活动的开展，以确保共享工程的正常运行。

四、管理和队伍建设

强化培训，提高素质。共享工程是一项采用高新技术推动文化建设的工程，其特点是技术含量高，要求从事这项工作的人员须具备相应的知识和技术，根据支中心工作需要，每年组织1–2次专业技术培训，以适应共享工程建设和服务需求。

制度上墙，规范服务。为了进一步规范共享工程管理和使用，提升公共服务水平，利川市支中心根据各部门业务制定了相关制度并上墙，严格依照制度执行。同时每年年初有年度工作计划，季度有工作重点，年底有工作总结，成绩有工作考核，同时还推行了共享工程服务日志，收集整理共享工程服务活动。

五、合作共建

2008年—2010年期间，利川市文化共享工程得到了上级领导的高度重视和大力支持，根据《关于进一步推进全省文化信息资源共享工程建设的实施办法》（鄂文化文[2008]48号）和2008年9月中共湖北省委组织部、湖北省文化厅、财政厅联合发出的《关于加强全省农村党员干部现代远程教育与文化信息资源共享工程资源整合工作的通知》精神，将农村党员干部现代远程教育与文化共享工程的协作共建，让村级基层服务点通过互联网加机顶盒的方式即可享受文化共享工程提供的资源服务，构建了“远教搭台、部门唱戏、多方参与、共建共享”的工作机制，实现了优势互补、互惠双赢，推动了党员干部现代远程教育和文化信息资源共享工程健康协调发展。

六、惠民服务

1、展播优秀影视节目。利川市共享工程支中心充分利用馆内先进设备，为广大读者播放优秀影视节目。应广大少年读者要求，定于每周双休日在少儿阅览室播放动画片及科普宣传片，同时在电子阅览室为老年读者定期推出了一些保健、卫生、科技、军事等方面的影片资源，受到他们的普遍欢迎。

2、免费指导使用电脑。利川市图书馆电子阅览室电子阅览室共有48台电脑，全部免费对外开放，并保证开放时间每周不少于56小时。为确保读者有一个健康绿色的上网环境，利川市共享工程支中心还排了专人负责维护软件硬件、屏蔽非法侵略信息及不良的非法网站，对来馆上网的小读者进行上机指导，让其学会一些电脑知识及软件使用技巧，同时对其进行电脑操作监控。

3、党员受教育，群众得实惠。利川市支中心挑选了一些广大人民群众喜闻乐见的、健康向上的、科学的、先进的文化资源制做成光盘及《科技小报》发给他们，满足他们对文化的需求，达到了服务基层、服务群众实现“资源共享”的目的。几年来，利川市支中心先后送出刻录光盘8000多张，《科技小报》2万余份，为全市农民科技致富和党员教育培训提供了及时、最新的学习资料，受到了基层广大群众和党组织的欢迎和好评。

七、宣传推广

共享工程是国家的一项文化创新工程，民心工程，有着巨大的社会效益和广阔的发展空间。围绕这一惠民工程的顺利开展，利川市支中心结合图书馆的宣传服务活动，利用广告宣传、媒体报道、板报展、电影放映、“送上门”（即走进机关、农村、社区、学校、军营、企业赠送资源）等方式宣传文化共享工程，引起了社会各界关注和政府领导的重视。据统计，就近两年，利川市支中心共发表宣传报导40余篇，制做展板5块，播放电影110余场，上门服务60余次。

八、工作展望

文化共享工程在我国公共文化服务体系建设中具有战略性、基础性地位。自从利川实施以来，城乡服务网络基本建成，传输模式不断完善，惠民服务扎实推进。在今后的工作中，利川市支中心将紧紧围绕国家、省、州中心的工作安排，进一步完善市、乡、村公共文化服务网络，实现乡镇、街道和社区文化站、文化活动室全履盖，乡镇、村级文化信息共享工程全履盖；进一步推进数字化资源建设，构建资源优质丰富、技术先进实用、服务便捷贴近的公共数字文化传播服务体系，使文化共享工程真正成为城乡群众参与文化娱乐、获取科普信息、接受教育培训、享受惠民服务的重要平台。

（撰文/利川市支中心）

建始县支中心

全国文化信息资源共享工程是国务院实行的一项完善基层文化基础设施建设、实现文化信息资源的信息化，传播的广泛化、高速化的惠农工程。

一、基本情况

2002年10月，我县文化共享工程分中心根据《全国文化信息资源共享工程专项资金管理暂行办法》的通知文计发[2002]27号文件的要求，县委县政府高度重视，成立了建始县共享工程领导小组，由副县长任领导小组组长，各职能部门一把手为成员，图书馆馆长为办公室主任，办公地点设在县图书馆，并与省共享工程中心签定了资源共享协议合同，这也是省中心与县支中心签的第一份合同，县民宗局为我馆筹措资金5万元，购得电脑10台，单位购置桌椅板凳因陋就简。

于2002年12月通过电信网络，以拨号上网的方式正式为读者提供网上服务。这也是我州第一家率先实行电子阅览室正式开展网上服务。

到2009年底，建始县文化信息资源共享工程，通过政府采购办审批，政府采购中心公开招标，已基本完成了县级支中心的建设，完善了多媒体电子阅览室的建设，工作站由原来的2个增加到10个，建起中心机房，电子阅览室，目前运行良好。

县支中心建起以来，接入了光缆宽带，网速达10M以上，使用1个固定IP接口，并与省分中心签订了资源共享协议，开展合作共建，制作了县支中心的标牌，开辟了共享工程宣传专栏，建立了反馈机制，及时反馈共享信息，工作档案、数据统计规范，增加了“共享工程”的宣传力度，社会效果显著。

二、经费投入

我县文化“共享工程”从2002年自筹5万元资金启动，2008年，县图书馆积极申报争取全国文化“共享工程”建设项目，2009年获得中央财政批准，并按国家级贫困县标准拨给我县县级支中心建设经费68万元，2010年拨给我县文化“共享工程”支中心村级终端站点建设资金91万元。全面实施我县文化“共享工程”县、乡、村三级数字化网络基础设施建设。2012年县财政拨款7万元解决基层服务点设备的维护与更新。

三、网点建设

“共享工程”建设，除建设好县级支中心外，还必须按照国家、省、州的要求，建设好乡镇村和社区服务网点，因为全国文化信息资源共享工程必须普及到农村、街道，实行村村通，乡镇、村、社区服务网点通过县级支中心就能享受和利用国家的文化信息资源。

2008年以来，县支中心（图书馆）多次与县远教办联系，争得县委组织部的支持，并就我县村级终端站点建设进行摸底调查，做好与农村党员干部现代远程教育共建村级基层服务点的前期准备工作。

2010年元月，在县委组织部、县政府采购办、县纪委的监督和指导下，我馆支中心申请政府采购办对“共享工程”村级终端站点建设项目资金91万元，委托政府采购中心对组织部提供的103台夏普投影机（含幕布及线材和音箱）和68台华硕台式电脑实行公开招标，一次性采购安装完成。

2011年4月，县委组织部远教中心组织牵头，县支中心（图书馆）负责技术指导，进一步开展村级站点共创共建。

目前，建始县“共享工程”村级终端站点建设任务已基本完成，91万元资金全部用于全县村级终端站点建设，并根据合同要求，进行安装、调试，现已全部投入使用。

（撰文/建始县支中心）

巴东县支中心

一、基本情况

2007年，巴东县被首批列入全省文化信息资源共享工程建设的29个贫困县之一。全国文化信息资源共享工程实施后，我县紧紧抓住这一历史机遇，县委、县政府高度重视，将共享工程作为推进文化创新、完善公共文化服务体系、提高公益性文化服务水平、促进经济社会协调发展、构建和谐巴东的重要举措，扎扎实实地组织全县共享工程项目的实施工作。2008年9月，巴东县人民政府办公室下发了《巴东县文化信息资源共享工程实施方案》，并成立了由县政府副县长任组长、政府办公室副主任、文体局局长、财政局局长为副组长、县广电局、电信局及各乡镇人民政府乡（镇）长为成员的县文化信息资源共享工程领导小组，召开了全县文化信息资源共享工程建设工作会议，共享工程领导小组组长与各乡镇签订了《巴东县文化信息资源共享工程建设责任书》。

巴东县支中心的设施设备配置，按照湖北省文化信息资源共享工程县级支中心系统配置标准，经过与《2009年度全国文化信息资源共享工程县级支中心配置标准》对照检查，符合配置标准；列入综合“文化站建设”项目的乡镇基层服务点的配置，在已有的党员远程教育终端一套的情况下，开通了一兆的宽带网络，同时拥有了5台以上电脑、音响等设备。

461个村级基层服务点的配置，均与党员远程教育基本设施联合购置，拥有电视机、投影机及远程教育终端一套。完善了“共享工程”硬件设施上的架设。并下发了“全国文化信息资源共享工程基层服务点”标牌、管理制度、管理职责。

文化信息资源共享工程巴东县支中心于2008年7月份建成投入使用，设备总投资68万元。其中：建成电子阅览室80平方米，多媒体室48平方米，主控机房15平方米，电子阅览室设坐席40个。现已向社会全面免费开放。支中心的建成，进一步推动了我县图书馆基础设施建设，并通过“共享工程”平台实现了我县图书馆业务工作的网络化、自动化管理。

2009年县支中心5万元运行经费纳入财政年度预算。截止目前，巴东县文化共享工程共完成资金投入218万元，建成县支中心1个，12个标准化乡镇综合文化站，461个村级服务点，县、乡、村三级文化服务网络体系已基本形成。解决了农民看书难、看报难、看电影难，致富信息来源渠道窄的难题，为农民创造了一片良好的网络文化天地，使广大的农民得到了文化共享工程的实惠，深受农民朋友的欢迎。

二、开展服务工作

在省中心的正确指导和大力支持下，各级站点充分利用现有设备，发挥文化共享，为弘扬先进文化，构建和谐社会，建设社会主义新农村，丰富城乡群众文化生活起到了重要的作用。

1、阵地服务

我县县级支中心共享了省图书馆网络和万方数据等数据库。共享平台拥有8000多种电子期刊、40多万册电子图书、7000多部视频讲座和特色数据资源，这些资源极大丰富了共享工程的内容，特别是一些视频讲座尤其受到广大基层群众的欢迎，电子阅览室自正式启动以来，已点播各类视频讲座60余部，接待读者18500多人次，为读者解答疑难1500人次。

2009年10月建立了巴东县文化信息资源共享工程县级支中心网站，充分利用网络平台整合图书馆以及全县各类文化信息资源，与上级中心及各兄弟县市支中心共享工程网站形成对接，实现优秀文化信息资源的共建共享。利用“文化信息资源共享工程”资源，以“爱国主义”教育为主题，定期开展未成年人爱国主义教育影片展映活动。“六一”儿童节，“十一”国庆节组织光明小学师生来我馆多功能视听室观看《闪闪的红星》《建国大业》等节目。坚持周六，周日开展爱国主义影片展播，旨在通过此活动对孩子们进行爱国主义教育、人生观教育，用英雄人物故事培养孩子们的荣辱观，让孩子们从小学会爱祖国、爱家乡、爱人民、爱生活。

2、馆外服务

我馆根据不同服务对象、不同时间或季节开展各类活动，将文化共享工程服务向基层延伸，利用文化共享工程资源优势，开展丰富多彩的进农村、进学校、进社区、进广场服务活动。通过共享工程平台，优秀的文化信息源源不断传输到基层群众中，解决了部分农民看书难、获取信息难的问题，丰富了群众业余文化生活。我县是个山区农业县，结合这一现状，我馆深入调查，根据农民的需求，下载家禽饲养、药材、烟叶栽培等相关信息，翻刻了100多张由国家文化资源共享工程下发的“文化共享助春耕”光盘，内容涉及育苗育种、特种养殖、科学抗旱、科学种植等一些适合我县实情的资源送到乡镇服务点。

三、宣传推广

自全国文化信息资源共享工程实施以来，巴东支中心为了扩大其在基层群众中的影响，广泛宣传其作用和意义，使各级领导和群众充分认识到这是一项惠民工程、民心工程，认识到工作的重要性和必要性以及文化信息资源的可用性。我馆利用4月23日“世界读书日”、“图书馆服务宣传周”和“6.1儿童节”开展活动期间，采用电视新闻报道，印发宣传单，电子屏宣传标语，图书馆网站宣传等方法来推动文化资源共享工程。

四、培训工作

为了进一步健全我县文化信息资源共享工程服务网络，提高文化共享工程管理员的操作技能，让文化共享工程更好地为广大群众服务，我馆定期在县中心举办了“文化资源共享工程”“农家书屋”乡镇服务点培训班。来自全县12个乡镇的管理员参加了培训，内容包括文化共享工程概述、支中心基本情况、电脑的基本使用方法，以及共享工程管理。

除了办培训班外，县中心工作人员还有针对性到各个村级服务点走访，指导，了解。保证各基层服务点工作人员正确使用共享工程设施设备，提高共享工程设施设备及信息资源的使用率。

五、工作展望

1、认真抓好支中心和乡镇、村基层服务点工作人员队伍建设。加强技术培训和指导，建立比较完善的文化信息资源共享工程的人才培训体系。

2、充分利用共享工程县级支中心平台，为广大读者，特别是农村读者提供优秀的文化信息资源，提高网络信息服务水平和利用率。

3、努力把文化信息资源共享工程用活、用好。通过多种形式拓展服务范围、创新服务方式，以群众喜闻乐见的形式使共享工程更加贴近基层、贴近生活、贴近群众。

（撰文/巴东县支中心）

宣恩县支中心

宣恩县总面积2700多平方公里。下辖三镇、四乡、二个侗族乡，两个工业园区，五个社区，279个行政村，全县总人口36.5万。全国文化信息资源共享工程实施后，我县紧紧抓住这千载难逢的好机遇，将共享工程作为推进文化创新、完善公共文化服务体系、提高公益性文化服务水平，作为建设目的，扎扎实实地在全县实施文化信息资源共享工程建设项目，建成全国文化信息资源共享工程县级支中心1个，乡镇基层服务点9个，村级服务点279个，社区服务点5个，目前县、乡(镇)、村三级文化信息资源服务点已基本形成。

一、基本情况

全国文化信息资源共享工程自2002年启动以来，我县就一直高度重视，并且在2007就进行了建设项目申报工作。2008年我县文化信息资源共享工程项目申报成功，经过半年的精心准备，省图书馆进行公开招标，68万元的设备并于同年8月全部安装调试完毕，并对读者开放。建设成电子阅览室100平方米，配置电脑50台，服务器5台，卫生天锅接受器1台，主控机房30平方米，电子阅览室共设66座席。宣恩县级支中心电子阅览室通过100M电信光纤接入互联网，50台电脑都可以浏览全国文化信息资源国家中心的网站，已于2011年12月向社会全面免费开放。县级支中心的建成，更进一步推动了我县图书馆基础建设，实现了图书网络化、数字化、自动化管理。目前，县、乡、村三级服务网点设备运行良好。

二、网点建设

宣恩县文化信息资源共享工程乡镇基层服务点和村级服务点建设工程，从2009年至2010年网点建设分别由恩施州州委组织部、宣恩县县委组织部统一配置和我县支中心公开招标完成，乡镇9个服务点，村级279个服务点，全部都是按2007年国家建设标准完成的。目前乡(镇)村服务点工作正常开展，设备运行良好。

三、经费投入情况

宣恩县文化信息资源共享工程，是2008年由省图书馆进行公开招标后，统一配置的68万元的设备，配置了5台服务器、存储设备、网络交换设备、摄像、照相及相关软件，为宣恩县图书馆共享工程建设打下了坚实的基础，这些设备、设施充分发挥共享工程的功能和作用。从2008年起县财政每年对县级支中心预算20000元的运行经费。

四、技术支持

宣恩县图书馆文化共享工程支中心的技术支持，具体有：计算机技术、高密库存储技术、数据库技术、网络技术、多媒体技术、数字图书馆共享等。技术支持能使图书馆事业发展呈现出办公管理自动化、文献存储信息化、读者服务人性化、服务手段网络化等特点，为图书馆带来空前的发展，也给图书馆提出了更多、更新、更高的要求，使其更好地为社会服务。为了提供强有力的技术保证，县图书馆在2009年通过公开招考招聘了专业的计算机管理人员1名。

五、合作共建

宣恩县图书馆为加快县级支中心与乡镇基层服务点、县武警支队和县消防大队基层服务点的合作关系，实现了资源借阅合作共建与广泛性、便利性、均等性的原则，使文献资源更好地发挥作用，在2011年、2012年，宣恩县图书馆在乡镇文体服务中心、县武警支队、县消防大队图书室设立“图书流通服务点”。县图书馆与各基层图书室签订了文献信息资源合作共享协议书，制定相关借阅规则与制度，为广大读者提供了便民、均等的服务方式。

六、开展惠民服务活动

在省中心、州支中心的正确指导和大力支持下，在县委、县政府的正确领导下，通过几年来广大馆员的共同努力，我县文化信息资源共享工程县级支中心充分利用现有设备、资源，发挥其优势，为弘扬先进文化、构建和谐社会、建设社会主义新农村文化、丰富广大人民群众精神文化生活起到了积极的作用。

1、2012年8月1日，县图书馆和县消防大队官兵一起开展了“图书进军营、和谐共建庆‘八一’”的活动，将文化信息资源共享工程资源、300多册爱国主义、军事历史、科技图书送进了消防大队。送去的图书已成为军营生活里的“抢手货”，图书室呈现出“人人有书看，人人爱看书”的喜人景象。2、2011年8月17日，县图书馆精心组织一批图书涵盖政治、军事、政治、文学、爱国主义、科技图书送进县武警中队，并特聘原图书馆馆长对武警官兵讲了一堂题为“书中自有黄金屋”的讲课，使官兵们深受启发和鼓舞。3、以农家书屋为平台，让更多的村民积极参与读书活动，为农家书屋培训图书管理员。

七、工作展望

利用文化信息资源共享工程、农村中小学远程教育和党员远程教育服务网络平台，开展好各项公益性服务。发挥文化信息资源共享工程网站，沟通和协调好纵向、横向的联系，服务于社会各个部门。发挥电子阅览室的特长，服务好未成年人和社会弱势群体，使之成为青少年绿色上网场所。力争向县委、县政府争取专业的计算机管理人员3名，夯实图书馆的专业技术管理人员。

宣恩县文化信息资源共享工程在各方面的不懈努力下已初具成效。就目前状况距离各级领导的要求和广大读者的要求还有很大差距，希望上级领导和业务主管部门在资金、技术、人员编制等方面给予大力倾斜。相信在不久的将来，文化信息资源共享工程将成为真正为广大人民群众的实惠工程。

（撰文/宣恩县支中心）

咸丰县支中心

一、整体情况

咸丰县支中心于2006年8月由湖北省中心授牌成立，2007年成立咸丰县文化资源共享工程领导小组，副县长杨局成任组长，县文体局局长邓永刚任副组长，文体局副局长吴运辉任办公室主任分管文化资源共享工程工作。领导小组成员由全县11个乡镇镇长及县直各局副职组成。

二、网点建设

2010年，国家一次性投入68万元资金，用于我县支中心数字化、网络化建设，安装了全国“共享工程”软件及数据，完成了共享工程咸丰县支中心的建设，建立了我县共享工程硬软件平台。2010年底至现在，全县各乡镇与县支中心签订协议并已建成开展服务的乡、镇、村基层点已有196个，其中乡镇中心点11个，村基层点185个。这185个点结合我县的党员远程教育，全部利用电信宽带开通了共享工程。网络覆盖率达45%。

三、经费投入

经费投入是保障文化共享工程进展的重要因素之一。作为公益性的文化项目，我县的文化共享工程得到了县委、县政府的大力支持，县财政每年落实运行经费5万元，用于县支中心资源建设、人员培训和维护，以及全县共享工程管理等。

四、资源建设

为基层共享工程管理人员进行培训

目前正在搜集和整理南剧音视频资源及我县有特色的旅游资源等，加大对国家级非物质文化遗产南剧的宣传、推介力度，对经典剧目进行资源加工和平坝营、黄金洞旅游资源的宣传、推介力度。

五、合作共建

共享工程建设以来，在县委、县政府、县文体局和财政局的关心和支持下，我县的共享工程建设取得了可喜的成绩。目前县支中心的电子阅览室已投入使用。结合我县的党员远程教育，全县11个乡镇建起了基层点。

六、惠民服务

文化共享工程的实施把优秀的中华文化通过网络送到广大基层。一是利用现代网络信息资源，为农业生产服务；二是送文化到基层，丰富群众文化生活；三是利用共享文化信息资源，进行思想和文化教育，较好地缓解了城乡基层群众看书难、看戏难、看电影难、获取信息难等问题。随着我县基层中心的逐步建成，共享工程的服务活动已初见成效，全县11个乡镇文化服务中心利用电子阅览室组织群众引导他们上网浏览农业科技知识等活动，深受基层群众的喜爱。

七、宣传推广

我县支中心的资源传输是根据各基层点的要求，通过网络传送，硬盘拷贝和光盘刻录等方式，将资源送下去。到目前为止，已通过网络传送视频讲座80余次，提供包括电影，戏曲、农业科技知识等硬盘拷贝资源约200GB。将国家中心分配的光盘资源刻录赠送各乡镇基层服务点开展服务。

八、培训工作

1、结合我县党员远程教育的一起建立培训机制。基本保证各基层服务点的工作人员上岗前的技术学习和培训。2、严格设备管理。对共享工程设备设专室放置，专人管理，及时维护。3、重视技术指导，确定专人对相关设备进行日常管理、维护。负责共享工程资源的收集整理，传输下栽等服务性工作。4、加强网络管理，控制电子阅览室的开放时间，制定相关的网络完全措施，杜绝黄、赌、毒等不良信息的浸入，加强对未成年人的上网管理。5、健全规章制度。建立健全电子阅览室的管理制度，行为规则，管理人员的职责。读者须知等各项管理制度，并上墙公示。

九、管理和队伍建设

培养一支责任心强、熟练掌握设备操作技术与服务要领的人员队伍是摆在我们面前的迫切任务，也是共享工程顺利实施的重要保障。几年来，县图书馆派一名技术人员参加省中心举办的技术培训一次，支中心请老师授课培训基层服务点的技术人员一次，培训人员达1000多人次。为建设一支素质高、能力强、技术过硬的基层队伍打下了良好的基础，初步形成了我县共享工程建设的专业队伍。

十、工作展望

以科学发展观为指导，以数字资源建设为核心，以基层服务网点建设为重点，以多种传播方式为手段，以共建共享为基本途径。把我县的文化资源共享工程建设成为资源丰富、技术先进、服务便捷、覆盖城乡的数字文化服务体系，努力实现村村通。

（撰文/咸丰县支中心）

来凤县支中心

来凤县下辖五乡三镇一个省管开发区，11个社区、185个村，国土面积1339平方公里，总人口30余万。全国文化信息资源共享工程实施后，我县紧紧抓住这千载难逢的大好机遇，将共享工程作为推进文化创新、完善公共文化服务体系、提高公益性文化服务水平，作为建设目的，扎扎实实地在全县实施文化信息资源共享工程建设项目，建成文化信息资源共享工程县级支中心1个，乡镇基层服务点8个，村级服务点及社区服务点206个，目前县、乡、村三级文化服务网络体系已基本形成。

一、建设情况

全国文化信息资源共享工程2009年建设工作启动，来凤县文化信息资源共享工程县级支中心建设费用68万元，建设电子阅览室200平方米，配置电脑40台，信息加工终端4台、服务器4台、卫星天锅接受服务器1台；多媒体室180平方米，主控机房20平方米，综合阅览室和电子阅览室共设50坐座席。来凤县县级支中心电子阅览室通过20M电信光纤接入互联网，电子阅览室40台计算机都可浏览共享工程的信息，已于2010年1月向社会全面免费开放。县级支中心的建成，进一步推动了我县图书馆基础建设，实现了图书馆网络化、数字化、自动化管理。地方财政每年安排3万元作为县级支中心的运转经费。

二、基层服务点建设及经费投入

乡镇基层服务点和村级服务点工程建设，从2009年至2011年，网点建设分别由恩施州州委组织部统一配置和我县招标完成，乡镇服务点按照50000元一个标准建设、村级服务点、(社区) 居民小区服务点按照4200元一个标准建设。至到2012年底为止在我县8个乡镇、185个行政村、21个 (社区) 居民小区建立了文化信息资源共享工程乡镇基层服务点、村级服务点、居民小区服务点。乡镇基层服务点每个每年安排运转资金500元，目前各基层服务点工作正常开展、设备运行良好。

三、技术支持

图书馆作为满足大众对知识和信息的需求而设立，是对知识的物质载体进行收集、加工、整理、存储、传递和开发利用、传播文化的载体，其职能作用决定了始终要站在科学技术的前沿，准确把握当今国内外科学技术发展的现状和动态。

四、合作共建

承资源共享理念，来凤县图书馆为加强来凤县县级支中心与乡镇基层服务点、县消防大队基层服务点的合作关系，实现各自资源的外延扩张以及借阅的广泛性、便利性，使文献资源更好地发挥其功能，2012年4月，来凤县图书馆在乡镇图书室、县消防大队图书室设立“图书流通服务点”，县图书馆与各基层图书室依据各自读者特点就文献信息资源合作共享，县图书馆馆长利为民与各基层图书室签订协议书，制定了信息共享及相关借阅规则，为双方读者提供文化信息及图书借阅服务。

五、惠民服务

在省中心、州支中心的正确指导和大力支持下，在县委、县政府的坚强领导下，通过几年的建设运行，来凤县文化信息资源共享工程县级支中心充分利用现有设备、资源，发挥文化信息资源共享工程优势，为弘扬先进文化，构建和谐社会，建设社会主义新农村，丰富城乡群众文化生活起到了重要的作用。

1、利用共享工程平台积极开展读书活动。2011年4月22日县图书馆组织工作人员，将100G文化信息资源、三百多册爱国主义、科技图书送进了县武警中队，并和战士们一起进行了谈读书阅读意义和作用，为了勉励战士们争当优秀士兵安心服役。县图书馆并聘请了县法律服务中心主任余崇惠同志为战士们作了题为《遵纪守法、争当优秀士兵》的法制讲座。读书活动期间县图书馆并鼓励中队每个战士通过读书和观看文化信息资源写出题为“党在我心中”的文章。2012年4月7日县图书馆和县消防大队官兵一起开展了全民读书月活动，将200GB文化信息资源、一千五百册爱国主义、科技图书、100个光碟，送进了县消防中队，现场为战士们播放了《建国大业》的电教片。为了勉励战士们争当优秀士兵安心服役。读书活动期间县图书馆并号召大队每个战士通过读书写出题为“祖国在我心中”的文章。农家书屋”建设是一项面向农村、面向基层农民的文化建设工程，通过农民自主读书形式，推动农民读书、用书、学习文化知识，活跃和丰富农家文化生活，改善农村文化环境，提高农民整体素质和农民文明程度，促进农村经济社会协调发展。农家书屋的建设，为我县全民阅读活动的开展提供了一个良好的平台。我们结合农民的实际情况，向农村最基层输送了文化、科技、卫生、法律、种植、养殖等各类与农民生活生产息息相关的书籍和电子影像制品，充分利用村级服务点对村民进行播放，让村民在观看、阅读的同时也能学习到知识。为了让在押犯人在服刑期间也能享受到读书的权利，从而达到教育改造犯人的目的。2010年7月17日，来凤县图书馆和县检察院监所科一起共同在来凤县看守所建立了新生图书室，县图书馆为县看守所新生图书室送去政治类、法律类、科技类、文学类、医学类图书共500余册、县检察院监所科为图书室添置了书架和阅览桌椅。新生图书室8月5日对在押犯人正式开放。新生图书室的建立得到了众多媒体的关注，并在2010年8月25日湖北日报上进行了宣传。2、加强机关单位、社区文化队伍建设，搭建信息沟通平台。建立完善机关单位、乡镇文化站、基层服务点管理制度，加强文化信息资源共享工程基层服务点的管理。3、构建遍布全县的基层服务网络，改善基层文化工作手段陈旧落后的状况。各乡镇、村级、社区服务点依托文化活动室的便利条件，由县新闻出版局和县图书馆向服务点提供图书、杂志、音像资料等，满足社区居民精神文化生活需要。

五、宣传推广以及培训工作

为了进一步提高基层服务点专业人员业务素质和专业技能，促进基层服务点业务工作规范化、标准化，全面推进来凤县基层服务点的建设，增强服务社会的能力，我图书馆加大文化信息共享工程宣传力度，多次组织了我县基层服务点管理员培训。不仅提高了业务人员的业务知识储备，还能加强各服务点之间的业务交流，提高基层服务点的规范化管理和服务水平，使文化信息资源共享工程工作更上一步台阶。

六、管理和队伍建设

文化信息资源共享工程的实施，就必须建立起一支高素质、专业技术强的文献信息服务队伍，这就对新时期的图书馆工作人员有了更新更高的要求。我图书馆为了让这一工程能正常开展，从2009、2010年先后从计算机专业毕业的大学生中招进两名大学生从事文化信息资源共享工程管理，来凤县共享工程县级支中心由县文体局局长岳琼亲自挂帅，主管全县文化信息资源各项工程建设，统筹全局工作。由图书馆馆长利为民、负责人员、项目申报、资金申请，由吴成诚，张树芬等为业务技术骨干，为进一步开展文化信息资源共享工程夯实了基础。

七、工作展望

一是进一步建设现代化电子图书馆，加大资金投入，更新电子设备，对硬件和软件站在战略高度上进行评估，让人民群众方便，满意，使来凤县图书馆在数字化的道路上迈出坚实的步伐。二是扩充文化设施网点，以县图书馆、乡镇文化站、农家书屋基层服务点为实施主体。加强基层文化设施网点网络化、数字化建设，加强文化、科技信息资源自动化、网络化建设和专业技术人员的培养，为深入推进共享工程的实施打好基础。三是努力把文化信息资源共享工程用活、用好。积极采用图书馆成熟技术，借助数字电视和远程教育服务网络，大力开展公益性服务。四是在实施过程中加强与上级业务部门、县直各部门的沟通与协调，使共享工程服务群众更具针对性和时效性。来凤县文化信息资源共享工程中在各方面的不懈努力下已初见成效，但目前的运行状况距离上级领导的要求和人民群众的需要还有很大差距，希望上级领导和业务主管部门能够在资金、技术等方面能够给予大力支持。相信在不久的将来，文化信息资源共享工程一定会以一个全新的面貌展现在群众面前，一定会成为老百姓满意的惠民工程。

（撰文/来凤县支中心）

鹤峰县支中心

一、整体情况

鹤峰县支中心于2005年12月23号由湖北省中心授牌成立，次年鹤峰县成立文化资源共享工程领导小组，副县长卓文俊任组长，县文体局局长文武汉任副组长，文体局副局长马骊任办公室主任分管文化资源共享工程工作。领导小组成员由我县七乡两镇一个开发区及县直各局副职组成。由于我们县领导班子换届，今年重新拟定成立我县文化共享工程领导小组，县委常委、副县长任组长。县文体局局长向宏艳任副组长、文体局副局长徐新华任办公室主任。

二、网点建设

2008年，国家一次性投入68万元资金，用于我县支中心数字化、网络化建设，安装了全国“共享工程”软件及数据。完成了共享工程鹤峰县支中心的建立。建立了我县共享工程硬软件平台。2009年底至现在，全县各乡镇与县支中心签订协议并已建成开展服务的基层点已有140个乡、镇、村。其中乡镇中心点10个。村基层点77个。这77个点结合我县的党员远程教育，全部利用电信宽带开通了共享工程。网络覆盖率达37.5%。我县党员远程教育开通网络点63个。目前我县总共达到140个服务点。网络覆盖率达73.2%。

三、经费投入

经费投入是保障文化共享工程进展的重要因素之一。作为公益性的文化项目，我县的文化共享工程得到了县委、县政府的大力支持。在2009年我县拨款十五万元。购置了30套电脑桌椅、饮水机等，在2010年拨款3万购置了一台高配置的电脑，用于非线编操作，非线遍软件一套，500G移动硬盘一个，落实每年的运行经费5万元。用于县支中心资源建设、人员培训和维护，以及全县共享工程管理等。累计拨款达145万元。2010年投资48万新建乡镇基层点47个，其中国家财政投入116万。地方财政投入28万元。（包括每年的5万运行经费）

四、资源建设

我县支中心十今年四月建立了自己的图书馆网站。目前正筹备我县地方剧种的搜集和整理。支中心通过IP和密码管理，免费提供给基础点使用的文化资源总量已达200G，其中视频教学达170G。其次是加强县、乡专题文化信息资源的整合，并把文化信息资源的征集工作列入各村基层点建设的内容之一。目前我县的20个基层点大部分能自己进入共享工程网站进行浏览，为群众提供使用。

五、合作共建

共享工程建设以来，在县委、县政府、县文体局和财政局的关心和支持下，我县的共享工程建设取得了可喜的成绩。目前县支中心的电子阅览室已投入使用。结合我县的党员远程教育，七乡两镇和一个开发区都建起了基层点。

六、惠民服务

文化共享工程的实施把优秀的中华文化通过网络送到广大基层。一是利用现代网络信息资源，为农业生产服务；二是送文化到基层，丰富群众文化生活；三是利用共享文化信息资源，进行思想和文化教育，较好地缓解了城乡基层群众看书难、看戏难、看电影难、获取信息难等问题。随着我县基层中心的逐步建成，共享工程的服务活动已初见成效，我县七乡两镇一开发区都已建起电子阅览室，其中容美镇电子阅览室每天接待上网人次达120人次。

七、宣传推广

我县支中心的资源传输是根据各基层点的要求，通过网络传送，硬盘拷贝和光盘刻录等方式，将资源送下去。到2012年底，已通过网络传送视频讲座60余个，提供硬盘拷贝资源约170GB。

八、培训工作

1、结合我县党员远程教育的一起建立培训机制。基本保证各基层服务点的工作人员上岗前的技术学习和培训。2、严格设备管理。对共享工程设备设专室放置，专人管理，及时维护。3、重视技术指导，确定专人对相关设备进行日常管理、维护。负责共享工程资源的收集整理，传输下栽等服务性工作。4、加强网络管理，控制电子阅览室的开放时间，制定相关的网络完全措施，杜绝黄、赌、毒等不良信息的浸入，加强对未成年人的上网管理。5、健全规章制度。建立健全电子阅览室的管理制度，行为规则，管理人员的职责。读者须知等各项管理制度，并上墙公示。

九、管理和队伍建设

培养一支责任心强、熟练掌握设备操作技术与服务要领的人员队伍是摆在我们面前的迫切任务，也是共享工程顺利实施的重要保障。几年来，县图书馆派一名技术人员参加省中心举办的技术培训一次，支中心请老师授课培训基层服务点的技术人员一次，培训人员达1000多人次。为建设一支素质高、能力强、技术过硬的基层队伍打下了良好的基础，初步形成了我县共享工程建设的专业队伍。

十、荣誉奖项

2010年，县支中心获得湖北省十佳共享工程支中心称号；2010年及2011年，县支中心获得恩施州文化资源共享工程工作评比第一名；2012年，鹤峰县下坪乡文化共享基层点获得全国公共电子阅览室示范点。

十一、工作展望

以科学发展观为指导，以数字资源建设为核心，以基层服务网点建设为重点，以多种传播方式为手段，以共建共享为基本途径。五年之内把我县的文化资源共享工程建设成为资源丰富、技术先进、服务便捷、覆盖城乡的数字文化服务体系，努力实现村村通。

（撰文/鹤峰县支中心）

全国文化信息资源共享工程——

湖南省分中心

湖南位于中国长江中游，洞庭湖以南，是中华人民共和国的缔造者毛泽东诞生的地方。湘江是湖南境内最大的河流。湖南东邻江西，北交湖北，西连重庆、贵州，南接广东、广西，辖13个市和1个自治州，共有136个县（市、区）以上行政单位，省会设长沙市。全省地势是，东南西三面环山，东有罗霄山脉，南有南岭，西有武陵、雪峰山脉；北部为洞庭湖平原；中部多为丘陵、盆地。湘江、资江、沅江、澧水（称“四水”）汇聚洞庭湖，流入长江。按地理位置，全省大致可分为湘北（常德、益阳、岳阳三市），湘中（长沙、株洲、湘潭、邵阳、娄底五市），湘南（衡阳、永州、郴州三市），和湘西（怀化、张家界两市及湘西土家族苗族自治州）四个区域。湖南总面积为21.18万平方公里，湖南户籍人口总数达到6805.70万人。湖南省文化资源共享工程在湖南省文化厅和湖南图书馆大力支持和精心部署下，从无到有，扎实工作，积极推进，在新形势下为满足广大基层群众日益高涨的文化需求，构建湖南省公共文化服务体系做出了重要贡献。

一、基本情况

我省于2002年启动文化信息资源共享工程（以下简称文化共享工程）建设，是全国最早实施文化共享工程的省份之一。全国文化信息资源共享工程湖南省分中心于2003年完成基础设施建设，2005年着手建设湖南省公共数字文化信息资源数据库，当年建设容量为6T。2006年完成湖南省中心多媒体阅览室建设，并在湖南文化信息网上建立了“共享工程”栏目，以及在湖南图书馆网站上建立了“共享工程工作论坛”。

自建立以来，湖南省中心一直设在湖南图书馆，是湖南省文化共享工程的建设和业务指导单位，具备面向全省开展数字文化资源服务的能力，承担着全省文化共享工程的资源建设、网络服务和技术支持及人员培训等工作。中心坚持合理规划，有序组织数字资源建设；加强整合，开辟各种服务渠道；形式多样，深化队伍建设和人员培训。全省达到网络条件的市县支中心均能通过互联网共享省中心的文化信息资源。

二、管理和队伍建设

为使文化共享工程成为名符其实的“文化惠民”工程，湖南省中心明确目标，全面规划、认真落实全省文化共享工程建设任务。早在2006年，省中心配合湖南省文化厅制定了《湖南省“十一五”期间文化共享工程发展规划》，提出了“十一五”期间我省文化共享工程坚持“以数字资源建设为核心，以农村服务网点建设为重点，以共建共享为基本途径，全面实施文化共享工程，到2010年，基本建成资源丰富、技术先进、服务便捷、覆盖城乡的数字文化服务体系，成为公共文化服务体系的重要支撑，使广大基层群众能够普遍享受到数字文化服务”的建设目标。

省文化厅向全省各市（州）、县（市、区）文化局及厅属各单位下发了《关于深化认识加强领导切实抓好文化信息资源共享工程建设的意见》、《关于抓好全国文化信息资源共享工程试点县建设的通知》两个文件，要求各级文化主管部门加强领导，切实抓好工程的各项建设。召开了全省文化共享工程建设试点工作会议，省文化厅与各试点县签署了工作实施协议，协议对试点县的网络建设、资金保障、人员配备及服务与培训工作等提出了具体的要求。在每年的全省文化工作会议上，我省均将文化共享工程作为一项重点工作进行安排、部署，并列入对各地的年终工作目标考核之中。

为确保各级支中心和基层网点的建设质量，我省实行严格准入制度，对支中心、基层网点的基础设施、人员安排、经费投入等都有明确的要求。省文化厅还将文化共享工程的建设任务列入了与各市州文化局签订的目标管理责任书中，以基层点的发展和资源征集为年度考核指标。2007年省级分中心开始与各级支中心签订《全省公共图书馆数字资源共享协议》，当年有35个县支中心签订了协议。各协议馆先交纳一定的资源共享费，省级分中心再根据各协议馆的查询使用情况，采取奖励机制，多用多奖，每个支中心可以从省级分中心领取最高不超过年度资源使用费120%的奖励资金。奖励制度有效促进了各级支中心使用资源的积极性，提高了信息资源的使用率，2010年全年数字资源的资源访问量就高达430多万。这些举措有力地促进了共享工程工作网络的良性发展。各级图书馆在当地政府与财政的积极支持下，在全省范围内基本建立了以省、市（州）、县（区）图书馆为骨干的地区性中心服务网络。

三、培训工作

湖南省中心历来十分重视举办各种培训活动，强化共享工程服务队伍素质。省中心通过组织竞赛、集中面授、网络培训等方式积极开展培训工作，进一步促进文化共享工程培训工作持续发展。

1、以集中面授的形式规范培训

省中心举办全省文化共享工程技术培训班、自动化系统研讨班等专业技术培训班，以提高市、县支中心人员的技术水平。同时，利用全省图书馆员业务培训班、市州馆长会议等其它平台，开展文化共享工程基础知识和管理技能培训，提高各级支中心领导对文化共享工程工作内涵的理解。省中心每年都举办各种面授培训，累计共培训学员10000余人次。

2、开拓网络培训渠道，及时解决相关问题

省中心通过运用互联网、虚拟咨询平台等现代化的科技手段，大力开展个性化、互动性、经济实用的网络培训。在网站上开辟了共享工程专题论坛、在线培训专栏，并创建QQ工作群，对各级支中心、基层服务点提出的问题及时给予解答；对一些难以解决的问题通过远程协助的方式，由省中心技术人员或相关公司的工程师远程处理。累计共开展网络培训120多次，接受培训人员有57830人。

3、积极组织各类技能竞赛

为提高文化共享工程专业技术队伍的整体水平，我省通过举办各种知识与技能竞赛的方式促进全省文化共享工程培训工作的发展。自2006年起，每2年举办湖南省文化信息资源共享工程竞赛，每次竞赛各市州组织各县支中心参赛，竞赛形式从现场到采用网络进行直播，有力提高了各级支中心人员的技术水平和服务能力。在历年国家中心举办的全国文化共享工程知识技能竞赛中，湖南省组织全省参赛，选拔优秀选手组成代表队参加全国比赛，取得了较好战绩。2011年省中心获优秀组织奖。

四、经费投入

湖南省中心自2003年以来，湖南省每年投入的一百万元的运维经费，用于省中心机房设备的维护、人员培训和文化共享服务活动的开展。同时，湖南图书馆每年也投入人力物力支援文化共享各项活动的正常开展。

五、资源建设

数字资源建设是文化共享工程的核心内容。湖南省中心一直十分重视数字资源的建设工作，通过对全省文化信息资源进行全面系统的整合，初步建成基于全省共享的湖南省文化信息资源库群（含文献类资源库、音视频类资源库等），目前数据总量约17TB。

我省文化共享工程的资源建设工作主要突出“三个为主”，即以自有版权文化信息资源为主，以全省文化单位的文化信息资源为主，以有湖湘地方特色的优秀民族民间文化信息资源为主。截止2012年底，我省已建成了湖南地方戏剧资源库、湖南近代人物数据库、曾国藩全文数据库、湖南非物质文化遗产资源库等一批具有湖湘地方特色的文化信息资源库。正在建设湖南红色记忆数据库、湖南古村落数据库等。同时，文献类资源库通过多年的建设，已建立了含1911年以来的中文书刊、古籍、外文图书等馆藏文献80万条记录的书目数据库、“网上湖南”全文数据库、地方文献文摘库和地方文献论文全文数据库；购买了含10000余种刊物的学术期刊数据库，电子图书百万余种，文化休闲期刊近1500余种，视频3200余部，音频30000余部。

搭建方便实用的平台，让优秀的资源为民所用。以上资源通过湖南文化信息资源网上服务平台、湖南图书馆网站，均能为民所用。湖南省分中心为各基层支中心培训技术人员，支中心采取上门安装、网上浏览点播的方式提供服务；开发了免费帐号申请程序，简化了电子资源阅读的使用流程，基层群众在服务网点只要登陆湖南文化信息资源网上服务平台，均可随时申请账号，免费使用。

督促鼓励各级支中心使用数字资源。为了促进和鼓励市、县支中心充分利用共享工程数字资源开展服务，湖南省级分中心与各级支中心签订了《全省公共图书馆数字资源共享协议》。各协议馆先交纳一定的资源共享费，省级分中心再根据各协议馆的查询使用情况，采取奖励机制，多用多奖，每个支中心可以从省级分中心领取最高不超过年度资源使用费120%的奖励资金。奖励制度有效促进了各级支中心使用资源的积极性，提高了信息资源的使用率，2012年全年数字资源的资源访问量就高达430多万。

六、合作共建

我省重点加强了市、县支中心和基层服务点的基础设施建设。从2007年至2011年，省文化厅使用中央财政和省级财政专项补助资金，按照文化共享工程国家管理中心制定的技术配置标准，先后完成了123个县级支中心、47125个村级基层服务点、1024个乡镇基层服务点及部分街道、社区文化中心基层服务点的设备采购、配送工作。

全省共建成1个省级分中心、14个市（州）支中心、123个县级支中心和1024个乡镇基层服务点；与全省农村党员干部现代远程教育工程、农村中小学现代远程教育工程合作共建基层服务点达47090个，初步形成了覆盖全省的省、市（州）、县、乡镇和村五级文化共享工程服务网络。

七、惠民服务

文化共享工程取得实效关键是在及时把文化信息资源传送到城乡基层文化网点和群众身边，满足他们日益增长的文化需求。一是建立方便实用的网络服务平台。通过建立湖南省文化共享工程信息资源服务平台，湖南分中心将专门制作的群众喜闻乐见的地方特色资源，采取上门安装、网上浏览点播的方式提供服务，年服务读者近百余万人次。二是充分利用国家资源，利用湖南特色资源，开展各类服务活动。湖南省级分中心充分利用国家管理中心提供的各类资源，积极开展各项专题服务活动。共开展了以“文化共享新春乐”、“文化共享长征行”、“文化共享奥运行”、等专题活动、“庆祝新中国成立60周年”、“学习双百人物”、“庆祝建党90周年”等为主题的服务活动数十次。积极组织全省各支中心参加“庆祝建党90周年——童心向党”及“像雷锋那样”学生电脑小报比赛，湖南省连续两届获奖数在全国名列第一，湖南省分中心两次被国家中心授予组织奖。三是面向基层群众积极开展服务活动。近两年重点面向全省基层群众开展“文化共享 惠泽三湘”的主题活动，2011年服务人次达75万多人，并受到省文化厅专门发文表彰。2012年服务人次达80余万人，活动不断深入，“文化进高墙”、“文化进军营”让更多的人享受到文化发展的成果。

在配合国家管理中心开展各种活动的同时，以湖南省分中心自2011年起连续两年面向全省开展“文化共享 惠泽三湘”活动。全省益阳、湘潭、怀化、澧县、攸县、辰溪、桂阳等市县支中心每年举办了2千多场活动，2011年服务全省乡镇农村基层群众达74余万人次，2012年结合国家中心开展的“弘扬雷锋精神，推动惠民服务”活动，不断丰富活动内容，完善活动机制，服务人次增加到80万人。该项活动在弘扬爱国主义精神，宣传和展示优秀湖湘文化，提高农民群众的文化素质和科技致富本领，丰富广大基层群众的业余文化生活等方面起到了积极作用，活动取得了圆满成功。2012年湖南省长沙市马王堆小学被国家中心选为全国小学生的“传承经典 共享文化”——文化共享工程公共电子阅览室暨传统文化进校园行动系列活动全国首家试点学校。我中心与湖南省艺术研究所九天星传统戏曲传习中心积极合作，整合利用文化共享工程的数字文化资源与传习中心的动漫资源，于10月26日在马王堆小学举办了活动的启动仪式，李宏主任参加仪式。在2013年此项活动将不断推向深入，争取打造一个值得全国学习与借鉴的“湖南模式“。

八、工作展望

在“十一五”基本实现“村村通”的基础上，充分利用已建成果，最大化发挥各级网点设备设施的服务能力。以有效开展服务为重心，以打造精品、优化应用为重点，以全面推动共建共享为途径，以可持续发展的体制机制作保障，到2015年，将文化共享工程建成资源优质丰富、技术先进实用、传播高效互动、服务便捷贴近、管理科学规范、体系完整可控的公共数字文化传播服务体系，实现“时时可看，处处可学，人人可享”，使文化共享工程成为政府主导的公共网络服务阵地，成为资源最丰富、服务最便捷、使用最安全的网上爱国主义教育基地、中华数字文化资源门户、数字文化网络培训学校，成为基层群众的信息中心、学习中心和数字文化中心。

1、实施公共电子阅览室建设

依托文化共享工程，开展公共电子阅览室建设。面向基层群众、特别是面向青少年和进城务工人员，通过优秀丰富的数字资源、统一规范的网络管理，引导和帮助广大基层群众学习普及电脑和网络知识，享受文化共享资源，浏览绿色网站，构建和传播体现社会主义核心价值的先进网络文化。

2、大力开展国民素质培训

依据国家信息化发展战略中确立的利用文化共享工程开展提高国民信息素养的培训工作，利用覆盖城乡的文化共享工程网络，建立“文化网络培训”学校。通过标准化、高质量的培训课件，有计划、有组织地开展国民文化素质、信息素养培训。按照《国家中长期人才发展规划纲要（2010-2020年）》要求，实施“农村实用人才培养计划”。充分发挥文化共享工程基层培训网络主渠道优势，通过合作共建和远程教育手段，大规模开展农村实用人才培养。

3、全面构建精品资源库群

建设体现社会主义核心价值、以中华优秀数字文化资源为主要内容，广泛整合关系文化民生的公共文化数字资源。重点建设若干主题鲜明、体系完整、质量上乘、具备广度和深度的数字资源库。

4、大力开展文化惠民服务，打造湖南省分中心活动品牌

以”文化共享 惠泽三湘“活动与“传承经典 共享文化”——文化共享工程公共电子阅览室暨传统文化进校园活动为重点，在原有成绩的基础上，总结经验，探索与社会力量合作的模式，扩大活动的社会影响，打造湖南品牌。

（撰文/湖南省分中心）

长沙市支中心

长沙市作为湖南的省会，辖三县（市）六区，分别是长沙县、浏阳市、宁乡县、芙蓉区、天心区、岳麓区、开福区、雨花区、望城区。总人口660余万，城区250余万。

一、建设篇

我市文化信息资源共享工程从2003年实施以来，得到了市委、市政府的高度重视，在市委组织部、市远教中心和有关部门的大力支持下，我市和三县（市）六区图书馆已全部建立支中心，163个乡镇、街道（不含2011年县改区的望城县，下同）建立了基层服务点，覆盖率100%，2010年，全市1425个村、社区建成了基层服务点，实现了“村村通”。城区乡镇街道全部建成基层服务点，实现了“全覆盖”。2008年，长沙、望城、浏阳、宁乡被文化部授予全国文化信息资源共享工程示范县（市）。

二、管理篇

全市成立了以分管副市长为组长，市委组织部、市发改委、市文化局、市财政局等12个部门和区县（市）负责人参加的共享工程领导小组。“实施文化共享工程”列入市“十一五”文化发展纲要，召开了全市共享工程建设工作会议，下发了《关于进一步加强文化信息资源共享工程建设的意见》和《实施方案》。区县（市）建立健全了机构，成立了共享工程领导小组，印发了专门文件和《实施方案》。制定并下发了《长沙市文化信息资源共享工程基层点评估定级标准》。2007年，按照中共长沙市委农村党员干部现代远程教育领导小组下发的《全市文化信息资源共享工程与农村党员干部现代远程教育共建共享实施方案》（长远办发〔2009〕6号）要求，文化部门主要担负文化共享工程规章制度建设、管理员培训、文化信息资源建设更新工作。为了保证这项“为民办实事”惠民工程真正落到实处，市文广新局和市文化共享工程支中心组织召开了县（市）、区分管领导和支中心负责人会议，明确工作职责，提出相关要求，并多次到基层点进行督查。市支中心制定了《基层服务点管理制度》、《开放制度》和《管理员工作职责》，使合作共建从一开始就走上规范化、标准化轨道。村级服务站点的设备已安装，挂牌和制度上墙已完成，实现了文化信息资源共享工程建设与农村党员干部现代远程教育网络建设的同步推进，达到了网络共用，队伍合一。

三、培训篇

专门成立了共享工程技术小组，举办了全市文化共享工程和党员远教站点管理员联合培训班。为方便学员上课，采取了分区培训、送课上门的方式。授课老师分成三组到各区、县（市）培训地进行培训，内六区（含高新区）四县（市）1400多个村、1600余名村级基层服务点和站点管理员参加了培训。参加培训的人员中有乡镇技术骨干、大学生村官、村服务点管理员，学员们认真学习了共享工程与党员远教共建共享工作的目的、意义、任务和要求，实际操作了远程教育管理系统和终端站点共享工程两类资源——硬盘资源和网络资源的点击播放和检索浏览等相关功能，了解了设备常见故障排除及日常维护要领。

市支中心特意编印了4000余份精美简便的文化信息资源使用指南发放给基层党员群众，详细介绍了国家和省文化信息网数字资源的操作步骤。按照操作步骤，使用者可以免费使用省中心235万种电子图书、1500种文化休闲期刊以及1000多小时的优秀视频资源及国家中心适合农民群众欣赏、学习的戏曲、电影、科普等数字资源达20T（相当于40万册书的图书馆）。同样，在文化部门组织的技术培训中，远教部分终端站点的技术员也成为特邀学员，使他们更多地了解共享工程的政策和最新动态，并学习如何上网观看视频资源、查找图书资料等，带动基层群众学习使用共享工程的资源。县（市）、区支中心百余次到各基层点上门指导，帮助进行设备安装、维护、使用等。各县（市）、区支中心都相继与县远教中心联合举办了远教和共享工程基层点管理员培训班，2007年以来，市和各县（市）区支中心举办培训班20多次，培训基层点管理员2557人次。通过管理员培训，我市共享工程资源点击量大幅提升，根据湖南省中心统计，以用户名“changsha”进入的访问者点击量遥遥领先于省内各地市州支中心。

为发挥绿色上网场所完善的网络优势和共享工程丰富的资源优势，专门面对青少年在全市城区广泛开展了文化信息资源进绿色上网场所活动。市图书馆精心制作了适合少年儿童的培训课件，编印了精美的富有少儿特色的《文化共享工程信息资源使用指南》和宣传资料，发放到258个社区“绿网”，市、区支中心实地培训了管理员和少儿600余人次。面对机关干部，开展了“共享工程资源进党校活动”，与各区县联动，开展培训20余课时，培训党员500余人次。面对各类读者群体，有针对性推荐文化信息资源的使用，为青少年提供了健康有益的精神食粮

四、服务篇

服务的基础是资源。为加强资源建设，市支中心集中五人成立了数字资源建设小组，多次研究并确立了共享资源建设课题，加大投入搜集长沙特色地方文献，投入20多万元购买网站建设协作平台和相关软硬件，启动了长沙数字图书馆建设，建成了“长沙非遗”、“星城科学讲堂”等地方特色数据库。

为使文化共享工程更好地服务于农村基层群众，文化共享工程长沙支中心搜集、制作了部分地方艺术数字资源，并专门复制了3000余张群众喜闻乐见的优秀视频资源，开展向村基层点赠送光盘资源活动；为确保基层点随时能开展资源服务，县（市）、区支中心通过移动硬盘将部分优秀文化资源拷贝到基层点；今年村基层点设备升级，每台电脑都预装了农业科技、戏曲、古今中外的优秀电影等文化视频资源300—500G，每台移动播放器预装了120G，开机即可浏览和使用，为农民群众掌握有关政策法规，学习先进实用技术，提高发展农村经济、参与市场竞争的能力、提供有效的信息保障。长沙市支中心多次组织区县支中心、基层点开展“文化共享助春耕”、文化共享夏日电影展播、“文化共享惠星城”、周周好电影欣赏等活动；重大活动和图书馆宣传周期间开展如“文化共享长征行”、“文化共享奥运行”等宣传利用文化资源的活动。每年春节期间，组织各支中心、基层服务点开展了“文化共享新春乐”、“庆元宵百部戏曲展映周”活动。各支中心排出了视频节目播放表，一批老百姓喜闻乐见的节目如春节民俗、历届春晚、戏曲精品、红色经典等优秀视频资源向社区居民和小朋友们播放，最近一年来，累计播放84余场，接待观众2100余人次。

为满足弱势群体日益增长的文化需求，市支中心推出了一系列特色服务。市支中心与集中了大量盲人和残疾人的长沙自控工程成套厂有限公司达成协议，免费、定期为他们上门服务，辅导他们利用有声鼠标上网点击利用文化信息资源，建立了一个特别的基层服务点。春节期间，市支中心工作人员还来到老年公寓为不能回家过年的老人们送上了新年的祝福，播放了经典戏曲，赠送了贺卡和书籍。

五、展望篇

共享工程是一项繁荣社会主义先进文化的创新工程，也是一项惠及千家万户的民心工程。长沙市各级政府和有关部门抓住这一大好机遇，将共享工程作为推进文化创新、完善公共文化服务体系、提高公益性文化服务水平、促进经济社会协调发展、加速文化强市建设的重要抓手，有条不紊地组织了全市共享工程的实施，推动了共享工程的全面建设。今后长沙市支中心将在国家中心、湖南省分中心大力支持下建设一支专业化的服务队伍，建立一个国家、省、市、区、乡、村六级网络联动的远程即时服务体制，建成一个服务形式更加多样，服务网点更加宽广，参与群众更加广泛的共享工程文化带动体系，为长沙公共文化服务体系示范区建设做出积极贡献。

（撰文/长沙市支中心）

长沙市开福区支中心

开福区支中心位于长沙市北部，青竹湖湘一外国语学校综合楼，开福区图书馆内，使用面积2571.4平方米。开福区行政区共划有13个街道（镇），121个社区（村），常住人口53余万人。开福区文化信息资源共享工程在区文体新局的部署和省、市支中心的支持下，逐步推进，稳步发展，在新形势下为繁荣基层文化，满足居民多层次文化需求，传递中国民族优秀文化资源发挥了重要作用。

一、基本情况

开福区文化资源共享工程建设开始于2007年，最初在捞刀河镇大兴村、大安村等十几个村试点安装，此后陆续在全区13个街道（镇）及121个社区（村）文化中心开始安装，前期安装设备均通过卫星设备直接接收国家中心下发的给类资源和信息。2007年开福区文化资源共享工程开始普及进入乡镇、行政村，第一批10个行政村安装调试完毕。2009年，第二批所有社区、行政村进行安装，至此开福区所属行政村实现全区共享工程村村全覆盖。

共享工程开福支中心设在开福区图书馆，是开福区共享工程的建设和业务指导单位，负责保障区中心共享工程设备的运行，协调街道、镇村级共享工程设备的维修，指导街道、镇村级共享工程活动的开展以及开展全区共享工程管理员的业务培训和指导。

二、管理和队伍建设

为使共享项工程真正为民所用为民谋利，开福支中心将共享工程日常管理纳入制度化管理。制定支中心、镇、村基层服务点工作职责和制度，实行制度上墙公开。每年有年度工作计划，月度有工作要点，季度有工作督导，年末有工作总结考核，并推行管理员工作日志管理，收集整理共享工程服务活动，探索共享工程管理和服务新模式。

文化资源共享工程作为一个新的农村文化资源获取平台，如何推广好、利用好共享工程丰富的文化资源关键在于是否有一支专业化的共享工程管理员队伍。开福区共享工程支中心在管理员队伍建设上坚持明确职责，明确思路，制度化管理，常态化培育。开福支中心现有工作人员5名，其中本科4名，大专1名，平均年龄30岁。长期以来，开福支中心把提高工作人员的思想觉悟和业务能力，作为开福支中心发展战略的一个重要目标。经过集中培训、岗位提升、自学互助等多种形式，开福支中心一支结构合理、素质优良的管理员队伍已基本形成。

三、培训工作

开福支中心在共享工程管理员的培养上实现了制度化和常态化。根据支中心工作要求，每年对辖区共享工程管理员进行3期的集中培训，培训班向参加培训的学员介绍了如何利用省级分中心的数字资源等内容。参培人员表示，通过认真学习，认识到了共享工程的重要性，了解了共享工程的建设、管理、传输及使用等方面的知识，进一步加强了我区文化信息共享工程专业队伍建设，提高了我区文化信息资源共享工程基层点管理员工作水平，2007年以来一共举办各类培训班15期，参加轮训的各级管理员达1000人次，为充分发挥共享工程服务点在构建公共文化服务体系示范区的作用奠定基础。

四、经费投入

开福区共享工程自2009年实现村村全覆盖以来，开福区政府每年投入5万余元的运维经费，用于共享工程设备的维护，人员培训和惠民活动的开展。同时，开福区政府，开福区文体新局和开福图书馆每年也投入大量人力物力支援共享工程各项活动的正常开展。

五、资源建设

开福支中心在历年的工作中，为了满足不同区域群众的文化需求，制作展板10多块，各类海报、招贴画100张，发放宣传资料500余份。

六、合作共建

以共享工程为依托结合全覆盖的农村数字电影厅建立电子文献资源服务中心。将各种部门下发的电子文献资源与建立的共享工程服务点结合，根据不同乡镇、村的硬件条件建立形式多样的电子阅览室和多媒体中心。比如在捞刀河村拥有高标准的电子阅览室和多媒体播放中心，像这样的多功能活动中心我区共建有五处。通过多方不懈努力，共享工程已逐步走入基层，成为社区居民和村民获取新知，娱乐身心的新渠道新平台。

七、利民惠众，惠农服务。

开福支中心在共享工程服务实践过程中，以民众的需求为导向，积极探索，服务民众生活生产，引领群众高尚精神文化生活，打造群众满意喜爱的文化服务新平台。开福支中心作为全国文化信息资源共享工程区级分中心，担负本地区共享工程的建设与运行维护工作。这些文化信息资源共享工程内容通过互联网、光盘载体，配合高科技传输方式，传送到各街道各村接收点，居民农民都可以随时免费阅读电子图书、听讲座、看电影、欣赏戏剧，还可以接受远程培训，参加远程会议；发布科普知识、农业技术等群众急需的优秀资源，满足群众需求。现在群众重视科学知识的多了，盲目生产的人少了。”开福区支中心为农民朋友科技致富也发挥了积极作用：葡萄种植户胡新辉通过学习共享工程资源介绍的相关种植技术，提高了种植水平，仅葡萄一项2010年就获利三万余元，2011年获利增值至五万元；养鸭专业户李志美也是受益者之一，2010年养殖鸭子1000余只，产值五万元，盈利达三万余元。李庆龙、邓三秀夫妇是外地来长的农民，养猪遇到一些技术问题，李庆龙来到开福区图书馆电子阅览室，在开福支中心工作人员的指导和帮助下，李先生学会了怎样上网，在网上浏览了跟养猪有关的许多科普文章，图书馆的工作人员也热心的为他提供很多相关的视频资料，如：《怎样办好一个养猪场》、《高产母猪与仔猪饲养技术》、《科学养猪综合配套技术》、《科学养猪指导》等，帮助他了解怎样办好一个养猪场。这些生动形象、讲解清晰且充满着实用技术的影视片，使李先生大概眼界，大受裨益，提高了养殖技术，增加了经济收入。

针对不同农业专业者，开福支中心有针对的选取资源上门指导服务。历年来累计服务专业生产户10多户，长期点对点跟踪服务3户，让农民能够就近学习知识，获取有用信息，提高生产技术，满足了当地农民的文化需求，有效地促进了社会主义新农村建设。

八、宣传推广

1、开福支中心利用各种渠道宣传推广共享工程。三湘读书月活动是我区一项长期性、延续性的推广活动，开福支中心不失时机，以活动为平台，以资料为媒介宣传共享工程，让民众不断了解共享工程，走进共享工程。今年我区紧紧围绕学习雷锋精神为主题，开展系列活动，使全区居民能够更深层次的领悟雷锋精神的精髓，丰富全民文化生活，我区各街道（镇）社区（村）积极宣传，在全区营造了浓厚学雷锋氛围，由此新一轮的学雷锋活动又在开福大地上如火如荼地开展。

2、走近未成年人。全国文化信息资源共享工程进入绿色网吧是一种创新，也是一种尝试，为了使之健康稳固发展、发挥更大的效能，开福区文化信息共享工程区级支中心——开福区图书馆走进全区78个社区绿色网吧，对未成年人开展了全国文化信息资源共享工程的推广培训活动。我们还及时完善绿网的管理制度，对绿网制度上墙进行监督，指导绿网管理员对绿网的管理实行实名登记及监护人实名等级制度。对绿网管理员进行关于全国文化信息资源共享工程资源介绍并就如何使用的问题进行培训，对学生进行全国文化信息工程知识介绍及共享全国文化信息资源具体使用的指导。

3、专题活动，精彩纷呈。开福支中心每年春节期间举办庆元宵播放周活动，要求全区各个基层服务点同时展开，使文化共享工程优秀视频资源展播活动在我区成为一个持续性的品牌活动。

九、荣誉奖项

捞刀河社区在区支中心的大力支持下，结合文化信息资源共享工程，充分利用电子阅览室、远程教育室、绿色网吧、图书室的资源优势，为社区居民提供信息资源服务。近几年社区组织了一次次的文化、科普、法律、卫生、等知识讲座，并每月组织社区辖区内的居民观看一场电影，并开展影评、书评活动，基本满足了社区群众就近地、经常性地、有选择地文化需求，基本达到了方便群众、服务群众、教育群众、凝集群众的目的，起到了很好的精神文明建设宣传效果，形成了浓厚的学习氛围，使他们感受到了社区的关怀与关爱。通过文化信息资源共享工程在社区的发展，社区文化氛围越来越浓，调动了居民参与阅读与劳动技能学习的积极性，捞刀河社区基层服务点荣获长沙市文化信息资源共享“先进基层服务点”称号。

十、工作展望

开福区文化资源共享工程已走过5个年头，从昨天的几个点到今天的121个街道、社区和乡镇全覆盖，群众广泛认知，广泛参与，文化资源共享工程在开福已经成为开福人民文化生活的一大支柱，成为繁荣开福文化，丰富开福人民精神生活，推动开福人文科技进步的强大动力源泉。回首历程，我们感慨万千；展望未来，我们豪情满怀。在我区“开创滨水新区 建设幸福北城”新战略的引领下，开福支中心将迎来更新更好的发展机遇。新的征途，新的蓝图。开福支中心将立足于高标准、高要求、高效益，完善配套设施，提高服务质量，创新服务方式，规范管理制度，努力把开福支中心打造成为开福文化建设厚重而充满活力的新名片。

（撰文/王 静）

浏阳市支中心

浏阳市面积5007平方公里，人口138万，下辖37个乡镇、街道办事处，现有行政村382个，社区居委会19个，计401个村级单位。浏阳文化资源共享工程在湖南省文化厅、湖南省图书馆的支持和部署下，逐步推进，稳步发展，在新形势下为繁荣农村基层文化，满足农民多层次文化需求，传递中国民族优秀文化资源发挥了重要作用。全市近30万农民打破时空限制，共享文化信息资源，并涌现了一批科技示范户和致富典型。文化资源共享工程被基层群众誉为惠民工程、致富工程，深受基层群众欢迎和喜爱。

一、基本情况

2003年8月，我市被列为湖南省首批文化信息资源共享工程试点，正式启动文化信息资源共享工程建设，2006年被国家文化部、湖南省文化厅确定为全国文化信息资源共享工程建设试点县，2007年长沙市文化共享工程领导小组决定在我市创建五个示范乡镇、五个示范村，2007年8月底我市分中心基础设施建设和资源建设全面完成并正式投入使用，2008年村级服务点覆盖率达100%。

二、管理和队伍建设

为加强共享工程基层服务点建设，实现资源最大化的利用，有力提升基层服务点的服务质量和水平。浏阳县级分中心与市远程教育中心、市教育局、市电信局达成共建协议，利用远程教育现有村级服务平台、中小学生远程教育网络和电信信息服务点，通过共享工程与各部门联建共享方式，基层服务点建设得到较大发展。与远教中心联合，聘请远教管理员为文化共享工程管理员，做到一套人马，二项职能兼管。乡镇基层服务点和村级基层服务点根据各自的实际，免费为广大群众开放多媒体报告厅和电子阅览室。管理员工资和运行经费主要由所属乡镇、村和远教中心筹措，业务属县分中心和远教中心双重管理。

三、经费投入

共享工程浏阳县级分中心自2008年实现村村全覆盖以来，湖南省文化厅投入经费40余万元，用于共享工程浏阳县级分中心的建设和维护、人员培训和惠民活动

的开展。同时，浏阳市政府、浏阳市党员远程教育中心、各乡镇每年也投入大量人力、物力支援共享工程各项活动的正常开展。

四、培训工作

浏阳县级分中心在共享工程管理员的培训上与党员远程教育中心实行共建模式，达到了制度化和常态化。根据支中心工作要求，每年对辖区共享工程管理员进行2期的集中培训，每月进行半天的网络培训，累计培训人数达3000余人。

五、资源建设

根据国家中心建设标准完成了分中心建设，浏阳县级分中心建好了电子阅览室和多媒体报告厅，开通了100兆光纤，收集地方文献资源1500余种，地方剧目130余部，整理具有浏阳地方特色数字文献资源600G，分中心配备了图书馆计算机管理服务器，建立了书目数据查询系统、视频点播系统、卫星接收系统，通过光纤和卫星，每周以不同的内容，采取定期和不定期的方式，免费组织读者在多媒体报告厅观看国家中心、省中心各类资源和卫星传输节目。

六、整合信息，推动农民致富

要使文化信息资源共享工程惠及千家万户，必须延伸服务范围拓展服务方式，农民在享受共享工程“免费信息专家”服务的同时不但提升了综合素质，还开拓了视野，打开了致富的途径，充分享受到文化共享工程对个人、家庭、社会带来的和美共荣。小河乡是我市最偏僻的乡镇，文化信息共享工程给当地政府机构和农民之间搭起劳务输出的桥梁。乡劳动保障所通过文化信息网收集各地招用工信息，有针对性地组织本地劳务输出，避免了劳务输出的盲目性；根据需要适时发布信息，为农民工和厂家牵线搭桥，形成务工与用工的双向互动。还有许多村民通过在文化信息共享工程和互联网上发布自己的农副产品信息，从而获得更多订单。有效解决了销售难的问题，有的农民利用文化信息资源共享网络论坛，相互交流种养植经验，把自己的经验传到论坛上供大家共同分享。如烤烟的种植和栽培情况，农民群众利用文化共享工程服务平台向技术专家请教，使烤烟田间种植和烘烤得到了及时的技术指导，促进了增产增收和农村经济发展。

七、重视宣传，扩大影响

浏阳县级分中心将国家中心、省中心的文化信息资源输送到乡镇、村基层点，并将浏阳特色文化信息资源进行数字化加工和整合，通过网络传输，实现在全市范围内的共享，受到广大读者良好赞誉。同时在第一时间将农民急需的实用性技术、信息资源采取版报、印发资料、制作宣传册等方式，利用学生传带的方式分发到农民手中。还通过互联网、光盘载体、硬盘拷贝等传输方式，将文化共享工程国家中心、湖南省中心的实用信息资源覆盖传输到偏僻山村，使村民可以随时免费阅读电子图书，听讲座，看电影，欣赏戏剧，接受远程教育培训，结合农村生活和农业生产，检索所需信息、获取技术支持，了解市场动态，用以指导农业生产和农产品种养、销售，有力地推动了新农村建设。

八、发挥优势，开展活动

在实施共享工程的过程中，不断拓展共享工程的服务内涵和方式，充分利用这一全新的工作载体条件，开创了基层文化工作的新局面。

1、馆内活动丰富多彩：充分发挥公共图书馆的阵地作用，在电子阅览室推介优秀栏目、名家讲座、生活常识、电影及优秀地方剧目，每月在多媒体报告厅利用投影仪播放名家讲座及影视剧。利用节假日针对未成年人播放百部爱国主义教育影片，科普类等影片，举办思想道德建设方面的讲座、名著赏析等，引导未成年人多读书，深受广大读者的欢迎。

2、走进农村：我馆深入调查，根据农民的需求，下载家禽饲养、苗木、花卉栽培等相关信息资料，并印成资料分发到村民手中。送科技下乡是实施共享工程又一具体举措，结合城区的实际情况，我们有选择的提供科技知识，让广大农民不断感受到先进科学和现代文明。

3、走进学校：为加强未成年人思想道德建设工作，与教育局联合，深入各中小学校开展活动。对不具备安装条件的小学，利用图书馆的投影仪到教室播放优秀影片和礼仪知识讲座，开展爱国主义教育活动。从而利用共享工程开展思想道德建设，切实将加强和改进未成年人思想道德建设工作落到了实处。

九、工作展望

文化共享工程是一项繁荣社会主义先进文化的创新工程，总之，我们将在今后的工作中更加努力的探索利用共享工程服务的新路子，更好地发挥共享工程的作用，为把共享工程办成惠民工程、民心工程而不懈努力。

（撰文/浏阳市支中心）

长沙县支中心

长沙县全县总面积1997平方公里，18个镇，5个街道，228个村，41个居委会，常住人口97.9万。文化资源共享工程长沙县支中心在长沙县文化体育广播电视局，省市图书馆支持和部署下，逐步推进，稳步发展，在新形势下为繁荣农村基层文化，满足农民多层次文化需求，传递中国民族优秀文化资源发挥了重要作用。

一、基本情况

长沙县支中心开始于2005年，最初在黄花镇黄龙新村，在省市业务主管部门的具体指导下，完成卫星锅安装调试，整合了与远程教育资源，选择优秀、适用、农村资源在该村有线电视台播放。2006年，我县列入为全国文化信息资源共享工程100个试点县之一。2007年，我县支中心在县委县政府的高度重视下，在省市中心的精心辅导下，投入70多万元，完成了县级支中心建设。同年9月，通过了省文化厅组织的验收工作。9月22-24日，“全国文化信息资源共享工程基层服务点经验交流会暨基层服务点专兼职工作人员班”，我县黄龙新村基层服务点受到文化部“全国文化信息资源共享工程示范县”建设管理中心的表扬，被授予“扎实服务惠群众、共享文化在基层”锦旗。2008年8月，文化部授予“全国文化信息资源共享工程示范县”称号。2012年12月17日，文化部授予我县开慧镇和黄花镇黄龙新村为“全国文化信息资源共享工程·公共电子阅览室示范点”。

到2012年12月，我县已完成了22个乡镇街道办事处、280个行政村和社区的基础建设和业务培训。我们的建设原则是远程教育办建设到哪里，我们就建设到哪里。有条件的乡镇(街道)、村先建，对于没有村部暂时没有建。

二、管理和队伍建设

为使共享项工程真正为民所用为民谋利，长沙县支中心将共享工程日常管理纳入制度化管理。制定了县支中心和镇、村基层服务点工作职责和管理制度，制作了文化信息共享免费资源使用指南，将制度和使用指南上墙公开。每年有年度工作计划，月度有工作要点，季度有工作督导，年末有工作总结考核，并推行管理员工作日志管理，收集整理共享工程服务活动的得失，探索共享工程管理和服务新模式。

文化资源共享工程作为一个新的农村文化资源获取平台，如何推广好、利用好共享工程丰富的文化资源关键在于是否有一支专业化的共享工程管理员队伍。长沙县支中心在管理员队伍建设上坚持明确职责，明确思路，制度化管理，常态化培育。对于乡镇、村两级基层共享工程管理上择优选取文化层次较高，有一定社会基层管理服务实践经验的大学生村官为管理员，他们工作热情高，有较高的文化水平能尽快熟悉掌握共享工程设备为所在村民服务。目前长沙县共享工程基层管理员70%为各级大学生村官，26%是由较高学历的村委委员兼任，实现了管理员选取的高起点。

三、培训工作

长沙县支中心在共享工程管理员的培养上实现了制度化和常态化。根据省委组织部的文件，我们与远程教育办公室联合管理，每年对管理员进行4期的集中培训，通过邮件、QQ群消息、面授、电话等多种方式进行培训。

四、经费投入

长沙县共享工程2008年列入财政预算经费，经费为5万元。随着文化信息资源共享覆盖率提高，人员队伍多，设备增加，公共电子阅览室的免费开放，人员培训和惠民活动的开展，每年的经费预算在不断增加，到2012年，提高到15万元。

五、资源建设

长沙县支中心在历年的工作中，注重民众文化需求，搜集和整理地方文献资源，着手建设地方文献数据库。充分利用国家中心资源，复制或传送到基层服务点，发放宣传资料4000余份。今年为金井镇和黄花镇黄龙新村基层服务点制作了宣传光碟。

六、合作共建

与党员远程教育相结合，将优秀文献资源及时传播到各基层服务点。将各种部门下发的电子文献资源与我县电影公司整合，根据不同乡镇、村的硬件条件建立形式多样的电子阅览室和多媒体中心。比如在金井镇、开慧镇等建立公共电子阅览室和多媒体视听室。通过多方不懈努力，共享工程已逐步走入基层村民生活，成为村民获取新知，娱乐身心的新渠道新平台。

七、利民惠众，惠农服务

长沙县支中心在共享工程服务实践过程中，以民众的需求为导向，积极探索，服务民众生活生产，引领群众高尚精神文化生活，打造群在满意喜爱的文化服务新平台。

根据长沙县“南工北农”经济布局，每年按节令为南部乡镇制作农业生产技术光盘和小册子通过行政村基层服务点村民分发。针对种植、养殖和园林不同特点，长沙县支中心有针对的选取资源，免费上门指导服务。历年来累计服务专业生产户30多户，长期点对点跟踪服务6户。

八、宣传推广

1、长沙县支中心利用各种渠道宣传推广共享工程。在每年的科技文化四下乡活动，科普之春，科普之夏，科技周等活动中，昌平支中心不失时机，以活动为平台，以资料为媒介宣传共享工程，让民众不断了解共享工程，走进共享工程。

2、走进校园。长沙县支中心文化服务中不断探索，利用县支中心未成年人绿色网吧，组织动员青少年儿童利用共享工程资源，关注共享工程工作。2009年至2012年春节，我们都有奖知识竞赛。2011年6-7月，组织我县青少年参加“党旗飞扬，文化共享——全国青少年纪念建党90周年党史知识大赛”网络知识活动，我县王深同学获得个人纪念奖。收集青少年知识兴趣点整理挖掘，针对集中地知识群和关注点，长沙县支中心联合省市业务部门，进行知识解答，深受广大青少年的喜爱。根据每年国家中心组织少年网页设计比赛通知，我县连续参加竞赛活动。2011年由黄花镇黄龙小学选送的夏宇清、赵勇杰合作的“红星”报喜获全国小学生组三等奖；由黄龙学校朱浩森、夏宇清制作的“像雷锋那样…”荣获一等奖，星沙盼盼小学李梓杰制作的“永不过时的雷锋精神”荣获三等奖。通过一系列的活动是共享工程不仅走进农村也走进校园走进青少年。

3、专题活动，精彩纷呈。长沙县支中心在服务中抓住文化的热点和亮点，积极组织群众喜闻乐见的文化服务，使共享工程走进群众生活。例如：2011年9月9日，根据中央文明办等8部门联合下发的《关于组织开展关爱农民志愿服务活动的通知》精神，湖南分中心、长沙市支中心、长沙县支中心协办，长沙县黄龙新村基层服务点承办，在黄花镇黄龙学校举办明月是故乡明农民歌咏比赛，参赛选手14人，参加活动的观众达2000人。

九、工作展望

长沙县文化共享工程虽说只有短短的的几年，从开始的试点，到全面铺开，到今天的22乡镇（街道）、280个村基层服务点，从单一的资源接收到今天的编辑分发和群众广泛认知，广泛参与，文化资源共享工程在长沙县已经成为人民群众日常文化生活的一大支柱，成为繁荣文化生活，推动建设文化强县的强大动力源泉。今后，长沙县支中心奖在国家中心，湖南分中心和长沙市支中心大力支持下，为长沙县共享工程建设一支专业化的服务队伍，建立一个完善、四级联运的网络服务体系，让文化共享这项惠民工程更广泛、更专业、更网络、更智能化。服务网点更加宽广，参与群众更加广泛的共享工程文化带动体系，为建设科技长沙县，文化长沙县做出贡献。

（撰文/长沙县支中心）

宁乡县支中心

一、基本情况

正因为宁乡县具有这些得天独厚的优势，所以成为了湖南省第一批文化共享工程的试点县，2007年建设完成。近几年，宁乡县也借助全国文化信息共享工程这一快车，通过网络信息化资源建设，将宁乡文化资源与经济发展有效结合，形成地方文化服务体系，在为宁乡经济发展，丰富群众文化生活等方面取得了较好的成效。

2007年，宁乡县文化共享支中心建成，设在宁乡县图书馆内，建设了标准的中心机房和拥有20台计算机的电子阅览室，并于2007年5月对读者开放。到2009年，由于宁乡县委政府和文化局进一步高度重视，通过各种渠道，为我县文化共享工程争取设备320套（200台电脑，119台投影仪，1台移动播放器），主要用于乡镇基层农村的文化共享基层网点的建设，并将宁乡县委组织部的农村远教办和图书馆支中心联合起来，以图书馆支中心为主，一起建设好全县的文化共享工程建设。目前我县形成了以1个县支中心，320个基层网点相互联接的文化共享工程网络，县财政每年安排支中心5万元工作经费。

二、管理和队伍建设

强化管理，推行片区管理制度。针对我县文化共享站点点多面广的现状，支中心在管理方法上进行了创新，推行片区管理制度。将宁乡县33个乡镇划分为8个片区，每个片区选配1名片区管理员，负责片区内的文化共享设备维护、运行管理等工作，这一举措延伸了支中心工作的触角，有效解决了基层网点管理维护不及时、缺技术的难题。现在，这支队伍相对稳定，作用发挥越来越明显。

加强维护，确保设备正常运转。远教办和图书馆联合成立了远程教育和文化共享设备维护中心，在片区管理员分片集中维护和乡镇、村自行维护的基础上，及时对全县基层网点的设备进行维护和更新，保证设备运转正常，确保各项活动的顺利开展。特别是有的网点在文化共享工程建设中只去了投影仪而原有电脑严重老化的站点，我们优先考虑对其设备进行更新。

三、培训工作

狠抓培训，提高管理员业务素质。我县始终把队伍建设摆在十分突出的位置，在培训人员的选配上，我们坚持素质优先，考察录用的原则，在全县精选工作扎实，敬业精神较强的网点管理和技术服务人员200多人，其中70%具有高中以上学历。在培训场所建设上，县远教中心和图书馆筹资近30万元在宁乡县教师进修学校新建了一个高标准的培训机房。培训机房电脑配置高，设计规范，能同时培训45人，适合开展文化共享工程的业务培训活动。在培训形式上，我们灵活采用了集中培训和其他培训相结合的方式。每年10月下旬，组织全县所有片区、乡镇、村级网点管理员以及大学生村官400多人，分批在培训中心进行了集中培训，每批培训两天，主要进行计算机基础知识、网络应用知识、远程教育工作业务和文化共享工程业务等方面的培训。特别是2010年暑假期间，举办了“大学生志愿服务远程教育和文化共享”活动，80名志愿者面对面、手把手培训村级管理员3天以上，切实提高了部分基层网点管理员的业务素质和技术水平。在培训经费争取上，我们除从党员远程教育经费中争取支持外，适当地从其他单位争取支持，有效地弥补了培训经费的不足。2011远程教育与文化共享业务培训工作中由于我们的积极争取，中国移动宁乡分公司对培训经费给予了大力支持。

四、整合资源

我们图书馆将原有的报刊阅览室进行改造、拓展，添置20张电脑桌，装上20台计算机，建成了既有报刊图书借阅，又可上网查阅的多功能电子阅览室， 还新建了一个多媒体教室，定期播放全国文化共享信息工程发放的各种光碟。我们将农村党建设网和文化共享网的登陆方式步骤、登陆的用户名、密码用纸打印好贴在电脑桌上，以方便读者上网查阅电子图书资料。而且我们也要求各乡镇的文化共享基层网点也按照我们的要求将登陆的办法贴在电脑桌上，方便当地的农民和科技示范户上网查阅。特别是近几年农家书屋工程建设的推进，我们提议农家书屋建在有文化共享基层网点的村部，这样农民可以到农家书屋借纸质图书，也可上网查阅电子图书。农家书屋、农村远教、文化共享这些庞大的电子图书室，使我县每一个村部逐渐形成了一个个村级图书文化中心。大部分村部为了更好地为当地村民服务，还设立了社区（村）服务中心，开辟了社区（村）政务服务平台，建立了服务规范的村级便民服务中心，利用“信息资源共享”为农村群众提供着集科技文化服务、其他涉农服务等一站式的便民服务，创新农村工作机制，规范管理理念，使每一个设有文化共享基层网点的村部由管理型的村部，逐步转变为为农村群众全方位服务的服务型村部。农民群众在村部可方便快捷地查阅科技、农村党建、政策法律、共享文化信息资源等方面的多方信息，用以指导劳动实践，还能流览文化共享内的视频点播电视剧等获得文化休闲娱乐。网络信息化切实使每一个村部发挥了为民众服务的作用。

四、开展服务情况

支中心文化共享工程服务的方式不要局限于读者只有到支中心上网才能查阅文化共享的电子图书资料，可以让他们在家中只要有网络就也能查阅文化共享的电子图书资料。

1、向广大群众送发文化共享工程免费上网卡，宣传文化共享的内容和作用。2010年12月，那场大雪，大家应该都还记忆犹新，因为天气特别冷，接近春节，为了让广大群众足不出户就可在家看电子图书，过一个快乐的春节，也为了使文化共享充分发挥作用，我馆制了1200张VIP式的卡，卡上介绍文化共享工程的相关内容，将登陆文化共享网站的用户名和密码印在卡上，送发给广大群众。那段时间，大雪纷飞，地面大部分地区结冰，路上的公交车车轮都挂着铁链，漫天的大雪，阻碍了交通，阻挡了人们出门的脚步，但阻止不了我们图书馆员去各单位赠送全国文化共享工程免费上网卡的决心，当然我们同时也想为单位争取购书经费和文化共享运行经费。我们工作人员每天特意穿防滑的鞋子，一路上，小心翼翼地迈着脚步前进，可是还是有不少的同志在路上滑了跤，摔了个四脚朝天，我们忍着巨痛，艰难地爬起来继续往前走。我们每到一个单位现场操作教他们使用文化共享工程网的方法，告诉他们文化共享网内有文章下载、视频点播、电视剧、电影、相声小品、专家知识讲座、科技致富、有声读物等，同时也都坦诚地说出图书馆目前面临的困难，购书经费少，文化共享运行经费不足等。有些年老一点的同志非常喜欢有声读物栏目，他们认为这么冷的天，足不出户，可以坐在电脑前，一边听故事，一边闭目养神，心情愉悦。那段时间我们赠送全国文化共享工程免费上网卡1200张，我们的朴实和真诚深深地打动了许多人，争取资金28万元。

2011年图书馆免费开放，我馆更换机读借书证，我们干脆将文化共享工程信息网的登陆方式，印在图书馆借阅证上，广大市民群众免费拥有借书证的同时也拥有了文化共享工程的免费上网卡。

2、国家文化共享工程办每年赠送许多光碟，我们一般是星期六下午在多媒体室播放，但也及时精选能帮助我县农民致富的内容，通过农村远程教育网，下载到网上，供广大农民朋友在网上查阅。2010年3月31日上午，我馆收到文化部全国文化信息资源建设管理中心邮寄来的“文化共享助春耕”的光碟10个，打开查看后，发现这套光盘能帮助广大农民群众丰富农业科技知识，提高生产技能，是促进农业增产增收的好技术资料，于是马上行动起来，组织图书馆的全体干职工加班加点，2天时间复制40套光碟。于4月2日，赠送到宁乡县人民政府农村工作办、宁乡县农业局、宁乡县科技局、宁乡县畜牧局、宁乡县组织部农村党员干部远教中心等单位。送到单位后，各单位立即试看，认为这光碟不但内容好、效果好，而且能赶在春耕之前组织农业科技员和农户收看，真是一场农技及时雨。特别是县委组织部农村党员干部远教中心，立即行动起来，将我中心在文化共享资源中精选的一些适合我县农村特色的资源如养猪、养鱼、春耕生产等方面的资料挂在远教网，尽快赶在春耕之前让农业科技员和农户收看。

我县调查数据统计，每100户城镇居民中有56户人家有电脑，每个行政村村民平均有300台电脑，所以让广大群众熟悉登陆文化共享工程信息网的步骤，足不出户在家中就可进入文化共享工程程信息网查阅资料是充分利用文化共享工程信息网资源的有效办法。

五、培植典型，发挥基层网点的示范带头作用

我们通过树立典型，发挥示范作用，营造“学典型、争典型、当典型”的氛围，实现文化共享工作以点带面，整体推进。

一是积极培养学用典型。要求每个网点必须确定一名学用典型，为其量身定制个体培养方案，突出培养其实践能力和创新能力，使其掌握信息，学以致用，发家致富，扩大影响力。同时，组织教学辅导队伍的专家、技术人员到现场授课和网上答疑，每月按需提供技术培训和信息服务。2009年，我县重点培养了“宁乡猪”养殖大户李述初和“沩山茶”种植大户姜胜标，并推荐了2名学用典型参加全省“农民工党员创业之星”的评选活动。

二是重点建设好示范站点。2010年，我县按照“十个一”的标准（一条固定性标语、一个宣传橱窗、一副门牌、一套制度、一个机构、一块宣传栏、一个系统、一套记录、一名典型、一个好环境），建成市级示范网点5个（金洲乡关山村、夏铎铺镇凤凰村、横市镇界头村、大成桥镇永盛村、坝塘镇保安村），建成县级示范网点9个（所有市级示范网点和城郊乡茆田村、白马桥乡仁福村、历经铺乡南太湖村、煤炭坝镇　树村）。每个乡镇均按照要求建设了一个以上的乡级示范性网点，市、县示范站点都明确了县局领导联点。目前这些站点硬件设施完善，基本做到了日常管理规范，活动开展经常，站点作用发挥明显。

六、工作展望

文化共享工程信息网丰富的文化教育资源和科技信息资源，给企业带来了商机，给市民带来了活力，给农村带来了生机。文化共享科学技术进企业、进社区、进农村，信息教育惠广大群众。我县的基层“文化信息共享工程”建设发挥了前所未有的辅助作用。我县借助全国文化信息共享工程这一快车，协助经济快速发展，2010年全县GDP总量达到480多亿元，稳居全国百强县第73位，（湖南省内第三、中部百强县第七），其中人均可支配收入达到18000多元，农村人均纯收入达到9700多元，城镇居民每百户拥有的家用汽车数量分别达到了12辆，超过了很多地级市。我们衷心希望文化共享工程信息网发挥的作用越来越让人们受到重视，文化事业发展越来越繁荣。

（撰文/宁乡县支中心）

慈利县支中心

慈利县全县总面积3480平方公里，辖31个乡镇，675个行政村（居委会），总人口67.57万人。近几年，慈利县文化资源共享工程在慈利县文化局，慈利县图书馆支持和部署下，逐步推进，稳步发展，在新形势下为繁荣农村基层文化，满足农民多层次文化需求，传递中国民族优秀文化资源发挥了重要作用。

一、基本情况

慈利县文化信息资源共享工程于2004年开始起步建设，目前，县图书馆建立了慈利县文化信息资源共享工程县级支中心，配置电脑30台；乡镇基层服务点31个；农

村党员干部远程教育基层服务点及村级（社区）共享工程基层点681个，实现了全县行政村的全覆盖。

共享工程慈利县支中心设在慈利县图书馆，是慈利县共享工程的建设和业务指导单位，负责保障县中心共享工程设备的运行，协调镇村级共享工程设备的维修，指导镇村级共享工程活动的开展以及开展全区共享工程管理员的业务培训和指导。

二、管理和队伍建设

慈利县支中心重视"共享工程"管理和队伍建设工作，制定了相关工作职责和制度，每年有年度工作计划和总结，并制定了《慈利县文化信息资源共享工程实施方案》。

慈利县支中心选择计算机专业或其他高学历的人员为管理员，并通过出去学习、请老师来馆讲课等形式，努力建设一支专业化的"共享工程"管理员队伍，不断提高业务能力和工作水平。

三、培训工作

慈利县支中心注重抓好"共享工程"管理员培训工作，每年通过集中培训、网络培训和上门辅导等形式开展培训，不断提高管理员的专业水平。

四、经费投入

慈利县共享工程自2009年实现村村全覆盖以来，慈利县政府，慈利县文化局和慈利县图书馆每年投入大量人力物力支援共享工程各项活动的正常开展。

五、资源建设

慈利县支中心结合本市县实际，通过外地购买和自主开发等方式，建立起包括典型经验、农业适用技术等在内的各类视频500余部的资源信息库，并开发制作了一批先进典型光盘，先后完成了共十五个优秀共产党员专题片的拍摄，共刻录了800多张先进典型光盘下发到部分站点。

六、合作共建

慈利县开展多种形式的合作共建，推进"共享工程"建设。慈利县借助农村党员干部远程教育基层点推进"共享工程"工作，合作建设了681个村级基层服务点。

七、惠民服务

慈利县支中心、各基层服务点充分发挥"共享工程"在农村实用人才队伍建设中的积极作用，开展农村实用人才培训，主要形式是举办文化、卫生、科技、法制、种养等各种内容的培训班、视频讲座，开创了培训工作的新局面。

八、宣传推广

慈利县支中心利用网站、报纸、电视等各种渠道宣传推广"共享工程"，尤其在每年的服务宣传周、科技活动周等活动中，通过宣传让群众不断了解"共享工程"，走进"共享工程"，利用"共享工程"的丰富资源。

九、工作展望

要结合"数字图书馆"工程建设，全面提升慈利县支中心的设备，提高慈利县"共享工程"的建设水平。以县图书馆为中心，加强基层文化设施网点网络化、数字化建设，加强专业技术人员的培养，为深入推进"共享工程"的实施打好基础。要充分发挥"共享工程"的作用，大力开展公益性数字文化服务，尤其加强对广大农村地区的扶持力度，将文化共享工程建设成为社会主义新农村的重要抓手。通过多种形式拓展服务范围、创新服务方式，将地方音乐、曲艺、歌舞、美术等优秀非物质文化遗产纳入"共享工程"建设内容，以群众喜闻乐见的形式使"共享工程"更加贴近基层、贴近生活、贴近群众。

（撰文/张 毅）

常德市支中心

一、建设概况

常德市下辖9个区县（市），除武陵区外（武陵区没有设立公共图书馆，武陵区少儿图书馆已于1995年并入市馆），各区县(市)公共图书馆都建立了共享工程支中心。

二、网点建设情况

9个支中心建立基层网点情况如下：澧县建点478个，鼎城区600个，桃源县535个点，临澧县339个点，这4个县支中心文化信息资源网络的覆盖率已经达到100%；市馆建21个点；汉寿县4个点开放、4个未开放、2个点设备被盗、15个点正在进行设备配置；津市建7个点，安乡馆因新馆才开放，建点工作刚起步。各区县充分发挥"共享工程"与远教办的综合优势，依托远程教育平台，深入到每一个乡村，开展了基层网点建设，基本实现了文化信息村村通。

三、资源建设与技术支持以及合作共建

常德地区各支中心每年都与省级分中心签订有数字共享协议，共享省级分中心的地方特色资源，共享讲座资源，共享专项经费采购的数字资源等。同时8个馆都建有自己的特色网站（安乡县馆网站正在筹建中），拥有自己的部分特色资源。常德市支中心全年更新网站内容达400余条。

四、惠民服务、宣传推广以及培训工作

全市各支中心均积极参与了共享工程举办的各类活动，在每年的“三湘读书月”、“图书馆服务宣传周”、“全民读书月”、“五下乡”活动和各类馆办活动中充当主力军。一是开展了为广大农民朋友播放科教片的活动，澧县支中心同时将刻录有种养植实用技术的光盘送到农民手中，帮助农民朋友找到致富门路。二是举办各类影视讲座与展播活动，澧县支中心创新服务方式，与电影公司合作，利用数字电视在每个行政村每年放映电影12场的机会，插播省中心下发的系列光盘，宣传和提高共享工程的知晓度。三是积极开展为留守儿童服务活动，常德市支中心利用“中秋”、“国庆”双节，到城郊工农小学宣传发动，免费为留守儿童播放电影、开展网络培训。

各支中心十分重视基层辅导与培训工作，定期下乡指导，规范基层服务网点建设，如：石门县与县委组织部远教办合作，分期分批对全县390名操作员进行了规范培训，津市举办“中老年人电脑基础知识培训班”、“下岗职工电脑知识培训班”等，鼎城区为青少年读者打造上网学习的“绿色网络通道”，桃源县利用共享工程网络平台积极开展未成年人思想道德教育，被常德市精神文明建设指导委员会授予“未成年人思想道德教育先进活动基地”。同时各支中心还积极组织本中心人员参加省级培训。

五、管理和队伍建设

各支中心均成立了文化信息资源工程建设领导小组，定有专人从事此项工作的建设与日常管理，且相关工作人员均有计算机专长或持有专业对口的大专院校毕业文凭，队伍稳定、专业素质较高。工作人员还经常参加省级分中心举办的各类网络培训与办班培训，有多人获得省分中心颁发的“培训结业证书”。

六、荣誉奖项

石门支中心2011年被评为湖南省“服务基层、服务农村文化建设”先进集体，在全国共享工程“‘阳光少年热爱党’电脑小报设计”活动中获国家二等奖1名、三等奖1名。

澧县支中心在2010年的全国少儿网页设计大赛中，分获全国管理中心和省分中心二等奖，2011年在全国共享工程“‘阳光少年热爱党’电脑小报设计”活动中，获全国中学组一等奖和小学组优秀奖，2012年选送的电脑小报作品获全国小学组三等奖，在2010年“第一届湖南省文化共享工程技能竞赛”活动中，工作人员毕青山获个人二等奖。

常德市支中心2011年在全地区选拔人员，组队参加湖南省“2011文化知识共享工程知识与技能竞赛”，由李森芒、毕青山、余明军组成的常德代表队在竞赛中力战群雄，获得团体银奖，中心选手李森芒获得全省第一名桂冠。

2010年，常德市支中心在全市范围内组织开展的少年网页设计培训及“全国共享工程少年网页设计竞赛活动”中，获组织奖，推荐作品有2个获得二等奖，4个获得优胜奖。

2011年常德市支中心积极宣传发动，组织各中小学参加全国文化信息资源共享工程“阳光少年热爱党”电脑小报设计比赛活动，我市上报了6件优秀作品，常德市七中的肖达帆、米茜两位同学的作品分获中学组三等奖。

（撰文/常德市支中心）

常德市鼎城区支中心

鼎城区文化共享工程建设始于2007年，由区财政拨款15万元在鼎城区图书馆三楼建成分中心，面积约20㎡，铺设防静电地板，购入HP Proliant Ml110服务器一台（含机柜）、工作站6台、UPS、空调等设备，开通电信1M宽带，并与湖南省中心签订资源共享协议，面向社会公众免费开放。

2008年，上级业务主管部门规范各级文化共享工程机构名称，鼎城区分中心改称为“全国文化信息资源共享工程鼎城区县级支中心”，并被定为全省县级支中心试点之一，拨给价值约60万元的专用设备和建设资金。鼎城区图书馆派出2名业务骨干参加了湖南省图书馆主办的县支中心建设培训班，着手准备支中心的升级改造工作。2009年5月，支中心的升级改造和图书馆整体改造工程同步进行。至8月9日，在湖南嘉杰公司技术人员的帮助下，支中心建设项目全部安装调试完毕，正式投入使用。

新建成的支中心由中心控制室（原分中心机房）、电子阅览室（青少年绿色上网基地）和多功能活动室（学术报告厅）组成。中控室拥有专用服务器4台、卫星接收设备、大容量存储阵列、UPS及配套网络设备等，开通了联通10M光纤宽带网，可用于全国文化共享工程的卫星节目接收、流媒体分发和共享工程网站建设，配备专用软件，用于资源加工、网络防护与监控，使支中心的服务能力跃上了新台阶。

电子阅览室配有电脑24台和局域网服务器1台，旨在满足未成年人的网络文化需要，为未成年读者提供免费安全的上网场所，打造青少年上网学习的绿色网络通道。新支中心的建成使图书馆的服务功能得到了扩展，受到了读者的欢迎，每逢周六、周日，电子阅览室内座无虚席，学习气氛浓厚。多功能活动室配备投影设备，用于播放文化共享工程的视频节目，开展各种活动。

鼎城区图书馆除了抓好支中心的自身建设外，还加强了基层服务点的辅导工作。2007年，组织工作人员对全区60个文化共享工程文化基层（乡村）服务点进行挂牌安装和业务指导，2008年又完成了武陵镇15个社区服务点的挂牌安装和业务指导。2009年5—7月，与区委组织部远教部门联合对全区600个村级服务点进行了挂牌安装和业务指导，实现了村村挂牌、“村村通”，基层服务点覆盖率达到了100%。为了进一步发挥设备和资源优

势，完善落实支中心功能，鼎城区图书馆组织人员学习共享工程知识，掌握操作技巧，完善支中心网页和图书馆网站，积极辅导乡镇村级服务点建设，开展基层管理人员技术培训，开展共享工程活动，努力实现各级信息资源共享，最大限度地发挥县级支中心的作用。

（撰文/常德市鼎城区支中心）

津市市支中心

一、整体情况

津市市文化信息资源共享工程支中心位于凤凰路57号，文广新局一楼，面积约150平米，于2010年8月开始筹划、组建，经过一系列调试、整理及完善配套设施，于2010年10月进行试运行，在试运行中摸索、完善各项规章制度，在2011年9月与综合阅览室一同正式实行免费对公众开放。在两年多的开放工作中，总体运行情况良好，得到广大市民认可。

在津市图书馆设立县级文化信息资源共享支中心，在津市下属7个乡镇设立乡镇分中心，以卫星、网络传输方式进行信息共享及数据交换，以国家、省、市中心共享工程资源为平台，为广大农民群众提供对农业、养殖、教育等一系列信息资源。

为给读者创造舒适的阅读环境，投入10万元对县级文化信息资源共享工程馆舍进行了修缮，并进行简单装修，购置了电脑桌、椅、存包箱等配套设施；为乡镇支中心投入3万元，添置了电视机、影碟机、功放等设备。

县级支中心每月对现时新出版、流行图书进行电子档采购。设立读者需求库，对读者的需求进行即时归纳汇总，对读者确实有需要的书籍进行集中采购。

在乡镇分中心建立时，对乡镇分中心管理员分发辅导资料，进行系统培训；在运行过程中，对技术问题进行远程或实地解决，选定时间，集合乡镇分中心所有管理员对信息共享运行中所遇到的常见问题进行了汇总、讲解。不时聘请省组建、维护文化信息资源共享工程技术人员对分中心管理员进行现时软件应用及未来局势地讲解。积极与市委组织部联系，结合组织部党员远程教育系统，我方提供相关技术支持，并进行软件网路调试，提供资源共享等方面的细致内容。

中老年人电脑知识培训

二、惠民服务

利用县级信息中心平台，为群众提供优质服务，一是举办了《中老年人电脑基础知识培训》，让平时和电脑不搭的中老年人体验到计算机网络强大的信息功能，显露文化信息资源共享工程的魅力，因报名人数众多，又接连举办两期。二是为下岗职工举办《下岗职工电脑知识培训》，旨在加强他们对计算机相关知识的了解和运用，增强他们适应工作岗位的能力，受到待岗职工欢迎。为体现文化信息资源共享工程的娱乐性；三是为广大中国象棋爱好者举办《中国象棋网络对抗赛》，共计一百多名选手参赛，奖品均为带读书功能的平板电脑及MP4，丰富广大人民群众的文化生活的同时，也让人们对文化信息资源共享工程有了另一种认识。

三、活动开展

利用各级文化共享工程信息中心，在市、乡镇、街道、社区中心，人口密集区，举办相关活动，如：正月十五灯谜元宵晚会、4.23世界读书日、三湘读书月等大型活动，借活动契机，加强文化信息资源共享工程平台的宣传。

四、工作展望

文化信息资源共享工程是一个文化惠民的长期工作，在以后资金允许的情况下，拟建一个新的自由阅览室，摆放沙发、大型积木，接入无线网络，配置平板阅读器，给读者一个自由，舒适的环境，换一种开放方式来进行资源共享。

（撰文/津市市支中心）

安乡县支中心

安乡县图书馆大楼是县委、县政府贯彻落实中央有关指示精神，作为“十一五”期间标志性公益文化工程的重大民生工程。图书馆大楼于2009年11月新建，总建筑面积3224平方米，内设电子阅览室、综合外借室、少儿阅览室、报刊阅览室、多媒体阅览室、参考咨询室、地方文献室、古籍珍藏室、综合书库和县级信息资源共享中心，功能完备、能充分满足读者需求的县级图书馆。

安乡县文化信息资源工程自今年实施以来，在上级主管部门的正确领导和大力支持下，在县委、县政府的亲切关怀下，我馆不断拓展思想，完善设施设备，牢记“读者至上，服务第一”的宗旨，积极开展对基层点建设，人员培训，资源建设，共享共建等工作，利用“共享工程”把优秀文化传播资源到广大群众身边，全心全意为全县广大人民群众服务，取得了一定成效。

一、建设情况

我馆建有文化共享工程县级支中心1个，基层点249个，并按要求配备光纤宽带入网30M，使用固定IP地

址3个。服务器3台，投影仪2套，电脑30台，扫描仪1台，500GB移动硬盘1个，配有笔记本电脑2台，一体打印机1台，打字复印机1台，摄像机1台，数码相机2台。每年与省分中心签订资源共享协议，开展合作共建。安乡县图书馆网站开辟正在筹划中。

二、领导重视，组织健全

在县委、县政府的高度重视下，我馆县级支中心于今年2月1日正式投入使用，成立了信息资源共享领导班子，并以每年5万元运转经费列入财政专项经费预算，并配备全新电脑桌椅，多媒体阅览席可容纳100多人，极大改进了“共享工程”县支中心服务环境。

三、加强培训，提高队伍素质

今年我县支中心积极安排人员参加省馆主办的“信息资源共享工程县级支中心培训”。培训人员除了系统的掌握操作方法外，还对农村基层服务点人员进行业务辅导轮训，提高了基层管理员的操作能力。真正做到了共享共建。

四、广泛宣传发动，共享工程见成效、

我县支中心利用“世界读书日”、“五月宣传周”、全县少年儿童“学习雷锋好榜样”等读书活动，积极开展了为了广大农民朋友播放科教片，为少年儿童播放影片，老年朋友播放了《卫生知识》、《健康知识讲座》、等优秀影片。丰富多彩的展演活动得到了上级领导和全县广大人民群众的一致好评。

五、成绩显著、共享工程再上台阶

2012年我县支中心辅导的作品《日记风波》参加湖南省少年儿童“学习雷锋好榜样”读书活动影片展播获得省八部委颁发的“优秀奖”。

为认真落实中央免费开放指示精神，“共享工程”建设在希望的田野上，我馆正在努力把十八大精神落到实处，实践惠民，共享共建，为推动我县文化发展做出贡献。

（撰文/安乡县支中心）

汉寿县支中心

全国文化信息共享资源工程是2002年起，由文化部、财政部共同组织实施的国家重大建设工程，它利用现代信息技术，将中华优秀文化资源进行数字加工整合，通过互联网、卫星、电视、手机等新型传播载体，依托各级图书馆、文化站等公共文化设施，在全国范围内实现共建共享，让广大群众享受文化知识的权益。

一、基本情况

汉寿县支中心文化共享工程电子阅览室从2012年2月正式对外开放，有30个服务终端，1名工作管理人员，制订了《电子阅览室阅览制度》、《电子阅览室工作人员操作规程》、《机房人员值班守则》，为广大读者进行优质服务，全年接待读者12330人，读者在电子阅览室能查阅文献资料，基本能满足读者在网上查阅资料、浏览文件的意图。

二、乡镇服务点情况

截止2012年9月，服务点设施已配发10个乡镇，其中新兴乡、东岳庙乡、坡头镇、蒋家嘴镇四个服务点已对外免费开放；洲口镇、罐头嘴镇、月明潭乡、毓德铺镇四个乡镇没有对外开放；三和乡、龙潭桥乡服务点所有设备被盗。还有15个乡镇文化站于2012年11月中旬设备才配发到位；毛家滩乡、岩咀乡、太子庙乡、聂家桥乡没有说明原因；实际上岩咀乡、太子庙镇、龙阳镇、聂家桥乡已配放设备，还需要县支中心支实地调查原因。

三、乡镇服务点对外开放情况

2012年10月，我们对全县文化信息资源共享工程服务点的基本情况进行了实地检查，在十二天的检查中，对上报的新兴乡、东岳庙乡、坡头镇、蒋家嘴镇服务点的开放情况，实际上坡头镇服务点已停止了对外服务，有二台终端设备已挪为他用，而真正对外开放的服务点只有新兴乡、东岳庙乡、蒋家嘴镇、罐头嘴镇四个乡镇，这四个乡镇服务点均有30平方的读者使用面积。

因为各服务点没有专职人员管理服务点的日常工作，实际上各乡镇只配备一名文化专干，而服务点的管理都是由乡镇文化专干兼任的，所以，文化专干不可能每周全天对外开放，从务实观念看，乡镇服务点很难维护日常的正常开放。

四、今后的工作思想

1、拟定《汉寿县文化信息资源共享工程管理办法》使之各乡镇服务点工作有章可循，工作规范化，设备设施管理到人。

2、督导各乡镇服务点设备到位，要按全国文化信息资源共享工程省级中心下达的工作任务，如质如量完成，并积极在本地范围内，利用其网络设备编辑，符合本地区农业生态发展方向的种植养殖科技信息，并传播。

3、对设备已到，没有对外开放的乡镇服务点，要下基层督导检查，下达整改措施，尽早对公众开放，服务于广大农民群众。

4、积极完善好县级文化信息资源共享工程支中心的建设工作，制定《县级支中心机房管理规定》、《文化信息资源共享工程县级支中心工作要求》。

5、积极策划第二届文化信息资源共享乡镇服务点技术人员培训计划，拟定与县委组织部远教办、县电信局联合，让培训计划落到实处，培养出一支合格的乡镇服务点技术人员队伍。

（撰文/汉寿县支中心）

澧县支中心

澧县位全县辖32个乡镇，478个行政村，总人口92万，总面积2075平方米。澧县文化共享工程自实施以来，在上级主管部门的正确领导和大力支持下，不断拓展思想，完善设施，强化服务，积极开展对基层点的建设、人员培训、资源传输、资源建设、合作共建等工作，并利用“共享工程”把优秀资源送到群众身边，为群众服务，取得了一定成效：

一、建设情况

建有文化共享工程澧县县支中心1个，基层点478个，并按要求光纤宽带入网40M，服务器4台，使用固定IP地址3个，工作站46个，音响2套、投影仪2套、扫描仪1台、500G移动硬盘2个，配有笔记本1台、一体打印机1台、喷墨打印机1台、摄像机1台、数码相机1台，配备服务用车1台。每年与省分中心签订资源共享协议，开展合作共建。开辟了澧县图书馆网页，基本实现了接收、加工、发布视频资源和文献资源的功能。

二、领导重视，组织健全

2005年“共享工程”落户到澧县，县委、县政府高度重视，将其列入重要议事日程，成立了全国文化信息资源共享工程澧县县支中心领导小组，建立了澧县文化信息资源共享工程县级支中心，做到上下联动，齐抓共管。把县支中心和基层服务点辅导培训经费每年10万元列入县财政专项预算，当年投资50万元新建了高标准中心机房、电子阅览室、多媒体报告厅，还购置了电脑阅览桌椅46套，增添了空调等人性化设施，极大地改善了“共享工程”澧县县支中心的服务环境。

三、整合资源，共建共享

为做到真正的文化共享，我们将“共享工程”与农村党员干部远程教育网络工程、农家书屋工程等工程建设进行有效整合，互为补充，减少重复建设，提高利用率，真正将文化共享落到实处。

1、实现“共享工程”与农村党员干部现代远程教育网络工程的整合。我们充分发挥“共享工程”与远教办的综合优势，依托远程教育平台，开展了基层网点建设。抽调技术力量，深入到全县每一个乡村，把国家对“共享工程”建设投放的设备安装到位，确保站点设备发挥作用，文化信息资源网络的覆盖率达到100%，实现了文化信息村村通。

2、实现共享工程与农家书屋工程的整合。在农家书屋建成以后，我们发现只看图书和播放有限的光碟，形

式太单一，资源量小，内容的广度和深度也还不够，于是我们将“共享工程”与农家书屋结合起来，让老百姓不仅可以看到纸质的图书文献，还可以通过互联网点击全国文化共享工程网站，查阅各种实用信息，优秀的影视节目，点播自己喜爱的各种戏剧、戏曲节目以及种养殖技术等科普节目。农家书屋充分利用“共享工程”中的先进设备和视频资源，“共享工程”也可利用农家书屋丰富的文献资源，你中有我，我中有你，优势互补，相得益彰，共建共享。使听有声、看有影、读有文、连有网。既节约了资源，又提高了服务质量，深受农民群众的欢迎。

四、加强培训、提高素质

“共享工程”的创建完善工作任重而道远，需要各基层点与县支中心齐心协力、共同学习、相互促进。澧县支中心在做好“共享工程”阵地建设的同时，也认真做好基层管理员的培训工作。为了使所有站点接收运转正常，我们采用举办培训班对全县所有基层管理员进行轮训，并进村对新手管理员进行实地辅导，现场维护实践等措施，提高基层管理员的实践操作能力。近年来，我们共培训基层管理员3000人次。培养了一支适合共享工程建设需要的管理、技术保障和基层服务队伍。

五、加大宣传力度，深化服务方式

1、县支中心利用开展图书宣传周、“五下乡”等机会，除了为农民朋友现场播放《科教片》外，还围绕农民群众普遍缺乏的文化知识、实用技术，刻录《猪的养殖》、《柑桔栽培》、《文化共享助春耕》、《共享书香快乐阅读》、《建国六十年电影展播》等光盘送到农民朋友手中，使广大农民群众不仅学到了急需的科学文化知识，而且找到了致富门路。

2、在每年的“4.23世界读书日”、“三湘读书月”等活动中积极播放“共享工程””网站的优秀电影以及省级中心下发的文化资源系列光盘内容，还利用“共享工程”的设备和资源，与图书馆的公益讲座有机地结合起来，为读者提供图文并茂的特色化服务。迄今为止已组织开展各种讲座40场。

3、电子阅览室是“共享工程”在图书馆重要的服务阵地，我们将文化信息资源共享工程网站放到每一台微机的主页，读者可随时点击进入全国共享工程网页，并免费为读者提供戏曲、舞剧、音像美术、文学古籍、名家讲坛、历史地理、社会文化等“共享工程”文化信息资源，截至目前累计接待读者6万余人次。

4、县支中心与县电影公司合作，利用数字电影在全县32个乡镇478个行政村每年放电影12场的机会，插播省分中心下发的系列光盘，提高了共享工程的知晓度。

六、荣誉奖项

2010年在全国少年儿童网页设计大赛中，我县县支中心辅导的作品分获文化共享工程国家管理中心、省分中心二等奖，常德市支中心特等奖。2011年在“阳光少年热爱党”电脑小报设计比赛中，我县县支中心选送作品分获全国中学组一等奖和小学组优秀奖。2010年，支中心工作人员毕青山参加第一届湖南省文化共享工程与技能竞赛获个人二等奖，2011年支中心工作人员毕青山、余军参加第二届文湖南省文化共享工程与技能竞赛获团体银奖。2012年选送电脑小报作品获全国小学组三等奖。

七、工作展望

我们正行走在"共享工程"的希望田野上，传承文化，播洒文明，今后我们将继续加大"共享工程"的深入开展，切实把十八大精神落到实处，并利用"三馆"免费开放契机，敢于创新，大胆实践，使"共享工程"成为新时期公共文化服务体系的重要内容、文化惠民的重要平台。为推动社会主义文化大发展大繁荣做出应有的贡献。

（撰文/澧县支中心）

临澧县支中心

一、基本情况

临澧全县辖18个乡镇（区），339个行政村居委会，总面积1210平方公里，总人口45万。自全国文化信息资源共享工程实施以来，我县一直把它作为一项文化建设的重点创新工程来抓。为进一步加快我县文化共享工程建设步伐，早在2003年初县图书馆就开始着手此项工作的运作，筹措资金建立了当时常德地区第一家电子阅览室，依托县图书馆资源、服务、人员和技术等方面的优势，不断总结摸索经验，与农村党员干部现代远程教育、农村中小学现代远程教育开展合作共建。2008年，我县被列入全国第二批文化信息资源共享工程建设单位，在原建电子阅览室基础上，遵照上级有关文件指示精神，投资近20万元对电子阅览室进行了升级改造，临澧支中心正式建立，配置电脑终端工作站30台。目前，支中心共有工作人员12名，其中大专以上学历10人。近几年来，在县委、县政府的重视及有关部门的通力合作下，我们紧扣数字资源建设主题，在基层服务网点建设上大做文章，共建成农村基层终端接收站点339个，真正实现了乡（镇）、村（社区）文化信息资源共享工程100%的覆盖率，全县共投入建设资金190多万元，配备共享工程专兼职工作人员达360人，丰富、实用的文化信息资源极大的方便和吸引了广大人民群众，在发展农村经济和建设社会主义新农村等方面，起到了积极的推动作用。

二、加强领导，明确职责，实行整体推进

文化共享工程建设是一项政府兴办的文化创新工程、民心工程，是公益性建设项目，在着巨大的社会效益和广阔的发展空间。我县各级领导高度重视，成立了以分管文化工作的副县长为组长的文化共享工程建设领导小组，办公室设在县图书馆（临澧支中心）内，对此项工作每年至少召开2次以上的专题会议研究布署，并根据工作需要适时召开现场会、情况汇报会、举办专题培训班，及时发现问题、解决问题，县支中心经常联系县委组织部远教办，先后深入到全县基层督促、检查、指导站点建设工作1450人次，全县上下形成了党委一把手负总责，分管领导具体抓，一级抓一级的管理格局。在建设经费使用方面，做到资金科学合理专项使用，对建成的镇、村服务点实行了强化管理，由专兼职人员定点、定时为农村党员干部、中小学生和农民群众实行免费开放。

三、严格把关，以点带面，加大队伍建设

狠抓队伍建设，针对农村涉及面广的实际，就选配文化共享工程基层网点管理员事宜，我县按照"政治素质过硬、奉献精神较强、工作积极负责"的基本要求，近几年来先后从各基层网点选拔操作人员和管理人员460多人，建立基本信息档案，实名定岗，对操作人员和管理人员进行集中培训，优中选优，使工作人员的责任意识和管理水平得到了明显提高，做到边学、边用、边整改、边建设。实现了工作的经常化、正常化和制度化。同时按照"资源共享、优势互补、互利互惠"的原则与省中心开展协作共建，与339个基层网点签订了数字资源共享协议书，先后为基层网点免费赠送种植、养殖类宣传资料5万多份。同时，加大的信息资源的采集力度，将送文化下乡、送图书下乡、送戏下乡等各类活动采集并制成光盘资源，为支中心特色数据库的建立做好了丰富的信息储备。

四、夯实基础、共享共建，搭建活动平台

为充分发挥文化共享工程信息量大、生动直观的宣传教育优势，我们紧紧围绕县委、县政府中心工作，把文化共享工程的开展与加强农村基层组织建设、与农民群众致富需求、与加大农村产业结构调整力度、与农民群众的日常生活和文体娱乐活动的开展等工作相结合。截止目前，为农民群众提供各类信息咨询服务31000多条，每年开展种养大户技能培训6次以上，不断丰富和充实广大农村党员干部群众的学习内容，还通过编排一些通俗易懂、朗朗上口，能诠释党的政策、法规的文艺小品、歌曲节目丰富农民群众的精神文化生活，使他们从不同层面的"学用"结合点中，获得了相应的精神食粮和致富信息。农村基层党组织的凝聚力、感召力也得到了明显增强，文化信息资源共享工程在服务群众、服务基层中找到了活学活用的平台。一是搭建了学习和宣传平台，充分发挥文化共享工程主阵地的作用，为基层干部群众提供大量的政治理论、政策法规、时政新闻、形式教育、非物质文化遗产等方面信息资源25000条，发放宣传传单50000多份，制作展牌210块，横幅43条到乡镇的田间地头进行文化共享工程知识的宣传，保证了基层群众了解当前国内外形势，及时宣传当前我县良好的发展态势。二是搭建培训和交流平台，每年对基层网点管理员培训达4次以上，并形成考核、奖励等激励机制，使基层群众通过网络及时了解党的方针政策，开阔了眼界，增长了见识，丰富了业余文化生活。

五、规范制度，强化措施，提高服务水平

全县各基层服务网点已全部建成，在平时开放过程中，不可避免地出现这样和那样的问题，为积极推进共享工程建设的有序发展，提高服务水平，一是实施基层点月报表制度，便于及时掌握全县基层网点的运作动态，督促基层点更好地为群众服务；二是强化管理措施，县级支中心将文化共享工程在关管理文件及时下发到每个基层点，根据要求制定统一标牌、制度。规范服务手段，读者凭借书证，阅览证等证件均可查阅资料，并规定各基层网点接待未成年人要有家长书面签字，并采取实名制登记，且每日累计不超过3小时；三是加大对管理员的培训力度，基本上达到了每月培训一次以上的标准。通过各项完善的措施，我县共享工程基层网点运行情况呈现出了良好的态势。

六、工作展望

在今后的工作中，我县将以加快发展文化共享工程建设，以整合、开发优秀文化信息资源，推进思路创新、技术创新、服务创新为工作重点，始终坚持以满足广大人民群众文化信息需求为服务中心，努力将我县的文化共享工程建设推上一个新的台阶。文化信息资源建设始终是共享工程的核心，临澧是楚文化发源地，历史悠久，文化底蕴深厚，民间文化信息艺术多姿多彩，我们在利用好国家及省市区已开发民文化信息资源成果的同时，更应发挥本地资源优势，努力将本土文化信息资源开发出来。

（撰文/临澧县支中心）

桃源县支中心

一、整体情况

全国文化信息资源共享工程桃源的建设从2006年开始起步，2007年元月桃源县图书馆电子阅览室落成开放，投入资金21万余元，建有20个工作站。2008年12月全国文化信息工程桃源县级支中心初步建成，建起了多媒体电子阅览室，有40个工作站、数码投影仪、1台服务器进行卫星接收信息，建有中心机房，内有3个服务器，1台UPS电源机，1个媒体演播厅，新建了1个80平方米的报刊阅览室，添置了1套自动化办公设施设备，具有打印文书、照片、传真、复印、扫描等功能。总共投入近100万元，国家、省、市投入70余万元。

二、网点建设

桃源县共享工程乡镇村、社区服务网点的建设从2007年开始与县远教办开展共创共建，2007年桃源县有10个乡镇、86个行政村挂牌，2009年有535个行政村、社区得到国家的设备投入，每个服务点投入了5000元的设备，645个村、社区挂上国家统一制作下发的基层服务点的标牌。

三、服务活动

“共享工程”建设的目的是为了让广大民众更好地享用更多的文化信息资源，最大限度地满足广大民众的需求。因此，桃源县“共享工程”建设首先建起有20个工作站的多媒体阅览室，内设有数码投影仪，200CM*200CM的大屏幕，使其既能上机查阅文化信息资源，又能开展各类型多主题的讲座，还能通过大屏幕播放电影、电视，专题讲座，科技信息和各种视频资料。

六年来，我馆利用“4·23”世界读书日和一年一度的图书馆服务宣传周活动以及重大节日，在电子阅览室开展农民科技知识和信息22次，经常开展少儿革命传统教育。平时，利用节假日，播放革命战争历史体裁的老电影，如《地道战》、《地雷战》、《野火春风斗古城》、《小兵张嘎》、《闪闪的红星》等一系列战争教育片，深受青少年和老年读者的欢迎。2007年以来，共接待读者12200人次，为读者解答咨询562人次，下载打印资料1220件次。向省中心反馈我馆专业工作180多次。

本馆还以图书馆为基地，电子阅览室为平台，开展未成年思想道德教育。由于此项工作开展卓有成效，2010年12月被市精神文明建设指导委员会授予“未成年人思想道德教育先进活动基地”的光荣称号。

四、共创共建

“共享工程”建设，如果只是建设好县级支中心，在城区内有了阵地，还是远远不够的。还必须按照国家、省、市的要求，建设好乡镇村和社区服务网点，因为全国文化信息资源共享工程必须普及到农村、街道，实行村村通，乡镇、村、社区服务网点通过县级支中心才能享受和利用国家的文化信息资源，否则将会是一个空壳。

2007年以来，县图书馆多次与县远教办联系，争得县委组织部的支持，开展共创共建。在远教点上加挂共享工程乡镇村服务网点的标牌或新建，全县40个乡、844个行政村，60多个社区、居委会，还有404所中、小学，已建远教点784个。到2012年底，全县有36个乡（镇）综合文化站、535个村、社区服务网点得到了国家、省、市的设备投入（每个村服务网点价值5000元），并于2009年5月底全部安装到位，全县共建成基层服务点627个，并由省文化厅颁发标牌。

五、管理和队伍建设

“共享工程”是一项科学技术含量较高的实用性工程，这就要求我们从事此项工程的服务人员应具备一定的文化知识水平和电脑操作及专业技能，为此，我馆一方面组织全馆人员学习电脑基础知识，一方面选派有一定电脑操作技能的人员到省级分中心学习“共享工程”的专业知识。

桃源县支中心目前有1个电脑专业本科生，有专职技术人员2名，兼职管理人员1名，2名电脑操作人员均是大专以上学历，3名人员均参加省分中心举办的专业技术培训，并获得了由省分中心颁发的“培训结业证书”。基本上都能胜任共享工程的技术操作，三年多来，出色地完成了上级行政和业务部门规定的各项任务，多次受到省、市业务部门领导的赞扬。

六、经费投入

2006年以来，县委、县政府对桃源县支中心的建设都非常重视。2006年拨10万元专款建电子阅览室，2007年、2008年都落实了4.5万元的共享工程专款，用于县支中心的设施设备建设和运转经费，使桃源县支中心的共享工程工作得以正常开展。

2007年县文广新局和县图书馆又积极向省、市文化主管部门汇报桃源县"共享工程"建设情况，省文化厅把桃源县列为全省35个试点县支中心的建设之列，并于2008年年底下拨了40余万元的设施设备和17万元的支中心建设的补助资金。同年在县财政局的高度重视和县财政局教科文股的领导积极支持下，又向市财政争取30余万元的"共享工程"建设资金。目前，桃源县"共享工程"建设，已初具规模。

到2009年底，桃源县文化信息资源共享工程，已基本完成了县级支中心的建设，完善了多媒体电子阅览室的建设，工作站由原来的20个增加到40个，建起中心机房，开辟了一个100平方米，70坐席的多媒体演示厅，目前运行良好。县支中心的建起以来，接入了光缆宽带网达10M以上，使用3个固定IP接口，并每年都与省分中心签订资源共享协议，开展合作共建，制作了县支中心的标牌，开辟了共享工程宣传专栏，建立了反馈机制，及时反馈共享信息，工作档案、数据统计规范。为了增强"共享工程"的宣传力度和广度，县图书馆还建立了自己的网站，开展网上宣传、网上咨询、网上研讨工作，县电视台多次报道了桃源支中心的建设情况。总之，桃源县"共享工程"建设，已初具规模，我们相信只要有国家、省、市、县各级领导部门和业务管理部门的大力支持，有县财政作为经济后盾，我县"共享工程"工作一定会取得"三个文明"建设的大丰收。

（撰文/桃源县支中心）

石门县支中心

一、基本情况

石门县图书馆建立电子阅览室始于2002年，由县政府投入2万元购买电脑4台、县财政局、县税务局捐赠电脑4台，接入宽带，组建电子阅览室，对外开放，并获得省级"以奖代投"经费2万元。2006年，石门县图书馆整体搬迁至县东城区后，县委、政府按照打造一级图书馆的标准进行建设，拨入经费11万元，购买电脑25台，拥有网络接口30个，建立了石门县图书馆电子阅览室，开展服务工作。全国文化信息资源共享工程石门县支中心2008年年底进入湖南省第二批试点建设单位，2009年正式开始建立，国家投入68万元的设备，建成了"全国文化信息资源共享工程石门县支中心"分中心。

二、网点建设情况

随着全国文化信息资源共享工程石门县支中心的建立，在国家财政、国家文化部的大力扶持下，逐步完善了共享工程县级分中心的建设，石门县19个乡镇、5个农林场、323个行政村，全部建起了全国文化信息资源共享工程农村基层服务网点。各基层服务点门上有招牌，墙上有制度，桌上有台帐，操作有人员，实现了村村挂牌、"村村通"。

三、资源建设与技术支持以及合作共建

每年与省级分中心签订数字共享协议，共享省级分中心的地方特色资源如湖南风情、潇湘画廊、网上湖南、湖湘人物等专题资源库、湖南地方戏剧资源库、湖南近代人物数据库、曾国藩全文数据库、湖南非物质文化遗产资源库等资源。共享讲座资源如"湖湘文化"、"名人名家"、"都市生活"、"文史艺术"、"时政热点"、"经济金融"、"教育培训"、"法律社会"、"保健养生"、"科技博览"等多个栏目的系列讲座，共享专项经费采购的数字资源。如百万种电子图书、8000余种学术期刊、1500余种文化休闲期刊和30000余种有声读物。免费使用。同时建立"石门县图书馆网站" 把具有石门特色的地方资源如石门歌曲、石门摄影作品、石门地理风物开设成"艺术画廊"、"创作作品"、"名胜古迹"栏目。

四、惠民服务和宣传推广以及培训工作

开展了"阳光少年热爱党电脑小报设计"、"向雷锋那样"电脑小报设计活动，举行红色电影展播。在服务的同时加强宣传推广；加强与县委组织部远教办合作，分期分批对全县390多名操作员进行了规范培训。同时定期开展下乡辅导，规范共享工程基层服务点建设。组织共享工程工作人员参加省级分中心的培训，组织全干员工开展网页制作、合唱作品的摄制、动漫基础、"三馆一站"免费开放情况介绍等网络培训。

五、管理和队伍建设

成立石门县文化信息资源共享工程建设领导小组，负责分中心建设以及基层服务点的技术服务、业务培训管理、组织共享工程工作人员参加省级分中心的培训。

六、荣誉奖项

2011年，被评为湖南省"服务基层 服务农村文化建设"先进集体，组织开展"阳光少年热爱党电脑小报设计"上报作品荣获共享工程国家中心奖励二等奖、三等奖各1个。

（撰文/石门县支中心）

益阳市支中心

益阳地处湖南中北部，南倚雪峰山，北临洞庭湖，全市辖8个区县（市），总面积1.2万平方公里，总人口470万，中心城区面积50平方公里，人口51万。益阳市文化信息资源共享工程支中心在湖南省文化厅、湖南省文化共享工程分中心和益阳市文广新局的正确指导下，10年来，我市各级支中心以数字资源服务为核心，以基层服务网点建设为基础，在全市各区、县(市)、乡（镇）、村进行了广泛宣传发动组织、加强了管理和建设，推进了益阳市共享工程工作的发展；以惠民服务活动的开展为重点，结合全市实际，大胆尝试，整合资源积极推广文化共享工程的服务工作，取得了很好的成绩，赢得了社会各界的表扬，得到了广大人民群众的好评，湖南省、益阳市主流媒体对我市共享工程惠民活动进行了多次宣传和报道。

一、基本情况

益阳有2市、4区、3县，129个乡镇，3386个行政村。自全国文化信息资源共享工程实施以来，我市一直把它作为一项文化建设的重点创新工程来抓，于2003年正式启动了市文化共享工程建设。在省分中心、市委、市政府的高度重视和指导下，投入经费23万元，于2003年8月在益阳市图书馆正式建成了文化共享工程益阳市支中心和益阳市图书馆网站，成为了湖南省第一批建成的市级支中心。并在实践中积极探索、大胆开拓，以益阳市支中心为示范单位，相继在我市南县、桃江县、安化县、沅江市、资阳区馆、赫山区馆建成了6个文化共享工程县级支中心。初步形成了以市、区、县为发展模式的各级支中心。2005年－2010年益阳市文广新局和市图书馆又联手市委组织部党员干部现代远程教育办，实行共建共享，在全市建成农村村级基层终端接收站点3382个。截止2012年，我市形成了以市、区、县、乡为发展模式的各级基层服务网络全面建成。

二、宣传推广与资金配置

为使全市各级基层文化单位更多的了解共享工程的意义和作用，我们根据省文化厅的统一部署，明确职责、制定方案、宣传发动。(1)设立机构，为推进共享工程建设提供组织保证。成立益阳市文化共享工程领导小组，以益阳市图书馆为主要技术力量的市级支中心。(2) 制定规划，明确共享工程建设的目标任务。2003年文化共享工程建设在我市正式启动，根据省厅的统一部署，我市一手抓统筹规划，一手抓宣传发动。明确共享工程建设经费渠道，争取政府财力投入与自筹资金相结合；(3) 制定方案，确立了以市、区、县图书馆为各级支中心，各乡镇、村和街道、社区文化站（室）为全市文化共享工程基层点的网络构架。通过多种形式宣传共享工程在推动基层文化事业跨越发展中的作用，为共享工程的顺利实施打下基础。

按照共享工程各级支中心、基层服务点建设标准，从2003年至2012年期间，中央、省、地方财政为益阳市文化信息资源共享工程共投入近500万元资金，主要用于工程设备设施采购，中心机房、电子阅览室的设置装修和技术培训等。在全市文化共享工程建设中，得到益阳市委、市政府的高度重视，各级财政部门大力支持，为我市共享工程各级支中心、基层网点每年解决运行经费26万余元，并已列入当地财政预算。

三、把关建设步伐，提高服务水平

共享工程作为一项利用先进高科技手段、有步骤地整合和发布优秀文化信息资源的网络工程，在基层点起步阶段，我们妥善处理好公益性文化项目与经营性网吧的关系，合理布局，严格把关。(1) 抓好龙头，以点带面，为共享工程开局树立样板。2003年，根据我市实际情况，在全市确定以市图书馆和桃江、安化等县级图书馆为首批基层共享工程支中心建设单位，作好示范，为我市共享工程基层点建设提供学习和借鉴平台。(2) 统一标准，严格把关，为推进共享工程建设营造环境。针对我市各级基层单位申请建设及实际现状，结合省厅建设要求，我们在抓好示范的基础上，分级进行实地勘察，严格把关，逐步发展。(3) 加强培训、技术指导，为共享工程建设提供保证。共享工程是一项采用高新技术推动文化建设的工程，其特点是技术含量高，要求从事这项工作的人员必须具备相应的知识与技能，为了保证全市基层站点建设任务的顺利完成，我们多次聘请省专家来益阳进行技术培训。在工程建设中，市图书馆共享工程支中心技术人员与省馆专家担负了对基层点工程的安装调试等技术指导。每年举办业务培训班1-2期，如2008年5月，由文化局组织举办了全市各区县乡文化专干培训班，参加人员150余人，2010年，我们举办的全市图书馆专业培训班，重点讲了《图书馆现代信息技术与共享工程技能》。几年来共培训人员5992人，以适应共享工程建设和服务的需要。随着基层点的逐步建成，在正常开放中，不可避免地会遇到一些问题，为积极推进共享工程建设的有序发展，提高服务水平。(1) 实施基层点月报表制度。根据省里要求填写月报表，便于及时掌握全市基层点的运作动态，督促基层点更好的为群众服务，并将月报表作为上级文化部门检查的依据。(2) 强化管理措施，市文化局和市级支中心及时将“共享工程”有关管理文件下发到每个基层点。根据要求制定统一标牌。规范服务手段，读者凭借书证、阅览证等证件均可查阅资料，并规定各基层点接待未成年人要有家长书面意见，并采取实名制登记，每日不超过3小时。我市各级文化共享工程服务点借助已有的网络设施设备，在馆外开展了形式多样的农技知识讲座、视频播放等，在馆内方便读者查阅各类文献信息资料，共服务读者223万人次。通过采取以上各项措施，我市共享工程基层点运行情况整体上较

为稳定。

四、队伍建设

在队伍建设上，我们一是积极参加省中心学习班，每年均派人参加了省市中心组织的业务培训班，参加共享工程业务比赛，多次多人获省市比赛名次。二是组织支中心内部学习，积极组织参加国家中心的远程培训活动。同时通过组织观看培训录像进行学习。三是搞好基层站点业务培训工作。每年组织文化共享工程基层操作人员培训，通过培训，使基层操作人员不仅掌握了丰富的基础技能，更重要的是提高了服务意识，四是每年组织对基层点进行多次巡回检查、技术指导、现场培训。基层人员对设备、系统的技术问题得到现场解决。

五、发挥优势，开展丰富多彩的服务

一是关爱弱势群体，注重对特殊群体服务，2010年9月21日，到资阳区精瑞英才学校，为留守儿童开展了“团圆中秋，和谐共享”的服务活动；2011年2月15日，到益阳重阳老人院，给敬老院的爷爷奶奶们拜年，为他们开展了视频展播；2012年3月5日为市儿童福利院的小朋友开展视频展播。10月28日，走进益阳市特殊教育学校，为聋哑班学生播放了《孙海迪的故事》，并捐送30个助听器。二是走进学校，积极组织全市中、小学生参加全国文化信息资源共享工程各项竞赛活动：2010年5–9月，组织发动我市少年儿童参加“全国文化信息共享工程少年网页培训和设计竞赛活动”，提交6幅作品参加全国比赛，获二等奖1人；2011年3–7月，组织发动了全市各区（县）市中、小学生参加以全国文化信息资源共享工程“阳光少年热爱党”电脑小报设计比赛选送26幅作品参加全国评奖，获中学组一等奖1名，三等奖1名；小学组一等奖1名，二等奖1名，三等奖1名，优秀奖1名；2012年3–7月，组织各县级支中心、基础服务点面向全市中、小学生开展了“像雷锋那样”电脑技术设计比赛活动，参赛作品29幅，荣获全国文化信息资源共享工程中学组二等奖2名，三等奖3名，优秀奖1名的好成绩。三是面向社会，精心组织策划“文化共享、惠泽三湘”活动，利用自身信息资源和技术力量想方设法延伸服务展现活动的个性魅力与特色。近年来组织策划各种活动40余次，服务人次达5万余人，坚持“面向社会、服务民生”不断满足公众的“求知识、求富裕、求健康、求快乐”的需求，把丰富的数字文化资源，通过先进便捷的技术传播到农村、社区、建筑工地、企业、机关等，共享工程惠民活动的开展，取得了明显的社会成效，得到了省级分中心的表彰。

六、工作展望

全国文化信息资源共享工程在益阳基本建成，在以后的工作中，我们要利用中心设备建立健全益阳文化信息网，利用工程设备，通过网络这个窗口，及时传递我市文化信息，广泛传播中华民族的优秀文化，满足广大人民群众求知、求乐、求美、求富需求。在今后的工作中我们仍将继续努力，以全国文化信息资源共享工程网络资源服务平台为依托，充分利用现代高新技术手段，将各种类型的文献信息资源以及贴近大众生活的现代社会文化信息资源，特别是地方资料进行数字化加工处理与整合，通过网络传输系统进行文化信息的传输，使优秀文化信息资源走进社区、走进企业、走进校园、走进农村，最大限度的实现优秀文化信息资源在我市范围的共建共享。

（撰文/益阳市支中心）

益阳市赫山区支中心

赫山区总人口87.7万，面积1475平方公里，全区16个乡镇街道和一个龙岭工业园。益阳市共有中小学校117所。益阳市赫山区文化资源共享工程在益阳市赫山区文化广电新闻出版局、赫山区图书馆支持和部署下，逐步推进，稳步发展，在新形势下为繁荣农村基层文化，满足农民多层次文化需求，传递中国民族优秀文化资源发挥了重要作用。

一、基本情况

赫山区文化信息资源共享工程建设开始于2009年，最初在除衡龙桥以外的11个乡镇试点安装，此后陆续在全区12个乡镇、4个街道办事处文化站，271个行政村站点（室）安装调试并投入使用，前期安装设备均通过卫星设备直接接收国家中心下发的各类资源和信息。至此赫山区所属行政村实现全区共享工程村村全覆盖。

共享工程赫山区支中心设在赫山区图书馆，是赫山区共享工程的建设和业务指导单位，负责保障区中心共享工程设备的运行，协调镇村级共享工程设备的维修，指导镇村级共享工程活动的开展以及开展全区共享工程管理员的业务培训和指导。

二、管理和队伍建设

为使共享项工程真正为民所用、为民谋利，赫山区支中心将共享工程日常管理纳入制度化管理。制定支中心、镇、村基层服务点工作职责和制度，实行制度上墙公布。每年年初有年度工作计划，年末有年度工作总结，并推行管理员工作日志管理，详细记录共享工程专题活动和日常维护情况，收集整理共享工程服务活动的得失，探索共享工程管理和服务新模式。文化信息资源共享工程作为一个新的农村文化资源获取平台，如何推广好、利用好共享工程丰富的文化资源，关键在于是否有一支专业化的共享工程管理员队伍。共享工程赫山区支中心

在管理员队伍建设上坚持明确职责、明确思路、制度化管理、常态化培育。对于乡镇、村两级基层共享工程管理上择优选取文化层次较高，有一定社会基层管理服务实践经验的大学生村官为管理员，他们工作热情高，有较高的文化水平，能尽快熟悉掌握共享工程设备及操作使用方法，为所在村民服务。目前赫山区共享工程管理员60%为各级大学生村官，36%是由高中以上学历的村委委员兼任，实现了管理员选取的高起点。

三、培训工作

赫山区支中心在共享工程管理员的培养上实现了制度化和常态化。根据支中心工作要求，每年对辖区共享工程管理员进行4期集中培训，2009年以来一共举办共享工程培训班12期，参加轮训的各级管理员达800多人次。

四、经费投入

赫山区共享工程自2009年实现村村全覆盖以来，赫山区图书馆每年投入20余万元的运行维护经费，用于共享工程设备的维护、人员培训和惠民活动的开展。

五、资源建设

赫山区支中心在近几年的工作中，每年制作发放各类光盘1000多张，展板24块，各类海报、招贴画26副，发放宣传资料5000余份。

六、合作共建

依托乡镇综合文化站及远程教育建设，根据不同乡镇、村的硬件条件建立形式多样的电子阅览室和多媒体中心。比如泉交河镇文化站、兰溪镇文化站、新市渡镇养民山村等建立了拥有多台电脑的多媒体阅读中心，在衡龙桥镇综合文化站、兰溪镇综合文化站等建立了多功能活动室。至此，共享工程已逐步走入基层村民生活，成为村民获取新知，娱乐身心的新渠道新平台。

七、利民惠众，惠农服务

赫山区支中心在共享工程服务实践过程中，以民众的需求为导向，积极探索，服务民众生活生产，引领群众高尚精神文化生活，打造群众满意喜爱的文化服务新平台。根据赫山区农业生产特点，赫山区支中心每年按节令制作农业生产技术光盘和小册子通过行政村基层服务点分发给村民，并下乡通过视频展播指导村民进行农业生产。针对不同农业专业者，赫山区支中心有针对的选取资源上门指导服务。历年来累计服务专业生产户26户，长期点对点跟踪服务3户。

八、宣传推广

1、赫山区支中心利用各种渠道宣传推广共享工程。在赫山区每年的科技文化三下乡活动中，赫山区支中心不失时机，以活动为平台，以资料为媒介宣传共享工程，让民众不断了解共享工程，走进共享工程。

2、走进校园。赫山区支中心组织动员青少年儿童关注共享工程，利用共享工程，邀请湖南城市学院教授谭金元深入农村学校做精彩的报告，深受广大青少年的喜爱。同时按照湖南省分中心的部署在全区中小学校开展了阳光少年热爱党网页制作大赛和电脑小报制作大赛。其中阳光少年热爱党网页制作大赛在全国小学组获二等奖、在全国中学组获三等奖，通过一系列的活动，共享工程不仅走进了农村，也走进了校园，走进了青少年。

3、专题活动，精彩纷呈。赫山区支中心在服务中抓住文化的热点和亮点，积极提供群众喜闻乐见的文化服务，使共享工程走进群众生活。例如在迎接建党90周年之际，赫山区支中心举办了“红色经典读书活动”，组织少年儿童分期分批品读中华经典，共享文化硕果。还组织衡龙桥镇、泉交河镇、兰溪镇等服务点开展“颂歌献给党”群众歌咏活动。

九、工作展望

赫山区文化信息资源共享工程已走过4个年头，从昨天的几十个点到今天的271个行政村全覆盖，从单一的资源接收到群众广泛认知、广泛参与，文化信息资源共享工程已经成为赫山区人民文化生活的一大支柱，成为繁荣赫山文化，丰富赫山人民精神生活，推动赫山人文科技进步的强大动力源泉。今后赫山区支中心会在国家中心，湖南省分中心的坚强领导和大力支持下，为赫山区共享工程建设一支专业化的服务队伍，为“文化强区”做贡献。

（撰文/何容斌）

益阳市资阳区支中心

益阳市资阳区图书馆于2005年11月成立文化共享工程资阳区支中心（以下简称资阳支中心）。上级拨款启动经费17万，当地财政每年配套2万，有电脑室、多媒体室等活动场地200平方米，电脑30台，卫星接收系统一套。本中心自建立以来，对外开展电子阅览、网上资料查询下载、影视作品播放等多项服务，建立乡镇基层网点95个，每年累计开展活动12次，服务人次达到4万余人，充分利用共享资源，与群众自发组织成立的老年人协会、关心下一代协会和专业科技协会等协会积极互动，依靠协会的纽带和桥梁作用，延伸服务触角，贴近百姓需求，开展文化服务，让群众享受到了现代文明的丰硕成果，许多农民走上致富道路。群众称赞文化信息共享工程是脑瓜子工程、钱袋子工程，更是真正的民心工程。

一、和老年人协会同乐，火了农村文化中心

各乡镇村文化活动中心成立后，老年人因为空闲时间较多，往往成为文化活动中心的主角。资阳区各乡镇的老年人协会一般由各村德高望重的老年人发起，会员很多，协会影响较大。以前，各村文化活动中心由于缺少文化资源，一些村民除了打牌等娱乐活动外就是看电视，娱乐方式较为单调。为了维护农民的文化权益，满足农民的精神需求，资阳支中心充分利用网上共享资源，积极与老年协会配合，参与全区各乡镇村级文化活动中心建设，以此为支点，撬动农村文化走向繁荣。支中心的工作人员多次调研，积极与老年人协会沟通，认真听取他们的意见，结合资阳“花鼓戏窝子的特点”，利用湖南文化信息网视频点播，吸引群众到文化活动中心观看花鼓戏，引导群众享受健康向上的文化生活。一些老戏迷奔走相告，许多年轻村民也在农闲时间聚在活动中心观看戏曲。活动中心人气越来越旺。村民反映，活动中心天天有戏看，天天像过年。有的村民觉得看别人演戏不过瘾，就自编自演了一些小戏、舞蹈。受支中心提供的网络文艺资源启发，一些村民先后成立了文艺宣传队，组建了具有浓郁地方特色的腰鼓队、秧歌队、扇子舞队、舞龙舞狮队以及地花鼓等专业队伍；编排了快板、小品等一系列具有时代精神的文艺节目；创作了《歌唱新农村》、《计划生育好》等歌唱社会主义新农村，宣传党的政策的歌曲，并成立合唱队进行传唱。文艺宣传队总人数达4000多人，每年到乡镇播放电影200多场次，观众达20多万人次。全区农村文化活动风生水起，既能使农民群众在潜移默化之中接受教育、提高情趣、提升素质，又可有效地化解邻里矛盾，增强农民群众文明意识。中央电视台、湖南电视台等媒体还对资阳区长春镇第一农村文化活动中心进行过专题报道。丰富多彩的农村文化已成为资阳的一大品牌，成为了广大农民群众的精神追求。

二、同关心下一代协会携手，乐了幼稚童心

未成年人思想道德教育一直是党和国家十分重视的问题。支中心一直在思考如何将德育延伸到课外，让青少年的课余时间过得更有意义，尤其是教育青少年远离网吧，培养他们树立正确的世界观和人生观，引导他们做一个有道德的人。支中心与关心下一代协会通力合作，积极开展丰富多彩的活动，为未成年人思想道德建设助力。一是充分发挥五老（老战士、老专家、老干部、老教师、老模范）队伍作用，请他们为青少年将经典故事，开展未成年人心理健康咨询等服务活动，并引导学生利用全国文化信息共享工程参与比赛，扩大知识视野，完善健康人格，并在全国共享工程电脑小报制作比赛中获得小学三等奖。二是积极开展“红读”活动。向广大青少年推荐一批经典读物。组织他们开展暑期演讲比赛，培养学生“读好书、好读书、读书好”的良好习惯。三是利用国庆假期开展“纪念改革开放的三十周年电影放映周”活动，精选20部爱国影片、经典影片，在全区各乡镇展演，陶冶了少年儿童的爱国情操，让学生的暑期生活过得更加丰富充实。四是开展绿色网吧活动。支中心向孩子们免费开放全部电脑，并对少儿上网进行指导。工作人员热情引导孩子正确对待网络，科学使用网络，使更多孩子既享受了健康上网的乐趣，又增长了知识。五是配合全区各学校开展校内德育活动。精锐英才学校开展经典诵读活动，国基实验学校开展爱国主义教育活动，支中心都积极协助学校，为其提供信息资源。文化资源共享工程资阳支中心通过资源整合，并与各方力量精诚合作，成功实现了校外教育与校内教育的有效融合。资阳区未成年人德育教育的经验和做法，先后在全市推广，并被省、市委宣传部、文明办和新闻媒体推介。

三、与专业科技协会共振，富了科技致富户

农民渴望致富，就是缺少技术。科学技术的缺乏是制约大多数农民致富奔小康的硬伤。为了满足农民群众的致富需求，支中心针对全区各村产业特点，分别与牲猪、苗木花卉、蔬菜、柑桔、水产、农机等专业科技协会联系协作，帮助协会及时掌握科技信息，了解农民需求，争取提供更迅捷更对口的服务信息，为村民提供了一个信息服务的窗口。村民可以通过“共享工程走进农村”板块查询筛选科学技术信息，了解网上农产品供求信息，及时调整种植策略，也可以将技术疑难通过协会反映给支中心，由支中心寻找视频和文字资料或专家支持，解决疑难，推动农民跨上致富的快车道。支中心成立以来，先后与协会配合，为农民朋友举办各类技术培训班30多期，培训人数2万多人次，开展资料查询等服务4万余人次。

资阳区竹业资源丰富。长春镇村民郭苏平想依靠发展竹类雕刻产业致富，却苦于在竹类雕刻方面遭遇技术难题。支中心从科技协会了解到此消息后，认为该项目极具开发潜力，就积极跟进该开发项目，为郭苏平查找提供了竹类研究、自适应控制技术等方面的信息和技术资料。现在，郭苏平研制出了自动雕刻机并获得专利，已经建成了一条竹类机械加工生产线，生产的竹文化雕刻工艺品、包装品、建筑装饰品远销北京、上海、广州，出口美国、德国等地。

农民借助文化信息资源共享工程实现科技致富的例子还有很多。资阳支中心与各专业科技协会密切合作，紧密联系各乡镇特色，量体裁衣，为本区乡镇产业实现各具特色、各有品牌提供了有力的技术支持。如今，资阳已初步形成了长春镇的生猪产业、沙头镇的蔬菜种植产业、迎风桥的苗木种植产业等农业支柱产业。支中心也在资阳乡镇产业发展的春风中彰显着自身的价值和为民服务的理念。

明年我们将充分发挥自身支中心的作用，完善自我，以更大的力度加强基层网点建设，开展丰富多彩的文化信息活动，争取每月下乡播放电影3次，开展“科技信息搭桥”活动12次，少儿活动10次，使我馆支中心的职能得到最大限度的利用，为全区群众服务。

（撰文/益阳市资阳区支中心）

为丰富群众文化生活，在社区、乡镇开展影视展播活动

南县支中心

南县面积1075平方公里，人口67万。南县县级支中心作为湖南省第一批全国文化信息资源共享工程标准化建设的县级支中心，自2009年10月起，我们严格依照设备配置要求，陆续完成了县级支中心建设和乡镇、村级基层点的建设工作，至2012年底覆盖全县的文化信息资源共享工程服务网络全面建成。

一、组织管理与工程建设

南县文化信息资源共享得到南县县委、县政府的高度重视，2006年成立了由县文化旅游局牵头组成的县文化共享工程领导小组。2007年5月25日南县图书馆与湖南省图书馆签订《湖南省公共图书馆数字资源共享协议》，2007年6月自筹资金3万元，建成南县文化信息共享工程服务器，南县文化共享工程县级分中心挂牌。2007年9月，中共南县县委组织部、县委宣传部联合发文《关于加快推进我县农村党员干部现代远程教育和文化信息资源共享工程建设工作的通知》。全县391家农村党员干部现代远程教育站（点），加挂"全国文化信息资源共享工程基层网点"牌子。2008年2月，我县被列入湖南省第一批中央财政专项资金扶持的县级支中心的标准化建设县。中央、省、市、县共计投资68万元对南县图书馆进行标准化配置。建成中心机房一处，配备了3台高端服务器、磁盘阵列一套，容量达4.5T。建成电子阅览室一处，拥有联想电脑20台，配置10M光纤上网，可向广大的读者提供共享工程的文化信息资源浏览、馆藏数字化电影的点播、馆藏电子图书的在线阅览、馆藏书目数据库的即时查询和各专题数据库的全文检索等多项文化资源服务项目。建成多媒体室一处，配置大屏幕投影系统，能够承担小型会议及视频演示功效，能形象直观地把文化资源信息通过投影的形式表现出来。还拥有卫星接收系统，实现了卫星传输节目的本地存储。安装了Interlib图书馆集群业务自动化系统。充分运用图书馆管理集成系统，全面实现采购、编目、流通、检索等的自动化管理。2010年初全面建成南县图书馆书目数据库。2011年建成南县图书馆网站www.nxtsg.hn.cn和南县文化旅游信息网www.nxwhgdly.cn，开展网上服务。2009年完成中央对南县最后283个村级基层服务点配置工作，2010年完成对全县各乡镇文体卫站基层点的配置工作，全部配置了电脑、投影机等设备，使覆盖全县的文化信息资源共享工程服务网络全面建成。

二、宣传推广与资金配置

我县共享工程支中心建设按文化部下发的标准制作了标牌，做好"三上墙"工作，我们通过宣传栏、发放宣传资料等形式宣传报道建设成果，我们在2007与县组织部党员远程教育开展合作共建工作，由县委宣传部、组织部联合下发了《关于加快推进我县农村党员干部现代远程教育和文化信息资源共享工程建设工作的通知》到各乡镇，要求现有远程教育基层点加挂文化信息资源共享工程基层点的牌子。

2009年国家对文化共享工程县级支中心的技术设备配置标准68万元，中央、省级财政资金用于采购国颁标配中的硬、软件部分主要设备，市、县财政配套资金用于技术培训、机房、电子阅览室装修等。在南县共享工程支中心建设中，得到县委、县政府的高度重视，县委常委、县宣传部长、县常务副县长和分管文教的副县长都来此进行过现场办公，并为我县共享工程支中心解决运行经费2.5万元，并从2009年起列入了财政预算。

三、工程利用与队伍建设

我县中心依托共享工程的资源，充分利用图书馆丰富的信息资源优势，开展了丰富多彩的文化服务。通过对群众喜闻乐见的戏曲和地方特色文化进行重点采集和整合，初步形成内容丰富多彩，图文声影并茂，体现中华民族优秀传统文化和时代特色，为人民喜闻乐见的数字文化信息资源体系。南县支中心电子阅览室全面免费开放、多媒体室免费播放共享工程视频资源、知识讲座和少儿动画片展播等，每年接待近万人次，发放共享工程宣传资料5000多份。除此之外，我馆每年还举办中老年电脑培训班、读者座谈会、读书讲座、经典电影欣赏、少儿电脑培训班、少儿网络制作培训班、少儿电脑小报制作培训班、老年卫生知识讲座等多种形式的免费培训活动和讲座30多次，社会效益明显。在乡镇基层点建设方面，与党员干部远程教育中心密切合作，真正实现共建共享。在宣传党的政治理论，推广农业实用技术，传播致富信息方面发挥了重要作用，而且极大丰富了群众业余文化生活，受到广大党员群众欢迎，取得了良好的经济效益和社会效益。

在队伍建设上，我们一是积极参加省、市各类学习班，每年均派人参加了省市中心组织的业务培训班，参加共享工程业务比赛，多次多人获省市比赛名次。二是组织支中心内部学习，积极组织参加国家中心的远程培训活动。同时通过组织观看培训录像进行学习。三是搞好基层站点业务培训工作。每年均与县组织部联合开展党员远程教育与文化共享工程基层操作人员培训班，通过培训，使基层操作人员不仅掌握了丰富的基础技能，更重要的是提高了服务意识，四是每年组织对基层点进行多次巡回检查、技术指导、现场培训。基层人员对设备、系统的技术问题得到现场解决。

四、工作展望

全国文化信息资料共享工程在南县基本建成，我们未来要利用中心设备建立健全南县文化信息网，利用工程设备，通过网络这个窗口，及时传递我县文化信息，广泛传播中华民族的优秀文化，满足广大人民群众求知、求乐、求美、求富需求。

我们仍将继续努力，以全国文化信息资源共享工程网络资源服务平台为依托，充分利用现代高新技术手段，将各种类型的文献信息资源以及贴近大众生活的现代社会文化信息资源，特别是地方资料进行数字化加工处理与整合，通过网络传输系统进行文化信息的传输，使优秀文化信息资源走进社区、走进企业、走进校园、走进农村，最大限度的实现优秀文化信息资源在全县范围的共建共享。

（撰文/南县支中心）

桃江县支中心

桃江县现辖15个乡镇，1个开发区，284个行政村，25个社区，总人口87万，总面积2063平方公里。桃江县文化资源共享工程在上级各部门的支持和部署下，逐步推进，稳步发展，在新形势下为繁荣农村基层文化、满足农民多层次文化需求，传递中国民族优秀文化资源发挥了重要作用。

一、基本情况

桃江文化资源共享工程始建于2003年，先后建成15个乡镇共269个文化共享工程基层服务点。桃江县图书馆成为全省首批文化信息资源共享工程县级支中心以来，先后投入10万余元，购置了20余台电脑、1台服务器，建起了面积近70平方米的电子阅览室。2008年得到了文化部对县支中心的设备援助，我们利用这些设备，投入近20万元对电路进行了改造、房屋进行了装修，高标准、高质量地建好了1个中控室、1个视听室、1个地面卫星接收站，进一步巩固和完善了县支中心阵地建设。共享工程桃江支中心设在桃江县图书馆，是桃江共享工程建设和业务指导单位，负责保障桃江共享工程设备的运行、协调镇（乡）村级共享工程设备的维修，指导镇（乡）村级共享工程活动的开展以及开展全县共享工程管理员的业务培训和指导。

二、管理和队伍建设

为使共享工程真正为民谋利，桃江支中心配合县委组织部远教中心将共享工程日常管理纳入制度化管理。制定支中心、镇（乡）、村基层服务点工作职责和制度，实行制度上墙公开。每年有年度工作计划，月度有工作要点，季度有工作督导，年末有工作总结考核，有学习记录，收集整理共享工程服务活动的得失，探索共享工程管理和服务新模式。文化资源共享工程作为一个新的农村文化资源获取平台，如何推广好、利用好共享工程丰富的文化资源，关键在于是否有一支专业化的共享工程管理员队伍。共享工程桃江支中心在管理员队伍建设上坚持明确职责，明确思路，制度化管理，常态化培育。对于乡镇、村两级基层共享工程管理上择优选取文化层次较高，有一定社会基层管理服务实践经验的村级干部、大学生村官为管理员。他们工作热情高，有一定的文化知识，能尽快熟悉掌握共享工程设备为村民服务。

建立和完善乡镇、社区文化站、基层服务点管理制度，做到了人员、阵地、牌子、制度“五落实”，构建遍布全县的基层服务网各，改善基层文化工作手段陈旧落后的状况。各社区服务点依托文化活动室的便利条件，由支中心向服务点提供图书、杂志、音像资料等，满足社区居民精神文化生活需要。

三、培训工作

为使共享工程支中心设施设备能够得到正常使用，资源能得到最大限度地利用，我馆先后派遣4批10余人次参加了省中心组织的技术培训，现在均能熟练操作设备设施和掌握利用文化共享工程丰富的数字资源。在2007年省中心组织的全省公共图书馆文化共享工程知识与技能大赛中，本中心参赛选手获得了笔试成绩第一名、机试成绩全省第四名的好成绩。同时，聘请专业人员来馆授课、本中心人员讲课等形式，对全馆人员进行业务培训，使之均已熟练地掌握了计算机操作技能，为共享工程打下了过硬的技术基础。

四、经费投入

桃江共享工程支中心自2003年成立以来，先后投入20多万元的运维经费，用于共享工程设备的添置和维护、人员培训、惠民活动的开展。同时，桃江县委、县政府和县财政局从2009年起，每年安排5万元支持共享工程活动的开展。

五、资源建设

桃江支中心在历年工作中，搜集不同的层次的民众文化需要，选取、编辑制作各类题材资源100余种，每年制作发放各类光盘50余张，展板10余块，各类海报等80余副，发放宣传资料2000余份。

六、合作共建

以共享工程为依托结合全覆盖的乡镇文化站、农村文化活动室建立基层文化信息资源服务站（点），将上级下发的电文文献资源与建立的共享工程服务站（点）结合，根据不同乡镇、村的硬件条件建立形式多样的文化活动室，加强乡镇村、社区文化阵地建设，搭建信息沟通平台。成为共享工程县级支中心以来，为了扩大其工程在基层群众中的影响，使各级领导和群众充分认识到这是一项惠民工程、民心工程，认识到工作的重要性和必要性以及文化信息资源的实用性，桃江县图书馆利用县电视台、《桃花江报》、《益阳日报》、《中国文化报》等媒体对共享工程开展的一些大型活动给予了相关报道，

并积极与县公众信息网联系，在其网站的首页上设置共享工程网站链接，时刻注意将文化信息资源共享活动与县委、县政府工作重点有机结合，与县委组织部远教中心开展资源共建共享，增强了对共享工程的宣传力度。

七、利民惠众，惠农服务

桃江支中心在共享工程服务实践过程中，以民众的需求为导向，积极探索，服务民众生产生活，引领群众高尚精神文化生活，打造群众满意喜爱的文化服务新平台。根据桃江县的地域、气候、农业生产特点，桃江支中心利用本馆的图书资源和共享工程信息资源，下载和印制农业生产服务资料进行惠民服务，定期下基层网点指导农民朋友怎样查找有关生产生活在方面网络信息。

八、宣传推广

1、桃江支中心利用各种渠道宣传推广共享工程，在每年的全国公共图书馆服务周、科技下乡等活动中，桃江支中心不失时机，以活动为平台，以资料为媒介宣传共享工程，让民众不断了解共享工程，走进共享工程。

2、走进校园。桃江支中心利用本馆少儿阅览室，组织动员青少年儿童关注共享工程，利用共享工程青少年三湘读书之星、送书上门等活动，挖掘收集和整理青少年知识兴趣点。通过一系列的活动的开展，使共享工程不仅走进农村也走进了校园。

3、视频点播。桃江支中心利用每年的学雷锋活动日，组织在校学生观看《离开雷锋的日子》视频点播，让青少年儿童接受灵魂洗礼，接受思想熏陶。所购买、搜集的1000多种光盘全部可免费欣赏，每月以“海报”的形式，张贴每次放映的内容简介。

我们还利用共享工程支中心建设了青少年绿色网络通道，加强家校联系，实行实名制上网，网络硬盘无有害信息。为广大未成年人健康上网提供了一处安全场所，为家长、教师提供了一处中小学生学习网络知识的放心场所，到目前为止，共接待中小学生网上学习上万人次。

九、工作展望

桃江文化资源共享工程已过走10个年头，从单一的资源接收到今天的群众广泛认知，广泛参与，文化资源共享工程已成为丰富桃江人民精神生活，推动桃江人文经济发展的动力源泉。今后桃江支中心将在上级部门大力支持下为桃江共享工程建设一支专业化的服务队伍，建立一个国家、省、市三级知识网络联动的即时问答服务体制和服务形式更加多样，服务网点更加宽广，参与群众更加广泛的共享工程文化带动体系，为建设文化桃江、和谐桃江做出贡献。

（撰文/桃江县支中心）

岳阳市支中心

一、总体情况

文化信息共享工程岳阳市支中心设在岳阳市图书馆内，于2004年正式建成开通，文化部为岳阳市支中心配备了电脑30台，投影仪1台等设备，岳阳市支中心有电子阅览室和多功能报告厅，场地总面积300平方米，配齐了桌、椅、空调、音箱等设备设施，岳阳市图书馆投入文化共享工程的资金60万元。

2010年8月12日，岳阳市支中心举办全市文化共享杯竞赛

岳阳市委、市政府高度重视和支持文化信息资源共享工程建设，全市先后投入资金1.5亿元建设远程教育站点。通过试点期间和“远程教育-文化信息资源共享工程”两次大的站点建设，全市共建“远程教育-文化信息资源共享工程”站点3372个，实现了对全市农村的全覆盖。全市“远程教育-文化信息资源共享工程”站点正常运转、操作员配备、“红星视频”注册、站点台账建立率均达到了100%。实现了文化信息资源共享工程与农村党员远程教育系统的对接。

文化信息共享工程岳阳市支中心职能：1、接收和管理来自上级中心的文化信息资源。2、发挥共享工程信息资源共享共用的优势，利用上级中心的资源，依托岳阳市支中心，积极通过电子阅览室、网站、视频放映、场地培训等方式，为当地的民众提供多样化的、灵活的文化信息资源服务。3、对全市的基层服务网点建设和服务进行规划，向服务网点拷贝和安装信息资源，并负责基层服务网点的人员培训和业务指导。

文化信息共享工程岳阳市支中心软硬件系统由以下几个部分组成：1、信息资源管理和发布平台。主要由资源管理和发布服务器群以及相应的磁盘存储系统、数据安全备份系统以及操作系统、数据库软件组成。2、网络传输平台。主要由中心局域网（综合布线、网络设备、防火墙）、互联网Internet接入、卫星数据接收系统组成。3、图书馆自动化管理平台。建设岳阳市图书馆业务自动化管理系统，实现内部业务和读者服务的自动化管理。主要由相应的服务器、微机工作站和软件组成。4、公共服务平台。向读者提供数字资源检索和馆藏书目检索服务。主要由多功能电子阅览中心、投影视频播放系统以及相应的软件组成。5、设备安全管理平台。用于系统安全运行的环境建设，包括机房装修、网络防病毒、机房静电屏蔽系统、机房不间断电源、空调组成。

二、宣传推广

为了加大文化信息共享工程数字资源的宣传推介工作，让更多的市民共享数字图书馆和文化信息资源共享工程的数字资源，岳阳市支中心采取向读者发放制作的文化共享工程网址卡片，方便读者检索全国文化共享工程的网站进行浏览阅读和利用文化共享资源；在基层图书室建立服务点，指导基层图书室利用文化信息资源共享工程的数字资源；在岳阳市图书馆读者QQ群、业务群及QQ好友宣传，以及口头宣传等，让更多的市民了解和使用文化信息共享工程数字资源。

三、资源建设

1.接收上级资源。

岳阳市支中心设专职工作人员利用互联网络接收国家中心、省中心的视频资源和电子文献资源，内容涵盖文化遗产、戏剧、音乐舞蹈、曲艺杂技、少儿文艺、影视文化、农民致富信息、科普知识和医疗卫生等，为市支中心开展好文化资源共享工作提供了坚实的保障。

2、整合资源，开发课件。

由远教办牵头开发制作了500多个具有本地特色的乡土课件。其中《油茶的造林管理》等多个课件分别在全国远教办天网和“红星视频”节目中播出。工作专题片《创先争优在岳阳》和风光艺术片《记忆平江》分别荣获全国第十届党员教育电视片观摩评比一、二等奖；党建电视专栏《希望的田野》获最佳作品奖并被评为“十佳编导作品”，《从“赛马”到“亮剑”》获优秀作品奖；纪实专题片《金桥飞架新农村》获全省远程教育试点工作电视专题汇报片观摩评比特等奖。

四、队伍建设

1、坚持建管并举，先后制定《村校共建责任制》、《一簿六卡》等一系列规章制度，要求每个村至少确定一名站点操作管理员，每个站点每月组织集中学习2次以上，每月安排个性化学习8次以上，全年组织专家、技术员辅导教学2次以上，全年组织到示范场所和教学基地现场参观学习2次以上，在家党员集中学习年度参学率100%。

2、充分依靠农村教师、大学生志愿者、大学生“村官”、乡村干部等力量，建立了一支4000多人的教学、管理、技术人员队伍，每个站点至少配备了一名管理人员。

3、组织参加“文化共享杯——全国文化信息资源共享工程知识与技能竞赛”、全国“公共电子阅览室建设计划”百题知识竞赛等活动，提升基层工作人员综合素质与业务技能。如：根据全国文化信息资源共享工程湖南省级分中心关于举办“2011年湖南省文化共享工程知识与技能竞赛”活动的通知精神，岳阳市支中心于8月12日在岳阳市图书馆成功举办了“第二届文化共享杯——岳阳市文化共享工程知识与技能竞赛”，来自市、县图书馆的30名参赛队员参加竞赛。组织参加的“第二届文化共享杯——湖南省文化共享工程知识与技能竞赛网络竞赛”，我市有三名参赛队员获个人二等奖，岳阳市图书馆获组织奖。

五、惠民服务

1、打造便民、惠民、利民的农村公共服务平台。以岳阳红星网为窗口、以远程教育终端站点为平台、以“三网融合”为契机，整合涉农部门资源，组织实施“资源共享工程”，把“远程教育-文化信息资源共享工程”网络打造成便民、惠民、利民的农村公共服务平台，“远程教育-文化信息资源共享工程”站点综合服务功能得到有效发挥。推进农村商务信息服务试点工作，依托“远程教育-文化信息资源共享工程”网络为农村党员干部和农民群众提供农产品信息发布和产销对接服务。推进天翼信息化示范乡镇、村创建活动，提高站点宽带开通率。利用“远程教育-文化信息资源共享工程”平台主动服务党务公开、政务公开工作，加快了全市农村现代化、信息化进程。

2、整合部门资源，加强组织协调，联合市农业局、市科协、市劳动保障局、市财政局、团市委、市妇联等部门，利用“远程教育-文化信息资源共享工程”网络平台，开展“新型农民工创业培训工程”、“百万农村青年技能培训工程”、“农村劳动力转移培训阳光工程”、“巾帼科技致富工程”，重点围绕科学生产和增效增收，提高农民的科学素质和农村实用技术能力，培养有文化、懂技术、会经营的新型农民，农民科学素质得到整体提高。

3、开展“关注特殊群体，建立爱心图书室”活动

2005年以来，岳阳市支中心在全市开展“关注弱势群体，筹建爱心图书室”活动，得到广大市民和社会各界的大力支持，接收捐赠图书近10万册。岳阳市支中心先后在特困企业、贫困山区、市内老城区，以及特殊群体——岳阳监狱、残联等建立“爱心图书室”30多个，建立“爱心图书室”共享工程服务点11个，捐赠图书10多万册。“爱心图书室”已成为是特困企业职工文化休闲的场所，留守儿童的第二课堂，服刑人员灵魂净化的圣地，残疾人士的心灵港湾，村民科学致富的加油站。“爱心图书室”在满足人民群众文化需求，构建和谐社会中发挥了重要作用，取得了良好的社会效益。

4、开展“传递爱心　共享阅读”读书活动

岳阳市支中心以文化信息共享工程为依托，以“为民服务”为宗旨，围绕“传递爱心　共享阅读”这个主题，于2011年开展了岳阳市首届“分享阅读，领悟书香，传递爱心——大型图书交换捐赠活动”，“庆六一·品书香”、“手拉手”爱心送书活动、“阅读改变人生　你读书我买单”、馆员“走基层，献爱心”、服刑人员“品味书香，感悟人生”读书征文演讲比赛、建立“爱心图书室”等一系列读书活动。“传递爱心　共享阅读”，文化惠民，深受广大读者的欢迎，“爱心图书室”读者明显增加，《岳阳日报》等媒体报道20多篇，产生了良好的社会影响。

文化共享工程的实施，有力地推动了图书馆事业的发展。目前，岳阳市图书馆对外服务窗口有：外借处、现刊阅览室、过刊阅览室、参考咨询室、少儿阅览室、电子阅览室、盲人阅览室、岳阳作者文库、诗词馆，全年实行免费开放。被授予“湖南省文明图书馆”、全国“读者最喜爱的图书馆”称号，2005年、2009年被文化部命名为“国家一级图书馆”。

（撰文/岳阳市支中心）

汨罗市支中心

汨罗市位辖19个镇、15个乡，常住人口约69万。汨罗市文化资源共享工程在省文化厅、省图书馆的支持和部署下，逐年推进，稳步发展，为繁荣农村和社区基层文化，满足人民群众多层次文化需求，弘扬中国传统文化

发挥了重要作用。

一、基本情况

汨罗市文化资源共享工程建设始于2006年，最初汨罗市图书馆自筹资金15万元，购置设备建立电子阅览室，通过互联网为市区群众提供来自于省中心的文化资源服务。2008年在国家文化部、财政部及省级相关单位的资金及设备支持下，汨罗市文化资源共享工程支中心于2009年5月正式挂牌运行。

同年通过与党员远程教育的共建共享，315个村级服务务点也逐步建立，基本形成了覆盖全市的文化共享网络。共享工程汨罗支中心设在汨罗市图书馆，是汨罗市区共享工程的建设和业务指导单位，在负责保障支中心设备正常运行的同时，还肩负起了村镇基层服务点的活动指导和人员培训职责。

二、管理和队伍建设

为使共享工程真正落到实处，真正为民所用为民谋利，汨罗支中心将共享工程的日常管理纳入制度，制定了支中心工作职责，在保证好支中心正常运行工作的同时，积极同党员远程教育办配合，定期对辖区村级服务点进行上门志愿指导服务。

文化资源共享工程作为一个新型农村文化资源获取平台，必须有一支专业化的共享工程管理员队伍。汨罗市支中心在对于乡镇、村两级基层网点管理人员设置上，尽量选取年龄较轻，接受能力快，文化层次较高的人员当管理员。他们工作热情高，能尽快熟悉掌握共享工程设备的操作及运作流程，也能更好的为所在村群众服务。

三、培训工作

汨罗市支中心在共享工程管理员的培养上采取了灵活多样的方式。在共享工程村级服务点建设伊始，对辖区基层服务点的管理员进行了二次集中培训，然后根据各基层服务点的情况，分时间段进行分批上门实地指导。

四、经费投入

汨罗市支中心自2009年挂牌以来，根据上级文件积极从市财政争取经费以保障设备的正常运行、维护。同时，尽可能的组织各项与共享工程相关的服务群众的活动，以扩大共享工程的影响力，让更多民众了解这项利民工程。

五、资源建设

汨罗市支中心设专职工作人员利用互联网络及卫星设备接收来自国家中心及省中心的视频资源和电子文献资源，内容涵盖文化遗产、戏剧、音乐舞蹈、曲艺杂技、少儿文艺、影视文化、科技兴农和医疗卫生等，这些资源的丰富为更好的开展文化资源共享工作提供了坚实的保障。

六、惠民服务

汨罗市支中心在共享工程服务实践过程中，以民众的需求为导向，积极探索，服务民众生活，打造群众满意喜爱的文化服务新平台。自支中心电子阅览室成立以来，多次为本地知名作家如甘征文等人提供各类资料数百份，同时也为许多登门救助的农民朋友查询各类科普信息数千条。

七、宣传推广

为了加大文化共享工程数字资源的宣传推介工作，让更多市民共享数字图书馆和文化信息资源共享工程中的数字资源，我们采取向读者提供文化共享工程网址及相关登录方式的办法，让更多的市民群众能方便快捷地进入全国文化共享工程的网站进行浏览和查询；同时利用对基层文化站管理员培训的机会，向他们公布湖南省文化共享工程网址及登录方式，并通过上机操作，让他们熟练掌握如何利用文化信息资源共享工程的数字资源，从而能让更多的农民朋友在基层点共享文化数字资源。

八、工作展望

汨罗市文化资源共享工程从自建到今天走过了六个年头，规模也从当初只能为市区群众服务发展到今天的覆盖全市的315个基层网点。文化资源共享工程必将成为汨罗人民文化生活的一大支柱，成为繁荣汨罗文化，丰富汨罗人民精神生活，推动汨罗人文科技进步的强大动力源泉。今后汨罗支中心希望在省、地区中心的指导下，在地方政府的支持下，把共享工程的服务形式变得更加多样，把汨罗范围内的基层点覆盖的更加宽广，让参与群众更加多，为建设科技汨罗，文化汨罗做出贡献。

（撰文/汨罗市支中心）

临湘市支中心

根据文化部办公厅《关于全国文化信息资源共享工程概览的通知》要求，现将我市“十一五”期间文化共享工程基层网点、资金投入、资源建设及传输、人员培训、工程管理和开展服务等方面工作完成情况，2012年文化共享工程建设情况，“十二五”期间文化共享工程建设规划汇报如下：

一、基本情况

1、支中心及基层服务点全面建成

根据我省文化信息资源共享工程“十一五”规划，于2008年8月正式建成文化共享工程临湘市支中心。2008年，文化部为县级支中心配备了电脑25台，投影仪1台，摄像机、数码机照相机各一台，2009年我们投入27万元进行场地建设，建成“一房二室”。(机房、电子阅览室、多媒体报告室）场地总面积350平方米，配齐了桌、椅、空调、音箱等设备设施。同时在全市建立基层网点186个。

2、运行经费列入财政预算

从2010年开始每年财政列入预算3万元，用于信息共享的运行经费。

3、资源建设走上正轨

随着基层点的逐步建成，在正常开放中，不可避免地出现这样和那样的问题，为积极推进共享工程建设的有序发展，提高服务水平。(1) 实施基层点月报表制度。根据省里要求填写月报表，便于及时掌握全市基层点的运作动态，督促基层点更好的为群众服务，并将月报表作为文化部门检查的依据。(2) 强化管理措施，市文广新局和市级支中心及时将“共享工程”有关管理文件下发到每个基层点。根据要求制定统一标牌。规范服务手段，读者凭借书证、阅览证等证件均可查阅资料，并规定各基层点接待未成年人要有家长书面意见，并采取实名

制登记，每日不超过2小时。通过采取以上各项措施，我市共享工程基层点运行情况整体上较为稳定。

4、人员培训提升队伍素质

拥有一支怎样的专业技术人员队伍，很大程度上决定了文化共享工程的建设质量和服务质量，加强人员培训，是提高队伍素质的重要手段。我支中心十分重视文化共享工程人员培训工作，每年都会派人参加省、市图书馆组织的专业培训，技术人员通过学习培训了解了设备的功能，掌握了技术支持和资源分发的技能，有效地推进了县级支中心建设，为顺利完成工程建设任务奠定了技术基础和人才保障。

5、工程管理规范化制度化

加强组织领导。成立了市文化共享工程领导小组。根据要求建立了相应的工程领导小组和具体负责机构，形成了"分级指导、上下联动、各自开展服务、资源共建共享"的工作机制，有力推动了工程建设。

6、服务惠民发挥作用

"十一五"期间，我市文化共享工程开展了内容丰富的服务活动，服务总人次达6.32万人次，举办各种活动300次。我市支中心将阵地服务和流动服务相结合，日常活动和节庆活动相结合，开展形式多样的文化惠民服务。文化共享工程走进社区、走进农村，为广大群众播放舞台艺术、爱国主义电影和农村科技视频，实现资源共享，服务社会公众。各支中心和基层站点还结合当地经济发展和农业生产实际，利用文化共享工程丰富的科技信息资源，为当地人民群众传播农技知识和信息，有力促进了新农村经济发展。

二、"十二五"建设规划

1、进一步完善全省文化共享工程基础设施建设

我市共享工程建设从2006年起步，利用五年时间基本建成覆盖全市的文化信息资源共享体系，由于建设跨越周期较长，建设标准不一，目前，各基层站点的基础设施状况有很大差异，许多基层站点的设备已经超期服役，满足不了服务的需要，面临淘汰和更新升级。"十二五"期间，我们将进一步完善基层网点的设施设备条件，全面完成县级支中心建设，推动数字化文化信息资源走进千家万户。

2、全面提升全省文化信息资源共享工程的服务能力

"十二五"期间，将利用"十一五"期间建成的文化信息资源共享工程服务设施，全面提高基础设施和资源的利用率。以面向农村和城市社区的文化服务为重点，以文化共享工程阵地为依托，加强省、市、县各级中心对基层服务网点的技术指导与管理，着力提高乡镇和行政村基层网点的服务能力。更好地运用卫星传播、互联网站、镜像站、移动硬盘、光盘等手段，提高资源传输质量和服务水平。有条件的地区，要通过有线数字电视开展服务。建设数字阅览室，使之成为辐射城乡的数字图书馆基层服务平台。

3、积极推动全省公共电子阅览室规范化建设

通过公共电子阅览建设试点工作，建设一批内容安全、服务规范、环境良好的公共电子阅览室，为广大人民群众提供健康、便捷的网络文化服务，使其成为网络环境下公共文化服务的新平台、新渠道。

（撰文/临湘市支中心）

岳阳县支中心

2009年，岳阳县图书馆获取全国信息资源共享工程的项目支持，县图书馆添置项目中价值68万元的信息资源设备后，依照设备功能，成立了多个相关服务窗口，2009年5月正式对外开放，并参与县委组织部远教办主持的基层（行政村）服务点的文化信息资源共享连接、辅导服务工作。目前支中心工作运行正常，社会反响良好，现将相关工作情况汇报如下：

一、支中心建设的基本情况

我馆将支中心列入了图书工作的重要议题日程。2009年初，我馆调整了两名工作人员具体抓支中心建设工作，并明确一名副馆长为支中心具体负责人。设备派发后，我馆在第一时间内进行了安装调试，并成立多功能媒体厅、中心机房、电子阅览室等服务窗口，实行了专门管理。同时，我馆抽调技术人员加班加点，历时2个多月，积极参与了县委组织部远程教育办主持的基层服务点设备安装调试工作，共安装20个乡镇366个行政村，构筑了文化信息资源在我县的全面覆盖的信息网。我馆在设备安装、窗口设置、下乡安装辅导过程中，共花费专门经费22万余元，将新成立的服务窗口进行了美化装修，添置桌椅120余套，固定了服务器的IP地址，电子阅览室上网速度

达到10兆以上。为了使支中心工作有效运转，多次派人省图书馆组织的文化共享工程业务学习，向兄弟县市进行参观学习，馆内经常组织工作人员参加共享工程网络培训学习，在技术业务能力上提高显著。

二、主要业务成绩

农村基层服务点的设置和信息畅通共享，使我县广大农民在生成生活中受益匪浅，支中心科学生产信息的传输使农民的生产状况蔚为改变，文化娱乐信息资源也大为提升农民生活的幸福指数。同时，在图书馆主阵地上，我馆将支中心服务民众的效能发挥得淋漓尽致。自2009年支中心成立至今，我馆在多功能媒体厅举办大小会议、培训、公益讲座等135场（次），社会公众参与人数达到5800余人，在电子阅览室的开放中，我馆多次与县职校等学校进行互动，邀请师生来馆进行电脑讲课和集体学习，社会反响颇为良好。

（撰文/岳阳县支中心）

华容县支中心

近年来，华容县文化信息资源共享工程迅速发展，在县城建立了县级支中心，并以支中心为平台，依托县委组织部建设农村村场党员远程教育工程，在372个村场建立了文化信息资源共享点，并挂牌运行，在全县乡镇、街道设有基层服务总372个，实现了农村村场文化信息资源共享工程覆盖率达83%。

一、网点建设

2009年，我县在全县范围内372个村场建设了文化共享工程服务网点372个，每个网点都确定了站点管理员和站点技术员各1名。

二、经费投入

近年来，县乡村对华容县文化信息资源共享支中心加大了资金投入，每年县财政拨经费2万元，每个农村点投入资金0.5万元，全县每年共投入资金198万余元。

三、资源建设

通过自建、共建等多种方式，以省文化信息资源共享中心的资源库为依托，系统整合各类优秀文化资源，重点整合农村需要的各类资源，精心打造广大农民看得懂、用得上、实用性强的多媒体资源库。

国家中心整合不少于5万种电子图书，提供不少于1万小时的文艺演出、知识讲座、实用技术和影视节目等视频作品，建成40个多媒体数字资源库，数字资源总量约20TB；我县支中心提供1.2万余部电影、戏曲、农村种养殖视频资源，2万余种有声读物105万余种电子图书，9000余种学术期刊全文，1500种文化休闲类电子杂志等数字资源的检索和阅览，数字资源总量约80TB。

四、技术支持

我县利用现代信息技术的应用及标准规范体系的建立，依托国家电讯通讯网络平台、及国家数字图书馆工程技术平台，建成文化共享工程的技术支持为主，充分利用先进成熟的信息技术，构建技术先进、稳定可靠、覆盖与支持工程服务网络的分布式开放性实用技术体系。依托国家图书馆以及省、市、县级图书馆建设统一、交互式的网络管理平台，实行网络管理，及时了解了服务需求，掌握服务状况，进行远程指导，加强了技术监管。

五、队伍建设

积极采取培养自有队伍和社会队伍相结合的方式，组建了一支适合文化建设需要的管理、技术保障和基层服务队伍。充分发挥县图书馆、乡镇文化站等基层文化单位工作人员在文化共享工程建设与管理中的作用，建立了专、兼职结合的农村基层服务点工作队伍，每个基层服务点拥有2名操作熟练的专业人员，全县县乡村共拥有文化信息资源共享工程建设管理人员600多人。

六、人员培训

通过向省、市派遣学习人员，与请教授集中授课、卫星广播、网络互动、光盘教学等方式，几年内已完成对县、乡镇、村约800余人次专业培训。

七、荣誉奖项

2010年，图书馆馆长徐剑雪参加省文化信息资源共享工程知识竞赛获三等奖。

八、工作展望

以邓小平理论和“三个代表”重要思想为指导，认真贯彻党的十八大精神，全面树立和落实科学发展观，坚持体制创新、机制创新、管理创新和服务创新，充分利用先进信息技术手段，努力扩大优秀文化资源的传播，逐步缩小城乡之间文化发展上的差距，不断满足广大人民群众日益增长的精神文化需求。

以数字资源建设为核心，以农村服务网点建设为重点，以共建共享为基本途径，全面实施文化共享工程，到2017年，基本建成资源丰富、技术先进、服务便捷、覆盖城乡的数字服务体系，成为公共文化服务体系的重要支撑，使广大基层群众能够普遍享受到数字文化服务。

（撰文/华容县支中心）

湘阴县支中心

湘阴县全县36个乡镇、418个行政村、70万人口。全国文化信息资源共享工程实施后，县图书馆紧紧抓住这个历史际遇，将共享工程作为推进文化创新、完善公共文化服务体系、提高公益性文化服务水平、促进经济社会协调发展，扎扎实实配合县组织部门对全县343个行政村级基层服务点的落实和设备实行安装。县级支中心1个，36个乡镇综合文化站电子阅览室乡级服务中心、343个村级基层服务点，形成县、乡、村三级文化服务网络体系。

一、基本情况

图书馆文化信息资源共享工程县级支中心于2010年建成投入使用，设备总投资65万元，其中电子阅览室80

多平方米，主体机房15平方米。2010年与县电信局协商，光纤每年18000元签订协议，通过10m光纤接入互联网，电子阅读向社会全面免费开放。支中心的建成，进一步推动了我县图书馆基础建设，实现了图书馆网络化、数字化、自动化管理，由县委组织部农村党员干部现代远程教育建成343个文化共享工程基层服务点的建成，和文广新局36个乡镇文化站文化共享乡村服务点，县图书馆县级支中心，形成县、乡、村三级文化服务体系。

二、开展活动情况

在省中心、市中心正确指导和大力支持下，县级支中心两年多的建设运行，各站点现有设备，发挥文化共享，弘扬先进文化，构建和谐社会，建设社会主义新农村，丰富群众文化生活起到了重要作用。

1、县图书馆负责指导设备运行、人员培训、业务开展等工作。县图书馆向服务点提供图书、杂志、音资料，满足广大群众精神文化需要，对相对集中、种养殖前景比较好的行政村作为基层服务点，学教合一，现场指导，充分发挥文化信息资源共享工程的信息优势科学技术信息，使广大农民群众受益。

2、利用共享工程网络资源内容新奇、实用性强、信息量大、数据传输快捷方便的优势，认真搜集、下载适用当地群众的政策法规、先进性教育、农业科技、文化体育、防疫保健、科普知识等共享工程信息资源，印成宣传资料或通过县、乡、村三级文化服务网络及其它途径传输信息，传播到千家万户，使群众受益。

3、利用下乡宣传周活动，在农村集市、节假日等积极协调有关单位，在各乡镇集中向农民赠予向群众发放共享工程光盘和实用技术资料，并接受现场咨询，解决实际问题。

4、针对养殖户在养殖过程中碰到的实际问题，对症下药，从共享工程网络资源库中下载相关内容刻寻成光盘、印发宣传资料、培训讲座的形式，使广大群众掌握更好的先进技术，使他们的眼界更宽了，信息更灵了，增收致富的本领更强了。

三、工作展望

为了使我县级支中心更好地发挥作用，我们将不懈努力，不断总结经验，使共享工程更加贴进基层，贴进生活，贴进群众。

（撰文/湘阴县支中心）

平江县支中心

全国文化信息资源共享工程实施后，我县紧紧抓住这一历史机遇，将共享工程作为推进文化创新、完善公共文化服务体系、提高公益性文化服务水平、促进经济社会协调发展、构建和谐平江的重要抓手，扎扎实实地组织全县共享工程项目的实施，建成文化信息资源共享工程县级支中心1个，村级基层服务点634个。目前，县、乡、村三级文化服务网络体系已基本形成。

一、基本情况

1、县级支中心建设情况。文化共享工程平江县支中心于2010年10月份建成投入使用，设备总投资70万元。其中，建成电子阅览室35平方米，主控机房15平方米，并接入10M光纤专线上网，每年网费8000元。电子阅览室的所有电脑都可浏览共享工程的信息，现已向社会全面免费开放。支中心的建成，进一步推动了我县图书馆基础建设，实现了图书馆网络化、数字化、自动化管理。

2、村级基层服务点建设情况。我县共建设634个共享工程基层服务点，每个基层服务点都配备一台电脑、移动播放器、37吋液晶显示屏，投影仪等设备，基层服务点建设主要依托农村远程教育站点，基层服务点都开通了宽带上网服务。现在全县634个基层服务点建设已全面完成，并对村民开放。

二、开展活动情况

自文化共享工程开展以来，我们不断创新，大力加强管理机制和服务内容建设，充分发挥文化共享工程这一先进文化传播平台效能，广泛开展各项主题活动：

1、开展优秀影视节目播放活动。在县图书馆文化共享支中心，我们定期进行共享工程优秀影视节目播放活动，共计播放影片30部，参加活动人数达2000人次，受到观众的普遍欢迎。

2、开展知识专题讲座活动。县支中心对外开放以来，我们先后组织了农技、法律、卫生等方面的知识专题讲座。利用共享工程网络资源内容新奇、实用性强、信息量大、数据传输快捷方便的优势，认真搜集、下载适用于我们本地群众的政策法规、农业科技、文化体育、防疫保健、科普知识等信息资源，开展专题讲座，并刻录成VCD光盘或宣传资料，通过县、乡、村三级文化服务网络及其它途径传输信息，扩大宣传面，使群众快学技术，早得实惠。

3、开展送信息资源进农户活动。县文化共享支中心已为农民群众下载家禽饲养、农作物栽培和法律知识等相关信息达4万多字　印发宣传资料4000多份，制作宣传光碟9种500份，并下乡送到农民群众手中，受益群众6000多人次。现在不少村民都反映，通过"信息共享工程"，他们的眼界更宽了，信息更灵了，致富的本领更强了。

4、开展思想教育进校园活动。共享工程面向广大青少年，最主要的是突出思想道德教育。我们与县教育局联合，深入各中小学校开展活动。我们从资源库中精挑细选优秀节目，为城北小学、一中、二中以及各乡镇中心学校等近30所学校，利用支中心的投影仪到学校播放优秀影片和礼仪知识讲座60场次，受教育学生21000人次。切实加强和改进了未成年人思想道德建设，受到有关领导和老师的好评。

5、组织村级基层点管理员培训。县支中心和县党员远程教育办联合组织举行了3场村级基层点管理员培训班，使全县634名村级管理员都能熟练操作使用共享工程设备，更好地发挥了基层网点的工作效能。

我县文化共享工程在各方面的不懈努力下已初见成效，相信在不久的将来文化共享工程一定会以一个全新的面貌展现在群众面前，一定会成为老百姓满意的文化信息工程，成为社会主义新农村建设的有力支撑。

（撰文/平江县支中心）

株洲市支中心

全国文化信息资源共享工程株洲市支中心设在株洲市图书馆内，2003年，株洲市图书馆被列为文化共享工程湖南省首批市支中心，由市财政拨出专项经费10万元，省文化厅配套资金2万元，以及市图书馆自筹资金共计15.5万元，作为市支中心的建设启动经费。购置了微型服务器2台，PC机15台，传真机1台，扫描仪1台，开通了2M的宽带，建立了株洲市图书馆网站，并对电子阅览室进行了装修，将市支中心初步建立起来。

2005年，市支中心添置了数码相机、数码摄像机各1台，DVD刻录机1台，用于音像资源的收集、加工和发布。2006年，市支中心接收了由国家中心配发的文化共享工程专用服务器（内含148G的视频资源，4G的电子图书资源）和投影仪1台，安装了卫星接收器，实现了通过卫星传送方式接收国家中心发送的文化信息资源；为进一步丰富市支中心的文化信息资源，市馆每年还与湖南省级分中心签订数字资源共享协议，有偿使用省级分中心的电子期刊、学术论文数据库、电子图书、视频等数字资源；为方便读者更好地利用文化信息资源，株洲市支中心还采取了一系列措施，如：增大服务器的存储容量，将2兆宽带升级为10兆光纤，修建了“神农大讲坛”做为文化共享工程多媒体展播厅等。

2009年，市支中心再次升级电子阅览室，新增服务器2台、PC机25台以及硬件防火墙、大容量存储设备、UPS等。2011年，获得“县级数字图书馆推广计划”1TB的数字资源。从2004年开始，市财政局每年都有数万元的文化共享工程专项经费列入市图书馆的财政年度预算，用于每年资源的更新，设备的升级维护及日常运转费用等，为我市文化共享工程的建设提供了经费保障。至2012年，株洲市支中心文化共享工程专项经费累积总数为55万元。在网点建设和资源整合方面，经过四年的努力也取得了很大的进展。2008年4月株洲市委组织部远程教育办公室与株洲市文化局正式联合下文，要求全市所有农村党员远程教育站点统一加挂“文化信息资源共享工程基层服务点"牌，在现有设备的基础上，通过增补设备、接收文化共享工程卫星发布的资源，广泛实现了文化信息资源共享，丰富了基层服务点的内涵，增强了基层服务点的服务能力。截止到2009年底，全市1536个行政村全部完成资源整合任务。2011年开始把基层网点建设的重心放在市区街道和社区，2011年新建86个，2012年新建30个。

在培训工作方面，市支中心每年都会举办一到二期培训班，针对各基层点的从业人员进行专题培训，以提供参训人员的业务技能和技术水平，为文化共享工程建设提供了人才保证。株洲市支中心依托电子阅览室和神农大讲坛开展日常工作，服务于读者。从建立市支中心以来，通过不懈的努力，在软硬件方面已初步具备了市支中心的要求。

自2003年启动以来，一直运转正常，每周免费开放42小时以上，每月平均接待读者1100人次，文化共享工程网页浏览平均600人次/月。收集加工了近百集的数字化资源交送省中心，为推动我市文化建设发挥了重要作用。2006年以来还经常利用神农大讲坛开展一系列丰富多彩的活动，包括假日的红色电影展播、少儿经典电影展播、夏日纳凉电影晚会、《绿色上网》专题视频讲座、健康知识视频讲座等等，每年寒暑假的免费少儿电脑培训班更是成为了市支中心的一个品牌活动，深受广大市民的欢迎。另外，市支中心每年还利用送科技下乡活动向农民朋友分发农业知识小手册近1000册，向乡镇基层点赠送刻录的科技知识光盘100余张等。

近几年，文化共享工程株洲市支中心积极参加国家中心及省中心开展的各项活动，取得了不少佳绩。

2006年参加湖南省第一届文化信息资源共享工程知识与技能竞赛，获得团体二等奖；2010年组织参加“全国少年儿童网页设计大赛”，获得国家级一等奖一名、省级一等奖一名、省级二等奖一名；2011年参加湖南省第三届文化信息资源共享工程知识与技能竞赛，荣获团体金奖；同年组织参加文化部举办的全国“庆祝建党90周年党史知识竞赛”活动，以全国总分第三名的好成绩获得全国组织奖。

回眸过去，展望未来，株洲的文化共享工程建设依然任重而道远，今后文化共享工程将会进入公共的数字文化建设和提供数字文化服务的新时期。我们将进一步加大宣传推广力度，加强服务意识，提供服务水平，极大的满足人们群众对文化的需求。

（撰文/株洲市支中心）

醴陵市支中心

2004年4月，醴陵市图书馆争取市政府专项资金11万元，购置投影仪1台，计算机15台，开设多媒体电子阅览室，面积为120平方米，初步建立了文化共享工程县级支中心。2005年添置了卫星接收设备。2010年4月国家投入60多万元设备，市政府又投资专项资金6万元，按照国家验收标准完成了机房建设及其他配套设施建设，购置了电脑桌30张，报告厅桌椅60套，接入20M光纤网络。报告厅有120平方米，可容纳70人；电子阅览室有50平方米，可供读者上网30人；主机房有电脑服务器一套，面积14平方米。市政府每年投入运行经费2万元。现已建立了县级支中心1个，乡镇26基层服务站，村级285个服务网点。

一、资源建设

1、自身资源建设：广泛征集本市历史文化和民间文化资源，利用数字化设备，加工制作地方特色数字文化资源。已完成醴陵文化信息资源包括：地方文献、地方名吃、乡土文化、民歌民俗、图书馆专题、开展的读书活动征文等地方特色资源库。通过征集、自建、购买等方式建设了一批集文本、图像、音频、视频于一体的多媒体数字资源库，建立了5780册地方资料库，1350盘光盘资料，书目数字资料。供读者在图书馆电子阅览室及地方资料室阅读。近年来，每年征集地方资料200册以上。

2、共建共享资源建设：多年来，我支中心向湖南省、株洲市共享中心送交了醴陵特色地方光盘数字资源，如“株洲读书竞赛活动”、“2005国光集团大型晚会”、“2004醴陵春节晚会”“醴陵财贸系统晚会”“品牌醴陵北京行”等数字资料；向湖南省、株洲市共享中心送交了醴陵特色地方书籍资料据统计从2004年以来，向省、株洲市中心送缴地方资料965册。省、株洲中心每年与下级支中心不定期交换资料，通过网络形式及时传送资料。与湖南图书馆签订数字资源共享协议后，省中心有大量的数字资源供我支中心使用，并且以奖励方式使用，用得越多奖励越多。

二、业务培训与队伍建设

从2004年起建立县支中心后，由一名馆领导分管，一名专职人员负责共享工程建设，每年与湖南图书馆签订数字资源共享协议，建立图书馆网站www.lllib.com。购买图书专业管理软件ILAS小型版，进行图书资料数字化工作。

我支中心另配有一名技术人员进行照像、摄影，计算机维护日常工作，如果遇上较大的问题与省市中心求助，与本地一家电脑公司签订协议支付年费，软硬件的维护交给他们。与市委组织部党员远程教育中心合作建立了乡镇基层服务点26个、村级服务网点286个，乡村服务站网点的硬件设施由党员远程教育中心提供。初步搭建了覆盖全县的服务网络，城区建有分中心，基层服务站网点城乡全覆盖，所有各网络点运行正常。乡镇村级基层网点的软硬件的服务工作由市党员远程教育中心负责，他们配有专门的技术人员上门服务。

我支中心在2005年、2008年、2011年，3次派专人到湖南图书馆学习业务。我支中心每2年举办一期乡镇、村服务站网点的文化共享工程管理员培训班，共举办了4期业务学习培训班，每期参加人数60人，每次两天。

三、惠民服务

1、阵地服务

一是利用报告厅开展各种业务培训，举办书画展活动、讲座、为广大青少年构建网上课堂，免费放映一系列红色经典影片等活动，如“童心向党，快乐成长”专题。二是利用湖南图书馆签订数字资源共享协议中给我支中心帐号，读者到电子阅览室领到“共享工程”读书卡，在电子阅览室查询所需资料。三是读者利用地方资料室查找有关资料。我支中心报告厅每年平均开放20次，接待1200人次参加活动；电子阅览室每周开放5 次，每次20人左右，每年平均接待读者4500人次；地方资料室每年接待读者1000人次。

2、服务基层

2.1.利用村级基层点与党员远程教育网、中小学现代远程教育网共享开展服务。

2.2.利用我支中心存贮的农业技术专题片的电影，如“观爱国影片，向雷锋同志学习”电影展播。根据乡镇村需求上门服务，并携带刻录机现场为群众刻录所需资料，农民朋友们说：你们可要常来啊，共享工程真是一项好工程。

2.3.利用我支中心与市委宣传部开展“三湘读书月”相结合，开展“七进”活动（进机关、进校园、进企业、进村组、进社区、进家庭、进军营）阅读活动，一年一度株洲地区组织的送书下乡活动，为广大群众送科技书、播放戏曲等系列活动。

2.4.利用全市每年搞一个主题活动，如“城乡创建，瓷城巨变”为主题的书信征文和摄影作品大赛活动，与市科协组织“科技服务周”活动等系列服务活动。

3、参与省市竞赛活动

2006年，我支中心人员参加株洲市代表队团体，团体在省文化信息资源共享工程知识与技能竞赛决赛获二等奖，其中我支中心李奕获个人二等奖。

2010年，我支中心选送的《四好少年》唐瑾华、蒋艺璇参加省文化共享工程少年网页设计竞赛获优胜奖。

四、工作展望

目前共享工程已成为农民致富、获取科技信息的有效途径。利用共享工程这一平台积极开展了文化资源、科技致富共享活动，为宣传党的方针政策，丰富群众文化生活搭建了有效平台。下一步我们要做的工作是：1、我支中心以贯彻落实党的十八大精神为契机，争取市政府更大资金投入，完善文化共享工程基础设施建设；2、加大业务培训力度，引进专业技术人才，全面提升全市文化信息资源共享工程的服务能力；3、进一步拓宽服务方式，结合全市开展的系列活动及时宣传和服务，让文化共享工程这一惠民项目，为我市的双创活动中发挥作用。总之，文化共享工程是一项重要的公共文化基础工程。抓好文化共享工程的实施，推动工程建设是时代赋予我们的光荣使命，让我们迎难而上、用智慧和辛勤汗水成就事业，为建设文化强市做出应有的贡献。

（撰文/醴陵市支中心）

株洲县支中心

株洲县图书馆2007年实施文化信息资源共享工程以来，在县委、县政府和上级主管部门的领导下，在推进文化共享工程建设的过程中，取得了一些经验和初步的成果。以下是我支中心这几年的建设实况。

一、网点建设

1、我县文化共享工程以文化部门牵头，积极主动与农村党员干部现代远程教育工程进行沟通，探索合作的方式与途径，整活资源，形成合力，建立职责明确、互相配合、互相推动、横向协调的合作机制。避免了重复建设、达到了共建共享的目的。

2、2007年开办了电子阅览室，截止到2012年11月底，共享工程网络依托全县各行政村党支部活动中心为设施网点，以党员远程教育基本设备为基础，以图书馆为实施主体，已建成各行政村基层网点，并有285个基层网点开通互联网。初步形成了覆盖全县的服务网络，建立了约285人的兼职管理队伍，辐射人群已达20000余人。

二、经费投入

1、2007年由上级部门投入了一些设备及县政府、县文体局投入8万元，启动了文化信息资源共享工程制作县支中心。2、2011年由上级部门投入68万元的设备，县政府投入10万元装修款。3、2012年县政府投入了3万元。

三、慧民服务、宣传推广

1、株洲县举办“书香进军营”活动

2012年7月25日上午，在株洲县解放军76318部队礼堂，由株州县支中心依托文化共享工程资源优势，开展了“书香进军营”的活动。湖南省文化厅金铁龙副外长、解放边76318部队政委李旭平、中株洲县委副书记黄亮文、中共株洲县委常委、宣传部长刘美和、株洲人民政府副县长段可文、株洲五县（市）公共图书馆的工作人员、解放军76318部队官兵职工近二百人出席了活动仪式。活动仪式由株洲县人民政府副县长段可文主持。解放军76318部队政委李旭平对在“八•一”前夕地方政府开展“书香进军营”的活动表示十分感谢，还经常开展此类活动有助于帮助官兵们养成良好的读书习惯，“多读书，读好书，好读书”，夯实文化底蕴，丰富文化生活，使干部战士在潜移默化中陶冶情操、提高修养。随后金铁成副外长就《大学毕业当兵》一书谈了创作体会，他寄语当代军人“练军功、读好书、强品质”，把自已培养成为合格的军人。中共株洲县委副书记黄亮文作总结性发言，他认为株洲作为连续五年荣获全国“双拥”模范城，部队更应多开展各类型活动，加强军地联系对于融洽军民关系有着非常重要的作用。活动中、政委李旭平代表解放军76318部队接受了株洲地区各公共图书馆赠送的一千余册书籍，株洲市艺术剧院同时也让官兵们献上了精彩的文艺演出，活动获得了官兵们的赞赏。

2、株洲县图书馆暑期组织学生学做电脑小报

2012年7月15日，我支中心利用文化共享工程资源的优势开展了怎样制作电脑小报的培训班。我们采用的是视频教学，参加培训班的学生有100余名，他们初步掌握了电脑小报的制作方法技巧，拓展了学生的知识面，也提高了他们的兴趣爱好。

3、“文化共享助春耕”

为了全面贯彻我市农村工作会议中提出的“依靠科技进步，服务农业和农村工作，促进农村经济发展，增加农民收入，实现全面建设新农村、培育新农民的目标”。值此阳春三月，春耕在即，为充分发挥文化共享传播先进文化、科学技术的作用，株洲县文化信息资源建设管理中心整合了一批与春耕有关的农业信息资源，由株洲县文体局牵头，株洲县图书馆具体别承办，联合株洲县文化馆共同举行大型“送科技，送文化”下乡活动。

（撰文/株洲县支中心）

攸县支中心

全国文化信息资源共享工程（以下简称“共享工程”）是一项构建公共文化服务体系、惠及千家万户的文化基础工程，对缓解农民看书难、看戏难、看电影难，提高广大人民的科学文化素质，推进社会主义文化大发展大繁荣具有重要作用。

“共享工程”攸县支中心于2003年成立，由攸县图书馆具体实施。支中心自成立以来，在“共享工程”湖南省级分中心和株洲市级中心的指导下，在县委、县政府的高度重视和县财政部门的大力支持下，通过在实践中积极探索，阵地建设基础完成，基层网点已遍布全县所有行政村，各项工作稳步推进，取得了一定的成绩。

一、基本情况

“共享工程”攸县支中心是2003年8月与湖南省级分中心第一批签订实施协议的试点，通过积极争取政府的高度重视和县财政部门的大力支持，建立了拥有40台工作站的电子阅览室，新建了“共享工程”展播厅，建立了专用机房，接入了10M光纤，较好地完善了支中心阵地建设。通过与农村党员干部现代远程教育的共建共享，建立412个基层服务点，遍布全县各行政村，实现了“共享工程”村村通，为培养“有文化、懂技术、会经营”的新型农民搭建了新平台，使“共享工程”真正成为一项党得民心、民得实惠的文化网络工程、基础工程。

二、工作情况

“共享工程”攸县支中心在县委、县政府的正确领导下，县图书馆通过整合资源、捆绑建设、多元共建形式，加强监督指导，乡镇文化站和村级（社区）认真履行职责，取得了较好的社会效益，促进了农村经济发展，丰富了广大群众精神文化生活，弘扬了乡村文明新风。

1、高度重视，加大投入，加强基础实施建设。

“共享工程”攸县支中心成立后，县委、县政府高度重视，多次召集相关部门召开专题会议，从2004年开始，把“共享工程”专项经费列入县财政年度预算，从最初的2万元金额增加到现在的8万元，为支中心建设提供

了一定的经费保障。县文体广新局高度认识，任命县图书馆馆长兼任支中心主任，负责"共享工程"管理、运行、经费等全面工作台；设立支中心副主任岗位，负责"共享工程"日常工作；两名馆员为专职人员，分别负责"共享工程"展播厅和电子阅览室日常工作，责任到人到岗，职责明晰，保证了"共享工程"工作正常、有序开展。

从2003年8月与湖南省分中心签订试点协议后，攸县图书馆应用省文化厅下拨的专项资金2万元和县财政拨付的3万元，建立了拥有20台工作站、2台服务器、面积为50平方米的电子阅览室，为读者开辟了一个新服务窗口。2006年，投入近6万元更新了电子阅览室的20台工作站。2009年，按照县级支中心建设标准，应用中央配送的68万元设施设备，投入12万元建立了专用机房，接入电信10M光纤，新建了拥有80个座位的展播厅，将电子阅览室的所有设备升级换新，建立了真正意义上的攸县支中心。2012年，以县青少年活动中心建设为契机，电子阅览室和"共享工程"展播厅搬至青少年活动中心四楼，投入近11万元，将电子阅览室的工作站增到40台，更新了服务器、工作台等所有电脑设备；将展播厅的座席增到120个。焕然一新的电子阅览室、展播厅为读者搭建了一个舒适、温馨的浏览网页、阅读书刊、观看戏曲、电视电影、文艺汇演、知识讲座等电子资源的"绿色网络通道"，提供了一个集信息查阅、学习研究、休闲娱乐于一体的健康的虚拟空间。

2、整合资源，共建共享，拓展基层网点建设。

在"共享工程"基层网点建设中，攸县支中心坚持与"乡村大舞台"、农家书屋、综合文化站、村级组织活动中心等项目建设相结合，积极与县委组织部协调，依托农村党员干部现代远程教育，利用现有文化设施，因地制宜，在全县建立了412个基层网点，实现了"共享工程"村村通。"共享工程"基层网点这种捆绑建设、共建共享等形式，实现了资源的有效整合，避免了基础设施的重复建设，且各种文化机构功能相辅相成，有利于开展各种活动，使基层网点的功能作用得到充分发挥，为农民搭建了一个综合公共文化服务平台。基层网点的拓展，使中国五千年的优秀文化信息资源走入了农村，保障了农民群众的基本文化权益。

另外，攸县支中心年年与湖南省分中心签订公共图书馆数字资源共享协议，获得了1.4TB容量的数字资源使用权；积极与省文化厅协调，把我县列入了"县级数字图书馆推广计划"，为馆内增添了1TB的数字资源，并有计划地购买一些电子图书、休闲期刊、视频数据库等电子资源，进一步加强了支中心的数字资源建设。

3、精心组织，开展活动，充分发挥工程作用。

3.1.积极配合上级中心开展活动。一是开展"共享工程"网页设计竞赛活动。2010年，组织全县600多名少年儿童参加了比赛，共收到参赛作品127篇，株洲健坤外国语学校罗普同学的作品《四好少年之植树专题》荣获省三等奖。二是开展"共享工程"电脑小报设计比赛。2011年、2012年组织了"阳光少年热爱党"和"像雷锋那样"电脑小报设计比赛，全县近1000名少年儿童参加了活动，共收到作品264篇，株洲健坤外国语学校周天骥的作品荣获全国三等奖。

3.2.开展"文化共享进社区"活动。攸县支中心定期组织各社区开展共享工程体验活动。利用支中心的电子阅览室、"共享工程"展播厅，坚持周末或节假日免费对外开放，指导社区居民观看优秀影片、查询并阅读电子图书及期刊。另外，在春节期间开展了"欢乐共享过大年"活动，组织社区居民观看了"欢乐共享过大年"专题视频，开展了"欢乐庆元宵"网上答题、猜谜等活动，活跃了群众节日文化生活，让社区居民体会到了丰富的数字资源的快捷。

3.3.开展"科技科普知识进农村"活动。我中心经过调查研究，搜集、下载适用于群众的政策法规、农业科技、文化教育、保健养生、科普等方面的知识，特别是农村实用技术信息，刻制成光盘或印刷资料，利用"三下乡"、宣传周、农村集市、节假日等，为农民群众免费播放或发放，让群众快学快用，早得实惠。

3.4.开展"爱国主义教育进学堂"活动。为传承和发扬爱国主义精神，我中心在节假日期间，携带文化共享专用移动硬盘、光盘来到城关镇各小学，为师生播放儿童教育片及爱国主义教育片，如《小兵张嘎》、《小号手》、《罗盛教》、《闪闪的红星》、《海魂》等优秀影片特别受小学生的喜爱。免费发放"读者证"，并公布了文化共享工程的电子资源帐号，让"共享工程"走入了学堂，走进了校园。

3.5.开展"文化共享监狱行"活动。监狱是一个特殊的社会教育场所。攸县支中心利用自身资源优势，定期到网岭监狱开展送温暖、送关怀活动，为服刑人员播放教育电影，发放对服刑人员身心有益的图书资料，传播先进文化，让服刑人员感受到了社会给予他们的温暖和关心。这不仅是"共享工程"服务模式的一种创新，也是县图书馆实施人文关怀的一个举措。

4、健全体制，抓好队伍建设，确保工程持续发展。

抓好制度建设和队伍建设是利用好"共享工程"信息资源的根本保证。为加强"共享工程"的管理和督查，建立了《"共享工程"攸县中心管理制度》、《"共享工程"基层网点管理制度》、《电子阅览室读者管理制度》、《机房管理制度》、《"共享工程"展播厅管理制度》，使"共享工程"支中心和基层网点呈规范化、科学化管理。长效管理机制的建立，确保了"共享工程"的长久发展。

制度建设是根本，队伍建设是关键。"共享工程"管理员是"共享工程"信息资源的服务者、传播者。为提高管理员的管理水平，县图书馆积极选派馆员参加省级分中心、市级中心举办的业务技术培训，举办"共享工程”管理员培训班对基层网点管理员进行培训，提升了管理队伍人员的综合素质，提高了“共享工程”工作管理水平和服务水平。

三、工作展望

“共享工程”攸县支中心自成立九年以来，充分发挥文化信息资源在发展经济、提高人民群众思想道德和科学文化素质等方面的重要作用，积极采用先进、实用的科学技术手段，通过移动硬盘、光盘服务模式开展知识讲座、培训，举办展览、免费播放优秀视频资源等活动，把文化信息资源传送到城乡群众身边，使基层文化阵地得到了巩固，活跃了城乡群众精神文化生活，为宣传党的方针政策开辟了新渠道，为弘扬乡村文明新风开辟了新阵地，为培养“有文化、懂技术、会经营”的新型农民搭建了新平台。在下阶段，我们将继续解放思想，创新管理模式和服务手段，抓好抓实“共享工程”各项工作，使“共享工程”真正成为一项党得民心、民得实惠的文化网络工程。

（撰文/攸县支中心）

茶陵县支中心

文化信息资源共享工程茶陵县支中心成立2006年9月，曾荣获2008—2009年度全省文化共享工程工作优秀奖。截止2012年底，茶陵县图书馆充分利用文化信息资源共享工程设备，建成文化信息资源共享工程县支中心1个、乡镇服务点20个、村级服务点290个，其中县支中心建有中心机房、电子阅览室和多媒体报告厅，总面积近300平方米。年均开展各类数字资源服务活动近百场次，为两百多户种植、养殖大户提供技术信息、市场信息，使全县2000余名中小学生利用“共享工程”，学到了课堂之外的文化知识和思想道德知识。除此之外，茶陵县支中心还组织开展文化共享工程操作管理人员培训班5期，受训人数310人；积极引导基层站点开展丰富多彩的文化共享活动。同时，文化共享工程茶陵县支中心继续坚持“阵地+流动=两条腿走路”的工作方针，力求把文化共享工程做好做实，充分发挥其建设的意义，扩大其社会影响，促其成为经济发展的推手。据统计，各村级服务点仅2010年度开展共享工程“六进”、红色影视展播、农业知识讲座等服务活动就达2593场次，受惠群众达10万余人次。如：马江镇养猪户刘三保，通过听取知识讲座获得了大量的养猪技术，从而一改养猪“凭经验”为“靠科学”，本年度养猪获利比往年提高了30%；湖口镇的葡萄种植户张春华，通过接受图书馆的文献资源与数字资源的援助服务，当年实现葡萄增产15%；河东村基层服务点通过组织村民对数字资源的利用和学习，发展了养鸡专业户5家，楠竹加工专业户3家、养猪专业户2家和1支老年文艺队。回顾过去，有以下几点体会：

一、基本期刊

共享工程建设刚启动时，因资金、人员紧缺一时陷入发展困局。为摆脱困境，争取得到领导重视，茶陵县支中心向县四大家、县财政局等部门递交专题报告，积极争取与县委、县政府主要领导当面汇报工作的机会，多次找主管领导反应情况。在县支中心团结一致、锲而不舍的努力下，县里成立了由主管副县长为组长，政府办、财政、发改、教育、广播等职能部门主要领导为成员的领导小组，负责我县整个文化信息资源共享工程建设工作的领导和协调工作，为县级支中心的建设工作提供了坚强的组织保障。2009年3月份，县委、县政府又对领导小组成员进行了优化和调整，使“共享工程”茶陵支中心的建设和发展更趋规范、更具活力。在领导小组的大力支持与协调下，县财政从2008年起每年下拨5万元（目前已增加到7万元）预算经费，用于县支中心购置文化共享工程设备、资源建设、人员培训、日常工作运行等方面，基本解决“共享工程”建设所需的办公费用，为县支中心的发展提供了基本物质保障。

二、惠民服务

为实现“共享工程”推广与收益相结合，从而取得全社会更广泛的认同，茶陵县支中心针对县内实际，不断创新服务意识、服务形态。一是走出去。县支中心主动在县内媒体、社区、乡村进行义务宣传，成立的流动“共享工程茶陵支中心”，先后在全县各乡镇、村举办影展120余场，农业种植、养殖技术讲座300余场，其它主题的文化节目400多场次；自主创新了“关爱农村留守儿童视频展”、“给敬老院送戏”等活动。一次次生动活跃的教学场面，一场场精彩纷呈的文化大餐，受到了当地群众的热烈欢迎和高度赞扬。二是请进来。深挖县支中心自身资源优势，利用暑假和“黄金周”，在资源共享室内把服务活动全面铺开。举办了“红色电影”展播月、“假期影展”、成年人的“周末讲堂”、老年人的“周周有戏”等活动，极大的丰富活跃了各层面群众的文化生活。三是建立特色数据库。为了更好的满足县内不同人群的需求，抽调了多名业务精英搜罗县内各类资源，对其进行整合，筹建了一个极具特色的资源数据库。真正做到为需要建资源，为资源找“婆家”。数据库的成功建设，使县支中心的服务水平得到了大幅提升，各行各业的人士也开始纷纷了解共享工，走进县支中心，为我们献言献策，鼓励我们今后继续努力，把支中心建设的更好，为更多的人提供更优质的服务。

三、管理和队伍建设

良好的社会形象是共享工程发展壮大的基石。为了规范工作人员的行为，在百姓心中树立良好的形象，为全社会提供更好的服务，茶陵县支中心制定了《资源共享室管理制度》、《工作人员再学习制度》、《共享工程资源建设制度》和《共享工程服务若干规定》等。制度的完善为共享工程快步发展创造了良好的环境，但是“共享工程”是一项利用现代化技术，进行先进文化传播的软实力工程，没有业务精湛的工作人员，没有素质过硬的队伍，很难推进。之前因缺乏这方面的专业人才，使得支中心前期建设进展十分缓慢。后经主管局的帮助，从教育系统成功引进两名高学历的计算机专业人员来充实队伍，并以此为突破口，以点带面，对全体工作人员开展定期培训，达到共同提高。除此，还选送技术骨干积极参加省、市举办的共享工程知识培训，从而建成了一支高素质、高水平的“共享工程”从业队伍。基本上实现了建库有“专才”、宣传有“写才”、服务有“口才”，搞活动人人都是把好手的喜人局面。相信在支中心《工作人员再学习制度》的推动下，我们的这支队伍将愈发成熟，愈发稳健。

几年来，茶陵县支中心虽然取得了些许成绩，但对照上级要求，工作还存在一定的差距。今后，我们还要加强学习兄弟县市区的成功经验，大力整合县内信息资源，不断提高自身素质和服务水平，多渠道筹措资金，完善基础设施建设，力争把全国文化信息资源共享工程在茶陵建成一个以县支中心为核心、以乡镇服务点为枢纽、以村级服务点为网点覆盖县、乡、村的先进文化信息资源传输与服务的网络大平台。

（撰文/茶陵县支中心）

炎陵县支中心

一、基本情况

全国文化信息资源共享工程炎陵县支中心成立于2008年12月，设有80个座位的多媒体报告厅、中心机房、电子阅览室，配有30台电脑、5台服务器、173个村级服务点（2009年挂牌成立）、14个乡镇服务点（设备由省中心配送建成2010年）和炎陵县图书馆网站（2008年建立）。全国文化共享工程炎陵县支中心建成开放来，克服了资金、维修费等各种困难，坚持免费向读者开放，圆满完成了湖南省文化共享工程中心布置的各项工作，取得了较好的成绩：电子阅览室早在2008年建成开放时，我们严格遵守《公共电子阅览室管理规范（试行）》，为宣传电子阅览室，采取了免费开放办法迎接读者，鼓励读者使用共享工程网站上的电子资源。当出现读者多，电脑少，供应不足，电费上涨，资金困难时，我们向上级领导反映，积极争取县财政支持，在2011年获得了县财政的支持，为共享工程预算2万元，解决了电子阅览室网费、电费、维修费等问题，确保并坚持了电子阅览室的免费开放。

二、惠民服务

为充分发挥文化共享工程作用，根据社会发展及读者需求，我们为未成年人、老年人开展了具有特色的数字文化服务。2010年的少年网页设计比赛、2011年的文化共

享工程“阳光少年热爱党”电脑小报设计比赛、2012年的炎陵县中小学生电脑小报设计比赛活动、2012年炎陵县庆“六一”关爱农村留守儿童，每年暑假组织免费电影展播、每年为老年人免费举办两场“健康知识讲座”。活动成功开展在社会上引起了强烈反映，得到了广大媒体的关注，提高了文化共享工程的知名度，如今年的“庆六一关爱农村留守儿童”这一活动分别在县市电视台、株洲日报上作了报道，引起了社会对贫困留守儿童的关爱。

为充分发挥文化共享工程专用设备，我们开展了湖南省分中心布置的各项活动，取得了很好的社会效益，最大限度地发挥了文化共享工程的作用。

如：2009年为庆祝建国60周年，让群众渡过愉快充实的国庆、中秋佳节，炎陵县中心携带投影机等设备于9月20日至10月20日晚上7：30—10：30在县城四个社区举行“喜迎建国60周年电影展播”活动。活动期间免费为居民播放了抗日时期、解放时期祖国建设成就及喜剧等50余部优秀电影，活动宣传了改革开放的中国、前进强大的祖国。2010年至2011年三年的文化助春耕光盘下乡活动，为全县14个乡镇复制光盘200多张并免费赠送到各行政村，宣传党的政策、展示党的科学成果。

2011年的“文化共享惠泽三湘”系列活动的成功开展，文化共享工程炎陵县支中心获得了湖南省文化厅关于表彰2011年“文化共享 惠泽三湘”活动先进单位一等奖。2012年4月至10月开展的“践行雷锋精神，推动惠民服务”系列活动，以“践行雷锋精神 送文化进校园”为主题，以送讲座、送图书、送书架、上门辅导整理图书等形式将文化送进全县各中小学，开展了丰富多彩的学雷锋活动，以自身行动弘扬雷锋精神。为学校免费讲座了15场硬笔书法，向农民赠送科技资料1000册、免费放电影45场，辅导学校图书馆整理图书2万册。

三、特色资源建设

为宣传炎陵地方特色文化，2008年在财力紧张的情况下我们建立了炎陵县图书馆网站，利用中心机房设备，制作并在网站上传了《酃县志》、《炎帝陵公祭》、《炎陵客家山歌》等本地特色文化。随着图书馆的发展，我们将炎陵县特有的地方文献全部制作成电子图书，让全球炎黄子孙共享炎陵特有的神农文化、红色文化、生态文化。

五、培训工作

为提高炎陵县文化共享工程村级服务点管理员业务水平，在炎陵县组织部、财政局、文体局、劳动局和职业技术学校的大力支持下，共享工程炎陵县支中心从2010年至2012年连续三年集中7—8月，在县职业技术学校成功开办了炎陵县文化共享工程村级服务点管理员培训

班，来自全县202个村的404名管理员参加了培训。培训分四批次进行，课程包括计算机硬件知识、软件基础、站点设备使用、常用网络应用软件使用、全国共享工程数字资源的使用等方面内容。旨在进一步提升站点管理员业务技能和操作水平，打造一支政治素质高、工作认真负责、操作技术熟练的基层服务点管理员队伍，让广大村民了解、使用共享工程上的农业资源，享受共享工程上优秀的文化资源，努力推动炎陵县文化共享工程又好又快地持续发展。

（撰文/炎陵县支中心）

湘潭市支中心

湘潭，古称潭州，下辖岳塘、雨湖2区、湘潭县、湘乡、韶山2县级市，总面积5015平方千米，常住人口274万。全国文化资源共享工程湘潭支中心在湘潭市政府及市文广新局的支持和部署下，逐步推进，稳步发展，在新形势下为繁荣社会主义文化，满足民众多层次文化需求，传递中国民族优秀文化资源发挥了重要作用。

一、基本情况

全国文化信息资源共享工程湘潭市级支中心于2004年11月在湘潭市图书馆建立，现建有共享工程机房和资源制作部，以及多媒体报告厅和电子阅览室；配备有服务器、磁盘阵列柜、投影仪、笔记本电脑、扫描仪和数码照相设备等，以及数十台工作站。2009年2月，由湘潭支中心负责管理、维护，运行的湘潭市首家未成年人绿色网吧在省、市政府的资助下正式对外开放。2010年，湘潭市未成年人绿色网吧监控中心设在本馆，负责对市区40个社区的未成年人绿色网吧进行管理、维护、监控。至今，全市已建成市级支中心1个，县级支中心4个，并完成全市村级基层服务点1351家的建设。

二、管理和队伍建设

为使文化共享工程发挥其应有的作用，湘潭支中心将文化共享工程日常管理纳入制度化管理。具体措施有：制定支中心工作职责和制度，实行制度上墙公开；年初有年度工作计划，月初有工作要点，季度有工作督导，年末有工作总结考核；推行管理员工作日志管理，积极探索文化共享工程管理和服务新模式。

2004年支中心只有3名专业人员，现在已扩充为6名专业人员。主要负责对县级支中心的业务指导，以及共享工程设备运行、维护管理，对外宣传、培训等工作。

三、培训工作

支中心在管理员的培养上实现了制度化和常态化。支中心自2004年以来，培训全市县级支中心以及村级共享工程基层网点管理员600余人次；到基层服务点上门服务20余次，远程培训、指导10余次；利用多媒体报告厅、绿色网吧开展图书馆管理系统、古籍保护与管理、少儿网络知识等业务培训，受训人次达20800余人。

四、经费投入

湘潭支中心2004年由市财政投资35万元建成。2009年省市财政投资50万元建成湘潭市首家未成年人绿色网吧。每年5万元文化共享工程运转经费已列入市财政年度预算。

五、资源建设

湘潭支中心以地方特色文献数据库的制作和服务为资源建设的重点。根据本市民众的文化需求，选取、编辑制作各类题材资源1TB。目前已自建齐白石数据库（25G）、湘潭市志人物数据库（250M）、湘潭作者著作数据库（150M）、湘潭县志数据库（8G）、民间典谱（1G）、黄埔日刊（1G）、馆藏文献目录数据库（100M）。还收集了国家中心免费发放的数字光碟、音像制品600余张。

六、合作共建

湘潭支中心与市委组织部远教中心合作，合作共建文化共享工程村级服务点1351家。利用远教和文化共享工程服务点平台，为农民朋友免费提供各种数据资源16种，30余张。组织召开全市文化共享工程暨公共图书馆馆长联席会议、长株潭文献信息资源共建共享学术研讨会等会议，为全国文化共享工程的发展、建设献计献策。

七、利民惠众，惠农服务

湘潭支中心利用国家中心制作的《农村医药科普知识》、《中国农业知识仓库》等一系列光碟对读者进行免费播放，并下发至各县（市）区支中心，为县（市）区支中心提供后续数字资源。

在文化共享工程服务实践过程中，湘潭支中心以民众的需求为导向，积极探索服务民众生活生产，引领群众高尚精神文化生活，打造群众满意喜爱的文化服务新平台。周六、周日利用多媒体报告厅为民众播放免费电影，举办文化艺术养生等系列讲座活动。

八、宣传推广

湘潭支中心自2004年建立以来，发放文化共享工程宣传资料800余份，自制宣传板30余块在馆内外展览，积极宣传推广文化共享工程。利用未成年人绿色网吧向未成年人宣传介绍文化共享工程少儿栏目和开展的未成年人电脑知识培训等服务，受到社会的广泛好评，并因此被省文明委授予“湖南省未成年人思想道德先进活动基地”称号。2006年至今，我市代表队参加全省公共图书馆文化信息资源共享工程知识与技能竞赛共获得个人二等奖2个，三等奖3个，团体银奖3个。

九、工作展望

举行“文化共享工程知识与技能竞赛”活动

文化信息共享服务是现代政府公共服务的重要组成部分，加快共享工程建设是构建公共文化服务体系的一个重要抓手。自2004年以来，湘潭支中心在湘潭市政府、市文广新的关心支持下，取得长足发展，发挥了应有的作用。

未来，拟将文化部正在实施的数字图书馆推广工程与文化信息共享工程有机结合起来，为图书馆总分馆制服务、图书馆智能化服务、图书馆网络移动服务等提供技术支撑，为促进社会主义文化大繁荣大发展、早日建成小康社会做出应有的贡献。

（撰文/湘潭市支中心）

湘乡市支中心

湘乡，湘军故里，楚南重镇，古称龙城。面积1975平方公里，人口78.72万，下辖3乡15镇4个街道办事处。湘乡市文化资源共享工程在湘乡市文化局，湘潭市图书馆支持和部署下，逐步推进，稳步发展，在新形势下为繁荣农村基层文化，满足农民多层次文化需求，传递中国民族优秀文化资源发挥了重要作用。

一、基本情况

湘乡市文化资源共享工程建设开始于2008年，前期安装设备通过卫星设备直接接收国家中心下发的给类资源和信息。

共享工程湘乡市分中心设在湘乡市图书馆，是湘乡市共享工程的建设和业务指导单位，负责保障市中心共享工程设备的运行，协调镇村级共享工程设备的维修，指导镇村级共享工程活动的开展以及开展全市共享工程管理员的业务培训和指导。

二、管理和队伍建设

为使共享项工程真正为民所用为民谋利，湘乡市中心将共享工程日常管理纳入制度化管理。制定市中心、镇、村基层服务点工作职责和制度，实行制度上墙公开。

文化资源共享工程作为一个新的农村文化资源获取平台，如何推广好、利用好共享工程丰富的文化资源关键在于是否有一支专业化的共享工程管理员队伍。目前湘乡市分中心有2名专职人员负责文化共享工程。对于乡镇、村两级基层共享工程管理上择优选取文化层次较高，有一定社会基层管理服务实践经验的大学生村官为管理员，他们工作热情高，有较高的文化水平能尽快熟悉掌握共享工程设备为所在村民服务。

目前湘乡市共享工程管理员40%为各级大学生村官，60%是由较高学历的村委委员兼任，实现了管理员选取的高起点。

三、培训工作

湘乡市分中心在共享工程管理员的培养上实现了制度化和常态化。根据湘潭市支中心工作要求，每年对辖区共享工程管理员进行集中培训，2009年以来一共举办各类培训班12期，参加轮训的各级管理员达700人次。

四、经费投入

湘乡市支中心自2008年以来，湘乡市图书馆每年投入5余万的运维经费，用于共享工程设备的维护，人员培训和惠民活动的开展。同时，湘乡市政府每年也投入大量人力物力支援共享工程各项活动的正常开展。

五、资源建设

湘乡市分中心在历年的工作中，搜集不同区域民众文化需求，选取、编辑制作各类题材资源500G，每年制作发放各类光盘200多张，发放宣传资料500余份。

六、利民惠众，惠农服务

湘乡市分中心在共享工程服务实践过程中，以民众的需求为导向，积极探索，服务民众生活生产，引领群众高尚精神文化生活，打造群众满意喜爱的文化服务新平台。每年将上级发放的农业生产技术光盘以及优秀电影通过多媒体放映厅轮回展播。

七、宣传推广

1、走进校园。湘乡分中心文化服务中不断探索，利用支中心儿童阅览专区，组织动员青少年儿童关注共享工程，利用共享工程，收集青少年知识兴趣点整理挖掘，深受广大青少年的喜爱。星期六 星期天将电子阅览室全天对中小学生开放。同时按照湘潭市支中心的部署在全市中小学校开展了电脑小报制作大赛。

2、专题活动，精彩纷呈。

2011年，在由省委宣传部、省文明办、省文化厅、省教育厅、省团委、省妇联、省关工委等八部委联合开展的“三湘读书月——全省少年儿童‘纪念中国共产党成立90周年’红色经典读书活动”于9月正式启动，经过三个月的激烈角逐，我馆辅导选送的余方舟小朋友在此次评选中崭露头角，获得金奖同时我馆也获得省委宣传部等八部委颁发的“活动组织奖”。

2012年、为认真贯彻落实党的十七届六中全会、中共中央办公厅《关于深入开展雷锋活动的意见》（中办发[2012]7号）和省第十次党代会精神，喜迎党的十八大胜利召开。根据省委宣传部、省文明办、省文化厅、省教育厅、省新闻出版局、团省委、省妇联、省关工委的文件精神，我市由湘乡市委宣传部牵头，组织文化、教育等部门在少年儿童中积极开展“学习雷锋好榜样”读书活动。

2012年7月，由市文化局与市教育局联合发文，在全市中小学少年儿童中开展“三湘阅读之星”评选活动；7月份，在全市各学校广泛开展了“学习雷锋好榜样”为主题的读书活动专题文艺展演；11月25日，图书馆选送的“音舞快板——雷锋叔叔好榜样”崭露头角，荣获湖南省八部委主办的全省少年儿童读书活动展演金奖和组织奖，11月27号，湘潭日报将奖项进行了报道。

八、工作展望

湘乡市文化资源共享工程已走过4个年头，从单一的资源接收到今天的编辑分发和群众广泛认知，广泛参与，文化资源共享工程在湘乡已经成为人民文化生活的一大支柱，今后湘乡市分中心希望在上级领导大力支持下为湘乡市共享工程建设一支专业化的服务队伍，建立一个服务形式更加多样，服务网点更加宽广，参与群众更加广泛的共享工程文化带动体系，为建设湘乡市做出贡献。

（撰文/湘乡市支中心）

韶山市支中心

一、基本情况

共享工程韶山支中心设立在韶山市图书馆。2008年，文化部、财政部共同实施了全国文化信息资源共享工程。其主要内容是利用现代高新技术手段，将优秀文化信息资源进行数字化加工、整合，通过互联网和卫星传送到基层，为广大群众提供优秀的文化信息服务，实现文化信息资源的共建共享。

在上级各级领导的关心支持下，2008年开始建设“共享工程韶山支中心”（乡镇文化共享工程基层点由韶山市委宣传部负责）。文化厅配送的30余台主机设备全部安装完毕，前期安装设备均通过卫星设备直接接收国家中心下发的给类资源和信息。充实了网络的共享内容。在资源共享中让更多读者得到实惠。以前来图书馆的读者只是借阅图书，阅览报刊，你借我找，服务方式比较单一，现在的读者可以来支中心自己动手查阅所需资料，快捷方便。资源共享使读者享受到便捷的服务，满足了不同读者的更多需求，产生了积极的社会效益。

共享工程作为一项文化创新工程，在我市实施以来所发挥的作用十分显著，无论是促进社会主义和谐社会的构建，还是在促进社会主义新农村建设上，都彰显出了它作为文化创新工程的独特魅力。

二、管理和队伍建设

为使共享项工程真正为民所用为民谋利，韶山支中心将共享工程日常管理纳入制度化管理。制定支中心工作职责和制度，实行制度上墙公开。每年有年度工作计划，月度有工作要点，季度有工作督导，年末有工作总结考核，并推行管理员工作日志管理，收集整理共享工程服务活动的得失，探索共享工程管理和服务新模式。

三、培训工作

韶山支中心在共享工程管理员的培养上实现了制度化和常态化。根据支中心工作要求，每年对共享工程管理员进行了网络培训。

四、经费投入

韶山支中心自2008年实现开通后，韶山市财政每年投入6万元的运维经费，用于共享工程设备的维护，人员培训和惠民活动的开展。

五、资源建设

在资源建设方面，除了文化部全国文化信息资源建设管理中心每年不定期下发一批文化共享工程系列光盘之外，我中心还利用卫星设备直接接收国家中心下发的各类资源和信息。现我中心存储的数字资源已有50TB，数字资源光盘200余张。

六、利民惠众，惠农服务

韶山支中心在共享工程服务实践过程中，以民众的需求为导向，积极探索，服务民众生活生产，引领群众高尚精神文化生活，打造群在满意喜爱的文化服务新平台。

韶山支中心按照下发的文化信息资源共享工程系列光盘开展了一系列活动，例如文化共享助春耕，文化共享工程电影展播等等。

七、工作展望

文化信息共享服务是现代政府公共服务的重要组成部分，加快共享工程建设是构建公共文化服务体系的一个重要抓手。韶山支中心将针对当前我市文化事业的实际情况和科技发展的水平，继续整合现有的文化资源，积极开展创新工作，推进共享工程在我市的全面发展。

（撰文/韶山市支中心）

衡阳市支中心

一、基本情况

衡阳市于2003年启动文化信息资源共享工程建设，2004年市图书馆自筹经费购置部分设备开办了电子阅览室，“全国文化信息资源共享工程衡阳市支中心”正式挂牌。后由于设备老化，建设资金一直没有到位，电子阅览室一直处于关闭状态，办公室日常工作正常进行。

2012年3月26日，衡阳市委书记童名谦，市委常委、常务副市长段志刚，市委常委、宣传部部长谢宏治，市委常委、市委秘书长罗东海，副市长许满意率有关职能部门负责人调研文化工作，决定将文化共享工程市级支中心暨公共电子阅览室纳入“数字衡阳”建设范围同步实施。据此，与城市电子阅览室、数字图书馆建设相结合的市级支中心建设方案已经专家组评审通过，投资概算为133万元已经财政审核，目前正组织实施。衡阳市支中心300多平方的场地已经完成装修、信息布点等工作，待设备进场便可立即投入使用。

二、培训工作和网点建设

2004年以来，文化共享工程衡阳市支中心克服各种困难，重点开展了以下工作：

1、争取市政府重视与支持。2003年5月，经积极争取，衡阳市文化局、衡阳市财政局联合下发《关于建设衡阳市文化信息中心及基层网点的通知》（衡文发[2003]20号），决定在全市范围内实施文化共享工程；2008年5月，衡阳市委、市政府两办联合下发《关于进一步推进全市文化信息资源共享工程建设的通知》（衡办通[2008]11号），明确了建设目标、工作机制、主要任务和保障措施，为全市文化共享工程的科学规划与规范化的建设奠

定了基础。

2、加强对基层的业务指导。市支中心每年组织对全市文化共享工程县级支中心和基层服务点开展业务指导：一是组织参加省分中心举办的各类学习班。二是每年组织一次业务培训或业务知识竞赛，如2003年10月举办衡阳市公共图书馆业务知识考试，2007年7月在常宁市举办基层管理员业务培训班，2009年请省分中心专家来衡举办共享工程技术培训班，2010年举办了计算机知识竞赛，2011年8月举办衡阳市文化共享工程知识与技能竞赛，2012年12月举办衡阳市公共图书馆业务知识竞赛。三是派出人员参加基层网点建设的督查、调研、验收工作，写出督查结果报送市领导。四是针对县级支中心计算机人才不足的突出问题，派出专业人员帮助和指导各县级支中心建设与服务。

3、大力推进县级支中心建设。2010年底，衡阳市12个县级支中心建设全部完成，全市183个乡镇级服务点、3915个村级基层服务站点专用设备全部下发到位，实现"村村通"。文化共享工程建设创新了基层文化服务内容、方式和手段，增强了公共文化服务体系的活力，提高了文化服务水平，改善了广大群众的文化生活状况。

三、惠民服务

衡阳市级支中心充分利用现有设备设施，积极利用共享工程的优秀资源，每年都举办各种形式的读者活动：

1、在国家法定节假日及"图书馆服务宣传周"、"世界读书日"、"全民读书月"期间，开展文化共享工程视频资源展播，读者免费参加。如2005年5月28日至6月3日在多媒体阅览室不间断播放"健康知识讲座"，有500多读者参加；2008"图书馆服务宣传周"期间在六楼报告厅不间断播放系列爱教、动画、科普、共享工程宣传片、专题讲座等，参加读者达3755人次。文化共享工程视频资源展播已经成为衡阳市支中心节假日固定活动项目，受到广大市民欢迎。

2、根据上级部署，组织开展各种读者活动，影响较大的有2004年5月18日参加由市委宣传部牵头的到常宁市松柏镇文化、卫生、科技三下乡活动，发放《农村科技文摘》等资料500多册、优秀湖南地方戏光盘600多张；12月15日举行"中国古典文学艺术"专题讲座，邀请衡阳师范学院教授朱迪光主讲；2005年9月17日参加在莲湖广场举行的"科普之光耀雁城"宣传活动；2007年6月20日与市政协、市社科联等联合举办"谢彬学术研讨会"，市政协主席刘增科，市委常委、统战部长刘伦策，副市长许满意，市政协副主席朱玉萍、刘日煊及谢彬亲友和学者70余人出席；2008年4月20日在本馆报告厅举办"英语学习方法讲座"，衡阳财院英语教授肖琪美主讲，180多人参加；6月1日举办奥运知识竞赛，参加读者达60人；2010年4月23日"世界读书日"举行向读者赠书、赠花鼓戏光碟活动；2012年创办"雁城市民课堂"，聘请衡阳知名人士主讲衡阳地方文化，目前已经举办《当代衡阳诗歌》、《曾国藩与衡阳》、《镜头中的大美衡阳》、《南海风云》、《纪实摄影——定格历史的瞬间》、《衡阳地方音乐概述》和《女界孙黄——唐群英与民国初年女子参政运动》共七期，有1400多读者参加，各类媒体报道30多次，受到上级部门和社会各界一致好评。

3、在全国、全省比赛中多次获奖。2011年4月组织参加全国文化信息资源共享工程"阳光少年热爱党"电脑小报设计比赛，我市选送的参赛作品获三等奖及优秀奖。2011年常宁市支中心代表衡阳市参加"颂歌献给党——全国文化信息资源共享工程迎接建党90周年群众歌咏活动"，获全国三等奖。2011年底在全省图书馆知识与技能竞赛中，市图书馆获团体优胜奖，我市选手谢珂珂获个人一等奖、黄萱获个人三等奖。谢珂珂还参加湖南省代表队赴杭州参加全国总决赛，荣获优秀选手奖。2012年在全国文化信息资源共享工程"像雷锋那样"中小学生电脑小报竞赛活动中，我市选送的衡阳县作品《学习雷锋精神，弘扬文明新风》，获中学组三等奖。2012年6月组织参加"我们家这十年"征文活动，选送12篇报省参赛，其中《哥哥的幸福生活》获一等奖。

4、日常工作有条不紊。文化共享工程衡阳市支中心办公室配备了专职人员，承担日常工作，组织、协调、辅导我市各级支中心和服务网点开展工作。为了提高工作效率，加强各方联系，我们建立了专门的QQ工作群，制定专人管理，从而保证各项工作都能快捷、高效、准确地布置到位。

四、工作展望

1、高标准建设好文化共享工程衡阳市支中心暨公共电子阅览室，完善设施，开门服务。

2、实施好数字图书馆推广工程试点项目，以此促进文化共享工程服务水平和能力进一步提升。

3、重点推进衡阳城区图书馆数字服务体系建设，建立衡阳城区各图书馆通借、通还、通阅体系，实现衡阳数字图书馆网上服务和规范统一的优质服务。

4、大力加强地方特色文献数字资源建设。

（撰文/衡阳市支中心）

衡阳市少儿支中心

全国文化信息资源共享工程衡阳少儿支中心设在衡阳市少年儿童图书馆，于2004年4月成立。由于"十一五"发展规划中市级中心建设未纳入全国文化资源信息共享工程建设范畴，目前衡阳少儿支中心仅有多媒体点播服务器1台，10台多媒体终端，网络带宽4兆，衡阳少儿支中心至今未成立电子阅览室，未完全对读者开展服务，目前支中心多媒体点播服务器每周开机56小时，进行国家中心和省级分中心投放的数据资料及时下载，每年开展近240小时的资源展播活动；每年读者通过少儿支中心多媒体终端访问全国文化资源信息共享工程网站使用资源3000多次；每年呈缴湖南省分中心的特色地方文献5册。

衡阳市少儿支中心成立至今已有八年，期间少儿支中心坚持共享工程的基本维护与服务、参加共享工程湖南省中心组织的各项活动。每年的重大节庆日、世界读书日、图书馆宣传周都会开展共享工程资源展播活动，在展播活动中利用宣传栏宣传共享工程，利用有限的设备

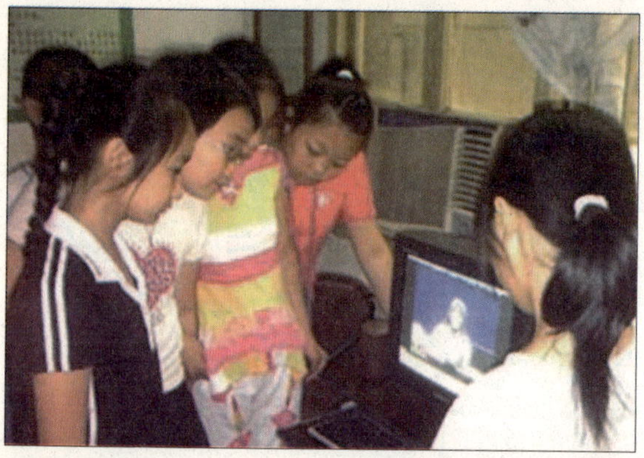

教读者怎样访问共享工程网站，怎样使用共享工程的资源。积极配合省中心工作，在本市内开展共享工程相关工作，对县级支中心进行技术支持。

2011年在全国文化资源信息共享工程“阳光少年热爱党”电子小报竞赛活动中，衡阳少儿支中心选送的《花儿朵朵向太阳》作品荣获优秀奖；2011年第二届文化共享杯知识竞赛活动中，衡阳少儿支中心谢珂珂同志代表湖南省分中心参赛，荣获优秀选手奖。衡阳少儿支中心还利用少儿馆丰富的少儿书刊资源编制内部刊物《雏雁声声》和十余种专题文献供读者借阅。2012年积极争取市委、市政府、市文广新局、市财政局的大力支持，按《全国文化资源信息共享工程地（市）级支中心配置标准》申报衡阳少儿支中心建设项目，项目已纳入“数字衡阳”建设范畴，现正进行衡阳少儿支中心及电子阅览室报批工作。

（撰文/衡阳市少儿支中心）

衡阳市雁峰区支中心

近年来，衡阳市雁峰区致力实施“文化强区”战略，不断扩大公共文化资源建设投入，文化事业呈现出百花齐放、欣欣向荣的喜人局面。自2010年启动文化共享工程建设以来，已形成完善的文化信息资源共享工程网络格局。区文化信息资源共享工程支中心充分发挥职能优势，与区青少年学生校外活动中心、区图书馆、文化馆等专门文化机构保持密切协调，积极整合区内各单位、乡镇街道、社区公共文化资源，真正体现文化资源“共建共享”。基层群众在社区、农村均能享受到优秀文化资源，实现了文化共享工程基层服务点资源的全覆盖。

一、基本情况

2010年，雁峰区拨付专项资金用于文化共享工程的建设和运行，投资近1000万元兴建了全市乃至省内一流的青少年学生校外活动中心和区图书馆，严格按照有关要求高标准配备了20000册新图书、50多种期刊和30多种报刊；建设了标准的图书借阅室、少儿阅览室、电子阅览室、大型多功能室、全民健身广场、室内羽毛球馆、乒乓球馆以及室内多功能排练场等设施设备。高标准、高质量地完成了配套设施建设，把文化共享工程区支中心打造成为了全区文化服务的一道靓丽风景。

目前已经开展的服务项目主要有三类，一是资源类：包括图书室、期刊室、电子阅览室等全免费开放；全民健身广场全天免费开放；室内体育、艺术场馆按时段免费开放。二是活动类：包括面向青少年的益智、德育、健身类专家讲座和文体比赛，社区“家长学校”讲座培训及公益文化讲座等。三是以公益性为主的面向有潜质的青少年开展的艺体培训。同时，区文化资源共享工程支中心与区青少年学生校外活动中心、区图书馆、文化馆、社区学院等单位密切协作，经常组织开展“文化进乡镇”、“文化进社区”活动；联合区教文体局组织开展“书香校园”、“书香社区”、“书香家庭”活动、“全民健身”活动等。区青少年学生校外活动中心还充分发挥资源优势，经常聘请专家开展教育、文化、科学等专题知识讲座，受到社区居民、青少年学生的广泛欢迎和好评。

二、惠民服务

按照有关规定要求，制定了一系列完善的规章制度，实现了各项措施到位，为文化共享工程充分发挥作用提供了有力保障。

在文化共享工程雁峰支中心的科普视听室，每天都有许多人来听讲座、看影片，学文化、学科技；图书馆平均每天接待近100人次；。今年以来，区青少年学生校外活动中心、区图书馆已开展针对未成年人安全知识教育、全民读书知识、全民健身知识、学雷锋树新风、文明交通、卫生防疫和针对老年人消防知识教育以及针对农民工安全生产知识教育的各类讲座20多场次，放映优秀科技影片28多场次，参与群众达30000多人次。

此外，每个乡镇、社区都建立了完全开放的公益文化活动场馆，所有业余的社区居民、“空巢老人”不仅可以在这里听戏读报、下棋打牌，还可以上网和远在外地的子女进行视频聊天。目前，在雁峰区每个行政村级带位都设置了文化信息资源共享基层服务点和农家书屋。

共享信息是共享工程支中心和服务点的测评重点，也是共享工程建设的出发点和落脚点。在建设基层服务网络的同时，我们把文化共享工程的服务与管理作为重点，建立和完善支中心和服务网点环境设施要求、资源服务细则、管理运行办法等管理与服务规范。认真抓好基层服务工作，支中心和乡镇、街道、村、社区基层服务点，将电子阅览室、投影机、幕布等设备免费向广大人民群众开放，并公布开放时间和资源内容，组织广大群众使用文化信息资源，为广大群众提供实用性、知识性、娱乐性的文化信息服务，掌握有关政策法规，学习先进实用技术，提高发展农村经济、参与市场竞争的能力，为广

大未成年人提供课外精神食粮，将优秀资源送入千家万户，使各基层点成为具有信息服务、教育培训等多种功能的文化中心。理人员更换频繁等。

三、工作展望

共享工程是公共文化服务体系的基础工程，是政府提供公共文化服务的重要手段，是文化创新、科技创新的一个重要的生长点。它对提高文献信息的利用率和价值、推动经济社会进步有重要作用。今后，我们要加大宣传力度，争取各级领导的进一步重视，建立共享工程发展长效机制，健全工作协调机制，保证共享工程所需的场地、人力、财力、物力、技术，全面推进社区、村基层点建设。进一步巩固基层文化阵地，充实基层文化建设内容，活跃城乡人民群众文化生活，充分发挥文化信息资源在发展经济、提高人民群众思想道德和科学文化素质方面的积极作用，为加快实施"文化强区"战略目标做出应有的贡献。

（撰文/衡阳市雁峰区支中心）

衡阳市珠晖区支中心

共享工程既是一项惠及千家万户的民心工程，又是一项促进图书馆事业上新台阶的实绩工程。珠晖区委区政府和有关部门抓住这一大好机遇，于2008年经省分中心批准成立了珠晖区分支中心，并将共享工程作为推进文化创新、完善公共文化服务体系、提高公益性文化服务水平的重要抓手，有条不紊地组织共享工程的实施，推动了我区共享工程全面、持续、稳步发展。截至2010年底，建成各基层服务点54家，加工、引进、整合各类资源200GB，为基层群众服务取得明显成效。

一、建立工作机制

2008年珠晖区根据中央、省、市文化信息资源共享工程有关政策，制定了《珠晖区文化信息资源共享工程实施方案》，同时也成立了以区委宣传部部长、主管教育副区长为组长；区工委员、教文体局局长为副组长；区财政、主管文化副局长、区委宣传部以及图书馆馆员为成员的文化信息共享工程领导小组，负责工作开展，建立工作机制，为工程建设提供了组织保障。

二、确保运行经费

为了珠晖区支中心的顺利开工，2009年报经区委区政府同意，由财政出资40万元，修建了58平方米的电子阅览室、108平方米的多媒体报告厅、12平方米的机房及相关配件。开通了中国电信宽带10M。为了支中正常对外服务，2011年区管委为共享工程解决预算4万元、追加经费1万元增至5万元。目前正在投资筹建自动化、数字化图书馆，这将进一步提高共享工程服务水平。

三、规范管理程序

为协调统一，形成合力，加速推进文化共享工程、农村党员干部现代远程教育、中小学远程教育站点建设的实施进度，衡阳市珠晖区教文体局、农村党员干部远程教育办公室联合发文，对三大工程建设在全区所辖的乡镇、村级网点，实行统一管理制度，严把验收挂牌关，做到条件成熟一个发展一个。严格规定了各级中心硬件设备验收的程序、强化了管理，保证了共享工程稳步扎实地发展，提高了工程运行质量。到目前共开展合作共建54个基层服务点，建立了反馈机制，及时与省分中心联系，每年签订数字资源共享协议，向省中心提供地方文献6本。

四、加强队伍建设

支中心2名工作人员参加省分中心业务网络培训12期；举办了1期乡镇文化专干"共享工程"业务培训，并培训了40名村级基层服务点技术员，平均每村2名（村一名、挂村干部含大学生）。培训经费区财政局和区组织部出资0.7万元。

五、服务开展情况

确保区支中心电子阅览室、多媒体报告厅周一至周五对外开放。支中心年均接待了6820人次的未成年读者、成人读者1.2万人次。开展丰富的青少年科普知识。如今年举办了"像雷锋那样"青少年电脑小报设计比赛、青少年自救知识竞赛等。送文化到基层，丰富群众文化娱乐生活。利用共享工程资源，服务保持共产党员先进性教育、收到了较好效果。利用现代网络信息资源，为农业生产服务，结合农家书屋科技兴农等活动，为促进农村生产发展、生活宽裕、乡风文明、村容整洁、管理民主做出了较大贡献。农民朋友称赞共享工程是一项富民的"实用"工程。

六、工作展望

1、将共享工程优秀的文化资源纳入农村中小学现代远程教育和党员干部现代远程教育之中，通过衡阳市珠晖区农村中小学现代远程教育平台，传播先进文化。

2、以满足基层群众为目标，不断深化和创新服务，是共享工程发展壮大的生命力所在。几年来的实践证明，农民最渴求科学文化知识。共享工程建设必须围绕社会主义新农村建设，将服务的触角不断向基层延伸，不断创新服务方式、服务内容、服务手段，使先进文化更多地覆盖、普及到广大农村基层，才能发挥更大作用，才具有生命力。

3、以共享工程建设为契机，推动图书馆自动化水平的提高，是提升图书馆服务能力和整体水平的重要举措。由于各地财力有限，我区图书馆自动化和网络化还是初建阶段。我们借共享工程建设之力，实现图书馆自动化和网络化建设。

（撰文/衡阳市珠晖区支中心）

衡阳市石鼓区支中心

文化信息资源共享工程是国家文化部旨在推进文化信息资源开发、建设、服务而实施的重点工程，工程采用现代化信息技术，对文化信息资源进行数字化加工整合，通过网络最大限度地为社会公众享用的文化工程。石鼓区文化信息资源共享工程由区教文体局承办，石鼓区图书馆是建设与实施主体单位。工程依托现有的文化设施网点，与基层文化设施网点建设、党员远程教育网、中小学远程教育网、图书馆网络化、数字化建设相结合，为地区读者提供全国文化信息资源网的信息资源，实现地区文化信息资源的共管、共建、共享。

一、基本情况

衡阳市石鼓区支中心坐落于衡阳市石鼓区石鼓路66号，始建于2009年4月，总投资290万元，占地5.6亩，建筑面积1300平方米，可同时容纳上百名群众开展活动，于2010年3月建成后正式投入使用。

中心环境幽雅，交通便利，配有计算机室、多功能室、图书阅览室、科技活动室、乒乓球室、棋艺室、魔术室、舞蹈、声乐、器乐等专用教室，场地宽敞、功能齐全，教学设备与建筑整体交相辉映，形成了全区人民群众特色的乐园。

开展活动以来，活动中心始终坚持公益性原则，面向大多数群众，让更多群众受益，组织了广大群众喜欢的系列活动：送科普图书到校园，到农村小学放映爱国主义教育电影，这一系列活动深受群众的欢迎。石鼓支中心将阵地服务和流动服务相结合，日常活动和节庆活动相结合，开展形式多样的文化惠民服务。文化共享工程走进社区、走进农村、走进军营、走进企业、走进学校，为广大群众播放舞台艺术、爱国主义电影和农村科技视频，实现资源共享，服务社会公众。石鼓支中心和基层站点还结合当地经济发展和农业生产实际，利用文化共享工程丰富的科技信息资源，为本地人民群众传播农技知识和信息，有力促进了新农村经济发展。

二、建设目标及内容

总体目标：建设石鼓区文化信息网；建立石鼓区文化信息资源的共建共享机制；分层次建立乡镇、街道社区服务站点。第一阶段建立石鼓区区级支中心。主干通讯能力不低于1000兆，对外网络接口不低于100兆，局域网工作站总数不低于30台，存储容量不少于3.5TB。此外还集中人力、物力进行信息资源的加工与整合，并对外提供服务。第二阶段建立73基层服务站（乡镇、村网点）。基层服务站可根据上级中心发布的数据联合目录，通过互联网、电话等方式向上级分中心提交数字资源请求，不具备网络服务条件的网点可通过卫星接收设备接收数据或通过存储设备传送数据，下载后的数据通过装入到本地计算机内，方便、快捷地对本地用户提供资源服务。一是互联网模式：通过互联网浏览全国文化信息共享工程网站提供资源服务的方式；二是有线/数字电视模式：利用广播电视网络传输和直播文化共享工程资源，直播信号为模拟信号，用户可通过电视直接收看，或依托广播电视数字电视网络，传输和接收的信号为数字信号，用户可通过电视机+数字机顶盒方式，收看广播节目和点播节目；三是卫星模式：利用卫星广播网络，广播和传输文化共享工程资源。用户可通过计算机或卫星机顶盒，收看卫星直播节目，或点播存储在计算机或卫星机顶盒中的节目；四是 IPTV模式：以宽带互联网为基础通道，通过互联网协议传输数字信息资源，以电视和PC电脑作为重要终端，能够提供多种交互式服务；五是VPN模式：在互联网基础上，通过建立虚拟专用网络，实现资源的安全可靠性传输与管理，用户可在PC上观看和使用VPN内的资源；六是无线网模式：利用无线信号传输数据信息，用户可通过接入无线网络，接入互联网，浏览使用互联网上的文化信息资源；七是 政务网模式：依托电子政务外网，用户可在指定区域（入电子阅览室）浏览和使用电子政务外网上提供服务的资源；八是移动播放模式：使用移动播放终端，如移动播放器、数字电影放映机等，通过与电视机、投影仪、PC机相连接，收看存储在移动播放终端中的资源。

三、近三年取得的成绩

一分耕耘，一分收获。中心的各项工作取得了较好成绩。三年来，石鼓支中心和基层服务点利用电子阅览室服务群众达5万人次，参加共享工程服务活动的群众达到1万人次以上。一些活动如“共享工程迎新春”，“六•一少儿网络寻宝”大赛，“喜迎国庆”系列服务活动，“共享工程长征行”活动，“文化共享奥运行”活动，爱国主义电影放映活动等，取得了良好的社会效果。

四、工作展望

展望未来，中心人员将在上级各有关部门和全社会的关心支持下，不断探索出新途径、新措施，让社会满意、群众满意、学员满意，让石鼓区文化信息资源共享工程石鼓支中心的明天更加辉煌！

（撰文/衡阳市石鼓区支中心）

衡阳市南岳区支中心

一、基本情况

南岳区文化共享工程支中心建于2009年4月，由国家、省、区政府投入资金共计64万元。工程建设包括机房、电子阅览室、多媒体报告厅，于2011年元月对读者开放使用。截至2012年12月止，全区共建有1个区级支中心、5个社区服务点、2个乡镇服务点、30个村级服务点，形成了覆盖全区的共享工程4级服务网络体系，为丰富和活跃群众文化生活，传播社会主义先进文化，促进经济社会协调发展发挥了重要作用，受到了广大群众的一致赞誉。

二、培训工作

3年来，我馆利用共享工程举办了各项培训活动，在多媒体举办了农家书屋管理员培训班；南岳文化知识讲座；利用电子阅览室举办了老年人电脑培训班；摄影培训班；路段竞争上岗培训及电子小报设计培训、电脑网页培训等。

三、网点建设

为了避免重复建设和资源浪费，我们按照“共建共享•互利双赢”的理念，把文化共享工程建设与党员电教，“远程教育”等工程建设有机结合，充分利用各有关部门的设施设备，共同建设文化共享工程乡镇和村基层服务点，实现共建共享。截至目前，我区村级网点30个，乡

多媒体报告厅放映电影

镇网点2个，社区5个。

四、宣传推广

从2010年起，我馆积极在社会上推广文化资源共享工程，3年来，文化共享进了学校，定期播放文化共享数字资源电影，对学生进行爱国主义教育；进了寻常百姓家，居民可在家随意点播电视台、电信安放的文化共享有线点播节目；上了学子的书桌，许多学习的人利用我馆文化共享资源帐号读书、学习、查资料、写论文。

五、技术支持及合作共建

3年来，我支中心文化共享工程和电视台部门、电信部门合作共建共享，得到它们的技术支持，把优秀的文化资源安放到电视台的有线点播频道，电信的点播频道，居民在家可随意点播看电影、看戏、听讲座等。

六、经费投入

3年来，我馆文化共享运行经费每年2万元，村级2千元列入财政预算。

七、管理和队伍建设

目前，我支中心有专职管理员1名，乡镇、村为兼职，支中心管理员多次参加培训 。

八、工作展望

在今后的工作中，我支中心要学习先进县的工作经验和实践方法，努力做好这项惠民服务工作，使我区共享工程在丰富和活跃群众文化生活，传播社会主义先进文化，构建和谐社会做出应有的贡献。

（撰文/衡阳市南岳区支中心）

常宁市支中心

常宁市图书馆设有外借室、阅览室、少儿借阅室、地方文献查阅室、参考咨询室、电子阅览室、多媒体报告厅等服务窗口。岗位设置为：办公室6人（含领导岗位职数4人），财务室2人，采编室4人，多媒体报告厅1人，电子阅览室2人，参考咨询室1人，地方文献查阅室1人，少儿阅览室2人，外借室2人，阅览室2人，业务辅导室3人。

一、领导重视，齐抓共管

2007年常宁支中心在湖南省文化厅和衡阳市文化局及省、市图书馆领导的关怀和支持下，常宁的文化信息资源共享工程和基层服务网点建设得到进一步扩展。常宁市委、政府对文化信息资源共享工程十分重视，采取了以下措施。2007年8月，常宁市人民政府下发了常政涵[2007]54号《常宁市人民政府关于我市申报共享工程县级支中心建设专项经费的函》。通过积极争取，常宁支中心被确定为2008年全省35个设备扶持试点县之一。2008年3月，常宁市人民政府副市长黎才发同志，常宁市文化局局长周宙峰同志与衡阳市文化局签订了《文化信息资源共享工程建设责任状》。2008年3月，成立了由主管副市长任组长的常宁市文化信息资源共享工程建设领导小组，召开了领导小组协调会。2008年，常宁市财政局将每年的6万元共享工程常宁支中心运行经费纳入了财政预算。2008年6月，常宁市委常委、宣传部长周国佑、副市长黎才发同志就如何做好文化信息资源共享工程建设分别到图书馆现场办公，指导工作。2008年6月，衡阳市文化局副局长左琼颖、衡阳市图书馆馆长刘忠平到常宁支中心，对常宁文化共享建设暨房屋装修、配套设施等工作提出了指导性的建议和意见。2008年12月，常宁市财政局解决常宁支中心装修及购置配套设施经费12.6万元。2009年元月，常宁市委常委、宣传部长周国佑、副市长黎才发、宣传部副部长曹新春、文化局局长邹求荣、副局长肖湘平对常宁市支中心电子阅览室和多媒体报告厅揭牌，周国佑部长在揭牌仪式上致词。电子阅览室、多媒体报告厅向读者开放。

二、加大投入，完善配套设施

1、2007年7月，常宁市财政下拨文化共享工程常宁支中心启动资金4万元，在上级主管部门的大力支持下，我们通过努力，常宁支中心挂牌启动。

2、2008年6月，常宁市图书馆为迎接国家、省文化信息资源共享工程扶持配送设备到位的检查验收，自筹资金10万元，按省标准对主机房、电子阅览室、多媒体报告厅进行了全面装修。

3、2008年12月上旬，通过多次协商，同电信局签订了网络使用合同，接入10M光纤，设定了3个IP地址，每年网络费13500元。

4、投资3000元在图书馆大门上方安装了“全国文化信息资源共享工程常宁支中心电子阅览室”的大型广告灯箱，以吸引更多的读者走进电子阅览室和多媒体报告厅，充分利用共享工程这个平台为广大市民提供服务。

三、群策群力，搞好技术培训

常宁支中心现有电脑专业本科生1名，专职技术人员2名，三名专职人员于2008年10月下旬参加了省分中心举办的专业技术培训，能信任常宁支中心的设施设备技术操作。要利用共享工程这个平台，服务常宁的经济建设，活跃市民的文化生活，要求图书馆的每位工作人员都必须掌握电脑的操作技术，特别是图书馆要实行微机管理，首要的问题是人才培训。我馆邀请了电脑公司的专业技术人员和本馆参加省中心培训的技术员做老师，举办了三期电脑操作培训班，并做到传、帮、带，收到了良好的效果，全馆每位同志都能进行程序操作，到电子阅览室和多媒体报告厅上岗。2012年7月，我馆各窗口全部实行了计算机管理。常宁市共有基层服务点495个，点多面广，服务点管理人员队伍不稳定。为更好地发挥各基

层服务点的作用，服务新农村建设，我馆同市委组织部电教室联合，每年不定期地在各乡镇举办基层服务点管理人员培训班。几年来，共举办基层网点管理员培训班13次，培训人员达745人次。

四、利用资源，开展服务

近几年来，常宁支中心充分利用共享工程这一平台为广大市民开展了一系列的活动，收到了良好的经济效益和社会效益。

1、积极开展阵地服务。一是利用阵地不定期地举办电脑知识培训班；二是利用多媒体报告厅和卫星接收设施向市民播放中央、省、市有关重要会议精神和爱国主义教育、传统教育等影片；三是每年的国际“六一”儿童节期间展播寓教于乐的少儿影片，并组织少年儿童庆“六一”文艺汇演和少年书法、美术、手工制作作品展；四是利用寒暑假为留守儿童提供服务。如开展演讲赛、征文赛等。

2、携手共建，打造惠民服务网点。支中心以全市495个基层服务点为依托，为广大村民提供信息服务、技术指导、文化娱乐等资源。利用图书馆服务宣传周活动，深入基层为村民播放共享工程宣传片、知识讲座、科技致富等影片。刻录发放光盘250多份，送科技文摘2000多份，科技图书1100本。

3、开展共享工程进社区活动。为社区中老年人的文化生活提供光盘及视听文献，开办“中老年文艺专场”，播放老年人喜爱的戏曲类资源。与就业局联合举办女工技能培训班，与老干局联合举办社会老年艺术节等。

4、为弱势群体服务。支中心制订并实施了一系列的为弱势群体服务措施，如设立残障读者专座，送资源上门，到敬老院为老年人送去精神食粮等。2012年7月支中心从长沙购回100册法律、道德修养等图书和光盘，免费送给常宁市拘留所。

五、荣誉奖项

为纪念中国共产党成立90周年，根据全国文化信息资源共享工程的部署和安排，2011年5月我馆组织了11名党员组成一个合唱团，并从市歌舞剧团聘请了一位指导老师，经过认真排练，5月9日在多媒体报告厅进行演唱，请电视台的专业人员进行了现场录制并刻录了光盘，发送到全国文化信息资源共享工程办公室。我馆所演唱的歌曲《歌颂祖国》代表湖南参加评奖。通过网上投票和评委评选，获全国三等奖。

六、工作展望

文化共享工程常宁支中心虽然取得了一些成绩，但仍存在不少问题，不过，有党的惠民政策，有上级领导的高度重视，有主管部门的关心支持，有全馆同志的共同努力，常宁支中心将更好地发挥其服务功能，服务常宁人民。

（撰文/常宁市支中心）

耒阳市支中心

从2006年起，耒阳市图书馆致力于文化资源共享工程县级支中心建设，因无馆舍，延至2011年4月筹资，新租场地开办了“全国文化信息资源共享工程耒阳市支中心”，这标志着耒阳市图书馆服务进入了信息化，数字化时代。

一、完善基础设施，创设舒适环境。

2011年4月，耒阳市创办的文化信息资源共享工程县级支中心举办了开馆仪式，正式对外开放。耒阳市支中心暨阅览中心位于西湖路龙城花苑二楼，交通便利，环境优美，总面积近500平方米，内设电子阅览室、多媒体室、图书展示借阅厅、图书阅览室等，电子阅览室配有国家文化部统一配置的电脑35台，主机房配有塔式主机，装有10兆光纤网络，另增配有24小时应急电源，多媒体室配有投影仪，环绕立体音响，远程教育卫星接收系统，以及相关独立服务器。该两室均配备立式空调，为全市广大读者群众免费提供了一个良好的文化资源网络和电子阅览环境。

二、加强制度建设，保障经费投入。

耒阳支中心建立了一整套工作制度，明确了一名副馆长主抓，并分派4名工作人员，负责技术推广及网络维护。在经费保障方面，在前期投入68万元的基础上依据有关文件精神争取到财政拨款，每年约10万用于运行维护、人员培训、开展活动等。基本实现了基层服务点城乡覆盖，网络运行正常，服务于民的目标。

三、加强免费开放，优质服务社会。

1、免费开放惠及大众。电子阅览室对读者免费办卡，持卡上机阅读，对未成年读者实行家长陪同上网制，以保护未成年读者的利益。工作人员热情接待读者，指导上网并及时解决困难。现日均接待读者150人次。多媒体室面向社会，预约开放，开展活动。反响较好的有2011年文化局培训全市农家书屋管理人员；文化市场稽查大

队对我市网吧从业人员开展法律知识讲座；2012年市大学生组织“互助学社”开展捐资助学活动等等。共接待读者2011年45000余人次，2012年50000余人次。

2、网点建设进村入户。耒阳市支中心没有止步于馆内接待上门读者，而是积极行动，将网点布置到馆外，进村入户开展文化资源共享惠民活动。2009年，耒阳市支中心就协同耒阳市远教中心一道下发了450块“全国文化信息资源共享工程基层服务网点”文化标牌到全市乡镇基层网点，推动乡镇文化建设。近两年，对已挂牌的基层服务网点，加强联系，开展流动服务。把国家共享工程资源部寄来的《庆五一迎五四学习英雄楷模》等光碟资料，同远教中心联系通过远程教育播放给村民观看。组织流动服务队，利用移动播放等设备去农村、社区、学校播放爱国主义电影和农村科技视频，服务于民。2011年六一儿童节时，组织学生来耒阳市中心观看《学习雷锋好榜样》等爱国主义光碟影片。耒阳市支中心利用文化信息资源重点服务了灶市村，联平村，南正居委会，童星学校等一大批乡镇、村组及校园，做到了文化资源共享网点建设进村入户，受惠群众达2万余人次/每年。

3、组织活动获取绩效。从2006年起，耒阳市图书馆每年与省图书馆签订《湖南文化信息资源共享工程工作实施协议》，接受其工作指导与建设验收。2011年4月依照衡阳市支中心的有关文件，耒阳市支中心也举行了市“阳光少年热爱党”电脑小报设计比赛，共有9所城区小学参加了比赛，评选了了4份作品发往衡阳，其中一份作品入围全国共享工程电脑小报比赛优秀作品选。

四、强化形象展示，加强宣传造势。

耒阳市图书馆在馆内醒目位置设立公示牌、指南，制作借阅卡、宣传材料，告知市民，扩大影响。利用报纸，电视台等新闻媒体广泛宣传耒阳图书馆，宣传耒阳市支中心。2011年4月23日世界读书日，耒阳市图书馆在市发明家广场组织了大型书展活动暨免费办证活动。活动上发放免费开放宣传单千余份，吸引了大批市民前往体验。

五、加强业务培训，提升队伍素质。

耒阳市支中心十分重视工作人员培训。曾经先后派出6名工作人员去省馆学习业务知识，2012年10月29日4人参加衡阳市公共图书馆规范服务培训，也经常利用网络、电话等形式咨询省馆，解答工作中的难题，也邀请上级的专业技术人员到馆实地指导工作。还3次组织工作人员去常宁、衡阳等兄弟馆学习取经，切实提升了耒阳市支中心建设人员素质。

（撰文/耒阳市支中心）

衡阳县支中心

衡阳县图书馆文化共享工程支中心于2008年底成立，现有中心机房1个，多功能报告厅1个，电子阅览室1个，电脑30台，专职工作人员2人。

一、网点建设

近四年来，争取专项资金88万元，改造装修共享工程、电子阅览室，新建多功能报告厅，更换门窗、部分书架和阅览桌椅，粉刷室内、外墙，各服务部门添置了电脑。同时，还争取了电子阅览室年度运行经费10万元，服务能力大大加强。

二、资源建设、合作共建

该支中心充分利用共享工程的优秀资源，借助多媒体平台，近四年来共开展免费活动44次，参与人数达10000余人，活动覆盖面广，有效地扩大了影响力。比如，“关爱老人——健康知识讲座”、红色经典百部电影、快乐暑假少儿电影展、计算机入门培训、word入门培训、灯谜会、法律知识竞赛、科学种植蘑菇、“少年网页设计比赛”、阳光少年热爱党”电脑小报设计比赛、“像雷锋那样”中小学生电脑小报竞赛活动等活动。同时，为了扩大文化共享工程在公众心中的影响，该支中心广泛宣传其作用和意义，积极开展各项活动，促进公众对文化共享工程的充分认识，发放宣传资料10000份，光碟1000张，县新闻频道、时政频道、县党政门户网、县手机报等新闻媒体也进行了宣传报道。文化共享工程在公众心中的影响也逐步加深，对文化信息资源的需要也在逐步加大，使其成为公众的优秀精神粮食。

三、开展服务工作

近四年来，该支中心对农村基层服务点采取集中培训和现场技术指导相结合的办法，使其掌握资源更新和运用，举办培训7期，226人次，范围覆盖26个乡镇，100多个村。像金溪镇，由于离县城较远，该服务点的工作人员对电脑等设备又缺乏一定的知识，工作难以开展，该支中心就派出工作人员在该点驻守一个星期，手把手的教会了服务点的工作人员如何使用电脑、投影仪和如何开展工作等。由于提高了基层服务点的管理人员的业务素质和应用能力，使其了解了开展文化共享工程的重要意义和巨大作用，掌握了基本的业务知识和设备维护等知识，为今后更好地开展服务工作提供了信息技术保障。

四、管理和队伍建设

该支中心不但努力服务公众，同时还努力加强管理工作和队伍建设。

1、加强日常管理，今年以来，电子阅览室共接待读者10167人次，平均每周开放时间36小时，下载软件1240次，指导读者上网1900余人次，为读者提供了一个绿色上网环境，受到读者的称赞。2、加强设备管理，工作人员每天都对机房和电子阅览室的电脑进行检查，没有一天因为处理故障耽误电子阅览室开放。3、加强专业学习，近四年来，该支中心派送工作人员8批16人次到省、市参加各种培训，还组织工作人员在省分中心在线培训网上学习专业知识18次，今年还在网上购买了48套有关计算机方面的学习软件，并每月举行计算机业务考试。

五、荣誉奖项

近几年来，由于该支中心的不懈努力，获得了一定的成绩。2010年在参加省、市图书馆举办的“少年网页设计比赛”活动中，选送的作品分别获得了省三等奖1名，优胜奖2名；市一等奖1名，二等奖2名，三等奖2名。工作人员黄晓娟获省优秀指导奖，该馆获得市组织奖。2011年被中共湖南省委宣传部、中共湖南省委农村工作部、湖南省文化厅、湖南省广播电影电视局、湖南省新闻出版局五部门授予"全省'服务农民、服务基层'文化建设先进集体"称号，成为全市公益性文化机构中唯一获此殊荣的单位。同年，在省、市公共图书馆举办的"共享工程知识与技能竞赛"中荣获省团体三等奖，市个人一等奖。2012年在文化部全国文化信息资源共享工程"像雷锋那样"中小学生电脑小报竞赛活动中，该支中心选送的作品《学习雷锋精神，弘扬文明新风》在全国3200余幅参赛作品中脱颖而出，喜获中学组三等奖，成为衡阳地区唯一一家获奖单位。

六、工作展望

回顾四年来的历程，尽管成果斐然，但问题还是颇多，希望在未来的时间里，国家继续加大对文化共享工程的投入力度，设立专项运转经费，由国家中心直接拔付到各支中心。

（撰文/黄晓娟）

衡南县支中心

衡南县文化信息资源共享工程建设，在省文化厅、省共享工程分中心的正确领导下，市县文广新局、市图书馆具体指导，县委县政府领导高度重视，各部门通力合作，共同努力下得以顺利实施，工程建设取得明显成效，完成了规划中的建设目标。近年来，由于不断加强自身基础设施建设，不断加大共享工程宣传力度，使共享工程惠及我县更多群众。

一、整体情况

衡南县图书馆为国家一级图书馆，坐落在县城中心区域内，环境优雅交通方便。馆舍于2008年落成，总面积2960平方米，共四层，四楼整层为文化共享工程支中心，面积533平方米，机房30平方米，采编室30平方米，休闲区153平方米。场内有空调、风扇、外面铁门、护栏、防盗网、设施安全，美观大方。配备了舒适的电脑桌椅及物件存放柜，制作了规章制度各宣传标牌，一切"以人为本"，力求高品质的服务条件。

二、领导重视

1、自2005年开始，衡南县图书馆作为文化信息资源共享工程建设主要依托实施单位，得到了县委县政府的高度重视，县委书记、县长、宣传部长、主管副县长等领导多次到县图书馆指导和现场办公。为筹办县级中心给予政策上的重要支撑。

2、成立了共享工程领导小组，增加全额编制5人，支中心有3人为专职人员。

3、每年给县图书馆8万元支中心年运行经费，已列入财政预算。并给予支中心相关活动经费适度扶助。

三、资源建设

1、精心运用现有设备，扎实完善配套设施。

2005年，衡南县图书馆由省中心配备了价值4万余元的共享工程设备，包括电脑服务器一套、数字投影仪一套、地面卫星接收系统一套、及音像资料和光盘设备，我们从原来的老馆一直精心维护，并用于图书馆管理系统。

2009年，国家、省财政配备了机柜、电源系统、存储（磁盘阵列）1套、多台服务器序列配套设备，交换机1台，百兆防火墙1台，工作机5台，业务终端计算机30台，还有投影、笔记本电脑、打印、扫描、复印、照相、摄相机等值50多万元综合业务设备。县财政在十分紧张的情况下挤出了28万元配套资金，主要用于桌椅的添置、静电地板、专用电源、10兆光纤、铁门、防盗网、配套设施和场所装修等。设备设施达到或超过文化部制定的配置标准。现电子阅览室、多媒体室局域网所有设备、线路已连接并全部开通运行。春节后，省中心派出技术人员，安装了天网、地网及电子阅览室和机房的布线，接着机房装机调试，我们有两个IP地址。支中心建立了局域网和外网，开通了衡南县图书馆网站。

2、严格按照《湖南省文化信息资源共享工程县级支中心管理办法》的规定进行管理，工作中制定了《工作人员岗位职责》、《电子阅览室管理规则》等规章制度，并上墙明示，规范管理。并加大宣传力度，上街发放资料500份，提升共享工程在群众中的知名度。

3、电子阅览室天天开放，平均每天开放8小时。

4、利用投影仪、小屏幕等设备开展送文化信息资源下乡到谭子山镇水井村，并为农民群众播放种植、养殖、病害防治等农业科学技术知识信息。为群众提供数字化信息、图书借阅、教育培训、文化鉴赏、影视娱乐等文化服务，与县电视台制作了"立足两个文明打造精神粮仓"专题片分发到相关乡镇，使图书馆的服务各共享工程范围不断延伸到广大基层和农村，使更多的农民群众能够共享图书馆的资源和服务。

四、技术培训

年度的基层计算机培训主要是请进来、走出去。一是参加省、市主办的培训班；二是主办基层点技术培训班，2005年以来，针对基层服务点进行了调查和基本情况汇总，现与远程教育紧密配合，在两块牌子下相互合作，村级基层点配有志愿者队伍，进行全方位服务。保证基层点有1—2名人员熟练掌握文化共享工程基本知识以及设备安装、维护、使用等技术。

五、基层点建设

1、阵地建设。现与县委组织部远教中心在村级、学校、共设基层点741个，全部安装了计算机，其中有50台投影仪，通过了省、市验收，价值500多万元。

2、开展服务。经常到向阳镇的祝山村点、云集镇点走访、指导资源建设既地域文化的可持续性发展，对录入资源数据的质量，根据衡南特色主要侧重地方文献和乡土文化的征集和利用，面向社会服务活动以县委、县政府名义发文，举办衡南县首届读书节，纪念抗日战争胜利六十周年，红军长征七十周年“读书知识竞赛”、2008年的美文诵读，“新县城　新家园”读书征文等，2010年少年网页制作等。2011年结合国家重大事项和节假日策划活动，同时制作“衡南颂”、“农家科技实用资料”及花鼓戏“三看亲”等系列光盘送到边远农村，受到农民欢迎。在面向农村工作中，在网上征集“新农村建设”等120多篇，报市17篇。2012年参加全国“公共电子阅览室建设计划”百题知识竞赛活动。

3、加强管理。近年来，我们对全县各个阶段建设的共享工程基层点运行情况进行了调查摸底，收集和掌握了设备存在问题的站点，积极与计算机公司联系，逐乡镇对设备运转存在问题的站点进行维修，截至目前，我们共对220个基层点的设备进行了维修，确保了站点设备正常运转。

4、人员培训。2012年随着共享工程工作的深入开展，站点管理员、操作员电脑技术不能适用工作需要问题日益明显，新调整充实的人员更是急需培训。针对这一情况，我们充分运用上级部门的政策精神，与劳动和财政部门协调，争取资金32万元，从10月中旬开始，用2个月时间，共举办8期培训班，对全县800名操作员和管理员进行培训。每期培训我们都派专人全程跟班，督促学员认真学习、严守纪律。为了督促培训学员巩固所学的知识，我们每期都对操作员进行考试，检查学员理论知识和操作技能掌握情况，保证了培训质量。

5、培养典型。按照组织实施好、站点建设好、学用开展好、工作管理好的“四好”标准，开展了远程教育示范站点创建活动，各乡镇办事处重点培植了4—6个示范站点，全县把“沿线连片”示范站点作为重点，如107线、322线，衡花线、三塘片、云集片、宝盖片，通过培植大批示范点，使共享工程序控制工作既全面铺开，又突出了重点。我县支中心长驻谭子山镇，派2名专人到村进行帮扶，送去科技、种养、知识光盘263张，放映视频587个小时。

六、工作展望

1、按照《共享工程电子阅览室管理员岗位职责》，要求工作人员认真学习各种设备的使用、维护、掌握相关技能，保证共享工程网络的正常运转。对不在电子阅览室工作的其他馆员也要达到熟练使用设备。

2、积极宣传发动，通过电视和其他信息渠道，要让更多的人认识了解文化资源共享工程，充分利用电子阅览室及文化信息的传输，真正实现文化资源共享工程的共建共享。

3、联合周边的中小学、企业、部队、农村用“走出去，请进来”的办法扩大共享工程的影响力，把共享工程的作用发挥到极点。

4、培育好各乡镇的后备技术力量，积极稳步推进基层服务网点建设，做好辅导和培训工作。

5、认真接收国家中心、省中心发送的各种信息，做好筛选、存储和分发工作，积极收集、整理、传送衡南的各类信息。

（撰文/衡南县支中心）

衡山县支中心

一、基本概况

衡山县文化信息资源共享工程分支中心自2007年成立以来，秉承“坚持公益、注重实效、服务第一”的根本原则，紧紧围绕支中心的自身建设和发展，在发展当地经济和建设社会主义新农村等方面，起到了积极的推动作用，不断拓宽教育和信息功能，依托文化信息资源共享工程服务网络、将公共电子阅览室建设成为以计算机技术、集互联网信息查询、网络通讯、休闲娱乐、培训等为一体的现代化多功能的公共文化服务设施，形成覆盖城乡的公益性互联网服务体系，为广大人民群众提供健康、便捷的绿色网络文化服务。

二、抓好建设环节，确保中心运转正常

1、保障机制，推进工作落实，协调解决各种困难，建立公共电子阅览室建设的长效机制，为加快建设进度起到了积极作用。免费为读者提供电子文献阅览、信息资源导航、检索、参考咨询；红色影视欣赏、健康益智类游戏等休闲娱乐服务，电子阅览室双休日适当延长开放时间，对未成年人进行内容丰富、健康向上的各类知识信息教育，引导广大未成年人健康文明上网。

2、严格落实“管、学、用”具体措施。签订《文化信息资源共享工程工作责任书》和《设备管理使用责任书》，使工作人员的责任意识和管护水平明显提高，做到了边学、边用、边整改、边建设。实现了工作的经常化、正常化、和制度化。

三、扩大服务范围，为新农村建设增砖添瓦

为充分发挥文化信息资源共享工程信息量大、生动直观的宣传教育优势，我们紧紧围绕县委、县人民政府的中心工作，把文化信息资源共享工程的开展与加强农村基层组织建设、与农民群众致富需求、与加大农村产业结构的调整力度工作相结合，通过定期开展技能培训、按时播放、定期发布致富需求信息等，不断丰富和充实了广大农村党员干部群众的学习内容，还通过一些文艺节目、文化精品丰富农民群众的精神文化生活，使他们从不同层面的“学用”结合点中，获得了相应的精神食量和致富信息，农村基层党组织的凝聚力、感召力也得到明显增强，文化信息资源共享工程在服务群众、服务基层中找到了活学活用的平台。

1、搭建了学习和宣传平台

充分发挥文化信息资源共享工程主阵地的作用，为基层干部群众提供大量的政治理论、政策法规、时政新闻、形式教育、非物质文化遗产等方面的信息资源，保证了基层群众及时了解当前国内外形势，及时宣传了当前我县良好的发展态势。

2、搭建了培训和交流平台

基层群众通过网络及时了解了党的方针政策，开阔了眼界，增长了见识，丰富了业余文化生活。

3、自主、创造开拓信息资源的领域

将互联网卫星资源和本地资源有机结合，极大的丰富了党员干部群众的教学资源。

四、工作展望

今后，我们将不断加强对文化信息资源共享工程建设的领导，充分发挥该工程的资源和网络优势，积极探索长效机制，不断提高工作水平。努力使全县的文化信息资源共享工程工作在上新台阶。

（撰文/衡山县支中心）

衡东县支中心

一、基本情况

衡东县荣桓图书馆是由邓小平同志亲自题写馆名，唯一一家以罗荣桓元帅名字命名的国家一级县级综合性公共图书馆。现有在岗工作人员10人，其中副研究员1人，馆员6人。共设有报刊阅览室、成人外借室、少儿借阅室、电子阅览室、多媒体报告厅、自修室、参考咨询室、综合外借室等八个服务窗口；另设有办公室、采编室、辅导室、文化信息资源共享工程办公室等四个业务工作室。馆舍办公面积2268平方米，书架总长度4189.8米，藏书11.5万册，拥有固定读者2300多人。

衡东支中心成立于2003年，现有县级服务点1个、乡镇基层服务点24个、村级基层服务点436个；县支中心有主机房1个、办公室1间、多媒体报告厅1个、电子阅览室1个。全县专职从业人员3人，兼职从业人员460人。

二、领导重视

从2001年开始，我馆就注重文化信息共享建设，当时图书馆经费相当拮据，馆长在得到县领导的支持下，单位同事入股的形式自筹资金建起了电子阅览室，一直到2007年为当地的读者提供网络服务。为得到上级领导重视，馆领导积极向上争取，2008年县长亲自到图书馆现场办公，为我馆解决8万元专项资金作为文化共享工程启动经费，2009年市文化局左局长及时图书馆领导到我馆检查验收十分满意。2009年至今我县财政逐年为我馆解决共享工程专项经费，使我馆文化信息共享工程为当地的精神文明建设发挥着较大的作用。

三、设施建设

1、2008年，衡东县财政下拨文化共享工程衡东支中心启动资金8万元，衡东支中心正式挂牌。

2、2009年，衡东县荣桓图书馆为迎接全国公共图书馆评估定级工作，各方筹集资金5万元，按标准对主机房、电子阅览室、多媒体报告厅进行了全面装修。

2.1.电子阅览室：面积60平方米，布网线300米、电脑桌椅28台（套），不锈钢塑钢防盗门窗，大三匹空调1台、风扇4把、换气扇2把，室内设有工作台，悬挂标牌、张贴规章制度。

2.2.多媒体报告厅：面积85平方米，落地窗帘、大三匹空调2台、电脑桌1台、音响设备1套，座位60个，悬挂标牌、张贴规章制度。

2.3.主机房：面积20平方米，不锈钢防盗门、落地窗帘、1.5匹空调1台、安装了防静电地板、接电防雷设备、购置了专用办公柜，灭火器，悬挂标牌、张贴规章制度。

2.4.对电线线路进行了全面改造，外线使用30平方多芯铝线电缆，内线使用10平方多芯软铜线。

3、2009年，与电信局签订了网络使用合同，接入10M光纤，每年网络费5400元。

4、2009年，投入1万元，建立了图书馆自己的网站。

5、2008到2009年，购买了红外线条码阅读器、条形码读者证、书标等设备及用品，配合自动化业务服务器系列、扫描仪、刻录机、移动播放器、移动硬盘、打印机、传真机等业务设备，具备了采访、编目、检索、流通等功能，使图书馆实现了业务和办公全部自动化。

四、技术培训

衡东支中心现有电脑专业本科生1名，专职技术人员2名，3名专职人员均于2010年、2011年参加了湖南省图书馆举办的专业技术培训班。

近几年，我馆邀请了电脑公司的专业技术人员做老师，举办了5期电脑操作培训班，使全馆每位同志都能熟悉电脑操作，都能到电子阅览室和多媒体报告厅上岗。2010年，我馆各窗口全部实行了计算机管理。衡东县共有基层服务点436个，点多面广，服务点管理人员队伍不稳定。为更好地发挥各基层服务点的作用，服务新农村建设，我馆与县委组织部电教室联合，每年不定期地在各乡镇举办基层服务点管理人员培训班。几年来，共举办基层服务点管理员培训班6次，培训人员达658人次。

五、惠民服务

近几年来，衡东支中心充分利用共享工程平台开展惠民服务活动：

1、衡东支中心以436个基层服务点为依托，为全县广大村民提供信息服务、农业技术、文化娱乐等资源。利用图书馆服务宣传周活动，深入基层为村民播放共享工程宣传片、知识讲座、科技致富等影片。刻录发放光盘500多份，送科技文摘2000多份，科技图书6000本。

2、利用本馆阵地不定期举办电脑知识培训班、各种专题知识讲座、各类专题展览；利用多媒体报告厅播放中央、省、市有关重要会议精神和爱国主义教育、传统教育等影片，在“六一”儿童节期间展播寓教于乐的少儿电影，并组织征文、演讲、绘画、手工制作等比赛；利用节假日、寒暑假为留守儿童提供服务。

3、衡东支中心制订并实施了一系列为弱势群体服务的措施，如设立残障读者专座，送文献资源上门；不定期到敬老院为老年人送去书籍、视听光盘等。

衡东支中心成功举办了“文化共享助春耕”、“共建

亲情纽带，共享文化资源”服务留守儿童系列活动、“文化共享工程，夏日电影展播”、“文化共享，惠泽三湘”等大型服务活动，让共享工程走进农村、走进社区、走进学校、走进企业，初步满足了基层群众“求知识、求富裕、求健康、求快乐”的需求。

六、工作展望

文化信息共享工程衡东支中心已走过十年，取得了一些成绩，但仍存在很多不足，衡东支中心将在各级中心的正确指导下不断努力进步，让文化共享工程更好地惠泽衡东人民。

（撰文/衡东县支中心）

祁东县支中心

祁东县位于湖南省中西部，总面积1872平方公里，辖23个乡镇，868个行政村，41个居委会。全国文化信息资源共享工程实施后，我县紧紧抓住这一历史机遇，将共享工程作为推进文化创新，完善公共文化服务体系，提高公益性文化服务水平，促进经济社会协调发展，构建文化祁东，和谐祁东的重要抓手，先后投资在23个乡镇建成了标准化乡镇综合文化站，分三批次建成农家书屋868家，文化共享工程县支中心1个，乡镇村级基层服务点749家，县乡村三级文化服务网络体系已基本形成。

一、基本情况

祁东县支中心2009年12月份建成投入使用，总投资70万，其中建成电子阅览室40平方米，多媒体报告厅140平方米，主控机房25平方米，电子阅览室和多媒体室共设坐席150个。2010年，支中心与县电信局签订光纤使用协议，通过10M光纤接入互联网，40余台计算机都可以浏览共享工程信息资源，现已向社会公众全面免费开放。县支中心的建成，进一步推动了我县图书馆基础建设，实现了图书馆网络化、数字化、自动化管理。2009至2012年分批在全县23个乡镇综合文化站建立共享工程乡级服务点，在洪桥高城村等749个行政村建立村级服务点，信息资源接收主要依靠电信宽带和卫星接收两种模式。原先的接收点设备和农村党员干部远程教育工程作为一套设备，由县委组织部远教办负责实施、管理，组织设备的调试运行及人员培训，县支中心相应承担一部分的工作。目前，各基层服务点设备运行良好，活动开展正常，成效显著，得到了省市中心的肯定和好评。

二、惠民服务

1、基层群众业余生活更加丰富。以前，由于乡镇、村一级缺少文化生活平台，信息资源缺乏，农村群众文化娱乐活动不多，形式单调。共享工程建成投入使用后，广大基层群众利用共享工程平台，充分享受丰富的文化信息资源，通过村级基层服务点组织村民集体收看文艺节目，涉农知识讲座，通过开放电子阅览室让村民自己学会上网、看电影、看书、聊天，极大地丰富了基层村民的业余文化生活。

2、基层群众信息咨询更加方便。我县属革命老区、农业大县，以往，由于信息相对比较闭塞，特别是一些边远乡镇村组，村民对于如何利用当地资源更好地发展种植、养殖业等方面的信息更多是局限于本县市场，对外县市场信息了解不多，收集可靠信息渠道不便，基层服务点进村后，广大基层农民在家、在村部就可以方便快捷地掌握各地广泛的市场信息，为他们更好地调整种养殖结构和销售农产品提供了很好的参考。

3、基层群众致富效益更加提高。村级基层服务点建成后，我们引导乡、村利用文化共享工程平台向农民群众开展各种农业种养科普知识宣传，使一大批农民尝到了科学种养技术致富的甜头。如官山村村民刘继春从事鱼苗养殖已有5年多的历史，由于缺乏专业的技术指导，经济效益时好时坏，疾病防治一直是困扰他的一大难题。看了网站上科学养鱼专业讲座后，借鉴其中的经验，反复学习，实行科学养鱼，实现增收10万余元。现今，刘继春的鱼场规模已发展到近80亩，年收入达8万多元，从一个门外汉变成了养鱼专家。

三、经费投入与合作共建

1、部门协作，齐抓共管。1是及时成立了以县政府副县长任组长，县政府办副主任、县文化局、县委组织部、县财政局、县广电局、县教育局、县科技局、县农业局等单位一把手为领导成员的文化共享工程建设领导小组；2是县委办制定下发了《关于抓好我县文化信息资源共享工程建设的通知》，明确了各部门工作职责，落实了人员分工和任务分解；3是将文化共享工程建设纳入本级经济社会发展规划；4是争取财政投入。县委县政府及时落实了建设配套资金，2010年以前，县财政给我们的运行经费是1万元，自2011开始，运行经费增加到6万元，为支中心工作的开展提供了有力的经费保障。

2、统筹资源，合力共建。1是实行农村中小学远程教育网络建设改造、农村党员干部现代远程教育工程建设与文化信息资源共享工程基层服务点建设工作合并开展，实现了硬件设施和信息资源的最大优化整合。2是实行在职中小学教师兼职管理、本地退休教师协助管理与村委会干部经专业培训后专门管理相结合，实现文化共享工程管理队伍的有力保障。3是争取上级项目扶持、县级财政配套和乡村自筹相结合的方式，实现文化共享工程建设资金的统筹落实。

3、组织引导，保障共享。一是规定开放时间。县级支中心全周开放，确保每周对外开放时间不少于56个小时；乡镇和村级基层服务可根据当地情况合理安排开放时间，但须确保每周平均开放时间不少于30个小时。二是组织专题活动。做好各基层服务点资料更新配送，管理人员业务培训工作的同时，积极配合国家及省市中心开展各项共享工程专题活动，成功举办共享工程助春耕、优秀影片过社区、校园等系列活动，协助学校举办各类专题讲座20余场次，社会反响强烈，受到了广大市民的好评。并要求各乡镇村级基层服务点结合自身实际情况开展类似的活动每年不得少于5场次。三是做好地方文献信息资源建设工作。近两年来，我支中心共为省市中心提供地方各类文献信息资源40多种，挖掘整理了走遍祁东系列数字资源20多集，收集各类名人名作20多部，目前正在着手建设祁东名人、名校、名产等系列数字资源。

4、督促正常运行。县级支中心在做好自身正常运行开放的同时，经常不定期对乡镇基层服务点进行督查，协调乡村要尽可能确保各服务点运行经费的落实，电脑要开通上网，设备要保障正常运行使用。

四、工作展望

今后我们将不断加强对文化信息资源共享工程建设的引导，充分发挥该工程的资源和网络优势，积极探索长效机制，不断提高工作水平，努力使全县文化共享工程再上新台阶。

（撰文/祁东县支中心）

郴州市支中心

郴州市现辖1市2区8县，164个乡（其中11个瑶族乡）、86个镇、7个街道办事处，总面积1.94万平方公里，总人口约460万。郴州市文化信息资源共享工程在郴州市委市政府的统一部署和市图书馆的支持下，于2003年开始启动实施，文化资源共享工程郴州各级支中心和服务点的建立，为建设社会主义新农村，满足农民多层次文化需求，传递中国民族优秀文化资源发挥了重要作用。

一、基本情况

2003年8月，郴州市文化信息资源共享工程正式启动，最初在汝城县等三个县级支中心开始实施安装，首批安装设备均通过卫星设备直接接收国家中心下发的各类资源和信息，此后陆续在全市11个县（市区）实施推广。2006年郴州市文化资源共享工程开始普及进入乡镇行政村，第一批68个乡镇结合全省农村党员干部现代远程教育网和农村中小学现代远程教育网的硬件设备于当年安装调试完毕，此后共分三批对全市257个乡镇3200个行政村进行了设备的安装调试。至2011年12月，全市共建成文化信息资源共享市级支中心1个，县级支中心11个，乡镇基层中心257个，以及3200个村级服务点，实现了市、县、乡镇、村的全覆盖。

文化信息共享工程郴州市级支中心于2009年正式启动并投入运行，管理办公室设在郴州市图书馆。现已具备卫星接收、网络传输和数字资源存储、加工、发布等条件，架设有卫星接收器和100M专用光纤接入，配置有4台应用及业务服务器和一台4T容量的存储器，有专职管理人员2人，承担郴州市共享工程各级基层中心的业务指导职责，保障市支中心共享工程设备的运行与数字资源的加工和推广，协调各县级支中心的资源推广，负责全市共享工程活动的组织开展以及共享工程管理员的业务培训和指导。

二、管理和队伍建设

为使文化共享工程真正为民所用为民谋利，郴州市将共享工程日常管理制度化。制定市支中心、县（市区）支中心、乡镇基层中心、村服务点工作职责和管理制度，实行制度上墙公开。并推行管理员工作日志管理，收集整理共享工程服务活动的得失，探索共享工程管理和服务新模式，年末对各级中心（服务点）进行考核评比。

文化资源共享工程作为一个新的农村文化资源获取平台，如何推广好、利用好共享工程丰富的文化资源关键在于是否有一支专业化的共享工程管理员队伍。郴州市支中心在管理员队伍建设上坚持明确职责，明确思路，制度化管理，常态化培育。郴州市各级支中心现有专职管理人员12人，都具有较高的计算机应用水平，其中7人具有计算机本科学历，具备相应的专业技能，能担负起共享工程设备管理、工程运行管理、数字资源建设、技术维护与服务、业务培训、电子阅览室管理及负责对基层支中心的指导等工作。对于乡镇、村两级基层共享工程管理上择优选取文化层次较高，有一定社会基层管理服务实践经验的大学生村官、村干部为管理员。

三、培训工作

郴州市支中心在共享工程管理员的培养上实现了制度化和常态化。根据工作要求，每年对辖区共享工程管理员进行定期集中培训，培训方式有集中授课、网络培训、下乡上门培训等形式。2010年5月，市支中心专门聘请湖南省分中心专家到郴为基层管理员、技术人员作专场培训，受训人次达180人次。自2009年郴州市级支中心成立以来，共举办各类专门培训36次，参加轮训的各级管理员达1300人次。

四、经费投入

郴州市共享工程各级支中心的运行维护费用已全部纳入市、县两级财政预算，市级支中心财政每年投入10万元，县级基层中心财政每年投入2－6万元不等，用于共享工程设备的维护，资源建设，人员培训和各类惠民活动的开展。

五、合作共建

以共享工程数字网络为依托，郴州市县两级都与湖南省级分中心签订资源合作共建共享协议，由省中心统一订购、制作一批适合农村基层服务的数字资源，通过互联网、光盘等方式传送到各基层中心及村级服务点。将上级各部门下发的电子文献资源与建立的共享工程服务点结合，根据不同乡镇、村的硬件条件建立形式多样的电子阅览室和多媒体中心。

六、惠民服务

共享工程郴州各级支中心及服务点在服务实践过程中，以民众的需求为导向，积极探索，服务民众生产生活，引领群众高尚精神文化生活，取得了良好的社会效益。

近来年，根据当地民众生产生活特点，郴州开展“文化共享，惠泽三湘”系统惠民服务，市支中心送农村科技系列图书、光碟下乡4000多册（张），深得民心。各县级支中心也下载制作了大量科普和科学种养殖、农产品加工、禽流感防治、水稻病虫害防治、老年人保健、社交礼仪等农村实用科技方面的光盘，提供给基层服务网点，送到村民手中。如桂阳县城郊乡火田村的基层服务网点、流峰镇流市居委会的基层服务网点，就深受当地农民朋友的欢迎、好评。每个寒暑假，各支中心都定期举办“假期红色经典电影展播”免费播放红色经典电影，深受务工人员子弟、学生和老年人欢迎。嘉禾、临武、苏仙等地与当地县委组织部远教中心合作，利用县支中心平台创办了老年大学电脑培训基地，免费举办各类老年人电脑培训，每年培训600多人次。社会反响良好，受到多次受到上级部门的好评。

七、宣传推广

1、郴州市支中心利用各种渠道宣传推广文化共享工程。共享工程连续多年被列为郴州市重点文化工程，郴州支中心不失时机，以活动为平台，以资料为媒介联合电视台、报刊等媒体宣传推广共享工程，让民众不断了解共享工程，走进共享工程。

2、走进农村、走进社区、走进学校。结合"文化共享助春耕"、"共享知识，和谐万家"、"文化共享，惠泽三湘"等系列惠民服务活动，送科技下乡进村是推广"共享工程"又一系列具体举措，结合郴州地区群众生产生活的实际情况，市县两级有选择的提供科技知识，让广大农民市民不断感受到先进科学和现代文明。走进学校为加强未成年人思想道德建设工作，除了在馆内针对未成年人开展的活动以外，还与教育局联合，深入各中小学校开展共享知识推广活动。

八、荣誉奖项

郴州市支中心积极组织参与国家、省中心举办的各类竞赛活动，并取得优良成绩：2009年郴州市支中心组团参加"文化共享杯——湖南省首届共享工程知识与技能"竞赛，获全省团体金奖；2010年，"文化信息资源共享工程少年网页设计竞赛"郴州市选送作品获一等奖；2011年，国家中心举办的"阳光少年热爱党"电脑小报竞赛，郴州市支中心获国家二等奖；2012年，参加"像雷锋那样…"电脑小报设计竞赛，郴州市支中心获国家一等奖，等等，近十年来郴州共在全国、全省获得各类奖项60余项。

九、工作展望

郴州市文化资源共享工程已走过近10个年头，从最初的几个点到今天的257个乡镇全覆盖，从单一的资源接收到今天的编辑分发和群众广泛认知，广泛参与，文化资源共享工程在郴州已经成为人民群众文化生活的一大支柱，成为繁荣郴州文化，丰富郴州人民精神生活，推动郴州人文科技进步的强大动力源泉。今后郴州支中心希望在国家中心，湖南省分中心大力支持下建设一支专业化的服务队伍，建立一个国家、省、市三级知识网络联动的即时问答服务体制和服务形式更加多样，服务网点更加宽广，参与群众更加广泛的共享工程文化带动体系，为郴州建设文化强市做出应有的贡献。

（撰文/郴州市支中心）

郴州市苏仙区支中心

全国文化信息资源共享工程是2002年文化部、财政部组织施实的一项文化创新工程，是应用现代科学技术，将中华优秀文化信息进行数字化加工整合，通过工程网络体系，以互联网，卫星，移动存储，镜像，光盘，有线电视，数字电视网等方式进行数字化传播，实现优秀文化信息资源在全国范围内的共建共享的一项国家文化惠民工程。

一、基本情况

2003年成立，当时在我县财政财力有限的情况下，我馆自筹和老板垫资形式，投入35万元，购置了60台（套）电脑，开通了电子阅览室，建设共享工程汝城支中心。在2009我们又争取省级68万元的配套设备。建立了中心机房和多媒体电子阅览室。2011年争取了地方财政5万元的资金投入，2012年争取了地方财政8万元的资金投入。县支中心现有应用服务器1台、业务服务器1台、视频点播服务系统1台、卫星接收服务器1台、卫星接收系统1套、存储系统1套、交换机2台、业务终端机37台、投影仪2台。

自2009年国家投入使用以来，经过几年的艰辛探所和发展，我区的文化共享工程支中心工作已初步步入正常运行轨道。尽管工作尚存在种种困难，但我们做到开放时间和开馆时间同步，依托文化共享工程资源，积极开展文化服务活动，认真落实区委组织部、区委宣传部联合行文，利用农村党员干部现代远程教育网络，按照"整合资源，共建共享"的原则，依托农村党员干部现代远程教育终端接收点，现已建成各乡镇文化站文化共享工程服务网点和194个村级、4个社区网点，县、乡、村三级文化服务网络体系已基本形成。丰富了广大人民群众的精神文化生活，保障了人民群众的文化权益，满足群众不同层次的文化需求，为建设社会主义新农村，构建和谐社会发挥了重要作用。

二、活动开展情况

为满足人民群众的文化需求，推动全民科学文化素质的提高，共享工程本着普及性、教育性的宗旨，充分利用文化部门的资源力量和活动场地，开展多种形式的培训活动，使人民群众得到实惠。

1、免费开发以来，我馆充分利用现有资源，利用条幅、墙报、媒体、组织活动等形式，多方面广泛宣传图书馆免费开放政策，鼓励青少年、农民工走进图书馆，使用电脑，流览共享工程文化知识，探索科学发展致富之路。

2、探索创新工作亮点和服务品牌。我馆虽然受条件限制，但都能克服困难，积极创造条件，举办老年电脑知识学习班，深受各类读者朋友欢迎，成为图书馆工作中的亮点。举办金起点讲座(上半年2次邀请电脑专家对老年人基础电脑应用有关方面的讲座)，举办中学生图书阅读征文比赛活动(每年6月份启动，9月举办)。我区也通过进一步发展和完善公共图书馆公益活动，提高图书馆文化服务能力。从本单位抽调精英帮助和加强乡镇综合文化站、农家书屋的图书管理。我馆还有电子阅览室，并实现绿色上网、寒暑假、双休日让学生有序的上机、上网。并选派专人负责管理未成年人进入电子阅览室。通过"书刊全开架借阅"服务，多种措施并举，着力打造图书馆服务品牌。

3、开展读书活动。10月19日，由区委宣传部、区文化局、区教育局主办，图书馆承办的三湘读书活动、暨全区少年儿童"学习雷锋好榜样"读书活动在苏仙影视城举行，由苏仙区副区长周贤斌致开幕辞。这次通过阅读雷锋书籍、观看雷锋事迹影片，以少年儿童讲故事、经典诵读、演讲、情景剧等表现形式，让广大少年儿童生动、具体的认识和了解了雷锋及其事迹。最后由市二中《春暖花开》和栖凤渡学校《雷锋精神永放光芒》分别获得中学组、小学组的金奖。

4、苏仙区图书馆参加白露塘镇文化站农家书屋管理员培训班。2012年8月15日上午在白露塘政府大楼会议室举办了一期“农家书屋”管理员培训班，给大家进行业务指导及培训。在镇文化服务中心精心筹划下，全镇15家“农家书屋”管理员参加了培训。培训采取相互交流的形式，讨论了图书馆存在的不足和现存问题。这次培训我馆还制作了农家书屋管理员培训课件，重点讲解了国家实施“农家书屋工程”的目的、意义和作用；农家书屋与信息化服务；文化共享工程建设与服务；现场示范讲解了图书登记、分类、编目、上架、借阅登记等多方面做了全面而细致的讲解和学习。培训班要求全体管理员要高度重视、认真建设、抓好管理、发挥实效。通过这次的培训，提高了我们基层管理员的业务素质，促进了农家书屋管理走向规范性、制度化，进一步发挥农家书屋的作用，从而为我区经济社会发展提供了精神支柱。

5、我馆帮助塘溪加工农家书屋捐赠的新书。10月17、18日局领导带领我馆全体人员利用双休日到农家书屋加工新书，为了两天完成任务，迎接监查，我们不敢休息，按照农家书屋的要求，分类，编目，造册等几个流程完成任务，5个人每天都很晚归家，终于用了两天时间完成新书加工886册，762种。

（撰文/郴州市苏仙区支中心）

资兴市支中心

全国文化信息资源共享工程作为一项惠民、利民、便民工程，意义重大，它通过网络、卫星等途径，既共享了文化信息资源，又打破了传统意义上的文化传播途径，让人们享受了更多的文化大餐。为深入贯彻落实文化惠民政策，2010年5月12日，资兴市图书馆在上级的大力支持下，投资68万元（其中县级配套11.2万元）建成了全国文化信息资源共享工程资兴市支中心（以下简称资兴市支中心），建成后的资兴市支中心助推了资兴市文化事业的发展，使这项民生工程得到真正落实，为资兴文化强市战略进一步加强和完善了文化基础设施。

一、夯实基础，纵向发展

自2010年5月12日全国文化信息资源共享工程资兴支中心正式启用以来，该中心成为该市丰富城乡群众的精神文化生活，推进“文化兴市”战略又一平台。资兴市支中心项目首期投资68万元，建有标准主机房1间（电信10M光纤接入），电子阅览室1个（有25台计算机），多媒体报告厅1个。

电子阅览室作为资兴市政务信息资源查询点，自开放以来，共接待读者6万余人次；每年与湖南省分中心签订数字使用协议，可向读者提供1.2万余部电影、戏曲、农

村种养殖类 视频 图像资源，2万余种读物、105万余种电子图书、9000余种学术期刊等。

同时可进行计算机等方面的培训，2012年9月以来，联合资兴市老年大学举办电脑培训班两期，培训学员40多人，11月份专门为乡镇文化专干举办了文化共享工程理论知识培训班。

多媒体报告厅可同时容纳100多人，自建成以来，共举办各种讲座、培训班50余场次，在“文化共享，惠泽三湘”等活动中共播放红色经典电影100余场，农村科技视频讲座80余场。

近几年，资兴市各乡镇共建成文化共享工程基层点27个，为进一步加强基层服务点的服务质量，提升业务水平，资兴市支中心派专人深入各乡镇基层服务点对业务进行指导及培训，共派出300余人次，指导培训27个基层服务点，同时与全市177个村级文化信息资源共享工程服务网点及乡镇基层服务点联网，初步形成了覆盖全市乡镇的文化共享工程网络，进一步提高了城乡居民的文化综合素质。

二、活动丰富，硕果累累

在上级的指导下，资兴市支中心充分利用文化共享工程设施，开展了各种丰富多彩的活动，并取得了很好的成绩。开展了“文化共享，惠泽三湘”系列活动、全市中小学生“像雷锋那样……”电脑小报设计比赛等各种活动。

2011年9月，支中心技术员何洪海代表郴州参加“第二届文化共享杯—湖南省文化共享工程知识与技能竞赛”荣获二等奖。

三、队伍团结，协同合作

为更好的开展文化共享工程工作，市图书馆积极向上级争取，配备了1名专职共享工程技术员。支中心团结一致，密切配合，认真完成了上级交办的各种任务、成功开展了各种活动，得到了上级领导的认可及群众的好评。

为提升整体技能水平，支中心积极安排人员到省、市级学习文化共享工程技术培训，对知识及时进行充电、更新。

同时，为使乡镇农村的文化共享工程设备得以充分利用，支中心对基层服务点的技术人员定期进行业务培训，建立了培训长效机制，形成协同合作的培训格局，并对培训人员跟踪服务，确保每个技术人员能熟练使用文化共享工程设备，让基层文化共享工程设备真正运行起来。

四、展望未来，创新局面

在文化大发展的背景下，我们有理由相信，文化信息资源共享工程在不久的将来，能真正覆盖每一个角落、惠及每一个人，到那时，“共享”两字的涵义，将得到

真正的诠释。在资兴市委、市政府及市文广新局及上级的亲切关怀和大力支持下，在支中心班子成员的共同努力下，文化共享工程资兴市中心将走的更远，创新未来更美好的局面。

（撰文/资兴市支中心）

保靖县支中心

共享工程是由国家文化部、财政部共同领导实施的重大文化工程。将充分利用现代高新技术手段，将中华民族几千年积淀的各种类型的文化信息资源精华以及贴近大众生活的现代社会文化信息资源，进行数字化加工处理与整合，建成互联网上的中华文化信息中心和网络中心，并通过覆盖全国所有省、自治区、直辖市和地（市）县（市）以及乡镇、街道、村（社区）的文化信息资源网络传输系统，实现优秀文化信息在全国范围内的共建共享。

一、基本情况

我县2005年开始实施共享工程，连接了光纤网、接入了卫星网、建立了局域网和25台的电子阅览室。但离国家要求还相差甚远，不具备信息收集、储存、发放等功能，更没有实现图书馆的数字化管理。通过积极向上级争取，今年已由县市省逐层上报国家文化部。

目前，我县图书馆已一次性由国家投入设备68万元建成标准支中心，乡镇基层中心也将与国家文化部实施的“乡镇综合文化站”建设项目统筹安排，村（社区）服务点也与农村党员干部现代远程教育工程基层点建设同步推进建立了183个文化信息资源共享工程基层服务点并已授牌。

届时，我县所有乡镇和行政村都将建成多媒体式的对外公益服务场所，群众在家门口便可享受上网学习知识、观看电影戏剧、参考科技培训、欣赏各类讲座、了解丰富信息等公共文化服务，社会主义新农村和社会主义和谐社会建设档次将大大提升。

二、培训工作

保靖中心在共享工程管理员的培养上实现了制度化和常态化。根据支中心工作要求，每年对辖区共享工程管理员进行6期的集中培训，2006年以来一共举办各类培训班34期，参加轮训的各级管理员达1300人次。

三、经费投入

保靖县共享工程自2008年实现村村全覆盖以来，图书馆每年投入10余万的运维经费，用于共享工程设备的维护，人员培训和惠民活动的开展。同时，县政府，县宣传部每年也投入大量人力物力支援共享共享工程各项活动的正常开展。

四、总体目标

以数字资源建设为核心，以农村服务网点建设为重点，以共建共享为基本途径，全面实施文化共享工程，到2012年，基本建成资源丰富、技术先进、服务便捷、覆盖城乡的数字文化服务体系，成为公共文化服务体系的重要支撑，使广大基层群众能够普遍享受到数字文化服务。

五、资源建设

与数字图书馆建设紧密结合，基本建成国内较大规模的分布式文化信息资源库群，数字资源建设总量不少于100TB；通过与农村中小学现代远程教育工程、农村党员干部现代远程教育的结合，建成覆盖城乡的服务网点，实现县县建有支中心，乡乡建有基层中心，村村建有基层服务点，使基层服务网点成为具有信息服务、教育培训、文化娱乐等多种功能的文化中心；为农村基层服务。

六、利民惠众，惠农服务。

支中心在共享工程服务实践过程中，以民众的需求为导向，积极探索，服务民众生活生产，引领群众高尚精神文化生活，打造群在满意喜爱的文化服务新平台。

根据保靖地域农业生产特点，支中心每年按节令制作农业生产技术光盘和小册子通过行政村基层服务点村民分发。针对不同农业专业者，支中心有针对的选取资源上门指导服务。历年来累计服务专业生产户20多户，长期点对点跟踪服务5户。

七、宣传推广

支中心利用各种渠道宣传推广共享工程。在保靖每年的科技文化四下乡活动，科普之春，科普之夏，科技周等活动中，支中心不失时机，互为平台，宣传共享工程，让民众不断了解共享工程，走进共享工程。

八、工作展望

保靖县文化共享工程紧紧围绕国家、省、市中心的工作部署，将进一步构建资源优质丰富、技术先进实用、传播高效互动、服务便捷贴近、管理科学规范、体系完整可控的公共数字文化传播服务体系，使文化共享工程真正成为城乡群众参与文化娱乐、获取科普信息、接受教育培训、享受惠民服务的重要平台。

（撰文/田太胜）

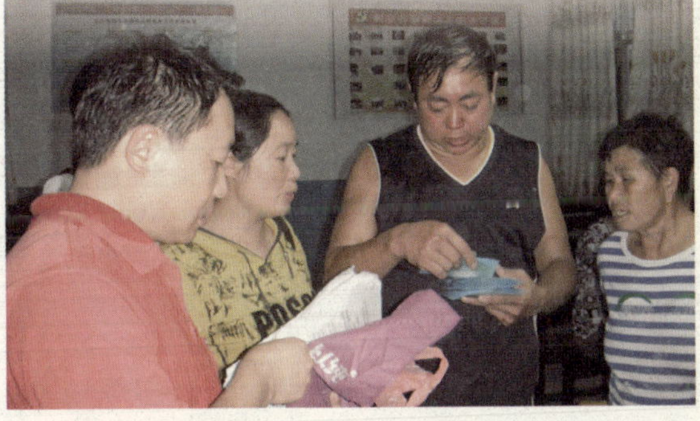

永兴县支中心

永兴县辖8镇17乡，总人口67万人。永兴县图书馆文化信息资源共享工程始建于2003年，是郴州市最早的一个。永兴县图书馆文化信息资源共享工程自2008年加入共享工程以来，利用共享工程对社会及全县乡镇信息辅导取得了好效果，从电脑配备和硬件指导，到业务上的扶持，进行了全方位的服务。利用技术力量雄厚的条件，开展网络知识培训；实现新版共享工程对外服务，此项服务在社会得到好评。对基层共享工程服务点进行有效的管理和辅导、培训，使其掌握资源更新和运用；为共享工程基层点进行了共享工程服务器软件升级；与党员远程教育对接，共享工程与建一乡组织部联合举办《党员远程教育对接共享工程基层点培训班》，我馆专业人员授课，使对接的服务点都会运用，收到较好的效果。

一、打牢基础

稳步发展全国文化信息资源共享工程是一项政府兴办的文化创新工程、民心工程，是公益性建设项目，有着巨大的社会效益和广阔的发展空间。宣传部、文广新局等各级领导非常重视，为使图书馆把共享工程规模做大、做好、做强，在国家配送设备的基础上，又进行了设备的扩容、完善。

使共享工程资源得以完备的呈现给广大市民；将共享工程网络连接到市民家中，扩大受众面；2003年，共享资源40余万元，使用面积300平方米，设立电子阅览室，鹏程电脑学校，电子阅览室电脑24台，接待读者8万人，鹏程电脑学校电脑30台，2007年投资20万元，于2008后更新了电子阅览室微机30台，显示器换用19寸宽屏，增强了可视效果。在图书馆电子阅览室将文化信息资源共享工程放到每一台微机的桌面，读者可随时点击进入；将信息资源共享工程扩大应用规模，在图书馆电子阅览室能阅览。

二、管理和队伍建设

为使共享项工程真正为民所用为民谋利，图书馆将共享工程日常管理纳入制度化管理。制定县、镇、村基层服务点工作职责和制度，实行制度上墙公开。每年有年度工作计划，月度有工作要点，季度有工作督导，年末有工作总结考核，并推行管理员工作日志管理，收集整理共享工程服务活动的得失，探索共享工程管理和服务新模式。

文化资源共享工程作为一个新的农村文化资源获取平台，如何推广好、利用好共享工程丰富的文化资源关键在于是否有一支专业化的共享工程管理员队伍。永兴县共享工程在管理员队伍建设上坚持明确职责，明确思路，制度化管理，常态化培育。对于乡镇、村两级基层共享工程管理上择优选取文化层次较高，有一定社会基层管理服务实践经验的大学生村官为管理员，他们工作热情高，有较高的文化水平能尽快熟悉掌握共享工程设备为所在村民服务。目前永兴县共享工程管理员由较高学历的村委委员兼任，实现了管理员选取的高起点。

三、培训工作

图书馆在共享工程管理员的培养上实现了制度化和常态化。根据图书馆工作要求，每年对县共享工程管理员进行不定期期的集中培训，2008年以来一共举办各类培训班5期，参加轮训的各级管理员达300人次。开鹏程电脑学校开放了家电网，电脑维修，机械制图办公文秘，工程技术等课程，为社会培训和输送人才1000人左右，出生了较好的经济效益和社会效益。

四、经费投入

永兴县共享工程自2008年实现村村全覆盖以来，永兴图书馆每年投入10余万的运维经费，用于共享工程设备的维护，人员培训和惠民活动的开展。同时，县政府，县文广新局及图书馆每年也投入大量人力物力支援共享共享工程各项活动的正常开展。

五、资源建设

图书馆在历年的工作中，搜集不同区域民众文化需求，选取、编辑制作各类题材资源4TB，每年制作发放各类光盘300多张，展板4块，各类海报，招贴画6副，发放宣传资料1000余份。

六、合作共建

以共享工程为依托结合全覆盖的农村数字电影厅建立电子文献资源服务中心。将各种部门下发的电子文献资源与建立的共享工程服务点结合，根据不同乡镇、村的硬件条件建立形式多样的电子阅览室和多媒体中心。比如在三塘乡的北岸村，塘门口镇的大寺村等建立拥有多台电脑的多媒体阅读中心，在柏林镇由马恭志等同志与数字电影厅结合建成电影放映，共享工程和电子资源阅读播放为一体的多功能活动室。通过多方不懈努力，共享工程已逐步走入基层村民生活，成为村民获取新知，娱乐身心的新渠道新平台。

七、开展活动，重视宣传

指导帮助柏林、建一等乡镇利用好共享工程的信息资源，促进了学习型社会工作的开展。对基层共享工程服务点进行有效的管理和辅导、培训，使其掌握资源更新和运用；为共享工程基层点进行了共享工程服务器软件升级。同时，发挥优势，开展活动在实施共享工程的过程中，不断拓展共享工程的服务内涵和方式，充分利用这一全新的工作载体条件，切实面向“五个走进”（走进农村、走进社区、走进学校、走进企业、走进军营），开创了基层文化工作的新局面。

1、馆内活动丰富多彩充分发挥公共图书馆的阵地作用，在电子阅览室每周推介优秀栏目、名家讲座、生活常识、电影及优秀地方剧目，每月开展一次共享工程利用知识培训；每个节假日在市民文化学校利用投影仪播放名家讲座及影视剧，常年坚持。

走进校园。永兴县图书馆文化服务中不断探索，利用儿童阅览室，组织动员青少年儿童关注共享工程，利用共享工程，收集青少年知识兴趣点整理挖掘，针对集中地知识群和关注点永兴县联合友邻部分聘请专家前来为青少年答疑解惑，其中邀请高级教授罗向兰分别做精彩的报告，深受广大青少年的喜爱。同时按照湖南省的部署在全县中小学校开展了学雷锋电脑小报制作大赛。通过一系列的活动是共享工程不仅走进农村也走进校园。

利用星期天节假日针对未成年人播放百部爱国主义教育影片，科普类等影片，举办思想道德建设方面的讲

座、名著赏析等，引导未成年人多读书，深受广大市民的欢迎。

2、走进农村、走进社区开发区正在进行城市化改造，农民、社区居民对待现代科技信息和文化的需要迅速增加。结合这一现状，我馆深入调查，根据农民的需求，下载家禽饲养、苗木、花卉栽培等相关信息达3万多字，并印成资料分发到村民手中。送科技下乡是实施“共享工程”又一具体举措，结合实际情况，我们有选择的提供科技知识，让广大农民不断感受到先进科学和现代文明。

3、走进学校为加强未成年人思想道德建设工作，除了在馆内针对未成年人开展的活动以外，还与教体局联合，深入各中小学校开展活动。

对不具备安装条件的小学，利用图书馆的投影仪到教室播放优秀影片和礼仪知识讲座，开展爱国主义教育活动。从而利用共享工程开展思想道德建设，切实将加强和改进未成年人思想道德建设工作落到了实处。

4、走进老年人群体开展为老年群体服务是文化信息资源共享工程工作的又一重点。我们坚持“贴近生活、贴近实际、贴近群众”的三贴近原则，对老年大学、敬老院等开展了资源服务。我们始终坚持贴近生活这一原则，根据老年人平时生活的诸多习惯特点，上网下载了齐国力主讲的《营养与健康》、《科学保健》、《晚年的幸福生活》等系列视频资料和战争题材的故事片、名著欣赏讲座、中国京剧音配像等前往放映。使他们获得了精神的强健与文化的关爱。

5、专题活动，精彩纷呈。永兴县在服务中抓住文化的热点和亮点，积极组织群众喜闻乐见的文化服务，使共享工程走进群众生活。例如在迎接建党90周年之际，永兴县图书馆联合其他单位在永兴人民公园举办了“品味书香，聆听经典”活动，邀请中华诗词协会会员、中国楹联协会会员曹庆华教授一道品读中华经典，共享文化盛宴。

6、扩大影响加入全国文化信息资源共享工程以来，为了扩大其在基层群众中的影响，广泛宣传其作用和意义，使各级领导和群众充分认识到这是一项惠民工程、民心工程，认识到工作的重要性和必要性以及文化信息资源的可用性。准备在政府网站的首页上设置共享工程热站链接。时刻注意将资源共享活动与当前工作重点有机的结合，这样既可增强对共享工程的宣传力度，又收到了立竿见影的效果。随着宣传力度的逐渐深入，在我县农村和县居民心中的影响也在逐渐加深，对文化信息资源的需要也在逐渐加大，他们开始掌握和利用这块知识宝库。总之，我们将在今后的工作中更加努力的探索利用共享工程服务的新路子，更好地发挥共享工程的作用，为把共享工程办成惠民工程、民心工程而不懈努力。

八、荣誉奖项

自从加入文化信息资源共享工程以来，在领导的重视下，通过我馆干部职工的共同努力，图书馆在文化信息资源共享工程该项事业中取得了非常好的成绩。

1、湖南省文化共享工程知识与技能竞赛：永兴参赛者以全省第二名的成绩获得团体金奖及个人三等奖。

2、湖南省文化信息资源共享工程少年网页设计竞赛永兴参赛者曹志磊的作品取得一等奖。

3、湖南省文化信息资源共享工程三湘读书月我馆荣获全市少年儿童三等奖及组织奖。

我馆得到了广大读者和社会公众的厚爱。24万读者人次到馆享用图书馆的服务；11万读者人次享用本馆的网络信息服务。

我馆历史上发展得最好的时期，永兴图书馆一年一步走，年年有进步，基本步入了发展有新思路，改革有新举措，各项工作有新局面的良性循环轨道。

九、工作展望

永兴县文化资源共享工程已走过10个年头，从昨天的几个点到今天的272个行政村全覆盖，从单一的资源接收到今天的编辑分发和群众广泛认知，广泛参与，文化资源共享工程在永兴已经成为永兴人民文化生活的一大支柱，成为繁荣永兴文化，丰富永兴人民精神生活，推动永兴人文科技进步的强大动力源泉。

今后永兴支中心希望在国家中心，湖南分中心大力支持下为永兴共享工程建设一支专业化的服务队伍，建立一个国家、市、区三级知识网络联动的即时问答服务体制和服务形式更加多样，服务网点更加宽广，参与群众更加广泛的共享工程文化带动体系，为建设科技永兴，为永兴做出贡献。

（撰文/永兴县支中心）

宜章县支中心

全国文化信息资源共享工程已实施10周年，在党和政府的高度重视下，经过10年的建设，文化信息资源共享工程已经上升到国家层面，成为省、市、县各级公共文化领域认知度最高、覆盖范围最广、服务体系最健全、文化与科技紧密结合的国家级战略性、基础性工程。

一、基本情况

10年前，我县的公共文化服务体系还处于初级阶段，基层硬件设施水平很落后，县图书馆连电脑都没有，更别说乡镇文化站和村图书室。缺乏文化雨露滋润的农民不仅生活单调乏味，对前景也是忧心忡忡。全国文化信息资源共享工程自启动以来，受到了党和国家的高度重视，连续六年被写入中央一号文件，先后被列入我国《国民经济和社会发展第十一个五年规划纲要》《国家“十一五”时期文化发展规划纲要》《2006-2020年国家信息化发展战略》《国家中长期教育改革和发展规划纲要（2010—2020）》《国家“十二五”时期文化发展规划纲要》《关于贯彻实施<中国农村扶贫卷发纲要（2011—2010年）>重要措施分工方案的通知》。胡锦涛、温家宝同志多次就文化共享工程的建设做出重要指示，李长春同志先后12次到工程基层站点视察。中央财政和各级地方财政已投入专项建设资金57.84亿元，为工程的顺利实施提供了保障。

当时我县文化信息资源共享工程确实非常的落后，广播电视以及数字化建设刚刚开始引进，县城的网吧也仅有3家，自动化使用电脑办公的单位也寥寥无几，城市居民想购买电脑在家上网就更不用说了。随着改革开放的不断深入，科学技术的高速发展，人们享受着高科技给日常生活带来的便捷。刘真茂宜章县长策乡人装部普通干部，他没学历、没技术，退休后回到家乡守护着一片荒山，种地植树造林在山上一呆就是十年，那时连手机都没有，身上就是一台陈旧的收音机，外面的世界全靠那台收音机。10年后，他植树造林成就出了一片森林，成了远近闻名的大山卫士、护山英雄。如今，他山上的房子也安上了卫视接收器，只要在家里打开电视机，按下遥控器上的“文化共享”键，种植、养殖技术就可尽收眼底。有了这样的科技法宝，种地植树造林再也不是一桩苦差事。如今在乡村，像刘真茂这样的种植大户还有许多，他们都是文化信息资源共享工程的受益者。

在县委、政府的高度重视和上级业务主管部门的大力支持下，特别是“十一五”期间，全县文化信息资源共享工程建设取得了显著的进展，已初步建立了层次分明、互联互通、多种方式并用的数字文化服务网络。文化信息资源共享工程走进农村、走进社区、走进军营、走进学校、走进企业，初步满足了基层群众“求知识、求富裕、求健康、求快乐”的需求，受到广泛欢迎。

“十二五”时期，全国文化信息资源共享工程将在“十一五”基本实现“村村通”的基础上，充分利用已建成果，最大化发挥各级网点设备设施的服务能力。以有效开展服务为重心，以打造精品、优化应用为重点，以全面推动共建共享为途径，以可持续发展的体制机制作保障，到2015年，将工程建成资源优质丰富、技术先进实用、传播高效互动、服务便捷贴近、管理科学规范、体系完整可控的公共数字文化传播服务体系，实现“时时可看，处处可学，人人可享”，使全国文化信息资源共享工程成为政府主导的公共网络服务阵地，成为资源最丰富、服务最便捷、使用最安全的网上爱国主义教育基地、中华数字文化资源门户、数字文化网络培训学校，成为基层群众的信息中心、学习中心和数字文化中心。

二、资源建设

近年来我县图书馆、文化馆、湘南暴动纪念馆、艺术团、教育系统、远程教育、乡镇文化站、广播电视网络、电信、移动、科研机构等计算机网络文化信息资源基础建设取得了显著进展，通过引进和数字化加工积累了一批数字文化资源。以我县图书馆为例，截止2012年底已为各网络用户提供文化服务读者免费使用的书目数据68966条，运行在馆城域网及局域网上的书目数据38206条；形成了我县数字化图书馆服务网站，向读者提供全文影像优质服务，我县广播电视、教育系统数字化远程教育、文化资源共享工程建设覆盖全县68万人口，27个乡镇文化站，347个村委会以及各村委会的农家书屋，图书馆书目数据中心已服务的成员有304家，书目数据30862条。这些都为我县“文化信息资源共享工程”的建设做了必要的前期数字资源准备。

随着国家骨干通信网络速度的大幅度提高，宽带城域网的发展如火如荼。我县已经实施了提供宽带接入服务。

可以说，我县已具备了网络条件，只要配备计算机设备，就可以接入国家骨干通信网。此外，我县的网络电视覆盖率已达98%，电视机社会拥有量达68万余台，在不具备计算机设备的偏远地区，可以使用电视机加机顶盒接入网络，以确保群众能够获取"共享工程"所提供的丰富文化信息资源。

三、网点建设

目前，我县已建成了遍及城乡的文化设施网点，至2000年底，我国共有公共图书馆1个，文化馆1个，湘南暴动纪念馆1个，乡镇文化站24个，农家书屋书室304家，基本形成了覆盖城乡的群众文化网络。“文化信息资源共享工程”主要依托这些现有文化设施进行传播，提供给社会大众利用。在基层，我县农村党员干部现代远程教育、农村中小学现代远程教育工程，以及电子政务外网等网络建设已相对成熟，共享工程与之合作，利用其网络传输资源，避免了重复建设，实现了跨系统合作共建新模式。县图书馆借广电数字电视改造的契机，启用已经覆盖全县98%的“广播电视村村通”网络传输共享工程的信息资源，从而实现了共享工程的进村入户。

经过10年努力，文化共享工程初步形成了依托互联网、卫星网、通讯网、广播电视网、电子政务外网等手段传输数字资源的技术渠道，实现了文化信息资源的有效传递；形成了移动互联、三网融合、云计算等多种与工程业务需求相适应的技术模式，使基层文化单位的信息化水平和数字资源服务能力得到跨越式提升，方便广大群众以多种方式从不同渠道获取和使用文化信息资源。

四、工作展望

我县文化共享工程与国家同发展，与时代共进步，不断完善资源丰富，技术先进、服务便捷、覆盖面广的数字文化服务体系，在全县覆盖的基础上，早日实现“乡乡有”、“村村通”，为构建公共文化服务体系，推动文化大发展大繁荣不懈努力！为进一步提高文化信息资源共享工程建设凝聚力、丰富了文化共享工程资源内容。

（撰文/姚传寿）

嘉禾县支中心

一、整体情况和网点建设

嘉禾县分中心目前有工作人员2人，有专职工作人员1人，兼职1人。有主控机房12平米、主控设备一套、卫星接收设备1套，分中心面积120平米，终端电脑30台，多功能报告厅面积120平米，设有60个座位，投影仪1套。全县有13个乡镇基层网点，各有1间25—35平米的电脑室，每个基层网点有5台电脑。全县65台电脑，有13个基层卫星接收设备。全县建有245个农村和社区基层文化共享工程基层服务点，每个基层服务点有1名兼职工作人员，1套电脑，1套卫星接收设备。

二、经费投入和资源建设

县财政每年给予县分中心运行经费1-5万元，从建分中心之初，每年1万元逐步达到现在的每年5万元，县财政每年给每个乡、镇基层网点，1000元-1万元的经费补助，建立之初每年1000元到现在1万元。乡财政每年给基层农村服务点，拨付1-3000元的补助。据统计现在县、乡财政给文化信息资源共享分中心和基层服务点拨付经费每年达91.5万元。

三、资源建设

除国家和省中心下发的资源外，我们每年都根据基层和农村及广大读者的需求采取购买一部分，自己整合一些本地文献资源复制免费下发给基层服务点。

四、技术支持

我们每年派员参加省、市中心的业务培训外，还每年还组织本地基层服务点的工作人员进行培训。2011年我们培训二期，培训人员达265人次。2012年举办了一期培训班，培训人员达320人次。2012年下基层辅导4次，培训人员达280人次。

五、合作共建，惠民服务

我们按照上级要求，结合本地实际，采取合作共建资源的原则。与县委组织部远教中心合作共建乡镇基层及网点，共同建设，共同培训，共同使用。我们还与县老干局合作，利用县分中心平台创办了老年大学电脑培训基地，2012年共开办了老年人电脑班4期，培训老年电脑学员212人。效果反响良好，受到县领导的好评。几年来，我中心连续三年被县委、县政府评为先进单位。

六、工作展望

文化信息资源共享工程是党和国家实施的文化惠民工程，通过几年的建设和运行，得到了基层广大群众的交口称赞，其社会效益和作用非常明显和深远。我们相信，在党中央、国务院的关心支持下，在国家、省、市中心的推动和指导下，将会办得越来越好，惠及的面积和受益面越来越广，我们坚守着、期待着，共享文化惠民的优秀成果。

（撰文／郭友生）

临武县支中心

在国家和上级主管部门的关心支持下，临武县文化共享工程建设初步完成，各项工作进展顺利，现将有关情况具体汇报如下：

一、工程建设情况

文化共享工程临武县支中心设于临武图书馆，馆内设有：电子阅览室、多功能报告厅、图书外借室、报刊阅览室、少儿阅览室等一体化的多个文化服务窗口。除了国家项目工程配备的设备以外，在县委、县政府及文化局、财政局等上级领导的关心和支持下，本县财政另外又配备了基础建设的投入，用于工程的建设和运行，并纳入了每年的财政预算，今后每年将持续投入，用于文化共享工程的发展和正常运行的需求。

二、工程运行和服务网点情况

文化共享工程运行以来，每星期除一天（星期五）正常维护设备外，其余每天都是全天免费开放。人民群众获得了文化共享工程带来的实惠，对优秀的文化传播起到了前沿阵地的作用。

通过文化共享工程的运行，不断组织开展了各种读书、农业科技讲座、资料宣传发放、共享工程助春耕、老年人电脑培训等不同形式的活动，获得了初步与许多单位、个人和组织达成了共建共享工程。临武县支中心虽然在硬件方面投入较大，但是在资源建设、技术支持方面还比较差，由于工作人员少，技术底子薄，还没能完全发挥文化共享工程的优势；在资源收集、加工、整合等方面，缺乏应有的技术能力，急需上级主管部门多层次、多批次的培训和指导。

我县的文化共享工程运行至今，取得了一定成绩，但差距还是很大，在今后的工作中，我们只能继续努力，加紧学习，博取兄弟馆之长处，开拓思路，加强管理，提高服务质量，使人民群众进一步了解文化共享工程，享受文化共享工程带来的福泽，为临武的和谐发展繁荣经济发挥应有的作用。

（撰文／临武县支中心）

汝城县支中心

汝城县全县辖11个乡8个镇，总面积为2424.96平方公里，总人口37.05万，其中少数民族人口5.8万，占郴州市少数民族人口的70%。全国文化信息资源共享工程实施后，我县紧紧抓住这一历史机遇，将共享工程作为推进文化创新、完善公共文化服务体系、提高公益性文化服务水平、促进经济社会协调发展、构建和谐汝城的重要抓手，扎扎实实地组织全县共享工程项目的实施。

一、基本情况

全国文化信息资源共享工程汝城县支中心于2003年成立，当时在我县财政财力有限的情况下，我馆自筹和老板垫资形式，投入9.6万元，购置了23台（套）电脑，开通了电子阅览室，建设共享工程汝城支中心。在2008我们又争取省级68万元的配套设备及27万元的资金。建立了中心机房和多媒体电子阅览室。每年还争取了地方财政3.5万元的资金投入。县支中心现有应用服务器1台、业务服务器1台、视频点播服务系统1台、卫星接收服务器1台、卫星接收系统1套、存储系统1套、交换机2台、业务终端机37台、投影仪2台。现有工作人员11名，其中，文化共享工程专职技术人员2名，兼职管理与服务人员9名，均能熟练操作。县支中心的建立构建了①图书馆自动化系统，实现图书资源信息化管理，整合县及乡镇、社区图书馆文献资源，实现资源共享，联合服务。②卫星接收系统，实现卫星接收文化资源共享。③视频点播系统，与省中心现有VOD系统无缝互连，构成分布式系统。④多媒体电子阅览室，实现文化共享资源的传播和利用。拥有40000多种电子图书、20000部有声读物、1000多种文化休闲期刊、7000多种国内公开出版的核心期刊和专业特色期刊的全文，126个专题文献数据库。丰富了图书馆的馆藏资源，吸引了更多的读者走进图书馆，利用图书馆。

为了进一步推进和完善全国文化信息资源共享工程，全国文化信息资源共享工程汝城县支中心认真落实县委组织部、县委宣传部联合行文，利用农村党员干部现代远程教育网络，按照“整合资源　，共建共享”的原则，依托农村党员干部现代远程教育终端接收点，现已建成各乡镇文化站文化共享工程服务网点和310个村级、4个社区网点，县、乡、村三级文化服务网络体系已基本形成。丰富了广大人民群众的精神文化生活，保障了人民群众的文化权益，满足群众不同层次的文化需求，为建设社会主义新农村，构建和谐社会发挥了重要作用。

二、开展活动情况

在省、市中心的正确指导下，在县委、县政府以及县文广新局的坚强领导下，通过九年多的建设运行，各站点充分利用现有设备，发挥文化共享，为弘扬先进文化，构建和谐社会，建设社会主义新农村，丰富城乡群众文化生活起到了重要的作用。我们主要做了以下几方面工作：1、积极宣传文化共享工程。每年利用“图书服务宣传周”活动，大力宣传文化共享工程相关知识，制作展板，印发宣传资料，并用便携式电脑现场演示，让更多的人了解、使用文化共享工程的数字资源，认识到文化共享工程是一项惠民工程。近几年来我们的宣传服务人次达六万多人次。2、加强乡镇、社区文化队伍建设，搭建信息沟通平台。建立完善乡镇、社区文化站、基层服务点管理制度，加强共享工程基层服务点的管理。指导各基层服务点做好群众需求双向反馈工作，利用文化站现有资源、设施设备为基层服务点提供服务。做到了人员、阵地、牌子、设备、制度“五落实”。3、充分利用数字资源。每年都与省中心签订了湖南公共图书馆数字资源共享协议，充分利用网络资源。针对我馆中小学生多的情况，充分利用共享工程少年文化，开展一系列少儿读书活动。几年来我们开展了“传承中华美德”读书征文活动；网上百科知识竞赛活动；仲夏夜脑筋急转弯网上答题活动；网上有奖猜谜活动；2006年6月成功举办了“文化共享长征行——湖南红色之旅红旗接力活动”启动仪式；网上地方文化答题活动；“和谐湖南”美文诵读活动。还参加了郴州市“全国文化信息共享工程少年网页设计竞赛”活动；2011年开展全国文化信息工程“阳光少年热爱党”少年儿童电脑小报设计活动。选送了两幅作品参加省、市比赛。2012年开展了全国文化信息工程“像雷锋那样”电脑小报设计活动。还帮助到馆读者学会使用网络资源，让读者在网上正常借阅电子图书、文化期刊等数字资源，几年来，电子阅览室服务人次达31.5万人次。4、面向中老年人，突出思想健康教育。为县老年活动中心开展了资源共享服务，根据老年人平时生活的诸多习惯特点，上网下载了《营养与健康》、《科学保健》、《晚年的幸福生活》《女性形象与礼仪知识》等系列视频资料和战争题材的故事片、名著欣赏讲座、等为老年人们放映。同时，开展中老年电脑培训班3期，使他们获得了精神的强健与先进文化的关爱。5、面向广大青少年，突出思想道德教育。利用图书馆的投影仪播放优秀影片和礼仪知识讲座10余场（次），受教育学生2000多人（次）。切实加强和改进了未成年人思想道德建设。6、利用现代远程教育网络，开通共享工程基层网点。我们认真落实县委组织部和县委宣传步联合行文，将我县农村党员干部现代远程教育和文化信息资源共享工程建设项目合作运行，使共享工程成为丰富农民文化生活和精神文明建设的活动点。并对全县各乡镇文化站长进行了多次共享工程技术培训及图书室业务培训。

三、荣誉奖项

多年来，在上级各部门的正确领导下和全馆工作人员的努力下，先后被县委、县政府授予“四星级文明单位”、县总工会“芙蓉标兵岗”、市委宣传系统“三创一争”先进单位、市妇联“巾帼文明示范岗”；被省精神文明办评为“湖南省未成年人思想道德建设先进活动基地”、被湖南省文化厅授予“文化共享长征行暨尖声红色之旅宣传服务活动先进单位”、被湖南省人事厅、湖南省文化厅授予“湖南省文化工作先进集体”、被省委宣传部、湖南服务省农村工作部、湖南省文化厅、湖南省广播电影电视局、湖南省新闻出版社局授予“服务基层、服务农民文化建设先进集体”。

我馆方芳同志被评为2008-2009年度全省文化共享优秀信息员；朱欢同志作为郴州市代表队参加的文化共享杯——湖南省文化共享工程知识与技能竞赛，获集体一等奖；我馆选送的范蔚之同学在三湘读书月——全省少年儿童“纪念中国共产党成立90周年”红色经典读书活动中荣获“三湘少年儿童阅读优秀个人”；在全国文化信息资源共享工程2012年“像雷锋那样……”全国中小学生电脑小报设计比赛活动，我馆选送的方奕轩同学的作品获中学组优秀奖。

四、工作展望

一是进一步扩充文化设施网点，以县图书馆、乡文化站、基层服务点为实施主体。加强基层文化设施网点网络化、数字化建设，加强文化、科技信息资源自动化、网络化建设和专业技术人员的培养，为深入推进共享工程的实施打好基础。

二是努力把文化信息资源共享工程用活、用好。积极采用图书馆成熟技术，借助数字电视和远程教育服务网络，大力开展公益性服务。尤其加强对广大农村地区的扶持力度，将文化共享工程建设成为社会主义新农村的重要抓手。以先进文化教育广大群众，提高人民群众的思想道德水平和科学文化素质，最大限度地将信息资源转化为生产力，通过多种形式拓展服务范围、创新服务方式，将地方影视戏曲、音乐歌舞、美术等艺术表现形式纳入共享工程服务内容，以群众喜闻乐见的形式使共享工程更加贴近基层、贴近生活、贴近群众。

三是在实施过程中加强与上级业务部门、县直各部门的沟通与协调，使共享工程服务群众更具针对性和时效性。同时，不断总结经验，改进创新治理体制和运行机制，使“共享工程”真正成为文化创新工程。

（撰文/汝城县支中心）

桂东县支中心

为推进我县文化共享工程建设，进一步发挥文化共享工程在公共文化服务体系建设中的重要作用，自工程建设开展以来，我县按照上级文化信息资源共享工程的要求和部署，在上级主管部门的具体指导下，积极行动，各项工作进展顺利。

一、工程建设情况

桂东县文化共享工程服务中心设在桂东县图书馆，图书馆总建筑面积2371平方米。桂东县图书馆内设外借室、报刊阅览室、少儿阅览室、电子阅览室、多功能讲座厅、参考咨询室。依托国家项目工程，上级文体部门为我馆配备了电脑30台、服务器1台、空调2台、投影仪、照像机、慑像机、打印机、桌椅等设备，于2010年10月我县文化共享工程设备安装、调试工作顺利完成。共享工程服务中心投入资金78万元整。

二、服务点运行及活动开展情况

1、在形式上。我县均能按照有关要求，明确开放时间。充分利用现有资源，发挥阵地作用。采取播放爱国主义影视片。如，分批组织敖山小学学生到多媒体放映室观看《雷锋》、《谁是榜样》等专题片。举办专题讲座及培训。如，免费举办中老年人电脑培训班、少儿电脑小报制作培训班、免费为中老年人举办歌咏比赛。制作专题光盘等形式，开展形式多种、内容丰富的活动。

2、在内容上。既为群众提供喜闻乐见的戏曲、曲艺等文艺节目，也有贴近群众日常需求的种植、养殖等技术服务。如，为寒口乡“李早田山羊养殖基地”送去有关山羊科学养殖方面的书籍和资料。为使广大农民群众得到现代化信息技术，先后编印了《厚朴种植技术》、《南竹种植技术》、《土鸡养殖》等农民群众急需的科技知识。举办电影晚会，在广场免费向群众播放爱国主义影片和科普教育片。另一方面利用服务宣传周活动，将接收的科教影片和知识讲座等资源，在多媒体放映室免费向群众放映；利用电子阅览室，辅导中小学生学习电脑知识，引导青少年正确健康的上网。

三、工作展望

我县文化信息资源共享工程试点工作在建设过程中虽然取得了一些成绩和经验，但还存在一定的问题和不足，我们在今后的文化共享工程运行中，要以十八大精神为指导，不断探索发展，创新思路，加强管理，积极服务群众。确实保障人民群众基本文化权益。进一步利用文化共享工程平台，宣传桂东，让外界了解桂东，投资桂东，为繁荣我县经济文化，实现小康桂东、和谐桂东发挥更大作用。

（撰文/桂东县支中心）

安仁县支中心

安仁县全县21个乡（镇）、225个行政村（含6个居委会），42万余人口。全国文化信息资源共享工程是2002年起文化部、财政部组织实施的一项社会主义文化建设标志性工程。我县在2010年10月“全国文化信息资源共享工程安仁支中心”建成之前，我县村级（含居委会）文化信息资源共享工程服务网点是分县委组织部党员现代远程教育建设捆绑实施，由县委组织部负责组建。县支中心成立之后，乡（镇）、村级文化信息资源共享工程服务网点建设才由县委组织部转交给县文化广电新闻出版（版权）局和全国文化信息资源共享工程安仁支中心负责组建和管理。到2012年底，全县已完成了219个村级服务网点建设、6个居委会服务网点建设、21个乡（镇）级服务网点建设及一个县级支中心建设。

一、基本情况

2011年作为“十二五”的开局之年，也我县文化广电新闻出版（版权）局（即原县文化局）和全国文化信息资源共享工程安仁支中心接管全县文化信息资源共享工程乡（镇）、村级服务网点建设和管理第二年，更是如何以实际行动全面贯彻落实党的十七届六中全会精神的破的之年，县委、县政府领导将全县乡（镇）、村文化信息资源共享工程建设纳入了重要议事日程，县委组织部继续将此纳入农村党员远程教育及基层党组织建设年终考核的重要内容；县委宣传部、县文明办将此纳入文明乡（镇）、村建设和精神文明建设年终考核内容；县文化广电新闻出版（版权）局将此纳入乡（镇）、村文化事业建设和文化工作年度考核的重要内容。由此，构建了党委、政府领头，部门齐抓共管，多方出力促推，确保了全县三级（县、乡、村）文化共享工程服务网点建设稳步推进，并如质如量完成了上级下达的年度建设任务。

二、网点建设

我县文化共享工程已初步构建出层次分明、互联互通、多种方式并用的县、乡（镇）、村（居委会）三级文化服务网络。截至2012年11月底，我县已建成1个县级支中心，21个乡（镇）基层服务网点（覆盖率达100%），219个村级基层服务网点（覆盖率达100%），6个社区、居委会基层服务网点（覆盖率达100%）。实现了县、乡、村等各级支中心和基层服务点建设的全覆盖。

三、合作共建

我县村级文化共享工程基层服务网点建设，是以全县农村党员干部现代教育为基础的，县委组织部干部电教室储备大量文化信息资源，有效整合这些资源，不断深化共建，力求党员干部教育和国民素质教育一体化。我县支中心建成以来，与县农村中小学远程教育系统广泛开展共建共享活动，在基层服务网络设施，服务内容，管理以及人才培养等方面进行了有效整合。截至2012年11月底，我县支中心与县农村中小学远程教育系统联合开展了"四好少年"、"阳光少年热爱党"、"像雷锋那……"等动漫设计制作，少年网页设计，电脑小报设计等系列赛事活动。其中"四好少年"网页设计竞赛，目的是贯彻落实胡锦涛总书记向全国少先队员发出的"争当热爱祖国、理想远大的好少年，争当勤奋学习，追求上进的好少年，争当品德优良，团结友爱的好少年，争当体魄强健，活泼开朗的好少年"指示精神，利用少年喜闻乐见的形式传播优秀传统文化，展示"四好少年"精神风貌，丰富少年学子业余文化生活。"阳光少年热爱党"电脑小报设计比赛，旨在引导广大少年我童深刻认识和全面了解中国共产党建党九七年的伟大历程和辉煌成就。利用那少年儿童喜闻乐见的形式，结合学校电脑学习课程的实际，通过设计"电脑小报"，表现少年儿童在党的关怀下的幸福生活，充分发挥文化共享工程资源和网络服务平台优势，提高少年儿童使用文化共享工程资源的能力。"像雷锋那……"电脑小报设计的比赛，旨在通过设计"电脑小报"，表现少年儿童对新时代下雷锋精神的继承和发扬，展现少年儿童在文学、审类、独创、新技术运用等方面的素养。2010，我县支中心选送的《枫野个人主页》《争当四好少年网页》荣获郴州市少儿网页设计大赛一等奖，湖南省少儿网页设计大赛三等奖；《红旗下的宣言》荣获郴州市少儿网页设计大赛二等奖。2011年，我县支中心选送的作品参加了国家中心举办的"阳光少年热爱党"电脑小报竞赛。2012年，我县支中心选送的排山乡中小李继炼同学设计的"像雷锋那……"电脑小报在全国文化息信资源共享工程2012年比赛活动中荣获小学组三等奖。与县、乡党委政府网，职能部门网公共文献资源的共享共建、人员培训、文献信息化远程传递还在探索中。

四、未来展望

近些年来，在党中央，国务院和各级党委、政府领导的重视和支持下，各级文化信息资源共享工程建设顺利推进，国家、省、市、县、乡、村六级网络初步构成，为了确保全国文化信息资源共享工程网络特别是基层服务网点"建得好，管得住"，并将此打造成真正的"社会主义文化建设标志性工程"，在今后的工作中，必须做好以下几个方面的努力。

1、建立一支懂管理、懂服务、懂技术的专（兼）职管理人才队伍。

就本县的情况看，县、乡、村各级服务网点普遍缺少专职工作人员，县支中心也没有真正懂管理、懂服务又懂技术的专业人才。现有上岗的人员基本上都是些摸着石头过河的角色，处于边干边学的状态，在乡、村级基层服务网点就更不用说了，有的村设施配置下去一次都没使用，就因受潮或其它原因设施设备就基本搁置。随着文化共享工程工作内容与服务范围的不断拓展，建立一支懂管理、懂服务、懂技术的专（兼）职管理人才队伍已迫在眉睫。由此，我们建议建立分级专业人才培训机制：即国家培训省级，省级培训市级、市级培训县级、县级培训分级，分级培训村级，一级对一级负责，级级有地方培训。

2、加大日常运行经费的投入

随着国家"三馆一站"免费开放政策的出台，文化共享工程县级支中心及乡镇文化站的设备运营和维护费得到一定改善。但行政村及展委会的服务网点的运行费仍未有效解决。目前，国家要求每年每村投入1万元文化建设费，其中安财政每年投入每村文化建设资金3800元（不含农村电影2131工程的投入），不足部分由地方财政配套投入。其实，像我们安仁这样的贫困县就很难足额配套，可能在一定程度上会影响村级服务网点工作正常运行。因此，国家要加大对贫困地区文化资源共享工程建设扶持力度，并在政策上给予倾斜。

3、进一步加强领导，建立长效工作机制

各级各地要切实加强组织领导，建立部门联席会议制度，形成政府统一领导，部门要密切配合的长效工作机制，将文化共享工程作为推进社会主义新农村建设的一件大事，纳入各级党委、政府的重要议事日程，纳入经济社会发展的总体规划，纳入财政预算，纳入目标考核体系，纳入扶贫攻坚计划。确保文化信息资源共享工程建设更好地履行政府向人民群众提供公共文化服务的职能。

（撰文/安仁县支中心）

永州市冷水滩区支中心

永州市冷水滩区全区总面积1222平方公里，其中城区54平方公里。行政区划有13个乡镇，6个街道办事处，312个行政村，全区总人口53万余人。冷水滩区文化资源共享工程在上级领导和业务主管部门的支持和部署下，积极开展公共电子阅览室建设，依托文化信息资源共享工程服务网络，满足人民群众对科学生产，科技兴农的需求，为冷水滩建设发挥了积极作用。

一、基本情况

永州市冷水滩区文化资源共享工程建设于2010年10月，投入68万元建成文化信息资源支中心，配置电脑30台，2011年1月完成安装调试，前期安装设备均通过卫星设备直接接收国家中心下发的资源和信息。此外，还建设了一批基层服务点。

冷水滩支中心设在永州市冷水滩区图书馆，承担区支中心共享工程的业务培训和指导，负责区中心共享工程设备的运行，指导镇村级共享工程活动的开展。

二、管理和队伍建设

永州市冷水滩区支中心将共享工程日常管理纳入制度化管理，制定了相关工作职责和《永州市冷水滩区文化信息资源共享工程实施方案》。实行局领导一把手为组长，馆班子成员为副组长，各室负责人为成员，明确职责，负责信息发布，对外联络，统计、考核以及统筹、协调，实行制度化管理。永州市冷水滩区支中心选择计算机专业人员为管理员，并通过出去学习、请老师来馆讲课等形式，努力建设一支专业化的“共享工程”管理员队伍，不断提高业务能力和工作水平。

三、培训工作

冷水滩区支中心把管理作为文化共享工程建设的重中之重，实行建管并举，建章立制，注重抓好乡镇、社区基层服务点管理员培训工作，每年通过集中培训、网络培训等形式开展培训，不断提高管理员的专业水平。2012年组织了共享工程知识培训班4期，参加培训的管理员179人次。各基层点的管理员均经过培训、考核，取得上岗证后上岗，有力促进了文化共享工程工作的顺利开展。

四、经费投入

永州市冷水滩区文化信息资源共享工程自2012年一批基层服务点运行以来，财政每年投入运维经费45万元，用于共享工程设备的维护、人员培训、宣传和惠民活动的开展。

五、资源建设

数字资源建设方面，在充分利用国家中心和省分中心资源的同时，冷水滩支中心结合本区实际，进行了一些地方特色数据库的建设。共收集、整理了100篇相关资料和大量视频，拍摄了300幅种、养殖图片，极大的方便了读者的使用。

六、合作共建

冷水滩区开展多种形式的合作共建，推进“共享工程”建设。以共享工程为依托，与永州市职业技术学院签署合作协议，建设公共文化服务模式，将人员培训、各种电子文献资源与建立的共享工程服务点结合。并根据不同乡镇、村的硬件条件建立形式多样的电子阅览室。在花桥街村建立的农村实用技术讲座，影片和戏剧展演。在岚山镇建立以阅读为主体，充分发挥和充分体现电子阅览室的优势，为群众提供知识服务。通过深入调查研究利用文化共享工程的优势资源，结合群众的文化特点和需求，逐步建立更实用、更贴近群众生活的共享工程平台，让共享工程走入基层民众生活，让基层民众从共享工程中获取更多实用性知识。

七、惠民服务

冷水滩区支中心在共享工程服务实践过程中推出一种创新服务模式，通过电子阅览室为读者提供信息服务，通过投影仪播放讲座等视频节目，以未成年人、老年人、进程务工人员等弱势群体为重点服务对象。依托文化信息资源共享工程服务网络，文化信息资源共享工程及国家数字图书馆的资源实施，为广大群众提供健康、便捷的网络文化服务，为残疾人送电子光盘上门服务，为专业生产户送生产技术资料与跟踪服务。辛勤耕读，学以致用，竹山桥镇渲溪村柑橘园专业户陈爱林、竹山桥村养猪专业户朱顺生利用现代化信息技术，改变了自己的命运，创造了自己的幸福，文化共享工程广泛而深刻地影响着人们的生产、生活，是基层群众的信息宝库和智慧源泉，通过一系列的惠民服务基本上保障了广大基层群众需求。

八、宣传推广

1、冷水滩区支中心利用各种渠道，各种形式宣传推广共享共程。在每年的图书馆服务宣传周、科技活动周等活动中，通过宣传让群众不断了解“共享工程”，走进“共享工程”，利用“共享工程”的丰富资源。

2、走进基层。结合春耕、纪念建党91周年等活动，开展“共享工程”专题资源下乡、专题视频展播等主题活动，使“共享工程”走进群众生活。在宣传活动中给现场群众解答问题，赠送读物，发放宣传单，及时发放宣传手册，及时发布活动信息，加大和民众沟通与互动。活动现场赠送了科技剪报1200多份，农村实用养殖、种植技术500册，光盘90张，政策法规读物，做文明市民手册300册等资源。吸引了前来观看的群众5000余人次。使更多的民众了解共享工程，走进共享工程，利用共享工程。

3、走进军营。冷水滩区图书馆与雷达七中队，还积极开展“共享工程”进军营活动，通过光盘拷贝、硬盘拷贝等方式将一些优秀的资源共享到部队电子阅览室，丰富了部队官兵的文化生活。

九、工作展望

永州市冷水滩区图书馆存在藏书量少、新书少的情况，须继续大力推进“共享工程”建设，充分利用“共享工程”的丰富资源为群众服务。要进一步扩充文化设施网点，早日实现行政村全覆盖。

展望未来，永州市冷水滩区文化共享工程支中心紧紧围绕国家、省、市中心的工作部署，积极争取运程资金，大量开展共享工程的各项活动，实现好、发展好、维护好人民群众的基本文化权益。引进专业人才，加强培训，建设一支高技术、高素质共享工程专业人员队伍。构建资源优质丰富、技术先进实用、传播高效互动、服务便捷贴近、管理科学规范、体系完整可控的公共数字文

化传播服务体系，使文化共享工程真正成为城乡群众参与文化娱乐、获取科普信息、接受教育培训、享受惠民服务的重要平台。

（撰文/永州市冷水滩区支中心）

东安县支中心

东安县全县总面积2219平方公里，总人口63万，辖18个乡镇场，527个行政村（居委会），为第一批国家命名的“武术之乡”。东安县文化资源共享工程在湖南图书馆的支持下，逐步推进，稳步发展，在新形势下为繁荣农村基层文化，满足农民多层次文化需求，传递中国民族优秀文化资源发挥了重要作用。

一、基本情况

东安县文化资源共享工程建设开始于2009年，最初在川岩乡岭芝村、芦洪市镇赵家井等村试点安装，此后陆续在全县18个乡镇场216个行政村开始安装。

共享工程东安县支中心2010年投入使用，地点设在东安县图书馆，是东安县共享工程的建设和业务指导单位，负责保障县中心共享工程设备的运行，协调镇村级共享工程设备的维修，指导镇村级共享工程活动的开展以及开展全县共享工程管理员的业务培训和指导。

二、管理和队伍建设

为使共享项工程真正为民所用为民谋利，东安支中心将共享工程日常管理纳入制度化管理。制定支中心、村基层服务点工作职责和制度，实行制度上墙公开。每年有年度工作计划，年末有工作总结考核，并推行管理员工作日志管理，收集整理共享工程服务活动的得失，探索共享工程管理和服务新模式。

文化资源共享工程作为一个新的农村文化资源获取平台，如何推广好、利用好共享工程丰富的文化资源关键在于是否有一支专业化的共享工程管理员队伍。东安共享工程支中心在管理员队伍建设上坚持明确职责，明确思路，制度化管理。对于村级基层共享工程管理上择优选取文化层次较高村干部为管理员，他们工作热情高，有较高的文化水平能尽快熟悉掌握共享工程设备为所在村民服务。

三、经费投入

东安县共享工程自2009年投入使用以来，省、县级财政每年投入5万元的运维经费，用于共享工程设备的维护，人员培训和惠民活动的开展。同时，东安县政府、县文广新局和东安县图书馆每年也投入大量人力物力支援共享共享工程各项活动的正常开展。

四、资源建设

东安支中心在历年的工作中，制作展板20多块，各类海报，招贴画20副，发放宣传资料2000余份。

五、利民惠众，惠农服务。

东安支中心在共享工程服务实践过程中，以民众的需求为导向，积极探索，服务民众生活生产，引领群众高尚精神文化生活，打造群在满意喜爱的文化服务新平台。根据东安地域农业生产特点，东安县支中心每年按节令购买农业服务专业生产户20多户，长期点对点跟踪服务3户。

六、宣传推广

1、东安支中心利用各种渠道宣传推广共享工程。在东安每年的送文化“三下乡”活动，支中心不失时机，以活动为平台，以资料为媒介宣传共享工程，让民众不断了解共享工程，走进共享工程。

2、走进校园。东安县支中心在文化服务中不断探索，组织动员青少年儿童关注共享工程，利用共享工程。组织中小学生观看湖南省分中心组织的讲座、报告，深受广大青少年的喜爱。通过一系列的活动是共享工程不仅走进农村，也走进校园。

3、专题活动，精彩纷呈。东安县支中心在服务中抓住文化的热点和亮点，积极组织群众喜闻乐见的文化服务，使共享工程走进群众生活。例如组织老年读者参加电脑免费培训等。

七、工作展望

东安县文化资源共享工程已走过5个年头，从最初的几个点到今天的216个行政村，文化资源共享工程在东安县已经成为广大人民文化生活的一大支柱，成为繁荣东安文化，丰富东安人民精神生活，推动东安人文科技进步的强大动力源泉。

今后东安县支中心希望在国家中心、湖南省分中心大力支持下为东安共享工程建设一支专业化的服务队伍，建立一个国家、省、县、村四级知识网络联动的即时问答服务体制和服务形式更加多样、服务网点更加宽广、参与群众更加广泛的共享工程文化带动体系，为建设文化东安做出贡献。

（撰文/文 瑛）

宁远县支中心

宁远县现辖17个乡镇，4个国有林场，面积2,508平方千米，其中县城面积32平方公里，总人口为83万人。宁远县文化资源共享工程在湖南省文化厅和湖南省分中心的支持与部署下，逐步推进，稳步发展，在新形势下为繁荣农村基层文化，满足农民多层次文化需求，传递中国民族优秀文化资源发挥了重要作用。

一、基本情况

宁远县文化资源共享工程建设开始于2008年12月，最初在县图书馆试点安装。此后，文化资源共享工程建设与农村党员干部远程教育工程实行共建共享，陆续在全县17个乡镇文化站开始安装。前期安装设备均通过卫星设备直接接收国家中心下发的各类资源和信息。2009年，宁远县文化资源共享工程建设开始普及进入乡镇行政村，第一批316个行政村于当年安装调试运行；2010年第二批371个行政村进行安装运行。至此，全县687个行政村实现文化共享工程村村覆盖。

共享工程宁远支中心设在宁远县图书馆，是宁远县共享工程的建设和业务指导单位，负责保障县中心共享工程设备的运行，协调乡（镇）村级共享工程设备的维修，指导镇村级共享工程活动的开展以及开展全县共享工程管理员的业务培训和指导。

二、管理和队伍建设

为使共享工程真正能为民所用为民谋利，宁远支中心将共享工程日常管理纳入制度化管理，配备2名专职技术管理人员，制定支中心、乡（镇）、村基层服务点工作职责和制度，实行制度上墙公开而且每年都有年度工作计划，月度有工作要点，季度有工作督导，年末有工作总结考核，并推行管理员工作日志管理，收集整理共享工程服务活动的得失，探索共享工程管理和服务新模式。

文化资源共享工程作为一个新的农村文化资源获取平台，如何推广好、利用好共享工程丰富的文化资源关键在于是否有一支专业化的共享工程管理员队伍。宁远支中心在管理员队伍建设上坚持明确职责，明确思路，制度化管理，常态化培育。对于乡镇、村两级基层共享工程管理上择优选取文化层次较高，有一定社会基层管理服务实践经验的新型村官担任管理员，为所在村民服务。目前宁远县共享工程的管理员100%具备初中以上文化且都基本能独立运用计算机设备。

三、培训工作

宁远支中心在共享工程管理员的培养上实现了制度化和常态化。根据支中心工作要求，每年对辖区共享工程管理员进行2期的集中培训，2010年以来一共举办各类培训班17期，参加轮训的各级管理员达1000人次。

四、经费投入

宁远县共享工程自2010年实现村村全覆盖以来，县政府共投入100余万元，用于共享工程的设备维护、人员培训和惠民活动的开展。同时，县文广新局和县图书馆每年也投入一定的人力物力支持共享工程各项活动的正常开展。

五、资源建设

宁远支中心在历年的工作中，搜集不同区域民众文化需求，选取、编辑制作各类题材资源2TB，每年制作发放各类光盘200多张，展板30多块，各类海报，招贴画51副，发放宣传资料6000余份。

六、合作共建

以共享工程为依托结合全覆盖的农村数字电影建立电子文献资源服务中心，将各种部门下发的电子文献资源与建立的共享工程服务点结合，根据不同乡（镇）、村的硬件条件建立形式多样的电子阅览室和多媒体中心。比如在全县17个乡镇文化站建立了拥有多台电脑的多媒体阅读中心。几年来，通过多方的不懈努力，共享工程已逐步走进基层广大公民的生活，成为公民获取新知识和娱乐身心的新渠道、新平台。

七、利民惠众，惠农服务

宁远支中心在共享工程服务实践过程中，以民众的需求为导向，积极探索，服务民众生活生产，引领群众高尚精神文化生活，打造群在满意喜爱的文化服务新平台。根据宁远县地域农业生产特点，宁远支中心每年按节令制作农业生产技术光盘和小册子通过行政村基层服务点村民分发。针对不同农业专业者，宁远支中心有针对的选取资源上门指导服务。三年来累计服务专业生产户20多户，长期点对点跟踪服务5户。

八、宣传推广

1、宁远支中心利用各种渠道宣传推广共享工程。在全县每年的科技文化下乡活动、科技宣传周和图书馆服务宣传周等活动中，宁远支中心不失时机，以活动为平台，以资料为媒介宣传共享工程，让民众不断了解共享工程，走进共享工程。

2、走进校园。宁远支中心在文化服务中不断探索，利用支中心少儿阅览专区，组织动员青少年儿童关注共享工程、利用共享工程，收集青少年的知识兴趣点，加以挖掘整理。针对集中的知识群和关注点，宁远支中心聘请相关专家前来为青少年答疑解惑，深受广大青少年的喜爱。

3、专题活动。宁远支中心在服务中抓住文化的热点和亮点，积极组织群众喜闻乐见的文化活动，使共享工程走进群众生活。例如在迎接建党90周年之际，宁远支中心联合有关单位在县图书馆举办了“建党九十周年”读书活动和“学习雷锋好榜样”影视展播，邀请本县一批知名人士与基层群众一道品读中华经典，共享文化盛宴。

九、工作展望

宁远县文化资源共享工程已走过3个年头，从过去的几个点到现在的687个行政村全覆盖，从单一的资源接收到今天的编辑分发和群众广泛认知，广泛参与，文化资源共享工程在宁远已经成为宁远人民文化生活的一大支柱，成为繁荣宁远文化，丰富宁远人民精神生活，推动宁远人文科技进步的强大动力源泉。今后宁远支中心希望在国家中心和湖南分中心的大力支持下为宁远共享工程建设一支专业化的服务队伍，建立一个国家、省、县三级知识网络联动的即时问答服务体制和服务形式更加多样，服务网点更加宽广，参与群众更加广泛的共享工程文化带动体系，为建设科技宁远，文化宁远做出贡献。

（撰文/黄光群、李晓文、奉庆良）

江永县支中心

从2012年1月1日起根据文化部、财政部《关于推进全国美术馆、公共图书馆、文化馆（站）免费开放工作的意见》精神，面向社会大力推行免费开放。

一、免费开放工作原则和总体目标

（一）工作原则

1、全面推开，逐步完善。贯彻落实中央、省关于公共文化机构免费开放的要求，全面推动我馆免费开放。在推进免费开放的过程中，建立与图书馆职能任务相适应的基本文化服务内容和方式，加强管理，深化改革，提升服务能力。

2、坚持公益，保障基本。免费开放作为政府的重要文化民生项目，免费提供的是与公共图书馆职能相适应的基本公共文化服务，由政府予以保障落实。同时，对于基本公共文化服务以外的文化服务项目，要坚持公益性，降低收费标准，不以盈利为目的。

3、科学设计，注重实效。紧紧结合公共图书馆基本职能，研究确定基本服务项目和内容；以免费开放为锲机，加强规范化建设，实现公共图书馆规章制度健全，职责任务清晰，服务内容明确，设施设备的利用率明显提高，免费开放落到实处，切实保障人民群众基本文化权益。

4、扩大宣传，树立形象。免费开放的根本目的是让广大人民群众就近方便地参与图书馆活动，保护群众的基本文化权益。要加强免费开放的宣传工作，通过形式多样的宣传，让更多的群众了解我馆的功能和作用，吸引广大群众走进图书馆，享受政府提供的公共文化服务，同时树立图书馆的良好社会形象。

5、开展送科技下乡活动。江永县图书馆开展送科技下乡活动免费发放精心编制的科技致富资料2000余册，免费为农民送科技图书1015册，向他们提供实用信息，深受农民朋友欢迎。

6、大力宣传、推进公共图书馆免费开放开放。按照免费开放的基本要求，明确公共图书馆免费开放的管理办法，通过电视、网络、宣传专栏、宣传咨询台等媒体，开展形式多样的宣传活动，并公开向社会承诺文化信息资源共享工程全部实行免费开放，通过宣传，扩大了免费开放的公众知晓率，让广大群众走进图书馆，最大限度地发挥公共图书馆功能作用。通过举办的一系列形式多样、内容丰富的活动，使读书成为广大市民日常生活中重要的内容之一。读者反响较好，参与热情极高，活动开展顺利，起到了良好效果。江永县图书馆积极依托宣传活动这个平台，借助全民读书的热情，吸引来更多的读者利用图书馆，为更好地发挥图书馆的社会教育功能起到了进一步的推动作。

（二）总体目标

到2011年底，与深化文化体制改革、提升公共文化服务能力相结合，实现我馆规章制度健全，职责任务清晰，服务内容明确，保障机制完善，实现免费开放，健全与其职能相适应的基本文化服务项目并免费向群众提供，设施设备利用率明显提高，使免费服务成为政府的重要民生项目和公共文化服务品牌。

二、免费开放基本内容

我馆免费开放包括两个方面：一是指公共空间设施场地的免费开放；二是指与其职能相适应的基本公共文化服务项目健全并免费向群众提供。基本公共文化服务项目将随着社会的不断发展、政府财力的增长和人民群众精神文化需求的不断增长而发展变化。

我馆免费开放主要包括：报刊工具书阅览室、电子阅览室（文化信息资源共享工程辽阳支中心）、自修区、报告厅、展厅等公共空间设施场地免费开放；文献资源借阅、地方文献古籍阅览室以及基层辅导、流动服务等基本文化服务项目免费提供；为保障基本职能实现的一些辅助性服务如办证、验证、存包等全部免费。

三、免费开放具体措施

1、取消原有部分收费项目。取消基本公共文化服务项目收费，如：图书馆借阅办证费、图书折旧费、电子阅览、信息资源共享工程上网费等。

2、降低非基本服务收费。未列入免费开放基本服务项目的，如公共图书馆深度参考咨询服务（为读者收集专题信息，编写参考资料或代查、代译、复印资料等服务）、赔偿性收费等，要与市场价格有所区分，降低收费标准，按照成本价格为群众提供服务。

3、晚上免费开放公示制度。我馆要建立免费公示制度，在馆内显著位置、公告栏、展示窗等公示免费开放项目、活动开放时间等，在窗口接待、场所引导、资料提供等方面创造良好的服务环境，增强吸引力。

4、制定应急预案。我馆充分考虑免费开放可能遇到的各种情况和问题，结合自身实际，制定了切实可行、严谨细致的免费开放工作方案。制定突发事件的应急预案，完善应急处置机制，确保免费开放后的公众安全、资源安全、设施设备安全。

5确保开放时间我馆每周全方位对公众免费开放6天。

免费服务的及时推出，使江永县图书馆的公共文化服务效益大幅提升，年度进馆读者从2011年的13000人次上升到2012年的14600人次，借阅册次从2011年的18000册次上升至2012年的25000册次，读者量和使用率的大幅增长，充分说明图书馆免费服务得到了读者和群众的欢迎，真正体现了图书馆作为公共文化服务体系重要组成部分的地位和价值。图书馆免费开放式实施民生工程的重要内容，是保障广大人民群众基本文化权益。提高公民阅读能力和科学文化知识的重要举措。我馆高度重视，加强领导、采取措施、强化管理和创新，保证这一惠民措施真正落到实处。

（撰文/江永县支中心）

蓝山县支中心

蓝山县全县总面积1806平方公里，辖6个镇9个乡（其中6个瑶族乡）5个国有农林茶场，总人口35万。蓝山县文化资源共享工程在蓝山县文化局、蓝山县图书馆支持和部署下，逐步推进，稳步发展，在新形势下为繁荣农村基层文化，满足农民多层次文化需求，传递中国民族优秀文化资源发挥了重要作用。

一、基本情况

蓝山县文化资源共享工程建设开始于2010年，共享工程蓝山县支中心设在蓝山县图书馆，是蓝山县共享工程的建设和业务指导单位，负责保障县中心共享工程设备的运行，协调镇村级共享工程设备的维修，指导镇村级共享工程活动的开展以及开展全县共享工程管理员的业务培训和指导。

二、管理和队伍建设

为使共享项工程真正为民所用为民谋利，蓝山县支中心将共享工程日常管理纳入制度化管理。制定了支中心工作职责和制度，实行制度上墙公开。每年有年度工作计划，月度有工作要点，年末有工作总结考核，并推行管理员工作日志管理，收集整理共享工程服务活动的得失，探索共享工程管理和服务新模式。蓝山县共享工程支中心在管理员队伍建设上坚持明确职责，明确思路，制度化管理，常态化培育。

三、培训工作

蓝山县支中心积极重视对共享工程管理员的培养。根据共享工程工作要求，每年都积极参与省、市级支中心组织的共享工程管理员培训，并且保持与各基层服务点之间的学习交流。

四、经费投入

蓝山县共享工程自2010年开始运行以来，每年国家及省财政对县图书馆下拨17万余元的免费开放经费，另有县财政下拨的专项经费5万余元用于共享工程设备的运行维护，以及人员培训和惠民活动的开展。同时，蓝山县政府、蓝山县文广新局和蓝山图书馆每年也投入大量人力物力支援共享工程各项活动的正常开展。

五、资源建设

蓝山县支中心在历年的工作中，搜集不同区域民众文化需求，选取、编辑制作各类题材资源600GB，每年制作发放各类光盘50多张，展板10多块，发放宣传资料4000余份。

六、利民惠众，惠农服务

蓝山县支中心在共享工程服务实践过程中，以民众的需求为导向，积极探索，服务民众生活生产，引领群众高尚精神文化生活，打造群在满意喜爱的文化服务新平台。根据蓝山地域农业生产特点，蓝山县支中心每年按节令制作农业生产技术光盘和小册子通过行政村基层服务点村民分发。针对不同农业专业者，蓝山县支中心有针对的选取资源上门指导服务。历年来累计服务大小规模种植养殖专业户20余次，并与5户签定了长期科技信息扶持协议。

七、宣传推广

1、蓝山县支中心利用各种渠道宣传推广共享工程。在蓝山县每年的科技文化四下乡活动，科技周等活动中，蓝山县支中心不失时机，以活动为平台，以资料为媒介宣传共享工程，让民众不断了解共享工程，走进共享工程。2、走进校园。蓝山县支中心在文化服务中不断探索，在各种节假专题日使用上级中心下发的各种影视资料进校园进行影片播放，2012年在全县中小学校开展了电脑小报制作大赛。通过一系列的活动共享工程走进了校园，走进了青少年。3、专题活动，精彩纷呈。蓝山县支中心在服务中抓住文化的热点和亮点，积极组织群众喜闻乐见的文化服务，使共享工程走进群众生活。

八、工作展望

蓝山县文化资源共享工程虽然只走过了短短的几个年头，从单一的资源接收到今天的编辑分发和群众广泛认知，广泛参与，文化资源共享工程在蓝山已经成为蓝山人民文化生活的一大支柱，成为繁荣蓝山文化，丰富蓝山人民精神生活，推动蓝山人文科技进步的强大动力源泉。今后蓝山县支中心希望在各上级中心的大力支持下为蓝山共享工程建设一支更专业化的服务队伍，建立一个服务形式更加多样，服务网点更加宽广，参与群众更加广泛的共享工程文化带动体系，为建设科技蓝山，文化蓝山做出贡献。

（撰文/蓝山县支中心）

新田县支中心

新田县全县辖7个镇12个乡379个行政村（居委会），总面积1022.4平方公里，总人口37.8万人。新田县文化资源共享工程在省文化厅、省图书馆和县委、县政府的支持、部署下，逐步推进，稳步发展，在新形势下为繁荣农村基层文化、满足农民多层次文化需求，传递中国民族优秀文化资源发挥了重要作用。

一、基本情况

新田县文化资源共享工程建设开始于2009年，当时村里是与农村党员远程教育共用一套设备。2010年底县

文化资源共享工程支中心建成，设在图书馆。2011年随着各乡镇文化站综合大楼的陆续建成，各乡镇的文化资源共享工程中心网点也相继建成。至此，新田县所属379个行政村实现全县共享工程村村全覆盖。

共享工程新田县支中心设在新田县图书馆，是新田县共享工程的建设和业务指导单位，负责保障县中心共享工程设备的运行，协调乡镇、村级共享工程设备的维修，指导乡镇村级共享工程活动的开展以及开展全区共享工程管理员的业务培训和指导。

二、管理和队伍建设

为使共享工程真正服务于民，新田县支中心将共享工程日常管理纳入制度化管理，制定了《电子阅览室（共享工程支中心）岗位职责》、《湖南省文化共享工程新田支中心电子阅览室管理制度》，每年有年度工作计划，月度有工作要点，季度有工作督导，年末有工作总结考核，并推行管理员工作日志管理，收集整理共享工程服务活动的得失，探索共享工程管理和服务新模式。

为推广好、利用好共享工程丰富的文化资源，使文化资源共享工程成为一个新的农村文化资源获取平台，新田县共享工程支中心在管理员队伍建设上坚持明确职责，明确思路，制度化管理，常态化管理。对于乡镇、村两级基层共享工程管理上择优选取文化层次较高、有一定社会基层管理服务实践经验的人为管理员。为整合资源，我们将共享工程与农家书屋的管理相结合，与农村远程教育平台相结合，更好地为农村经济建设服务。

三、培训工作

为提高共享工程管理员的业务能力和服务水平，我馆2012年派业务骨干参加了省馆举办的“文化共享工程县级支中心技术人员业务培训班。”年底又组织全县文化辅导员进行业务学习，今后我们将把共享工程管理员的培训实现制度化和常态化。

四、经费投入

新田县共享工程支中心自2010年12月建成以来，我馆积极向县委、县政府汇报，向社会各界特别是农民宣传，争取经费。2012年，在县委、县政府的重视下，县财政每年拨给支中心运行经费3万元，用于共享工程设备的维护、人员培训和惠民活动的开展。

五、资源建设

新田县支中心在几年的工作中，利用文化部下发的各种题材的光盘资源，开展各种形式的资源服务。几年来共复制发放各种光盘1000多张，制作展板10张，各类海报、横幅20幅、发放宣传资源3000余份。

六、合作共建

我县村级共享工程建设与农家书屋、农村党员远程教育相结合，实行资源整合。通过不懈努力，共享工程已逐步走入基层村庄生活，成为村民获取新知识、娱乐身心的新渠道、新平台。

七、利民惠众，惠农服务

新田县支中心在共享工程服务实践进程中，以民众的需求为向导，积极探索，为民众的生活生产服务，引领群众高尚文化生活，打造群众满意喜爱的文化服务新平台。根据新田县地域农业生产特点，2011年我支中心利用全国文化信息资源建设管理中心配发的《文化共享助春耕》等光盘，复制100多张向各行政村基层服务点村民分发。还针对不同农业专业者，有针对性的选取资源上门服务。如我支中心为枧头镇洞心村的水库养殖、为知市坪乡小明路村的烤烟种植长期点对点提供跟踪服务，受到农民朋友的欢迎和称赞。

八、宣传推广

1、新田县支中心利用各种渠道宣传推广共享工程，在新田每年科技文化四下乡等活动中，以活动为平台，以资料为媒介到各乡镇宣传共享工程，让民众不断了解共享工程，走进共享工程。2、专题活动，精彩纷呈。新田县支中心抓住文化的热点和亮点，积极组织各种专题活动，例如2010年在电子阅览室组织全县少年儿童“迎世博迎亚运讲文明树新风”文明礼仪知识网上答题活动；2011年暑期开展红色电影展播，利用《童心向党，快乐成长》光盘资源，组织学生观看《抗日小骑兵》、《开国英雄》系列专题片；2012年开展“公共电子阅览室建设计划”百题知识竞赛网上答题活动；“学习雷锋好榜样”影片展播。

九、工作展望

新田县文化资源共享工程虽然起步晚，但覆盖全县的共享资源网络已经初步形成，在我支中心的宣传、推动下，共享工程服务形式已逐步得到群众广泛认知、广泛参与，文化资源共享工程将逐步成为新田人民文化生活的一大支柱，成为繁荣新田文化，丰富新田人民精神生活、推动新田人文科技进步的强大动力源泉。

今后，新田支中心希望在国家中心、湖南省分中心大力支持下，为新田共享工程建设一支专业化的服务队伍，建立一个服务形式更加多样、服务网点更加宽广，参与群众更加广泛的共享工程文化带动体系，为新田的经济建设做出更大贡献。

（撰文/李　琳）

祁阳县支中心

全国文化信息资源共享工程（简称文化共享工程）是一项应用现代科学技术，将中华优秀文化信息资源进行数字化加工和整合，通过工程网络体系，以互联网、卫星网、有线电视/数字电视网、镜像、移动存储、光

盘等方式，实现优秀文化信息资源在全国范围内的共建共享工程。它是公共文化服务体系的基础工程，是政府提供公共文化服务的重要手段，是实现广大人民群众基本文化权益的重要途径，是改善城乡基层群众文化服务的创新工程，对打破落后地区信息闭塞的状况，缩小"数字鸿沟"，提高广大人民的科学文化素质，推进社会主义新农村建设，具有重要作用。

祁阳县总面积2538平方公里，现辖28个乡镇（含永州市祁阳金洞管理区7个乡镇），5个农林场，总人口102.5万，其中农业人口81.5万。祁阳县文化资源共享工程在祁阳文广新局，祁阳县陶铸图书馆支持和部署下，逐步推进，稳步发展，在新形势下为繁荣农村基层文化，满足农民多层次文化需求，传递中国民族优秀文化资源发挥了重要作用。

一、基本情况

2009年以来，祁阳县的文化信息资源共享工程的建设得到了县委、县政府的重视和支持，投入了大量资金，按标准和要求对该工程支中心的总控室（机房）、信息采编工作室、中心电子阅览室进行了装修，于2012年4月全部完工，电子设备于2012年4月安装调试完毕，2012年5月正式开放。全国文化信息资源共享工程祁阳县级支中心的总控室（机房）建筑面积20平方米、信息采编工作室建筑面积16平方米、中心电子阅览室建筑面积100平方米，各室均按标准和要求进行装修，设备齐全，布置合理，美观大方。

二、管理和队伍建设

为使共享项工程真正为民所用为民谋利，祁阳县支中心将共享工程日常管理纳入制度化管理。制定支中心、镇、村基层服务点工作职责和制度，实行制度上墙公开。每年有年度工作计划，月度有工作要点，季度有工作督导，年末有工作总结考核，并推行管理员工作日志管理，收集整理共享工程服务活动的得失，探索共享工程管理和服务的新模式。

文化资源共享工程作为一个新的农村文化资源获取平台，如何推广好、利用好共享工程丰富的文化资源关键在于是否有一支专业化的共享工程管理员队伍。祁阳县区共享工程支中心在管理员队伍建设上坚持明确职责，明确思路，制度化管理，常态化培育。对于乡镇、村两级基层共享工程管理上择优选取文化层次较高，有一定社会基层管理服务实践经验的大学生村官为管理员，他们工作热情高，有较高的文化水平能尽快熟悉掌握共享工程设备为所在村民服务。目前祁阳县区共享工程管理员70%为各级大学生村官，26%是由较高学历的村委委员兼任，实现了管理员选取的高起点。

三、经费投入

祁阳县共享工程自实现村村全覆盖以来，每年投入20余万的运维经费，用于共享工程设备的维护，人员培训和惠民活动的开展。同时，祁阳县政府，祁阳县文化委员会和祁阳县陶铸图书馆每年也投入大量人力物力支援共享共享工程各项活动的正常开展。

四、合作共建

以共享工程为依托结合全覆盖的农村数字电影厅建立电子文献资源服务中心。将各种部门下发的电子文献资源与建立的共享工程服务点结合，根据不同乡镇、村的硬件条件建立形式多样的电子阅览室和多媒体中心。共享工程宣教授课和电子资源阅读播放为一体的多功能活动室。通过多方不懈努力，共享工程已逐步走入基层村民生活，成为村民获取新知，娱乐身心的新渠道新平台。

五、利民惠众，惠农服务

祁阳县支中心在共享工程服务实践过程中，以民众的需求为导向，积极探索，服务民众生活生产，引领群众高尚精神文化生活，打造群在满意喜爱的文化服务新平台。

根据祁阳县地域农业生产特点，祁阳县支中心每年按节令制作农业生产技术光盘和小册子通过行政村基层服务点村民分发。针对不同农业专业者，祁阳县支中心有针对的选取资源上门指导服务。历年来累计服务专业生产户30多户，长期点对点跟踪服务6户。

六、宣传推广

1、祁阳县支中心利用各种渠道宣传推广共享工程。在祁阳县每年的科技文化四下乡活动，科普之春，科普之夏，科技周等活动中，祁阳县支中心不失时机，以活动为平台，以资料为媒介宣传共享工程，让民众不断了解共享工程，走进共享工程。

2、走进校园。祁阳县支中心文化服务中不断探索，利用支中心儿童阅览专区，组织动员青少年儿童关注共享工程，利用共享工程，收集青少年知识兴趣点整理挖掘，针对集中地知识群和关注点祁阳县支中心联合友邻部分聘请专家前来为青少年答疑解惑，深受广大青少年的喜爱。

3、专题活动，精彩纷呈。祁阳县支中心在服务中抓住文化的热点和亮点，组织群众喜闻乐见的文化服务，使共享工程走进群众生活。

七、工作展望

祁阳县文化资源共享工程已走过好几个年头，从昨天的几个点到今天的行政村全覆盖，从单一的资源接收到今天的编辑分发和群众广泛认知，广泛参与，文化资源共享工程在祁阳县已经成为祁阳县人民文化生活的一大支柱，成为繁荣祁阳县文化，丰富祁阳县人民精神生活，推动祁阳县人文科技进步的强大动力源泉。今后祁阳县支中心希望在国家中心，湖南分中心大力支持下为祁阳县共享工程建设一支专业化的服务队伍，建立一个国家、市、县三级知识网络联动的即时问答服务体制和服务形式更加多样，服务网点更加宽广，参与群众更加广泛的共享工程文化带动体系，为建设科技祁阳，文化祁阳做出贡献。

（撰文/周　超）

邵阳市支中心

邵阳，湘中明珠、资水名城。现今的邵阳辖大祥、双清、北塔三个市辖区、武冈市和邵东、新邵、隆回、洞口、绥宁、新宁、邵阳、城步苗族自治县8个县，总面积20829平方千米，有38个民族，770万人口。邵阳市文化信息资源共享工程在省文化厅和省文化共享工程分中心的指导下，以数字资源建设为核心，以基层服务网点建设为重点，在全市各区县(市)村广泛宣传、精心组织、指导建设、加强管理、推进发展。通过几年来的宣传、推广和利用，丰富、实用的文化信息资源极大的方便和吸引了广大人民群众，对促进我市政治、经济、文化、教育的全面发展，提高农民科技致富能力、满足农民政策信息需求等起到了极其重要的作用。

一、总体情况

邵阳市文化信息资源共享工程于2003年开始启动，成立了由市文化局和市财政局有关领导组成的共享工程建设领导小组，并向各县（市）区下发了《关于实施文化信息资源共享工程的通知》，但由于当时市财政困难，安排不出建设资金，工程建设未能实施。直到 2009年采取引进社会资金共建，市级支中心才得到了初步的改善。随着中央和省级财政对共享工程县级支中心建设扶持力度的加大，从2007年起我市县级支中心建设有了较大的突破。全市现共有14所公共图书馆，除了市级二所公共图书馆没有中央配套的设备外，其它县（市）（区）级12所公共图书馆均建有符合硬件标准的电子阅览室，拥有终端计算机720台，有9所电子阅览室全部免费向公众开放。截止到2011年年底，由中央和省级财政共同投资建设的4418个共享工程农村基层服务点也已建好，并与农村党员现代远程教育工程实现了设备和资源的整合，现各基层服务点已基本实现了文化信息资源共享工程共建共享。

二、做好服务管理 加强队伍建设

邵阳市共享工程支中心由市文广新局负责统筹安排，市松坡图书馆负责业务建设及日常服务管理，文化共享工程市级支中心负责资源建设。在做好服务管理的同时，为提高共享工程的管理水平，加强技术培训、咨询和服务工作，必须建设一支素质高、业务精的操作员队伍，逐步形成比较完善的人才培训体系。邵阳市支中心组织开展了全市各基层操作员的培训班，有力地保障了各基层网点工作的正常开展。

三、发挥文献资源优势 有效推进工程进展

为了充分利用共享工程文献资源，发挥文化共享工程在群众文化活动方面的作用，进一步活跃广大基层群众业余文化生活，几年来邵阳市支中心与各县支中心展开了一系列丰富多彩的服务活动。比如市支中心利用本馆电子阅览室免费开设“共享工程”阅览服务，发挥这块主阵地的作用，做好宣传推介工作，提高“共享工程”资源的点击率、利用共享工程提供的投影仪在多媒体教室举办了少儿抗压、成人家教等系列心理讲座、隆回县支中心每月进行健康养生、农业科技的公益讲座、同时每个星期六在多媒体会议室放映由全国共享工程中心提供的红色革命影片及科技知识讲座片，这些公益活动让大家在休闲之余，不仅娱乐了身心，也学到了知识，群众反响热烈。为了让全市人民更好的享受到文化共享的服务活动，我们将一如既往的做好服务工作，充分利用国家中心和省分中心资源的同时，在共建共享理念的指导下，一如既往地做好图书馆的数字资源建设。

四、保证工程运行 经费要有保障

中央和省级财政对邵阳市的文化信息资源共享工程建设投入了大量的资金和设备，要保证工程的正常运行并使之发挥效益，关键是运行经费的保障和落实。经过几年来的建设发 展，各级财政都对此工程加大了投入力度。从2012年7月的摸底情况看，全市共有8所公共图书馆的电子阅览室运行经费已纳入了财政预算，但要进一步完善共享共建还是远远不够的；三区和新邵县到现今都没有争取到共享工程的运行经费。

五、积极开拓 丰富完善服务手段

共享工程是一项惠民工程，理应惠及到全社会的各个阶层。邵阳市松坡图书馆应充分发挥支中心的作用，肩负起整合资源并有效开展共建共享的重任，不断提高文化共享工程支中心的服务水平，完善互联网、移动存储、光盘复制等服务手段；要利用人才优势和计算机设备优势，加强与先进图书馆的合作、加强与高校、科研单位图书馆的合作，既重视馆际间的合作发展，建立迅速、高效的文献传递系统，开展联合共建、馆际互借和共享数据库，鼓励开放存取，促进全社会信息资源的有效利用；在共享资源的同时，促进与区、县支中心的沟通和联系，从而在更大范围内达到文化信息资源的共建共享。

（撰文／李 洁）

邵东县支中心

邵东县辖3个街道办事处16镇9乡1场，面积1768平方公里，人口127万。邵东县文化资源共享工程在县政府支持和部署下，自2003年筹建，逐年完善，稳步发展，在新形势下拓展基层图书馆服务领域，实现优秀文化信息资源在全国的范围内的共建共享，满足基层广大人民群众日益增长的文化需求，从而整体提高文化资源的利用率。

一、基本情况

我们自2003年开始筹建文化信息资源共享工程，2004年县财政安排8万元专项经费在我馆组建电子阅览室，2008年我县又被省文化厅纳入全省文化信息共享工程试点县，由中央财政拨付价值68万元设备，在图书馆组建共享工程邵东县支中心。现建成一个有4个IP的主控机房，一个120平米的电子阅览室，向广大的读者提供共享工程的文化信息资源浏览、馆藏数字化电影的点播、馆藏电子图书的在线阅览、馆藏书目数据库的即时查询等多项文化资源服务项目，一个50座的多媒体展示厅，与电子阅览室相连接，配备高清投影机，承担小型会议及学习讲座。年均接待读者3000余人。共享工程邵东支中心设在邵东县图书馆内，是邵东县共享工程的建设和业务指导单位，负责保障县中心共享工程设备的运行，联合县委组织部远程教育中心协调镇村级共享工程设备的维修，指导乡镇村级共享工程活动的开展。

二、经费投入

邵东县共享工程自2008年正式运转以来，县财政每年投入12万元的运维经费，用于共享工程设备的维护，人员培训和惠民活动的开展。同时，县图书馆每年也投入大量人力物力组织共享工程各项活动的正常开展。

三、利用信息资源，服务基层读者

支中心依托共享工程信息资源和自身丰富的资源优势，开展了丰富多彩的读者活动。例如：2005年为纪念抗日战争暨世界反法西斯战争胜利六十周年，组织全县中小学生开展了“不朽的丰碑”读书知识抢答赛，2006年开展了“构建和谐社会”读书演讲比赛，2007年开展了“我心中的社会主义新农村”征文竞赛和“文明家庭亲子读书乐”比赛，2008开展了“和谐邵东”美文诵读和征文竞赛，每次活动参加人数有近万人，取得显著的社会效益，连续获读书活动优秀组织奖。

支中心利用电子阅览室和县老科协联合免费举办老年电脑培训班。培训老同志50余人，让老年人与时俱进，拓宽知识视野，跟上信息时代的脚步，以利于老有所学，老有所为。

利用共享工程全国联网平台，对该县高级农艺师周钺正同志推广和开发中药材栽培和加工技术的科研活动进行跟踪服务，在共享网上先后为他提供有关科技图书200余册，收集相关科技信息近5000条，并协助他到田间地头进行科研活动，他先后出版了中药材方面的专著四部，举办中药材培训班120余次，培训17000人次，使邵东的中药材生产有了飞速发展，县馆的《为周钺正推广和开发中药材提供专题服务》的课题研究获湖南省文化厅为两个文明服务成果一等奖。同时作为县政务服务中心的一个服务网点，支中心敞开大门为社会大众提供信息服务。年均解答各类信息咨询300余条目。

四、牵手远程教育，切实服务乡村百姓

支中心与县党员干部远程教育中心加强合作，着手两网合并，真正实现共建共享。依托党员远程教育网在全县27个乡镇建立由电脑、机顶盒、宽带网络等组成的乡镇基层中心。目前我们在全县共建成997个村级服务点。并网后的基层站点，不仅在宣传中央的政治方针，推广农业实用技术，传播致富信息等方面发挥了重要作用，而且会极大丰富群众业余文化生活。

近年来，支中心和远程教育中心联合聘请了教育、卫生、文化、科技、广播、农业、农技、农机等县直有关部门的专业技术人员组建了县级教学辅导队和技术服务队，为农民学政策、学科技、学经营提供现场辅导和指导。培训乡镇管理员和村级站点管理员200余人次，提高了基层网点的管理和使用水平，有效地促进了学用活动的开展，全县基层网点所在村组织党员干部学习远教知识与技能达5万人次，普通群众达4万人次。

今后支中心将继续完善合作共建机制，加强与组织部、教育局沟通，切实推进文化共享工程与农村党员干部现代远程教育工程、农村中小学现代教育工程的合作共建。村级基层服务点建设依托农村党员干部现代远程教育工程进行。争取在近两年实现共享工程村村通，实现设施、管理、服务、队伍、资源、技术方面的共享。同时，要积极与广播电视部门合作，将文化共享工程与有线电视相结合，推进优秀文化资源进入千家万户。

（撰文/姚海珊）

邵阳县支中心

一、基本情况

全国信息共享工程邵阳县支中心始建于2011年，由于设备最后一批到位，直至2011年5月才建起了电子阅览室、多媒体会议室、演艺厅，6月份正式启动运行。最初在我县塘渡口镇白羊铺村、下塘云乡、岩口铺镇等三个乡镇村试点安装，此后陆续在全县十二个乡镇文化中心开始安装，支中心通过网络形式与乡镇图书室达成资源共享。由我馆负责保障县中心共享工程设备的运行，协调镇村级共享工程设备的维修，指导镇村级共享工程活动的开展以及全县共享工程管理员的业务培训。

二、管理和队伍建设

为使共享工程真正为民所用，为民谋利，邵阳县支中心将共享工程日常管理纳入制度化管理。制定支中心、镇、村基层服务点工作职责和制度，实行制度上墙公开。每年有年度工作计划、年终有工作总结，并安排专业技术员24小时值班制，对设备不定期进行维护、检修等工作，确保共享工程资料的收集整理。

文化资源共享工程作为一个新的农村文化资源获

取平台，如何推广好，利用好共享工程丰富的文化资源，关键在于是否有一支专业化的共享工程管理员队伍。邵阳县支中心在管理员队伍建设上坚持明确职责，明确思路，制度化管理。对于乡镇、村两级基层共享工程优选取文化层次较高，有一定社会基层管理服务实践的年轻人村官为管理员，他们工作热情高，有一定的电脑基础水平，更容易掌握共享设备的操作，为所在的村民服务。

三、培训工作

邵阳县支中心在共享工程管理员的培养上实现制度化和常态化。2012年我馆派2名共享工程管理员到湖南图书馆进行培训，根据支中心工作要求，每年对乡镇共享工程管理员进行4期的集中培训，2011年以来一共举办各类培训班8期，参加轮训的各级管理员达480人次。

四、经费投入

由于邵阳县属国家级贫困县，县财政每年拨给我馆的经费十分有限。为了文化信息共享工程的活动能顺利开展，陈金亮馆长跑省、市、县找各级领导汇报情况，并重点说明此项工程对邵阳县经济腾飞及精神文明建设的重要性，争取县政府领导对共享工程建设重视，2011年拨款25万元用于建设信息共享支中心，并安排运行经费5万元。

五、宣传推广

1、邵阳县支中心利用各种渠道宣传推广共享工程。在邵阳县图书馆黑板报上宣传共享工程的有关资料，制作少儿读物光盘50多张，横幅标语10条，发放宣传资料1500余份，引导广大读者走进图书馆，了解共享工程服务功能，使用电子阅览室。

2、为了使共享工程深入广大群众心中，我馆开展大型“红色经典”图书馆读书月活动。为了丰富全市人民精神文化生活，让红色经典图书历代不衰，代代相传，促进我县文化发展，提升城市文化品位，特在全县范围内举办“红色经典图书展读活动”，2011年6月在县图书馆四楼举行启动仪式，此项活动得到领导重视，由委县政府办公室下文，县委常委、宣传部唐红艳部长、副县长李军亲临现场指导工作。以“你看书，我买单”形式吸引广大读者，自己不用掏钱就能看到自己喜欢的图书。根据不同层次读者的需要，利用共享工程来分门别类，统计出哪些图书最适合读者需要，以满足广大读者的需求。

3、专题活动，精彩纷呈。开展丰富多彩的读者活动，让共享工程走进校园，开展三湘读书月——全市少年儿童“纪念中国共产党成立90周年”，让少年儿童深刻认识中国共产党领导全国各族人民追求民族独立，国家富强，自强不息的奋斗历程，唱响共产党好，社会主义好，改革开放好，伟大祖国好，各族人民好的时代主旋律。增强了少年儿童对祖国、对党的深厚情感。

六、开展丰富多彩的群众文化活动

自建立电子阅览室、多媒体会议室、演艺厅以来，县图书馆利用演艺厅组织开展了一系列的演出培训活动。

1、对全县乡镇文化站工作人员进行了声乐、器乐、舞蹈培训；

2、举办了全县少儿才艺比赛；

3、组织老年大学十八大召开庆祝专场文艺演出；

4、利用演艺厅为群众自娱自乐卡拉OK演唱；

5、利用电脑网上演奏及教学。

七、惠民服务

与省馆合办科技文稿，将种植养殖的小册及各类科技兴农书籍和中央配备的光盘一一送到农民手中，为振兴我县经济及精神文明建设做出了较大贡献。

（撰文/邵阳县支中心）

绥宁县支中心

绥宁县位于湘西南边陲，总面积292700公顷，全县有20个民族，其中有19个少数民族，37万人口，其中少数民族人口占总人口数62.3%，辖25个乡镇，349个行政村，是一个少数民族聚居区，素有古苗疆要区之称。绥宁县文化资源共享工程在绥宁县委、县文化广电新闻出版局支持和部署下，逐步推进，稳步发展，在新形势下为繁荣农村基层文化，满足农民多层次文化需求，传递中国民族优秀文化资源发挥了重要作用。

一、基本情况

绥宁县文化资源共享工程建设开始于2009年，由中央财政拨付价值68万元设备，建成1个有4个IP的主控机房，1个40平米的电子阅览室，1个80平米、64座的多媒体室，向广大的读者提供共享工程的文化信息资源浏览、馆藏数字化电影的点播、馆藏电子图书的在线阅览、馆藏书目数据库的即时查询等多项文化资源服务项目，承担小型会议及学习讲座。

共享工程绥宁支中心设在绥宁县图书馆，是绥宁县共享工程的建设和业务指导单位，负责保障县中心共享工程设备的运行，联合县委组织部远程教育中心协调镇村级共享工程设备的维修，指导镇村级共享工程活动的开展以及开展全县共享工程管理员的业务培训和指导。

二、经费投入和管理、队伍建设

绥宁县共享工程自2009年正式运转以来，县财政每年投入8万元的运维经费，用于共享工程设备的维护，人员培训和惠民活动的开展。同时，绥宁县政府、县文广新局和图书馆每年都投入大量人力物力保证共享工程各项活动的正常开展。

为使共享工程真正为民所用、为民谋利，绥宁县支中心将共享工程日常管理纳入制度化管理。制定了支中心工作职责和制度，实行制度上墙公开。

每年有年度工作计划，年末有工作总结考核，积极推进管理，探索共享工程管理和服务新模式。人员安排由业务副馆长主抓共享工程，年轻人主管。在管理员队伍建设上坚持明确职责，明确思路，制度化管理，常态化培育。

三、培训工作

绥宁县支中心积极重视对共享工程管理员的培养。根据共享工程工作要求，每年都积极参与省、市级支中心组织的共享工程管理员培训，并且保持与各基层服务点之间的学习交流。

四、利用信息资源，利民惠众，服务基层读者

绥宁支中心在历年的工作中，搜集不同区域民众文化需求，选取、编辑制作各类题材资源，每年制作发放各类光盘50多张，展板20多块，发放宣传资料2000余份。

绥宁支中心依托共享工程信息资源和自身丰富的资源优势，开展了丰富多彩的读者活动。例如：2009年组织开展了“新中国60周年道德模范故事会”读书活动，2010“迎世博迎亚运讲文明树新风”文明礼仪知识读书活动，每次活动参加人数有数千人，还连续两年获得邵阳市金奖，湖南省银奖，取得的社会效益显著。

五、合作共建，牵手远程教育，服务苗乡侗寨

绥宁县支中心与县委组织部党员干部远程教育中心加强合作，合并网络，依托党员远程教育网在全县25个乡镇，349个村建立由电脑、宽带网络等组成的村镇基层中心。

目前我们在全县共建成349个村级服务点。并网后的基层站点，不仅在宣传中央的政治方针，推广农业实用技术，传播致富信息等方面发挥了重要作用，而且丰富了群众业余文化生活，真正实现了共建共享。现如今，每年的春节，村镇服务点已是村民和学生最喜欢的集聚地。

绥宁地处偏远山区，属少数民族集散地，苗乡侗寨多，通过基层服务点的传播，我们的文化资源影响了苗乡侗寨，使过去的苗蛮之地，变成了礼仪之花。近几年来，县支中心与远教中心联合举办了三期培训班，为每个服务点培训了操作员，还举行了操作员比赛，提高了基层网点的管理和使用水平。

芝麻开花节节高，在文化大繁荣的今天、明天，文化信息资源共享会家喻户晓，惠及全民。

（撰文/绥宁县支中心）

城步苗族自治县支中心

一、基本情况

“文化共享工程”城步苗族自治县支中心自2003年2月开始，为贯彻落实文化部、财政部《关于实施全国文化信息资源共享工程的通知》及省、市相关精神。在县委、县政府及各级主管部门的高度重视和大力支持下，2008年被省文化厅定为全省“共享工程”第二批实施单位。2010年7月县支中心60万元的所有设备已由省文化厅统一采购并配送，安装到位。县支中心主要设备有电脑30台及摄像、照相、打印复印机等。县支中心包含资源查询、资源服务、资源索取三个模块。建立主机房、多媒体电子阅览室、演示室，为用户提供数字资源查询服务。县支中心设在县图书馆内，通过对外网络接口从省级中心获取数据，装入本地服务器资源库，为直接用户提供数据更新服务。免费对乡镇村基层网点提供数据更新服务。县支中心是采用现代化信息技术，对文化信息资源进行数字化加工和整理，通过网络最大限度地为社会公众享用开辟了一个不受地域、时间限制的崭新的文化传播渠道。这对迅速扭转我少数民族自治县作为贫困地区的信息缺乏和经济文化落后的状况将起到显著的作用，同时，县支中心可以成为丰富群众特别是青少年文化生活和精神文明及思想道德建设的活动点，其现实意义尤为重要。

二、管理和队伍建设

为使共享工程真正为民所用为民谋利，城步县支中心将共享工程日常管理纳入制度化管理。实行制度上墙公开。每年有年度工作计划，月度有工作要点，季度有工作督导，年末有工作总结考核，并推行管理员工作日志管理，收集整理共享工程服务活动的得失，探索共享工程管理和服务新模式。

文化资源共享工程作为一个新的文化资源获取平台，如何推广好、利用好共享工程丰富的文化资源关键在于是否有一支专业化的共享工程管理员队伍。2011年县委县政府高度重视和人事局统一安排布署，向社会公开招聘共享工程专业技术人员，经过笔试、面试层层筛选，相关专业技术人员2011年4月落实到位。

三、培训工作

城步县支中心在共享工程管理员的培养上实现了制度化和常态化。根据支中心工作要求，每年对辖区共享工程管理员进行6期的集中培训，2011年以来一共举办各类培训班48期，参加轮训的各级管理员达1800人次。

四、经费投入

城步县共享工程自2008年每年投入8万余元的运维经费，用于共享工程设备的维护，人员培训和惠民活动的开展。同时，县委县政府和城步县文广新局每年也投入大量人力物力支援共享共享工程各项活动的正常开展。

五、利民惠众，惠农服务。

城步县支中心在共享工程服务实践过程中，以民众的需求为导向，积极探索，服务民众生活生产，引领群众高尚精神文化生活，打造群在满意喜爱的文化服务新平台。

六、宣传推广

城步县支中心利用各种渠道宣传推广共享工程。在城步县每年的科技文化四下乡活动，科普之春，科普之夏，科技周等活动中，城步县支中心不失时机，以活动为平台，以资料为媒介宣传共享工程，让民众不断了解共享工程，走进共享工程。

七、工作展望

城步县区文化资源共享工程已走过5个年头，文化资源共享工程在城步县已经成为城步县人民文化生活的一大支柱，成为繁荣城步县文化，丰富城步县人民精神生活，推动城步县人文科技进步的强大动力源泉。今后城步县支中心希望在省中心大力支持下为城步县共享工程建设一支专业化的服务队伍，服务网点更加宽广，参与群众更加广泛的共享工程文化带动体系，为建设科技城步县，文化城步县做出贡献。

（撰文/陈　昱）

怀化市鹤城区支中心

一、基本情况

怀化鹤城区图书馆2009年被列入全国文化共享工程县级支中心标准化建设项目，设备首期资金为68万元，其中中央财政补助资金34万元，省财政补助资金20万元。鹤城区财政投入了15.6万元的专项资金，按标准和要求对支中心的总控室（机房）、公共电子阅览室、多功能报告厅进行了装修。鹤城区图书馆文化信息资源共享工程支中心于2010年3月23日挂牌成立并正式投入使用。列入鹤城区财政预算的文化共享工程及公共电子阅览室运行经费、数字资源建设经费合计为每年5万元。

鹤城区图书馆文化共享工程支中心总控室（机房）面积15平方，公共电子阅览室面积60平方，电脑28台，馆域网主干通讯能力10兆，对外网络接口100兆，配置有专用服务器，并配有2名专职技术人员与资源加工人员；多功能报告厅面积100平方，设有70个座位，配有投影机，投影幕，音箱等；得到省级分中心下发的文化共享工程光碟有22本，我馆自购电子图书有2100册、视频讲座有 5册。

二、共享工程在基层

1、加强乡镇、社区文化阵地建设，搭建信息沟通平台。建立完善乡镇、社区文化站、基层服务店管理制度，加强共享工程基层服务点的管理。利用文化站现有资源、设施设备为基层服务点提供服务。怀化鹤城支中心自投入使用以来，先后建成了75个乡镇、村“文化共享工程”基层网点，并都一一挂牌。同时担负起对乡镇、村基层服务点的管理、资源更新、技术维护、人员培训和绩效考核等职责。建立14个社区服务点，为其提供图书、杂志等，满足社区居民精神文化生活需要。使共享工程真正起到面向基层、服务大众的作用。

2、利用共享工程网络资源内容新颖、实用性强、信息量大等优势，下载适用于当地群众的政策法规、农业科技、防疫保健、科普知识等信息资源，特别是大量收集农村实用技术信息，并将他们刻录成光盘或宣传资料，利用“三下乡”、宣传周、农村集市等，积极协调有关单位，在各乡镇集中向农民发放。

3、针对养殖户在种养植过程中遇到的实际问题，对症下药，从共享工程网络资源库中下载相关内容，免费送给种养植户，使农村科技推广更具有时效性和针对性。

4、联合区组织部每年在多媒体室为全区干部党员进行现代远程教育培训。利用多媒体室经常播放文化信息资源共享工程传送的科技、文化、卫生、少儿科普等方面的视频材料，深受群众欢迎。

5、电子阅览室免费为读者开放，并为他们提供业务范围：电子文献的阅读和查询；为科研、生产、领导机关提供信息检索服务；互联网信息查询服务；多媒体资料的浏览和查询；音像资料的欣赏、查询和外借等。而且每年在电子阅览室为读者朋友免费举办一次电脑培训班，受到读者的热烈欢迎。

三、未来打算

1、进一步扩充文化设施网点，以图书馆、乡文化站、基础服务点位实施主体，加强基层向哈文化设施网点网络化、数字化建设，加强文化、科技信息资源自动化、网络化建设和专业技术人员的培养，为深入推进共享工程的实施打好基础。

2、努力把文化信息资源共享工程用活、用好。大力开展公益性服务，尤其加强对广大农村地区的扶持力度，将文化共享工程建设成为服务社会主义新农村的重要手段。通过多种形式拓展服务范围、创新服务方式，将地方影视戏曲、音乐歌舞、美术等艺术表现形式纳入共享工程服务内容，以群众喜闻乐见的形式使共享工程更贴近基层、贴近生活、贴近群众。

我市文化信息资源共享工程在各方面的不懈努力下已初见成效，相信在不久的将来，文化信息资源共享工程一定会以一个全新的面貌展现在群众面前，一定会成为百姓满意的文化信息工程，成为社会主义新农村建设的有力支撑。

（撰文/怀化市鹤城区支中心）

怀化市洪江区支中心

一、整体情况

文化资源共享工程是中央推出的一项文化创新工程，是公共文化服务体系建设的重要组成部分。洪江区工委、区管委高度重视和支持工程建设工作，区财政一次性拨付28万元专项资金建设洪江区支中心，2008年资金全部到位。按照程序全部设备由市财政采购中心集中采购，完成了洪江区支中心设施建设任务并投入运行。

洪江区文化信息资源共享工程支中心是洪江区共享工程的管理中心和服务中心，支中心具体承担以下职能：

1、作为洪江区的文化信息资源管理中心，接收和管理来自上级中心的文化信息资源。

2、洪江区支中心发挥共享工程信息资源共享共用的优势，利用上级中心的资源，依托洪支中心，积极通过电子阅览室、网站、场地培训等方式，为当地的民众提供多样化的、灵活的文化信息资源服务。

二、网点建设、经费投入

1、电子文献阅览室现有终端共25台，其中阅览区24台，管理机1台，面积80平方米.

2、支中心控制机房现有设备：终端服务IP地址4个；综合管理服务器3台，磁盘阵列1套，10兆光纤，百兆交换机各1台，百兆防火墙，面积25平方米；

3、资源加工整合室现有设备：多功能扫描仪、功放机各1个，500G移动硬盘1个，一体机复印1台；

4、多功能报告厅现有设备：便携计算机1台，音箱1套、有线话筒4个，投影仪1个、幕布1块，面积80平方米。办公电脑5台。

5、洪江区支中心自投入运行以来，共投入经费56万元，其中建设经费28万元；保运转每年需投入经费7万元：含互联网Internet接入费1.2万元，水电费2万元，维护费4万元等。

三、资源建设、技术支持、合作共建

1、资源建设。共设立了网站首页、馆藏图书、新书推荐、书馆概况、书馆资源、读者导航、视频点播、资源分布、政务公开、上级文件、地方文献、洪江文化、咨询服务等13个栏目。为了服务洪江区经济发展，2012年8月新增"洪商文化"栏目。

2、技术支持、合作共建。为了进一步做好支中心建设，我们与怀化公司签订合同，该公司负责我馆网站技术指导工作，确保支中心正常运转更好服务于我区群众。

四、惠民服务、宣传推广、培训工作

支中心经常利用节假日在社区举办群众联欢会，开展了猜灯谜、围棋比赛等众多活动，丰富了社区居民的文化生活，极大地调动了社区居民参加社区文化活动的积极性，促进了和谐社会的建设。支中心电子阅览室拥有大量的图书、视频、影视等资源信息，深受读者欢迎，优异的环境为广大青少年提供了绿色上网平台，并开展计算机技术免费培训，不定期开展计算机知识竞赛，都倍受广大家长的称赞。多功能报告厅面向全区承接各种讲座会、报告会，以及基层业务技能培训会。

五、管理和队伍建设

洪江区支中心主要由具有下列技能的人员组成：网络及硬件设备管理人员1人，大专以上毕业，具有一定的从事网络维护工作经验。掌握网络设备的作用、功能和性能，负责网络建设计划的制订、日常维护、设备升级；软件、数据库及网页维护管理人员1人；电子阅览室管理人员1人。以上人员均获得了全国计算机考试一级合格证书。

六、工作展望

文化信息共享服务是现代政府公共服务的重要组成部分，加快共享工程建设是构建公共文化服务体系的一个重要抓手。洪江区支中心将针对当前我区文化事业的实际情况和科技发展的水平，继续整合现有的文化资源，积极开展创新工作，推进共享工程在我区的全面发展。

（撰文/怀化市洪江区支中心）

沅陵县支中心

沅陵县总面积为5852平方公里，全县辖23个乡镇，有汉、苗、土家、回、白等25个民族，人口68万。近几年来，在湖南省文化厅的关心支持和指导下，我县认真开展文化信息资源共享工程建设，工作中坚持政府主管，文、广、新局主抓的原则，以县图书馆为中心，乡镇文化站和行政村（街道、社区）文化活动室为重点的基层服务网络，组织实施文化信息资源共享工程。通过"共享工程"的实施，将为新时期建设新农村、培育新农民搭建新的平台，并以此推进和完善文化服务体系建设，提高文化服务水平，促进城乡文化事业的发展。

一、基本情况

沅陵县文化信息资源共享工程于2004年开始起步建设，图书馆建立了湖南省沅陵县文化信息资源共享工程县级支中心，配置电脑7台、卫星接收设备1套。县政府对文化信息资源共享工程建设比较重视，2008年，成立了沅陵县文化信息资源共享工程建设领导小组，由组织部副部长任组长，负责指导、协调全县文化信息资源共享工程建设工作，制订了《沅陵县文化信息资源共享工程实施方案》。2009年完成全县乡镇基层服务点建设。2010年，投入70万元建成沅陵县文化信息资源县级支中心，配置电脑30台。

目前，沅陵县已建成文化信息资源县级支中心1个；乡镇基层服务点23个；农村党员干部远程教育基层服务点及村级（社区）共享工程基层点232个。"共享工程"沅陵县支中心设在沅陵县图书馆，指导沅陵县"共享工程"工作的开展。

二、管理和队伍建设

沅陵县支中心重视"共享工程"管理和队伍建设工作，制定了相关工作职责和制度，每年有年度工作计划和总结，并制定了《沅陵县文化信息资源共享工程实施方案》。沅陵县支中心选择计算机专业或其他高学历的人员为管理员，并通过出去学习、请老师来馆讲课等形式，努力建设一支专业化的"共享工程"管理员队伍，不断提高业务能力和工作水平。

三、培训工作

沅陵县支中心注重抓好"共享工程"管理员培训工作，每年通过集中培训、网络培训和上门辅导等形式开展培训，不断提高管理员的专业水平。2012年组织了14次网络培训，并对五强溪镇基层服务点等进行了上门辅导。

四、资金投入

沅陵县共享工程自2008年支中心成立以来，县政府每年投入9万元的运维经费，用于共享工程设备的维护，人员培训和惠民活动的开展。沅陵县图书馆每年也投入大量人力物力支援共享工程各项活动的正常开展。

五、资源建设

沅陵县支中心结合本县实际，进行了一些数据库建设，沅陵县支中心在历年的工作中，选取、编辑制作各类题材资源，每年制作发放各类光盘500多张，展板20多块，各类海报，招贴画45副，发放宣传资料2000余份。

六、合作共建

沅陵县开展多种形式的合作共建，推进“共享工程”建设。沅陵县借助农村党员干部远程教育基层点推进“共享工程”工作，合作建设了232个村级基层服务点。基层服务点与党员远程教育对接，与当地政府联合举办党员远程教育对接共享工程基层点培训班，收到较好的效果。将各种部门下发的电子文献资源与建立的共享工程服务点结合，根据不同乡镇、村的硬件条件建立形式多样的电子阅览室和多媒体中心。比如在五强溪镇、凉水井镇等建立拥有多台电脑的多媒体阅读中心。通过多方不懈努力，共享工程已逐步走入基层村民生活，成为村民获取新知，娱乐身心的新渠道新平台。

七、惠民服务

沅陵县支中心在共享工程服务实践过程中，以民众的需求为导向，积极探索，服务民众生活生产，引领群众高尚精神文化生活，打造群在满意喜爱的文化服务新平台。根据沅陵地域农业生产特点，沅陵支中心每年按节令制作农业生产技术光盘和小册子通过行政村基层服务点村民分发。针对不同农业专业者，沅陵支中心有针对的选取资源上门指导服务。历年来累计服务专业生产户20多户，长期点对点跟踪服务8户。沅陵县支中心及各级服务点通过电子阅览室和网站为读者提供硬盘信息服务，通过投影仪播放讲座等视频节目。基层服务点利用下乡放映电影的机会，放映文化共享工程的农村种养培训视频，深受广大农民的欢迎；晚上利用投影仪在文化广场播放视频节目，电影、地方戏剧、科技知识、生活小常识、法律知识等内容都深受居民的喜爱，每晚广场上都聚集着众多的居民观看，是居民夜生活的一大亮点。沅陵县支中心、各基层服务点充分发挥“共享工程”在农村实用人才队伍建设中的积极作用，开展农村实用人才培训，主要形式是举办文化、卫生、科技、法制、种养等各种内容的培训班、视频讲座，不断开创培训工作的新局面。沅陵县支中心每年利用共享资源编印农村种养等专题资料二千多份，送书下乡时无偿向农民发放。

八、宣传推广

沅陵县支中心利用网站、报纸、电视等各种渠道宣传推广“共享工程”，尤其在每年的服务宣传周、科技活动周等活动中，通过宣传让群众不断了解“共享工程”，走进“共享工程”，利用“共享工程”的丰富资源。同时，结合春耕、纪念建党91周年等，开展“共享工程”专题资源下乡、专题视频展播等主题活动，使“共享工程”走进群众生活。

九、工作展望

沅陵县的公共图书馆存在藏书量少、新书少的情况，须继续大力推进“共享工程”建设，充分利用“共享工程”的丰富资源为群众服务。要结合“数字图书馆”工程建设，全面提升沅陵县支中心的设备，提高沅陵县“共享工程”的建设水平。要进一步扩充文化设施网点，早日实现行政村全覆盖。以县图书馆为中心，加强基层文化设施网点网络化、数字化建设，加强专业技术人员的培养，为深入推进“共享工程”的实施打好基础。要充分发挥“共享工程”的作用，大力开展公益性数字文化服务，尤其加强对广大农村地区的扶持力度，将文化共享工程建设成为社会主义新农村的重要抓手。通过多种形式拓展服务范围、创新服务方式，将地方音乐、曲艺、歌舞、美术等优秀非物质文化遗产纳入“共享工程”建设内容，以群众喜闻乐见的形式使“共享工程”更加贴近基层、贴近生活、贴近群众。

（撰文/沅陵县支中心）

辰溪县支中心

辰溪县全县土地总面积1976.81平方公里，现辖30个乡镇，424个行政村（居委会），2009年末全县总人口53.52万人。辰溪县文化资源共享工程在县委、政府，县文广新局的支持和部署下，逐步推进，稳步发展，在新形势下为繁荣农村基层文化，满足农民多层次文化需求，传递中国民族优秀文化资源发挥了重要作用。

一、基本情况

辰溪县文化资源共享工程建设开始于2008年，最初在我县20个村试点安装，此后陆续在全县30个乡镇，424个行政村（居委会）文化中心开始安装，前期安装设备均通过卫星设备直接接收国家中心下发的给类资源和信息。经过2009年与2010年的后续两批的安装完毕，全县424个行政村（居委会）全部实现全县共享工程村村全覆盖。

共享工程辰溪县支中心设在辰溪县图书馆，是辰溪县共享工程的建设和业务指导单位，负责保障县中心共享工程设备的运行，协调乡（镇）村级共享工程设备的维修，指导乡（镇）村级共享工程活动的开展以及开展全区共享工程管理员的业务培训和指导。

二、管理和队伍建设

为使共享项工程真正为民所用为民谋利，辰溪县支中心将共享工程日常管理纳入制度化管理。制定支中心、乡镇基层服务点工作职责和制度，实行制度上墙公开。每年有年度工作计划，月度有工作要点，季度有工作督导，年末有工作总结考核，并推行管理员工作日志管理，收集整理共享工程服务活动的得失，探索共享工程管理和服务新模式。文化资源共享工程作为一个新的农村文化资源获取平台，如何推广好、利用好共享工程丰富的文化资源关键在于是否有一支专业化的共享工程管理员队伍。辰溪县共享工程支中心在管理员队伍建设上坚持明确职责，明确思路，制度化管理，常态化培育。对于乡镇基层共享工程管理上择优选取文化层次较高，有一定社会基层管理服务实践经验的人员为管理员，他们工作热情高，有较高的文化水平能尽快熟悉掌握共享工程设备为所在乡镇服务。目前辰溪县共享工程管理员大部分由较高学历的乡村退休教师或民办教师，以及文化素质较高的行政企业退休人员，与镇文化站文化辅导员兼任，实现了管理员选取的高起点。

三、培训工作

辰溪支中心在共享工程管理员的培养上实现了制度化和常态化。根据支中心工作要求，每年对辖区共享工程管理员进行1期的集中培训，2008年以来一共举办各类培训班5期，参加轮训的各级管理员达627人次。

四、经费投入

辰溪县共享工程自2008年实现乡镇全覆盖以来，辰溪县图书馆每年投入5.3万余元的经费，用于维护共享工程设备及管理员的学习培训和惠民活动的开展。同时，辰溪县政府，辰溪县文广新局每年也投入大量人力物力支援共享工程各项活动的正常开展。

五、资源建设

辰溪支中心在历年的工作中，搜集不同区域民众文化需求，选取、编辑制作非物质文化遗产如：辰河高腔、茶山号子、辰河目连戏等7.8G，每年制作发放各类光盘50多张，展板20多块，发放宣传资料1000余份。

六、合作共建

以共享工程为依托结合全覆盖的农村信息服务点 信息田园建立电子文献资源服务中心。将各种部门下发的电子文献资源与建立的共享工程服务点结合，根据不同乡镇、村的硬件条件建立形式多样的电子阅览室和多媒体中心。

七、利民惠众，惠农服务

辰溪县支中心在共享工程服务实践过程中，以民众的需求为导向，积极探索，服务民众生活生产，引领群众高尚精神文化生活，打造群众满意喜爱的文化服务新平台。

根据辰溪县地域农业生产特点，辰溪县支中心每年按节令制作农业生产技术光盘和自书印制的农村养殖科技资料，通过“三下乡”服务活动到活动现场分发资料，放映影视资料。针对不同农业专业者，辰溪支中心有针对的选取资源上门指导服务。历年来累计服务专业生产户10多户，长期点对点跟踪服务5户。

八、宣传推广

1、辰溪县支中心利用各种渠道宣传推广共享工程。在辰溪每年的科技、文化、卫生“三下乡”活动中，辰溪支

上门为敬老院的老人们免费播放电影

中心不失时机，以活动为平台，以资料为媒介宣传共享工程，让民众不断了解共享工程，走进共享工程。

2、走进校园。辰溪县支中心举办“你读书，我买单”活动。

组织全县中小学生参加“像雷锋那样……”全省电脑小报设计比赛。为了“弘扬雷锋精神”使阅读进校园，4.15日组织了学生近100人在多媒体报告厅观看电影《雷锋》。

3、专题活动，精彩纷呈。辰溪支中心在服务中抓住文化的热点和亮点，积极组织群众喜闻乐见的文化服务，使共享工程走进群众生活。例如：深入偏远乡镇为当地农民免费播放国家共享工程整合的“文化助春耕”音像资料，并结合当地经济产物特点印刷数千份致富信息免费发放；召开电子商务下农村培训；开展了两期，每期为期一个月的中老年电脑入门免费培训班；暑期在居民较集中的机关单位以及公园、防洪大堤上利用共享工程资源设备免费为群众播放电影；为春节期间为外出务工农民工网上代购车票等活动。

九、工作展望

辰溪县文化资源共享工程已走过3个年头，从昨天的几个点到今天的30个乡镇全覆盖，从单一的资源接收到今天的编辑分发和群众广泛认知，广泛参与，文化资源共享工程在辰溪已经成为辰溪人民文化生活的一大支柱，成为繁荣辰溪文化，丰富辰溪人民精神生活，推动辰溪人文科技进步的强大动力源泉。今后辰溪支中心希望在国家中心，湖南省分中心大力支持下为辰溪共享工程建设一支专业化的服务队伍，建立一个国家、省、市、县四级知识网络联动的即时问答服务体制和服务形式更加多样，服务网点更加宽广，参与群众更加广泛的共享工程文化带动体系，为建设科技辰溪，文化辰溪做出贡献。

（撰文/辰溪县支中心）

溆浦县支中心

一、基本情况

溆浦县图书馆是国家二级图书馆，现建筑面积2000平方米。民国16年（1929年）县教育局局长邹世桢捐赠藏书400余卷，谢希夷捐赠二十四史全套，又从舒文泉家购得经史子集万余册，建溆浦县图书馆。民国19年（1930年）正式成立溆浦县公立图书馆，武绍程任馆长，武绍程

先生曾任湖南一师校长，是毛泽东同志的老师。1980年县图书馆迁入现馆址，溆浦县图书馆现有藏书16万册，其中古籍藏书2万余册，共设立了综合阅览室、外借室、少儿阅览室、李秀先生图书室、参考咨询室等8个服务窗口，公有阅览座席200个，周开放时间56小时。我馆现有工作人员12人。

二、建设情况

溆浦县文化资源共享工程建设开始于2008年，我馆与县委组织部远程教育村级基层点合作共建完成了全县522个村级基层点建设实现全县共享工程村村全覆盖。2010年完成了思蒙等19个乡镇点建设。

共享工程溆浦县支中心设在溆浦县图书馆，于2010年完成了全部建设任务，设有中心机房、电子阅览室、多媒体演示厅。其中电子阅览室100平方米，电脑30台；多媒体演示厅120平方米，设有阅览坐席100个。县支中心现有专职管理人员2人，负责管理县支中心的设备设施正常运行和开放利用，及乡镇村级基层点的业务指导和人员培训。

三、活动开展情况

电子阅览室已办理阅览证200多个，全年接待读者12000多人次.经常在多媒体演示厅免费开展了溆浦“宣传小讲坛”、“老年健身协会”科普讲座、“农家书屋”管理员业务培训等讲座和培训活动，参加活动1000多人次。加强溆浦县网上图书馆的资源建设。为尽最大方便读者阅读，丰富读者的精神文化生活，2011年我馆正式开通运行“溆浦县网上图书馆”网上服务平台。广大读者可以通过该网站了解我馆藏书书目数据、新书信息，能享受1000多种全文在线的数字期刊阅读，内容涵盖时政新闻、文化艺术、科学技术、时尚生活等多个方面。并将逐步实现自助图书在线预约、续借等服务。我馆将新书信息、馆情动态等信息及时发布在图书馆网页上，让读者可以随时了解馆藏新书情况。为丰富农民群众文化生活，拓宽知识领域提供一个优良环境，为农村青年成长成才搭建了平台，提高农民的综合素质。尽量满足村民的阅读需求，让农民多读书，读适合自己的书，不断提高农民的文化素质和科技水平。文化信息共享工程溆浦县支中心经常到各乡镇开展免费送图书送科技下乡活动。将科技图书、期刊、农技资料免费送到农民手中。并复制由国家中心下发的《文化共享助春耕》、《共享书香、快乐阅读》等光盘送到各村级基层点，让村民可以利用文化信息共享工程村级基层点现代化设备进行学习和收看。

四、管理和队伍建设

为了逐步完善了文化信息资源共享工程溆浦县支中心配套设施的建设，县支中心制定了《文化信息资源共享工程溆浦县支中心管理制度》、《文化信息资源共享工程溆浦县支中心职责》、《文化共享工程溆浦县支中心电子阅览室管理制度》等十几项管理规章制度。县支中心将共享工程日常管理纳入制度化管理。制定支中心、镇、村基层服务点工作职责和制度，实行制度上墙公开。每年有年度工作计划、年工作总结，每月及时向省分中心上报统计数据。为培养一支专业化的共享工程管理员队伍，我们积极组织培训，多层次、多途径开展培训工作。一是积极参加了在省图书馆举办的文化共享管理员培训班业务学习。二是把学习课件让全馆职工进行学习和辅导，并经常组织人员参加省分中心举办的网上培训。三是经常组织开展乡镇村级基层点管理人员的业务培训，提高整体专业水平。

四、经费投入

文化共享工程溆浦县支中心建设先后投入经费20多万元进行县支中心房屋维修改造和设备设施建设，自2011起，县财政每年投入5万元文化共享运行经费。

五、资源建设

溆浦县支中心先后完成了馆藏书目数据库、馆藏地方文献数据库、馆藏古籍普查数据库建设，搜集、整合本地区的优秀文化资源。与县辰河目连戏保护中心、县文化馆合作制作国家级、省级非遗保护项目辰河目连戏、花瑶挑花光盘20多张。

六、宣传推广

溆浦县支中心利用各种渠道宣传推广文化共享工程。在每年开展得图书馆服务宣传周、送书送科技下乡、“文化遗产日”等活动中，以活动为平台，以资料为媒介宣传共享工程，让民众不断了解共享工程，走进共享工程。以电子阅览室和多媒体演示厅为阵地，经常开展本土优秀文艺节目网上展播活动，开展科普讲座和技术培训。

七、工作展望

溆浦县支中心将紧紧围绕国家、省、市中心的工作部署，将进一步构建资源优质丰富、技术先进实用、传播高效互动、服务便捷贴近、管理科学规范、体系完整可控的公共数字文化传播服务体系，使文化共享工程真正成为城乡群众参与文化娱乐、获取科普信息、接受教育培训、享受惠民服务的重要平台。

（撰文/张小武）

会同县支中心

会同县土地面积2248.55平方公里。约占全市总面积的8.14%。是共和国第一大将粟裕的故乡，也是驰名全国的“广木之乡”。辖8个镇11个乡6个侗族苗族民族乡，345个村民委员会（含12个社区居民委员会），人口10.49万户350284人。会同县文化资源共享工程在怀化市文化广电新闻出版局，怀化市图书馆支持和部署下，逐步推进，稳步发展，在新形势下为繁荣农村基层文化，满足农民多层次文化需求，传递中国民族优秀文化资源发挥了重要作用。

一、基本情况

会同县文化资源共享工程建设开始于2008年10月，最初在林城镇，坪村镇，堡子镇等六个乡镇的文化站试点安装，此后陆续在全县二十五个乡镇文化中心开始安装，前期安装设备均通过卫星设备直接接收国家中心下发的给类资源和信息。2009年1月全县25个乡镇实现共享工程全覆盖。

共享工程会同支中心设在会同县图书馆，是会同县共享工程的建设和业务指导单位，负责保障县中心共享工程设备的运行，协调乡镇共享工程设备的维修，指导乡镇共享工程活动的开展以及开展全县共享工程管理员的业务培训和指导。

二、管理和队伍建设

为使共享项工程真正为民所用为民谋利，会同县支中心将共享工程日常管理纳入制度化管理。制定支中心、乡镇基层服务点工作职责和制度，实行制度上墙公开。每年有年度工作计划，月度有工作要点，季度有工作督导，年末有工作总结考核，并推行管理员工作日志管理，收集整理共享工程服务活动的得失，探索共享工程管理和服务新模式。

文化资源共享工程作为一个新的农村文化资源获取平台，如何推广好、利用好共享工程丰富的文化资源关键在于是否有一支专业化的共享工程管理员队伍。会同县共享工程支中心在管理员队伍建设上坚持明确职责，明确思路，制度化管理，常态化培育。对于乡镇基层共享工程管理上择优选取文化层次较高，有一定社会基层管理服务实践经验的人员为管理员，他们工作热情高，有较高的文化水平能尽快熟悉掌握共享工程设备为所在乡镇服务。目前会同县共享工程管理员都由较高学历的乡镇文化站文化辅导员兼任，实现了管理员选取的高起点。

三、培训工作

会同支中心在共享工程管理员的培养上实现了制度化和常态化。根据支中心工作要求，每年对辖区共享工程管理员进行1期的集中培训，2009年以来一共举办各类培训班3期，参加轮训的各级管理员达120人次。

四、经费投入

会同县共享工程自2009年实现乡镇全覆盖以来，会同县图书馆每年投入5000余元的经费，用于维护共享工程设备管理员的学习培训和惠民活动的开展。同时，会同县政府，会同县文广新局每年也投入大量人力物力支援共享工程各项活动的正常开展。

会同支中心共享工程管理员集中培训

五、资源建设

会同支中心在历年的工作中，搜集不同区域民众文化需求，选取、编辑制作非物质文化遗产如：高椅傩戏（杠菩萨）、宝田打鼓锄茶等资源7.8G，每年制作发放各类光盘30多张，展板10多块，发放宣传资料500余份。

六、合作共建

以共享工程为依托结合全覆盖的农村信息服务点信息田园建立电子文献资源服务中心。将各种部门下发的电子文献资源与建立的共享工程服务点结合，根据不同乡镇、村的硬件条件建立形式多样的电子阅览室和多媒体中心。在东门社区、炮团乡、青朗乡、洒溪乡、若水镇瓦窑村、宝田乡、黄茅乡六个乡镇一个社区服务点与电信、农办的信息化点（会信点）建立拥有多台电脑的多媒体阅读中心。通过多方不懈努力，共享工程已逐步走入基层村民生活，成为村民获取新知，娱乐身心的新渠道新平台。

七、利民惠众，惠农服务

会同支中心在共享工程服务实践过程中，以民众的需求为导向，积极探索，服务民众生活生产，引领群众高尚精神文化生活，打造群众满意喜爱的文化服务新平台。

根据会同地域农业生产特点，支中心每年按节令制作农业生产技术光盘和自书印制的内刊《会同图书馆报》通过“三下乡”服务活动到活动现场分发。针对不同农业专业者，会同支中心有针对的选取资源上门指导服务。历年来累计服务专业生产户10多户，长期点对点跟踪服务5户。

八、宣传推广

1、会同支中心利用各种渠道宣传推广共享工程。在会同每年的科技、文化、卫生“三下乡”活动中，会同支中心不失时机，以活动为平台，以资料为媒介宣传共享工程，让民众不断了解共享工程，走进共享工程。

2、专题活动，精彩纷呈。会同支中心在服务中抓住文化的热点和亮点，积极组织群众喜闻乐见的文化服务，使共享工程走进群众生活。例如在2012年迎接党的“十八”大召开之际，会同支中心联合会同国画院、县美协、书协在县图书馆三楼展厅举办了会同县“庆国庆、喜迎十八大”书法、美术作品展活动，邀请国家著名画家董振涛先生、我省著名书法家周梅松先生等一批知名人士来我馆与我县书画爱好者一道交流，共享文化盛宴。

九、工作展望

会同县文化资源共享工程已走过3个年头，从昨天的几个点到今天的25个乡镇全覆盖，从单一的资源接收到今天的编辑分发和群众广泛认知，广泛参与，文化资源共享工程在会同已经成为会同人民文化生活的一大支柱，成为繁荣会同文化，丰富会同人民精神生活，推动会同人文科技进步的强大动力源泉。今后会同支中心希望在国家中心，湖南省分中心大力支持下为会同共享工程建设一支专业化的服务队伍，建立一个国家、省、市、县四级知识网络联动的即时问答服务体制和服务形式更加多样，服务网点更加宽广，参与群众更加广泛的共享工程文化带动体系，为建设科技会同，文化会同做出贡献。

（撰文/会同县支中心）

麻阳苗族自治县支中心

麻阳苗族自治县行政区划共有23个乡镇，307个行政村，人口39余万人。根据中央、省、市文化、财政部门联合下发的关于实施全国文化信息资源共享工程的文件精神，麻阳苗族自治县于2004年开始采取总体规划，分步实施，逐步推广的方针筹建文化资源共享工程，在各上级组织和有关部门的支持和部署下，目前已初步形成了县级支中心、乡镇文化站基层服务点、村级基层服务点三级服务模式，在新形势下为繁荣基层文化，满足群众多层次文化需求，传递中国民族优秀文化资源发挥了重要作用。

一、网点建设

1、县级支中心建设

2010年9月，麻阳苗族自治县图书馆搬迁至城东新建成的图书馆综合大楼，同年12月底由国家财政和地方财政前期投入68万元的全国文化信息资源共享工程麻阳苗族自治县支中心项目在图书馆建设完成，设有公共电子阅览室，多媒体室和中心机房等。公共电子阅览室面积138㎡，10兆光纤专线接入，配置电脑55台供读者使用，并安装了空调和监控系统。多媒体室面积166㎡，110个坐位，配置投影设备、音响系统、空调及相关设施。中心机房面积21㎡，配置42U机柜1个，机架式服务器3台，塔式服务器2台，磁盘阵列1套，总容量达到6TB，千兆交换机2台，硬件防火墙1台，内网安全管理软件1套，UPS电源系统1套，文化信息资源卫星接收系统1套。

2、乡镇基层网点建设

随着乡镇文化站建设的推进，麻阳苗族自治县于2010年在已完成标准文化站建设工作的11个乡镇，先期实施文化信息资源共享工程，各乡镇文化站配备电脑4台，服务器1台，卫星接收系统1套，投影仪1台，投影屏幕1幅，电视机1台，数码相机1台，初步具备了服务条件。

3、村级基层网点建设

根据2004年湖南省委农村党员干部远程教育领导小组办公室与湖南省文化厅联合下发的《关于加快我省农村党员干部远程教育和文化信息资源共享工程建设的通知》的精神，为减少基层设施的重复建设，实现资源有效共享，麻阳苗族自治县文化信息资源共享工程村级基层网点建设与农村党员干部远程教育站实行“一站两牌”，目前已在307个村建有村级基层网点，实现全覆盖。

二、经费投入

麻阳苗族自治县属湘西边远山区，财政比较困难，为使文化信息资源共享工程县级支中心建设得以顺利实施，在图书馆新馆建设的同时，投入了资金30多万元进行配套，县支中心年运行经费万余元。

三、资源建设

1、在县支中心建立数据库，借助互联网、卫星系统接收国家中心和省分中心的资源。

2、外购数字资源，2012年在县支中心创建麻阳数字图书馆，提供电子图书，视听文献以及电子期刊等，资源量达1000GB。

3、以文化系统的可控资源（含图书馆、文物局、文化馆、剧团、电影公司、文化新闻出版等机构的信息资源）为基础，进行选择、加工和数字化。

四、服务与宣传推广

文化信息资源共享工程是中央推行的一项利用现代信息技术为人民群众提供公益服务的文化创新工程，为了让大众了解文化信息资源共享工程，利用好文化信息资源，麻阳苗族自治县支中心一方面利用图书馆服务宣传周活动、各类读书活动等多种渠道向群众发放宣传资料，制作宣传海报宣传推广文化信息资源共享工程；一方面搞好惠民服务工作，请读者亲身参与有关活动体验共享工程。

1、以公共电子阅览室免费的电子阅览和文献检索与咨询等服务，为读者提供到馆阅读，满足读者的阅读、学习和获取信息的需求。

2、以视听文献展播、文化讲坛为载体，建立科技普及、文化教育的平台，为读者提供科学知识宣传、专题讲座、技能培训、艺术欣赏、文化娱乐等服务。如支中心邀请怀化籍名作家名编辑到“名家讲堂”做文学讲座，请公安消防、司法等专业人员做法制、安全讲座，从上级中心下发的资源中选择有关学习、成长等方面的视频讲座内容向青少年播放，举办少儿假期影视专场等。

3、开展各类读书活动，联合中小学校举办读书日美文诵读竞赛、学雷锋阅读演讲竞赛，知识竞赛等。

五、管理和队伍建设

为了正常有序地开展文化信息资源共享工作，发挥好服务大众、文化惠民的功能，麻阳苗族自治县支中心制定了相关的管理制度和职责，如中心机房管理规定，网络管理条例，网站安全管理条例，公共电子阅览室阅览规则、电子阅览室岗位职责，多媒体室岗位职责，信息技术岗位职责，做到按章办事各负其责。

支中心和基层服务点大都是兼职管理，乡镇服务点由文化专干负责管理，村服务点由村干部负责管理。为了能使共享工程得以正常运转，支中心派出人员除参加省中心举办的培训外，还多次到其他馆学习交流，2012年底公招了1名专业人员，技术力量得以加强。基层服务点则由县组织部农村党员干部远程教育中心牵头，对管理人员进行分批培训。

六、工作展望

文化信息资源共享工程是一项新生事物，由于受人员、技术、经费等方面的制约，目前还有许多需要改进、充实和完善之处，除各级政府部门加大投入，提供技术支持外，县支中心将不断总结经验，发挥好自身的主观能动性，充分利用好全国文化信息资源共享工程这一平台，整合本地资源，拓展服务领域，打造品牌项目，通过图书馆网站，开办网上图书馆、数字图书馆，建设县、乡、村三级联通网络，使包含偏远山区村民在内的全体公众都能受益，实现覆盖全社会的普遍均等、惠及全民的文化信息资源共享工程网络。

（撰文/麻阳县支中心）

新晃侗族自治县支中心

新晃侗族自治县总面积1058平方公里，居住着侗、汉、苗等26个民族26万人。其中侗族占80.13%。行政区划共有23个乡镇（含6个社区），共有296个行政村。新晃县文化资源共享工程在县委组织部、县文化局安排部署下，逐步推进，稳步发展，在新形势下为繁荣农村基层文化，满足农民多层次文化需求，传递中国民族优秀文化资源发挥了重要作用。

一、基本情况

新晃县文化资源共享工程建设开始于2009年，共建设237个村级服务点。共享工程新晃支中心设在新晃县图书馆，是新晃县共享工程的建设和业务指导单位，负责保障县中心共享工程设备的运行，协调镇村级共享工程设备的维修，指导镇村级共享工程活动的开展以及开展全区共享工程管理员的业务培训和指导。

二、管理和队伍建设

为使共享工程真正为民所用为民谋利，新晃支中心将共享工程日常管理纳入制度化管理。制定支中心、镇、村基层服务点工作职责和制度，实行制度上墙公开。每年有年度工作计划，月度有工作要点，季度有工作督导，年末有工作总结考核，并推行管理员工作日志管理，收集整理共享工程服务活动的得失，探索共享工程管理和服务新模式。文化资源共享工程作为一个新的农村文化资源获取平台，如何推广好、利用好共享工程丰富的文化资源关键在于是否有一支专业化的共享工程管理员队伍。新晃县共享工程支中心在管理员队伍建设上坚持明确职责，明确思路，制度化管理，常态化培育。对于乡镇、村两级基层共享工程管理上择优选取文化层次较高，有一定社会基层管理服务实践经验的大学生村官为管理员，他们工作热情高，有较高的文化水平能尽快熟悉掌握共享工程设备为所在村民服务。各中小学生为服务员，他们在帮助管理乡村服务点之余，同时兼职宣传工作，真正将基层服务点的好处宣传到每个村每个寨每个组。

三、培训工作

新晃支中心在共享工程管理员的培养上实现了制度化和常态化。根据支中心工作要求，每年对辖区共享工程管理员进行1期的集中培训，2009年以来一共举办各类培训班4期，参加轮训的各级管理员达280人次。

四、经费投入

新晃县共享工程自2009年实现村村全覆盖以来，全县每年投入5余万的运维经费，用于共享工程设备的维护，人员培训和惠民活动的开展。

五、资源建设

新晃支中心在历年的工作中，根据本地民众文化需求，选择性购买各类数字资源1TB，每年制作展板10多块，发放宣传资料1000余份。

六、利民惠众，惠农服务

新晃支中心在共享工程服务实践过程中，以民众的需求为导向，积极探索，服务民众生活生产，引领群众高尚精神文化生活，打造群在满意喜爱的文化服务新平台。根据新晃地域农业生产特点，新晃支中心每年分发黄牛养殖技术光盘和小册子通过行政村基层服务点村民分发。针对不同农业专业者，新晃支中心有针对的选取资源上门指导服务。历年来累计服务专业生产户20多户。

八、宣传推广

1、新晃支中心利用各种渠道宣传推广共享工程。在每年的世界读书日，三湘读书月等活动中，新晃支中心不失时机，以活动为平台，以资料为媒介宣传共享工程，让民众不断了解共享工程，走进共享工程。2、走进校园。新晃支中心文化服务中不断探索，利用农家书屋建设机遇，将书屋和共享工程服务点都推广进校园。同时按照湖南省分中心的部署在全县中小学校开展了阳光少年热爱党网页制作大赛和电脑小报制作大赛。通过一系列的活动是共享工程不仅走进农村也走进校园走进青少年。

九、荣誉奖项

新晃县支中心在全省开展的“建党九十周年，重塑红色经典舞台剧”活动中获得市级三等奖；在“向雷锋那样”为主题的电脑小报设计活动中获得国家级三等奖，2012年获得湖南省少年儿童“学习雷锋好榜样”主题读书活动中，荣获省组织奖、市组织奖、优秀奖。

十、工作展望

新晃县文化资源共享工程已走过4个年头，从昨天的几个点到今天的296个行政村全覆盖，从单一的资源接收到今天的编辑分发和群众广泛认知，广泛参与，文化资源共享工程在新晃已经成为新晃人民文化生活的一大支柱，成为繁荣新晃文化，丰富新晃人民精神生活，推动新晃文化产业发展的强大动力源泉。今后新晃支中心希望在县委、县政府的大力支持下为新晃共享工程建设一支专业化的服务队伍，服务网点更加宽广，参与群众更加广泛的共享工程文化带动体系，为建设科技新晃，文化新晃做出贡献。

（撰文/新晃县支中心）

芷江侗族自治县支中心

芷江侗族自治县总面积2099平方公里，辖28个乡镇，总人口36万，其中侗族等少数民族人口占50%以上。近几年来，在县委、政府的关心支持和指导下，我县认真开展文化信息资源共享工程建设，工作中坚持政府主管，文广新局主抓的原则，以县图书室馆为中心，乡镇文化站和行政村（街道、社区）文化活动室为重点的基层服务网络，组织实施文化信息资源共享工程。通过“共享工程”的实施，将为新时期建设新农村、培育新农民搭建新的平台，并以此推进和完善文化服务体系建设，提高文化服务水平，促进城乡文化事业的发展。

一、基本情况

芷江县文化信息资源共享工程于2008年开始起步建设，在县图书馆建立了湖南省文化信息资源共享工程县级支中心，配置电脑28台。目前，全县已建成芷江县文化信息资源县级支中心1个；农村党员干部远程教育基层服务点及村级（社区）共享工程基层点28个．“共享工程”芷江县级支中心设在芷江县图书馆，负责指导芷江县“共享工程”工作的开展。

二、管理和队伍建设

芷江县级支中心重视“共享工程”管理和队伍建设工作，制定了相关工作职责和制度，每年有年度工作计划和总结，并制定了《芷江县文化信息资源共享工程实施方案》。支中心选择计算机专业或其他高学历的人员为管理员，并通过出去学习、请老师来馆讲课等形式，努力建设一支专业化的“共享工程”管理员队伍，不断提高业务能力和工作水平。

三、培训工作

芷江支中心注重抓好“共享工程”管理员培训工作，每年通过集中培训、网络培训和上门辅导等形式开展培训，不断提高管理员的专业水平。2012年组织了12次网络培训，并开展了各种各样的健康知识讲座12期。

四、资金投入

芷江县级支中心文化信息资源共享工程自2008年以来共投入30余万元的运转经费，用于共享工程设备的维护，人员培训和惠民活动的开展。同时，芷江县委、县政府及县图书馆每年也投入大量人力物力支援共享共享工程各项活动的正常开展。

五、资源建设

芷江县级支中心结合本县实际，进行了一些数据库建设，在历年的工作中，搜集不同区域特色文化素材，制作成大量视频及光碟，发放各类光盘1000多张，展板50多块，各类海报，招贴画150多副，发放宣传资料3000余份。

六、合作共建

芷江支中心开展多种形式的合作共建，推进“共享工程”建设。并借助农村党员干部远程教育基层点推进“共享工程”工作，合作建设了28个村级基层服务点，与基层党组织活动室联合举办党员远程教育对接共享工程基层点培训班，收到较好的效果。

七、惠民服务

芷江县支中心及各级服务点通过电子阅览室和网站为读者提供在线信息服务，通过投影仪播放讲座等视频节目。和县电影院一起利用下乡放映电影的机会，放映文化共享工程的农村种养培训视频，深受广大农民的欢迎。充分发挥“共享工程”在农村实用人才队伍建设中的积极作用，开展农村实用人才培训，主要形式是举办文化、卫生、科技、法制、种养等各种内容的培训讲座，不断开创培训工作的新局面。

八、宣传推广

芷江县支中心利用网站、报纸、电视等各种渠道宣传推广“共享工程”，尤其在每年的读书宣传周、送科技文化下乡等活动中，通过宣传让群众不断了解“共享工程”，走进“共享工程”，利用“共享工程”的丰富资源。结合春耕开展“共享工程”专题资源下乡、专题视频展播等主题活动，使“共享工程”走进群众生活，积极开展“共享工程”进军营、进社区等等活动，通过光盘拷贝、硬盘拷贝等方式将一些优秀的资源共享到部队、社区电子阅览室，丰富了大伙的文化生活。

九、工作展望

芷江县的公共图书馆存在藏书量少、新书少不流通的情况，须继续大力推进“共享工程”建设，充分利用“共享工程”的丰富资源为群众服务，要结合“数字图书馆”工程建设，全面提升芷江县级支中心的设备，提高芷江支中心“共享工程”的建设水平。要进一步扩充文化设施网点，早日实现行政村全覆盖。以县图书馆为中心，加强基层文化设施网点网络化、数字化建设，加强专业技术人员的培养，为深入推进“共享工程”的实施打好基础，为建设好和平芷江，文化芷江出一份力！

（撰文/朴燕萍）

通道侗族自治县支中心

通道侗族自治县全县辖21个乡镇，23.2万人口，有侗、汉、苗、瑶等13个民族，其中侗族占总人口的78.3%。通道侗族自治县公共图书馆位于县城，其承担着传递科学情报，进行社会教育，丰富文化生活，保存文化遗产的职能。图书馆成立于1984年8月,1998年、2009年两次全国公共图书馆评估定级,被文化部授牌为"国家三级图书馆"。现馆内设有:办公室、采编室、阅览室、少儿图书室、参考咨询辅导室、地方文献室、电子阅览室、多媒体报告厅8个对外服务窗口和1个共享工程机房中控中心。

一、整体情况

2007年5月通道侗族自治县图书馆被列入全国文化信息资源共享工程建设项目,是"十一五"期间文化资源共享工程建设的目标任务。作为怀化市首批纳入建设项目之一的县级支中心,得到了上级部门在设备以及资金方面的全力支持,国家配置共享工程设备价值68万元,配套共享工程建设项目资金27万元。2008年8月成立了"全国文化信息资源共享工程通道县级支中心",2009年4月共享工程通道县之中心正式运行使用。县支中心本着全方位最高效的利用文化信息资源服务于广大群众,通过文化信息资源的共建共享,为广大群众提供形式多样的文化信息服务,让人民群众充分享受到丰富的文化成果。按照文化部共享工程建设的要求,我馆采用中国电信(通道县电信分公司)光纤专线接入互联网宽带10M,3个独立公网IP地址,建有中心机房、电子阅览室和多媒体演示厅,工作电脑32台其中电子阅览室23台,阅览座位188个(包括电子阅览室和过媒体演示厅席位),全面实现了图书馆自动化管理系统。2010年4月建立通道县图书馆网站和局域网,网站建设分为,66个栏目内容,主要栏目的每一个二级界面设计符合栏目的主题要求,突出简洁、清新、别致、精美、创意。每个细微处的设计都体现恰到好处。链接版面建有中英文期刊、报纸、论文和同行网站链接以及行内动态等,成为了在怀化市县同等网站中点击量最高的网站之一。截至2012年共有电子图书92000余册、各类电子期刊18000余种、各类视频包括农业科技、专家讲座、爱国主义教育影片、文献历史片、经典戏曲等1062部。网站建设反映通道文化的特色,是地方文化的重要宣传阵地和学习窗口,是展示优秀文化信息资源的有效平台,是满足了广大人民群众求富裕、求健康、求知识、求文明的需求,真正意义上实现资源服务及信息发布的网络化和文化信息资源共建共享。

二、共享工程合作共建

为拓展图书馆服务功能,丰富文化生活。在县敬老院建立"通道县图书馆敬老院流动图书室"丰富了老年人们的休闲文化生活。2009年、2010年、2011年期间先后在"县武警中队"、"县消防大队"社区建立图书室,共赠阅各类图书包括乡镇图书室15000余册。通过"军民共建图书室"这一平台,丰富了官兵业余文化生活,使官兵们可以看到自已喜爱看的书籍,同时与部队加深紧密的军民关系。现阶段共享工程通道县支中心正在积极筹备,双江镇城中社区、城南社区公共电子阅览室的建设工作,希望通过努力这一工作能够早日完成。

三、共享工程惠民服务

充分发挥共享工程作用,推进免费开放进程。自共享工程正式投入运行使用以来,每年都开设免费计算机知识培训班、农业科技讲座、红色经典影片展放、健康知识讲座等为广大群众提供良好的学习平台。积极开展"文化共享助春耕"活动,赠送农村科技光盘资源,将

光盘资源复制到移动播放设备中,开展移动播放服务,借助图书馆网站这一平台上传到网站,农民朋友通过上网进行学习,提供快捷的信息资源量,实现了全新的服务模式。让广大农民群众共享文化发展成果,促进农村经济发展、农民致富和社会和谐作出贡献。为社区、农村服务,到农村采集挖掘原生态的民俗资源,充实文化共享工程的资源内容,组织当地少数民族群众开展活动,充分体现共享工程"文化乐民"的功能。

四、共享工程宣传推广

充分发挥共享工程资源平台的作用,完善免费开放工作机制,认真抓好免费开放各项工作的落实,建立健全免费开放相关制度。做好免费开放工作的宣传,通过向广大干部群众发放宣传材料、制作宣传展板、电视台报道宣传等专项宣传活动向群众公示服务项目、服务内容、开放时间等,提高群众知晓率。

2009年—2012年,先后在县城商贸广场和各乡镇,开展世界读书日宣传、送书下乡、全民读书等活动,赠送农村科技光盘资源1120张,为农民朋友发放科技资料3800份,展书5000余册次,免费为读者办证1350本。免费开展各类培训、讲座、报告会等18次,5867人次参与。

五、经费投入

共享工程通道支中心设在图书馆,负责全县共享工程基层网点的建设和业务指导工作,为确保县支中心共享工程设备的正常运行,县财政每年列入图书馆共享工程运行经费5万元。

六、管理和队伍建设

为使共享项工程真正为民所用为民谋利,通道支中心严格遵循馆章制度,明确工作目标。馆员认真遵循《图书馆岗位职责和业务工作细则》等一系列规章制度,并以此来规范服务行为,减少工作盲点,做到"人人有责任,事事有程序,科学化、现代化管理"的工作标准。充分发挥计算机技术和图书馆管理软件来提升图书馆各项业务工作管理。目前,我馆已全面实现图书采编、流通、检索自动化管理,图书馆的网站和局域网内容坚持不断更新,有序化管理。做好信息服务平台建立,实现资料服务及信息发布的网络化。县政府高度重视工程建设,通过全县公开招聘,图书馆计算机专业技术人员两名,调入两名教师,极大的充实了图书馆的技术力量,同时也激发了全馆人员学习业务的积极性。

七、培训工作

加强馆员培训业务学习,积极进行图书情报知识、计算机应用知识、图书馆自动化管理系统应用的学习,

由省、市图书馆每年举办的专业知识培训班，我馆连续三年参加专业培训，做到人人参加学习培训。

根据工作要求，支中心积极组织基层网点管理员和农家书屋管理员免费培训学习和业务辅导工作。《图书馆的现代化建设》、《图书馆学基础、信息组织及检索、信息资源分类与编目》《计算机基础知识、基本操作》、《互联网应用、网络安全》、《办公软件使用、汉字输入》、《操作系统、图书馆数字资源使用》等科目培训学习。2009年以来一共举办各类培训班18期，参加轮训的各级管理员达380人次。

八、网点建设

共享工程通道县支中心充分利用共享设备和信息资源，积极配合做好我县农家书屋工程建设，农村党员干部现代远程教育建设，共享工程乡镇基层服务网点建设，2010年已配置设备8个乡镇，做好电脑的配送和管理人员业务培训工作，提高基层管理人员业务素质。开展基层基层服务网点和农家书屋免费辅导活动，组织举办"农家书屋"、"共享工程"建设工作培训会。截至2012年已圆满按时完成全县农家书屋建设任务，全县21个乡镇242个村的设备、图书配送工作实现行政村全覆盖这一目标，大部分村镇已配备了共享工程设备。

九、荣誉奖项

充值发挥共享工程优秀的文化信息资源，至2008年以来通过开展各项读书活动，荣获省个人优秀奖两项，省组织奖两项、市组织奖两项、一等奖两项。

十、工作展望

通道县文化信息资源共享工程支中心成立至今已有5年，由最初的文化信息资源共享的空白到今天的各乡镇基本普及，文化信息资源共享工程已然成为通道县人民文化生活的重要领地，成为丰富侗家人精神生活的重要途径。我们有理由相信在国家中心和湖南省分中心的有利支持下通道县共享工程支中心将会建成一支更为专业化的服务队伍，其服务形式将会更加多样化，服务网点分布会更加宽广，共享工程的受惠群体也将更加广泛。

（撰文/通道县支中心）

冷水江市支中心

冷水江市总面积439平方公里，下辖16个乡、镇、街道办事处，1个经济开发区，总人口37万。近几年来，在湖南省文化厅的关心支持和指导下，我市认真开展文化共享工程建设，以市县图书馆为中心，乡镇文化站和行政村（街道、社区）文化活动室为重点的基层服务网络，组织实施文化共享工程，为新农村建设和城乡一体化建设搭建新的平台，并以此推进和完善文化服务体系建设，提高文化服务水平，促进城乡文化事业的发展。

一、基本情况

全国文化共享工程冷水江支中心设在冷水江市图书馆内，2007年10月成立，2009年完成建设，成为娄底市建设最早、规模最大的县级支中心，是我市开展文化共享工程技术服务、数字资源建设和人员培训的中心，承担对我市16个乡镇办，208个村（居委会），215个基层服务点的组织协调、管理服务和绩效考核工作，通过卫星设备和互联网从国家中心下载广大市民喜闻乐见的视频资源、文献资源，以及我市自制的地方文化视频资源，方便、快捷地为每一位市民提供资源服务，让每一位公民能享用到真正的文化大餐。

二、管理和队伍建设

冷水江市支中心重视共享工程管理和队伍建设工作，将共享工程日常管理纳入制度化管理。制定支中心、镇、村基层服务点工作职责和制度，实行制度上墙公开。每年有年度工作计划和总结，并制定了《冷水江市文化信息资源共享工程实施方案》。

冷水江市共享工程支中心在管理员队伍建设上坚持明确职责，明确思路，制度化管理，常态化培育。选择计算机专业或其他高学历的人员为管理员，并通过参观学习、邀请专家学者来馆讲课等形式，努力建设一支专业化的共享工程管理队伍。

三、培训工作

冷水江市支中心注重抓好共享工程管理员培训工作，根据支中心工作要求，每年通过集中培训、网络培训和上门辅导等形式开展培训，不断提高管理员的专业水平。2009年以来共组织了14次业务培训，参加培训的各级管理员达600人次，并对16个乡镇基层服务点一一进行了上门辅导。

四、经费投入

冷水江市共享工程自2009年实现村村全覆盖以来，冷水江市政府每年投入10万元的运转经费，用于共享工程设备的维护、人员培训和惠民活动的开展。

五、资源建设

冷水江市支中心结合本市实际，于2012年初步完成冷水江数字文化网项目建设和冷水江市图书馆网站建设，为市民和读者提供了一个功能齐全、内容丰富的数字阅读平台。根据冷水江市数字文化项目建设规划，2013年始，支中心将依托"梅山傩戏"、"百年锑矿"、"梅山文化"等优秀地方文化资源建立地方特色数据库。

六、合作共建

冷水江市开展多种形式的合作共建，推进共享工程建设。冷水江市借助农村党员干部远程教育基层点推进共享工程工作，合作建设了215个村级基层服务点。积极开展分馆建设，2011年挂牌成立"华润怡宝图书馆"，2012年成为天津市少年儿童图书馆分馆。同时，我馆加强与基础服务点合作，在三尖乡中心学校、中连乡中心小学、刘小玲农民图书馆建立了分馆。

七、惠民服务

冷水江市支中心及各级服务点通过电子阅览室和网站为读者提供在线信息服务，通过投影仪播放讲座等视频节目。同时利用"周末影视剧场"和文化下乡等活动的方式，放映文化共享工程的农村种养培训视频，深受广大农民的欢迎；每个周末利用投影仪在多媒体演示厅播放视频节目，电影、地方戏剧、科技知识、生活小常识、法律知识等内容都深受居民的喜爱。2012年共接待观影读者近4000名，是居民周末生活的一大亮点。冷水江市支中心、各基层服务点充分发挥共享工程在农村实用人才队伍建设中的积极作用，开展农村实用人才培训，主要形式是举办文化、卫生、科技、法制、种养等各种内容的培训班、视频讲座，不断开创培训工作的新局面。2012年开展各类讲座14次，吸引读者近3万人参加。冷水江市支中心每年利用共享资源编印农村种养等专题资料一千多份无偿向农民发放。

八、宣传推广

1、冷水江市支中心利用各种渠道宣传推广共享工程。充分利用我们的节日、文化下乡、3.5雷锋月、4.23世界读书日、图书馆服务宣传周、科普宣传周、三湘读书月等各项主题活动开展时机，充分利用报刊、网络、手机、展板等宣传媒介宣传共享工程，让民众不断了解共享工程，走进共享工程。2011年免费开放以来，我馆利用共享工程平台积极开展全面阅读推广活动，至今已开展40余项主题活动，各项活动不仅受到广大市民一致好评，同时也受各主流媒体的关注，湖南日报、图书馆报、娄底日报、娄底晚报、今日冷水江报、冷水江电视台、红网、中国新闻出版网、中国文化传媒网、湖南文化、网易、新浪、雅虎、凤凰网等65家媒体200余篇通讯对我馆的活动进行了报道和转载。另外，我馆充分利用新技术、新载体宣传推广共享工程和图书馆服务工作，建立了手机读者群和QQ读者群，2012年共向各级领导和市民读者发送手机短信2000余条，QQ消息1500余条。

2、开展志愿者服务，寒暑假和周末节假日，招聘志愿者担任图书管理员，为青少年提供一个社会实践机会。各项活动开展时，组织志愿者散发宣传单，担任咨询员，2012年，通过志愿者服务工散发各项主题活动宣传单1万份，制作各类展板100余块。

九、工作展望

冷水江市支中心存在藏书量少、新书少、经费少的情况，须继续大力推进共享工程建设，充分利用共享工程的丰富资源为群众服务。要结合数字图书馆工程建设，全面提升冷水江市支中心的设备，提高共享工程的建设水平。以市图书馆为中心，加强基层文化设施网点网络化、数字化建设，加强专业技术人员的培训，加快冷水江市地方特色数据库建设，为深入推进共享工程的实施打好基础。要充分发挥共享工程的作用，大力开展公益性数字文化服务，开展文化下乡、下基层、进学校活动，尤其加强对广大农村地区的扶持力度，将文化共享工程建设成为社会主义新农村的重要抓手。引领市民积极参与阅读，积极打造全民阅读社会，为建设美丽锑都、幸福锑都、文化锑都做出贡献。

（撰文/马　俊）

青少年数字图书馆使用培训

双峰县支中心

双峰县有16个乡镇1个经开区，常住人口94万。自2002年我馆启动资源共享工程以来，县委、政府积极响应上级指示精神，立足为民服务，坚持共享工程以公益性为主，充分发挥文化信息资源在发展经济、提高人民群众思想道德和科学文化素质等方面的重要作用，积极采用先进、实用的科学技术手段，把文化信息资源传送到城乡基层文化网点和群众身边，使基层文化阵地得到了巩固，活跃了城乡群众精神文化生活。为宣传党的方针政策开辟了新渠道，为丰富农民群众业余生活、弘扬文明新风开辟了新的阵地，为培养“有文化、懂技术、会经营”的新型农民搭建了新平台，成为一项党得民心、民得实惠的文化工程。

一、基本情况

2002年我馆被定为全省文化信息资源共享工程试点县后，县里及时成立了“县文化共享工程建设领导小组”，切实把文化信息资源共享工程当作文化工作的头等大事来抓，划拨了启动专项经费2万元，省厅也及时解决了经费2万元，我馆自行投入了12万元，共计买入电脑32台，建成了全省较早的电子阅览室，实现了图书馆自动化管理，保证了全县文化信息资源共享工程试点工作的正常运行。2008年省文化厅、省财政厅投入28台电脑及相关设备，完善了我馆文化共享工程的硬件设施。

双峰县支中心设在双峰县图书馆，是全省首批30家共享工程建设单位，负责双峰县共享工程的建设和基层服务点的指导单位，协调镇村级共享工程设备的维修，指导镇村级共享工程活动的开展以及开展全县共享工程管理员的业务培训和指导。从2006年开始建设乡镇及村级基层服务点，到2009年止，全县16个乡镇及900多个行政村都建成基层服务点，做到了村村全覆盖。

二、整合资源，形成合力

我馆积极与县委组织部联合在全市率先建立起较完善的文化信息资源共享基层服务网络。由县委组织部和县文化局联合下发《关于加快我县农村党员干部现代远程教育和文化信息资源共享工程建设工作的通知》，由我馆具体承办，统一对全县900多个乡、村远程教育点配送了有关共享工程网上资源使用说明，加挂了“全国文化信息资源共享工程基层服务点”的标牌，开通了网上图书馆。在全县所有行政村全部开通共享工程基层服务网络，形成了城乡一体的服务体系。

三、加强队伍建设，建立服务与管理机制

我馆专门调配了2名计算机技术水平较高的年青管理人员，负责全县文化共享工程资源的接收、整理和配送，负责对全县乡镇基层服务点、村服务点工作人员的培训和工作指导及工程设备的日常维护维修。制定乡镇基层服务点和村服务点工作人员岗位职责，明确各点人员选择、调配、变动须由所在乡镇政府提出申请，经县文化局批准，县支中心备案，再经培训考试合格后方可上岗。近年我馆对乡镇各基层服务点的工作人员集中进行了一次培训，人员有1000多人次。

四、资源建设

双峰县图书馆在资源建设中，搜集整理、编辑视频资源3.2TB，向农民赠送文化共享工程春耕生产系列光盘达1000多张，发放宣传资料5000份，播放知识性影片达100场次。

五、经费投入

双峰县共享工程自2009年实现村村全覆盖以来，县财政每年投入15万元的经费，用于县级支中心共享工程设备的维护，人员培训和惠民活动的开展。同时，县财政每年也投入大量资金对每个基层服务点进行扶持，保证各基层服务点的正常运转，县委宣传部、县文化局和县图书馆每年也投入大量人力物力，组织基层服务点开展丰富多彩的活动。

六、学用结合，取得实效

由于条件所限，乡下群众不便于到县城享受优质的网络资源，将新思想、新科技用一种直观、易懂的形式送到农民身边就成了及时雨、雪中炭。利用共享工程网络资源内容新奇、实用性强、信息量大、数据传输快捷方便的优势，认真搜集、下载适用于当地群众的政策法规、先进性教育、农业科技、文化体育、防疫保健、科普知识等共享工程信息资源，通过基层服务点提供给农民阅读，对打破农村地区信息闭塞的状况，积极推广农业适用技术、节本增效技术，帮助村民及时了解到相关市场、技术信息起到了重要作用。如蛇形山镇石湾村的谢军轩，利用建在基地的服务点，把课堂教学和基地实践有机结合起来，很好地发挥了示范作用，全村年出栏牲猪上万头。走马街镇泉水村的支书刘小凤，利用从网上学习的葡萄早熟技术，继续做大做强葡萄基地，带领村民致富。

七、抓服务活动，扩大共享工程影响力

加入全国文化信息资源共享工程以来，为了扩大其在基层群众中的影响，广泛宣传其作用和意义，使各级领导和群众充分认识到这是一项惠民工程、民心工程，认识到工作的重要性和必要性以及文化信息资源的可用性。我馆在电子阅览室每周推介优秀栏目、名家讲座、生活常识、电影及优秀地方剧目，利用星期天节假日针对未成年人播放百部爱国主义教育影片，科普类等影片，举办思想道德建设方面的讲座、名著赏析等，引导未成年人多读书，为使更多的群众走进图书馆，我馆利用图书馆外广场，组织“夕阳红”艺术团、永丰镇龙狮灯队等民间演出团体，编排一些以共享工程服务内容为主的节目，使群众在观赏节目的同时，对共享工程有一定了解。如06年7月，我馆举办了“营建读书环境、共建书香社会”广场读书活动，省、市、县有关领导应邀参加，县电视台也进行了报道，得到广泛好评。

八、工作展望

双峰县文化信息资源共享工程通过10年来的建设，已建成遍布城乡的服务体系，从以前单一的通过卫星接收资源，到现在的通过网络共享资源，大量的图书、视频、影视、讲座等资源信息，极大的丰富了人民群众的文化生活，极大调动了城乡居民参加文化活动的积极性，促进了和谐社会的建设。随着改革的不断深入和经济建设的飞速发展，加强县级图书馆建设，构建和谐社会，已经成为推动社会发展的关键环节，我们将在今后的工作中更加努力的探索利用共享工程服务的新路子，更好地发挥共享工程的作用，为把共享工程办成惠民工程、民心工程而不懈努力。

（撰文/双峰县支中心）

新化县支中心

新化县辖区总面积3567平方公里，辖26个乡镇、2个国营林场、1个经济开发区，1104个行政村，全县人口140万。新化县文化资源共享工程在省、市、县文化主管部门、省图书馆支持和部署下，逐步推进，稳步发展，以多种方式繁荣基层文化，满足广大读者多层次文化需求，传递中国民族优秀文化资源发挥了重要作用。

一、基本情况

新化县文化信息资源共享工程建设工作于2003年开始，2005年与湖南省文化信息资源共享工程省中心签订协议，成立新化县文化信息资源共享工程县级分中心。2006年11月，县财政共拨款12万元，购入电脑终端6台，另购置了数码相机1台，一体机1台，且运行经费每年2万元，2007年3月接入国际互联网。同年新化县文化资源共享工程开始普及进入乡镇行政村，第一批280个行政村挂牌基层服务点。2008年第二批824个行政村进行挂牌，至此新化县所属行政村实现全区共享工程村村全覆盖。2010年6月，国家文化部、省文化厅免费下拨我县分中心68万元的专项设备，2011年10月1日，我馆电子阅览室建成对外免费开放，配置全新电脑24台，工作电脑6台，并接入了10M光纤的宽带互联网。2012年4月，多媒体演播室建成投入使用。共享工程新化支中心设在新化县图书馆，是新化县共享工程的建设和业务指导单位，负责保障县中心共享工程设备的运行，协调乡镇村级共享工程设备的维修、业务培训和指导。

二、队伍建设

共享工程是项惠民工程，新化县支中心将共享工程日常管理纳入制度化管理，并制定工作职责和制度。同时为了充分利用好共享工程丰富的文化资源为民服务，新化县共享工程支中心在队伍建设上坚持制度化管理，加强业务培训，多次选送工作人员参加省中心的学习。

三、经费投入

新化县共享工程自2008年实现村村全覆盖以来，国家文化部、省文化厅免费下拨我县分中心68万元的专项设备，新化县委、政府累计投入50余万的运维经费，用于共享工程设备的购置、维护、人员培训和惠民活动的开展。

四、合作共建

为了让共享工程更好、更快的全覆盖乡镇村，使广大的农民朋友尽快的共享科技信息资源，新化分中心主动与县农村党员干部远程教育中心联系，把远程教育站点与共享工程基层服务点整合，做到资源互补、优势互补，减少了重复投入，方便了群众。

五、服务基层

新化支中心在共享工程服务实践过程中，把民众的需求列为第一要务，把支中心打造成为广大群众喜爱的文化信息共享平台。

为了服务农村，根据各地农业生产特点，新化支中心把农业生产技术通过基层服务点向村民传播。同时有针对性的上门指导服务，如：宝塔村油菜种植经济大户伍秀夫充分利用信息平台，发动其他种植户，一起学习了《油菜的种植和管理技术》等内容。大湾塘村村民唐友全、唐三平等人，利用网上查寻信息，与福建省沙田县沙田柚基地取得联系，引进优质红心沙田柚种植技术及种苗，开发荒山100余亩，并成功栽种等。历年来，支中心累计为专业生产户20多户提供服务。

六、免费服务

1、新化支中心利用各种渠道宣传推广共享工程。在每年的文化三下乡、文化进社区、全民阅读、图书宣传周等活动中，新化支中心不失时机，以活动为平台，以资料为媒介宣传共享工程，让民众不断了解共享工程，充分利用共享工程。

2、在“倡导全民阅读，共建文明社区”为主题的读书活动中，新化支中心为东外社区捐赠价值5000元的新书以及书架、书桌等，并协助其建好图书室。同时走进青石街社区、华兴社区、工农河社区、上渡办事处等进行宣传服务，共发放《家庭实用小百科》资料1000余份。

3、读者活动，丰富多彩。新化支中心在服务中抓住文化的热点和亮点，积极组织群众喜闻乐见的文化活动，使共享工程走进群众生活。例如新化支中心与社会名流联合举办第二届“宋音•伶歌”文人音乐聆听会，60多名文学艺术界名流共享文化盛宴；与县摄影家协会在多媒体演播室联合举办“县摄影家协会摄影作品交流会”，摄影协会会员及摄影爱好者40多人参加。同时，新化支中心在多媒体室每周免费放映二场电影，深受广大群众喜欢。

七、工作展望

新化县文化资源共享工程已走过10个年头，从无到有，从小到大，共享工程已走进新化人民精神生活，随着中央、省、市、县对文化工作越来越重视，我们相信，新化支中心将会以更好的服务为建设和谐新化，幸福新化做出贡献。

（撰文/刘放苗）

湘西土家族苗族自治州支中心

一、整体情况

湘西自治州位于湖南省西部，面积1.5万平方公里，辖七县一市，164个乡镇，2663个行政村，总人口 260多万人，是湖南省唯一的少数民族自治州和进入国家“西部大开发”的地区。湘西自治州图书馆文化信息资源共享工程建设起步于2002年，当年借全国第二次公共图书馆评估定级东风，在资金十分困难的情况下，启用图书馆专项资金20万元，购置电子阅览室和计算机主机房设备42台（套），建成了我州第一个电子阅览室和计算机机房，初步实现了读者网上浏览和资源下载。随着国家将“工程”建设纳入“十一、五”规划，湘西自治州图书馆和全国其他地级图书馆一样，加大了“工程”建设的宣传发动和规划发展力度，使“工程”建设在州、县（市）及乡镇（村）三级得到了有序的推进和发展，取得了可喜的成绩。目前，全州共建成州级支中心1个，县级基层分中心8个（吉首、凤凰、花垣、泸溪、永顺、龙山、保靖、古丈），基层网点2340个，全州共有共享工程各类设备7410台（套），总价值1970万元，其中，我馆现有设备150台（套），总价值200万元。

二、网点建设

湘西自治州基层网点建设始于2004年，当年泸溪县、吉首市图书馆基层分中心建设纳入国家计划。湖南图书馆在随后对吉首市的河溪镇、矮寨镇进行了基层网点试点，发放设备，下载资源、指导使用。2005年凤凰、花垣、永顺三县图书馆第二批纳入国家扶持计划建成基层分中心。同年共享工程与党员远程教育携手，在凤凰吉信镇和吉首马颈坳镇建成基层网点示范点。2007年，我州其他三个县——龙山、保靖、古丈都相继建成基层分中心。2009年至2011年随着国家对农村基层网点设备配备到位，湘西自治州有2340个乡镇（村）的基层网点基本建成，并形成州、县（市）、乡镇（村）三级文化信息资源共享工程网络框架。

三、经费投入

2002年4月“工程”在全国范围实施启动后，湘西自治州图书馆馆就密切关注“工程”建设，2002年下半年我馆在没有政府财政支持的情况下，率先启动“工程”建设，建起了计算机主机房、电子阅览室、图书馆局域网和图书馆网站，并以此为契机，全面开展了“工程”建设的宣传、汇报工作。在过去的十年工作中，湘西自治州图书馆及各县市图书馆通过积极努力的工作，使“工程”建设取得了显著的成绩。湘西自治州图书馆支中心建设在没有国家计划配套资金的情况下，通过积极向州政府财政汇报，解决“工程”建设费用100万元，日常运行经费20万元，按照2009配置标准完成了自治州图书馆之中心的设备配置工作。

四、资源建设

湘西自治州三级“工程”网络资源建设以英特网络为主要技术支持。在分别建好州、县两级公共图书馆基层分中心骨干机房的基础上，通过电子阅览室引导、组织、培训读者正确使用数字资源。三级“工程”网络资源建设的主要方式是：一是建好以英特网为主渠道的国家图书馆数字资源库和湖南图书馆数字资源库的资源使用；二是实施数字资源硬盘下载工程，实现偏远山区村的文化数字资源全覆盖；三是与湖南图书馆联合加大湘西民族文献资源的收集、上缴工作，力争尽快建好湘西民族文献资源数字库。

五、合作共建

湘西自治州三级“工程”建设在得到党和国务院的高度重视的情况下，县市、乡镇（村）两级建设得到了各级政府的大力支持，得到了湖南图书馆的具体指导和技术支持，得到了村级干部的积极配合。同时，我们积极与湘西自治州州委组织部党员远程教育中心联系，依托党员远程教育基层网点建设的支持，做到了合作共建，服务双赢。在全州已建成的2340个村基层网点中，2141村的基层网点就是与远教共建的。

六、培训工作

湘西自治州馆从建成电子阅览室开始，就十分重视发挥设备的作用，加强各类培训，让读者对数字资源的使用从无知到有知，实现数字资源的使用。十年来，共举办各类培训25次，发放“工程”宣传资料13000多份，参加培训人数达近千人次。对基层网点进行业务指导30余次，参加湖南省图书馆“工程”建设业务培训4次，培训人员30人次。2010年湘西自治州图书馆与湘西自治州组织部远程教育中心共同举办了“首届全州文化信息资源共享工程、农村党员远程教育业务培训班”。为读者代查数字资源1800余次。向社会公开招考计算机技术人员1人，现在岗的5名专业技术人员都有较强的计算机业务能力，能胜任技术管理工作，让读者对数字资源的使用变成现实。

七、推广服务

湘西自治州工享工程三级数字平台建成后，州、县市两级公共图书馆积极利用“图书馆宣传服务周”、“世界读书日”、“科技下乡”、“数字资源进社区”、“主题业务知识培训”、“硬盘资源进农村”等形式加大数字资源的宣传力度，切实做好资源服务工作。农村乡镇、村网点则以广大群众喜闻乐见的“墟场宣传”、“科技咨询”、“科普资料发放”、“视频播放”等形式进行推广服务。在社区、学校、部队开办图书馆分馆，积极推广数字资源的使用。

八、工作展望

全国文化信息资源共享工程建设在党中央、国务院的大力支持下，地（州）、县市、乡镇（村）三级网络建设取得了可喜的成绩。十二五规划期间，我们将积极推进湘西自治州各级数字资源的推广使用工作，最大限度地让更多的社会读者享受到数字资源。同时，加强民族地方文献资源的收集整理工作，加大设备和技术的投入，尽快实现民族文献资源数字化，为湘西自治州政治、经济建设服务。

（撰文/湘西州支中心）

泸溪县支中心

泸溪县总面积1565.5平方公里，约占全州总面积的10.11%，占全省总面积的0.74%。至2012年底，全县辖15个乡镇134个行政村16个社区居委会692个组，全县总人口30万人（少数民族18万人）。泸溪县文化信息资源共享工程在湖南省图书馆、湘西土家族苗族自治州图书馆、泸溪县文化广播新闻出版局的支持和部署下，逐步推进，稳步发展，在新形势下为繁荣我县农村基层文化，满足农民多层次文化需求，传递民族优秀文化资源发挥了重要作用。

一、基本情况

泸溪县文化信息资源共享工程建设开始于2003年，起初在县城白沙镇建设路燃料公司门面租开一间多媒体阅览室，自筹资金10万元，购置电脑21台，电脑桌椅21张，电源延时器1台，空调2台，稳压器1台等开始运作。2009年初，在中央、省、州、县四级财政大力支持下，投入68万元，泸溪县支中心建有20m²独立中心机房和50m²电子阅览室及110m²的多媒体讲座厅，配备应用服务器、业务服务器、视频点播服务器、流媒体服务器各1台、终端计算机25台、日常管理工作站5台、便携式计算机1台、投影机1台。业务自动化系统、资源应用管理系统、信息浏览监控软件等各1套等，都配备空调系统、消防器材、防静电地板、拥有5个固定IP地址及10兆光纤专线。2009年上半年，又与县委农村党员干部现代远程教育中心合作共建农村基层网点122个，投放电脑109台、投影机3台、播放器10台、文化共享标牌122块，并于当年安装调试完毕且交付使用。至此泸溪县所属行政村实现共享工程村村通的目标，乡镇文化站共享工程设备与文化站建设同步进行。

共享工程泸溪县支中心设在泸溪县图书馆内，是泸溪县共享工程的建设和业务指导单位，负责保障县支中心共享工程设备的运行，协调乡镇村服务网点共享工程设备的维修，指导乡镇村服务网点共享工程活动的开展以及全县共享工程管理员的业务培训和指导等工作。

二、管理和队伍建设

为使文化信息资源共享工程真正为民所用为民谋利，泸溪县支中心将共享工程日常管理纳入制度化管理。制定县支中心、乡镇、村基层网点工作职责和制度，实行制度上墙公开。每年有年度工作计划，月度有工作要点，季度有工作督导，年末有工作总结考核，并推行管理员工作日志管理，收集整理共享工程服务活动的得失，探索共享工程管理和服务新模式。

文化信息资源共享工程作为一个全新的农村文化资源获取平台，如何推广好、利用好共享工程丰富的文化资源关键在于是否有一支专业化的共享工程管理员队伍。泸溪县支中心在管理员队伍建设上坚持明确职责，明确思路，制度化管理，常态化培育。对于乡镇、村两级基层网点管理上择优选取文化层次较高，有一定社会基层管理服务实践经验的大学生村官为管理员，他们工作热情高，有较高的文化水平能尽快熟悉掌握共享工程设备为所在村民服务。抓住“选、培、稳、管”四个环节，着力打造一支文化信息资源共享工程基层服务网点常备军，努力提升全县共享工程服务网点的管理和服务水平。

1、实施资格认证，严把入口关。全面实行文化共享基层网点队伍资格认证制度，严把准入关口。要求乡镇文化站专干必须具备大专以上学历、具备一定的电脑基础，通过资格认证，目前全县15个乡镇各配有1名共享工程文化专干。村级服务网点管理员方面，要求必须具备高中以上学历，且以现任村干部、村级后备干部、三支一扶人员、大学生村官以及农村致富能手和返乡创业农民工等为重点择优选配操作人员。通过自愿报名、资格审查、技能测试等环节，全县134个行政村16个社区基层网点各配有1名网点管理员。

2、加强教育培训，提高执行力。对新选配的文化站专干，通过每周一学习、每季一培训制度，采取走出去、

请进来等培训方式，重点进行了电脑操作、电脑维护等方面的集中强化培训，不断提高业务素质和工作水平；同时，建立了全县文化共享工程工作QQ交流平台，加强全县文化共享工程管理员之间的学习、交流和沟通。

3、建立规章制度，增强责任感。每年初，县支中心与各乡镇签订了《文化共享工程基层网点责任制》，明确文化共享工程基层网点管理员的工作职责，制定《泸溪县文化共享工程基层网点工作考核管理办法》。此外，要求管理员每季度至少深入群众家中入户调查1次以上，每月上报文化信息2条；将每月的第二周定为技术服务周，根据调查情况，制定出符合各村实际情况，为有技术需求的群众做好上门服务。截止目前，已累计培训学习1万人次，极大地促进了我农村的经济社会发展。

4、落实激励机制，调动积极性。县支中心落实管理员补贴，按照“以奖代补”形式进行发放。通过对文化共享工程基层网点管理员实行“一定一考”（年初定职责、一年一考核），对工作突出的乡镇文化站专干、优秀村级管理员进行奖补，激发了管理员的工作积极性和主动性。并且通过开展“文化共享工程基层网点管理员学用”活动，评比表彰“十佳管理员”，表彰文化共享工程基层网点先进单位，增添了文化共享工程工作的生机与活力。

三、培训工作

泸溪县支中心在共享工程管理员的培养上实现了制度化和常态化。根据支中心工作要求，每年对辖区内共享工程管理员进行2期的集中培训，2004年以来一共举办各类培训班16期，参加轮训的基层网点管理员达1200人次。

四、经费投入

泸溪县文化共享工程自2009年实现村村通以来，县财政每年投入10余万的运行维护经费，用于共享工程支中心设备的维护，人员培训和活动的开展。同时，县文化广播新闻出版局和泸溪图书馆每年也投入大量人力物力支持共享共享工程各项活动的正常开展。

五、资源建设

泸溪支中心在每年的工作中，搜集本地区文献资源，并进行选取、编辑制作成各类题材资源，每年制作发放各类光盘500多张，宣传展板30多块，各类海报，招贴画20副，发放宣传资料1000余份；本馆图书、期刊、报纸等进行数字化加工，建立数据库；购置电子文献和视听设备；建立本馆网站等。

六、合作共建

根据乡镇、村的硬软件条件建立形式多样的电子阅览室和多媒体中心。比如在潭溪镇的文化站活动中心、武溪镇的上堡村、白沙镇红土村等建立拥多媒体阅读中心和电子资源播放为一体的多功能活动室。通过多方不懈努力，共享工程已逐步走入基层村民生活，成为村民获取新知，娱乐身心的新渠道新平台。

七、利民惠众，惠农服务

泸溪支中心在共享工程服务实践过程中，以民众的需求为导向，积极探索，服务民众生活生产，引领群众高尚精神文化生活，打造群众满意喜爱的文化服务新平台。根据泸溪地域农业生产特点，泸溪县支中心每年按季节制作农业生产技术光盘和小册子通过行政村基层服务网点分发给村民。针对不同种植养殖专业户，泸溪县

支中心有针对性的选取资源上门指导服务。历年来累计服务专业户30多户，长期点对点跟踪服务10户。乡镇文化站积极指导基层服务网点从全国文化信息资源共享网络下载先进实用技术课件，了解市场信息，让文化信息资源共享工程平台成为推广农村先进实用技术的“窗口”。针对群众致富缺门路、缺信息的问题，乡镇文化站积极搜集发布市场行情和供求信息，引导群众积极调整产业结构，发展适销对路产品。如永兴场乡下广村天台龙组发展1户养羊大户，带动养殖示范户10余户养羊150余头。溪头村发展油茶种植基地100余亩，促农增收达10万元。

八、宣传推广

1、泸溪县支中心利用各种渠道宣传推广共享工程。在泸溪每年的科技文化三下乡活动，泸溪县支中心不失时机，以活动为平台，以资料为媒介宣传共享工程，让群众不断了解共享工程，走进共享工程。

2、走进校园。泸溪县支中心在文化服务中不断探索，利用支中心多媒体阅览室，组织动员青少年儿童关注共享工程，利用共享工程，收集青少年知识兴趣点整理挖掘，同时按照湖南省分中心的部署在全县中小学校开展了阳光少年热爱党网页制作大赛和电脑小报制作大赛。通过一系列的活动是共享工程不仅走进农村也走进校园走进青少年。

3、专题活动，精彩纷呈。泸溪支中心在服务中抓住文化的热点和亮点，积极组织群众喜闻乐见的文化服务，使共享工程走进群众生活。

九、工作展望

泸溪县文化共享工程已走过10个年头，从昨天的几个点到今天的134个行政村16个社区全覆盖，从单一的资源接收到今天的编辑分发和群众广泛认知，广泛参与，文化信息资源共享工程在泸溪已经成为泸溪人民文化生活的一大支柱，成为繁荣泸溪文化，丰富泸溪人民精神生活，推动泸溪人文科技进步的强大动力源泉。

今后泸溪支中心希望在国家中心、湖南省分中心、湘西土家族苗族自治州支中心大力支持下为泸溪共享工程建设一支专业化的服务队伍，建立一个国家、省、州、县四级知识网络联动的即时问答服务体制和服务形式更加多样，服务网点更加宽广，参与群众更加广泛的共享工程文化带动体系，为建设科技泸溪，文化泸溪做出贡献。

（撰文/文 劲）

凤凰县支中心

凤凰县全县辖24个乡（镇），344个村，全县37.41万人口，其中少数民族有27.69万人，占全县总人口的74.02%，苗族有20.21万人，占总人口的54%，土家族有7.01万人，其他民族如藏、回、瑶、壮、满、黎、侗、仡佬等共137人，是一个典型的以苗族为主的多民族县。

一、基本情况

现今屹立在凤凰县城文化广场旁的凤凰县图书馆是一个为三层框架结构并具有现代化功能的仿古建筑，占地面积为650平方米，建筑面积为1500平方米。2004年7月动工，2007年7月竣工。现新馆设有采编室、综合外借室、地方文献室、报刊阅览室、过报过刊室、书库、参考咨询室、古籍室、电子阅览室、主机室、多媒体演播厅、办公室及活动室。

2008年10月，国家文化部将我县定为全国文化信息资源共享工程试点县之一，根据《文化信息资源共享工程实施方案》的要求，我馆在州、县文化主管部门的指导下，实施了文化信息资源服务网点建设，县支中心于2009年初全面投入使用，充分发挥了文化信息资源共享工程的示点作用。目前，我县已完成文化信息资源共享工程服务网点建设338个，其中县支中心1个，乡镇村基层服务点337 个，深受广大基层群众的热烈欢迎。

二、培训工作

为更好的利用和掌握现代化技术，熟练操作共享工程配套新设备，由馆长亲自带领全馆工作人员参加了湖南省图书馆举办的文化信息资源共享工程县支中心建设的培训，通过学习，我馆已认识到文化信息资源共享工程服务的重要性，在开展工作的同时，积极与省中心保持联系，对设备的维护与操作上的疑难问题进行请教。我县基层网点建设逐步开展，我县支中心技术员在安装基层设备的同时，对如何使用文化信息资源共享工程服务等业务技术问题，向乡镇村基层技术员进行了耐心的现场指导，每年对基层技术人员组织开展两次共享工程培训辅导培训班，目前我县拥有专兼职技术人员340人，其中县支中心技术管理员1人，技术员2人，乡镇村基层技术员337人。

三、县财政配套支持情况

自我县共享工程开展以来，我县抓住这一大好机遇，将文化共享工程作为推进文化工作创新的新举措，不断完善公共文化服务体系，提高公益性文化服务水平，扎扎实实地组织全县文化共享工程的实施，推动了全县文化信息资源共享工程的稳步发展，并保证了文化信息资源共享工程在我县顺利推进。县财政为我县文化共享工程支中心添置了大量配套设备，其中包括电脑桌椅各50张，另添置电脑26台。县财政已把开展文化共享工程所需经费纳入财政预算，保证了我县文化共享工程得以顺利进行。

四、制度建设情况

为推进我县文化共享工程建设，搞好县支中心和基层服务点的管理，我县严格按照上级要求，做好三上墙工作，如：悬挂标牌、统一制作县支中心主机室管理制度、电子阅览室规章制度和共享工程数字资源使用说明等，在各乡镇村基层服务点也悬挂有基层服务点管理制度、管理员工作职责和开放制度。并要求所有文化共享工程服务网点的工作人员应遵守制度，做好本职工作。

五、稳步运行

由于县支中心机房相关仪器设备非常贵重，为了保证文化信息共享工程县支中心的正常运行，我馆坚持实行专人专岗，为了保证全馆财产安全，不仅安排专门夜间保卫人员，还安装了视频监控设备。县级支中心坚持卫星接收数字资源，已新接收卫星数字视频资源1000余个，收到文化部全国文化信息资源建设管理中心邮寄的光盘

资源10种六百多个视频资源，每年制作发放各类宣传光盘1000多张，展板20多块，各类海报，招贴画100副，发放宣传资料5000余份，大大增强了对读者的吸引力。

六、宣传推广

凤凰县支中心利用各种渠道宣传推广共享工程。在每年的春节文化三下乡活动中，以资料为媒介宣传共享工程，让民众不断了解共享工程，走进共享工程。利用节假日期间，组织动员青少年儿童关注共享工程，利用共享工程，收集青少年知识兴趣点整理挖掘，针对集中地知识群和关注点为青少年答疑解惑，深受广大青少年的喜爱。

七、工作展望

凤凰县文化资源共享工程已走过5个年头，文化资源共享工程在凤凰县已经成为全县人民文化生活的一大支柱，也是推动文化旅游县进步的强大动力源泉。在今后的发展中应加大设备投入并更新维护力度，扩大服务范围，改善服务环境，增加信息点，做好省中心与县支中心、县支中心与基层服务点的共建共享之间的紧密联系，为文化信息共享工程各项服务功能得以顺利实现提供保障。加强县支中心、基层服务点与农村科技示范户的联系，加强县支中心与学校老师与学生家长的联系，探索创新服务渠道，改进工作方法，做好热情服务，不断提高文化信息共享工程的服务水平。

（撰文/凤凰县支中心）

花垣县支中心

花垣县总面积1,108.69平方公里。总人口27万人。共享工程花垣县支中心于2008年6月，在湖南省花垣县图书馆正式建立。馆舍面积：7080平方米，占地面积9900平方米，总投资2100万元。2011年元月，被文化部命名为国家一级图书馆称号。2011年4月，被湖南省委宣传部、省委农村工作部、省文化厅等部委厅局联合授予“全省服务农民服务基层文化建设先进集体”称号。现下设有7个镇基层服务中心，190个村级基层服务点。

一、基本情况及背景介绍

花垣县图书馆始建于1976年5月，一直以来以馆内外借处、科技阅览室、报刊阅览室和少儿阅览室为主，开展传统的阵地式服务。为了开拓读者服务工作，1986年2月，花垣县图书馆走出阵地，率先在全省实现与县科委联合，创办科技阅览室、技术服务培训部，开展送书下乡技术培训活动，成为一重要的流动窗口。然而随着全国图书馆数字化、信息化和网络化的迅速发展，这种以阵地为中心开展的传统服务模式，越来越有局限性，由传统型向现代化型转变迫在眉睫。

正当花垣县图书馆人摸索转型之路时，机遇向他们投来了曙光。2002年6月30日，国家文化部向全国发出“全国文化信息资源共享工程第二阶段实施方案”的通知。指出：‘共享工程“充分利用现代信息技术成果，依托网络，以数字方式传播先进文化信息，使社会公众以前所未有的便利享用这些文化信息资源。这一消息无异于为花垣县图书馆指明了方向。

同时，花垣县图书馆借助中央、省县投资新建花垣县图书馆新馆的时机。积极筹措创建文化共享工程花垣县级支中心。2006年5月25日，花垣县图书馆积极响应湖南省文化厅、财政厅《关于实施湖南文化信息资源共享工程的通知》精神，成立共享工程建设花垣县领导小组，提交“花垣县建设文化共享工程基层分中心（现更名为支中心）实施方案”。2007年4月中旬，花垣县图书馆一方面向省州文化厅局申请项目建设，一方面加强基础硬件设施，基础网络建设和支中心场地建设，总投资86.4万元。10月23日，花垣县政府、县财政局组织有关专家对支中心电脑硬件和网络设施进行了合格验收。2008年10月28日向湖南省文化信息共享工程领导小组提交申请验收报告。11月份支中心正式对读者开放，实施服务。

二、开展各种知识服务活动

文化共享工程的建设，服务是根本。在工作实践中，花垣县支中心的职员们认识到，服务要因地制宜，依据各类文化设施和场地，深入基层，深入农村，有针对性地开展丰富多彩、形式多样的服务活动。而要在广大老百姓的心目中占有一席之地，则必须以质取胜，为精品取胜，服务做到人无我有，人有我精，以此树立自己的品牌。

为了切实加强服务农民服务基层工作，注重基层队伍建设，我们从2007年10月与县远教办合作先后组建了三支队伍，对站点、书屋管理操作人员实行跟踪管理，建立一支业务技能过硬的管理操作咒队伍；积极推动村校共建共享工程，建立一支理论水平较高的政治辅导员队伍；从成员单位和涉农部门聘请一批专业技术人员，建立一支专业技术扎实的科技辅导员队伍。为了使文化共享远程教育师资队伍真正达到“打开电脑会操作，走上讲台能讲解”，先后在部分乡镇进行了分片培训和在县城进行集中培训，收到了良好效果。我县把县文化共享工程中心和县党校作为文化共享远教电脑操作培训基地，确保学习的顺利开展。同时我县把青梅公司作为全县党员干部、农民群众的学用实践基地，极大方便党员干部和农民朋友的学习。两个基地先后培训党员干部、农民朋友5000人次。

整合部门资源，增强学用活力。一是整合农业科技资源。借助科技学用活动的契机，组织涉农部门专业人员、科技示范大户和“田专家、土秀才”对农村党员干

部群众进行培训，引导农民走学技致富之路。据统计，2008年以来，各涉农部门共深入文化共享远教站点培训240多次，培训群众9200多人次，发放资料6000多份，送光碟520张。二是扎实开展“科技服务月”活动。2009年5月份，我县支中心按照省州中心要求，全县16个乡镇120个网点1200名党员干部群众参加“视频”学习，6100余人参加其他形式的学习，有600余人掌握1–2门的农业适用新技术。排碧乡排碧村二组民吴珍俊说“5月份我参加了3次视频学习，2次烟叶技术培训，是我近几年来学习最多的一个月”。红英村女党员施玉琼说：“今年我种烟，再也不担心烟病了，因为专家教了我防治烟病的方法和药方”。由于群众普遍掌握了烟叶种植技术，全村种烟热情空前高涨，烟叶种植面积达到了480亩。团结镇桐木村的龙昌凡说：“柑桔大果实蝇，每年让我损失，开展技术培训后，我掌握了此虫害防治方法，今年柑桔挂果好”。文化共享远教“科技服务月活动”，为450余农民解决了生产中技术难题。三是结合科技特派员试点工作推动学用成果转化。将文化共享工作与科技特派员的工作紧密结合，利用文化共享平台开展技术培训，促时技术普及，为农民群众增收致富服务，先后配合全县57名科技特派中引进新技术、新产品26项，培训村民2500多人次，示范带动农民700多人，示范面积2100多亩。这些丰富多彩的活动，即宣传了党的方针政策又普及了科普知识，为全县经济建设和各项工作的开展创造发良好的条件，起到了加油鼓劲的作用，因为群众欢迎、领导满意、管理员高兴。图书馆的地位逐渐得到提高，在县领导心目中有了一定的分量。实践使我们体会到，县级支中心图书馆只有围绕县里的中心工作开展活动，为政治服务、为经济服务、显群众服务才能越干越会干，越干越想干，越干越有劲，越越干越有生命力。

三、创新形式，常抓不懈

近年来，我馆坚持先进文化的前进方向，围绕中心工作，面向基层群众、服务基层，坚持开展全方位、多层次、创新性、丰富多彩、形式多样的服务农民服务基层活动。概括起来主要有以下几点：

一是阵地服务。有主题演讲赛、知识赛、少儿征文活动竞赛等。2008年9月，由州委宣传部、州文明委、州文化局、州教育局、州妇联、团州委主办，花垣县图书馆协办并独立出资4万元举办的“和揩湖南，我的湘西”美文诵读全州少儿决赛在花垣县图书馆举行，大获成功，深受各级领导的好评。我馆多次荣获省州文化部门的各种奖项。

二是送书下乡。主要是发放科技图书、致富信息资料，播放影视科技知识讲座，每年播放60多场次。

三是广场活动。主要是图书服务宣传活动。知识灯谜语有奖竞猜活动，各类主题知识宣传展版活动。

四是艺术展览。主要是书法、美术、摄影、民间艺术等，年举办3次以上。

五是业务培训。主要是管理人员、农民工、养殖业大户等，每年培训各类人员1200余人次。2010年3月26日–28日，由州委共同主办花垣馆协办的湘西州2010年度百万农民培训第三期培训班在花垣县图书馆举办，参加的农民群众有600人。培训期间，展出科技知识图片展版50块。

六是课题跟踪服务。主要是为科研课题提供文献信息跟踪服务。参加省厅举办的为两个文明建设服务成果评奖活动，先后多次荣获省厅授予 的服务成果二、三等奖。

七是搜集地方文献资料，打造馆藏地方图书特色。

八是深入基层、辅导乡村文化共享网点的农家书屋的业务活动，每年都在80人次以上。

九是节庆活动，主要是春节大型有奖灯谜竞猜及“七一”、“国庆”知识宣传展板，艺术展览等。

十是知识讲座。主要是读者知识讲座，播放影视宣传片、影视科技讲座、专家讲座。

在开展图书服务活动的实践中，我们也逐渐摸索也了一些行之有效的方法：一是走出去，深入农村、农户和养殖业大户，开展知识下乡和组织辅导传播科技实用技术给农户。二是请进来，利用图书馆的活动阵地，举办各种主题赛事和艺术展览，开展各种门类的业务培训。三是利用图书馆特有的聚合力，按照自愿的原则，组建各类专业人才辅导队伍和管理员队伍，发挥好专业骨干队伍的示范辐射作用。四是采取联办协作的方式，与县远教中心、老年科协、县科技局、县科协、县农业、林业、畜牧局、特种种植企业、农户、蔬菜局等各种涉农部门联合举办各类活动，借力造势，整合资源，扩大影响。五是图书馆充当“桥梁纽”，协调组织各类专业人才辅导队伍，实行跨乡跨村异地交流辅导授课，为基层科技文化活动注新的活力。

四、与县委组织部远教办及县镇村携手互动

文化共享工程作为一项惠民工程，要想让公众普遍享受社会赋予的文化权益，就必须实现村村通，信息服务全覆盖。花垣县支中心现下有6个乡镇（办事处）基层服务中心，190个村级基层服务点。随着文化共享工程建设的不段深入，花垣县支中心结合当地实际，控索出形

式多样的建点模式。

互联网模式，向花垣支中心，边城镇、龙潭镇、团结镇、麻栗场镇、猫儿乡、排碧乡、花垣镇基层中心，都建起了电子阅览室，并建立健全电子阅览室规则、管理人员职责、读者须知等各项管理制度，申请物价局颁发了服务价格收费许可证，通过件提升安全级别，屏蔽黄、赌、毒等网站，给大家一个绿色空间。

卫星服务模式，花垣县支中心，边城镇、花垣镇、龙潭镇、团结镇、麻栗场镇、长乐乡、猫儿、雅酉镇8个镇（办事处）基层中心。其中各镇基层中心主要是利用卫星三级站开展服务，每天安排专业人进行维护管理，坚持上午八时开机，接收整理各级中心提供的文化信息资源，并做好工作记录，以方便村民的查询。

共享机制模式，向190个村与党员远程教育网共享开展服务，118个村与中小学现代远程教育网共享开展服务。

移动硬盘/光盘模式，花垣县支中心通过易播报存贮专题农业技术节目和电影，根据镇、村需求上门服务，并携带刻录机现场为群众刻录所需资料光盘。并对易播报实行统一管理，分类存贮，按需流转，无偿使用。

点建起来了，合理利用才是关键。服务点没有的资源找基层中心，基层中心没有找上级支中心，层层推动，携手共享才达到了文化共享工程的目的。如2009年6月，团结镇老鸦塘村400多亩柑桔，遭遇“大实蝇”害虫的猛烈攻击，严重影响了柑桔生长，村民求助到了服务点。灾情不等人，服务点立刻将情况汇报给基层中心及市支中心，市镇村携手行动起来，查资料找案例，请专家现场指导，最后确定用糖醋液加知百虫，实行全国挂药缺罐，收集柑桔大实蝇的成虫，5–7天换一次药液，按此种方法，持续到6月下旬，终于使这400亩柑桔避免了一场灾难。文化共享工程又一次体现了它的资源丰富、服务便捷。

五、工作展望

近年来，花垣县支中心秉承“广延伸、重覆盖、聚人气、树品牌”的理念，把共享工程优秀数字资源送到了广大老百姓身边，让他们享受到均衡的文化服务。

当然实践证明，文化共享工程是消除文化和数字鸿沟的一条有效捷径，是网络文化建设的一项重要内容。文化共享工程更要借党的十七大六中全会东风，敢于创新、大胆实践，让文化共享工程惠民服务焕发出更上一层更大的活动，更强的生命力。

（撰文/彭进军）

桂阳县支中心

自2006年以来，按照县委、县政府提出建设文化强县的决策部署和上级政策精神，桂阳县着手实施文化信息资源共享工程建设，确定了“文化实施，政府投入，社会受益”的总体思路和要求。经过几年的努力，我县建立起了文化信息资源管理中心和覆盖乡村的农村基层服务网点，为文化信息资源的有效运用和全县经济社会发展发挥了应有作用。

一、政府重视是关键

桂阳县文化共享工程的实施和发展，始终得到了县委、县政府的高度重视。县委、县政府将文化信息资源共享工程实施作为推动公共文化服务体系建设的突破口和文化强县的重要内容。

创建伊始，县政府就组织财政、文化等相关职能部门，对全县公共文化体系建设情况进行了广泛深入调研，并多次组织召开了现场办公会，专题研究文化共享工程建设工作。为确保此项工作顺利实施，我县成立了“桂阳县文化共享工程领导小组”，制定了《桂阳县文化信息资源共享工程实施方案》，将文化共享工程建设列入了全县“十一•五”文化建设规划，所需建设资金全额纳入财政预算。2011年，我县又将文化共享工程建设作为公共文化服务体系建设的重要内容列入了全县“十二•五”文化建设规划。

二、财政投入是重点

文化共享工程是公共文化体系建设的重要内容，属公共财政覆盖的范畴。县财政在实地考察和认真测算的基础上，安排专项资金，通过政府采购一次性购置电脑、服务器等必需的设备，建立起了文化共享工程桂阳支中心这个平台。为确保顺利运行，我县将支中心运行和维护所需经费全部列入财政预算安排。为了给群众提供更好更快的文化共享服务，在县财政的支持下，我县支中心将原来的ADSL上网改成光纤上网。为加快我县基层服务网点建设，我县采取分步实施、整合资源、增加财政投入等措施，结合现有农村党员远程教育和农村中小学校园网等项目资源，实行资源共建共享，建起了429个文化共享工程基层服务网点，39个乡镇级服务点。几年来，各级财政共投入300余万元支持文化共享工程建设，发挥了政府对公共文化事业建设投入的主渠道作用。

三、服务发展见成效

目前，我县已建立起了使用面积100平方米、电脑30台的文化共享工程桂阳支中心。通过与省中心签订数字资源共享协议，省中心为我县支中心提供了4万多种电子图书、1500多种电子期刊、10TB的视频资源库。文化共享工程的实施，丰富了我县群众的文化精神生活，满足了不同层次的文化需要。特别是农村基层服务网点的建立，在指导当地农民科学生产、健康生活方面发挥了积极作用。我们针对不同群众的生产生活所需，下载制作了大量科普和科学种养殖、农产品加工、禽流感防治、水稻病虫害防治、老年人保健、社交礼仪等农村实用科技方面的光盘，提供给基层服务网点。如我县城郊乡火田村的基层服务网点、流峰镇流市居委会的基层服务网点，就深受当地农民朋友的欢迎。2011年，我县以文化共享工程支中心和基层服务网点为平台，在全县范围内开展了“文化共享，惠泽三湘”服务活动，取得了良好的社会效果。

桂阳县的“文化共享，惠泽三湘”服务活动被省文化厅评为2011年全省先进单位，获得一等奖；“党在我心中”电脑小报获全国优秀奖。我们相信，随着我县公共文化服务体系建设的不断推进，越来越多的文化信息资源将深入农村，文化服务新农村建设的作用将会越来越凸显。

（撰文/桂阳县支中心）

全国文化信息资源共享工程——

广东省分中心

广东省，简称"粤"，省会广州，下辖21个市，其中副省级城市2个(广州、深圳)，地级市19个。广东是中国大陆南端沿海的一个省份，与香港、澳门、广西、湖南、江西和福建接壤，与海南隔海相望，在语言风俗、历史文化等方面都有着独特一面，省内有广府、客家、潮汕三大民系。常住人口已超过一亿多人，经济实力约占全国的八分之一，广东已连续24年成为我国年经济总量首位的省份。

文化共享工程是一项重大文化惠民工程。广东省委、省政府对我省共享工程建设十分重视，将实施文化共享工程列入《广东省国民经济和社会发展第十一个五年规划纲要（2006－2010年）》以及《广东省信息化发展纲要》；并把文化共享工程列入《广东省文化强省建设纲要》十项工程中的重要内容。在广东省委、省政府的重视和关怀下，在各级政府和省、市、县各级分、支中心的共同努力下，广东省文化共享工程在基层服务网点建设、公共服务、共建共享、队伍培训等方面取得了不断进展和良好的社会效益。

一、基本情况

广东省文化共享工程工作启动于2003年，文化共享工程广东省分中心设立在广东省立中山图书馆，是全省的文化共享工程的建设和业务指导单位。

1、文化共享广东省分中心建设

2003年，广东省文化共享工程已被列入《广东省建设文化大省规划纲要》，省财政为此拨出全省启动经费1041万元。至年底，省分中心已完成价值400多万元的设备招标采购，共引进服务器17台、存储设备5套共7500GB、PC110台、核心交换机1套、二级交换机8套，以及数码录像机、数码照相机、扫描仪、打印机等外部设备6套，2004年完成设备安装调试，投入实际运行。

2011年，省分中心借助省馆改扩建一期工程数字化建设项目，共投入820万元，实现了馆内主干万兆、千兆到桌面的局域网络改造，并增添40台惠普刀片服务器、50TB的光纤SAN存储、200台读者用机和130台业务用机。大规模硬件设备更新为省分中心开展工作提供了良好的支撑。

2、文化共享工程试点县建设

2006年9月，文化部下发《全国文化信息资源共享工程试点工作方案》，广东仁化、德庆、蕉岭、罗定四县市被确定为第一批试点县，2007年初，广东乳源也被列为试点。经过调研，省分中心拟定广东省试点县实施方案草案。以此为基础，省文化厅和财政厅联合制定"试点县"实施方案，拨出专项经费，其中仁化、德庆、蕉岭、罗定四县支中心建设各150万元，乳源县级支中心、121个乡镇基层中心、300多个行政村基层服务点，共500万元（其中省财政200万、国家财政300万）。其后，省分中心配合文化厅进行各地支中心及基层服务点的设备选型及招标等工作，顺利完成5个试点县信息资源共享工程建设工作，其中乳源县还获得国家示范县荣誉称号。

3、文化共享工程县级支中心建设

在省文化厅领导下，2008－2011年，广东共建设文化共享工程县级支中心101个，其中国家财政下拨150万元用于怀集、徐闻、电白三地县支中心；由各县级各支中心自行配套经费30万元、同时省财政给予38万元设备扶持的方式建立县级支中心69个；珠江三角洲地区自筹经费建立县级支中心29个。截止2011年底广东已完成县级支中心100%覆盖的建设目标，省分中心承担了县级支中心设备建设的招标、签署合同、监督施工、试运行、验收等方面的工作。

4、基层服务网点建设

2005年，完成"2004年度国家资助文化共享工程基层点"15套设备的安装，建立15个乡镇基层示范点。2006年12月，收到国家中心"2005年度国家资助文化共享工程基层点"设备20套。分别安装在德庆、仁化、蕉岭、罗定四县。省分中心及时验收、分类、打包设备并制订下发方案。2007年初，省分中心人员及时完成德庆、蕉岭、罗定、仁化四县十镇的设备安装调试，因此成为第一个完成设备下发任务并完整反馈资料的省分中心，于2007年9月获得国家资助设备下发及安装工作二等奖。

自2008年起，根据文化部要求镇村基层服务点与农村党员远程现代教育资源整合的要求，广东文化共享工程与农村党员远程现代教育相结合，共建镇级基层服务点1148个、村级基层服务点19526个，实现了全省镇、村级网络100%全覆盖。

截止2011年，广东文化共享工程已建成1个省级分中心、21个市级支中心、106个县级支中心，建立了"广东数字文化网"和各地市县"数字文化网"与农村党员远程现代教育项目相结合，合作共建镇级基层服务点1148个、村级基层服务点19526个。

二、管理和队伍建设

1、加强文化共享工程联络员队伍建设

2005年，省分中心建立了广东省文化共享工程各级支中心和基层服务点联络员队伍，以加强管理和及时交流信息。2008年3月，省分中心下发《关于各地市文化共享工程联络员重新登记的通知》和《广东省文化共享工程地市支中心联络员登记表》，对各地市联络员进行重新登记。省分中心专门成立文化共享工程地市支中心QQ工作群、县级支中心QQ工作群。全省的地市支中心、县级支中心的联络员分别加入了这两个群，方便了省中心与各地联络员以及联络员之间的互相沟通，也有利于开展业务交流和技术支持。

2、制定标准和规章制度

2008年，根据文化部督导组对广东文化共享工程工作的反馈意见和细化管理的要求，广东省分中心制定了市、县（市、区）、乡（镇）、村四级支中心和基层服务站点建设标准，包括《全国文化信息资源共享工程广东省市级支中心工作规则》、《全国文化信息资源共享工程广东省县支中心工作规则》、《全国文化信息资源共享工程广东省乡镇（街道）基层服务点工作规则》、《全国文化信息资源共享工程广东省行政村基层服务点工作规则》、《全国文化信息资源共享工程广东省乡镇（街道）、村基层服务点管理人员工作守则》、《全国文化信息资源共享工程广东省市、县支中心电子阅览室管理人员工作守则》和《全国文化信息资源共享工程广东省市、县支中心电子阅览室用户须知》，上报省文化厅批准后下发各支中心和基层服务点。

3、首创文化共享工程信息管理系统

2006年，省分中心组织开发“广东省文化共享工程信息管理系统”，可建立省分中心、市县支中心和乡镇村基层服务点基本档案库，实行月报表数据的网络上报，实现各级统计报表的自动化管理，这是国内首个省级文化共享工程管理信息系统。

4、加强业务指导

省分中心为省内多个市县级支中心提供了文化共享工程建设参考方案。先后为云浮市、珠海市、江门市、清新县、惠阳县等多个市县支中心提供共享工程建设方案和指导意见。通过电话、QQ、远程协助等方式为全省市、县级支中心、基层服务点提供技术指导和支持，必要时，安排工作人员到现场解决问题。

5、资源分发

省分中心共为各市、县支中心，基层服务点通过移动硬盘拷贝和网络传输方式，分发文化共享工程，仅十一五期间就分发数字资源约130TB，提供资源包括电影、讲座、专题资源等。下发农业期刊、“双百”人物学习光盘、南粤历史遗产欣赏等各类光盘近9700张。这些资源由各级支中心、基层服务点通过网络在线点播或集中播放方式为读者服务。

三、培训工作

2003年，在文化共享工程实施伊始，广东省分中心就在全省七个片区举办共享工程培训，内容包括共享工程总体情况介绍、卫星系统的安装与接入、共享工程系统的安装应用与维护、共享工程资源建设、网上参考咨询系统操作及应用、常用信息介绍、广东数字图书馆远程用户的发展与培训、电子阅览室在共享工程中的应用及管理等，来自省内各地市县（区）图书馆1千多人参加了培训。

2005年，省分中心组织省内图书馆共享工程专业人员通过远程视频方式参加国家中心举办的资源制作培训班，省分中心还将各类培训视频和教材下发给各市、县基层馆。2007年，省分中心分别在广州、佛山、东莞、江门、清远、深圳、茂名、汕头、肇庆举办系列培训班，来自全省各地市、县级图书馆、镇文化站等共享工程基层点的工作人员共1000多人参加了培训，培训内容包括共享工程概述、文化共享工程与图书馆信息服务、广东省文化共享工程信息服务及网上信息直报管理系统操作指南、网上通用阅览证、各种数字资源的共享与利用等，培训采取理论讲述与上机实习相结合的方式，效果良好。省分中心还在乳源举办两期培训班，以提高试点县基层用户的技术能力，120名县、乡镇、行政村信息员参加了培训。

2008年，广东省分中心承担了四川汶川县支中心灾后培训工作，邀请汶川县支中心的员工来广东参加培训，学习内容包括图书馆业务培训和文化共享工程技术。年底省分中心还举办文化共享工程广东省地市支中心师资培训班，来自全省21个地级市图书馆的60多名业务骨干参加培训。

2009年，省分中心举办培训班两次，组织网络在线考核一次，以检验网络培训学习效果。2010年，省分中心组织各级支中心和基层服务点定期收看文化共享工程P2P直播的系列培训和讲座。

2011年，省分中心人员为全省流动图书馆70个分馆140余名馆长和技术人员讲解县级支中心的运行维护技术。此外还组织各级支中心和基层服务点收看12次网络培训直播，培训人数达3000多人次。

2012年，省分中心还召开全省公共电子阅览室培训班，共有来自市、县级公共图书馆的150多名馆领导和技术骨干参加。

四、资源建设

自2004年以来，广东省各级分、支中心有计划地系统挖掘广东文化资源，建设一批具有广东特色的资源库群，如广东省馆的广东地方文献全文数据库、五邑华侨华人数据库、缩微文献全文数据库、广州人物数据库、广州少儿图书馆制作的“广州记忆（青少年版）”特色数据库，佛山图书馆的“佛山记忆（口述历史）”专题片等。

2011年，广东省向中央财政申请用于资源建设的全国文化信息资源共享工程专项资金300万元，用于建设“孙中山数据库”、“岭南印象系列文献库”、“述绎端砚”原创视频资源库、潮汕民俗文化视频资源库、客家文化资源库、、汕头埠老街市图文资源库等7个特色资源库。

同时省分中心还建立了缩微文献全文数据库和生态环保图书馆。其中缩微文献全文数据库对古籍善本、珍稀报纸进行缩微胶卷数字化工作，建立发布系统，使得原本需使用缩微阅读设备才能阅读的文献，通过计算机和网络，可以直接为读者所利用。而2007年创建的生态环保图书馆则设立了《同在蓝天下，共建红树林》、《关注绿色能源》、《走进绿色生活》、《聚焦全球气候变化》等专题数据库，收录各类数据158088条以上。

五、合作共建

广东省文化共享工程还与政府其它项目合作建设，以扩大基层信息服务阵地。

与省科技厅合作，开通“文化共享工程一信息直通车”。与省科技厅合作，开通“文化共享工程一信息直通

车”，主要针对农民群众实际需求，以农村科技信息资源开发利用为核心，以信息进村入户带动农民致富为目标，为全省农村“信息直通车”信息服务站和信息服务员免费提供共享工程海量的文献资源。

省分中心还为广东农村党员干部现代远程教育网提供共享工程资源栏目和资源，共1.2TB视频资源，分别在文化娱乐、南粤党建、教育在线、科技富家、岭南风情、健康之路等栏目中轮播。

与省总工会共建“职工书屋”。2008年，省总工会联合省文化厅下发文件，将“职工书屋”建设纳入广东省文化信息资源共享工程。省分中心向“职工书屋”提供多种方式免费获取数字信息资源，一是登录联合参考咨询与文献远程传递网；二是登录广东省立中山图书馆主页，办理网上读者证，注册成为广东省立中山图书馆读者；三是通过拷贝获取文化共享工程视频资源，各地“职工书屋”可利用移动存储器到文化共享工程广东省分中心或文化共享工程各市级支中心拷贝文化共享工程视频资源。

与省直工委联合举办“网上读书直通车”活动。在2010年，文化共享工程广东省分中心与省直工委联合举办“网上读书直通车”活动，为省直机关党员干部免费开通数千个“网上读书阅览证”，通过网上通用阅览证，免费使用省馆电子资源和省分中心共享工程资源，使用“珠江三角洲数字图书馆联盟联合目录”系统检索，可查询广东公共、高校、科研三大系统图书馆的馆藏，并能享受免费网上参考咨询与文献传递服务。

六、积极开展各项服务和专题活动工作

广东省分中心充分利用文化共享工程资源与设备，创新载体，加强优质服务。将阵地服务和网络服务相结合，积极的配合国家中心举办的各种专题服务和活动。

1、大力开展联合参考咨询与文献传递服务。

广东省分中心大力开展联合参考咨询和文献远程传递服务。由于服务成效显著，2007年荣获文化部颁发的群星奖。2008年，2011年先后经过2次技术平台改造后，目前已升级为“中国图书馆联参考咨询联盟”。可接受来自“读秀”等搜索门户的咨询，服务人次与传递文献数量大幅提高，并在文化共享工程国家主站上建立了网上参考咨询链接。

2、举办各种专题服务活动。

2008年春节南方冰冻雨雪灾害期间，根据文化部和省文化厅的指示，省分中心起草《关于做好春节期间文化共享工程为外来务工人员开展服务工作的通知》，带领省内各级服务点，为留粤外来务工人员开展服务。省分中心开设“文化共享工程2008新春影视大联播　外来务工人员专场”网站，提供1300部影视节目的在线点播服务。还利用国家中心主站内容，开展“鼠年新春大联欢”网上活动。2009年举办全省文化共享工程知识与技能网络竞赛。为庆祝建国60周年，制作了“庆建国60周年”专题网站，设置了在线展览、在线点播、回顾60年等栏目。2010年组织“文化共享世博行广东省宣传月”活动。2011年组织全省“颂歌献给党”群众歌咏活动，组织广东地区全国少年网页设计培训暨文化共享工程少年网页设计竞赛活动和少年动漫设计制作竞赛活动。2012年举办针对外来务工人员的“文化年货带回家”服务活动和“文化共享杯”全国群众摄影艺术作品征集大展广东省地区的征集活动。此外还举办、承办了文化共享长征行、文化共享奥运行、“双百”人物有奖征文等服务活动，受到了广大群众的欢迎。

七、宣传推广

1、广东省分中心建立了广东数字文化网（www.gddcn.gov.cn）作为全省的文化共享工程工作平台和宣传窗口，集中省内文化共享工程相关新闻和报道；并组织各级支中心向广东数字文化网和国家中心投稿；将重要活动刊登在广东省立图书馆馆情通报上分送相关单位。

2、结合专题活动、利用多种渠道宣传推广共享工程借助“世界阅读日”和“图书馆服务宣传周”等专题活动，以活动为平台，以资料为媒介宣传共享工程。通过现场服务、发放宣传单张，资源光盘、播放宣传视频、张贴海报等手段，让群众加强对共享工程的认识，更加充分的了解和共享工程的优秀资源。

3、注重媒体宣传渠道

省分中心保持与新闻媒体的良好关系，注重媒体联络和业务协作工作。派员参加相关经验交流会和全国文化信息资源共享工程（中国文化报）通讯员工作会议和培训班并由专人担任通讯员工作。

八、工作展望

广东省目前正高举中国特色社会主义伟大旗帜，以邓小平理论和“三个代表”重要思想为指导，深入贯彻落实科学发展观，牢牢把握社会主义先进文化的前进方向，按照党的十七大关于推动文化大发展大繁荣的总体部署，树立新的文化发展理念，大力弘扬解放思想、改革开放的时代文化精神，探索文化科学发展方式，以满足人民群众多样化、多层次、多方面的文化需求，保障人民群众的基本文化权益。

为配合好广东省文化强省战略的实施。广东将进一步推进文化共享工程工作。结合广东省覆盖城乡的公共文化服务体系建设工作进一步完善资源共享网络体系；加工和整合更多优秀文化信息资源；建立文化共享工程和公共电子阅览室统一管理技术平台；加大人员培训力度，提高业务水平；积极开展服务工作，为广大人民提供更优质的文化信息服务。使文化共享工程成为广大群众的信息中心、学习中心和数字文化中心。为广东努力当好推动科学发展、促进社会和谐的排头兵提供有力的文化支撑。

（撰文/广东省分中心）

广州市支中心

广州总面积为7434.4平方公里，其中，市辖10区面积为3718.5平方公里，占全市总面积的50.02%；2个县级市面积为3715.9平方公里，占49.98%。广州市共辖10区2市，包括：越秀区、海珠区、荔湾区、天河区、白云区、黄埔区、芳村区、花都区、番禺区、南沙区、萝岗区，以及从化市、增城市两个县级市。广州市常住户口人数约为720万。

在国家、省、市各级党委、政府的高度重视下，在广州市文化局（现为广州市文化广电新闻出版局）的正确领导和大力支持下，在共享工程广州市支中心领导和上下员工的共同努力下，市支中心文化共享工程的建设、管理、服务等均能逐步推进，稳步发展。市支中心各项工作的顺利铺开，不仅完善了本中心的服务功能，更牵头完成了对全市各级服务网络的搭建、培训、管理等，形成了比较完备的市、县（区）、乡镇（街道）、村（社区）四级共享工程服务网络，为构建覆盖城乡的公共文化服务体系奠定了良好基础。

一、 基本情况

2003年8月，广州图书馆与共享工程广东省分中心签约，承担了广州市分中心（现更名为广州市支中心）的建设工作，成为广州市文化信息资源的中心和枢纽。在市文化局的领导和支持下，由广州图书馆牵头负责建设、维护的全国文化信息资源共享工程广州市支中心网站——广州数字文化网于2004年7月28日正式开通，我馆承办的文化信息资源共享工程项目也于9月13日正式通过验收并投入使用。

次年8月，即与市属区、县馆等签订了试点工作实施协议，并明确规定了市属区、县馆承担对基层服务网点的管理和技术支持。2008年底实现基层网点到县（区）、乡镇（街道）100%全覆盖，2011年实现到村（社区）100%全覆盖。

为更好地创新服务，使共享工程广州市支中心工作可持续发展，经过系列研究、设计、培训，于2009年5月正式启用经全面升级改版的广州数字文化网，新版数字文化网应用集约建网新模式，即网站既是数字资源共建共享平台，更是文化信息资源工作管理平台。

在数字文化网升级改版过程中首次将广州市文化馆纳入共享工程。

2010年起依托全市通借通还服务网络的构建，进一步促进共享工程服务管理和资源共建共享，为公共服务一体化、规范化奠定基础。截至2012年底，全市12个区县支中心和广州少年儿童图书馆支中心已全部加入通借通还服务网络，标志着广州地区公共图书馆城域网骨干网络的建成。

结合向街镇、社区服务点的延伸，流动图书馆服务网络的铺设以及自助图书馆服务的推出，广州地区共享工程服务网络更加丰满。

二、管理和队伍建设

根据共享工程广州市支中心建设运行的实际情况，积极配合市文化局做好全市共享工程工作的统筹规划，制定了《广州市文化信息资源共享工程“十一五”规划发展纲要》、《全国文化信息资源共享工程广州市规划实施方案（2007–2010年）》及“十二五”发展规划，为推动广州市文化信息资源共享工程建设和图书馆城域网公共服务网络提供指导依据。

在整体规划框架之下，广州市支中心根据国家、省中心的工作要求，结合本地实际，先后制定了规范全市共享工程工作的一系列配套细化管理规章、办法、标准等。如《全国文化信息资源共享工程广州市各级中心层级管理工作办法》和《“广州数字文化网”信息建设与服务管理办法》，明确了广州市共享工程的运行管理机制。

对于基层网点建设工作的开展，特别参照国家及省中心制定的相关建设标准和信息报送要求按照广州实际制定了《广州市文化信息资源共享工程市、县（市、区）支中心和基层服务站点建设标准》和《全国文化信息资源共享工程广州市区（县级市）支中心统计信息报送工作办法》。每年根据实际情况制定共享工程工作计划并做年度工作总结，召开年度工作总结会等，以促进我市共享工程工作的持续开展。

市支中心内部专门制定了《全国文化信息资源共享工程广州市支中心常设机构设置与职责》，规范队伍建设。此外，2010年还在全市范围内成功组织开展了一次评先促优活动，大大增强了全市共享工程工作队伍的凝聚力。

三、培训工作

广州市共享工程人员培训和技术指导工作已日益规范化、日常化。市支中心结合每年工作重点制定相应的共享工程人员培训方案、工作计划，并会根据培训工作的实际需求，编写培训教材，提供培训资料和颁发培训证书等。

先后开展的大型培训内容包括共享工程管理与组织、服务和技术应用基本知识、技术人员基础技能、师资队伍培训、信息专报员业务技能培训、共享数字资源使用培训、通借通还业务培训等。面向市支中心、区县级支中心以及街镇基层服务点共享工程业务骨干人员的培训覆盖率达100%，累计培训上千人次。此外，自2008年层级管理制度推行后，培训工作形成了“以市支中心为龙头引领，以区支中心为节点辐射”这样一种“点联线，线带面”的局面，培训工作的有效性和覆盖面更是上了一个新台阶。

四、经费投入

2004年，广州市政府一次性投入经费200万元作为

举办“心聆感影”活动，让盲人也能轻松“看”电影

把优秀资源带送给农民工

共享工程广州市支中心项目的启动资金，之后每年陆续投入。

2007年后，专项经费每年超百万，2008年起，又设立了共享工程培训工作的专项经费，使市中心的共享工程设备条件、服务能力及培训工作等都得到了较大的改善和提高。历年来的经费投入已过千万。

五、资源建设和传播推广

目前广州市支中心建设维护的自建或共建专题资源库包括广州人物数据库、广东历史文献书目数据库、广州地方法规规章数据库、视频点播资源库、系列讲座、在线展览等十余个，截至2012年，自建或共建的数字资源总量达2TB。

2008年起通过统一认证方式实现数字资源全文服务。依托通借通还服务网络的构建，全文服务的受众范围已扩展到基层用户。

2009年起利用视频直、点播方式，对“羊城学堂”等解决了知识产权的品牌讲座进行有效传播。此外，优秀资源传播的另一途径则为实物传播，2012年市支中心制作容量达60GB的优秀资源光盘3000套下发各基层服务点。

六、宣传和惠民服务

广州市支中心共享工程经过多年的发展，形成了固定的讲座服务品牌，优秀讲座通过电视传播，并在信息时报开设专栏；大型展览、免费电影、公益培训等常年不断；针对残疾人、农民工等弱势群体开展的特色服务深受欢迎，如到建筑工地推广服务，为视障人士开展“心聆感影”电影解说播放、“电脑爱心俱乐部”免费电脑培训等；针对青少年儿童的服务活动更是多姿多彩，每年服务人次均上万，并多次获得服务活动案例奖。

除了服务请进来，更有服务走出去。如组织到农村送资源，宣传共享工程服务，累计服务村民2千余人次；到社区开展“馆员授课”活动；到盲人学校开展电脑培训；把公益讲座推进白云山、大学、军营等。

七、工作展望

广州市文化资源共享工程已建成较完善的服务网络并形成有效的管理制度。作为国家中心城市、文化强市，广州市支中心将不断推动我市共享工程事业的健康快速发展，密切结合本地需求，依托通借通还服务网络和服务内容的进一步深化，为城乡广大基层群众提供方便、快捷、均等的公共文化服务，保障公众基本文化权益，满足公众精神文化需求，不断增强城乡居民的幸福感。

（撰文/广州市支中心）

广州市少儿支中心

文化共享工程是新形势下建设先进文化的创新工程，是公共文化服务体系建设的基础工程。自文化部实施文化信息资源共享工程以来，广州少年儿童图书馆支中心一直非常重视共享工程建设，积极响应共享工程国家中心、广东省分中心号召，结合本馆实际情况，利用共享工程现有设施设备和文化信息资源，组织开展了多项共享工程读者服务项目，充分发挥了文化信息共享工程服务读者的作用，并取得了显著的社会效益。

一、硬件建设

网络信息技术建设是共享工程的基础，广州少年儿童图书馆网络设备建设中兼顾了共享工程的需要，根据支中心的建设标准，建设了千兆网主干，30兆出口高速网络，多台小型机和高端服务器组成的功能强大的服务器以及磁盘阵列系统，20T的海量存储容量，构成了我馆高效的硬件资源系统，为共享工程的实施提供了较大的发展空间和硬件支持，通过网络发布本地文化信息资源和下载异地信息，实现资源共享。此外，配合共享工程的资源播放，改进了报告厅设施，增加了音响投影等设备，为影视欣赏服务提供了硬件保障。

二、资源建设

广州少年儿童图书馆依据自身的资源优势和读者需求，配合文化部“爱动漫、爱生活”原创动漫推广精神，建设了“广州记忆（青少年版）”特色数据库，该库全方位展示广州特色的历史文化资源、历史人物资源以及浓郁的乡土风情，极具广州特色的原创动漫作品、“粤语讲古”非物质文化遗产传承人颜志图先生的精彩演绎、珍贵广州历史照片等多媒体资源，设有完整版、动漫版和图片版三个不同版本，用户界面设计精美，极具岭南特色。

为提高馆藏文献的揭示程度，广州少年儿童图书馆实现了馆藏书目数据和读者信息数字化，对新到馆的文献进行数字化编目，建立比较完整、规范、标准的馆藏书目数据库，并把书目数据库投入网络，在本馆网站免费提供给读者查询；利用一卡通系统建立了完整的读者信息数据库。

鉴于传统的视听光盘流通服务由于无法共享资源，不能最大范围地满足读者需求，广州少年儿童图书馆通过视频采集卡将模拟信号转化为数字资源制作了VOD视频点播系统，设置了9个栏目，使同一视听资料可以同时供多人观赏，令视听资料得到更加广泛和有效的利用。

广州少年儿童图书馆利用数字动漫平台和书库——“点点书库”，精选了本馆的经典馆藏，自行对优秀漫画书籍进行电子化制作，根据书籍中心内容和适龄范围，分为“文化　国学库”。该资源在本馆“少儿动漫电子阅览室”供少儿读者使用，让青少年逐步远离游戏，成为我馆的一项特色服务。

声音图书馆是广州少年儿童图书馆的有声图书服务，内容涵盖了儿童文学、相声、评书、小说、地方戏剧等海量内容，高清晰音质。其中《安徒生童话》、《三过演义》、《西游记》等有声图书深受读者们的欢迎，2012

年，下载声音图书914次，共9140册。

三、利民服务

文化共享工程电子阅览室是通过计算机网络向广大读者提供公益性文化信息服务的重要场所，也是文化共享工程开展服务工作的主要阵地，因此，我们首先利用已建成的电子阅览室做好电子资源服务，安装了电子漫画馆、景中快乐数学、读览天下期刊等数字资源，为电子阅览室配备了熟悉设备，掌握一定的计算机使用技术和网络技术的馆员，指导读者利用电子阅览室进行资料的查询、阅览、下载等服务。其次，为倡导少儿阅览健康动漫，我们全新打造了一间“少儿电子动漫阅览室”，启用了少儿电子动漫阅览特色服务，为少年儿童提供内容健康、品种齐全的动漫视频和数字漫画书，受到少儿读者的普遍欢迎。

共享工程“广州记忆（青少年版）”特色数据库通过专家组验收后，正式向市民免费开通，让优质公共数字文化在更大范围内得以共享，扩大社会影响，传承岭南文化，让传统文化通过现代科技变得触手可及、可亲可爱。为了让读者更为便捷地享受丰富的网络信息资源，广州少年儿童图书馆对本馆网站定期根据用户的需求进行了细心的完善和调整，使之色彩明亮清新，内容丰富多彩，充满“童趣”和“书香”，提供书目检索、网上续借、好书分享、儿童网站导航、读者作品展示等读者服务，建设开发了“广州记忆（青少年版）”特色数据库和健康运动大富翁等内容丰富的特色数据库，提供声音图书馆、读览天下、疯狂英语、景中教育等多种集互动性与趣味性一体的数字资源，与实体图书馆共同为广大青少年打造了一个立体的服务体系和知识宝库，丰富了我馆的文化信息资源，适应了文化信息资源共享工程的发展和需求，也延伸了本馆局部有限的传统服务，进一步推进了全国文化信息资源共享工程的实施。

四、合作共建

以共享工程为依托结合我市图书馆网络，建立少儿图书文献资源通借通还服务中心。将我市各级图书馆的图书自动化系统与我馆图书自动化系统结合，根据不同图书馆的硬件条件，建立形式多样的少儿图书联盟系统合作模式。不仅在广州儿童活动中心图书馆、越秀东山区少年宫图书馆、六榕街文化站图书馆建立直属联网分馆，还外在白云区图书馆、花都区图书馆、从化图书馆、增城图书馆建立合作联网分馆。通过与这些图书馆联

颜志图“粤语讲古”活动

“广州记忆（青少年版）”特色数据库推广活动

网，使少儿图书文献逐步走入基层群众生活，成为我市少儿获取新知的新平台。

五、宣传推广

广州少年儿童图书馆依托共享工程的资源，充分利用图书馆里丰富的信息资源优势，开展了丰富多彩的宣传推广活动。一是向读者传播优秀电影文化，宣传文化信息资源。2008年开始，广州少年儿童图书馆每月定期分别在沿江馆和海珠分馆各举办一期免费影视欣赏活动，如配合奥运专题播放了《福娃奥运漫游记》，配合科技节专题播放了《怪鸟阿比教你认识大自然》等系列少儿动漫科技影片；重大节假日则相应增加场次，让青少年有更多机会欣赏到优秀的电影作品，提升文化修养。围绕电影主题，播放期间开展有奖问答，寓教于乐。2008年至2012年11月共播放电影103场，共8539人次参加。二是开展VOD视频点播服务，在寒暑假及节假日期间，组织专题点播推广活动，培训读者1000多人次，点击人次达1万多人次，丰富了读者的业余生活，深受读者喜爱，效果良好。三是在沿江馆和海珠分馆的宣传栏制作了“文化信息共享工程”宣传牌，让广大读者都能够认识共享工程，利用共享工程获取需要的知识。四是定级向广东省分中心和广州支中心报送共享工程工作简讯，分享共享工程服务情况。四是举办各种活动推广展示共享工程“广州记忆（青少年版）”特色数据库，如在馆内外举办原创动漫推广活动和动漫欣赏会、“粤语讲古”讲座以及动漫展览进校园等，并向广州电视台少儿频道推送原创动漫作品，通过电视平台对特色资源的宣传，有效提升该库资源的服务范围，为更多青少年提供优质公共文化服务。

六、工作展望

随着时代变化，公共文化服务的方式也会不断改变。但无论服务方式如何变化，公共文化服务都要融入人们的日常生活，深入人心。未来，广州少年儿童图书馆支中心将依托共享工程致力发展建设“少图联盟服务”，做大做强“广州记忆（青少年版）”特色数据库的活动品牌，举办丰富多彩的电子资源推广活动，让广大未成年人乐于使用公共图书馆的资源、受到益智益德的文化作品和优秀中华传统文化的熏陶，让优质公共数字文化在更大范围内得以共享，最大地扩大社会效益。

（撰文/广州市少年儿童图书馆支中心）

广州市越秀区支中心

越秀区总面积33.8平方公里，总户籍人口为115万人。下辖22条行政街道。越秀区文化共享工程在中共越秀区委、区政府的重视下，稳步发展，效益显著。

一、基本情况

一直以来，中共越秀区委、区政府对文化共享工程高度重视，以大投入、大手笔，为文化共享工程提供了强大的物质保障。除建成1个区级支中心外(设在越秀区图书馆)，还建成了街道、社区等基层服务点共290个。越秀区支中心文化共享工程工作年均运行维护、建设费达100多万。馆内建成成人、少儿、视障人士、教育类电子资源阅览区等多个电子阅览区，电子阅览区座位达112个，为读者提供100多台电脑、40多万册电子图书、7200种电子期刊以及电子动漫书、多媒体教学素材库等一系列数字资源。越秀区支中心通过多种举措大力推进基础设施建设，积极应用新技术，开拓创新，充分利用文化共享工程设备设施及资源，组织开展丰富多彩的文化活动，不断提高服务质量，丰富服务产品，创新服务手段，改进服务方式，推进文化惠民，不断满足人民群众日益增长的文化需求，得到群众的热烈欢迎，取得了显著的工作成效。

二、资源建设

1、建成越秀地方文献数据库，包括七大特色专题数据库：越秀概况、古城商都发祥地、教育强区、文化艺术、人物荟萃、越秀剪报库、地方文献书目等，与越秀区支中心网站无缝连接，并在全国率先通过手机网站提供地方文献资料。

2、整合越秀区图书馆的馆藏文献资源和电子资源，通过“移动越图”手机网站为读者提供活动信息公告、文献推荐、信息港、地方文献资源、越图期刊、视频点播等资源服务。通过越秀区图书馆网站提供电子图书、电子报刊、网上续借、网上咨询、网上展览、信息开发等多元服务及最新的服务动态。在网站开通“越秀数字学堂”，整合各类学习资源供群众利用，设有“岭南大讲坛”、“广府学堂”、“童心坊”读书会、“超星名师讲坛”、“文化共享工程视频库”等资源库，供广大读者到电子阅览室在线免费学习。

3、积极到省分中心拷贝资源，并复制到光盘下发至各基层服务点。

三、惠民服务

1、关爱视障人士，为其提供人性化服务。视障人士电子阅览室在全市各区中，率先安装盲人专用软件、提供盲文点字显示器，创新性地为盲人读者发放“盲文服务卡”。在这里，视障人士不但可以“阅读”盲文读物，还能使用电脑助视器、盲文点字显示器等。电脑装有盲人专用软件，视障人士可以进行打字、网上冲浪、听音乐、创作、英汉翻译、收发电子邮件，参加自学考试和电大学习等等。支中心还为视障人士播放电影并请专人讲解，向视障人士赠送电子读书卡，举办盲人插花比赛、视障人士计算机兴趣小组活动、盲人象棋兴趣小组活动等，受到了视障人士的热烈欢迎，社会效益显著，荣获广州市“光明使者”奖杯。

2、建成越秀区24小时自助图书馆。自助图书馆具有自助办证、借书、还书、续借、书目查询、预约等功能，方便广大社区居民借阅书籍等，受到了广大读者、社区居民的好评，居民纷纷反映：“24小时图书馆就在家门口，非常方便。”

3、启用RFID读者自助借还系统，能完成自助借书、还书、续借、借阅查询等服务功能，最大的优点是一次可借还多本图书、借还操作快速简便、读者可自助借还等，极大地提高了“平民大书吧”服务的便民程度。

4、建成文化共享工程数字资源服务统一身份认证平台，使群众足不出户，轻点鼠标，安坐家中，或安坐任何可以上网的地方，通过越秀区图书馆网站就能够阅读电子书刊，获取文化共享工程的文化信息资源，利用越秀特色资源，了解文化要闻等。

5、加入广州地区公共图书馆“通借通还”服务系统，为广大市民提供纸质图书的通借通还服务，极大地方便了居民。

四、培训工作

越秀区支中心通过多种形式、多种举措、多种手段、多种内容、灵活多样的培训方式，开拓创新，激发广大工作人员和读者的学习兴趣，提高了工作人员和读者利用文化共享工程的能力和水平，使得文化共享工程真正成为一项惠民工程，落到实处，造福百姓。同时，还提高了广大基层服务点的服务质量和水平，大大提高了文化共享工程资源的利用率。

1、通过多种形式、多种内容的培训方式，切实提高工作人员的服务能力和专业水平。如为工作人员举行“通借通还”业务培训班，每月开展馆内工作人员关于文化共享工程业务知识的集中学习和交流会。

2、支中心主动为老年人、未成年人、残疾人、农民工等特殊群体提供免费培训，打造“科普教育基地”、“快乐学习基地”品牌。在这里，出现了“银须白发学微博”的动人场景，不少老年读者通过学习，开通了自己的微博，和远方的亲友互粉、互通消息，为生活平添了很多温馨和便利。在每月的最后一个星期，区支中心为老年读者举办计算机知识免费培训班，深受老年读者欢迎，场场爆满，座无虚席。2005年至今共举办了近300期培训班。青少年、农民工、残疾人在此熟练掌握获取数字资源的技能；“网页设计大赛”、“FLASH应用”等多姿多彩的活动，每年都会让10多万读者感受到文化共享的乐趣。

3、注重下基层，通过业务辅导为基层提供个别培训。越秀区支中心非常注重针对不同服务点的个性需求，为基层服务点提供业务辅导、个别培训，既为服务点解决实际问题，同时又通过言传身教，把解决问题的办法、文化共享工程资源宣传推广的工作技巧传授给服务点的工作人员，提高基层服务点的服务质量和服务水平。

五、宣传推广

越秀区支中心积极开展文化共享工程进校园、进社区等活动，为广大学生和群众免费发放电子读书卡、播放文化共享工程电影、提供电子资源使用讲座等等，使广大学生和群众了解文化共享工程及其利用方法。

（撰文/广州市越秀区支中心）

广州市荔湾区支中心

荔湾区总面积59.1平方公里，常住人口103万。下辖22条行政街，193个社区居委会。荔湾区文化信息资源共享工程支中心设立在荔湾区图书馆，近年来在荔湾区文化广电局的领导和部署下，逐步推进，稳步发展，为繁荣基层文化，传递中国民族优秀文化信息资源发挥了重要作用。

一、基本情况

荔湾区图书馆周门分馆和芳村分馆均设有多媒体电子阅览室，其中周门分馆电子阅览室设有50台电脑，芳村分馆电子阅览室设有15台电脑，均作为荔湾区文化信息资源共享工程支中心使用。在2008年荔湾区图书馆与广州市图书馆签定了文化信息资源共享协议，成为广东省区（县）级支中心。荔湾区文化信息资源共享工程支中心是荔湾区文化信息共享工程的建设和业务指导单位，负责保障区中心共享工程设备的运行，协调街道社区共享工程设备的维修，指导街道社区共享工程活动的开展以及开展全区共享工程管理员的业务培训。

二、规范管理

为确保“共享工程”发挥其应有作用，荔湾区支中心首先从制度建设入手，根据省、市的有关规定，在电子阅览室门口悬挂了文化信息共享工程标识牌，在室内显著位置张贴文化信息共享工程宣传画，并制订了一系列规章制度；对下属22条街道基层服务点进行统一挂牌，实行规范管理；在各服务点设立了记录本，记录活动情况和群众要求；区支中心有3名接受过专业培训的专职人员，保障区支中心正常开放，服务群众；区支中心还定期组织全区22个基层服务点的管理员参加市图书馆举办的业务培训，以保证“共享工程”工作在荔湾区的健康发展。

三、加大投入

2009年，为加强荔湾区文化信息资源共享工程支中心建设，荔湾区科技局下拨了35万元科技专项经费用于共享工程支中心建设。

荔湾区图书馆充分利用经费，对中心进行了设备更新，提升了上网速度，在电子阅览室配备了空调，为读者提供了更加全面快捷舒适的信息服务。目前荔湾区支中心已形成具有接收能力与采编能力，设施较为完备的服务平台，可向读者提供网络漫游、信息检索、光盘阅览等服务，网上信息检索包括：电子图书50万种、中文期刊论文1200万篇、外文期刊14000篇、学位论文10万篇、会议论文16万篇、事实数据库30个和其它大量的多媒体节目等。

四、服务基层

文化信息资源共享工程的实施，充实了荔湾区图书馆的服务内容，全面提升了图书馆自动化、网络化、数字化水平，对丰富基层群众的精神文化生活发挥了积极的作用。

近年来支中心充分利用丰富的文化信息资源，依托支中心的平台开展了一系列有意义的活动，如支中心定期举办的“畅游多媒体世界”青少年网络知识普及讲座；“社科网络大学堂”系列讲座；“荔湾区对口帮扶困难群众网络培训班”等系列活动，已在区内形成品牌效应。此外，荔湾区支中心还注重收集整理荔湾地方性文化资源，近年来为荔湾区文化广电局编撰图书《荔湾九章》、《荔湾老街巷》提供了珍贵的文史资料及素材。

五、工作展望

荔湾区文化信息资源共享工程支中心今后拟在资源建设上加大工作力度，拟建设包括具有荔湾特色的“三雕一彩一绣”、旅游、粤剧、粤曲等信息的全方位文化数字资源库，力争在“十二五”期间实现资源库总量达6TB，为我区文化建设做为更大的贡献。

（撰文/广州市荔湾区支中心）

广州市海珠区支中心

海珠区全区总面积为90平方公里，常住人口达120万人。海珠区共享享工程支中心以图书馆为依托，于2002年就建立。多年来，海珠区支中心在广州市文广新局、市共享工程办公室的指导和支持下，不断加大宣传力度，积极开展社会活动，有力地推进了共享工程建设，使共享工程受到了社会的关注和群众的赞扬。

一、夯实基础，稳步发展

全国文化信息资源共享工程是一项政府兴办的文化创新工程、民心工程，是公益性建设项目，有着巨大的社会效益和广阔的发展空间。宣传部、文化局等各级领导非常重视，为使区图书馆把共享工程规模做大、做好、做强，多年来，海珠区共享工程支中心不断加大基础设施建设的投入力度，在2008年初改造经费预算10万元的基础上，区财政两次追加拨款共27.5万元，用于改善支中心的硬件设施，包括增添2台服务器、更新了电子阅览室微机50台、显示器换用19吋液晶宽屏，增强了可视效果，造防静电地板等，在图书馆电子阅览室将文化信息资源共享工程放到每一台微机的桌面，读者可随时点击进入。

在市有关部门的大力支持下，我区争取到50多台新计算机，分配到辖内18个街道的基层服务点，同时在全区18条街道建立了共享工程的基层服务点，免费向社会开放上网服务，并专门将国家文化资源共享工程网站设为主页，向读者推荐优秀的文化信息资源。我们将继续推进文化资源共享工程的建设，做好“绿色网园”的配套建设和技术支持，为广大青少年和外来工人群提供免费、可靠的上网服务，正本清源，占领网络文化主阵地。

初步统计，海珠区共享工程支中心平均每年服务量达3万人次，共享工程建设极大地提升了我区公共文化覆盖基层的服务能力。

二、立足基层，开展活动

在实施共享工程的过程中，不断拓展共享工程的服务内涵和方式，充分利用这一全新的工作载体条件，切实面向基层文化事业，开创了基层文化工作的新局面。

1、在馆内推介共享工程资源。

充分发挥公共图书馆的阵地作用，在电子阅览室每周推介信息共享工程的优秀栏目、名家讲座、生活常识、电影及优秀地方剧目，每月开展一次共享工程利用知识培训；每个月利用本馆的多功能厅举办海珠区街坊讲坛，常年坚持，做大众知识普及，深受广大市民的欢迎。

2、服务农村和社区

海珠区正在进行城市化改造，农民、社区居民对待现代科技信息和文化的需要迅速增加。结合这一现状，我馆深入调查，根据农民的需求，利用市信息共享工程支中心发放给我们的中国农业知识仓库的期刊光盘，将农民迫切需要的家禽饲养、苗木、花卉栽培等相关信息分发到村民手中。送科技下乡是实施“共享工程”又一具体举措，结合城区的实际情况，我们有选择的提供科技知识，让广大农民不断感受到先进科学和现代文明。

社区，是共享工程服务对象里一个重要的群体，也是“基层文化”最大的受众。我们利用共享工程基层服务点，将信息共享工程里面丰富的各种影视资源传送给社区居民，丰富了社区居民的文化生活。

3、为老年人群体服务

开展为老年群体服务是文化信息资源共享工程工作的又一重点。我们根据老年人平时生活的诸多习惯特点，购置了《易中天品三国》、《于丹论语心得》、凤凰卫视《财富人生》、《道家养生法》《科学历程——中国古代四大发明》等老年人喜闻乐见的影视作品前往放映，使他们获得了精神的强健与文化的关爱。

三、共享资源，携手共建

在利用共享工程中心网站资源的同时，我们注重与省市图书馆的联系与合作，争取上级业务部门的支持整合各类资源，达到共建共享。如市分中心配备了各种讲座光盘和影视光盘，我馆向市图书馆提供了地方文献。

对内加大资源的采集力度，将宣传文化系统举办的诸多展览、节庆活动采集视频资料，并制成光盘资源，为我馆特色数据库的建立做好了丰富的信息储备。

四、重视宣传，扩大影响

加入全国文化信息资源共享工程以来，为了扩大其在基层群众中的影响，广泛宣传其作用和意义，使各级领导和群众充分认识到这是一项惠民工程、民心工程，认识到工作的重要性和必要性以及文化信息资源的可用性。

我们将在今后的工作中更加努力的探索利用共享工程服务的新路子，更好地发挥共享工程的作用，为把共享工程办成惠民工程、民心工程而不懈努力。

（撰文/广州市海珠区支中心）

广州市天河区支中心

全国文化信息资源共享工程天河支中心设在广州市天河区图书馆，是天河区共享工程的建设和业务指导单位，负责保障区中心共享工程设备的运行，指导街道级共享工程活动的开展以及开展全区共享工程管理员的业务培训和指导。

天河区信息资源共享工程支中心设有电子文献阅览室、中心控制机房、多功能厅和办公室。有个人计算机50台，服务器4台以及其他投影、拍摄、打印、存储、防毒等设备设施。网络接入方式有光纤和ADSL两种形式，有受过专业培训的技术人员3人。天河区信息资源共享工程支中心有超星名师讲坛、中国精品文艺作品期刊文献库、中国精品科普期刊文献库、中国经济信息文献总库、点点少儿图书等各类题材资源共6TB。

为了充分发挥天河区信息资源共享工程资源在传播先进文化方面的作用，为让更多的群众享受到内容丰富、健康向上的文化信息，天河区共享工程支中心集思广益，开展各项活动，注重资源整合工作，把共享工程、绿色网园、农家书屋、名家进社区等进行大力整合，2012年开始举办的“名家进社区”系列讲座活动，是本年度共享工程的一大亮点，大受读者欢迎。“名家进社区”系列讲座主要分为三大系列：一是居民群众喜闻乐见的养生系列讲座。我馆曾邀请广东省中医院著名医师陈润东博士为大家讲授养生之道，吸引了大批听众。二是亲子系列讲座。广东省家庭教育“金牌讲师”张仲庆教授曾到我馆开展《今天，我们如何做父母——亲子教育系列讲座》。三是传统文化系列讲座，如国学易经、诗词鉴赏等。天河区共享工程支中心利用共享工程基层服务点配备的设备，定期放映各种题材、各个年龄段人群喜爱的影片，丰富了社区居民的文化生活，极大地调动了社区居民参加社区文化活动的积极性，促进了和谐社会的建设。支中心电子阅览室拥有优异的环境为广大青少年提供了绿色上网平台，并开展计算机技术免费培训，不定期开展计算机知识竞赛，都倍受广大家长称赞。支中心还经常深入各街道、社区基层点，把省、市中心提供的丰富资源送到基层服务点，并督察基层点为群众开展服务工作及活动。

文化信息资源共享工程是现代政府公共服务的重要组成部分，加快共享工程建设是构建公共文化服务体系的一个重要手段。天河区支中心将针对当前我区文化事业的实际情况和科技发展的水平，继续整合现有的数字文化资源，积极开展创新工作，推进共享工程在我区的全面发展。

（撰文/广州市天河区支中心）

广州市白云区支中心

白云区面积795.79平方公里。白云区辖内有14条行政街，4个中心镇，居委245个，村委118个，全区户籍人口80多万人，流动人口100多万。白云区文化资源共享工程在白云区委、区政府、区文广新局和支持和部署下，逐步推进，稳步发展，为繁荣基层农村群众文化，传承和传递中华优秀文化作出了积极的贡献。

一、基本情况

2006年，白云区支中心挂牌成立，为确保文化共享

工程的实施，区支中心还与永平街文化中心、广州图书馆钟落潭分馆合作，新增文化共享基层服务点2个。2007年至2009年全区相继建立共享工程基层服务点200多个。2010年，借助农家书屋建设的契机，我区新建91个社区（村）共享工程基层服务点，实现了共享工程的全覆盖。此外，2009年民科园支中心分点挂牌成立，也标志着我区支中心共享工程服务走进企业。到了2011年底，我区118个行政村、247个社区及18个街镇均建立了共享工程基层服务点，完成了服务点的全覆盖。

白云区共享工程支中心设在白云区图书馆，是全区共享工程的业务指导单位，负责保障区支中心有关设备的运行，指导街、镇、村、社区共享工程基层点的建设及服务活动的开展，并对全区共享工程管理员进行业务培训和指导。

二、管理和队伍建设

为使共享工程真正为民所用为民谋利，白云区支中心将共享工程日常管理纳入制度化管理。制定支中心、镇、村基层服务点工作职责和制度，实行制度上墙公开。为了加强区内共享工程工作的管理，提高各项服务的质量，支中心专门指定专职人员负责共享工程的各项事务及日常管理工作，并通过颁发证书及责任状的方式，明确人员工作职责和范围，进而提高各项服务工作的水平。同时，我支中心还要求辖内基层服务点也指定共享工程的负责人，方便日常工作的联系。

在基层管理员的选择上，支中心都要求当地文化站、村委委派有相关管理技能的人员来进行管理，如确实暂时没有合适人选或人员达不到要求，支中心就专门对其进行业务培训，达到了相关要求才允许上岗。

三、培训工作

白云区在共享工程管理员的培养上实现了制度化和常态化。为了提高共享工程管理人员的的业务素质，区支中心安排专业技术人员，对基层点进行技术支持与培训。从2007年起，支中心就系统地对基层管理人员进行了培训，形式有个别辅导及集体培训，培训内容从共享工程包括管理规范、服务技巧及业务技能等。2009年至2012年，支中心每年都举办全区性的共享工程培训活动。白云区支中心成立以来，共举办各类培训30余次，培训1000余人次。

四、经费投入

白云区支中心自2006建成以来累积投入经费60多万。目前，支中心第二、三期的改造升级项目正在进行中，预计投入专项经费80多万。另外，区财政及基层地方财政每年都为共享工程投入一定的运行经费，用于共享工程设备的维护、人员培训和惠民活动的开展。

五、资源建设

共享工程的资源大部分由省、市级中心提供，区支中心有专门人员不定期到省、市级中心接收共享工程资源，并下发到区内各基层服务点。累计从上级中心领取资源约3.5TB、光盘600多套，下发资源约1.5、光盘500多套。另外，区支中心还收集有地方特色的视频资源进行加工整合，目前已经收集有关资源1.18GB，对传承地方特色文化起到一定作用。另外，我支中心还是“县级数字图书馆计划”首批试点中心之一，先后接收了国家中心下发的县级数字图书馆资源1套，光盘10多套。到目前为止，我支中心的共享工程资源存量已经超过了4TB。

六、合作共建

区支中心在实际工作中注意到了将共享工程优秀的文化资源纳入其它机构网络平台，传播先进文化，实现数字资源共建共享。主要的做法有几个。一是利用区内其它单位的设备和服务优势，开展共享工程服务与宣传工作。例如借助白云信息网的技术平台，发布共享工程活动信息，宣传共享工程的成果，通过白云区广播新闻中心，报道各项共享工程活动，吸引群众参与。另外，区支中心还经常联合区文化中心电影公司到基层进行共享工程视频展播。二是借助兄弟单位的资源优势，开展各种服务项目。广州图书馆的“羊城学堂”与“广图讲坛”是我市著名的文化活动，区支中心通过直播这些讲座为我区群众提供了更为丰富的文化生活。此外，区支中心以联合参考咨询的方式寻求广东省分中心、广州市支中心及其它兄弟馆的资源支持。2009年，我支中心与广州城市职业技术学院图书馆达成协议，可利用该馆的电子资源为我区群众开展信息服务。

我支中心还积极向上级中心及兄弟单位提供我们的信息资源，推动文化共享工程的全面发展。我支中心参加了广州市支中心的集约化建网的项目，积极向市中心提供我区地方特色文化资源累计约2GB，并在广州数字文化网上及广东数字文化网上及时报告我支中心的动向，月均报道及报道总数均居广州市前列。

七、开展特色服务

区支中心以图书馆的技术力量为依托，积极发掘文化共享的新途径。2009年8月，区图书馆网站开通，区支中心把视频点播系统逐步向公网开通。区支中心把从上级部门接收的共享工程视频资源及区支中心收集的视频资源进行加工、整合，供读者网上观看。我支中心利用相关资源开展了春节服务、文化共享助春耕、夏日阅读

等非常具有特色的活动。区图书馆电子阅览室已经成为我支中心开展共享工程工作的主要窗口，目前电子阅览室年均服务人次已经达到了15000以上，而且数字还在不断地增长。为营造文化共享工程声势，强化文化共享工程宣传效果，区支中心利用世界读书日、图书馆宣传周及羊城之夏等契机，举办了文化共享工程进社区、农村等系列宣传活动。如区支中心在2010年7月22日、10月1日直播日全食及国庆典礼等活动更是广受群众好评。通过这一系列特色活动，基层群众既深入了解了文化共享工程，又享受了丰富的文化娱乐大餐。

另外，区支中心还把服务向偏远地区倾斜，不定期组织共享工程的资源和服务下基层。如2008、2009年先后到钟落潭登塘村及长腰岭村播放共享工程节目活动，受到了当地群众的欢迎。各基层点也会根据实际情况，在每年重大节日期间，举办电影专场及各种文娱活动，向广大群众展示优势文化成果。

八、工作展望

白云区文化资源共享工程已走过7个年头，实现了行政村、社区全覆盖。着眼今后，白云区共享工程应该建设一支专业化的服务队伍，网络化服务和多样化服务形式是我们努力的方向。希望把白云区的共享工程文化搞得更具广泛性、便捷性、群众性，为完善整个白云区的公共文化服务体系做出贡献。

（撰文/广州市白云区支中心）

广州市黄埔区支中心

黄埔区面积121.7平方公里，人口38.9万，其中常住人口21.2万人。黄埔区文化资源共享工程（以下简称共享工程）在黄埔区文广新局的支持和部署下，逐步推进，稳步发展，在新时期下为基层文化建设、满足基层群众的多层次文化需求，传递中华民族优秀文化发挥了重要的作用。

一、基本情况

黄埔区的共享工程开始于2003年，最初以黄埔区图书馆作为据点，逐步向街道、社区推进。目前，全区共享工程街道、社区覆盖率均为100%。黄埔区图书馆是共享工程黄埔支中心，是黄埔区共享工程的建设和业务指导单位，负责保障区中心共享工程设备的运行，协调街道、社区共享工程设备的维修，指导街道、社区共享工程活动的开展以及开展全区共享工程管理员的业务培训和指导。

二、经费投入

近年来，黄埔区图书馆每年投入30余万的运维经费，用于共享工程设备的维护，人员培训和惠民活动的开展。同时，黄埔区政府、黄埔区文广新局和黄埔区图书馆每年也投入大量人力物力支援共享工程各项活动的顺利开展。

三、资源建设

黄埔支中心内配备了电子计算机80台（其中12台是未成年人专用机），服务器5台，磁盘阵列3个，磁盘总存储量达10TB，宽带接入口10兆，视频资源量达600多GB，环境宽敞舒适，实行免费对外开放。

四、管理制度

黄埔支中心将共享工程日常管理纳入制度化管理。制定支中心、街道、社区服务点工作职责和制度，实行制度上墙公开。每年有年度工作计划、月度有工作要点，季度有工作督导，年末有工作总结考核，并推行管理员工作日志管理。

五、惠民服务

黄埔支中心切实开展共享工程进基层活动，将共享工程的优秀文化送到街道、军营，开创了文化工作的新局面，逐步打造出以区图书馆为中心，流动图书车为枢纽，街道文化站、社区文化室为终端，其他文化载体为补充的文化共享工程服务网络。

1、文化共享下街道。作为共享工程的基层服务点，街道、社区群众是“共享文化”的最多受众。一直以来，区图书馆为街道文化站提供技术支持，协助他们进行基层服务点建设。2008年9月主办了“黄埔区文化共享工程基层服务点管理员培训班”，指导基层服务点工作人员利用共享工程的信息资源。全区文化共享工程服务网络规模不断扩大，黄埔区街道、社区共享工程服务点的覆盖率达100%。为各个社区送去了共1000多GB的视频资源。区图书馆还定期把图书、期刊送到各街道文化室、社区文化站及学校图书馆，促进了学习型社区工作的开展。

2、文化共享进军营。2008年5月成立了区图书馆首个分馆——黄埔消防中队分馆。区图书馆特别为消防中队电子阅览室安装了100多部全国文化信息共享工程中的视频资源，并定期更新，使优秀文化资源惠及部队，开展共享工程活动以来，区支中心通过移动硬盘向部队发放共享工程视频资源202G（共352部电影）。

六、合作共建

注重整合资源共建共享。区图书馆按照“资源共享、优势互补、互利互惠”的原则开展协作共建，在利用共享工程中心网站资源同时，区图书馆注重与省市文化部门的联系与合作，争取上级业务部门的支持，整合各类资源，达到共建共享。参与“广州数字文化网”的集约化建设工作，与市图书馆签订“羊城学堂”讲座直播协议，在馆内电子阅览室对“羊城学堂”讲座实行网上直播。

（撰文/广州市黄埔区支中心）

广州市番禺区支中心

番禺区全区总面积529.94平方公里，辖16个镇街，有260多个行政村（社区）。全区常住人口100多万人。番禺区文化资源共享工程在番禺区文广新局、番禺区图书馆的支持和部署下，逐步推进，稳步发展，在新形势下为繁荣农村基层文化，满足农民多层次文化需求，传递中国民族优秀文化资源发挥了重要作用。

一、基本情况

番禺区支中心成立于2004年,中心设在番禺区图书馆。截止2012年底,共发展镇(街)级基层服务点16个,基层服务点全区覆盖率100%。

从2001年起,番禺图书馆成立了电子阅览室,拥有25台计算机,到现在已扩展到60台,其中番禺区残联提供4台残疾人专用电脑,使读者可以方便检索图书馆拥有的电子资源。2004年,番禺区政府决定由区政府牵头,番禺区信息中心、番禺区职业技术学院、番禺区教育局、番禺区图书馆联合组建番禺区数字图书馆。从建成至今,区数字图书馆目前已建成各类电子资源共计80万余册,全文期刊数据库、各类专题数据库、特色数据库等专题数据库20多个,形成全区统一的大型数字化文献信息资源中心。

区政府还决定每年拨出专款30万元用于购买电子图书、数据库和更新数据库等。全国文化信息资源共享工程番禺区支中心的主要任务是:征集我区所蕴藏丰富的历史文化和民间文化资源;对征集来的文化信息进行数字化加工和整合,统一录入数据库,以达到保护和传播的目的;利用先进科学技术,将先进文化传播到各基层服务点,实现资源共享,最大限度地为社会公众享用;将先进文化传送到社区、企业、学校、农村等千家万户的同时,也有效地推进文化信息资源的市场化、产业化工作,使具有浓郁地方特色的文化信息资源对本地政治、经济、文化发展起到更好的促进作用。

二、管理与队伍建设

为使共享工程真正为民所用、为民谋利,全国文化信息资源共享工程番禺区支中心认真抓好基层服务人员队伍建设,把共享工程日常管理纳入制度化管理,建立比较完善的文化信息资源共享工程的人才培训体系。充分利用共享工程市级中心平台,为广大读者,特别是农村读者提供优秀的文化信息资源,提高网络信息服务水平和利用率。

三、培训工作

为了提高队伍的业务水平,番禺区支中心每年对全体员工进行多次培训及外出考查学习,在管理员的培训上实现了制度化和常态化。据不完全统计,每年共对辖区内260多个基层服务点的技术指导,全年共下乡150多人次;共接待读者5万多人次,举办各类培训班及讲座近20多场次,参与读者3000多人。

四、经费投入

在番禺区文广局及区政府的大力支持下,番禺区现已投入资金1000多万元进行基层服务点及基层设施和资源建设。其中包括番禺区数字图书馆初期建设的240万元,及数字图书馆每年60万元的硬件设备及数字资源的更新费用。番禺区文广局、番禺区图书馆每年还拔出专项资金对区内各基层服务点进行硬件设备的更新和改造,确保共享工程各项活动的正常开展。

五、资源建设

番禺区支中心不断加强基础设施及资源建设。现有计算机共60台,投影设备一套,并与广州番禺职业技术学院、区科信局、区文广新局联合组建番禺区数字图书馆,数字图书馆目前拥有专业服务器6台,资源存储系统达7.5TB,各类电子资源共计80余万册。中文学术期刊、科技电子期刊10000余种;外文原版电子期刊16000多种;并拥有《人民网数据库》、《中宏产业数据库》、《网上报告厅》等综合数据库及《珠宝首饰信息资源库》等特色数据库、专题数据库共30余个。每年新增电子图书约8万种,同时保持中外文期刊全文数据库、人民网数据库的动态更新及主要数据库的年度更新。

六、利民惠众

番禺区支中心下辖16个镇(街)级基层服务点,260多个村(社区)级基层服务点,并充分利用文化信息资源共享工程的有利条件,积极开展各种“文化惠民活动”。如为广大群众放映优秀电影,开展各类讲座等。这些活动深受广大群众欢迎和喜爱,活跃了广大群众的文化生活,满足了他们对知识的需求和优秀文化产品的渴望。仅以南村镇基层服务点为例,每年年共举办活动20多次,参加人员超过4000人次。

七、宣传推广

番禺区支中心充分利用各种渠道宣传推广共享工程,使之家喻户晓。在省、市、区各级举办的科技文化活动及科普活动中,多次以活动为平台,以资料为媒介宣传共享工程,让民众不断了解共享工程,走进共享工程。同时,番禺区支中心充分利用番禺电台、番禺日报及网站、电子滚动屏幕和宣传栏大力宣传推广共享工程。番禺区支中心积极举办各种培训、科普知识讲座活动,让科普知识走进农村、走进校园,邀请专家为农民、学生答惑解疑,传播科普知识,深受市民的喜爱和欢迎。

八、工作展望

全国文化信息资源共享工程番禺支中心已走过第8个年头,积累了丰富的经验和资源,成为繁荣番禺区文化、丰富番禺区人民精神生活、推动番禺人文科技进步的强大动力源泉。

今后,番禺区支中心希望各级政府部门将实施文化信息资源共享工程纳入当地经济与社会发展的总体规划之中,力争从人力上给予保证,资金上予以支持,促进共享工程健康发展。加强对“共享工程基层服务点”的建设,充分发挥支中心的督促、指导、协调作用,力争使共享工程建设再上新台阶。

(撰文/广州市番禺区支中心)

广州市花都区支中心

花都区全区面积969平方公里,户籍总人口66.93万人,“三山一水六平原”,现下辖七镇一街,共188个村(居)委员会。

一、网点基本情况

花都区的文化信息资源共享工程支中心于2004年建成,在区委区政府、区文广新局的大力支持下,我馆领导高度重视、精心组织与策划,几年来,共投入170万元作为共享工程建设经费,基本达到建设要求。2010年,在上级部门的正确领导和我馆全体职工的共同努力下，花都共享工程支中心被评为广州市“2009-2010年共享工程进步支中心”。

根据全国文化信息资源共享工程有关文件建设要求，我馆积极做好我区支中心文化信息资源共享工程相关工作。其中2004年投入30多万元将我馆图书馆自动化管理系统由Ilas升级至IlasII；2008年我馆投入68.42万元在局领导的协助下参照有关全国文化信息资源共享工程县级支中心配置标准，对文化共享成功进行了全面升级改造；2012年3月，根据广州市“通借通还”项目的启动，我馆投入70万元将IlasII升级为图创系统，图创集群管理系统作为资源共建共享的新的载体形式，打破了图书馆各自分离的局面，将区域内图书馆群作为一个整体进行管理，从而达到资源共建共享、合理配置和图书馆之间互相合作的目的。

花都区支中心从原有的几个服务点到今天“七镇一街”全覆盖，为繁荣花都文化，丰富花都人民精神生活，推动花都人文科技进步做出了积极贡献。

二、管理和队伍建设

我馆成立了文化信息资源共享工程花都区支中心管理部门，该部门共有7人组成，其中6名为专职人员，1名为兼职人员。同时，我区“七镇一街”各基层服务点另配1名专职工作人员。

三、指导基层点建设

为加快我区街镇基层服务点的建设进程，提高文化信息资源共享工程在我区的覆盖面和服务面，于2008年起，我馆支中心与我区七镇一街基层服务点签订合作协议，多次深入基层服务点考察，对基层服务点软硬件设备及人员管理情况作了详细的统计记录，并根据每个基层服务点实际情况，进行临场指导。同时，对各镇街开通的“绿色网园”和“党员远程教育”进行技术指导。

四、技术培训情况

我馆结合本区实际，围绕全国文化信息资源建设管理中心制作的有关共享工程技术培训才考教材，面向我区街镇基层服务点及群众举办了一系列技术培训班，据统计，2007年至今，我馆共举办电脑培训6期，共培训人数近3000人次；技术人员到街镇基层服务点进行现场指导超过100人次。

五、面向社会服务活动

为了做好文化信息资源共享工程宣传工作，扩大“共享工程”在我区的覆盖面和服务面，我馆不断开发与完善各项服务活动。

1、“羊城学堂”受欢迎

2008年我馆与广州支中心签订直播讲座协议，逢周六上午10:00-11:30通过网上直播方式播放“羊城学堂”讲座，讲座内容丰富，题材新颖，知识性强，开通至今，共播放215场，深得读者欢迎。

2、“暑期电影”免费看

为丰富我区少年儿童的暑期生活，让图书馆成为我区少年儿童学习、娱乐的好去处，从2009年至今，每逢寒暑假，我馆充分利用文化共享工程软硬件资源，为孩子们免费播放优秀少儿电影，累计播放电影201场，观看人数近18万人次。“暑期电影”成为我馆最受欢迎的暑期活动之一。

3、“读书活动”常态化

2011年10月起，我馆实施免费开放政策，为丰富免费开放服务内容，活跃读者文化生活，传播先进文化理念，除开播“羊城学堂”视频讲座外，组织各项“读书活动”：如公共图书服务宣传周的“图书馆知识有奖问答”、4.23世界阅读日“水墨童年，中国韵味”原创绘本阅读分享会、周日少儿活动的少儿故事分享会等，同时，还积极邀请各类专家、学者来馆举办现场讲座，如由广州市社科联主办的礼仪讲座、由我区作协主席黄金来带来的“阅读改变人生”等，使我馆“读书活动”日趋常态化。各类读书活动旨在营造浓厚的学习氛围，让我馆真正成为读者“充电”的好去处。

4、“送书下乡”暖人心

为了传播共享工程文化资源，我馆每年定期组织“送书下乡”活动，推进文化下乡镇，该活动得到区委区政府的重视与关注，并纳入我区“全民阅读活动”。我馆每年完成送图书60车次，受惠读者约60000人次。

六、工作展望

今后花都区共享工程支中心希望在上级部门大力支持下为花都共享工程建设一支专业化的服务队伍，建立一个省、市、区三级知识网络联动的即时问答服务体制和服务形式更加多样，服务网点更加宽广，参与群众更加广泛的共享工程文化带动体系，努力为我区创建全国文化先进区多做贡献。

（撰文/广州市花都区支中心）

广州市南沙区支中心

南沙区文化资源共享工程在广州市文广新局，广州市图书馆支持和部署下，逐步推进，稳步发展，在新形势下为繁荣基层文化，满足群众多层次文化需求，传递中国民族优秀文化资源发挥了重要作用。

一、基本情况

南沙区文化资源共享工程建设于2008年开始普及进入行政村。目前，共享工程南沙支中心设在南沙区图书馆，是南沙区共享工程的建设和业务指导单位，负责保障区中心共享工程设备的运行，协调镇（街）村级共享工程设备的维修，指导镇（街）村级共享工程活动的开展以及开展全区共享工程的相关业务培训和指导。

二、宣传推广

1、南沙支中心利用各种渠道宣传推广共享工程。在每年的世界阅读日、图书馆服务宣传周、阅读快车进社区（村）、人文南沙讲座等活动中，南沙支中心以活动为平台，以资料为媒介宣传共享工程，让民众不断了解共享工程，走进共享工程。2、积极互动，宣传推广进校园。南沙支中心文化服务中不断探索，利用支中心儿童阅览专区，组织动员青少年儿童关注共享工程，利用共享工程，针对集中地知识群和关注点，南沙支中心开办“人文南沙”

讲座，聘请专家开讲，其中邀请著名作家、首届广东文艺终身成就奖获得者金敬迈作“读书与人生”的报告，深受广大青少年的喜爱。通过一系列的活动使共享工程走进校园、走进青少年。3、点面结合，精心开展活动。南沙支中心在服务中抓住文化的热点，积极组织群众喜闻乐见的文化服务，使共享工程走进群众生活。如在迎接党的十八大召开之际，南沙支中心举办了“迎接党的十八大”党史科普知识图片暨“展悦读风采 喜迎十八大”读书活动剪影巡回展，通过走基层，让群众共享文化成果。

三、工作展望

文化资源共享工程在南沙逐渐成为建设幸福南沙，丰富南沙群众精神生活的动力源泉。今后，南沙支中心希望在广州分中心大力支持下为南沙共享工程建设一支专业化的服务队伍，形成更多样的服务形式，更宽广的服务网点，更广泛的群众参与的共享工程文化，为建设科幸福南沙，文化南沙做出贡献。

（撰文/广州市南沙区支中心）

广州市萝岗区支中心

萝岗区是广州市于2005年5月设立的一个新区，以成立于1984年的广州经济技术开发区为主体，加上原白云区、天河区、黄埔区和增城市的部分组成。新成立的萝岗区位于广州市东部，总面积393.22平方公里，户籍人口超过17万人，辖五街一镇，59个村居。

萝岗区文化资源共享工程在广州市文化局、广州市图书馆的支持和部署下，虽然起步晚，但起点较高，这些年来稳步发展，为改善基层群众文化服务条件，建立健全公共文化服务体系，缩小城乡差距，消除数字鸿沟，保障广大人民群众基本文化权益发挥了重要作用。

一、基本情况

全国文化信息资源共享工程是由国家文化部推出的文化创新工程，其开展实施从公共图书馆实行。以往由于种种原因，萝岗区图书馆未设电子阅览室，2007年，为认真贯彻落实中共中央国务院关于“发展文化信息资源共享工程，构建公共文化服务体系”的精神，萝岗区委区政府拨款470万对图书馆进行扩建装修，并修建电子阅览室，于2008年5月正式开放为读者服务，确保了文化信息资源共享工程的顺利实施。

萝岗区图书馆作为区级支中心，帮助萝岗区辖五街一镇文化站全部建立了共享工程的基层服务点，又通过与现代党员干部现代远程教育合作共建，文化共享工程资源已覆盖全区所有乡镇行政村居。

二、管理和队伍建设

图书馆为区级支中心配备了政治素质高、业务能力强的3名专业技术人员，专门从事区级支中心的日常管理，保证了工作职责和制度上墙公开，并统一印发活动记录本下发，定期召开工作开展情况小结会，对所有的基层服务点管理人员进行专业技术培训，增强其业务技能和管理能力。

在创建文明城市期间，支中心坚持每周都派技术人员到各基层服务点进行技术指导，将电脑主页调整至“广州数字文化网”，方便基层群众从中获取最新文化信息。

三、经费投入

萝岗区委区政府除于2007年出资新建图书馆电子阅览室外，又于2008年为支中心采购电脑80台分配给图书馆及五街一镇文化站用于乡镇街道基层服务点建设。根据市文化局下发的共享工程区支中心应有设备配置表，萝岗区政府再拨专项经费48万元，为区支中心配齐了共享工程应有设备。

除此之外，每年区图书馆的业务经费中，也有一定的比例用于共享工程设备的维护，人员培训和惠民活动的开展。

四、资源建设

萝岗支中心派专职人员每季到文化共享工程省分中心拷贝国家中心下发的视频资源，并制作《貔貅舞》、《端午午时茶》、《玉岩诞》、《萝岗香雪》等萝岗地方文献多媒体资源上传到广州数字文化网。自2009年区图书馆购入数字图书馆，电子资源从无到有，电子文献入藏量达到10万册。

为了更好地在本区推广、应用文化信息共享工程，还建有萝岗区图书馆的网站，网站栏目设置清晰，统计系统真实可靠，新闻动态、简讯更新及时，新书推荐紧跟形势针对性强，在基础内容、功能设计等方面受到了读者的好评。

五、合作共建

以共享工程为依托，萝岗区支中心在自建服务点的基础上，又通过与已经全覆盖的党员干部现代远程教育合作共建，实现了文化共享工程资源覆盖全区所有乡镇行政村。根据不同街道、村居的硬件条件建立形式多样的基层服务点。例如夏港街利用原开发区文体中心的建筑改建了共享工程街道文化站基层服务点；率先在联和街玉树新村等3个“村改居”社区为试点，开展了街道文化站和共享工程基层服务点、社区文化场所的“三个一”的建设。通过多方的努力，共享工程深入基层，为群众提供多样化、个性化的服务，满足了群众的基本文化需求。

六、宣传推广

在实施共享工程的过程中，萝岗支中心积极开展各类文化资源共享工程活动，不断拓展共享工程的服务内涵和方式，充分利用全新的工作载体条件，切实面向“四个走进”（走进农村、走进社区、走进学校、走进企业、），开创了基层文化工作的新局面：

1、馆内活动丰富多彩

萝岗支中心充分利用公共图书馆的阵地作用，在电子阅览室每周推介优秀栏目、名家讲座、生活常识；在培训室每周同步播放羊城学堂、寒暑假播放有教育意义的卡通电影。在学校开展送讲座进校园，为未成年人播放爱国主义教育影片，科普类等影片，举办图书宣传周活动以及讲座，引导群众多读书，深受广大居民的热烈欢迎。

2、走进农村、走进社区

萝岗区是一个城乡二元结构明显的新的行政区，农民、社区居民对待现代科技信息和文化的需要迅速增加。结合这一现状，支中心深入调查，根据农民的需求，下载家禽饲养、苗木、花卉栽培等相关信息，通过五街一镇各基层服务点分发到村民手中。送科技下乡是实施“共享工程”又一具体举措，结合城区的实际情况，支中心有选择的提供科技知识，让广大农民不断感受到先进科学和现代文明。社区，是共享工程服务对象里一个重要的群体，也是“基层文化”最大的受众。在社区服务上，支中心大力开展送流动图书到基层活动，为基层社区经常性的开展送书服务，全年更新流动图书达到20000余册次。

七、工作展望

萝岗文化信息资源共享支中心将在今后的工作中更加努力的探索利用共享工作服务的新路子，更好地发挥共享工程的作用，为把共享工程办成惠民工程、民心工程而不懈努力。

（撰文/广州市萝岗区支中心）

增城市支中心

全国文化信息共享工程广州市分中心增城支中心在2007年建立，根据有关“共享工程”文件精神和要求，支中心以“图书馆之城”建设为依托，以技术创新为手段，充分发挥了群体优势，现已在资源建设、人员建设、服务活动上取得了一定的成就。

增城市支中心现有文献27万册，报纸200种，杂志400种，电子图书共33万册，通过增城图书馆一站式检索系统，建成以增城市支中心为平台和枢纽，镇（街）为基础，乡镇或社区为站点的文化信息资源共享网络系统，覆盖我市部分乡村，有效地发挥面向基层、面向农村的服务功能；内容涉及科学、文化、历史、艺术、地理 军事、经管、医学、艺术、人物、体育等领域，免费向市民提供服务，通过资源整合，实现了全国互联网上的共享工程资源库和增城市图书馆藏书目录的统一检索。

在人员建设上，支中心常备人员5人，并定期开展人员培训服务，培训内容包括：业务系统操作、数字资源使用方法、图书馆服务业务交流等。

增城图书馆是增城市支中心的共享工程活动服务基地，总面积为150平方米左右，为读者提供100台计算机，提供互联网服务，视听服务，电子资源服务，共享工程影视播放服务等等。服务区每年接待读者5000左右，点播用时在1万小时以上。

支中心还开展了基层服务点建设与“共享工程”资源推广工作，通过镇（街）村两级图书馆作为文化共享工程基层服务点，以数字图书馆资源共享的方式，将国家中心、省分中心及支中心的电子图书、刊物等供基层服务点使用，最终为镇（街）村市民服务。

（撰文/增城市支中心）

从化市支中心

从化市位于广东省中部，广州市东北面，行政区划共有8个乡镇（含3个街道办事处），共有221个行政村、44个社区（居委），常住人口59万人。

从化市支中心成立于2003年8月，设在从化市图书馆，从2005年开始，从化图书馆电子阅览室免费向市民开放，免费向社会低收入人群、残疾人提供电脑培训。目前，从化支中心拥有450平方米的公共电子阅览室1间、40平方米的盲人电子阅览室1间、260座位的多功能报告厅1个，每年接待读者超过2万人次。

一、基本概况

2007年，从化市开始进行共享工程基层服务点试点工作，在支中心工作人员的努力下，当年完成五丰、山下、溪头等5个示范点的创建。2008年，全市66个行政村完成基层服务点建设。至2010年，全市265个乡镇、村（居委）完成共享工程基层服务点全覆盖。2010年以来，从化支中心接收省、市中心共享资源接近2T，刻录光盘近千张，培训基层管理员1300多人次，开办讲座100多场。

近几年来，从化支中心为扩大文化信息资源共享工程的社会影响力，提升共享工程的管理能力和服务水平，组织开展了面向社会的一系列宣传推广活动。

二、“岭南书香车”，让共享工程流动起来

2009年，从化支中心在协助市文广新局完成基层服务点全覆盖的同时，利用广东省新闻出版局赠送的“岭南流动书香车”开辟了多个流动服务点，其中城郊小学、禾仓小学、沙贝小学和消防大队、武警中队5个流通点从2009年服务至今，流动书车每星期定时上门，除开展借还书业务外，还免费发放共享工程视频光盘、宣传资料。2012年，从化支中心又在城郊街世纪星（打工子弟）学校、广州市拘留所建立了流动服务点。世纪星小学的服务点开通仪式，受到了《广州日报》、中国文明网、广州文明网等多家媒体关注。广州拘留所每星期将支中心提供的视频资料向在押人员播放，收到良好效果。

此外，从2009年起，从化支中心每年还与广州市质量技术监督局从化分局合作，开展送标准下乡活动；与市科信局合作，开展“科技服务宣传周”活动；与市残联合作，开展“全国助残日”活动；与市文明办合作，开展“我们的节日”诗歌朗诵和文化游园等活动。据统计，2009年至今，从化支中心流动图书车累计下乡305天，借还图书超过4万册次，组织展览20场次。

三、合作共建，打造“欢乐影院”

从化支中心从2012年4月开始，采取与农村数字放映合作共建的方式，逢星期日下午在市图书馆报告厅播放数字电影，2012年累计播放31场。该活动预告通过从化图书馆微博发布，成为市图书馆最受关注和欢迎的微博。同时，从化电视台《日子》栏目也给予大力推荐，“欢乐影院”场场座无虚席，观众纷纷给予好评。支中心工作人员有意识地在电影开场前开展图书馆小知识、新书推荐、好书交流、普法宣传、科普小知识等方面的宣传，同样收到意想不到的效果。

2012年，是从化支中心业务建设颇见成效的一年。一是与广州中心签订了《广州地区公共图书馆数字资源共建共享协议》，读者在馆内可使用数字资源成倍增加；二是实现了与广州地区公共图书馆间的通借通还，从化市的持证读者可以无障碍使用广州图书馆的海量数字资源；三是启动了从化数字图书馆，从化支中心在2012年“全国助残日”启动了数字图书馆项目，向残疾人朋友赠送数字图书馆借阅证200多张。数字图书馆启动当天，支中心工作人员还为视障人士“解说”了一场电影，获得不错的反响。2012年9月，从化支中心承办了书香从化“走进企业”活动，向太平开发区的23家企业员工赠送了1000多张借阅卡。2012年，从化支中心的数字图书馆借阅卡被从化市委宣传部作为从化“道德讲堂”的吉祥卡向市民颁赠。

四、工作展望

从化是一个山区县级市，经济与广州市的其它区县相比，还处于相对落后的地位。从化支中心将积极争取政府和上级主管部门的支持，结合自身的特点，将共享工程由馆内向馆外，尤其是向边远的村镇延伸，务求让资源更好更广地为基层群众服务。

1、要推动广州市图书馆“羊城学堂”视频讲座在从化支中心和基层服务点的直播。争取引进更多的高质量视频讲座，提升视频讲座在我市群众中的影响，将尽可能多的群众进馆观看讲座。

2、加快自身数字资源整合的进度。目前从化支中心已完成媒体看从化1970—2012年40多年资料的搜集、扫描，以及从化文史资料20多个专辑的扫描，2013年将完成《媒体看从化数据库》、《从化文史资料数据库》的建设工作。

3、打造“常态化”的支中心品牌栏目。每年完成送书（服务）下乡100天（次）、“从城讲堂”12场、亲子讲座30场、电影放映50场、外借图书10万册次的量化指标任务。

（撰文/从化市支中心）

清远市支中心

共享工程清远地（市）支中心于2005年成立，办公地址在清远市图书馆馆内，设专职工作人员2人，中心管辖的基层点有：清城区、清新县、佛冈县、英德市、连山县、连南县、连州市、阳山县8个图书馆。市级中心自成立以来，在清远市政府和清远市文化广电新闻出版局（体育局、版权局）的支持和部署下，逐步推进、稳步发展，为我市的文化信息资源共享工程建设发挥了应有的作用。现将我中心基本情况介绍如下：

一、经费投入

共享工程地（市）支中心不仅要抓好自身建设和各项服务工作，还承担了对全市基层服务点资源配送、信息传递等服务。我市实施文化信息资源共享工程得到了省、市领导的高度重视和大力支持，共享工程建设的硬件设施不断更新。

2005年，根据本地区实际情况，对照共享工程市级中心的建设要求和评估定级标准，我们制订了中心建设方案，由市财政投资50万元，建起了清远市级中心机房和多媒体电子阅览室，开通了10M光纤专线网络，购进了2台服务器及50台工作机、防火墙、网络主交换机等设备，服务器总容量为10TB，工作机硬盘容量为80GB，为图书馆的文献资源共享建设提供了必要的条件，为“共享工程”各项服务功能的顺利实现提供了保障。

二、资源建设

1、建立独立网站

2009年8月，清远图书馆网站建成，设有“馆情介绍”、“书目检索”“续借图书”、“新书介绍”、“共享工程动态”、“本馆电子资源”、“参考咨询”“名家讲坛”等栏目，聘请有资质公司对网站进行定期维护和更新资源，扩大了文化共享工程的影响，方便了基层点管理员操作，也方便了读者利用数字资源。

2、对各种资源进行整理加工

对国家中心和省分中心下发的资源，一方面我们将资源复制刻录，发给读者和基层服务点，另一方面我们将资源整理、加工，存于我中心的资源服务器，通过局域网和网站为读者开展服务。目前我们已整理了资源1TB。

3、积极建设本地特色数据库

在共建共享理念的指导下，我们根据本地特色，建成了《清远市连南瑶族文化数据库》，该数据库从多方面反映了连南瑶族少数民族的生活特色、传统文化、旅游景点、风土人情等，对研究推动瑶族文化、提升清远文化品牌起到了宣传、推广作用；

另外，还将《清远县土地改革志》加工整理成电子文本，供读者查阅。2012年12月，在省市的支持下，正在准备建设《清远英石文化数据库》和《清远历史文化数据库》。

4、丰富网站电子资源，全方位为读者服务

为方便读者借阅，我馆购买了《中华数字书苑》、《博看电子期刊》、《点点漫画书库》、《Apabi数字工具书库》等电子资源。采用馆内局域网的方式向读者开放。

三、开展信息服务工作

实施共享工程的最终目的，是为广大人民群众提供优质高效的网上信息服务。在共享工程的实施过程中，我们坚持以应用和服务为中心，大力开展各种信息服务。

1、充分发挥电子阅览室这块主阵地的作用，做好宣传推介工作，提高“共享工程”资源的点击率。

把电教室作为“共享工程”的播放场所，用投影仪每周播放“共享工程”电影或专场电影，至今已播放了电影384场；定期举办各种培训班和讲座38次，参与人数3250人。

2、充分利用国家中心和省分中心下发的资源，如《文化共享心向党庆祝中国共产党成立90周年》等资源，进行整理加工，存放在服务器上，提供读者浏览；将光盘资源在清远东城连塘二村、电创电力安装公司、75734部队等农村、企业、部队基层服务点播放，节假日期间按照国家中心的要求，将《欢乐共享过大年》、《文化共享助春耕》、《文化年货带回家》等资源向外来务工人员和小读者提供服务。

四、定期培训

为搞好共享工程建设，方便各基层中心能够熟练操作使用共享工程相关设备和检索信息，提高大家对共享工程的认识和理论水平，我馆通过现场、网络等形式，举办了多次培训，在市局局长的带领下，到连州市、英德市等8个县级基层中心进行调研，对其进行共享工程业务辅导。

分派《全国文化信息资源共享工程基层设备操作手册》给基层中心和服务点，并给以适当的辅导，有力地推动了共享工程的建设和人才培养。

五、工作展望

经过多年的努力，我市的“共享工程”建设已取得了一定的成果，形成了初具规模的技术服务平台，整合了一些内容丰富、具有地方特色的文化信息资源，依托共享工程的资源，开展了丰富多彩的文化服务。为下一阶段的“数字图书馆推广工程”打下了基础。未来我们准备加大软、硬件设施的投入，让设备达到“市级数字图书馆软硬件配置标准”，积极建设本地特色数据库和增加各种电子资源，全面提升我市数字图书馆整体服务水平，实现数字图书馆的全民共享。

（撰文/清远市支中心）

外来务工人员在电子阅览室上网

佛冈县支中心

佛冈县区域地理面积1302平方公里，全县总人口31万。佛冈县迎着文化大繁荣大发展的春风，在广东省文化厅与县文化广播新闻出版局的大力支持和统一部署下，开展了文化共享工程的建设，不断满足群众日益增长的文化需求，让共享工程成为丰富人民精神文化生活的重要阵地。

一、基础建设

长期以来，佛冈县文化资源共享工程发展较为缓慢，由于各乡镇、行政村、社区间协调能力差，资源分散不统一，在传播使用过程中难免造成资源浪费。2010年8月，佛冈县支中心成为广东省文化共享工程县级支中心第二批19个点中的一员，中心设在佛冈县图书馆，由省文化厅与县文广新局共建，是佛冈县共享工程的建设和业务指导单位，专门负责推动该地区共享工程的实施，协调乡镇、行政村和社区共享工程设备安装与维护，切实保障共享设备的正常运作，并承担各类共享工程活动的开展，以及共享工程管理员的业务培训和指导工作。

佛冈县支中心总投资68万元（县出资38万元，省补助30万元），资金用于建设主机房、公共电子阅览室以及省补助提供的各项设备等。目前中心业务终端25台、日常管理工作站微机5台，以及应用服务器、业务服务器、传输服务器和管理服务器各1台，磁盘阵列1台，投影仪1台，依赖10M高速带宽网络，最大限度满足多用户实时访问该中心和省、市、国家各级共享资源系统。

2012年6月，佛冈县首个共享工程基层服务点在龙山镇落成，位于龙山镇文化站，这也是当年广东省100个基层服务点之一，从此拉开佛冈县共享工程向基层发展的序幕，为全面覆盖行政村、社区奠定了基础。

佛冈支中心以及基层服务点的建成对佛冈文化共享工程发展的具有里程碑意义。

二、资源建设

充分利用国家、省共享的丰富资源的同时，在省中心的帮助指导下，佛冈支中心还搭建自己的资源应用管理系统。该系统作为一个开放性的综合平台，利用信息数字化技术，存储各类共享资源。所有资源均免费对外共享，访问者仅需拥有接入互联网的客户端（台式机或便携性设备），就能全天无限制地使用，真正做到“资源共享，百事无忧”。中心目前提供包括视频、图片、音频、

文字多种形式的资源，其中视频有影视、纪录片、讲座、地方戏、歌剧、科普片、动画片、宣传片等类目，图片有时事社会热点、本地节庆活动、大型科普图片等题材、大型活动音频有小品、歌曲、地方广播等内容，文字提供涵盖社会、哲学、理论、语言、文学、科学、教育和体育等各类电子书，另提供专门访问接口，检索佛冈图书馆本地资源电子期刊数据库和强大的广东流动图书馆开放数据库资源。对于地方性政策文件、新闻稿件等，平台还将其转换为word、pdf、excel和xml格式文件供免费下载。

为了更好地整合当地资源，佛冈县支中心通过与基层的广泛合作，开展资源共建共享工作，定期互通有地方特色的资源，深入了解各地民众不同的文化需求，由中心统一搜集、选取，对于普通的资源，中心独立完成编辑制作，而较大类别的专题资源，中心与县广播电视中心合作，委托其制作更加专业更为丰富的信息资源。截止2012年11月底，中心累计制作共享资源100余种，含各类题材的光盘、展板、海报和宣传资料等受广大民众欢迎的资源。既丰富了佛冈县本地特色信息数据库的存储，又能让民间优秀的风俗文化更好地传承，有用的经验更好地传播推广，促进县内各地区民间的文化交流活动。佛冈县资源应用管理系统自开通以来，各类资源存储容量达到3TB，年均平台使用10,607人次，在各方积极努力下，伴随着信息资源的不断丰富和平台的发展壮大，使用人次呈现逐年增加的良好态势。

三、技术支持

佛冈县共享工程采用纵向三级处理模式实现技术服务与支持，一方面依托广东省共享工程支中心强大技术力量（含外包服务商），县支中心加入省共享工程QQ群，通过即时消息、邮件建议反馈等渠道掌握最新动态，获得点对点的技术支持和符合本地实际情况的解决方案，并定期与全省各个县区支中心探讨技术实现，交流经验与心得。另一方面，县支中心与各个基层服务点联网，基层服务点上报的问题一般能得到实时、全方位的支持，若县支中心无法处理该问题，将逐级上报，再将解决方案反馈回基层服务点。

这种纵向三级处理模式，能够便利地解决实际遇到问题，县支中心通过问题的采集与处理，形成一整套基本固定的参考解决方案，并定期通过省级平台，将整理的F&A与兄弟县区进行共享交流。

四、惠民服务

共享进农村。为了将共享工程推广至基层农村，提高共享工程的覆盖面，让广大人民群众享受到共享工程带来的实惠。县支中心广泛搜集本地农村普遍关心的问题，借佛冈县图书馆每月开展的送书下乡活动，连同专家小组，赶汤塘镇、龙山镇、水头镇、高岗镇等镇的行政村，针对农业、林业、畜牧业和医疗养生保健等科普知识，通过投影播放这种群众易接受的方式进行巡回展播，派送专门制作的光盘和宣传小册子，开专题讲座，专家做报告，并现场解答群众提出的疑难问题。这种互动形式的活动，在各乡镇行政村引起很大的反响，效果也受到广大群众的一致好评。群众切实感受到文化共享工程并不遥远，就在自己身边。

共享进社区。现代城镇的发展以社区为单位，共享工程在社区的发展是必不可少的环节。2012年，县支中心将振兴小区作为首个推广点，主要面向青少年、老年人和外来务工人员，露天展播这类人群所喜爱的戏剧、歌曲、动画、综艺、趣味知识等影片，利用高新无线网络接入技术，开展“公共电子阅览室，流动同样是美丽”活动，现场指导青少年、老年人和外来务工人员浏览县支中心资源应用系统上的信息资源，让他们体验依托高新信息技术而发展的流动公共电子阅览室。

五、工作展望

佛冈县文化信息资源共享工程建设起步稍晚，但可以清楚看到，在省文化厅和县文广新局的关怀和重视下，近三年里面，佛冈共享工程经历从有到无，由小变大，由弱至强的发展过程。共享工程惠及大众的目标很明确，佛冈共享工程将“功在当代，利在千秋”作为己任，一如既往，丰富城乡人民群众的文化生活，促进民众素质的提高，深入发展共享工程，将先进文化的甘露洒遍县城各处。

（撰文/佛冈县支中心）

韶关市支中心

韶关市区域面积1.86万平方公里。截止2012年，韶关市辖浈江、武江、曲江三区，以及仁化、始兴、翁源、新丰、乳源瑶族自治县等五县，代管乐昌、南雄两个县级市，总人口超过325万。市区面积2856平方千，总人口已达100多万。

韶关市的文化信息资源共享工程，是韶关市政府按照中央及广东省委、省政府关于推进社会主义精神文明，保障公民享有均等的公共文化权利，而实施的一项惠民文化工程。工程在省文化厅，以及韶关市文化广电新闻出版局直接领导下，得到了稳步、持续的发展，截止2012年，全市共建有市级中心1个，县（市）支中心7个，区级中心2个。作为地处欠发达山区的韶关市文化信息资源共享工程建设，在保障公民享有均等的公共文化服务，推动文化惠民，满足不同层次公民文化需求，传播传统优秀文化和地方文化等方面发挥出了积极的作用。

一、工程建设发展概况

韶关市的文化信息资源共享工程建设，始于2002年，按照国家文化部、财政部联合下发《关于实施全国文化信息资源共享工程的通知》，以及文化部印发的《全国文化信息资源共享工程第一阶段实施方案的通知》要求，韶关市图书馆开设了"多媒体网络阅览室"，为读者提供网络信息阅览服务。2004年，为改善传统的图书馆服务模式，并实现与省图书馆共享服务资源的联网，韶关市图书馆在原有多媒体网络阅览室基础上，开通了与省图书馆的联机查询检索服务，并新增多媒体服务计算机，扩大多媒体阅览室服务。2007年，按照《国家"十一五"时期文化发展规划纲要》要求，韶关市文广新局设立文化信息资源共享工程领导小组办公室，并成立共享工程韶关市级支中心，在韶关市财政的大力支持下，年底，韶关市图书馆增置网络服务设施、设备，并配置互联网络专门数据服务器，筹备网络服务数据库建设。是年，支中心开通了韶关市文化信息资源共享网站平台。2008年，共享工程韶关市支中心开通本地文化资源共建共享网络服务平台，启动"韶关市旅游文化资源数据库"建设，韶关市图书馆网络服务网站同期开通，是年，共享工程广东省中心首次在我市举办全省共享工程地市支中心师资培训班。

2009年，共享工程韶关市级支中心网络数字资源服务平台开通（试运行），包括粤北旅游文化、张九龄研究，以及孙中山北伐等数字资源在平台发布。从2010~2012年，为推动共享工程数据资源的建设，韶关市级支中心开通了全市文化资源共建共享服务平台，通过加大对各县（市）、区地方文化资源的整合，开发、自建具有地方文化特色的专题数据库，为本地共享文化资源平台，提供地方文化服务资源数据支撑。目前，韶关市级支中心拥有"张九龄研究"、"孙中山北伐"、"丹霞山文化"、"南华禅寺"等多个自建专题数据库。

韶关市文化信息资源共享工程的10年基础建设，不仅使处于欠发达山区的韶关市文化信息资源服务拥有了一个较好的基础。同时，也让每一位公民享有均等有文化服务权利变为可能，并成为现实。据统计，自2002年始，到2012年，韶关市财政共投入超过150万元，开展文化信息资源共享工程建设。

二、基础设施、设备配置

共享工程韶关支中心作为韶关区域数字文化网络资源服务机构之一，在设备配置方面方面，目前，中心服务网络配有戴尔5530共享工程应用服务器两台，图书馆自动化管理服务器一台，以及用于数据资源加工、存储服务器1台，用于存储数据磁盘空间达10TB。并配置有包括主干交换机，百兆交换机及防火墙等，中心机房使用百兆独享光纤接入韶关IP城域网。基层服务网点通过光纤租用方式与中心节点互联形成内部专网；用户通过ADSL接口实现与中心共享工程内部专网互联。

在服务设施建设方面，市级支中心设有数字资源加工工作站（中心），并配有扫描仪、数码相机等资源加工设备。中心图书馆还建有多媒体网络阅览室（电子阅览室），配备有超过50台以上PC机。此外，图书馆内还配置有资源共享服务专用电脑5台，OPAC查询检索终端4台，投影机1台，提供图书馆内互联网上网、资料查找，以及文献检索等服务。

三、网络资源建设与服务

共享工程韶关市支中心的网络资源服务，主要立足于使用地方公共图书馆馆藏电子数字资源。近五年来，市级支中心着力突出建设、整合粤北地方文化，通过本地特色文化资源的数字化，从而实现资源的有效开发与利用。2008至2012年，中心先后开通了包括粤北旅游文化、粤北名人文化、丹霞文化、禅宗文化等5个专题数据库。目前，由中心服务器提供的数字化资源量有近6T，其中，文献类数字化资源量超过30G；音、视频类资源达到5T，另中心网络服务平台，还提供包括超星、万方、读秀、CNKI等多个知识数据库资源链接。

共享工程数字化资源建设，推动了韶关区域文化共享工程网络服务平台的建设，自2007年支中心开通韶关市文化信息资源共享网站平台后，市支中心还先后开通了韶关市图书馆服务网站平台、共享工程韶关文化资源共建共享网站服务平台，以及"丹霞文化"、"南华禅宗文化"数字平台。截止2012年，共享工程韶关市支中心共享网络服务平台，提供的资源服务包括文献查找、检索、原文在线阅读、浏览、下载，音、视频在线播放、观看，以及网络参考咨询、文献传递等。

四、机构设置与人员队伍

共享工程韶关市支中心隶属于韶关市文化信息资源共享工程领导小组（下设办公室）领导，中心设在韶关市图书馆内，负责全市共享工程发展规划，及工作指导，承担市支中心共享工程网络建设，及设备的日常维护工作；负责开展共享工程基层点工作人员的业务培训，以及组织全市文化数字资源建设工作，开展共享工程服务、网上参考咨询等工作。韶关市的共享工程人员队伍建设，始自2004年，多年来，在省、市、县各级政府及有关部门领导的关心、重视下，队伍发展不断得到壮大。目前，在市支中心从事共享工程管理、服务工作人员有5人，其中，配置有技术工程师1人，网络数据加工、服务人员4人（兼职）。在韶关市的各县（市）、区支中心，从事共享工程管理、服务工作人员共有20余人，他们不仅承担着韶关市文化共享工程的管理、建设任务，还肩负着共享工程的宣传推广、网络培训、以及惠民服务等工作。秉持满足人民群众的基本文化需求，保障公民享有均等的公共文化服务，实现人民群众基本文化权益，共享工程韶关市支中心正按照公共文化所特有的公益性、基本性、均等性、便利性的发展目标，在不断建设、发展中。

（撰文/韶关市支中心）

韶关市曲江区支中心

韶关市曲江区文化信息资源共享按《2009年全国文化信息资源共享工程县支中心服务点配置标准》，于2009年3月，陆续接收到省配备和区政府自筹的价值68万元标准配置一批，并于2011年1月在两馆三中心中的新图书馆内才正式设立文化共享工程县支中心，占地200平方米，配有联想台式电脑服务机25台，工作机5台，二个专职工作人员管理。

我馆为充分借助计算机技术和图书馆管理软件来提升图书馆各项业务工作管理。目前，我馆已全面实现图书采编、流通、检索自动化管理，图书馆的各项内务统计

都已实现电脑操作、有序化管理。为了确保数据库数据安全与规范，我部门采取必要措施，对数据库进行经常性的、制度性的维护。除此之外，还利用现代化设施和信息技术手段，为读者提供课题研究资料检索及复印等服务，同时，还加装了超星地方文献特色库与点点动漫书库两个电子图书数据库，使网络资源发挥更大的社会效益。并通过粤北数字文化网服务平台上传地方数字资源。

为构建和谐曲江，营造良好的文化氛围和提供有力的文化支持，突出图书馆的公益性与职能性，积极配合各级部门，在多媒体阅览室举办了："文化信息资源共享工程讲座"、区总工会的"女职工健康知识讲座"、区统计局的"全区工业企业一套表软件操作培训班"、文化系统选举曲江区人大代表和马坝镇人大代表、残疾人电脑培训班、消防安全知识讲座等一系列活动。利用文化共享工程系统积极学习宣传十八大精神。

下一步争取经费建设乡（镇）基层服务点，按照文化部、发改委即将实施的"乡镇综合文化站"建设项目的要求统一执行，最低应达到《全国文化信息资源共享工程试点县软硬件环境指标—乡(镇)基层点配置标准》，村（社区）基层服务点设备配置。

（撰文/韶关市曲江区支中心）

乐昌市支中心

乐昌市全市总面积2421平方公里，总人口54万人，辖16个镇，1个街道，2个办事处，195个行政村，20个居委会。乐昌市文化资源共享工程在市文化广电新闻出版局部署下，逐步推进，稳步发展，在新形势下为繁荣农村基层文化，满足农民多层次文化需求，传递中国民族优秀文化资源发挥了重要作用。

一、基本情况

乐昌市文化信息资源共享工程建设开始于2009年，共享工程乐昌支中心设在乐昌图书馆，多媒体阅览室有30台电脑，2010年8月21日，共享工程乐昌支中心多媒体阅览室正式向读者开放。目前，已建成五山镇和九峰镇两个镇基层服务点和廊田镇岩前村、大源镇水源村等13个村基层服务点为所在村民服务。共享工程已逐步走入基层村民生活，成为村民获取新知，娱乐身心的新渠道新平台。

共享工程乐昌支中心是乐昌市共享工程的建设和业务指导单位，负责保障乐昌支中心共享工程设备的运行，指导镇村级共享工程活动的开展以及开展全市共享工程管理员的业务培训和指导。

二、经费投入

乐昌市文化信息资源共享工程，2009年由上级文化主管部门和当地政府共投入60多万元建设共享工程乐昌支中心，以后政府每年投入8万的经费，用于共享工程设备的维护，人员培训和开展共享工程各项活动。

三、培训工作

乐昌市文化信息资源共享工程，根据市文化广电新闻出版局的工作要求，每年对辖区共享工程管理员和农家书屋管理员进行集中培训，2009年以来一共举办各类培训班4期，参加轮训的各级管理员达200人次。

四、举办各种活动

共享工程乐昌支中心充分利用图书馆的资源优势，每年根据上级的指示和本馆的工作情况积极举办各种读书活动，如中小学生读书征文比赛、中小学生读书作文擂台赛、灯谜竞猜、书法培训、书画比赛、书画展览、读书讲座、故事演讲、科技图片展览等。实现图书馆（共享工程乐昌支中心）与读者的互动，充分发挥共享工程乐昌支中心在当地两个文明建设中的作用。

五、工作展望

在经济、科技、文化高速发展的今天，乐昌市共享工程建设一支专业化的服务队伍，充分发挥文化信息资源共享工程支中心的作用，幅射全市17个镇（街道）和有关单位。举办内容更丰富的读书和读者娱乐活动，为我市经济、文化的发展发挥应有的作用。

（撰文/乐昌市支中心）

南雄市支中心

南雄市总面积2361平方公里，辖17个镇1街道24个居委会208个村委会，人口47万多，市区常住人口8万。1996 年撤县设市，素有“黄烟之乡”、“银杏之乡”、“恐龙之乡”之美誉。

南雄市文化资源共享工程在市委、市政府、市文化广电新闻出版局、市图书馆支持和部署下，逐步推进，稳步发展，在新形势下为繁荣农村基层文化，满足农民多层次文化需求，传递中国民族优秀文化资源发挥了重要作用。

一、基本情况

南雄市文化资源共享工程建设开始于2010年，由省财政厅投资68万，地方财政投资30万共建，配置了专业机房，机房内铺设了防静电地板，添置了避雷装置、空调设备、UPS不间断电源、专业机柜、服务器等，更新了电子阅览室联想品牌电脑30台，19寸宽屏显示器。共享工程南雄支中心设在南雄市图书馆。

二、管理和队伍建设

为使共享项工程真正为民所用、为民谋利，南雄支中心将共享工程日常管理纳入制度化管理。制定了工作职责和制度，实行制度上墙公开。

南雄市共享工程支中心建立后，在市委、市政府、市编办、市文化广电新闻出版局的关心和支持下，特面向社会公开招考一名计算机专业进入共享工程支中心服务岗位，以充实支中心力量，确保有一支专业化的共享工程管理员队伍。

三、宣传推广

1、利用各种渠道，宣传推广共享工程。利用墟日，市图书馆到各乡镇开展送科技图书有奖灯谜竞猜等活动，南雄支中心借助良机，以活动为平台，以资料为媒介宣传共享工程，让民众不断了解共享工程，走进共享工程。

2、走进村庄，助力姓氏文化节。2010年成立至今，连续几年利用支中心优秀资料，助力黄坑镇板桥村文化节，开展优秀电影展播等系列的活动。

3、走进校园，助力校园文化节。南雄支中心文化服务中不断探索，利用支中心优秀资料，助力校园文化节。2011年初，送优秀资源到乌迳中学，走进校园开展优秀电影展播等系列的活动。

4、专题活动，精彩纷呈。南雄支中心在服务中抓住文化的热点和亮点，积极组织群众喜闻乐见的文化服务，使共享工程走进群众生活。例如：2011年6月，文化遗产日，支中心播放专题电影；每年暑假、寒假，播放红色（优秀）电影……

如今，文化资源共享工程南雄支中心已经成为南雄市文化广电新闻出版局党员干部学习与交流、业务学习与培训的主要场所之一。今后，南雄支中心将在国家、广东省分中心及当地政府与主管部门的大力支持下，建设专业化的服务队伍，创新服务方式，拓宽服务网点，为建设科技南雄，文化南雄贡献。

（撰文/南雄市支中心）

始兴县支中心

一、整体情况

始兴县，总面积2174平方千米，总人口25万人。文化底蕴丰厚，文化资源丰富。2004年，根据文化部、财政部《关于实施全国文化信息资源共享工程的通知》，以及广东省文化信息资源共享工程办公室文件，按照上级要求的配置标准，我县建立了文化信息资源共享工程县级支中心。2010年投资30万元配置了专业机房，机房内添置了避雷装置、空调设备、UPS不间断电源、专业机柜、服务器等，更新了电子阅览室联想品牌电脑26台，19吋宽屏显示器。目前中心有终端电脑26台，服务器1台，存储量达451G，网络带宽10M，兼职管理员1名。初步架设了我县文化共享工程网站，实现了图书自动化管理.

二、网点建设、经费投入

始兴县委、县政府十分重视文化信息资源共享工程这项创新惠民工程建设，2009年出台了《关于印发始兴县文化信息资源共享工程建设实施方案的通知》，成立了以分管副县长为组长、其他有关单位为成员的领导小组，就组织机构、经费保障、技术支撑方面作了详细的规定。各乡镇也成立了相应的组织机构，具体实施文化共享工程的相关事宜。

三、资源建设

在利用共享工程中心网站资源的同时，充分利用资源共享的有利条件，免费开放，让读者浏览有益身心的文化资源。

四、技术支持

建立了信息反馈机制，加入广东省共享工程QQ群，加强与省中心及各兄弟馆的联系，及时上报反馈各种信息，取得技术支持。要求工作人员做好工作原始记录和人员、数据统计工作。

五、合作共建

结合农村干部党员教育、中小学教育、农家书屋等工程，通过对村部原有的阅览室的改造、拓展，添置了文化、农普类藏书（光盘）2000余册，积极推动“共享工程”的建设，不断完善配套设施，提高硬件条件，并接通了电信宽带网络和有线电视网络，设置了共享工程连接快捷方式，完善了“共享工程”硬件设施上的架设。并下发了“全国文化信息资源共享工程基层服务点”标牌、管理制度、管理职责等以及由县支中心翻刻的“文化共享助春耕”光盘，内容涉及育苗育种、特种养殖、科学抗旱、科学种植等一些适合我县实情的资源。始兴县各村部逐渐形成了一个融图书借阅、党员教育、信息传递、休闲娱乐为一体的基层服务中心。

六、惠民服务

在实施共享工程的过程中，始兴县支中心不断拓展共享工程的服务内涵和方式，充分利用这一全新的工作载体条件，开创了文化共享工程工作的新局面。

1、馆内活动精彩纷呈。充分发挥公共图书馆的阵地作用，在电子阅览室每周推介优秀栏目、名家讲座、生活常识、电影及优秀地方剧目，每月开展一次共享工程利用知识培训；每个星期六上午在少儿阅览室利用电视播放名家讲座及影视剧，常年坚持。利用星期天节假日针对未成年人播放百部爱国主义教育影片、科普类等影片，举办思想道德建设方面的讲座、名著赏析等，引导未成年人多读书，深受广大市民的欢迎。每周服务时间达8小时，这一举措深受读者和基层点的欢迎。

2、“文化共享工程农村巡回展演”活动深受农民欢迎。为了充分利用文化信息资源共享工程服务网络的资源优势，扩大文化信息资源共享工程的社会影响，我们借调文化馆演出队组成“共享工程巡回展览小组”，把科技知识直接送到各村小组、农户家中，赠送科技图书，散发各类科技资料宣传单，开展科普知识竞赛，现场评奖及颁发奖品和纪念品，深受农民群众热烈欢迎，截至到今年11月底，我馆共开展科普竞赛活动20余场次，向农民群众赠送科技图书2000余册，发放科技资料宣传单3000余份，惠及农民群众5000多人。通过这些竞赛，不仅让广大农民群众真真切切享受到了图书馆的服务，也实实在在让老百姓共享了一次优秀的文化信息资源。丰富的农村生产生活、农业科技知识、医疗保健知识为不仅农民致富提供了有效的信息保障，还为开展农业技术培训、农民工培训、再就业培训等，提高农村信息化水平和基层群众科学文化素质，促进当地经济社会的协调发展奠定了良好的基础。

七、宣传推广

在做好各项工作的同时，对各项工作定期进行回顾和总结，始兴电视台、始兴县人民政府网、始兴通讯、始兴党建网等新闻网络媒体采用，受到了上级的好评。

八、培训工作

打造支中心精湛的技术服务队伍。

我支中心狠抓队伍建设，除组织全体干部职工学习由国家中心、省中心举办的网络视频教学外，还于2010年、2012年分别选送骨干力量参加省中心举办的培训班，系统学习文化共享工程的基本操作技能知识、通过培训，我支中心打造了一支精湛的文化共享工程技术服务队伍，极大提高了我支中心的综合服务水平，对我县文化共享工程事业的发展起到积极的推动作用。

九、工作展望

随着国家对农村文化的重视，加大对文化共享工程的投入，我支中心将在未来的几年里着重搞好为农村基层点服务，建立覆盖全县的城乡一体化文化共享工程服务网络，加强对管理员的培训和技术指导、联合开展多种活动等，以更好地发挥文化共享工程的作用。

（撰文/刘秀兰）

仁化县支中心

一、基本情况

文化资源共享工程仁化县支中心建设于2006年，下设红山镇文化站服务点、城口镇文化站服务点、长江镇文化站服务点、扶溪镇文化站服务点、闻韶镇文化站服务点、石塘镇文化站服务点、董塘镇文化站服务点、大桥镇文化站服务点、周田镇文化站服务点、黄坑镇文化站服务点、丹霞街道办文化站服务点，2007年增建了董塘镇高联村委会和扶溪镇厚塘村委会2个服务点，全县一共13个服务点。文化共享工程仁化县支中心设在仁化县图书馆，是仁化县文化共享工程的建设和业务指导单位，负责保障全县文化共享工程设备的运行，协调镇村级共享工程设备的维修，指导镇村级共享工程活动的开展以及开展全县文化共享工程管理员的业务培训和指导。

二、管理和队伍建设

为使文化资源共享工程真正为发展地方经济和文化服务，仁化县支中心将共享工程日常管理纳入制度化管理。制定支中心、镇、村基层服务点工作职责和制度，实行制度上墙公开。每年有年度工作计划，月度有工作要点，季度有工作督导，年末有工作总结考核，并推行管理员工作日志管理，收集整理共享工程服务活动的得失，探索共享工程管理和服务新模式。仁化县文化资源共享工程支中心在管理员队伍建设上坚持明确职责，明确思路，制度化管理，常态化培育。镇、村两级13个基层共享工程服务点管理员由文化站长和村委会文书负责日常开放和管理。县支中心每年举办4期管理员业务培训（每季度一次），不断提高管理员的业务水平。

三、经费投入

仁化县文化资源共享工程自2006年建设以来，仁化县人民政府每年投入4.8万用于共享工程设备的维护和网络费用，每年投入5万多元用于文化资源共享工程开展的各项活动。

四、资源建设

仁化县支中心从2006年创建以来，搜集不同区域民众文化需求，选取、编辑制作各类题材资源，每年制作发放各类光盘500多盘，发放宣传资料5000余份。2012年与广东省立中山图书馆合作申报《仁化县民间音乐“月姐歌”专辑》地方资源数据库建设项目。2013年重点做好地方红色文化资源数据库《仁化县石塘双峰寨保卫战》专题片的立项申报工作。

五、开展服务工作

文化资源共享工程仁化县支中心从2006年成立以来，根据粤北山区的地方特点，以山区群众需求为导向，积极探索如何做好文化惠民工作，引导农民在信息化、网络化高速发展的21世纪，如何利用网络和信息发展地方经济，为地方经济和政治提供优质的文化服务。

仁化县支中心根据农民工的需要，在2011年与仁化县总工会联合举办《仁化县创业青年与农民工免费电脑培训班》免费为培训的学员提供教材和每人每天伙食补贴30元，培训农民工90多人。2009年开始利用文化资源共享工程的投影仪、电脑等设备成立一直《仁化县共享工程移动播放服务队》。深入仁化县12个山区镇的自然村，为当地的留守儿童和妇女、老人播放电影和视频新闻故事专题片24场次，深入边远农村开展播放农业科学种养技术视频25场次，为山区农民发家致富服务，深受地方政府的好评。

开展专题活动，形式多样。仁化县支中心在多媒体电子阅览室3场音乐欣赏会，2012年举办《喜迎十八大美术书画作品》展览，与仁化县纪委每年联合一次《廉政读书活动》，与县委宣传部举办多次读书阅读征文比赛活动，黄坑镇服务点每年举办多场《果树种植培训》，邀请专家上课培训，培训种植户200多人，深受农民的欢迎。

六、工作展望

文化资源共享工程仁化县支中心充分抓住广东省建设文化强省的契机，利用共享工程这个服务平台，不断提高管理员的业务水平和职业修养，重视打造仁化县地方特色资源库建设，通过共享工程这个窗口，为领导决策提供文献资料。让外界认识仁化、了解仁化、热爱仁化、建设仁化，为把仁化建设成"生态、活力、幸福新仁化奉献力量。

（撰文/仁化县支中心）

翁源县支中心

翁源县总人口39万多人，面积2174.86平方公里。辖7镇1场156个村委会。翁源县文化资源共享支中心在广东省委、省政府和翁源县委、县政府的关心和支持以及省立中山图书馆的帮助下，于2011年7月建设竣工并全面免费对外开放，在新形势下为建设"文化翁源"丰富繁荣基层文化建设，进一步满足广大人民群众多层次文化需求，传递我国民族优秀文化资源发挥了重要作用。

一、基本情况

翁源县文化信息资源共享工程支中心，设于翁源县图书馆内，面积200平方米，有30台电脑，设有机房、信息采编制作室等。竣工于2011年7月并全面实行对外免费开放，可接收30人上网阅读及信息咨询等。为使该支中心各项工作的正常运作，县委、县政府高度重视，把文化信息资源共享支中心所需经费纳入每年财政预算，解决了支中心的经费问题。为全面提高工作人员业务素质和服务水平，县图书馆每年派出3人2次以上参加省、市举办的培训班，并邀请一些专家学者到该支中心进行办班授课，较好地提高了工作人员的服务意识和服务水平。

二、利民惠众，服务社会，服务基层

翁源县文化信息资源共享工程支中心建成时间虽然不长，在共享工程服务实践过程中，以民众的需求为导向，积极探索，用最方便最有效的方式来服务广大人民群众的生产生活，引领群众走科技脱贫致富之路，努力打造人民群众满意喜爱的文化服务新平台。

根据翁源的实际和农业生产特点，翁源县支中心与县农业技术推广中心合作，制作了"三华李"、"九仙桃"、"兰花"以及各类瓜果的栽培、防病、防虫等技术的宣传小册、光盘发送到农户手中，并利用"流动书香车"每月1次以上到村镇进行播放投影专场，着力解决农民群众的种养技术问题。

三、开展活动、宣传推广

1、翁源县文化信息资源共享支中心建成后，县图书馆利用横额、标语、宣传车等形式进行宣传，并邀请县电视台及韶关日报社进行宣传报道，工作人员上街进巷派发宣传单，做到家喻户晓，人人皆知。

2、认真组织各种读书活动和各类知识竞赛活动，组织全县各单位干部职工及各中小学生分批次到县支中心收看廉政电影和爱国主义教育专题片。通过一系列互动，使广大人民群众和中小学生不断了解共享工程、走进共享工程和利用共享工程。

翁源县文化信息资源共享工程支中心刚刚起步，面对未来，我们满怀信心，努力工作，把文化共享工程建设成为繁荣翁源文化，丰富翁源人民精神生活，推动翁源人文科技进步的强大动力源泉。

（撰文/翁源县支中心）

新丰县分中心

一、基本情况

新丰县全县总面积2015.2平方公里，现辖6镇1街，141个行政村，16个居委会，总人口25.86万人，其中农业人口19.75万人。新丰县文化资源共享工程建设开始于2011年，设在新丰县图书馆二楼，面积180平方米，有供读者使用的电脑25台，服务器一个。此建设是通过省资助设备，地方提供基础设施建立起来的，2011年底完工，2012年7月对外开放。由新丰县图书馆负责保障共享工程设备的运行，目前新丰县文化共享工程还只是初级阶段，还没有覆盖到自然村级。

二、日常管理

新丰县支中心将共享工程日常管理纳入制度化管理。制定支中心工作职责和制度，实行制度上墙公开。每年有年度工作计划，推行管理员工作日志管理，为便于管理和监督，读者凭身份证或借书证上网，同时收集整理共享工程服务活动的得失，探索共享工程管理和服务新模式。更好地使共享项工程真正为民所用为民服务。

三、合作共建

新丰县共享工程以县公众信息网为依托，并以覆盖自然村党员远程教育网络系统为平台，根据不同乡镇、村的需求。搜集、选取、编辑制作各类题材资源，开展共享工程服务。共享工程将逐步走入基层村民生活，成为村民获取新知，娱乐身心的新渠道新平台。

四、宣传推广

1、新丰县支中心利用各种渠道宣传推广共享工程。通过海报、宣传单、媒体等进行宣传，以活动为平台，让民众不断了解共享工程，走进共享工程。

2.专题活动。新丰县支中心以时势为服务热点，积极组织群众喜闻乐见的文化服务，使共享工程走进群众生活。例如在学雷锋月中，播放有关做好人好事的专题片。在反腐倡廉过程中，为广大干部职工播放有关廉洁自律、优秀党员人物的专题片。

五、工作展望

新丰文化资源共享工程虽然刚刚起步，随着政府的重视，不久的将来定能覆盖到每个自然村。使得群众广泛认知，广泛参与，文化资源共享工程将会是新丰县人民文化大餐，成为繁荣新丰文化，丰富新丰人民精神生活，推动新丰人文科技进步的强大动力源泉。随着一些新丰县政府的逐步重视和加大投入，服务队伍也会渐渐壮大，成为宣传新丰和建设新丰精神文明的主力军。

（撰文/信丰县支中心）

乳源瑶族自治县支中心

乳源瑶族自治县总面积2299平方公里，现辖9个镇，115个村（居）委会，1082个自然村，有“九山半水半分田”之称。其中：丘陵平原镇有乳城、一六、桂头3个镇；石灰岩山区镇有大桥、洛阳、大布3个镇；瑶族聚居地有必背、游溪、东坪三个镇，是美国、泰国等海外瑶族的祖居地，被誉为“世界过山瑶之乡”。总人口21.1万，其中农业人口17万；瑶族人口2.4万，占全县总人口的11.4%。乳源县文化资源共享工程在文体旅游局的支持和部署下，逐步推进，稳步发展，在新形势下为繁荣农村基层文化，满足农民多层次文化需求，传递中国民族优秀文化资源发挥了重要作用。

一、基本情况

乳源文化共享工程在2007年9月建成，实现了以县图书馆为支中心，117个镇、社区、村委和部分单位企业、部队、学校为基层服务点，文化信息资源共享工程网络体系和服务平台，率先在全省各县、市完成文化信息资源共享工程的全覆盖。2008年5月国家文化部命名乳源县文化信息资源共享工程为全国文化信息资源共享工程示范县，文化共享工程始2007年10月投入运行以来，大力开展形式多样内容丰富的文化惠民活动，大大地丰富了人民群众的文化生活，提高了农民的科技知识和农村的文明程度。

共享工程乳源支中心设在乳源县图书馆，是乳源县共享工程的建设和业务指导单位，负责保障县支中心共享工程设备的运行，协调镇村级共享工程设备的维修，指导镇村级共享工程活动的开展以及开展全县共享工程管理员的业务培训和指导。

二、管理和队伍建设

为使共享项工程真正为民所用为民谋利，乳源支中心将共享工程日常管理纳入制度化管理。制定支中心、镇、村基层服务点工作职责和制度，实行制度上墙公开。每年有年度工作计划，月度有工作要点，季度有工作督导，年末有工作总结考核，并推行管理员工作日志管理，收集整理共享工程服务活动的得失，探索共享工程管理和服务新模式。

文化资源共享工程作为一个新的农村文化资源获取平台，如何推广好、利用好共享工程丰富的文化资源关键在于是否有一支专业化的共享工程管理员队伍。乳源县共享工程支中心在管理员队伍建设上坚持明确职责，明确思路，制度化管理，常态化培育。对于乡镇、村两级基层共享工程管理上择优选取文化层次较高，有一定社会基层管理服务实践经验的人为管理员，他们工作热情高，有较高的文化水平能尽快熟悉掌握共享工程设备为所在村民服务。目前乳源县共享工程管理员是由较高学历的村委委员兼任，实现了管理员选取的高起点。

三、培训工作

乳源支中心在共享工程管理员的培养上实现了制度化和常态化。根据支中心工作要求，每年对辖区共享工程管理员进行3期的集中培训，2007年以来一共举办各类培训班18期，参加轮训的各级管理员达500多人次。

四、经费投入

乳源县共享工程自2007年实现村村全覆盖以来，广东省财政每年投入20余万的运维经费，用于共享工程设备的维护，人员培训和惠民活动的开展。同时，乳源县政府，乳源县文体旅游局每年也投入大量人力物力支援共享工程各项活动的正常开展。

五、资源建设

乳源县支中心在历年的工作中，搜集不同区域民众文化需求，选取、编辑制作各类题材资源3TB，每年制作发放各类光盘200多张，展板8块，各类海报，招贴画20副，发放宣传资料3000余份。

六、合作共建

以共享工程为依托结合全覆盖的农村数字电影厅建立电子文献资源服务中心。将各种部门下发的电子文献资源与建立的共享工程服务点结合，根据不同乡镇、村的硬件条件建立形式多样的电子阅览室和多媒体中心。比如必背镇必背口社区文化室；必背镇王茶村委文化室；必背镇桂坑村委文化室；游溪镇中心社区文化室；东坪镇新村村委文化室；东坪镇方武村委文化室；桂头镇七星墩村委文化室；桂头镇杨溪村委文化室；一六镇一六村委文化室；大布镇埕头村委文化室；洛阳镇阳升社区文化室；洛阳镇洛阳村委文化室；洛阳镇坪溪村委文化室；乳城镇云门村委文化室；乳城镇源峰村委文化室；乳城镇大东村委文化室；乳城镇新兴村委文化室；大桥镇大桥村委文化室；大桥镇石角塘村委文化室；大桥镇中冲村委文化室等建立拥有多台电脑的多媒体阅读中心，结合建成电影放映，共享工程宣教授课和电子资源阅读播放为一体的多功能活动室。通过多方不懈努力，共享工程已逐步走入基层村民生活，成为村民获取新知，娱乐身心的新渠道新平台。

七、利民惠众，惠农服务

乳源支中心在共享工程服务实践过程中，以民众的需求为导向，积极探索，服务民众生活生产，引领群众高尚精神文化生活，打造群众满意喜爱的文化服务新平台。

根据乳源地域农业生产特点，乳源支中心每年按节令制作农业生产技术光盘和小册子通过行政村基层服务点村民分发。针对不同农业专业者，乳源支中心有针对的选取资源上门指导服务。历年来累计服务专业生产户3

户，长期点对点跟踪服务6户。

八、宣传推广

1、乳源支中心利用各种渠道宣传推广共享工程。在乳源每年的科技文化三下乡活动，科普之春，科普之夏，科技周等活动中，乳源支中心不失时机，以活动为平台，以资料为媒介宣传共享工程，让民众不断了解共享工程，走进共享工程。

2、走进校园。乳源支中心文化服务中不断探索，利用支中心儿童阅览专区，组织动员青少年儿童关注共享工程，利用共享工程，收集青少年知识兴趣点整理挖掘，针对集中地知识群和关注点乳源支中心联合友邻部分聘请专家前来为青少年答疑解惑，其中邀请原乳源县政协主席莫瑞福做精彩的报告，深受广大青少年的喜爱。通过一系列的活动是共享工程不仅走进农村也走进校园走进青少年。

3、专题活动，精彩纷呈。乳源支中心在服务中抓住文化的热点和亮点，积极组织群众喜闻乐见的文化服务，使共享工程走进群众生活。例如在"世界读书日"、图书馆服务宣传周、文化三下乡活动中，我们举办《我与图书馆》、《读书提升智慧》专题讲座、文化共享工程电影展映、瑶山新著《梦里呼唤你》签名赠书、文化共享工程在线健康讲座、书香流动服务等多项活动。让瑶汉群众、学校师生共享读书盛宴。

九、工作展望

乳源县文化资源共享工程已走过6个年头，从昨天的103点到今天的117个行政村、社区、部队、企业、学校全覆盖，从单一的资源接收到今天的编辑分发和群众广泛认知，广泛参与，文化资源共享工程在乳源已经成为乳源人民文化生活的一大支柱，成为繁荣乳源文化，丰富乳源人民精神生活，推动乳源人文科技进步的强大动力源泉。今后乳源支中心希望在国家中心，广东分中心大力支持下为乳源共享工程建设一支专业化的服务队伍，建立一个国家、省、市、县四级知识网络联动的即时问答服务体制和服务形式更加多样，服务网点更加宽广，参与群众更加广泛的共享工程文化带动体系，为建设科技乳源，文化乳源做出贡献。

（撰文/乳源县支中心）

河源市支中心

河源市现辖源城区，东源县、和平县、龙川县、紫金县、连平县，有95个乡镇，5个街道办事处，1251个村委会，158个社区居委会。全市面积1.56万平方公里，户籍总人口366.78万人，农业人口284.75万人，河源市文化信息资源共享工程自2004年5月启动以来，得到市政府及市文广新局和各级有关部门的大力支持，通过建立我市文化共享工程，实现广大人民群众的基本文化权益，推动了我市文化建设。

2004年5月，全国文化信息资源共享工程支中心在河源市图书馆建立，市政府随即成立了区文化信息资源共享工程领导小组，出台了《河源市文化信息资源共享工程实施方案》。市财政加大投入，设立"共享工程"专项资金，各单位落实责任，加大督查考核力度。市文广新局具体实施，加快支中心软硬件设施建设，确保了"共享工程"支中心和基层服务点的早日建成。截止2009年6月，河源市累计投入资金1000万元，建成县区级支中心5个，乡镇基层服务点建成覆盖率达100%。实现街道、乡镇、村、社区文化共享工程全覆盖，使文化共享工程这一惠民工程全面进入到社区、乡村，进入到千家万户，为"惠民工程"的开展打下坚实的基础。

河源市文化共享工程支中心自建立以来，与县区图书馆和乡镇文化活动中心建设相结合，开展了丰富多彩的文化共享工程服务活动。基层服务点整合党员远程教育和文化共享工程数据资源，加快了文化共享工程基层服务点的建设力度。目前全河源市基层服务网点均实行"一站（网）点两牌"制，基层管理人员实行"一肩挑"，各村、社区新进的大学生既负责远程教育又负责文化共享工程工作开展，科学制订学习、活动方案，建立健全各项规章制度，突出整合重点，拓宽服务渠道，逐步加大了实施文化共享工程工作力度。县区支中心承担全区网点的管理，资源更新，日常技术维护、人员培训等，基层服务点做好技术维护和活动开展。

河源市支中心自建立以来，活动开展包括放电影活动和科技、农业知识培训，电子阅览室绿色上网，全河源市各基层服务点深入小区、院落，利用文化共享工程数据资源下载播放人民群众喜爱的影片。以服务"三农"为重点，把群众急需的科学知识、农业技术等信息提供给农民群众。利用投影仪和视频在线播放功能，各基层服务点利用文化共享工程资源每个星期开展至少一次实用信息的田坝院头的播放活动。根据城乡居民的需要，利用电子阅览室提供网络资源查询，电子图书推荐，组织播放农民喜闻乐见的戏曲、电影、小品等文艺节目，极大地丰富了群众文化生活，提高了农民文化素质，为构建和谐社会创造了良好氛围。通过一系列高效优质的服务活动，大大增强了文化共享工程的利用率和点击率。

2007年以来，河源市把管理作为文化共享工程建设的重中之重，实行建管并举，建章立制，加强了乡镇、社区基层服务点管理员的培训。各基层点的管理员均经过培训、考核，取得上岗证后上岗。目前，全河源市共有专兼职管理和技术服务人员153名，经过培训、考核，均取得省中心颁发的上岗证书。同时，河源市加大对基层服务点的检查力度，进行考核评估。通过会议、文件等形式，将各街、镇、乡站点建设、管理和使用情况进行通报，对工作不力、问题较多的单位提出批评，对一些管理到位、工作有特色、作用发挥好的单位，及时给予表扬，并通过召开现场会、经验交流会等，在全区进行推广，有力促进了文化共享工程工作的健康开展。

为充分了解广大基层群众对文化共享工程数据资源的需求，明确今后资源投放方向及内容，河源市支中心在全市各基层服务点开展资源需求调查工作，并下发资源需求调查表，分别了解群众需要如电影、讲座、戏曲等内容，做到有的放矢，及时更新网站资源内容，满足了群众对文化信息需求的不同需要。河源市支中心并派专人负责，广泛征求群众意见，积极开展服务宣传工作，扩大了文化共享工程在基层的影响，广大群众都明白了开展文化共享工程活动的意义。2012年8月至2013年8月，河源市支中心还承办了“组织开展第一、二届全市廉洁读书月活动”征文大赛，共收到来自地征文稿件300多件，分别评出一等奖4名，二等奖8名，三等奖12名，优秀奖60名，极大地提高了河源市文化共享工程工作的知名度和在群众中的知晓率。

河源市文化共享工程建立以来，在市委、市政府及各级文化主管部门的大力支持下，在河源市文化信息资源共享工程领导小组的领导下，全市的文化信息资源共享工程服务工作有了长足发展，增强了文化共享工程在基层的辐射力和影响力，特别是利用国家、省、市丰富的文化信息资源，服务广大人民群众，满足了广大群众精神生活的需要。目前，各街镇乡基层服务点日平均接待群众约100人次，村、社区基层服务点日平均接待群众20人次，各街镇乡年开展面向基层群众的培训、讲座、展览、电影播放等服务活动近2000场，服务受众近16万人次。河源市支中心年举办展览、讲座、报告会、读书活动、电影放映等常规服务活动80场，服务群众近2万人次。

展望未来，河源市文化共享工程紧紧围绕国家、省、市中心的工作部署，将进一步构建资源优质丰富、技术先进实用、传播高效互动、服务便捷贴近、管理科学规范、体系完整可控的公共数字文化传播服务体系，使文化共享工程真正成为城乡群众参与文化娱乐、获取科普信息、接受教育培训、享受惠民服务的重要平台。

（撰文/河源市支中心）

河源市源城区支中心

源城区图书馆地处于中山广场附近，始建于2006年6月，在2008年1月7日开馆。在区委、区政府正确领导和上级文化主管部门的指导下，坚持以邓小平理论和“三个代表”重要思想为指导，深入学习贯彻党的十八大精神，全面落实科学发展观，围绕省委省政府加快建设文化强省的战略部署，以构建和谐社会、建设文化源城，促进社会全面发展为主题，服务大局、服务群众，充分发挥公共图书馆的职能作用。源城区下辖2个镇、5个办事处，共有33个居委会、30个行政村。全区常住人口人口约45万人。近几年来，在源城区政府的关心支持和指导下，我馆认真开展文化信息资源共享工程源城区支中心的建设，工作中坚持政府主管、主抓的原则，以图书馆为中心，乡镇文化站和行政村（街道、社区）文化活动室为重点的基层服务网络，完善和提升文化信息资源共享工程区级支中心和镇、街道文化站以及村（居）委会文化室文化信息资源共享工程服务店建设。建立和完善文化信息网络服务体系，形成覆盖全区的基层文化信息资源共享网络，逐步实现文化信息资源进千家万户，推动我区文化信息资源共享工程发展。

一、基本情况

河源市源城区文化信息资源共享工程于2008年开始起步建设，区政府对区文化信息资源共享工程建设比较重视，在各方努力配合下，于2010年建立了文化信息资源共享工程源城区级支中心，并配置电脑30台、投影仪一套，设立了电子阅览室与多媒体功能室。馆内局域网与互联网实现100M光纤的连接，与省文化共享工程中心链接，起到上承下发的作用。目前，源城区建成全国文化信息资源共享工程区级支中心1个。

二、管理和队伍建设

区支中心重视“共享工程”管理和队伍建设工作，制定了相关工作职责和制度，并派专人进行日常管理，通自学、观看网络讲课等形式，不断提高业务能力和工作水平，努力建设一支专业化的“共享工程”管理员队伍。

三、培训工作

源城区支中心注重抓好“共享工程”管理员培训工作，每年通过集中培训、网络培训和上门辅导等形式开展培训，不断提高管理员的专业水平。

四、资金投入

2010年，源城区文化信息资源共享工程建设经费地方财政投入30万元，每年4万元经费用于共享工程设备的维护，人员培训和惠民活动的开展。

五、资源建设

源城区支中心结合本区实际，进行了数据库建设，整理了相关资料和大量视频，拍摄了相关图片，发放宣传资料1000多份。

六、合作共建

开展多种形式的合作共建，推进“共享工程”建设。与街道文化站（室）党员干部远程教育基层点推进“共享工程”工作，基层服务点与党员远程教育对接，与组织室联合举办党员远程教育对接共享工程基层点培训班，收到较好的效果。

七、惠民服务

电子阅览室实行每天免费开放，供读者上网查阅资料学习，每天吸引大批读者来馆，并联合市残联举办“肢体残疾人活动日”活动，让残疾人通过电子阅览室接触网络，共享文化成果。多媒体室配备了投影仪，在周末以及寒暑假期间，利用多媒体室举办各类活动：播放各类型的专题影片、举办朗诵活动、举办专题讲座等；基层服务点利用下乡放映电影的机会，放映文化共享工程的农村种养培训视频，深受广大农民的欢迎；晚上利用投影仪在中山公园播放视频节目，内容涵括了电影、地方戏剧、科技知识、生活小常识、法律知识等，深受居民的喜爱，更加多元地丰富群众的业余生活。

八、宣传推广

1、源城区支中心利用网站、报纸、电视等各种渠道宣传推广“共享工程”，尤其在每年的服务宣传周、科技活动周等活动中，通过宣传让群众不断了解“共享工程”，走进“共享工程”，利用“共享工程”的丰富资源。源城区图书馆作为源城的“文化拥军”基地，还积极开展

"共享工程"进军营活动，丰富部队官兵的文化生活。

2、走进校园。区支中心文化服务不断探索，利用支中心儿童阅览专区，组织动员青少年儿童关注共享工程，利用共享工程，收集青少年知识兴趣点整理挖掘。

九、工作展望

源城区公共图书馆存在藏书量少的情况，须继续大力推进"共享工程"建设，充分利用"共享工程"的丰富资源为群众服务。要结合"数字图书馆"工程建设，全面提升源城区级支中心的设备，提高源城区"共享工程"的建设水平。要进一步扩充文化设施网点，早日实现行政村全覆盖。以市县图书馆为中心，加强基层文化设施网点网络化、数字化建设，加强专业技术人员的培养，为深入推进"共享工程"的实施打好基础。要充分发挥"共享工程"的作用，大力开展公益性数字文化服务，以群众喜闻乐见的形式使"共享工程"更加贴近基层、贴近生活、贴近群众。

（撰文/河源市源城区支中心）

紫金县支中心

紫金县总面积3621平方公里。县人民政府驻地紫城镇，行政区划共有18个镇、273个村委会、26个社区居委会。全国文化信息资源共享工程建设具有重要的历史意义，作为推动文化繁荣发展的创新工程，它转变了公共图书馆的服务理念、服务方式和社会形象，对图书馆事业未来的发展以及图书馆社会功能的有效发挥产生了深远的影响。山区县级图书馆抓住机遇创新思路，注重统筹规划、关注技术发展，促进服务转型，实现图书馆最广泛深入的延伸服务。

一、建设情况

2010年是全国文化信息资源共享工程县级支中心100%覆盖之年，广东省文化厅已于2010年的5-6月委托文化共享工程广东省分中心向全省15个经济欠发达地市的50个广东省扶持型补助文化共享工程县级支中心下发了设备。这些设备极大地改变了广东山区县级图书馆的面貌，跨越式增强了图书馆科技含量，引导图书馆（文化共享工程县级支中心）的服务方式向多元化转型。

共享工程紫金支中心设在紫金县图书馆，县政府下拔共享工程配套资金30万元，专门用于共享工程紫金支中心建设工作，于2010年7月安装完毕并全面启用。高端信息设备、设施保障了紫金图书馆信息服务的顺利开展，以传统的信息传递服务模式与现代化的网络科技信息平台传播手段相结合，实现了服务内容和服务手段的多元化，在一定程度上改变了紫金县文化建设的现状，使文化信息能够快速地传送到乡村，让偏远地区的群众也能享受到优秀文化精品，实现文化信息资源在全县范围的共建共享。

二、宣传和培训

紫金县图书馆利用大众传媒（报纸、广播、电视）积极宣传全国文化信息资源共享工程，通过举办一年一度的图书馆服务宣传周活动，用标语、宣传车等积极向紫金人民宣传。通过大力宣传，紫金县图书馆的社会认同感日渐增强，既提升了工作人员的使命感，也扩大了图书馆服务范围，产生了很大的社会影响。加强山区县级图书馆工作人员的信息意识，是关系到能否做好共享工程工作的重要思想保证。紫金县图书馆人员平时在业务培训中注重加强共享工程信息化的理论学习，并理论联系实践，在实践中逐步实现本馆内的文化共享工程县级支中心业务管理的科学化、自动化、规范化。文化共享工程是一项惠民工程，县级支中心是文化共享工程开展服务的重要阵地，为积极推进广东省文化共享工程县支中心建设，广东省分中心于2009月11月通过网络与光盘课件方式组织开展了全省文化共享工程县级支中心培训，并举行了网络在线考核。此次培训与考核得到了各县级支中心的积极响应，共有240位学员参加了培训学习和考试，取得了良好的成绩，达到了预期的目的。为表彰先进，激励士气，省分中心决定对本次培训班认真学习，成绩突出的先进集体和个人给予表彰奖励。紫金县图书馆王锐夫荣获个人优秀奖前十名。紫金县图书馆作为共享工程县级支中心，已建立了一支高素质的专业队伍，对技术人员进行共享工程系统安装及使用的培训，以加强队伍建设，提高了整体服务水平。

三、服务工作

紫金县图书馆电子阅览室利用全国文化信息资源共享工程政府网站（国家数字文化网）（http://www.ndcnc.gov.cn）这一中文信息海量数据库的最大提供者向广大读者提供优秀的文化资源。紫金县支中心根据本地区具体情况及文化资源的特点，完善工程技术平台，创建具有紫金地方特色的文化精品资源库，并开展特色化服务，向读者提供具有自身鲜明特色和优质的高层次、高效率服务，吸引广大的读者群体，极大丰富了网络信息资源，更大限度地发挥馆藏资源的作用。如在2010年春季期间，紫金县图书馆用全国文化信息资源共享工程管理中心下发的"共享工程助春耕"光盘，积极深入农村开展服务，利用共享工程设备为农民群众播放春耕知识达60场，并为农民群众提供农业科学技术和信息，进行农业科学知识的培训，提高农民群众的科技种养水平，此举反响强烈，深受农民群众好评。紫金县图书馆网站（http://www.hyzjlib.cn）就在地方特色栏目中重点介绍"紫金文史"，树立了"客家古邑，红色紫金"文化品牌，弘扬了客家文化。

四、基层服务网点建设

共享工程建设目标是把文化信息资源传送到城乡基层文化网点和群众身边.由于存在地域、知识层次等情况的差别，使得许多人对共享工程还不能全面深人地了解、认知。因此，紫金支中心采取以一个点带动周围多个点的理念，逐步推广，加强基层服务网点建设，努力将数字化的知识送至信息相对闭塞的农村，使广大基层群众在家门口就能享受到优秀的文化资源服务，在一定程度上改善和提高基层群众的文化生活质量，从而扩大工程的辐射范围，带动周边地区共享工程的发展。至2012年12月止，紫金县共享工程以县图书馆为中心，镇文化站、村委会文化室为基层服务点，已建成共享工程延伸发展镇、村基层服务点46个，装置上网电脑214台。在县博物馆、文化馆、镇文化站、村文化室，都可通过电脑查阅海量的数字资源，一台电脑，一台投影仪，一个大屏幕就能为大家播放电影……，它已成为基层文化建设中信息资源最丰富、科技含量最高、对群众吸引力最强的公益性服务项目。

五、工作展望

全国文化信息资源共享工程完善了公共文化服务体系，开辟了崭新的文化传播渠道，对弘扬博大精深的优秀中华文化，扭转我国广大中西部地区，特别是贫困地区的信息匾乏和经济、文化落后的状况起到了显著的作用。它的实施扩大了图书馆的服务范围，加快了我县图书馆网络化的建设进程，是图书馆可持续发展的基础保证。作为新时期的图书馆人，应充分增强对推进文化共享工程工作的责任感和紧迫感，进一步解放思想，锐意进取，敢于创新，大胆实践，利用共享工程优秀的信息资源为社会公众提供更优质的服务。

（撰文/紫金县支中心）

龙川县支中心

龙川县全县总面积3089余平方公里，辖25个镇，总人口96万，县城常住人口20万。文化资源共享工程龙川县支中心在各级领导的支持和部署下，逐步推进，稳步发展，在新形势下为繁荣农村基层文化，进一步巩固基层文化阵地，充实基层文化建设内容，活跃城乡人民群众文化生活，充分发挥文化信息资源在发展经济，提高人民群众思想道德和科学文化素质等方面的重要作用。

一、基本情况

根据文化部、财政部联合下发《关于实施全国文化信息资源共享工程的通知》的通知要求，龙川县图书馆作为县级支中心，自2011年设立以来，在各级的关心支持下，严格按照国家、省、市的要求进行建设，文化信息资源共享工程龙川县级支中心，依托县图书馆为实施主体，建设有机房、中心电子阅览室等，拥有24台用户终端，同时完善专用地板、供电系统、防雷、防火、防盗等装置，并接入10兆互联网网线。各项建设均按照省级验收标准和要求进行配置、装修，布置合理，美观大方，功能齐全。县级支中心建成后，县图书馆将利用数字化技术，把馆藏图书、文献资料等文化资源转化为数字化的资源库，和国家中心通用资源、省级分中心地方资源等一起，通过公共信息网络无偿传送到基层服务点，让更多的群众享受到更丰富、更便捷的优秀传统文化服务，丰富和提升城乡广大群众的文化生活，为全县文化事业繁荣发展做出积极贡献。

二、管理和队伍建设

为使共享项工程真正为民所用为民谋利，龙川县支中心将共享工程日常管理纳入制度化管理。制定支中心工作职责和制度，并推行管理员工作日志管理，收集整理共享工程服务活动的得失，探索共享工程管理和服务新模式。文化资源共享工程作为一个新的农村文化资源获取平台，如何推广好、利用好共享工程丰富的文化资源关键在于是否有一支专业化的共享工程管理员队伍。龙川县共享工程支中心在管理员队伍建设上坚持明确职责，明确思路，制度化管理，常态化培育。

三、培训工作

为了进一步健全我县文化信息资源共享工程服务网络，提高文化共享工程管理员的操作技能，让文化共享工程更好地为广大群众服务，我馆通过举办管理员培训班的方式，传授文化共享工程概述、支中心基本情况、电脑的基本使用方法、电脑的组装、文化共享工程管理办法及上机操作实践。

四、合作共建

结合信息共享工程建设，通过对镇村原有的阅览室的改造、拓展，先后建成了农家书屋，添置了桌椅、藏书等，积极推动“共享工程”的建设，不断完善配套设施，提高硬件条件，结合农村干部党员远程教育、农家书屋等工程，以共享工程为依托，将各种部门下发的电子文献资源与建立的共享工程服务点结合，根据不同乡镇、村的硬件条件建立形式多样的电子阅览室。通过多方不懈努力，共享工程已逐步走入基层村民生活，成为村民获取新知，娱乐身心的新渠道新平台。

五、资源建设与服务

为了充分发挥共享工程资源在传播先进文化方面的作用，为让更多的城乡群众享受到内容丰富、健康向上的文化信息，县共享工程支中心不断开展各项活动，注重了资源整合工作，把共享工程、党员远程教育、农家书屋、社区阅报栏进行整合，不仅有效的节约了资金，方便了管理，还进一步扩大了服务范围。

县共享工程支中心利用共享工程基层服务点配备的设备，利用一体机内储存丰富的影片资源，定期放映各种题材、各个年龄段人群喜爱的影片。支中心电子阅览室拥有大量的图书、视频、影视等资源信息，深受读者欢迎，优异的环境为广大青少年提供了绿色上网平台。

六、宣传推广

龙川县支中心利用各种渠道宣传推广“共享工程”，尤其在每年的服务宣传周等活动中，通过宣传让群众不断了解“共享工程”，走进“共享工程”，利用“共享工程”的丰富资源。同时开展“共享工程”专题资源下乡、专题视频展播等主题活动，使“共享工程”走进群众生活。

七、工作展望

共享工程作为一项文化创新工程，在我县实施以来所发挥的作用十分显著，无论是促进社会主义和谐社会的构建，还是在促进社会主义新农村建设上，都彰显出了它作为文化创新工程的独特魅力。继续大力推进“共享工程”建设，充分利用“共享工程”的丰富资源为群众服务，进一步改变县图书馆藏书量少、新书少的情况。结合“数字图书馆”工程建设，全面提升龙川县级支中心的设备，提高龙川县“共享工程”的建设水平。要进一步扩充文化设施网点，早日实现行政村全覆盖。以县图书馆为中心，加强基层文化设施网点网络化、数字化建设，加强专业技术人员的培养，为深入推进“共享工程”的实施打好基础。要充分发挥“共享工程”的作用，大力开展公益性数字文化服务，尤其加强对广大农村地区的扶持力度，将文化共享工程建设成为社会主义新农村的重要抓手。通过多种形式拓展服务范围、创新服务方式，将地方音乐、曲艺、歌舞、美术等优秀非物质文化遗产纳入“共享工程”建设内容，以群众喜闻乐见的形式使“共享工程”更加贴近基层、贴近生活、贴近群众。文化信息共享服务是现代政府公共服务的重要组成部分，加快共享工程建设是构建公共文化服务体系的一个重要环节。龙川县支中心将针对当前我县文化事业的实际情况和科技发展的水平，继续整合现有的文化资源，积极开展创新工作，推进共享工程在我县的全面发展。

（撰文/龙川县支中心）

连平县支中心

一、基本情况

连平县文化信息资源共享工程于2009年开始起步建设，在县图书馆建立了连平县文化信息资源共享工程县级支中心。在县委县政府对文化信息资源共享工程建设高度重视下，成立了连平县文化信息资源共享工程建设领导小组，并制订了《连平县文化信息资源共享工程实施方案》。连平县支中心总投入68万元进行设备改造更新。配置电脑30台。于2010年9月正式对外开放。

二、管理和队伍建设

连平县支中心重视“共享工程”管理和队伍建设工作，制定了相关工作职责和制度，每年有年度工作计划和总结，并制定了《连平县文化信息资源共享工程实施方案》。

连平县支中心选择计算机专业人员为管理员，并通过学习、培训、讲课等形式，努力建设一支专业化的“共享工程”管理员队伍，不断提高业务能力和工作水平。

三、培训工作

连平县支中心注重抓好“共享工程”管理员培训工作，每年通过集中培训、网络培训等形式开展培训，不断提高管理员的专业水平。自2010年开馆以来共参加了5期由广东省立中山图书馆举办的共享工程支中心设备和服务业务管理培训班。

四、资金投入

通过县政府与财政部门沟通协调下，与财政部门签订解决了30万元配套资金。2010年5月至8月，省下拔30台联想电脑及机房设备、投影机、打印机等设备全部到位，并分别派出工程人员到我支中心进行安装调试工作。同时在主管部门争取下，由财政部门补增5万元专项资金。

五、惠民服务

1、连平县支中心通过电子阅览室和网站为读者提供在线信息服务，通过投影仪播放讲座等视频节目，深受广大读者的欢迎。为满足广大读者需求，我馆增加了流动分馆和电子阅览室的开放时间，暑假期间实行12小时开放制度。让图书馆的服务发挥强大的社会效益。并搜集最新科技信息汇编成的专业户们喜爱的《科技信息摘编》，免费邮寄到各乡镇专业户手中，让农民朋友及时了解最新信息，帮助广大农民群众丰富农业科技知识，提高生产技能，促进农业增产增收。

2、开展4、23读书月活动，为进一步激发读书的热情，为全民阅读尽一份责任。我馆根据不同层次的读者，分别编写成七类阅读指导小册子，向读者免费发放并介绍科学的阅读方法和推荐阅读书目等，促进全民阅读的开展。并给市民发放读书日相关宣传资料，倡导市民，与书为伴、与书为友，增强全民素质、共建和谐社会。

六、宣传推广

为广大群众提供一个崭新的精神文化生活平台，对推进数字连平、文化连平、和谐连平建设和宣传推介连平。连平县支中心为此加大宣传力度，在河源日报、连平报进行了宣传，确保资源能够得到及时、有效地使用，以最大化地发挥资源效用。并以活动的形式组织动员青少年儿童关注共享工程，利用共享工程，收集青少年知识兴趣点整理挖掘开展答题比赛。通过以活动为平台，以资料为媒介宣传共享工程，让民众了解共享工程，走进共享工程。

七、工作展望

连平县图书馆目前存在藏书量少、新书少的情况，须继续大力推进“共享工程”建设，充分利用“共享工程”的丰富资源为群众服务。结合“数字图书馆”工程建设，全面提升县支中心的设备，提高连平县“共享工程”的建设水平。进一步加强基层文化设施网点网络化、数字化建设，加强专业技术人员的培养，充分发挥“共享工程”的作用，大力开展公益性数字文化服务，将文化共享工程建设成为更加贴近基层、贴近生活、贴近群众。

（撰文/连平县支中心）

和平县支中心

一、基本情况

按照文化部、财政部联合下发《关于实施全国文化信息资源共享工程的通知》（文社图发[2002] 14号）的要求，和平县图书馆作为县级支中心，自2011年设立以来，在各级的关心支持下，严格按照国家、省、市的要求进行建设，发展至今已基本达到县级支中心的相关建设要求。作为文化共享工程服务网络建设中的重要环节，我支中心一方面与公共图书馆自动化、网络化建设紧密结合，加强公共上网场所建设，建设完成配置先进的服务器机房和多媒体阅览室。

我支中心目前配置的硬件有：应用服务器、业务服务器、传输服务器、管理服务器、存储（磁盘阵列）、交换机、防火墙、KVM切换器、UPS、空调等机房中控设备，电子阅览室计算机25台，10M对等光纤接入、覆盖全馆的网络布线，摄像机、相机、多功能一体化机、扫描仪等办公及用于宣传及服务用的多功能投影设备；配置的软件及资源有：图书馆业务自动化管理、电子阅览室网络管理及监控、数字资源发布与管理、网络安全及1.5TB数字共享资源等。这些先进的现代化设备和国家中心丰富的文化资源，为图书馆建设注入了勃勃生机。

二、管理和队伍建设

为使共享工程真正为民所用为民谋利，我支中心落实完善的规章制度，制定统一的服务制度和服务规范，明确开放时间，维护好设备设施，发挥好设备设施的使用效益。并推行管理员工作日志管理，收集整理共享工程服务活动的得失，探索共享工程管理和服务新模式。

文化资源共享工程作为一个新的农村文化资源获取平台，如何推广好、利用好共享工程丰富的文化资源关键在于是否有一支专业化的共享工程管理员队伍。和平县共享工程支中心在管理员队伍建设上坚持明确职责，明确思路，制度化管理，常态化培育。

三、技术支持

建立了信息反馈机制，加入广东省共享工程QQ群，加强与省中心及各兄弟馆的联系，及时上报反馈各种信息，取得技术支持。规范机房值班管理及操作，建立了中心机房值班记录，电子阅览室文献咨询记录，要求工作人员做好工作原始记录和人员、数据统计工作。

四、合作共建

结合农村干部党员远程教育、中小学教育远程教育、农家书屋等工程，以共享工程为依托结合全覆盖的农村数字电影厅建立电子文献资源服务中心。将各种部门下发的电子文献资源与建立的共享工程服务点结合，根据不同乡镇、村的硬件条件建立形式多样的电子阅览室。通过多方不懈努力，共享工程已逐步走入基层村民生活，成为村民获取新知，娱乐身心的新渠道新平台。

五、惠民服务

在实施共享工程的过程中，我支中心不断拓展共享工程的服务内涵和方式，利用这一全新的工作载体条件，充分发挥公共图书馆的阵地作用，在电子阅览室每周推介优秀栏目、名家讲座、生活常识、电影及优秀地方剧目，不定期开展共享工程利用知识培训；利用节假日针对未成年人播放百部爱国主义教育影片、科普类等影片，举办思想道德建设方面的讲座、名著赏析等，引导未成年人多读书，深受广大市民的欢迎。

通过这些培训和讲座，不仅让广大农民群众真真切切享受到了图书馆的服务，也实实在在让老百姓共享了一次优秀的文化信息资源。

丰富的农村生产生活、农业科技知识、医疗保健知识为不仅农民致富提供了有效的信息保障，还为开展农业技术培训、农民工培训、再就业培训等，提高农村信息化水平和基层群众科学文化素质，促进当地经济社会的协调发展奠定了良好的基础。

六、宣传推广

在做好各项工作的同时，我支中心利用各种渠道宣传推广共享工程。在每次开展科技文化活动的同时充分利用和平电视台这一平台，对科技文化活动进行宣传报道。让民众不断了解共享工程，走进共享工程。

七、培训工作

我支中心狠抓队伍建设，除组织全体干部职工学习由国家中心、省中心举办的网络视频教学外，还选送骨干力量参加省中心举办的培训班，系统学习文化共享工程的基本操作技能知识、ILASII图书管理软件的使用和维护等，通过培训，和平支中心打造了一支精湛的文化共享工程技术服务队伍，极大提高了我支中心的综合服务水平，对我县文化共享工程事业的发展起到积极的推动作用。

八、荣誉奖项

和平县图书馆多次荣获广东省与河源市“4•23世界读书日”征文比赛组织奖；1991年被评为全省“文化系统先进集体”；1993年被评为全省“文明图书馆”；1994年被文化部评为国家二级图书馆；2010年被文化部评为国家三级图书馆；同时，曾多次被市、县授予“文明单位”。

九、工作展望

随着国家对农村文化的重视，加大对文化共享工程的投入，我支中心将在未来的几年里着重搞好为农村基层点服务，建立覆盖全县的城乡一体化文化共享工程服务网络，加强对管理员的培训和技术指导、联合开展多种活动等，以更好地发挥文化共享工程的作用。

（撰文/和平县支中心）

梅州市支中心

梅州市全市总面积1.59万平方公里，户籍人口505.27万人，辖8个县（市、区）。2004年，全国文化信息资源共享工程在我市实施以来，得到了各级领导的高度重视，领导机制进一步健全，经费投入大幅增加，网络建设迅速发展，运行管理逐步规范，服务功能不断延伸，宣传培训效果明显。目前我市所辖八个县市区图书馆均已全部建立支中心，并逐步在街道、乡镇、社区等建立基层服务点，通过光纤与支中心相连，形成局域网。我市文化共享工程逐步推进，稳步发展，在新形势下为繁荣各级基层文化，满足市民多层次文化需求，传递中国民族优秀文化资源发挥了重要作用。

一、基本情况

梅州支中心设在梅州市剑英图书馆，始建于2004年，原馆址在江南学艺路；2009年3月搬迁于梅州市江北东山教育基地院士广场侧。支中心多媒体电子阅览室坐落在图书馆二楼，面积约有565平方米，共有电脑94台。梅州支中心是梅州市共享工程的建设和业务指导单位，负责保障各级共享工程设备的运行，协调各级共享工程设备的维修，指导各县（市、区）共享工程活动的开展以及开展全市共享工程管理员的业务培训和指导。

二、管理和队伍建设

为使共享工程真正为民所用为民谋利，梅州市支中心将共享工程日常管理纳入制度化管理，制定了《梅州市文化共享工程管理办法》，明确了共享工程实施的范围、目标、管理人员的职责、培训以及对基层文化共享工程的指导培训工作等要求。将《梅州市文化共享工程管理办法》下发到县支中心、镇、村基层服务点，并广泛宣传，实行制度上墙公开。要求支中心每年有年度工作计划，月度有工作要点，季度有工作督导，年末有工作总结考核，并推行管理员工作日志管理，收集整理共享工程服务活动的得失，探索共享工程管理和服务新模式。

为使更多群众享受这项惠民工程，我馆加强了人才队伍的建设，现支中心已有工作人员9名，大专及以上学历占了60%，为我馆推广文化共享工程提供了智力支撑和人力支持。

三、培训工作

为规范管理，提高基层点管理人员业务素质，梅州市支中心切实承担起主管责任，加强对各级支中心和基层服务网点的业务指导和监督管理，将共享工程业务培训作为市、区、县图书馆目标考核的重要内容。2004年以来，梅州市支中心一共举办各类培训班近20期，参加轮训的各级管理员达500多人次。培训内容有计算机网络基础技术、图书馆自动化应用系统（ILAS）、数字资源检索、病毒防治、分布式视频管理系统、网站建设等。为使广大读者尽快掌握使用文化信息资源的方法，市支中心向读者免费发放了1000余份简便的《文化信息资源使用指南》。

四、经费投入

梅州市支中心自2004年建立以来，在公共信息服务方面发挥了举足轻重的作用，有效地推进了我馆的信息化建设。文化共享工程是我馆开展工作的一个重要方面，得到了上级政府的支持。2004年到现在总投经费约330万元（其中2004年省财政拨专款80万元）主要用于共享工程设备的更新维护，人员培训和惠民活动的开展。

五、资源建设

梅州支中心在历年的工作中，充分注重客家文化特色，通过多种途径搜集各种客家文献，并建立了客家文献书目数据库，为读者提供信息资源。同时，我馆购入金碟电子图书15万册，购入地方戏曲500多种；接收国家中心、省中心等赠送音像视频等近2000张。

六、惠民服务

梅州支中心认真抓好基层服务工作，将电子阅览室、投影机、幕布等设备免费向广大人民群众开放，并公布开放时间和资源内容，组织广大群众使用文化信息资源，为广大群众提供实用性、知识性、娱乐性的文化信息服务，掌握有关政策法规，学习先进实用技术，提高发展农村经济、参与市场竞争的能力，为广大未成年人提供课外精神食粮。2004年至今，支中心坚持每周为读者免费播放电影、讲座等资源，每年不定期组织青少年、老年人进行电脑技能培训，普及电脑知识。同时，支中心还经常下乡指导乡镇文化站、农家书屋的业务工作，将“工程”的优秀资源送入千家万户。

七、宣传推广

梅州市支中心利用各种渠道宣传推广共享工程。在每年的世界读书日宣传服务周、梅州读书节等节日活动中，梅州市支中心不失时机，以活动为平台，以资料为媒介宣传共享工程，让民众不断了解共享工程，走进共享工程。梅州市支中心不断延伸和发展公共文化服务，在社区、乡镇设立图书流动点，宣传推广共享工程，收集基层知识兴趣点整理挖掘，针对人口集中地知识群和关注点，为群众答疑解惑。通过一系列的活动使共享工程走进基层也走进农村群众。

八、工作展望

文化资源共享工程在梅州已经成为全市人民文化生活的一大支柱，成为繁荣梅州文化，丰富梅州人民精神生活，推动梅州人文科技进步的强大动力源泉。今后梅州支中心希望在国家中心、广东省分中心大力支持下为梅州共享工程建设一支专业化的服务队伍，建立一个国家、省、市三级知识网络联动的即时问答服务体制和服务形式更加多样，服务网点更加宽广，参与群众更加广泛的共享工程文化带动体系，为建设梅州绿色的经济崛起做出贡献。

（撰文/梅州市支中心）

梅州市梅江区支中心

一、基本情况

梅江区下辖长沙、三角和城北3个镇及金山、西郊和江南3个街道，共有54个村民委员会和39个社区居民委员会。2010年11月1日零时人口普查登记常住人口38.0774万人，总面积298.4平方公里。根据文化部、财政部、广东省文化厅有关文件精神，按照上级要求的配置标准，梅江区建立了全国文化信息资源共享工程区级分中心。2011年梅江区图书馆在实施文化信息资源共享工程建设中，严格按照合同要求，精心组织实施。合理设置电脑桌椅距离、网络布线及电源、消防设施和消防器材、安全疏散通道等。文化共享工程项目完成后，图书馆拥有了专业机房，机房内铺设防静电地板，安装了避雷装置、空调设备、UPS不间断电源、专业机柜、服务器等，目前中心有终端电脑30台，网络带宽10M，并开设了各种设施齐备、功能齐全的培训厅。省文化厅配置的相关设备

均顺利安装，电子阅览室正有条不紊地运行。

二、资源建设

在利用共享工程中心网站资源的资源的同时，我们注重与省、市图书馆的联系与合作，争取资源上级业务部门的支持整合各类资源，达到共建共享。如国家、省、市中心给我们配发了《欢乐共享过大年》、《庆祝中国共产党成立90周年 文化共享心向党》、《学习雷锋好榜样》、《文化共享工程助春耕》等光盘资料。我们按照“资源共享、优势互补、互利互惠”的原则开展协作共建活动，为每个基层图书点提供流动图书。并不断加大对客家方面特色的信息资源的采集力度，搜集共客家特产、地方文献等，为以后建立我馆特色数据库做好丰富的信息储备。

三、技术支持

加入了广东省、梅州市共享工程QQ群，加强与省中心、市及各兄弟馆的联系。建立了信息反馈机制，及时上报反馈各种信息，取得技术支持。规范机房管理及操作，建立中心机房管理记录，多媒体电子阅览室文献咨询记录，做好共享工程到基层开展宣传、辅导、放电影等活动的工作原始记录，活动效果、观看人数、群众意见等数据统计工作。

四、惠民服务

在实施“文化信息共享工程”过程中，结合我区图书馆丰富的图书资源优势，深入基层、深入校园、深入军营、深入企业等，开展丰富多彩的文化服务。以播放优秀影片（如“践行雷锋精神、实现资源共享系列”、农业科技系列等）、读者联谊等形式，拓宽文化服务方式，丰富群众多层次、多样化的文化需求，增强基层文化工作的吸引力和生命力。以文化下乡为切入点，深入基层积极开展“文化信息共享工程”工作的宣传，让群众充分认识开展“文化信息共享工程”的重要性和必要性。让群众了解“文化共享工程”的实施，为宣传党的方针政策开辟了新渠道，为丰富群众业余生活、弘扬文明新风开辟了新的阵地。

1、利用阵地，开展丰富活动。

充分发挥公共图书馆的阵地作用，提前制定计划，在多媒体阅览室播放精心挑选的生活保健、科普知识、健康优秀的影视剧、梅州客家地方剧目、非物质文化遗产等；坚持定期开展共享工程知识培训；坚持利用星期天节假日针对少年、儿童播放爱国主义教育影片、名家讲座、科普类等影片，举办健康向上的讲座，引导少年、儿童走进图书馆多阅读、深阅读。

2、开展光盘外借服务。

将省中心下发的光盘资源提供给读者、军营官兵等，比如《文化共享助春耕》、《学习雷锋好榜样》、《纪念辛亥革命一百周年》等，得到读者、军营官兵的好评。

3、深入基层、深入校园、深入军营、深入企业。

为了充分利用文化信息资源共享工程服务网络的资源优势，扩大文化信息资源共享工程的社会影响，图书馆工作人员先后深入各镇（街道）的村（社区）、校园、军营、企业等开展科普知识、法律法规等知识展播，把各类知识直接送到读者面前。现场免费阅读图书，散发各类知识资料宣传单，将科普知识、生活知识等贯穿在谜语中，举办猜谜活动，现场评奖及颁发奖品和纪念品。

文化共享工程各项活动的开展，进一步提高了基层群众科学文化素质，促进了当地经济社会的协调发展；文化共享工程各项活动的开展，进一步增强了少年、儿童爱国主义思想。利用共享工程开展少年、儿童思想道德建设，切实将加强和改进未成年人思想道德建设工作落到了实处；文化共享工程各项活动的开展，进一步推进了梅江“双拥”工作的开展，密切军民关系，增进军民友谊。图书馆工作人员利用流动书籍、共享工程设备对我区消防大队、武警中队等军营官兵进行服务，极大的丰富了官兵的业余文化生活；文化共享工程各项活动的开展，让优秀的文化信息源源不断传输到企业职工中，极大地丰富了企业职工的业余文化生活。

五、抓队伍建设

我分中心始终将队伍建设放在首位，坚持组织全体干部职工学习由国家中心、省中心举办的网络视频教学，选送骨干力量参加省举办的培训班，系统学习文化共享工程的基本操作技能知识、interlib图书管理软件的使用和维护等。对馆干部职工进行文化共享工程概述、分中心基本情况、电脑的操作使用方、文化共享工程管理办法、考核内容、上机实践等培训。通过培训不断提高综合服务水平，积极的推动了我区文化共享工程事业的发展。

六、工作展望

文化资源共享工程是丰富人民文化生活、繁荣梅江文化，丰富梅江人民精神生活的一项惠民工程。虽然我区文化资源共享工程刚刚建立不久，但已得到了广大群众的认可和欢迎。今后梅江区分中心不断宣传、服务广大群众，努力推动、促进基层文化共享工程服务网络建设，开展丰富多彩的活动等，充分发挥文化共享工程应有的作用，为发展文化梅江、文化梅州做出贡献。

（撰文/梅州市梅江区支中心）

兴宁市支中心

兴宁市位广东省东部，全区人口120万人，城区人口35万人。拥有独特地理位置，历来是粤东、闽西南和赣南一带的重要交通枢纽，素有“小南京”之美称。文化底蕴丰厚，文化资源丰富。

一、基本情况

按照文化部文社图发[2002]14号文件《关于实施全国文化信息资源共享工程的通知》的要求，兴宁市图书馆作为县级支中心，自2003年设立以来，在各级的关心支持下，严格按照国家、省、市的要求进行建设，发展至今已基本达到县级支中心的相关建设要求。

作为文化共享工程服务网络建设中的重要环节，县支中心一方面与公共图书馆自动化、网络化建设紧密结合，加强公共上网场所建设，建设完成配置先进的服务器机房、多媒体电子阅览室。

兴宁市支中心目前配置的硬件有：应用服务器、业务服务器、传输服务器、管理服务器、存储（磁盘阵列）、交换机、防火墙、空调等机房中控设备，电子阅览室、多媒体阅览室计算机43台，10M对等光纤接入、覆盖全馆的网络布线，视听室、多功能投影等宣传及服务设备，配置的软件及资源有：图书馆业务自动化管理、电子阅览室及多媒体阅览室网络管理及监控、数字资源发布与管理、网络安全及1.5TB数字共享资源等。这些先进的现代化设备和国家中心丰富的文化资源，为图书馆建设注入了勃勃生机。

二、资源建设

在利用共享工程中心网站资源和通过卫星投放的资源的同时，科学合理地应用这些资源，更好地发挥县级支中心的职能作用，县支中心落实完善的规章制度，制定统一的服务制度和服务规范，明确开放时间，维护好设备设施，发挥好设备设施的使用效益。

在资源共建共享建设方面，目前已注册网站http://tsg.xnwgxj.cn/，对地方特色文化资源加以收集并及时发布，在“http://tsg.xnwgxj.cn/”展示兴宁文化风采。

我们按照“资源共享、优势互补、互利互惠”的原则开展协作共建，与兴宁市党史办公室、兴宁电视台、等单位以及文广新局下属文化单位及全市各镇、街道签订了资源共享协议书，为基层图书点提供流动图书近30000册，同时无偿搜集其特色的信息资源。截止2012年11月，我馆与省中心、基层点共享信息资源500余种。为我馆特色数据库的建立做好了丰富的信息储备。

三、技术支持

建立了信息反馈机制，加入广东省共享工程QQ群，加强与省中心及各兄弟馆的联系，及时上报反馈各种信息，取得技术支持。规范机房值班管理及操作，建立了中心机房值班记录，电子阅览室文献咨询记录，要求工作人员做好工作原始记录和人员、数据统计工作。

四、合作共建

结合农村干部党员远程教育、农家书屋等工程，通过对村居原有的阅览室的改造、拓展，先后建成了农家书屋、文化活动中心，添置了文化、农普类藏书（光盘）6000余册，积极推动“共享工程”的建设，不断完善配套设施，提高硬件条件，每个村级基层点配发了电脑、DVD播放机和电视机，并接通了电信宽带网络和有线电视网络，设置了共享工程连接快捷方式，完善了“共享工程”硬件设施上的架设。

并下发了“全国文化信息资源共享工程基层服务点”标牌、管理制度、管理职责等以及由县支中心的“文化共享助春耕”光盘，内容涉及育苗育种、特种养殖、科学抗旱、科学种植等一些适合我县实情的资源。各村居逐渐形成了一个融图书借阅、党员教育、信息传递、休闲娱乐为一体的基层服务中心。

五、惠民服务

在实施共享工程的过程中，兴宁市支中心不断拓展共享工程的服务内涵和方式，充分利用这一全新的工作载体条件，开创了文化共享工程工作的新局面。

1、馆内活动精彩纷呈。

充分发挥公共图书馆的阵地作用，在电子阅览室每周推介优秀栏目、名家讲座、生活常识、电影及优秀地方剧目，不定期开展共享工程利用知识培训；每个星期六、日在视听室播放高清电影及名家讲座，常年坚持。利用节假日针对未成年人播放百部爱国主义教育影片、科普类等影片，举办思想道德建设方面的讲座、名著赏析等，引导未成年人多读书，深受广大市民的欢迎。每周服务时间达54小时。

开展光盘外借服务。将国家中心、省中心下发的光盘资源供读者借阅，比如《文化共享工程夏日电影展播》、《中国农业知识仓库》、《万方数据资源系统》、《共享书香、快乐阅读》、《文化共享助春耕》、《振奋中国，红色会议》、《共享知识，和谐万家》、《实用农业技术》等，这一举措深受读者和基层点的欢迎。

2、“文化共享工程农村巡回展演”活动深受农民欢迎。

为了充分利用文化信息资源共享工程服务网络的资源优势，扩大文化信息资源共享工程的社会影响，我们抽调骨干力量组成“共享工程巡回展览小组、岭南流动书香车”，由馆领导亲自带队，不畏辛苦，先后赴全市各乡镇、行政村基层服务点开展农林科普知识竞赛和巡回展播，把科技知识直接送到各村小组、农户家中，现场播放《西瓜种植》、《养猪要诀》、《水稻栽培》、《文化共享助春耕》、《世博文化解读》等科技片，赠送科技图书，散发各类科技资料宣传单，开展科普知识竞赛，现场评奖及颁发奖品和纪念品，深受农民群众和林场职工的热烈欢迎。

自2009年开始，截至到今年11月底，我馆共开展科普竞赛活动180余场次，向农民群众赠送科技图书20000余册，发放科技资料宣传单40000余份，播放科技影片100多部，惠及农民群众20多万人。

通过这些讲座和竞赛，不仅让广大农民群众真真切切享受到了图书馆的服务，也实实在在让老百姓共享了一次优秀的文化信息资源。丰富的农村生产生活、农业科技知识、医疗保健知识为不仅农民致富提供了有效的信息保障，还为开展农业技术培训、农民工培训、再就业培训等，提高农村信息化水平和基层群众科学文化素质，促进当地经济社会的协调发展奠定了良好的基础。

3、“文化共享”进社区。

我馆通过共享工程平台，每年都要在县城各居民小区举办多场知识竞赛、知识讲座、报告会等，利用投影仪等设备现场播放新书简介、爱国主义教育片、讲座、报告等，让优秀的文化信息源源不断传输到基层群众中，极大地丰富了广大市民的业余文化生活。

4、文化共享进校园。

为加强未成年人思想道德建设工作，除了在馆内针对未成年人开展的活动以外，还与教育局联合，在每年的“4•23”期间，联合各中小学校开展活动，进行读书征文比赛、灯谜竞猜等，还利用图书馆的投影仪到教室播放优秀影片和读书讲座，开展爱国主义教育活动。从而利用共享工程开展思想道德建设，切实将加强和改进未成年人思想道德建设工作落到了实处。

5、文化共享进军营

为了全面推进“双拥”工作的开展，把拥军优属政策落到实处，密切军民关系，增进军民友谊，加强“文化拥军”，我馆与驻兴部队签订“文化服务协议书”。我馆除每年“八一”期间，都派工作人员携带流动书箱和共享工程设备对我市驻军消防大队、武警中队进行服务，现场指导部队官兵电脑知识技能、播放优秀影片等，设立导弹部队分馆、九四六九一部队分馆等分馆极大的丰富了官兵的业余文化生活。

6、文化共享进

自2008年开始进行兴宁市图书馆分馆项目建设，至2012年底共设立福兴分馆、凉伞分馆、永和分馆、龙田分馆等分馆，为各分馆配备国家中心、省中心及本馆的数据资源，定期进行图书流动，努力提升企业文化，丰富企业员工文化需求。

7、文化共享进看守所

常年与兴宁看守所结对帮扶，在看守所每一个监室内设立图书角。

8、宣传推广

在做好各项工作的同时，充分利用“http://tsg.xnwgxj.cn/”以及兴宁电视台等，对文化活动进行报道。

六、培训工作

1、打造支中心精湛的技术服务队伍。

我市支中心狠抓队伍建设，除组织全体干部职工学习由国家中心、省中心举办的网络视频教学外，系统学习文化共享工程的基本操作技能知识、ILASII图书管理软件的使用和维护等，通过培训，我市支中心打造了一支精湛的文化共享工程技术服务队伍，极大提高了我支中心的综合服务水平，对我市文化共享工程事业的发展起到积极的推动作用。

2、村级基层服务点技术培训。

为了进一步健全我市文化信息资源共享工程服务网络，提高文化共享工程管理员的操作技能，让文化共享工程更好地为广大群众服务，我馆通过现场指导与这定期举办基层服务点管理员培训班的方式，向各基层服务点传授文化共享工程概述、支中心基本情况、电脑的基本使用方法、电脑的组装、文化共享工程管理办法及考核内容、上机操作实践。经过培训，各村基层服务点的管理员都掌握了基本的电脑使用方法和管理办法。

七、工作展望

随着国家对农村文化的重视，加大对文化共享工程的投入，我支中心将在未来的几年里着重搞好为农村基层点服务，建立覆盖全区的城乡一体化文化共享工程服务网络，加强对管理员的培训和技术指导、联合开展多种活动等，以更好地发挥文化共享工程的作用。

（撰文/兴宁市支中心）

梅县支中心

一、基本情况

梅县图书馆位于梅县新城行政区文化中心左侧。于2001年10月动工，2002年10月竣工。投入资金527万元。（古欣鄰先生捐资100万元，其余由政府投入）。占地面积2000平方米，建筑面积5159.15平方米。馆内按功能划分为：行政组、采编组、外借处、成人阅览室、少儿借阅处、程贤章先生捐书阅览室、多媒体阅览室、书库共八个室（功能齐全，设备先进）。于2004年5月1日正式对外开放，2004年8月7日，在广东省文化厅的重视和支持下，广东省立中山图书馆把价值38万元的图书、电脑、打印机等设备送到我馆，使我馆成为广东省流动图书馆的第八间分馆。这将让源源不断的好书、新书和丰富的网络资源大量的文化信息流动到我馆，对丰富我县人民群众的文化生活、开阔山区人民群众的视野，提高山区人民群众的综合素质，促进我县的经济建设将起到很大的作用。深受读者物欢迎，自流动馆开馆以来，我馆读者人数逐日增加，比原来增加了十倍。

2005年6月份，根据国家文化部、广东省文化厅关于建立文化信息资源共享工程基层中心的工作部署，我馆争取上级主管部门的重视和支持，建立了20台电脑的电子阅览室，成为文化信息资源共享工程基层服务中心。这将与流动图书馆相辅相成更广泛快捷地把健康丰富的文化资源传输到我县人民群众中去，为提高我县人民群众的综合素质、为推动我县的经济建设作出突出贡献。这也大大提高了我馆的社会地位、推动了我馆数字化、网络化的进程。

二、网点建设、经费投入

2010年，在广东省文化厅和县委县政府的重视和支持下，县财政投入资金30万元、省拨价值38万元设备：主机房4套服务器、1套存储器、1台防火墙、2台网络交换机、1个机柜、2套管理软件以及文化共享工程数字资源库的现场安装和系统调试；电子阅览室25台业务终端计算机、5台日常管理工作站微机和管理软件、投影仪和幕布的现场安装和调试，共同组建了一个广东省文化信息共享工程县级支中心。

三、资源建设

在利用共享工程中心网站资源的同时，我们注重与省市图书馆的联系与合作，争取资源上级业务部门的支持整合各类资源，达到共建共享。如省级中心给我们配发了《农业实用技术》等。我们按照“资源共享、优势互补、互惠互利”的原则开展协作共建，为基层图书点提供流动图书近10000册。

四、技术支持

建立了信息反馈机制，加入广东省共享工程QQ群，加强与省中心及各兄弟馆的联系，及时上报反馈各种信息，取得技术支持。规范机房值班管理及操作，建立了中心机房值班记录，电子阅览室文献咨询记录，要求工作人员做好工作原始记录和人员、数据统计工作。

五、惠民服务

1、馆内活动精彩纷呈。充分发挥公共图书馆的阵地作用，在电子阅览室每月开展一次共享工程利用知识培训；利用投影仪播放名家讲座及影视剧，常年坚持。利用"4.23世界读书日"、重大节日播放爱国主义教育影片、科普类等影片，举办"健康人生"等方面的讲座，引导未成年人多读书，深受广大群众的欢迎。

2、将国家中心、省中心下发的光盘资源，比如《中国农业知识仓库》、《文化共享助春耕》、《共享知识，和谐万家》、《实用农业技术》等，还利用刻录设备将部分农业技术资料刻录成光盘发给全县各个乡镇服务点。这一举措深受读者和基层点的欢迎。

3、利用馆内电子资源，搜集农业科普知识，编成小册印发给各乡村基层点，深受广大群众的欢迎。

4、为了全面推进"双拥"工作的开展，把拥军优属政策落到实处，密切军民关系，增进军民友谊，加强"文化拥军"，争创双拥模范城。我馆在梅县消防大队、梅县武警中队设立流动服务点，派工作人员携带流动书箱和共享工程设备对我县驻军消防大队、武警中队进行服务，极大的丰富了官兵的业余文化生活。

5、在文化共享工程的推进当中，我支中心根据实际情况，在企业设立流动服务点，现场企业职工电脑知识技能等，极大的丰富了企业职工的业余文化生活。

六、培训工作

1、打造支中心精湛的技术服务队伍。

我支中心狠抓队伍建设，除组织全体干部职工学习由国家中心、省中心举办的网络视频教学外，每年选送骨干力量参加省中心举办的培训班，系统学习文化共享工程的基本操作技能知识、ILASII图书管理软件的使用和维护等，通过培训，我支中心打造了一支精湛的文化共享工程技术服务队伍，极大提高了我支中心的综合服务水平，对我县文化共享工程事业的发展起到积极的推动作用。2012年我支中心积极参加"全国文化信息资源共享工程知识与技能竞赛"。

2、乡镇级基层服务点技术培训。

为了进一步健全我县文化信息资源共享工程服务网络，提高文化共享工程管理员的操作技能，让文化共享工程更好地为广大群众服务，我馆还于2009年5月举办了"文化共享工程与公共图书馆信息服务工作"基层服务点培训班。培训内容为数字图书馆和文化共享工程的建设与服务、广东省文化信息管理系统操作指南、网上通用阅览证、硬件设置操作。经过培训，各乡镇基层服务点的管理员都掌握了基本的电脑使用方法和管理办法。

七、工作展望

随着国家对农村文化的重视，加大对文化共享工程的投入，我支中心将在未来的几年里着重搞好为农村基层点服务，建立覆盖全县的城乡一体化文化共享工程服务网络，加强对管理员的培训和技术指导、联合开展多种活动等，以更好地发挥文化共享工程的作用。

（撰文/李带玉、李惠、程艳梅、廖珊）

大埔县支中心

大埔县全县总面积为2470平方公里，县人口为53万，共有14个镇和1个保护性林区。大埔县文化信息资源共享工程在大埔县文化广电新闻出版局和广东省立中山图书馆支持下，逐步推进，稳步发展，在新形势下为繁荣农村基层文化，满足农民多层次文化需求，传递中国民族优秀文化资源发挥了重要作用。

一、基本情况

2010，根据文化部、财政部《关于实施全国文化信息资源共享工程的通知》等文件精神，按照上级要求的配置标准，我县建立了文化信息资源共享工程县级支中心。2010年投资30万元配置了专业机房，机房内铺设了防静电地板，添置了避雷装置、空调设备、UPS不间断电源、专业机柜、服务器等，更新了电子阅览室联想品牌电脑30台，19吋宽屏显示器。目前中心有终端电脑40台，服务器3台，存储量达6TB，网络带宽10M，兼职管理员3名。初步架设了我县文化共享工程网站，实现了图书自动化管理。共享工程大埔支中心设在大埔县图书馆，是共享工程的建设和业务指导单位，负责保障支中心共享工程设备的运行，开展共享工程活动和共享工程管理员的业务培训和指导。

二、队伍管理建设

为使共享项工程真正为民所用为民谋利，大埔支中心将共享工程日常管理纳入制度化管理。制定支中心服务点工作职责和制度，实行制度上墙公开。每年有年度工作计划，月度有工作要点，季度有工作督导，年末有工作总结考核，并推行管理员工作日志管理，收集整理共享工程服务活动的得失，探索共享工程管理和服务新模式。

文化资源共享工程作为一个新的农村文化资源获取平台，如何推广好、利用好共享工程丰富的文化资源关键在于是否有一支专业化的共享工程管理员队伍。大埔县共享工程支中心在管理员队伍建设上坚持明确职责，明确思路，制度化管理，常态化培育。根据分中心工作要求，每年对共享工程管理员进行集中培训。

三、技术支持

建立了信息反馈机制，加入广东省共享工程QQ群，加强与省中心及各兄弟馆的联系，及时上报反馈各种信息，取得技术支持。规范机房值班管理及操作，建立了中心机房值班记录，电子阅览室文献咨询记录，要求工作人员做好工作原始记录和人员、数据统计工作。

四、经费投入

大埔县共享工程自2011年成立以来，大埔县图书馆在经费紧张的情况下，通过多种渠道争取投入运维经费，用于共享工程设备的维护，人员培训和惠民活动的开展。同时，图书馆每年也投入大量人力物力支援共享工程各项活动的正常开展。

五、培训工作

支中心抓好队伍建设，除组织全体干部职工学习由国家中心、省中心举办的网络视频教学外，还于2011年、2012年分别选送骨干力量参加省中心举办的培训班，系统学习文化共享工程的基本操作技能知识、图书管理软件的使用和维护等，通过培训，支中心打造了一支精湛的文化共享工程技术服务队伍，极大提高了支中心的综合服务水平，对全县文化共享工程事业的发展起到积极的推动作用。

六、资源建设

在利用共享工程中心网站资源和通过卫星投放的资源的同时，我们注重与省市图书馆的联系与合作，争取资源上级业务部门的支持整合各类资源，达到共建共享。如省级中心给我们配发了《农业实用技术》等，我馆也向省分中心提供了有关客家特色民居和客家名小食等地方文献。同时大埔支中心搜集不同区域民众文化需求，选取、编辑制作各类题材资源，每年不定期制作展板，各类海报和向读者发放宣传资料等。

七、合作共建

对乡镇文化站原有的阅览室进行改造、拓展，建成了农家书屋、老年文化活动中心，添置了文化、农普类藏书，积极推动“共享工程”的建设，不断完善配套设施，提高硬件条件。由县支中心翻刻的“文化共享助春耕”光盘，内容涉及育苗育种、特种养殖、科学抗旱、科学种植等一些适合我县实情的资源通过农村数字电影传送到各个乡镇村，使共享工程逐步走入基层村民生活，成为村民获取新知，娱乐身心的新渠道新平台。

八、利民惠众，惠农服务

在实施共享工程的过程中，大埔县支中心不断拓展共享工程的服务内涵和方式，充分利用这一全新的工作载体条件，进农村、进校园、进机关、进军营、进社区、进广场，开创了文化共享工程工作的新局面。

1、充分发挥公共图书馆的阵地作用，在电子阅览室不定期推介优秀栏目、名家讲座、生活常识、电影及优秀地方剧目，利用投影仪播放名家讲座及影视剧，常年坚持。利用星期天节假日针对未成年人播放百部爱国主义教育影片、科普类等影片，举办思想道德建设方面的讲座、名著赏析等，引导未成年人多读书，深受广大市民的欢迎。

2、将国家中心、省中心下发的光盘资源供读者借阅，比如《文化共享工程夏日电影展播》、《中国农业知识仓库》、《万方数据资源系统》、《共享书香、快乐阅读》、《文化共享助春耕》、《振奋中国，红色会议》、《共享知识，和谐万家》、《实用农业技术》等，这一举措深受读者欢迎。

3、通过共享工程平台，每年都要在县城文化广场、西湖公园等地，利用投影仪等设备现场播放新书简介、

爱国主义教育片、讲座、报告等，让优秀的文化信息源源不断传输到基层群众中，极大地丰富了广大市民的业余文化生活。

4、为了加强未成年人思想道德建设工作，除了在馆内针对未成年人开展的活动外，还与县教育局、中小学校联合，在每年的节假日期间，利用图书馆的投影仪播放优秀影片和读书讲座，开展爱国主义教育活动。从而利用共享工程开展思想道德建设，切实将加强和改进未成年人思想道德建设工作。

5、为了全面推进“双拥”工作的开展，把拥军优属政策落到实处，密切军民关系，增进军民友谊，加强“文化拥军”，争创双拥模范城市。我馆除每年“八一”期间，都派工作人员携带共享工程设备对县驻军消防大队、武警中队进行服务，现场为部队官兵播放优秀影片等，极大地丰富了官兵的业务文化生活。

6、大埔县支中心在服务中抓住文化的热点和亮点，积极组织群众喜闻乐见的文化服务，使共享工程走进群众生活。例如，为了纪念中国共产党成立90周年，支中心开展了“90周年光辉历程”、“永远的丰碑”等图片展出，让读者重温了中国共产党90年的光辉历程，激发市民对祖国和对党的热爱，更加坚定了走中国特色社会主义道路的信心和决心。

九、宣传推广

在做好各项工作的同时，对各项工作定期进行回顾和总结，编写各类信息材料，大部分在大埔县人民政府信息网、大埔县文广新局信息网、大埔电视台、网等新闻网络媒体采用，受到了上级的好评。

十、工作展望

在当今信息社会飞速发展的年代，文化资源共享工程作为城市中覆盖城乡公共文化服务体系的基础工程、惠民工程、创新工程，以其丰富多样的数字资源成为了大埔人民文化生活的一大支柱，成为了繁荣大埔文化，丰富大埔人民精神生活，推动大埔人文科技发展的强大动力源泉。今后大埔支中心希望在国家中心，广东省分中心大力支持下为大埔县共享工程建设一支专业化的服务队伍，建立体制和服务形式多样，服务网点更加宽广，参与群众更加广泛的共享工程文化带动体系，为服务人民群众和为地方经济建设提供智力支持，为构建和谐社会提供文化支持。

（撰文/大埔县支中心）

五华县支中心

一、整体情况

五华县现辖水寨、河东、转水、华城、岐岭、潭下、长布、郭田、周江、横陂、双华、安流、棉洋、梅林、华阳、龙村16个镇，412个村民委员会和34个居民委员会。文化底蕴丰厚，文化资源丰富，为“全国文化先进县”。根据《全国文化信息资源共享工程“十一五”发展规划（2006年—2010年）》、《文化部财政部关于进一步推进全国文化信息资源共享工程的实施意见》和《文化部办公厅关于做好2009年文化共享工程网点建设的通知》等文件精神，按照上级要求的配置标准，我县建立了文化信息资源共享工程县级支中心。

2010年投资68万元配置了专业机房，添置了电脑桌凳、空调设备、UPS不间断电源、专业机柜、防磁柜、照相机及基本设备等，主机房4套服务器、1套存储器、1台防火墙、2台网络交换机、1个机柜、2套管理软件以及文化共享工程数字资源库的现场安装和系统调试。电子阅览室25台业务终端计算机、5台日常管理工作站微机和管理软件、投影仪和幕布的现场安装和调试。目前兼职管理员2名。初步架设了我县文化共享工程网站，实现了图书自动化管理。

二、资源建设

按照《广东省文化信息资源共享工程县级支中心建设协议》要求，在2009年9月，我县文广新局代表县政府与广东省文化厅签定了文化信息资源共享工程县级支中心建设协议书，县文广新局高度重视此项工作，授权由县图书馆负责共享工程建设工作。

接到工作后，我馆严格按照国家和省、市的要求制订了工作计划并认真组织实施，结合实际做好一系列规划、预算、申请和汇报工作；在县拨经费到位后，及时对电子阅览场室进行维修装饰，选购配套的设施设备并安装调试投入使用。信息文化资源共享工程的建设，极大的推动和促进了我县图书馆建设。我们注重与省市馆的联系，争取资源上级业务部门的支持整合各类资源，达到共建共享。我馆向省图书馆提供了有关我县的地方文献和馆藏古籍数据。为我馆特色数据库的建立做好了丰富的信息。

三、技术支持

建立了信息反馈机制，加入广东省共享工程QQ群，加强与省中心及各兄弟馆的联系，及时上报反馈各种信息，取得技术支持。

规范机房值班管理及操作，建立了中心机房值班记录，电子阅览室文献咨询记录，要求工作人员做好工作原始记录和人员、数据统计工作。

四、共享共建

结合网点建设，我们从几方面开展活动，进行共享共建。

1、积极开展各项活动。利用图书馆的图书资源及“资源共享”工程的信息资源开展征文、阅读等活动。

2、与政府机构相结合，共建和谐。利用共享资源，与政府网结合，通过政府网络把科技知识光盘输送到基层组织。

3、与基层服务点建设相结合，深化延伸。图书馆在利用资源共享工程服务的同时，有重点的发展基层服务点。结合创建文化先进镇活动，有目的、有计划进行乡镇图书流动室建设。

4、利用共享工程的设备，对古籍按国家普查标准分编和逐级向上级保护中心进行古籍申报工作。

五、文化共享工程活动

1、阵地服务：充分发挥公共图书馆的阵地作用，在电子阅览室里推介本馆特色藏书、播放名家讲座、利用星期天节假日针对未成年人播放百部爱国主义教育影片、科普类等影片，引导未成年人多读书，深受广大市民的欢迎。我馆通过共享工程平台，每月都在县城文化广场与本县剧团合作提供演出，并利用投影仪等设备现场播放新书简介，让优秀的文化信息源源不断传输到基层群众中，极大地丰富了广大市民的业余文化生活。

2、拥军爱民：为了全面推进“双拥”工作的开展，把拥军优属政策落到实处，密切军民关系，增进军民友谊，加强“文化拥军”，争创双拥模范城。我馆除每年“八一”期间，并在消防大队、武警中队进行服务设立了流动分馆，极大的丰富了官兵的业余文化生活。

3、科技支农：我们除了利用本馆科技书、报服务三农外，还充分利用农村电化教育平台，把农技CD通过其平台，适时为农村输送农技信息，同时我支中针对各种养植户进行跟踪服务，对我县各地的种养专业户进行跟踪服务；同时，结合实际，利用共享资源，特请专家为农民工进行实用型学习，切实了解他们的需求，为他们排忧解难。

六、今后的工作思路

1、按照《共享工程电子阅览室管理员工作守则》，要求工作人员要认真学习各种设备的使用、维护，掌握相关技能，保证共享工程网络的正常运转。对不在电子阅览室工作的其他馆员，要求在年底以前逐步达到能够熟练使用设备。

2、积极通过各种渠道的宣传发动，尽快地让读者认识了解文化资源共享工程的意义和作用，充分利用电子阅览室，真正实现文化资源共享。

3、认真接收国家中心、省中心发送的各种信息，做好筛选、储和分发工作，努力创造条件向上传送我县的信息资料。

随着国家对农村文化的重视，加大对文化共享工程的投入，我支中心将在未来的几年里着重搞好为农村基层点服务，建立覆盖全县的城乡一体化文化共享工程服务网络，加强对管理员的培训和技术指导、联合开展多种活动等，以更好地发挥文化共享工程的作用。

（撰文/五华县支中心）

平远县支中心

一、基本情况

平远县面积1381平方公里，人口26万，辖12个镇，县城设在大柘镇，常住人口5万。根据文化部、财政部、广东省文化厅有关文件精神，按照上级要求的配置标准，平远县建立了全国文化信息资源共享工程，县级分中心2010年设立在平远县图书馆，在实施文化信息资源共享工程建设中，严格按照合同要求，精心组织实施。合理设置电脑桌椅距离、网络布线及电源、消防设施和消防器材、安全疏散通道等。有独立机房，安装了空调设备、UPS不间断电源、专业机柜、服务器等，目前中心有终端电脑30台，网络带宽10M，省文化厅配置的相关设备均顺利安装，电子阅览室免费向读者开放。

二、资源建设

我们按照“资源共享、优势互补、互利互惠”的原则开展协作共建活动，在县里成立了八个基层流动图书服务点。目前，这8个不同类型的图书流动服务点，共流动图书10052册，初步形成了以图书馆为龙头，乡镇文化站为枢纽，村级、单位、学校、部队图书室为基础的图书流通服务网络。免费提供各类图书和共享工程光盘资料，服务基层群众，这一工作得到上级主管领导和业务部门的支持和表扬肯定，深受广大城乡读者和官兵们的好评。

认真收集地方文献的信息资源，尤其是对本县姓氏族谱的搜集，成立专室专库专人负责管理，为建立我馆特色数据库做好准备工作。

三、技术支持

加入了广东共享工程县级支中心、梅州市共享工程QQ群，加强与省中心、市及各兄弟馆的联系。建立了信息反馈机制，及时上报反馈各种信息，取得技术支持。规范机房管理及操作，建立中心机房管理记录，做好电子阅览室读者文献咨询和上网记录的统计工作。加强队伍建设，选派优秀业务骨干参加共享工程的管理工作，积极参加网上共享工程业务培训和基本操作技能，通过学习，不断提高业务水平和综合素质，推动我县共享工程事业的发展。

四、惠民利民

平远支中心在共享工程服务实践活动中，结合本馆丰富的图书资源，根据不同类型民众的需求，针对性地向他们提供资源服务，急群众所急，想民众所想，满足他们的文化需求。

五、宣传推广

暑假期间给学生读者播放《童心向党，快乐成长》、《学习雷锋好榜样》，并走进校园，开办学校流动图书室，把共享工程的宣传工作深入校园。向农村读者推荐《文化共享工程助春耕》等光盘资料。加强“文化信息共享工程”工作的宣传，让群众充分认识开展“文化信息共享工程”的重要性和必要性。在春节期间开展“宣传拓展绿色上网空间”和“共享工程数字资源展示”活动。

六、工作展望

文化共享工程各项活动的开展，进一步提高了工程的影响力和社会效益，目前，文化资源共享工程已成为平远图书馆服务窗口的一个亮点，丰富了城乡读者的精神生活，成为推动平远人文科技进步的动力源泉。今后将不断加强宣传，繁荣平远文化，开展多种形式的服务活动，让更多的群众来参与和享受这一文化盛宴，为建设文化平远作出更大贡献。

（撰文/平远县支中心）

潮州市支中心

潮州市全市总面积3614平方千米，辖湘桥区和潮安、饶平两个县。总人口258万人，旅居海外的潮籍侨胞、华人及港澳台同胞约230万人。

潮州市文化共享工程在省文化厅、广东省分中心的指导下，在市政府、市文化广电新闻局的重视和关怀下，在2004年，在各级部门的共同努力下，克服各种困难，全国文化信息资源共享工程在我市得到实施。目前我市所辖三个县市区图书馆均已全部建立支中心，并逐步在街道、乡镇、社区等建立基层服务点。我市文化共享工程逐步推进，稳步发展，在新形势下为繁荣各级基层文化，满足市民多层次文化需求，传递中国民族优秀文化资源发挥了重要作用。

一、基本情况

文化资源共享工程潮州支中心设在潮州市图书馆，始建于2004年。支中心多媒体电子阅览室坐落在图书馆一楼，面积约有300平方米，共有电脑94台。潮州支中心是潮州市共享工程的建设和业务指导单位，负责保障各级共享工程设备的运行，协调各级共享工程设备的维修，指导各县（市、区）共享工程活动的开展以及开展全市共享工程管理员的业务培训和指导。

二、管理和队伍建设

为使共享工程真正为民所用为民谋利，潮州市支中心将共享工程日常管理纳入制度化管理，制定了《潮州市文化共享工程管理办法》，明确了共享工程实施的范围、目标、管理人员的职责、培训以及对基层文化共享工程的指导培训工作等要求。支中心每年有年度工作计划，月度有工作要点，季度有工作督导，年末有工作总结考核，并推行管理员工作日志管理，收集整理共享工程服务活动的得失，探索共享工程管理和服务新模式。

为使更多群众享受这项惠民工程，我馆加强了人才队伍的建设，现支中心已有工作人员4名，大专及以上学历占了50%，为我馆推广文化共享工程提供了智力支撑和人力支持。

三、培训工作

为规范管理，提高基层点管理人员业务素质，潮州市支中心切实承担起主管责任，加强对各级支中心和基层服务网点的业务指导和监督管理。2004年以来，潮州市支中心一共举办各类培训班近20期，参加轮训的各级管理员达500多人次。培训内容有计算机网络基础技术、数字资源检索、病毒防治、分布式视频管理系统、网站建设等。为使广大读者尽快掌握使用文化信息资源的方法，市支中心向读者免费发放了1000余份简便的《文化信息资源使用指南》。

四、经费投入

潮州市支中心自2004年建立以来，在公共信息服务方面发挥了举足轻重的作用，有效地推进了我馆的信息化建设。文化共享工程是我馆开展工作的一个重要方面，得到了上级政府的支持。2004年到现在总投经费约80万元（其中2004年省财政拨专款20多万元），每年各项经费5万元，主要用于共享工程设备的更新维护，人员培训和惠民活动的开展。

五、资源建设

潮州支中心在历年的工作中，充分注重潮州文化特色，通过多种途径搜集各种地方文献，并建立了潮州特色文化资源库，为读者提供信息资源。同时，我馆购入地方戏曲500多种；接收国家中心、省中心等赠送音像视频等近2000张。

六、惠民服务

潮州支中心认真抓好基层服务工作，将电子阅览室、投影机、幕布等设备免费向广大人民群众开放，并公布开放时间和资源内容，组织广大群众使用文化信息资源，为广大群众提供实用性、知识性、娱乐性的文化信息服务，掌握有关政策法规，学习先进实用技术，提高发展农村经济、参与市场竞争的能力，为广大未成年人提供课外精神食粮。2004年至今，支中心开展为读者免费播放电影、讲座等资源，不定期组织青少年、老年人进行电脑技能培训，普及电脑知识。同时，支中心还经常下乡指导乡镇公共电子阅览室、农家书屋、村电子阅览室的业务工作，将“工程”的优秀资源送入千家万户。

七、宣传推广

潮州市支中心利用各种渠道宣传推广共享工程。在每年的世界读书日宣传服务周等节日活动中，潮州市支中心不失时机，以活动为平台，以资料为媒介宣传共享工程，让民众不断了解共享工程，走进共享工程。潮州市支中心不断延伸和发展公共文化服务，在社区、乡镇设立图书流动点，宣传推广共享工程，收集基层知识兴趣点整理挖掘，针对人口集中地知识群和关注点，为群众答疑解惑。通过一系列的活动使共享工程走进基层也走进农村群众。

八、工作展望

潮州市共享工程建设已走过8个年头，日益成为繁荣潮州文化，丰富人民精神生活，推动社会进步的源泉。

展望未来，我们将不断完善自身建设，潮州支中心希望在国家中心、广东省分中心大力支持下为潮州共享工程建设一支专业化的服务队伍，建立一个国家、省、市三级网络联动的服务体制和更加多样的服务形式，更加宽广的服务网点，和群众参与更加广泛的共享工程文化带动体系，通过各级支中心、基层服务点为广大市民提供优质的文化服务，在新形势下，为繁荣基层文化、满足市民文化需求、传递优秀文化资源发挥更加积极的作用。

（撰文/潮州市支中心）

汕头市支中心

一、基本情况

汕头市于2003年成立了文化信息资源共享工程领导小组，制定了《汕头市文化信息资源共享工程实施方案》，标志着文化共享工程建设正式启动。首批建设一个市级支中心，澄海、潮阳、龙湖等三个区（县）级支中心，并陆续在全市推广实施。2006年开始在乡镇街道居委实施，通过与全国农村党员干部现代远程教育网、农家书屋等合作共建共享，逐步建成一个覆盖城乡包括农村、社区、校园、军营、企业、机关等的服务网络。

文化信息资源共享工程汕头市支中心设在汕头市图书馆，主要负责推广有关标准规范，组织和指导全市文化共享工程数字资源建设和业务建设以及活动开展，保障文化共享工程系统的日常运转，开展全市文化共享工程的业务培训和指导。

二、管理和队伍建设

为充分发挥文化共享工程在传播社会主义先进文化，利用中华优秀文化信息资源丰富基层群众文化生活等方面的作用，汕头市支中心制定了文化共享工程日常管理制度，各级支中心、基层服务点工作规则和管理人员工作守则实行上墙公开。各级支中心指定专职联系人，与上级中心保持联络，及时传达最新文件精神，制定年度工作计划，每月向省分中心和国家中心上报开展活动情况和活动总结，撰写工作总结和考核。基层服务点管理员要求职责明确，对文化共享工程设备的使用和服务的开展熟练掌握。

三、培训工作

2003年9月汕头市图书馆承办了广东省实施全国文化信息资源共享工程基层中心第三期培训班，2007年承办广东省文化共享工程信息服务培训班（汕头片区）。汕头市支中心每年制定培训计划，对各级管理员进行集中培训，并组织参加上级中心开展的网络培训，每年参加培训均超过500人次。

四、经费投入

文化共享工程汕头市支中心首批建设资金为省补助20万元和市自筹36万元，区县支中心各为省补助2万元和市自筹2万元。2006年市图书馆新馆建设投入800万元，为我市文化共享工程提供了先进的技术平台。2009年省扶持区县支中心各38万元补助设备及地方配套建设资金30万元，完善了我市文化共享工程网点的建设。

五、资源建设

在充分利用国家中心及省分中心提供的丰富优秀文化信息资源的基础上，根据汕头的实际和特点，按照统一规划、统一标准、突出特色、自主建设的方针，汕头市支中心加强潮汕地方特色数据库的建设，并进行资源整合与共享，这些资源包括潮汕美食多媒体数据库、潮汕海内外名人数据库、潮汕民俗多媒体数据库、馆藏潮汕文献书目数据库、汕头地方法规数据库、潮汕族谱书目数据库、东南亚经贸数据库和潮汕民俗文化专题片等。

六、合作共建，惠民服务

在实施文化共享工程的实践中，面向广大群众开展公益性服务，不断拓展服务内涵和方式。自汕头市图书馆新馆开馆以来，连续成功举办了6届暑假电脑作文比赛，得到了广大学生和家长的充分肯定和赞扬。利用共享工程丰富的数字电影资源，向读者免费放映，特别是在节假日坚持放映，有效地解决了部分群众看电影难问题。坚持每月精选一部影片到广东金刚玻璃公司等单位为其干部职工放映，得到了相关公司企业领导的高度重视和支持，得到广大干部职工的热烈好评。

七、宣传推广

为使文化共享工程建设深入人心，汕头市支中心高度重视宣传推广工作，充分利用各种方式大力宣传共享工程，提高全社会对共享工程建设的认识。2004年建成开通了汕头数字文化网（http://www.stdcn.gov.cn/）。各级图书馆都开辟文化共享工程宣传专栏，介绍文化共享工程的建设意义、基本内容、组织、实施等。在《汕头图书馆通讯》中开辟专版介绍我市共享工程建设情况。在每年的图书馆服务宣传周及各种读者活动中，通过发放宣传资料、文化共享工程读者卡及播放宣传片等方式让越来越多的读者了解文化共享工程。在汕头广播电视台、汕头日报等媒体对相关活动进行专题报道，有力的促进全市文化共享工程建设。

根据文化热点活动，举办专题展览活动。如2008年5月举办了“文化共享工程奥运展览”，以丰富的图片和视频播放向广大读者介绍了奥运相关知识、奥运历史及北京奥运会相关内容。2008年12月举办了“文化繁荣 岁月如歌”改革开放三十年文化成就展。2009年9月举办了“国事盛典，文化印证——庆祝新中国六十华诞”展览活动2010年5月举办了“我们大家的世博”中国2010年上海世博会图片展等。

八、工作展望

文化共享工程发展的十年，是汕头市公共文化服务体系建设稳步发展的十年。文化信息资源共享工程已经成为全市人民文化生活的一个重要组成部分，是全市人民获取优秀文化信息资源的重要途径。展望未来，在国家中心和广东省分中心的大力支持和帮助下，汕头市文化信息资源共享工程将通过与公共电子阅览室建设、数字图书馆推广工程等文化惠民工程的互相促进，逐步实现构建一个覆盖全市连接全国的公益性数字文化服务体系，为汕头市推进文化大市建设作出重要贡献。

（撰文/汕头市支中心）

汕头市金平区支中心

一、基本情况

实施文化强区战略，推进文化惠民工程。建设开通“文化金平”网站（http://www.whjp.gov.cn/）介绍金平区的文化动态、文化法规、文化产业发展情况。在2010年全国县级以上图书馆评估定级中，金平区图书馆被评为“国家二级图书馆”，我馆还建设开通了金平区图书馆网站（http://www.stjplib.com/）。

根据文化部、财政部《关于实施全国文化信息资源共享工程的通知》（文社图发[2002]54号）的文件精神，在广东省文化厅的关怀和支持下，我区于2011年建成了文化信息资源共享工程金平支中心。

我们采取省级下发设备和本级政府资金扶持相结合的办法，配置了专业机房，机房内铺设了防静电地板，添置了避雷装置、空调设备、UPS不间断电源、专业机柜、服务器、单反相机、高清录像机等，配置了电子阅览室联想品牌电脑30台，19吋宽屏显示器。目前中心有终端电脑30台，服务器1台，网络带宽10M，兼职管理员2名。

二、网点建设、经费投入

金平区委、区政府和区文广新局高度重视文化信息资源共享工程这项创新惠民工程建设。自2011年实现全覆盖以来，区财政每年投入2万的运维经费，用于共享工程设备的维护、人员培训和惠民活动的开展。

三、技术支持

建立了信息反馈机制，加入广东省共享工程QQ群，加强与省中心及各兄弟馆的联系，及时上报反馈各种信息，取得技术支持。

四、惠民服务

在实施共享工程的过程中，金平区支中心不断拓展共享工程的服务内涵和方式，充分利用这一全新的工作载体条件，积极送书下乡、进厂，开创了文化共享工程工作的新局面。

1、馆内活动精彩纷呈。

充分发挥公共图书馆的阵地作用，在我馆网站每周推介优秀栏目、名家讲座、生活常识、电影及优秀地方剧目，每个星期六上午在电子阅览室利用投影仪播放爱国主义教育影片、科普类等影片，常年坚持。

每周服务时间达60小时。开放电子阅览室，让广大群众可以上网查阅信息。

2、“文化共享”进社区。

为贯彻落实十七届六中全会和省文化改革发展工作会议精神，按照“2012广东农家书屋系列活动”及“南粤幸福活动周系列活动”相关工作方案的部署，丰富农民群众的文化生活。我馆送书进社区，如去岐山街道中宫社区开展文化共享活动。该社区是涉农社区，我们送去一批关于农作物耕种和教导养殖生产等书籍，受到当地农民的欢迎。

3、“文化共享”进厂区。

为了丰富工业区内工人的文化业余生活，我馆深入厂区，如去宝马工艺、金威啤酒等企业，送书进厂。我们带去三千册书籍，有法律类的、管理类的，文学类的、生活百科的，参加活动的员工看的不亦乐乎，这些活动丰富工业区员工的业余生活。

五、宣传推广

加大宣传力度，在金平政务网站、文化金平网站、金平区图书馆网站刊登有关共享工程的信息，特别是在423世界图书与版权日期间，派发宣传资料，希望广大人民群众都能享受阅读的乐趣，都能尊重和感谢为人类文明做出过巨大贡献的文学、文化、科学、思想大师们，都能保护知识产权。

六、管理和队伍建设

加强管理，按文化部下发的标准制作了文化共享工程标牌和规章制度，做好兼职管理人员的培训工作。

七、工作展望

随着国家对基层文化的重视，加大对文化共享工程的投入，我支中心将坚持为人民服务的宗旨，以更好地发挥文化共享工程的作用。

（撰文/陈振康）

汕头市澄海区支中心

一、基本情况

按照文化部文社图发[2002]14号文件《关于实施全国文化信息资源共享工程的通知》的要求，澄海区图书馆作为县级支中心，自2002年设立以来，在各级的关心支持下，严格按照国家、省、市的要求进行建设，发展至今已基本达到县级支中心的相关建设要求。

作为文化共享工程服务网络建设中的重要环节，区支中心一方面与公共图书馆自动化、网络化建设紧密结合，加强公共上网场所建设，建设完成配置先进的服务器机房、电子阅览室、多媒体阅览室、视听室。澄海区支中心目前配置的硬件有：应用服务器、业务服务器、传输服务器、管理服务器、存储（磁盘阵列）、交换机、防火墙、KVM切换器、UPS、空调等机房中控设备，电子阅览室、多媒体阅览室计算机49台，20M对等光纤接入、覆盖全馆的网络布线及安防监控，视听室、多功能投影、触摸屏等宣传及服务设备，摄像机、相机、多功能一体化机、扫描仪等办公设备；配置的软件及资源有：图书馆业务自动化管理、电子阅览室及多媒体阅览室网络管理及监控、数字资源发布与管理、网络安全及1.5TB数字共享资源等。这些先进的现代化设备和国家中心丰富的文化资源，为图书馆建设注入了勃勃生机。

二、资源建设

在利用共享工程中心网站资源和通过卫星投放的资源的同时，科学合理地应用这些资源，更好地发挥区级支中心的职能作用，区支中心落实完善的规章制度，制定统一的服务制度和服务规范，明确开放时间，维护好设备设施，发挥好设备设施的使用效益。在资源共建共享建设方面，目前已注册顶级域名CHWHW.NET，对地方特色文化资源加以收集并及时发布，在“澄海数字文化网”展示澄海文化风采。

我们按照“资源共享、优势互补、互利互惠”的原则开展协作共建，与澄海区党史办公室、澄海电视台、澄海区旅游局、澄海科技局等单位以及文广新局下属文化单位及全区各镇、街道签订了资源共享协议书，为基层图书点提供流动图书近20000册，同时无偿搜集其特色的信息资源。截止2012年11月，我馆与省中心、基层点共享信息资源500余种。对内加大资源的采集力度，将我区从创刊至停刊的《澄海报》全文扫描成PDF文件，并采集了局具地方特色的“动物舞蹈”，其中的“蜈蚣舞”于2008年6月入选国家级非物质文化遗产名录，为我馆特色数据库的建立做好了丰富的信息储备。

三、技术支持

建立了信息反馈机制，加入广东省共享工程QQ群，加强与省中心及各兄弟馆的联系，及时上报反馈各种信息，取得技术支持。规范机房值班管理及操作，建立了中心机房值班记录，电子阅览室文献咨询记录，要求工作人员做好工作原始记录和人员、数据统计工作。

四、合作共建

结合农村干部党员远程教育、中小学教育远程教育、农家书屋等工程，通过对村居原有的阅览室的改造、拓展，先后建成了农家书屋、老年文化活动中心，添置了文化、农普类藏书（光盘）6000余册，积极推动“共享工程”的建设，不断完善配套设施，提高硬件条件，每个村级基层点配发了电脑、DVD播放机和电视机，并接通了电信宽带网络和有线电视网络，设置了共享工程连接快捷方式，完善了“共享工程”硬件设施上的架设。并下发了“全国文化信息资源共享工程基层服务点”标牌、管理制度、管理职责等以及由区支中心翻刻的“文化共享助春耕”光盘，内容涉及育苗育种、特种养殖、科学抗旱、科学种植等一些适合我县实情的资源。各村居逐渐形成了一个融图书借阅、党员教育、信息传递、休闲娱乐为一体的基层服务中心。

五、惠民服务

在实施共享工程的过程中，澄海区支中心不断拓展共享工程的服务内涵和方式，充分利用这一全新的工作载体条件，开创了文化共享工程工作的新局面。

1、馆内活动精彩纷呈

充分发挥公共图书馆的阵地作用，在电子阅览室每周推介优秀栏目、名家讲座、生活常识、电影及优秀地方剧目，不定期开展共享工程利用知识培训；每个星期六、日在视听室播放高清电影及名家讲座，常年坚持。利用节假日针对未成年人播放百部爱国主义教育影片、科普类等影片，举办思想道德建设方面的讲座、名著赏析等，引导未成年人多读书，深受广大市民的欢迎。每周服务时间达48小时。

开展光盘外借服务。将国家中心、省中心下发的光盘资源供读者借阅，比如《文化共享工程夏日电影展播》、《中国农业知识仓库》、《万方数据资源系统》、《共享书香、快乐阅读》、《文化共享助春耕》、《振奋中国，红色会议》、《共享知识，和谐万家》、《实用农业技术》等，还利用刻录设备将部分农业技术资料刻录成光盘发给全区182个村级服务点。这一举措深受读者和基层点的欢迎。

2、“文化共享工程农村巡回展演”活动深受农民欢迎

为了充分利用文化信息资源共享工程服务网络的资源优势，扩大文化信息资源共享工程的社会影响，我们抽调骨干力量组成“共享工程巡回展览小组”，由馆领导亲自带队，不畏辛苦，先后赴全区各乡镇、行政村基层服务点开展农林科普知识竞赛和巡回展播，把科技知识直接送到各村小组、农户家中，现场播放《西瓜种植》、

《养猪要诀》、《水稻栽培》、《文化共享助春耕》、《世博文化解读》等科技片，赠送科技图书，散发各类科技资料宣传单，开展科普知识竞赛，现场评奖及颁发奖品和纪念品，深受农民群众和林场职工的热烈欢迎，自2007年开始，截至到今年11月底，我馆共开展科普竞赛活动250余场次，向农民群众赠送科技图书20000余册，发放科技资料宣传单50000余份，播放科技影片100多部，惠及农民群众30多万人。

通过这些讲座和竞赛，不仅让广大农民群众真真切切享受到了图书馆的服务，也实实在在让老百姓共享了一次优秀的文化信息资源。丰富的农村生产生活、农业科技知识、医疗保健知识为不仅农民致富提供了有效的信息保障，还为开展农业技术培训、农民工培训、再就业培训等，提高农村信息化水平和基层群众科学文化素质，促进当地经济社会的协调发展奠定了良好的基础。

3、“文化共享”进社区

我馆通过共享工程平台，每年都要在县城各居民小区举办多场知识竞赛、知识讲座、报告会等，利用投影仪等设备现场播放新书简介、爱国主义教育片、讲座、报告等，让优秀的文化信息源源不断传输到基层群众中，极大地丰富了广大市民的业余文化生活。

4、文化共享进校园

为加强未成年人思想道德建设工作，除了在馆内针对未成年人开展的活动以外，还与教育局联合，在每年的“4•23”期间，联合各中小学校开展活动，进行读书征文比赛、灯谜竞猜等，还利用图书馆的投影仪到教室播放优秀影片和读书讲座，开展爱国主义教育活动。从而利用共享工程开展思想道德建设，切实将加强和改进未成年人思想道德建设工作落到了实处。

5、文化共享进军营

为了全面推进“双拥”工作的开展，把拥军优属政策落到实处，密切军民关系，增进军民友谊，加强“文化拥军”，我馆与驻澄部队签订“文化服务协议书”。我馆除每年“八一”期间，都派工作人员携带流动书箱和共享工程设备对我区驻军消防大队、武警中队进行服务，现场指导部队官兵电脑知识技能、播放优秀影片等，极大的丰富了官兵的业余文化生活。

6、文化共享进企业

自2008年开始进行澄海图书馆企业分馆项目建设，至2012年底共设立骅威分馆、锐科分馆、飞轮分馆、雅威分馆、小白龙分馆等5家企业分馆，为各分馆配备国家中心、省中心及本馆的数据资源，定期进行图书流动，努力提升企业文化，丰富企业员工文化需求。

7、文化共享进看守所

常年与澄海区看守所结对帮扶，在看守所每一个监室内设立图书角，自设立共享工程区支中心以来，我馆充分利用配备的数据资源，精选百部爱国主义影片，在看守所内进行播放，促进在押人员转化教育工作。

8、宣传推广

在做好各项工作的同时，充分利用“澄海数字文化网”以及汕头电视台、澄海电视台等，对文化活动进行报道。

六、培训工作

1、打造支中心精湛的技术服务队伍。

我支中心狠抓队伍建设，除组织全体干部职工学习由国家中心、省中心举办的网络视频教学外，还选送骨干力量参加省中心举办的培训班，系统学习文化共享工程的基本操作技能知识、ILASII图书管理软件的使用和维护等，通过培训，我支中心打造了一支精湛的文化共享工程技术服务队伍，极大提高了我支中心的综合服务水平，对我区文化共享工程事业的发展起到积极的推动作用。

2、村级基层服务点技术培训。

为了进一步健全我县文化信息资源共享工程服务网络，提高文化共享工程管理员的操作技能，让文化共享工程更好地为广大群众服务，我馆通过现场指导与这定期举办基层服务点管理员培训班的方式，向各基层服务点传授文化共享工程概述、支中心基本情况、电脑的基本使用方法、电脑的组装、文化共享工程管理办法及考核内容、上机操作实践。经过培训，各村基层服务点的管理员都掌握了基本的电脑使用方法和管理办法。

七、荣誉奖项

2002年，图书馆艺术培训中心被中国音乐家协会、中国扬琴家协会授权为“中国扬琴培训基地”；2003年，图书馆被澄海市人民政府授予“科普教育基地”；2004年，图书馆被文化部评定为国家一级图书馆；2008年，图书馆荣获汕头市澄海区经济建设和文明建设“文明窗口”奖；2010年，图书馆被文化部评定为国家一级图书馆；2011年，图书馆被广东省委宣传部授予广东省基层宣传文化工作先进单位。

八、工作展望

随着国家对农村文化的重视，加大对文化共享工程的投入，我支中心将在未来的几年里着重搞好为农村基层点服务，建立覆盖全区的城乡一体化文化共享工程服务网络，加强对管理员的培训和技术指导、联合开展多种活动等，以更好地发挥文化共享工程的作用。

（撰文/汕头市澄海区支中心）

揭阳市支中心

揭阳市现辖榕城区和揭东、惠来、揭西三县，代管普宁市（县级）。并设立东山区管理委员会、揭阳经济开发试验区、普宁华侨管理区和大南山华侨管理区赋予部分县级管理职能。全市基层设置71个镇、10个乡、16个街道办事处，15个农场，常住人口641.24万人。揭阳市文化资源共享工程在揭阳市文化广电新闻出版局的支持和部署下稳步发展，在宣传共享工程，推进文化信息资源的共建共享方面做了积极的工作。

一、基本情况

揭阳市支中心成立于2004年12月，设置在市政府大门五楼（市图书馆处在筹建阶段，办公地点暂设在市政府大院内）。配置了1台服务器、5台电脑。并向政府申请专用办公房2间共40㎡，接入2M的ADSL宽带，由专人负责管理。有管理人员2名。2004年12月与省分中心签订合作协议，利用省立中山图书馆提供的数字化资源，开展信息服务和文化活动，提供电子图书、期刊的网上阅读和参考咨询服务。2010年10月，注册了揭阳市图书馆域名(http://www.jytsg.com.cn)并逐步建设与更新揭阳市图书馆网站。2012年7月进入新馆办公，新馆位于揭阳市渔湖经济开发试验区揭阳市文化广场内。2012年采购了5台服务器和40台电脑用于共享工程。2012年揭阳市文化资源共享工程开始普及进入乡镇行政村，第一批130个行政村已安装调试完毕，配置了1台服务器和3台计算机。2013年第二批80个行政村现正在设备采购中。

揭阳市支中心设在揭阳市图书馆，是揭阳市共享工程的建设和业务指导单位，负责保障市支心共享工程设备的运行，传达省分中心下达的共享工程活动。

二、管理和队伍建设

为使共享项工程真正为民所用为民谋利，揭阳市支中心将共享工程日常管理纳入制度化管理。制订了《全国文化信息资源共享工程揭阳市分中心管理暂行规章》和《全国文化信息资源共享工程揭阳市支中心工作规则》，实行制度上墙公开。每年有年度工作计划，年末有工作总结考核，并推行管理员工作日志管理。

三、培训工作

揭阳市图书馆在2012年7月前一直处于新馆建设阶段，共享工程管理人员通过在省支中心学习的课件复制后发送到各县级支中心。

四、经费投入

2004年6月省下拨20万元补助资金；2007年市财政下拨2万元；2008年市财政下拨5万元。2012年新馆投入131万元建设了揭阳市图书馆信息化系统集成。

五、资源建设

揭阳市图书馆刚建成投入使用，现正在建设揭阳玉器文化知识数据库和有选择地购买一些电子资源。

六、工作展望

今后的具体工作是进一步加大宣传力度和推广文化信息资源共享工程作用，制订发展规划，提高服务水平，努力创造条件确保工程长久、持续地发展，真正发挥文化信息资源共享工程的作用，繁荣和丰富城乡文化生活，满足人民群众的精神文化需求，实现广大人民群众的文化利益。

（撰文/揭阳市支中心）

揭阳市榕城区支中心

揭阳市现辖7个街道81个村(社区)，总面积91.26平方公里。全区常住人口42.77万人。榕城区文化资源共享工程在省、市、区上级主管部门的支持和部署下，逐步推进，稳步发展，在提高人民群众思想道德和科学文化素质等方面发挥出一定的作用。

一、基本情况

共享工程榕城区支中心于2004年4月份成立，设在揭阳市榕城区图书馆。支中心充分利用图书馆的设备和人力，负责共享工程设备的运行，协调、指导镇(街道)级共享工程活动的开展以及培训。于同年建成了“榕城数字文化网”。起初设置了新书推介、新人新作、企业文化、文化动态、文化社团等栏目。“榕城数字文化网”在网上运行后得到读者的好评，并于2004年5月受省共享工程领导小组的表彰。

至2005年底，我们根据读者反馈的意见，经研究，决定对“榕城数字文化网”的网页和内容进行全面的更新，使之更具地方特色，更能弘扬地方先进文化。经过一个月时间的紧张工作，到2006年1月底，“榕城数字文化网”以全新的面目与读者见面。

现设置了潮汕文献数据库、民风民俗、名胜风光、戏曲欣赏、民间艺术、书画长廊、名家介绍、文化社团等栏目，从页面到内容都较好地体现了榕城作为历史文化名城的特色，做到“三突出”：突出共享文化信息资源，突出榕城地方文化信息资源，突出人民群众喜闻乐见的文化信息资源。

二、网点建设、经费投入

按照上级要求的配置标准，在省文化厅和区各级主管部门的支持下，区支中心于2011年投资68万元配置了专业机房，机房铺设了防静电地板，配套了UPS不间断电源、专业机柜、服务器等，更新了电子阅览室电脑25台。至目前为止，支中心共有终端电脑30台，服务器5台，配设10M带宽光纤专线，购买了1000多种电子图书和400多种电子期刊。

近几年来，在各级政府的大力支持下，街道服务点也在加快建设步伐。至目前为止，共享工程服务点已全面覆盖全区7个街道。

三、资源建设

支中心自建设以来，已上网免费提供读者使用的潮汕文献全文或摘要、书目等数据26000多条，其中全文数据近9000条，多媒体130部。内容包括地理、历史、政治、科学、文化、文艺等方面。深受读者欢迎。

四、技术支持

建立了信息反馈机制，加入广东省共享工程QQ群，加强与省中心及各兄弟馆的联系，及时上报反馈各种信息，取得技术支持。

五、宣传推广

近几年来，我们定期出版宣传栏、印制宣传资料。利用互联网、“图书馆服务宣传周”、公益讲座、电视台及报社等新闻媒体，向广大群众宣传介绍“共享工程”。充分利用国家共享中心配发的光盘，在图书馆电子阅览室、报告厅、各街道基层服务点进行播放宣传。让更多的民众进一步了解共享工程，走进共享工程。

六、培训工作

支中心狠抓队伍建设，除组织全体干部职工学习由国家中心举办的网络视频教学外，还积极参加省中心举办的各项培训班。并于每年定期对辖区共享工程管理员进行集中培训，培训的内容为：电脑的基本使用方法、电脑的组装、文化共享工程管理办法及考核内容、上机操作实践。经过培训，各基层服务点的管理员都掌握了基本的电脑使用方法和管理办法。

七、管理和队伍建设

为使共享项工程真正为民所用为民谋利，榕城支中心将共享工程日常管理纳入制度化管理。制定支中心、街道、村（社区）基层服务点工作职责和制度，实行制度上墙公开。现区级支中心从事“共享工程”工作人员共有10位（包括信息技术部、电子阅览厅，地方文献阅览厅），其中大学1位，大专5位，高中4位。各基层服务点从事“共享工程”工作人员共有16位。

八、工作展望

1、支中心将在未来几年里加大力度，进一步做好资源整合工作。充分发挥图书馆的资源优势，联合文化馆、博物馆等部门，广泛收集各类信息资源，进行合理整合，实现资源整合的多样性和整体性，达到更大范围的资源共享。

2、着力提高工作人员的业务技术水平，进一步做好有关人员参加上级有关部门举办的业务技术培训班工作，加强对管理员的培训和技术指导，努力提高工作人员的业务技能。

3、争取获得各级财政部门资金上的更大支持，更好地完善区支中心、基层服务点，使我区的共享工程建设能够得到更好、更快的发展。

（撰文/揭阳市榕城区支中心）

普宁市支中心

全国文化信息资源共享工程（以下简称：共享工程）广东省普宁市支中心自2003年10份开始实施和建设以来，在上级党政和广东省文化厅、揭阳市和普宁市文化局的正确领导和支持下，紧紧围绕上级中心的统一部署和建设要求，充分利用普宁市图书馆多媒体阅览室的原有设备，增加投入，完善配套设施，促进数字信息资源建设，扩大宣传，培训员工。积极为群众提供文化信息查询、阅读、下载、打印和经典影视欣赏等服务，在丰富城乡群众文化生活、提高基层群众信息素养、缩小信息鸿沟、促进公共文化服务均等化等方面做出了积极贡献，为建设幸福美丽普宁提供文化支撑，以实际行动践行科学发展观。

一、积极推进文化信息资源建设

普宁市支中心成立十年来，在整合市图书馆原有图书目录、电子图书全文、科技期刊论文、普宁市政府信息公开数据库、网络信息和上级中心网站的基础上，先后投入资金20多万元，采购电子图书、名师讲坛视频，精选馆藏地方文献进行数字化等。

目前普宁支中心的信息资源有电子图书27万种、科技期刊论文320万篇、讲座视频3250个、普宁资讯记录2500条、地方文献全文130种，此外还与拥有海量信息资源的“中国文献网”、“珠江三角洲数字图书馆联盟”、“读秀学术搜索”建立资源免费利用合作关系。

二、加强宣传，促进资源利用

近十年来，普宁市支中心积极利用电视、网站、海报、读者活动等形式，大力宣传“共享工程”，努力提高“共享工程”在群众中的认知度，吸引更多的读者来利用“共享工程”。

例如在新资源到位之后，及时在网站和大楼前宣传栏发布新资源信息，在学雷锋活动月、“4.23”世界读书日、图书馆服务宣传活动周到来之际，配合有关活动，进行视频展映、张贴海报、派发资料等。

三、积极服务，群众评价良好

近十年来，共享工程普宁支中心充份利用现在资源，结合现有条件，积极开展各项服务工作。利用多媒体阅览室，为群众提供信息咨询、网上阅读、视频点播和展映、资料下载、打印和传递等服务，每年服务群众近10万人次。

共享工程多媒体阅览室每年接受信息咨询7000多人次，共享视频8万多人次，9万多场次，共享音频1.7万多人次，5万多首次，共享电子图书3万册次。每年利用投影和视频资料，为群众举办《雷锋》、“读书策略”、“六一专题”、“消防安全小卫士”、“双百人物”、“廉洁电影展映”等视频展映10场次，观众1500多人次，受到群众的欢迎和广泛好评。

（撰文/普宁市支中心）

汕尾市支中心

汕尾市现下辖市城区、陆丰市、海丰县、陆河县四个县区级单位，另有华侨管理区和红海湾开发区两大县级开发区，辖区内设有42个镇、10个街道办事处，711个村委会，141个社区居委会，总面积5271平方千米，总人口359.23万人，其中市辖区人口约50多万。

在广东省文化厅、汕尾市文化局的大力支持和部署下，汕尾市图书馆认真开展文化信息资源共享工程建设，组织实施文化信息资源共享工程。

通过共享工程的实施，将为新时期建设新农村、培育新农民搭建新的平台，并以此推进和完善文化服务体系建设，提高文化服务水平，促进城乡文化事业的发展。

一、基本情况

汕尾市文化信息资源共享工程于2011年开始起步建设，市图书馆建立了汕尾市文化信息资源共享工程市级支中心，配置了4套服务器、1套存储设备、1台防火墙、2台网络交换机、3套管理软件、2套管理系统、25台业务终端计算机、5台日常管理工作间微机和管理软件等软硬件设备，于2012年初安装调试完毕并投入使用。

目前，全市已建成文化信息资源共享工程市级支中心1个；文化信息资源共享工程县级支中心3个；乡镇基层文化站57个；“农家书屋”100个。共享工程汕尾市级支中心设在汕尾市图书馆，指导汕尾市文化信息资源共享工程全面工作的开展。

二、管理和队伍建设

汕尾市支中心高度重视共享工程管理和队伍建设工作，制定了相关工作职责和制度，使专业技术人员工作有章可循，提高工作效率。

汕尾市支中心招聘计算机专业人员为管理员，并通过出去学习、请省馆老师来馆讲课等形式，努力建设一支专业化的共享工程管理员队伍，不断提高业务能力和工作水平。

三、培训工作

汕尾市支中心注重抓好共享工程管理员培训工作，管理员通过网络培训等形式开展培训，不断提高管理员的专业水平。

四、经费投入

汕尾市文化信息资源共享工程建设共计投入75万元，主要用于共享工程硬件建设、设备的购置、维护等。

五、资源建设

汕尾市支中心在共享工程建设中，得到广东省立中山图书馆的大力支持，免费配置资源应用管理系统，通过局域网已经发布了240326MB的数据，包括图片、视频等数据。另有DVD光盘1万多张。

六、合作共建

汕尾市开展多种形式的合作共建，推进共享工程建设。汕尾市积极与海丰县级支中心等共享工程服务点合作，通过多种形式共同探讨共享工程的各项工作。

七、宣传推广

汕尾市支中心通过汕尾市图书馆现有资源积极宣传推广共享工程，张贴各种宣传海报，让读者逐步了解共享工程，走进共享工程。

八、工作展望

今后必须继续大力推进共享工程建设，充分利用共享工程的丰富资源为广大人民群众服务。提高汕尾市共享工程的建设水平，加强专业技术人员的培养，为深入推进共享工程的实施打好基础。

要充分发挥共享工程的作用，积极开展数字化资源服务，通过多种形式拓展服务范围、创新服务方式，将地方特色资源纳入共享工程建设内容，以群众喜闻乐见的形式使共享工程更加贴近基层、贴近生活、贴近群众。

（撰文/汕尾市支中心）

海丰县支中心

海丰县区域面积1750平方公里，其中山地占38.5%，丘陵地占27.4%，平原滩涂占30.1%，溪河湖泊占4%，人口约80万人。现全县辖区共有16个乡镇，有232个村民委员会、42个社区居民委员会（不包括黄羌林场、梅陇农场）。海丰县文化资源共享工程是在海丰县政府、县文体旅游局的大力支持和部署下，以建设文化强县规划纲要为指导，深入贯彻落实科学发展观，以提供优质服务为基础，以开拓手段为重点，不断改进图书馆的面貌，促进了海丰县图书馆的发展变化。

一、基本情况

海丰县文化资源共享工程于2010年8月建成并开通，该共享工程是广东省文化厅下拨38万元设备，海丰县人民政府拨出30万元资金在县图书馆三楼装修建成。共享工程海丰支中心设在海丰县图书馆，是海丰县共享工程的建设和业务指导单位，负责保障县支中心共享工程设备的运行，协调镇村级共享工程设备的维修，指导镇村级共享工程活动的开展以及开展全县共享工程管理员的业务培训和指导。“广东省文化信息资源共享工程海丰县级支中心”顺利建成启动，使海丰县图书馆建设迈上新台阶，使到海丰县人民能享受到全国的优秀信息资源，在传递中国民族优秀文化资源中发挥了重要作用。

二、管理和队伍建设

为使共享工程更好地发挥作用，在日常管理上县图书馆高度重视，派一名副馆长专职负责海丰支中心的工作，同时聘请2名临时人员专职日常工作。按文化部下发的标准制作了文化共享工程标牌和规章制度，制定支中心工作职责和制度。

将共享工程日常管理纳入制度化管理。文化资源共享工程作为一个新的文化资源获取平台，如何利用好共享工程丰富的文化资源，关键在于能否建立一支专业化的共享工程管理员队伍。

三、培训工作

海丰支中心在共享工程管理员的培养上实现了制度化和常态化。根据支中心工作要求，每年对共享工程管理员进行培训，根据时间按排把培训分为：自学、聘请专业人员讲课、网上学习。

1、利用图书馆自身馆藏优势，自觉学习有关电脑、

计算机等方面书籍知识；

2、聘请有关专业人员来我馆当面传授电脑的基本使用方法、电脑的组装、上机操作实践及有关注意事项等。

3、在共享工程网站上参加网上培训学习。

四、经费投入

共享工程海丰支中心自2010年开通以来，县图书馆在县政府大力支持下，2011年投入10万的运维经费，用于共享工程设备的维护，人员培训和惠民活动的开展。2012年投入增加到15万元，有力地保障支中心各项工作运行。

五、资源建设

我馆按照“资源共享、优势互补、互利互惠”的原则开展协作共建，与海丰县政府党政信息中心、县文化馆签订了资源共享协议，为县支中心提供海丰县内党政、文化等及时动态信息，丰富了支中心共享资源。同时搜集有当地特色的信息资源以投影方式供读者阅览，并为我馆特色数据库的建立做了丰富的信息储备。

六、技术支持

建立了信息反馈机制，加入广东省省共享工程QQ群，加强与省中心及各兄弟馆的联系，及时上报反馈各种信息，取得技术支持。规范机房值班管理及操作，建立了中心机房值班记录，电子阅览室文献咨询记录，要求工作人员做好工作原始记录和人员、数据统计工作；

七、惠民服务

海丰支中心在共享工程服务实践过程中，坚持免费开放，以民众的需求为导向，积极探索，全心全意为民众服务，将支中心打造成群众满意喜爱的文化服务新平台。

同时我馆通过共享工程平台，每年在县文化城广场举办多场知识竞赛、知识讲座、报告会等，利用投影仪等设备现场播放新书简介、爱国主义教育片、讲座、报告等，让优秀的文化信息源源不断传输到基层群众中，极大地丰富了广大市民的业余文化生活。

八、宣传推广

海丰支中心利用各种渠道宣传推广共享工程。在每年的科技文化下乡等活动中，支中心以活动为平台，以资料为媒介宣传共享工程，让民众不断了解共享工程。支中心在服务中利用社会的热点和亮点，积极组织群众参与学习讨论，使共享工程走进群众生活。

例如在迎接建党90周年、学习雷锋等重要活动之际，支中心组织人员上网剪摘有关资料制作短片，供广大读者查阅和学习，得到县有关单位的好评，并在我县电视台宣传和推广。

九、工作展望

随着国家对文化事业的重视，加大对文化共享工程的投入，我支中心将配合省有关要求，加大对共享工程乡镇支中心建设的技术指导，指导镇村级共享工程活动的开展，以及做好全县共享工程管理员的业务培训和指导在未来的几年农村基层点服务，建立覆盖全县的城乡一体化文化共享工程服务网络，加强对管理员的培训和技术指导、联合开展多种活动等，以更好地发挥文化共享工程的作用。

（撰文/海丰县支中心）

惠州市支中心

惠州市下辖惠城区、惠阳区、惠东县、博罗县、龙门县，下设大亚湾经济技术开发区和仲恺高新技术产业开发区，有53个镇（乡）、16个街道。2010年末户籍人口337.20万人。陆地面积11158平方公里，海域面积4520平方公里，海岸线长223.6公里，是广东省的海洋大市之一。

惠州市文化资源共享工程在惠州市文广新局支持和部署下，逐步推进，稳步发展，在新形势下为繁荣基层文化，满足多层次文化需求，传递中国民族优秀文化资源发挥了重要作用。

一、基本情况

惠州市文化资源共享工程市支中心建设开始于2004年设在惠州慈云图书馆，负责保障市中心共享工程设备的运行，指导各县（区）级共享工程活动的开展，以及开展全区市共享工程管理员的业务。惠州慈云图书馆的前身是惠州市图书馆（最初称丰湖书藏），始建于1886年，是省内少数几个拥有丰富历史传承、较多古籍书的百年老馆之一。

随着社会的变革和发展，原市图书馆的馆舍面积较小，馆藏资源已远远满足不了各阶层读者的需求，为提升惠州市民的文化素质，加快创建和谐社会和文明城市的步伐，在市委市政府的高度重视下，在有关职能部门的通力协作下，在香港慈云阁董事局的大力支持下，2002年由惠州市人民政府和香港慈云阁董事局共同出资兴建新馆，于2004年9月30日落成投入使用。新馆的建成，是我市八项民心工程之一，又是我市创建文明城市的重点工程。

惠州慈云图书馆位于惠州市区江北三新南路15号，建设用地22438平方米，建筑占地面积4545平方米，建筑面积19266平方米，楼高4层，每层高5米，地下架空1层，园林绿化面积约为13000平方米，地下架空层和室外停车场共设有120个停车位。馆内有19个功能厅，可设1090个阅读座位，拥有一个容纳360个座位的学术报告厅和一个展览厅。目前设有阅览室6个，自修室1个。整个馆舍内设功能布局合理、实用，通风采光良好，疏散通道宽，其它设置、工程基础框架和用料都符合质量要求，整个馆体呈“丙”字形结构，面朝西北，正中楼顶有本翻开的书本造型，是惠州市区一座标志性建筑。

馆内现有藏书50多万册，期刊合订本约10万册，古藉书2万余册。有较为完善的自动化计算机网络体系，实行自动化管理，建立了文化信息资源共享工程网络平台，门户网站已开通（网址http://www.hzlib.cn）。

二、管理和队伍建设

每年有年度工作计划，月度有工作要点，季度有工作督导，年末有工作总结考核，并推行管理员工作日志管理，收集整理共享工程服务活动的得失，探索共享工程管理和服务新模式。

三、培训工作

每年由市文广新局开设业务培训，学习全国文化资源共享工程建设、服务与管理等。2008年开设公共图书馆理员业务培训班；2009年开设农家书屋暨文化信息资源共享管理员培训班；2010年开设置共享工程管理员培训班学习相关电子资源数据库使用等。除本地开展培训学习外，我市市支中心积极组织基层人员参加由省馆举办的有关共享工程的培训。

四、经费投入

我市共享工程建设抓住图书新馆建设的契机，高标准建设共享工程市级之中心。初期馆内供投入157万元，其中投入网络布线资金41万元，机房建设20万元，交换设备、服务器等56万元，电脑40万元，电子阅览室有40台终端电脑。市中小建立以来，每年财政拨给共享共享专项资金18万元。除此外，每年有不等的设备更新费用。

2008年增加4.5万元购置服务器1台，投影设备和音响1套，2011年，拨给21万元，购置10T存储1台，服务器1台，深信服行为网关1台，2012年，拨给43万元，更新了电子阅览室40台电脑，购置3台服务器，完成全馆无线WIFI覆盖建设。经过多年的积累，我市共享资源设备趋于完善，服务更加丰富，更受市民的欢迎。

五、资源建设

我市文化资源共享工程支中心现购有超星数字图书馆数据库、维普期刊数据图、点点数字动漫数据库、方正apabi电子书库等数字资源。购买影视资源600多张，资源总数据量达1.5TB，发放宣传资料2000余份。

六、利民惠众，惠农服务

在惠州慈云图书馆电子阅览室为读者提供各类数据资源查询、浏览，自2008年起实行免费服务。每周在影音室放映共享工程影视展播作品，还配合政府开展一系列惠民活动。例如08年春节期间我省发生冰灾，当时电子阅览室还没有实行免费，广大外来工响应政府号召，留在本地过年，为让外来工有更富的文化生活，我市中心免费开放电子阅览室供外来务工人员浏览阅读，每天坚持播放温馨影片；每星期不定期流动服务图书车出车到各个流动服务点（含乡镇，街道，小区）为广大读者服务，到2012年流动图书服务车在金迪星苑、东湖花园荷兰水乡等社区设置了11个流动点，今年统计，共送书进社区56次，流通图书达94000余册次，接待读者6100余人次。

除了电子资源的共享外，实体书的也开展共享服务，每年都有开展送书下乡服务活动。2012年“送书下乡”的重点放在边远山区学校，上半年给博罗泰美雷公小学和观音阁小学，送去包括科学、趣味、益智、艺术等方面书籍共2500余册，下半年给博罗福田文化站和惠东看守所，送去各类书籍共2000余册。

七、工作展望

共享工程服务的开展，惠及千家万户，丰富了群众的文化生活，也让我们的文化得以更好的传承和发展。惠州市支中心展希望未来的时间里，能在国家中心，省分中心大力支持下，继续完善我市共享工程建设和公共电子阅览室建设，推进好我市的数字图书馆建设，利用三个项目建设，更好为市民服务。

利用这个契机，建设富有惠州特色的地方文献数据库，建成惠州地区数字图书馆联盟，实现数据资源共建共享，建立更完善的城乡公共文化服务体系，不断丰富人民群众的精神文化生活，让文化建设的成果惠及全市人民，让中华文化发扬光大。

（撰文/惠州市支中心）

惠州市惠阳区支中心

一、基本情况

惠阳区文化信息资源共享工程建设在区政府、文广新局领导的高度重视和支持下，于2010年初争取财政资金建成文化信息资源共享工程惠阳区支中心，使我区文化资源共享工程工作顺利开展。

中心机房面积约20平方米，按国家相关标准设计安装，地面加装了抗静电地板，按标准进行了防雷配电安装，并按规定配置了2台高端服务器，磁盘阵列一套，容量达到2TB。拥有交换机2台，NETGEAR FR538G防火墙一个，安装了标准机柜、并配有UPS电源系统一套，保证网络安全和设备的安全运行。

电子阅览室面积150平方米，配有服务器1台、交换机3台、管理用机1台和读者服务用机44台。室内网络布线及电源分布合理，有完善的消防设施，畅通的安全通道。目前，在电子阅览室可向广大的读者提供的文化信息资源共享工程相关网站浏览，还可以登录我区支中心服务器浏览国家中心提供的多媒体数据库。

二、管理、服务工作和资源建设

开展形式多样的服务和执行规范的管理。区支中心严格按照相关规定进行管理：制作了标准的文化共享工程标牌和相关工作规则；建立读者凭身份证（或户口簿）、相片免费办证上网制度；建立活动档案、日志；每天开放时间12小时，实现每周开放84小时。开展形式多样的服务活动如：互联网（电子阅览室）服务、视频播放服务、专题讲座等，定期播放国家中心下发的多媒体数据。2010年至今，转换上传多媒体数据500G，刻录下发基层服务点光盘1710张。

每天，有许多读者到电子阅览室浏览信息、查阅资料、欣赏艺术，获取各类信息。电子阅览室读者服务情况：2010至2012年底服务接待读者达81201人次，受到了广大读者和家长的欢迎。

三、业务培训工作

我中心组织人员参加省中心开展的集中培训和网络学习，2012年组织全馆27人学习并参加全国公共电子阅览室百题知识竞赛，平均分达96.5分，取得了良好的培训效果。通过培训使全馆人员对共享工程服务和设备维护有了进一步了解和熟悉，使工程设备最大限度地发挥应有的作用，保证了共享工程服务工作的顺利开展。

四、经费投入

惠阳区支中心自2010年建立运作以来，得到了区政府和财政的大力支持，2012年经批准每年区财政固定拨款3万元作为中心运作经费，使支中心的工作顺利开展。

五、工作展望

随着国家对免费开放、基本公共服务、资源共享的重视，加大对基本公共服务的投入，我支中心将做好馆内服务，加强基层技术培训，进一步用好国家提供的共享资源，扎实做好文化信息资源共享工程工作，为广大群众服务。

（撰文/惠州市惠阳区支中心）

惠东县支中心

惠东县行政区划下辖13个镇、1个街道、2个度假区；行政村有250个、社区37个。截止2011年底全县总人口91.3万人，其中有户籍人口85.2万人，另有惠东籍华侨和港澳台同胞18万余人。

文化信息资源共享工程惠东县支中心在政府和文广新局等主管部门的高度重视和大力支持下，其建设工作初见成效，极大提升了文化信息资源共享服务工作的软实力，在很大程度上推进了我县公共文化服务体系的建设发展。

一、基本情况

文化信息资源共享工程惠东县支中心设在惠东县图书馆，于2010年11月建成并投入使用，是惠东县文化信息资源共享工程的建设和业务指导单位，负责保障全县文化信息资源共享工程设备的运行。

惠东县支中心与县文化馆、县博物馆和县文化中心设立文化信息资源共享机制，并计划从2011年起陆续在我县所在的13个文化站开设文化信息资源共享站点，现今已建设完成的站点有平海、大岭、梁化、稔山、白花、多祝、吉隆7个综合文化站，提供远程网络信息服务，并在文化站中设有形式多样的图书室、电子阅览室和多媒体中心。例如平海文化站还设有展览厅和活动室等。

另外，我县已建设完成农家书屋250余家，并配备了图书、音像制品等基本配套设施，实现了镇村（社区）农家书屋的全覆盖。农家书屋的建成为我县未来文化资源工程的安装和普及进入乡镇行政村打下了坚实的基础。

二、管理和队伍建设

惠东县文化信息资源共享工程支中心以“读者至上，服务第一”为宗旨，为加强管理人才队伍建设，推进共享工程发展，采取多种方式，扎实推行管理队伍日常工作，发挥好公共图书馆文化资源共享平台的职能作用。

我共享工程支中心每年有年度工作计划，每月有月度工作重点，年末有工作总结考核以及干部职工考核工作；在管理队伍上坚持统一制作规章制度，明确责任，扎实推进管理队伍工作，积极开展管理人员培训工作。文化信息共享工程建设的管理队伍中的骨干多为大学生村官，他们都具有一定的社会基层服务实践经验，工作热情程度高，并且有较高的文化水平，能较快熟悉并掌握共享工程设备为所在村民服务。

三、经费投入和培训工作

文化信息资源共享工程支中心自建设以来，一直得到广东省文化厅和县政府和主管部门的高度重视和大力支持，自2010年建设开放以来省文化厅投入38万经费，购置电脑、服务器等设备一批；县政府投入30万元用于装修，光纤、空调、电脑台等设施的购置、安装和调试，人员培训以及各类惠民活动的开展。

四、资源建设

文化信息资源共享工程惠东县支中心（电子阅览室）面积约为200多平米，明亮宽敞，为读者创造一个良好的查阅环境，配置有30台电脑，投影仪音箱设备一套，有丰富的电子信息资源及10万多册的电子图书供读者查阅利用 。

自我县文化信息资源共享工程支中心电子阅览室正式对外开放后，文化共享资源免费为公众服务，累计服务读者约两万多人次。此外，我支中心积极接收文化共享工程国家管理中心发送的所有数字资源，确保文化共享工程信息资源的及时更新。目前已接收各种数字资源约200GB，配送的光盘300余张，内容包括影视小品、戏曲歌舞、学习讲座等。

五、优化服务，惠及全民

文化信息资源共享工程惠东县支中心始终把保障人民群众基本文化权益作为文化共享工程建设的出发点和落脚点，以打造特色服务为主线，以加强公共文化服务体系建设为重点，以广大民众的需求为导向，积极创造条件，努力打造群众满意喜爱的文化服务新平台。我们充分利用了国家和上级文化共享工程管理中心发送和配套的文化共享资源，以电子阅览室为据点，定期为群众开展一系列惠及全民的宣传教育及文娱活动。

如为了创造和谐、喜庆祥和的节日气氛，增强居民群众团结向上、健康、科学的生活方式，我中心为加强我县教育宣传力度和丰富儿童假日生活，开展了“庆祝六一儿童节”的教育活动；在中国共产党成立90周年之际，我馆担起宣传工作，在电子阅览室播放了“党史上的重大事件”、“解放战争”等影片，以庆祝党的90诞辰等。

六、宣传推广

文化信息资源共享工程惠东县支中心，利用各种渠道宣传推广共享工程。我们不失时机，以县图书馆举办的各种活动为平台，以资料小册子为媒介，宣传共享工程服务；另外，我们还通过互联网、本地电视频道、广播等手段作宣传，让广大群众不断了解我县共享工程建设，走进文化信息共享工程。

七、工作展望

我县文化共享工程起步较迟，建设投入至今只有两个年头，在一定程度上，获得了许多喜人的佳绩，但是无论是经验还是实践我们还存在许多不足之处。

目前，“文化共享工程”走进农村服务和日常管理工作离不开资金的投入，我支中心实施“共享工程”下乡的难度较大，难以保证“共享工程”全面服务农村建设的需要。

另外，支中心的服务范围和方式仍处于比较单一化的阶段，下一阶段我们将通过多种形式拓展服务范围、创新服务方式，将地方影视戏曲、音乐歌舞、美术等艺术表现形式纳入共享工程服务内容，以群众喜闻乐见的形式使共享工程更加贴近基层、贴近生活、贴近群众。

再者，由于未来新增的服务站点多，共享工程的建设经费缺口较大，且在技术、资金等方面需要政府和主管部门的统一协调和安排，仅靠我馆，各方面工作较难开展。我们会在充分利用好已有的经费同时，继续努力争取相关专项基金和财政拨款，积极吸纳人才，完善共享工程的建成。

今后，文化信息资源共享工程惠东县支中心希望继续在国家、政府以及相关上级文化主管部门的支持下，为共享工程建设一支专业化的服务队伍，使共享工程成为服务网点覆盖更广，参与群众更加广泛的文化服务平台，为建设幸福惠东，文化惠东作出我们最大的贡献。

（撰文/惠东县支中心）

东莞市支中心

东莞市现辖28个镇、4个街道办事处，全市陆地面积2465平方公里。

东莞市文化信息资源共享工程建设是在文化部文化信息资源共享工程管理中心、广东省分中心、东莞市文化广电新闻出版局大力支持和部署下，逐步推进，稳步发展，在新形势下为繁荣基层文化，满足市民多层次文化需求，传递中国民族优秀文化资源发挥了重要作用。

一、基本情况

东莞市文化信息资源共享工程建设工作开始于2003年，东莞市文化信息资源共享工程市支中心设在东莞图书馆。主要承担东莞市文化信息资源共享工程的建设和业务指导工作，并负责保障市支中心设备的运行，镇村级共享工程建设的协调，指导镇村级共享工程活动的开展以及开展全市共享工程工作人员的业务培训等工作。2007年东莞被选为全国文化共享工程建设的试点城市，2010年被选为全国公共电子阅览室建设的试点城市。

在配置标准方面，东莞市支中心配置了服务器33台，资源存储空间达50TB，向广大群众提供使用的电脑多达140台，配有100M和30M带宽的互联网光纤专线各一条。镇（街）基层服务点按国家乡镇一级基层服务点配置要求建设，均使用4M或以上的光纤专线接入互联网。

二、管理和队伍建设

依托市域图书馆总分馆建设的推进，以东莞图书馆为文化共享工程市级支中心，以镇（街）分馆为文化共享工程基层服务点，落实镇（街）发展村（社区）基层服务点的责任，将总分馆的管理模式复制到文化共享工程服务网络中，形成市、镇（街）、村（社区）三级管理和服务架构，建立了一系列政策和业务层面的措施和机制。

文化共享工程东莞市支中心由东莞图书馆网络部负责，工作人员11人，负责全市总分馆系统维护、数字图书馆网站建设与维护、网络管理与设备维护、数字资源开发和维护、资源传递、技术指导与培训等工作；镇、村两级基层服务点工作人员即当地图书馆（室）工作人员，每基层服务点一般有两个以上工作人员。

三、培训工作

为了提高工作人员素质和服务水平，制定了图书馆之城业务培训计划，将图书馆业务管理和文化共享工程技术培训相结合，通过集中培训、现场培训、远程培训（文化共享工程工作人员培训网）等方式，有区别、分层次地进行培训，增强针对性、操作性，从而建立起一支有责任心、懂技术、善管理的人才队伍。

四、经费投入

东莞市文化共享工程自建设以来，以市、镇（街）、村（社区）各级财政共同投入的方式，保障了文化共享工程建设和服务经费。

如2011年，全市“五个有”工程完成更新与建设的192个村（社区）公共电子阅览室，每个投入18万元，合计3456万元；

2012年，投入建设完成366个村（社区），每个投入17.8万元，另外投入300万元建设公共电子阅览室市级管理中心，合计6814.8万元，实现了全市公共电子阅览室全覆盖。

五、资源建设

东莞市支中心购置的数字资源包括电子图书150多万种，电子期刊10000余种，论文文献2800余万篇，视频资源6万余部，试题5万余套等资源，建起了东莞数字图书馆数字图书馆网站，以及通过单点登录认证系统，市民凭读者证或数字账号就可以在家、公司等地轻松查找和获取所需资源。东莞市支中心从上级中心获得资源累计约25TB，通过FTP下载、光盘刻录和移动硬盘等传送方式向各基层服务点传递资源总量达56TB，向党员干部远程教育中心传递2TB资源，制作展板130多块，发放宣传资料1万余份。

六、合作共建

东莞辖下32个镇（街）均建成本级文化共享工程基层服务点，结合学校、企业等单位，以及党员干部远程教育共建站点，实现文化共享工程及公共电子阅览室镇（街）、村（社区）实现全覆盖。通过多方不懈努力，文化共享工程已逐步走入基层村民生活，成为村民获取新知，娱乐身心的新渠道新平台。

七、创新服务方式，彰显文化共享工程服务效益

东莞市支中心充分利用社会资源，积极开展丰富式样的活动。

1、周周有讲座，天天有展览。把文化共享工程服务与东莞读书节、市民学堂、图书馆活动宣传周等系列活动紧密结合起来，形成了“周周有讲座，天天有展览”场面。如自2005年以来，举办了八届东莞读者节和五届东莞动漫节，组织和举办网上FLASH动漫设计大赛、“幸福悦读”微博书评大赛、“我讲书中的故事”儿童故事大王比赛等活动近3000项，受众人数达2900万人次。

2、开展“知识传播百家行”活动。在2004年，以机关、学校、企事业单位等为服务对象，开展“知识传播百家行”活动，服务包括办理读者证、数字资源介绍和使用方法培训、收取读者反馈意见和资源需求意见等。通过这种主动上门服务，有效地宣传推广了数字资源的使用，提高了读者的信息素质，提高了数字资源的利用率。

据统计上门服务共87家，办证数量共计9461个。

3、推出图书馆e读卡和e账号。在2010年10月东莞读书节期间，东莞图书馆推出了图书馆e读卡和e读卡帐号。

e读卡不仅仅是一个读者证，而且还是一个U盘，它集图书馆普通读者证和数字图书馆帐号于一体，更藏有多达500多种的数字书籍和电子杂志等读物。持有e读卡，除可借阅图书馆总分馆的数百万册图书外，还可以通过e读卡内置的电子帐号登录东莞数字图书馆，享用海量的东莞数字图书馆的数字资源。

e读卡帐号是指读者自带U盘到东莞图书馆免费获取东莞数字图书馆用户帐号，读者可即时把数百册电子书籍“装入口袋”，可即时获得登录和使用东莞数字图书馆的电子帐号。通过图书馆e读卡或e读卡帐号，加大数字资源的宣传力度，吸引广大读者对数字阅读的兴趣，让读者体验“一卡（号）在手，数字阅读随e行”的便捷阅读方式。

4、推出东莞市民学习网及东莞学习中心。2005年，推出东莞市民学习网，它是一个以数字图书馆为基础，以传统图书馆为依托，利用现代化的网络服务手段和远程教育技术向市民全开放的多媒体远程网络学习平台，它定位于大众化的普及教育层面，以提供素质教育、科普教育为主，同时兼顾广大群众特别是新莞人的职业与工作技能学习，充分发挥图书馆馆藏资源丰富的优势，年访问量达2.6万人次。于2011年6月，将平台升级为东莞学习中心，更加侧重对城市图书馆馆藏图书、数字资源、讲座、各大名校名家教学视频等资源的重新整合并主动推送，实现大众学习自我管理和政府导向相结合的一个公益性网络学习平台，是城市数字化公共文化服务新的方式和形态。除提供丰富的数字图书和讲座视频等资源外，特别针对外来务工人员、青少年儿童、创业人员等组织和制作学习课件，并在各公共电子阅览室中推广东莞学习中心，使公共电子阅览室成为东莞学习中心的学习基地。

5、推出了新型公共电子阅览室。为方便镇、村（社区）基层快速部署和搭建公共电子阅览室，解决基层数字文化服务缺资源、少人员的现实问题，文化信息共享工程东莞市支中心推出了新型公共电子阅览室。它改变传统电子阅览室“计算机排排坐”的呆板形象，布置时尚新颖、温馨舒适，设备布局多样，主体家具橙黄色的时尚外观和高辨识度特色易于增强民众对文化事业的认同度。

新型公共电子阅览室还利用文化e管家，实现便捷管理和提供丰富资源，实现多阅读终端、无线上网等立体服务形态。同时，在东莞图书馆建立了全市公共电子阅览室管理中心，实现了与基层公共电子阅览室实时互连，实现网络信息过滤、上网行为统一监管和记录、通过视频查看基层服务点服务现场、实时查询服务数据等功能。该模式得到国内国家中心和业内同行的认可，已经被各地应用于公共电子阅览室建设中。

6、积极参加上级组织的各种活动。文化共享工程东莞市支中心积极参加国家管理中心、广东省分中心举办的各项活动。

例如，参加了2008年4月的“五环旗下——文化共享奥运行”、2008年12月的“文化繁荣 岁月如歌——改革开放三十年文化成就展”等巡展活动；2009年组织全市基层工作人员参加学习“双百”人物有奖征文活动，其中我市选送的《弘扬“起帆”精神，开创厚街基层文化共享新局面》（东莞-李保东）获得二等奖，同时，我市获得广东省分中心颁发的组织奖；2010年7月市支中心又组织全市青少年参加了“全国文化信息资源共享工程少年网页设计广东赛区选拔赛”，等等。

东莞文化共享工程以城乡图书馆总分馆网络体系为基础，不仅拓展了文化共享工程服务范围，也深化了文化共享工程服务内容，彰显了文化共享工程服务效益。

（撰文/东莞市支中心）

深圳市支中心

深圳下辖6个行政区和4个新区：福田区、罗湖区、南山区、盐田区、宝安区、龙岗区、光明新区、坪山新区、龙华新区、大鹏新区。2010年7月1日起，深圳经济特区范围延伸到全市。截止2011年末常住人口1046.74万人，其中户籍人口267.9万人。

一、基本情况

自2003年共享工程项目实施以来，深圳市文化信息资源共享工程的实施，已成为传播优秀文化、展示特区文化成果的重要窗口，对于繁荣社会主义先进文化、丰富特区人民的文化生活内容、努力实现市民文化权利、提高市民文化素质和提升城市文化品位意义深远。鉴于已取得的成绩，深圳市在2008年被国家文化部评为全国文化信息资源共享工程建设示范市。

深圳市共享工程建设的网络体系结构由深圳市支中心、区级支中心和基层服务点三层组成。目前通过市财政经费已建立市级支中心1个（设立在深圳图书馆），由区财政经费出资建成区级支中心6个（设立在罗湖区图书馆、福田区图书馆、南山图书馆、盐田区图书馆、宝安图书馆和龙岗图书馆），通过市宣传文化基金资助历年达标定级基层图书馆方式，帮扶建设共享工程基层服务点累计二百多个。

二、运行模式与合作共建

共享工程深圳市中心（深圳图书馆）内部运行1000M以太网，对外采用光缆连接，出口为100M，具有良好的网络条件。目前深圳市中心利用与传输文化共享工程资源主要有四种模式。第一种是因特网服务模式，即在达标基层图书馆内配备共享工程设备，通过Internet，进行数据下载、更新与服务。第二种模式是卫星接收服务模式。第三种模式是光盘资源制作分发。深圳市中心目前制作并下发给基层服务点和合作单位的资源光盘共约10万张。第四种模式是数字电视播放，通过与天威视讯合作，通过数字电视点播频道，让120万户市民足不出户，享受到共享工程的文化大餐。深圳市中心和区级支中心每周服务时间都在72小时以上，基层服务点每周服务时间在56小时以上。第五种模式是与深圳市党员干部现代远程教育工作领导协调小组办公室合作，将信息资源共享工程的优秀节目在深圳党员干部现代远程教育系统播出工作，利用该资源服务党员及基层群众。

三、资源建设

共享工程深圳市中心秉承文化创新精神和依据自身独有的文化资源优势，积极开展共享工程的资源建设。依托现有文化设施，以深圳图书馆为主体，深圳市中心目前通过多种方式建有深圳城市景观雕塑数据库、深圳图片库、深圳文库、深圳地方报刊创刊号数据库、深圳高交会、深圳文博会等资源库，另外还有供本馆读者使用的VOD视频点播资源等。

四、培训工作

深圳市中心在共享工程工作人员的培训上实现了制度化和常态化。共享工程深圳市中心除了组织各级服务点人员参加国家中心和省中心举办的网络在线培训，每年举办各类型共享工程基层业务培训班，以期提升我市共享工程基层服务点工作人员的业务能力，开拓眼界。历年来，市、区、街道、社区图书馆的基层图书馆员共计约2400人次参加现场培训。

五、惠民服务

依托现有文化设施，以深圳图书馆为主体，利用共享工程国家中心、广东省中心以及深圳市、区公共图书馆的资源，为深圳广大市民提供共享工程资源服务，并逐步实现深圳本地优秀文化信息资源的整合，建成和开通深圳文物、美术、音乐、戏曲、电影、文化史数字资源库，为广大市民提供便捷的网上服务。其特色公益服务有免费提供电子阅览室上网、免费VOD视频服务、周五共享工程影视展播、深圳数字电视共享工程节目点播等。

目前共享工程提供的服务有：

1、共享工程深圳市中心（深圳图书馆）服务：

(1) 多媒体视听区（四楼VOD区），视频库点播；

(2) 互联网与数据库检索区（四楼互联网服务区），联机检索、上网；

(3) 周五共享工程影视展播（五楼报告厅），每周五下午14：20免费免票观看；

(4) 深圳有线数字电视用户在家可通过天威有线数字电视“视频点播”栏目收看；

2、覆盖深圳全市的共享工程服务点电子阅览室服务

不仅在深圳图书馆可享受到免费的电子阅览服务，也可在深圳市各区图书馆及三百多个共享工程基层服务点（达标定级基层图书馆）免费享受到电子阅览室服务。

3、共享工程网站资源提供服务

利用国家中心、省级分中心以及本地市级中心网站数字资源开展网络服务。

六、工作展望

我市的共享工程工作拟分三个方面推进：

1、硬件基础

(1) 建立健全市共享工程服务点体系，继续夯实市、区及基层共享工程硬件基础工作，通过评估达标定级图书馆奖励资助等方式，逐步完善各级共享工程服务点电子阅览室、多媒体投影设备、大容量存储等硬件设施的完善。

(2) 重点向工业园等外来工聚集的区域加大硬件建设投入，使外来工等弱势群体能更多的享受到免费的优秀文化信息资源，实现他们的文化权利。

2、资源方面

(1) 通过光盘的分发、硬盘拷贝、网络传输等方式，为基层点和合作单位传输更多文化信息资源。

(2) 搭建疏通共享平台与渠道，收集整合本地特色资源。

(3) 做好共享工程深圳本地资源的征集、建库等工作，初步建成本地特色资源库集，并通过网络服务公众。

(4) 全面完成本我市文化资源库建设，建成覆盖公共、教育等跨系统的全市文化信息资源共享网络，为全市提供优质服务。

3、服务方面

(1) 通过各种类型的培训，逐步提高全市共享工程队伍的服务水平。

(2) 实现全市标准化的基础服务，并鼓励各基层服务点开展有各自特色的服务。

（撰文/深圳市支中心）

深圳市福田区支中心

一、整体情况

福田区是深圳市的中心城区，文化底蕴丰厚，文化资源丰富。2004年，根据文化部、财政部《关于实施全国文化信息资源共享工程的通知》（文社图发[2002]54号），按照上级要求的配置标准，我区建立了文化信息资源共享工程县级支中心。2008年投资680万元配置了专业机房，机房内铺设了防静电地板，添置了避雷装置、空调设备、UPS不间断电源、专业机柜、服务器等，更新了电子阅览室设备，配备终端电脑68台。目前我馆有服务器11台，存储量达10TB，网络带宽20M，管理员4名。建立了总分馆业务集中管理数据中心，实现了图书馆业务自动化管理，建立了福田区图书馆网站及福田数字图书馆使用平台，有数字资源8TB。

二、网点建设、经费投入

福田区委、区政府十分重视文化信息资源共享工程及社区电子阅览室建设。截至到2012年底，我区已建成街道、社区等基层电子阅览室90个，平均每个社区投入

资金4万元，总投资达360万元。所有社区图书馆均配置了电脑、打印机等基本设备，方便社区图书馆及电子阅览室更好地开展工作。

三、资源建设

在利用共享工程中心网站资源的同时，我们注重与市、区各图书馆的联系与合作，努力实现资源整合和共建共享。如深圳市分中心给我们配发了《经典电影回顾》、《红色记忆 振奋中国》等，我馆也自行建设了具有福田特色的地方文献数据库。同时我们还充分利用总分馆服务网络平台，让广大社区居民也能在我区百家街道、社区图书馆内阅读浏览到我馆所有的数字资源。

四、技术支持

我馆相关业务人员均加入了深圳市共享工程QQ群，加强与市中心及各区馆的联系，及时上报反馈各种信息。同时在区内建立了工作QQ群，有专业馆员值班进行技术指导和信息搜集。规范机房值班管理及操作，建立了中心机房值班记录，数字图书馆文献咨询记录，要求工作人员做好工作原始记录和人员、数据统计工作。

五、建设具有福田特色的基层服务网点

我馆于2003年开始推行总分馆制，至今已建成街道、社区图书馆103个，并于其中的90个基层馆建立了电子阅览室，积极推动“共享工程”的建设，不断完善配套设施，提高硬件条件，平均为每个社区基层点配发了联想电脑七台，并接通了电信宽带网络，设置了共享工程连接快捷方式，完善了“共享工程”硬件设施。并下发了“全国文化信息资源共享工程基层服务点”标牌、完善管理制度、管理职责等，为广大社区居民提供了一个就近查询信息、阅读休闲的场所。

六、惠民服务

在实施共享工程的过程中，福田区支中心不断拓展共享工程的服务内涵和方式，充分利用这一全新的工作载体条件，为广大市民开展了各项活动，如“大家讲坛”、“共享电影展播”，“星期天视频讲座”、“文化共享下社区”等等，年举办各种读者活动300余场，开创了文化共享工程工作的新局面。

1、大家讲坛。为丰富广大市民的阅读需要，我馆自2006年始已连续举办“大家讲坛”259期，并推出了“大家讲坛健康系列讲座”、“大家讲坛社区行”等活动，其中“健康讲座”已举办50余场、“大家讲坛社区行”举办400多场。所有活动均压缩成视频资源放在我馆的网站上供广大读者在线观看。

2、共享电影展播。为丰富广大市民的日常生活，我馆于2009年开始举办“共享电影展播”活动，至今已举办超过100场，平均每场共接待市民200多人，播放的内容丰富多彩，并结合特定的节日播放特定的电影，如读书月期间，我馆就播放一些励志向上的电影；如党的生日、建军节、国庆期间，我馆就播放一些红色经典电影，勾起人民对那段往事的回忆。

开展光盘外借服务。将市中心下发的光盘资源供读者借阅，比如《红色记忆 振奋中国》、《经典电影展播》等，还利用刻录设备将部分特色光盘发给全区100个社区服务点。这一举措深受读者和基层点的欢迎。

3、星期天视频讲座。为丰富广大市民的日常生活，在共享电影展播的基础上，我馆于2010年推出了“星期天视频讲座”活动，于每个星期天定时播放名人名师讲座，如易中天、于丹等系列讲座，深受广大读者好评。自活动开展到现在，已举办超过60场，平均每场共接待读者100多人。

4、文化共享下社区.为丰富广大社区居民的阅读需要，我馆定期发动和组织基层图书馆开展各项丰富多彩的节目，例如播放电影、开展知识讲座、电脑培训等，百家分馆年举办各种小型阅读活动共计达500余场。优秀的文化信息源源不断传输到基层群众中，极大地丰富了广大市民的业余文化生活。

5、建立盲人阅览室。我馆专门建立了盲人阅览室，收藏了320多种、700多册盲文图书和有声读物，配置了专门的电脑，安装了盲人读屏语音软件、语音输入法，并有专职工作人员指导盲人上网。盲人朋友鼠标点到哪里，音响就会播放鼠标所点到的内容，更好的方便了盲人朋友接触互联网。

七、培训工作

1、打造支中心精湛的技术服务队伍。我馆狠抓队伍建设，除组织全体干部职工学习由国家中心、省中心举办的网络视频教学外，还于每年年分别选送骨干力量参加省、市中心举办的培训班，系统学习文化共享工程的基本操作技能知识、深圳“图书馆之城”统一业务平台的使用和维护、计算机网络维护基本知识等。通过培训，我支中心打造了一支精湛的文化共享工程技术服务队伍，极大提高了我支中心的综合服务水平，对我区文化共享工程事业的发展起到积极的推动作用。

2、基层服务点技术培训。为了进一步健全我区文化信息资源共享工程服务网络，提高基层图书馆管理员的操作技能，让文化共享工程更好地为广大群众服务，我馆每年定期举办2期基层图书馆管理员培训班。我馆邀请专业老师对全区各社区基层服务点的200多名管理员进行培训，培训内容为图书馆基础业务知识及文化共享工程概述、文化共享工程的发展趋势、支中心基本情况、电脑的基本使用方法、文化共享工程管理办法及考核内容、上机操作实践等。经过培训，各社区基层服务点的管理员都掌握了基本的电脑使用方法和管理办法。

3、加强基层服务点的业务巡查指导。我馆每年均按季度定期举办街道图书馆馆长联席会议，并按月对社区图书馆等共享工程基层服务点进行巡查指导，认真听取基层服务点提出的意见和建议，及时指导和解决服务工作中存在的问题，并对不规范的基层点提出整改意见。通过指导，切实加强了文化共享工程的建设，为基层点的服务建设奠定了良好基础。

八、宣传推广

我馆在每个基层点都张贴有共享工程的宣传板，具体介绍共享工程的内容，让广大社区居民更好的利用共享工程这个平台；我们还会不定期的举办“文化共享工程建设展”，对这一惠民工程进行全面的宣传。

九、荣誉奖励

因共享工程建设成效显著，我馆于2004年荣获广东省文化信息资源共享工程工作先进单位荣誉。

十、工作展望

随着国家对文化事业的重视及对文化共享工程的投入的增加，我支中心将在未来的几年里注重社区基层服务点建设和服务，建立覆盖全区的文化共享工程服务网络，加强对管理员的培训和技术指导、联合开展多种活动等，以更好地发挥文化共享工程的作用。

（撰文/覃业成）

深圳市罗湖区支中心

深圳市罗湖区面积33.72平方公里，其余主要为深圳水源保护获和梧桐山森林保护区，森林覆盖率高达44%。罗湖区下辖10个街道办事处，115个社区居委会，83个社区工作站，10个街道派出所，常住人口95万。罗湖区文化资源共享工程在在区委、区政府的重视下，在深圳市罗湖区文体局和共享工程深圳市中心的支持和部署下，经过多年的努力，已基本实现“以公共图书馆网点和数字化网络为基础，实行信息资源的共建共享，从而为市民提供全面、方便和快捷的信息服务”的建设目标，建立了布局基本合理、方便快捷的文化资源共享工程体系，区中心馆和各基层图书馆同时作为全国文化信息资源共享工程基层分中心和服务站，通过互联网、镜像资源和光盘等形式，为读者提供数字文化信息服务。在促进文化与经济的融合，提高城市综合竞争力和市民素质方面扮演了重要角色，形成罗湖城市文化的又一特色，在新形势下为繁荣罗湖区基层文化，满足市民多层次文化需求，传递中国民族优秀文化资源发挥了重要作用。

一、基本情况

罗湖区文化资源共享工程建设始于2003年，最初是从区图书馆的建设开始，之后陆续在全区的街道图书馆、社区图书馆（厂区）图书馆安装，前期安装设备网络设备直接接收国家中心下发的各类资源和信息。截至2012年，罗湖区共有文化共享工程区级支中心1个，街道基层服务点5个，社区（厂区）基层服务点75个，电脑终端719台，每季度平均服务为16598人次，实现了全区共享工程全覆盖。

共享工程罗湖支中心设在罗湖区图书馆，是罗湖区共享工程的建设和业务指导单位，负责保障区中心共享工程设备的运行，协调街道和社区等基层服务点共享工程设备的维修，指导基层服务点共享工程活动的开展以及开展全区共享工程管理员的业务培训和指导。

二、管理和队伍建设

为使共享项工程真正为民服务，罗湖区共享工程支中心将共享工程日常管理纳入制度化管理。制定支中心、街道、社区（厂区）基层服务点工作职责和制度。每年年初制定主要工作目标，详细规定拟建设基层服务点的数量，资源建设所要达到的人均藏书量以及自动化服务网点的建设进程等。每月有下月活动预报表，详细制定工作要点，季度有季报，年末有工作总结考核，并推行管理员工作日志管理，收集整理共享工程服务活动的得失，探索共享工程管理和服务新模式。

文化资源共享工程作为一个新的基层文化资源获取平台，如何推广好、利用好共享工程丰富的文化资源关键在于是否有一支专业化的共享工程管理员队伍。罗湖区共享工程支中心在管理员队伍建设上坚持明确职责，常态化培育。对于街道、社区（厂区）两级基层共享工程管理上择优选取文化层次较高，有一定社会基层管理服务实践经验并富有责任心的人员为管理员，他们工作热情高，有较高的文化水平能尽快熟悉掌握共享工程设备为所在辖区居民服务。

三、培训工作

罗湖支中心在共享工程管理员的培养上实现了制度化和常态化。根据支中心工作要求，除每年对辖区共享工程管理员进行集中培训外，还不定期进行巡回培训，并组织参加各级共享工程中心组织的培训，2003年以来一共举办各类培训班330期，参加轮训的各级管理员达36400人次（含参加省、市级中心组织的培训）。

四、经费投入

共享工程实现全覆盖以来，罗湖区政府、罗湖区文体局和罗湖区图书馆每年也逐年加大对共享工程产品服务、设施网络、资源配置等的投入力度，以保障共享工程的有效管理与运行及各项活动的正常开展，目前，每年投入75万元的资金用于共享工程设备的维护，数字资源采购及人员培训和惠民活动的开展。

五、资源建设

根据深圳市级支中心的统一部署，在构建健全的“共享工程”服务网络、基层点基本覆盖全部社区的同时，加强数字资源和网站建设，丰富网上数字资源，强化知识导航服务，提高远程服务能力；整合资源，依托共享工程大力开展面向基层、面向广大群众的服务，使广大基层的公共文化服务状况得到较大改善。目前我馆拥有数据库有龙源电子期刊阅览室、中国期刊全文数据库、中国重要报纸全文数据库、中华连环画数字阅览室、点点书库电子漫画馆、维普网络考试学习资源库、中国基础教育信息服务平台、读秀知识库、超星数字图书馆、超星电子图书、科技图书馆等数据库和电子图书、电子期刊等，可全部外网使用。截止2012已拥有数字资源14TB、视频资源8515小时、专题资源库19个，自建资源3584GB。仅2012年服务人次达20.1万人次。

六、合作共建

罗湖支中心以共享工程为依托，将各种部门下发的电子文献资源与建立的共享工程服务点结合，根据不同街道、社区的硬件条件建立形式多样的电子阅览室和多媒体中心。比如在罗湖区黄贝街道，黄贝街道图书馆常年开展“快乐周末”视频活动，在黄贝街道图书馆报告厅播放共享工程视频讲座和电影；在深圳弘法寺罗湖区图书馆分馆内设立服务点，安装电子图书20万册、共享工程视频资源、网上报告厅、易趣少儿电子漫画书库等镜像数字资源达3.7TB之多；在农民工大食堂、武警部队、消防支队、哨所、学校等流动站都有共享工程的服务点在进行视频和数字资源的服务。通过多方不懈努力，共享工程已逐步走入基层居民生活，成为居民获取新知，娱乐身心的新渠道新平台。

七、利民惠众，惠民服务

罗湖支中心在共享工程服务实践过程中，以民众的需求为导向，积极探索，服务民众生活生产，引领群众高尚精神文化生活，打造群在满意喜爱的文化服务新平台。

1、重点建设特色馆

金融•珠宝图书馆：根据罗湖区是金融汇集、商贸发达旺区的特点和本区的黄金珠宝业产值已占据全国半壁江山，黄金珠宝业已成为罗湖区的支柱产业的现状。罗湖区图书馆依托文化资源共享工程，将“金融商贸资讯”服务和以传播珠宝资讯、普及珠宝知识、推介珠宝品牌、弘扬珠宝文化的服务列为重点服务内容，建立“金融珠宝图书馆”，其效能随社会需求日益扩大，不断延伸，深受广大读者的欢迎和好评。

国学•参考图书馆：为弘扬中华民族博大精深的传统文化，根据深层次读者阅读需求，罗湖区图书馆依托文化资源共享工程设立国学图书馆，重点收藏以儒学为主体的国学文献及主要工具书、地方文献等，目的在于使读者在阅读的同时，学会修身养性和为人处事之道，潜移默化中回归人类真性。

千手涂涂绘本馆：根据学龄前儿童喜欢直观的、具体的事物，在阅读中主要是出于好奇、新鲜、有趣而读书，阅读目的不明，阅读持续时间短等特点，罗湖区图书馆依托文化资源共享工程专门设立千手涂涂绘本图书馆。绘本馆以活泼的设计、新奇的布局、鲜艳的颜色、丰富的文献资源提供服务，旨在培养幼儿早期阅读的兴趣，引领幼儿读者在看图画故事中学知识，全面帮助孩子建构健康向上的精神世界和多元智能。

少儿图书馆（学生作业室）：为让儿童走进图书馆，品味阅读带来的快乐，针对儿童好动、活泼、喜欢新奇事物的特点，罗湖区图书馆依托文化资源共享工程设立少儿图书主题馆，从环境设计到功能布局、图书采选上都充分考虑儿童的特点，并于2007年进一步拓展少儿图书馆的服务功能，随我区各共公图书馆共同加挂学生作业室牌子，成为广大小学生读者的课后学习基地。

2、拓展服务渠道

为了满足罗湖区居民的信息需求，除了区图书馆设有无人值守的24小时自助图书馆外，在上级领导及各街道各社区物业的大力支持下，到目前为止，共建设了25个城市街区24小时自助图书馆，为社区居民充分享受图书馆之城建设成果和公共图书馆平等、便捷的全免费服务。

为弥补社区图书馆图书资源零增长的不足，罗湖区支中心实施了全区公共图书馆资源共享服务网络系统——流动阅读工程，建立资源共享体系，扩展服务阵地，以区图书馆的文献资源为支撑，采取流动阅读的方式，将区图书馆的藏书不定期向97个社区图书馆和33个馆外流动服务站进行流动借阅。

此外，罗湖区支中心通过建设内容丰富、彰显个性的数字图书馆服务拉近了图书馆与读者之间的距离。其中包括通过网站建设(http://www.szlhlib.com.cn/)丰富网上数字资源，强化知识导航服务，提高远程服务能力；整合资源，增加数字资源的订购，奠定了数字图书馆服务的资源基础（馆藏数字资源共达10.8T）；于2011年在全市首推移动图书馆服务，使读者不受时间、地点和空间的限制，在任何具有网络环境下，享用书目查询、续借、预借、电子图书借阅、各种数字库的查阅等服务。

八、宣传推广

罗湖区支中心根据经常性与阶段性相结合、大型活动与小型活动相结合的原则，大力开展阅读推广活动，举办公益性讲座和展览，组织读书演讲比赛、读者沙龙与教育培训等读者活动，重点开展4•23图书馆服务宣传周、深圳读书月、寒暑假期间的读者活动。形成“都市讲坛”、“罗图品书吧”、“真人图书馆”、“尚修女子学苑”、“书香留痕，缤纷童年”（涂涂故事列车、青苹果手工教室等）、“我的书，我的馆”、“书途通未来——青少年阅读推广活动”、“数字阅读，互动体验”、“文珍书香，携手相传”等八大系列阅读推广活动。通过活动强化公众利用图书馆资源的意识，营造良好的阅读氛围，提高我馆的社会效益。

九、工作展望

罗湖区文化资源共享工程已走过十个年头，从昨天的几个点到今天的83个社区全覆盖，从单一的资源接收到今天的编辑分发和群众广泛认知，广泛参与，文化资源共享工程已经成为罗湖人民文化生活的一大支柱，成为繁荣罗湖文化，丰富罗湖人民精神生活的强大动力源泉。今后罗湖支中心希望在国家中心，深圳分中心大力支持下，建立一个服务形式更加多样，服务网点更加宽广，参与群众更加广泛的共享工程文化带动体系，为建设“功能罗湖”，“文化罗湖”做出贡献。

（撰文/深圳市罗湖区支中心）

深圳市南山区支中心

深圳市全区总面积约193.3平方公里。南山区下辖南头、南山、西丽、沙河、蛇口、粤海、招商、桃源八个街道办事处。全区2011年底常住人口约120万，其中户籍人口47.6万人。在区委区政府的支持下“共享工程”南山区支中心已初具规模。

自全国文化信息资源共享工程实施以来，南山区政府投资了500多万元用于"共享工程"南山区支中心建设，到2012年底，南山区支中心已建成了一个支中心和8个基层服务的"共享工程"服务网络，拥有6台服务器、读者使用电脑291台、数字资源总量达22.7TB，固定投影仪5台、移动投影仪1台。

为确保"共享工程"南山区支中心正常运转和服务广大民众，南山区支中心在总馆配备了1名专职技术人员、在8个基层服务点配备了8名兼职工作人员。

南山区支中心依托"共享工程"数字电影资源，在总分馆开设了"大众电影"栏目，每周播放1部电影，2012年总分馆共播放电影191场，观众近2万人；依托总分馆的电子阅览室，为读者提供文化信息资源浏览、检索服务，利用自建的VOD视频点播系统为读者提供视频点播服务，2012年总分馆共接待利用电子阅览室的读者约27万人次。

南山支支中心，将在南山区委、区政府以及上级主管部门的支持下，不断完善服务网络、充实服务资源、提高服务水平，使免费资源惠及更多市民，服务辐射全区的每一个角落。

（撰文/深圳市南山区支中心）

深圳市宝安区支中心

宝安区全区总面积725平方公里（含光明新区155平方公里，龙华新区176平方公里），下辖12个街道（含光明新区2个街道、龙华新区4个街道），共有188个社区工作站，266个社区居委会，常住人口454.84万人（含光明新区）。近年来，宝安区十分重视文化建设，不断加大对公共文化服务体系建设的投入力度，并从2011年起大力实施"文化强区"战略，全区文化信息资源共享工作在政策的强有力支持下，取得了长足发展。

一、基本情况

宝安区图书馆电子阅览室从2000年起正式对外开展服务，至今已有13年历史。2005年，宝安区图书馆被授予"共享工程"区级支中心称号，自此，以区馆电子阅览室为中心，各基层服务点为阵地，共享工程工作在宝安区全面铺开。截至目前，全区已建成75个"共享工程"基层服务点，这些服务点利用区支中心共享的信息资源，扎根基层服务广大市民，效益显著。在区政府和有关部门的重视与支持下，区支中心近年来软硬件设备不断升级。2009年通过改扩建，机房服务器增至16台，存储达到24T，电子阅览室电脑增加到91台，并设立无线上网座位9个，目前包括设备维护、人员经费等在内，区支中心每年投入经费达到100万元。基层服务点在各街道的经费支持和区支中心的业务指导下运转正常，通过每年市级分中心组织的评估考核，保障了各基层服务点的规范管理与优质服务。从最初安装设备通过卫星接收国家中心下发的各类资源和信息，到利用网络，以区图书馆网站作为资源建设与发布平台，近年来，共享工程服务形式随着技术的发展不断丰富。目前，区支中心及各基层服务点电子阅览室年均接待读者超过20万人次，2012年读者在电子阅览室或通过远程访问使用区馆数字资源的总量达到127万次，区支中心数据库资源建设量达到近3T，加上购买与免费共享的各类资源，读者可使用的数字资源总量超过10T。

二、管理和队伍建设

为使共享工程真正利民惠民，区支中心依托区馆电子阅览室，在日常服务中注重业务规范化和服务人性化。目前共有工作人员5人，其中负责电脑与网络维护的专业技术人员2人，负责共享工程资源加工与管理1人，负责宝安市民学习网资源加工1人，负责读者服务1人。电子阅览室从2005年起即采用万象网管系统对读者上网、视频欣赏等服务进行远程管理，近百台读者上网用电脑均设为无盘工作站，通过在服务器上安装"网络哨兵"监控管理软件，使记录、管理与监控实现一体化，为读者提供了一个安全、舒适、健康的网络环境。

加强管理，区支中心按文化部下发的标准制作与悬挂共享工程标牌，并制定《电子阅览室业务工作细则》、《宝安"共享工程"实施细则》等规范在电子阅览室内进行悬挂公示，便于读者对各项服务的了解与监督。

三、资源建设

2007年，"宝安区图书馆数字图书馆建设工程"顺利实施，以区图书馆网站为平台、区支中心为阵地，各基层服务点为节点，宝安区实现了数字资源的免费服务。到目前为止，区图书馆及各基层服务点的电子阅览室均可以通过访问区馆网站上的"数字资源统一服务平台"，免费使用电子图书、专题数据库、视频学习资源等，读者即使足不出户，也可以凭读者证远程登陆和免费使用上述资源，真正实现了资源共享。

为使资源能满足不同层次读者的需求，从2005年起，区支中心先后引进了中国学术期刊数据库、方正阿帕比电子书、银符在线题库等十多种专题数据库，并自行建设了"宝安报道全文数据库"、"宝安城市雕塑图片库"、VOD视频点播系统等资源。为响应宝安区建设"学习型城区"的号召，2008年"宝安市民学习网"作为区馆网站的二级站点正式上线。通过学习网，宝安市民可以收看到普及教育、技能培训、生活百科等内容丰富的视频课件。

四、优质服务便民惠民

为所有读者提供无差别优质服务是区支中心工作人员的服务宗旨。早在2006年4月起，区馆电子阅览室就已全面实行免费服务，读者可以免费进行上网（含无线上网）、视频点播、资源检索和音像光盘外借。随着服务水平的不断提升，电子阅览室的使用人次也在逐年增加。

在服务的过程中，对于特定群体的读者，工作人员还会采用更人性化的服务方式。如少儿读者，为保证少儿读者健康绿色上网，区图书馆及直属分馆电子阅览室采用12周岁以下少儿上网家长陪同制，假如监护人在少儿上网中途离开，工作人员会对该少儿读者给予专门的看护和帮助。对于老年读者，在上网过程中经常会碰到各种操作上的困难，工作人员也会专门进行一对一的辅导，使老年读者也能享受到上网的乐趣。对于劳务工读者，服务的侧重点则是数字阅读的引导和推广，充分利用区支中心和各基层服务点为劳务工读者提供更具个性化的服务。此外，区图书馆电子阅览室还专门开辟了“盲人有声读物阅览区”，为视障人士提供有声读物的视听服务。

五、宣传推广

充分利用各种渠道宣传推广共享工程。区支中心通过长年印制与派发“数字资源服务指南”、“电子阅览室服务指南”等宣传小册子，加大了宣传推广的力度。从2006年起，利用每年“公共图书馆服务宣传周”、“世界读书日”、“深圳读书月”等活动契机，积极向读者宣传推广共享工程与数字阅读：包括举办各种专题的视频展播；在区图书馆电子阅览室开展辅导读者使用电脑的“数字‘悦读’一对一”活动；还有连续几年走进基层服务点开展的“e时代数字资源推广讲座”系列等，通过这些活动，“共享工程”被越来越多的读者所了解。

六、培训工作

区支中心除了作为全区数字资源加工、整合与服务的中心以外，还承担了为全区基层共享工程服务人员进行定期业务培训的任务。每年均开展一次以上共享工程专项培训，并根据培训情况对基层服务人员进行考核，考核合格后方可持证上岗。至今累计共培训基层从业人员近两千人次。

七、合作共建

以宝安区三级公共图书馆网络建设为依托，近年来，宝安区共享工程基层服务点的建设得到了稳步发展。在政府主导的基础上，根据不同街道、社区、企业（或工业区）的硬件条件，对原村（社区）自办的图书馆或企业内部阅览室等基层图书馆（室）进行改造升级，采用合作共建、租赁场地建设等多种形式，使共享工程基层服务点遍布全区。目前，每个基层服务点均配备了相应的电脑设备，开通了电信宽带或接入光纤，完善了共享工程硬件设施的配套建设。并统一下发了“全国文化信息资源共享工程基层服务点”标牌，制定了统一的共享工程服务规范。

八、荣誉奖项

2011年，宝安区图书馆被评为“深圳市全民阅读示范单位”。2012年，宝安区支中心被授予“全国文化信息资源共享工程·公共电子阅览室示范点”称号。

九、工作展望

希望在上级部门的支持与全体同事的努力下，宝安区支中心能继续发挥区域信息中心的作用，继续建设更多的基层服务点，使免费资源惠及更多市民，服务辐射全区的每一个角落，为宝安建设“文化强区”做出应有的贡献。

（撰文/敏 华）

深圳市龙岗区支中心

龙岗区总面积390平方公里。全区总人口359万。龙岗区文化资源共享工程在深圳市文体旅游局，深圳市图书馆支持和部署下，逐步推进，稳步发展，在新形势下为繁荣基层文化，满足基层群众多层次文化需求，传递中国民族优秀文化资源发挥了重要作用。

一、基本情况

龙岗区共享工程和龙岗区图书馆共同建设发展，始于2005年龙岗区新馆成立。共有十个街道。现在我们的共享工程除一个区馆一个支中心外，已经建成共享工程服务点20个。服务点和支中心之间用互联网连接，共用支中心的共享工程数据库和资料。支中心有专业工作人员进行安装、指导和培训服务点共享工程工作人员。上级下发的共享工程的资料，我们支中心把资料一部分安装在专用服务器上，一部分分发到各服务点，以便多方位地服务各基层市民。

二、管理和队伍建设

共享工程在区馆支中心是有专门的人员进行管理，并且配合其他部门在各服务点做定期培训，也一直和各服务点商讨固定专门的工作人员负责共享工程的推广应用。

三、培训工作

龙岗支中心在共享工程管理员的培养上实现了制度化和常态化。根据支中心工作要求，每年对辖区共享工程管理员进行集中培训，2008年以来一共举办各类培训班128期，参加轮训的各级管理员达2000人次。

四、资源建设

龙岗支中心在历年的工作中，搜集了很多客家文化的资料，并自建成数据库。兼其他数据库和各服务中心共享，共有各类题材资源3.5TB，每年按时发放上级共享工程部门送来的各类光盘，我们把光盘资料放入数据库中，提供共享。

五、经费投入

龙岗支中心一直以来，克服经费不足的问题，努力打造属于龙岗人民的共享工程。每年政府投入五万元的共享资金，仅够我们很小一部分的工作经费，杯水车薪，因此，我们把共享工程和图书馆建设一起进行。分馆成立也标志着共享工程服务点的成立。分馆人员的培训也和共享工程的培训合二为一，技术指导也是两者一起进行，在建设数字化图书馆的过程中，同时也进行了共享工程的建设。这样的结果非常好，各服务点的工作和图书馆的工作是一体的，各服务点对基层市民的服务也和图书馆工作一起进行。

六、工作展望

龙岗区文化资源共享工程已走过7个年头，从昨天的几个点到今天的20个服务点，从单一的资源接收到今天的编辑分发和群众广泛认知。广泛参与，文化资源共享工程在龙岗已经和龙岗图书馆一体地成为龙岗人民文化生活的一大支柱，成为繁荣龙岗文化，丰富龙岗人民精神生活，推动龙岗人文科技进步的强大动力源泉。

今后龙岗支中心希望在国家中心，广东省分中心和深圳市支中心大力支持下为龙岗建设一支更加专业化的队伍，也希望在上级的大力支持下，我们能够突破已有的模式，能够用更多方式服务基层。也希望在深圳城市化后上级下发的共享资料能更加符合现代深圳市民的需要，当然我们也用本馆的数据库力量给予了很大的补充，但还是希望上级更能与时俱进地给深圳的共享工程以有力的支持。

（撰文/深圳市龙岗区支中心）

深圳市盐田区支中心

一、整体情况

盐田区位于广东省深圳市东部，全区常住人口21.10万人（2011年统计数据）。海洋文化资源丰富，2009年11月24日荣获“全国文化先进单位”称号。根据文化部、财政部《关于实施全国文化信息资源共享工程的通知》（文社图发[2002]14号）以及广东省文化信息资源共享工程办公室文件《广东省文化信息资源共享工程管理办法》（粤文社[2003]6号）、深圳市文化局与财政局《关于我市实施全国文化信息资源共享工程的通知》（深文[2003]297号）等文件精神，按照上级要求的配置标准，我区着手建立文化信息资源共享工程区级支中心。2003年、2004年先后配置了专业机房，机房内铺设了防静电地板，添置了避雷装置、空调设备、UPS不间断电源、专业机柜、服务器等，更新了电子阅览室戴尔、宏基品牌电脑台、17寸液晶显示器，架设起我区文化共享工程网站，建立了数字图书馆。目前电子阅览室有读者电脑101台、服务器2台、网络带宽与区信息中心共享50M、数字资源1.5TB、专职管理员1人、兼职管理员3名。

二、网点建设、经费投入

盐田区委、区政府十分重视文化信息资源共享工程这项创新惠民工程建设，根据省、市相关要求，2004年盐田区政府出台了《关于下达盐田区2004年创建广东省先进文化区项目政府投资计划的通知》（深盐计[2004]25号）文件，成立了以区文化局（现更名为文体局）局长为组长、其他有关单位为成员的领导小组，就组织机构、经费保障、技术支撑方面作了详细的规定。各街道、社区也成立了相应的组织机构，具体实施文化共享工程的相关事宜。

2004年区政府投入资金15.2万元，为全区4个街道共享工程基层服务点配置了电脑，初步架设起区文化信息共享工程网络主干。

2005年区政府投入资金103.36万元，为全区17个社区共享工程基层服务点配置了电脑，使我区文化共享工程网络的覆盖面达到100%。

三、资源建设

在利用共享工程中心网站资源和通过卫星投放的资源的同时，我们注重与省、市图书馆的联系与合作，争取资源上级业务部门的支持整合各类资源，达到共建共享。如国家中心、省级中心给我们配发了《京剧音配像光盘》、《数字图书馆硬盘》等。

我支中心也积极购买数字资源，打造与所处地区相关的数字文化，还建立了“海洋文献数据库”、“中国强制性国家标准全文检索总库”两个专题数据库和一个“电子文献数据库”。

四、技术支持

建立了信息反馈机制，加入省、市共享工程QQ群，加强与省、市中心及各兄弟馆的联系，及时上报反馈各种信息，取得技术支持。规范机房值班管理及操作，建立了中心机房值班记录，电子阅览室文献咨询记录，要求工作人员做好工作原始记录和人员、数据统计工作。

五、合作共建

结合街道文化站、社区工作站原有功能，并通过对文化站、工作站活动场所改造、拓展，建成了街道（社区）图书室、电子阅览室，添置了各类图书、杂志、报刊，积极推动“共享工程”的发展。为促进配套设施完善，提高硬件条件，给每个街道级基层服务点配发了戴尔服务器1台、戴尔电脑4台、交换机1台；给每个社区级基层服务点配发了宏基电脑10台、利盟激光黑白打印机1台和D-LINK交换机1台，并接通了电信宽带网络和有线电视网络，设置了共享工程连接快捷方式，完善了“共享工程”硬件设施上的架设。在评估合格后下发“全国文化信息资源共享工程基层服务点”标牌、管理制度、管理职责等以及由国家、省、市中心下发的《文化共享工程夏日电影展播》等光盘，内容涉及劳动光荣、助人奉献、振作创业等一些适合我区实情的资源。盐田区各街道文化站、社区工作站逐渐形成了一个融图书借阅、爱国教育、信息传递、休闲娱乐为一体的基层服务中心。

六、惠民服务

在实施共享工程的过程中，盐田区支中心不断拓展共享工程的服务内涵和方式，充分利用这一全新的工作载体，深入基层、走进群众当中，积极开创文化共享工程工作的新局面。

1、通过电脑、网络传播共享工程信息

公共电子阅览室常年免费向读者开放，每周坚持开放6天，每周平均开放43小时，接待读者1200多人次。

建立政府信息咨询平台，公开政府信息网址，定期向读者播放政府信息公告等，传播优秀文化、构建公共文化服务体系、营造和谐社会氛围。

2、馆内活动精彩纷呈。

充分发挥公共图书馆的阵地作用，每月推介优秀电影、视频讲座，每周六下午在多功能厅利用投影播放名家讲座及电影，常年坚持。逢春节、中秋等重大节日时，更是不计劳苦，在放假期间坚持天天播放电影，深受广大来深建设者的欢迎。

开展光盘外借服务。将国家中心、省中心下发的光盘资源供读者借阅，比如《共享书香，快乐阅读》、《红色记忆，振奋中国》、《共享知识，和谐万家》等电影光盘，这些光盘都很受读者喜爱。

3、热情为视障读者服务

为了方便特殊群体，在一楼专设了视障阅览室，安装

了盲人读屏语音软件、语音输入法，并有专职工作人员指导视障读者上网，视障读者每按一次键盘，屏幕上出现新的内容，或者可操作界面上状态出现任何变化，系统都会有语音提示。通过清晰悦耳的语音提示，视障读者可以轻松上网浏览、收发电子邮件、上网聊天、欣赏音乐等。总之，明眼人通过电脑能做的事视障读者一样可以做。

4、免费电脑培训

为提高辖区外来劳务工的文化素质，帮助外来劳务工了解计算机知识并掌握电脑操作专业技能，增强其在市场经济条件下的生存能力，打好共享工程推广基础，在辖区创建一个和谐、平等、互助、互爱的氛围。本支中心与培训机构多次联合举办“外来劳务工电脑知识与技能免费培训班”，以此表达对外来劳务工教育的关爱。很多青年务工者对此项活动给予了较高的评价。

5、让“文化共享”走进厂区

针对辖区工厂较多的状况，为丰富广大来深建设者下班后的文化生活，我支中心根据人口分布区域的不同选了两个大型工厂作为试点，把电子阅览室和影播室建立进工厂生活区内，并下发《在生活中感受文化、在文化中享受生活》等电影光盘，利用电脑网络、投影仪等设备将优秀的文化信息源源不断输送给广大务工者，极大地丰富了来深建设者的业余文化生活、提高了工人们的信息化水平和科学文化素质，为促进当地经济社会的协调发展奠定了良好的基础。

6、让“文化共享”走进军营

为了全面推进“双拥”工作的开展，把拥军优属政策落到实处，密切军民关系，增进军民友谊，加强“文化拥军”，争创双拥模范城。我支中心为驻地部队建立18个“军营数字图书馆”，给驻地军人送来了大量的文化知识，极大的丰富了官兵的业余文化生活。

七、培训工作

1、打造支中心精湛的技术服务队伍。

我支中心狠抓队伍建设，除组织全体干部职工学习由国家中心、省中心举办的网络视频教学外，还于每年分别选送骨干力量参加省、市中心举办的培训班，系统学习文化共享工程的精神与基本理论、电脑操作知识技能、电子阅览室管理软件的使用和维护等，通过培训，我支中心打造了一支精湛的文化共享工程技术服务队伍，极大提高了我支中心的综合服务水平，对我区文化共享工程事业的发展起到积极的推动作用。

2、街道、社区基层服务点技术培训。

为了进一步健全我区文化信息资源共享工程服务网络，提高文化共享工程管理员的操作技能，让文化共享工程更好地为广大群众服务，我馆不定期举办“文化共享工程”基层服务点管理员培训班。培训内容为文化共享工程概述、支中心基本情况、电脑的基本使用方法、电脑的组装、文化共享工程管理办法及考核内容、上机操作实践。经过培训，各基层服务点的管理员都掌握了基本的电脑使用方法和管理办法。

3、加强基层点业务指导。

为进一步加强文化共享工程建设，我支中心每半年对所有基层服务点进行全面督查，同时认真听取群众的意见，切实解决群众在享用共享工程文化信息时遇到的问题，对不规范的基层点提出了建议和意见。并全年对基层点进行技术业务指导，共解答基层点技术问题100余条、解决电脑故障300余次。通过指导，切实加强了文化共享工程的建设，为基层点的服务建设打下了坚实的基础。

八、管理和队伍建设

加强管理，按文化部下发的标准制作了文化共享工程标牌和规章制度，强化监督管理机制，对不符合标准的基层点进行批评并要求整改。积极争取区委、区政府的大力支持，提交报告申请增加专项资金，呼吁街道有电脑专长的技术人员利用业余时间为社区电子阅览室义务服务，积极为我区文化共享工程的建设出谋划策、贡献力量。

九、工作展望

随着国家对外来务工者的重视，加大对文化共享工程的投入，我支中心将在未来的几年里着重搞好为社区、企业、工厂的基层服务，建立覆盖全区的一体化文化共享工程服务网络，加强对管理员的培训和技术指导、联合开展多种活动等，以更好地发挥文化共享工程的作用。

（撰文/深圳市盐田区支中心）

珠海市支中心

珠海市现下设香洲区、斗门区、金湾区、横琴新区、高栏港经济区、高新区、保税区、珠海万山海洋开发试验区等8个区，陆地面积有1701平方千米，人口156.02万人（2010年底统计）。

作为全国文化信息资源共享工程的组成部分，珠海市支中心根据上级有关文件精神，结合珠海实际，在珠海市政府、市文体旅游局的重视和关怀下，在各区政府和各级文化共享工程支中心的共同努力下，克服各种困难，积极加强共享工程建设，在基层服务网点建设、公共服务、共建共享、队伍培训等方面取得了稳步发展，社会效益良好。

一、基本情况

我市于2006年开始实施文化信息共享工程珠海支中心建设，首期投资74万元。2007年，市支中心整体框架及珠海数字文化网站等相关平台建设基本完成，初步实现地方和全国文化资源互联共享。该支中心自建成以来，根据国家、省、市各级文件要求，依托数字图书馆技术平台，在紧密结合图书馆自动化、网络化建设的同时，不断加强公共上网场所建设并配置先进的电子阅览室，为珠海广大基层群众尤其是青少年提供文化信息服务和绿色上网空间。在各方的共同努力下逐步搭建珠海市文化共享工程服务网络体系，形成了包括一个市级支中心，3个区级图书馆支中心和10几个基层文化站或文化中心共同组成的网络服务体系。

二、经费投入

珠海市共享工程自2006年开展以来，首期投资74万元，后续每年投入20万专项经费，用于共享工程网络运营、设备维护，人员培训和惠民活动的开展。同时，为加快共享工程资源库建设，我支中心多方筹措，利用市图书馆有限的图书购置经费，积极加强数字资源的建设和开发利用，此外，香洲区、斗门区、金湾区等支中心每年均投入一定的人力物力支持共享工程各项工作的正常开展。

三、制度建设

为使共享工程真正为民所用、为民谋利，珠海市支中心将共享工程日常运作纳入制度化管理。珠海市支中心认真制定支中心和基层服务站点的工作规则和管理人员工作守则，实行制度上墙公开，严格执行。

四、队伍建设

队伍建设是文化共享工程工作正常开展的关键，珠海市支中心专门设立共享工程服务部，指派业务能力和责任心强的人员负责文化共享工作，并给予足够的支持。为加强管理和及时交流信息，加强共享工程人才队伍建设，珠海市支中心通过多种方式加强与各基层服务点工作人员沟通和业务联系，确保共享工程各项工作顺利推进。以开拓视野、提高技能为目的，经常通过文化共享工程网站“数字学习港”进行网络培训，有力推动了人才队伍建设。

五、资源建设

共享工程珠海支中心先后建成珠海演艺人才数据库、历年文艺作品获奖情况数据库、珠海文化企业名录数据库、珠海电影/音乐/舞蹈/戏剧/小品/文学/美术书法/摄影/曲艺/歌剧/民间艺术数据库等多个数据库100多部文艺作品、文艺节目以及40多万字的文字信息资料，总资源量达到2TB，实现优秀信息资源在全市范围的共建共享。同时，为加快共享工程资源库建设，我支中心多方筹措，利用市图书馆有限的图书购置经费，积极加强数字资源的建设和开发利用，先后购买了各种电子资源，可供读者在馆内外使用，很大程度上方便了市民，为市民提供了更为全面的服务。截止2012年12月，电子资源包括电

子图书802000册，科技电子期刊44172476篇，人文期刊2800种，视频资源8900部以及各种专题数据库27种。此外，我支中心还先后向广东省中心图书馆委员会及国家中心申报自建资源建设项目。

六、培训工作

珠海市支中心在共享工程管理员的培训上实现了制度化和常态化。针对基层中心及流动服务点的情况不一，网络环境差异明显，工作人员有限且承担工作较多等情况，我们除定期举办共享培训班之外，还不定期下基层，采取服务与培训相结合的方式，以基层站点工作人员为培训重点，通过介绍工程资源、指导服务、分享经验等方法，使其熟悉资源，掌握服务技能，提升服务的主动性、创造性，不断提高服务质量。

在历年的工作中，市支中心及各区支中心在各行政村中建设农家书屋的目标已基本实现，香洲、斗门、金湾各区支中心将工作的重点放在加强对农家书屋的后期管理上，制订了管理规则和奖励升级等激励机制以保证农家书屋的正常运行。

七、合作共建

结合“农家书屋”工程和农村党员干部现代远程教育网络平台等，积极推动“共享工程”的建设与发展，如与金湾、斗门等各区合作共建了图书阅览室及共享基层服务点。通过多方不懈努力，共享工程已逐步走入基层村民生活，成为村民获取新知，娱乐身心的新渠道新平台，大大丰富了城区居民的文化生活。

八、文化惠民

该支中心在共享工程服务实践过程中，以民众的需求为导向，积极探索，深入开展多种形式的文化惠民活动。我们多年来坚持为读者呈上精彩的公益讲座，深化品牌服务，与读者共享传统文化和传递新知理念；开展全国文化信息资源共享工程视频播放，每周为读者提供2期免费的精选视频及文化讲座1期，创新共享工程服务形式，深受群众喜爱；开展各种科普知识展览等活动。

九、宣传推广

珠海支中心积极通过每年4·23读书月活动、图书馆宣传服务周、珠海市文体场馆公共服务周活动和珠海市全民终身学习周等活动进行共享工程视频播放，同时做好现场电子资源推介和业务咨询，通过派发公共服务周宣传单和图书馆电子资源宣传资料等进一步扩大工程的影响，深受广大市民的好评。此外，珠海市支中心积极利用各活动平台，加强共享工程宣传，让民众进一步了解

共享工程，走进共享工程。

七年来，珠海市共享工程建设已日益成为繁荣珠海特区文化，丰富人民精神生活，推动社会进步的源泉。今后，我中心将继续加大工程实施力度，进一步做好资源建设，完善技术平台，抓好队伍培训，创新服务手段，丰富服务内容，推动文化共享工程在珠海又好又快持续发展。

（撰文/珠海市支中心）

中山市支中心

中山市地理区域面积1783.67平方公里。下辖1个国家级火炬高技术产业开发区，5个街道办事处，18个镇，常住人口314.23万。中山市先后获得联合国人居奖、全国文明城市、国家卫生城市、全国园林城市、全国科技兴市先进市、中国优秀旅游城市、全国环保模范城市、全国生态市、中国最具幸福感城市等多项荣誉。中山市文化信息资源共享工程在市文广新局和市图书馆的支持和部署下，逐步推进，稳步发展，在新形势下为繁荣农村基层文化，满足群众多层次文化需求，传递中华民族优秀文化资源发挥了重要作用。

一、基本情况

2003年11月7日，市支中心与24个镇区文化站签订合作协议，标志着中山市文化资源共享工程建设正式拉开帷幕，24个镇区相继建立了基层服务点。从2006起，开始尝试跨行业合作，在中山边防支队、中山市火炬职业技术学院等单位建立基层服务点。截止到2012年，基层服务点数量达37个，覆盖范围包括镇区、企业、中小学学校、机关、部队等各类型。经过多年的努力，市支中心建立了以公共图书馆为主体，各行业系统文化单位加盟，24镇区全覆盖，服务全民的文化信息资源共享网络。

文化资源共享工程中山市支中心设在中山市中山图书馆，是中山市共享工程建设和业务指导单位，负责全市服务网络建设，技术维护，数字资源接收、存储与整合，规章制度完善和落实，业务培训和指导等工作。

二、经费投入

市政府大力推进公共文化服务体系建设，累计投入近140万元用于市图书馆软、硬件设备更新，投入180余万元用于资源开发和建设，使市支中心配置和资源量有了较大幅度的提升。

三、管理和制度建设

中山市支中心将共享工程日常管理纳入制度化管理，制定工作守则和制度，实行制度上墙公开。每年有年度工作计划，年末有工作总结，每月填报服务统计数据上报广东省分中心。为保证各项规章制度的落实和服务活动的开展，与各基层服务点签订了相关合作协议。

四、技术支持

为了将地域内各基层服务点联系起来，进行联合服务，实现共建共享，市支中心建立了全市通借通还系统，将中山地区图书自动化管理、信息资源的数字化传播、读者服务的网络化应用等进行整合，盘活了全市文献信息资源存量。市支中心配置达到《2010年全国文化信息资源共享工程各级分支中心和基层服务点建设配置标准》，部分配置高于标准，如存储容量达到50TB。

为解决基层服务点数字资源难以发布和共享的问题，市支中心基于著名的开源数据库系统DSpace定制研发了ZSL-IR专题数据库通用平台，专门用于地方特色数据库群建设。

五、培训工作

中山市支中心每年都会根据基层服务点的需要，派遣相关技术人员深入基层进行现场指导和培训。根据支中心工作要求，每年对辖区管理员进行集中培训，2003年以来一共举办各类培训班10余期，参加轮训的各级管理员约2000人次。在共享工程管理员的培养上实现制度化和常态化。与此同时，为提高工作效率，市支中心建立了“共享工程中山市支中心”即时问答QQ工作群，用于问题研讨和信息发布，这种在实践中学习的方式，大大提高了学习效率和效果。

六、资源建设

市支中心依托中山市丰富的历史文化资源，以“现代中山人”和“民国香山”新、旧两条主线发掘整理中山文献资源，建立地方文献专题数据库系列，充分展现中山深厚的人文底蕴。为加强中山地方特色文化资源建设，市支中心制定了地方特色文献数字化五年计划。按照此计划，截止2012年底，完成了民国报纸、民国图书、《香山报》手稿、孙中山文献、族谱、香山县志、侨刊等七大重要类别共300余万页的数字化工作。基于此建立的地方特色数据库包括：中山民国报纸数据库、孙中山文献专题数据库、中山及周边方志族谱汇编、中山人著作数据库等。同时，为市图书馆品牌栏目《香山讲坛》制作了视频数据库供读者点播。

七、惠民服务

市支中心依托网站和全市通借通还系统，对信息资源进行充分揭示，并提供多层级服务：第一层：广域网上，提供馆藏的各类资源目录、数据库目录的检索以及全国共享工程资源的检索阅览；第二层：总分馆集群内，在第一层服务的基础上，提供文献通借通还和信息资源共享；第三层：馆内读者，在第二层服务的基础上，提供光盘借阅、随书光盘以及其它不易携带出馆的资源服务；第四层，针对特殊读者需求，提供特别的文献信息

2009年边防支服务点建设

服务。开辟了“信息无障碍阅览区”，购置900册盲文书籍和10台无障碍阅读电脑。

八、工作展望

中山市文化信息资源共享工程已走过10个年头，取得了长足发展，由原来互相独立的几个点发展成为覆盖全市24镇区的共享工程网络，实现了信息资源共享，成为中山人民文化生活的重要组成部分。今后，中山市支中心要立足本地实际，将共享工程与新馆建设、总分馆建设、农村文化室进行结合，建立市、镇区、行政村（社区）三级全覆盖服务网络，同时通过购买、自建、共享、挖掘等手段建设具有鲜明地方特色的“公共文化数字资源基础库群”，以集群整体形态共同保障地区文化信息需求。

（撰文/中山市支中心）

江门市支中心

江门市位于广东省珠江三角洲西部，辖新会、蓬江、江海3个市辖区，代管台山、开平、鹤山、恩平4个县级市（史称“五邑”），全市国土面积9537平方公里，人口400余万人。

一、基本情况

江门市支中心设在江门市(五邑)图书馆，2003年开始正式运行。江门地市级支中心接收和转发国家中心和省中心下发的各种文化信息资源，负责对本地区特色文化资源进行收集整理以及数字化，并指导江门地区县级支中心和基础服务点的建设及开展全市共享工程的业务培训。江门地市级支中心在江门市文广新局和财政局支持下，逐步推进，稳步发展，建立了地级支中心—县级支中心—基层服务点的服务架构，充分利用现代高新技术手段对各种类型的文化信息资源行数字化加工以及传递，实现优秀文化信息的共建共享。

二、网站建设

“全国文化信息资源共享工程江门地市级支中心”的门户网站“江门五邑数字文化网”　整合包括电子图书、地方文献全文、青少年、农业知识、传统文化、音乐等音频、视频资料和各种优秀的文化信息资源，“五邑数字文化网”是江门地区文化信息资源共享工程的中心平台，目前每天均点击率达1.7万次，下属县市(区)、乡镇、社区纷纷将“五邑数字文化网”作为绿色上网的主页，为丰富基层人民群众的精神文化生活，营造健康向上的网络环境产生了积极意义。

三、培训工作

为了提高江门地区文化共享工程县级支中心及基层点工作人员素质，江门地市支中心建立分级培训体系，开展市（县）、乡镇（街道）、村（社区）的分级培训，市（县）级支中心重点培训管理人员、技术人员及师资队伍，基层服务点重点培训设备操作、维护与服务人员。江门地市支中心在经费不足的情况下，创新培训方式和内容，充分利用网络优势开展远程辅导教育，借助互联网、光盘、印刷教材等多种手段和形式开展培训，实现培训工作的系统化、网络化、常规化和个性化。通过大力培训文化共享工程工作人员，在江门地区建立一支适应工程建设需要的人才队伍，为数字文化服务体系提供人才保障和智力支持。

四、经费投入

江门市地市级支中心自2003年启动以来，地方财政根据国家文化部、财政部、省文化厅、财政厅的文件要求投入200万元，用于光纤网络接入、数据库建设、设备维护和更新以及共享工程推广、培训、学习等相关活动，为共享工程基础设施建设及文化信息资源建设和服务提供有力保障。

五、资源建设

江门地市级支中心还充分发挥自身优势，自建一系列富有地方特色数据库，例如梁启超数据库、陈白沙数据库等。这些特色数据库的建设得到了国家文化部有关领导、省立中山图书馆领导的充分肯定。这些地方特色数据库不仅是国内外了解江门历史文化的重要窗口，也是全面对外宣传推介江门五邑侨乡的重要平台。

江门有“中国第一侨乡”之美誉，为进一步开发利用底蕴深厚，内涵丰富的江门五邑侨乡文化，江门地市级支中心通过现代信息技术整合各种华侨数据资源，建设起全方位、综合性、高起点、大容量的“五邑华侨华人多媒体资源库”。该资源库收集世界华人华侨政治、经济、社会、文化等活动的文字、图片、音像等资源，“五邑华侨华人多媒体资源库”作为“岭南文化系列“特色资源库的子项目通过国家文化部相关部门的评审，作为2011年度地方资源建设项目予以立项。

为了进一步加强地方特色资源建设，江门市地市级支中心与江门市档案馆合作对部分解放前时期可公开的档案资料进行数字化加工，通过双方馆藏资源的互补与整合，弥补了五邑图书馆的馆藏空白，为广大读者江门地区解放前的史料提供了便利。

六、合作共建

五邑图书馆2006年起开展社区图书馆和流动服务点建设工作，目前建成社区图书馆和流动服务点50多个。江门市地市级中心结合本馆公共图书馆服务网络建设，与社区、学校、工厂、部队合作把社区图书馆和流动服务点作为江门市地市级中心的基层服务点，大大扩大服务的范围，提高服务的效率。

为了方便读者随时随地通过互联网快捷便利地获得文献资源服务，江门市地市级支中心加入了“全国国书馆参对咨询联盟”，以共享工程及本馆文献资源为依托，与全国各地图书馆合作为读者提供免费的网上参考咨询和文献远程传递服务。

七、惠民服务

江门市支中心围绕为经济和社会发展服务这一中心任务，充分利用“文化信息共享工程”丰富的资源为广大读者提供专业化个性化信息服务，取得良好的服务效益。江门市支中心一方面借助省联合参考咨询网平台，以共享工程及本馆文献资源为依托，向本地和全国各地读者提供了免费的网上实时参考咨询和文献远程传递服

务；另一方面长期为本地企业提供所需信息，帮助本地企业随时掌握市场技术信息，长为企业解决了大量科研生产问题，受到企业的好评，充分发挥了图书馆信息部门在服务经济、促进社会发展中的重要作用。

江门市支中心开展的"市共享工程农业信息资源建设及服务项目"以信息服务平台建设、信息资源建设和信息服务站点建设为重点，通过对各种涉农信息资源进行收集整理，实现了对农业专题数据库资源、数字化农业科技文献资源及多媒体课件资源的整合开发，为农村建设和农业生产提供智力支持，为农民提供及时有效的农业科技、文化生活等方面的信息，建立起覆盖广泛、服务高效的农业农村科技信息服务体系，本项目被省经济和信息化委员会颁发"2012年农村信息化优秀成果奖。

江门市支中心在加强门户网站"江门五邑数字文化网"建设的基础上，不断创新服务形式，在2012年启动"手机图书馆"服务项目，广大读者通过手机等移动终端设备即可登录手机图书馆网页，检索阅读各种文献资料。"手机图书馆"进一步拓展江门市地市级支中心的服务范围，将服务覆盖到不同层次、不同年龄的读者群。

八、荣誉奖项

江门市支中心自2003年成立以来多次受到省和上级部门的表彰，其中2005年获国家文化信息资源共享工程建设先进基层单位，2011-2012年连续2年获得"广东省文献资源共建共享服务贡献奖"；2012年底"江门市共享工程农业信息资源建设及服务项目"获得省经济和信息化委员会颁发"农村信息化优秀成果奖"。

（撰文/江门市支中心）

恩平市支中心

恩平市全市总面积1698平方公里，有海外华侨和港、澳、台同胞50多万人，分布全球50多个国家和地区。全市共有11个镇（含1个街道办事处）。近年来，在市委市政府的大力支持下和上级有关部门的正确指导下，恩平市文化资源共享工程建设稳步推进，为繁荣农村基层文化，满足城乡广大居民多层次文化需求，传递中华民族优秀文化资源发挥了重要作用。

一、基本情况

文化资源共享工程恩平支中心建设于2010年，文化资源共享工程恩平支中心的建设，得到了广东省文化厅、恩平市委、市政府及市文广新局的大力支持，由省配套38万元的设备，市配套30万元的资金支持，使共享工程顺利完成。并于2010年8月15日开放使用。此后，先后在全市十一个镇、街文化站和174个村、居文化室建立镇/街道基层服务点和村/社区基层服务点。恩平市文化资源共享工程实现全覆盖，并按照文化部和广东省文化厅的要求，于2012年5月全面完成文化共享工程数字文化网站平台试点工作。

恩平支中心设在恩平市图书馆，是恩平市共享工程的建设和业务指导单位，负责保障市中心共享工程设备的运行，协调镇、村级共享工程基层服务点设备的维修，指导镇、村级共享工程基层服务点活动的开展以及开展全市共享工程管理员的业务培训和指导。

二、管理和队伍建设

为使共享工程真正为民谋利、为民所用，恩平支中心将共享工程日常管理纳入制度化管理工作之中。制定支中心、镇/街、村/居基层服务点工作职责和制度，实行制度上墙公开。每年有年度工作计划，每月有工作要点，每季度有工作督导，年末有工作总结考核，并推行管理员工作日志管理，收集整理共享工程服务活动的得失，探索共享工程管理和服务新模式。

文化资源共享工程作为一个新的农村文化资源获取平台，如何推广好、利用好共享工程丰富的文化资源关键在于是否有一支专业化的共享工程管理员队伍。文化资源共享工程恩平支中心在管理员队伍建设上坚持明确职责，明确思路，制度化管理，常态化培育。对于镇/街、村/居两级基层共享工程基层服务点管理上择优选取文化层次较高，有一定社会基层管理服务实践经验的大学生村官为管理员，他们工作热情高，有较高的文化水平，能尽快熟悉掌握共享工程设备的操作，为广大群众提供优质的文化服务。目前恩平市共享工程管理员70%为各级大学生村官，26%是由较高学历的村委委员兼任，实现了管理员选取的高起点。

三、培训工作

文化资源共享工程恩平支中心在共享工程管理员的培养上实现了制度化和常态化。根据支中心工作要求，每年对辖区共享工程管理员进行2期的集中培训。

四、经费投入

恩平共享工程自2010年实现全覆盖以来，市政府每年投入6.3万的运行经费，用于共享工程设备的维护、人员培训和惠民活动的开展。同时，恩平图书馆每年也投入大量人力物力支援共享工程各项活动的正常开展。

五、合作共建

以共享工程为依托，结合全覆盖的农村电子文献资源服务中心，将各部门下发的电子文献资源与建立的共享工程服务点结合，根据不同镇/街、村/居的硬件条件建立形式多样的电子阅览室和多媒体中心。在省文化厅的和各级政府的大力支持下，恩城街道办、湖镇、横陂镇、良西镇、君堂镇、大槐镇、东成镇、大田镇、牛江镇等文化站建立了有10台以上电脑，融合多媒体阅读、共享工程宣教授课和电子资源阅读播放为一体的多功能活动室。我市加大投入，结合党员远程教育、信息直通车等资源，完善设备，按照上级的要求，全面完成了村/居服务点的建设。通过多方不懈努力，共享工程已逐步走入恩平市基层群众的生活，成为城乡居民获取新知、娱乐身心的新渠道、新平台。

六、利民惠众，惠农服务

文化资源共享工程恩平支中心在共享工程服务实践过程中，以民众的需求为导向，积极探索，服务民众生活生产，引领群众高尚精神文化生活，打造群众满意、喜爱的文化服务新平台。

根据恩平地域农业生产特点，文化资源共享工程恩平支中心每年按节令制作农业生产技术光盘和小册子通过行政村基层服务点分发给村民。针对不同农业专业者，恩平支中心有针对的选取资源上门指导服务。历年来累计服务专业生产户10多户，长期点对点跟踪服务2户。

七、宣传推广

1、文化资源共享工程恩平支中心利用各种渠道宣传推广共享工程。在恩平每年的科技文化下乡活动、科技周等活动中，恩平支中心不失时机，以活动为平台，以资料为媒介开展形式多样的宣传活动，让民众不断认识、了解并走进共享工程。

2、专题宣传。文化资源共享工程恩平支中心不断探索新型服务手段和宣传方式。利用支中心儿童阅览专区，组织开展形式多样的儿童专题活动。通过不断丰富青少年课内外知识资料，使越来越多的青少年使用共享工程文化资源，也为青少年提供了优质的文化服务。结合相关部门法律、法规和专题活动的开展，利用过文化专区开展内容丰富的人口、计生等知识宣传活动。

3、文化活动。文化资源共享工程恩平支中心在服务中抓住文化的热点和亮点，积极组织群众喜闻乐见的文化活动，如“文化共享过大年”猜谜语活动、妇女专题讲座、向国旗敬礼签名等活动，使共享工程更贴近社会、贴近群众，为广大群众提供优质的文化服务。

八、工作展望

恩平文化资源共享工程将已走过3个年头，从昨天的几个点到今天的全覆盖，从单一的资源接收到今天的编辑分发和群众广泛认知，广泛参与，文化资源共享工程已经成为恩平人民文化生活的一大支柱，成为繁荣恩平文化，丰富恩平人民精神生活，推动恩平人文科技进步的强大动力源泉。今后，文化资源共享工程恩平支中心希望通过不断的努力，不断推进文化资源共享工程网络建设，使服务网点更加宽广、参与群众更加广泛的共享工程能为建设科技恩平、文化恩平做出更大的贡献。

（撰文/恩平市支中心）

开平市支中心

一、整体情况

开平市辖13个镇和2个街道办事处。全市共42个社区居民委员会，226个村民委员会。全市人口70万人。1999年10月，开平籍旅港同胞利国伟博士的伟伦基金有限公司捐赠41台电脑及配套设备给开平市图书馆建立电子阅览室，开通了互联网，并于同年正式对读者开放。根据国家文化部、财政部《关于实施全国文化信息资源共享工程的通知》（文社图发[2002]54号）文件精神，市府于2003年5月下拨4万元专项资金更新阅览室等学习环境，2004年7月，市府下拨专项资金购置一台电脑硬盘达1020G的服务器，在江门市五邑图书馆的帮助下，下载600多部电影、戏剧、艺术、电视等节目，建立了开平市图书馆内部电影点播平台，实现文化信息资源为开平读者服务。

2009年7月，市府下拨30万元文化信息资源共享工程机房建设专项资金，广东省文化厅扶持我馆38万元文化信息资源共享工程专项设备，配置了专业机房，机房内铺设了防静电地板，添置了避雷装置、空调设备、UPS不间断电源、专业机柜、服务器等，更新了电子阅览室联想品牌电脑25台。目前中心有终端电脑26台，服务器5台，存储量达5.1TB，网络带宽10M光纤，管理员2名。建立我市文化信息资源共享工程网站（开平市图书馆网站http://www.kplib.com），实现了图书自动化管理，建立了数字图书馆。

二、网点建设、经费投入

开平市委、市政府十分重视文化信息资源共享工程建设，2009年，市府决定组建开平市党员远程教育网和开平市文化信息资源共享工程网两网合一，由市财政投入资金，为全市268个基层服务点（全市共42个社区居民委员会，226个村民委员会）配置了电脑。2011年由市财政投入资金75万元为15个镇街文化站配置共享工程设备（每个共享工程点5万元），建立了文化信息资源共享工程网络在我市的覆盖面，覆盖率达到了100%。

三、资源建设

在利用国家和省共享工程中心网站资源同时，建立开平市图书馆共享工程网站，开展对开平地方资源整合，达到资源共享共建。如国家中心给我们配发了音像光盘等，我馆网站正在建《开平名人荟萃》、《开平历史拾零》、在线展览和本土文化等地方文献资料。

四、技术支持

建立了信息反馈机制，加入广东省共享工程QQ群，加强与省中心及各兄弟馆的联系，及时上报反馈各种信息，取得技术支持。规范机房值班管理及操作，建立了中心机房值班记录，电子阅览室文献咨询记录，要求工作人员做好工作原始记录和人员、数据统计工作。

五、合作共建

根据国家文化部关于文化信息资源共享工程网与农村干部党员远程教育网、中小学教育远程教育网三网合一原则，通过对村委会原有的阅览室的改造、拓展，先后建成了农家书屋、老年文化活动中心，添置了文化、农

普类藏书（光盘）2000余册，积极推动“文化信息资源共享工程”的建设，不断完善配套设施，提高硬件条件，每个村级基层服务点配发了电脑一台、DVD播放机和电视机，并接通了电信宽带网络，设置了共享工程连接快捷方式，完善了“文化信息资源共享工程”硬件设施上的架设。并统一制作下发了“全国文化信息资源共享工程基层服务点”标牌、管理制度、管理职责等。开平市镇、村逐渐形成了一个融图书借阅、党员教育、信息传递、文化共享共建、休闲娱乐为一体的基层服务中心点。

六、惠民服务

在实施共享工程的过程中，开平市支中心不断拓展共享工程的服务内涵和方式，做到文化共享进农村、进学校、进机关、进军营、进社区，开创了文化共享工程工作的新局面。

1、馆内活动精彩纷呈。

充分发挥公共图书馆的阵地作用，通过图书馆网站推荐优秀栏目、电影及优秀地方剧目，节假日在少儿阅览影视室利用投影仪播放名家讲座及影视剧，播放百部爱国主义教育影片、科普类等影片，引导未成年人多读书，深受广大市民的欢迎。开展光盘外借服务，将国家中心、省中心下发的光盘资源供读者借阅，如《文化共享助春耕》、《振奋中国，红色会议》、《共享知识，和谐万家》、《实用农业技术》等，得到广大读者的欢迎。

2、文化共享进军营

为了全面推进“双拥”工作的开展，把拥军优属政策落到实处，密切军民关系，增进军民友谊，加强“文化拥军”，争创双拥模范城。我馆自1990年以来分别与消防队、开平边防检查站、武警中队、开平市法院等单位共建以来，不定期送书和共享工程优秀影片到消防队、武警中队等进行服务，极大的丰富了官兵的业余文化生活。

3、文化共享进社区、进镇村。

在开展文化信息资源共享工程工作中，我馆支中心不定期与市文广新局组织流动书香车送书乡镇、送书到社区服务，并利用刻录设备将部分农业技术资料刻录成光盘随流动书香车送书下乡期间发给群众，得到基层服务点群众的欢迎。

七、宣传推广

在做好各项工作的同时，举办读书征文比赛、各种展览、世界读书日活动、图书馆服务宣传周等活动，通过江门报、开平报，电台、电视台、信息网等媒体进行报道，让更多读者了解图书馆、了解文化信息资源共享工程，更好地为广大读者服务。

八、培训工作

1、提高支中心技术人员水平。

我支中心认真抓好管理人员建设，除组织全体干部职工学习由国家中心、省中心举办的网络视频教学外，多年来，分别选送骨干力量参加省中心举办的培训班，系统学习文化共享工程的基本操作技能知识、图书管理软件的使用和维护等，通过培训，我支中心管理人员具有一定管理水平的文化共享工程技术服务队伍，提高了支中心的综合服务水平，对我市文化信息资源共享工程事业的发展起到积极的推动作用。

2、村级基层服务点技术培训。

为了进一步健全我市文化信息资源共享工程服务网络，提高镇村文化共享工程管理员的操作技能，让文化共享工程更好地为广大群众服务，我馆于2010年至2012年在市、镇举办多期“农家书屋和文化共享工程”基层服务点管理员培训班。来自全市各镇压村基层服务点兼职管理员在开平市支中心和镇文化站进行了“文化共享工程”培训，培训内容为文化共享工程概述、支中心基本情况、电脑的基本使用方法、文化共享工程管理办法等科目，通过培训学习，使基层服务点的管理员都掌握了基本的电脑使用方法和管理办法。

3、加强村级基层点业务指导。

为进一步加强镇村文化共享工程建设，我支中心不定期派技术人员对镇村级基层服务点进行技术业务指导，并认真听取基层服务点管理员的意见和建议，切实解决存在的问题，并对不规范的基层点提出了建议和意见，通过业务辅导和培训，切实加强了文化共享工程的建设，为基层点服务建设奠定了良好基础。

九、管理和队伍建设

加强对我馆支中心和基层服务点的管理，按文化部下发的标准制作了文化共享工程标牌和规章制度，加强了监督管理机制，对不符合标准的基层点进行了批评和要求整改。为提高我馆支中心的管理水平，今年通过事业单位招考，吸收一位计算机专业本科毕业生，专门负责我市文化共享工程的建设与指导。

十、工作展望

随着国家和我市对镇、村文化建设的重视，加大对文化共享工程的投入，我支中心将在未来几年里着重搞好抓好镇、村基层点服务工作，健全覆盖全市的城乡一体化文化信息资源共享工程服务网络，加强对管理员的培训和技术指导、联合开展多种活动，为开平市文化信息资源共享工程健康发展作出努力。

（撰文/关基顺）

鹤山市支中心

一、基本情况

鹤山市图书馆文化信息资源共享工程县级支中心始建于2007年年底，主要依托本馆电子阅览室现有资源进行建设。2009年，我馆积极加入省文化厅县级支中心建设的帮扶计划，成为省扶持50个县（区）图书馆之一，获得省帮扶资源共享设备38万。与此同时，市委、市政府从我馆支中心始建之初就给予高度重视，2009年专门投入专项配套建设资金30万，使得我馆县级支中心于2010年正式建成，并顺利投入使用。鹤山市县级支中心主要负责接收和转发国家中心和省中心下发的各种文化信息资源，对本地区特色文化资源进行收集整理以及数字化，并指导鹤山市镇、乡基层服务点的建设及开展全市共享工程的业务培训。本馆县级支中心在上级领导部门的领导和支持下，逐步推进，稳步发展，充分利用现代高新技术手段对各种类型的文化信息资源行数字化加工以及传递，实现优秀文化信息的共建共享。

二、网站建设

“全国文化信息资源共享工程江门地市级支中心”的门户网站“鹤山市图书馆网站”(http://heshanlib.com)，该网站整合包括电子图书、地方文献全文、青少年、传统文化等音频、视频资料和各种优秀的文化信息资源。

三、培训工作

举办文化信息资源共享工程基层服务点相关培训，提供业务支持，范围涵盖我市十个镇（街），为文化信息资源共享工程基层点建设培训需要的人才队伍。此外，我馆开发了我市全国文化信息资源共享工程服务平台并协助基层点进行了安装调试，组建了我市文化信息资源共享工程服务交流群。创新培训方式和内容，充分利用网络优势开展远程辅导教育，借助互联网、光盘、印刷教材等多种手段和形式开展培训，实现培训工作的系统化、网络化、常规化和个性化。

四、经费投入

鹤山市地市级支中心自2013年起，地方财政根据国家文化部、财政部、省文化厅、财政厅的文件要求每年投入专项免费开放资金4万，用于光纤网络接入、数据库建设、设备维护和更新以及共享工程推广、培训、学习等相关活动，为共享工程基础设施建设及文化信息资源建设和服务提供有力保障。

五、资源建设

建设具有地方特色的数据库。一是建设鹤山地方志数据库。完成了《鹤山县志（道光版）》、《鹤山县志（宋森版）》、《高鹤县志》、《鹤山县志（2001年版）》、《中共鹤山党史（民主革命时期）》等14种地方志的扫描。二是鹤山地方族谱数据库。收藏了鹤山宋氏、易氏、吕氏、李氏等近80个姓氏的族谱。三是鹤山本土作者作品数据库，收纳包括凌品权、徐晓星、曾金玉等众多鹤山本土作者作品，并在我馆网站上可以查询到简介或者全文。四是鹤山市地方名人数据库。

六、合作共建

在市委组织部及市文广新局的组织和协调下，我馆县级支中心依托党员干部现代远程教育网络，整合有利资源，全面铺开了我市“全国文化信息资源共享工程”镇、村一级服务网络建设。截止2011年年底，我市10个镇（街）基本完成了全国文化信息资源工程基层服务点建设，覆盖率达100%。

七、惠民服务

电子阅览室免费对外开放。为了进一步落实文化惠民措施，我馆自2011年起实现全面免费开放，作为文化信息资源共享工程县级支中心所在的电子阅览室在上级规定的免费开放期限前实现了免费对外开放。据统计，自2011年至今，共提供免费上网时段44975小时，接待读者43420人次。

固定化、专题化、专场化播放共享工程影片。利用共享工程投影设备，逢节假日定期播放相关的应节影片，目前，该支中心已经播放了“中华勤学故事”、“百家讲坛”、“童心向党”、“文化共享心向党”、“欢乐暑假·精彩共享”、“辛亥百年”等多个系列影片，组织了五一专场、六一专场、七一专场、十一专场等多个专场播放。据统计，截止目前，免费播放资源共享工程电影186场。

充分利用“文化信息共享工程”丰富的资源为广大读者提供专业化个性化信息服务，取得良好的服务效益。借助省联合参考咨询网平台，以共享工程及本馆文献资源为依托，向本地和全国各地读者提供了免费的网上实时参考咨询和文献远程传递服务；另一方面长期为本地企业提供所需信息，帮助本地企业随时掌握市场技术信息，长为企业解决了大量科研生产问题，受到企业的好评，充分发挥了图书馆信息部门在服务经济、促进社会发展中的重要作用。

（撰文/鹤山市支中心）

佛山市支中心

佛山市现辖禅城、南海、顺德、高明、三水五个区。全市总面积3797.72平方公里，常住人口720万人，其中户籍人口374.77万人。

佛山市文化共享工程在省文化厅、广东省分中心的指导下，在佛山市政府、佛山市文化局的重视和关怀下，在佛山五区政府和各级文化共享工程支中心的共同努力下，克服各种困难，在基层服务网点建设、公共服务、共建共享、队伍培训等方面取得了稳步发展，社会效益良好。

一、基本情况

佛山市支中心建设开始于2005年，至2012年12月，全市共建成挂牌运行的文化共享工程基层点480个，其中市支中心直接发展291个，禅城区10个，南海区14个，顺德区29个，三水区60个，高明区76个，实现了所有街镇、行政村共享工程100%全覆盖。

二、经费投入

佛山市共享工程自2005年开展以来，每年投入176万专项经费，用于共享工程数字资源采购、设备维护，人员培训和惠民活动的开展。同时，禅城区支中心、南海区支中心、三水区支中心、顺德区支中心、高明区支中心每年均投入大量人力物力支援共享工程各项工作的正常开展。

三、制度建设

为使共享工程真正为民所用、为民谋利，佛山市支中心将共享工程日常运作纳入制度化管理。佛山市支中心认真制定支中心和基层服务站点的工作规则和管理人员工作守则，实行制度上墙公开，严格执行。佛山市支中心定期派出工作人员进行指导、监督、和管理。佛山市支中心定期组织各区县和基层各级中心及时上报文化共享工程月报表，并通过“广东省文化共享工程信息管理系统”，实行月报表数据的网络上报，通过自动化管理，宣传文化共享工程的社会效益。

四、队伍建设

队伍建设是文化共享工程工作正常开展的关键，佛山市支中心每年均选派业务能力和责任心强的人员负责文化共享工作，并给予足够的支持。为加强管理和及时交流信息，加强共享工程人才队伍建设，佛山市支中心通过QQ工作群与各基层服务点工作人员加强沟通和业务联系，确保共享工程各项工作顺利推进。以开拓视野、提高技能为目的，经常通过文化共享工程网站“数字学习港”进行网络培训，有力推动了人才队伍建设。

五、资源建设

佛山市支中心依托佛山市数字图书馆建立起丰富的数字资源，并通过佛山市联合图书馆的平台与各区实现了联网和资源共享。目前佛山市数字图书馆在线提供服务的各类数据库就有近六十种，其中包括电子图书，电子报刊，学术论文，经济教育、休闲娱乐等数据库。

佛山市支中心通过建设《佛山记忆》，从多方面揭示了佛山的文化渊源、历史传承，并通过多渠道向社会各阶层进行传播。另外佛山市支中心在历年的工作中，根据民众不同的文化需求，选取、编辑制作各类题材资源3TB，每年制作发放各类光盘2500多张，展板50多块，各类海报，招贴画20余幅，发放宣传资料4000余份。

六、培训工作

佛山市支中心在共享工程管理员的培训上实现了制度化和常态化。考虑到基层流动服务点的情况不一，网络环境差异明显，工作人员有限且承担工作较多，难于固定在一个时间学习等，我们定期提供共享工程网络循环播出时间的链接给基层服务点，方便大家学习。

以基层站点工作人员为培训重点，通过介绍工程资源、指导服务、分享经验等方法，使其熟悉资源，掌握服务技能，提升服务的主动性、创造性，不断提高服务质量。

在历年的工作中，市支中心及各区支中心在各行政村中建设农家书屋的目标已全部实现，各区支中心将工作的重点放在加强对农家书屋的后期管理上，制订了管理规则和奖励升级等激励机制以保证农家书屋的正常运行。各区支中心经常开展大型的农家书屋培训，并定期为农家书屋选配农业科技、种植养殖、农村法律、农村文化等适合农民需求的专题图书，使农民朋友在日常生产中出现的种植养殖技术问题，得到快速、有效的解决。

七、合作共建

2009年佛山市支中心与佛山市总工会合作，签署协议共建“职工书屋”，将符合要求的佛山职工书屋纳入“全国文化信息资源共享工程”基层服务点加以建设。佛山市支中心负责提供全国文化信息资源共享工程相关资源，共赠送了480份文化共享资源包。这些资源由佛山市总工会调配用于“职工书屋”的视频播放、数字资源网络阅读等建设服务中，以改善一线职工，特别是农民工、外来工的学习条件，保障职工的基本文化权益，促进营造全市广大职工共建共享和谐佛山的良好氛围。

2009年佛山市支中心开始与佛山市农村党员干部现代远程教育网络的合作共建工作，为该网络939个终端站点（包括镇街、村居793个，市直单位及非公企业等两新组织146个），提供专题视频资源数据量累计达1.5T；并通过向政府和基层共建点提供免费资源使用账户，为其提供便捷的数字资源检索、阅览和下载服务。

八、文化惠民

佛山市支中心在共享工程服务实践过程中，以民众的需求为导向，积极探索，深入开展多种形式的文化惠民活动。

我们多年来坚持每周为读者呈上精彩的公益讲座，深化品牌服务，与读者共享传统文化和传递新知理念；为数字电视专栏服务提供共享工程的视频资源，让共享工程的服务走入千家万户；开展全国文化信息资源共享工程之阳光电影之旅专项活动，每月为读者提供4-5期免费的精选电影，创新共享工程服务形式，深受群众喜爱；开展“文化年货带回家”、“文化共享工程进企业”、“文化共享工程进校园之奥运行”、“文化共享工程进军营”等文化惠民活动；加大对弱势群体的关注，2012年佛山市支中心成立了视障阅览室，提供盲文读物、有声读物及电脑。盲人读者可在此访问共享工程等各类网站、了解网上信息、聆听有声读物。

九、宣传推广

在各区支中心每年的科技文化四下乡活动，科普之春，科普之夏，科技周等活动中，佛山市支中心积极利用各活动平台，加强共享工程宣传，让民众进一步了解共享工程，走进共享工程。

佛山市支中心开通微博、及读者QQ群，向公众及时介绍共享工程、新书推荐、公益电影、讲座展览、读者活动等动态信息，利用公众服务平台主动向社会宣传、推广共享工程的工作和服务。

十、工作展望

佛山市共享工程建设已走过8个年头，日益成为繁荣佛山文化，丰富人民精神生活，推动社会进步的源泉。

展望未来，我们将不断完善自身建设，通过各级支中心、基层服务点为广大市民提供优质的文化服务，在新形势下为繁荣基层文化、满足市民文化需求、传递优秀文化资源发挥更加积极的作用。

（撰文/佛山市支中心）

佛山市禅城区支中心

禅城区面积154.68平方公里，常住人口110万人。下辖1个镇和3个街道办事处。禅城区文化共享工程在禅城区委区政府的支持和部署下，逐步推进，稳步发展，在新形势下为繁荣基层文化，满足广大人民群众多层次文化需求，传递中国民族优秀文化资源发挥了重要作用。

一、基本情况

禅城区文化资源共享工程建设始于2003年，禅城区支中心设在禅城区图书馆，截止到2012年底，禅城区已建成的文化共享工程服务网络有：

1、支中心1个：禅城区图书馆

2、镇街基层服务点6个：少年儿童图书馆、澜石金属图书馆、环市童装图书馆、张槎图书馆、张槎中心小学图书馆、南庄图书馆。

3、村级基层服务点6个：沙岗村图书室、武警禅城三中队图书室、罗南村图书室、奇槎村图书室、武警支队“警营书屋”、大富村图书室。

初步完成了建设三级文化信息网络的要求，已实现100%乡镇、部分行政村建有基层服务点。支中心和基层服务点全部按照一级标准建设，标牌制作标准，规章制度张贴规范，现有的共享点设备技术都已安装并正常运行。

二、各级政府高度重视

1、领导重视，设立了专门的机构。为了认真贯彻实施共享工程，2003年我区在文化资源共享工程建设之初，就以文化局牵头，成立了区文化共享工程试点工作领导协调小组，由局长担任领导小组组长，成员有副局长和所有街道负责文化的党工委委员、各街道文化站站长、区图书馆馆长等等，负责统一部署试点工作，协调和处理工作中的重要问题。领导小组总结我区现有的资源情况，结合我区文化共享工程服务网络的建设要求，以区联合图书馆为依托，制订并认真落实了《禅城区开展文化共享工程试点工作的实施方案》。

2、在各级领导的高度重视和推动下，初步完成了联合图书馆建设，从而保证了文化信息资源共享工程落到实处。禅城区成功探索出一条政府主导、社会合作、多方投资、统一管理的办馆之路。目前五个分馆中有四个分馆的馆舍都是由所在街道办负责投资兴建，馆舍所有权归属于街道办，运作经费由区政府直接下拨给禅城区图书馆统一管理。

三、共建共享，开发特色数据库，举办专业讲座。

围绕《禅城区落实开展文化共享工程试点工作的实施方案》的目标，我们开展的主要工作有：

1、充分利用图书馆阵地，以各专业图书馆“行业信息交流”为平台，开展多种专业讲座，形成我区的特色品牌。同时，下载、加工“名家讲坛”、“精英论坛”和其它视频资源，筹备建设我区讲座资源库。开发整合优质地方数字文化资源，重点建设“禅城名家网上书画展览”，结合本地经济特点，开发了“陶瓷数据库”、“童装数据库”、“金属数据库”等地方特色文化数据库。

2、建立“禅城区文化信息资源共享工程分中心”网站，报道我区和全国、省、市共享工程建设的动态，展示各类资源库，链接全国各主要共享中心网，扩大文化共享工程的社会影响，吸引更多群众，方便快捷地享用共享工程所提供的公益性文化资源。

3、加强队伍建设，加强基层专业人才队伍培训，按全国文化资源共享工程评估定级要求，实行规范化管理，提高设备维护和服务群众的能力。

四、联合图书馆模式，有效保证了共享工程实施

2003年，我区开始实施“禅城区联合图书馆工程”。到目前为止，禅城区联合图书馆已形成了一个主馆（禅城区图书馆）、五个分馆、五个成员馆的联合图书馆体系。禅城区联合图书馆是一种区域性的总分馆制模式，其主要特征是统一标志、统一管理、多方投资、分散服务、资源高度共享。经过几年的实践，我们认为这种办馆模式既有助于减轻区政府财政的负担，又很好地利用社会资源，极大地激发了街道和社区投资文化事业的热情，从而也保证了“文化信息资源共享工程”的建设和服务质量。

1、经费集中控制使用。如何保证有限的经费落到实处是共享工程运作是否顺利的最关键因素。联合图书馆的统一管理原则，要求经费统一调配，有利于立足全局，统筹兼顾，有效地保证了文化信息资源共享工程的经费使用。

2、人员统一管理、培训——联合图书馆的人员实行统一管理、统一培训。这样的措施能有效的避免各个工作人员，乃至各个基层服务点提供的信息服务的差异性，从而保证了共享工程的服务质量。

3、实行标准化服务——各个基层服务点统一服务标准，开放时间、设备配置、网络连接、资源提供、系统管理等，均由主馆统一部署，统一步调、避免各自为政。

4、政府成为坚强后盾——联合图书馆发展规划早已写入我区十一五文化发展规划当中，从而有效的保证了联合图书馆建设的延续性和后期发展。运作经费明确列入政府财政预算，共享工程的设备更换与维护、数据库开发、资源购买、网络连接等经费都能得到强有力的支持，从而保证了文化信息资源的及时更新，以及文化信息资源的有效传播。

五、军民共建，开辟新的共享渠道

军民共建工作是军、地干部群众的夙愿，是军、地共同利益结合、融合发展经济方式之一。我区在认真完成共享工程建设目标的同时，注重结合实际情况，开拓思路，成立武警三中队基层服务点，完善我区文化信息资源共享工程的建设。

我馆利用精良的业务技术和丰富的知识资源，在为佛山市武警中队组建图书室、举办电脑培训等的基础上，于2005年10月底，投入专项经费，为中队官兵组建了局域网，成立了基层服务点——佛山市禅城区武警三中队，为他们建网站，提供免费数字电影欣赏、电脑培训等服务及数字图书等各项资源，实现优秀文化信息通过网络为大众服务的目标，受到了广大官兵的热烈欢迎。

2010年我馆又与武警佛山市支队合作筹建了“警营书屋”，并将其作为成员馆纳入禅城区联合图书馆体系，并作为我区文化资源共享工程基层服务点之一加以建设。我馆为警营书屋提供了近2000册图书及部分设备，

并开展了图书加工、人员培训等工作，免费为武警官兵办理联合图书馆“一卡通”借书证。“警营书屋”的建设，巩固和发展了警民关系，是我馆与武警佛山市支队开展“文化共建”活动的又一丰硕成果，同时又是禅城区文化资源共享工程建设的一个新的亮点。

六、提升建设，深度服务

2012年，在区委区政府的高度重视下，禅城区数字图书馆作为我区2012年十件民生实事之一已建设完成。禅城区数字图书馆项目包含了信息资源丰富、支持一站式检索的24小时数字图书馆；读者自主阅读、自助服务、无人值守的自助图书馆；支持通过手机等移动终端访问和获取图书馆资源的移动图书馆；支持报刊触屏阅读和回溯检索的电子阅报栏；以及强大的后台硬件支撑系统等五大主要内容。为禅城区图书馆数字资源服务打开了新的局面，让图书馆的服务延伸至每个读者身边，市民足不出户便可享受大量的文献资源。同时，对于禅城区文化资源共享工程建设来说也是一件具有里程碑意义的大事，通过一站式数字资源检索、移动终端阅读、自助服务等为市民提供数字化、智能化的全新文化服务，极大地提升了我区文化资源共享工程的服务能力和服务水平，让市民在网络环境下享受均等的公共文化权益。

七、工作设想和措施

1、加强共享工程领导班子建设，定期召开碰头会，解决工作中产生的问题，并协调各街道、镇、基层服务点的日常事务。

2、加强基础设施建设。目前区支中心及各基层服务点部分设备老化需要更新，我支中心计划分批逐步更新设备，此项工作争取在2014年底前完成。

3、加强基层服务点人员培训工作。每年定期召集所有基层服务点的工作人员进行系统、规范的培训。

5、将共享工程基层服务点建设与区农家书屋建设相结合，力争每年建设1至2个基层服务点。

（撰文/佛山市禅城区支中心）

佛山市南海区支中心

一、基本情况

“共享工程”南海支中心设在南海区公共图书馆。南海支中心作为南海的信息资源中心，首先，重点抓好基础设施建设和信息资源的建设。先后添置和更新了各种计算机设备和网络设备，实现与国家、省、市各级的文化信息资源中心的资源连接。同时，购买了7个专业数据库，自建了2个数据库。为“共享工程”的有效推广与实施打下坚实的基础。

在不断建设、完善支中心建设的同时，南海支中心把“共享工程”工作推向基层镇一级公共图书馆。经过多年的建设与推广，先后在8个基层公共图书馆建立了“共享工程”信息资源服务点。同时，并将“共享工程”服务网络一步一步的延伸到全区近283个行政村（社区）。至此，实现了“共享工程”全南海区范围的有效覆盖。

二、合作共建

南海支中心还积极将“共享工程”走向联合与共建的方向发展。在2006年底，由南海区上级领导部门的牵头下，在文化、教育、卫生、政务网信息中心等多个部门的积极支持和协助下，建成了南海区政务网、教育网、卫生三大网络与公共图书馆网的信息资源共享。该项工程以南海支中心为信息资源中心，统一购买、自建、收集各种信息资源数据库，并通过光纤分别连接了南海区政务网和教育网的网络信息中心。所有的信息资源，由南海区政务网、教育网、卫生、公共图书馆网络的接入单位的共同使用。该项工程的建成，使南海支中心丰富的信息资源覆盖了全区各级政府机关、行政部门、事业单位以及社区（村）服务中心；全区各级公共图书馆；全区中小学校，27万多中小学师生；全区20多家医院，1万多名医务工作者。基本上覆盖了南海区大部份高素质、高使用频率的用户单位和群体。该项工程的有效实施，避免了以往各个单位在信息资源建设中重复建设、重复购置的问题，每年为南海区政府节省了巨额的财政资金。

三、开放式服务

在2008年，南海支中心为了满足读者馆外使用信息资源的需求，投入了10多万元，建成了“南海区图书馆信息资源馆外接入系统”。通过这个系统，读者不再需要亲自来图书馆，而且不受时间和地域方面的制约，只要有能上网的地方，就可以通过互联网接入南海支中心，全天24小时免费使用全部信息资源。该项系统的开通，实现了南海支中心信息资源的馆内外全开放服务，为读者使用南海支中心的信息资源提供了极大的便利，也有效地提高了数字资源的利用率。

四、经费投入

一直以来，南海区政府对“共享工程”的建设非常重视。“全国文化信息资源共享工程”自2002年4月启动以来，南海支中心结合南海当地的具体情况和经济发展需要，详细制定了“南海区文化信息资源共享工程”实施方案。2002–2007年先后为“共享工程”专项建设拨款达150多万元。在2008–2012年度里，每年的“共享工程”运作和维护经费达30多万元。

五、资源建设

南海支中心根据本地的实在需要，开通了8个商业全文数字资源库（中国知网、维普、龙源期刊、金羊行业数据、在线考试模拟题库、方正电子图书、英语听力训练、人民网数据库）。南海支中心自己也开发了特色全文数据库2个（南海地方资料库、南海资讯）。同时，南海支中心通过资源共享的方式，共享了本地资源数据库2个（南海年鉴、南海县志）。这些数字资源为南海支中心成为当地信息中心、资源中心提供了有力的保证。

六、培训工作

南海支中心在“共享工程”管理员的培养上实现了制度化和常态化。根据支中心工作要求，凡是新入职的共享工程管理员，必须要先培训后上岗。同时，每年对辖区内共享工程管理员进行2期的集中培训，2003年以来一共举办各类培训班20期，参加轮训的各级管理员达

1000人次。

七、宣传推广

南海支中心充分利用各种渠道宣传推广"共享工程"。在每年的读书节活动、送书下乡活动、"创文"活动、"扶困助学"活动、党支部与基层支部的挂钩活动等活动中，南海支中心不失时机，以活动为平台，以资料为媒介积极宣传"共享工程"，让干部群众不断了解共享工程，走进共享工程。同时，平时印刷好"共享工程"宣传小册，摆放在每个"共享工程"资源服务点，供市民随时取阅。

八、工作展望

南海区文化资源共享工程实现了全区范围的覆盖，但并不满足现状，南海的"共享工程"将紧跟时代的步伐，与时俱进。南海支中心正在利用先进的设备与网络技术，探索"共享工程"的全新服务方式：1.开通数字资源移动接入与阅读服务；2.以智能化自助图书馆建设为契机，探讨自助"共享工程"信息资源服务点的服务模式。用先进的科技、全新的理念打造南海支中心，为南海的经济建设服务，为南海市民服务。

（撰文/佛山市南海区支中心）

佛山市顺德区支中心

顺德区面积806平方公里，下辖10个镇街，200个村（社区），常住人口246万人，其中户籍人口122万人。佛山市顺德区支中心围绕《珠江三角洲地区改革发展规划纲要(2008-2020年)》精神，围绕区委区政府"重心下移、服务基层"与"解放思想，坚持改革开放，争当实践科学发展观排头兵"的工作要求，凭借建设佛山文化共享工程试点市、顺德公共图书馆集群建设、顺德农家书屋建设为契机，全面开展共享工程各项工作。

一、基本情况

在顺德区各有关部门的重视和区文体广电新闻出版局的领导下，顺德图书馆于2005年3月成立顺德区支中心。区政府有关部门对顺德支中心进行了定岗、定员、定人员费用，并拨出专项经费56万元，用于顺德支中心的软、硬件建设。如今顺德支中心有专职工作人员4人，建有共享工程宣传平台"顺德数字文化网"，并自建《顺德人文》《顺德家电资讯》《顺德口述历史》等多个特色数据库。在新旧两馆分别配备电子阅览室，提供免费的上网检索服务，面积共为670平方米，有88台计算机。顺德支中心已经达到《2009年度全国文化信息资源共享工程县级支中心考核标准》，电子阅览室、机房、储存器、服务器、管理软件等配置设备一应俱全。顺德图书馆分别从2006年和2012年开始开展共享工程公益电影和网络音乐会播放活动，深受读者的欢迎。

二、管理和队伍建设

组织部门员工深入学习实践科学发展观，深化对科学发展观这一重要指导方针和重大战略思想的认识，并应用到实践和工作中。定期派出人员参加由佛山市支中心举办的共享工程师资培训课程，确保共享工程顺德支中心工作人员熟悉掌握并使用工程应用系统发展服务、熟悉设备维护及日常操作。

三、培训工作

1、开展大型的农家书屋培训。

2012年我区在108个行政村中建设农家书屋的目标已全部实现，我馆将工作的重点放在加强对农家书屋的后期管理上，制订了管理规则和奖励升级等激励机制以保证农家书屋的正常运行。今年我馆开展了大型的农家书屋培训，并定期为各农家书屋配送图书、培训业务、解决技术疑难等，使群众能更好地享受图书服务。

2、建立公共图书馆集群网络服务监测系统，做好相关培训工作

为掌握流动服务点的网络运行状态，推动我馆数字资源的建设，并就网络带宽运行情况加强与区信息中心协调和沟通，我馆自行开发"公共图书馆集群网络服务监测系统"于今年1月投入使用至今。为使基层服务点熟悉运用该套系统，我馆制订《使用指南》并下发给各个基层服务点进行培训。

2、做好筹建镇级图书馆的培训工作。我馆大力扶持龙江、伦教和勒流图书馆的筹建工作，针对馆舍设计、藏书结构、网络技术等方面做好培训工作。

四、经费投入

2005年，区政府有关部门对顺德支中心进行了定岗、定员、定人员费用，并拨出专项经费56万元，用于顺德支中心的软、硬件建设。

五、资源建设

1、开发设计"顺德数字文化网"，为全区基层服务点统一数字平台。

为全区的基层服务点统一数字平台，顺德区支中心开发设计了共享工程顺德支中心网站——"顺德数字文化网"，为全区的基层服务点统一了数字平台，提供反映顺德区历史文化丰富多彩的内容。

2、引入多个资源数据库，加大数字资源建设力度。

我馆不断加大数字资源的引进和建设力度，在原来CNKI、万方数据、国研网等专业型数据库的基础上，近两年新引进了超星电子图书、中华数字书苑、中华连环画等多种数字资源，丰富了我馆的数字图书资源。另外，我馆通过引进"库客"音乐数据库，开办我馆首个专题图书馆——音乐图书馆，设有24个音乐欣赏专座，读者可通过"库客"数字音乐图书馆聆听世界各地的古典音乐、交响乐、爵士乐、歌剧等，也可欣赏顺德合唱团、顺德交响乐团、梁子刚先生的原创音乐（艺术）作品等专业的音频资源

3、自建多个图文专题资源网站，丰富我区特色数字资源数据库。

在自建数据库方面，加大了《顺德人文》、《顺德家电资讯》的建设力度，开展"顺德口述历史"视频资源的制作，筹备建设"顺德城市影像馆"图片库。通过自建与引进相结合，逐步形成形成内容丰富、结构合理的数字资源保障体系。

4、开通顺图掌上数字图书馆，实现数字阅读设备全覆盖

我馆于2011年自行建设了“掌上顺图”——顺德图书馆手机网站，将本馆的数字图书馆服务从桌面延伸至读者的手机，实现对移动终端设备的支持。“掌上顺图”提供“本馆动态”、“馆藏检索”、“文献推荐”、“掌上期刊”等多个栏目。其中“掌上期刊”由龙源电子期刊提供人文大众类，包括《青年文摘》、《知识窗》、《世界知识》等多种畅销期刊，为读者提供更多个性化的数字图书馆服务，开通至今手机网访问量已近2万人次。

六、网点建设

1、筹备与区教育局、电教中心合作，将图书服务延伸至各中小学。

为使全区230多所中小学的近30万中小学生能更好地享受图书服务，免费成为图书馆的读者，与区教育局、电教中心合作，计划在各中小学建立图书馆业务平台，与我馆流通平台实现联网，并定期配送图书以及提供技术支持和服务咨询。计划明年试行，我馆与各镇街、学校逐步建立共建共享、分级管理的图书服务机制，实行区-镇-学校三级管理模式。通过分级管理，使图书服务覆盖全区中小学生。目前，我馆已经与区电教中心一起完成了图书馆业务管理系统的筛选，并开展招投标工作。

2、加强顺德公共图书馆集群建设，大力拓展基层公共图书服务网络。

积极协助北滘成员馆的建设工作，并于“4•23”世界读书日活动期间正式挂牌成立；今年我馆大力扶持龙江、伦教和勒流图书馆的筹建工作，在馆舍设计、藏书结构、网络技术等方面给予支持。截至目前为止，集群系统已并入的镇级成员馆2个，已建成的流动服务点71个。

3、推进农家书屋建设，满足村（居）民文化需要。

本年度我区在108个行政村中建设农家书屋的目标已全部实现，我馆将工作的重点放在加强对农家书屋的后期管理上，制订了管理规则和奖励升级等激励机制以保证农家书屋的正常运行。今年有4个条件较好的行政村农家书屋已升级为通借通还的服务点，纳入了顺德公共图书馆集群的管理系统。我馆定期为各农家书屋配送图书、培训业务、解决技术疑难等，使群众能更好地享受图书服务。

七、合作共建

2009年5月，为普及我区文化信息资源共享工程，我馆与文化信息资源共享工程佛山市分中心、佛山市委组织部、佛山市农村党员干部现代远程教育网合作，为全区镇（街）、村（社区）提供约754G数据量的文化信息资源服务。目前区内所有的镇（街）、村（社区）都能通过佛山市农村党员干部现代远程教育网点播由共享工程提供的数字资源，其覆盖率达100%。

我们还积极配合区文体旅游局，并与区总工会、区妇联合作，将“农家书屋”“职工书屋”“儿童书阁”的建设纳入顺德图书馆流动服务网络中，与村居图书流动服务点统一布局、统一标准、统一管理。投放一定数量的优秀图书期刊，实现与流动服务点相同的网络联通、书刊借阅、数据库检索浏览、电子书刊浏览下载、视频点播等多元化服务，大大提升了各种基层图书服务的档次。目前已建成勒流龙眼等12个农家书屋；东菱集团、爱信精机等9个职工书屋；上街市等20余个儿童书阁。

八、各项读者服务

1、充分利用信息检索中心、音乐图书馆等阵地以及联合参考咨询系统开展数字图书馆服务

我馆新馆信息检索中心提供检索计算机48台，旧馆为44台。免费向读者提供数据库全文检索、互联网信息查询、网上参考咨询、无线网络等服务，旧馆还兼顾随书光盘借阅服务。从今年的1月至11月，新旧馆共接待读者75358人次。

我馆今年新开办的音乐图书馆，为读者免费提供音乐类书刊借阅、数字资源阅览及上网服务，设音乐欣赏区、音乐专题书刊借阅区。现有音乐欣赏座位24个，阅览座位40个，图书1600余册，期刊33种。从今年的7月中开始投入服务，至今共接待读者2475人。

同时，利用我馆加盟的“网上联合参考咨询和文献传递网”服务阵地，面向全国用户服务，解答多方咨询。回答咨询数量不断提升，在全国加盟图书馆的排名中持续上升。

2、“周六公益电影”成为本地一个重要的文化品牌

为了普及和传播科学文化知识，让科普电影与广大群众零距离接触，实现“科教兴国”的战略目标，共享工程顺德支中心以顺德梁銶琚图书馆为基地，从2006年5月起开展“科普电影全接触”等系列公益电影播映活动，每个周六晚上在一楼报告厅向广大市民免费放映优秀电影。影片资源丰富多彩，有科普记录片、自然风光片、爱国主义电影、优秀少儿动画等。该活动至今累计播放电影50期共227场，入场总人数达65000多人次，深受广大群众的喜爱。

3、举办多种多样的图片展览

共享工程支中心从2007年开始承担多项图片展览的设计和布展工作。包括有以下几项：2007年为纪念顺德图书馆建馆五十周年而举办的“走近图书馆”大型图片展；2008年6月举办了“五环旗下——文化共享奥运行（顺德站）”；2008年12月举办“文化繁荣，岁月如歌”——改革开放30年文化成就大型图片展。

4、和佛山电台顺德分台合作举办“读书有心得”文化节目

2007年9月，共享工程顺德支中心和佛山电台顺德分台合办的电台节目《顺德901，读书有心得》，向市民大力宣传科普知识、文化历史、歌舞戏曲、好书推荐等丰富的文化信息，推荐喜欢阅读的读者到顺德电台接受采访，加强与读者的互动交流。自节目播放以后，一直深受听众的欢迎。

九、宣传推广

1、深入基层推广数字资源

为使市民大众亲身体验到数字资源的便捷，顺德支中心开展了“数字资源进社区”等系列推广活动。针对普通大众的阅读习惯，精心选取了CNKI中国知网、方正Apabi电子图书等数字资源作为社区推广重点，利用周末人流量较大的日期派出专人进行现场演示、讲解，为市民免费开通电子书帐号。至今，已在康城尚域、银星雅苑、明日嘉园、嘉信城市花园、北滘莘村等社区进行了16场的社区推广活动。同时，主动联系企业、医院、学校等基层单位，与41家基层单位、30间学校建立了合作关系，

免费提供电子图书账号和龙源电子期刊帐号，与其中部分单位还签订了万方数据资源系统和CNKI中国知网等数据库的免费使用协议。通过以上活动，共派发电子图书账号4761个，龙源电子期刊账号1920个，受到了市民的热烈欢迎，社会反响十分热烈。

2、开展网络宣传平台

顺德区支中心于2010年同时开通微博、139说客以及读者11群。利用只言片语，言简意赅，向公众介绍包括共享工程发展、新书推荐、公益电影、讲座展览、读者活动等动态，利用公众服务平台主动向社会宣传、推广图书馆的工作和服务。我们还不断参考国内外图书馆微博的做法，及时调整顺图微博的工作方向。据调研，顺图官方微博在新浪微博中是全国首家开通的公共图书馆官方微博，真正行公共图书馆微博宣传之先河。

3、“4•23”世界读书日系列活动广受好评。

为迎接每年“4•23”世界读书日的到来，顺德支中心别出心裁地开展多项读者宣传活动，包括数据库使用讲座、共享工程图片展、“顺德口述历史”视频展播等，吸引了众多读者前来参与及媒体报道，营造了浓厚的阅读氛围。

（撰文/佛山市顺德区支中心）

佛山市三水区支中心

三水图书馆通过对原多媒体阅览室加以扩大和改造，使全国文化信息资源共享工程三水图书馆支中心于2003年10月正式建成并开放。目前，三水图书馆拥有的数字资源有：超星电子图书、CNKI、龙源等公司的电子期刊、学位论文、重要报纸全文等数字资源。我馆共享工程支中心年接待读者1万多人次。

一、经费落实和使用情况

我馆支中心建成后由于网络设备比较落后，在自建资源和资源共享方面受到一定的限制。在区委和区政府的关心和支持下，2004年9月拨款58万元作为首期，对三水图书馆支中心网络进行升级改造。在网络建设方面，购置了硬件防火墙、服务器、交换机、微机以及自建数据库所需的投影仪、手提电脑、数码相机等一批设备。自2005年开始，区财政局依照2004年由佛山市政府下发的《全国文化信息资源共享工程佛山市实施方案》中规定的相关经费标准，向我馆支中心划拨经费。每年在年度运行经费预留6-7万元用于租用超星电子图书、CNKI、维普资讯、龙源等公司的电子期刊、学位论文等数字资源，其他费用用于自建数字资源；网络及硬件维护费；20兆网络光纤租用费。直至12年共享工程专项经费增至26万，比往年增加了6万。这除了体现上级领导的重视和对我们工作的肯定外，更是制度保障的体现。

二、“共享工程”信息站的建设

三水图书馆自2003年建成“共享工程”支中心以来，就积极推动基层信息站点的建设。站点建设由镇及村、从工业园区到社区，还发展到全区各中小学校、企业，脚踏实地，一年一个跨越。目前为止，共建设“共享工程”基层信息站60个。

1、乡镇、村、社区“共享工程”信息站建设

三水区进行区域调整后，合并的西南街道、白坭镇、乐平镇、芦苞镇、大塘镇和迳口华侨经济开发区均已开通“共享工程”基层信息站。在此基础上，去年又促进了村级基层站的建设，分别开通白坭岗头、西南街道基塘村委会的“共享工程”基层信息站。在西南街道设立了首个社区基层站——“康华”社区“共享工程”信息站。

2、学校“共享工程”基层信息站建设

学校基层信息站作为三水图书馆“共享工程”精心打造基层网络的重点，从一开始就制定了一个独立的“校校通”工程计划来开展，该计划主要是帮助有条件的学校开通“共享工程”信息站，将我馆已购买的数字资源赠送给学校基层信息站使用。“共享工程”的数字资源对丰富学校的教学资源和申报“省一级中学”帮助很大。目前，已开通“共享工程”基层信息站的学校有30多间，其中中学开通率达到100%。今后将对具备条件的其他学校进行推广普及。

3、工业园“共享工程”基层信息站建设

为配合三水区工业强区的发展思路，丰富企业文化、改善投资环境，三水图书馆积极推进“共享工程”进园区计划。目前，三水乐平中心工业园及辖下西南园区、大塘园区均已开通“共享工程”基层信息站，连同主要机构和企业共开通了10个基层站点。

三、数字资源的利用

1、以方便快捷方式为读者提供信息

对读者提出的咨询，我们即问即答、即查即印，或者通过电话、电子邮件的形式以最快速度作出回复。全年完成500多项征询，全部给出详细具体的答复，深得读者的认可和赞许。

2、为“科技兴农”活动增添新元素

我馆以“共享工程”为基础，利用文献资源优势开展“科技兴农”信息咨询工作，对工农业生产的发展、丰富基层文化生活起了很大的促进作用。我馆利用“清华同方”、“万方”等数据库的资源，搜集适合我区农民需要的种养及文化、卫生等内容的信息资料，编印成《图书资料信息》到镇、村进行免费派发并借阅科技书刊；同时，以无线上网的新颖形式现场咨询，即时查找、即时打印，最快最方便地为基层群众提供最新科技种养资料。2006年至今，三水图书馆共收集、整理了有关科技信息32个专题共4200多条，编印《图书资料信息》48期，免费向广大种养专业户派发《图书资料信息》共19200多份，借出书籍12000多册，接待咨询群众15000多人次。

3、向群众推荐优秀的传统戏剧、曲艺、影视作品

我馆在元旦、春节、五一、国庆期间都会免费放映“共享工程”优秀剧目。同时，我们给区老干局京剧社送去了国家“共享工程”下发的《中国京剧音配像精粹》共500多张VCD，供老同志欣赏和排练节目，区老干局还向我馆赠送了锦旗。最近给驻三水的部队送去十多套“共享工程”赠送的“双奖好戏”优秀剧目光碟，同样很受部队官兵的欢迎。

4、举办各类培训班

除了利用共享工程支中心作为阵地，我馆还利用新购进的投影仪、手提电脑等培训设备主动地去到各学校，免费为三水区的技术人员和教育系统开办“资源的检索与利用培训班”。在假期期间免费开办各类培训班，如“青少年网上读书培训班”，引导青少年朋友健康上网。受到了广大师生和家长们的热烈欢迎。这些培训班共开办了35期，培训人数为1800多人，有效地推广了共享工程的数字资源。今后我馆还将开办该类培训班，使更多的人掌握信息的检索，更广泛更有效地利用这些数字文献。

5、送资源和发放科技人员电子阅览证

为达到资源共享的目的，三水图书馆对每个开通的基层信息站都会送去万方数据库、超星读书卡、维普资讯阅读卡等资源。在租用数据公司的数字资源时，还为三水区的政府机关争取了与我馆支中心同样的使用权。同时，对全区有中级以上职称的科技人员免费发放“电子阅览证”，持证者可在区内各基层信息站免费上网检索。

6、不断完善三水图书馆网站建设

网站是图书馆对外宣传的形象门户，也是将我馆的数字资源传播出去的一个很有效的途径。在网络升级改造以后，利用新购服务器建成了三水图书馆网站。以这个网站作为我馆的宣传窗口，多途径、多方位地宣传图书馆服务和推广“共享工程”的数字资源。网站主要包括我中心数字资源、科技兴农、市馆的特色资源数据库、我区共享工程建设情况。

7、送资源和发放阅览证，扩大数字资源的受众面

为达到资源共享的目的，三水图书馆对每个基层信息站都会送去万方数据库、超星读书卡、维普资讯阅读卡等资源。在租用数据公司的数字资源时，还为三水区的政府机关争取了与图书馆支中心同样的使用权。同时，对全区有中级以上职称的科技人员免费发放“电子阅览证”，持证者可在区内各基层信息站免费上网检索。科技人员电子阅览证发放了约3500个。为了扩大数字资源的受众面，在2008年初，我馆为持有书证的读者发放网上读者证。使读者安坐家中就可免费阅读我馆支中心的数字资源。此举受到广大读者的欢迎，由推出至今已发放了5000多个网上读者证号。从2009年9月起，三水区“共享工程”支中心多媒体电子阅览室免费向读者开放。

四、强化骨干队伍建设，提供技术保障

共享工程建设有赖于一支综合素质高的队伍，为此我区支中心组建了一支包括馆领导、分中心电脑部的四名技术骨干及对外辅导部和咨询部的有关人员的队伍。在这几年多次派出支中心的有关人员参加省市的培训。以支中心的成员为骨干力量，对各基层站点的人员采取集中和分散培训；不定期到各站点走访，对基层站点的工作人员进行辅导和培训。承担起我区共享工程建设的技术保障职责。现在全区基层站中村级基层基本上有一名兼职管理人员，各镇基层站有2至4名管理人员，全区初步形成了一支适合文化共享工程建设需要的管理、技术保障和基层服务队伍。这支队伍还在不断地壮大，并发挥着他们应有的作用。

五、加强组织领导

为了指导和推进共享工程试点工作的发展和实施，我区成立了共享工程试点工作领导小组，职责是：把握共享工程试点工作建设方向，组织协调指导资源建设和信息服务，协调与有关单位、地区主管部门的关系等。

六、工作展望

我区支中心经过十年来的不断完善和发展，软硬件平台基本成熟，建立了一套完善的网络化管理和服务体系，实现文化信息资源在全区范围内的共建共享服务。文化资源共享工程的建立和推广，对丰富和活跃地方群众文化生活、弘扬和传播我国先进文化，起到积极的意义。今后，为进一步提升文化信息资源共享工程数字资源的利用率，我们还将加大力度在工农业方面进行宣传和推广，将数字资源用到实处，同时，我们还计划利用海量的数字资源对政府决策部门提供咨询参考，最终为地方经济、科技、文化发展作出贡献。

（撰文/佛山市三水区支中心）

佛山市高明区支中心

佛山市高明区行政区划共有1街3镇，常住人口40余万人。高明区文化资源共享工程稳步发展，在新形势下为繁荣农村基层文化，满足农民多层次文化需求，传递中国民族优秀文化资源发挥了重要作用。

一、基本情况

共享工程高明支中心设在高明区图书馆，是高明区共享工程的建设和业务指导单位，负责保障区中心共享工程设备的运行，协调镇村级共享工程设备的维修，指导镇村级共享工程活动的开展以及开展全区共享工程管理员的业务培训和指导。

1、依托政府网推动我区文化信息资源共享系统建设

我局于2005年4月组建成立之后，在当年的6月就向区政府提出了《关于依托政府网构建高明区文化信息资源共享系统的请示》，区府办20050973号批文同意将区图书馆、文化馆、博物馆免费接入政府专网；各镇（街道）文化站接入政府专网，其所需费用由各镇（街道）负责落实，从而保障和推动了各镇（街道）共享分中心的建设工作，并加强了横向联合，实现了文化信息资源在区政府机关的共建共享。

2、区级中心技术、设备、服务和信息资源建设情况

2008年，总投入79万元，对高明图书馆原网络信息阅览室进行了改造，以高明区图书馆网络信息阅览室为依托，按照高配置、高性能、高要求建成了我区共享工程的核心工程——高明区文化信息资源共享中心，实现了与国家、省、市共享中心联网。区级支中心拥有电脑48台，其中网络信息阅览室拥有电脑38台，儿童网脉工程阅览室拥有电脑10台，全部采用高配置知名品牌机，服务器采用DELL高性能机架密集型服务器集群安装，采用高可靠性高速光纤存储区域网络，采用电信级硬件防火墙和高性能三层交换机等组成安全、可靠、快速的数

据交换网络。自2009年始，申请区财政每年拨35000元作为共享中心设备维护专项经费。共享中心的各项管理和服务已规范化，每周开放时间49小时。区图书馆加强网络技术人员的引进和培训工作，现在，区图书馆配备网络技术专业人员4人，曾先后两次选派专业人员进行文化信息资源、网络技术等领域的培训，为我区开展共享工程作好人才和技术的储备。

依托区级共享中心，充分利用和推广上级中心的文化信息数字资源，提供了大量的在线阅读、网上参考咨询、视频讲座等新型服务。利用佛山市图书馆的中心数字资源，如清华、维普、万方等期刊数据库以及书生之家数字图书等，在本地局域网进行推广和使用，实现以非常经济的成本，共享尽可能多的资源。现在，高明区支中心购入超星读秀网和中经网，实现网上图书馆服务。儿童网脉工程阅览室将在全国文化信息资源共享工程的业务引导下，进一步整合优秀网络文化资源，将网络中的休闲益智游戏与科学文化、时事新闻、课外辅导等教育内容结合，同时提供包括影视点播、音乐欣赏、MTV等方面的娱乐内容等个性化服务。网室同时还提供大量的在线阅读，如清华、维普、万方等大型期刊数据库以及书生之家数字图书等，连接国家数字文化网、广东数字文化网、佛山文化信息网等，共享国家、省及周边地区强大的数字资源。为保障读者，特别是青少年读者的身心健康，网室注重源头管理和终端管理，确保内容健康、网络安全。绿色信息通道的源头安装区公安局网络信息安全监察科指定的网络信息监控过滤系统，并针对青少年的阅读要求，开通全国少儿图书馆、少年宫、少年先锋队及少儿新闻类、教育类、亲子娱乐类等网站。

3、镇（街道）共享工程分中心建设情况

自我区镇（街道）行政区划调整归并后，形成了三镇一街道的格局，原有的文化设施和资源面临重新规划和整合的问题。为此，我局加强业务工作指导，推动各镇（街道）优化整合文化设施和资源，在三镇一街道都基本建立起了共享工程分中心。特别是荷城街道及共富湾社区、明城镇、杨和镇都设有规模比较大，管理和服务比较规范的图书馆，有完善的办公和业务设备，有合乎标准的电子阅览室，拥有电脑5台以上，其中，荷城街道图书馆共享工程分中心的电脑达到40多台。镇（街道）共享工程分中心配备兼专职工作人员2人以上，年度运行经费由各镇（街道）财政负担，年平均运行经费为5万元。

二、管理和队伍建设

为使共享项工程真正为民所用为民谋利，高明支中心将共享工程日常管理纳入制度化管理。制定支中心、镇、村基层服务点工作职责和制度，实行制度上墙公开。每年有年度工作计划，月度有工作要点，季度有工作督导，年末有工作总结考核，并推行管理员工作日志管理，收集整理共享工程服务活动的得失，探索共享工程管理和服务新模式。

文化资源共享工程作为一个新的农村文化资源获取平台，如何推广好、利用好共享工程丰富的文化资源关键在于是否有一支专业化的共享工程管理员队伍。高明区共享工程支中心在管理员队伍建设上坚持明确职责，明确思路，制度化管理，常态化培育。对于乡镇、村两级基层共享工程管理上择优选取文化层次较高，有一定社会基层管理服务实践经验的大学生村官为管理员，他们工作热情高，有较高的文化水平能尽快熟悉掌握共享工程设备为所在村民服务。

三、培训工作

高明支中心在共享工程管理员的培养上实现了制度化和常态化。根据支中心工作要求，每年对辖区共享工程管理员进行3期的集中培训，2005年以来一共举办各类培训班22期，参加轮训的各级管理员达500人次。

四、经费投入

高明区共享工程自2010年实现村村全覆盖以来，高明区图书馆每年投入3.5万的运维经费，用于共享工程设备的维护，人员培训和惠民活动的开展。同时，高明区政府，高明区文化委员会和高明图书馆每年也投入大量人力物力支援共享工程各项活动的正常开展。

五、合作共建

以共享工程为依托结合全覆盖的农村数字电影厅建立电子文献资源服务中心。将各种部门下发的电子文献资源与建立的共享工程服务点结合，根据不同乡镇、村的硬件条件建立形式多样的电子阅览室和多媒体中心。

六、利民惠众，惠农服务

高明支中心在共享工程服务实践过程中，以民众的需求为导向，积极探索，服务民众生活生产，引领群众高尚精神文化生活，打造群在满意喜爱的文化服务新平台。

根据高明地域农业生产特点，高明支中心每年按节令制作农业生产技术光盘和小册子通过行政村基层服务点村民分发。针对不同农业专业者，高明支中心

有针对的选取资源上门指导服务。

七、宣传推广

1、高明支中心利用各种渠道宣传推广共享工程。在高明每年的科技文化四下乡活动，科普之春，科普之夏，科技周等活动中，高明支中心不失时机，以活动为平台，以资料为媒介宣传共享工程，让民众不断了解共享工程，走进共享工程。

2、走进校园。高明支中心文化服务中不断探索，利用支中心儿童阅览专区，组织动员青少年儿童关注共享工程，利用共享工程，收集青少年知识兴趣点整理挖掘，针对集中地知识群和关注点高明支中心联合友邻部分聘请专家前来为青少年答疑解惑。

3、专题活动，精彩纷呈。高明支中心在服务中抓住文化的热点和亮点，积极组织群众喜闻乐见的文化服务，使共享工程走进群众生活。

八、工作展望

下一阶段，我们将按照上级有关要求和《佛山市高明区文化信息资源共享工程、联合图书馆及“农家书屋”建设实施方案》，狠抓落实，力争至2013年，基本构建起以区图书馆为总馆（高明共享工程中心），各镇(街道)图书馆为分馆（高明共享工程分中心），社区书屋、行政村“农家书屋”为支点（高明共享工程基层服务点），并吸收学校、企业等其他系统图书馆加入的全区图书馆网群（高明共享工程网络），更好地实现文化信息资源在全区范围的共建共享，明显提升全区图书馆的整体实力和

社会服务效益。

1、通过签订工作协议的办法，推动区、镇（街道）、行政村（社区）三级图书馆（室）联网，接驳国家、省、市共享中心，实现文化信息数字资源的共建共享。

2、加强服务体系建设，推动区、镇（街道）图书馆与佛山市图书馆的服务对接，逐步实现公共图书馆书目数据的统一检索和书刊通借通还。

3、加大扶持力度，逐步在全区21个社区和51个村委建立社区书屋、“农家书屋”，使之成为共享工程的基层服务点，纳入区图书馆的业务指导和管理范围，实现全区公共图书馆（室）书籍的定期轮换和文化信息资源的共建共享。

（撰文/佛山市高明区支中心）

肇庆市支中心

肇庆市土地总面积1.49万平方公里，人口约413.69万，下辖有端州区、鼎湖区和广宁、德庆、封开、怀集4县，代管高要、四会2个县级市，另设肇庆高新技术产业开发区。

一、基本情况

肇庆市文化资源共享工程建设始于2003年，最初只是建成了端州、四会、高要、德庆等四个县级基层中心和德城镇一个镇级信息点。2005年，随着市图书馆的成立，基于历史原因一直未能建立的共享工程市级分中心终于在2005年6月开始筹建，同年9月市图书馆建成了电子阅览室和网站，10月“共享工程肇庆市级分中心”正式启动，此后陆续在全市108个镇（街道办）、1572个社区（村委会）铺开建设工作。截至2012年底，基本建立了覆盖城乡的服务网络。共享工程肇庆支中心设在肇庆市图书馆，是肇庆市共享工程的建设和业务指导单位，负责保障市支中心共享工程设备的运行，指导县、镇村级共享工程建设工作的开展，指导县、镇村级服务点开展共享工程服务活动以及全市共享工程管理员的业务培训指导。

二、管理和队伍建设

为使共享项工程真正为民所用、为民谋利，肇庆市支中心将共享工程日常管理纳入制度化管理。制定支中心、镇、村基层服务点工作职责和制度，实行制度上墙公开。每年有年度工作计划，月度有工作要点，季度有工作督导，年末有工作总结考核，并推行管理员工作日志管理，收集整理共享工程服务活动的得失，探索共享工程管理和服务新模式。

“文化共享工程”是一项采用高新技术推动文化建设的工程，它的技术含量高，要求有一支高素质的人才队伍作后盾。肇庆市通过开展人员培训和基层业务辅导来加强提高人才队伍建设。肇庆市支中心一方面通过举办培训班集中授课，另一方面积极加强对基层的辅导，派出技术骨干到鼎湖、四会、广宁、怀集、德庆、封开、大旺等支中心、服务点辅导共享工程工作，帮助共享工程基层中心人员掌握有关技术，促进“共享工程”的推广，为缩小城乡文化“数字鸿沟”切实做好服务工作。

三、培训工作

肇庆市支中心在共享工程管理员的培养上实现了制度化和常态化。根据支中心的要求，每年对辖区共享工程管理员及用户进行培训，进一步推广宣传文化共享工程和肇庆市数字图书馆资源服务。如2009年1月11日-12日，举办了为期两天的“2009年肇庆市文化共享工程县级支中心师资技能培训班”，来自肇庆市图书馆、各县（市、区）公共图书馆馆长、共享工程技术人员等近40人参加了培训。肇庆市支中心每年深入基层服务点、厂企、学校、军营、医院等举办各类培训班，还作为全市“继教施教机构”之一开展继续教育培训工作，历年累计参加培训人员达2500多人次。

四、经费投入

自开展建设工作以来，肇庆市政府每年固定投入10万元的专项运维经费，用于共享工程设备的维护、人员培训和惠民活动的开展。同时，肇庆市图书馆每年也投入大量人力物力支援共享工程各项活动的正常开展。

五、资源建设

肇庆市支中心在历年的工作中，广泛搜集全市的文化科技信息资源，选取、编辑制作各类题材资源。2007年4月，中心正式启动建设“肇庆数字文化网”网站，通过高科技手段整合全市的文化、艺术、科技信息数字资源，逐步建成有地方特色的如端砚文化、竹文化、宋文化、包公文化等资源数据库。2007年8月29日，由省文化厅和省财政厅联合举办的全省文化信息资源共享工程经验交流会暨全省古籍保护工作会议在肇庆市德庆县召开。在德庆县支中心，肇庆市图书馆演示了“肇庆数字文化网”，该网站建设特点突出，采用最新的web 2.0及flash 流媒体技术，建立播客及博客服务系统，受到省领导及各市代表的赞赏。肇庆市图书馆“‘述绎端砚’专题片”项目，作为全国文化信息资源共享工程广东省分中心“2011年度地方资源建设项目——岭南文化多媒体资源库”子项目之一，获国家中心立项批准，截至2012年底，建设资源达32TB。鉴于文献资源共建共享服务工作业绩突出，被广东省中心图书馆委员会授予“2011年广东省文献资源共建共享服务贡献奖二等奖”。

六、合作共建

肇庆市共享工程结合全覆盖的“广播电视村村通”工程和“农家书屋”工程以及当地文化建设建立基层服务点，将省分中心和国家中心下发的电子资源与建立的共享工程服务点结合，根据不同服务点的硬件条件建立形式多样的电子阅览室和多媒体中心。如与英特尔（中国）有限公司、肇庆市风华锂电池有限公司密切合作，首先于2011年12月由英特尔（中国）有限公司免费提供8台电脑，在风华锂电池有限公司建立共享工程基层服务点，成为全国第一个“公共电子阅览室英特尔体验中心”；接着于2012年3月三方联合在肇庆国家高新技术产业开发区举办了一个高规格的“工业企业园区电子阅览室建设与服务模式”专题研讨会，肇图据此提交的《工厂企业园区公共电子阅览室建设与资源共享模式》课题研究成为广东省中心图书馆委员会科技立项项目；2012年6月，三方又在风华锂电池公司首开“信息技术素养入门培训班”。肇庆市图书馆的文企合作模式已成为业界的一大亮点。通过多方不懈努力，共享工程已逐步走入基层群众生活，成为广大人民群众获取新知，娱乐身心的新渠道新平台。

七、利民惠众，惠农服务

肇庆市支中心贯彻落实“共享工程”会议精神，关注“三农”，在实施“文化共享工程”中切实做到为农村、农业、农民服务，把基层中心的建设、基层用户的发展特别是农村用户的发展作为工作的重点。如2006年，结合高要市“山区信息化”工程建设，主动参与该市“实践先进性，信息服务进农村，推进社会主义新农村建设”主题系列活动，依托中国移动高要分公司为高要8个“社会主义新农村信息示范点”配置的硬件设施（包括电脑、光纤网络），对8个村委会进行授牌并赠送农科书籍、光盘等，辅导村民利用共享工程资源；还根据村民的需求，制作农业生产技术光盘和农科书籍通过基层服务点分发村民。肇庆市图书馆2011年3月起有针对地选取资源上门服务，编印《农科资讯》（季刊）派发到怀集县车福村农民手中，为促进当地农业发展和为贫困户脱贫致富开拓思路，其中长期定点扶贫跟踪服务6户。

八、宣传推广

1、肇庆市支中心利用各种渠道宣传推广共享工程。在肇庆市每年的读书节活动、社科普及周、图书馆服务宣传周、全民读书月等活动中，肇庆市支中心不失时机，以活动为平台，宣传推广共享工程资源，让民众不断了解共享工程，走进共享工程。积极利用在文化共享工程的服务窗口——电子阅览室举行各种读书活动如“社区少儿网络阅读知识竞赛”等；积极共建共享科技和文化领域数字化资源并面向广大农村及科技工作者开展各类信息服务。例如，2007年12月14日，由国家科技部、省科技厅联合举办的泛珠三角地区区域科技信息服务现场会中在德庆县召开，肇庆市图书馆在科技信息服务演示区为领导及与会代表们演示解说“文化共享工——信息直通车”网、“肇庆数字文化网”、肇庆市图书馆网站、“肇庆市科技信息服务中心”资源以及专门为这次大会打造的“泛珠三角地区区域科技合作座谈会暨科技信息服务现场会”博客网站等，充分展示了科技信息服务能力，信息服务工作得到领导们的充分肯定。

2、开展文化共享工程进校园、军营、社区活动。肇庆市支中心在文化服务中不断探索，历年利用工程工程资源，与学校联合开展文化知识、文明礼仪等主题视频讲座活动，组织动员青少年关注共享工程，利用共享工程；开展文化拥军活动，逢“八　一”建军节、国庆节等到武警、公安消防等部队进行送书、送资源、影视展播等活动；每年暑假期间，开展“阳光少年热爱党”暑期六个一系列活动，深入结对共建社区，组织开展　“文化共享工程优秀剧目进社区活动”，播放爱国动画影视片等，深受社区青少年儿童的喜爱。

3、专题活动，精彩纷呈。肇庆市支中心在服务中抓住文化的热点和亮点，积极组织群众喜闻乐见的文化服务，使共享工程走进群众生活。例如结合2008奥运年，举办“共享工程奥运行”图片展；以庆祝中国共产党建党90周年和辛亥革命100周年为契机，举办“阳光少年热爱党”有奖征文活动，吸引了2000多名青少年参与；结合“防灾减灾日”与社区联合举办“防灾减灾周”系列活动，开展“防灾减灾”视频讲座和“防灾减灾知识”有奖问答活动；与结对共建单位共同举办“喜迎十八大　党群同心共建幸福社区”大型文艺晚会，举办“学习十八大精神”图片展等等。还坚持在馆内通过数字电视每周10次为读者播放共享工程优秀视频讲座，为读者共享文化盛宴提供便捷。

九、工作展望

肇庆市文化资源共享工程已走过10个年头，从昨天的几个点到今天的遍布城乡的众多服务点，从单一的资源接收到今天的编辑分发、群众广泛认知和参与，文化资源共享工程在肇庆已经成为肇庆人民文化生活的一大支柱，成为繁荣肇庆文化、丰富肇庆人民精神生活、推动肇庆人文科技进步的强大动力源泉。今后，肇庆市支中心将不辜负国家中心、广东省分中心的大力支持，为肇庆共享工程建设一支专业化的服务队伍，建立一个服务形式更加多样、服务网点更加宽广、参与群众更加广泛的共享工程文化带动体系，为建设文化肇庆、幸福肇庆做出贡献。

（撰文/肇庆市支中心）

肇庆市端州区支中心

一、基本情况

端州区总面积152.3平方公里，总人口约37万。管辖6个街道社区。端州支中心设在端州图书馆，坐落在古端州八景之一——“宝月荷香”之畔，是端州共享工程的建设和业务指导单位，负责保障区中心共享工程设备的运行，协调区内39个乡镇、村、社区、学校、企业基层服务点的资源建设及技术支持工作。

二、资源建设

除了接收上级下发的硬盘、光盘等电子资源外，端州支中心历年来注重地方特色文献的收集，特别是端砚相关资源，以此为基础将端砚文献数字化，建立了具有本地区特色的端砚文献数据库和古籍文献数据库，为配合“全国资源共享工程”的实施提供具有本市地方特色的文献资源。目前搜集了端砚相关的电子文献190种，视频95部，古籍1300多种。

三、管理和队伍建设

本支中心严格按照全国文化信息资源共享工程工作规则和工作守则执行日常工作，并加强管理，按文化部下发的标准制作了文化共享工程标牌和规章制度，分发到各基层点。严格要求电子阅览室切实履行服务职责：每周服务时间不得低于78小时，并做好读者上网记录和青少年上网管理。积极争取区政府的支持，通过事业单位考试招收两名计算机类专业人员，保障了文化共享工程的

建设。每年组织工作人员参与继续教育培训，积极参与省、市图书馆开展的技术培训和学术会议，提高工作人员素质，适应和满足未来工作的更高要求。

四、培训工作

为了完善管理和建设文化共享基层点，端州支中心每年都把基层点管理人员培训工作列入年度工作计划中。根据实际需要，走基层和集中培训相结合，每年对辖区共享工程管理员进行共享工程知识培训，2012年举办各类培训29期，参加轮训的管理员达218人次。

五、经费投入

2010年在政府财政压力较大的情况下，区委、区政府想尽办法构建完善的公共文化服务体系，拨付68万元专款按照国家县级支中心标准进行建设端州支中心，同时落实了年运行经费3万元，至今区政府共投入78.83万元完善各项配套设施。

六、利民惠众，惠农服务

我馆充分发挥公共图书馆的阵地作用，以电子阅览室为平台，除了完成上级下发的任务外，还结合每年的春节、图书馆服务宣传周，以及“6.1”儿童节、“10.1”国庆节、“4.23”世界读书日等节假日，积极开展形式多样的读者活动丰富民众的生活，如：2010年春节在电子阅览室开展共享工程知识问答有奖活动宣传共享工程；

2011年7月配合共享工程在电子阅览室开展“党旗飞扬 文化共享——全国青少年纪念建党90周年党史知识大赛活动”，还刻录《双百人物》光盘资料40多份，发送到全区各中、小学校，通过学校教育广泛开展革命历史传统教育，宣传中国共产党建党90周年的光辉历程；2012年配合全国文化信息资源共享工程新春对联活动，本中心张贴了海报，设置了开机弹出窗口吸引读者参与，除此以外还在流动馆、综合阅览室等部门开展了相呼应的对联活动。除此以外，我馆还注重对特殊人群实行特殊服务，在馆内综合阅览室设置了盲人阅读区，并走出馆门，深入到肇庆市福利院，文化站等开展活动，如在端州区城北街道耆乐居家养老服务中心建立基层服务点；到城西文化站定期举办一系列讲座为社区的退休老人辅导电脑知识及网络资源的使用从本中心建立至今，本中心一直保持良好的传统，累计组织播放公益电影共360多场，举办书画、图片展览、公益讲座共200多场。利用文化共享工程的文化信息、国家图书馆数字资源以及省立中山图书馆数字资源进行二次文献开发，每年编印《领导决策参考信息》12期350份、《科技通讯资料》12期1550份，分别提供给端州区各级政府部门负责人和种养专业户使用，得到了领导和农户的肯定和赞扬。

七、宣传推广

加入全国文化信息资源共享工程以来，为了扩大共在基层群众中的影响，广泛宣传其作用和意义，使各级领导和群众充分认识到这是一项惠民工程、民心工程，认识到工作的重要性和必要性以及文化信息资源的可用性，我们利用我区电视台和广播电台对利用共享工程开展的一些大型活动给予相关报道，还在本馆网站的首页上设置共享工程热站链接。时刻注意将资源共享活动与当前工作重点有机的结合，这样既可增强对共享工程的宣传力度，又收到了立竿见影的效果。在开展阵地活动中，我馆各服务窗口设置共享工程专用机，方便读者使用；在电子阅览室的所有计算机都可以供读者通过网络免费查看县级数字图书馆资源及国家、省下发视频光盘。另外本中心还制作了简明易懂的PPT，内容包括共享工程简介、共享工程资源、共享工程服务等内容，不定期在一楼大厅进行播放，进一步使广大市民了解文化资源共享工程建设的意义和发展现状。同时在馆门口悬挂大型宣传牌匾和在馆内各服务窗口、基层服务点张贴共享工程宣传资料，为文化共享工程营造声势，使市民了解、认识文化共享工程。

八、工作展望

今后，我们将乘“十八大”的东风，进一步规范管理，努力丰富本馆馆藏特色电子资源，开展更多丰富的便民服务，为促进端州文化繁荣建设、构建和谐社会做出应有的贡献。

（撰文/肇庆市端州区支中心）

高要市支中心

一、基本情况

高要市全市共15个乡镇一个街道，人口75万人。高要市文化资源共享工程建设始于2008年，最初只是建成了南岸、大湾、禄步、三个镇级中心和17信息点。此后陆续在全市36个社区（村委会）铺开建设工作。截至2012年底，基本建立了覆盖城乡的服务网络。

共享工程高要中心设在高要市图书馆，是高要市共享工程的建设和业务指导单位，负责保障市支中心共享工程设备的运行，指导镇村级共享工程建设工作的开展，指导县、镇村级服务点开展共享工程服务活动以及全市共享工程管理员的业务培训指导。自2009年以来，我们高要支中心共开展共享工程培训28次，培训人员165人次，基层点工作人员掌握了共享工程的常规业务工作，并开展共享工程服务活动。

二、管理和队伍建设

为使共享项工程真正为民所用、为民谋利，高要支中心将共享工程日常管理纳入制度化管理。制定支中心、镇、村基层服务点工作职责和制度，实行制度上墙公开。每年有年度工作计划，月度有工作要点，季度有工作督导，年末有工作总结考核，并推行管理员工作日志管理，收集整理共享工程服务活动的得失，探索共享工程管理和服务新模式。

"文化共享工程"是一项采用高新技术推动文化建设的工程，它的技术含量高，要求有一支高素质的人才队伍作后盾。我市通过开展人员培训和基层业务辅导来加强提高人才队伍建设。派出技术骨干到肇庆、端州、四会等支中心、服务点交流共享工程工作，提高共享工程基层中心人员掌握有关技术，促进"共享工程"的推广，为缩小城乡文化"数字鸿沟"切实做好服务工作。

三、利民惠众，惠农服务

高要市支中心贯彻落实"共享工程"会议精神，关注"三农"，在实施"文化共享工程"中切实做到为农村、农业、农民服务，把基层中心的建设、基层用户的发展特别是农村用户的发展作为工作的重点。如2006年，结合高要市"山区信息化"工程建设，主动参与该市"实践先进性，信息服务进农村，推进社会主义新农村建设"主题系列活动，依托中国移动高要分公司为高要8个"社会主义新农村信息示范点"配置的硬件设施（包括电脑、光纤网络），对8个村委会进行授牌并赠送农科书籍、光盘等，辅导村民利用共享工程资源；还根据村民的需求，制作农业生产技术光盘和农科书籍通过基层服务点分发村民。高要市图书馆2011年3月起有针对地选取资源上门服务，编印《农科资讯》（季刊）派发到农民手中，为促进当地农业发展和为贫困户脱贫致富开拓思路，其中长期定点扶贫跟踪服务6户。

四、工作展望

高要市文化资源共享工程已走过5个年头，从昨天的几个点到今天的遍布城乡的众多服务点，从单一的资源接收到今天的编辑分发、群众广泛认知和参与，文化资源共享工程在肇庆已经成为高要人民文化生活的一大支柱，成为繁荣高要文化、丰富高要人民精神生活、推动高要人文科技进步的强大动力源泉。今后，高要市支中心将不辜负国家中心、肇庆支中心的大力支持，为高要共享工程建设一支专业化的服务队伍，建立一个服务形式更加多样、服务网点更加宽广、参与群众更加广泛的共享工程文化带动体系，为建设文化肇庆、幸福肇庆做出贡献。

（撰文/高要市支中心）

四会市支中心

四会市全市总面积1257.6平方公里，辖10个镇、3个街道，152个村委（社区），总人口43万。四会市文化资源共享工程在四会市文化广电新闻出版局，肇庆市图书馆支持和部署下，逐步推进，稳步发展，在新形势下为繁荣农村基层文化，满足农民多层次文化需求，传递中国民族优秀文化资源，构建覆盖全市的公共文化服务体系建设发挥了重要作用。

一、基本情况

在我市政府的重视和支持下，我市共享工程支中心于2007年建立。2010年6月，广东省文化厅向我市支中心配置了包括计算机、服务器、磁盘阵列、防火墙等价值38万元的设备一批。同时，我市政府也根据上级要求，不断加大投入，先后配置了包括UPS电源、笔记本电脑、投影机等价值30万元的设备一批和提供20兆光纤上网。并积极建设四会市地方文化资源数据库。

四会市支中心设在四会市图书馆，是四会市共享工程的建设和业务指导单位，是我市实施文化资源共享的理想服务阵地。支中心积极履行服务职责，以电子阅览室作服务平台，利用国家中心、广东省中心的资源为群众开展共享工程优秀影视播放、在线讲座、网络培训、参考咨询、电子图书阅读等服务。指导镇村级共享工程活动的开展以及开展全市共享工程管理员的业务培训。

二、管理和队伍建设

为把共享工程这项惠民工程建设和管理好，四会支中心将共享工程日常管理纳入制度化管理。制定支中心、基层服务点以及电子阅览室工作职责和管理制度。并实行管理员工作日志、设备登记、资源记录、读者办证示证上网等管理，努力探索共享工程管理和服务新模式。在管理员队伍建设上，始终坚持明确职责，明确思路，实行制度化管理，常态化培育。选用工作热情，有较高的文化水平、有计算机操作技能和图书馆初级以上职称的馆员为管理员，不断提高管理员的专业水平。

三、经费投入

2007至2012年，四会支中心投入建设、运行资金约166万元，其中用于共享工程设备维护、人员培训和惠民活动的开展经费33.6万元，地方特色资源数据库建设资金64.4万元，设备投入68万元。

四、网点建设

为深入贯彻落实"文化信息资源共享工程"的服务精神，充分发挥出县级支中心的职能作用，使优秀的数字文化资源在我市实现共建共享。2007年至今，先后在四会监狱工会、四会市消防中队、独岗村委会、大坑一村、四会市幼儿园、海韵艺术培训中心、江咀村等建立共享工程基层服务点。这些服务点均配备电脑设备、网络连接、资源光盘以及牌匾和管理制度，并签订了《四会市图书馆共享工程基层服务点合作协议书》。2012年8月，支中心按照省文化厅及我市文化广电新闻出版局的要求在全市13个镇（街道）挑选了19个条件成熟的行政村建

立了公共电子阅览室。每个村级公共电子阅览室均配置了4台电脑和5套电脑台椅，以宽带形式接入互联网。

五、资源建设

自2007年以来，一方面利用国家中心下发的电子资源，另一方面从网络上或多渠道搜集符合本地特色的各类资源达1.5TB，每年制作各类光盘500多张。为了充实本地资源，2010年我支中心搭建了一个集玉器、柑桔、六祖、地方文献于一体的特色资源库。

六、技术支持

为了保证共享工程各基层服务点开展服务，充分发挥文化共享工程文化惠民的功能，鉴于基层技术人员不足，技术力量薄弱等情况，不定期派出技术骨干到各基层服务点开展相关设备维护，排除故障，现场技术培训等活动。同时指导基层工作人员利用相关网站进行资源下载更新。

七、培训工作

为充分发挥服务点的作用和履行共享工程县级支中心的工作职责，四会支中心定期对共享工程基层服务点管理员进行业务培训。根据共享工程广东省分中心的要求，组织基层服务点管理人员通过共享工程国家中心"网络电视"的"实用讲座"平台，开展相应的网络培训。此外还根据上级有关部门的要求，组织举办《干部信息能力提升》、《共享工程网络培训》等培训学习。2007年以来一共举办各类培训班二十多期，参加培训的各级管理员达300多人次。

八、合作共建

我市共享工程依托覆盖全市农村的党员干部现代远程教育、科技信息直通车、广播电视村村通、农家书屋等平台将各种国家、省、肇庆市下发的电子文献资源和设施设备，根据不同乡镇、村的硬件条件建立形式多样的共享工程基层服务点和村级公共电子阅览室，并利用互联网、移动硬盘、光盘为每个服务点接入优秀影片、在线讲座、电子图书、农业耕作视频等，实现资源共享。比如在贞山街道文化站、城中街道下布村委、下茆镇南塘村委等建立拥有十多台电脑的集共享工程宣传教育、农村技能培训、多媒体电影放映和电子资源阅读播放为一体的多功能公共电子阅览室。通过我市支中心的不懈努力，共享工程已逐步走入基层、走进村民生活，成为村民了解农留行情、获取致富信息、掌握科学技能等渠道的新平台。

九、利民惠农服务

四会支中心根据四会本地农业生产特点，每年都联合科技局、科协、农业局等部门制作适合我市农村群众的农业生产技术光盘和小册子，并通过各乡镇、行政村的基层服务点向农民朋友分发。我市支中心根据不同乡镇，不同的农业结构，有针对性的选取农业生产资源为偏远乡村的村民上门指导服务。如针对威整、迳口两镇种植柑桔、有机蔬菜、生畜饲养等情况，利用共享工程国家中心、省级分中心下发的资源，选取适合当地农户收看的视频刻录《文化共享助春耕》、《新农村建设》、《有机耕种》、《蔬菜大棚栽培技术》、《科学养猪》等光盘送到当地农民朋友的手中。累计刻录下发农业技术光盘2000多张、资源5000多GB，服务农民600多户。

十、宣传推广

1、宣传推广共享工程。四会支中心利用各种渠道积极宣传推广共享工程。每年的图书馆服务宣传周、文化"三下乡"活动、科普活动周等活动中，我市支中心都不失时机，联合相关的职能部门，以活动为平台，以宣传小册子为媒介向民众宣传共享工程。为扩大共享工程的影响，还通过西江日报、四会电视台、四会电台等新闻媒体和本馆网站对共享工程活动进行宣传报道，让全市广大市民群众不断了解共享工程，走进共享工程。

2、专题活动。我市支中心每年都会结合各大节假日和读书日，开展形式多样的读书活动。如在春节、元宵、中秋等传统节日以及"4•23"世界读书日、图书馆服务宣传周期间举办新春游园活动、元宵灯谜会、中秋花灯会、公益讲座、书画图片展、4•23世界读书日获奖征文比赛、廉洁读书征文比赛等社会成效显著的活动。累计举办各类专题活动共九十多场，10多万人次参加了活动。

3、走进校园。四会支中心在服务活动中不断探索，经常组织动员青少年儿童关注共享工程，利用共享工程。针对不同年龄群的青少年儿童对知识兴趣的差异进行整理挖掘，并聘请专家前来为青少年答疑解惑。其中：举办青少年英语演讲比赛和邀请伍美珍、郁雨君、刘称莲、黄施颖、石晓阳等著名作家、学者分别到碧海湾学校、城东小学、四会中专、四会市华侨中学等作精彩的报告，深受青少年学生喜爱和家长们的欢迎。通过一系列的活动使共享工程能走进校园走进青少年。

4、走进军营。进一步延伸我市共享工程的服务范围，实施资源共享。四会支中心分别在市消防中队、武警中队、四会监狱建立"共享工程"服务点，为他们接入国家、省中心的优秀文化资源和共享工程视频资源。每年"八一"建军节，我市支中心都派出技术人员携带共享工程设备到消防中队、武警中队、看守所等开展"共享工程优秀剧目进军营"活动，为驻四会的消防、武警官兵播放共享工程专题影片，较好地满足了官兵的精神文化生活，受到战士们的欢迎。

5、电影欣赏活动。每逢星期一在广东流动图书馆四会分馆举办的"电影欣赏"专题活动已成为我市支中心共享工程服务的一种常规品牌活动。此外，每年元旦、春节，支中心都会开展"外来务工人员电影放映专场"，为在我市的外来务工人员放映新春共享工程优秀剧目，每年播放电影150场，年观看群众2.6万人次。

十一、工作展望

四会市文化资源共享工程自2007年建立至今，从无到有，现已建成拥有集多媒体储存、网站管理、语音视频服务、信息咨询、资源下载为一体的中心机房和多功能电子阅览室，以及覆盖全市城乡的共享工程基层服务点和公共电子阅览室。成为繁荣四会文化，丰富人民精神生活，推动四会经济社会大发展的强大动力。今后，四会支中心希望在国家、省、肇庆市中心以及市委市政府的大力支持下，加大对共享工程设施设备的资金投入，完善镇、村级基层服务点的配套建设。为四会共享工程建设一支专业化的服务队伍，建立一个有完善服务体制、服务形式更加多样、服务网点宽广和参与群众更加广泛的共享工程文化体系，为四会的公共文化服务体系建设和"岭南文化优雅之城"建设做出新的贡献。

（撰文/四会市支中心）

广宁县支中心

一、整体情况

全县人口54万人，城区人口11.8万人。按照上级要求的配置标准，我县建立了文化信息资源共享工程县级支中心。2009年投资68万元配置了专业机房，机房内铺设了防静电地板，添置了避雷装置、空调设备、UPS不间断电源、专业机柜、服务器等，更新了电子阅览室联想品牌电脑30台，19吋宽屏显示器。

目前中心有电脑30台，服务器4台，存储量达6TB，网络带宽20M，兼职管理员2名。初步架设了我县文化共享工程网站，实现了图书自动化管理，建立了数字图书馆，有数字资源1TB。

二、网点建设、经费投入

广宁县委、县政府十分重视文化资源共享工程这项创新惠民工程建设。文广新局也成立了以分管局长为组长、其他有关单位为成员的领导小组，就组织机构、经费保障、技术支撑方面作了详细的规定。各乡镇也成立了相应的组织机构，具体实施文化共享工程的相关宜。

三、资源建设

在利用国家中心网站资源和通过卫星投放的资源的同时，我们注重与省市图书馆的联系与合作，争取资源上级业务部门的支持整合各类资源，达到共建共享。

我们按照“资源共享、优势互补、互利互惠”的原则开展协作共建，与17个镇178个基层点签订了资源共享协议书，今年为基层图书服务点、农家书屋提供流动图书近16万5千册，完成了上级下达的送书任务，同时无偿搜集其特色的信息资源。

四、技术支持

建立了信息反馈机制，加入广东省共享工程QQ群，加强与省中心及各兄弟馆的联系，及时上报反馈各种信息，取得技术支持。规范机房值班管理及操作，建立了中心机房值班记录，电子阅览室文献咨询记录，要求工作人员做好工作原始记录和人员、数据统计工作等。

五、合作共建

结合农村干部党员远程教育、中小学教育远程教育、农家书屋等工程，积极推动“共享工程”的建设，不断完善配套设施，提高硬件条件，每个村级基层点配发了联想电脑一台、一个DVD播放机和一台电视机，并接通了电信宽带网络和有线电视网络，设置了共享工程连接快捷方式，完善了“共享工程”硬件设施上的架设。并下发了“全国文化信息资源共享工程基层服务点”标牌、管理制度、管理职责等以及由县支中心翻刻的“文化共享助春耕”光盘，内容涉及育苗育种、特种养殖、科学抗旱、科学种植等一些适合我县实情的资源。广宁县各村部逐渐形成了一个融图书借阅、党员教育、信息传递、休闲娱乐为一体的基层服务中心。

六、惠民服务

在实施共享工程的过程中，广宁县支中心不断拓展共享工程的服务内涵和方式，充分利用这一全新的工作载体条件，进农村、进学校、进军营、进社区、进广场，开创了文化共享工程工作的新局面。

1、馆内活动精彩纷呈。

充分发挥公共图书馆的阵地作用，在电子阅览室定期推介优秀栏目、生活常识、电影及优秀地方剧目，每三个月开展一次共享工程利用知识培训；每个星期六上午在图书馆一楼大厅利用投影仪播放针对未成年人播放爱国主义教育影片、科普类等影片，举办思想道德建设方面的讲座等，引导未成年人多读书，深受广大市民的欢迎。

开展光盘外借服务。将国家中心、省中心下发的光盘资源供读者借阅，比如《文化共享工程夏日电影展播》、《中国农业知识仓库》、《共享书香、快乐阅读》、《文化共享助春耕》、《振奋中国，红色会议》、《共享知识，和谐万家》、《实用农业技术》等，还利用刻录设备将部分农业技术资料刻录成光盘发给全县178个村级服务点。这一举措深受读者和基层点的欢迎。

2、“文化共享工程农村巡回展演”活动深受农民欢迎。

为了充分利用文化信息资源共享工程服务网络的资源优势，扩大文化信息资源共享工程的社会影响，我们抽调骨干力量组成“共享工程巡回展览小组”，由馆领导亲自带队，不畏辛苦，先后赴全县各乡镇、行政村基层服务点，把科技知识直接送到各村小组和农户家中，现场播放《养猪要诀》、《水稻栽培》、《文化共享助春耕》等科技片，赠送科技图书，散发各类科技资料宣传单，深受农民群众的热烈欢迎。自2009年开始，截至到今年12月底，我馆共开展科普竞赛活动182余场次，向农民群众赠送科技图书2000余册，发放科技资料宣传单800余份，通过这些活动，不仅让广大农民群众真真切切享受到了图书馆的服务，也实实在在让老百姓共享了一次优秀的文化信息资源。

丰富的农村生产生活、农业科技知识、医疗保健知识为不仅农民致富提供了有效的信息保障，提高农村信息化水平和基层群众科学文化素质，促进当地经济社会的协调发展奠定了良好的基础。

3、文化共享进校园

为加强未成年人思想道德建设工作，除了在馆内针对未成年人开展的活动以外，还与各中小学联合，在每年的“六一”儿童节期间，联合县城各中小学校开展活动，进行少儿知识竞赛、猜谜等，还利用图书馆的投影仪到教室播放优秀影片和读书讲座，开展爱国主义教育活动。从而利用共享工程开展思想道德建设，切实将加强和改进未成年人思想道德建设工作落到了实处。

4、文化共享进军营

为了全面推进“双拥”工作的开展，把拥军优属政策落到实处，密切军民关系，增进军民友谊，加强“文化拥军”，争创双拥模范城。我馆除每年“八一”期间，都派工作人员携带流动书箱和共享工程设备对我县驻军消防大队、武警中队进行服务，播放优秀影片等，极大的丰富了官兵的业余文化生活。

七、培训工作

我们多次选送骨干力量参加省中心举办的培训班，系统学习文化共享工程的基本操作技能知识、ILASII图书管理软件的使用和维护等，通过培训，我支中心打造了一支精湛的文化共享工程技术服务队伍，极大提高了我支中心的综合服务水平，对我县文化共享工程事业的发展起到积极的推动作用。

1、村级基层服务点技术培训。

为了进一步健全我县文化信息资源共享工程服务网络，提高文化共享工程管理员的操作技能，让文化共享工程更好地为广大群众服务，我馆还于今年分批举办了“文化共享工程”基层服务点管理员培训班。来自全县各村基层服务点的178名兼职管理员在广宁县支中心电子阅览室进行了“文化共享工程”培训班，培训内容为文化共享工程概述、支中心基本情况、电脑的基本使用方法、电脑的组装、文化共享工程管理办法及考核内容、上机操作实践。经过培训，各村基层服务点的管理员都掌握了基本的电脑使用方法和管理办法。

2、加强村级基层点业务指导。

为进一步加强文化共享工程建设，我支中心每年对全县基层服务点进行技术业务指导及督查工作，并认真听取群众的意见，切实解决群众中存在的问题，并对不规范的基层点提出了建议和意见，共解答基层点技术问题50余条、电脑故障问题30余条，通过指导，切实加强了文化共享工程的建设，为基层点的服务建设奠定了良好基础。

八、管理和队伍建设

加强管理，按文化部下发的标准制作了文化共享工程标牌和规章制度，加强了监督管理机制，对不符合标准的基层点进行了批评和要求整改。

九、工作展望

随着国家对农村文化的重视，加大对文化共享工程的投入，我支中心将在未来的几年里着重搞好为农村基层点服务，建立覆盖全县的城乡一体化文化共享工程服务网络，加强对管理员的培训和技术指导、联合开展多种活动等，以更好地发挥文化共享工程的作用。

（撰文/广宁县支中心）

怀集县支中心

怀集县总面积3573平方千米，总人口103万人，辖18个镇1个民族乡，全县有322个村委会（居委会）。近年来，我县认真开展文化信息资源共享工程建设，工作中坚持政府主管，文广新局主抓的原则，以县图书室馆为中心，乡镇文化站和行政村（街道、社区）文化活动室为重点的基层服务网络，组织实施文化信息资源共享工程，不断完善文化服务体系建设，提高文化服务水平，促进城乡文化事业的发展。

一、基本情况

怀集县文化信息资源共享工程支中心建设起步较晚，2010年10县新馆建成开放，按照国家验收标准完成了机房建设，建立了电子阅览室和多媒体教室， “共享工程怀集县支中心”正式成立。目前，全县已建成乡镇服务站19个、村级服务站155个，初步搭建了覆盖全县的服务网络，“共享工程”怀集县支中心设在怀集县图书馆，指导怀集县“共享工程”工作的开展。

二、管理和队伍建设

怀集县支中心重视“共享工程”管理和队伍建设工作，工作人员配备齐全，制定了相关工作职责和制度，每年有年度工作计划和总结。并通过出去学习、请老师来馆讲课等形式，努力建设一支专业化的“共享工程”管理员队伍，不断提高业务能力和工作水平。

三、培训工作

怀集县支中心注重抓好“共享工程”管理员培训工作，每年通过集中培训、上门辅导等形式开展培训，派员参加省、市中心举办的培训班，一人参加了肇庆市中心举办“文化共享工程县级支中心师资技能培训班”的业务培训，在工作中碰到难题通过QQ、视频向上省、市中心技术人员请教，不断提高管理员的专业水平。经常下乡到基层服务点等进行了上门辅导。

四、资金投入

怀集县文化信息资源共享工程支中心，怀集县政府每年投入3万多的运维经费，用于共享工程设备的维护，人员培训和惠民活动的开展。同时，也投入大量人力物力支援共享工程各项活动的正常开展。

五、资源建设

怀集县支中心结合本市实际，进行了一些数据库建设，利用国家中心派送的资源，建设了一批集文本、图像、音频、视频于一体的多媒体数字资源库，供广大读者在图书馆电子阅览室阅读。终端拥有资源导航界面，方便读者浏览本地资源。

六、合作共建

怀集县开展多种形式的合作共建，推进“共享工程”建设。怀集县借助农村党员干部远程教育基层点推进“共享工程”工作，合作建设了155个村级基层服务点。根据不同乡镇、村的硬件条件建立形式多样的电子阅览室和多媒体中心，如怀城镇的育秀、高第、文化管理区等建立拥有多台电脑的多媒体阅读中心，收到较好的效果。

七、惠民服务

怀集县支中心及各级服务点通过电子阅览室和网站为读者提供在线信息服务，立足实际，充分发挥资源优势，县支中心将阵地服务和流动服务相结合，日常活动和节庆活动相结合，开展形式多样的文化惠民特色服务。 如“高考学生网上填报志愿”活动，采取多项措施积极为高考生服务，周日还利用投影仪免费向我县广大读者放映由文化信息资源共享工程国家中心下发的爱国主义教育影片。冷坑镇等基层服务点利用下乡放映电影的机会，放映文化共享工程的农村种养培训视频，深受广大农民的欢迎。

八、宣传推广

怀集县支中心利用网站、报纸、电视等各种渠道宣传推广“共享工程”，尤其在每年的服务宣传周、科技活动周等活动中，通过宣传让群众不断了解“共享工程”，走进“共享工程”，利用“共享工程”的丰富资源。同时，开展“共享工程”专题资源下乡、专题视频展播等主题活动，使“共享工程”走进群众生活。通过光盘拷贝、硬盘拷贝等方式将一些优秀的资源共享到县消防大队、县一监武警中队电子阅览室，丰富了部队官兵的文化生活。

九、工作展望

怀集县的公共图书馆存在藏书量少、新书少的情况，须继续大力推进“共享工程”建设，充分利用“共享工程”的丰富资源为群众服务。

进一步扩充文化设施网点，以县图书馆为中心，加强基层文化设施网点网络化、数字化建设，加强专业技术人员的培养，为深入推进“共享工程”的实施打好基础。要充分发挥“共享工程”的作用，大力开展公益性数字文化服务，以群众喜闻乐见的形式使“共享工程”更加贴近基层、贴近生活、贴近群众。加大业务培训力度全面提升全县文化信息资源共享工程的服务能力，进一步拓宽服务方式，让文化共享工程为促进我县文化大发展大繁荣发挥更大的作用。

（撰文/怀集县支中心）

德庆县支中心

德庆县在不断提高群众物质生活水平的同时，县委、县政府以不断满足和丰富人民群众精神文化生活需求为出发点，依托原有网络建设基础，整合资源，优势互补，扎实推进文化信息资源共享工程建设，并以“六进村”为载体，大力推进文化信息资源共享工程在广大农村的应用及传播，提高公共文化服务水平，繁荣城乡文化事业，大力培育新型农民，促进社会主义新农村建设。根据省、市全国文化信息资源共享工程实施方案的有关精神，2006年作为试点的德庆县资源共享工程工作，在省、市、县上级主管部门的大力支持下，德庆县资源共享支中心于2007年8月正式运行。德庆县支中心，是广东省第一批“文化共享工程”试点县，由省直接投入设备。现将情况汇报如下：

一、整体情况

2006年作为试点县以来，将文化信息资源共享工程建设纳入城市发展的整体战略布局之中，并成立了共享工程建设领导小组，组长由县委常委、宣传部长担任，成员由县委办、县府办、县纪委、县委宣传部、县文广局、科技局、财政局、电信局、县信息中心等相关职能部门一把手组成，统一组织和指导全县文化资源整合。形成了完整的标准统一、功能完善、安全可靠、高速实用的县、镇、村三级文化信息资源网络基础体系，支持全县所有部门的网络接入和高速互动。

二、网点建设

至目前，已完成100%镇级基层服务中心、100%的行政村级信息服务点，初步形成了一个集经济、政治、文化、社会生活等内容为一体的全县统一的数据中心。同时，按照信息普及应用的不同要求，有针对性、多种形式地开展信息服务队伍的培训，形成一支素质高、业务精的信息员队伍。利用乡镇杂市，通过现场演示、信息咨询、召开座谈会、填写调查表、发放宣传小册子等形式，宣传共享工程建设的目标、作用和意义，普及信息化知识，提高信息化意识，同时反馈农民群众对信息的需求信息。通过共享工程，以文化信息惠及全县人民。2007年9月，我县的养兔专业户聂荣基作为利用文化资源、发展经济的全省唯一代表出席了全国文化信息资源共享工程农村服务座谈会，官圩的李旭文、李炎明利用信息资源发展柑橘生产致富的经验，被这次会议编成材料印发。我县良好的文化共享资源环境带动了信息技术在全县各行业、各领域的广泛应用，其服务成果极大地推动了经济的发展和社会的全面进步。2007年8月28-30日，全省的文化信息共享工程经验交流现场会在我县召开，我县的做法和经验为全省进一步推进文化信息资源共享工程提供了典范，得到省委省政府的充分肯定。

三、资金投入

近年省拨给我县强农惠农资金文化信息共享工程项目有两批设备及8万资金，第一批设备价值为27.98万元，第二批设备价值为55.12万元，全部下拨到县支中心、13个镇及17个村（户）基层服务点。由中央、省、市、县四级财政投入资金120万元，为全县175个行政村配置了电脑，进一步加大了文化共享工程网络在我县的覆盖面，达到了100%。

四、资源建设

抓好硬件建设。相继启动“广播电视村村通工程”、“移动信息村村通”工程、“电信光纤进村工程”，为文化信息资源共享工程建设打下坚实基础。县级支支中心，租用电信10M光纤，按“八个一”标准(一间设备房、一间培训室、一间办公室、一套设备、一条光纤、一支服务队伍、一个服务网络、一套管理服务制度)完成了文化信息资源共享工程的县级中心建设，并按县级支中心每年运行经费50000元标准由县政府统筹划拨；镇级基层点，按

“六个一”标准（一间房子、一套设备、一条光纤、一支服务队伍、一个服务网络、一套管理服务制度）抓好了13个镇级基层服务中心建设，并全部通过电信ADSL宽带上网；村级基层点，按“五个一”标准（一间房子、一台电脑、一条宽带、一套投影设施、一位信息服务员）抓好了175个村级基层服务点建设。

五、技术支持

建立了信息反馈机制，加入广东共享工程县支中心QQ群，加强与省中心及各兄弟馆的联系，及时上报反馈各种信息，取得技术支持。规范机房值班管理及操作，建立了中心机房值班记录，电子阅览室文献咨询记录，要求工作人员做好工作原始记录和人员、数据统计工作。

六、合作共建

除接入国家中心、广东数字文化网、广东省立中山图书馆等多项共享网络数据资源外，还按照“协作共建，资源共享”的原则，整合与重组现有的德庆信息直通车网、德庆山区信息网、德庆旅游信息网、德庆柑桔信息网等一系列信息网站，接入与集成大型知名农科信息服务网站，实现了资源数据整合共享，避免了重复建设。20007年并新增建设了和德庆县数字文化网。

七、惠民服务，成效显著

1、共享工程建设，使先进文化资源有效传播到乡村各个角落，使公共文化服务覆盖面扩展延伸到千家万户，农民通过共享工程带来的服务，享受先进文化大餐、收集万千资讯信息以及所需的农科知识，丰富农民群众的精神文化生活，劳作之余，农民群众有(书报、电视、电影、戏)看还可以上互联网，生活质量明显改善。

2、文化共享工程的投入使用，先进文化的良好熏陶，科学知识的传播，法制知识的宣传普及，提高了城乡基层群众科学文化素质，促进了精神文明乡风的逐步形成，使广大群众远离封建迷信、赌博等活动，自觉抵制不良风气的侵蚀，自觉维护农村稳定。

3、共享工程从农民文化需求出发，重点组织了一系列为农村经济和农民科技致富服务的信息，提供农业科技服务和先进文化娱乐服务，这大大提升了农村科技文化和智力水平，从而提高了农民的生存能力和生活质量，提高了生产力发展水平，加快了致富步伐，促进了农村经济的发展。各镇结合本镇实际，有针对性地开设了培训班，提高农民的农科知识，有效地提高了农民的种养水平，促进农业生产的发展。

4、促进了第三产业的快速发展，提高了德庆的知名度和美誉度。我县充分发挥文化信息资源共享工程的网络优势，大力宣传推介我县旖旎的自然风光、丰厚的人文资源以及先进完善的信息化基础条件、良好的投资环境，搞好网上旅游促销，吸引众多的客商、游客前来我县观光、投资置业。我县年游客达200多万人次，旅游业的迅猛发展带动了我县饮食、娱乐、运输业等相关行业的发展。

八、培训工作

工作人员参加了全省文化共享工程知识培训多次，接受了由省、市图书馆提供专业的网络技术指导，掌握了必备的操作技能，确保了支中心和德庆数字文化网的正常运行。县支中心每年定期对基层中心、基层服务点工作人员进行为期一天的工作技能培训，培训内容主要是如何下载网络和各级中心的资源为广大群众服务，以及使用各种必需程序。

九、管理和队伍建设

加强管理，按文化部下发的标准制作了文化共享工程标牌和规章制度，加强了监督管理机制，对不符合标准的基层点进行了批评和要求整改；

积极争取县委、县政府的支持，打报告增编增人，今年通过事业单位招考，招进一位计算机专业的人才，专门负责我县文化共享工程的建设与指导。

十、荣誉奖项

2007年9月，我县的养兔专业户聂荣基作为利用文化资源、发展经济的全省唯一代表出席了全国文化信息资源共享工程农村服务座谈会；

2008年中华人民共和国文化部颁“全国文化信息资源共享工程示范县”；

2008年9月，文化部文化信息资源建设管理中心赠予：文化信息资源共享工程共享工程官圩基层点“扎实服务惠群众，共享文化在基层”锦旗。

十一、工作展望

随着国家对群众文化的重视，加大对文化共享工程的投入，我支中心将在未来的几年里着重搞好为农村基层点服务，加强覆盖全县的城乡一体化文化共享工程服务网络，对管理员的培训和技术指导、联合开展多种活动等，以更好地发挥文化共享工程的作用。

（撰文／龙丽业）

云浮市支中心

云浮市文化资源共享工程在云浮市文化广电新闻出版局和云浮市图书馆支持和部署下，逐步推进，稳步发展，在新形势下为繁荣农村基层文化，满足农民多层次文化需求，传递中国民族优秀文化资源发挥了重要作用。

一、基本情况

云浮市文化资源共享工程建设开始于2009年，机房面积30平方米，设计装修完全符合国家相关标准，地面

加装了抗静电地板，粉刷了墙面和顶棚，按标准进行了配电安装，并按规定配置了4台高端服务器，磁盘阵列四套，容量达到10TB。拥有各类交换机6台，百兆防火墙一个，充分保证网络安全。安装UPS电源系统一套，充分供应服务器和磁盘阵列。安装了标准机柜、4路KVM切换器等附属设施。电子阅览室面积300平方米，每台机器有2平方米以上的空间，光线充足，进出方便。网络布线及电源分布合理，利用线槽进行了保护。拥有完善的消防设施和消防器材。安全疏散通道畅通。拥有联想电脑30台，有配置齐全的投影机、投影幕及4路VGA输入切换设备，配有有源音箱，形象直观地把文化资源信息通过投影的形式表现出来。

共享工程云浮市支中心设在云浮市图书馆，是云浮市共享工程的建设和业务指导单位，负责保障市中心共享工程设备的运行，协调县、镇村级共享工程设备的维修，指导县、镇村级共享工程活动的开展以及开展全市共享工程管理员的业务培训和指导。

二、管理和队伍建设

"共享工程"建设面广量大，任务十分繁重。要确保"共享工程"的顺利实施，必须加强领导，建立健全组织网络，狠抓各项管理。我们按照国家中心和分中心要求，建立了"共享工程"支中心组织机构，由馆长任主任，分管馆长任副主任，相关部室负责人为组成成员。同时做到每年有年度工作计划，月度有工作要点，季度有工作督导，年末有工作总结考核。

为建设一支专业化的共享工程管理员队伍，提高支中心管理人员对共享工程的认识，加强共享工程工作网络的组织管理、资源建设管理、信息服务管理，人力资源管理及服务设施的管理，以促进我市文化共享工程在"十二五"期间得到长足全面的发展，市支中心组织工作人员进行集中培训。通过这次培训，进一步提高了各级管理人员对共享工程工作的认识和做好共享工程工作的紧迫感与责任感，并更加明确了支中心在共享工程宣传与推介、数字资源建设（尤其是在特色资源建设）、工程的规范化管理等方面所应承担的责任。

三、培训工作

为进一步做好共享工程培训工作，市支中心配备熟悉计算机和网络知识的专职人员，同时加快建立专、兼职结合的农村基层服务队伍。市支中心主要承担对县、乡镇、村基层服务点人员的培训。每年对辖区共享工程管理员进行6期的集中培训，2009年以来一共举办各类培训班24期，参加轮训的各级管理员达1600人次。

四、经费投入

云浮市文化共享工程建设之初，广东省财政一次性投入180万元，用于启动共享工程市、县中心建设。2011年，我市财政投入资金13万元，支持云浮市共享工程建设。用于市支中心网络维护、更新电脑设备、购买电子资源等经费，使市支中心的面貌焕然一新。

五、资源建设

云浮市支中心在历年的工作中，根据广大群众的文化需求，着力建设贴近农村、贴近基层、贴近普通百姓的农业科技知识、农村生产生活等资源，建设一批能够满足农民群众需要的讲座、戏曲、图书、电影等专题资源库。选取、编辑制作各类题材资源6TB，每年制作发放各类光盘1000多张，展板30多块，各类海报，招贴画30副，发放宣传资料2000余份。

六、拓展服务功能，服务人民群众

1、网络服务。我馆于2011年创建了云浮市数字图书馆网站，并购买了5万多册电子图书。图书馆的所有数字资源都可通过网站链接，网站页面点击量平均每天可达1000多人次。截至目前，使用电子书刊用户数已有1000多个，电子书刊阅览量3000多篇。

2、阅览服务。我馆三楼共享工程电子阅览室于2009年免费对读者开放，阅览用电脑30台，每天开放时间为12小时。读者凭有效证件可上网阅览共享工程网站内容和我馆自行开发及购买的数据库资源。

3、读者活动。我馆一楼"共享工程"展播厅于2009年免费对读者开放。我们利用展播厅每月举办1次读者活动，定期播放"共享工程"中的讲座、影视节目。目前，共享工程展播厅已播放电影和讲座数十余场，参与观众千余人。很多观众认为共享工程展播厅办的好，为大家提供了很好的休闲场所，同时也为我们的展播内容提出了很好的建议，比如：多放些历史性题材的讲座、百家讲坛、最新电影等，这些都为我们的以后更好地开展播放工作提供了方向。此外我们还利用投影设备在社区、农村等基层服务点开展放映读者活动。

七、工作展望

"共享工程"的实施，有效地推进了农村文化阵地建设，有效地提升了市图书馆的服务功能。我们决心在市文化广电新闻出版局的直接领导下，在国家中心、省分中心的指导帮助下，求真务实，创新创优，确保"共享工程"取得成效，在新农村建设、构建和谐文化、培育社会新风和建立社会主义核心价值体系等方面发挥积极作用。

（撰文/陈靖东）

罗定市支中心

罗定市总面积2327.5平方公里，共有21个镇（含4个街道办事处），336个行政村（含居委），总人口127.5万人，常住总人口96万（2011年）。

共享工程技术培训班

罗定市文化资源共享工程在广东省支中心、罗定市宣传部、市文广新局支持和部署下，稳步发展，在新形势下为满足农民多层次文化需求，繁荣农村基层文化，提高公共文化服务水平发挥了重要作用。

一、整体情况

罗定市文化共享工程是广东省共享工程五个试点县之一。罗定市自2007年作为试点以来，得到市委、市政府的高度重视，已将文化信息资源共享工程建设纳入城市发展的整体战略部署之中，并专门成立了共享工程建设领导小组。

由市委常委、宣传部长担任组长，副组长由副市长担任，由文广新局、市财政局、市科技局、市信息中心、市电信局、市广播电视局等相关职能部门重要人员组成组员，统一组织和指导全市文化资源整合。就组织机构、经费保障、技术支持方面作了详细的规定，形成了完整的标准统一、功能完善、安全可靠、高速实用的市、镇、村三级文化信息资源网络基础体系。

按照上级要求的配置标准，罗定市于2007年建立了文化信息资源共享工程县级支中心，支中心设在罗定市图书馆。2008年完成了机房及新电子阅览室的安装调试。

机房设备包括专业机柜、服务器、磁盘阵列、卫星接收计算机、网络设备和空调设备等。电子阅览室面积110平方米，配备供读者使用电脑40台，并配置有投影仪、200英寸电动投影幕及5.1声道音箱，可供培训使用。初步架设了我市文化共享工程网站，实现了图书自动化管理，建立了数字图书馆，拥有数字图书资源及视频资源4TB。

二、网点建设

第一批设备包括卫星接收设备一套、电脑一台、投影仪一台、移动存储播放器一个、音箱一套、摄像头一个。该批设备于2007年初在附城镇、罗城镇、苹塘镇等5个镇试点安装。第二批设备2007年10月到达本市，接着陆续在全市21个镇（街道办）文化中心及各村开始进行安装，设备包括电脑一台、投影仪一台、移动存储播放器一个、音箱一套、摄像头一个。目前，通过罗定市支中心直接建设的镇级服务点共有16个、村级服务点29个。此外，本中心通过与农村党员干部远程教育合作，实行资源共建共享，目前为止罗定市所属行政村已实现市共享工程全覆盖。

三、设备及经费投入

全市设备投入：服务器1台，磁盘阵列1台、卫星接收设备6套、计算机83台、投影仪57台、音箱57套、移动存储播放器57个、摄像头78个，办公设备1批、网络设备1批。

经费投入：2007年9月30日，罗定市财政局拨款2万元作为市文化共享试点工程经费；2007年11月30日，罗定市文化广电新闻出版局拨款2万元作为资源共享配套经费；2008年3月12日，广东省文化厅拨款8万元作为共享工程建设经费；2008年7月10日，广州尚恩科技有限公司资助5千元作为数字文化网站建设经费；2010年3月，罗定市财政局拨款2万元作为共享工程经费；罗定市财政局在2007年至2012年期间，每年拨款3万元作为共享工程运行经费。截止2012年，罗定市共享工程累计经费入投32.5万元。

四、资源建设

近年来喜获文化部全国文化信息资源建设管理中心下发的《文化共享工程夏日电影展播》、《中国农业知识仓库》、《万方数据资源系统》、《共享书香、快乐阅读》、《文化共享助春耕》、《振奋中国，红色会议》、《共享知识，和谐万家》、《实用农业技术》等光盘共298张，本中心将光盘细致分类、拷贝到服务器中，各服务点可以通过资源管理系统利用并学习该资源。

另外，本中心还拥有县级数字图书馆推广计划1TB移动硬盘一个。此外，我们还积极收集本市的文艺晚会、特色文化演出的音频视频资源，经整理后放在数字文化网供市民观看。经过多年的建设，群众参与文化大市建设的意识不断增强、文化事业也蓬勃发展，我市的群众文化品位不断提升。

五、支持与培训

建立了信息反馈机制，加入广东省共享工程中心QQ群，加强与省中心及各兄弟馆的联系，及时上报反馈各种信息，取得技术支持。同时建立本中心的QQ群，通过QQ、远程协助、电话等方式对基层服务点进行技术支持。本中心工作人员积极参加了全省文化共享工程知识多次培训，及时掌握了共享工程的新技术、新动向，确保了罗定市支中心和罗定数字文化网的与时驱进。市支中心每年定期对基层中心、基层服务点工作人员进行工作技能培训及检查指导，培训内容主要是如何利用网络和各级中心的资源为广大群众服务，以及如何使用各种共享工程设备和软件，确保基层服务点工作顺利进行。并认真听取群众的意见，切实解决群众中存在的问题，并对不规范的基层点提出了建议和意见，共解答基层点技术问题200余条、电脑故障问题500余条。

六、合作共建

结合远程教育、农家书屋等工程，流动图书室按照“协作共建，资源共享”的原则通过对村部原有的阅览室的改造、拓展，通过硬盘拷贝、光盘复制方式为农家书屋、党员远程教育、流动图书室等提供数字资源，并指导基层服务点的工作人员如何使用这些资源。收藏了国家中心网站、广东省数字文化网、罗定数字文化网、联合参考咨询网等多个重要网站，同时指导工作人员充分利用这些网站获得信息。通过合作共建已建成了多个融图书借阅、党员教育、信息传递、休闲娱乐为一体的基层服务中心。

七、惠民服务

罗定市支中心电子阅览室从07年起每天接待读者约40人次，到目前为止共接待读者8万多人次。每年春节开设外来工电影专场。我市各级文化共享工程服务中心已累计利用“文化信息资源共享工程”设备和资源开展流动放映近1500余场次，受益群众约60万人次。

文化共享工程的投入使用，先进文化的良好熏陶，科学知识的传播，法制知识的宣传普及，提高了城乡基层群众科学文化素质，丰富农民群众的精神文化生活，生活质量明显提高。

八、宣传推广

市支中心在做好各项工作的同时，积极利用世界读书日、图书馆服务宣传周、全民读书月、图书馆举办的新春游园活动，通过网络文化共享工程现场演示、接受市民咨询、免费发放宣传资料等方法对共享工程进行宣传推广。通过与学校合作举办活动使更多学生、教师、家长、群众认识和利用共享工程。如2011年5月31日，为庆祝中国共产党建党九十周年及宣传推广共享工程，我支中心和罗城镇柑园小学联合举办“红领巾心向党”暨庆祝六一文艺活动。

九、工作展望

随着国家对群众文化的重视，加大对文化共享工程的投入及公共电子阅览室建设计划的实施，我支中心将在未来的几年按“协作共建，资源共享”原则，整合优化各种资源，着重搞好为农村基层点服务，努力推进市、镇、村三级公共文化服务体系的建设，以更好地发挥文化共享工程的作用。

（撰文／罗定市支中心）

云安县支中心

云安县总面积1202.9平方公里，共辖8个乡镇，有111个行政村，常住人口33余万人。云安县文化共享工程在省、市文化部门的支持和部署下，逐步推进，稳步发展，在新形势下为繁荣农村基层文化，满足农民多层次文化需求，传递中国民族优秀文化资源发挥了重要作用。

一、基本情况

云安县信息资源共享工程建设始于2009年5月，最初建成《云安数字文化网》网站，并完成县分中心及2个乡镇基层中心服务示范点建设，2009年底前完成全部乡镇（街道）基层中心建设和行政村社区基层服务点建设。2010年8月，总投资68万元的云安县信息资源共享工程支中心建成。至此，云安县初步形成包括文化艺术类资源、文化遗产类资源、影视类资源、农业知识类资源、云安版图书类资源、卫生保健类资源等内容的云安特色文化信息资源库。并利用互联网、移动存储、光盘等方式对加工完成的文化信息资源及时传送到基层服务网点，使广大群众特别是农村群众能够便捷地享受到丰富文化信息服务。2011年6月，云安县农村党员干部现代远程教育工程、农村中小学现代远程教育工程与文化共享工程的资源整合工作全面完成，并覆盖了全县所有村委，构建了集农村文化教育、农村党员干部教育、各类技术培训、农民文化生活以及农村精神文明建设于一体的农村综合教育服务体系。

共享工程云安支中心设在云安县图书馆，是云安县共享工程的建设和业务指导单位，负责保障县中心共享工程设备的运行，协调镇村级共享工程设备的维修，指导镇村级共享工程活动的开展以及开展全区共享工程管理员的业务培训和指导。

二、管理和队伍建设

为使共享项工程真正为民所用为民谋利，云安支中心将共享工程日常管理纳入制度化管理。制定支中心、镇、村基层服务点工作职责和制度，实行制度上墙公开。每年有年度工作计划，月度有工作要点，季度有工作督导，年末有工作总结考核，并推行管理员工作日志管理，收集整理共享工程服务活动的得失，探索共享工程管理和服务新模式。

文化资源共享工程作为一个新的农村文化资源获取平台，如何推广好、利用好共享工程丰富的文化资源关键在于是否有一支专业化的共享工程管理员队伍。云安县共享工程支中心在管理员队伍建设上坚持明确职责，明确思路，制度化管理，常态化培育。对于乡镇、村两级基层共享工程管理上择优选取文化层次较高，有一定社会基层管理服务实践经验的村干部为管理员，他们工作热情高，有较高的文化水平能尽快熟悉掌握共享工程设备为所在村民服务。目前云安县共享工程管理员80%为高中以上学历的村干部兼任，大大提高了共享工程管理与服务水平，更好地发挥共享工程的功效。

三、培训工作

支中心在共享工程管理员的培养上实现了制度化和常态化。根据支中心工作要求，每年对辖区共享工程管理员进行2期的集中培训，2010年以来一共举办各类培训班12期，参加轮训的各级管理员达1250人次。

四、经费投入

云安县共享工程自2010年实现村村全覆盖以来，图书馆每年投入3万多元的经费，用于共享工程设备的维护，人员培训和惠民活动的开展。同时，云安县政府和云安县文化主管部门每年也投入大量人力物力支援共享工程各项活动的正常开展。

五、合作共建

云安县共享工程建设紧密与科普、教育相结合，充分利用投影仪器在线播放讲座等形式，搞好农村党员干部的培训工作，提高了科技人员和基层干部的素质和创新能力。并结合学习实践科学发展观、争先创优和廉政法制教育等活动，及时收集整理党的方针政策、理论创

云安县图书馆开馆仪式

新成果，中央和省市领导同志的重要讲话精神，广泛开展图书音像资料进农村、进学校、进社区、进农户等一系列活动，进行思想道德，民主法制教育、形势教育、理想信念教育、理论教育，通过群众喜闻乐见的形式，把学习党和国家方针政策的热情转化为建设社会主义新农村、构建和谐社会的自觉行动，充分发挥文化资源共享平台的优势。通过多方不懈努力，共享工程已逐步走入基层村民生活，成为村民获取新知，娱乐身心的新渠道新平台。

六、利民惠众，惠农服务

该支中心在共享工程服务实践过程中，以民众的需求为导向，积极探索，服务民众生活生产，引领群众高尚精神文化生活，打造群众满意喜爱的文化服务新平台。

根据云安地域农业生产特点，云安县支中心每年按节令制作黄皮、沙糖桔等农业生产技术光盘和小册子通过行政村基层服务点村民分发，并有针对性的选取资源上门指导服务。历年来累计服务专业生产户100多户，长期点对点跟踪服务5户。

七、宣传推广

1、云安支中心利用各种渠道宣传推广共享工程。在云安县每年推行的科技文化下乡活动中，支中心不失时机，以活动为平台，以资料为媒介宣传共享工程，让民众不断了解共享工程，走进共享工程。

2、走进校园。云安县支中心在文化服务中不断探索新的模式，利用云安县少儿图书馆宣传、组织和动员青少年儿童关注共享工程，利用共享工程，收集青少年知识兴趣点整理挖掘，面向广大青少年，突出思想道德教育。结合青少年身心发展特点，紧密结合学校教育，利用电影、电视、网络等青少年易于接受的形式，大力开展理想教育、爱国主义教育、集体主义教育和社会主义荣辱观教育，寓教于乐，使文化信息资源共享工程成为青少年德育教育的重要渠道。同时，按照全市的统一部署，在全县中小学校开展了阳光少年热爱党、热爱祖国网页制作大赛和电脑小报制作大赛。通过一系列活动的开展，促使共享工程不仅走进农村，也走进校园走进青少年。

3、专题活动，精彩纷呈。该支中心在服务中抓住文化的热点和亮点，积极组织群众喜闻乐见的文化服务，使共享工程走进群众生活。例如在迎接建党90周年之际举办广泛开展革命历史传统教育和庆祝建党90周年诗歌朗诵比赛，热情讴歌建党90年来党和国家的丰功伟绩，在全社会营造“学党史，知党情，跟党走”的浓厚氛围。

八、工作展望

云安县文化资源共享工程现已走过4个年头，现已和云安县农村党员干部现代远程教育工程、农村中小学现代远程教育工程有机整合，并覆盖了全县所有村委，群众广泛认知，广泛参与，文化资源共享工程在云安县已经成为云安人民文化生活的一大支柱，成为繁荣云安文化，丰富云安人民精神生活，推动云安人文科技进步的强大动力源泉。今后云安支中心将在省分中心的大力支持下，积极打造专业化的服务队伍，不断完善服务体制，拓展服务形式，增加服务网点，让共享工程成为参与群众更加广泛的共享工程文化带动体系，为实现云安的“科学崛起，跨越赶超”做出更大的贡献。

（撰文/云安县支中心）

新兴县支中心

新兴县全县总面积1523平方公里，属亚热带季风气候区，全县总人口47万，县城驻新城镇，县城人口11万。辖12个镇、196个村（居）委会、1113个自然村，新兴县文化资源共享工程在广东省支中心、市支中心关心和支持下，新兴县文化广电新闻出版局领导和部署下，逐步推进，稳步发展，在新形势下为繁荣农村基层文化，满足农民多层次文化需求，传递中国民族优秀文化资源发挥了重要作用。

一、基本情况

新兴县文化资源共享工程建设开始于2007年，最初在新城镇信息服务站、北街信息服务点、枫洞信息服务点等村试点安装，此后陆续在全县12个镇文化中心开始安装。至此2010年，新兴县文化资源共享工程开始普及进入乡镇行政村，新兴县所属行政村实现全县共享工程村村全覆盖。

共享工程新兴支中心设在新兴县图书馆，是新兴共享工程的建设和业务指导单位，负责保障县中心共享工程设备的运行，协调镇村级共享工程设备的维修，指导镇村级共享工程活动的开展以及开展全县共享工程管理员的业务培训和指导。

二、管理和队伍建设

为使共享项工程真正为民所用为民谋利，新兴支中心将共享工程日常管理纳入制度化管理。制定支中心、镇、村基层服务点工作职责和制度，实行制度上墙公开。每年有年度工作计划，年末有工作总结考核，并推行管理员工作日志管理，收集整理共享工程服务活动的情况，探索共享工程管理和服务新模式。

文化资源共享工程作为一个新的农村文化资源获取平台，如何推广好、利用好共享工程丰富的文化资源关键在于是否有一支专业化的共享工程管理员队

伍。自新兴县支中心建成后，安排专门的技术人员管理共享设备，定期检查维护，做好节目接收工作、读者登记和节目播放记录工作，保证共享工程基本工作的正常运行。对于乡（镇）级基层服务站点的管理上择优选取文化层次较高，有一定社会基层管理服务实践经验的大学生为管理员，他们工作热情高，有较高的文化水平能尽快熟悉掌握共享工程设备为所在村民服务。

三、培训工作

新兴支中心在共享工程管理员的培养上实现了制度化和常态化。支中心每年选派技术管理人员参加了省中心举办的文化信息资源共享工程技术管理人员培训班。根据支中心工作要求，每年对共享工程乡（镇）级基层服务站点管理员进行的集中培训，2007年以来一共举办各类培训班18期，参加轮训的各级管理员达300人次。

四、经费投入

新兴县共享工程自2009年实现村村全覆盖以来，县投入400多万元，建成了文化信息资源共享工程乡（镇）级基层服务站点等一批。新兴县图书馆每年投入5万的运维经费，用于新兴文化资源共享工程县支中心设备的维护，人员培训和惠民活动的开展。同时，新兴县人民政府和新兴县图书馆每年也投入大量人力物力支援共享工程各项活动的正常开展。

五、资源建设

新兴支中心在历年的工作中，搜集不同区域民众文化需求，选取、编辑制作各类题材资源，每年为全县农民科技致富和开展保持共产党员先进性教育活动提供了及时、最新的光盘300多张，展板30多块，各类海报，横幅50条，发放宣传资料5000余份。

六、合作共建

以共享工程为依托结合全覆盖的农村数字电影厅建立电子文献资源服务中心。将各种部门下发的电子文献资源与建立的共享工程服务点结合，根据不同乡镇、村的硬件条件建立形式多样的电子阅览室和多媒体中心。例如天堂镇拥有多台电脑的多媒体阅览室，在各镇等文化站与数字电影厅结合建成电影放映、共享工程宣教授课和电子资源阅读播放为一体的多功能活动室，通过多方不懈努力，共享工程已逐步走入基层村民生活，深受广大读者的欢迎，收到很好的社会效果。

七、利民惠众，惠农服务

在共享工程服务实践过程中，以民众的需求为导向，积极探索，服务民众生活生产，引领群众高尚精神文化生活，打造群在满意喜爱的文化服务新平台。

通过文化信息资源共享工程基层服务点这个平台使广大群众在网上能阅读到二十万册以上电子图书，能观看到数百部电影和电视剧，学习到大量的科普文化知识，缓解了农民看书难、看电影难、看戏难的问题，为基层群众增加了新颖健康的生活方式，使他们享受到优秀文化和实用科技带来的快乐。基层服务站建立后，新兴服务部门每年组织开展文化送戏下乡、科普知识讲座等活动。历年来，共组织送戏下乡活动20多次，科技讲座18多期，受到了广大群众的欢迎。

八、宣传推广

1、加大宣传、推介工作。在多媒体阅览室开设推介优秀栏目、名家讲座、生活常识、电影及优秀地方剧目等浏览服务，发挥这块主阵地的作用，做好宣传推介工作，提高资源的点击率，年浏览量6000多人次。在播放室为广大读者开展名人知识讲座、影视节目等活动，年播放100多场，共3千多人次收看了“共享工程”的内容。以“共享工程”为平台，在各乡（镇）级基层服务站点为农民朋友开展了“优秀影片及科普类影片展播”，共接待观众3000余人次。

2、走进校园。每年将近2万册图书送到乡村学校，做到全校师生不出校门，都可以借阅到自己喜爱的课外书籍，使他们既增长知识，又丰富了阅读兴趣，同时，还为学校师生播放了爱国主义教育影片，使学生们在接收教育的同时又分享文化快乐，消除了学习的疲劳。为学校免费办理书证，让在校学生在网络上进行学习，将文化信息资源共享工程覆盖到学校，希望这些资源能够丰富同学们的课余文化生活，让同学们在阅读中学习，在参与中提高，快乐健康地成长。

3、帮扶上网。老年人对网络的兴趣也越来越浓，针对这个情况，在多媒体阅览室组织老人进行上网辅导，通过对文化共享工作的了解，培养老人对网络信息的爱好，年帮扶老人上网人数为58人次。在乡（镇）级基层服务站点，每年都要邀请专家为返乡农民工举办果树培育、林下种植、养殖技术等创业培训，帮助他们创业致富，新兴县的农村群众正在逐渐成为文化信息资源共享工程的受益者。

4、专题活动，精彩纷呈。新兴支中心在服务中抓住节日文化的热点和亮点，积极组织群众喜闻乐见的文化服务，使共享工程走进群众生活。春节期间，组织开展了春节“文化共享工程”系列服务活动。在馆内开展图书宣传、新书推荐活动，并向群众宣传和利用共享工程数字资源；举办春节、元宵、中秋有奖猜谜活动，精选内容丰富、有节日氛围的谜语，吸引广大群众观点积极参与，踊跃竞猜，营造了欢乐、喜庆、祥和的节日气氛，受到了广大市民群众的赞扬；在播放室提供优秀影视节目光盘供读者观赏，丰富群众文化生活。

九、工作展望

新兴县文化资源共享工程从建立的几个点到今天的100多个行政村全覆盖，从单一的资源接收到今天的编辑分发和群众广泛认知，广泛参与，文化资源共享工程在新兴已经成为新兴人民文化生活的一大支柱，成为繁荣新兴文化，丰富新兴人民精神生活，推动新兴人文科技进步的强大动力源泉。新兴支中心将继续，开拓创新，扎实推进，全面发展，进一步巩固和完善文化信息资源共享工程平台的建设成果，不断满足广大人民群众多样化的文化信息需求，为构建社会主义和谐社会贡献更大的力量，为率先构建社会主义现代化公共文化服务体系而努力奋斗。

（撰文/新兴县支中心）

郁南县支中心

郁南县行政区域共有15个乡镇，有177个行政村，常住人口52余万人。郁南县文化资源共享工程在郁南县县委、县政府、县文化局的领导和支持部署下，在郁南县图书馆努力下，逐步推进，稳步发展，在新形势下为繁荣农村基层文化，满足农民多层次文化需求，传递中国民族优秀文化资源发挥了重要作用。

一、基本情况

文化信息资源共享工程郁南支中心建设开始于2009年，由省文化厅统一配置价值38万元的器材设备和县财政投入配套资金30万元（主要用于机房，电子阅览室及部分器材设备的建设），按照办社图函（2009）371号和省有关配置标准建设而成。支中心设在郁南县图书馆，是郁南县文化信息资源共享工程的建设和业务指导单位，负责保障支中心共享工程设备的运行，协调镇村级共享工程设备的维修，指导镇村级共享工程活动的开展以及开展全县共享工程管理员的业务培训和指导。支中心于2010年9月份正式投入使用，并和县组织部党员干部现代远程教育网络结合，建起立文化信息资源共享工程村级基层服务点，把本县文化信息资源通过服务点向全县各网点播放，使全县所属行政村实现全面覆盖，真正实现共建共享目标。

二、管理和队伍建设

我馆为使该中心真正为民所用为民谋利，将共享工程日常管理纳入制度化管理。制定支中心、镇、村基层服务点工作职责和制度，实行制度上墙公开。每年有年度工作计划，月度有工作要点，季度有工作督导，年末有工作总结考核，并推行管理员工作日志管理，收集整理共享工程服务活动的得失，探索共享工程管理和服务新模式。

文化资源共享工程作为一个新的农村文化信息资源平台，如何推广好、利用好共享工程丰富的文化资源关键在于是否有一支专业化的共享工程管理队伍。郁南县共享工程支中心在管理员队伍建设上坚持明确职责，思路清晰，制度化管理，常规化培训。对于乡镇、村两级基层共享工程管理上择优选取文化层次较高，有一定社会基层管理服务实践经验的村官为管理员，他们工作热情高，有较好的文化水平能尽快熟悉掌握共享工程设备为所在村民服务。

三、培训工作

郁南支中心在共享工程管理员的培养上实现了制度化和常规化。根据支中心工作要求，每年对辖区共享工程站点管理员进行季度参加网络或集中培训，两年多来一共举办各类培训班8期，参加轮训的各级管理员达500多人次。

四、经费投入

郁南县文化信息共享工程自2009年成立以来，郁南县图书馆每年投入约6万的运作经费，用于共享工程设备的维护、电费、网络租用费、人员培训和惠民活动的开展。同时，郁南县委、县政府，县组织部和县文化广电新闻出版局也投入大量的技术支持和各方面的协调支援共享工程各项工作活动的正常开展。

五、合作共建

以共享工程为依托结合党员干部现代远程教育网络县内177个行政村全面覆盖。将各种部门下发的电子文献资源实现共享，根据地域农业生产特点，根据节令制作农业生产技术资料和小册子通过行政村基层服务点村民分发

六、利民惠众，惠农服务

郁南支中心在共享工程服务实践过程中，以民众的需求为导向，积极探索，服务民众生活生产，引领群众高尚精神文化生活，打造群众在满意喜爱的文化服务新平台。

七、宣传推广

1、郁南支中心利用各种渠道宣传推广共享工程。联合科技，卫生等单位在每年的科技文化下乡活动，科普之春，科普之夏，科技周等活动中，郁南支中心不失时机，以活动为平台，以资料为媒介宣传共享工程，让民众不断了解共享工程，走进共享工程。2、走进校园。郁南支中心文化服务中不断探索，利用支中心儿童阅览专区，联合团委组织志愿者动员青少年儿童关注共享工程，利用共享工程，收集青少年知识兴趣点整理挖掘，针对集中地知识群和关注点，郁南支中心联合县纪委开展廉政阅读、有奖征文活动，深受广大青少年的喜爱。3、专题活动，精彩纷呈，郁南支中心在服务中抓住文化的热点和亮点，积极组织群众喜闻乐见的文化服务，使共享工程走进群众生活。

八、工作展望

郁南县文化资源共享工程已走过2个年头，从昨天的空白点到今天的177个行政村全覆盖，从单一的资源接收到今天的编辑分发和群众广泛认知，广泛参与，文化资源共享工程在郁南已经成为人民群众文化生活的不可缺少的部份，成为繁荣郁南文化，丰富郁南人民精神生活，推动郁南人文科技进步的强大动力源泉。今后郁南支中心希望在国家中心，广东省分中心大力支持下为郁南共享工程建设一支专业化的服务队伍，建立一个国家、省、市、县四级知识网络联动的即时问答服务体制和服务形式更加多样，服务网点更加宽广，参与群众更加广泛的共享工程文化发展体系，为建设科技，文化郁南做出贡献。

（撰文/郁南县支中心）

阳江市支中心

公共图书馆事业属于社会公益性事业，公共图书馆建设属于公共文化服务基础设施建设，图书馆主要公共服务体系包括两个重要的机构，即“全国文化信息资源共享工程”和“流动图书馆”。全国文化信息资源共享工程于2002年4月正式启动，为贯彻执行《关于实施全国文化信息资源共享工程的通知》文社图发[2002]14号等有关文件精神，市图书馆按照广东省分中心提出的总体方案要求，制定了以应用为主的《全国文化信息资源共享工程阳江市级分中心实施方案》，并得到市政府、文化和财政部门的肯定与支持，2003年12月份，阳江市文化信息资源共享工程全部完成资源建设规划并提供服务，相应成立全国文化信息资源共享工程阳江市级分中心，机构设在市图书馆，政府每年投入15万元维护经费，由市图书馆配备5名专职人员负责管理。

一、基本情况

根据全国文化信息资源共享工程的总体目标，阳江市图书馆作为市级分中心依托国家资源中心及省共享分中心的资源优势，整合现有数字化资源，通过本馆网络化的建设，面向基层进行网络辐射服务，实现与各镇、街道、乡村图书馆、文化馆等的信息资源共享。

我馆按照广东省分中心提出的总体方案和技术要求，结合当地文化信息资源的网络环境等具体情况，提

出以应用为主的《全国文化信息资源共享工程阳江市图书馆分中心实施方案》，该方案得到市政府、文化和财政部门的肯定与支持中心设在我馆，总建设经费为46万元，其中政府投入26万元，省补助20万元。2003年12月份，阳江市文化信息资源共享工程全部完成暨定的资源建设规划并提供服务。

二、网络建设

市图书馆网络于2003年6月开始投入建设，至现在初步建成了全馆的100MB局域网，网络覆盖图书馆所有各业务及行政部门，实现图书馆业务自动化管理，套取省馆书目数据系统约4万条MARC数据；链接、利用省分中心信息资源；一个拥有60台电脑的电子阅览室，并通过光纤以代理服务器方式接入互联网。

阳江市馆DDN　10MB专线接入互联网，构建了本馆WEB服务器及邮件服务器；实现阳江市馆与国家、省、市文化信息资源共享；有专门的共享资源电子阅览室，浏览国家中心及省级分中心的各类数字化资源；利用丹诚1500综合服务器实现馆WEB服务器与馆内业务自动化系统之间数据的动态跟，实现馆藏书目数据网上查询功能；建立了阳江市图书馆网（http://www.yjlib.net）和阳江数字文化网（http://www.yjdcn.net）。主要栏目包括：机构设置、读者导读、馆藏书目查询、新书报导、文化信息共享资源导航、馆内动态信息、图书馆专家导航等。主要特色数据库包括：馆藏族谱、数字古籍、阳江名人等。

国家文化信息资源共享工程中心的数字资源：书目数据上亿条；全文影像数据6000万页。

我省文化信息资源共享工程分中心的数字资源：电子图书（超星、书生、北大方正）40万种；期刊论文（清华同方、重庆维普、万方数据）1200万篇；学位论文（清华同方）10万篇；会议论文16万篇；事实型数据库30个。

三、惠民服务

阳江市级分中心立足于以应用为主，制定有完善的规章制度，配备5名专职人员管理，在监控网页浏览的技术手段上，采用硬件防火墙加路由的方法，重新设置网络应用，并由市公安网监科的监管程序控制不良IP，以增强网络的安全性。达到了引导广大读者特别是未成年读者认识、利用共享工程网点，通过网络汲取中华优秀文化精神，培养健康向上的价值取向，丰富自身的精神文化生活，自觉抵制不良文化的影响的目的。阳江市级分中心也通过开展系列主题活动来增强服务效果，为深入宣传北京奥运会精神，积极开展“文化共享奥运行”系列服务活动，在2008年7月7日，市文化广电新闻出版局、市图书馆与阳江市级分中心联合举办“阳江市文化共享工程奥运行展览”，为宣扬奥运精神作出了积极的作用。

四、工作展望

市级分中心立足于应用为主，在继续完善本身硬件配置和管理上，还要不断加强反映阳江当地文化特色数据库的建立：1、阳江非物质遗产数据库：如阳西山歌、阳东咸水歌等。2、阳江民俗文化：开渔节、风筝、高留墟、龙舟节等。3、阳江姓氏族谱：冯氏、林氏、李氏等。4、阳江特色数据库：阳江名人，冼夫人资料、南海1号等、周享铜鼓等。

（撰文/阳江市支中心）

茂名市支中心

一、基本情况

全国文化信息资源共享工程是一项惠及广大人民群众的国家文化工程。茂名市分中心自2004年底着手建设以来，在省共享工程中心和茂名市政府的共同支持下，基础设备得到不断完善。2011年建成54台计算机的新电子阅览室，并配置2台服务器和1台高清触摸投影屏。到目前为止，茂名市分中心共投入用于建设和维护共享工程的各项经费约150万元。茂名地区高州市、信宜市、化州市、电白县和茂南区建立了县级支中心，2010年底投放使用并全部达到建设要求。

二、惠民服务

2005年6月至2012年12月截止，我市分中心共接待读者23万多人次，帮助检索资料680余次。同时，我市分中心的工作人员积极宣传文化信息共享工程，努力扩大信息共享工程的影响，并且热心为读者提供咨询及辅导服务，得到广大读者的肯定和好评。

2006年5月底，图书馆网站完成网页的基本构架建设，并正式开通为读者服务。2011年新的图书馆网站已建成，集成了掌上图书馆、数字图书馆等便捷共享资源方式，方便读者网络借阅及了解图书馆的信息。为广大读者特别是未成年人营造良好的网络文化环境。2011年3月，图书馆实现免费向读者服务，让读者在一个安全、绿色的环境下上文明网、健康网。让健康的文化信息资源通过网络传播，为未成年人提供绿色、健康、丰富的网络教育平台，更加丰富未成年人的精神文化生活。

三、宣传和培训工作

从2006年5月共享工程中心建成以来，图书馆服务宣传周和送文化下乡活动中一个重要任务是宣传共享工程。通过制作宣传牌、发放宣传资料传单等方式宣传“全国文化信息资源共享工程”，并介绍本馆网站和如何通过互联网了解和学习中化民族的优秀文化。活动共制作展览宣传牌2块，发放宣传资料350份，免费赠送网上读书卡150张，极好的宣传了全国文化信息资源共享工程，引导各类型的读者更好的通过互联网了解和学习中华民族的优秀文化。同时，加强辅导工作，共进行技术辅导8次。结合地方特色数字资源建设工作，2010至2012年我馆开展了全市图书馆的数据库知识和实际技能培训工作。依据与各县市馆统一协调、共享建设的原则，利用图书馆学会的平台，2010至2012年分别举办了两期《茂名

市特色数据库建设知识》、《茂名市共享工程建设及信息服务》等培训班，系统地讲授了数据库建设方面的知识，培训达1351人次，共54学时。通过这些系统的理念知识和实际操作的培训，工作人员能较熟悉地掌握了数字化扫描和校对等技能，有效地推动数据库建设。

四、资源建设

2011年，新图书馆数字图书馆工程建设中，建立了基于总分馆制的图书馆系统、数字图书馆系统两大系统。购买了非书资料、TPI6.0数字资源建设系统，并购买了书生、点点漫书等电子图书近11万册。

在网站和电子阅览室向读者提供阅读服务。

2010年至2011年，分中心利用特色资源建设系统，开展了地方优秀文化特色资源建设工作。采购了分布式数据库建设平台TPI6.0系统，与各县支中心协作建设《冼夫人文化数》、《荔枝文化》、《石油文化》、《民俗文化》、《茂名人物》《茂名地方文献联合书目》、《茂名大事记》、《图说茂名》等8个数据库。目前，已完成《茂名大事记》、《图说茂名》两个数据库建设及发布。

（撰文/茂名市支中心）

化州市支中心

化州市总面积2354平方公里，全市人口约160万，城区常住人口30多万。在上级部门和化州市文广新局的大力支持和部署下，化州市文化共享工程逐步推进，稳步发展。为繁荣化州农村基层文化，满足人民群众多层次文化需求，传递优秀文化资源发挥了积极的作用。

一、基本情况

化州市支中心设立在化州市图书馆内，其前身为化州市图书馆多媒体阅览室。2010年，根据文化部有关文件精神，以及广东省文化厅与50个县文化广电新闻出版局签定的协议——完成50个文化共享工程县级支中心的建设目标，经过公开招标、签订合同、订货等政府采购法定程序，我市作为省级安排的第二批（19个点）县级支中心，获得省补助38万元设备以及补助设备的安装调试，同时，地方财政配套30万元的资金。在当年7月份，建立起文化资源共享工程化州支中心。其中，省补助设备包括：主机房4套服务器、1套存储器、1台防火墙、2台网络交换机、1个机柜、2套管理软件以及文化共享工程数字资源库的现场安装和系统调试；电子阅览室，25台业务终端计算机、5台日常管理工作站微机和管理软件、投影仪和幕布的现场安装和调试。同时，我们迅速架设并开通了我市文化共享工程网站，实现图书自动化管理，建立起数字图书馆，拥有数字化资源2TB。

二、经费投入

全国文化信息资源共享工程是构建公共文化服务体系的重要组成部分，也是政府的民心工程和德政工程，此举得到化州市委、市政府的高度重视。从2010年起，财政每年拨款5万元作为资源共享工程经费，用于共享工程设备的购置与维护、组织基层人员的相关培训、惠民活动与文化推广活动的开展。

三、培训工作

我支中心非常重视共享工程工作人员的技能与素质培养，积极提升人员业务水平，外树形象，内强素质。除了选送骨干力量参加省中心举办的培训班，系统学习文化共享工程的基本操作技能知识外，还组织全体干部职工学习由国家中心、省中心举办的网络视频教学。我支中心罗伟莲同志参加2009年度全国文化信息资源共享工程广东省分中心举办的网络考试，荣获“个人优秀奖”。

四、资源建设

在善用共享工程中心网站资源和下发光盘的同时，我们积极与省立图书馆、邻近兄弟图书馆建立沟通交流渠道，展开联系与合作，争取上级部门的支持，整合各类资源，在服务与资源方面共建共享。

中心成立以来，一直致力于发展建设基层服务点，以求壮大共享工程网络，达到覆盖面最大化，让更多的群众受益。例如，建立区、镇级基层服务点：下郭区服务点、合江镇服务点等；与政府机关部门合作，建立相应共享工程服务点，如化州人民法院服务点；与学校进行合作，把共享工程延伸至校园里，如长歧东方小学服务点。

我们既通过基层服务点服务民众，也通过这些服务点收集各种地方文献；和文化馆合作，收集非物质文化遗产的数字资料，如寻找本地民俗舞蹈“跳花棚”原始资料，并摄影记录，通过收集此类非物质文化遗产的相关题材，为建立特色数据库做好信息储备。

五、技术支持

我支中心自成立以来就加入广东省共享工程分中心QQ群，加强与省中心及各兄弟馆的联系，及时上报反馈各种信息，取得技术支持。同时，为了规范机房值班管理及操作，建立了中心机房值班记录，电子阅览室文献咨询记录，要求工作人员做好工作原始记录和人员、数据统计工作。

六、惠民服务

化州支中心在共享工程服务实践过程中，既关注群众的不同层次文化需求，广寻资源以满足他们的基本要求，又善于引领群众的精神文化生活，采用多种形式服务民众的生活生产，竭力保证群众的这条文化交流主干线畅通高效，泽被四方。

例如，充分发挥公共图书馆的阵地作用，吸引读者关注文化信息资源共享工程，帮助广为传播其理念。业务上开展光盘外借服务。

将国家中心、省中心下发的光盘资源供读者借阅，比如《文化共享工程夏日电影展播》、《共享书香、快乐阅读》、《文化共享助春耕》、《振奋中国，红色会议》、《共享知识，和谐万家》、《实用农业技术》等。又如，我支中心利用地处闹市中心、拥有小型活动广场的地理优势，通过投影设备在小广场进行光盘资源展播，吸引大批民众前来观看。特别是暑假期间，播放《文化共享工程夏日电影展播》特辑的时候，更是受到大批中小学生的追捧。

这些年来，我们组织了一系列的活动来惠民与推广共享工程，都收到了比较好的效果。比如，

1、文化共享进校园。在长岐东方小学建立服务点，图书与网络相结合，我们赠送图书3000册，学校配置电脑，我们给予技术支持，建立起校园级的基层服务点；

2、文化共享进武装部。我们以同样的方式，建立起部门级的基层服务点，把拥军优属政策落到实处，增进军民友谊，力创“文化拥军”新风尚。

3、文化共享进镇政府，我馆送书3500册，建立合江镇分馆，镇政府购置计算机和网络设备，我们给予安装和技术指导，建立文化共享工程基础服务点。这些活动无一不是结合了惠民与推广两个元素在内。

七、工作展望

在有关部门的大力支持下，这些年的共享工程建设搞得如火如荼，而随着国家对基层文化建设的愈加重视，不断加大对文化共享工程的投入，我支中心将在未来的几年里重点建设好镇级基层点，努力建立覆盖全市的城乡一体化文化共享工程服务网络；同时，加强对各基层工作人员的培训和技术指导、力求以一流的素质与服务来面对群众；联合开展多种惠民与品牌推广活动等，共同擦亮文化共享工程这块金字招牌。

（撰文/化州市支中心）

信宜市支中心

一、基本概况

2005年，在没有经费的情况下，我馆采用股分制形式成立全国文化信息资源共享工程多媒体阅览室，筹集建设资金约20万元，用户端电脑30台，功能服务器2台，其他网络设备，为图书馆建设共享工程作出贡献。2009年，作为广东省重点扶持的50个县级支中心之一，全国文化信息资源共享工程信宜县级支中心在省文化厅和省级分中心的大力支持下，在信宜市委、市政府、市文广新局的重视和指导下，在省配套38万元的设备，地方配套30万元资金下，重新规划、装修、布置支中心，配置了专业机房、空调设备、UPS不间断电源、专业机柜、服务器等，更新了电子阅览室联想品牌电脑，19寸宽屏显示器。目前中心有终端电脑25台，5台日常管理工作站电脑，服务器6台，存储量达5TB，网络光纤10M，专兼职管理员3名。初步架设了我市文化共享工程网站，顺利完成支中心的各项建设工作。信宜县支中心于2009年9月揭幕，投入使用，2011年8月1日率先免费对外开放。

二、规范管理

作为资源共享工程县级支中心，肩负着为读者营造绿色网络空间的责任，针对不同层次各类读者的需求，支中心工作人员积极向读者推荐与“文化共享工程”相关的业务，让网络成为读者增长知识、自娱自乐的亲密伙伴。技术人员定期做好各种病毒预防入侵，把健康的网络资源带到读者身边。

信宜市支中心将共享工程日常管理纳入制度化管理。制定支中心工作职责和制度，每年有年度工作计划，年末有工作总结考核，并推行管理员工作日志管理，收集整理共享工程服务活动的收获与不足，探索共享工程管理和服务新模式。

三、培训工作

信宜市文广新局领导亲自制定培训计划，并督促图书馆落实实施，并到培训现场演讲，阐明工程建设的目标意义及实施的重点与方向。通过学习、实践，比较系统地了解了共享工程各个环节工作，为共享工程的推广起到了促进作用。信宜市支中心负责组织开展对本图书馆的业务展开了培训，全年共52人次；保证骨干人员每人参加至少3次培训、人均不少于60学时的目标。培训采取面授、答疑、互动、参观、考核实践等形式，培训课程安排紧张有序。学员通过培训，对职能任务、获取资源的操作技能、维护设备设施的基本常识有进一步认识。

四、经费投入

2009年6月，在省给予38万元器材设备，信宜市政府拨款专项经费30万元用于电子阅览室、多媒体室、机房装修建设和部份设备购置下，信宜市支中心重新规划建设，2009年9月投入使用。

五、宣传推广

为做好信宜市支中心的宣传推广工作，我馆举办了一系列的读书活动。1、我馆创建了“短信平台”，向全市人民传播“免费全民读书活动”各种信息2万多条；2、开展“4•23”世界读书活动；3、图书馆宣传周读书活动；4、倡导“快乐暑假，快乐读书”活动；5、组织信宜市书法名家为图书馆现场挥毫献墨助读书活动；6、廉洁读书月，开展廉洁读书、清风正气；7、组织信宜市回乡大学生俱乐部志愿者到图书馆推动免费全民读书活动；8、在玉都广场门前举办了一场“信宜市推动免费全民读书活动暨新书推介展示”的读书活动；9、在图书馆举办信宜市“书香飘信宜”免费全民读书活动精品书刊展览；10、开展千万少年快乐阅读读书活动；11、开展2011年度“十佳”金牌读者活动；12、市机关单位组织本单位干部职工走进图书馆集中读书学习活动。达到了支中心宣传工作的预期效果。

六、工作展望

信宜市文化信息资源共享工程县级支中心建设虽然按高标准建成，并率先免费对外开放服务。但离上级的要求还很远，我支中心专业人才水平不高，经费又欠缺，服务工作范围不够广，不够深。今后我们将加倍努力，克服困难，拓展服务，深入服务，加强与镇一级基层服务点的资源共享建设的联系和指导，为建设繁荣信宜文化，丰富信宜人民精神生活，推动信宜人文科技进步作出最大的贡献。

（撰文/信宜市支中心）

湛江市支中心

湛江市现辖雷州、廉江、吴川三个县级市和徐闻、遂溪两个县以及赤坎、霞山、坡头、麻章四个区，有一个国家级经济技术开发区和五个省级开发试验区。全市有105个乡镇、21个街道办事处、1618个村民委员会。全市总面积12470多平方公里，总人口700.71万人。

作为全国文化信息资源共享工程的组成部分，湛江市支中心根据上级有关文件精神，结合湛江实际，在湛江市政府、市文广新局的重视和关怀下，在各区政府和各级文化共享工程支中心的共同努力下，克服各种困难，积极加强共享工程建设，在基层服务网点建设、公共服务、共建共享、队伍培训等方面取得了稳步发展，社会效益良好。

一、基本情况

我市于2005年开始实施文化信息共享工程湛江支中心建设，首期投资50万元。2007年，市支中心整体框架及湛江数字文化网站等相关平台建设基本完成，初步实现地方和全国文化资源互联共享。支中心自建成以来，根据国家、省、市各级文件要求，依托数字图书馆技术平台，在紧密结合图书馆自动化、网络化建设的同时，不断加强公共上网场所建设并配置先进的电子阅览室，为湛江广大基层群众尤其是青少年提供文化信息服务和绿色上网空间。在各方的共同努力下逐步搭建湛江市文化共享工程服务网络体系，形成了包括一个市级支中心，6个区级图书馆支中心和30几个基层文化站或文化中心共同组成的网络服务体系。其中雷州市南兴文化站为省级文化站，2007年中共中央政治局常委李长春同志及时任广东省委书记张德江同志视察过该文化站。

二、经费投入

湛江市共享工程自2005年开展以来，每年投入专项经费，用于共享工程数字资源采购、设备维护，人员培训和惠民活动的开展。为加快共享工程资源库建设，我支中心多方筹措，利用市图书馆有限的图书购置经费，积极加强数字资源的建设和开发利用，此外，遂溪、吴川、廉江、徐闻、雷州、湛江少儿图书馆等支中心，每年均投入一定的人力物力支持共享工程各项工作的正常开展。

三、制度建设

为使共享工程真正为民所用、为民谋利，湛江市支中心将共享工程日常运作纳入制度化管理。湛江市支中心认真制定支中心和基层服务站点的工作规则和管理人员工作守则，实行制度墙上公开，严格执行。湛江市支中心定期派出工作人员进行指导、监督和管理。

四、队伍建设

队伍建设是文化共享工程工作正常开展的关键，湛江市支中心专门设立共享工程服务部，指派业务能力和责任心强的人员负责文化共享工作，并给予足够的支持。为加强管理和及时交流信息，加强共享工程人才队伍建设，湛江市支中心通过QQ工作群、电话等多种方式加强与各基层服务点工作人员沟通和业务联系，确保共享工程各项工作顺利推进。以开拓视野、提高技能为目的，经常通过文化共享工程网站“数字学习港”进行网络培训，有力推动了人才队伍建设。

五、资源建设

共享工程湛江支中心先后建成立足湛江海洋经济的亚热带海洋经济信息网、湛江红土文化数据库、徐闻支中心建有海上丝绸之路数据库、雷州石狗文化数据库等多个文化资源数据库，其中亚热带海洋经济信息网被文化部及广东省科委立项，实现优秀信息资源在全市范围的共建共享。

同时，为加快共享工程资源库建设，我支中心多方筹措，利用市图书馆有限的图书购置经费，积极加强数字资源的建设和开发利用，先后购买了各种电子资源，可供读者在馆内外使用，很大程度上方便了市民，为市民提供了更为全面的服务。截止2012年12月，电子资源包括电子图书200000册，科技电子期刊110000篇，人文期刊800种，视频资源1000部以及各种专题数据库10种。为发展湛江经济，立足本地经济建设重点项目，我馆还定期自建电子剪报资源数据库，向政府部门及相关企业科研单位寄送。此外，我支中心还先后向广东省中心图书馆委员会及国家中心申报自建资源建设项目。

六、培训工作

湛江市支中心在共享工程管理员的培训上实现了制度化和常态化。针对基层中心及流动服务点的情况不一，网络环境差异明显，工作人员有限且承担工作较多等情况，我们除定期举办共享培训班之外，还不定期下基层，采取服务与培训相结合的方式，以基层站点工作人员为培训重点，通过介绍工程资源、指导服务、分享经验等方法，使其熟悉资源，掌握服务技能，提升服务的主动性、创造性，不断提高服务质量。

在历年的工作中，市支中心及各区支中心在各行政村中建设农家书屋的目标已基本实现，徐闻、雷州、遂溪等各区支中心将工作的重点放在加强对农家书屋的后期管理上，制订了管理规则和奖励升级等激励机制以保证农家书屋的正常运行。

七、合作共建

结合“农家书屋”工程和农村党员干部现代远程教育网络平台等，积极推动“共享工程”的建设与发展，如与徐闻、雷州等各县区合作共建了图书阅览室及共享基层服务点。通过多方不懈努力，共享工程已逐步走入基层村民生活，成为村民获取新知，娱乐身心的新渠道新平台，大大丰富了城区居民的文化生活。

为能使资源共享工程能在广大的基层单位和企业推广，支中心还与市总公会合作，在全市部分企业的图书室、活动室张帖共享工程的活动宣传图片，培训图书室、活动室负责人熟悉使用共享工程的免费电子资源，并把共享工程的主页设为企业的电子阅览室主页，让更多的员工了解和使用共享工程的成果。

立足本地驻军部队的多样性，与部队图书馆室共建图书分馆，湛江市支中心2005年开始，先后与陆、海、空三军及武警、边防等部队共建图书馆室36个，并与海军168舰、芜湖舰共建海上舰艇图书室。

八、文化惠民

湛江市支中心在共享工程服务实践过程中，以民众的需求为导向，积极探索，深入开展多种形式的文化惠民活动。我们多年来坚持每周为读者呈上精彩的公益讲座，深化品牌服务，与读者共享传统文化和传递新知理念；开展全国文化信息资源共享工程之阳光电影之旅专项活动，每月为读者提供期免费的精选电影，创新共享工程服务形式，深受群众喜爱；开展“文化年货带回家”、“文化共享工程进企业”、“文化共享工程进校园之奥运行”、“文化共享工程进军营”等文化惠民活动；加大对弱势群体的关注，

九、宣传推广

湛江支中心积极通过每年4•23读书月活动、图书馆宣传服务周、湛江市海洋文化节等活动，通过派发公共服务周宣传单和图书馆电子资源宣传资料等进一步扩大工程的影响，深受广大市民的好评。利用部队分馆众多的有利优势，经常下部队宣传本馆电子数字资源及馆藏资源，定期与部队开展读书演讲比赛。此外，湛江市支中心积极利用各活动平台，加强共享工程宣传，让民众进一步了解共享工程，走进共享工程。每年定期去本市的中小学向学生宣讲图书馆的各项功能及馆藏的电子资源及数据库，让广大的中小学生了解图书馆，喜爱图书馆，让图书馆在以后的将来拥有更多的潜在读者，更大地发挥图书馆的功能。

十、工作展望

湛江市共享工程建设已走过8个年头，日益成为繁荣湛江文化，丰富人民精神生活，推动社会进步的源泉。展望未来，我们将不断完善自身建设，通过各级支中心、基层服务点为广大市民提供优质的文化服务，在新形势下为繁荣基层文化、满足市民文化需求、传递优秀文化资源发挥更加积极的作用。，推动文化共享工程在湛江又好又快持续发展。

（撰文/湛江市支中心）

廉江市支中心

廉江市地域总面积2835平方公里。行政区划辖3个街道办（罗州街道、城北街道、城南街道）、18个镇。总人口150多万。廉江市文化共享工程在广东省文化厅，省立中山图书馆支持和部署下，逐步推进，稳步发展，在新形势下为繁荣廉江基层文化，满足广大群众多层次文化需求，传递中华民族优秀文化资源发挥了重要作用。

一、基本情况

廉江市文化资源共享工程建设开始于2005年，共享工程廉江支中心设在廉江市图书馆，是廉江市共享工程的建设和业务指导单位，负责保障市中心共享工程设备的运行，协调镇村级共享工程设备的维修，指导镇村级共享工程活动的开展以及开展全市共享工程管理员的业务培训和指导。

廉江市支中心配有专职管理员1人，兼职3人；设有30平方米机房、25个机座和电子阅览室和40座位的投影放影场各一个。网络带宽10M。

虽然廉江处于欠发达地区，但在各级政府的关注下，在共享工程省级分中心的指导下，全市共享工程建设也有较快的发展。21个镇（街道办）已全面开展筹建基层服务点，其中罗州、安铺等镇服务点投入使用后，深受到广大用户欢迎。行政村级也有36间基层服务点筹建完毕。全市各镇村都在配合新农村建设筹措设置共享工程服务点。

二、管理和队伍建设

共享项工程是一项新的信息资源服务模式。为使该项工程正常运转，产生较大的社会效益，我支中心将共享工程纳入制度化管理。制定支中心、镇、村基层服务点工作职责和制度，实行制度上墙公开。年有年度工作计划，月度有工作要点，季度有工作督导，年末有工作总结考核，并推行管理员工作日志管理，收集整理共享工程服务活动的得失，探索共享工程管理和服务新模式。

文化资源共享工程作为新的农村文化资源获取平台，如何推广好、利用好共享工程丰富的文化资源，关键在于是否有一支专业化的管理员队伍。支中心在管理员队伍建设上坚持明确职责，明确思路，制度化管理，常态化培育。狠抓队伍建设。支中心除组织职工学习由国家中心、省中心举办的网络视频教学外，还于2008年、2010年、2012年分别选送骨干力量参加省中心举办的培训班，系统学习文化共享工程的基本操作技能知识、ILASII图书管理软件的使用和维护等。通过培训，我支中心打造了一支精湛的技术服务队伍，极大提高了支中心的综合服务水平。

对于乡镇、村两级基层共享工程管理，与文化站、村文化室工作结合起来，要求各镇文化站安排较高的文化水平的员工负责共享工程工作。根据工作要求，支中心每年对镇、村两级共享工程管理员进行培训，如2012年度共培训管理员37人次。让他们尽快熟悉掌握共享工程设备为所在村民服务。

三、经费投入和资源建设

共享工程的建设和维护需要大量的资金。为建成合格的机房、设施齐全的电子阅览室和小影视室，廉江支中心积极向各级财政争取经费。在廉江市政府的支持下，我支中心于2008年完成了各室的改建和装修。广东省文化厅也为我中心下拨了38万元的设备。使支中心初成规模。廉江市图书馆每年也投入大量人力物力支援共享工程各项活动的正常开展。为广大群众提供多渠道的信息服务。廉江市各行政村的共享工程建设也得各级政府的有力支持，省文化厅规定为每个建成共享工程服务点，给予7.8万无的经费补助。在利用共享工程中心网站资源和通过卫星投放的资源的同时，我们注重与省市图书馆的联系与合作，争取资源上级业务部门的支持整合各类资源，达到共建共享。如省级中心给我们配发了《农业实用技术》等光盘。

我馆也多次向省图书馆提供了地方文献。我们按照“资源共享、优势互补、互利互惠”的原则开展协作共建，与基层点签订了资源共享协议书，为基层图书点提供流动图书近35000册，同时无偿搜集其特色的信息资源。对内加大资源的采集力度，为我馆特色数据库的建立做好了丰富的信息储备。

四、技术支持　合作共建

廉江市支中心从2009年起，建立了信息反馈机制，加入广东省共享工程QQ群，加强与省中心及各兄弟馆的联系，及时上报反馈各种信息，取得技术支持；规范机房值班管理及操作，建立了中心机房值班记录，电子阅览室文献咨询记录，要求工作人员做好工作原始记录和人员、数据统计工作；

支中心还结合农村干部党员远程教育、中小学教育远程教育、农家书屋等工程，通过对乡镇图书馆（室）帮助筹建和业务辅导，积极推动"共享工程"的建设，不断完善配套设施，提高硬件条件，使各乡镇图书馆（室）逐渐形成了一个融图书借阅、党员教育、信息传递、休闲娱乐为一体的基层服务中心。

五、惠民服务

1、我中心机房建成后，05年建成网站，将国家、省、市各级文化信息资源下传到基层站，并上传当地的文化信息。向广大用户提供文化信息和图书信息服务，实现文化信息共享。至已接收了省中心达3TB，资源，较快地充实了我中心资源库存。我中心还先从本地白戏、八音等民间曲艺着手，开展搜集本地的文化信息资源。这些为下一步开展各项服务打下坚实的基础。几年来，共上传或转发文化科技信息6000多条。据不完全统计，网站所获点击共2万多次。

2、充分发挥电子阅览室阵地作用，供读者（用户）网上读书，网上获取文化知识和科技信息，网上欣赏高雅的影音作品。并加强电子阅览室管理，使之成为让家长放心，社会放心的绿色上网场所。

3、每个周末，小影院利用投影仪播放名家讲座；对未成年人播放百部爱国主义教育影片、科普类等影片；举办思想道德建设方面的讲座、名著赏析等，引导未成年人多读书、读好书。

4、开设影视资料、电子图书借阅服务。近年我馆共收藏了500多册电子图书和300多件电影、电视视听资料。为充分利用这批形象生动，图文并茂的数字化资料，我馆专门开设了数字资料角。为读者提供借阅服务。

六、宣传推广

1、廉江支中心利用各种渠道宣传推广共享工程。在每年的科技文化四下乡活动，岭南书香车下乡活动中，支中心以活动为平台，以资料为媒介宣传共享工程，让民众不断了解共享工程，走进共享工程。

2、走进校园。支中心文化服务中不断探索，利用电子阅览室，开展各种活动，使青少年关注共享工程，利用共享工程；聘请专家前来为青少年答疑解惑，深受广大青少年的喜爱。

3、专题活动，精彩纷呈。支中心在服务中抓住文化的热点和亮点，积极组织群众喜闻乐见的文化服务，使共享工程走进群众生活。例如在党十八大召开之际，支中心在小影院播放了《建党伟业》等党史电影、电视剧。

七、工作展望

随着国家对农村文化的重视，加大对文化共享工程的投入，我支中心在努力完善中心基础业务的同时，将在未来的几年里着重搞好为农村基层点服务，建立覆盖全市的城乡一体化文化共享工程服务网络，加强对管理员的培训和技术指导、联合开展多种活动等，以更好地发挥文化共享工程的作用。

（撰文/廉江市支中心）

雷州市支中心

一、整体情况

雷州市总面积3532平方公里。全市20个镇，总人口160万多人。市区面积40平方公里，常住人口20多万人。雷州文化底蕴丰厚，文化资源丰富，是"国家级历史文化名城"。2007年，按照上级要求的配置标准，我市建立了文化信息资源共享工程县级支中心。

在市委、市政府和上级文化主管部门的重视支持下，我市共享工程从2007年开始启动。经过几年来的努力，先后购置了26台电脑，组建了96平方米的电子阅览室，设立了本馆网页，参与了共建共享工作，协助创建了南兴等六个共享工程服务点。省委、省政府十分重视该项工程建设，2009年安排了专项资金，为我们雷州支中心配置了38万多元的设备。现在我们支中心按要求设置了"一房二室"（机房、电子阅览室、多功能室），初步具备了县级支中心的规模。根据《县支中心配置标准》的要求，我们支中心配置了如下设施和设备：1、机房配置：防静电地板、综合布线、机房装修、地线系统、防雷系统；配电箱1套、机房空调2台、UPS电源设备1台、防火器材1套。2、电子阅览室配置：室内装修、综合布线；水帘空调2台、电脑56台、电脑桌椅52套。3、多功能室配置：42英寸电视机1台、多媒体播放器1台。4、中控室配置：扫描仪1台、激光网络打印机1台、移动硬盘1台、数码照相机2台、数码摄像机1台、便携式计算机1台、检控系统1套。

目前中心有终端电脑52台，服务器4台，存储量达6TB，网络带宽10M，专职管理员2名。初步架设了我市文化共享工程网站，实现了图书自动化管理。

二、网点建设、经费投入

雷州市委、市政府十分重视文化信息资源共享工程这项创新惠民工程建设，几年来，共拨给我们地方财政配套资金32万元。2010年以来，由中央、省、市、县四级财政投入资金48万元，为6个文化站开设了共享工程服务点，进一步加大了文化共享工程网络在我市的覆盖面。

三、资源建设

在利用共享工程中心网站资源和通过卫星投放的资源的同时，我们注重与省市图书馆的联系与合作，争取上级业务部门的支持，整合各类资源，达到共建共享。我馆也向省中山图书馆提供了我们的地方文献。

我们按照"资源共享、优势互补、互利互惠"的原则开展协作共建，与六个基层点签订了资源共享协议书，为基层图书室提供流动图书近10000册，同时无偿地为基层服务点提供特色的信息资源。截止2012年12月，我馆与省中心、基层点共享信息资源100余种。为今后我馆特色数据库的建立提供了丰富的信息储备。

四、技术支持

建立了信息反馈机制，加入广东共享工程县支中心QQ群，湛江共享工程中心QQ群，加强与省中心及各兄弟馆的联系，及时上报反馈各种信息，取得技术支持。规范机房值班管理及操作，建立了中心机房值班记录，电子阅览室文献咨询记录，要求工作人员做好工作原始记录和人员、数据统计工作。

五、合作共建

结合"农家书屋"等工程，积极推动"共享工程"的建设，如与白沙镇白沙村、平原村、东岭村等六个村庄合作共建了图书阅览室。通过多方不懈努力，共享工程已逐步走入基层村民生活，成为村民获取新知，娱乐身心的新渠道新平台。

我们还与雷城街道办东门等五个居委会合作共建了文化室，与市文化馆合作共建了一个图书阅览室。省中山图书馆在我们馆建立了"广东流动图书馆雷州分馆"、湛江少儿图书馆与我们合作建立了"湛江少儿图书馆雷州分馆"等。通过合作共建，大大丰富了城区居民的文化生活。

六、惠民服务

多年来，我们始终把服务基层群众作为开展工作的出发点和落脚点，我们电子阅览室除了每周坚持开放48小时外，还通过丰富的数字文化资源和先进便捷的技术传播手段，不断满足基层群众求知识、求富裕、求健康、求快乐的需求。在实施共享工程的实践过程中，雷州支中心以民众的需求为导向，积极探索如何服务民众的生活与生产，引领群众高尚的精神文化生活，打造群众满意喜爱的文化服务新平台。

根据雷州渔业、农业生产特点，雷州支中心每年按节令把有关农业生产技术、水产养殖等书籍、光盘通过文化站，针对不同农业、水产业专业者的需求提供。

支中心不断拓展共享工程的服务内涵和方式，充分利用这一全新的工作载体条件，每个星期六、日在电子阅览室播放"童心向党 快乐成长"系列光盘，对少年儿童进行爱国主义教育。我们还开展光盘免费外借服务，举办各种知识讲座与培训，让老百姓实实在在地共享我们优秀的文化信息资源，让更多民众享受到了共享工程的好处，开创了文化共享工程工作的新局面。

七、宣传推广

为贯彻中共中央、国务院关于《加强文化信息资源共享工程建设的意见》和文化部2006年工作计划精神，加强对"文化信息资源共享工程"知识的宣传，积极引导广大读者特别是青少年抵制不良网站，发挥文化信息资源共享工程网站传播中华灿烂历史和优秀文化的作用，进一步丰富读者节日文化生活，我们在2010年春节期间开展"文化信息资源共享工程"知识有奖答题活动。此次活动为"文化信息资源共享工程"宣传推广活动尝试之一。随着各基层点的普及，我们面向全市各基层点开展了"文化信息资源共享工程"知识普及以及举办专题讲座等活动，引导和帮助广大基层群众学习普及电脑和网络知识，进一步扩大"文化信息资源共享工程"的影响力和辐射力，力求使"文化信息资源共享工程"真正成为百姓受益的民心工程。

八、培训工作

我支中心狠抓队伍建设，除组织全体干部职工参加由国家中心、省中心举办的共享工程知道竞赛外，还连续几年分别选送骨干力量参加省中心举办的培训班，系统学习文化共享工程的基本操作技能知识，通过培训，我支中心打造了一支精湛的文化共享工程技术服务队伍，极大提高了我支中心的综合服务水平，对我市文化共享工程事业的发展起到积极的推动作用。

2012年，我们还对几个准备明年开始运作的基层服务点的文化站工作人员进行了培训，让他们掌握了基本的操作技能。

九、工作展望

雷州文化资源共享工程支中心已走过5个年头，文化资源共享工程在雷州已经成为雷州市人民文化生活的一大支柱，成为繁荣雷州文化，丰富雷州人民精神生活，推动雷州人文科技进步的强大动力源泉。随着国家对农村文化的重视，加大对文化共享工程的投入，我支中心将在未来的几年里着重搞好为农村基层点服务，建立覆盖全市的城乡一体化文化共享工程服务网络，加强对管理员的培训和技术指导、联合开展多种活动等，以更好地发挥文化共享工程的作用。今后我们希望在上级的大力支持下能完成我们本地的特色资源库：雷州石狗文化数据库、雷州历史文化名人数据库、雷剧数据库以及雷州文物大观数据库的建库工作。

（撰文/邱素娟）

徐闻县支中心

徐闻县全县土地面积1954.37平方公里，其中耕地总面积107万亩。岛屿48个，海岸线长400公里，其中岛岸线长102.51公里，海域面积8890平方公里。全县总人口73万人，以汉族为主，少数民族有壮族、瑶族、黎族、苗族、回族等。全县设乡镇14个、街道办1个，辖173个村委会，24个居委会。县内有国营农场6个，橡胶研究所1个，国营林场1个，国营盐场1个，县属农场1个。

一、基本情况

我馆编制9人，实有在职人数9人。由于人员编制较少，文化信息资源共享工程工作方面不设专职人员，有3位同志兼职从事这方面的工作。

我馆文化信息资源共享工作开始于2003年2月。

我们属于落后欠发达地区，地方财政困难，对图书馆投入严重不足，此前财政预算每年给图书馆的购书经费只有一万、二万不等，购书经费除了订阅几十分报纸、杂志给读者阅览外，基本没钱添置新书。文献资料、文化信息异常缺乏，甚至出现职工聚资购买当时热门的武侠小说出租，来满足读者需求。2003年开始，我们根据文化部、财政部《关于实施全国文化信息资源共享工程的通知》（文社图发[2002]54号）的要求，开始谋划我们的文化信息共享工程工作。原因是2002年年底，我们县对电子阅览室实行整顿规范管理，取逮一些无牌无照的电子阅览室，一些无牌无照电子阅览室的设备施需要低价转让，我们根据这种情况向政府反映、申请，获得财政3万元的资金支持，我馆自筹资金2万，在2003年2月建起了一间有22台电脑的电子阅览室，向读者提供上网学习，开展了文化信息资源共享服务初期工作。

2008年年底，省财政下达中央财政补地方文化共享工程电子阅览室建设专项经费60万元给我馆。2009年6月，我馆根据共享工程县级支中心建设标准、要求，对过去的电子阅览室进行了改造，新增联想电脑35台，淘汰了一些旧电脑，建起了一间有配套机房、有服务器、50台供读者上网学习的电子阅览室，同时还建起了一间可供80人同时活动的多功能厅，使我馆的文化信息共享工程工作跃上了一个新的台阶。2010年，因三旧改造，图书馆另择新址，但在新馆未建好前，图书馆暂时搬到博物一楼开展业务。因场地因素，文化信息资源共享工程电子阅览室规模变小，单独电子阅览室有电脑18台，多功能厅只能容纳40人，其他电脑分散设置在各阅览室。

二、业务建设

我馆文化信息资源共享工作，结合我馆实际，业务重点放在电子阅览室和多功能厅的开放、放在宣传和读者应用方面。

1、2003年2月我们建起电子阅览室后，由于财政没有专项经费支持这项工作，在当时的政策允许下，我们开展有偿上网服务，读者上网学习、浏览获取信息，我们收取一定费用做为网络光纤及设备维修费，保障电子阅览室的正常运行。2009年9月后，根据上级的要求，我们停止读者上网收取费用的项目。

2、2007年9月我馆第一次派员参加了省馆在茂名举办的共享工程培训班。

3、2007年11月广东流动图书馆在我馆设置分馆后，由于分馆使用了省馆的自动化集成管理系统，我们馆的读者也就变身成了省馆的读者，可以享到省馆读者同等的数字资源，为我们开展文化信息资源工作提供了有力的保证和坚强的保障。

4、2007年后，每年流动分馆总结及表彰大会期间举办的共享工程培训我馆都派员参加。

5、2011年1月1日起我们实现了全部免费开放。

6、2011年11月我馆参加了省馆在阳春市举办的共享工程培训班。

7、2007年11月流动分馆挂牌前段，我们在图书馆楼显眼处制作了共享工程精美宣传栏，宣传共享工程建设的指导思想、意义、总体目标、施实内容等，让读者了解共享工程，获取共享工程丰富的文化信息。

8、从2009年6月开始(即我们建好多功能厅后)，每个星期六、星期日或重要节日，我馆都结合实际，利用多功能厅的播放设备，播放本馆购买的及国家中心赠送的光盘及省馆网站购买的相关视频资料。如元旦、春节期间我们播放国家中心配送的、充满喜剧祥和气氛的光盘电影；3月5日雷锋记念日，我们播放国家中心配送的雷锋之歌等电影；4·23世界阅读日、六·一儿童节期间，我们播放有关快乐阅读内容的影碟；八月一、十月一期间我们播放有关军队、国家相关内容的电影，其中本馆购买的光碟“国史记实”在2010年10月1日前后我们连续播放一个半月，读者观看达1000人次，普及了国史知识，还原了一些真相，受到了读者的好评。

9、我们还根据国家中心的要求，利用国家中心配送的光盘内容，复制刻录相关内资料送给不同的使用者。如2010年我们复制刻录文化共享助春耕影碟30套，请农业局帮忙转送乡镇农科站及种植大户，受到用户好评。

10、从2010年开始，我们结合农家书屋建设及送书下乡服务，对基层文化站工作人员及农家书屋管理员进行单独培训，三年共培训管理人员121人次，为共享工程全覆工作做出了积极贡献。

（撰文/徐闻县支中心）

全国文化信息资源共享工程——

海南省分中心

海南省位于中国最南端。北以琼州海峡与广东划界，西临北部湾与越南民主共和国相对，东濒南海与台湾省相望，东南和南边在南海中与菲律宾、文莱和马来西亚为邻。海南省的行政区域包括海南岛、西沙群岛、中沙群岛、南沙群岛的岛礁及其海域，是我国面积最大的省。全省陆地（主要包括海南岛和西沙、中沙、南沙群岛）总面积3.54万平方公里（其中海南岛陆地面积3.39万平方公里），海域面积约200万平方公里。全省有3个地级市，6个县级市，4个县，6个民族自治县，1个经济开发区；基层设置183个镇，21个乡，18个街道办事处。全省总人口为870余万人。

海南省文化信息资源共享工程在省委、省政府及全国文化信息资源建设管理中心的正确领导下，在全省文化共享工程各级中心的密切配合下，以公益性、基本性、均等性、便利性为原则，以数字资源建设为核心，以有效开展惠民服务为重心，以打造精品、优化应用为重点，以多种传播方式为手段，与时俱进，稳步发展，努力为传播先进文化，开展惠民服务发挥重要作用。

一、基本情况

海南省文化信息资源共享工程于2003年9月正式启动，同年省文化广电出版体育厅、省财政厅成立了“海南省文化信息资源共享工程领导小组”。2006年8月，建立了由省文化广电出版体育厅、省财政厅、省教育厅、省发展与改革厅、省科技厅、省农业厅、省卫生厅、省农垦总局、省法制办公室等9个部门组成的海南省文化信息资源共享工程厅际联席会议制度，同年海南省图书馆筹备组成立后，海南省文化信息资源共享工程分中心设立到海南省图书馆，是海南省开展文化信息资源共享工程技术服务、数字资源建设、人员培训的中心，承担对本省各级网点的组织协调、管理服务和技术支持等工作。

二、网点建设

2007年，文化部确定我省昌江黎族自治县、乐东黎族自治县、保亭黎族苗族自治县、五指山市、定安县为全国县级支中心建设的试点县，2008、2009年，我们结合

2010年9月开展“团圆中秋，和谐共享”公益性影院放映活动

试点县的建设经验，先后建设了琼海市、儋州市、琼中县、白沙县、文昌市、万宁市、东方市、澄迈县、临高县、屯昌县、陵水县、海口市琼山区、美兰区、龙华区、秀英区等15个县级支中心，实现县级全覆盖。同时，海南文化信息资源共享工程开始普及进入乡镇行政村，2008年建成27个乡镇服务点；2009年建成92个乡镇服务点和1200个村基层服务点；2010年完成85个乡镇服务点和1356个村基层服务点。截止2010年底，全省共建设了1个省分中心、20个县级支中心、205个乡镇基层服务点（其中1个乡镇为农垦系统改革后新设立乡镇，由文昌市自筹资金按标准建设完成）、2556个行政村基层服务点和10个社区基层服务点，基本形成了省、市、县（区）、乡镇、村（社区）四级服务网络体系。

三、培训工作

文化共享工程从业人员的管理技术水平，关系到文化共享工程事业的发展。我省在实施文化共享工程建设过程中，重视人才的培养和培训工作。省级分中心对共享工程各级中心负责人和管理员的培训工作已形成制度化，根据工作需要，每年会定期对各级中心负责人和管理员进行技术及业务培训工作，并定期深入基层指导和开展技术支持服务工作。根据国家管理中心的工作安排和要求，多次开展网络培训工作。在培训的主渠道外，还将文化共享工程培训纳入了全省公共图书馆培训内容，纳入全省公共文化人才培训体系。截止到2012年底，累计集中面授培训近1500人次。

四、经费投入

“十一五”期间，我省文化共享工程共计投入资金4155.2万元，其中中央专项补助资金2306万元，省财政配套资金1554万元，市县财政配套资金295.2万元。

五、资源建设

我省分中心数字信息资源建设严格按照全国文化信息资源共享工程领导小组办公室印发的《全国文化信息资源共享工程地方资源建设指南》要求和《海南省文化信息资源共享工程资源建设总体方案》的规划，扎实推进数字资源建设。目前，省分中心委托建设了《走进海南》、《海南非物质文化遗产保护》、《海南黎族》、《热带资源》、《旅游文化》、《琼剧艺术》、《重大赛事活动》等7个专题资源库，上传图片5200多张；文本300多万字；音频16部，时长355分钟；视频640部，时长22000分钟，共100GB。除委托建设数据库外，采取外包的方式，新增了《海南省国际旅游岛数字资源建设项目》、《热带高效农业数字资源建设项目》两个数字资源，资源量达到视频约311小时，图片5000幅，文字50多万字。正在建设《海南黎族非物质文化遗产多媒体资源库》、《海南红

色历史文化多媒体资源库之"23年红旗不倒"》和《海南省进村入户数字资源》3个专题资源库。

六、合作共建

海南省文化信息资源共享工程积极开展合作共建，进行优势互补，采取多种方式传播先进文化。海南省文化信息资源共享工程与中国有线海南分公司开展合作，创建了数字电视文化共享工程视频专用频道（401频道），提供给数字电视用户免费自主浏览文化共享工程图文信息资源。目前，海南省数字电视用户数已达114万户，城乡覆盖率达95%以上。全省114万有线数字电视用户以及各市县试点农村的5000户微波数字电视用户享受到此项"文化共享工程惠民工程"。并与中国有线海南分公司合作建设10M数据专网，实现全省各市县支中心的机房、公共电子阅览室、业务网络的统一管理，互联互通，高效使用。

与中国联通合作开通"100M独享"通道，使省分中心形成了互联出口的"双通道"模式，不仅缓解了因不断增多的互联网读者和单通道带来的"数据瓶颈"压力，更可使我省各支中心流畅的访问互联网。

七、网络化建设

共享工程海南省分中心不断创新工作机制，提高网络化服务水平，完善共建共享建设机制，扩大资源共建范围，实现内部管理及设备资源的共享，建设开通了全省各市县支中心和乡镇基层服务点的数据专网平台，实现了全省市县、乡镇网络全覆盖，大大提升了共享工程网络传输服务能力和全省各市县支中心及乡镇基层服务点的网络化管理水平。

一是加强同海南有限公司的战略合作，开通联接全省各支中心及乡镇基层服务点的数据专网，提升网络传输服务能力。通过数据专网平台，实现全省19个市县区支中心与省分中心的网络连接，进行联网办公、机房和电子阅览室的监控系统、视频会议系统、远程技术维护系统、Internet共享接入等业务。二是与中国联通合作，2011年在全省范围内选取4个试点乡镇安装3G无线网络并调试接通，2012年完成了其余200个乡镇的3G无线网络，实现了全省乡镇无线网络全覆盖。

八、惠民服务

我省分中心把创新服务活动形式，提高工程资源的利用率作为全省文化共享工程工作的重点来抓。截止到2012年底，我省各级服务中心、站点开展各类服务约8.3万次，为基层群众发放农业科技知识、信息宣传单3.5万余份，光盘1.2万多张，播放爱国主义教育、法律教育题材影片和农业种养殖方面的科技影片3万多场，受众约1376万人次。

省分中心多年来积极策划推出各种惠民服务，一是举办各种展览，如"庆祝海南解放60周年专题文献巡回展"，"红色记忆，振奋中国"、"国事盛典文化印证"、"文化繁荣，岁月如歌"、"文化共享之春"、"文化共享奥运行"等主题图片展。二是开展主题放映活动，在图书馆门前广场、走廊、少儿阅览室和学术报告厅进行多场放映活动。省中心从2008年4月1日起，每晚于省图书馆

2010年7月海南省少年网页设计培训班活动

正门广场开展主题放映活动，截至2012年底，共播出影片近1250场。三是利用公共阅览室传播先进文化活动。以"充分发挥公益性电子阅览室作用，积极推进学习型社会建设"为主题，在电子阅览室上传精彩视频讲座、双百人物原创动漫和经典影片等资源，供广大读者免费点播，尤其是有不少进城务工人员等低收入阶层通过电子阅览室免费享受网络文化，受到群众的欢迎和好评。四是积极开展青少年暑期活动。在暑假期间举办"海南省少年网页设计培训暨少年网页设计竞赛"活动，以及少儿书法绘画展览，丰富了他们的业余文化生活，受到学生和家长们的大力支持和积极参与。

九、宣传推广

海南省文化信息资源共享工程利用各种渠道积极宣传推广共享工程。随着共享工程资源内容的不断丰富和传输方式的不断拓展，我省共享工程服务方式也呈现出多样化趋势，积极利用投影设备、移动存储设备开展走进农村、走进企业、走进校园、走进军营、走进社区、走进监狱、走进厂矿、走进光荣院的"七走进"活动，为大家传播共享工程资源，也让广大群众了解共享工程、利用共享工程资源、受益于共享工程服务。如省分中心到企业开展"保经济增长 促文化共享"活动；深入军营，开展爱国主义教育影片放映活动；到监狱开展法律教育影片放映活动；深入乡村，为农民提供养殖、病虫害防治、供求信息等农业技术等；深入学校，开展爱国主义教育活动；深入社区，开展和谐家庭的节目播放活动等等。

十、工作展望

海南省文化信息资源共享工程已走过了近十载，始终以贯彻落实科学发展观为统领，以全心全意为群众服务为宗旨，积极探索，大胆创新，完成了全省各市县、乡镇、行政村的全覆盖，从单一的资源接收到建成多渠道、多方式接收；从服务模式单一化到开展讲座、举办展览、走进学校、军队、社区等多元化的服务模式。文化信息资源共享工程极大的丰富了基层群众的文化生活。今后，海南省文化信息资源共享工程将始终以服务广大群众为己任，加强队伍建设，加大宣传力度，规范网点管理，不断拓展服务方式，扩大服务范围，开拓创新，扎实推进，全面发展，不断满足广大人民群众多样化的文化信息需求，为构建社会主义和谐社会贡献更大的力量。

（撰文/海南省分中心）

海口市支中心

海口市辖23个镇、18个街道办事处。全市土地面积2304.84平方公里。海口常住人口为2046189人。

海口图书馆是海南省会市综合性公共图书馆。始建于1956年10月，现图书馆大楼于1986年11月落成开放，楼高8层，面积4000平方米。馆内开放服务窗口有：综合性报刊阅览厅、少儿阅览厅、科技报刊阅览厅、多功能影视厅、电子阅览厅、特藏文献阅览室、图书外借处、网络参考咨询处、复印室和宣传、阅报栏等。图书馆现有计算机65台，打印机9台，扫描仪、摄像机、复印机各3台，汽车2辆。馆藏各类图书32万多册，其中，线装古藉5800多册，海南地方文献6000多册，各类参考工具书2万多册，期刊及报纸合订本4万多册，港台图书近1万册。每年进馆读者达32万人次，年外借图书8万多册次。

在海口市文化广电出版体育局与省图书馆的部署和大力支持下，海口图书馆逐步推进，稳步发展，在新形势下为繁荣城市居民、农村基层文化，满足多层次文化需求，传递中国民族优秀文化资源发挥了重要作用。

一、基本情况

2002年，我馆自筹资金，建立起卫星接收点。2007年，我馆接收到"共享工程"国家中心发送的浪潮服务器、投影仪等基站点的基本配置1套。我们将网站设置到每台电脑终端，将光盘在多功能厅定时免费播放。该套设备应用过程中，服务器发生过一次硬盘损坏，我们亲自找到供应厂商更换；卫星接收器无法接收卫星信号，我馆重新购买安装恢复功能，2012年3月，服务器没法启动至今。电子阅览室原有42台电脑，经多年使用已经老化损坏，因没资金替换更新，仅剩25台可正常使用。2012年，为让读者营造更好的学习环境，我馆用20多万元装修了电子阅览室的外墙、天花板、地板，并重新布设机位、网线。

二、管理和队伍建设

为使"共享工程"真正为民所用为民谋利，海口市级支中心将"共享工程"日常管理纳入制度化管理。为推广好、利用好共享工程丰富的文化资源，关键在于是否有一支专业化的共享工程管理员队，抽调年轻干部，到各单位培训学习，其中电脑培训5人次。利用共享工程光盘播放电影、讲座等，共计100多场次，服务3000多人次。

三、培训工作

海口市级支中心在共享工程管理员的培养上实现了制度化和常态化。根据文化部提出"文化均等化服务"的工作要求，我馆开设了电脑培训服务项目。举办了1期共40名残疾人免费电脑培训班；开设了长年的中老年人免费电脑培训班，现报名人数已达680多人，现举办了5期，共计培训了161人。

四、经费投入

海口共享工程支中心自2002年以来，每年也投入大量人力物力支援共享工程各项活动的正常开展，截止2012年底共投入资金10万元。

五、资源建设

我支中心在历年的工作中，搜集下载不同区域民族题材的资源，选取、编辑制作各类题材资源2TB，展板、海报、招贴画等200副，发放宣传资料10000余份。

六、合作共建

电子阅览室和多媒体多功能厅以共享工程文献资源为依托，开展各式各样的服务。

七、宣传推广

专题活动，精彩纷呈。海口市支中心在服务中抓住文化的热点和亮点，积极组织群众喜闻乐见的文化服务，使共享工程走进群众生活。例如在海口市万绿园举办了"欢乐共享闹元宵"，在迎接建党90周年之际，举办了"颂歌献给党"与群众同乐的歌咏活动。

八、工作展望

文化资源共享工程已走过10个年头，从单一的资源接收到今天的编辑分发和群众广泛认知，广泛参与，文化资源共享工程在海口市人民文化生活的一大支柱，成为繁荣海口精神，丰富海口人民精神生活，推动海口人文科技进步的强大动力源泉，参与群众更加广泛的共享工程文化带动体系，筑建社会主义先进的思想阵营，为社会主义经济建设作贡献。

（撰文/海口市支中心）

海口市龙华区支中心

龙华区下辖5镇6街，59万多人口。龙华区文化资源共享工程在龙华区文体局、龙华区文化馆的支持和部署下，逐步推进，稳步发展，在新形势下为繁荣农村基层文化，满足农民多层次文化需求，传递中国民族优秀文化资源发挥了重要作用。

一、基本情况

龙华区文化资源共享工程建设开始于2010年，先后在全区五个镇六个街道办文化中心开始安装，前期安装设备均通过卫星设备直接接收国家中心下发的给类资源和信息。2010年龙华区文化资源共享工程开始普及进入乡镇行政村，针对55个行政村进行安装，至此龙华区所属行政村实现全区共享工程村村全覆盖。

共享工程龙华区支中心设在龙华区滨海新村居委会二楼，是龙华区共享工程的建设和业务指导单位，负责保障区中心共享工程设备的运行，协调镇村级共享工程设备的维修，指导镇村级共享工程活动的开展以及开展全区共享工程管理员的业务培训和指导。

二、管理和队伍建设

为使共享项工程真正为民所用为民谋利，龙华支中心将共享工程日常管理纳入制度化管理。制定支中心、镇、村基层服务点工作职责和制度，实行制度上墙公开。每年有年度工作计划，月度有工作要点，季度有工作督导，年末有工作总结考核，并推行管理员工作日志管理，收集整理共享工程服务活动的得失，探索共享工程管理和服务新模式。

文化资源共享工程作为一个新的农村文化资源获取平台，如何推广好、利用好共享工程丰富的文化资源关键在于是否有一支专业化的共享工程管理员队伍。龙华区共享工程支中心在管理员队伍建设上坚持明确职责，明确思路，制度化管理，常态化培育。对于乡镇、村两级基层共享工程管理上择优选取文化层次较高，有一定社会基层管理服务实践经验的人员为管理员，他们工作热情高，有较高的文化水平能尽快熟悉掌握共享工程设备为所在村民服务。

三、培训工作

龙华支中心在共享工程管理员的培养上实现了制度化和常态化。根据支中心工作要求，每年对辖区共享工程管理员进行集中培训。

四、经费投入

龙华区共享工程自实现村村全覆盖以来，龙华区每年投入20余万的运维经费，用于共享工程设备的维护，人员培训和惠民活动的开展。同时，龙华区政府，龙华区文体局和龙华区文体局每年也投入大量人力物力支援共享工程各项活动的正常开展。

五、资源建设

龙华区在历年的工作中，搜集不同区域民众文化需求，选取、编辑制作各类题材资源2TB，每年制作发放各类光盘500多张，展板10多块，各类海报，招贴画30副，发放宣传资料1500余份。

六、合作共建

以共享工程为依托结合全覆盖的农村数字电影厅建立电子文献资源服务中心。将各种部门下发的电子文献资源与建立的共享工程服务点结合，根据不同乡镇、村的硬件条件建立形式多样的电子阅览室和多媒体中心。通过多方不懈努力，共享工程已逐步走入基层村民生活，成为村民获取新知，娱乐身心的新渠道新平台。

七、利民惠众，惠农服务

龙华支中心在共享工程服务实践过程中，以民众的需求为导向，积极探索，服务民众生活生产，引领群众高尚精神文化生活，打造群在满意喜爱的文化服务新平台。

根据龙华地域农业生产特点，龙华支中心每年按节令制作农业生产技术光盘和小册子通过行政村基层服务点村民分发。针对不同农业专业者，龙华支中心有针对的选取资源上门指导服务。

八、宣传推广

1、龙华支中心利用各种渠道宣传推广共享工程。在龙华每年的科技文化四下乡活动，科普之春，科普之夏，科技周等活动中，龙华支中心不失时机，以活动为平台，以资料为媒介宣传共享工程，让民众不断了解共享工程，走进共享工程。

2、专题活动，精彩纷呈。龙华支中心在服务中抓住文化的热点和亮点，积极组织群众喜闻乐见的文化服务，使共享工程走进群众生活。

九、工作展望

龙华区文化资源共享工程已走过2个年头，从昨天的几个点到今天的55个行政村全覆盖，从单一的资源接收到今天的编辑分发和群众广泛认知，广泛参与，文化资源共享工程在龙华已经成为龙华人民文化生活的一大支柱，成为繁荣龙华文化，丰富龙华人民精神生活，推动龙华人文科技进步的强大动力源泉。今后龙华支中心希望在国家中心，海南省、海口市分中心大力支持下为龙华共享工程建设一支专业化的服务队伍，建立一个国家、省、市、区多级知识网络联动的即时问答服务体制和服务形式更加多样，服务网点更加宽广，参与群众更加广泛的共享工程文化带动体系，为建设科技昌平，文化龙华做出贡献。

（撰文/海口市龙华区支中心）

海口市秀英区支中心

一、基本情况

秀英区文化资源共享工程在省分中心的部署和具体指导下，于2010年6月开始实施。支中心设在城区的书场村文化广场内。支中心的全套设备包括主机、电脑等由省分中心提供和安装。区文化体育和旅游发展局负责支中心的管理工作。此后全区各行政村文化信息资源共享工程全面铺开，至2010年12月，六镇两个街道办共 69个文化信息资源共享的基层点分三批全部安装完毕，实现了共享工程村村全覆盖。

二、管理和队伍建设

共享工程的硬件设施到位后，秀英支中心即着手在管理的规范化和提高文化骨干素质上下功夫。先后同镇、村级配合，落实了村村有共享工程管理人员，使区、镇、村级共享工程骨干队伍人数达142人。同时村村建立基层服务点工作职责和制度，力求作到有检查、有督导、有考核评比、有汇报总结，不断探索共享工程管理和服务的新模式。文化信息资源共享工程，其高科技的获取信息手段是服务效果的关键所在。管理和服务队伍必须具备较高的文化素质，以适应管理和服务工作的需要。秀英支中心在管理和服务队伍的组建中，高学历人员达100%；村级管理员90%由大学毕业生和高学历的村委会干部担任。实现了高层面文化素质的管理和服务队伍构建。

三、培训工作

秀英支中心制定共享工程管理员培训制度，要求支中心管理人员必须参加省、市级的相关业务培训，镇、村级管理人员每年集中培训5次。中心建立以来共组织集中培训9次，接受培训人员近1300人次。参加省、市级培训达50多人次。

四、资源建设

秀英支中心及各基层服务点建立以来，结合城乡群众的文化和经济发展需求，共制作发放各类光盘150多张，展板10多块，各类海报13幅，发动宣传资料1千多份。

五、科技惠农

秀英区中心根据区域经济发展的需求，努力打造促进农村经济发展的文化服务平台。历年来共服务专业生产户近1万户，长期跟踪服务点近200户，服务户经济年增收近100万元，总增收400多万元。

六、工作展望

秀英区文化资源共享工程在管理和服务方面已取得一定成绩，也积累了经验，而高科技获取信息服务于群众需求，这是意义深远的时代特征和社会发展趋势。共享工程的前景必将更加辉煌壮观。进一步完善管理和服务机制，踏实推进工作措施，拓宽工作思路，充实服务内容，提高服务质量，将是秀英支中心面临的任务和新的挑战。

（撰文/海口市秀英区支中心）

海口市琼山区支中心

琼山区文化共享工程在海口市文化体育局、琼山区文化体育和旅游发展局的部署下，逐步推进，稳步发展，在新形势下为繁荣农村基层文化，满足农民多层次文化需求，传递中国民族优秀文化资源发挥了重要作用。

一、基本情况

海口市琼山区文化资源共享工程建设开始于2007年，最初在琼山区图书馆开始安装，前期安装设备均通过卫星设备直接接收国家中心下发的给类资源和信息。2010年配置安装了25台电脑，开始接入了2M宽带光纤，2011年文化资源共享工程配套普及进入乡镇行政村，共完成了琼山全区域8个镇文化站、72个行政村的电脑安装，至此琼山区所属行政村实现全区共享工程村村全覆盖。

共享工程琼山区支中心设在琼山区图书馆，负责保障区中心共享工程设备的运行，协调镇村级共享工程活动的开展，以及开展全区共享工程管理员的业务培训和指导。

二、管理和队伍建设

为使共享项工程真正为民所用为民谋利，琼山区支中心将共享工程日常管理纳入制度化管理。制定支中心工作职责和制度，实行制度上墙公开，推行管理员工作日志管理，收集整理共享工程服务活动的得失，探索共享工程管理和服务新模式。

文化资源共享工程作为一个新的农村文化资源获取平台，如何推广好、利用好共享工程丰富的文化资源关键在于是否有一支专业化的共享工程管理员队伍。琼山区共享工程支中心在管理员队伍建设上坚持明确职责，明确思路，制度化管理，常态化培育。对于乡镇、村两级基层共享工程管理上择优选取文化层次较高，有一定社会基层管理服务实践经验的大学生村官为管理员，他们工作热情高，有较高的文化水平能尽快熟悉掌握共享工程设备为所在村民服务。目前琼山区共享工程管理员70%为各级大学生村官，30%是由较高学历的村委委员兼任，实现了管理员选取的高起点。

三、经费投入

琼山区共享工程自2011年实现村村全覆盖以来，琼山区政府每年投入约2万元的运维经费，用于共享工程的正常运转，同时，海南省图书馆、海口市图书馆每年也投入大量人力物力支援共享工程各项活动的正常开展。

五、资源建设

琼山区支中心在几年的工作中，共复制发放各类光盘1000多张，展板10多块，各类海报，招贴画20副，发放宣传资料400余份。

六、利民惠众，惠农服务

琼山区支中心在共享工程服务实践过程中，以民众的需求为导向，积极探索，服务民众生活生产，引领群众高尚精神文化生活，打造群在满意喜爱的文化服务新平台。

根据琼山区地域农业生产特点，琼山区支中心联合海口市图书馆在每年的图书馆宣传周制作农业生产技术小册子下到行政村基层服务点向村民发放，共发放小册子有500多册。

七、宣传推广

1、琼山区支中心利用各种渠道宣传推广共享工程。在琼山区每年的科技文化四下乡活动，科普之春，科普之夏，科技周等活动中，琼山区支中心不失时机，以活动为平台，以资料为媒介宣传共享工程，让民众不断了解共享工程，走进共享工程。

2、走进校园。琼山区支中心文化在服务中不断探索，利用电子阅览室，组织动员青少年儿童关注共享工程，利用共享工程，收集青少年知识兴趣点整理挖掘，针对本地知识群和关注点，聘请专家学者前来为青少年上课，通过举办培训班的形势，对学生进行各种学习辅导，深受广大青少年的喜爱。同时按照海南省分中心的部署在全区中小学校开展了阳光少年热爱党网页制作大赛和电脑小报制作大赛。通过一系列的活动使共享工程不仅走进农村也走进校园走进青少年。

3、专题活动精彩纷呈。琼山区支中心在服务中抓住文化的热点和亮点，积极组织群众喜闻乐见的文化服务，使共享工程走进群众生活。例如每年的六。一儿童节，琼山区支中心利用国家中心资源，在电子阅览室里举办海府地区的少儿作文比赛，设一、二、三、优秀奖项十多名，当时参赛者达300多人。

八、工作展望

琼山区文化资源共享工程已走过6个年头，从昨天的1个点到今天的72个行政村全覆盖，从单一的资源接收到今天的编辑分发和群众广泛认知，广泛参与，文化资源共享工程在海口市琼山已经成为琼山人民文化生活的一大支柱，成为繁荣琼山文化，丰富琼山人民精神生活，推动琼山人文科技进步的强大动力源泉。今后琼山区支中心希望在国家中心，海南省分中心大力支持下为琼山区共享工程建设一支专业化的服务队伍，建立一个国家、省、市、区四级知识网络联动的即时问答服务体制和服务形式更加多样，服务网点更加宽广，参与群众更加广泛的共享工程文化带动体系，为建设科技琼山，文化琼山做出贡献。

（撰文/海口市琼山区支中心）

海口市美兰区支中心

美兰区划共有13个街镇（含4个镇），共有771个村（居）委会，常住人口56万人。美兰区文化资源共享工程支中心在海南省支中心的指导和区政府的支持下，逐步推进，稳步发展，在新形势下为繁荣村（居）基层文化，满足村（居）民群众多层次文化需求，传递中国民族优秀文化资源发挥了重要作用。

一、基本情况

美兰区支中心建设开始于2009年底，2010年7月在人民路街道办事处建成使用，此后陆续在全区每个村（居）委会的文化室开始安装，前期安装设备均通过卫星设备直接接收国家中心下发的给类资源和信息。2011年初美兰区文化资源共享工程开始普及进入乡镇行政村，第一批53个行政村在当年安装调试完毕，第二批 4个镇，4个街，居委会也在年底安装调试完毕。至此，美兰区所属乡镇、行政村实现全区共享工程全覆盖。

共享工程美兰区支中心设在人民路街道办事处，是美兰区共享工程的建设和业务指导单位，负责保障区中心共享工程设备的运行，协调镇（街）村（居）级共享工程设备的维护，指导镇（街）村（居）级共享工程活动的开展以及开展全区共享工程管理员的业务培训和指导。

二、管理和队伍建设

为使资源共享项工程真正为民所用为民谋利，美兰区支中心将共享工程日常管理纳入制度化管理。制定支中心、镇（街）、村（居）基层服务点工作职责和制度，实行制度上墙公开。每年有年度工作计划，月度有工作要点，季度有工作督导，年末有工作总结考核，并推行管理员工作日志管理，收集整理共享工程服务活动的得失，探索共享工程管理和服务新模式。

文化资源共享工程作为一个新的基层文化资源获取平台，如何推广好、利用好共享工程丰富的文化资源关键在于是否有一支专业化的共享工程管理员队伍。美兰区资源共享工程支中心在管理员队伍建设上坚持明确职责，明确思路，制度化管理，常态化培育。对于乡镇（街）、村（居）两级基层资源共享工程管理上择优选取文化层次较高，有一定社会基层管理服务实践经验的工作人员为管理员，他们工作热情高，有较高的文化水平能尽快熟悉掌握共享工程设备为所在村（居）民服务。

三、培训工作

美兰区支中心在资源共享工程管理员的培养上实现了制度化和常态化。根据支中心工作要求，每年对辖区共享工程管理员进行1期的集中培训，2010年以来一共举办各类培训班3期，参加轮训的各级管理员达180多人次。

四、经费投入

美兰区资源共享工程自2011年实现村居全覆盖以来，每年投入3万的运维经费，用于共享工程设备的维护，人员培训和惠民活动的开展。同时，美兰区政府每年也投入大量人力物力支援共享工程各项活动的正常开展。

五、整合资源

文化共享工程是采用现代信息技术，对文化信息资源进行数字化加工和整合，最大限度地为社会公众服务的文化惠民工程。它开辟了一个不受地域、时空限制的崭新的文化传播渠道。对继承和弘扬中华优秀文化，实施科教兴国将产生深远而巨大的影响。在实施“文化共享工程”过程中，为让广大基层群众充分认识开展“文化共享工程”的意义与目的，除了在文化共享工程电子阅览室醒目位置，设置全国文化信息资源共享工程介绍展板外，充分利用各种文化宣传活动，积极宣传文化共享工程。

六、利民惠众

美兰区支中心在资源共享工程服务实践过程中,以民众的需求为导向,积极探索,服务民众生活生产,引领群众高尚精神文化生活,打造群在满意喜爱的文化服务新平台。

七、广泛宣传

1、美兰区支中心利用各种渠道宣传推广资源共享工程。在美兰区每年的科技文化四下乡等活动中，美兰区支中心不失时机，以活动为平台，以资料为媒介宣传共享工程，让民众不断了解共享工程，走进共享工程。

2、增强了数字电子阅览室文化阵地的凝聚力。文化信息网络通过提供丰富的数字化书刊和数据库资源，缓解了书刊陈旧、群众看书看报看戏难、查找资料难的问题。文化信息网上多姿多彩的影视、戏曲等节目，极大地丰富了广大居民群众的文化生活，受到了广大居民群众的好评。

3、充分发挥文化资源的社会价值。通过数字电子阅览室文化信息网络建设，带动辖区丰富的文化艺术资源的开发整合，展示了文化系统在人才队伍、艺术生产、资源蕴藏方面的巨大潜能和优势。进一步发挥文化系统所拥有的资源优势，凝聚队伍士气，促进文化事业进一步深化改革，盘活用好文化资源，保护和弘扬民族民间优秀传统文化，加快文化产业的发展，具有积极的意义和长远的实际利益。

4、营造“绿色”上网环境。为营造绿色上网环境，关心青少年健康成长，我们制定了数字电子阅览室读者须知借此提醒读者：数字电子阅览室不同于社会上的网吧，来这里应该多学点知识，多掌握点信息，多了解点国家大事，不能在数字电子阅览室里制作或者登陆黄色、反动暴力网站和传播不良网站信息。

5、丰富基层群众业余生活。以往，由于乡村缺少文化生活平台，信息资源缺乏，农村群众文化娱乐活动不多，形式单调。共享工程建成投入使用以后，广大基层群众利用共享工程平台，充分享受丰富的文化信息资源，通过村级基层服务点组织村民集体收看文艺节目、涉农知识讲座，通过开放让村民自已学会操作电脑、上网、查询资料等等，极大地丰富了基层村民的业余文化生活。

八、工作展望

美兰区文化资源共享工程开展两年多以来，从最初的几个点到今天的村全覆盖，从单一的资源接收到今天的编辑分发和群众广泛认知，广泛参与，文化资源共享工程在美兰已经成为美兰人民群众文化生活的一大支柱，成为繁荣美兰文化，丰富美兰人民群众精神生活，推动美兰人文科技进步的强大动力源泉。今后美兰区支中心希望在国家中心，省分中心大力支持下为美兰区资源共享工程建设一支更具专业化的服务队伍，建立一个服务体制和服务形式更加多样，服务网点更加宽广，参与群众更加广泛的资源共享工程文化体系，为建设科技美兰，文化美兰做出应有的贡献。

（撰文/海口市美兰区支中心）

三亚市支中心

三亚市文化信息资源共享工程在三亚市文体局的支持和部署下，逐步推进，稳步发展，在新形势下为繁荣农村基层文化，满足农民多层次文化需求，传递中国民族优秀文化资源发挥了重要作用。

一、基本情况

在硬件设施建设方面，2006年9月，在市有关部门及三亚市图书馆领导的极力争取下，由国家财政部拨款建设的电子阅览室落成，构筑了我市实施全国文化信息资源共享工程（以下简称“共享工程”）的网络平台。

经过多方的极力争取，在海南省分中心的支持帮助下，三亚市全国文化信息资源共享工程系统于2006年12月29日在三亚图书馆建成。

2007年5月12日三亚图书馆进行了“全国文化信息资源共享工程市级支中心”挂牌仪式和电子阅览室启动仪式。2009年我支中心争取到市财政17万元共享工程建设资金的支持，为支中心添购的高清晰投影机、大屏幕投影屏、专业功放音箱等大型放映设备。

在资源建设方面，除了从国家中心实时更新资源外，支中心从各种渠道获得了珍贵的，受读者受迎的2008年奥运会开闭幕式、2009年天安门阅兵式、2010年上海世博海宝漫画系列丛书等资源，还获得了具有三亚本地特色的视频资源，如53届世界小姐总决赛、新丝路模特赛、海南欢乐节、魅力三亚等。

二、基层服务点建设

三亚市共享工程支中心共有“二区六镇”（河东区、河西区、凤凰镇、海棠湾镇、田独镇、凤凰镇、崖城镇、天涯镇、育才镇）等8个区、镇级基层服务点，93个村级基层服务点。自市支中心建立以来，市财政累积投入设备购置与活动经费55.76万元。

1、2008年底，在我馆领导的极力争取下，共享工程三亚支中心获得了29.6万元的财政支持，用于我市“二区六镇”（河东区、河西区、凤凰镇、海棠湾镇、田独镇、凤凰镇、崖城镇、天涯镇、育才镇）的基层服务点建设上。通过政府采购我馆分别为乡镇基层服务点配备了卫星接收设备、服务器、投影机、幕布、音箱及多媒体播放器。同年10月，获得了市财政6.16万元的支持用于购买22个多媒体播放器，下发给农村、社区、守岛部队及海军170舰、564舰、566舰。这两个项目均在2009年4月实施并验收。

2、2010年是全国文化信息资源共享工程大发展的一年，在国家文化部、省文体厅的领导下，财政部、财政厅的支持下，全省的共享工程建设进入了一个新的阶段。我省要实现市（县）、乡、村三级文化共享工程服务网络全覆盖的目标。在此时间紧、任务重的情况下，我市支中心努力克服重重困难，在2010年底，我支中心全部完成所有下拔资金的设备采购任务。基本完成了省分中心下达的文化共享工程基层服务点的建设任务，累计完成设备购置金额：79.6万元。

3、设备安装及培训。鉴于共享工程采购的设备数量多、型号多，设备使用难易度不同，且由于我馆近两年闭馆装修，场地受限。所以我支中心采取集中发放和现场安装两种方式进行设备的发放工作，人员培训也分为集中培训和现场培训两种方式。在2010年底，完成了60个行政村的设备安装和人员培训工作。在2011年初完成了乡镇服务点设备集中发放和培训仪式以及剩余33个行政村的设备发放工作。

三、活动开展情况

1、2007年5月11日，三亚图书馆、共享工程三亚市支中心联合海南大学图书馆到三亚市田独监狱开展“共享工程”进高墙活动。在此次活动中，我们向服刑人员赠送了500册优质图书，并由海南大学图书馆馆长詹长智博士为他们作了一堂“中国历史传统文化”的专题讲座，讲座生动有趣，使服刑人员受到了文化的熏陶，对祖国丰富的历史文化产生了浓厚的兴趣。5月14日三亚市支中心联合三亚市电影公司向服刑人员放映了“共享工程”的宣传片，向他们介绍了受到党中央、国家领导人关心的，惠及所有中国人的文化工程，最后还为全监服刑人员播放了国产优秀爱国主义教育影片《大进军—大战宁沪杭》。三亚市支中心通过一系列活动使得共享工程优秀的文化信息资源能够走进高墙，帮助那些平时缺乏社会关爱的服刑人员重塑信心，积极改造，重新做人。此举受到社会各界的高度赞赏。

2、2007年5月18日，三亚市支中心携手三亚市河西区儋州村居委会开展共享工程进社区活动。期间，我们向社区群众发放全国文化信息资源共享工程宣传资料，播放了共享工程宣传片，为社区群众播放了优秀的国产

影片，受到社区群众的热烈欢迎。

3、2007年6月22日，我支中心针对渔民休渔期间文化生活单调的情况，在三亚市渔港社区开展“共享工程”活动。活动中，我们向社区群众发放共享工程宣传资料，播放了共享工程宣传片，并为社区群众放影优秀的国产影片。活动地点特意选在了码头边上，使得渔民们在船上就可以观看到影片，不少行人驻足翘首，从他们脸上可以看到发自内心的喜悦，此次活动得到了社区居民和渔民们的热烈欢迎。

4、2008年3月，为深入开展全国文化信息资源共享工程服务，支持社会主义新农村建设，我支中心为三亚市凤凰镇槟榔村黄猄二队文化室配备安装了一台储存量为250G的“海量数字影音播放器”，将农村实用的种养技术、科普、保健、法制、卫生、文学、教育、优秀传统文化精品剧目、爱国主义教育影视片以及多种文化信息资源，经数字化处理后下载存储到播放器，送到农民群众身边，通过电视机视频接入播放，实现优秀文化资源的共建共享。此举大大丰富了农村文化生活，受到农民群众的热烈欢迎。

5、2008年5月31日，为了迎接北京奥运会和六一儿童节，我支中心举办了“奥运知识•谜语”有奖竞猜活动。此次活动以“开展共享工程服务，传播奥运文化知识”为主题，充分发挥图书馆资源优势，为广大市民读者提供了一场益智有趣的谜语有奖竞猜活动。结合北京奥运知识宣传，共挂出谜面2060条，向读者播放相关视频资料，宣传了奥运知识，弘扬了奥林匹克精神。活动集趣味性，知识性娱乐性于一体，受到广大读者的热烈响应和踊跃参与，参加人数约有1000人次。此次活动获得广大读者的肯定和好评。

6、2008年底，为了将共享工程活动常态化，长期化，我支中心在电子阅览室前大厅处设置了共享工程视频播放点，为广大读者提供共享工程视频放映服务。

7、2009年11月，在文体局廖民生局长的带领下，我支中心将一台“共享工程”多媒体播放器及四百册图书送到了东岛某守备连队，建立了“共享工程基层服务点”和“流动图书站”，受到岛上官兵的热烈欢迎。

8、2010年5月末，三亚图书馆、三亚市支中心与亚龙湾海军部队170驱逐舰（兰州舰），建立了双拥共建文明单位关系。在“兰州舰”作为我国第六批护航舰队即将开赴亚丁湾执行护航任务的前夕，市图书馆专门为“兰州舰”送去300册流动图书，并同时为该舰文化室赠送一台“共享工程”多媒体播放器。该舰钱政委高兴地说：“我们将‘共享工程’和三亚图书馆的流动图书带到亚丁湾，全舰官兵的业余生活就丰富多彩了！”

四、工作展望

2013年，我市支中心将进一步完善各级基层服务点的硬件设施进设，对未安排硬件设施配套的，以及配置未达标的基层服务点进行清点（重点是各社区），努力做到各级基层服务点设备全设置。并且，将改变以往重建设轻管理与服务的工作模式，不但要建好，还要管好，用好。充分使用各级服务点各种设备，为人民群众提供更多更好的共享工程文化活动。

（撰文/三亚市支中心）

文昌市支中心

文昌市面积2403平方公里，辖有17个镇，6个国营农林场，共有255个行政村，常住人口57万余人，祖籍文昌的华侨、华人、华裔120万人。在市委市政府的高度重视、关注和市文体局的积极协调运作下，文昌市文化共享工程建设扎实推进、稳步发展，为传播繁荣先进文化，丰富群众精神文化生活，满足群众日益增长的多层次文化需求，传递中华民族优秀文化资源发挥了积极作用。

一、基本情况

文昌市文化信息资源共享工程建设开始于2009年，最初在市图书馆、东路镇葫芦村试点启用，2009年至2010年在全市17个镇综合文化站全面安装，2010年文昌市文化信息资源共享工程普及进入行政村，并于当年底全面启用，实现了共享工程村村全覆盖，建成市、镇行政村的三级传播网络，2012年获得全省农家村屋“党在我心中”读书征文活动优秀组织奖称号。共享工程文昌市支中心设在文昌市图书馆，是文昌市共享工程建设和业务指导单位，负责保障市支中心共享工程设备的运行，协调镇级共享工程设备的维修，指导村镇级共享工程活动的开展及其管理员的业务培训和指导。

二、队伍建设管理和培训

我们经过几年的努力建立了从市支中心到村级站点近300名管理人员组成的三级管理队伍，其中，市支中心5名、镇级34名、村级管理人员255名。为使共享工程进入千家万户、惠泽民众，文昌市支中心将共享工程日常管理纳入制度化管理。制定中心、镇、村基层服务点工作职责和制度，实行制度悬挂上墙，推行管理员工作日志管理，不断探索共享工程管理和服务的新模式。为了推广好、利用好共享工程丰富的文化资源，文昌市共享工程支中心始终把打造一支专业化的共享工程管理员队伍摆在首位，首先是高起点选择镇、村两级基层服务点的管理员。

1、是从镇综合文化站择优选取文化层次较高的优秀文化干部为镇基层服务点管理员。

2、是选择较高学历的年轻村委委员兼任行政村基层服务管理员，这些人有一定的社会基层管理服务实践经验，工作热情高、能尽快熟悉掌握共享工程设备为群众服务。

3、加强对共享工程管理员制度化常态化培训，根据支中心工作要求，“请进来、走出去”方法，还经常不定期派员深入镇、村基层服务点检查督导，解决实际问题。每年对全市辖区文化信息资源共享工程基层人员进行1期的集中培训，2009年已来一共举办各类培训班8期，参中培训的各级管理员达778人次。此外，市支中心积极推进公共电子阅览室建设，加强规范化管理，组织岗位练兵，不断提高公共电子阅览室工作人员运用网络获取信息知识的能力，提高公共电子阅览室服务质量和水平。

三、服务点的投入和建设

文昌市共享工程自2009年试点安装到2010年实现村委会三级全覆盖，国家和省共配套投入建设资金215.4万元，购置相关设备272套，总投资217万元。所有设备全部配送到17个镇级综合文化站点和255个行政村站点。

镇级文化站点设备主要包括计算机、无线上网设备、投影仪、音箱、摄像机等。

2010年我市实现共享工程三级全覆盖后，市政府每年投入10万元的运维经费，到2010年共投入近30万元，用于共享工程设备的维护、人员培训和惠民活动的开展等，同时，市文体局和市图书馆每年也投入大量人力物力支持共享工程各项活动的正常开展。

四、宣传推广

为了切实宣传和推广文化信息共享工程，使之惠及农民，繁荣文化，丰富群众的生活，我们积极与各级政府及相关部门积极协作，宣传推广共享工程，宣传国家的惠民政策等。

1、积极与市农保部门协作，利用共享工程的覆盖和传播条件，广泛宣传国家的新型农村养老保险、城镇居民养老保险政策、广大城乡居民参加基本养老保险的相关程序，让广大群众更便捷了解国家的有关政策和规定，为文昌市的城乡基本养老保险工作在2012年实现全覆盖发挥了积极的宣传作用。

2、与市科技部门积极协作，宣传农村科普知识，参与科技下乡活动。

3、积极参与文化传播活动，针对近年来城乡群众广场健身舞的热潮，制作各种的广场健身舞资料，利用共享工程为载体，传播给广大群众，使这一活动更广泛地在群众中流传。

五、工作展望

文昌市文化资源共享工程已走过4个年头，从最初的2个点到今天的17个镇、255个行政村全覆盖，实现了市、镇、村的三级传播网络，逐渐被群众广泛认知、广泛参与，成为繁荣本地区文化，丰富本地区人民精神生活，推动文昌人文科技进步的强大动力源泉。

（撰文/文昌市支中心）

琼海市支中心

琼海市总面积1693平方千米，共有12个乡镇，有189个行政村，人口48万，旅居海外华侨55万人。琼海市属热带季风气候区北缘，年平均日照为2155小时，年平均气温24℃，终年无霜雪，一年四季气候宜人，是工作、生活和学习的理想场所。琼海市文化资源共享工程支中心在文化部财政部各级政府的大力支持和部署下，逐步推进，稳步发展，在新形势下为繁荣农村基层文化，满足农民多层次文化需求，传递中国民族优秀文化资源发挥了重要作用

一、基本情况

琼海市启动文化信息资源共享工程（以下简称共享工程）以来，我市充分发挥文化信息资源重要作用，积极通过移动硬盘服务、光盘服务等模式，把文化信息资源传送到城乡基层文化网点和群众身边，为宣传党的方针政策开辟了新渠道，为丰富农民群众业余生活、弘扬文明新风开辟了新的阵地。截止目前，我市共建设文化信息资源共享工程支中心一个，配置电脑终端服务器29台，打印复印机3部以及各类摄影摄像投影设备等等；乡镇基层服务点12个，公共电子阅览室各配置电脑终端10台、服务器各1台，投影仪、电视机音响等设备一套；村级基层服务点189个，各配置电脑终端服务器各1台。

二、管理和队伍建设

为使文化共享工程真正为民所用为民谋利，琼海支中心将共享工程日常管理纳入制度化管理。制定支中心、镇、村基层服务点工作职责和制度，实行制度上墙公开。文化信息资源共享工程作为一个新的农村文化资源获取平台，如何推广好、利用好共享工程丰富的文化资源关键在于是否有一支专业化的共享工程管理员队伍。琼海市共享工程支中心在管理员队伍建设上坚持明确职责，明确思路，制度化管理，常态化培训。各乡镇、行政村设立1名专兼职文化干事，明确文化专干职责，指导各基层服务点做好群众需求双向反馈工作。利用文化站现有资源、设施设备为基层服务点提供服务。做到了人员、阵地、牌子、设备、制度“五落实”。构建遍布全市的基层服务网络，改善基层文化工作手段陈旧落后的状况。

三、培训工作

琼海市支中心在共享工程管理员的培养上实现了制度化和常态化。每年对基层服务点管理员进行2期的集中培训，2012年以来一共举办培训班2期，参加轮训的各级管理员达160人次。

四、经费投入

琼海共享工程自2011年实现全市覆盖以来，市政府每年投入5万的运维经费，用于共享工程设备的维护，人员培训和惠民活动的正常开展。同时，琼海市政府，琼海市文体局和琼海市图书馆每年也投入大量人力物力支援共享工程各项活动的开展。

五、资源建设

琼海市支中心在历年的工作中，搜集不同区域民众文化需求，选取、编辑制作各类题材资源5TB，每年制作发放各类光盘500多张，展板10多块，各类海报，招贴画150副，发放宣传资料2000余份。

六、合作共建

以共享工程为依托建设我市12个乡镇文化共享工程数字文化网站测试平台，覆盖全市12个乡镇189个行政村的电子阅览室和共享工程服务点。将国家中心、省分中心下发的电子文献资源与建立的共享工程服务点结合，根据不同乡镇、村的硬件条件建立形式多样的电子阅览室和多

媒体中心。通过多方不懈努力，共享工程已逐步走入群众生活，成为群众获取新知，娱乐身心的新渠道新平台。

七、利民惠众，惠农服务

琼海市支中心在共享工程服务实践过程中，以民众的需求为导向，积极探索，服务民众生活生产，引领群众高尚精神文化生活，打造群众满意的文化服务新平台。

根据海南岛的气候特点和农业生产特点，琼海市支中心有针对性地挑选有关的农业生产技术光盘分发给行政村基层服务点。针对不同行业的养殖户，琼海市支中心有针对的选取资源上门服务。比如在我市海水养殖户比较集中的博鳌镇、长坡镇我们选择性地刻录了关于对虾、花蟹、海参等海产品的养殖技术；对于槟榔加工比较集中的加积镇温泉村，我们送去了关于槟榔加工的视频资料；对于农场，我们专门刻录了关于种植橡胶、胡椒、以及山鸡养殖的专业知识。

八、宣传推广

1、琼海市共享工程支中心利用各种渠道、加大宣传力度推广共享工程。琼海市支中心定期更新宣传栏，宣传支中心的新动态、新技术和新成果，增强人们对文化共享工程工作内容的了解。今年我支中心联系电视台对支中心的工作做了详细的报道和宣传，节目在电视台播出以后，让更多的群众对共享工程有了新的了解和认识。懂得利用共享工程的群众更多了。

2、走进军营。琼海市支中心在文化服务中不断探索，与驻琼部队开展联谊活动。在节假日，为驻琼部队官兵送去新图书、新电影。丰富驻琼部队官兵的业余生活。

3、利用少儿阅览室专区，组织动员青少年儿童关注共享工程，利用共享工程，收集青少年知识兴趣点整理挖掘。在暑假期间，请来心理辅导老师为青少年答疑解惑；播放孩子们喜欢的视频影像来丰富孩子们的假期生活。通过一系列的活动使共享工程不仅走进农村也走进校园走进青少年。

3、专题活动，精彩纷呈。琼海市支中心在服务中抓住文化的热点和亮点，积极组织让人民群众喜闻乐见的文化服务，使共享工程贴近群众生活。例如在新年元宵佳节组织群众举行了“共享工程”杯猜谜语游园活动；在三月份，组织中、小学生参加以“像雷锋那样”为主题的电脑小报设计活动；在今年国庆期间琼海市支中心举办了“喜迎十八大召开”图片展览。

九、工作展望

琼海市文化资源共享工程已走过4个年头，从以前的4个点到今天的12个镇189个行政村全覆盖，从单一的资源接收到今天的编辑分发和群众的广泛认知、广泛参与，文化资源共享工程在琼海市已经成为人民文化生活的一大支柱，成为繁荣文化、丰富人民群众精神生活、推动人文科技进步的动力源泉。今后琼海市支中心希望在国家中心，海南省分中心大力支持下为琼海文化共享工程建设一支专业化的服务队伍，使服务形式更加多样，服务网点更加宽广，参与群众更加广泛。为建设科技琼海，文化琼海做出新的贡献。

（撰文/琼海市支中心）

万宁市支中心

万宁市区域地理面积4443.6平方公里，其中陆地面积1883.5平方公里，海域面积2550平方公里。行政区划共有12个乡镇，共有197个行政村，常住人口55.45余万人。万宁市文化资源共享工程在万宁市文体局，海南省分中心的支持和部署下，逐步推进，稳步发展，在新形势下为繁荣农村基层文化，满足农民多层次文化需求，传递中国民族优秀文化资源发挥了重要作用。

一、基本情况

万宁市文化资源共享工程建设开始于2008年，最初在龙滚镇，山根镇，长丰镇、北大镇、南桥镇等几个镇试点安装，此后陆续在全区十七个镇（街道办）文化中心开始安装，前期安装设备均通过卫星设备直接接收国家中心下发的各类资源和信息。2008年万宁市文化资源共享工程开始普及进入乡镇行政村，第一批90个行政村与当年安装调试完毕。2008年第二批107个行政村进行安装，至此万宁市所属行政村实现共享工程村村全覆盖。

共享工程万宁市支中心设在万宁市图书馆，是万宁市共享工程的建设和业务指导单位，负责保障全市共享工程设备的运行，协调镇、村级共享工程设备的使用和维修维护，指导镇、村级共享工程活动的开展以及开展全市共享工程管理员的业务培训和指导。

二、管理和队伍建设

为使共享项工程真正为民所用、为民谋利，万宁市支中心将共享工程日常管理纳入制度化管理。制定了支中心、镇、村基层服务点工作职责和制度，实行制度上墙公开。每年有年度工作计划，年末有工作总结考核，并推行管理员工作日志管理，收集整理共享工程服务活动的得失，探索共享工程管理和服务新模式。

文化资源共享工程作为一个新的农村文化资源获取平台，如何推广好、利用好共享工程丰富的文化资源关键在于是否有一支专业化的共享工程管理员队伍。万宁市共享工程支中心在管理员队伍建设上坚持明确职责，明确思路，制度化管理，常态化培育。对于乡镇、村两级基层共享工程管理上择优选取文化层次较高，有一定社会基层管理服务实践经验的大学生村官为管理员，他们工作热情高，有较高的文化水平能尽快熟悉掌握共享工程设备，为所在村民服务。

三、培训工作

我支中心在共享工程管理员的培养上实现了制度化和常态化。根据支中心工作要求，2008年以来一共举办各类培训班12期，参加轮训的各级管理员达500人次。

四、资源建设

万宁市支中心在历年的工作中，不断征集群众意见和建议，搜集不同区域的民众文化需求，每年制作发放各类光盘700多张，展板50多块，各类海报，招贴画20副，发放宣传资料2000余份。

五、合作共建

万宁市支中心坚持为群众服务得基本宗旨，在全市实现村村全覆盖后，与各行政村委会紧密联系，定期为深入各村委群众播放各类视频资源和科普教育知识普及，并在各乡镇的文化活动室利用共享工程发放的设备建立公共电子阅览室并进行数字电影播放。通过多方的不懈努力，共享工程已逐步走入基层村民生活，成为村民获取新知，娱乐身心的新渠道新平台。

六、利民惠众，惠农服务

万宁市支中心在共享工程服务实践过程中，以民众的需求为导向，积极探索，服务民众生活生产，引领群众高尚精神文化生活，打造群众满意喜爱的文化服务新平台。万宁市支中心多次组织开展各类文化服务活动，如书法绘画展览、放映爱国主义电影、开展青少年绿色上网教育等等。并根据万宁市的农业生产特点，万宁市支中心每年下基层播放农业生产技术光盘和宣传手册，通过行政村基层服务点向村民分发。

七、宣传推广

1、万宁支中心利用各种渠道宣传推广共享工程。万宁市支中心利用各种活动如开展展览、举办讲座、开展培训等各种方式宣传推广共享工程，从而让群众更加了解共享工程，使共享工程能够真正的服务于民众。

2、走进校园、走进部队。万宁市支中心与中小学校合作，组织学生开展绿色上网教育，开展“像雷锋那样……”电脑小报设计比赛等，并走进部队，为官兵举办《纪念海南解放60周年图片展》、为部队官兵播放爱国主义电影，丰富了校园和部队的业余文化生活。

3、专题活动，精彩纷呈。万宁市支中心根据群众不同需求开展各类服务活动，活动内容多彩纷呈，如建党90周年“颂歌献给党”歌咏比赛活动，元宵节猜灯谜活动等，各类活动贴近生活、深入人心。

八、工作展望

万宁市文化资源共享工程从2008年开始，扎实推进，稳步发展，从支中心的建设到全市乡镇、村村基层点全覆盖，通过宣传推广，使文化共享工程走进群众，成为了丰富基层文化生活的主要力量，成为了基层人民业余生活的主要内容，成为了丰富精神文化生活和文明进步的主要动力，万宁市支中心在万宁市文体局和省分中心的支持下，将进一步加强人员队伍建设，加大资源建设，拓展服务范围，加强网点管理，让更多的基层群众可以享受文化共享工程带来的文化成果。

（撰文/万宁市支中心）

五指山市支中心

一、基本情况

自2006年五指山市被确定为全国文化信息资源共享工程试点建设工作以来，五指山市委、市政府高度重视全国文化信息资源共享工程建设工作，按照文化部的要求，加强领导，落实经费，规范管理，加强市支中心、乡镇基层服务点、村基层服务点三级建设，在资源建设、服务模式、技术环境、管理方式、人员培训等方面，探索和积累建设与服务的经验，积极组织开展服务宣传活动，为城乡广大人民群众服务，取得了成绩。

城乡文化事业建设取得了长足的发展，目前全市7个乡镇建有综合文化站，59个村委会建起文化室。2006年，五指山市被确定为全国文化信息资源共享工程试点，海南5个试点之一。2010年11月，全市7个乡镇、59个行政村（村委会）全部建立文化共享工程基层服务点。基本形成了市、乡镇、村委会三级文化网络格局。

二、组织建设

为了贯彻落实《文化部办公厅关于建设全国文化信息共享工程试点县的通知》精神，按照《全国文化信息资源共享工程海南省试点县建设协议书》的要求，我们加强文化共享工程建设工作的领导，成立了由市委常委、宣传部长任组长，市政府分管副市长任副组长，市政府办、市委宣传部、市文体局、市财政局、市发改局、市教科局、市图书馆单位领导为成员的“五指山市文化信息资源共享工程领导机构”，制定《五指山市全国文化信息资源共享工程试点工作实施方案》，“五指山市文化信息资源共享工程领导小组工作职责”，负责城乡文化共享工程建设的各项工作。建立相应工作机构，以五指山市图书馆为实施建设单位，在馆挂牌设立“全国文化信息资源共享工程五指山市支中心”，设办公室，制定“五指山市支中心工作职责”、“五指山市支中心管理员职责”等。并在乡镇级、村级建立14个基层服务点，其中乡镇级和村级各7个，挂牌“全国文化信息资源共享工程基层服务点”。

三、网点建设

为了贯彻落实《文化部关于进一步做好全国文化信息资源共享工程2010年度工作的通知》精神，按照省文体厅《关于加强文化信息资源共享工程基层服务点建设的通知》要求，加强领导，组织实施，按质按量落实中央、省2008—2010年五指山市文化共享工程乡镇、行政村基层服务点专项设备购置分配工作，按照计划完成全市7个乡镇、59个行政村基层服务点的建设工作任务。

四、经费投入

文化共享工程历年总投入情况：

为支中心建设总投入88.7万元（中央运行，省、地运行）；为基层站点建设总投入85万元（中央运行，省、地运行）；资源建设总投入，5.8万元(支中心、基层)；运行维护总投入，156.2万元(中央投入支中心、省和地投入支中心、中央省地投入基层)；人员培训总投入，6.3万元(地财投支中心、基层)。

五、资源建设

市支中心加强“信息资源数据库”建设。一是通过接收国家中心资源和省分中心资源等多种方式增加存储资源数据量。每天通过卫星接收设备，下载国家中心发布的信息资源。二是自行采购数字资源。三是建立地方文献资源数据库。建立本地特色资源库，视频、图片、文字，其中五指山民族文化如五指山地区非物质文化遗产，包括歌舞、器乐以及红色文化等。

通过接收国家中心资源和省分中心资源等多种方式增加存储资源数据量。截止2012年12月，五指山市支中心“信息资源数据库”现有硬盘阵列4500GB和散设硬盘3000GB，总容量7.5TB（7500GB），现有资源存储总量共5000多GB。由国家管理中心编辑制作的包含政治、经济、文化、军事、农业、科技等方面内容的资源影视片1000GB容量硬盘；以及自行采购数字资源，购置各类方面光盘600多张。建立地方文献资源数据库。本地特色资源库资料、图片、视频共有2000多GB，包括五指山地区非物质文化遗产，如歌舞、器乐等。二是通过电子阅览室服务平台，为读者快捷查阅图书资料提供方便。电子阅览室现有20部电脑台机，桌面上设有“全国文化信息资源共享工程网站”和五指山市文化共享影视点播系统的快捷方式。电子阅览室周一至周五免费开放接待读者。三是提供光盘借阅服务。建立光盘借阅服务机制，向基层服务点和共建单位流通音像光盘，进行影视资源借阅服务工作。2011年7月，市支中心购置1台3000多元的多盘刻录机，一次可复制刻录7张光盘，为把国家管理中心下发的以及其它光盘，能够快速多量的复制刻录光盘，下发到乡镇、村委会基层服务点创造条件。同时，还购置一批近5000元原装正版光盘革命历史题材影视片200多本，进行复制刻录光盘免费下发到各基层服务点用于开展宣传服务活动。建立基层服务点联系管理档案。各个基层服务点向市支中心报上每个基层服务点负责人、管理员的姓名、地点及联系电话，建立联系管理档案。加强市支中心与各基层服务点之间的联系工作，相互反馈信息，做好服务管理工作。

六、技术支持

为了加强乡镇、村基层服务点建设，完善管理机制，发挥基层服务点作用，注重服务点管理员的培训指导工作。市支中心组织技术员到各个乡镇，以乡镇为单位召集59个行政村基层服务点的负责人、管理员，就下发的设备，如何使用和管理等方面内容，进行现场示范培训指导，解答学员提出的各种技术问题。同时，我们还直接下到部分的行政村基层服务点指导管理员使用设备，并检查和了解各个基层服务点，是否使用设备、管理好设备、开展活动等情况。有计划组织培训，加强专业技术人才队伍建设。为规范化管理文化共享工程支中心及基层服务点，必须加强文化共享工程专业技术人才队伍建设。在省分中心指导下，统一规范培训内容，强化专业技术队伍，不断加强和提高业务人员的管理与服务能力。市支中心要有计划每年组织一到两次管理技术培训班学习，或派业务人员参加省分中心举办的管理技术培训班学习。从网络、硬件、软件、维护保养和网站建设等方面开展系统培训，不断提高管理人员的技术水平。要建立由市支中心担负的对各基层服务点即“乡镇、村级基层服务点”的管理、服务上门、资源更新、技术支持、培训指导等服务管理体系，规范指导基层服务点的管理与建设，确保工作深入、有效、持久地开展。

七、合作共建

结合实际，合作共建，严格按照“文化共享工程基层服务点管理制度”的规定，充分利用共享工程设备和资源，开展农村文化服务宣传活动。全市7个乡镇及各个村委会基层服务点使用所发放的投影机、音响和DVD机等设备，开展影视放映服务宣传活动。冲山、南圣、毛道、畅好、水满等乡镇、村委会基层服务点的管理人员，还到市支中心借取农业科技、文化艺术等内容的影视片光盘1200个借次。2011年春节、元宵节前后期间，市支中心把共享工程国家管理中心下发的以“欢乐共享过大年”为主题的数字资源共48张光盘，分发给部分的行政村基层服务点播放，开展以“欢乐共享过大年”为主题的精彩视频展播、经典剧目鉴赏、民俗知识普及等活动，丰富农村节日文化生活，受到广大群众的欢迎。

八、惠民服务

设立户外定点的投影播放场地，开展大广场、大众化的展播宣传活动。五指山市三月三广场是本市广大市民文娱休闲活动的主要场所。2007年12月设立户外固定影视播放场所开展服务宣传活动，晚间播放宣传片、影视片。2008年8月份内，北京奥运会活动期间，在三月三广场共放映12场次（除雨天），共有观众14000多人次，其中奥运会开幕式和闭幕式的两场观众近1万人次。为迎接建国60周年大庆，从9月1月至10月10日，在两个定点场地，每隔一天轮换进行影视展播活动，主要放映革命历史故事片和国产优秀影片。10月1日当晚，将转播北京天安门广场大型焰火文艺晚会的现场盛况。采取以投影播放专题讲座宣传片的形式，操作既快捷方便，群众又喜闻乐见，播放的专题讲座内容涉及的方面有：政治、经济、中国革命历史、中外历史文化、综艺大观、军事纵横、现代科技、民族文化、教育、体育、卫生、工农业、旅游等。这些内容的专题讲座宣传片，一般都安排在放映影视故事片之前进行播放。在馆内设“五指山城乡文化共享工程建设专题宣传栏”，内容编有全国文化信息资源共享工程简介，以及采取图片形式展示五指山市近年来城乡开展文化共享工程建设情况活动等方面。近年来的展播活动，我们注重宣传地方文化特色，以投影播放专题宣传片的形式，展示民族优秀文化——五指山地区民族非物质文化遗产。从2007年12月开展户外投影展播活动以来，播放2005年五指山市被列入国家级、省级的民族非物质文化遗产代表作保护名录：《黎族“三月三”节》（国家级）、毛阳镇初保村《黎族干栏建筑生态自然村》、黎族《舂米舞》和苗族《招龙舞》（省级）专题宣传片，该片有40多分钟。2007年12月至2009年8月，播放该片46次。组成“文化共享工程下基层服务宣传小组”，开展巡回展播活动。市支中心组成下基层放映服务小组，深入各乡镇农村、学校进行投影展播活动，受到群众的欢迎。

九、宣传推广

乡镇、村级基层服务点是文化共享工程最基层的服务宣传阵地，市支中心支持基层服务点的展播工作。各基层服务点之间互相交流，学习好作法、好经验，努力把基层服务点的展播工作做好，力争能切实让广大群众从文化共享工程中得到实惠。利用各种媒体宣传文化共享工程建设。一是在馆内设“五指山城乡文化共享工程建设宣传栏”编有全国文化信息资源共享工程简介内容以及近年来开展文化共享工程、建立“图书流通服务站”和送书下基层服务等活动的图片。二是在开展广场投影播放影视故事片之前，放映文化部制作的“全国文化信息资源共享工程建设及活动宣传片”，该片长20多分钟。五指山市广播电视台已多次新闻报道我市城乡文化共享工程建设及开展活动情况，如五指山市支中心设立初期的设备到位安装、电子阅览室的设立、2007年12月文化部文化共享工程试点督导组莅临五指山市验收工作、2008年春节下冲山镇什保村播放活动、火炬传递文化共享奥运同行活动、市电视台“民生直通车”栏目专访、市图书馆门口旁的影视展播广场活动、三月三广场电视转播北京奥运会开闭幕式实况活动等，都做了新闻报道，有的新闻被选送省电视台，五指山黎苗同胞喜看北京奥运会开幕式及赛事的新闻选送中央电视台等。三月三广场十多天的电视转播北京奥运会实况活动，引起新闻媒体的关注，《海南日报》做了报道。

十、加强培训和队伍建设

为确保城乡文化共享工程工作的有效开展，营造规范化、科学化、制度化的工作格局。按照文化部有关文件精神，结合实际，市支中心制定了“全国文化信息共享工程电子阅览室功能、业务工作范围、工作人员管理职责、读者遵守规则”的管理制度，以及乡镇级、村级基层服务点的管理制度。加强专业技术人员培训。指导基层服务点管理建设。2007年至2009年，市支中心对乡镇、村两级基层服务点的管理员，或全部集中、或几个进行不同形式的培训指导。每年派出业务人员参加省图书馆、省分中心举办技术培训班学习。图书馆自动化管理系统应用培训。完善我馆的文化信息资源共享工程和图书馆自动化管理建设，全面开展图书录入电脑工作。参加五指山市委组织部举办的党员干部政治理论和电脑管理知识培训班学习。

十一、科学规划，全面推进

根据全国文化信息资源共享工程规划标准和五指山市文化发展规划要求，为了加大文化共享工程的建设力度，更快更好地推进五指山市城乡文化共享工程建设工作，按统一组织、统一规划、统一标准的原则，制定《全国文化信息资源共享工程五指山市支中心建设规划》。

1、开展全市文化信息资源现状调研，科学规划，组织实施建设。

2、采购、征集、加工、制作、整合各类数字文化信息资源，将我市优秀地方文献、优秀音乐美术摄影作品、历史文化遗产、珍贵文物、名人传记、民间传说等数字化，建设具有五指山民族地区特色的全方位地方文献数字资源库，并提供网上服务。

3、建立“天网（卫星）、地网（互联网）、人网（馆内局域网）”三合一的多媒体网络数字体系，满足全市人民不同年龄、不同层次的学习需求，包括科普知识、法律知识、生活礼仪、农业科技、卫生保健、文化艺术等各类百科知识，让有条件的单位、家庭，能坐在办公室和家里就可随时随地上网学习，无条件的读者到图书馆和基层站点学习。

4、建立“五指山市图书馆网站”，之中设五指山市文化信息资源栏目窗口，制作并发布具有五指山地区特色的政治、经济、文化等各类文化信息资源，让世界了解五指山、宣传五指山。

5、成立“文化共享服务宣传小组”，到乡镇、农村、社区、学校进行投影展播，开展下基层文化共享服务宣传活动，满足人民群众文化生活需求。

6、建设五指山市市情多媒体数据库——包括风景名胜、文物博览、革命圣迹、黎苗歌舞、书法绘画、黎苗佳肴、五指山名吃、五指山名产、五指山名乡、五指山名村、名人传记、民风、民情、民俗、民间传说、民间工艺等栏目，让丰富、深厚、优秀的五指山文化保存下来，传承下去。利用现代化信息技术手段，对优秀文化资源进行数字化加工与整合，形成包括图书报刊、舞台艺术、音乐美术、影视作品、科普知识、文物鉴赏等内容的分布式文化信息资源库群。坚持以自建、购置与引进并举并重的原则，大力开发我市的文化信息资源建设，在充分利用国家中心、省分中心的丰富资源同时，合理购置本市实用的各类文化信息资源，并积极开发建设具有本市特色的文化资源，形成独具地方特色的数字文化资源。

7、要积极主动与广播电视、教育、旅游、文物等部门同力协作，不断拓宽我市特色资源的征集采购渠道，在有关政策范围许可的条件下，逐步建立起我市特色文化信息资源库，真正实现共建共享。

8、有计划组织培训，加强专业技术人才队伍建设。

为规范化管理文化共享工程支中心及基层服务点，必须加强文化共享工程专业技术人才队伍建设。在省分中心指导下，统一规范培训内容，强化专业技术队伍，不断加强和提高业务人员的管理与服务能力。市支中心要有计划每年组织一到两次管理技术培训班学习，或派业务人员参加省分中心举办的管理技术培训班学习。从网络、硬件、软件、维护保养和网站建设等方面开展系统培训，不断提高管理人员的技术水平。要建立由市支中心担负的对各基层服务点即“乡镇、村级基层服务点”的管理、服务上门、资源更新、技术支持、培训指导等服务管理体系，规范指导基层服务点的管理与建设，确保工作深入、有效、持久地开展。

（撰文/五指山市支中心）

东方市支中心

东方市面积2266.62平方公里。辖10个乡镇，181个行政村，11个社区居委会，1个农场。至2011年底全市总人口44.9万余人。东方市文化信息资源共享工程在东方市委市政府和市文体局，海南省图书馆的领导和支持下，从无到有，逐步发展，在新形势下为繁荣城乡文化，满足社会公众多层次文化需求，传递中国民族优秀文化资源发挥了重要作用。

一、基本情况

东方市文化信息资源共享工程建设开始于2007年，最初由海南省分中心在市图书馆安装卫星接收设备，接收国家中心传输的各类信息资源，然后由管理人员将接收到的信息资源进行筛选，并加以利用。2009年东方市文化信息资源共享工程支中心建立。2010年东方市文化信息资源共享工程开始普及进入乡镇行政村，第一批6个乡镇，39个行政村于当年安装调试完毕，第二批4个乡镇142个行政村基层服务点于2012年2月安装调试完毕，至此东方市所属乡镇和行政村实现全市共享工程村村全履盖。

共享工程东方市支中心设在东方市图书馆，是东方市共享工程的建设和业务指导单位，负责保障市中心共享工程设备的运行，协调镇村级工程设备的维修，指导镇村级共享工程活动的开展以及全市共享工程管理员的业务培训和指导。

二、管理和队伍建设

为使共享工程真正为民所用，为民谋利，东方市支中心将共享工程日常管理纳入制度化管理。即统一制作醒目标识。制定支中心、乡镇、村基层点工作职责和制度，实行制度上墙。每年有工作计划和检查督导，推行管理员工作日志管理，不断探索共享工程管理和服务新模式。

东方市共享工程在管理员队伍建设上坚持明确职责、明确思路，因地制宜，常态化管理。乡镇基层服务点由乡镇文化站专职干部管理，村基层服务点由文化程度较高和责任心较强的村委委员兼任，这样可以让他们很快掌握工程设备的使用并服务于民。目前已建立起市支中心、乡镇、行政村三级文化共享工程管理服务队伍。

三、培训工作

东方市支中心在共享工程管理员的业务技术培训上实行集中和分散培训的形式，即省分中心每年定期对市支中心的管理员进行培训；市支中心每年定期对乡镇和行政村基层服务点管理员进行培训；市支中心根据基层服务点的需要，派技术员到服务点进行培训。2007年以来参加轮训和举办各类培训班20期次，参加培训的各级管理人员达550人次。

四、经费投入

东方市共享工程自2007年以来，中央和地方财政拨付专项资金，使全市共享工程实现了村村全履盖。而且，东方市财政从2010年每年拨付3万元运行经费，用于支中心共享工程设备的维护、人员培训和惠民活动的开展。

五、资源建设

东方市支中心在历年的工作中，在国家中心省分中心的支持和帮助下，主要通过卫星接收，互联网下载，光盘馈赠等形式，搜集各类文化信息资源，选取、编辑存储各类题材资源3.5TB。每年为基层服务点拷贝和发放各类文献资源和宣传资料。

六、惠民服务

东方市支中心依托文化共享工程平台，积极开展惠民惠农服务活动。1、市支中心电子阅览室为读者提供免费阅览服务，通过有线网络光纤连接海南省图书馆电子图书报刊数据库，近10多万册的电子图书和报刊任由读者选读。2、以民众的需求为已任，增设“政府信息公开查询点”服务窗口，市民在市支中心可以快捷地查询到市政府各职能部门公示的“政府公开信息”，大大地提

高了他们的办事效率。3、积极参与本市每年开展的“科技、文化、卫生”三下乡活动。在国庆节、春节等节假日期间，支中心利用共享工程的播放设备下社区、下农村、下军营为群众和部队官兵无偿播放电影、琼剧、农业科技和科普讲座等影视节目，每年播放25场次，观众近5000人次，收到了较为明显的社会效益。

七、宣传推广，荣誉奖项

1、借助重大主题活动发挥共享工程作用。例如为纪念海南岛解放60周年，在海南省分中心的支持下，我们复制一套《纪念海南解放60周年图片展》，分别在城区七个社区进行展演，让民众通过观看图片较详尽地了解海南解放的历史，从而激发他们爱党、爱国、爱海南的情感。

2、走进校园，组织学生积极参与共享工程活动。例如，2010年6月，按海南省分中心的部署，我们在城区中小学开展了阳光少年热爱党网页制作大赛和电脑小报设计大赛，我市铁路小学学生设计的电脑小报作品，由海南省赛区推荐到国家中心参加评选。

3、专题活动，精心组织、成绩显著。东方市支中心在服务过程中积极组织群众参与喜闻乐见的文化活动，使共享工程贴近群众、深入人心。例如，2011年为庆祝中国共产党成立90周年，我们下社区、进校园组织群众和学生开展“颂歌献给党——全国文化信息资源共享工程迎接建党90周年群众歌咏活动。东方市支中心制作报送的由东方市第一小学演唱的《歌声与微笑》童声小合唱视频作品，经国家中心评比荣获三等奖，是海南省“歌咏活动”唯一获奖的作品。

八、工作展望

东方市文化共享工程从2007年以来，从无到有，逐步发展，至今已完成一个支中心，10个乡镇和181个行政村基层服务点的建设。通过宣传服务，得到了广大群众的广泛认知，文化共享工程在东方已经成为东方人民文化生活中的一大支柱，成为繁荣东方文化，丰富东方人民精神生活，推动东方人文科技进步的强大动力源泉。今后，东方市支中心希望在国家中心，海南省分中心大力支持下，为东方建设一支专业化的服务队伍，建立一个国家、省、市、乡镇、行政村五级资源优质丰富，技术先进实用，传播高效互动，服务网点宽广便捷，管理科学规范的公共数字文化传播服务体系，让更多的群众更好地享受到文化共享工程服务给他们带来的文化实惠，为建设平安、文明、富强、科技文化新东方，为全面建成小康社会做出贡献。

（撰文/张华中）

儋州市支中心

儋州市行政区划共有17个乡镇（含2个街道办事处），共有288个行政村，全市人口130万，陆地面积3400平方公里。儋州市文化资源共享工程在儋州市政府，儋州市文体局的大力支持和部署下，逐步推进，稳步发展，在新形势下为繁荣农村基层文化，满足农民多层次文化需求，传递中国民族优秀文化资源发挥了重要作用。

一、基本情况

儋州市支中心文化资源共享工程建设开始于2008年，最初在那大镇试点安装，此后陆续在全市十七个镇（街道办）文化中心开始安装，前期安装设备均通过卫星设备直接接收国家中心下发的给类资源和信息。2010年儋州文化资源共享工程开始普及进入乡镇行政村，第一批90个行政村与当年安装调试完毕。2011年第二批198个行政村进行安装，至此儋州市所属乡镇实现全市共享工程全覆盖。

共享工程儋州市支中心设在儋州市图书馆，是儋州市共享工程的建设和业务指导单位，负责保障市中心共享工程设备的运行，协调镇村级共享工程设备的维修维护，指导镇村级共享工程活动的开展以及开展全市共享工程管理员的业务培训和指导的纽带。

二、管理和队伍建设

为使共享项工程真正为民所用为民谋利，儋州支中心将共享工程日常管理纳入制度化管理。制定支中心、镇、村基层服务点工作职责和制度，实行制度上墙公开。每年有年度工作计划，月度有工作要点，季度有工作督导，年末有工作总结考核，并推行管理员工作日志管理，收集整理共享工程服务活动的得失，探索共享工程管理和服务新模式。

文化资源共享工程作为一个新的农村文化资源获取平台，如何推广好、利用好共享工程丰富的文化资源关键在于是否有一支专业化的共享工程管理员队伍。儋州市共享工程支中心在管理员队伍建设上坚持明确职责，明确思路，制度化管理，常态化培育。对于乡镇、村两级基层共享工程管理上择优选取文化层次较高，有一定社会基层管理服务实践经验的大学生村官为管理员，他们工作热情高，有较高的文化水平能尽快熟悉掌握共享工程设备为所在村民服务。目前儋州区共享工程管理员53%为各级大学生村官，47%是由较高学历的村委委员兼任，实现了管理员选取的高起点。

三、培训工作

儋州市支中心在共享工程管理员的培养上实现了制度化和常态化。根据支中心工作要求，2008年以来一共举办各类培训班18期，参加轮训的各级管理员达568人次。

四、资源建设

儋州市支中心在历年的工作中，不断征集群众意见和建议，搜集不同区域的民众文化需求，每年制作发放各类光盘800多张，展板50多块，各类海报，招贴画20副，发放宣传资料3000余份。

五、合作共建

儋州市支中心坚持为群众服务得基本宗旨，在全市实现村村全覆盖后，与各行政村委会紧密联系，定期为深入各村委群众播放各类视频资源和科普教育知识普及，并在各乡镇的文化活动室利用共享工程发放的设备建立公共电子阅览室并进行数字电影播放。通过多方的不懈努力，共享工程已逐步走入基层村民生活，成为村民获取新知，娱乐身心的新渠道新平台。

六、利民惠众，惠农服务

2007儋州市支中心组织学生观看共享工程数字资源现场

儋州市支中心在共享工程服务实践过程中，以民众的需求为导向，积极探索，服务民众生活生产，引领群众高尚精神文化生活，打造群众满意喜爱的文化服务新平台。儋州市支中心多次组织开展各类文化服务活动，并根据儋州市的农业生产特点，儋州市支中心每年下基层播放农业生产技术光盘和宣传手册，通过行政村基层服务点向村民分发。

七、宣传推广

1、儋州支中心利用各种渠道宣传推广共享工程。儋州市支中心利用各种活动如开展展览、举办讲座、开展培训等各种方式宣传推广共享工程，从而让群众更加了解共享工程，使共享工程能够真正的服务于民众。

2、走进校园、走进部队。儋州市支中心与中小学校合作，组织学生开展绿色上网教育，开展“像雷锋那样……”电脑小报设计比赛等，并走进部队，为官兵举办《纪念海南解放60周年图片展》、为部队官兵播放爱国主义电影，丰富了校园和部队的业余文化生活。

3、专题活动，精彩纷呈。儋州市支中心根据群众不同需求开展各类服务活动，活动内容多彩纷呈，如建党90周年“颂歌献给党”歌咏比赛活动，元宵节猜灯谜活动等，各类活动贴近生活、深入人心。

八、工作展望

儋州市文化资源共享工程从2008年开始，扎实推进，稳步发展，从支中心的建设到全市乡镇、村村基层点全覆盖，通过宣传推广，使文化共享工程走进群众，成为了丰富基层文化生活的主要力量，成为了基层人民业余生活的主要内容，成为了丰富精神文化生活和文明进步的主要动力，儋州市支中心在儋州市文体局和省分中心的支持下，将进一步加强人员队伍建设，加大资源建设，拓展服务范围，加强网点管理，让更多的基层群众可以享受文化共享工程带来的文化成果。

（撰文/儋州市支中心）

临高县支中心

临高县陆地面积1317平方公里。人口48万人。辖11个镇、17个居委会、154个村委会、726个自然村，境内有2个国有农场。逐步推进，稳步发展，在新形势下为繁荣农村基层文化，满足农民多层次文化需求，传递中国民族优秀文化资源发挥了重要作用。

一、基本情况

临高县文化资源共享工程建设开始于2007年，前期安装设备均通过卫星设备直接接收国家中心下发的给类资源和信息。2010年临高县文化资源共享工程开始普及进入乡镇行政村，第一批乡镇11个、60个行政村与当年安装调试完毕。2011年第二批202个行政村进行安装，至此临高县所属行政村实现全县共享工程村村资源全覆盖。

共享工程临高县支中心设在临高县图书馆，是临高县共享工程的建设和业务指导单位，负责保障县中心共享工程设备的运行，协调镇村级共享工程设备的维修，指导镇村级共享工程活动的开展以及开展全县共享工程管理员的业务培训和指导。

二、管理和队伍建设

为使共享项工程真正为民所用为民谋利，临高县级支中心将共享工程日常管理纳入制度化管理。制定支中心、镇、村基层服务点工作职责和制度，实行制度上墙公开。每年有年度工作计划，月度有工作要点，季度有工作督导，年末有工作总结考核，并推行管理员工作日志管理，收集整理共享工程服务活动的得失，探索共享工程管理和服务新模式。

文化资源共享工程作为一个新的农村文化资源获取平台，如何推广好、利用好共享工程丰富的文化资源关键在于是否有一支专业化的共享工程管理员队伍。临高县共享工程支中心在管理员队伍建设上坚持明确职责，明确思路，制度化管理，常态化培育。对于乡镇、村两级基层共享工程管理上择优选取文化层次较高，有一定社会基层管理服务实践经验的大学生村官为管理员，他们工作热情高，有较高的文化水平能尽快熟悉掌握共享工程设备为所在村民服务。目前临高县共享工程管理员50%为各级大学生村官，10%是由较高学历的村委委员兼任，实现了管理员选取的高起点。

三、培训工作

临高县支中心在共享工程管理员的培养上实现了制度化和常态化。根据支中心工作要求，每年对辖县共享工程管理员进行3期的集中培训，2006年以来一共举办各类培训班7期，参加轮训的各级管理员达541人次。

四、经费投入

临高县共享工程自2010年实现村村全覆盖以来，县级图书馆每年投入2000余册书籍下乡，用于共享工程设备的维护，人员培训和惠民活动经费近8万元。同时，县政府对图书馆每年也投入大量人力物力支援共享工程各项活动的正常开展。

五、资源建设

临高县支中心在历年的工作中，搜集不同县域民众文化需求，选取、编辑制作各类题材资源2TB，每年制作发放各类光盘800多张，展板20多块，各类海报，招贴画9副，发放宣传资料1000余份。

六、合作共建

以共享工程为依托结合全覆盖的农村数字电影厅建立电子文献资源服务中心。将各种部门下发的电子文献资源与建立的共享工程服务点结合，根据不同乡镇、村的硬件条件建立形式多样的电子阅览室和多媒体中心。比如在博厚镇的三省村，建立拥有多台电脑的多媒体阅读中心，共享工程宣教授课和电子资源阅读播放为一体的多功能活动室。通过多方不懈努力，共享工程已逐步走入基层村民生活，成为村民获取新知，娱乐身心的新渠道新平台。

七、利民惠众，惠农服务

临高县支中心在共享工程服务实践过程中，以民众的需求为导向，积极探索，服务民众生活生产，引领群众高尚精神文化生活，打造群在满意喜爱的文化服务新平台。

根据临高地域农业生产特点，临高县支中心每年按节令制作农业生产技术光盘和小册子通过行政村基层服务点村民分发。针对不同农业专业者，临高县支中心有针对的选取资源上门指导服务。历年来累计服务专业生产户9多户，长期点对点跟踪服务3户。

八、宣传推广

1、临高支中心利用各种渠道宣传推广共享工程。在临高每年的科技文化四下乡活动，科普之春，科普之夏，科技周等活动中，临高支中心不失时机，以活动为平台，以资料为媒介宣传共享工程，让民众不断了解共享工程，走进共享工程。

2、走进校园。临高县支中心文化服务中不断探索，利用支中心电子阅览专县，组织动员青少年儿童关注共享工程，利用共享工程，收集青少年知识兴趣点整理挖掘，针对集中地知识群和关注点临高县支中心联合友邻部分聘请专家前来为青少年答疑解惑。同时按照海南分中心的部署在全县中小学校开展了阳光少年热爱党网页制作大赛和电脑小报制作大赛。通过一系列的活动是共享工程不仅走进农村也走进校园走进青少年。

3、专题活动，精彩纷呈。临高县支中心在服务中抓住文化的热点和亮点，积极组织群众喜闻乐见的文化服务，使共享工程走进群众生活。例如在迎接建党90周年之际，临高县支中心联合其他乡镇文化站在支中心举办了“品味书香，聆听经典”活动。

九、工作展望

临高县文化资源共享工程已走过的年头，从昨天的几个点到今天的262个行政村全覆盖，从单一的资源接收到今天的编辑分发和群众广泛认知，广泛参与，文化资源共享工程在临高已经成为临高人民文化生活的一大支柱，成为繁荣临高文化，丰富临高县人民精神生活，推动临高人文科技进步的强大动力源泉。今后临高县支中心希望在国家中心，北京分中心大力支持下为临高共享工程建设一支专业化的服务队伍，建立一个县级、乡镇、行政村三级知识网络联动的即时问答服务体制和服务形式更加多样，服务网点更加宽广，参与群众更加广泛的共享工程文化带动体系，为建设科技临高，文化临高做出贡献。

（撰文/临高县支中心）

澄迈县支中心

澄迈县陆地总面积2067.6平方公里，海域面积1100平方公里。总人口56万。辖金江、瑞溪、永发、老城、加乐、文儒、福山、桥头、中兴、仁兴、大丰等11个镇，176个村(居)委会，867个自然村。境内有3个国营农场、2个省直属农林场和1个省级开发区(海南老城经济开发区)。

一、基本情况

澄迈县文化资源共享工程建设开始于2006年，最初在县图书馆安装，此后陆续在全县11个镇文化站开始安装，前期安装设备均通过卫星设备直接接收国家中心下发的给类资源和信息。2008年澄迈县文化资源共享工程开始普及进入乡镇行政村，第一批一个镇文化站144个行政村与当年安装调试完毕。共享工程澄迈支中心设在澄迈县图书馆，是澄迈县共享工程的建设和业务指导单位，负责保障支中心共享工程设备的运行，协调镇村级共享工程设备的维修，指导镇村级共享工程活动的开展以及开展全县共享工程管理员的业务培训和指导。

二、管理和队伍建设

为使共享项工程真正为民所用为民谋利，澄迈支中心将共享工程日常管理纳入制度化管理。澄迈县共享工程支中心在管理员队伍建设上坚持明确职责，明确思路，制度化管理，常态化培育。各镇以三名文化站工作人员为管理员，行政村以农家书屋管理员为管理员。

三、培训工作

澄迈支中心在共享工程管理员的培养上实现了制度化和常态化。根据支中心工作要求，每年对辖区共享工程管理员进行2期的集中培训，2008年以来一共举办各类培训班10期，参加轮训的各级管理员达2000人次。

四、经费投入

我县从2006年开始开展共享工程建设，同年成立澄迈县文化共享工程建设领导小组，并同意拨付12万元支持共享工程建设。2010年，省厅下达我县共享工程建设任务指标，县政府投入配套资金10万元。2011年县政府再拨款10万元支持共享工程建设，资金主要用于开展设备维护和人员培训。

五、合作共建

以共享工程为依托结合全覆盖的农村数字电影厅建立电子文献资源服务中心。将各种部门下发的电子文献资源与建立的共享工程服务点结合，根据不同乡镇、

2010年3月澄迈县支中心开展“数字图书馆推广计划服务”活动

村的硬件条件建立形式多样的电子阅览室和多媒体中心。通过多方不懈努力，共享工程已逐步走入基层村民生活，成为村民获取新知，娱乐身心的新渠道新平台。

六、宣传推广

1、利用各种渠道宣传推广共享工程。在每年的科技文化四下乡活动，科普之春，科普之夏，科技周等活动中，澄迈支中心不失时机，以活动为平台，以资料为媒介宣传共享工程，让民众不断了解共享工程，走进共享工程。2、专题活动，精彩纷呈。每年开展全国文化信息资源共享工程展播活动，以“文化信息共享，构建和谐社会”为主题，组织影像资料，举行《共享书香，快乐阅读》、《共享工程助春耕》等展播，深受群众欢迎。

七、工作展望

澄迈县文化资源共享工程已经成为澄迈人民文化生活的一大支柱，成为繁荣澄迈文化，丰富澄迈人民精神生活，推动澄迈人文科技进步的强大动力源泉。今后澄迈支中心希望在国家中心，海南分中心大力支持下为澄迈共享工程建设一支专业化的服务队伍，建立一个国家、省、县三级知识网络联动的即时问答服务体制和服务形式更加多样，服务网点更加宽广，参与群众更加广泛的共享工程文化带动体系，为建设科技澄迈，文化澄迈做出贡献。

（撰文/澄迈县支中心）

定安县支中心

定安县行政区划共有10个乡镇，共有108个行政村，常住人口34余万人。定安县文化共享工程在定安县文体局、定安县图书馆支持和部署下，逐步推进，稳步发展，在新形势下为繁荣农村基层文化，满足农民多层次文化需求，传递中国民族优秀文化资源发挥了重要作用。

一、基本情况

定安县文化资源共享工程建设开始于2007年，最初在定安县图书馆、龙门镇文化中心等4个试点安装，此后陆续在全县十个镇文化中心开始安装。

共享工程定安县支中心设在定安县图书馆，是定安县共享工程的建设和业务指导单位，负责保障县中心共享工程设备的运行，协调镇级共享工程设备的维修，指导镇级共享工程活动的开展以及开展全县共享工程管理员的业务培训和指导。

二、管理和队伍建设

为使共享工程真正为民所用为民谋利，定安县支中心将共享工程日常管理纳入制度化管理。制定了支中心、镇基层服务点工作职责和制度，实行制度上墙公开。每年有年度工作计划，月度有工作要点，季度有工作督导，年末有工作总结考核，并推行管理员工作日志管理，收集整理共享工程服务活动的得失，探索共享工程管理和服务新模式。

文化共享工程作为一个新的农村文化资源获取平台，如何推广好、利用好共享工程丰富的文化资源关键在于是否有一支专业化的共享工程管理员队伍。定安县共享工程支中心在管理员队伍建设上坚持明确职责，明确思路，制度化管理，常态化培育。对于乡镇基层共享工程管理上择优选取文化层次较高，有一定社会基层管理服务实践经验的管理员，他们工作热情高，有较高的文化水平能尽快熟悉掌握共享工程设备为所在村民服务。

三、培训工作

定安县支中心在共享工程管理员的培养上实现了制度化和常态化。根据支中心工作要求，每年对辖区共享工程管理员进行4期的集中培训，2007年以来一共举办各类培训班20期，参加轮训的各级管理员达800多人次。

四、经费投入

定安县共享工程自2007年实现各镇全覆盖以来，定安县图书馆每年投入2余万的运维经费，用于共享工程设备的维护，人员培训和惠民活动的开展。同时，定安县政府，定安县文体局和定安县图书馆每年也投入大量人力物力支援共享工程各项活动的正常开展。

五、资源建设

定安县支中心在历年的工作中，搜集不同区域民众文化需求，选取、编辑制作各类题材资源3TB，每年制作发放各类光盘700多张，各类海报，招贴画25副，发放宣传资料2500余份。

六、合作共建

以共享工程为依托结合全覆盖的农村数字电影厅建立电子文献资源服务中心。将各种部门下发的电子文献资源与建立的共享工程服务点结合，根据不同乡镇的硬件条件建立形式多样的电子阅览室和多媒体中心。比如在龙门镇的英湖村，岭口镇的岭腰村等建立拥有多台电脑的多媒体阅读中心，在莫村和山椒村等村与数字电影厅结合建成电影放映，共享工程宣教授课和电子资源阅读播放为一体的多功能活动室。通过多方不懈努力，共享工程已逐步走入基层村民生活，成为村民获取新知，娱乐身心的新渠道新平台。

七、利民惠众，惠农服务

在共享工程服务实践过程中，以民众的需求为导向，积极探索，服务民众生活生产，引领群众高尚精神文化生活，打造群众满意喜爱的文化服务新平台。定安县支中心多次组织开展各类文化服务活动，如书法绘画展览、放映爱国主义电影等等。并根据定安县的农业生产特点，万宁市支中心每年下基层播放农业生产技术光盘

和宣传手册，通过行政村基层服务点向村民分发。

八、宣传推广

1、定安支中心利用各种渠道宣传推广共享工程。定安县支中心利用各种节假日，以资料为媒介宣传共享工程，让民众不断了解共享工程，走进共享工程。

2、走进校园。定安支中心在文化服务中不断探索，利用支中心儿童阅览专区，组织动员青少年儿童关注共享工程，邀请海南省地震专家和县地震局技术员分别做精彩的报告，深受广大青少年的喜爱。同时按照海南分中心的部署在全县中小学校开展了阳光少年热爱党网页制作大赛和电脑小报制作大赛。通过一系列的活动使共享工程不仅走进农村也走进校园走进青少年。

3、专题活动，精彩纷呈。定安支中心在服务中抓住文化的热点和亮点，积极组织群众喜闻乐见的文化服务，使共享工程走进群众生活。例如在迎接建党90周年之际，定安支中心联合其他单位在定城镇服务中心举办了"品味书香，聆听经典"活动，邀请一批知名演播人士来我县与基层群众一道品读中华经典，共享文化盛宴。还组织定城镇、龙门镇等服务点开展"颂歌献给党"群众歌咏活动后上报国家中心网上展播，并获好评。

九、工作展望

定安县文化资源共享工程已走过7个年头，从昨天的几个点到今天的108个行政村全覆盖，从单一的资源接收到今天的编辑分发和群众广泛认知，广泛参与，文化资源共享工程在定安已经成为定安人民文化生活的一大支柱，成为繁荣定安文化，丰富定安人民精神生活，推动定安人文科技进步的强大动力源泉。今后定安县支中心希望在国家中心，海南省分中心大力支持下为定安县共享工程建设一支专业化的服务队伍，加大资源建设，拓展服务范围，加强网点管理，让更多的基层群众可以享受文化共享工程带来的文化成果。

（撰文/定安县支中心）

屯昌县支中心

屯昌县为推动文化信息资源共建共享工程的顺利实施，在过去的五年中，我县就文化共享工程就网络建设、资源加工、服务方式和对基层站点的培训辅导等几个方面的工作，制定了一系列我县"文化共享工程"工作计划。近年来，县支中心多次到各镇、各村进行督查指导，积极组织全县乡镇文化站与各村共享工程专业技术人员培训，确保网点建设的顺利开展。目前，我县文化共享工程支中心已建设完成；8个乡镇文化站已全部建成共享工程服务点；104个行政村已全部建成农家书屋与共享工程服务点，完成100%；8个社区也已建成共享工程服务点。其中，每个乡镇文化站点配备电脑2部、摄像机1部、照相机1部、投影仪1套、大屏幕电视机1部、服务器1台、立地空调1台、音响1套等；每个村级服务点各配备电脑1部。

我县总人口28万多，为满足我县广大人民群众日益增长的物质与精神文化需要，2011年初我县支中心迁入新图书馆，建设面积达2000多平方米。近3年来，总投入建设经费262万元，其中购书经费62万，设备购置经费114万多，活动办公经费48万多，数字资源经费34万，其中维护费4万多。

至今，我县支中心免费开放报刊阅览室、儿童阅览室、图书借阅室、电子阅览室、工具书资料查阅室、自习区。有阅览座位166个，电子阅览室席位35个。馆藏图书资源达6万多册，其中图书5万余册，期刊300余种1.2万余册，报纸68种；电子图书30多万册，数字资源约1TB。我馆配置有服务器（含配电、综合布线、KVM切换器等设备）、LED播放器、投影仪、音响设备、数据报纸阅读机、大屏幕电视机、电子阅览室、电脑、复印机、防盗设备（摄像头，阅览室防盗仪）等办公设备。我县文化共享工程支中心在省中心帮助下已建成"文化信息资源共享工程数字文化网"，与中旗网络科技公司合作开发"海南省屯昌县图书馆数字文化网"万维网。并实现图书馆集群化自动化系统办公。

我县支中心积极帮助基层文化共享工程站点的建设，协助8个镇文化站建成文化共享工程数字文化网。保持高效的服务性能，从实施设备的投入，人员的配备，服务形式等各方面进行规范，有利于提高对基层服务站点建设的速度和质量。我县支中心坚持"以广大群众为本"的宗旨，积极宣传推广文化信息资源共享工程，为广大群众提供文化信息资源传播服务。我县支中心每年都开展图书馆服务宣传周活动，积极地把图书送到村镇，送到学校，送到基层；以文化共享工程为平台，把优秀电影、各类讲座、工农业实用科学技术、歌舞艺术等内容丰富的视频节目送下乡，进社区，服务新农村建设。我馆踊跃地开展各类讲座活动、竞赛活动、书法画展活动、海洋生态文化活动和读书活动。每年宣传活动次数达10多次，读书活动10多场，各类讲座5场，各类展览活动3到5场。我县支中心通过各种各样的宣传形式（网络、文献、宣传车、电视活动等），使文化信息资源传播给广大群众：每周为读者免费开放56小时；年流通人次达12000多人；年文献外借册次有4600多册次；流动服务书刊借阅有110多人次，借阅210多册次；用大屏幕电视播放电视新闻与综艺节目；用LED视频播放电影或纪录片等，丰富人民群众的文化与精神生活。

我县共享工程支中心积极组织对全县基层人员和农村党员干部进行了以文化共享工程基本知识为主要内容的集中培训。每年对文化站（共享工程基层点）、农家书屋人员的辅导达20多次，受益人数有300多人次。我县支中心积极主动向社会引进高校人才，目前工作人员有13名，其中本科学历3人，大专6人，高中4人；专业技术人员中，中级职称1人，初级职称5人。我馆每年都会对工作人员进行各市县共享工程支中心的交流和到省分中心的培训学习，每周都有半天进行人员业务培训，积极开展思想与业务工作。

在全县各级领导统一思想指导下，我馆干部职工明确责任，各部门积极配合，同力协作，采取有效措施保证财政投入的建设经费准确及时到位，做到专项资金科学合理使用。对建成的乡镇与村级服务站点强化管理，建立专、兼职管理服务工作人员，定点定时为广大群众开放服务，努力提高资源利用效率，确保我县文化信息资源共享工程的顺利实施。

我县领导充分肯定了我县文化信息资源共享工程的建设，全面提升公共文化服务的先进理念和创新做法，并提出"两个重视"的要求。一是必须重视导向性，体现科学发展观理念，基层服务点要向更加综合的方面发展，全面整合各方资源，实现资源的共建共享；二是充分重视受众性，主动创新服务方式，发挥资源共建共享实际效能。

我县在文化共享工程支中心建设方面虽然进行了有益的探索，也取得了一定成绩，但与先进的兄弟馆和发达地区相比，与人民群众的需求相比，还有较大差距。村级基层服务点的建设还比较薄弱，文化资源库的建设还很有限，队伍建设和专业人员管理水平有待进一步提高。不管存在的问题有多少，困难有多大，我们抓群众文化发展的目标不变，步子不停，劲头不减，信心和决心不动摇。今后，我们将坚持以十七大科学发展观为指导，在以构建和谐文化为目标的基础上，继续认真贯彻落实党的十八大精神，积极开展工作，进一步解放思想，深化改革，加快发展，注重效益，及时解决工作中存在的问题，并按照"为广大群众服务"的宗旨，积极探索长效机制，不断创新观念、创新思路、创新机制、创新办法，充分利用文化共享工程优秀资源，大力开展文化信息资源共享工程服务活动，在宣传文化共享工程的同时，也间接地宣传了图书馆的馆藏图书情况，以提高图书馆的藏书利用率，也提高了图书馆的社会地位，我们要大力地为我县经济社会协调、快速、健康发展做出贡献。

（撰文/屯留县支中心）

昌江黎族自治县支中心

昌江黎族自治县总人口26.5万人，世居着汉、黎、苗等民族，其中黎族人口占总人口的三分之一。全县总面积1617平方公里，辖8个乡镇、84村（居）委会。昌江黎族自治县文化信息资源共享工程在昌江县委、县政府和县文体局及海南省文化信息资源共享工程分中心的高度重视和大力支持下，本着"团结奉献、开拓进取"的精神，坚持"传播先进文化、惠及百姓生活"的服务理念，用辛勤的劳动谱写了一曲县级公共图书馆文化共享工程的"创业凯歌"。

一、基本情况

2007年4月，昌江黎族自治县图书馆被确定为海南省首批"文化共享工程"5个试点县支中心后，积极争取县领导的高度重视和支持，将试点工作纳入昌江文化建设的重点项目之中，县委、县政府还因势利导，从县地财中追加22.36万元，作为县图书馆文化共享工程县支中心和基层服务点建设的配套资金。到2012年底，县政府共投入县支中心和基层服务点建设的资金就达121.46万元（含中央下达资金23万元、乡镇文化站文化共享工程设备购置专项资金35万元、省配套资金16.5万元）。全县已建立乡镇、村两级基层服务点85个，建成比例均达到省分中心的要求；县支中心本级设施基本达到国家中心要求试点县配置的标准。文化共享工程服务、资源设备的投入均实现免费服务，每周开放时间，采取与图书馆开放时间进行捆绑的方式，平均每周开放时间均达到56小时以上（不含室外活动），年服务人次达1.2万余人（次）。目前，全县与农村党员远程教育捆绑的77个行政村文化信息资源共享工程设备已全部安装录入资源，并实现了全覆盖。

文化共享工程昌江县支中心设在昌江县图书馆，是昌江县文化共享工程建设和业务指导单位，负责保障县支中心文化共享工程设备的运行，协调乡镇、村两级文化共享工程基层服务点设备的维修，指导乡镇、村两级文化共享工程基层服务点开展活动，组织"技术小组"，下到乡镇、村两级文化共享工程基层服务点对管理员进行现场业务培训和指导。

二、管理和队伍建设

为使文化共享工程真正成为"惠民工程"，昌江县成立了以县委常委、宣传部长为"昌江黎族自治县文化信息资源共享工程领导小组"组长，县文体局、财政局、图书馆等主要领导为成员，形成了一级抓一级，层层抓落实的管理模式。县文体局、财政局还联合向全县各乡镇印发了《昌江黎族自治县文化信息资源共享工程实施方案》的通知，并从2008年起把县支中心的运行经费不低于2万元，2012年增至3万元，列入每年的年度财政预算，按时足额到位，从而为文化共享工程活动的正常开展安装了一个"稳压器"。

为加快文化共享工程的建设，不断完善县支中心和乡镇、村两级基层服务点的平台功能，昌江县支中心将文化共享工程的日常管理工作与图书馆工作进行捆绑，纳入制度化管理。先后为县支中心和85个乡镇、村级基层服务点全部制作了醒目规范的标示牌、技术员工作职责和管理制度，实行制度上墙公开，并推行管理员工作登记管理制度，收集整理文化共享工程服务活动情况，旨在探索文化共享工程的管理和创新服务模式，确保文化共享工程工作稳步推进。

为进一步加强和完善全县文化共享工程的管理，确保各级基层服务点做到人员到位、管理到位、使用规范、服务正常、设备良好、安全运行，昌江县支中心遵照县文体局、财政局联合印发的《昌江黎族自治县文化信息资源共享工程实施方案》的通知精神，对乡镇、村两级基层服务点进行严格管理和明确工作要求。在队伍建设上，采取择优选取文化层次较高的方式，全部由大学生村官或文书兼任文化共享工程管理员，县支中心统一制定工作人员守则、统一印制"文化共享工程活动登记簿"、"文化共享工程节目播放预告栏"，做到有工作记录，对网络运行情

况、设备维护使用情况、服务群众情况等进行了系统的记录，进行正常化、规范化的管理，从而保证了文化共享工程工作在昌江健康发展。

三、培训工作

昌江县支中心在文化共享工程管理员的培养上实现了制度化和常态化的管理模式。根据县支中心的工作要求，每年对辖区文化共享工程管理员进行1−2期（次）集中培训和不定期地到各基层服务点进行现场培训，自从2008年以来，共集中和现场培训就达65期(次)，参加的各级文化共享工程管理员达179人(次)。

四、资源建设

文化共享工程是服务基层，服务群众的一项惠民工程。昌江县支中心在开展文化共享工程工作中，共搜集各种视频文件373个、文本文件4万余条文化信息资源，资源总量2TB。其中，有追踪社会热点的资源快报、名家讲坛、文化动态、新书推荐；有反映中华历史渊源的中国历史、典籍文化、历史回廊、古代诗词、中国文物；有介绍风景名胜、风土人情的华夏旅游、世界遗产、古代建筑、民族风情；有汇聚艺术精粹的中国文学、美术、摄影、话剧、戏曲、舞蹈、音乐、影视、曲艺、杂技；有和老百姓衣食住行密切相关的服饰、中华食文化、烟文化、酒文化、茶文化；有集聚趣味知识的海洋百科、军事天地、少儿百科、法律园地；有普及大众科技的农事指南、医药顾问、科普知识等，并通过网络最大限度地为社会公众享用。

此外，昌江县支中心还坚持以保护、开发、利用历史文化资源和开发特色文化资源为重点，加强传承，努力打造昌江文化品牌。几年来，先后搜集《昌江黎族原始制陶技艺》、《昌江黎族织锦》、《昌江军话民歌》等一批非物质文化保护遗产光盘，以及《龙眼丰产栽培新技术》、《无公害西瓜、甜瓜、病虫防治技术》、《芒果栽培新技术》、《甘蔗种植管理新技术》、《绿色农产品市场与绿色消费》等科普知识光盘，共700余张，发放文化共享工程宣传资料和海报2000余份，各专题资源库既可纵向深入又可横向关联，从而为昌江县发展文化事业，打造昌江文化品牌，弘扬民族文化，丰富群众精神文化生活，提高群众文化素质打下了坚实的基础。

五、合作共建

为充分利用图书馆和文化共享工程这一平台的数字资源，把文化共享工程丰富的文化资源送到基层、送到读者的手中，切实服务群众的文化生活，助推文明新风。昌江县支中心主动会同县文化馆、县歌舞团等职能单位，采取创新服务的方式，积极策划、组织健康向上的城乡群众文化活动，从而形成了“一村一品、一村多品”的特色文化活动品牌。比如，石碌镇片石村采取不定期的方式，经常组织群众开展体育、民歌对唱活动和利用县支中心赠送的文化共享工程移动播放器、数字电视机、DVD机、农业科技知识光盘等设备和资源，组织黎族群众观看爱国主义影片和科普知识视频文件。再如，昌化镇昌城村的每年正月“军歌对唱”、海尾镇新港渔村的“龙舟竞渡”、黎族乡镇村庄的“三月三”等民俗文化活动红红火火，都在不同程度上成为了昌江人们的狂欢节日。

为了营造健康向上的文化环境，昌江县支中心采取将网吧与图书馆对接的方式，充分利用与好佰年网络俱乐部每周五、六、日为上网的网民播放投影这一契机，县支中心主动与该俱乐部建立资源共享合作伙伴，其目的是县支中心负责提供文化资源，通过该俱乐部的投影设备，将其资源源源不断地向前来上网的网民播放爱国主义影片、百家讲坛、科普知识、军事和法律知识等多种主题的文化信息。

将好佰年网络俱乐部作为县支中心首个文化信息资源共享实践基地，从而把网吧与图书馆的文化信息资源结合，让大家在上网的同时，通过播放投影的方式，获得更多的科学文化知识，实现文化信息资源共享。

此外，昌江县支中心还与县广播电视台建立资源共享合作伙伴，通过整合各自的资源，利用网络和各种载体，定期或不定期地在县广播电视台“本地节目”频道中播出文化共享工程资源，从而最大限度地为社会公众提供丰富的“精神食粮”。

六、惠民服务

为了营造学习氛围，传播先进文化，昌江县支中心充分利用文化共享工程这一平台，积极倡导“多读书、读好书”的文明风尚，采取“走出去，请进来”的方式。一是组织业务人员通过张贴海报、散发宣传单和悬挂宣传横幅的形式，向社会各界广泛宣传全民阅读活动的内容和意义。二是加强网络宣传，利用“多媒体电子阅览室”和户外全彩LED电子显示屏为宣传阵地，大力宣传文化信息共享工程的意义和作用，积极引导未成年人认识图书馆、走进图书馆、利用图书馆，增强未成年人对图书馆的认识，使更多的人享受到图书馆的服务，从而吸引更多读者养成良好的学习风气。三是每逢重大节假日，县支中心都充分利用“多功能厅”这一阵地，组织不同类型的社会群体，免费为他们播放爱国主义影片，百家讲坛等视频文件，使他们在生活和学习中受到先进思想的熏陶，汲取中华优秀文化，培养他们健康向上的价值取向，丰富自身的精神文化生活，从而真正达到“大兴勤奋学习之风，创造学习型社会”的目的。

七、宣传推广

1、构建良好的文化氛围。昌江县支中心本着“勤整理、多宣传、提质量、早受益”的原则，促使文化信息资源尽快找到“婆家”。充分利用各种舆论工具，大力宣传推广文化共享工程。以每年“文化下乡”、“全民阅读”、“图书馆服务宣传周”等活动为契机，以活动为平台，以引导群众多读书、读好书为己任，努力营造书香社会。利用县支中心多功能厅这一阵地，组织县城中小学生观看“文化共享工程宣传片”和“爱国主义影片”等宣传读书活动，以形象、生动、具体的方式吸引读者读书,让广大读者和社会各界从中更加了解文化共享工程,走进文化共享工程,使人们进一步认识学习的重要性和紧迫性。

2、利用资源,走进校园,服务群众,助推乡村和军营、警营文明之风。为提高人民群众的思想道德和科学文化素质,昌江县支中心充分发挥文化共享工程这一平台,开展公共文化服务活动,走进校园,深入农村、军营、警营和看守所开展活动,努力把文化共享工程资源用活、用好,以先进文化教育广大群众,力争将信息资源转化为生产力,使基层群众早受惠,从而满足广大人民群众、学校师生、军营、警营官兵的精神文化需求。几年来,先后56次组织"电影小分队"送电影下乡开展放映活动,发放文化共享工程概况1500余份,播放文化共享工程宣传片、科普知识、农业技术、军事知识专题讲座和优秀电影等70余部,极大地丰富了广大农民群众、学校师生、军营、警营官兵和失足青年的精神文化生活,得到了广大群众和社会各界的认可和喜爱。

八、工作展望

成绩属于过去,追求才能赢得未来。在海南省18个文化信息资源共享工程市县支中心的星空中,昌江县支中心便是这星空中一颗闪亮的"小星星"。一切刚刚起步,未来的发展任重道远,但昌江县支中心没有安于现状,而是更加明确自己肩上的重任,增强历史机遇感和时代紧迫感,在县委、县政府的领导下,在县文体局和海南省分中心的大力支持下,将以蓬勃的朝气,昂扬的精神,坚定的信念,不懈的追求和奋斗,一如既往地朝着信息化、数字化、现代化的方向迈进。

随着社会的进步和发展,通过建立和完善公共文化服务体系,提升公共图书馆文献信息资源服务能力和水平。昌江县支中心将依托文化共享工程这一平台,整合文化资源,继续打造特色服务。一是文化共享工程进军营、警营。围绕"知识强军"主题在军营、警营中开展系列读书、放映活动,着力加强"书香军营"文化建设。二是文化共享工程进特殊人群。围绕"学习改造、走向新生"主题开展系列读书、放映活动,打造"书香劳教场所"文化建设基地。三是文化共享工程进乡村。以文化共享工程基层服务点、农家书屋为阵地,围绕"和谐温馨、共建家园"主题开展读书、放映活动,培养读书、科技致富带头人,营造农村人人"多读书、读好书"的书香氛围。四是文化共享工程进学校。围绕"多读书、读好书"主题开展读书、放映活动,开展《"读书•让生活更美好"—第二届昌江县读书征文有奖活动"》,积极引导未成年人认识图书馆、走进图书馆、利用图书馆,增强未成年人对图书馆的认识,吸引更多读者养成良好的学习风气。五是文化共享工程进网吧,共享文化资源,助推文明新风。围绕"开辟绿色网吧"主题,采取将网吧与图书馆对接互动的方式,为网民播放积极向上的文化信息资源,营造文明上网新风尚。六是文化共享工程常态化。围绕"践行雷锋精神,推动惠民服务"主题,以县图书馆户外全彩LED显示屏为阵地,每周向社会各界播放一部爱国主义影片和"学习雷锋好榜样"系列影片。这样一来,既提高昌江全民读书的知名度,又能扩大文化共享工程活动在昌江的辐射能力。

(撰文/郭玉光)

白沙黎族自治县支中心

白沙黎族自治县位于海南岛中西部,总面积2117.73平方公里。境内聚居着汉、黎、苗、回、壮等多种民族,户籍人口20.28万,其中黎族占59.5%。辖11个乡镇,76村(居)委会、425个自然村,境内有3个国营农场。白沙黎族自治县文化信息资源共享工程支中心设于白沙黎族自治县图书馆,在海南省分中心的部署和指导下,从无到有,逐步推进,为繁荣基层文化,满足基层群众文化需求,传递中华民族优秀文化资源发挥了积极的应有的作用。

一、基本情况

白沙黎族自治县文化共享工程建设始于2007年初,由海南省分中心统一配发设备,在白沙黎族自治县图书馆试点安装,通过卫星直接接收国家中心下发的资源和信息。

白沙黎族自治县支中心作为全国文化信息资源共享工程海南省第二批试点县,2009年初,设备配发安装到位,开始以互联网的方式接收和传递资源和信息,作为终端使用平台的公共电子阅览室面向社会大众开放。从2010年起,白沙文化共享工程基层服务点建设开始实施,按省分中心的计划,分二批先后在全县11个乡镇综合文化站、76个行政村安装。至2011年初,白沙乡镇综合文化站、行政村实现全县文化共享工程全覆盖。

二、管理和队伍建设

白沙黎族自治县支中心结合本地区实际,按照省分中心的指导和部署,按要求制定统一的文化共享工程标识、标牌,制定工作职责和管理制度,实行制度上墙公开,明确年度工作计划、工作要点,落实工作督导、年度工作评比,以管理员工作日志结合现场查看作为考评依据,督促管理员积极开展文化共享工程服务活动,不断探索文化共享工程管理和服务模式。

白沙黎族自治县共享工程支中心在队伍建设上,明确职责,统一思想,抓好人员继续教育,不断提高管理人员的业务水平和工作能力。在乡镇基层文化共享工程管理员聘用上,要求聘用中专以上学历,有责任心,甘愿为基层文化工作的人员,这样的人员能尽快熟悉掌握共享工程设备及应用,能够胜任本职工作。目前,在白沙黎族自治县文体局的部署下,已为全县11个乡镇综合文化站招聘文化管理员,负责文化站日常管理工作,确保乡镇综合文化站文化共享工程正常开放,使文化共享工程资源

真正得到广泛应用。

三、培训工作

为了使管理员能够胜任从事的管理工作，白沙支中心根据工作要求，坚持做好管理员的业务培训工作，一方面派员参加省分中心的集中培训，另一方面组织辖区内文化共享工程管理员集中培训，每个基层服务点均派领导及文化管理员参加。此外，派员深入基层点实地培训。以学习、实践、交流，促进业务水平提高。2007年以来，已举办各类培训16期，参加轮训人员的各级管理员达500人次。

四、经费投入

白沙黎族自治县文化共享工程自2011年实现全覆盖以来，县政府每年投入3万元的运维经费，用于文化共享工程设备运行及维护，人员培训和文化共享工程进基层展播活动的开展。

五、资源建设

白沙黎族自治县支中心自文化共享工程建设以来，为了能够适应和满足本地区群众的需求，在国家中心和省分中心配发文化数字资源和光盘资源的基础上，还通过多种渠道添置文化数据资源，目前，白沙县支中心添置光盘300多张，电子图书2万册，为基层服务点、群众制作及发放光盘200张。

六、合作共建

白沙黎族自治县支中心以文化共享工程为平台，建立公共电子阅览室，为社会大众传播文化信息资源。以各种电子文献资源与文化共享工程服务相结合，在乡镇建立多媒体电子阅览室，配置文化共享工程播放设备，连接互联网，为基层群众提供学习计算机操作和网络应用，丰富群众的科技文化生活。

七、利民惠众，惠农服务

白沙黎族自治县支中心在文化共享工程服务实践过程中，依托文化共享工程的资源，积极深入基层开展资源展播，以基层群众的需求为导向，结合群众的生产生活，为广大基层群众打造满意喜爱的文化服务新平台，切实做好惠民服务工作，保障基层群众基本文化权益。

八、宣传推广

1、与学校互联共建

结合学校的教育教学工作，利用现有资源，深入学校开展活动。把送书到校园及文化共享工程资源节目展播相结合，深入学校开展读书活动，如图书流通、现场展读，以及组织师生观看文化共享工程资源节目。在特殊节日，为配合学校组织开展相应的活动，展播相关的资源节目，为学校教育教学服务，增长学生的知识，开阔学生的视野，丰富师生的课外生活。

2、配合政府工作开展宣传

在白沙县林权制度改革工作中，白沙县支中心为了很好地配合工作组、村委会干部做好林权改革工作，与牙叉镇九架村委会协调，利用文化享工程资源深入乡村进行展播，到场观众600多人次。通过开展文化信息资源共享工程展播活动，协助乡镇林权改革工作小组召集村民到会场，听取和了解林改工作的政策，为林权改革工作顺利开展打下了良好的基础，同时也起到宣传文化共享工程的目的。

3、利用节假日，增添群众节日喜庆

在新春期间，白沙县支中心主动与乡镇、村委会联系或应村民的邀请，深入到基层乡村为村民展播文化共享工程节目，丰富群众的文化生活，增添了群众节日喜庆，已服务群众15000多人次。

4、利用本馆的阵地开展宣传

为使文化共享工程广泛地深入群众的生活，使更多的群众了解和利用文化共享工程资源，白沙县支中心除了开展相关的馆外宣传，还组织或对到馆阅读的读者开展宣传，根据不同的人群组织观看相关的文化共享资源，力求满足群众的需求。

九、工作展望

文化共享工程白沙黎族自治县支中心从2007年初成立至今，已完成全县11个乡镇76个行政村全覆盖，从原来单一的资源接收到现今的互联网接收资源，为群众提供丰富的文化信息资源应用，尤其是为广大未成年人计算机网络应用和学习提供便利。文化共享工程已成为白沙人民文化生活的重要组成部分，为丰富人民群众精神文化生活，推动群众科技文化进步起到重要作用。

白沙黎族自治县支中心希望在今后继续得到国家中心、海南省分中心的支持和帮助，建立省、县、乡镇村网络联动的服务体制，形成服务引伸长的文化服务体系，增强白沙黎族自治县文化共享工程服务能力，为白沙科技文化建设做出应有的积极的贡献。

（撰文/白沙黎族苗族自治县支中心）

琼中黎族苗族自治县支中心

琼中黎族苗族自治县面积2706平方千米，常住人口约18万，其中黎族人口占53.86%，苗族人口占8.11%。全县共辖10个乡镇，108个行政村（居委会），县境内有15个国营农林场。我县文化共享工程建设工作在财政部、文化部和海南省财政厅、文体厅的领导和指导下，在县委、县政府的高度重视和部署下，逐步推进，稳步发展，在新形势下为繁荣农村基层文化，满足农民多层次文化需求，传递中国民族优秀文化资源发挥了重要作用，呈现出了一片崭新气象，文化共享工程走进乡村，贴近农民，服务农民，充实了我县社会主义新农村的建设。

一、基本情况

全国文化信息资源共享工程是一项让文化共享，群众共乐的惠民工程，是文化部、财政部共同组织实施的国家重大文化建设工程。该工程应用现代科学技术，通过工程网络系统，以互联网、卫星网、有线电视\数字电视网、镜像、移动存储、光盘等方式，实现优秀文化信息资源在全国范围内的共享，到目前为止，我县建设了一个县级支中心、10个乡镇基层服务点、99个行政村基层服务点，基本上实现了县、乡、村服务网点全覆盖。2006年12月国家中心经海南省分中心下发给琼中县支中心1套卫星接收系统、1套投影设备、专用服务器1套，“全国文化信息资源共享工程琼中县支中心”于2007年2月2日挂牌成立（设在琼中县图书馆），县委副书记曾维生、县委常委宣传部长符建群、宣传部副部长卓大友、文体局分管副局长朱鸿旭等领导参加揭牌仪式。2008年，县图书馆有幸成为海南省第二批4个试点县县支中心，同时下发给我琼中县支中心专用服务器3套，投影设备1套，容量5TB的磁盘阵列1套，移动播放器1套、25套电脑等设备，投入资金68万元（其中中央资金34万元，省配套资金34万元），在时间紧、任务重、标准严、要求高的情况下，省分中心领导还先后四次亲自组织四批精干的技术员亲临我琼中县支中心加班加点进行设备安装和调试工作，将文化共享工程储存的电子图书1.2万余种、视频文件500多个、文本文件4万余条文化信息资源，资源总量3TB，接收资源2TB，下发资源1TB，并通过多媒体电子阅览室的电脑直接点击“文化共享工程”快捷方式，源源不断地向读者开放。2010年，又投入资金102.6万元，建立乡镇、村两级基层服务点（其中乡镇基层服务点10个，设在乡镇文化站，行政村基层服务点99个，设在村委会），建成比例均达到省分中心的要求；县支中心本级设施基本达到国家中心要求试点县配置的标准。文化共享工程服务、资源设备的投入均实现免费服务，每周开放时间，采取与图书馆开放时间进行捆绑的方式，平均每周开放时间均达到56小时以上（不含室外活动），年服务人次达28万余人（次）。目前，全县与农村党员远程教育捆绑的99个行政村文化信息资源共享工程设备已全部安装录入资源，并实现了全覆盖。

琼中县支中心，是琼中县文化共享工程建设和业务指导单位，负责保障县支中心文化共享工程设备的运行，协调乡镇、村两级文化共享工程基层服务点设备的维修，指导乡镇、村两级文化共享工程基层服务点开展活动，组织“技术小组”，下到乡镇、村两级文化共享工程基层服务点对管理员进行现场业务培训和指导。

二、管理和队伍建设

为了使文化共享工程真正成为“惠民工程”，琼中县成立了以县委副书记曾维生为“琼中黎族苗族自治县文化信息资源共享工程支中心领导小组”组长，县委常委宣传部部长符建群、文体局局长吴梁书、财政局局长罗宁波为副组长，图书馆领导为成员的领导小组。县文体局、财政局还联合向全县各乡镇印发了《琼中县黎族苗族自治县文化信息资源共享工程实施方案》的通知，并从2007年起把县支中心的运行经费5.6万元，列入每年的年度财政预算，按时足额到位，从而为文化共享工程活动的正常开展提供了有力的保障。

为加快文化共享工程的建设，不断完善县支中心和乡镇、村两级基层服务点的平台功能，琼中县支中心将文化共享工程的日常管理工作与图书馆工作进行捆绑，纳入制度化管理。先后为县支中心和10个乡镇、99个村级基层服务点全部制作了醒目规范的标示牌、技术员工作职责和管理制度，实行制度上墙公开，并推行管理员工作登记管理制度，收集整理文化共享工程服务活动情况，旨在探索文化共享工程的管理和创新服务模式，确保文化共享工程工作稳步推进。

三、培训工作

琼中县支中心在文化共享工程管理员的培养上实现了制度化和常态化的管理模式。根据县支中心的工作要求，每年对辖区文化共享工程管理员进行3-4期（次）集中培训和不定期地到各基层服务点进行现场培训，自从2007年以来，共集中和现场培训就达86期(次)，参加的各级文化共享工程管理员达300余人(次)。

四、资源建设

琼中县支中心坚持以保护、开发、利用历史文化资源和开发特色文化资源为重点，加强传承，努力打造琼中文化品牌。几年来，先后搜集《琼中黎族民歌》、《海南苗族民歌》、《海南苗族三月三》、《黎母神话》、舞蹈《咚铃伽》、《黎族婚俗》、《海南苗族腊染刺绣技艺》、《琼中黎族传统纺织绣技艺》、《黎族骨伤疗法》等一批非物质文化保护遗产光盘，以及《琼中绿橙栽培技术》、《种桑养蚕新技术》、《灵芝栽培新技术》、《养蜂新技术》、《绿色农产品市场与绿色消费》等科普知识光盘，共1000余张，发放文化共享工程宣传资料和海报3000余份，各专题资源库既可纵向深入又可横向关联，从而为琼中县发展文化事业，打造琼中文化品牌，弘扬民族文化，丰富群众精神文化生活，提高群众文化素质打下了坚实的基础。

五、服务基层、服务群众

全国文化信息资源共享工程是一项服务基层、服务群众的惠民工程。为了建好共享工程，服务基层群众，使“文化共享工程”这一惠民工程落到实处，同时扩大共享工程在社会上的影响，广泛宣传其作用和意义，使社会各界和不同类型的社会群体充分认识到这一项惠民工程、民心工程，认识到工作的重要性和必要性，以及共享工程开展的可用性。我县支中心通过县广播电视台，以及县图书馆多媒体电子阅览室的每台电脑快捷方式和宣传栏等舆论工具，做《文化共享工程概况》等类似的专题报道和宣传海报，力争让共享工程家喻户晓，让广大读者和群众能从共享工程资源中真正得到实惠。随着宣传力度的深入，文化共享工程在社会上的影响逐渐加深，对文化信息资源的需要也在逐渐加大，广大读者和群众开始掌握并有效利用。为了提高人民群众的思想道德和科学文化素质，我们充分发挥文化共享工程这一平台，开展公共文化服务活动，深入农村、学校、军营开展活动，努力把文化共享工程资源用活、用好，以先进的文化教育广大群众，力争将信息资源转化为生产力，使基层群众早受惠，从而满足了广大人民群众、军营的官兵和失足青年的精神文化需求。据统计，近六年来，我县支中心先后1千余次送电影下乡开展活动，发放共享工程概况3千余份，播放共享工程宣传片、科普知识、农业技术、军事知识专题讲座和优秀电影等2千余部，观众达28万余人(次)，极大地丰富了广大农民群众、军营、警营官兵和失足青年的精神文化生活，得到了广大群众和社会各界的认可。琼中县中平镇南坵村是海南省琼中县较偏僻的乡村之一，距县城50公里，该村委会下辖6个黎族自然村，141户农家，主要经济收入靠种植橡胶和槟榔。近年来随着农村经济产业结构的调整，加上有丰富的森林资源等优越条件，家家户户都饲养蜜蜂，并形成规模。但是由于缺乏科学养蜂技术，蜂农们学习了解有关养蜂知识及技术的愿望十分

2012年6月1日在琼中县一小进行书展

迫切。文化共享工程琼中县支中心了解情况后，专门为南垢村农民组织播放文化共享工程资源《养蜂知识及管理技术》，使在场观看专题资源的500多名群众深受感动。

六、工作展望

辉煌过去，展望未来。我们将在今后的工作中更加努力的探索利用文化共享工程服务的新路子，更好地发挥文化共享工程的作用，为把文化共享工程办成惠民工程、民心工程而不懈努力。

1、根据构建公共文化服务体系的要求，我县文化共享工作重点放在县支中心（县图书馆）建设上，以县图书馆公共文化设施为依托，增强县支中心接收、整理向乡（镇）、村二级基层服务网点配送资源能力。

2、通过与农村中小学现代远程教育工程、农村党员远程教育的结合，建成覆盖城乡的服务网点，实现县建有支中心（县图书馆），乡（镇）、行政村建有基层服务点，使基层服务网点成为具有信息服务、教育培训、文化娱乐等多种功能的文化服务中心。

3、利用县支中心（图书馆）的计算机与网络技术，建成文化共享工程技术网络和应用系统，进一步增强文化共享工程在农村的辐射力和影响力，体现网络服务的优势，让数字信息进乡村，直接为农民服务。

4、县支中心（县图书馆）通过地面卫星接收系统，整合不少于5万种电子图书，提供不少于5000小时文艺演出、知识讲座、实用技术和影视节目等视频作品，再通过移动播放器、DVD机和制作光盘等形式，将这些文化信息资源源源不断地发放到基层服务点，为基层广大群众服务。

（撰文/沈新银）

陵水黎族自治县支中心

陵水黎族自治县总面积1128平方千米。陆地面积1128平方公里。人口32.62万人，其中黎族占总人口的54.3%。行政区划共有11个乡镇，共有116个村委会、611个自然村，境内有2个国营农场和吊罗山林业公司。陵水县文化信息资源共享工程在县文体局，省分中心支持和部署下，逐步推进，稳步发展，在新形势下为繁荣农村基层文化，满足农民多层次文化需求，传递中国民族优秀文化资源发挥了重要作用。

一、基本情况

陵水县文化信息资源共享工程支中心建设开始于2007年，前期安装设备均通过卫星设备直接接收国家中心下发的文化资源和信息。2008年陵水县文化信息资源共享工程开始普及进入乡镇、行政村，至此陵水县所属行政村实现全县文化资源共享工程村村全覆盖。

文化信息资源共享工程陵水县支中心设在陵水县图书馆，是陵水县文化信息资源共享工程的建设和业务指导单位，负责保障县支中心共享工程设备的运行，协调乡镇、村级基层服务点共享工程设备的维修，指导乡镇、村级基层服务点文化信息资源共享工程活动的开展以及开展全县文化信息资源共享工程管理员的业务培训和指导。

二、管理和队伍建设

为使文化信息资源共享工程真正为民所用为民谋利，陵水县支中心将共享工程日常管理纳入制度化管理。制定支中心、镇、村基层服务点工作职责和制度，实行制度上墙公开。每年有年度工作计划，年末有工作总结考核，并推行管理员工作日志管理，收集整理共享工程服务活动的得失，探索文化资源共享工程管理和服务新模式。文化信息资源共享工程作为一个新的农村文化资源获取平台，如何推广好、利用好共享工程丰富的文化信息资源关键在于是否有一支专业化的共享工程管理员队伍。陵水县支中心在管理员队伍建设上坚持明确职责，明确思路，制度化管理，常态化培训。对于乡镇、村两级基层服务点共享工程管理上择优选取文化层次较高，有一定社会基层管理服务实践经验的人员为管理员，他们工作热情高，有较高的文化水平就能很快熟悉掌握共享工程设备为所在村民服务。

三、培训工作

陵水县支中心在文化资源共享工程管理员的培养上实现了制度化和常态化。根据支中心工作要求，为各基层服务点提供技术支持和人员培训，每年对乡镇、行政村基层服务点共享工程管理员进行集中培训，2009年以来一共举办各类培训班20期，参加轮训的各级管理员达1580人次。

四、经费投入

陵水县文化信息资源共享工程自2008年实现村村全覆盖以来，陵水县投入20余万的运维经费，用于共享工程设备的维护，人员培训和惠民活动的开展。

五、资源建设

陵水县支中心在历年的工作中，搜集不同区域民众文化需求，选取、编辑制作各类题材资源，每年拷贝、下载发放各类文献资源。

六、利民惠众，惠农服务

陵水县支中心在共享工程服务实践过程中，以民众的需求为导向，积极探索，服务民众生活生产，引领群众高尚精神文化生活，打造广大群众满意喜爱的文化服务新平台。

八、专题活动，精彩纷呈

陵水县支中心在服务中抓住文化的热点和亮点，积极组织群众喜闻乐见的文化服务，使共享工程走进群众生活。例如在迎接建党90周年之际，陵水县支中心联合基层广大群众举办了"颂歌献给党——全国文化信息资源共享工程迎接建党90周年群众歌咏活动"，并将群众歌咏活动后上报国家中心参加全国展播。

九、工作展望

陵水县文化信息资源共享工程已走过几个年头，108个行政村全覆盖，从单一的资源接收到今天的群众广泛认知，广泛参与，文化资源共享工程在陵水已经成为陵水人民文化生活的一大支柱，成为繁荣陵水文化，丰富陵水人民精神生活，推动陵水人文科技进步的强大动力源泉。为建设科技昌平陵水，文化陵水做出贡献。

（撰文/王 菊）

保亭县支中心

保亭县总面积1160.6平方公里，占海南省陆地总面积的3.42%。全县设6个镇、3个乡，辖62个村（居）委会，463个自然村；境内有5个国营农（茶）场和1个热带作物研究所。全县人口16万人，其中黎族占总人口的56.2%，汉族占总人口的38%；苗族5168人，占总人口的3.8%，其他民族占总人口的2%。保亭县文化资源共享工程在保亭县文化局，县图书馆支持和部署下，逐步推进，稳步发展，在新形势下为繁荣农村基层文化，满足农民多层次文化需求，传递中国民族优秀文化资源发挥了重要作用。

一、基本情况

保亭县文化信息共享工程于2006年4月，被列为国家首批全国文化信息资源共享工程试点县之一，2007年12月第一批共享工程设备落户县少年活动中心电子阅览室。前期安装设备均通过卫星设备直接接收国家中心下发的给类资源和信息。2009年保亭县文化资源共享工程开始普及进入乡镇行政村，第一批9个行政村与当年安装调试完毕。2010年第二批60个行政村进行安装，至此保亭县所属行政村实现全区共享工程村村全覆盖。保亭县文化共享工程由文体局直接建设、管理及负责协支中心、乡镇、村级共享工程服务点设备的运行、维修及全县共享工程管理员的业务培训和指导。县共享工程支中心设在保亭县图书馆，支中心负责着各项具体工作的开展以及为乡镇、村基层服务点提供开展活动的信息资源。

二、管理和队伍建设

为使共享项工程真正为民所用为民谋利，保亭县支中心按要求制定了支中心、镇、村基层服务点工作职责和制度，实行制度上墙公开。每年有年度工作计划，月度有工作要点，年末有工作总结考核，支中心根据具体工作要求，推行管理员工作日志管理，收集整理共享工程服务活动的得失，探索共享工程支中心管理和服务新模式。

文化资源共享工程作为一个新的农村文化资源获取平台，如何推广好、利用好共享工程丰富的文化资源关键在于是否有一支专业化的共享工程管理员队伍。保亭县共享工程支中心在文体局的管理和指导下，在管理员队伍建设上坚持明确职责，明确思路，制度化管理，常态化培育。村委会基层点选配一名兼职的文化协管员，经村组推荐、组织考核，并经过有关部门进行差额考试最终筛选出来的有文化、素质佳、能奉献、有一定社会基层管理服务实践经验年青村民，他们工作热情高，有较高的文化水平能尽快熟悉掌握共享工程设备为所在村民服务。对于乡镇、村两级基层共享工程协管员队伍的管理，文体局是采取择优选取文化层次较高，有一定社会基层管理服务实践经验的年青村民当文化协管员，他们工作热情高，有较高的文化水平能尽快熟悉掌握共享工程设备为所在村民服务。目前保亭县共享工程协管员50%为农村大学生青年，40%是由高中学历的村村民，实现了文化协管员选取的高起点。

三、培训工作

保亭县共享工程协管员的培训基本上实现了制度化和常态化。根据文体局工作要求，每年对辖区共享工程协管员进行2期的集中培训，2010年以来一共举办各类培训班6期，参加轮训的各级管理员达413人次。

四、经费投入

保亭共享工程自2007年建立以来，2007至2009年以来保亭县财政每年投入10万元运维经费，2010年实现村村全覆盖以后，年投入增至20万元，主要用于共享工程设备的购置、维护、人员培训及惠民活动的开展。

五、资源建设

保亭县共享工程在几年的工作中，支中心工作人员根据不同区域民众文化需求，选取、下载各类题材信息资源380G，提供各类视频550部，制作发放各类光盘400多张，发放宣传资料2000余份。

六、合作共建

以共享工程为依托结合全覆盖的农村党员远程教育网络、农家书屋综合阅览室，全县9个乡镇都建立综合电子阅览室，每个乡镇阅览室都有8台以上的电脑，广大农村群众可在电子阅览室通过互联网丰富生活知识和获得指导生产信息。经过几年的努力，共享工程已逐步走入基层村民生活，成为村民获取新知，娱乐身心的新渠道新平台。

七、利民惠众，惠农服务

保亭县支中心在共享工程服务实践过程中，以民众的需求为导向，积极探索，服务民众生活生产，引领群众高尚精神文化生活，打造群众满意喜爱的文化服务新平台。根据保亭地域农业生产特点，保亭支中心每年按节令下载与当地农业生产技术相关的信息复制到硬盘主动送到各村委会基层服务点，还有部分种殖专业户成为我们长期服务的对象。

八、宣传推广

1、保亭县共享工程支中心利用有线广播、当地电视频道等多种渠道宣传推广共享工程。在保亭每年的科技文化下乡活动，保亭共享工程支中心不失时机，以活动为平台，以资料为媒介宣传共享工程，让民众不断了解共享工程，走进共享工程。

2、走进校园。保亭县支中心在开展文化服务中不断探索，利用支中心电子阅览室，多媒体功能厅，组织动员青少年儿童关注共享工程，利用共享工程，收集青少年知识兴趣点下载知识讲座视频，走进校园组织学生观看，深受广大青少年的喜爱到。通过一系列的活动，使共享工程不仅走进农村也走进校园走进青少年。

3、专题活动，精彩纷呈。保亭县支中心在服务中抓住文化的热点和亮点，积极组织群众喜闻乐见的文化服务，使共享工程走进群众生活。例如2008年奥运会前，支中心在温泉小区、政府广场、新兴中路、七仙广场、老干局等5个社区进行了播放往届奥运会视频、奥运歌曲视频展播活动10场；与市民一起支持奥运、迎接奥运、参与奥运，共享体育文化；为迎接"建党90周年"支中心还组织了"颂歌献给党"群众歌咏，参加了省分中心举办的比赛活动，获得选送国家中心参赛的资格。

九、荣誉奖项

2009年11月，支中心选派3名馆员参加2009年海南省文化信息共享工程知识竞赛，获集体三等奖；

2010年保亭县支中心积极响应文化部全国文化信息资源建设管理中心在全国共享工程开展学习"双百"人物有奖征文活动中，有1名支中心馆员积极参加并获得全国共享工程征文大赛优秀奖。

十、工作展望

保亭县文化资源共享工程已走过5个年头，从2007年一个支中心到今天辐射的69个行政村全覆盖，从单一的资源接收到今天的共享工程文化活动下乡处处开花，群众喜欢，广泛参与，文化资源共享工程在保亭已经成为保亭村民文化生活的一大支柱，成为繁荣保亭农村文化，丰富保亭人民精神生活，推动保亭农村科技进步的动力源泉。今后保亭县文化共享工程支中心希望在国家中心，海南省分中心支持下为保亭共享工程建设一支专业化的服务队伍，建立一个省、县级知识网络联动的服务形式，服务网点更加宽广，参与群众更加广泛的共享工程文化带动体系，为建设文化保亭做出贡献。

（撰文/保亭县支中心）

乐东黎族自治县支中心

乐东县行政区划共有11各乡镇，共有303个行政村，常住人口50余万人。乐东县文化资源共享工程在乐东县文化局，县图书馆支持和部署下，逐步推进，稳步发展，在新形势下为繁荣农村基层文化，满足农民多层次文化需求，传递中国民族优秀文化资源发挥了重要作用。

一、基本情况

乐东县文化资源共享工程建设开始于2003年，最初在万冲镇，九所镇，南黄流镇等六个镇试点安装，此后陆续在全区11个镇文化中心开始安装，前期安装设备均通过卫星设备直接接收国家中心下发的给类资源和信息。2007年乐东县文化资源共享工程开始普及进入乡镇行政村，第一批90个行政村与当年安装调试完毕。2008年第二批213个行政村进行安装，至此乐东县所属行政村实现全区共享工程村村全覆盖。共享工程乐东县支中心设在乐东县图书馆，是乐东县共享工程的建设和业务指导单位，负责保障区中心共享工程设备的运行，协调镇村级共享工程设备的维修，指导镇村级共享工程活动的开展以及开展全区共享工程管理员的业务培训和指导。

二、管理和队伍建设

为使共享项工程真正为民所用为民谋利，乐东县支中心将共享工程日常管理纳入制度化管理。制定支中心、镇、村基层服务点工作职责和制度，实行制度上墙公开。每年有年度工作计划，月度有工作要点，季度有工作督导，年末有工作总结考核，并推行管理员工作日志管理，收集整理共享工程服务活动的得失，探索共享工程管理和服务新模式。文化资源共享工程作为一个新的农村文化资源获取平台，如何推广好、利用好共享工程丰富的文化资源关键在于是否有一支专业化的共享工程管理员队伍。乐东县共享工程支中心在管理员队伍建设上坚持明确职责，明确思路，制度化管理，常态化培育。对于乡镇、村两级基层共享工程管理上择优选取文化层次较高，有一定社会基层管理服务实践经验的大学生村官为管理员，他们工作热情高，有较高的文化水平能尽快熟悉掌握共享工程设备为所在村民服务。目前乐东县共享工程管理员70%为各级大学生村官，26%是由较高学历的村委委员兼任，实现了管理员选取的高起点。

三、培训工作

乐东县支中心在共享工程管理员的培养上实现了制度化和常态化。根据支中心工作要求，每年对辖区共享工程管理员进行6期的集中培训，2003年以来一共举办各类培训班48期，参加轮训的各级管理员达1800人次。

四、经费投入

乐东县共享工程自2008年实现村村全覆盖以来，省图书馆每年投入20余万的运维经费，用于共享工程设备的维护，人员培训和惠民活动的开展。同时，乐东县政府，乐东县文化委员会和乐东县图书馆每年也投入大量人力物力支援共享工程各项活动的正常开展。

五、资源建设

乐东县支中心在历年的工作中，搜集不同区域民众文化需求，选取、编辑制作各类题材资源7TB，每年制作发放各类光盘800多张，展板30多块，各类海报，招贴画24副，发放宣传资料2000余份。

六、合作共建

以共享工程为依托结合全覆盖的农村数字电影厅建立电子文献资源服务中心。将各种部门下发的电子文献资源与建立的共享工程服务点结合，根据不同乡镇、村的硬件条件建立形式多样的电子阅览室和多媒体中心。比如在利国的茅坡村，九所镇的新庄村等建立拥有多台电脑的多媒体阅读中心，在抱告和文且等村与数字电影厅结合建成电影放映，共享工程宣教授课和电子资源阅读播放为一体的多功能活动室。通过多方不懈努力，共享工程已逐步走入基层村民生活，成为村民获取新知，娱乐身心的新渠道新平台。

七、利民惠众，惠农服务

乐东县支中心在共享工程服务实践过程中，以民众的需求为导向，积极探索，服务民众生活生产，引领群众高尚精神文化生活，打造群在满意喜爱的文化服务新平台。

根据乐东县地域农业生产特点，乐东县支中心每年按节令制作农业生产技术光盘和小册子通过行政村基层服务点村民分发。针对不同农业专业者，乐东县支中心有针对的选取资源上门指导服务。历年来累计服务专业生产户30多户，长期点对点跟踪服务6户。

八、宣传推广

1、乐东县支中心利用各种渠道宣传推广共享工程。在乐东县每年的科技文化四下乡活动，科普之春，科普之夏，科技周等活动中，乐东县支中心不失时机，以活动为平台，以资料为媒介宣传共享工程，让民众不断了解共享工程，走进共享工程。

2、走进校园。乐东县支中心文化服务中不断探索，利用支中心儿童阅览专区，组织动员青少年儿童关注共享工程，利用共享工程，收集青少年知识兴趣点整理挖掘，针对集中地知识群和关注点乐东县支中心联合友邻部分聘请专家前来为青少年答疑解惑，其中邀请中科院地震专家张少泉和北师大何香涛教授分别做精彩的报告，深受广大青少年的喜爱。同时按照北京分中心的部署在全区中小学校开展了阳光少年热爱党网页制作大赛和电脑小报制作大赛。通过一系列的活动是共享工程不仅走进农村也走进校园走进青少年。

3、专题活动，精彩纷呈。乐东县支中心在服务中抓住文化的热点和亮点，积极组织群众喜闻乐见的文化服务，使共享工程走进群众生活。例如在迎接建党90周年之际，乐东县支中心联合其他单位在北七家镇服务中心举办了“品味书香，聆听经典”活动，邀请曹灿、冯福生等一批知名演播人士来我区与基层群众一道品读中华经典，共享文化盛宴。还组织东小口镇、回龙观镇等服务点开展“颂歌献给党”群众歌咏活动后上报国家中心网上展播，并获殊荣。

九、工作展望

乐东县文化资源共享工程已走过10个年头，从昨天的几个点到今天的303个行政村全覆盖，从单一的资源接收到今天的编辑分发和群众广泛认知，广泛参与，文化资源共享工程在乐东县已经成为乐东县人民文化生活的一大支柱，成为繁荣乐东县文化，丰富乐东县人民精神生活，推动乐东县人文科技进步的强大动力源泉。今后乐东县支中心希望在国家中心，海南分中心大力支持下为乐东县共享工程建设一支专业化的服务队伍，建立一个国家、市、县三级知识网络联动的即时问答服务体制和服务形式更加多样，服务网点更加宽广，参与群众更加广泛的共享工程文化带动体系，为建设科技乐东县，文化乐东县做出贡献。

（撰文/乐东黎族自治县支中心）

全国文化信息资源共享工程——

广西壮族自治区分中心

广西壮族自治区简称桂，首府南宁市。位于华南地区西部，南临北部湾，与越南接壤，毗邻经济发达的珠江三角洲和港澳地区，西连大西南，是中国与东盟之间唯一既有陆地接壤又有海上通道的省区，是中国西南最便捷的出海通道，是华南通向西南的枢纽，是全国唯一的具有沿海、沿江、沿边优势的少数民族自治区。有“水果之乡”之乡美誉，是全国重要侨乡之一。区域地理面积23.67万平方公里，总人口4850多万，其中少数民族1850多万，壮族1580多万。全自治区辖14个地级市，34个市辖区、7个县级市、56个县、12个民族自治县（共有109个县级行政单位），另辖2个管理区和2个新区。目前，广西已建成省级分中心2个，市级支中心13个（含南宁市、北海市少儿馆，来宾市、百色市没有市级馆），县级支中心109个，乡镇基层服务点1126个，村级基层服务点14353个，文化共享工程网点建设达到全覆盖。

一、基本情况

全国文化信息资源共享工程广西分中心设在广西壮族自治区图书馆内，位于南宁市民族大道61号。广西分中心于2001年10月开始筹建，2002年3月开展立项报批工作，2002年7月发立项批复，2002年财政划拨10.85万元共享工程专项建设经费，该中心于2002年7月正式建成并开展服务。该中心设有中心机房及电子阅览室两部分，其中，中心机房面积63平方米，电子阅览室面积603.2平方米，含少儿电子阅览室145.35平方米（少儿读者用机42台），成人电子阅览室面积457.85平方米，有计算机100台（读者用机100台，至2013年1月止，读者用机增加到140台），1998年11月广西壮族自治区图书馆网站正式运行（网址：http://www.gxlib.org.cn）。

目前，广西图书馆计算机网络系统经过近几年的升级改造，现已建成以万兆网络交换机为核心，安腾、志强芯片企业级服务器为支撑，85TB磁盘阵列为资源存贮空间，馆内局域网主干通讯2000M，星型结构的局域网。对外有中国电信100M、中国移动400M光纤接入互联网，各100M光纤分别接入政务外网和广西数字电视网，实现了网络多路接入，另有卫星接收系统。馆内还设立了20个通信带宽为300Mbps的无线接入点，可同时满足1000个并发用户的无线上网需求。建立了基于互联网的广西公共图书馆VPN虚拟网，可使市、县图书馆方便的共享广西图书馆的数字资源，同时也方便我们对县支中心进行技术指导与系统设备维护。在馆内建立了异地灾备系统，备份存储空间10TB。

二、管理和队伍建设

广西分中心自建立以来，领导非常重视文化共享工程管理和队伍的建设工作，且随着文化共享工程的进一步深入，资源、设备的量日益增多，如何做好服务及设备管理工作被提上议事日程。在执行国家文化部和国家管理相关文件和制度的基础上，坚持明确职责，明确思路，广西分中心根据广西和本馆的实际，先后出台了《广西文化信息资源共享工程十一五发展规划》、《广西文化信息资源共享工程技术规划概要》、《广西文化信息资源共享工程资源建设大纲》、《共享工程广西分中心工作人员及设备管理暂行规定》、《广西文化信息资源共享工程信息报送制度》等一系列的管理制度和资源建设规划，并实行制度上墙公开。做到每年有年度工作计划，月度有工作要点，季度有工作督导，年末有工作总结和考核，并推行管理员工作日志管理，发现问题及时处理和总结等，有力地保障和促进了广西分中心各项工作的顺利开展。同时选择计算机专业人员作为技术管理员，其他高学历的人员作为管理和兼职推广服务。多年来，通过外出学习、请老师来馆讲课等形式，建成了一支业务能力较强、工作水平较高的专业化文化共享工程管理员队伍。目前，现有专职技术人员17人，兼职技术人员1人，管理和兼职推广服务人员10人。

三、培训工作

广西分中心在文化部、全国文化信息资源建设管理中心、广西壮族自治区文化厅的领导与支持下，在各市

县支中心和相关合作单位的配合下，广泛地拓宽培训渠道，利用逐级培训和参与或举办各种活动等形式，通过集中与分散、教师面授与远程视频、课堂教学与知识竞赛以及利用国家节假日活动等不同方式，从多媒体制作基础知识，共享工程运行管理系统，讲座策划与主持，信息服务等方面对各级文化共享工程人员进行系统培训；2012年，广西分中心组织桂南片区各市、县支中心，基层服务点，观看国家中心组织的网络直播培训12次，共有2380人次参与；组织全自治区拍摄、摄影和公共电子阅览室建设计划竞赛4次，参与者达1000多人次；举办馆长和基层业务系统培训班4次，培训人次达600人次；通过网络、电话等方式对玉林，兴宁，容县等近20个市县区基层中心提供技术支持和培训共计53人次；派出两位同志参加了国家中心举办的文化共享工程专题片省级师资培训班学习。

四、经费投入

广西分中心历来十分重视文化共享工程的建设，自2002年文化共享工程启动以来，广西分中心多方争取财政的支持，共享工程专项经费投入呈逐年增长的态势。2002年至2012年广西分中心的文化共享工程建设经费累计投入2131.69万元，为保障广西分中心正常运行提供了强有力的资金支持，资金主要用于文化共享工程设备的添置、维护、人员培训和惠民服务等活动开展。

五、资源建设

广西分中心自启动以来，始终把数字资源建设放在核心位置，在数字资源建设中通过自主建设，购置商用数据库和接收文化共享工程国家中心资源等方式，不断丰富本地资源内容，现数字资源总量达到49TB。一是自主建设富有广西特色的地方文化资源。即通过多途径的搜集、选取具有广西特色的地方资源，加工整合，制作了广西舞台艺术、广西游记、广西文物、广西人物、广西农业、广西政策法规、新农村建设、广西文坛、广西诗词、幼儿故事等具有地方性和民族性的数字资源库23个，类型涉及文本、图片、视频、Flash和音频等。同时在资源建设中非常注重标准的使用，注重通过合作、征集和开展各种活动解决著作权使用的问题，确保了资源建设的顺利进行，截止2012年底自建数字资源2.04TB。二是购置具有版权的商用数据库。利用广西壮族自治区图书馆有限的购书经费，购置引进了图书、期刊论文、重要报纸、博硕士论文、年鉴、工具书、法律法规、教育考试、音乐、动漫、连环画等数字资源，共计19个大型数据库，资源总量达到37TB。三是加强资源整合工作。从国家中心海量视频资源中精选视频节目导入到本馆视频点播系统中，点播系统约有节目2000部，容量为2.76TB。

六、合作共建

2008年广西分中心开始与广西党员干部现代远程教育办公室（简称广西远程办）进行数字资源的共建共享，通过IPTV网络传送文化共享工程数字资源。广西远程办在远教平台上专门设立了“文化共享工程”栏目，广西分中心提供优秀文化视频节目，专栏下设有八桂戏苑、知识讲座等栏目，共有视频175部，117GB的优秀文化数字资源。2010年5月，与广西广电网络有限公司，开始洽谈电视图书馆合作项目，在数字电视中设立电视图书馆频道，广西分中心向广西广电网络提供“八桂讲坛”精品讲座和200多部电子期刊，12月底可通过数字电视互动平台向观众提供“八桂书苑”和“八桂讲坛”两档免费的视频点播服务，观众可通过高清机顶盒，通过遥控器就可轻松浏览和收看。2012年，在数字电视中又开辟“亲子乐园”栏目，提交30个幼儿教育视频节目，容量6.36GB的数字资源，补充八桂讲坛精品讲座1部，时长1小时04分30秒，容量4.13GB。

七、文化惠民，共享成果

多年来，广西分中心始终坚持“面向基层，服务民生”，把服务基层群众作为开展工作的出发点和落脚点。广西分中心在坚持阵地服务的同时，通过“八桂讲坛”、“广图展览”、专题竞赛以及利用国家节假日，围绕科技活动周、世界读书日，图书馆服务宣传周等活动主题，将优秀丰富的数字文化资源和通过先进便捷的技术传播手段深入延伸到农村、广场、社区、企业、部队、学校、政府等，并开展服务宣传、送书、讲座、展览和有奖问答等读者活动，不断满足基层群众“求知识、求富裕、求健康、求快乐”的需求。

截至2012年，“八桂讲坛”系列讲座活动，取得了良好成效，共举办讲座429场次，邀请429位区内外专家学者登台开讲，听众91415人次；“广图展览”活动，共举办203场次，展览天数860天，观展人数2247600人次，受到读者的热烈欢迎；“光影榭”周末电影沙龙，举办7年来，坚持每个周六20:00准时播放优秀影片，至2012年止共播放了386场影片，观影人数达57700人次，丰富了读者的业余文化精神生活。此外，2012年，广西中小学生网页制作大赛再次获得全国科技活动周广西活动优秀项目奖；

关注弱势群体营造良好服务氛围，承办了“广西盲人读书沙龙活动”和“感动在身边”外来务工人员摄影作品展；开展丰富多彩的暑期活动，以“快乐暑期　图书馆相伴”为主题，推出了集公益讲座、趣味展览、音乐欣赏、观影征文、幸运抽奖、观展猜谜、东盟知识竞赛于一身的暑期“知识大礼包”；深入开展校园阅读活动，举办感恩专题讲座和第二届大学生科普演讲比赛。特别是在为进城务工人员服务方面，广西分中心开辟了南宁高新区富士康科技集团、南宁丰达电机有限公司服务点，举办“进企业服务外来工”文化惠民活动，内容包括举行汽车图书馆借阅服务、知识讲座、现场办证、有奖竞猜、电影播放等活动，得到了企业领导和外来工的欢迎和好评。这些活动均获得各个群体的一致好评，取得了不俗的效果和口碑。还有，从2008年起逐步通过网络开放给广西图书馆持证读者使用，使广大读者足不出户，24小时都能通过互联网利用广西分中心大量优秀丰富的数字文化资源。并结合“三网融合”的发展趋势，开设手机图书馆，于2011年3月正式提供“移动广图-手机图书馆”服务，为读者提供了新书查询、文献查询、文献预约/续借、新书到馆提醒、借书到期提醒服务等等。这些从侧面展示了广西分中心所走过的文化惠民之路。

八、宣传推广

为了让更多的群众了解文化共享工程、利用文化共享工程资源，广西分中心在每年的科技活动周、世界读书日，图书馆服务宣传周、全民读书月等活动以及节假日期间，采取组织材料馆内宣传、街头宣传和举办讲座、展览、板报、“光影榭”周末电影沙龙、网站、电子显示屏等方式大力宣传“文化共享工程”实施的意义和作用；通过举办文化信息进农村、广场、社区、企业、部队、学校、政府等活动来扩大文化共享工程的社会影响，让群众不断了解文化共享工程，让文化共享工程走进群众生活。丰富多彩的文化活动既满足了群众多层次、多样式的文化需求，使文化共享工程更加深入人心。

为扩大文化共享工程的宣传报道，广西分中心还抓住自治区文化厅举办市、县、乡镇文化馆（站）长和村“两委”文化培训工作的契机，派老师专门为参加培训的馆（站）长和村委讲述了文化共享工程发展概况及乡镇基层服务点的建设与服务要求，同时开展“文化共享奥运行”、“服务的生命力”巡展和举办“文化共享在基层”　专题片拍摄竞赛等活动，积极与媒体配合，努力扩大“文化共享工程”的社会影响力和知名度。《中国文化报》、《广西日报》、《南国早报》、《南宁晚报》、《南宁日报》、广西电视台、广西广播电台等各种媒体都曾对广西分中心的“文化共享工程”工作都做过宣传报道；国家中心工作简报也报道过广西文化共享工程。

九、荣誉奖励

2002年至2012年，广西分中心荣获省部级的奖项有公共文化设施管理先进单位、第四批自治区爱国主义教育基地、文化部全国第十四届群星奖（服务）、国务院公布、文化部颁发全国古籍重点保护单位、人力资源和社会保障部、文化部授予全国文化系统先进集体、国家文化部评为一级公共图书馆、文化部“全国文化文物系统创先争优活动先进基层党组织”、自治区精神文明建设委员会“第二批自治区和谐单位”等8项；荣获地厅级的奖项有自治区直机关工委授予的2007年基层组织活动创新最佳主题实践活动奖、自治区科技厅、自治区党委宣传部、教育厅、科协确定为广西少年科技教育基地、广西未成年人思想道德教育领导小组授予广西未成年人思想道德教育先进单位、自治区文化厅授予全区公共图书馆先进集体称号、“全国科协活动周广西活动优秀项目奖”、自治区人民政府残疾人工作委员会全区扶残助残先进集体称号、自治区直属机关工委窗口服务行业典型示范单位称号等56项。

十、工作展望

从2002年至今，十年锐意进取所开创的业绩将载入广西分中心发展的史册。成就已属于过去，未来还有待我们去创造。在“十二五”期间，广西分中心将是继续贯彻落实科学发展观，以读者为中心，以发展为主题、以服务为主线、以政府主导，政策推动，科技进步为依托，继续争取加大财政投入，加强人才队伍建设，提高服务能力和水平。

希望今后在国家中心，自治区党委、政府大力支持下，以及在自治区文化厅的领导下为广西建设一支专业化的服务队伍，建立一个国家、自治区、市、县（区）四级知识网络联动的即时问答服务体系和服务形式更加多样，服务网点更加宽广，参与群众更加广泛的共享文化带动体系，为建设广西成为文化强区做出贡献。

（撰文/广西壮族自治区分中心）

全国文化信息资源共享工程——

广西桂林分中心

广西桂林分中心设在广西桂林图书馆，是广西两个省级分中心之一，主要负责桂北地区文化共享工程的业务辅导工作，涵盖桂林、贺州、梧州、柳州、来宾、河池六个市及辖区，区域面积达11.77万平方公里，人口达2415.55万人，聚居着壮、瑶、苗、侗等多个少数民族。广西桂林分中心在文化部、自治区文化厅领导下，在管理中心的带领下，以科学发展观为指导，认真贯彻落实上级的各项部署和有关文件精神要求，加紧对文化共享工程的实施与管理，充分发挥省级分中心作用，扎实推进桂北地区文化共享工程的建设和服务工作，积极满足各民族群众的文化需求。

一、基本情况

广西桂林分中心于2002年1月开始启动文化共享工程建设，2002年6月被文化部确定为省级分中心，成为全国首批试点建设单位，承担着桂北地区6个市的市县支中心及基层服务点的基本建设、设备和系统维护、技术培训、资源发放以及本地区优秀资源的建设等业务辅导工作。自工程实施以来，在自治区文化厅统一领导下，广西桂林分中心以基层服务网点建设为核心、以数字资源建设为重点、以多种传播方式为手段、以共建共享为基本途径，稳步实施文化共享工程建设，不断开展公共文化服务，扩大社会影响。

二、网点建设

桂北地区已建成省级分中心1个，市、县级支中心57个，乡镇基层服务点375个，村基层服务点4278个，搭建起了以省分中心为龙头，市县支中心为骨干，乡镇基层服务点为基础的网络框架和服务平台，对桂北地区市县和乡镇进行了全覆盖，基本实现了县县建有支中心、乡乡建有基层服务点、努力实现“村村通”的发展目标。

三、经费投入

为推动桂北地区文化共享工程建设，国家和广西财政逐年加大对桂北共享工程的经费投入力度。2002年至2012年间，国家和自治区共为我分中心投入1058万元。强有力的经费投入为桂北文化共享工程的顺利实施和工作开展提供了保障。

四、资源建设

在2002年被确定为文化共享工程省级分中心之初，广西桂林分中心就确定了资源建设思路，即在已建成数据资源的基础上，新建设数字资源，重点突出广西地方特色，以广西地方文化资源为主，辅之以与大众生活、社会教育、科学普及等密切相关的各类知识等开展文化共享工程的资源建设。目前，广西桂林分中心数字资源由外购资源、自制资源和各种镜像资源组成，资源总量超过30TB。购有中国期刊全文数据库、维普信息资源系统、万方数据资源系统、读秀知识库、博看中文报刊、爱迪科森网上报告厅等国内常用数据库15个。自制资源包括馆藏书目题录数据库7个，多媒体数据库39个。多媒体数据库以文本、图片、视频、Flash和音频等形式呈现，内容涉及政治、科技、经济、文化、旅游、教育等方面。其中“刘三姐文化”、“广西抗战文化”、“桂林石刻”、“广西农业科技”、“广西红色历史文化”多媒体数据库，以及“广西旧方志”、“桂海讲坛”、“FLASH科普动画”等专题数据库极具民族性和地方特色性。

五、技术支持

经过近十年的建设，广西桂林分中心的网络中心现有各种专业服务器20余台，主要运行图书馆核心业务管理、数字资源制作、图书馆网站管理、共享工程远程管理、FTP资源传输、数字资源服务等自动化系统；现有磁盘阵列5台，裸存贮容量达60T。目前网络主干传输速度为千兆，实现了百兆到桌面。互联网接入目前采用电信100M光纤接入，与政务外网采用100M光纤对接。VPN网络覆盖桂北地区各市县支中心，形成了桂北地区数字资源共享和数据传输网络，同时满足对各市县支中心服务器的远程维护的需要。

六、合作共建

依托广西分中心，通过与党员干部现代远程教育网合作，将文化共享工程的八桂戏苑、知识讲座、科普法律、种养知识、经典电影、少儿家园等视频资源提供给党员干部现代远程教育网，通过网络电视方式(IP1)传送到乡镇和行政村服务点。还与广西“强基惠农”行动暨全区“文化致富工程”、村“两委”干部、文化馆(站)长培训工作相结合，对桂北的市、县文化站、乡镇综合文化站和村基层文化骨干进行了文化共享工程知识、基层服务点建设和技能培训。

七、惠民服务

广西桂林分中心充分利用文化共享工程资源，不断探索服务方式和服务手段，与本地文化活动相结合，针对不同群体、不同需求开展各种公益性惠民活动，丰富了群众的文化生活，让文化共享工程的资源和服务走进农村、走进部队、走进学校、走进社区、走进广场、走进

工地、走进监狱等。以公共电子阅览室为阵地，针对青少年开展“绿色上网”健康网络导航、少儿网络知识竞赛、青少年FLASH科普动画制作比赛等活动；将文化共享工程网站内容、动漫设计、电脑小报设计、科学小发明等与桂林“悦动科学”青少年科普活动相融合，通过竞赛形式引导青少年关注文化共享工程、利用文化共享工程；举办公益性讲座，定期播放文化共享工程优秀视频资源；精选共享工程资源，进行刻录光盘、编印科技种养资料，将科技和文化送到农民手中；结合共享工程资源和我分中心现有资源，编印宣传资料，在广西自治区文化厅的带领下，举行“廉政文化进社区”活动等。在为弱势群体的服务中，根据残障儿童的心理特点，制定活动方案，组织残障儿童及农民工子女到馆参观，举办科普专题讲座，播放共享工程优秀视频，为孩子们送去益智活动用品和光盘，让他们与正常儿童一样享受先进文化的熏陶；“同一片蓝天下”、“与残障儿童心连心”等系列活动的开展，让处于弱势的孩子们开阔了视野，在知识的海洋中找到了自我、找到了希望；在建筑工人技能培训学校建立文化共享工程服务点，把图书、期刊、光盘等文化资源送到建筑工地，并为农民工播放文化共享工程优秀影片等。在为特殊群体的服务中，我分中心走进监狱开展“阳光普照　幸福共享”公益文化进监狱服务活动，设立“文化共享工程广西桂林分中心桂林监狱服务点”，赠送有关法律知识、服务技能、道德建设、知识讲座等方面的图书和光盘，长期为桂林监狱的服刑人员和干警提供图书、文化共享工程资源，开展迎接党的十八大优秀影视展播和道德宣讲活动等一系列服务。

八、宣传推广

为进一步扩大“文化信息资源共享工程”的影响力和辐射力，我分中心将共享工程的宣传推广与图书馆宣传活动相结合，利用各种渠道宣传推广文化共享工程。我们在分中心公共电子阅览室和公共宣传栏都张贴有共享工程的介绍及宣传张贴画，印发桂北地区文化共享工程宣传册，向群众宣传文化共享工程。每年的三下乡活动，我分中心结合当地节气和地理环境，从共享工程资源中选取适合的种养知识印发成资料分发给当地群众，并在活动现场悬挂文化共享工程的横幅、标识、放置易拉宝等。每年的图书馆服务宣传周、科普大行动等活动中，我分中心都将文化共享工作的相关知识制作成展览或融入知识问卷里，在活动现场播放文化共享工程视频资源等。在培训中，我分中心开设有宣传人员培训，增强桂北地区支中心的宣传意识、提高宣传技巧。通过培训，各支中心在当地媒体上均有宣传，部分支中心拍摄的摄影作品获得了国家中心和媒体的好评。广西桂林分中心在组织开展大型活动时，都及时与广西新闻媒体和桂林市新闻媒体联系，做好宣传报道工作，扩大文化共享工程的社会影响力。

九、培训工作

根据文化部关于文化共享工程培训工作的总体要求，针对桂北地区文化共享工程建设与发展的实际需要，在自治区文化厅的统筹安排下，我分中心有计划有步骤地实施文化共享工程培训工作，制定培训计划，研究培训工作内容，提供学习培训资料，督促检查支中心培训工作进展情况及协调工作。我分中心的培训已经建立起分级分类培训体系，健全培训工作的各项制度，根据桂北地区人员水平和工作实际设计培训内容，不断加强对各级支中心管理人员和技术人员的培训力度，采取集中面授培训、现场培训、网络培训、远程协助指导等多种模式，对辅导区内各级支中心和服务点的管理人员和技术人员进行了多方面培训，内容包括文化共享工程基础知识、文件资料学习、软硬件设备的操作与维护、图书馆自动化系统的使用与维护、地方特色资源建设策划、资源加工管理系统的使用与维护、摄影摄像技术实用知识、共享工程服务活动策划与宣传等方面。培训合格后，我分中心均向地市级支中心和县级支中心的工作人员颁发培训结业证书，并将各支中心的受训情况作为各支中心运作和服务能力的考核因素之一。

十、管理和队伍建设

在共享工程启动之初，我分中心在广西文化共享工程领导小组领导下相应地设立了组织机构和领导小组、技术小组，对桂北地区文化共享工程进行整体规划和指导、组织协调并督促各支中心的建设和服务。领导小组下设办公室，承担桂北地区文化共享工程的日常工作，将文化共享工程日常事务制度化管理。技术小组由我分中心技术骨干组成，制定技术方案、技术路线、规范标准，进行资源建设、技术培训等。领导小组和技术小组在文化共享工程事务管理中明确职责，各司其职、各负其责、密切配合、协调一致，共同做好桂北地区文化共享工程的工作。在平时的工作中，我分中心还注重对分中心管理人员、技术人员的培训，不定期地将骨干人员送到各级组织培训学习，提高他们的管理水平和业务能力。

十一、荣誉奖项

广西桂林分中心始终扎实进行文化共享工程的建设和服务，在桂北地区起到示范和引领作用，获得了上级领导的嘉奖。2005年曾获广西文化厅颁发的“2003——2005年广西文化信息资源共享工程先进集体”，还先后在文化部全国文化信息资源建设管理中心组织的“文化共享杯——全国文化信息资源共享工程知识与技能竞赛”、“全国文化信息资源共享工程‘阳光少年热爱党’少年动漫设计制作竞赛活动”、“全国文化信息资源共享工程2012年‘像雷锋那样……’全国中小学生电脑小报设计比赛”中获得优秀组织奖。而结合文化共享工程资源组织开展的青少年科普活动也已经成为我分中心的服务品牌活动，得到了社会的高度认可和青少年的欢迎。其中举办的“童心与科学”、“走进科学”等科学实践活动分别荣获2009年、2010年全国科技活动周广西活动优秀项目奖。

十二、工作展望

通过10年的建设，桂北地区的文化共享工程已经成为桂北地区群众文化生活中不可或缺的一部分。今后，广西桂林分中心将在国家中心和广西文化厅的指导和支持下，进一步巩固文化共享工程已有建设成果，以开展服务和特色资源建设为重心，以打造精品、优化应用为重点，传播先进文化、促进和谐文化建设，更好地满足人民群众日益增长的精神文化需求。

（撰文/桂林市分中心）

临桂县支中心

一、基本情况

临桂县全县人口45万人（农业人口39.5万人，非农业人口5.5万人），其中少数民族3.1万人。辖6乡5镇，165个村（居）委会。全县总面积2202平方公里。临桂县文化信息资源共享工程支中心成立于2010年初，面积约200多平米，服务设备按国家县级支中心标准配置齐全。县支中心成立两年来，充分利用共享设备和文化信息共享资源为广大群众服务，通过播放影片、开办展览、发放资料、集中培训、下乡指导等多种形式传播共享资源和先进文化，关注未成年人问题及留守儿童成长。在加强精神文明建设、保障基层群众的基本文化权益、缩小城乡“数字鸿沟”等方面发挥了重要作用。

二、管理和队伍建设

制定全年工作计划，分步实施，月度有工作要点，年末有工作总结考核。

举办乡镇文化站业务骨干培训班，培训站长及工作人员，在加强乡镇文化站的图书业务知识的同时，也加强其对农家书屋点的指导性和纽带作用。同时，做好农家书屋点管理员的培训工作，截止2012年12月，共对临桂县117个村委共243个书屋管理员进行了培训。

三、培训工作

临桂支中心充分利用共享工程设备和国家中心网站资源进行网络培训，提高图书馆工作人员的业务素质和服务意识。2012年共进行了12次网络培训，培训人次达91人。积极参加中央文化干部管理学院、区图、图书馆协会组织举办的学习及培训班，2012年参加中央级学习1次、区级学习3次，市级学习2次。

四、经费投入

临桂县支中心建设资金为60余万元，县财政每年拨付6万元网络维护经费进行共享工程建设。同时，免费开放经费其中一部分用于共享工程的活动经费。

五、合作共建

对临桂县党员远程教育基层点进行辅导共建，发放投影仪108台，培训管理人员共达108人，联合县委组织部建立多媒体中心87个。与县城社区图书室共享共建，其中金水湾图书室共享数据1TB，光盘45张。共享工程已逐步进入县城居民和基层村民生活。

六、宣传推广

在“4·23世界读书日”活动中，利用“共享书香　快乐阅读”光盘资源、各类优秀图书、爱国主义教育影片，为广大读者开展服务活动，2012年开展“一本好书对我的影响”演讲比赛，深受广大读者的欢迎和喜爱。利用共享设备和资源，每年5月份下到乡镇、农村，开展“文化共享助春耕”服务活动，为广大农民播放种植、养殖等科普光碟，并送上相关的文字材料，真正使文化信息共享工程惠及千家万户。

举办各类形式的培训班和专题活动，吸引读者走进图书馆。如年初的“三下乡”活动，免费发放科技图书、资料、图书借阅证；清明节组织我县广大中小学生开展“网上祭英烈”活动；邀请安居防火救援服务中心教员对读者及图书馆工作人员进行消防安全教育培训；每逢节假日，播放建党爱国主义教育影片及共享工程优秀影片；举办暑期“日常生存自救”知识培训暨竞赛活动等，获得良好的社会效益。

七、工作展望

临桂县支中心从创建以来只有短短两年，在这两年图书馆工作人员付出了辛劳的汗水来浇灌文化共享之花，目前文化共享工程已在临桂县生根发芽，需要我们继续呵护和经营。我们将坚持“边建设，边服务”思想，分步实施，让共享理念逐步深入人心，让共享平台为广大人民服务。

（撰文/临桂县支中心）

灵川县支中心

一、基本情况

灵川县域面积2301平方公里，全县辖6镇5乡129个行政村，总人口37万。灵川县文化信息资源共享工程建设开始于2002年，是全区率先实施文化共享工程县级支中心，经过10年的实践，取得了明显的阶段性成果。2006年我县被确定为全国文化共享工程试点县，目前全县共建成1个县级分中心，12个乡镇基层中心，133个村级服务点。各个基层点都充分发挥了文化共享工程的作用，为弘扬先进文化，构建和谐社会，建设社会主义新农村，丰富城乡群众文化生活起到了重要的作用。

二、管理和队伍建设

文化信息资源共享工程是一项繁荣社会主义先进文化的工程，更是一项艰巨复杂的系统工程，为确保文化共享工作有序进行，县政府非常重视，并于2004年下发了《关于灵川县实施全国文化信息资源共享工程方案的通知》，文件明确了指导思想，制定了工作方案，成立领导机构，为文化共享工程的实施提供组织保证。成立了以分管副县长为组长、文化局局长和县政府办公室副主任为副组长，成员由财政局、工商局、公安局、物价局等相关单位领导组成。

文化共享工程实施以来，我县支中心严格执行各项管理制度和规章，实施规范化管理，群众反映较好。我县支中心严格执行文化部相关规定，制定完善了《电子阅览室管理制度》等一系列制度。同时，为大力宣传共享工程建设，使文化共享工程建设及日常管理更加规范。

文化共享工程作为一个新的农村文化资源获取平台，如何推广好、利用好文化共享工程丰富的文化资源关键在于是否有一支专业化的文化共享工程管理员队伍。灵川县文化共享工程支中心在管理员队伍建设上坚持明确职责，明确思路，制度化管理，常态化培育。对于乡镇、村两级基层共享工程管理上择优选取文化层次较高，有一定电脑基础的为管理员，他们有较高的文化水平能尽

2009年6月未成年人在灵川县支中心观看影片

快熟悉掌握文化共享工程设备为所在村民服务。

三、培训工作

在培训工作方面，我县支中心十分重视文化共享工程技术人员的培训，保证了共享工程持续发展。我们主要采取了如下做法：一是积极派员参加文化共享工程的各类技术培训；二开展对各乡镇基层点、村级服务点工作人员的培训；三是抓好技术辅导培训，各基层中心和村服务点在使用过程中遇到的技术问题进行专门的技术辅导，从技术上保证了全部设备的正常运行。通过培训和文化共享工程建设的实践，培养了一支过硬的掌握计算机、网络、多媒体等技术的，能从事资源采集、整理、加工和开发的人才队伍。

四、经费投入

资金投入是实施文化共享工程的关键。为了确保工程建设经费及时足额到位，我县建立了以县财政投入为主，部门补贴、乡村自筹为辅的多元化筹资渠道。文化共享工程实施以来，中央及各级财政共投入共享工程建设经费256万多元。2008县财政将文化共享工程运行经费列入预算，安排专项资金4万元，2009年开始运行经费增加到6万元，用于文化共享工程建设及日常运行，为文化共享工程建设提供了有效的经费支撑，进一步提升了我县文化共享工程建设水平，保障了设备正常运行。

五、资源建设

灵川县支中心在历年的工作中，搜集不同区域民众文化需求，选取、编辑制作各类题材资源2TB，每年制作发放各类光盘3000多张，展板20多块，各类海报，招贴画37副，发放宣传资料5000余份。

六、合作共建

灵川县支中心根据各行政村的不同情况，将文化共享工程村级服务点的建设与农家书屋建设结合起来，共享同一设施，即在同一阵地建设两项工程，以农家书屋的图书为基础，以文化共享工程基层服务点设备为依托，统筹调剂、相互补充、同步推进。这种农家书屋和文化共享工程资源的共建，充分实现了资源共享，提高为了村民的服务能力。

七、发挥优势，开展服务活动。

文化共享工程在我县的实施，开辟了一条不受地域限制的崭新文化传播渠道，获得了传统文化传播手段难以达到的社会效益，我们利用文化共享工程开展了形式多样的服务活动。

1、开展文化共享工程进农村活动，每年从国家、省中心下载农业科技信息刻成光盘或打印成册，深入农村开展送文化共享工程下乡活动，把农业科技信息送到农民手中。同时为我县12个乡镇基层中心、133个村级服务点配送刻录的共享光盘。

2、利用文化共享工程资源放映电影活动。每到节假日，我县支中心在电子阅览室放映中外优秀电影，丰富了广大读者节日期间的文化生活。

3、利用文化共享工程，开展未成年人思想道德建设服务。文化信息资源共享工程，为广大未成年人创造了健康文明的绿色网上空间，开辟了新的活动阵地。因此我县把文化共享工程作为加强和改进未成年人思想道德建设的重要阵地，并在县支中心挂牌成立“灵川县未成年人活动中心”。我县支中心充分利用文化共享工程网站，积极倡导网络文明新风，营造良好的网络文化氛围，引导广大未成年人文明上网、健康上网，接受优秀文化资源的熏陶，健康快乐成长。通过开展形式多样、内容丰富的活动吸引广大青少年走进图书馆、利用文化共享工程，为青少年的健康成长营造良好环境。

八、荣誉奖项

荣获2003–2005广西文化信息资源共享工程先进集体，2004年九屋镇基层中心获得“全国文化信息资源共享工程”建设先进单位，2008年《依托文化信息共享工程　创办未成年人活动中心》案例荣获第三届广西未成年人思想道德建设工作创新案例一等奖，2008–2010年被评为全区未成年人思想道德建设工作先进单位，2009、2011年两次荣获桂林北地区全国文化信息资源共享工程知识与技能竞赛二等奖，2011年荣获桂林北地区“颂歌献给党”全国文化信息资源共享工作迎接建党90周年群众歌咏活动优秀奖，2012荣获“文化共享在基层—专题片拍摄竞赛”三等奖。

九、工作展望

文化共享工程在我县实施十年来，我们深刻地体会到文化共享工程这一保障群众基本文化权益的民心工程、德政工程，得到了广大群众的普遍认可。今后，我们将认真总结经验，继续加大文化共享工程建设力度，扩大覆盖面，提高影响力，以群众的需求为导向，积极探索，服务群众生活生产，引领群众高尚精神文化生活，打造群众喜爱的文化服务新平台，使我县文化共享工程在丰富和活跃群众文化生活、传播社会主义先进文化、促进经济社会协调发展等方面发挥更大的作用。

（撰文/灵川县支中心）

全州县支中心

全州县位土地总面积4021.19平方公里，人口82万人，是桂林市12县中土地面积最宽、人口最多的县。全州县支中心设在全州县图书馆，全州县文化资源共享工程是在上级文化部门和县委、政府关怀支持下，建立发展和繁荣的。在新形势下为繁荣昌盛农村基层文化，满足广大农民多层次文化需求，传递中国民族优秀文化资源发挥了积极的作用。

一、基本情况

全州县于2005年组建文化信息资源共享工程基层中心，基层中心成立后，对县直各单位如农业局、林业局、科技局、招商局等单位的资源进行整合，实现资源共享。全州县文化信息共享工程的建立，为全县的科技、教育、文化的发展提供了一个平台，有力的促进了科技兴县战略的实施。2009年我县被文化部列为全国文化信息资源共享工程广西县级支中心。目前全州支中心已建设成一个设备完善的电子阅览室，已正式向全县读者免费开放。从2011年年初开始，全馆已经实现所有对外窗口进行免费开放。开放时间周一到周日，按照国家三级馆标准每周开放50小时以上。

二、管理和队伍建设

我县支中心日常管理纳入制度化、规范化管理，制定工作职责和制度，实行制度公开，每年都做好年度计划和工作总结，每年选派两名管理人员到桂林分中心进行相关培训。为了进一步加强、规范我县文化共享工程基层服务点建设，提高基层服务点的管理和服务水平，满足广大基层群众对文化信息的需求，我县支中心于2012年下半年举办12期村屯文化共享工程管理人员培训班，共有18个文化站，278个基层点，各村委基层服务点共计600多名文化共享工程基层服务点管理员集中到县支中心进行培训。

三、服务活动

1、搞好电子阅览室，宣传电子阅览室：电子阅览室是共享工程的阵地和窗口，电子阅览室有电脑25台，每天服务时间为10小时，日均接待读者70人次。在宣传电子阅览室免费开放工作中，采集读者人气高的照片，制作新闻简报，发布在县内报纸，网站等。在电子阅览室可享受到各种电子图书，农村科普，种植养殖，视频播放，电脑培训等各种服务，读者可以在这里办理电子阅览室上机卡（和借书证通用）。电子阅览室不定期下乡放映一系列红色，经典影片，“文化资源共享工程服务”进一步扩大了共享工程的影响。

2、服务基层：我馆多次派部分工作人员协助文化局下乡，为乡镇文化站、基层点和农家书屋服务。馆长和支书亲自带队送书下乡到乡镇学校点和县城各高中服务于广大师生。改善基层文化工作，活跃基层群众文化生活；缩小城乡之间、地区之间文化事业发展的差距；普及计算机网络知识，促进经济、社会发展；推动我国文化信息化建设；文化资源得以长久保存和传播，促进文化创新；避免重复建设，更好地发挥数字资源的作用。经常性为特殊群体、弱势人群提供帮助和无偿服务。随时为领导机构决策与社会事业发展提供信息服务。随时为科研与经济建设提供信息服务。随时为社会大众提供信息服务。多次举办图书活动以及播放宣传科技等电影。

3、丰富群众文化生活：利用设备为广大民众放映优秀影片，节日期间开展丰富多彩的文化活动，如“读者日送图书”，书法展览，征联活动，各类专题讲座等，极大地丰富了人民群众的文化生活。在图书馆，利用“文化共享机”系列设备，定期进行共享工程优秀影视节目播放活动，共计播放影片8部，参加活动人数达1000人次，受到观众的普遍欢迎。我馆在2012年共进行了8场科技讲座咨询活动，内容涵括了种植、养殖、科普知识，为广大读者服务，为科技兴农服务。

四、下步工作计划

1、加强宣传、设备维护和资源建设。继续贯彻落实财政部、文化部《关于推进全国美术馆、公共图书馆、文化馆（站）免费开放工作的意见》精神，合理安排和使用国家下拨的免费开放保障经费，做好各项宣传工作、服务工作和辅导工作。加强中心资源建设力度，建设有地方特色的数字资源库；购买大量读者所需的电子读物充实本中心；加强本支中心网站建设，以及数据库建设，为广大民众提供阅读便利。

2、合作共享资源，推动文化共享。建议政府接通各乡镇文化站、村宽带网，解决大多数乡镇文化站、村图书室还没接通宽带网的问题，真正形成县、乡、村三级文化信息共享服务网络。图书馆中心还要加快与农村党员干部和中小学两个远程教育工程搭建的基层服务网络合作，依托现有条件发展农村网点，推动文化资源共享工程服务进乡村。

3、继续抓好支中心及村级基层服务点的工作人员队伍建设。要建立县、乡、村三级管理机制，加强对乡村基层网络的管理，要建立各项管理制度，要经常进行技术维护，资源更新，要把数字图书服务作为重要内容，为全县网络用户提供信息服务。文化资源共享工程是一项重要的公共文化基础工程。抓好文化资源共享工程的实施，推动文化资源共享工程建设是时代赋予我们的光荣使命，将我县文化资源共享工程建设推上新的台阶。

（撰文/全州县支中心）

兴安县支中心

兴安县总面积2348平方公里，人口37.2万，境内居民以汉族为主，另有瑶、壮等少数民族1.3万人。辖6镇4乡。兴安县文化资源共享工程在兴安县文化旅游局、桂林图书馆支持和部署下，逐步推进，稳步发展，为繁荣农村基层文化，满足农民多层次文化需求，传递中国民族优秀文化资源发挥了重要作用。

一、基本情况

共享工程兴安县级支中心设立在兴安县图书馆，是2007年广西建设全国文化信息资源共享工程三十一个支中心之一，于2008年5月份开始开展机房和电子阅览室的建设改造工作。按照GB50174—93《电子计算机机房设计规范》标准改造，目前机房面积有25个平方米，机房天面采用国产铝合金微孔吸音天花板，地面材料使用国产抗静电活动地板，电子阅览室120平方米。按照GB50054—95《低压配电设计规范》标准进行了供电系统改造。按照GB50057—94《建筑物防雷设计规范》

标准进行了防雷安装。接入6兆光纤，并且安装了电子监控。目前所有设备正常运行。

二、管理和队伍建设

文化资源共享工程作为一个新的农村文化资源获取平台，为使共享工程能真正为民所用，如何推广好、利用好共享工程丰富的文化资源关键在于是否有一支专业化的共享工程管理员队伍。兴安县级支中心在自身人力资源不充裕的情况下加强自身素质建设积极抽调骨干力量参加各类专业的培训与学习，全县各个基层服务点都配备了1–2名专兼职管理员，形成了支中心、乡镇、村（社区）三级管理网络。为加强对支中心和全县基层服务点的业务管理，拟定了一整套内部管理制度，建立健全相关管理体系，使支中心和基层服务点步入规范化、制度化的发展轨道。“共享工程”的实施，有效地推进了农村文化阵地建设，有效地提升了图书馆的服务功能。我支中心在县文化局的直接领导下，在省分中心的指导帮助下，求真务实，创新创优，确保“共享工程”取得成效，力争在新农村建设、构建和谐文化、培育社会新风和建立社会主义核心价值体系等方面发挥积极作用。

三、培训工作

为提高管理人员的操作水平和运用能力，支中心专门编印了“共享工程”操作手册，组织全员培训，培训人员300多人次。同时，还组织开展了知识竞赛、操作技能比赛等活动。在“共享工程”基层服务点建设中做好业务上的指导、技术上的支持工作。2012年，支中心工作人员下基层服务点80多天（次），做了大量的业务辅导与指导工作，确保基层服务点正常运行。

四、经费投入

县级支中心建设资金总计为68万元，县财政承担部分的配套资金用于机房改造等建设方面。即使在县财政比较紧张的情况下，仍确保中心年运行经费不低于2万元，并根据工作具体情况，逐步增加运行经费。加强对中心的管理，保证中心的各项工作指标符合国家的建设工作验收标准。不以盈利为目的，确保工程设备的专用和把社会效益放在第一位。

五、资源建设

数字资源建设方面，在充分利用国家中心和省分中心资源的同时，发挥我馆文献资源优势，投入大量人力物力进行专题数据库和地方特色数据库的建设。此外还购买了很多大型的数据库。

1、自建资源。现已建成包括《桂林米粉节》、《桂林兴安葡萄节》、《灵渠志》等资源，为读者提供了有力的地方文献资料。

2、接收上级资源。支中心设专职工作人员利用互联网络接收国家中心及省中心的视频资源和电子文献资源，内容涵盖文化遗产、戏剧、音乐舞蹈、曲艺杂技、少儿文艺、影视文化、农民致富信息、科普知识和医疗卫生等。已接收了300G的视频资源，为我县级支中心开展好文化资源共享工作提供了坚实的保障。

六、合作共建

我们积极与县组织部联系和协调，利用干部远程教育网络和设施等，整合资源，将文化共享工程延伸到乡镇和村寨。同时，结合新农村建设和农村文化图书室建设，完成全县115个行政村的网络覆盖。对农村群众进行文化、科技知识的培训，让农民群众在家门口就能接受文化和科学知识与信息，提高了农民的综合素质，促进了社会主义新农村建设。

在支中心人手严重不足的情况下，积极利用社会力量组织志愿者参与，2010年兴安县级支中心与中国共青团高尚镇委员会发起了“关注六一，关爱留守儿童”的活动，组织了近30名志愿者，前往高尚镇东源村委山区落家小学看望留守儿童。支中心为此次活动，捐赠了一批适合少年儿童的读物，志愿者给山区儿童带去了书包、文具、食品、志愿者为山区儿童带去了卫生常识课、魔术、舞蹈等。

七、利民惠众

一方面，我们利用支中心的资源优势，开展电子阅读活动，举办专场放映活动等，为群众提供优质健康的文化科学知识。举办一些面向初学者的计算机知识培训活动，与小学校和老年大学联系，专门为小学生和老年人举办计算机最基础知识的学习班，使初学者能够懂得计算机的简单操作，使这些学员成为电子阅览室最积极的读者。电子阅览室电脑运转正常，上网快捷，受到人民群众的喜欢。另一方面，利用村级图书室这一平台，为农民群众提供学习资源，为群众寻找致富门路、拓宽信息渠道奠定坚实基础，满足广大群众学习知识、技术的需要，针对基层实际，把握农村婚丧嫁娶、乔迁新居、生日寿宴等有利时机，充分发挥文化共享工程的资源优势，免费向农民群众提供服务，真正使老百姓得到实惠。

八、宣传推广

文化共享工程是一个新生事物，干部群众都比较陌生，必须加大宣传力度，让大家知晓，我们的工作才能顺利而有效地开展。因此，我县支中心结合“4·23”世界读书日、“科技文化送下乡”、“文化年货带回家”等活动进行宣传，请电视台和报社记者来采访，在电视报纸等媒体上进行报道宣传。还通过举办活动进行宣传。通过广泛宣传，文化共享工程的积极作用和意义、优点和好处等逐步让人们所接受。

九、工作展望

下一步，我们将继续结合基层文化建设和新农村建设，增加力量，完善服务，拓宽领域，延伸网络，积极建立完善好县支中心的信息平台，资源发布在互联网和馆内局域上，方便读者的使用，力争把文化共享工程的各项工作做得更好。

（撰文/兴安县支中心）

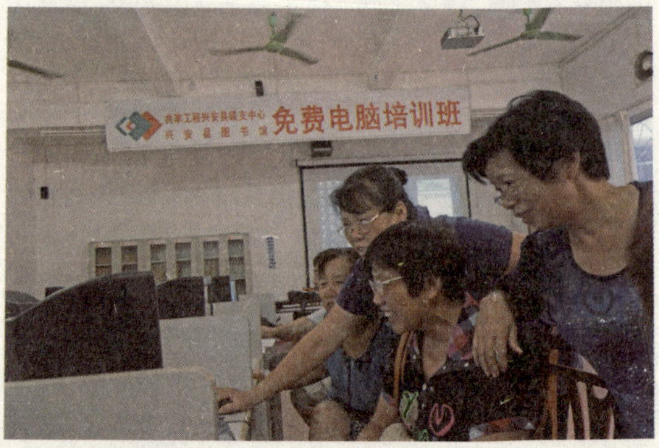

永福县支中心

永福县全县总面积2806平方公里，现划5乡4镇，共有97个行政村，汉族人口占87.67%，少数民族人口占12.33%，总人口27万。永福县文化共享工程在广西桂林省级分中心和县文体局的支持和部署下，自2006年成立以来，为繁荣农村基层文化，满足农民多层次文化需求，传递中国民族优秀文化信息资源发挥了重要作用。

一、基本情况

在国家文化部、财政部组织实施下，全国文化信息资源共享工程永福支中心的所有共享设备于2009年12月安装调试完成，支中心面积约120平米，按国家标准配置的设备有服务器、计算机、笔记本计算机、网络设备、磁盘陈列、卫星接收系统、图书馆自动化系统、数码摄像机、数码照相机等设备，新的设备安装完成后对新形式下永福长寿之乡的物质文化建设和精神文明建设，为基层群众提供信息资源服务，具有积极的推动作用。共享工程永福县支中心设在县图书馆，肩负着面向乡镇提供技术、网络资源更新、人员培训和开展宣传服务等重要任务，是永福县共享工程的建设和业务指导单位。

2010年，永福县文化信息资源共享工程开始普及进入到乡镇，我县9乡镇共享工程基层服务点逐年安装调式建立，开展服务。到此永福县支中心所属9乡镇实现全县共享工程县乡两级全覆盖。

二、管理队伍建设

永福县支中心至成立以来，充分利用共享设备和文化信息资源为广大读者和基层百姓服务，并通过网络培训提高了我支中心工作人员的业务和技术水平，能有效的开展系统维护、资源收集整合、信息服务等工作，掌握操作技能和要求，能够胜任本职工作。同时在系统运作、资金运作、宣传服务等各方面也制定了切实可行的方案，力争确保整个支中心的正常运作并产生应有的效益和服务效果。支中心在人员管理上明确职责，支中心由副馆长负责，乡镇基层服务点共享工程管理上择优选取文化层次较高，有一定社会基层管理服务实践经验的人员为管理员，目前永福县基层服务点管理人员均为乡镇文化站站长。他们工作热情，有较高的文化水平，能尽快熟悉掌握共享工程设备为所在乡镇服务。

三、培训工作

永福县支中心共享工程管理员的培训工作严格按照上级分中心的要求来执行，每年本中心工作人员积极参加上级共享工程组织的集中培训，并根据支中心实际情况择时组织乡镇基层管理员进行轮训。2006年以来，共开展各类培训33期（农家书屋管理员集中培训，农家书屋管理员不定时、定点、定员培训，青少年硬笔书法培训，农业科技下乡培训）参加轮训的人员达500多人次。

四、经费投入

永福支中心共享工程自2012年实现县县乡镇覆盖以来，国家每年投入20万元（县级支中心）运行经费，用于共享设备的维护，人员培训和惠民活动的开展。

五、信息资源建设

永福支中心在这几年的工作中，工作人员尽其所能搜集本地不同区域文化信息资源，以自已的能力，选取、编辑制作了建党90周年大庆，第三届广西彩调艺术节题材资源1TB,制作发放各类光盘200多张，展板20余块，发放农业科技图书、资料、免费开放宣传资料3000多份。

六、合作共建

支中心以共享工程为依托，将上级部门下发的电子文献资源与建立的共享工程服务点结合，建立了电子阅览室，电子阅览室可用于共享工程各类宣传服务、网络培训和电子资源阅读、播放。多功能流动音响和流媒体投影播放已使共享工程逐步走入基层民众生活，成为乡、镇村民获取新知，娱乐身心的新渠道新平台。

七、利民惠众，惠农服务

永福县支中心在共享工程服务实践过程中，根据永福地域农业生产特点，支中心每年发放罗汉果、柑桔、西红柿种植、农业科技图书资料上千册，有针对性的下乡定点辅导农家书屋管理员，几年下来，累计服务农家书屋、农村基层服务点30多次。举办农家书屋管理员培训班2次，协助县基层服务点建设（乡镇基层服务点、农家书屋、农村党员远程教育服务点），力争建成后的所有服务点能正常开展服务。

八、宣传推广

1、永福县支中心利用各种渠宣传推广共享工程，在永福县每年的科技下乡，“4.23”世界读书日，五月图书馆宣传周等活动中，支中心都不失时机，积极参与，以活动为平台，以资料为媒介宣传共享工程，让当地群众不断了解共享工程，走进共享工程。

2、走进校园，按照国家中心部署的《关于开展2012年全国中小学生电脑小报设计比赛活动的通知》精神，我支中心走进永中，协同校方共同开展了永福中学首届“校园文化艺术节”活动。图书馆在校内开展了“书香进校园”图书漂流书展，内容丰富、版面新颖的多种图书得到中学生的热情围观和欣赏阅读，同时还在学校多媒体教室与校方共同开展了文化艺术节主题演讲比赛和“像雷锋那样”为主题电脑制作小报比赛，比赛评选出一、二、三等奖和优秀奖。此次活动得到了校方的热烈欢迎，通过这些活动共享工程不仅走进农村也走进校园，走进青少年，为以后共享工程联合校园开展活动打下了良好基础。

3、专题活动，精彩纷呈，举办永福县2012年庆“六一”、“文化共享杯”文艺晚会，这是永福支中心首次以“文化共享杯”冠名的文艺晚会，通过这次冠名晚会，发挥了文化共享工程在基层的作用，提高了文化共享工程的知名度，扩大了文化共享工程的影响力。

永福支中心在服务中抓住文化工作的热点和亮点，积极组织群众开展喜闻乐见的文化服务，使共享工程走进群众生活。建党90周年大庆期间，共享工程永福支中心为满足那些行动不便的老年人对文化生活的渴求，到“福满园老年活动中心”开展送欢乐文化活动，为那里的30多位老人免费放电影，受到老年人的热烈欢迎和喜爱。与此同时中心还精心组织县老年大学学员开展“颂歌献给党”群众歌咏活动，并制作光盘上传桂林分中心，获得优秀组织奖。全国“文化共享杯”文化信息资源共享工程知识与技能竞赛，永福支中心精心组织，认真准备，经过初赛、复赛、决赛获得三等奖，支中心还有一名优秀选手参加了全国的总决赛。

九、工作展望

永福县文化信息资源共享工程已走过了6个年头，从单一的电子阅览室到今天的群众广泛认知、参与，文化信息资源共享工程已成为永福人民文化生活认知的一部份，今后永福支中心希望在国家中心，广西桂林分中心大力支持下为永福文化信息资源共享工程建设一支更稳定、更专业的服务队伍，建立一个国家、市、县三级知识网络连在一起服务体系。让共享工程服务成为形式多样，服务网点更加宽广，群众参与更加广泛的共享工程文化体系，为建设永福文化名县做出贡献。

（撰文/永福县支中心）

灌阳县支中心

灌阳县总面积1837平方公里，总人口29.1万余人，辖6乡3镇、138个村委会和3个居委会，1517个自然村。灌阳县支中心设在灌阳县图书馆，灌阳县文化资源共享工程是在上级文化部门和县委、政府关怀支持下，建立发展和繁荣的。在新形势下为繁荣昌盛农村基层文化，满足广大农民多层次文化需求，传递中国民族优秀文化资源发挥了积极的作用。

一、基本情况

灌阳县支中心目前有电子阅览室100平方米，电脑35台，专用机房15平方米，配置高级防雷、USP、防火墙、高级路由器、数台中心服务器、卫星接收等设备；中心已架设了三相五线供电线路，解决了供电不足问题，并配备了监控录像和报警设备，实现了公安共防。支中心配备管理人员3人，管理人员中中级职称1人，助理级2人，计算机专业技术人员1人。

我中心目前还开通了10MB宽带网，实现了与全国文化信息资源共享，自治区文化资源共享。主要网页有电子图书，政府外网，农村市场行情，农村科普，种养植技术，综合知识，网上农村书刊，共享工程风景线，视频会议，卫星直播，农村党员远程教育等。初步形成了全国文化图书资源共享和支中心资源外借服务模式，为人民群众，领导决策，政府机关，企事业单位及科研单位，提供各类信息服务，具备了对知识信息的物质载体进行收集、整理，选择，加工，存储，控制，转化，传递的能力，为全面推动我县农村政治，经济，文化，社会建设和党的建设发挥了重要作用。我支中心还开辟了县级数字图书推广计划阅览区，为广大读者提供丰富多彩的电子阅览服务，服务方式为利用计算机、通讯、网络设备为读者提供电子文献阅读。

二、资源建设

本中心除了通过宽带网给读者提供阅读外，特别注重数字资源建设。

1、加大本中心电子图书资源建设。近年，除把国家配送的《共享知识和谐万家》、《童心向党快乐成长》、《文化共享助春耕（（一）》、《文化共享心向党庆祝中共成立90周年》、《文化共享工程夏日电影展播》等电子图书，下载机房服务器上外，还购置了《二十一世纪电子图书》（41000册）、《百年战争——百年兵器》、《环球华夏地理（珍藏版）》、《环球经典图书馆》、《环游国家地理》、《有声数字图书馆（10万册）》、《舞蹈》、《人民日报电子版》以及教育部关心下一代工作委员会编写的《青少年成长校园图书馆》（21000册），近100多万册，科教光盘500多盘，资源共享图片1000幅分门别类收藏于机房服务器。

2、特别注重有本地特色数字资源建设。征集、选取、编辑了有灌阳千家洞瑶族文化研讨、灌阳文艺、灌阳文学、灌阳旅游、灌阳家谱、灌阳县志、灌阳风俗等多种地方特色题材资源1TB。县级数字图书馆资源总量达3TB。每年制作发放各类光盘2000多张，展板20多块，发放科技宣传资料3000多份。

3、加强基层网点建设。在县委、政府的大力支持下，全县投资600多万元，新建乡镇文化站6个，农家书屋138个，县乡村都配置了投影仪，初步形成了县、乡、村三级文化服务网络。

三、服务活动

1、搞好阵地服务。共享工程是阵地的窗口，中心电子阅览室有电脑30台，每天服务时间为12小时，日均接待读者100人次，在中心可享受到“好戏下乡”，农村科普，种植养殖，光盘免费欣赏，卫星直播服务，读者可以在这里办理“共享工程”读书片。为广大青少年构建网上课堂，免费放映一系列红色，经典影片，在农村开展保持共产党员先进性教育，利用远程教育在农村建立了“文化资源共享工程服务”进一步扩大了共享工程的影响。

2、服务基层。利用中心资源和互联网，农家书屋，送资料，光盘等多种渠道，把下载，整合，购买的资源传输到乡村，到基层利用共享工程分期分批进行培训，组织观看农业，科教片，传递种植，养殖信息，编印各种科技资料3000份，为广大农户服务，取得了很好的社会效益和经济效益。农民朋友说得好：“又听，又看，又学技术，资源共享工程真是富民工程。”

3、丰富群众文化生活。利用设备为广大民众放映优秀影片，节日期间开展丰富多彩的文化活动，如“春节有奖猜谜”，书法展览，征联活动，各类专题讲座等，极大地丰富了人民群众的文化生活。

四、工作展望

1、加强设备维护和资源建设，满足读者的需要。首先加强中心设备维护更新，解决由于我馆电子阅览室成立年限较早，读者量大，服务器，电脑等设备的耗损较大，各种硬件多次更换，计算机低而老化，经常出现死机，存储珍贵数据时常丢失，UPS间断电源等故障，读者排队现象严重，怨言多，给读者带来不便的突出问题；二要加强中心资源建设力度，建设有地方特色的数字资源库；三要购买大量读者所需的电子读物充实本中心；三要建立本中心网站为广大民众提供阅读便利。

2、加快基层，乡村网点建设。建议政府接通各乡镇文化站、村宽带网，解决大多数乡镇文化站、村图书室还没接通宽带网的问题，真正形成县、乡、村三级文化信息共享服务网络。图书馆中心还要加快与农村党员干部和中小学两个远程教育工程搭建的基层服务网络合作，依托现有条件发展农村网点，推动文化资源共享工程服务进乡村。

3、加强中心建设，建立科学管理工作机制。要建立县、乡、村三级管理机制，加强对乡村基层网络的管理，要建立各项管理制度，要经常进行技术维护、资源更新；要把数字图书服务作为重要内容，为全县网络用户提供信息服务，特别是要加强基层管理人员和技术人员培训，要按照文化部要求，中心和基层点工作人员上岗前均需通过学习培训，考试，获得从业资格，使本中心专业技术人员2-4名得到晋升职称，使每个基层点有1—2名经过专业培训的工作人员。

总之，文化资源共享工程是一项重要的公共文化基础工程。抓好文化资源共享工程的实施，推动文化资源共享工程建设是时代赋予我们的光荣使命，让我们迎难而上，用智慧和辛勤汗水成就事业，为建设文化强县做出应有贡献。

（撰文/灌阳县支中心）

资源县支中心

资源县总面积1961.14平方公里，是一个少数民族聚居县，全县现辖资源县镇、中峰乡、梅溪乡、瓜里乡、车田苗族乡、两水苗族乡、河口瑶族乡等6乡1镇。共74个村（街）委，总16.7万人，其中苗、瑶等少数民族人口约3.5万人，约占21%。资源县文化共享工程按照国家和省、市文化部门关于创建文化信息资源共享工程的要求逐步推进，稳步发展，在新形势下为繁荣农村基层文化，满足农民多层次文化需求，传递中国民族优秀文化资源发挥了重要作用。

一、基本情况

资源县文化资源共享工程建设于2009年，此后陆续在资源镇，中峰乡等七乡一镇文化广播站建设乡镇基层点，前期安装设备均通过卫星设备直接接收国家中心下发的资源和信息，2010年资源县文化共享工程开始普及进入乡镇行政村，第一批46个行政村点于当年全部安装调试完成，2011年和2012年第二批28个点也在今年全部完成，至此资源县文化共享工程已经实现74个行政村全覆盖。

资源县文化共享工程支中心设在资源县图书馆，是资源县文化共享工程的建设和业务指导单位，负责保障支中心共享工程设备的运行，协调镇村级共享工程设备的维修，指导镇村级共享工程活动的开展以及开展全县共享工程管理员的业务培训和指导。

二、管理和队伍建设

科学的管理是文化共享工程事业发展的必然要求，我县支中心对这项工作高度重视，按照《全国文化信息资源共享工程管理暂行办法》的要求，加强对工程经费、设备、队伍的管理，建立健全各项管理制度，行政协调、技术队伍、网络技术管理平台三方面有机结合，合理布局，形成了整体推进的长效管理机制。使文化共享工程的日常管理工作步入了规范化的轨道，提高工程的服务能力和管理水平。

三、培训工作

为了给文化共享工程建设提供人才保证，支中心建立了管理服务人员培训工作制度，把人才培训落到实处。以县级为主，县、乡两级共同负责村级基层站点业务人员的培训工作。采取先急后缓的原则，科学制定培训规划和年度培训计划，每季度举办1期“文化信息资源共享工程培训班”，每年对本级中心应负责的文化共享工程从业人员轮训一次。并通过开展业务竞赛、技术比赛、服务创新等竞赛活动，激发文化共享工程从业人员学习业务、提高技术水平的积极性、创造性。目前共举办文化共享工程培训班6期，培训基层管理人员200余人次。

四、经费投入

资源县文化共享工程自2012年实现村村全覆盖以来，国家和地方财政共投入70余万元的建设和运维经费，用于共享工程的建设和设备维护，人员培训和惠民活动的开展，资源县县委和政府对文化共享工程十分重视，每年也投入大量人力物力支援共享工程各项活动的开展。

五、缩小城乡差距，服务基层农村

以基层服务点建设为重点，消除数字鸿沟，使广大农民平等享有公共文化设施，促进社会和谐发展。我县的“共享工程”建设紧紧围绕社会主义新农村建设和构建和谐社会的目标，充分发挥“共享工程”的功能。一是缩小城乡差距，消除数字鸿沟，拓宽农民群众获取信息的渠道。各乡镇街道基层服务点利用共享工程积极开展法律知识讲座和农业技术培训，宣传相关政策法规和市场信息，提高了广大农民发展农村经济、参与市场竞争的能力。二是充实服务内容，提高农村公共文化服务的水平。文化共享工程利用互联网平台，打破了空间和时间的限制，有效地改变了过去农村文化信息资源不足，公共服务水平较低的状况。我们始终把基层服务点建设与村文化站、图书室建设结合起来，使县图书馆、文化馆和乡镇文化站、村文化活动室逐步具备提供数字化文化信息服务的能力。与此同时，我县还利用共享工程创建氛围，利用流动图书车，积极组织送戏下乡活动，极大丰富了基层群众的文化生活。

六、整合各类资源，丰富共享平台

除了充分利用国家管理中心通过各种途径下发的资源外，我们还充分发县级支中心的职能，积极整合图书馆及其他文化系统拥有的信息资源，向基层服务点输送，每一个基层点在享有共享工程的资源外也可无偿使用我中心的所有数字资源。目前，我县支中心共享平台拥有3000多种电子期刊、15多万册电子图书、1500多部视频讲座和特色数据资源，总容量达到了4TB，这些资源极大丰富了共享工程的内容，特别是一些视频讲座尤其受到广大基层群众的欢迎。据统计，2010年至2012年我中心共有下载各类论文5000篇、点播各类视频讲座1500部。

七、坚持阵地服务，开展共建共享

为更好地宣传和发挥我馆文化信息资源共享工程

的资源效应，2011年开始我们在做好传统阵地服务的同时，经多方努力，与科协、农业局和组织部的农村党员干部现代远程教育网等多部门联系，开展了合作共建平台，在充分利用我支中心丰富的信息资源，以开展农业知识讲座、放映科教宣传片和优秀影视作品、组织开展电脑基础业务培训、对文化站工作人员进行共享工程业务培训、播放动漫片和与企业联营等多方位、多层次的服务形式，开展了系列卓有成效的信息服务活动。通过多样化的服务举措，扩展了共享服务的辐射面，把服务触角延伸至更为广阔的服务领域，从而达到了协作共建，利益共享，效益双赢的良好效果。

八、工作展望

以科学发展观为统领，把握社会主义先进文化的前进方向，围绕实现全面建设小康社会宏伟目标和构建社会主义和谐社会的要求，统筹城乡文化事业，不断满足人民群众日益增长的精神文化需求，促进人的全面发展和社会全面进步。充分利用先进信息技术手段，努力扩大优秀文化资源的传播，逐步缩小城乡之间文化发展上的差距，不断满足广大人民群众日益增长的精神文化需求。统筹规划，共建共享。加强与全国农村党员干部现代远程教育、有线数字电视和乡镇综合文化站建设等的共建共享，实现优势互补。以人为本，强化服务。丰富服务方式，注重服务效果。加强特色数字文化资源建设。强化服务的针对性，普遍服务与个性服务相结合，努力满足广大群众的多样化文化需求。

（撰文/资源县支中心）

平乐县支中心

平乐县辖6个镇、4个乡，行政区域面积1919.34平方千米。2009年末人口44.12万，其中农村人口38.36万。有壮、瑶、回等少数民族9.8万人。

一、基本概况

文化信息共享工程平乐县支中心属于2008年度的建设任务，2009年支中心正式对读者服务。全县有6个乡镇基层服务点。因此，以县支中心为骨干，以乡镇基层服务点为终端的文化共享工程服务网络全面展开，实现了文化共享工程网络覆盖。

共享工程平乐县支中心设立在平乐县图书馆内，这也是该县共享工程的建设和各项业务指导单位。负责保障上级分中心共享工程设备的运行，同时协调好各基层共享工程服务点的运作，指导各基层服务点共享工程活动的开展，对基层的管理人员进行业务培训和指导。

二、管理及队伍建设

根据建设规划，从2009年开始平乐县共享工程支中心就将本工程工作日常化、制度化管理。首先加强组织领导，各组各岗位开展主动服务，资源共建共享，制定各项管理规则，因地制宜，不断在实践过程中逐步建立健全文化共享工程的管理措施和运行机制，形成一个有计划、有工作要点、有管理要求和服务成果的模式。

文化资源共享工程的建设，利好于广大社会群众，特别为新农村文化资源的建设有一个很好的获取平台，如何推广和利用好共享工程这些丰富的文化信息资源取决于我们这些共享工程的管理者。如果这支服务队伍没有专业的技术和服务水平，广大群众就无从获得应有的知识。为此，支中心不断提高管理队伍人员的专业技术和服务质量，加强人员培训，每年3次以上支中心人员到分中心培训，同时请基层人员到支中心培训。从县级支中心到乡镇基层服务点的管理人员都必须明确职责，以制度进行管理。目前，支中心的管理员已能熟练掌握和运用相关技术做好各项工作。

三、经费投入

平乐县共享工程支中心的建成至今，每年投入运行经费数十万，主要用于共享工程设备维护、人员培训及开展各种宣传、辅导等惠民活动。

四、资源建设

平乐支中心从“十一五”至今的历年工作中就广泛搜集本地的历史文化和民间文化资源，利用数字化设备，加工制作特色数字文化资源，其中有《过山瑶婚礼》、《盘王神武》、《香龙舞》、《船家婚礼》、《桂江船歌》、《平乐油茶》、《十八酿》等专题视频资源。此外还制作和免费发放各种农业科技种养类光碟2000多张及纸质资料6000多份。

五、惠民服务发挥作用

近年来，兴安县支中心结合当地情况，采取阵地服务和流动服务相结合，日常活动和节庆活动相结合等方式，开展形式多样的、内容丰富的文化惠民服务。文化共享工程走进社区，走进农村，走进军营，走进企业，走进学校，为广大群众播放舞台艺术、爱国主义电影和农村科技视频，实现资源共享、服务社会公众。支中心和基层服务站点还结合当地经济发展和农业生产实际，利用文化共享工程丰富的科技信息资源，为当地人民群众传播农技信息和知识，有力促进了新农村经济发展。电子阅览室的使用群众达三万多人次，参加共享工程服务活动的群众达到十万多人次。一些活动如“新春猜谜语”、“学习雷锋”、“文化共享在基层——专题片拍摄竞赛”、“颂歌献给党——全国文化信息资源共享工程迎接建党90周年群众歌咏活动”等系列活动及爱国主义电影放映活动，在社会上产生了良好的效果。

六、工作发展

随着文化资源共享工程的不断发展和深入，我们对共享工程的认知深度也在不断加大，从刚起步的普通服务到今天的广泛收集、编辑和网络传播，使广大群众能从不同角度参加到共享工程的读者群中来，这不仅使人民群众的文化生活得以充实，精神上和物质上都满载而归，相当程度上为平乐的科技进步、经济发展起着推动作用。明天的辉煌更离不开我们文化共享工程的努力发展，相信有着国家的宏伟蓝图和上级共享中心的大力支持帮助，平乐人民能更多地享受到共享工程所附与的服务，这也是我们共享工程全体队伍所期待。

（撰文/平乐县支中心）

荔浦县支中心

荔浦县前线总面积1758.62平方公里，辖10个镇3个乡，人口38万，有汉、壮、苗、瑶等15个民族。荔浦县支中心在广西桂林分中心、荔浦县文化体育局支持和帮助下，2009年完成建设工作，并挂牌对外服务。

一、基本情况

文化信息资源共享工程荔浦县支中心设在荔浦县图书馆，是荔浦县文化信息资源共享工程的建设和业务指导单位，负责保障县级支中心共享工程设备的运行、协调和指导乡镇村级基层共享工程服务点的设备使用、活动开展及共享工程管理员业务培训和指导。

荔浦县文化信息资源共享工程建设开始于2009年4月，因遇图书馆馆址搬迁，10月底完成了工程建设，经上级部门验收合格后挂牌对外服务。2010年完成青山镇、马岭镇、修仁镇、蒲芦乡、茶城乡及10个村级基层服务点的建设。

二、管理和队伍建设

为保证共享工程发挥更大作用，更好为人民群众服务，文化信息资源共享工程荔浦县支中心共享工程将日常管理纳入制度化管理。制定本支中心、乡镇、村级基层服务点工作制度和职责，制度上墙公开。制定年度工作计划，有步骤、按要求开展各项服务工作，在工作中探索和收集经验，不断改进服务方式、方法，使共享工程服务活动更能适应社会发展和民众要求。

“共享工程”是采用现代化信息技术对文化信息资源进行加工和整合，通过互联网最大限度地为社会公众享用的文化惠民工程。如何使公众更好、更快利用共享工程信息资源，专业管理人员是关键。支中心克服专业人才缺乏，采用培训、短期聘请等方式，尽快培养专业技术人才，并积极上报政府相关部门招聘具有大学水平的计算机专业人才。对乡镇、村两级基层服务点管理人员选用工作热情、文化层次较高、具有一定计算机知识的村干担任管理人员，并开展系列培训工作，是他们尽快开展为群众服务的业务能力。

三、培训工作

全国文化信息资源共享工程荔浦县支中心积极送管理人员参加省级分中心的集中培训学习，积极参加国家中心布置网络培训学习，提高业务水平与服务能力。由于经费少，对乡镇、村级基层服务点管理人员采取集中、分散、现场培训等方式，2010年以来开展集中培训6次，参加集中培训和个别辅导培训管理人员150人次。

四、经费投入

荔浦县支中心除国家投入外，县财政投入13万元建设共享工程。2009年以来每年投入3万元用于共享工程运行保障经费。主要用于支付电信光纤租用费、电费等。

五、惠民服务

荔浦县支中心在共享工程服务活动中，认真开展各种服务活动，积极探索服务方式，努力打造群众满意、喜爱的文化服务新平台。

荔浦县支中心制作了文艺、农业、科普等光盘、文化科普资料，在县城、乡镇、村开展按服务对象特点开展免费服务、免费赠送活动。对一些农业种养专业户按其要求长期免费提供信息资料。

六、宣传推广

1、荔浦县支中心利用各种渠道推广宣传共享工程。在荔浦县图书馆每年开展的“文化、科技、卫生”三下乡、“图书馆服务宣传周”、“全民读书月活动”、“科普活动周”、等活动中，以活动为平台，以媒体、资料为媒介宣传共享工程，让群众了解共享工程、利用共享工程。

2、专题活动，精彩纷呈。荔浦县支中心在服务中不断探索，创新，积极组织群众开展喜闻乐见的文化服务活动。利用共享工程信息资源免费播放文化、电影、电视、讲座等视频活动，让群众直接享受到共享工程的文化服务，开展文化知识有奖竞猜，免费发放各种健康向上、群众使用的光盘、信息资料等，激发群众的读书、学习热情，让更多的群众走进共享工程。

七、工作展望

荔浦县文化信息资源共享工程已走过4个年头，覆盖了130个行政村，文化共享工程已逐步让群众认知和接受，成为荔浦县人民文化生活的一大支柱，成为繁荣、丰富荔浦人民精神文化生活、推动文化科技进步的强大动力源泉，今后，荔浦县支中心将重点建设一支专业的服务队伍，加大收集本地的信息资源、地方资源，开展形式多样、群众喜闻乐见的文化服务活动。让共享工程真正发挥其文化服务功能，为本地区的文化、科技进步做出贡献！

（撰文/荔浦县支中心）

龙胜各族自治县支中心

龙胜各族自治县全县总面积2538平方千米，居住有苗、瑶、侗、壮、汉等5个民族，辖7乡3镇，119个行政村，1469个村民小组，总人口16.7万人，其中少数民族12.88万人，占总人口的77.22%。

一、基本情况

2008年我县被确定为全国文化信息资源共享工程县级支中心后，这项工作得到当地县委、政府的高度重视。2009年按照上级要求，我们严格依照标准，建成标准机房；设备方面，由国家文化信息管理中心统一配置电脑30台及投影仪等设备，全部到位于当年11月安装，并接入光纤宽带，建成了县级支中心机房与电子阅览室，为保证机房的正常运转，专门在机房配置了空调县支中心建成后由专业人员调试运行，并通过了省级中心的验收，于当年底正式对读者开放使用。为确保文化信息资源共享工程顺利实施，以及发挥其作用，县支中心结合本支中心所在地的实际情况，开展了大量的读者活动，吸引了众多读者进入图书馆在社会上产生了良好影响。

二、资金投入

因我县地理条件差，经济不发达。县委、政府在财政资金十分困难的情况下，依然拨款建"文化信息共享工程"专项资金25万元，其中13万元用于龙胜县文化信息共享工程县级中心建设，12万元用于乡镇基层服务点建设。每年县财政拨给3万元运行经费（包括乡镇基层点的支持），只能保证当年的宽带连接及部分电费支出，其它活动更是无法开展。直到2011年全国公共图书馆免费开放后，得到文化部、财政部的免费开放资金后的拨给，给我们县支中心及基层点的工作开展上了新的平台，读者活动的开展多种化，读者电脑培训、书法培训、读书活动、免费上网等等，大大提升了图书馆在社会上的知名度。让广大民众懂得到图书馆享受他们的文化权益。

三、队伍建设

县支中心建成后，我馆争取县委、政府及文化局的大力支持，在人员技术问题上给予支持，2009年在事业单位公开招聘网公开招计算机技术人员1名，后因工作变动调走。2011年又在事业单位公开招聘网，招到1名业务人员，从2009年至2012年，县支中心一共参加市中心，省中心的共享工程业务免费培训班10期、每次2人参加，约280课时，授课的内容广泛，有共享工程设备应用，系统维护，服务推广，视频制作，数字共享，资源建设等多方面的专业知识，大大提高了我县支中心的文化共享工程方面的知识。在人员技术和业务知识上，保证了文化共享工程在我县顺利开展。

四、惠民服务

形式多样，充分利用好免费开放经费，开展多种服务广大读者的活动，利用我们原有良好的读者服务基础，不断扩大服务面。指导读者如何免费利用图书馆网络资源，扩大宣传效果。例：农机有限公司韦师傅，是我县一名专业制造耕田机的技术人员，他的发明曾获过专利，他需求《优质碳钢》国家标准等三项资料，我们利用网络帮他购得，他非常高兴。这些例子很多，为了满足读者的需要，没有网络是行不通的。举办读者各种活动：在馆内经常举办各种视频放影、网上操作比赛、座谈会、讲座等。馆外利用我们每个乡镇的传统会期送书送资料、展板、放影视频宣传文化共享工程。从2009年来共举办读者活动约50场次，参与人数约1.4万人次，发放资料约1.5万份，深受广大群众的喜爱。免费举办各种培训班：县支中心每年对乡镇基层点进行常态化业务培训，并到邻县参观学习先进经验，中小学生放假期间，举办网上知识操作比赛，书法培训班等，与老年大学联办老年人电脑培训班，支中心工作人员和大学生志愿者联合教他们学习及利用网络知识，老年人很高兴地说"我不再认为电脑是什么神秘东西了，我孙子会用的电脑我也会用了"。有时还会与外出务工的儿子，孙子视频。像这样的培训班我支中心一年要举办7至8期，3年来免费举办各种培训班35期，约693人参加。m媒体宣传，扩大效果：县支中心经过不断的努力工作，带来了不错的社会效应，让广大民众享受了公共文化服务的权益，享受到了文化惠民服务。同时也吸引了本县新闻媒体的关注，只要有活动新闻人员必到，拍照、报道。在暑期办班及开展活动，县新闻频道进行了采访宣传，吸引许多读者到图书馆，《桂林日报》、《龙胜新闻》都进行不同形式的各种有关报道。

五、资源建设

合作共建：龙胜县是少数民族县，民风民俗风情浓郁。特别是非物质文化这块，为我们提供了大量的资源，县支中心与非遗办联合制作光盘5张。利用乡镇基层点的共享设备在节日、会期播放农业种养视频，建立视频放影点，满足农村群众的需求。

六、工作展望

龙胜县支中心成立至今，努力开展服务工作，取得不少成绩。连续几年在县文化系统获先进集体，连续四次全国公共图书馆评估获三级图书馆；馆长获区文化厅先进个人表彰；在广西桂林分中心举办的共享工程建党90周年歌咏视频比赛中获优秀奖等，成绩的取得是上级对我们工作的肯定，但我们离未来公共文化服务的要求还很远，特别是人才技术方面制约着我们许多文化共享工程专业技术业务的发展，资源建设数字化建设等许多专业技术工作得不到开展，人员的老化知识结构的不合理等，都是我们今后工作发展必考虑的因素。总之文化信息共享工程是我国利民文化惠民工程，相信我们大家共同努力一定会把工作做得更好，满足广大读者对现代文化的需求。

（撰文/龙胜县支中心）

恭城瑶族自治县支中心

恭城瑶族自治县辖3个镇、6个乡和1个管委会，行政区域面积2149平方千米。2011年总人口30万，其中瑶族人口占约60%。恭城文化资源共享工程于2007年启动，在上级各级文化和图书管理部门的支持和部署下，逐步推进，稳步发展，为繁荣全县农村基层文化，满足农民多层次文化需求，传递中国民族优秀文化资源发挥了重要作用。

一、基本情况

2007年，恭城县列入广西文化信息资源共享工程县级支中心。支中心的管理人员以共享工程建设为契机，通过加强自学和参加培训等形式，大大提高了业务素质和服务意识。2011年，恭城支中心获得广西桂北地区"颂歌献给党"——全国文化信息资源共享工程迎接建党90周年群众歌咏活动优秀奖。2012年，支中心在编7人，其中大专以上学历3人，助理馆员4人，增购新书近4000册，馆藏图书7万多册，接待读者1万多人次，外借1.7万多册次。

二、网点建设

2007年，恭城列入广西文化信息资源共享工程县级支中心建设项目。2008年，成立由一名县委常委担任组长、文化旅游局和相关部门负责人担任成员的文化信息资源共享工程建设领导小组，负责共享工程建设的组织、协调、落实和督促工作。下半年完成机房改造和网线、电线、防雷设施的安装，建成电子阅览室，办理登记备案等相关手续，建立健全了规章制度。2009年1月对公众开放，2010年开始进入乡镇行政村，至2012年，完成了117个行政村的安装调试和农家书屋的建设。

三、经费投入

2007–2012年，共投入70多万元，用于文化信息资源共享建设。其中2007年，获得国家文化部、财政部配套资金设备54万元（设备包括数码摄影机、数码暖风机、电脑、投影仪、机柜等）。县级地方财政划拨5万元配套资金。自治区文化厅拨5万元用于购置交通工具下乡辅导。此后每年投入运行经费1万元，确保工程的正常运行。

四、资源建设

恭城支中心在历年的工作中，根据不同层次民众的文化需求，选取、编辑制作各类题材资源，每年制作光盘30多碟，展板12块，各类海报、招贴画300幅，向公众发放宣传资料2200份。

五、合作共建

恭城支中心以共享工程为依托，结合农村数字电影室建立电子文献资源服务中心，将上级下发的电子文献资源与建立的共享工程服务点结合，根据不同乡镇、村的硬件条件，建立形式多样的电子阅览室和多媒体中心。

例如，2011年与县老年大学合作建成共享工程宣教授课和电子资源阅读播放为一体的多功能活动室。

六、惠民服务

恭城支中心在共享工程服务实践过程中，以群众的需求为导向，积极探索，服务群众生产生活，引领群众高尚精神文化生活，打造群众喜爱的文化服务新平台。根据恭城水果种植和养殖业初具规模的特点，我支中心利用共享工程的资源，制作成光盘，编印文字资料，每年到各乡镇播放水果种植和养殖科技教育影片，给农户发放技术资料等。

为满足公众的精神文化生活，支中心免费开放多种服务内容：借阅室、报纸期刊阅览室、地方文献收藏室、少年儿童阅览室、电子阅览室、多媒体阅览室；免费提供馆藏文献资源借阅、检索与咨询、公益性讲座、影视片展播、辅导培训、流动服务等，每年为老年人和少儿免费进行电脑培训班。

七、宣传推广

利用各种渠道宣传推广共享工程，组织群众喜闻乐见的文化服务，使共享工程走进群众生活。例如：2008年，开展庆祝改革开放30周年"文化繁荣　岁月如歌"服务活动，结合全县科技三下乡活动，用文字和图片等形式介绍共享建设情况。2011年，在县城广场举办"世界非物质文化遗产宣传"活动；与有关部门配合，在举办图书馆宣传周活动、全民读书月活动和十月科普大行动等活动中，介绍和宣传共享工程的建设和推广情况。2012年，开展"文化共享带回家"活动，发放宣传资料和科技影像1000多份；围绕4月23日的"世界读书日"，开展"图书馆宣传活动周"活动，在县城广场展阅图书、杂志等，发放2000多份科普资料，向公众推荐100多种新书，重点宣传和引导读者阅读一批红色经典图书。

八、培训工作

恭城支中心在工程管理员的培养上实现了制度化和常态化。根据支中心的工作要求，每年对辖区内共享工程管理员进行4期集中培训。

九、管理和队伍建设

为使共享工程真正给民众带来实惠，恭城支中心将共享工程日常管理纳入制度化管理。制定支中心、乡镇、村（社区）基层服务点工作职责和制度，实行制度上墙公开。每年制定年度工作计划，年中有工作总结，年末有年度工作考核，并推行管理员工作日志管理，收集整理共享工程服务活动的信息，总结经验教训，探索共享工程的管理和服务模式。

恭城支中心在管理员队伍建设上，坚持明确职责，明确思路，制度化管理，常态化培育。对于乡镇、村（社区）基层共享工程管理上择优选取文化层次较高，有一定社会基层管理服务实践经验的人员为管理员或兼职管理员，使他们能尽快熟悉掌握共享工程设备，为所在地民众服务。对支中心管理人员，通过加强自学和参加培训相结合的形式，不断提高业务素质。每年支中心都选派人员参加上级各种共享工程的业务培训班。

十、工作展望

恭城文化资源共享工程的建成虽然只有不到5年的时间，由于有上级文化和图书管理部门以及各级人民政府的大力支持和关心，每年投入充足的经费，确保共享工程各项活动的正常开展。同时，经过全体共享工程管理人员的不懈努力，恭城文化资源共享工程得到全县人民的广泛认识和积极参与，成为全县各族人民文化生活的一大支柱，成为繁荣恭城文化，丰富恭城人民精神生活，推动恭城人文科技进步的强大动力源泉。展望未来，恭城支中心全体管理人员将继续抓好支中心和乡镇、村基层服务点工作人员队伍建设，加强技术培训和指导。挖掘、整理和制作富有恭城地方特色的文化信息资源，建立地方特色数据库。加强与农村党员干部现代远程教育工程的合作，完善以县支中心为基础平台和枢纽，以乡镇、村基层服务点为重点的文化信息资源共享网络。利用共享工程信息平台，为广大读者，特别是农村读者提供优秀的文化信息资源，提高网络信息服务水平和利用率，为丰富人民群众文化生活，提高人民的科学文化素质，促进我县文明和谐、社会进步作出更大应有的积极的贡献！

（撰文/恭城县支中心）

柳州市支中心

柳州，又称龙城，全市辖6县4区，总面积1.8万平方公里，总人口372万。柳州市文化信息资源共享工程建设在市文化局的正确领导下，在各级文化主管部门的大力推动下，取得了丰硕成果，初步实现了优秀文化信息资源在全市范围的共建共享，推动了覆盖城乡的公共文化服务体系的构建，为改善城乡基层文化服务，切实保障人民群众的基本文化权益，发挥了重要作用。

一、基本情况

2002年初自治区文化厅与财政厅共同策划实施广西壮族自治区“文化信息资源共享工程”及制定了《广西文化信息资源共享工程项目实施方案》。柳州市图书馆积极响应，主动向柳州市文化局和市计委递交了关于建立广西“文化信息资源共享工程”柳州分中心的请示，并策划编制了《柳州市文化信息资源共享联网工程项目实施方案》。在市委、市府的关心下，在市文化局的具体领导下，柳州市文化信息资源共享工程于2002年7月获市计委立项，与此同时，柳州市图书馆在广西桂林图书馆的帮助下，建成开通了广西文化信息资源共享工程柳州市分中心，并安装完成了“全国文化信息资源共享工程”的部分资源和信息资源共享系统。至此，柳州市图书馆成为广西第一个上网提供服务的地市级公共图书馆，广西第一个建成的广西文化信息资源共享工程市级分中心。

到2012年年底，中心已配有服务器4台，供读者使用的计算机50台，本馆局域网通信主干带宽100M，通信专线10M。主要利用网络、卫星和移动硬盘的方式接收共享工程资源。为同时接待大批量的读者服务，本馆还配备了大型的夏普、联想投影仪各1台，100英寸、150英寸的幕布各1块。

二、管理和队伍建设

为加强对柳州各级中心的管理，充分发挥文化信息共享工程在公共文化服务方面的作用，丰富基层群众的文化生活，保障人民群众的文化权益，柳州市支中心制定了各级中心的工作制度和职责，并定期巡查，每年审核总结和第二年工作计划。柳州市支中心非常注重人才培养，并逐步建立了一支懂业务、善管理的队伍。培养和引进一批高水平的资源建设、软件开发、网络维护的技术人才，以保证共享工程网络的正常运转。

三、培训工作

市级中心和各级中心通过集中培训、远程培训等形式，开展了形式多样、内容充实的培训工作，提升了工作队伍的业务能力和综合素质。2003-2011年期间各级培训班共举办培训班（讲座）300余期（场），培训人员1.1万余人次。

四、经费投入

柳州市文化信息资源共享工程于2002年7月获市计委立项，由市财政分两期拨专项经费60万元。通过两年的建设与应用，共享工程在柳州产生了良好的社会效益，市财政2004-2009年又增拨专项经费95万元，主要用于柳州市图书馆中心机房和资源加工设施建设。

五、资源建设

柳州市支中心重视共享工程的可持续发展，加大资源加工、数据库建设投入，保证共享工程的资源优势。积极加强数字信息资源加工工作，目前已具有全国报刊索引数据库（1957-2003年）、中文科技期刊篇名数据库（1989-2003年）、中国人民大学书报资料中心复印报刊资料全文数据库（2000-2003年）、人民日报五十五年图文数据库、农业技术光盘（97件）、新中国舞台影视艺术精品选（建国50年优秀影视作品500部）、中国共产党历史（59件）、法律法规大全（6件）、馆藏图书期刊配套光盘（2779件）、电视连续剧VCD光盘、名著名片（218部）、图书光盘2013碟，及数字图书2.5万册，共计3300G。

柳州市支中心采集、制作了染织刺绣、民间玩具、民间雕塑、民间剪纸、古傩面具、风筝彩扎、木版年画、木偶皮影、民间陶瓷等中国民间美术数据1200多条及名人、作品数据库。每年将继续扩大电子文献采购，重点采购与柳州地方经济建设和社会发展相适应的数字图书、期刊全文数据库等，包括经济信息；工业、农业信息、实用技术、百科知识等。引进大型数据库镜像站，如国务院发展中心研究中心信息、中文科技期刊全文数据库等。

柳州市支中心从实际出发，努力开辟共享工程纵深发展新思路，构建各类主题的专题网页，并以此为基础，打造我馆专题数据库，增强资源建设的实用性和可持续性。为迎接“21世纪柳州发展论坛”，响应柳州市提出的“解放思想，扩大开放，再造一个工业柳州”号召，制作了“再造一个工业柳州”专题网页；为第三届柳宗元国际学术研讨会在柳州召开，制作了“柳宗元文化”专题网页；为引导青少年正确使用网络，构建安全、健康、便利的网络环境，促进青少年上网学习、交流和创新活动，制作了“未成年人”专题网页等。

六、合作建设

2004年2月柳州市图书馆和桂林图书馆、南宁市图书馆共同申报建立广西“共享工程”资源元数据检索共享平台，并于2004年6月获区文化厅批准。

2007年，根据“共享工程”国家管理中心制定的《全国文化共享工程资源建设方案》，为积极配合广西图书馆和广西桂林图书馆两个省级分中心的资源建设工作，柳州市图书馆结合柳州文化实际，承担起了“刘三姐文化”（与广西桂林图书馆合作建设）、“柳州奇石文化”和“三江农民画”三个主题资源的建设工作，并成立专题资源建设小组，在几个月的时间里，共收集刘三姐文化主题资源数据1500多条（其中图片100多幅），整理了350多条数据；奇石文化主题资源收集了近800条数据（其中图片300幅），整理了200多条数据。三江农民画主题资源收集了300多条数据（其中图片280幅），整理了100多条数据。同时，在技术人员的努力下，著录工作于8月全部完成，并顺利通过国家中心验收。

在社区、乡镇基层建设方面，共享工程网络已快速向我市的乡村、社区延伸，在桂中地区起到了中心和示范的作用。我市实行国家、自治区、市三级政府扶持城区乡镇、政府配套等政策，鼓励自筹或引进资金，建立乡镇、社区图书馆电子阅览室，随着各级资助设备的到位，我市建成“共享工程”基层中心20个。

七、利民惠众，惠农服务

柳州市对共享工程有充分的认识，真抓实干，使共享工程在广西工业重镇柳州得以立足与发展，并向乡村、社区延伸。柳州市“共享工程”自2002年12月全面开展以来，在市文化局领导下，市图书馆工作人员，多次深入基层，下乡镇、到社区、进企业，开展了大量的工作，每年下乡镇，村屯30余次，社区100余次。深受广大群众欢迎。

八、宣传推广

柳州市支中心从实际出发，努力开辟共享工程纵深发展新思路，构建各类主题的专题网页，并以此为基础，打造我馆专题数据库，增强资源建设的实用性和可持续性。为迎接“21世纪柳州发展论坛”，响应柳州市提出的“解放思想，扩大开放，再造一个工业柳州”号召，制作了“再造一个工业柳州”专题网页；为第三届柳宗元国际学术研讨会在柳州召开，制作了“柳宗元文化”专题网页；为引导青少年正确使用网络，构建安全、健康、便利的网络环境，促进青少年上网学习、交流和创新活动，制作了“未成年人”专题网页等。柳州市文化共享工程紧紧围绕国家社会生活的重大主题，进农村、进社区、进企业、进校园、进军营，传播先进文化，服务民生热点，受到群众的广泛欢迎，2003-2011年期间全市累计超过57万人次享受到了文化共享工程的服务。

九、工作展望

十年来，柳州市共享工程充分发挥了资源与技术优势，在传播先进文化、提高全民素质、建设学习型城市、学习型城乡方面发挥了作用。今后，我们必须坚持文化共享工程的公益性质不动摇，继续面向基层、服务民生，认真汲取成功经验，深入分析存在的问题与不足，采取有力措施，进一步推动柳州市文化共享工程又好又快发展。

（撰文/柳州市支中心）

柳州市柳南区支中心

柳南区辖区面积164.19平方公里，总人口约57万人，辖1个镇、8个街道，21个行政村、60个社区。近年来，柳南区全力建设更高水平的广西经济强区和全面发展先行区，在打造广西县区最强先进制造业基地、最大现代商贸物流中心、最美新农村、最富裕城区的同时，高度重视公共文化服务体系建设，从落实科学发展观、构建和谐社会的高度，把实施文化共享工程作为统筹城乡发展，推进社会主义新农村建设，完善公共文化服务体系的重要惠民工程全力加以推进。

一、基本情况

截至2012年12月，柳南区文化设施已建成1座城区图书馆（馆内藏书2万多册，为辖区居民办理《借书证》102本）、1个太阳村镇文广站、24个社区图书馆、26个农家书屋、51个社区书屋、27个社区艺培中心、5个社区文化活动中心、9个村文化室、11个社区报刊服务中心、5个外

来务工文化活动中心、2个村级文化活动中心，为开展共享工程夯实了基础，提供了有利条件。截至2012年底，柳南区文化共享工程经费投入总额达165万元，其中自治区投入40万元，柳州市投入25万元，柳南区财政配套投入100万元。这些经费主要用于采购书籍、设备、电脑、多媒体投影、DVD、VCD、移动硬盘等网络硬件设备。目前柳南区已建成共享工程城区级支中心1个，太阳村镇建成镇基层服务点1个，100%的村委会建成村级服务点21个，初步形成了城区、镇、村三级服务网络。柳南区文化共享工程数字资源建设总量已达到城区图书馆建馆要求，包括艺术欣赏、农业科技、文化教育、知识讲座等视频资源。

二、培训工作

柳南区文体局先后2次组织城区、镇街道、村社区管理人员5人次参加自治区举办的2次共享工程培训班，参训人员基本掌握了共享工程的有关知识。区文体局还举办共享工程培训班3期，共95人次参加，培训镇街道和村社区服务点技术人员，学习业务知识，轮流上机操作，还邀请柳州市中心技术人员经常到各镇街道、村社区基层服务点进行业务指导。通过经常性的培训学习，柳南区已建立了覆盖城区、镇街道、村社区三级共162人的共享工程工作队伍，从人员上保证了共享工程的开展。

三、活动开展，服务情况

文化共享工程的最终落脚点是服务基层。为了满足群众求知、求富、求健康的需要，柳南区各基层文化服务点因地制宜、开展了形式多样、内容丰富的服务活动，探索不同服务模式，拓宽服务范围，带农民致富、乐群众生活、长百姓见识，惠及了一批又一批普通老百姓，为近5万多人次提供了服务。与市图书馆、市新闻出版局联合举办大型读书活动2次，与镇（街道）、村（社区）联合举办了21次读书、讲座、演讲比赛等活动。柳南区将实施文化共享工程与数字图书馆建设，创建文明城市、文明城区、文明镇村（社区）、文化先进城区等紧密结合，使文化共享工程服务渗透到城镇的各项工作中。

四、荣誉奖项

柳南区文体局荣获了2007—2009年度柳州市农家书屋建设工作先进城区一等奖；柳南区南环街道办事处荣获2007—2009年度农家书屋建设工作农家书屋优秀示范点；柳南区南环街道办事处新云村的刘振光、太阳村镇山头村的韦秀许荣获2007—2009年度农家书屋建设工作优秀农家书屋管理员称号。柳南区文化和体育局荣获柳州市2010年度农家书屋建设先进单位；柳南区太阳村镇上等村农家书屋荣获柳州市2010年度农家书屋建设示范

点；柳南区太阳村镇上等村覃正敖荣获柳州市2010年度优秀农家书屋管理员；文体局荣获2010年“我的书屋，我的家”—全国农家书屋阅读讲演大赛广西赛区“优秀组织奖”；荣获柳州市比赛一等奖2名，三等奖2名。

五、工作展望

“十二五”期间，柳南区文化共享将努力实现转型升级：从单一的文化信息资源共享到全面的公共数字文化服务。文化共享工程争取全面进入公共文化服务的各个渠道，在公共文化的各个领域发挥先进性作用，依靠数字文化资源实现公共文化服务均等共享。今后，柳南区文化共享工作重点将从侧重工程设施建设向侧重管理服务转变，建设方式将从铺摊建点的规模化建设向专业化和品牌化转变，发展模式将从单一化向社会化转变。未来，随着文化资源的日益丰富和基层服务点的普及，一个立体、多样化的文化服务渠道将为柳南区建成更高水平的广西经济强区和全面发展先行区提供越来越强的动力。

（撰文/柳州市柳南区支中心）

柳江县支中心

柳江县辖11个镇和1个乡，行政区域面积2539平方公里，总人口54万。柳江县文化共享工程在自治区分中心、市文化局的领导和部署下，以繁荣社会主义先进文化，提高广大人民群众的科学文化素质，促进社会主义新农村建设，构建和谐社会为目的，积极组织开展服务，把先进文化送到基层、送到农村，切实服务群众，丰富群众的文化生活。

一、基本情况

柳江县文化共享工程始建于2003年，第一批乡镇基层点建于百朋镇和洛满镇，之后全县各乡镇陆续建点。县级支中心建于2007年，国家下拨价值54万元的“文化共享工程”设备，县政府下拨16万元的配套经费，于当年年底建成。同年，乡镇和村级服务点也全面进入建设，现覆盖率达百分之百。柳江县文化共享工程支中心设在柳江县图书馆，是柳江县文化共享工程的建设和指导单位，担负着对乡镇、村基层服务点的管理、资源更新、技术维护、人员培训和绩效考核等职责。

二、管理和培训

为使文化共享工程真正为民所用为民谋利，柳江县支中心建立长效服务工作机制，成立长效服务工作领导小组，制订中、短、长期服务计划，做到每个活动都有活动计划和总结，并实行制度上墙和服务日志管理。

柳江县文化共享工程管理人员均是兼职人员，县支中心由县图书馆工作人员兼任，乡镇基层点由乡镇文化站工作人员兼任，村级服务点由村官兼任。为提高管理人员的管理水平，更好的推广、利用文化共享工程丰富的文化信息资源，柳江县支中心每年定期对各级管理人员进行业务培训，做到培训制度化、常规化。

三、服务情况

柳江县文化共享工程根据现有的文化资源，结合我县群众的需求，服务基层群众生产，丰富群众的文化生活。根据各乡镇农业种养特点和群众的需求，柳江县支中心到各乡镇举办各种科技讲座，每年制作农业生产技术光盘和编辑科技资料，通过乡镇、村级服务点发放给当地群众，如百朋镇重点是双季莲藕栽培技术，里高镇重点是种桑养蚕技术，成团镇重点是葡萄栽培技术，努力为我县农业生产服务。柳江县人口众多，为满足群众日益丰富的文化生活，柳江县支中心每年结合重大节日，配合县中心工作开展服务，如县第三届文化艺术节、春节晚会、元宵灯会、奥运会、读书日、六一儿童节、禁毒日等，我们为群众献上丰富多彩的活动，有精彩的电影、书画展、游园活动、各类讲座等。

在服务活动中，柳江县支中心还重视对中老年人及未成年人的服务，举办了2期中老年电脑入门免费培训班，与壮语言文学校开展了主题为“我参与，我收获”的“社会大课堂”实践活动，关爱中老年人和未成年人。

四、工作展望

柳江县文化共享工程对提高农村农民信息化水平，丰富广大人民群众的精神文化生活，促进社会主义新农村建设，构建和谐社会等方面都起到了重要作用。今后柳江县支中心将在上级领导的大力支持下，努力建设一支专业化服务队伍，大力推广文化共享工程，拓展服务，让更多的群众参与到文化共享活动中来，更好地服务柳江的经济建设、社会建设，服务新农村建设，促进全县各项事业快速发展。

（撰文/覃庆华）

柳城县支中心

柳城县全县总面积2109.78平方公里。柳城县行政区划共有12个乡镇，下设121个行政村和16个社区，全县总人口约41万人。在桂林省级分中心和县文体局的大力支持和指导下，柳城县文化资源共享工程的各项建设进展顺利，为提升基层公共文化设施水平和服务能力、推动农村基层文化繁荣发挥了重要的作用。

一、基本情况

柳城县文化资源共享工程（以下简称共享工程）的建设工作始于2008年3月。同年10月，共享工程柳城县支中心建成并投入运行。2009年，共享工程柳城县乡镇和村基层点的建设全面铺开，至2011年11月底，柳城县建成1个县级支中心（设在柳城县图书馆），12个乡镇服务点（乡镇覆盖率100%），121个村级服务点（行政村覆盖率100%）和6个社区服务点（社区覆盖率37.5%），基本形成了覆盖城乡的服务网络体系。

二、网点建设

县支中心和所有的乡镇、村服务点都按照上级文件的标准配齐了设备。其中，县支中心按照68万元的标准进行配置，建设了机房和电子阅览室，配备了计算机、服务器、摄像机等一大批现代化先进设备；各乡镇点配备了价值5万元的电脑设备；各村级点配备了价值5000元的投影设备。

三、经费投入

从2008年至2011年，柳城县财政拨付给共享工程柳城县支中心的经费总额共24万元（其中建设经费10万、运行经费14万），基本解决了县支中心的经费问题。2011年开始，县图书馆获得国家下拨的每年19.2万元免费开放经费，县支中心的运行费用从免费开放经费中支出。

四、管理和队伍建设

电子阅览室是共享工程开展服务工作的主要阵地。县支中心从开放之日起就逐渐建立了《岗位职责》、《设备维护和故障处理登记》、《设备借出登记》、《电子阅览室管理暂行规定》、《读者上机登记》、《交接班记录》等管理制度和工作记录，努力实现工作规范化，管理制度化。大力抓好引导未成年人健康上网的工作，坚决执行在学校授课期间不接待未成年人读者、严禁浏览各种不良网站、未成年人每天上网时间不得超过两个小时、严格做好上网登记等规定。

县支中心现有专职管理人员2名、兼职1名，均通过相关培训并取得合格证。各乡镇点都配有一名以上专职工作人员，各村级点也有一名兼职工作人员。

五、资源建设

共享工程柳城县支中心在建成之初安装了国家中心、省分中心提供的数字资源2TB，并通过卫星接收系统接收国家中心数字资源约300G；之后，在县支中心电子阅览室安装了《县级数字图书馆推广计划》的资源、共享工程国家中心下发的电影、讲座等光盘资源以及从桂林分中心下载的各种农科资源约1.2TB。目前，县支中心局域网内的资源总量达3.5TB。从2012年开始，在桂林分中心的支持下，在县支中心电子阅览室内就可以访问桂林分中心的部分数据库资源。县支中心还积极采集各种地方文化资源，四年来，县支中心拍摄了在该县举办的各种大型文艺演出、地方文化盛会等活动视频20多场次。

六、惠民服务

1、阵地服务井然有序。共享工程柳城县支中心电子阅览室每周开放时间不少于60小时，平均每年接待读者约20000人次。电子阅览室的管理员还协助用户查询资料、解答咨询，平均每年解答读者咨询200条以上。

2、流动服务不断拓展。为充分发挥共享工程先进设备和优秀资源的作用，县支中心通过主动上门服务的方式，把共享工程大量的文化、科技资源送进农村、社区、军营、机关单位和校园。自2009年春节以来，下乡播放电影二十余次，发送刻录光盘近千张，组织开展征文比赛、节庆游园、书展、摄影美术书法展等多种群众文化娱乐活动，直接服务群众超过10万人次。

3、免费培训树立形象。从2009年开始，县支中心创新推出一系列免费培训活动。四年来，共举办各种免费培训54次，内容涵盖电脑基础培训、提高培训、少儿网页制作、网站制作、课件制作、办公常用软件、少儿书法、英语沙龙、文化讲座等等，直接培训人数超过1000人，有大约9000多人次到馆参加学习。服务对象除了少年儿童、城镇居民、干部职工外，还包括残疾人、军人等特殊群体。

七、培训工作

柳城县支中心非常重视管理人员的培训工作，派骨干参加了上级中心组织的每一次培训，并积极组织人员收看国家中心举办的远程培训讲座。县支中心每年都举办全县共享工程基层管理人员培训班，邀请乡镇和村级点的管理人员到县支中心集中培训，指导他们如何使用设备、如何规范管理和有效开展服务。

八、荣誉奖项

几年来，柳城县支中心取得了可喜的成绩。2009年，以该县支中心利用文化共享工程引导青少年健康上网为内容拍摄的短片《解铃还须系铃人》获共享工程国家管理中心选为优秀服务案例；由县图书馆馆长韦柳英同志撰写的同名服务案例文稿获全区服务案例优秀奖；县支中心在2011年桂北地区"颂歌献给党——庆祝中国共产党成立90周年群众歌咏活动"视频拍摄比赛中获三等奖；2012年，县支中心摄制的服务案例视频《免费的"午餐"》获广西分中心和广西桂林分中心共同举办的《文化共享在基层》专题片拍摄竞赛一等奖。

2009年、2011年，在第一、二届"文化共享杯"知识与技能竞赛桂北地区选拔赛上，柳城县代表队蝉联团体冠军。2011年10月，县支中心的梁家崧入选桂林代表队参加了在杭州举行的第二届"文化共享杯"全国文化共享工程知识与技能竞赛全国总决赛，获优秀选手奖。柳城县支中心少儿网页培训班学员的作品在各级中小学生网页制作大赛中屡获佳绩，目前，已获得国家级比赛三等奖2名，自治区级比赛一等奖3名、二等奖5名、三等奖7名、两个最佳创意奖的好成绩。支中心指导老师何震军多次获得"优秀指导教师奖"。

九、工作展望

四年来，文化共享工程已经逐渐得到柳城县广大群众的认同和欢迎。今后，柳城县支中心将继续加强队伍建设，努力打造出一支有较高专业技术水平的管理员队伍；重点抓好地方特色文化资源的建设，通过拍摄专题视频的方式采集地方特色文化资源；进一步加强县支中心网站和局域网的建设，不断提高自动化管理和服务水平；同时，重点扶持几个乡镇点和村级点，总结出好的经验，全面推动其它基层点的工作开展，让鲜艳美丽的"文化共享"之花在柳城的广袤热土上尽情绽放！

（撰文/柳城县支中心）

融水苗族自治县支中心

融水苗族自治县现辖4镇16乡，全县总面积4638平方公里。总人口50.6万人。融水县支中心充分发挥文化共享工程的作用，面向基层、面向农村积极开展数字信息服务，紧密结合农民脱贫致富的需求，倡导他们读书用书、学文化、学技能，普及先进实用的农业科技知识，积极引导广大农民群众崇尚科学，破除迷信，移风易俗，抵制腐朽文化，并根据时代的特点和广大群众精神文化需求的变化，充分利用全国文化信息资源共享工程的优势，不断充实活动内涵，创新活动形式，为繁荣农村基层文化发挥了重要作用。

一、基本情况

融水县文化共享工程建设开始于2008年，最初在我县图书馆、永乐乡文化站、和睦镇文化站、怀宝镇文化站、汪洞乡文化站和滚贝乡文化站及12个行政村安装。2009年，在融水镇文化站、四荣乡文化站、香粉乡文化站和三防镇文化站及99个行政村安装完毕。2010年，在11个乡镇文化站及87个行政村安装，至此已基本覆盖全县所有的乡镇和行政村，设备已全部安装使用。村服务点和党员远程教育平台一起发挥作用。

共享工程融水县支中心设在融水县图书馆，是融水县共享工程的建设和业务指导单位，负责保障支中心共享工程设备的运行及电子阅览室的免费对外开放，指导乡镇基层服务点及村服务点设备的维修、活动的开展及管理员业务的培训。

二、管理和队伍建设

1、以共享工程融水县支中心为平台，大力加强人才建设和技术研发，整合各类资源，依托共享工程的海量资源和完善的培训网络，建立融水县文化信息共享工程素质教育网络培训基地。

2、构建基层服务网络，全面完成乡镇、村基层服务点建设任务，完善县、乡镇（街道）、村（社区）三级服务网络，推动数字化文化信息资源走进千家万户，实现“乡乡有，村村通，人人享”。特别是着重加强共享工程各级网络培训基地建设，逐步将全县各街道、社区基层服务点建设成为市民文化素质教育网络培训基地，将所有乡镇、村级基层服务点建设成为农民文化素质教育网络基地。

3、加强与县委党员“远程办”及县相关部门合作，生产提供更多贴近农村、贴近群众深受城乡群众喜爱的视频资源和特色数据库。进一步加强对基础服务点建设的技术指导，对文化共享工程管理人员进行业务培训，确保工程服务网络健康、正常运行。

4、加大管理力度，由自治县文体局、共享工程融水县支中心组成检查组，对基层服务点进行抽查，对管理和服务中存在严重问题的基层服务点责令整改。

三、培训工作

融水县支中心在共享工程管理员的培养上实现制度化和常态化。每年安排支中心管理人员和业务人员到桂林市分中心和柳州市支中心参加培训，组织乡镇文化站管理人员和业务人员集中到县支中心培训，到各个乡镇分别举办村服务点管理人员培训班。

四、经费投入

融水县支中心及基层服务点建设以来，自治县人民政府每年投入大量资金用于网络的接入、设备的维护和活动的开展，融水县图书馆每年也投入大量人力财力用于电子阅览室的开放和资源的建设。

五、资源建设

1、加强资源建设的科学规划，根据共享工程国家管理中心制定的资源建设标准和规范，制定本县资源建设计划和实施细则。

2、充分发挥县级支中心在资源建设上的示范作用，重点建设一批主题鲜明、体系完整、质量上乘、特色突出的数字资源库，着力打造《大苗山文化记忆》、《融水县多媒体资源库》、《融水县农业信息多媒体资源库》等精品资源。同时加强共享工程融水县支中心网站建设，不断丰富网站内容，增大信息量。

3、加大共建共享力度，指导、督促基层服务点积极开展资源建设，进一步丰富资源总量，增强资源的吸引力和适用性。在资源建设中，着重加强地方特色资源建设，注重对优秀传统文化的数字化抢救、保存与传承，提高具有自主知识产权资源的比例。

4、做好共享工程国家管理中心的资源接收和资源配送工作，以多种渠道将资源及时发送到基层服务点，确保各族人民群众及时共享国家中心的丰富资源。

六、宣传推广

我支中心在进行文化共享工程的宣传推广时多采用以下方式：1、利用融水县少数民族坡会多的特点到乡镇、村屯宣传共享工程。2、利用融水县文艺队多的特点，在村屯演出的时候宣传。

七、工作展望

1、进一步完善共享工程县级支中心管理办法和相关制度，建立健全长效管理运行机制，确保各项工作有组织开展、有专人负责、有经费保障，逐步将共享工程由建设工程变为常态的工作，充分发挥服务功能和作用，确保全县范围内各族人民群众都能够享受到共享工程的数字化服务。

2、积极争取各级财政支持，建立经费投入保障机制，确保县级支中心的人工、日常管理、设施配套等运行经费得到落实，并纳入当地财政预算。

3、建立工作激励机制，争取自治县人民政府的支持，对共享工程建设、管理、服务工作成绩突出的乡镇和村予以奖励，调动各地做好共享工程工作的积极性。

（撰文/融水苗族自治县支中心）

梧州市支中心

梧州市总面积1.26万平方公里，市区面积1097.2平方公里。人口310.15万。梧州市文化信息资源共享工程建设实施以来，在梧州市文化新闻出版局，广西桂林图书馆的部署和指导下，稳步发展，以资源建设和资源服务为重点，为构建我市公共文化服务体系，保障各基层群众的基本文化需求，传播中华优秀文化作出最大的努力，并取得显著的成效。

一、基本情况

“文化共享工程”梧州市支中心于2008年4月启动建设，2009年1月成立梧州市图书馆共享工程建设领导小组，2009年3月梧州市文化局、梧州市图书馆与广西文化厅社会文化处签订“共享工程”建设责任书。2010年1月8日“文化共享工程”梧州市支中心正式向读者开放。中心设在有50多年历史的梧州市图书馆内，占地面积约140平方米，因特网接口为10兆光纤，局域网主干通讯能力为100M，拥有读者使用微机50台，办公用机5台，业务服务器1台，数据服务器1台，应用服务4台，硬体防火墙1台、网络核心交换机1台、楼层交换机5台、以及打印机、投影机、扫描仪等多台外接设备。2011年，梧州市文化资源工享工程开始普及进入乡镇行政村，实现100%的全覆盖。

二、经费投入

“文化共享工程”梧州市支中心自2010年运行以来，地方财政每年划拨4万元专项资金用于工程的运行、设备的维护、人员培训与宣传活动的开展。同时，梧州图书馆每年亦尽有限的资金投入支中心的资源建设、设备更新和各项活动开展，保证支中心正常运行。

三、资源建设

数字资源建设方面，一是通过卫星、互联网、镜像、移动存储、光盘等方式接收国家中心和省级分中心的视频资源和电子文献资源，内容涵盖文化遗产、戏剧、音乐舞蹈、曲艺杂技、少儿文艺、影视文化、农民致富信息、科普知识和医疗卫生等。截至2012年底已接收了343G的资源。二是发挥我馆文献资源优势，通过扫描、征集、拍摄等方式进行专题数据库和地方特色数据库的建设，截止2012年自建资源274G（其中视频134个，268G；报纸和古籍6G）；三是通过外购方式，购买维普期刊数据库，中国知网科普期刊数据库，博看畅销期刊数据库共2.48G。这些资源大部分发布在馆内局域网供读者利用，并为支中心开展好文化资源共享工作提供了坚实的保障。

四、管理和队伍建设

“文化共享工程”支中心的建设任务重，工作量大，为确保梧州市文化共享工程的顺利实施，更好地为群众提供优质的服务。支中心加强对各项工作的管理，进一步完善和落实各项规章制度，先后制定《电子阅览室规则》、《电子阅览室管理员工工作规则》、《电子阅览室值班记录和交接班制度》以及《市级支中心的功能和要求》等并全部公开上墙，落实管理人员工作职责，做到每月有工作总结、计划，年度目标完成情况等，并由馆领导进行监督。使支中心步入规范化、制度化的发展轨道。

人才队伍建设是文化共享工程建设的根本。梧州市文化共享工程支中心在工程实施初期，加大管理队伍的建设力度，在图书馆内选拔有计算机管理技术、资源加工技能以及熟悉图书业务，责任心强的工作人员担任中心的管理人员，现时中心有管理人员3名，全部大专、本科以上的学历。中心在人员管理方面做到制度化管理、

举办公益性讲座

明确工作职责、明确工作思路，坚持对管理人员开展制度化、常态化的培训工作，选派管理人员参加上级分中心举办的各类培训，国家管理中心的网络远程培训等等，并加强政治理论、业务知识学习，强化创新意识，力求建成一支思想觉悟高，专业技能扎实，创新意识强的共享工程管理员队伍。为提高“共享工程”支中心人员的工作技能，推动工程建设与服务，支中心连续三年组队参加省级分中心组织开展的“文化信息资源共享工程知识与技能竞赛”活动，获得广西“桂北地区文化共享工程知识与技能竞赛”决赛二等奖的好成绩。

五、技术支持

梧州市文化共享工程支中心作为市级支中心，与县级支中心相比，有着较强的技术力量，所以支中心担任起地区的技术支持，为各县级支中心、基层服务网点提供技术帮助，定期到各县级支中心和部分网点进行业务辅导，对提出的问题迅速作出响应并及时解决。

六、惠民服务

服务群众是文化共享工程建设目的，亦是共享工程建设的意义所在。梧州市文化共享工程支中心坚持公益服务原则，在服务活动的开展中，以群众的需求为导向，充分发挥共享工程的数字资源与设备优势，扩大文化共享工程服务面和受众面，努力开拓思路，广开服务渠道，创新服务模式，打造了一个个谓群众所津津乐道的服务平台。

1、“文化共享助春耕”活动：每年3-4月份的春耕时节，支中心根据本地区主要农作物，广泛在各共享工程网站、馆藏等查找相关资料，结合管理中心下发的“文化共享助春耕”资源制作成专题光盘和科技小册子，组织大量的农业书籍，到下属各乡镇开展服务活动（内容还包括农业知识猜谜、挂图展览、视频播放），累计服务农民群众6000多人，发放光盘资源1500多张，资料4000多份，农业书籍1000多册。

2、定期开展“老年人计算机”培训班，每年与老年大学合作，利用中心的设备资源和技术资源，开展“老年人计算机培训班”，使广大的老年人朋友走进计算机世界，享受互联网带来的欢乐，真正做到老有所学、老有所乐。

3、充分利用共享工程的优秀电影资源，开展系列特色电影展播活动，如“寒、暑假优秀电影展播”、“电影进社区进军营活动”等等，免费为各类读者、市民播放健康、励志影片近250多场，深受广大读者和市民的欢迎。

4、围绕各种活动主题，开展丰富多彩的文化专题活动。近年来，支中心紧紧围绕"世界读书日"、"全民阅读活动"、"图书馆宣传服务周"、"年货带回家"、"建党九十周年"、"喜迎十八大"等主题，以群众喜闻乐见的方式组织开展形式多样、内容丰富的活动，大大丰富了人民群众的精神文化生活。

5、为满足残疾人的精神文化生活，支中心与残联合作共建，在电子阅览室内设置残疾人坐席，安装读屏软件提供盲文网站接口50台，并利用"文化共享工程"视听资源，定期开展盲人听书服务。

6、与梧州市图书馆共同承办"鸳江讲坛"讲座活动，已举办上百场，服务群众共6万多人。讲座以其内容丰富、受众面广、交流便捷深受广大读者的喜爱。"鸳江讲坛"已然打造成为梧州市公共文化服务体系的一项服务品牌，肩负起履行社会教育职能，传播先进文化的社会责任。

七、宣传推广

在"文化共享工程"宣传推广方面，梧州市文化共享工程支中心利用各种渠道开展共享工程的宣传推广工作，利用电子阅览室的走道、宣传栏介绍"文化共享工程"，并定期更新最新动态；

电子阅览室每张电脑台都张贴共享工程宣传图标；定期组织全市各中小学生、社区居民、部队官兵到电子阅览室开展"文化共享工程"资源利用与培训活动，旨在宣传和推广"文化共享工程"各项数字资源；利用下乡镇、进社区、进军营、进企业、"鸳江讲坛"等系列活动，开展工程的宣传推广。

八、荣誉奖励

"文化共享工程"梧州市支中心建设点负责人卢文英被广西文化厅评为2003-2005年度广西文化信息资源共享工程先进个人。

支中心2009和2011年分别获得广西桂北地区全国文化信息资源共享工程知识竞赛团体二等奖；

2011年摄像制作选送《祝福祖国》视频作品，荣获桂北地区"颂歌献给党"——全国文化信息资源共享工程迎接建党90周年群众歌咏活动三等奖和最佳拍摄制作奖；

2012年3月支中心制作的《文化共享在基层》拍摄作品荣获广西文化信息资源共享工程领导小组办公室颁发"文化共享在基层—专题片拍摄竞赛"二等奖。

九、工作展望

梧州市文化共享工程支中心从正式运转对外开放至今已有4个年头，从刚刚开始的接收资源到现在的资源建设与资源服务，支中心为传承地方优秀传统文化，丰富本地区人民群众的基层文化生活做出积极的努力。

今后，支中心在国家管理中心、桂林省级分中心的指导支持下，努力把文化共享工程建设和数字图书馆建设有机结合起来，加大地方特色文化资源建设力度，逐步建成特色资源专题数据库；进一步加强队伍建设，加大网点管理员的培训力度，提高管理和服务水平；不断创新服务方式，搭建网络数字资源服务平台，扩大为群众服务的覆盖面；努力把支中心建设成为地方的信息中心，学习中心和数字文化中心。

（撰文/梧州市支中心）

岑溪市支中心

岑溪市全市总面积2783公里，管辖14个镇，277个村街居委会，总人口90多万人。浓厚的文化氛围，为文化资源共享工程的发展打下了良好的基础。

一、基本情况

岑溪市支中心自2007年加入全国文化信息资源共享工程建设以来，在桂林分中心的具体指导下，文化共享工程在我市得已顺利开展，电脑配备到位，经费到位、人员到位，在短短时间完成机房和电子阅览室的装修工作，接通光纤网络和卫星接收系统，在2009年1月正式启动。为了加快实现我市文化信息资源共享工程网络100%的覆盖率，我市又重点抓乡镇、村级基层点建设，到2012年止，我市共建成县（市）级支中心1个，乡镇基层中心14个，村级基层点255个，积极打造文化信息资源的"共享"平台，使文化信息资源共享工程服务在我市得到深入开展。

二、管理和队伍建设

我市领导高度重视全国文化信息资源共享工程的建设工作，由市文化和体育局成立文化信息资源共享工程领导小组，有关人员组成成员，建立了岑溪市支中心负责全市业务辅导工作，落实责任目标，做到有组织、有计划、有行动，制定市、镇、村各级服务点的发展规划，加强对业务培训辅导工作，按标准制作全国文化信息资源共享工程标识牌和各种健全规章制度及设备接收清单。市文化和体育局每年组织由局财会股、群文股、图书馆等职能部门组成的文化资源共享工程督查小组，对所有乡镇、村级服务点进行督查。督查活动开展情况，对电子阅览室是否正常运行、设备是否有遗失和挪用现象、专职人员是否落实、活动成果是否建立档案等方面实行领导问责制，确保设备万无一失，从而保障了群众文化权益，活动能够顺利开展。

三、重视宣传，扩大影响

加强在基层群众中的影响力，广泛宣传其作用和意义，让社会参与和共识，使各级领导和群众充分认识到这项惠民工程的重要性和必要性以及文化信息资源的可用性。利用广电新闻媒体、横幅标语、宣传车、报社等宣传工具对共享工程大力宣传，将文化共享活动与地方经济发展、社会文化有机结合开展，这样既可增强对共享工程在社会影响力，又收到立竿见影的效果。随着宣传力度的逐渐深入，在市民心中的影响也在逐渐加深，对文化信息资

到各乡镇学校为同学们送上优秀爱国影片

源更加了解，学会掌握和利用这一知识宝库。

四、数字资源建设

依托现有的电信宽带网络，我市开通了文化共享工程网站。拷贝了桂林分中心150TB数字资源。下一步将逐步构建起具有一定规模的、富有我市特色的文化信息资源库，并将通过互联网、移动存储、光盘复制等多种形式为我市广大人民群众提供高品质的文化服务。

五、培训工作

我市按照上级的有关要求，落实专人负责支中心的管理工作，注重人才培养，派出工作人员多次到桂林分中心进行业务培训。为了乡镇基层服务点的发展，举办了基层服务点管理员业务培训班，对14个乡镇基层中心和255个村基层点的负责人进行培训。在培训班上，市文化和体育局局长甘卫，支中心主任黄泽对文化共享工程建设经验以及我市今后的服务工作任务进行了部署；广西广电网络岑溪分公司设备安装专业人员对共享工程的网络建设作了细致的讲解，使各基层服务点人员能够掌握操作技能，通过卫星接收系统接收全国文化资源共享工程信息。

六、宣传推广

1、影视展播。充分发挥文化资源多的优势，传播优秀的中华民族文化，在多功能视听室定期推介优秀栏目、名家讲座、生活常识、优秀电影、地方剧目；周六、日上午在电子阅览室利用投影设备对少年儿童播放百部爱国主义教育影片和科普类影片，对青少年进行了道德教育，教导他们从小树立人生观，多读书多学知识为社会作贡献。支中心工作人员还深入到各乡镇中小学校园播放爱国影片，播放了《建国大业》、《决战汶川》等爱国教育纪录片，激发了同学们热爱祖国的情感，并解决了山区学生看电影难的问题。

2、走进校园。支中心为举办文化共享进校园活动，开展丰富多彩的阅读活动，为同学们挑选了历史地理、文学艺术、少年文化、动漫等优秀图书展和影视播放，举办阅读征文、百科知识问答、猜谜、书法比赛等有奖活动，开拓视野，在学习、生活中带来乐趣。为了庆祝中国共产党成立九十周年，支中心举办了《光辉岁月》大型图片展，庆“七一”网页制作大赛和电脑小报制作大赛，让他们利用多姿多彩的文化共享工程信息资源。

3、走进军营。为进一步丰富部队官兵的文化生活，延伸军民共建新路子，支中心利用“文化共享工程”平台的资源优势，组织武警官兵观看文化共享工程优秀影片，为驻地部队官兵送上新书和影视光盘，建立了“军民共建图书流通点”，把知识引入军营，引领广大官兵读好书、尽好义务、走好人生之路，在社会形成良好的阅读氛围。

4、科技服务。岑溪支中心通过深入调查，了解农民对现代科技信息和文化知识需求，促进地方经济产业发展，建立了重点科技联系村和联系户，实行科技跟踪服务，利用全国文化信息资源共享工程信息平台，下载家禽家畜饲养、花卉栽培、蔬果种植等实用科技信息，编印了《农村新技术》专刊，并印成科技资料发到全市重点专业户手中，帮助他们走向致富之路，每年配合市政府开展科技卫生文化“三下乡”活动，开展“文化共享助春耕”、科技图书集市、科普十月大行动等，现场发送科技资料和科技光盘，解答群众咨询，阅读需求调查，为广大农民提供新技术新信息，促进农业增产增收，收到了良好的社会效益。

七、工作展望

文化共享工程岑溪市支中心已走过五个春秋，在上级分中心的大力支持下，我市的文化共享工程建设开花结果，基层群众享受到了文化资源共享的丰盛大餐，丰富了当地群众文化生活，体现党和政府为民办实事的一项民心工程。今后我市支中心更应该面向基层、面向群众服务，以十八大精神为指导思想，落实科学发展观，加大文化建设缩小城乡文化差距，实现城乡一体化，扎实推进社会主义文化强国建设，为全面建设小康社会而奋斗。

（撰文/黄 泽、刘美秀）

苍梧县支中心

苍梧县面积4273.4平方公里，人口61万人，辖12个镇193个行政村。苍梧县文化信息资源共享工程在苍梧县文化和体育局、广西桂林省级分中心领导和部署下，逐步推进，稳步发展，在新形势下为繁荣农村基层文化，满足农民多层次文化需求，传递中国民族优秀文化资源发挥了重要作用。

一、基本情况

全国文化信息资源共享工程苍梧县级支中心，在政府和有关部门关心支持下，建设开始于2009年，最初设立一个支中心，十二个镇和十三个村设立服务点。此后陆续在各个行政村铺开，实现全县共享工程193个行政村全覆盖。共享工程苍梧县支中心设在县城苍梧县龙圩镇苍梧县图书馆内，是苍梧县共享工程的建设和业务指导单位，负责保障县支中心共享工程设备的运行，协调县、镇、村三级共享工程设备的维修，指导镇村级共享工程活动的开展以及开展全县共享工程管理员的业务培训和指导。

二、管理和队伍建设

在县政府和有关部门关心支持下，安排了二个公益性岗位到我支中心工作。苍梧县支中心将共享工程日常管理纳入制度化管理。为了确保财产安全，实行24小时值班，每周开馆49小时，并且制定支中心、镇、村基层服务点工作职责和制度，实行制度上墙公开。每年年初制定年度工作计划，每月工作要点向局汇报，年末有工作总结考核，并推行管理员工作日志管理，记录当日电子阅览室运行、安全情况，收集整理共享工程服务活动的情况，探索共享工程管理和服务新模式。文化信息资源共享工程作为一个新的农村文化资源获取平台，如何推广好、利用好共享工程丰富的文化信息资源关键在于是否有一支专业化的共享工程管理员队伍。目前我县管理人员县级支中心为专职，镇、村级均为兼职。乡镇基层服务点和村基层服务点由于经费、人员等原因，基本没有开展工作，只有少部分电子阅览室开放。

三、培训工作

苍梧县支中心注重对共享工程管理员的培养。2011年6月对全县12个乡镇文化站站长进行了培训，并组织他们到桂林图书馆、灵川县图书馆、灵川县大圩镇文化站参观学习；多次派人到乡镇文化站开展指导、培训工作。

四、经费投入

苍梧县文化信息资源共享工程县财政每年投入8万元运维经费，用于共享工程设备的维护，聘用人员工资，人员培训和惠民活动的开展。同时苍梧县图书馆每年也投入大量人力物力支援共享工程各项活动的正常开展。

五、资源建设

苍梧县支中心在历年的工作中，根据不同区域民众文化需求，选取、编辑制作各类题材资源0.1TB，制作发放各类光盘10多张，展板168多块，发放宣传资料460余份，播放投影电影40场次，科技投影讲座16场次等。

六、利民惠众，惠农服务

苍梧县支中心在共享工程服务实践过程中，以民众的需求为导向，积极探索，服务民众生活生产，引领群众高尚精神文化生活，积极组织群众喜闻乐见的文化服务，使共享工程走进群众生活，我支中心举行各种免费活动。例如春节前下乡为村民写春联。举行读书有奖猜谜活动，举行图片展览，小学生电脑作文比赛，中老年、中小学生电脑培训班，书法培训班，各种讲座，播放投影电影等。

七、宣传推广

1、苍梧县支中心利用各种渠道宣传推广共享工程。在苍梧县每年的文化下乡，十月科普大行动，世界读书日。苍梧县支中心不失时机，以活动为平台，积极争取当地媒体介绍宣传共享工程，让民众不断了解共享工程进入共享工程。例如春节前我支中心下乡为村民写春联。梧州日报、今日苍梧进行了报道，我支中心举行的世界读书日活动和参加县举办的"十月科普大行动"活动，苍梧县电视台、《今日苍梧》均进行了报道。

2、走进校园。苍梧县支中心文化服务中不断探索，利用支中心电子阅览室，组织动员青少年儿童关注共享工程，利用共享工程，收集青少年知识兴趣点整理挖掘。同时按照分中心的部署，做好各项工作。举行了小学生电脑作文比赛，中小学生电脑培训班等。在文化部全国文化信息资源建设管理中心《关于开展2012年全国中小学生电脑小报设计比赛活动》中，我馆培训的李红萍、潘丽宇同学荣获"优秀奖"，我馆获得组织奖。在文化部全国文化信息资源建设管理中心开展的"2012年全国中小学生电脑小报设计比赛"活动中，苍梧县中山中学周思杏、李金霞同学的作品荣获中学组二等奖。这些活动使共享工程不仅走进农村，也走进校园、走进青少年。

八、安全建设

在安全方面做到领导重视，认真搞好安全生产消除安全隐患，积极开展消防工作，预防火灾事故，特别是重大特大火灾事故和群死群伤事故发生，建立了比较完善的安全生产各项规章制度和安全操作规程并严格执行，经常进行安全生产自检自查，电子阅览室人24小时派人值班，电子阅览室安装了《视频监控》。

九、工作展望

苍梧县文化信息资源共享工程已走过3个年头，从"昨天"的几个点到"今天"的193个行政村全覆盖，文化信息资源共享工程在苍梧县已经成为苍梧人民文化生活的一大支柱，成为繁荣苍梧文化，丰富苍梧人民精神生活，推动苍梧人文科技进步的强大源泉。今后苍梧县支中心希望在国家中心，桂林分中心大力支持下为苍梧共享工程建设一支专业化的服务队伍，建立一个国家、省、县三级知识网络联动的即时问答服务体制和服务形式更加多样，服务网点更加宽广，参与群众更加广泛的共享工程文化带动体系，为建设科技苍梧，文化苍梧做出贡献。

（撰文/苍梧县支中心）

藤县支中心

一、基本情况

藤县全县共17个乡镇，县辖行政区域面积3942.0669平方公里，总人口103多万人。全国文化共享工程藤县支中心设在藤县图书馆，是2007年被国家中心列入全国文化信息资源共享工程试点单位。在上级部门的关心和支持下，落实了地点、经费和兼职人员。经过2008年一年的努力筹建，藤县支中心终于得到了文化部的验收通过，并于2009年1月1日正式对外开放。

1、支中心基础建设及网点分布。藤县支中心占建筑面积200平方米，其中中心机房10平方米设有配备有卫星设备、交换机、防火墙、服务器、存储设备、视频采集加工设备、不间断电源、投影仪、防毒软件等；电子阅览室面积150平方米，有读者使用的终端机有53台等，为读者提供了一个绿色上网阅读及查询资料的良好环境；同时加上我县响应上级的要求，大力发展17个乡（镇）基层服务点和266个村级基层服务点，形成了一个设施齐全、设备先进的共享工程大网络，基本建成资源丰富、技术先进、服务便捷、覆盖城乡的数字文化服务体系，实现了我县共享工程村村全覆盖的大环境。

2、领导重视确保经费的投入。为了贯彻落实党中央、国务院关于加大全国文化信息资源共享工程建设的一系列批示精神，根据《文化共享工程"十一五"发展规划》和《文化部 财政部关于进一步推进全国文化信息资源共享工程的实施意见》的要求，为确保我县支中心的正常运转，能够更好地服务群众，藤县人民政府成立了领导小组促进共享工程工作的落实，并由县长亲自与区财政厅签订了责任书，明确落实县政府负责共享工程藤县支中心的中心机房建设所需资金，确保基础建设达到《全国文化信息资源共享工程试点工作方案》、《全国文化信息资源共享工程试点县设备配置标准》的要求。同时承诺县财政每年拨付不低于1万元的专款作为共享工程运转经费，确保县支中心正常运转；此外2009年藤县支中心还得到上级专项经费购买了文化共享工程科技下乡工作用车，使得共享这一惠民工程能更快更多更好的深入农村、深入农户。

3、加强领导，抓好队伍建设及规范管理。为了使我县共享工程真正为民所用为民谋利，成立了以县文化和体育局局长为组长的共享工程领导小组，将县支中心共享工程日常工作纳入制度化管理，规范支中心、镇、村基层服务点工作职责和制度，实行制度上墙，每年有年度工作计划，每月有工作要点，季度有工作督导，年末有工作总结考核，并推行管理员工作日志管理，整理共享工程活动的情况，探索共享工程管理和服务新模式。藤县支中心作为我县一个新的面向农村的高、新科技的文化获取平台，主要是应用现代科学技术，通过文化共享工程服务网络，实现优秀文化信息资源在全县范围内进行共享。所以共享工程领导小组为了使得我县共享工程能更好更快地为群众服务，落实了专人进行设备的管理和维护以及数据的整合和共享。乡（镇）、村一级基层服务点也作出了相应的人员调整，大大地充实了共享工程的专业人员队伍。藤县支中心为了能更好地开展工作，坚持常态化的继续学习，除了自身主动派工程人员外出参加业务培训外，还经常组织基层管理人员一起上来培训，使得整个系统有一支技术过硬的为民办实事的技术队伍。

4、合作共建争取技术支持实现资源建设。藤县支中心在建设与运行过程中注意馆际交流获取宝贵经验进行自身的提高同时和其他部门合作，利用各自的优势进行惠民活动，通过这种纵横的做法更加的完善了支中心的工作能力。目前为止，藤县支中心根据不同区域群众的文化需求，选取、编辑制作种类题材资源5TB，每年制作发放种类光盘1000多张，展板、海报100多副，发放宣传资料20000多份。

三、惠民服务

1、科技下乡活动进村入户惠及千家万户。藤县支中心在共享工程服务实践过程中，以群众的需求为向导，积极探索，引领群众高尚精神文化生活，服务群众生产，打造群众满意喜爱的文化服务新平台。到目前为止，支中心根据当地群众的生产需要，支中心聘请农业、林业、水产畜牧等专家并利用共享工程网络查找群众急需的资料印制成小册子深入农村，在村前屋后、山林田间进行科技下乡知识讲座70多场次，以及文化共享助春耕活动20场次，养生保健讲座3次，中老年人计算机基础知识培训班4期。共培训群众15000多人，发放20000多份。

2、宣传推广，关爱青少年。藤县支中心利用各种渠道宣传推广共享工程，除了科技下乡宣传外还与学校联合，组织动员青少年关注共享工程，利用共享工程，收集青少年知识兴趣点整理挖掘，针对集中的知识群和关注点，正确引导青少年健康上网。利用电子阅览室为读者不定期地播放优秀爱国电影60多场次，深刻的陶冶了青少年的思想情操，为加强和改进青少年的思想道德品质打下了坚实基础。面向学校，藤县支中心免费举办了网页制作、计算机平面设计、书法普及、少儿英语等培训班15期，同时还利用节假日为少年读者举办棋艺比赛等活动，充实和丰富了青少年的第二课堂活动。

四、成果

1、藤县支中心自建成以来，负责全县共享工程设备的运行，协调乡镇、村级共享工程工作及对乡镇、村基层服务点的管理、资源更新、技术维护和指导镇村一级共享工程活动的开展以及管理人员的业务培训和工作的指导。在上级部门的领导下，认真务实工作，积极开展各项惠民活动，利用共享资源针对不同需求的人群，设计了形式多样的服务活动，如知识讲座、网络查询少儿科普知识展播等等，吸引起了群众的眼球，激发了他们的兴趣，尤其是为青少年提供文化信息服务和绿色上网空间。通过这几年以来的工作，提高了思想道德水平和科学文化素质，最大限度地将信息资源转化为生产力，通过多种形式拓展服务范围、创新服务方式，将地方特色纳入共享工作服务内容，以群众喜闻乐见的形式使共享工程更加贴近基层、贴近生活、贴近群众。使广大人民群众走进文化共享工程，享受到文化共享工程带来的成果。使共享工程真正的家喻户晓，惠及千家万户的民心工程，成为社会主义新农村建设的有力的支撑。

2、藤县支中心在努力为民办实事的同时也不忘记自身的发展，在实施过程中加强与上级业务部门、县直各部门的沟通与协调，使共享工程服务群众更具针对性和时效性。同时还组织干部继续深入学习和积极参加上级部门组织的活动均获得了可喜的成绩：陈斌同志的摄影作品《共享工程培训班上的老姐妹》获得了全国文化信息资源共享工程2011年度摄影作品比赛一等奖；黄金梅撰写的《少儿图书馆对青少年健康利用网络的积极作用》荣获中国图书馆学会和全国中小型公共图书馆联合会论文评审委员会评为一等奖，并在《全国中小型公共图书馆联合会2012年研讨会》上交流发言，另一篇《县级公共图书馆电子阅览室免费开放存在的问题及对策》荣获中国图书馆学会和全国中小型公共图书馆联合会论文评审委员会评为三等奖，同时这两篇论文被中国民族摄影艺术出版录用并登载在2012年4月出版的《新时期•新理念•新课题—十二五期间中小型公共图书馆建设与发展》。

五、工作展望

1、进一步以藤县支中心、乡（镇）、村基层服务点为实施主体，加强基层文化设施网点网络化、数字化建设，加强文化、科技信息资源自动化、网络化建设和专业技术人员的培养，为深入推进共享工程的实施打好基础。

2、努力把文化信息资源共享工程用活、用好。积极采用支中心成熟技术，借助共享工程网络，大力开展公益性服务。尤其加强对广大农村地区的扶持力度，将文化共享工程建设成为社会主义新农村的重要支撑。

（撰文/藤县支中心）

蒙山县支中心

一、基本情况

蒙山县全县面积1279.34平方公里，辖3乡6镇，人口20余万人，汉族占大多数，还有瑶、壮、苗、侗等9个少数民族。蒙山县支中心的文化信息资源共享工程由蒙山县文体局承办，蒙山县图书馆是建设与实施的主体单位。工程依托现有的文化设施网点，与基层文化设施网点建设、资源建设、中小学远程教育网、图书馆网络化、数字化建设相结合，为全县读者提供全国文化信息资源网的信息资

源，逐步实现地区文化信息资源的共管、共建、共享。

2009年，蒙山县支中心按照文化部的统一部署，并根据《关于实施全国文化信息资源共享工程的通知》制定了实施方案，成立了领导小组和办事机构。县支中心设在图书馆内，县图书馆计算机网络中心负责与市级中心以及我省各基层中心联系，开展各项培训、业务交流工作；在图书馆信息咨询部内安排专人进行资源加工工作。

二、资源建设

县支中心自启动以来，以图书馆为依托，积极自建和接收国家中心，广西省级分中心配送的数字资源，拷贝了桂林分中心提供的数字资源3TB，电子图1TB，数字光盘500GB。自建数字光盘100GB。数字资源总量近5TB。已加工资源包括：视频资源片20MB、200余幅图片；在建的资源库还有蒙山名人、蒙山建筑、非物质文化等具有“蒙山文化”特色的文化信息资源库。除此之外，县还大力支持上级中心数字资源建设，积极征集蒙山山歌、蒙山瑶族婚嫁等本县非物质文化影像资源。

三、基层网点建设

蒙山县基层网点建设采取“示范引导，逐步推广”的办法，2009年我们精心选择蒙山图书馆安装建立了卫星接收站，建立了县第一个基层点。接着又为西河镇、新圩镇、文圩镇、黄村镇、汉豪乡等5个乡镇综合文化站等基层中心建立提供了有力的技术支持。2010年主动配合上级举办“宣传文化工程”建设活动，完成了8个乡镇等12个基层网点的建设。截至目前，全县总共建立县、乡镇基层中心以及村基层点13个。

四、经费投入

2009年，下拨的资金到位，使支中心的硬件设施得以投入使用。同时为了“共享工程”的建设与更好的发展，我们各基层点都有计划地利用图书馆免费开放费用配合资源共享建设。这些经费主要用在活动开展、知识培训、读者服务、馆舍运行维护（水电运行费、设施维护费、物业管理费）、电子信息设备（计算机设备维护、网络与宽带接入费）、人力资源、下乡辅导、宣传费上，我们力求用最合理的经费支出为全县人民提供最好的“精神粮食”服务。

五、信息惠农服务活动

1、阵地服务：“共享工程”阵地服务窗口主要是电子文献阅览室。县支中心电子阅览室有30台电脑，每天服务时间超过8小时，日均接待读者60多人次。在县支中心可以享受到“好书送下乡”光盘免费欣赏服务，读者可以在这里领到“共享工程”读书卡。县支中心积极为广大青少年构建网上课堂，免费放映一系列红色经典、交通教育系列影片。在全县开展保持共产党员先进性教育活动中，县支中心与蒙山镇永安居委会联合建立了“文化信息资源共享工程社区服务点”，进一步扩大了“共享工程”的影响。

2、服务基层：“火车跑得快，全靠车头带”，我们历来注重基层文化骨干的培训，并列入每年的工作日程，通过举办专题培训班和下乡驻点培训等形式培训基层文化骨干人员；通过送书下乡和书籍流通活动提高和解决农村图书少、读书难问题；利用图书馆馆藏和下载的电影资源积极送电影下乡；聘请业务专家到基层开展技术和文化讲座活动

3、丰富群众文化生活：去年中秋节，蒙山县支中心前往西河镇大塘村为当地群众放映了获奖小戏和优秀影片，增添了山村小镇的节日气氛；蒙山县图书馆通过举办读者座谈会，可以及时了解到读者的阅读需求并将读者的入馆意见收集起来及时整改，通过座谈会提高馆的服务质量并鼓励更多读者入馆阅览；积极参加县里组织的一年一度的群众文艺汇演，还开展了“文化进乡村活动”、“暑期优秀爱国影片展映活动”、“各类专题系列讲座”等，极大地丰富了人民群众的文化生活。

六、工作展望

加大工作力度，增强推进“共享工程”建设的责任感和紧迫感，争取得到县领导重视和县政府的政策支持。提出合理化建议，确保按时、高质量完成建设任务，实现覆盖100%的规划目标。进一步做好资源建设工作，提高资源建设的针对性和质量，力争建成《蒙山文化》、非物质文化等数据资源库。进一步完成共享机制，加强与农村党员干部现代远程教育与农村中小学远程教育工程的合作。争取资金、账户独立，落实县级支中心的人员编制，定期开展支中心职工培训，努力做到统一思想，提高认识和团队业务能力，积极行动，切实把工作做细、做好，全面提高支中心职工服务素质，以便更好地为全县人民服务。加强组织策划，改善基层服务，进一步提高“共享工程”的管理水平。

（撰文/莫 帆）

河池市金城江区支中心

一、基本情况

广西河池市金城江支中心于2008年7月组建，2009年5月8日正式对外免费开放。我支中心目前电子阅览室面积为500平方米，可上机电脑30台，开通10/MB光纤宽带网。配置高级防雷、USP、防火墙、高级路由器、数台中心服务器、卫星接收等设备。电子阅览室可以免费查阅《中国数字化期刊全文数据库》、《中国数字化法律法规全文数据库》、《维普考试资源系统》、《中国知网学术期刊》等电子资源。开通了《文化信息资源共享工程金城江支中心网站》，实现共享工程对外服务，并以国际域名的形式向市民全面开放，支中心网址：http://www.jcjlib.com/，点击即可随时进入，实现新版本共享工程

网站面向社会全面开放。

二、管理和队伍建设

我支中心门前挂牌，电子阅览管理规范，制度上墙，用LED电子显示屏公示开放时间，以及提前预告视频播放内容，按计划开展活动。为规范管理，提高基层点管理人员业务素质，每年派送两名管理人员到共享工程桂林分中心进行相关培训。现在管理人员熟悉国家和省中心资源，并能指导读者利用网络资源。队伍建设现有2人专职管理人员，1人兼职，聘请1人网络维护。

三、发挥优势，开展活动

在实施共享工程的过程中，不断拓展共享工程的服务内涵和方式，充分利用这一全新的工作载体条件，切实面向“四个走进”，即：走进农村、走进社区、走进学校、走进军营。使广大市民受益，并有良好的反映，受到了各级领导的表彰和社会的广泛赞誉。河池市电视台、河池日报、河池365网站等宣传媒体多次对我馆共享工程开展情况给予报道，开创了基层文化工作的新局面。

1、馆内活动丰富多彩

充分发挥支中心的阵地作用，在电子阅览室每周推介优秀栏目、名家讲座、生活常识、电影及优秀地方剧目，两月开展一次共享工程利用知识培训；每个星期五定期利用我支中心室外广场每周周五晚上播放科技种养等影片，常年坚持。利用每月月末的一个星期六上午，邀请专家或知名人士做客《红水河讲坛》，进行读书与人生、婚姻与人生等讲座，引导未成年人多读书，读好书，深受广大市民的欢迎。

2、走进农村、走进社区

随着我市进行城市化改造，农民、社区居民对待现代科技信息和文化的需要迅速增加。结合这一现状，我支中心深入调查，根据农民的需求，下载家禽饲养、苗木、花卉栽培等相关信息达5万多字，并印成资料分发到村民手中。送科技下乡是实施“共享工程”又一具体举措，结合城区的实际情况，我们有选择的提供科技知识，让广大农民不断感受到先进科学和现代文明。

社区，是共享工程服务对象里一个重要的群体，也是“基层文化”最大的受众。在社区服务上，我们开展了“优秀影片展播”活动。在金城江区东江镇东江社区、家道村、龙友村，保平乡纳六村、东兰县长江乡板隆社区、罗城县四把镇大梧村、都安县地苏镇地苏社区等10几个社区（乡村）进行了优秀电影展播，播放50余场次，接待观众7000余人。在送数字资源到农村进社区的同时，还根据农村社区需求，大力开展送流动图书到基层活动，在基层建立了8个流动图书服务点，为每个流动图书服务点铺垫流动图书300余册，每3个月更新流动一次，使基层图书室保持图书常新状态。全年更新流动图书达到20000余册次。

3、走进学校，关注留守儿童

为加强未成年人及留守儿童的思想道德建设工作，除了在支中心内针对未成年人开展的活动以外，还与教育局联合，深入各中小学校开展活动。为金城江区第五小学、第六小学、第八小学，金城江区第五中学等4所学校建立了流动图书服务点；其中第六小学、第八小学为城乡结合部小学，大部分是留守儿童，为此我支中心给这两所小学分别赠送了1000册图书及价值1000元的文体用品，并在我支中心和这两所小学共建社会实践基地；对不具备条件的小学，如金城江区特殊教育学校、下考小学、保平小学、加道小学等，利用支中心设备，到学校播放优秀影片和心理学知识讲座，开展爱国主义教育活动、加强思想道德建设，切实将加强和改进未成年人及留守儿童思想道德建设工作落到了实处。

4、走进少儿及老年人群体

开展为少儿及老年群体服务是文化信息资源共享工程工作的又一重点。我们坚持“贴近生活、贴近实际、贴近群众”的三贴近原则，对少儿及老年人群体开展了资源服务。如组织“河池市民族图书馆2012年少儿硬笔书法免费培训班”、“河池市民族图书馆2012年中老年毛笔书法免费培训班”、“小小图书管理员接受岗前培训”，参与培训的人员有400多人次，使他们获得了精神的食粮与文化的关爱。

5、走军营及特殊群体

为加强军民共建，丰富武警官兵们的文化生活，我支中心利用共享工程设备给武警河池支队的官兵播放爱国影片《建国大业》、《建党大业》等5部，赠送图书500册，举办了“红水河讲坛”第十六期——《开国少将韦祖珍》讲座，面向部队官兵开展以弘扬爱国主义精神，构筑社会主义核心价值观为主题的讲座，并以此来缅怀革命先烈，播扬红色精神。在今年“6·26”国际禁毒日到来之际，我支中心与市戒毒所共同举办“文化走进戒毒所”活动，目的是通过送读书、送关爱、送精神粮食，对戒毒人员实行人性化管理，给他们以灵魂洗礼，让他们重新树立正确的人生观、价值观和幸福观，丰富他们在戒毒所的文化生活，帮助他们更好的戒除毒瘾、心瘾。我支中心还组织“红水河讲坛”在市看守所举行《违法犯罪的案例分析》等讲座。

四、整合资源、共建共享

在利用共享工程中心网站资源和通过卫星投放的资源的同时，我们注重与国家中心和省级分中心的联系与合作，争取上级业务部门的支持整合各类资源，达到共建共享。如国家中心给我们配发了《共享知识和谐万家》《童心向党快乐成长》《文化共享助春耕》《文化共享心向党庆祝中共成立90周年》《文化共享工程夏日电影展播》等电子图书，我支中心向国家中心和省级分中心省提供了地方文献、红水河讲坛系列讲座、我支中心日常活动视频剪辑、河池电视台报道我支中心等光盘，我们按照“资源共享、优势互补、互利互惠”的原则开展协作共建，对内加大资源的采集力度，将宣传文化系统举办的诸多展览、节庆活动采集视频资料，并制成光盘资源，为我支中心特色数据库的建立做好了丰富的信息储备。

五、工作展望

几年来，共享工程从创建到全面开放，我共享工程支中心建设得到了大力发展和全面推进，各级政府和领导对共享工程的认识进一步加强，共享工程建设一定程度上由部门行为上升到了政府行为，经费投入稳中有涨，市、县区、街(乡)、社区(村)四级网络基本建成。今后，我们将重点抓好以下四个方面的工作：

1、加大宣传力度，争取各级领导的进一步重视，建立共享工程发展长效机制，健全工作协调机制，保证共享工程所需的场地、人力、财力、物力、技术，全面推进社区、村基层点建设，同时各级财政要加大对共享工程的投入，将共享工程运行经费单列，且逐年有所增加。2、加强共享工程的管理与服务，要始终把为读者服务放在第一位，通过共享工程设备，为广大读者提供信息咨询服务，开展讲座、报告会、读书竞赛等形式多样的公共文化活动，满足广大读者日益增长的多样化、个性化服务需求，全面彰显共享工程在履行公共文化服务职能、推动全民阅读热潮、传播科学文化知识等方面所起的重要作用和影响。3、努力抓好人才队伍建设，争取吸收一批专业知识扎实、乐于奉献、有经验的管理骨干，建设一支高素质的专业队伍，适应共享工程管理和发展的需要，加大培训力度，做好基层点的培训辅导，提高其服务能力。4、以文化系统内的文化资源（包括图书、戏曲、文物、书画等）为重点，大力整合开发全市各单位、各系统的文化资源，大力建设数字地方文化信息资源。

（撰文/河池市金城江支中心）

宜州市支中心

宜州市全市辖庆远镇、三岔镇、洛西镇、怀远镇、德胜镇、石别镇、北山镇7镇，祥贝乡、刘三姐乡、屏南乡、洛东乡、福龙瑶族乡、北牙瑶族乡、同德乡、安马乡、龙头乡9乡；下设180个村民委员会，30个社区居委会，2571个自然屯。全市63万人口，其中壮族人口39万人。

一、基本情况

县级支中心情况：宜州市文化共享工程从2005年12月开始起动，县级支中心设立在宜州市图书馆一楼，市财政投入5.5万元，建成了电子阅览室。2007年宜州市被确定为广西文化信息资源共享工程县级支中心建设点，在宜州市财政拨给地方配套资金12.43万元，新增了主机房，扩建了电子阅览室，国家中心配备的设备在2008年9月安装完毕并投入使用。宜州市财政每年都拨给支中心一定的运行经费。自治区配套给宜州市支中心工作用车已于2009年3月落实并投入使用，为下乡辅导共享工程基层点及宣传共享工程提供了便利。

乡镇基层中心、村级服务点情况：2005年12月建成德胜镇、洛西镇两个基层服务点。两个乡镇财政资金解决基本设施设备，并建电子阅览室。2008年宜州市上报并获批的乡镇基层中心有7个，村级服务点12个，2009年至2011年上报7个乡镇基层中心和160个村级点也已获批，各点设备已到位并安装调式完毕。至目前全市已建立21个乡镇基层中心和172个村级服务点，实现村村全覆盖。

二、管理和队伍建设

为使共享工程真正为民所用、为民谋利，宜州市支中心将共享工程日常管理纳入制度化管理，制定支中心、镇、村基层服务点工作职责和制度，实行制度上墙公开，每年有年度工作计划，年未有工作总结，收集整理共享工程服务活动的情况，探索共享工程管理和服务的新模式。加强队伍建设，每年派送工作人员到共享工程桂林分中心进行相关培训，专业队伍人员业务素质得到提高。

三、培训工作

做好本市乡镇基层中心、村级服务点建设工作和管理人员培训工作。我市支中心举办乡（镇）村基层点技术人员培训班，共有28个基层点管理人员集中到市支中心培训，在培训期间学员要现场上机操作并经考核成绩合格者发给合格证书。2011年11月在刘三姐乡马山塘屯举办基层服务点技术人员培训班，有75个基层点管理人员参加培训。支中心技术员经常下乡到各点现场培训管理员及技术员，指导他们开展共享工程工作，使共享工程的设备到基层后能发挥应有的作用。

四、经费投入

宜州市共享工程自2005年实施活动以来，市政府投入20多万元支援支中心建设和共享工程各项活动的正常开展，市图书馆每年投入近万元用于共享工程设备的维护，人员培训和惠民活动的开展，各乡镇村每年也投入一定的经费开展服务农民活动。

五、资源建设

几年来，宜州市支中心充分利用国家中心提供的丰富资源，有针对性的制作各类光盘820多张，展板23块，各类海报17幅，发放宣传资料3800多份。

六、利民惠农服务

1、开展共享工程进农村活动。讲求实效，有针对性的开展送科技下乡村活动。宜州市是全国最大桑蚕生产基地县市，全市养蚕户达9万多户，针对这一特色支柱产业，宜州市支中心深入到洛西镇妙调村等28个自然村屯，向群众放映科学养蚕科教片共35场次，下载、编辑加工整理有关种桑养蚕信息资料送发蚕农共计3.4万份，联合涉农部门下乡举办专题讲座和培训班共16期，效果很好。整合资源，为培养新型农民服务。一是电影下乡活动，经常在农闲或晚上下乡为群众放影爱国主义影片、戏曲、农技科普片等，几年来下到横山、大塘、祥和、妙调等27个自然村屯放影32场次，服务群众1.6万人次。二是培养科技致富带头人，紧扣农民种养殖需求，举办甘蔗、桑蚕、葡萄、养猪等培训班共19期，接受培训2730多人，培养了一批致富带头人。传播信息，引导农民致富奔小康。坚持向农民提供信息查询及科技服务，引导农民致富奔小康，为建设新农村提供技术支持。例如，2010年4

月开展的“文化共享助春耕”服务活动，下乡到同德乡龙顿屯等播放文化共享助春耕光盘资源，帮助农民群众丰富农业科技知识，提高生产技能，促进农业增产增收。

2、开展共享工程进校园活动。在世界读书日和六•一儿童节深入学校开展共享工程活动，为广大师生播放科教片和爱国主义影片。比如2009年六•一儿童节期间连续三天下午到市第三小学开展活动，为全校680多名师生放影科教片《动物王朝》等，得到师生的好评。六•一儿童节期间到本市中小学播放影科普片，还到市特教学校和市敬老院放影电影，为弱势群体服务。

3、开展共享工程进军营活动。为丰富军营官兵业余生活，宜州市支中心在节假日和建军节到军营开展服务活动，例如2009年元旦，到宜州武警中队与武警官兵共庆佳节，在中队会议室拉挂活动主题横幅，张贴“全国文化信息资源共享工程简介”宣传单，为官兵们播放了军事题材的纪录片和爱国主义教育影片，还现场介绍了共享工程优秀视频资源。2009年八•一建军节，宜州市支中心又到武警宜州消防大队，为官兵放影军事题材故事片，同时向消防大队集体外借书刊，这些活动既丰富军营生活又增进警民友谊。

4、积极开展共享工程专题服务活动。宜州市支中心积极响应国家中心和桂林分中心的号召，积极开展共享工程专题服务活动。比如2009年国庆当天到城北刘三姐音乐喷泉广场举办“国事盛典，文化印证”展览，在现场拉挂“祖国万岁，文化共享•庆祝新中国六十华诞”横幅，展览以图文的形式展现六十年来在党的领导下，文化战线产生的巨大变化和文化大发展大繁荣的历程，当天参观展览的群众达800多人次。

七、工作展望

宜州市支中心共享工程工作几年来虽然取得一定成绩，但还需进一步深化和完善，下一步工作打算：

要把文化共享工程与农村党员远程教育结合，将农村党员远程教育点作为文化共享工程村级服务点，在远程教育前端播出平台设立“文化共享工程”栏目，通过共建共用、资源共享，达到合作双赢，最大限度的发挥作用。充分运用摄像机、照相机等先进设备，大力收集适合当地发展的材料进行编辑处理，整合一些地方优秀资源，传送至宜州市支中心网站并报区级分中心，不断宣传文化共享工程的职能作用，让广大群众逐步了解与走近文化共享工程，使文化共享工程真正惠及千家万户。

（撰文/宜州市支中心）

南丹县支中心

南丹县全县总面积3916平方公里，辖7镇4乡，125个行政村、社区，居有壮、汉、瑶、苗、毛南、水、仫佬等11个民族，总人口31万。依托资源优势，我县经济得到迅速发展，民生改善、社会进步。与之相应的文化建设快速发展，县、乡、村文化服务体系建设，“共享工程”的实施，丰富了地方群众文化生活，促进地方经济发展和社会全面进步。

一、基本情况

2007年建设南丹县图书馆共享工程南丹县级支中心。“共享工程”南丹县级支中心设置于南丹县图书馆，投资70万元，（其中上级配送价值55万设备，县政府配套经费15万元），内设电子阅览室（80平方米，25台电脑），多媒体视听室（120平方米）、机房（24平方米），数据加工场（20平方米）。“共享工程”南丹县级支中心2008年12月建成开放。县级支中心自建成以来，县财政每年拨给6万元运行经费，用于设备维护、水电费、培训费、下乡辅导交通费以及开展的各项服务活动。

我县共享工程乡镇服务点设置于乡镇图书馆，村级服务点整合于所在村的农家书屋建设。2009年建成9个乡镇（车河、吾隘、罗富、芒场、六寨、月里、八圩、里湖、中堡）、28个村的“共享工程”基层服务点建设；2010年完成33个村级服务点建设；2011年完成大厂、城关两个镇基层中心，64个村级服务点建设。

目前，我县已建成共享工程县级支中心1个，11个乡镇基层中心（服务点），125个村级共享工程基层服务点，形成以县图书馆、乡镇文广站（图书馆）、村文化室（农家书屋）为依托的文化信息资源服务网络，完成全县乡村全覆盖。

二、队伍建设和业务培训

为保障“共享工程”服务工作的正常开展，我们注重抓好共享工程队伍建设和业务培训。县级支中心配备两名管理员，乡镇、村基层服务点配备专职或者兼职管理人员一名。县级支中心负责培训乡镇基层中心、村级服务点管理员。

2009年以来，县级支中心派员参加上级举办的共享工程培训班18人次；县级支中心举办的共享工程培训班2期，95人次，培训乡镇、村级服务点技术人员；县级支中心派员到乡镇基层中心举办培训班6期，培训村级服务人员达132人次，培训内容为上机操作，PPT制作、投影议使用等业务知识和设备操作技能。此外，县支中心业务人员根据需要到各镇、村基层服务点开展业务指导。

三、开放与服务

强化服务意识，开展文化信息资源的传播和利用，使县、乡村图书馆（室）呈现了多层次、多方位的文化服务繁荣景象。以县级支中心为例，免费开放电子阅览室，读者自由在知识海洋里遨游；开放的视听室（多媒体教室），利用幻灯软件制作精美的主题视频现场播放，让读者享受着时尚温馨的文化氛围。视听室既是读者和群众接受教育、听讲座、学习研讨的重要场所，又是宣传发布会、工作交流的平台，还是举办迎春会、座谈会、小型歌舞联欢晚会的好处所。

近年来，除了做好服务窗口的正常开放，还组织开展一系列免费文化服务活动，举办楹联知识讲座、中老年人电脑培训、中小学生书法普及教育培训、乡镇图书馆和农家书屋管理业务培训等，不断拓展服务领域。2012年，支中心举办中老年人电脑中级、初级培训班6期，培训人员200余人；举办诗词楹联、书法、美术讲座4期，培训人员300余人。

四、成绩与荣誉

利用文化共享工程信息平台，以图文并茂生动活泼的视频宣传方式，扎实开展丰富的文化惠民活动，传递着党和政府对人民群众的文化关怀，“共享工程”南丹县级支中心的工作得到了上级领导的充分肯定。

2011年12月14日，文化部全国文化共享工程督导组到南丹县图书馆视察，并观看了支中心制作的《共享工程在南丹》，督导组李宗伟副厅长（山东省文化厅副厅长）称赞道：“这里的管理非常好！”；

2011年9月参加“桂北地区第二届文化共享杯”共享工程知识与技能竞赛，南丹县获得团体三等奖，符雪梅同志获得十佳选手称号；

2012年2月，南丹县图书馆被评为“广西公共文化服务体系建设先进集体”，馆长蒋可煜同志被评为“广西公共文化服务体系建设先进个人”。

五、工作展望

1、继续抓好支中心和乡镇、村基层服务点工作人员队伍建设，加强技术培训和指导。

2、挖掘、整理和制作富有地方特色的文化信息资源，建立地方特色数据库。

3、争取上级有关部门协助协调、加强与 “农村党员干部现代远程教育”工程的合作，完善以县支中心为基础平台和枢纽，乡镇、村基层服务点为重点的文化信息资源共享网络框架。

4、充分利用“共享工程”信息平台，为广大读者，特别是农村读者提供优秀的文化信息资源，提高网络信息服务水平和利用率，为丰富地方人民群众文化生活，提高人民的科学文化素质，促进南丹县文明和谐、社会进步作出更大应有的积极的贡献！

（撰文/南丹县支中心）

天峨县支中心

天峨县现辖六排、向阳、岜暮、八腊、老鹏、纳直、更新、燕来、下老、坡结、三堡等9个乡镇，共有94个行政村，居住着壮、汉、瑶、侗、苗、布依、毛南等14个民族，总人口17万。文化共享工程天峨县支中心在这个多个少数民族聚居的地方，起到了繁荣农村基层文化、传递民族优秀文化的作用。

一、基本情况

天峨县文化信息资源共享工程最初建于2006年6月，2009年被列入全区45个重点建设，成为县级支中心。通过县支中心和乡镇基层中心及各村级服务点的共同努力，于2009年10月中旬顺利完成了县级支中心及向阳镇、岜暮乡等乡镇基层服务点的建设，2010年下半年至2011年初完成了94个村基层服务点设备的安装工作，目前除了四个乡镇基层点还没有建立以外，其他的点都已经投入运行。

天峨县支中心是天峨县共享工程的建设和业务指导主要负责点，负责保障支中心共享工程及镇村级共享工程设备的运行和维修，指导镇村级共享工程活动的开展以及开展全县共享工程管理员的业务培训和指导。

二、管理和队伍建设

文化共享工程是农村文化资源获取新知的平台，所以建立一支适应文化共享工程发展需要的专业队伍，是保证工程正常运行的关键。因此，天峨县图书馆在没有专业技术人员而工作人员又少的情况下，专门调配一名管理员负责全县文化共享工程资源的接收、整理和配送。乡镇基层服务中心人员以现有文化站人员兼职，村服务点配一名青年村干部为专（兼）职人员。此外，还明确了县中心对全县共享工程具有监督管理职能，承担技术培训、业务指导及运行经费划拨等工作，基层服务点以一站两牌双重管理模式开展工作，乡镇基层服务点对村服务点有监督管理权，这一办法有效地规范了管理，促进了设备资源的充分利用。

三、培训工作

文化信息资源共享工程是一个数字化、网络化系统工程，需要很专业的熟练人员，人员培训工作必不可少。

为了做好县级支中心建设工作，提高管理人员的系统管理水平和文化信息资源的使用效率，天峨县支中心每年都安排县级支中心管理人员到桂林省级分中心参加培训，同时，又根据支中心需要每年对乡镇、村级共享工程管理员进行2期集中培训。2010年以来共举办各类培训班8期，参加轮训的各级管理员达400人次。

四、经费投入

天峨县图书馆电子阅览室于2006年初始建设，除国家下发的设备和投入的资金外，县财政局下拨了16万元购买计算机等设备；2009年成为县级支中心时，县财政又拨给13.6万元地方配套资金；因为文化共享工程配套的25台电脑已经不能满足读者的需要，2010年，县文化体育局又从传媒经费中下拨10万元，购置20台电脑充实文化共享工程天峨县支中心电子阅览。自2009年投入使用以来，县财政局每年专项专款预算经费为4万元，用于支中心的运行维护经费、电费、人员培训和惠民服务，确保了共享工程各项活动的正常开展。

五、合作共建

整合各种部门下发的电子文献资源，与当地组织部远程办协作共建农村党员远程教育培训，将农村党员远程教育点作为文化共享工程村级服务点，在远程教育前端播出平台设立“文化共享工程”栏目，通过共建共用，共享资源。

六、利民惠众，惠农服务

天峨县支中心在共享工程服务实践过程中，结合本地实际情况，以繁荣社会主义先进文化、提高广大人民群众的科学文化素质、促进社会主义新农村、构建和谐社会为目的，积极把先进文化和技术送到基层、送到农村，切实服务群众。

因为全国第二大水电站——龙滩电站建设的需要，天峨县有四个乡镇成为了库区移民点，移民重建家园的首要任务是发展生产，天峨县支中心根据当地地域农业生产特点，与县农业局、科技局携手，长年为农民朋友制

作生产技术光盘和印发纸质信息资料。对于一些特别种养专业户，天峨县支中心有针对的选取资源上门指导服务。历年来，天峨县支中心累计服务专业生产户20多户，点对点服务7户。

七、宣传推广

1、天峨县支中心利用各种渠道宣传推广共享工程。在天峨县每年的科技文化三下乡活动、世界读书日活动、图书馆服务宣传周、全民读书月等活动中，天峨县支中心不失时机，以活动为平台，以资料为媒介宣传共享工程，让民众不断了解共享工程，走进共享工程。

2、走进校园。天峨县支中心利用电子阅览室未成年专区，指导青少年儿童关注共享工程，学会利用共享工程，并在假期聘请电脑技术人员免费辅导青少年儿童制作网页。

3、专题活动，精彩纷呈。天峨县支中心在服务中抓住文化的热点和亮点，积极响应国家中心及桂林省级分中心部署的各项活动，使共享工程走进群众生活。例如在“文化年货带回家”活动中，天峨县支中心联合文联、书法家协会在文化广场举办了“和谐建设在基层”文化惠民免费写春联服务活动。

八、工作展望

文化资源共享工程天峨县支中心从2006年初始的分中心建立至今，已经走过了7个年头，已经成为天峨县各族人民文化生活的一大支柱。今后天峨县支中心希望在国家中心、桂林省级分中心大力支持下，建立以天峨县支中心为基础平台和枢纽，以乡镇、村级基层服务点为重点的文化信息资源共享网络框架，为推动我县文化信息资源共享工程和我县创建文化旅游城做出更大的贡献。

（撰文/罗世兰）

凤山县支中心

凤山县全县总面积1738平方公里，聚居着瑶、壮、汉等10多个民族，凤山县现辖1镇8乡，96个行政村，2个社区，总人口20万人。

一、基本情况

凤山县文化共享工程从2005年12月开始起动，在国家中心配置的充足设备的支持下，在县委、县政府对文化信息资源共享工程建设相当重视，于2006年5月底，由县文体局负责对凤山支中心的总控室（机房）、电子阅览室进行了装修，按照国家相关标准严格做好配电和防雷设施，争取电信部门的支持，新建10兆光纤网络接入。整体工程于2007年3月全部完工，4月电子设备安装调试完毕，在2007年6月安装完毕并投入使用，全方位向读者开放。

目前电子阅览室共有105平方米，内设电脑25台，专用机房15平方米，配置高级防雷、USP、防火墙、高级路由器、数台中心服务器、卫星接收等设备。

乡镇基层中心、村级服务点情况：2005年12月建长洲乡，中亭乡两个基层服务点，两个乡财政各投入5万元，解决基本设施设备，并建有阅览室。

2008至年凤山县上报并获批的乡镇基层中心有6个，村级服务点6个，2009年至2012年全县8个基层中心和96个村级点也已获批，各点设备已到位并安装调式完毕。至目前全县已建立8个乡镇基层中心和93个村级服务点，实现村村全覆盖。

二、管理和队伍建设

为使文化信息资源共享工程落到实处，凤山县支中心共享工程日常管理纳入制度化管理，积极开展各项工作，认真收集整理共享工程服务活动的得失，探索共享工程管理和服务的新模式。加强队伍建设，每年派送管理人员到共享工程桂林分中心进行相关培训，专业队伍人员业务素质得到提高。

县支中心业务人员根据需要到各镇、村基层服务点开展业务指导。培训内容为上机操作，投影仪使用等基本业务知识和设备操作技能。指导他们开展共享工程工作，使共享工程的设备到基层后能发挥应有的作用。支中心于2009年6月举办一期乡（镇）村基层点技术人员培训班，共有9个基层点管理人员集中到支中心培训，在培训期间学员在现场上机操作并经考核成绩合格者发给合格证书。

有9个基层点管理人员参加培训。同时，支中心技术员经常下乡到各点现场培训管理员及技术员，指导他们开展共享工程工作，使共享工程的设备到基层后能发挥应有的作用。

三、利民惠众 惠农服务

1、开展共享工程宣传活动

1.1.倡导全民阅读，营造阅读氛围，牢固树立“读书提升智慧，知识书写人生”理念，养成终身学习的良好习惯。2012年6月1至5日，举办以“我读书，我快乐”为主题的读书知识有奖活动，吸引了很多读者尤其是中小学生读者前来参加。

1.2.充分利用文化信息共享工程资源，于8月1日至10日、8月11日至20日举办了2期中小学生书法普及教育培训班，共有120人参加，这次书法培训很成功，受到学生家长们的好评。

2、开展共享工程进农村活动

2.1.整合资源，为培养新型农民服务

一是电影下乡活动，经常在农闲或晚上下乡为群众放影爱国主义影片、戏曲、农技科普片等，几年来下到江洲乡、金牙乡凤城镇等59个自然村屯放影100多场次，服务群众6万多人次。二是培养科技致富带头人，紧扣农民种养殖需求，举办桑蚕、养猪，水稻等培训班共10期，接受培训730多人，培养了一批致富带头人。

2.2.传播信息，引导农民致富奔小康

坚持向农民提供信息查询及科技服务，为建设新农村提供技术支持。例如，2011年4月开展的“文化共享助春耕”服务活动，下乡到长洲乡播放文化共享助春耕光盘资源，帮助农民群众丰富农业科技知识，提高生产技能，促进农业增产增收。

3、开展共享工程“进校园”、“进警营“等活动

3.1.为营造凤山县广大农民“多读书、会读书、读好书”的良好氛围，牢固树立“读书提升智慧，知识书写人生”理念，养成终身学习的良好习惯，于4月22日利用第十七个世界读书日下到板吉小学开展“倡导全民读书，共享阅读快乐”为主题的读书知识宣传活动。

支中心工作人员面带微笑，热情主动，向学生们免费发放图书600多本、宣传图书资料300多份，书包等学习用具600多分。当天还放映《学习雷锋好榜样》、《一个都不能少》影片，倍受学生欢迎，还向学生们发放了“4.23世界读书日”简介、倡议书200多份，免费开放宣传图册200多本。本次活动活动有声有色，取得良好的社会效果。

3.2.为丰警营文化生活，提高官兵们的文化素质，2011年“八•一”建军节期间与县武警中队共建了“流动图书室”，在看守所进行了“流动图书室”挂牌，通过共建“流动图书室”不仅为官兵们学习文化知识、提高文化素质创造了良好的学习环境，同时让曾经误入歧途的人们通过读书，明白一些做人的道理，学会一些谋生的本领。

支中心的活动，让在押人员对反响热烈，他们通过阅读书籍，充实了精神生活，这对他们的灵魂重塑起到积极的引导作用。“流动图书室”的共建，得到了广大武警官兵、民警及犯罪嫌疑人的赞许。

四、下一步工作计划

1、继续贯彻落实财政部、文化部《关于推进全国美术馆、公共图书馆、文化馆（站）免费开放工作的意见》精神，合理安排和使用国家下拨的免费开放保障经费，做好各项宣传工作、服务工作和辅导工作。

2、根据本支中心实际情况，继续抓好支中心及村级基层服务点的工作人员队伍建设，加强技术培训和村级图书室的业务指导。

3、进一步积极探索与沟通，学习先进的业务技术及管理模式，逐步提高工作人员的业务素质工作能力。逐步完善以县支中心为基础平台和枢纽，真正实现乡镇、村级基层服务点为重点的文化信息资源共享网络框架，将本支中心的文化共享工程推上新的台阶。

（撰文/凤山县支中心）

东兰县支中心

一、基本情况

东兰县全县总人口30万人，城区人口达2万多人，辖14个乡镇，共有149个行政村（含2个社区）。2008年，东兰县被列为“全国文化信息资源共享工程”试点县。东兰县支中心于2009年开始着手“文化信息资源共享工程”（以下称“文化共享工程”）的建设工作，2010年，东兰支中心正式对外开放。截止2012年底，东兰县已建成县级支中心1个，乡镇基层服务点13个，52个村级服务点，县级支中心有专职管理人员1名，乡镇基层服务点、村级服务点有兼职管理人员各1名。

东兰支中心设在东兰县图书馆，东兰县图书馆编制5人，在职5人，馆舍面积1942平方米，目前拥有阅览坐席90个，电脑35台。在共享工程工作中采取分级管理模式，由县支中心负责指导乡镇基层服务点共享工程的各项工作，再由乡镇基层服务点负责指导村级服务点。

二、经费投入

东兰县人民政府投入15万元做为东兰县支中心共享工程前期启动资金，之后每年拨给3万元做为共享工程设备运行、维护、开展共享工程各项工作经费。东兰县文体局、东兰图书馆多渠道、多方位筹措资金，确保共享工程各项工作得以顺利开展。

三、管理和队伍建设

文化共享工程是一项长期的、任务艰巨的工程。一直以来，东兰县图书馆把共享工程做为工作中的重中之重来抓，为使共享工程日常管理规范化，东兰支中心强化了内部管理机制，制定规章制度并上墙，建立健全档案制度，坚持做到年初有计划，月末有小结，年末有总结。

在乡镇、村级共享工程管理员人选中，采取乡镇以乡镇文化站站长为第一责任人，村级服务点以村党支书或村长为第一责任人，明确责任和思路，确保共享工程设备及各项工作得以顺利开展。

四、培训工作

东兰县支中心注重对共享工程管理员的培养，三年来，支中心派共享工程管理员到广西桂林图书馆参加共享工程方面知识培训17人、次，举办乡镇、村级共享工程管理员培训班3期，参加轮训人员达成180人。

五、宣传推广工作

东兰支中心注重宣传、不断扩大“文化共享工程”影响力。每年结合“4•23世界读书日”、“图书服务宣传周”、“全民读书月”等大型图书宣传活动，大力宣传“文化共享工程”功能和作用，共发放“文化共享工程”宣传单5000多份，制作宣传展报18张，横幅标语33张。同时通过东兰电视台、新闻媒体报道“文化共享工程”的意义和东兰支中心的情况，在文化广场大屏幕滚动播放“共享工程”知识短片5次，提高社会各界对“文化共享工程”的认识。

六、合作共建

东兰支中心十分注重资源合作共建工作，分别与东兰县组织部远程办、东兰县文体局、东兰县政务中心联合举办乡镇、村级服务点设备使用、操作培训班2期，举办了“东兰县文化体育骨干培训班”1期，参训人数达成285人；建成“东兰县政务公开查阅点”1个，有政务公开专用查询机5台。

七、惠民服务

东兰支中心自启动以来，利用“文化共享工程”资

源和设备，走进社区、村屯、校园播放农业科技、爱国主义教育影片120多场、次；通过“文化共享工程”网站上关于种植、养殖方面的资料，刻成光碟2000多张，印制科技信息资料3000多份，针对性的发放给群众；举办中、老年电脑免费培训班、中小学生网页制作免费培训班6期；假日在多媒体教室为中、小学生播放动漫、爱国主义教育影片300多场，播放时长400多个小时；每年结合民间传统节日、“六•一”儿童节活动主题，开展各种活动6次，参与人数达5000多人；2012年建成“图书流动服务点”5个，不定期为服务点更换图书及传送“文化共享工程”视频资源；电子阅览室周一至周日每天向读者免费开放8个小时以上，同时还免费向读者提供复印、拷贝资料服务。

八、工作展望

东兰县支中心人员少，起步较晚，技术力量比较薄弱，共享工程各项工作任重而道远。

在今后的工作中，在国家中心、桂林分中心的大力支持和帮助下，我支中心将重点抓好支中心和基层服务人员队伍建设，加强技术培训和指导，建立完善的“文化共享工程”人才培训体系，以支中心为平台，为广大读者，特别是农村读者提供优秀的文化信息资源，努力探索和利用“文化共享工程”新路子，更好地发挥“文化共享工程”的作用，为把“文化共享工程”办成惠民工程、民心工程而努力奋斗。

（撰文/黄举纲、韦丽娜）

巴马瑶族自治县支中心

巴马瑶族自治县全县总面积1971平方公里，聚居着瑶、壮、汉等12个民族，巴马县现辖1镇9乡，103个行政村，4个社区，总人口25.1万人。与百色、东兰、凤山等市县毗邻。

一、基本情况

巴马县支中心位于巴马县宣传文化中心大楼二楼，于2009年1月开始启动，依托国家中心配备的设备以及当地政府投入的资金，对总控室（机房）、电子阅览室进行了装修，按照国家相关标准严格做好配电和防雷设施，争取电信部门的支持，新建10兆光纤网络接入。

整体工程于2009年12月全部完工，2010年1月电子设备安装调试完毕并投入使用，全方位向读者免费开放。目前电子阅览室共有180平方米，内设电脑25台，专用机房25平方米，多媒体教室90平方米，配置高级防雷、USP、防火墙、高级路由器、数台中心服务器、卫星接收等设备。

乡镇基层中心、村级服务点情况：

2010年建城乡级共享工程基层点10个，各乡镇均开通2兆宽带并正常使用。

2010、2011年配送发放每个基层点投影仪和音响设备，实现村村全覆盖。

二、管理和队伍建设

为使文化信息资源共享工程落到实处，巴马县支中心共享工程日常管理纳入制度化管理，积极开展各项工作，认真收集整理共享工程服务活动的得失，探索共享工程管理和服务的新模式。

加强队伍建设，每年派送管理人员到共享工程桂林分中心进行相关培训，专业队伍人员业务素质得到提高。

做好本县乡镇基层中心、村级服务点建设工作和管理人员培训工作。县支中心业务人员根据需要到各镇、村基层服务点开展业务指导。培训内容为上机操作，投影仪使用等基本业务知识和设备操作技能。指导他们开展共享工程工作，使共享工程的设备到基层后能发挥应有的作用。

三、利民惠农服务

1、开展共享工程进农村活动。根据实际情况，有针对性的开展送科技下乡村活动。经常在农闲的晚上，把爱国主义影片、戏曲、农技科普片等电影送到社区和山村，丰富了他们的文化生活。下载、刻录光盘、编辑加工整理有关种养信息资料发到农民的手中，帮助农民群众生产增收，深受广大人民群众的好评。

2、开展共享工程宣传活动。为倡导全民阅读，营造阅读氛围，牢固树立“读书提升智慧，知识书写人生”理念，养成终身学习的良好习惯。2012年1月26至27日，以“我读书，我快乐”为主题的读书知识有奖活动，吸引了很多读者前来参加。县支中心充分利用文化信息共享工程资源，于7月30日至8月10日，8月15日至22日举办了2期中小学生硬笔书法普及教育培训班，共有95人参加，这次书法培训搞得很成功，学生家长们都赞不绝口。12月18日，上午举办了各乡镇文化站和农家书屋管理员基本知识培训讲座，下午带领他们实地参观了县图书馆、巴马镇同货屯、交乐村、龙田村农家书屋，共有38人参加。通过这次培训使他们掌握了图书管理的基本知识，吸取了先进的经验。帮助他们做好农家书屋的管理与服务工作，协助他们发挥好农家书屋应有的作用。

四、工作展望

1、继续贯彻落实财政部、文化部《关于推进全国美术馆、公共图书馆、文化馆（站）免费开放工作的意见》精神，合理安排和使用国家下拨的免费开放保障经费，做好各项宣传工作、服务工作和辅导工作。

2、继续抓好支中心及村级基层服务点的工作人员队伍建设，加强技术培训和指导。

3、进一步积极探索与沟通，学习先进的业务技术及管理模式，逐步提高工作人员的业务素质工作能力。逐步完善以县支中心为基础平台和枢纽，真正实现乡镇、村级基层服务点为重点的文化信息资源共享网络框架。

（撰文/巴马瑶族自治县支中心）

都安瑶族自治县支中心

都安瑶族自治县全县幅员面积4095.2平方公里，辖2个镇17个乡243个村民委员会5个社区委7201个村

（居）民小组。县内居住有瑶、壮、汉、苗、毛南、仫佬、水族等14个民族，全县总人口70多万人。

一、基本情况

全国文化信息资源共享工程广西都安县支中心位于都安县宣传文化中心大楼一楼，县委、县政府对本县的文化信息资源共享工程建设相当重视，于2010年底投入了地方配套资金12.8万元，由县文体局负责对都安支中心的总控室（机房）、电子阅览室进行了装修，按照国家相关标准严格做好配电和防雷设施，争取电信部门的支持，新建10兆光纤网络接入。整体工程于2011年3月全部完工，4月电子设备安装调试完毕，2011年5月31日正式揭牌剪彩全方位向读者开放。目前电子阅览室共有100平方米，内设电脑25台，专用机房15平方米，配置高级防雷、USP、防火墙、高级路由器、数台中心服务器、卫星接收等设备；支中心配备管理人员2人，均大专以上文化程度，助理级职称。

二、加强组织领导，建立健全规章制度

为使共享工程真正惠民，都安县支中心认真组织，周密安排，结合图书馆工作实际情况，从多方面入手，制定支中心、镇、村基层服务点工作职责和制度，增强责任意识，全面贯彻落实支中心的工作。

1、制度保障

认真学习文化部、财政部《关于推进全国美术馆、公共图书馆、文化馆（站）免费开放工作的意见》精神，并就开展好支中心日常业务工作提出了具体要求，认真研究制定电子阅览室免费开放服务工作方案、管理办法及免费开放服务的项目内容、方式方法、开放范围，为支中心免费开放服务提供制度保障。

2、责任到人

明确责任人，各项工作专人专管，做到各活动室、各辅导培训任务与责任双落实。

3、安全保卫

加强管理力度，要求支中心工作人员学习防火用电安全常识，强化安全意识，落实安全责任制。在免费开放期间组织专门人员维护正常秩序，确保进入电子阅览室的读者的安全。

三、队伍建设

当前社会发展日新月异，传统的图书馆运行模式早已发生质的飞跃，为了更好地适应图书馆现代化管理位职责要求，激发支中心管理人员学习业务的积极性，都安支中心采取“走出去、请进来”的方式，不断提升工作人员业务素质和专业技能。支中心正式开放前，曾先后派职工到河池市支中心、宜州市支中心进行参观学习，以此提高职工的创新意识、服务意识及工作责任心。同时加强在职人员的培训，在馆内建立一整套馆员进修培训制度。

近年来，支中心陆续派出员工到广西桂林分中心、广西分中心参加了《全国文化信息资源共享工程培训班》、《图书馆自动化管理培训班》学习，为支中心全面开展全国文化信息资源共享工程、建立图书数据库打下了坚实的基础。通过学习，强化了职工宗旨意识，大局意识、纪律意识和责任意识，职工们的业务素质、专业技术水平普遍得到了提高。

四、惠民服务

为满足人民群众的文化需求，推动全民科学文化素质的提高，共享工程都安县支中心本着普及性、教育性的宗旨，充分利用文化部门的师资力量、活动场地以及共享工程设备，开展丰富多彩的各项活动，使都安广大人民群众得到实惠。

1、免费开发以来，都安县支中心充分利用条幅、墙报、媒体、组织活动等形式，多方面广泛宣传图书馆免费开放政策，鼓励青少年、农民工走进图书馆，走进电子阅览室，学习文化知识，探索科学发展致富之路。

2、积极采取有效措施，提供优质的读书环境，图书馆免费开放内容包括免费办理成人、少儿阅览证、借书证，电子阅览证，各类阅读场所全部免费开放，免费存车，免费提供茶水。在借书处、阅览室、电子阅览室均安装立式空调，更换成人阅览室阅览桌、椅，更换电子阅览室、外借等处的窗子，悬挂窗帘，为读者提供舒适的读书环境。

3、探索创新工作亮点和服务品牌

3.1.举办“妇女保健知识”讲座以及“礼仪知识讲座”。

在第102个“三八”国际妇女节即将来临之际，都安县支中心邀请到该县资深的妇科专家，原县人民医院妇产科秦星姑主任来给大家传授妇女保健知识。在讲座过程中，秦主任耐心地向大家讲解了女性生殖系统的生理特点和保健常识，常见的妇科疾病及其预防、避孕节育、更年期保健等知识。听了秦主任的讲座，大家受益匪浅，女读者们普遍反映讲座内容丰富，贴近妇女、贴近生活，具有很强的实用性、指导性。

礼仪知识讲座则邀请了资深公关礼仪专家、高级礼仪培训师、河池市礼仪庆典服务中心总经理黄莉洨女士前来授课。黄老师以“现代女性礼仪，修炼职场俏佳人”为题，用饱满的热情，诙谐的语言、优雅的举止，生动地为各位姐妹讲解有关的仪表礼仪、言谈礼仪、举止礼仪、握手礼仪、介绍礼仪、交际礼仪等知识，并积极和大家互动，现场笑声、掌声不断。通过学习，女职工们对提升自己的礼仪形象，做一个自信、智慧、有魅力的女性充满了信心。

3.2.建立流动图书室

在今年第一季度中，都安县支中心分别于人武部、地苏乡拉棠村建立了流动图书室。这些流动书籍共有1000册流动图书，200张电子光盘。流动图书、电子资源进军营，进农村，满足了部队官兵以及农民朋友们日益增长的文化需求，为唤起官兵、村民们学习的热情搭建了良好的平台。

3.3.积极参加“科技促春耕，远教惠农家”活动。

3月15日，河池市人民政府组织的2012年“科技促春耕，远教惠农家”活动启动仪式在该县地苏乡举行，都安支中心管理人员参加了启动仪式活动，在活动现场开展了现场阅读活动，对前来参加现场阅读活动的群众提出的相关问题进行现场解答，并给当地群众发放了各种农村技术资料，把致富信息、先进技术送到农民兄弟手中，全力支持农民春耕备耕、发展生产。活动结束后，支中心还给群众播放了一场关于“龙年文化”的主题电影、给当地文化站赠送了200多册图书，30张光盘等资料。所赠资料主要是针对目前农村春耕生产急需的科普知识和科学技术资料，涉及到种植，养殖、农产品加工等方面的技术。

3.4.举办“世界读书日”系列宣传活动。

为营造都安县广大市民“多读书、会读书、读好书”的良好氛围，牢固树立“读书提升智慧，知识书写人生”理念，养成终身学习的良好习惯。在第十七个世界读书日来临之际，都安县支中心开展了一系列宣传活动，取得良好的社会效果。一是广场宣传活动有声有色。4月22日上午，支中心在县休闲广场开展“倡导全民读书，共享阅读快乐”为主题的读书知识宣传活动。工作人员面带微笑，热情主动，向前来的咨询读者耐心解答，并现场办理借书证，还为观众免费发放图书500多本、宣传图书资料5000多份。

当天，安阳镇业余文艺团登台表演舞蹈、快板、相声等10个节目，把读书活动推向高潮。二是推广阅读进校园活动，倍受学生欢迎。4月23日，支中心走进都安高中、都安实验中学开展校园宣传活动，向学生们发放了“4·23世界读书日”简介、倡议书2000多份，免费开放宣传图册500多本。

3.5.开展美育知识进校园活动。

为了发挥图书馆公益性文化机构在传承文明、提升国民文化素质等方面的作用，也为了进一步推动我县中小学生美育工作的开展，普及美育知识，通过书法、绘画唤起少年儿童的想象力和创造力，促进校园文化活动的普及和提高，5月28日，共享工程都安支中心在安阳二小举行书法普及进校园活动启动仪式。在启动仪式上，都安支中心向参加培训的100名学生捐赠了价值2000元的神奇超级练字套板，指导老师作了“如何写好中国汉字——硬笔书法教育教学专题培训”。5月31日，都安支中心又在二小校园内举行小学生美育普及活动成果展，参加此次成果展的学生人数共达到1000多人，此次活动共评选出了绘画、硬笔书法、手抄报一、二、三等奖18名和优秀奖若干名，县图书馆和该校领导还为获奖者颁发了奖状及奖品。

3.6.举办各类培训班。

为了适应全县蓬勃开展的新农村建设和“文化阳光工程”的实施，指导乡镇图书室的科学管理和运作，改变以往图书室成为摆设、甚至导致图书流失的尴尬局面，从而更好地为当地民众服务，共享工程都安支中心举办了针对乡镇图书管理员的培训班，培训以图书馆的性质、职能、《中国图书馆分类法》(第五版)、图书的日常管理、图书管理员的作用和岗位职责、图书的登记、分类、编码、陈列、上架、管理、借阅等为主要内容，通俗易懂地向学员们讲解了图书馆（室）管理的基本知识和基本技能。通过这次培训活动，提升了全县各乡镇图书专业技术人员的专业技能与管理服务水平，使乡镇文化站的图书管理人员学到了基本的图书业务知识，取得了很好的效果和反响。

同时为满足广大中老年人学习电脑的迫切愿望，使他们掌握到简单的计算机基础知识，都安县支中心深入推进文化资源服务工作，充分利用文化信息共享工程资源，于6月18日至22日举办了首期中老年人免费电脑基础知识培训班，对参加培训的老人进行一对一的上机辅导。

培训班上，工作人员采用通俗易懂的语言讲解计算机专业知识，教近20名老年人学习最基本的电脑操作技能，让老年人慢慢入境了解计算机，掌握基础理论知识，同时为了摆脱枯燥无味的课堂讲解，特别制定了适合老年人的多媒体教案，形象生动地把知识展示出来。在短短5天内，老人们初步学会了电脑基本操作、上网看新闻、看电影、下载音乐、聊天、收发E-MAIL以及使用数字图书馆查看自己喜欢的文化资源，浏览全国资源共享网站阅读中华民族优秀传统文化等。

3.7.举办暑期系列活动

为让广大中小学生在暑假期间快乐地享受公共文化服务活动，给学生们创造一个健康乐趣的暑假空间。都安县支中心充分利用馆藏文化资源，于暑假期间免费开展主题读书活动：《“我最喜欢的一本书”——中小学生暑期读书征文活动》以及专题活动：讲故事比赛、经典美文、诗词朗诵比赛以及“挑战麦克风”——第一届青少年卡拉OK大赛。此次活动，一方面有助于增强孩子们阅读兴趣，对于提高他们语言表达能力、心理素质、思维能力等方面有促进作用。另一方面，也让孩子们认识到图书馆不仅是阅读的理想去处，也是展示自己、表达自己的宽广舞台。观看比赛的家长们也纷纷赞许：这样的活动太好了！希望今后多举办类似的活动，让孩子们在阅读中快乐地成长。

3.8.中秋、国庆双节期间举办“同赏数字文化、共享幸福生活”主题活动。

为庆祝中秋、国庆双节，迎接党的十八大胜利召开，充分发挥文化共享工程基层支中心的服务作用，让基层的老百姓充分地享受国家这项惠民的文化工程，使数字文化真正地服务于广大人民群众。都安支中心组织人员从9月27日开始走进街道，开展庆国庆颂祖国系列服务活动。利用投影设备和网站资源进社区、进学校、进企业为群众播放爱国主义影片播放《我的一九四九》、《天安门》以及纪录片《中华女儿》。

举办“爱国歌曲大家唱”，让群众用歌声来歌颂伟大祖国63年的辉煌历程，喜迎党的十八大胜利召开，尽情地抒发对党和祖国的热爱之情，共同祝福祖国的明天更美好。此外还流动举行了4场次庆国庆颂祖国活动，受到县城区1000多名居民以及异地打工者、留守儿童、孤寡老人的喜爱和欢迎。

3.9.开展“关爱孤寡老人、构建和谐社会”活动

在重阳节来临之际，图书馆及支中心工作人员来到县光荣院、福利院，给该院60多位老人送去优质大米、猪肉一批，并利用共享工程的移动播放设备给老人家们播放电影，将关爱和温暖带给老人家们。

3.10.“践行十八大精神 共享惠民文化”——开展庆祝党的十八大群众文化活动。

为使广大党员、干部、群众聆听到党的声音，了解并深入领会十八大会议精神，以更好地指导、推动各项工作，都安县图书馆、文化共享工程都安县支中心通过采取 “收看收听”、“热议热评”、“广泛宣传”三步曲，在全县掀起学习党的十八大精神活动热潮，把党的十八大精神宣传落实到全县千家万户中去。

通过系列活动的开展，拉近了图书馆、都安县支中心与市民的距离，极大地激发了全民读书的热情，丰富了都安县广大人民群众的文化生活，提高了图书馆的知名度和社会声誉，对都安县文化事业的大发展、大繁荣有了很大的促进。

五、工作展望

1、继续贯彻落实财政部、文化部《关于推进全国美术馆、公共图书馆、文化馆（站）免费开放工作的意见》精神，做好年度工作计划，合理安排和使用国家下拨的免费开放保障经费，做好各项宣传工作、服务工作和辅导工作。

2、继续抓好文化共享工程县级支中心及村级基层服务点的建设工作，加快本馆数字资源的建设步伐，加强对乡镇、村级文化共享工程的督查工作。

3、进一步加强学习，有计划、有步骤地把员工派到区图书馆、桂林图书馆进修，学习先进的业务技术及管理模式，逐步提高工作人员的业务素质工作能力。

4、积极对外沟通联系，争取新馆舍建设项目尽快落实，努力配合上级主管部门，尽力完成县里及全国共享工程管理中心下达的各项工作任务。

（撰文/都安瑶族自治县支中心）

大化县支中心

大化县全县16个乡镇156个行政村（社区），约42万人，看书难、看戏难、看电影难的问题得不到有效的改善。自文化部和财政部共同组织实施全国文化信息共享工程，运用高新技术，创新文化传播手段，使优秀精神文化服务惠及全民以来，文化共享工程丰富的信息资源便捷的传播手段不断丰富着全县群众生活。

一、基本情况

2002年开始，大化县图书馆积极向县委县人民政府有关领导汇报请示，宣传共享工程的意义和前景，并将共享工程的有关文件和精神反复向分管文化宣传工作的领导汇报送呈，功夫不负有心人，2008年得到了分管文化宣传工作的副书记、副县长的大力支持，确定了青大化县支中心机房和电子阅览室的使用场地。2009年底，大化县支中心基础建设已全部竣工，所有设备安装和调试完毕并运行正常。此后陆续在全县16个乡镇文化中心开始安装。2010年支中心电子阅览室设有电脑28台其中读者用机25台，并拥有摄像机、照相机、投影仪、复印打字一体机等现代化设备。为满足免费开放需要，2012年电子阅览室再次增加读者用机20台。截止2012年底，县支中心拥有读者用机45台，平均各乡镇支中心拥有读者机10台。大化县图书馆是共享工程大化县支中心的建设和业务指导单位，负责本县支中心工共享工程设备的运行，协调乡镇村级共享工程设备的安装，指导村级共享工程活动的开展及工程管理员的业务培训和指导。

二、管理和队伍建设

为使"文化共享工程"工作能顺利实施和可持续发展。抓好技术人员的培训工作，培养合格工作人员是关键。实施工程以来，先后选送职工参加上级业务部门举办文化共享工程、图书馆自动化培训班15人次，并学有所成；组织全馆人员坚持参加上级业务部门举办远程培训；举办共享工程乡镇站点技术培训班，由技术员并对16个乡镇基层点进行培训和本馆全员进行培训。为共享工程的顺利实施和管理提供了保障。

制定和完善了一系列管理制度，并规范上墙，以此来规范服务行为，使得各部门的岗位职责明确，基本上避免了人为管理的漏洞，各部门工作程序严谨。

三、培训工作

共享工程大化县级支中心成立以来。特别注重职工队伍在职培训教育工作和读者培训教育工作。2008年至今大化支中心对乡镇图书馆（室）管理员、站点技术员进行了6期集中培训，免费举办各种读者（用户）培训班17期，参加培训人员达800人次。

四、经费投入

共享工程大化县级支中心自创立以来，县政府先后对共享工程投入了一定经费，作为项目建设配套经费和运行经费。此外，政府对图书馆的基础设施建设和文献资源建设给予了极大地投入，2008年以来，先后投入经费用于更新和增加图书馆的书架和阅览桌椅及图书资料的购置。从2009年起国家每年投入经费用于共享工程设备的维护、惠民活动的开展等免费开放活动，使共享工程各项活动正常开展。

五、技术支持

大化县支中心自正式对外开放以来，在设备维护和保养、在中心资源建设框架架设上，得到联想售后服务技术部和北京中数创新技术有限公司的大力技术支持，到目前为止，中心各项工作正常进行，自我维护管理能力、自主建设架构技术得到较大提高。同时，中心对全县所有站点给予了全程跟踪服务，确保各个站点正常运行。

六、资源建设

大化县支中心完成全馆图书数据库建设，为中心更好服务群众创造良好基础。同时中心每年制作发放各类光盘500余张，展示板报10余块，发放宣传资料2500多张。

七、惠民服务

大化县支中心开拓创新，利用优势，发挥资源，帮助群众学习电脑和网络知识，积极引导未成年人利用电子阅览室远离网吧。努力开展阵地活动，举办书展、讲座、培训、科普展览、电影放映等形式多样的文化服务。

支中心利用电子阅览开办了"中老年电脑知识培训"和"小学生百科知识搜索比赛"，利用共享资源开展了"快乐阅读专题讲座"、"迎新年电影展播"等活动；根据大化县外出打工多，留守儿童多得特点，在学生的寒暑假期间，支中心举办了"彩虹梦想英语"辅导班、中小学生书法和网页制作培训班等各种兴趣辅导班；在

“六一”儿童节，走进乡村，为留守儿童送图书、播放红色经典影片，丰富孩子的节日生活；在双休日、节假日，利用文化共享工程优秀数字资源播放电影及讲座活动，丰富了广大读者节日和文化生活；为了充实青少年的海洋知识，联合举办了海洋生物科普展。

开展了共享工程进社区、进军营、进村弄活动。切实为基层群众文化活动提供平台，丰富了驻队官兵的业余文化生活，特别是在提高农村信息化水平，缩小城乡文化发展差距，为基层提供农村种植、养殖科技信息，帮助当地农村发展生产等方面发挥了积极作用。

八、宣传推广

大化县支中心通过各种活动和多种渠道宣传共享工程。利用文化下乡、“宣传周”等时机，深入基层为群众播放共享宣传片、科技信息和娱乐资源并发放宣传资料，让民众了解共享工程。深入各个中小学校发放共享工程宣传资料，并邀请学校协作开展“青少年网页制作大赛”、“电脑小报设计比赛”等活动。几年来开展了“共享工程走进你、我、他”、“文化共享　乐在瑶山”、“全国文化信息共享工程知识有奖问答”等系列活动，重点推介共享工程。召开读者座谈会，听取读者意见和建议，相互交流，让共享工程深入民心。我中心创作的《文化共享　乐在瑶山》荣获广西2011“文化共享在基层——专题片拍摄竞赛”三等奖。

九、工作展望

文化共享工程通过走进农村、走进瑶寨、走进社区、走进军营、走进学校，通过优秀的数字文化资源，初步满足了基层群众“求知识、求富裕、求健康、求快乐”的普遍需求，初步缓解了农民群众看书难、看戏难、看电影难的问题。文化信息资源共享工程实施至今，文化资源共享工程已经成为繁荣大化文化、丰富大化人民群众生活，推动大化科技强县富民的强大动力源泉。今后大化支中心将在国家中心、省级中心的大力扶持下，加强资源建设，丰富资源总量，增强资源的吸引力和针对性，打造多层次，全社会共建的资源建设体系；培养、建设一支业务熟练、责任心强、工作热情高的文化共享工程工作队伍；创新全民共享的服务意识，建立一个服务形式更多样，服务网点更宽广，参与群众更广泛的服务体系，为全县文化经济建设做出贡献。

（撰文/大化瑶族自治县支中心）

罗城仫佬族自治县支中心

罗城仫佬族自治县全县总面积2658平方公里，下辖7镇4乡125个村民委16个社区，总人口37万人，其中仫佬族人口11.15万人，占全县总人口的31%，占全国仫佬族人口的80%以上，是全国唯一的仫佬族自治县。全国文化信息资源共享工程罗城县级支中心自实施共享工程工作以来，切实按照共享工程国家管理中心和省级分中心的工作部署和要求，坚持以“服务惠民、共享文化”为服务宗旨，以“创新服务理念、突出工作亮点”为工作思路，扎实把文化资源共享工程工作推向新台阶。

组织城区学生到我馆多功能厅观看《雷锋故事》影片

一、基本情况

2007年，我县被列为全国文化信息资源共享工程试点建设单位之一，同年建成了占地200多平方米、拥有供读者使用的30台计算机、5台办公机，3台服务器的全国文化信息资源共享工程罗城支中心。已建成以千M交换机为核心，IP-SAN磁盘阵列为资源存贮空间，馆内局域网10光纤接入互联网的网络系统，成为全县共享工程业务管理中心。至2011年，建成了共享工程乡镇基层服务点11个、村级基层服务点123个，构建了县、乡、村三级共享工程建设网点，共享工程各网点活动正常，共享工程设备运行良好，发挥其最大值功能作用。

二、惠民服务

罗城支中心在坚持抓好阵地服务的同时，加大力度实施文化信息资源共享工程工作，扎实开展一系列文化惠民服务。一是坚持开展文化信息资源共享进村入屯活动。实施文化信息资源共享工程，是一个全新的工作，也发展图书馆事业难得的机遇，必须要做足“共享工程”这一文章。因此，罗城支中心更新传统服务观念，采取“走”出去的模式，使支中心内丰富的信息得以发挥作用。制定了《文化共享工程信息资源入村屯活动实施方案》，充分利用数字资源，筛选适合本地种养方面视频，刻录成光碟，免费赠送给农民群众，深入村寨免费播放爱国主义影片和科教片，给边远村寨群众送去丰富文化大餐。5年多来该支中心放映队深入全县11个乡镇府所在地、78个行政村、129个自然屯服务群众，共播放218场次电影——播放23部优秀爱国影片、21部科教片；赠送科技光碟486张、发放科技资料80000多份，行程19700公里，观众达9.9万多人次，加强与文化系统和其他外单位的联系，充分发挥共享工程设备的作用。罗城支中心主动与自治县组织部、文体局下乡开展《建设社会主义新农村“百村百品”的电视片》“百千万”展映活动，与自治县科协开展“科普知识”入村屯活动，在县文化局开展每一项文艺活动都有罗城支中心参与，扩大了罗城支中心的影响力，树立图书馆新形象。二是坚持把好未成年读者上网关。罗城支中心电子阅览室根据国家管理中心要求，参照兄弟馆电子阅览室的做法，出台了《关于进一步加强未成年读者上机管理办法》，上墙了《读者须知》、“本电子阅览室不提供‘反恐精英’等暴力游戏”、“学校授课时间不接待未成年读者”、“严禁浏览黄色网站”等警示牌，免费为读者提供上网服务。未成年读者上机必须得到其家长同意后方可上机，严格控制每一位未成年读者每日上机累计时间不得超过2个小时。三是充分利用电子阅览室，举办各种免费培训班。罗城支中心四年来，免费举办中老年人电脑普及培训班8期、中小学生电脑培训班4期，电脑小报培训班2期，共参训人数达540多人次。

三、业务培训

坚持每年派员参加广西分中心或者桂林分中心举办共享工程方面培训班学习，提高操作技能，使罗城支中心各项目顺利开展。全县11个乡镇、123个行政村建成了文化信息资源共享工程乡镇基层服务点和村级基层服务点。为使共享工程设备能正常运行，更好发挥其作用，罗城支中心五年来坚持不定期深入乡镇基层服务点和村级基层服务点进行共享工程业务辅导和维护、现场办班176场次，解决其运行中所遇到的难题。指导各基层服务点开展共享工程惠民服务活动，目前，各基层服务点开展共享工程活动2500多场次，受益群众达190000多人次。

四、资源共建

在正常接收和充分利用国家管理中心和省分中心数字资源的同时，我们还依托河池学院图书馆技术、资源优势，开展以“地方特色文化资源传承与保护”、“区域图书馆联盟建设”、“图书馆文化建设”、“文献资源数字化建设”等为主题的“结对共建、结对帮扶”活动，同时还加强与县民族局、文化馆、博物馆联系，挖掘、整合地方数字资源，建设地方数字资源，直正实现共建共享，让更多的人从文化信息资源共享工程中受益。

五、队伍建设

队伍建设是各项工作得以顺利开展的前提，建立一支高效的、能拉得出、打得赢文化共享工程队伍，不但要有过硬的业务水平，还有乐于奉献于文化事业的精神。因此，该中心一直以来重注队伍建设，加强对全体干部职工理想信念教育和业务学习，定期参加共享工程网络视频培训，提高业务技能，使他们在各自工作岗位上能独当一面。同时抓好共享工程乡镇基层服务点和村基层服务点队伍建设，抓好人员培训工作，使各基层服务点管理人员在各自的岗位上发挥应有的作用。

六、效果显著

罗城支中心在实施文化信息资源共享工程工作中取得了一定成效，得到县领导和广西、桂林省级分中心给予充分的肯定。2007年11月罗城支中心参加“全国文化共享工程工作图片征集活动”中，荣获二等奖。2008年被评为“自治县先进文化”单位，2008年1月顺利通知国家文化部督导组检查验收，支中心实施共享工程工作的事迹曾先后4次在《河池日报》刊登，2008年11月、2010年5月先后两次在桂林举行的桂北地区文化共享工程经验交流会上作典型发言，2009年7月，桂林省中心派出专家到罗城实地拍摄《放映的一天》呈送给国家文化部。2010年5月罗城支中心被自治区文化厅授予“全区公共图书馆先进集体”荣誉称号。2010年8月25日的《中国文化报》第二版著名为《风雨兼程：共享工程的八载与奋进》文章，全文共刊登了8张全国各地实施共享工程图片，其中有一张是“广西罗城图书馆工作人员肩扛设备到罗城最边远的山村庄洞屯放映” 图片。2012年7月，支中心拍摄的《文化共享在基层--罗城支中心纪略》作品荣获全区二等奖。

七、工作展望

面对目前的困难，我中心有信心、有决心、想尽一切办法加以克服。党的十八提出文化强国这一伟大工程，文化的春天时将到来，罗城支中心信百倍，持久开展文化信息资源共享工程各项工作，充分发挥共享工程设备功能作用，为仫佬山乡文化事业作用图书馆人应有的贡献。

（撰文/韦善严）

环江毛南族自治县支中心

环江是全国唯一的毛南族自治县，辖6个镇、5个乡和1个民族乡、148个行政村（社区）、2791个自然屯和移民场（点）自治县人民政府驻思恩镇，行政区域面积4572.31平方公里。总人口37.82万人，是广西第三土地大县、第三林业大县、国家级生态示范区和全国绿化模范县。文化信息资源共享工程环江县支中心是在上级文化部门和县委、县政府关怀支持下，立足实际，强化措施，认真开展各项工作。环江县支中心在新形势下为繁荣农村基层文化，满足广大读者的文化需求，传递中国民族优秀文化资源发挥了积极的作用。

一、基本情况

全国文化信息资源共享工程环江县支中心从2009年开始起动。目前，有电子阅览室200平方米，电脑40台，专用机房20平方米，配置高级防雷、USP、防火墙、高级路由器、数台中心服务器、卫星接收、等设备；中心已架设了三相五线供电线路，解决了供电不足问题，并配备了监控录像。我中心目前还开通了16/MB光纤宽带网，实现了与全国文化信息资源共享，主要网页有电子图书，农村市场行情，农村科普，种养植技术，综合知识，网上农村书刊，共享工程风景线，视频会议，卫星直播，农村党员远程教育。初步形成了全国文化图书资源共享和支中心资源外借服务模式，为人民群众，领导决策，政府机关，企事业单位及科研单位，提供各类信息服务，具备了对知识信息的物质载体进行收集、整理，选择，加工，存储，控制，转化，传递的能力，为全面推动我县农村政治，经济，文化，社会建设和党的建设发挥了重要作用。我支中心还开辟有县级数字图书推广计划阅览区，为广大读者提供丰富多彩的电子阅览服务，利用计算机、通讯、网络设备为读者提供电子文献阅读。乡镇基层中心、村级服务点情况：截止2012年12月已建立12个乡镇基层服务点和138个村级服务点，实现村村全覆盖。

二、管理和队伍建设

为使共享工程真正为民所用、为民谋利，环江县支中心将共享工程日常管理纳入制度化管理，制定支中心、镇、村基层服务点工作职责和制度，实行制度上墙公开，每年有年度工作计划，年未有工作总结，收集整理共享工程服务活动的情况，探索共享工程管理和服务的新模式。加强队伍建设，每年派送两名管理人员到共享工程桂林分中心进行相关培训，专业队伍人员业务素质得到提高。

三、培训工作

做好本县乡镇基层中心、村级服务点建设工作和管理人员培训工作。我县支中心举办有乡（镇）村基层点技术人员培训班，12个基层点管理人员集中到县支中心培训，在培训期间学员要现场上机操作。支中心技术员经常下乡到各点现场培训管理员及技术员，指导他们开展共享工程工作，使共享工程的设备到基层后能发挥应有的作用。

四、经费投入

环江县共享工程自2009年实施活动以来，县政府投入16万多元支援支中心建设和共享工程各项活动的正常开展，每年投入近3.5万元用于共享工程设备的维护，人员培训和惠民活动的开展。2011年投资450万元建成新的图书馆，馆舍面积3000平方米，共五层，内设有电梯。

五、资源建设

本中心除了通过宽带网给读者提供阅读外，特别注重数字资源建设。一是加大本中心电子图书资源建设。近年，把国家配送的《共享知识和谐万家》《童心向党快乐成长》《文化共享助春耕(（一）》《文化共享心向党庆祝中共成立90周年》《文化共享工程夏日电影展播》等电子图书，下载至机房服务器上。二是加强特色数字资源建设。每年制作各类光盘1200多张。使资源总量达1.5TB。

六、文化资源共享工程服务活动

1、搞好阵地服务：共享工程是阵地的窗口，中心电子阅览室有电脑40台，每天服务时间为9小时，日均接待读者100人次，在中心可享受到“好戏下乡”，农村科普，种植养殖，光盘免费欣赏，卫星直播服务，读者可以在这里办理“共享工程”读书片。利用多媒体教室，免费放映一系列红色，经典影片，在农村开展保持共产党员先进性教育，利用远程教育在农村建立了“文化资源共享工程服务”进一步扩大了共享工程的影响。

2、深入基层服务。利用中心资源和互联网，农家书屋，送资料，光盘等多种渠道，组织观看农业，科教片，传递种植，养殖信息，编印各种科技资料3500多份，为广大农户服务，取得了很好的社会效益和经济效益。

七、工作展望

1、加强设备维护和资源建设，满足读者的需要。首先加强中心设备维护更新。解决由于我馆电子阅览室电脑使用率多，读者量大，服务器，电脑等设备的耗损较大，各种硬件多次更换，计算机老化，经常出现死机，存储珍贵数据时常丢失，UPS间断电源等故障，读者排队现象严重，怨言多，给读者带来不便的突出问题；二是要建设有地方特色的数字资源库；三是要购买大量读者所需的电子读物充实本中心；四是要建立本中心网站为广大民众提供阅读便利。

2、加快基层、乡村网点建设。建议政府接通各乡镇文化站、村宽带网，解决大多数乡镇文化站、村图书室还没接通宽带网的问题，真正形成县、乡、村三级文化信息共享服务网络。县级支中心还要加快与农村党员干部和中小学两个远程教育工程搭建的基层服务网络合作，依托现有条件发展农村网点，推动文化资源共享工程服务进乡村。

3、加强中心建设，建立科学管理工作机制。要建立县、乡、村三级管理机制，加强对乡村基层网络的管理，要建立各项管理制度，要经常进行技术维护、资源更新；要把数字图书服务作为重要内容，为全县网络用户提供信息服务，特别是要加强基层管理人员和技术人员培训。总之，文化资源共享工程是一项重要的公共文化基础工程。抓好文化资源共享工程的实施，推动文化资源共享工程建设是时代赋予我们的光荣使命，让我们迎难而上，用智慧和辛勤汗水成就事业，为环江文化的大发展、大繁荣做出应有贡献。

（撰文/环江毛南族自治县支中心）

来宾市兴宾区支中心

兴宾区全区总面积4364.18平方公里，辖有20个乡镇，4个街道委，共有257个行政村，常住人口107余万人。兴宾区文化共享工程在桂林分中心的支持和部署下于2007年8月开始建设。在来宾市创建公共文化服务体系的新形势下，为繁荣农村基层文化，满足农民多层次文化需求，传递中国民族优秀文化资源发挥了重要作用。

一、基本情况

兴宾区支中心文化资源共享工程于2007年开始建设，获得了文化部赠送价值68万元的共享工程设备，其中有电脑30台、投影仪等一些先进设备，提升了兴宾区支中心的服务水平；到2008年7月全国文化信息共享工程工作全面铺开，支中心充分利用共享工程资源，开展了形式多样的活动，营造良好的文化氛围。

在2012年10月，兴宾区支中心在创建全国公共文化服务体系示范点的工作中，又获得兴宾区政府下拨的电脑26台。目前，兴宾区支中心电子阅览室可供读者使用电脑达到50台，接入宽带为12兆，在信息化飞速发展的今天，极大地满足了广大读者及时快速的获取信息资源的需求。共享工程兴宾区支中心设在兴宾区图书馆，肩负着对乡镇及村基层点的指导作用。兴宾区20个乡镇全部建设了基层点，63个村或社区已建成村级基层点，每个乡镇共享工程基层点宽带接入为2兆。

二、管理和队伍建设

为使共享工程真正为民所用为民谋利，兴宾区支中心将共享工程日常管理纳入制度化管理。兴宾区支中心及乡镇、村级基层点建成后，业务工作主要由兴宾区支中心指导。制定了区、乡、村共享工程的《管理员工作职责》和《读者管理规定》等管理制度，要求读者文明上网，管理员恪尽职守，服务周到；明确“电子阅览室不得提供暴力游戏”、“在学校上课时间不能接待未成年读者"、"未成年读者每天上网时间不能超过2小时"等相关规定。兴宾区支中心开放时间每周达50小时以上，乡镇、村级基层点达36小时以上。在乡镇、村两级基层共享工程管理上，管理员主要由文体管理员兼任，他们工作热情，积极参加培训学习，熟练掌握共享工程设备为所在村民服务，平时开展丰富多彩的活动，成为传递文化信息的使者，让村民们切实体会到共享工程带来的实惠，丰富了他们的精神生活。

三、经费投入

兴宾区共享工程自2012年10月实现乡镇全覆盖以来，利用上级拨给的每个行政村1万元的文体经费中的2000元，用于共享工程设备的维护和惠民活动的开展。同时，兴宾区政府、兴宾区文体局和兴宾区图书馆每年也投入一定的人力物力支援共享工程各项活动的正常开展。

四、利民惠众，惠农服务

兴宾区支中心在图书馆二楼设有一个83㎡的投影厅，座位60个。每天都充分利用共享工程设备传播文化共享工程信息资源。播放的内容主要有电影、农业科技、戏曲欣赏，养生保健、精品讲座等。要求乡镇、村级基层点每周利用圩日或村中节假日及喜庆之日，播放相关资源，对村民进行种养知识培训，提高他们的种养技能。同时结合各乡镇民众的文化需求，选取、编辑制作各类题材的资源，通过发放各类种养、曲艺的光碟及宣传资料等方式，营造良好的文化氛围，同时还积极探索新型的服务模式，努力打造群众喜爱的文化服务平台，丰富群众的精神文化生活。

五、宣传推广

兴宾区支中心利用图书馆临街优势，利用墙报、板报等宣传形式进行共享工程专题介绍，张贴"全国文化信息共享工程"宣传图片或说明标牌，还借助电视、报纸进行全方位的宣传。同时还倡导"信息传播、文化共享"的口号，充分利用共享工程资源，开展了形式多样的活动，如老年人电脑基础培训班、中小学生电脑打字比赛，青少年网页制作比赛、爱国主义教育讲座等专题活动。

六、工作展望

近年来，在来宾市上下全力构建公共文化服务体系的新形势下，兴宾区支中心结合本地实际，不断开拓创新，积极参与当地公共文化服务体系建设。兴宾区支中心将继续开展阵地服务，主要是电子阅览室正常开放，利用投影仪服务，做好设备的维护，资源的建设，向上级上报自己的数据库，完善档案材料；同时充分发挥各乡镇、村级共享工程设备的作用，派兴宾区支中心技术人员下到基层点去指导、培训骨干，给予技术支持。

老人们认真学习电脑知识

兴宾区支中心始终坚持科学发展观，不断吸收新思想、新观念，与时俱进，不断创新，采取有力措施，不断克服存在的问题，推动服务工作不断延伸，为当地公共文化服务体系建设发挥更大的作用，确保群众享受高质量的公益文化服务。

（撰文/来宾市兴宾区支中心）

合山市支中心

合山市现辖1镇2乡（岭南镇、北泗乡、河里乡），2个社区29个行政村，总人口14.8万，总面积为350平方公里，非农业人口与农业人口近持平。有13个民族，其中壮族占63%，汉族占35%，苗、瑶、彝、侗、水、仫佬、毛南、京、蒙古、回、满等族占2%。

一、基本情况

全国文化信息资源共享工程广西合山市支中心支中心2008年10月投入使用，2009年北泗乡文化站电子阅览室建成开放，2010年岭南镇文化站、河里乡文化站也建成电子阅并对外开放。2012年，合山市投资数十万元初步建成市、乡镇、村文化共享工程光纤三级网络，覆盖全部乡镇和部分行政村，并配备了监控录像和报警设备，2012年实现图书自动化（拓迪）管理，添加了一个40T的大存储并配套有专业管理系统用于存储数字资源。目前支中心电子阅览室面积130平方米，电脑70台，专用机房25平方米，配置高级防雷、USP、防火墙、高级路由器、数台中心服务器、卫星接收等设备。现在支中心配备管理人员3人，管理人员中中级职称2人，助理级1人，计算机专业技术人员1 人。

二、管理和队伍建设

为使共享工程真正为民所用为民谋利，合山市支中心将共享工程日常管理纳入制度化管理，制定支中心、镇、村基层服务点工作职责和制度，实行制度上墙公开，每年年初有工作计划，年未有工作总结，收集整理共享工程开展服务活动的情况，总结经验。合山市支中心软、硬件完善，藏书60000册，但是，由于距离较远，服务能力很难辐射到河里和北泗两个乡镇，造成图书流通率不高。建成市、乡镇、村文化共享工程光纤三级网络后，支中心的60000册图书逐步分配到各乡镇，在乡镇文化站图书管理终端完成图书外借和归还手续，统计相关数据，实现"通借通还"。变合山市支中心服务一个乡镇为服务三个乡镇，服务范围是以前的3倍。不用大幅度增加购书经费就可以为读者提供就近借书还书服务，提升是服务品质。合山市支中心2012年引进硕士研究生1人，每年派送两名管理人员到共享工程桂林分中心进行相关培训，专业队伍人员业务素质得到提高。

三、培训工作

做好本市乡镇基层中心、村级服务点建设工作和管理人员培训工作。合山市支中心每年举办2期乡（镇）村基层点技术人员培训班，共有32个基层点管理人员集中到市支中心培训，在培训期间学员要现场上机操作并经考核，成绩合格者发给合格证书。2012年10月在合山市影剧院举办农家书屋管理员培训班，同时还举办了共享工程电子资源利用和网络知识培训班，有32个基层点管理人员参加培训。支中心技术员经常下乡到各点现场培训管理员及技术员，指导他们开展共享工程工作，使共享工程的设备到基层后能发挥应有的作用。

四、经费投入

合山市共享工程自2008年实施以来，市政府累计投入80多万元支援支中心建设和共享工程各项活动的正常开展，市图书馆每年投入近万元用于共享工程设备的维护，人员培训和惠民活动的开展，各乡镇村每年也投入一定的经费开展服务农民活动。

五、利民惠众　惠农服务

合山市支中心购买10套专业卡拉OK点歌播放软件，依托共享工程三级网络，开展免费服务，让广大农民朋友在劳作之余可以享受音乐带来的愉悦，提升文化品位。购买影视网络点播系统，免费为所有接入用户服务，让广大农民朋友拥有自己的农村影院。讲求实效，有针对性的开展送科技下乡村活动。针对合山市部分企业和党政部门开展信息查阅、咨询服务，得到广泛好评。下一步我们将整理奇石文化资源、种养知识资源，针对赏石爱好者和种养大户开展专项服务。在世界读书日和六•一儿童节深入学校开展共享工程活动，为广大师生播放科教片和爱国主义影片。比如2012年六•一儿童节期间连续三天下午到市实验小学开展活动，为全校680多名师生放影科教片，得到师生的好评。

六、工作展望

合山市支中心共享工程工作几年来虽然取得一定成绩，但还需进一步深化和完善，下一步工作打算：

要把文化共享工程与农村党员远程教育结合，将农村党员远程教育点作为文化共享工程村级服务点，在远程教育前端播出平台设立“文化共享工程”栏目，通过共建共用、资源共享，达到合作双赢，最大限度的发挥作用。充分运用摄像机、照相机等先进设备，大力收集适合当地发展的材料进行编辑处理，整合一些地方优秀资源，传送至合山市支中心网站并报区级分中心，不断宣传文化共享工程的职能作用，让广大群众逐步了解与走近文化共享工程，使文化共享工程真正惠及千家万户。

（撰文/合山市支中心）

象州县支中心

象州县区域面积为1898.47平方公里，其中平原占32.12%，丘陵山区占45.36%。聚居着壮、汉、瑶等18个民族，壮族人口占70%，是一个以壮族为主体的多民族聚居县。象州县行政区划共有11个乡镇，122个行政村，总人口为35万人。象州县文化共享工程在市县文化局的领导和省级分中心的支持帮助下，认真实施，不断发展，在传递中华民族优秀文化、共享信息资源，活跃农村基层文化生活，满足群众对多层次的文化需求等方面，展现了强大的生命力。

一、基本情况

象州县文化资源共享工程始建于2006年，得到县委、县政府高度重视，批准同意以社会力量自筹资金的方式建立县级支中心的电子阅览室。2006年4月1日，电子阅览室正式成立并对外开放使用。2009年，来宾市全面实施全国文化信息资源共享工程。从此，文化信息资源共享工程在我县全面展开。截止至2011年底，我县已建成县级支中心1个，乡镇基层服务站11个，社区服务点9个，村级基层服务点122个。

共享工程象州县支中心设在县图书馆，担负全县文化共享工程的建设和业务指导任务，负责保障本中心共享工程设备的正常运行，具体指导镇村级共享工程活动的开展，进行全县文化共享工程基层服务点管理人员的业务培训工作，协调镇村级共享工程设备的维修工作。

二、队伍建设和管理工作

文化信息共享工程是一项全新的以现代化技术设备为依托的服务工作，其技术含量高、难度大，建立一支专业化的管理队伍是能否实现资源共享的首要条件。为此，县图书馆按照上面的要求，安排2名计算机应用技术能力强、工作认真负责任的同志作为支中心专职管理人员，具体负责日常管理工作。乡镇级由乡镇图书馆专职管理人员负责，村级的则由村委干部兼管。从而形成县乡村三级管理队伍。

三、资金设备投入

共享工程初建当年，获得了国家文化部配予的设备。2009年，县财政配套投入建设资金用于机房装修、网络运行及人员的培训等。装修验收合格后，支中心获得国家财政部、文化部配套价值54万元的设备及国家图书馆无偿提供总量为1TB的优秀数字资源。这对改善我县文化基础设施建设薄弱，文化资源匮乏，信息传送滞后起着巨大的作用。之后，县财政每年投入后续经费5万元来保障此项工作的正常运转。2012年，按照来宾市创建公共文化服务体系示范项目的要求增加设备，我支中心电子阅览室的计算机由30台增加到50台之多。

四、加强宣传工作，强化制度管理机制

为扩大文化信息资源共享的影响力，形成良好的社会学习氛围，我支中心加大宣传力度，通过横幅、标语、板报、新闻报道等形式，广泛宣传共享工程，使该工程家喻户晓、深入民心。同时，加强业务管理，完善各种规章制度。特别是电子阅览室成立后，许多少年儿童蜂涌而来，家长和老师把电子阅览室视同于社会上的网吧，担忧孩子不健康上网。支中心为了消除老师和家长的疑惑，在宣传电子阅览室职能的同时，采取措施加大业务管理力度、不断完善各种规章制度。通过采取免费为读者提供优秀的数字文化资源、免费为读者提供“三无”（即无不良网站、无网络游戏、无证不能上网）绿色上网环境、对未成年人实行上课时间不能上网及节假日每天上网不能超过2小时等管理制度，为广大读者提供了良好的服务平台，从而消除了他们的顾虑，得到了社会的认可，成为广大读者良好的服务平台和读者上网获取知识的绿色通道。

五、培训工作

象州县支中心利用现有的技术设备和服务平台，采取以下两种方式来开展培训工作：

1、按照层级管理办法，开展分级培训管理人员

为提高我县文化共享工程基层服务点技术人员的业务技能，使其能胜任工作，我们按照层级管理办法来开展分级培训管理人员，即由县支中心负责组织开展对乡镇基层服务点技术人员的培训、由乡镇服务点负责组织开展对村（社区）基层服务点技术人员的培训。2009年以来，集中举办了2期文化共享工程技能培训班、并十二次下到分点进行具体培训，分别讲解了文化共享工程基本知识、共享工程主要设备的安装和使用方法，培训人次达180人。

2、利用服务平台，对群众进行技能培训

共享工程实施后，本支中心以公共图书馆为服务平台，积极开展形式多样、内容丰富的培训活动：一是利用电子阅览室阵地举办中老年人电脑培训班。为让中老年人够适应时代发展的需要，不断更新知识结构，提高老年人生活品质，使他们老有所学、老有所为、老有所乐，我们先后举办了3期中老年人电脑培训班，由县支中心管理人员给学员授课。二是举办3期少儿书法学习培训班。通过利用共享资源中的书法知识来传授给小朋友们，进一步提高他们的书法技能。三是举办楹联知识讲座培训。别开生面的知识讲座培训，极大地激发起广大读者学诗词、写诗词的兴趣和热情。

六、活动开展　惠民服务

进农村。携带投影器材分别下到乡镇，利用圩日在街上设立服务摊点，为农民群众免费播放相关养鸭养兔等方面的录像，在妙皇乡的投影幕前，坐着十几位群众，正聚精会神地观看养兔养鸭知识录像，有白发苍苍的老人，也有青年的小伙子。其中一位年轻的妈妈怀抱着才几个月大的婴儿，一坐就是近一个钟头不愿离去。从他们惊喜而又满足的面容上，县支中心工作人员深深地感到文化共享工程进农村的工作任重而道远。

1、下基层。为迎接党的90周年华诞，根据国家管理中心的部署，我支中心与大乐基层服务点携手在大乐镇共同举办主题为“颂歌献给党”的大型文艺晚会，一起讴歌党的丰功伟绩，让前来观看的群众在欢声笑语中享受到了文化共享工程带来的文艺盛宴。这次活动除了讴歌党的丰功伟绩，扩展了的活动内容既能按时完成提交演唱的摄像比赛作品，又宣传了共享工程的目的和作用，获得广西文化信息资源共享工程领导小组办公室颁发的最佳组织奖。

2、进企业。为了更好地利用文化共享工程资源，为广大农民工服务，支中心积极配合县里开展的“安全生产月”活动，携带电影器材，到农民工宿舍大楼，为农民工播放以安全生产为主题的电影，让前来观看的工人得到很大的教育。也为农民工的提供了丰富的业余生活。

3、进学校。我馆把县初级中学做为基层服务点，利用讲座的方式，不定期为该校学生进行科技、卫生、心理健康等方面的知识教育。并把管理中心下发的“共享书香，快乐阅读”等42种光盘刻录免费赠送给学校。并根据学校的要求，到校内举办以“中学生早恋弊大于利”为内容的讲座，通过我们的讲座，让学生懂得珍惜青春，健康生长，拒绝早恋。此外，这两年文化共享管理中心举办的“阳光少年热爱党”、“像雷锋那样...”电脑小报设计比赛活动。我支中心都积极参与，并通过邀请函的形式，诚邀县城各中小学校组织学生参加此项活动，共累计收集到作品60多幅，顺利报送参赛。每年都有参赛同学荣获该活动奖项。

4、进警营。举办退役军人就业培训讲座。近年来，军人退役呈年轻化趋势，开放的社会和市场经济为退役军人的自由发展提供了广阔的舞台。如何让军人在退役前合理紧凑的学习吸收知识，获得谋生技能是部队的一个工作之重。针对这个情况，我支中心到县武警中队播放退役军人技能培训讲座。讲座内容以如何适应新的环境，如何创业发家致富，如何在市场中求生存和发展为主题。参加培训的士兵对这样的讲座很感兴趣，受益匪浅。通过培训，让这些即将退役的军人拥用健康的就业心态，提高他们的就业能力，拓宽了致富渠道。

5、进社区。带电影器材到企业、学校、光荣院为农民工、学生、复员退伍老军人播放电影，丰富他们的文化娱乐生活。

据统计，自2009年至今，象州县支中心开展的文化共享下农村、优秀图书进校园、优秀电影进企业、电脑小报制作、电脑培训、服务老人、服务农民专题讲座等内容丰富、形式多样的系列活动累计83次，受益群众达68510人。

七、工作展望

资源共享是人类文明的标志，是社会进步的体现。我支中心将全面贯彻落实党的十八大精神，以我县当前正在开展的创建国家公共文化服务示范区活动为契机，以开发整合文化资源为广大基层群众提供优质服务为已任，让文化共享工程在象州县开出文明之花，惠及千家万户，为推动象州文化大繁荣大发展，建设富裕文明和谐新象州作出新的贡献。

（撰文/象州县支中心）

武宣县支中心

武宣县全县总面积1739平方公里，辖3乡7镇，共有142个村民委6个社区。人口总数44万，其中农业人口38万人，有壮、汉、苗、侗、瑶等15个民族和睦相处。武宣县支中心设在武宣县图书馆，武宣县文化资源共享工程是在上级文化部门和县委、政府关怀支持下，建立发展和繁荣的。在新形势下为繁荣昌盛农村基层文化，满足广大农民多层次文化需求，传递中国民族优秀文化资源发挥了积极的作用。

一、基本情况

全国文化信息资源共享工程广西来宾市武宣县支中心目前有电子阅览室100平方米，电脑50台，专用机房21

平方米，配置防雷、USP、防火墙、路由器、数台中心服务器、卫星接收等设备；中心已架设了三相五线供电线路，解决了供电不足问题，并配备了监控录像和报警设备，实现了公安共防。支中心配备兼管人员2人。

我中心目前还开通了10/MB宽带网，实现了与管理中心文化信息资源共享，与自治区文化资源共享中心连接。我支中心还开辟了县级数字图书推广计划阅览区，为广大读者提供丰富多彩的电子阅览服务，服务方式利用计算机、通讯、网络设备等为读者提供电子文献阅读。

二、经费投入

为了扩大其在群众中的影响，广泛宣传其作用和意义，使广大干部群众充分认识到这是一项惠民工程、民心工程，认识到工作的重要性和必要性以及文化信息资源的可用性。

积极争取投入，规划建设文化共享工程电子阅览室，协助专家和工程技术人员完成了接收相关设备的安装和调试工作，文化信息日常接收工作正有条不紊地进行着。财政拨出专款15万元，为支中心电子阅览室增至电脑30台，空间扩大了50平米；9月支中心与县网络公司联合发放142套包括文化共享工程村级设备到各个乡镇村点。10月15日，组织支中心业务人员先后多次协助网络公司到金鸡乡文化电视广播站、通挽镇文化广播站和武宣镇文化广播站共享工程乡镇基层点安装工程配置设备，每个乡镇基层点增至电脑10台，为群众提供优质的服务。

三、资源建设

本中心除了通过宽带网给读者提供阅读外，特别注重数字资源建设。

一是加大本中心电子图书资源建设。近年，除把国家配送的《共享知识和谐万家》、《童心向党快乐成长》、《文化共享助春耕》、《文化共享心向党庆祝中共成立90周年》、《文化共享工程夏日电影展播》等电子图书下载机房服务器上外，还试开通了博看3600多种期刊数据库，购置了科教及故事光盘3000多碟。

二是特别注重有本地特色数字资源建设。征集、选取、编辑了有武宣《盘古达侬》、武宣壮师剧其他名称："唱戏麽"民间戏剧、民间音乐、舞蹈等多种地方特色题材资源1TB，使数字资源总量达2TB。每年制作发放各类光盘2000多张，展板20多块，发放科技宣传资料3000多份。

三是加强基层网点建设。在县委、政府的大力支持下，全县投资600多万元，新建乡镇文化站6个，农家书屋138个，县乡村都配置了投影仪，初步形成了县、乡、村三级文化服务网络。

四、服务活动

1、搞好阵地服务：共享工程是阵地的窗口，中心电子阅览室有电脑50台，每周服务时间为57小时，在中心可享受到"好戏下乡"，农村科普，种植养殖，光盘免费欣赏，卫星直播服务。为广大青少年构建网上课堂，免费放映一系列红色，经典影片，在农村开展保持共产党员先进性教育，利用远程教育在农村建立了"文化资源共享工程服务"进一步扩大了共享工程的影响。

2、服务基层。利用中心资源和互联网，农家书屋，送资料，光盘等多种渠道，把下载，整合，购买的资源传输到乡村，到基层利用共享工程分期分批进行培训，组织观看农业，科教片，传递种植，养殖信息，编印各种科技资料1000份，扎实开展"农民进城住家看变化、文体联欢促和谐"活动。6月14日，我支中心与县农业局联系组织桐岭镇桐岭村民委村干和群众代表30多人进城，为他们开展致富技术培训，与他们共同学习文件和各种惠农政策，参观了县支中心，让他们亲身感受文化信息资源共享工程给广大人民群众带来的实惠，县城新面貌及未来的美好前景。支中心为广大农户服务，取得了很好的社会效益和经济效益。

3、丰富群众文化生活。利用设备为广大民众放映优秀影片，节日期间开展丰富多彩的文化活动，举办老年人电脑基础知识培训班三期，培训中老年朋友75人（其中年龄最大的73岁），丰富了老年人生活方式，扩大了现代科学技术受益面，各类专题讲座等，极大地丰富了人民群众的文化生活。

五、工作展望

1、共享工程都按标准配齐了相关设备，但部分前期配备设备（如计算机、机房服务器）使用年限已久，个别受损严重，争取上级部门支持更新设备。

2、随着数据资源的逐步增加和完善，在实行免费开放后人手明显不足，特别是技术人员配备明显不足，不利于服务水平的提高，需要进一步引入计算机专业人才。

3、建立和完善本中心网站，充实电子文献，把支中心的资源导入网站中，为广大群众提供查询阅读的便利。

4、建立县、乡、村三级管理机制，对乡镇基层点条件好网络的管理，实行本地资源共享，推动文化资源共享工程服务进乡村。

总之，文化资源共享工程是一项重要的公共文化基础工程。抓好文化资源共享工程的实施，为推动文化强县做出应有的贡献。

（撰文/武宣县支中心）

忻城县支中心

忻城县全县总人口39.92万人，有壮、汉、瑶、仫佬、苗、回、满等15个民族，其中壮族人口占89.98%。全县共有5个镇7个乡，总面积2541平方公里。

忻城县文化信息资源共享工程是在上级文化部门和县委、县政府关怀支持下，立足实际，强化措施，认真开展各项工作。忻城县支中心在新形势下为繁荣农村基层文化，满足广大读者的文化需求，传递中国民族优秀文化资源发挥了积极的作用。

一、基本情况

全国文化信息资源共享工程忻城县支中心从2009年开始起动，支中心目前有电子阅览室200平方米，电脑50台，专用机房20平方米，配置高级防雷、USP、防火墙、高级路由器、数台中心服务器、卫星接收等设备；中心已架设了三相五线供电线路，解决了供电不足问题，并配备了监控录像。

我中心目前还开通了10/MB光纤宽带网，实现了与全国文化信息资源共享，主要网页有电子图书，农村市场行情，农村科普，种养植技术，综合知识，网上农村书刊，共享工程风景线，视频会议，卫星直播，农村党员远程教育；初步形成了全国文化图书资源共享和资源外借服务模式，为人民群众，领导决策，政府机关，企事业单位及科研单位，提供各类信息服务；具备了对知识信息的物质载体进行收集、整理，选择，加工，存储，控制，转化，传递的能力，为全面推动我县农村政治，经济，文化，社会建设和党的建设发挥了重要作用。我支中心开辟了县级数字图书推广计划阅览区，为广大读者提供丰富多彩的电子阅览服务，利用计算机，通讯，网络设备为读者提供电子文献阅读。

乡镇基层中心、村级服务点情况：截止2012年12月已建立12个乡镇基层服务点和132个村级服务点，实现村村全覆盖。

二、管理和队伍建设

为使共享工程真正为民所用为民谋利，忻城县支中心将共享工程日常管理纳入制度化管理，制定支中心、镇、村基层服务点工作职责和制度，实行制度上墙公开，每年有年度工作计划，年未有工作总结，收集整理共享工程服务活动的情况，探索共享工程管理和服务的新模式。加强队伍建设，每年派送管理人员到广西桂林分中心、广西分中心进行相关业务培训，专业队伍人员业务素质得到提高。

三、培训工作

做好本县乡镇基层中心、村级服务点建设工作和管理人员培训工作，我县支中心年初制定了一系列的电脑培训计划，目标是能让各级管理人员能够熟悉共享工程业务的基本知识。

2011年我县支中心开展了5期的电脑培训和组织开展了读者活动达20余次；业务培训采取集中培训和下乡培训相结合，通过培训，使各级管理员能够基本学掌握电脑的操作并能简单的进行维护。支中心技术员经常下乡到各点现场培训管理员及技术员，指导他们开展共享工程工作，使共享工程的设备到基层后能发挥应有的作用。

四、经费投入

忻城县共享工程自2009年实施活动以来,县政府投入16万多元支持支中心建设和共享工程各项活动的正常开展。

五、资源建设

本中心除了通过宽带网给读者提供阅读外，特别注重数字资源建设。一是加大本中心电子图书资源建设。近年，把国家配送的《共享知识和谐万家》、《童心向党快乐成长》、《文化共享助春耕((一)》、《文化共享心向党庆祝中共成立90周年》、《文化共享工程夏日电影展播》等电子图书，下载至机房服务器上。二是特别注重有特色数字资源建设。使资源总量达1.5TB。

六、服务活动。

1、搞好阵地服务：共享工程是阵地的窗口，中心电子阅览室有电脑50台，每天服务时间为9小时，日均接待读者上100人次，利用多媒体教室，免费放映一系列红色，经典影片，在农村开展保持共产党员先进性教育，利用远程教育在农村建立了“文化资源共享工程服务”进一步扩大了共享工程的影响。

2、要服务基层。利用中心资源和互联网，农家书屋，送资料，光盘等多种渠道，组织观看农业，科教片，传递种植，养殖信息，编印各种科技资料3500多份，为广大农户服务，取得了很好的社会效益和经济效益。

七、工作展望

1、加强设备维护和资源建设，满足读者的需要。

首先加强中心设备维护更新。解决由于我支中心电子阅览室电脑使用率多，读者量大，服务器，电脑等设备的耗损较大，各种硬件多次更换，计算机老化，经常出现死机，存储珍贵数据时常丢失，读者排队现象严重，怨言多，给读者带来不便的突出问题；二是要建设有地方特色的数字资源库；三是要购买大量读者所需的电子读物充实本中心；四是要建立本中心网站为广大民众提供阅读便利。

2、加快基层，乡村网点建设。建议政府接通各乡镇文化站、村宽带网，解决大多数乡镇文化站、村图书室还没接通宽带网的问题，真正形成县、乡、村三级文化信息共享服务网络。

3、加强中心建设，建立科学管理工作机制。要建立县、乡、村三级管理机制，加强对乡村基层网络的管理，要建立各项管理制度，要经常进行技术维护、资源更新；要把数字图书服务作为重要内容，为全县网络用户提供信息服务，特别是要加强基层管理人员和技术人员培训。

（撰文/忻城县支中心）

金秀瑶族自治县支中心

金秀瑶族自治县辖区面积2518平方公里，总人口15.3万人，自治县成立于1952年5月，全县辖3镇7乡81个村（居）委会，是新中国成立最早的瑶族自治县。

一、基本情况

金秀瑶族自治县图书馆始建于1979年，座落在金秀县解放路58号。馆舍面积1500平方米，拥有藏书近7万册，地方文献875册，人员编制6人（其中：中级职称1人、助馆3人、管理员1人、技工3级1人）。全县共有10个乡镇图书馆（室），61个村级图书馆（室），4个社区图书馆（室）。10个文化活动中心，67个文化室。为开展我县文化信息共享工程夯实了基础，也提供了有利条件。

2009年，全国文化信息资源共享工程广西金秀瑶族自治县级支中心多媒体电子阅览室由国家中心配套投入的68万元设备于同年9月安装完毕并投入使用，面积约120平方米，专用机房25平方米，配备服务器、存储器、防雷设备、USP、防火墙、高级路由器、卫星接收等设备，并配备了监控录像和报警设备等。

2012年5月，金秀支中心开通了10MB光纤宽带网，实现了与国家中心、桂林省级分中心文化信息资源共享。

支中心网址是www.gxjxxtsg.com,网页内容有：基层图书馆、阅览须知、创建工作、农民读书、农家书屋、文化体系、读书活动、外借部、读者服务、本馆服务、办证指南、书馆展示12个大内容。真正具备了对知识信息的物质载体进行收集、整理，选择，加工，存储，控制，转化，传递的能力。另设有金秀瑶族自治县政府政务公开、政府信息公开查阅点，为人民群众，领导决策，政府机关，企事业单位及科研单位，提供各类信息服务，为全面推动我县农村政治，经济，文化，社会建设和党的建设发挥了重要作用。

二、管理和队伍建设

文化信息资源共享工程，是公共文化服务体系的基本工程。是广大群众“求知、求富、求乐”的重要渠道，是政府主导的一项惠民工程。为有效地利用好这一公共资源，我馆挑选了具有计算机专业知识的骨干2名，负责这项工作，并负责组织基层业务指导、培训、检查和开展主题活动等工作。让更多的群众得到更丰富、更便捷的文化服务。

三、经费投入

金秀县共享工程自2009年实施活动以来，国家中心配套投入的68万元，地方政府配套投入16万多元，加之追加购置电脑、每年的宽带费、机器运行维护等费用，保障了支中心建设和共享工程各项活动的正常开展。

四、利民惠农服务

为努力营造全民读书学习的良好社会氛围和时代文明风尚，全面推动金秀县公共文化服务体系建设科学发展，我支中心开展共享工程“五进一送”活动，正式启动图书进学校、进农村（社区）、进机关、进企业、进军营送书活动，讲求实效，有针对性的开展送科技下乡村系列活动。

1、开展了“书香情”送书下乡活动，整个活动为全县10个乡镇3个村屯送上新书2.6万册，合计30万元。“书香情”送书下乡正如读者们所说，它在学校、家庭、社会，在父母与孩子之间搭建了一座金色的桥梁，为偏远山区的每一位读者送去更多更好的精神食粮，是一项非常有意义的工作。

2、为提升我县农村劳动者素质，实现劳动力转移目标，金秀县支中心免费为外来务工者举办了“农民工电脑学习培训班”，返乡的打工人员参加了电脑培训。

3、为了适应社会发展，举办了“中老年电脑培训班”，使中老年人在生活之余学一些网络知识，丰富生活，充实大脑，老有所学、老有所乐。通过电脑、网络知识与技能的学习，让时尚、个性、精彩、丰富的现代生活不再只属于年轻人。

4、为扎实推进社会主义新农村建设，结合单位工作实际。支中心举办“共享工程资源培训”、“乡镇基层点业务骨干培训班”。来自全县10个乡镇分管图书馆（室）的宣委、综合文化站站长等人参加了培训，发放学习培训资料、光盘等。通过这学习班的培训，进一步提高了各乡镇图书馆（室）管理人员的业务能力和服务水平。

5、我支中心精心挑选了内容涵盖了政治、法律、军事、文学鉴赏、科学信息技术等适合部队官兵文化生活需要的图书送到军营，受到武警官兵的热烈欢迎，极大地丰富了部队官兵的精神文化生活，得到了武警战士的一致赞誉，体现了军民一家亲的美好情谊，对丰富部队官兵的文化生活发挥了积极的作用。

6、我县支中心开展“送书进企业”活动，受到企业员工的欢迎。在金秀瑶族自治县松源林产有限公司的阅览室内，摆放着我们送去的包括经济、法律、农业、文学等内容图书和期刊。目的是为了让厂里的一百多名员工在工余时间来充电娱乐，丰富他们的业务文化生活，为员工提供了便捷的阅读条件。我们还与公司的负责人达成了协议，公司将是我们的一个流动服务点，并帮他们建立了“职工之家”。不定期更换图书，以满足职工学习知识和阅读的渴求，进一步丰富职工精神文化生活，受到企业员工的欢迎。

7、我县支中心深入全县10个乡镇28个自然村屯，向群众、学校、农民工放影科学种养科教片、爱国主义教育片共30场次，下载、编辑加工整理有关种养鹅、柚子栽培技术、三华李栽培技术等农村种养技术信息资料送发共计2000份，得到广大农友的认承。

五、工作展望

总之，金秀县支中心共享工程工作在这几年来虽然取得一定成绩，但还需进一步深化和完善，我们下一步工作打算：首先，我们要认识文化资源共享工程是一项重要的公共文化基础工程。抓好文化资源共享工程的实施，是时代赋予我们的光荣使命。要加强中心建设，建立县、乡、村三级管理机制，加强对乡村基层网络的管理，并对乡镇管理人员的辅导和培训；其次，通过文化信息资源的共建共用，让广大群众逐步了解与走近文化共享工程，拉近社会与图书馆的距离，使文化共享工程真正惠及千家万户。

（撰文/金秀瑶族自治县支中心）

贺州市支中心

一、整体情况

“全国文化信息资源共享工程”于2002年开始起步，由于地方财政困难，建设遇到瓶颈。贺州市图书馆利用社会资金，当年8月份开始筹建电子阅览室的建设，并争取到广西桂林图书馆的大力支持，到9月底安装了文化信息资源共享工程的系统软件和6个GB的文化信息资源，建立了“广西文化信息资源共享工程贺州市基层中心”，规模为43台电脑，硬盘为40G，宽带通讯能力为2兆接入。10月1日起正式开始接待读者。电子阅览室的建立开放，为我馆读者服务工作增加了一个新的服务窗口，每天接待上网读者40人次以上，通过“共享工程”系统为读者提供了“法律理论研究”、“科学种养”、“教学论文”、“卡片制作图样”等信息50多条项，利用网上资源为读者服务，由于与社会共办的电子阅览室，管理不当，特别是对未成年人的上网时间没有真正把控好。当年的12月自治区文化厅立即通知我中心关闭电子阅览室内部整顿。认真查找原因，改正错误思想，纠正不良行为。

2005年8月3日“全国文化信息资源共享工程贺州市

支中心”正式挂牌成立。得到了市政府的大力支持，拨款6万元助我支中心一臂之力，积极筹措资金，政府直接采购服务器、台式电脑15台，我支中心的电子阅览室以新的面貌向读者开放，经过两年多的调整，我支中心成立了信息部，直接负责电子阅览室的各项工作，认真贯彻共享工程有关文件精神，严格控制未成年人进入电子阅览室，掌握开放时间，每天接待读者大约25人，管理人员充分利用工作之余，搜索汇集资料以便为时间仓促的读者提供之便。每次送书下乡信息部都会提前与文化站取得联系，解决农民朋友急需的资料或书籍送到种养户的手中。农民朋友得到了技术的帮助，对图书馆有了进一步的了解与利用。图书馆科技下乡的服务内容更充实了，服务项目得到了延伸。这就是现代科技的发展，图书馆也在不断进步。

2006年被“共享工程”国家中心列入全国文化信息资源共享工程试点县建设，为此，贺州市支中心的规模得到进一步扩大，2007年7月市财政下拨13.6万元的配套资金给“共享工程”贺州市支中心，接着对贺州市支中心的机房、110平方米的电子阅览室进行全面整改。同时国家财政部、国家中心配送了516320元的设备，其中有大型服务器、微机服务器、切换机、交换机、防火墙、磁盘阵列、UPS电源、读者用机、业务用机、电脑桌椅、激光打印机、扫描仪、自动化业务应用软件、工具软件、移动硬盘、移动存贮播放器、笔记本电脑、外置记录机等设备。这些设备8月全部到位，9月初全部安装调试完毕，同时电子阅览室恢复开放，每月阅览人次达到2000多人。2008年元月份市我支中心顺利通过国家中心的检查验收。图书馆业务自动化软件同时开始启用，旧馆藏书目回溯和新书书目数据录入工作同步进行。在信息部的指导下全体干部认真刻苦学习图书馆自动化管理软件，明确工作目的，有的从打字学起，通过多种形式学习熟练掌握了软件的操作，2009年4月8日我馆甩掉了图书馆落后的手工借阅，成功的使用图书馆自动化管理借阅，简化读者借阅手续，工作人员提高了工作效率，读者借阅率有所提高，赢得了读者的高度赞扬。2012年上半年全部书刊已录入书目数据。

到2010年12月我市“共享工程”市、县、区支中心6个乡镇基层中心点已全部覆盖。乡镇基层服务中心34个，村级服务点816个按照国家的统筹安排，我市“共享工程”村级基层服务点建设与农村党员干部现代远程教育点建设同步进行，统筹协调，网络共建，资源共享，优势互补。数据库资源建设总量达69TB，日均资源传输量达100GB；互联网采用宽带专线接入，带宽为4M；局域网主干通讯能力为100M，主干通讯能力为1000M，桌面独享100M带宽；电子阅览室。

二、运行经费及人员培训情况

2008年贺州市支中心文化共享工程运行经费列入年度财政预算，年运行经费为8万元人民，主要用于缴纳网络服务费、工作机维修费、机房设备维修费、电费、宣传经费、下乡服务经费、人员培训费等。2009年，贺州市支中心着力开展共享工程乡镇服务点骨干培训工作，加强对专业技术人员的培养。5月5日至6月3日，举办了乡镇文化专干培训班，全市59个乡镇分管文化工作的领导、文化站站长、共享工程专干共107人参加了培训。经过为期一周的理论和业务培训，进一步提高了全市乡镇文化专干的综合素质，为建立一支素质高、能力强、业务精、用得上的农村基层共享工程干部和骨干队伍奠定了基础。通过培训，共享工程专干回到基层后，积极组织开展丰富多彩、健康向上、特色鲜明的基层文化活动，受到广大农村群众的普遍欢迎。2008年至2009年，全市共享工程乡镇基层中心共开展活动177场次，协助市、县剧团开展送戏下乡32场次。2009年，沙田镇文化站站长、共享工程专干蒋仕宽被文化部评为全国文化工作先进工作者。

三、开展服务情况及效果

2008年至2009年，贺州市支中心紧紧围绕市委市人民政府的中心工作，积极支持县级公共文化服务设施建设，协助全市16个乡镇综合文化站、46个村级文化室安装配备了共享工程等文化活动设备。

贺州市支中心坚持开展“送文化共享工程资源下乡”活动，把优秀文化成果带到乡镇、村落，通过投影展播等群众喜闻乐见的形式，宣传党和国家的有关政策，丰富农村群众文化生活，传播文化科学知识。2008年至2009年，贺州市支中心共组织文化共享工程资源下乡活动65场次，送农村实用技术专题光碟等文化资源下乡29次。为密切党群关系，促进农村的改革、发展和稳定。

为满足市民的精神文化生活需求，贺州市支中心精心策划组织各种主题活动，2008年至2012年，贺州市支中心在市区组织开展了“网络有奖知识竞赛”、“投影知识讲座”、少儿读书征文比赛等文化活动46次，参与人数共9600多人。特别是2011年度贺州市图书馆服务宣传周成功举办了“永远跟党走•2011中华红色经典图书诵读大赛”，为迎接中国共产党建党90周年，讴歌中华民族实现伟大复兴的奋斗历程，追寻革命先烈的光辉足迹，颂扬党的丰功伟绩，高唱共产党好、社会主义好、改革开放好、伟大祖国好的主旋律，共有11个代表队参加了比赛。2012年国学进万家—首届贺州市图书馆黄金屋诗歌节，本届诗歌节于6月10日开始启动。诗歌征文参赛作者来自全国29个省市自治区。有北京、上海、广州、深圳、成都、昆明、西宁、杭州。还有辽宁、山东、湖南、湖北、江苏、江西的、贵州、福建、广东等等。广西电视台、贺州电视台、《贺州日报》、《贺州晚报》、红豆网等媒体对本届诗歌节的各个进展阶段作了相应的报道。本届贺州市图书馆黄金屋诗歌节通过诗歌的形式，把“贺州”远传全国各地！

本次诗歌征文收到稿件250多份，经过专家匿名评选有34首作品分获一、二、三等奖和优秀奖。来自广东中山大学的博士生导师张海鸥教授主讲《生活与诗》，他用渊博的知识和风趣幽默的语言讲述了生活与诗的密切联系，让现场的100多名听众享受了一顿丰富的文化大餐，诗友们与教授面对面交谈非常热烈。

四、荣誉奖项

2004年被自治区团委等15个部门评为“全区优秀青少年维权岗”；2005年被贺州市人事局、文化局评为年度文化工作先进集体；2007年荣获全区“读书——我的追求，我的梦想”征文活动组织奖；2009年荣获全区第二届中小学生网页制作大赛组织奖；2011年获全区公共文化服务体系建设先进集体称号；2012年荣获全区第五届中小学生网页制作大赛组织奖。

五、工作展望

第一，我们今后要充分认识并发挥现代技术在文化信息共享工程和公共文化电子阅览室的建设中起到强大的引擎作用。如今互联网已经成为现代社会不可或缺的重要组成部分，深刻改变着人们的生活。所以技术领域的进步、技术领域的发展变化对整个社会有重大的推动作用，也是文化信息共享工程的重要组成部分。

第二，要以公共电子阅览室建设为抓手，全面推进文化共享工程取得新突破、开创新局面、再上新台阶。公共电子阅览室以保障人民群众基本文化权益为宗旨，以未成年人、老年人、进城务工人员等群体为重点服务对象，依托全国文化信息资源共享工程的服务网络、文化共享工程及国家图书馆的数字资源，与文化共享工程建设、乡镇文化站建设、街道（社区）文化中心（文化活动室）建设以及中央文明办组织实施的“绿色电脑进西部”工程相结合，在城乡基层大力推进公共电子阅览室建设，努力构建内容安全、服务规范、环境良好、覆盖广泛的公益性互联网服务体系。

（撰文/贺州市支中心）

钟山县支中心

钟山县全县总面积1472平方公里，辖10个镇2个瑶族乡，113个行政村，总人口1242.33万。钟山县支中心在上级主管部门及县委、县政府关心支持下建立和发展，为提高农村信息化水平，丰富广大人民群众精神文化生活，构建社会主义和谐社会等方面发挥重要作用。

一、基本情况

公共电子阅览室现有终端机25台，其中成人阅览区12台，儿童阅览区12台，管理机1台，面积68平方米；中心控制机房面积12平方米，网络采用电信光钎接入，宽带10M；多媒体室面积68平方米；全县已造乡镇基层服务点11个，村级服务点110个，基本建成了资源丰富，技术先进，服务便捷，县、乡镇、村级文化网络；支中心现有管理人员2人，助理馆员1人，计算机专业技术人员1人。

二、资源建设

钟山县支中心利用国家中心，省中心，互联网及本县政府信息网等网络资源，搜索、进取、编辑制作各类题材资源，特别注重地方红色历史文化资源搜集整合。

三、活动开展　惠民服务

钟山县支中心公共电子阅览室深受广大读者欢迎，优雅舒适的环境为广大读者提供了绿色上网平台，开展计算机技术免费培训、计算机知识竞赛、科技讲座。支中心经常深入到各乡镇、村为广大农民群众提供科学种、养、加工技术、文艺电影播放，每年制作发放各类光盘400多张，科技信息资料5000多份，取得了很好的社会效益和经济效益，丰富了人民群众文化生活。

（撰文/钟山县支中心）

富川瑶族自治县支中心

富川瑶族自治县（以下简称富川县）全县总面积1572平方公里，辖9个镇、3个乡，常住人口31万人。2008年11月23日在国家文化部、财政部和富川县政府的大力支持下，全国文化信息资源共享工程富川县支中心在富川县图书馆正式启动运行，为富川县的文化建设注入了新鲜的血液。

国家配送了价值近60万元的现代先进设备，包括阅览机、工作机、功能强大的服务器设备、海量磁盘阵列、摄影设备、复印扫描设备、移动存储设备、卫星接收设备，富川县支中心现已具备提供各种数字化信息服务的能力。

文化共享工程实施以来，富川县支中心严格执行文化部相关规定，制定完善了电子阅览室的一系列管理制度，实行规范化管理，将共享工程日常管理纳入制度化管理。严格执行电子阅览室管理制度，不得超时开放，不得有文化部规定以外的游戏，未成年人上机最多两个小时。在队伍建设方面，富川县支中心十分重视文化共享工程技术人员队伍建设，积极派人员参加文化共享工程的各类技术培训班，通过培训和文化共享工程建设的实践，培养了一支过硬的掌握计算机、网络、多媒体等技术的，能从事资源采集、整理、加工和开发的人才队伍，保证了共享工程持续发展。

富川县支中心成立以来，我馆利用共享工程的设备，开办了乡镇图书馆管理员培训班、中老年读者电脑基础知识公益培训班、农家书屋管理员培训班、中小学书法普及培训班等等。共办培训班15期，培训学员达900人次。

县级支中心的运营经费是限制共享工程是否能够生存的一个重要瓶颈。2008年以来，我县财政局每年拨付经费用于共享工程设备维护、人员培训和惠民活动的开展。同时我县政府和文化体育局也投入大量的人力物力支援共享工程建设。

我中心每年从国家、省中心下载适合本地农业生产的科技信息资料，结合我县的文化下乡活动，利用我县农民农闲和农村节庆日，先后下到柳家乡的大中屯村、新石新村、朝东镇朝东街、莲山镇的大莲塘村、洪水源村、福利镇的毛家村、麦岭镇的村头岗村、城北镇的周家村开展科技图书展览活动，发放有关种植脐橙、蜜桔、芋头、蕃秋花生的技术资料和养殖猪、鸭、竹鼠的技术资料5000多份，赠送《农村新技术》、各种科技图书3000多册给农民朋友，受到广大农民朋友的欢迎并要求我们以后多多开展这方面的活动。

我中心开展文化资源共享工程进学校活动。结合“六一”儿童节，到劳溪完小、富阳镇中心小学、朝阳小学开展活动。在学校利用共享工程的设备播放共享工程下发的爱国主义电影给小朋友看，向学校捐赠爱国主义图书，在学生中大力宣传共享工程，使共享工程在学生中树立良好的形象。此活动受到老师和孩子们的热烈欢

我中心今后将克服各种困难，继续响应“文化大发展、大繁荣”的号召，利用好共享工程的资源与优势，更多更好的开展各种形式读者活动，为构建文明、和谐的新瑶乡做出应有的贡献。

（撰文/富川县支中心）

全国文化信息资源共享工程——

重庆市分中心

一、整体情况

重庆市文化共享工程工作于2003年7月启动，同年，依托重庆图书馆建立了全国文化信息资源共享工程重庆市分中心。分中心成立以来，在国家中心和市文广局的坚强领导和正确指引下，以推动“公共文化服务”为核心，坚持“突出重点，整体推进”，现已基本实现市、区县、乡镇、村四级服务体系全覆盖，并通过各种渠道加大宣传力度、拓展服务半径，完善特色资源建设，面向区县支中心和基层服务点进行专业培训和业务指导，与高校、企业、社区、军营、农民工公寓等积极开展合作共建共享服务，收到了良好的社会效果。

二、网点建设

根据国家的统一部署，我市共享工程区县支中心标准化建设试点于2006年正式启动，2007年建成渝北、巴南2个标准化支中心；2008年，我市在充分调研的基础上，选择条件较好的区县图书馆，建成11个标准化支中心；2009年，建设进度全面提速，建成支中心28个，在西部地区率先实现区县支中心全覆盖。

截止2012年底，我市已建成文化共享工程重庆市分中心1个，市分中心少儿部1个，区县支中心40个，支中心少儿部1个，乡镇基层服务点823个，街道基层服务点102个，村级基层服务点8967个，社区基层服务点439个，与高校、企业、社区、军营、农民工公寓等合作共建基层服务点28个，实现了市、区县、乡镇、村四级服务网络全覆盖。

三、经费投入

为了保障共享工程建设的时间、进度、内容和质量，在积极争取国家支持的同时，市本级和各区县也给予专项支持，做到了足额配套。特别是市委、市政府高度重视共享工程建设，将之作为民心工程、德政工程，纳入对区县四大班子的年度目标考核，给予了全力支持。截止目前，“十一五”期间各级财政累计投入19156万元，其中中央财政投入11894万元，市级财政投入4945万元，区县财政投入2317万元。所有资金的具体投向包括：重庆市分中心建设累计投入2160万元，重庆市分中心少儿部建设累计投入624万元，区县支中心建设累计投入3893万元，基层服务点建设累计投入12479万元。

公共电子阅览室

四、资源建设

为丰富存储内容，面向读者提供更充分的服务，我市主要采取三种方式推动资源建设。一是积极争取国家支持，储备国家级的资源；二是大力推动地方特色资源的建设，充分储备重庆特色的资源体系；三是结合不同网点的实际，积极外购资源，增强可读性和吸引力，实现了国家定向提供与重庆自建特色的有机结合。截止目前，重庆市储藏资源达79.72TB，包括储藏国家中心资源12TB，外购数字资源60TB，自建地方特色资源7.72TB。

其中，中央资源分四批建设。前三批建设中，中央累计投入800万元，截止今年底，重庆市分中心累计建成专题数据库11个，总量达1862.41GB。市级建成四类特色资源。一是重庆市财政投入413万元，在重庆市分中心建成民国文献全文数字化和多媒体专题资源库。目前总容量4TB，已在局域网上开通利用。二是建成政协文史资料专题库，发布重庆市政协所藏文史资料的全文数据资源704部、人民政协成立60周年纪念图片展等。三是重庆市分中心少儿部建设留守儿童、儿童连环画等专题数据库。四是部分区县支中心建成一批独具地域特色的专题资 源库，容量约280 GB。加大外购资源的建设力度。截止目前，外购数字资源60TB。2012年正式使用的数据库有28个，试用的数据库有22个。

五、技术支持

分中心成立以来，一直与区、县支中心及各级基层站点保持技术上的密切联系，在工程实施的各阶段提供技术支持。经过近十年的建设，重庆市分中心目前已经建立起先进的计算机网络信息系统，具备较强的服务能力。分中心机房严格按照相关标准和要求进行分区和设备配置，目前分中心服务器服务器数量近五十台，主要品牌为IBM、HP，主打型号包括IBM 3850M2、IBM 3650、IBM 366、HP 3850G7、HP 3850G7；存储设备以EMC为主，历年采购存储容量累计达到160TB，采用FC SAN形式连接。网络设备主要为思科，局域网为万兆核心和千兆主干，核心部分使用了设备冗余和链路冗余技术，终端部分提供近2000个网络信息点的接入。

在资源传输方面，采用互联网、卫星地面站、移动硬盘、光盘等多种方式传输资源，其中主要形式为互联网传输，分中心通过电信200兆和联通100兆负载均衡，接入外网，访问互联网资源，并提供资源服务。此外，分中心还分别通过10兆政务外网、10兆VPN专网、4M卫星网等多种备用形式，与国家中心和区、县支中心进行资源传输。在国家中心与市分中心之间通过政务外网10兆带宽连接实现共享工程资源的传递。

此外，分中心公共电子阅览室面积达645平米，拥有电脑200多台，分为成年人阅览专区、少年儿童阅览专区和文化共享工程阅览专区，整合了文化共享工程、重庆数字图书馆、重图讲座等资源，为群众提供免费服务。

在传统电子阅览室服务的基础上，开设的数字云阅读体验室，配置了文化e管家，云终端和ipad，为群众提供了全新的体验服务平台，引导他们正确、健康的使用网络资源，推动全民阅读和学习，为广大市民真正构筑“知识之家”。

六、合作共建

多年来，分中心利用自身的软、硬件优势，积极开展“进社区、进农村、进军营、进政府、进企业”等“五个走进”活动，以举办知识讲座、专题服务活动、农民工培训等多种形式，开展合作共建。经多方努力，目前已与重庆钢铁集团、重庆北部新区、重庆市扶贫办培训中心、重庆师范大学、第三军医大学、中国人民解放军77103部队、重庆邮电大学、重庆市联合技工学院、铜梁消防中队、大石坝街道石油社区、大足县计划生育委员会等28家单位实现了文化共享工程资源与服务的合作共建。

今年以来，先后与重庆钢铁集团、重庆北部新区等十余家大型国企、政府机构合作，开展培训、服务活动，提升影响力。在2012年底，即将与中国节能环保集团重庆中节能实业有限责任公司、中国外运长航集团重庆长江轮船公司签订合作协议，开展合作共建。

其中，分中心在与重庆市扶贫办培训中心合作共建，将文化共享工程的资源和服务覆盖到其下属12所市级“雨露计划”培训学校，通过指导各培训学校利用文化共享工程资源，优选教学内容，改善培训方式，丰富教学活动，截止2012年底，共举办培训班628期，培训转移农民工28267人次，为提升劳动力素质、同筑同走脱贫致富路发挥了积极作用。分中心与重庆市人口计生委合作，启动“重庆市文化信息资源共享工程计生服务试点”工作，开展计生服务，共同召开了文化共享工程人口计生服务点经验交流大会。分中心与重庆钢铁集团合作共建，“三进重钢”，密切联系，使重钢2.8万名职工，近2000台电脑的终端点都可以在园区内访问文化共享工程平台上的优秀文化资源。

2012年底，分中心与中国节能环保集团重庆中节能实业有限责任公司、中国外运长航集团重庆长江轮船公司两家大型国有企业的合作共建，实现了重庆市文化共享工程第一次走进中央企业，在“科学发展　富民兴渝”的战略指引下，引导全市大型国有企业加快转变发展方式，构建起完善的企业文化服务体系。

七、服务宣传

我们充分利用共享工程，开展读者服务，为社会各界包括农民工群体、残障人士等提供人才培训。截至目前，重庆市分中心历年累计服务51.78万人次、举办活动463次、面授培训人员21850人次；区县支中心历年累计服务91.45万人

2012.9.27文化共享工程重庆市分走进武隆县江口镇留守儿童图书室

次、举办活动1355次、面授培训人员204712人次。

突出特色化服务，打造农民工服务品牌。围绕“融入城市　让生活更美好”农民工服务理念，结合重庆地区的特点，重庆市分中心从2007年以来，注重统一规划，打造服务品牌，以农民工教育培训作为突破，以“重庆市文化共享工程农民工服务联盟”为目标，带动和改善整体服务效益。我分中心通过每月一期农民工及下岗职工技能培训、与25个农民工集聚地建立了文化共享工程基层点等形式，向广大农民朋友输送资源，提供文化服务。此外，分中心不定期邀请农民工子女图书馆少儿部“太阳花”读书会等特色少儿活动，开展支援武隆县“猪圈上的留守儿童图书室”等活动，关怀农民工子女成长，解除农民工后顾之忧。通过开展专题服务活动，分中心先后多次组织一系列农民工专题服务活动，特别是2012年春节农民工系列服务活动，受到多家媒体的报道，在社会上产生了良好的反响。

开展专题服务活动，树立良好服务口碑。一是举办各种专题图片展。近年来，利用共享工程平台开展了“喜迎十八大、读书知变化”、“农民工风采摄影展”等活动。二是丰富节假日群众文化生活，举办了多场文化共享工程优秀影片展播活动。三是开展“文化三下乡”宣传服务活动，向群众播放共享工程优秀视频，将农科资源编印成册，免费发放给农民群众。四是开展了“少儿创意涂色比赛”、“共享工程文化e管家数字云阅读体验”“电脑小报设计比赛”等系列青少年专题服务活动。

八、培训工作

重庆市文化共享工程培训建设紧紧围绕“城乡统筹发展的文化强市”这一战略目标，以推动“公共文化服务”为核心，坚持“突出重点，整体推进”，实行“市里培训区县、区县培训乡镇、乡镇培训村”的分级培训模式，采取以会代训、现场观摩等形式，植根于基层群众，广泛地拓宽培训渠道，加大文化共享工程培训力度，将优秀的文化资源和培训融入到各行各业之中。

1、加强自身建设，提升队伍素质。重庆市分中心通过多种培训提高内部人员自身素质，加强队伍建设。各区县支中心也积极针对内部职工的薄弱环节，开展如共享工程业务知识讲解、办公自动化等培训。

2、采取分级培训模式，开展共享工程有关人员培训。分中心每年开展针对42个区县支中心的开展一至两次专题培训会，各区县支中心积极开展乡镇基层服务点培训及各

2012.11.8搭建网络直播平台供广大读者观看十八大开幕式

种文化服务。

3、探索培训新途径，积极开展网络直播培训。一方面是通过文化共享工程网站“网络电视”的“实用讲座”栏目，组织全体工作人员及各区县支中心参加培训，另一方面对区县支中心开展网络培训，加大重庆市自己的网络培训力度。

4、积极开展农民工培训。开展关爱农民工及留守儿童专题活动，走进农民工集聚地，送资源、送培训上门。

5、依托活动，开展培训，服务群众。重庆市充分依托国家管理中心举办的活动，开展形式多样、内容丰富的培训。

6、“春雨工程——全国文化志愿者边疆行”培训。重庆市分中心已举办2010年度、2011年度两次“春雨工程——全国文化志愿者边疆行“培训。

7、服务特殊人群培训。重庆市分中心先后开展服务研讨会暨视障者电脑使用推广培训班、视障读者无障碍免费电脑培训。

九、管理和队伍建设

重庆市分中心十分重视加强管理和队伍建设，为切实做好我市文化信息资源共享工程建设工作，我市成立了以市文化广电局党委委员、副局长温俊华为组长的全市文化共享工程建设领导小组。领导小组办公室设在市文广新局，负责领导小组的日常事务。

重庆市分中心建立起以重庆图书馆馆长任竞为主任的运营机构，分中心办公室设在重庆图书馆网络数字中心，现有工作人员18人。在充分重视分中心人员和队伍建设的同时，重庆分中心利用基层人员培训工作为抓手，以提高服务水平为核心，采取集中授课、卫星广播、网络互动、光盘教学等方式，建设农村基层服务点专兼职工作队伍，从而推动文化共享工程深入开展。

在充分保障人员配备的基础上，重庆市分中心也十分重视规范化管理，建立长效运行机制，重庆市分中心制定了一系列的管理措施，包括：《共享工程重庆市分中心工作职责》、《共享工程重庆分中心岗位职责》、《共享工程重庆市分中心机房规章制度》、《电子阅览室规则》、《青少年上网导航》、《未成年人上网须知》等，为共享工程各项工作的开展奠定了坚实的基础。

十、荣誉奖项

共享工程重庆市分中心积极开展各项工作，认真对待管理中心布置的每一次活动，多次获得奖励和表彰，曾获2008年度文化共享工程培训工作年终评审三等奖、2009年度文化共享工程培训工作年终评审一等奖、2011年度全国文化共享工程培训工作优秀奖；分中心认真组织，积极参与管理中心组织的各项活动，在“阳光少年热爱党”电脑小报设计比赛活动、“阳光少年热爱党”少年动漫设计制作竞赛活动、全国中小学生“像雷锋一样…”电脑小报设计比赛、全国“公共电子阅览室建设计划”百题知识竞赛活动均获得优秀组织奖，2011年文化共享工程优秀摄影作品，重庆市分中心荣获三等奖；分中心开展的特色农民工服务活动也多次获得国家中心奖励：2011年中秋节系列活动、2012年春节服务农民工活动中，重庆市分中心均被评为为重点示范分中心，其中2012年服务农民工活动获选国家中心优秀案例；2011年，重庆市参加“全国青少年纪念建党90周年党史知识大赛”，参赛选手获得个人单项奖。

十一、工作展望

在今后的工作中，文化共享工程重庆市分中心将抓住新的契机，借力国家发展公共文化的优惠政策，努力实现工作转变和工作创新，重点做好以下工作：

首先，结合正在实施的“三大公共数字文化惠民工程”（文化共享工程、公共电子阅览室建设计划、数字图书馆推广工程），整合资源，提高基层资源质量，提升共享工程对基层群众的吸引力；结合正在实施的“公共电子阅览室建设计划”，改进重庆市的共享工程技术服务体系，建立统一、规范、便于使用的软硬件平台，提高资源更新速度、简化基层的维护难度，最好能实现“零维护”，让基层工作人员能专心与服务工作。加强对基层的软件监控，包括资源使用的时长、使用内容等。

其次，结合管理中心提出的三个工作转变（一是工作重点从侧重设施建设向侧重管理服务转变；二是建设方式从铺摊建点的规模化建设向专业化和品牌化转变；三是发展模式从单一化向社会化转变），努力转变各级工作人员对工程的认识，重视并做好共享的服务、管理工作。开拓视野，加强与文化馆等单位和专业机构的合作，打造服务品牌，根据重庆实际情况，策划、实施具有号召力、有品牌效应的服务，如“重庆市文化共享工程农民工服务联盟”。同时重视与社会机构的合作共建，在资源建设、服务策划方面广泛征求意见，提升品质。

再次，丰富资源载体促进文化与科技的加速融合，打造全媒体服务，丰富服务手段。通过互联网、数字电视、平板电脑、手机等服务载体，吸引群众、方便群众，丰富人民群众的精神文化生活，并培养群众利用不同途径、不同载体，搜集、利用信息资源的能力，促进文化与科技的加速融合，逐步缩小消除城乡之间文化差异。

在做好工作思路转变的基础上，抓好资源建设工作。资源是服务开展的核心，必须坚持双管齐下，突出重点。一是严格把关资源的选题、策划、申报、建设及经费使用，保障资源的质量。同时积极争取中央、地方资金配套，储备国家级的资源；二是与专业单位和社会机构深度合作，广泛听取意见，结合实际情况，大力推动重庆特色资源的建设。

（撰文/重庆市分中心）

重庆市分中心少儿部支中心

为了贯彻落实文化部、财政部实施的全国文化信息资源共享工程，重庆市分中心少儿部在市委、市政府的正确领导下，在国家中心、市文广局、市财政局的大力支持与指导下，通过各种方式加大宣传力度、积极开展活动，完善特色资源建设。针对少年儿童的信息需求，对文化信息资源进行搜集、加工、提交及整合；通过电子阅览室、网站等开展共享工程服务宣传；对我市区县基层中心、中小学的共享工程少儿服务提供支持、辅导。为有效地实现全市及全国文化系统优秀文化资源的共建共享作出了努力，收到了良好的社会效果。

一、基本情况

共享工程重庆市分中心少儿部成立于2003年，现有工作人员7人。经过几年的建设与发展，我部目前已经建立起较为先进的计算机网络信息系统，馆内局域网为千兆网络，近200个网络信息点，通过电信20兆光纤接入互联网。利用TRS软件平台实现本馆数字资源的加工与发布，利用VPN网络实现与重庆市分中心的资源共享。主要的计算机及网络存储设备有：各类型服务器11台、核心千兆交换机1台、千兆楼层交换机9台、千兆防火墙1台、存储设备10TB、OPAC检索终端6台、电脑160台。为了向广大市民提供更为便捷的互联网信息服务，我部广开思路，整合资源将声像资料与公共电子阅览室有效合并，建立起了集上网冲浪、在线阅读、检索查询、视听播放、声像借阅等功能为一体的多媒体阅览室，面积达200平方米，分为视听播放和网上冲浪两个区，拥有电脑82台，声像资料27705种，41189盘，影碟机20台，大屏幕电视1台，资源检索触摸屏2台，年接待读者达5万人次。

二、经费投入

文化信息资源共享工程自2003年在我市启动以来，得到了重庆市各级领导的高度重视，市财政先后投入了624万元用于我部的共享工程平台建设，中央财政共投入80万元用于地方特色资源建设。

三、资源建设

1、作为全国仅有的三个承建全国文化信息共享工程信息加工的支中心之一，重庆分中心少儿部承建了全国文化信息共享工程少年文化“五彩缤纷”栏目。自2005年以来我部向国家中心提交数据3万余篇，2600多万字，5609张图片，资源质量得到了国家中心的肯定与认同。通过这几年对优秀文化信息资源进行数字化加工、整合，提高了我们在原始信息搜集、选题及数字加工等方面的技能和水平。

2、为满足未成年人了解重庆特色的历史、人物、文化艺术的需要，我部发挥自身优势，建设了四个极具地方特色的文化专题资源库：农村留守儿童信息资源库、特藏连环画库、讲座活动视频库、红岩历史记忆多媒体资源库供广大读者使用。其中农村留守儿童资源库共搜集加工了700余条数据，50个音视频，时长2.3小时，图片294张，50余万字，让留守儿童能够充分享用优秀少年文化信息资源，同时为整合农村留守儿童相关的援助信息资源提供理论性支持，使社会力量更有效的为留守儿童服务。特藏连环画库，加工制作了3000余张图片，42册电子书，并配有少年儿童喜欢的背景音乐和特效，对特色馆藏资源的保存和利用起到了有效的作用。讲座活动视频库采取聘请专家授课，我部自行拍摄的方式，收纳了138个视频，时长28小时，容量82G。目前，正在建设的红岩历史记忆多媒体资源库共分为红岩历史概述、红岩英雄人物、红岩历史遗迹、红岩主题动画和红岩知识问答五个栏目，共建有flash动画12个，60分钟，文字6万字，图片5820张，通过讴歌红岩人物的英雄事迹，启迪少年儿童了解红岩精神的真谛，将革命先烈的爱国主义精神传承和发扬下去。

3、为满足青少年日益增长的数字阅读需求，我们还购买了符合少年儿童特色的数字资源，主要包括：奥索乐儿网络科普知识动漫资源（1000个动漫视频、1000个科普试题）；点点漫画书库（9397册电子漫画书）、中少阅读平台（9357册电子期刊）、启讯有声读物（6255个音频）、领航教育卡通动画资源库（试用）等，不但增强了文化信息资源的针对性、实用性和吸引力，同时还为进一步开展共享工程惠民服务提供了良好的资源保障。

四、宣传推广

为了进一步推广宣传文化共享工程，重庆分中心少儿部拓展思路，创新活动方式，利用电子阅览室和网站组织开展了形式多样的服务活动，如：农民工电脑技能培训、未成年人电脑知识竞赛、共享工程优秀视频展播、童心成长剧场、电子书制作比赛等，每年开展读者活动80余次，参与人数达5000余人，通过活动充分发挥文化共享工程平台优势，丰富青少年课外文化生活，提高青少年利用现代化信息技术的能力，提升综合素质，从而吸引更多的少年儿童走进图书馆，享受健康、优质的数字文化资源。

除此以外、还精心打造了影响大、范围广、群众参与多的基层文化服务活动。如每年举办的“红岩少年”青少年讲故事比赛和网络知识竞赛、“书写童年精彩”青少年电子书创作比赛等，每年都有30余个图书馆近1000人参与，获得市民的好评及认同，取得了较好的社会效益。

五、惠民服务

为努力实现优秀文化信息资源全民共享，最大限度地发挥社会效益，重庆分中心少儿部更是从关爱弱势群体着手，积极开展惠民活动。

重庆市分中心少儿部电子阅览室

共享工程活动——科普乐园任你闯，孩子们正在认真答题闯关

2010年中秋节，由文化部文化信息共享工程管理中心牵头主办，重庆分中心少儿部在重庆市文广局的指导下，联合深圳少儿图书馆、首都图书馆、天津市少儿图书馆共同开展了“共建亲情纽带　共享文化资源”——共享工程服务“留守儿童”中秋节大型公益活动，共有68名留守儿童参加。此次活动旨在通过帮助留守儿童与家长进行远程视频交流，促进留守儿童与其父母之间的沟通与联系，为他们的健康成长营造良好的空间，让留守儿童和家长充分了解共享工程的资源与服务，吸引他们走进基层服务点健康上网，与此同时，进一步提升了共享工程基层服务点的服务能力。

六、管理和队伍建设

为加强规范化管理，建立长效运行机制，我部制定了一系列的管理措施，包括：《共享工程重庆分中心少儿部工作职责》、《共享工程重庆分中心少儿部岗位职责》、《共享工程重庆分中心少儿部机房规章制度》、《电子阅览室规则》、《青少年上网导航》、《未成年人上网须知》等，为共享工程各项工作的开展奠定了坚实的基础。同时，我们也重视人才队伍的建设，我部现有工作人员7人（专职6人，兼职1人），其中3人负责全国文化信息资源共享工程少年文化网五彩缤纷栏目的资源加工、自建特色数据库资源的采集加工；3人负责公共电子阅览室服务、资源整理利用、宣传指导以及活动的策划和开展；兼职1人负责系统维护、技术支持、相关硬件设备管理与维护。为了提高服务水平，更好地为公众开展服务，我部经常组织工作人员参加培训和学习，培养了一支优秀的人才队伍，他们具有建设少儿专题数字资源的经验，具备较强的专业知识和业务技能，具有活动策划及组织的水平。

七、工作展望

今后重庆分中心少儿部将以资源建设为中心，以贴近群众、贴近生活、关爱弱势群体为重点，积极探索，创新思维，建设出更优质的少儿特色资源，开展丰富多彩的未成年人文化活动，让更多的少年儿童都能享受到共享工程优秀数字文化资源的饕餮大餐。

1、改善资源建设内容，提高资源利用率。

资源建设内容应注重实用性。一方面要坚持贴近实际、贴近生活、贴近群众，重点建设如群众文化资源、少数民族文化资源、地方特色资源、少年儿童资源、进城务工人员资源、新生代农民工资源等等。另一方面要坚持着眼于中华优秀传统文化的传承和弘扬，重点建设民间文化及传统艺术、红色历史文化等等。在建设形式上以广大群众喜闻乐见和便于使用的方式，以视频和多媒体资源库为主，力求资源内容丰富、表现形式多样，便于用户获取和使用。同时，要加强资源建设后的存储与使用工作，在建设资源的同时，做好资源的使用工作，让各个文化共享工程服务点能方便地使用全国所建设的这些海量资源，进一步提高资源建设的利用率，实现信息资源的实用价值。

2、加强宣传推广，扩大社会影响。

在实施共享工程的过程中，要加大宣传力度，不断创新服务方式，积极开展活动，走进农村、走进社区、走进学校，让更多的青少年了解共享工程、参与共享工程，扩大其社会影响力。

3、注重人才培养，加强队伍建设。

采取自学与培训相结合的方式，不断加强人才队伍的建设，整合现有专业技术人才，重点培养一批在数字资源建设、计算机网络技术、视频制作编辑等方面有较高水平的现代化新型人才。

同时，通过开展志愿者服务，培育一批有专业服务水平的小义工和大学生志愿者。

（撰文/重庆市分中心少儿部支中心）

重庆市渝中区支中心

文化信息资源共享工程（以下简称“文化共享工程”）是新形势下构建公共文化服务体系、惠及千家万户的一项重要文化基础工程，是政府提供公益性服务的重大文化项目。2008年以来，渝中区以区级财政投入为主，全面铺开文化信息资源共享工程建设，到2012年，共建成92个基层服务点，基本形成了配置先进、使用便捷、覆盖全区的数字文化服务体系。

一、领导重视、精心部署

为认真贯彻渝文广发【2007】353号文件精神，加强对文化共享工程的领导，完成文化共享工程建设任务，渝中区成立了以区委、区政府分管领导任组长的文化共享工程建设领导小组，由区文广新局局长担任领导小组办公室主任，区图书馆馆长负责具体工程建设。为了进一步明确职责，区政府还将文化共享工程作为“民心工程”纳入了年度目标考核。

二、保障经费、创新建设

1、经费投入。渝中区文化共享工程建设先后共投入资金（设备）848万元。其中，国家财政补助渝中区支中心48万元设备，市财政补助配套资金20万元，区财政安排基层服务点专项建设资金100万元、图书馆新馆中心机房和电子阅览室建设资金220万元、区支中心日常维护及运行资金130万元（2008年至今），社区电子阅览室建设专项资金230万元。

2、网点建设。2008年，渝中区文广新局依托渝中区图书馆建立了文化共享工程渝中区支中心，并于年底完成了12个街道和20个社区基层服务点的建设；2009年8月完成剩余56个社区基层服务点的建设，实现了文化共享工程在渝中区各街道、社区的全覆盖，基本形成了配置先进、使用便捷、覆盖全区的数字文化服务体系。

渝中半岛高楼林立，许多基层服务点由于场地原因无法安装卫星接收器。支中心因地制宜，在区机关综合大楼布设服务器和卫星接收器，依托渝中区党政内网建立起一个VPN虚拟局域网，实现路径、资源共享，解决了街道级服务点的建设难题。

2010年，渝中区在图书馆新馆建设中高标准新建了支中心的中心机房和电子阅览室，其文化共享工程服务场地达260平方米。2010年至2012年期间，为了进一步扩大文化共享工程的覆盖范围和加强文化共享工程的服务，渝中区支中心和南纪门劳务市场合作共建南纪门劳务市场基层服务点（又称“农民工图书馆”），并先后建设了大坪、望龙门、大溪沟三个文化中心基层服务点。每个文化中心基层服务点覆盖两个街道，设立电子阅览室、图书室、多功能厅等功能用房，并配置电脑、服务器、投影仪等设备，安装了重庆市分中心开发的文化共享工程服务平台，拷贝了近500GB的共享工程优秀视频资源，并定期进行更新。

此外，还在社区建设了71个公共电子阅览室，共配发600台台式电脑、71套笔记本电脑、交换机、便携式音箱等设备，方便了社区居民上网学习及娱乐。

3、资源建设。渝中区支中心通过FTP下载、硬盘拷贝、卫星接收、光盘转入等方式，从国家中心、重庆市分中心接收数字资源约3TB，内容主要包括文化共享工程的电影、讲座、专题片以及县级数字图书馆推广计划的电子图书、期刊等。另外还自建“三峡大讲坛　渝中讲台”讲座资源47.6GB。

2012年，渝中区支中心投入经费25.6万元购买了超星和万方数据库的数字资源，其内容主要包括《中国数字化期刊全文数据库》2012年全库、《万方科技视频数据库》6万分钟、超星电子图书8万余册等。另外还与知识视界、汇法网、点点电子书等数字资源供应商合作开通了多种视频、电子书、法律知识等数字资源的试用。

三、建立制度、培训人才

渝中区支中心在文化共享工程建设过程中，加强了对基层服务点的建设、管理和技术指导工作，对设备实行统一采购、统一安装调试，签定了专门的设备管理责任书，统一授牌、统一系统操作管理界面、统一管理制度、统一宣传内容，要求基层点定时开放、定时上传月报表，并进行年度考核。

为了进一步推进文化共享工程建设，支中心在建立完善了安全、操作、规范、管理、服务规章制度的同时，以“走出去、请进来”的方式，对文化共享工程的工作人员进行专业知识培训：支中心每年都选派技术人员参加重庆市分中心、国家中心举办的各类培训；每年分批次对街道、社区基层服务点的工作人员进行集中的业务培训。2012年，渝中区政府投入100万元资金，为每个社区基层服务点招聘1名文化指导员（志愿者），从人力上保障了社区基层服务点、公共电子阅览室的日常开放和服务。

四、加强宣传、扩大影响

加大对文化共享工程的宣传十分重要，区支中心每年都制作了各种宣传资料下发到各基层网点，并积极参加如“书香渝中”等大型活动，通过播放光碟、发放传单、制作展板、现场讲解等各种形式，深入中心广场、街道及社区宣传实施文化共享工程的重大意义和各项服务内容，使广大居民群众了解、接受相关知识，进一步扩大了文化共享工程的影响力。

五、合作共享、服务群众

自2010年12月新馆开放以来，渝中区支中心坚持365天免费向市民朋友开放，主要包括：免费借阅书刊服务；电子阅览室免费开放服务；周末及节假日免费电影、讲座放映活动；农民工及中、老年人计算机免费培训；“三峡大讲坛•渝中讲台”免费讲座；周末少儿故事会活动；免费为进城务工人员代购火车票等。

支中心积极开展阵地服务的同时还积极同各基层服务点及共建点共同开展其他内容丰富的活动。主要包括：农民工就业政策、劳动法规、法律援助、职业卫生、安全知识和维权知识宣传；接受劳动就业等咨询并发放社会保险、权益维护宣传等资料；定期在劳务市场为农民工开展计算机免费培训，帮助他们提升综合文化素质和网上求职能力；以及电影放映、健康讲座、节假日庆祝活动等惠民服务。

六、荣誉奖项

支中心还积极参加国家中心及重庆市分中心开展的各种活动并获奖，包括：在第二届重庆文化共享工程知识与技能竞赛中荣获第一名；组织小朋友参加国家中心的“阳光少年热爱党”、“像雷锋那样…”等电脑小报设计比赛并获奖；以“同乡同龄同梦想　共学共享共月圆”为大主题的农民工风采展示摄影比赛；“公共电子阅览室建设计划”百题知识竞赛；以及“文化共享杯”全国群众摄影艺术作品征集大展等。

七、工作展望

在今后的发展中，渝中区支中心将在国家中心及重庆市分中心的指导下，结合公共电子阅览室建设工程以及数字图书馆推广工程，利用新馆的优越环境和优秀的文化资源，带领各基层服务点为广大居民群众提供更多更好的服务，切实保障数字化、信息化、网络化环境下公共文化服务的公益性、基本性、均等性、便利性，同时也吸引更多的居民群众能够积极的参与到文化共享工程中来，推进社会主义文化大发展大繁荣和建设和谐社会。

（撰文/重庆市渝中区支中心）

重庆市大渡口区支中心

一、整体情况

“文化信息资源共享工程”是文化部推出的旨在解决基层图书馆资源缺乏，推动各地文化建设和数字图书馆建设的一个重要战略举措。大渡口区文化信息资源共享工程支中心建立在大渡口区图书馆，同时是大渡口区图书馆电子阅览室。大渡口区委、区政府高度重视这一工程在大渡口区的开展。大渡口区图书馆始建于1988年，由于受场地限制无法开展共享工程建设。为此，区委区政府于2005年开始立项建设新图书馆。新图书馆建设全面考虑了共享工程的建设，共投资700余万元建设共享工程，包括机房、电子阅览室、卫星接收天线等。其中机房面积达100平方米，设备包括30TB容量的磁盘阵列、8台服务器、容灾备份系统、2台精密空调、30KV4小时不间断电源、VPN防火墙、投影仪、数码摄像机、数码相机等各种设备。电子阅览室面积达400余平方米，提供108台电脑供读者上网，其中12台电脑为少儿上网区，与成年人上网分开。2010年6月，“大渡口区文化信息资源共享工程支中心”暨电子阅览室正式对读者开放。支中心每天通过卫星接收中广通讯、流媒体、星空放送、教育部网站、党员培训网站信息及中央教育台三套电视节目，结合全国文化信息资源共享工程网站的丰富内容和图书馆自购的各种视频光盘，接待读者，服务读者。在支中心建设的同时，通过上级主管部门的拨付及地方财政投入，同时依托党员远程教育，我们还加强了基层网点的建设。目前，在大渡口区每个街镇、村社均建立了共享工程大渡口区支中心基层网点，并常年开展各项活动，服务读者。

二、资源建设

在资源建设方面，除通过卫星接收国家中心下传的电影、专题讲座、科技、扶贫信息外，我馆还加强了自身资源建设，我们还通过购买数据库资源，并镜像到本地存储，同时我馆还通过连接，将重庆图书馆及本馆的数字资源与基层网点共享，服务于相关社区和农村，并在图书馆六楼报告厅每个周末定期播放红色影片。大渡口区图书馆还利用共享工程免费接待读者查阅资料、上网浏览信息、欣赏电影、音乐，对未成年人、残疾人进行电脑培训等，还把农业科技、电影、讲座等资源送到乡村、街道、社区、学校、企业等，同时建立了大渡口区图书馆网站（网址：http://www.ddklib.com ）。

三，管理和队伍建设

在管理方面，大渡口区图书馆制定了严格的管理制度，包括工作人员岗位职责、电子阅览室管理办法、服务承诺、读者须知等规章制度，还张贴了“文化信息资源共享工程”暨电子阅览室简介和宣传品，定期推荐新资料。为了做好相关的服务工作，我们还加强队伍建设。除了技术人员，我们还通过网络培训、现场培训等各种方式，在职工中培养2–3名共享工程业务技术人员，每年保证对基层服务点开展4次以上集中培训，保证这项工作的正常开展。

四、活动开展　服务情况

2010年6月对外开放以来，我馆全部免费对读者开放。同时我馆针对对未成年人上网，坚持监护人签字同意的原则，并严格控制上网时间。在“六•一”、“中秋”等节日举办留守儿童与家人的亲情视频等活动。除了提供读者查阅外，我们还开展了网页设计竞赛、少儿网络知识竞赛、计算机知识比赛等各种活动。

五、宣传推广

通过两年多来的宣传推广和运行，共享工程大渡口支中心为广大基层群众提供了大量的惠民服务，并取得了一定的成效，得到了上级部门的肯定。特别是2012年春运期间，铁道部推出了网上购票服务，大渡口支中心借助文化共享工程，开放电子阅览室，免费为农民工朋友提供网上订票服务。此项服务得到了中央电视台的关注。1月13日上午，中央电视台一行到我馆对此项服务进行了专题的报道。2012年3月，共享工程大渡口支中心接受了文化部共享工程督导组的督查，受到了督查组的高度肯定。

六、工作展望

未来，大渡口区图书馆将利用共享工程，通过现代高新技术手段，建设“大渡口区文化信息网”。通过整合大渡口区优秀文化资源，建设具有大渡口区地方特色的书报刊、影视、戏曲、美术、摄影、文博及文化旅游资源数据库，通过网络传送到城乡基层、文化单位和每个家庭，向社会公众提供一个不受地域、时空限制的文化传播渠道，把最新的资源和信息提供给读者，以满足城乡群众日益增长的文化需求，占领思想文化阵地，繁荣先进文化事业，让全体市民充分享受文化大发展大繁荣给大家带来的成果。

（撰文/重庆市大渡口区支中心）

重庆市江北区支中心

全国文化信息共享工程是一项公共文化服务体系的基础工程，是政府提供公共服务的重要手段，是改善城乡基层群众文化服务的创新工程。根据《重庆市文化广播电视局关于做好全国文化信息资源共享工程2007年度基层服务网点建设工作的通知》（渝文广发[2007]353号文）要求，江北区图书馆作为共享工程江北支中心的建设主体单位，在各级党委、政府的关心支持下，区文化局争取各级财政资金80多万元，用于购置区级支中心建设设备和121个基层网点建设设备，2009年12月，顺利建成了全国文化信息资源共享工程江北区支中心。

一、整体情况

目前，支中心共拥有基层服务点121个，工程依托现有的文化设施网点，与基层文化设施网点建设、党员远程教育网、农村中小学现代远程教育工程、图书馆网络化、数字化建设相结合，为地区读者提供全国文化信息资源网的信息资源，实现了地区文化信息资源的共管、共建、共享，实现了文化共享工程村村通、全覆盖。

共享工程支中心机房建设完全符合国家相关标准，主机房面积45平方米，地面加装了抗静电地板，粉刷了墙面和顶棚，按标准进行了配电和防雷安装，并按规定配置了4台高端服务器，磁盘阵列一套，容量达到30TB。拥有各类交换机5台，百兆防火墙一个，充分保证网络安全。安装UPS电源系统一套，充分供应服务器和磁盘阵列。安装了标准机柜、4路KVM切换器等附属设施。

电子阅览室面积150平方米，网络布线及电源分布合理，拥有完善的消防设施和消防器材，安全疏散通道畅通。拥有电脑92台，并配有投影仪等设施设备，安装了网络杀毒软件，配合防火墙等最大程序保护局域网安全。安装了信息监控软件和Interlib办公自动化管理系统，实现了软件部分的正常运转。

二、资源建设　共建共享

除了充分利用国家管理中心通过各种途径下发的资源外，我们还积极整合图书馆及其他文化系统拥有的信息资源，把文化信息共享工程的资源与数字图书馆相互融合，将信息资源向基层服务点输送。

我们制作了共享工程网页，设有支中心网站、本地资源、共享资源和友情连接四个栏目，进一步扩大了共享工程的影响，同时也方便了基层点管理员的操作和读者对数字资源的利用。

目前，中心可向广大用户提供共享工程的文化信息资源浏览、数字化电影的点播、电子图书的在线阅览、《全国报刊索引数据库》、中国期刊全文数据库CNKI、中国年鉴全文数据库、维普公司的《中文科技期刊数据库》、《万方数据资源系统》等十五个专题数据库的全文检索等多项文化资源服务项目，充分发挥了共享工程的作用。

三、基层服务点建设

各乡镇街道基层服务点利用共享工程积极开展法律知识讲座和农业技术培训，宣传相关政策法规和市场信息，提高了广大农民发展农村经济、参与市场竞争的能力。

四、加强管理，开展培训服务

明确各级管理机构和工作人员的职责，不断完善基层服务点设备管理、资源利用等各项制度。建立信息专报制度，每一基层服务点都有专人负责，层层落实，确保上级中心的指示及时传达到基层，同时基层服务点的动态也能迅速反馈到上级。

通过“共享工程”的实施，培养了一支基层服务队伍。按照分级负责、分层培训的总体要求，江北支中心与本地远程教育机构共同承担起对基层服务点工作人员的业务辅导、技术培训任务，通过举办培训班、上门辅导、现场维护实践、相互交流等措施，提高了基层站点管理人员和技术人员的综合业务素质和服务能力。

五、宣传推广

通过组织多种网络文化活动，积极开展宣传推广，加强对文化信息资源共享工程的宣传，使群众真正了解并使用它。

六、工作展望

文化共享工程的实施，有效地推进了农村文化阵地的建设，有力地提升了图书馆的服务功能，也增强了基层文化工作的吸引力和生命力，对于巩固文化阵地具有不可低估的作用。

在今后的工作中，我们要加大工作力度，增强推进文化共享工程建设的责任感和紧迫感；进一步做好资源建设工作，提高资源建设的针对性和质量；加强人员培训，提高队伍的业务能力；加强组织策划，改善基层服务，进一步提高文化共享工程的管理水平。

（撰文/重庆市江北区支中心）

重庆市沙坪坝区支中心

全国文化信息资源共享工程是国家文化部、财政部共同组织领导的巨大工程，是党和政府转播先进文化、加强精神文明建设的重要途径和载体。自2002年实施以来，“全国文化信息资源共享工程”在丰富和活跃群众文化生活、传播社会主义先进文化、促进经济社会协调发展等方面发挥了积极作用，受到群众欢迎。自2003年底，沙坪坝区就开始了文化共享工程建设工作，沙区图书馆支中心于2004年被国家中心评为“全国文化信息资料共享先进”单位。2007年底，沙区图书馆启动了沙坪坝区支中心改建工作，大大改善了支中心的硬件环境，2008年顺利通过全国文化信息资源共享工程督导组的检查。2009年至2011年底，我区开展了共享工程乡镇基层点的全面建设，村级基层点通过与党员远程教育网络平台合作，实现了100%的覆盖。通过这个网络积极开展形式多样、内容丰富的活动，实现了共享工程网络的有效利用，得到人民群众的好评。

一、工作机制健全、人员管理到位

为进一步推进公共文化服务体系建设工作，切实做好我区文化信息资源共享工程建设工作，成立了以区委常委、宣传部长林平同志为组长，分管副区长蔡道静为副组长，区委办、区府办、区委宣传部、区财政局等有关部门负责人为成员的全区公共文化服务体系建设领导小组。领导小组办公室设在区文广新局，负责领导小组的日常事务。领导小组办公室主任由文广新局高小余局长兼任，副主任由局党委委员黄峥同志兼任。在区文广新局的领导下，在区图书馆成立了文化共享工程支中心，支中心主任由图书馆馆长石仕荣担任，副主任由副馆长喻华同志担任，办公室主任由自动化管理部胡俊峰同志担任。沙区各乡镇基层点管理

由一名专职人员全面负责、一名兼职人员配合。保证了我区共享工程各工作的顺利实施。

二、有效利用资金、网点全面建设

2008年，在市局统一采购核心设备48万元，划拨资金20万元用于完善机房改造和自主采购支中心所需部分设备的基础上，还争取到区财政专项资金13.6万元，全部用于了文化共享工程建设，全面改造了支中心的机房和电子阅览室和进行了自主建设设备的采购和电子阅览室改装工作，并按照文化部全国文化信息资源建设管理中心的要求制作了支中心和机房的标牌。除一次性专项资金外，每年沙坪坝区财政预算中，还列支有网络费6万元，设施设备维护费5万元，保证了支中心工作的正常运行。截止2012年，沙坪坝区有效利用市级专项资料、区级配套财政资金544万元，用于基层服务点的建设。目前已基本建成以沙区图书馆支中心、24个街镇、124个社区、86个行政村三级服务网点为框架的共享工程服务网络。

三、设施设备齐全、场地建设规范

沙区支中心及各基层服务点在建设过程中，严格按照上级所列的建设标准和市文化局及分中心提出的“规范管理、规范建设标准、规范标识、规范记录、规范技术”的要求，对市统采设备和区自主采购设备进行了认真的检查验收和试运行，在所有设施设备上添加了“全国文化信息资源共享工程”标识和文字，进行了固定资产登记和日常管理维护，目前各项设施设备已通过检查验收，运行情况良好。

沙区支中心设立有中控室、电子阅览室、综合业务加工室、多媒体放映室。机房面积20平方米，有明显标识，设置有相对独立的操作区、服务器区、电源区，制定有《文化共享工程沙坪坝区支中心机房管理制度》、《文化共享工程沙坪坝区支中心管理制度》、《文化共享工程沙坪坝区支中心信息反馈制度》。电子阅览室添置了全新的设施设备，新购PC机45台，环境优雅，制定有《电子阅览室读者须知》、《沙区图书馆电子阅览室读者守则》、《沙区图书馆计算机信息网络安全制度》等。多媒体放映室环境舒适，安装有投影与音响设备，设有席座200余个。

各乡镇基层点配备电脑十台、主机一台、投影仪、54寸LED电视一台、席座不低于20个。

四、开展培训活动、加强惠民服务

自沙区支中心成立以来，每年对各乡镇基层点专职人员进行集中培训三次；网络培训不低于三次；电话培训及联系做到有问题第一时间解决。沙区支中心每年开展农民工电脑技能培训不低于三次；老年人及少儿电脑知识培训每年不低于二次；对社区就业人员电脑知识培训不低于一次。每年指导和帮助各乡镇基层点对农村实用技术及人才培训不低于二次。

沙区支中心充分利用共享工程资源，坚持每周开放105小时，年服务10000人次以上。支中心除日常接待服务，还为学校、部队、社区及社会单位等提供集体服务，为社区提供光盘借阅服务，同时深入乡镇为村民送去电影、戏曲、科技信息、法律知识等共享工程资源。支中心非常重视未成年人的服务工作，寒暑假组织未成年人开展主题活动；日常管理规范，严格控制上网内容，坚持放学期间服务，为未成年人提供了一个健康的网络环境。各基层服务点也做好服务工作，主动利用共享工程定期开展培训、电影放映、农技知识学习、暑期少儿活动等主题活动，让广大人民群众了解文化信息资源共享工程，利用现代化的设施设备网络平台提高生活、工作、学习品质。

五、加强网络资源建设、共建共享

沙区支中心经过调整，将互联网接入带宽提高为10M，大大提高了网络运行速度。并且在沙区图书馆网站中建有专栏，专栏根据沙区特色设置，及时更新。支中心重视资源建设，不断加强与沙区新闻中心和沙区其他社会单位联系合作、共建共享，派专人进行地方资料的收集且数字化，将收集到的具有沙区地方特色的声像、文字资源进行加工整理后，无偿反馈给合作共建单位使用，并提供给上级中心，已累计10个G。

六、立足现在、展望未来

虽然现阶段取得了一定的成绩，但是我们要虚心学习兄弟区县好的做法和经验，以他们之长进一步促进我区文化共享工程建设。我们相信，在文化部国家管理中心、重庆市文化信息资源共享工程领导小组的领导下，重庆市分中心将继续深入贯彻落实科学发展观，围绕大局，开拓创新，扎实推进，全面发展，进一步巩固和完善文化信息资源共享工程平台的建设成果，不断满足广大人民群众多样化的文化信息需求，为构建社会主义和谐社会贡献更大的力量，为率先构建社会主义现代化公共文化服务体系而努力奋斗。

（撰文/重庆市沙坪坝区支中心）

重庆市九龙坡区支中心

2004年，九龙坡区政府拨专款10万元，筹建全国文化信息资源共享工程九龙坡区支中心，同时大力支持全区街道、乡镇建设基层服务点；主管局把此项工作纳入对九龙坡区街道、乡镇文化专干年终考核。这标志着图书馆分馆的建设以及文化信息资源共享工程基层服务点建设从一开始就朝着规范化、制度化的方向发展。

一、领导重视，促进建设

九龙坡区各级领导高度重视共享工程建设工作。区文广新局根据文化部相关文件、会议精神，经过大半年的筹备，多次征求了区财政局、区规划分局、区计委、区科委、区新闻信息中心等相关部门和街镇的意见，结合我区实际，拟定出《九龙坡区文化信息资源共享工程建设实施方案》，成立九龙坡区文化信息资源共享工程领导小组，拟定九龙坡区共享工程建设的目标任务和步骤措施，作为创新基层文化服务内容的方式和手段，使公共文化服务体系的活力明显增强，文化服务水平有较大提高，广大群众的文化生活状况得到显著改善，为九龙坡区的政治、经济、社会发展服务。

二、健全制度，加强管理

自从开始共享工程建设以来，九龙坡区支中心在狠抓自身建设的同时，对各基层服务点实行统一授牌，统一管理，并加强对各基层服务点的电子阅览室的管理，按照公共图书馆免费开放相关要求，每周定时为读者提供免费检索共享工程资源的上机时间、播放共享工程视频资料和分馆的影视资料，严禁提供不适合未成年人的网络游戏，使电子阅览室受到各年龄段读者的欢迎，成为让家长放心的健康娱乐场地。

三、网点建设，资源共享

九龙坡区图书馆一直重视分馆建设工作。分馆的成立，为共享工程基层服务点的建设做好了前期铺垫准备，既减少了基层服务点建设中的难度，又促进了分馆工作的发展，扩大了图书馆的辐射面及服务范围，取得了很好的社会效益。

建设初期，为争取街道主任、镇主管文化的副镇长、学校的校长等领导的支持，九龙坡区支中心先后邀请各位领导来馆实地考察，了解共享工程内容、意义，亲自感受共享工程丰富的先进文化和大量的优秀影视作品、网站资源、科技知识以及通过卫星发放的视频资料等。各位领导纷纷表示：这项工程是功在当前、利在千秋的大事，这笔经费值得投入。要尽快落实资金，建立共享工程基层服务点。同时，图书馆为了鼓励各分馆尽快建立共享工程基层服务点，决定：(1)分馆建立共享工程基层服务点，区图书馆将赠送一套3500元的卫星接收器；(2)支中心将国家信息中心下发的共享工程光盘资料及时刻录后免费赠送给各基层服务点；(3)支中心每年免费培训分馆的管理员4次；(4)支中心为基层服务点统一订做“全国文化信息共享工程九龙坡区×××基层服务点”标牌。这些优惠条件的出台，调动了各分馆的工作热情。在此基础上，九龙坡区支中心加大力度，规范基层服务点的各项工作，先后对第一批13个分馆进行了评估达标检查，把共享工程基层服务点建设和电子阅览室纳入考核范围内，作为申报“示范分馆”的必备条件，促进了共享工程基层服务点建设。如西彭镇分馆过去设在镇政府顶楼30平方米的档案室里，有2个书架，200册图书，读者对象主要是镇政府的工作人员；开展分馆评估达标活动以后，得到了镇政府的高度重视，为西彭镇分馆购买了500平方米的新馆舍，新馆舍位于居民小区，方便了读者借阅；随后，镇政府拨专款24万元，建立共享工程基层服务点，（购置服务器1台，投影仪1台）及电子阅览室（电脑16台，打印机1台，双人电脑桌14张，空调8台），面向读者免费开放；拨专款2万元，做宣传共享工程资源的大型广告牌；每年拨购书专款1万元。该分馆有藏书35000册，与九龙坡区图书馆实现总分馆共建，极大的丰富了西彭镇群众的精神文化生活。近年来，随着九龙坡区党员远程教育建制的推进，村级共享工程基层服务点已实现全覆盖。此举得到市区领导的高度评价。

四、植根基层，服务群众

在推进共享工程基层服务点建设过程中，始终坚持“两手抓”。一是辅导各基层服务点充分利用共享工程国家优秀资源。同时积极采集地方特色文化资源，配合重庆市中心进行资源建设，采集《走马故事》视频。

为更好地利用资源、把先进的文化知识送到群众手上，九龙坡区支中心在对各个基层服务点的辅导工作中一直强调对资源的利用，引导基层服务点学好资源、用好资源，如石板镇文广中心经常利用共享工程中的“中国文化”、“中国诗词”、“中华民族”等资源制作大型展板，设置在步行街等地方，为提高群众文化素质起到积极作用。

五、有的放矢，提供服务

九龙坡区支中心注重加强与社区的交流与联系，配合各社区的活动安排及时地编辑资料，随时更换内容。如：社区召开计划生育、环境保护等会议和活动时，支中心根据其内容充分利用馆藏和共享工程资源，做成内容新颖、深入浅出的演示资料为居民放映。大公馆社区老年居民较多，支中心把视频资料内容剪辑成20分钟左右的短片，再播放法制宣传方面的影视作品。许多老年居民往往提前一天采购好生活用品，互相邀约，准时前来观看。马王乡社区多数为重钢工人，喜欢看生活知识方面的内容，社区工作人员会根据街道的活动安排提前与图书馆沟通，等等。

每个月初，支中心会通过QQ空间等方式公布当月节日纪念日，由基层服务点根据各地情况提出资源题目，再由支中心利用馆藏资料和共享工程资源以及搜寻网络资源制作相关宣传资料，提供给基层服务点。

六、加强培训，提高素质

九龙坡区支中心的工作人员不定期地到各基层服务点进行现场指导；每年对基层服务点管理人员进行为期一周的脱产培训，内容包括网络知识、共享工程资源管理等；另外，每周通过电话、邮件等方式了解各基层服务点的工作情况，有针对性地解答或上门辅导。通过培训，各基层服务点在资源建设、技术保障等方面，实现了

基层管理员培训

规范化管理。

九龙坡区的文化共享工程建设得到了各级领导的关心和支持，得到广大群众的接受和认可。八年来，根据本区实际，做了一些尝试和探索，同时还面临着许多亟待解决的问题。我们将不断总结经验，不断探索基层服务的新方法新思路，不断完善支中心和基层服务点建设，更好地发挥文化共享工程的作用，努力将文化共享工程真正建成深受群众欢迎的惠民工程、民心工程。

（撰文/重庆市九龙坡区支中心）

重庆市南岸区支中心

一、整体情况

2008年，南岸区图书馆建成了文化信息资源共享工程南岸支中心，南岸支中心设立在南岸区图书馆5楼，有专职工作人员3名，专用服务器6台，专用存储1台，专用防火墙1台，专用路由器1台，专用交换机1台。共享工程电子阅览室有电脑60台，读者可在电子阅览室查阅支中心提供的各种文化信息资源，包括农技信息、养生常识、经典电影、少儿天地以及1000余种报刊等数字资源。

支中心还加强对基层服务点的管理，截止2012年12月全区已建成共享工程基层服务点133个。支中心每年集中对基层服务点工作人员培训2次，定期送服务、送技术、送知识下基层，指导基层服务点组织群众开展活动。

二、网点建设

南岸区基层服务点现共有133个，2008年至2010年建成63个村级基层服务点，主要依托党员远程教育系统，通过广电网传输共享工程资源；2011年至2012年建成70个社区基层服务点，通过组建局域网，在局域网中配置一个WEB服务器提供共享工程资源。支中心每年组织各基层服务点负责人员培训2次以上，主要内容包括工程最新动态以及软硬件的使用和维护。支中心还不定期的将资源刻录成光盘内容，直接送到各个基层服务点。在各基层服务点出现问题时，支中心会委派技术员直接前往基层服务点，为基层服务点排除故障和解决问题。

三、经费投入

2008年，重庆市财政一次性投入68万元在南岸区图书馆建成了文化信息资源共享工程南岸支中心，其中48万元为硬件设备投入，20万元为软件资源费用。支中心建成后，从2009年起，区级财政每年划拨30万元的经费作为共享工程的运行经费。2010年借助南岸区图书馆扩容升级改造，区财政又一次性划拨95万经费，升级更新了共享工程服务器、电脑、网络设备、机房设备等。

四、资源建设

支中心现有共享工程资源约2.5TB，包括音视频资源、电子书资源、电子报刊资源，涵盖了农业种植、农业养殖、健康知识、法律法规、经典电影、少儿特色资源等方面。支中心还将国家中心定期发来的光盘映像电子资源及时导入共享工程服务器，同时，南岸支中心还注重地方特色文献资源的建设，长期坚持收集南岸各种地方文献，并及时将其数字化，现在正在筹备地方文献发布平台的建设。

五、技术支持

南岸区支中心现有专业技术人员3名，均为大学本科计算机相关专业毕业，在计算机技术方面有着过硬的专业技能。负责支中心机房的日常维护和故障排除，遇到重大问题时，及时与重庆分中心进行沟通，邀请分中心相关专家来排除故障，同时，我中心还与社会上一些长期从事文化共享工程的公司有业务关系。通过多方面的技术支持确保我中心的正常运转。

六、合作共建

为了进一步丰富文化共享资源，支中心与各个基层服务点一直保持着紧密的联系，利用各个基层服务点贴近社区（村）和贴近群众的优势，将各基层服务点的优秀资源进行整合，导入到南岸地方文献库中；支中心同时借助图书馆的优势，与我区政府部门、企事业单位建立合作共建机制，将政府部门和企事业单位的优秀资源进行整合加工，然后为共享工程资源。最后通过支中心工作人员的数字化和重新整合，形成了可供群众观赏的资源，最后将这些资源集中放在支中心共享工程服务器上，并陆续向重庆分中心提交各类精品资源，让更多的群众享受到优秀而有特色的文化共享资源。

七、惠民服务

南岸区支中心电子阅览室现有60台电脑，每个社区基层服务点至少有4台电脑，总共约有350台电脑，这些电脑分布在南岸区的各个共享工程服务点，南岸支中心和各基层服务点一直坚持免费开放政策，市民群众可在任何一个共享工程服务点免费浏览共享工程资源。

为了使较偏远地区的群众感受到文化共享的关怀，我中心还将电子资源搬到了流通图书车上，跟随流动图书车定期不定期的下到基层，为偏远地区的群众和弱势群体服务。

八、宣传推广

自2008年共享工程南岸支中心建成以后，支中心借助南岸电视台、南岸报和相关新闻媒体大力宣传文化共享工程。图书馆网站改版更新后，单独为共享工程设立板块，并在网站突出位置显示和宣传共享工程。南岸支中心按照国家中心提供的共享工程LOGO，制作了包括不干胶标识、宣传海报、标识牌等共享工程宣传品，在支

中心和各个基层服务点显眼的位置张贴各类标识，有效的宣传了共享工程。不仅如此，支中心还结合图书馆相关活动，增加共享工程的媒体曝光率，使文化共享工程深入群众心中。

九、培训工作

支中心除了对各基层服务点工作人员进行培训以外，还定期面向社会开展培训活动，培训内容包括计算机的使用、办公软件的使用、聊天软件的使用等，面向对象有农民工、社区中老年年人、少年儿童等。

十、管理和队伍建设

共享工程南岸支中心设立南岸区图书馆，由馆长担任支中心负责人，下属专职工作人员3名，均为专业知识过硬的计算机专业本科毕业人员，3名工作人员分工负责支中心的工作。

支中心每年还组织工作人员外出参观学习，通过学习其他共享工程分中心和支中心的工作经验，不断提升支中心工作人员的素质。

十一、工作展望

南岸支中心从2008年成立以来，经过4年摸索和发展，总结了不少的工作经验和工作方法，取了一定的工作成果，但是仍有很多不足，仍有继续提升的空间。

去年的十七届六中全会和刚刚闭幕的十八大都对文化发展提出了明确的发展方向，相信在党和国家的重视之下，在上级部门给予各基层服务点更多的支持下，南岸支中心必将精益求精做好每一件事情，使南岸的共享工程工作再上一个新台阶。

（撰文/重庆市南岸区支中心）

重庆市北碚区支中心

北碚区全区幅员面积755平方公里，人口72万，辖5个街道，12个镇，58个社区，118个行政村。

区内文图两馆各领风骚：北碚区文化馆、图书馆连续三次分别获评国家地级一级馆，区文化馆是“重庆百年社文第一馆”，区图书馆是“全国重点古籍保护单位”。“十一五”期间基本形成了以区图书馆、文化馆为龙头，以镇（街）文化站为骨干，以村（社）文化室为基本单位，以农村文化中心户为终端的“四级”公共文化服务设施网络。建有镇（街道）综合文化站（文化中心）17个、村社文化室175个、农村文化中心户518个。

实现了一级综合文化站全覆盖，文化信息资源共享工程全覆盖，广播村村响、电视信号全覆盖，农家书屋建设全覆盖。率先在全市实现区图书馆、文化馆、博物馆、镇（街）综合文化站（中心）“四位一体”免费开放并成为全市示范模式。作为地方文化标志之一的北碚图书馆始建于1928年5月27日，由著名爱国实业家卢作孚先生创办。历经八十三年的积淀和发展，北碚图书馆形成了以文史典藏为特色的藏书体系。

组织基层文化服务人员学习手语

一、基本情况

2008年10月，全国文化信息资源共享工程北碚支中心作为重庆市首批建设的六个支中心之一在北碚图书馆内建成，按国家文化部统一标准配备了服务器、存储、卫星接收装置等专用设备，设有26平方米的主机房、25台机位的成人电子阅览室、40台机位的少儿绿色网络空间和10台机位的多媒体阅览室，向广大读者提供共享工程资源浏览、数字电影点播、电子图书在线阅览等服务，对外网络接口10兆，配有专职技术人员和资源加工人员3名。2009年共享工程中心机房改建成标准机房。2010年新增4.5TB数字资源供读者查阅，并在重庆市中心大力支持下在本支中心电子阅览室为读者提供《全国报刊索引数据库》、中国期刊全文数据库CNKI、中国年鉴全文数据库、维普公司的《中文科技期刊数据库》、《万方数据资源系统》、《中国法律法规大全》等15个专题数据库的全文检索资源服务。

2011年北碚图书馆实施改造工程，北碚支中心机房及公共电子阅览室的软硬件设施得到全面完善，共享工程支中心主机房面积增至80平方米，服务器、网络设备得到更新；电子阅览室的电脑设备进行了全部更新，增设“九星时代触摸屏电子报阅读系统”2套，增加200种电子报纸和1000种电子期刊，对外网络接口升级到20兆。2012年数字图书馆建设进入启动阶段，本支中心按国家图书馆硬件配置标准购置了数字图书馆所需相关硬件设备，购置北京超星数图信息技术有限公司“读秀”知识库及“学习中心”相关资源及服务平台，全新改版北碚图书馆网站，为市民提供高质量数字资源服务。

二、网点建设

本着共享工程“进学校、进企业、进农村、进军营、进社区、进机关”的六进宗旨，北碚支中心大力推进基层服务点建设，2010年通过与区电教馆合作，将共享工程资源注入北碚区校园城域网，实现了共享工程在全区中小学校的全覆盖；2012年，依托区内17个镇、街文化站的评估定级工作，实现了共享工程镇级基层服务点标准化建设全覆盖，全区57个社区、118个行政村通过与社区公共文化服务中心、农家书屋等建设相结合，并与农村党员干部现代远程教育网的整合实现了共享工程资源的全覆盖。

北碚支中心还特别关注特殊群体，在北碚区老年福利院、西山坪劳教所、西山坪劳教戒毒所建立了基层服务点，建成了层次分明、互联互通、多种方式并用的数字文化服务网络，以点面结合的方式推进共享工程资源的纵深传播。

三、经费投入

各级财政部门大力支持文化共享工程建设，逐年加大资金投入力度。截至2012年10月底，各级财政投入我区文化共享工程的建设经费已达90余万元。其中，中央财政投入42余万元，市财政投入10余万元，北碚区财政投入41余万元。

四、惠民服务

依托电子阅览室长期免费为读者提供数字资源服务，电子阅览室每周开放时间63小时，年接待读者9600人次。坚持开展"农民工数字家园培训"活动，每年举办培训12期，年培训农民工600余人次。依托各级基层服务点，深入农村、社区、学校、部队、社会福利院、特殊场所等单位，广泛开展科普宣传讲座、优秀电影展映等丰富多彩的文化活动，每年下基层服务70余场次，努力延伸和扩展文化信息资源共享工程的服务触角。

北碚支中心的"以文'化'人，服务特殊群体"的服务案例被作为2011年重庆市唯一入选国家共享工程优秀服务案例，与全国另26个优秀案例集结成书出版。积极开展共享工程"红岩少年"系列读书活动、"文化共享助春耕"、"文化年货带回家"、"践行雷锋精神，推动惠民服务"、全国中小学生电脑小报设计比赛等系列文化活动。

2008年在重庆市级少年儿童书画比赛、演讲比赛、读书知识竞赛等活动中，共有五人获奖，北碚支中心获重庆市优秀组织奖。2010年在重庆市"放眼看世界———喜看'五个重庆'建设新变化"系列读书活动中，北碚支中心参赛选手获得优秀奖5名，北碚支中心获重庆市优秀组织奖。在"红岩少年热爱党"青少年网页设计比赛中，参赛作品获重庆市一等奖1名、三等奖1名。

2011年在"阳光少年热爱党"、"红岩少年热爱党——葵花朵朵向阳开"、"书香伴你行"、"童心向党快乐成长"等系列活动中，获党建知识竞赛重庆市优秀奖1名，重庆市少儿故事大赛三等奖1名，3幅动漫作品被共享工程重庆市分中心推荐到共享工程国家中心，北碚支中心获重庆市优秀组织奖。

五、队伍建设

北碚支中心积极组织馆内职工参加培训，不断加强队伍建设和管理，1人参加国家图书馆数字图书馆建设培训，590人次参加国家共享工程网络知识培训，36人次参加共享工程重庆市分中心相关知识培训，每年组织馆内职工培训12次，组织基层服务人员集中培训320余人次，提升了本支中心服务的总体水平。

六、荣誉奖项

2009年6月，被国务院授予"全国古籍重点保护单位"；2009年被重庆市文化广播电视局评为重庆市先进图书馆；2010年被评为重庆市少年儿童庆世博"放眼世界—喜看'五个重庆'建设新变化"系列读书活动组织工作奖；2011年被评为重庆市第三届"红岩少年"读书活动组织奖；2011年10月获得"重庆市文化共享工程第二届知识竞赛"三等奖；2012年6月被中国文化管理学会评为中国公共文化设施管理先进单位；2012年6月被评为北碚区创先争优活动群众满意窗口。

七、工作展望

北碚支中心一方面将依托特色馆藏加快珍贵文献数字化进程，建设民国文献数据库、抗战文献数据库、馆藏字画数据库等专题数据库，丰富共建共享资源，并把共享工程建设与数字图书馆建设紧密融合，利用"读秀"、"学习中心"等新技术平台，将共享工程资源和地方文化信息资源融为一体，通过本支中心网站为读者提供多方位、深层次的数字资源服务。另一方面将加快手机图书馆建设步伐，加大数字资源推送力度，为读者提供方便、快捷、高效的数字资源服务。

再者，我们将按照党的十八大报告指出的"坚持面向基层，服务群众，加快推进重点文化惠民工程，加大对农村和欠发达地区文化建设的帮扶力度，继续推动公共文化服务设施向社会免费开放"的要求，依托图书馆总分馆制建设，加强各镇(街)级共享工程基层服务点规范建设及管理，结合社区文化建设和新农村建设，推进共享工程向社区、村社延伸，使共享工程基层网点成为社区及村文化中心工作的有效组成部分。

（撰文/重庆市北碚区支中心）

重庆市綦江区支中心

綦江区全区辖3个街道，17个镇，幅员2182平方公里，总人口95万。文化信息共享工程（以下简称共享工程）、农家书屋等公共文化建设得到快速发展，先后建成文化信息共享工程县级支中心一个，镇级服务站17个，农家书屋314个，图书外借点942个，公共文化设施基本实现了区域全覆盖，使先进文化在全区逐步进村入户。

一、科学规划，多方投入，快速建设。

2009年秋，我们根据中央和市里对共享工程建设的统一安排，结合綦江实际，迅速加以实施。

1、科学规划

2008年底，綦江被列入了重庆首批26个县级支中心建设的范围。我们立即研究制定了《綦江县文化信息资源共享工程实施方案》，确定在县城区建立共享工程县级支中心，在17个镇建立共享工程服务网站，按照人口密集，方便群众使用的原则，立即研究制定了共享工程建设的详细规划。

2、多方投入

中央和市里出资统一为我们购置了县城支中心和17个镇共享工程服务网站的机房设备。同时，市里还下拨给支中心电脑、桌椅等配套设备费20万元，县财政配资11.537万元，这两笔资金由我们负责按市里要求给各共享工程服务网站购置相关设备，其场地由区图书馆和各镇文化中心提供。

3、快速建设

2009年6月，我们将县级相关部门和镇主要领导组成共享工程建设班子。通过公开招标，平等竞争，安装调试，跟班监理，于当年年底建成了綦江县共享工程县级支中心。该中心机房面积50多平方米，电子阅览室面积350

平方米，局域网主干为1000兆，桌面带宽100兆，因特网接口10兆光纤，信息布点70多个；设有业务服务器一台，网络核心交换机一台，楼层交换机一台，办公用终端计算机8台，供读者使用终端计算机22台，投影机一台以及扫描仪、打印机、空调机、室内外监控探头等多台外接设备和防雷、防火、防盗等安全配套设施。建成后我们立即投入使用，能同时供22人上网阅览，60多人观看投影节目。17个镇的共享工程服务网站于2011年4月全面建成：各镇服务网站的电子阅览室20至30平方米，卫星电视、投影室40至100平方米；设有服务器1台，pc电脑5－10台，卫星接收天线1套，投影电视1套，打印机，照相机，桌子、椅子配套完整，能同时供5－10人进行电子阅览，60人以上观看卫星投影电视节目。共享工程网站的信息来源，一是通过天线接收卫星信息；二是通过宽带接收因特网信息；三是通过县支中心机房将接收的全国共享文化信息和本地文化信息整合，全天候对各网站发送。

二、建立队伍，健全制度，规范管理。

我区的共享工程建好后，县文广新局即时出台了《关于加强公共电子阅览室管理的通知》，强调狠抓三件事，进行规范管理：

一是明确一位区图书馆领导负责全区共享工程工作，聘用一名大学网络专业学员负责全区共享工程的网络技术指导，支中心及镇网站分别配置高中以上学历的管理人员一至二人。

二是大力培养一支懂技术，会管理，愿扎根基层的人才队伍。县文广新局专门制定了培训计划，图书馆从2010年9月开始，分两步进行业务技术培训：第一步，组织技术骨干深入各网站开展了理论培训和业务培训，帮助他们学会使用和管理；第二步，集中管理人员，进行设备维修培训，使全区共享工程网站不仅能正常开放，而且能自行排除简单的机器故障。

三是结合实际建立健全巡查管理、电子网站免费阅览、安全、值班等一套完整的制度，并将免费开放的时间、地点、项目、阅览须知公示周知，使广大读者能够方便、持续、舒适、安静地在网站共享文化信息。

三、广泛宣传，精心组织，诚心服务。

1、宣传介绍

通过《綦江日报》，《綦江手机报》，綦江网站和綦江广播、电视向广大群众进行共享工程内容、意义的宣传，进行文化信息资源免费共享工程的情况介绍，让群众了解“共享什么，如何共享，谁来共享”，从而积极参与共享。

2、制度保障

严格执行制度，确保共享工程支中心、各网站每周开放时间40小时，切实保证群众在服务区域内得以方便，舒适地共享文化信息。

3、组织活动

我们为了拓展文化信息共享工程资源，精心组织，适时开展活动，动员和吸引广大群众参与和投入到共享工程中来。从2009年开始，我们就利用传统节日、赶场天等机会，组织开展内容丰富、形式多样的系列活动，以之拓展文化信息资源共享工程的效能。一是开展送书活动。从2008年至2011年底，我们先后给基层单位、书屋送各种书籍21万多册，今年又给石壕、三江等镇送去适用图书6000多册，并组织他们开展“乡村流动书市”建设活动，努力提高图书使用率；二是组织多种读书活动。2009年以来，先后开展了传递阅读活动、读书快乐成长活动、红岩少年”读书活动、“流动校园阅览室”读书比赛活动、征文比赛活动等。在活动中积极引导读者上网开阔视野，共享文化信息。三是积极参与助残活动。2012年5月18日，我们利用全国第二十二个助残活动日，制作了4块图文并茂的宣传专栏，与区残联一起在九龙广场设立咨询台，为残疾人热情开展了文化资源阅览方面的咨询服务，在现场接受咨询300多人次，发放残疾人宣传资料1000余份，免费赠送给残疾人图书1000余册；在区图书馆底楼阅览大厅内专门建立了视障阅览室。四是开展利用共享工程助团圆活动。2012年春节期间，我们以“文化共享助团圆，一票难求我来帮”为主题，利用共享工程，在网上免费为农民工回家过年购买火车票100余张，让农民工在重大节日里感受到了党和政府的关爱，受到群众的高度赞扬。

4、编印资料

区图书馆主动从网上下载科普方面的资料，组织专门人员编印成《綦江农业科普》纸质资料，每季度一期，期发200份，免费发送给广大农民群众选用，深受农民朋友的欢迎。

通过文化信息资源共享工程的建设和使用，已经收到了良好的初步效益。广大读者不仅能访问共享工程的文化信息资源，还学到了一定的计算机知识与技能，有的争先恐后上网，有的积极借阅图书，浏览杂志。据不完全统计，全区有100多位农民群众在共享工程文化信息资源中获得了致富信息，学到了种、养殖知识而走上专业大户，成为致富带头人。

四、工作展望及下步工作打算。

我们将严格按照党的十八大报告指出的“坚持面向基层，服务群众，加快推进重点文化惠民工程，加大对农村和欠发达地区文化建设的帮扶力度，继续推动公共文化服务设施向社会免费开放”，坚持充分利用我区经济发展较快，历史文化、红色文化和当代文化资源积淀丰厚，信息现代化基础设施条件较好等优势，保证必要的投入，以整合资源、提高效用为突破口，加快推进“共享工程”建设，创新服务方式，努力让更多的群众共享先进文化。重点抓好以下几方面的工作。

1、加强基层共享工程网点建设。我们要努力结合新农村建设，推进共享工程向社区、村社延伸，使共享工程基层网点成为乡、村文化中心工作的有效组成部分。

2、加强文化信息资源整合。我们要努力加大对各种网络进行整合，力争将本地的党员远程教育网络、广播电视网络、手机报网络、校园网络加以整合，将地方文化信息资源融为一体，多方位、多层次向城乡居民提供丰富多彩的文化信息资源。

3、加强共享工程管理和服务。我们要与时俱进对共享工程进行规范管理，创新服务，使广大人民群众得以广泛共享。

共享工程的建设和服务需要不断地探索，不断地总结推广好的经验，好的办法。因此，我们将以永远进击的精神，不断改善基层网站的管理和服务，努力满足不同群体、不同层次的读者需求。

（撰文/重庆市綦江区支中心）

重庆市大足区支中心

一、整体情况

2007年10月共投入40余万元建成重庆市大足县支中心（2011年大足县与双桥区合并为大足区，支中心更名为大足区支中心）。2011年，基本完成基层服务点的建设，共建成270个基层服务点，实现共享工程全覆盖，大足区支中心负责对基层中心的管理、资源更新、日常技术维护、人员培训等职责，要建立电子阅览室，把数字图书服务作为重要内容。重庆市大足区支中心已具备资源接受、制作、发布的能力。

二、基层网点建设

各基层服务点与农村党员干部和农村中小学两个现代远程教育工程搭建的基层服务网络合作，依托现有条件，建成基享工程基层服务点，推动文化共享工程服务进乡村。通过自建、共建等途径，于2011年以前基本完成我省大部分城市社区、农村乡镇基层中心的建设，并在有条件的村文化室建立基层服务点。

三、惠民服务

建成以来按照市分中心的统一安排，结合我馆自身实际开展了农民工活动日、免费开放等各类服务活动。

1、阵地服务：共享工程阵地服务的窗口的电子文献阅览室。支中心电子阅览室共有155台电脑，每天服务时间超过12小时，日均接待读者250人。可以享受光盘免费欣赏、免费放映一系列红色经典影片。

2、服务基层：支中心通过互联网、邮寄光盘等多种渠道，把下载、整合、购买的资源传输到农村基层站点。2012年“七·一”，支中心组织共青团员到雍溪镇玉峡村共享工程基层网点，为当地村民送去了价值约5千元的图书、期刊和全国文化信息资源共享工程配套资源，其中不少实用农技读物。玉龙镇镇基层点利用共享工程的资源村民分期分批进行培训，组织观看农业科教片。大足支中心还从网上下载种养殖信息，编印农业科技资料，为各村的农户服务，取得了很好的社会效益和经济效益。农民朋友们说：又听，又看，又学技术，共享工程真是一项富民工程。

3、丰富群众文化生活。2011年元旦春节期间，支中心前往宝兴中学、雍溪镇中学，为当地群众放映了优秀影片，下载灯谜组织有奖猜灯谜活动，增添了山村小镇的节日气氛。七月组织开展“暑期优秀爱国影片展映活动”、“各类专题系列讲座”等，极大地丰富了人民群众的文化生活。2012年11月11日，开展了以“服务农民工　心系图书馆”为主题的服务活动。此次活动旨在解决农民工看书难、读书难的问题，进一步营造关爱、善待农民工的社会氛围，充分发挥公共图书馆保障公民基本文化权益的阵地作用。区图书馆结合农民工知识结构和实用性，精心挑选了300余册书籍，现场免费赠送，同时大力宣传《公共图书馆服务规范》，开展新书推荐，现场办理借书证等。活动现场发放宣传资料500余份，解答咨询50余人次。

4、大足支中心充分利用和发挥和平村人口计生村级主阵地的优势，立足于群众婚育观念的根本转变，移风易俗，稳定低生育水平，依托重庆市“文化信息资源共享工程基层服务平台”和“党员远程教育服务平台”，通过卫星和互联网等手段，将优质文化信息资源传送到村组，缓解群众看书难、看戏难、看电影难等问题，积极开展形式多样、丰富多彩的群众性人口文化活动，并逐步把信息资源共享延伸到育龄群众家庭当中，让育龄群众足不出户就能享受到信息资源共享计生服务试点带来的成果。同时通过文化信息资源共享工程促人口文化大院发展，把人口文化大院建设与村级公共服务中心建设，与村级组织阵地建设，与村文化活动场所建设等方面紧密结合起来，在村公共服务中心附近修建了篮球场和配备有健身器材的健身活动场地。努力做到“一场多用、一物多用、灵活多样、功能齐备”，使有限资源实现共建共享，得到合理充分利用。

四、培训工作

推进文化共享工程建设，是一项艰巨而复杂的系统工程。为加快建设速度，经过调研和论证，文化部于2006年7月至2007年6月在全国开展文化共享工程试点工作。全国共确定2个试点省，5个试点市，360个试点县。大足支中心转发了文化部试点工作方案并结合我省实际提出了具体的工作要求，还结合设备发放开展了基层点技术人员培训。

为全区基层服务点定期举行培训班，同时为迎接全国文化信息资源共享工程计生服务示范点和平村现场会的召开，支中心聘请市共享工程分中心的专业人员对我县棠香街道办事处20名计生专干进行了共享工程知识培训，培训内容主要是普及共享工程基础知识，建设情况，技术要求，操作技巧等，经过2个小时的详细讲解，学员们对共享工程加深了认识，了解了技术要领，纷纷表示将依托重庆市“文化信息资源共享工程基层服务平台”积极开展形式多样、丰富多彩的群众性人口文化活动。

五、管理和队伍建设

按照文化部的要求，“十一五”期间，文化部将分期分批地对省、市、县、乡、村的约40万专业人员进行培训，大足支中心和基层服务点工作人员上岗前均需通过培训、考试，获得从业资格。2012年引进专业技术人员2人，专职负责共享工程建设、运行、服务等工作。

六、宣传推广

图书馆通过开展各类培训、宣传周服务活动、合作共建等广泛宣传共享工程的职能作用。

（撰文/重庆市大足区支中心）

重庆市渝北区支中心

一、整体建设情况

渝北区支中心2004年正式启动，2006年被文化部、财政部列为2006-2007年度全国文化共享工程建设试点区（县），并于2007年完成了试点建设任务，达到国家县级一级标准。截至2012年底，全区建有1个区级支中心，11个乡镇基层服务点，9个街道基层服务点，218个村级（社区）基层服务点。拥有工作人员21名，各基层网点均有1名工作人员负责相关的管理和服务。

目前，渝北区文化共享工程资源总量达到5TB，收集并建立了地方特色资源数据库（渝北新闻、专题片、文艺汇演、渝北旅游资源等）。

同时，不断完善服务方式，在全区乡镇、街道以及行政村通过互联网、卫星传输、移动存储和有线电视等方式开展服务，让越来越多的群众能方便快捷地享受到文化信息资源共享工程的服务。

二、领导高度重视，组织机构健全

文化共享工程在渝北区实施以来，一直得到区委区府的高度重视，多次研究和部署文化共享工程建设。为了加强领导和协调，我区文化共享工程建设初期，就在区委区府的领导下，建立联席会议制度，形成政府统一领导，文化部门和财政部门具体组织协调，形成密切配合的工作协调机制。成立了由副区长亲自挂帅的“渝北区文化信息资源共享工程支中心”领导小组，领导小组主要负责：制定建设规划；编制工程实施方案；管理、使用专项资金。

支中心设在渝北区图书馆，馆长任主任，支中心负责：技术路线的制订；工程标准规范的推广；基层点建设的指导等。

三、基层网点建设

2004年在区图书馆建立了渝北区支中心，2007年建立11个乡镇基层点，各配置1套卫星接收设备、1台服务器，2008年为9个街道各配置一个移动播放器。截止目前，全区建有1个区级支中心，11个乡镇基层服务点，9个街道基层服务点，依托共享工程、党员远程教育网和闭路电视的整合，建成218个村级（社区）基层服务点的建设，完成了全覆盖任务。

四、财政大力支持，提供有效的经费保障

在文化共享工程支中心和基层服务点建设及正常运行过程中，需要经费的保障，如：设施（设备）经费、资源建设经费、网络维护经费、设备日常运行经费、人员经费等。在市委市府的领导下，财政不断加大对共享工程建设的投入，截止2012年止，市级财政投入30万，区级财政投入70万，同时每年拨给区共享工程支中心运行费5万元，为工作提供经费保障。

五、资源建设特色鲜明

渝北支中心数字资源总量近5TB。已加工资源包括：渝北旅游数据库，渝北文艺数据库，渝北地方文献全文数据库。

六、合作共建，丰富资源

利用卫星接收器把党员远程教育和全国文化信息资源共享工程的信息资源接收到电脑上，然后把接收整理的信息资源通过闭路电视自办节目传播到千家万户中去，真正实现了党员电教和文化信息资源的全民共享。现在，我区广大党员干部和群众在闭路电视上就能收看到党员远程教育和全国文化共享工程上的精彩节目，深受广大群众的喜爱和欢迎。

七、技术支撑

各基层点将共享工程资源通过闭路电视传播给群众收看，主要是通过三大部分实现的。

1、通过配送的设备，用卫星接收天线将各级中心通过通信卫星（亚太六号Ku段）传输的文化共享工程数据接收下来以后，通过接收卡（TVB卡）贮存到服务器上。

2、将播出主机（电脑）与文化共享工程数据资源服务器进行联接（将服务器上的数据目录与播出主机进行共享），通过主机系统自带的播放软件（Windows Media Player）播放。通过一台视频转换器将主机输出的VGA信号转换成视频信号（Vide），送到调制器上调制成电视信号。

3、将已经调制成的电视信号通过已建成的有线电视传输网络传输到千家万户中去，这样每一位群众都可以在家里享受到文化共享工程所提供的服务。

八、服务创新，扩大共享工程影响力

1、阵地服务

支中心共享工程阵地服务的窗口的电子文献阅览室。电子阅览室共有50台电脑，每天服务时间超过10小时，月均接待读者近400人。积极为广大青少年构建网上课堂，免费放映一系列红色经典影片。

2、服务基层

利用“三下乡”、“文化赶场”、“服务宣传周”、农村集市、节假日等，积极协调有关单位和专业人员到基层调研，了解他们的需求，并深入农户和田间地头为广大群众开展实用技术实地操作培训并现场接受，解决实际问题。自渝北区中心成立以来，通过各种途径共刻录发放《党员先进性教育》、《温棚蔬菜、瓜果、药材种植技术》、《鱼病防治技术》、《肉牛、肉羊养殖技术》《科学应对禽流感》等实用技术光盘200余张，发放宣传资料23500余份，让农民朋友看得见、学得会、用得上。农民朋友们说：又听，又看，又学技术，共享工程真是一项富民工程。

3、丰富群众文化生活

2011年元宵前夕，支中心为进城务工人员放映了获奖小戏和优秀影片，增添了节日气氛。春节期间开展“新春有奖猜谜”等活动；开展了“文化进社区进乡镇活动”、“暑期优秀爱国影片展映活动”、“各类专题系列讲座”等，极大地丰富了人民群众的文化生活。

九、宣传推广

支中心利用电子阅览室局域网对读者进行宣传，各基层服务点的工作搞得更红火，各乡镇借助社会主义新农村建设工作的东风，不但坚持经常定期利用文化共享设备服务群众外，还营造了浓厚的文化共享工程宣传氛围，在镇、村文化广场制作了大型宣传版面，文化活动室门上悬挂醒目的文化共享工程统一要求的牌子，室内制作统一标准的制度牌，室内外都张贴文化共享工程宣传

画报等，同时将有线电视、文化共享工程、党员远程教育三者有机结合，文化共享工程在当地群众中已家喻户晓，观看文化共享工程节目，已成为当地群众的口头禅和每天必干的一件大事。

十、强化培训工作

采取集中培训和分散指导的方法，定期举办培训班，加强对基层服务点的人员的业务培训，强化对基层服务点的技术和服务指导。为了加强培训力度，支中心专门编制教材并配套了光盘，作为基层技术人员的“操作手册”，不仅提高了培训的效率，又使培训工作更加系统，同时又锻炼了基层技术人员独立工作的能力。支中心还明确要求：每一个基层服务点必须参加支中心的专门培训，考试合格后可获得“培训合格证”。目前，全区共计完成10次培训，培训人数达400多人次。

十一、荣誉奖项

在实践文化共享工程建设的过程中，渝北区积极探索服务基层、服务农民的新途径、新方法，结合本地区的实际情况，形成了具有地区特色的基层文化服务。于2010年荣获“全国服务基层服务农民先进集体称号”。

十二、工作展望

1、要加强网络资源建设及整合力度，对本地民间艺术进行进一步收集、整理、加工和宣传，逐步建立渝北区文化共享工程资源保障体系。

2、要完善合作共建机制。积极与相关部门沟通，在现有基础上推进与当地农业、科技、教育、卫生等部门的合作，发挥各方面创造性，不断充实活动内容，提高服务水平。

3、要加强技术队伍建设，努力构建一支高水平的人才队伍，加强对基层服务点的技术指导。

4、要进一步加强管理，规范服务，使渝北区共享工程在丰富和活跃群众文化生活、传播社会主义先进文化、促进经济社会协调发展等方面发挥更大作用。

（撰文/重庆市渝北区支中心）

重庆市巴南区支中心

巴南区幅员面积1825平方公里，人口90万人，辖22个镇（街道），279个行政村（社区）。巴南区2005年建成巴南支中心并对外开放，2006年至2007年作为全国100个文化共享工程试点区县之一进行试点并通过文化部验收。全区现已建立起1个区支中心，22个镇街示范服务点，实现村级（社区）基层服务点全覆盖，在农民工聚居区等地布局了40余个电子阅览室，在图书流动服务车上配备了移动电子阅览室。全区文化共享工程运行情况良好，已累计接待和服务群众110万人次。借助支中心这一平台，积极推进各类特色服务，其服务案例曾代表重庆市参加全国服务案例展示，国家中心领导和市委、市政府领导多次到现场参观指导并给予肯定。2012年被文化部评选为全国示范支中心。

一、高标准加强建设管理，服务效益显著

巴南区高度重视文化信息资源共享工程建设，采取有力措施，高标准加强共享工程支中心的建设和管理，支中心运行规范，服务效益显著。

1、领导重视，加强资金人员保障。2005年，巴南区成立了以区委区政府分管领导挂帅的文化共享工程领导小组，由支中心负责全区文化共享工程业务指导联络。区委区政府先后下发了《关于成立区文化信息资源共享工程领导小组的通知》(巴委办[2005]131号)和《关于进一步规范和加强全区文化信息资源共享工程建设管理的通知》（巴南委办[2008]55号）等系列文件，将文化共享工程建设管理工作纳入区对各镇街的年度综合目标考核。2005年以来，我区文化共享工程累计投入建设管理资金1000余万元，支中心建有机房和标准电子阅览室，各镇街电子阅览室均配备15台以上电脑。区和镇街财政每年将文化共享工程专项运行经费列入财政预算，其中区财政每年下拨区支中心35万元运行经费。区支中心配备了正式编制4名，招聘人员3名。各基层服务点都明确了专人管理。

2、科学管理，促进服务规范高效。巴南区2008年出台了《巴南区文化共享工程管理办法》，开始推行区支中心和镇街电子阅览室免费服务，实行阅览证准入制。支中心对全区基层网点实行“七统一”、“四随时”、“二定时”的“742”建设和管理，“七统一”即对设备进行统一采购、统一安装调试、统一基层网点标志、统一授牌、统一系统操作管理界面、统一管理制度、统一宣传内容；“四随时”即随时反馈情况、随时进行技术指导、随时保持通信畅通、随时待命；“二定时”即定时开放和定时报送服务、宣传、活动等记录表及工作月报表。每年坚持举办2次以上基层服务点技术人员集中培训。支中心与多个科研单位、院校、优势企业等建立常态化联系机制，常态开展技术培训。

二、开展特色服务，促进服务多元化。

巴南支中心不断完善服务方式，在做好日常服务的同时积极开展实施“三大特色服务”，构建网上文化家园。

1、实施“共享工程助村服务站”工作。巴南区支中心于2010年正式启动“共享工程助村服务站”工作，“助村服务站”采取“一村一站”模式，设在有条件的农户家中，为每个助村服务站配送电脑、投影仪以及内容丰富的电子资源、书籍、杂志等必要设施设备，就近选定一名本地有文化懂技术的农民担任兼职培训辅导员，利用赶集和聚会等时间播放视频、派发宣传册（单）等方式，积极组织村民们开展各种培训、讲座、学习和辅导，让他们在家门口就能得各种信息服务。助村服务站累计向农民朋友赠送书刊25000余册，光盘6000余张，数字资源近500种。

2、建立共享工程特色培训中心。巴南支中心建立起特色培训中心，经常性举办下岗职工和农民工技能、创业、再就业培训。一是每年联合6-8家大型企业开展"企业在岗农民工技能提升免费培训"，每年培训农民工4000余名。二是运用基层文化站（室），每年定期邀请专家为返乡农民工举办果树培育、林下种植、养殖技术等创业培训，帮助3000余名返乡农民工实现了创业致富。三是联合人力社保部门，开展"两月一期"的下岗农民工再就业技能培训，帮助他们提高电脑操作技术，促进其再就业，累计开展培训32期，培训下岗农民工约8000多人，再就业率达80%以上。

3、设置开展一批"温馨服务"。巴南支中心还利用基层电子阅览室，开展"亲情互动"、"网上订票"、"文化资源赠送"等服务。一是利用网上视频对话，开启农民工"亲情互动"服务。据统计，2012年春节期间，为农民订购火车票2000余张。全区平均每年开展亲情连线4万余次。二是成立"共享工程爱心少年宫"，为贫困家庭子女、农民工子女和留守儿童开展服务。聘请名师授课，针对他们的兴趣特长免费开展各种辅导和培训，让他们能像城里的孩子一样享受均等的教育机会，累计服务已超过4000余人次。支中心广泛收集交通安全、劳动合同、卫生防疫、体育健身、文化娱乐等信息，大力开展文化资源赠送活动，定期向市民赠送图书、阅读卡等文化资源，累计赠送各类文化资源光盘近30000张。三是构建流动文化志愿者服务队伍，支中心选定了80余名基层工作积极分子作为文化志愿者，在农民工集中地和偏远村社，开展流动文化服务。

巴南支中心将继续以覆盖广泛、传输快捷、资源丰富、优质服务为目标，以传播优秀文化为抓手，进一步推进公共数字文化建设服务工作深入发展。

（撰文/重庆市巴南区支中心）

重庆市万州区支中心

近年来在重庆市文化广播电视局、重庆市共享工程分中心的精心指导下，在万州区委、区政府的坚强领导下，在万州区文广新局的统筹安排下，万州区图书馆狠抓万州文化共享工程支中心阵地建设，创新服务手段，拓展服务内容，着眼于保障公民基本文化权益，促进基本公共文化服务均等化，着眼于发挥公共文化机构的基本职能作用，着眼于增强公共文化服务能力和管理水平，以健全和增强服务项目、服务能力为重点，与建立公共文化服务体系经费保障机制相结合，以免费开放为契机，勤奋努力工作，以更加符合时代要求，大力发展与社会主义和谐社会要求相适应的和谐文化为己任，全力推动文化共享工程和公共电子阅览室建设工作的深入开展，我馆公共文化服务能力明显增强。

一、加强领导，统一认识

我区支中心以邓小平理论和"三个代表"重要思想为指导，深入贯彻落实科学发展观，贯彻党的十七届六中全会精神，全面推动文化共享工程和公共电子阅览室建设，有力促进了我区公共文化服务体系建设。

区委、区政府多次召开专题会议，研究部署万州区文化共享工程工作，区文广新局积极指导实施万州区文化共享工程支中心和镇乡、街道、村及社区基层服务点（公共电子阅览室）建设方案。

我馆多次组织全馆干部职工认真学习相关文件精神，并结合本馆实际进行交流讨论，使全馆干部职工提高了认识，达成了共识，为推动文化共享工程和公共电子阅览室建设工作提供了思想保障。

我馆紧紧围绕优化服务，积极采用各种新技术、新手段、新方法，以公益性、基本性、均等性、便利性为原则，以覆盖广泛、传输快捷、资源丰富、服务优质为目标，在传播优秀文化、构建公共文化服务体系、服务社会主义新农村建设、丰富基层群众精神文化生活等方面入手，通过全馆干部职工扎扎实实的辛勤努力工作，支中心文化共享工程和公共电子阅览室赢得了读者的高度认可，创建了独具图书馆特色的文化品牌。

二、严谨细致，创新发展

我支中心坚持因地制宜，开拓创新，充分发挥文化共享工程和公共电子阅览室服务基层作用，大力推进自动化、网络化建设，建立了万州区图书馆馆内局域网和对外互联网站。支中心用于服务的计算机有80台、互联网出口带宽10兆、服务器6台、投影机2台，年度运行经费22万元。

1.我支中心通过重庆分中心下载资源总量约1TB左右。

2、我支中心向全区每个镇乡发布数字资源约为200GB。

3、为满足到馆读者不同需求，我馆在电子阅览室设立了成年人和未成年人两个阅览室，为他们提供了更加优质的服务，受到了读者欢迎。

4、以电子阅览室为平台，实现了文化部下发的视频资源光盘内容的局域网共享访问，提高了资源的利用率。

5、以我馆电子阅览室为平台，完成了重庆市共享工程分中心下达的各项网络培训工作。每年开展培训12场次，受训人员达2万多人次。

6、着力宣传推介重庆市分中心制作的"三峡文化"、"红岩精神"、"重庆美食"等6个专题数据库。通过对本土文化的推介，拉近了网络与读者的距离，成为了每一位到馆读者必看的数字资源。

7、建立健全各项管理制度，做到了制度上墙，资源使用方法上墙，开放时间上墙，建立了万州区文化共享工程支中心上网登记管理制度。

三、统筹城乡，丰富形式

依靠全国文化信息资源共享工程平台，着力培养图书馆现代化信息技术专业人才，全力推进我区“文化信息资源共享工程”布点工作。

我区每年举办文化共享工程文化专干培训班2期，参训人员达300余人次。每年支中心还随机对5—8个镇乡（村）的共享工程设备运行和开放情况进行检查。万州支中心平均每年接待读者20万多人次，镇乡、街道、村及社区基层服务点平均每年共接待读者30万余人次。

我区支中心每年深入镇乡、街道、社区开展培训和读者活动十余场次，受到了基层群众的热烈欢迎，图书馆的社会影响力得到了空前的展现。

一是在全国文化信息资源共享工程统一安排下，我区共享工程支中心开展了为农民工朋友免费提供网上订购火车票的活动，着手解决广大群众尤其是农民工、进城务工人员回乡返城在网吧购票需付费且不安全等问题，帮助他们尽早与家人团聚过春节，真正体现图书馆免费开放为民服务的宗旨。

二是为营造尊重农民工、关爱农民工、帮助农民工的良好环境，区支中心开展了“共享工程进社区”传统节日系列活动，通过组织开展电影展播、实用技术专题讲座等为社区广大农民工及群众带去了节日的问候，带去了多样的文化资源，带去了贴心的文化服务，切实做到了文化资源的利用、文化资源的共享。通过举办活动不仅提升了我馆共享工程人员的基层服务能力，更扩大了文化资源共享工程在基层的影响力，坚定了我馆在今后多走基层、多搞活动、搞好活动，更好地服务于广大人民群众的决心和信心。

三是开展“农民工日，农民工子女参观体验图书馆活动”。每年通过学校的推荐，让农民工子女（学生）代表在电子阅览室通过“全国文化资源共享工程”网络平台，体验阅读电子书籍，实际操作书籍借阅管理系统。通过利用图书馆信息平台，农民工子女与父母进行视频对话，远在千里之外的父母与留守在家的孩子寄语相思。通过体验活动，增长了农民工子女们的阅读知识，开阔了他们的视野，提高了他们学习科学文化知识的兴趣。让他们更好的了解、感受、融入到他们每天生活中的城市，让他们与城市儿童一样共同感受城市公共文化带来的快乐。

四是为引导广大青少年学党史、知党情、跟党走，坚定理想信念，加强爱党爱国爱社会主义教育，我馆按照文化部要求，在图书馆举办了“党旗飞扬 文化共享——全国青少年纪念建党90周年党史知识大赛”活动。

此次比赛内容为党史知识，要求登录全国文化信息资源共享工程网站注册并进行在线竞答。我馆对此次比赛高度重视，在工作人员的积极策划下，开展了一系列宣传、组织工作，确保每日到场选手的数量以及比赛过程中网络状况的流畅，比赛能够按照赛程的安排正常推进。我们还特别为年龄较小的选手提供帮助，引导他们在互联网上查询，从而加深对党史知识的学习和了解。通过举办党史知识大赛，让广大青少年深入了解了中国共产党的光辉历程和辉煌成就，坚定了社会主义理想信念，更传承了党的光荣传统和优良品格，具有深远教育意义。

文化信息资源共享工程作为一项新的工作任务，全馆职工以高昂的工作热情，严谨细致的工作作风，认真做好支中心工作。我馆干部职工主动制定新的工作计划，积极适应新的工作要求，全力以赴投入到文化共享工程和公共电子阅览室建设工作中。

我馆干部职工自觉规范服务标准，努力提高服务质量。公共电子阅览室每周开放时间达64小时。平均每周服务群众4500人次。

四、深入基层，协调协作

多年来我区努力构建万州区基层图书馆服务网络体系，进一步强化我区基层服务点（公共电子阅览室）规范化管理，充分发挥基层服务点（公共电子阅览室）在社会主义新农村建设中的作用。截止2012年，已在全区52个镇乡、街道建立基层服务点（公共电子阅览室）52个，在全区632个村及社区建立基层服务点（公共电子阅览室）380个。

目前，我区镇乡、街道基层服务点（公共电子阅览室）覆盖率达100%，村及社区基层服务点（公共电子阅览室）覆盖率达60%。

五、经费使用情况

我区文化共享工程支中心和公共电子阅览室运行经费按照中央、市级、区级财政配套拨付，财政每年投入经费20万元，实际使用22万元。我馆高度重视运行资金使用情况，严格按照有关规定管理和使用各项资金，切实提高了资金使用效率，运行经费保障有力。

（撰文/重庆市万州区支中心）

重庆市涪陵区支中心

全国文化信息资源共享工程实施后，我区紧紧抓住这一历史机遇，将共享工程作为推进文化创新、完善公共文化服务体系、提高公益性文化服务水平、促进经济社会协调发展的重要抓手，扎实推进共享工程项目的实施，先后投资150余万元，共建成26个乡镇（街道）综合文化站，文化信息资源共享工程支中心2个，基层服务点443个，区、乡镇、村三级文化服务网络体系已基本形成。我区文化信息资源共享工程建设情况如下。

一、基本情况

文化信息资源共享工程涪陵支中心于2008年10月份建成投入使用。其中：建成电子阅览室150平方米，主控机房40平方米，电子阅览室共设坐席60个。2003年5月，与区电信局协商，以每月8000元月租，以两根100M光纤接入互联网，所有计算机都可浏览共享工程的信息，现已向社会全面免费开放。支中心的建成，进一步推动了我区图书馆基础建设，实现了图书馆网络化、数字化、自动化管理。2009年至2011年，分批在我区26个乡镇文化站建成文化信息资源共享工程乡镇级基层服务点，在443个行政村建成文化信息资源共享工程村级服务点，所有基层点均通过卫星模式终端接收，接收设备由区文广新局负责设备配发，区图书馆负责指导设备的调试、运行、人员培训、业务开展等工作，目前各基层服务点设备运行良好。

二、活动开展情况

在市分中心的正确指导和大力支持下，在区文广新局的领导下，通过两年多的建设运行，各站点充分利用现有设备，发挥文化共享，为弘扬先进文化，构建和谐社会，建设社会主义新农村，丰富城乡群众文化生活起到了重要的作用。我们主要做了以下四方面工作。

1、加强基础设施建设

近几年来，随着人民群众尤其是农民朋友对科学文化的需求日益迫切，而我区基层文化设施陈旧、文化投入不足、文化资源匮乏，信息接收滞后，共享工程涪陵支中心决定以此为契机，把传播先进文化、转变致富理念、普及科学文化知识作为共享工程建设的最终落脚点，并采取有力措施，使共享工程建设工作落到实处。几年来共计争取国家、市、区投资150余万元，建成文化信息资源共享工程乡镇级基层服务点26个，文化信息资源共享工程村级服务点443个，区图书馆依托共享工程平台，在人口相对集中的乡镇（街道）、社区建设图书馆分馆，目前为止，共建成直接管理的分馆有：敦仁移民小区图书分馆、同乐解放村图书分馆、水原村留守儿童之家图书分馆、南坨文化中心图书分馆；联合共管的有：涪陵戒毒所图书分馆、天然气公司图书分馆、涪陵商贸集团图书分馆，逐渐形成了涵盖城乡的图书馆网络覆盖服务体系，功能齐全、设施完善的文化服务网络逐步形成。2011年4月文化部共享工程管理中心张彦博主任视察了顺江移民分馆基层点，对我支中心创造性的开展工作表示了高度的赞赏。我馆在分馆制建设方面成为全市公共图书馆界的典范，得到市文广局的高度肯定。近三年来，我馆先后被重庆市委宣传部授予"全市文化体制改革先进集体"、中国图书馆学会授予"先进图书馆"、区委、区政府授予"公共文化服务先进集体"、"群众满意窗口服务单位"、"区级最佳文明单位"等荣誉称号。我区李渡街道综合文化站被授予"全国文化信息资源共享工程•公共电子阅览室示范点"荣誉称号。

2、加强培训力度

共享工程技术含量高，开展工作需要一批能熟练掌握计算机、网络、通讯、多媒体等技术的业务骨干和资源采集、整理、加工方面的信息管理人才。为促进工作的开展，我支中心现配备共享工程分管领导1名，专业技术人员2名，基本能够完成对乡镇（街道）各基层点的业务指导和技术支持工作，但是，各基层点工作人员受编制、学历、结识结构等方面的影响，人员素质良莠不齐，对我支中心的工作开展产生了较大难度。因此，为解决我支中心工作人员和各基层点工作人员业务知识学习的难题，近几年来，我支中心采用"业务学习、网络培训、基层辅导"相结合的培训模式，对支中心工作人员和各基层点文化专干人员加强培训。历年来，安排支中心分管领导和技术人员参加分中心举办的共享工程业务知识培训班共计30余人次；支中心组织26个乡镇（街道）文化专干人员进行业务知识培训共计200余人次；组织支中心工作人员参加网络知识培训共计25人次等。通过培训，各基层点工作人员的业务能力有了较大的提高。目前，全国文化信息共享工程也逐渐受到地方政府重视，加大了人员配备，减少了人员流失，现部分乡镇已能独立进行操作和故障排除，部分乡镇可通过远程进行问题解决，使共享工程工作步入了良性循环。2012年各乡镇综合文化站评估定级工作中，我区所有接受评估的综合文化站共享工程工作全部评定为合格，这与我们支中心的不懈工作是分不开的。

3、依托共享工程平台，文化活动丰富多彩

近年来，我馆按照文化信息共享工程支中心职能要求，依托共享工程和电子阅览室平台，开展了大量丰富多彩的活动。如由我支中心和少年儿童图书馆支中心共同举办的"阳光少年热爱党"少年动漫设计制作比赛、春节期间免费为农民工提供网上订购火车票服务、召集全馆职工参加"全国'公共电子阅览室建设计划'百题知识竞赛活动"、开展以"加强残疾人文化建设、保障残疾人文化权益"为主题的视障阅览室阅读活动、　"重庆第六个农民工日"读书活动等。通过一系列活动，进一步发挥了全国文化信息资源共享工程作为公共文化服务体系基础工程的重要作用，使广大基层群众享有公益性、基本性、均等性、便利性的公共文化服务，更好地保障了人民群众基本文化权益。

4、将文化信息资源共享工程建设引向深入。

由于条件所限，农村群众不便于到城内享受优质的网络资源，将新思想、新科技用一种直观、易懂的形式送到农民身边就成了当务之急。为了使群众对农业新科技能够看得懂、用得上、见效快，我支中心利用共享工程网络资源内容新奇、实用性强、信息量大、数据传输快捷方便的优势，认真搜集、下载适用于农村群众的政策法规、先进性教育、农业科技、文化体育、防疫保健、科普知识等共享工程信息资源，刻录成VCD光盘或宣传资料，利用"三下乡"、宣传周、农村集市、节假日等，向农民群众赠予和发放，使群众快学技术，早得实惠，解决实际问题。2012年底，我馆已为农民群众下载家禽饲养、农作物栽培和法律知识等相关宣传资料1000多份，制作宣传光碟5种200余份。

共享工程涪陵区支中心与少区支中心联合举办"阳光少年热爱党"少年动漫活动

三、工作展望

一是进一步加强基层文化设施网点网络化、数字化建设,加强文化、科技信息资源自动化、网络化建设和专业技术人员的培养,为深入推进共享工程的实施打好基础。

二是继续充分利用共享工程平台,进一步加强图书馆分馆建设力度,把我馆"总分馆制"建设思路推向深入。

三是努力把文化信息资源共享工程用活、用好。积极采用图书馆成熟技术,借助数字电视和远程教育服务网络,大力开展公益性服务。

四是在实施过程中加强与市分中心和各基层点的沟通与协调,使共享工程服务群众更具针对性和时效性。同时,不断总结经验,改进创新治理体制和运行机制,使"共享工程"真正成为文化创新工程。

(撰文/重庆市涪陵区支中心)

重庆市涪陵区少儿支中心

一、整体情况

全国文化信息资源共享工程涪陵少区支中心于2009年6月在重庆市涪陵区少儿图书馆正式挂牌成立,是我市唯一的共享工程区级少年儿童支中心。重庆市文广局为支中心配备了机柜1个,服务器2台,卫星数据接收设备1套,KVM切换器1台等设备。支中心设有机房(20m²)、控制室(4m²)、电子阅览室(100m²),现有供读者使用的计算机终端20台,报刊阅读触摸屏1台,建有涪陵区少儿图书馆网站1个。

二、经费投入和资源建设

由于涪陵是"一区两馆"设置(区图书馆和区少年儿童图书馆),共享工程涪陵区级支中心设在区图书馆,在涪陵少区支中心的设立过程中,除市文广局配备的部分设备外,未再进行经费和其他投入。为保障其正常运行,区财政每年投入资金5万余元,用于支中心的网络运行和资源建设。现有数字光盘700多种,共计1572册,每年订有电子期刊2000余种,报纸50种,实现了在线数据实时更新,读者可以到馆查阅,或者通过互联网在本馆网站注册阅览。

三、管理和队伍建设

支中心配备了专职工作人员3名,兼职工作人员2名。支中心自成立以来,按照上级要求制定了共享工程和各项管理制度。同时,根据本馆实际,制定了《涪陵区少儿图书馆电子阅览室管理规定》、《涪陵区少儿图书馆电子阅览室工作人员职责》、《涪陵区少儿图书馆电子阅览室机房管理制度》、《涪陵区少儿图书馆电子阅览室上机登记表》等管理办法。

四、合作共建和惠民服务

支中心主要为全区少年儿童服务,重点与各中小学建立了合作关系。近年来,我们利用区少年儿童图书馆"馆校合作"平台,与涪陵城区第一小学、城区第八小学、青羊双石小学、荔枝希望小学、实验小学等学校开展了合作共建。支中心利用共享工程资源、馆藏数字资源和数据库资源等,常年为共建单位提供教学教研课题资料查阅服务,为开展青少年校外素质教育实践服务等。同时,支中心还结合党的中心工作,开展了"共建亲情纽带,共享文化资源"文化信息资源共享工程服务留守儿童、"关爱留守儿童,喜看家乡变化"为农民工子女服务、"小小图书管理员"暑期社会实践等活动;举办了青少年电脑小报设计、动漫设计和科普知识讲座等培训活动;组织了"阳光少年热爱党"动漫设计、"象雷锋那样"电脑小报设计、"书写童年精彩"电子书创作和"红岩少年"网络知识等竞赛活动。

五、宣传推广和培训工作

近年来,支中心除参加市中心现场和远程培训外,还利用现有资源,举办科学、技能等相关讲座两次;参加区委区政府每年组织的三下乡活动。送文化信息资源共享工程进社区、乡镇、学校20次;接受了文化部文化信息资源共享工程国家中心督察组对我馆的检查,得到了督察组的充分肯定。

承办了2010年中秋节"共建亲情纽带,共享文化资源"文化信息资源共享工程服务留守儿童活动主会场的任务,《人民日报》、《中央电视台》等20多家媒体进行了宣传报道。举办了"喜看家乡变化,共享文化资源"为农民工留守子女服务活动。组织了2011年、2012年涪陵区少年儿童"阳光少年热爱党"电脑小报设计比赛、动漫设计比赛、"书写童年精彩"电子书创作比赛和网络知识竞赛等活动。各项活动分别荣获了等级奖和优秀组织奖。

六、工作展望

支中心将在各级各部门的高度重视和大力支持下,深入贯彻落实党的十八大精神,继续深化公共文化服务设施向社会免费开放工作,充分发挥文化信息资源共享工程和公共电子阅览室的功能和作用,不断加强硬件设施和资源建设,完善服务功能,提升服务水平,丰富服务手段,为培养和造就更多新一代复合型人才,提高我区少年儿童的综合素质服务。

(撰文/重庆市涪陵区少儿支中心)

重庆市黔江区支中心

一、整体情况

地处渝东南中心的黔江是少数民族聚居区,辖区人口53万。共享工程黔江区支中心位于黔江图书馆内,办公及业务用房面积近2000多平方米。2006年开始共享工程基层网点建设,2007年成立共享工程黔江区支中心并开展服务工作。

二、网点建设、经费投入、资源建设

共享工程黔江支中心乡镇基层服务点自2006年以来已经发展到26个,全区共30个街道、镇、乡,其中城东、城南、城西、正阳四个街道待建，每个服务点面积50平方米以上，配备电脑8台以上。还建成村级服务点219个（全区覆盖率100%），每个服务点面积20平方米以上，配备电脑、电视等必要设施。

自支中心成立以来，财政每年投入共享工程的专项资金有3万元。共享工程黔江支中心有两个电子阅览室，共配备惠普各型号电脑100台，服务器6台，相机和摄像机各1台。另设置电影放映室、网络中心、数据中心各1个，拥有数字资源约2TB。其中县级版数字图书馆，拥有1TB的数字图书资源。和重庆市图书馆实现了数字资源共享对接，能够共享重庆市分中心的数字资源。

三、技术支持、合作共建、惠民服务

支中心成立以来，在共享工程建设的日常工程中，支中心曾多次派人到基层服务点，协助基层点设备的安装于调试。支中心的建设过程中，也得到了重庆分中心的大力支持，分中心曾经多次派技术骨干前来指导，为我中心的建立建设给予了很大的帮助和支持。

黔江区支中心电子阅览室为群众提供了“全免费、零门槛”的资源共享平台，为未成年人专设了免费的、绿色安全的上网空间，对未成年人的上网时间严格控制在每天2小时以内。电子阅览室全天候开放，开放以来服务人数达10万余人次，乡镇基层点电子阅览室每天免费开放8小时，村级基层点电子阅览室每天免费开放5小时以上。设立放映室以来，支中心影视放映室为群众免费播放电影40余场，并于2011年3月，为了积极响应国家“三馆免费开放”新政的号召，充分发挥全国文化资源共享工程丰富的电影资源优势，丰富广大读者周末文化生活，12日启动了新一轮红色经典电影放映月活动，轮播红色经典电影。支中心影视放映室服务群众人数达4千余人次。2012年1月，我中心开展了“文化共享工程为农民工购买火车票免费服务”的惠民活动，并取得了不错的成绩。

四、宣传推广、培训工作

黔江图书馆为我支中心在网站上设立专门板块作为我中心的宣传和推广平台，用以发布信息、共享资源等等，并通过中心门口的LED显示大屏幕宣传，让所有来馆读者都能知道最新的活动与动态。我们还致力于中心周围学校、以及社会的宣传，通过各种方式增加文化共享工程的影响力，并辐射到周边区域。

支中心组织开设了多期免费培训班，其中有黔江书法家胡凤龙举办的书法、绘画培训班，黔江图书馆馆长陈彤举办的摄影、文学培训班，黔江图书馆副馆长杨再清举办的葫芦丝培训班，以及由培训部组织的月嫂培训班，电脑基础知识培训班等，极大的丰富了广大读者的文化生活。同时支中心人员也加强自身的学习，自2011年以来，每年参加了数十次的共享工程的网络培训，便于我们了解共享工程的最新发展动态与方针政策。

五、管理和队伍建设、荣誉奖项、工作展望

支中心由最初的1名专职管理员发展到现在由1名副馆长分管，2名计算机专业管理员，以及1名兼职管理员。制定并完善了各项规章制度。

2011年参加重庆市文化共享工程第二届知识竞赛，取得了团体二等奖的成绩。在支中心电子阅览室举行了多次少儿网络答题竞赛活动，其中参赛选手多次在市中心举行的决赛中获奖。

在未来几年的发展中，黔江支中心将更加得丰富馆藏数字图书资源，能够更加得丰富群众的业余文化生活，将把数字资源和支中心网站整合在一起，让读者不出门也能查阅支中心数字资料。极大的方便了读者查阅资料，我们相信，共享工程黔江支中心，将会成为重庆渝东南文化交流中心，能在一定程度上带动地方经济的发展。

（撰文/重庆市黔江区支中心）

重庆市长寿区支中心

近年来，长寿图书馆在重庆市文化广播电视局、重庆市图书馆、重庆市共享工程分中心的精心指导下，在长寿区委、区政府的坚强领导下，在长寿区文广新局的统筹安排下，深入贯彻党的十八大精神和市第四次党代会精神，以科学发展观为指导，以夯实基础为抓手，紧密围绕公共文化服务这一宗旨，于今年初启动了数字图书馆建设，并按国家图书馆硬件配置标准购置了数字图书馆所需相关硬件设备、配备的专职的技术人员，对长寿图书馆网站全新改版，基本实现了全区范围内的文化信息资源共享。

一、整体情况

长寿区图书馆2006年被重庆市文明委员会命名为“重庆市首批青少年活动示范基地”内设人阅览室、少年儿童阅览室、全国文化资源共享工程电子阅览室、书吧等，藏书（含纸图书、电子图书）30余万册，报刊300余种。在硬件得到完善的同时，一些珍贵的书籍资料，如《四库全书》将收入馆藏，加上原有特色馆藏古籍线装书，馆藏含金量将大大提升，成为全市县一流图书馆。新馆共计4层，每层面积达1600余平方米。三楼为全国文化信息资源共享工程长寿区级中心电子阅览室和休闲书吧，可为读者提供上网浏览和大量的数字图书资源：内有电子阅览室坐席100余个，休闲书吧可同时接待100余个读者。四楼为长寿红岩文化室、报告厅、精品图书阅览室、教师阅览室及书库：长寿红岩文化室友展板45块，图书1000余册：精品图书阅览室有《四库全书》一套，价值达16万元1500册，另有1000余册世界名著：报告厅有坐席102个，可容纳120名听众：书库常年保存报刊杂志7000余册次。区内共建图书流通网点12个，全国文化信息资源共享工程基层服务点6个。长寿区图书馆新馆于2007年9月21日正式开馆后，将为读者朋友提供更为优秀的服务，让读者满意的来又满意的去，除立足馆内对外服务窗口，采取新书介绍、预约借书、电话续借、重点信息介绍、送书上门等多种服务手段。同时，还将加强读者服务的延伸，特别是加强区内各街镇，社区（村）图书室的业务辅导和规范化和数字图书馆建设，让读者在家门口或者在家里，可以借阅图书和通过互联网，共享图书馆数字文献资源。每天开放时间：9：00–18：00。

二、网点建设、资源建设

长寿区图书馆建立图书网点12个，除馆内5个对外服务窗口以外，还采取了新书介绍、预约借书电话续借、重点信息介绍、送书上门等多种服务手段。每年开展图书馆服务宣传周活动，长年编印信息资料为当地农业、科技、经济服务。重庆长寿区图书馆1998年被国家文化部评定为国家二级图书馆。

1、资源建设方面满足全社会各层次的共享需求。

2、服务方面推陈出新。

3、资源共享机制方面完善制度的建设。

4、网络环境下信息资源库的建设。

5、网络环境下文献资源的合作采购和共建。

6、网络环境下文献实体共享。

7、网络环境下书目资源共享。

网络环境下用户信息需求呈求新、求全、求快、求特、求精的特点，使单一图书馆以实体馆藏无法满足用户的需求。为精的特点，使单一的图书馆以实体馆藏无法满足用户的需求。为满足用户需求，图书馆信息资源建设必须走实体馆藏与虚拟馆藏相结合的模式：弃求大求全，走特色优势模式：弃分散建设，走信息资源共建共享模式。为确保图书馆信息资源。

三、经费投入

我区文化共享工程支中心和公共电子阅览室运行费按照中央、市级、区级财政配制拨付。我馆高度重视运行资金使用情况，严格按照有关规定管理和使用各项资金，切实提高资金使用，运行经费保障有力。

四、惠民服务

1、是加快推进文化设施建设。按照“城乡互动、功能对接、资源共享、突出重点”的原则。

2、是开展丰富多彩文化活动。按照“三贴近”原则。广泛开展文化下乡活动，努力满足农民群众的“求乐、求美、求知”需求。

3、是优化文化产业发展环境。

4、是全面提升服务水平。图书馆对社会各界实行免费借阅，每年流通读者30万人次。让群众从中开阔视野，陶冶情操。

五、管理和队伍建设

图书馆义务管理员对图书馆事业的发展以及发挥图书馆有的作用有着重要的意义。图书馆义务管理员参与图书馆建设的重要性图书书馆义务管理员参与图书馆管理工作，扩大了图书馆的宣传力度，更好地服务读者。

六、荣誉奖项

长寿图书馆在2009年文化部组织的第四次县以上公共图书馆评固定级结果揭晓，全国省市县公共图书馆获“一级图书馆”称号的共有480家，长寿区图书馆跃身其中，也是重庆第三个文化馆、图书馆双双达到国家一级馆的区县。这标志着我区图书馆跨入全国先进图书馆行列。长寿区图书馆现有馆面积6400多平方米，馆藏文献60余万册，其中纸质文献20分万册，电子图书40余万册，2004年被评为市级三级图书馆，2007年在桃花建成的新馆，硬件、软件均照国家一级图书馆标准建设。

七、工作展望

长寿图书馆在知识经济下，图书馆服务的特性要更加突出，加强用户和市场的需求，阔宽服务领域，提供更多的服务，使资源共享的成果得到更广的应用，使传统的图书馆工作知识管理和知识服务转变，形成图书馆的良性循环。区图书馆馆长喻平表示，区图书馆将进一步规范管理全制度、完善设施设备、提高服务意识和服务水平，围绕资源建设、共享工程、农家书屋等重点工作开展深入细致的服务，为长寿文化建设做出新贡献。

（撰文/重庆市长寿区支中心）

重庆市江津区支中心

全国文化信息资源共享工程由文化部和财政部共同组织实施，2002年4月正式启动。它是用高新信息技术组织的一项基础性、标志性文化创新工程。资源通过网络、卫星、光盘、镜像、配合机顶盒等各种传输，群众可以随时阅读电子图书、听音乐听讲座、观看电影、欣赏喜剧、曲艺、舞蹈等艺术表演，学习科技法律、文化艺术、衣食住行等方便的相关知识，接受远程培训，参加远程会议等，文化共享工程的建设具有重大意义。

一、基本情况

根据渝文广发（2009）6号文件精神，为切实加强对我区文化信息资源共享工程建设的组织领导，成立了重庆市江津区文化信息资源共享工程领导小组，经过积极筹备和建设，在上级财政部门的关心支持下，江津支中心于2009年7月建设成立，现免费开放成年人及未成年人电子阅览室，共享工程网络平台访问，卫星天线数据资源接收及实时观看，电子资源查阅，免费电影放映，基层服务点培训及管理指导、共享工程惠民服务等项目。

二、网点建设

江津全区幅员面积3200平方公里，人口148万，辖24个镇、4个街道，全区有185个行政村，78个社区，至2011年底已实现28个镇街基层服务点、185个村级基层服务点及78个社区基层服务点全覆盖，并安排专人负责基层服务点的管理和维护，定期对管理人员进行管理和技术业务培训，传达全国文化共享工程新思路新理念。

三、经费投入

2009年7月江津支中心成立时，根据全国信息资源共享工程对区级支中心硬件条件要求，通过政府采购价值

68万元的共享工程设备设施，包括服务器系统， UPS系统，投影设备，卫星天线，且区财政每年拨出专项经费10万元保证支中心正常运行。

四、资源建设

支中心建立初期的调试工作中，共安装了视频文件3289个，包括音乐、戏剧、非物质文化保护项目等共计256个项目，时长4655小时，容量达1.2TB，另外还建立了12个专题资源库，为全面启动共享工程打下了良好的资源基础。后期建设及维护工作中，我区支中心逐步增加扩展了内部资源，包括从共享工程培训会中领取的国家中心及重庆分中心分发下来的资源内容共1.5TB，光盘资源、镜像资源1TB，还有通过卫星天线接入的各种在线资源，全面充实支中心资源建设，丰富数字资源内容。

五、技术支持

江津支中心建立初期，为保证共享工程服务系统正常运行并实现方便、快捷的管理和维护，支中心购置了服务器管理系统，讯迈网站管理系统，为保证电子阅览室正常运行，购置了万象网管系统，为保证电子阅览室网络环境健康，购置不良网站及游戏屏蔽系统，其中为保证未成年人区域网络环境，另外购置了青少年绿色上网系统，并由臻迈公司对整个共享工程运行系统提供网络、设备等技术支持。

六、合作共建

2012年与北京清北教育合作建立了清北教育培训班，为小学、初中的学生及家长提供免费高等素质教育培训。

七、惠民服务

1、自支中心建立以来，坚持每周为广大区民、读者免费放映最新上映、爱国主义教育影片，并定期至社区、镇乡、学校、露天广场等地方免费放映具有爱国主义教育意义，体现时代精神、民族精神的影片，以丰富广大区民的精神文明生活，提高素质，倡导树文明新风的时代精神，展现积极向上的精神面貌。2、每周面向全区成年人及未成年人免费开放电子阅览室，为广大读者提供查阅下载资料、网络休闲及登录全国文化信息资源共享工程平台。3、每年六一儿童节，支中心免费为少年儿童放映两场最新上映的主题积极向上的儿童影片，且免费为全区所有少年儿童全面全天开放电子阅览室，丰富少年儿童节日生活。4、春节期间，支中心为农民工朋友免费提供电脑、网络进行网上查询、订购火车票，并分派工作人员专门为来馆订票的朋友讲解订票程序和帮助完成订购。5、定期免费为全区青少年、老年人、农民工、留守儿童等人群进行电脑基础知识培训，普及电脑、网络基本知识，为较少与电脑网络接触的人提供免费学习体验的机会。6、为留守儿童及家长搭建沟通桥梁，免费提供电脑及网络让长期分离两地的留守儿童与其家长进行视频连线对话，为儿童带来父母的关怀和家庭的温暖，也为远在他乡辛勤工作的农民工朋友带去家乡的问候和家庭的温馨。7、为向读者提供更加快速、广泛、全面的新闻信息，我馆购置了两台电子触摸屏数字读报机，并由支中心工作人员为读者讲解、演示及指导数字读报机具体操作，及系统日常维护和更新。

八、培训工作

1、支中心工作人员均积极参加国家中心、重庆分中心举办的各种实地、网络培训，认真领会会议精神，学习新的发展思路和先进技术，结合本地实际情况提高服务质量、完善各项制度、更新专业技术。2、组织支中心及基层服务点工作人员参加共享工程各类知识竞赛，丰富专业知识，提高自身修养；3、积极参加各种关于数字图书馆培训及会议，为早日实现图书资源数字化不断提高专业技能。4、每月定期对全区基层服务点的管理人员进行培训，组织管理人员进行专业技术、管理制度等项目的学习，提高基层服务点运行效率和服务质量。

九、管理和队伍建设

共享工程江津支中心具有独立完整的管理队伍：一名分馆领导及三名专职共享工程工作人员，高质量高效率的完成国家中心、重庆分中心分派的工作任务，共享工程运行基本任务以及组织参加各类活动。

十、荣誉奖项、工作展望

2011年8月，江津支中心参加了重庆分中心举办的“重庆市文化共享工程第二届知识竞赛”，并获得网络初赛第二名及复赛三等奖的成绩。

共享工程江津支中心经过三年多的发展，设施设备完整，运行机制高效有序，管理制度基本完善，管理队伍健全，开放窗口实现全免费，共享工程运行系统基本达到稳定有序的状态。为向读者提供更加全面快捷的阅读方式，支中心正着力于数字图书馆建设，未来将努力学习资源、图书数字化技术，争取努力完善数字图书馆的建设，提高数字化专业水平，为全区读者提供更全面广泛、更方便快捷、更高质高效、更贴近学习生活需求的阅读服务和信息获取渠道，实现共享工程数字资源的文化惠民。

（撰文/江津市支中心）

重庆市合川区支中心

一、基本情况

重庆市合川区图书馆在建设公益性事业改革服务的进程中，始终站在求实奉献的高度，有重点、有步骤地努力开展工作，充分发挥宣传教育职能作用。在党和各级政府的高度重视下，在上级主管部门重庆市分中心的关心支持下，于2006年建成重庆市合川区支中心，近几年来重庆市合川区财政投入经费达120万元。

该中心服务阵地有230平方米，电子阅览室终端机80台，有专兼职人员4人，进行了综合布线、防雷设施处理，应用服务器、业务服务器、视频点播服务器、存储及防火墙设施设备已达国家标准，资源建设、监督管理制度健全，各种标识规范。

二、基层服务网点建设

合川区支中心人员先后去基层联系协调，通过综合文化站建设和依托农村党员干部现代远程教育村级终端站点建成了394个基层服务网点。

其中，有7个乡镇中心、331个村级服务点、32个乡镇社区、24个街道社区。且所有的基层网点服务制度健全、人员到位、标识规范。我们专门请重庆图书馆辅导部的同志来合川，分别对分管电子阅览室及文献信息资源共享的同志先后进行了专业的技术培训指导，然后，并对这些网点的资源共享建设免费提供了技术服务，分别为其基层网点送多媒体资源图片资料等。

三、地方文献资源特色

随着社会的发展，合川支中心充分利用电子、影像、缩微、网络、信息、图书资料等载体组织相关人员以服务本地经济、文化发展需要、促进资源共享为原则，根据本馆的特点，加强基层网点的协作交流，在文献资源、专业人员方面互通有无，注重收集、录入、整理、加工文献资源，使各种载体的地方文献都能进入馆藏，例如：收集部门志、年鉴、家谱、戏剧杂陈、个人诗文集、人物传记、钓鱼城文献史料等，呈现出层次结构多样、比例合适的有机组合体，使馆藏资源的整合与布局尽量科学合理。加强馆际之间的合作，图书互借等方式，为社会提供极有价值的信息服务。达到资源共建、成果共享、互利共赢的目的。

四、培训管理及队伍建设

近些年来，重庆市合川区支中心通过公共招聘择优选用两名专业技术人员专门负责基层服务网点的建设，2008年、2009年期间，多次派职工参加全国文化信息资源共享工程重庆市分中心组织的“重庆市共享工程”技术培训会学习、武隆参加全国文化信息资源共享工程重庆分中心组织的“2012年度重庆市公共数字文化管理与服务培训班”学习、重庆市图书馆组织的“公共图书馆宣传推广与阅读促进培训班”学习。

还先后派出30余人次到北京、山东、天津和本市先进图书馆学习先进经验、接受最新技术知识，为文化信息资源共享工程建设的专业人员打下基础。

文化信息资源共享工程的同志还积极行动采取“请进来，走出去”的方式，把基层的200多管理人员请到支中心免费理论学习和实际操作，举办多期“中老年电脑培训班”学习，努力提高市民利用信息和使用计算机的能力。另外，合川区支中心人员还分别深入基层进行场地、设施设备、标识的现场培训，直达到国家标准为止。

五、开展丰富多彩的活动

自合川区支中心建立以来，精心制作了一批批农业种植、养殖技术、城镇务工技能、农村医疗卫生、计划生育、思想道德、消防安全知识和优秀地方戏曲等视频、光盘、和纸质等资料5万份（件），先后利用“送文化、卫生、科技”三下乡、“一帮一”、“五送”、“文明书香满合川”活动，在三庙镇、钱塘镇、九块村、马岭村、塔尔门广场、南津街综合文化站等地，向镇、村、社区基层服务点和广大农民朋友们送光碟、送资料、送图书、送电影，受益人群达到7万多次。积极开展“4•23”世界读书日系列活动。“图书馆服务宣传周”活动，为我区专业户在网上查阅专技资料。摘编《农技专题资料》、“种植、养殖、加工业”资料和《农村生活常识》等。利用“三进三同”、文化宣传、共享工程建设、科技赶场等时机，为本地基层群众免费提供对口技术和生活常识资料1万多份。将收到的全面文化信息资源共享工程光盘即杨善洲系列和双百人物系列革命英雄楷模的故事等等，以及“中华小英雄”事迹展活动及时进行了复制、刻录，发送到基层社区、部分学校，农家书屋进行宣传学习。在网上进行共享工程分中心“物联网发展与文化共享工程网络建设培训”。通过合川区支中心与基层网点的科学管理与共同努力，为促进本地社会主义新农村建设、扩大本地公共文化服务范围、保障基层群众基本文化权益起到了积极的推动作用。

六、荣誉奖项

在2010年至2012年度创先争优活动中，2012年7月，重庆市合川区图书馆被中共重庆市合川区委员会评为“群众满意窗口”；2012年3月，重庆市合川区图书馆被重庆市合川区妇女联合会评为“三八红旗先进集体”。

七、工作展望

重庆市合川区支中心明白，摆在我们面前的任务还十分艰巨，成绩只属于过去。全国文化信息资源共享工程建设是社会发展的必然趋势，重庆市合川区支中心将继续为做好地方文献资源的深度开发，特别是对钓鱼城的二次、三次文献研究，进行深层次的加工、整理、分析、利用，继续开发智力资源，传播健康知识，更好地服务地方政治、经济、文化发展，更好地为读者阅读、学习提供便捷使用，丰富群众业余文化生活，提高本地区人口综合素质，营造良好的社会风尚，构建和谐社会，促进本地区社会稳定做出新的贡献。

（撰文/重庆市合川区支中心）

重庆市永川区支中心

一、整体情况、网点建设

自全国文化信息资源共享工程(以下简称共享工程)实施以来，一直受到区委、区府的高度重视，成立了有相关部门参与的建设领导小组，根据《重庆市文化信息资源共享工程建设2007至2010年度工作计划书》精神，制定了我区共享工程的建设规划和实施方案。区共享工程建设由区文广新局组织实施，在区图书馆建立区共享工程支中心，以此为实施主体，再依托现有的文化设施网点，与基层文化设施网点建设、党员远程教育网、中小学远程教育网、图书馆网络化、数字化建设相结合，为本地区读者提供全国文化信息资源网的信息资源，实现地区文化信息资源的共管、共建、共享。全国文化信息资源共享工程重庆市永川区支中心于2009年建成，总面积800平方米，建有中心机房、电子阅览室、培训室、多媒体室、视障阅览室、资源加工室等，有读者席位160个、读者终端计算机50台、投影仪2台、媒体播放设备2套、服务器5台、互联网光纤宽带接入10M；还配有资源采集、加工设备摄像机2台、专业相机2台、采编机2台、塔型刻录机1台等。支中心现有专兼职人员3人，资源建设、监督管理制度健全，各种标识规范。近几年来，地方财政累计投入资金520余万元，至2012年底全区已建成支中心1个，镇街

农家书屋管理员培训

基层服务点23个，村级服务点208个，实现城区、镇街、乡村全覆盖。全区基层网点按重庆市统一要求配备设备设施，服务管理制度健全，管理人员到位，标识明显，开放服务项目、时间规范。区支中心人员定期到网点指导业务工作，解决技术难题，每年还对全区网点管理人员进行业务培训，近年来培训管理员900余人次，为基层服务网点的正常开放给予技术保障。

区支中心充分利用现有设备，采集制作本地文化活动资源。独立摄制各类专题片15部，其中有：大型歌舞剧《神秘永川》、大型川剧《风雨女人路》、《重庆市第四届乡村文艺会演》等3部；非遗申报项目《松溉盐白菜》、《杆称制作技艺》、《陈食烟火架》等3部；2010年至2012年《永川区春节联欢晚会》3部以及《祝福祖国，祝福永川》、《永川区招商引资晚会》、《2012国庆文艺演出》、《2012凤凰湖区元宵焰火晚会》、《首届渝西片区民间才艺大赛》等。此外，还拍摄本地经济、文化活动照片2万余幅，制作有地方文献电子书221册。近年来为区各级部门、单位，相关区县提供自制资源500余份，下发资源3千余份。

二、惠民服务、队伍建设、宣传活动

支中心按照职能要求，依托共享工程和电子阅览室平台，开展惠民服务活动。春节期间免费为农民工提供网上订购火车票服务、组织支中心职工及基层服务点管理员参加“全国‘公共电子阅览室建设计划’百题知识竞赛活动”、开展残疾人视障阅览室阅读活动等。为期2周的中老年电脑免费培训是支中心惠民服务主要活动之一，深受中老年读者的欢迎，至2012年底已举办20期，已培训读者500余人次。通过一系列活动，进一步发挥了全国文化信息资源共享工程作为公共文化服务体系基础工程的重要作用，使广大基层群众享有公益性、基本性、均等性、便利性的公共文化服务，更好地保障了人民群众基本文化权益。

支中心通过公共择优招聘了1名专业技术人员，专门负责支中心的技术维护、基层网点的辅导。近年来，多次派中心技管人员参加重庆市分中心组织的共享工程技术培训、重庆市公共数字文化管理与服务培训。还先后派出20余人次到杭州、湖北、西安、广州等地及本市先进区县图书馆学习、吸收先进的管理维护知识，提高技管人员专业服务水平。

每年与辖区内的高校图书馆联合开展“4.23”世界读书日系列活动、“图书馆服务宣传周”活动，利用电视台、报刊、图版、传单等多种形式宣传图书馆、支中心的服务项目，倡导市民读经典、“好读书、读好书”。重庆、永川、宜宾、泸州等多家电视台以文化惠民、免费开放、图书馆新举措三个方面多次报道了支中心中老年免费电脑培训活动；《永川日报》、“重庆科协网”也报道了培训情况。宣传活动共展出图版125张，散发宣传资料万余份，向现场群众赠书1千余册，近万名群众参与了活动。

三、工作展望

进一步创新管理运行机制，加强基层文化设施网点网络化、数字化建设，加强文化、科技信息资源自动化、网络化建设和专业技术人员的培养；深度开发、加工、整理、利用地方文献资源，与院校资源联网，实现资源共享；大力开展公益性服务，传播先进文化知识，提高本地区人口综合素质，为地方文明建设与发展做好服务。

（撰文/重庆市永川区支中心）

重庆市南川区支中心

南川位于重庆市东南部，面积2602平方千米，总人口67万人，有31个乡镇及3个街道办事处。

一、基本情况和经费投入

南川共享工程始建于2004年，当时由重庆市文化局拨款20万元和南川财政拨款8万6千元建成了全国文化信息资源共享工程南川基层中心。2008年，重庆市文广局配发了60万元的共享工程设备及20万元现金，南川财政投入20万元，建成了共享工程南川区支中心。共享工程南川区支中心现拥有电子阅览室120平方米，可以同时接纳60人上网，以及拥有40平方米的标准机房一个，共享设备比较齐备。

二、网点建设、惠民服务

南川共有31个乡镇和3个街道办事处，现已全部建成全国文化信息资源共享工程基层服务点，都有独立的电子阅览室，由专人管理，同时各村依托党员远程教育都设有电脑供村民上网。南川现已建成了以共享工程南川区支中心为龙头，各乡镇、各村为网点的共享工程覆盖网。

共享工程南川区支中心至成立以来，每年平均接待读者1万人左右，有未成年人、农民工、残疾人等。这几年来，我们专门从西南美术学院高薪聘请老师为未成年人

免费开办了“动漫制作培训班”，免费到敬老院为孤寡老人放映电影、送书，免费为农民工开办上网培训班，还为农民工朋友免费在网上购买火车票等等。

四、宣传推广、培训工作

共享工程南川区支中心在宣传推广方面，除利用电视、报纸等媒体外，还做好图书馆内的阵地宣传，还到各乡镇摆设摊点，散发传单等方式，以及利用读书月活动进行宣传等。一是每年至少举办一期培训班，培训的内容有：关于电脑基础知识的、有关共享工程文件解读的、有关共享工程业务知识的、有关上网的、以及少年儿童动漫知识的等等。二是定期下乡去辅导，进行面对面的培训，直接解决问题。三是按时通知各乡镇参加每月一次的网上培训。

六、管理和队伍建设

共享工程南川区支中心现有2人专职从事这项工作，其中1人负责资源采集和技术维护，另1人负责管理和培训工作等，他们每年都要参加重庆共享工程分中心组织的培训和每月一次的网络培训，以提高自己的业务水平。

七、荣誉奖项

2011年，在重庆市分中心举办的“阳光少年热爱党”动漫制作大赛中，我们上交的8幅动漫作品全部获奖，其中少年动漫设计制作竞赛小学组一等奖1名，二等奖1名，优秀奖2名；中学组三等奖2名，优秀奖1名。南川区图书馆获得了优秀组织奖。

（撰文/重庆市南川区支中心）

重庆市万盛区支中心

一、整体情况

万盛区总面积566平方公里，辖8镇，2街道，57个行政村，30个社区，总人口27万人。万盛图书馆建筑面积近4200平方米，2008年共享工程万盛支中心建立于万盛图书馆内，2009年正式对广大读者开放。

二、网点建设

共享工程万盛支中心乡镇基层服务点，自2010年以来相继建成了关坝镇、青年镇、黑山镇、万东镇、石林镇、金桥镇、丛林镇、南铜镇共8个基层服务点。每个服务点面积50平方米以上，配备电脑8台以上。建成村级基层服务点57个（全区覆盖率100%），每个村级基层服务点面积20平方米以上，配备电脑、电视等必要的设施设备。

三、经费投入

万盛支中心自建成以来，设施设备相继投入100余万元，财政每年拨付共享工程支中心运行经费10万元。

四、资源建设

共享工程万盛支中心建有中心机房1个，电子阅览室1个，共配备了服务器4台，UPS设备2套，电脑30台，相机2台，摄像机1台。另设置网络中心、数据中心各1个，拥有数字资源约2TB。其中县级版数字图书馆，拥有1TB的数字图书资源。与重庆市分中心实现了数字资源对接，共享重庆市分中心的数字资源。

五、技术支持与合作共建

支中心成立以来，得到了重庆分中心的大力支持，多次派技术骨干前来指导，为我中心的建设给予了很大的帮助和支持。在共享工程乡镇基层点建设过程中，万盛支中心协助厂家对基层点的设备进行安装与调试，履行对基层服务点工作的指导和辅导任务，并对基层服务点工作人员开展共享工程相关知识的培训。

六、惠民服务

从支中心建成以来，电子阅览室每天开放8小时，服务人数达5万余人次，为群众提供了“全免费、零门槛”进入的网上阅览平台，专设了未成年人免费的、绿色安全的上网空间，对未成年人的上网时间严格控制在每天2小时以内。乡镇基层点电子阅览室每天免费开放6小时，村级基层点电子阅览室每天免费开放5小时以上。常年开展计算机免费培训、免费电影、知识讲座等活动，为广大市民提供文化信息资源优质服务。

七、宣传推广

我馆利用图书馆宣传周、社区阅读节、街头宣传、送图书下乡以及下基层调研等机会，通过阅览阵地、信息报道、印发宣传资料、现场讲解、免费培训以及开展少儿活动等各种形式，加大对文化共享工程的宣传力度，让更多市民了解文化信息资源共享工程。并在网站上设立专门板块作为我中心的宣传和推广平台，用以发布信息、共享资源等等，并通过万盛经开报和万盛电视台宣传，让更多读者都能知道最新的活动与动态。我们还致力于周围学校、以及社会的宣传，通过各种方式增加文化共享工程的影响力，并辐射到周边区域。

八、培训工作

支中心组织开设了多期免费培训班，其中有万盛区农民工电脑基础知识培训班、电脑五笔打字培训班，以及对乡镇街道技术专业培训多次等，极大的丰富了广大读者的文化生活。同时支中心人员也加强自身的学习，自建成以来，每年参加了数十次共享工程的集中培训和网络培训，便于我们了解共享工程的最新发展动态与方针政策。

九、管理和队伍建设

支中心由1名专职管理员、1名馆长分管，制定并完善了各项规章制度。

十、荣誉奖项

在支中心电子阅览室举行了多次少儿网络答题竞赛活动，其中参赛选手多次在市中心举行的决赛中获奖。

十一、工作展望

在未来的发展中，万盛支中心将根据自身实力加大对数字资源的建设力度，丰富数字资源馆藏，以满足广大人民群众对文化生活日益增长的需求，并把数字资源和支中心网站整合在一起，让读者不出门也能便捷地浏览、查阅图书馆的各种数字资源，保障人民群众享受基本文化权益服务。我们相信在党委政府的关怀重视下，在重庆分中心的大力支持下，在我们自身不断的努力下，共享工程万盛支中心将会建设得越来越好，为万盛的政治、经济、文化发展做出更大的贡献。

（撰文/重庆市万盛区支中心）

潼南县支中心

文化信息资源共享工程是国家文化部、财政部联合开创的国家数字化网，是一项繁荣社会主义先进文化的创新工程，它采用现代信息技术手段，利用覆盖全国的网络化管理和服务体系，实现文化信息资源在全国范围内的共建共享。

潼南县支中心在国家中心和市分中心的安排、指导下，本着以文化信息资源共享服务为宗旨，依照“扎扎实实打基础，稳步推进谋发展”的思路开展文化信息资源服务工作，在县委宣传部、县文广新局的全面关心和社会各届的支持下，支中心全体员工共同努力，创新思维、励精图治、克难攻坚，圆满完成以文化信息资源共享开展的各种服务活动、达到了文化资源共分享、千家万户同受益的预期效果。

一、机构完善、责任到位、强抓学习、提升形象。

全国文化信息资源共享工程是以图书馆为依托，分四级分别设立在国家图书馆、省（直辖市）图书馆、县图书馆及村级活动中心。潼南县支中心成立于2008年9月，现有技术人员4名，有18平方米的全国文化信息资源共享工程接收运行机房，积极争取财政投入，以文化信息资源共享工程为平台开设了200平方米的电子阅览室，接入了10兆的连通光纤网络、共有25台品牌电脑供广大群众免费上网学习、阅读、查阅资料、看优秀电影、玩文化部规定的益智游戏。在硬件环境建设取得了极大改观的基础上，支中心还及时调整思路，把工作重点从硬环境建设转移到软环境建设、实行了领导层层责任管理制度、有力的调动所有员工的工作积极性，支中心始终把思想业务工作作为主要工作来抓。支中心每周一下午为政治业务学习时间，学习党和政府的重要文件精神和业务知识，让员工及时了解上级指示，时刻与党的思想保持高度一致。同时又加强业务知识的学习，使业务水平在多方面得到提高，积极参加各类专业研讨活动，形成了一支具有良好精神面貌的文化信息资源服务工作专业队伍。

二、开展群众文化活动、丰富多彩。

支中心历年来开展了多种形式的学习培训、讲座、读经典、送书下乡、科技宣传、爱国宣传等活动、电子阅览室及多媒体阅览室实现免费对外开放。为更好地为广大群众服务，支中心还以方便群众为出发点，坚持天天对外开放，电子阅览室年接待群众达6000余人次、阅读下载资料达近40000次，年下载资料接收资料达3TB、收集群众咨询300余条，年开展各类大型宣传活动10余次、接待群众15万余人次。历年来举办了潼南县“共产党员风采”讲故事比赛活动；组织参加“红岩少年”讲故事大赛活动，开展了纪念“建党90周年”、“党旗飞扬　文化共享—全国青少年纪念建党90周年党史知识大赛”活动；建国62、63周年、辛亥革命110周年纪念文献展阅等大型图片展览活动；组织开展了经典电影免费展播活动；举办“文明礼仪知识”专题讲座，诚邀重庆市“五个重庆”宣传建设办公室专家来我馆三楼多功能厅举办“健康知识”专题讲座。举办“光辉历程、辉煌成就”读书活动、举办“文明单位月末读经典”活动，举办“读书成就未来、知识改变命运”、好书大家选“淘与荐”读书活动；举办了为期一周的“公共图书馆服务宣传周”活动，开展流守儿童暑期走进图书馆共享欢乐读书活动，举办“手拉手，心连心，共度中秋”、“爸爸妈妈不在家　中秋月亮一样圆”关爱农民工子女读书会，开展重庆市第3、4、5届“红岩少年”系列读书活动，组织参加“全国知识百题竞赛”获得“二等奖”、“三等奖”荣誉奖项，小学生参加“网上答题竞赛活动”，齐庚午同学获得了“三等奖”。

对全县319个共享基层点（22个镇281个行政村16个社区）提供共享工程的安装、调试，为农村提供所需要的各类资源，精心打造广大农民看得懂、用得上、实用性强的多媒体资源库，下基层辅导180余次，累计辅导培训2000余人次。举办数码摄影知识专题培训和数码摄影采风活动十期，极大的提高了会员的摄影水平，利用节假日送文化科技下乡，在体育馆组织群众观看送文化下乡文艺演出达1100余人、在奋进广场为群众免费送春联340幅，另外还从图书馆藏书中筛选了图书2500册，支援文化站、农家书屋及各单位图书室建设；利用有限的广场、公园、小区开展免费电影展播，活动深受人民群众的欢迎。大家都说；很久没看上这样的电影了，现在的生活就是好，电影也可以免费看。场均人次200人，年播出60余场次，共接待观众15000余人次。

继续推进文化信息资源共享工程，加强网点建设，切实解决基层群众看书难，看电影难，文化活动少的问题。充分利用和规范电子阅览室，开展电影放映，技能培训等服务活动。保障群众基本文化权益、丰富群众精神文化生活、为维护和谐稳定发挥积极作用。运用文化共享工程，组织全县留守儿童开展手拉手活动，结合图片音频，视频，动漫等信息资料，大力开展宣传先进人物，学习英雄人物的活动。继续推进文化信息资源共享杯知识与技能竞赛，在各个网点基层服务人员中开展集中培训，岗位练兵，比学赶超的活动，真正实现文化信息资源共享工程建设“村村通”，必将在农民致富、科技兴镇、科技强县中发挥积极作用。

（撰文/潼南县支中心）

铜梁县支中心

由文化部、财政部组织并于2002年4月正式启动实施的国家级文化工程，是国家的一项文化创新工程，民心工程，有着巨大的社会效益和广阔的发展空间。

一、整体情况

铜梁县文化资源丰富，文化底蕴深厚，先后被文化部授予全国文化先进县、中国龙灯之乡等殊荣。全县文化工作有声有色。2004年共享工程铜梁支中心落成并投入使用。2010年，新图书馆建成后，铜梁支中心扩大了规模，实现了办公、查询、借阅的数字化管理，并建立健全了管理制度、培训方案和活动方案，完全符合国家文化部的标准要求，内设机房、电子阅览室、多媒体室等部室，由1名专职，2名兼职技术人员进行管理。电子阅览室面积达538㎡、计算机120台、电子读物500余种。2011年6月，电子阅览室面向广大读者实现了免费开放。自文化共享工程实施以来，我县文化信息共享工程活动丰富多彩，按照上级文化共享工程的要求和部署，积极行动克服重重困难，在县委、县政府领导和市主管部门的具体指导下，各项工作进展顺利，取得令人满意的成果。

二、网点建设

2008年我县建成了安居、旧县、土桥、虎峰、侣俸、少云、维新、围龙8个乡镇基层服务点对公众服务，并依托农村党员远程教育点完成了298个村基层服务点的建设。2009年底，我县县、乡镇（街道）、村三级文化机构和网络健全，乡镇（街道）、社区、村共享工程实现了全覆盖，均有开展文化活动及文化共享工程的设施及场所。

三、经费投入

2004年我县投入27万元作为全国文化信息资源共享工程铜梁县中心的启动资金，2004年至2008年，市、县两级财政投入近100万元实施了全国文化信息资源共享工程铜梁支中心的建设。2010年新图书馆建成后，县级财政投入近200万元对支中心设施设备进行了更新。

四、资源建设

在正常接收和充分利用国家中心和市分中心数字资源的同时，我们不断加强与县内各部门的联系，挖掘和整合本地各类信息资源，真正实现共建共享，让更多的人从文化共享工程中受益。近几年，搜集和整理上报市分中心各类地方文献和视频数字资源达100多种。我们还建设了铜梁图书馆网站和数字图书馆，图书馆网站作为我馆的门户网站，用于让社会各界了解我馆的基本信息、工作动态、地方特色等各类信息新闻，数字图书馆即将安装上千册电子图书和视频资料，以供读者在线观看，丰富我馆读者的精神生活。下一步，我们还将加大对地方数字资源的建设力度，建立健全一个“铜梁龙”地方特色数据库。到2012年11月底，铜梁县支中心数字资源建设总量（1.1TB）；其中视频资源数量（600小时）、专题资源库数量（1个）、自主开发资源数量（55GB）。

五、技术支持

支中心的技术支持主要依靠市分中心每年组织的1–2次的相关技术培训用于补充基础知识和理论知识。另外便是直接与设备供应商联系，包括设备安装时的现场答疑、技术培训和之后遇到问题时的电话交流。其次就是依靠我馆技术人员的自主学习，向同行人士请教以达到解决问题，保证系统正常运行。各乡镇的技术支持来源主要是依靠县支中心，一是每年2次的全县乡镇共享工程培训会，二是直接咨询支中心技术人员，三是支中心技术人员下乡进行现场指导。

六、合作共建

自从2004年我县支中心建成后，我馆积极实施合作共建，先后对镇村、社区进行了共建共享。1、走进乡镇、社区建立图书室。我们在建立图书室里不仅送去内容丰富的图书，还为其送去免费的影像资源，丰富了镇村、社区的文化生活。2、立足社会职责、关爱弱势群体。近几年我们都有开展关爱残疾人活动，例如走进特色教育学校，为孩子放电影，或是邀请他们到馆参观，并赠予学习用品等。还在我们图书馆底楼设立了专供残疾人使用的残障阅览室，志在给残疾人打造一个宁静精神家园。3、加强共享工程与农村党员远程教育、农村中小学现代远程教育的合作，在全国农村党员干部现代远程教育卫星数字专用频道开通了“文化共享工程专栏”，实现共建共享、一站多用，有效拓展了文化共享工程的服务面。

七、惠民服务

在文化共享工程实施过程中，我们充分利用这一全新载体，不断丰富共享工程服务内容和方式，提高服务效率和水平，推动信息进农村、进社区、进学校，切实服务广大群众：1、利用双休日、节假日，组织工作人员进社区、下学校利用投影仪播放名家讲座及影视作品及共享工程专题宣传片，今年围绕全民读书月活动，先后到平摊小学、金苹果有幼儿园、太平小学、安居小学开展图书展阅、送温暖下乡活动、播放电影，服务4000余人次；铜梁图书馆服务宣传周先后为农民工及农民工子女、幼儿园举办电影专场8场服务人数达3500余人次；暑假利用共享工程下发光碟和网络资源，举办了以爱国主义、时代英雄主义为题材的学生专场电影，其中中学生专场2场，小学生及家长6场，接待读者2000余人次；举办消防知识普及培训2场、文学创作与欣赏2场、儿童应急处理电视讲座2场服务人次达1000余人次。2、充分利用国家及市中心资源，为乡镇基层服务，先后为本地养殖场、专业生产户提供了大量实用的信息，为他们的生产、发展及销售解决了后顾之忧。3、注重人性化服务，如电子阅览室时，及时为那些不会熟悉操作电脑的中老年人进行计算

2012年铜梁县共享工程培训会

机操作方面的辅导，并为其提供所需的健身、保健、戏曲等视频和文字资料。健康、舒适的阅览环境、人性化的关怀，深受读者的好评。

八、宣传推广

自文化共享工程实施以来，围绕这一惠民工程的顺利开展，我们就逐渐加大了图书馆自身的宣传报道力度，在图书服务宣传周活动中，利用广告宣传、媒体报道、电影放映等方式重点宣传文化共享工程，收到了良好的社会效果。与此同时，该工作得到了领导的重视，县两办、县人大多次现场调研，召开专题会议，其服务功能更加完善。支中心工作人员主动配合党的中心工作及本地区工作重点，开展演讲、知识竞赛、讲座等形式多样的活动，编印二次文献《龙乡科技信息》并利用赶场集会到乡镇进行农业科技宣传、推广活动。

九、培训工作

我支中心虽然人员缺乏，技术能力较弱，但我们在培训工作上花足心思，力求创新。我们通过集中培训、网络培训和现场指导等多种形式对本馆职工、乡镇文化专干、社区工作人员进行培训；我们邀请市分中心的专家来现场授课，邀请相关行业专家来现场指导、答疑，同时还鼓励本馆工作人员上台讲解。通过一次次的培训，解决了许多在实际操作中遇到的问题，我支中心的技术人员、乡镇文化专干、社区工作人员的技术能力也得到了不同程度的提高，规范了文化信息资源"共享工程"的使用与管理，有利于全县文化信息资源作用的充分发挥。

十、管理和队伍建设

文化共享工程铜梁县支中心严格按照市文化局有关文件精神和设备配置标准的要求，成立了以文广新局局长为组长，分管副局长为副组长的工作领导小组，制定了县支中心实施意见和建设技术方案，配备了3名专兼职人员。为改变我县支中心底子薄，技术能力较弱的局面，我县支中心逐年加大培训力度通过多种方式，开展培训工作，争取逐步形成市县支中心、乡镇和村基层服务点二级管理人员队伍，对县支中心是应加快建设技术骨干队伍，对乡镇基层点则是熟练他们的操作技能。

对硬件管理这块，我们采用业务外包的方式，与县内有实力的商家合作，以保障共享工程的可持续发展。

十一、荣誉奖项

1、文化信息资源共享工程重庆市分中心"阳光少年热爱党"电脑小报设计比赛中，刘妍兰等六名同学获得中学组优秀奖；2、支中心在重庆市文化共享工程第二届知识竞赛中荣获二等奖。

十二、工作展望

1、坚持"读者至上"的服务理念，提升服务意识，开展创新服务活动，做到读者满意，社会认可。合理使用电子阅览室，引导读者更好的利用共享工程资源。下乡进村进行免费放映，及时将群众所需要的农业技术、科普知识、健康常识、务工技能等资源送给他们。走进学校送书、放映青少年励志电影、开展知识讲座，丰富中小学生的课余生活。2、继续加强与镇村、社区的合作共建。多共建一些图书室，让群众更方便的借阅图书，使社会资源得到更充分的利用，利用数字资源丰富大家的文化生活。

（撰文/铜梁县支中心）

荣昌县支中心

一、基本情况

共享工程荣昌县支中心成立于2009年，通过4年的发展，现拥有10M的光纤网络，20台读者免费使用的终端机器，网络防护墙1台、服务器1台等外接设备。电子阅览室每周免费开放达到16小时，严格按照公共电子阅览室的开放要求为读者提供服务。

二、开展的活动

1、免费开放。我支中心每周电子阅览室免费开放达到16小时，按照市文化局对免费开放的要求，我们为读者提供一个方便、快捷，了解数字文化的渠道，让不同年龄，不同层次，不同爱好的读者能在此学习感受到更丰富的文化资源。同时也严格规范上网秩序，控制上网时间，让读者们合理利用网络资源；2、网络知识竞赛。从2010年开始，每年的六一儿童节我支中心都会开展面向小学生的网络知识竞赛。通过此项活动让大家了解到网络不仅是娱乐，也会是学习的一种方式；3、农科资料送下乡。自支中心成立以来，我们利用文化信息资源共享工程这个平台，将下载的农科资料印刷成册，在镇街农集时候送到需要的老百姓手中，每次都受到农民工朋友的喜爱；4、基层放映活动。每年共享工程下发了不同类型的优秀光盘资源，为了让这些资源得到充分的利用，体现其价值，我们积极联系各个学校、镇街，进行免费放映活动，将优秀的文化资源带到大家身边；5、基层辅导培训。从基层服务点的实际情况出发，因其管理人员的流动性大，专业性不强，我支中心每年就基层服务点的设备的基础操作开展1——2次培训，让管理人员能懂得基本操作方法，管理好设备，用好设备。6、宣传活动。文化信息资源共享工程这项工作开展以来，我支中心从各个方面都加大了宣传，不论是在图书馆内还是走到基层各个地方，我们都会有将相应的展板，把印刷的资料送到群众的手中，让他们更多的了解文化信息资源共享工程的工作。除常年开展以上的常规性活动以外，我支中心还根据实际及实地不同情况开展活动。

三、工作发展

在今后的工作中，我们将继续努力，提高业务水平，让传统文化得到更好的继承和弘扬，让文化资源共享工程成为一项真正的惠民工程，丰富广大群众的文化生活。

（撰文/荣昌县支中心）

到各学校外借点开展优秀电影展播活动

璧山县支中心

全国文化信息资源共享工程是由文化部、财政部组织并于2002年4月正式启动实施的国家级文化工程。此项工程是利用先进科技手段传播、建设先进文化的大型的公益性的文化网络工程，旨在整合全国文化信息资源，通过互联网、卫星宽带传输和光盘将数字化文化信息资源传输到群众身边，实现优秀文化信息资源在全国范围内的共建共享，满足广大人民群众日益增长的文化需求，整体提高文化资源的利用率。

一、基本情况

璧山县位于重庆中西部，有县级图书馆1个。共享工程璧山县支中心2009年正式启动，6月电子阅览室初步形成并开始试行对外开放，11月全面建设完成。目前，璧山县支中心，完全符合国家文化部的标准要求，设施设备性能佳、配置高，安装了符合国家、市里规定的各类软件，实现了技术服务平台的接收、储存、传输和各项服务功能。内设机房25平方米，有服务器4台，电子阅览室100平方米，有电脑40台，多媒体室50平方米，有音像制品读物1000余种，视障阅览室50平方米，有视障读屏软件电脑10台，同时，建门户网站一个，与共享工程网站、图书馆业务自动化集成管理系统互通，资源共享。支中心有专职人员1名，兼职人员2名，共同负责支中心的日常管理和数据加工、维护等工作。另制作并悬挂了共享工程标牌，各类规章制度建设完善，环境整洁卫生。

二、网点建设

全县有15个街镇，其中11个镇由市文化局统一发放了设备建立了基层点，150个行政村基层服务点全覆盖，各基层点可利用卫星接收器、电脑等设备接受、传播和利用丰富、优秀的文化信息资源。按市文化局的统一部署，目前，璧城、璧泉、青杠、来凤4个街道及社区基层服务点尚未启动。但由于缺乏熟练掌握计算机技术的工作人员，导致一些基层服务活动不能正常开展服务工作，个别甚至根本无法开展工作。

三、经费投入

国家配套60万资金，其中，20万元现金主要用于电子阅览室的建设，40万元服务器等设施设备由市局统一购置安装。2009年市级配套我馆的30万元设备费用全部用于补充电子阅览室建设的不足。支中心建成后，县财政每年10万元的专项运行经费，主要用于日常管理维护，数据加工整理，培训辅导，开展活动，水电等正常工作经费。与县残联共建视障阅览室，用于购置电脑及软件所需经费约5万元。

四、资源建设

到2012年11月底，璧山县支中心数字资源建设总量（1.1TB）；其中视频资源数量（550小时）、专题资源库数量（3个）、自主开发资源数量（800GB）。

在数字资源建设方面，我们精心制作了共享工程璧山县支中心网站，充分利用国家中心和市馆分中心资源，开设了影视文化、戏曲天地、古代诗词、科普知识以及名家讲坛等栏目，通过电子阅览室向广大读者提供服务。

另外，我馆还投入大量的人力物力自行建设了3个网站。1、璧山图书馆网站：作为我馆的门户网站，用于让社会各界了解我馆的工作动态、地方特色、新书推荐、各类信息新闻。2、璧山县数字图书馆：安装了上千册电子图书和视频资料，供读者在内网观看，丰富了我馆读者的精神生活。3、璧山县公共文化服务平台：与我馆采用的业务软件相关联，提供给读者自助查询图书、续借、修改个人信息等多种功能等，极大地方便了读者借阅过程。

五、技术支持

由于我支中心专业人员匮乏，因此最直接的技术支持就是设备供应商安装时的现场答疑和之后的电话交流。其次就是市分中心组织的每年1-2次的相关技术培训，用于补充基础知识和理论知识。另外就是我们自己的技术员刻苦钻研，遇到不清楚的地方就请教同事同仁，以达到解决问题，保证系统正常运行。各乡镇的技术支持来源主要是依靠县支中心，一是基层出现或发现问题时，第一时间询问支中心工作人员，进行电话答疑，二是支中心举办的每年1-2次全县乡镇共享工程培训会，对基层点进行业务培训。三是支中心工作人员挤时间到基层点开展个别辅导活动。

六、合作共建

自从2009年我县支中心建成后，我馆就提倡“走出去，以点带面”的观念，先后对乡镇、社区进行了共建共享。1、选择一些条件较好，交通比较便利的镇乡或社区进行重点帮助，不仅给他们带去了免费的数字资源，还赠送不同种类的图书丰富他们的文化生活。2、立足自己社会职责的同时也关爱弱势群体。2011年联合县残联，共同走进社区的康复中心，把我们的资源与社区的硬件条件有机地结合起来，不仅建立起电子阅览室，另外还单独在我们图书馆开辟出专门的残疾人阅览室，志在给残疾人打造一个宁静精神家园。3、加强共享工程与农村党员远程教育、农村中小学现代远程教育的合作，在全国农村党员干部现代远程教育卫星数字专用频道开通了“文化共享工程专栏”，实现共建共享、一站多用，有效拓展了文化共享工程的服务面。

七、惠民服务

建成4年来，我们依托电子阅览室、多媒体室这二个平台，坚持正确导向，不断加强管理，共享优秀文化资源，大力弘扬爱国主义，营造良好的网络环境。对内，积极利用“两室”做文章，把我馆的数字资源和视频资源放到共享工程平台上，提供给读者阅读和欣赏，至今为

止，已免费办理电子阅览证632张，接待读者超过18000人次。对外我们则深入基层，在各乡镇的文化中心，建立服务平台，为他们送去光盘资料、种养殖业类图书。对弱势群体我们也同样关心，比如我县每年一届“农民工日”，我支中心都会组织工作人员在广场向农民工朋友免费派发图书并宣传共享工程的意义，还有在社区的康复中心建立残疾人阅览室，与县楹联协会合办的“把文化年货带回家”，2011年春节的帮助农民工朋友订票等等。

八、宣传推广

为了进一步利用好支中心的资源，使共享工程深入人心，我们采取的宣传推广方式主要有：

1、争取上级有关部门的重视，在每年一次的县人大对图书馆的调研活动中，抓住机会，介绍我支中心共享工程建议情况，让各级领导充分认识此项工作的重要性与必要性。2、自制宣传资料走上街头、深入基层开展宣传活动。利用乡镇赶集日免费发入资料，并向广大市民宣传答疑。3、依托“农家书屋”工程和三下乡活动，到乡镇、社区广泛宣传。4、利用电子阅览室举办少儿知识竞赛，采取辅导的方式向广大青少年宣讲共享工程的意义。5、印制资料放在馆内各个借阅窗口，向读者免费发放，让他们了解共享工程及电子阅览室的功能和服务内容，最重要是的与外面网吧的本质区别。6、在我们图书馆自身的网站上开辟共享工程专题链接，向更多的读者推荐优秀网站，介绍共享工程的概念和作用

九、培训工作

虽然我支中心建成时间短，技术力理薄弱，但我们的培训工作却作为一项长抓不懈的任务始终保持着，不仅满足于培训的次数，而是花足心思在各方面求创新：我们的培训范围不仅立足于本馆职工，还拓展到了乡镇文化专干、社区工作人员；在服务形式上不拘泥于在馆内组织培训，还充分利用每次下乡的机会到乡镇文化站去面对面的交流；培训模式上不仅有传统的书面材料，也开展网络培训。最重要的是我们在培训形式上多样化：不仅鼓励自己的工作人员上台讲解，更是邀请市分中心的专家来现场授课指导。通过一次次的培训，我支中心的技术人员、文化专干们的技术能力得到了不同程度的提高，并且也逐渐让大家对共享工程有一个更清晰、更深刻的认识。

十、管理和队伍建设

文化共享工程璧山县支中心严格按照市文化局有关文件精神和设备配置标准的要求，成立了以县委常委、宣传部部长为组长，分管副县长为副组长的工作领导小组，制定了璧山县支中心实施意见和建设方案，配备了专兼职人员。鉴于我县支中心底子薄，技术力量弱的缺点，我县支中心逐年加大培训力度，通过多种方式，开展培训工作，争取逐步形成县支中心、乡镇和村基层服务点二级管理人员队伍，对县支中心是应加快建设技术骨干队伍，对乡镇基层点则是熟练他们的操作技能。另外，要保障“共享工程”的可持续发展，还极需建设一支资源建设、软硬件开发与管理、网站维护的专业技术队伍。

十一、荣誉奖项

2012年，在国家中心办举的欢乐共享迎龙年楹联征集活动中，我支中心组织推荐的罗昭培同志荣二等，蒋维世，刘大川获得纪念奖。2012年全国少年儿童童谣绘画创作征集大赛活动中，我支中心组织推荐的获得二等奖1名，三等4名。在重庆市第三届“红岩少年”读书活动——葵花向阳开，党史知识网上竞赛活动中，王俊行获得优秀奖，支中心荣获组织奖。在重庆市第四届“红岩少年”读书活动--雷锋精神世代相传，网络知识竞赛活动中，王露获得三等奖。

十二、工作展望

1、提升服务意识，积极为读者及社会服务。可根据本馆实际，合理安排电子阅览室的开放时间，引导读者更方便，更正确地使用各种资源，充分利这些资源为读者服务。2、新思路及时为地方传递资源。可携带资源到乡镇走乡串户，及时把农户需要的农业技术、文化需求、科普知识等资源送给群众，既活跃了他们的文化生活，又增收了他们的致富信息。3、策划组织各类活动为全社会提供服务。可利用节假日，为青少年播放优秀电影、举办知识讲座等，丰富中小学生的第二课堂生活。也可利用资源，把“移动图书馆”还进社区、工厂，举办免费政策法规、务工技能、健康知识等培训，最大限度地发挥共享工程的社会效益。

（撰文/璧山县支中心）

垫江县支中心

根据国务院、文化部关于大力推进全国文化信息资源共享工程建设的指示精神，为切实保障我县城乡人民群众的文化信息需求，促进基层文化的发展，在市文广局、文化共享工程市中心的指导下，以数字资源建设为核心，以基层服务网点建设为重点，在全县各乡镇进行了广泛宣传、精心组织、指导建设、加强管理、推进发展。

一、基本情况

为了支持我县城市发展和旧城改造，县政府决定，将垫江县图书馆迁至垫江县第一中学校右侧（桂溪镇文化路108号），建设规模13000平方米，此项目总投资约4000万元，现已动工修建，预计明年完成并投入使用。其过渡期间的临时办公地点设在县青少年活动中心，作为县图书馆临时办公及开展各项公共活动。

垫江县图书馆共享工程支中心根据市中心的统一部署，明确职责、制定方案、宣传发动。由市文广局下拨资金设备、合理使用共享工程建设经费，争取政府财力投入与自筹资金相结合；垫江县支中心和所辖25个乡镇208个基层服务及村级点于2009年安装调试完成并投入使用。截止2012年已建成开通25个乡镇及208村级基层服务点，能较好地服务于我县人民群众不断增长的文化需求。目前我县支中心设有独立办公室、机房、电子阅览室、培训室共场地面积约200平方米。垫江支中心在编工作人员2人，其中：主任1人，技术人员1人。从内容上为读者提供了农业技术、务工培训、少儿动漫、红色历史、经典影视、文化专题、舞台艺术、知识讲座、医疗卫生、电子书刊、益智游戏十大类作为开展公共电子阅览室数字

资源服务的主要内容，并注重在我县通过共享工程资源及电子阅览室开展服务。

二、培训及技术支持

加强培训及技术指导，为共享工程建设提供保证。为了保证全县基层站点建设任务的顺利完成，市中心技术部的同志与厂方专家担负了对基层点工程的安装调试等技术指导，我们也多次安排技术人员对全县25个乡镇208个基层点进行业务辅导和检查。全年免费举办培训班4期培训管理人员250人次。取得了很好效果。得到了广大群众的一致好评。

通过几年来实践探索、初步形成了以市、县、乡镇村为发展模式的各级基层服务网点。以丰富、实用的文化信息资源极大的方便和吸引了广大人民群众，对促进我县政治、经济、文化、教育的全面发展，提高农民科技致富能力、满足农民政策信息需求等起到了极其重要的作用。

三、培训工作、工作展望

共享工程是一项采用高新技术推动文化建设的工程，其特点是技术含量高。要求从事这项工作的人员须具备相应的知识和技术，根据工作需要每年派人到市分中心进行专业技术培训，以适应共享工程建设和服务的需求。始终坚持以满足广大人民群众文化信息需求为服务中心，努力把我县的文化共享工程推上一个新的台阶。

在市分中心的领导下，我们将不断完善制度，加强管理，稳步推进；创新服务内容，加快我县文化共享工程建设，为乡镇基层服务点达建起接收传递信息获取资源共享的平台。让更多的读者走进图书馆，利用和享受共享工程所带来的信息资源，实现又好又快的发展。我们坚信在明年新馆建成开放后会以更多的内容和更好的服务方式为读者提供信息服务，使图书馆真正成为没有围墙的大学校。

（撰文/垫江县支中心）

武隆县支中心

全国文化信息资源共享工程武隆县支中心自2008年成立以来，认真实施、积极探索，在技术和资源建设上创新，从挖掘区域优势和特色入手，坚持城乡统筹、共建共享和少花钱多办事的思路，真抓实干，走出了一条适合我县实际情况的建设路子。

特别是2012年我县共享工程支中心迁入图书馆新馆后，对我县的“共享工程”服务环境进行了进一步改造和升级，拓展和深化了合作共建模式，充实和丰富了数字资源，基本实现了乡镇基层服务点全覆盖。

一、基本情况

全国文化信息资源共享工程武隆县支中心成立于2008年3月，随着国家（文化部、财政部）的大量资金的投入，截止2012年，我县共建有文化信息共享工程基层服务点27个，其中县级支中心1个，乡、镇级基层服务点26个，为我县共享工程发挥应有的作用奠定了扎实的基础。

图书馆新馆于2012年9月正式开放，其中四楼为信息资源共享工程专用，设立了电子阅览室、中心机房控制室。电子阅览室面积160余平方米，拥有电脑30台，分为成人及少儿两个区域，为实现绿色上网提供了良好的条件。中心机房控制室内设控制区、设备区、电源区三大区域并铺设防静电地板，实现了操作区和服务器及UPS供电区的分离，为设备的正常运行及维护提供了有力的保障。中心机房控制室资源共享卫星设备系统全部调试完毕，电子阅览室、图书业务自动化系统设备到位，互联网接入10M光纤，实现了服务环境质的飞跃。

二、数字资源建设

数字资源建设方面，我中心设专职工作人员利用互联网络及卫星接收国家中心及省中心的视频资源和电子文献资源，内容涵盖文化遗产、戏剧、音乐舞蹈、曲艺杂技、少儿文艺、影视文化、农民致富信息、科普知识和医疗卫生等。至今已接收约100G的视频资源，为我中心开展好文化资源共享工作提供了坚实的保障。

三、宣传推广

我中心采取多种措施，加强对文化信息资源共享工程的宣传，使群众真正地了解它，从而更好地使用它。我们通过宣传展览，介绍实施“共享工程”的目的意义、文化信息资源和操作流程等。

通过举办农民工、下岗职工、青少年电脑培训，向广大市民群众开展面对面的教育，使群众既了解“共享工程”的内容，又掌握“共享工程”的使用方法，从而进一步提高“共享工程”的知晓率和利用率。

四、加强管理，开展培训服务

建设“共享工程”基层服务点的目的是为了让更多的群众享受到丰富多样的文化。因此，加强对“共享工程”建设的管理和服务，保证各基层服务点的正常运行，是一项长期而又艰巨的任务。

我中心明确了县、镇（乡）各级管理机构和工作人员的职责，不断完善基层服务点设备管理、资源利用等各项制度，建立信息专报制度，每一基层服务点都有专人负责，层层落实，确保国家中心和市中心的指示及时传达到基层，同时基层服务点的动态也能迅速反馈到上级。

通过“共享工程”的实施，培养了一支适合共享工程建设需要的管理、技术保障和基层服务队伍。

我中心针对基层服务点工作人员进行了业务辅导、技术培训，通过举办培训班、进村辅导、现场维护实践等措施，保证和提高基层站点管理和技术人员的素质。

五、工作展望

“共享工程”的实施，有效地推进了农村文化阵地建设，有效地提升了图书馆的服务功能。

我们决心在县文体局的直接领导下，在国家中心、市分中心的指导帮助下，求真务实，创新创优，确保“共享工程”取得成效，在新农村建设、构建和谐文化、培育社会新风和建立社会主义核心价值体系等方面发挥更加积极的作用。

（撰文/武隆县支中心）

丰都县支中心

全国文化信息资源共享工程（以下简称“共享工程”）丰都支中心于2006年建成并投入使用，是重庆文化信息资源共享工程实现文化信息资源共享的首批县级支中心。该支中心经过多年来的探索与实践，从挖掘地方优秀文化和特色文化入手，不断总结经验、不断完善资源建设，使全县“全国文化信息资源共享工程”的服务质量，服务深度和广度不断得以拓展。

一、基本情况

“共享工程”丰都支中心是丰都县文化信息资源共享工程的管理中心，负责全县资源汇总，提供资源服务、数字资源建设、网络平台建设、基层中心平台建设等工作。支中心将各种类型的文献信息资源和贴近大众生活的现代社会文化信息资源进行数字化加工整和后传输到各个基层服务点村级服务点，使优秀文化信息资源走进社区、走进校园、走进农村，以实现最大限度的共享。

二、阵地建设

2006年，中央财政投入70万元建成了丰都支中心机房控制室和电子阅览室，中心机房控制室内设控制区、设备区、电源区三大区域并铺设防静电地板，实现了操作区和服务器及UPS供电区的分离，为设备的正常运行及维护提供了有力的保障；电子阅览室有120平方米，分为成人和少儿两个区域，共有40台计算机供读者上网共享资源。随后几年，中央财政不断投入大量资金以完善该中心下各个基层服务点建设，目前，已建30个基层服务点和243个村级服务点。

三、资源共建共享

为了更加方便、快捷、全面的提供服务，丰都支心专职工作人员在利用卫星接收国家中心及省中心的视频资源的同时，还将国家中心或上级中心发布的数据光盘资源导入到本地中心，供群众及时共享，目前，该中心已接收数字资源导入电子文献资源共500G，内容涵盖文化遗产、戏剧、音乐舞蹈、曲艺杂技、少儿文艺、影视文化、农民致富信息、科普知识和医疗卫生等。

四、宣传与服务

“共享工程”的建设目标是把文化信息资源传送到城乡基层文化网点和群众身边，进一步巩固基层文化阵地，充实基层文化建设内容，活跃城乡人民群众文化生活，充分发挥文化信息资源在发展经济、提高人民群众思想道德和科学文化素质等方面的重要作用。利用现有资源，开展专业技能培训、农业技术培训、专题知识讲座、优秀电影赏析、知识竞赛等服务活动，不仅有效的宣传了“共享工程”，而且让“共享工程”惠及群众生产、生活。

五、工作展望

我支中心将结合丰都文化、经济发展的需求，进一步做好资源共建共享和服务工作，以满足群众文化需要，切实做好“共享工程”进社区、进村社，进农家的全覆盖，充分发挥“共享工程”利民、惠民、富民的作用。

（撰文/丰都县支中心）

城口县支中心

城口县全县幅员面积3292.4平方公里，辖23个乡镇2个街道，184个行政村、22个社区，人口25万。近年来，在县委、县政府的高度重视与正确领导下，着力加强文化公共设施阵地建设，已基本形成以以县图书馆为龙头，以乡镇（街道）文化站为骨干，以村（社）文化室为支点，以农村文化中心户为终端的公共文化服务体系网络。

一、整体情况

城口县支中心于2009年在县图书馆建设完工并投入使用。共有上网服务电脑40余台，分成人和少儿两大专区，向广大读者提供共享工程资源浏览、数字电影点播、电子图书在线阅览等服务，对外网络接口10兆，配有专兼职人员2名。目前已成为县图书馆免费开展各类培训、讲座、知识竞赛和查阅的有效载体。

二、网点建设

城口县在市级主管部门的安排部署下，扎实推进全国文化信息资源共享工程（以下简称“文化共享工程”）建设。目前，已建共享工程县级支中心1个；乡镇基层服务点23个；184个村级基层服务点。值得一提的是，2个街道在市级设备配送未到位的情况下，自筹资金，建设了标准的公共电子阅览室，各配备电脑10台以上供读者查阅。

该县在全力推进公共文化服务体系建设的同时，致力于为城乡居民提供方便、快捷、均等化的共享工程服务。今年，充分利用公共文化设施阵地，进一步发挥了全国文化信息资源共享工程县级支中心、乡镇（村）基层服务点在“农村实用人才培训”中的重要作用。共开展面向基层的讲座、展览、电影播放等服务活动近200场，收益群众近5万人次；开展面向基层工作人员的各类培训指导40余期，接受培训的基层工作人员达2235人次；开展农村实用人才培训300余次，受训人员近3600人次。

在推动社会主义新农村建设，大力推进农村实用人才建设工作中，城口县群策群力，努力实现资源共建共享，实现“文化育民”服务农民、“文化富民”服务产业，使农民早日实现“万元增收”目标。

三、管理和队伍建设

1、整合资源，增强服务群众的能力。

1.1.信息整合，丰富教材。充分整合全国文化信息资源共享工程、党员远程教育、图书阅览室、文化活动室等有效信息资源，成为当地农民接受教育、培训的良好教材。

1.2.阵地打捆，拓展课堂。充分利用公共电子阅览室、综合文化站和村文化室，采用多媒体、网络和现场教学等方式搭建当地农民接受培训的平台。

1.3.整合人力资源，多角度服务群众。建立各类专业技术人次和当地文化大户、致富大户和种养殖大户等人力资源数据库，充分发挥其带动作用，针对基层群众需求开展各种实用型培训，不仅满足农民务农需要，也满足农村外出务工人员的需要。

2、建立健全工作机制，形成有序平稳、可持续发展的良好局面。

2.1.规范全县文化共享工程日常管理和统筹指导的工作机制。县支中心负责上联下达，常规管理与活动开展及对基层服务点的业务指导与监督；各基层服务点负责辖区内农村实用人才的技术培训等。

2.2.充实管理人员。部分基层服务点除文化站干部外，选举大学生村官为文化共享工作责任人；民主选举种养殖大户代表兼管理员，充分发挥在技术培训中的积极作用。

2.3.积极开展创先争优活动。在支中心和基层服务点干部职工中，开创文化共享工程评先工作，表先进，树榜样。同时加强与市中心及基层服务点之间的交流与联系，增强组织凝聚力 。

3、培训工作常规化、制度化，不断提高市民素质。

3.1.形成以县支中心为龙头引领，以各乡镇基层服务点为指导的“点联线，线带面”的局面。全年共培训工作人员达40余次，2000多人次。

3.2.培训途径多样。通过专业技术集中培训、网络培训、上门辅导、远程指导等多种途径，对各基层服务点的技术培训、业务指导已进入常规化、日常化。

3.3.培训形式不一。通过计算机应用与操作集中免费培训、种养殖技术知识讲座与经验交流、播放光碟与科教片等多种形式，不断让群众洗脑充电。

4、齐心合力共建基层服务点。

在基层服务点建设中，充分发挥帮扶带，创建农村基层服务示范典型。自2010年以来，以打造乡镇综合文化站示范站为契机，利用对口帮扶单位，主动争取上级支持，形成有钱出钱、有物出物，协力共建的良好氛围。

四、惠民服务

文化共享工程城口县支中心自2009年开放以来，利用重要节庆日扎实开展了各种形式丰富的惠民服务活动。例如图书馆服务宣传周活动、计算机应用与操作培训、历届“红岩少年”读书活动、全国公共电子阅览室建设计划百题知识竞赛活动、作品征集、知识解答、留守儿童视频聊天等，涉及面广，参与积极性高，效果良好。

关注农民工及农民工子女，是我支中心服务于社会的永恒课题。在第六个农民工活动日，我支中心为农民工子女免费发放借阅卡80余张，赠送图书300余册。

此外，我们严格按照公共电子阅览室管理办法，建立了少儿上网专区，为读者免费提供网上查询、学习服务以及“留守儿童亲情聊天活动”等。值得一提的是，“亲情聊天室”已成为我支中心电子阅览室的代名词。

五、培训工作

在开展工作的同时，我支中心还建立了学习制度，不断提高工作人员自身素质和服务水平，全年分期组织了业务知识、相关政策及法律法规学习10余次。严格按照市分中心的相关通知精神，按时参加各种网络培训。

六、宣传推广

我支中心制作了免费开放工作宣传展板，陈列于馆舍大厅，并在红军广场展出2次。同时，邀请县广电台、县信息中心进行专题报道4次。为加强学习氛围营造，建设了LED电子显示屏，随时更新新书宣传与工作信息报道。在对外开放工作中，支中心始终坚持读者至上、服务第一的服务宗旨，不断优化读者服务，深化免费开放工作，不断更新电子资源，提高服务条件与服务质量，使得社会满意度显著提高，到访人次稳步上升。到目前为止，我支中心已接待读者2万余人次。

七、合作共建

为实现文化共建共享，充分发挥图书的社会效益，城口县支中心积极建设图书流通借阅点，陆续向庙坝、治平、河鱼、岚天等乡镇（街道）赠送图书2万余册。图书种类丰富，有养生保健、健康卫生、种养殖技术、建筑设计及文学等方面。此外，县支中心业务骨干还对乡镇社区图书管理员进行了业务指导。政府领导与社区干部纷纷表示要将图书管理好、利用好，尽可能地发挥其社会效益。同时，县支中心根据实际情况和社会的需要，在县内部分社区陆续增设了图书流通借阅点。为把城乡社区建设成为管理有序、服务完善、文明祥和的社会生活共同体，县支中心将尽最大所能，作出应有的贡献。

八、荣誉奖项

2010年10月，获重庆市少年儿童庆世博“放眼世界——喜看‘五个重庆’建设新变化”系列读书活动组织工作奖；同年12月获城口县首届“红叶杯”青少年书法（绘画）征文大赛系列读书活动组织工作奖；2011年11月，获重庆市第三届“红岩少年”读书活动组织奖；2012年4月，获“全国文化信息资源共享工程重庆市分中心‘阳光少年热爱党’电脑小报设计比赛活动”优秀组织奖；10月，业务干部廖晓燕同志获重庆市第四届“红岩少年”读书活动先进工作者称号。

九、工作展望

本支中心虽然取得了一些成绩，但仍然存在很多困难和不足。由于免费开放工作的深入，到馆人次增加，安保、清洁、现场秩序维护力度加大；人手少、经费少，致使开展高质量的读书活动难。

在以后的工作中，我们会扬长避短，努力提高支中心的业务知识水平和现代技术水平，积极开展业务研究，坚持“读者第一、服务至上”的原则。一是力争使少儿阅览室调整布局，加强阅览室氛围营造，提升小读者读书舒适度；二是加强读者活动开展的管理力度，多方争取业务经费使读者活动“质、量”提升；三是继续深入打造读者活动品牌，提升活动参与度和满意率，让共享工程城口支中心成为广大群众的第二学堂。

（撰文/城口县支中心）

梁平县支中心

梁平县文化共享工程支中心共占地面积120余平米。目前拥有图书外借室、电子阅览室、书报阅览室及共享工程综合服务室。图书馆成立于2007年，经过近5年的发展，梁平县图书馆基础性借阅服务已步入正轨，自动化服务初显成效。2010年电子阅览室现实免费开放。

一、领导重视

2012年初，文广新局领导高度重视，一是把共享工程工作专门纳入年度考核，并成立了“共享工程”工作领导小组，由分管副局长刘原任组长，直接分管。图书馆馆长刘学鹏任副组长，图书馆管理员卢红、黄河担任专职管理员，徐良杰、涂红华担任兼职操作管理员。各乡镇管理员为成员。二是积极落实建设经费，在今年财政极其紧张的情况下，预拨15万元，重新更换和添置了一批终端计算机，配备了基础设备，并保证逐年加大共享工程日常经费投入，确保共享工程有序顺利的进行。

二、投入到位

我们严格依照设备配置标准，并请教有关专家结合我县实际提出设备配置方案，项目投入资金68万，其中48万由市采购，20万由县里实施，完成了机房改造，按规定采购了相关设备，并在显著位置张贴了全国文化信息资源共享工程标识和文字悬挂等，通过政府招标。为梁平县图书馆共享工程中心配备了管理计算机一服务器3台、终端计算机34台、明基投影仪1台、有源音箱1套、DVD播放机1台、松下摄像机一台、sony数码照相机与打印机等设备，并接入了2M的光纤，建成了电子阅览室和书刊阅览室，为保证设备正常运转，在80m^{2}的电子阅览室和40m^{2}的书刊阅览室分别配备了空调，有专业兼职工作人员5人，努力建设设施较为完备的服务平台。

三、规范管理

为了搭建完善的信息沟通平台，加强共享工程基层服务点的管理，我们一是从制度建设入手，通过借鉴外地与其它区县的经验，制订了工作人员守则、设备管理与使用等一系列工作制度，对乡镇共享工程中心和基层服务点进行规范管理。二是加大培训，为突破服务点不会使用电脑的瓶颈，今年以来，我馆切实加大了服务点操作人员的教育培训力度，严格把关参训人员素质。按照集中培训和分散培训的方式，共举办集中培训班2期，培训人员达100多人次。培训涉及电脑基本操作、文化共享工程等有关内容，要求每位学员培训后要做到“打开设备会操作、站上讲台会辅导、一般故障会排除”，不断提高了骨干人员的政治素质、业务能力和服务水平。三是乡镇共享工程中心设立专职文化干事，明确文化专干职责。主要是1、指导各基层服务点做好群众需求双向反馈工作。2、利用文化站现有资源、设施设备为基层服务点提供服务，做到了人员、阵地、牌子、设备、制度“五落实”。3、定时对各服务点提供图书、杂志、音像资料等的流通交流，满足每个服务点群众精神文化需求，保证了“共享工程”工作在我县的健康发展。

四、惠民服务

1、自实施共享工程的过程以来，我馆不断拓展工程的服务内涵和方式，充分利用这一全新的工作载体，保证服务质量。每周图书室开放时间达52个小时，电子阅览室实行免费开放，开放时间达48个小时，在保证开放时间的同时，还设立了新书推荐，每周提前告知市民服务内容、时间，向大家推荐优秀栏目，生活常识等，利用寒暑假为未成年人宣传爱国主义教育类、科普类、禁毒等方面的知识，引导未成年人多读书，并建立用户登记制度，对用户名称、证件号码等内容进行登记，深受群众的欢迎。

2、利用共享工程网络资源内容新颖、实用性强、信息量大、数据传输快捷方便的优势，认真搜集、下载适用于当地群众的政策法规、先进性教育、农业科技、文化体育、防疫保健、科普知识等共享工程信息资源，特别是大量手机农村实用技术信息，并将下载的共享工程资源信息刻录成VCD光盘或宣传资料，发放到农户手中，扩大宣传面，使群众快学技术，早得实惠，服务人数达5000余人。今县共享工程中心共为农民播放农村养殖技术、实用科技及生活小常识方面的科技信息达50余（场）次，培训农民2000余人。

五、特色服务

丰富多彩的文化共享工程服务一直是我馆共享工程建设的特色，各种服务活动每年定期开展。今年来，服务活动如期举行，服务案例如下：

1、开设文化信息资源共享工程服务专区。2011年3月，为宣传文化信息资源共享工程，展示共享工程服务成果，在县图书馆多媒体阅览室开设了“文化信息资源共享工程服务专区”，自设立以来，深受读者欢迎。服务专区专门将文化共享工程下发的相关电子期刊、讲座、技能培训软件光盘等资源逐一展示，让文化共享工程更直接地服务读者，服务群众，受益群众达3000人次。

2、“共享知识，数字阅读”——网络图书馆体验活动。2012年4月6日，梁平县图书馆在电子阅览室举办了主题为“共享知识，数字阅读”——网络图书馆体验活动，实验小学、梁山小学等50名学生参加了此次活动，通过宣传图书，指引学生通过百度等搜索软件查询各图书馆网站地址。向学生发放宣传资料，指导学生上网阅读图书、期刊等。活动形式新颖，内容丰富，意义重大，参加活动的学生开阔了眼界，丰富了知识，体验了数字阅读的乐趣。

3、加强业务培训，提高工作效率。2012年7月12日在梁平县图书馆共享工程电子阅览室针对全县各个乡镇30多个网络系统管理员，举办了网络管理技能培训班和网络安全和防毒培训。网络管理技能培训重点介绍了计算机网络基础知识、服务器基础知识与使用 、磁盘阵列基础知识与使用、交换机基础知识与使用以及UPS使用维护常识。力求使绝大多数学员对此有较系统的认识，在今后的工作学习中有针对性地加强计算机技能，学以致用。网络安全和防毒培训分别讲解了网络安全及防病毒基本知识、互联网行为网关的使用以及常用杀毒软件的使用，收到较好的培训效果。安全与防毒，是计算机技术较复杂的一个领域，作为一般用户主要是培养一种防毒、安全的意识，养成良好的计算机使用习惯，同时还要具备一定的安全常识，通过此次培训，较好的达到以上效果。

4、梁平图书馆开展“共建亲情纽带 共享文化资源”——共享工程服务留守儿童活动。2012年8月，“关爱留守儿童”主题活动如期开展。这个活动是梁平县图书馆共享工程特色活动。今年，为了让留守儿童在暑期能享受到不同的乐趣，梁平县图书馆共享工程中心特举办了一系列有趣的活动，“品味书香”读后感写作活动，“我读书、我快乐”寻找图书活动，观看主题教育片活动等，活动延续整个暑假。

5、少儿绿色网络、电脑知识免费培训活动。为大力宣传全国文化信息资源共享工程，拓展未成年人的绿色上网空间，增强未成年人网络安全意识，满足人民群众的精神文需求。9月13日下午，我馆在电子阅览室举办了“少儿绿色网络、电脑知识免费培训”活动，受到社会各界好评。本县共有50余名未成年读者及家长代表参加了此次培训。参加培训会后，一些家长说：“以前我们还不了解文化共享工程是怎么回事，只因为它跟网吧差不多，孩子只能在里面打游戏，今天上了培训课，才知道文化共享工程内容丰富，信息量大，孩子从中可以学到很多知识，今后我们要引互他们多接触少儿绿色网络，使他们健康成长”。

7、积极开展少年儿童爱心图书接力服务点赠书活动。书籍传递爱心，知识改变命运。2012年10月9日梁平县图书馆全体工作人员为梁山小学、实验小学送去少儿图书2000册，学生们求书欲渴，图书馆工作人员还耐心指导学生如何正确阅读相关书籍，受到学生的热烈欢迎教师的好评。

8、庆祝第六个“重庆农民工日”免费赠书活动。为提高全民文化素质，构建和谐社会，进一步形成理解、尊重、关爱和善待农民工的社会氛围，引导农民工自立、自信、自尊、自强，提高自身的能力素质。2012年11月11日，在第六个“重庆农民工日”到来之际，县图书馆参加了主题为“科学发展奔小康，富民兴梁谱新章”的图书优惠展销活动，并在现场免费赠书。活动共持续了3个小时，接待农民工2000余人次，共赠送图书1800余册。赠书活动得到了农民工们的欢迎和认可。

六、工作展望

虽然今年我馆文化信息资源共享工程中心建设任务已取得显著成效，仍然有很多不足，如信息资源不够，乡镇公共电子阅览室缺乏等。对此，我馆将会充分利用现有软硬件环境，整合现有资源，推进文化信息资源共享工程建设，积极开展文化共享活动。同时，进一步完善软硬件设施设备，推进馆域网建设、促进乡镇公共电子阅览室终端建成，努力构建内容安全、服务规范、环境良好、覆盖广泛的公益性互联网服务体系，加强宣传推广，做好培训工作，积极推进数字文化惠民服务工程。今后，我们将在工作中将更加努力地探索利用共享工程服务的新路子，更好地发挥共享工程的作用，为把共享工程办成惠民工程、民心工程而不懈努力。

（撰文/梁平县支中心）

开县支中心

一、整体情况，经费投入

全国文化信息资源共享工程开县支中心设立于开县图书馆内，于2009年1月正式启动，拥有机房35平方米，电子阅览室300余平方米。县财政投入70万元，市文广局投入20万元购置了计算机88台，摄像头88个，网络交换机3台，投影仪1台，机柜1台，多功能扫描仪1台、磁盘阵列1套，卫星接收系统1套等设备。

二、完善网点建设，强化技术支持

截止2012年底，全县已建成村级（社区）文化共享工程基层服务点344个，文化信息资源共享工程基层服务网点实现了全覆盖。为提高基层服务点工作人员的业务能力，每年我县支中心对乡镇基层服务点的文化干部进行二至三次培训，针对基层服务点多的特点，我支中心同时进行了巡回辅导。2012年，我县支中心巡回辅导的基层服务点为344个，真正做到深入基层、服务基层，从而提高了基层服务点工作人员的业务能力，熟悉掌握并运用文化信息资源共享工程，更好的服务群众。为不断拓展自身服务能力，我县支中心积极派出业务骨干参加由重庆市分中心举行的网上和现场培训。通过学习，增强自身服务水平，从而更有效的开展共享工程的工作和对基层服务点的辅导工作。

三、扩展培训工作，加快资源建设

开县支中心以实现全年365天免费对外开放，并对外免费开展培训活动。定期不定期举办农民工、下岗职工电脑培训活动。为给农民工和下岗职工提供最好的电脑培训服务，我县支中心工作人员制作了专门的电脑课件，用多媒体手段，介绍了计算机基础知识、邮件收发及原理、搜索引擎的使用等实用技能。每次培训得到了学员们的一致好评，都表示这种“投影授课、手动操作、边学边练”相结合的教学方式很好，操作性强、掌握快，为再就业提供了更多的机会。通过培训，使广大农民朋友学习到了怎样在网上找到农业致富信息。于此同时我县

支中心还积极利用共享工程的设配和资源，承办其他单位、其他部门的职工行业培训，提高他们现代化办公能力和业务水平能力。仅2012年，培训次数达15次，参加人数超1200人次。

目前，我县支中心拥有固定网络资源200G，各种光盘资源20多种共500多张，并以每年100多张的速度增加。

四、加强管理，队伍建设

为保证文化信息资源共享工程县支中心正常运行，我县支中心设立落实专人负责，常年开放。并建立完善了《电子阅览室入室须知》、《机房运行管理制度》、《机房出入管理制度》、《计算机病毒防范制度》、《电子阅览室工作细则》、《县支中心服务规范》、《县支中心工作规则》等制度，严格按照制度实施管理，使支中心的管理更加制度化、规范化、科学化。现拥有专职技术员一名，兼职人员两名，负责定期对网络设施进行检查和维护，保证共享工程工作的顺利开展。

五、落实惠民工程，加大宣传推广

共享工程我县支中心自建成以来，一直致力于惠民工作，一是建立园区农民工图书室、农民工电子阅览室，实行免费开放，每年挑选赠送适合农民工阅读的书1000余册，已为农民工电子阅览室加载安装了10G万余篇数字有声读物，开通了开县数字图书馆浏览平台，并定期为农民工图书室、农民工电子阅览室更换资源。二是结合我县是劳务大县，在外务工的人员和在家留守儿童人数多的情况，县支中心充分利用文化共享工程的设施设备，节假日与平时相结合的原则，每周六上午9时至12时以分批、分期的形式让留守儿童与父母进行视频对话，尤其是每年中秋节，我县支中心认真部署，统一组织的留守儿童与父母视频对话，为"留守儿童"通过QQ视频提供免费、迅捷、畅通的亲情热线，实实在在为他们和远方的亲人搭起情感交流的桥梁。得到了留守儿童及其父母的高度认可，受到广大干群的一致好评。三是优秀影片坝坝看。各基层服务网点发挥广场文化优势，利用文化信息资源共享设备，每周定时在文化广场放映优秀影片、农村适用技术培训。四是每年六一儿童节前夕，我县支中心都会举办主题丰富的网上知识答题比赛，来自全县各中小学的176名学生踊跃参加，青少年通过比赛不仅增长了知识，而且丰富了课余文化生活。五是积极利用文化共享工程的设施设备，为农民工，下岗职工订购火车票、汽车票。不收取任何手续费，还可免费为没有网银的农民工提供网银，农民工只需带足购票的现金即可。此项活动解决了农民工买票难的问题，受到农民工，下岗职工广泛好评。

为更好的发挥共享工程县支中心的作用，多次通过电视台和开州日报、开县之窗网等新闻媒体进行了广泛的宣传，结合开展科技赶场等一系列活动积极宣传共享工程的意义，作用。让更多人认识共享工程、了解共享工程、使用共享工程，并真正从共享工程中受益。

六、下一步工作思路

1、充分利用文化共享工程，宣传党和政府的方针政策。同时宣传刘伯承元帅精神、宣传雷锋精神，运用主流文化影响广大市民，从而进一步提高市民的思想文化素质。

2、加强资源建设，努力建设成具有开县文化特色的文化信息资源库。开县具有深厚的文化底蕴。拥有丰富的文化资源，下一步我支中心将加快资源建设的脚步，弘扬开县文化。

3、拓宽思路，丰富惠民工作。以共享工程为平台，通过更多形式（进一步利用共享工程为农民工订购飞机票、火车票，放映广场电影等），更加全面地为广大市民服务，实现共享工程利用率的最大化。

4、进一步加强队伍建设。一方面县支中心工作人员积极参与本单位和上级部门的培训，另一方面加大对基层服务点的培训力度，定期举办培训，让基层服务点的工作人员更加熟练地掌握并运用文化信息资源共享工程，更好地服务于群众。让文化信息资源共享工程真正深入人心。

全国文化信息资源共享工程在我县支中心的实施，把群众喜闻乐见的优秀文化作品通过卫星接收、互联网、移动硬盘光盘等形式，方便快捷地传送到广大人民群众的身边，填补了基层文化需求的空白，以先进的文化占领基层思想文化阵地，改造落后文化，抵制腐朽文化，丰富、活跃了基层群众的文化生活，从而推动了我县文化事业的更快发展。

（撰文/开县支中心）

巫溪县支中心

文化信息资源共享工程是政府主导的一项惠民工程，是广大人民群众"求知、求富、求乐"的重要渠道。为有效利用这一公共资源，我中心按科学发展观的要求，以"合理整合，发挥优势，共享共建"的原则，为广大的人民群众提供了更丰富，更便捷的文化服务。现将我馆文化信息资源共享工程建设情况概括如下：

一、基本情况

巫溪县文化信息资源共享工程支中心开展于2009年，经过不断的发展和完善，现已完成公共电子阅览室硬件设施设备安装、网络建设等工作。在平台建设上，县主管局配置计算机20台，完成了公共电子图书馆的网络建设和信息共享工程服务器的架设工作，从而为群众提供了一个文化信息资源共享的平台和一个公益性的上网环境。

二、资源建设和惠民服务

我馆文化信息共享工程服务器上有教育、科普、农业、文艺等方面的数字资源，利用先进技术传播先进文化，实现了文化共享，为广大人民群众提供更多的信息资源，也丰富基层群众的文化生活。

通过构建服务体系，创新服务方式，积极推进数字文化惠民服务工作，充分发挥公共电子阅览室平台作用，促进文化信息共享工程农业、科普、技术等专业网络资源的传播。对乡镇文化站提供了帮助指导，使文化信息资源共享工作得到更好的开展，基层群众得到更多需要的信息资源以及更好的文化服务。

三、宣传推广

积极开展宣传推广工作，让更多的人了解文化信息共享和文化建设的工作，通过组织积极、健康的网络文化活动，让更多的人参与进来，增强人们对图书馆的兴趣，让更多的人走进图书馆。同时，通过咨询探讨，了解人民群众的文化需求，不断改进图书馆的文化服务工作。

五、培训工作

首先，对工作人员开展政治、业务学习，提高综合素质、业务水平；其次，通过对专业技术人员的交流培训，扩宽专业技术人员的知识面，使其了解文化信息资源共享工程建设的相关内容，及时有效的完成实际工作。

六、管理和队伍建设

完善管理制度，通过探讨、试行等方式探索适宜的管理制度，提高管理质量。加强队伍建设，使队伍呈现出良好的工作状态和精神风貌。

七、工作展望

我馆文化信息资源共享工程的工作得以稳步推进，但在发展的过程中，仍然有很多不足，如信息资源不够，乡镇公共电子阅览室缺乏等。对此，我馆将会充分利用现有软硬件环境，整合现有资源，推进文化信息资源共享工程建设，积极开展文化共享活动。为人民群众传递和送达更加丰富多样的数字文化信息资源，活跃基层群众文化生活，为精神文明建设注入更多的活力。

（撰文/巫溪县支中心）

巫山县支中心

全国文化信息资源共享工程是由文化部、财政部组织并于2002年4月正式启动实施的国家级文化工程。此项工程是利用先进科技手段传播、建设先进文化的大型的公益性的文化网络工程，旨在整合全国文化信息资源，通过互联网、卫星宽带传输和光盘将数字化文化信息资源传输到群众身边，实现优秀文化信息资源在全国范围内的共建共享，满足广大人民群众日益增长的文化需求，整体提高文化资源的利用率。

一、基本情况

共享工程巫山县支中心自2009年初启动至2009年11月全面建设完成以来，得到了各级领导的关心与重视。建成后的巫山县支中心，完全符合国家文化部的标准要求，内设机房和电子阅览室由1名专职，1名兼职技术人员进行管理，设施设备性能佳、配置高。安装了符合国家、市里规定的各类软件，实现了技术服务平台的接收、储存、传输和各项服务功能。制作并悬挂了共享工程标牌、各类规章制度等，制度建设趋向完善。同年12月，电子阅览室面向广大读者开放。

二、网点建设

我县现有24个乡镇，308个村级基层服务点全覆盖，各基层点可利用卫星接收器、电脑等设备接受、传播和利用丰富、优秀的文化信息资源。

三、经费投入

2009年，市级财政投入68万元实施了全国文化信息资源共享工程巫山支中心的建设。2009年，县文广新局拨付15万元。2012年本支中心投入4万元用于安装防雷设备。

四、资源建设

在数字资源建设方面，我们精心制作了共享工程巫山县支中心网站，充分利用国家中心和市馆分中心资源，开设了影视文化、戏曲天地、古代诗词、科普知识以及名家讲坛等栏目，通过电子阅览室向广大读者提供服务。

1、巫山图书馆网站：作为我馆的门户网站，用于让社会各界了解我馆的工作动态、地方特色、新书推荐、各类信息新闻。

2、巫山县数字图书馆：安装了上千册电子图书和视频资料，供读者在内网观看，丰富了我馆读者的精神生活。

五、技术支持

支中心的技术支持主要依靠市分中心每年组织的1-2次的相关技术培训用于补充基础知识和理论知识。另外便是直接与设备供应商联系，包括设备安装时的现场答疑、技术培训和之后遇到问题时的电话交流。其次就是依靠我馆技术人员的自主学习，向同行人士请教以达到解决问题，保证系统正常运行。

各乡镇的技术支持来源主要是依靠县支中心，一是每年2次的全县乡镇共享工程培训会，二是直接咨询支中心技术人员，三是支中心技术人员下乡进行现场指导。

六、合作共建

在利用共享工程中心网站资源和通过卫星投放的资源的同时，我们注重与市图书馆的联系与合作，争取上级业务部门的支持整合各类资源，达到共建共享。如重庆市分中心给我们配发了各类资料光盘，我馆向市图书馆提供了地方文献。

我们按照“资源共享、优势互补、互利互惠”的原则开展协作共建，与多个基层点签订了资源共享协议书，为基层图书点提供流动图书，同时无偿搜集其特色的信息资源。对内加大资源的采集力度，将宣传文化系统举办的诸多展览、节庆活动采集视频资料，并制成光盘资源，为我馆特色数据库的建立做好了丰富的信息储备。

另外，我支中心注重指导帮助基层点利用好共享工程的信息资源，促进了学习型社区工作的开展。对基层共享工程服务点进行有效的管理和辅导、培训，使其掌握资源更新和运用；为共享工程基层点进行了共享工程服务器软件升级。

七、惠民服务

在实施共享工程的过程中，不断拓展共享工程的服务内涵和方式，充分利用这一全新的工作载体条件，切实面向"五个走进"（走进农村、走进社区、走进学校、走进企业、走进军营），开创了基层文化工作的新局面。

1、馆内活动丰富多彩。充分发挥公共图书馆的阵地作用，在电子阅览室每周推介优秀栏目、名家讲座、生活常识、电影及优秀地方剧目，每月开展一次共享工程利用知识培训；每个星期六上午在图书馆多功能厅利用投影仪播放名家讲座及影视剧，利用星期天节假日针对未成年人播放百部爱国主义教育影片，科普类等影片，举办思想道德建设方面的讲座、名著赏析等，引导未成年人多读书，深受广大市民的欢迎。

2、走进农村、走进社区。送科技下乡是实施"共享工程"又一具体举措，结合乡镇的实际情况，我们有选择的提供科技知识，让广大农民不断感受到先进科学和现代文明。

3、走进学校。为加强未成年人思想道德建设工作，除了在馆内针对未成年人开展的活动以外，还与教体局联合，深入各中小学校开展活动。利用共享工程开展思想道德建设，切实将加强和改进未成年人思想道德建设工作落到了实处。

4、走进老年人群体。开展为老年群体服务是文化信息资源共享工程工作的又一重点。我们坚持"贴近生活、贴近实际、贴近群众"的三贴近原则，对老年大学等开展了资源服务。我们始终坚持贴近生活这一原则，根据老年人平时生活的诸多习惯特点，上网下载了齐国力主讲的《营养与健康》、《科学保健》、《晚年的幸福生活》等系列视频资料和战争题材的故事片、名著欣赏讲座、中国京剧音配像等前往放映。使他们获得了精神的强健与文化的关爱。

八、宣传推广

加入全国文化信息资源共享工程以来，为了扩大其在基层群众中的影响，广泛宣传其作用和意义，使各级领导和群众充分认识到这是一项惠民工程、民心工程，认识到工作的重要性和必要性以及文化信息资源的可用性。我们利用县电视台和县信息网对利用共享工程开展的一些大型活动给予相关报道。时刻注意将资源共享活动与当前工作重点有机的结合，这样既可增强对共享工程的宣传力度，又收到了立竿见影的效果。

在开展阵地活动中，我馆电子阅览室设置6台微机为共享工程专用机，免费对市民开放；随着宣传力度的逐渐深入，在市民心中的影响也在逐渐加深，对文化信息资源的需要也在逐渐加大，市民开始掌握和利用这块知识宝库。

九、培训工作

我支中心虽然人员缺乏，技术能力较弱，但我们在培训工作上花足心思，力求创新。我们通过集中培训、网络培训和现场指导等多种形式对本馆职工、乡镇文化专干、社区工作人员进行培训；我们邀请市分中心的专家来现场授课，邀请相关行业专家来现场指导、答疑，同时还鼓励本馆工作人员上台讲解。通过一次次的培训，解决了许多在实际操作中遇到的问题，我支中心的技术人员、乡镇文化专干、社区工作人员的技术能力也得到了不同程度的提高，规范了文化信息资源"共享工程"的使用与管理，有利于全县文化信息资源作用的充分发挥。

十、管理和队伍建设

文化共享工程巫山县支中心严格按照市文化局有关文件精神和设备配置标准的要求，成立了以文广新局局长为组长，分管副局长为副组长的工作领导小组，制定了县支中心实施意见和建设技术方案，配备了1名专兼职人员。为改变我县支中心底子薄，技术能力较弱的局面，我县支中心逐年加大培训力度通过多种方式，开展培训工作，争取逐步形成市县支中心、乡镇和村基层服务点二级管理人员队伍，对县支中心是应加快建设技术骨干队伍，对乡镇基层点则是熟练他们的操作技能。

十一、工作展望

1、提升服务意识，积极为读者及社会服务。可根据本馆实际，合理安排电子阅览室的开放时间，引导读者更方便，更正确地使用各种资源，充分利这些资源为读者服务。2、新思路及时为地方传递资源。可携带资源到乡镇走乡串户，及时把农户需要的农业技术、文化需求、科普知识等资源送给群众，既活跃了他们的文化生活，又增收了他们的致富信息。3、策划组织各类活动为全社会提供服务。可利用节假日，为青少年播放优秀电影、举办知识讲座等，丰富中小学生的第二课堂生活。也可利用资源，把"移动图书馆"还进社区、工厂，举办免费政策法规、务工技能、健康知识等培训，最大限度地发挥共享工程的社会效益。

（撰文/巫山县支中心）

奉节县支中心

在党和政府的高度重视下，我县文化信息资源共享工程已经走过3年发展历程。为深入贯彻十七届六中全会精神，全面梳理总结我县文化共享工程3年建设发展理论和实践经验，推动工程在新时期的持续发展，现将我馆文化信息资源共享工程建设情况总结如下：

一、基本情况

根据渝文发（2009）6号、8号文件的要求，我馆积极开展支中心建设。于2009年10月6日，整个支中心自主建设全面完成。支中心建设总投入30万元左右。支中心内设中控室、电子阅览室及多媒体室、资源加工区。对外服务主要是电子阅览室。电子阅览室面积100平方米，30台电脑供读者使用。奉节县共享工程支中心的建设，为我县特别是广大读者提供了一个利用现代高新技术手段，通过共享工程网络，享用全国各类文化、经济信息资源，提供了一个平台。

二、网点建设

在网点建设上，我馆在县委县府、县财政局和县文广新局的大力支持下，于2012年全面完成全县各乡镇基层网点的建设。投入资金近50万元。添置了所需设备，落实专职管理员。

三、资源建设

我馆利用文化共享工程服务器上面的数字资源，结合自建、购买数字资源为广大读者提供服务。随着资源建设的丰富发展，越来越受到广大人民读者的喜爱。

四、技术支持和合作共建

通过与网络专业技术公司合作，提供技术保障服务；加强交流合作，利用各种渠道与其他区县图书馆学习交流，不断改进我馆工作；

五、惠民服务工作

创新服务方式，开展活动。我馆充分利用各种数字资源积极推进数字文化惠民服务工作。利用公共电子阅览室平台，开展免费培训；为农民工提供各种服务；到各乡镇开展送数字资源、资料等活动。

六、宣传推广工作

我馆为切实搞好文化信息共享工程，把宣传文化信息共享工程作为宣传工作的重点任务抓，精心组织，加强领导，制定了宣传方案。

通过开展召开座谈会、报告会等多种形式，利用报刊、电视、信息网站、公开栏等多种渠道，广泛宣传文化信息共享工程。通过宣传活动，让政府有关部门、广大读者和社会各界，了解文化信息共享工程内容，充分认识文化信息共享工程的重要意义，努力营造全社会关心和支持公共图书馆事业发展的良好环境。

七、培训工作

建立培训机制，每年组织单位职工参加了重庆市图书馆组织的共享工程专业知识的培训。组织开展各乡镇管理员培训，配合培训机构开展农民工技能培训，提高了从业人员的业务水平。

八、管理和队伍建设

完善管理制度，落实责任，提高管理质量。加强队伍建设，通过学习、培训等方式，提高队伍服务水平，推进文化信息资源共享工程工作顺利进行。

九、工作展望

虽然在文化信息资源共享工程发展工程中，仍然存在许多不足，如运行经费少；缺少计算机专业人员，服务水平不高；数字资源少等。但是我馆始终相信随着社会的发展，国家高度重视，人民群众的需要，文化信息资源共享工程将会不断发展壮大。

（撰文/奉节县支中心）

云阳县支中心

一、整体情况

云阳县文化信息资源共享工程支中心开展于2006年，经过不断的发展和完善，现已完成公共电子阅览室硬件设施设备安装、网络建设、人员配备等工作。2012年，新馆正式投入使用以来，使用电子阅览室的人也越来越多，越来越多的人民群众从文化信息资源共享工程中得到了益处。

二、平台建设

在平台建设上，我馆在市文广局和县财政的大力支持下，投入资金20万元。添置了新的计算机设备，目前，图书馆共有计算机60台，其中，电子阅览室共有计算机48台；同时，完成了公共电子图书馆的网络建设和信息共享工程服务器的架设工作，从而为群众提供了一个文化信息资源共享的平台和一个公益性的上网环境。

三、资源建设

我馆文化信息共享工程服务器上有教育、科普、农业、文艺等方面的数字资源，并给每台电脑都安装了超星数字图书馆客户端，可以阅读上面的免费电子图书；同时，积极开展资源建设，整理本地文献资料，以此为广大人民群众提供更多的信息资源。

四、技术支持和合作共建

首先，通过与网络专业技术公司合作，实现数字资源网络化，利用先进技术传播先进文化；其次，通过与重庆图书馆和其他区县图书馆学习交流，不断改进我馆文化信息资源共享工程的建设工作；再次，对乡镇电子终端不足的地方，通过对农家书屋捐赠书籍等方式，实现文化共享，丰富基层群众的文化生活。

五、惠民服务工作

通过构建服务体系，创新服务方式，积极推进数字文化惠民服务工作，充分发挥公共电子阅览室平台作用，促进文化信息共享工程农业、科普、技术等专业网络资源的传播。同时，对乡镇文化站提供帮助指导，使文化信息资源共享工作得到更好的开展，基层群众得到更多需要的信息资源以及更好的文化服务。

六、宣传推广工作

积极开展宣传推广工作，让更多的人了解文化信息共享和文化建设的工作，通过组织积极、健康的网络文化活动，让更多的人参与进来，增强人们对图书馆的兴趣，让更多的人走进图书馆。

同时，通过咨询探讨，了解人民群众的文化需求，不断改进图书馆的文化服务工作。

七、培训工作

首先，对工作人员开展政治、业务学习，提高综合素质、业务水平；其次，通过对专业技术人员的交流培训，扩宽专业技术人员的知识面，使其了解文化信息资源共享工程建设的相关内容，及时有效的完成实际工作。

八、管理和队伍建设

完善管理制度，通过探讨、试行等方式探索适宜的管理制度，提高管理质量。加强队伍建设，通过学习、培训等方式提高队伍专业性，使队伍呈现出良好的工作状态和精神风貌。

九、工作展望

我馆文化信息资源共享工程的工作得以稳步推进，但在发展的过程中，仍然有很多不足，如信息资源不够，乡镇公共电子阅览室缺乏等。对此，我馆将会充分利用现有软硬件环境，整合现有资源，推进文化信息资源共享工程建设，积极开展文化共享活动。

同时，进一步完善软硬件设施设备，推进馆域网建设、促进乡镇公共电子阅览室终端建成，努力构建内容安全、服务规范、环境良好、覆盖广泛的公益性互联网服务体系，加强宣传推广，做好培训工作，积极推进数字文化惠民服务工程，为人民群众传递和送达更加丰富多样的数字文化信息资源，活跃基层群众文化生活，为精神文明建设注入更多的活力。

（撰文/云阳县支中心）

忠县支中心

一、基本情况

忠县文化信息资源共享工程支中心于2009年9月新馆落成时建成，机房、电子阅览室均通过招标建设，电子阅览室有电脑60台，光纤接入20M，每天开放时间56小时以上，天天开放。建成县辖28个乡镇基层服务点和318个村级服务点，与党员远程教育网络共享资源。除上级拨款建设外，本县财政大力支持，给予本支中心适当的运行经费，年运行经费10万元以上，有力保障支中心的正常运行。

我馆文化信息资源共享工程服务器每天24小时不间断接收资源信息，内容有教育、科普、农业、文艺等方面的数字资源，并安装了方正数字图书馆资源。

同时注意搜集整理本地文献资料，为广大群众提供更多的信息资源。

二、技术支持与合作共建

首先，通过与互联网营运商合作，开通互联网，然后与本地党政网联接，利用先进技术传播先进文化；其次，通过与重庆图书馆和其他区县图书馆学习交流，不断改进我馆文化信息资源共享工程的建设工作；再次，就是通过互联网及党员远程教育网实现资源共享，丰富基层群众的文化生活。

三、惠民服务工作

通过构建服务体系，创新服务方式，积极推进数字文化惠民服务工作，充分发挥公共电子阅览室平台作用，促进文化信息共享工程农业、科普、技术等专业网络资源的传播。

同时，对乡镇文化站提供帮助指导，使文化信息资源共享工作得到更好的开展，基层群众得到更多需要的信息资源以及更好的文化服务。电子阅览室实现全免费开放服务。运用共享工程平台，为本地各行各业提供信息资源服务，如在春运期间为农民工解决购买火车票难的问题，为特殊教育学校学生提供上网服务，与远在外地打工的父母、亲人聊天及视频沟通，增进了亲情等等。

五、宣传推广工作

积极开展宣传推广工作，让更多的人了解文化信息共享工程和文化建设的工作，通过组织积极、健康的网络文化活动，让更多的人参与进来，增强人们对图书馆的兴趣，让更多的人走进图书馆。

同时，通过咨询探讨，了解人民群众的文化需求，不断改进图书馆的文化服务工作。

六、培训工作

首先，是对馆内工作人员开展政治、业务学习，提高综合素质、业务水平，通过选送参加市分中心举办的各种业务培训，通过共享工程网络进行远程业务培训，并对专业技术人员进行交流培训，扩宽专业技术人员的知识面，使其了解文化信息资源共享工程建设的相关内容，及时有效的完成实际工作。第二是馆外培训，即：一是经常性举办下岗职工和农民工技能、创业、再就业培训；二是运用基层文化站（室），每年定期邀请专家为返乡农民工举办果树培育、林下种植、养殖技术等创业培训，帮助返乡农民工实现了创业致富；三是联合相关部门，开展下岗农民工再就业技能培训，帮助他们提高电脑操作技术，促进其再就业，以及各行各业在我支中心举办的各种培训。

七、管理和队伍建设

完善管理制度，通过探讨、试行等方式探索适宜的管理制度，提高管理质量。加强队伍建设，通过学习、培训等方式提高队伍专业性，使队伍呈现出良好的工作状态和精神风貌。

八、工作展望

我馆文化信息资源共享工程的工作稳步发展，但在发展的过程中，仍然有很多不足，如信息资源不够，共享工程专业人员紧缺，工作人员业务技能不强，乡镇及村级服务点工作有等进一步完善和提高，活动开展不足，宣传力度不大等。对此，我馆将充分利用现有软硬件环境，整合现有资源，推进文化信息资源共享工程建设，积极开展文化共享活动。同时，进一步完善软硬件设施设备，推进馆域网建设，努力构建内容安全、服务规范、环

电子阅览室答题现场

境良好、覆盖广泛的公益性互联网服务体系，加强宣传推广，做好培训工作，积极推进数字文化惠民服务工程，为人民群众传递和送达更加丰富多样的数字文化信息资源，活跃基层群众文化生活，为精神文明建设注入更多的活力。

（撰文/忠县支中心）

石柱土家族自治县支中心

文化信息资源共享工程的建设，就是通过对文化信息资源的数字化、信息化、网络化，充分利用公共电子阅览室这个平台，为广大的人民群众提供更多的信息资源，满足人民群众不同的精神文化需求。因此，公共数字文化建设作为公共文化服务体系建设的重要组成部分，我馆根据相关的政策和指导意见，积极推进文化信息资源共享工程的建设，现将我馆文化信息资源共享工程建设情况概括如下：

一、整体情况

石柱县文化信息资源共享工程支中心开展于2009年，经过不断的发展和完善，现已完成公共电子阅览室硬件设施设备安装、网络建设、人员配备等工作。2010年11月，新馆正式投入使用以来，使用电子阅览室的人也越来越多，越来越多的人民群众从文化信息资源共享工程中得到了益处。

二、平台建设

在平台建设上，我馆在市文广局和县财政的大力支持下，投入资金20万元。添置了新的计算机设备，目前，图书馆共有计算机31台台，其中，电子阅览室共有计算机25台；

同时，完成了公共电子图书馆的网络建设和信息共享工程服务器的架设工作，从而为群众提供了一个文化信息资源共享的平台和一个公益性的上网环境。

三、资源建设

我馆文化信息共享工程服务器上有教育、科普、农业、文艺等方面的数字资源，并给每台电脑都安装了超星数字图书馆客户端，可以阅读上面的免费电子图书；同时，积极开展资源建设，整理本地文献资料，以此为广大人民群众提供更多的信息资源。

四、技术支持和合作共建

首先，通过与网络专业技术公司合作，实现数字资源网络化，利用先进技术传播先进文化；其次，通过与重庆图书馆和其他区县图书馆学习交流，不断改进我馆文化信息资源共享工程的建设工作；再次，对乡镇电子终端不足的地方，通过对农家书屋捐赠书籍等方式，实现文化共享，丰富基层群众的文化生活。

五、惠民服务工作

通过构建服务体系，创新服务方式，积极推进数字文化惠民服务工作，充分发挥公共电子阅览室平台作用，促进文化信息共享工程农业、科普、技术等专业网络资源的传播。

同时，对乡镇文化站提供帮助指导，使文化信息资源共享工作得到更好的开展，基层群众得到更多需要的信息资源以及更好的文化服务。

六、宣传推广工作

积极开展宣传推广工作，让更多的人了解文化信息共享和文化建设的工作，通过组织积极、健康的网络文化活动，让更多的人参与进来，增强人们对图书馆的兴趣，让更多的人走进图书馆。

同时，通过咨询探讨，了解人民群众的文化需求，不断改进图书馆的文化服务工作。

七、培训工作

首先，对工作人员开展政治、业务学习，提高综合素质、业务水平；其次，通过对专业技术人员的交流培训，扩宽专业技术人员的知识面，使其了解文化信息资源共享工程建设的相关内容，及时有效的完成实际工作。

八、管理和队伍建设

完善管理制度，通过探讨、试行等方式探索适宜的管理制度，提高管理质量。加强队伍建设，通过学习、培训等方式提高队伍专业性，使队伍呈现出良好的工作状态和精神风貌。

九、工作展望

我馆将会充分利用现有软硬件环境，整合现有资源，推进文化信息资源共享工程建设，积极开展文化共享活动。

同时，进一步完善软硬件设施设备，推进馆域网建设、促进乡镇公共电子阅览室终端建成，努力构建内容安全、服务规范、环境良好、覆盖广泛的公益性互联网服务体系，加强宣传推广，做好培训工作，积极推进数字文化惠民服务工程，为人民群众传递和送达更加丰富多样的数字文化信息资源，活跃基层群众文化生活，为精神文明建设注入更多的活力。

（撰文/石柱土家族自治县支中心）

彭水县支中心

一、基本情况

彭水苗族土家族自治县图书馆位于彭水县城下街商贸园宣传文化中心三楼。紧邻下街广场，处于我县人口密集地段，我县2008年建成电子阅览室，拥有25台客户端，2009年正式成立彭水县支中心并投入使用。

二、网点建设

共享工程彭水支中心乡镇基层服务点已建成39个，达到100%全覆盖，每个服务点面积30—50平方米以上，每个乡镇电脑6台以上。

三、经费投入

我县财政先后投入专项资金18万元用于筹建共享工程彭水县支中心。自建成投入使用后，财政每年投入共享工程专项资金2万元。

四、资源建设

彭水县支中心有电子阅览室1个，配置清华同方电脑25台，共享工程服务器4台，相机和摄像机各一台，外网20兆，摄像头，光碟、电子书等软硬件设施。

五、技术支持与合作共建

支中心自成立以来，曾多次派人到基层服务点，帮助解决设备安装、调式等工作。重庆分中心也给予了我支中心大力支持，曾多次派老师前来指导，为我们解决了不少难题。

六、惠民服务

彭水县支中心电子阅览室2011年6月为群众提供了全免一月二十日费开放。

我中心制定了一系列制度，提供了未成年人安全上网平台，成年人仅凭身份证便可享受免费上网查阅，电子阅览室全天开放，服务人次达到三万余人，乡镇基层服务点电子阅览室每天免费开放8小时。

2008年6月我馆开办了农民工免费培训班，共培训农民工2000余人；

2009年9月举办了失业人员、下岗职工电脑培训班，培训失业人员1500余人；

2010年举办了青少年动漫制作设计大赛；

2012年春节教农民工网上订票1800余人；

2012年6月组织了重庆市彭水县图书馆消防知识专题讲座；

2012年10月组织希望小学留守儿童中秋团圆视频对话活动，受到社会各界的一致好评。

七、宣传推广

彭水图书馆为支中心制作了一系列的宣传展板，为支中心进行宣传、推广，让读者能更好地了解我中心，能让支中心资源得到更好的利用。我们还通过“送书下乡，送文化下乡”等方式宣传我们的文化共享工程，让老百姓能真正利用共享工程，从而达到了服务人民的目的。

八、培训工作

支中心组织开办了几次免费培训，包括少儿书法培训班、少儿绘画培训、乡镇文化站图书管理员培训班、再就业计算机基础知识培训等，丰富了老百姓的文化生活。自2009年起，我中心人员也积极参加了市上的共享工程培训班，让我们能及时掌握共享工程的发展方向和最新动态。

九、管理和队伍建设

支中心现有一名专职管理人员，一名副馆长分管，制定了相应的规章制度。

十、工作展望

在今后的工作中，我们将学习先进地区的经验，弥补以往的不足，进一步做好资源建设、网站建设工作，让彭水支中心更好的服务于人民，为和谐社会的建设做出更大的贡献。

（撰文/彭水县支中心）

酉阳土家族苗族自治县支中心

酉阳土家族苗族自治县地处渝、鄂、湘、黔四省市边区交界地，辖区内共有38个乡镇、278个村，总人口84万，是重庆市幅员面积最大、少数民族人口最多的县。

一、基本情况

共享工程酉阳县支中心位于县综合文体中心六楼，现对外开放面积300多平方米（2007--2011年由于我馆旧馆拆迁，受办公地点限制，支中心基础业务工作开展受限，以读书服务活动为主。2012年初新馆建成迁入。我县自2005年底建成电子阅览室，2006年开始建设共享工程酉阳县支中心，2009年建成。同时开展共享工程基层网点建设工作。

二、网点建设

共享工程酉阳支中心乡镇基层服务点自2009年以来分三批建设，已建成38个。每个服务点面积30--50平方米以上，配备电脑10台以上。

三、经费投入

我县财政先后投入专项资金20万元用于筹建共享工程酉阳县支中心。自支中心成立后，财政每年投入共享工程的专项资金2万元。

四、资源建设

现酉阳支中心有电子阅览室1个，共配备有联想、TCL等电脑45台，共享工程服务器4台，相机和摄像机各1台另设置数据中心、视听放映室（因2012年初才迁入新馆，现正建设完善中）外网:20M及摄像头、网络管理软件等软、硬件设施。

五、技术支持与合作共建

支中心成立以来，在共享工程建设的日常工程中，支中心曾多次派人到基层服务点，协助基层点设备的安装与调试。

支中心的建设过程中，也得到了重庆分中心的大力支持，分中心曾经多次派技术骨干前来指导，为我中心的建立建设给予了很大的帮助和支持。

六、惠民服务

酉阳县支中心电子阅览室为群众提供了“全免费、零门槛”的资源共享平台，为未成年人专设了免费的、绿

色安全的上网空间，对未成年人的上网时间严格控制在每天2小时以内。

电子阅览室全天候开放，开放以来服务人数达3万余人次，乡镇基层点电子阅览室每天免费开放8小时。

2006年8月由市馆主办，我馆具体承办的全国文化信息共享工程重庆市“文化共享长征行”交接旗仪式，在我县桃花源广场隆重举行，活动吸引了近万名群众前来参与，极大的宣传了共享工程；

2006年至2007年4月，我馆举办计算机培训学校，针对下岗职工、农民工开展电脑知识培训班6期，共免费培训2400多人次；

春节期间在县桃花源广场举行了“迎新春、送祝福”活动，和市民宣传共享工程、图书馆免费开放；

2012年5月26日我馆在馆内电子阅览室举办了酉阳县“红岩少年”读书活动--网络知识竞赛；

2012年6月1日，为充分发挥全国文化资源共享工程丰富的电影资源优势，丰富广大少年儿童节日文化生活，我馆还举办了少儿红色经典电影放映，支中心阅览室服务儿童人数达300余人次，受到家长的一致好评。

七、宣传推广和培训工作

酉阳图书馆为我支中心设立共享工程宣传展板作为我中心的宣传和推广平台，用以发布信息、共享资源等等，让所有来馆读者都能知道最新的活动与动态。我们还致力于中心周围学校、以及社会的宣传，通过各种方式增加文化共享工程的影响力，并辐射到周边区域。

支中心组织开设了几期免费培训班，其中有播音主持培训班、少儿绘画培训班，乡镇文化站农家书屋管理员培训，电脑基础知识培训班等，极大的丰富了广大读者的文化生活。同时支中心人员也加强自身的学习，自2011年以来，每年参加了数十次的共享工程的网络培训，便于我们了解共享工程的最新发展动态与方针政策。

八、管理和队伍建设

支中心现有1名专职管理员和1名兼职管理员，1名副馆长分管。制定并完善了各项规章制度。

2012年我馆职工杨毅参加国家中心举办的“电子阅览室知识竞赛”荣获三等奖。还在支中心电子阅览室举行了多次网络答题竞赛活动，其中参赛选手多次在市中心举行的决赛中获奖。

九、工作展望

在以后的发展中，酉阳支中心将加大工作力度，增强推进文化共享工程建设的责任感和紧迫感。进一步做好资源建设工作，完成共享机制，更加丰富馆藏数字图书

资源，更加丰富群众的业余文化生活，把数字资源和支中心网站整合在一起，让读者不出门也能查阅支中心数字资料。我们相信，共享工程酉阳支中心，能在一定程度上带动地方经济的发展，再创新的辉煌。

（撰文/酉阳县支中心）

秀山县支中心

秀山地处武陵山腹地，是重庆的东南门户，位于渝、湘、黔、鄂四省（市）边区结合部。

全县幅员面积2462平方公里，辖3个街道，24个乡镇，267个村（居）。人口65万，以土家族、苗族为主体的少数民族占全县人口总数的52.8%。

秀山人杰地灵，勤劳淳朴的先民创造了灿烂的民族民间文化。《黄杨扁担》等花灯歌舞流行国内，名扬海外，被誉为“花灯歌舞之乡”；1995年又就被命名为全国文化体育先进县。

秀山是有名的革命老区，留下了刘伯承、贺龙等革命前辈光辉的战斗足迹。

近年来，县委、县政府高度重视文化设施建设，大力推进全县公共文化服务体系建设，不断满足全县人民日益增长的精神文化需求。

一、整体情况，经费投入

全国文化信息资源共享工程秀山支中心设立于秀山图书馆内，于2009年1月正式启动，拥有机房20平方米，电子阅览室40余平方米。

县财政投入16万元，市文广局投入20万元购置了计算机25台，网络交换机3台，投影仪1台，机柜1台，多功能扫描仪1台、多功能打印机1台，卫星接收系统1套等设备。

二、完善网点建设，强化技术支持

秀山支中心人员深入基层联系协调，通过综合文化站建设和依托农村党员干部现代远程教育村级终端站点建成了3个街道中心、24个乡镇综合文化站、267个基层服务网点。截止2011年，全县基本形成了以县图书馆、文化馆为龙头，以镇（街）综合文化站为骨干，以村（居）文化室为基本单位，以农村文化中心户为终端的“四级”公共文化服务设施网络。建有镇（街道）综合文化站（文化中心）27个、村（居）文化室267个。

实现了乡镇综合文化站全覆盖，文化信息资源共享工程全覆盖，广播村村响、电视信号全覆盖，农家书屋建设全覆盖。

为加强共享网络技术培训指导，2012年6月，县支中心专门请重庆图书馆共享工程支中心的专家来秀山，分别对我县支中心和全县乡镇街道负责电子阅览室及文献信息资源共享的同志先后进行了专业的技术培训指导。重庆专家们还深入到我县清溪场镇、梅江镇等乡镇对这些网点的资源共享建设免费提供了技术服务，2012年11

全县乡镇综合文化站共享工程培训会现场

月底，我县支中心巡回辅导的基层服务点为40余个，真正做到深入基层、服务基层，从而提高了基层服务点工作人员的业务能力。

三、建立健全各项制度

我县支中心建立并完善了《电子阅览室读者须知》、《电子阅览室工作条例》、《电子阅览室管理人员守则》、《电子阅览室安全制度》、《电子阅览室赔偿制度》、《全国文化信息资源共享工程秀山支中心工作人员职责》、《全国文化信息资源共享工程秀山支中心机房管理制度》、《计算机病毒防范制度》等制度，严格按照制度实施管理，使支中心的管理制度化、规范化、科学化。并设兼职人员1名，负责定期对网络设施进行检查和维护，保证共享工程工作的顺利开展。

四、积极参与各种培训

为有效开展共享工程和对基层服务点的辅导工作，2008年、2009年期间，我县支中心积极派出业务骨干参加由全国文化信息资源共享工程重庆市分中心组织的“重庆市共享工程”技术培训会学习、武隆参加全国文化信息资源共享工程重庆分中心组织的“2012年度重庆市公共数字文化管理与服务培训班”学习、重庆市图书馆组织的“公共图书馆宣传推广与阅读促进培训班”学习。通过学习，增强工作人员的服务水平。

五、开展丰富多彩的活动

1、参加全县“三下乡”活动。秀山支中心自建立以来，精心制作了一批批农业种植、养殖技术、城镇务工技能、农村医疗卫生、计划生育、思想道德、消防安全知识和优秀地方戏曲等视频、光盘、纸质宣传资料等5万份（件），每年利用全县“文化、卫生、科技”三下乡活动，在平凯镇、妙泉乡、梅江镇、清溪场镇、隘口镇、宋农乡、大溪乡、钟灵镇等乡镇，向镇、乡、村、社区基层服务点和广大农民朋友们送光碟、送资料、送图书、送电影，受益人群达到5万多次。

2、积极开展“4•23”世界读书日等系列活动。在每年“4•23”世界读书日，“图书馆服务宣传周”等活动，为我县农村养殖、蔬菜种植专业户在网上查阅专技资料。摘编《农技专题资料》、“种植、养殖、加工业”资料和《农村生活常识》等，利用“三进三同”、文化宣传、共享工程建设、科技赶场等时机，为本地基层群众免费提供对口技术和生活常识资料1万多份。将收到的全面文化信息资源共享工程光盘即杨善洲系列和双百人物系列革命英雄楷模的故事等等，以及“中华小英雄”事迹展活动及时进行了复制、刻录，发送到基层社区、部分学校，农家书屋进行宣传学习。

3、免费为农民工网络购票。积极利用文化共享工程的设施设备，为农民工，下岗职工订购火车票、汽车票。不收取任何手续费，还可免费为没有网银的农民工提供网银，农民工只需带足购票的现金即可。此项活动解决了农民工买票难的问题，受到农民工，下岗职工广泛好评。

4、与县电影公司联合，放映优秀影片。各基层服务网点发挥广场文化优势，利用文化信息资源共享设备，每月在文化广场放映优秀影片、农村适用技术培训。

通过秀山支中心与基层网点的科学管理与共同努力，为促进本地社会主义新农村建设、扩大本地公共文化服务范围、保障基层群众基本文化权益起到了积极的推动作用。

六、工作展望

全国文化信息资源共享工程在我县支中心的实施，把群众喜闻乐见的优秀文化作品通过卫星接收、互联网、移动硬盘光盘等形式，方便快捷地传送到广大人民群众的身边，填补了基层文化需求的空白，以先进的文化占领基层思想文化阵地，改造落后文化，抵制腐朽文化，丰富、活跃了基层群众的文化生活，从而推动了我县文化事业的更快发展。我县支中心今后工作重点：

1、充分利用共享工程，大力宣传党和政府的方针政策。

2、努力建设具有当地民族特色的文化信息资源库。秀山具有独特的区位优势，丰富的文化资源，下一步我支中心将加快资源建设的脚步，弘扬民族文化。

3、拓宽思路，丰富惠民工作。以共享工程为平台，通过更多形式如进一步利用共享工程为农民工订购飞机票、火车票，放映广场电影等），更加全面地为广大市民服务，实现共享工程利用率的最大化。

4、加强队伍建设。一是县支中心工作人员积极参与本单位和上级部门的培训，二是加大对基层服务点的培训力度，定期举办培训，让基层服务点的工作人员更加熟练地掌握并运用文化信息资源共享工程，更好地服务于群众。

（撰文/秀山土家族苗族自治县支中心）

全国文化信息资源共享工程——

四川省分中心

全国文化信息资源共享工程（以下简称“文化共享工程”）于2002年启动，文化共享工程给四川盘活富积的文化资源和解决广大人民群众的文化需求和丰富人们的文化生活带来了福音，提供了机遇。自此文化共享工程被列入四川省委、省政府的重要议事日程，这一民心工程、德政工程、文化基础工程和创新工程以迅雷不及掩耳之势在天府大地不断成长壮大。

十年来，在文化部和四川省委、省政府的领导下，在全国文化信息资源建设管理中心的具体指导下，我省文化信息资源共享工程通过全省上下各级部门的艰苦努力，在文化共享工程的建设数字文化资源、发展基层服务网络、构建先进适用技术体系、建设管理技术骨干队伍、创新工作机制、服务人民群众等方面取得了阶段性成果。在构建公共文化服务体系、大力推进我省西部文化强省建设和保障广大人民群众文化权益方面发挥了极其重要的作用。

截至2012年底，已建设完成各级服务网点54467个，初步形成了覆盖全川的省、市、县区、乡镇街道、村社区五级文化共享工程服务网络，实现了文化共享工程服务的五个进入(进农村、进军营、进校园、进社区、进机关)；建立了具有四川特色的文化共享工程数字资源体系，各类数字资源在2012年元月达到123.62TB的基础上，今年四川省分中心又新建了川剧、红军长征、康巴藏语数据库；依托国家骨干通信网络，应用数字图书馆建设成果，在四川逐步建立了一套集站点管理、数据传递、信息监控为一体的文化共享工程系统平台，也为文化共享工程与数字图书馆服务相结合提供了承载平台；通过各种形式的培训，建立了一支近5万的专兼职人员队伍；通过文化共享工程的服务，中华优秀文化信息资源源源不断地传输给基层群众，多层次、多渠道地缓解了基层群众看书难、看戏难、看电影难的问题，极大的丰富了基层群众业余文化生活。依托文化共享工程提供的农技、医疗、科学知识，有效推动了农村信息化水平和基层群众科学文化素质的提高，有力地促进了四川经济社会和谐发展。全省累计直接辐射人群已达1154万人次。

网点建设是文化共享工程的基础。按照文化部全国文化信息资源建设管理中心的标准规范要求，紧紧依托国家图书馆及省、市（州）、县（区）级图书馆，建立了全省统一的技术管理平台、资源建设中心、服务支持中心，构建了提供超大规模、便于使用、没有时空限制、可实现智能检索的数字图书馆服务平台，搭建了全省统一服务，分级负责、分层管理的网点阵容体系。着力加强基层服务网点建设和网络资源的整合，建设了以基层图书馆、文化馆、乡镇（社区）文化站、村文化室、校园网、有线电视网为依托，遍及城乡、覆盖全省的文化共享工程服务网点，实现了文化共享工程“五个进入”(即进农村、进军营、进校园、进社区、进机关)。在网络资源整合方面，充分利用已有的网络资源优势，努力扩大文化共享工程覆盖面和受益面，与“农村党员现代过程教育工程”“农村中小学校远程教育工程”以及“2131工程”等国家重点工程项目相结合，使文化共享工程服务走进了千家万户。为拓展文化共享工程网点建设，我省还通过与政府、教育部门、部队等单位广泛开展合作共建，建立了文化共享省人大常委会办公厅、省委宣传部、省机关事务管理局、成都市残联、成都市监狱、武警部队、成都市龙江路小学、成华区红花民工学校等合作共建服务点，特别是文化共享工程与成都军区合作实施的“西南边防文化信息共享工程”，让包括全国唯一不通公路的西藏墨托县在内的边防部队官兵，实时听到党和国家的声音，接收新鲜、高雅、健康有益的文化信息资源，提高了官兵业余文化生活质量，拉近边防与内地的距离，新华社、解放军报等媒体对此进行了专题报道。

“5·12”汶川大地震使四川省多年共享工程的建设成果损毁严重，2007年底刚建成投入使用并接受文化部文化共享工程督导组检查获得好评，列为全国示范的2个县支中心（都江堰市、绵竹市）、40个乡镇服务站、48个村服务站在此次地震中严重损毁。针对这一情况，2008年四川文化共享工程领导小组立即对工程实施工作进行了调整，将四川省文化共享工程的工作重点暂时转移到抗震救灾和灾后重建上来，一方面在文化部、文化共享工程国家管理中心的大力支援下，地震后半年内四川省克服重重困难，迅速地建立780个文化共享工程赈灾服务点，这些赈灾服务点为传递党和政府的声音、丰富灾区群众文化生活、安抚灾区群众的紧张情绪发挥了积极作用，受到政府和群众的一致肯定；另一方面将四川共享工程网点建设与灾后恢复重建工作同步实施，灾区重建一个图书馆跟进建设一个文化共享工程支中

心。随着2011年我省灾后恢复重建工作全面结束，四川也同步完成了文化共享工程“十一五”四川任务的扫尾工作，恢复受损文化共享工程各级网点，新建县级支中心61个，乡镇基层服务点898个，与农村党员现代远程教育合作新建村服务点702个，顺利完成灾后文化共享工程网点重建和受地震影响推迟的基层网点建设任务。

目前，四川省克服重重困难，完成建设省级分中心1个、市级支中心21个（覆盖率100%）、县级支中心181个（覆盖率100%）、乡镇服务站3184个（覆盖率72.1%）、街道基层服务站155个（覆盖率62.2%）、村基层服务站50166个（覆盖率100%）、社区服务站759个（覆盖率13.3%）。2005年、2006年文化共享工程四川省分中心被文化部全国文化信息资源国家管理中心评为“网点建设二等奖”；

资源建设是文化共享工程的核心。四川省文化共享工程从地方特色的数字文化信息资源建设入手，把文化共享工程资源建设与数字图书馆建设有机地结合起来，以各级公共图书馆和基层文化站为依托，初步形成了省、市（州）、县分布式资源库。经过几年的建设，省级分中心（四川省图书馆）购置、整合了国内主要的书刊文献和大型的专题数据库，如：万方科技系统期刊数据库、法律数据库、会议和学位论文数据库，维普科技期刊数据库，清华同方学术期刊数据库，中宏经济数据库，龙源人文期刊数据库，超星电子图书等；四川是个文化大省，我省的自建资源建设主要围绕“巴蜀文化”这一主题，从巴蜀文化宝库中甄选璀璨的民族民间文化瑰宝，通过精心策划，运用先进技术，在形式和内容上着力表现巴蜀文化的内涵和特点，体现时代性，注重艺术性，把握群众性，突出地域性。目前我省已完成包括绵竹年画、四川文化艺术精品、四川文化旅游、藏族唐卡、农村实用技术等九个文化共享工程专题数据库；译制了179个小时的康巴藏语文化共享工程资源。并采取多种途径解决了文化信息资源建设中的版权问题，保证了文化共享工程能够有效地提供丰富的文化信息资源服务。各类数字资源在2012年元月达到123.62TB的基础上，今年四川省分中心又新建了川剧、红军长征、康巴藏语数据库。在资源建设过程中，我省还逐步形成文化资源征集政府主导下的行业征集与市场化采购相结合，资源库建设自主设计与BPO社会化协作加工相结合的创新建设模式。既保证了我省亟待保护的各类文化和文献资源得到科学梳理和有效抢救，又能通过数据库建设实现资源的重生。例如“5•12”汶川大地震中受损严重的我国首批非物质文化遗产、中国四大年画之一的绵竹年画，正是因为工程《四川民间艺术数据库——绵竹年画数据库》的建设，将绵竹年画的制作方法和大量传世之作进行了全面记录和保护。虽然地震中年画村被夷为平地，部分传承人不幸遇难，但文化共享工程绵竹年画数据库准确、系统、完整、抢救性地保存了这门文化遗产，为灾后重建，恢复文化生态，重生这门民族民间艺术提供了重要依据。2006年文化共享工程四川省分中心获得文化部全国文化共享工程管理中心“资源征集杰出成绩奖”。

科学管理是文化共享工程的保证。省委、省政府高度重视文化共享工程建设，将文化共享工程作为“十一五”时期落实科学发展观，构建和谐四川，实现四川文化资源大省向文化强省跨越的重大机遇和重要抓手。

2005年，中共四川省委办公厅、四川省人民政府办公厅转发了《省文化厅、省财政厅关于进一步加强文化信息资源共享工程建设的意见》（川委办[2005]21号）。为进一步加强政府对工程的领导，我省成立了由副省长出任组长的四川文化信息资源共享工程领导小组，领导小组下设办公室、专家委员会和省分中心。领导小组负责制定工程的发展规划，组织、协调、指导工程建设与服务；专家委员会负责为领导小组提供工程专业技术问题的决策参考意见；省分中心即四川省图书馆负责工程的具体组织实施工作；为保证合作共建工作的顺利进行，我省还建立了由组织、教育、科技、广播电视、信息产业、新闻出版等相关部门构成的工程联席会议制度。从而形成了工程由政府统一领导，文化牵头实施，财政全力保障，相关部门密切配合的联动机制。

我省将文化共享工程建设纳入省委、省政府民生工程督办事项，纳入文化先进县评比必备条件，纳入公共文化服务体系建设重要内容，纳入各级政府的年度工作目标考核内容，使工程实施成为衡量地方文化事业发展的重要指标。为保证政府及时有效的掌握工程实施情况，我省每年定期召开文化共享工程全省工作会议、领

导小组年度工作会议、工程课题专家评审会议，逐步形成了一整套文化共享工程组织、管理、监督机制，有力的保障了工程在四川的健康发展。2004年文化共享工程四川省分中心（四川省图书馆）被文化部评为“共享工程建设先进单位”。

现代信息技术助推文化共享工程高效实施。为了将国家投入效益最大化，我省将文化共享工程与数字图书馆建设紧密结合。省委、省政府通过将文化共享工程四川省分中心设在省图书馆，支中心依托各级公共图书馆进行建设，促进了两项工程的合作与融合。通过统筹建设、统一标准、共享技术、互通资源、整合服务、各有侧重的办法，我省逐步实现了文化共享工程与数字图书馆的有机整合。数字图书馆的元数据、跨库检索等标准和技术成果和对等互联网络（P2P）数据分发、地理信息系统（GIS）等现代信息技术都已成功地运用到工程建设管理中，我省已建成一套适合四川实际，具有技术先进性和广泛兼容性的四川文化共享工程系统，实现了信息浏览监控、资源应用管理、设备远程管理等功能，并与图书馆业务自动化系统无缝对接。该系统在实际运行中取得良好的应用效果，一方面工程平台和服务网络得到进一步加强和完善，管理与服务效能得到提升；另一方面工程与数字图书馆平台、资源实现互通互联，为整合工程团队和服务提供了有利条件，使文化共享工程与数字图书馆两项工作形成合力，建设服务效果事半功倍。

资金保障，让文化共享工程建得起、转的动、可持续。为了保障四川文化共享工程可持续发展，我省在工程建设的同时，也对配套资金、运转经费等问题予以重点考虑。

我省截至2011年底配套资金共计2.24亿元，包括省财政配套资金3015万元，地市级财政配套资金4146万元，区县财政配套资金1.52亿元。其中2011年度省财政配套资金670万元，市级配套121万元，区县财政配套18.3万元。

服务群众是文化共享工程的目的。四川省文化共享工程始终坚持文化共享工程公益性的原则，把文化共享工程建设与图书馆传统服务和数字图书馆建设有机结合起来，着力构建虚拟参考咨询平台和数字图书馆平台，不断创新服务形式，整合信息资源加大资源开放力度，充分发挥文化共享工程的号召力和影响力，为广大人民群众服务。随着大批农村服务网点的建设和依托企业所开展的一系列活动，不仅宣传了文化信息资源共享工程，而且还拓宽了文化共享工程资金来源渠道，强有力地缓解了广大农民群众看书看报看戏看电影难、查找资料难等具体问题，促进了我省社会主义新农村建设。通过定期举办“共享文化资源，构建和谐社会”等一系列丰富多彩的活动，教育和引导未成年人树立正确的世界观、人生观、价值观，丰富他们的精神文化生活，使文化共享工程成为引导青少年合理利用互联网获取知识的阵地。为了提升农民工的综合素质和专项技能，使广大农民工享受到文化共享工程和公共文化服务体系的实惠，2011年至2012年我省积极开展农村实用人才培训，惠及群众达10万余人次；2012年培训农民工7万余人次。为满足残疾人精神文化生活的需求，四川省分中心建立了“文化信息资源共享工程残联分中心”。有的基层服务站点利用“共享工程”大量的视听资源，开辟盲人“听”书服务；有的社区“共享工程”基层服务站开展针对老弱病残弱势群体的免费电脑基础知识技能培训班，使他们掌握了电脑基本的电脑使用知识和上网技巧，为他们获取各类信息提供了新的途径。文化共享工程进社区，使广大社区居民能更多、更方便、更快捷地接受新知识、新观点、新信息，运用科学方法和先进技术解决各种问题。四川省分中心建立了军营网站门户，这不仅整合了大量适合部队官兵需求的数字资源，而且还使全国唯一不通公路的西藏墨托边陲的部队官兵，通过文化共享工程网站听到国家的声音。四川省分中心还与四川省人大常委会信息中心就建设地方人大数据库签署了战略合作协议，得到了省人大领导的充分肯定。特别是“5·12”汶川大地震后，文化共享工程四川省分中心立刻号召全省各级支中心以“文化慰民、文化安民”为宗旨，发挥“文化如水”、“沁人心灵”的优势，在文化部、文化共享工程国家中心和全国各兄弟省的支持下，迅速在39个极重灾区的临时板房安置点搭建了780个文化共享工程赈灾服务点，采用白天按需服务、晚上统筹安排的服务方式，开展各类文化服务活动，既可满足个人阅览书报、查询信息、接受培训的需求，也可满足灾民集中观看电影的愿望。帮助灾区群众舒缓焦虑，化解矛盾，激励灾区人民万众一心、不屈不挠、友爱互助、充满信心。

自2002年8月我省实施文化共享工程以来，许多地方的基层文化单位依托文化共享工程开展多元化、多层次的服务，实现了四川省文化共享工程进农村、进学校、进社区、进军队、进机关的“五进入”战略目标，使受惠群众累计达1154万人次，其中包括对近36万未成年人的服务。文化共享工程四川省分中心2004年被四川省宣传部、四川省科技厅、四川省社科联评为“科普工作先进单位”；2007年四川省图书馆获得文化部“群星（服务）奖”（申报的材料中三项服务活动内容有两项都是文化共享工程服务项目）；2008年被四川省图书馆学会评为“四川省图书馆行业抗震救灾先进集体”；2011年全国文化共享工程电子小报制作评比“组织奖”；2012年全国文化共享工程“像雷锋那样……”电脑小报设计比赛优秀组织奖。

队伍建设是文化共享工程的关键。为了组建一支素质过硬业务合格的文化共享工程人员队伍，我省一方面通过制度要求各级文化共享工程必须配备两名以上的有编制有岗位有预算的工程专职人员；另一方面结合工程建设发展需要，将工程的培训指导工作常态化，每年举办共享工程各类型培训班十几场，基本做到每月1场。包括：针对性培训，主要是结合工程建设任务，分别举行了针对建设运维、资源使用、信息专报等的专题培训；分层次培训，主要是利用每年召开全省文化局长工作会、馆长工作会机会，对地方文化主管部门及文化共享工程的建设单位的领导、工作人员分层次培训；多元化培训，主要是创新培训形式，采用集中培训、远程培训、现场培训相结合，理论授课与动手实践相结合；规范化培训，我省专门出版了《四川省文化信息资源共享工程管理教程》，实现工程培训的科学化和规范化。实行了从业人员资格认证。截至2012年，全省已累计完成培训专兼职工作人员近9万人次，做到了管理不缺位，维护不断档，为全省文化共享工程的实施提供了强有力的人才保证。同时，四川文化共享工程省分中心也非常重视自身的人员队伍培养，每年都会派员参加共享工程各种培训班，并以考察和人员交换方式，派业务骨干赴全国先进地区学习工程建设经验，并强化省中心的培训师资力量，为"十二五"时期全面开展基层培训工作奠定了基础。2009年9月，由四川省分中心组织带队参加的，在浙江萧山市图书馆举办的"第一届全国文化共享工程技能大赛"中荣获"第一名"；文化共享工程四川省分中心在2008年、2009年全国文化共享工程培训工作评比活动分别中获"一等奖"；2010年全国文化共享工程培训工作评比活动中获"三等奖"。

文化共享工程在四川省的发展已有十个年头，回顾过去，我们看到文化共享工程的实施，创新了基层文化工作方式，丰富了基层文化工作内容，搭建了基层文化工作新平台，用新的手段传播了先进文化。展望未来，我们信心倍增，根据《文化部、财政部关于进一步加强公共数字文化建设的指导意见》、《全国文化信息资源共享工程十二五发展规划》和《四川省文化信息资源共享工程十二五发展规划》的精神，对我省"十二五"期间的文化共享工程建设，提出了更新更高的要求，充分利用已建成果，最大化发挥各级网点设备设施的服务能力。以有效开展服务为重心，以打造精品、优化应用为重点，以全面推动共建共享为途径，以可持续发展的体制机制作保障，到2015年，将工程建成资源优质丰富、技术先进实用、传播高效互动、服务便捷贴近、管理科学规范、体系完整可控的公共数字文化传播服务体系，实现"时时可看，处处可学，人人可享"，使全国文化信息资源共享工程成为政府主导的公共网络服务阵地，成为资源最丰富、服务最便捷、使用最安全的网上爱国主义教育基地、中华数字文化资源门户、数字文化网络培训学校，成为基层群众的信息中心、学习中心和数字文化中心。

（撰文/四川省分中心）

成都市支中心

一、整体情况

成都市文化共享工程建设2004年启动，全市各级财政先后投入上亿元资金，建成1个市支中心，20个县级支中心、2250个基层服务点（包括122个街道、116个乡镇、454个社区、1558个村的基层服务点），实现了除地震灾区外所有乡镇（街道）、村（社区）基层服务点的100%全覆盖（地震灾区基层服务点建设已经纳入"成都市创建公共文化服务体系示范区"建设规划，要求于2012年年底前建设完成），构建起了覆盖城乡的文化共享工程服务体系网络。

二、网点建设

1、市、县支中心建设

成都市的市级支中心设在成都图书馆。主要软硬件设施、设备包括：文化共享工程网站管理发布系统、联合参考咨询系统、电子阅览室专区、少儿绿色上网空间、数字图书馆资源、多台服务器、热备防火墙、流量控制、100TB以上的磁盘阵列、电信40M汇聚层独享宽带等。

成都市的20个县级支中心在四川省文化厅和四川省文化信息资源共享工程领导小组的统一部署和安排下已经全部达标建设完成。

2、基层服务点建设

2008至2009年是成都市共享工程工作的集中建设期，成都市市委、市政府先后出台多个正式文件，完成了2250个基层服务点（包括122个街道基层服务点、116个乡镇基层服务点、454个社区基层服务点、1558个村基层服务点）的建设。建成的所有基层服务点均配备三台以上的电脑、投影机、移动存储播放器等设备，并配备一名以上的专（兼）职管理人员。

三、经费投入

2008年，成都市县两级财政投入资金七百余万元，按照每个基层服务点6.3万元的标准完成了122个街道基层服务点的建设。2009年，市县两级财政再次投入10968万元，分别按照7万元/点和5万元/点的标准，完成了454个社区和1558个村级基层服务点的建设。

在日常运行维护方面，成都市建立了基层服务点日常运行的经费保障机制，由市委市政府和相关职能部门出台文件，将市、县、乡、村"四级"公共文化服务常年经费全部纳入了各级财政预算。

四、资源建设

成都市支中心着力建设了"成都非物质文化遗产数字博物馆"、"成都图书馆公益讲座"、"少儿科普之窗"等多媒体数据库，将其通过成都市支中心网站向所有基层服务点免费开放。

同时，成都数字图书馆约45TB、7000多万篇/册的数字资源也通过免费发放账号的方式成为所有基层服务点最重要的一类服务资源。

除地震受灾区县外，成都市、县级支中心均建有自己的网站，从非物质文化遗产、地方文献、文化旅游、特色产业等方面进行了自建资源的探索，建设了数个地方特色数据库。

五、管理和队伍建设

成都市于2004年4月成立了由成都市文化局局长担任组长的成都市共享工程领导小组，建立了以市委宣传部、市编办、市目督办、市财政局、市人社局等相关部门参与的文化共享工程联席会议制度。将文化共享工程建设纳入了政府的目标管理，纳入了成都市创建全国公共文化服务体系示范区的整体规划，并由成都市文化共享工程领导小组具体负责协调、解决文化共享工程建设工作中的重大事项。

成都市支中心配合四川省分中心做好县级支中心建设的协调联络工作，并监督和辅导各县做好基层点的建设和人员培训、管理工作。

在资源管理上，各基层服务点对国家中心、省分中心以及市县支中心的资源进行了链接，在系统桌面上建立了快捷方式；对国家中心和省中心下发的光盘资源，实行上架管理，供读者查询、使用。

在设备管理上，文化共享工程的专项设备纳入国有资产管理，配备专人对设备进行管理。标识、标牌按照国家中心要求统一制作、悬挂。

人员配置上，县级支中心管理人员由各县公共图书馆专业技术人员担任，每个基层服务点有专（兼）职获得上岗资格证书的工作人员1名以上，负责文化共享工程日常工作。全市支中心管理员47人，基层管理员1400余人。

六、技术支持和培训工作

成都市将技术指导和培训工作贯穿于文化共享工程建设和服务的全过程，做到安装前任务培训，安装时现场指导，完成后服务培训。

从培训层级上，由市支中心负责对各县级支中心技术人员进行培训，由各县级支中心负责辖区内的基层服务点管理员培训，做到培训分层次、有重点、重实效。市级支中心每年举办两次面向县级支中心的集中培训，深入区县进行实地指导二十次以上；从2006年至今，成都市先后开展各级培训1000余次，培训的专兼职管理和技术服务人员达20000余人次。

七、合作共建

成都市文化共享工程建设过程中和成都市委组织部党员干部现代远程教育中心等单位进行合作，联合开展基层服务点技术人员培训，并且利用文化共享工程资源和数字图书馆资源，搭建了"成都市党员教育数字图书馆"平台，将文化共享工程资源推送到全市党员干部的身边，有效地拓展了文化共享工程的影响力和覆盖面。

八、惠民服务

各支中心每周开放时间56小时以上，平均每周服务500人次；各基层服务点每周开放时间42小时以上，平均每周服务100人次。各支中心和基层服务点根据城乡居民的需要，利用文化共享工程数字资源，开展了多种形式的活动：

1、成都市支中心每周四固定在电子阅览室播放共享工程视频；名人名家在成都图书馆的现场讲座，定期更新至支中心网站供市民赏阅；还开辟电子阅览室少儿绿色专区供未成年人使用。

2、区县支中心及基层点利用电子阅览室开展网络资源查询和电子图书推荐服务。结合实际，有针对性地开展各种知识讲座、技能培训和咨询；利用下发的各类视频资源结合重大节庆等开展电影播映活动；周末及寒暑假，开展针对未成年人的电脑培训等活动。

服务活动的开展使各基层服务点成为了当地面向群众开展文化信息服务的重要平台，基层群众的计算机操作技能、职业技能和知识面、信息获取能力等均得到了相应的提高。

九、宣传推广和荣誉奖项

成都市支中心利用自建网站，积极宣传成都市文化共享工程建设的进展和服务效果。《中国文化报》2008年8月31日刊载专文报道了成都市文化共享工程支中心和街道基层服务点的建设情况；香港《文汇报》在2009年6月10日，用一个整版的篇幅报道了成都市文化信息资源共享工程支中心建设情况。

十、工作展望

十二五期间，成都市将在提升文化共享工程的服务效能上多下功夫，依托成都市已建成的共享工程全域网络，发挥云计算、新媒体、移动互联网等的技术优势，引导社会公众特别是未成年人认识和使用文化共享工程优质资源，深入开展数字文化惠民服务。

（撰文/成都市支中心）

成都市武侯区支中心

全国文化信息资源共享工程武侯区支中心在区委区政府领导大力支持和关怀下，区文体旅游局统一领导下，由武侯区图书馆承办，以国家图书馆、四川省图书馆和成都市图书馆的网络资源服务平台为依托，充分利用现代高新技术手段，将各种类型的文献信息资源以及贴近大众生活的现代社会文化信息资源，进行数字化加工处理与整合，形成区级支中心、基层服务点组成的网络，使优秀文化信息资源走进社区、走进军营、走进企业、走进校园、走进农村。最大限度地实现优秀文化信息资源在全区范围的共建共享。

一、整体情况

全国文化信息资源共享工程武侯区支中心位于成都市武侯区高升桥东路1号，面积280平方米，其中电子阅览室110平方米、机房10平方米，多功能厅160平方米。文化共享工程在硬件上，根据《四川省全国文化信息资源共享工程县级支中心配置标准》的要求，配备了卫星服务器、UPS电源、投影仪、音响、摄像机、文件柜、电脑桌椅等设施设备；在人员上配备专兼职人员3名，均持有文化共享工程上岗资格证书，其中2人具备计算机等级一级资格证书；在服务上，实行全年365天开放，每周开放57小时。

二、网点建设

武侯区辖13个街道和86个社区（村）基层服务点，都按照建设方案和配置标准进行了场地选址、装修、设备设施采购、人员培训等方面的建设，按照建设标准，各基层点的硬件设备包括：服务器1台，电脑4台，书籍1000册（街道标准为2000册），4路VGA、UPS、投影机、幕布（街道标准为2张）、音箱、触摸屏（仅街道配备）、DVD、易播宝各一个，以及灭火器两个；软件包括互联网，安装杀毒软件、监控软件，各级共享工程中心链接等；另外配备专兼职管理人员，平均每周开放5天以上，每天开放时间大于8小时，节假日和双休日坚持开放。

三、经费投入

2008年建设武侯支中心，各级财政共投入97万元对现有场地和设备进行扩容、完善；2009年建设街道和社区基层服务点时，各级财政按照每个点位7万元的标准进行投入，共计投入595万元。

四、资源建设

在正常接收和充分利用国家中心、省分中心、市支中心数字资源的同时，我们不断加强与区内各部门的联系，挖掘整合本地各类信息资源，建成武侯区数字图书馆，包含三国电子图书10000册、三国视频讲座100集，同时还可通过该平台访问300万册电子图书、7000万篇电子期刊、7万集视频讲座及各种论文、标准等庞大的数字资源。

五、技术支持

为了保证各街道、社区基层服务点正常开展服务，充分发挥文化共享工程文化惠民的功能，支中心鉴于各基层点技术人员不足，技术力量薄弱等情况，每月定期对辖区内各基层服务点，开展相关设备维护，排除故障，现场技术培训等活动。

六、合作共建

为了有效整合利用各类文化资源，我区利用共享工程的平台和场地，与图书室、电子阅览室、农家书屋进行了合作共建，群众可在任何一个服务点享受文化一站式服务。共享工程还与党员干部现代远程教育合作共建。区图书馆的数字图书馆也通过共享工程与各服务点共享。

七、惠民服务

支中心积极开展各类惠民活动，一是开展讲座、读书活动。区级支中心年均开展30场次的讲座和读书活动，有为青少年播放的优秀科教片、美术片；有让儿童寓教于乐的电影课活动；有贴近广大群众、关注民生的法律讲座、健康讲座、音乐讲座、理财讲座等，提高了大家的文化生活质量。二是指导街道社区开展各类活动。有读书讲座、诗歌朗诵比赛、国学讲座、青少年征文比赛、演讲比赛、象棋比赛、文学作品赏析交流等活动。丰富了社区群众的文化生活，提高了文化素质，弘扬了尊重知识、崇尚文明的阅读理念，营造了文明的学习氛围。

八、宣传推广

区级支中心通过各种方式和渠道，提高文化共享工程的影响力和知晓度。一是制作文化共享工程宣传品。有环保手袋、宣传手册、宣传单、三国文化特色书签和卡通手电等，共计3万余份，用于基层宣传。二是以点带片设点宣传。通过协调街道社区，组织工作人员和社区志愿者，先后在各基层服务点设点宣传，发放宣传资料2万余份。三是通过电视、报纸、网络等手段，报道支中心动态，年均在媒体发表信息20余篇。

2011武侯区基层图书室和共享工程管理员辅导培训

九、培训工作

区级支中心每年对基层管理员开展两期技能培训，并不定期深入基层服务点开展现场技术指导，年均培训辅导300余人次，为基层服务水平的不断提高提供保障。

十、管理和队伍建设

全区初步建立了区、街道和社区（村）的三级文化人才体系，2010年通过公开招聘，为13个街道各配备了1名文化专干，专职负责街道文化和共享工程工作，与各社区（村）的86名专兼职文化专干共同构成了文化人才体系，确保了各项管理工作和活动在基层的落实。同时，区文体旅游局每年还定期组织2至3次文化骨干技能培训和多次不定期培训指导，为组织好、开展好全区文化活动提供了必要的人才保证。

十一、工作展望

在今后的工作中，我区将以不断满足人民群众日益增长的精神文化需求为出发点和落脚点，将共享工程建设和电子阅览室建设有机结合，努力建设小康社会和社会主义和谐社会。今后几年文化共享工程建设的总体目标是：以数字资源建设为核心，以基层服务网点建设为重点，以共建共享为基本途径，全面实施文化共享工程，到“十二五”末期，基本建成资源丰富、技术先进、服务便捷、覆盖城乡的数字文化服务体系。

为实现上述目标，要重点抓好以下几项工作：

1、以加强基层服务点管理技术和管理水平为重点，全面推进文化共享工程建设。

2、加快建设数字文化资源，不断丰富共享工程服务内容。在数字资源建设上要以武侯三国文化为特色，从文图影音各方面收集素材，资源总量不少于4TB。

3、加强合作共建，建立共享机制。积极主动多方面沟通，探索新的合作方式与途径，推进优秀文化资源进入千家万户。

4、加强对基层管理和技术人员的培训。针对需求，组织各类培训，建设一支适应工程建设需要的管理和技术人员队伍。

在新的历史时期，我们将重质量、重速度，实现文化共享工程又好又快发展的战略目标，使文化共享工程建设稳步推进。

（撰文/成都市武侯区支中心）

成都市金牛区支中心

全国文化信息资源共享工程是在信息化不断发展的历史条件下，提升公共文化服务能力的创新工程。也是全面贯彻落实党的十七大精神，推动文化基础工程建设，促进社会主义文化大繁荣、大发展，保障人民群众基本文化权益，最大限度地满足人民群众日益增长的精神文化需求，让人民群众共享社会主义先进文化建设成果的民生工程。

我馆作为全省第一批通过文化部验收合格的国家一级图书馆，紧抓时代命脉、紧扣十七大精神，坚持以人为本的职业价值观，努力为广大读者服务。文化资源共享工程作为直面广大读者朋友的一个重要平台，发挥着其重要的阵地作用。

一、整体情况

我区严格按照国家、省文化信息资源共享工程的建设要求，积极推进，狠抓落实，全面完成了我区文化信息资源共享工程支中心和基层服务点公共电子阅览室的建设，覆盖率达100%。

我区共享工程支中心和电子阅览室位于区图书馆三楼，建有电子阅览室100平方米，另有12平方米的主机房和工作室，可容纳80人的多媒体视听教室一个，建有支中心网站一个，接入4兆的光纤。

我区共享工程支中心电子阅览室现有电脑28台、卫星服务接收器一套，可提供政府信息查询、讲座、培训、网络资源浏览等服务。在此基础上，区图书馆严格按照省中心的标准对电子阅览室进行了规划统一，并通过自有资源、特色资源的建设，打造了金牛区文化信息资源共享工程支中心网站，目前网站已经能提供书目检索、读者咨询解答等服务。完成了68万元的专业设备采购安装，设备包括：电脑、应用服务器、视频点播服务器、卫星接收服务器、磁盘阵列存储、投影仪、扫描仪、移动数字播放器、触摸电脑等，提供网络浏览、视频点播、专题讲座、电子书刊阅览等服务。

二、网点建设

我区14个街道和105个社区已经全部建成共享工程基层服务点和电子阅览室，街道、社区共享工程基层服务点覆盖率达100%。所有基层服务点都按照省分中心制定的标准统一配备了电脑、服务器、投影仪、音响等设备，还统一配置了图书、书柜、安装制作了制度牌等。每个社区基层服务点面积都达到50平方米，全部接通了互联网，目前所有设施设备全部安装连接到位，已按计划开展对社区居民的服务。每个基层服务点都配备了一名经过培训的专职或兼职管理人员，开放时间每周42小时以上，各社区根据居民的需要灵活安排每天的服务时间，服务项目包括互联网检索浏览、共享工程资源浏览，科普教育和优秀电影视频点播等。

三、经费投入

为确保我区文化信息资源共享工程和公共电子阅览室建设工作落到实处，省、市、区财政投入专项经费确保该项工作顺利完成。2008年，我区政府投入138万元，完成了全国文化信息资源共享工程金牛支中心和14个街道基层服务点建设；2009年，市、区两级财政分别投入339万元和452万元（共计791万元），完成了我区文化信息资源共享工程105个社区基层服务点的建设，覆盖率达100%；2012年，省财政投入专项经费27.29万元，完成了我区3个街道、15个社区的公共电子阅览室的部分设备更新建设。

为保障建成后的全国文化信息资源共享工程和公共电子阅览室的正常运行，据统计，2009年—2012年，我区用于全国文化信息资源共享工程金牛支中心、各街道、社区基层服务点、公共电子阅览室的运行维护费达1102万元。

四、资源建设

金牛区共享工程支中心电子阅览室现有电脑28台、卫星服务接收器一套，可提供政府信息查询、讲座、培训、网络资源浏览等服务。在此基础上，区图书馆严格按照省中心的标准对电子阅览室进行了规划统一，并通过自有资源、特色资源的建设，打造了金牛区文化信息资源共享工程支中心网站，目前网站已经能提供书目检索、读者咨询解答等服务。完成了68万元的专业设备采购安装，设备包括：电脑、应用服务器、视频点播服务器、卫星接收服务器、磁盘阵列存储、投影仪、扫描仪、移动数字播放器、触摸电脑等，提供网络浏览、视频点播、专题讲座、电子书刊阅览等服务。

五、技术支持

我中心采用由深圳图书馆承担并组织开发的的全套图书馆自动化集成系统ILAS(Intergrated Library Automation System)进行日常工作管理。在此基础上，我中心购买了由北京世纪超星信息技术发展有限责任公司研发的数据库，并且构建了自己的网站，以便广大读者可以随时在网上进行书籍目录查阅和预定。

六、合作共建

我支中心与省、市和各区县支中心一直保持紧密的业务来往，按照省、市图书馆的要求积极参加各种交流培训会，并与邛崃县支中心结成了对子。我中心定期对街道、社区文化资源中心进行技术服务和专业人员培训，确保任何时候其资源均能覆盖我区并能正常使用。

七、惠民服务

金牛区图书馆全国文化信息资源共享工程金牛支中心的建设完成正式投入使用后，共接待上网读者1万余

人次。金牛支中心除接待正常上网的读者外，同时还不定期的播放影视作品168余场，观众1万余人次，开展专题讲座5场，同时我们还在每月第二周和第四周的星期五下午长年举办公益性讲座，讲座内容涉及法律、历史与文化、环境安全、青少年教育、养生保健、家庭理财等等。共举办公益讲座100余场，听众近万余人次，随着讲座内容的不断增多，听众也越来越多。听众反映很好，都希望多开设各类讲座讲座。

八、宣传推广

金牛区加入全国文化信息资源共享工程以来，为了扩大其在基层群众中的影响，广泛宣传其作用和意义，使各级领导和群众充分认识到这是一项惠民工程、民心工程，认识到工作的重要性和必要性以及文化信息资源的可用性。我们利用网络、报刊等媒体对共享工程开展的一些活动给予相关报道，使之在群众中形成一定的影响力。

九、管理和队伍建设，培训工作

我中心严格遵照省、市文化资源共享工程中心制度进行日常管理，各项管理制度均已上墙。我馆副馆长负责对中心各项工作的计划与监督，专职工作人员直接对副馆长负责。中心的考核量化分数与专职工作人员的晋级、年底绩效奖金挂钩，如若发生重大安全事故，则直接辞退，副馆长承担领导连带责任。

我中心目前有两名专职工作人员，并均已取得上岗资质。与此同时，每年均会对专职工作人员进行业务培训，以提高自身业务水平，更好为广大读者服务。我中心不但要保证自己专职工作人员业务水平的提高，还要负责承担全区基层服务点的管理人员的业务培训，内容涉及基层点设备的连接、调试、管理，日常服务工作的开展和记录等。

十、工作展望

在工作中还有许多不足的地方，我们将在今后的工作中更加努力地探索利用共享工程服务的新路子，加强硬件、软件的建设，更好地发挥共享工程的作用，为把共享工程办成惠民工程、民心工程而不懈努力。

（撰文/成都市金牛区支中心）

成都市龙泉驿区支中心

龙泉驿区是四川省省会成都市九区之一，东傍龙泉山麓，西连成都平原，为国家级成都经济技术开发区所在地、成都市东部主城区，被誉为镶嵌在巴蜀大地的一颗璀璨明珠。龙泉驿区历史悠久，原为古灵泉县地，唐久视元年（公元700年），设置东阳县，明清时期，在龙泉镇设巡检司并驿站，故名龙泉驿。全区幅员面积556平方公里，辖4个街道办事处、8个乡镇，人口58万。龙泉驿区是国务院命名的“中国水蜜桃之乡”，四川省经济综合实力十强县（区）。

西河镇综合文化活动中心电子阅览室

一、基本情况

2004年5月，全国文化信息资源共享工程龙泉驿基层服务站在成都市龙泉驿区图书馆建立，并经四川省分中心验收并挂牌。2007年龙泉驿区被国家列为文化信息资源共享工程试点区（县），区政府随即成立了区文化信息资源共享工程领导小组，出台了《龙泉驿区文化信息资源共享工程实施方案》。区财政加大投入，设立“共享工程”专项资金，各单位落实责任，加大督查考核力度。区文体局具体实施，加快支中心软硬件设施建设，确保了“共享工程”龙泉驿支中心和基层服务点的早日建成。截止2009年6月，龙泉驿区累计投入资金1000万元，建成区级支中心1个，乡镇基层服务点12个，村、社区基层服务点139个，建成覆盖率达100%。实现街道、乡镇、村、社区文化共享工程全覆盖，使文化共享工程这一惠民工程全面进入到社区、乡村，进入到千家万户，为“惠民工程”的开展打下坚实的基础。

龙泉驿区文化共享工程支中心自建立以来，与区图书馆和乡镇文化活动中心建设相结合，开展了丰富多彩的文化共享工程服务活动。基层服务点整合党员远程教育和文化共享工程数据资源，加快了文化共享工程基层服务点的建设力度。目前全区基层服务网点均实行“一站（网）点两牌”制，基层管理人员实行“一肩挑”，各村、社区新进的大学生既负责远程教育又负责文化共享工程工作开展，科学制订学习、活动方案，建立健全各项规章制度，突出整合重点，拓宽服务渠道，逐步加大了实施文化共享工程工作力度。区支中心承担全区网点的管理，资源更新，日常技术维护、人员培训等，基层服务点做好技术维护和活动开展。

二、运行情况

龙泉驿区支中心自建立以来，活动开展包括放电影活动和科技、农业知识培训，电子阅览室绿色上网，全区各基层服务点深入小区、院落，利用文化共享工程数据资源下载播放人民群众喜爱的影片。以服务“三农”为重点，把群众急需的科学知识、农业技术等信息提供给农民群众。利用投影仪和视频在线播放功能，各基层服务点利用文化共享工程资源每个星期开展至少一次实用信息的田坝院头的播放活动。根据城乡居民的需要，利用电子阅览室提供网络资源查询，电子图书推荐，组织播放农民喜闻乐见的戏曲、电影、小品等文艺节目，极大地丰富了群众文化生活，提高了农民文化素质，为构建和谐社会创造了良好氛围。通过一系列高效优质的服务活动，大大增强了文化共享工程的利用率和点击率。

2007年以来，龙泉驿区把管理作为文化共享工程建设的重中之重，实行建管并举，建章立制，加强了乡镇、社区基层服务点管理员的培训。各基层点的管理员均经过培训、考核，取得上岗证后上岗。目前，全区共有专兼职管理和技术服务人员153名，经过培训、考核，均取得省中心颁发的上岗证书。同时，龙泉驿区加大对基层服务点的检查力度，进行考核评估。通过会议、文件等形式，将各街、镇、乡站点建设、管理和使用情况进行通报，对工作不力、问题较多的单位提出批评，对一些管理到位、工作有特色、作用发挥好的单位，及时给予表扬，并通过召开现场会、经验交流会等，在全区进行推广，有力促进了文化共享工程工作的健康开展。

为充分了解广大基层群众对文化共享工程数据资源的需求，明确今后资源投放方向及内容，龙泉驿区支中心在全区各基层服务点开展资源需求调查工作，并下发资源需求调查表，分别了解群众需要如电影、讲座、戏曲等内容，做到有的放矢，及时更新网站资源内容，满足了群众对文化信息需求的不同需要。龙泉驿支中心并派专人负责，广泛征求群众意见，积极开展服务宣传工作，扩大了文化共享工程在基层的影响，广大群众都明白了开展文化共享工程活动的意义。2011年3月至2012年4月，龙泉驿区支中心还承办了首届"龙泉驿杯"文化共享工程全国征文大赛，共收到来自全国各地征文稿件2250多件，分别评出一等奖4名，二等奖8名，三等奖12名，优秀奖60名，极大地提高了龙泉驿区文化共享工程工作的知名度和在群众中的知晓率。

2007年以来，龙泉驿区文化共享工程工作在国家中心以及省市分中心的领导下，各项工作都取得了一定成绩。如，2009年7月龙泉驿区文化共享工程服务工作被国家中心列为典型服务案例，拍摄成专题片参加全国交流。同年10月，由国家中心举办的第一届"文化共享杯"全国文化信息资源共享工程知识与技能竞赛在浙江省杭州市举行，龙泉驿区选派的大面街道基层服务点工作人员何霞代表四川省参赛，取得团队参赛全国第一名的好成绩。2011年11月，第二届"文化共享杯"全国文化信息资源共享工程知识与技能竞赛在杭州举办，龙泉驿区支中心参赛队员孙倩获得优秀选手奖。2010年12月，龙泉驿区文化信息资源共享工程被推荐为由文化部、财政部在北京联合举办的文化共享工程"十一五"成果展览。2012年12月龙泉驿区支中心电子阅览室获文化部"全国文化信息资源共享工程•公共电子阅览室示范点"称号。

龙泉驿区文化共享工程建立以来，在区委、区政府及各级文化主管部门的大力支持下，在龙泉驿文化信息资源共享工程领导小组的领导下，全区的文化信息资源共享工程服务工作有了长足发展，增强了文化共享工程在基层的辐射力和影响力，特别是利用国家、省、市丰富的文化信息资源，服务广大人民群众，满足了广大群众精神生活的需要。目前，各街镇乡基层服务点日平均接待群众约100人次，村、社区基层服务点日平均接待群众20人次，各街镇乡年开展面向基层群众的培训、讲座、展览、电影播放等服务活动近2000场，服务受众近16万人次。区支中心年举办展览、讲座、报告会、读书活动、电影放映等常规服务活动80场，服务群众近2万人次。

三、工作展望

龙泉驿区文化共享工程紧紧围绕国家、省、市中心的工作部署，将进一步构建资源优质丰富、技术先进实用、传播高效互动、服务便捷贴近、管理科学规范、体系完整可控的公共数字文化传播服务体系，使文化共享工程真正成为城乡群众参与文化娱乐、获取科普信息、接受教育培训、享受惠民服务的重要平台。

（撰文/成都市龙泉驿区支中心）

成都市新都区支中心

文化信息资源共享工程作为全国公共文化建设重点工程，新都区委、区政府高度重视共享工程建设，并将其纳入公共文化服务体系建设之中，为完善我区公共文化服务体系建设，实现公共文化服务的均衡发展，按照上级相关文化工作要求，在区文体广新局的领导下，在成都市支中心的指导下积极推进实施我区文化信息资源共享工程建设，圆满完成了各项建设任务。

一、基本情况

2008年新都区财政投入158万元，按照共享工程建设标准，完成了区支中心和13个镇（街道）共享工程基层服务点的建设工作；

2009年区财政再次投入690万元，完成了村（社区）共享工程基层服务点的建设，经全国文化信息资源共享工程四川省分中心验收合格；

2008年至今，累计投入资金逾千万元，基本形成了覆盖全区的全国文化信息资源共享工程服务网络体系。区支中心按照标准建有独立机房，设置了标准公共电子阅览室、多媒体阅览室、盲文阅览室等服务窗口，并建立了共享工程支中心网站。

目前，区支中心已集数字资源的存储、传输和服务基层群众功能为一体，同时承担着全区镇（街道）、村（社区）基层服务点的管理、资源更新、技术维护、人员培训等职责。

支中心积极利用共享工程设备和资源开展"绿色上网空间"、"优秀电影展播"、"优秀传统文化教育普及活动""公益讲座"、"用户培训"等阵地服务和系列惠民服务活动，为广大基层群众，尤其是青少年提供文化信息资源服务、传递科学信息知识、提升市民文化素质，受到广大市民的欢迎和喜爱。

2011年，共享工程新都区支中心获得"成都市文化信息资源共享工程先进集体"称号。

二、着力资源建设、不断充实数字资源

区支中心自建成以来不断加强与省、市管理中心资源共建共享合作，不断完善支中心文化信息数字资源和服务共享平台建设。

接收、下载了国家中心及省中心涵盖文化遗产、戏剧、音乐舞蹈、曲艺杂技、少儿文艺、影视文化、农民致富信息、科普知识和医疗卫生等视频资源和电子文献资源；不断加大地方文献数字资源建设的力度，自建了《新都药浴》、《新繁棕编》、《新都地方文献》等地方特色文献数字资源；购买了《环游国家地理》、《中国大百科全书》、《中国非物质文化遗产》等数字资源，丰富了支中心文化信息数字资源，预计到2015年数字资源建设达4TB。

三、健全制度、强化管理

共享工程新都区支中心先后制定了机房日常管理、服务规范、工作人员基本素质、考核、设备管理、系统安全管理、病毒防治管理等系列规章制度，并按制度做好相关档案管理工作，使支中心步入规范化、制度化的发展轨道。

为加强对共享工程基层服务点的服务管理和设施设备的运用，区支中心编制了《全国文化信息资源共享工程新都区镇（街道）、村（社区）基层服务点设备使用手册》，按全省统一标准制定了《全国文化信息资源共享工程四川省村（社区）基层服务点设备管理制度》、《四川省村（社区）基层服务点服务规范》、《全国文化信息资源共享工程四川省村（社区）基层服务点工作人员基本素质》等管理制度，使基层服务点服务更加规范化、人性化。

四、加强队伍建设，提高业务水平

新都区支中心设立了专门机构进行管理和对外服务，现有主任一名（兼职），副主任一名（专职），工作人员两名（专职），全区共享工程基层服务点均落实专（兼）职工作人员1名。

为提高我区共享工程基层服务点管理人员管理及业务水平，支中心不断加强共享工程队伍建设，自2009年以来共享工程新都区支中心每年组织举办全区共享工程基层服务点工作人员集中培训会2场以上，人员培训率达100%。

通过培训，各基层服务点管理人员基本掌握了共享工程资源管理、使用及设备维护，保证了各基层服务点的正常开放和业务活动的开展，极大的方便了广大群众通过现代化手段及时、便捷地获取各种信息资源。

同时，共享工程新都区支中心通过下基层的方式加强对共享工程基层服务点的工作指导，指导各基层服务点开展业务工作，服务群众。

努力探索利用共享工程服务的新路子，整合资源，进一步推进文化资源数字化，更好的发挥以农村为重点促进文化信息资源共享的作用。

五、拓展服务深度和广度，不断提高影响力

在做好基本业务工作的基础上，支中心利用自身资源，积极开展惠民服务系列活动：

1、绿色上网服务

为方便群众免费使用数字资源，支中心公共电子阅览室全年365天免费开放，读者可以方便快捷上网浏览共享工程网站和数字图书馆网站内容，特别是少儿“绿色网上空间”活动，受到青少年及家长的普遍欢迎。

2、优秀电影展播

支中心充分利用共享工程支中心设备和资源，在支中心多媒体阅览室、社区、学校、部队开展了丰富多彩的活动，“学习雷锋好榜样”优秀电影展播、“六一”电影放映活动、“国庆”电影展播等活动受到广大的群众的好评。

3、公益讲座活动

新都支中心充分发挥自身资源优势广泛开展各类公益讲座，特别是2012年推出“香城讲堂-文化惠民流动讲座”文化服务品牌，通过“进社区”、“进校园”、“进企业”，送公共文化服务到基层，选择市民需要和贴近生活的主题，结合本地文化特色，举办各类型知识讲座和地方文化讲座。推广和传承地方文化，为提炼新都文化特质，提升新都文化精神提供了可资借鉴的思路。香城讲堂已经成为提升市民文化素质和市民学习的大课堂，受到广大市民的欢迎和喜爱。

4、政府公开信息服务

利用支中心设施设备，建立了新都区政府公开信息服务点，保障了公民知情权。积极引导群众认识、了解、熟悉、关心政府信息公开，增强人民群众的参与意识。

共享工程新都支中心利用各类活动积极推广自身形象，通过报纸、电视、网络等形式提高群众知晓率和影响力。

2009年以来，《四川日报》、《成都日报》、《新都资讯》、四川电视台、新都电视台等新闻媒体对新都区支中心开展的活动进行了系列报道，取得了良好的社会效应。

六、继往开来，加强建设

随着“北改”新都区位优势的提升，围绕“传承创新、独具魅力”的文化名区建设，新都区政府斥巨资建设的新都区图书馆新馆即将于2013年投入使用。

新馆地处新都新城中心，毗邻三所高等院校，地理位置优越，服务功能将更趋完善，设施设备更加先进。新都区支中心将迎来良好的发展机遇，成为集文化保护与传承，现代科学、文化、技术、信息资源的传播与开发利用、社会教育为一体的全区广大群众学习与信息交流中心。

（撰文/成都市新都区支中心）

成都市温江区支中心

全国文化信息资源共享工程是由文化部、财政部共同启动的，充分利用现代高新技术手段，将中华民族几千年来积淀的各种类型的文化信息资源精华以及贴近大众生活的现代社会文化信息资源进行数字化加工处理与整合，建成中华文化信息中心，并通过覆盖全国所有省、自治区、直辖市和大部分地(市)、县(市)以及部分乡镇、街道(社区)的文化信息资源网络传输系统，实现优秀文化信息在全国范围内共建共享的政府工程。

温江区辖区内共有4个街道、6个镇，共有75个社区，36个行政村。按照《四川省文化厅、财政厅关于下发2008年全省文化信息资源共享工程建设实施细则的通知》（川文办发[2008]129号）精神、《全国文化信息资源共享工程试点工作方案》及省、市有关文件精神，我区认真贯彻落实，全面启动共享工程的建设。

自2008年全国文化信息资源共享工程在我区实施以来。得到了各级领导的高度重视，网络建设迅速发展，运行管理逐步规范，服务功能不断延伸，2008年区图书馆抓住创建全国文明城市要求“公共图书馆共享工程支中心对乡镇、街道基层服务点覆盖率达100%”这一目标的契机。

先后完成了图书馆支中心、镇（街道）基层点建设，2009年完成了全区村（社区）基层点的建设。并通过区信息化办网络将各基层点与支中心形成局域网，各基层点通过网络访问支中心网站。

一、领导重视，城乡同步推进“共享工程”建设

为了加大共享工程的建设力度，更快、更好地推进基层点建设工作，我区特成立共享工程领导小组，组长由副区长何敏担任，办公室设在区文广局。

中心办公地点设在区图书馆，利用图书馆现有网络及硬件系统，并依托区信息化办网络平台和“成都市农村党员干部现代远程教育系统”等网络平台开展“工程”的具体实施工作。

领导小组主要协调与有关部门和单位的关系，组织、指导基层点的建设工作。并形成了资源建设总体目标：充分利用共享工程国家中心的资源、省市分中心电子资源，并和国家、省、市图书馆网站和共享工程网站进行连接，建设以光盘资源和加工地方特色的数字资源数据库。

二、加大建设力度，完成基层点建设

2008年区图书馆抓住创建全国文明城市中指标，要求“公共图书馆共享工程支中心对乡镇、街道基层服务点覆盖率达100%”这一目标的契机。

2008年完成了区图书馆支中心、10个镇（街道）基层点建设，2009年完成了全区111个村（社区）基层点的建设。

1、支中心建设

区图书馆经过区采购中心的设备采购，于2008年8月21日设备开始进场，经过技术人员的加班加点于8月24日全部安装完成，8月26日接受了市分中心的检查验收，并于8月28日正式对群众开放，开放时间为周一至周日早九晚七，每周开放70个小时。在共建共享中，温江区支中心建设起了有84台电脑的电子阅览室，安装了卫星接受设备，建立了机房和多功能厅，还建起了自己的支中心网站（www.wjtsg.org）。同时，通过互联网基本满足了一些读者查阅国家和省市以及县支中心的各种视频和文字资料。

每天使用电子阅览室的读者近百人，社会反应良好，改变了过去的传统形象。广大的读者和市民都可通过支中心网站检索到温江区图书馆举办的各种讲座、培训等信息，温江的地方文献，地方自然资源如：陈家桅杆、温江文庙、鱼凫城遗址等，使这一资源很好的达到了共享，受到了广大群众的欢迎，在资源共享中让更多读者得到实惠。

共享工程温江区支中心每年对全区10个镇（街）的文化站长及各村（社区）基层点管理人员培训4期，每年累计培训人次350人次。

2、镇(街道)基层点建设

2008年创建全国文明城市中要求公共图书馆共享工程支中心对乡镇、街道基层服务点覆盖率达100%，区图书馆抓住这一契机。3月底区图书馆着手进行基层点的建设准备工作。6月29日政府采购所有设备全部到位，经过区图书馆技术人员两天的努力终于在7月1日前将10个基层点全部安装完成，各基层点均可以共享全国文化信息资源。

并于2008年7月7日和7月8日均接受了市分中心的检查验收，各基层点在经过制度上墙，制作开放时间并公示后均在7月10日正式对群众开放。服务情况比较良好，每个基层点平均每天接待群众30余人次，工作人员对来访群众都作了登记。

3、村（社区）基层服务点建设

2009年文化部决定5月底在我市召开全国现场会，根据成文发[2009]42号文件要求，5月底前建成全区111个村（社区）基层点。区委、区政府高度重视此项建设任务，多次召开协调会，在时间紧任务重的情况下，特事特办，确保设施设备按时到位。

区图书馆工作人员协助供应商分三组人员下村安装，经过工作人员加班加点的工作于5月19日将所有设备安装到位，确保了该项工作任务的按时完成，与此同时，图书馆工作人员对村（社区）管理人员进行现场培训，教会其使用和管理。目前，各基层点均可以共享全国文化信息资源，并做到制度上墙，公示开放时间和坚持对群众开放。

2008年及2009年支中心及各基层点共计投入建设经费350余万元。

三、充分利用共享资源，开展文化活动

自全国文化信息资源共享工程建成以来，为了扩大其在基层群众中的影响，广泛宣传其作用和意义，使各级领导和群众充分认识到这是一项惠民工程、民心工程，认识到工作的重要性和必要性以及文化信息资源的可用性，区支中心及各基层点开展了形式多样、内容丰富的文化活动。

1、举办各类讲座

区图书馆长年开展文化精品活动进社区的文化系列讲座活动，充分利用共享工程资源中的讲座内容，根据群众需求及讲座群体将各类讲座带进机关、学校、部队、社区。

如针对老年人的健康知识讲座，针对父母和孩子的亲子教育讲座，针对女性的美容知识讲座等。并选好“文化共享工程”资源，定时播出《卫生健康》、《农业技术讲座》、《劳动保障及招工信息》等节目。同时有目的性的针对各种节假日来安排对应的讲座。讲座内容涉及党史、医药保健、亲子关系等大众喜爱的话题，深受大家的好评。每年累计开展各项讲座达300场，参与人次近万人。

2、电影放映活动

区支中心充分利用共享工程电影资源，为群众播放电影。每年寒暑假区图书馆都会在图书馆电子阅览室，利用全国文化信息资源共享工程为未成年人播放百部爱国主义教育影片，科普类等影片，开展少儿电影放映活动，受到家长的肯定与欢迎。而各基层点则送电影到居民居住小区，让小区居民足不出户就能看上坝坝电影。周末及节假日特别是寒暑假利用各基层点的多功能厅放映共享电影等。支中心及基层点每年开展“八一建军节”电影放映周活动。每年累计放映电影近百场次，惠及未成年人及群众近万人。

3、电脑知识培训活动

为丰富未成年人课余生活，提高他们的电脑知识，区图书馆支中心及各基层点，每年寒暑假利用“少儿绿色网上空间”，每周举办一次“未成年人电脑培训”活动，为未成年人提供良好、规范、健康的网络服务场所，让未成年人正确、健康上网，寒暑假以外则不定期举办中老年电脑知识培训班，让社区居民都学会上网。每年累计培训未成年人及中老年人5千余人次。

四、加强管理人员培训、管理运行日益规范

文化共享工程是一项开创性的工作，对各级各类工作人员的业务素质和管理素质要求都很高。培训工作按照分级负责，层层培训的原则，分期、分批、分层次地有序进行。

为了加强技术人员的业务培训，提高支中心、各基层点的技术服务水平和管理水平，确保各基层点能够优质、高效地开展工作，区支中心负责对镇（街道）、村（社区）基层点管理人员进行培训。区图书馆支中心每年年初对全年培训工作作出培训方案，即培训场次、培训内容、培训方式等。然后每年定期对各基层点管理人员培训4期。

内容为共享工程宣传培训、共享工程设备使用培训、共享工程服务的培训、共享工程资源的使用培训等。并邀请省、市中心的专业人员和区支中心专业人员为各基层点管理人员进行讲课。

除定期培训外，区支中心专业工作人员不定期下到基层点进行系统维护、资源更新等并对基层点工作人员进行实地培训。全年累计培训人次达600人次。通过培训，提高了各基层点管理人员的业务技能、服务意识和管理水平，使各基层点工作能有序进行更好的服务大众。

五、工作展望

按照充分利用现代高新技术手段、国家骨干通讯网络系统，整合中华优秀传统文化以及现有的各类文化信息资源，扩大网上中华文化信息资源的存储、传播和利用，实现全国文化信息资源的共建共享，建成互联网上的中华文化信息中心和网络中心，实现优秀文化信息通过网络为大众服务的目标，这一共享工程的总体目标，通过近几年的建设，我区的共享工程建设得到了大力发展和全面推进，今后区支中心将从以下方面作进一步打算。

1、加强农村基层服务点建设为重点，全面推进文化共享工程建设

区级支中心要具备数字资源的存储能力、传输能力和服务能力，各基层服务点要具有信息服务、教育培训、文化娱乐等多种文化服务能力，让工程服务走进农村，服务广大农民群众；使图书馆、文化馆、文化站等公益性文化单位逐步具备提供数字文化服务的能力，活力明显增强，服务水平显著提高，公共文化服务体系建设得到进一步完善，在社会主义和谐社会建设中发挥更大作用。

2、加快建设适用于农村的数字文化资源，不断丰富共享工程服务内容

数字资源建设始终是文化共享工程的建设核心，区图书馆致力于建设数字图书馆，数字资源建设将以温江区图书馆现有的数字图书馆框架为基础，并覆盖各乡镇基层图书室服务点，丰富广大读者的数字资源服务，实现温江区地区内的文化资源共享。建成温江区地方文献数据库，重点建设一批能够满足农村需要的图书、讲座、戏曲、电影、专题资源库，特别要将科普知识、农业技术等群众急需的优秀资源整合进来，以丰富资源内容，满足群众需要，全国文化信息资源建设中资源建设量达到6TB。使数字图书馆资源能通过文化共享工程的服务网络为广大群众提供服务。

3、加强合作共建，建立共享机制。

文化共享工程要积极主动与农村党员干部现代远程教育和农村中小学现代远程教育工程进行沟通，探索合作的方式与途径，整合资源，形成合力，努力建立职责明确、互相配合、横向协调、相互联动的合作机制。

一方面，文化共享工程要依托农村党员干部现代远程教育和农村中小学现代远程教育工程的基层服务点，加强共建共享，积极提供共享工程资源服务，推动共享工程服务进乡村。

另一方面，也要充分利用已经建成的文化共享工程基层服务点，向广大农民群众提供农村党员干部现代远程教育和农村中小学现代远程教育工程的资源服务。

总之，温江区全国文化信息资源共享工程将在今后的基层点建设中与各平台更深入地合作，加大网络硬件和数字资源整合利用的力度，以共建共享的形式，切实地将优秀文化信息资源服务到各基层点，促进和谐社会的建设。

（撰文/成都市温江区支中心）

彭州市支中心

一、建设情况

彭州市图书馆于2009年，并在3月正式启动文化信息资源共享工程县级支中心建设，在中央财政和地方财政的共同支持下，总投资1986万元用于重建新馆，坐落在西大街彭州园旁，占地面积10余亩，建筑面积5000平方米。

西边与彭州市文化馆、博物馆相邻，东边与彭州园牡丹湖相接，南边与景色优美的彭州园相通，文化底蕴丰厚，文化气息浓郁，宜人的阅读环境，宽敞的休息场所，便利的交通，是不少市民读者周末及假日休闲放松和充实自己的好去处。

根据四川省文化厅、四川省财政厅关于下发《2008年全省文化信息资源共享工程建设实施细则的通知》（川文办〔2008〕129号文件精神有关要求，我市支中心相关配置由国家中心统一购买配备，政府实施统一领导，纳入目标管理，共享工程县级支中心的建设主要依托图书馆进行。

支中心建设设备购买经费为68万元，中央财政和省财政共同承担投入资金的80%，地方财政承担20%。我市支中心于2009年10月正式建成投入使用。

支中心建立之后所需的运行费用根据《2008年四川省文化信息资源共享工程县级支中心建设实施方案》（川文办〔2008〕19号文件精神，我市在2012年实现全国文化信息资源共享工程在我市20个镇、356个村的全覆盖。

二、惠民服务情况

1、视听音乐赏析室

我市充分充分利用现代高新技术手段，今年特别打造了视听音乐赏析室，具体分为影视赏析室和音乐赏析室。影视赏析室，采用目前最先进的家庭影院环绕立体声播放。目前约300张好莱坞经典大片以及200张全国文化资源共享工程的红色经典影片，读者可以选择喜爱的影片播放，在投影中观看，又可以在独立的电脑光驱上播放。影视赏析室可以容乃30人同时观看。在隔壁音乐赏析室，读者可以选择自己喜欢的CD放进迷你音响播放，享受音乐带来的无穷乐趣。音乐赏析室一共采购了13套迷你家庭音响，配备了高音质耳机，既可以尽情享受音乐，又不会因为音量大小影响他人。目前，共采购了150张正版CD，还在逐步完善中。大概可以容乃近40人。

2、农家书屋的建设

国家从2007年开始在全国范围内实施“农家书屋”工程，为深入贯彻落实中共中央、国务院《关于推进社会主义新农村建设的若干意见》、《关于进一步加强农村文化建设的意见》和中共成都市委、市政府《关于深入开展国家公共文化服务体系示范区创建工作实施意见》文件精神，切实解决我市广大农民群众“买书难、借书难、看书难”的问题，从2009至今，我市结合本市实际情况，因地制宜选点布局，摸准村情民意，方便群众借阅，把党群中心、文化大户、致富能手等都利用起来，作为农家书屋的优选地址，共建农家书屋353个，其中镇（街道）29个，村（社区）324个，共配送376500册图书、30120张音响制品和1255个书架，形成了市、镇、村三级的运行管理模式。农家书屋的建设工作得到了上级部门和领导的肯定，为我市创建国家公共文化服务体系示范区和落实农家书屋民生工程建设作出应有的贡献。

在去年基本完成农家书屋建设的基础上，市图书馆立足创新，在我市各镇、村有条件的农家茶园、农家酒店等人口聚集的地方共建设成立农家书屋延伸服务点20个：通济镇6个，白鹿镇5个，“关爱农民工”流动服务点4个，77110部队1个，军乐镇1个，学校2个，工业开发区1个。每个延伸服务点配送500册图书，2个书架以及1个农家书屋标牌、3个制度牌、1套借阅登记薄。这些书屋的建立深受广大群众的喜爱，充分发挥了农家书屋的作用。这项工作在成都市范围内走在了前列。

三、加强基层电子阅览室的建设工作情况

2012年，市图书馆完成了本级财政200万和中央补助资金32万建设经费的政府采购工作：其中200万的本级财政建设经费采购电脑418台和投影仪183台；中央补助我市建设电子阅览室的专项经费32万元采购终端电脑110台。完成了全市镇、村公共电子阅览室设备配置的安装、调试工作，并成立四个工作组分别对我市镇、村公共电子阅览室工作人员进行培训工作。

目前，我市公共电子阅览室共355个，其中市图书馆和市文化馆各1个，各镇文化馆（街道）29个，村（社区）324个。按照标准配置将在村级每个电子阅览室增加2-5台计算机，结合党员远程教育工程，使全市公共电子阅览室终端计算机总量达1811台，真正意义上实现公共电子阅览室在全市所有乡镇和村（社区）的全面覆盖。

为使广大社会公众了解“公共电子阅览室建设计划”，进一步增强公共电子阅览室影响力，吸引更多的社会公众到公共电子阅览室享受公益性上网服务，加大宣传力度，营造良好的舆论氛围，并利用彭州市图书馆网站、LED显示栏循环播放和发放宣传资料7000余册等方式进行宣传，充分详细地向公众宣传彭州市文化共享工程支中心和市、镇、村三级公共电子阅览室的工作任务和近期工作动态，为我市广大群众提供最快捷的服务。

四、开展相关的活动进行宣传工作情况

今年以来，市图书馆组织开展了“读书演讲征文”比赛暨“全民阅读”、“书香之乡”、“书香之村”、“读书明星”评选活动、读书演讲比赛、“4•23”世界读书日服务宣传周活动、“趣味读书猜谜”活动、读书巡讲活动、送“文化、科技、卫生”三下乡活动、“六•一”读书有奖猜谜活动、暑期电影放映公益活动、“喜迎十八大欢乐庆双节”有奖猜谜活动、红色电影放映活动、音乐赏析活动、湔江讲坛公益讲座、陈列室全民阅读等活动20余次。

1、湔江精品电影赏析活动。湔江精品电影赏析活动是充分利用共享工程的现代科技手段和优秀资源，进一步丰富全市广大群众的精神文化生活，定于每周六下午14点整，在市图书馆一楼影视播放厅为我市市民播放电影。所选的电影题材主要是爱国主义教育片、雷锋系列电影、英雄人物故事纪录片、经典人气大片等，电影放映后由我馆聘请的资深电影评论人或优秀的电影从事者通过

讲座形式对所观赏的影片进行点评，讲座内容围绕片中经典的人物形象或生动的电影画面，感人的故事情节等向观众讲述电影所赞扬的爱国主义情怀，乐于助人的高尚品格，敢于牺牲自我的高尚情操等。通过专业人士的经典分析，更有助于观众准确地理解影片所传达的意义。

2、湔江讲坛公益讲座。从2012年3月起，市图书馆开办了本馆品牌公益活动《湔江讲坛》，每月将开展一次，是我馆新开辟的公益性免费活动。特邀省、市相关专家、教授亲临讲课，并现场解答相关疑问。主要内容涉及文化生活、健康保健、修养礼仪、法律维权、婚姻家庭等多个方面，均为实用性讲座。到目前已经成功举办了七次，均获得广大市民的一致好评，彭州日报和彭州电视台每期都进行刊登和报道。此项活动全面的普及了哲学社会科学知识，提高了公众素质，为我市的文化事业宣传做出了积极的贡献。

五、工作展望

今年，我市共享工程建设得到了大力发展和全面推进，市委、市政府对共享工程的认识进一步加强，经费投入大幅增长，市、镇、村三级网络基本建成。但是，仍存在一些问题，针对这些问题，我们将重点抓好以下四个方面的工作：

1、进一步争取各级领导重视。

共享工程是公共文化服务体系的基础工程，是政府提供公共文化服务的重要手段，是文化创新、科技创新的一个重要的生长点。它对提高文献信息的利用率和价值、推动经济社会进步有重要作用。今后，我们要加大宣传力度，争取各级领导的进一步重视，建立共享工程发展长效机制，健全工作协调机制，保证共享工程所需的场地、人力、财力、物力、技术，全面完善镇、村基层点建设。

2、加强共享工程的管理与服务。

要始终把为读者服务放在第一位，通过共享工程设备，为广大读者提供信息咨询服务，开展讲座、报告会、读书竞赛等形式多样的公共文化活动，满足广大读者日益增长的多样化、个性化服务需求，全面彰显共享工程在履行公共文化服务职能、推动全民阅读热潮、传播科学文化知识等方面所起的重要作用和影响。

3、努力抓好人才队伍建设。

文化共享支中心要改变专业人员缺乏的现状，争取吸收一批专业知识扎实、乐于奉献、有经验的管理骨干，建设一支高素质的专业队伍，适应共享工程管理和发展的需要。针对基层点管理人员不稳定的现状，同我们要加大培训力度，做好基层点的培训辅导，提高其服务能力。

4、大力建设数字地方文化信息资源。

文化信息资源共享工程建设是图书馆现代化建设的重要内容，由于设施设备、经费、技术人员等条件限制，我市数字资源还在建设中，在共享工程的全面推进下，我们要争取各级领导重视，增加投入，以文化系统内的文化资源（包括图书、戏曲、文物、书画等）为重点，大力整合开发全市各单位、各系统的文化资源，争取完成数字资源文化量达到4TB的目标，各镇、村服务点的数字资源与市图书馆共建共享，把全市共享工程和图书馆数字化工作推向新的发展阶段。

（撰文/彭州市支中心）

崇州市支中心

一、基本情况

崇州市图书馆始建于1928年，其前身为崇庆县立图书馆。新馆于2011年1月正式投入使用，属重庆市政府灾后援建工程，为“国家一级图书馆”。图书馆建筑为汉唐书院风格，古韵悠然，清幽雅致。图书馆馆藏文献13万册，阅览座位500多个。图书馆为广大市民提供书刊借阅、图书业务辅导、专题讲座、教育培训等服务，实现了藏借阅一体化的全面开架管理和地区各类型文献资源的共建共享，初步建成一个以纸质媒介为代表的传统图书馆和以文化信息资源共享工程为代表的数字图书馆并驾齐驱的现代图书馆。

崇州市文化信息资源共享工程支中心在省中心和崇州市政府的大力支持下于2011年4月建成。本中心主要承担全局网络管理和连接省分中心和乡镇、村基层服务点网络信息资源传输任务，并向读者提供国家中心、省中心和市中心大量的文化信息资源，为广大市民提供海量的信息查询和信息服务，同时还承担了全市各乡镇文化站、村文化活动室共享工程基层点建设、服务与管理的指导与辅导工作。中心由主机房、电子阅览室、多功能厅构成。主机房用于安装核心控制设备；电子阅览室配备有70台电脑，其中60台用于读者上网，其余为检索机，可以为读者提供电子文献查询、网上阅览等服务；多功能厅可以举办各种会议、培训等活动，能够更好地体现共建、共享的服务理念，为广大读者和群众提供优质服务。

二、加大技术投入，完善基础保障

崇州市政府投入大量资金，加强文化信息资源共享工程崇州市支中心的建设。新建成的局域网，因特网接口为60兆光纤，信息布点300多个。拥有业务服务器2台、数据库服务器1台、应用服务器1台、媒体点播服务器1台、3.20T磁盘阵列1套、硬体防火墙1台、网络核心交换机7台、办公用终端计算机30台、供读者使用和检索终端计算机70台以及打印机、投影机、扫描仪等多台外接设备。目前，支中心的共享工程阅览室和共享工程展播室已对读者开放。崇州市图书馆于2011年底建成图书馆网站http://www.czlib.org，并开通了网上数字图书馆，市民可登录网站了解图书馆新闻信息、开展活动，为读者提供图书馆工作动态、文化发展概况、文化焦点新闻。

三、数字图书馆，24小时免费开放

我馆充分运用共享工程资源，建成数字图书馆，利用“汇雅数字文献服务平台”，以更便利的手段为读者在更广的时空范围内提供查询和阅读服务。通过远程访问系统，持证读者可以在家中、办公室或其他任何具备互联网条件的地方，免费使用我馆全部数字资源。百链云图书搜索平台：内置学术数据索引4.2亿条、中文图书索引330万种、中文期刊索引6889万篇、外文期刊索引10893万篇、开放学术资源3700万篇。超星电子书：目前我馆拥有数字版本的中外经典名著4.1万种/册，提供免费下载、打印功能。

四、发挥资源优势，积极开展活动

作为“全国文化信息资源共享工程”支中心，市图书馆加紧了文化信息资源共享工程支中心的建设步伐，全面完成公共电子阅览室建设计划。全市已建成共享工程基层服务点278个，其中乡镇25个，村（社区）253个，配套完善电脑、网络等设施设备，基本实现基层网点到村、社区100%全覆盖。截止目前，图书馆网站已达到230684人次浏览量。

建设完成配置先进的电子阅览室，为广大基层群众，尤其是为青少年提供了文化信息服务和绿色上网空间。同时，充分利用共享工程设备向广大市民进行数字图书馆推广活动，通过举办iPad数字体验、在市区中心广场举行数字图书馆推广活动等吸引更多的市民朋友认识数字图书馆，享受政府提供的公共文化资源。截至2012年12月底，由支中心组织开展的展览、讲座、报告会、读书活动、培训等常规服务活动107场，近2万人次参加了活动。

暑假期间，市图书馆开展“点菜式”服务青少年活动，利用共享工程资源开展丰富多彩的假期活动：精彩纷呈的电影欣赏、专业生动的电脑培训……每天推出6道大餐，让青少年学生过一个“丰盛”而“营养”的假期；同时开展观众推荐电影活动，公开了推荐邮箱(cztsg001@126.com)，图书馆从中选择部分经典电影在假期播放。这些活动有效丰富青少年第二课堂，充分发挥了文化共享的作用。

今后，我们将更加努力地探索利用共享工程服务的新路子，更好地发挥共享工程的作用，为把共享工程办成惠民工程、民心工程而不懈努力。

（撰文/常州市支中心）

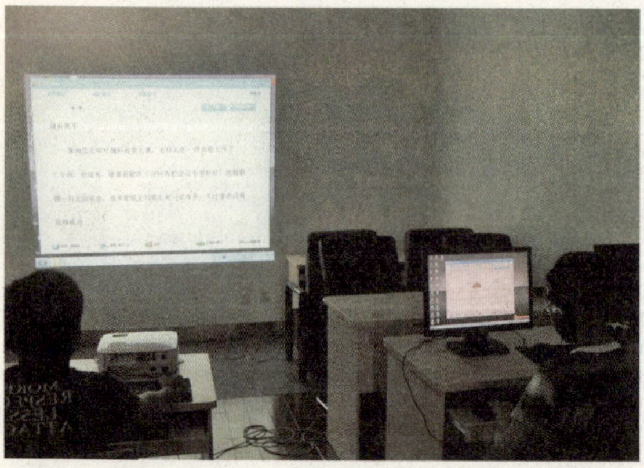

双流县支中心

双流县文化信息资源共享工程在省分中心、市支中心的关心指导下，加大投入力度，积极建设县支中心，强化基层服务点的设施配备，不断加大文化信息资源共享网络在我县的覆盖面，积极打造文化信息资源的“共享”平台，使文化信息资源共享工程取得较大进展。双流县支中心充分利用共享工程平台及电子阅览室的资源优势，为全县市民提供信息资源服务。支中心的建设，为我县搭建了一个利用现代科技手段迅速获取各类信息资源的优秀平台。现就文化共享工程及公共电子阅览室建设情况汇报如下：

一、基层服务点建设

为推进共享工程基层服务点建设，我馆加大资金投入，完善了服务平台：1、县支中心共享工程：我县共享工程支中心建设资金68万元由中央财政和县财政按八二比例分担。2、镇（街道）基层服务点：每个基层服务点的建设费为6万元。3、村（社区）基层服务点：每个基层服务点的建设费为3万元。免费为老百姓提供文化信息资源，使当地老百姓享受到了快捷的农业科技、医疗卫生、劳动就业、法律咨询、文化娱乐等信息资源。

目前，已完成全县278个共享工程基层服务点的的建设和共享工程县级支中心的建设，为基层服务点制作共享工程管理制度牌各278套，共享工程统计本278套。2009年，完成具有较大规模和双流特色的文化信息资源库，形成以国家中心为龙头、省分中心为支撑、市支为平台，县基层之中心为基础，覆盖全县24个镇、街道、100%的村（社区）基层服务点的文化信息资源服务网络。今年4月、6月，文化部领导和国务院领导到我县视察文化工作，肯定了我县共享工程基层服务点的建设工作。

二、电子阅览室建设

去年我馆电子阅览室配备了80台电脑，管理软件，方便了广大读者上网、学习、浏览图书馆数字资源。每周服务400余人次。24个镇、街道文化站电子阅览室都配备20台以上的电脑供读者使用，每周服务100人次。去年5月至今我馆利用共享工程服务平台免费提供红色电影题材片目，每周一场电影。“少儿绿色网上空间”利用文化资源共享工程在节假日、六一期间为青少年读者放映爱国主义电影、电视、歌曲。

三、培训工作

培训内容包括：共享工程宣传培训、共享工程设备使用培训、共享工程服务培训、共享工程资源使用培训、各类电子资源使用培训等，逐步形成比较完善的文化共享工程的人才培训体系，提高各基层中心、基层网点的技术服务水平和管理水平，确保各基层网点能够优质、高效地工作。

四、工作展望

1、积极争取上级有关部门协助协调、加强与“农村党员干部现代远程教育”、“农村中小学现代远程教育工程”、和“新农村建设”等重点工程的合作，建成以县支中心为基础平台和枢纽，镇街道、村基层服务点为重点

的文化信息资源共享网络框架。

2、努力调查、挖掘、整理和制作富有地方特色的文化信息资源充实数据库。

3、认真抓好支中心和乡镇、村基层服务点工作人员队伍建设。加强技术培训和指导，建立比较完善的文化信息资源共享工程的人才培训体系。

4、充分利用共享工程县级支中心平台，为广大读者，特别是农村读者提供优秀的文化信息资源，提高网络信息服务水平和利用率。

（撰文/双流县支中心）

广元市支中心

文化信息资源共享工程，是推进文化创新、繁荣社会主义先进文化的一项基础工程，是完善公益性文化服务体系、惠及千家万户的一项民心工程。市图书馆自2000年起开始实施该工程，做了一系列工作，收到了一定的成效，在丰富群众文化生活、传播社会主义先进文化等方面发挥了积极作用。

一、基本情况

1、5.12地震前

1.1.市图书馆共享工程于2000年开始建设，总投入15万元，建有20个电子阅览工作站，年接待上网读者5万人次。

1.2.卫星接收：通过DVB文件接收教育部网站、共享工程、星空放送、党员干部培训、党员干部信息频道；接受共享工程的影视欣赏和名家论坛。

1.3.特色资源：全国共享工程的国家资源包括：影视文化、新书资讯、法律园地、科普知识、世界遗产等十个栏目和超星数字图书馆部分电子图书；四川资源包括文化通览、文化旅游、WTO专题、农村实用技术。2004年6月，市图书馆卫星三级站建成开通，省共享工程领导小组授牌为“广元市基层服务站”。2008年“5·12”地震前市图书馆基层中心已达2T数据资源，并自建《文化旅游资源数据库》、《地方人物卷数据库》、《武则天与广元数据库》。

1.4.充分利用共享工程资源，积极开展各类活动：在完成基层服务站的建设后，我馆先后利用共享工程资源开展了形式多样、内容丰富的各类活动。2002年参加了省文化厅、省科技厅联合举办的“青少年网上读书系列活动”。2003年参加由省科技厅、文化厅主办，省图书馆承办的“青少年网上读书征文活动”。不定期举行数字娱乐大众行网络活动，免费向读者提供共享工程镜像资源，宣传网络安全知识。2005年我馆配合全国“知识工程”领导小组在全国开展的年度图书馆服务宣传周活动中，举行了“共享工程•自建电子资源大展读”活动，免费向读者提供了1000多本内容丰富的经典少儿读物及100多首优秀歌曲。在暑假，为丰富我市广大青少年的暑假生活，充分利用共享工程各种资源，开展了“欢乐周末开放日”活动，它给广大读者提供了一个了解共享工程、利用共享工程的机会。在开展“送科技三下乡”活动中，我馆充分利用《四川农村实用资料库》把农村实用技术送到老百姓手中。

为了贯彻落实《中共中央、国务院关于进一步加强和改进未成年人思想道德建设的若干意见》，我馆将“共享工程”建设作为未成年人健康成长的服务站，举办了“四川省少儿网络图书馆启动仪式”，加大了网络平台上对爱国主义、集体主义、公民道德的宣传。2006年，又先后开展了共享工程进学校——老电影回放活动、“三网惠三农，助建社会主义新农村”送电影下乡公益性活动；

同时由市共享工程分中心组织各县（区）图书馆馆长参加省共享工程中心举办的技术培训，我馆领导亲自深入朝天、元坝、市中区等县（区）指导基层图书馆开展送电影下乡工作，我市各级公共图书馆从7月28日至9月30日在全市98个乡镇，155个村放映电影155场，发放科技资料1.5万余份，放映影片30余部，接待观众近6万余人次，市图书馆被省文化厅授予组织奖。2007年，我馆在四川信息职业技术学院开展共享工程进学校、共享工程知识讲座，并被广元电视台《新闻点击》栏目和《广元日报》等新闻媒体进行了宣传、报道。

2、5.12地震后

市图书馆自“5·12”特大地震发生后，馆舍成为危房进行了拆除重建，曾经建立的电子阅览室及其设备、资源基本毁失，现新馆还未竣工，同时囿于经费限制和没有开展共享工程的设备和场地，导致我馆在共享工程和

到受灾群众安置点开展共享工程电影放映

公共电子阅览室建设方面举步维艰（目前市级财政每年只给予2万元的运转经费）。但我馆在克服诸多困难后，仍然根据实际情况开展了一些工作。

2008年，我馆利用共享工程设备与资源开展视频讲座及电影播放活动4次，吸引参加读者达1千余人次。当年购买了新的网站空间，由原来的企业B型虚拟空间转换为G享主机—G5型虚拟空间，圆满完成网站的“搬家”工作。2009年，我馆选派业务骨干在旺苍县对四县三区文化共享工程工作人员进行了设备和资源使用业务培训，培训达45人次；新组建了市图书馆共享工程电影放映流动服务队，该服务队全年共联系放映场地21处，他们先后深入广元武警支队、旺苍石洞沟中队、八二一厂灾后建设工区、受灾群众板房安置点、社区、基层乡镇等地，全年放映优秀电影达168场，共接待观众19946人次；再次新购买了网站空间，由原来G享主机—G5型转换为I-BX型独享主机并圆满完成网站的“搬家”工作。

2009年4月17日，全国文化信息共享工程国家中心副主任张晓星、国家中心培训指导处处长刘刚和省图书馆馆长李忠昊、省文化工程中心主任陈雪樵一行来我市检查督导文化信息共享工程赈灾服务点工作。

督导组一行在市文化局机关党委书记刘荣先、市图书馆馆长陈洋等人的陪同下深入到旺苍五权镇的中和、清水、黄洋和旺苍图书馆、元坝图书馆、利州区泰山板房安置点等地，实地查看了共享工程赈灾服务点的实施情况以及乡镇文化站和我市图书馆工作，督导组对我市共享工程赈灾服务点工作和图书馆的灾后重建给予了高度评价。“5·12“地震发生后，市图书馆先后从国家各部委和共享工程中心争取到援助广元地震灾区的图书近五十万册、共享工程设备149套、汽车七辆，总价值近一千五百多万元，极大的充实了我市公共图书馆馆藏文献的质量和数量，加快了市县（区）公共图书馆的自动化建设，提升了图书馆的科技含量，为我市灾后重建提供了坚实的智力支持和文化保障。2010年，组织市内青少年参加由共享工程国家中心举办的青少年网页大赛，由馆内网络管理人员重点培训5名青少年，并提交5幅作品上报省中心，其中3幅作品通过省中心筛选后并上报国家中心，我馆提交作品入选率居全省前列。2012年，组织职工和读者分别参加全国“公共电子阅览室建设计划”百题知识竞赛活动和国家中心举办的全国群众摄影艺术作品征集大展活动。同时，在2010年至2012年之间，我馆先后组织职工参加国家中心组织的视频培训课程达20余次。

二、进一步推进共享工程建设

目前，我馆的共享工程建设由于受5·12地震影响，开展工作备感艰难，但新馆即将建成和交付使用，我馆将以新馆建成为契机，按照国家的要求，抓好文化共享工程建设。为此，我馆要抓好以下三个方面的工作：

1、抓好硬件建设。在“十二五”期间，我馆将积极向上争取资金以加大对文化共享工程硬件设备的投入，新馆建成后的电子阅览终端计划为50台。

2、抓好网络建设。我市共享工程分为市级分中心、县级中心和基层中心。市级中心负责对县级中心和基层中心进行业务指导。全市共享工程建设要按照国家、省中心统一的技术服务平台，实行统一技术标准、统一管理。

3、抓好资源建设。市级中心将充分利用国家和省级中心的数字资源，并在统一规划、统一标准、共同实施的原则下，积极建设具有广元地方特色的文化、旅游等数据库，要整合我市各级公共图书馆现有资源，最大限度地实现资源共享。要进一步加强远程教育试点工程，与数字电视视频工程相结合，将共享工程的资源送到千家万户。

（撰文/广元市支中心）

剑阁县支中心

为推动文化信息资源共享工程在我县又好又快发展，推进公共电子阅览室建设工作的顺利实施，在上级部门的关注和扶持下，我县的共享工程和电子阅览室建设工作取得了阶段性的成效。领导高度重视，部门狠抓落实，是共享工程暨公共电子阅览室建设在我县积极推进的前提。我县从宣传部长、主管副县长到各有关部门负责人，都高度重视该工程的建设。各位领导干部形成一个共识，那就是，该工程是公共文化服务体系的重要组成部分，是一项惠及千家万户的重要文化基础工程，是政府提供公益性服务的重大文化项目，必须抓紧建设，尽快发挥作用。并制定了相关的实施方案。

一、基本情况

我县县支中心被列2009年度县级支中心建设项目。县支中心面积约300平米，机房、阅览室均按全国统一标准进行装修配置，拥有61个阅览坐席。县支中心充分发挥共享工程的资源优势，提供深层次的服务，提高社会效益。

1、向社会各界提供文化共享资源和各种数据库资源。电子阅览室实行一周七天工作制，每周服务时间超过60小时，读者可以进行网络信息浏览查询、各类数据库检索和全国文化信息资源共享工程所有资料的查阅。为满足读者的不同需求，支中心积极开展各项特色服务。

2、利用共享工程资源，为未成年人开展丰富多彩的活动。先后举办了“践行雷锋精神，走进校园”；“暑期科普电影周”等活动。

3、积极开展共享工程惠农共建活动，利用资源与文化站一同开展“进城务工技能讲座”、“农村种养殖技术讲座”等活动。

乡镇文化站电子阅览室建设。我县57个乡镇文化站电子阅览室从2009年开始投入建设至2011年6月全部建设完成，覆盖率达到100%。共投入中央补助资金280万元，每个阅览室均配备电脑15台，接入互联网，地方财政每年每站投入运行维护费6000元。建成后的每个阅览室均以保障人民群众的基本文化权益为宗旨，以老年人、未成年人、进城务工人员等群体为重点服务对象，依托文化共享工程服务网络积极开展各项公益服务。

二、队伍建设

为了以县支中心的建设带动乡镇、村及社区公共电子阅览室的发展，在县支中心人员偏紧、经费紧张的情况下加强在职人员的技术培训，积极派出工作人员参加全省共享工程培训班，培养技术骨干，使培训人员掌握理论基础和设备操作技能，从而在全县该工程的建设中发挥作用。

三、村级服务点建设

我县积极推动与农村党员远程教育共建站点的建设，截止2012年9月共建站点477个，县支中心自建站点11个。村级覆盖率达到89%。共建站点每年中央运行费1600元，地方投入400元。

四、社区文化室建设

我县今年有四个试点社区文化室的建设，中央补助资金20万元已到位，该建设正在筹备中。

（撰文/雍　涛）

绵阳市支中心

全国文化信息资源共享工程（以下简称“共享工程”）启动于2002年，是由文化部、财政部共同组织实施的国家重大建设工程。是一项利用现代通讯技术为人民群众提供公共服务的惠民工程。回顾10年建设之路，虽有坎坷，更有看到10年成果的喜悦和对未来的企盼。

绵阳市历来高度重视共享工程建设工作，2011年，在上级部门的正确指导下，在全市文化系统工作人员的共同努力下，紧紧围绕全年工作目标，凝聚社会文化力量，切实履行公益文化职能，不断提高文化服务水平。据统计，截止2012年底，全市共计投入520.94万元，其中中央及省级资金134.43万元，市级配套资金201.636万元、县级配套资金335.31万元，建成市级支中心1个，从2007　2009财年在国家财政部、文化部的大力支持下，绵阳市7县两区9个县级支中心全面建成，覆盖率100%；建成乡镇基层服务点179个，覆盖率65%；建成街道服务点18个，覆盖率60%；建成村级服务点3296个，覆盖率100%，极大地满足了基层文化需求。

共享工程绵阳市中心建设启动于2003年。随着共享工程建设工作的推进，绵阳市图书馆相继建立了共享工程中心机房和电子阅览室，建立起了自己的官方网站平台www.mylib.net，为下一步的工程建设打下了基础。当时的中心机房仅有两台服务器，一台是用于图书馆编目、流通的局域网服务器，一台是用于网站平台的PC服务器，机房面积不足30平方米，仅能满足当前工作运行保障。随后，作为共享工程服务重要阵地，电子阅览室建立。2002年，对于电子阅览室的运行方式，全国没有统一的规范，各级图书馆都在摸索着开辟自己的电子服务通道，早期的共享工程绵阳市级中心电子阅览室有电脑30余台，主要用于对青少年读者开展上网服务用，在互联还没有普及的年代，电子阅览室的读者还是络绎不绝。

几年后，随着互联网的发展，家装ADSL的日渐平民化，越来越多的市民开始回家自己买电脑上网，加之图书馆没有自己特有的数字资源服务，硬件又缺乏后续经费保障，阅览室设备几年未更新，比起市面上的网吧已远远落后，电子阅览室的读者日渐稀少，虽然期间也进行过几次零部件升级，但这种细微的变化并没有扭转读者越来越少的趋势。

于是从2005年开始，绵阳市图书馆向市委、市政府递交了关于建立共享工程绵阳市中心平台的请示，可以说这个过程是艰难而曲折的。2005年，第一份《共享工程绵阳市中心建设方案》送呈市文化局，由于经验不足，方案指标不够明确，加上市级领导对文化共享工程的理解欠深入，第一次申请无迹而终。但我并没有放弃，在当时多媒体网络中心主任邬伟的带领下，以一种不断学习的心态，分别于06年、07年、08年进一步修改了《共享工程绵阳市中心建设方案》，不断细化参数指标，同时注重向市级各部门汇报共享工程建设有关情况，得到了市委、市府的大力支持，绵委办发[2008]1号文件《中共绵阳市委办公室　绵阳市人民政府办公室转发<市文化局市财政局关于进一步加强文化信息资源共享工程建设的实施意见>的通知》的出台，为共享上程绵阳巾中心的建设提供了有力的政策保障。正当市级中心平台被提上议事日程之时，5•12地震发生了，这场突出其来的灾难不仅搁置了市级中心平台建设的计划，更让仅有的机房、电子阅览室设备顷刻变成了废墟。

5.12地震发生后，国家文化部、国家图书馆都纷纷及时地向灾区伸出了援助之手，共享工程国家中心更是在最短的时间内，向灾区发为了赈灾物资，仅绵阳市就配备了162个安置点的服务设备，共享工程绵阳市中心全体员工带上设备以小分队的形式，分别在灾民集中安置点广泛开展服务，让受灾群众在过渡时期的文化生活有所保障。尤其是我们建立的涪城区铁牛社区基层服务点，因为其灾后服务过程中的出色表现，2009年2月，中共中央政治局常委李长春同志亲临现场指导工作，更加坚定了我们做好共享工程绵阳中心建设的信心。

5•12地震成为了共享工程绵阳市中心平台建设的一段插曲，在灾后重建的过程中，我们没有放松对共享工程平台建设的申请，终于，功夫不负有心人，2009年7

月，全国文化信息资源共享工程绵阳市级中心建设方案通过绵阳市信息办评审，落实建设资金150.436万元，分两年拨付，分别用于中心平台建设、电子阅览室建设、“一卡通”管理系统和绵阳特色数据库建设。结合图书馆灾后重建，共享工程绵阳市级中心平台建设迅速展开，对原机房进行了搬迁扩建，建立了公共电子阅览室，建立了包括5·12地震文献数据库在内的特色资源库。与此同时，绵阳市七县、两区县级支中心的平台建设也在国家中心的大力支持下，于2011年也已建设完成，共享工程村级服务点也依托绵阳市组织部农村党员干部远程教育网实现全覆盖，乡镇基层服务点与乡镇综合文化服务站加以整合，分级完成了自上而下的平台建设，标志着绵阳市共享工程建设进入全面服务阶段。

为了让建好的平台真正达到服务百姓的目的，共享工程绵阳市中心阵地电子阅览室服务全年365天开放，为全市读者提供免费上网阅读服务。专门在寒、暑期为青少年读者开通了视频展播服务，题材主要以爱国主义教育、科普宣传、专题服务等内容，让他们在休闲的同时，也可以学到知识，受到市委、市政府的高度肯定。

在开展丰富的阵地服务外，共享工程绵阳市中心还主动开展走出去服务，把共享工程基层服务点建到了建到了学校、社区、空军、消防、武警以及看守所、戒毒所等，把服务送到他们身边，让这些受环境限制的群体也能即时、随时地感受到中华优秀文化的滋润。

除此之外，公益电影放映也是绵阳市共享工程的一大特色服务。在夏天的夜晚，我们还时常带上设备上广场、下乡镇、深入火车站，努力做到让文化共享无时不在群众身边。

（撰文/王智群）

盐亭县支中心

盐亭县文化信息资源共享工程支中心与公共电子阅览室于2011年1月8日建成并投入使用。专（兼）职人员2名。中心面积168平方米，设有主控机房、资源加工整合室、电子阅览室、多媒体播放室、多功能室。

主控机房现有设备：卫星接收服务器各1台，卫星地面小站1个，磁盘阵列1套，千兆1台，42U标准机柜各1台，UPS电源1套，百兆防火墙1台；资源加工整合室现有设备：移动存储播放器、扫描仪、功放机各1个，移动硬盘6块，复印机1台，激光打印机1台、DV机、照片打印机、数码照像机1台；电子阅览室配置了电脑20台，终端机1台，触摸屏1台；多媒体室配有投影仪，有源音箱和大型屏幕，可召开小型会议，可收看视频资源；多功能室现有设备：电视机1台，功放1套，音箱、无线话筒各1套、调音台1个，投影仪1个，幕布1块。

为了发挥盐亭县共享工程资源在传播先进文化方面的作用，让更多的群众享受到内容丰富、健康向上的文化信息，盐亭县支中心集思广益，几年来不断开展各项活动，把共享工程、党员远程教育、农家书屋、社区阅报栏进行大力整合，不仅有效的节约了资金，方便了管理，还进一步扩大了服务范围。

县级支中心还利用共享工程基层服务点配备的设备，经常到各个社区和乡镇播放“坝坝电影”实现了社区及乡镇居民不出社区、乡镇观赏影片的愿望，利用一体机内储存丰富的影片资源，放映各种题材、各个年龄段人群喜爱的影片。充分利用省中心发放的光碟定期举办农民工进城务工技能培训，受到了农民朋友的赞誉。支中心电子阅览室拥有大量的图书、视频、影视等资源信息，深受读者欢迎，舒适的环境也为广大青少年提供了绿色上网平台，并开展计算机技术免费培训，不定期开展计算机知识竞赛，倍受广大家长称赞。县支中心还按照省中心的工作部署刻录光盘四十余套，发放到各分中心进行流动播放，服务大众，切实把党的温暖送进千家万户，把这一项惠民工程落实到实处。

文化信息共享服务是现代政府公共服务的重要组成部分，加快共享工程建设是构建公共文化服务体系的一个重要抓手。盐亭县支中心将针对当前我县文化事业的实际情况和科技发展的水平，继续整合现有的文化资源，积极开展创新工作，推进共享工程在我县的全面发展。

（撰文/盐亭县支中心）

安县支中心

安县县级支中心建设启动于2007年，除中央资金（文化部、财政部）配置的总价68万元的设施设备外，辽宁援建、县级财政共投入67万元用于采购设施设备，包括电脑30余台、服务器、触摸屏、电子图书15万册、数码相机等，装修多媒体报告厅，用于视频播放、讲座等活动的开展。县级支中心电子阅览室现有电脑51台，采用无盘系统管理。县级财政将安县支中心网络运行维护费用纳入了财政预算，每年4万元。

服务开展。服务的主要方式为利用电子阅览室开展培训服务，在多媒体报告厅播放视频资源、举办讲座，利用移动播放设备到集镇上、村上播放视频资源（电影、种养技术片等），年服务近15万人次。

乡镇、村（社区）基层服务点2009年开始建设，现已建成村基层服务点234个，由文化部、财政部投入建设资金，县级财政将村级基层点的运行、维护经费纳入了财政预算每年每个点400元。村基层服务点和农村党员远程教育相结合。通过卫星接收资源后，进行播放，每年服务人次总共达10万人次。其播放的种植、养殖技术、电影、娱乐节目对农民朋友生产生活都起到了较大的作用。

（撰文/安县支中心）

梓潼县支中心

文化信息资源共享工程梓潼支中心于2009年10月建成，电子阅览室实行全面开放，共享资源逐步投入使用。“5•12”地震后,图书馆灾后重建，新馆于2012年10月竣工并交付使用，共享工程梓潼支中心也搬迁至新馆内，所有设备于2012年11月安装调试完成并投入使用。

新建立的共享工程梓潼支中心面积扩大到300m 2，设有办公室，主控机房、资源加工整合室、电子阅览室、多媒体演示厅、多功能室,专兼职工作人员两名。

主控机房现有应用服务器1台，业务服务器1台，传输服务器1台，管理服务器一台，存储（磁盘阵列）1套，交换机2台，安全设备1台，网络专用配线架2套，键盘、鼠标、显示器1套，4路KVM切换器1台，42U标准机柜1个，UPS电源设备1套。

资源加工整合室及办公室有多功能扫描仪1台，激光网络打印机1台，移动硬盘2个，数码照相机2台，数码摄像机1台，日常管理工作站5台，便携式计算机1台。多媒体演示厅现有投影机1台，投影幕1套，触摸屏1套，电视机1台，4路VGA输入切换器1套，有源音响1套。用于流动服务的有投影机1台，投影幕1套，有源音响1套，多媒体播放器1台。电子阅览室有计算机终端48台。

“共享工程”建设面广量大，任务十分繁重。要确保“共享工程”的顺利实施，必须加强领导，建立健全组织网络，狠抓各项管理。我们按照省中心和分中心要求，建立了“共享工程”梓潼支中心组织机构，由馆长任主任，分管馆长任副主任，相关部室负责人为组成成员。

“共享工程”的实施，有效地推进了农村文化阵地建设，有效地提升了图书馆的服务功能。

根据全国“共享工程”试点工作验收标准和县（市）级支中心的要求，我馆在电子阅览室免费开设“共享工程”阅览服务，发挥这块主阵地的作用，做好宣传推介工作，提高“共享工程”资源的点击率，支中心电子阅览室拥有大量的图书、视频、影视等资源信息，深受读者欢迎，优异的环境为广大青少年提供了绿色上网平台，并开展计算机技术免费培训，不定期开展计算机知识竞赛，都倍受广大家长称赞。

我们还把多媒体演示厅作为“共享工程”的播放场所，结合“市民课堂”周末讲座的影响力，用2台投影仪定期播放“共享工程”中的讲座、影视节目。利用共享工程流动服务配备的设备，设立社区百姓影院，实现了社区居民“不出社区观赏影片”的愿望，利用一体机内储存丰富的影片资源，定期放映各种题材、各个年龄段人群喜爱的影片。

支中心还开展了春节猜灯谜、春节游园、4•23世界读书日、农民读书节、走进敬老院放映、走进社区放映、走进武警中队放映、清凉夏日放映、走进校园培训、送文化下乡等众多活动，丰富了社区居民和广大老百姓的文化生活，极大地调动了社区居民和老百姓积极参加文化活动的积极性，促进了和谐社会的建设。

支中心还经常深入各乡镇（村）基层点，把省中心提供的丰富资源丰富送到基层点，并督察基层点为群众服务开展的工作及活动。

我们在充分利用国家中心和省分中心的资源的同时，在共建共享理念的指导下，我们会一如既往地做好图书馆的数字资源建设，在未来我们会建立自己的特色数据库，而且将这些自建特色数据库逐步传输到各基层服务点，使这些自建数据库也作为“共享工程”资源提供给读者和广大的乡镇社区居民。

我们决心在县文广新旅局的直接领导下，在国家中心、省分中心的指导帮助下，求真务实，创新创优，确保“共享工程”取得成效，在新农村建设、构建和谐文化、培育社会新风和建立社会主义核心价值体系等方面发挥积极作用。

（撰文/梓潼县支中心）

北川羌族自治县支中心

北川羌族自治县是全国唯一的羌族自治县，“5.12”大地震让北川遭受重创，文化事业遭到毁灭性的打击。

2009年度，北川羌族自治县支中心纳入全国文化信息资源共享工程建设项目。短短3年的时间，支中心经历了从无到有，从有到强的质的飞跃。现将支中心情况总结如下：

一、整体情况

2008年5·12汶川大震建立板房服务点14个。

2010年建成县级支中心1个，建筑面积260平方米。

2012年建设乡镇基层服务点28个，覆盖北川各个乡镇。

二、经费投入

2008年全国文化资源共享工程配送了近100万元设备，建立了14个灾后板房基层服务点。

2010年北川支中心投入中央灾后重建资金近80万元，建立了公共电子阅览室、多媒体报告厅、中控室等；

2010年–2011年全国文化资源共享工程投入68万元设备，完善了支中心公共电子阅览室的建设任务；

2012年省财政投入44.8万元建立了28个基层服务点；县财政投入26.4万，保障了各个基层点2011–2012年的日常运行。

三、资源建设

硬件资源方面：北川支中心公共电子阅览室配备有80台电脑，绿色网络管理系统1套，投影仪、照相机、摄像机、打印机各2套，中控室配备有专用服务器5台，28个乡镇公共阅览室均配备有电脑1台，投影设备1套，打印机1台。软件资源方面：一方面通过正规招标采购了电子管理软件及电子文化资源，搭建有独立的网络管理监控平台及包含有10万册电子图书、200多种电子期刊、4套连环画等优秀电子资源。另一方面充分利用本地优势，搜集大量羌族文化资源并加以数字化加工，目前已收集有各类具有本地特色的文化资源500GB以上。

四、惠民服务

支中心通过多种方式开展惠民服务，2008.6–12投入到抗震救灾第一线，在擂古安置点办起了文化共享工程帐篷服务点，开展了“全国文化信息共享赈灾电影放映活动”，到擂鼓、任家坪板房区、救援部队、援建单位，放映“抗震救灾、自救、防疫知识”等影片100多场。支中心落成后，坚持服务免费，图书馆内的电子阅览室免费向所有读者开放，持读者一卡通即可享受到每天两小时的免费上网服务，馆外的各乡镇公共阅览室同样全免费开放，读者可随时到各点免费浏览网上信息，自2011年5月正式开放到2012年为止，共免费接待读者7万人次；另一方面，支中心工作人员还深入社区、学校，开展优秀电影展播活动，共展播电影80余场，接待观众8000余人次，取得了良好的社会效益。

电子阅览室的计算机培训

五、宣传推广

北川支中心主要通过组织举办活动的方式来宣传推广。2011至2012年两年间共举办读书月及新春猜谜等群众喜闻乐见的活动共8场，接待人数超过10万人次。其中2011年新春猜谜活动接待人数超过8万人，登上各大新闻媒体主页，有效地提高了支中心知名度。同时，支中心还大量收集了反映北川羌民族的特色和红军在北川的照片和视频资源，提交省分中心共享文化资源。为了进一步扩大影响面，支中心还通过网络的方式这一时下最流行的方式进行宣传。为此，支中心建立了专属网站，通过网络为读者提供远程信息服务，开展网上图书馆业务，利用网站平台与文化共享工程省级分中心远程对接实现资源共享，全面提升文化共享的范围及程度。

六、培训工作

以往的北川地处偏远，电脑的使用并不普及，这给支中心的工作开展带来了不小的难度。为解决这一问题，支中心在2年间共举办了9场免费电脑培训，利用电子阅览室电脑免费向群众传授电脑及基础软件的使用方法，共计培训人数达1.5万余人次，提升了北川的电脑普及度。同时，在举办电脑培训的同时，支中心还举办了文明礼仪、法律、健康养身等趣味讲座，同样收效良好。

七、工作展望

文化共享工程作为一项复杂的社会系统工程，北川文化共享工程建设依然任重道远。文化事业建设与发展必然是一个长期发展、逐步完善的过程，北川的文化共享工程建设才刚刚起步。对于华夏羌城北川这一取之不竭，用之不尽的文化富矿，资源开采力度还不够．可资共享和利用的资源也没有极大丰富；专业人才匮乏的状况尚未得到根本性扭转，信息传输手段相对单一，网络基础设施和资金保障机制也有待完善。

北川支中心还将进一步加大建设力度，加强对羌民族特色文化的搜集、整理、加工，发展民族特色，提升文化内涵；同时拓宽服务领域，深化服务质量，创新服务方式，坚持免费服务；加强队伍建设，完善管理制度及方式。让润物细无声的文化流向北川的每个角落。

（撰文/北川羌族自治县支中心）

平武县支中心

平武文化信息资源共享工程县级支中心于2011年建成，专（兼）职人员1名。中心面积120.5平方米，设有中心控控制机房、电子阅览室、多媒体报告厅。其中，中心控制机房面积26.1平方米，现有设备：应用服务器、业务服务器、传输服务器、管理服务器、存储局域网络系统、交换机、安全设备、网络专用配线架、键盘、鼠标、显示器，4路KVM切换器，42U标准机柜、UPS电源设备、数码摄像机、单反数码相机等。

电子阅览室面积94.4平方米，配备42套桌椅和多功能插线板、入墙插座14个，现有终端共42台，其中供读者使用41台，管理机1台。

多媒体报告厅面积250平方米，配备138人座，吊装投影机设备1套、音响1套、电视机1台、电脑桌椅1套、入墙插座4个。平武县级支中心已基本达到上级制定的建设要求。

为了充分发挥平武共享工程资源在传播先进文化方面的作用，让更多的城乡群众享受到内容丰富、健康向上的文化信息，县支中心集思广益，建成后不断开展各项活动。注重资源整合，把10个基层共享工程服务点与党员远程教育打捆建设，不仅有效的节约了资金，方便了管理，还进一步扩大了服务范围。

灾后重建期间，县支中心利用共享工程基层服务点配备的设备，为社区老百姓不定期放映各种题材、各个年龄段人群喜爱的影片；支中心电子阅览室拥有大量的图书、视频、影视等资源信息，深受读者欢迎，优越的环境为广大青少年提供了绿色上网平台，并开展计算机技术免费培训，不定期开展计算机知识竞赛，倍受广大家长称赞；支中心还经常深入各乡镇（村）基层点，把省中心提供的丰富资源送到基层点。

文化信息共享服务是现代政府公共服务的重要组成部分，加快共享工程建设是构建公共文化服务体系的一个重要抓手。

平武县支中心将以社会主义文化大发展大繁荣为契机，结合平武图书馆事业发展实际和科技发展水平，继续整合现有的文化资源，积极开展创新工作，推进共享工程在我县的全面发展。

（撰文/平武县支中心）

德阳市支中心

德阳市今辖旌阳区、广汉市、什邡市、绵竹市、中江县、罗江县，幅员面积5911平方公里，人口389.2万。

自全国文化信息资源共享工程在我市开始实施后，在我市各级领导的高度重视下，在省级部门的大力指导和支持下，在全市各级共享工程工作人员的努力工作下，我市文化信息资源共享工程建设得到较大发展，共享工程建设在各级有序推进，通过共享工程建设使我市广大群众享受到了公共文化服务的便利。

一、基本情况

我市“共享工程”工作始于2002年，经过10年的建设和发展，截止到2012年10月底，我市已基本完成市、县（市、区）、乡（镇、街道）、村（社区）三级文化信息资源共享工程网络基础建设。已经建成文化共享工程市级支中心1个、县级支中心6个，乡镇基层服务站120个（覆盖率100%），街道基层服务站5个，村级服务点1081个（与党员远程教育共建共享，中江共有760个行政村，其中366个村共享工程空白，其它县、市、区的村级站点100%覆盖），社区服务点147个。

2011年旌阳区被列为我市公共电子阅览室试点，目前已经在市区32个社区建立了公共电子阅览室，按计划社区公共电子阅览室应建32个，实际建设32个，完成率100%，每个电子阅览室配备计算机4台，完成了年度社区公共电子阅览室建设任务。目前，在大部分社区公共电子阅览室已经得到了广大市民的认可，我们将大力宣传公共电子阅览室，让公共电子阅览室成为群众文化的主要阵地。

二、加强管理

1、严格按照文化信息工程和公共电子阅览室相关条例进行管理，对读者进行实名登记。

2、对未成年人上网时间进行严格控制，每人每日累计上网时间不得超过2小时。

3、公共电子阅览室开放时，管理人员加强巡视以及计算机监控，严格控制读者安装游戏软件和黄色软件。

4、共享工程支中心和基层站点根据实际情况播放影片，开展爱国主义教育活动和文明城市创建宣传。

5、认真抓好基层服务工作，要求乡镇、街道、村、社区基层服务点，将公共电子阅览室、投影机、幕布等设备免费向广大人民群众开放，并公布开放时间和资源内容，组织广大群众使用文化信息资源，为广大群众提供实用性、知识性、娱乐性的文化信息服务，掌握有关政策法规，学习先进实用技术，提高发展农村经济、参与市场竞争的能力，为广大未成年人提供课外精神食粮，将“文化共享工程”的优秀资源送入千家万户，使各基层点成为具有信息服务、教育培训等多种功能的文化中心。

通过利用共享工程对群众开展爱国主义教育和思想道德建设，切实将加强和改进未成年人思想道德建设。我市共享工程日益成为群众文化生活的一部分，为我市创建文明城市、构建和谐社会和新农村建设注入了一股和煦的新风。

三、加强人员培训

为规范管理、提高共享工程管理人员业务素质，德阳支中心和各县级支中心对乡镇（街道）、村（社区）服务站点采用集中培训、分片培训、发放培训资料、上门指导、电话咨询、光盘教学、召开现场经验交流会等方法，举办共享工程知识培训班，加强共享工程工作人员的业务技能，提高服务水平，让群众能更方便的利用共享工程，享受社会主义文化成果。

四、工作展望

经过多年建设，我市共享工程建设得到了大力发展和全面推进，各级政府和领导对共享工程的认识进一步加强，市、县（市、区）、乡（镇、街道）、村（社区）四级服务网络基本建成。

（撰文/德阳市支中心）

蓬安县支中心

蓬安图书馆自2009年3月加入全国文化信息资源共享工程以来，利用共享工程在电子阅览室等开展了大量的活动，如名家讲座、地方戏曲欣赏、影视欣赏、知识摘登等；利用技术力量雄厚的条件，开展网络知识培训；开通了《文化信息资源共享工程基层中心网站》，实现新版共享工程对外服务。总结2012年，主要做了以下几方面工作：

一、打牢基础，稳步发展

全国文化信息资源共享工程是一项政府兴办的文化创新工程、民心工程，是公益性建设项目，有着巨大的社会效益和广阔的发展空间。2012年电子阅览室共接待读者12000人次，举办读者培训班、知识讲座3次，参与读者320人次。

二、发挥优势，开展活动

在实施共享工程的过程中，不断拓展共享工程的服务内涵和方式，充分利用这一全新的工作载体条件，切实开展各项工作。

1、馆内活动丰富多彩

充分发挥公共图书馆的阵地作用，在电子阅览室每周推介优秀栏目、名家讲座、生活常识、电影及优秀地方剧目，每月开展一次共享工程知识培训；每个星期六上午在县图书馆利用投影仪播放名家讲座及影视剧，常年坚持。利用星期天节假日针对未成年人播放百部爱国主义教育影片，科普类等影片，举办思想道德建设方面的讲座、名著赏析等，引导未成年人多读书，深受广大县民的欢迎。

2、走进农村、走进社区

送科技下乡是实施“共享工程”又一具体举措，结合实际情况，我们有选择的提供科技知识，让广大农民不断感受到先进科学和现代文明。2012年先后为济渡乡等送去种养殖书籍1000余册。

社区，是共享工程服务对象里一个重要的群体，也是“基层文化”最大的受众。在社区服务上，我们开展了“雷锋班的故事”活动。在相如镇社区、部队、金甲初中等进行了展播40余场次，共接待观众6000余人。还利用在送数字资源到农村进社区的同时，还根据农村需求，大力开展送流动图书到基层活动，在基层建立了39个流动图书服务点，为每个流动图书服务点铺垫流动图书300余册，每3个月更新流动一次，循环借阅，使基层图书室保持图书常新状态。全年更新流动图书达到20000余册次。

3、走进学校

为加强未成年人思想道德建设工作，除了在馆内针对未成年人开展的活动以外，还与教体局联合，深入各中小学校开展活动。到金甲乡开展了名家讲座，为利用图书馆的投影仪到教室播放优秀影片和礼仪知识讲座，开展爱国主义教育活动。从而利用共享工程开展思想道德建设，切实将加强和改进未成年人思想道德建设工作落到了实处。

4、走进老年人群体

开展为老年群体服务是文化信息资源共享工程工作的又一重点。我们上网下载了齐国力主讲的《营养与健康》、《科学保健》、《晚年的幸福生活》等系列视频资料和战争题材的故事片、名著欣赏讲座、中国京剧音配像等放映。使他们获得了精神的强健与文化的关爱。

三、整合资源、共建共享

在利用共享工程中心网站资源和通过卫星投放的资源的同时，我们注重与省与其它县图书馆的联系与合作，争取上级业务部门的支持整合各类资源，达到共建共享。我们按照“资源共享、优势互补、互利互惠”的原则开展协作共建，与35个基层点签订了资源共享协议书，为基层图书点提供流动图书近20000册，同时无偿搜集其特色的信息资源。

四、重视宣传、扩大影响

加入全国文化信息资源共享工程以来，为了扩大其在基层群众中的影响，广泛宣传其作用和意义，使各级领导和群众充分认识到这是一项惠民工程、民心工程，认识到工作的重要性和必要性以及文化信息资源的可用性。我们利用电视台和广播电台对利用共享工程开展的一些大型活动给予相关报道。还在政府网站的首页上设置共享工程热站链接。时刻注意将资源共享活动与当前工作重点有机的结合，这样既可增强对共享工程的宣传力度，又收到了立竿见影的效果。

随着宣传力度的逐渐深入，在县民心中的影响也在逐渐加深，对文化信息资源的需要也在逐渐加大，县民开始掌握和利用这块知识宝库。

我们将在今后的工作中更加努力的探索利用共享工程服务的新路子，更好地发挥共享工程的作用，为把共享工程办成惠民工程、民心工程而不懈努力。今后，我们将重点抓好以下四个方面的工作：

1、进一步争取各级领导重视。

共享工程是公共文化服务体系的基础工程，是政府提供公共文化服务的重要手段，是文化创新、科技创新的一个重要的生长点。它对提高文献信息的利用率和价值、推动经济社会进步有重要作用。今后，我们要加大宣传力度，争取各级领导的进一步重视，建立共享工程发展长效机制，健全工作协调机制， 保证共享工程所需的场地、人力、财力、物力、技术，全面推进社区、村基层点建设。同时各级财政要加大对共享工程的投入，将共享工程运行经费单列，且逐年有所增加。

2、加强共享工程的管理与服务。

将支中心和基层点建设服务情况纳入文化工作考核目标，建立日常考核机制。要始终把为读者服务放在第一位，通过共享工程设备，为广大读者提供信息咨询服务，开展讲座、报告会、读书竞赛等形式多样的公共文化活动,满足广大读者日益增长的多样化、个性化服务需求，全面彰显共享工程在履行公共文化服务职能、推动全民阅读热潮、传播科学文化知识等方面所起的重要作用和影响。

3、努力抓好人才队伍建设。

支中心一定要改变专业人员缺乏的现状，争取吸收一批专业知识扎实、乐于奉献、有经验的管理骨干，建设一支高素质的专业队伍，适应共享工程管理和发展的需要。针对基层点管理人员不稳定的现状，同我们要加大培训力度，做好基层点的培训辅导,提高其服务能力。

4、大力建设数字地方文化信息资源。

文化信息资源共享工程建设是图书馆现代化建设的重要内容。当今，数字地方文化信息资源不仅满足人们对乡土信息的需求，同时也肩负弘扬地方文化和积极创造新文化的重任。

五、工作展望

蓬安作为历史文化名城，具有深厚的历史文化底蕴和丰富的历史文化信息资源，但由于设施设备、经费、技术人员等条件限制，我县地方文献的整理开发和数字资源建设虽然已启动单一直没有取得大的实质性的突破。

在共享工程的全面推进下，我们应急起直追，争取各级领导重视，增加投入，以文化系统内的文化资源（包括图书、戏曲、文物、书画等）为重点，大力整合开发全县各单位、各系统的文化资源，把全县共享工程和图书馆数字化工作推向新的发展阶段。

（撰文/蓬安县支中心）

遂宁市支中心

全国文化信息资源共享工程遂宁市支中心现辖射洪县、蓬溪县、大英县、船山区、安居区5个县（区）支中心，全市共有105个乡镇、2074个村文化共享工程服务点。近年来，遂宁市支中心以网络建设为重点，以资源建设为内容，以开展丰富多彩的文化活动为手段，扎实推进文化信息资源共享工程建设，取得了良好的社会效益，有效地丰富了群众的文化生活。

一、加强领导，精心组织

为保证按时完成全市文化信息资源共享工程建设各项工作任务，成立市文化信息资源共享工程建设领导小组，负责全市文化共享工程建设工作的组织领导和统筹协调工作。领导小组下设办公室，由市图书馆负责各项工作任务的组织协调落实。

二、创新思路，推动网点建设

2009年，市图书馆多方努力，积极争取设施设备经费，建成了共享工程遂宁市支中心。并在全市建立了船山、安居、蓬溪、射洪、大英五个县级支中心和105个乡镇基层服务点。2006年，市图书馆创新工作思路，与市委组织部远程办合作，在全省率先实现文化信息资源共享工程与现代党员远程教育共建共享，2008年至2010年间在全市农村建立基层服务点2000余个，覆盖率100%。在全市范围内，形成了市、区（县）支中心、乡镇、村服务站点四级文化信息资源共享工程服务网络。

三、特色资源库建设

启动我市文化系统可控信息资源的数字化整合加工工作，加强地方文化资源的征集与整理，并进行数字化加工与汇编，建设独具地方文化特色的数字资源库。2012年“旷继勋起义”等5部红色文化资源已入选国家中心《红军长征四川记忆》多媒体资源库。

开通了遂宁市数字图书馆中心门户网站，购买了超星电子图书、龙源电子期刊、超星学术视频等资源，初步建成了电子资源数据库。

四、加强服务力度，丰富群众文化生活

依托市、县（区）、镇（乡）、村（社区）文化信息资源共享工程支中心和基层服务点，广泛开展形式多样的文化服务。

1、举办“共享工程优秀视频展播”，包括“爱国主义视频展播”、“青少年视频展播”、“欢乐共享过大年视频展播”等，每年在全市各级共享工程支中心和部分基层服务点开展专题片放映100余场。

2、在市老年大学举办“颂歌献给党共享工程群众演唱活动”，选送了三部作品送四川省中心，其中《布谷鸟儿咕咕叫》作为四川省唯一作品选送国家中心，并获国家三等奖。

3、在遂宁地区开展“像雷锋那样…”电脑小报设计比赛活动，收集作品10余幅，选送3幅报送省中心，获优秀组织奖。

4、联合高级实验学校组织开展“党旗飞扬 文化共享”——全国青少年纪念建党90周年党史知识大赛，全市有2000余名青少年参加了竞答。

5、组织参加全国文化共享工程中心组织的“公共电子阅览室建设计划”百题知识竞赛活动。全市共享工程管理员、文化工作者共500余人参加了竞答。

6、组织参加以“四好少年”为主题的“少年网页设计竞赛活动”，提高少年信息技能，丰富学余文化生活，展示“四好少年”风采，促进全面发展。

7、与遂宁市群众文化学会、遂宁市摄影家协会联合举办“文化共享杯”摄影作品征集大赛。共征集以“文化剪影 幸福共享”为主题摄影作品50余幅。通过一点一滴的镜头语言来讲述身边的文化事、文化人，以小见大，定格美好生活瞬间，刻录真情实感世界，反映当下火热的群众文化生活和人们对美好精神家园的热爱和向往，以讴歌新时代遂宁文化建设新成就。

（撰文/遂宁市支中心）

遂宁市船山区支中心

船山区辖4乡7镇（共183个行政村）6个办事处，38个社区，总人口72万。均建有街道文化活动室和乡镇综合文化站，通过文化机构改革，城区、乡镇每个站设站长1名，全属于专职文化干部，全区现有文化阵地13530平方米，办公用房586平方米，宣传文化服务中心共藏书58000余册，有文艺活动队伍94支，每年开展活动总计为720次，参与群众达22.8万人次，社区业余文艺队伍52支，共计8978人，受众面6万人次，商业文艺培训机构12个，其他性质文艺培训机构5个。目前、我区文化共享工程已建成开通5个社区、2个乡镇服务点，较好地满足了我区居民群众不断增长的文化需求。

一、基本情况

我区把全国文化共享工程作为一项文化建设的重点创新工程来抓。在区委、区政府的重视及有关部门的通力合作下，于2011年正式启动了文化共享工程建设。在实践中积极探索、大胆开拓，初步形成了以城镇社区为发展模式的各级基层服务网点。于2011年3月正式建成文化信息共享工程船山区支中心。在此期间积极开展共建共享活动，与现代党员干部、现代远程教育、广播电视、中小学现代远程教育等部门开展共建共享，我们的主要做法是：

1、统筹规划、广泛宣传，充分认识共享工程的重要作用

为使全区各级基层文化单位更多的了解共享工程的意义和作用，我们根据省文化厅的统一部署，明确职责、制定方案、宣传发动。⑴设立机构，为推进共享工程建设提供组织保证。成立了区文广局牵头组成的遂宁市船山区图书馆文化共享工程领导小组。⑵制定规划，明确共享工程建设的目标任务。2011年文化共享工程建设在我区正式启动，根据上级主管部门的统一部署，我局一手抓统筹规划，一手抓宣传发动。明确共享工程建设经费渠道，争取政府财力投入与自筹资金相结合；制定方案，确立了以各乡镇、村和街道、社区文化站（室）为全区文化共享工程基层点的网络构架。通过多种形式宣传共享工程在推动基层文化事业跨越发展中的作用，为共享工程的顺利实施打下基础。

2、合理布局、严格把关，切实推进共享工程建设步伐

共享工程作为一项利用先进高科技手段、有步骤地整合和发布优秀文化信息资源的网络工程，在基层点起步阶段，我们妥善处理好公益性文化项目与经营性网吧的关系，合理布局，严格把关。

2.1.抓好龙头，以点带面，为共享工程开局树立样板。2011年，根据实际情况，在全区确定以社区图书室首批基层终端接收站点，作好示范，为我区乡镇共享工程基层点建设提供学习和借鉴平台。

2.2.统一标准，严格把关，为推进共享工程建设营造环境。针对我区各级基层单位申请建设及实际现状，结合省厅建设要求，我们在抓好示范的基础上，分级进行实地勘察，严格把关。

2.3.加强培训和技术指导，为共享工程建设提供保证。为了保证全区基层站点建设任务的顺利完成，我们聘请有关技术人员来我区进行技术培训和指导。

3、利用信息共享工程平台，注重开发和利用

为进一步繁荣我区文化建设事业和发展文化产业，整合地方文化资源，我们利用信息资源共享工程平台到街道、社区、乡、村组织宣传形式多样化的各种文化活动、图书服务进社区等活动.利用自身的宣传优势，广泛征集、收集、组织本地具有地方特色的各种文献资源，具体作法是：

3.1.是组织征集船山具有特色的“船山桃子龙”、“涪江号子”、“剪子艺术”等非物质文化遗产；“船山墨猴”“春暖桃花村”等13个文艺精品专题数据库。

3.2.是注重宣传效果，扩大共享工程影响覆盖面，我们采取多种方式，在广大群众中大力宣传普及共享工程相关知识，印刷了大量的宣传资料，组织职工向社会发放各种宣传资料3000余份。通过自身宣传优势、多次在新闻频道上宣传报道和讲解共享工程有关情况，从而

使广大群众充分了解共享工程的实质内容，通过一系列的宣传活动，对共享工程在实施和开展过程中的一些活动予以广泛宣传报道，促进了共享工程真正成为深受群众欢迎的民心工程，为老百姓提供更多更好健康、实用、积极向上的文化信息资源。

3.3.是发挥阵地优势，搭建共享工程的文化示范效应平台，自2011年以来，我们先后3次通过送科技下乡、文化下乡等活动将800余份新型实用技术资料、50多张光盘等农业信息资源分发到村民的手中，让他们在简单易学、易看的基础上提高了农业生产的本领和技巧。同时，我们注重与各乡镇农技服务站合作，将共享工程与农民科技培训紧密结合起来，精心挑选了农业标准化生产、饲养管理、疫病防治等农民急需的技术培训资料，播放专家讲座，进一步促进了农业增效，农民增收。通过开展共享工程走进农村活动，帮助农民掌握到了一定的新型农业实用技术，推进了我区新农村新型农民队伍的建设。

3.4.是我们认真开展共享工程走进中、小学校和幼儿园活动，营造少年儿童健康快乐成长氛围.通过这些活动的开展，培养他们的兴趣和爱好，竭诚为少年儿童健康成长服务。在这期间我们深入到高升街小学、裕丰小学、第六中中学和顺城街幼儿园，充分发挥资源优势，对共享工程进行了相关的宣传、介绍、培训活动，让广大学生了解全国文化信息资源共享工程，使师生们学会怎样使用网络数字信息资源，增强学生们探索网络、渴求健康知识的兴趣。

二、丰富文化生活水平　创新工作思路

我区将以加快发展文化共享工程建设，以整合、开发优秀文化信息资源，推进思路创新、技术创新和服务创新为工作重点；始终坚持以满足广大人民群众文化信息需求为服务中心，努力把我区的文化共享工程推上一个新的台阶。

1、继续推进我区共享工程基层网点的建设

目前我区还有42个未建服务点。我们将争取在5年内对于这些服务点，根据实际情况，分期分批、争取财力，逐步完善开通所有服务点。

2、发挥优势，整合资源，加大资源建设力度

文化信息资源建设始终是“共享工程”的核心。我们在利用国家及各省市区已开发的文化信息资源成果的同时，更应发挥我们地方资源优势，努力将有地方特色的文化信息资源开发出来，建好“区图书馆地方文献资源”数据库。

3、努力建好船山区文化信息网

为充分展示我区文化，方便读者检索，我们利用共享工程这个平台，广泛征集、收集、组织本地具有地方特色的各种文献资源，争取在今后建好我区文化信息网。

4、加强培训，不断提高队伍素质

共享工程是一项采用高新技术推动文化建设的工程，其特点是技术含量高。要求从事这项工作的人员须具备相应的知识和技术，根据工作需要每年组织1–2次专业技术培训，以适应共享工程建设和服务的需求。

5、健全制度，加强文化共享工程的管理

在上级主管部门的领导下，我们将不断完善制度，加强管理，稳步推进；深化公共网络，创新服务内容，加快我区文化共享工程建设，实现又好又快的发展。

（撰文/遂宁市船山区支中心）

遂宁市安居区支中心

安居区位于遂宁市西南部，国土面积1258.2平方公里，辖7个乡、14个镇、497个村民委员会，人口80.6万人。文化信息资料共享工程是国家的一项文化创新工程，民心工程，有着巨大的社会效益和广阔的发展空间。围绕这一惠民工程的开展，我区紧紧抓住这一历史机遇，将共享工程作为推进文化创新、完善公共文化服务体系、提高公益性文化服务水平、促进经济社会协调发展、构建和谐安居的重要抓手，扎扎实实地组织全区共享工程项目的实施。

一、整体联动，共享工程建设全面推进

近年来，我区先后投资500多万元，在全区21个乡镇建立了乡镇综合文化站。投资900多万元，建成农家书屋497个，文化信息资源共享工程县级支中心1个，电子阅览室1个，建立乡镇基层服务站21个，村（社区）基层服务点504个，区、乡镇、村三级文化服务体系已基本形成，均有开展文化活动及文化共享工程的设施和场所。文化信息资源工程安居区支中心于2010年12月建成投入使用，设备总投资68万元。建成了电子阅览室，并开通电信宽带网络，35台计算机都可浏览共享工程的信息，现已向社会全面免费开放，受到广大读者好评。同时，与区党员远程教育中心对接，2010年新增共享工程服务点30个，2011年扩建点40个，实现全区497个行政区全面覆盖，目前各基层服务点运行效果较好。

二、完善体系，服务功能不断提升

为完善公共文化服务体系，我区做好了区、乡镇、村的服务体系建设。县支中心阅览室设置35台计算机为共享工程专用机，免费对群众开放，所购买多种光盘资料全部免费使用。在做好县级支中心的同时，继续认真抓好基层服务工作，将电子阅览室、投影机、幕布等设备免费向广大人民群众开放，公布开放时间和资源内容，为广大群众提供实用性、知识性、娱乐性的文化信息服务；

利用基层网点为广大未成年人提供课外精神食粮，使各基层点成为具有信息服务、教育培训等多种功能的文化中心。

为满足农村和社区群众的精神文化需求，安居区图书馆利用共享工程电脑和投影设备，通过卫星接收电影、戏剧、讲座等文化资源，定期将文化信息资源通过村电视远程教育频道送入农民家中；利用全区乡镇社区广场，经常性开展工作，将不同的节目奉献给群众，电影、地方戏剧、科技知识、生活小常识、法律知识等内容都深受群众的喜爱；经常组织社区居民利用文化信息资源开展丰富的群众文化活动，大量的电子图书、电子报刊资源得到农村中小学师生和家长的喜爱，有效弥补了农村图书资源的不足。今年，安居区图书馆在读者中举办了计算机、共享工程知识免费培训班，培训者达300人；县支中心播放了12场讲座和戏曲节目，观众人数达5000人；组织全区各乡镇基层点共播放视频节目40余次，观众10000余人，极大地丰富了广大群众的业余文化生活。

三、加强培训，运行管理水平逐步提高

各基层点配备了专职人员，采用分片区集中培训、发放培训资料、上门指导、电话咨询、光盘教学、召开现场经验交流会、考试等方法，全面提高基层文化信息共享工作这的业务素质和能力水平。并把文化共享工程的服务与规范管理作为重点，建立和完善支中心和服务网点硬件设施、管理运行办法等，使每个基层点挂牌显眼、制度上墙、开放时间公示、视频播放提前预告、电子阅览管理规范。并制定了基层点管理制度，印发了1000余份简便的《文化信息资源使用指南》，向支中心和全区基层点发放，使广大读者尽快掌握使用文化信息资源的方法。

四、工作展望及打算

我区将继续加大共享工程的投入，完善工作措施，全面建成区、乡（镇、街道）、村(社区)3级网络，丰富服务内容，提高服务质量和便捷性，真正把改革发展的成果惠及全区人民群众，把文化信息资源共享工程建成优质工程、民心工程。为此，我区将重点抓好以下三个方面的工作。

1、进一步争取支持。共享工程是公共文化服务体系的基础工程，是政府提供公共文化服务的重要手段，是文化创新、科技创新的一个重要的生长点。我区将加大宣传力度，争取各级支持，健全工作协调机制，保证共享工程所需的场地、人力、财力、物力、技术，全面推进社区、村基层点建设，同时，加大对共享工程的投入，将共享工程运行经费纳入财政预算，并根据经济发展情况逐年增长。

2、加强管理与服务。将支中心和基层点建设服务情况纳入我区文化工作目标考核，建立日常考核机制。始终把为服务对象放在第一位，通过共享工程设备，通过开展讲座、报告会、读书竞赛等形式多样的公共文化活动，满足广大读者日益增长的多样化、个性化文化需求，全面彰显共享工程在履行公共文化服务职能、推动全民阅读热潮、传播科学文化知识等方面的重要作用。

3、抓好人才队伍建设。改变专业人员缺乏的现状，争取引进一批专业知识扎实、乐于奉献、有经验的管理骨干，建设一支高素质的专业队伍，适应共享工程管理和发展的需要。同时，加大培训力度，做好基层点的培训辅导，提高基层人员的服务能力。

（撰文/遂宁市安居区支中心）

射洪县支中心

全国文化信息资源共享工程射洪县支中心，建设于2007年，国家拨经费，由省上统一采购设备建设而成。因2008年地震，我县用专项经费新修馆舍，并对支中心进行了标准化的装修，整个阅览区和机房安装了防静电地板，采购安装了电脑桌椅和照明等设施设备，联通了网络。建成了有62个座位的多媒体阅览室，并又购买了一套电子白板系统。支中心的装修及设备购买总用资金50多万元。

至共享工程射洪县支中心建成伊始，除开展常规的工作外，我馆充分利用设施设备开展各种活动。邀请全国著名军旅画家敬庭尧给全县知名画家及绘画爱好者作绘画技能及知识讲座；邀请省书画家协会秘书长刘云泉给我县书画和书法爱好者进行了知识讲座。也常邀请县内的演讲与口才协会等组织和协会到馆进行免费培训。为了宣传图书馆，同时丰富学生假期生活，我馆每周六在多媒体室播放儿童影视片，也积极开展“我与书的故事”演讲比赛、“吟诵经典诗文，争做博学少年”小学生朗诵比赛；与西南石油大学暑期实践活动队每年暑假，组织广大青少年开展丰富多彩的暑期活动。

（撰文/射洪县支中心）

大英县支中心

近年来，大英县文广局将全国文化信息资源共享工程大英县支中心、基层服务点建设及服务工作列入重要日程，取得了一定的成效。

一、建设情况

2009年国家财政，省财政出资54.4万元，县财政配置13.6万元，大英县文广局严格按照四川省文化厅、四川省财政厅《关于印发<2008年四川省文化信息资源共享工程县级支中心建设实施方案>的通知》（川文发[2008]19号）和《关于下发2008年全省文化信息资源共享工程建设实施细则的通知》（川文办发）[2008]129号的要求，采取有力措施，安排技术精湛的施工队伍，加强全国文化信息资源共享工程大英县支中心建设。多媒体讲座厅、电子阅览室、机房装修于2009年8月底全部竣工。2009年9月初投入使用。现已正常运行3年。

二、开展工作情况

1、引导读者阅读网上图书，年接待读者12000余人次。

2、不定期地到乡村播放文化信息资源共享工程宣传片，播放种植技术、养殖技术，让农民学习科学种田，科学养殖技术。同时将种植技术、养殖技术记录成盘送到农民的手中。2008年发放光盘396张，09年发放光盘470张，2010年发放光盘303张，2011年发放光盘410张，2012年发放光盘490张。

3、经常举办培训。培训内容主要包括：共享工程介绍、计算机基础知识、共享工程的运用和掌握等。通过培训，使读者了解了共享工程的目的以及意义，使更多的读者受益于全国文化信息资源共享工程，以此提高科学文化知识。2009年举办培训6次，培训人员636人。2010年举办培训6次，参培人员723人，2011年举办培训5次，参培人员652人，2012年举办培训7次，培训参培人员820人。起到了辅导作用。

4、扩大文化信息资源共享工程的社会影响，丰富市民的夜间文化生活，弘扬优秀传统文化，深入社区开展“文化进社区——服务宣传月”活动服务。在全县各社区免费巡回放映优秀爱国题材电影76场次，服务人数10000余人。使广大青少年受到了更多的爱国主义教育，也使中老年市民重温了久违的露天电影。扩大了图书馆社会服务的广度和深度。

5、不定期地组织人员到馆收听讲座。播放《论语感悟》、《论语学习之道》、《成长中感悟》、《独物的启蒙》、《易经与人生》、《庄子的人生境界》等讲座62次，服务人数17000余人。使学生增长了知识，开阔了眼界，树立了学生们正确的人生观，受到了广大人民群众的好评。

这些活动发挥了文化共享工程大英支中心的作用，活跃了文化气氛，丰富了广大人民群众的科学文化知识，激发了广大人民群众的学习兴趣和进取精神。

（撰文/大英县支中心）

威远县支中心

一、基本情况

全国文化信息共享工程威远县支中心于2006年4月成立了全国文化信息共享工程威远县领导小组，2006年8月在威远县图书馆建立。威远县按照文化共享工程县级支中心的建设要求，由政府分期投入33万余元建立起了公共电子阅览室、多媒体演示厅、服务机房。现在威远县信息共享工程拥有10兆光纤专线、2台专业服务器、专业交换机路由器、电子阅览室48台套电脑及桌椅、多媒体演示厅配备投仪和音响设备及62套桌椅。馆内配备专职信息工程管理、技术岗位3人兼职1人，分别为综合管理、设备维护管理、电子阅览室管理和支中心主任（图书馆业务副馆长）。

威远县文化信息共享工程建设自2006年与馆内自动化、网络化建设结合起来，建立了全馆局域网络，提供馆内自动化办公和文件共享。

网站建设方面，在县政府大力支持下，购买了深圳科图的ILAS II和操作系统，开发了馆内网站：威远县图书馆网站（http://www.wytsg.org/）和威远逐日文学网（www.zhuri.cn）并对外开放。

参加地区联网服务，在利用共享工程中心网站资源和通过卫星投放的资源的同时，我们注重与省、市、县图书馆的联系与合作，签订了资源共享协议书，争取上级业务部门的支持整合各类资源，达到共建共享。如省级中心给我们配发了音像光盘，市分中心配备了讲座光盘，我馆向省、市图书馆提供了地方文献。在馆内公共电子阅览室将文化信息资源共享工程放到每一台电脑的桌面，读者可随时点击进入。在《今日威远》网站设置了共享工程连接，与《中国威远政府信息公开》，全国、省、市文化信息共享工程进行连接，实现本共享工程网站面向社会全面开放。

二、资源建设

在2012年建设完成电子图书资源数据库30万册（将

共享工程培训现场

电子资源与纸质资源整合）、电影频道资源数据库800部（分为地理类、历史类、动物类、科技类、人物类、少儿类、军事类、文艺类、讲座类、自建类等10类视听资料。）、地方文献数据库（涵盖地方文史、家谱及族谱、各类志、地方党史、各类地方史料、地方文物保护单位、地方文物鉴赏、地方文史研究等资源进）。让读者能浏览到珍贵的地方资料的同时，也保护了地方文化数据资源。

三、经费投入

截至2012年9月省级、县级财政共投入项目建设、运行经费120余万元，威远县县财政共投入66.5191万元，其中运行维护经费16万元、设施建设经费50.5191万元。

三、规章制度和档案管理

为了完善与健全支中心管理工作，特制定：《“文化共享工程”设备使用与档案管理规定》、《全国文化信息资源共享工程电子阅览室管理制度》、《机房安全卫生防火管理制度》、《网络中心机房管理制度》、《网络安全管理制度》等一系列制度。

四、基层点建设

与党员远程教育对接，截止2012年共建共享工程服务点343个，完成对20个基层点的安装与授牌。结合《农家书屋》培训举办《共享工程基层点培训班》，使对接的服务点都会运用，收到较好的效果。

五、活动开展、宣传推广、培训工作

在实施共享工程的过程中，不断拓展共享工程的服务内涵和方式，充分利用这一全新的工作载体条件，开创了基层文化工作的新局面。

1、开展了丰富多彩的活动。为加强未成年人思想道德建设工作，利用星期天节假日针对未成年人播放百部爱国主义教育影片，科普类等影片，举办思想道德建设方面的讲座、名著赏析等，引导未成年人多读书。根据老年人平时生活的诸多习惯特点，上网下载了营养、健康、保健和战争题材的故事片、名著欣赏讲座等进行放映。使他们获得了精神的强健与文化的关爱，深受广大市民的欢迎。

共享工程基层点培训现场

2、开展信息工程资源宣传。建成威远县全国文化信息资源共享工程以来，为了扩大其在基层群众中的影响，广泛宣传其作用和意义，使各级领导和群众充分认识到这是一项惠民工程、民心工程，认识到工作的重要性和必要性以及文化信息资源的可用性。在《今日威远》网站的首页上设置共享工程热站链接，把《共享工程》放在电子阅览室每台电脑桌面上，所有电脑免费提供读者。并时刻注意将资源共享活动与当前工作重点有机的结合，这样既可增强对共享工程的宣传力度，又收到了立竿见影的效果。

3、利用信息工程资源开展教育与培训。全年免费开放电子阅览室，每月开展一次共享工程知识利用培训。结合城乡的实际情况，我们有选择的把科技知识制成光盘，送科技下乡，让广大农民不断感受到先进科学和现代文明，通过一系列培训教育，吸引了更多人利用信息工程资源，充分发挥支中心的作用。

（撰文/威远县支中心）

资中县支中心

2008年，资中县批准为全国文化信息资源共享工程建设试点县。工程启动以来，县委、县政府高度重视，县财政、文化主管部门大力支持，按照统筹规划，突出重点，覆盖城乡，有序推进的总要求，把文化信息资源共享工程建设作为推进我县文化大发展、大繁荣的重大文化民生工程来抓，取得了较显著的成效，到2012年止，全县建成共享工程县级支中心1个，乡镇综合文化站服务点33个，村级服务站点237个。

一、加强领导，组织保障

为确保我县文化信息资源共享工程建设的有力推进，2008年省文化厅、省财政厅正式批准我县作为文化信息资源共享工程建设试点县后，县图书馆向县委、县政府主要领导汇报，成立了以县委常委、宣传部部长为组长，分管文化的副县长为副组长，宣传部、财政局、文化局、发改委、审计局、监察局、图书馆等部门领导为成员的资中县文化信息资源共享工程建设领导小组，召开联席会议，专题研究我县文化信息资源共享工程建设规划，为我县文化信息资源共享工程建设提供了强有力的政策支持和组织保障。

二、抓投入，突出重点

2008年为了按时完成省中心下达的县级支中心建设

任务，县图书馆抓紧规划共享工程支中心建设用房，县财政及时下达支中心建设专项经费46万元用于支中心电子阅览室、主控机房和多媒体室的装修，安排设备专项经费47.6万元用于设备采购，确保了省中心配送设备的按时安装，保证2009年元月50座规范电子阅览室和70座多媒体室正式对读者开放。截至2012年底共享工程县级支中心总投入达120.6万元。

三、基层服务点建设

县级中心建设完成后，图书馆按照有序推进，逐步覆盖城乡的总要求，在县文化体育广播影视和新闻出版局的领导下，一方面积极与县委组织部远程教育中心配合，以农村党员远程教育平台为基础，在全县农村开展了共享工程村级服务示范站点建设，截至2012年底全县已建农村共享工程村级服务示范站点237个；另一方面图书馆结合乡镇综合文化站建设，在全县33个综合文化站的建设中，建设文化站电子阅览室33个，建设文化站阅览室33个，全部向社会免费开放。

四、强化服务，文化惠民

服务乃共享工程建设之根本，为此我们始终围绕服务大众的要求，建立健全了电子阅览室和多媒体室管理规章制度，严格科学管理，全面实行读者上网实名登记制度和上课期间一律不接待学生读者的规定。据统计电子阅览室开放以来，年接待读者8000余人次。在多媒体室的管理中，全馆十分注重针对性，有针对性的开设讲座、电影放映，并与县就业局配合开展下岗失业人员再就业培训，年培训下岗失业人员达800人次以上，年开设讲座达24场次，年接待人员达2000余人次。

在为基层服务工作中，图书馆利用投影仪在农村开展科教影片放映，把农业种植、养殖技术视频资源送到农村，得到了农民朋友的热烈欢迎，全年放映科教电影达24场次，观众5000余人次，同时我们要求各基层服务站点要把留守儿童的教育作为重点来抓，免费为留守儿童开放图书室，为留守儿童播放有利于儿童健康成长的视频资源。

五、抓队伍，促发展

队伍建设事关共享工程建设能否取得实效的关键，因此图书馆十分重视抓队伍建设：

一是在共享工程建设之初，图书馆抽调2名熟悉电脑的专业人员作为共享工程建设的专职人员，负责全县共享工程建设的具体工作；

二是组织安排共享工程专业人员参加国家中心的网上培训，积极参加省中心组织的各类培训，通过培训，队伍的专业素质有所提高，

三是针对基层人员变化大的特点，图书馆结合农家书屋的专业培训，每年开展基层服务站点人员的业务培训，基层服务站点业务素质有所提高。

六、工作展望，前途光明

近年来，我县文化信息资源共享工程的建设在县委、县政府的高度重视下，在县财政和宣传文化主管部门的大力支持下，取得了一些成绩，但也还存在队伍无编制、经费短缺、资源建设进展缓慢，基层服务能力和水平不够等诸多问题。

在今后的工作中，资中图书馆将全面加强共享工程队伍建设，继续强化村级服务站点建设，力争到十二五末实现全县农村和社区的全覆盖，全面加强共享工程资源建设，推进图书馆数字化进程，努力把文化惠民工程办好办实。展望未来，我们前途光明，共享工程的建设一定会取得更加可喜的成效。

（撰文/资中县支中心）

隆昌县支中心

隆昌县图书馆成立于1988年，为我县“最佳文明单位”、“卫生先进单位”；1994年、2005年、2010年三次被文化部达标定级定为“国家三级图书馆”。

隆昌县图书馆2008年加入了全国文化信息资源共享工程，但由于场地、经费等原因，该项工作一直无法开展。随着全国文化信息资源共享工程在全国范围内的深入推广，2011年底在上级部门的关心支持下，隆昌县图书馆抓住有利时机，利用财政资金，对馆舍进行调整改建、架设网络环境，搭建共享工程平台，使得这项惠民工程得到了很好的落实 。

一、基本情况

“共享工程”隆昌县支中心共投入建设经费10.5万

2012年5月“共享文化阳光”宣传活动

元，其中隆昌县财政拨付7.8万元，自筹经费2.7万元。隆昌县图书馆于2011年12月将原少儿阅览室进行调整改造建设成为“全国文化信息资源共享工程•公共电子阅览室”，配备有30台电脑和服务器、网络存储器、投影仪、打印机、复印机等相关现代化设备，接入6兆电信光纤。

二、整合资源，共建共享。

在利用共享工程中心网站资源和通过卫星投放的资源的同时，注重与内江市图书馆的联系与合作，争取上级业务部门的支持，整合各类资源，达到共建共享。

按照“资源共享、优势互补、互利互惠”的原则开展协作共建，与板栗湾社区及石燕桥中心校两个基层点签订了资源共享协议书，为基层图书点提供流动图书近1601册，阅览桌11张，书架20个，阅览凳30张。

充分利用共享工程设施设备，实现业务自动化管理。“一卡通”业务方便读者，读者仅持一张电子读者卡，即可免费办理借还书籍、电子阅览室网上阅读、文献资料查询、图书馆网站访问等公共服务业务。

三、注重宣传，扩大影响。

隆昌县图书馆自开展“全国文化信息资源共享工程”工作以来，为了扩大其在基层群众中的影响，利用报刊电视等媒体对共享工程进行宣传；将资源共享活动与当前工作重点有机的结合，以增强对共享工程的宣传力度：

1、利用读书日活动对共享工程进行宣传。4月23日在隆昌县东门广场举办第十七个“世界读书日”大型宣传活动，对共享工程建设的完成及免费开放进行了有效地宣传，发放隆昌县图书馆编印的宣传册、宣传单、读者调查表等800余份。2、5月在县城东门广场举办了“共享文化阳光——2012年隆昌县公共文化服务免费开放”宣传活动，活动以“共享文化阳光”为主题，采用歌舞表演、诗朗诵、展板宣传、发放宣传册等丰富多彩的活动形式，对共享工程建设及公共电子阅览室免费开放进行了大量宣传。3、在地方报纸《隆昌宣传》中对公共电子阅览室的功能、定位及对未成年人的保护等方面进行了宣传。

2012年10月8日隆昌支中心老年电脑培训班开班典礼

四、发挥优势，开展活动。

在实施共享工程的过程中，不断拓展共享工程的服务内涵和方式，充分利用这一全新的工作载体条件，开展“四进”活动，开创了文化惠民工作的新局面。

1、走进农村。随着城市化改造，农民、社区居民对待现代科技信息和文化的需要迅速增加。隆昌县支中心根据农民的需求，下载家禽饲养、苗木、花卉栽培等相关信息达8万多字，并印成资料免费分发到村民手中，让广大农民不断感受到先进科学和现代文明。

2、走进学校。为加强未成年人思想道德建设工作，在图书馆内针对未成年人开展了“梦想课堂”活动；与教育局联合，深入各中小学校，利用共享工程配发的的投影仪到教室播放优秀影片和礼仪知识讲座，开展爱国主义教育活动。

3、走进社区。走进社区，针对下岗职工、待业青年、进城务工人员开展电脑培训，让他们学有所长，扩宽择业面。第一期培训共收到学员38人，结业38人。

4、走进老年人群体。坚持“贴近生活、贴近实际、贴近群众”的三贴近原则，对老年人开展资源服务。

4.1.免费举办老年电脑基础知识培训。充分利用共享工程的技术设备，免费举办老年电脑基础知识培训班，帮助老年人学习电脑、网络知识，让他们跟上时代的步伐，晚年生活更加丰富彩。2012年10月8日首期54人的培训班已开班，培训以60岁以上能够自理的老年人为对象，以读报与订阅电视节目、浏览股市行情、网上求医问药、购物、QQ聊天、电子邮件收发等为内容。

4.2.对老年大学、敬老院等开展了资源服务。根据老年人平时生活的诸多习惯特点，上网下载了《营养与健康》、《科学保健》、《晚年的幸福生活》等系列视频资料和战争题材的故事片、名著欣赏讲座、中国京剧音配像等前往放映。让他们获得了精神的强健与文化的关爱。

五、工作展望

在今后的工作中隆昌县支中心将更加努力的探索利用共享工程服务的新路子，更好地发挥共享工程的作用，为把共享工程办成惠民工程、民心工程而不懈努力。

（撰文/隆昌县支中心）

乐山市支中心

一、建设情况

2000年7月20日乐山市图书馆电子阅览室建成并对外开放，规模为20台读者机，2台服务器。

2004年10月，由市政府投入30万元，市图书馆自筹4万多元在原有电子阅览室基础上建成“文化信息资源共享工程乐山支中心”，规模为40台读者机，4台服务器。

2010年10月由省财政投入40万元，对乐山市图书馆文化信息资源共享工程支中心及乐山市图书馆局域网进行改造，更新读者机43台，新增服务器1台。

市财政从2005年起每年向乐山市图书馆文化共享工程支中心投入10万元作为运行维护经费。

二、人员配备

目前乐山市图书馆文化共享工程支中心共有5名专职技术人员负责日常技术工作和读者服务。

三、服务情况

乐山市图书馆文化共享工程支中心每年开放363天，每天开放时间9：00至18：00，每周开放63小时，每年平均接待读者15000余人次，平均每周服务300人次。从2011年4月开展图书馆免费服务开始读者人次显著增加，平均每天接待读者80人次左右。

四、资源建设情况

乐山市图书馆文化共享工程支中心主要资源有：国家中心资源、省中心资源和本馆自建资源。本馆自建资源有6个地方资源数据库：

1、《乐山市地方文献书目数据库》收录数据6000余条，全部数据为MARC格式；

2、《乐山文化人物数据库》收录数据341条；

3、《乐山书画艺术数据库》收录数据124条；

4、《郭沫若研究数据库》收录数据6335条，其中全文暂有300余条，时间范围从1900年到2001年；

5、《二苏研究数据库》收录数据1000条；

6、《乐山人文与自然剪报数据库》收录数据700余条。

乐山市图书馆文化共享工程支中心购买的数据库资源有：

中国知网数据库、超星学术视频、超星电子图书；免费试用的数据库资源有：

银符在线考试模拟题库、龙源人文电子期刊、博看期刊网和“视频•中国”数字视频资源。

五、建成区域性文献信息公共服务平台

2011年4月本馆与乐山师范学院图书馆、乐山职业技术学院图书馆、成都理工大工程技术学院图书馆和超星公司合作开通“乐山市文献信息服务中心”网络平台，为我市党政机关、企事业单位，以及所有读者提供了一个具有丰富文献资源、先进技术手段和便捷服务体系的区域性文献信息检索获取的公共服务平台。

平台建成后理论上实现了乐山市各级公共图书馆、高校图书馆、科研图书馆、中小学图书馆，情报所及企业图书馆信息资源协调采购、联机书目查询、馆际互借与通阅、文献传递、网上联合咨询等功能，以公益性方式，为全市人民提供快捷、高效、优质的文献信息服务。实现了对中心平台的所有信息资源统一认证、统一检索和一站式信息传递与推送等服务。

从文献信息服务平台开通以来我馆采取发放体验卡，发放宣传资料，显示屏播放使用教程等形式向读者大力推广，迄今多次满足市领导及普通读者对文献信息的需求，获得他们的好评。

乐山市图书馆文化共享工程支中心主要功能：

1、书目数据的查询及检索；

2、数字化图书报刊的阅览；

3、VOD视频资料的实时点播；

4、共享多媒体光盘资料检索；

5、专题数据库查询及检索；

6、互联网信息的浏览。

（撰文/乐山市支中心）

泸州市支中心

2003年，泸州市以市图书馆为共享工程建设服务平台启动了文化信息资源共享工程建设，2005年，市图书馆被四川省共享工程分中心确定为全省第一个共享工程市级支中心。

中心成立后，采取“由县到乡，由上至下”稳步推进的方式，不断强化服务延伸，先后建立了纳溪、合江、龙马潭、泸县、叙永、古蔺、江阳7个县级支中心。同时，与乡镇综合文化站及农村党员远程教育同步推进，共同开展乡镇、村基层站点建设，已建立乡镇基层服务站142个、村（社区）基层服务点1706个，实现了共享工程的全覆盖。

一、不断完善设施设备，夯实硬件基础

泸州市图书馆于2000年引进ILASⅡ图书馆自动化集成系统，自动化建设正式起步。实施自动化建设，特别是共享工程建设启动以来，泸州市图书馆不断完善硬件设备等基础设施建设，于2005年正式实行自动化管理、2006年开通泸州市图书馆网站。2011年，市图书馆列入国家“数字图书馆推广工程”试点范围，按照“数字图书馆推广工程”市级数字图书馆硬件配置标准的要求，切实开展硬件平台搭建工作，设施设备得到了较大的提升。目前，已经配备了高端服务器3台、低端服务器4台、磁盘阵列1套（存储空间达30TB）、VPN防火墙2台、终端电脑80台、扫描仪3台、投影仪4台、笔记本电脑3台、电子读报机4台及数码照相机、摄像机等自动化设施设备。建成市支中心面向社会公众免费开放的公共电子阅览室，为广大市民，特别是青少年提供绿色健康的网络使用平台。

二、加快数字资源建设，丰富资源类型

在不断改善提升服务设施设备的基础上，泸州市支中心充分利用共享工程和数字图书馆的设备和数字资源，在市财政的大力支持下，加大以数字化信息、电子文献为主的数字资源建设力度，不断丰富资源类型：

1、购买公共数字资源，丰富资源类型

支中心成立以来，在市财政的大力支持下，先后购买了电子报纸及人大复印报刊资料全文数据库、超星电子图书、维普电子期刊、读览天下期刊数据库等专业数据公司的电子资源。

2、注重自建数字资源，突出资源特色

组织老年人进行计算机网络知识培训

在丰富资源类型的同时，支中心高度重视特色数字资源的建设，目前已先后完成了馆藏普通图书书目数据库、馆藏古籍书目数据库、馆藏地方志目录、古籍省内地方志全文数据库、部分古籍善本全文数据库的建设。

3、收集地方电子资源，体现地区特色

为体现泸州地区文化资源特色，近年来，市支中心加大了对红色泸州、科教生产、酒城讲坛及泸州市非物质文化遗产项目等特色电子资源的收集力度。目前已收集我市申报成功的非物质文化遗产电子文献资料共70余项（其中，泸州老窖、雨坛彩龙等国家级非遗项目4种，泸州“肥儿粉”、胡市“火龙”等省级、市级非遗项目60余种）及其他类型的电视资料片50种。

三、强化业务知识培训，培养基层人才

为规范基层站点日常管理工作，提高基层站点管理人员业务素质，我市加强对各基层服务站点的业务指导和监督管理，将共享工程业务培训作为目标考核的重要内容，采用分级集中培训、分区分片培训、发放培训资料、上门指导、电话咨询、召开现场经验交流会等方法，广泛开展业务知识培训。市支中心充分发挥业务指导作用，坚持定期开展面向基层站点管理人员的业务知识培训和工作指导，提高基层管理人员服务水平，规范基层站点服务内容。仅2011-2012年，市支中心就先后组织专业人员深入各县区组织开展乡镇、村基层站点的管理人员业务知识集中培训6次，参与培训的基层管理人员近500人。

四、坚持开展惠民服务，促进文化共享

市支中心在抓好基层站点管理、培训的同时，充分发挥共享工程服务基层群众的作用，常年坚持开展送文化进社区、进农村、进单位等活动，将优秀文化信息资源送入千家万户，让广大人民群众共享文化发展成果。仅2011-2012年，市支中心就先后组织开展各种形式的文化活动，主要有：

1、开展送电影到基层活动。依托文化信息资源共享工程提供的丰富资源，积极开展“欢乐春天”文化惠民进学校、“庆祝建党90周年，百部红色电影展播”、“幸福酒城•悦读生活”优秀电影巡播等电影进基层活动，先后将电影送到街道社区、中小学校、驻泸部队、建筑工地、泸州福利院、泸州市特殊学校等地，为社区群众、学生、农民工、老人、官兵等不同人群播放多个主题的优秀影片近100场，极大地丰富了广大人民群众的精神文化生活。

2、完善公共电子阅览室设施及资源，配备名家讲座、科技知识、文艺作品、影视等光盘资源，按照公共电子阅览室管理办法设置管理软件，免费向广大读者、市民开放，营造绿色、文明、健康的上网环境。购置EV1000盲人听书机供视障读者使用，安装信息无障碍“贴心广角”软件，为老年人、色盲、色弱、残疾人、儿童等浏览网页有障碍的人群提供服务，通过网页缩放、改变页面颜色、语音朗读及拼音标注等功能，帮助老年人、视力残疾人士、色盲人士更加方便、快捷地浏览网页，获取信息。

3、利用公共电子阅览室，面向不同的群体，特别是未成年人、农民工、老年人等特殊群体，免费开展有关数字化、网络化知识的技能培训。组织开展了“老年人电脑基础知识讲座”、“青少年网上读书卡使用培训”、“农民工电脑知识培训”、“读者网上读书卡使用培训”等活动，帮助他们掌握计算机操作方法和了解市支中心的信息资源内容、掌握检索资源的技能。通过培训，增强了群众对数字资源的认识和获取能力，提高了数字资源的利用效率。

4、组织开展网络教育，营造未成年人绿色上网空间。通过定期组织未成年人集中观看国家中心网站专题视频讲座、组织开展“阳光少年热爱党”、“向雷锋那样•••”等电脑小报设计比赛活动、组织开展青少年网页设计培训及“学英雄少年、为奥运添彩、做有道德的人”网上签名暨留言等形式多样的主题活动，提高未成年人使用共享工程网络资源的能力，引导未成年人健康、绿色上网。

5、坚持“网上读书卡”向群众免费发放。今年市图书馆制作了网上读书卡5万张，并坚持把“网上读书卡”免费向泸州市各机关单位、企事业单位、社会团体和广大市民发放，同时，开通了市图书馆读者借阅卡的网上阅读权限，初步实现了让群众足不出户随心阅读。对文化资源的共享起到了有力的推动作用，让群众真正能够共享公共数字文化发展成果。

五、加强对外宣传力度，扩大共享工程影响

长期以来，市支中心高度重视对外宣传工作，通过宣传栏、简报及制作宣传资料广泛宣传共享工程的资源及服务内容。同时积极加强与泸州日报社、电视台等相关媒体的联系，加大宣传报道力度，宣传效果显著。仅2012年，《泸州日报》宣传报道28篇；《泸州电视台》新闻栏目播报15次；《泸州电视台》教育频道播报28次；其中专题节目3次；泸州市图书馆网站报道76次；四川省图书馆网站报道30篇；《川图导报》8篇、中图学会网站报道7次。

六、荣誉奖项

由于基础业务工作扎实、公共文化服务成效显著，市支中心的工作得到各级领导的好评和社会各界的一致认可。由市支中心选送的“阳光少年热爱党”电脑小报设计作品，其中一幅荣获国家二等奖；组织开展“向雷锋那样•••”电脑小报设计，被四川省文化息资源共享工程领导小组评为“优秀组织奖”。

（撰文/泸州市支中心）

泸州市纳溪区支中心

泸州市纳溪区自2006年开始实施文化信息资源共享工程实施，将共享工程作为推进文化创新、完善公共文化服务体系、提高公益性文化服务水平、促进经济社会协调发展、构建和谐纳溪的重要抓手，扎扎实实地组织全区共享工程项目的实施，文化信息资源共享工程区级支中心1个，区图书馆网站1个、镇级基层服务点14个、村级远程教育终端213个，区、镇、村三级文化服务网络体系已基本形成。

一、基本情况

文化信息资源共享工程纳溪区支中心于2006年建成电子阅览室，2008年建成中心机房投入使用，设备总投资68万元。其中：区级支中心建成电子阅览室90平方米，坐位30个，中心机房10平方，网站可容量400GB，实际容量35GB。支中心专线以每月1800元月租，通过30M光纤接入互联网，现已向社会全面免费开放。支中心的建成，进一步推动了我区图书馆基础建设，实现了图书馆网络化、数字化、自动化管理。

2009年至2012年，分批在我区护国镇等12个乡镇文化站建成文化信息资源共享乡级服务点，分别通过电信模式模式终端接收，和农村党员干部现代远程教育工程互为补充，由区委组织部负责实施，区图书馆负责硬软件支撑、设备的调试、运行、人员培训、业务开展等工作，目前各基层服务点设备运行良好。

二、开展活动情况

在省中心、市局的正确指导和大力支持下，在区委、区政府的坚强领导下，通过多年的建设运行，各站点充分利用现有设备，发挥文化共享，为弘扬先进文化，构建和谐社会，建设社会主义新农村，丰富城乡群众文化生活起到了重要的作用。我们主要做了以下三方面工作。

1、加强领导，加快共享工程基础设施建设

近几年来，随着经济的发展，市民对科学文化的需求显得尤为迫切。面对我区基层文化设施陈旧、文化投入不足、文化资源匮乏的现状，区委、区政府高度重视，决定以共享工程建设为契机，把传播先进文化、转变致富理念、普及科学文化知识作为共享工程建设的最终落脚点，并采取有力措施，使共享工程建设工作落到实处。一是加大投入，加强基础设施建设。共享工程配套费从无到有，逐年增加。区级支中心更换了终端设备，改善了上网环境，升级了中心机房设备，开设了流动图书室。使共享工程覆盖面更全，渗透力更大，普及性更强。二是加强乡镇、社区文化队伍建设，完善乡镇、社区文化站、基层服务点治理制度，加强共享工程基层服务点的管理。2012年8月通过招考、聘用等形式为全区14个镇（街道）配备文化专干14名。明确了文化专干职责，指导各基层服务点做好群众需求双向反馈工作，利用综合文化站现有资源、设施设备为基层服务点提供服务。做到了人员、阵地、牌子、设备、制度“五落实”。三是构建遍布全区的基层服务网络，改善基层文化工作手段陈旧落后的状况。各村、社区服务点依托文化活动室的便利条件，由区图书馆向服务点提供图书、杂志等，满足市民精神文化生活需要；各个村依托农村远教基层服务点，充分利用农村党员电教室设施设备的优势，使党的方针政策、科学技术信息以更加新奇直观、形象生动的方式迅速走向千家万户。

2、整合信息资源，使共享工程在基层开花结果

由于条件所限，农村的群众不便于到城镇享受优质的网络资源，将新思想、新科技用一种直观、易懂的形式送到农民身边就成了及时雨、雪中炭。为了使群众对农业新科技能够看得懂、用得上、见效快，区委、政府组织文化、农牧、卫生等涉农部门，利用共享工程网络和资源对农村进行群众的政策法规、先进性教育、农业科技、文化体育、防疫保健、科普知识等培训，扩大宣传面，使群众快学技术，早得实惠。

3、坚持创新，突出重点，将文化信息资源共享工程建设引向深入。

针对广大干部群众读书难的问题，开展流动图书室，将流动图书室开进农村、进学校、进社区、进农户，让群众通过愉快的阅读，把学习党和国家方针政策的热情转化为建设社会主义新农村、构建和谐社会的自觉行动。

1、图书馆面向中老年人，突出思想健康教育。

为区老干局年活动中心、老年大学、老年公寓开展了资源共享服务，根据老年人平时生活的诸多习惯特点，送老年人们资料《营养与健康》、《科学保健》、《晚年的幸福生活》等系列视题材的书籍等。

2、面向广大青少年，突出思想道德教育。

与城区中小学联合，深入各中小学校开展活动。为逸夫小学、江南职业学校、龙车小学校、英才学校等4所学校的学生，利用图书馆的资源和场地播放优秀影片和经典赏析讲座10场（次），受教育学生2700人（次）。切实加强和改进了未成年人思想道德建设。

3、面向残疾人，开展劳动生活技术教育。

开展了残疾人读书活动启动仪式，培训残疾人上网；建了盲人阅览室，购置了80多本按摩、医学、文学方面的书籍，设置两台盲人专用电脑，方便盲人读者阅读；为区残校学生送去价值800余元的十字乡教材，鼓励教育特殊学生“身残志不残”，勇敢扬起生活的风帆。

四、工作展望

一是进一步扩充文化设施网点，以区图书馆、镇综合文化站、村远教服务点为实施主体。加强基层文化设施网点网络化、数字化建设，加强文化、科技信息资源自动化、网络化建设和专业技术人员的培养，为深入推进共享工程的实施打好基础。

二是努力把文化信息资源共享工程用活、用好。积极采用图书馆成熟技术，借助数字电视和远程教育服务网络，大力开展公益性服务。尤其加强对广大农村地区的扶持力度，将文化共享工程建设成为社会主义新农村的重要抓手。以先进文化教育广大群众，提高人民群众的思想道德水平和科学文化素质，最大限度地将信息资源转化为生产力，通过多种形式拓展服务范围、创新服务方式，将地方非遗、民歌民谣、音乐歌舞、美术等艺术

表现形式纳入共享工程服务内容，以群众喜闻乐见的形式使共享工程更加贴近基层、贴近生活、贴近群众。

三是在实施过程中加强与上级业务部门、区直各部门的沟通与协调，使共享工程服务群众更具针对性和时效性。同时，不断总结经验，改进创新治理体制和运行机制，使“共享工程”真正成为文化创新工程。

我区文化信息资源共享工程中在各方面的不懈努力下已初见成效，但目前的运行状况距离上级领导的要求和人民群众的需要还有很大差距，希望上级领导和业务部门能够在资金、技术等方面能够给予大力支持。

相信在不久的将来，文化信息资源共享工程一定会以一个全新的面貌展现在群众面前，一定会成为老百姓满足的文化信息工程，成为社会主义新农村建设的有力支撑。

（撰文/泸州市纳溪区支中心）

泸县支中心

全国文化信息资源共享工程是公共文化服务体系的基础工程，是广大人民群众“求知、求富、求乐”的重要渠道，是政府主导的一项惠民工程。为了有效地利用好这一公共资源，我县于2007年成立了以副县长为组长，县委宣传部、县财政局、县文体广电局、县图书馆主要领导为成员的共享工程领导小组，开始实施县级支中心建设工作。5年来，泸县支中心的建设经历了从无到有、不断丰富扩大、不断探索创新的发展历程。

2008年，县财政投入25万元，通过公开招标的形式，建立了拥有28台电脑，3台交换机等设备的电子阅览室，在电信开通了8兆光纤，接通了互联网供读者上网阅读查询，至此，共享工程泸县支中心正式成立并面向社会开展网上服务工作。县财政每年拨款2万元经费供支中心进行运行维护使用。

2009年，我县被列入全国文化信息资源共享工程县级支中心建设项目。为有效地利用好国家68万设备的安装运行，县财政于2011年划拨15万元经费，将公共电子阅览室、多媒体阅览室、中控室等装修一新，添置了电脑桌椅，会议桌椅等设备设施。

目前，所有设备已安装、调试完毕，支中心网站也即将投入运行。支中心将利用数字化技术，把图书、文献资料等文化资源转化成为数字化的共享资源，通过公共信息网络无偿传送到镇村基层服务点，让更多的群众享受到更丰富、更便捷的文化服务。在完善县级支中心建设的同时，乡镇基层服务点也在紧锣密鼓地进行建设。在县文体广电局的组织指导下，现已建成19个乡镇共享工程基层服务点，每个点拥有5台电脑，1台打印机，1台电视机，1台DVD播放机，1套音响等8万元的现代化设备设施，所有站点均接入高于2兆的互联网并对公众开放，每周开放时间均在50个小时以上。

“新农保”培训

全县251个村级党员远程教育暨共享工程基层服务点在县委组织部的领导下，已于2007年全面完成建设工作；61个村级文化活动室也已建成，每个活动室内有3台电脑、1台打印机，1台电视机，1台DVD播放机，1套音响、1台照相机等5万元的现代化设备设施部。

到目前为止，我县已经形成了县级支中心、乡镇和村级基层服务点三级联动的网络服务体系。支中心每年通过“请进来”、“走出去”、“网络讲座”等多种方式，加强各级管理人员的专业技术培训，不断提高他们的技术水平和服务能力，使之能更好地为广大群众开展网络信息服务。

几年来，我县共享工程支中心始终坚持科学发展观，以“服务第一”为宗旨，创新服务方式，多渠道地开展惠民服务。先后开展了“进城务工职业技能流动讲座”、“文化共享助春耕”活动、“热爱祖国，放飞希望”活动、“文化共享世博行”、“欢乐共享楹龙年”、“敬老助老，关爱老人健康”等系列活动，同时常年开展送文化下乡、送电影进看守所等活动，收到了很好的社会效益。支中心根据留守儿童、老人、农民工、个体商人等各类人群的不同需求，每周末定时播放知识讲座视频，让他们各取所需，满意而归。

支中心在电子阅览室电脑上安装了“超新阅读器”软件和大量电子图书，方便读者上网读书。支中心以先进的技术力量，每年与乡镇学校和村级学校开展共建活动，帮助边远学校建设图书阅览室和电子阅览室，同时通过开展系列读书活动，促进师生阅读水平的提高。支中心先后与泸县一心学校、泸县得胜小学、泸县特殊学校、泸县福集镇小等10多个学校结成了共建单位，将数字资源装载到学校的电子阅览室电脑上，让广大师生共享丰富的数字资源，同时与学校共同开展“阳光少年热爱党”、“向雷锋那样”、“喜迎十八大”、“我读书，我快乐”等电子小报设计比赛活动，极大地激发了广大农村学生热爱先进科学技术的兴趣。

经过几年的努力，我县共享工程工作在提高农村信息化水平，丰富广大人民群众的精神文化生活，保障人民群众的文化权益，满足群众不同层次的文化需求，建设社会主义新农村，构建和谐社会等方面发挥了积极作用并取得了一定的成就。

2006年，我县支中心荣获四川省文化信息资源共享

泸县福集镇小电子小报设计比赛

工程“建设社会主义新农村”送电影下乡公益活动二等奖。2008年荣获泸州市公共图书馆“先进集体”称号，每年在市、县公共图书馆目标考核中均获一等奖，多次被县文体广电局评为“先进集体”。

展望未来，泸县文化共享工程支中心将利用先进的设备，把“千年古县，宋韵龙城”特有的“龙文化”资源，收集、制作成数字资源库，让更多的群众了解泸县的石刻文化、龙桥文化、龙舞文化和农民演艺文化。通过网络让县级支中心、镇级和村级基层服务点形成一个联动体，让广大群众共同分享强大的文化资源，切实解决农民找科技书难、看电影难、看戏难的问题，为基层群众增加全新的娱乐内容，使他们享受到优秀传统文化带来的快乐。同时加强社区公共电子阅览室的建设，让我县文化共享工程真正成为广大群众“求知、求富、求乐”的没有围墙的大学校。

（撰文/泸县支中心）

合江县支中心

2003年6月，按照文化部、财政部有关精神，全国文化信息资源共享工程在我省试点，我县作为全省60个试点县之一，高标准建设共享工程合江分中心，第一期工程投资20万元，修建专用房屋168平方米，购置电脑30台，安装地面卫星接收共享资源设备，开通了全国文化信息资源网络，资源配置容量达1TB，第二期工程 投资17.8万元，购置电脑40台。2004年6月，省文化信息共享工程领导小组正式验收合江县分中心的共享工程建设项目并授牌。2007年，我馆作为全省53个试点分中心之一，国家投入68万元设备，县财政按照标准投入经费25万元用于基础扩建，建成了中控室、多媒体阅览室，更新了终端机。现有电脑终端设备60套为读者开展服务。

2010年，我县文化资源进行整合试点，对文化资源进行统筹规划，共同建设，共同使用，虎头乡、实录乡、密溪乡依托乡镇综合文化站建设标准的文化信息资源共享工程服务站3个；合江镇的柳马埂村、柿子田村，虎头乡的坪上村、甘雨村、河嘴村、河坝村，实录乡的两马村、三江村，密溪乡的瓦房子村、聚宝村依托村两委活动室和村级文化信息资源共享工程服务点10个。每个乡镇配置了电脑、电视机、音响设备、摄像机、照相机、投影仪、移动硬盘、桌椅、宣传栏等。每个村配置了电脑、电视机、音响设备、照相机、投影仪、移动硬盘、复印打印一体机、桌椅、宣传栏等。目前，全县284个行政村都和村级党员远程教育点共同建设了文化共享工程基层站点，这样就更有效推进了我县文化共享工程向基层群众服务工作的开展。目前，乡镇基层站点设在乡镇文化活动中心内，正在试运行阶段。我县文化共享工作形成了县级有支中心，乡镇和村一级有基层点的格局。县共享工程支中心建立以来，开展文化共享工程的公益性服务得到广大基层群众的热烈欢迎。群众普遍反映，文化共享工程缓解了农民看书难、看电影难、看戏难的问题，为基层群众增加了新颖健康的生活方式，使他们享受到优秀文化和实用科技带来的快乐。

2005年，我县支中心由于工作成绩突出，获省文化共享工程先进单位称号；2006年，获省文化厅“建设社会主义新农村送电影下乡”活动一等奖；2008年，利用文化共享工程的设备和资源，到“汶川大地震”抗震救灾前线成立帐篷放映队，白天参加抗震救灾集体行动，晚上为受灾群众和参加抗震救灾的指战员们放映电影，被四川省图书馆学会授予省图书馆行业抗震救灾先进集体荣誉称号，受到文化共享工程国家中心的肯定。

2012年，我县文化共享工程支中心紧扣文化大发展、大繁荣，加强公共文化公益性免费开放服务的主题，开展了各种培训和活动。1月至11月，我馆举办荔乡大讲堂12期，听众共计960人次。县文化共享工程支中心与城区红卫小学和镇中心校建立了农民工子女校外教育“中心-学校合作”机制，长期为农民工子女提供数据库资源服务教研工作、信息教学实践基地。9月，开展老年人读书活动和电脑知识培训。为老年大学80名学员开展阅读活动，免费培训电脑知识并指导实际操作。老年读者还进行了亲情视频，和远方的儿女共叙亲情，让他们能在千里之外也能享受到天伦之乐。10月，开展农民工传知识、学技能、提高农民工能力素质活动。我县文化共享工程支中心和县劳动就业局及畜牧局联系，开展了农民工技能培训和全县规模种养殖培训。

（撰文/合江县支中心）

合江支中心5·12汶川地震组建地震放映队前往灾区慰问

叙永县支中心

叙永县位于四川南部与云南、贵州交界处，属贫困山区多民族杂居县，是国家级扶贫开发重点县，总面积2977平方千米，人口70万。叙永县为四川省首批“历史文化名城”，古时叙永亦称“永宁”，历为川滇黔三省商贸集散地。

根据中央、省、市关于加强文化信息资源共享工程建设的有关文件精神和要求，叙永县文化体育广播电视局党组、行政将此项工作列为工作重点，于2006年初成立了共享工程筹备组，初步拟定了我县的共享工程实施意见。2007年8月9日，县委办、县府办以叙委办发【2007】29号文件转发了《叙永县文体广电局　叙永县财政局关于加强文化信息资源共享工程建设的实施意见》，正式成立了以分管副县长为组长，县委办、县府办分管主任、县文体广电局局长、县财政局局长为副组长的叙永县文化信息资源共享工程领导小组。领导组下设办公室和专家顾问组，办公室设在图书馆内。实施意见规划的总体目标是：在叙永县图书馆建立全县文化信息资源共享工程基层分中心，在乡镇、社区、村社等具有局域网的单位、中小学建立共享工程基层服务站点，形成全县文化信息资源共享服务体系。领导小组制定了《叙永县基层分中心建设方案》。该方案就建设地点、建设规模、安全措施、开放时间、管理制度、经费预算作了详尽的阐述和安排。领导小组还多次组织工作人员、乡镇文化专干到合江、纳溪等地支中心及乡镇基层服务站参观考察。领导小组制定了《电子阅览室管理制度》、《电子阅览室资料及设备管理制度》、《读者上网须知》、《电子阅览室工作人员守则》、《未成年人上网制度》、《未成年人网上阅读辅导员岗位制度》、《电子阅览室综治安全管理制度》、《电子阅览室阅览服务规程》等管理制度。2008年5月，县政协组织文卫小组政协委员考察我县共享工程建设情况，形成《关于尽快建成共享工程叙永县支中心，促进我县文化信息资源共享工程建设的意见》，报县委县府。

2009年，县财政划拨县级支中心建设配套经费41.9万元，图书馆开始装修设在县宣传文化中心二楼的、面积700平方米的图书馆新址及支中心场地。至2010年12月，图书馆及共享工程支中心所必须的借阅室、报刊阅览室、中控室、电子阅览室、多媒体阅览室、业务办公室等装修完毕，供电、空调、宽带、电脑等设备安装完毕，叙永县图书馆迁入新址办公，共享工程叙永县支中心投入试运行。2011年省配套的共享工程支中心设备安装逐步完毕，目前，叙永县支中心已建成拥有40台终端的电子阅览室，有投影仪、专业音响的多媒体阅览室，盲人有声阅览室等，按照标准完成了支中心的技术架构。叙永县图书馆使用“四川省公共图书馆集群化管理系统”，投入5万元完成图书回溯建库等基础工作。支中心现有1名具备上岗证的专职工作员，2名电子阅览室上网辅导员。电子阅览室每年接待上网读者超过1万人次。

领导组在完成支中心建设的同时，高度重视乡镇基层站点的建设，目前，全县25个乡镇建成基层服务点及电子阅览室（建在乡镇综合文化站内），并配备了25名专（兼）职管理员。领导组积极推进文化信息资源共享工程与农村党员现代远程教育工程的共建共享工作，多次与县委组织部联系，会同组织部远教中心开展业务培训。叙永县支中心翻印了文化信息资源共享工程基层站点培训教材256本，翻刻了“文化共享助春耕”科教片DVD光盘（每套10张）256套，分发到了全县25个乡镇以及231个行政村。2012年12月中旬，分3期完成了对全县25个乡镇以及231个行政村共享工程及远教工程基层站点管理员（共计260名）的培训，同时每位参训人员送U盘（8G容量，已拷电子图书10种）一个，共计260个。

支中心依托服务窗口电子阅览室、多媒体阅览室，充分发挥设备器材的功用，开展惠民服务。除日常接待电子阅览室上机、上网读者外，还开展送电影下乡（军营、特殊学校、敬老院等），每年共计30-40场次；举办（承办）各种培训、文化讲座；举办各类文化活动。2012年举办（承办）的活动有：

1、1月17日，承办县作家协会创作座谈会；

2、统计业务培训（多次）；

3、世界读书日（4月23日）开展留守儿童与家长视频通话活动。

4、承办煤矿及非煤矿山安全员安全生产知识培训及上岗考试；

5、承办中医养生知识讲座；

6、举办“留守儿童颂党恩”诗歌朗诵比赛；

7、6月20日，电子阅览室承办叙永县机关党员干部“三学三强”竞赛电脑办公技能比赛；

8、送文化下乡惠民电影放映：叙永镇、落卜镇、龙凤乡21个村，共计40场；

9、八一建军节慰问武警县中队、消防中队，送电影到警营，播放《甲午大海战》；

10、农民工电脑技能培训2期80人；

11、8月13日，县直文化单位消防安全知识培训；

12、9月3日，县摄影协会作品鉴赏、交流活动；

13、喜迎18大，红色经典电影放映活动；

14、11月9日，承办县财政局会计电算化技术培训。

15、11月9日，承办叙永县《泸州市党员干部在线学习平台》管理员培训；

16、共享工程基层站点管理员培训，共计270人次。

叙永县支中心（图书馆）注重共享工程的宣传工作，

除本馆职工向报刊、媒体投稿外，还与本地新闻媒体单位（叙永有线电视台、《叙永通讯》等）保持良好关系，凡遇我馆重要活动，均请媒体记者前来采访报道，每年有二十余篇新闻报道见诸报刊、市县地方电视台及网站等。

共享工程支中心将来的工作，除继续加强日常窗口服务，利用好共享资源，举办更多更好的文化活动、培训讲座外，我们计划将工作重点放到对基层站点的辅导、培训和技术支持上。对全县25个乡镇和231个行政村的256名基层站点管理员，每年至少要完成一人次培训，每个乡镇站点每年至少上门服务一次，并努力向着每个行政村每年上门服务一次的终极目标迈进。注重服务工作和活动的资料收集整理。努力发掘本地文化资源，尝试将本地资源上传，为宣传叙永做贡献。

（撰文/王晓红）

古蔺县支中心

古蔺县幅员面积3182平方公里，有人口84万，辖26个乡镇，269个行政村。全国文化信息资源共享工程实施后，我县紧紧抓住这一历史机遇，将共享工程作为推进文化创新、完善公共文化服务体系、提高公益性文化服务水平、促进经济社会协调发展、构建和谐古蔺的重要抓手，扎扎实实地组织全县共享工程项目的实施，先后建成1个县级支中心，26个标准化乡镇综合文化站。现在，全县文化信息资源共享工程拥有县级支中心1个，乡级服务站26个，村级基层服务点269个，县、镇、村三级文化服务网络体系已基本形成。

一、基本情况

文化信息资源共享工程古蔺县级支中心属于2008财年中央项目。2009年在县图书馆建成电子阅览室，2010年建成中心机房并投入使用（等待接入省中心服务器），设备总投资68万元。其中：电子阅览室180平方米，有可供读者阅读的终端计算机40台，盲人阅览区有4台终端阅读电脑；中心机房10平方米，服务器存储能力10TB；通过10M光纤接入互联网向社会全面免费开放。县级支中心的建成，进一步推动了县图书馆基础设施建设，实现了图书馆的网络化、数字化、自动化管理。2009年至2012年，我县分批建成26个乡镇综合文化站（共享工程乡镇服务点），269个村级服务点。各基层服务点通过与农村党员干部现代远程教育工程合为一体开展工作，目前县级支中心、中心机房、网站和各基层服务点设备运行良好。

二、开展活动情况

根据自身条件，充分利用现有资源和设备，积极发挥文化共享工程作用，主要从以下几方面开展了工作。

1、加大投入，加强基础设施建设。2009年，县文体广电局筹资10余万元购置20台终端计算机、购买电脑桌、椅等设施设备，在中央配置设备未到达的情况下，启动了古蔺县共享工程工作，开放了古蔺县图书馆公共电子阅览室。随着共享工程设备的配发，完成了县级支中心机房设备的安装调试工作，更新了电子阅览室部分设备，形成了现今规模。值得一提的是，今年我们自筹资金近三万元，购置了一键式阅读器等辅助盲人阅读的专用设备，建成了古蔺县第一个供盲人阅读的专用阅览区。

2、加强乡镇、社区文化队伍建设。完善乡镇、社区文化站、基层服务点治理制度，加强共享工程基层服务点的管理。县委、政府高度重视文化工作，为每个乡镇配备文化专干1名，明确了文化专干职责（文化专干在政府也兼了职）。2012年10月中旬，联合泸州市中心对基层站点网管人员进行了为期一天的业务培训，要求各基层服务点做好群众需求双向反馈工作，利用乡镇综合文化站公共电子阅览室的现有资源、设施设备为基层服务点提供服务。

3、注重宣传，扩大影响。古蔺县级支中心成立以来，为了扩大其在基层群众中的影响，利用报刊、电视、网络等媒体对共享工程进行宣传；将资源共享活动与当前工作重点有机的结合，以增强对共享工程的宣传力度，同时利用节假日活动对共享工程进行宣传。比如在4月23日在“世界读书日”大型活动中，印发了古蔺县图书馆编印的宣传册、宣传单、读者调查表等，对公共电子阅览室的功能、定位及对未成年人的保护等方面进行了宣传。

4、发挥优势，开展活动。在实施共享工程的过程中，不断拓展共享工程的服务内涵和方式，充分利用这一全新的工作载体条件，开展多种形式活动：根据农民的需求，帮助其下载家禽饲养、专业技术培训、栽培等相关信息，帮助农民工查询最新的就业信息，让广大农民感受到共享工程的好处；在图书馆内成立了“留守儿童之家”，在开展纸质图书阅读的同时，提高儿童计算机基础运用知识，指导其正确利用网络；充分利用共享工程的技术设备，免费举办老年电脑基础知识培训班，帮助老年人学习电脑、网络知

识，让他们跟上时代的步伐，丰富晚年生活；与县政府信息中心联合成立了“古蔺县政府信息公开查阅点”，免费向社会公众提供查阅。

三、工作展望

1、进一步加强基层文化设施网点网络化、数字化建设，加强文化、科技信息资源自动化、网络化建设和专业技术人员的培养，为深入推进共享工程的实施打好基础。

2、结合数字图书馆建设工作，通过多种形式拓展服务范围、创新服务方式，将古蔺县的四张文化品牌——红色文化、酒文化、生态文化、民族民间文化等纳入共享工程服务内容，以群众喜闻乐见的形式使共享工程更加贴近基层、贴近生活、贴近群众。

3、加强与各级部门的沟通与协调，使共享工程服务群众更具针对性和时效性。同时，不断总结经验，改进创新治理体制和运行机制，使“共享工程”真正成为文化创新工程。

我县文化信息资源共享工程中在各方面的努力下已初见成效，但目前的运行状况距离省中心的要求和人民群众的需要还有很大差距，今后将努力进一步努力，让古蔺县文化信息资源共享工程以更加良好的面貌展现在群众面前，成为社会主义新农村建设的有力支撑。

（撰文／古蔺县支中心）

攀枝花市支中心

一、整体情况

攀枝花市根据省文化厅、省财政厅《关于实施“四川省文化信息资源共享共程”的通知》的具体要求，于2005年成立“攀枝花市文化信息资源共享工程领导小组”，负责组织、指导、协调我市文化信息资源共享工程建设，并给各县（区）文（教、体、广电）局、财政局下发了《关于实施“攀 枝花市文化信息共享工程的通知”》（攀文发[2005]13号）。文件中明确规定了领导小组的职责：组织起草建设规划，编制实施方案；制定年度工作计划；监督基层服务站的工作；承担领导小组的其它工作，并申请成为四川省文化信息资源共享工程攀枝花基层支中心。

二、网点建设

1、市级网点建设

攀枝花共享工程支中心架设在攀枝花市图书馆，于2004年自筹经费5万余元，建立一配备10台电脑的小型电子阅览室，对外正式开展因特网浏览、清华学术期刊查询、馆藏电子文献阅览等服务。2005年初新购HP服务器1台，市级财政共计投入159360.00元，主要用于市级支中心的计算机设备的更新及维护。2005年市图书馆自筹资金添置服务器一台，计算机30台成立了电子阅览室，建立了攀枝花市图书馆网站，安装了卫星接收设备，2007年新建了一个120余平方米拥有100个座位的多功能报告厅，2011年改扩建电子阅览室，自筹资金建立的一个拥有50台最新电脑配置的电子阅览室及共享工程服务中心。

2、基层网点建设

攀枝花市共享工程支中心与攀枝花市农村党员干部现代远程教育中心组合作建设，经过2005年——2006年试点建设、2008年——2009年全面建设、2010年全覆盖建设三个阶段，采用卫星型、宽带型、卫星机顶盒型三种模式，建成乡镇建设站点44个，行政村建设站点349个，城市社区建设站点121个（东区22个相邻社区采用联建方式共用11个站点）。全市共建基层站点518个，其中卫星型站点280个、宽带型站点197个、卫星机顶盒型站点41个，每个站点配备了投影仪，有源音箱、移动存储播放器等设备。实现了除乡镇（街道）、村（社区）基层服务点的100%全覆盖，构建起了覆盖城乡的文化共享工程服务体系网络。

三、经费投入

2009年四川省共享工程分中心为攀枝花市共享工程基层站点建设投入80万，2010年投入36万，2011年投入128万，分别用于518个基层站点的建设。省中心还赠送了攀枝花市级支中心、米易县、盐边县基层支中心卫星设备、数据库服务器、投影仪等设备。

四、资源建设

攀枝花市支中心着力建设“攀枝花讲坛”数字资源，讲坛已成功开讲200期，讲坛视频制作后上传攀枝花市图书馆支中心网站，支中心还建设了地方文献数据目录数据库、攀图动态全文数据库、农信参考数据库、期刊目录数据库、报纸目录数据库。

与其他文化公司合作，共建了九星数字报刊阅读平台、超星读秀中文学术搜索、CNKI中国知网、中华连环画数字阅览室、龙源电子期刊等数字资源库，通过支中心网站，免费对外开放。并以发放账号的方式，将四川省图书馆及北京市西城区数字图书馆的数字资源向所有基层点免费开放。

五、合作共建

按照省委组织部、省文化厅要求为实现全省农村党员干部现代远程教育和文化信息资源共享工程的资源整合、共建共享、搭建统筹城乡、服务农村经济社会发展的综合服务平台，攀枝花市文化共享工程站点建设过程中和攀枝花市委组织部党员干部现代远程教育中心等单位进行合作，联合开展基层服务点技术人员培训，并且利用文化共享工程资源和数字图书馆资源，搭建了“攀枝花市党员教育数字图书馆”平台，将文化共享工程资源推送到全市党员干部的身边，有效地拓展了文化共享工程的影响力和覆盖面。

六、管理和队伍建设

攀枝花市支中心于2004年成立了以文化局局长为组长，分管局长为副组长，主管财务处及社文处为成员的共享工程领导小组，负责组织、指导、协调我市文化信息共享工程建设。领导小组的职责是：组织起草建设规划，编制实施方案；负责专项资金的管理和使用；制定年度工作计划；监督基层分中心及各服务点的工作；承担领导小组的其它工作。领导小组下设办公室，负责协助领导小组制定具体实施方案，指导基层分中心及各服务点开展活动，承担共享工程的日常工作。办公室设在市图书馆。

攀枝花支中心配合省分中心做好县级支中心建设的协调联络工作，并监督和辅导各县做好基层点的建设和人员培训、管理工作。

人员配置上，市级支中心工作人员由市图书馆公共电子阅览室专业技术工作人员承担，县级支中心管理人员由各县公共图书馆专业技术人员担任，每个基层服务点有专（兼）职获得上岗资格证书的工作人员1名以上，负责文化共享工程日常工作。

七、技术支持

1、基层分中心

新增卫星接收设备，利用卫星接收系统和资源发布系统及本馆原有的宽带接入方式，以星形局域网拓扑结构，在电子阅览室先设微机50台开展服务。在中心机房配置资源发布服务器、多媒体点播服务器各1台。分别安装WIN2003 Advance Server和SQL Server。

2、文化信息服务站

通过已有通信线路，以拨号或宽带接入方式实现网上查询、阅览，需配备一定数量微机等硬件设备及相应软件。如果采用卫星接收方式，则需配备卫星接收设备、微机等设备。

八、培训工作

由我市支中心负责对各区县支中心技术人员进行培训，并组织我市共享工程基层站点管理人员和操作人员集中学习培训，培训做到有重点，分层次，见成效。每年支中心下基层站点指导培训不少于20次。利用公共电子阅览室开展对外培训不少于5次。

九、惠民服务和宣传推广

支中心依托电子阅览室每周对外开放不少于48小时，平均每天接待读者35人次。节假日利用多功能报告厅开展优秀电影展播活动；开展青少年电脑培训活动及老年电脑培训活动等；关爱社会，走访敬老院和福利院；拓展服务，安装盲人有声读物专用软件，为残障人士提供便利；每年还开展送文化，送科技下乡活动，讲坛进乡村活动，积极与电视台和报社联系进行宣传报道。通过这些活动和宣传报道使人们深切感受到了文化共享工程给大家的生产生活带来的便利和好处。

十、荣誉奖项

2012年在四川地区“像雷锋那样……”电脑小报设计比赛活动中表现突出，省分中心授予我支中心在优秀组织奖。

十一、工作展望

文化信息资源共享工程作为政府向公众提供数字化资源服务的重大公益性的文化工程，攀枝花支中心将继续加强工程建设，以数字图书馆建设为依托，搞好基层网点建设，为基层群众服务，在资源建设上不断完善，在服务手段上不断提高，加大培训与推广服务，为推动全市文化创新、建设社会主义新农村和和谐社会做出贡献。

（撰文/攀枝花市支中心）

米易县支中心

米易县位于四川省西南部，幅员面积2153平方公里，辖12个乡镇（其中有5个少数民族乡镇）88个村，总人口21万（其中农业人口17.5万人），有汉、彝、白、回等24个民族。

建县60年来，米易发生了翻天覆地的变化，经济快速发展，城市面貌日新月异，社会事业全面进步，人们生活水平大幅度提高。为满足人民群众日益增长的精神文化需求，2007年，米易县委、县政府投资近2000万元建设了米易县图书馆新馆。近几年，在中央、省、市各级的统一部署下，县委、县政府又将文化信息资源共享工程作为文化强县建设和新农村建设的重要内容来抓，并作为全县重点工作之一认真组织实施。2006年文化共享工程启动以来，县财政共投入资金450余万元，建成1个县支中心，12个乡镇基层中心，88个村级服务点，实现了全县、乡镇、村全覆盖。通过6年来的建设运行，各个基层点都充分发挥了文化共享工程的作用，为弘扬先进文化，构建和谐社会，建设社会主义新农村，丰富城乡群众文化生活起到了重要的作用。

一、建设及运行情况

1、全面部署，加大建设。共享工程实施以来，县委、县政府高度重视，结合米易实际，议定了工作措施，制定了周密的实施方案，下发了《米易县文化信息资源共享工程建设实施方案》，对全县的文化信息资源共享工程建设工作进行了详细的规划和安排。共享工程中心建设是以县政府为主导，县图书馆具体组织实施，所需的硬、软件建设严格按国家“文化信息资源共享工程”的标准，结合县上实际情况进行。以县图书馆为依托，2009年建成拥有可使用面积200余平方米的文化共享工程米易县支心（包括中控室、电子阅览室、多媒体阅览室、政府信息公开查阅室）网络平台。通过自建、联建等方式，整合、加工中华优秀文化数字信息资源达500余小时。所涉及的信息范围有新闻、文学、艺术、百科知识、科学技术、法律法规、种养殖业技术等众多方面。同时为读者提供新闻资讯、知识学习、资料查询、课题研究等方面的优质信息服务。乡镇基层点电子阅览室配置计算机终端4台，村基层点配置计算机1台，每周开放20小时以上，全面实现县支中心、乡镇、村基层服务点三级共享工程网络覆盖。

县支中心与农村党员现代远程教育工程、农村中小学现代远程教育工程、广播电视行业等合作，在设施、设备、资源、服务等方面进行共建共享，整合资源，利用图书馆的复合型资源形式，积极利用卫星传输、光盘服务、卫星数字电视、移动硬盘、网络服务等渠道提供优秀的数字文化资源，向全县广大群众特别是农村群众提供实用性、知识性、娱乐性的文化科技信息资源服务，坚持公益性服务。

2、强化管理，抓好培训。米易县按照《米易县县文化信息资源共享工程管理办法》等要求，严格执行各项管理制度和规章，实施规范化管理，群众反映较好。同时根据文化共享工程建设任务，结合建设需求，米易县积极开展培训工作，逐步建立业务较强、服务质量较高的队伍，保证了共享工程持续发展。

3、形式多样，服务群众。县支中心多媒体播放室根据县图书馆工作实际对外开放，播放共享工程影视作品，包括革命题材影片、优秀影视及各类讲座、科普宣传教育片等，深受广大师生和群众的好评。乡镇基层中心和村级服务点也坚持对外开放，并利用农闲时间和阴雨天全天开放，缓解农村基层群众看书难、看戏难、看电影难、获取知识信息难等问题。一是利用现代网络信息资源，为农业生产服务。各乡镇基层中心根据农民的需求，从网上下载养殖、栽培、农药和化肥的合理使用等信息，为各村的农户服务，推动了农业产业结构调整。草场乡龙华村枇杷协会，依托我县公共数字文化建设，在基层服务点的帮助和指导下，科学进行种养殖和管理，取得显著成效，2009年被评为“四川省百强协会”，2010年被国家民政部评为“全国先进社会组织”。丙谷镇绿怡果蔬专业技术协会，通过网络数字资源信息平台，为农户提供产、供、销一条龙服务，取得较好的经济效益和社会效益。2010年被四川省评为“农业产业化经营“两个”带动先进单位”。二是利用共享工程资源，开展党员电化教育等活动，帮助党员开展学习交流，为党员干部、农民群众放映电影，让农民群众得到实惠，使党员干部受到教育。

4、完成建设，规范制度。自2006年共享工程工作启动以来，县政府将建设工作所需经费纳入每年的财政预算，保障了建设工作的顺利推进。县文化信息资源共享工程建设工作领导小组对照文化部提出的硬件建设标准，采购并安装电子阅览室所需设备。目前，建成100平方米电子阅览室1个，配备供读者使用计算机24台，10兆光纤，拥有2万余册的电子图书。同时县文化信息资源共享工程建设工作领导小组认真商讨制定了《公共电子阅览室管理办法》、《公共电子阅览室管理人员工作手册》、《电子阅览室上网须知》、《电子阅览室未成年人读者上网管理办法》等一系列配套规章制度，有效解决了电子阅览室免费开放后出现设备、工作人员管理、未成年人上网时间与学习冲突及如何满足众多读者需求等问题。

5、整合资源，主动服务。为充分利用文化信息资源共享工程的现有资源，县支中心整合共享工程国家中心及国家图书馆、攀枝花市图书馆的数字资源，坚持学习和休闲娱乐并重，建立了集培训学习、信息查询、图书阅览、影视欣赏、益智游戏等功能于一体的优质资源库，为不同需求层次的群众提供了大批内容丰富的数字资源。同时，县图书馆根据工作实际坚持电子阅览室免费为基层群众提供上网服务，每天开放6小时，并不断发挥共享工程资源优势，从网上下载更新内容；积极开展形式多样的网络文化活动，如定期对少年儿童进行免费网络知识培训，引导他们使用、开发网络信息资源。

二、工作展望

全国文化信息资源共享工程米易县支中心和米易公共电子阅览室建设工作在国家中心和省市县各级文化主管部门以及米易县委、县政府的正确指导和大力支持下，取得了初步成效。下一步我们将积极探索、大胆实践，切实推进文化共享工程和公共电子阅览室体系化建设；进一步加大投入，以支持数字资源的加工整合、软硬件平台的建设和技术人员的培训，让文化共享工程和公共电子阅览室为满足群众日益增长的文化需求、保障群众文化权益发挥积极的作用。

（撰文/米易县支中心）

达州市支中心

全国文化信息资源共享工程自2002年实施以来，达州市图书馆积极响应号召，认真贯彻落实，争取党和政府的高度重视，争取当地财政的大力支持，2004年争取了5万元的启动资金筹建电子阅览室，同年，达州市被共享工程四川省分中心列为首批试点单位之一，2004年6月，建立了共享工程达州市支中心，电子阅览室正式对外开放，拥有服务器1台，电脑40台，装有卫星接收器。为进一步搞好共享工程，加强电子阅览室规范管理，专门对口招聘了1名计算机专业本科生1名，建有达州市图书馆网站，设图书馆概况、特色书库、巴山作家群名人书库和地方文献书库等栏目，方便读者了解图书馆、网上博览群书、查阅资料和健康娱乐。加强了农村党员干部现代远程教育工程与全国文化信息资源共享工程的资源整合工作。本中心还充分利用国家中心配置的共享工程设施设备，深入农村、社区、部队、学校和特殊群体单位开展视频讲座、播放农科普及片和群众喜闻乐见的电影，博得了社会各界和广大群众的好评。

（撰文/达州市支中心）

资阳市雁江区支中心

2009年以来，全国文化信息资源共享工程雁江区支中心按照省中心和市文化广播影视新闻出版局的部署，在区委、区政府的领导下，持续不断的深化共享工程支中心和公共电子阅览室的建设，在原有基础上出现了新发展、新成效，较好的发挥了这项创新工程、民心工程的惠民效益，使其成为了我区公共文化服务体系建设中的亮点。今年6月，区支中心制作电脑小报《像雷锋那样》荣获省中心颁发的“优秀组织奖”。9月，制作视频《让数字文化之花吐露芬芳》，参加文化部开展的“全国文化信息资源共享工程·公共电子阅览室示范点”评选活动。

一、加强领导，探索创新

2009年，区支中心作为省中心第一批县级共享工程支中心顺利建成后，我区抓住机遇，积极行动，认真落实省中心的部署，因地制宜，夯实基础，努力将共享工程支

中心建成满足群众多元需求的服务阵地。

1、建立了全区共享工程工作机制

区委、区政府对文化共享工程建设高度重视，成立由区委宣传部牵头，区财政局、区文化体育广播影视新闻出版局等部门参加的工作领导小组，确定了全区共享工程建设的总体要求、实施步骤和保障措施，并将其列入各部门、乡镇年度目标考核指标的重要内容，极大的调动了各部门各乡镇的工作积极性。武警、工青妇等群团组织、教育、残联、药监局等单位以不同形式与支中心贡献共享。全区以政府主导推动、文化部门牵头实施、有关部门和行业加入共建共享的工作机制基本形成。

2、搭建了全区共享工程技术服务体系

为支持全区城乡共享工程的运行服务，我区根据实际需求，进行综合创新，基本形成了一套共享工程技术服务体系。

2.1.构建共享工程网络平台。在互联网建立了独立域名的"资阳市雁江区图书馆网站"，专门设置了"共享工程"板块，实现了省中心、区支中心和基层服务点之间的网络互联，同时链接"四川省图书馆"、"成都市图书馆"、"资阳市图书馆"以及其他县市区图书馆，资阳市雁江区两级政府网站等，让读者可以利用互联网获取文化信息资源服务，查询政府信息。

2.2.实现远程管理基层服务点。今年5月，对每个基层服务点安装了远程监控软件。通过技术管理平台实现了支中心监控基层服务点的运行服务、统一进行不良信息屏蔽．查看并统计基层服务点的上机服务状态、资源利用情况并进行考核评估。

3、构建了城乡数字文化服务网络

通过有效的工作机制，完善的技术服务模式，我区共享工程得以扎实推进，健康发展。截止目前，国家财政投入56万设施设备，区财政匹配资金32万用于支中心建设。2009年10月，在雁江区图书馆内建立了全国文化信息资源共享工程雁江区支中心，包括电子阅览室、多媒体阅览室和中央控制室，总面积近400平方米。电子阅览室配置了37台计算机。2011年底，建成26个乡镇基层服务点，每个服务点配有7台计算机服务终端，全区共有182台服务终端。

二、强化服务、狠抓管理

今年3月，全区制定了《资阳市雁江区文化信息资源共享工程运行管理暂行办法》、《资阳市雁江区文化信息资源共享基层服务点工作目标考核评分细则》，对基层服务点各方面进行了规范。每年对基层服务点集中培训不少于2次，每年下乡指导每个基层服务点建设不少于3次。

1、立足实际需求，开发特色，满足群众多元化需求

区支中心为读者提供3万册电子图书，市民可通过电子阅览室电脑终端免费阅览电子图书；搜集地方文献800余册，并进行数据加工，编成地方资料40余条，便于读者查询；制作专题片《健康讲座》、《文化共享助春耕》、《欢乐共享过大年》等15个，视频资源1000多分钟，15GB图文数据库建设，为社会各阶层读者服务。

2、坚持免费开放，实现均等，不断提升服务水平

自去年3月起，我区支中心公共电子阅览室开始了免费向公众开放，截至目前，共接待读者6.5万人次。读者携带借阅证即可进入公共电子阅览室享受免费服务；通过对上机时间进行软件控制，保证服务的均等性；在阅览室内部进行了明确的功能划分，设置了"政府公开信息阅览区"、"留守儿童亲情连线"等；成立了一支数字电影放映队，常年运行经费3万元，先后以"红色记忆"，"健康讲座"，"5•12抗震救灾"，"英雄事迹报告会""夏日电影"，"振奋雷锋"等为主题到"敬老院"、进社区乡村，开展数字电影放映。截止目前，共放映数字电影532场，为老百姓提供精神食粮，送去党的关怀。

3、推进规范管理，创新服务，打造绿色上网空间

在公共电子阅览室的管理上，通过规范管理，严格规章制度，实行技术监控与人员巡查、教育引导相结合，确保将其建成健康绿色的网络服务阵地。通过360安全卫士监控系统，建立不良网站黑名单，统一进行网络不良信息过滤；编写制作了《文明上网公约》在各级公共电子阅览室广泛张贴，对青少年树立健康向上的网络文化意识起到了积极的作用。

为不断提高公共电子阅览室的服务效益，我们积极策划组织各种服务活动。

一是开展丰富多彩的阵地活动。通过多媒体阅览室开展六一专场数字电影，举办读者沙龙活动等，吸引各种年龄阶段群众走进公共电子阅览室，参与活动，接受服务；

二是利用现代技术为区药监局、区残联等单位开展各类业务培训，把公共电子阅览室办成城乡群众学习进修、提高生产生活能力的培训学校；

三是把握好节假日。传统节日，深入农村学校开展了"关爱农村留守儿童"系列活动。农忙时节，协助基层服务点开展"文化共享助春耕"活动等。

三、工作展望

在省中心和市文化广播影视新闻出版局的关心支持下，我区共享工程建设取得了一点成效。但与省中心的要求和其他县市区相比，还存在较大差距。接下来的工作中，我区将认真总结经验，学习先进地区的做法，努力把我区共享工程建设和服务提高到新的水平，在巩固已有成果的基础上，重点抓好四项工程：

1、服务点网络设施升级工作。争取把基层服务点全部升级为公共电子阅览室，增加终端设备，新建一批社区公共电子阅览室。2、抓活特色资源开发。研讨、开发一批贴近城乡群众需求的优质特色资源。

3、典型引领工程。对基层共享工程进行跟踪服务、检验服务效果，增强基层服务点成效的服务力和影响力，带动全区共享工程健康发展。4、抓好保障运行机制。抓好当前文化发展的大好机遇，加大投入，壮大队伍，创新服务，使共享工程建设和服务实现可持续发展，为实现和维护人民群众的文化权益作出贡献。

（撰文/资阳市雁江区支中心）

安岳县支中心

一、基本情况

2000年四川省图书馆共建共享安岳县电子阅览室成立。2002年全国文化信息资源共享工程安岳县中心成立。2006年申报成功“共享工程”县级支中心。2007年文化部批准我县为“共享工程”试点县。2012年安岳县图书馆新馆搬迁，共享工程分中心迁入新办公地点，由县财政全额投入为分中心增添了一系列设备设施。截止2012年12月，分管共享工程副馆长1名，计算机三级，工作人员2名，均初级职称。

安岳县图书馆全国文化信息资源共享工程支中心现有服务器3台，管理端3台，客服终端40台，乡镇（社区）基层站点54个，卫星地面接接收系统一套，基本实现数字化服务。省中心培训技术人员3人，2012年3月开始免费为读者提供网络阅览、信息浏览、资源查询、信息导航等服务，年均读者接待2万人次。

2000年四川省图书馆共建共享安岳图书馆电子阅览室成立，由最初15台电脑对外服务发展到共享工程县级支中心成立，基本实现自动化、数字化免费服务，图书馆经历的这个发展历程，也是全国文化信息资源共享工程发展缩影，到今天安岳县图书馆为读者提供了一个环境幽雅、活动空间开放的服务平台，有利的提升了图书馆的服务形象。

二、乡镇（社区）基层站点建设

截止2012年底，我县乡镇（社区）基层站点建设按照规划，2010年完成29个，2011年完成10个，2012年完成15个，共计完成建设54个，每个基层站点配备5台电脑，1台数码相机，1套专业音箱设备，1套专业投影设备，1套放映设备等价值8万元的物资，建设进度达到了78%，乡镇（社区）共享工程基层站点建成后实行免费对外开放。

三、经费投入情况

共享工程支中心的建设和运行，采用中央财政补贴和地方财政配套相结合，为读者提供免费服务。2012年中央财政补贴每个乡镇基层站点8万元的物资设备，我县财政一次性投入60万，完善了县级支中心的设备设施。目前，我县支中心拥有服务器3台，管理端3台，客服终端40台，乡镇（社区）基层站点54个，卫星地面接接收系统一套，基本实现自动化、数字化免费服务。

四、资源建设

县级分中心利用全国文化信息资源共享工程资源，结合安岳县地方特色文化进行加工整理，发展成为具有安岳特色的地方文化信息资源库，为全县人民提供了丰富的业余文化生活，不断满足人民群众的日益增长的文化生活知识的需要。

五、技术支持

我们特别重视核心的技术力量，技术在共享工程中是非常关键的一环，因此在每年的上级机关开办专业培训班中，都能够安排技术人员参加各种专业业务培训，争取把最先进的科学技术运用到实践工作中，同时也注重对乡镇基层站点工作人员的培训工作，每年至少举办两次乡镇基层站点工作人员专业培训，努力做到把向上级学习的先进技术、经验传达到每一位工作人员中。

六、读者服务工作

1、文化信息资源共享工程优秀影视节目展播活动。在县支中心以及各乡镇文化站电子阅览室中，利用“文化共享机”系列设备，定期进行共享工程优秀影视节目播放活动。2、文化共享工程知识专题讲座活动。活动自开展以来，我县支中心先后组织农技、医疗、法律、计划生育等部门进行专题讲座，进一步加强了宣传文化信息资源共享工程，推广文化信息资源共享工程丰富的资源。

七、获奖情况、工作展望

2006年，在开展“建设社会主义”新农村送电影下乡大型公益活动中获得了四川省一等奖。

今后，我县支中心将充分利用全国文化信息资源共享工程资源，将中华民族几千年来积淀的各种类型的文化信息资源精华以及贴近大众生活的现代社会文化信息资源，进行数字化加工处理与整合；覆盖全县69个乡镇、街道（社区），通过网络传输系统，实现优秀文化信息在全县范围内的共建共享，做好乡镇共享服务点技术辅导和信息交流，以提高全民素质，共享人类资源，使我县广大读者能够普遍享受到数字文化服务，向数字化图书馆迈进，为构建和谐社会，做出应有的努力和贡献。

（撰文/何正伟）

眉山市支中心

一、基本概况、经费投入

眉山市支中心位于东坡大道旭光小区西门外市文体大楼3楼，建筑面积900平方米，于2005年9月正式开放。2007年9月电子阅览室开放。2008年1月眉山市图书馆暨文化共享工程市级支中心网站正式开通；2009年5月自动化管理系统投入运行，实现编目、流通、检索业务的自动化管理。2011年4月，我支中心开通"我的图书馆"网上服务平台，读者可以在网上自行办理续借、预约图书手续；5月升级更新了自动化软件，新增了网上服务内容，并印刷图书馆宣传册2000多份，向全市各机关单位、市民进行发放；2011年12月增加夜间（19—21点）和增加国家法定节假日的开放时间。

2007年市财政投入经费25万元，建成电子阅览室，先后购买了服务器、电脑、扫描仪照相机、摄像机等设备，现有服务器3台，计算机32台（其中22台供读者使用）。2011年起，共享工程运行经费由过去的每年2万元增加到5万元。2009年起，眉山市委组织部、眉山市文广新局将农村党员干部远程教育接收站（点）与文化共享工程对接，分批升级、更新接收站（点）设备，悬挂文化共享工程基层服务点牌匾。2011年底，全市43个乡镇1186个行政村全部升级为文化共享工程基层服务点。

二、队伍建设、资源建设

2009年，文化共享工程眉山市支中心设置专职岗位1人。眉山市支中心专职人员参加省、市中心举办的培训并对区县、乡镇服务点人员进行培训。

2011年购买"博看期刊"全文数据，利用网站向社会开放；2012年开通数字报纸试用平台。

三、合作共建、宣传推广

眉山市支中心于2009年4月与眉山市福利院共建"博爱图书室"。2011年在丹齿公司建成眉山市首家"农民工书屋"。2012年10月市支中心与青神实验幼儿园携手共建"'YOYO'亲子阅读书吧"。2012年11月市支中心和市委统战部、市政协九三学社为复兴小学捐建了"同心书屋"（四川日报进行了报道）。

2005年11月28日，《眉山日报》以"走，图书馆中吃'大餐'"为题，报道我支中心向社会开放的情况。

2006年5月—6月，支中心开展"倡导全民阅读，构建学习型社会"为主题的图书馆服务宣传周活动，在三苏雕像广场举办"树立社会主义荣辱观"和"庆祝中国共产党成立85周年"公益图片展，同时开展了现场咨询、办理借书证、优秀图书推荐、图书借阅等活动，散发宣传资料1000多份；5月29日，《眉山日报》报道我中心开展服务宣传周活动的情况；5月30日，眉山电视台新闻频道播出我支中心开展服务宣传周活动的新闻。7月我支中心在暑假期间举办中小学生"好书伴随我成长"读书征文活动。

2007年1月5日，《眉山日报》以"坝坝电影天气虽冷市民喜欢"为题，报道我支中心在"欢乐眉山"活动月中放映新春电影专场的情况；1月6日，四川新华网眉山分频道报道我馆在"欢乐眉山"活动月中放映新春电影专场的情况；2月，在寒假期间举办中小学生"读好书"征文比赛活动；4月，市支中心与东坡区支中心在三苏雕像广场开展第十二个"世界读书日"宣传活动，现场展出各类优秀图书300多册，散发宣传资料1000多份。2008年2月市支中心春节期间开展"带一本好书回家，过文明祥和佳节"活动；4月为迎接北京奥运会，我支中心举办鑫诚杯"北京奥运知多少"有奖知识竞赛活动；当月眉山电视台报道了市支中心在沙坪劳教所举行的"文化进场所知识铸人生"为主题的赠书读书活动仪式；4月20日眉山电视台新闻报道市支中心"眉山作家向市图书馆赠书"仪式和眉山一中文学社的同学聆听市文联副主席、市作协副主席刘川眉、市作协副主席周仲明、市文联副主席王晋川作的"文学与阅读"讲座活动；4月19–20日，眉山电视台报道了市支中心在旭光小区举办"复兴之路——纪念改革开放三十周"及"全民迎奥运"图片展；5月9日眉山电视台报道了市支中心举办的鑫诚杯"北京奥运知多少"知识竞赛颁奖仪式；7月眉山电视台报道了市支中心开展的"快乐暑期书中寻"少儿读书活动。2009年2月1日，《眉山日报》第四版报道我馆开展迎春灯谜活动情况；4月市支中心开展建国60周年"祖国在我心中"主题征文活动。2010年7月我支中心举办题为《拥抱文明盛会 放飞人类梦想》的上海世博会图片展，让更多的人了解世博；当月还按照《关于开展少年网页设计培训暨"全国文化信息资源共享工程少年网页设计竞赛活动"的通知》（文全信培发〔2010〕7号）和省中心《关于开展"四川省文化信息资源共享工程少年网页设计竞赛活动"的通知》（文共川〔2010〕8号）精神，我馆积极筹备，分两个班次对参与网页设计竞赛的适龄少年进行培训。2011年5月升级更新了自动化软件，新增了网上服务内容，并印刷图书馆宣传册2000多份，向全市各机关单位、市民进行发放，让更多的市民了解图书馆，走进图书馆，利用图书馆；当月市支中心还举办了"双百"人物系列图片展；6月市支中心举办《光辉的历程——庆祝中国共产党建党90周年》图片展；7月16日市支中心和市摄影家协会共同主办的"中国著名摄影家李绍毅先生摄影讲座"；10月市支中心开展《光辉的历程——庆祝中国共产党建党90周年》国庆图片展。2012年4月17日，市支中心举办"青春之歌"图片展，用图片向大家展示中国共产主义青年团团史；4•23"世界读书日市支中心在阳光音乐广场举办以"书香•生活"为主题的摄影展和图书馆宣传活动，倡导全民阅读，营造书香眉山；6月1日市支中心和青神县教育局在青神县实验小学成功举办"书香眉山，爱随阅动"留守儿童关爱活动暨"阅读伴我成长"演讲比赛；6月28日，市支中心开展"与文明同行"图片展，展示全国第一批文明城市及创建情况；7月11日市支中心与市作家协会共同举办"眉山与苏东坡文化遗产"专题讲座；7月30日，市支中心举办"雷锋精神 永放光芒"图片展和"快乐'影'响，多彩假期"暑期影展；9月1日，市支中心举办"开拓前进 勇于创新"图片展，该组图片展示了党的十七大以来，国内改革发展稳定任务，我党在社会主义建设各领域取得的新的进展与成就；9月18–10月12日，为迎接党的十八大的到来，市支中心在全市开展"喜迎十八大知识竞赛"活动，10月28日举办了颁奖晚会，为5名一等奖、8

名二等奖、12名三等奖、50名纪念奖获得者颁奖。眉山日报、眉山电视台进行了报道。

七、惠民服务

2006年3月，市支中心参加全市在彭山公义镇开展的三下乡活动，编印农业技术资料2000份免费向村民散发；7月，在暑假期间举办中小学生“好书伴随我成长”读书征文活动；组织全市区县支中心在东坡区三苏乡陈沟村举行“建设社会主义新农村”送电影下乡公益活动启动仪式。2007年1月，市支中心参加全市在东坡区土地乡开展的三下乡活动，充分利用文化共享工程资源，编印农业技术资料4000份，免费向村民散发。1-2月我支中心在“欢乐眉山”迎春商贸文化旅游活动中承担数字电影放映任务，先后在文艺演出现场、碧辉园小区等放映10余场；2008年1月，在丹棱举行的全市三下乡活动中，市支中心利用共享工程资源，编印10多种农业技术资料2000份，向群众免费发放；4月市支中心向沙坪劳教所赠送书刊千余册，并在劳教所多媒体教室隆重举行了“文化进场所　知识铸人生”为主题的赠书读书活动仪式；7—8月为丰富青少年暑期生活、培养读书爱好，支中心开展“快乐暑期书中寻”活动，向中小学生推荐适合的科普类、国学类、寓言、童话等具有代表性的书籍并且电子阅览室免费向中小学生开放，学生通过浏览全国文化信息资源共享工程“少年版”资源，体会绿色网络生活，抒发健康成长情怀；9月我支中心在市文体局李攀伦副局长的带领下，来到在5.12地震中损毁严重的广济乡五峰中心小学校，向学校赠送了价值2000元的图书。2009年1月，我支中心在东坡湖广场举办迎春灯谜竞猜活动，吸引众多市民积极参与，丰富了群众的节日文化生活；3月，我支中心参加全市在东坡区修文镇举行的科技、文化、卫生“三下乡”活动，现场发放种植、养殖技术资料1000多份；4月我支中心与市福利院共建“博爱图书室”在市福利院举行挂牌仪式。2010年1月我支中心参加全市在东坡区秦家镇举行的“三下乡”活动启动仪式，向群众赠送农技资料近1000份；2月为了丰富市社会（儿童）福利院里老人儿童们业余生活，让他们度过一个幸福愉快的春节，市文体局副局长李攀伦、支中心领导赵学军在市民政局副局长李述清的陪同下，再次为市福利院送去图书、期刊300余册，进一步丰富了共建图书室的藏书；我支中心还于农历正月初一、初二在东坡金城广场举办迎春灯谜有奖竞猜，吸引数千市民参与；4月市支中心派2名工作人员，在馆长带领下为市福利院赠送《老年博览》、《幸福》、《家庭》等各类期刊杂志共计500册，丰富了共建图书室的藏书。2011年1月，我支中心参加2011年全市在仁寿县大化镇送文化下乡活动，我馆编印了1000余份养殖方面的农业科技信息资料，发放给广大农民群众；2月5-6日（农历正月初三、初四）我支中心在东坡金城，东坡湖广场举办迎春灯谜活动；4月我支中心开通“我的图书馆”网上服务平台，读者可以在网上自行办理续借，预约图书手续；5月我支中心参加阳光少年热爱党”电脑小报设计活动；12月起我支中心增加每天19-21点夜间开馆时间，另外增加国家法定节假日的开放。

2012年1月23—24日，市支中心在东坡湖广场举办迎春灯谜活动、“快乐眉山幸福瞬间”摄影作品展；2月16日，市支中心参加全市在洪雅县中保镇开展的“三下乡”活动，编印农业技术资料2000份免费向村民散发；2月20日市支中心开展“幸福生活　好书相伴”活动，向市福利院老人和儿童们赠书1000余册；4月6日市支中心参加在丹棱共建的“眉山市农民工书屋”，我支中心送去期刊图书1000余本；4月11日市支中心举办巴蜀讲坛走进诗书城—眉山，成都医学院图书馆馆长刘萍在眉山职业技术学院就《读书可以治病，走进阅读疗法》与大学生交流；5月22—23日，市支中心在东坡区武装部举办“文化共享工程乡镇服务点培训”；10月18日，市支中心与青神实验幼儿园携手共建的“YOYO”亲子阅读书吧捐赠仪式暨“幼儿阅读”专家讲座在青神实验幼儿园隆重举行；11月30日，市支中心为洪雅县瓦屋山镇复兴村小学捐赠图书346册，价值6000余元；12月3日，由四川省图书馆主办，眉山市图书馆承办，眉山本土作家刘小川老师主讲的以“苏东坡在今天的意义”为题的公益讲座在眉山市东坡小学正式开讲；12月4日，市支中心举办“高举伟大旗帜，奔向美好未来”图片展。

八、荣誉与工作展望

眉山市支中心自开馆以来，在各级行政、业务主管部门的关心和大力支持下，办馆条件不断改善，服务能力进一步增强，先后开展了一年一度的“4·23世界读书日”、图书馆服务宣传周、送文化下乡、讲座、展览等一系列活动。在2006年全省“建设社会主义新农村”送电影下乡大型公益活动中，荣获省中心授予的“先进集体”称号；在2007“欢乐眉山”商贸旅游文化活动月中，举办电影放映专场，受到市政府通报表彰，我支中心荣获“先进单位”称号。在‘东坡文化知识竞赛’活动中，单位荣获组织奖、两名职工获得一等奖、五名获得二等奖。在“中国·眉山东坡国际文化节”活动中，我支中心领导赵学军被评为先进个人，受到市委、市政府表彰。2009年在市委、市政府《关于表彰2008年度青少年工作先进集体和先进个人的通报》（眉委［2009]46号）中，我支中心领导赵学军荣获“关心下一代工作先进个人”称号，受到表彰。2010年荣获“眉山市三八红旗集体”光荣称号。2011年，支中心领导赵学军被中国图书馆学会评为2009-2010年度优秀会员。

在十二五期间，我支中心将紧紧依托文化共享工程，加快数字图书馆建设，丰富文化信息资源，开展更加丰富多彩的文化惠民服务。

（撰文/眉山市支中心）

眉山市东坡区支中心

一、工程概况、经费投入

眉山市东坡区图书馆成立于1979年，位于东坡区杭州中路59号，馆舍面积约1500平方米，藏书总量为3.6万余册，现年新增藏书近5000册，年订阅报刊370多种。区图书馆始终坚持公益性、基本性、均等性和便捷性，创

新、创优、创品牌，连续二次被文化部评为国家“三级图书馆”，连续被市、区文体系统评为“先进单位”，连续被区委、区政府评为“文明单位”。2010年新馆搬迁装修改造后，不仅改变了阅读环境，更重要的是实现了服务功能的突破。2004年全省首批共享工程支中心，2009年全省第三批设备配送支中心。

各级财政投入大量资金，加强区支中心建设。新建成的局域网，光纤带宽10兆，信息布点100多个，有服务器4台、3.6T磁盘阵列1套、硬体防火墙1台、网络核心交换机1台、办公用终端计算机9台，供读者使用和检索终端计算机37　台以及打印机、投影机、扫描仪等多台外接设备。目前，区支中心公共电子阅览室和多功能报告厅对读者正式免费开放，公共电子阅览室每周开放时间58小时。

三、网点和队伍建设、宣传推广

全区23个乡镇，已建23个乡镇基层点，覆盖率达到100%；全区64个城市和乡镇社区，已建基层点12个，覆盖率达到19%，全区238个行政村，已建基层点238个，覆盖率达到100%。东坡区支中心设置兼职岗位1人，电子阅览室管理人员2人。管理人员积极参加省中心及市支中心举办的培训，区支中心积极组织（乡）镇基层服务点管理人员进行培训。

1、多次开展送科技知识下乡、进社区活动，邀请农艺师举办农技专题知识讲座，给社区居民免费发放法律、卫生宣传资料。2004年至今，共免费发放科技资料近30000份，图书展阅2000余册。2、2005年暑假期间，开展“我眼中的苏东坡”少儿有奖征文、推荐优秀图书、免费放映科教片等活动。3、2006年开始，区支中心每年正月初一、初二在眉山市三苏雕像广场举办“迎春灯谜”有奖竞猜活动。7年来，共计5万余市民参与了灯谜活动，该活动已成为眉山市一个特色文化品牌，深受广大市民欢迎。4、2006年，开展送科技文化下乡公益活动，利用共享工程数字资源，以电影放映和发放农业科技资料的形式，行程2000多公里，跑遍东坡区23个乡镇40个行政村，为村民放映电影40多场，观众2万多人次。免费发放农业科技资料6000多份，接待村民咨询6000多人次，放映内容包括八荣八耻、科技信息、动画片和优秀故事片，丰富广大农民群众精神文化生活。5、2007年，区支中心利用共享工程资源在红星路广场、居民小区为群众放映电影30多场，观众达到2.2万多人次，受到广大市民欢迎。6、区支中心电子阅览室开设了全国文化信息资源、政府信息，网上资源等查询、浏览服务，充分发挥共享工程这块主阵地的作用，并通过《眉山电视台》、《眉山日报》等媒体做好宣传推介工作，提高共享工程资源的点击率。2012年7月10日免费对外开放以来，共接待阅览3000多人次。7、2012年暑假期间，为丰富青少年的暑期文化生活，利用多功能厅开展青少年影视展播，知识讲座，创建文明城市、卫生城市和百科知识有奖竞猜等20多场次，共接待读者600多人次。

五、荣誉奖项、工作展望

2006年区中心荣获全国文化信息共享工程四川省分中心“建设社会主义新农村送文化下乡”公益活动集体二等奖。一是加强支中心数字资源建设；二是培养一支共享工程管理专业人才队伍；三是努力把共享工程资源用好、用活。

（撰文/眉山市东坡区支中心）

洪雅县支中心

一、基本情况

洪雅县文化馆、图书馆活动楼于2007年落成，文化信息资源共享工程洪雅县支中心服务项目规划在二、三楼。2008年，洪雅县被列入四川省文化资源共享工程县支中心建设项目，县政府成立了以县委常委、宣传部长为组长的四川省文化信息资源共享工程洪雅分中心领导小组。县文体局、县财政局制定《洪雅县文化信息资源共享工程建设方案》，在2009年初建成电子阅览室、多媒体室、中控室和综合业务加工区。面积达180平方米。

二、经费投入

四川省文化厅为洪雅县支中心配置软硬件系统价值53.67万元。县财政投入32万元装修和购买设备，县支中心运行费、培训费列入财政预算5万元。洪雅支中心现有计算机30台，20台供读者使用。多媒体室有100个座席。

三、网点建设

洪雅县委组织部、洪雅县文体局于2009年将农村党员干部远程教育接收站（点）与文化共享工程对接，分批升级、更新接收站（点）设备，悬挂文化共享工程基层服务点牌匾。2011年底，全县15个乡镇142个行政村都成为文化共享工程基层服务点。

四、队伍建设

2008年，文化共享工程洪雅县支中心设置专职岗位一人、兼职三人。专职人员流动后现有兼职3人。乡镇、村（社区）服务点都设置了一名兼职管理员。

县支中心专兼职人员参加省、市中心举办的培训并对乡镇服务点人员进行培训。外聘技术人员维护县中心设备并指导服务点的设备安装。

五、资源建设

县图书馆图书期刊数据库于2010年建成。2011年收集《雅妹子》、《人体艺术摄影》、《槽渔滩风情》、《五月台会》、《川剧座唱》等“非遗”资源。把洪雅地方文

献制作成数字资源传到县政府网站。

六、合作共建

县支中心设备供摄影家协会会员观摩佳作。音响设备供洪雅县第一届运动会比赛使用。多媒体室承办"眉山市第三次文物普查培训班"、"农家书屋管理员座谈会"、"中国共产党党史讲座"、"县人代会分组讨论会"及"社科骨干培训"、"文学艺术培训"、"消防知识培训"、"旅游标准化建设"等公益培训班。

七、宣传推广

2006年在《生态洪雅》杂志刊登"送电影下乡"活动的放映时间和地点。2009年编印《共享工程知识》传单，在"元宵节"和"公共图书馆服务宣传周"向城乡群众发放。移动公司向群众发送"迎新春文化服务活动"信息。制作"文化共享世博行"展板在城乡展出。《今日洪雅》预告"文化年货带回家"活动，用手机将"2012'楹'龙年"、"2012话龙年"发给乡镇文化专干。

八、惠民服务

2006年，四川省文化厅、四川省移动公司主办"建设社会主义新农村"送电影下乡公益活动。洪雅支中心7月27日至8月24日在射亭、群贤、前锋等21个村放映"坝坝电影"。国庆节为"瓦屋山镇首届运动会"放电影2场。

2007年，在柳新、平乐、友谊等5村开展"电影贺新春"活动。3月15日晚为眉山计算机学校师生放映《猛兽大对决》和《我的长征》。国庆节前夕在邹岗、王村、杨庙、八角庙等村播放《自制饲料添加剂制作方法》和电影。

2008年，在八角庙、桐梓岗和龙溪村开展电影贺婚、贺喜、贺"三•八"节活动，向观众赠送《奥运常识》传单。人民桥头举办"2008相聚北京"展览，组织46名读者参加眉山市"北京奥运知多少"知识竞赛。洪雅民间民俗"城隍会"在五龙祠放映《我的长征》。7月份与电视台合作播放奥运专题片。"5•12"汶川地震后县支中心承担止戈、三宝两镇13个村175场农村公益电影放映，放映前在灾区举办"复兴之路——纪念改革开放三十周年"展览。在洪雅广场以"坝坝电影"迎残奥会，与洪雅海尔专卖店合作在中保、花溪等4个乡镇开展"庆国庆"电影放映活动。

2009年，在眉山电子职业技术学校、武警中队、桐梓岗村开展"迎新春文化服务活动"，放映电影4场。刻录"进城务工技能培训"光盘15套，在村级服务点组织培训80场，培训农民工23400人次。制作"祖国万岁，文化共享"展板6套，刻录光盘24张在前锋、东岳、唐坝等村放映《伟大历程》系列片。

2010年将"文化资源助春耕"光盘送到县农业局、农机局和县畜牧食品局，经专家审定适合我县推广应用的技术光盘并刻录送到乡镇，在中保、汉王等乡镇的行政村组织培训150场。刻录"百年世博梦"在槽渔滩、三宝、将军组织播放。为舆教学习班学生播放"热爱祖国、快乐阅读"之《华罗庚的故事》、《阅读的快乐》专题片。与县电视台作开展"夏日电影展播"、"红色记忆，振奋中国"系列播放活动。

2011年，刻录《首届中国农民汇演》等"欢乐共享过大年"光盘在15个乡镇组织放映54场，在电视台播放《精选电影》。"文化共享助春耕"在电视台播放《新农村建设》，在孔坝、唐坝等村组织放映《种养科技》系列光盘。"学习英雄楷模"在新安社区播放《杨善洲》。刻录《开国英雄》、《抗日小奇兵》送给县青少年校外活动中心。"欢乐暑期，精彩共享"让回龙村四组车益母子分享。与电信公司合作为春风村群众放映《让子弹飞》，在电视台和东岳、中保等乡镇放映"纪念辛亥革命100周年"系列专题片。

2012年，"文化年货带回家"活动在东岳镇和雷坪村放映电影和专题片6场，组织4人自拟题目创作14副春联"楹"龙年。为水秀村专业户、养殖户、贫困户和留守儿童刻录《行家教你建生猪小区》、《规模化养鸡管理》、《迪斯尼精典动漫片》等光盘40张。"践行雷锋精神，推动惠民服务"活动，在电视台播放歌曲和双百人物动漫，在县中心敬老院、槽渔滩、中保、汉王、三宝放映《雷锋》等系列专题。组织余坪小学、中保中学等5所学校学生参加"像雷锋那样"电脑小报设计比赛，征集作品25件，10件作品在"共享工程"网上展出。聘请副县级理论教员在天宫小学、罗坝小学开展"做一个有道德的人"辅导活动。与东岳镇服务点联合在天宫敬老院放"坝坝电影"，向八面村残疾人赠送娱乐光盘。

九、荣誉与工作展望

2006年"送电影下乡"活动，洪雅支中心被文化共享工程四川省中心评为一等奖。2009年被中国图书馆学会授予"2008年全民阅读"先进集体。2012年"像雷锋那样"电脑小报设计比赛，17件作品获眉山市比赛奖，县支中心被评为"优秀组织奖"。

党的十八大描绘了建设社会主义文化强国蓝图。公共文化服务人员会不断增加、经费不断增长，资源不断充实。群众求知求乐需求更趋多样化，文化共享工程洪雅支中心的服务方式、服务内容会不断创新。

（撰文/洪雅县支中心）

雅安市支中心

随着全国文化信息资源共享工程在全国范围内的开展，雅安市政府及市文新广局对这项工程在我市的实施给予了高度重视，雅安市共享工程建设从2006年雅安市图书馆被确定为“共享工程市级支中心”开始，到2012年6月已基本建立起了覆盖全市县（区）、乡镇、社区的服务体系。政府投入逐年加大，基层服务点设施齐全，均能独立开展面对广大群众的服务活动。

一、基本情况

1、县（区）共享工程支中心建设情况。十一五期间，国家加大对全国县级公共图书馆共享工程的建设力度，为全国县级公共图书馆配置68万的软硬件设施、设备，为各县级共享工程支中心开展活动奠定了坚实的基础。截至2012年6月，全市共有名山县图书馆、石棉县图书馆、荥经县图书馆、宝兴县图书馆、天全县图书馆、芦山县图书馆、汉源县图书馆、雨城区图书馆相继建立了“共享工程支中心”以及“公共电子阅览室，所配设备设施均陆续到位。

2、乡镇、社区共享工程建设情况。党的十七大召开后，党中央高度重视基层文化工作，从2010年起国家对乡镇综合文化站、社区投入资金建设共享工程服务点。截止2012年6月，我市110个乡镇综合文化站、4个社区活动中心、30个社区活动室相继建立了共享工程活动点，设施、设备均已全部到位，其中110个乡镇按照国家要求建立了“公共电子阅览室”，初步形成基本覆盖全市县（区）、乡镇、社区的共享工程服务体系。

二、惠民服务

全市共享工程服务点、公共电子阅览室充分利用完备的设备，根据各地特点开展了各项精彩纷呈的活动。

1、公共电子阅览室免费服务。各基层服务点公共电子阅览室加大宣传力度，为进入公共电子阅览室的读者提供方便、快捷、实用的电子阅览、视频点播、信息查阅、上网浏览、专题培训等公益性的服务。

2、面向广大青少年，突出思想道德教育。结合青少年身心发展特点，紧密结合学校教育，利用电影、网络等青少年易于接受的形式，充分发挥文化资源共享平台的优势，利用讲座、观摩、制作、展览等多种形式，大力开展理想教育、爱国主义教育、集体主义教育和社会主义荣辱观教育，寓教于乐，提高了青少年的科技素质和创新能力，使文化信息资源共享工程成为青少年德育教育的重要渠道。

3、发挥共享工程信息资源共享共用的优势，利用上级中心的资源，市支中心及各级支中心利用公共电子阅览室服务阵地，定期播放“共享工程”中的讲座、影视节目播放电影和讲座40余场，参与读者两千余人。

四、宣传推广

加强与市、县科技、农业、卫生、文化馆、新华文轩、电影公司等单位的合作，积极收集种植、养殖、医疗卫生、加工技术等信息信息，通过移动播放设备，在农村巡回放映，扩大了文化信息资源共享工程的受众面。

五、培训工作

1、公共电子阅览室大力收集电脑、机器等维修使用技术、厨师、餐馆技术服务等实用技术电子图书、视频资料，建立专门的农民工实用技术包免费供农民工使用，并对他们予以指导。2、加强与相关单位合作，开展相关培训和讲座。每年培训农民工2000余人。3、市支中心配合市文新广局搞好全市共享工程业务培训，每年均到各县（区）深入基层开展共享工程业务人员培训，全年开展共享工程业务培训7次，培训人数达六百余人。

六、管理和队伍建设

1、加强管理和制度建设。按照国家中心和分中心要求，我馆建立了由馆长任组长，班子其他人员为成员的“共享工程”雅安支中心组织机构，下设办公室，具体负责技术保障、资源建设和辅导服务工作。为加强对支中心管理，制定了《共享工程电子阅览室管理制度》、《支中心工作人员岗位职责》等一整套内部管理制度，使支中心步入规范化、制度化的发展轨道。

2、加强人才队伍培训。每年组织相关工作人员参加《四川省数字图书馆与地方特色文献建设》、《数字图书馆的建设》、《共享工程建设》等业务知识培训。

七、工作展望

“共享工程”的实施，有效地推动了我馆文化阵地建设，有效地提升了我馆的服务功能，我馆将最大限度地发挥它的功效，在构建和谐文化、培育社会新风和建立社会主义核心价值体系等方面发挥积极作用。

（撰文/雅安市支中心）

免费培训电脑

读者在电子阅览室学习

天全县支中心

天全县是四川省雅安市区县之一，天全位于四川盆地西缘，二郎山东麓，幅员面积2400平方公里，总人口17万，天全生态良好，环境优美。境内四季温暖，雨量充沛，年均降水量达1735毫米，被誉为“川西走廊上的生态家园”。

一、基本情况

我县自2008年开始实施文化信息资源共享工程实施，将共享工程作为推进文化创新、完善公共文化服务体系、提高公益性文化服务水平、促进经济社会协调发展、构建和谐天全的重要抓手，扎扎实实地组织全县共享工程项目的实施，文化信息资源共享工程县支中心1个，乡、镇级基层服务点15个，县、乡、村三级文化服务网络体系已基本形成。文化信息资源共享工程天全县支中心于2008年建成电子阅览室，2009年建成中心机房投入使用，设备总投资79万元。其中：县支中心建成电子阅览室150平方米，PC机30台，采用无盘管理模式。中心机房20平方。支中心专线以每月1000元月租，通过10M光纤接入互联网，现已向社会全面免费开放。乡镇基层服务点阅览室总平方300余平方，PC机100台。支中心的建成，进一步推动了我县图书馆基础建设，实现了图书馆网络化、数字化、自动化管理。

2011年至2012年，分批在我县新业乡、大平乡等5个乡镇文化站建成文化信息资源共享乡级服务点，分别通过电信网络终端接收，和农村党员干部现代远程教育工程互为补充，由县委组织部负责实施，县支中心图书馆负责软硬件支撑、设备的调试、运行、人员培训、业务开展等工作，目前各基层服务点设备运行良好。

二、开展活动情况

在省中心、市局的正确指导和大力支持下，在县委、县政府的坚强领导下，通过多年的建设运行，各站点充分利用现有设备，发挥文化共享，为弘扬先进文化，构建和谐社会，建设社会主义新农村，丰富城乡群众文化生活起到了重要的作用。我们主要做了以下三方面工作。

1、加强领导，加快共享工程基础设施建设。近几年来，随着经济的发展，群众对科学文化的需求显得尤为迫切。面对我县基层文化设施陈旧、文化投入不足、文化资源匮乏、起步晚等现状，县委、县政府高度重视，决定以共享工程建设为契机，把传播先进文化、转变致富理念、普及科学文化知识作为共享工程建设的最终落脚点，并采取有力措施，使共享工程建设工作落到实处。

加大投入，加强基础设施建设。共享工程配套费从无到有，逐年增加。2012年11月县支中心更换了终端设备，改善了上网环境，升级了中心机房设备。使共享工程覆盖面更全，渗透力更大，普及性更强。加强乡镇、社区文化队伍建设，完善乡镇、社区文化站、基层服务点治理制度，加强共享工程基层服务点的管理。

构建全县的基层服务网络，改善基层文化工作陈旧落后的状况。各村、社区服务点依托文化活动室的便利条件，由县图书馆向服务点提供图书、杂志等，满足市民精神文化生活需要。

2、整合信息资源，使共享工程在基层开花结果。由于条件所限，农村的群众不便于到城镇享受优质的网络资源，将新思想、新科技用一种直观、易懂的形式送到农民身边就成了及时雨、雪中炭。为了使群众对农业新科技能够看得懂、用得上、见效快，县委、县政府组织文化、农牧、卫生等涉农部门，利用共享工程网络和资源对农村进行群众的政策法规、先进性教育、农业科技、文化体育、防疫保健、科普知识等培训，扩大宣传面，使群众快学技术，早得实惠。

3、坚持创新，突出重点，将文化信息资源共享工程建设引向深入。2012年，图书馆面向中老年人，突出思想健康教育。为县老干局年活动中心、老年大学、开展了资源共享服务。面向广大青少年，突出思想道德教育。切实加强和改进了未成年人思想道德建设。面向残疾人，开展劳动生活技术教育培训。

三、工作展望

1、进一步扩充文化设施网点，以县图书馆、乡综合文化站。加强基层文化设施网点网络化、数字化建设，加强文化、科技信息资源自动化、网络化建设和专业技术人员的培养，为深入推进共享工程的实施打好基础。

2、努力把文化信息资源共享工程用活、用好。积极采用图书馆成熟技术，借助数字电视和网络远程教育服务，大力开展公益性服务。将地方春晚、非遗、民歌民谣、音乐歌舞、美术等艺术表现形式纳入共享工程服务内容，以群众喜闻乐见的形式使共享工程更加贴近基层、贴近生活、贴近群众。

3、在实施过程中加强与上级业务部门、县直各部门的沟通与协调，使共享工程服务群众更具针对性和时效性。。我县文化信息资源共享工程中在各方面的不懈努力下已初见成效，但目前的运行状况距离上级领导的要求和人民群众的需要还有很大差距，希望上级领导和业务部门能够在资金、技术等方面能够给予大力支持。

展望未来，天全县文化共享工程紧紧围绕省、市、县中心的工作部署，将进一步构建资源优质丰富、技术先进实用、传播高效互动、服务便捷贴近、管理科学规范、体系完整可控的公共数字文化传播服务体系，使文化共享工程真正成为城乡群众参与文化娱乐、获取科普信息、接受教育培训、享受惠民服务的重要平台。

（撰文/天全县支中心）

汶川县支中心

一、整体情况

2006年1月9日至11日，四川省图书馆在成都举办了有关共享工程入门的培训班。汶川县图书馆也派人参加了此次培训。这是全国文化信息资源共享工程四川省中心

共享工程服务点正在放映电影

开始在县级基层启动和对县级基层人员进行共享工程入门的一次业务培训。会议结束后，省中心为到会的每一个图书馆发放了服务器、显示器、卫星接收设备、投影仪、投影幕布等一套共享工程的设备。接着省中心派人到汶川安装、调试好了设备后，汶川支中心就开始利用这些设备和已经存储好的资源，不定期地为少年儿童和一些成人放映一些老电影、农业知识讲座等。这标志着全国文化信息资源共享工程汶川县支中心的建设开始启动。

2007年上年汶川县支中心按省、州有关部门的要求，在主管局的领导下，在组织部和各乡镇的支持配合下对全县农村党员干部远程教育建设情况进行了摸底调查，形成了《汶川县文化体育局关于文化信息资源共享工程和农村党员干部远程教育建设情况的报告》、《汶川县文化体育局关于汶川县"十一五"文化信息资源共享工程总体工作方案及分年度实施计划的报告》。下年，通过与相关部门协商、协调，拟定了《汶川县文体局　汶川县财政局关于实施文化信息资源共享工程的请示》、《全国文化信息资源共享工程汶川县支中心实施方案》（草案）、《全国文化信息资源共享工程汶川县支中心建设财政预算》（草案）等重要文件。县人民政府也批准汶川县从2008年开始实施文化信息资源共享工程。第一步，2008年完成图书馆县级支中心和部分乡镇基层服务点的建设；第二步，2009年完成所有乡镇服务点和部分村级服务点的建设；第三步：2010年完成所有村级服务点的建设。这一工作同时被列入到《汶川县政府工作报告》中。在文体局2007年的年终总结会上，分管文化的县长和文体局局长还专门就我县各乡镇文化信息资源服务点的建设工作进行了安排和布置。四川省文化信息资源共享工程领导小组也将我县纳入到四川53个首批建设县中。

就在我县文化信息资源共享工程正在加紧进行的时候，5·12汶川特大地震发生了，我县的共享工程也被迫停止。全县上上下下都全部投入到抗震救灾中。

2009年1月，全国文化信息资源共享工程国家中心和四川省分中心为我县13个受灾群众安置点配备共享工程的设备设施，并安排专人分别到各安置点进行安装调式。汶川的共享工程又一次得到了国家和四川省中心的大力扶持。2009年到2012年国家中心多次给汶川县支中心发送服务光碟，为了充分发挥共享工程设备和资源光碟的作用，从2009年起，汶川县支中心一直选择在人员集中的地方，为公众放映这些资源，为群众服务，充分发挥了资源的作用。

二、网点建设

5.12地震造成汶川县支中心的共享工程设备损毁，汶川县的文化活动场所、文化设施全面瘫痪。2009年1月，全国文化信息资源共享工程和四川省分中心为汶川配备发送了13套共享工程的设备设施，支持汶川在震中映秀等灾民集中居住地设立了13个共享工程赈灾服务点。为了充分发挥文化信息资源在灾区重建中抚慰灾民心灵，丰富群众文化生活，用先进的文化占领灾区群众的文化阵地，为灾区重建提供智力支持的作用，了解和掌握各服务点的运行情况，3月初，按四川省文化厅川文办发[2009]23号文件精神和县文体局的要求，我县共享工程领导小组派出由文体局、图书馆共享工程支中心4人组成的自查小组，带着《汶川县文化体育局关于转发<四川省文化厅关于开展文化信息资源共享工程赈灾服务点建设督促工作的通知>的通知》，分别对全县11个基层赈灾服务点的组织机构，管理机制；工程的软、硬件设备安装情况；工程的管理情况；工程的形象标识；工程的服务情况等进行了检查。并及时向县共享工程领导小组反映了各赈灾服务点存在的问题，引起了领导小组的充分重视。领导小组专门就我县赈灾服务点建设出现的问题，以汶府办发[2009]30号文件下发了《汶川县人民政府办公室关于加强文化信息资源共享工程赈灾服务点管理工作的紧急通知》，对我县共享工程赈灾服务点建设提出了要求，明确了责任。针对各基层点不了解共享工程设备，不能使用或正确使用设备的问题，检查小组的成员通过学习、钻研、请教后，带着简易接收机、电视机、搬手、罗盘等设备，于3月17日至21日又一次分别到各服务点，对设备进行调试，手把手地教管理员使用国家中心和省中心发送的全套设备，并用原始的方法帮助各点寻星，使各赈灾服务点又基本能够正常地接收到国家中心发送的资源和使用现有设备、资源为群众服务。检查组还为各点配备了省中心陈雪樵主任特别安排分发给我县的宣传共享工程的易拉宝、小黑板、共享工程标牌、标语、横幅等；为各点统一制作了《全国文化信息资源共享工程汶川县乡镇基层赈灾服务站服务规范》、《全国文化信息资源共享工程汶川县乡镇基层服务站设备管理制度》等。

三、技术支持

2009年3月中旬，为了实地调研共享工程在汶川灾区的发展建设实际情况，使震后的汶川县各点正常开展服务工作，国家中心和省中心在交通不便，路途危险的情况

基层调研

下，不仅派专人到汶川各安置点进行调研，还为汶川派来了技术人员进行现场技术指导，为各点发放《全国文化共享工程安装指南》，有针对性地为各服务点解决技术困难，使共享工程能够在震后的汶川各安置点正常运行。

四、资源建设

汶川县支中心处于羌族聚居地区，汶川县又是“5·12”地震的震中，因此我们重点需要收藏与羌族研究有关的文献资料和与“5·12”汶川地震有关的文献资料。为了保护民族文化资源，保存地震文献资源，我们利用各种途径千方百计收集地方文献和与“5·12”地震有关的地震文献，以丰富我县民族文献、地方文献、地震文献的馆藏，使我县的资源具有一定的特色。

五、惠民服务

地震后的2009年3月起至2010年1月，汶川支中心的职工牺牲自己的休息时间，利用文化信息资源共享工程下发的设备设施、资源定期在县城群众集中的雁门安置点放电影，以此来安抚当地群众和感谢援助汶川重建的人员和民工。2011年开始，汶川支中心利用建好的汶川城区的一个中心广场“锅庄广场”，选择在人员比较集中的时段为公众放映电影和讲座，以此来宣传共享工程并为群众服务。据不完全统计，从2009年3月起至今已经放映电影近60场次，有1万多人观看。

六、经费投入

汶川县支中心的建设，主要靠国家和省中心的投入，2007年省中心给汶川支中心下达了1万元的补助资金，2010年底又给汶川支中心下达了10万的补助资金。

从2008年起，地方财政每年以“收集特色地方文献”给图书馆下达1万元的预算资金。今年四川省中心为支中心投入了59.万元的设备设施。

七、工作发展

2012年，四川省中心为汶川县支中心配置的设备设施已经到馆，我们要牢牢把握住这一时机，希望在省中心技术部的支持下尽早完成设备设施的安装，使设备设施能够尽快投入使用。在完成汶川县支中心的建设的基础上，争取汶川县政府、主管局以及相关单位的支持，尽快将我县乡镇、村服务点的建设纳入工作计划，早日完成乡镇服务点和村服务点的建设。

（撰文/汶川县支中心）

茂县支中心

2006年8月茂县图书馆建立了电子阅览室，购置电脑40台，开通了十兆光纤接口，收集了部份影视作品、文学名著、文化百科、名家讲坛、农事指南等200G的电子资源，合并县级数字图书馆推广计划1TB的视频及电子图书资源，全部对读者开放。同时，积极营造良好的上网学习环境，大力引导未成年人健康上网，帮助读者（特别是未成年人）学习计算机基础知识、网络知识等。并

向读者推荐优秀的青少年网站“中国雏鹰网”、“少年读书网”和益智游戏。2009年2月我馆配合文化部文化信息资源建设管理中心和文化共享工程四川省分中心，建立文化共享工程赈灾服务点。为我县22个乡镇，4个社区安置点配备了26套共享工程设备。

我县文化信息共享工程县级支中心，依托县图书馆为实施主体，建设有总控室、信息采编工作室、中心电子阅览室等。今年，茂县图书馆新馆通过实施文化信息资源共享工程，建成了图书馆电子阅览室、多媒体阅览室，电子阅览室现有终端共50台，管理机1台，面积300平方米；中心控制机房现有设备：综合管理服务器、综合业务服务器、磁盘阵列1套，千兆、百兆交换机各1台，42U标准机柜各1台，UPS电源1套，百兆防火墙1台，面积25平方米；资源加工整合室现有设备：移动存储播放器、扫描仪、功放机各1个，便携计算机1台，外置刻录机2台，移动硬盘4块，复印机1台，激光打印机1台、DV机、数码照像机、传真机各1台，计算机4台，面积76平方米；多功能室现有设备：电视机1台，功放1套，音箱、无线话筒各1套、调音台1个，投影仪1个，幕布1块，便携计算机1台，面积180平方米。我馆本着“建绿色网络、办优质窗口”的服务理念，对图书馆电子阅览室进行规范管理，制定了《电子阅览室管理条例》、《电子阅览室管理人员职责规范》、《上网读者登记》、《读者注意事项》等规章制度，未成年人上网必须持家长身份证办理的《茂县图书馆借阅卡》方可上网，且明确界定了上网对象行为和时限（一般未成年人上网时间为120分钟）等，对电子阅览室实行规范化管理。

目前完成专用地板、供电系统、防雷、防火、防盗等装置，省中心配备的共享工程设备于2012年10月进行现

场安装调试，目前已部分安装到位。2012年11月9日至今，茂县图书馆电子阅览室、多媒体阅览室共接待读者1000余人次。支中心电子阅览室拥有大量的图书、视频、影视等资源信息，深受读者欢迎，优异的环境为广大青少年提供了绿色上网平台，倍受广大家长称赞。11月14日—7月20日，茂县图书馆、共享工程茂县支中心在多媒体阅览室举办了为期一周的资源共享公益电影放映活动，广大青少年每天都能看到一部精彩电影。公益电影放映活动，是全县“文化惠民公益演出”的组成部分，旨在共享优秀文化资源，丰富群众文化生活，也是共享工程茂县支中心传统的共享资源服务活动。这次活动服务青少年600多人次，先后放映了《集结号》、《太行山上》、《葫芦兄弟》《蓝精灵》等优秀影片。县级支中心建成后通过公共信息网络无偿的让更多的群众享受到更丰富、更便捷的优秀传统文化服务，丰富和提升城乡广大群众的文化生活，为全县文化事业繁荣发展做出积极贡献。

（撰文/茂县支中心）

黑水县支中心

根据国务院、文化部和省文化厅关于大力推进文化信息资源共享工程建设的指示精神，为切实保障我县人民群众的文化信息需求，促进文化的发展，黑水县文化共享工程支中心在省文化共享工程分中心和州支中心的指导下，在县委县政府和我局精心组织、加强管理、推进发展。截止今年年底，已建成和开通县级支中心服务点，较好地满足了我县人民群众不断增长的文化需求。现将我县文化共享工程建设情况及工作思路汇报如下：

一、基本情况

黑水县有17个乡(镇)124个村，自全国文化共享工程实施以来，我县一直把它作为一项文化建设的重点创新工程来抓。在省分中心、县委、县政府的重视及有关部门的通力合作下，于2009年正式启动了县文化共享工程建设。在实践中积极探索、大胆开拓，并以县图书馆为示范单位，于2012年12月正式建成文化共享工程黑水县级支中心。

这一年来，丰富、实用的文化信息资源极大的方便和吸引了广大人民群众，对促进我县政治、经济、文化、教育的全面发展，提高农民科技致富能力、满足农民政策信息需求等起到了极其重要的作用。我们的主要做法是：

1、统筹规划、广泛宣传，充分认识共享工程的重要作用。为使全县各级单位和乡镇更多的了解共享工程的意义和作用，我们根据省文化厅的统一部署，明确职责、制定方案、宣传发动。设立机构，为推进共享工程建设提供组织保证。成立了由县文化局牵头组成的黑水县文化共享工程领导小组，以县图书馆为主要技术力量的县级支中心。制定规划，明确共享工程建设的目标任务。2009年文化共享工程建设在我县正式启动，根据省厅和州文化共享工程支中心的统一部署，我局一手抓统筹规划，一手抓宣传发动。明确共享工程建设经费渠道，四川省文化厅2009年财政年度文化共享工程县级支中心软硬件系统经过政府采购程序最终中标价格为54.1088万元/县级支中心；制定方案，通过多种形式宣传共享工程在推动基层文化事业跨越发展中的作用，为共享工程的顺利实施打下基础。

2、合理布局、严格把关，切实推进共享工程建设步伐。共享工程作为一项利用先进高科技手段、有步骤地整合和发布优秀文化信息资源的网络工程，我们妥善处理好公益性文化项目与经营性网吧的关系，合理布局，严格把关。抓好龙头，以点带面，为共享工程开局树立样板。2009年，根据实际情况，在全县确定在县图书馆建立共享工程支中心。统一标准，严格把关，为推进共享工程建设营造环境。针对我县实际现状，结合省厅建设要求，我县县级支中心有25台计算机及相关设备，很好的满足了广大群众上网查询文化资料的需求。

3、协调管理、规划运作，不断提高共享工程的服务水平。随着基层点的逐步建成，在正常开放中，不可避免地出现这样和那样的问题，为积极推进共享工程建设的有序发展，提高服务水平。强化管理措施，县级支中心根据要求制定统一标牌。规范服务手段，读者凭借书证、阅览证等证件均可查阅资料，并规定接待未成年人要有家长书面意见，并采取实名制登记，每日不超过3小时。通过采取以上各项措施，我县共享工程运行情况整体上较为稳定。

二、工作展望

2013年，我县将以加快发展文化共享工程建设，以整合、开发优秀文化信息资源，推进思路创新、技术创新和服务创新为工作重点；始终坚持以满足广大人民群众文化信息需求为服务中心，努力把我县的文化共享工程推上一个新的台阶。

1、继续推进我县共享工程基层网点的建设。目前我县还有17乡（镇）未建基层服务点。对于村级服务点，我们将根据实际情况，分期分批、争取财力，逐年建好乡（镇）、村级服务点。

2、发挥优势，整合资源，加大资源建设力度。文化信息资源建设始终是“共享工程”的核心。黑水县历史悠久，文化底蕴深厚，民间文化信息艺术多姿多彩。我们在利用国家及各省、州已开发的文化信息资源成果的同时，更应发挥本县资源优势，努力将有藏区特色的文化信息资源开发出来，建好“黑水地方文献资源”数据库。

3、加强培训，不断提高队伍素质。共享工程是一项采用高新技术推动文化建设的工程，其特点是技术含量高。要求从事这项工作的人员须具备相应的知识和技术，根据工作需要每年由县分中心组织1—2次专业技术培训，以适应共享工程建设和服务的需求。

4、健全制度，加强文化共享工程的管理。在省厅和州支中心的领导下，我们将不断完善制度，加强管理，稳步推进；深化公共网络，创新服务内容，加快黑水文化共享工程建设，实现又好又快的发展。

（撰文/黑水县支中心）

全国文化信息资源共享工程——

贵州省分中心

一、组织机构和领导机制

文化信息资源共享工程是2002年文化部、财政部共同组织实施的一项社会文化建设标志性工程，是一项繁荣社会主义先进文化的创新工程，是国家新农村文化建设的二号工程，是惠及千家万户的一项重大工程，是“十一五”期间国家公共文化服务体系建设的一项重大工程。它采用现代科学技术，将中华优秀文化信息资源进行数字化加工与整合，通过互联网、卫星、光盘等方式，实现优秀文化信息资源在全国范围内的共建共享。

2002年共享工程开展试点工作以来，贵州省委、省政府领导高度重视文化共享工程建设，充分认识到文化共享工程对丰富贵州经济欠发达地区群众的精神生活，保障农民群众的基本文化权益，满足不同层次的文化需求，缩小城乡之间文化发展的差距，建设社会主义新农村，构建和谐社会等方面的重要作用。原省委副书记王富玉、省委常委、贵阳市市委书记李军等就文化共享工程试点工作多次作出批示，要求省政府、省文化厅一定要把这项工作抓好抓实。原副省长吴嘉甫亲自主持召开相关会议，并作重要的指示，要求全省各地区文化局长、建设县分管县长认真抓好文化共享工程工作。在文化共享工程县级支中心建设中，为确保工作的顺利开展，各级中心和服务网点都建立了相应的领导小组和具体负责机构，形成了“分级指导、上下联动、各自开展服务、资源共建共享”的工作机制，有力推动了县级支中心建设工作的开展。2006年5月文化信息资源共享工程贵州省分中心经省人事厅、省编委办批准在贵州省图书馆正式成立，批准中心编制为12人，在省文化共享工程领导小组办公室及省图书馆的领导下专门负责贵州的“文化共享工程”工作。2006年，由贵州省政府牵头，联合贵州省财政厅、教育厅、农业厅、信息产业厅、广播电视局等十余家单位成立贵州共享共享工程领导小组，负责共享工程日常管理工作。

我们采取了目标责任制管理的办法，由省文化厅与项目实施县人民政府签订《贵州省文化信息资源共享工程县级支中心建设目标责任书》，就县级政府在文化共享工程建设中应承担的责任，如人员配备、运行经费等提出明确要求，保证了工作的开展。同时，对资金、管理等方面功能工作开展较好的县，省文化厅在安排专项资金时“以奖代补”，有效调动了基层的工作积极性。

二、经费投入情况

十一五期间，中央总计投入近2个亿，贵州省级财政投入3355万，地（州、市）级财政投入642万，县级财政投入1502万。为贵州共享工程的发展提供了全面保障。

三、队伍建设情况

目前省中心有工作人员十人，日常工作运转正常。我省各级中心通过引进人才和学习培训等方式加强文化共享工程队伍建设。十一五期间，省中心通过办培训班、远程指导等方式培训各级支中心和基层点人员，共举办21期培训班，培训人员3000余人次。督促各级支中心开展地区性培训累计70余次，培训人员6500余人次。通过培训，有效提高了我省文化共享工程队伍的素质和服务能力。同时还利用远程网络和电话指导等方式培训各级工作人员指导工作。为基层开展好服务打下了人才基础。目前从事文化共享工程工作的人员21492人，其中省中心10人，地（州、市）支中心18人，县级支中心320人，乡镇基层服务点1451人，村基层服务点19669人，社区24人。省中心累计通过电话、网络和到达现场解决了卫星设备无法接收，服务器、投影机、移动播放器故障等问题1727次。

四、各级支中心、基层点建设情况

2004年中央文明办、文化部在贵州资助建设了10个基层点；贵州师范大学图书馆、黔东南州图书馆、贵阳市白云区图书馆积极争取当地资金建立了3个基层点；2005年贵州省文化厅利用基层文化建设资金建立了25个点；2005年年底，在国家文化部和文化共享工程国家管理中心的资助下，一改过去的分布式零散建点，首次在全国开展集中连片式建设基层服务点，我省遵义市的14个县市、遵义县的34个乡镇，都匀市的22个乡镇和威宁县的8个乡镇都建立了基层服务点。2008年3月，在凤冈、湄潭等遵义市七个县的114个乡镇建设了乡镇基层服务点，并完成了习水、铜仁等23个县级支中心的建设，同时与远程教育合作，完成全省18369个村级基层服务点共建任务。截止目前为止，已完成中央财政和省文化部门支持的各级文化共享工程点19290余个，其中省中心1个，市级支中心2个，县支中心88个，有电子阅览室的乡镇基层服务点20个，有电子阅览室的社区基层服务点10个、单机版乡镇基层点750个和自建村级基层服务点18450个，社区基层服务点20个。省中心按照国家中心的要求，为各县级支中心配置了服务器、磁盘阵列、计算机、网络交换机、防火墙和图书馆自动化系统等硬软件。同时，省中心和各地远教办密切协作，共建合作，扩大了基层阵地和服务规模。2009年10月，财政部下达了我省408个乡镇基层点建设项目，由于经费下达较晚，目前省中心正着手制订全省乡镇基层服务点设备配置方案和公开招标方案，拟于2010年春节前后配送安装完毕。

五、服务案例

文化共享工程的最终落脚点是服务。我们以基层为重点，开展多种形式服务，如积极利用电子阅览室为群众提供绿色上网和信息资源查询服务，通过为乡镇、村基层服务点提供硬盘镜像、光盘发送等形式为农村群众服务。特别是县级支中心工作人员经常深入基层、农村，依托不同的文化设施和场所，利用广场、节庆、集市等开展有针对性的农业科普知识讲座、实用技能培训和信息资源活动，对提高农民群众的职业技能和致富能力起到了积极作用。同时，省分中心每年都对基层服务点的工作实施目标考核，对工作中成绩突出的单位和个人进行表彰和奖励。省中心建成已来，开展了内容丰富的服务活动，如每年春节的“共享工程新春服务行”活动，“迎国庆”系列服务活动，“共享工程长征行”活动，爱国主义电影放映活动，文化共享工程“五进”活动，让共享工程走进社区、进农村、进学校、进军营、进监狱。省中心印发各种宣传小册子2000余份，宣传共享工程，服务各界群众。在贵州省两会期间，利用共享工程设备为两会报道提供服务。

贵州省分中心在省文化厅的领导下精心策划和组织了“共享工程奥运行”知识展览，展览以“情系奥运，文化共享”为主题，以开展文化共享工程服务活动，宣扬奥运精神，传播奥运知识为宗旨。展览共由30块展板组成，分“奥运知识”、“奥运史话”、“奥运中国”、“全国文化信息资源共享工程介绍”四个大内容，系统地传播了“绿色奥运、科技奥运、人文奥运”的理念与知识，此外省中心工作人员还特地为展览准备了四台笔记本电脑，为观看展览的群众播放奥运宣传片和奥运小知识。此次活动为奥运火炬在贵州传递期间营造了关注奥运、解读奥运知识的良好氛围，促进了广大群众对奥运知识的了解，同时也为贵州省分中心2008年服务奥运奠定了基础。

为纪念五四运动，弘扬“五四”精神，激励广大青年高举爱国主义旗帜，传承五四精神，勤于学习，善于创造，甘于奉献，肩负起中华民族的伟大复兴的历史使命。2009年4月29日，由贵州省文化厅主办，全国文化信息共享工程贵州省分中心承办的“不朽的精神　伟大的起点---五四运动”图片展览活动在贵阳市南明广场正式启动，贵州省电视台，贵州日报等新闻媒体对展览进行了报道。此外，省中心工作人员还特地为展览准备了笔记本电脑，为观看展览的群众播放“五四”运动相关记录片和反映五四爱国运动的影片《我的1919》。

在建国60周年华诞之际，2009年9月29日下午，由贵州省文化共享工程中心主办、文化共享工程遵义市支中心、桐梓县文体广播电视局、松坎镇人民政府、文化共享工程桐梓县支中心等单位承办的“文化共享工程庆祝建国60周年黔北行”服务活动，在素有黔北大门的桐梓县松坎镇隆重举行。在桐梓三中广场的文艺演出，三千多师生与群众现场观看；街头发放宣传资料2000多份；26幅“国事盛典、文化印证”展板，吸引了上千群众与师生观看；上百名群众接受了科技、法律、政策等咨询及义诊。同时、省中心还联合遵义市支中心、黔东南支中心、毕节地区支中心、黔南州支中心举行了文艺演出、科技服务、卫生服务等大型庆祝活动，取得良好社会效果。

特别值得一提的是，2009年11月15日，省中心首次利用网络平台为我省举办的“贵州侗族大歌申报人类非物质文化遗产成功庆典活动”进行网络直播，为贵州省第四次少数民族文艺会演进行网络直播。同时组织全省基层点收看，引起媒体广泛关注，受到社会一致好评。

已建成的各级支中心在省中心的指导下，正在积极利用现有的设施设备开展信息化服务，截至目前，各级支中心基层服务点利用电子阅览室服务群众达200多万人次，参加共享工程服务活动的群众达到100万人次以上，近2万个基层服务点正通过利用省中心发放的各种信息资源为服务广大农村群众。同时，在省中心指导下，还开展了各种特色化服务，如遵义县三渡镇基层服务点为了方便群众，提升服务质量和水平，加大工程宣传力度，在工作中不断探寻新的服务方式。推行了“便民服务卡”，并广泛发放到基层群众手中，目前，已发放千余张。便民卡的正面印有文化共享工程服务点联系人和电话，以及文化共享工程的专用标识，卡的背面印有“传播中华文化，共享人类资源”，以及免费为群众提供的服务范围：农业实用技术培训、农村酒席电影放映、节日庆典活动放映等。推行这样的服务，主要是针对基层实际，充分发挥文化共享工程的资源优势，免费想农民群众提供服务。

为了充分利用文化共享工程为广大群众服务，威宁县支中心电影放映服务队分别于去年1月20日、2月14日、3月1日在县君怡广场、县图书馆、威宁师范等场地为城区群众放映电影。为开展好此次活动，威宁县支中心精心选择了《刑场上的婚礼》、《野火春风斗古城》、《战洪图》、《南海风云》、《平原作战》、《山村会计》等6部观赏性强、教育作用大的国产优秀影片进行放映，累计4000余人次群众观看了电影。通过开展这样的活动，丰富了广大群众的文化生活，多年不见的露天电影广场文化活动深受大家热烈的欢迎。

遵义市支中心和小太阳儿童美术学校联合举办“迎奥运、庆六一”儿童现场绘画比赛。孩子们根据自己对奥运的理解，发挥着自己的奇思妙想。活泼形象的奥运福娃，热闹的运动场面，欢乐的节日氛围等等。表达了孩子们对北京奥运的期盼和祝愿，又体现了喜迎“六一”的美好心情。比赛结束后，图书馆工作人员为孩子们播放了从共享工程资源库中精心挑选的动画片《奥运福娃漫游记》，精彩的动画片让孩子们对奥运有了进一步了解。

为了向灾区尽自己的绵薄之力，2008年5月17日晚8时，桐梓县支中心在政府广场开展了大型“情系地震灾区　播洒人间真爱　义演义卖活动”。活动中，桐梓县支中心充分发挥“共享工程”设备、资源、技术优势，制作了全部赈灾视频宣传片、背景音乐、背景图片及背景幻灯片共8部，在播出上，“共享工程”桐梓县支中心联合电影2131工程，利用超大数字电影银幕，采用双银幕同时播放相同内容的方式，弥补了政府广场不能容纳上万人同时观看的不足，取得了明显成效，同时协调电信部门，将宽带接到活动现场，通过网络和电视同步，让参加活动的人群通过中央电视台、四川电视台等随时了解灾区最新情况。凤冈、湄潭等支中心也通过共享工程设备向群众播报。

遵义县支中心充分发挥电子阅览室的优势，丰富少儿生活，吸引更多的中小学生“走进图书馆，远离网吧”，积极引导青少年儿童正确使用网络，在电子阅览室利用节假日开展各种有奖知识问答活动。

2009年2月3日，在天寒地冻的情形下，遵义县三合镇基层点工作人员心系敬老院老人们，冒着严寒，专程来到镇敬老院，为老人们送去了尊老爱老的一片真诚，为了丰富老人们的文化生活，播放老电影《地道战》与《地雷战》等，让老同志重温战斗的光辉岁月。2月5日，为了共建和谐新农村，连日来，大范围雪凝天气，严重影响了人民群众的生活，面对严峻的自然灾害，他们又冒着严寒来到长青村，为村民播放了《沼气池的修建和使用》等农业科技节目，很受群众的喜爱。

服务茶叶企业，助推地方经济，是文化信息共享工程湄潭县支中心服务工作的重要内容之一。湄潭县支中心获陆圣康源全国代理商嘉宾将来湄潭考察的消息后，特意从文化信息共享工程视频资源库中，精心挑选出专题片《茶文化与茶保健》，在征得陆圣康源公司负责人的同意和支持后，于10月25日中午前往该公司进行宣传播放。片中"茶保健"一节着重讲述了茶多酚具有抗癌、降血压、降血糖、保护心脑血管及减肥、养颜、防辐射等多种功效。清晰的影像，详细的讲解，配以优美的音乐，让与会嘉宾们在轻松愉快中对茶多酚的作用及市场前景有了进一步的了解，深受与会嘉宾的欢迎和好评。

与此同时，湄潭县支中心还利用文化共享工程设备为陆圣康源公司播放了新拍的茶多酚产品宣传片，制作、播放了精美的欢迎幻灯片，从优美的湄潭风光图片中精选多张代表茶乡特色的茶海风光图片和田园风光图片，配以热情的欢迎标语和欢快的乐曲，向远方的客人展现了名茶之乡独特的自然风光和茶乡人民的热情好客。

另外各支中心积极采用先进、实用的科学技术手段，通过移动硬盘服务、光盘服务等模式，把文化信息资源源源不断地传送到社区、学校、集镇、村落、军营等，向群众传输文化信息资源，播放新旧电影860余场，播放农村实用技术讲座1100场，活跃了城乡群众精神文化生活，极大的支持了贵州的新农村建设。各乡镇基层服务点也积极开展形式多样的服务活动，将各类信息资源传播到千家万户。一是张贴海报，向群众公布播放节目预告时间表。二是利用节假日、赶集、婚丧嫁娶、民族节日等有利时机，印发群众所需的科技资料，播放农业科技视频等资源。三是不定期组织广大群众开展农技培训活动，让老百姓从活动中学到更多致富本领，有力推动了农村产业结构调整进程。各基层服务点还组织当地外出务工人员利用共享工程资源有关法律、法规对他们进行培训，提高了务工技能和自身保护意识，极大丰富了群众的精神文化生活，有力促进了农村产业节后调整，切实解决农民生产、生活问题，真正使老百姓得到更多的实惠。

六、培训及宣传情况

1、开展人员培训，加强队伍建设

我省各级中心通过引进人才和学习培训等方式加强文化共享工程队伍建设。十一五期间，省中心通过办培训班、远程指导等方式培训各级支中心和基层点人员，共举办21期培训班，培训人员3000余人次。督促各级支中心开展地区性培训累计70余次，培训人员6500余人次。通过培训，有效提高了我省文化共享工程队伍的素质和服务能力。同时还利用远程网络和电话指导等方式培训各级工作人员指导工作。为基层开展好服务打下了人才基础。目前从事文化共享工程工作的人员21492人，其中省中心10人，地（州、市）支中心18人，县级支中心320人，乡镇基层服务点1451人，村基层服务点19669人，社区24人。省中心累计通过电话、网络和到达现场解决了卫星设备无法接收，服务器、投影机、移动播放器故障等问题1727次。

2、加大宣传

为了让更多的人了解共享工程、利用共享工程，我省各级中心在每年的"图书馆服务宣传周"活动和"全民读书月"活动以及节假日期间，采取组织材料街头宣传和举办讲座等方式大力宣传"文化共享工程"实施的意义和作用；通过举办文化信息进社区、进农村、进学校、进军营等活动来扩大共享工程的社会影响，共享工程越来越受到基层群众的欢迎，丰富多彩的文化活动既满足了群众多层次、多样式的文化需求，使文化共享工程更加深入人心，省中心还抓住召开"共享工程"经验交流会、开展"共享资源长征行"、"共享工程奥运行"等活动，积极与媒体配合，努力扩大"文化共享工程"的社会影响力和知名度。《中国文化报》、《贵州日报》、《贵州都市报》、《贵州商报》、《贵阳晚报》、《遵义日报》，中央电视台、贵州电视台、遵义电视台等各种媒体都曾对贵州的"共享工程"工作都做过宣传报道。省中心定期向国家中心和贵州共享工程领导小组成员单位报送工作简报，现已连续出版二十七期。共享工程的实施迅速扭转贵州贫困地区的信息匮乏和经济、文化落后的状况，对于继承和弘扬中华优秀文化，实施科教兴国战略将产生深远而巨大的影响。

国家中心工作简报报道我省共享工程简报十六篇。2009年，我省共享工程荣获在由中国文化报社、文化部全国文化信息资源建设管理中心组织的全国文化共享工程"好新闻"评选活动中荣获优秀组织奖，湄潭县支中心工作人员陈桂萍同志荣获个人一等奖，我省桐梓县专门为"文化共享工程"制作了一分钟的公益广告片在县电视台滚动播出，湄潭县制作了"文化共享走进茶乡"专题片等对文化共享工程进行宣传报道。

七、资源建设情况

资源建设是文化共享工程的核心。在这方面，贵州紧紧围绕民族文化资源优势，努力提升资源的吸引力。

贵州数字文化网已建成开通并对外提供优秀数字文化信息服务，网站点击率已经达到33万余次。省中心自成立以来，接收国家中心下发光盘12533张，刻录了中国农业知识仓库、农村医药科普知识库、农广天地、共享美好夏日系列电影、贵州民族戏曲、少数民族舞蹈等2000余种83000余张光盘发放到各基层点为群众服务。目前，省中心文化信息资源总量已达30TB，每月平均刻录光盘5000张发往各级支中心。"十一五"期间，我们从国家级非物质文化遗产代表作名录入手，制作了一批具有贵州特色的原创信息资源库和高清视频专题片，自建资源总量已达2.5TB。2009年上交国家中心《侗族大歌》、《玉屏萧笛》、《蜡染》、《八音坐唱》等5个多媒体资源库和1个高清专题片；另外有3个视频资源库已经完成，即将上交国家中心。2009年底，省中心又派人前往黔西南、黔东南等地，完成了10个多媒体库和10个文化专题片的资源收集、拍摄工作。下一步，省分中心还将分期分批地完成全省国家级、省级非物质文化遗产代表作名录数据库建设。

此外，我们还根据不同地域、不同用户群体，加工制作符合大众需求的数字资源，形成若干适用性强的资源板块。在整个过程中，我们始终把重点放在农村和少数，民族群众的需求上，系统地整合科普知识、市场信息、民族文化艺术等内容的数字资源，着重加强农业科技知识、农村生产生活、民俗风情等方面的内容建设，以实用性和独有性吸引群众。

同时，我们也在积极探索资源的本土化和民族化。在调研中发现，在贵州省部分民族地区（如黔东南州），一些基层服务点将发布的科技、电影、民俗等资源用民族语言译制后通过移动播放器放映或农村电视网络送入百姓家中，老百姓听得懂、学得会、效果突出。

八、取得的成绩

1、2006年，省中心获得全国文化信息共享工程国家中心年度设备安装工作二等奖；

2、2008年，省中心获得全国文化信息资源共享工程年度培训工作二等奖；

3、2009年，省中心获得全国文化信息资源共享工程年度培训工作二等奖；

4、2009年10月，省中心精心组织，选拔和培训人员，作了充分准备，参加了由全国34个省中心代表对参加的"文化共享杯——全国文化信息共享工程知识与技能网络直播竞赛"，贵州省中心代表队比出水平，脱颖而出，一举闯入决赛，取得了第三名的优异成绩。

九、工作展望

我省文化信息资源共享工程虽然取得一定成绩，但总的来看，工程建设尚处于起步阶段，各地区发展还很不平衡，工程建设、管理和服务方面，还存在着很多的问题和不足。实施文化信息资源共享工程责任重大，任务艰巨。我们要认真贯彻落实中央和省委、省政府的要求，按照上级部署，开拓进取，扎实工作，加快文化信息资源共享工程前进的步伐，为促进贵州经济社会协调发展，创建和谐贵州作出更大的成绩！

（撰文/贵州省分中心）

息烽县支中心

全国文化信息资源共享工程是国家确定的农村文化建设"二号工程"，是惠及千家万户的一项重要文化基础工程。

一、网点建设

息烽县文化信息资源共享工程网络是按照村级基层点——县级支中心——乡镇服务站的轨迹建设的。第一阶段：2009年3月，息烽县制定了《农家书屋、文化信息资源共享工程与远程教育资源整合工作方案》。息烽图书馆配合相关部门，积极推进工程项目进度，分三个阶段将农家书屋、文化信息资源共享工程、远程教育三个项目于当年底整合合而为一，并通过省市相关部门的检查验收后，实行对外开放，实现了全县161个行政村文化信息资源共享工程基层服务点全覆盖。第二阶段：2010年12月，息烽县图书馆新馆建成，经过1个月的设备安装和网络调试，文化信息资源共享工程息烽县支中心正式挂牌，并于2011年元旦正式向公众开放。第三阶段：2011年5月，贵阳地区的乡镇共享工程设备到位后，经过2个月系统部署和紧张工作，息烽县全部10个乡镇的共享工程服务点全部建成。

支中心向相关单位提供培训设备、场地

二、经费投入

2011年初，国家实施了全国"两馆一站"文化机构免费开放战略，文化信息资源共享工程基层点的正常运行有了持续的经费保障。目前，文化信息资源共享工程息烽县级支中心每年运行经费投入7万余元，其中包括水电费4万元、10M光纤专线年使用费3.3万元。乡镇共享工程基层点每年约有8000元的固定运营经费投入。

三资源建设

共享工程息烽县支中心每周5天固定接收共享工程国家管理中心传送的数字文化资源。此外，息烽县图书馆每年将约2万元的国家文化机构免费开放专项资金用于数字图书资源的采购，提高共享工程息烽县支中心的数字资源服务能力。

四、技术支持

共享工程息烽县中心运行中遇到的问题，都能方便地向省中心反馈，得到及时解决。同时，共享工程国家管理中心每年都会向县级支中心寄送技术培训资料。设备问题有厂家完善的售后服务解决。

五、合作共建

2012年共享工程息烽县支中心与息烽县政务网联网，实现了便民信息的便捷发布。

六、惠民服务

目前，共享工程息烽县支中心电子阅览室有可供读者上网检索信息的计算机30台。2011年，共享工程息烽县支中心共接待上网读者10312人次；2012年截止至11月底，共接待上网读者17311人次。同时，我支中心积极向视障读者提供专门服务，到馆的视障老年人都有支中心的工作员专门服务，及时解决老年人上网获取信息遇到的问题。另外，针对未成年人读者，我支中心每年都会开展多场未成年人教育专场活动。2012年，利用共享工程的设备，我们开展了雷锋宣传月、讲文明树新风宣传月、法制与道德专题公益讲座等大型公益群众文化活动。

七、培训工作

每周六，我支中心都会固定向读者开展网络利用培训。同时，我支中心积极向农民工群体提供就业技能课程培训、向全县各单位会务培训提供设备、场地。

八、荣誉奖项

从2009年到2011年，由于在持续三年的国家文化信息资源共享工程息烽县基层点网络的建设工作中的出色表现，以及在贵阳地区创建国家文明城市工作中展现出的良好的文化窗口服务新风，息烽县图书馆及共享工程息烽县支中心获得县委、县人民政府颁发的“2009——2011年度创建省级文明县城先进工作集体”荣誉称号。

2012年下半年，我支中心按照共享工程贵州省中心于2012年9月17日下发《关于开展“同赏数字文化 共享幸福生活”2012年中秋、国庆系列服务活动的通知》黔文信共【2012】8号文件的要求，在双节期间充分利用共享工程设备为群众开展服务，积极组织了未成年人“法制与道德”公益讲座，增强未成年人“知法、懂法、守法”的现代公民素养，取得了良好的社会效果。活动结束后，我支中心及时上报活动汇报材料。省中心经过对全省88个共享工程县级支中心的考察，选出了息烽、湄潭、贞丰等6个表彰单位，并给予3000元的奖励。这是今年我馆第一次因为卓有成效的群众文化活动，获得共享工程贵州省分中心的表彰。

九、工作展望

随着“十二五”国家文化战略的实施，“两馆一站”免费开放政策的落实，共享工程基层点有了正常运行的经济支撑，国家文化信息资源共享工程必将在农村文化战略实施过程中发挥更大的标杆作用。

（撰文/息烽县支中心）

盘县支中心

一、基本情况

2008年11月正式成立全国文化资源共享工程盘县支中心。中心设有专人管理，专职人员2人，主要负责支中心的工作。建有电子阅览室和机房各一个。电子阅览室有电脑30台，其中供少儿使用的有12台。为成人及少儿提供绿色宽带上网。并同时建成开通了全国文化信息资源共享工程局域网。2009年12月建设开通了全国文化资源共享工程盘县支中心网站（http://zygx.pxwhw.cn），网站建有四台服务器，即图书馆业务系统、图书馆读者平台、视频点播平台、文化资源共享等。图书馆读者平台主要是为广大读者的图书借阅、查询等提供方便、快捷的服务。视频点播平台和资源共享工程服务器资源丰富，有广大读者喜闻乐见的电影、相声小品，动漫、历史片、动作片、恐怖片、喜剧片、伦理片等。还有名家讲坛、农业技术、京剧精品、中华诗词、综合知识、本地特色资源等。数字资源建设总量91.035GB，其中本地特色资源建设量31.445GB。盘县支中心建设投入资金68万元，其中国家投入50万元，盘县地方政府投入18万元。盘县支中心的建设，开辟了图书馆与用户交流的窗口，可为广大读者创造一个安静、舒适的上机阅读环境，可为学生创造一个良好的学习课堂。欢迎广大读者到馆借阅、查询所需资源。

二、网点建设

2009年盘县共实施了359个行政村的文化信息资源共享工程村级服务点建设，涉及37个乡镇，由省文化厅统一配套发放了电脑135台、32″液晶电视机+移动播放器182个、投影仪42台，投入资金179.5万元。文化信息资源共享工程进农村成为政府送给农民的文化大礼，为农村的经济社会发展和新农村建设起到了积极地促进作用。2012年又实施了37个乡镇综合电子阅览室，每个点配置6台电脑，共投入资金74万元。

三、荣誉奖项

2009年10月13日，文化资源共享工程盘县支中心城关镇基层服务点负责人相成同志代表盘县支中心参加“贵州省文化共享杯知识竞赛暨全国文化共享杯知识竞赛”，荣获三等奖。2010年5月，共享工程盘县支中心被贵州省文化厅评为“2009年度贵州省文化信息资源共享工作先进支中心”。2011年6月29日，盘县支中心组队参加贵州省文化厅主办的“庆祝建党九十周年共享工程知识竞赛”。盘县支中心以自信、沉着、冷静的良好心理素质顺利地进入了决赛，最终荣获一等奖。

四、培训工作

2009年10月15日，文化资源共享工程盘县支中心组织全局干部职工在局会议室收看“侗族大歌”申报世界非物质文化遗产成功庆典网络直播，参加人数62人。

2010年3月31日13时，我县支中心组织37个乡镇基层服点人员收看文化共享工程进村入户模式网络直播培训。乡镇参加培训人数一共359人，我县支中心参加培训人数9人。

2011年5月26日，我县支中心组织全体工作人员收看文化共享工程关于“文化部、财政部下发了《关于推进全国美术馆公共图书馆文化馆（站）免费开放工作的意见》（文财务发［2011］5号）”网络直播。通过收看这次网络直播,使我们了解了国家对公共图书馆、文化馆、美术馆实行免费开放的政策。对于今后图书馆的服务工作充满了信心。

2011年7月5日，文化资源共享工程盘县支中心组织全局干部职工在电子阅览室收看文化部党组成员、中纪委驻部纪检组组长、部直属机关党委书记李洪峰同志关于“胡锦涛总书记在庆祝中国共产党成立90周年大会上的重要讲话”的讲座,参加人数16人。

2011年8月3号至4号，盘县支中心举办农村数字电影放映技术培训班，特邀北京中科智网科技有限公司技术人员授课，各乡镇基层服务点工作人员40人参加培训。

2012年，盘县支中心组织参加共享工程网络培训12期，参加培训人数500人。

2012年7月，盘县支中心举办共享工程基层服务点培训班，培训对象为37个乡镇以及359个村级服务点工作人员，参加人数396人。通过培训，使各基层服务点的专业技术水平上了一个新台阶。

盘县支中心除了举办集中和网络培训外，还亲自下到各个基层服务点现场辅导。

五、工作展望

1、加大宣传力度，使“共享工程”深入民心。为了更加广泛地宣传“共享工程”的意义和作用，我中心应通过各种媒体，采用各种形式进行宣传。依托全国“农家书屋”工程以及“三下乡”活动，下到乡镇、社区宣传“共享工程”；开展用户培训，采用辅导讲座的形式向读者介绍“共享工程”网站的主要内容、网络文献信息资源的查询方法以及计算机基础知识，并向读者推荐一些优秀网站。

2、整体规划资源建设，突出地方特色。文化资源建设是“共享工程”得以实施的基础。在资源建设方面，应遵循“资源共享、优势互补、强化积累、持续发展、突出特色、注重版权”的原则。盘县历史悠久，文化积淀深厚，民族生态和民族文化内容丰富多彩，具有一定的文化资源优势。其每年举办的“盘州春韵”系列活动、布依盘歌、盘县彝族山歌等特色文化为“共享工程”的资源建设提供了极为有利的条件。我们要充分依托原有的自动化、网络化环境，依托多年积累的数字资源建设经验，重点规划具有本县地方特色、民族特色、文化特色的数字资源建设工作，精心策划、选题，寻找亮点，创造性地开展资源建设。以盘县文化为主线，建立舞台艺术、图书馆讲座、非物质文化遗产保护等文化资源，建立适合本地区农村经济发展的各种实用技术资源，建立适合农村劳动力转移就业技能学习以及与大众文化生活、社会教育密切相关的资源，形成我县特色和品牌。在规划资源建设时，要充分整合现有的文化信息资源，按照统一的技术标准和规范制作数字化资源，形成分布式的资源库。

3、强化专业技术人员和管理人员队伍建设。要把管理人员培训作为重点工作来抓，尽快培养基层中心管理和技术骨干，提高其现代科技意识和应用能力，更好地为用户服务。同时，我县支中心要及时抓好本地区乡、村基层服务点的人员培训，尽快提高基层工作人员的操作技能。

（撰文/盘县支中心）

六盘水市六枝特区支中心

六枝特区文化信息资源共享工程自2008年启动以来，在各级领导的高度重视下，在各部门通力合作共同努力下，六枝特区文化信息资源共享工程建设得以顺利实施，工作开展取得明显成效。现将六枝特区文化信息资源共享工程的总体情况介绍如下：

一、建设情况

六枝特区文化信息资源共享工程现建成1个县级支中心（设备由贵州省文化厅统一配备，分别有应用服务器，业务服务器，视频点播服务器，卫星接收服务器，业务终端计算机，日常管理工作站，多功能扫描仪，激光打印机等设备及其相配套的硬件设施和软件）。197个村级（行政村）服务点（分别配有：投影仪，普通PC，电视机，文化共享机，移动播放器，IPTV及其相配套的硬件设施和软件）。新建15个乡镇的共享工程公共电子阅览室。

二、经费投入

全国文化信息资源共享工程六枝特区县级支中心自2008年建成以来，六枝特区政府每年都投入的运行保障经费4万元，保障了六枝特区县级支中心的运行和发展。

三、资源建设

共享工程六枝特区县级支中心建有一个视频点播服务器，上传视频220余个；一个卫星接收服务器，现有数据23741条，可提供在线视频点播1830余个；1TB数字图书馆资源；光盘3000余张，均可对外借阅。

三、技术支持

六枝特区文化信息资源共享工程2009年争得特区党委政府批准，编制部门给予2名专业人员编制，对六枝特区文化信息共享工程工作的开展提供有力保障，若遇疑难问题则请文化信息资源共享工程贵州省分中心工作人员提供技术支持，日常维护管理由六枝特区县级分中心工作人员进行维护，同时对全特区文化信息共享工程基层服务点提供技术支持，帮助他们对共享工程设备进行维护管理。

四、合作共建

在利用共享工程中心网站资源和通过卫星投放的资源的同时，文化信息资源共享工程六枝特区县级支中心还注重与国家中心和省级中心的联系，争取上级业务部门的支持，整合各类资源，达到共建共享，如国家中心和省级中心每年给六枝特区县级支中心配发了许多影像光盘，指导六枝特区县级支中心进行共享工程资源建设等。同时，根据“关于印发《六枝特区农村党员干部现代远程教育与文化信息资源共享工程整合工作方案》的通知”（六特远教字［2010］2号）文的要求，现六枝特区文化信息资源共享工程与六枝特区远教办实现了资源的整合与共享：1、基础设施资源整合，即“文化信息资源共享工程基层服务点”与“农村党员干部现远程教育站点”可相互使用彼此的基础设施。2、教学资源整合，整合党校、教育、农业等资源库，建设一批适应农村需要讲座、戏曲、电影、农业技术等专题资源库，实现资源共享，优势互补。3、基层站点管理资源整合，a、一站式管理，避免多头管理，资源浪费；b、一肩挑，在选配基层站点管理人员时，统筹考虑，原则上实行“一肩挑”，实现了人力资源的有效整合。c、一套制度，组织、文体广电旅游局、教育部门在协商的基础上，制订出一套切实可行的制度。d、一同培训，操作、管理人员的培训，由远程教育、文化广电旅游局、乡镇党委共同负责实施。e、资金资源整合，乡镇每年预算一定工作经费，由远程教育与文化共享两块工作统筹使用，确保站点正常运转。

五、惠民服务、宣传推广

六枝特区文化信息资源共享工程自建成以来，六枝特区县级中心依托图书馆丰富的资源，充分利用文化信息资源共享工程的信息资源优势，开展了丰富多彩的文化服务，例如：建立社区图书室，送书进社区，送书进军营；同时把国家中心和省中心下发的共享工程视频光盘中的内容拷贝到移动播放器上免费提供给六盘水戒毒劳教所，六枝特区武警中队，六枝特区消防大队等等。翻刻部份种植、养殖光盘通过基层服务点免费送到农村农民手中；翻刻提高学习能力与方法的光盘免费发放给六枝特区的广大人民群众等等。每年春节、六一、中秋、国庆等节日，六枝特区县级中心都会根据当年实际情况举办不同的文化惠民服务活动，如："欢乐共享楹龙年"春联征集、赠送和鉴赏活动，六一儿童节开展的"祖国好·家乡美"为主题活动暨"颂歌献给党"歌咏比赛活动，"同赏数字文化　共享幸福生活"中秋、国庆数字文化共享活动等。丰富多样的文化活动既满足了群众多层次，多样化的文化需求，也增强了基层文化工作的吸引力和生命力。

举办文化惠民服务活动，并在活动结束后以简报或简讯的方式把活动信息发往共享工程国家中心、贵州省分中心、市文化局、特区党办、特区政府办、特区文体广电旅游局、特区文联等部门，利用国家中心简报，贵州省中心简报、六枝特区政府信息网、特区文联刊物等宣传媒体对六枝特区县级中心开展的一些共享工程活动进行相关报道，对于巩固文化阵地具有不可估量的作用，使共享工程的优秀的文化资源尽快尽可能多地为群众所用，时刻注意将资源共享活动与当前工作重点有机的结合，不断丰富和创新新时期基层文化活动的内涵，这样既可增强对共享工程的宣传力度，又收到了立竿见影的效果。

六、培训工作

六枝特区文化信息资源共享工程的培训工作大部份以县级支中心电子阅览室为平台采取了现场教学。在开展培训之前，六枝特区县级支中心都要提前作出公告，了解所需，针对培训，协调解决培训时间。邀请相关专业的老师讲授、六枝特区县级中心工作人员协助教学，最终达到了预期的培训效果，六枝特区县级中心也赢得了广大社会各界及人民群众好评。

同时与六枝特区远教办联合开展的共享工程基层服务点培训；为基层、农村广大人民群众开展农业、科技等知识技能培训。除了采取集中培训外，还在基层服务点采取了现场进行视频点播、发放视频资料等方式进行，基层、农村广大人民群众通过现场观看视频、把六枝特区县级中心发放的相关视频资料带回家再进行重复观看等方式，学习到了农业、科技等知识，有力地推进了农村农民的春耕工作，种植、养殖业的发展等，对促进生产力的发展起到了积极作用。

七、管理和队伍建设

文化信息资源共享工程六枝特区县级支中心现有3名工作人员，其中兼职人员1名，主要负责六枝特区县级支中心的全局管理与服务；专职人员2名，1名主要负责六枝特区县级支中心的设备维护，在服务器上进行资源建设，提供相关技术支持；1名六枝特区县级支中心的资料收集及文档建设。197个村级共享工程服务点的专兼职人员共有200余人。

为进一步提高六枝特区共享工程工作人员的业务水平，更好的为人民大众提供优质服务。六枝特区充分发挥人力资本的作用，进一步加大了人才培养力度，尽可能地派出共享工程职工参加各类培训学习。

八、荣誉奖项

2011年6月，六枝特区县级支中心参加全省的文化信息资源共享工程知识与技能竞赛，荣获三等奖；

2011年6月至8月，六枝特区县级支中心组织人员参加文化部全国文化信息资源建设管理中心举办的"党旗飞扬　文化共享——全国青少年纪念建党90周年党史知识大赛"活动，其中欧常瑞、罗瑾瑜两人荣获纪念奖；

2012年1月至2月，六枝县级支中心组织人员参加文化部全国文化信息资源建设管理中心举办的2012年文化共享工程"欢乐共享楹龙年"活动，其中倪仕霞、吴桂秀、杨正忠三人荣获纪念奖。

九、工作展望

六枝特区文化信息共享工程在以后的工作和发展过程中，将继续加强常规管理，努力做好员工的思想政治工作，加强职业道德教育，提高员工的业务素质，进一步提升服务质量和水平。

1、认真完成上级下达的各项工作任务指标，充分利用共享工程服务平台更好地为六枝特区社会经济建设服务。做好六枝特区共享工程服务器、网络设备和业务电脑等系统地维护使用工作。

2、认真做好六枝特区县级中心和基层点工作人员的管理和服务培训，提高文化共享工程六枝特区支中心和各基层点的资源服务水平，发挥文化共享工程的重要作用。同时，加强与上级业务部门和文化信息共享工程各县级中心的沟通和联系，搞好文化信息共享工程的各项工作，努力探索"贵州省数字图书馆"和"国家县级数字图书馆推广计划"服务的新途径。积极营造良好的学习氛围，促进文化信息共享工程的广泛利用，更加努力的探索利用共享工程服务的新路子，更好地发挥共享工程的作用，最大限度的实现优秀文化信息资源在全特区范围的共建共享。

（撰文/六盘水市六枝特区支中心）

遵义市支中心

一、基本情况

遵义市地处黔北，全市国土面积3万多平方公里，辖2区2市10县，总人口700多万，是历史文化名城。我市文化信息资源共享工程从总体看，发展历程可分为三个阶段：2002年11月至2005年来为起步阶段；2006年为面上扩展和推动资源整合阶段；2007年以来，为提升质量，加快发展阶段。

1、起步阶段

2002年11月，在原有青少年电子阅览室（由中国联通浙江分公司2001年捐建，有50台PC机、1台服务器）的基础上，由国家中心拨款8万元，市财政匹配26.8万元，建立起全省首家地（市）级分中心——文化信息资源共享工程遵义市分中心，此后，市政府又两次拨出3万元和5万元专款，对市分中心的设备进行了必要的添置和升级。

2003年，由国家中心拨款，市、县两级财政匹配经费，在遵义县图书馆建立了全省首家县级分中心。

在此阶段，市、县两个分中心主要利用文化共享工程的视频资源，与图书资料流动上门服务紧密结合，广泛开展送文化共享工程和图书资料进农村、进社区、进学校、进军营等活动，受到普遍欢迎，使文化共享工程的作用得到初步发挥。

2、面上扩展和推动资源整合阶段

2005年12月，中共中央政治局常委李长春同志到遵义市所辖遵义县南白镇龙泉村考察农村文化工作，作出了“把文化信息资源共享工程送到广大农村，送到村文化室，送到群众中去”和推进文化共享工程“资源整合利用”的重要指示。

为贯彻落实李长春同志的指示精神，文化部随即派出专家组到我市考察调研，在此基础上，2006年初，组织开展了“全国文化信息资源共享工程遵义新春服务行活动”，在我市除遵义县外的其余13个县（区、市）建立了县级分中心，在遵义县31个乡镇和5个行政村建立了基层服务中心和服务网点。

以文化部在我省召开“全国文化信息资源共享工程经验交流会”为契机，从2006年3月至6月初，遵义市分中心在上级部门的大力支持、帮助下，积极着手推进文化共享工程与广电网络、农村党员远教、农村中小学现代远教的资源整合利用工作，初步达到了“多网合一、一网多用”的目标，探索出一条与我市经济社会发展水平相适应的文化信息资源共享途径，在2006年6月下旬召开的全国“文化共享工程经验交流会”上，被国务委员陈至立誉为“遵义模式”。具体的作法是：经市分中心申请，市财政划拨9.8万元购买一台专用电视播放服务器，在遵义市广电网络中心模拟电视频道播放“文化共享工程”视频节目，其覆盖面曾占到市广电网络总计50万户用户中的近30万户。通过将一台文化共享工程专用服务器直接安装到市委党校“远教中心”机房，利用“远教”光纤网络，成功地实现了全市227个乡镇党员活动室和农村中小学中的753个现代远教网点对“文化共享工程”资源内容的点播。

3、全面提高质量，加快发展阶段

在以往工作取得阶段性成绩的基础上，2007年，国家中心将贵州作为重点扶持省份，省分中心又将遵义市作为重点扶持地区，给我省的10个试点县名额中，我市占了8个。在省分中心的直接指导下，经过共同努力，8个试点县（市）支中心建设通过了国家中心督导组2007年12月下旬进行的检查验收。进入2008年后，我市又启动了另外3个试点县的支中心和114个乡镇基层中心的建设。截止2010年底，我市共建成一个市级支中心，建立了14个县级支中心，236个乡镇基层服务点，2040个村级服务网点。此外，市支中心还紧密结合图书馆延伸服务工作，建立了326个农村、社区、学校等基层服务网点。初步形成了覆盖全市的服务网络，培养了一批从事技术维护的专业队伍。

二、主要做法和经验

1、强化组织保障，理顺工作机制

为了保证“共享工程”工作的顺利开展，各级中心和服务网点都建立了相应的领导小组和具体负责机构：在市里由分管副市长为组长，文化局局长、财政局局长为副组长，市图书馆馆长为主任；在县里由分管副县长为组长，文广局局长、财政局局长为副组长，县图书馆馆长为主任；在乡镇由分管副镇长为组长，文体站站长、财政所所长、中心学校校长为副组长，文体站站长具体负责日常工作；在行政村则由总支书记直接领导，文化活动室工作人员具体负责。这样的组织措施，有利于提升领导对“共享工程”关心、重视程度，并加大财政经费的支持力度，保证日常工作的正常开展。

经过一段时间的实践和探索，我市“共享工程”初步形成了“市分中心——县（区、市）级分中心——乡镇基层中心—行政村基层服务点”四级网络模式和“市分中心——市广电网络公司——市委党校农村远程教育”三方资源整合模式，“分级指导、上下联动、各自开展服务、资源共建共享”和“市委远教办牵头、有关主管局协调、三方资源整合单位密切协作”的工作机制逐步完善，各级、各方面的工作信息沟通交流更加顺畅。

2、加强管理，积极开展服务

“文化共享工程”是一项民心工程、惠民工程和德政工程，是构建“公共文化服务体系”，切实保障广大群众文化权益的重要着内容。为使其真正发挥作用，我市各级中心始终把加强管理，面向基层，面向群众，积极有效地做好服务，努力满足广大人民群众的精神文化需求，作为开展“共享工程”工作的着力点。

2.1.加强管理，强化责任意识。在省文化厅、省分中心和市文化局的领导下，各级中心进一步明确管理责任，在努力做好自身工作的同时，积极履行对下级中心及基层网点的指导、督查职能，收集、汇总有关情况，及时帮助或协调解决出现的问题；在日常工作中，认真做好有关业务记载的整理、归档，管理、维护好设备、设施，确保其安全和正常运行。

2.2.切实开展服务。一是搞好阵地服务，各级中心和基层服务网点认真执行有关业务规范和开放时间要求，利用自身的场地和设备条件，做好读者（用户）接待服务工作，采取自主查阅、帮助指导利用和定期阵地投影播放相结合的方式，满足他们对“共享工程”资源的需求。二是搞好流动服务，市、县两级中心坚持“共享工程进农村、进社区、进学校、进军营”的工作要求，通过有计划有针对性的选择下载节目内容组织观看放映，制作配送光盘、印发纸质科普资料的方式，将丰盛的文化大餐送到基层群众中去，丰富他们的业余文化生活。三是紧密结合我市以“四在农家”活动为载体的社会主义新农村建设，把真情关爱农民、真诚对待农民、真心帮助农民作为工作出发点和侧重点，充分利用“文化信息资源共享工程”在技术和资源内容方面的优势，采用认真选取重点帮扶对象和面上均衡并重的“以点带面、点面结合”工作方法，将各种实用技术和相关信息送到农民手中，努力为“三农”服务，深受农民群众的欢迎和好评。

3、重视宣传，扩大影响

为了让更多的人了解共享工程、利用共享工程，市、县两级中心在每年的“图书馆服务宣传周”活动和“全民读书月”活动以及节假日期间，采取组织材料街头宣传和举办讲座等方式大力宣传“文化共享工程”实施的意义和作用；通过举办文化信息进社区、进农村、进学校、进军营等活动来扩大共享工程的社会影响，共享工程越来越受到基层群众的欢迎，丰富多彩的文化活动既满足了群众多层次、多样式的文化需求，也增强了基层文化工作的吸引力和生命力，从而使这一改善广大基层群众文化生活匮乏现状的工程深入人心；抓住诸如召开“共享工程”经验交流会、开展“共享资源长征行”等活动产生的社会兴奋点，积极与媒体配合，努力扩大“文化共享工程”的社会影响力和知名度。在《中国文化报》，《遵义日报》，中央电视台《科技博览》，分别对我市的“共享工程”工作有关情况做过报道。

此外，各中心普遍重视“文化共享工程”工作简报的定期编印和上报、寄发工作，这既有利于相互借鉴、交流，共同提高服务管理水平，又便于上级及时了解掌握基层情况，而且还是宣传自身，扩大影响的一条有效渠道。

这里，有必要提到几个好的事例：一是桐梓县专门为“文化共享工程”制作了一分钟的公益广告片，在县电视台滚动播出；二是湄潭县在政府网站开设了“文化共享工程”专栏；三是凤冈县支中心及时将血凝灾害期间努力克服困难，积极开展服务的情况上传国家中心，得到文化部表扬。这些积极的做法，对扩大宣传非常有利。

4、强化业务培训，努力提高工作人员的技术和业务水平。

针对“共享工程”对工作人员相关技术要求较高的特点，各级分中心除了在人员安排时就注意尽可能选配那些基础较好、素质较高的年青同志外，还积极派遣工作人员接受由省分中心在贵阳和遵义举办的各级业务技术培训，支持他们参加各种社会上开办的计算机技术培训班和全国计算机等级考试，在我市初步造就了一支能够适应开展“共享工程”服务工作需要的工作人员队伍。

三、工作展望

回顾总结过去，在看到成绩的同时，我们更要看到存在的差距和不足，针对差距和不足，在今后工作中，应积极采取措施，将着力点放在这些问题的解决上，使工作更有效地向前推进。

1、各单位的运转经费普遍不足，远远不能满足实际工作需要，因此，我们决不能消极等待，而应该以更加积极主动的精神，抓住一切机会向政府和有关部门汇报请示，想方设法引起领导更高的重视，努力争取财政加大投入，并将运转经费列入预算，保障工作的顺利开展。

2、各单位的计算机专业技术人员普遍紧缺，对提升业务管理和服务工作水平极为不利，为更有效地解决这一问题，不仅要不断强化现有人员的业务技术培训学习，而且要在以后的人员增补中，有针对性地选调或招考技术人员。

3、当设备在运行过程中出现故障或问题时，不仅要及时向上级中心汇报反映，等待处理，而且可以主动与厂商联系或在当地就近寻求帮助，以便尽快恢复正常工作。

4、要进一步加强对群众实际需求的调查研究，切实增强服务工作的针对性和有效性。

5、要根据地方经济社会和文化特点，大胆尝试地方特色信息资源的采集、加工和上传工作，努力为资源共建共享和推介宣传地方作出应有的贡献。

6、要进一步加强上下沟通和左右交流，认真做好各种业务资料的收集整理和相关材料、情况的上报工作，努力促使我市“文化共享工程”的体系和机制逐步完善。七是要积极推进“文化共享工程”电视播放由模拟频道向数字电视平移和“远教”中心“文化共享工程”设备的升级工作，进一步巩固和提升“遵义模式”中的资源整合利用水平。

总之，全国文化信息资源共享工程实施以来，对我市经济社会发展发挥了积极推进作用，在今后的工作中，各级中心和基础服务网点将以更加昂扬进取的精神，通过扎实不懈的努力，推动我市“文化共享工程”更快更好地向前发展，使“文化共享工程”这粒精神食粮的良种，在黔北大地上，结出更为丰硕的果实。

（撰文/遵义市支中心）

赤水市支中心

赤水市文化信息资源共享于2005年初步建成，初建成的支中心设备设施比较简陋，仅一套卫星接收机和一接收服务器。随着十二五期间，国家对文化的大力投入和重视文化的发展，我中心2007年被作为本地区10个试点县之一进行建设。

2007年我中心建成以来，在主管部门的领导和上级中心的支持指导下，组织全市各乡、镇、街道、村（社区）基层服务点坚持以科学发展观为统领，紧紧围绕“积极发挥设施设备功能，充分保障广大群众文化权益”这条主线，认真贯彻落实党的十七大精神和国家、省、市各级关于开展共享工程工作的要求，扎实开展活动，确保服务效果，为丰富人民精神文化生活、提高农民科技致富能力、促进社会主义新农村建设等方面发挥出了重要作用。有关情况如下：

一、主要做法

1、完善三级网络，为开展服务提供坚强保障

支中心、镇（街道）、村（社区）三级信息传输网络是基层群众接受和利用文化信息资源的载体。只有建立健全这个网络系统并保证其畅通和高效，共享工程服务群众的巨大作用才能得到有效发挥。我市以支中心建设为重点，积极加大镇（街道）、村（社区）基层服务点培植力度，三级网络不断趋向完善。

1.1.建设高标准支中心，搭建良好服务平台。在市委、市政府的高度重视下，我市于2007年8月在严格按照文化部相关标准的基础上建立了支中心，总投资68万元。目前，支中心总体布局是“一房一室”，即机房和电子阅览室（多媒体室共用）。机房总面积约30㎡，服务器5台，磁盘阵列总容量10TB；电子阅览室面积为100㎡，现有微机25台，其中未成年人专机20台；投影设备2套。其他辅助设备如扫描仪、打印机、数码摄像机、移动存储播放器等一应俱全，硬件设备完全可以保障共享工程日常工作的需要。专职工作人员1人。为保障设施设备的安全使用，省中心于2008年统一在各个点的机房和电子阅览室安装了火灾自动报警系统，确保国家财产不受损害。

1.2.开展基层服务点普查调研，设立乡、镇、村等基层服务点为典型。按照　州省的总体要求，赤水市委办公室、市政府办公室于2007年8月转发了市文体广电局、市财政局、市党员干部现代远程教育中心联合下发的《关于实施全市文化信息资源共享工程建设的意见》，实现了党员远程教育与文化共享工程的共建共享。目前，全市所有乡、镇、街道、村（社区）均建立了基层服务点，其中乡镇级基层服务点17个，村级基层服务点92个，社区2个。

为摸清全市各基层服务点在设施设备、人员配置、资金保障、活动开展等各方面的现状，支中心对全市所有基层服务点进行了两次全方位的调查摸底。部分乡镇及村级服务点存在设备老化、人员不到位、经费薄弱等问题。为提高基层服务点工作积极性，支中心在普查的基础上确定了全市1个乡镇基层服务中心2个村级服务点为共享工程示范点，积极对其加以技术支持和培训，为全市统一制作了标示牌、规章制度、服务记录簿等，基层服务点面貌大大改观。此外，严格规定了设备的使用及开展服务活动的各项要求，并明确表示：如果不能充分发挥设备功能或活动开展不力，支中心可收回设备重新配发，以此来规范基层服务点日常工作管理，促进共享工程活动扎实有效开展。通过示范点典型案例，各基层服务点的工作热情被带动起来，对共享工程的认识程度和开展服务活动的积极性都有了很大程度的提高，达到了以点带面、整体提高的目的。

1.3.加强制度建设，保障各项工作有序开展。一是各乡、镇、村基层点建立了机构，明确了专（兼）职等人负责。二是建立健全支中心各项规章制度，制定了支中心职责、支中心工作计划，进一步明确支中心的任务目标，确保支中心在开展服务、人员培训、对外交流等各项工作中切实发挥积极作用。三是制定支中心及各基层服务点的电子阅览室、多媒体室等窗口工作制度，重点在提升服务质量、拓宽服务渠道上做文章，创建文明、健康、舒适的服务窗口。尤其在电子阅览室，明确要求严格控制未成年人的上网时间和浏览内容，未成年人上网必须得经过监护人的许可和工作员的确认且备案后方可进人电子阅览室。工作员随时监督引导他们自觉学习中华民族优秀的传统文化，利用丰厚的网络资源不断提高科学文化水平和思想道德素质。

2、狠抓管理人员队伍建设，提高开展服务能力和水平

共享工程工作重在基层。只有搞好基层管理员的培训工作，提高他们的业务水平和技术水平，使他们通晓共享工程的运行机制和操作方法，不断提高工作能力和水平，才能为广大群众更好地开展服务，最大限度实现让中国的优秀文化传遍整个神州大地。

2.1.加强支中心人员培训，为基层服务点提供技术支持。支中心管理人员不仅担负着支中心设备维护和管理服务任务，而且还是各基层服务点技术环节的咨询者和培训者。打铁还须自身硬。为使全市共享工程培训工作扎实有效、不走过场，支中心管理人员积极参加各种培训活动，努力钻研专业知识，自身素质和专业技能有了明显提高。多人次参加了省、市组织的培训班，并且多次向省、市中心电话咨询请教，及时解决工作中遇到的难题，学到了知识，改进了不足。

2.2.发挥工作人员作用，扎实搞好基层服务点工作人员培训。对基层服务点工作人员的培训是支中心长期坚持的一项重要工作任务。近几年来，支中心举办了多次全市范围的共享工程培训班，各基层服务点管理员参加培训，对共享工程的建立、重要意义、各级重视程度、运行管理机制、操作技能、设备维护维修等各方面进行实体讲解和示范操作，促使大家提高认识，增强了解，进一步熟练操作规程，收到了很好的效果。

3、举办丰富多彩的活动，确保开展服务取得实效

3.1.利用“电阅览子室”阵地，发挥窗口服务功能。电子阅览室是支中心开展对外服务的主要窗口。几年来，我市支中心充分发挥设备功能，利用电阅览子室做文章，开展了一系列活动。电子阅览室坚持正确导向，不断加强管理，依托共享工程的几个主要网站和卫星接收的资源，积极推荐优秀文化资源，大力弘扬爱国主义、集体主义、社会主义思想，营造了良好的网络环境。今年设备更换以来，我中心电子阅览室重新规划和出具制度，每周开放时间不低于54小时，到目前为止，已接待读者上万人次。中心经常利用投影仪在市人民广场和社区、乡镇、学校，军营等地相继开展了优秀电影展播、优秀戏剧展播、卫生保健知识讲座等，收看群众10000余人次。此外，还在文化系统内部开展了十七大精神解读讲座、文明服务

培训、新时期文化工作发展方向讲坛等活动，利用投影设备不间断的在电子阅览室播放爱国教育片和优秀影片，收到了很好效果。

3.2.因地制宜，开展多种形式的镇、村服务活动。让最基层群众尤其是广大农民群众接受并利用到丰富的优秀文化资源是共享工程各项工作的出发点和落脚点。我市各个乡镇都有鲜明的种植、养殖产业特色和文化特色，大多乡镇都形成了自己的品牌，如林下乌骨鸡养殖基地、肉兔养殖等等。为把这些品牌做大做强，我市支中心因地制宜，指导各基层服务点组织广大群众有针对性地收听、收看与本地特色相近的视频资源，取人之长、补己之短，拓宽视野，增长知识。支中心还利用网络资源刻制了种植、养殖方面的光碟1000多张，分发到各基层点中。服务过程中，积极征求农民群众的意见，及时调正工作思路，不断丰富活动形式，力争使各项活动开展得更具实效性。

3.3.共享工程巨大作用日益凸现，服务活动效果显著。随着各种服务活动的深入开展，人民群众逐步体会到共享工程的便民、利民和惠民，并且从中也学到了知识，得到了实惠。白云乡利用网络资源提供的供求信息，引导田渡村结合村图书室开展了丰富多彩的活动，在村图书室房间多次开展戏曲、小品、故事片播放活动，引起了群众强烈反响，极大地丰富了群众的精神文化生活。

3.4.在这些年工作中，我中心开展的工作活动分别在遵义市新闻综合频道和赤水电视台播出过2期节目。创造了良好的形象和在地方取得了公信度。

4、创新工作方式方法，丰富图书馆对外服务功能

随着社会的发展，建设数字图书馆、实现读者自动化借阅已是大势所趋。为方便读者借阅，我市支中心暨图书馆坚持“读者至上、服务第一”的工作方针，充分利用现有的设施设备，积极运用现代科技信息技术，争取在更多的方面实现新突破。

二、推进共享工程提质增效的思考

1、共享工程的资源建设与共享问题

目前，由于我市的共享工程的传输模式是卫星传输，国家通过卫星向各层级网点传输信息资源，所以导致各地的信息资源是一样的。卫星模式的主要优点是：其广播式的资源传输与服务方式，不因服务网点的增多而增加网络带宽的负载，这就使得基层网点越多，卫星模式的性价比越高，而且卫星模式不受地面网络线路的限制，在网络建设薄弱的偏远地区越发体现该模式的优越性。但是，作为一种单向广播方式，它缺少互动性，在实际利用中我们不得不考虑针对性的问题。例如，有针对性的对各地区的资源需要和利用率，什么样的地区适合什么样的资源。共享工程的资源中并无考虑到这方面的资料。这时最好的选择是由市级支中心来补充资源，把农户需要的资源送到基层点。在文化共享工程今后的工作中信息资源建设应该得到重视，加大对市县级支中心的投入，充分利用支中心的资源，辐射支中心本地各基层网点。在加大对市级中心投人的同时，应该在全国范围内建立起文化共享工程信息资源共享平台，某地需要什么信息，先在平台上发布需求，若其他地区已经建设了相关的数字资源，两地之间就可以通过网络或其他方式传递、共享相关资源，这样既避免了重复建设，又节省了资金。

2、共享工程的建设要与当地情况相结合

共享工程基层点的建设应该结合各地的具体情况，以方便实用为原则，综合各种共享手段的优劣，结合当地经济社会发展水平与受教育程度，使共享工程真正成为当地人民获得信息资源的重要途径。

3、发挥主观能动性　创新工程运转模式　扩充资金来

我市共享支中心建设发展至今，资金一直是制约发展的关键因素，地方财政支持数额几乎为零，而工程运转所需的资金量大，所以，除了将工程运行经费纳入财政预算并等待拨付外，核心部门还应出台相应的硬性政策，否则像我们这种落后的地区和经济欠发达的地区那是无法得到相应扶持的。

4、提升服务理念、共享工程的人员素质问题

国家逐年加大注重文化建设的问题，这充分让我们领会到文化建设正面临着前所未有的大好发展机遇，首先党和政府高度重视文化工作，把公共图书馆服务体系建设提到了前所未有的战略高度，明显加大了扶持力度。领导对现代图书馆理念的认识和理解水平，在一定程度上决定了图书馆的服务方式和服务水平，应经常强化机遇意识，抓住机遇，与上级领导多沟通，抓住现有资源，争取新增费用，改善服务模式，提高服务质量，真正使图书馆，引起良好的社会效应，才能获得上级领导的信任和支持，从而为图书馆争取更多的投入。共享工程支中心人员高涨的工作热情和先进的服务理念能够极大地推动文化共享工程和图书馆事业的发展，除了开展服务技能培训之外，有必要加强针对图书馆工作人员的职业道德教育，帮助图书馆工作人员摆脱干与不干一个样，干好干坏一个样和懒散的思想理念。我们新时期图书馆的工作人员，要立足于岗，树立正确的职业道德观，增强社会责任感，形成一支具有生机和活力的文化共享工程专业人才队伍。

总之，全国文化信息资源共享工程要继续发展，要更好的向良性方向发展，乡村基层网点要在不断创新的基础上因地制宜地开展共建共享。在推进文化共享工程建设的过程中，大胆探索、锐意创新。但我们也不能忽略其中出现的种种问题，为更好地推进文化信息资源共享工程， 我们必须要坚持科学发展观，以人文本，又好又快地进行建设，使乡村基层服务点在建设社会新农村中发挥应有的作用，为建设生产发展、生活宽裕、乡风文明、管理民主的社会主义新农村贡献一份力量。

（撰文/杜文平）

仁怀市支中心

2007年以来，文化共享工程仁怀市支中心在市委、市政府和上级部门的正确领导下，组织全市各镇（街）、村（社区）基层服务点坚持以科学发展观为统领，紧紧

围绕“积极发挥设施设备功能，充分保障广大群众文化权益”这条主线，认真贯彻落实党的十七大精神和国家、省、市各级关于开展共享工程工作的要求，扎实开展活动，确保服务效果，为丰富人民精神文化生活、提高农民科技致富能力、促进社会主义新农村建设等方面发挥出了重要作用。现将有关情况汇报如下：

一、网点建设

支中心、镇（街道）、村（社区）三级信息传输网络是基层群众接受和利用文化信息资源的载体。只有建立健全这个网络系统并保证其畅通和高效，共享工程服务群众的巨大作用才能得到有效发挥。我市以支中心建设为重点，积极加大镇（街道）、村（社区）基层服务点培植力度，三级网络不断趋向完善。

1、建设高标准支中心，搭建良好服务平台。在市委、市政府的高度重视下，我市于2007年8月在严格按照文化部相关标准的基础上建立了支中心，总投资68万元，每年2万元的运行经费列入市财政预算。目前，支中心总体布局是“一房两室”，即机房和电子阅览室、多媒体室。机房面积12平方米，服务器4台，磁盘阵列总容量10TB；电子阅览室面积为180平方米，现有微机38台，其中未成年人专机10台；投影设备3套。其他辅助设备如扫描仪、打印机、数码摄像机、移动存储播放器等一应俱全，硬件设备完全可以保障共享工程日常工作的需要。专职工作人员1人，为保障设施设备的安全使用，市图书馆安装了火灾自动报警系统，确保国家财产不受损害。

2、开展基层服务点普查调研，培植镇、村基层服务点典型。按照贵州省的总体要求，仁怀市委办公室、市政府办公室于2007年8月转发了市文化局、市财政局、市党员干部现代远程教育中心联合下发的《关于实施全市文化信息资源共享工程建设的意见》，实现了党员远程教育与文化共享工程的共建共享。目前，全市所有镇（街）、村（社区）均建立了基层服务点，其中镇级基层服务点21个，村级基层服务点128个。

为摸清全市各基层服务点在设施设备、人员配置、资金保障、活动开展等各方面的现状，支中心对全市所有基层服务点进行了两次全方位的调查摸底。对部分村级服务点存在设备老化、人员不到位、经费薄弱等问题，市文化局出面与有关镇、村进行协商及时给予了解决。为提高基层服务点工作积极性，支中心在普查的基础上确定了全市3个乡镇基层服务中心16个村级服务点为共享工程示范点，积极对其加以培植和扶持，为他们统一制作了标示牌、规章制度、服务记录簿等，基层服务点面貌大大改观。此外，严格规定了设备的使用及开展服务活动的各项要求，并明确表示：如果不能充分发挥设备功能或活动开展不力，支中心可收回设备重新配发，以此来规范基层服务点日常工作管理，促进共享工程活动扎实有效开展。通过培植典型，各基层服务点的工作热情被带动起来，对共享工程的认识程度和开展服务活动的积极性都有了很大程度的提高，达到了以点带面、整体提高的目的。

3、加强制度建设，保障各项工作有序开展。各镇、村基层点也建立了机构，明确了专人负责。建立健全支中心各项规章制度，制定了支中心职责、支中心工作计划，进一步明确支中心的任务目标，确保支中心在开展服务、人员培训、对外交流等各项工作中切实发挥积极作用。制定支中心及各基层服务点的电子阅览室、多媒体室等窗口工作制度，重点在提升服务质量、拓宽服务渠道上做文章，大力创建文明、健康、舒适的服务窗口。尤其在电子阅览室，明确要求严格控制未成年人的上网时间和浏览内容，有专门人员佩戴“未成年人上网辅导员”标志跟踪对其进行指导和监督，引导他们自觉学习中华民族优秀的传统文化，利用丰厚的网络资源不断提高科学文化水平和思想道德素质。

二、管理和队伍建设

共享工程工作重在基层。只有搞好基层管理员的培训工作，使他们通晓共享工程的运行机理和操作方法，不断提高工作能力和水平，才能为广大群众更好地开展服务，最大限度实现共享优秀文化的目的。鉴于此，仁怀市支中心不断加大管理人员队伍建设力度，取得了较为明显的效果。

1、加强支中心人员培训，为基层服务点提供技术支持。支中心管理人员不仅担负着支中心设施设备维护、对外日常服务等工作，而且还是各基层服务点技术环节的咨询者和培训者。打铁还须自身硬。为使全市共享工程培训工作扎实有效、不走过场，支中心管理人员积极参加各种培训活动，努力研讨专业知识，自身素质和专业技能有了明显提高。4人次参加了省、市组织的培训班，并且多次向省、市中心电话咨询请教，及时解决工作中遇到的难题，学到了知识，改进了不足。

2、发挥村官作用，扎实搞好基层服务点工作人员培训。对基层服务点工作人员的培训是支中心长期坚持的一项重要工作任务。近几年来，支中心举办了两次全市范围的共享工程培训班，各镇、街道以及部分村级服务点

管理员参加培训，对共享工程产生背景、重要意义、各级重视程度、运行机理、操作技能、设备维护维修等各方面进行讲解和示范操作，促使大家提高认识，增强了解，进一步熟练操作规程，收到了很好的效果。

为使培训工作不留死角，支中心组织人员制作了图文并茂的培训课件，携带多媒体设备到各镇、街道实地培训，对全市21个镇、街道全部培训一遍。同时，积极协助各村级基层服务点管理员对所包服务点进行设备维护、工作指导和日常监督，各村级基层服务点工作面貌为之一新，各项工作开展也进入了健康、规范的发展轨道。

3、推行管理员"AB"岗制，激发管理员工作积极性。由于共享工程与远程教育实现了共建共享，两项工程的管理员多由一人兼任，为此，在管理员的管理上，我们与远程教育部门共同推行了学孔乡建立的管理员"AB"岗制。村级管理员为"A"岗（应用管理员），镇机关驻村现金会计或包驻村队员为"B"岗（设备管理员）。为调动"AB"岗管理员工作积极性，制定出台了考核办法，每月一检查、半年一考核，将考核结果与年底的评先树优、奖金补助挂钩。我们认为这项做法既发挥了驻村现金会计或包驻村队员的知识和技术优势，又加强了远程教育和文化共享工程的学用管理工作，促进了远程教育和文化共享工程工作的深入开展，在全市进行了推行。

三、活动开展

1、利用"电阅览子室"阵地，发挥窗口服务功能。电子阅览室是支中心开展对外服务的主要窗口。两年来，我市支中心充分发挥设备功能，利用电阅览子室做文章，开展了一系列活动。电子阅览室坚持正确导向，不断加强管理，依托共享工程的几个主要网站和卫星接收的资源，积极推荐优秀文化资源，大力弘扬爱国主义、集体主义、社会主义思想，营造了良好的网络环境。目前，已办理电子阅览证500余张，日接待读者超过60人次。中心经常利用投影仪在市休闲广场和社区，乡镇，学校，军营等地相继开展了优秀电影展播、优秀戏剧展播、卫生保健知识讲座等30余场，收看群众7500余人。此外，还在文化系统内部开展了十七大精神解读讲座、文明服务培训、新时期文化工作发展方向讲坛等活动，收到了很好效果。

2、因地制宜，开展多种形式的镇、村服务活动。让最基层群众尤其是广大农民群众接受并利用到丰富的优秀文化资源是共享工程各项工作的出发点和落脚点。我市各个乡镇都有鲜明的种植、养殖产业特色和文化特色，大多乡镇都形成了自己的品牌，如辣椒之乡、肉鸭之乡、蔬菜之乡、等。为把这些品牌做大做强，我市支中心因地制宜，指导各基层服务点组织广大群众有针对性地收听、收看与本地特色相近的视频资源，取人之长、补己之短，拓宽视野，增长知识，全市各镇（街）、村（社区）基层服务点坚持每月1–2场活动，平均开展活动15场以上。支中心还利用网络资源刻制了种植、养殖方面的光碟800多张，分发到各基层点中。服务过程中，积极征求农民群众的意见，及时调正工作思路，不断丰富活动形式，力争使各项活动开展得更具实效性。

3、共享工程巨大作用日益凸现，服务活动效果显著。随着各种服务活动的深入开展，人民群众逐步体会到共享工程的便民、利民和惠民，并且从中也学到了知识，得到了实惠。二合镇利用网络资源提供的供求信息，引导双龙村与我市一些蔬菜销售大户签订了洋葱、辣椒、土豆、等种植合同，实行了订单农业，拓宽了销售渠道，有效解决了农产品销售难的问题。鲁班镇尚礼村在村大院多次开展戏曲、小品、故事片播放活动，引起了群众强烈反响，极大地丰富了群众的精神文化生活。

4、在这几年工作中我中心工作分别被新华网，贵州新闻各报导一次，仁怀新闻报导六次。

四、对外服务功能

随着社会的发展，建设数字图书馆、实现读者自动化借阅已是大势所趋。为方便读者借阅，我市支中心暨图书馆坚持"读者至上、服务第一"的工作方针，充分利用现有的设施设备，积极运用现代科技信息技术，在以下方面实现了新突破。

运用高新手段，实现读者全免费自动化借阅。为保障人民群众基本文化权益，我市图书馆于2008年1月1日对外实行全免费借阅。同时，为方便读者，设置了读者微机自动查询台，各窗口均实行微机管理。借阅方式实现了"一卡通"，通过计算机进行统一管理。取消了窗口界限，在任何服务窗口都可办理借阅手续。实行免费开放和新的借阅方式后，得到了广大群众的交口称赞。办理借阅证和到馆读书学习的人数日益增多，图书馆真正成为了传播先进文化、提高人民思想道德水平和科学文化素质的重要阵地。

五、工作展望

1、采取各种方式加大对文化共享工程的宣传，让广大人民认识共享工程，自觉利用共享工程，积极开展共享工程进社区、进企业、进学校、进军营活动，让更多的人共享人类优秀文化成果；

2、进一步加强对文化共享工程管理人员的培训，提高全体工作人员的思想认识和工作水平；

3、借鉴工作开展先进地区经验，研究开展服务的新方式新方法，拓宽服务内容和范围，最大限度发挥共享工程的作用；

4、购置非线编设备，尝试进行对本地文化资源的加工、整合，传播本土文化，将仁怀文化实现更大范围内的共建共享。

（撰文/怀仁市支中心）

遵义县支中心

一、基本情况

2003年6月，国家文化部副部长周和平来我县视察指导工作，建设性提出在我县图书馆开展文化信息资源共享工程，并赠送了文化信息资源共享工程设备。至此，贵州省第一个全国文化信息资源共享工程县级支中心——遵义县支中心建成。2005年12月，中央政治局常委李长春同志到我县考察文化工作，视察了遵义县图书馆（共享工程遵义县支中心）和龙泉村基层服务点。2006年1月，全县30个镇(乡)“文化共享工程”基层服务点、5个村级基层服务点挂牌运行。2007年5月，由中央资助建设的“文化共享工程”县级支中心资源信息平台安装调试完毕。2009年，我县实现“文化共享工程村村通”，共有30个乡镇服务点、222个村级基层服务点。

二、领导重视，政府投入

“文化共享工程”落户我县，县委县政府高度重视。县委书记、县长，分管副县长等领导多次到到县支中心检查指导工作，解决实际问题，并指出要确保加大对县级支中心专项经费的投入。县政府每年投入专项经费由2007年的2万元增加到目前每年6万元，保证全年工作的运转。

三、宣传推广

我县“文化共享工程”挂牌运行后，县级支中心及各镇（乡）基层服务网点通过“文化共享工程”视频资源举办专题讲座、刊出宣传专刊、制作“共享工程”宣传展板、张贴宣传标语等多种宣传形式，到社区、学校、警营、集镇、村居等进行宣传。中央电视台《科技博览》、贵州电视台《贵州省新闻联播》、市电视台《直播遵义》等栏目对此作了宣传报道，进一步加大了我县“文化共享工程”的宣传力度。在实施过程中，我县因地制宜，运用文化信息在全县各部门各个领域有针对性地服务，效果良好。通过宣传，不仅扩大了“共享工程”的社会影响，而且进一步引起了各级领导的重视，对于推进“共享工程”建设起到了积极的作用，让广大群众逐步认识和了解并喜欢上这一民心工程和以及民心工程带来的作用。丰富多彩的共享工程资源阅读和宣传活动吸引了众多读者，“共享工程”已逐步深入人心。

四、业务培训

针对“文化共享工程”对工作人员相关要求较高的特点，我县除了在人员安排时就注意尽可能选配那些基础较好、素质较高的年青同志外，还积极派遣工作人员接受由省、市业务主管部门举办的各次业务技术培训，支持他们参加各种社会上开办的计算机培训班和全国计算机等级考试，在我县初步造就了一支能够适应开展“文化共享工程”服务工作需要的工作人员队伍。

镇(乡)“文化共享工程”基层服务点是县级支中心工作的重点之一，我县支中心分期对基层管理员加强培训，不定期到基层服务点进行实地辅导，解决工作上遇到的困难和问题。

五、强化服务

我县县级支中心利用“共享工程”资源，服务到社区、学校、集镇、村居、警营等，向群众传输文化信息资源和艺术精品，播放新旧电影，娱乐节目，到县消防队、看守所了解官兵需求，为武警官兵播放爱国主义教育片。积极开展了“文化共享工程助春耕”、“颂歌献给党”全国文化信息资源共享工程迎接建党90周年群众歌咏活动”、“雷锋在我心中演讲比赛”、“文化年货带回家”等主题活动。深入村居放映电影、小戏，还刻录光盘资源送到农户家中，深受农户们的喜爱，极大地丰富了群众的精神文化生活，有力促进了农村产业结构调整进程，切实解决农民生产、生活问题，使老百姓真正得到了实惠。

六、基层服务点建设

我县各镇（乡）基层服务点积极利用节假日、赶集、婚丧嫁娶、民族节日等有利时机，印发大量农民所需的科技等资料，播放农业科技视频、新老电影等，并组织当地外出务工人员利用“文化共享工程”上的有关法律、法规对他们进行培训，提高了他们的服务本领和自身保护意识。遵义县三渡镇基层服务点推行的“便民服务卡”，免费向农民群众提供服务，受到群众的欢迎。这项创新的便民服务措施目前已向全省推广，取得了良好的效果。切实方便了基层的农民群众，把先进的文化送到农民的身边，不定期组织广大群众开展冬春农技培训、学习各种农业知识，让农村群众从活动中学到更多致富本领，有力促进了农村产业结构调整进程，“文化共享工程”在我县真正形成了“领导重视　上下联动　齐抓共管　共建共用”的理想格局，

七、共建共享

2005年12月，李长春同志考察我县南白镇龙泉村文化信息基层网点时，强调“把文化信息资源共享工程与农村远程教育结合起来，完善县进乡网点建设”。按照长春同志的指示精神，我县加快了工程建设进度，借鉴农村远程教育站点建设经验，在我县实施全国文化信息资源共享工程。文化信息资源共享工程的实践，最广泛、最直接的受益者为广大人民群众。设备安装调试完毕后，全县广泛运用该工程的电脑、网络、多媒体等高科技设备传播先进文化。在活动开展过程中，我县因地制宜，发

挥各自的优势与特点，充分利用基层文化服务网点和农村远程教育站点“一站多用”服务功能，以县（乡）图书馆、乡（村）文化站（室）为载体，广大农村在接收卫星节目和开展农科培训方面取得了实实在在的效果。一方面突出数字信息化，使远的近用，抽象的具体化，使之变成一种信息资源，经济、快速进行传递，彻底消除我县不同地区在获取文化资源上的不平等，使边远地区的群众也能享受到优秀文化精品；另一方面突出资源共享。充分利用现有的网络和软硬件环境，对文化信息资源进行数字化加工和整合，通过网络最大限度地为广大群众提供具有地方特色的文化信息服务。

八、荣誉奖项

2007年9月，遵义县虾子镇宝合村农民肖金刚代表贵州省农民参加“全国文化信息资源共享工程农村服务工作座谈会”。2007年12月，遵义县文化共享工程建设项目荣获国家文化部颁发的“第十四届群星(服务)奖”。2008年，遵义县被评为“全国文化信息资源共享工程示范县”，2008年9月，遵义县三渡镇基层服务点管理员涂航作为贵州省基层服务工作人员的唯一代表参加了国家中心举办的基层服务经验交流座谈会，2008、2009年获省文化厅授予全省文化共享工程工作“先进单位”表彰。2010年，获市文化局授予全市文化共享工程工作“先进单位”表彰。2011年，我县报送“颂歌献给党——文化共享工程迎接建党90周年群众歌咏活动”节目作品给国家中心，其中两件作品分别获得了二等奖和优秀提名奖。同年，我县报送的摄影作品获国家中心颁发二等奖。

（撰文/遵义市支中心）

大方县支中心

全国文化共享工程大方县支中心于2008年8月正式投入建设。在国家文化部及我县领导关怀和支持下，共享工程大方支中心建设在我县图书馆内如火如荼地进行着，自共享工程开展至今，得到了市民的支持和高度认可，工作开展逐步走入正轨。现将我县支中心工作开展情况总结如下：

一、基础设施建设

为了抓住全国文化信息资源共享工程支中心建设这一历史机遇，将共享工程作为推进文化创新、完善公共文化服务体系、提高公益文化服务水平、促进经济社会协调发展、构建和谐社会的重要抓手，扎扎实实进行共享工程项目的实施，我们先后对中心机房、电子阅览室的配电、防盗等进行了改造。2008年12月，支中心配置设备全部到位，并安装调试完毕。目前有电子阅览室两间，面积130平方米，56个读者机位；多媒体视听室一个，面积96平方米，78个席位，并设置了专门机构，配置2名兼职人员；专线接入10兆光纤；地方财政每年划拨40万元运行经费；中心规章制度健全，档案管理规范。

在基层服务点的建设中，县支中心根据上级部门的统一安排和部署，完成了文化共享工程基层服务点与县远程教育服务点的资源整合和共建共享。2009年6月上旬，支中心配合县远程办完成了全县357个基层服务点设备的配置发放和安装运行，各基层点以乡镇为单位按照设备的配置清单，对共享工程基层服务点配置的设备、数量，逐一认真核对验收，并将验收汇总表加盖各乡镇公章后报县文体广播电视局备案。目前，各基层服务点已挂牌运行。

二、开展丰富多彩的读者活动

为充分发挥文化信息资源共享工程服惠民服务，满足广大人民群众精神文化需求，丰富城乡基层文化生活，开阔青少年儿童视野，帮助其树立正确的人生观、价值观及世界观，提高全民文化知识道德素养，积极推进公共图书馆免费开放，我馆利用“图书馆服务宣传周”、节日、历史纪念日等举办了形式多样，内容丰富的宣传活动。主要有“图情杯”赈灾灯谜展猜；新中国成立六十周年大型历史文献图片展、“庆祝中华人民共和国成立六十周年”书画•摄影作品展、“图情杯——爱我中华”青少年作文比赛等庆祝建国六十周年系列活动；残疾人电脑基础知识培训；庆祝中国共产党成立90周年、推进公共图书馆免费开放系列活动，包括公共图书馆免费开放宣传、建党九十周年图片展、党史、图情灯谜展猜等；2012年春节少年儿童讲故事活动；以“践行雷锋精神，推动惠民服务”为主题的系列活动，为读者、市民举办了“雷锋精神永放光芒”图片展、播放“学习雷锋好榜样”系列雷锋电影，宣传并带动全民践行雷锋精神，倡导文明社会新风，促进社会主义价值体系建设；联合县残疾人联合会于我县奢香公园内开展了以“关注残疾人文化服务、让残疾人均等享有文化服务”为主题的赠书活动，关爱残疾人，让残疾人朋友感受到来自国家和社会的人文关怀；“图书馆服务宣传周”期间举办“‘快乐夕阳红’中老年电脑培训班”，受到中老年人的关注和青睐；不定期为青少年儿童播放了《雷锋》、《孔繁森》、《帝企鹅日记》等爱国题材电影及自然知识专题片100多场，对少年儿童进行爱国教育及科普知识宣传；中秋国庆双节灯谜活动及读者灯谜活动交流会等。这些活动都不同程度地在县电视台、《贵图学刊》、全国文化信息资源共享工程网等媒体作了相关报导，取得了良好的宣传效果，赢得了群众的良好口碑。

三、服务模式

首先，在服务上，我们除针对不年龄层次，不同需求的人群不定期提供电脑培训及开设讲座外，还根据群众需求、建议、学员留言及反馈等，搭建与群众有效沟通的平台，并根据这些意见留言及时解决群众疑惑和学习难题等，从而提高服务质量。

其次，在宣传上，我们大力宣传、推介了共享工程网站，引导读者登陆访问共享工程网站，广泛介绍共享工程的资源内容，根据读者类型和需求的不同，我们向读者介绍不同的共享网络信息资源，如影视文化、名家讲坛、文化百科、文学艺术、农事指南等栏目，贵州数字图书馆、全国图书馆参考咨询联盟等网站。目前，随着市民对文化信息资源共享工程深入了解，越来越多的市民喜欢来支中心学习和查询。

四、服务工作对市民的影响

一是丰富市民生活，提高城市品位。市民在图书馆获取的不仅是书本知识，在学习的同时，可以享受到共享工程免费的共享数字资源，参加支中心举办的活动。例如，专题电影展播、电脑学习班、亲子游戏、书画评比、讲故事活动和知识竞答等针对各种年龄段市民的活动，并通过这些寓学于乐的方式潜移默化地向市民传播科学文化知识，从整体上提高市民的文化道德素质，提高城市品位。

二是促进社会稳定和谐。和谐是一个国家和平发展的前提。文化信息传播有利于民族融合和谐，促进民族团结，且支中心开展的某些针对留守儿童、外出务工人员、残疾人等弱势群体的活动，为弱势群体提供免费、公平的社会文化资源服务，实现了知识公平、信息公平、填平信息鸿沟，同时彰显社会平等公正，让弱势群体找到属于自己的精神家园，为建设和谐社会打下坚实基础。

随着全国文化信息资源共享工程的实施，将我国几千年来积累的各种文化信息进行数字化加工处理与整合，实现了文化信息在全国范围内的共享，极大丰富了我国的文化信息资源，为优秀民族文化的传承传播提供了更为有效的形式和方式，不断地为社会输送永不枯竭的精神动力。

五、工作展望

虽说我们的努力已初见成效，但目前的运行状况距离上级领导的要求和人民群众的需要还有很大差距，要充分发挥共享工程信息资源的共享功能，更深入地走进群众生活，满足群众需求，为群众高效利用，还需要我们投入更多的工作热情，加大宣传力度，提高服务质量，勇于开拓创新，为把共享工程办成惠民工程、民心工程而不懈努力。

（撰文/大方县支中心）

金沙县支中心

全国文化信息共享工程是一项繁荣社会主义先进文化的创新工程，是基于数字图书馆技术，采用现代信息技术，对中华文化信息资源进行数字化加工和整合，通过网络最大限度地覆盖全国的网络化管理和服务体系，是一项为社会公众享用的文化工程。为贯彻落实文化部《关于编辑出版<全国文化信息资源共享工程概览>的通知》（文全信规发〔2012〕7号）文件精神，结合本县实际，现将本县实施文化信息资源共享工程情况汇报如下：

一、基本情况

县级文化信息资源共享中心：建于2010年，共有35台电脑，均已接入互联网可浏览共享工程信息，现已向社会全面开放。该中心的建设，促进了我县电子阅览室的发展，推动了我县图书馆的全面建设，实现了图书网络化、数字化、自动化管理。

乡镇综合文化站：至2012年底，投入648万元，建成乡镇综合文化站18个。村级文化信息资源共享工程：于2009年全部建设完毕实现村级全覆盖，共247个，总投资516万元。村级农家书屋：于2011年全部建设完毕实现村级全覆盖，共247个，总投741万元。

数字图书进农家工程：至2012年底，建成4个，总投资4万元。

二、工作开展情况

图书馆牵头各乡镇文化服务中心利用广告宣传、黑板报、电影放映等全面展开共享工程宣传工作，收到良好的效果。各村、社区服务点依托文化活动室的便利条件，由图书馆向服务点提供图书，杂志，音像等资料，组织村民集体收看文艺节目、涉农知识讲座，通过开放电子阅览室让村民自已学会上网看电影、看书、聊天、玩游戏，极大地丰富了基层村民的业余文化生活。切实满足农民朋友对科学文化的需求。共享工程建成投入使用以后，广大基层农民在家可以很快很方便收集到各地广泛的市场信息，养殖，种植等相关数字化音像制品，以更加新奇直观、形象生动的方式让村民了解到如何利用当地资源更好地发展种植、养殖业等方面，为他们更好地调整种养结构和销售农产品提供了很好的参考。

三、工作展望

针对目前工作中存在的问题，我们将做下一步打算：

一是向上级领导申请，与财政部门积极配合，保障文化资源共享工作的相关经费落实到位。

二是预计2013年年初图书馆新馆投入运行，新馆占地面积约为400平米，总投资约120万元。其中图书阅览室占地约160平米，电子阅览室占地约90平米，共有电脑35台，可容纳35人进行网上阅览。

三是在接收和充分利用国家中心及省中心数字资源的同时，不断加强与县内各单位的联系，挖掘和整理本地各类信息资源。加大对共享工程的投入，加强地方数字资源的建设力度。

四是向上级请示增加共享工程工作人员编制3人，积极与省图书馆联系与协作，请省馆抽调专业技术力量帮助我们培训相关人才，再由我馆工作人员对乡镇文化中心工作人员进行业务培训，不仅提高了工作人员的业务素质，改善了群体知识结构，同时也为共享工程提供了有力的人才保障。形成完善的县、乡、村，点、线、面一体的文化服务网络，从而推动文化创新、完善公共文化服务体系，提高公益文化服务水平，促进经济文化事业协调发展，构建社会主义和谐社会。

（撰文/金沙县支中心）

全国文化信息资源共享工程——

云南省分中心

云南地处中国西南边陲，东部与贵州省、广西壮族自治区为邻，北部同四川省相连，西北隅紧倚西藏自治区，西部同缅甸接壤，南部同老挝、越南毗连，总面积39.4万平方公里，共有陆地边境线4061公里。全省总人口为4596.6万人（2010年），少数民族人口超过1360万人，是中国少数民族人口超过1000万人口的3个省、区（广西、云南、贵州）之一，少数民族人口仅次于广西壮族自治区，居全国第二位。全国55个少数民族中，云南有51个，其中人口超过5000人、并有一定聚居区域的民族有25个，其中15个民族为云南所特有，是特有民族最多的省份。全省设16个州、市，129个县（市、区），山奇水异，风光绮丽多姿，旅游资源十分丰富，有路南石林、大理、西双版纳、滇池、三江并流、玉龙雪山等6个国家级重点风景区，还有昆明、大理、丽江3个国家级历史文化名城，17处国家级重点文物保护单位，一大批具有民族特色的旅游项目。云南是中国三大林区之一，森林覆盖率达24.9%，植物种类繁多，被誉为"植物王国"、"香料之乡"、"药材宝库"、"天然花园"。

2003年以来，在文化部、财政部和全国文化信息资源建设管理中心的大力支持下，在云南省委、省政府的关心和重视下，在云南省文化厅的直接领导下，云南省以文化共享工程云南省分中心和各级支中心为实施机构，通过加强资源建设、基础网络建设、服务网点建设、人才培训和文化信息服务，在全省范围大力实施文化信息资源共享工程（简称"文化共享工程"），为促进全省公共文化服务体系建设、推动云南民族文化强省建设发挥了重要作用。

一、整体情况

全国文化信息资源共享工程云南省分中心自2003年正式成立并启动实施。2006年后随着国家不断加大对文化共享工程的建设力度，我省文化共享工程建设开始全面推进、稳步发展。特别是在文化部、全国文化信息资源建设管理中心的大力支持下，在省委、省政府的高度重视下，在省文化厅的直接领导下，共享工程云南省分中心不断加强组织领导，着力推进各项工作的完成，通过建立科学的实施方案，实施目标责任制和工作阶段性考核，确保了工程建设落到实处，建设工作有效推进。

2011年文化共享工程迎接建党90周年群众歌咏活动中，云南省分中心积极拍摄制作相关视频

2006年，我省蒙自、宾川、禄丰三个县被文化部确定为文化共享工程试点县，同时我省被确定为资源建设试点省。通过资源建设、服务模式、技术环境、管理方式、人员培训等多方面的试点，探索出了具有我省特色、以多种方式开展基层点建设与服务的成功经验。2007年，我省建成38个规范化的县级支中心。2008年，建成50个县级支中心、407个乡镇农民素质教育网络培训学校。2009年，建成15个州市支中心，38个县级支中心、并在全国首创了文化共享工程农民素质教育网络培训学校（简称"农文网培学校"）建设模式，共建成448个乡镇农文网培学校、1800个行政村农文网培分校。2010年，建成448个乡镇农文网培学校。2011年，建成244个乡镇农文网培学校。2012年，建成150个乡镇农文网培学校。

从2007年至2010年，我省分批完成了州市级、县级支中心的建设任务，使之具备数字资源的存储能力、传输能力和服务能力。名级支中心与图书馆自动化、网络化建设紧密结合，并配置先进的电子阅览室，为广大基层群众，尤其是青少年提供了文化信息服务和绿色上网空间。

截止2011年底，我省文化共享工程建成了五级网络管理服务体系，包括1个省分中心、15个州（市）支中心，覆盖率达94%；129个县（区）支中心，覆盖率达100%；1099个乡（镇）农文网培学校；10442个村级农文网培分校，覆盖率达74%。实现了全省"县县有支中心"的建设目标，形成上有省级分中心、州市支中心，下有县级支中心、乡镇农文网培学校和行政村农文网培分校的文化共享工程五级服务网络。

二、管理工作和队伍建设

为做好工程建设，我省把文化共享工程作为全省基层文化工作的一项重要内容和全省文化系统的"一号工程"，切实加强组织领导，注意抓好管理工作和队伍建设，全力落实建设任务。省文化厅每年初都召开全省文化共享工程建设工作会议，对各年度文化共享工程建设工作进行及时的安排部署。在省文化厅的直接领导和共享工程云南省分中心的具体组织下，全省各州市、县（市、区）各级党委、政府高度重视，建立健全了相应的领导机构和工作机制，分别组建成立了由分管领导担任组长的工作领导小组，制定了科学的实施方案，明确了相关部门职责。同时，以基层为重点，积极做好县、乡、村三级人员的培训工作，努力建设一支适应工程发展需要的、稳定的基层工作队伍。

共享工程云南省分中心按照文化部下发的标准，坚持技术为应用服务的原则，明确县级支中心和乡镇基层服务点暨农文网培学校的业务结构、设备应用等建设规范，制定科学的工程建设方案。

连续几年来，省文化厅组成多个工作组，对当年建好的支中心和基层站点进行检查验收。工作组围绕系统集成的合同执行情况、实施协议的落实情况、各地在工程建设过程中遇到的突出问题、好的经验做法等四方面内容，对各地建设工作进行检查验收，重点了解和掌握各地组织机构、规章制度、经费投入、运行保障、网络带宽、机房布置、设备到位、管理服务、人员队伍、信息提供等情况，从管理和队伍建设方面切实抓好工程建设。

三、经费投入

我省文化共享工程建设的全面推进始于2006年。2006年，中央财政投入我省文化共享工程建设经费552.2万元，我省各级地方财政配套投入124万元。2007年，中央财政投入2076万元，我省各级地方财政配套投入400万元。2008年，中央财政投入4896万元，我省省级财政配套投入516万。2009年，中央财政投入4627万元，我省省级财政配套投入1573万元。2010年，中央财政投入3687万元，省级财政配套投入517万元。2011年，中央财政投入5013万元，省级财政配套投入524万元。

多年来，我省文化共享工程建设累计投入达3.76亿元，其中中央财政累计投入2.77亿元，本省各级财政总投入达9939.2万元。

四、资源建设

资源建设工作是我省文化共享工程的核心内容。共享工程云南省分中心始终坚持以“三贴近”为原则，把着力点放在面向基层、面向农村、面向普通群众上，同时注重突出云南少数民族特色资源的建设工作，以自建、共建等多种方式，系统地整合具有云南地方特色的数字资源，以特色为导向进行选题和建库。一是以云南独有的“立体农业”为选题，加工建设了“云南农业信息资源库”。二是以云南历史悠久、品牌影响力大的普洱茶为选题，建设了“云南普洱茶资源库”。三是结合云南建设旅游支柱产业的战略部署，围绕我省丰富的旅游资源，建设了“云南文化旅游资源库”。四是针对云南开展的非物质文化遗产保护工作，建设了“云南非物质文化遗产资源库”。五是以白族、哈尼族、纳西族等15个我省独有少数民族的民俗文化为题材，建设了“云南独有少数民族资源库”。六是针对云南地处西南边陲，禁毒防艾形势严峻的现状，完成了5集禁毒防艾专题片的制作，并建成了“云南禁毒防艾资源库”。七是以独具云南特色的青铜器文化为选题，建设了“云南青铜器资源库”。八是结合云南建设民族文化强省的战略要求，立足我省丰富多彩的民族文化艺术资源，挖掘、展示云南独特而丰富的文化艺术精品，着力打造“云南舞台艺术资源库”、“云南现代版画图文数据库”和“云南重彩画资源库”。

目前共享工程云南省分中心已接收和下传国家管理中心数字资源14TB，自建地方特色数字资源5TB，完成了包括烤烟种植、禁毒防艾、少数民族资源库等内容的资源建设任务，并开通了“云南文化信息资源网”，网站设有12个专题库、44个栏目，总内容近5万多篇（条），网站页面点击量已超过80万人次。

云南省分中心工作人员积极参加国家管理中心组织的网络培训

五、人员培训

共享工程云南省中心一直以来始终坚持培训先行的原则，分级、分类开展培训。一是针对我省基层服务网点技术力量薄弱、工作人员普遍专业技能不强的特点，按照分级分片培训的思路，采取上岗培训、集中培训与现场培训相结合的方式，对县级支中心工作人员进行培训，并明确技术培训目标，使县级支中心工作人员能够熟练操作和正常管理维护支中心设施设备。在省分中心的带动下，全省各地也积极采取培养与引进、自有队伍和社会队伍相结合的方式，组建了一支稳定的、适合文化共享工程建设需要的管理队伍、技术保障队伍和基层服务队伍。二是培训工作做到经常化、规范化，并统一制定培训标准，按照分级、分类培训及合作共建的培训原则，通过现场培训、集中授课、远程培训和互动交流等形式，开展了形式多样、内容丰富的培训活动，实现了培训工作的规范化、培训资料的实用化和培训手段的多样化。截止2012年底，全省累计举行集中培训35期，培训基层工作人员5000余人次、共580个学时。三是利用网络平台，多渠道开展培训工作。共享工程云南省分中心将制作好的、适合基层站点的培训教学视频、课件等，放在网站和FTP服务器上，使基层站点工作人员可以通过互联网随时收看或下载，丰富了培训的方式；同时，针对各基层服务点遇到的带有共性的问题，利用QQ群不定期开展网络培训工作；省分中心还积极组织各支中心和基层站点收看国家中心组织实施的远程培训，截至目前共组织10期远程培训，参训人员达7952人次。此外，针对各级支中心及基层站点出现的问题和困难，积极利用电话、传真、电子邮箱、QQ、网站通知等方式，为基层人员提供辅导，数年来解答咨询上千余次。

六、惠民服务

我省文化共享工程服务工作开展以来，各基层服务点不断创新服务方式、充分利用现有设备，采取卫星接收资源、网络服务、刻录光盘、利用视频转换卡等手段，结合本地实际，根据不同群众的不同时期需要，进村入户开展服务，丰富了农村群众的文化生活，取得了良好的社会效益。

在省文化厅的领导下，共享工程云南省分中心积极探索乡（镇）基层服务站点的服务内容和服务方式，在全国首创了农文网培学校，主要是利用文化共享工程的海

省分中心每年组织文化共享工程工作人员集中培训

量信息资源作为教材，乡、村文化站（室）的活动场地作为课堂，文化站（室）的管理人员作为辅导员，通过在文化站（室）建设农文网培学校，下设“电子阅览室”、“农民培训教室”、“图书室”等设施，采取多媒体教学、网络教学与现场培训、流动培训相结合的形式，整合了文化共享工程和农村公共文化服务的设施、设备、人员、信息等文化资源，增强了农村公共文化设施服务基层群众的能力。自2009年5月全国第一个农文网培学校在昭通市水富县两碗乡建成以来，全省已建成1099个乡镇农文网培学校、10442个村农文网培分校，累计开展各类农民素质教育培训活动9000多次，培训农民群众80多万人次，服务农民群众200多万人次。农文网培学校的做法受到了云南省委、省政府的高度重视和充分肯定，将农文网培学校建设工作纳入了2010年省政府工作报告，指出这是我省基层文化建设的一大创新举措和重要成果。特别值得一提的是，农文网培学校建设工作得到了中共中央政治局常委李长春、国务委员刘延东等中央领导的充分肯定，受到了文化部、全国文化信息资源建设管理中心的高度评价和大力推广。

在惠民服务活动中，全省各级支中心和基层服务点充分利用丰富的信息资源和共享工程设备，结合新农村建设工作，联合相关单位共建共享，举办了形式多样的服务活动，使文化共享工程融入到群众的日常生活中，为农村群众提供了便捷的数字化信息服务。例如：蒙自县西北勒乡坚持定期送文化下乡、下村、下寨，利用文化共享工程设备，把优秀的文化信息资源送给当地群众，深受当地老百姓的喜爱。宾川县彩凤华侨农场基层服务点工作人员利用文化共享工程网络资源内容新颖、实用性强、信息量大、数据传输快捷的优势，下载整理适用于当地群众的政策法规、农业科技、文化体育、防疫保健等资源，刻录成VCD光盘，举办农村实用技术培训班，为农户播放科普影片，将各类信息资源传播到千家万户。该基层服务点建立以来，通过各种途径共刻录发放光盘2000余张，宣传资源2000余份，对于打破当地信息闭塞的状况，积极推广农业适用技术，帮助农户及时了解相关市场、技术信息起到了重要的作用。禄丰县勤丰镇文化站管理人员结合当地马街村委会电视网络覆盖率较高、人口较密集的实际情况，将文化共享工程通信线路直接与村委会的电视网络连接，配置视频转换卡，将卫星接收的节目转换成电视频道，每晚20：30播放文化信息资源节目，既减轻了村委会的运行成本，又将信息资源传递到村委会的每家每户，村民只要在家中打开电视，就可以收看到文化共享工程的视频节目。

七、宣传推广

我省在认真组织实施文化共享工程的同时，还积极做好宣传工作并及时总结经验，加强交流，有效地扩大了文化共享工程的影响力。全省各级政府分管领导在重要工作会议及其它重要公共活动和公众场合，都抓紧时机对文化共享工程进行推介，大力组织实施。各级文化部门及文化共享工程支中心在做好建设工作的同时，还积极做好相关宣传工作，努力争取各级党委、政府的大力支持，让更多的人民群众了解这项民心工程。一些县级支中心充分利用“送书下乡”、“图书馆服务宣传周”、“科技宣传周”等活动的契机，编印有关文化共享工程的宣传资料发放给当地群众；一些县级支中心完成建设任务时举行隆重的仪式，邀请当地电视台、报社等媒体，以新闻、公告和专题报告等形式，全面宣传文化共享工程。

八、工作展望

在今后的工作中，共享工程云南省分中心将从以下五个方面做好文化共享工程建设工作：

1、进一步完善基层服务网络，加强对基层工作人员的培训、指导和管理。

2、充分发挥省级分中心在资源建设方面的示范作用，重点建设一批主题鲜明、体系完整、质量上乘、特色突出的数字资源库，着力打造《云南独有少数民族多媒体资源库》、《云南农业信息多媒体资源库》等精品资源，力争2015年底自建资源总量达到10TB；同时，加强共享工程云南省分中心网站建设，不断丰富网站内容，增大信息量，年均读者访问量保持在20万人次以上；进一步丰富资源总量，增强资源的吸引力和适用性；着重加强地方特色资源建设，注重对优秀传统文化的数字化抢救、保存与传承，提高具有自主知识产权资源的比例。

3、积极开展文化共享工程合作共建，切实推进公共电子阅览室建设工作，进一步深化文化共享工程建设成果，充分发挥文化共享工程的网点优势、资源优势，促进我省新农村文化建设。

4、进一步健全完善农文网培学校的建设、管理、教育、服务及运行机制，切实做好乡、村基层服务点转换为农文网培学校的工作。

5、将文化共享工程城市社区文化活动中心、城市社区文化活动室的建设纳入年度建设任务，多角度提升文化共享工程网点服务能力，探索公共文化服务的新渠道和新内容。

（撰文/云南省分中心）

昆明市支中心

昆明，云南省省会城市，是云南省政治、经济、文化、科技、交通中心。首批国家历史文化名城之一，著名的旅游城市。面积21473平方公里，市区面积330平方公里，全市人口720万。

一、整体情况

2007年起，昆明市正式实施“全国文化信息资源共享工程”。自工程启动以来，受到了中共昆明市委、昆明市人民政府的高度重视，先后将“全国文化信息资源共享工程”列入《昆明市“十一五”时期文化发展规划纲要》、《昆明市“十二五”时期文化发展规划纲要》等指导昆明文化发展的纲领性文件。成立了由分管文化的副市长担任组长，市财政局、市发展改革委员会、市文化广播电视体育局等部门为成员单位的昆明市文化信息资源共享工程领导小组。制定颁布《昆明市文化信息资源共享工程实施方案》，对全市文化信息共享工程建设工作的目标任务、实施步骤、经费保障等方面作出明确规定。

经过五年的建设，昆明市“文化信息资源共享工程”取得了显著的进展，已初步建立了层次分明、互联互通、多种方式并用的数字文化服务网络。“文化信息资源共享工程”作为“文化昆明”建设中一项重要的文化惠民工程，进入春城百姓的生活。

二、网点建设

昆明市下辖14个县、市、区，3个国家级开发区、2个省级个开发区，130个乡、镇、街道办事处（共建有134个乡（街道）镇文化站），603个社区，1025个行政村。在文化信息共享工程建设中，全市各级文化部门严格执行规划、建设、验收、挂牌、服务的程序与规范。截至2012年底，全市文化信息资源共享工程已建成1个市级支中心，14个县级支中心（覆盖率达100%），113个乡镇基层服务点（覆盖率达86.9%，剩余21个乡镇基层服务点已经全部列入2012年建设计划），379个村、722个社区基层服务点（覆盖率达67.6%）。全市建有市、县两级15个镜像站点。

全国文化信息资源共享工程昆明市支中心设于昆明图书馆，是全市文化信息共享工程网络建设中重要的中心枢纽以及对公众提供数字文化服务的重要平台。昆明支中心基础设施建设于2009年2月26日正式通过昆明市政府信息办验收，2012年作为云南省第一批公共电子阅览室建设示范点，在原有基础上全面进行升级改造，建成占地近720平方米，设有互联网服务区、数字图书馆服务区、未成年人绿色上网专区、个人视听专区、视障读者服务区等多个专题服务区域，拥有可存储112TB数字资源的设施设备，接入100兆宽带，开通无线上网服务功能，提供读者服务电脑137台，信息点333个，全年免费开放的公共电子阅览室，成为全市规模最大、设施先进、环境良好的公益性数字文化服务场所。

三、经费投入

昆明市支中心建设共投入经费410万元。2007年、2008年市级财政投入350万元用于昆明市支中心基础设施、特色数据库、网站、流媒体数据库建设，2009年国家、省级配发60万元的设备。市支中心建成后，市财政每年拨付共享工程运行维护费25万，为工程的顺利实施提供了保障。

四、管理和队伍建设

昆明市文化信息资源共享工程领导小组下设办公室，办公室设在昆明图书馆，具体负责专项资金的管理与使用；制定年度工作计划；制定资源共享有关章程，统筹协调全市支中心的运行；推进全市共享工程资源、地方文化资源的建设；做好与省共享工程办公室、各县级支中心的外联工作，同时承担起对本市县支中心的组织协调、运行保障和绩效考核工作及领导小组的日常工作等。

在昆明市文化信息资源共享工程领导小组的部署下，全市制定下发了《昆明市文化信息资源共享工程管理办法》、《昆明市文化信息资源共享工程工作人员岗位职责》、《昆明市公共电子阅览室管理规定》等一系列管理制度，实施规范化管理。文化信息共享工程建设列入全市文化站（室）验收、考核内容。各支中心和基层服务点按要求健全规章制度和运行机制，严格执行各项管理制度和规章，明确工作职责与范围，实行分级管理、统一服务，制度上墙公示。

在队伍建设方面，全市坚持培养和引进相结合，逐步建立一支懂计算机、网络、多媒体技术的管理、服务人才队伍，保证全市共享工程持续发展。不断探索用人机制，突破人员编制瓶颈，通过外聘和项目承包等方式，解决县级支中心人员和技术难题。基层服务点逐步选配大学生村官担任工作人员，充实基层技术力量。

昆明市支中心作为全市共享工程建设的龙头，始终将人才培养、队伍建设作为中心建设工作的重点，通过培训和共享工程建设的实践，在图书馆内培养了一支过硬地掌握计算机、网络、通讯、多媒体等技术，能从事资源采集、整理、加工和开发的人才队伍。为加强资源建设工作，2008年11月，由昆明市编委、市文化广播电视体育局批准，昆明民族电视剧制作部与昆明图书馆合并。昆明民族电视剧制作部，是市文广体局下属的文化电视节目专业制作单位，成立20年，制作了大量与昆明文化相关的电视剧、舞台艺术片、电视新闻、纪实专题片、艺术专题片、形象宣传片、MV、大型文艺活动实况，展现昆明文化风采。所创作的电视节目中有百余部（集）在中央电视台及地方省、市电视台播出。通过资源整合，专业的人才队伍、广播级专业摄制设备、丰富的影像资料，为加强市支中心特色资源库建设，提供了有力的技术支撑。2012年2月，昆明市编委发文正式批准全国文化信息共享

工程昆明市支中心成立，使昆明市文化信息共享工程建设组织机构更加完备，为建设工作长期、稳定、有序开展提供了组织保障。

五、资源建设

昆明市将数字资源建设作为文化信息共享工程的核心工作稳步推进。全市各支中心逐年加大数字资源建设力度。部分县级图书馆借助共享工程数字资源的建设，极大地改变了馆藏资源不足的局面。

市支中心在及时下载、发布国家中心提供的数字资源的同时，通过购买、自建的方式加强数字资源、特别是地方特色资源库的建设，资源量达到16.65TB，包括中外文电子图书、地方文献、地方专题数据库、影视剧、电子期刊、本馆大型公益讲座《春秋十讲》系列视频等。2008年昆明图书馆网站开通，读者除了通过图书馆局域网充分利用馆内数字资源外，还可通过网站查询共享工程数字资源。

六、合作共建

昆明市在共享工程建设中，始终注重加强资源整合，各建设单位特别是基础服务站点基本形成了文化信息共享工程与中组部农村党员现代远程教育、“绿色电脑进西部活动”、以及教育、信息产业、农业、科技等部门的资源整合在同一站室内的格局，实现资源有效整合与共享。

市支中心通过昆明图书馆2个分馆，及21个馆外图书流通点，形成与农村、社区、军营、监狱、学校、企事业单位合作共建的机制。与高新技术开发区、市工人文化宫形成合作，创建起对方建场馆、昆明市支中心为其提供相关政策、制度、软件、数字资源、工作人员培训等方面支持的合作模式。

七、培训工作

近年来，昆明市支中心逐步建立起培训工作的制度化和常态化。根据专业技术队伍和基层文化建设的需求，每年分别针对本馆共享工程工作人员，全市基层文化干部队伍，以及农村实用人才制定和完成培训计划。通过集中学习、定点辅导、远程培训等多种方式，提高全市共享工程专业队伍和基层文化骨干的综合素质与专项技能。

八、惠民服务

按照云南省文化厅创新文化共享工程的基层管理和运行方式的要求，在全市已建成的所有基层站点，均全部建设起“农民素质教育网络培训学校”、“市民素质教育网络培训学校”及其分校，并通过市支中心的考核验收，使文化共享工程得到了创造性地利用。达到了全面整合农村公共文化服务资源、增强农村公共文化惠民服务能力的目的，“实现了文化乐民服务农村、文化育民服务农民、文化富民服务农业”，有效地服务了基层群众。

作为全省首批公共电子阅览室建设示范点，昆明市支中心积极探索惠民服务的新路径。定期开展网络文化主题活动、优秀数字资源推介活动以及辅导与培训。加强对弱势群体的服务，有针对性地研究制定对未成年人、进城务工人员、老年人等人群的服务措施。通过内容丰富、形式多样的活动，引导社会公众正确地认识和使用互联网，为广大人民群众的学习、工作和生活服务。成为昆明市传播弘扬社会主义核心价值观、提供均等文化服务、消除数字鸿沟的重要文化阵地。

九、宣传推广

昆明市建立起了共享工程市、县信息沟通机制，及时总结、推广各县区及基层服务站点涌现出的典型经验。广泛借助各类新闻媒体，积极宣传全市共享工程建设成果。各建设单位通过宣传橱窗、宣传手册、招贴画、易拉宝等进行阵地宣传；结合开展“三下乡”、世界读书日、全民读书月等活动，组织开展形式多样的系列活动，形成一定的宣传声势，扩大了共享工程的知晓率和利用率。

十、工作展望

昆明市文化信息共享工程建设启动以来，通过持续广泛深入的宣传、完善的四级服务网络建设、丰富多彩的文化活动，使共享工程日渐深入人心，工程发挥的作用日益显现。随着基础设施建设工作的圆满完成，今后昆明市共享工程的工作重点将向着创新方式，提升品质，增加公共文化服务资源，提升公共文化服务效能的方向发展。

站点建设集成化。按照方便群众、满足群众多方面文化需求的原则，集中文化信息共享工程、农文网校”、农家书屋、公共电子阅览室等多项文化惠民工程的建设资源，积极探索建立一站式多功能的服务模式。

资源建设特色化。制定昆明市特色资源库建设框架，加强本地特色资源建设，征集优秀地方特色资源，建设一批红色历史、农业技术、务工培训、医疗卫生、舞台演出、公益讲座等优秀数据资源，逐步建成市级特色资源库群。

服务工作品牌化。全面提升全市各级公共图书馆、文化站（室）的数字文化服务能力与水平，形成覆盖全市城乡的功能多样化、管理人性化、服务分层次的数字文化服务体系。通过内容丰富、形式多样的活动，活跃基层群众的文化生活，增强共享工程吸引力和生命力，树立品牌形象。

相信随着建设工作的不断深入、完善，昆明市文化信息共享工程作为昆明市公共文化服务体系建设的一个重要组成部分，将真正成为昆明人民的信息中心、学习中心和数字文化中心，更好地满足人民群众日益增长的文化需求，为推进全社会的信息化做出积极贡献。

（撰文/昆明市支中心）

昆明市呈贡区支中心

呈贡位于昆明市主城区东南方。原为呈贡县，因新昆明建设2011年经国务院批准撤县设区，改为呈贡区。作为昆明市的行政中心和文化中心现已有昆明市级行政中心和9所高校入驻呈贡区，常住人口近30万。

一、整体情况

文化信息资源共享工程呈贡区支中心于2009年被列入云南省文化信息资源共享工程支中心建设计划，2010年7月建成投入使用，并向社会实行全免费开放。下设公共电子阅览室1个、多媒体播放室1个。公共电子阅览室面积80平方米、多媒体播放室面积80平方米，中心机房6平方米。配有电脑桌椅28套、有专供群众上网使用的电脑25台，座椅50个，接入了10兆光纤宽带和功率380伏的电源，配备窗帘、静电地板等必要的设施设备，制作了与国家中心统一的共享工程标识牌，建立健全了公共电子阅览室、多媒体播放室等相关的职责和管理制度，健全完善了台帐资料，有专兼职管理人员2名。

二、网点建设

截止2012年底，呈贡区共建成文化信息资源共享工程支中心1个、街道基层服务站点4个、社区（居委会）服务站点22个。

三、经费投入

2009年8月，呈贡区政府划拨专项经费18万元，用于县级支中心房屋改造等配套建设，每年给予区图书馆6.8万共享工程运行经费。各街道、社区基层站点配套经费自行解决。

四、资源建设

呈贡区支中心建成图书馆网站1个、建有ILAS图书书目数据库1个、购超星电子图书数据库1个，有数字图书12000多种。

五、技术支持

独立IP、10兆光纤、远程管理、计时和防火墙管理控制功能等技术支持。

六、合作共建

建成了以呈贡区图书馆为支中心，各街道办事处文广中心和各社区（居委会为基层服务点的三级基层网络；开通了以昆明市图书馆为中心馆，安宁市、西山区、五华区、官渡区、盘龙区等图书馆为成员馆的ILAS WEB 网上图书馆馆际互借的合作共建共享工程。

七、惠民服务

为群众提供全免费的网上信息资源的阅览、查询、下载、邮件收发、视频点播、计算机基层知识和网络知识的普及培训及数字图书的阅读、图书书目查询等惠民服务。

八、宣传推广

通过黑板报、宣传栏、发放宣传资料和组织开展“少儿电脑基础知识培训”、“老年电脑课堂”及电视台等宣传媒介进行宣传推广，让更多群众了解全国文化信息资源共享工程呈贡支中心，学会利用共享工程资源，最大限度地发挥支中心的作用。

九、培训工作

2010年组织举办了两期全免费的青少年计算机基础知识培训班，参培人员110人。2011年分别组织举办了“残疾人电脑基础知识培训班“和各街道支中心管理人员、街道为民服务中心管理人员及文化共享工程基层站点管理人员“电脑基础知识培训班”共6期，参培人员200多人次。2012年与学校组织开展了“中小学生电脑知识培训班”4期，参培人员320人。通过举办各种电脑培训班的学习活动，引导青少年正确上网，健康上网。举办“呈贡区文体广旅系统电脑知识培训班”2期，参培人员95人。指导老年人学会利用计算机获取信息，丰富生活。指导共享工程基层服务点人员正确地操作和使用电脑，掌握必备的业务技能，更好地做好共享工程工作。

十、管理和队伍建设

在支中心和基层服务点的建设使用和管理中，严格遵守国家的法律法规，健全和完善了各项管理规章制度，按制度进行严格管理、操作。支中心和各基层服务点都有专、兼职管理人员，并时时组织管理人员参加各级组织的业务知识和技能的学习培训。

（撰文/昆明市呈贡区支中心）

昆明市盘龙区支中心

盘龙区文化信息资源共享工程是2008年立项，2009年开始实施。现将我区五年来实施共享工程工作情况作如下汇报：

一、领导重视、资金到位

1、盘龙区共享工程建设开始就成立以盘龙区区政府副区长梁崑为组长，各相关部门领导组成的盘龙区共享工程建设工作领导小组，以加强对全区文化共享工程建设的领导。

2、制定了《盘龙区文化信息资源共享工程建设实施方案》，报经区委、区政府审批，以区委、区政府文件下发，要求各有关单位、区支中心和各基层服务点认真贯彻落实。

3、区财政局按西部地区中央财政补助80%，地方财政配套20%拨付政策，安排了区支中心和基层服务点建设配套经费23.6万元，并将支中心年运行经费2万元列入年度区财政经费预算。

二、基层服务点建设

1、支中心建设

盘龙区支中心建有计算机中心机房1个、电子阅览室2个和2个多功能厅（具有数字电影放映功能），配置数字电影放映设备3套（其中1套为流动放映），接入10兆光纤宽带，读者用机达105台，年财政经费预算计算机网络运行维护费8万元、共享工程运行经费2万元。

2、基层服务点建设

2.1.街道、乡、镇基层服务点建设

2012年，我区12个街道办事处目前均已完成街道办事处自身的基层站点建设。在建设中，区支中心统一印制管理办法及宣传展板发放到各基层服务点规范、统一宣传标识、规章制度，并为各基层服务点配置了文化共享工程服务开展所需的电话、传真、复印、扫描一体机8台。并针对各基层服务点工作人员计算机应用能力不强，区支中心专门编印日常业务工作操作要点、系统维护方法等较实用的培训资料，进行了业务培训。

2.2.社区、村基层服务点建设

截至2012年，我区共建有48个社区（村）基层服务点，其中社区站点25个，村级站点23个。各建设点设备配发到位后，及时安装，并向广大群众开放。

三、特色服务

1、免费上网浏览文化信息资源共享工程资源。

自支中心建成并开放以来，我馆坚持实行读者免费上机浏览共享工程信息资源内容，充分发挥区支中心的主阵地作用，在区支中心电子阅览室将文化共享工程资源作为主要阅览内容，链接快捷图标放到每一台计算机的桌面，读者可随时点击进入浏览。

2、未成年人绿色上网专区内容建设。

少儿图书馆把文化共享工程优秀的文化信息资源作为未成年人绿色上网专区重要的服务内容，让孩子们能在一个绿色、洁净、健康、文明、安全的网络文化环境中健康成长，受到了广大青少年的欢迎，也得到了社会的认可。五年来，共免费办理上网卡1000余张，接待未成年人上网65000余人次，未成年人绿色上网专区中优秀的文化信息资源，提高了孩子们的思想抵御能力，树立了正确的网络使用习惯。

3、少儿数字电影放映。

图书馆的少儿影院以加盟世纪东方数字院线的方式，充分利用共享工程盘龙区支中心的资源优势，采取馆内与馆外播放、有偿与无偿服务相结合的方式，在少儿馆多功能厅向全市少年儿童、家长放映优秀数字电影和视频讲座。并购置了两个流动电影放映大棚，定期在学校、社区、监狱等流动播放文化共享工程优秀的爱国主义影片、经典的动画片、科教片等，丰富了孩子们的课余文化生活，营造积极、健康向上的环境，受到社会各界的欢迎。

4、分馆（流通点）建设。

少儿馆为了拓展文化共享工程服务阵地，拓展文化共享工程服务活动，更好的为青少年提供便利服务，实现区域内的文化共享工程信息资源共享，构建文化共享工程传播和服务网络，五年来，共建立起19家分馆（流通点）。通过分馆（流通点）的网络建设，采取电影放映、刻录光盘的方式，有效的传播了文化共享工程的信息资源，建立了文化共享工程传播和服务网络，大大加强了文化共享工程信息资源的利用率，充分满足了中小学、社区和农村读者日益增长的文化需求，取得了一定的社会效益。

5、社区图书馆服务网建设。

利用区委宣传部建设的社区服务网站，在区属16个社区服务网站上设置了文化共享工程链接，建设社区图书馆服务网络，指导帮助社区居民利用好文化共享工程的信息资源，促进了学习型社区工作的开展。

6、干部学习网建设。

把文化共享工程电子图书和百家讲坛视频资源作为区委组织部干部网上学习书库的重要建设内容，保障全区各级干部网上学习的需要。

7、视频讲座服务。

每个周末，在区支中心多功能报告厅播放家庭教育、职业礼仪等视频讲座。

8、流动放映。

除了在馆内开展文化共享工程活动以外，还深入学校、社区、开展文化共享工程优秀影视放映活动。对不具备条件的学校、社区，利用图书馆的移动数字电影放映设备和流动放映大棚播放优秀影片和礼仪知识讲座，开展爱国主义教育活动，从而使未成年人思想道德建设工作落到了实处。

9、农村电影“2131”放映。

将农村“2131”电影放映工作与共享工程的实施结合起来，注重与新农村建设相结合，与农民群众文化需求相结合，把数字资源电影放映与普及科学技术相结合，与宣传党的方针政策相结合，不仅确保农村数字电影放映工作正常运行，还充分发挥了视频数字资源的宣传作用。

四、农民素质教育网络培训学校建设

2009年，我区松华街道办事处文化站获得第四批扩大内需中央预算内投资，在区委、区政府的领导下，在区文化局长远规划、精心设计下，对原有的松华街道办事处文化站进行改建，改建后总建筑面积444平方米，一楼设置数字电影院、图书室及电子阅览室，二楼设置多功能培训室和多功能活动室，是全省第一家拥有数字电影院的街（乡）多功能文化站，同时在文化站成立了我区第一家文化信息资源共享工程农民素质教育网络培训学校（以下简称“农文网培学校”）。目前我区还建有双龙办事处“农文网培学校”。

五、共享工程公共电子阅览室

盘龙区图书馆电子阅览室、盘龙区鼓楼街道桃源社区电子阅览室被确定为昆明市第一批建设完成的共享工程公共电子阅览室试点单位。另外，根据市文广体局相关文件要求，盘龙区2012年已建成11个街道公共电子阅览室，2家社区公共电子阅览室等待设备配发。

（撰文/昆明市盘龙区支中心）

昆明市五华区支中心

五华区现总面积397.86平方千米，总人口90万人。下辖10个街道办事处，89个社区。区内68%的土地属山区或半山区。五华区全国文化共享工程的实施，不仅能繁荣了基层文化，满足了多层次的文化需求，传递了中华民族优秀的文化资源。同时，还因其特殊的中心示范作用，影响着全省文化共享工程的推进和发展。

一、基本情况

昆明五华区的文化信息资源共享工程起步于2004年。2004年，作为云南省首批“共享工程”试点的昆明市五华区图书馆，从开始就意识到这是一项没有其它经验可借鉴，只能靠自己摸索的工作。于是，首先成立了以馆长为组长的我区“共享工程”工作小组，依托五华区图书馆已有的一个对外开放小型电子阅览室，组织力量对“共享工程”进行探索。

经过一段时间的积累，2008年11月在中共五华区委、区政府的大力支持下建成了全国文化信息资源共享工程五华区支中心。并以此为核心逐步在全区所辖范围内推进此项工作。到2012年止，五华区的“共享工程”已形成了以县级支中心为核心，基层站点为纽带，社区农文网校为基础的全国文化信息资源共享工程的“树型”覆盖服务网络体系。

二、管理和队伍建设

为使文化共享工程能充分发挥作用，真正成为惠民利民的工程。全国文化信息资源共享工程五华区支中心自建立以来，得到了区委区政府的高度重视和大力支持，成立了由主管副区长任组长，政府相关部门分管领导及各街道办事处副主任为组员的“全国文化信息资源共享工程五华区支中心、基层站点”建设工作领导小组，领导小组下设办公室，由区文化体育旅游局局长任办公室主任，图书馆馆长任副主任，配3名专技人员。并且，为强化组织领导，保障各项措施和规章制度的贯彻执行，由组长牵头与各个责任单位签订了责任书。为支中心各项工作的推进，对各基层站点、社区农文网校（居民网校）的管理和业务指导、队伍建设提供了强大的支撑。

三、培训及技术支持

五华区支中心为保障“共享工程”各项工作的质量，加强对各基层站点、社区农文网校（居民网校）的规范化管理和业务指导，因地制宜地采取以辖区各街道办事处为依托，强化与各街道办事处的交流沟通，协助解决实际问题，做好基层设施建设和技术支持；每年以不少于2次，内容和形式多样化、室内与外出参观学习相结合的制度化培训，和专技人员每月到社区一次制度化指导，平时随叫随到的方式加强对各基层站点、社区农文网校（居民网校）管理人员的培训。工作效果不断凸显。

四、利民惠众合作共建

“共享工程”五华区支中心建成后，公共电子阅览室实行免费开放，在全市率先实现了“上机实名登记制”。开展互联网信息浏览与查询服务；电子文献阅览、信息资源导航、检索、参考咨询等数字图书馆服务；影视欣赏、健康益智类游戏等休闲娱乐服务、学习培训服务等。以未成年人、老年人、进城务工人员、特殊群体为重点服务对象，开辟未成年人绿色上网区，将未成年人和成年人服务区严格划分来，组织开展未成年人学习培训，引导未成年人正确使用电脑，正确上网；强化未成年人上网管理，在全市率先实行了“监护人认可制”、“两小时下机制”、“限制游戏娱乐制”使家长放心。组织外来务工人员到电子阅览室学习文化和电脑知识、听科普知识讲座，提高他们的文化素质和科学素养。开展老年学习培训，掌握电脑操作技能，观舞蹈、听序曲，丰富老年人生活。新建视障阅览室，满足特殊人群的文化需求。五年来共组织读者培训40余次，从未收到读者和家长举报及不满。

基层站点管理员培训

利用文化信息资源，开展视频播放电影共计120余场，播放视频讲座140余场。

发挥资源优势，提高资源的有效利用、拓展服务功能，与五华区党校建立远程教育实现了共建共享，在设施、设备、资源、管理、服务等达到了全方位的共建共享，建立了党员教育支中心分站 。与部队、学校建立了共享工程播放基地，定期传送资源，开展教育服务，组织和引导部队、学生上共享资源网学校和健康娱乐。

五、宣传推广

“共享工程”五华支中心在建成时，就在其公共电子阅览室的门厅额面上镶有大气醒目的“全国文化资源信息共享工程五华区支中心”标识，有专门的宣传栏系统介绍共享工程（公共电子阅览室）的功能，制作了宣传册，积极向市民介绍共享工程的意义和内容，推荐共享工程的服务，不断扩大知晓率和影响面。

六、网点建设

经过多年努力，五华区现已建成以五华区图书馆为资源共享工程支中心为核心、以街道办事处为依托的8个基层站点，89个社区为基础的81个社区农文网校（居民网校）服务格局。并因地制宜地根据社区实际和特点，建设特色化的服务站点。目前，我区已建立了虹山中路社区、莲花文化站、大观文化站等特色示范点10余个，开展了特色服务，深受人民群众的一致好评。

七、经费投入

五华区“共享工程”自启动以来，随着工作的不断推进，除国家、省、市的投入以外，区财政每年都在增加投入，用于“共享工程”。特别是支中心建成后，在上级投入加大的情况下，区财政也同步对这一块工作加大了投入。各街道办事处和社区除在投入人力物力后，再根据自身的情况逐步向这块工作投入资金。使五华区“共享工程”的各级公共电子阅览室向大空间、多电脑、合理布局、通风透光，环境优美，人性化发展。

八、工作展望

全国文化共享工程在昆明市五华区的实施，将丰富的文化资源以先进的传播方式传输到广大基层群众，项目实施5年来，大大提高了五华区广大人民群众的科学文化素质，加强了五华区精神文明建设，促进了五华区经济社会协调发展、区域协调发展、城乡协调发展，为五华区从文化大区迈向文化强区的建设做出了积极的贡献。

我们相信，随着现代电子技术的发展，在党的十七届六中全会和十八大精神的指引下，文化资源信息共享工程的发展环境将会得更广泛的改善。届时，我们五华区支中心的全体工作人员、各基层站点和各社区的农文网校（居民网校）管理人员，有信心和决心充分利用我们的优势，抓住机遇将五华区辖区内的全国文化资源共享工程工作搞得更好，为我省、我市的全国文化资源共享工程起到我区应起的作用。

（撰文/昆明市五华区支中心）

昆明市官渡区支中心

官渡区图书馆是云南省第一批文化共享工程建设单位，2003年由省文化厅配发电脑、投影屏幕和卫星接收设备一套。2009年底搬迁新馆，同年，全面启动文化共享工程建设工作，先后分4批建设街道和社区的基层服务点。现已建成1个区支中心（区图书馆），9个街道基层服务点和90个社区基层服务点，街道实现全覆盖，社区基本建成基层服务点（有9家待建），已建成的基层服务点相应建成“市民素质教育网络培训学校”。

官渡区委、区政府高度重视文化信息资源共享工程。2010年成立了由分管副区长为组长，区委组织部、区委宣传部、区财政局、区文体旅游局等多个部门和各街道办事处为成员单位的官渡区文化信息资源共享工程建设工作领导小组，制定《官渡区文化信息资源共享工程实施方案》，对全区文化信息共享工程建设工作的目标任务、实施步骤、经费保障等方面作了明确规定。官渡区支中心运行经费有保障，2010年15万元，2011年35万元，2012年55万元，各街道每年运行经费为2万元。

2010年，在配发27台电脑等设备的基础上，区财府投入资金建成电子阅览室，面积300多平方米，计算机92套，可开展计算机操作、外语教学等多种培训。经过几年的建设，截止2012年底，全区文化共享工程电脑设备总计330台。

官渡区各基层服务点管理规范，均制作了统一的《工作人员岗位职责》、《公共电子阅览室管理规定》、《公共电子阅览室简介》、《未成年人绿色上网专区宣传用语》、《公共电子阅览室未成年人管理规定》等规章制度，明确工作职责。重视各对基层服务点和农（市）文网培学校的管理和人才队伍建设。针对基层服务点技术力量薄弱的情况，区支中心采取多种方式对街道和社区的基层管理员进行培训。

开展了针对街道基层服务点、社区基层服务点管理人员的计算机、网络运用培训，举办了针对各街道文化站站长、市民素质教育网络培训学校管理人员的服务和政策的培训，组织基层服务点管理人员参加了省、市分中心的相关培训，组织基层管理人员到省内工作开展较好的先进典型地区参观学习。

定期对基层服务点工作情况检查、督促，及时处理各种软硬件故障，并通过“官渡区文化共享工程”QQ群，解答咨询各服务点的问题，及时将先进经验传递给基层服务点，及时将上级部门的工作要求上传到群共享中，方便管理人员学习、贯彻执行。

官渡区各基层服务点结合本地特点，运用共享工程配发设备与其他部门合作，开展了一系列针对性强、群众受益的培训活动。六甲基层服务点与妇联、科协等合作举办了计生培训、保安培训、再就业技能培训等。福保社区运用配发的10台电脑、投影仪等设备，结合近年来从“农村”向“社区”转型的需求，为打造“文化福保”开展了一系列的服务。

新亚洲体育城社区将文化共享工程的工作与社区文化、体育资源整合后积极开展服务，举办了餐饮企业从业人员就业指导培训、职业技能培训、计算机基本技能教育；针对弱势人群开展提高生存技能的培训、外来人群适应城区社会生活的心理指导培训；针对青少年开展校外安全教育、青春期心理培训，等等。

通过各具特色的服务开展，提高了社区居民的文化素养和从业者的职业技能与道德，实现了文化乐民、文化育民、文化和民的目标。

官渡区支中心从2004年起，在假期开展少儿计算机培训，并与辖区内民办学校合作，运用配发的电脑和投影仪开展了爱国主义题材和少儿题材影片的放映活动，为外来务工人员及其子女开展专题服务。

2009年搬迁新馆后，结合军民共建、警民共建活动，把文化共享工程的视频资源送到军营、警营。

2010年在武警云南边防总队教导大队设立分馆，把图书和文化共享工程的数字化资源送到军营。这个分馆是云南省第一家公共图书馆在部队设立的分馆，是官渡区图书馆利用共享工程资源不断拓展服务领域，开辟服务渠道的成果。

2011年，教导大队分馆建成自己的计算机教室和电子阅览室，在省分中心的支持下，区支中心为分馆提供了超过300GB的文化共享工程资源。这里已经成为部队自购计算机等硬件设备，区支中心提供数字化信息资源友好合作的文化信息资源共享工程的特色基层服务点。区支中心以教导大队分馆为基地，充分利用共享工程庞大的信息资源举办了各类知识讲座，累计达到5000人次。

2011年3月起，开展“流动书车进社区”服务。在每个社区服务点，读者的办证、借还书等信息，通过无线网络和VPN等方式同步到馆内的服务器，与到馆借阅图书一样方便。在“4·23世界读书日”、春节等节日来临之际，

基层服务点管理员培训

还在社区服务点开展有奖知识问答、现场猜谜、赠送纪念书签等活动。

重视数字化资源建设，每年都有新的资源增加。目前，可向读者提供的主要数字化服务有：8万种地方文献电子书、《人民日报》全文数据库阅览；读秀、百链学术资源查询、下载；在区政府行政中心和图书馆大厅提供两台触摸屏在线阅读1200余种电子报刊。读者可在电子阅览室里查找海量的学术论文，阅读200余万种的电子图书。在数字化资源逐步丰富的同时，通过电子邮箱、QQ、微博等方式与读者形成良性互动。

稳步踏实推进文化共享工程的同时，官渡区支中心不断开拓进取。

2012年，着手整合馆内各类数字资源，建设本馆门户网站，提升数字化服务能力。目前正着手建设本馆的门户网站，建成后本馆读者在家中通过互联网络即可享受到图书馆电子阅览室中同样的服务，可以凭借书证和密码使用馆内拥有的数字资源，如地方文献电子书、学术资源查阅、电子报刊等。

下一步，计划提升分馆和馆外流通点的网络服务能力。支中心近年来建成锦苑花园、武警云南边防总队教导大队、新亚洲体育城等分馆，重点扶持了10个馆外图书流通点，免费提供图书并定期更换。

今后，区支中心将陆续实现分馆和流通点的外借服务与馆内连接，通过互联网络同步管理。计划与区内各街道、文化馆、博物馆等合作，建设官渡区非物质文化遗产保护项目和地方民族文化资源的数据库。

（撰文/昆明市官渡区支中心）

昆明市西山区支中心

一、基本情况

西山区面积46平方公里，辖10个街道办事处、98个社区，常住人口76万。西山区共享工程于2010年9月正式运行，在省、市、区主管部门的支持和部署下，逐步推进，稳步发展，为传递优秀文化资源，繁荣基层群众文化，满足群众多层次文化需求发挥着重要作用。截止2012年12月，共建成1个区级支中心，8个街道办事处基层服务点，76个社区基层服务点。西山区文化信息资源共享工程支中心设在西山区图书馆，是西山区共享工程业务指导单位，负责保障区支中心共享工程设备的运行，对街道、社区级共享工程服务点的活动开展、设备维护及业务培训进行指导。

二、管理和队伍建设

为充分发挥共享工程便民利民的作用，共享工程西山区支中心将日常管理纳入制度化管理，制定了支中心、街道办、社区基层服务点的工作职责和管理制度，并上墙公示，工作中做到有计划，有总结。如何推广好、利用好共享工程丰富的文化资源关键在于是否有一支专业化的

共享工程管理员队伍，为此，西山区支中心重视管理员队伍建设工作，每年均对辖区内的各级服务点管理员开展集中培训及下基层现场业务指导，自运行以来参加轮训的管理员达300余人次。

三、经费保障

西山区支中心自2010年9月运行以来，区委政府每年均投入运行经费29万元，其中15万元用于支中心IP专线使用费，6万元用于支中心共享工程设备维护、人员培训和惠民活动开展，8万元拨付给8个街道基层服务点用于日常运行维护。

四、宣传推广

西山区支中心自2010年9月加入全国共享工程以来，广泛宣传其作用和意义，扩大其在基层群众中的影响，使各级领导和群众充分认识到这是一项惠民工程、民心工程，认识到工作的重要性和必要性以及文化信息资源的可用性。支中心将共享工程活动与当前工作重点有机结合，从扩大影响、广泛宣传抓起，利用图书馆宣传周、科技宣传周、知识产权宣传周、文化下乡、图书流通点送书等活动进行现场宣传，向各界群众介绍共享工程，引导群众深入了解和充分利用文化信息资源共享工程。随着宣传力度的逐渐深入，群众开始掌握和利用这块知识宝库，共享工程在群众心中的影响日渐加深。

五、便民惠民活动

为贯彻文化共享工程惠民利民的建设思想，充分发挥共享工程设备便民的作用，确保其公益性服务性质，西山区支中心采取多种手段，为群众提供多样化、个性化的服务，满足群众的基本文化需要。在接收到新的文化共享工程资源信息后，及时进行分类、整理、刻录，赠送给学校、社区并开展服务，使其能真正为老百姓服务。定期播放爱国主义教育影片，科普类影片，举办思想道德建设、名著赏析、保健知识方面的视频讲座等，如“文化共享过大年”、“杨善洲系列”、“双百人物系列”、“童心向党、快乐成长”、“文化共享心向党”、“欢乐暑期，精彩共享”、“辛亥革命”、“红色记忆，振奋中国”等专题视频资源展播，深受广大读者欢迎。

六、为未成年人提供服务

为加强未成年人思想道德建设工作，支中心除了在电子阅览室开辟未成年人上网服务专区，针对未成年人

开展活动以外，还与辖区内小学校联合开展活动。带着设备及资源，到辖区内的部分小学举办视频放映活动，放映校园安全常识、双百人物、中华勤学故事、动画版成语故事等视频资源，还向学校免费赠送视频资源刻录光盘，利用共享工程开展思想道德建设，切实将加强和改进未成年人思想道德建设工作落到了实处。

七、工作展望

西山区文化共享工程运行以来，在丰富群众精神文化生活、推动人文科技进步方面发挥着积极的作用。在今后的工作中，西山区支中心将在上级主管部门的指导下，不断探索，创新服务方式，逐步提高文化共享工程建设质量和服务水平，让文化信息资源共享工程在构建和谐社会，推动文化大发展、大繁荣上发挥更大的作用。

（撰文/昆明市西山区支中心）

昆明市东川区支中心

一、整体情况

东川区文化信息资源共享工程县级支中心位于东川区图书馆，整个电子阅览室有130平方米，另有图书外借室和书刊阅览室。东川区文化信息资源共享工程于2009年列入建设计划，经过三年的建设发展，自动化服务已初见成效。建设初期，在区政府及文广旅局的重视支持下，为做好我区共享工程支中心的建设工作，确保共享工程的顺利实施，也为加强统筹协调、联系配合，形成工作合力，确保工作的推进和落实，成立了东川区文体广电旅游局主管副局长任组长，图书馆馆长任副组长的东川区文化信息资源共享工程建设领导小组；区政府出台了东政办发[2012]29号《昆明市东川区2009年度文化信息资源共享工程区级支中心乡镇站点和农民素质教育网络培训学校建设工作实施方案》文件，为确保完成建设任务，文件从工作任务、建设要求、经费保障和管理提供了政策的支持和建设的指导。

截止2012年12月，我区共建设共享工程县级支中心1个，5个文化共享工程基层服务点（农民素质教育网络培训学校），分别是铜都街道、汤丹镇、乌龙镇、阿旺镇、拖布卡镇；39个村级（社区）点，还有101个未建。

二、网点建设

1、县级支中心。文化信息资源共享工程建设作为一项民心工程、惠民工程，对完善公共文化服务体系、保障人民群众基本文化权益是一项重要的建设任务，东川区图书馆按云南省文化厅与区政府在2010年1月签订的建设工作实施协议，开始了前期的建设准备工作，按标准建设了县级支中心，对阅览室和专用机房进行了装修，配备了桌椅30套，安装了防盗、防火的器材和设施；完成地线系统、防雷系统、供电、电话及互联网接入。于2010年7月顺利配合完成所有设备的安装调试，从2011年8月到2012年4月底进行了初步的试运行。2011年4月东川区政府为推进城市建设，优化城市规划，提升城市品位，根据第34次常务会议决定，对图书馆片区进行旧城改造。图书馆进入到搬迁工作阶段，由于过渡馆址的条件限制，共享工程的工作开展一度受到限制。在东川区图书馆的不懈努力下，克服了场所的限制，支中心于2012年4月重新对读者开放，各项工作开展如常，开创了全区文化信息共享工程建设的良好局面，为充分发挥共享工程的重要作用，宣传党的方针政策开避了新的渠道，为丰富群众业余生活，弘扬文明新风开辟了新的阵地。

2、基层服务点。2009年列入建设计划的基层服务点有5家，分别是铜都街道、汤丹镇、乌龙镇、阿旺镇、拖布卡镇。在设备进行安装前，每个基层服务站点根据网校建设要求都准备了专门的场地，配备了桌椅，为确保共享工程的顺利推进打下了坚实的基础。

3、村级服务点。东川区进行区划后有1个街道办事处，5个镇。阿旺镇建有村级服务点3个；乌龙镇建有村级服务点村有3个；因民镇建有村级服务点10个；拖布卡镇建有村级服务点6；汤丹镇建有村级服务点4个；铜都街道建有村级服务点13个。

三、经费投入

在经费的投入上，区财政在极其紧张的情况下，预算了15万元给东川区支中心进行前期准备工作，用于装修、购置桌椅、消防用品，配备了一些基础设施；对实施农民素质教育网络培训学校建设的乡镇一次性补助1万元。建设起来后开展服务的运行经费，即2011年、2012年昆明市东川区图书馆的免费开放资金36.8万元，于2012年3月全额拨付到位，其中：中央专项资金12.8万元，市级专项资金4万元，另一专项资金20万元。就文化共享工程的运行及按《东川区基层公共文化服务专项资金使用管理办法（试行）》要求，专款专用，专项核算，未出现扩大支出范围、截留、挤占、挪用专项资金，对支付的每一笔专项资金做到去向明白。

四、资源建设

支中心负责全区文化信息资源的收集、整合、加工、存储和服务等工作。文化共享工程的核心是数字资源建设。全面挖掘我区文化资源，有计划、有系统地加以整合，并分步实施数字化。根据《全国文化信息资源共享工程“十一五”规划》的要求，逐步形成包括文化艺术类资源、文化遗产类资源、影视类资源、图书类资源和农业知识类资源等内容的东川特色文化信息资源库群。尤其要结合社会主义新农村建设的要求，加强农业科普知识等方面的资源的征集和整合工作，收集整理区域特色文化资源。

五、合作共建

为搭建完善的信息沟通平台，加强共享工程基层服务点的的管理，在工程建设工作领导小组的领导下，建立健全了部门间的协调机制，制定了工作人员守则，设备管理与使用等一系列管理制度，进行规范管理，有关成员单位，明确责任，互相配合，形成合力，加大对各类文化资源的整合力度。区文体广电旅游局协调有关单位影视类文化资源的征集工作，协调有线数字电视入户和广播电视“村村通”工程与共享工程相结合等方面的工作。

六、惠民服务

共享工程是当前政府提供公益性文化服务的创新

工程，是构建公共文化服务体系的基础工程，也是不断满足城乡基层群众日益增长的精神文化需求的重要载体。支中心利用投影机等设备，结合“2131工程”，在播放电影前，播放法律法规、科技知识、卫生防疫知识、禁毒防艾知识等宣传片，极大丰富了群众的文化生活。通过农文网培学校，引导农民用现代的、科技的方法，促进了农业增效。自共享工程实施以来，为完成好这一阵地服务，充分利用这一先进的工作载体，保证服务质量，每周电子阅览室的免费开放时间达到48小时。

七、宣传推广

支中心充分利用共享工程网上资源内容新颖，实用性强，信息量大，数据传输快捷方便的优势，认真搜索、下载适用于当地群众的法律法规、农业科技、文化体育、防疫保健、科普知识等资料，通过播放讲座，举办展览，展映露天电影等形式多样、丰富多彩的文化活动，扩大文化信息资源的利用率，扩大共享工程的社会影响，不仅丰富了群众的文化生活，也充分体现了“文化信息资源共享工程”重大意义。

自工程开展以来开辟了一条不受地域、时间限制的崭新的文化传播渠道，获得了传统的文化传播手段难以达到的社会效益，深受基层特别是农民群众的欢迎，对促进社会主义精神文明建设和社会主义新农村建设发挥了重要作用。

八、培训工作、管理和队伍建设

支中心负责指导文化共享工程的整体培训工作，制定培训大纲，编辑培训教程，统一制定电了阅览室的各项管理规程，指导各基层服务点按计划开展管理与组织、技术与标准、基层服务、宣传能力、等方面培训；采取集中培训和分散培训相结合的方式，举办基层服务点业务骨干培训班，开展对乡镇基层工作人员的培训，培训结束后做到“打开设备会操作，站上讲台会辅导，一般故障会排除”；为进一步做好我区支中心的数字资源建设工作，积极采取培养与引进、自有队伍和社会队伍相结合的方式，培养一支责任心强、熟练掌握设备操作技术与服务要领的、适合共享工程建设需要的服务队伍。

九、工作展望

支中心将以加快发展文化共享工程建设，以整合、开发优秀文化信息资源，推进思路创新、技术创新和服务创新为工作重点；始终坚持以满足广大人民群众文化信息需求为服务中心，努力把我区的文化共享工程推上一个新的台阶。

1、发挥优势，整合资源，加大资源建设力度

文化资源建设始终是“共享工程”的核心。东川区文化底蕴深厚，民族文化信息艺术多姿多彩。我们在利用国家及各省市区已开发的文化信息资源成果的同时，更应发挥我区资源优势，努力将有东川地方特色的文化资源开发出来，建好“东川地方文献资源”数据库。

2、努力建好东川文化信息网

图书馆启动文化信息资源共享工程以来，充分发挥文化信息资源重要作用，积极通过移动硬盘服务、光盘服务等模式，把文化信息资源传送到城乡基层文化网点和群众身边，为宣传党的方针政策开辟了新渠道，为丰富农民群众业余生活、弘扬文明新风开辟了新的阵地。为充分展示东川文化，方便读者检索，我们利用共享工程这个平台，争取建好东川文化信息网。

3、加强培训，不断提高队伍素质

共享工程是一项采用高新技术推动文化建设的工程，其特点是技术含量高。要求从事这项工作的人员须具备相应的知识和技术，根据工作需要每年由支分中心组织1–2次专业技术培训，以适应共享工程建设和服务的需求。

4、健全制度，加强文化共享工程的管理

近几年来，随着市场经济体制的不断完善，农业结构调整力度的加大，人民群众尤其是农民朋友对科学文化的需求显得尤为迫切。但由于一些镇乡和村（社区）文化设施落后，公共文化资源总量不足、质量不高，有关部门配合支持力度不够到位，资金投入渠道不畅等原因，所以进展不够快，覆盖面还很小，尤其是村和社区还是空白点，广大群众还不能享受到“工程”的应有效果。

在下一步的工作中对这些情况 加大政策的倾斜力度。我们将不断完善制度，加强管理，稳步推进；深化公共网络，创新服务内容，加快东川文化共享工程建设，实现又好又快的发展。

（撰文/昆明市东川区支中心）

安宁市支中心

安宁市总人口34万，下辖9个街道办事处98个村（居）委会，总面积1321平方公里。安宁市图书馆成立于1978年11月，下设办公室、采编部、外借部、宣传辅导部、文化共享工程支中心和参考咨询信息技术部等6个工作部门以及成人报刊阅览室、成人外借室、少儿书刊借阅室、公共电子阅览室等6个服务窗口和馆外图书流通点20个，有馆藏图书15万多册，持证读者6000多人，年接待读者十多万人次。

一、整体情况

安宁市支中心于2009年被列入云南省文化信息资源共享工程支中心建设计划，2010年7月建成投入使用，并向社会实行全免费开放。下设公共电子阅览室1个、多媒体播放室1个。公共电子阅览室面积约100多平方米、多媒体播放室面积约200平方米，中心机房16平方米。配有电脑桌椅40套、有专供群众上网使用的电脑29台，会议桌63套，座椅116个，接入了10兆光纤宽带和功率380伏的电源，配备窗帘、静电地板等必要的设施设备，制作了与国家中心统一的共享工程标识牌，建立健全了公共电子阅览室、多媒体播放室等相关的职责和管理制度，健全完善了台帐资料，有专兼职管理人员2名。

二、网点建设

截止2012年底，安宁市支中心1个、八街、草铺、青龙等街道基层服务点8个、宝兴等社区（居委会）服务点3个和武家庄等村民小组服务点35个。

三、经费投入

2009年8月，在安宁市委、市政府领导的高度重视和大力支持下，财政拨款56.28万元，其中：用于市级支中心建设配套经费38.28万元；九街道基层服务点建设每个补助配套经费2万元，九街道共计补助经费18万元（2009年实际下达我市建设基层站点6个）。此后，由于原计划用作支中心的房屋进行调整，安宁市文体广电旅游局又拨出经费1.27万元，用于支付因房屋调整后改造装修超出原计划的经费。2010年5月市政府又拨出专款5.72万元用于支中心屋顶修缮费用。此后，市政府都将支中心每年的网络使用费3.9万元列入一年一度的财政预算，同时，还拨付一定的资源加工、网络运行维护等费用，确保了整个工程建设发展正常运行的顺利实施。

四、资源建设

支中心建成图书馆网站1个、建有ILAS图书书目数据库1个、购超星电子图书数据库1个，有数字图书55000多种。有安宁市电视台授权使用的“过年七天乐”—安宁温泉行、“魅力县街”等安宁本土自建资源2部。

五、技术支持

独立IP、10兆光纤、远程管理、计时和防火墙管理控制功能等技术支持。

六、合作共建

建成了以安宁市图书馆为支中心，各街道办事处文广中心和各村（居委会为基层服务点的三级基层网络；开通了以昆明市图书馆为中心馆，安宁市、西山区、五华区、官渡区、盘龙区等图书馆为成员馆的ILAS WEB网上图书馆馆际互借的合作共建共享工程。

七、惠民服务

为群众提供全免费的网上信息资源的阅览、查询、下载、邮件收发、视频点播、计算机基层知识和网络知识的普及培训及数字图书的阅读、图书书目查询等惠民服务。

八、宣传推广

通过黑板报、宣传栏、发放宣传资料和组织开展《少儿电脑基础知识培训》、《电脑小报我来做》、《老年电脑课堂》及《今日安宁》、《安宁电视台》等宣传媒介进行宣传推广，让更多群众了解全国文化信息资源共享工程安宁支中心，学会利用共享工程资源，最大限度地发挥支中心的作用。

九、培训工作

2010年组织举办了两期全免费的青少年计算机基础知识培训班，参培人员40多人。2011年分别组织举办了《老年电脑基础知识培训班》和八街街道村委会管理人员、街道为民服务中心管理人员及文化共享工程基层站点管理人员《电脑基础知识培训班》共5期，参培人员200多人次。2012年组织开展了《电脑小报我来做》培训班2期，参培人员40多人。通过举办各种电脑培训班的学习活动，引导青少年正确上网，健康上网。指导老年人学会利用计算机获取信息，丰富生活。指导共享工程基层服务点人员正确地操作和使用电脑，掌握必备的业务技能，更好地做好共享工程工作。

十、管理和队伍建设

在支中心和基层服务点的建设使用和管理中，严格遵守国家的法律法规，健全和完善了各项管理规章制度，按制度进行严格管理、操作。支中心和各基层服务点都有专、兼职管理人员，并时时组织管理人员参加各级组织的业务知识和技能的学习培训。

十一、工作展望

1、加大宣传力度。在今后的工作中，充分利用黑板报、图书馆网站、宣传栏和新闻媒体及送服务上门等形式，加大对文化共享工程工作和图书馆工作的宣传展示，提高设备和资源的利用率。积极引导读者学会使用现代信息技术，培养他们良好的阅读和学习习惯，充分发挥图书馆的社会教育职能，营造学习氛围，为建设学习型社会做出应用的贡献。

2、改进培训方法，扩展培训群体，创新服务模式。针对培训内容和培训群体单一的情况，在今后的工作中，要充分发挥网络和设备作用，采取集中培训、远程网络培训和送视频节目上门服务等方式相结合，培训对象从青少年、老年人等延伸到街道、村（居）委基层服务点管理人员；培训内容从计算机操作技能扩展到实用技术、网络知识、再就业技能、网上书目查询、电子图书阅读等，或针对特殊群体开展有特色的培训，如：视障读者电脑使用培训等，以点带面，推广网上图书馆数字资源的阅读和利用。

（撰文/安宁市支中心）

晋宁县支中心

晋宁县处于滇池南岸，下辖6个乡镇、1个街道办事处，135个行政村，常住人口28余万人。晋宁县文化信息资源共享工程在云南省分中心、昆明市支中心的支持和部署下，逐步推进，稳步发展，在新形势下为繁荣农村基层文化发挥了重要作用。

一、基本情况

晋宁县文化信息资源共享工程建设始于2004年，当时由云南省图书馆下发了一套卫星接收设备，县财政投入10万元在晋宁县图书馆建成了一个可同时接纳20人的公共电子阅览室。2009年5月完成了县支中心及9个乡镇基层文化站点建设。此后，文化信息资源共享工程建设转向农村。2011年，完成了65个农村基层站点及1个社区基层服务点建设。晋宁县支中心自2004年以来，县财政共投入20万元。每年制作发放各类光盘200多张，发放宣传资料300多份。

共享工程晋宁县支中心设在晋宁县图书馆，主要负责县支中心共享工程设备的运行，协调乡镇、村级共享工程设备的维护，指导乡镇、村级共享工程活动的开展以及全县共享工程管理员的业务培训和指导。

二、管理和队伍建设

为使共享工程发挥作用，晋宁县支中心将共享工程日程管理纳入制度化管理。制定了支中心、乡镇、村级基层服务点工作职责和制度，实行制度上墙公开。做到每年有年度工作计划，年末有工作总结及考核，并加强日常管理工作，收集整理共享工程服务活动的得失，积极探索共享工程管理和服务新模式。晋宁县支中心在管理员队伍建设上实行制度化管理，常态化培训。对于乡镇、村级基层共享工程管理上选取文化层次较高的大学生村官为管理员。目前，晋宁县共享工程管理员80%为大学生村官，20%是村委委员兼任。

三、培训工作

晋宁县支中心在共享工程管理员的培养上实现了制度化和常态化。2009年以来，共举办各类培训班12期，参加培训的人员达400多人次。

四、宣传推广

1、支中心积极利用各种渠道宣传推广共享工程。在每年的“四下乡”中，以活动为平台，以资料为媒介宣传共享工程；利用县图书馆墙上的LED，滚动宣传共享工程，让广大民众了解共享工程，走近共享工程。

2、专题活动，精彩纷呈。晋宁县支中心积极开展群众喜闻乐见的文化服务，使共享工程走进群众生活。利用共享工程设备在多功能厅放映科教片及电影；举办“品读经典”诵读活动；举办“书香晋宁”读书活动。

五、工作展望

今后，晋宁县支中心将在省分中心、市支中心的大力支持下建成一个县、乡镇、村三级联运的文化服务体系，为建设“书香晋宁”，文化晋宁做出贡献。

（撰文/晋宁县支中心）

富民县支中心

富民县全县拥有土地面积993平方公里，世代居住着汉、彝、苗、回、白等25个少数民族。县辖1街道办5镇73个村委会，2个社区居委会，562个自然村，2010年底全县总人口148290人，农业人口129448人，占全县总人口的87.29%，非农人口18842人，占全县总人口的12.71%。

一、建设情况

经多年努力，我县于2007年获准云南省第一批全国文化信息共享工程建设项目，次年3月份实施工程建设，年底建成全国文化共享工程富民县支中心，并顺利通过省级验收。之后，在县支中心的指导下，先后完成我县文化共享工程乡、村基层服务点建设任务，并建成4个公共电子阅览室。

覆盖全县100%的乡镇，90%的村委会（社区）。至2012年8月底，我县共建成文化共享工程县级支中心1个、乡镇基层服务点6个、村级基层服务点61个。

二、经费投入

我县的共享文化工程项目共投入经费153.6万元，分别是：县级支中心建设共投入经费75万元，其中由国家和省级配发55万元的设备，县级配套20万元用于房屋改造装修及相关设备配置。

6个乡镇基层服务点分别投入建设经费7万元，其中省级配发5万元的设备，县乡投入2万元房屋改造装修及相关设备配置。61个村级基层服务点共投入经费36.6万元，其中省级配发31.5万元的设备，县级投入5.1万元用于购置电脑桌椅等。

县级支中心建设完成后，县财政每年给予2万元的运行经费，乡、村级基层服务点运行费用实行实报实销。

三、资源建设和宣传

县级支中心建成后，我们通过卫星下载、互联网搜集和电子文献购置等方式开展资源建设，到目前为止，共完成2个T的资源建设，资源有电子图书、地方文献、讲座、影视剧、探索发现、百家讲坛等。

在文化共享工程和资源建设的同时，为使全国文化信息资源共享这一惠民工程真正发挥作用，结合云南省文化厅“文化育民 文化乐民 文化富民 文化和民”的指示精神，我们对“工程”进行了全方位、多角度的广泛宣传。曾在昆明日报、县电视台、县内文化信息等多家媒体进行宣传报道，并组织人员到基层播放文化共享工程宣传片，发放宣传资料，使文化信息共享工程深入人心。

四、服务工作

县支中心建成后积极开展读者服务工作

一是开展好阵地服务，实行电子阅览室全天开放，多媒体播放室定期组织电脑知识培训、讲座和影视剧播放等，每年接待读者均在4万人次以上，另外利用文化共享工程的平台开展自动化建设提高了服务水平。

二是服务基层，为了让更多的人受益，县支中心根据需要利用光盘、移动存储设备等定期和不定期向各基层服务点发送资源，指导基层有计划地组织农民群众开展种植、养殖、农产品加工技术、法律知识、农产品营销知识等新型农民的培训教育。利用相关设备举办各种知识讲座、播放如电影、戏剧等不同形式的优秀艺术作品。

通过有线电视传网络，根据群众需要，精心组织播放内容，有选择、有重点、有针对性地开展服务。要将新农村建设试点村、扶贫工作重点村以及特色文化村作为开展服务工作的重点，满足农民群众求富裕、求健康、求文明的需要，抵御腐朽落后文化，培育文明乡风。

五、培训工作

为提高工作人员的业务素质和技术水平，县支中心一方面积极组织人员到省分中心受训，共有20人次参加省分中心培训；一方面组织各基层服务点人员到县支中

心，参加相关知识和技能培训，到目前为止，各基层服务点人员已参加不少于5次培训。通过这些培训，我县文化共享工程县支中心及各基层服务点已能熟练使用设备和开展相应的服务工作。

六、管理和队伍建设

为切实服务好基层群众，我县于2008年5月成立了由县政府分管领导任组长、各乡镇分管领导及相关部门领导为成员的“富民县文化共享工程领导小组”，每年组织召开2次工作协调会，解决工作中存在的问题。明确由县支中心对个基层服务点进行管理和业务指导。

县图书馆人员偏少，为保证文化共享工程各项工作的顺利开展，我县突破人员编制瓶颈，通过外聘和项目承包等方式，解决了县支中心人员和技术难题。各基层服务点尽可能选配大学生村官担任工作人员，充实了基层技术力量。

七、工作展望

目前，我县的文化共享工程建设工作开局良好，运行正常，重要指标基本完成。今后工作的重点是在巩固成果的基础上，全力做好管理、完善和提高工作。1、高度重视，进一步提高对文化共享工程工作重要性的认识。按照全县动员大会的要求，切实把工程纳入乡镇、试点村重要的议事日程，摆到重要位置。建立目标管理责任制，建立健全规章制度，确保文化共享工程功能的正常发挥，惠及全县群众；2、增加投入，确保文化共享工程健康运行；3、加强协调，确保人员到位。选配合格人才，确保我县的文化共享工程的各项活动顺利开展；4、贴近“三农”，提高服务质量和扩大服务效果；5、充分运用工程的先进设备，拓宽服务方式；6、强化工作管理。定期不定期地开展督导检查，及时总结经验，确保共享工程工作顺利进行。

（撰文/富民县支中心）

宜良县支中心

一、基本情况

宜良县现辖1个街道办事处、6个乡镇、30个社区居委会、85个村民委员会。文化共享工程自2009年启动以来，我县已建成县支中心1个、农文网培学校4个、农文网培分校101个。县支中心、狗街镇农文网培学校、北古城镇农文网培学校于2010年6月建成，耿家营乡农文网培学校、九乡乡农文网培学校于2012年7月建成；101个农文网培分校于2011年8月建成。

县支中心、农文网培学校（分校）均按省市有关文件要求建设，并完成配置前的相关设施准备、人员培训、设备接收、配送安装、指导、资料归档等工作，通过省市检查验收，并多次迎接省市县三级检查、指导、调研。

县支中心2名工作人员取得全国计算机等级考试资格证书，参加省分中心的培训，开放时间平均每周不少于40小时。2012年，电子阅览室1-10月接待读者637人，其中未成年人357人，多功能室1-10月接待各种会议、培训活动14次 867人，开展光盘资源播放活动5次34天计680人次，公益性业务辅导或指导22次，有材料或照片；工作记录完整规范。农文网培学校有专职、兼职工作人员1名以上，并都参加过共享工程省分中心的培训，设备安装过程中同时接受培训，也参加县支中心今年组织的培训，工作记录完整规范。农文网培分校无运行经费，工作人员大多是兼职，每周按要求开放。2010年8月至2012年11月：狗街镇农文网培学校上网人员1980人，其中未成年人630人，培训活动15期2000人，北古城镇农文网培学校上网人员465人，其中未成年人38人，培训活动24期1300人；2012年9月至2012年11月：耿家营乡农文网培学校上网人员440人，其中未成年人30人，培训活动2次110人，九乡乡农文网培学校上网人员415人，其中未成年人133人，培训活动2次50人。县支中心、农文网培学校、农文网培分校均实行免费开放。

二、管理和队伍建设

1、加强领导，明确责任。由县委常委、宣传部部长任组长，分管副县长任副组长，县委办、政府办、县旅文广体局及乡镇分管领导为成员的文化共享工程建设领导小组，县旅文广体局专抓专管，各乡镇也成立了相应的领导小组，确定专人负责，使工作顺利启动，稳步推进。

2、认真准备，科学规划。根据省市有关文件精神，按照要求，提前做好前期准备工作，做到条件成熟一个建设一个，确保工程的顺利建设。

3、管建结合，综合利用。严格按标准建设，提高质量。制度上墙，上网人员实行登记，每周按时开放。抓住关键环节，注重培训。工作人员均参加了培训。建立台

2011年文化共享工程设备发放仪式

帐，做好后续工作。

三、工作展望

总之，在各级领导的关心和支持下，我县取得了一定的工作成绩。今后，我们将继续加大文化共享工程建设的宣传力度，加强管理人员培训学习，提高业务水平；提高文化共享工程设备的利用率；完善管理机制，加强内部管理；继续贯彻落实中央、省、市相关精神，同心协力，奋力争先，按照各级领导相关工作要求，认真把文化共享工程建设、管理抓细、抓实、抓好，做出应有的贡献。

（撰文/宜良县支中心）

嵩明县支中心

一、基本情况

2009年4月，在县委政府领导关心支持下，在云南省分中心指导帮助下，嵩明县文化信息资源共享工程正式启动，共建成1个县级支中心、6个乡镇基层服务点（暨乡镇农民素质教育网络培训学校，2010年乡镇机构改革合并1个（杨桥乡）、托管1个（滇源镇），目前实有4个），2011年建成55个村级农民素质教育网络培训分校。

二、开展服务工作

文化共享工程重点在基层，重心在服务。嵩明县级支中心成立以来，按照“贴近实际、贴近生活、贴近群众”的三贴近原则的要求，以数字资源建设为核心，以基层服务网点建设为重点，以多种传播方式为手段，以共建共享为基本途径，认真开展了“文化共享工程进学校”、“文化共享工程进社区”、“文化共享工程进农村”等一系列宣传服务活动。

几年来，嵩明县级支中心充分利用“文化共享工程”设备，发挥文化信息共享工程网络资源内容新颖、实用性强、信息量大、数据传输快捷方便的优势，从全国文化信息资源共享工程网站、云南省分中心FTP服务器上认真搜集、下载适用于当地群众的政策法规、先进性教育、农业科技、文化体育、防疫保健、科普知识等文化共享工程信息资源，在节假日和图书馆服务宣传周期间开展“全民读书活动”、“文化艺术视频讲座”、“爱国主义教育系列片展播”等活动，吸引广大学生、进城务工人员、市民走进主题新颖、富有观赏性的“文化共享工程”。同时，嵩明县支中心电子阅览室开通网络访问渠道，对前来登录、访问各互联网网站的读者提供服务，力争让读者满意而归。

近年来，嵩明县支中心利用“文化共享工程”设施联合附近学校，让“文化共享工程”为青少年读者服务。县内的多所学校由老师带队，组织学生轮流到支中心电子阅览室进行集体阅览活动。学生可以上网阅览、上网查阅资料、上网交流及观看各种名师讲座等。为了让更多的中小学生走进文化共享工程，嵩明县支中心还深入到龙院小学、嵩阳镇第二小学等学校，开展文化共享工程进学校活动，利用投影、移动播放器等设备为中小学生播放爱国主义教育片和科普教育视频节目。支中心下载适用于学校教师教学用的资料如优秀作文评讲，新课程开发等，刻录成光盘赠送给学校，共为县内各中小学赠送光盘200多张，服务中小学师生5万多人次。

社区文化建设是建设社会主义和谐社会的重要内容。为了使广大社区居民能更多、更方便、更快捷地接受新知识、新观点、新信息，支中心经常组织附近社区居民开展网上读书阅览活动，利用移动播放器和投影设备到县城文化广场举办电影晚会，携带“文化共享工程”赠送的优秀新剧目《海瑞罢官》、《借赵云》、《杨家将》和优秀影片《孔雀》、《天下无贼》、《十月围城》以及下载的《法律讲座》、《老年保健知识》、《烹调知识》等为群众放映，利用“文化共享工程”大量文化艺术、生活百科信息为民服务，使广大群众欣赏到高质量的优秀文化，直接接受具体的生活服务，及时满足了他们的文化和生活需求。受到社区群众的热烈欢迎。

农村的文化建设是建设社会主义新农村的重要内容之一。送文化下乡是县级支中心一项经常性的工作。过去，支中心每年都要从报纸和书刊中选取一些实用信息资料开展送文化下乡，但由于报刊资料有时效性，很多信息送到农民手中时已不再适用。“文化共享工程”实施以后，这种状况得到很大改善，文化共享工程农村远程教育信息频道，使信息资料更新快、信息量大，成了农技资料的主要来源。

几年来，嵩明县支中心根据各乡镇经济发展的实际情况和产业特色，从全国共享工程网站及云南省分中心网站上下载法律法规、种植业、养殖业等内容编印成册，利用赶集日发放给广大农民群众。同时，支中心加强与各乡镇基层站点间的联系，将农户所需的，有利于促进当地发展农业生产的信息资源，制成光盘200多张，交给各农文网校和分校保管，各网校和分校定期把接收到的信息资源制成目录向群众公布，并在农闲期间每周至少安排一次以上的活动时间，为当地的农民群众播放农业科技信息、农村实用新技术等信息，让群众了解最新的信息资源。

三、认真抓好农文网校培训工作

到2012年底止，2009年建设的4个农文网培学校累计开展各类农民素质教育培训活动64期，培训农民群众2万多人次。按照建设规划和进度，预计到明年年底，嵩明县农文网培学校（分校）将覆盖全县所有的行政村，实现“乡乡有、村村建”。几年来，通过在乡镇综合文化站建设农文网培学校，在村文化活动室建设农文网培分校，有效地推动了文化共享工程乡（镇）、村基层服务点向农文网培学校（分校）的转变，达到全面整合农村公共文化服务资源、增强农村文化服务能力、提高农民群众思想道德素质和科学文化素养的目的，实现了“文化乐民服务农村、文化育民服务农民、文化富民服务农业”，为从文化的层面解决“三农”问题做出了积极的贡献。

四、切实加强人才队伍建设和管理

2009年以来，嵩明县支中心组织中心工作人员、各文化站专业人员参加省分中心和市支中心农文网培学校培训班40多人次，积极培养能够开展基本教学工作的师资人才、能够开展技术指导与服务的技术人才、能够使

文化信息资源"进学校"

用文化共享工程设施设备开展日常服务的基层服务人才等，逐步培养从事基层文化管理、教学和服务的农文网培学校师资人才队伍。2012年组织县级支中心工作人员和乡镇农文网校技术负责人参加了11次网络培训，通过全国文化信息资源共享工程网站这个平台，对支中心和和乡镇农文网校业务骨干进行日常培训，有效地提高了共享工程人才队伍的综合素质。

五、工作展望

在下步工作中，嵩明县支中心将一如既往地把文化信息资源共享工程作为构建公共文化服务体系，实现广大人民群众的基本文化权利，促进经济社会协调发展的基础文化工程来抓，以服务基层群众为宗旨，以群众的文化需求为导向，全力推动文化信息资源共享工程建设。积极争取主管部门的资金支持和省、市分中心、支中心的技术支持，继续发挥共享工程建设的创新性、导向性、带动性、科学性，以资源建设为核心，以队伍建设为基础，以建设科学的工作机制为保障，不断创新工作，努力谱写嵩明文化共享工程建设的新篇章。

（撰文/张　娇）

石林彝族自治县支中心

石林彝族自治县辖1个街道办3镇1乡，89个村委会和4个社区居委会，459个村民小组和49个居民小组，387个自然村，县总面积1725平方千米，全县总人口246629人，其中少数民族人口83723人，占总人口的34.94%；彝族人口81448人，占少数民族人口的97.28%。

县委、县政府把文化建设列入经济社会发展战略，提出"打造阿诗玛文化品牌，建设文化石林，实现文化活县"，进一步加大农村文化基础设备建设力度，强势推进文化站（室）、农家书屋、农村电影放映、文化信息资源共享工程等文化惠民工程进程，努力构建覆盖城乡一体化的公共文化服务体系，实现文化事业的可持续大发展大繁荣。

一、基本情况

石林县文化信息资源共享工程于2003年建设以卫星接收为主的服务站点，2008年启动1个县级支中心8个乡镇（街道）基层服务点建设，2011年建设74个村级服务点和3个文化惠民示范村公共电子阅览室。其中，县级支中心计算机终端30台，乡镇服务点10台，村级服务点1台和文化惠民示范村电子阅览室5台。

石林县支中心设在县民族图书馆，在保障县级支中心运行的同时，负责全县文化信息资源共享工程项目建设、业务指导、协调维修、人员培训。乡镇（街道）服务点设在文化广播电视服务中心，负责本级服务点的正常运行服务，村级服务点和文化惠民示范村电子阅览室设在村委会文化活动室。

二、管理和队伍建设

为保障各级服务点的正常运行，更好地服务于全县的经济、政治、文化、社会和生态建设，石林县文化信息资源共享工程支中心，适时加强对全县文化信息资源共享工程建设进展情况、开展服务运行情况等进行跟踪督查。同时，结合云南省实施农民素质教育网络培训学校建设工程，科学拟定《石林县文化信息资源共享工程乡镇农民素质教育网络培训学校建设方案》，建立健全了各乡镇农民素质教育网络培训学校的《计算机设备管理制度》、《电子阅览室岗位职责》、《青少年安全上网提示》等一系列规章制度，为基层服务点的建设和正常运行提高制度保障。

三、培训工作

培训工作是保障文化信息资源共享工程正常运行的前提，石林县支中心结合全县各级服务点的需求，每年对辖区内共享工程管理人员培训业务培训。自2008年以来，共举办各类培训班36期，参训人员达1180人次。

四、经费投入

石林县文化共享工程建设期间，县财政安排36万元用于县级支中心、乡镇服务点装修改造；2009年开始，每年安排县级支中心5万元、乡镇服务点1万元运行经费。

五、资源建设

石林县支中心根据当地群众的需求，复制、配送各类光盘800余张，制作宣传展板40块、各类布标10条、宣传贴画20幅，发放各类宣传资料1500余份。

六、合作共建

石林县文化信息资源共享工程村级服务点依托党员现代远程教育终端，在党员远程教育教室建立文化信息服务点，将农村党员干部现代远程教育资源和文化信息资源共享工程的数字资源有机整合，实现资源共享。

七、利民惠农

石林县文化共享工程县级支中心紧紧围绕"文化乐民、文化育民、文化富民"的宗旨，注重服务于"三农"，坚持重心下移，指导基层服务点充分利用设备设施和丰富的网络资源开展了丰富多彩的服务活动，在石林县的公共文化服务体系建设中发挥了积极作用，让全县各族人民享受到了文化惠民工程带来的文化大餐。

1、利用网络平台开展文化信息资源查询检索服务；

2、根据石林是旅游县和农业县的特点，适时组织乡村旅游、民族文化旅游、产业结构调整、种植养殖业等农村实用技术数字资源，利用多媒体设备进行巡回举办各类培训班；

3、积极配合各部门做好各类辅导工作。

八、宣传推广

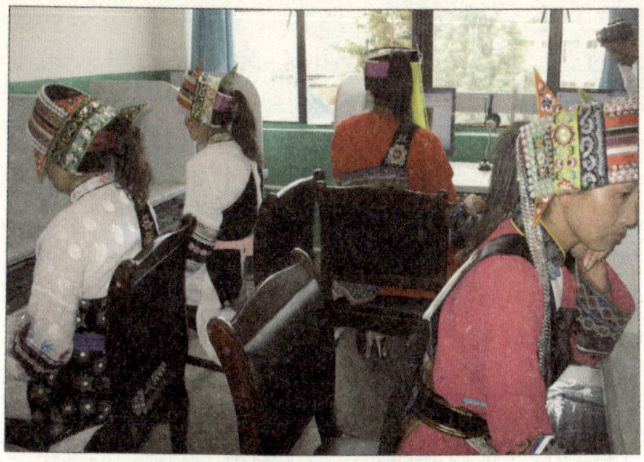

彝族"阿诗玛"参加网络培训

石林县支中心自2009年正式运行以来，经常性有效开展文化共享工程宣传推广活动，让更多民众了解共享工程，走进共享工程，利用共享工程。

1、以各类活动为载体，向社会宣传共享工程。充分利用每年元旦春节文化系列活动、"三下乡"、"全民读书月"、图书馆服务宣传周、科普宣传周、科技周、文化遗产日等活动平台，以制作宣传布标、图片展板和印制发放宣传材料的形式对社会各界宣传共享工程。

2、以专题活动为主线，吸引民众利用共享工程。石林县支中心结合不同时期的要求，在法定节假日组织开展"文化共享在彝乡"等主题宣传活动，充分展示文化信息资源共享工程给民众带来的快捷、优质、实惠、丰富的文化大餐，吸引更多的民众走进文化共享工程。

八、工作展望

1、积极争取省分中心支持和指导，进一步完善县支中心、乡镇服务点服务，逐步推进村级服务点的建设，"十二五"期间实现行政村全覆盖。

2、加强队伍建设。采取走出去、请进来等多种形式培养技术人才，建设一支高素质、高水平的队伍。

3、创新服务方式，充分发挥共享工程应有的资源作用，为全县各族人民提供方便、快捷的数字资源服务。四是创新管理模式，不断完善机制，探索规范、科学的管理方法，为建设"文化石林"、实现"文化活县"目标发挥积极作用。

（撰文/石林县支中心）

禄劝彝族苗族自治县支中心

禄劝彝族苗族自治县全县国土面积3668平方公里，辖13个乡（镇）、165个村委会，彝、苗、汉、傈僳等24个民族长期生息繁衍在这里。总人口40．9万，少数民族人口占总人口的31．06%。

一、基本建设情况

在省文化厅、省图书馆、省级分中心、市文化局、市图书馆的大力支持下，禄劝于2009年被列为云南省文化信息资源共享工程建设点。2010年1月30日，在省文化厅召开的全省文化信息资源共享工程建设工作会议后，全县上下高度重视此项工作，县人民政府分管副县长，县文体广电旅游局局长亲自参加会议，会上，副县长代表禄劝彝族苗族自治县人民政府与省文化厅签订了《云南省文化信息资源共享工程2009年度县级支中心乡镇站点和农民教育网络培训学校建设工作实施协议》、至此我县的文化信息资源共享工程建设正式拉开序幕。工程于2010年3月实施建设，8月底县级支中心和乡镇基层服务点全部安装验收结束。至2012年8月年我县的文化信息资源共享工程共建成县级支中心1个，乡镇基层服务点--农民素质教育网络培训学校16个、村级基层服务点127个（1个服务器），其中县级支中心建成1个主机房、1个电子阅览室（29台PC机）和1个多媒体教室，业务用房346个平方。16个基层服务点各建成1个电子阅览室（1台服务器、6台PC机）和1个多媒体播放室，业务用房各乡镇平均达到50个平方。乡镇达到全覆盖，四分之一村委会未建。

二、经费投入

我局在县财政经费紧缺无资金投入的情况下，积极筹措资金10万元用于支中心的各项建设。

三、培训情况

2010年我局在经费十分拮据的情况下拿出经费组织乡镇文广中心骨干进行培训，为"全国文化信息资源共享工程"稳步发展提供了保障。为充分发挥"全国文化信息资源共享工程"在精神文明建设和提高广大群众科学文化素质方面的积极作用，加强农"全国文化信息资源共享工程"规范化管理，我局根据上级文件要求，除了上级组织涉及乡（镇）工作人员的业务培训学习外，每年还组织4——6次相关业务人员的培训学习；2012年5月，组织乡（镇）有关人员到禄丰、楚雄等地进行参观考察学习，汲取外地一些好的经验和做法为我所用，指导自己的工作实践；同时，硬性要求每个"农民素质教育网络培训学校"结合本（镇）实际规定阅览室每周开放时间不少于40小时。

四、管理和队伍建设

按照《云南省文化信息资源共享工程实施协议》要求，在县委、县政府的高度重视和领导下，县人民政府成立了《文化信息资源共享工程工作领导小组》，禄政办发{2010}号，并和各乡镇主要领导签订协议，各乡镇及时成立由乡镇长任组长的文化信息资源共享工作领导小组，明确相关办公室、工作人员职责，并将落实情况书面报文化信息资源共享工程工作领导小组办公室。

为了使此项工程能更好有效的管理，县级支中心制定了《禄劝图书馆电子阅览室管理制定》、《禄劝图书馆电子阅览室值班人员制定》、《禄劝图书馆未成年人上网规定》、《支中心、基层服务点管理制定》等各项规章制度，确保共享工程工作的顺利进行。为各乡镇统一制定和制做了规章制度装框上墙，要求他们在利用好文化信息资源共享工程设备及信息资源为群众服务的同时，要做好痕迹管理工作，做到工作记录完整规范，及时将当地好的素材向省级、县级中心上报，并及时报道开展活动的亮点和热点。

五、惠民服务

为了能更好有效的发挥文化信息资源共享工程为群众服务的宗旨，我们在发挥好电子阅览室的功能同时还先后举办了中老年人电脑知识普及培训班，为老年人播放和举办了中老年人健康知识讲座和爱国主义教育影片。在署假期间针对中小学生无人看护问题，我们根据家长、群众的要求和建议，集中小学生进行书法、美术、舞蹈和署期作业的培训和辅导。

文化信息资源共享工程是一项为民服务的惠民工程，从建成初期至今我们都采取免费开放的服务形式，到现在共接纳了服务人次1万7千多人。针对基层服务点无专业管理人员的问题，我们不定期的派出专业人员对他们进行业务辅导和电脑技术管理。

六、宣传推广

为了让广大市民更加了解文化共享工程，走进共享工程，我们利用各种活动通过发放宣传材料，图片讲解、走进基层、走进校园等方式宣传推广这一利民惠民工程。

七、工作展望

文化信息资源共享工程是我国面对基层百姓的一项惠民工程，为了使这一工程更好的发挥共有效的价值，我们将在今后的工作中，巩固好现有成果的基础上，根据我县的县域特点和民族众多状况，因地制宜的发挥好国家的这一民心工程。1、增加投入，确保文化信息资源共享工程健康有序的发展。2、加强对全县资源建设管理开发和利用。3、加大宣传力度，增强广大市民对文化信息资源共享工程的认知度。4、强化工作管理。定期不定期对基层站点开展督促检查，总结经验确保共享工程在我县顺利开展进行。

（撰文/禄劝彝族苗族自治县支中心）

寻甸回族彝族自治县支中心

全国文化信息资源共享工程（以下简称“文化共享工程”）是新形势下构建公共文化服务体系、惠及千家万户的一项重要文化基础工程，是政府提供公益性服务的重大文化项目。寻甸县山区、高寒山区面积多，地理环境极为复杂，经济文化落后，属国家扶贫县，文化共享工程的建设，打破了我县信息闭塞的状况，缩小“数字鸿沟”，提高了我县广大人民的科学文化素质，推进了我县社会主义文化大发展大繁荣和建设和谐社会。

一、建设概况

2010年4月，我县支中心参加了共享工程云南省分中心举办的全省文化共享工程支中心培训班。培训后，寻甸县支中心和乡镇农文网培学校的建设工作全面展开。

1、县支中心建设的前期准备情况。

2010年6月，寻甸县图书馆根据上级部门的要求及时开展了文化共享工程建设的准备工作。

2010年6月，我县图书馆设置了电子阅览室和中心机房，配置电脑桌椅41套；按照要求，电子阅览室和机房配置了相应的干粉灭火器，制作了禁止吸烟的消防警示标志；根据实际情况，机房和电子阅览室安装了防盗门窗及监控探头等设备并设立值班室，配备人员夜间值班。使用电信互联网10M光纤；配备2名管理人员。

2、县支中心建设的安装情况

2010年11月、12月，昆明南天网络系统有限公司先后到我县对县级支中心建设点进行了布线及设备安装、调试，并对县图书馆及6个乡（镇）文化站工作人员进行了设备的使用管理培训，县级支中心的各项建设工作基本完成，支中心共投入58万元。乡镇共投入30万元。

2011年7月，与远程教育进行共建共享，完成了139个基层站点（农文网培分校）建设，共投入69.5万元。2011年11月，寻甸县支中心及乡镇文化站工作人员参加了共享工程云南省分中心举办的全省文化共享工程支中心培训班。

2012年8月，完成4个乡镇农文网培学校及4个电子阅览室建设。共投入48万元。2012年9月，寻甸县图书馆馆长参加了共享工程云南省分中心举办的全省文化共享工程馆长培训班。

3、县支中心工作开展情况

3.1.制定了寻甸县支中心共享工程工作方案。

我县支中心根据共享工程建设的总体要求，结合我县的实际情况，编制适合我县共享工程建设的工作方案，并加以实施。

3.2.落实、完善各项管理制度

我县积极学习借鉴其它县的先进管理经验，结合我县实际，相继制定了各种管理制度，使县支中心文化共享工程的开展做到了有章可行、有据可依，同时也保障了广

大读者的利益，为我县各族群众，尤其是青少年提供了绿色上网空间。

对我县共享工程档案进行了规范化管理，使之更有效地为我县共享工程工作提供了服务和借鉴。

3.3.积极培训支中心职工及街道、乡镇、社区、村基层服务点人员文化共享工程是一项庞大的网络化工程，需要的专兼职管理人员、技术人员众多，因此，培训工作关系到工程的生存和发展。

首先积极抓好我县支中心职工培训，做好技术储备。我县图书馆分别于2010年至2012年，参加省分中心举办的各种文化共享工程县级支中心培训班。在设备安装完成后，相关工作人员认真学习由南天网络系统有限公司技术员现场讲授的电子阅览室的基本操作和管理维护知识。

其次我县支中心对文化共享工程基层站点（街道、乡镇、社区、村基层服务点）人员培训坚持集中培训和现场培训相结合的方式，收到了一定的实际效果。县支中心有计划地对基层服务点的建设和维护人员进行分期分批的培训，逐步建立起一支技术过硬、业务熟练、管理规范、服务优良的基层队伍。

4、对工程设备、设施的维护

我县支中心还负责对工程技术设备的维护，保障共享工程正常运行。做好设备调拨接收、管理手续，进一步提高管理水平。

5、对乡镇、街道、村基层服务点工作进行调研、检查和督导。通过深入基层各服务点进行调研和督导，收集整理有关建议和意见，及时准确地向上级分中心提供各种数据。

6、加强信息报送和统计工作

我县支中心定期将本中心和下属各基层服务点工程进展情况、有关统计数据进行汇总，及时报送市级分中心。

7、对文化共享工程的宣传

共享工程是一项公益性文化项目，但目前社会上很多人还不够了解。我县支中心加大了文化共享工程建设的宣传力度，通过新闻报道、发放宣传资料、举办各类文化活动等形式进行广泛宣传，使文化共享工程服务家喻户晓，促使社会各界参与资源共建共享，提高文化共享工程服务效果。

8、开展多样性、特色化服务

我县支中心充分发挥积极性和创造性，不断拓展共享工程服务方式。利用共享工程资源和技术服务平台开展了一系列丰富多彩的服务，如播放电影、科普讲座、送戏下乡等，受到了广大群众的欢迎。此外，还让共享工程资源和服务走进校园、走进军营、走进社区、走进农村等，注重为青少年、老年人、残疾人、务工人员等社会弱势群体和特殊群体服务。

9、延伸服务，加强信息服务工作

信息服务是共享工程工作的核心内容和最终目的，我县支中心利用共享工程服务平台，开展了网上阅读、信息查询、视频点播等多种信息服务。

10、深入挖掘具有地方特色的信息资源

文化共享工程要长久持续地发展，资源建设是重点，我县级支中心建成后，开始创建资源建设，使基层也参与到资源建设中，完成了原始积累，这对文化共享工程的可持续发展将起到了重要的促进作用。

11、推进共建共享，进一步形成合力

我县支中心不定期到乡镇、乡村开展巡回流动服务与辅导，及时向本地农村党员干部现代远程教育机构提供适合当地需要的文化信息、种植养殖、防病治病、防灾减灾等资源，共同组织开展丰富多彩的活动，使合作共建的基层服务点成为当地农民开展文化信息服务的中心。

在以后的工作中，我县支中心还需要做好：

一要扩大宣传，利用各种宣传媒体，开展广泛宣传，为全国文化信息资源共享工程的运行和其社会功能的充分发挥营造一个良好的社会氛围。

二要加强人才队伍建设，我们首先要加强学习要抓好现有工作人员的计算机基础知识培训。除了正常的分批参加省市馆分中心组织的培训外，在我县内部不定期组织计算机知识培训。

三要健全各项管理规章制度。积极做好设施设备的日常管理与维护使设施设备运行更加规范和科学，为我县广大读者提供更加全面的服务。

二、工作展望

文化共享工程作为一项利用高新信息技术手段传播先进文化的全新方式，是把先进文化送到千家万户的有效途径。共享工程作为一项文化创新工程，实施以来所发挥的作用十分显著，无论是促进社会主义和谐社会的构建，还是在促进社会主义新农村建设上，都彰显出了它作为文化创新工程的独特魅力。

（撰文/寻甸县支中心）

曲靖市支中心

曲靖市支中心位于麒麟区市中心文化路商业步行街48号，2010年4月中旬，在上级部门支持下，自筹资金近20万元对现有馆舍布局重新调整，新建机房、电子阅览室。并于7月份通过了省文化厅统一组织的验收。8月试运行，9月5日曲靖市图书馆电子阅览室正式开放，同时文化共享工程曲靖市支中心也同时挂牌成立。2011年11月18日，按照国家统一安排，为体现公共服务的公益性、均等性和普遍性，电子阅览室实行完全免费服务。读者凭身份证进入电子阅览室，一人一机。电子阅览室还专设了2个机位供残疾人使用，盲人专用电脑正在建设中。

在硬件资源方面，我馆拥有20M光纤接入Internet，千兆局域高速网络，高端服务器组成的功能强大的服务器以及磁盘阵列系统，高达个18TB的海量存储容量，构成了我馆高效的硬件资源系统，为共享工程的实施提供了较大的发展空间和硬件支持，配备多媒体电脑50台；而在软件资源方面，购买网维大师、万象网管系统、电影系统，拥有包括五车电子图书70万、博看电子期刊、电子报纸在内的多个大型数据库资源和其他各种专题库（如初中学习资源网、高中学习资源网）。加强了对

为高考学生提供服务

电子文献资源的收集整理，如红色经典电影、中小学教育资源等。充分利用网络，从文化部、中华图书网、省图书馆等专业网站获取信息，下载有关资料，并积极应用于工作之中。下载教育资源包括：初高中各年级教学视频，初高中物理和化学实验、实验大全的教学视频。注重收集整理了若干有地方特色的剧目、歌曲，如：《淡淡的茴香花》、《风雪马缨花》、《草鞋县令》、《珠源情》、《放歌珠江源》、《大唐公主》等。在共享工程资源加工上，我馆准备建立一到二个特色专题数据库。采买、制作、整合各类数字资源；在利用共享工程支中心网站进行资源投放的同时，注重与外单位的联系与合作，整合各类资源，达到共建共享。帮助曲靖消防支队、曲靖监狱、曲胜高速收费站建立红色电影资源库，让资源利用最大化。

电子阅览室是共享工程文化资源信息服务的一个重要展示窗口，它将传统图书馆的服务项目用全新的信息技术和网络技术手段向广大读者提供全新的服务，我馆电子阅览室目前可向广大的读者提供共享工程的文化信息资源浏览、馆藏数字化电影的点播、馆藏电子图书、期刊、报纸的在线阅览等多项文化资源服务项目。电子阅览室自2010年9月成立以来，本着一切为了读者的宗旨，在制定方针政策的时候强调以服务读者为核心的服务理念，利用有限的资源，提供最大的方便。按照文化部关于公共电子阅览室建设与服务的最新要求，引领绿色上网，电子阅览室终端管理系统实行身份证实名注册制度、服务情况监控和统计、上网限时制度，上网内容即时监控，杜绝不良信息的侵入和传播，确保网络信息安全，引导和推荐使用健康游戏。引导读者访问优秀文化信息资源，特别是针对青少年读者提供一个内容健康、学习方便、娱乐丰富的多功能绿色上网工具。近2年多接待读者近10万人次，未成年读者2万多人次。

市级支中心成立2年来，我馆依托共享工程的资源，充分利用图书馆里丰富的信息资源优势，不断拓展共享工程的服务内涵和方式，利用这一全新的工作载体，服务大众。例如：下载文化共享工程云南省级支中心的国图资源“文津讲坛”有关文化方面的讲座刻成光盘赠送相关部门和个人；为迎接中国共产党建党90周年，举办了“颂歌献给党——全国文化信息资源共享工程迎接建党90周年大型歌咏活动”；走进学校，与麒麟区新生小学老师合作，利用文化信息资源共享工程网络资源，开展“校讯通杯”网上作文知识讲座；2011、2012年举办了第11、12届春节“爱书、读书、用书”大型灯谜会；中秋、国庆开展了“‘同乡同龄同梦想　共学共享共月圆’——共享工程服务新生代农民工”活动；在2012年的高考结束后，我馆电子阅览室在高考学生网上查分、填报自愿期间，为前来的学生提供查询服务。保证每一位考生有一个机位，随到即查，免费为他们提供纸、笔，打印需要的各种资料；同时为配合免费开放工作的进一步推进，丰富读者的文化娱乐生活。信息自动化部在2012年暑期开展了“学雷锋惠民服务”免费电影展播活动；在奥运会开闭幕和比赛期间，电子阅览室全天转播比赛实况，让读者随时了解奥运最新消息，关注伦敦、关注中国。

市支中心每年都根据业务发展需要，对区县支中心开展技术培训、业务指导。先后到会泽县图书馆、罗平县图书馆，帮助建立电子阅览室无盘工作站，安装网管系统，电影服务器，调试网络，安装博看期刊、成人教育视频、初高中学习网资源；并对工作人员进行培训；随上级领导至各县检查指导乡镇基层文化站点工作，送书下乡；2012年9月、10月、十一月至会泽、马龙、师宗对基层工作人员进行了培训。不断加强队伍建设，提高业务素质，信息自动化部组织收看学习国家中心培训课件网络培训讲座，工作人员自学、互相学习，提高动手能力，能自行对机房服务器、网络系统维护，保证电子阅览室能持续正常运行。2011年10月曲靖市组队参加云南省文化共享工程知识与技能竞赛，荣获团体二等奖，陆良县的刘婷入选省代表队，参加了11月在杭州举行的全国第二届文化共享杯的比赛。

为了扩大文化信息资源共享工程支中心在基层群众中的影响，我们利用各种机会，进行广泛宣传：一是利用“图书馆宣传月”活动，走上街头进行宣传。二是电视、报纸等公共媒体和本馆工作通讯等途径，对我中心共享工程工作进行宣传报道，扩大其影响力。免费开放后，人们普遍当心电子阅览室被当成了免费网吧、免费游戏网吧使用，容易造成社会各界对公共电子阅览室的误解。市图书馆加强了这方面的宣传工作。

经过两年多的建设，我馆的共享工程业已形成了初具规模的技术服务平台，整合了一批内容丰富的文化信息资源，今后要加大投入，以支持数字资源的加工整合、软硬件平台的建设和技术人员的培训，以保证共享工程建设的持续深入开展。我们仍将继续努力，以全国文化信息资源共享工程网络资源服务平台为依托，充分利用现代高新技术手段，使优秀文化信息资源走进社区、走进军营、走进校园、走进农村，最大限度的实现优秀文化信息资源在全市范围的共建共享。

（撰文/曲靖市支中心）

曲靖市麒麟区支中心

根据国务院、文化部关于大力推进全国文化信息资源共享工程建设和公共文化机构免费开放的指示精神，为切实保障麒麟区城乡人民群众的文化信息需求，促进基层文化的发展，麒麟区文化共享工程以数字资源建设为核心，以基层服务网点建设为重点，以丰富群众精神生活，满足群众了解政策信息需求为出发点，在全区各乡镇（街道）、村（社区）广泛宣传、精心组织、指导建设、加强管理、推进发展。

一、基本情况

自2010年7月全国文化信息资源共享工程麒麟区支中心成立以来，我区一直把它作为一项文化建设的重点民生项目和文化服务品牌，通过多种渠道积极向上级争取建设指标，同时做好基层站点建设的前期准备工作，并不断在实践中积极探索、大胆开拓。截止2012年11月，已建成1个区级支中心，11个乡镇（街道）基层站点和105个行政村（社区）基层服务点的建设，达到了乡镇（街道）覆盖率100%，行政村（社区）覆盖率88.24%。

二、主要做法和经验

1、设立机构，提供组织保证和经费保障

按照省、市党委政府的统一安排，区政府及时召开了相关会议，区、乡级领导统一思想，区委明确责任，各部门积极配合，通力协作，于2010年7月成立了由宣传部长为组长的麒麟区文化共享工程领导小组，督促指导支中心和基层站点的建设工作；11个乡镇（街道）也相应成立了“文化信息资源共享工程和农民素质教育网络培训学校”，负责区域内文化共享工程建设和日常管理。同时层层拨付了专项资金，区财力拨付了10万元文化共享工程区支中心建设费用，各乡镇（街道）共计投入60余万元，用于各农文网校基层站点公共电子阅览室和培训教室的建设。

2、统筹规划，争取站点建设指标

通过多种渠道积极向上级争取指标，并严格按云南省文化厅的建设要求，完成设备安装前期场地、装修、配备桌椅、供电、防火器材、防盗设施、互联网接入等准备工作。于2010年7月建成全国文化信息资源共享工程麒麟区支中心，地点设于麒麟区图书馆，建筑面积300平方米。有多媒体活动室1间，设坐席100个，公共电子阅览室2间（成人电子阅览室、少儿绿色上网区），通过20M光纤接入互联网，配备电脑70套（其中盲人专用电脑8台），坐席70个，教员3名；同时，分别于2010年7月、2011年1月、2011年8月建成11个“全国文化信息资源共享工程和农民素质教育网络培训学校”基层站点，各点均建有面积不少于30平方米的教室和40平方米的电子阅览室，配备1人以上的专职管理人员，2人以上教员；分别于2011年1月、2011年7月、2011年8月完成了11个乡镇（街道）共105家村级服务点的建设。全区117个站点共争取到省级配备电脑、投影仪、照相机、摄像机等190余万元的设备。

支中心公共电子阅览室

3、加大宣传力度，提高共享工程知晓率

一是张贴大量宣传材料，宣传国家的免费开放政策；二是通过电视台、政府信息公开门户网站和报纸发布信息多条，宣传国家实施文化共享工程的目的和意义；三是印制发放海报、宣传单8000余条，宣传文化共享工程的文化信息资源和操作流程；四是通过电脑培训，向广大市民群众开展面对面的教育，以便群众了解文化共享工程内容，同时掌握使用方法，从而提高文化共享工程的知晓率和利用率。

4、加强培训，提升管理人员基层服务能力

首先是积极组织各乡镇文化站参加省分中心组织的“云南省文化共享工程农民素质教育网络培训学校建设培训班”2期，网络培训11期；其次是开展基层工作人员辅导培训，截止目前，支中心对已配备设备的基层服务点开展了基层工作人员辅导培训6次，受训基层工作人员400余人次；第三是为了辅导、维护和管理常态化，又于2012年1月聘请1名系统维护员，负责区支中心和各基层站点的系统维护和电脑操作培训工作，并建立了基层指导日志，下乡维护和指导基层站点电子阅览室解决技术问题30余次。

5、加强队伍建设，搭建信息沟通平台。

目前，麒麟区支中心配有教员3名，各乡镇（街道）农文网校共有教员72名，行政村（社区）共有管理人员105名，长期采用培训会、文化站长联系会、QQ群、下乡指导、光盘推送、示范操作等方式，指导基层工作人员开展面向农村的文化科普教育、知识信息服务、文化鉴赏、教育培训、文化娱乐、讲座等多种形式的文化服务。

6、因地制宜，多种形式开展惠民服务动

区支中心充分利用省分中心配备的各种设备和文化共享工程服务平台提供了庞大数据资源，为进一步满足日趋增长的读者量和将现有场地合理布局，又增设了45套电脑，公共电子阅览室共计70套电脑，常年为读者提供资料查阅和免费上网培训服务，共计接待读者10000余人次，累计培训1000余人次。乡镇（街道）基层站点利用文化共享工程积极开展法律知识讲座和农村实用人才技术培训，宣传相关政策法规和市场信息。截止目前，各乡镇（街道）共举办各类培训班94次，服务群众9000余人次。为了充实服务内容，提高农村公共文化服务能力，始终把文化共享工程基层服务点建设与文化站、“农家书屋”建设结合起来，使乡镇（街道）文化站、行政村（社区）文化活动室逐步具备提供数字文化服务的能力

7、协调管理，做到文化共享工程有序发展

为推动文化共享工程免费开放，全面提升文化共享工程的辐射能力和设备利用率，真正实现文化乐民、文化育民、文化富民，麒麟区支中心制订了《关于加强乡镇街道全国文化信息资源共享工程农文网校管理制度的通知》并召开了专题会议，对基层站点的免费开放政策落实、规章制度、设施设备使用和管理、开放时间、年举办培训服务次数和指导基层站点开展服务活动次数等做了具体要求。各乡镇（街道）文化站每季度定期向麒麟区支中心上报本基层站点工作情况，做到年头有计划、年终有总结，每月有活动，工作记录完整规范。同时，将各乡镇（街道）文化共享工程工作纳入年度考核，并根据各基

层站点的活动开展情况及考核结果划拨免费开放补助经费。目前6个乡镇2012上半年度的考核和免费开放补助经费划拨工作已经完成，在整改和提高的基础上，年底将进行更为细致和严格的考核。

8、发挥文献资源优势，加强数字资源建设。

在充分利用国家中心和省分中心资源的同时，发挥图书馆文献资源优势，投入大量人力物力，于今年9月完成了馆藏图书数据库的建设工作，古籍文献和地方文献数据库的建设正在进行中。

三、工作展望

1、加强合作共建力度，整合图书馆和其他文化系统拥有的信息资源，加快地方特色数据库的建设，实现区域内文化信息资源的共建共享。

2、进一步扩充文化共享工程基层服务站点，扶持基层站点建设，加强管理，促进基层文化发展。

3、继续开展区支中心面向社会的各类培训，做好对基层站点和基层服务点的指导和培训，大力开展公益性文化服务。

（撰文/曲靖市麒麟区支中心）

宣威市支中心

宣威市总面积为6075平方公里，辖26个乡（镇、街道），356个村（社区），居住着汉、彝、回、苗等26个民族，总人口143万。

近年来，遵照中央关于推进社会主义文化大发展大繁荣的战略部署及党的十七届六中全会精神，按照云南省委、省政府建设民族文化强省、深化文化体制改革，加强公益性文化事业单位建设的要求。宣威市委政府以全新的姿态和高度抓了全市的文化建设，在人员配备、经费保障、基础设施、设备购置等方面都有了较大的突破。目前，投资1.2亿，占地67.5亩，建筑面积为2万平方米的宣威市文化艺术中心（包括文化馆，图书馆4250m2、博物馆、大剧院）已投入使用，乡（镇、街道）综合文化站建设焕然一新，村级文化活动室建设进展顺利；广场上市民如潮，文化活动丰富多彩；艺术创作、艺术表演不断上新台阶，共享工程实施有条不紊，公共文化服务得到进一步提升，文化体制改革取得新突破。

2008年以来，先后建成一个共享工程县（市）级支中心，26个乡（镇、街道）基层服务点，242个村、3个社区村级服务点，实现了乡（镇、街道）全覆盖，村（社区）覆盖率达68.8%，2013年计划实现村级服务点全覆盖。

文化共享工程的实施开辟了一条不受地域、时空限制的崭新的文化传播渠道，进一步方便了群众，满足了群众的文化需求，在提高人民群众科学文化素质，促进精神文明，促进宣威经济社会协调发展方面起到了积极的推动作用。

一、统一思想，精心组织，加强领导

为确保文化共享工程县（市）级支中心和基层服务网点，建设的顺利实施。根据中央、省关于加强文化共享工程建设的要求，一是召开了全市文化共享工程建设动员会，各乡（镇、街道）分管领导，文化站长及各文化单位负责人参加了会议，市委常委、副市长、市文化局局长等领导作了动员讲话，传达学习了文化部、财政部和省文化厅、财政厅关于加强文化共享工程建设的意见，使大家明确了文化共享工程建设的目的和意义，统一了思想认识。

再是按要求成立了市委常委、副市长缪丽芳同志为组长，市文化局局长钱周祥同志为副组长，宣传、教育、财政、发改、电信等单位领导为成员的文化共享工程建设领导小组，负责全市文化共享工程建设的领导、指挥和协调。领导小组下设办公室在市图书馆，文化局杨玉先副局长兼任办公室主任，图书馆长兼任副主任，负责处理日常事务。同时，各乡（镇、街道）也相应成立了文化共享工程领导小组，负责全乡（镇、街道）文化共享工程的组织实施。

二、落实责任，明确目标任务

在市文化共享工程领导小组的统一领导下，明确了工程建设由文化部门负责，各相关部门配合，市图书馆具体办理的工作机制，并与各乡（镇、街道）签定了《文化共享工程乡（镇、街道）基层服务点建设协议》，同时把文化共享工程建设纳入党委政府考核内容，有效保证了工程建设中的资金到位、设施到位、人员到位。

三、认真组织实施

1、完善基本设施。按照《云南省文化厅关于2008年度文化共享工程县（市）级支中心和乡镇基层站点建设的通知》要求，县（市）级支中心设在市图书馆，先后投资了15万元完成了机房20平方米、电子阅览室100平方米，多媒体播放室40平方米的场地装修，配备了电脑桌椅50套，安置了防雷系统、防火器材、防盗设施、架设了不低于30千瓦的供电系统，接入了电信10MB光纤网。同时，配置了2名专职工作人员。乡（镇、街道）基层服务点，设在文化站 ，完成了场地不少于30平方米的装修，配备桌椅7套以上，互联网接入不低于2MB，供电、防火、防盗设施齐备，同时配备了不少于1人的工作人员。保证了配发设备进入后的布线、安装、调试、运行等方面工作的顺利开展。

2、扩大宣传，强化培训。文化共享工程是国家提供文化服务推出的一项新的惠民工程，工程实施的如何，

2009年云南省县级支中心技术骨干培训会在宣威召开

人才是关键，因而我市历来重视人才的培养，自2009年该工程正式启动以来，先后组织226人次参加各种形式的培训12次。

首先是组织支中心及乡（镇、街道）基层服务点相关人员参加省分中心在昆明、泸西等举办的文化共享工程业务培训6次。其次是组织图书馆全体干部职工参加省分中心在宣威举办的包括红河州、曲靖市、文山州、昭通市在内的文化共享工程培训班。再是支中心组织26个乡（镇、街道）文化站长和技术人员先后培训5次。最后是为适应新时期图书馆数字化建设工作的需要，馆内聘请教师对全馆19名工作人员进行电脑培训50个学时。通过多层次、多形式培训，提高了大家对文化共享工程建设的认识，增强了责任感和紧迫感，使大家掌握了文化共享工程技术的各项基本操作要求。与此同时，为使该工程家喻户晓，深入人心，我们利用宣威电视台、宣威广播电台进行宣传报告；利用由市文化局主办、市图书馆承办的《小康之窗》小报及馆内各宣传栏广泛进行宣传，使大家明白文化共享工程是文化信息丰富、阅读查询观看方便快捷的一项惠民工程，从而得到社会各界的广泛支持和认同。

3、加强管理，积极开展各种服务。文化共享工程是一项长期的惠民工程，为确保文化共享工程发挥其应有的作用，结合宣威实际，制定了《宣威市图书馆电子阅览室管理规定》、《电子阅览室工作人员职责》、《青少年儿童上网安全提示》、《文化共享工程中控室管理制度》、《文化共享工程乡村基层服务网点管理制度》等管理规章制度，乡村服务点结合当地实际也制定了相应的管理制度。同时，采取了定期不定期检查督导的措施，相关领导多次深入支中心及各基层服务点进行检查指导，对人员、场地、经费、设备、服务五个方面是否到位进行了督查指导。以上措施保证了各项服务工作的顺利开展。

三年多来，我市文化共享工程支中心及乡村基层服务点围绕当地党委政府的中心工作，认真结合当地群众的需要，开展了大量丰富多彩的文化服务活动。利用电子阅览室接待读者阅览、查询、看电视剧、电影等共20.35万人次；利用文化共享工程信息资源或请当地土专家进行种植、养殖、农产品加工、机械维修等各种技能培训236期，培训人次达3.19万；利用播放机、投影仪进乡村为群众播放爱国主义教育影视及科技知识、生活常识、健康养生等内容468场次，接待观众15.7万人次。进一步丰富了群众的文化生活，提升了农民大众的科学文化素质，为构建和谐社会、发展生产注入了新的活力。

四、工作展望

实践证明，要把文化共享工程建设好、实施好，让人民群众充分享受文化成果，提高认识是前提，领导重视是关键，经费到位是保障，队伍优良是保证。所以，我们要在进一步加强学习、更新观念、与时俱进，不断创新工作的同时，继续加大文化共享工程的推广宣传力度，努力争取社会各界的进一步关心支持，不断加大投入，从而扩大建设规模，扩大服务范围，完善服务条件，提高服务质量。真正把文化共享工程用活、用好，为全面建成小康社会作出应有的贡献。

（撰文/宣威市支中心）

马龙县支中心

全国文化信息资源共享工程实施以来，马龙县委、县政府和县文化体育广播电视局高度重视此项工作，极力发挥县支中心、乡镇基层站点等公共文化服务体系在社会主义精神文明建设和新农村建设中的重要作用，在省、地多方支持下，我县在财力非常紧张的情况下，努力加大对图书馆和文化站建设的投入，提升图书馆及文化站的品位。经过近几年的建设，马龙县在文化信息资源共享工程建设上有了长足进步，尤其是2006年后国家加大文化共享工程的建设力度，我县文化共享工程建设也全面推进、稳步发展。同时，文化共享工程马龙县支中心和乡（镇）基层站点依托文化共享工程丰富的资源优势开展各种培训和丰富多彩的文化服务，满足群众多层次、多样化的文化需求，增强了图书馆等公共文化服务体系的吸引力和生命力。

一、县文化共享工程建设现状

1、基础设施建设

该馆是云南省2004年全国文化信息资源共享工程17个基层站点之一，2004年配备计算机一台、一套卫星接收器和一台投影仪。同年，我馆积极争取上级部门经费5万余元购计算机10台，设立电子阅览室，并调入计算机专业技术人员1人负责文化共享工程相关业务工作。

2008年，马龙县图书馆被确定为2008年度云南省“共享工程”建设的50个县级支中心之一。为做好全国文化信息资源共享工程相关工作，2009年初，我馆积极协调、争取上级文化主管部门资金5万元，布置、安排做好我馆及4个基层站点2009年度文化信息资源共享工程建设的前期准备工作，购买电脑桌25张，接入电信10M宽带网，安装了专用电源、防盗、防火设施和防静电地板。同时，我中心抽调技术骨干到大庄、月望、纳章、马鸣4个文化站进行文化共享工程建设前期准备工作辅导。2009年6月，“共享工程”马龙县支中心及乡镇基层站点“共享工程”设备全部安装、调试完毕，电子阅览室对读者正式开放。同年7月，文化共享工程云南省分中心对马龙县文化共享工程建设进行了检查验收，对我馆前期准备工作给予了充分肯定。经过几年的努力，“共享工程”马龙县支中心计算机由原来10台曾至39台，电子阅览室30台计算机可以同时为读者提供文化信息资源浏览、馆藏数字化电影的点播和视频点播。

2、马龙县支中心人员构成情况

在文化共享工程建设工作中，马龙县图书馆有专职人员1人，兼职2人负责相关工作，为文化信息资源共享工程提供了人力保障。

3、自动化建设情况

为实现图书馆跨越式发展，设立科学的目录组织，科学地分、编图书，在原有ILASS系统的基础上，马龙县图书馆加装了中国专业图书馆网“网图”系统，实现了图书著录、图书采购、编目、典藏、期刊管理、报表统计、馆藏查询等图书馆业务的全方位自动化。该系统的安装使用简化了图书管理工作，读者只需打开网站就可以轻松地了解我馆近期的工作情况和查询我馆馆藏图书书目数据。目前，"网图"系统正用于图书书目数据库和读者信息数据库的建设。"网图"系统的使用，在简化了图书管理工作的同时极大地方便了读者，进一步加快了马龙县文化共享工程建设和图书馆信息化建设步伐。

4、乡镇基层站点建设情况

马龙县辖3乡5镇，即月望乡、马鸣乡、大庄乡、通泉镇、纳章镇、王家庄镇、马过河镇和旧县镇。2009年首批建成了月望乡、马鸣乡、大庄乡和纳章镇四个文化共享工程基层站点（农文网培学校），每个基层站点配置6台微机和一台服务器，建立健全了4个乡镇基层站点电子阅览室，并于2009年6月全部免费对外开放。其余四个乡镇文化站和61个村级站点于2010年完成文化共享工程建设。在上级文化主管部门和历届党委、政府的关心支持下，马龙县文化共享工程相关工作得到了长足发展，充分发挥了基层文化的主阵地作用。我中心和乡（镇）基层站点（农文网培学校）认真开展社会服务，对广大群众进行时政宣传和政策法制教育，利用文化信息资源共享工程资源播放优秀电影和专题讲座，举办各类培训班、科普讲座、农技知识讲座等，努力满足群众的基本文化需求，推动了县乡经济社会协调发展。

二、开展服务取得的经验和做法

1、县支中心取得的经验和做法

电子阅览室是集电子型文献信息咨询、阅览、服务为一体，以计算机、数据库、多媒体等技术为特征的电子化、数字化的网络电子信息资源系统。文化共享工程实施后，马龙县支中心充分利用文化共享工程设备通过电子阅览室积极为广大人民群众服务。我中心非常重视电子阅览室的日常管理，建立健全了各项规章制度，在为读者服务的过程中，我们用严格的规章制度来规范管理，并引导读者，特别是青少年读者浏览健康内容。为了方便读者了解和查询全国文化信息资源共享工程资源，我们在周末增加了电子阅览室开放的时间，通过张贴海报、电视、报纸等多种媒体向广大人民群众介绍全国文化信息资源共享工程和马龙县文化共享工程建设的基本情况，并利用先进的设备，积极向来查阅资料的读者讲解使用方法，让他们能正确、快捷的查阅到所需内容。同时，我们还会同马龙县电影管理站、学校在广场播放优秀电影和专题讲座；举办文化共享工程基层站点技术骨干培训班，抽调技术骨干深入各乡（镇）基层站点辅导"农文网培学校"建设等工作。而且，我们还积极参加省、市组织的文化共享工程技术骨干培训班，认真组织全县文化共享工程技术人员参加网络视频培训。在加强自身建设的同时，我们依托文化共享工程资源丰富的优势开展丰富多彩的文化服务。2009年6月至今我们每年举办文化共享工程乡（镇）基层站点（农文网培学校）技术骨干培训班1次、青少年计算机知识培训3次、节假日组织未成年人观看优秀影片14次、播放各类专题讲座18次、接待上网查询读者1.5万人次。丰富多彩的文化活动既满足了群众多层次、多样化的文化需求，也增强了图书馆工作的吸引力和生命力。

2、基层站点取得的经验和做法

乡（镇）基层站点利用"共享工程"丰富的文化资源，结合农村"忙时抓生产，闲时搞教育"的实际，下载"共享工程"丰富的科技、文化资源，向广大农民群众积极宣传党的路线、方针、政策，为他们掌握致富信息和了解党和国家的重大决策，提供了服务平台。各乡（镇）基层站点（农文网培学校）设置教员二至三名，由乡（镇）文化站站长及工作人员担任，有的乡镇由分管领导直接担任，负责学校日常的教学辅导、设备维护等工作；聘请中学计算机教师、司法所、农科站等站所的工作人员为"农文网培学校"授课员，负责相关知识的培训和辅导工作；并会同党校、司法、妇联等部门下到各村，开展互动教学放映活动。2009年以来，各乡（镇）基层站点（农文网培学校）利用文化共享工程资源结合2131工程，每年为基层群众放映烤烟生产、畜牧养殖、玉米地膜种植、病虫害防治、无公害农产品生产、案例说法等教学影片300余场次，接待、指导上网查询群众8000余人次，通过培训，农民群众学会了大量科技致富方法，一批科技致富带头人开始涌现出来，带动了一方经济的发展。

四、工作展望

1、通过各种媒体，进一步加大文化共享工程的宣传力度，积极争取各级各部门的支持，争取经费购置相关设施设备；加强与省、市、县图书馆的合作与交流，充实我县文化共享工程相关信息资源，加快图书馆自动化建设步伐，保障我县文化共享工程顺利推进。

2、积极参加省、市文化共享工程的学习培训，加强专业技术人员的培训力度，更好的为读者提供优质服务。

3、按照省、市有关要求，统一标准、统一数据格式，高规格、严要求进一步建设文化共享工程马龙县支中心。

4、努力建设、整合具有我县地方特色的数字文化资源，实现全国文化信息资源共享。

5、加强自身建设，建立健全行之有效的工作机制，形成人员、技术、服务保障体系，承担起对乡镇基层站点的管理、资源更新、技术维护和人员培训。

6、争取政府支持，建立有效的投入机制。

图书馆肩负着培养和教育未成年人的光荣使命。在以后的工作中，我们将利用现有设备和各种服务手段，开展形式多样、丰富多彩的文化活动，扩大文化信息资源的利用率，加强宣传，扩大文化共享工程的社会影响。充分发挥图书馆的教育职能作用，把工作的重点放在未成年人思想道德建设上，加强未成年人上网指导与管理，限定上网时间，净化网络内容，为未成年人的健康成长营造良好的文化环境和学习氛围。

（撰文/马龙县支中心）

沾益县支中心

一、整体情况

沾益县地处滇东北，全县有八个乡(镇)，43万余人口。沾益县图书馆是全县唯一一所县级公共图书馆。新馆于2005年建成并投入使用。总面积1500平方米。馆藏总量8.8万余册。图书馆共有事业编制5个，在岗工作人员4人。均具有大专以上学历，其中有副研究馆员1人，馆员2人，助理馆员2人。

二、网点建设

在国家文化部、财政部的大力支持下，2008年底沾益县开始实施文化信息资源共享工程。2009年5月文化共享工程沾益县支中心建成并开放利用。该支中心建在沾益县图书馆3楼。图书馆根据馆舍情况设置了14平方米的机房和80平方米的公共电子阅览室。在机房内铺设了防静电地板。机房和电子阅览室安装了防盗门窗。购置了25套电脑桌椅和3个灭器。并从电信部门接入了8Mbs的光纤，供支中心电子阅览室及县文化局各科室办公上网使用。图书馆安排1名工作人员兼职负责文化共享工程相关工作，并参加了云南省分中心举办的各种业务培训。

三、经费投入

沾益县图书馆投入了44880元进行了机房、电子阅览室的装修、电脑桌椅的配置以及电信宽带网的接入。在一定程度上保障了县支中心电子阅览室的正常开放和相关工作的开展。

四、惠民服务

文化信息资源共享工程丰富和拓展了图书馆尤其是基层公共图书馆的服务内容和服务方式。为充分发挥其社会效益，沾益县支中心努力克服人员和经费欠缺的困难，积极利用文化共享工程配置的设备和资源开展力所能及的服务。

1、开展文化共享工程数字资源和服务内容的宣传工作。

2、开放电子阅览室，为群众提供免费、平等、健康安全的公共上网服务。积极向读者宣传文化信息资源共享工程国家中心、省分中心丰富的数字化资源。读者不仅可以浏览信息、阅读电子图书、查阅资料，还可以看电影、听音乐、收发电子邮件等。

3、把国家中心赠送的各种文化共享工程光盘资源提供给群众观看。

4、开展暑期计算机培训，让人们掌握初步的计算机操作技能。

5、利用文化共享工程配置的移动播放机、投影幕等设备，为馆外的群众播放文化共享工程数字资源，丰富人们的精神文化生活。例如在“六一”儿童节前夕到幼儿园为200多名孩子们播放他们喜爱的动漫故事片，受到孩子们的欢迎。

五、传推广

文化信息资源共享工程是国家公共文化服务体系建设的重要内容。也是繁荣基层群众精神文化生活、保障群众基本文化权益的重要举措。为提高人们对这一文化惠民工程的知晓率和利用率。

支中心结合每年的图书馆服务宣传周和其它文化宣传活动，采取制作悬挂宣传布标、印发宣传资料、电视台宣传等方式，宣传文化共享工程的资源和服务，提高人民群众对文化信息资源共享工程的认识和了解。让越来越多的群众走进县支中心，享受免费的、优质的文化共享工程资源。

此外，支中心还不定期地组织人员走出馆外免费为群众播放数字资源。让文化共享工程到更大的范围里服务基层、服务人民群众。

六、管理和队伍建设

管理工作是做好文化共享工程各项工作的保障。为切实管好设备、用好设备，县支中心从本馆实际出发，并借鉴了其它馆的做法，制定了多项管理制度。如《计算机使用管理制度》、《机房管理制度》、《电子阅览室管理制度》、《电子阅览室工作人员职责》、《电子阅览室未成年人上网管理规定》。用制度管人、管事，保障了各种设备的安全管理和使用，同时为公众尤其是未成年人营造了绿色健康的上网空间，树立了支中心电子阅览室不同于经营性网吧的社会形象。

在队伍建设方面，由于编制少人员少，技术力量薄弱，支中心安排一名工作人员兼职负责电子阅览室开放和文化共享工程服务工作。积极参加省分中心组织的各种业务和技能培训，努力提高支中心业务技能和服务水平。

七、工作展望

作为最贴近基层的县级支中心，如何做好服务工作，怎样才能让更多的基层群众充分利用已建成的数字资源，是摆在县支中心面前亟待解决的问题。为此，我们要克服困难，创造条件做好以下工作。

1、加强技术力量。争取馆内有专人负责文化共享工程各项业务和服务工作。

2、进一步扩大对文化共享工程的宣传。让更多的群众了解和利用文化共享工程。二是继续免费开放电子阅览室，加强公共上网服务的管理。

3、定期开展文化共享工程培训和服务工作。

4、开展地方特色数字资源建设。每年完成一定数量和质量的数字资源建设任务。

5、进一步做好对乡镇基层服务点的业务辅导和资源传输等工作。

6、利用文化共享工程配置的图书馆自动化管理系统，加快图书馆业务自动化建设进程，争取早日实现图书馆书报刊管理和借阅服务等业务工作的自动化。通过这些工作的深入推进，让文化信息资源共享工程惠泽更多的基层群众，同时让基层公共图书馆建设和服务焕发出新的活力和光彩。

（撰文/沾益县支中心）

富源县支中心

一、整体情况

落户于富源县图书馆的全国文化信息资源共享工程富源县级支中心（以下简称“富源县级支中心”）于2009年6月挂牌成立。它在原文化共享工程富源县基层服务点的基础上经过3年的发展，现富源县级支中心拥有中控室1个（室内面积10平方米，内设上级补助设备服务器4台、阵列1台及其它辅助设备等）、综合业务室1个（室内面积30平方米，内设计算机5台，虹光扫描仪1台，多功能打印复印机1台，光盘刻录机1台）、对外服务窗口2个：即电子阅览室1个，文化共享工程映视厅1个。其中电子阅览室室内面积120平方米，内设计算机40台，稳压电源1台及其它光盘电子读物等；文化共享工程映视厅室内面积120平方米，内设108个座位。富源县级支中心现有专职人员2个，30M光纤上网，自建“富源县图书馆”网站1个（网址：http://www.fylib.com），自2012年1月1日起，所有场地及设备全部对外免费服务。

二、网点建设

全县已建成文化共享工程县级支中心1个（富源县图书馆内），农文网培学校8个（分别为后所镇文化站、墨红镇文化站、大河镇文化站、营上镇文化站、富村镇文化站、老厂镇文化站、黄泥河镇文化站、古敢水族乡文化站），行政村级基层服务点94个（其中中安镇11个，后所镇9个，墨红镇9个，大河镇13个，营上镇11个，富村镇13个，竹园镇7个，老厂镇6个，十八连山镇5个，黄泥河镇9个，古敢水族乡1个）。截止2012年11月30日，全县还有3个乡镇没有建成农文网培学校（分别为中安镇文化站、十八连山镇文化站、竹园镇文化站），65个行政村没有建成基层服务点。

三、经费投入

在经费投入上，除上级的配套设施设备外，从2005年至2012年11月，富源县地方投入资金32.1万元用于全县文化共享工程建设及服务工作。其中富源县级财政投入27.3万元，富源县图书馆自筹资金4.8万元。具体使用如下：1、用于富源县级支中心建设资金15.5万元。其中：2005年0.5万元（用于共享工程人员培训），2006年8万元（其中1.18万元用于电子阅览室的电脑桌椅购置及综合布线，共购置桌椅40套；6.82万元用于计算机及其它附属设备购置，共购置计算机20台，交换机1台，稳压电源1台），2009年7万元（用于中控室、综合业务室改造，安装防雷、防火、防盗设施以及光纤接入等。当年富源县级支中心入网费为2.9万元）。2、在2009年5月，县委宣传部支持工程建设启动资金2.8万元，其中：县级支中心1.5万元，乡镇农文网培学校合计1.3万元（2009年建设的5个农文网培学校，每个补助0.26万元）。3、从2010年至2012年，县级财政共补助9万元给富源县级支中心作为入网费用（每年补助3万元，已连续执行3年）。4、考虑到我县属国家级贫困县，财政紧、底子薄，富源县图书馆把从多方节省下来的资金（约4.8万余元）全部用在了共享工程上。其中：2006年用2.05万元购买了一套集调音、公放、音响为一体的视频播放设备；2007年用2.75万元购买了一台虹光（FB6080E）高速扫描仪。

四、资源建设

富源县级支中心将以富源县图书馆网站为平台，建立地方特色文献数据库（具体包括特色文章库、特色图片库、特色电子图书库、特色视频库等），并整合图书馆自动化办公系统（我馆现在使用的是ILAS小型版），逐步向图书馆2.0方向健康发展。

五、惠民服务

近7年来，富源县级支中心坚持天天对外开放电子阅览室和在节假日开放共享工程影视厅，两个服务窗口共服务读者近9.7万人次，帮助解决各种问题905个（其中电子阅览室共服务读者8.43万人次；共享工程影视厅共放映各种知识讲座和利于青少年健康成长的动画节目213场次，服务读者1.27万人次）。另外，我县的8家乡镇农文网培学校和94家行政村级基层服务点亦同富源县级支中心一道，积极对外开展服务工作，受到了广大人民群众的一致好评。

六、宣传推广

为了让更多的群众知晓文化共享工程这一惠民工程，充分享受到服务人员优质高效的服务，我们主要采用如下方式进行宣传推广：1、利用电视、手机短信宣传；2、利用电子显示屏进行宣传；3、利用图书馆宣传栏进行宣传；4、利用“图书馆服务宣传周”及节假日宣传；5、利用周末群众赶集的机会上街宣传。

七、培训工作

多年来，富源县级支中心始终将培训工作当作头等大事来抓，对内部服务人员，主要采用如下方式进行培训：1、积极参加上级组织的各类培训会；2、认真组织支中心工作人员和下属各乡镇农文网培学校、村级基层服务点的管理人员观看省分中心每期的网络培训视频；3、由本支中心出人出资亲自到各乡镇农文网培学校进行培训。如2012年11月，就分别到黄泥河镇、富村镇、中安镇连续举办了三期“文化共享工程富源县级支中心管理人员培训班”，此次共培训管理人员116人（其中各农文网培学校2人，全县11个乡镇，共22人；全县已建成的94个行政村级基层服务点，每个点1人，共94人）；四是结合实际，免费提供场所及设施设备和其他单位举办各类培训班、专题讲座、观看科技视频资源等等。

八、管理和队伍建设

工作人员现场辅导小读者

富源县级支中心从始建之初，就一直遵守着国家、省、市（县）各级的相关规定和要求，并结合自身的实际情况，对管理逐步进行完善，现已在显著位置将《文化部办公厅关于加强公共图书馆电子阅览室管理的通知》（办社图发[2011]28号文件）和《富源县图书馆电子阅览室管理办法》等管理办法悬挂上墙。另外，各个农文网培学校和行政村级基层服务点都严按要求将管理办法、服务人员、服务项目、服务方式、服务时间等方面的内容悬挂上墙，并在显著位置进行公告，让群众知晓这一惠民工程，走进农文网培学校和基层服务点，并对他们开展全方位的免费服务。

全县现从事此项工作的人员为112人，其中富源县级支中心2人（专职），乡镇农文网培学校16人（已建成农文网培学校的乡镇专职1人，兼职1人）和行政村级基层服务点94人（已建成行政村级服务点的村每个点兼职人员1人），整个人员队伍配置以年轻化为主。

九、工作展望

在未来的发展道路上，我们一定会同心协力，坚定不移地按照中央、省、市各级的战略部署、既定目标和方针，扎实有效地推进文化共享工程的各项建设任务和服务工作。我们坚信，在不久的将来，文化共享工程所造就的这股“文化甘泉”，也会像涌流不息的泉水一样，流向富源这一“八宝之乡”的每个角落，让富源绽放出更加灿烂鲜煌的人类文明之光！

（撰文/郭　波）

罗平县支中心

罗平县文化共享工程支中心于2009年上半年建成并顺利通过省上专家组验收，同时开展服务工作。2010年初，县委、政府决定新建罗平县图书馆，图书馆部分阵地工作无法正常开展，但文化共享工程服务工作仍在外租房正常开展。2011年5月，罗平县图书馆新馆建成并投入使用。经过近半年的努力工作，书籍、报刊上架工作基本完成。同时电子阅览室建设工作基本完成并顺利开展服务。2012年1月1日，按照国家统一安排，电子阅览室实行完全免费服务。

硬件设备是公共电子阅览室开展服务的前提，我馆拥有20M光纤接入Internet，高速局域网络，强大的服务器以及磁盘阵列系统，为共享工程的实施提供了较大的发展空间和硬件支持，配备多媒体电脑100台；而在软件资源方面，购买网维大师、万象网管系统、电影系统，拥有包括博看电子期刊、电子报纸在内的多个数据库资源和其他各种专题库，加强了对电子文献资源的收集整理。充分利用网络，下载有关资料，并积极应用于工作之中。收集整理了若干有地方特色的剧目、歌曲，如：历届云南罗平油菜花文化旅游节相关演出节目、《金花银瀑好地方》、《走罗平》等。

随着计算机、网络、通讯技术发展的突飞猛进，社会信息化进程不断推进，互联网正以惊人的速度、力度、深度和广度影响着广大未成年人的学习和成长。网络的不良信息也毒害了许多未成年人，以致许多老师、家长谈“网”色变。我馆电子阅览室自2012年1月成立以来，特别是针对青少年读者提供一个内容健康、学习方便、娱乐丰富的多功能绿色上网场所。合理限制未成年人网络聊天和游戏时间，引领未成年人登陆健康有益网站；同时向未成年人提供丰富多彩的多媒体光盘阅览和影片欣赏。受到未成年人的广泛喜爱和家长的一致赞誉。近1年来接待读者近3万人次，未成年读者1万多人次。

县支中心近一年来，依托共享工程的资源，充分利用图书馆里丰富的信息资源优势，服务大众。利用共享工程网络资源内容新颖、实用性强、信息量大、数据传输快捷方便的优势，认真搜集、下载适用于当地群众的政策法规、农业科技、文化体育、防疫保健、科普知识等共享工程信息资源，特别是大量收集农村实用技术信息，编印成信息资料，通过县、乡、村三级文化共享服务网络，有针对性的进行个性化服务，使群众快学技术，早得实惠，取得了显著的效果。

县支中心每年都根据业务发展需要，对全县基层服务点开展技术培训、业务指导。先后到九龙镇、板桥镇、鲁布革乡等乡镇文化中心，帮助建立电子阅览室，安装网管系统，电影服务器，调试网络，安装成人教育视频、初高中学习网资源；并对工作人员进行培训。

县支中心努力打造一支高素质、高水平的专业技术队伍，以适应对基层服务点的培训和辅导业务需要。文化共享工程是以先进的技术手段传播先进的文化知识。只有掌握了这些现代化信息技术，利用好支中心这些电脑网络设备，才能够更好地发挥作用，为基层提供高质量的服务。

文化信息资源共享工程建设是图书馆现代化建设的重要内容。当今，数字地方文化信息资源不仅满足人们对乡土信息的需求，同时也肩负弘扬地方文化和积极创造新文化的重任。具有深厚的历史文化底蕴和丰富的历史文化信息资源，但由于设施设备、经费、技术人员等条件限制，我县地方文献的整理开发和数字资源建设虽然已启动单一直没有取得大的实质性的突破。在共享工程的全面推进下，我们应急起直追，争取各级领导重视，增加投入，以文化系统内的文化资源（包括图书、戏曲、文物、书画等）为重点，大力整合开发文化资源，把全县共享工程和图书馆数字化工作推向新的发展阶段。积极与省馆、市馆等上级业务部门联系，多参加一些专业技术培训学习，让我们的成员更快的掌握工作中的必要技能，开阔眼界的同时感受、学习我们同行精英们工作的模式，并应用到我们以后的工作当中去。

（撰文/罗平县支中心）

师宗县支中心

全国文化信息资源共享工程实施以来，师宗县委、县政府和县文化体育广播电视旅游局高度重视此项工作，极力发挥县支中心、乡镇基层站点等公共文化服务体系在社会主义精神文明建设和新农村建设中的重要作用，在省、地多方支持下，我县在财力非常紧张的情况下，努力加大对图书馆和文化站建设的投入，提升图书馆及文化站的品位。经过近几年的建设，师宗县在文化信息资源共享工程建设上有了长足进步，尤其是2008年后国家加大文化共享工程的建设力度，我县文化共享工程建设也全面推进、稳步发展。同时，文化共享工程师宗县支中心和乡（镇）基层站点依托文化共享工程丰富的资源优势开展各种培训和丰富多彩的文化服务，满足群众多层次、多样化的文化需求，增强了图书馆等公共文化服务体系的吸引力和生命力。

一、现状

师宗县文化共享工程建设体系由县级支中心、乡镇基层站点（农民素质教育网络培训学校）和村级服务点三级组成。师宗县文化信息资源共享工程建设工作得到了县委、县政府的关心和支持，2009年列入县政府的年度工作计划，由师宗县文体局具体负责，依托县图书馆实施。师宗县共享工程于2009年2月启动申报工作。2009年至2011年，县级支中心和8个乡镇分别列入2009、2010年度云南省文化信息资源共享工程建设范围。根据省文化厅《关于做好2009年度文化信息资源共享工程县级支中心和乡村基层站点建设的通知》（云文社[2009]21号）精神，师宗县文体局召开了专题会议，要求县图书馆、各乡镇文化站按省厅文件精神积极做好实施准备工作，下发了《师宗县文体局关于做好文化信息资源共享工程县级支中心乡镇基层站点建设的通知》，组织相关人员到周边市县图书馆考察共享工程实施情况，制定并上报《师宗县文化信息资源共享工程实施方案》。与县电信公司签订了互联网安装协议，县级支中心和乡镇基层站点（农文网培学校）均采用互联网光纤接入，县级支中心带宽20MB，乡镇基层站点（农文网培学校）带宽2-10MB。成立了文化信息资源共享工程工作领导小组，制定了支中心电子阅览室和乡镇基层站点管理办法。

二、网点建设情况

1、县级支中心建设情况

信息资源共享工程师宗县支中心设置于图书馆新馆内，机房及电子阅览室面积240平方米，提供60个机位，多媒体室面积172平方米，设座位80个，互联网采用光纤接入，带宽20MB，使用中国电信宽带网。在文化共享工程建设工作中，师宗县图书馆有专职人员1人，兼职2人负责相关工作，为文化信息资源共享工程提供了人力保障。充分利用文化共享工程设备通过电子阅览室积极为广大人民群众服务。我中心非常重视电子阅览室的日常管理，建立健全了各项规章制度，在为读者服务的过程中，我们用严格的规章制度来规范管理，并引导读者，特别是青少年读者浏览健康内容。为了方便读者了解和查询全国文化信息资源共享工程资源，我们在周末增加了电子阅览室开放的时间，通过张贴海报、电视、报纸等多种媒体向广大人民群众介绍全国文化信息资源共享工程和师宗文化共享工程建设的基本情况，并利用先进的设备，积极向来查阅资料的读者讲解使用方法，让他们能正确、快捷的查阅到所需内容。同时，还会同师宗县电影管理站、学校在广场播放优秀电影和专题讲座；举办文化共享工程基层站点技术骨干培训班，抽调技术骨干深入各乡（镇）基层站点辅导“农文网培学校”建设等工作。而且，我们还积极参加省、市组织的文化共享工程技术骨干培训班，认真组织全县文化共享工程技术人员参加网络视频培训。在加强自身建设的同时，我们依托文化共享工程资源丰富的优势开展丰富多彩的文化服务。2010年6月至今每年举办文化共享工程乡（镇）基层站点（农文网培学校）技术骨干培训班3次、计算机知识培训3次、节假日组织未成年人观看优秀影片20次、播放各类专题讲座50余次、接待上网查询读者2万余人次。丰富多彩的文化活动既满足了群众多层次、多样化的文化需求，也增强了图书馆工作的吸引力和生命力。为全力构建师宗县公共文化服务体系，进一步加强公共数字文化建设，全面提升公共文化服务能力和服务水平，使人民基本文化权益得到更好保障，让人民共享文化发展成果的需要，2012年10月，师宗县支中心提出了建设师宗文化网的构想并启动了建设工作，得到了县委、县政府和县文化体育广播电视旅游局的重视和支持。

2、乡镇农民素质教育网络培训学校建设

师宗县共有3乡5镇8个乡镇，彩云镇、雄壁镇、竹基镇和龙庆乡列入2009年工程建设站点，丹凤镇、葵山镇、五龙乡、和高良乡列入2010年工程建设站点，站点均设置于乡镇综合文化站内，使用中国电信宽带网络，带宽2MB至10MB，各乡镇基层站点均配备专人管理。

2009—2011年村级服务点建成68个，占全县社区、行政村总数的62%，2011年8月底，全部设备配发到位，已有部分村级服务点结合农村党员远程教育服务工作开始运行，收到了较好的效果。乡（镇）基层站点利用“共享工程”丰富的文化资源，结合农村“忙时抓生产，闲时搞教育”的实际，下载“共享工程”丰富的科技、文化资源，利用共享工程设备举办各种各样的活动，播放电影、戏曲、歌曲、健康知识、种养殖知识、蔬菜大棚种植知识、病虫害防治及环境卫生整治等科教片。向广大农民群众积极宣传党的路线、方针、政策，为他们掌握致富信息和了解党和国家的重大决策，提供了服务平台。各乡（镇）基层站点（农文网培学校）设置教员二至三名，由乡（镇）文化站站长及工作人员担任，有的乡镇由分管领导直接担任，负责学校日常的教学辅导、设备维护等工作；聘请中学计算机教师、司法所、农科站等站所的工作人员为“农文网培学校”授课员，负责相关知识的培训和辅导工作；并会同党校、司法、妇联等部门下到各村，开展互动教学放映活动。2009年以来，各乡（镇）基层站点（农文网培学校）利用文化共享工程资源结合2131工程，每年为基层群众放映烤烟生产、畜牧养殖、玉米地膜种植、病虫害防治、无公害农产品生产、案例说法等教学影片300余场次，接待、指导上网查询群众10000余人次，通过培训，农民群众学会了大量科技致富方法，一批科技致富带头人开始涌现出来，带动了一方经济的发展。

高良壮族、苗族、瑶族乡农文网培学校充分利用文化资源共享这一载体配合各村委会农家书屋、活动室、文化广场这一有利环境，不断丰富资源共享工程的服务内容，提高工作水平，开展更加人性化的活动，配合资源共享工程工作的开展，普遍得到了广大干群的一致好评，从而有利地推动了工作的良性循环。通过文化共享设备和资源对农村业余演出队进行远程专业辅导，带动了当地各族群众的广泛参与，使当地的群众文化生活变得丰富多彩。配合党委、政府中心工作，播放有关党的法律法规及时事政治等老百姓关心的节目，满足了不同人群的需求，不但让群众学到了知识，也丰实了他们的红色文化生活。

三、工作展望

通过各种媒体，进一步加大文化共享工程的宣传力度，积极争取各级各部门的支持，争取经费购置相关设施设备；加强与省、市、县图书馆的合作与交流，充实我县文化共享工程相关信息资源，加快图书馆自动化建设步伐，保障我县文化共享工程顺利推进；努力建设、整合具有我县地方特色的数字文化资源，实现全国文化信息资源共享；加强自身建设，建立健全行之有效的工作机制，形成人员、技术、服务保障体系，承担起对乡镇基层站点的管理、资源更新、技术维护和人员培训，不断提高人员素质和服务技能；争取政府支持，建立有效的投入机制；创新服务方式和管理模式，不断完善机制，探索规范、科学的管理方法，充分发挥共享工程应有的资源作用，确保公共文化的共建共享。

（撰文/师宗县支中心）

陆良县支中心

陆良县全县国土面积2018平方公里，其中坝区面积772平方公里，平均海拔1840米，是云南省第一大高原平坝。全县辖8镇2乡1个华侨管理区，139个村民委员会（社区），2008年末总人口63万，其中农业人口54万人，少数民族人口10.9万。全县有各种门类的农村文化户和文化联合体145户，群众文化活动广泛而又丰富多彩。

一、基本情况

根据文化部、财政部《关于实施全国文化信息资源共享工程的通知》精神，按照全省的统一部署，在省、市文化部门的关心、帮助支持下，陆良县文化共享工程自2005年12月县图书馆、三岔河镇文化站被列为省试点建设基层服务站点以来，至2009年5月已全面完成了县图书馆县支中心和10个乡镇文化站基层服务站点建设任务。

二、基本做法

1、领导重视，加强协调，积极开展支中心试点建设

2005年12月县图书馆、三岔河镇文化站被省列为试点建设基层服务站点后，在县财政收支矛盾十分突出的情况下，在县委、政府领导的关心重视下，通过加强协调，积极开展试点工作。2006年至2007年，先后共投入资金15余万元，对县图书馆进行电子阅览室场地改造装修、购置联想家悦E1100系列电脑30台、TP—Link24口交换机2台、建立局域网、接入10兆光纤线路，并先后得到上级文化部门配送的浪潮英信服务器1台、3u投影仪1台、卫星接收器1台和红叶投影幕一副以及文化部开发的文化信息资源共享工程的图片、文字、影像资料等（120G），使电子阅览室于2006年3月正式投入运行。

2008年底至2009年6月初，按照省的统一部署和要求，在主管部门的关心扶持下，建成了面积分别为25、100、60平方米的中心机房、电子阅览室、多功能阅览室，并再次得到文化厅配置的设备。中心机房设计装修符合国家相关标准，地面加装了抗静电地板，粉刷了墙面和屋面，按标准进行了配电和防雷安装；并拥有4台高端服务器，磁盘阵列一套，容量达到13T；拥有各类交换机4台，百兆防火墙一个，确保了网络安全；安装UPS电源系统一套，充分供应服务器和磁盘阵列；安装了标准机柜、KVM切换器等附属设施。电子阅览室拥有电脑50台，每台机器有3平方米以上的空间，光线充足，进出方便；网络布线及电源分布合理，拥有完善的消防设施和消防器材，消防安全疏散通道畅通；电脑加装了还原卡、耳麦等设施，可向广大读者提供文化信息资源浏览、数字化电影的点播、电子图书的在线阅览、书目数据库的即时查询和各专题数据库的全文检索等多项文化资源服务项目。多功能阅览室与中控室和电子阅览室相连接，有配置齐全的投影机、投影幕布及4路VGA输入切换设备，配有高保真有源音箱，形象直观地把文化资源信息通过投影的形式表现出来；拥有多功能扫描仪，刻录机、多功能投影机、播放机、激光网络打印机及移动硬盘等设施；配备40把椅子，能够承担小型会议及视频演示功效。

2、落实责任，推动全面建设，实现整体推进

在县图书馆积极开展试点取得成效的同时，按照陆良县人民政府与云南省文化厅2008年1月签定的文化信息资源共享工程陆良县支中心及基层服务点建设协议书的要求，陆良县委、县政府积极行动，认真组织实施。一是县政府将县支中心及基层服务点建设任务和目标以目标责任书的形式分解落实到文化部门和各乡镇人民政府，明确规定2009年上半年内必须全面完成县支中心及基层服务点建设任务；二是在全县10个乡镇文化站分别按照设置面积不少于30平方米的信息资源共享室、装修、供电、防火器材、防盗设备齐全、接入电话及不低于2MB的互联网信号的统一要求，在积极做好前期准备工作的基础上，2009年4月中旬至5月4日，积极配合英茂公司完成了布线、设备安装与调试等工作，全面推进了乡镇基层服务点建设工作。与此同时，县文化局还将市、县两级补助资金共7万余元，经过政府采购中心，统一购置了70套电脑桌椅、灭火器20支等于4月底配送到各服务点。现10个乡镇文化站基层服务点分别有pc机6台、资源管理服务器、稳压电源、投影机、音箱、交换机、高清播放机、中央控制台各1台等设备，运行正常。

3、加强培训，严格管理，确保工程建设顺利实施

文化信息资源共享工程是利用高新技术传播先进

假期面向未成年人开放

文化，科技含量高，需要一批掌握计算机、网络、多媒体技术的业务骨干和资源采集、整理、加工开发方面的信息管理人才。为了确保工程建设顺利实施，一是进一步明确管理人员职责，做到县支中心由图书馆馆长负主责，并设两名专职技术人员负责管理工作；乡镇服务点分别由文化站站长和专职人员负责管理；二是狠抓培训，提高文化工作人员业务素质。县图书馆先后两次组织业务人员到省中心进行业务培训，并加强职工内部的培训教育，目前馆内全体职工都能够操作共享工程的各项设备，而且一般的网络故障及设备故障能自行处理，为不断拓展县图书馆的服务方式和服务空间，为读者提供高效、全面的服务创造了条件。在此基础上，县支中心还以集中培训、配合安装公司现场培训、下乡业务指导等方式，积极对乡镇服务点技术人员开展培训，使乡镇服务点技术队伍在数据安装、调试、维护、操作技能方面的能力大大提高；三是县文化局为乡镇服务点统一制作了《电子阅览室管理制度》、《电子阅览室工作人员管理工作职责》、《共享工程设备设施管理制度》，并下发了《陆良县文化信息资源共享工程设备管理制度》（陆文发（2009）5号）文件，杜绝设备挪作他用，保障了设备的正常使用。乡镇服务点也进一步健全了工作人员职责和考核管理办法。文化局领导和县支中心还多次下乡督查准备和实施情况。

4、依托共享工程资源，充分利用丰富的信息资源优势，开展丰富多彩的文化服务

一是利用春节开展读者有奖知识竞猜活动；二是寒暑假举办各类讲座，每天滚动播放优秀影片；三是与中国电信陆良分公司合作，实现了光纤传输，保证了数据在互联网上的安全、可靠、畅通，使文化信息资源的快速传输；四是在5月17日的全国助残日，为残疾人提供电脑初级培训、免费办理借书证等，当天到馆残疾人都获得一份价值50元的学习用品；五是5月20日图书馆将文化信息资源及图书送到强制戒毒所，为他们提供精神食粮，帮助戒毒人员早日戒除毒瘾，重返社会。2010年新建成看守所、雷达部队、工商银行等流动图书点6个；六是联合乡镇计生办宣传“少生快富”计生政策，举办专题讲座，并为县财政局等单位的业务培训提供场地，搞好服务；七是联合市图书馆在县中心广场举办了图书宣传周活动，发放宣传小报8000余份；八是对本县的节庆活动、地方民俗文化、广场文化活动等，都以音像资料的形式进行重点收集、整理和保存。九是寒暑假期间播放各类影片、讲座、电脑操作培训等，为少年儿童提供一个健康向上的活动场所；丰富多样的文化活动既满足了群众多层次、多样化的文化需求，也增强了基层文化工作的吸引力，为巩固文化阵地起到了不可低估的作用。尤其是以图文声影并茂，以人民喜闻乐见的数字文化信息资源服务方式，展现中华民族优秀传统文化，体现了时代特色，从一定程度上保障了人民群众公共文化权益的实现。

三、工作展望

1、加强宣传。积极宣传发动，通过电视和其他宣传活动，尽快地让更多人认识了解文化资源共享工程、并利用电子阅览室，真正实现文化资源的共建共享。

2、加强协调，加快共建共享步伐。在县支中心和10个乡镇基层服务点规范开放，设施设备逐步改善的同时，一是认真完善村级服务点建设方案，积极协调，在县委组织部和上级文化等部门的帮助支持下，在我县已经建成的行政村“农村远程教育”终端接受站点的基础上，努力开展文化信息资源共享村级服务点建设工作，与党员干部远程教育中心密切合作，真正实现共建共享。二是积极联合中小学、企业、部队、农村，用“走出去，请进来”的办法扩大共享工程的影响力，努力拓宽服务领域，提高服务能力，切实探索“文化信息资源共享工程农民素质教育网络培训学校”建设，进一步发挥共享工程在构建农村公共文化服务体系中的基础作用。

3、加强图书馆自动化管理工作。积极加强数字图书馆建设，为读者提供更好的服务。

4、搞好文化网站建设。积极探索，充分利用县支中心设备建立“陆良文化网”网站，通过网络这个窗口，及时传递我县文化信息，广泛传播中华民族的优秀文化，满足广大人民群众求知、求乐、求美、求富需求。网站突出陆良地域特色，通过对群众喜闻乐见的地方特色文化的重点采集和整合，初步形成内容丰富多彩的文化信息资源共享工程服务体系。

5、完善制度，严格管理。进一步健全和完善共享工程管理制度和电子阅览室管理员岗位职责，要求县支中心和乡镇文化站服务点工作人员认真学习各种设备的使用、维护，迅速掌握相关技能，保证共享工程网络的正常运转。对不在电子阅览室工作的其他人员，要求在年底以前逐步达到能够熟练使用设备。

6、做好信息的接收传送工作。认真接收国家中心、省中心发送的各种信息，做好筛选、存储和分发工作，积极创造条件努力向上传送关于陆良的信息资料。

7、加强数字资源的建设，立足本馆实际，将现有古籍、图片资料、线装书、地方文献等资源做好数字加工整理，突出本馆特色。

总之，我们将继续努力，以全国文化共享工程网络资源服务平台为依托，充分利用现代高新技术手段，将各种类型的文献信息资源以及贴近大众生活的现代社会文化信息资源，进行数字化加工处理与整合，通过图书馆、文化馆、文化站等文化设施和社会各界网络传输系统进行文化信息的传输，使优秀文化信息资源走进社区、走进军营、走进企业、走进校园、走进农村，最大限度的实现优秀文化信息资源在全县范围的共建共享。

（撰文/陆良县支中心）

玉溪市支中心

玉溪，滇中生态之城，因其横贯坝子的州大河河水澄碧透亮，如玉带潺潺流淌在万亩田畴之中，故而得名“玉溪”。玉溪市图书馆成立于1979年，原址位于红塔区文化路6号。2006年，玉溪市委市政府为弘扬聂耳精神文化投资3个亿在玉湖之畔、棋阳路与环湖路交叉打造聂耳品牌的标志性建筑，将图书馆建设纳入其中，并命名为聂耳图书馆，聂耳建筑群包括了聂耳图书馆、聂耳纪念馆、聂耳大剧院。新馆于2009年建成，并于同年5月4日正式迁址新馆并投入试运行。

玉溪市图书馆建筑面积14484平方米，有图书、报刊阅览室3585平方米，电子阅览室620平方米，展览厅470平方米，视听培训室、普通培训教室和艺术培训室404平方米，能容纳上百人的172平方米的放映厅，读者沙龙活动室178平方米，书库768平方米。同时图书馆还可以共用聂耳大剧院、聂耳纪念馆的报告厅。图书馆配有现代化的电脑设备和放映设备。馆内拥有各类文献资源40万册（件），包括图书、报纸、杂志、特色专藏、视听文献、数据库资源等，内容涉及各门学科，已逐步形成了以文史哲、艺术、法律、旅游、经济、教育、音乐为特色的馆藏体系。其中，拥有玉溪地方文献930余种，载体形式有图书、期刊、报纸、拓片、光盘等，内容涉及玉溪各市、县、区发展的各个方面，形成有玉溪特色的文献专藏。玉溪市图书馆除做好馆内阵地服务外，还在新平县扬武镇、通海县河西镇开办了两个分馆，并拥有38个图书馆流通点。并担任着玉溪全市一区八县9个公共图书馆以及335个基层图书流通点的业务指导工作。

全国文化信息资源共享工程是由我国文化部和财政部共同组织实施的用高新信息技术组织的一项基础性、标志性文化创新工程。按照《文化部关于做好全国文化信息资源共享工程2009年度工作的通知》（文社图函[2009]41号）文件要求，2010年启动云南省文化信息资源共享工程玉溪市支中心建设工作，国家财政部文化部下发了68万元的设备，于2011年7月建设成电子阅览室对读者开放。截止2011年底，玉溪全市共建成市级支中心1个，9个区县支中心，拥有工作人员44人，其中专职工作人员28名，兼职人员16名；建成乡镇基层服务点90个，街道基层服务点15个，村基层服务点350个，社区基层服务点7个；总投入经费达351.9万元；建成数字资源231GB；公共电子阅览室数量为44个，面积总量3069平方米，461台机位，其中未成年人专用机位98台，服务总人次为232269人次。

一、人才队伍建设

2004年4月，我国文化部和财政局正式启动了全国文化信息资源共享工程。玉溪市图书馆于2010年开始着手建设“全国共享工程玉溪市支中心”。耗时一年时间投入大量人力、物力、财力于2011年7月23日正式挂牌，开始对广大读者服务。同期还开展了对县级支中心、乡镇基层站点（包括玉溪市八县一区）的架设、指导、培训工作。同年，依托全国共享工程平台，建设完成“玉溪市青少年绿色上网基地”，为本地区广大青少年提供优质、纯净的网络学习环境。现今所有共享工程工作均保持良好、有序的状态。

目前，“全国文化共享工程玉溪市支中心”（以下简称“本中心”）共设置“电子阅览区、青少年绿色上网基地、信息中心”等三部分。其中“电子阅览区、青少年绿色上网基地”为常规读者服务场所，“信息中心”为技术保障及服务拓展办公室。

本中心共设置专业人员12名，其中编内人员8名，编外人员4名。“电子阅览区”每日早8:30—晚8:30为读者开放，全年不休。“青少年绿色上网基地”除学生上课及考试时间关闭，其余时间均正常开放。“电子阅览区、青少年绿色上网基地”设置人员6名。“信息中心”设置人员6名，担负全市共享工程技术支撑任务，同时不断积极拓展服务广度，包括一系列文化、科技、娱乐活动；共享工程网站建设；微博交流；深度咨询服务等等。

二、公共文化设施管理使用情况及效果

1、设施：服务器5台、存储1台、核心交换机1台，接入交换机3台，上网行为管理1台、防火墙1台、投影机1台、移动播放器2台、电视机1台、音箱1套、扫描仪1台、打印机1台、相机2台、摄像机1台、计算机54台、视障计算机1台。

2、管理情况：服务器、存储、交换机、上网行为管理、防火墙等，设置于中心机房，由专人统一管理；投影机、移动播放器、电视机、音箱、扫描仪、打印机、相机、摄像机等，存放于支中心办公室，由专人保管使用；计算机设置于电子阅览区，由工作人员管理维护。

3、使用情况及效果：

3.1.服务器、存储、交换机、上网行为管理、防火墙等，均正常运行，保障着全馆网络运行、资源使用、设备管理等工作，目前使用情况良好、稳定。

3.2.投影机、移动播放器、电视机、音箱、扫描仪、打印机、相机、摄像机等，用于对民众的共享工程服务。已使用其举办多次讲座、活动、放映等，群众反映良好。

3.3.电子阅览区，分为青少年上网基地和成年人服务区，向广大群众提供优质的共享工程资源浏览服务。在管理中严格执行规章制度，对成年人实行身份证登记阅览。对未成年的青少年则实行由家长填写三方联络登记表，办卡登记的方式管理，并在青少年上网基地内禁止游戏，引导青少年健康上网。截止至11月底，电子阅览区已服务成年读者6618人次，青少年读者3048人次。

三、惠民服务与培训

在本中心建成的这一年多以来玉溪市图书馆通过这个网络资源平台成功举办了大量的各类活动。

1、为贯彻落实党十七届六中全会精神，响应中央以开展学雷锋活动为抓手、扎实推进思想道德建设和精神文明创建的号召，进一步弘扬践行雷锋精神，2012年3月31日玉溪支中心和聂耳小学联合举办了主题为“雷锋叔叔我爱你”演讲比赛活动。

2、为了读书正心励志、修养人品，本中心特邀玉溪师范学院玉溪市传统文化研究会副会长吴正荣教授举办“正心读书”系列活动，每一期都以不同的主题讲诉不同的故事。从心灵的洗涤到自我救赎或再到如何看待当下婚姻关系等等可所谓包罗万象，现在已成功举办11期。

3、在新形势下全面贯彻党的教育方针、推进未成年人思想道德建设、加强和改进少年儿童心里健康教育工作成为了各界人士所关注的首要问题。围绕这个问题本中心与多家单位社区联合举办了“青少年儿童心理健康教育讲座”，由教育与发展心理学硕士、国家二级心理咨询师马瑶担任主讲。生动有趣的讲述了青少年儿童各年龄阶段所表现出的心理问题，家长们又应该如何陪护孩子们渡过这一时期。

4、关心下一代，关注农民工子女健康教育，培养农民工子女爱读书、读好书，丰富业余生活。玉溪支中心举办一系列的农民工子女走进图书馆活动，活动中包括了讲座，计算机基础教程培训，电影放映等内容。

5、在节假日类活动中，做好每年不同主题的世界读书日活动，一年一度的图书馆服务宣传周，寒、暑假，“六一”儿童节，为青少年开展丰富多彩的假日读书活动，打破图书馆为墙，积极全面地播撒阅读的种子、构建公共文化。在2012年的世界读书日活动中，与玉溪市第二幼儿园合作举办了“我阅读，我快乐”的幼儿读书活动，让孩子们领略到畅游书海的乐趣。图书馆服务宣传周中举办培养高尚情操的沙龙诗会。庆“六一”欢度儿童节游园、猜谜、看电影多元化活动，“同赏数字文化共享幸福生活”的2012年中秋、国庆系列服务活动中，举办雕刻展、摄影作品展，爱国主义系列影片展播，电脑培训光盘赠送，让更多的读者朋友了解到图书馆，了解到文化共享工程。

6、周末电影放映活动：自2009年上半年起至今，共享工程玉溪市支中心在玉溪市图书馆影视厅，于周六、周日下午14:40−16:40放映，针对少年儿童进行每周2次，寒、暑假期中，每日放映的影视放映活动。内容为少年儿童喜闻乐见的动漫影片、科教影片等。至今已放映500余场，深受小朋友喜爱。

7、为推进我市文化资源共享工程建设，提高共享工程各县级支中心技术人员业务水平，加强对乡镇级共享工程基层站点的管理、指导，本中心对玉溪市八县一区图书馆（峨山、新平、江川、澄江、元江、通海、华宁易门、红塔区）共享工程技术人员进行了“文化信息资源共享工程技术业务培训”，从去年玉溪支中心成立以来，共进行了6期培训，培训技术人员200余人次。并根据全国文化信息资源共享工程国家中心的培训安排，定期对本中心人员进行每月一期网络业务培训，培训人次132人次。

8、为了更好的发挥图书馆的社会职能，从分利用全国文化信息资源共享工程作用，保障公民基本的公共文化权益，提高进城务工人员、下岗工人的就业创业能力。本中心举办了“农民工、下岗工人计算机免费培训班”。

融古铄今，图文交映，媒体共存，网络互动，这是共享工程使华夏五千年文化穿越时空打破时间格局真实的展现在大众面前。文化共享工程是公共文化服务体系的基础工程，本中心在未来的发展中将以维护拓展共享文化资源为己任，做一双提供文化服务的推手，建立实现广大人民群众基本文化权益的便捷途径，加强完善城乡基层群众文化服务的技术培训与文化传播。

四、2013年发展规划

1、2012年底玉溪市玉溪市图书馆聂耳图书馆网站建设的完善，玉溪市支中心网站建设将为服务广大读者带来更多的便捷，而全国文化信息资源共享工程支中心网站建设的完成则为这奠定了坚实的基础。

2、为丰富玉溪市图书馆、文化共享工程玉溪支中心数字资源，建设具有本地特点的数字资源，2013年本中心预计建设玉溪地方文献资源库，将我馆收集的玉溪地方文献数字化。将收集、整理玉溪地方戏：花灯、滇剧的视频资料。

3、聂耳是人民的音乐家，他用音乐感动着每一个人，也为后人留下了宝贵的艺术文化遗产，收集整理这些宝贵的艺术文化遗产并通过信息资源中心网络平台传达给更多的人。

4、玉溪是云南一颗璀璨明珠，经过历史的变迁遗留下的地方文献已陈旧，为不使这些重要的文化流失，本中心将收集整理数字化以便传阅。地方文化的视频也会随着技术的不断提高继续完善。

五、培训计划

农民工、下岗职工计算机免费培训计划将继续开展，每月一期，每期四节课时，共计12期；青少年计算机基础免费培训预计开展2次；文化共享工程玉溪支中心县级支中心业务技术拓展培训1次；文化共享工程乡站文化站以及农文网服务拓展技术培训1次；青少年绿色网基地将通过过硬的软硬件设施，完善人性化的管理使接待人数在原有的基础上增加50%。电子阅览室人数稳步增加中，在明年度预计上升30%。

六、工作展望

全国共享工程玉溪支中心将继续举办丰富多彩的惠民服务活动，为繁荣我市的文化生活做出应有的贡献。在党领导的政策方针下，以服务惠民为根本，与各县乡级支中心共同协作发展进步，工作充分利用共享工程资源，不断丰富群众的文化生活，真正做到文化惠民。

（撰文/玉溪市支中心）

玉溪市红塔区支中心

红塔区全区总面积1004平方公里，总人口41.18万人，辖2乡、9个街道办事处，共有104个村(居)委会、社区。红塔区图书馆始建于1956年，现位于玉溪市东风中路40号，馆舍建筑面积2455平方米，现有藏书18万册，电脑49台，是玉溪市公共图书馆中唯一的国家一级图书馆，并被评为云南省省级文明单位。

文化信息资源共享工程红塔区支中心于2008年9月在红塔区图书馆成立，公共电子阅览室，机房及多媒体室也于同年建成投入使用，并每年投入2万元接入电信10M光纤互联网，电子阅览室全部电脑均可浏览文化共享工程信息，从2011年开始，全面实行免费上网，未成年人在监护人同意的前提下执证上网。2009年至2011年，分批在我区11个乡、街道文化站和52个行政村建成文化信息资源共享工程基层服务点，同时，各基层站点还按省分中心要求成立了农民素质教育网络培训学校，目前各基层服务点运行良好。

一、领导重视、经费保障、督促有力

自红塔区被定为云南省2007年度全国文化信息资源共享工程38个县区级支中心建设点以来，区委、区人大、区政府、区政协四套班子的领导非常重视和支持，主动、积极地进行联系与协助，及时出台了《红塔区文化信息资源共享工程实施方案》（玉政办发[2008]37号），成立了以马跃武副区长为组长的领导小组，并落实了区支中心和乡、街道基层站点的建设经费和运行经费。为了让文化共享工程建设真正落到实处，区委区政府将工程纳入到红塔区重点督查工程，由政府督查室定期督查，定期通报工作进度，从2008年以来，一直是红塔区文化建设的重点督查工程。

二、长效机制，专人负责

为了抓好抓实文化共享工程建设，成立了工程建设领导小组，结合我区实际情况，确定了以支中心为重点，逐步向基层服务站点建设模式来开展工作。

1、按要求认真完成支中心及各基层站点场地建设。主要是：场地、机房、电子阅览室装修，电脑桌椅的采购，业务用电线路、地线系统、防雷系统，防盗设施及互联网光纤、宽带的接入等工程。

2、支中心及各乡、街道电子阅览室专人负责、培训上岗。根据文化共享工程建设的需要，加大人才培养和补充。前后抽调7批15人次参加计算机等级一级资格培训及计算机基础知识、文化信息资源共享设备使用的学习。同时，面向全市公开招录了计算机专业人员，提高了计算机使用与维护的能力，有力地保障了工程建设的深入开展。另外，每年举办乡、街道电子阅览室管理员培训班，提高管理员水平。

3、我支中心和各乡、街道基层站点均已制定、完善规章制度并在显著位置悬墙，文化共享工程和公共电子阅览室标识规范，管理措施到位。软硬件配置均不低于文化部制定的相关标准，且各应用系统和设备设施运行正常。

三、因地制宜，开拓创新

1、定时开放电子阅览室，从2008年开始，截至2012年12月3日共接待上机读者27445人次，上机时间为41822小时。

2、认真做好各乡、街道及村级基层站点的指导、培训工作。根据文化共享工程工作开展需要，及时培训基层服务站点工作人员，先后六次举办基层站点设备使用培训活动，并组织人员到省文化共享工程建设试点蒙自县进行参观学习。同时，加强对各乡、街道基层站点的业务指导和管理，截止目前共派出辅导人员152批400多人次，处理基层站点文化共享工程设备、网络问题，解决图书管理软件运行问题，进行设备维护和技术指导，有效保障了基层服务点及农文网校的业务正常开展。

3、加强并辅导乡、街道基层站点应用文化共享工程配送的图书管理软件，目前春和、李棋、玉兴、大营街、研和、凤凰6个街道文化站已经实现图书管理自动化。

4、每周放映周末电影。从2008年12月2日开始，每周五19:00在多媒体室免费放映周末电影，截至2012年12月2日，共放映电影183场，观众15547人次，受到了读者的一致好评和欢迎，吸引了周边市民到我馆参加活动，丰富了图书馆的阵地服务内容。

四、积极探索、主动服务

1、主动为残疾人提供服务。为方便残疾人，于2011年专门修建了残疾人通道并设立了无障碍信息室，针对盲人无法使用普通电脑的情况，我支中心积极与红塔区残联协调资金配置了3台盲人电脑，并购买安装正版永德读屏软件，方便盲人使用电脑。

2、充分利用文化共享资源，发挥网培学校的职能，积极举办各类实用技术培训班。红塔区支中心与玉兴街道基层站点合作，长期举办计算机知识培训班。

3、结合农村党员干部现代远程教育平台建设文化共享工程村级站点。为充分发挥文化信息资源共享工程村级站点和红塔区农村党员干部现代远程教育的平台作用，不断提高管理员队伍素质，我支中心多次与红塔区区委组织部远程办合作，共同督察设备使用和业务开展情况，一起举办管理员培训班，有效地整合了资源。

4、把文化共享工程与读书活动结合起来，充分发挥作用。在春节、米线节、"六一"儿童节等节假日利用共享工程设备到农民工子女小学及山区小学搞读书活动、游园活动并放映电影。截止2012年12月2日，共计活动次数20次，服务学生5000多人次，农村观众5000多人次，受到学生和村民们的热烈欢迎。

5、把我馆科技图书跟踪服务纳入到文化共享工程中。利用国家下发的文化共享工程资料，结合本地区农业科技发展需要编辑出版（发行）《红塔科普》报16期18100份。认真做好科技图书跟踪服务工作，开展三元猪饲料、罗曼蛋鸡、獭兔养殖、水产养殖、畜禽病防治、花卉、林果、葡萄等定题服务提供各类对口二次文献。

随着文化共享工程建设的深入，我馆公共电子阅览室在扩大服务范围的同时，将进一步提高服务群众的针对性和时效性，使文化共享工程与图书馆传统业务紧密结合，不断改进创新管理体制和运行机制，让"文化共享工程"真正成为文化创新工程和公益性文化服务体系的重要组成部分。

（撰文/玉溪市红塔区支中心）

江川县支中心

江川县总面积850平方公里，下辖5镇2乡、7村（居）委会，人口27.8万人。为贯彻落实省文化厅、省财政厅【2005年5月30日】《关于加强文化信息资源共享工程建设的实施方案》。2008年底，我县图书馆被玉溪市文化局选定为：云南省文化信息资源共享工程县级支中心及基层服务网点的建设单位。文化资源共享工程开辟了一个不受地域、时空制的崭新的文化传播渠道。

为做好这项惠及千家万户文化基础工程的顺利实施工作，县委、县政府成立了由分管文化的副县长为组长，宣传部长、文化局长、财政局长为副组长，文化局副局长、财政局行财股长、图书馆馆长为组员的领导小组；着手组织实施此项目工程。我馆也积极筹集经费，县财政拨给专项经费5.5万元给予支持，将预先选定好的文化资源共享工程江川支中心的电子阅览室进行设计装修。购置电脑桌椅25套，安装了一套避雷装置，在整个图书馆各室布了上网线，修缮了多媒体播放室。2009年4月，在我馆工作人员积极配合与协助下，电脑安装技术人员到我馆安装好，文化部、财政部配给的价值55万元的电脑、服务器、主机等设施设备，五天时间安装调试完毕。5月开始对外接待读者阅读和查阅。紧接着对江城、前卫、路居、安化、雄关、九溪、大街、海门8个基层服务点也进行了电脑安装调试，8个基层服务点也相继投入使用。

2012年8月随着“全国文化信息资源共享工程—农村党员干部远程教育”的开展，江川基层服务点器材陆续到位，总价值45万元的50台电脑，发放到7个乡镇50个村委会。其中江城镇15家，九溪镇6家，路居镇6家，安化乡3家，大街镇10家，前卫镇7家，雄关乡3家。通过全国文化信息资源共享工程江川支中心建成和乡镇基层服务点逐步完善，农村党员干部远程教育和村级服务点的建成投入使用，到基层服务点来上网的人越来越多。电子阅览内容多以读书学习、查阅资料、影视观看等为主。我县的文化信息资源共享工程建设迈出了实质性的一步，极大丰富了群众的日常文化生活，对于开展农民科学文化素质教育，完善党员干部远程教育奠定了坚实的基础。就村级服务点而言，现已建成55家，尚有17家未建，我馆正在向上级有关部门积极争取。

对全国文化信息资源工程江川支中心及电子阅览室管理和运作，我们根据云南省文化信息资源共享工程分中心电子阅览室管理的相关规定，制定了《江川县图书馆电子阅览室管理暂行规定》和《江川县图书馆电子阅览室未成年人管理暂行规定》，每周开放时间不少于36小时。在学生上课期间，为了不影响学生的正常学习，我们采取不同的时间段接待读者，规定每天上机时间累计不超过3小时，对成年人上机查阅资料、阅读、影视观看、网络游戏免费开放。乡镇基层服务点，参照县支中心有关规定，也制定了相应的规定。每天开放时间不少6小时，由文化站人员负责进行管理。阅览人员以网络游戏、读书学习、查阅资料为主。其中，成年人占48%，青少年占52%。基层服务点配置文化信息资源共享工程，极大方便了农村农民群众文化生活，为群众增添一个更快捷、方便的学习平台。

为使这项工程能扎实有效地开展，我们与县委组织部、农村工作部联合，每年举办2—3期的培训班，组织党员干部学习《党章》，学习坚持走中国特色社会主义道路的理论知识。学习党中央、国务院对农村工作的指导性文件精神，邀请农业方面专家讲解“三农”的关键问题。对有关种植业、养殖业及蔬菜、花卉、农产品价格，进行加工、筛选、分类，结合当地实际，将农民群众易懂、易掌握的信息资源传送给基层服务点。另外，召集基层服务点管理人员到县级支中心来，聘请市级专家全面讲授共享工程的有关知识，从开机、关机最基础的学起，教会管理人员如何掌握电脑知识和使用电脑操作技术，多媒体播放器的使用等。为使这项共享工程得到普及，我们加强宣传推广工作。充分利用馆内宣传栏，专门开展文化信息资源共享工程用途、功能介绍。

为推动文化信息资源共享工程在新时期的持续发展，特别要注重工程队伍的建设。目前，我馆缺乏电脑维护和管理的专业人员，因此，特聘请1名电脑方面专业人员（临时工）进行管理。再者我馆5名工作人员年龄偏大，对掌握使用信息化资源技术、电脑维护确有困难。我们积极向县政府、县编委争取人员编制，力求争取2–3名工作人员，并取得全国计算机等级考试一级资格证书人员。为掌握文化信息资源共享工程这项新业务，近几年来，我们采取“送出去、请进来”的培养方式，组织职工学习电脑知识，促进这项工作的顺利开展。为了全面做好共享工程县级支中心的提升工作，利用现代信息技术，对优秀文化信息资源进行数字加工、整合，通过互联网和卫星传输等手段，将信息资源传输到基层，为广大群众提供公益性服务，实现优秀文化信息资源在全国范围内的共建共享。

我馆积极争取经费和项目，加快自动化、网络建设，使图书馆的采编工作，流通工作，书目检索实现自动化管理，使馆内网络互通，建立图书馆网址，参加地区性联网服务，做到互联互借，数据库建设，对馆藏中文图书全部书目进行数字化管理。为适应信息社会发展的需要，充分发挥现代图书馆的服务功能，向读者提供方便快捷的服务，我馆将逐步采用了计算机综合信息管理系统，它集图书馆业务、办公自动化、信息加工与服务为一体。运用开放灵活的藏、借、阅、查、咨一体化服务模式，为读者在各功能区都能通过电脑进行电子阅览和电子检索提供了方便，进一步提高工程的影响力和社会效益。

（撰文/江川县支中心）

通海县支中心

全国文化信息资源共享工程通海县支中心自2008年开始筹备，于2009年11月5日正式投入运行。支中心立足于实现全国文化信息资源的全面共享，与通海县图书馆互为依托，互相促进。

通海县图书馆是1979年6月以县文化馆图书室为基础成立的，建馆以来，始终贯彻"为人民服务，为社会主义服务"的方针，遵循为人找书，为书找人的服务宗旨，在社会主义建设过程中发挥着广聚贤文圣卷，教化人民大众的作用。经过30多年的建设和发展，馆内设施、机构设置、职工队伍、馆藏图书、读者工作等都具备一定规模。通海县图书馆馆舍建筑面积约2200平方米，现馆藏图书文献74000余册，阅览座席235个，其中少儿座席24个，电子阅览座席22个。馆内设有全国文化信息资源共享工程通海支中心、文化信息开发服务部、图书采编部、宣传辅导部、馆办公室、消防安保环卫组等内部机构，设图书外借室、少儿室、参考资料室、期刊阅览室、报刊阅览室、过刊室、报纸储存室、电子阅览室、残疾人借阅室、农村书库等10个对外服务窗口，开展图书、期刊借阅活动，为到馆借阅查询图书文献资料的广大读者提供热情周到的服务。

共享工程通海县支中心主要设备包括：25台计算机、4台服务器、磁盘阵列、1台机柜、3台空调、1台摄像机、1台卡片式相机、2台手提电脑、1台42寸液晶电视、2台投影仪。

共享工程通海县支中心设于图书馆三楼，面积约116平方米，现有22台电脑供读者使用，是2008年度云南省文化信息共享工程50个县级支中心之一。

自2009年运行至今，已基本建成县、乡、村三级服务网络，下设九个基层点，即高大乡、杨广镇、兴蒙乡、河西镇、四街镇、纳古镇、秀山街道办事处、九龙街道办事处、里山乡，涵盖45个村级点。

支中心可以为读者提供各类网上信息检索查询、视听资源浏览及下载、常用工具软件学习辅导、特色资源推荐等服务，努力为读者营造一个绿色健康、安全可靠的网络环境。

工程建设之初国家中心匹配55万元的设备，通海县人民政府为县文化信息资源支中心建设投入15.6万元的建设经费，6个乡镇也为辖区内的基层站点匹配了相应的资金和运行经费，为完成此项工程奠定了坚实的基础。

2009年4月20日，由县采购中心主持，在文化局、县纪委、县财政局等部门的支持与监督下，在县图书馆内完成了对场地、机房、用电线路、电脑桌椅等设备的召标采购。支中心建设工程于2009年5月4日竣工，2009年8月27日通过了合格验收，2009年5月14日完成了设备安装与调试，2009年5月15日在县支中心电子阅览室对县支中心技术人员和乡镇基层点负责人进行现场培训，并下发了乡镇基层点设备，于2009年5月19日完成了6个乡镇基层点的设备安装。

2010年在各级各部门的积极争取下，我县建成了5个村级点。2011年我县共建成了3个乡镇基层点和40个村级点，至此我县文化信息共享工程共建成9个乡镇基层点，实现了乡镇全覆盖，45个村级点，覆盖率达65%。进一步增强了文化信息资源共享工程在基层的服务力和影响力，消除了城乡文化资源和服务不平衡现象。

根据国家和省市公共图书馆免费开放工作的相关文件精神，我馆于2011年12月12日正式向社会免费开放。在免费开放实施的过程中，我们始终以满足读者需求为着眼点和出发点，不断完善各项制度，加强藏书和队伍建设，着力提升服务水平，使图书馆的职能得到了有效的发挥，也使得支中心的各项服务工作得以全面、深入开展。

2011年县财政划拨年购书经费3万元，报刊订阅费4万元，文化信息资源共享工程经费1.6万元，这些经费保障了共享工程工作的顺利开展。

为确保图书馆免费开放工作顺利开展，我馆加强组织领导，完善制度措施，落实岗位职责，成立以馆长为组长的工作小组，负责免费免开放工作事宜。

根据工作需要制定、修改完善了《通海县图书馆免费开放服务内容》、《通海县图书馆电子阅览室管理暂行规定》等一系列规章制度，对工作人员的工作内容、对读者的人身安全、馆内资源安全、设备安全提出了详细的应对措施，将责任划分到岗位，落实到每一个工作人员。

及时向社会公布各项服务内容、服务时间、监督电话等。制作宣传栏，多途径征询读者意见和建议，全方位掌握广大读者对图书馆的需求和阅读动态。

各室均建立了免费开放服务工作日志，每天有记录，每月有工作小结和统计，及时全面的了解免费开放工作的进展情况。

为了更好的服务读者，我馆不断增加馆藏资源、增强流通能力、调整服务形式。一方面加强图书文献信息资源建设，建设适合广大读者口味图书文献信息库，同时将共享工程接收的信息资源根据不同层次、不同读者群的需求，分专题编辑提供查阅使用；

另一方面加大宣传力度，让广大群众了解图书馆、了解共享工程，吸引更多人走进图书馆，利用图书馆的图书文献信息以及共享工程的各类信息资源服务生产、生活。

在免费向全体服务对象提供各类信息资源的同时，支中心适时开展计算机相关知识培训活动，指导读者使用计算机、查阅信息资源；适时举办面向各基层站点的业务培训和指导，及时帮助解决基层站点面临的一些难题。

此外，每周五、六两天晚上六点半到八点半，在图书馆四楼报告厅开设视频播放，内容根据观众需要而定，主要有影视作品、纪录片、专题讲座、报告会等。

通海县“文化共享工程”基层服务站点和“农家书屋”工程自2009年实施之初，我馆就积极参与，通过集中培训与个别辅导相结合的方式，免费开展业务培训工作。辅导人员经常深入农村，帮助基层排忧解难，指导开展各项业务工作，保证了“文化共享工程”基层服务站点和“农家书屋”的正常运转，丰富了农牧民的文化生活，巩固了基层文化阵地。

根据县域科研、生产生活的需要，我馆积极组织图书文献资料开展流动服务，免费服务基层群众，每年送往基层的图书达3000多册。

为推动免费开放工作的顺利进行，我馆每年举办读者活动八九次，内容多彩、形式多样，有讲座、展览，有读书、猜谜，还有征文等。

我馆采取自学与送培相结合的方式对馆员进行继续教育，实现在岗馆员业务水平和技能的提升。

一方面，坚持只要省市馆举办业务培训就积极争取派人参加学习；

另一方面，根据图书馆现实和发展的需要，馆里拟定专题，安排馆员自学，利用每周的学习时间组织大家讨论，由既有较高职称的同志进行点评，从而实现馆员业务素质的提升。

为了保证免费开放工作经费的正确充分使用，我馆成立了财经领导小组，修定完善了切实可行的财务管理制度，财会人员严格遵守财务管理制度，帐目做到了日清月结，账物相符，收支平衡，开支科学合理。严格遵守《免费开放资金管理办法》，紧紧围绕免费开放工作支出使用，做到了专款专用。

通海县支中心自成立以来，积极通过互联网络、光盘等多方渠道，搜集、整理各类资源100多G，及时更新美萍视频点播系统内的资源，并主动地向读者推荐各类健康、优秀的网络资源，供读者浏览和下载使用。

分为纪录片、电影、动画、戏曲、歌舞、书法、摄影、讲座、文学、文化遗产、学习资料、电子期刊杂志等各类专题形式，包括视频、音频、文本、图片等格式。同时，根据读者的需求，及时更新软件，并将一些好的学习、娱乐方面的软件安装在每台客户机上，以方便读者使用，如奇迹英语真人语音版、薄冰英语语法、金山快快打字通等；也将一些常用的网站收藏在浏览器上，方便读者浏览，如驾驶考试测试等。

通海县支中心实现了网络同步教学、视频点播、监控上网等功能；可控制未成年人，尤其是中小学生上网时间，本馆规定：凡未满16周岁的未成年读者，需要在家长的陪同下到馆办理《未成年人上机证》方可享受电子阅览室的相关服务，而在正常上课时间内均不接待未成年人，同时未成年人每人每天的累计上机时间严格控制在2个小时以内（个别用于学习的除外）；严格按照国家、省的有关规定进行管理，管理制度基本完善，管理有序；结合青少年读者需求开展的各项服务工作得到家长的理解和支持。电子阅览室自开放至今，年接待读者人数一万七千余人，平均每天的接待量为45人以上。

支中心自建成以来，除了开展好自身的服务工作外，还积极支持、实时关注、及时辅导下属各个基层点的服务工作的开展情况。支中心及基层站点可以为读者提供各种文化信息资源的查询、浏览，随着农民素质教育网络培训学校的顺利开办，充分发挥资源共享工程的社会效益，开辟了一个不受地域、时空限制的文化传播渠道，对于扭转我县广大农村信息匮乏、经济文化落后的状况将起到显著的改善作用。

随着文化共享工程通海县支中心的建成以及免费开放的实施，我馆其他各室积极响应，开展了一系列服务活动。随着专业图书馆网系统的引入，采编室一改以往手工著录的方法，采取上机著录，不仅提高了效率，也为今后我馆图书数字资源库的建设创造了良好的条件。截至目前，已完成了大部分图书（包括旧藏的图书以及每年新购进的图书）的著录工作，总计著录图书信息六万六千三百余条，其中外借室图书信息近五万条。

同时，专业图书馆网系统的引入，也使得我馆外借室、期刊室、少儿室等主要对外窗口的服务工作更加方便快捷，极大地提高了借阅效率，在改善工作环境的同时，也极大方便了读者，真正体现了“一切为了读者”的服务宗旨。截至2011年底，我馆馆藏书刊文献73733册(含报刊合订本21770册)，年均购买新书1000余册，年均图书外借37874人次，37891册次；阅览57526人次，287630册次，平均日接待读者310人次。

我馆各部门还充分利用共享工程的各类设备资源（投影仪、音响设备等），定期或不定期举办各种活动，诸如读者座谈会、“秋冬季•保健与养生”公益讲座、“六一”读书益智猜谜活动等，以及由文联等其他单位参与举办的一些诗歌专题知识讲座、文化专题讲座、古建筑保护讲座、书画展、摄影展等活动。这一系列活动的举办不仅丰富了广大群众的文化业余生活，而且吸引了更多的读者走进图书馆，很好地宣传了图书馆，传播知识的同时，也为我馆共享工程支中心的服务工作开展营造了良好氛围。

据统计，2012年11月底，我馆举办各类讲座4次，约400人听讲；举办展览1次，约500人观看；举办培训班1次，培训人数约50人。　在全国公共图书馆评估定级中，我馆连续四次被国家文化部命名为“三级图书馆”；2006年2月被云南省人事厅、文化厅授予“云南省文化工作先进集体”荣誉称号；2007年5月，我馆在地方文献征集、收访和交换工作中表现突出，被云南省图书馆评为二等奖。

（撰文/通海县支中心）

华宁县支中心

全国文化信息资源共享工程是由文化部、财政部联合实施的一项公共文化服务体系的基础工程，是政府提供公共文化服务的重要手段，是实现广大人民群众基本文化权益的主要途径，是改善城乡基层群众文化服务的创新工程。

共享工程自2002年开始实施已有10年的历史。尤其是2005年中办、国办转发《文化部、财政部关于进一步加强全国文化信息资源共享工程建设的意见》（厅字

我馆信息资源管理人员对全县管理人员进行培训

[2005]5号）之后，更是得到各级各有关部门的大力支持，使得该项工程进展顺利，取得了明显的成效。

一、基本情况

华宁县文化信息资源共享工程的建设，在国家文化部及省、市业务部门和县人民政府的关心和支持下，2005年4月由县文化局拟定出华宁县文化信息资源共享工程具体实施方案上报审批，2006年下半年选派图书馆人员到省级培训中心学习，之后领取卫星接收设备和服务器并着手建设基层网点，开始接收国家通过卫星发布的资源，2009年5月接收安装设备，全国信息资源共享工程华宁县支中心正式建成。

二、加强组织领导，确保工程顺利实施

为了加强对信息资源共享工程华宁县支中心建设工作的领导，确保工作在县委、政府的领导下，有序、有力的的推进。我县专门成立了由分管副县长任组长、县文化局局长任副组长；财政、教育、广电、文化等各部门副职组成的工作领导小组，及时组织制定了工程建设规划和实施方案，督促资金到位，装修工程实行统一招标建设，上级领导还多次深入图书馆进行实地调研、指导工作，帮助解决工程建设中存在的问题和困难。在领导小组强有力的领导下，确保了配套设施建设和工程设备安装工作得以顺利进行。

三、 硬件设施到位，网点建设初具规模

由于上级部门领导对信息资源共享工程建设的高度重视，2009年4月我县开始了县级支中心及三个乡镇基层服务点的建设工作，在建设过程中，严格按照《2007年云南省文化信息资源共享地工程建设工作实施方案》及县人民政府与省文化厅签订的《云南省文化信息资源共享工程2009年度县级支中心及基层服务网点建设工程实施协议》的要求开展各项工作，仅一个月就完成了电子阅览室、机房、多媒体室及综合业务办公室的建设，包含了供电线路的改造、墙体处理、防盗门窗、消防设施，避雷设施工程进行接地处理，安装了40KA一组、20KA三组、电子电源避雷器及避雷带的修复。与电信公司协调互联网专线接入由4MIP，经初步测试最高网速达到10兆。购置了电脑桌椅27套，至此华宁县支中心建设中按协议要求承担的基础性工作全部完成，金隆伟业网络公司于5月1－3日完成布线工作。5月11日并对县级支中心、3个乡镇基层服务点工作人员进行了相关业务的培训。配套工程从开工仅用一个月的时间就完成了县财政投入15万元的场地房屋建设费及中央、省级投资55万元的设备安装总工程，完成盘溪镇政府投资1.5万元，青龙镇政府8000元，宁州镇政府1万元3个基层站点设备的安装调试工程。随后华溪镇、通红甸乡基层站点也相继建成，2011年30个村级基层点设备全部到位，并成功投入了使用。

四、积极开展信息服务活动

“十二五”期间，结合文化部、财政部组织实施的“三馆”免费开放工作，推动已建公共电子阅览室的免费开放，彰显其公益性，满足未成年人、老年人，特别是进城务工人员等低收入群体的需求。对我馆电子览室现有的24台电脑接入电信公司100兆光纤宽带，全部免费对广大群众开放，极大方便了广大人民群众的查阅需求和精神文化生活需要。对不会正确使用电脑检索的人员进行耐心的指导和讲解。另一方面，我们积极采用先进、实用的科学技术手段，通过互联网、移动硬盘服务、光盘服务、移动播放机、投影仪等模式，把文化信息资源传送到城乡基层文化网点和群众身边，为宣传党的方针政策开辟了新渠道，为丰富农民群众业余生活、弘扬文明新风开辟了新的阵地，为培养“有文化、懂技术、会经营”的新型农民搭建了新平台。我们还深入学校、部队开展了“暑期优秀爱国影片展映活动”，利用多媒体教室举办“各类专题系列讲座”，其间聘请了众多专家、老师前来免费为大家讲解，极大地丰富了人民群众的文化生活。活动得到了广大人民群众、师生和官兵的高度赞扬。

五、做好培训工作，加强队伍建设

为确保信息资源共享工程的顺利畅通，一方面我馆制定了《文化信息资源共享工程基层服务点管理使用制度》《图书阅览及光盘借阅制度》《信息上报制度》《电子阅览室管理制度》等相应的规章制度，建立健全台账及管理制度。另一方面积极抓好工作人员的培训，组织管理人员到省、市举办的培训班跟班学习、培训网络系统的运用，让他们尽快掌握电子阅览室的基本操作和维护知识。县支中心人员除了自身不断努力学习和掌握共享工程的技能知识外，还定期或不定期对基层网点的工作人员进行电脑基础知识的学习培训，上门解决电脑设备的维护、保养及软硬件问题，确保各网点能够正常运行。

六、工作展望

我县有着古籍文献在全省都名列前茅的优势及丰富多彩的民俗民风和各类文化活动，积极联合艺术表演团体、科研单位等部门支持共享工程资源建设，努力建设一个具有华宁文化特色文化信息资源库。

积极推进基层网点建设，采取文化共享工程与全县基层服务点与图书馆建设相结合，村（社区）基层点与党员干部现代远程教育接收站点、村图书室、农文网培学校相结合的办法，广泛实现文献信息资源共享，丰富基层服务点内涵，把公共图书馆建到了农民身边。

“共享工程”的实施，有效地推进了农村文化阵地建设，有效地提升了图书馆的服务功能。我们决在国家中心、省、市分中心的指导帮助下，求真务实，创新创优，确保“共享工程”取得成效，在新农村建设、构建和谐文化、培育社会新风和建立社会主义核心价值体系等方面发挥积极作用。

（撰文/华宁县支中心）

易门县支中心

易门县全县现有2个街道办事处、1个镇、4个乡，56个社区。全县国土面积1571平方公里，居玉溪市第4位，山区面积占98%，总人口17.2万人，其中农业人口13.6万人，有彝、哈尼、回、苗等19个少数民族，是一个典型的多民族山区农业县。

一、基本情况

全国文化信息资源共享工程（简称：文化共享工程）是由文化部、财政部组织并于2002年4月正式启动实施的国家级文化工程。此项工程是利用先进科技手段传播、建设先进文化的大型的公益性的文化网络工程，旨在整合全国文化信息资源，通过互联网、卫星宽带传输和光盘将数字化文化信息资源传输到群众身边，实现优秀文化信息资源在全国范围内的共建共享，满足广大人民群众日益增长的文化需求，整体提高文化资源的利用率。

二、站点建设进展

为推进我县文化事业的发展，加快建设小康社会、和谐易门的建设步伐。我县认真贯彻落实文化部、财政部《关于实施全国文化信息资源共享工程的通知》（文社图发[2002]14号）精神，按照2009年1月16日在楚雄召开的云南省文化共享工程建设会议的安排部署，成立了由县委常委、宣传部部长、政府副县长冯晓燕同志任组长，多部门领导和乡镇长为成员的工作领导小组，正式启动文化共享工程建设项目。

1、县级支中心建设

2009年5月，县委、政府非常重视此项工作，县财政配套10万元专项经费，在县图书馆建成县级支中心1个。为确保工作的正常开展，面向县内事业单位公开选调2名工作人员，采购相关辅助设施、资源光盘等，接入广电网络10MB光纤。7月，顺利通过省文化共享工程验收组验收，正式面向社会免费开展服务。

2、农文网培学校建设

2.1.2009年5月，在六街街道、绿汁镇、浦贝乡、小街乡文化事务中心建成农文网陪学校服务站4个。

2,2.2010年5月，在龙泉街道文化事务中心建成农文网培学校服务站1个。

2.3.2011年9月，在铜厂乡、十街乡文化事务中心建成农文网陪学校服务站2个。

3、农文网培分校建设

2011年10月，在社区建成农文网培分校服务点50个。

截至目前，累计建成县级支中心1个，农文网培学校服务站7个，农文网培分校服务点56个（含农村党员远程教育6个点）。我县县、乡、村三级服务网络已经建成，实现全县文化共享工程全覆盖。

各级财政累计投资133.6万（含县财政专项配套资金10万元和农村党员远程教育6个点投资）。

三、文化共享工程站点管理使用

1、建立健全管理制度

管理制度是文化共享工程顺利实施的重要保障，是县、乡、村三级站点的工作准则，是所有参与者的行为规范。县支中心为确保各项工作有序开展，制定了“财产管理制度”、“中控室安全管理制度”、“工作人员管理制度”、“少年儿童上网安全提示”、“绿色电子阅览室简介”、“电子阅览室管理制度”等；并及时做好上墙、宣传工作，对乡镇、村级站点进行指导、检查。全县文化共享工程站点标牌、标志明显，制度健全，人员到位。

2、抓好电子阅览室管理工作

电子阅览室是共享工程文化资源信息服务的一个重要展示窗口，它将传统图书馆的服务项目用全新的信息技术和网络技术手段向广大读者提供全新的服务，电子阅览室目前可向广大的读者提供共享工程的文化信息资源浏览、馆藏数字化电影的点播、馆藏电子图书的在线阅览、馆藏书目数据库的即时查询和各专题数据库的全文检索等多项文化资源服务项目。抓好电子阅览室管理，保证读者对电子资源的正常使用，既是我们的日常工作，更是文化共享工程顺利实施的重要途径。

为了有效保障网络安全、财产安全，营造健康、有序、规范的网络资源服务环境，我们采取了一系列管理措施，保障日常工作顺利开展。具体措施：

1、办理实名制电子阅览证

办理电子阅览证是加强读者管理的重要手段。通过办证不仅可以使我们掌握读者人数、信息、结构，根据读者情况及时调整工作思路、方法，有针对性的组织资源，开展活动；有助于帮助读者养成自觉、有序、安全的上机习惯。

2、有效控制未成年人上网时间

电子阅览室在中小学校上课期间仅对成人读者开放，概不接待未成年人；在双休日和法定节假日、中小学寒暑假期间对所有读者开放；为了进一步有效控制未成年人上网时间，补充规定每天每位未成年读者仅能到馆使用计算机一次，每次上机时间不超过150分钟。

3、加强人机管理

成人读者一人一证，一证一机，一机一人；未成年读者上网可由家长陪同、指导。

4、杜绝不良游戏

未成年读者经不住游戏的诱惑，会从网络上自行下载游戏。针对这问题，我们加强巡视，积极引导玩一些益智类网络小游戏，坚决制止带有凶杀、血腥、色情等不良影响的游戏，并控制其游戏时间。

电子阅览室在运行过程中，受到各级地方政府的关心、支持、帮助，由于资源新、更新快、容量大、服务好，在社会上形成良好的声誉，读者数量与日俱增，全县平均每年接待读者达1万余人次。

3、积极引导使用资源

县支中心于2009年12月编印了《全国文化信息资源共享工程易门县支中心服务指南》一书，内容涵盖文化共享工程的意义、指导思想，提出了五个“绿色”的电子阅览室理念（即：“绿色”环境、“绿色”管理、“绿色”设备、“绿色”内容、“绿色”服务），制定了电子阅览室的服务性质、服务范围、服务规定、服务时间，少年儿童上网安全提示，提供文化共享工程相关网站网址，国家中心、省分中心资源概况、资源目录、使用方法，美萍VOD视频点播系统，优秀学习网站推荐等内容，正确引导读者获取资源、使用资源、共享资源。

4、县级数字图书馆推广计划

按照国家数字图书馆安排部署，在服务器上安装总量达1TB“县级数字图书馆推广计划”资源，内容包含国家图书馆组织的《百年守望》、《馆藏故事》、《文明与创造》等3个视频资源，《前尘旧影》、《年画撷英》等2个图片资源，2007年以来出版的5000种“电子图书”，2009年出版的2000种人文社科类“电子期刊”等书刊资源，国家图书馆“政府公开信息整合”项目的部分成果“政府信息”、国家图书馆“网络信息采集与保存”项目的部分成果“中国事典”等2个网络资源。这些资源图书馆局域网共享使用。

5、积极建设图书馆（文化共享工程）网站

网站建设是现代图书馆建设的重要组成部分，基层公共图书馆可以根据实际情况灵活建设有自己特色的网站，打消现有图书馆的疆界，突破单个图书馆的局限，使图书馆从手工方式的馆藏文献服务迈向信息化的读者服务成为现实。我们积极与广电网络公司协商，争取到2个IP地址（一个用于网关地址设置，一个用于网站建设）。通过网关进行添加地址池，成功将外网IP映射指向内网，将一台服务器配置成网站服务器。并在中国万网注册域名www.ymlib.cn（正在通过ICP备案审核中），目前可以通过http://221.213.162.227进行访问。

6、架设FTP电子服务平台

资源的收集、加工、整理是县支中心的重要工作，是实现资源共享的前提条件，是开展资源服务的重要保障。县支中心按照国家中心、省分中心的要求，定期通过FTP下载、整理、存储、更新资源，使用Windows 2008系统IIS组件架设县支中心FTP服务器，开放读取权限，读者在电子阅览室局域网内以匿名用户登陆即可自由查询、使用服务器资源。目前，为读者开放国家数字图书馆数字资源1489.5GB、省分中心数字资源3139.39GB，图书馆自购10万篇（部）电子图书，内容涵盖文艺、科技、农业、禁毒防艾等方面内容。

7、开展优秀影片展映活动

为丰富群众业余文化生活，按照上级业务主管部门的通知要求，以图书馆为主要服务阵地积极开展优秀影片展映活动。先后反映《文化共享助春耕》67个农科培训专题片、《共享书香，快乐阅读》15个讲座、《共享知识，和谐万家》30个讲座、《文化共享工程夏日电影展播》30部电影、《红色记忆，振奋中国》60集专题片、2个双百人物动漫及一部分地方文艺作品，累计放映100余场，观众达2万余人次。

8、对乡镇基层站点的指导帮助

乡镇基层服务点是文化共享工程服务“三农”，提高农民群众科学文化素质的重要阵地。乡镇文化站依托文化共享工程网络，结合本乡镇实际情况，积极为农民群众提供文化信息服务、图书借阅、公共文化鉴赏、文化娱乐、科普教育、影视放映、公益文化讲座等服务。为支持乡镇开展群文、教育、农科活动，县支中心有针对性的组织资源刻录成光盘，定期送光盘下乡。通过开展服务，增强了共享工程在农村的影响力，不断扩大共享工程的受益人群，让文化共享工程这项民心工程扎根农村。

9、开展读书活动

主动与县关心下一代工作委员会、中小学合作，组织中小学生开展读书活动。我们在图书馆为小读者们精心准备了优秀的纸质图书，在电子阅览室准备了10万篇（部）电子图书、有声读物、经典动漫等丰富多彩的电子资源。依托文化共享工程服务平台，采取传统与现代的服务方式相结合，在中小学寒暑假期间，分批组织500多名学生到馆参加读书活动。满足他们对知识的渴求，让他们享受到平常所感受不到的一种快乐，无忧虑的沉浸在茫茫书海之中。通过组织开展读书活动，同学们的视野更开阔，学习更多知识，思想也能更深入，更有创意，对自己的未来也更有信心。

四、站点资源建设与服务

1、资源建设

在图书馆计算机硬件、网络设备及软件建设中兼顾了共享工程的需要。在硬件资源方面拥有十兆光纤高速网络，多台小型机和高端服务器组成的功能强大的服务器以及磁盘阵列系统，高达5个T的海量存储容量，构成了我县高效的硬件资源系统，为共享工程的实施提供了较大的发展空间和硬件支持。而在软件资源方面，精心制作了共享工程网站，它是个文化信息资源共享工程专门性网站，包括影视文化、戏曲天地、古代诗词、科普知识以及名家讲坛等栏目；我们还拥有包括电子图书、电子期刊、电子报纸在内的多个大型数据库资源和其他各种专题数据库。

经过三年多的建设，我县的文化共享工程已形成了初具规模的技术服务平台，整合了一批内容丰富、具有地方特色的文化信息资源，构筑了较为通畅的地面宽带传输信息渠道。

2、开展服务

新馆开放以来，我馆依托文化共享工程的资源，充分利用图书馆里丰富的信息资源优势，开展了丰富多彩的文化服务。例如：文化共享工程进机关、进学校、进社区、进企业、进农村、进部队、进看守所等活动，丰富多样的文化活动既满足了群众多层次、多样化的文化需求，也增强了基层文化工作的吸引力和生命力，对于巩固文化阵地具有不可低估的作用。使文化共享工程的优秀的文化资源尽快尽可能多地为群众所用。把实施文化共享工程与开展特色文化创建活动，与配合中心的宣传教育，与运用网络载体提高市民素质等有机的结合起来，不断丰富和创新新时期基层文化活动的内涵。

通过对群众喜闻乐见的戏曲和地方特色文化进行重点采集和整合，初步形成内容丰富多彩，图文声影并茂，体现中华民族优秀传统文化和时代特色，为人民喜闻乐见的数字文化信息资源体系。目前我馆的资源建设虽取得初步成效，但是仍有较大的发展空间。

五、重点工作

下一步我们将重点在利用网络平台宣传介绍民间民俗文化的声、像、图等资料上做文章，创造条件，尽快启动声、像、图、文字资料数字化加工整理工程，力争将图书馆办成最具特色和活力的民间文化艺术展示、查询、宣传、教育中心。同时还要将文化共享工程丰富的文化信息资源以网络方式，送到社区居民身边，使他们可以阅读电子图书，查询信息，观看电影，欣赏音乐、戏剧、曲艺等；还可以听专家讲座，学习文化、艺术、科技、法律、军事、衣食住行等各方面的相关知识；同时通过开展

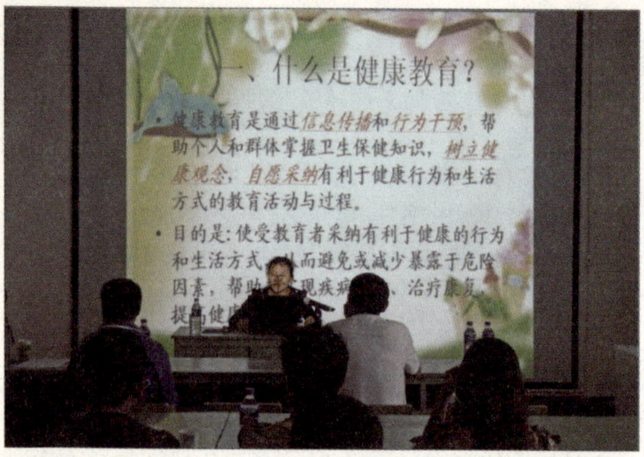

网上知识竞赛、音乐绘画比赛、家庭才艺表演等各种活动，吸引居民用户上网参与展示自身才华的文化活动或艺术创作。

在文化共享工程资源加工上，我馆准备建立一到二个特色专题数据库。采买、制作、整合各类数字资源；搭建元数据共享平台，联合目录系统投入试运；完成所有下属基层站点的联网。开展自有资源库建设，并提供服务，逐步推进文化资源的共建共享。

六、站点发展面临的困难

目前我县文化共享工程建设还存在着经费不足、存储设施不够、舞台艺术、音乐美术、文物鉴赏等资源来源匮乏等问题，为解决这些矛盾，就需要加大建设力度和投入力度，增加经费开支，建立专门的经费计划书，统一舞台艺术、音乐美术、文物鉴赏等基本源数据的提供，要切实保证县级支中心的日常运行经费、设备经费、资源建设经费。加大投入，以支持数字资源的加工整合、软硬件平台的建设和技术人员的培训，以保证文化共享工程建设的持续深入开展。

在我省已初步形成一个较为广泛的文化信息资源共享网络，我们仍将继续努力，以全国文化信息资源共享工程网络资源服务平台为依托，充分利用现代高新技术手段，将各种类型的文献信息资源以及贴近大众生活的现代社会文化信息资源，进行数字化加工处理与整合，通过全省公共图书馆、群众艺术馆、文化馆、文化站等文化设施和社会各界网络传输系统进行文化信息的传输，使优秀文化信息资源最大限度的实现优秀文化信息资源在全省范围的共建共享。

（撰文/易门县支中心）

峨山彝族自治县支中心

峨山彝族自治县辖3镇3乡2街道，76个村委会，586个村（居）民小组。居住着彝、汉、回、哈尼、傣、白、蒙古等25个少数民族，全县15.3万人口，彝族占53%。

一、建设情况

全国文化信息资源共享工程是2002年4月由文化部、财政部启动，2003年在全国范围内组织实施的一项惠民工程。2009年1月15日在楚雄召开了省文化信息资源共享工程建设工作会，副县长陈丽、文旅广体局局长何家海和图书馆馆长参加了会议并引起了高度的重视，精心组织，着手于推进各项文化共享工程的各项工作。

1、统一思想、加强领导、切实落实工程实施方案

成立领导小组，分管文化副县长任组长，副组长由政府办公室副主任和文旅广体局局长兼任，图书馆馆长兼任支中心主任，在县政府副县长和文旅广体局精心布置，统一安排下，由县图书馆负责实施工程项目建设。

2、高度重视，确保工程如期完成

2.1.资金到位

自2009年1月15日楚雄会议后，3月份县政府在财政非常吃紧的情况下，将工程建设经费纳入了财政预算，县财政拨出18万元专项资金投入县级支中心设施配套改造和基层服务网点设备的购置。乡镇基层点在乡镇财政十分困难的情况下，安排了桌椅和部分装修经费，保证了共享工程的顺利实施。

2.2.设施到位

按照省厅要求，我们严格依照设备配置标准，对县级支中心基础设施进行了全面的装修改造，包括建设中心控制室6个平方，电子阅览室120个平方。供电线路的改造、防盗门窗、窗帘、消防设施、防雷、器材设备，铺设了网络光纤，对墙裙进行粉刷油漆，供电线路重新更新，单一使用，由文旅广体局协商把专线接入由10兆扩大到30兆。电脑桌椅配置全县统一使用广东正规厂商的产品。

2.3.人才到位

由于事业编制严格受控制，为了推进文化信息共享工程的进程，临时招聘了一名计算机人员来负责日常的维修、维护并开展工作。

2009年6月底完成了支中心建设和乡镇基层点建设，并对县级图书馆和基层服务点的管理人员进行了培训，通过了省、市主管部门的验收，于2009年7月1日正式投入运行，到目前设备设施运行正常。

三、共享工程开展情况及成效

1、认识到位、领导重视、加大投入

峨山县委政府十分重视文化信息资源共享工程的建设及运行。文旅广体局多次争取资金，2010年每年用于共享工程的运行经费从8万元增加到了10万元，并明确专款专用，用于文化共享工程的日常维护、维修，开展资源共享，服务人民。

2、加大宣传力度、发挥优势、开展活动

该馆自2009年加入全国文化信息资源共享工程以来，支中心开通了文化信息资源共享工程峨山县支中心网站，采取了多样性的宣传，利用网站、宣传栏、布标和赶集的日子上街宣传，开展了共享工程资源服务。

2.1.指导帮助读者利用好共享工程的信息资源，掌握资源更新和利用。峨山县图书馆电子阅览室从2009年7月至2012年12月共接待读者9000人次。

2.2.走进农村，峨山县正在进行彝族生态城市建设，农村大力推广竹子、核桃、魔芋等经济作物，结合这一现状我馆下载了1000多份信息发到农民手中，让农民得到实惠。

2.3.走进学校，为了加强未成年人思想道德建设，利用信息资源共享工程这个平台，利用“六一节”深入到高平忠和希望小学、岔河文山小学等开展爱国主义教育活动，用投影仪设备放映优秀影片、开展思想教育宣传活动达1000多人次。另外让小学生走进电子阅览室开展“读书与成长”、“网上祭英烈”活动，人数达600多人次。

3、加强监督、完善制度、加强培训，确保共享工程正常运行，提高服务能力，积极开展服务工作。

3.1.共享工程是一项长期性的惠民工程，必须建立起完善的各项制度来保障。我县结合实际制定了《峨山县图书馆电子阅览室管理制度》、《中控室管理制度》、《少年儿童上网温馨提示》等制度，制度的建立保证了各项工作顺利的实施，同时也保障了读者的上网安全。

3.2.我馆在计算机专业人才缺乏的情况下：

3.2.1.组织业务骨干参加省中心举办的多次共享工程业务培训班。

3.2.2.组织职工参加红塔区举办的电脑基础操作和“网图”系统方面知识的培训。

3.2.3.组织文化站和支中心管理人员去外单位做的好的红河州图书馆和新安所文化站进行了考察，学习经验。

3.2.4.组织文化站的技术人员和图书馆职工在支中心电子阅览室进行培训。通过培训，提高了管理人员的责任感和紧迫感，不断拓展了县图书馆的服务方式和服务空间，为读者提供了更全面的服务。

四、工作展望

1、加强学习、加强培训。积极参加省中心的培训，定期组织职工学习业务知识，加强对数字化图书馆、网络知识的学习。

2、完善、规范各项规章制度，管理好设备设施，使之发挥效益，更好的为人民服务。

3、加工一些具有本民族特色的数据资源，达到资源共享。

4、加强对基层服务网点的建设。

5、提高技术队伍建设，更好地利用共享工程这个平台，更好地服务民众。

总之，在今后的工作中，努力的探索，更好的发挥共享工程的作用，在上级部门的指导下，不断创新机制，为构建和谐峨山、美丽峨山，努力推进文化资源共享工程，加强对基层服务网点的建设和服务指导，提高技术队伍建设，充分发挥共享工程的资源为民服务、为读者服务、为创建彝族文化事业的发展做出贡献。

（撰文/峨山彝族自治县支中心）

新平彝族傣族自治县支中心

新平彝族傣族自治县土地面积4223平方公里，居住着彝、傣、哈尼、拉祜等17种少数民族，总人口27.1万，少数民族人口占70.8%。“全国文化共享工程”的实施，为我县广大人民群众文化资源的共建共享带来了很大的方便。我县自2009年实施文化信息资源共享工程以来，完成1个县支中心、12个乡镇、街道办事处（扬武镇、漠沙镇、戛洒镇、水塘镇、新化乡、老厂乡、建兴乡、平掌乡、平甸乡古城街道办事处、桂山街道办事处）基层服务点（暨农民文化网络培训学校）建设工作。配合县组织部建立了59个社区（村）基层服务点，实现了党员远程教育与文化信息资源共享工程资源整合。2011年以来依托文化信息资源共享工程县级中支心，整合基层公共文化资源，以文化信息资源共享工程提供知识库为教材，以乡镇文化站活动场地为教室，通过整合农村公共文化服务设施、设备、人员及信息资源，围绕“三农”、面向农民开展科普教育、信息辅导、图书阅览、艺术鉴赏、教育培训、文化娱乐、知识讲座等多项文化服务，有效发挥了文化信息共享工程“农民文化网络培训学校”的作用。

通过几年的努力，我县文化信息共享工程取得了很大的进展。

一、认识到位，领导重视

为了确保我县文化信息资源共享工程建设抓实抓牢，真正做成惠民工程，明显改善新平县文化设施设备，进一步丰富基层文化工作手段和工作方法。工程实施以来，成立了以欧光荣副县长为组长的领导小组，明确了机构设置、从建设资金匹配、人员素质、工作进度、制度建设等方面提出了具体的要求，并及时发送到各乡镇人民政府、县属有关部门，为文化共享工程建设奠定了坚实的基础。

二、抓好落实，加强工作人员培训

积极争取主管部门支持，通过考察与挑选，调整比较熟悉计算机人员到图书馆支中心担任信息共享工程建设工作，并加强工作人员培训，于2009年8月17–22日，配合省信息共享中心完成了在我县举办的2009年云南省文化共享工程县级支中心技术骨干培训工作，我县全馆人员参加了培训；2011年9月14–17日，组织5名专业技术人员参加了省图书馆在红河州泸西县举办的“2011年文化共享工程农民素质教育网络培训学校建设培训班”培训，11月27日至12月1日，组织2名人员参加了玉溪市图书馆举办的文化资源共享工程业务技术培训等，为我县更好的开展农文网培学校服务工作打下了坚实的基础。

三、工作到位，取得成效

1、宣传到位。在节庆日及“三下乡”活动期间，为全县人民群众开展免费电影放映活动，通过放映活动宣传全国文化信息资源共享工程，向群众发放宣传单，使广大人民群众对图书馆免费开放服务、文化信息共享工程有了很大的认识。

2、服务到位。我馆根据残疾人调查情况，在文化共享工程县支中心开办了“残疾人学习园地”和“盲文及盲人有声读物阅览室”。电子阅览室内设有专门的盲文图书专架及阅览桌椅，防磁声像柜，电脑上安装了专供盲人使用的4台“盲人读屏软件”，同时可容纳20位盲人读者。每年助残日期间，图书馆利用这些设施设备资源，为残疾人开展有声读物活动，接受残疾人咨询，为残疾人推荐好的书籍，让残疾人充分感受到了社会的关心和温暖。实施文化共享工程以来，新平县支中心阅览人数共计12000余人次。

3、加强培训工作。新平县支中心建立后，为服务于广大民众，不断举办各种培训班、讲座等，达到了实施文化共享工程的目的。2012年4月11日至13日，支中心举办了2012年新平县农民素质教育网络培训学校管理人员业务培训班，来自新平县各乡镇（街道）文化事务中心业务骨干及县图书馆工作人员共30余人参加了培训。2012年7月16日至18日，利用电子阅览室设备，和县红十字会联合开展了主题为“人人学急救，急救为人人”的“新平县红十字现场急救第一期公益讲座”，来自各行各业对急救知识有兴趣的人员共30余名参与了讲座。2012年7月27日至8月底，对古城街道办事处社区干部及街道办事处部分干部职工共56人进行农民素质教育网络培训学校电脑知识培训。2012年9月26日至28日，在支中心举办了“2012年新平县免费开放图书管理员业务工作培训班”，来自我县各乡（镇）、街道文化事务中心共30余名骨干人员参加了培训。2012年，全县12个乡镇、街道办事处文化信息共享工程“农民文化网络培训学校”共为广大群众开展培训活动15次。通过不断的宣传推广、加大培训力度，为广大群众实行免费开放服务，我县文化信息资源共享工程已进一步深入人心，工作取得了很大的进展，在逐步实现文化资源大众共建共享的目的。

四、工作展望

未来，文化信息资源共享工程前景广阔，我们将借助现代信息技术手段实现知识与资源的有效整合、利用和共享，不断满足读者对于学习知识的需求。

在下一步工作中，我县将采取有效措施、狠抓落实，不断创新、开拓进取，为构建和谐新平，不断推进文化共享工程建设的服务进程。一是加强对基层服务网点的建设和服务指导，逐步推进村级服务点的建设，努力实现城乡一体化的文化共享工程服务体系；二是加强队伍建设，采取送出去、请进来等多种形式开展培训班，使这支队伍成为高素质、高水平的队伍；三是创新服务方式，为老百姓多办事、办好事，充分发挥共享工程应有的资源作用；四是创新管理模式，不断完善机制，探索规范、科学的管理方法，使我县文化共享工程建设再上新台阶、再创新局面。

（撰文/新平县支中心）

元江哈尼族彝族傣族自治县支中心

一、整体情况

元江县属玉溪市的九县区之一，距离玉溪市131公里，全县总面积2858平方公里，辖2镇5乡3个街道办事处80个村民委员会，总人口21万。2008年，我县被列入全国文化信息资源共享工程建设项目，县委、县政府高度重视此项工程，及时成立了元江县文化信息资源共享工程建设领导小组，组织人大、政协及文化、财政、人事等政府组成部门和图书馆深入调查研究，制定了《元江县文化信息资源共享工程实施方案》，在各部门的有序配合下，于当年9月完成元江县支中心建设任务并投入使用。时至今日，在各级政府的支持和帮助下，我县正努力朝着实现文化信息资源共享工程文化乐民、文化育民、文化富民的建设目标大步迈进。

二、网点建设

2009年，我县只有1个县支中心和2个基层服务站点，经过这几年的发展，已经覆盖了2镇5乡3个街道，共建成10个基层服务站点，36个村级网点。但离实现“村村通”还有一些差距，现在还未建成的46（机构合并新增2个社区）个村级站点也在积极申报中，在上级部门的支持下，元江县将会实现文化信息资源共享工程行政村的全覆盖，让全县人民都共享文化信息资源。

三、经费投入

从我县被确定为云南省全国文化信息资源共享工程项目以来，县委县政府领导高度重视，及时成立了以分管副县长为组长的领导小组，落实了县支中心和乡镇基层站点的建设经费和运行经费。三年来共投入经费144.4万元（其中：中央投入126.6万，县乡级投入17.8万）。

四、资源建设

我县是一个集哈尼族、彝族、傣族为主体民族，其他少数民族和谐发展的少数民族自治县，各民族都有很多古老神秘的民风民俗，为了很好的传承先人留下的文化遗产，我县支中心与元江电视台联合举办了《品末元江》电视栏目，在本地已经播出2期，取得了很好的社会反响。还组织各基层站点，收集整理本地民族文化资源，以制作成图书、光盘等方式呈现。同时，我县支中心还积极联系县内的“民族文化人”和“民族通”，把他们搜集整理到的，或者已经出版的书收藏到图书馆，为广大人民群众奉上精彩的民族文化大餐。在以后的资源建设中，元江县支中心将会在发展本地的民族文化特色上下

工夫，充分展示我县的人文地理和风土人情资。

五、技术支持

省分中心不定期会委派专业技术人员对我县支中心的工作人员进行相关培训，并对设施设备进行全面检修，得到省分中心的大力支持，从而保证了我县支中心共享工程工作的正常运行。为了有效提升县支中心技术支持能力，2012年9月，县支中心在全县范围内公开选调了2名计算机专业人员负责支中心技术服务、业务辅导与人员培训等工作。当基层站点碰到技术困难时，我县支中心均在最短时间内派专人去解决问题。通过现场辅导、电话联系、QQ和电子邮件咨询等方式，上下级之间建立了多渠道、多方式的技术支持通道，为全力解决我县支中心和基层站点的技术需求提供了强有力的保障。

六、合作共建

为了使基层充分利用有限的网络资源，更好地为人民服务，我县各基层站点把文化信息资源共享工程与农村党员干部现代远程教育工程进行合作。文化信息资源共享工程的内容侧重于丰富广大基层人民群众的文化生活，而农村党员干部现代远程教育工程包含各种理论、政策、法规、建设新农村等方方面面，更偏向于教育培训农村的人民群众，二者在各自所包含的资源上能够实现互补，有利于整合两项工程的设施设备，拓展网络覆盖面，扩大资源量、减少人力投入，达到资源共用。二者的合作，有力保证了农村党员干部带领广大农民群众走上幸福之路。

七、惠民服务

近年来，我中心充分利用资源优势，坚持“面向基层、服务民生”，让全县人民享受到文化共享工程带来的各项惠民服务。我县支中心联合基层服务站点共同举办了一系列文化活动：“农民科技养殖”培训、“我的书屋，我的家”征文演讲赛等活动，利用“文化下乡月”活动，深入基层为群众播放多方面的影视资源。这为农村群众提供全方位的文化知识。

在庆祝“中国共产党建党九十周年”主题活动中，我县支中心在服务器上放置了中国共产党建党九十周年相关文字资料和视频资源，供各基层站点查阅使用。同时，每年都为各站点刻录和发放种植、养殖业等方面的数字资源。和元江县监狱建立了图书流通站，流通图书500余册，极大地丰富了狱警及服刑人员的业余文化生活。我们携手共建，共同打造有特色的惠民服务站，切实为基层群众提供更大的文化活动平台。

八、宣传推广

文化信息共享工程是一项惠及民生，提高人民文化生活水平的民心工程。为了让全县人民都了解并受惠此项工程，我县支中心做了多种方式的宣传工作。一是制作和发放宣传单。县支中心和基层站点都利用自身的优势，在各自所属地区进行宣传。二是让人民群众亲身体验。我县支中心联系基层站点，共同深入到社区、村民小组、工地等平常很少触及的地方，利用文化共享工程设备的资源播放与人民群众生活生产息息相关的影片，让他们感受到文化共享工程带来的成果。这些宣传方式虽然简单，但是效果明显，社会反映也好，为广大人民群众更深入的了解文化信息资源共享工程发挥了积极的作用。

九、培训工作

为了把我县的文化信息资源共享工程做得更好、更广，更好的为人民群众服务，我馆重视工作人员的业务素质。截止2012年10月，我馆先后组织了8批共计21人次参加计算机等级资格培训、计算机基层知识培训、农民网培学校知识培训、文化信息资源共享设备的使用方法等多种培训。成功举办了“元江县文化旅游广电和体育局内部OA系统培训班”2期，元江县文化信息资源共享工程管理员培训班1期，取得了很好的效果。

十、管理和队伍建设

为了在文化资源信息共享工程开展的过程中有章可循，全县已建成的服务站点制定出各种规章制度和管理制度，摆放在显眼的位置处，明确岗位责任，保障工作的顺利开展。同时，建立必要的奖惩制度，为本站点的发展做出成绩的人员，给予一定的奖励，更好的调动了基层站点工作者的积极性。

为加强共享工程队伍的建设，我县支中心积极参加省、市组织的文化信息资源共享工程相关培训，并邀请有关技术人员到我馆授课。对于基层站点建设，我们采用集中负责人到县支中心进行理论学习和上机实践学习，要达到每个管理员都会规范操作，熟练运用，并能处理简单故障的水平。

2012年，我县支中心招录了两名计算机专业人员，为造就一支有知识、有能力的文化资源信息共享工程建设队伍创造了条件，也为我县深入开展文化资源信息共享工程打下了坚实的基础，使我县信息资源共享工程建设工作逐步形成科学化、规范化管理。

十一、荣誉奖项

荣获2012年玉溪市政府颁发的“农家书屋工程建设先进集体”，元江县文化局2010年度考核一等奖，元江县文化旅游广电和体育局2011年考核一等奖。

十二、工作展望

截止2012年，我县还有46个村委会没有建设基层站点，望政府能加大投入力度，尽早实现全县范围内覆盖，更好地为广大人民群众服务；为实现现代化、自动化图书馆，希望能和更多的机构合作，最终实现数字化图书馆。同时，希望政府能投入更多资金，增派专业人手，在全县范围内收集　整理民间文化，让民族文化得到保留和延续，也让全国人民都享受到不同地方的文化资源。希望在大家的共同努力下，把文化信息资源共享工程办得越来越好，让人民群众真正享受到来自全国各地的文化资源。

（撰文/元江县支中心）

澂江县支中心

澂江县隶属玉溪市所辖，全县共有龙街、右所、海口、九村、凤麓五个乡镇，29个行政村，四个社区。

澂江县文化信息资源共享工程于2009年8月启动，由澂江县文化局提供建设经费5元，澂江县图书馆具体负责基础设施的建设，安装了防盗门，防雷天线，防盗窗，装修了机房，架设了安全电路，购买了21个电脑桌，架设了100兆的光纤电缆宽带网线，2009年9月，云南省文化信息资源共享工程省级分中心下发25台计算机、服务器、电视、照相机等设备安装完毕建成一个电子阅览室并顺利完成调试运行，2009年10月云南省文化厅和云南省共享工程省级分中心组成的检查验收组对澂江县图书馆文化信息资源共享工程进行了检查验收，经检查验收组现场检查，检查组对澂江县文化信息资源共享工程建设给予高度评价，一次性通过了检查验收，并宣布成立澄江县文化信息资源共享工程县级支中心正式成立，支中心成立后，制定了各种管理制度，电子阅览室实行免费对全县群众开放服务，每年有4000左右的读者享受电子阅览室的服务，依托共享工程电子阅览室为平台，澂江县人民政府信息公开公共查阅处设在了县级友中心电子阅览室，为全县人民查阅了明政府公开信息提供服务，澂江县级友中心每年都举办各种文化信息活动，同时承担着对乡镇文化信息资源共享工程基层网点的业务开展和农文网络分校的业务开展进行业务辅导工作。

2010年7月，澂江县级友中心完成了九村镇、凤麓镇两个文化的信息，信息资源共享工程基层网点和农文网络分校的建设任务，每个网点由乡镇投入1万元建设资金，分别购买了七张电脑桌，安全防盗设备，开道了宽带网络，制了相应的管理制度，2010年10月通过上级检查组的验收，现运行正常，免费向群众免费开设服务。

2011年9月，澂江县级友中心完成了右所，海口、龙街3个乡镇的文化信息资源共享工程基层网点和农文网络分校建设任务，由每个乡镇投入建设基金1万，分别购买了7张电脑桌，安全防盗设备，开道了电信宽带用线，制定了相应的管理制度，同时完成了4个社区，26个行政村基层文化信息资源共享工程网点和农文网络分校的建设任务，每个行政村投入3000元建设经费，开通了宽带网线，并全部投入为群众免费开设服务活动工作中。

澂江县文化信息资源共享工程工作经过多年建设任务，现已完成五个乡镇文化站，30个行政村建设任务，现在这些基层服务点都在为全县人民提供多种丰富多彩的文化信息免费开放的服务工作，澄江县人民正在享受者改革开放经济发展带未的丰硕成果。

（撰文/澂江县支中心）

保山市支中心

保山市地处云南西部边陲，保山全市辖四县一区，总人口250万。有72个乡镇，913个行政村(社区)。

保山有哀牢文化、永昌文化、腾越文化、翡翠文化、滇西抗战文化等重要文化资源，是中国文化的富集区和新兴的旅游胜地。是全国首批31个公共文化服务体系示范区创建单位之一。

一、网点建设

保山市现建有一个市级文化信息资源共享工程支中心，五个县级支中心，一个特别支中心(和顺图书馆)。现有72个乡镇建立了文化共享工程基层点，有913个行政村和50个自然村建了基层服务点。

二、经费投入

保山市目前由国家财政、省财政以及地方财政共投入文化信息资源共享工程设备资金1000多万元。国家、省及地方财政年投入运行经费500多万元。

三、资源建设、技术支持、合作共建

保山市文化共享工程支中心在文化共享工程国家中心、省分中心、武汉大学国家文化创新政策研究中心的支持下，联合省社科联、市委宣传部、市文化广电新闻出版局、市旅游局、市侨联、市社科联、市广电总台以及各县区文化机构，依托保山市文化共享支中心的设备，依托云南导航文化传播公司的技术力量，合作共建特色资源专题数据库。

现已建起了立足保山、面向南亚、服务全国的大型文化网站《云南桥头堡文化网》和保山市数字图书馆网，开展了保山市地方文献全文数据库、保山地方特色文化资源数据库、保山旅游资源数据库、滇西抗战专题数据库、云南桥头堡文化专题数据库、文化共享工程农民素质网络培训学校数据库、缅甸资源数据库等特色资源建设。

四、惠民服务

保山市文化共享工程的核心就是大力开展惠民服务。现在全市己实现了文化共享工程设施的“村村通”。在惠民服务中，主要开展了以下几项重点工作：

1、把共享工程与农文网培学校有机结合，共同构建公共文化服务的资源支撑体系。为了充分利用共享工程，我市非常重视“文化共享工程农民网络培训学校”的建设。市政府专门下发了保政办发[2010]78号《关于利用文化信息资源共享工程建设农文网培学校的通知》。

这是全国首家以政府的名义下发的农文网培学校的专门文件。市级总校成立后，特别聘请了50多位各界专家作为全市“农文网培学校”的兼职教师。这些专家来自文化、艺术、农业、医疗等各个界别，能较好地满足培训要求。同时，市级支中心还将国家中心下发的资源及自购数字资源刻成光盘下发至村，并针对不同的特色村，实行特色资源专题服务。由于市级支中心把文化共享工程和农文网培学校紧密地结合到一起，同等重视，同步建设，同享资源，所以形成了合力，为保山市的公共文化服务体系的建设构建了资源支撑体系。截至目前为止，已有30万人次享受了共享工程的服务，已有15万人次得到了培训，发挥了重要的社会效益。

2、通过共享工程，为“文化惠民村”建设提供技术与信息保障。云南省自2010年在全省启动了“文化惠民”创建活动，提出“文化乐民、文化育民、文化富民”的农村文化建设新思路。保山市文化共享工程通过技术与信息为“文化惠民村”建设提供全方位服务。下面以大村为例：大村是保山市腾冲县中和乡的一个行政村。在“文化惠民”创建活动中，大村人深切感受到了“富钱袋”必先“富脑袋”，在并不富裕的情况下，毅然投入近200万元，建成了1150平方米的文化中心，里面设了共享工程电子阅览室、农文网培学校等。村民郭云忠从事石材加工、销售多年。经过文化共享工程网培学校的培训，他通过网络销售，年获利数万元。中共中央政治局常委李长春、刘云山、国务委员刘延东等中央领导先后到大村进行了视察。对大村给予了高度肯定。

3、文化共享工程与图书馆现代化、网络化、数字化建设有机结合，从根本上转变图书馆的服务理念与服务业态。保山市图书馆通过文化共享工程的设备开展了自动化服务工作；开展了青少年绿色上网空间和电子阅览室的网上读书工作。通过视频会、QQ群、美萍点播系统、电子邮件、网络链接等多种渠道，开展图书馆间的业务研究讨论、服务协作交流活动。通过共享工程，加强数字电影放映工作。通过数字图书馆，把阅读与信息服务送到千家万户。四是通过“春雨工程边疆行”，服务广大边疆群众。2012年“春雨工程”——全国文化共享工程志愿者边疆行活动在我市腾冲、龙陵两个边疆县开展了资源发放、人员培训、展览展示等丰富多彩的文化服务，吸引了上万人次参加。

保山市支中心通过电视、报纸、手机短信、数字图书馆网站、展览、活动等等多种方式对文化共享工程进行宣传推广。市民知晓率已达60%。保山市支中心结合实际制定了《文化共享工程保山市支中心职责》、《设备管理制度》、《网络信息服务规章制度》等，确保了共享工程的有序进行和规范管理。现在全市参与文化共享工程管理工作的专职人员已100多人，兼职人员500多人。全市共举办各级管理人员培训班20多期，培训人员1000多人次。共获得共享工程知识比赛省级三等奖一次。

下一步我们将严格按照国家中心和省中心的要求，严格管理，规范运作，创新服务，探索经验。通过文化共享工程，加大“文化利民、信息惠民”的力度，扎实开展“文产结合定向培训”活动，让广大农民得到实实在在的好处。二是通过数字图书馆、手机、数字电视等手段，将文化共享工程的文化信息服务于更多的市民，为打造知识型、和谐型社会做出努力。

（撰文/鲁兴勇）

保山市隆阳区支中心

一、基本情况

隆阳区2008年8月开始实施文化信息资源共享工程，多年以来，该工程得到了各级党委、政府的高度重视，通过各级各部门的共同努力，按照公益性原则，规范运作行为，严格内部管理，为基层群众服务已经取得了良好的效果，发展势头良好。

二、网点建设

隆阳区政府高度重视文化共享工程的建设工作。2008年6月成立了以区政府副区长任组长，区政府办、组织部、宣传部、财政局、教育局、民政局、农业局、科技局、广电局、新农办及所属18个乡镇街道办事处领导和图书馆馆长为成员的文化信息资源共享工程建设领导小组。为文化共享工程在隆阳区各基层服务点的建设奠定了坚实的基础。

现在，隆阳区已建成“文化共享工程”县级支中心一个，乡镇级基层服务点18个，村级基层服务点270个。通过与党员远程教育共建共享，开展文化信息服务及农民素质教育网络培训等活动。为基层农民群众开展各种服务。

三、经费投入

在隆阳区委、政府高度重视下。文化信息资源共享工程的建设工作进展顺利。区政府在2008年第五次常务会和区委第41次常委会上专门研究了文化信息资源共享工程建设工作，安排给区支中心经费7万元，18个乡镇（街道办事处）每家安排3万元的设备购置费。2009年区财政安排给隆阳区支中心运行经费2万元，2010年以后区财政安排给隆阳区支中心运行经费3万元，保证了文化信息资源共享工程在隆阳区各基层服务点工作的正常开展。

2011年起全国公共文化场所实施免费开放，国家、省级财政2011年拨给县级支中心20万元、2012年16.8万元免费开放经费。各乡、镇、街道办事处2011年5万元、2012年4.2万元免费开放经费。为各服务点工作顺利开展提供了经费保障。

四、资源建设、合作共建、惠民服务、宣传推广

经过精心策划和积极准备，隆阳区支中心接入了10兆的光钎，于2008年8月底建成并投入使用。区支中心充分利用文化共享工程内容新颖、实用性强、信息量大、数据传输快捷方便等优势，为广大群众开展网络信息资料查阅服务；利用设备优势，为隆阳区广大青少年读者开辟绿色上网通道，年接待各类读者达3万人次左右。支中心还积极组织资源，利用移动播放器、投影机等设备经常深入区强制戒毒所、消防大队、学校、社区、农村放映教育片、电影片及实用技术讲座等，受到了广大干部群众的好评。

隆阳区18个乡镇街道办事处于2009年5月已全部建成了文化共享工程基层服务点，为基层农民群众开展服务。各服务点都针对当地的基本情况和需要为广大农户提供一些种植、养殖技术方面的资源，提供一些舞台艺术、电影片放映服务。

2010年6月以文化共享工程设施设备为基础，对乡镇文化中心进行资源整合重组，成立文化信息资源共享工程农民素质教育网络培训学校，全区的“农文网培学校”积极组织服务资源，不断加强队伍建设，有计划地开展好各种培训，做到走出去请进来，要深入各自然村组织现场培训、参观，充分发挥“农文网培学校”的优势和作用。更好的为群众服务。现已有18个乡镇（街道办事处）正式挂牌成立了农文网培学校，各农文网培学校成立了以党委书记为名誉校长。乡、镇长为校长，分管的副镇长为常务副校长，文化中心主任和农业推广站站长为副校长，乡镇直各部门、各个村委会及学校为成员单位的组织机构。文化中心在职人员为辅导员，另外聘请兼职辅导员十多名。分工及责任明确。使文化共享工程设备的作用发挥得到更加充分。

五、培训工作、管理和队伍建设

隆阳区在建设共享工程的过程中，遇到的最大问题就是没有专业的计算机人才，技术力量薄弱。县级支中心的技术一直是在实践中边学边对各基层服务点进行技术指导，各乡镇服务点对村级服务点进行技术指导。乡镇各服务点的服务人员以文化服务中心工作人员担任，各村服务点的服务人员由大学生村官、村干部担任。每年县级支中心对乡镇服务点服务人员进行2次培训。

隆阳区文化共享工程经过了多年的运行，支中心及各乡镇街道办事处努力创造条件，利用共享工程设备为群众服务取得了一定成绩，今后，我们当更加积极努力搞好各项服务，为隆阳经济社会又快又好发展做出自己应有的贡献。切实做到了文化乐民，文化育民，文化富民。

（撰文/保山市隆阳区支中心）

施甸县支中心

施甸县共有13个乡镇、137个行政村（社区），国土面积2009平方公里；总人口33.7万人；有24个少数民族，人口26661人，其中有全国人口较少民族布朗族9424人。属典型山区农业县，是国家扶贫开发工作重点县。

一、基本情况

实施全国文化信息资源共享工程实施后，我县紧紧抓住这一历史机遇，将共享工程作为推进文化创新、完善公共文化服务体系、提高公益性文化服务水平、促进经济社会协调发展、构建和谐环县的重要抓手，扎扎实实地组织全县共享工程项目的实施。先后投资300多万元，在酒房等13个乡镇建成了标准化乡镇综合文化站。投资100多万元，建成“农家书屋”139家、文化信息资源共享工程县级支中心1个、基层服务站点13个，村级服务点137个。县、乡、村三级文化服务网络体系已基本形成。

二、网点建设

文化信息资源共享工程施甸县支中心于2009年6月份建成投入使用。设备总投资100万元。其中：建成电子阅览室80平方米、多媒体室100平方米、主控机房15平方米。综合阅览室和电子阅览室共设坐席60个。2009年5月与县电信公司协商通过10M光纤接入互联网，30余台计算机都可浏览共享工程的信息，为更好的为广大群众提供优质、高效的免费服务，2012年10将光纤接入带宽升级到30M，现已向社会全面免费开放。支中心的建成进一步推动了我县图书馆基础建设，实现了图书馆网络化、数字化、自动化管理。2012年1月，施甸县图书馆公共服务网（www.sdlib.net）正式投入使用，为广大群众提供信息浏览、视频点播、书目查阅等免费服务。

2009年至2012年分三批在我县甸阳镇等13个乡镇文化站建成文化信息资源共享乡级服务点，在甸阳镇街道等137个行政村建成文化信息资源共享村级服务点。通过和县电信公司合作，实施了13个乡镇基层站点10M光纤接入、137个村级服务点2M宽带接入以电信模式为主为全县33万群众提供资源共享服务。县图书馆负责指导设备的调试、运行、人员培训、业务开展等工作，目前各基层服务点设备运行良好。

三、经费投入

近几年来随着市场经济体制的不断完善，农业结构调整力度的加大，人民群众尤其是农民朋友对科学文化的需求显得尤为迫切。面对我县基层文化设施陈旧、文化投入不足、文化资源匮乏广播电视覆盖面小，信息转送滞后等现状，县委、县政府高度重视。决定以共享工程建设为契机，把传播先进文化、转变致富理念、普及科学文化知识作为共享工程建设的最终落脚点，并采取有力措施使共享工程建设工作落到实处。一是加大投入，加强基础设施建设，先后投入近千万元新建了12个乡镇文化站及96个村文化室。二是加强乡镇、社区文化队伍建设，搭建信息沟通平台。建立完善乡镇、社区文化站、基层服务点治理制度，加强共享工程基层服务点的治理。通过招考、聘用等形式为全县13个乡镇配备文化

站长13名、文化专干13名、村文化管理员137名。明确了文化专干职责，指导各基层服务点做好群众需求双向反馈工作，利用文化站现有资源、设施设备为基层服务点提供服务。做到了人员、阵地、牌子、设备、制度“五落实”。三是构建遍布全县的基层服务网络，改善基层文化工作手段陈旧落后的状况。各村、社区服务点依托文化活动室的便利条件，由县图书馆向服务点提供图书、杂志、音像资料等，满足社区居民精神文化生活需要。每个乡镇选择3-5个人员相对集中、种养殖前景较好的行政村作为基层服务点，示教合一，现场指导。并为部分基层服务点配备了电教器材、农村实用技术图书及其它各类图书、光盘。充分利用农村党员电教室设施设备的优势使党的方针政策、科学技术信息以更加新奇直观、形象生动的方式迅速走向千家万户。

四、技术支持

由于条件所限，乡下群众不便于到县城享受优质的网络资源，将新思想、新科技用一种直观、易懂的形式送到农民身边就成了及时雨、雪中炭。为了使群众对农业新科技能够看得懂、用得上、见效快。县委、政府组织文化、农牧、卫生等部门到基层调研、了解群众最需要什么，搞清为群众送去什么、怎样送之后，利用共享工程网络资源内容新奇、实用性强、信息量大、数据传输快捷方便的优势，认真搜集、下载适用于当地群众的政策法规、先进性教育、农业科技、文化体育、防疫保健、科普知识等共享工程信息资源刻录成VCD光盘或宣传资料，通过县、乡、村三级文化服务网络及其它途径传输信息，扩大宣传面，使群众快学技术早得实惠。一是通过协调组织、宣传、农牧、林业、卫生和计划生育、公安等专业部门，将各类信息资源通过业务部门的工作传播到千家万户使群众受益。二是向各乡镇文化站、村基层服务点直接提供图书、光盘支持，由各服务点直接面向群众服务。三是利用“三下乡”、宣传周、农村集市、节假日等积极协调有关单位在各乡镇集中向农民赠予、或以成本价向群众发放共享工程光盘和实用技术资料，并现场接受咨询解决实际问题。四是针对种养殖户在种养植过程中碰到的实际问题对症下药，从共享工程网络资源库中下载相关内容刻录成实用光盘免费赠予给种养植户或种养植集中连片的村组及文化中心户，使农业科技推广更具有针对性和时效性。

五、惠民服务、合作共建

针对广大干部群众普遍关心的理论热点问题，及时收集整理党的方针政策、理论创新成果，广泛开展图书音像资料进农村、进学校、进社区、进农户、进单位等一系列活动进行思想道德、民主法制教育、形势教育、理想信念教育、理论教育。通过群众喜闻乐见的形式把学习党和国家方针政策的热情转化为建设社会主义新农村、构建和谐社会的自觉行动。面向广大干部群众突出政策理论教育。在县城进行了专题展播10余场次，共接待观众2000余人。与金融、卫生等职能部门合作在全县范围内广范开展以征信、反假人民币等为主题的专项宣传。三是加强为中老年人提供便捷信息服务，不定期开展“夕阳红”电脑培训班，使他们获得了精神的强健与先进文化的关爱。四是面向广大青少年，突出思想道德教育。与县各中心校联合深入各中小学校开展活动。

六、队伍建设

施甸县图书馆有正式职工9人，大学以上学历人数有6人，中专以上学历3人。其中中级职称5人，初级职称4人。设有共享工程专职人员1人，兼职1人，2人均参加过国家、省、市举办的共享工程业务培训，培训100课时以上，具备共享工程上岗资格。

七、工作展望

1、进一步扩充文化设施网点，以县图书馆、乡文化站、基层服务点为实施主体。加强基层文化设施网点网络化、数字化建设，加强文化、科技信息资源自动化、网络化建设和专业技术人员的培养，为深入推进共享工程的实施打好基础。

2、努力把文化信息资源共享工程用活、用好。积极采用图书馆成熟技术，借助数字电视（户户通）和远程教育服务网络大力开展公益性服务。尤其加强对广大农村地区的扶持力度，将文化共享工程建设成为社会主义新农村的重要抓手。以先进文化教育广大群众，提高人民群众的思想道德水平和科学文化素质，最大限度地将信息资源转化为生产力。通过多种形式拓展服务范围、创新服务方式将地方影视戏曲、音乐歌舞、美术等艺术表现形式纳入共享工程服务内容，以群众喜闻乐见的形式使共享工程更加贴近基层、贴近生活、贴近群众。

3、在实施过程中加强与上级业务部门、县直各部门的沟通与协调使共享工程服务群众更具针对性和时效性。同时不断总结经验，改进创新治理体制和运行机制，使“共享工程”真正成为文化创新工程。

（撰文/施甸县支中心）

腾冲县支中心

近年来，腾冲县文化共享工程支中心按照县委、政府“文化名县”的发展战略，充分利用全国文化信息资源共享工程服务网络体系，加强腾冲县公共文化基础服务设施建设，着力开展基层文化服务工作。

一、基础设施建设及规划

2008年9月腾冲县文化共享工程支中心建成并投入使用。2009年至2011年，完成了18个乡镇基层点的建设任务，覆盖率达100%，全县221个行政村已完成建设179

个，覆盖率达80%。县、乡、村一体的“农文网培学校”初步搭建起来。重点在固东镇江东银杏村和中和乡大村两个省级“文化惠民示范村”建设了农文网培学校。

2009年，腾冲县图书馆被列为“县级数字图书馆推广计划”试点县之一，相关设备已安装使用，丰富的资源极大的充实了支中心的资源存储量。目前，腾冲县文化共享工程工作已步入了正轨，服务工作正在有条不紊地开展。

二、健全组织机构，加强规范管理

为确保我县“农文网培学校”的顺利建设和正常运行，根据腾冲县文广局制定下发的相关文件要求，县级总校及乡镇分校分别成立了校务管理机构，和专兼职师资队伍，建立健全各项管理规章制度、制定教学及培训计划。组织机构的建立保障了工作的顺利开展。

三、特色资源建设及共建共享

资源建设是文化共享工程的核心。目前，腾冲县支中心资源的存储量达1.8T，其中下载资源576.98G，自建资源5.27G，接收下发光盘资源278.15G、县级数字图书馆资源1T。

与当地电视台合作共建的8个地方特色资源已被云南省分中心采用。

利用文化共享工程“CSLN专业图书馆网”建成了腾冲县图书馆网站；开展馆藏数据库建设工作，初步实现了馆藏书目数据的共建共享。网站点击127357人次，通过网络解答咨询117次。

与科协合作建成“网上农家书屋”，向18个乡镇开通使用，有7000余种期刊、500多种报纸、10000余种图书、7000余种音像资料为群众提供服务。

四、加强人员培训，提升业务水平

人才是事业的基石和保障，腾冲县支中心除要求管理人员必须持计算机等级考试资格外，积极参加省分中心举办的各种培训，目前腾冲县支中心已有3人取得国家计算机等级考试一级证书，2人取得国家计算机等级考试二级证书，3人参加省分中心举办的培训7次，176个学时。组织相关工作人员参加文化共享工程网络培训20余次。

支中心制定了对基层的培训方案，采用集中培训、到点培训、网上培训等多种形式，培训100余次，培训管理基层人员计700余人次。

五、创新工作方式，服务社会大众

1、加强管理，提高设施设备的利用率。腾冲县支中心利用电子阅览室为青少年开辟“绿色上网空间”，每周开放时间达46小时，为了让家长放心、学校放心、社会放心，我们保证了环境绿色、管理绿色、内容绿色、时间绿色。电子阅览室三年多来服务读者94426人次，其中青少年40391人次。利用大屏幕投影开展多媒体影视放映及专题讲座。组织整理资源，在大厅的宣传栏进行节目播放预告，播放优秀影片、专题讲座516场。寒暑假开设电脑培训60场次，培训人员1753人次。

2、借助文化共享工程网络服务体系，积极推进惠民工程的实施。采取“三进一下”（进学校、进军营、进社区、下农村）服务模式开展各种活动及培训，做到月月有培训，季季有活动；关注特殊群体及弱势群体，把服务的触角延伸到社会的各个角落。进学校为在校师生放映10余次，服务4395人次，赠送资源150G。组织在校师生参与文化共享工程专题活动，2009年“文化共享工程全国青少年网页设计比赛”活动中，举办培训2次，培训学生百余人次，300多个学时，其中4名学生的作品被推荐参加全国比赛。2010年国家中心组织的“党旗飞扬，文化共享”党史知识竞赛中，腾冲县支中心组织在校学生2315名参与了网上竞答，以总分及人气第一的成绩获全国组织奖，另有7名学生获个人奖；组织社区居民观看各类讲座，并参与计算机基础培训6次，服务745人次。协助看守所、机动中队等建立起了图书室，并作为长期服务流通点，到腾冲县看守所为在押人员播放了如《共建和谐社会》等专题讲座。为满足农民工对文化的渴求及企业对员工素质培养的热情，先后进企业开展活动2次，服务读者近千人次。在建党90周年期间为农民工举办优秀影片展播，播放电影7场，服务群众近万人次。在“三下乡”活动中，赠送信息资料上千份，播放科技等视频十余场，服务农民2000余人次。利用文化共享工程国家中心下发的资源分别到中和大村、石坪、古永箐口等村开展“文化助春耕”活动4次，服务农民近千人次。

2012年成功举办了“春雨工程——全国文化志愿者边疆行”活动，对18个乡镇文化站人员及部分群众进行了两场计算机知识培训、开展了一次放映、一次维护、一次展览、一次资源发送活动，服务近千人次。

3、乡镇农文网培学校聘请种养殖技术、教师、专业合作社带头人等专业人员作为师资、利用文化共享工程优秀资源根据各乡镇情况，开展如民族刺绣、银杏种植、本土导游、厨艺等培训班，培训结束后颁发毕业证书，农文网培学校建成以来培养了一大批有技术的新型农民，极大地提高了农民的就业能力。

六、荣誉奖项

2010年，被云南省人力资源和社会保障厅及云南省文化厅共同授予“云南省基层文化工作先进单位”荣誉称号；2011年，被中宣部、文化部、国家广电总局、新闻出版总署联合授予“全国服务基层、服务农民文化建设先进集体”荣誉称号；同年被保山市人民政府授予“保山市文化工作先进单位”荣誉称号。

七、工作展望

文化共享工程对于基层图书馆而言不仅是信息化水平提升及服务的更好延伸，更是一种全新的定位，我们将不断的探索和积累文化共享工程实施的经验，进一步完善和提高图书馆的综合实力和服务能力，提升基层文化服务水平，充分利用文化共享工程的设备及资源为广大群众提供形式多样的文化活动。

（撰文/腾冲县支中心）

龙陵县支中心

龙陵县总面积2884平方公里，全县辖10个乡镇121个村民委会，总人口28.9万人，有汉、彝、傣、回、白、傈僳、阿昌、景颇、布依等23个民族。近年来，龙陵县委、政府高度重视文化工作，不断加大对文化基础设施的投入，先后兴建起一批文化设施，投入资金大约1200多万，使龙陵文化事业取得了长足发展，被国家文化部授予“全国文化先进县”称号。

一、基本情况

龙陵县的全国文化信息资源共享工程于2006年底启动，在县委、政府的高度重视下，经过大家共同努力，2008年10月文化信息共享工程得以顺利实施，按国家中心要求完成建设任务，建成一个文化信息资源共享工程县级支中心（其中包括1个中心机房、1个电子阅览室、1个业务加工室），并正式挂牌成立。2009年5月，全县10个乡（镇）文化信息共享工程基层站点建成，并接入网络，顺利为群众提供快捷的数字化信息服务，深受读者欢迎。根据《保山市人民政府办公室关于利用文化信息资源共享工程建设农文网培学校的通知》（保政办法[2010]78号）和《保山市文化广电新闻出版局关于切实做好近期农文网培学校建设工作的通知》（保文广[2010]37号）要求，与文化信息资源共享工程基层服务点建设的实施同步，凡是建有文化信息资源共享工程的单位都要建“农文网培学校”，并按照农文网培学校“六有”标准，于2010年6月底完成一个县级总校，10个乡（镇）“农文网培学校”以及43个乡（镇）“农文网培学校”分校建设，2011年完成43个乡（镇）“农文网培学校”分校建设。2012年在建的乡（镇）“农文网培学校”分校有29个。

自县级支中心建成原来，完善和规范各项规章制度，电子阅览室有《电子阅览室上机规则》、《电子阅览室管理制度》、《电子阅览室管理员职责》，在中心机房有设备、设施的日常维护与管理制度，使设备设施的运行更加规范和科学化。逐级签订《文化信息资源共享工程工作责任书》和《设备管理使用责任书》。

二、经费投入

2008年县级支中心在建设过程中所使用经费情况：县级支中心机房铺设防静电地板，安装电脑桌21台，至此全部完成了我县应承担的基础性工作。县级支中心的建成不包括国家配发的设备共投入6万元，其中：建成电子阅览室90平方米、主控机房10平方米。龙陵县支中心与龙陵县电信公司于2008年12月签订协议，并完成10兆光纤带宽接入，保证了县级支中心网络的正常运行。

10个乡镇基层站点及农文网培学校建设资金投入50万元，每个村级站点资金投入5千元。与此相同步的“农家书屋”工程于2011年实现了龙陵县121个行政村（社区）全覆盖。“农家书屋”工程的建设，对共享工程运行起到了相辅相承的作用。

三、资源建设情况

龙陵县支中心在建成的基础上收集、整理了部分关于龙陵地方文献的资源，包括黄龙玉玉文化、松山抗战历史文化、邦腊掌养生文化，以及模范农家书屋评选视频资料、制作好的龙陵地方歌曲光盘。由于这些资料都在收集整理，还未存放于服务器。

四、技术支持、合作共建、活动开展

龙陵县级支中心常与军营、学校、社区以及县直相关单位紧密联系，并开展各类活动，目前建立的共建网点共有二十余个。

1、加快学习步伐、努力提高职工业务水平。进一步提高工作人员的业务技能，利用共享工程良好的网络设备及县级“农文网培学校”，组织单位职工人员及基层站点工作人员进行业务技能培训，包括计算机常用操作技能、办公软件学习。

2、利用共享工程平台对“农家书屋”进行业务培训及共建单位文化室建设。结合“农家书屋”建设工作，组织文化站及村图书室管理人员进行农家书屋管理员培训，包括“农家书屋”图书接收、登记、分编、上架等业务知识。

3、积极学习先进事迹、增强职工政治思想素质。为进一步加强广大党员干部的思想素质教育，增强党性锻炼，提高工作积极性，激发工作热情，创新服务意识的目的。为此，龙陵县支中心通过下载视频资料、光盘，充分利用文化信息共享工程电子阅览室，在文体局内组织观看《郑垧靖先进事迹报告会》、《普发兴同志先进事迹》、《情系大山——杨善洲》等先进模范事迹。

4、军民共建鱼水情、共享工程进军营。让退伍老兵掌握一技之长，尽快实现再就业，支中心在电子阅览室为森林武警中队义务提供了计算机培训的平台，让战士们在部队服役期间学到一门适合军地两用的实用技术，为他们退伍后积极投身到构建和谐社会的大潮中去做了一些知识储备。时逢“八·一”分别与边防检查站及森林武警驻龙中队举办系列活动。

5、文化进校园，分别与龙陵县象达乡朝阳小学、龙陵县第一中学、镇安镇镇南村小学举办读书征文比赛。

6、情系扶贫互动资金项目点。为提高贫困农民转移就业能力，从根本上解决农民增收难的问题，推进全县建设小康社会进程，促进贫困地区劳动力合理有序流动，龙陵县级总校被授予扶贫办关于“贫困地区劳动力转移培训”实施单位，2010完成互动资金项目点350人的培训任务，2011年完成整村推进项目点150人的培训任务。

五、特色服务，培训工作

乡（镇）基础站点建设以来，集合各乡镇的实际，开展各具特色的服务和培训：

1、农产品网上销售。乡（镇）基层站点及农文网培学校配有现代化的计算机等设备，学习试用计算机查阅资料，寻找农业生产需要的信息，将使农民收益无穷，勐糯镇结合当地水果种植户多、产量大，由于交通不便，信息不畅、销信困难的实际，组织水果种植学习计算机知识，使其初步具备上网查询技术，通过网上推销水果。

2、服务劳务输出。象达乡山多地少，长期在外打工人员众多，造成众多滞留在家的留守儿童，针对这一实际，象达乡基层站点组织滞留在家的留守儿童，利用假期为他们开展计算机知识培训，定期、不定期为他们提供与父母的视频对话，收到较好效果。

3、与产业发展相结合。镇安镇近年来大力发展烤烟和松茸种植产业。镇安镇基层站点从共享工程网络资源库中下载相关内容，利用共享工程投影设备与烟草公司、松茸收购企业合作，进行开展烤烟、松茸的种植技术宣传培训，受益农户反映较好。至今已培训九期，参训农民达4000余人。

4、与“党的声音进万家”活动结合。平达乡网培学校与该乡实施的“党的声音进万家”工程相结合，将农文网培学校资源库中的许多农业科技知识、生活常识、医疗卫生知识、惠农政策、法律法规、致富先进材料等通过广播传出去，使平达乡广大乡村和田野都成了培训课堂。

5、培训基层干部现代化办公。乡（镇）“农文网培学校”，分别结合地方特色，开展不同形式、不同层次、具有针对性的培训。培训村计生员、农科员、乡镇干部现代化办公，提高了基层干部素质。

六、惠民服务、宣传推广

1、创新服务方式、拓展服务。积极与学校、部队、机关等人员密集的单位建立长期合作机制，利用县支中心平台为教学、培训工作提供服务。实现优秀文化信息的共建共享。

2、针对农民群众需求、积极开展系列活动。通过采取看、听、访的方式深入农民群众，了解群众需要什么样的培训内容和什么样的信息资源，以此确定服务的内容，通过网络搜索下载、相关部门查询、并结合文化信息资源网及农家书屋图书资料等多渠道，整理和收集各种各类具有针对性、实用性的资源、资料、课件，利用二次文献，采取多媒体教学、网络教学、现场培训、流动培训等多种教学方式，解决了我县广大农村群众看书难、看戏难、看电影难、看电视听广播难、学科技难的困境，以此丰富了农村文化服务内容，有力的推动了我县农村公共文化服务体系建设。

七、管理和队伍建设

自共享工程以来，积极抽派业务骨干分别到省中心、陇川、芒市等地参加省、市组织的共享工程培训。

八、工作展望

1、加强基层文化设施网点网络化、数字化建设，加强文化、科技信息资源自动化、网络化建设和专业技术人员的培养，为深入推进共享工程的实施打好基础。

2、加强基层工作队伍建设，努力把文化信息资源共享工程用活、用好。借助数字电视和远程教育服务网络，大力开展公益性服务。尤其加强对广大农村地区的扶持力度，将文化共享工程建设成为社会主义新农村的重要抓手。以先进文化教育广大群众，提高人民群众的思想道德水平和科学文化素质，最大限度地将信息资源转化为生产力，通过多种形式拓展服务范围、创新服务方式，将地方影视戏曲、音乐歌舞、美术等艺术表现形式纳入共享工程服务内容，以群众喜闻乐见的形式使共享工程更加贴近基层、贴近生活、贴近群众。

3、加大宣传，争取当地政府的重视和支持，把文化信息资源共享工程建设的重要意义向相关领导、部门和人民群众进行广泛宣传，让人们深刻认识到这项工作的重要性和必要性，使其成为各级政府部门的重要工作任务，切实加强领导。

（撰文/龙陵县支中心）

昌宁县支中心

昌宁县国土总面积3888平方公里，全县辖5镇8乡，总人口34.65万人，其中农业人口31.51万人，占总人口的91%。境内有汉、彝、傣、苗、回、布朗、傈僳、白等8种世居民族，少数民族人口3.85万人，占总人口的11.1%。

一、基本情况

昌宁县2009年正式启动建设文化信息资源共享工程（以下简称文化共享工程）和农文网培学校建设（由于农文网培学校和共享工程同步建设，以下不在单独重复）以来，截止2012年11月，已建设完成县级支中心1个，乡（镇）基础服务点13个，村级服务点120个，各级服务点的服务经费也相应得到了落实，县级支中心县财政每年拨6万元的运行经费，用于支中心的日常开支和资源建设。乡、村级服务点都根据各地的情况相应落实了一定的运行经费，乡级服务点都开通了2兆以上网络。在建成文化共享工程的同时，同步成立了保山市农文网培学校昌宁县总校1所，乡级农文网培学校13所，村级农文网培学校120所。基本形成了县、乡、村三级服务网络。

二、网点建设

截止2012年11月，昌宁县共建设文化信息资源共享工程县级支中心1个，设在县图书馆。乡镇基层服务点13个，设在13个乡镇综合文化站。村级服务点120个，设在各村文化活动室，目前还有4个村没有建设。各级服务网点的设备及资源都能够正常运转，为群众提供服务。

三、经费投入

各级服务点的服务经费也相应得到了落实，县级支中心县财政每年拨6万元的运行经费，用于支中心的日常开支和资源建设。乡、村级服务点都根据各地的情况相应落实了一定的运行经费，乡级服务点都开通了4兆以上网络或者光纤。在建成文化信息资源共享工程的同时，同步成立了保山市农文网培学校昌宁县总校1所，乡级农文网培学校13所，村级农文网培学校120所。基本形成了县、乡、村三级服务网络。

四、资源建设

昌宁县的数字资源建设主要有县级支中心承担，各基层服务点提供素材或者资源线索，由县支中心下基层收集。资源主要分为下载和接收省分中心和国家中心资源和自主收集制作的地方资源两部分，目前共收集各类视频、音频、图片等资源2TB，其中下载省分中心和国家中心适合昌宁经济、政治、文化发展的各类资源600多GB，加收上级光盘类资源和数字图书馆等1.2TB，自建地方性资源400GB。地方特色资源主要是每年县里开展的各种文体活动，重大节庆活动等音频、视频和图片等资源。

五、技术支持

昌宁县文化信息资源共享工程技术支持分为两类，设备维护、更新，网站建设等主要是靠外援。软件使用、管理、升级，资源建设、发放，读者服务等以培养本馆工作人员为主。

六、合作共建、惠民服务、宣传推广

由于我县经济和基础设施相对落后。绝大多数乡下群众不可能到县城享受优质的网络资源，将新思想、新科技用一种直观、易懂的形式送到农民身边就成了我们县支中心面临要解决的一大难题。解决这一难题，首先要了解群众最需要什么，搞清为群众送去什么、怎样送。县支中心在年内利用“农家书屋”建设、乡镇综合文化站建设等机会，每年都深入基层13个乡镇几十个村(社区)了解情况，决定利用共享工程网络资源内容新颖、实用性强、信息量大、数据传输快捷方便的优势，认真搜集、下载适用于当地群众的政策法规、先进性教育、农业科技、文化体育、防疫保健、科普知识等共享工程信息资源，特别是大量收集农村实用技术信息刻录成VCD光盘或宣传资料，通过县、乡、村三级文化服务网络及其它途径传输信息，扩大宣传面，使群众快学技术，早得实惠。一是通过文化“三下乡”活动，抽出工作人员用县支中心的设备到各乡镇进行现场播放和资料发送，将各类信息资源直接传播到千家万户，为农民播放农村实用科技及生活小常识方面的科技信息120余场（次），使群众受益。二是向各乡镇文化站、村基层服务点直接提供图书、光盘支持，由各服务点直接面向群众服务。三是开展了“昌宁县读书月活动”。以县人民政府主办、县委宣传部、县文体局具体承办，通过活动，在全县掀起读书学习的热潮。四是针对种养殖户在种养植过程中遇到的实际问题，对症下药，从共享工程网络资源库中下载相关内容，刻录成实用光盘，免费赠送给种养植户或种养植集中连片的村组及文化中心户，使农业科技推广更具有针对性和时效性。

同过文化共享工程的实施，为我县新时期建设新农村、培育新农民搭建了新的平台。丰富的文化教育资源和科技信息资源，普及到广大农村基层，对打破农村地区信息闭塞的状况，积极推广农业适用技术、节本增效技术，帮助村民及时了解到相关市场、技术信息起到了重要作用。

七、队伍建设、管理和培训工作

经过4年多的建设和发展，昌宁县文化信息资源共享工程已经初步建立了一批懂技术、懂管理，善开展读者服务的专兼职管理人员，其中县级支中心有专职人员2人，兼职5人，每个乡级服务点设有兼职1–2人，村级服务点设有兼职1人（村文化干事）。以县支中心为核心，每年至少举办1期《基层业务人员专题培训班》、《农村图书管理员培训班》，大力培训本馆和基层业务骨干。为突破文化共享工程和农文网培学校工作人员不会使用电脑的瓶颈，自建设文化信息资源共享工程支中心以来，我县切实加大了文化信息资源共享工程和农文网培学校建设操作人员的教育培训力度，严格把关参训人员素质，目前县图书馆已经对基层技术人员进行了1次专题培训，培训人员达50多人次。培训涉及电脑基本操作、文化共享工程和农文网培学校等有关内容，要求每位学员培训后要做到“打开设备会操作、站上讲台会辅导、一般故障会排除”，不断提高了骨干人员的政治素质、业务能力和服务水平。今后我们还将加强这方面的工作，每年都要组织文化信息资源共享工程和农文网培学校建设开展一些经验交流和业务培训。

八、工作展望

1、进一步扩充文化设施网点。以图书馆、乡（镇）综合文化站、村（社区）基层服务点为实施主体。加强基层文化设施网点网络化、数字化建设，加强文化、科技信息资源自动化、网络化建设和专业技术人员的培养，为深入推进共享工程的实施打好基础。

2、努力把文化信息资源共享工程用活、用好。积极采用图书馆成熟技术的优势，大力开展公益性服务。尤其加强对广大农村地区的扶持力度，将文化共享工程建设成为社会主义新农村的重要抓手。以先进文化教育广大群众，提高人民群众的思想道德水平和科学文化素质，最大限度地将信息资源转化为生产力，通过多种形式拓展服务范围、创新服务方式，将地方影视戏曲、音乐歌舞、美术等艺术表现形式纳入共享工程服务内容，以群众喜闻乐见的形式使共享工程更加贴近基层、贴近生活、贴近群众。

3、建立具有本县特殊的数字资源库。将我县的各种特色资源集中起来，进行二次、三次开发，提供政府决策，为广大群众服务。

我县文化信息资源共享工程中在各方面的不懈努力下已初见成效，但目前的运行状况距离上级领导的要求和人民群众的需要还有很大差距，希望上级领导和业务部门能够在资金、技术等方面能够给予大力支持。相信在不久的将来，文化信息资源共享工程一定会以一个全新的面貌展现在群众面前，一定会成为老百姓满意的文化信息工程，成为社会主义新农村建设的有力支撑。

（撰文/昌宁县支中心）

昭通市支中心

昭通市全市辖十县一区，人口560多万。今天随着科学技术的飞速发展，网络信息化已经渗透到社会和人们的方方面面，作为向社会提供情报信息的图书馆职能受到了网络信息的强有力冲击。公共图书馆应如何充分发挥国办公益的职能和优势，利用网络信息技术向社会和群众提供先进的科技情报信息和先进文化需求，是摆在图书馆人面前的一个重要问题。国家文化信息资源共享工程的实施，这些问题都迎刃而解。

一、基本情况

全国文化信息共享工程是2002年4月由文化部、财政部启动，2003年在全国范围内组织实施的一项惠民工程，实施“共享工程”要依托现有的文化设施网点，以各级公共图书馆为实施主体。自我市水富.永善.昭阳.大关.威信县区被列为2008年度实施建设的县支中心和巧家.镇雄.盐津.彝良.鲁甸被列为2009年度实施建设的县支中心以来，包括今年市图书馆的实施建设，文化信息共享工程已经全面复盖了我地区市县两级图书馆和部份乡镇。文化信息资源共享工程的实施，为我区图书馆事业开辟了一个不受时空、地域限制的崭新的文化传播渠道，优秀的文化精品可以通过畅通的网络提供给基层群众，这将是极大地丰富城乡人民群众的精神文化生活，促进全民素质的提高。

共享工程的建设实施过程中得到了我市党委、政府的高度重视和大力支持。根据省文化厅的文化信息资源共享工程会议及《云南省文化信息资源共享工程县级支中心及基层服务网点建设工作实施协议》的要求，我市认真抓好落实，及时组建领导机构、划拨专项资金、落实场地、依托我市各县区图书馆开展场地建设工作。

二、建设情况

1、加强组织领导，确保工程顺利实施

为了加强对支中心建设工作的领导，确保工作在市委、政府及文体局的领导下有序、有力的推进，我市专门成立了“共享工程”领导小组。由市政府韩副市长任组长，市财政局、市文体局、市教育局、市广电局等相关部门及各县分管领导为成员单位，下设办公室在文体局，负责具体工作。形成齐抓共管、务求实效的工作格局。

2、高标准、高规格做好配套设施和场地建设，设备安装工程按时完成

由于得到市委、政府的高度重视，在我市今年财政经费相当困难的情况下，王市长特批了20万作市图书馆共享工程支中心场地的前期建设经费，有了上级领导的重视支持，市图书馆共享工程配套设施和场地建设均高于省分中心要求。其中，145m²的电子阅览室，并设10m²的独立机房。另外，还做了房屋装修、增加了防火、防盗、避雷、防静电等设施；铺设了网络光纤；改造了电路及照明设施。电子文献阅览室、机房中的所有设备全由省文化厅统一招标进行配置。每一次到货.及安装调试，市图书馆的领导和技术人员都认真进行检查验收。

3、认真做好技术及资源储备，为工程的顺利运行做好充分准备

文化信息资源共享工程是现代数字传播技术在图书馆领域的具体运用，是一项跨时代的惠民工程，是深入贯彻学习科学发展观的最好诠释。因此对工作人员的素质和工作管理机制都提出了更高的要求，为了确保工程的顺利运行，在做好硬件建设的同时，我市在软件建设方面也做了一些初步准备。积极抓好工作人员的培训，做好一定的技术储备。只要省分中心举办文化共享工程培训班，我们都积极选派业务骨干到场参加学习。在设备安装完毕后，全馆工作人员认真学习由南天公司技术员现场讲解的电子阅览室的基本操作和维护知识。

二是扩充加大数据资源为下步工作的开展打下坚实基础,我馆向万方数据.龙源期刊等购了相关数据库,通过各县馆支中心共享资源平台为广大读者提供情报信息服务。

4、做好文化共享工程农民素质教育网培学校建设服务工作

2009年5月，全省“文化信息资源共享工程农民素质教育网络培训学校”建设工作会议在我市水富县召开，同时，在水富县两碗乡文化站首家落成“两碗乡文化信息资源共享工程农民素质教育网络培训学校”作为全省试点工程。截止2010年9月底，我市共建成了48个“农文网培训学校”投入使用。现也投入建成的100多个点我们严格按“两碗乡文化信息资源共享工程农民素质教育网络培训学校”的模式进行运作，到目前，已建成的网络培训学校先后协助有关部门举办科技种养大户、农民工技能培训等，并根据广大群众需求举办各类短期培训班。各基层点先后举办了玉米栽培培训、拖拉机驾驶培训、烤烟栽培培训、马铃薯栽培培训、苦荞栽培培训、劳务输出培训等培训班。学校充分利用国家文化信息资源共享工程优秀文化资源，通过数字化的信息传输服务农民，提前公布教学内容，学员可以根据自身需要和兴趣选择课程，自由安排时间，从之前的“政府要我学”，转变成“我自己要学”。通过培训，各基层点农民朋友各种技能都得到了很大的提高，尽管受国际金融危机的影响，农民朋友仍然能够充分利用在网络培训学校学得知识去谋生、创造财富。具统计，水富县两碗乡2009年劳务输出收入高达4560万元，比去年同期增加1245万元。

5、完善各项管理制度

为加强电子文献阅览室的管理，便于读者明了相关的基本要求，我们公示了《全国文化信息资源共享工程云南省昭通市支中心暂时管理办法》，制定了《昭通市图书馆计算机系统管理制度》、《全国文化信息资源共享工程云南省昭通市支中心读者须知》、《机房管理制度》等制度。

四、推进“农文网学校”建设服务

1、进一步加强对技术人员的培训

共享工程是一项以计算机技术为主现代科技工程，需要一批懂技术的专业人员。我们将通过引进、继续培训等方式，通过传、帮、带的途径加强人员队伍建设工作，确保工作人员能够熟练地操作相关设备、融会贯通多种培训技能，提高自身素质，真正让文化信息资源共享工程有效发挥服务于民的作用。

2、加大宣传力度

下一步工作中，我们将通过电视、报纸等多种新闻

媒体加大对工程的宣传力度，尤其是加强对共享工程在社会经济发展中发挥巨大作用的宣传，吸引更多的干部群众的关注和参与。

3、多渠道开展服务工作

由于“农文网学校”是一项新兴的创新工程，在开展服务工作的过程中，服务形式和服务手段还需不断学习，不断改进。因此，在今后的工作中，我们将利用好先进的设备、设施，利用现代科技的各种优势和各类文化信息资源，进一步加强调研，了解群众的需求，不断创新，为群众开展内容丰富、形式多样的服务活动。

4、加快基层服务点“农文网学校”的建设

“农文网学校”是结合我省农村文化工作实际，大力提升农村公共文化服务能力，实现文化富农而实施的一项重大创举。昭通市将从深入学习实践科学工作者发展观的高度，切实提高对建设“农文网培训学校”重要性和必要性的认识，严格按照上级部门的要求加快学校建设，真正做到让广大农民群众从中受益，体现党和国家这一惠民工程在我市的贯彻落实。

5、加强信息资源的征集和整合

加大力度征集、整理文化系统内的信息资源，重点开发我市有特色的文化资源，进行科学分类、合理编目，同时不断拓宽领域、提高层次，与文物、旅游、教育、体育、广电、新闻出版等部门加强协作，扩大文化信息资源的征集面，整合文化资源。

6、加强管理，逐步达到管理科学化、服务规范化、信息快捷化、活动经常化

要完善基层网点的服务方式，提高服务水平，针对广大群众的文化需求，努力创新活动方式，提高信息资源的利用率，扩大服务的覆盖面和受众面，使更多的群众享受到先进技术的丰富成果，进一步满足广大人民群众多样化的文化信息需求。

（撰文/昭通市支中心）

昭通市昭阳区支中心

文化信息资源共享工程是国家实施的五大惠民工程其中1项重点工程。在上级相关部门的关心支持下，昭阳区文化共享工程工作取得了一定的成绩。

一、基本情况

我区的文化信息资源共享工程自2009年实施以来，现已完成1个县支中心站点建设（25台电脑）、10个乡镇（办事处）站点建设（6台电脑），10个社区建设站点（4台电脑）、98个行政村站点建设（1台）电脑。昭阳支中心文化信息资源工程工程至2009年6月建成以来，一直坚持免费开放，方便了市民查询资料、信息，学生查找资料，在工作中取得了一定的成绩，也有很多不足之处存在。

二、网点建设

我区文化共享工程自2009年实施以来，已完成覆盖乡镇50‰，社区、行政村覆盖60.7‰。而且，昭阳区支中心是光纤接入，乡镇及乡镇村、社区网点宽带接入。

三、经费投入

昭阳区支中心建设区委政府给予极大支持，在财政吃紧的情况下，给予10万元的建设经费，并且每年的网络费列入财政预算。各乡镇办事处也给予大力支持，挤出经费购买电脑桌椅、宽带接入等工作。各行政村、社区也积极争取各级部门的经费投入，购买相关设施设备。

四、资源建设

昭阳区支中心按时把国家中心、省分中心下发的资源刻录复制后及时下发给10个乡镇办事处文化信息资源共享工程服务点，及10个社区、98个行政村基层服务点。并要求他们及时组织党员干部学习。

五、技术支持

全国文化信息资源共享工程昭阳区支中心设在昭阳区文化体育局五楼，但是一直没有专业技术人员管理，致使很多工作无法开展，比如资源的下载及上传，服务器的维护等工作，以及对乡镇农文网培学校、行政村（社区）农网分校的技术指导和业务指导。这就需要有计算机专业技术人员，而我馆没有一个，而这项工作要开展得好，需要配备3-5名计算机专业技术人员。而各乡镇办事处也是如此，没有专业技术人员，无法开展对社区、行政村基层服务点的技术指导。

六、合作共建

昭阳区由于没有办公用房（昭阳区图书馆于2008年6月因城市改扩建拆迁，至今未修建），只能在现有基础上做好工作。我馆积极与凤凰办事处文化站、文渊社区等开展合作，举办培训、讲座等业务工作。

七、惠民服务

昭阳区支中心及10个乡镇文化站农民网络素质教育培训学校自建立以来，一直坚持免费开放，积极为当地老百姓服务。切实做到了文化乐民、文化育民、文化富民。

八、宣传推广

昭阳区支中心建成后，积极开展宣传活动，采取海报、布标及电视台、报纸等多方位宣传，同时制作宣传展板在春节活动期间、在世界读书日活动中、在图书馆服务宣传周活动中大力宣传文化信息资源共享工程。我们也要求各乡镇办事处、行政村、社区大力宣传这一惠民工程，让更多的老百姓了解、认识、享受这一惠民工程。

九、培训工作

昭阳区支中心自建成后，每年培训活动不少于5次。我们积极利用节假日针对少年儿童开展绿色上网培训、对老年人开展上网培训、对农民工开展法律知识培训、对下岗工人开展再就业培训、对妇女同胞开展健康知识讲座等。同时要求10个已建乡镇开展农业技术培训及相关知识培训。昭阳区凤凰办事处文渊社区开展留守儿童学电脑培训、禁毒防艾培训等工作。这一系列培训工作的开展，让更多的老百姓深刻的认识文化信息资源共享工程是惠民、利民工程，并从中受益。

十、管理队伍建设

文化信息资源共享工程的建设，人才是关键，而管理是这一工作得以持续发展的保障。然而，从实施以来，我们调查了解到，昭阳区支中心没有计算机专业人员，10

个乡镇文化站同样如此，而行政村、社区使用大学生村官，相对来说还好一点。但是，大学生村官流动性较大，也不利于此一工作的开展。

十一、工作展望

随着国家对文化工作的重视，加大对文化工作的投入，如果再从体制上理顺基层文化队伍，实行文化站工作人员的经费编制由文体局管理，这样，基层文化工作才能落到实处。因为现在的情况是：各乡镇（办事处）文化站工作人员在编制上至少有4个以上，但是在实际工作中，基本上在文化站工作的都只有1个甚至在文化站工作的同志还要负责乡镇上的很多工作，这就使得文化工作开展起来吃力甚至是应付式的开展。在文化大发展大繁荣的今天，农村文化的发展事关民族复兴及稳定工作，所以每个乡镇必须要保证有3人以上的文化站专职工作人员才能担负起辖区内文化工作。

（撰文/昭通市昭阳区支中心）

鲁甸县支中心

鲁甸县总面积1487平方公里，其中山区1305.45平方公里，占总面积的87.9%，坝区180平方公里，占12.1%。全县有耕地32252公顷，其中水田2227公顷。全县辖9乡3镇，国土面积1487平方公里，有汉族、彝族、白族、傣族、壮族、苗族、回族、傈僳族、拉祜族、佤族、纳西族、瑶族、藏族、景颇族、布朗族、布依族、阿昌族、哈尼族、锡伯族、普米族、蒙古族、怒族、基诺族、德昂族、水族、满族、独龙族等民族常住人口为390654人，户籍人口为438503人。

一、网点建设情况

2010年启动文化信息资源共享工程建设。根据年初县人民政府同省文化厅签订的2009年度县级支中心和农民素质教育网络培训学校建设工作实施协议，图书馆于4月份正式启动了文化共享工程的建设。县委政府高度重视，及时召开了专题办公会议，切实加强领导，成立了县政府分管副县长为组长的工程建设领导小组，办公室设在了文体局图书馆。5月底图书馆完成了县级支中心电子阅览室的装修、配套防火防盗设施的安装工作。同时为多媒体教室配备了12套课桌椅，电子阅览室配置了30套电脑桌，以及光纤的接入，地线和三项电的接入等辅助性工作全面完成，县级支中心的前期准备工作共投入资金近9万元。为小寨乡、龙树乡、新街乡三个农民素质教育网络培训学校的建设配备了办公设备，以及6张电脑桌和12套教学用的课桌椅等，每个乡文化站投入配套建设资金1.5万元。省市有关部门和专业公司6月下旬帮助我县开展布线、安装等工作。7月底完成了鲁甸县支中心和三个乡农文网培学校电脑的安装、调试等工作。9月27日省图书馆马副馆长及市图书馆吴馆长等一行8人对鲁甸县文化信息资源共享工程进行验收，通过验收对鲁甸县的所做的工作给予充分的肯定。2011年文化共享工程有力推进，配合省共享工程分中心完成3个农文网培学校的建设，38个农文网培学校村级分校的建设，并通过省文化厅验收。9月份建设了3个农文网培学校的建设，分别是龙头山镇文化站、火德红乡文化站、水磨镇文化站。并于10月10日、11日通过了省文化厅社文处朱副处长市文体局余副局长，高科长和县宣传部施部长，马副县长，罗局长一行的检查验收。2012年鲁甸县图书馆积极配合省文化厅对我县6个乡镇文化站的建设。11月初省电信公众公司到我县进行农文网配学校的设备进行安装。图书馆工作人员全程陪同对我县桃源乡、茨院乡、江底乡、梭山乡、乐红乡、文屏镇6个农文网培学校的设备进行安装。在安装的过程中图书馆工作人员对准备的质量进行监督，并且现场对各个乡镇文化站的站长进行简单的业务培训。至2012年止鲁甸县已全部完成小寨乡、龙树乡、新街乡、龙头山镇、火德红乡、水磨镇、桃源乡、茨院乡、江底乡、梭山乡、乐红乡、文屏镇12个农文网培学校的建设，并且全部投入使用。

二、经费投入

县级支中心国家投入设备价值55万元，乡镇农文网培学校国家投入设备价值5万元。鲁甸县财政对县级支中心每年给予5万元的经费支持，对乡镇农文网培学校每年给予1万元的经费支持。

三、惠民服务

鲁甸县图书馆惠民服务包括两个方面：一是指公共空间设施场地的免费开放，二是指与其职能相适应的基本公共文化服务项目健全并免费向群众提供。基本公共文化服务项目将随着社会的不断发展、政府财力的增长和人民群众精神文化需求的不断增长而发展变化。免费开放主要包括：现有的期刊借阅室、图书借阅室、报刊借阅室、电子阅览室、四个对外服务窗口，免费向社会提供借阅、文献检索与咨询的公共服务；文献资源借阅、检索与咨询、公益性讲座和展览、基层辅导、流动服务等基本文化服务项目将逐步健全完善并免费提供；为保障基本职能实现的一些辅助性服务如办证、验证、工本费及存包等全部免费；对非基本服务项目，借阅证办理的押金以及图书人为损坏、资料复印等，为保障图书资源有效合理利用为目的，按成本价格收取。

四、宣传推广

鲁甸县图书馆充分利用各种新闻媒体、广播、电视、网站、“读书日”活动等形式，广泛开展形式多样的宣传活动，扩大免费开放的公众知晓率，吸引广大群众走进图书馆，最大限度地发挥图书馆的功能作用。

五、培训工作

积极开展各种业务培训工作。2012年3月份开展了一期两馆一站免费开放的基层业务知识培训，在培训会上对全县12个乡镇文化站工作人员以及图书馆的工作人员进行了国家免费开放的文件精神的学习，以及今后如何进行免费开放的方法进行培训。2012年8月中旬开展了一期喜迎“十八大”的文化系列培训班，在这个培训班上图书馆开展了丰富多彩的业务知识培训，例如有图书简易分类、电脑基础知识、音响维护与保养、文物保护、摄影知识和技术、美术作品创作与欣赏、鲁甸县民族民间文学概述等。在为期4天的培训中各乡镇文化站、图书馆、文化馆工作人员和各业余文艺团体负责人参加了培训。

七、工作展望

目标：村村通、户户有、人人享。

在未来5年中，文化共享工程将继续面向基层、面向农村，积极推进进村入户，广泛开展惠民服务，构建资源丰富、技术先进、传播高效、服务便捷、管理规范的公共数字文化传播服务体系，成为我国公共文化服务体系建设领域充满生机与活力的新平台。

（撰文/鲁甸县支中心）

巧家县支中心

巧家县图书馆现有馆舍面积986平方米，设有电子阅览室、图书外借室、综合阅览室（含报刊阅览室和儿童阅览室）、图书资料室、采编室、宣传辅导室、农村图书流通室、财务保管室。馆藏图书4万余册，订阅报刊300余种，持证读者2000余人，年接待读者4万余人次，流通书刊6万余册次。近年来，随着文化共享工程的实施，电子阅览室年接待读者达2万余人次，有力地推动了图书馆事业的发展，为全县实现人文素质升级、深化和谐城市发挥了积极作用，取得了显著的社会效益。

2010年7月，根据文化部颁布的《全国文化信息资源共享工程"十一五"规划发展纲要》、《文化部、财政部关于进一步推进全国文化信息资源共享工程的实施意见》要求和文化部、财政部的统一部署，启动了县级文化信息资源共享工程建设。同年8月，文化共享工程巧家县支中心建成并开展服务，建成的乡镇服务点有：蒙姑乡、金塘乡、小河镇、新店乡、大寨镇、东坪乡、崇溪乡、白鹤滩镇等文化共享工程基层站点。2011年9月，我县药山镇、马树镇、包谷垴乡相继建成并开展服务。实现乡镇75%的覆盖率。

我县支中心拥有资源服务器4台、多媒体点播服务器1台、硬件防火墙1台，接入交换机2台，磁盘阵列华为V1800IP—SAN存储1台，业务终端计算机27台，网络带宽10兆，实现了与文化共享工程全国各大中心以及全市各基层点的通畅连接，所有配置基本达到《文化部社会文化司关于调整全国文化信息资源共享工程试点县设备配置的函》的标准。我馆坚持接收服务器全天24小时开机等待，确保国家中心每天投放的数据资料一部不缺地下载成功。电子阅览室实行全周开馆，确保每位读者随时都能享受文化信息资源。

2010年以来，巧家县图书馆以创建全国文化信息资源共享工程示范县为动力，以数字资源建设为重点，积极开展各种活动：春节期间开展青少年绿色上网活动、举办老年电脑培训2期、举办治安管理员交通法规知识培训、举办中老年摄影讲座；与巧家县二中、三中联合举办高中生电脑才艺竞赛、中小学生电脑打字比赛、进校园开展中学生硬笔书法讲座等，这些培训活动进一步扩大了文化共享工程的影响。我馆积极推进基层网点建设，以文化共享工程建设为重点，采取文化共享工程与各乡镇文化"八个一"工程建设相结合，乡镇基层服务点与县级支中心建设相结合，多次下乡检查指导各乡镇站点管理状况。两年来，累计培训2000余人次、服务50余万人次、经费投入121余万元（其中中央财政投入98万元，县财政投入23余万元）。

目前，国家加大投入，将把公共图书馆建到了农民身边，村（社区）基层点正在筹备建设中，建成后将积极与村图书室相结合，实现文化共享工程村村通、全覆盖，广泛实现文献信息资源共享，丰富基层服务点内涵。

巧家县图书馆现有职工6人，其中大专及以上学历4人，中专2人。虽然人员少，业务重，但是全体职工认真抓好本馆的主阵地工作的同时，认真学习业务知识，提高业务素质，积极开发和利用好文化信息资源共享工程，积极为广大读者服务。1992年以来，我馆被评为市级文明单位。1999年开始，连续被评为"国家级三级图书馆"。

巧家县图书馆将一如既往、开拓创新，秉承"读者第一，服务至上"理念，为巧家县打造"金沙江畔明珠，亚热带风光城市"守好文化阵地，浓厚城市的文化氛围，创建更和谐的巧家努力工作。

（撰文/李永武）

盐津县支中心

盐津县全县总面积2091.5平方公里，总人口39万多人，辖4乡6镇。多年来，在县委、县政府的领导和上级部门的支持下，盐津的文化事业取得了可喜的成绩。改革开放以来特别是近几年来，在县委、县政府的正确领导和高度重视下，我县的文化事业有了长足的发展，为地方经济建设作出了积极的贡献。盐津县图书馆于1984年由县文化馆分出后组建县图书馆，现有编制7名，在职员工6人，1人病养，现有中级专业技术职称人员5名，职工平均年龄46岁，正值年富力强。我县原有图书馆业务用房总建筑面积为1080平方米，建于1990年，座落在老县城广场边，框架结构，共五层。馆内书、报、刊总藏量10万余册，内容有政治、科技、文化教育、医疗卫生、法律法规等。设有电子阅览室、成人阅览室、儿童阅览室、图书外借室、图书采编室、报刊典藏库、图书典藏库、资料陈列库五室三库办公用房。成人阅览室有座席60位，儿童阅览室有座席20位，电子阅览室有座席26位。

多年以来，图书馆利用节假日和每年一次的图书宣传周在全县各乡镇认真开展送书下乡图书宣传活动，向广大群众发放各类科普宣传小册，内容有《盐津县城乡居民社会养老保险宣传手册》、《爱滋病预防须知》、《高速铁路安全常识》、《关爱生命 平安出行》、《珍爱生命 拒绝酒后驾驶》等。

目前，全县共建设乡级“农文网培训学校”三个（普洱镇、牛寨乡、中和镇），46个行政村“远程教育站点”建设；完成了我县6镇4乡，共78个行政村、5个社区农家书屋建设，全县78个行政村农家书屋，覆盖率达100%。并对全县文化站站长进行了多次有关农家书屋的管理、开展正常业务工作应注意的事项、“农文网培训学校”的管理和免费可放等方面进行了辅导和相关业务培训。

（撰文/盐津县支中心）

大关县支中心

大关县幅员1692平方公里，辖6镇3乡，78个村（居）民委员会；总人口27万余人，有苗、彝、回等15种少数民族。大关县图书馆占地面积2.24亩，办公用房1056平米，设有7个服务窗口，外借室、儿童阅览室、综合阅览室、特藏•地方文献阅览室、电子阅览室、多媒体教室、自带书阅览室、采编室，现有工作人员5人，副高职1人、中职3人、高级工1人。专职从事公共电子阅览室、多媒体教室工作1人，兼职共享工程1人。全县9个乡镇兼职9人。各村兼职40人。

一、建设情况

1、加强组织领导，确保工程顺利实施

为了加强对县支中心建设工作的领导，确保共享工程在县委、政府的领导下，有序推进，我们县专门成立了领导小组。由县政府分管副县长任组长，县委组织部、宣传部、政府办、财政局、科技局、文体局等10个相关部门组成成员单位形成了指导有力、大家齐抓共管的良好格局。领导小组成立后，及时制定了建设规划和实施方案，县政府分管副县长还多次深入图书馆进行实地调研，指导工作。确保了配套设施建设和工程设备安装工作得以圆满完成。

2、资金到位，确保工程建设如期完成

大关县图书馆于2009年2月开始进行文化信息资源共享工程县级支中心建设，在建设过程中严格按照《2008年度云南省文化信息资源共享工程建设工作实施方案》及县人民政府与省文化厅签订的《云南省文化信息资源共享工程2008年度县级支中心及基层服务网点建设工程实施协议》的要求开展各项工作，到5月先后投入资金10万元，完成了电子阅览室、机房、多媒体室的建设，包含了供电线路的改造、墙体处理、防盗门窗、窗帘、消防设施、电子阅览室及多媒体室的桌椅、地线系统的建设、经文体局与电信公司协调接入光纤(10兆)，至此大关县级支中心建设中按协议要求承担的基础性工作全部完成。英茂公司在4月中旬完成了大关县支中心的综合布线工作，4月中旬，云南省图书馆配送（中央下拨经费）55万元共享工程设备陆续送到我馆：有25台电脑、2台网络交换机、移动播放器1台、空调3台、电视机1台、服务器4台、业务自动化系统1套、数码相机1台、数码摄像机1台、笔记本电脑2台、磁盘阵列1套、杀毒软件1套、办公软件1套、打字复印一体机1台等设备的核对验收。5月3日完成了设备的安装与调式工作，并对县图书馆全体人员进行了相关培训，5月5日至5月30日文化信息资源共享工程大关县支中心电子阅览室试运行；完成“全国文化信息共享工程—大关县支中心”的建设工作，并现场培训了图书馆所有工作人员。5月31日正式免费接待读者。

在管理方面，县图书馆非常注重电子阅览室的管理，先后建立了《中控室安全管理制度》《电子阅览室工作人员管理制度》《电子阅览室读者管理制度》等管理制度；《云南省文化信息资源共享工程县级支中心暂行管理办法》。保障了读者上网安全，提供了绿色上网空间。

3、扩大宣传、确保共享工程信息家喻户晓

自文化信息资源共享工程建设开始以来，我们在做好服务工作的同时，加大对“文化信息共享工程”的宣传力度，我们通过印发宣传资料2500份利用图书宣传周活动发给读者。悬挂横幅标语、展览、县电视台新闻报道等多种渠道向市民特别是在农村的群众进行宣传介绍，让市民更真切地了解“文化信息共享工程”、使用“共享工程”的优秀文化资源。

4、惠民服务工作

我们的目标是真正把优秀文化信息资源传送到城乡基层文化网点和群众身边，把群众喜闻乐见的优秀文化作品通过网络方便快捷地传送到广大人民群众身边，真正实现文化乐民、文化育民、文化富民，大关县图书馆（文化信息共享工程大关县支中心）依托文化信息共享工程，建设“农文网培学校”，免费指导和培训农民使用电脑和上网。大关县支中心自2011年8月1日起每晚7:50时，在大关台《热剧场》栏目为群众播放文化信息共享工程节目，红色电影、农业科技及文艺节目。次日中午1点左右复播。为文化共享工程开辟新的传播渠道，让文化共享工程走进千家万户，最大限度的实现优秀文化的共享。

文化信息共享工程大关县支中心自2009年建成以来，定期为群众开办讲座、播放红色电影、技能培训、与机关、学校等单位建立长期合作机制，利用县支中心平台为教学、培训工作提供服务。切实担负起本县文化信息资源利用的辅导和宣传作用，服务基层，服务群众，真正把这项惠民工程实施好，努力提升图书馆的公共文化服务能力。

2009年至2012年定期播放电影、讲座144场8640人次。利用电子阅览室接受网络培训36期共236人次。通过大关电视台播放文化共享工程节目。在大关台《热剧场》栏目播出专题片12个，节目628集。播放学习雷锋专题片60集；开展图书宣传周活动5次12580人次；开展科技宣传周活动2次5600人次；开展文化科技卫生“三下乡”活动4次8560人次；留守儿童亲情视频活动2次40人；喜迎十八大摄影书法美术展览1次参展作品122幅参观人次5000余人次。举办培训活动25次（其中：古籍普查培训1次120人、中小学图书管理员培训1期90人；农家书屋管理员培训6期150人；公共电子阅览室培训2次45人；两馆一站免费开放服务培训1期120人；农文网培学校培训（乡、村）1次58人；苗族文字培训1次50人。举办救护知识培训12次715人次）。

2010年2月，大关县政府政务信息在图书馆开通，政务信息系统融汇了政府各部门的机构、职能、行政权利、收费事项等9大项内容；46个子栏目、79个站、总计9017条政务信，信息总量达450余万字。不仅为群众查询政府各类政策规章、民生民利工程情况和政务信息动态等信息带来了极大方便，而且为群众更好地监督政府各部门的行政行为提供了平台。使群众在家门口就能够便捷、及时地获取政府信息。共接待查询人员4500人次。

5、农文网培学校建设工作

在国家文化部、云南省文化厅、云南省图书馆、市文体局的大力支持下、大关县人民政府十分重视文化信息资源共享工程基层网点建设，此项工作列入大关县2010年重点文化工作来抓，文化信息资源共享工程建设经过半年的筹备，此项工程国家设备投资35万元，县政府基础设施投入18万元，总投资50余万元。建成了全国文化信息资源共享工程农民素质网络培训学校（基层站点），已于2010年7月全面安装完成上高桥、玉碗、翠华、悦乐、寿山、下高桥、木杆7个乡镇；2011年8月20日至9月20日，建设完成了天星、吉利两个乡（镇）农文网培学校(基层站点)。实现了我县共享工程“乡乡有”。在乡镇实现全覆盖。建有一条集信息资源采集，浏览、加工，传输为一体的网络平台，每个基层站点现有应用服务器1台、有缘音响1台、投影机1台、高清移动播放机1台、电子阅览室拥有计算机6台。可供广大公众网上查询各种信息资料，各类工农业技能技术，各种文化艺术，各地方文艺节目，各类生活常识、科技知识，丰富人们的文化生活。它又是一个绿色网吧，可供广大青少年学生上网查阅学习资料，帮助学习、开阔视野。各乡镇基层站点陆续对外开放接待读者。文化信息资源共享工程农民素质教育网络培训学校的建成，不仅拓展了共享工程在农村的服务功能，而且有助于推动乡镇文化站、村文化活动室的现代化建设，提升数字服务能力，增强发展活力，实现文化信息服务、教育培训、文化娱乐、科普教育、影视放映、公益文化讲座等多种服务功能。根据农民群众不同的科学文化需求，提供农民群众所需的各类知识信息，帮助他们提高思想道德和科学文化素质为新农村建设培养新型农民。

2011年完成了吉利，,高桥,悦乐,玉碗,木杆;配置是每个村有1台电脑、1对小音箱。完成6个乡(镇)40个行政村文化信息共享工程农民素质教育网络培训分校建设工作。

二、工作展望

目标：村村通、户户有、人人享

在未来5年中，文化共享工程将继续面向基层、面向农村，积极推进进村入户，广泛开展惠民服务，构建资源丰富、技术先进、传播高效、服务便捷、管理规范的公共数字文化传播服务体系，成为我国公共文化服务体系建设领域充满生机与活力的新平台。

（撰文/常绍慧）

永善县支中心

文化信息资源共享工程是一项实实在在的惠民工程，于2009年7月云南省文化厅授牌“文化信息资源共享工程永善支中心”。永善县在县委、县政府的高度重视和大力支持下，永善支中心与图书馆自动化、网络建设紧密结合，建设完成配置完善的电子阅览室，为广大基层群众，尤其是青少年提供文化信息服务和绿色上网空间。同时，担负起对乡镇、村基层服务点的管理、人员培训等工作。

一、基本情况

1、永善县支中心于2009年7月建成投入使用，建成电子阅览室46平方米，省文化厅配送20台电脑及相关配套设施；多课体室30平方米，主控机房10平方米，在县财政局的支持下，购买了14台电脑，专线每年2万元年租，通过2M光纤接入互联网，有30余台计算机免费提供给广大群众浏览资源共享工程信息、查阅资料、收看各档节目、下载音乐等，使读者不断丰富自己、提升自己。截止2012年电子阅览室拥有34台电脑。2012年11月成立了远程教育放映室，可容纳40余人。由于缺乏专业技术人员，聘请2名临时工管理，放映的内容为种植业、养殖业、文化娱乐、农民教育等方面的影片。

2、根据省文化厅安排，2012年我县文化资源共享工程乡（镇）服务点（农文网培训学校）黄华、细沙、伍寨三个乡（镇）和76个行政村，2012年底我县文化信息资源共享工程乡（镇）覆盖率达33.3%，村级覆盖率达55.4%。

3、2009年建立县支中心，地方财政投入12万元用于县中心和水竹乡的文化共享工程建设，文化信息资源建设运作经费每年3.6万元。2011年开始，省文化厅投入20万元作为文化信息资源共享工程免费开放运作经费。

4、为进一步发挥文化信息资源共享工程的重大作用，我馆以宣传橱窗、电视广播、知识讲座等形式宣传推广。报刊新闻及时提供给读者阅览，同时，制作了许多的科技知识和科技图片，采用多样化的方式使广大群众在第一时间获取信息，提高人民群众的科学文化素质。

5、2012年5月十五乡（镇）文化站人员和部分行政村农家书屋管理人员到图书馆听讲座，辅导农文网培训学校和农家书屋管理业务，还聘请农业部专家开展农业科技知识讲座；2012年11月6号在县文广局领导胡振华的组织下，我馆召集了十五乡（镇）文化站和行政村农家书屋管理人员到文广局召开了“永善县文化信息资源共享工程及农家书屋业务培训会议”。

6、图书馆向十五乡（镇）文化站和部分行政村免费赠送图书和科普资料1000册，《文化共享助春耕》、《心向党庆六一》、《学习雷锋好榜样》等光盘800张。

二、所取得的成绩

自2009年建支中心以来，我馆文化信息资源共享工程取得了一定的成果，建成投入使用至今电子阅览室有计算机33台，进一步推进了图书馆的网络化、数字化、自动化等管理。

三、工作展望

1、加强文化共享工程队伍建设，提升县级支中心数字资源的存储，传输服务能力，最大限度地利用馆藏资源，及时推荐和提供相关参考书目和资源目录，开展延伸服务。

2、提升信息文化服务能力，使农民群众随时接收科技致富、普法知识、卫生保健、影视欣赏等内容丰富，形式多样的信息服务。

3、加强信息交流，做好对基层服务点的管理、资源更新、日常技术维护、人员培训等。

4、创新管理模式，不断完善机制，探索规范科学的管理方法，使我县的文化共享工程再上新台阶，写出新篇章。

（撰文/永善县支中心）

绥江县支中心

绥江—长江东转的地方，这里是金沙江下游的生态屏障，是滇川交界的重要口岸，是古老而海纳百川的文化乐土，2008年10月13日，绥江县第一个文化信息资源共享工程（县中心）正式启动，标志着第一个绿色电子阅览室的诞生。

启动仪式上，副县长杨杰代表县政府向信息资源共享工程在我县的落成表示热烈的祝贺。省、市图书馆副馆长一行对我县信息资源共享工程（县中心）进行了验收，并认为此项工作的启动，可建立起我县自己的文化信息资源库，汇集全国文化信息资源，更好地为县内各行各业和广大人民群众提供服务，真正得到资源共享目的。从而缩小贫困县城乡文化发展差别，构建起城乡文化均衡体系，加快推动我县文化大发展、大繁荣，促进经济社会协调发展，达到“构建社会主义和谐社会”的目标。大力建设满足基层群众迫切需要的数字文化资源工程，县中心的启动一定能成为我县文化工作的新起点。

我县《文化信息资源共享工程》建设在省、市、县各级领导的高度重视和大力支持下，文化资源共享工程项目列入省级项目，成为全省首批38个资源共享建设基地县之一。2007年正式进入全省“共享工程”建设议程，今年4月22日在绥江县与省文化厅签订了文化信息资源共享工程建设协议。根据协议要求，我县积极开展工作，并组建了文体局局长为组长的共享工程建设工作班子，于6月县政府投入改造资金11万余元进行场馆改造，8月初场馆改造全面完成。8月至9月文体局工作人员加班加点，积极配合省厅安装人员进行设备安装，及时完成了安装任务。10月基本完成场馆改造、设备安装调试等各项工作，分为远程教育电教室、电子阅览室，面积145个平方，装机24台，可容纳80人左右。为支援国家重点工程向家坝电站建设，2012年7月，一个县城，四个乡镇和5万移民大迁徙，绥江县图书馆文化资源共享工程也顺利搬迁，共投入资金5万元进行新场馆建设，面积200多平方米，装机24台，可容纳100人左右。

这里是一片希望的田野，魅力无限，生机无穷，希望大家求知而来，载知而去。

（撰文/绥江县支中心）

镇雄县支中心

镇雄县总面积3696平方公里，今辖28个乡镇，244个行政村，县城驻地乌峰镇。县图书馆成立于1980年，馆址位于县城南部地段，建筑面积1700多平方米，现有人员编制5人，其中，中职3名，初职1名，技术工1名。目前有电脑27台，馆藏图书32000册，馆内向读者开设服务窗口有：外借室、资料室、报刊阅览室、少儿阅览室、电子阅览室、培训室。

一、网点建设情况

2009年，云南省共享工程建设启动，县委政府和文体局决定将共享工程的建设作为推动图书馆事业发展的方向，于2009年下半年着手开展镇雄县文化信息共享工程的建设。

1、严格按照文件要求，有序推进文化信息共享工程县级支中心建设。

按照《2009年云南省文化信息资源共享工程建设工作实施方案》的要求，镇雄县图书馆于2009年7月份开始进行文化信息共享工程县级支中心的建设，根据县人民政府与省文化厅签发的《云南省文化信息资源共享工程2009年度县级支中心及基层服务网站建设工程实施协议》，本着把县级支中心建成“服务便捷、资源丰富、功能完备、稳定可靠、经济实用”的指导思想，依据国家下发的《关于县级支中心设备配置项目和参数》，结合实际情况，具体制定了房屋线路改造等计划，开展各项准备工作。2010年5月，完成了电子阅览室、机房、多媒体室及综合业务加工室的建设，包含有接入30KVA交流电，对供电专线的改造，墙体处理，防静电地板安装，防盗门窗、窗帘、配备干粉灭火器、电子阅览室的四十套电脑桌椅及综合业务加工室等办公用品的购置，经文体局与电信公司协调接入10兆互联网光纤，至此镇雄县支中心建设按照相关协议要求承担的基础性工作全部完成，又积极配合省文化厅安装队于5月中下旬完成了对镇雄县支中心的布线和服务器、磁盘阵列、交换机、路由器、防火墙、UPS可持续稳定电源、PC机、投影仪等设备及应用软件的安装与调试。之后，对图书馆全体职工进行了一天的简单讲解和基本操作培训。至此，镇雄县支中心的各项建设工作基本完成。

2、积极争取资金支持，不断完善设备设施配置。

按照云南省文化厅关于建立文化信息资源共享工程县级支中心要求和县委政府等领导的指示精神，积极争取上级资金的支持，对上级配置下来的设施设备严格按相关要求安装、调试，妥善保管。下拨资金严格专款专用，杜绝贪污、挪用。

3、以图书馆为中心，构建基层文化信息服务网络。

按照文化厅的要求，逐步推进以县级图书馆为中心、以农村基层服务点为重点的基层服务网络，到目前为止完成了县级支中心和28个乡镇100%全覆盖的目标；乡镇服务点的建设严格按照国家发改委、文化部实施的“乡镇综合文化站”建设项目统筹安排；村级服务点结合农村党员干部现代远程教育工程站点建设同步推进。在建立和完善县级支中心的同时，主要依托图书馆、乡镇和社区文化活动站以及村级服务点建设三级服务体系。

4、以资源建设为核心，构建先进技术体系，建立统一高效的工程技术平台。

4.1.资源建设始终是文化共享工程的核心内容，目前县级中心按照与文化厅签订的协议，采取自建、共建等多种方式，为我县文化共享工程数字资源建设打下良好的基础。结合我县的实际情况，把工作重点放在面向基层、面向农村、面向普通群众上，系统地整合科普知识、市场信息、图书期刊、音乐美术、文物鉴赏、影视作品等各类资源，着重增加农业科技知识、农村生产生活等方面的内容，做到适合基层群众、广大农民的求知、审美需求，增强实用性、大众性、娱乐性。同时，做好资源配送和资源管理工作，对国家中心、省级分中心定期发布的新资源，县级支中心接收后及时发送到各乡镇服务点，保障基层群众的文化信息需求。

4.2.文化共享工程作为一项应用现代高新技术提供数字信息服务的创新工程，先进实用的技术体系是其建设的重要保障。为此，我支中心按照省级分中心的统一规划、统一标准、统一格式，建设先进、统一、开放、高效的工程技术平台。在现有的互联网、卫星、有线数字电视等模式的基础上，积极引进和采用先进成熟的技术和产品，加快推进基层服务网络建设，到目前为止，我县支中心已具备提供数字图书馆服务的技术能力。

5、加强管理，建立健全各项规章制度，抓好职工培训工作，提高服务能力。

5.1.县委政府非常重视文化信息资源共享工程的建设工作，加强了对电子阅览室的监督和管理。县级支中心相继建立了《电子阅览室管理规章制度》、《电子阅览室工作人员管理工作制度》、《共享工程设备设施的管理制度》等规章制度，提供绿色上网空间，保障了读者特别是青少年的上网安全。

5.2.技术人才是文化信息资源共享工程建设的基石，我县支中心始终把人才培养作为重中之重来抓，坚持培训先行的原则，在软、硬件设备安装前，由省级中心负责对我县支中心单位的职工进行培训，县级中心负责对全县28个乡镇基层点工作人员的培训，使参加培训的人员基本掌握共享工程设备的专业操作技能，具备了提供服务的能力。

6、积极协调，合作共建，创新方式、服务群众。

6.1.合作共建是基层服务点建设的基本模式。我县支中心在县委政府的领导下，积极与各文化主管部门、组织部门、教育部门沟通协调，推进文化共享工程与农村党员干部现代远程教育工程、农村中小学现代远程教育工程开展合作共建，通过共建实现设施、管理、服务、队伍、资源、技术等方面的共享。

6.2.服务群众是文化共享工程建设的根本。我中心始终以公益性为前提，增强服务意识，突破服务功能，为基层广大群众提供多样化、个性化的数字化文化信息服务，扩大共享工程的影响力，吸引更多的人使用文化共享工程网站。目前，我县图书馆依托计算机网络条件，已经专门设立了“共享工程电子阅览室”，开展网上参考咨询，针对未成年人上网，争取家长陪护持证办卡上机，以建立健康、向上的绿色上网空间，利用配套的光盘不定期开展科普知识讲座，为广大群众提供绿色上网空间，并为乡、村基层服务点提供硬盘镜像、光盘发送等服务。同时，根据我县乡镇的实际情况，依托各类文化设施和场所，利用广场、节庆活动、集市等，开展丰富多彩、形式多样的服务活动。

二、工作展望

1、加强学习，抓好计算机基础知识的培训，除了积极参加省馆和省分中心组织的培训外，在文化系统内部不定期组织计算机知识培训，更要加强网络知识、局域网、服务器及磁盘阵列等相关知识的学习。

2、完善和规范各项规章制度，做好设备设施的日常维护与管理，使设备设施的运行更加规范化和科学化，在现有条件下发挥更大的效益，为广大群众提供更全面的服务。

3、抓好乡镇基层网点工作人员的培训，重点为共享工程农文网培学校的相关知识。

4、由县文广旅局统一协调县直各有关单位与县支中心共同加工制作具有本地特色的各类数据资源，真正达到共建共享的目的。

5、努力把文化信息资源共享工程用活、用好。积极采用图书馆成熟技术，借助数字电视和远程教育服务网络，大力开展公益性服务。

6、在实施过程中加强与上级业务部门、县直各部门的沟通与协调，使共享工程服务群众更具针对性和时效性。同时，不断总结经验，改进创新管理体制和运行机制，使“共享工程”真正成为文化创新工程。

我县文化共享工程在各级各有关单位的不懈努力下已初见成效，但目前的运行状况距离上级领导的要求和人民群众的需要还有很大差距，希望上级领导和业务部门能够在资金、技术等方面能够给予更多支持。相信在不久的将来，镇雄文化信息资源共享工程一定会以一个全新的面貌展现在群众面前，一定会成为老百姓满意的惠民工程，成为社会主义新农村建设的有力支撑。

（撰文/镇雄县支中心）

彝良县支中心

2009年12月我县由分管李副县长、文体局李局长和图书馆长参加了由共享工程云南省分中心在昆明海埂举办的共享工程培训会。

我县李副县长和文化信息资源共享工程中心签订了文化信息共享工程建设协议。

2010年8月，省分中心下发了75万元设备为我县建共享工程，但由于分管李副县长分管工作变动，县级配套经费没有了着落。

经过李局长多次努力，所有设施设备在有限的场地下安装了，并且也交了网费。今年3月底，为配合县城改造，我馆馆舍在整体腾给县幼儿园。我们的支中心又搬到堰坝塘民房，场地仅有四五十平米，加上原来调来协助的两名人员又调走了，设施安装也不太到位，设施也存在一些问题，所以至今整个共享工程无法正常运行，现在我们正在想办法尽量解决，争取能尽快运行起来。

（撰文/彝良县支中心）

威信县支中心

威信县图书馆成立于1983年，面积1980平方米，2005年被文化部批准为国家三级图书馆，现有人员编制13人，其中专业人员5人，技术工8名，目前馆藏图书21062册，馆内向读者开设服务窗口有：外借室、报刊阅览室、少儿阅览室、电子阅览室、培训室。

一、网点建设情况

1、严格按照文件要求，有序推进文化信息工程县级支中心建设。

按照《2008年云南省文化信息资源共享工程建设工作实施方案》的要求，威信县图书馆于2008年4月份开始进行文化信息共享工程县级支中心的建设，按照县人民政府与省文化厅签发的《云南省文化信息资源共享工程2008年度县级支中心及基层服务网站建设工程实施协议》开展各项工作，完成电子阅览室、机房、多媒体室及综合业务加工室的建设，包含有接入30KVA交流电，对供电专线的改造，墙体处理，防尘地板安装，防盗门窗、窗帘、配备干粉灭火器、电子阅览室的桌椅及综合业务加工室的办公平台的购置，经文体局与电信公司协调接入10兆互联网光纤，至此威信县支中心建设按照相关协议要求承担的基础性工作全部完成，英茂公司于5月27完成了对威信县支中心的布线和设备安装与调试工作，并对图书馆全体职工进行了一天的简单讲解和基本操作培训，到目前为止，设备设施运行正常，支中心的各项建设工作基本完成。

2、积极争取资金支持，不断完善设备设施配置。

按照云南省文化厅关于建立文化信息资源共享工程县级支中心要求和县委政府等领导的指示精神，积极争取上级资金的支持，对上级配置下来的设施设备严格按相关要求安装、调试，妥善保管。下拨资金严格专款专用，杜绝贪污、挪用。由于我县是国家级扶贫开发重点县，地处四川平原向云贵高原过渡的半山上，是雷击高发区，自然条件恶劣。我县支中心建设过程中县委政府高度重视，在财政十分困难的情况下解决专项经费10万元，用于文化信息资源共享工程的建设。到目前为止，除上面配置的设备设施外，我县实际投入建设费用达到15.6万元。

二、构建基层文化信息服务网络

按照文化厅的要求，逐步推进以县级图书馆为中心、以农村基层服务点为重点的基层服务网络，到目前为止完成县级支中心和十个乡镇100%的目标；乡镇服务点的建设严格按照国家发改委、文化部实施的“乡镇综合文化站”建设项目统筹安排；村级服务点结合农村党员干部现代远程教育工程站点建设同步推进。在建立和完善县级支中心的同时，主要依托图书馆、乡镇和社区文化活动站以及村级服务点建设三级服务体系。

三、资源建设

1、资源建设始终是文化共享工程的核心内容，目前县级中心按照与文化厅签订的协议，采取自建、共建等多种方式，为我县文化共享工程数字资源建设打下良好的基础。结合我县的实际情况，把工作重点放在面向基层、面向农村、面向普通群众上，系统地整合科普知识、市场信心、图书期刊、舞台艺术、音乐美术、文物鉴赏、影视作品等各类资源。着重增加农业科技知识、农村生产生活等方面的内容，做到适合基层群众、广大农民的求知、审美需求，增强实用性、大众性、娱乐性。同时，做好资源配送和资源管理工作，对国家中心、省级中心定期发布的新资源，县级支中心接收后及时发送到各乡镇服务点，保障基层群众的文化信息需求。

2、文化共享工程作为一项应用现代高新技术提供数字信息服务的创新工程，先进实用的技术体系是其建设的重要保障。为此，我支中心按照省级中心的统一规划、统一标准、统一格式，建设先进、统一、开放、高效的工程技术平台。在现有的互联网、卫星、有线数字电视等模式的基础上，积极引进和采用先进成熟的技术和产品，加快推进基层服务网络建设，到目前为止，我县支中心也具备提供数字图书馆服务的技术能力。

四、加强管理，建立健全各项规章制度

1、县委、政府非常重视文化信息资源共享工程的建设工作，加强了对电子阅览室的监督和管理。县级支中心相继建立了《电子阅览室管理规章制度》、《电子阅览室工作人员管理工作制度》、《共享工程设备设施的管理制度》等规章制度，保障了读者的上网安全，提供绿色上网空间。

2、技术人才是文化信息资源共享工程建设的基石，我县支中心始终把人才培养作为重中之重来抓，坚持培训先行的原则，在软、硬件设备安装前，由省级中心负责对我县支中心单位的职工进行培训，县级中心负责对全县10个乡镇基层点工作人员的培训，使参加培训的人员基本掌握共享工程设备的专业操作技能，具备了提供服务的能力。

五、合作共建，创新方式、服务群众

1、合作共建是基层服务点建设的基本模式。我县支中心在县委政府的领导下，积极与各文化主管部门、党委组织部门、教育部门沟通协调，推进文化共享工程与农村党员干部现代远程教育工程、农村中小学现代远程教育工程开展合作共建，通过共建实现设施、管理、服务、队伍、资源、技术等方面的共享。

2、服务群众是文化共享工程建设的根本。我中心始终以公益性为前提，增强服务意识，突破服务功能，为基层广大群众提供多样化、个性化的数字化文化信息服务，扩大共享工程的影响力，吸引更多的人使用文化共享工程网站。目前，我县图书馆依托计算机网络条件，已经专门设立了“共享工程电子阅览室”，开展网上参考咨询，针对未成年人上网，争取家长陪护持证办卡上机，以建立健康、向上的绿色上网空间，利用配套的光盘不定期开展科普知识讲座，在寒暑假中对广大中小学生开展“推荐百部爱国主义、科普新片”活动、“文化共享工程夏日电影展播光盘资源”，为广大群众提供绿色上网空间，并为乡、村基层服务点提供硬盘镜像、光盘发送等服务。同时，根据我县乡镇的实际情况，依托各类文化设施和场所，利用广场、节庆活动、集市等，开展丰富多彩、形式多样的服务活动。

六、工作展望

随着我县支中心建设的完成，威信县文化信息资源共享工程建设工作任务也将改变，下一步工作的重点将转向如何利用好支中心的设备，使之发挥最大的社会效益和服务功能。重点做好以下工作：

1、加强学习，抓好计算机基层知识的培训，除了参加省、市组织培训外，职工要参加县级举办的计算机知识培训，掌握计算机知识的同时，加强数字图书馆、网络知识、局域网、服务器等相关知识的业务学习。

2、大力推广宣传文化信息资源共享工程，完善和规范各项规章制度，做好设备设施的日常维护与管理，使设备运行规范化和科学化，为读者提供更全面的服务。

3、我县图书馆在支中心建设中，从发展角度，以省图书馆电子阅览室配套桌椅为样品，一次性购置四十套电脑桌椅，我们要创造条件，增添读者用机，力争做好数字化图书馆的建设工作，在条件成熟的情况下，把威信图书馆建设成为一级图书馆而奋斗。

（撰文/威信县支中心）

水富县支中心

2008年，水富县信息资源共享工程分中心建设全面完成，共计主服务器1台，电脑33台，投影1套，5P空调2台，电视机1台，照相机1台，共计金额58万余元，全由国家配送，既让信息资源达到了共享，又让图书馆完成了电脑化办公，使共享工程成为了图书馆的支撑业务之一。共享工程的建设完成，标志着图书馆进入现代化办公模式。

为了共享工程顺利落脚水富，我县高度重视，拨出经费15万元用于主机室和电子阅览室的装修，拉6兆宽带用于共享工程正常运行，并把共享工程的基本运作经费2万元划入财政，确保共享工程以后的正常运转。

为了让更多老百姓知道共享工程的实际意义，我馆以上街拉横幅、图书馆门前制作共享工程概述牌等形式，对全县人民进行了大力宣传，并对电子阅览室的工作时间进行了特殊调整，以方便群众阅览。

由于共享工程是个新兴项目，对电脑知识要求较高，而我馆工作人员年龄普遍偏大，对电脑的使用仅限于上网浏览和基本操作。

为了更好地让共享工程发挥作用，我馆多次派出职工参加省市培训，但由于年龄因素效果并不理想，目前仅能发挥共享工程的基本功能，更深层次的推广还略显不足。

2009年，我县三个乡镇基层站点、17个村级基层站点建设全面完成，使共享工程在我县的县、乡覆盖率达到100%，村级覆盖率达80%，每个站点都有专人负责，且在两碗乡成立了全省第一个“农文网络培训”学校，此举得到了省厅领导的高度重视和表扬，并向全省推广。

下步，我馆将引进电脑专业人才，使共享工程的推广落到实处。对留守儿童、空巢老人等弱势群体进行免费培训，让共享工程的作用得到全方位的发挥。

（撰文/水富县支中心）

丽江市古城区支中心

丽江市古城区图书馆于2009年6月成立了全国文化信息资源共享工程古城支中心以来，先后于2009年，同步完成县级支中心和3个乡镇基层服务点建设，2010年，完成2个乡镇基层服务点建设和1个街道基层服务点建设，2011年完成2个街道基层服务点、17社区基层服务点建设以及31个村级基层服务点建设。截止2012年底，全区已完成5个乡镇基层服务点、4个街道农文网校和17个社区农文网校建设以及31个村级农文网校建设工作。并以9个乡镇文化站及该批信息资源共享工程设备为依托，成立了文化信息资源共享工程农民素质教育网络培训学校（以下简称农文网络学校）。到现在，丽江市古城区支中心下属的乡镇基层网点已开展工作三年了。

一、首先对丽江市古城区9个基层网点的工作人员作信息共享工程使用的培训。由区图书馆在省图书馆受训回来的工作人员来对乡镇工作人员进行信息共享工程设备的运用和维护作培训。使乡镇文化站工作人员能够熟练的使用各种设备。区支中心工作人员每隔一段时间都会下到各个基层服务点进行沟通及解决基层遇到的困难。

区支中心在九个基层网点所有设备安装完毕后将九个基层网点的工作人员全部集中在区支中心进行了为期5天的培训。由于学员知识层次及接受能力的差异，虽然受训人数少，但难度比预期的要大得多。

区支中心工作人员反复、耐心地手把手教授，使每个基层网点的工作人员基本掌握了网校教程。在基层网点向农民进行具体授课的过程中，如果遇到难题、问题，区支中心工作人员每隔一段时间都会下到各个基层服务点，再由区支中心工作人员到每个基层服务点对工作人员进行指导。

二、对乡镇文化站工作人员的培训结束后，将省图书馆发放到区图书馆关于农业、畜牧、农机以及影视等相关光盘刻录后发放到乡镇文化站工作人员手中。

区支中心一共刻录相关光盘270份，每个乡镇基层网点发放30份。

三、乡镇工作人员回到各自文化站后，不定期对乡镇文化站附近的村民利用信息资源共享设备进行电脑方面的培训，使其能从电脑中获得自己所需要的资料、信息。

在培训过程中，几个乡镇的农民学习积极性十分高涨。各基层网点尽量利用农闲时间对村民进行培训，还没到授课时间，前来学习的农民已早早来到站内，做好了学习的准备。经过定期、不定期的培训，大部分前来学习的农民已基本掌握电脑上网的知识，能独立上网查询资料。

四、乡镇文化站工作人员将区图书馆发放的有关农业、畜牧、农机以及影视等相关内容的光盘以及云南共享工程网站中农民喜爱的知识和节目进行下载，并存入投影仪中，对离乡镇文化站比较远，道路不方便的村民小组进行电影放映来指导和丰富他们的文化生活。

大东乡文化站农文网络学校平均3天给附近的村民放映一次影视作品或者农业技术方面的知识讲座，对那些交通不方便、比较遥远的村民小组，农文网络学校工作人员每半个月轮流去给村民放映。

五、乡镇文化站工作人员利用信息资源共享工程的设备，由乡镇府组织，文化站主办来开展丰富多彩的群众文化生活。

金江乡文化站农文网络学校利用信息资源共享工程设备和场地，开展了歌舞打跳、乒乓球比赛、拔河比赛、象棋比赛等丰富多彩的群众活动，并组织乡里的书法爱好者进行书法比赛。这些活动都极大地丰富了金江乡村民的文化娱乐生活。

金山乡文化站农文网络学校与金山乡的新团村委会合作举办了庆祝“三八”节歌舞比赛活动，全乡所有村委会都派出了代表队参加，取得不错的反响。

区支中心的工作人员对束河街道基层服务点工作人员进行指导

六、将乡镇文化站内的图书阅览室定期向附近学校的学生以及村民开放，丰富村民的文化生活。

七、由乡镇文化站组织乡镇农科站、畜牧站工作人员来农文网络学校利用信息资源共享工程设备对村民进行农业、畜牧方面的知识讲座。

网络是缩小城乡差别的最好载体，一根网线使城镇与乡村、农民与专家、边远地区与大城市一线接通。在为边远农村带去了先进的科学文化信息和产品的同时，也让农民学会利用网络进入现代化生产、生活，逐步实现着让边远地区不再边远，让落后地区加快发展速度的目的。由此，广大群众满意了，共享工程也获得了良好的社会效益。

（撰文/丽江市古城区支中心）

永胜县支中心

全国文化信息资源共享工程是惠及千家万户的一项重要文化基础工程，是政府提供公益性服务的重大文化项目，是实现广大人民群众基本文化权益的重要途径，对于打破落后地区信息闭塞的状况，缩小“数字鸿沟”，提高广大人民的科学文化素质，推进社会主义文化大发展大繁荣和建设和谐社会，具有重要意义。图书馆是获取知识的理想场所，是信息资源中心，是继续教育的培训场所，我馆充分利用馆藏资源，为广大读者和广大中小学生提供学习场地和信息资源服务，发挥了重要作用。服务好广大的中小学生，提供绿色上网通道。为“两基”建设服务，创造良好的读书环境，推荐一些有教育意义的新书，方便广大读者。

2008年根据文化部、财政部《关于进一步推进全国文化资源信息共享工程的实施意见》的要求，云南省文化信息资源分中心在永胜县图书馆开展了信息资源支中心的建设，目前永胜县支中心建有一个80平方米、25个坐席的电子阅览室，一个80平方米、可容纳100多人的多媒体教室和一个信息资料图书电子编目室。全县共建立乡镇文化基层站点15个，村级服务点94个，通过网络传输、移动硬盘服务、光盘服务等模式，把文化信息资源传送到城乡文化网点和群众身边，充分发挥了文化信息资源在发展经济、提高人民群众思想道德和科学文化素质方面的重要作用。文化共享工程应用现代科学技术，将中华优秀文化资源进行数字化整合，通过网络体系，以互联网、卫星、移动存储、光盘、有线电视等方式，实现优秀文化信息资源在全国范围内的共建共享。

一、加强领导，加快网点基础设施建设

“共享工程”是一项受到党中央、省委高度重视的文化创新工程，对于迅速扭转我县信息匮乏和经济、文化落后的状况起到了显著的作用。解决了全县基层文化设施陈旧、文化投入不足、文化资源匮乏，广播电视覆盖面小，信息传送滞后的现状。县委、政府在财政非常困难

的情况下，安排专项资金10万元解决了县支中心及基层服务网点的电子阅览室、多媒体教室等基础设施。同时，加强乡镇、社区文化阵地建设，稳定文化干部队伍。各乡镇配备专职文化干部，社区设立兼职文化干事，全县每年财政安排共享工程专项资金95万元，县支中心20万元，乡镇文化站75万元。

二、惠民服务

为建设社会主义新农村培养具有一定思想道德素质和科学文化素质的新型农民，充分发挥文化在服务"三农"中的重要作用，我县在部分有条件的乡镇开办了"文化信息资源共享工程农民素质教育网络培训学校"。通过"农文网络学校"将文化信息资源共享工程与乡镇综合文化站、村文化活动室建设紧密结合起来，有利于充分发挥共享工程在农村的功能和作用；有利于扩展农村公共文化设施的服务功能，促进农村文化建设；有利于保障农民群众享有基本的文化权益。通过充分利用共享工程的信息资源、社会各方面的师资力量和覆盖到村的培训网络，采取网络教学、多媒体教学、流动教学等形式，创新农民素质教育的渠道和途径。

三、建立健全各项规章制度

根据《公共电子阅览室管理规范（试行）》的有关要求，结合永胜县实际情况，制定了《永胜县文化信息资源共享工程实施方案》、《永胜县文化信息资源共享工程管理办法》、《永胜县文化信息资源共享工程管理办法》、《永胜县县级支中心电子阅览室阅览制度》、《永胜县县级支中心电子阅览室管理员职责》、《永胜县县级支中心电子阅览室清洁卫生制度》、《永胜县县级支中心电子阅览室机房管理制度》、《永胜县县级支中心紧急疏散预案》、《永胜县县级支中心电子阅览室读者须知》、《永胜县县级支中心值班制度》。我馆根据各项规章制度严格执行。

四、整合资源，创新文化服务内容

由于条件限制，乡下群众不便于到县城享受优质的网络资源，如何将新思想、新科技用一种直观、易懂的形式送到农民身边，使用群众对农业新科技能够看得懂、用得上、见效快，就成了一大难题。经县委、政府组织相关部门调研，利用共享工程网络资源内容新颖、实用性强、信息量大、数据传输快捷方便的优势，认真搜集、下载适用于当地群众的农村实用技术信息、农业科技、科普知识等制作成VCD光盘、移动硬盘，通过县、乡、村三级文化服务网络进行宣传推广、进村培训及其传输信息，扩大宣传面，使群众快学技术，早得实惠。

（撰文/永胜县支中心）

华坪县支中心

2010年以来，华坪县图书馆按照云南省文化厅和云南省图书馆的安排部署全面组织实施了文化共享工程，建立了文化共享工程华坪县支中心。县支中心成立3年来，与图书馆自动化建设紧密结合，实现了图书馆从传统管理方式向自动化管理方式的转变；加强公共上网场所建设，建设完成了配置先进的电子阅览室、多媒体视听室，免费为广大群众提供了网络文化信息服务和绿色的公共上网空间；依托文化共享工程服务网络，将文化信息服务拓展延伸到了乡村，逐步改善和丰富了城乡基层群众的文化生活，为保障广大群众的基本文化权益，最终实现文化乐民、文化育民、文化富民奠定了坚实的基础；依托文化共享工程，不断开创图书馆工作的新局面。

一、积极推进文化共享工程的建设

根据云南省文化厅文化共享工程建设工作实施方案的安排部署，华坪县图书馆按照方案的要求，于2010年4月起陆续启动实施了文化共享工程华坪县支中心的建设工作。图书馆通过积极的沟通和协调，得到了县委政府对文化共享工程的高度重视，县委、县政府及文化、财政部门明确责任，各司其职，共同推动，促进了文化共享工程的稳步推进和发展。县财政投入建设资金18万元，对工程建设的业务用房进行了改造和装修。配置了实施文化共享工程的人员编制1人，配备了电子信息工程专业的大学生专职工作人员1人。同时将文化共享工程县支中心的运行保障经费纳入了财政预算，每年安排资金5万元，用于保障县支中心的正常运行。制作悬挂了文化共享工程各活动场所的指示标牌，在显要位置公示了各服务场所的服务项目和服务内容。制定悬挂了相关管理规章。文化共享工程县支中心的建设任务圆满完成。于年底顺利通过省、市验收组的验收。

二、自动化管理

县支中心与图书馆自动化建设紧密结合，实现了图书馆从传统管理方式向自动化管理方式的转变。2010年以来，图书馆以文化共享工程的建设为契机，运用文化共享工程这个网络平台及其配置的专业的图书馆管理软件，启动了本馆计算机网络的系统设置及全部图书的回溯建库工作，2012年图书馆自动化管理工作全面实施完成。目前，图书馆财产管理、图书采购、分编、服务等各个业务环节都实现了电脑自动化管理。2012年，图书馆还充分利用"文化共享工程"这个网络平台，设立了自己的网页，初步建立了"华坪县网上图书馆"。为图书馆的形象宣传和与外界的沟通交流创造了一个良好的平台。成功实现了图书馆管理方式和服务方式的转型升级。

三、惠民服务

加强公共上网场所建设，建设完成了配置先进的电子阅览室、多媒体视听室，免费为广大群众提供了网络文化信息服务和绿色的上网空间，扎扎实实地为广大群众提供网络文化信息服务，实现文化信息资源的共建共享。文化共享工程华坪县支中心自2010年底建设完成以来，充分利用文化共享工程的设备、场所和资源积极开展各种服务活动，为广大城乡基层群众，尤其是为青少年免费提供绿色的公共上网空间和文化信息服务。

1、电子阅览室的公共上网服务。电子阅览室是我馆文化共享工程县支中心免费为广大群众提供的公共上网场所。文化共享工程建设实施正常运行以来，中心就积极向广大群众宣传推介文化共享工程，吸引广大群众到图书馆上网，指导和引导上网人员规范、合理和高效的

利用网络文化信息资源。电子阅览室自2011年正常开放至今，共接待上网群众10000余人次。

2、利用电子阅览室、多媒体视听室积极开展读者活动。先后举办过“网上公益课堂”、“老干部专题讲座”、“网上优秀电影展播”、“文化共享剧目展播”、“免费书法学习培训”、“电脑培训”、专题培训、小型会议服务等活动。

3、加强乡镇农文网培学校管理工作和基层管理人员的培训与指导，积极开展文化共享工程进农村活动。我馆采取集中培训与个别指导相结合的方式，先后组织乡镇文化站工作人员到图书馆进行相关内容的培训，又组织县馆业务骨干深入到乡镇进行具体的有针对性的指导和培训。逐步规范乡镇农文网培学校的管理，提高基层管理人员的业务能力，指导乡村开展活动，积极推动文化共享工程深入乡村，服务农民。

四、工作展望

文化共享工程在我县实施三年来，已逐步建立了一个县级支中心、8个“乡镇农文网培学校”、48个“农文网培分校”的三级服务网络，实现了文化共享工程的城乡全覆盖。县支中心依托文化共享工程服务网络，将文化信息服务拓展延伸到了乡村，随着文化共享工程的全面实施和推进，我们将进一步规范各级服务网点的管理，加强网络文化信息服务，逐步改善和丰富城乡基层群众的文化生活，为保障广大群众的基本文化权益，最终实现文化乐民、文化育民、文化富民奠定坚实的基础。文化共享工程必将在丰富广大群众的精神文化生活、提高广大群众思想道德素质和科学文化素质、促进农村文化与经济社会的协调发展中发挥积极的作用。

（撰文/华坪县支中心）

玉龙纳西族自治县支中心

自2009年起，在省分中心的大力支持，县委、县人民政府的关心，局领导班子的正确指导和全馆工作人员及各文化站的共同努力下，全省文化信息资源共享工程玉龙县支中心及基层服务网点建设工作已全面启动。共享工程玉龙县支中心建设暨农民素质网络培训学校建设情况如下：

一、基本情况

在玉龙县委、县人民政府的关心、支持下，2009年2月玉龙县图书馆新馆竣工，建设投资400万，占地面积3400平方米，建筑面积1500平方米，绿化面积2000平方米。目前，我馆设有外借室、期刊阅览室、电子阅览室、古籍典藏室、过刊室、采编室等六个部门。

2009年3月，新馆开馆后，不断添加设施，配置现代化装备。投资24万元购买书架、期刊架、阅览桌椅等设施。在省分中心的大力支持下，全省文化信息资源共享工程玉龙县支中心及基层服务网点建设全面启动，目前图书馆电子阅览室拥有电子计算机42台，接入10兆光纤，为读者提供便利。进一步配备了摄影机、数码照相机、扫描仪、手提电脑、投影仪、数码播放器等设备。

二、建设及运行情况

2009年4月，在省中心的全力支持下，完成了机房建设，电子阅览室设备安装、调试等工作，于5月全面对广大读者免费开放。

为了让共享工程广为人知，我馆邀请了市、县电视台，丽江日报社等媒体，以新闻、发布公告和专题报告等途径全面宣传共享工程。制作了文化共享工程宣传单，深入到玉龙县政府部门、周边的乡村、学校、社区进行宣传活动，共发放宣传单2000余份，张贴海报50份。

三、基层服务网点建设情况

2009年玉龙县文化共享工程基层服务网点建设涉及鸣音、九河、太安、鲁甸、龙蟠、白沙、黄山等7个乡镇文化站。2010年8月底，建设了大具、黎明、石鼓等3个基层网点。从2009年到目前为止，在工程师及我馆相关人员的努力下，克服困难，完成了16个基层网点的设备安装及调试工作，并对文化站专职人员培训，使他们掌握设备使用和日常维护技能。

“文化信息资源共享工程农民素质教育网络培训学校”建在乡（镇）综合文化站。设名誉校长1名，聘请乡党委或政府领导担任；设校长1名，由乡文化站站长担任，负责网培学校管理工作；设置教员2名，由乡文化站站长及工作人员担任，负责学校教学管理及辅导、电子阅览室管理、设备维护等工作；这16个网点现已正常运行，并对当地读者提供服务。

四、“农民网络培训学校”建设情况

通过建设“文化信息资源共享工程农民素质教育网络培训学校”，将共享工程基层站点建设工作与乡镇文化站、村文化活动室建设工作相结合，不仅拓展了共享工程在农村的服务功能，而且有助于推动乡镇文化站、村文化活动室的现代化建设，提升数字服务能力，增强发展活力，实现文化信息服务、图书借阅、公共文化鉴赏、教育培训、文化娱乐、科普教育、影视放映、公益文化讲座等多种服务功能的共同发展。

把文化信息资源共享工程乡村服务站点建设与乡（镇）文化站、行政村文化活动室建设结合起来，推动文化设施资源与文化信息资源的优化组合和共建共享，实

现站点向学校的转换，全面拓展乡镇综合文化站、村文化活动室的服务功能，全面提升文化信息资源共享工程的利用水平，使之能够开展文化科普教育、知识信息服务、图书借阅、文化鉴赏、教育培训、文化娱乐、公益文化讲座等多项服务功能。

1、根据本地"三农"工作的需要和农民群众脱贫致富、文化娱乐的需求，确定培训项目和内容，科学合理地制定教学大纲、教学计划和课程设置，分批分期组织实施。

2、培训对象为本乡农民群众、民办企业职工、个体工商户、乡村干部等；培训内容切合农民的需求，培训方式切合农村的实际，培训时间切合"三农"的特点。

3、对具有一定基础的农民，开展专项培训。专项培训以上机自学为主、集中授课为辅、基地实训为重，采取学时制和学分制的方式，对学员进行综合考评，对考评合格并达到学分规定的颁发培训合格证书。

4、对文化素质不高的农民，主要开展流动培训，为他们提供科技文化信息和文化娱乐。

5、教材来源

5.1. 共享工程服务器点播资源；

5.2. 科技、文化、教育类光盘；

5.3. "三农"电子图书及期刊；

5.4. 共享工程的各类专题信息资源。

2009年6月，在省、市、县各级领导的高度重视下，玉龙县太安乡"农民素质教育网络培训学校"正式成立 ，太安乡农民素质教育网络培训学校成为玉龙县首个"农民素质教育网络培训学校"。一转眼，农民素质教育网络培训学校已开办三年多了。在党委政府的大力支持下，基本实现了"文化乐民"、"文化育民"、"文化富民"的目标，扎实推进了乡政的社会主义新农村建设和现代农业的发展。

农民素质教育网络培训学校成立以来，各种教育实施得到了很大的改善，有了办公室、培训教室、电子阅览室、图书阅览室；增添多台电脑及设施设备，书架4个及图书2000余册、订报纸7种、杂志25种，满足了广大农民朋友的求知渴望。

五、宣传、推广活动

为了充分利用"共享工程"资源，真正实现文化信息资源共享，更好地为广大读者服务，我馆开展了"文化共享工程进机关、进乡村、进校园、进社区、进军营"等系列活动。

1、充分利用共享工程设备到村社、学校、社区、军营等播放各种科普知识宣传片、专题讲座、优秀影片。

2、组织社区居民、军人、少年儿童到电子阅览室参观、实践共享工程信息资源，特别是引导未成年人认识、利用共享工程网站的服务内容，吸取中华优秀文化，丰富自身精神文化生活，摆脱网络不良文化的影响。

3、开展读者座谈会，虚心听取读者意见，不断改进工作。近期，我馆已前往玉龙县民族中学、玉龙县二中、太安中学发放宣传单并播放优秀影片，观众达8000余人次，受到了广大师生的一致好评。

六、培训工作

为了进一步增强全国文化共享工程基层服务能力，提高玉龙县"农文网培学校"基层服务水平。在各级文化主管部门的大力支持下，玉龙县图书馆经过精心筹备，于2012年9月10日至12日举办文化共享工程"农文网培学校"培训班。特邀省文化厅社文处副处长朱洪兵，省图书馆共享办副主任郭锐等具有丰富经验的老师授课。培训采用讲授、学员现场提问、上机操作、实地考察、结业考试等方式进行。通过培训，来自全县16个乡镇的30多名基层文化工作者，有效提高了培训人员的专业水平和服务能力，使学员深刻认识到了开展文化教育共享工程的意义，理清了建设农文网培学校的工作思路，对今后更好地开展农文网培学校服务工作打下了坚实基础，达到了很好的培训效果。

七、工作展望

1、加强共享工程资源管理制度建设；2、进一步完善公共电子阅览室的消防安全配套设施；3、进一步完善乡镇共享工程基层网点的软硬件建设；4. 根据我县文化特色，加强资源建设，及时了解群众对文化信息资源服务的具体需求。征集、加工具有本地特色的文化信息资源，及时上报省分中心，以便共享。

（撰文/玉龙县支中心）

宁蒗彝族自治县支中心

宁蒗彝族自治县，俗称"小凉山"，面积6025平方公里，山区面积占98%，全县总人口25万，辖15个乡镇。历年来，县委、县政府高度重视文化建设，把文化建设作为构建和谐社会的重要内容来抓，城乡文化建设呈现出繁荣景象。特别是全省文化信息资源共享工程建设工作会议之后，我县积极配合国家政策，协调省、市相关部门，积极推进文化信息资源共享工程县级支中心和乡级基层服务点建设项目的开展。

一、建设情况

根据中央、省、市关于实施"文化共享工程"的一系列会议和文件精神，特别是参加了云南省2010年文化信息资源共享工程建设专题会议，我县得到省文化厅的关心和支持，我县图书馆和3个乡镇被省文化厅分别列入县级支中心和乡镇“农文网培学校”的建设，县委、政府对这项重大工程的建设高度重视，及时成立了以分管副县长为组长、其它有关部门负责人为成员的工程建设领导小组。

其后，工程建设领导小组多次召开专题会议，制定工作实施方案，分别到图书馆和乡文化站实地查看情况，研究落实建设工作任务。根据我县各点实际建设需要情况，积极向县委、政府反映汇报，争取工程前期准备工作的资金投入，最终得到县委、政府领导的关心和支持，在县财政极度困难之下，给予落实了10万元的配套资金，解决了县支中心及15个乡镇“农文网培学校”的电脑桌椅、全年上网费等困难，顺利完成了县、乡工程建设前期准备工作，为下一步设备安装调试工作做好了充分的准备。

2010年7月12日，文化共享工程下发第一批设备，这些都是由国家中心给予统一配置的，对图书馆和基层文化站而言，实属珍贵和来之不易，为此，图书馆工作人员发扬认真负责的态度，对照设备下发清单一一验收，供货公司技术人员到场后，无论是县支中心还是基层点工作人员都积极配合，安装、调试全过程都在场，这样，既熟悉了各种设备，又初步掌握了设备的管理和维护，对未来技术操作打下了一定的基础。同时，我县文广局、图书馆分别与各建设点及所属乡政府签订了建设、运行服务工作协议，进行层层分管，责任落实，保障了各农文网培学校建设任务和后期正常运行。通过图书馆及基层员工的积极配合，公司技术人员认真负责安装，2010年7月20日县支中心及3个基层点设备安装、调试结束并运行服务。其后2011、2012年分别继续站点建设，至此，文化共享工程已覆盖县支中心和15个农文网培学校，以及50个村委会。

为加强电子阅览室和农文网培学校的管理，使读者明白对电子阅览室、农文网培学校有关的基本要求，制定并挂墙明示了《文化共享工程宁蒗县支中心电子阅览室管理制度》、《电子阅览室未成年人使用微机管理暂行办法》、各乡农文网培学校管理等制度，使县支中心、各农文网培学校从开始就走上正规化、制度化，保障县支中心和各基层点真正成为广大读者特别是青少年提供文化信息服务和绿色上网空间。

建设完成后，县支中心和乡镇基层服务点充分利用文化共享工程设备和资源，结合宁蒗经济和文化发展的需要，将文化共享工程服务与图书馆服务、文化站服务有机结合，不断创新服务方式，丰富文化生活，服务农村经济，为广大群众提供服务。通过走进农村、走进社区、走进学校、走进企业，将优秀的数字文化资源有效传播，初步满足了基层群众“求知识、求富裕、求健康、求快乐”的普遍需求，缓解了农民群众看书难、看戏难、看电影难的问题。同时不断加强电子阅览室的管理，制定相应的规章制度，进一步改进电子阅览室服务，加强青少年网络安全教育，引导未成年人健康上网，合理安排电子阅览室对外开放时间，努力使电子阅览室成为公益性绿色网络空间。

在馆内，由于正是县图书馆新馆建设时期，限于旧馆房屋及桌椅等条件限制，服务活动受到了一定影响，但图书馆尽可能利用文化共享工程资源开展各种活动，特别是电子阅览室较好的发挥了作用，乡镇基层点也不同程度的开展了各种活动，利用文化共享设备和资源为农民提供种养、烤烟、病虫害防治、供求信息等农业技术信息服务。

县支中心、乡镇农文网培学校还紧密围绕国家及地方大局，结合重大节日和事件，开展多种形式的宣传服务活动。在党的十八大召开、世界读书日、科技活动周、图书馆服务宣传周、建国六十周年、宣传“双百人物”和建立学习型党组织、县庆等大型活动中，为未成年人、弱势群体和广大公众积极开展有效的服务。致力于把党中央、国务院的声音传递到全各地，弘扬社会主义先进文化，促进了社会主义核心价值观的传播和社会文明新风尚的树立。

二、工作展望

1、进一步扩充文化设施网点，以县图书馆、乡文化站、基层服务点为实施主体。加强基层文化设施网点网络化、数字化建设，加强文化、科技信息资源自动化、网络化建设和专业技术人员的培养，为深入推进共享工程的实施打好基础。

2、努力把文化信息资源共享工程用活、用好。积极采用图书馆技术优势，借助数字电视和远程教育服务网络，大力开展公益性服务。以农村为重点，将文化共享工程建设成为社会主义新农村的重要抓手。以先进文化教育广大群众，提高人民群众的思想道德水平和科学文化素质，最大限度地将信息资源转化为生产力，通过多种形式拓展服务范围、创新服务方式，将优秀影视戏曲、音乐歌舞、美术等艺术表现形式纳入共享工程服务内容，以群众喜闻乐见的形式使共享工程更加贴近基层、贴近生活、贴近群众。

3、在实施过程中加强与上级业务部门的沟通与协调，使共享工程服务群众更具针对性和时效性。同时，不断总结经验，改进创新管理体制和运行机制，使“文化共享工程”真正成为文化创新工程。

我县文化信息资源共享工程在各方面的不懈努力下正在积极推进过程中，虽目前的运行状况与上级领导的要求和人民群众的需求还有一定的差距，但我们相信，在上级领导和业务部门的大力支持和帮助下，通过县支中心和基层人员的努力，文化信息资源共享工程一定会以一个全新的面貌展现在全县群众面前，一定会成为老百姓满意的文化信息工程，成为社会主义新农村建设的有力支撑。

（撰文/宁蒗彝族自治县支中心）

小学生在电子阅览室上网学习

普洱市支中心

文化信息资源共享工程是文化服务的重要手段，是实现广大人民群众基本文化权益的重要途径，是改善城乡基层群众文化服务的创新工程。共享工程实施以来，在提高农村信息化水平，丰富广大人民群众特别是经济欠发达地区群众的精神文化生活，缩小东西部地区之间、城乡之间文化发展上的差距，建设社会主义新农村，构建和谐社会等方面发挥了重要作用，成为推进农村信息化、构建公共文化服务体系的重要抓手。

一、整体情况及网点建设

截止2012年底，普洱市共建成1个市级支中心、9个县级支中心、72个乡镇基层站点和600个村级服务点，对应的免费开放经费也配套到位。乡镇文化站比以前有了较大改观，由于各级政府加强乡镇基层文化建设的投入，各个乡镇都成立了集文化、广播和电视于一身的服务中心，并新建了办公楼，基层文化站服务群众的能力得到进一步加强。为了更加有效地利用好文化共享工程的设施，强化服务能力，提高服务水平，各级支中心群策群力、深入基层、结合实际，有声有色地开展了许多活动，切实为广大群众提供了实惠。

二、经费投入

按照《财政部关于下达中西部地区基层公共文化服务体系保障经费的通知》精神，财政每年将补助我省州级馆50万元/个、县级馆20万元/个、乡镇文化站5万元/个。县级支中心的经费都是先拨到当地文体广电局，图书馆只设立出纳，根据工作安排对经费使用实行报账制。我市地处边疆少数民族地区，多是贫困县，可以说市、县、乡三级财政皆薄弱，导致对文化共享工程投入显得力不从心。对此，各级站点也在尽量提供主动服务，用人力克服财力物力的不足，用行动来争取当地政府支持，同时多方协调相关单位共同开展活动，节约开支。对于免费开放经费，要严格资金的使用、监督与审计制度，确保专款专用。

三、资源建设

目前用于开展服务及农文网校教学的资源大部分都是由国家中心及省分中心下发的音视频资源。受制于经费及技术人才匮乏，我市自建资源仅有书目数据库资源及少量的地方特色文献资源。市级支中心购买了约40000种电子图书，涵盖文学、科技、农业等方面的书籍，同时也保存了少量的视频及图片资料。

四、技术支持

目前主要是市级支中心对县乡级支中心的设备维护方面给予一定的支持，平时把各基层站点容易出现的问题收集起来，利用举办培训班的机会向各个管理人员讲解具体的处理方案，这样的形式对基层站点的管理人员有一定帮助，对于一些突发的简单的故障也可以通过电话或远程的方式给予解决。同时也建议各级支中心和当地的电脑公司合作，利用他们的人力资源对文化共享工程的设备进行维护和支持。

五、合作共建

共享工程农文网培学校的建设离不开上级领导的支持，同时也离不开各级有关单位的合作和支持。我市各级支中心在合作共建方面和当地的驻军、武警、学校、机关事业单位都形成了良好的共建合作关系。市支中心还和普洱监狱共建分馆，把共享工程的法律知识、技术知识带进监狱；和市残联合作把电子阅览室建成了残疾人学习园地；和市科协、市社科联合作把农文网培学校建成了社会科学普及基地等。

六、惠民服务

各基层站点都能结合自身特点，利用网络高新技术，围绕公共图书馆电子阅览室的公益性质，引导广大群众学习和利用网络工具，吸引青少年和低收入人群到电子阅览室享受网络文化。比较有特点的是：

宁洱县磨黑镇在当地党委政的重视和领导下，把文化建设与服务“三农”紧密结合起来，整村推进文化富民工程，通过开发文化旅游产品，走出了一条“文化育民、文化富民、文化乐民”的新路子。磨黑模式的建设中，首先是搭建文化阵地，建盖了村民文化活动室，建立农家书屋，组建农民演艺协会，壮大了文化宣传员队伍；其次是成立了文化信息资源共享工程农民素质教育网络培训学校，提高了农民素质；创立农村文化产业合作社，推动文化产业结构调整。具体做法是以土地承包为手段引进外来资金，结合当地自然条件大力发展槟榔芋种植和“黑旋风”葡萄种植，承包商聘请专业技术人员利用文化共享工程农文网培学校对种植户进行专业技能培训。

墨江县坝溜乡成立了“十天有约”课堂，利用每月10号、20号、30号坝溜乡传统赶集日在文化站开展宣传教育培训工作，向全乡各族干部群众搭建学政策、学理论、学知识、学技术、学本领的平台，把单纯的商贸赶集转化为科技赶集、文化赶集、普法赶集。为此，乡党委、政府创新机制，整合资源，以乡林业站、畜牧兽医站、农科站等站所为基础，以文化共享工程为依托，整合中小学教育培训资源，党员远程教育系统，培养和造就有文化、懂技术、会管理、善经营、讲文明的社会主义新型农民。“十天有约”课堂的坚持实施必将能为坝溜乡社会主义新农村建设提供强有力的人才保证。

七、宣传推广

宣传和组织好群众是扩大文化共享工程影响力的重要措施，为使广大群众充分了解认识文化共享工程，更好地利用共享工程，各县乡的主要做法有：在电视台、报纸安排文化共享工程专题栏目播出和刊登，各服务点按照省分中心的统一标准制作宣传标志、张贴宣传画

和普洱市第一小学组织学生课外活动

报、室内统一悬挂制度牌。同时，利用文化共享工程网上信息资源开展形式多样、丰富多彩的文化活动，让文化共享工程家喻户晓、人人皆知。

八、培训工作

为了管理、使用及维护好各种设备，最大限度发挥出共享工程的优势，发挥文化共享工程市级支中心电子阅览室作用，对全市各县、乡镇基层服务点、村级服务点开展了大量的工作，如对各县、乡镇管理人员进行了电子计算基本技能培训、文化共享工程如何开展业务培训等。今年，我们为各县及乡镇文化站举办业务培训四期，共培训390余人次，同时受县级支中心邀请，派人到县上为村级服务点工作人员培训两期，共培训240余人次。

九、管理和队伍建设

随着十七届六中全会的胜利召开，各级党委、政府对深化文化体制改革，促进基层文化繁荣方面越来越重视。各县都成立了以分管副县长任组长，相关部门领导为成员的县文化共享工程领导小组，各基层站点也挂牌成立了农文网培学校，由乡镇党委书记任校长，各单位专业技术人员任教员，形成了主要领导负责，分管领导具体抓，成员单位协调配合的工作格局，组织机构较为健全。但由于基层乡镇人才匮乏，通常情况是一人身兼数职，加之出任教员的人员素质参差不齐，对此，我们要加强队伍建设，采取走出去、请进来等多种形式培养技术人才，建立一支高素质、高水平的队伍。只有提高工作效率，增强服务质量，才能切实把文化共享工程落到实处，让广大群众享受到共享工程带来的实惠。

十、工作展望

目前建成的站点都在或多或少的开展着服务，但大多面临着建成后效率低下、服务能力弱化、利用率不高的问题，换句话说，就是如何发挥优势资源作用的问题。我们在开展服务的过程中，要把农民群众需要什么样的文化教育和服务，农文网培学校就提供什么样的文化教育和服务设定为工作目标，这样才能更好的贴近生活、贴近群众。在实施过程中，还应当不断总结自身经验，学习优秀经验，把共享工程的资源用活、用好。普洱市支中心也将继续做好对县级支中心、乡镇级基层站点进行业务培训、业务指导与辅导及检查、督查工作。我们要深入贯彻落实党的十七届六中全会及十八大有关精神，进一步拓宽发展思路，创新工作方法，深化服务内容，拓展服务功能，把文化共享工程建设成群众满意的、喜爱的惠民工程。

（撰文/普洱市支中心）

宁洱哈尼族彝族自治县支中心

宁洱哈尼族彝族自治县全县辖7乡2镇，85个村民委员会，4个社区居民委员会，总人口19.4万人，辖区总面积3670平方公里。宁洱文化底蕴深厚，是普洱茶的故乡，县内有被誉为新中国民族团结和民族工作第一碑的全国重点文物保护单位——民族团结誓词碑；是主演电影《五朵金花》、《阿诗玛》的著名电影表演艺术家——杨丽坤和全国英模张培英的故乡。

一、基本情况

宁洱县委、县政府高度重视文化建设，把文化建设作为构建和谐社会的重要内容来抓，农村文化建设呈现出繁荣景象。特别是全省文化信息资源共享工程建设工作会议之后，狠抓了文化信息资源共享工程建设的各项具体工作，及时成立了由分管副县长任组长、各相关部门领导为成员的工作领导小组。我县于2009年3月开始动工，接入了10兆的光纤电缆线，所有设备全部到位并于4月10日全部安装、调试完成。4月15开始试运行，运行过程中严格按照《云南省文化信息资源共享工程2008年度县级支中心及基层服务网点建设工作实施协议》开展工作。截止目前，文化信息资源共享工程已运行三年，运行正常，平均每月接待以青少年为主的读者1000余人（次），读者反映良好。

二、主要做法

1、在服务平台建设上，狠抓三个强化。

服务平台建设是文化信息资源共享工程的基础工程。我县是省重点帮扶县，财政基础比较薄弱。县委、县政府在财政十分困难的情况下，把文化信息资源共享工程作为惠民工程，舍得花本钱，用功夫，下力气。

1.1.强化县级支中心建设。

县财政拿出6.54万元专款，按照省里规定的标准要求，对县级支中心进行了改造，建成了70平方米的电子阅览室（含中控室），安装了防雷设施，严格按照《云南省文化信息资源共享县级支中心暂行管理办法》进行管理，并制定了《电子阅览室管理制度》、《电子阅览室工作人员岗位职责》及《中控机房管理制度》。还公开招考了一名计算机专业人员充实到图书馆。

1.2.强化农村基层服务点建设。

我们把农村基层服务点作为文化信息资源共享工程建设的阵地，不断加快建设步伐，全县有黎明乡、勐先乡、普义乡、德安乡、德化乡、梅子乡、同心乡及宁洱镇、磨黑镇9个乡（镇）在文化站建设了文化信息资源共享基层服务点，配备了接收和播放设备，目前9个基层服务点运作正常，形成了完善的配套服务网络。文化信息资源共享工程成为了农民学政策、学文化、学法律、学科技的"大课堂"。

1.3.强化专业队伍建设。

配备了政治素质高、业务能力强的2名专业技术人员，专门从事县级支中心的日常管理，并对5个基层服务点管理人员进行了系统的专业技术培训，增强了其业务技能和管理能力。

2、在组织形式上，与科普、教育相结合。

加强与县科协、民宗局、教育局的协作，建立宁洱县"农村科技培训室"，利用投影仪在线播放讲座等形式，搞好农村干事、民族干事的培训工作，提高了科技人员和民族专干的素质和创新能力。发挥文化资源共享平台的优势，在"六一"儿童节期间与县教育局及城区学校合作利用投影仪在线播放电影2场，观看人数百余人。

3、在活动内容上，突出两个重点。

在文化信息资源共享工程建设上，寻求突破口，在全县努力营造“多读书、读好书”的浓厚氛围。一是面向广大干部群众，突出政策理论教育。针对广大干部群众普遍关心的理论热点问题，结合我县正在开展的“学习实践科学发展观”和“思想道德，民主法制进万家”活动及时收集整理党的方针政策、理论创新成果，中央和省市领导同志的重要讲话精神，广泛开展图书音像资料进农村、进学校、进社区、进农户等一系列活动，进行思想道德，民主法制教育、形势教育、理想信念教育、理论教育，通过群众喜闻乐见的形式，把学习党和国家方针政策的热情转化为建设社会主义新农村、构建和谐社会的自觉行动。二是面向广大青少年，突出思想道德教育。结合青少年身心发展特点，紧密结合学校教育，利用电影、电视、网络等青少年易于接受的形式，大力开展理想教育、爱国主义教育、集体主义教育和社会主义荣辱观教育，寓教于乐，使文化信息资源共享工程成为青少年德育教育的重要渠道。

4、在工程建设成果上，实现了三方面的变化。

一是丰富了群众文化生活。文化信息资源共享工程利用高科技手段，以最经济、最快捷、最方便的方式为群众提供丰富的精神文化食粮，成为群众接受新事物、学习新知识、享受新生活的新途径。全县干部群众特别是在校学生和青少年从文化资源共享工程中受益，实现了文化资源的普惠共享。二是净化了社会环境。文化信息资源共享工程以先进文化的传播占领了农村思想文化主阵地。现在，农村封建迷信、打架斗殴的现象少了，崇尚科学、构建和谐社会蔚然成风。三是强化了政府文化服务职能。文化信息资源共享工程作为构建和谐社会的重要内容，为政府加强文化建设提供了有力抓手，政府服务文化建设、推进文化建设的主动性进一步增强。

三、工作展望

虽然在推进文化信息资源共享工程建设方面做了一些工作，但是离省、市领导的要求和群众的需要还有一定差距。我们要深入贯彻落实十七届六中全会及十八大精神，把文化信息资源共享工程建设放在更加突出的位置，做到认识再提高，措施再强化，力度再加大，着力推动我县文化信息资源工程建设再上新台阶，为把我县建成标准化的文化信息资源共享工程做出新的更大贡献。

（撰文/宁洱哈尼族彝族自治县支中心）

墨江哈尼族自治县支中心

墨江县图书馆始建于1979年6月，1998年建成使用现馆，使用面积1100平方米，现有编制8人，实有工作人员8人。主要开展图书外借、报刊阅览、借阅、资料查询、文化共享工程阅览、培训、图书流动服务点、流动书箱等服务工作。2005年、2010年参加全国图书馆评估获文化部三级图书馆至今。2011年末藏书70000册，全国文化信息资源共享工程墨江县级支中心成立以来，充分利用文化共享工程资源为民服务，以推广使用“文化共享工程”资源为切入点，以服务基层、服务大众为立足点，开拓服务范围，创新服务理念，工作取得了一定的实效。

一、软硬件设施建设

在县委、政府及上级主管部门的关心帮助下，积极争取地方财政投入资金数万元用于县级支中心建设，选调计算机专业人员进行专业管理，所有建设均按照《云南省文化信息资源共享工程建设工作验收标准》进行，并顺利通过省级验收。

二、建立健全各项管理制度

先后建立健全了《墨江县文化信息资源共享工程县级支中心管理人员工作守则》、《墨江县文化信息资源共享工程县级支中心机房工作人员管理制度》、《墨江县文化信息资源共享工程县级支中心电子阅览室免费开放制度》及《墨江县文化信息资源共享工程县级支中心标牌标识规范》等规章制度并在显著位置悬墙，文化共享工程标识规范，管理措施到位。软硬件配置符合文化部制定的相关标准，且各应用系统和设备设施运行正常。

三、积极推动免费常态化开展

根据省市关于图书馆免费开放的文件精神，墨江县支中心“网上阅读”及“文化共享工程”等相关服务工作均已实现免费常态化开展。先后举办了“爱国主义电影展”，“红色记忆　振奋中华”、“童心向党　快乐成长—庆祝六一儿童节”、“文化共享心向党庆祝中国共产党成立90周年”等影视展活动10余次，参与观看的观众已超过7000人次，已经形成基层群众普遍欢迎的品牌活动。

四、服务网点开展

为乡镇文化广电服务中心工作人员进行了计算机应用与管理方面的培训3次，76人次。并对已经实施文化共享工程服务网点的四个乡文化站管理人员及部分村干部进行计算机基础应用培训辅导；形成了以乡林业站、畜牧兽医站、农科站等站所为基础，以文化共享工程为依托，整合中小学教育培训资源和党员远程教育系统的综合服务平台，开展了咖啡、橡胶、烤烟、网箱养鱼、科学养猪、牛、羊等种养殖培训，为培养和造就有文化、懂技术、会管理、善经营、讲文明的社会主义新型农民发挥了积极作用。

五、培训工作

2011年利用文化共享工程平台，提供广大读者学习、查询、阅览11200人次；举办专业技术培训辅导7次，180人次，未成年人培训4期85人次；对文体广电系统职工进行计算机基础知识、网络知识、文字、表格排版等培训3次，80余人次；采取集中教学、收看网络视频和分散自学等形式，完成墨江县图书馆全体工作人员计算机基本操作技能培训，组织开展职工培训学习4次，职业教育培训1次，42人次，为开展“文化共享工程”试点工作做好了人才准备。

六、合作共建

近年来，随着文化共享工程的实施和免费开放经费的落实，我中心将延伸服务进一步深化。如与元磨高速公路路政大队墨江中队、墨江路政大队等开展以精神文明为主要内容的共建；与武警中队、消防中队、看守所等开展以警营文化建设和警地两用人才培养为主要内容的共建等等。

七、荣誉奖项

为县城周边学校开展送书、读书活动，与县民族学校共同发起了“墨江县图书馆读书活动进校园、墨江县民族学校首届‘希望杯’作文竞赛”活动，在首届“希望杯”作文竞赛中，有30人获一等奖，50人获二等奖，65人获三等奖。

八、工作展望

墨江县支中心在守好阵地，利用好电子阅览室的同时，还将开拓创新服务理念，多手段、多渠道，变被动为主动地开展工作，把文化共享工程的资源用活、用好，建设群众满意的、喜爱的惠民工程。

（撰文/墨江县支中心）

景东彝族自治县支中心

景东彝族自治县幅员面积4532平方公里，其中山区占95.5%，坝区占4.5%。全县辖13个乡（镇），166个村民委员会、4个社区，2339个村民小组。全县总人口37.9万人，境内居住着汉族、彝族、哈尼族、瑶族、傣族、回族等民族，少数民族人口占总人口的46.3%。

一、基本情况

2004年，景东县开始组织实施文化共享工程，组建文化共享工程建设领导小组。2006年1月，正式启动文化共享工程建设，在县图书馆建设县级基层服务点，利用国家配发的地面卫星接收器和服务器、投影仪开展工作。2009年3月，根据2008年度云南省文化信息资源共享工程建设工作会议精神，制定《景东彝族自治县2009年文化信息资源共享工程实施方案》，重新组建领导小组，组长为县人民政府副县长张天梅，副组长为县政府办副主任张兆华和县文体局局长罗德贵，成员为文体、财政、教育等相关部门及乡镇领导，统一协调和指导全县文化共享工程建设工作。2009年5月5日，由云南省文化厅按国家标准统一购置配发的设备完成安装工作，景东县支中心正式开展服务，中心机房使用面积20平方米，电子阅览室60平方米。现设办公室、电子阅览室、视频播放室，工作人员由景东县图书馆工作人员兼任，主任黄映瑶，副主任李梦洁。运行经费原在县图书馆工作经费中支出，2011年开始，县人民政府在财政预算中每年为县支中心安排了文化共享工程建设专项行经费。目前全县建有9个乡镇基层服务点暨农民素质教育网络培训学校、169个村（社区）基层服务点暨农民素质教育网络培训学校分校，建成以景东县支中心为中心、乡镇文化站为重点、村（社区）基层服务点为基础的文化共享工程服务网络。

二、队伍建设

为逐步提高文化共享工程工作人员实际操作能力和服务水平，认真组织开展县支心及乡镇、村基层服务点暨农文网培学校计算机应用、设备使用、文化共享工程服务等培训、辅导工作。一方面积极组织县支中心、乡镇基层服务点工作人员参加省分中心及市支中心举办的各种培训、国家中心举办的网络培训，组织到我省文化共享工程建设示范点参观学习。另一方面，为使工作人员熟悉共享工程设备的使用和利用设备传播文化信息资源，对县支中心13名兼职工作人员根据工作进度，紧密结合县图书馆自动化建设，不断组织各种专题培训；对乡镇基层服务点工作人员每年组织1次以上集中培训，不定期进行辅导，下发相关学习资料；为各服务点解决出现的问题，协助乡镇到村（社区）基层服务站点暨农文网培学校分校开展业务培训和辅导。2011年1月，在腾讯网站申请建立景东文化共享工作群，用于对全县文化共享工程服务网点进行远程辅导、快捷传递信息，加强联系。

三、数字化服务

按照县级支中心开展数字资源存储、传输和服务的要求，顺应数字化、信息化、网络化发展环境，通过数字化服务模式，传播优秀文化信息资源。利用文化共享工程设备，依托电子阅览室，为社会公众特别是未成年人提供文化信息服务和绿色上网空间，开展上机学习、电子资源检索利用、网络信息查询、读者培训等多项服务，指导未成年人健康上网；吸引基层群众参与积极、健康的网络文化活动。

流通服务开展数字文化资源推送服务，建立文化信息资源流通服务点，将国家管理中心和省分中心下发的资源和本馆资源，复制到光盘或移动硬盘，下发到乡镇、村（社区）基层服务点及学校、部队、企业等服务点利用，活跃基层、农村群众的文化生活，推进对社会的信息化服务，2009年至2012年，累计推送数字资源6.8TB。近年来，先后为县电影公司提供207张光盘，在县城广场进行放影，服务读者10万余人次；利用三下乡活动，到乡村、中小学校播放视频讲座、电影；为便于数字资源的推送和更新，2012年9月，为全县13个乡镇文化站配置发放了存储为500G的移动硬盘用于开展数字资源流通服务；录制景东自娱性彝族舞蹈——跳歌的伴奏音乐，制作后发到乡镇、村（社区）及广场等活动场所使用。

四、培训工作

社会培训利用播放视频讲座和聘请教师现场讲授的方式，开展各种专题讲座服务；对到电子阅览室上机学习的读者进行培训和指导，让他们熟悉电脑使用方

举办培训班

法，学会利用网络方便、快捷获取资源；为服务好设备设施落后的农村，联系城郊农村小学，组织学生到电子阅览室体验网络文化，教会他们上网、浏览全国文化信息资源共享工程网站；2009年9月至2010年7月，承办景东老年大学电脑班培训。

五、宣传推广

宣传活动积极开展“文化共享工程”宣传，让广大群众充分认识开展“文化共享工程”的重要性和必要性。通过媒体报道、制作宣传版面及海报、发放文化共享工程宣传资料、组织文化惠民服务、举办展览等形式向社会公众宣传文化资源共享工程建设及服务；组织开展问卷调查，了解社会公众对文化信息资源的需求。

六、工作展望

充分利用好文化共享工程设备、资源，根据发展需要，不断更新服务内容和方式。

1、积极参加实施“公共电子阅览室建设计划”、数字图书馆推广工作，全面推进图书馆自动化管理，加强馆藏书目数据库建设；

2、建设景东数字文化网，收集、整理、加工景东地方特色数字资源，完成景东地方文献书目数据库建设；

3、组织完善乡镇、村（社区）服务，真正发挥文化共享工程惠民服务的作用。

（撰文/景东彝族自治县）

景谷县支中心

景谷县辖10个乡镇、136个村（居）民委员会、1955个村（居）民小组。辖区内居住着汉、傣、彝等26个民族。总人口30.1万人，农业人口26.63万人。2012年，全县文化共享工程站点共完成1个县级支中心，7个乡镇文化站点，目前都已正常投入运行。

一、组织机构

文化信息资源共享工程建设项目设备到位后，县委、县政府领导对此高度重视，及时落实县支中心地点，给予资金支持，并对全县文化共享工程建设工作作出了相应的要求。成立了由分管副县长任组长、文体局分管副局长任主任，图书馆相关人员为成员的共享工程县级支中心工作领导小组负责抓好全县文化共享工程建设站点的相关工作。

二、业务培训

由省英茂公司技术人员对图书馆专业技术人员进行了基础业务培训，培训电脑基本操作和管理方面的知识，指定专人负责全馆工作人员业务指导和乡镇站点管理人员的业务培训，做到工作人员基本掌握电脑操作方法，使文化共享工程业务正常开展。同时派出专业人员分批次到市级支中心进行跟班学习，进一步提高技术人员的专业技能水平。

三、宣传推广

文化共享工程正式向社会开放后，为提高共享工程的知晓率，充分采用了电视宣传、发放宣传单等形式，让更多群众了解和认识文化共享工程的特点，为社会提供免费的学习环境。

四、惠民服务

支中心成立以来，不断加大工作力度，开展了丰富多彩的服务活动。结合当地党委、政府的中心工作，播放有关党的法律法规及时事政治等老百姓关心的节目，满足了不同人群的需求。

充分利用文化资源共享这一载体配合各乡镇文化站、电子阅览室、文化广场这一有利环境，不断丰富文化共享工程的服务内容，提高工作水平，开展更加人性化的的活动，深入到基层、学校、武警部队开展工作，普遍得到了广大干群的一致好评，从而有利地推动了工作的良性循环。

五、经费投入

我县是边疆少数民族贫困县，地方财政薄弱，导致对共享工程的投入显得力不从心，而免费开放经费的下达，很好的解决了这一困难，充分发挥了文化共享工程信息平台的作用，为今后日常服务及培训工作的运行和发展提供了资金保障。

六、队伍建设

工作人员素质不一、水平不一，一定程度上制约了共享工程功能的发挥。现在基层服务点的操作和管理人员一般由当地的村干部兼任，人员的不稳定，加之受文化教育的不同，素质也是参差不齐，实际动手能力较差，在开放时间和日常计算机各项业务的操作上都制约了共享工程功能的充分发挥。

七、工作展望

1、努力把文化共享工程用活、用好。加强对各乡镇及村级服务站点的扶持力度，将文化共享工程建设成为社会主义新农村的重要抓手。

以先进文化教育广大群众，提高人民群众的思想道德水平和科学文化素质，最大限度地将信息资源转化为生产力，通过多种形式拓展服务范围、创新服务方式，以群众喜闻乐见的形式使文化共享工程更加贴近基层、贴近生活、贴近群众。

2、在实施过程中加强与上级业务部门的沟通与协调，使共享工程服务群众更具针对性了时效性。同时，不断总结经验，改进创新管理体制和运行机制，使文化共享工程真正成为文化创新工程。

（撰文/景谷县支中心）

镇沅彝族哈尼族拉祜族自治县支中心

镇沅图书馆自2008年10月加入全国文化信息资源共享工程以来，利用共享工程在电子阅览室开展了大量的活动，如名家讲座、地方戏曲欣赏、影视欣赏等；利用技术力量雄厚的条件，开展网络知识培训；开通了镇沅图书馆网站，实现共享工程对外服务，并以镇沅图书馆网站形式向大众全面开放；图书馆网站对基层共享工程服务点进行有效的管理和辅导、培训，使其掌握资源更新和运用；为共享工程基层点进行了共享工程服务器软件升级。2009年新建共享工程基层服务点2个，2010年新建共享工程基层服务点4个和87个村级服务点。

一、打牢基础，稳步发展

全国文化信息资源共享工程是一项政府兴办的文化创新工程、民心工程，是公益性建设项目，有着巨大的社会效益和广阔的发展空间。文化体育和广播电视局等各级领导非常重视，使共享工程资源信息传递给广大人民群众。在图书馆电子阅览室将文化信息资源共享工程放到每一台微机的桌面，读者可随时点击进入共享工程连接；点播自己喜爱的信息。

指导帮助乡（镇）、村(社区)利用好共享工程的信息资源，促进了学习型社区工作的开展。对基层共享工程服务点进行有效的管理和辅导、培训，使其掌握资源更新和运用；为共享工程基层点进行了共享工程服务器软件升级；与党员远程教育对接。

二、发挥优势，开展活动

在实施共享工程的过程中，不断拓展共享工程的服务内涵和方式，充分利用这一全新的工作载体条件，切实面向“两个走进”（走进农村、走进社区），开创了基层文化工作的新局面。

1、馆内活动丰富多彩。充分发挥公共图书馆的阵地作用，在电子阅览室每周推介优秀栏目、名家讲座、生活常识、电影及优秀地方剧目，每月开展一次共享工程利用知识培训；利用星期天节假日针对未成年人播放百部爱国主义教育影片，科普类等影片，举办思想道德建设方面的讲座，引导未成年人多读书，深受广大家长的欢迎。

2、走进农村。在建设社会主义新农村的形式下，在以科技兴农为时代特征的今天，农民对待现代科技信息和文化的需要迅速增加。结合这一现状，我们深入调查，根据农民的需求，将适合本地区农民种、养殖生产需要的各类数字技术资源和文字资源送到村民手中。送科技下乡是实施“共享工程”又一具体举措，让广大农民不断感受到先进科学和现代文明。

3、走进社区。社区，是共享工程服务对象里一个重要的群体，也是“基层文化”最大的受众。在社区服务上，我们主要开展了与市民现代社会生活息息相关的时事宣传服务活动。

三、整合资源、共建共享

在利用共享工程中心网站资源和通过卫星投放的资源的同时，我们注重与省市图书馆的联系与合作，争取上级业务部门的支持整合各类资源，达到共建共享。

我们按照“资源共享、优势互补、互利互惠”的原则开展协作共建，与14个基层点签订了资源共享协议书，为基层图书点提供流动图书近3000余册，同时无偿搜集其特色的信息资源。对内加大资源的采集力度，将宣传文化系统举办的诸多展览、节庆活动采集视频资料，上传镇沅图书馆网站，为我馆特色数据库的建立做好了丰富的信息储备。

四、宣传推广

加入全国文化信息资源共享工程以来，为了扩大其在基层群众中的影响，广泛宣传其作用和意义，使各级领导和群众充分认识到这是一项惠民工程、民心工程，认识到工作的重要性和必要性以及文化信息资源的可用性。时刻注意将资源共享活动与当前工作重点有机的结合，这样既可增强对共享工程的宣传力度，又收到了立竿见影的效果。

五、工作展望

在开展阵地活动中，我馆电子阅览室设置20台微机为共享工程专用机，免费对广大民众开放。随着宣传力度的逐渐深入，在民众心中的影响也在逐渐加深，对文化信息资源的需要也在逐渐加大，民众开始掌握和利用这块知识宝库。

我们将在今后的工作中更加努力的探索利用共享工程服务的新路子，更好地发挥共享工程的作用，为把共享工程办成惠民工程、民心工程而不懈努力。

（撰文/镇沅县支中心）

江城哈尼族彝族自治县支中心

2009年，国家投入55万元资金，由江城县人民政府负责实施的全国文化信息资源共享工程县级支中心顺利通过省级验收并投入试运行。

江城县全国文化资源共享工程县级支中心设有电子阅览室和资源共享室，配备了25台计算机及卫星接收系统、扫描仪、打印机等，配套了电脑桌椅，接通了互联网专线等。江城县图书馆还结合实际情况制定和完善了有关设施设备使用、维护和管护的制度和办法，把推广“数字图书馆”发展成为深受群众欢迎的民心工程。

2011年8月24日，随着康平乡文化站“文化信息资源共享工程”建设的完成，全县五乡两镇的群众实现了与县城市民一样享受优质网络资源的梦想，全县七个乡镇

文化站全都配备了电脑、投影仪等设施。依托文化信息共享工程，全县50个村委会（社区）相继建成了基层农文网培训学校。广大群众可利用共享网络资源内容新颖、实用性强、信息量大、数据传输快捷方便的优势，享受同县城一样优质的网络资源，了解政策法规、农业科技、文化体育、防疫保健、致富信息等知识。工程的建成，把着力点放在面向基层、面向农村、面向普通群众上，以新农村建设为重点，大力整合了广大农民群众看得懂、用得上、实用性强的图文资源、视频资源和信息服务等资源，着重增加农业科学技术知识、农村生产生活等方面内容，做到适合基层群众，满足广大农民求知、审美需求，增强了实用性、大众性、娱乐性。

（撰文/江城哈尼族彝族自治县支中心）

澜沧拉祜族自治县支中心

澜沧县图书馆总面积为1000平方米，内设：办公室、采编室、外借室、期刊阅览室、资料室、少儿阅览室、农村流动图书室、电子阅览室8个窗口，有藏书58642册。有基层服务点35个，其中，乡级文化站20个，农村基层流动图书室15个。

一、建设情况

1、全国文化信息资源共享工程自2009年4月份在县图书馆建设县支中心以来，按照文化厅下发的《关于做好2008年度全国文化信息资源共享工程建设的通知》（文社图[2008]17号文件要求）。

在我县县人民政府副县长与文化厅签署《云南省文化信息资源共享工程2008年度县级支中心及乡镇基层服务网点建设工作实施协议》后，得到了县委、县政府、县文化局的高度重视，现已把我县文化信息资源共享工程县支中心工作经费和乡镇基层服务网点（农文网培学校）的互联网接入费用列入财政预算。为更好地发挥县级支中心作用，文化局专门聘请了2名专业技术人员进行县级支中心的建设工作。

2、配置情况

2009年度文化共享工程实施后，县文化局高度重视，把县支中心把电子阅览室分为未成年人阅览室和成年人阅览室。为此在原来的基础上配备了15台联想电脑，耳机15个。2011年7月县文化局配了2台联想电脑、2台笔记本电脑。到2012年为止，图书馆电脑台数台式机46台，笔记本4台，共50台电脑。县级支中心用来对读者阅览服务的电脑台数共41台，办公使用9台。

3、建立规章制度

澜沧县图书馆电子阅览室管理制度；电子阅览室未成年人管理办法；电子阅览室工作职责；少年儿童上网温馨提示。

二、乡镇基层服务网点（农文网培学校）建设情况

2009年我县自4月份实施乡镇基层服务网点，共建设实施了3个点：上允镇、东回乡、富邦乡。2010年我县自7月份实施乡镇基层服务网点，共建设实施了6个点：糯福乡、酒井乡、东河乡、富东乡、安康乡、竹塘乡。2011年我县自8月份实施乡镇基层服务网点，共建设实施了5个点：勐朗镇、南邻乡、木嘎乡、雪林乡、拉巴乡、发展河乡。

2012年我县自10月份实施乡镇基层服务网点，共建设实施了3个点：惠民乡、糯扎渡镇、大山乡。截止目前为止我县共建设完成18个基层服务网点建设工作，未建设实施2个基层服务网点。按照云南省《关于加强农村公共文化服务体系建设的意见》（云办发〔2009〕1号，以下简称1号文件）要求，为建设社会主义新农村培育具有一定思想道德素质和科学文化素质的新型农民，充分发挥文化在服务“三农”中的重要作用。

截止2012年，我县以完成建设18个乡镇基层站点的建设，各乡镇基层服务点已成立以乡党委书记任校长，相关单位技术人员任教员的农文网培学校组织机构。

三、村级基层服务点（农文网校分校）建设情况

2011年我县实施村级基层服务点共60个行政村，共涉及16个乡镇：勐朗镇共10个行政村；糯扎渡镇3个行政村；上允镇共5个行政村；谦六乡共6个行政村；文东乡共2个行政村；雪林乡共2个行政村；竹塘乡共3个行政村；酒井乡共3个行政村；拉巴乡共1个行政村；木嘎乡共2个行政村；南邻乡共4个行政村；糯福乡共4个行政村；大山乡共2个行政村；发展河乡共1个行政村；富邦乡共2个行政村；富东乡共2个行政村；惠民乡共4个行政村；东回乡共4个行政村。

四、开展服务情况

1、充分发挥共享工程在公共图书馆的阵地作用，在电子阅览室每周推介优秀栏目、名家讲座、生活常识、电影及优秀地方剧目。利用周末针对未成年人播放百部爱国主义教育影片，科普类等影片，举办思想道德建设方面的讲座、名著赏析等，引导未成年人多读书，深受广大读者的欢迎。

2、组织实施20个乡镇文化站基层服务网点管理员业务培训学习，为更好地提高基层服务点的工作效能，组织各乡文化站管理员进行了短期的业务培训班学习，通过举办共享工程业务培训学习，让各乡镇基层服务网点更好的开展服务群众工作。通过一年的工作开展，较圆满地完成了任务，取得了一定的成绩，也存在许多问题和不足，在今后的工作中，要从满足群众的文化生活需要出发，更加充分地发挥共享工程的作用。

五、合作共建

为拓宽图书馆工作服务面，更好地发挥电子阅览室及图书流通服务功能，多年来，澜沧图书馆一直致力于图书资料的共建共享工作，一直把服务工作作为服务当地人民群众的重要工作来抓。

2009年，澜沧县建立全国文化信息资源共建共享工程澜沧县级支中心以来，澜沧县图书馆与武警澜沧县中队、边防支队机动一分队、武警边防大队建立合作共建单位，共同建设“电子阅览室”资源共建共享及学习娱乐平台，通过此平台，更大程度地满足了边疆武警官兵在电子阅读及图书阅读需要，让边疆武警官兵在电子阅览室这个平台学到更多的知识。

六、培训工作

通过3年来建设，澜沧县共享工程县级支中心，利用共享工程县级支中心电子阅览室作用，对全县乡镇基层服务点、村级服务点开展了大量的工作，如对乡镇、村级服务点管理人员进行了电子计算基本技能培训、共享工程如何开展业务培训等，利用乡镇文化站农文网培学校，对广大农民群众进行各类培训，如农民养殖、种植培训、法律法规等等培训，实现共享工程资源利用，加大了共享工程在我县对广大群众服务的作用。

七、工作展望

2013年即将到来，在新的一年里，县级支中心要加大对乡镇、村级基层服务点（农文网培学校）的管理，加强县级支中心资源建设。加大全县共享工程管理人员培训力度。总之，随着对共享工程宣传力度的逐渐深入，共享工程在广大群众心中的影响也在逐渐加深，对文化信息资源的需要也在逐渐加大，广大群众开始掌握和使用这块知识宝库。我们将在今后的工作中更加努力地探索利用共享工作的新路子，更好地发挥共享工程的作用，为把共享工程办成惠民工程、民心工程而不懈努力。

（撰文/澜沧县支中心）

西盟佤族自治县支中心

西盟县资源共享工程成立于2008年，正式启动是2009年3月我就西盟县文化信息资源共享工程建设工作情况作如下简要汇报。

一、开展情况

1、加强领导，提高认识

文化信息资源共享工程是一项重要的文化创新工程，对推广先进文化知识、科技成果都有十分重要的作用。随着我国市场经济体制的不断完善，农业产业结构调整力度的加大，广大农民对科学文化知识尤其是农业科技成果的需求显得尤为迫切。组织实施好信息资源共享工程，对传播科学知识、先进文化，引导农民群众脱贫致富，丰富和活跃农村基层文化生活都有巨大的推动作用。县人民政府十分关注和高度重视文化信息资源共享工程建设工作，决定以共享工程建设为契机，把传播先进文化、转变致富理念、普及科学文化知识作为共享工程建设的最终落脚点，并采取有力措施，使共享工程建设工作落到实处。

1.1.完善机构，明确责任。

为切实抓好文化信息资源共享工程建设，确保圆满完成工程建设任务，成立了以分管副县为组长，文体局长为副组长，财政局、发展和改革局、民政局、教育局、农业局、科技局、广电局等部门领导和7个乡、镇分管领导、图书馆馆长为成员的领导小组，统一协调和指导我县共享工程建设工作。领导小组下设办公室于县图书馆，由文体局副局长岩跑兼任办公室主任，负责处理文化信息资源共享工程建设的日常工作。

1.2.领导重视，加大投入。

为确保文化信息资源共享工程顺利实施，县人民政府高度重视，对我县文化信息资源共享工程建设进行了研究和部署。一是安排7万元资金用于县支中心机房安装防雷设施和购置桌椅；二是按照文化信息资源共享工程建设验收标准，将县支中心每年运行经费2万元纳入财政预算；三是调入1名事业人员，负责县支中心文化信息资源共享工作。

2、明确责任，精心实施

认真设置了电子阅览室。按每台机器有2平方米以上的空间，光线充足，进出方便的要求，设置了150平方米的电子阅览室。做到网络布线及电源分布合理，消防设施和消防器材设施科学，安全疏散通道畅通。购置电脑桌椅20套，省文化厅配置的相关设备已基本安装完毕。现电子阅览室正在运行中

3、加大宣传，整合资源

在实施“文化共享工程”过程中，结合我县图书馆丰富的图书资源优势，开展丰富多彩的文化服务。以建立“农村书屋”拓宽文化服务方式，丰富群众多层次、多样化的文化需求，增强基层文化工作的吸引力和生命力。同时，以文化下乡为切入点，深入到各乡镇积极开展“文化共享工程”工作的宣传，让广大干部群众充分认识开展“文化共享工程”的重要性和必要性。让大家了解“文化共享工程”的实施，为宣传党的方针政策开辟了新渠道，为丰富农民群众业余生活、弘扬文明新风开辟了新的阵地，为培养“有文化、懂技术、会经营”的新型农民搭建了新平台，成为一项党得民心工程、实惠工程。争取电信部门的支持，开通了互联网络，充分利用电信的网络资源优势和技术优势，扩大了信息来源渠道，使文化信息资源共享工程的资源优势得到进一步的发挥。

4、完善机制，加强管理

为充分发挥“共享工程”的功能和作用，进一步规范工作，强化管理，县图书馆结合实际完善制定了《电子阅览室岗位职责》、《电子阅览室规则》、《电子阅览室使用规则》，完善了管理措施，实现了工作规范化，管理制度化。

二、工作展望

1、以县支中心为中心，加强基层文化设施网点网络化、数字化建设，加强文化、科技信息资源自动化、网络化建设和专业技术人员的培养，为深入推进共享工程的实施打好基础。

2、努力把文化信息资源共享工程用活、用好。

借助数字远程教育服务网络，大力开展公益性服务。将文化共享工程建设成为社会主义新农村的重要抓手。以先进文化教育广大群众，提高人民群众的思想道德水平和科学文化素质，通过多种形式拓展服务范围、创新服务方式，将地方音乐歌舞、艺术表现形式纳入共享工程服务内容，以群众喜闻乐见的形式使共享工程更加贴近基层、贴近生活、贴近群众。

3、加强沟通协调。

在实施过程中加强与上级业务部门、县级各部门的沟通与协调，使共享工程服务群众更具针对性和时效性。同时，不断总结经验，改进创新管理体制和运行机制，使“共享工程”真正成为文化创新工程。

4、要加强学习。

由于“共享工程”是一项新兴的科技创新工程，在实施过程中，会遇到许多新问题、新困难，这就需要我们在工作中不断学习完善。

（撰文/西盟县支中心）

临沧市支中心

临沧市全市辖临翔、凤庆、云县、双江、永德、镇康、耿马、沧源一区七县。全市有77个乡镇，其中镇32个，乡45个，793个村民委员会。土地总面积2.4万平方公里，总人口约226.5万人。

一、基本情况

根据云南省文化厅《关于大力推进全国文化信息资源共享工程建设》的指示精神，为切实保障我市城乡人民群众的文化信息需求，促进基层文化的发展，临沧市文化共享工程支中心在省文化厅和省文化共享工程分中心的指导下，以数字资源建设为核心，以基层服务网点建设为重点，在全市各县（区）、各乡镇、各村委会，广泛宣传、精心组织、指导建设、加强管理、推进发展。截止今年11月底，全市已建成临沧有一市、一区、七县，分别是：临翔区、双江县、耿马县、沧源县、镇康县、永德县、云县、凤庆县共享工程支中心；77个乡镇农文网培学校及628个村级基层服务点。较好地满足了我市人民群众不断增长的文化需求。

二、建设情况

自全国文化共享工程实施以来，我市一直把它作为一项文化建设的重点创新工程来抓。在市委、市政府的重视及有关部门的通力合作下，于2007年正式启动了文化共享工程建设。在实践中积极探索、大胆开拓，初步形成了以市、县（区）、乡（镇）、村为发展模式的各级基层服务网点。2007年3月，临沧市政府投入30万元，在临沧市图书馆正式建成了临沧市文化共享工程电子阅览室。接入10M光纤，购置服务器1台，PC机30台。此举正式拉开了文化共享工程在我市启动的帷幕。2010年文化厅、省文化共享工程分中心投入了50万元，为市支中心再次配置了5服务器；50台PC机，同时配有摄像机、照相机、投影仪、移动播放器等用于开展共享工程服务活动的数码产品。几年来，丰富、实用的文化信息资源极大的方便和吸引了广大人民群众，对促进我市政治、经济、文化、教育的全面发展，提高农民科技致富能力、满足农民政策信息需求等起到了极其重要的作用。我们的主要做法是：

1、健全工作机制。文化信息资源共享工程是一项民心工程，惠民工程。在我市实施以来，市委、市政府高度重视，及时成立了由分管副市长马迎春同志任组长、各相关部门领导为成员的领导小组。并多次召开会议，下发文件进行部署，通过在实践中积极探索，努力寻找符合临沧实际的发展模式。这些努力都有利地推动了文化共享工程工作的顺利进行，并为全市共享工程工作的良好运行打下了坚实的基础。

2、完善服务体系。加强硬件建设。目前，市支中心已对软、硬件设备进行了2次更新升级，同时，我们确立了“分级负责、层层培训”的原则，每年都有计划、有层次、有针对性地开展对全市管理人员的培训工作。6年来，市支中心举办“文化共享工程管理人员”等各类培训班50余次，形成了比较完备、系统的培训体系。并且组成了由馆长在内的“共享工程培训师资库”，所有师资库里的老师，必须统一进行培训方可获得资格证，承担全市的培训工作。截止目前，全市以文化共享工程为载体共举办各类活动1.1万次，受益群众达375万人次，活跃了全市人民群众的文化生活。

3、加大媒体宣传。据初步统计，临沧电视台、临沧日报、云南网、临沧文化资源网、临沧文化动态等新闻媒体先后500余次报道了我市支中心开展的活动情况；地方报纸、电视台等媒体先后100多次对县（区）支中心的活动给予报道，推动了基层开展活动的积极性，文化共享工程已被广大老百姓认可，成为群众喜爱的民心工程。

4、活动精彩纷呈。由于条件的限制，一部分群众不便于到市支中心享受优质的网络资源，将新思想、新科技、新体验用一种直观、易懂的形式送到各阶层民众身边，就成了及时雨、雪中炭，了解群众最需要什么，然后将各类信息资源通过宣传周、赶集日、“三下乡”、进农村、进学校、进军营等方式，将我们共享工程的科技、文化、卫生、少儿科普等方面的视频广泛向群众播放，让文化信息资源共享工程成为广大群众学政策、学文化、学法律、学技术的“流动大课堂”。我市支中心成立以来，通过各种途径共刻录发放各种实用技术光盘1万余张，宣传资料3万余份，播放各类影片及知识讲座2千余次。

5、突出特色资源。我市在经费紧张的情况下，除每年投入资金购买各种资源外，还建立了临沧市文化资源网，积极开展特色资源建设。截至目前，我市自建资源总量为20GB。

6、注重合作共建。多年来，我们结合实际，侧重于利用文化共享工程平台发挥其服务基层、服务群众的实际作用。与街道、社区合作，举办中老年人电脑培训班，方便了没有电脑操作基础的中老年人，还帮助他们融入信息社会生活，让他们感受到和谐的社会氛围，感受到政府和社会的关怀。与部队合作，创建图书馆分馆，让军人们在军营也能读书看报，也能看电影、听讲座。不仅提高了军人们的文化素质，也丰富了他们的业余文化生活。与武警边防检查站合作，建立了电子阅览室，为武警队员们枯燥的文化生活中，增添了无限乐趣。

三、工作展望

1、进一步完善文化共享工程市、县（区）、乡（镇）、村四级网络，促进可持续发展，切实发挥作用；2、结合我市实际需求，努力调查、挖掘、整理和制作富有地方特色的文化信息资源充实数据库。有计划、有系统、全面地加以整合，建设一批独具临沧特色的资源库；3、认真抓好共享工程管理人员队伍建设。加强技术培训和指导，建立比较完善的文化信息资源共享工程的人才培训体系。

（撰文/临沧市支中心）

临沧市临翔区支中心

临翔区原名临沧县，2003年12月26日经国务院批准撤县设区，2004年11月8日正式更名为临翔区，地处云南省西南部，是临沧市市委、市政府所在地，为全市的政治、文化、信息中心。全区国土面积2653平方公里，山区半山区占98.4%，耕地面积33.6万亩，境内有23个少数民族聚居。全区辖7乡1镇2个街道，93个村民委员会，9个社区居民委员会；2009年末，全区总人口为30.39万人。

一、基本情况

文化信息资源共享工程是一项惠民工程，在缩小城乡文化信息鸿沟方面有重要作用。通过“共享工程”的实施，将为新时期建设新农村、培育新农民搭建新的平台，并以此推进文化创新、完善文化服务体系，提高文化服务水平，促进文化事业健康发展。文化信息资源共享工程建设工作在我区2008年启动，2012年9月全部实施到位，已建成文化共享工程临翔区支中心1个，乡镇基层站点9个，村级服务点78个。支中心和基层服务站点设备全部配发到位，并通过安装调试投入运转，运行状况良好。文化共享工程区支中心在我区图书馆三楼设置了面积达150平方米，能容纳20余人的电子阅览室；室内空气通畅，面积宽敞，网络布线及电源分布科学合理，并配备有消防设施和消防器材设施，安全疏散通道畅通；室内统一配戴尔电脑以及畅通的网络环境。

针对青少年读者人数偏多的情况，特意提供了大量适合青少年读者的文化信息资源；自然科学、人文地理、课堂教学等包罗万象的数字媒体资源可供公众免费查阅使用。同时也装有文化部指定的适合青少年、儿童的健康益智类游戏，让学生读者们能够在繁重的学习之余适度轻松。2011年底，实行全面免费开放的方式为公众提供基础文化信息资源服务。自正式开放运行以来；通过加强宣传、灵活配置信息资源内容；读者人数由少渐多，截止日前初步统计，已接纳读者将近四万余人次、高峰期月平均接纳1500人次。今后将不断加强建设适合本地民众需求的信息资源，以进一步增加共享工程的受众人数。乡镇综合文化站9个，每站配备电脑6台，卫星接收器、投影幕布、投影播放机、激光打印机、中央控制器、音箱、电视机各一台（件），均已配发到位，管理员由各乡镇文化专干兼任，业务工作较熟练。乡镇基层站点及设备均已安装，通过调试正常运行，目前设备大部分良好运行，部分乡镇活动开展需加大力度。

二、基层服务点情况

行政村基层服务点共78个，分二批次建设。截止2012年已建成村级基层服务点78个，配备了多媒体电脑一台。基层服务点设备配发、安装到位，已投入运行，目前设备完好，运行状况正常，活动开展正常。大部分服务点管理制度规范并上墙公示，各村确定了兼职管理人员，管理人员都经过了区级支中心的业务培训，具备一定的业务开展能力。服务点适时开展农业科技培训及网络信息提供服务，接受服务人次逐年增加。

三、工作展望

1、完善制度，健全机构。为了进一步加强站点的管理，提高站点的服务能力和管理水平，我们从制度完善入手，结合本次检查情况和站点实际运行情况对现有的管理办法和管理制度进行了修订完善，并要求各乡镇，统一成制度制作牌悬挂上墙。同时，健全了各站点的工作机构，每个站点确定了以乡镇分管领导或村主任为组长的工作领导小组，并配备了一名管理人员，形成了站点有牌子、有制度、有记录，有人管事、有人做事的长效工作机制。

2、强化认识，发挥作用。努力把文化共享工程用活、用好。借助数字电视和远程教育服务网络，大力开展公益性服务。尤其加强对广大农村地区的扶持力度，将文化共享工程建设成为社会主义新农村的重要抓手。以先进文化教育广大群众，提高人民群众的思想道德水平和科学文化素质，最大限度地将信息资源转化为生产力，通过多种形式拓展服务范围、创新服务方式，将地方影视戏曲、音乐歌舞、美术等艺术表现形式纳入共享工程服务内容，以群众喜闻乐见的形式使共享工程更加贴近基层、贴近生活、贴近群众。

3、整合信息，加强传送。按照群众易接受、看得懂、用得上、见效快的原则，利用共享工程县级支中心网络资源内容新颖、实用性强、信息量大、数据传输快捷方便的优势，认真搜集、下载适用于当前群众生产生活的文化体育、农业科技等方面的优秀共享工程信息资源，特别是农村实用技术信息资源，将刻录制作成DVD光盘或印制成宣传资料传送给乡镇综合文化站和村级服务点。积极争取经费支持，加大信息传送力度。

4、加大培训，提高技能。针对各站点管理人员素质层次不齐，操作水平低，服务能力差，今后将加强培训内容及强度，对涉及电脑操作、文化共享工程设备使用与维护等方面，力求培训后使每位参训人员能达到“打开设备会操作、站上讲台会辅导，一般故障会排除”的目标，不断提高骨干人员的政治素质、业务能力和服务水平。

5、强化宣传，扩大影响。为了使各级领导和基层群众充分认识到共享工程的重要性、现实性以及文化信息资源的可用性、实用性，扩大共享工程在基层中的影响，下一步我们将加大宣传力度，利用区电视台、村广播，举办优秀影视展播、科技培训讲座和文化下乡等平台和方式，广泛宣传共享工程的作用和意义，让各级领导和基层群众深刻感受到共享工程带来的好处和实惠，提高他们的思想认识，共同投入到共享工程工作中来，让共享工程遍地开花。

（撰文/临沧市临翔区支中心）

凤庆县支中心

凤庆县文化共享工程建设及农民素质网络培训学校在县委、政府、局机关的正确领导下，得到了省文化厅、市文化局的特别关心和支持，目前已建设完成文化共享工程县支中心一个，农民素质网络培训学13个乡镇。现将相关情况上报如下：

一、基本情况

2010年5月凤庆县人民政府与云南省文化厅签订了《云南省文化信息资源共享工程2010年度县级支中心及基层服务网点建设工作实施协议》，经县政府以及分管文化的副县长、文化局局长召开专题会议，研究落实具体措施，针对文化信息共享工程建设所需经费、以及各种配套设施得到了落实。

建设了100m2的电子阅览1个，10多平方米的主机房一个，购买28套电脑桌椅，设有地线系统、防雷系统、供电保障、防火、设备安装10兆的宽带互联网接入口，满足了建设需要。设有专门的保安人员，专业的机房管理人员，县政府成立了以分管副县长的文化信息资源共享建设领导小组。把此项工作搞好落实到实处。

凤庆县图书馆支中心要加强公共上网场所的管理，为广大基层群众服务，尤其是为青少年提供文化信息服务和绿色上网空间，目前所有设备充分利用，工作正常运行。

二、网络培训学校建设

文化信息资源共享工程凤庆县农文网络培学校建设得到了县委、政府的高度重视，以及各乡镇政府的关心支持，建设完成了13个乡镇的安装设施。

现有服务器1台，用于培训资源储藏管理与服务。教学用电脑6台，用于培训资源个性化，浏览多媒体培训课件点播，网上信息资源与服务。投影机及投影屏幕1套，用于集中培训辅导。高清屏移动播放机1台，用于放映。

三、经费投入

全国文化信息资源共享工程上级配置了价值55万的设备。地方财政补助了7万用于电子阅览室房屋装修，及购买电脑桌椅。2011、2012年给予网络费、电费、维修费等1.5万元。

四、工作展望

我馆根据文件精神大力宣传做好图书馆免费开放工作，让广大读者免费看书、看报、免费借阅。热情为读者服务，不断满足广大人民群众的文化需求。让更多的读者走进图书馆、认识图书馆、了解图书馆充分发挥公益性文化的引领作用。

1、争取建成凤庆县图书馆文化资源共享网站，尽早实现图书馆自动化网络化管理。

2、大力宣传“文化乐民”服务农民，“文化育民”服务农村，“文化富民”服务农业，进一步提高认识做好文化共享工程是构建城乡公共文化服务体系的重要举措。

3、对馆内职工进行业务培训，使人人懂得管理。

4、对青少年及老年人进行电脑知识培训。

（撰文/凤庆县支中心）

云县支中心

云县总面积3760平方千米，全县下辖7镇5乡，总人口45万人。云县文化资源丰富，文化底蕴深厚，社区文化、乡村文化、企业文化、校园文化全面发展。城乡文化艺术日益繁荣，文化市场迅速发展，极大地丰富了人民群众的精神文化生活。文化事业的发展也有力地促进了全县经济社会等各项事业的发展，使全县呈现出三个文明协调发展的良好局面。

一、基本情况

在上级各有关部门的关心支持下，经过周密的策划和精心组织，我县于2008年9月建成了文化信息资源共享工程云县支中心，将县支中心建在县图书馆，依据《云南省文化信息资源共享工程县级支中心管理办法》管理运行，并相应制定了《工作人员岗位职责》、《电子阅览室职责》、《电子阅览室会员管理制度》、《光盘借阅规则》等规章制度，并于当年10月正式启动服务工作。

文化共享工程实施五年以来，对全县的信息传播、知识学习和文化娱乐方面都发挥着积极的作用。县支中心电子阅览室平均每天开放6小时，周末和节假日不关门，每天接收云南省分中心传输的数字资源并提供阅读和查询。阅览室为公众提供在线阅读和上网查询服务10000多人次，乡镇基层站点的电子阅览室为当地群众和机关工作人员提供服务5000多人次；利用移动播放器和投影仪为民众播放电影和农科种养殖知识1590多场次。

积极开展图书馆免费开放服务工作阅览室、少儿阅览室多媒体阅览室（文化共享工程室）、图书外借室、期刊外借室等公共空间设施场地免费开放；文献资源借阅、检索与咨询、公益性讲座和展览、基层辅导、流动服务等基本文化服务项目建全并免费为群众提供服务。

二、乡镇农文网工作开展情况

为贯彻执行《云南省文化厅关于印发文化信息资源共享工程农民素质教育网路培训学校建设指导意见的通知》（云文社[2009]34号）文件精神，建设社会主义新农村培育具有一定思想道德素质和科学文化素质的新型农民，充分发挥文化服务在“三农”中的作用，根据《临沧市文化局关于印发文化信息资源共享工程农民素质教育网络培训学校建设的实施方案》（临市发[2009] 89号）文件，我县及时制定印发了《云县文化信息资源共享工程农民素质教育网培训学校实施方案》。目前，在我县文化共享工程县支中心的业务指导下，已经实施文化共享工程的12个乡镇积极响应，认真组织实施，成立了相应的工作领导小组，并制定了本乡镇的实施方案，在市共享工程办公室的指导下，我县爱华镇、茂兰镇、大寨镇、茶房乡、小街乡等12个乡镇前后相继挂牌创立了“农文网培训学校”，并与县农文网培训建设办公室签订了协议，各学校还聘请了名誉校长、校长、教员和辅导员；制定了共享工作制度。各乡镇农文网培训学校的全面建成，将全面推进全县共享工程各项工作的开展。

1、领导重视，强化文化管理责任

我县各乡镇党委、政府历来十分重视文化工作。科

学规划文化网络建设，各乡镇都成立了文化网络建设工作领导小组，并将文化网络建设纳入当地经济和社会发展总体规划。在政策、资金、环境上给予全力保障，并把文化工作作为年终文明、先进单位评比的重要条件。

2、加强培训，提升文化队伍素质

全县各乡镇由分管文化副乡长牵头，研究解决实际问题，并即时向党委、政府反馈建议。每个文体站都配有一名专职工作人员，负责全镇群众文化工作，每个村建设一个文化活动室，由村文书兼任村级文化专干，负责村（社）群众文化工作，充分应用“文化共享”网络，积极开展文化活动，并通过活动推动乡镇文化事业全面发展。

3、改善条件，加强文化阵地建设

各乡镇通过多方筹资，对原有的文化站业务用房进行维修改造，建成包括图书室、报刊阅览室、文化信息资源共享工程播放室等服务窗口。各乡镇高度重视村级文化阵地建设，到目前为止，全县194个村（社）都建有自己的文化活动室，其中：有电脑（网络开通）阅览 室的有68个。文化活动室的全面开放广受村民朋友的欢迎，现已日渐成为农民朋友劳作之余的“精神家园”。

4、开通共享工程服务网络，以网络文化强服务

利用共享工程服务网络强化文化活动的主体是人民群众，只有人民群众踊跃参与文化活动，农村文化才能够焕发蓬勃生机。为使广大人民群众得到较好网络知识学习，我们一是帮助广大读者利用电脑打字、上网。二是利用投影仪、播放器放“小电影”的形式，给他们播放各项文化科技知识。10年来辅导读者上机2450人次，播放投影3120场次，宣传面达12600人次。

5、利用文化共享工程设备，提供政务公开查询服务

各乡镇都充分利用电子阅览室的6台终端客户机，为公众提供政策法律法规和政务公开信息的实时查询服务，同时提供资料的打印、复印服务。

四、认识体会

10年来，我县通过积极认真开展文化信息资源共享工程农民素质教育网络培训学校工作，使我们深深感受到“共享工程”是科学发展上水平、党员干部受教育、人民群众得实惠的惠民工程。共享工程为基层图书馆服务开辟了新的空间，共享文化新资源，共建和谐新农村，其前景广阔，大有可为。县级支中心文化共享工程服务要打好主动仗，唱响主旋律，依托群众喜闻乐见的文化活动，在服务理念上把握好两个重点：

第一个重点，加快利用信息资源，是县级支中心的第一重点。我们一是主动和上级主管局合作，把其中的政治理论和农村实用新技术作为基层党组织开展党员电化教育和农村党员先进性教育以及科学发展观学习活动的主要内容，现已向各乡镇党员电教室发放光盘67多种160多张。二是主动和资源相关单位合作，目前已为农技推广、计划生育、文化、卫生等几家单位发放了30多张光盘，农民朋友主动上门复制所需光盘50多张。三是针对农业产业结构调整情况，在产业特色集中的村社设立基层服务点，共计发放农村实用技术光盘包26个，农村实用技术光盘25种80多张。四是针对中小学可用资源，让共享工程资源走进学校。

第二个重点，就是主动上门服务基层群众，真正用好信息文化资源是目的。随着我区农村信息化工程的整体借助IPTV 传输平台，广大群众即可享受到更为丰富的文化信息和影视娱乐、互联网信息资源。

五、工作展望

1、进一步扩充文化设施网点，以县图书馆、乡文化站、基层服务点为实施主体。加强基层文化设施网点网络化、数字化建设，加强文化、科技信息资源自动化、网络化建设和专业技术人员的培训，为深入推进共享工程的实施打好基础。

2、努力把文化信息资源共享工程用活、用好。充分发挥图书馆的服务优势，借助数字对广大农村电视和远程教育服务网络，大力开展公益性服务。将文化共享工程建设成为社会主义新农村的重要文化阵地。以群众喜闻乐见的形式使共享工程更加贴近基层、贴近生活、贴近群众。

（撰文/云县支中心）

永德县支中心

永德县总面积为3208.06平方公里，山区占总面积的95%以上，行政区划共有10个乡镇，118个行政村，人口32.78万人，居住着22个民族。永德地形地貌特殊，人杰地灵，受中原文化的影响，承载着悠久的历史渊源，到处散发着文化气息，是文化圣地。县文化工作有声有色，特别是文化信息资源共享工程在上级文化部门及当地政府的关心和支持下，工作循序渐进，稳步推进。

一、基本情况

永德县文化信息资源共享工程建设开始于2008年，最初在县图书馆成立县支中心，此后陆续在全县10个镇文化站开始建设“农文网培学校”，截止2012年全县共享工程各乡镇全覆盖。

文化信息资源共享工程永德县支中心设在永德县图书馆，是永德县共享工程的建设和业务指导单位，负责保障县支中心共享工程设备的运行，协调乡（镇）共享工程设备的维修，指导乡（镇）共享工程活动的开展及开展全县共享工程管理员的业务培训和指导。

二、管理和队伍建设

文化信息资源共享工程是一项公益性文化建设项目。目的是在信息化不断发展的历史条件下满足人民群众基本文化需求，也是一项文化建设基础工程和公共文化服务的创新工程。

为加强共享工程技术队伍建设，促进我县共享工程工作的顺利开展，经常组织各乡（镇）文化共享工程相关人员进行培训，邀请技术人员授课。加强理论学习和上机实践，让每个信息管理员达到“操作规范、程序熟练、运用自如、随点即现，且能处理常见小故障”的要求，造就一支有知识、有文化、懂技术、会操作、能运用的信息共享工程队伍，使我县信息资源共享工程基层建设工作进入规范化管理的轨道。在管理员队伍建设上始终坚持明确职责，明确思路，制度化管理，常态化培育。对于乡镇基层共享工程管理上采取多下乡，多指导、多沟通、多交流、多培训的各种措施，工作开展情况采取月报制。

三、培训工作

永德县支中心利用文化共享工程的资源优势，面向农民、城镇务工人员，社区居民、学生等广大群众，通过集中讲座、影视资料片电教等多种形式，提供了农业技术、务工技能、法律及医疗卫生常识等方面的社会化培训。共享工程建设以来在管理员的培养上实现了人性化管理，采取因地制宜，根据工作要求，每年对各乡（镇）共享工程管理员进行5期的集中培训，开展各类知识讲座8期。2008年以来，共举办各类培训班50期，参加培训人员达18000人次。

四、管理体制

永德县支中心以“文化富民、文化育民、文化乐民”为目标，在管理上统筹规划，成立领导小组，采取制度化管理，以制度管人，精心制定支中心及乡（镇）工作职责和管理制度，实行制度上墙公开，做到年初有工作计划，年末有工作总结，规范管理员工作日常管理，做到开展的每项工作都有信息上报，遇到困难与问题及时处理。

五、经费投入

永德县支中心自2012年实现全县各乡（镇）覆盖以来，除国家每年配备的资金外，县文体广电旅游局每年投入10万元的运作经费，用于共享工程设备的维护，人员培训、外出考察学习、宣传活动和惠民活动的开展。同时，当地政府每年也投入大量人力物力支援共享工程各项活动的正常开展，使共享工程提高知名度，做到家喻户晓。

六、资源建设

永德县支中心为进一步提高文化共享工程的资源建设水平，完善资源建设的工作机制，提升资源建设的科学性、系统性、针对性，加强资源建设的协调沟通，推动各项工作稳步发展，根据不同的文化需求搜集不同的文化素材。收集、整理、制作各类题材资源5TB、展板50多块、各类海报320张、画报237副，发放各种宣传资料4500余份。通过技术手段建立资源使用的反馈机制，及时了解不同地区、不同群体的人民群众的需求，以需求为导向，不断完善资源的建设、管理机制，努力提高资源建设的针对性、适用性和吸引力。

七、整合资源、共建共享

在利用共享工程中心网站资源和通过卫星投放的资源的同时，我们注重与基层服务点的联系与合作，争取各乡镇的支持整合各类资源，很好的提供了地方文献，达到共建共享。

我们按照“资源共享、优势互补、互利互惠”的原则开展协作共建，与10个基层点签订了资源共享协议书，为基层图书点提供流动图书近20000册，同时无偿搜集其特色的信息资源。对内加大资源的采集力度，将宣传文化系统举办的诸多展览、节庆活动采集视频资料，并制成光盘资源，为我馆特色数据库的建立做好了丰富的信息储备。

八、惠民利民、富民服务

永德县支中心以完善公共文化服务网络为抓手，全面提升文化惠民服务能力，加快推进文化建设工程进度，进一步推动全县文化实现大发展大繁荣。

实施共享工程以来我县主要以三个一为目标：一是夯实基础，加强各乡（镇）文化活动阵地建设。结合实际，重点抓好乡（镇）文化广场、文体活动中心建设及体育健身器材配置等工程。目前，德党镇、永康镇文体广场已投入使用，其他乡（镇）的建设工作进展顺利，初步构筑起一个以各种文化设施为载体，多层次、相配套的城乡文化服务网络。二是龙头带动，发挥乡（镇）文化站服务功能。加快完善乡（镇）文化活动示范点建设，按照上级文化活动示范点工作要求，扩展文化阵地服务领域，规范网络建设管理，开展科技、文化知识培训，推动全民读书活动，积极争取上级文化部门的支持，充分发挥乡（镇）文化活动中心辐射功能和引领作用。三是搭建平台，广泛开展群众文化娱乐活动。着力推进数字电影放映、共享工程延伸服务，满足城乡群众的文化生活需求。加强城乡文化骨干队伍和群众文化队伍建设，精心组织具有乡土特色的文化节目、老年健身运动及全民健身月活动，充分调动城乡文化能人的积极性，大力开展健康积极、喜闻乐见的文艺创作活动，形成人人参与文化建设的浓厚氛围。

九、宣传推广

为进一步推广利用文化共享工程，充分发挥文化共享工程的传输渠道和资源优势，提高广大市民的知晓率和利用率永德县支中心按计划在不同场所组织开展文化共享工程宣传推广活动。

宣传活动内容主要以文化共享工程活动照片展板宣传、网络文化共享工程现场演示、接受市民咨询、免费发放宣传资料等，呼吁广大市民和读者参与，扩大文化共享工程在市民中的影响力，发挥文化数字资源传播优势。使共享工程进入社区、走进校园、走进军营等。让民众不断了解共享工程，走进共享工程，最终达到家喻户晓。

十、工作展望

我县文化资源共享工程实施以来，经过4年的全面实践，共享工程资源建设已取得了初步成效，这为以后的发展奠定了很好的基础。今后的发展想从资源内容、资源收集、加工著录、资源服务几个方面做更深入研究。只要把握好资源内容选定、资源收集、加工著录、资源服务这4个方面就能有所突破。永德县共享工程资源建设不仅为图书馆事业建设带来了难得的机遇，同时还为永德县文化事业带来了机遇。作为建设者的我们要坚定信心、克服困难、解放思想、开拓创新、共同努力把共享工程资源建设推向的新阶段。利用好共享工程这一平台使人民基本文化权益得到更好保障使社会文化生活更加丰富多彩使人民精神风貌更加昂扬向上。

（撰文/廖国华）

镇康县支中心

镇康县县域总面积2642平方千米，县辖凤尾镇、南伞镇、勐捧镇、忙丙乡、木场乡、军赛乡、勐堆乡，74个村（居）民委员会，548个自然村，913个村（居）民小组，2011年总人口174309人，有汉、佤、傣、德昂、傈僳、布朗、苗、拉祜等23个少数民族。

2005年4月27日，镇康县文化体育局向临沧市文化局上报了《云南省文化信息资源共享工程临沧市镇康县基层站点规划实施方案》（镇文体字[2005]18号），下发了“关于印发《云南省文化信息资源共享工程临沧市镇康县基层站点管理办法》的通知”（镇文体字[2005]19号）。

2008年文化信息资源共享工程县级支中心建立，2009年全县建立7个乡镇基层服务站点。经费投入7万元（乡镇3.5元）。资源建设主要是利用上级配发、国家中心和省分中心的资源，技术支持主要是通过社会专业人事帮助。今后在实现“村村通”的基础上，充分利用已建成果，最大化发挥各级网点设备设施的服务能力。以有效开展服务为重心，以打造精品、优化应用为重点，以全面推动共建共享为途径，以可持续发展的体制机制作保障，将工程建成资源优质丰富、技术先进实用、传播高效互动、服务便捷贴近、管理科学规范、体系完整可控的公共数字文化传播服务体系，实现“时时可看，处处可学，人人可享”，使镇康县文化信息资源共享工程成为政府主导的公共网络服务阵地，成为资源最丰富、服务最便捷、使用最安全的网上爱国主义教育基地、中华数字文化资源门户、数字文化网络培训学校，成为基层群众的信息中心、学习中心和数字文化中心。

为白岩村德昂族群众宣传科技知识

（撰文/镇康县支中心）

双江拉祜族佤族布朗族傣族自治县支中心

2008年，省文化厅将我县确定为全国文化信息资源共享工程（以下简称共享工程）试点县后，我们抓住这一大好机遇，将共享工程作为推进文化创新、完善公共文化服务体系、提高公益性文化服务水平、促进经济社会协调发展、构建和谐双江的重要抓手，扎扎实实地组织全县共享工程的实施，推动了全县共享工程的稳步发展。2008年我县深入实施共享工程以来，县委、政府高度重视，加强领导，各相关部门立足为民服务，积极响应上级指示精神，加强联系与合作，齐抓共管，合力推进，全县共享工程迈出了新步伐。截止目前，全县共建成1个县级支中心，6个乡镇基层站点，72个村级服务网点，6个农民素质教育网络培训学校和72个分校。通过近年来的建设运行，各个基层点都充分发挥了共享工程的作用，为弘扬先进文化，构建和谐社会，建设社会主义新农村，丰富城乡群众文化生活起到了重要的作用，实现真正意义上的“文化乐民”、“文化育民”和“文化富民”。

一、加强领导，全面部署

1、提高认识，高度重视。共享工程是一项繁荣社会主义先进文化的创新工程，也是一项惠及千家万户的民心工程。共享工程实施以来，县委、县政府高度重视，将共享工程作为文化强县建设和新农村建设的重要内容来抓，并作为全县重点工作之一认真组织实施，要求各乡镇党委、政府利用现代科技推动先进文化信息的传播，按计划、分步骤的抓好共享工程建设。

2、建立工作机制。县政府成立了由分管文化的副县长任组长，县委宣传部、文体广电旅游局、财政局、教育局、科技局、农业局等部门及各乡镇分管领导为成员的文化信息资源共享工程建设工作领导小组，负责共享工程建设工作的规划，协调和实施工作，解决建设中的困难和问题。各乡镇也成立了相应机构，确保了全县共享工程建设顺利进行。

3、召开会议，全面部署。一是召开专题会议讨论研究并对工作目标、服务管理、队伍建设、经费保障、实施步骤等方面提出了具体要求；二是结合我县实际，制定了周密的实施方案，下发了《双江自治县文化信息资源共享工程实施方案》（双政办发〔2006〕69号文件），对我县的共享工程建设工作进行了详细的规划和安排；三是县政府主持召开了全县共享工程建设动员会，各乡镇长、文化站长、县级各有关部门主要负责人参加了会议，县政府领导从建设社会主义新农村的高度分别做了重要讲话，并做了具体的安排要求，使此项工作真正做到了任务明确、措施得力，确保了共享工程的顺利进展。

4、落实经费，确保运行。共享工程实施之初，我局多次向县委、县政府主管领导汇报，在县上领导的重视和支持下，将工程建设经费列入财政预算，每年安排专项资金3万元，用于共享工程建设及日常运行，为共享工程建设提供了有效的经费支撑，进一步提升了我县共享工程建设水平，保障了设备正常运行。

二、精心组织，狠抓落实

为扎实推进共享工程基础设施建设，我县各级各部门充分发挥职能作用，采取有力措施，齐心协力，扎实工作，使共享工程基础建设工作落到实处。

1、2008年10月在县图书馆建成了文化信息资源共享工程双江自治县支中心，完成配置资金68万元。通过互联网、卫星宽带传输和光盘把将数字化文化信息资源传输到城乡群众身边，丰富和提升城乡广大群众的文化生活，同时还积极为云南省分中心提供双江宣传数字资源资料。2011年7月全县7个公共电子阅览室面向全县广大群众开放实行免费开放，组织形式多样的阅读活动，每周提供服务时间为46小时，以提供国家数字化文化信息知识浏览、在线阅读、影视点播为主，为群众提供方便、快捷、安全、健康的电子阅读和绿色上网空间。电子阅览室建成以来，共服务读者30390人次。

2、按照省文化厅要求，结合我县实际，对乡镇基层中心和村服务点布点严格按照标准进行选址，分别于2009年3月和2010年7月在全县六个乡镇建成了“农民素质教育网络培训学校”，2010年建成了20个行政村“农民素质教育网络培训分校”，2011年完成了52个行政村“农民素质教育网络培训分校”网点建设。为每个乡镇网培学校各配置一套价值6万元的专用服务器、教学用电脑、高清移动播放机、投影等硬件设备，为72个村级农文网培分校分别配置一套价值1万元的电脑、音箱和分校标牌等设备，并与各乡镇网培学校及分校签订了协议，聘请了名誉校长、校长、教员和辅导员，制定了各项工作制度。成立至今，6个乡镇的农文网培学校为当地农民群众和机关工作人员提供服务10000多人次，利用移动播放器和投影仪为民众播放电影和培训农科种养知识560多场次。放映活动既丰富了农村的文化生活，也给农民群众带去了农业科技知识。

3、市文化局对我县共享工程试点工作给予了高度肯定和支持，2010年5月25日，临沧市农文网培学校建设经验现场交流会在双江县召开，参观了双江县支中心、勐勐镇和沙河乡农文网培学校依托文化共享工程先进成熟的网络技术和设施设备，利用共享工程的信息资源库作为教材，利用乡、村文化站（室）的活动场地作为课堂，利用文化站（室）的管理人员作为辅导员，采取网络教学、多媒体教学、文化科技讲座与现场教学、流动培训等多种教学方式，为农民群众提供所需的各类知识信息，帮助农民群众提高思想道德和科学文化素质，确保农民群众掌握科技信息脱贫致富。

群众通过“农文网培学校”学习种养殖知识

4、实施图书馆业务自动化服务管理。建立共享工程县级支中心后，有了自动化管理的条件，我县进一步规范提升图书馆业务管理工作，购买了一套专业图书馆数字化建设设备，分别对6.7万册藏书开展数据库录入和借阅服务的自动化管理工作，在全市率先实现了自动化管理工作。

5、利用文化共享工程设备，提供政务公开查询服务。我县在国家专业图书馆平台下建立了“双江自治县图书馆”网站，网址为 ：http://www.csln.net/sjtsg。在网站主页设立了“政务信息查询服务”专栏，直接链接到“双江自治县政府信息公开门户网站”的每一个政府部门信息公开成员单位的网页，并设立了最新消息的滚动播出栏目，利用电子阅览室的20台终端客户机，为公众提供政策法律法规和政务公开信息的实时查询服务。

6、在电子阅览室建设“双江自治县禁毒教育示范基地”。利用电子阅览室开展内容丰富，形式多样的禁毒教育活动，进行了长期不懈的禁毒宣传教育工作，向读者推荐识毒、防毒知识方面的图书和网站，使读者在阅读过程中自觉增强抵御毒品的能力。不定期开展禁毒教育宣讲活动，向读者宣传毒品的危害，预防毒品的基本知识及禁毒政策与法律法规，使读者确立“珍惜生命，拒绝毒品”的意识，掌握拒绝毒品的方法和技能，养成健康文明的生活方式。取得了很好的效果。

三、切实加强农文网培学校规范化管理

我县农文网培学校做到人员、阵地、牌子、设备、制度“五落实”，为强化管理，提高工作实效，农文网培学校与乡镇综合文化站的“强管增效”工作相结合，各乡镇分别制定出《农民素质教育网络培训学校建设方案》，从办学宗旨、目标任务、培训对象、教学环境、设备配置等方面建立了《工作人员岗位职责》、《电子阅览室管理规则》、《农文网培学校管理办法》、《光盘借阅规则》、读者须知等规章制度，并上墙明示，规范管理。为避免农文网培学校出现“空壳”现象和“一阵风”现象，认真制定可行的年度培训计划，要求培训内容要与农时结合、与农事结合、与产业结合、与农民需求结合，培训工作要分步实施做到常态化。同时，建立农文网培学校培训台帐，做好开展活动日常工作记录，及时了解掌握群众对文化信

息资源服务的具体要求，保障学校工作正常运转。

四、整合信息资源，积极开展服务工作

为充分发挥农文网培学校的先进文化阵地作用，我们按照“文化育民，文化富民、文化乐民”的办学宗旨，坚持建设与服务并重，把服务放在更加突出的位置，立足服务三农，依托共享工程为载体，积极开展服务工作，将新思想、新科技、新信息送到农民身边。

1、深入基层调研，向群众了解最想学什么，最需要什么，根据群众需求，利用共享工程网络资源内容新颖、实用性强、信息量大、数据传输快捷方便的优势，认真搜集、下载适用于当地群众的政策法规、先进性教育、农业科技、防疫保健、科普知识等信息资源，有针对性的为农民群众提供所需的各类知识信息。

2、利用“三下乡”、宣传周、街天集市、晚上农闲之余，农文网培学校的工作人员利用配发的投影仪、移动播放器等设备，采用固定培训与流动培训相结合的办法开展培训服务工作，为群众送上看得懂、用得上、见效快的科技信息。同时，与农村电影放映工程相结合，下载采购故事片、科教片，调整充实培训内容，这一培训方法，既方便了群众，又多层次、多方位满足群众的文化需求，深受群众欢迎和好评，广大群众一致认为通过开展培训，他们的眼界更宽了，信息更灵通了，增收致富的本领更强了。

3、通过协调组织，与农业、科技、教育、卫生、计生、县“610”办公室等部门配合联动，整合信息资源，采取网络教学、多媒体教学、文化科技讲座等方式，为农民群众提供更具有针对性和时效性的信息，切实帮助农民群众提高思想道德素质和科学文化素质，帮助农民群众脱贫致富，实现“文化乐民”服务农村、“文化富民”服务农业、“文化育民”服务农民。

五、加大宣传力度

农文网培学校建设是一项新的工作，为了让广大群众了解农文网培学校，使广大群众自觉利用农文网培学校开展学习活动，我县不断深化宣传工作，充分利用双江电视台、报纸、网络等媒体宣传介绍实施文化共享工程、建设农文网培学校的目的、意义与作用；积极采编信息，宣传农文网培学校办校典型经验和服务“三农”的成功事例；采取悬挂布标、粘贴标语、发放宣传资料等形式宣传国家文化惠农政策。通过强化宣传，切实提高全县干部群众对做好共享工程建设工作重要意义的理解和认识，努力营造良好的社会舆论氛围。

六、强化培训，加强队伍建设

农文网培学校建设工作的成绩好与否，关键是看有没有能够开展日常教学和服务工作的基层专业人员。为此，我县认真组织开展基层工作人员开展培训，分别就共享工程基础知识、计算机基础知识以及基层服务点配送设备的使用和管理等方面内容，在乡（镇）、村举办了21次农家书屋建设和农文网培学校建设培训会，涉及乡镇党委分管领导、文化站工作人员、73个的村支书、大学生村官参加了培训学习，共420多人次。通过集中培训和学员之间交流互动相结合的方法，使大家充分了解文化共享工程所包含的丰富资源，掌握了文化共享工程设备的安装、调试和管理以及利用文化共享工程网站查找所需资源的方法技巧。对农家书屋管理员和农文网培学校教员遇到的问题进行分别指导，进村入户帮助他们解决实际困难，不断提高建设和管理水平。为加快我县文化信息资源共享工程建设步伐，做好基层服务站点配送设备的使用和管理工作，更好地为基层群众提供文化服务起到积极地促进作用。

七、工作展望

我县共享工程工作虽然取得了一定成绩，但与广大人民群众日益增长的精神文化需求等方面还存在明显差距。今后，我们将加大全县文化共享工程县、乡、村三级服务网点的管理、指导和技术培训，提高服务能力。

1、抓好农民素质教育网络培训学校建设，加强农业技术培训，解决群众在生产生活中遇到的困难和问题，为农村经济建设和文化建设服务。

2、加强人员培训力度，提高干部队伍的服务能力。

3、加强资源建设，挖掘和整理本地民族特色资源，打造文化精品，宣传本地优秀传统文化。

4、全面开展免费开放服务工作，利用共享工程下发设备，多渠道多方式开展活动，为群众提供文化服务，丰富群众精神文化生活。

（撰文/双江县支中心）

耿马傣族佤族自治县支中心

“手指点一点，天下事全显。”文化信息资源共享工程让边城耿马各族人民群众也能与内地县城的人一道共享优秀文化信息资源。耿马是通往缅甸的陆上捷径之一，国家粮食和蔗糖生产基地，云南民营橡胶主产区，蒸酶茶之乡，是傣民族跨越六个世纪的罕氏土司文化沉淀之地，临沧水文化旅游基地；有孟定清水河国家一类口岸；下辖9个乡镇，3个居民委员会，82个村民委员会；总人口28.49万人，有傣、佤、拉祜族等24种少数民族。

一、基本情况

耿马县文化信息资源共享工程于2008年正式启动建设，同年9月耿马文化信息资源共享工程县级支中心（以下简称“县支中心”）正式成立，电子阅览室建成。该中心肩负着全县乡镇农民素质网络培训学校的业务指导、资源更新、技术维护、人员培训和绩效考核等工作。该工程由省文化厅提供电子媒体器具设备，县财政配套部分建设资金而全面开展实施。

二、网点建设

自县支中心成立后，各乡镇、村（社区）的文化信息资源共享工程（以下简称“基层服务点”）建设就以县支中心为核心轴，在其辐射带动下如火如荼的开展基层服务点建设。2009年5月，建成勐撒镇、孟定镇、贺派乡、大兴乡文化站的第一批乡镇基层服务点。同年7月，根据临市文发[2009]78号文件要求，基层服务点加挂“农文网培学校”牌子。2010年7月建成耿马镇、勐永镇、四排山乡、芒洪乡、勐简乡文化站的第二批乡镇基层服务点。同年7月建成芒蚌、白塔、景信等23个村（社区）级文化信息资源共享工程农民素质教育网络培训分校（以下简称“村级服务点”），2011年8月建成了芒国、帮卖等59个村级服务点。截止2012年6月全县共建成1个县支中心，9个乡镇网络培训学校，82个村级网络培训分校。

三、经费投入

在县支中心以及乡镇基层服务点建设中，得到了省、市文化部门和财政部门的大力关心和支持。仅县支中心建设，省文化厅就提供价值30余万元的设备，包括电脑20台，数码相机、摄像机、扫描仪、打印机、坐式空调、投影仪、电视机、移动播放器等；县财政也在资金极其匮乏的情况下配套1.5万元的建设资金，用于县支中心的房屋装修等建设。9个乡镇基层服务点建设由省文化厅提供价值5万余元的设备，包括电脑6台、交换机、投影幕、移动播放器、投影仪、音箱、标志牌等。82个村级服务点也由省文化厅投入一定的资金，分别配备了1台计算机，标志牌1块。

四、资源建设

县支中心充分利用国家文化部和财政部将图书期刊、影视作品、音乐戏曲歌舞艺术精品、文化科普讲座等中华优秀文化信息资源进行数字化加工和整合，通过共享工程网络体系，实现优秀文化信息资源在全国范围内的共建共享优越资源。应用现有计算机和多媒体积极存储各类数字资源包括电子图书0.6万册、电子期刊17种、影视241部、戏曲124种、图片0.9万幅，地方少数民族文艺片15部，数据库总量达到754GB。内容涵盖大量的经济、政治、文学、艺术、医药保健、科普、农业科技等知识，初步形成了一个文化资源丰富的的局域网络库。

五、技术支持

县支中心结合自身实际在全县文化事业公职人员中抽调了一批业务能力强的工作人员从事具体业务操作，确保了全县共享工程的顺利开展。特别是在基层服务点网络应用技术支持上，县支中心牢牢抓住广大农村人口占绝大多数农村交通通讯不便的实情，积极争取省、市部门网络技术专家的关心支持，通过移动存储、光盘刻录等，制作了一批广泛应用于农村的农村科普、禁毒防艾、地方戏曲、云南旅游、云南野生动物、云南少数民族风情等光碟存储资料，把共享工程的惠民资源重点和着力点放在面向农村、面向普通百姓上，放在增加农业科技、农村生产生活内容上，使当前所配备的共享资源在广大农村中得到最广泛的应用。

管理员培训

六、合作共建

县支中心还积极探索开展合作共建模式，在省、市级部门的支持下与云南政务网、省农村党员干部现代远程教育工程、农村中小学现代远程教育工程密切合作。在基层，县支中心还开拓创新与农家书屋建设有机的结合起来，互建互补，取长补短，最大化的实现资源共享。

七、惠民服务

县支中心和乡镇基层服务点工作人员携带共享工程所配置的设备，将群众喜闻乐见的数字影像，通过进农村、进学校、进社区、进农户等方式，让文化信息资源共享工程成为了广大群众学政策、学文化、学法律、学科技的“流动大课堂”。几年内，县支中心应用共享资源深入基层第一线组织开展知识讲座、科技培训21场1559人次，播放优秀电影和科教片等共享工程数字节目30余场，服务基层群众1.6余万人次；各乡镇基层服务点更是应用共享工程信息资源为基层群众开展各类知识培训206场18597人次，播放优秀电影和科教片等200余场次。全县累计在共享工程电子阅览室进行上网学习的读者达到3万人次以上。

八、宣传推广

县支中心积极构建宣传平台，并在其充分运作下，全县不断加强人才建设和技术研发，依托共享工程的海量资源，继续加快构建基层服务站点建设，逐步完成县支中心和乡镇基层服务站点建设任务，完善县、乡镇、村（社区）三级服务网络，推动数字化文化信息资源走进千家万户，实现“乡乡有，村村通，人人享”。并逐步紧密与乡镇、村（社区）政务信息、农村党员干部远程教育培训等网络相结合起来，不断优化资源、整合资源，实现最大化资源共享，构建农村网络资源一体化新格局。

九、培训工作

日常工作中，县支中心把抓实县域内文化事业管理员培训作为工作的重点之一，以提高乡镇基层管理员的业务素质为抓手，不断促进全县共享工程的软环境建设。仅年内中心就组织开展了一次由86个村委会（社区）基层服务点管理员，以及乡镇基层服务点管理员在内的113人，为期一天的大规模文化信息共享工程管理员培训。培训中，特邀市图书馆师资库教师就文化信息共享工程计算机管理等知识作了深入浅出的讲解，来自基层的管理员受益匪浅。培训结束后，还为参训学员颁发了结业证书，共计96本。几年来，通过开展各类业务培训，基层服务站点管理员的业务知识得到了大步提升，管理水平更上了一个层次，确保了服务基层文化活动的质量，为繁荣基层文化事业奠定了坚实的基础。

十、管理和队伍建设

县支中心不断完善自身建设，建立健全管理办法和管理制度，逐步形成长效管理运行机制，确保了各项工作有组织开展、有专人负责、有经费保障，逐步将共享工程由建设工程变为常态化管理工作。目前，县支中心现有工作人员6人，其中女6人，专业技术人员6人，具有大学专科以上学历4人，党员干部1人，具有中级职称2人，是一支又红又专的巾帼队伍。在县支中心规范化管理下，全县9个乡镇基层服务点配齐了1至2名管理人员，82个村级服务点也明确了由村“两委”班子中的一名村干部作为共享工程管理员，同时健全和完善了管理制度，确保了共享工程基层服务站点工作有条不紊的开展。

十一、工作展望

迎着党的十八大胜利召开的轨迹，全县文化事业建设工作又迎来新的曙光，全县共享工程建设必将实现一个质的突破和跨越。县支中心将树立“形势逼人，不进则退”的紧迫感，紧跟时代步伐，深刻理解坚持和发展中国特色社会主义是贯穿党的十八大报告的这一条主线，并紧紧抓住这条主线，把坚持和发展中国特色社会主义作为学习贯彻党的十八大精神的聚焦点、着力点、落脚点；把奠定坚实的农村文化服务基础，促进全县文化事业大繁荣、大发展作为共享工程服务基层、发展经济、构建和谐社会的归宿点。

（撰文/耿马县支中心）

沧源佤族自治县支中心

沧源佤族自治县位于云南省临沧市西南部，是全国仅有的两个佤族自治县之一，全县国土总面积2445平方公里，下辖6乡4镇，93个村（居）委会，人口18万人，其中佤族占总人口的80%。西面和西南面与缅甸联邦接壤，其国境线长达147公里。

文化共享工程是党中央、国务院高度重视的一项重点文化创新工程。它采用现代科学技术，将中华优秀文化信息资源进行数字化加工和整合，通过文化共享工程服务网络，以互联网、卫星网、有线电视/数字电视、光盘、移动存储等方式，实现优秀文化信息资源在全国范围内的共建共享。在各级党委和政府的关心支持下，沧源县2008年开始实施全国文化信息资源共享工程。

沧源县人民政府非常重视全国文化信息资源共享工程建设，在建设中始终坚持以保障人民群众基本文化权益为目标和宗旨，坚持用先进文化占领网络文化阵地的方向，坚持公益性原则，坚持共建共享，坚持建设与管理并重。2008年以来，县人民政府在财政困难的情况下4次拨专款用于基础设施建设，把此项工程视作从文化层面来解决“三农问题”的重要举措来抓，从组织领导和基础建设经费上都给予了保障，发动社会力量帮助村级服务点建设有线或无线网络。使工程2010年就实现100%覆盖辖区。建成了一个县支中心，11所农民素质网络培训学校及93所分校（文化信息资源共享基层站点）。我县的农民素质网络培训学校坚持按照三有标准建设。1、乡镇学校标准：一是有1个拥有6台以上PC机的公共电子阅览室，二是有1个20平方米以上的培训教室，三是有1个有2000册以上的图书室。2、村级分校标准：一是有1台PC机和1台电视机，二是有1个有2000册以上的图书室，三是有1个20平方米以上的培训教室。

目前全县共享工程配有工作人员126人，其中县支中心工作人员7人，乡、村两级专、兼职管理人员119人。工程建成以来，县、乡、村三级全面开展文化信息资源共享各项工作，为全县经济发展、社会进步和社会主义核心价值观传播提供支持。

文化信息资源共享工程在我县运行以来，县支中心和基层站点利用共享资源服务群众。按照群众意愿不断的举办农业种植技术、养殖技术、政策、法律法规、音、体、美、舞蹈等培训班，取得了显著的社会效益。2009年县图书馆电子阅览室接待读者0.72万人次；2010年组织全县农文网学校结合县委政府的产业发展战略举办培训班269期，有31914人次通过文化共享设施学习；2011年举办培训班804期，服务群众7.74万人次；2012年举办培训班639期，服务群众13.11万人次。群众从文化惠民活动中一年比一年得到更多的实惠，边疆文化阵地建设也更加巩固和壮大。

县支中心作为全县文化共享活动的指挥中心，围绕“服务”作文章，挖掘服务内涵，开展设施服务、产品服务、技术服务、环境服务、微笑服务、特色服务、创新服务等活动。定期不定期派遣县支中心工作人员到各乡镇巡回指导农文网学校开展工作和检修设备，围绕县委、政府的工作部署及时向基层提供相关资源，切实保障群众通过信息共享工程每天都可看到电影、地方戏剧、科技知识、生活小常识、法律知识等喜爱的内容。

2011年为群众刻录文化资源光盘500张，为群众播放爱国主义影片、科普类视频资料140场次，向群众推荐免费学习网站26个，为基层农文网学校输送优秀文化资源60种，举行农家书屋管理、农文网校管理培训16场次。2012年县支中心为全县101个“农文网培学校”推送电子资源达900MB。电子阅览室每周推介优秀栏目、名家讲座、生活常识、电影及优秀地方剧目；还特别将公信度高的网站制作成《网址导航》发放给辖区公共电子阅览室提供给读者，以确保通过信息资源共享工程获取的资源可信、可靠。每个星期开展两天青少年绿色上网专场活动。每星期根据读者的需求利用投影仪播放名家讲座及影视剧2场。利用星期日节假日针对未成年人播放爱国主义教育影片，科普类等影片，举办思想道德建设方面的讲座、名著赏析等，引导未成年人多读书，深受广大群众的欢迎。组建了沧源县文化信息资源共享QQ群（250783760）方便群众能准确及时的获取可靠的最新致富信息。

社区服务上，我们开展电子资源流通点建设工作，目前我们的流通点有：县公安局看守所流通点、县民族中学流通点、县武警中队流通点、县民族完小流通点、白塔小学流通点，还与县职业学校签订了资源互助协议。积极开展为老年群体服务，对沧源老年大学开展了资源服务。举办了县处级退休老干部电脑培训班，在服务过程中，始终注重坚持贴近生活这一原则，根据老年人平时生活的诸多习惯特点，上网下载了《营养与健康》、《科学保健》、《晚年的幸福生活》等系列视频资料和战争题材的故事片、名著欣赏讲座、中国京剧音配像等前往放映，使他们获得了精神的强健与文化的关爱。

为方便读者阅览学习，县支中心电子阅览室和乡镇农文网培学校（共享工程基层服务点）在配置的PC机上一律使用"文化信息资源共享工程"统一界面；

很抓规范化管理。县支中心为十一个乡镇农文网培学校制作和配发了永久性的《沧源县文化信息资源共享工程乡（镇）农民素质教育网络培训学校管理办法（暂行）》、《农民素质教育网络培训学校图书室管理规定》、《文化信息资源共享工程农民素质教育网络培训学校图书室图书、期刊借阅制度》、《文化信息资源共享工程农民素质教育网络学校图书室管理员工作职责》、《读者须知》等5种制度，县支中心很抓文化信息资源共享工程管理技术培训，针对存在的问题不断的举办全县基层管理人员管理技术培训，培训的科目有《电子阅览室管理》、《文化共享产品使用及维护》《软件使用—电子政务外网》等十八种技术科目培训，受训人次达108人次。保证了全县公共电子阅览室15台服务器，178台PC机能够保持正常运转。县支中心电子阅览室做到了365天开门服务，乡镇基层服务点也做到了每周40小时开门服务。

（撰文/沧源县支中心）

德宏傣族景颇自治州支中心

德宏傣族景颇族自治州辖2市3县，即芒市、瑞丽市，梁河、盈江、陇川县。辖50个乡镇，1个街道办事处，370个村（居）委会，3759个村民小组。2008年末，德宏州总人口118.5万人，少数民族人口58.99万人，占总人口的49.78%。

一、基本情况

在州委、州政府的重视及有关部门的通力合作下，于2008年正式启动了文化共享工程建设。在实践中积极探索、大胆开拓，初步形成了以州、县、村为发展模式的各级基层服务网点。并以陇川县图书馆为示范单位，于2008年1月正式建成文化共享工程县级分中心，成为了第一批建成的县级分中心。到2008年底，我州各县市图书馆也相继建成了文化共享工程县级分中心。截止2012年10月，全州文化信息资源共享工程累计投入资金114.74万元（州级财政投入47万元），成功建成1个州级支中心，6个县级支中心，52个乡镇基层服务点（覆盖率100%），5个社区服务点，8个街道基层服务点，229个村级服务点（覆盖率74%），393家农家书屋。依托文化信息资源共享工程建成了54个乡镇农文网培训学校（根据省文化厅的部署在已建成的乡镇村基层服务点建成相应的"农民素质教育网络培训学校"），239个村级农文网培分校（每个村级服务点都有农文网培训学校，梁河县支中心4个社区农文网培训学校，畹町支中心3个社区和3个街道），累计接收国家文化信息资源16.7TB，培训工作人员1924人次，为基层人民群众提供信息服务31万人次。全州共建52个乡镇电子阅览室且全部达标，106个社区电子阅览室，其中，只达标了2个（电脑数量不够、没有服务器、不能上网等）。

德宏州图书馆按照共享工程云南省分中心的要求，在文化共享工程建设中实行州级支中心、县支中心、乡镇农文网培学校三级架构。现在资源整合、设备维护指导、人员培训等方面初步实行真正意义上的分级管理。目前已建成的6个县级支中心和53个乡镇农文网培学校均能正常开展活动，能有效利用设备，制订详细的管理办法和措施。各支中心都有以大专及以上学历的专职人员负责日常工作，其中，95%以上的农文网培学校都有中专以上学历的专职人员负责日常工作；80%以上的农文网培学校每年都有2-3千元的运行维护经费，都利用设备开展了1-3期农民培训。

随着文化共享工程德宏州支中心建设工作的开展，德宏州委、州人民政府及州文化局对这一文化惠民工程高度重视，工作中坚持政府主管，州文化体育局主抓的原则，以科学发展观为指导，以数字资源建设为核心，以多种传播方式为手段，以共建共享为基本途径，以德宏州图书馆为支中心，各县支中心、乡、镇服务中心为重点的基层服务网络，扎扎实实开展实施文化共享工程建设。积极努力推进文化创新，完善文化服务体系，提高文化服务水平，促进文化事业健康发展，为新农村建设服务。

二、发挥优势　开展服务

支中心确保文化信息资源共享工程的公益性服务性质，明确适时、有效的服务内容、方式和范围，采取多种手段，为群众提供多样化、个性化的服务，满足群众的基本文化和生产需要。

1、走进农村

在建设社会主义新农村的形式下，在以科技兴农为时代特征的今天，农民对待现代科技信息和文化的需要迅速增加。结合这一现状，我们深入调查，根据农民的需求，支中心每月编制一期《科技走进新农村》，将适合本地区农民种、养殖生产需要的各类数字技术资源和文字资源送到村民手中。

为推进文化信息资源共享工程建设，不断提高党员干部学习教育的信息化水平，德宏州支中心紧密结合本地实际，充分发挥共享工程网络和资源优势，为农村党员干部发放了近300份科技信息杂志，播放了科技宣传片，聘请农业科技人员为广大群众讲授了《水稻稻瘟病防控技术》，形式多样的宣传手段，深受群众欢迎。

2、走进学校

支中心除在馆内针对未成年人开展的活动以外，还与各乡镇中心小学校联合开展共建活动，开展爱国主义教育活动等，切实将加强和改进未成年人思想道德建设工作落到了实处。在六一儿童节来临之际，我们进入学校开展朗诵比赛、谜语竞猜等各种活动，为学生播放儿童电影、禁毒防艾讲座及爱国影片。在建党90周年之际，进入高校开展图书展销活动，为广大师生提供免费办证等服务。

三、加强制度建设，完善体制

为充分发挥"文化共享工程"的功能和作用，进一

2010年德宏州文化信息资源共享工程培训班

步规范工作，强化管理，把文化共享工程德宏州建设好，文化共享工程德宏州支中心结合实际完善制定了《德宏州图书馆主机房管理规定》、《文化信息资源共享工程电子阅览室制度》、《文化信息资源共享工程电子阅览室读者须知》、《文化信息资源共享工程电子阅览室工作人员须知》、《德宏州图书馆电子阅览室实行免费开放的通告》、《关于少年儿童免费观影的通知》、《德宏州图书馆免费开放服务公示》、《德宏州图书馆免费开放读者须知》等规章制度。

四、加强培训，增强自身及基层文化队伍素质

德宏州支中心举办全州文化信息资源共享工程培训班，来自辖区内三县二市的图书馆馆长、各县支中心负责人、业务人员及各乡镇基层网点负责人近100人参加了此次培训。德宏州支中心选派工作人员参加云南省文化信息资源共享工程支中心技术骨干培训班。参加云南省文化信息资源共享工程支中心馆长研讨班暨技术交流会，会上学习了文化共享工程的发展概述、农民素质教育网络培训学校建设，分享了州（市）及县级支中心的建设经验。

“春雨工程”--全国文化志愿者边疆行工作旨在发挥全国文化信息资源共享工程惠民服务的优势，推动边疆民族地区公共文化服务体系的建设和发展。云南省德宏州的三县二市支中心有幸被选为2011年“春雨工程”--全国文化志愿者边疆行活动受援地区之一。2011年7月9日-29日，文化志愿者们在德宏州支中心的配合下，在德宏州的瑞丽市、芒市、盈江县、陇川县及瑞丽市畹町区，分别开展了一场培训、一次技术维护、一个展览、放一场电影、一次上网等“六个一”活动，这对于丰富德宏边疆少数民族地区群众的精神文明生活，增进内地与边疆民族地区文化交流，促进各民族和睦相处、和谐发展等发挥了重要作用。在活动期间，德宏州支中心都有选派工作人员参与，从“六个一”活动中学习了很多经验，为德宏州支中心开展下一步工作打下铺垫。

为深入贯彻《文化部关于开展全国基层文化队伍培训工作的意见》，提升我省基层人才队伍素质，促进基层文化事业建设，根据云南省文化厅安排部署，由省文化厅、云南省图书馆主办，德宏州文化体育局、德宏州图书馆承办的2012年滇西片区县级公共图书馆共享工程建设暨馆长培训班于9月14日在德宏芒市开班 ，来自滇西7个州（市）60县级公共图书馆、德宏76个乡镇文化站的相关负责人和工作人员共170人参加了培训。

在网络培训方面，几乎每一期都有组织培训，培训后都有写简讯上报云南省分中心。对于部分培训，都转发给县市级支中心组织培训。

五、重视宣传、扩大影响

加入全国文化信息资源共享工程以来，为了扩大其在基层群众中的影响，广泛宣传其作用和意义，使各级领导和群众充分认识到这是一项惠民工程、民心工程，认识到工作的重要性和必要性以及文化信息资源的可用性。我们利用电视台、报纸等新闻媒体对利用共享工程开展的一些大型活动给予相关报道。时刻注意将资源共享活动与当前工作重点有机的结合，这样既可增强对共享工程的宣传力度，又收到了立竿见影的效果。同时利用“图书馆宣传周”、“世界读书日”、“建党90周年”、“学习雷锋活动”等大型活动向读者发放宣传单，介绍文化共享工程内容意义。

德宏州图馆自建的网站（www.dhztsg.com）于2011年9月初开始启用，网站上专门设有共享工程德宏州支中心栏目，在栏目中详细介绍了共享工程的概况及德宏州支中心的发展动态。在网站上，链接了全国文化信息资源共享工程及云南省文化信息资源共享网，并对共享工程的有关活动进行了大力宣传。

七、工作展望

努力调查、挖掘、整理和制作富有地方特色的文化信息资源充实数据库。认真抓好县级支中心和乡镇、村基层服务点工作人员队伍建设。加强技术培训和指导，建立比较完善的文化信息资源共享工程的人才培训体系。充分利用共享工程市级支中心平台，为广大读者，特别是农村读者提供优秀的文化信息资源，提高网络信息服务水平和利用率。

（撰文/德宏州支中心）

芒市支中心

芒市图书馆自2008年加入全国文化信息资源共享工程，为云南省2007年度建设的38个县级支中心之一，是以芒市图书馆为主体，11个乡镇1个街道办2个社区为基层服务网点的县级支中心。

一、基本情况

2008年由于得到市委、政府的高度重视，芒市支中心配套设施和场地建设均按高于省中心要求的标准配备到位。其中，配备了201m^{2}的电子阅览室和67m^{2}的视频点播室，并隔离出15m^{2}的独立机房；电子阅览室电脑总数达30台，经文化部“共享工程”技术人员安装调试，于2008年8月安装调试成功，正式接受“共享工程”信息资源，为广大群众、读者提供了信息资源服务。并于10月顺利通过云南省文化共享工程验收组验收，11月在接受全国文化共享工程督导组检查考核时得到好评。支中心目前有专职工作人员2人，每年有专项配套经费。

二、惠民服务

1、利用资源优势，广泛开展形式多样化的社会服务活动

四年来支中心利用"共享工程"信息资源及馆藏资源积极开展文化服务。与农村电影管理站实现资源整合，分别深入到傣族、景颇族村寨、特殊人群、学校和弱势群体播放共享工程影视资料；利用技术力量雄厚的条件，开展网络知识培训；对基层共享工程服务网点进行有效的管理和辅导、培训，使其掌握资源更新和运用；开通了对外宣传网站，实现新版共享工程对外服务，并以国际域名的形式向市民全面开放（http://www.lxstsg.com），举办清风扬正气正反两面警示教育视频展；开展以"电影下乡进村寨，再掀禁防宣传新高潮"为主题的影视巡回展；利用"图书馆宣传周"、"全民读书月活动"向读者发放宣传单，介绍文化共享工程内容意义。

2、创新服务方式，译制民族语言影片及歌曲

2.1.丰富边疆少数民族群众的精神文化生活，构建和谐社会，宣传党的方针政策和共享工程的意义，消除文化信息传播中的语言障碍，芒市图书馆利用全国文化共享工程的资源优势译制了傣族和景颇族语的爱国题材影片以及宣传党的方针政策和法律法规的影片和科教片。2009年译制了《夜袭》、《秋收起义》、《八一》3部傣语片和《叶问》、《门徒》、《景颇族八大名菜》3部景颇语片及2部宣教片，并举行了隆重的首映式。

2010年潞西市图书馆精心组织，与农村电影管理站实现资源整合，成立两个放映小分队，将8部民语影片以及科教片带到芒市地区各个基层点。放映队分别深入到傣族、景颇族村寨、特殊人群、学校和弱势群体。共享工程工作人员耐心地为傣族村里的老载隆（老大爹）、老咩叭（老大妈）讲述文化共享工程的内容及意义，广大傣族、景颇族群众对这种以喜闻乐见的电影形式进行宣传非常满意，受到了教育，也丰富了大家的文化生活，活动所到之处，无不受到群众的好评，观看人数达5000余人，发放共享工程宣传资料3000余份。2011年在芒市委、市政府、芒市文体广电旅游局的大力支持及所有幕后工作人员及演员的辛勤工作下，芒市图书馆独立译制完成傣语、载瓦语《康定情歌》两部影片。 2012年成功译制以抗日战争为背景的爱国影片《喋血孤城》。

2.2.红色经典歌曲民族语译制

为了更好的继承优良传统，以实际行动弘扬雷锋精神，芒市图书馆（共享工程芒市支中心）结合边疆少数民族特色，认真组织开展民族语红歌专辑的译制工作，第一张民族语红歌专辑《弘扬雷锋精神 榜样再度唱响》于2012年5月28日顺利完成。专辑用傣语、景颇族载瓦语译制了10首红色经典歌曲，这张专辑为我们带来了耳目一新的视听盛宴，即愉悦了芒市民族群众，也为少数民族母语音乐的流传和发展提供了平台。

举办乡镇基层站点管理员培训班 扎实推进共享工程建设

三、网点建设

芒市目前已建成11个乡镇、1个街道办的乡镇基层站点的建设工程，已实现芒市共享工程基层点全覆盖。

1、加强学习培训、提高服务水平。芒市图书馆采取集中培训和上门培训相结合的办法，对乡镇、村基层服务点的管理人员进行培训，帮助基层服务点的管理人员深入了解文化共享工程的概念、管理制度、服务内容等，掌握了投影仪、电脑、易播宝的操作方法。几年来，通过"走出去、请进来"的方式，对相关人员进行了系统培训，我市从市图书馆到乡镇、村基层服务点的管理人员基本掌握了图书馆资源共享工程的基本知识和操作技能，懂得了学会利用共享工程这一网络平台，提高了管理人员的业务能力和服务水平。

2、建立规章、完善机制。为了规范管理，完善服务。图书馆编制了管理规章和乡镇中心日工作记录、季业务数据统计报表等，建立了常态工作档案。对乡镇基层中心设备运行情况及时掌握，同时对乡镇基层中心分别组建了文档管理模式，有专门的共享工程工作日志，对当前工作做到及时归纳、及时总结，并上报文化部全国文化信息资源建设管理中心、共享工程云南省分中心等主管部门。相继制定了《文化信息资源共享工程基层服务点管理使用制度》、《图书阅览及光盘借阅制度》、《信息上报制度》和《电子阅览室管理制度》等。

四、培训工作

芒市自2008年启动"农文网培学校"以来，从新建的4所开始，逐年递增，全市的"农文网培学校"总数达到了12所，并且顺利通过了省文化厅的验收。

农民、社区居民对待现代科技信息和文化的需要迅速增加。结合这一现状，芒市图书馆农文网素质教育络培训学校利用文化信息资源共享工程，开展农民素质教育培训，不仅改善了农村的精神风貌，而且增强了农民致富的能力，培养了有文化、懂经营、会管理的新型农民，拓宽了农民致富之路。从2008年开始，根据农民的需求，从实际出发，在农闲期间（6至7月）每年举办4期农文网络培训班。培训内容有：以种植业为主的——牧草种植技术、甜脆玉米种植技术、水稻病虫害防治、蔬菜种植技术、咖啡和坚果的种植和管理技术等内容。以丰富群众文艺为主的舞蹈《景颇族三弦舞》。以提高公务员队伍建设开展的公务礼仪培训等等。培训结束后，对学员学完计划规定的全部课程进行考试、考察，成绩合格颁发农民素质教育网络培训学校"培训合格证书"。

五、创新服务

芒市图书馆（共享工程芒市支中心）创新理念，规划并整合部门各类文献及服务信息，积极挖掘报刊资源丰富内涵，拓展新的宣传空间和形式，创建了独具特色的自主宣传工具——《芒图资讯》。

全国文化信息资源共享工程是民心工程，是公益

性建设项目，有着巨大的社会效益和广阔的发展空间。芒市图书馆（共享工程芒市支中心）认真贯彻落实文化部、财政部《关于推进全国美术馆、公共图书馆、文化馆（站）免费开放工作的意见》精神，自2011年10月1日起，芒市图书馆电子阅览室开始免费服务，读者持身份证或学生证办理图书馆借书证就可享受上机浏览，检索信息或免费收看全国文化信息资源共享工程推出的系列文化套餐等服务。

六、重视宣传、扩大影响

加入全国文化信息资源共享工程以来，为了扩大其在基层群众中的影响，广泛宣传其作用和意义，使各级领导和群众充分认识到这是一项惠民工程、民心工程，认识到工作的重要性和必要性以及文化信息资源的可用性。我们利用电视台、报纸等新闻媒体对利用共享工程开展的一些大型活动给予相关报道。时刻注意将资源共享活动与当前工作重点有机的结合，这样既可增强对共享工程的宣传力度，又收到了立竿见影的效果。

经过四年的运行，芒市图书馆已摸索出一定的经验，并利用馆藏资源、卫星接收下来的资源，复制成光盘，下传到乡镇基层服务网点，受到广大群众、读者的欢迎。支中心将在今后的工作中更加努力的探索利用共享工程服务的新路子，更好地发挥共享工程的作用，为把共享工程办成惠民工程、民心工程而不懈努力。

（撰文/芒市支中心）

瑞丽市支中心

一、基本情况

2007年11月，经文化部、省文化厅和省级分中心的审批同意，我市与其他37个县市被列为2007年云南省文化资源共享工程县级支中心，目前市支中心有2名专职管理人员，各项工作开展顺利。 2008年4月22日瑞丽市政府与省文化厅签订《云南省文化信息资源共享工程2007年度县级支中心及基层服务网点建设工作实施协议》后，市政府高度重视，结合实际，组建了由市委常委、市政府副市长罕贞晓依担任组长，市政府副调研员罗安会和市文化局局长康丽年担任副组长，市委组织部、市委宣传部、市财政局、市人事局、市教育局、市广播电视局、市农业局、市科技局、市扶贫办、市文化局、市图书馆等部门为成员单位的全市文化信息资源共享工程建设工作领导小组，并把领导小组办公室设在市图书馆，指定图书馆馆长为该项工作的办公室主任，具体负责文化信息资源共享工程日常事务。工程前期，市政府于2007年投入了43.8万元对图书馆进行加固改造，2008年又拨付了20万元完善文化共享工程的相关设备，确保支中心建设工作的顺利开展。根据协议和验收标准的要求，市政府紧密围绕"统一领导、统一部署、统一协调、分级负责"的模式进行管理。重点对图书馆一楼办公用房进行了防盗、防火、防尘、防湿的改造工作，装修了房间，安装了门窗，添置了桌椅，购买了消防器材等设备。2008年9月初，由省级分中心统一采购给县级支中心近70万元的电脑设备已安装完毕，2008年12月10日开始投入使用。

为确保我市支中心的规范运行，制定了《全国文化信息资源共享工程介绍》、《电子阅览室工作人员管理制度》、《电子阅览室管理制度》、《信息上报制度》、《电子阅览室设备管理制度》、《少年儿童上网安全提示》等相关的各项规章制度，确保了共享工程工作的有序进行和规范管理。文化共享工程作为一项惠民工程，主要目的是应用现代科学技术，将中华优秀文化信息资源进行数字化加工整合，通过工程网络体系，以互联网、卫星、移动存储、镜像、光盘、有线电视、数字电视网等方式，实现优秀文化信息资源在全国范围内的共建共享。

文化信息资源共享工程主要服务对象是各族人民群众（其中包含了未成年人）。管理工作中，我们注意区分与网吧的管理模式，严格控制开放时间，不搞通宵开放；按照有关要求，建设专门的文化信息网站，用于发布有关文化、艺术、教育、卫生、农业科技、禁毒防艾等方面的文字和视频资料；提供互联网服务、电子图书、期刊阅览、查阅资料、收发邮件、资料下载等服务；在内容上进行严格把关，首先是不安装网络游戏；其次是从技术上防范上网浏览色情、暴力等不健康的网站；对未成年人上网时间进行控制和管理，规定上课时间除外未成年人每人每天上网不得超过2小时，以防止他们沉溺于网络，为未成年人提供一个与外界沟通和学习的平台。

二、建设情况

我市的乡镇文化信息资源共享工程基层网点建设2010年已经开始。五月中旬，省分中心配置的设备已经到位，5个乡镇基层服务网点的网线、电线也已接通，电脑技术人员已经调试好了电脑设备。并对基层管理人员进行了必要的培训。现在乡镇的基层服务网点已经开始开展服务工作。

把文化信息由市到乡、镇，再到村，层层往下送，贴近实际地帮助广大的农村群众学习新技术、了解新信息，促进农民科学种田、科学养殖、科学经营，提高公共文化产品的供给能力，实现农村群众基本的文化权益。

文化信息资源共享工程的实施，改变了图书馆的传统服务方式，提高了公共文化服务水平。对于满足城乡群众的精神文化需求，特别是在缓解边疆人民群众看书难、看戏难、看电影难，丰富农民群众的精神文化生活，满足广大农民求富裕、求健康、求文明的需要，抵御腐朽文化，培育文明风气等方面发挥了重要作用。

从2008年至2012年瑞丽市政府对文化信息资源共享工程经费一共投入了10万元，为支持基层文化信息资源共享工程，4年来我馆组织基层管理人员参加业务知识培训10余次，为基层单位培养了一批业务骨干。并在5个乡镇成立了“农文网培学校”利用文化信息资源共享工程，根据农民的需求，从实际出发开展农民素质教育培训，仅2012年1—11月举办了6期培训主要是橡胶、石斛及水稻等的栽培、病虫害的防治，不仅改善了农村的精神风貌，而且增强了农民致富的能力，培养了有文化、懂经营、会管理的新型农民，拓宽了农民致富之路。

三、工作展望

共享工程技术体系将在符合工程总体建设思路和发展方向的前提下，逐步形成能够统一协调管理、资源分布建设、全面共享、自由访问的开放体系，并最终实现与数字图书馆系统的高度融合。

（撰文/瑞丽市支中心）

梁河县支中心

一、整体情况

文化信息资源共享工程是政府主导的一项惠民工程，为有效利用好这一公共资源。梁河县支中心在省文化厅、省图书馆的关心和支持下，通过县文体局、县图书馆的多方争取，我县被列入2007年我省38个边境、邻边、藏区县的建设规划，成为云南省首批共享工程建设县。根据《云南省文化信息资源共享工程建设实施方案》，梁河县支中心于2008年5月正式开工建设，我县按科学发展观的要求，建设中，相关部门严密把关，严格验收安装程序，2008年10月9日建成并通过省文化厅的验收，2009年元月1日正式向读者开放。文化信息资源共享工程是公共文化服务体系的基础工程，是广大人民群众“求知、求富、求乐”的重要渠道，其手段就是利用数字化技术，把图书、文献资料等文化资源转化成数字化的共享资源，通过公共信息网络无偿传送到城乡基层，面向社会提供文化信息资源服务，县级支中心的建成将让更多的群众享受到更丰富、更便捷的文化服务。

二、网点建设

基层服务点建设情况，2009年建成勐养、遮岛、曩宋三个乡镇基层服务点，2010年建成平山、大厂、九保三个乡镇基层服务点和54个村级服务点，根据省文化厅的部署在已建成的乡镇村基层服务点建成相应的“农民素质教育网络培训学校”，乡镇基层服务点依托农文网培学校开展服务三农的各项工作。2011年建成小厂、芒东、河西等二个乡镇基层服务点及12个村级服务点，我县的文化网络服务体系基本建成。每个农文网培学校配备了5台以上的电脑和黑板、课桌、摄影摄像设备、高清数字播放等相应的教学设备。

三、资源建设

支中心由中心机房（中控室）、多媒体演播室、电子阅览室卫星接收系统组成，支中心承担接收并下发国家中心、省分中心的资源，为读者提供阅读电子图书。

四、宣传推广

制作宣传栏、悬挂宣传横幅、制作发放宣传单，下到自然村开展信息共享工程、农文网培学校宣传工作。先后到芒东乡平坝村、小厂乡勐竜村进行农文网培学校工作宣传和电脑知识培训。宣传文化共享工程政策。因为群众对文化共享工程免费开放政策还不很了解，很有必要对群众大力宣传文化共享工程免费开放政策。全国文化信息资源共享工程简称“文化共享工程”它采用现代科学技术，将中华优秀文化信息资源进行数字化加工和整合，通过文化共享工程服务网络，以互联网、卫星网、有线电视/数字电视、光盘、移动存储等方式，实现优秀文化信息资源在全国范围内的共建共享。针对让广大群众对计算机相当陌生，基本上没有亲手操作过。培训计算机最基本的知识，让他们了解如何使用计算机，如何浏览网页，如何播放视频文件等等最基本的知识。

五、惠民服务

县级支中心在做好设备的使用、维护工作的同时，积极做好电子阅览室的管理工作，完善阅览证办理和发放手续。积极做好未成年人上网指导工作，严格监管未成年人上网，上课期间一律不允许未成年人上网，使电子阅览室能为未成年人提供名符其实的绿色上网通道。积极接收和下发国家中心和省分中心下发的种植、养殖知识、致富信息及优秀文学作品数字资源。阅览室建设是基础，只有把信息中心建起来，才能把党和国家的惠农政策和措施落实到广大群众中，才能把先进的知识和急需的科技服务送到群众中。同时，要想把好事办好，实事办实，关键是引导群众上网学知识，特别是要通过典型带路的方式，引领更多的群众利用网络平台，找到自己需要的科技知识。

六、培训工作

全县各乡镇文化站站长、从事图书室图书管理、农文网培学校管理的干部职工、图书馆的工作人员，进行了业务培训。2012年5月14日下午，在图书馆三楼，全县各乡镇文化站站长、从事图书室图书管理、农文网培学校管理的干部职工、图书馆的工作人员，共计31人进行了业务培训。培训内容：学习贯彻中央、省、州关于“两馆一站”免费开放的相关文件；农文网校建设及图书馆、文化馆免费开放相关工作；图书分类、著录、目录组织知识培训和图书馆自动化（网图）学习；灯光、音箱、摄像、摄影操作培训。

七、管理和队伍建设

2010年5月梁河县人民政府办公室下发了梁政办发[2010]80号文件，印发了《云南省文化信息资源共享工程农民素质教育网络培训学校建设指导意见》，全面启动了梁河县的农文网培学校的建设。县、镇（乡）相继成立由党委或政府领导担任组长的农民素质教育网络培训工作领导小组。

建立完备规范的规章制度。县图书馆在局领导班子的安排下制定了2012年文化工作目标管理检查考评细则。要求制定半年和年度培训计划，每个文化站每年办培训班4次，120人次以上，提交培训总结，上报培训材料，建有独立的培训教室和公共电子阅览室图书室，电子阅览室，农文网培学校的农家书屋借阅制度、管理员工作职责、读者须知、电子阅览室管理制度必须上墙，各种档案资料包括农家书屋借阅登记本、农家书屋读者意见簿齐全。

农文网培学校设有校长和教员，聘请有名誉校长和农科、司法、计生辅导员，每个学校选择了一个厂矿和公司为实习实训基地并挂牌。

八、监管督查工作

依托共享工程，进行远程培训工作。多年来图书馆组织职工参加国家中心、省分中心的远程培训。进行业务指导培训，多次下乡检查、督导共享工程和农文网培学校建设。2012年7月25日在分管领导江宗昌副局长的带领下，图书馆工作人员到全县各乡镇实地查看了文化站的文化共享工程工作开展情况，并和文化站站长及工作人员进行了座谈，江副局长重申了图书馆工作的要求和考核办法，听取了文化站工作开展情况汇报。2012年10月11日，县图书馆工作人员到全县各乡镇，对免费开放工作进行，督促检查。督促检查落实2012年文化工作目标管理责任书的情况。

九、工作展望

文化资源共享工程是一项民心工程，引领农民生产致富奔小康的德政工程。如何最大限度发挥文化信息资源共享工程作用，要做好“建、引、管、用”等四篇文章：

1、建阵地。高标准建设县支中心、乡镇基层中心和村基层服务点，努力提高覆盖率，使其在较短时间内乡镇和村覆盖率达到100%。

2、引导群众认识文化信息资源共享工程。要通过多种宣传方式，让更多的群众知晓文化信息资源共享工程是什么、干什么、怎么干，特别是通过典型带路方式，让更多群众理解文化信息资源共享工程、接受文化信息资源共享工程、使用文化信息资源共享信息。

3、努力提高县支中心、乡镇基层中心和村基层服务点的管理水平。在管理上，既要管“内”，即县支中心、乡镇基层中心和村基层服务点的管理及学员的管理，确保各类设备特别是电子阅览室的良好运转；同时又要管“外”，要制定相关规章制度，以纪律的方式，确保学员学得进、学得好，学出效益。

4、着力提高使用效益。新知识、新技术，关键是用，只有运用了才能发挥科技的效益，才能发挥信息共享工程作用。在用的过程中，要加强与农业、畜牧、水产、林业等产业部门和科技部门的联系，对网上发布的新知识、新技术，引导群众正确甄别选用，结合实际、结合产业发展，力争做到学一个、用一个、见效一家、示范一片、带动一群、致富一村。

（撰文/梁河县支中心）

盈江县支中心

盈江县图书馆——文化共享工程盈江县支中心自2008年11月建成运行以来，盈江县支中心向上连接国家、省中心，向下对15个乡镇基层服务点，86村级服务点进行数字传输服务、业务辅导服务。县支中心直接到农村向广大群众、读者。利用互联网、卫星接收、光盘等形式让广大群众、读者更加便捷、快速享受到全国文化信息资源，实现了资源接受、查询、索取、下传服务。

一、加强设施建设、为文化资源共享奠定基础

2008年由于得到县委、政府的高度重视，盈江县支中心配套设施和场地建设均按高于省中心要求的标准配备到位。其中，配备了85m²的电子阅览室和120m²的视频点播室，并隔离出15m²的独立机房；电子阅览室电脑总数达28台，经文化部“共享工程”技术人员安装调试，于2008年9月安装调试成功，正式接受“共享工程”信息资源，为广大群众、读者提供了信息资源服务。并于10月顺利通过云南省文化共享工程验收组验收，11月在接受全国文化共享工程督导组检查考核时得到好评。支中心目前有专职工作人员2人，每年有专项配套经费。盈江县目前15个乡镇文化站都建有乡级基层服务点、103个行政村中有86个行政村建设完成了村级基层服务点。

二、加强业务学习培训、提高服务水平

盈江县书馆采取集中培训和上门培训相结合的办法，对乡镇、村基层服务点的管理人员进行培训，帮助基层服务点的管理人员深入了解文化共享工程的概念、管理制度、服务内容等，掌握了投影仪、电脑、易播宝的操作方法。几年来，通过“走出去、请进来”的方式，对相关人员进行了系统培训，目前从县图书馆到乡镇、村基层服务点的管理人员基本掌握了图书馆资源共享工程的基本知识和操作技能，懂得了学会利用共享工程这一网络平台，提高了管理人员的业务能力和服务水平。

县级支中心在开展业务培训的同时积极帮助基层点维护相关的设备，使乡镇、村服务点设备能正常运行，发挥更大的服务优势。

三、建立规章、完善机制

为了规范管理，完善服务。图书馆编制了管理规章和乡镇中心日工作记录、季业务数据统计报表等，建立了常态工作档案。对乡镇基层中心设备运行情况及时掌握，同时对乡镇基层中心分别组建了文档管理模式，有专门的共享工程工作日志，对当前工作做到及时归纳、及时总结，并上报文化部全国文化信息资源建设管理中心、共享工程云南省分中心等主管部门。相继制定了《文化信息资源共享工程基层服务点管理使用制度》、《图书阅览及光盘借阅制度》、《信息上报制度》、《电子阅览室管理制度》和《上机登记簿》等。

四、开展便民适用的农业科技培训

盈江县自2008年启动"农民素质教育网培学校"（简称"农文网培学校"）以来，在全县15个乡镇建设了15所农文网培学校，并且顺利通过了省文化厅的验收，我们坚持以"文化乐民、文化育民、文化富民"为办学宗旨。按照共享数字资源、促进和谐社会的原则，建立健全了规范管理制度，充分发挥远程教育作用，积极探索"建、管、学、用"并重，在近两年的工作取得了一定成效。

农民、社区居民对现代科技信息和文化的需求迅速增加，结合这一现状，盈江县图书馆农文网培训学校利用文化信息资源共享工程，开展农民素质教育培训，不仅改善了农村的精神风貌，而且增强了农民致富的能力，培养了有文化、懂经营、会管理的新型农民，拓宽了农民致富之路。

从2008年开始，根据农民的需求，从实际出发，在农闲期间举办各种培训班。我们坚持把培训送到农民朋友身边，农民朋友需要什么我们就什么。根据我们的调查，先后开展以种植业为主的——甘蔗、西瓜、杂交水稻、蔬菜种植技术《科学使用农药》等内容的培训。在"8.20""8.21""1.1""1.2""3.10"地震灾害发生后，我及时调整培训方向，开展了《抗震知识》、《地震知识》的培训，2012年面对旱灾又开展了《抗旱知识》、《烟草种植技术》培训。

五、免费服务、共享文化成果

全国文化信息资源共享工程是民心工程，是公益性建设项目，有着巨大的社会效益和广阔的发展空间。盈江县图书馆（盈江县支中心）认真贯彻落实文化部、财政部《关于推进全国美术馆、公共图书馆、文化馆（站）免费开放工作的意见》精神，自2011年10月1日起，盈江县图书馆电子阅览室开始免费服务，读者持身份证或学生证办理图书馆借书证就可享受上机浏览，检索信息或免费收看全国文化信息资源共享工程推出的系列文化套餐等服务。

六、重视宣传、扩大影响

实施全国文化信息资源共享工程以来，为了扩大其在基层群众中的影响，广泛宣传其作用和意义，使各级领导和群众充分认识到这是一项惠民工程、民心工程，认识到工作的重要性和必要性以及文化信息资源的可用性。我们利用电视台、报纸等新闻媒体对利用共享工程开展的一些大型活动给予相关报道。时刻注意将资源共享活动与当前工作重点有机的结合，这样既可增强对共享工程的宣传力度，又收到了立竿见影的效果。

农民素质教育网络培训学校建好后，为推动文化信息资源共享工程终端建设工作的落实，我们开展宣传、服务工作，利用黑板报、标语、LED显示屏、乡、村、村民小组的党组织、妇女组织的会议、学校、科技培训的机会把文化共享工程服务内容、服务形式的宣传做到村村寨寨。

六、工作展望

经过四年的运行，盈江县图书馆已摸索出一定的经验，并利用馆藏资源、卫星接收下来的资源，国家中心下发的资源复制成光盘，下传到乡镇基层服务网点，或者直接发放给农民朋友，这些便民措施受到广大群众、读者的欢迎。支中心将在今后的工作中更加努力的探索利用共享工程服务的新路子，更好地发挥共享工程的作用，为把共享工程办成惠民工程、民心工程而不懈努力。

（撰文/盈江县支中心）

陇川县支中心

一、整体情况

陇川县自2005年开始建设共享工程公共电子阅览室以来，每年都把共享工程公共电子阅览室建设作为一项重点工作来抓，建立长效运行机制，制定了各项规章制度，责任落实到人，制作了规范的文化共享工程和公共电子阅览室标识，管理措施到位，设备设施运行正常。建立健全经费保障机制，极积争取经费，确保公共电子阅览室正常运行。

陇川县图书馆2008年完成共享工程陇川县支中心建设，得到了省、州、县的大力支持，县委县政府高度重视，成了陇川县共享工程建设领导小组协调全县的共享工程建设，每年为陇川县支中心提供资金保障。2008年10月与省中心共同完成了云南省西部片区19家县级支中心的培训工作，每年州里组织培训都由我馆工作人员完成计算机知识、公共电子阅览室建设等内容的授课任务。自2005年我馆共享工程公共电子阅览室建成以来，年接待2.5万余人次。我们不仅做好阵地服务工作，还积极向外拓展服务，利用各种大型节庆日及送文化、送电影下乡之机把数字影视资源送下乡、送学校、送部队等，共80余场次，观众达24000余人次。陇川县所有公共电子阅览室都实现了免费开放。至2012年共建成1县级支中心、11个乡镇基层站点及25个村级基层站点，所有乡镇基层站点及村级基层都建了农网培学校。

二、网点建设情况

1、陇川县县支中心1个：2008年建成。分别设有电子阅览室、视频点播室及中控室。目前有计算机46台（其中40台用在电子阅览室为读者提供服务）、服务器3台，存储

空间为5T、投影仪2套、打印机2台、扫描仪1台、单反照相机1台、数码摄像机1台。

2、乡镇基层站点11个：每个基层站点设备有服务器1台、投影仪1套、移动播放器1个、读者用机5台。2009年建成陇把镇、清平乡、户撒乡、章凤镇、城子镇；2010年建成景罕镇、护国乡；2011年建成王子树乡、勐约乡、拉影文化中心、农场管委会。

3、村级基层站点25个：每个村级基层站点1台计算机。2010年建成弄贯村委会、迭撒村委会、户弄村委会、撒定村委会、扎多村委会、曼冒村委会、罗朗村委会、邦角村委会、那邦村委会、盆都村委会、曼晃村委会、曼面村委会、曼软村委会、广林村委会、赵家寨村委会、人场村委会、杉木笼村委会、幸福村委会、岳家寨村委会、腊撒村委会、潘乐村委会、坪山村委会、广瓦村委会、邦中村委会、邦瓦村委会。

三、经费投入情况

陇川县共享工程的建设得到了各级党委及政府的大力支持，从2007年开始每年为陇川县支中心提供3万元运行资金，从2011年中央财政每年为县图书馆提供20万免费开放资金，为乡镇文化站提供5万元免费开放资金，以上资金我们优先用于共享工程开展的各项免费活动及农文网培学校的培训工作。

四、资源建设及技术支持

资源建设尚在起步阶段，目前我们主要是利用国家中心及云南省分中心的资源来开展服务；我县共享工程各级站点分别使用电信及移动的网络支持，陇川县支中心电信10兆光缆加一个固定IP；陇把镇文化站、清平乡文化站、户撒乡文化站、章凤镇文化站、城子镇文化站、景罕镇文化站、护国乡文化站及拉影文化中心用电信10兆光缆；子树乡文化站、勐约乡文化站及陇把农场管委会宣传文化中心用移动6兆光缆。

五、惠民服务、宣传推广

陇川县图书馆电子阅览室从2005年9月开始正式接待读者，每年接待读者2万人次以上，到2012年底共接待各类读者超过15万人次；同时我们还利用共享工程的相关设备，利用各种大型节庆日及送文化、送电影下乡之机把数字影视资源送下乡、送学校、送部队等，共80余场次，观众达24000；利用电子阅览室开展电脑基础知识培训，共培训200多人次；2006年县扶贫有5万多份统计报表要传输到省扶贫办，当时县内的其他单位因传输速度和设备的限制都无法完成此任务，最终县图书馆与扶贫办协作利用电子阅览室，历时两个多月的时间完成了5万多统计报表的传输任务；我们还分别利用电子阅览室与陇川县民政局开展军地两用人才培训，与陇川县财政局合作开展会计网上知识竞赛。每年开展一次共享工程宣传活动，特别是2012年我们利用15天时间分别到全县所有乡镇开展两馆一站免费开放及共享工程宣传服务活动，共发放各类宣传材料12000份。

六、培训工作

为了做好我县的共享工程建设，我们积极参加云南省分中心组织的每一期培训，2008年10月省中心在我馆举办云南省西部片区19家县级支中心的培训，我馆所有工作人员都参加了培训；在参加外出培训的同时我们还在馆内积极带领职工开展计算机及网络知识的相关业务学习，每年开展1至2次针对基层站点工作人员的业务培训，到2012年共培训200多人次。我们还积极配合德宏州文化局、德宏州图书馆开展德宏州的培训工作，按德宏州文化局、德宏州图书馆的要求，三年来我馆工作人员完成州里组织的计算机知识、公共电子阅览室建设及农文网培学校建设等内容的授课任务。

七、管理和队伍建设

陇川县自2005年开始建设共享工程以来，每年都把共享工程建设作为一项重点工作来抓，建立长效运行机制，制定了各项规章制度，责任落实到人，制作了规范的文化共享工程和公共电子阅览室标识，管理措施到位，设备设施保护和运行正常；陇川县支中心有4名兼职工作人员，每个基层站点有1名兼职工作人员。

八、荣誉奖项

2009年我馆代表德宏州参加云南省分中心组织的共享工程知识竞赛，我馆工作人员获的县级支中心第一名。

九、工作展望

随着陇川县支中心及陇川县各级基层站点的建设的完成，陇川县文化信息资源共享工程建设工作的任务也将改变，下一步工作的重点将转向如何利用好支中心和各级基层站点的设备，使之发挥最大的社会效益，如何使共享工程在我县公共文化建设体系建设中发挥更大的作用，如何为广大人民群众优质的文化惠民服务，让文化信息资源共享工程在我县各项事业的建设中发挥重要作用。结合这两大任务，今后要重点抓好以下工作：

1、加强学习，抓好计算机基础知识的培训，除了正常的参加省馆和省中心组织的培训以外，在文化系统内部定期组织计算机知识培训；图书馆所有员工在学习计算机知识的同时，更要加强数字化图书馆、网络知识、局域网、服务器及磁盘阵列等相关知识的学习。

2、完善和规范各项规章制度，做好设备设施的日常维护与管理，使设备设施的运行更加规范化和科学化，在现有条件下发挥更大的效益，为读者提供更全面的服务。

3、抓好乡镇基层网点工作人员的培训工作，培训重点为以计算机及共享工程的相关知识为主。

4、进一步完善农民素质教育网络培训学校的建设，使乡镇基层网点的建设更加规范。

5、由文体局统一协调县直各有关单位与县支中心共同加工制作具有本地特色的各类数据资源，真正达到共建共享的目的。

（撰文/陇川县支中心）

怒江傈僳族自治州支中心

全国文化信息资源共享工程是国家文化部在推进文化信息资源开发、建设、服务而实施的重点工程，工程采用了现代化信息技术，对文化信息资源进行数字化加工整合，通过网络最大限度地给社会群众享用的文化工程。全国文化信息资源共享工程怒江州支中心网络的建立，是为了满足怒江各族人民群众全面建设小康社会与和谐社会；是为了丰富和活跃边疆群众文化生活、传播社会主义先进文化的需要；是为了加快推进怒江“二次跨越”进程的需要。通过现代化的信息加工技术，对其有怒江地方特色的资源进行数字化加工与整合，并建设成具有怒江地方特色的数字资源，来为广大读者提供全国文化信息资源网络的信息资源，实现当地文化信息资源的共管、共建、共享。

一、基本情况

支中心及基层服务点全面建成。我州辖有4个县、29个乡镇。根据省文化信息资源共享工程“十二五”规划的部署，现已有4个县级支中心、29个乡镇基层服务点全已建成，实现了文化共享工程城乡网络的全覆盖。因地方财政拮据，我州支中心建设经费全靠上级补助为主。

我州属于边疆民族地区，加之多种客观所至，地方特色资源建设正处于初期阶段，我州支中心会聚全馆同仁的智慧及力量，迎难而上，利用现有的数字化设备，加工制作特色数字文化资源，来供广大读者在图书馆的电子阅览室共享。

三、管理和队伍建设

1、以加强人员培训，来提升队伍综合素质。我州支中心十分重视文化共享工程人员培训工作，对县级支中心及乡镇文化站的主要管理者和技术人员进行了定期地集中培训和现场学习。技术人员通过学习培训，了解了设备的功能，掌握了技术支持和资源分发的技能，有效地推进了县级支中心和基层服务点的建设，为顺利完成工程建设任务奠定了技术基础和人才保障。

2、工程管理规范化和制度化。加强组织领导，实施“分级指导、上下联动、各自开展服务、资源共建共享”的工作机制，有力地推动了工程建设的进度。制定规章制度，并按制度行事。

四、惠民服务

文化信息资源共享工程建设以来，我州级支中心一贯坚持“一切为了社会群众，为了社会群众的一切”的服务宗旨，开展了内容丰富的服务活动，每逢节假日，我馆利用资源设备为农民工和基层社会群众进行零距离的服务，并且，树立“阵地服务和流动服务相结合，日常活动和节庆活动相结合”的服务理念，来开展了形式多样的文化惠民服务，实现了“文化育民、文化乐民、文化富民”的资源共享，也得到了社会公众的好评。例如：每逢节假日或周末定期或不定期地举行全免费电影晚会（从网上下载后转放）等一系列活动，并且都选在农民工比较集中之地。把优秀、健康、向上的数字文化资源传送到基层群众及最需要的人群当中去。

五、工作展望

1、加大工作力度，增强推进文化共享工程建设的责任感和紧迫感，争取得到当地党委政府领导的重视。2、提出合理化建议，用好年度项目资金，确保按时、高质量地完成任务。3、进一步地做好资源建设工作，提高资源建设的针对性和质量。树立“建而为藏，藏为所用”的建设理念。4、努力做好公共电子阅览室的建设工作，结合两馆一站的免费开放，继续推进公共电子阅览室的全免费开放。5、更进一步地延伸服务范围，提高服务质量。6、进一步地完成共享机制，加强与农村党员干部现代远程教育与农村成人远程教育工程的合作。7、加强业务人员培训，来提高队伍的业务能力和综合素质。8、加强组织策划，改善基层服务，来进一步地提高文化共享工程的管理水平。总之，文化共享工程是一项重要的公共文化基础工程。抓好文化共享工程的实施，推动工程建设是时代赋予我们的光荣使命，让我们迎难而上、知难而进，以“科学发展观”为行动指南；以“党的十八大精神”来武装头脑；用智慧和辛勤汗水成就事业，为加快推进建设文化强省做出应有的贡献。

（撰文/怒江傈僳族自治州支中心）

泸水县支中心

泸水县总面积3203.04平方公里。辖6镇3乡，71个村民委员会，4个社区委员会，总人口16万，有傈僳、汉、白、彝，景颇族等21个民族，少数民族人口13.3万，占总人口的86%。

一、基本情况

全国文化信息资源共享工程建设始于2002年，泸水县共享工程建设始于2006年8月。2011年12月已完成了1个县级支中心，9个乡镇基层服务点和30个行政村的共享工程设备配置，县和乡镇覆盖率达到100%，村级服务点覆盖40%。

二、网点建设

2006年8月，在云南省图书馆的支持下，配发了一台服务器，3台电脑，泸水县购买4台联系电脑，在县图书馆建立了怒江州第一个文化信息资源共享工程电子阅览室。采用接入2兆的互联网和卫星接收。2009年5月，在上江乡、老窝乡、古登乡、鲁掌镇、片马镇建立了配有6台电脑的5个基层网点，5个基层网点都接入2兆的互联网。2010年8月，完成了配有25台电脑的泸水县支中心的建设，接入30兆的光纤；完成了大兴地乡、称杆乡、洛本卓乡3个基层网点的建设，接入2兆的互联网。2011年10月，完成了泸水县最后一个六库镇基层网点的建设，接入6兆的互联网。同时，完成了30个村级基层网点的建设。

2010年5月25日，建成了“怒江州农文网培学校泸水县总校”，在9个乡镇和30个村基层服务站点建立了“农文网培学校”，并投入使用，开展培训、公共电子阅览室的开放等工作。

截止到2012年12月10日，泸水县共50名文化共享工程工作人员，初步形成国家-省-州-县-乡镇-村的六级文化共享服务网络。

三、经费投入

文化共享工程在泸水县实施以来，国家以及省为泸水县支中心投入了55万元的设备经费，为9个乡镇投入了45万元的设备经费，为30个村投入了15万元的设备经费。泸水县人民政府投入房子装修及公共电子阅览室电脑桌椅经费29.61万元；泸水县文体广电局为9个乡镇文化站电脑桌椅经费3.15万元；乡镇政府投入房子装修经费10.73万元。

四、资源建设

该支中心采用全国文化信息资源共享工程国家中心链接和全国文化信息资源共享工程云南省中心链接。资源主要有：全国文化信息资源共享工程：文化新闻、名家讲座、农贸行情、农业种植、农业养殖、进城务工、医疗卫生、农村政策、纪念抗日、长征史诗、综合知识、影视剧场、综艺汇演、话剧、地方戏、歌剧舞剧、音乐会、相声、小品、杂技、小戏、少年文化、中国电影、中国漫画、中国园林、古琴、电子书籍、电子期刊、新书资讯、文化繁花、书海精藏、文化广角、文博精华、共享工作园地。

全国文化信息资源共享工程云南省中心：分多媒体资源库、公告栏、青铜器、少数民族专题连接、云南重彩画、云南版画、培训专栏、禁毒防艾、云南花卉、农业信息、云南旅游、云南普洱茶、馆庆专栏等栏目。

五、技术支持

泸水县支中心由国家和云南省分中心技术支持，利用现代信息技术，依托图书馆、文化站等公共文化设施，通过互联网、卫星网、广播电视网、无线通信网等新型传播载体，将大量的储备网络资源传递给广大农民，在全县范围内实现中华优秀文化资源的共建共享。

六、惠民服务

泸水县建立共享工程公共电子阅览室以来，坚持“面向基层、服务民生”，文化共享工程全方位提供文化惠民服务，切实为基层群众文化活动提供平台。

积极开展阵地活动。支中心结合实际，合理安排电子阅览室开放时间，坚持每周开放56个小时，最大限度地为当地的广大群众服务。从2010年8月份开放至今，共接待信息浏览、上机学习人员17210人次。在搞好阵地服务的同时，还根据群众的需要，充分利用文化共享工程网上资源，深入基层分别为学生和群众播放文化娱乐节目，科技、农业和教育知识讲座等8场次，观众达6300人次，在泸水县电视台播放国家中心下发的文化资源助春耕、永恒的丰碑、学习雷锋好榜样等资源16次。

9个乡镇基层服务点充分利用文化共享工程设备，为当地政府部门和群众提供文化信息资源服务。实行公共电子阅览室平均每天开放8小时，为当地读者提供在线阅读和上网查询服务等。近实施3年来，全县基层站点电子阅览室提供在线阅读和上网查询服务51810人次。各基层站点还利用投影仪、移动播放器等设备开展送文化信息资源下乡，为农民群众播放种植、养殖、病害防治等农业科学技术知识信息。及时地把群众需要的农业技术、文化娱乐、科学知识等资源送给群众，既活跃了群众的文化生活，又能使群众从网上获取致富信息，发家致富，群众高兴地说政府真正为群众办了一件大实事、大好事。据统计，9个乡镇基层服务点共开展培训83场次，参加人数达4.01万人次。

七、宣传推广

为进一步推广利用文化共享工程，充分发挥文化共享工程的传输渠道和资源优势，提高广大市民的知晓率和利用率，泸水县支中心在电视台专门安排了文化信息资源共享工程的专题栏目，开展免费发放宣传资料、接受市民咨询，文化共享工程资源播放等，吸引了广大市民和读者参与。据统计，开展宣传活动共5场次，文化共享工程进农村、进学校播放资源70场次。

八、培训工作

为了提高各基层中心、基层网点的技术服务水平和管理水平，确保各基层网点能够优质、高效地工作，泸水县支中心专业人员参加网络培训16次，112人次；参加云南省分中心组织的业务培训班5次，14人次；参加州支中心组织的培训2次，4人次；县级支中心组织负责乡（镇）、村（社区）基层网点专业人员的培训4次，57人次。培训内容包括：共享工程简介、共享工程设备使用培训、共享工程服务的培训、共享工程资源的使用培训、各类电子资源的使用培训等。

九、管理和队伍建设

1、泸水县支中心人员情况

泸水县支中心现有人员2人，其中：男1人，女1人；大学文化程度1人，大专文化程度1人，助理馆员1人，初级工1人；年龄均在 35岁以下。

2、乡镇基层站点人员情况

泸水县乡镇基层站点共有服务人员19名，其中：：男9人，女10人；大学文化程度1人，大专文化程度13人，中专5人；助理馆员17人，高级工2人；25-35岁的有7人，36-45岁的有9人，46-55岁的有4人。

3、村基层服务点人员情况

泸水县村基层服务点人员共有服务人员60名，其中：男56人，女4人；大专文化程度7人，中专39人，高中文化程度14人；25-35岁的有29人，36-45岁的有31人。

文化信息资源共享工程农民素质教育网络培训学校名誉校长9人；校长9人，教员50名。

十、工作展望

文化共享工程在泸水县实施以来，很多优秀文化得到传播。今后泸水县支中心以数字资源建设为核心，以基层服务网点建设为重点，以共建共享为基本途径，制定支中心和基层服务网点的规章制度、加强对基层管理和技术人员的培训、建立绩效考评体系、加大宣传力度、保证对外开放时间、做好群众的服务工作，为建设资源丰富、技术先进、服务便捷、覆盖城乡的数字文化服务体系；建设社会主义和谐文化而努力奋斗。

（撰文/泸水县支中心）

福贡县支中心

福贡县全县辖6乡1镇，57个村委会，辖区内居住着傈僳族、白族、纳西族、汉族、独龙族、怒族6个民族。我县少数民族众多，文化资源十分丰富，不同民族独特的民俗形成了独具特色的民族文化。

一、基本情况

福贡县文化信息资源共享工程在国家支中心的大力扶持和县委县政府的高度重视下于2009年4月正式启动并投资建设，截止目前相继建成了一个县级支中心七个乡级基层网络服务点和一个农民素质网络培训总校及七个分校，分别设在乡镇文化站，同时把上帕镇腊竹底村拟定为文化共享工程示范点重点来建设。

福贡县图书馆联网点为六乡一镇，自实施文化共享工程以来，我县始终把它作为一项重点来抓，认真做好配套设施和场地建设，按时完成设备安装调试场地面积基本符合要求，初步形成了以县级支中心为中心向匹河乡、子里甲乡、架科底、鹿马登乡、马吉乡、石月亮乡、上帕镇7个乡级基层服务点延伸的网络构架。

对辖区内的马吉乡、鹿马登乡、子里甲乡、匹河乡、架科底乡、石月亮乡、上帕镇文化站基层服务点完成了设备配发、安装、调试与管理人员技能培训工作，接入了2MB互联网，每个乡镇配备了七台电脑，电脑桌椅各六套，价格22400.00元，加快了信息资源共享对外开放服务工作的积极开展。

二、管理和队伍建设

文化信息资源共享工程是政府主导的一项惠民工程，为有效利用好这一公共资源，我县按科学发展观的要求，以“文化乐民”、“文化育民”、“文化富民”为服务宗旨，以文化产业带动旅游业 发展打造特色文化旅游产品。“整合资源、发挥优势、共建共享”、统一规划，因地制宜发挥自我的优势与特色。

加强组织领导，建立健全制度，完善运行机制，加大宣传力度，突出公益性服务、主题特色，较好地实现了文化信息资源共享工程服务基层、服务三农的工作目标。县委县人民政府高度重视“文化信息资源共享工程”建设，专门成立了以局党组书记局长为组长，分管文化的副局长为副组长，相关职能部门为成员，领导小组办公室下设福贡县图书馆，由图书馆馆长负责日常具体工作的落实。负责文化信息资源共享工程建设、农文网培学校组织领导以及村基层服务点建设工作，并负责指导各项工作的运转。

为发挥文化信息共享工程的职能作用，保障基层服务点的正常运行和服务开展，保证服务到位，福贡县是西部较为贫困的一个小县，文化、科技、经济都相对落后，缺乏人才尤其是计算机、网络方面的人才，针对这一现状，我县支中心非常重注对人才的培养，多次委派骨干到内地发达地区考察学习，与此同时邀请计算机专业技术人员对基层网点的管理员进行计算机、网络等方面的知识培训，不断提高他们的业务水平和服务质量。提高设备的利用率，不让设备无故闲置，通过各种形式的培训让群众了解工程的资源内容，熟悉设备使用方法，不断提高基层群众对文化共享工程的利用率，进一步发挥工程的社会效益。最大限度发挥好共享工程服务“三农”的作用。

三、经费投入

按照国务院，文化部关于大力推进全国文化信息资源共享工程工程建设的指示精神，加强基层文化设施建设，促进基层文化的发展保障其中文化信息的需求。福贡县文化信息共享工程支中心在县委县政府的高度重视和大力支持下根据“文化信息资源共享工程”建设要求，在财政基础比较薄弱的情况下，我局把文化信息资源共享工程作为惠民工程，按照省文化厅规定的标准要求，2009年5月19日完成了福贡县支中心的布线工作，同时完成了设备的安装与调试工作，并对县图书馆全体工作人员以及7个乡镇相关工作人员进行了文化信息资源共享工程互联网的操作技术培训。在没有独立建馆，办工用房紧缺的情况下，县文化局为支中心调整出70m²的电子阅览室和面积14m²的中控开室，改造供电线路，添加了20套电脑桌椅，接入10兆互联网（外网），网络费用每年2万元，完成基础性工作。

四、积极开展惠民服务工作

文化信息共享工程在福贡县建设实施仅仅只有短暂的三年，但却为我县的经济发展，社会稳定做出了不可磨灭的贡献，提高了我县公共文化服务的　能。通过网络功能获取信息，提升农民群众的市场竞争能力，使文化共享工程成为名符其实的惠民工程，为进一步丰富人民群众业余文化生活，开展丰富多彩的服务，不断满足人民群众的文化需求。

福贡县支中心根据群众不同文化需求，拓展服务的空间，让共享工程资源和服务走进校园、走进社区、走

进农村，充分利用移动播放器和光盘资源，积极开展文化共享工程助春耕、电影进学校、进社区等惠民活动。认真开展科普宣传、农技培训和文艺演出等形式多样的活动，提供农民群众所需的各类知识信息，切实帮助他们提高思想道德、科学文化素质和致富能力；使广大群众深刻认识文化共享工程的重要性，基层群众业余生活更加丰富了。

以前，由于缺少文化生活平台，信息资源缺乏，农村群众文化娱乐活动不多，形式单调。服务模式单一，无法满足群众对文化的需求，共享工程建成投入使用以后，广大基层群众利用共享工程平台，充分享受丰富的文化信息资源，通过乡基层服务点组织村民集体收看文艺节目、涉农知识讲座，通过开放电子阅览室让群众自已学会上网看电影、看书、聊天、玩游戏，极大地丰富了基层群众的业余文化生活。实施共享工程以后，广大群众对外界市场信息了解的内容更多，收集可靠的信息渠道更加便捷。发展种植、养殖业等方面的信息不在局限于本地市场，能在第一时间及时收集到各地广泛的市场信息，为他们更好地调整种养结构和销售农产品提供了很好的参考。从而获得实惠。

根据2012年“春雨工程”——全国文化自愿者边疆行活动方案，本馆积极响应参与了文化部、中央文明办统一组织实施的“春雨工程”——全国文化自愿者边疆行活动。充分发挥了全国文化信息资源共享工程惠民服务的优势，推进了我县边疆民族地区公共文化服务体系建设，保障了提升边疆群众文化权益，促进了文化共享工程在边疆地区的发展活动期间，展出的三十块展板，提高了群众对文化共享工程、“春雨工程”的认知度。深受群众的欢迎。增长了知识，充分认识实施文化信息共享工程的重要性，切实发挥了共享工程的社会职能作用，使电子阅览室成为群众文化娱乐的主要场所和精神文明建设的基地，为社会稳定和谐发展奠定基础，缩小了城乡文化的差距，满足广大群众的基本文化需求，推进社会主义新农村建设。

五、培训工作

在县局的关心下我馆于2012年7月16日至7月20日举办了“农文网培”基层网点管理员培训班，全县六乡一镇文化站工作人员和57个村委会的管理员共71人参加了培训。通过培训管理员掌握了计算机使用管理的具体业务流程，进一步了解了建设文化信息资源共享工程的重要性，提高了管理员的业务素质和管理能力，提升管理员自身的专业自身和综合服务的水平，增长了知识，提高了管理好使用好共享工程设备的信心；培养他们的使命感，切实发挥好共享工程的社会职能作用，使共享工程真正成为“文化惠民工程”，“民心工程”保障共享工程的有效实施，并让精神文明占领农村这一片广阔的重要阵地。使共享工程和农文网校成为村民的文化娱乐的主要场所和精神文明建设的基地。

六、工作展望

文化共享工程极大地丰富了基层群众的文化生活，有效地推动了我县的经济发展，提高了人民的生活水平，真正意义上实现了“文化乐民”、“文化育民”、“文化富民”的目标，取得了阶段性的成果。

但也存在着一些不足，专业人员文化水平较低，缺乏计算机和网络专业技术人员，由于缺乏专业知识，到目前还没有建立自己数据库，单纯的只会利用别人的资源，只会共享而不会共建，不能有效地对当地的民族文化进行数字化加工处理与整合，使当地的丰富的文化资源得不到有效传播，一定程度上制约文化共享工程的发展。我们将在今后的工作中不断总结经验，开拓创新，改进工作方法，端正工作态度，争取各方面都取得更大的成绩。

（撰文/福贡县支中心）

贡山独龙族怒族自治县支中心

一、基本情况

贡山县全国文化信息资源共享工程县级支中心建设于2008年，是怒江州第一个建成的共享工程县级支中心。2009年我县四乡一镇以及26个行政村共享工程基层服务网点顺利建成，至此我县共享工程建设项目实现了县、乡、村全覆盖。

共享工程贡山县支中心设在县图书馆，具体负责协调各乡镇基层服务网点设备的维修，指导各乡镇共享工程活动的开展和对基层服务网点的管理人员进行业务指导和培训。

二、管理和队伍建设

我县支中心建成后，为更好的开展好对外服务工作，制定各类规章制度，如制定了读者须知、管理人员工作制度，未成年人上网制度等，实行制定上墙公开。我县支中心现有工作人员2人，对外服务时间为周一到周日全周开放，每周开放时间为61.5小时。对未成年人开放时间为暑假和寒假两个假期，其余时间一律不开放。并且每位未成年人上网时间规定为每天两小时。

三、对外服务工作开展情况

1、我县共享工程支中心组织三乡一镇文化站农民

利用少先队队活动时间组织学生进行上网活动

素质网络培训学校开展了面向农村群众的培训活动。根据我县各乡镇自身的资源优势和不同的需求，我县支中心从当地实际出发，开展了一系列的惠民服务活动。

2、走进校园为青少年开展一系列文化服务活动

我县支中心对青少年开放的时间为寒假、暑假两个假期。为了使青少年读者真正的了解共享工程这项惠民工程带来的实惠。我县支中心工作人员积极与学校领导联系，组织开展走进图书馆、走进校园一系列活动。

（撰文/贡山县支中心）

兰坪白族普米族自治县支中心

一、基本情况

兰坪白族普米族自治县位于云南省西北部，全县总人口21万，居住着白族、普米族、傈僳族、怒族、彝族等14个少数民族，所辖8个乡镇。兰坪地处“三江并流”世界自然遗产保护区腹地，境内矿产、旅游和文化资源极为丰富。兰坪县图书馆馆舍建筑总面积1544.66平方米，图书总藏量为60299册，现有职工11人，其中大专以上学历9人，副研究馆员1人，馆员6人。

二、建设情况

1、前期准备工作。我县文化局接省文化厅云文社［2008］42号《云南省文化厅关于2008年文化共享工程县级支中心和乡镇基层站点建设的通知》文件精神后，我县的主管文化副县长、文化局长和图书馆馆长于2009年1月参加了在楚雄召开的全省文化信息资源共享工程建设会议，会上我县副县长签订了共享工程建设协议。我县文化局根据文化厅文社［2008］42号文件精神要求，开始积极筹备共享工程建设的各项前期工作。

2、加强组织领导，确保工程顺利实施。为了加强对共享工程建设的领导，我县根据省中心的要求，成立了兰坪县文化信息资源共享工程实施领导小组，组织由县人民政府副县长担任，副组长由文化局（现为文体广电旅游局）长担任。而乡(镇)站点的建设则由主管文化的副乡(镇)长亲自领导。领导小组根据兰坪的实际情况，详细制定了共享工程建设方案，确保了工程的顺利实施。

3、加强人员培训，提高操作技能。2009年1月至今，我们先后派了5批10人次参加文化共享工程省中心举办的共享工程业务培训班、馆长业务培训班，在培训过程中我们都非常努力学习，其中两人获得结业证书。通过培训学习，回到岗位，我们深感肩负的责任和自身电脑网络知识的欠缺，就抓紧对电脑网络知识操作技能的学习。在工作过程边摸索边实践，并随时参加省中心举办的网络培训。现已基本掌握文化了共享工程各个工作程序基本的操作技能，已能够正常的对外开展服务。但是离共享工程建设要求的差距还很大，需要不断的培训学习和提高。

心现有提供读者使用终端机62台，县支中心20台，州、县支中心全部免费对外开放，设备运行良好。

二、网点建设及经费投入

迪庆州支中心于2010年建设，自筹建设经费20万元，接入宽带60兆。香格里拉县支中心于2008年建设，香格里拉县财政补贴建设经费10万元，接入宽带10兆。

香格里拉县11个乡镇网点建设于2011年全部完成，建设经费由各乡镇财政进行补贴；到2012年4月建成村（居）委会服务点29个，建设经费由村（居）委会自行筹措。州、县、乡镇、村（居）委会四级网点已全部免费对外开放。

三、人员和队伍建设

迪庆州支中心主任由州图书馆馆长兼任，迪庆州和香格里拉县支中心有工作人员2人，担负对德钦、维西两县支中心业务指导，同时承担香格里拉县各乡镇、村（居）委会服务工作和对各服务网点进业务指导。

目前各乡镇服务网点有工作人员1至2人，由乡镇文化干事担任（大多为兼职），村（居）委会服务网点由村（居）委会主任或副主任负责对外开展服务工作。从州支中心到乡镇服务网点工作人员专业技术不强，遇到技术问题一般不能自行解决，大多聘请电脑公司技术人员帮助解决。

为进一步帮助三县支中心和各级服务网点解决技术难题，提升服务能力，2012年7月迪庆州支中心从省分中心聘请老师，举办共享工程培训班，对全州各县支中心、乡镇文化站、农文化网培学校负责人和工作人员进行了培训。

四、资源建设

利用共享工程平台，下载优秀影视、讲座、农业科技资料，向广大未成年人及农民朋友提供服务，同时加工刻录成光盘配送到各级服务点。由于缺乏人才本地资源没有加工上传。

五、技术支持

完成所有乡镇农文网培学校设备的督促、安装和验收工作，出现技术问题积极协助进行故障排查，无法解决的技术故障及时聘请电脑公司或联系省分中心帮助处理；统一配发全州所有乡镇农文网培学校的适用教材：操作手册、服务手册、全国文化信息资源共享工程资料汇编、农民素质教育网络培训学校基础培训教材、文化部公布的三批适合未成年人的网络游戏产品各33份。

六、合作共建

与迪庆州委信息技术管理中心及迪庆州统计局合作，开展无纸化办公和政府统计企业一套表试点培训，共培训52期，培训人次达到2680人次。

七、惠民工程

尼西乡汤满村汤堆黑土陶制品历史悠久，从挖掘石棺墓中就有黑陶制品，且已经有黑陶制品的生产工艺，并一直在民间流传至今。汤满村汤堆片区特有的土质成为尼西生产土陶的唯一基地，这里的陶器制作有两个显著特点：

一是没有转轮，用手捏制；

二是不用烧窑，直接在地面烧成，这两个特点大大降低了生产投入成本，黑陶制品和木制工艺品规格各式各样，种类繁多。尼西乡建立农文网培学校以来，牢牢抓住实施“千名干部入村入户促小康”和“科技下乡”培训的有利契机，聘请县农科所老师开展黑陶制作讲座，科技示范户现身说法等多种措施，为农民送科学、讲技

4、克服重重困难，稳步推进工程建设。在文化共享工程县级支中心的建设过程中，我们积极向县里争取，多方筹措资金，最后在县财政相当困难的情况下，咬紧牙关，支持了我们文化共享工程建设资金8.5万元，解决了电子阅览室和中心机房装修，配备好电脑桌椅等设备。并接入10MB的光纤。经过多方的努力，我们终于按照省中心的要求建设完成了共享工程兰坪县中心的各项服务设施。

5、完善管理制度，有效服务群众。为了更好的发挥共享工程县级中心的服务职能，我们分别制定了县中心《电子阅览室的管理规章制度》、《电子阅览室工作人员管理制度》等规章制度，为共享工程有效的运行提供保障。县级支中心电子阅览室于2009年7月正式开始对外开放服务，每天的开放时间是中午12点到下午的17点30分。目前我们县级支中心的电子阅览室每天接待上网读者30至60人，上网人员中青少年读者较多，占80%以上，让青少年真正享用到健康绿色的上网环境。

三、乡镇农文网培学校建设

兰坪县所辖8个乡镇，107个村（社区）。2009年，我县的通甸镇和兔峨乡文化共享工程农民素质教育网络培训学校也相继建成。2010年金顶镇、河西乡、中排乡、石登乡、营盘镇、啦井镇等6个乡镇也建成了“农文网培学校”，并相继对外开放服务。全县8个乡镇都按省中心的要求，每个乡镇投入2至5万多元的建设资金，装修了电子阅览室配置了电脑桌椅，配置了课桌椅等设备，每个乡镇的网络接入都在2兆以上。2011年10月开始又相继建成了高坪、下甸、共兴等27个村级“农文网培分校”。到2012年底共建成1个文化信息资源共享工程县级支中心，8个“农文网培学校”，27个“农文网培分校”。

四、工作展望

1、进一步加强组织领导，提供强有力的保障机制。

2、积极寻求技术支持，使设备正常运转。

3、努力提供人员素质，服务好人民群众。

4、我们的工作人员一定要加强学习，熟悉业务，开拓创新，整合兰坪民族文化资源，使中心真正发挥宣传、弘扬兰坪民族文化又服务大众的目标。

（撰文/兰坪县支中心）

迪庆藏族自治州支中心

一、整体情况

迪庆州辖香格里拉、德钦、维西三个县，德钦、维西两县有县级图书馆，迪庆州图书馆由州和香格里拉县两级政府合办，实行“一套人马两块牌子”，分别挂州、县两块牌子，文化信息资源共享工程迪庆州支中心、香格里拉县支中心分别设在迪庆州图书馆，电子阅览室使用面积分别为80m²，州、县中心有独立机房和服务器，州支中

术。尼西乡农文网培学校提供部分讲座资料、音响、投影仪、布幕等，共同完成了2期50人的培训。

现在，黑陶制品已由原来的土锅、土罐、土火盆等增加到烟灰缸、花瓶、酒杯等80多个种类；木制工艺品已由原来的木碗、糌粑盒等增加到酒具、围棋盒、藏式折叠桌、珠宝盒等20余种，而且工艺越来越精。产品除了满足本地区外，少部份还远销到西藏、四川甘孜等藏区。

八、宣传推广

利用4•23世界读书日、图书馆服务宣传周、迪庆州图书馆“读书杯”作文竞赛活动、雷锋宣传月影视展播等平台，组织学生开展读书活动、举办作文竞赛、征集雷锋宣传月活动作品，通过单位宣传栏、州县电视台、迪庆报社等媒体将活动情况、图书馆免费开放等进行多期宣传报道。为提高青少年的读书兴趣，提升其阅读能力，避免青少年沉迷于网络游戏中，办理“青少年免费上网证”和“书刊阅读、上网联动卡”，合理分配青少年读书和上网时间。

九、管理

根据州中心管理、服务等内容，结合3县支中心及各乡镇服务站点的实际情况，制定相应的岗位职责、工作人员管理制度、上网管理制度分发到各网点，并要求各网点严格按规章制度执行。特别是免费开放经费的管理和应用严格按制度执行，并做到专款专用。

十、荣誉奖证

2011年9月，参加云南省文化信息资源共享工程知识与技能竞赛，荣获团体精神文明奖。

十一、工作展望

文化信息资源共享工程作为图书馆新兴的、重要的亮点业务，在现有的基础上按国家要求配备专业的技术人才，相信拥有这么好的设备、人才队伍，共享工程一定能在小康社会、和谐社会建设的进程中发挥积极作用，真正体现惠民、利民、便民工程的实际价值。

（撰文/张庆尧）

德钦县支中心

一、整体情况

德钦县位于云南省西北部，横断山脉中段，滇、川、

藏三省（区）交界处，地处世界自然遗产"三江并流"腹心地，是云南通往西藏的北大门和滇藏茶马古道的咽喉重镇，与甘孜州巴塘县并称为藏东地区物资集散和战略通道的桥头堡。全县国土面积7273平方公里，辖6乡2镇，42个村委会，466个村民小组，总人口6.4万人，境内多民族共荣、多宗教并存，有藏族、傈僳族、纳西族等13种民族，有藏传佛教、基督教、伊斯兰教、天主教等多种教派。全县平均海拔4290米，是云南省海拔最高的县，素有"云岭之巅"的称谓。特殊的地理位置、战略区位，积淀了深厚的民族文化，使德钦成为东部藏区与内地经济文化交流的前沿阵地，成为全省乃至全国保护民族文化的重点区域。

德钦县图书馆始建于1983年5月，新馆舍于1999年12月建成，文化信息资源共享工程德钦县支中心设在德钦县图书馆，电子阅览室面积80㎡。县支中心有独立机房和服务器，现有提供读者使用终端机22台，县支中心全部免费对外开放，设备运行良好。

二、网点建设及经费投入

德钦县支中心于2008年建成，投入建设经费5万元，接入宽带10兆。全县六乡两镇网点及农民素质教育网络培训学校于2012年全部完成，建设经费由各乡镇财政进行补贴；县、乡镇网点已全部免费对外开放，实现了乡、镇文化信息资源共享工程全面覆盖。

三、人员和队伍建设

德钦县支中心有兼职工作人员2人，担负对县支中心和乡镇网点的业务指导。目前各乡镇服务网点有工作人员1至2人，由乡镇文化干事担任（大多为兼职）。县支中心及乡镇服务网点均聘请电脑公司一名人员负责共享工程电脑、网络维护工作。

四、资源建设

电子阅览室目前利用共享工程平台，下载优秀影视、讲座、农业科技资料，向广大未成年人及农民朋友提供服务，同时加工刻录成光盘配送到各级服务点。文化信息资源实现了从以往藏书较少、难以满足广大群众的精神文化生活需求向通过共享工程网络体系，实现优秀文化信息资源在全国范围内共建共享的转变。通过建立文化资源信息共享网络体系，进一步开阔了广大人民群众和青少年的视野和思路，丰富了广大青少年的文化生活，提高了广大群众的素质，逐步建立了覆盖城乡的服务网络，实现了"安装要保证质量，管护要保证安全，使用要保证效果"的工作目标。由于技术人员的缺乏本地资源没有加工上传。

宣传推广

五、技术支持

各乡镇的设备到我县支中心以后，我支中心及时和配发公司联系确保设备的无遗漏。县支中心专门派一名职工到各站所，完成所有乡镇农民素质教育网络培训学校设备的下发、安装和验收工作，出现技术问题积极协助进行故障排查，无法解决的技术故障及时聘请电脑公司或联系省分中心帮助处理；统一配发全国文化信息资源共享工程资料汇编、农民素质教育网络培训学校基础培训教材。

六、合作共建

与县教育局及相关部门和群众团体合作，积极开展乡村干部"双语"培训和青少年绘画、英语、藏文培训、电脑基础培训活动，共有2500多人参加培训；积极和德钦中学联系做好初高中学生网上报名等工作，共接待报名学生1380人次。

七、惠民工程

紧紧围绕国家社会生活的重大主题开展惠民服务，把文化信息资源共享工程的开展与加强农村基层组织建设，与农民群众致富需求，与加大农村产业结构调整力度，与农民群众的日常生活和文体娱乐活动的开展，利用共享工程平台，下载优秀影视、讲座、农业科技资料，同时加工刻录成光盘配送到各级服务点，积极开展共享工程进农村、进社区、进企业、进校园、进军营活动，传播先进文化，服务民生热点；以保障人民群众基本文化权益为宗旨，以未成年人、老年人、进城务工人员等群体为重点服务对象，积极推进免费开放和面向未成年人、进城务工人员及广大社会公众的服务；针对农民、社区居民对现代科技信息和文化需求的日益增长，在送数字资源到农村进社区的同时，根据农村社区需求，大力开展送流动图书到基层活动，在基层建立了流动图书服务点，累计超过3.2万人次享受到了文化共享工程服务，农村基层党组织的凝聚力、感召力得到明显增强，文化信息资源共享工程在服务群众、服务基层中找到了活学活用的平台。

八、宣传推广

一是利用上街宣传、文化下乡、外阅点送书等活动进行现场宣传，向社会各届介绍文化信息资源共享工程，引导群众深入了解和充分利用文化信息资源共享工程；时刻注意将资源共享工程与当前工作重点有机的结合，积极联系报社、电视台、新闻网等媒体，介绍和宣传共享工程，报道县、乡文化部门开展共享工程取得的成效、经验，形成了社会各届鼎力支持、全民共同参与的良好社会氛围。二是利用4•23世界读书日、图书馆服务宣传周等平台，组织广大读者开展读书活动，通过州县电视台等新闻媒体将活动情况、图书馆免费开放、培训情况等进行多期宣传报道。三是为提高青少年的读书兴趣，提升其阅读能力，避免青少年沉迷于网络游戏中，办理"青少年免费上网证"和"书刊阅览证"，合理分配青少年读书和上网时间，正确引导广大读者培养读书兴趣，积极倡导多读书、读好书的文明风尚，营造全民读书、终身学习和"读书好，好读书，读好书"的良好社会氛围，提高全民文化素养，加强未成年人思想道德建设，促进学习型社会和和谐社会建设。

九、培训工作

为切实提高共享工程的服务水平，自2008年以来积极参加全国文化信息资源共享工程云南分中心和迪庆州支中心组织的各类培训活动，多次组织县图书馆、乡镇文化站负责人和负责共享工程的工作人员到临沧、陇川、泸西等地及全国文化信息资源共享工程云南分中心网站远程业务培训；由县支中心组织聘请专业人员对乡镇文化站职工进行共享工程培训，做到了边学、边用、边整改、边建设，进一步提高了从业人员的业务水平和履职能力。

十、荣誉奖项

2011年9月，参加云南省文化信息资源共享工程知识与技能竞赛，州支中心组织我县支中心派一名职工参加荣获团体精神文明奖。

十一、工作展望

深入实施文化信息资源共享工程是培育文化产业和加快文化事业发展的重要举措。我们坚信，在省、州各级党委、政府的坚强领导，在上级文化部门的关心支持下，我们一定能够全面推进文化信息资源共享工程，把中华民族的优秀文化打造成为激发全县各族群众服务于中国特色社会主义现代化建设的力量源泉，进一步夯实党在民族地区的执政基础和执政地位，为维护云南藏区民族团结、宗教和顺、经济发展、社会稳定做出新的更大的贡献。

（撰文/德钦县支中心）

维西傈僳族自治县支中心

维西是全国唯一的傈僳族自治县，地处金沙江、澜沧江、怒江“三江并流”世界自然遗产标志性腹心地，是人间仙境“香格里拉”的重要组成部分。县城保和镇距省会昆明689公里。距迪庆州府香格里拉219公里。维西县内共有傈僳族、汉族、白族、纳西族、藏族、普米族、彝族、等二十余种少数民族。

一、基本情况

维西县文化共享工程于2008年启动，县支中心设在县图书馆，全县有十个乡镇基层服务点及十个农文网培学校。维西县支中心现有专职人员1人，主要从事日常管理及开展服务工作；其余十个乡镇基层网点分别是永春乡、塔城、攀天阁、白济汛、维登、中路、康普、保和镇、叶枝、巴迪等，每个乡镇基层网点均有1名专职管理人员。

二、资源建设

维西县支中心目前自建有300种共15000册的电子图书；内容包括：百家讲坛、少儿有声读物、古典文学卷、现代文学卷、外国文学卷、英文名著卷、社会科学卷、中外历史卷、艺术博览卷、生活百科卷、等电子读物极大地满足了不同层次、不同年龄人们健康向上的知识渴求。

三、宣传推广

为了让维西县人民群众认识了解“共享工程”。维西县支中心于工程建成初期走上街头、走进社区对行人发放资料、共计3000余份、宣传标语5幅宣传图片33张。通过开展活动，进一步加深了广大老百姓对共享工程的认。使人们了解到共享工程是一项惠民的文化创新工程。

四、培训工作

为进一步提高我县各乡镇基层服务点工作人员的业务素质和服务水平，提高及利用现有系统、设备设施及数字资源开展综合服务及对设备设施的维护能力，让广大人民群众更好地享受到文化共享工程服务。维西县支中心于2012年5月9–11日、9月7–9日在县支中心电子阅览室举办文化共享工程基层服务点工作人员为期两天的业务培训班。在培训活动中，县支中心专业人员向学员们介绍了“文化信息资源共享工程的发展概况”、“农民素质教育网络培训学校的建设”，讲授了基层服务点如何开展服务活动、文化信息共享工程平台使用及日常维护、基层服务规范、岗位职责、素质要求等。并聘请当地电脑老师讲解“设备的管理和维护”等方面的知识。学员们通过听讲、记笔记的方法掌握理论知识后，现场操作共享工程设备，基本掌握了相关使用技能，取得了良好的效果。

维西县支中心在开展好自身业务的同时协助其他部门搞好培训工作，分别在2010年三月初与“维西县劳动和社会资源保障局”培训企业职工“计算机基础知识”200余人次，四月中旬和共青团维西县团委培训“数字云青工程”60余人次。2012年九月初协助维西广电局“村村通”直播卫星设备维护服务技术培训60余人次。

2012年上半年维西县支中心全体工作人员协助全县各乡镇“农家书屋”23家，登记、上架图书3万多册，并且对其余的“农家书屋”的管理员做了系统培训。

五、工作展望

1、首先搞好自身的业务工作

1.1.加强对电子阅览室的宣传：

电子阅览室是图书馆近几年发展起来的新生事物，有些读者并不完全了解其服务功能，因此要加强宣传。

1.2.提高电子阅览室工作人员的素质

电子阅览室管理人员的素质直接关系到其功能实现的深度和水平。电子阅览室工作人员不但要具有爱岗敬业、勇于奉献的精神，更要有现代化管理的技能，这样才能有助于电子阅览室功能的实现。并经常对读者进行指导教育，不能只是依赖于读者义务管理员的帮助进行电子阅览室的管理，对读者在使用中出现不当的现象要加以制止，尤其是对读者私自拔取网线，自己随意将笔记本带入电子阅览室进行插拔电源的现象要严格禁止。

1.3.分层次、有计划地培训读者

为了提高读者网络检索的技能，电子阅览室工作人员可针对不同的读者群，有针对性地讲解一些检索知识和技能，以提高读者的网络检索能力。

2、拓宽服务领域，实现资源共享

县支中心要利用自有的丰富馆藏资源、合理调整藏书结构，拓展服务领域，把服务延伸到边远乡镇，把书

乡镇基层服务点一期培训班剪影

刊信息送给远离城区的读者，做到资源共享和互补。乡镇基层点要与县支中心联合，走管理人员资源共享的途径，县支中心派人协助基层进行业务辅导，使其掌握相关的业务技能。

我们要走出坐等读者上门的误区，将服务延伸到各乡镇，把适合乡镇经济和农业调整的书刊资料信息，送到乡镇基层服务点，并在一定时间内进行更换，以满足不同读者的阅读需求，而且要建立一定的管理措施，完善各项规章制度，用制度管人，做到奖惩分明，有章可循。要做到资源共享，工作人员不但要有爱岗敬业、乐于奉献的精神，更重要的是要具备图书馆专业知识和一定的现代高新技术知识，管理人员必须具备一定的综合素质，才能有效地做好资源共享工作。

（撰文/维西县支中心）

大理白族自治州支中心

全国文化信息资源共享工程2002年启动以来，大理图书馆根据大理州的实际情况，以构建完善的公共文化服务体系为主线，以保障人民群众基本文化权益，全面提高人民的素质为目标，以创新文化形式和内容为重点，努力推进文化信息资源共享工程建设。

一、整体情况

大理州文化共享工程建设在我州启动以来，大理州委、州政府对此项工作高度重视，在《中共中央办公厅国务院办公厅转发<文化部财政部关于进一步加强全国文化信息资源共享工程建设的意见>》（厅字〔2005〕5号）等文件下发后，大理州认真贯彻落实，州文化局制定《关于上报云南省文化信息共享工程大理州基层网点建设规划的报告》和《大理州文化信息资源共享工程建设“十一五”发展规划、实施意见》对我州文化信息资源共享工程的建设作了规划。成立了“大理州文化信息资源共享工程建设领导小组”，努力推进文化信息资源共享工程建设。大理州文化共享工程建设之初，基本上是以推广文化部主推的卫星小站模式为主，到2005年底，建成州县乡三级示范型卫星小站9家，设备配置是：卫星接收设备一套，2台服务器、投影仪和投影屏幕一套。

2006年开始新一轮“文化信息资源共享工程”的建设工作，宾川县列为全国文化信息资源共享工程试点县，村级（社区）站点从小康示范村和千村推进验收实施村中选定，共建设了46个基层站点。在宾川“文化信息资源共享工程”试点取得经验的基础上，2008年“文化信息资源共享工程”在我州全面推进。文化信息资源共享工程作为我州推进文化创新、完善公共文化服务体系、提高公益性文化服务水平、促进经济社会协调发展、构建社会主义和谐社会的重要抓手，统筹规划，加大投入，稳步前进。

2009年云南省文化厅将大理州图书馆列入云南省文化信息资源共享工程州级支中心建设项目，云南省文化厅与大理州文化局签订了《云南省文化信息资源共享工程2009年州（市）级支中心建设工作协议》。2011年7月，大理州文化信息资源共享工程州级支中心建成，有专兼职人员5名，有面积20平方米机房1间，20兆光纤专线接入，配备：卫星小站设备1套，机柜2个，服务器5台，防火墙、网康、核心交换机、存储等设备。面积20平方米的资源加工室1间，配有：摄像机1台、数码照相机2台、扫描仪2台、计算机4台。面积为200平方米的电子阅览室一间，配有：供读者阅览计算机50台，10张自助上网坐席，网络打印机1台、复印件1台。面积为50平方米的多媒体播放室1间，电视机1台，高清播放机2台，投影仪1套（含投影机、投影幕和音箱）。到2012年底，大理州已建成12个县（市）级支中心，1个州级支中心，129个乡镇基层站点，594个村级站点。

二、经费投入

大理州财政局为州支中心建设拨20万专款，每个建设文化信息资源共享工程按县（市）10万、乡级按5万专款支持我州文化信息资源共享工程建设。州级支中心每年10万元的“文化信息资源共享工程运行专项经费”列入大理州财政预算。

三、资源建设

资源建设是文化共享工程的核心。大理州支中心从起步之初就高度重视资源建设工作。联合我州高校图书馆、公共图书馆的力量，今年大理州图书馆与大理学院图书馆合作完成了资源量达50GB的《大理地方文献全

文数据库》。各县也在积极行动抓紧收集、整理、制作本地区的非物质文化遗产数据库工作。省中心推送、各支中心下载可用的数字资源建设总量达2TB；其中视频资源数量7000小时。

四、培训工作

大理州全国文化信息共享工程支中心，承担着我州全国文化信息共享工程的规划协调和培训工作，大理州州支中心主要真对各支中心和基层服务点的工作人员，必需具备基本计算机知识和能熟练的使用文化共享工程配发的设备这一点开展对工作人员培训工作。中心下载培训教材、编写了培训课件，对到基层图书馆工作人员进行轮训，每期轮训15天，轮训人员为县支中心专职人员和重点基层服务点的工作人员，至今已轮训了24名业务骨干。主要培训是：共享工程设备的使用、管理、维护，网图自动化管理系统的应用，数字资源的建设、传输、存储，服务工作的开展。2012年7月聘请省分中心的老师，集中全州各县支中心和基层服务站人员80多人，进行5天的业务期培训。通过文化共享工程网站下载的课程，组织文化共享工程各级分支中心、基层服务点工作人员，进行网络培训6次。各县支中心对乡镇、村基层服务站人员进行定期或不定期的分期培训，共开办18个培训班，全州文化共享工程工作人员已达到最少一次的培训。州支中心组队参加“云南省文化信息资源共享工程知识与技能竞赛”获三等奖。

五、惠民服务

大理州支中心发挥文化共享工程平台优势，充分利用共享工程的场地、设备、资源，积极组织开展了对广大群众各类培训工作，如村民技能培训、计算机网络知识、普法教育、禁毒防艾知识、专家讲座、影视欣赏等等，共享工程对外服务工作取得积极进展。主要做了以下几个方面的工作：

1、为深入贯彻落实省委、省政府《关于加强农村文化服务体系的意见》，州、县支中心今年认真抓好“农文网培学校”的建设和培训开展工作，全州建立农文网培学校129个。各农文网培学校开展“计算机网络知识”、“普法教育”、“禁毒防艾知识”、“妇女维权、计划生育”、“现代烟草农业”“经济林果栽培与营销”“农新产品经纪人”等培训。全州文化共享工程培训班数为921期，培训人数达5万多人次。

2、整合现有的数字电视、农家书屋、农村党员干部现代远程教育工程、农村中小学现代远程教育网，构建覆盖全州的乡镇农村文化信息素质教育网络，文化共享资源的利用率得到优化，基层群众得到实惠。

3、不定期的举行一些主题活动。开展网上学术报告会，农业实用技术讲座、读书心得演讲、艺术漫淡、科技讲座、影视作品展播、赏析、城镇生活小百科问答等服务。州支中心在电子阅览室开展对中老年读者的上网培训，通过培训发展了一批忠实的中老年网民。在多媒体室进行“中老年人健康知识视频讲座”，“爱国主义电影展播”，“周六网络电影赏析”，利用假期举办“少年网页设计培训班”，我中心的学员的作品，荣获2011年“全国文化共享工程少年网页设计竞赛”三等奖。

4、抓好阵地服务，在电子阅览室的服务中，有针对性的指导读者上网，做好导航服务。比如：失业人员，我们指导用网络查找招聘信息、寻医治病的我们指导好的专业网站使用户找到实用信息，各类考试的我们指导网络试题等等。解决他们的实际问题。开展对中老年上网培训，主动邀请社区的中老年人来电子阅览室体验，手把手教他们上网，使他们消除上网的困难，发展了一批稳定的中老年读者。加强对未成年人管理，与家长签了协议，免费发放“未成年人上网卡”。对未成年人限时、限内容上网，及时巡视，发现未成年人不良上网行为及时制止，并从技术上屏蔽不良网站，真正做到让家长放心的绿色电子阅览室。2011年一年全州文化共享工程服务42.1万人次（州支支中心2.4万人次、县中支心214.5万人次、乡镇站点25.1万人次）。

六、宣传推广

文化信息资源共享工程的实施为我州的文化建设的发展提供了机遇，是推动文化服务向基层延伸的有效手段。抓住“共享工程”建设的机遇，把宣传、实施“共享工程”和加强文化建设、拓展社会服务领域紧密结合起来，不断提升文化信息资源共享水平。

七、工作展望

大理州支中心在重视文化共享工程正常运行的同时反馈信息，更要注意收集服务效果，对文化共享工程利用过程进行跟踪控制和了解，为进一步采取相应的措施，提供了科学的依据，为提高服务质量奠定了基程，是广大人民群众“求知、求富、求乐”的重要渠道，其手段就是利用数字化技术，把大理州地方文献资料转化成数字化的共享资源，通过公共信息网络无偿传送到城乡基层，面向社会提供文化信息资源服务。实现全州建成规范化的支中心、基层站点，使之具备数字资源的存储能力、传输能力和服务能力。

（撰文/大理州支中心）

大理市支中心

大理市文化资源丰富，文化底蕴深厚，广场、社区群众文化活动十分活跃。2008年，我市文化信息资源共享工程支中心和11个乡镇基层服务点被列入建设任务。大理市于2009年4月开始实施了这项工程，自开展文化信息资源共享工程工作以来，我们按照上级文化信息共享工程的要求和部署，积极行动克服重重困难，在大理市政府、市文化局的正确领导和支持下，不断拓展共享工程的服务内涵和方式，积极开展各种活动，开创了基层文化工作的新局面。取得了明显的阶段性成果，使此项工作有步骤、有计划地有序推进，为下一步工作积累了经验。工作开展可分为两个方面：

一、建设情况

1、领导重视、科学规划、精心组织。

成立了工作领导组小组，负责全市文化信息资源共享工程建设的协调和落实。根据省、州安排的建设目标和任务，以及大理市文化信息资源共享工程建设实施方案，制定具体措施。大理市图书馆具体负责工程建设，办公室先后深入各个乡镇进行调研，确定了工程建设用房，提出了装修、环境整治、安全防范等方案，统一由市组织招投标，统一装修建设，完成了大理市支中心及11个乡镇服务网点设备安装前期的准备工作，积极配合省技术人员圆满完成安装、调试任务。标准统一，落实到位，保证了市支中心及11个乡镇服务网点按质按量按时完成建设任务。市人民政府每年安排专项经费25万，用于文化信息资源共享工程建设、管理和运行经费。2010年我市建成70个村级、社区基层服务点。

2、规范管理，确保运行。

为确保文化信息资源共享工程发挥其应有的作用，组织工作人员，到全国试点县宾川考察学习，借鉴外地经验结合我市实际，从制度建设入手，制订了《文化信息资源共享工程大理市支中心管理制度》、《电子阅览室管理制度》、《电子阅览室管理员职责》、《文化信息资源共享工程基层服务点管理制度》等一系列管理制度，提高了管理水平和服务能力，从而保证共享工程在我市的健康发展和稳步运行。

3、开展人员培训，提高队伍素质。

文化信息资源共享工程建设，设施设备是基础，人才是关键。为提高文化信息资源共享工程县支中心及各乡镇基层服务点管理人员的服务质量和操作技能，规范全市各乡镇信息资源共享工程建设工作，加强支中心及基层服务点的管理，切实发挥所配备的设备丰富人民群众文化生活的作用，我支中心每年都举办文化信息资源共享工程技术培训班，全市11个乡镇50多名基层中心的管理人员参加了培训。培训人员初步掌握了文化信息资源共享工程的使用管理常识。提高了支中心及各乡镇基层服务点管理人员的服务质量和操作技能，加强了支中心及基层服务点的管理。管理队伍素质的提高，为文化信息资源共享工程的建设和管理奠定了人才基础。

二、工作的开展

1、对资源共享工程进行宣传

文化信息资源共享工程是一项文化创新工程，民心工程，有着巨大的社会效益和广阔的发展空间，围绕这一惠民工程的顺利，利用图书馆自身的宣传报道方式，如橱窗、宣传布标、电影放映、图书服务宣传周发放资料等形式重点宣传文化共享工程，受到了良好的社会效果。与此同时，积极做好向上级部门工作情况汇报。

2、日常管理工作

按照文件精神，组织培训专业技术人员，负责设备的正常运转及维护工作，建立健全完善各项规章制度，规章制度全部都悬挂于墙上，建立了信息反馈机制，加入省内共享工程QQ群，加强与省中心及各兄弟馆的联系，及时反馈各种信息。规范资源共享室的管理及操作，做好电子阅览室资料查询记录，要求11个乡镇共享工程基层服务点做好工作原始记录及人员、数据统计工作，支中心派专人负责指导，要求各基层服务点定期上报工作及反馈各种信息。在做好各项工作的同时，支中心定期进行回顾和总结，做好各项工作的汇报工作。

3、加大信息资源采集利用

在正常接收和充分利用国家中心和省中心数字资源的同时，我们不断加强与州内各县的联系，挖掘本地各类信息资源，真正实现共建共享，让更多的人从文化共享共享工程中受益，在此基础上，支中心利用图书馆优势，购买了包括电脑应用、组装、妇女儿童、瑜伽、白族歌曲、小说，电影等多方面的电子光碟250余张，摆放于电子阅览室，供读者借阅浏览。

4、发挥优势，开展活动

在文化共享工程实施过程中，我们从分利用这一全新的载体，不断丰富工程服务内容和方式，提高服务效益和水平，推动信息进农村、进社区、进学校，切实服务广大群众。

4.1.充分发挥公共图书馆的阵地作用，开展丰富多彩的馆内活动，利用暑假在电子阅览室开展青少年电脑培训，向青少年教授电脑应用知识，引导广大青少年健康上网，深受广大家长的好评。

4.2.充分利用国家及省中心资源，根据本地农民的需求，下载家禽饲养、医学知识、花卉栽培、烤烟等相关视频刻录成光碟，结合农村电影放映“2131”工程，在下乡为农民放映时候，播放各种科技片，深受广大农民群众的欢迎。

4.3.每年不定期的派专业技术人员到每个所辖乡镇共享工程基层服务点进行业务指导，选择由全国共享工程中心下发的光碟资源，结合当地群众的实际情况，有选择的刻录光碟200余张，光碟内容包括：文化共享助春耕、医疗卫生、科普知识、相声小品、戏剧等等，发放到基层共享工程服务点，指导他们利用共享工程资源为人民群众服务，扩大乡镇基层服务点的工作范围及服务方式。

4.4.利用资源共享室网络资源设备，大理市图书馆全体职工集中认真观看了胡锦涛同志的十八大报告，深刻领会党的十八大报告重要思想。

另外，在各项实际工作中，我们更加注重人性化服务，如电子阅览室，及时为那些不会熟悉操作电脑的中老年人进行计算机操作方面的简单辅导，健康、舒适的阅览环境、人性化的关怀，深受读者大好评。

三、工作展望

今后，大理市资源文化信息共享工程工作将在实践中不断探索文化共享工程管理和建设的新机制、新模式，创新工作方法，完善制度，不断扩展服务领域，为当地文化、教育、科技、经济建设等做好服务。

（撰文/大理市支中心）

祥云县支中心

一、整体概况

在县文化体育局和各级领导的关心支持下，祥云县支中心于2009年6月在祥云县图书馆建成。自建成之日起，文化共享工程祥云县支中心始终以“共享优秀文化，服务广大群众”为宗旨，认真贯彻共享工程相关工作精神，从本地实际出发，热情为群众服务！

祥云县图书馆始建于1983年，1993年在原址上开始进行改扩建，是我县投资较多、规模较大的文化设施项目，2008年9月图书馆迁至文体活动中心三楼及四楼。历经了近30年的发展，图书馆各方面的工作取得了长足的发展，在提高群众的文化素质、丰富业余生活、促进祥云经济和社会发展发挥着积极的作用。现面积为1000多平方米，馆内设有图书外借室、报刊阅览室、电子阅览室等9个服务窗口。截至2011年底，祥云县图书馆拥有馆藏5.9万多册，现行期刊160种、报纸25份。参考资料室藏有史志、地方文献专柜作品、祥云籍作者作品、报刊资料、美术资料以及《四库全书》一套等。

二、建设情况

全国文化信息共享工程祥云县支中心服务点包括电子阅览室和多媒体播放室各一间以及配备共享工程资源服务器的中控室一间。其中电子阅览室配置21台计算机，1台为工作人员管理的主机，其它20台供群众使用浏览共享工程相关资源，所有计算机均可上网和访问中控室的资源服务器。多媒体播放室有播放机、投影仪、数字电视和60多个观众坐席，可进行共享工程影片放映，举行讲座和培训。中控室配备服务器机柜1个，服务器主机4台，磁盘阵列1套，UPS电源1台，交换机2个。

在建立了基本完备的软硬件设施后，我们高度重视共享工程资源的收集和整合工作，不定期的通过省中心下载各种数字资源，现拥有近500G的视频资源，包括电影、专题片、农业、务工、科技、医疗等方面的视频资源。通过视频点播软件同步更新到电子阅览室，读者可以方便的观看学习。2011年在全国文化信息资源建设管理中心的支持下，电子阅览室新增了拥有1TB的数字资源的县级数字图书馆，相当于25万册电子图书或926个小时视频节目的数字文化资源。这些资源为满足人们学习、生活和工作的信息需求和文化需要提供了便利条件。同时，通过互联网和共享工程基层服务平台，基本满足了一些读者查阅国家和省市以及县中心和支中心的各种视频和文本资料。平均每天使用电子阅览室的读者20多人次，社会反应良好，许多视频资料通过投影播放达到了较好的效果，改变了过去传统落后的形象。

三、宣传推广、培训及开展服务工作

为进一步扩大公众对共享工程的知晓度，积极引导社会各界对图书馆的关注与认知，我们结合图书馆免费开放工作，通过制作公示栏、传单、宣传标语、展板、举办主题活动以及下基层等方式，同时利用祥云时讯、手机报、祥云电视台等媒体，对图书馆免费开放和共享工程进行了大力宣传和推广。

为把共享工程工作落到实处，让更多的读者共享文化资源，祥云县支中心认真组织开展各种活动，2011年举办培训班2次，为我县10个乡镇的文化站长及各村的网络员辅导培训60多人次，支中心下基层辅导30多人次。利用全国文化信息资源共享工程网站的“网络电视”进行培训学习10余次。

2012年4月23日世界读书日，我馆于2012年4月21日至于3日在文体中心广场举行世界读书日以及图书馆免费开放宣传活动。同时在电子阅览室播放共享工程优秀影片，向读者传递“共享工程祥云县支中心概括”的传单，增进读者对共享工程的了解。2012年6月1日儿童节当天，图书馆在多媒体播放室举行了儿童影片播放活动，受到了广大儿童读者的欢迎和喜爱。2012年5月4日至6月10日期间，祥云县图书馆在云驿四中开展了图书进校园的系列活动，包括送书进校园，举行“爱书、读书、用书”征文大赛奖等活动，同时向学生散发共享工程传单，倡导学生关注和了解共享工程文化资源。2012年7月27日至8月25日期间，我馆开展了全国文化信息资源共享工程暑期免费放映电影活动。放映的内容有：开国英雄系列、抗日小奇兵系列、双百人物动漫系列、红色经典动漫系列、道德中国系列、专题片《感动中国人物》、《口号振奋中国》等。

四、工作展望

我县共享工程支中心工作至今已开展了两年多的时间，由于缺乏相关工作经验，仍然存在很多不足的地方，在接下来的工作中，我们会从实际出发，加强业务技能学习，强化管理，开拓创新，切实做好共享工程工作。

随着工作的不断深化，我们将继续开展形式多样的宣传及服务活动，同时改善条件，提升服务，有效提高文化资源和设施的利用率，发挥公益文化服务职能，使广大群众共享文化发展成果。

（撰文/祥云县支中心）

宾川县支中心

在上级文化部门的关心支持下，2007年我县被列入全国文化信息资源共享工程云南省3个试点县之一。抓住这一难得机遇，我县进一步创新思路，积极探索，狠

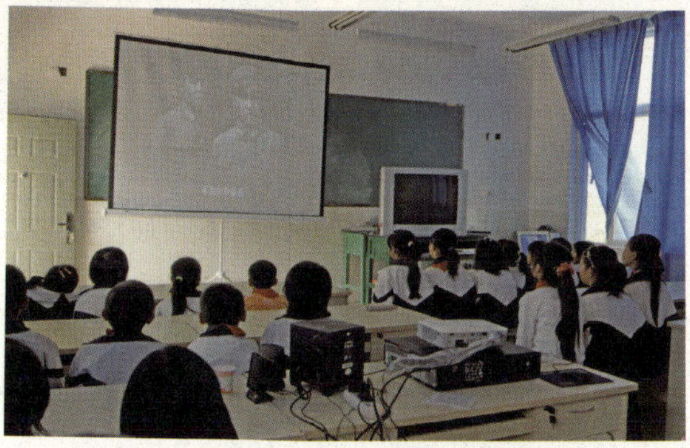

利用共享设备为山区小学播放影片《雷锋》

抓落实，始终将文化共享工程作为推进文化创新、完善公共文化服务体系、提高公益性文化服务水平、促进经济社会协调发展、构建社会主义和谐社会的重要抓手，有条不紊地推进文化信息资源共享建设。目前全县建有共享工程县级支中心1个，乡镇服务点13个，村级服务点12个，乡镇农民网络培训学校10所，村级农民网络培训学校分校10所，拥有电脑203台，共享工程工作人员47人，总计投入建设资金246万元。

一、拓展投资渠道，高标准配置服务平台。

1、强化县级支中心建设。县财政拿出60多万元专款，按照省里规定的标准要求，对县级支中心进行了高标准改造，建成了160平方米的电子阅览室和60平方米的主控室、多媒体室和数字业务加工室，主控室铺设了防静电地板，实现了避雷、监控、防盗等系统的全面配套。

2、强化农村基层服务点建设。我县把农村基层服务点作为文化信息资源共享工程建设的主阵地，不断加快建设步伐。全县10个乡镇3个华侨农场（三个华侨农场现已改为华侨社区）、11个村委会和1个自然村都建设了60平方米以上的活动场所，配备了卫星接收和播放设备。特别是在州政府的关心支持下，拨款78万元为13个乡镇场基层点和12个村服务点高标准建起了活动中心，配备了桌凳，形成了县、乡、村三级完善配套的服务网络。

3、强化专业队伍建设。配备了政治素质高、业务能力强的27名专业技术人员，专门从事县级支中心和基层服务点的日常管理，并进行了系统的专业技术培训，2007年—2012年共举办22期基层管理人员培训，培训人员1208人次。

4、强化网络建设。与铁通公司和电信公司协调后，完善了县级支中心和各基层站点的网络系统，县支中心接入10兆光纤，各服务点接入4兆宽带，极大地提高了网络通信能力，方便了群众查阅资料。五是强化制度建设，保证工作正常开展。我县统一制订了宾川县文化信息资源共享工程管理办法、工作人员守则以及设备管理和信息使用等制度，统一规范乡镇（场）服务点和村级服务点的管理，统一印制了文化信息资源共享工程活动开展统计表和记录本，对各基层服务点进行定期检查指导。

二、创新工作方式，整合利用各种资源

1、加强协调，将党组织、宣传、农业、畜牧、林业、卫生、计生、公安等部门的各类信息资源进行整合。在村党员电教播放点加挂文化活动室牌子，充分利用农村党员电教室设施设备的优势，使党的方针、政策、科学技术信息以更加新颖直观、形象生动的方式迅速走向千家万户。

2、将文化信息资源共享工程和“农家书屋”建设相结合。共向25个基层服务点提供了由大理州新华书店捐赠的图书30000多册和科技类光碟1600多碟，价值达30余万元，使每个服务点既有数字化的信息又有实体化的书籍，极大地拓展了文化信息资源共享工程的服务方式和服务内容，赢得了广大群众的欢迎。

3、为方便群众阅读、保存，将文化信息资源共享工程的农业科普知识、医疗卫生等知识进行下载编辑，打印成宣传资料，在乡镇集市时广泛分发宣传资料，现场接受群众咨询，促进了广大农村的文化繁荣和经济发展，受到了群众的一致好评。2007年—2012年共在各乡镇（场）举办农村实用技术培训班1800余场（次），培训农民130000多人次。

4、充分利用数字文化信息通俗易懂、寓教于乐、实用性强、趣味性强、知识性强等特点，将文化信息资源共享工程接收到的信息进行归类整理，抓住“三下乡”、科技宣传周、农村集市、节假日等有利时机，在各乡镇集中向农民赠送，种植、养殖、加工技术信息等实用技术资料。同时，还充分利用多媒体设备广泛播放文化、科技、卫生、少儿科普等方面的视频资料，共享工程建成以来，共放映影视作品1300多场次、讲座1250多场次、其他1160多场次，共服务群众362050多人次。

5、切实加强示范点建设，全面推进综合应用。在每个乡镇选择1—2个人员相对集中，种植、养殖前景较好的行政村作为基层示范点，不断创新服务内容和方式，使基层群众得到了服务、得到了实惠。

三、找准切入点，丰富活动内容

1、面向广大干部群众，突出政策理论教育。

针对广大干部群众普遍关心的理论热点问题，及时收集整理党的方针政策、理论创新成果，中央和省州县领导同志的重要讲话精神，进行形势教育、理想信念教育、理论教育。

2、面向广大农民群众，突出科学文化教育。

按照培育新型农民、建设现代农业的要求，围绕农民群众普遍缺乏的文化知识、实用技术，筛选了一批良种良法配套、配方施肥、农作物丰产栽培、病虫害综合防治、动物程序免疫等农业实用新技术、新成果，总结推广了我县州城镇桔果、黑腰枣种植，太和华侨农场的葡萄种植，拉乌乡核桃种植，乔甸镇烤烟种植等一批发展优质高效生态现代农业的新典型、新经验，大力宣传新农村建设中改水、改厕、改灶、改路的好处，极大地丰富了文化信息资源共享工程建设的内容，使广大农民群众不仅学到了急需的科学文化知识，而且找到了致富门路。

3、面向广大青少年，突出思想道德教育。

结合青少年身心发展特点，紧密结合学校教育，利用电影、电视、网络等青少年易于接受的形式，大力开展理想教育、爱国主义教育、集体主义教育和社会主义荣辱观教育，寓教于乐，使文化信息资源共享工程成为青少年德育教育的重要渠道。

三、荣誉奖项

宾川县的文化信息资源共享工程建成后，已成为群众接受新事物、学习新知识、享受新生活的新途径，实现了文化资源的普惠共享，通过文化信息资源共享工程传播先进文化，农村封建迷信、打架斗殴的现象少了，崇尚科学、构建和谐社会蔚然成风，农民学文化、学科技的积极性空前高涨，全县有绝大部份的青壮年劳动力普遍掌握了1-2门实用技术。

2009年，宾居华侨社区基层点因在共享工程管理工作中成绩显著，被国家文化部评为"全国文化信息共享工程基层管理先进单位"，同时这个基层点的管理员黄月忠同志也被表彰为"全国文化共享工程先进个人"。

四、工作展望

在今后的工作中，我县将进一步加强管理人员的技术培训，提高业务素质，规范管理，多渠道争取资金解决部分服务点管理人员报酬偏低的问题，提高管理人员工作积极性，更好地发挥共享工程在本地区的作用。

（撰文/宾川县支中心）

弥渡县支中心

一、整体概况

在县文化体育旅游局和各级领导的关心支持下，弥渡县支中心于2009年6月在弥渡县图书馆建成。自建成之日起，文化共享工程弥渡县支中心始终以"共享优秀文化，服务广大群众"为宗旨，认真贯彻共享工程相关工作精神，从本地实际出发，热情为群众服务！

弥渡县图书馆源于民国六年（1917年）建立的弥渡县通俗图书馆。民国二十年(1913年)通俗图书馆归并并成立民众教育馆。1951年建立弥渡县文化馆，内设图书馆。1985年元旦正式建立弥渡县图书馆。1993年12月，在中央、省、州、县各级领导的重视和关怀下，新建弥渡县图书馆竣工开馆，建筑面积860平方米。是我县投资较多、规模较大的文化设施项目，2010年9月图书馆又重新改扩建，目前，建筑面积为2110平方米的新馆已对外开放，环境宽敞明亮，美观舒适，已成为弥渡一道亮丽的风景。馆内设有图书外借室、报刊阅览室、电子阅览室等9个服务窗口。截至2012年底，弥渡县图书馆拥有馆藏6.1万多册，现行期刊335种、报纸49份。古籍资料室藏有史志、地方文献专柜作品、弥渡籍作者作品、剪报资料、古籍等。

二、建设情况

全国文化信息共享工程弥渡县支中心服务点包括电子阅览室和多媒体播放室各一间以及配备共享工程资源服务器的中控室一间。其中电子阅览室配置21台计算机，1台为工作人员管理的主机，其它20台供群众使用浏览共享工程相关资源，所有计算机均可上网和访问中控室的资源服务器。多媒体播放室有播放机、投影仪、数字电视和40多个观众坐席，可进行共享工程影片放映，举行讲座和培训。中控室配备服务器机柜一个，服务器主机4台，磁盘阵列一套，UPS电源一台，交换机两个。

在建立了基本完备的软硬件设施后，我们高度重视共享工程资源的收集和整合工作，不定期的通过省中心下载各种数字资源，现拥有近500G的视频资源，包括电影、专题片、农业、务工、科技、医疗等方面的视频资源。通过视频点播软件同步更新到电子阅览室，读者可以方便的观看学习。这些资源为满足人们学习、生活和工作的信息需求和文化需要提供了便利条件。同时，通过互联网和共享工程基层服务平台，基本满足了一些读者查阅国家和省市以及县中心和支中心的各种视频和文本资料。平均每天使用电子阅览室的读者20多人次，社会反应良好，许多视频资料通过投影播放达到了较好的效果，改变了过去传统落后的形象。

三、宣传推广、培训及开展服务工作

为进一步扩大公众对共享工程的知晓度，积极引导社会各界对图书馆的关注与认知，我们结合图书馆免费开放工作，通过制作公示栏、传单、宣传标语、展板、举办主题活动以及下基层等方式，通过弥渡电视台等媒体，对图书馆免费开放和共享工程进行了大力宣传和推广。

为把共享工程工作落到实处，让更多的读者共享文化资源，弥渡县支中心认真组织开展各种活动，2012年举办培训班2次，为我县8个乡镇的文化站长及各村的网络员辅导培训60多人次，支中心下基层辅导30多人次。并且利用全国文化信息资源共享工程网站的"网络电视"进行培训学习我馆于2012年7月21日至于28日在全县范围内开展了"送文化下乡"和"免费开放"服务等宣传活动。

四、工作展望

我县共享工程支中心工作至今已开展了两年多的时间，由于缺乏相关工作经验，仍然存在很多不足的地方，在接下来的工作中，我们会从实际出发，加强业务技能学习，强化管理，开拓创新，切实做好共享工程工作。

随着工作的不断深化，我们将继续开展形式多样的宣传及服务活动，同时改善条件，提升服务，有效提高文化资源和设施的利用率，发挥公益文化服务职能，使广大群众共享文化发展成果。

（撰文/弥渡县支中心）

永平县支中心

一、建设情况

永平县位于大理白族自治州西部，全县总人口18.33万人。人口密度为每平方公里62人，其中：少数民族7.4万人，占全县总人的40.4%，下辖博南镇、龙街镇、杉阳镇、龙门乡、水泄乡、厂街乡、北斗乡3镇4乡72个行政村、1个社区、1230个村民小组、1543个自然村。

目前我县已合作共建了：1个县级支中心、7个乡镇基层服务站、68个村级服务点，覆盖面达93.8%。支中心位于博南镇新华街1号，占地面积近1000平方米，房屋建筑面积2015平方米，现有职工5人（其中图书馆员4人，助理馆员1人）。PC机25台、交换机1台、高清移动播放设备2台、摄像机、照相机各1台、电视机1台及其它辅助设备等。

互联网连接：支中心20兆光纤，乡镇基层服务站6兆以上，有条件村级服务点也连接了互联网，经过几年的努力，初步形成了覆盖全县的“共享工程”服务网络，为我县广大基层群众、青少年提供了文化信息服务和绿色上网空间。

目前国家投入我县共享工程硬件设备建设资金160多万元，地方投入共享工程基础设施（场地、桌椅等）建设资金40多万元。国家中心、省、州支中心配备了大量的文化信息资源，内容涵盖了文化、经济、农业信息、科技知识、中央财政每年投入共享工程免费开放的经费55万元。

二、开展情况

我县公共文化服务基础设施薄弱、城乡文化发展不平衡，农村文化建设与发展较为滞后，我县党委、政府高度重视文化共享工程建设，县人大、政协到馆调研，实地查看，对图书馆未来建设、管理、服务、特别地方文献资源收集提出了意见、建议。加强领导，积极落实各项保障措施，地方文化主管部门凝心聚力、整合各类资源，认真组织实施，紧紧围绕“建、管、用”三个环节抓好此项工作。

共享工程实施以来，一方面改善了图书馆办公条件，实现办公的自动化，另一方面弥补了县级图书馆购置书报刊经费的不足，资源短缺的问题，提升了图书馆服务的能力。

支中心坚持“读者至上，服务第一”的理念，天天开馆，无偿地、公平地、面向社会公众开放、免费为读者提上机辅导、各类信息资源查询。村级服务站业务指导、培训等服务工作。面对馆内工作人员年龄偏大、文化素质与业务技能只能保证传统的管理与服务的现状，一方面选派工作人员到州馆跟班学习，积极参加州馆组织的业务培训，另一方面认真组织乡镇文化广播电视服务中心、行政村农家书屋工作人员业务培训，提高基层服务点工作队伍业务素质。充分利用高清移动播放设备、光盘资源等开展电影放映、普及农业科技知识、烹饪技术、宣传历史人物事迹优秀文化等，丰富广大人民群众的文化生活。

为吸进更多的读者认识图书馆、走进图书馆，了解图书馆，享受图书馆。我馆利用图片、流动图书点、节日庆典活动、读书宣传周、发放宣传资料、召开读者座谈会等形式做好共享工程宣传工作，了解读者需求等，让越来越多的人享用共享工程优秀文化成果，实现优秀文化信息资源的共建共享。

我县图书馆是一个专业的公共图书馆，以搜集、整理、保存各类书刊资料和地方文献为主，还为全县人民提供环境优美，清净舒适的阅读场所，提供免费办证，文献资料查询，图书期刊在馆阅读及外借工作。

三、工作展望

加强队伍建设，不断提高工作人员素质，保证有人办事。加强服务，创新工作方式，开展形式多样的宣传活动，积极争取各级的支持、齐抓共管，不断提高共享工程这一民工程在群众中的普及率，影响力，为地方经济建设、新农村建设提供信息资源保障，实现真正意义上的“文化乐民、文化育民、文化富民、文化自觉、文化自信、文化自强”目标。

（撰文/永平县支中心）

云龙县支中心

云龙县2009年被列为全国文化信息资源共享工程县级支中心建设项目，现全县共建乡镇基层服务点11个，村级服务点50个。这项工作得到了县委、县政府的高度重视，为此项工程建设的顺利实施奠定了基础。

一、基本情况

云龙是滇西古县之一，位于大理白族自治州西部。地处滇西横断山南麓的澜沧江纵谷区，建县至今已有两千余年。南方丝绸之路开通后，云龙便是博南古道上的重要驿站。这里东邻洱源、漾濞，南靠永平、保山，西交泸水，北接兰坪、剑川。全县辖宝丰、关坪、团结、检槽、长新、苗尾、民建7个乡和诺邓、漕涧、功果桥、白石4个镇，共86个村民委员会（居委会）。是我州山地白族居住最为集中的地方，同时还居住着汉、彝、傈僳、苗、回、阿昌、傣等23个民族。

全县总面积4400.95平方公里，其中90%是山区。由于居住分散，自然条件差，经济基础薄，农业产业基础较为脆弱，农民增收困难，贫困面大，是一个集“山区、民族、贫困、偏远”为一体的国家级贫困县。

云龙县委、县人民政府对文化共享工程尤为重视，在新建的宣传文化中心内设立图书馆电子阅览室和文化共享工程县级支中心机房。随着文化信息资源共享工程在我县的实施，图书馆事业取得了长足的进步和发展。

二、建设情况

1、加深认识，强化领导

为了加强对文化信息资源共享工程的领导，该县成立了由县文体局局长为组长，文体局副局长为副组长，局办公室主任、图书馆馆长及各乡镇文化站长为成员的文化信息资源共享工程领导小组，负责文化信息资源共享工程的各项工作，并制定了文化信息资源共享工程实施方案。为确保此项工作的顺利完成，领导组责成各有关乡镇也成立了相应的共享工程和农文网培组织机构。

2、加大投入，标准配置

县政府在财政资金十分困难的情况下，拨付“文化

共享工程”专项资金用于云龙文化信息资源共享工程县级支中心和乡镇农村基层服务点建设。严格按照文化信息资源共享共享工程的建设要求，建成了一间高标准的电子阅览室。但由于2011年县政府建设政务服务中心，把原来建好的机房进行搬迁，搬到了宣传文化中心二楼，现在正处于恢复阶段。

3、强化队伍、规范管理

为确保“共享工程”发挥其应有的作用，首先由图书馆派遣人员去进行培训学习，然后聘请专业人员到县图书馆开展了培训工作，11个乡镇基层服务点及图书馆全体工作人员共100余人参训，从业务技能上保证了“共享工程”工作的顺利开展；其次，从制度建设入手，借鉴其它地区和部门的经验，制订了工作人员守则、设备管理与使用规定等一系列工作制度，对县级支中心与基层站点进行规范管理；再次，要求共享工程工作人员要有活动记录本，记录支中心与基层站点活动情况，掌握基层活动情况和群众要求；四是支中心与基层站点悬挂“共享工程”标牌，基层站点同时加挂“农民素质教育网络培训学校”标牌。

4、服务基层，面向群众

县级支中心建成后，为图书馆的发展提供了更广阔的空间，我们依托文化信息共享工程，为读者提供更多优质快捷服务。积极利用现有设备和资源服务基层和群众，七一建党节在图书馆阅览室给读者放映电影《建党伟业》、与县疾控中心合作，进行儿童防疫知识讲座、为养猪进行猪场疾病控制讲座等。

（撰文/云龙县支中心）

洱源县支中心

洱源县自2002年实施“全国文化信息资源共享工程”建设以来，积极探索，真抓实干，实现了县级建有支中心，镇乡建有“农文网培学校”，社区、行政村建有基层服务点的目标。

一、建设情况

洱源，因高原明珠洱海发源于此而得名。全县国土面积2533平方公里，下辖6镇3乡，90个村（居）委会。2009年末总人口28.5万人，有23个世居民族，少数民族人口占总人口的68%，白族人口占总人口的62%。自实施文化信息资源共享工程以来，我县按照上级文化部门的要求和部署，积极行动，克服困难，在上级文化部门的指导帮助下，各项工作进展顺利。

1、加强领导，提供组织保障。文化资源共享工程是国家的一项文化创新工程、民心工程，对于迅速扭转我国广大中西部地区特别是贫困地区的信息匮乏和经济、文化落后的状况起到了显著的作用。县委、政府深感责任重大，决定以共享工程建设为契机，把传播科学知识、先进文化，引导农民群众脱贫致富，丰富和活跃农村基层文化生活作为文化共享工程建设的最终落脚点，及时成立了以县人民政府分管的副县长为组长的文化信息共享工程建设领导组，并在县文体局下设办公室，县图书馆为业务部门，负责支中心和基层服务点的技术服务、业务培训等。做到了领导重视，组织到位，确保了文化信息资源共享工程的顺利实施。

2、落实责任，提供机制保障。在省文化信息资源共享工程启动会议结束后，我县及时召开全县文化信息资源共享工程启动会议，并与县级有关部门和项目镇乡签订工作目标责任书，做到分工负责、责任明确、各司其职、密切配合，形成齐抓共管的工作格局。

3、加大投入，提供经费保障。我县就文化信息资源共享工程共投入235万元，其中上级补助160万元、县级自筹5万元、镇乡自筹70万元，完成了县级支中心和9个镇乡“农文网培学校”和89个行政村文化信息共享工程基层站点建设。基本实现了以国家中心为龙头，省级和州级分中心为枢纽，县图书馆为基础，农村乡镇文化站（室）为重点，辐射村级服务点的洱源文化信息资源共享工程网络。实现了以电子阅览室和网络管理系统为平台的联合建设、联合服务、协同发展、面向全社会的公共文化服务体系，达到城乡全面覆盖的目标。

4、提高素质，提供队伍保障。各镇乡设立1名文化站长、1名专兼职文化干事，明确文化专干职责，做好基层服务站点管理和群众需求双向反馈工作，并利用镇乡文化站现有资源、设施设备，并由县图书馆提供图书、杂志、音像等资料，为人民群众提供优质的文化服务，满足人民群众的精神文化生活需要。

二、宣传服务工作

充分发挥文化共享工程设备的作用，拓宽服务渠道，延伸服务领域是图书馆实现社会公益化的一项重要手段。以2012年为例，一年来，共为广大人民群众服务6000多人次。

1、图书馆和县农业局园艺站、植保站联合开展蔬菜园艺、病虫防治培训10次，受训人数520人次；

2、利用电子阅览室、多媒体室开展老年人健康讲座、未成年人教育讲座、保护妇女儿童合法权益讲座5次，15场，观看人数1026人次；

3、雷锋是实践社会主义、共产主义思想道德的楷模。3月15日，图书馆在多媒体室组织播放雷锋光荣事迹视频6场次，280人参加观看；

4、利用电子阅览室对洱源县老科协进行计算机应用基础知识培训2场次，48人参加了培训；

5、2012年“九九敬老节”图书馆在茈碧湖镇海口村、运亨村老人活动中心赠送图书资料，播放老年人健康讲座，积极营造全社敬老、爱老、助老社会氛围，同时进一步宣传图书馆，让全社会深层次地了解图书馆、走进图书馆、利用图书馆。共播放视频节目4场次，观看人数达200多人次。发放宣传纪念品200多份；

6、2012年“六一”儿童节，利用文化共享工程设备在大庄小学、鹅堆小学、运亨小学开展以“做一个有道德的人”为主题的“图书馆宣传周“勤奋杯”有奖征文暨六一儿童节”庆祝活动。活动中设“勤奋杯”一等奖7名，二等奖7名，三等奖7名，游园活动奖项1250个奖。旨在广大少年儿童中推广文明礼貌用语，倡导文明行为，不断提高未成年人思想道德品质、文明素养和公民意识，激发学生热爱学习、热爱生活、的丰富情感，为学生提供表现自我的舞台，充分展示出自己的才能。参加活动达1000多人次；

7、洱源县“8·06”泥石流灾害发生后，积极为灾区群众捐款捐书，在凤羽镇铁甲村灾民安置点设立了流动图书室，图书主要包括生产自救方面种植养殖的科技图书、团结互助树新风精神文明道德建设方面的图书、防灾减灾应急手册以及少儿读物和报刊杂志等五千多册，内容丰富，流动图书室内人头攒动，读者络绎不绝，深受灾区人民群众的欢迎，流动图书室成为灾民安置点内一道靓丽的风景线。二十多天共接待读者2100多人。

文化信息资源共享工程的实施，将把文化信息资源传送到镇乡基层文化网点和群众身边，使基层文化阵地得到进一步巩固和发展，为宣传党的方针政策开辟新渠道，为丰富农民群众业余生活、弘扬文明新风开辟新的阵地，为培养“有文化、懂技术、会经营”的新型农民搭建了新平台，成为一项党得民心、民得实惠的文化工程。

三、工作展望

1、进一步以县图书馆、镇乡文化站为实施主体，加强信息资源的建设，促进基层文化设施网点网络化、自动化、数字化，加大专业技术人员的培训力度，为深入推进文化信息资源共享工程提供坚实的人才保障；

2、努力把文化信息资源共享工程用活、用好。积极采用图书馆成熟技术，借助数字电视和远程教育服务网络，大力开展公益性服务；

3、改进创新治理体制和运行机制，使文化信息资源共享工程真正成为文化创新工程、惠民工程。

（撰文/洱源县支中心）

电子阅览室培训场景

剑川县支中心

一、整体情况

2009年2月剑川县人民政府与省文化厅签订了“文化共享工程协议书”后，县人民政府于2009年2月21日下发了“剑政办发（2009）13号，剑川县人民政府办公室关于印发剑川县文化信息资源共享工程建设实施方案的通知”。明确了工程建设的总体目标。组建了由分管副县长任组长，县财政局局长，县文体局局长任副组长，各乡镇分管文体工作的副乡（镇）长和相关人员为成员的“剑川县文化信息资源共享工程建设领导组”为工程建设提供了组织保障。为工程的筹建和运行提供了经费保障。

2009年5月，剑川县文化信息资源共享工程县级支中心建成，现有面积为40平方米的电子阅览室1间，计算机共有28台，其中台式机26台、笔记本电脑2台、摄像机1台、数码照相机1台、电视机1台，供读者阅览计算机20台。面积为20平方米的多媒体播放室1间，投影仪1套（含投影机、投影幕和音箱）。

乡镇情况：剑川共有8个乡镇，每个站点都配置了以下设施：1间20多平方米的阅览室，计算机6台。1间40平方米左右的多媒体播放室，投影仪1套（含投影机、投影幕和音箱）。

二、经费投入

剑川县文化信息资源共享工程县级支中心早期建设投入专项经费为6.5万元，县级2.5万元、乡镇服务点为0.5万元，8个乡镇共计投入4万元。截止2012年底县支中心和乡镇服务点投入经费已达26万元左右。

三、资源建设

从2009年2月份开始，县图书馆全力投入工程筹建工作。完成了灭火器具、电脑桌椅等相关设备购置，防盗条、窗帘等安装，机房装修，广告、指示标牌制作，电源线、地线、光纤接入，工程设备验收等工作。2009年5月7日与南天公司工程技术人员一道，全面完成了县支中心和八个乡（镇）服务点工程设备安装调试工作。

四、技术支持

剑川支中心外聘了3名专业的计算机操作维护人士，作技术顾问，帮助解决县支中心共享工程的一切技术问题。

五、合作共建

2012年初，我中心与政府的IT政务相关人员洽谈合作共建的相关事宜。准备将文化共享工程直接向农村党员教育输送共享工程资源，通过农村党员教育各类型远程接收站点（卫星、PC+宽带、机顶盒+宽带），向用户提供信息服务；同时，在农村党员干部现代远程教育主网开设“剑川县文化信息资源共享工程”栏目，对各基层服务点提供服务。在我县建成政务外网的基础上，并利用政务外网接收国家中心资源。

与本馆的“采编室”、“地方文献古籍室”、“图书外借室”、“过刊工具书室”的微机工作站连接，使用书目数据库的局域网作为子网入网。

六、惠民服务

电子阅览室是直接服务于广大群众的前沿阵地，负责接待前来阅读、浏览信息的各类读者。我支中心本着让更多的群众享受到更丰富、更便捷的文化服务态度。满足广大群众的需求，电子阅览室每天对读者开放7个多小时，双休日照常开放，平均每周对读者开放达到50个小时以上。

七、宣传推广

文化信息资源共享工程是公共文化服务体系的基础工程，是广大人民群众"求知、求富、求乐"的重要渠道，其手段就是利用数字化技术，把图书、文献资料等文化资源转化成数字化的共享资源，通过公共信息网络无偿传送到城乡基层，面向社会提供文化信息资源服务。我中心与电视台制作新闻节目播放等措施，进行了工程建设的内容、服务方式等方面的广泛宣传，在城区制作了多块户外宣传板。

八、培训工作

2009年5月4日，在县支中心对全县文化信息资源共享工程建设涉及的8个乡（镇）文化站工作人员进行了集中培训。尔后县支中心派出专人与南天公司工程技术人员一道，到各乡（镇）服务点进行跟班培训。2010年7月29至30日，县支中心再次对全县各乡（镇）服务点工作人员进行了业务培训。对一些乡（镇）站点提出的问题和困难及时帮助解决，经常深入到各乡（镇）进行辅导，保障了文化共享工程的正常运行。

县支中心还利用每天上午读者较少的时间，对全馆人员进行上机培训工作。使县支中心和乡（镇）服务点人员在较短的时间内，基本掌握了设备使用和服务技能。目前已培训各类人员15个批次，共117人。

2009年6月1日投入运行至今，我中心已办出电子阅览证683张，服务公众达3万多人次。

九、管理和队伍建设

为保障我中心的安全高效运行，使设施设备发挥其应有的作用，我们在"剑川县文化信息资源共享工程建设实施方案"第四条"运行管理"的有关规定基础上，制定了《文化信息资源共享工程剑川县支中心岗位职责》，《文化信息资源共享工程剑川县支中心机房工作守则》，《剑川县图书馆电子阅览室阅览规则》，《剑川县图书馆电子阅览室岗位职责》，《剑川县图书馆多媒体播放室工作制度》，《剑川县图书馆电脑操作规范》，为工程的正常运行提供了制度保障。

目前县支中心共享工程管理人员2人，其中专职管理人员人1人，兼职1人。

十、工作展望

我中心在重视文化共享工程正常运行的同时反馈信息，更要注意收集服务效果，对文化共享工程利用过程进行跟踪控制和了解，这样，一来可以掌握读者的类型以及其对文化共享工程的使用情况、受益情况和需求规律，为进一步采取相应的措施，提供了科学的依据，为提高服务质量奠定了基础，二来可以对文化共享工程的利用过程进行跟踪、控制和了解，有利于对其进行有益的改进，在竞争中保持优势。到目前，我支中心在通过对读者的使用资料反馈信息中，努力改善支中心条件，共同商讨提高文化共享工程利用率及管理水平的对策和办法，很受读者欢迎，我们从中也得到了许多启示，对做好文化共享工程服务工作充满了信心。

文化共享工程在剑川实施以来，对于弘扬剑川地区的民族文化，宣传党的方针、政策和国家的法律、法规，促进剑川的经济、社会、文化的发展，发挥了巨大的作用，也使剑川农村的千家万户享受到了文化共享工程带来的实惠，为促进社会主义精神文明建设和社会主义新农村建设得到更好的实施。

（撰文/剑川县支中心）

鹤庆县支中心

根据《2008年度云南省文化信息资源共享工程实施方案》，我县被列为云南省第二批（50个）县级支中心建设范围之一，并由县政府与云南省文化厅签署了《云南省文化信息资源共享工程2008年度县级支中心及乡镇基层服务网点建设工作实施协议》，共享工程鹤庆支中心建设拉开了帷幕。

一、夯实基础，完善硬件网络建设

在鹤庆县委政府的高度重视下，划拨4.1万元筹建经费，我县完成了场地、机房、装修、桌椅、供电、防火器材、防盗设备、10M光纤互联网接入等筹备工作，于2009年5月1日完成了我县文化信息共享工程的建设任务，建成了1个县级支中心（县图书馆），7个基层服务点：辛屯镇、云鹤镇、金墩乡、松桂镇、六合乡、龙开口镇、西邑镇（2012年完成草海镇、黄坪镇两个基层服务点建设），2011年完成了40个村级服务站点和罗伟邑文化惠民示范村的建设任务。通过近4年的建设，初步构建起以县级支中心为龙头，乡镇为网点，资源丰富(数字资源储量2TB以上)、技术先进、服务便捷、覆盖全县的文化信息资源共享网络体系，能够提供电子阅览室、视频点播、信息检索等相关信息服务，使广大基层群众能够普遍享受到先进的数字文化服务。

二、积极争取各方支持，热情服务老百姓

1、县委、政府的高度重视和经费保障是"文化信息共享工程"正常运行的根本保障。"文化信息共享工程"支中心建成后，县委、政府完全解决了支中心的后顾之忧，把支中心的运行经费3万元列入到县财政的年度预算，为支中心开展各项工作任务奠定了坚实的基础。

2、依托乡镇网点，构建"农民素质教育网络培训学校"，充分利用文化信息资源共享工程基层服务点配备的设备，在注重实际技能的前提下，根据实际情况，区分不同对象和不同专业开展学习培训和宣传工作。

3、为未成年人免费提供绿色上网环境，支中心电子阅览室自开放第一天起就实现了完全免费，不收取任何费用，我们的工作得到了广大群众的认可和好评。电子阅览室每周接待上机读者在160人左右，其中未成年人占90%。为了让未成人远离不健康的游戏、网站，支中心配备了较为先进的硬件防火墙和过滤器，值班管理人员对客户机进行实时监控，及时提醒和引导未成人进行上网活动，努力为读者提供一个获取优质资源的平台和安静舒适的上网环境，把文化共享工程鹤庆县电子阅览室打

参加国家文化中心举办的网络培训

造成广大儿童的“绿色上网中心”，让广大家长放心，孩子开心，成为县城一道靓丽的风景。

4、服务基层，面向群众。县级支中心定时开放综合播放室，每月月初在图书馆宣传栏和县城商业中心茶马古道小广场报刊科普栏张贴放映海报，扩大宣传，积极利用现有设备和资源服务基层和群众，契合时令节日播出群众喜爱的电影和紧贴农业生产的科教影片。

5、加强制度建设，规范管理。从制度建设入手，制订了完善的工作人员守则、设备管理与使用规定等一系列工作制度，对县级支中心与基层站点进行规范管理。做好痕迹管理，记录支中心与基层站点活动情况，掌握基层活动情况和群众需求，提高服务质量。

三、充分整合资源，拓宽服务方式与渠道

1、依托“文化信息共享工程”网络平台和硬件设备，开展“阳光政府四项制度”政务信息查询工作，更好地为公众获取政府信息提供方便、快捷、优质的政务信息查询服务。全年开设免费上网查询电脑终端，提供省、州、县三级政府信息索取技术支持，提供WEB信息公告栏，及时更新和发布相关政务信息。做好信息登记、汇总、整理和管理工作，定期编印服务指南等相关工作。

2、建成鹤庆图书馆“地方文献特色库”和鹤庆图书馆网站http://www.hqtsg.cn/，让我馆的古籍地方文献数据化走在了全省县级馆前列，突出展现了我县特有的文化资源，提升了我县对外的宣传和学术形象。我县图书馆网站的建成，有利于对我县的文化信息共享工程网络进行垂直管理，高效发挥我县文化信息共享工程的服务职能。

3、抓住“农文网培学校”建设契机，利用文化信息资源共享工程的海量资源，有针对性的开展好各种教育培训，确保农民群众共享优秀的文化成果，丰富广大群众的精神生活，提高农民群众的思想道德和科学文化素质，真正实现文化乐民，文化育民，文化富民的目的。

(撰文/鹤庆县支中心)

漾濞彝族自治县支中心

漾濞地处大理州中部，点苍山之西，拥有“中国核桃之乡”、“省级历史文化名城”等桂冠。全县总面积1957平方公里，设3镇6乡65个村委会和1个社区，有彝、汉、白、回等17个民族，总人口10万多，少数民族人口占65.78%，彝族人口占46.8%。漾濞风光秀丽，历史文化灿烂，区位优越，资源丰富，特别是民族的多样性，形成了漾濞民族文化资源丰富的内涵，具有巨大的发展潜力。

一、基本情况

2009年我县被确定为全国文化资源共享工程实施县，在省文化厅、省图书馆和州文化局、州图书馆的支持、帮助指导下，在县委、政府的高度重视下，经过大家共同努力，我县的文化信息共享工程得以顺利实施，按要求完成了建设任务，建成了文化信息资源共享工程县级支中心一个（其中包括1个中心机房、1个电子阅览室、1个多功能活动室），乡镇基层站点3个；到2010年又建成乡镇基层站点3个，1个社区，65个村委会每个村1台电脑，至此全县共享工程全面覆盖实现了每个乡镇都有基层站点，村村有共享工程。

我县为建成一个县级支中心做了前期准备工作，中心机房铺设了防静电地板21.96平方米，为保障国家财产的安全特别安装了不锈钢防盗窗34.56平方米、防盗门9.36平方米、安装电脑桌24台、避雷装置一套，至此全部完成了我县应承担的基础性工作。县级支中心的建成不包括国家配发的设备共投入10万元，6个乡镇基层站点、一个社区各投入2万元，累计24万元。并与漾濞电信公司签定了协议并于2010年5月26日完成了县支中心网点的布线、设备安装与调试工作，保证了县级支中心的正常运行。

二、完善制度搭建平台

1、从支中心正常运行开始，我们就完善和规范了各项规章制度，电子阅览室有《电子阅览室上机规则》、《电子阅览室管理制度》、《电子阅览室管理员职责》，在中心机房有设备、设施的日常维护与管理制度，使设备设施的运行更加规范和科学化。逐级签订《文化信息资源共享工程工作责任书》和《设备管理使用责任书》，提高工作人员的责任意识和管护水平，做到边建设、边学、边用、边整改。

2、搭建了学习和宣传平台。为基层干部群众提供大量的政治理论、政策法规、时政新闻、形式教育、非物质文化遗产等方面的信息资源，保证了基层群众及时了解当前国内外形势，及时宣传了当前我县良好的发展态势。

3、搭建了培训和交流平台。有效的将互联网卫星资源和本地资源有机结合，极大的丰富了党员干部群众的教学资源。基层群众通过网络及时了解了党的方针政策，开阔了眼界，增长了见识，丰富了业余文化生活。

三、加强信息化队伍建设

积极参加省、州组织的共享工程培训，2010年我县支中心承办了《云南省文化信息资源共享工程支中心技术骨干和农民素质教育网络培训学校校长培训班》，支中心技术骨干人员共培训210人、农民素质教育网络培训学校校长共培训168人，取得了圆满成功。2011年参加云南省共享工程在临沧地区组织的乡镇技术人员的培训共培训乡镇6人、我县支中心技术人员1人；2012年参加省共享工程在芒市组织的馆长培训1人。并参加了重庆艺术学院培训基地县级图书馆骨干培训班共七天的课程，此次培训对我们是一个很大的提高可以说是一个质的飞跃，让我县支中心对图书馆和共享工程有了一个全新的认识。

四、开展形式多样的活动

利用图书馆宣传周和科技周活动宣传文化共享工程，举办了文化共享工程进社区、读者座谈会等系列宣传活动，做好展览工作。我县文化共享工程支中心开展了非物质文化遗产、家乡美摄影展等多项展览活动。这些展览活动，以直观生动的形象、丰富多彩的内容，感染了观众、传递了信息、弘扬了优秀文化，起到了陶冶情操、完善人格的作用。同时，吸引了更多的读者到图书馆来，增强了社会公众的图书馆意识。

五、以乡镇为载体，辐射到村。

对于乡镇服务我们始终坚持做到三个结合：

1、坚持做到服务形式和服务效果相结合。我馆结合本县实际，按照镇镇不同，乡乡不同，村村不同的标准，探索适合当地特色的共享工程服务形式，切实做到形式服从于效果，我县文化共享工程支中心指导企业利用本县地方特色资源，开发了一批诸如光明村核桃秀、漾江镇核桃树根雕、苍山西镇核桃宴、鸡街乡彝族刺绣等一批富有地方传统特色的畅销产品，开拓了市场，增加了农民收入，振兴了地方经济。充分发挥共享工程的服务功能，提升共享工程的服务效果。

2、坚持做到定点服务和跟踪服务相结合。即充分利用共享工程网络优势为新农村建设服务。我县文化共享工程支中心在了解全县产业特色和产业规模、调查摸清种养殖专业户情况的基础上，建立了3个种养殖基地服务点，定期召开座谈会，播放各种科技讲座，根据专业户的要求下载信息，刻录成光盘，免费赠送，再由专业户传递给村民，形成了“以点带线”、“以线带面”的服务模式。

3、坚持与有关部门积极配合，优势互补，联合推进共享工程服务。我县共享工程与职业中学、公安局、森林公安、科技局等单位合作对接。

六、送文化到基层

我馆联合文化馆把文艺演出送到全县各乡镇，成为基层群众的文化大餐，丰富了农民群众文化娱乐生活。

七、工作展望

我县支中心虽然做了一些工作，但跟现在社会发展的速度还有差距，在未来的日子里我们将：

1、创新服务方式，切实做好服务；

2、大力促进人才培训，不断完善和规范培训工作；

3、建立考核机制完善长效管理。

我们要虚心学习兄弟县好的做法和经验，以兄弟县之长进一步促进漾濞彝族自治县支中心文化共享工程建设。我们相信，在云南省文化共享工程管理中心、大理州图书馆文化共享工程中心的领导下，漾濞彝族自治县支中心将继续深入贯彻落实科学发展观，围绕大局，开拓创新，扎实推进，全面发展，进一步巩固和完善文化信息资源共享工程平台的建设成果，不断满足广大人民群众多样化的文化信息需求，为构建社会主义和谐社会贡献更大的力量。

（撰文/漾濞彝族自治县支中心）

南涧县支中心

南涧县2009年3月被例为全国文化信息资源共享工程县级支中心建设项目，现全县共建乡镇基层服务点8个，村级服务点80个。这项工作得到了县委、县政府的高度重视，为此项工程建设的顺利实施奠定了基础。

一、基本情况

南涧彝族自治县全县国土面积1731.63平方公里，其中山区面积占99.7%。辖8个乡镇，80个村（居）民委员会，1593个村民小组，共有20个民族，汉、彝、苗、回、白、布朗、傈僳为世居民族。

南涧县委、县人民政府始终坚持“文化立县”发展思路，弘扬民族优秀文化，加强公共文化服务的体系建设。近年来，投资422万元完成了8个乡镇文化站建设和乡镇文化信息资源共享工程。“两馆一站”建设扎实推进，投资500多万元，完成了8个乡镇文化站的硬件设施建设，文化旅游基础设施建设和南涧古街区的保护提升不断加强，随着文化信息资源共享工程在我县的实施，图书馆事业取得了长足的进步和发展。

二、建设情况

1、加深认识，强化领导

为了加强对文化共享工程的领导，该县成立了由县委常委、县人民政府副县长为组长，文体局、财政局、科技局、教育局局长及有关乡(镇)的乡(镇)长为成员的文化信息资源共享工程领导小组，负责文化信息资源共享工程的各项工作，并制定了文化信息资源共享工程实施方案。为确保此项工作的顺利完成，领导组责成各有关乡镇也成立了相应的共享工程和农文网培组织机构。

2、加大投入，标准配置

县里在财政资金十分困难的情况下，拨付“文化共享工程”专项资金10万元，同时争取中央财政文化传媒扶持资金10万元，用于南涧文化信息资源共享工程县级支中心和乡镇农村基层服务点建设。严格按照文化信息资源共享共享工程的建设要求，将图书馆810多平方米的进行合理安排，对中控室进行了装修，铺设了防静电地板，加装了防盗门窗，并接入了10M光纤和更换了电源，另外为县支中心和所涉及的8个乡镇统一配备了电脑桌椅，各乡镇也按要求进行了房屋改造并接入了2M的光纤，建成了县级中心机房与电子阅览室和8个乡镇基层服务点，在机房与电子阅览室分别配备了空调，形成了具有接收能力与采编能力，设施较为完备的县、乡（镇）级服务平台。

3、强化队伍、规范管理

为确保“共享工程”发挥其应有的作用，首先邀请专业人员到县图书馆开展了培训工作，6个乡镇基层服务点及图书馆全体工作人员共20余人参训，从业务技能上保证了“共享工程”工作在该县的健康开展；其次，从制度建设入手，借鉴其它地区和部门的经验，制订了工作人员守则、设备管理与使用规定等一系列工作制度，对县级支中心与基层站点进行规范管理；再次，要求“共享工程”工作人员要有活动记录本，记录支中心与基层站点活动情况，掌握基层活动情况和群众要求；四是支中心与基层站点悬挂“共享工程”标牌，基层站点同时加挂“农民素质教育网络培训学校”标牌。

4、服务基层，面向群众

县级支中心建成后，为图书馆的发展的发展提供了更广阔的空间，电子阅览室年均接待上机人员13000多人次。我们依托文化作息共享工程，为读者提供更多优质快捷服务。

积极利用现有设备和资源服务基层和群众，在节假日到广场和超市门口等地方为群众进行宣传并放映电影，同时将《红色记忆、振奋中国》、《文化共享助春耕》、《共享书香快乐阅读》等上级配发的共享资源光盘，刻录分发到各乡镇基层服务点进行宣传播放，另外还配合县级部门党组织开展反腐败警示教育和党员先教活动，与多个单位联合举办了20多场次的现场培训。为了开展好共享工程业务，先后派出专业技术人员到各地参加业务培训。

5、为未成年人提供绿色上网环境

县图书馆电子阅览室自开放以来，每天对外开放，实行免费上机。现有馆内固定的上机读者有近200名，每天接待上机者在70人左右，其中未成年人占90%，节假日及周末更是爆满。为了让未成年人远离不健康的游戏、网站，管理人员对客户机进行实时监控，及时提醒未成人，引导他们上网、学习或是玩一些益智类的小游戏，对不听劝说的就取消当天上机资格。为了更好的服务读者，提高电子阅览室的服务水平和计算机的利用率，为广大读者提供更多优质资源，县图书馆加大宣传力度，在每年的图书馆宣传服务周期间印发各种宣传资料和通告，让更多的群众了解共享工程和享用到优质资源，让周边中小学校的师生在不影响教学和学习的前提下充分利用周末和假期组织中小学生来上网学习和查阅资料。努力为读者提供一个获取优质资源的平台和安静舒适的上网环境，努力提供更多优质服务。

（撰文/南涧彝族回族自治县支中心）

巍山县支中心

巍山县2008年3月被例为全国文化信息资源共享工程县级支中心建设项目，现全县共建乡镇基层服务点10个，村级服务点50个。这项工作得到了县委、县政府的高度重视，为此项工程建设的顺利实施奠定了基础。

一、基本情况

巍山彝族回族自治县全县国土面积2200平方公里，其中山区面积2052平方公里。辖10个乡镇，83个村（居）民委员会，1344个村民小组，共有23个民族，汉、彝、回、白、苗、傈僳为世居民族。

巍山县委、县人民政府始终坚持“文化立县”发展思路，弘扬民族优秀文化，加强公共文化服务的体系建设。近年来，投资422万元完成了10个乡镇文化站建设和乡镇文化信息资源共享工程。“两馆一站”建设扎实推进，投资500多万元，完成了9个乡镇文化站的硬件设施建设，文化旅游基础设施建设和巍山古城的保护提升不断加强，随着文化信息资源共享工程在我县的实施，图书馆事业取得了长足的进步和发展。

二、建设情况

1、加深认识，强化领导

为了加强对文化信息资源共享工程的领导，该县成立了由县委常委、县人民政府副县长为组长，文体局、财政局、科技局、教育局局长及有关乡(镇)的乡(镇)长为成员的文化信息资源共享工程领导小组，负责文化信息资源共享工程的各项工作，并制定了文化信息资源共享工程实施方案。为确保此项工作的顺利完成，领导组责成各有关乡镇也成立了相应的共享工程和农文网培组织机构。

2、加大投入，标准配置

县里在财政资金十分困难的情况下，拨付“文化共享工程”专项资金10万元，同时争取中央财政文化传媒扶持资金10万元，用于巍山文化共享工程县级支中心和乡镇农村基层服务点建设。严格按照文化信息资源共享共享工程的建设要求，将图书馆三楼120多平方米的报告厅改造为电子阅览室、二楼小会议室改造为多媒体室，对中控室进行了装修，铺设了防静电地板，加装了防盗门窗，并接入了10M光纤和更换了电源，另外为县支中心和所涉及的六个乡镇统一配备了电脑桌椅，各乡镇也按要求进行了房屋改造并接入了2M的光纤，建成了县级中心机房与电子阅览室和六个乡镇基层服务点，在机房与电子阅览室分别配备了空调，形成了具有接收能力与采编能力，设施较为完备的县、乡（镇）级服务平台。

3、强化队伍、规范管理

为确保“共享工程”发挥其应有的作用，首先邀请专业人员到县图书馆开展了培训工作，6个乡镇基层服务点及图书馆全体工作人员共20余人参训，从业务技能上保证了“共享工程”工作在该县的健康开展；其次，从制度建设入手，借鉴其它地区和部门的经验，制订了工作人员守则、设备管理与使用规定等一系列工作制度，对县级支中心与基层站点进行规范管理；再次，要求“共享工程”工作人员要有活动记录本，记录支中心与基层站点活动情况，掌握基层活动情况和群众要求；四是支中心与基层站点悬挂“共享工程”标牌，基层站点同时加挂“农民素质教育网络培训学校”标牌。

4、服务基层，面向群众

县级支中心建成后，为图书馆的发展的发展提供了更广阔的空间，电子阅览室年均接待上机人员13000多人次。我们依托文化作息共享工程，为读者提供更多优质快捷服务。积极利用现有设备和资源服务基层和群众，在节假日到广场和超市门口等地方为群众进行宣传并放映电影，同时将《红色记忆、振奋中国》、《文化共享助春耕》、《共享书香快乐阅读》等上级配发的共享资源光盘，刻录分发到各乡镇基层服务点进行宣传播放，另外还配合县级部门党组织开展反腐败警示教育和党员先教活动，与多个单位联合举办了20多场次的现场培训。2009年8月17日至22日县支中心积极配合省中心做好“2009年云南省文化共享工程县级支中心技术骨干培训（巍山班）”的培训任务，来自滇西北片区、六个地州市的19家县级支中心技术骨干以及本县六个乡镇基层服务点的技术人员共50多人在巍山参加了培训。

5、为未成年人提供绿色上网环境

县图书馆电子阅览室自开放以来，每天对外开放，实行免费上机。现有馆内固定的上机读者有近200名，每天接待上机者在70人左右，其中未成年人占90%，节假日及周末更是爆满。为了让未成年人远离不健康的游戏、网站，管理人员对客户机进行实时监控，及时提醒未成年人，引导他们上网、学习或是玩一些益智类的小游戏，对不听劝说的就取消当天上机资格。为了更好的服务读者，提高电子阅览室的服务水平和计算机的利用率，为广大读者提供更多优质资源，县图书馆加大宣传力度，在每年的图书馆宣传服务周期间印发各种宣传资料和通告，让更多的群众了解共享工程和享用到优质资源，让周边中小学校的师生在不影响教学和学习的前提下充分利用周末和假期组织中小学生来上网学习和查阅资料。努力为读者提供一个获取优质资源的平台和安静舒适的上网环境，努力提供更多优质服务。

（撰文/巍山县支中心）

楚雄彝族自治州支中心

楚雄彝族自治州位于云南省中部，总面积29258平方公里，辖9县1市103个乡镇，1087个村委会，居住着汉、彝、苗、傈僳、回、白、哈尼、傣等25个民族。

楚雄州图书馆始建于1962年，1986年在原址上新建馆舍，总面积6779平方米，位于有着“楚雄州会客厅”之称的美丽的桃源湖畔，现有总藏书38万余册，在职职工39人；2005年5月被国家文化部命名为“国家一级图书馆”，2009年在全国开展的文化部第四次县以上公共图书馆评估定级工作中楚雄州图书馆再次被评为“国家一级图书馆”。

一、基本情况

楚雄州文化信息资源共享工程工作始于2004年。在2002年由财政部支持、文化部组织实施的国家级文化创新工程——全国文化信息资源共享工程（以下简称“共享工程”）开始正式启动之后，云南省共享工程领导小组办公室于2004年将楚雄州图书馆、楚雄市图书馆列为云南省第一批实施共享工程项目的32个地州市、县、乡基层站点之一。为此，楚雄州图书馆积极争取资金支持，于8月份购买卫星接收器、计算机、投影仪等设备进行安装，调试成功后接收国家中心和云南省分中心的文化信息资源，接着州政府又投资25万元在楚雄州图书馆建立了电子阅览室，并向读者免费开放使用，为他们开辟了一个不受地域、时空限制的崭新的文化传播渠道，从而加快了楚雄州共享工程工作的建设和对外开展服务的步伐。

2010年5月在省文化厅和省中心的大力支持下，在州委、州政府和州文化局的领导下，楚雄州图书馆将共享工程列入重要议事日程，同年8月，“全国文化信息资源共享工程楚雄州支中心”及办公室正式成立。“支中心”领导小组设在州文体局，主要负责州内“共享工程”的规划、建设、管理等工作；办公室设在州图书馆，在省分中心和州文体局的共同领导下，进行业务指导、文件上传下达、资料统计、开展读者服务活动等实际业务工作，州支中心办公室人员由州图书馆工作人员兼任。目前，州支中心已基本具备数字资源的存储能力、传输能力和服务能力，并充分利用现有资源和设备，开展着数字化建设、资源更新、技术维护、人员培训等方面的工作和服务。

同时，省分中心统一配备了机柜1套、资源服务器5台、计算机50台，移动播放器2套，投影仪1套，摄像机、照相机各1台，便携式电脑2台等总计70万元的设备以及各种实用的数字资源。利用这些设备，州支中心在原来“州图书馆电子阅览室”的基础上建立了全新的“全国文化信息资源共享工程楚雄州支中心电子阅览室”1个，拥有座位50个，面积近300平方米。另外，由州图书馆每年出资2万元开通了20兆带宽光纤，读者能在电子阅览室方便快捷地登录“全国文化信息资源共享平台”，免费收看、浏览、利用这些优秀资源。

至此，楚雄州支中心正式投入了使用。它在加速我馆现代化建设步伐的同时，丰富了图书馆服务资源、拓展了图书馆服务领域，也为图书馆的服务事业增添了活力。

二、工作开展情况

按照《云南省文化信息资源共享工程州（市）级支中心暂行管理办法（讨论稿）》的相关要求，楚雄州支中心自成立以来，开展了一系列扎实有效的工作，包括：

1、配合省分中心和州文体局在全州范围内的共享工程建设工作。工程自2004年在楚雄州实施以来，受到州委、州政府的高度重视，在州文体局的具体部署下、在省文化厅和省分中心的支持下，辖区九县一市的县（市）级支中心和一部分乡镇共享工程服务点（农文网培学校）都已于2010年底建设完成并交付使用；2012年底，又完成剩余乡镇共享工程服务点（农文网培学校）和全州村（社区）活动室的建设工作，可以说，文化共享工程网络在楚雄州范围内现已基本全覆盖，初步形成了以州、县（市）、乡镇、村为格局的基层服务网络。

2、完成对工作人员的技术培训工作。人才是共享工程建设和正常运转的关键，州支中心自成立以来，积极争取机会、创造条件，采用“请进来，走出去”的培训形式，提高县、乡共享工程工作人员的素质。“请进来”就是州支中心向上级主管部门争取一定的资金支持，邀请省分中心技术人员给州、县（市）、乡（重点在县级）共享工程工作人员做培训和业务指导。截至2012年底，共邀请省分中心工作人员为我州共享工程工作人员进行业务培训5次，培训人数达230人。“走出去”就是利用省份中心举办业务培训的机会，积极组织工作人员前往学习业务和技能；组织工作人员参加文化共享工程国家中心和省分中心举办的专题活动和知识竞赛、交流共享工程工作经验等。此外，还认真组织工作人员收看共享工程网络培训视频，让工作人员了解和认识更多的共享工程新技术、新内容。

3、做好共享工程相关文件、通知的下发以及相应数据、材料的统计、汇总和上报工作。共享工程州支中心作为省分中心与县支中心之间的纽带，起到的是沟通桥梁作用，及时地将国家和省分中心的相关文件、通知下发到县（市）级支中心，并定期将本中心和下属各基层服务点的工程进展情况、有关数据进行统计汇总，及时上报省分中心，保障了共享工程工作的顺利衔接和开展。

4、认真开展好支中心的服务工作。首先，做好电子阅览室的服务工作，除了制定好相应的规章制度外，还对青少年的上网行为进行一定的约束。要求青少年前来上网时必须携带我中心制作的“青少年上网卡”，一天上网时间累计不能超过两小时；第一次上网需在监护人的陪同下到我们支中心办理“青少年上网证协议”，让家长认可并配合监督子女的上网行为；对成年人前来上网的每次都要求出示身份证并进行实名登记，让读者的上网信息有迹可循。在今年进行的“创先争优”活动中，我支中心电子阅览室还荣获“楚雄州图书馆创先争优共产党员示范服务窗口”的奖项、一人获得“服务之星”称号。其次，开展一系列丰富多彩的活动。如周日电影展播、群众歌咏活动、践行雷锋精神宣传活动、优秀视频进学校活动等，让共享工程优秀资源得到更大的发挥；第三，提供场地和设备配合其他单位培训。阅览室配备有50台电脑和投影仪、音响等设备，是理想的培训场地。自支中心成立来，共为其它单位免费举办专题培训9次，有效发挥了共享工程的文化服务职能。

5、加强对共享工程的宣传工作，让更多的人共享优秀资源与服务。第一，在楚雄州图书馆网站上开辟共享工程专栏，宣传共享工程动态和服务项目，回答广大网友的相关咨询；第二，办“楚雄州共享工程工作简报”，一方面总结和记录了共享工程工作，另一方面向社会宣传和展示了近期的工作情况。第三，建设地方特色的数据库。以楚雄彝族自治州这个大背景为依托，积极搜集整理相关的彝族文献资料进行存储。

三、工作展望

1、加强人才队伍建设。人才队伍建设是保证共享工程持续发展的关键因素，共享工程的开展需要一大批熟悉网络知识和信息化知识的技术骨干。要通过培训和实践，在州、县级图书馆培养一支掌握计算机技术、通讯技术、网络技术、多媒体技术并能从事本地特色资源采集、整理、加工、开发的人才队伍。

2、更新观念，积极探索多元化的服务方式，使共享工程更加深入人心，最大限度地发挥共享工程的社会效益。比如，与州县市电视台联系，固定播出信息资源共享节目，包括本地区近期共享工程新闻、优秀电影、文艺晚会、实用技术培训等；也可以依靠网络的力量，为本地区的学校、医院、敬老院等寻找爱心人士捐款捐物、寒暑假召集大学生志愿者关爱留守儿童等。

3、结合实际，加强资源建设。资源建设是共享工程的重要保障，我们要充分利用共享工程设备，利用多年积累的数字资源建设经验，做好地方特色的数字资源，深入挖掘整理和制作具有地域特色、乡土特色的信息资源，把彝族文献、毕摩文化、旅游资源、民族习俗等具有楚雄地方特色的资源收集并整理出来，制作成数字化资源，建立具有地方特色的资源数据库。

（撰文/楚雄州支中心）

楚雄市支中心

楚雄市国土面积4433平方公里，城市建成区面积23平方公里，辖15个乡镇，有汉、彝、回、白、苗等50万各族儿女。2008年，楚雄被纳入文化信息资源共享工程第三批建设单位，在楚雄召开的“2008年度云南省文化信息资源共享工程建设工作会”上，楚雄市政府与省文化厅签订协议。市委、市政府政府高度重视，成立了以副市长为组长、市文体广电旅游局长为副组长的领导小组，为全国文化信息资源共享工程建设得以顺利进行奠定了良好的基础。

2011年楚雄市被定为创建国家文化服务体系示范项目农民文化素质网络培训学校建设全国试点，市文体广电旅游局金山局长带领分管副局长以及图书馆负责人对全市15个乡镇进行了调研，对“农文网培学校”建设提出了要求以及调整意见，全面部署精心组织工程的实施。

一、基本情况

2008年全国文化信息共享工程在楚雄市组建一个县级支中心（楚雄市图书馆），十个乡镇基层服务点（子午、东华、苍岭、吕合、大地基、西舍路、东瓜、中山、三街、新村）。2010年在楚雄市鹿城的富民、栗子园、青龙、福塔、学桥街等五个社区文化室组建文化信息资源共享工程进社区试点。2011年楚雄市被指定为创建国家文化服务体系示范项目“农民文化素质网络培训学校”建设全国试点，基层站点重新命名为“农文网培学校”，2011年楚雄市剩余五个文化站（鹿城、大过口、树苴、八角、紫溪）组建“农文网培学校”，同时128个村委会组建“农文网培学校分校”。

二、设备发放管理运行情况

从2008年以来，楚雄市一直严格按照省厅标准，将下发设备配备到(市图书馆)县级支中心、14个“农文网培学校”、1个社区文化活动中心、5个社区文化活动室、128个“农文网培学校分校”。并由市文体广电旅游局局长与各乡镇领导签订《农文网培学校建设协议书》，明确职责，目前各个点设备配备完毕，运行正常。市文体广电旅游局及时出台设施设备管理办法，定期组织检查督促。（市图书馆）县级支中心对基层站点积极开展业务指导、培训工作，考核逐步规范，资源应用、资源整合正在走向逐步发展道路。14个农文网培学校和1个社区文化活动中心、5个社区文化活动室、128个“农文网培学校分校”针对当地生产社会实际，因地制宜开展各项活动，和其他部门密切合作，成功举办不同内容的多次卓有成效的培训。

三、具体做法

几年来，丰富、实用的文化信息资源极大的方便和吸引了广大人民群众，对促进我市政治、经济、文化、教育的全面发展，提高农民科技致富能力、满足农民政策信息需求等起到了极其重要的作用。我们的主要做法是：

1、统筹规划、广泛宣传，充分认识共享工程的重要作用。 为使全市各级基层文化单位更多的了解共享工程的意义和作用，我们根据省文化厅的统一部署，明确职责、制定方案、宣传发动。

1.1.设立机构，为推进共享工程建设提供组织保证。成立了由市主管副市长任组长、市文体广电旅游局局长任副组长的楚雄市文化共享工程领导小组，以市图书馆为主要技术力量的县级支中心。

1.2.制定规划，明确共享工程建设的目标任务。文化共享工程建设在我市正式启动后，根据省厅的统一部署，

特色服务

电脑知识扫盲班

我局一手抓统筹规划， 一手抓宣传发动。明确共享工程建设经费渠道，争取政府财力投入与自筹资金相结合；制定方案，确立了以市图书馆为支中心，各乡镇、村和街道、社区文化站（室）为全市文化共享工程基层点的网络构架。通过制作播放专题片、资料图片宣传等多种形式宣传共享工程在推动基层文化事业跨越发展中的作用，为共享工程的顺利实施打下基础。

2、完善制度，规范管理

2.1.统一标准，规范场地建设，为广大群众建设营造安全舒适应用环境。是进一步推进文化信息资源共享工程必备条件，针对我市各级基层单位申请建设及实际现状，结合省厅建设要求，我们分级进行实地勘察，严格把关，对于达不到要求的场所要求即刻整改。

2.2.强化管理、严格把关，切实推进共享工程建设步伐共享工程作为一项利用先进高科技手段、有步骤地整合和发布优秀文化信息资源的网络工程，在基层点起步阶段，我们妥善处理好公益性文化项目与经营性网吧的关系，强化管理措施，严格把关，市文体广电旅游局和县级支中心及时将“共享工程”有关管理文件下发到每个基层点。根据要求制定统一标牌。规范服务手段，读者凭借书证、阅览证等证件均可查阅资料，并规定各基层点接待未成年人要有家长书面意见，只在周末和节假日接待未成年人，采取实名制登记，每日不超过2小时。通过采取以上各项措施，我市共享工程基层点运行情况整体上较为稳定。

3、协调管理、规划运作，不断提高共享工程的服务水平随着基层点的逐步建成，在正常开放中，不可避免地出现这样和那样的问题，为积极推进共享工程建设的有序发展，提高服务水平。

3.1.加强培训，技术指导，为共享工程建设提供保证。我市聘请省中心专家和网络公司工程师来楚对基层技术人员进行技术培训，采取到基层站点现场操作和理论知识学习相结合的方式，同时。在工程建设运行中，市图书馆技术部的同志与省中心专家和网络公司工程师采取远程培训，视屏解惑等方式担负了对基层站点工程的后期服务技术指导，确保各基层站点正常运行。

3.2.实施基层点月报表制度。根据省里要求填写月报表，便于及时掌握全市基层点的运作动态，督促基层点更好的为群众服务，并将月报表作为每年考核检查的依据。

3.3.及时做好信息上报工作，编辑《共享工程楚雄市工作简报》。

四、工作展望

我市将以加快发展文化共享工程建设，以整合、开发优秀文化信息资源，推进思路创新、技术创新和服务创新

为工作重点；始终坚持以满足广大人民群众文化信息需求为服务中心，努力把我市的文化共享工程推上一个新的台阶。继续推进我市共享工程基层网点的建设，发挥优势，整合资源，加大资源建设力度，发挥本市资源优势，努力将有地方特色的文化信息资源开发出来，加强培训，不断提高队伍素，质以适应共享工程建设和服务的需求，健全制度，加强文化共享工程的管理，在省厅和州局的领导下，我们将不断完善制度，加强管理，稳步推进；深化公共网络，创新服务内容，加快楚雄市文化共享工程建设，实现又好又快的发展。

（撰文/楚雄市支中心）

双柏县支中心

文化信息资源共享工程是采用现代信息技术，对文化信息资源进行数字化加工和整合，通过网络最大限度地为社会公众享用的文化工程。它开辟了一个不受地域、时空限制的崭新的文化传播渠道，这对于迅速扭转我国广大中西部地区特别是贫困地区的信息匮乏和经济、文化落后的状况将起到显著的作用。实施"共享工程"是贯彻江泽民同志"三个代表"重要思想的有力措施，对于继承和弘扬中华优秀文化，实施"科教兴国"、"以德治国"战略，将产生深远而巨大的影响。文化信息资源共享工程将充分利用现代高新技术手段，将中华民族几千年来积淀的各种类型的信息资源精华以及贴近大众生活的现代社会文化信息资源，进行数字化加工处理与整合，建成互联网上的中华文化信息中心和网络中心，并通过覆盖全国所有省、自治区、直辖市和大部分地（市）、县（市）以及部分乡镇、街道（社区）的文化信息资源网络传输系统，实现优秀文化信息在全国范围内的共建共享。

一、整体情况

双柏县文化信息资源共享工程在中央和省州文化主管部门的关心支持下，于2009年建成投入使用，工程建成投入使用以来，社会效益明显。

双柏县辖有五镇三乡，有84个村（居）委会，结合工作实际，在县城（县图书馆）建有文化信息资源共享工程县级支中心1个，有电脑27台，有移动播放器、便携式电脑等设施设备一批。在全县八乡镇政府驻地（乡镇文化服务中心）建有文化信息资源共享工程基层服务网点8个，在全县村委会建有基层服务站点75个，文化信息资源共享工程县乡村服务网络初步建立。

二、免费开放

文化信息共享工程是一项深得民心的文化惠民、文化乐民、文化富民工程，乡村两级服务网点承担了大量的文化服务工作。为将国家的免费开放工作抓好，县级支中心加大了相关宣传工作，保证了全县所有文化信息资源共享设备零收费。

三、经费投入

县级支中心每年投入电费、上网费3万元，并与县电信

公司加强合作，接入了流量为10兆的光纤，鉴于工作实际需求，县文体广电旅游局每年从图书馆免费开放经费中安排县级支中心专项工作经费6万元，专门用于县级支中心水电费、上网费和设施设备维修费的开支。乡镇服务点和村级服务点均有专项经费投入，保障了设施设备正常运行。

四、惠民服务

文化信息资源共享工程信息量大，内容丰富，涉及政治、新闻、农民工、政策法规、文化娱乐等方方面面。工程建成投入使用以来，深受广大干部群众欢迎。县级支中心平均每天服务50多人次，乡镇网点平均每天服务20多人次，村级服务点每周服务10人次，给广大干部群众带来了实实在在的实惠。

五、培训工作

如何将一流的设施设备管好用好，我馆对乡村两级在业务上进行了指导和安排，县级支中心全年开展管理人员培训2次，培训人员达160多人次，经过培训学习，大部分管理人员的服务意识进一步增强，文化服务能力有了明显的提高，设施设备发挥出了应有的社会效益。

六、设备维护

多数设备对于我们广大文化干部来说还是一些新东西，存在着使用不熟练，维护不知如何下手等问题，为此，县级支中心聘请了电脑等设备维护人员1名，定期对所有设备进行检查维护，全年维护台式电脑23人次，并安排管理人员加强对设备维护知识的学习，同时对乡镇设备维护进行巡回排查指导，保障设备运行正常。

（撰文/双柏县支中心）

牟定县支中心

"文化共享工程"是采用现代信息技术，对文化信息资源进行数字化加工和整合，通过网络最大限度地为社会公众享用的文化工程。它开辟了一个不受地域、时空限制的崭新的文化传播渠道，这对于迅速扭转我国广大中西部地区特别是贫困地区的信息匮乏和经济、文化落后的状况将起到显著的作用。其内容覆盖到各个生活领域，共享工程将充分利用现代高新技术手段，将中华民族几千年来积淀的各种类型的文化信息资

源精华以及贴近大众生活的现代社会文化信息资源，进行数字化加工处理与整合；建成互联网上的中华文化信息中心和网络中心，并通过覆盖全国所有省、自治区、直辖市和大部分地(市)、县(市)以及部分乡镇、街道(社区)的文化信息资源网络传输系统，实现优秀文化信息在全国范围内的共建共享。

2009年我县被确定为全国文化资源共享工程实施县，截至2010年12月底已建成牟定县支中心1个，乡镇基层服务点7个，村级基层服务点89个，全县共享工程实现全面覆盖，每个乡镇都有基层站点，村村有共享工程的良好局面。牟定县共享工程县级支中心于2009年8月初正式建成并投入使用，中心面积80平方米，设有1个中心机房、1个电子阅览室、1个多功能活动室和办公室，专(兼)职人员4名。共享工程建设第一年由县财政投入10万元，建成后由县文体广电旅游局每年从图书馆免费开放经费中安排县级支中心专项工作经费5.5万元用于支付电费、上网费等。2009年以来，县级支中心每年开展管理人员培训2次，培训人员达160多人次，全县累计培训6400余人次；县级支中心平均每天服务40多人次，乡镇网点平均每天服务20多人次，村级服务点每周服务10人次，累计服务43200余人次。县级支中心聘请了电脑等设备维护人员1名，定期对所有设备进行检查维护，全年维护台式电脑28台次，保障设备运行正常。

共享工程作为一项文化创新工程，在我县实施以来所发挥的作用十分显著，无论是促进社会主义和谐社会的构建，还是在促进社会主义新农村建设上，都彰显出了它作为文化创新工程的独特魅力。

牟定县支中心将针对当前我县文化事业的实际情况和科技发展的水平，继续整合现有的文化资源，积极开展创新工作，推进共享工程在我县的全面发展。

（撰文/牟定县支中心）

南华县支中心

古有“九府通衢”之称的南华县，地处滇中高原西部，总面积2343平方公里，其中，坝区占4%，山区占96%。国道320线、省道217线（南永二级公路）和广大铁路、楚大高速公路穿境而过，是川、黔、滇通往滇西、缅甸、印度等国家和地区的咽喉要塞，历来是富贾云集之地。全县辖10个乡镇，128个村(居)民委员会，1465个村民小组，是一个以汉、彝、回、白等多民族聚居的山区县，素有“野生菌王国”、“核桃之乡”之美誉。

我县是被列入2009年云南省实施文化共享工程的38个县（市）之一，自该工程建设实施以来，得到了县委、县人民政府的高度重视和支持，严格按照上级部门的要求和安排部署，认真抓好落实、精心组织、扎实工作，充分发挥文化共享工程的职能作用，通过努力各项工作顺利开展，目前我县文化共享工程的建设工作已初见成效。现就我县文化共享工程县级支中心和农文网培学校建设实施以来的工作情况作如下汇报：

一、统一思想，精心组织

我县的文化共享工程是按照统一规划、统一服务、分级管理、分期分批建设的原则进行，建成覆盖全县的县、乡、村三级公共文化服务体系，最终真正实现文化信息在全县范围内的共建、共享。

1、加强组织领导，确保工程顺利实施。为确保我县文化信息资源共享工程项目建设工作的顺利实施，县委、县人民政府分管领导多次到我局进行调研，成立由县人民政府分管副县长任组长，县人民政府办公室副主任、县委组织部副部长、县文体局局长任副组长，县财政局、县教育局、县科技局、县广电局、电信南华分公司、县图书馆等相关部门负责同志为成员的南华县文化信息资源共享工程领导小组，形成齐抓共管、全面到位的工作格局，并制定下发了《南华县文化信息资源共享工程建设工作实施方案》，2009年实施了8个乡镇基层点：沙桥镇、雨露乡、五街镇、一街乡、罗武庄乡、五顶山乡、马街镇、兔街镇，村级点8个；2010年实施了1个乡镇点：红土坡镇，2个社区（海子山社区、西云社区），116个村级点；2011年实施了1个乡镇：龙川镇。截止目前，我县文化共享工程建设已基本实现全县全覆盖。

2、落实经费，确保运行。由于得到县委、县人民政府的高度重视，我县文化信息资源共享工程的前期准备工作经费，根据南财预〔2009〕222号文件精神，划拨专项资金、落实场地、配套措施和配套实施建设所需经费，严格按照《云南省文化信息资源共享工程2009年度县级支中心及乡镇站点和农民素质教育网络培训学校建设工作实施协议》的要求，确保完成了我县文化共享工程县级支中心和10个乡镇基层点（农文网培学校）。支中心在设备全部安装，配备专门的工作人员，保证能够开展正常服务，并指导乡镇基层点工作。10个乡镇严格按照《南华县文体局关于做好文化信息资源共享工程农民素质教育网络培训学校建设前期准备工作的通知》，由分管领导带领相关工作人员进行全面认真落实，10个乡镇基层点按要求完成了前期准备工作，场地（不少于30平方米）、配备桌椅、供电、防火器材、防盗设施、电话及互联网接入（不低于2MB），配备专职技术人员，能够正常开展工作。

3、加强管理，完善制度，抓好培训，提高服务能力，确保工程建设稳步推进。首先由县人民政府制定下发了《南华县文化信息资源共享工程建设工作实施方案》，完善各项制度建设，文化共享工程是一项长期性的惠民工程，必须通过建立完善的长效机制来保障，县级支中心设机房、电子阅览室、资源加工室各一间，建立了《文化共享工程电子阅览室管理岗位职责》、《电子阅览室上网须知》、《读者上网登记册》等规章制度，保障了读者的上网安全，提供了绿色上网空间。其次图书馆在管理好电子阅览室的同时狠抓职工的业务培训和乡镇基层点工作人员的培训工作，在缺乏计算机专业人才的情况下，除了正常参加省、州举办的培训外，在单位内部定期组织计算机知识培训，能够熟练操作文化共享工程的各项设备，而且一般的网络故障及设备故障能自行处理。随着电子阅览室管理的规范化及职工各项业务技能的提高，从而不断拓展图书馆的服务方式和服务空间，才能为读者提供更高效更全面的服务。

4、加大宣传力度，扩大文化共享工程的影响力。文化共享工程是建设公共文化服务体系，是加强社会主义新农村建设的重要基础设施，要做到统筹规划：一是充分利用新闻媒体加大宣传，在全县营造文化信息资源大家共建共享的氛围；二是利用宣传栏、信息及刊物板报等方式进行宣传；三是利用科普等各种活动日、节假日散发文化共享工程宣传材料，吸引社会力量共同关注，共同参与文化共享工程建设。

5、与相关部门加强合作，整合现有资源，进一步实现文化信息资源的共建共享。积极联系与当地的科技、农业、科研单位建立合作机制，结合中小学远程教育和现代党员远程教育，与农村电影放映工程实施资源整合，发挥县级支中心的先进设备和技术手段，挖掘和收集资源进行整合，使之具有地方特色，为本土的文化、科技成果提供传播载体和推介渠道，建立起文化信息资源与社会各领域优势互补，资源的良性发展模式。

二、把握重点、扎实工作

实施文化信息共享工程，建设农民素质网络培训学校，是新形势下提高农民群众思想道德素质和科学文化素质的重要途径，为全面整合农村公共文化服务建设的资源，实现以文化共享工程建设为载体，以乡镇综合文化站为平台，以文化共享工程资源为内涵，以农文网培学校为契机，加强农民素质培训，实现“文化乐民”服务农村，“文化育民”服务农民，“文化富民”服务农业，从文化层面上解决三农问题为工作目标。

1、统一思想，全面部署。文化共享工程是一项繁荣社会主义先进文化的创新工程，也是一项惠及农民群众的民心工程。为深入贯彻落实《中共楚雄州委办公室楚雄州人民政府办公室关于加强农村公共文化服务体系建设的意见》（楚办字〔2010〕32号）精神，全面推进我县

文化信息资源共享工程农文网培学校建设，将此项工作作为全局工作重点认真组织实施，制定下发了《南华县文化信息资源共享工程农民素质教育网络培训学校建设工作方案》，要求各乡镇要及时组建成立文化信息资源共享工程农文网培学校建设工作领导小组，建立健全由分管文化工作的乡镇领导负总责、文化站站长负直接责任的领导机制，切实加强对文化信息资源共享工程农文网培学校建设的领导，确保农文网培学校各项工作的顺利推进。

2、建章立制，规范管理。根据工作实际，各乡镇农文网培学校制定了《农文网培学校读者上网须知》、《文化信息资源共享工程基层服务点管理使用制度》、《农文网培学校管理员工作职责》，建立了学员基地实训情况登记表、学员集中培训情况登记表、学员考试成绩登记表、教员（辅导员）情况登记表、学员上机自学情况登记表、教学进程表、流动培训情况登记表、学员入学登记表、培训签到册等，制作了聘书、培训合格证、学员证、辅导员证，自开展服务工作以来，受到了群众普遍好评。

3、注重实效，优化资源。一是根据各乡镇“三农”工作的需要，确定培训项目和内容，制定了年度工作计划；完善管理制度；二是科学合理地制定教学计划和课程设置，并有计划分步骤地组织实施；三是规定文化共享工程设施设备每周向干部职工、农民群众开放时间不少于30小时，每月举办培训班不少于1次，开放时间、播放内容和培训课题提前向农民群众公布；四是除了满足培训班学员上机自学需外，根据不同用户对象、不同农时或季节，合理安排播放内容，开展文化信息咨询和服务；五是结合农村党员干部现代远程教育、中小学远程教育，和“文化惠民示范村”建设工作相结合，整合现有资源，发挥最大效益。

4、抓好培训，保证服务工作有序开展。

我馆通过举办农文网培学校业务培训班。并积极指导配合各乡镇农文网培学校，紧紧围绕“文化乐民，文化育民，文化富民”，从文化层面上解决三农问题为工作目标，进一步规范管理，大力加强农民素质培训，保证服务工作有序开展。注重实效，优化资源，与农村党员干部现代远程教育、中小学远程教育，和“文化惠民示范村”建设工作相结合，整合现有资源，发挥最大效益。自开展服务工作以来，举办培训班133期，培训7382人，受到了群众普遍好评，切实增强了文化共享工程服务基层的能力，同时也体现出了真正意义上的“文化乐民”服务农村，“文化育民”服务农民，“文化富民”服务农业。

三、工作展望

我县的文化信息资源共享工程县级支中心和农文网培学校的建设，通过不懈努力，取得了一定成绩，但还存在很多问题和困难，在今后的工作中我们将在上级文化部门的指导下，采取有效措施、创新管理模式、不断完善机制、探索规范、科学的管理方法，进一步整合资源，配合学校、科技、农业、卫生、林业、水利、教育等职能部门，开展一些技能培训，真正做到“文化乐民、文化育民、文化富民”，资源共享，为全县的经济发展、社会进步作出应有的贡献。

（撰文/南华县支中心）

姚安县支中心

一、建设情况

为了认真贯彻落实中央、省、州关于“实施共享工程”的文件精神，我馆争取到财政资金39000元，严格按照《云南省文化信息资源共享工程2007年度县级支中心及基层服务网点建设工作实施协议》里规定的标准要求，于2008年6月开始动工，对县级支中心进行了改造，配置了30套电脑桌椅，一组文件柜，接入了12兆的光纤电缆线，建成了100平方米的多媒体电子阅览室(含中控室)，安装了防盗、防雷、消防设施，6月底，我县县级支中心按协议要求的基础设施的准备和改造工作全部完成。同时，积极争取财政支持，将年度文化共享工程运行费2.7万元，纳入了县财政预算（2011年度免费开放经费下来后就没有了），为我县文化共享工程的正常运作奠定了坚实的基础。共享工程国家中心为我馆配置了55万元的设备，南天电子信息产业集团公司的两名技术员于2008年9月24至25日到我馆，对我馆县级支中心进行了布线及设备安装、调试，对我馆所有工作人员进行了设备的使用管理培训，县级支中心的各项建设工作基本完成。

二、服务读者情况

电子阅览室于11月20日正式对读者开放，电子阅览室里有电脑30台，有机位30个，交换机1台、服务器3台、存储器1台、液晶显示、手提电脑1台、传真、打印、复印一体机1台，多功能扫描仪1台、数码照相机1台、数码摄像机1台、投影机1台、电动投影幕1套，话筒、音箱、摄像头、空调等附属设备齐全，功能完善。人们不仅可以阅读电子书，查阅信息，还可以看电影、听音乐，丰富了服务品种和品味。读者在电子阅览室还可通过馆内局域网、互联网检索本馆馆藏资，如：馆藏图书、期刊书目、电子文献、自建数据库等。现已投入使用的数据库有：《古籍书目数据库》、《中国农业专题电子图书据库》、《中国农业知识数据库》、《农村医药科普知识数据库》、《中国京剧音配像精粹数据库》、《各种使用技能培训数据库》、《学用现代化办公设备》等多个数据库，有光碟488张。整个阅览室采用网络集中管理模式，提供图书馆局域网内全方位服务。多媒体电子阅览室的诞生，给我馆带来了新的生机，它以一种崭新的服务内容、服务功能、服务手段、服务方式展现在广大读者面前，深受读者青睐。

2009年度农家书屋管理员培训

三、完善各项管理制度

为了加强电子阅览室的管理，便于读者明了相关的基本要求，我馆公示了《少年儿童上网温馨提示》、《姚安县图书馆电子阅览室读者须知》、《电子阅览室工作人员规章制度》、《楚雄州公共电子阅览室管理规定（试行）》等制度，使我县县级支中心文化共享工程工作的开展做到了有章可行、有据可依，同时也保障了广大读者的利益，为我县广大读者，尤其是青少年提供了绿色上网空间。

四、加强管理，认真做好技术培训

建设一支适应文化共享工程发展需要的专业队伍，是保证文化共享工程常年运行的关键，为此，我馆馆长于2008年4月21—23日，参加了省文化厅在红河州蒙自县举办的2007年度云南省文化信息资源共享工程县级支中心及基层服务网点建设工作会议。5月2—15日，我馆派两名工作人员到昆明参加省图书馆举办的2008年度云南省文化共享工程县级支中心培训班学习。9月24—25日，省中心派出南天电子信息产业集团公司的技术员一行2人来到我馆，对国家下发到共享工程试点县的电脑、网络、设备进行安装、调试，并现场演示操作程序，在设备安装完成后，相关工作人员认真学习由南天电子信息产业集团公司技术员现场讲授的电子阅览室的基本操作和管理维护知识培训。2008年11月2日至8日，馆长和一名专职技术员到红河州弥勒县图书馆参加了共享工程云南省分中心举办的第二批2008年文化共享工程县级支中心培训班学习。我馆共享工程工作人员通过当面指点、个别辅导、光盘教学、现场授课、示范等方式的学习，不仅能够熟练、规范地操作和日常维护管理县级支中心设施设备软硬件系统，而且还能够对基层管理员进行日常操作、设备的管理与维护、“共享工程知识”资料查找方法、内容介绍和数据库资源介绍等知识的培训指导。2010年8月31日至9月4日，组织我县9个乡镇的文化站长及我馆的2名技术到州图书馆参加“楚雄州2010年文化信息资源共享工程及农文网培学校建设培训班”。学员们通过认真学习，充分认识了共享工程的重要性，了解了农文网培训学校建设的意义，掌握了共享工程的设备的管理及使用技术，并把所学知识应用到本职工作中，更好的为广大人民群众服务。

五、积极开展各种活动

1、积极开展“服务宣传周”活动

每年五月的最后一周是我馆“服务宣传周”活动，为进一步加强社区文化建设，以多彩的文化传播方式丰富广大社区老年人的业余生活，我馆组织开展了“送电影进社区”活，将电影送到各种老年团体，为老年人放映老年人心理健康、老年保健、卫生、饮食、晨练等知识，还放映电影《沂蒙六姐妹》、《海峡》、《开国大典》等。这些活动的开展，不仅丰富了社区老年人的业余文化生活，给老年人带来了轻松与娱乐，也充分体现了“共享资源进社区”的活动意义。

2、开展少儿活动，强化未成年人教育。

为向未成年人宣传文化信息资源共享工程，引导未成年人认识、了解、利用文化信息共享工程资源，在学习娱乐中受到先进思想文化的熏陶。每年的六一儿童节，我局女工委组织全局职工子女在图书馆举办庆“六一”活动，活动结束后，小朋友们到电子阅览室上网，在电子阅览室里，我馆管理员向小朋友们介绍了全国文化信息资源共享工程网站里丰富多彩的少儿文化，教他们如何登录这个网，怎样找到自己喜欢的资源，同时利用共享工程设备在大屏幕上为小朋友们播放“六一”节卡通幻灯片、动画片、少儿歌曲等。在热烈友好的气氛中，小朋友们渡过了一个又一个愉快的儿童节。

3、积极宣传地震知识

特别是在今2009年的7·09地震期间，从7月11开始，每晚8点，全馆人员带着共享工程设备，到梅葛园广场开展防震减灾宣传活动，观看观众累计达3000多人次。深入重灾区官屯乡的马游村委会、大村村委会，用共享工程设备播放地震知识，多角度地宣传地震应急自救，互救常识和措施。

六、举办各种培训班

1、举办我县农家书屋管理员班

“农家书屋”是党和政府根据我国农村缺书少报的现状，为满足新时期广大农民文化需要，由政府组织、行政村建立、农民自己管理、为农民提供亟需或实用的书报刊及音像电子产品出版物的公益性文化设施。而“农家书屋”管理员是“农家书屋”的实际管理者和具体服务者，他们管理水平的高低、工作质量的好坏都直接决定着“农家书屋”的服务质量和效果，也影响着“农家书屋”工程主要任务、目标的实现和落实。为了使我县“农家书屋”管理人员掌握管理“农家书屋”的基本技能，我馆在电子阅览室举办了两期（2009年度和2012年度）农家书屋管理员培训班，这两次次培训邀请我馆专业老师为学员进行了业务讲座，主要从“农家书屋”的图书管理、基本服务及管理人员必备的业务知识等方面进行了培训，学员们认真学习了图书的分类、上架、借阅、保管等图书管理操作规程。学员们普遍反映，通过培训，收效很大，既增长了理论知识，又增强了管好农家书屋的决心和信心，表示一定要把书屋管理好、用好，使农家书屋真正成为提高农民综合素质、丰富农民文化生活的平台，成为一座通向农民致富的桥梁，成为社会主义新农村建设中的一颗文明之星。

2.举办2010年文化共享工程基层服务点服务点培训班

为加强文化共享工程基层服务点管理员业务水平、提高基层文化水平，6月30日，我馆在电子阅览室举办了“2010年工程基层服务点技术员培训班”，弥兴、官屯、太平、光禄4个乡镇的管理员参加了培训。培训主要是现场示范指导每一位管理员，如何使用和管理各种设备，解答设备操作过程中遇到的技术问题，以及要求基层服务点要结合实际，严格按照“文化共享工程基层务点管理制度”的规定，开展乡镇、村两级农村文化共享工程服务宣传活动。

七、工作展望

在下步工作中，我县县级支中心继续发挥共享工程设备及资源优势，创新服务，加大培训力度，还将引导各乡镇、村级建设点，积极利用共享工程的信息资源库为教材，利用乡、村文化站(室)的活动场地作为课堂，利用文化站(室)的管理人员或大学生村官作为辅导员，通过在文化站(室)建设“农文网培学校”，下设“电子阅览室”、“农民培训教室”、“图书室”（农家书屋）等设施，采取多媒体教学、网络教学与现场培训、流动培训相结合的形式，整合共享工程和农村公共文化服务的设施、设备、人员、信息等多项资源，创新共享工程基层服务点的运行方式，增强农村公共文化设施服务群众的能力。

同时，恳请上级继续重视共享工程的建设与管理工作，加大对县、乡、村管理员、辅导员的培训力度，给予乡镇、村分校在政策、资金等方面的支持。

（撰文/姚安县支中心）

大姚县支中心

大姚县总面积4146平方千米。全县有12个乡镇，129个村（居）委会，28万人。随着全国文化信息资源共享工程的实施，在省、州文化主管部门的关心和支持下，我县牢牢抓住这一机遇，认真落实各项建设任务。于2009年起在全县建立了文化共享工程县级支中心1个，乡镇基层站点12个，村级服务点126个，目前虽然还有北城、金龙、映塔三个社区未建，但县、乡、村三级文化服务网络体系已基本形成。

一、整体情况

文化共享工程县级支中心于2009年5月24日建成。省投入设备专项资金55万元，配送了台式PC机、服务器、存储（阵列）、移动播放器、杀毒、信息浏览监控等软硬件。当年县财政投入装修费、购买电脑桌椅和宽带使用费3.7万元。其中，建成电子阅览室200平方米，培训教室80平方米，主控机房20平方米，2011年4月搬入新馆后正式投入使用，与电信公司协商单独接入一条20兆光纤专线，每年交11250元的宽带使用费，现已向社会全面免费开放。2009年至2012年，我县分批建成了文化信息资源共享工程12个乡镇基层站点和126个村级服务点，其中12个乡镇基层站点和2011年建成的118个村级服务点是电信模式终端接收点，由县支中心负责设备配发、日常运行、业务开展，并由省技术人员负责设备调试、人员培训的工作。其它的8个村级服务点和农村党员干部现代远程教育工程为一套设备，由县委组织部负责实施。12个乡镇基层站点

省共投入设备专项资金93万元，配送台式电脑、服务器等软硬件，126个村级服务点，配送电脑126台，价值63万元。12个乡镇基层站点和126个村级服务点地方财政共投入装修费、购买电脑桌椅和宽带使用费39.6万元。从2009年开始到2012年9月底，全县文化共享工程共有专（兼）职工作人员140名，配有台式计算机278台、服务器12台、投影仪（含投影幕）12套、移动播放器12台等各种软硬件设备，省级专项经费投入211万元，地方财政投入43.3万元。目前我县的文化共享工程县、乡、村三级的文化服务网络传播设备全部投入使用，且运行良好。

二、打牢基础，稳步发展

1、规范基础设施，加强管理、完善规章制度

文化共享工程县支中心位于县图书馆一楼，由中控室、电子阅览室、综合业务加工室组成。县支中心电子阅览室是图书馆向社会公众设立的一个对外服务窗口，是为读者提供集互联网络信息查询、文化共享工程信息资源服务、数字图书馆服务、培训、网络通讯、休闲娱乐等功能为一体的公共数字文化服务场所。室内配备4台服务器、1台存储设备、28台计算机和与之对应的网络交换机、网络安全等设备，阅览座席30个专（兼）职工作人员3名。自2011年正式投入使用以来，电子阅览室软硬件设施设备得到日益完善，在为群众提供方便快捷的数字化信息服务的同时，并加强管理，制定了《电子阅览室读者须知》、《电子阅览室岗位职责》、《电子阅览室未成年人管理规定》等管理制度，还引导来阅览室的孩子们利用网络文化资源学习和掌握一些课外知识，逐步转变上网就是玩游戏、看动画的简单模式，坚持与家长签订《大姚县图书馆青少年上网证办理协议》，并严格执行协议上的规定。建立了家长联系手册，向家长宣传介绍电子阅览室的服务功能、服务项目，设立了意见栏，向家长征求电子阅览室为未成年人服务的管理意见及建议，确实为青少年提供一个绿色上网空间。县支中心阅览室年均接待读者19892人次。

随着国家对文化事业的大力发展，基层共享工程得到了当地政府的重视和支持，基础设施有了很大改善。为了搭建完善信息沟通的平台，12个乡镇基层站点和126个村级服务点除硬件有所提高外，我们还对各站点管理机制、管理制度等进一步规范。一是强化管理机制。12个乡镇基层站点都按照昭通市水富县两碗乡的办校架构模式，分别制定出《农民素质教育网络培训学校建设方案》上报县文化信息资源共享工程办公室。从办学宗旨、目标任务、组织架构、培训对象、教学方式、教材来源、设备配置、教学环境八个方面建立了较为完整的制度和措施。二是强化管理。（1）、建立健全各项管理制度，县乡村三级统一制定了工作人员职责、管理人员岗位规范、电子阅览室管理规定、设备操作维护规程、设备管理制度、安全制度等规章制度，使文化共享工程的日常管理工作步入了规范化的轨道。（2）、注重文化信息资源的利用情况，做好服务成效的反馈工作，要求每个基层服务点建立工作台账，对查阅人数、活动情况及成果都有详细的记载，以确保文化共享工程的有效实施。（3）、12个基层站点的电子阅览设有专人管理，开放时间保证每周开放2—4天，每天按时开放4—6小时，公告活动信息、活动宣传、统计记录等工作科学、规范。（4）、对126个村服务点进行统一管理，显著位置都加挂文化共享工程标牌，每个点的管理人员需按照年纪轻、学历高、懂电脑和责任心强的标准经过挑选、培训，负责业务开展，设备的管理和维护等工作。（5）、坚持公益性服务原则。全县文化共享工程都是为群众免费开放、免费使用。

2、大力培训管理服务技术人员，提高工作人员素质

为了给文化共享工程工作的开展提供人才保证，县支中心建立了管理服务技术人员培训工作制度，规定县、乡两级管理人员无证不能上岗，村级管理人员不通过培训不能管理，以县级为主，县、乡两级共同负责村级业务人员的培训工作的原则。几年来，县、乡两级的15名管理服务技术人员已分批参加了省中心举办的业务培训班，并取得了合格证。县支中心自2011年起加大了乡镇、村站点管理服务技术人员的培训力度，通过集中授课、实践操作、现场观摩等多种形式，对乡镇、村基层点的管理服务技术人员进行文化共享工程的资源介绍、推介开展服务的基本方法，电脑基本操作、使用及维护软件的运用与操作等内容的培训，建立起一支素质较高、相对稳定、专兼职结合的管理服务技术人员队伍。共举办集中培训班4期，培训人员达162人次。

三、发挥作用，开展活动

县支中心和各乡镇、村基层站点积极发挥自己的作用，不断拓展共享工程的服务内涵和方式，充分利用这一全新的工作载体，开创工作新局面。

1、县支中心活动丰富多彩

县支中心充分发挥电子阅览室的阵地作用，除了日常接待群众上网服务外，还积极开展各种活动。（1）、协助部分单位举办网络培训活动、举办未成年人电脑培训，通过网络对基层文化站工作人员进行远程培训；（2）、在全民阅览活动、图书馆宣传服务周活动期间，节假日及当地重要活动期间组织群众开展电影、知识讲座、农业科技资料片放映等活动；（3）、组织专题培训，到学校、军营等放映电影；（4）、每个月组织馆内工作人员学习培训1—2次等。通过开展形式多样的活动，提高了大姚县支中心的知名度，也不断丰富了人们的文化生活，为广大读者提供了良好的网络学习环境

2、乡镇、村站点开展活动服务老百姓

年初各个乡镇基层站点根据本乡镇实际制定培训班《教学计划大纲》。以基层群众为服务重点，采取阵地服务与流动服务灵活结合的形式，为群众提供多样化、个性化服务。一是利用网络资源，根据不同对象、不同时间或季节从网上下载如黑山羊饲养、核桃种植、农药和化肥的合理使用等信息，为当地的农业生产服务；二是丰富群众文化娱乐生活，经常集体播放一些经典影片、地方小戏等，抵制腐朽没落文化，培育文明乡风；三是针对乡镇各站所干部、村委会三级干部采用集中培训的方式，侧重于计算机应用基础知识、电脑网络知识、文档处理、电脑办公软件操作、多媒体播放等技术培训。年均开展18期，参加培训人数有785人；四是采用集中培训的方式开展农村实用人才培训，针对农民（各种种植业、养殖大户）开展培训，其中涉及村民小组长、村农科员、村委会人员，年均开展28期培训，参加培训人数为2030人，主要侧重于地方农村特色经济、科技发展方面的技术培训如核桃的科学种植、采收、烘烤、加工等技术的培训；各种养殖

技术（黑山羊、猪的科学养殖）培训。

四、注重宣传推广，扩大影响

宣传的目的是为进一步推广利用文化共享工程，充分发挥文化共享工程的传输渠道和资源优势，提高广大市民的知晓率和利用率。县支中心主要从两方面入手：一方面是积极主动争取县上各级领导的支持和重视。在工作开展中我们多次主动地向县政府分管领导请示汇报，并不时邀请县政协、人大、政府的分管领导参加由主管局召开的与文化共享工程相关的（如管理人员培训、设备发放）会议和由县支中心举办的各类活动，并请各位领导在会议上对共享工程工作做安排和指导。另一方面加强与县广播电视台联系，对县支中心举办的各种活动在县电视台、广播上及时宣传报道，让社会各界深入了解共享工程的作用。

五、统一管理，整合资源

对于乡镇，村我们实行文化共享工程建设和农家书屋建设相结合，实现合理布局、统一规划、统一管理的公共文化服务模式。以农家书屋、文化共享工程为阵地，通过人力（一个管理员兼管两个工程）、设备、资源的整合，举办种植养殖、农用机械、法律法规、文化体育等方面的知识讲座，给农民群众提供开阔视野、提高技能、掌握技术的机会，使广大群众切实得到实惠，成为农民的精神家园。

六、工作展望

1、把文化共享工程宣传工作做到位，提高社会认知度。我们要提高认识，抓住机遇，在开展文化共享工程中乘势而上，加强宣传，发展自己。

2、加强队伍建设，提高管理服务技术人员的服务能力和工作技术含量。我们将高度注重人才培养，积极派相关管理人员到上级分中心学习先进的技术，提升县支中心数字资源的存储、传输服务能力和文化信息服务能力。同时，做好对基层服务点的管理、资源更新、日常技术维护、人员培训等。

3、积极开拓服务领域，开展好共享工程"进农村、进校园、进社区、进机关、进军营、进广场"六进服务。

4、建立我馆数据库和数字化信息资源，拓宽图书馆服务领域，利用共享工程对信息资源进行收集、整理、加工，整合本馆馆藏资源及外馆馆藏数字资源、网络资源，实现馆际互借、外借预约、信息资源查询等服务，真正达到共建共享目标。

（撰文/大姚县支中心）

永仁县支中心

永仁县全县辖4乡3镇、63个村(居)委会、652个村民小组，总面积2189平方公里。境内有汉、彝、傣、回、傈僳等19个民族，总人口10.5万人，少数民族人口占总人口的60.8%，彝族人口占总人口的51.68%，民族风情浓郁。永仁县是被列入2009年云南省实施文化共享工程的38个县（市）之一，自该工程建设实施以来，得到了县委、县人民政府的高度重视和支持，严格按照上级部门的要求和安排部署，认真抓好落实、精心组织、扎实工作，充分发挥文化共享工程的职能作用，通过努力各项工作顺利开展，目前我县文化共享工程的建设工作已初见成效。现就我县文化共享工程县级支中心和农文网培学校建设实施以来的工作情况作如下汇报：

一、统一思想，精心组织

为深入贯彻党的十八大会议精神，我县的文化共享工程是按照统一规划、统一服务、分级管理、分期分批建设的原则进行，建成覆盖全县的县、乡、村三级公共文化服务体系，最终真正实现文化信息在全县范围内的共建、共享。

1、加强组织领导，确保工程顺利实施。为确保我县文化信息资源共享工程项目建设工作的顺利实施，县委、县人民政府分管领导多次到我局进行调研，成立由县人民政府分管副县长任组长，县人民政府办公室副主任、县委组织部副部长、县文体局局长任副组长，县财政局、县教育局、县科技局、县广电局、电信永仁分公司、县图书馆等相关部门负责同志为成员的永仁县文化信息资源共享工程领导小组，形成齐抓共管、全面到位的工作格局，并制定下发了《永仁县文化信息资源共享工程建设工作实施方案》，2009年实施了5个乡镇基层点：永定镇、中和镇、莲池乡、维的乡、猛乡；2010年实施了1个乡镇点：永兴乡；2011年实施了1个乡镇：宜就镇，53个村级点。截止目前，我县文化共享工程建设已基本实现全县全覆盖。

2、落实经费，确保运行。由于得到县委、县人民政府的高度重视，我县文化信息资源共享工程的前期准备工作经费，根据永仁县财政局文件精神，划拨专项资金、落实场地、配套措施和配套实施建设所需经费20万元，严格按照《云南省文化信息资源共享工程2009年度县级支中心及乡镇站点和农民素质教育网络培训学校建设工作实施协议》的要求，确保完成了我县文化共享工程县级支中心和7个乡镇基层点（农文网培学校）。支中心在全部设备安装前落实了场地、机房、电子阅览室（面积120平方米）装修、电脑桌椅25套、地线系统、防雷系统、供电设备（三项电源线接入）、防火器材（配备4支干粉灭火器）、防盗设施（安装了防盗窗、防盗门）、电话及4MB互联网接入等相关准备工作，配备专门的工作人员，保证能够开展正常服务，并指导乡镇基层点工作。7个乡镇严格按照《永仁县文体局关于做好文化信息资源共享工程农民素质教育网络培训学校建设前期准备工作的通知》，由分管领导带领相关工作人员进行全面认真落实，7个乡镇基层点按要求完成了前期准备工作，场地（不少于30平方米）、配备桌椅、供电、防火器材、防盗设施、电话及互联网接入（不低于2MB），配备专职技术人员，能够正常开展工作。

3、加强管理，完善制度，抓好培训，提高服务能力，确保工程建设稳步推进。首先由县人民政府制定下发了《永仁县文化信息资源共享工程建设工作实施方案》，完善各项制度建设，文化共享工程是一项长期性的惠民工程，必须通过建立完善的长效机制来保障，县级支中

心设机房、电子阅览室、资源加工室各一间，建立了《文化共享工程电子阅览室管理岗位职责》、《电子阅览室上网须知》、《读者上网登记册》等规章制度，保障了读者的上网安全，提供了绿色上网空间。其次图书馆在管理好电子阅览室的同时狠抓职工的业务培训和乡镇基层点工作人员的培训工作，在缺乏计算机专业人才的情况下，除了正常参加省、州举办的培训外，在单位内部定期组织计算机知识培训，能够熟练操作文化共享工程的各项设备，而且一般的网络故障及设备故障能自行处理。随着电子阅览室管理的规范化及职工各项业务技能的提高，从而不断拓展图书馆的服务方式和服务空间，才能为读者提供更高效更全面的服务。

4、加大宣传力度，扩大文化共享工程的影响力。文化共享工程是建设公共文化服务体系，是加强社会主义新农村建设的重要基础设施，要做到统筹规划：一是充分利用新闻媒体加大宣传，在全县营造文化信息资源大家共建共享的氛围；二是利用宣传栏、信息及刊物板报等方式进行宣传；三是利用科普等各种活动日、节假日散发文化共享工程宣传材料，吸引社会力量共同关注，共同参与文化共享工程建设。

5、与相关部门加强合作，整合现有资源，进一步实现文化信息资源的共建共享。积极联系与当地的科技、农业、科研单位建立合作机制，结合中小学远程教育和现代党员远程教育，与农村电影放映工程实施资源整合，发挥县级支中心的先进设备和技术手段，挖掘和收集资源进行整合，使之具有地方特色，为本土的文化、科技成果提供传播载体和推介渠道，建立起文化信息资源与社会各领域优势互补，资源的良性发展模式。

二、把握重点、扎实工作

实施文化信息共享工程，建设农民素质网络培训学校，是新形势下提高农民群众思想道德素质和科学文化素质的重要途径，为全面整合农村公共文化服务建设的资源，实现以文化共享工程建设为载体，以乡镇综合文化站为平台，以文化共享工程资源为内涵，以农文网培学校为契机，加强农民素质培训，实现"文化乐民"服务农村，"文化育民"服务农民，"文化富民"服务农业，从文化层面上解决三农问题为工作目标。

1、统一思想，全面部署。文化共享工程是一项繁荣社会主义先进文化的创新工程，也是一项惠及农民群众的民心工程。为深入贯彻落实《中共楚雄州委办公室楚雄州人民政府办公室关于加强农村公共文化服务体系建设的意见》（楚办字〔2010〕32号）精神，全面推进我县文化信息资源共享工程农文网培学校建设，将此项工作作为全局工作重点认真组织实施，制定下发了《永仁县文化信息资源共享工程农民素质教育网络培训学校建设工作方案》，要求各乡镇要及时组建成立文化信息资源共享工程农文网培学校建设工作领导小组，建立健全由分管文化工作的乡镇领导负总责、文化站站长负直接责任的领导机制，切实加强对文化信息资源共享工程农文网培学校建设的领导，确保农文网培学校各项工作的顺利推进。

2、建章立制，规范管理。根据工作实际，各乡镇农文网培学校制定了《农文网培学校读者上网须知》、《文化信息资源共享工程基层服务点管理使用制度》、《农文网培学校管理员工作职责》，建立了学员基地实训情况登记表、学员集中培训情况登记表、学员考试成绩登记表、教员（辅导员）情况登记表、学员上机自学情况登记表、教学进程表、流动培训情况登记表、学员入学登记表、培训签到册等，制作了聘书、培训合格证、学员证、辅导员证，自开展服务工作以来，受到了群众普遍好评。

3、注重实效，优化资源。一是根据各乡镇"三农"工作的需要，确定培训项目和内容，制定了年度工作计划；完善管理制度；二是科学合理地制定教学计划和课程设置，并有计划分步骤地组织实施；三是规定文化共享工程设施设备每周向干部职工、农民群众开放时间不少于40小时，每月举办培训班不少于1次，开放时间、播放内容和培训课题提前向农民群众公布；四是除了满足培训班学员上机自学需外，根据不同用户对象、不同农时或季节，合理安排播放内容，开展文化信息咨询和服务；五是结合农村党员干部现代远程教育、中小学远程教育，和"文化惠民示范村"建设工作相结合，整合现有资源，发挥最大效益。

4、抓好培训，保证服务工作有序开展。

我馆通过举办农文网培学校业务培训班。并积极指导配合各乡镇农文网培学校，紧紧围绕"文化乐民，文化育民，文化富民"，从文化层面上解决三农问题为工作目标，进一步规范管理，大力加强农民素质培训，保证服务工作有序开展。注重实效，优化资源，与农村党员干部现代远程教育、中小学远程教育，和"文化惠民示范村"建设工作相结合，整合现有资源，发挥最大效益。自开展服务工作以来，举办培训班19期，培训2100人，受到了群众普遍好评，切实增强了文化共享工程服务基层的能力，同时也体现出了真正意义上的"文化乐民"服务农村，"文化育民"服务农民，"文化富民"服务农业。

三、工作展望

永仁县"文化信息资源共享工程"经过四年的建设已初具规模，文化信息资源共享工程县支中心、乡镇服务网点向读者开放以来，为广大读者提供了丰富、健康的文化信息资源服务，基本实现了文化资源的互联互通、共建共享，极大的增强了永仁县图书馆的服务功能。"共享工程"的实施充分利用现代信息技术，将文化资源进行数字化加工整合，采用光缆传输网络和卫星接收网络，建立网上文化信息导航系统，对文化信息资源进行传输的高科技创新工程；是依托全国各级公共图书馆等各类文化设施，向广大人民群众提供实用性、知识性、娱乐性的文化信息服务，特别是为未成年人提供课外精神食粮。永仁县“共享工程”的实施推动了永仁文化事业的更快发展，现在已逐步形成了文化信息的网上服务为基础的新的知识经济增长点，进一步促进了全县经济文化的快速发展。

总之，文化信息资源共享工程的建设只要做到建、管、用相结合，充分利用现有设备，创造性的开展各种活动，把更多的人民群众吸引进来，真正实现资源共享，才能把共享工程办成德政工程、民心和惠民工程。

（撰文/永仁县支中心）

元谋县支中心

元谋县图书馆成立于1983年，是一个专门收集、整理、保存、传播文献并提供科学、文化、教育和科研的机构。肩负着保存人类文化遗产、开展社会教育、传递科学情报、开发智力资源、提供文化娱乐的职能。多年来，在县委、政府、主管局以及县财政部门的大力支持下，馆内已藏有各类图书4万5千多册，以及70年代至今已装订成册的部份报刊和地方文献。馆内设少儿阅览室、综合阅览室、电子阅览室、外借书库、资料查阅室5个服务窗口，年均接待读者达15万余人次；

元谋县已建成一个县级支中心、10个“农文网培学校”、两个社区、60个村级服务点。支中心每年投入电费、上网费5万元，并与县电信公司加强合作，接入了流量为10兆的光纤，鉴于工作实际需求，县文体广电旅游局每年从图书馆免费开放经费中安排县级支中心专项工作经费8万元，专门用于县级支中心水电费、上网费和设施设备维修费的开支。乡镇服务点和村级服务点均有专项经费投入，保障了设施设备正常运行。

文化信息资源共享工程信息量大，内容丰富，涉及政治、新闻、农民工、政策法规、文化娱乐等方方面面。工程建成投入使用以来，深受广大干部群众欢迎。县级支中心平均每天服务150多人次，乡镇网点平均每天服务30多人次，村级服务点每周服务10人次，给广大干部群众带来了丰富的文化活动。

（撰文/元谋县支中心）

武定县支中心

武定县域国土面积3322平方公里，最高海拔2956米，最低海拔862米。全县辖11个乡(镇)、133个村民(社区居民)委员会、1569个村民(社区居民)小组，27万人。

一、基本情况

随着全国文化信息资源共享工程的实施，在省、州文化主管部门的关心和支持下，武定县于2009年开始建设文化共享工程项目。至2012年，全县建成文化共享工程武定县级支中心1个，配有设备交换机24口2台、计算机25台、投影仪1台、幕布1块、音箱1对、扫描仪1台、相机1台、业务自动化系统1套、笔记本电脑2台、移动播放器1台、电视机1台、服务器4台，打印机1台、移动硬盘2块、机柜1架、切换器1台、摄像机1台、条码阅读器4支、空调3台、稳压电源1台，价值55万元；乡镇基层服务点即农民素质教育网络培训学校11个，配有服务器1台、投影机1台、幕布1块、计算机10台、音箱1对、8口交换机1台、中央控制台1台、稳压电源1台、移动播放器1台，价值88万元；村级服务点即农文网培分校117个，配有电脑117台、音响117对，价值58.5万元。整个项目县级支中心配入电脑桌、椅、多媒体教室桌、椅210套（支中心100套、11个乡镇110套），投入资金10.5万元，武定县财政每年预算县级支中心运转及培训辅导资金5万元。目前，除白路乡白路村委会、平地村委会、猫街镇白了村委会、猫街村委会、永泉村委会、高桥镇海资村委会、高桥村委会、狮山镇吆雁村委会、西和村委会9个点和武定县狮山镇旧城社区、西和社区、东岳社区、香水社区、南街社区、北街社区、中马7个社区还没建设外，整个项目基本形成县、乡、村三级文化共享工程网络服务体系。

二、机构健全，服务工作成效显著

1、领导重视，建立健全组织机构。按照《云南省文化信息资源共享工程工作实施协议》要求，武定县委、政府、主管局高度重视，成立了武定县《文化信息资源共享工程工作领导小组》，以武政办法[2009]46号文件下发，明确相关部门职责。组长由分管文化的副县长兼任，领导小组下设办公室在县文体局，负责处理日常事务。办公室主任由文体局长兼任，副主任由文体局分管的副局长、图书馆馆长兼任。同时11个乡镇也相应成立了由乡镇长任组长和农文网培学校校长的文化信息资源共享工程工作领导小组。日常工作中，领导小组做到定期不定期的研究全县文化信息资源共享工程工作，县级支中心做到每一个季度巡回检查辅导乡镇基层点1次，及时总结本季度开展活动情况和取得的成绩，认真安排下一季度的工作目标，解决一些工作中存在的问题和困难。

2、建立健全长效管理运行机制。县级支中心统一制定上墙《全国文化信息资源共享基层服务点管理使用制度》、《图书阅览及光盘借阅制度》、《信息上报制度》、《电子阅览室管理制度》、《支中心、基层服务点设备管理运行工作日志》、《云南省文化信息资源共享工程县级支中心和乡村基层服务点管理暂行办法》、《全国文化信息资源共享工程安全管理责任书》、《全国文化信息

不断开展文化共享工程活动进校园活动

资源共享工程村级点安全管理责任书》和《财产登记管理制度》等各项规章制度，并做到按季督察，一旦站点人员有变动，及时参与进行移交登记，坚决杜绝设备被盗、挪用和流失，确保文化共享工程工作的顺利开展。

3、加强培训，积极开展服务。文化共享工程建成以来，县级支中心积极参加省、州各级各批次组织的培训学习，参加培训的人员做到认真学习，努力掌握所学知识，并圆满带回所培训的材料和学习笔记、掌握的知识，及时组织全体管理人员再学习再培训，以求共同提高进步。同时，县级支中心不断编制包括计算机基础知识、电脑上机操作步骤、资源介绍等适合基层服务人员使用的培训教材，采取下发教材、分源共享工程、数字库建设、真正实现各地区文化信息资源的期分批集中培训和分区域培训以及上门专题演示培训等方法对农文网学校人员开展培训，切实提高基层点人员的服务水平，让他们懂管理、会业务，能结合本地实际，利用基层点平台，组织举办群众喜闻乐见、具有地方特色的各类文化活动，为全面开展文化信息资共建共享工作打下了坚实的基础。

4、重视宣传、扩大影响。为了扩大文化共享工程在基层群众中的影响，广泛宣传其作用和意义，使各级领导和群众充分认识到这是一项惠民工程、民心工程，认识到工作的重要性和必要性以及文化信息资源的可用性。县支中心和11个农文网培点不断利用宣传板面，广播电视对共享工程开展的一些大型活动给予报道。平时注意将资源共享活动与当地当前工作重点有机结合，不断找服务点，主动上门创造性的开展服务。不断用实际工作促宣传工作，两者互动，拓宽文化共享工程的影响，使广大人民群众全面了解共享工程的优秀资源,让尚未形成利用文化共享工程的群体,起到激发、引导、应用的作用。

5、和农文网培训学校开展活动丰富多彩。

5.1.县级支中心电子阅览室不断收集好的科教片、电影等，然后在固定的几个广告点以粘贴“海报”的形式做广告，在每周五至周日晚上7至9点开展免费播放服务；周六13点至15点利用投影仪播放名家讲座、影视剧、名著赏析等；每月开展一次共享工程利用知识培训；不断引导广大读者利用共享工程，深受广大读者的欢迎。

5.2.不断为县辖乡镇农文网培训学校提供各种支持。文化共享建成至今，先后刻录了国家中心下发的各种光盘资料100多种1100多张，复制11册农文网培训学校培训教材，发放到各基层服务点。给各点如何开展农文网培训学校规范出一个模式。

5.3.农文网培学校不断开展“优秀影片展播”活动。借助2131工程活动平台，不间断展播共享工程信息，与党员远程教育、科技培训学校对接，利用文化共享工程设备举办《党员远程教育培训班》、《科技培训班》等，成为全县的一个典型。

5.4.注重服务老年人群体。农文网培学校坚持对老年大学、敬老院等开展资源服务。根据老年人平时生活的不同习惯特点，从省中心学习港中下载《营养与健康》、《科学保健》、《晚年的幸福生活》和战争题材的故事片等系列视频资料、在各大节日和敬老节期间前往各敬老院放映等等。

5.5.11个农文网培学校均固定设立了文化共享工程广场，每晚按时播放跌脚调、广场舞、路厅电影等活动。真正将数字化文化信息资源传输到群众身边，尽力满足广大人民群众日益增长的文化需求。

三、工作展望

1、阵地建设。文化信息资源共享工程县级支中心和乡镇基层农文网培学校，在现有室内活动场所的基础上，应分别建有室外活动场所，配备一些必需的文体活动设施和器材，视频影像设施，确保广大人民群众日益增长的文化需要。

2、队伍建设。文化信息资源共享工程县级支中心和乡镇基层农文网培学校，必需有专兼职工作者队伍。负责策划、组织和实施公益性文化活动和完成上级下达的各项工作任务。

3、完善制度。文化信息资源共享工程县级支中心和乡镇基层农文网培学校，建立有会议制度、档案管理制度、定期活动制度等，不断总结服务经验，创新开辟新的服务空间。

4、开展活动。文化信息资源共享工程县级支中心和乡镇基层农文网培学校。根据各地特点，精心设计富有特色、符合人们对文化生活需求的活动载体，努力形成一批主题鲜明、新颖生动、富有趣味、感染力强的品牌活动项目，使广大人民群众受到教育，得到提高。

（撰文/武定县支中心）

禄丰县支中心

一、基本情况

禄丰县全县国土面积3536平方公里，辖3乡11镇165个村委会（社区），居住着汉、彝、苗、回、傈僳等25个民族，2011年末总人口43万。全国文化共享工程作为新形势下构建公共文化服务体系、惠及千家万户的重要文化工程实施以来，受到了广大人民群众特别是贫困地区农民群众的欢迎，在实现广大人民群众基本文化权利，促进经济社会协调发展中发挥着越来越重要的作用。

二、网点建设情况

2006年经国家文化部和文化信息资源共享国家管理中心审查同意，禄丰县与大理的宾川、红河的蒙自、同时列为云南省文化资源共享工程三个试点县。为保证全国文化信息资源共享工程试点工作在我县的顺利进行，按照《云南省文化信息资源共享工程实施协议》、《云南省文化信息资源共享工程基层站点管理办法》、《全国文化信息资源共享工程试点工作验收标准》要求，结合我县实际，按照统一领导、统筹规划、分级管理、分级负责的模式进行管理，制定了《禄丰县文化信息资源共享工程试点工作实施方案》。县人民政府成立了《文化信息资源共享工程试点工作领导小组》，以禄政通[2007]56号文件下发，明确相关部门职责。经禄丰县文化信息资源共享工程试点工作领导小组讨论决定，确定了我县的试点范围。县级支中心建在县图书馆、乡镇基层服务点建在全县14个乡镇文化中心、村级基层服务点按全县10%的行政村设置16个。2007年顺利通过文化部验收。

2009年云南省在全国首创文化信息资源共享工程农民素质教育网络培训学校以来，禄丰县已建成县级支中心1个，14个乡镇综合文化站建立起“农文网培学校”，157个村委会建立起分校。通过整合乡镇综合文化站、村文化室的设施、设备、人员、信息等资源，根据当地的实际和农民的需求，建立直接服务“三农”的农民学校。禄丰县“农文网培学校”很好地整合了全国文化信息资源共享工程和农村公共文化服务的设备设施、人员和信息等多项资源，不仅为当地村民学习知识和现代生产技能提供了场所，还为村民学习历史文化、传习传统文化提供了条件，创新了全国文化信息资源共享工程基层服务点的运行方式，增强了服务群众的能力，较好地体现了“文化乐民、文化育民、文化惠民”，取得显著成效，形成先进办学经验和模式。

三、经费投入

文化信息资源共享工程“农文网培学校”建设对传播科学知识、先进文化，引导农民群众脱贫致富，丰富和活跃农村基层文化生活的巨大推动作用，禄丰县高度重视，以此为契机，把传播先进文化、转变致富理念、普及科学文化知识作为建设的最终落脚点，采取有力措施，加大投入，使项目建设工作落到实处。2007年县人民政府在财政比较困难的情况下投入经费44万元，州文化局补助经费20万元，州县两级共投入共享工程设备购置及运行经费66万元，确保试点工作的顺利进。2011年省、州、县投入122万元，先后为14个乡镇综合文化站和行政村配置了467台电脑和桌椅；投入12.8万元，统一为14个乡镇“农文网培学校”接入10兆光纤；投入20.9万元，规范化建设了14个乡镇《春风化雨》、《文化乐民》、《文化育民》、《文化富民》、《公共文化服务体系》和《农民文化素质网络培训学校》专栏。目前，共投入221.7万元，建设县级支心儿童电子阅览室和成人电子阅览室，配置电脑48台，多媒体培训室一个；每个乡镇都建成一所“农文网培学校”，配置电脑15台以上，投影机及投影幕布（100寸）1套，高清移动播放机1台，接入10兆光纤，配备音箱、网络设备、稳压电源、标牌等其它设备，培训教室配置有25套以上桌椅，图书室有2000册以上图书。157个村委会（社区）建一所分校，配置3台用于培训教学的电脑，极大地提升整体服务质量。

四、各级领导重视，组织机构健全

为确保示范项目创建工作的顺利开展，按照《楚雄州人民政府关于印发创建国家公共文化服务体系示范项目农民文化素质网络培训学校建设规划的通知》（楚政通〔2011〕72号）要求，禄丰县委、县人民政府高度重视，积极采取措施推进项目开展，结合我县实际，制定下发了《禄丰县创建展'国家公共文化服务体系示范项目农民文化素质网络培训学校建设规划》（禄政通〔2011〕119号）。县人民政府成立由县人民政府主要领导任组长，县委宣传部、县人民政府分管领导任副组长，县文体广电旅游局局长任办公室主任，县组织、人社、财政、发改、工会、共青团、妇联等部门领导及各乡镇人民政府乡镇长为成员的禄丰县国家公共文化服务体系示范项目创建工作领导小组，由县文体广电旅游局在项目规划、资金保障、人员配备、业务指导、绩效考核等方面切实承担主要责任，14个乡镇分别成立领导小组。明确了工作目标任务，科学安排了工程建设实施步骤，强化了工程建设工作措施，形成了相互支持、优势互补、协调联动、齐抓共管的良好工作格局。

五、创新举措，加强管理

为切实增强“农文网培学校”服务群众的能力，实现 “文化乐民”服务农村、“文化育民”服务农民、“文化富民”服务农业，禄丰县加强管理，建立制度，延伸服务。一是建立制度。建立完善乡镇综合文化站、社区和行政村基层服务点管理制度，各乡镇、社区、行政村设立1名专兼职文化干事，明确文化专干职责，指导各基层服务点做好群众需求双向反馈工作，为“农文网培学校”管理提供了制度保障。二是充分利用人力资源。县文体广电旅游局实行班子成员挂片馆团股室挂点联系乡镇制度，并在没有解决人员资金补贴的情况下，中共禄丰县委组织部、中共禄丰县委宣传部、禄丰县文体广电旅游局、禄丰县人力资源和社会保障局联合下发了《关于大学生村官兼任农村文化指导员的通知》（禄宣联发〔2011〕8号），将全县各村委会的136名大学生村官和29名村委会（社区）支书或文书兼任农村文化指导员，为“农文网培学校”管理提供了人力资源保障。三是制定组织架构。禄丰县创新举措，提练经验，凸显亮点，制定科学合理的组织架构；乡镇党委书记或乡镇长担任“农文网培学校”名誉校长，分管副乡镇长担任校长，文化站站长担任常务副校长，聘请站所长（专业技术人员）和文化大户、种养殖以及示范带头人为常聘辅导，村委会总支书记担任“农文网培分校校长”，文化指导员负责日常管理工作，

电子阅览室服务农民工

为"农文网培学校"管理提供了组织保障。

在公共文化服务体系示范项目"农文网培学校"的创建过程中，禄丰县始终做到制度设计与研究同步实施，针对公共文化服务体系设施网络、服务供给、人才队伍、资金保障、组织支撑、绩效评估等方面规范化发展，整体推进公共文化建设。

六、发挥职能，开展培训

县级支中心积极组织开展业务培训，培训乡镇、村管理员1300人。乡镇"农文网培学校"充分发挥职能，开展培训，具有以下特点：

1、培训机制长效化。"农文网培学校"变"计划式"教学为"菜单式"教学，由"群众点菜、教员配菜、送菜下乡"，在培训前广泛征求群众意见，根据农村群众的实际需求确定培训的项目和内容，提前告知群众培训时间和内容。同时，建立学员培训档案，培训结束后对达到规定学分的学员颁发结业证书；

2、培训形式多样化。"农文网培学校"把集中培训和上网自学结合起来，把发放光盘资源和使用"移播宝"结合起来，尽量方便农村群众，农民朋友既可以选择参加短期种养殖技术培训，也可以在闲暇时学电脑、上网，了解天下事；

3、培训内容丰富化，各地"农文网培学校"根据当地实际，结合农村、农业、农民的实际需求，开展内容丰富的培训活动，农村群众既可以了解到党和政府的政策、科普知识、文学艺术等方面的内容，也可以学习到有助于工作和致富的农业技术和信息。

截止2012年9月，禄丰县各乡镇各综合文化站"农文网培学校"一共举办展览107次，参观人次58210人；举办培训班206期，培训人员42530人；电子阅览室接待群众46730人。

七、加强宣传、扩大影响

禄丰县积极稳妥推进创建"农文网培学校"相关各项工作并得到省文化厅、州文化体育局的大力支持，积极开展"农文网培学校"创建工作交流，相互学习取长补短，促进我县"农文网培学校"创建工作向前发展。

1、加强宣传。在中央电视台、人民日报、云南日报、楚雄电视台、楚雄日报等新闻主流媒体都有宣传报道，其中《大山里的文化站》和《文化新气象——乐民育民富民：乡镇文化站有大作用》两条新闻在中央电视台"新闻直播间"和"新闻联播"播出。一年来共报送信息30余条，其中，报送《中国文化报》信息3条，报送云南省文化厅《文情快报》信息5条，信息《楚雄日报》报送6条。

2、扩大影响。2011年4月20日，文化部社会文化司副司长刘晓琴、云南省文化厅副厅长黄玲，以及参加全国文化资源共享工程农村实用人才培训工作经验交流会的各省、自治区文化部门领导莅临楚雄州禄丰县仁兴镇、和平镇综合文化站参观指导工作；2012年2月23日，楚雄州农文网培学校建设推进会在禄丰县召开，现场观摩学习了广通镇、一平浪镇的公共文化体系建设，从此，禄丰的制度化体系与规范化模式已被认可，开始在全体与会人员的头脑中清晰呈现，禄丰公共文化服务体系的创新模式生根发芽，茁壮成长。2012年5月6日，在省文化厅的安排下，来自全省各地州县（市）文化系统的各级领导170多领导莅临禄丰县以及一平浪镇、广通镇考察公共文化建设工作。

八、荣誉奖项

在文化信息资源共享工程试点县建设和农民素质教育网络培训学校示范项目建设中，勤丰镇文化站 2008年授到文化部全国文化信息资源建设管理中心的"扎实服务群众，共享文化在基层"的表彰。仁兴镇文化站2008年授到中中宣部、文化部、广电总局"服务农村、服务农民基层文化站建设先进集体"表彰。

九、工作展望

通过创建国家公共文化服务体系示范区（项目），禄丰县"农文网培学校"得到了大力发展和全面推进，各级政府和领导对"农文网培学校"的认识进一步加强，"农文网培学校"建设一定程度上由部门行为上升到了政府行为，经费投入大幅增长，县、乡（镇）、行政村 （社区）三级网络基本建成。今后，我们将重点抓好以下三个方面的工作：

1、进一步争取各级领导重视。"农文网培学校"是公共文化服务体系的基础工程，是政府提供公共文化服务的重要手段，是文化创新、科技创新的一个重要的生长点。它对提高文献信息的利用率和价值、推动经济社会进步有重要作用。今后，我们要加大宣传力度，争取各级领导的进一步重视，建立共享工程发展长效机制，健全工作协调机制， 保证"农文网培学校"所需的场地、人力、财力、物力、技术，全面推进社区、村基层点建设。同时各级财政要加大对"农文网培学校"的投人，将"农文网培学校"运行经费单列，且逐年有所增加。

2、加强"农文网培学校"的管理与服务。把基层点建设、服务情况纳人工作考核目标，建立日常考核机制。要始终把为服务群众放在第一位，满足人民群众日益增长的多样化、个性化服务需求，全面彰显"农文网培学校"在提高农民素质、传播文化知识、推广实用技术、培养农村实用人才等方面所起的重要作用和影响。

3、努力抓好人才队伍建设。整合现有人力资源，加大培训力度，特别要做好基层点的培训辅导，转变专业人员缺乏的现状，吸收一批专业知识扎实、乐于奉献、有经验的管理骨干，适应共享工程管理和发展的需要，提高服务能力 。

（撰文/禄丰县支中心）

红河哈尼族彝族自治州支中心

一、统一思想、提高认识

国家文化部、财政部实施文化共享工程是贯彻"三个代表"重要思想和落实科学发展观的有力举措，对弘扬中华民族的优秀文化，全面建设小康社会将产生深远而巨大的影响。随着我州经济和社会的不断发展，人民生活水平不断提高，精神文化需求不断提升。州委、州政府加强

对文化工作领导，并提出建设“文化大州”的文化发展战略，不断加大对文化基础设施建设投入力度，注重提升群众的文化品位。为加强我州文化共享工程建设，州政府发下了《红河州人民政府批转关于加强文化信息资源共享工程建设实施方案的通知》（红政发〔2006〕69号）文件，组织文化、财政、广电、教育等部门，形成工作合力，积极配合，共同推进文化共享工程的顺利开展，以先进的科学技术推动先进文化的传播，先进文化的传播促进先进科学技术的推广及应用，不断满足人民群众不同层次的文化需求，有力促进我州经济社会的和谐发展。

二、统筹兼顾，群策群力

1、成立领导机构，为文化共享工程的开展提供强有力的组织保证

为确保我州文化共享工程工作制度化、规范化、长期化机制的建立。州委、政府成立了以分管文化的副州长为组长，政府副秘书长、州文化局局长、州财政局副局长、州文化局分管图书馆的副局长任副组长的红河州文化信息资源共享工程建设工作领导小组。领导小组下设办公室，负责处理日常工作，由州文化局副局长兼任办公室主任，州文化局社文科科长、州财政局教科文科科长、州图书馆馆长任副主任。各县市成立相应领导机构，确保此项工作落到实处。

为加快红河州文化共享工程的实施步伐，按照文化部、云南省文化厅的部署和要求，红河州文化局下发《红河州文化局关于成立文化信息资源共享工程红河州分中心的通知》（红文〔2007〕26号）文件，成立了文化共享工程红河州分中心。分中心设在红河州图书馆，中心主任由州图书馆馆长担任，副主任由州文化局社文科科长、州图书馆副馆长担任，下设办公室，抽调2—3名业务精、懂管理的同志具体负责州分中心相关工作的组织实施。

2、制定方案，明确文化共享工程建设的目标任务

州文化局、州财政局联合下发《红河州关于加强文化信息资源共享工程建设的实施方案》，明确提出文化共享工程以邓小平理论和“三个代表”重要思想为指导，树立和落实科学发展观，以构建和谐红河、奔腾红河，全面建设小康社会为目标，按照“立足本土、开掘本土、升腾本土、推介本土”的文化发展思路，大力推动优秀文化资源的数字化建设，扩大优秀文化资源传播，进一步提高建设先进文化的能力，不断提高公共文化服务水平，保障人民群众的文化权益，满足人民群众不同层次的文化需求，为促进红河经济社会的协调发展，建设红河民族文化大州做出积极的贡献。

3、加强管理，突出重点，完成州级支中心建设

按照国家中心、省文化厅及省分中心的要求，完成红河州级支中心建设。

3.1.健全制度，规范管理。完善并建立起《电子阅览室管理岗位职责》、《电子阅览室读者上机管理细则》、《关于未成年人上网管理的规定》、《阅览规则》等各项规章制度使文化共享工程工作有章可依，制度化和人性化相结合。

3.2.突出重点，严谨建设。

3.2.1.按规范对共享工程场地供电线路进行改造

对中心机房、电子阅览室统一用10平方铜芯线更换原来的老化电线，电源增至三相；安装控制开关（带漏电保护）总开关2个，互联网接入20兆光纤。

3.2.2.按建设要求对共享工程场地进行改造

对中心机房、电子阅览室安装防静电地板；体现工作环境规范、优美，粉刷墙面262平方米，新建设备储藏室一间，资源加工室二间，新装遮光窗帘便于设备的保护。

3.2.3及时增补硬件设备

3.2.3.1购置服务器机框1个（80厘米×80厘米×200厘米，四层）；专用服务器2台；资源加工专用小型机1台；

3.2.3.2.更新电子阅览室桌椅及配件50套。

4、加强对各县市及乡镇基层服务点的指导和督促检查，确保工程各项任务落到实处。

我州至2004年开始文化共享工程建设，现已建成州级支中心1个，县级支中心13个，乡镇基层站点132个，村级基层站点1179个，其中蒙自县作为2007年度全国文化信息资源共享工程云南省试点县。为切实把文化共享工程这一惠民工程办实办好，州文化局先后下发《关于做好信息资源共享工程农民素质教育网络培训学校建设工作的通知》（红文〔2009〕112号）和《红河州文化局关于做好2009年度文化信息资源共享工程建设项目工作的通知》（红文〔2010〕30号）文件，要求各县市及乡镇做好文化共享工程及农文网培学校建设。州级支中心多次派出人员分别到泸西、弥勒、个旧、石屏、蒙自、开远、元阳、红河、绿春、金平、建水、河口、屏边13县市指导文化共享工程建设，在蒙自、泸西、元阳、河口等县市组织县图书馆、各乡镇分管领导及文化站管理人员进行培训，提高了分管领导及管理人员对文化共享工程建设的认识；并到县、乡实地进行指导建设。州文化局分管领导、州级支中心及县市文化局领导成立文化共享工程督查组，按照省厅建设任务和要求，分别深入到各县市及乡镇基层服务点进行督查，确保每年度文化共享工程红河州建设点的各项任务落到实处。

5、积极筹措资金，保证共享工程的顺利实施

为确保文化共享工程顺利实施，国家文化部、省文化厅按州级支中心68万元，县支中心68万元，乡镇基层服务点5万元的标准总计投入1412万元的设备。设备到位后，州、县、乡各级政府高度重视，及时配套相应资金，保障了工程的顺利实施。州级支中心的建设积极向州委、政府汇报，争取州政府配套投入50余万元；2007年度蒙自县配套35万元；2008年度弥勒县配套70万元；2009年度泸西县委、政府高度重视共享工程和图书馆建设，共计投入120余万元（含泸西县图书馆新馆开馆建设）；元阳县委、政府投入30余万元；红河县委、政府投入15余万元；绿春县委、政府投入32余万元。

6、发挥优势、特点，为我州广大人民群众提供优质丰富的文化数字资源

我州2007年全面启动文化共享工程以来，全州从州、县到乡各地采取了多形式、多方面、多渠道，进政府、进学校、进农村、进社区、进家庭、进军营、进监狱，将文化共享工程优秀丰富的文化数字资源广泛服务于人民群众。

州支中心发挥自身优势，整合资源、加强合作、拓展服务。积极与党委、政府和企业合作，采用网络平台传播的方式，与红河州委组织部、州直机关工委合作开发了“红河干部学习网”平台（www.hhgbxx.com），通过三年时间，平台点击率达240万人次；与红河州烟草公司共建了“红河州烟农学校”平台（www.hhtgs.com），将文化共享工程的信息资源广泛地为机关干部、农民群众提供了服务。

2012年红河州图书馆承担了全国文化信息资源共享工程云南独有少数民族数据库–哈尼族多媒体资源库建设任务。哈尼族数据库主要以网络为载体，运用最新的网络技术和多媒体技术，集图片、文字、音频、视频等资料的在线浏览、下载、分享等多媒体功能为一体，从而实现哈尼族文化在网络上的传播和推广。同时还将刻制光盘，采用多种不同的方式传播，以达到便于查阅、收藏、保存的目的，从而有利于更好的学习、了解厚重的哈尼民族文化。目前该数据库建设已初步完成，等待文化共享工程云南省分中心验收。

三、获奖情况

为庆祝伟大的中国共产党成立90周年，发挥全国文化信息资源共享工程在开展基层文化活动中的积极作用，活跃广大群众的业余文化生活，2011年5—8月，文化部全国文化信息资源建设管理中心与文化共享工程各省级分中心联合开展了“颂歌献给党——全国文化信息资源共享工程迎接建党90周年群众歌咏活动”。在该活动中，红河州支中心歌曲《我们是共享工程建设者》荣获一等奖。

四、工作展望

1、加大对文化共享工程的宣传力度，号召社会各界积极参与支持共享工程的共建共享。

为使文化共享工程深入人心，以新闻媒体、专栏、广播、会议、文化共享工程网络等多形式加大宣传力度；州支中心创办办好简讯，推动全州文化共享工程全面、持续、健康发展。

2、进一步规范制度，加强管理，树立良好的文明窗口服务形象。

建全州、县支中心和乡镇基层服务点的规章制度和运行机制，明确工作职责与范围，层层抓落实，实行分级管理、统一服务，充分调动各地积极性，发挥共享工程最大服务效益。

3、抓好培训，保证各项工作规范有序开展。

由州级支中心组织全州13个县市支中心及92个乡镇基层服务点管理人员举办文化共享工程、农文网培学校管理培训，并督促各县市支中心加强对乡镇基层服务点人员培训，以便更好地开展文化共享工程各项工作。

4、整合资源，发挥优势，服务群众。

在州委、州政府及文化行政主管部门的领导下，整合各方资源，发挥各其优势，有机地将文化共享工程资源、我州本地特色资源整合，把烟农学校建设与农文网培学校建设结合，发挥优势特点，向全方位、普及广、服务好方面延伸，为我州广大人民群众提供优质、丰富地文化信息服务。

5、集中力量，采集资源，加强本地资源库建设。

在省文化厅的领导下，省中心的大力支持和各县市文化局的协助下，组织州、县支中心和基层服务点人员集中力量，广泛采集资源，加快“红河州少数民族多媒体资源库•哈尼族”资源建设、红河州非物质文化遗产保护资源数字化建设及红河州地方期刊数字化建设，并于此为契机加强我州本地资源库建设，使文化共享工程在我州真正的实现共建共享。我州将不断创新服务机制，丰富文化内涵，大力开展公益性服务，最大限度地将共享工程信息资源转化为生产力，通过多种形式拓展服务范围、创新服务方式，以群众喜闻乐见的形式使共享工程更加贴近基层、贴近生活、贴近群众，真正实现“文化乐民，文化育民，文化富民”。

（撰文/红河州支中心）

蒙自市支中心

一、整体情况

文化信息资源共享工程试点工作是国家文化部、财政部为贯彻落实“三个代表”重要思想而实施的一项支持全国文化事业建设的重大举措。2006年11月，我县被确定为全国文化信息资源共享工程西部地区100个试点县之一。县支中心设在建水县图书馆内，成立了领导小组，设立了办公室，制定了实施方案。由图书馆负责与上一级分中心以及我县各基层服务点联系，开展各项业务工作，并安排专人进行资源加工工作。目前，在全市（2011年蒙自撤县设市）范围内共建设了县级支中心1个；乡镇基层服务站点11个（农文网培学校）；社区服务点2个；82个行政村服务点（农文网培学校分校），总投入资金236.4万元。

二、网点建设

根据省、州文化部门下达我县的文化信息资源共享工程建设任务，我市积极推进全市文化信息资源共享工程网络建设，建成由1个县级支中心、11个乡镇基层服务站点（农文网培学校）；2个社区服务点；82个行政村服务点（农文网培学校分校），总投入资金236.4万元。充分利用卫星接收、网络传送等多种传输方式，加快文化信息资源共享工程基层服务网络建设。县级支中心设在市图书馆，负责指导、协调全县文化信息资源共享工程网络的规划建设及数据资源的传输、加工、技术服务等工作。乡镇、村委会（社区）基层站点，主要依托电子阅览室平台直接向广大群众提供丰富、快捷、高质量的文化信息资源服务。全县文化共享工程坚持“统一规划、统一服务、分级管理、分批建设”的原则，各乡镇因地制宜、创造条件，保障工程建设顺利进行。同时，努力将文化共享工程与农村党员干部现代远程教育试点工程、农村中小学现代远程

教育工程、广播电视"村村通"工程和教学电视技术等有机结合起来，最大限度地实现资源共建共享，向广大人民群众提高具有实用性、知识性、娱乐性的文化信息服务，特别是为未成年人提供课外精神食粮，引导其健康成长。使县图书馆和乡镇基层网点成为具有文化娱乐、科技普及、信息服务、教育培训等多功能的文化中心。

三、经费投入

按照《配置标准》的通知精神，县级支中心投入55.4万元；11个乡（镇）投入99万元；两个社区投入12万元；82村委会投入70万元。共计：236.4万元。其中：中央财政投资共计人民币193.4万元，县级财政承担28万元，各乡镇先后投入15万元，主要用于基础设施改造、必备设备的配置、人员培训、日常运行。

四、资源建设

我市支中心由于人员配备、技术支持不足及经费保障不到位等因素的影响，基本没有进行资源接受、制作、发布的工作。今后，县级支中心和各乡镇基层网点要依托工程平台，挖掘、整合建水历史文化、民俗文化、名人文化、儒家文化、佛教文化、生态文化、建筑文化、饮食文化等各种文化资源，以县文化系统各单位资源和各乡镇地方特色文化资源为主，将本地特色文化信息资源（戏曲、歌舞、曲艺、美术、摄影、文博等）按相关标准要求加工处理后交县级支中心整合发布。

五、惠民服务

我市文化信息资源共享工程已实现了11乡镇、82个行政村全覆盖，形成了以市图书馆为中心，以乡镇文化站为中转站、以社区村委会为基础的文化共享工程服务体系。文化共享工程的实施开辟了一条不受地域、时间限制的崭新的文化传播渠道，获得了传统的文化传播手段难以达到的社会效益。县支中心和各基层服务点结合农村实际，认真搜集、下载适用于当地群众的政策法规、农业科技、文化体育、防疫保健等共享工程信息资源刻录成DVD、VCD光盘，采取服务上门的方式，深入农村、学校、社区放映。通过县、乡、村三级文化服务网络及其它途径传输信息，扩大宣传面，使群众快学技术，早得实惠。一是县支中心协调农业、畜牧、林业、教育、卫生、计划生育、公安等部门，将各类信息资源汇集传播到千家万户，使群众受益。二是县支中心向各乡镇文化站、村基层服务点直接提供图书、光盘支持，由各基层服务点直接面向群众服务。三是利用"三下乡"、"科普街"、农村集市、节假日等，在各乡镇集中向农民赠送实用技术资料，播放共享工程影片，并现场接受咨询，解决实际问题。四是针对种养殖户在种养植过程中遇到的实际问题，对症下药，从共享工程网络资源库中下载相关内容，刻录成实用光盘，免费赠送给种养植户或种养植集中连片的村组，使农业科技推广更具有针对性和时效性。五是在各乡镇举办农村实用技术培训班，为农民播放农村实用科技及生活小常识方面的科技信息。此外，县中心还播放文化信息资源共享工程传送的科技、文化、卫生、少儿科普等方面的视频资料，深受群众欢迎。六是各乡镇人民政府充分利用文化共享工程设备，传达学习各种重要的会议精神，组织机关、学校、基层干部培训学习，使文化资源真正实现共享。

共享工程在蒙自实施以来，为新时期建设新农村、培育新型农民学科技、用科技、致富奔小康搭建了新的平台，也为人民群众文化生活提供了精神食粮。不少村民由衷感慨道："通过信息共享工程，他们的眼界更宽了，信息更灵了，增收致富的本领更强了"。草坝镇文化服务中心人员深入村寨播放共享工程信息的时候，一个农民朋友感慨地说："太奇怪了，这么小的一个机器可以播放那么多影片，以后多来我们村放这种小电影"。听到群众这样的感言使工作人员感到很欣慰，感到共享工程真的给群众带来了不少实惠，同时，人民群众的文化权益得到充分保障。2007年至今，我市利用文化共享工程资源免费提供群众在线阅读和上网查询服务近10万人次。利用投影仪、移动播放器、小屏幕等设备开展文化信息资源宣传60余次，播放种植、养殖、病虫害防治等农业科学技术教育培训服务800多次。

六、宣传推广

蒙自市图书馆充分利用自身阵地、各类媒体、悬挂标语、街头宣传等形式加大宣传力度，并不定期开展免费公益性讲座、展览，吸引读者走进图书馆；同时加强对共享工程基层服务点及基层图书室的业务辅导、培训，做好信息推介及图书流通等服务，形成宣传声势。

七、培训工作

为建立和完善人才培训机制，实现联合共建、规范服务，蒙自市支中心从计算机应用、网络通讯和多媒体等方面对县级支中心及基层网点负责建设和维护的各类人员进行有计划、分步骤培训。市支中心坚持每年至少一次组织乡镇一级的基层服务点集中现场培训。今年，为了更好的服务基层，根据各乡镇、行政村的实际情况，创造性的以上门的方式进行培训，这样就避开了村级站点管理员在农忙时期的不便之处，皆方便了基层又保障了培训效果。通过培训，从领导到技术人员都提高了对共享工程建设的认识，增强了责任感和紧迫感，参训学员基本掌握了共享工程技术的各项操作要求。同时，支中心也积极参加省、州中心组织的各种培训，有效的保障了我市的文化信息资源共享工程工作运行。

八、管理和队伍建设

为确保文化信息资源共享工程的顺利实施，蒙自市成立了文化信息资源共享工程建设领导小组，领导小组由分管文化的副县长任组长，县政府办副主任和文体广电局局长任副主长，县委宣传部、财政局、教育局、文体广电局等部门单位领导为成员，具体负责全县文化共享工程建设的组织、协调、监督检查和指导工作。领导小组下设办公室，办公室主任由文体局局长兼任，副主任由文体局分管的副局长、县图书馆馆长兼任。同时，各乡镇也相应地成立文化共享工程领导小组，由乡(镇)长担任组长，指定一名副乡(镇)长具体抓落实，明确了办公室和其它成员的工作职责。我市支中心有2名专职工作人员，各乡镇也有专职工作人员1人以上，并获得文化共享工程上岗资格证书。

九、工作展望

2012年，我市初步建立了以市图书馆为枢纽，各乡镇文化站和村委会（社区）文化活动室为重点，遍及城乡一体化的文化资源服务网络。今后三年，我县将汇集县图书馆、文化馆、文管所、农村电影发行管理站、红河彝族花灯团等机构的各类优秀文化资源以及我县的民族民间传统文化资源，建设具有建水特色的文化资源数据库，实现以电子阅览室和网络管理系统为平台，联合建设、联合服务、协调发展、面向全社会的公共服务体系，达到覆盖城乡和大部分村委会（社区）的目标。

（撰文/蒙自市支中心）

个旧市支中心

一、建设情况

全国文化信息资源共享工程建设开展以来，市委、政府高度重视，分管副市长多次召开专题会议研究此项工作，并制定了《全国文化信息资源共享工程实施方案》。在2009年1月，我局局长参加了省文化厅召开的2008年度全省文化信息资源共享工程建设工作会。会上局长受分管领导的委托代表个旧市政府签署了《云南文化信息资源共享工程县级支中心及乡镇基层服务网点建设工作实施协议》。经过各级领导的重视及同仁的努力，政府从2010年以来每年下拨5.6万元的“资源共享”建设专项经费，截止今年底，已经建设覆盖了9个乡镇文化站、75个村委会及两个社区。

二、信息服务

几年以来本馆作为“全国文化信息资源共享工程县级支中心”、“个旧市科普教育基地”，积极利用支中心的硬件设施，为市民及外来务工人员作二次教育：

1、为本市团市委和锡工艺传习馆提供场地及设备支持。2、为五一、宝华、青年、胜利、文锡、锡城、鄢棚等各个社区进行“健康知识”讲座和电影科教片放映。3、走进村寨为各村寨放映农业、卫生等视频，共播放资源共享科教电影100余场，服务到基层。4、利用资源共享工程的资源积极与其他单位合作，开展形式多样培训教育。5、每年为全市新农村建设指导员、四群工作队员们讲授“全国信息资源共享工程”的意义及视频观看方法，为他们在以后的农村工作中更得心应手。6、积极发挥阵地优势，利用新建的盲人电脑牵手残疾人，走进图书馆。7、重视对少年儿童的教育历来是我局、我馆领导长抓不懈的一项主要工作，利用多媒体视频资源、联合幼儿园和中、小学校，走进校园对少年儿童进行直观的科普教育。8、积极对乡镇的资源共享工作进行指导，对乡镇基层服务点一年两次的定期巡检。

“共享工程”建设，需要做好一些基础性工作。2009年以来，我们在人员不足的情况下采取和其他单位合作的方式，也积极举办培训班。比如：与个旧市残联对社区康复工作人员进行了手语培训，并在电子阅览室建起盲人专用电脑两台，为盲人朋友解决了阅读困难。与地震局合作对全市的广大市民进行主题为《地震来了怎么办？》专题教育，增进社会和谐。有了数字资源与硬件设施，并不等于我们的工作就做完了。我们还要做好促进其应用的工作。首先，我们积极宣传推介拥有的信息资源共享平台，引导鼓励大家上网使用；其次，这些年来，我们积极为大学生村官提供专题服务，帮助他们熟悉网络，掌握资源利用技能，积极参与、主动服务，这样在市民中扩大了图书馆及支中心的影响。去年在各级领导的支持下，本中心加强了共享工程的工作。本馆自筹资金14万元，为馆里的各部门及电子阅览室新采购了部分设备和35台电脑。其次，规范了与乡镇基层服务点的联络员制度和信息报送制度，及时收集和上报我市资源共享工程的工作情况。按文件要求为全市75个村委会安装配发电脑，建成了75个“村级基层服务点”，为宝华社区、金湖西社区排、部网线、电源线并为两个社区配发“资源共享工程”工作站和投影仪，安装调试好，建成社区服务点为社区群众和党员、干部服务。

三、工作展望

从现在的工程建设情况看，基层服务点已经建设完成95%，随着个旧市农村标准文化站建设工作的推进以及乡镇城镇建设规划的新调整，将对整个工程的建设起到积极的推动作用。在省、州、市各级政府的支持下，在我们文广局、图书馆和各乡镇的努力配合下，工程建设工作正常推进，支中心设备已经正常运转，基本完成建设、挂牌、建校的任务，为建成网络覆盖全市的全盘工作做好了充分准备。我们将按省、州、市各级政府的要求进一步细化工作，争取在最短的时间内完成所有“全国文化信息资源共享工程农民网培学校”基层站点的建立。

（撰文/个旧市支中心）

开远市支中心

全国文化信息资源共享工程实施以来，开远市委、市政府和市文化体育广播电视局高度重视此项工作，极力发挥县支中心、乡镇基层站点等公共文化服务体系在社会主义精神文明建设和新农村建设中的重要作用，在省、地多方支持下，开远市克服资金薄弱的现状，努力加强对图书馆和文化站的建设，提升图书馆及文化站的品位。经过近几年的建设，开远市在文化信息资源共享工程建设上有了长足进步，尤其是2009年后国家加大文化共享工程的建设力度，我市文化共享工程建设也全面推进、稳步发展。同时，文化共享工程开远支中心和乡（镇）基层站点依托文化共享工程丰富的资源优势开展各种培训和丰富多彩的文化服务，满足群众多层次、多样化的文化需求，增强了图书馆等公共文化服务体系的吸引力和生命力。

一、建设现状

开远文化信息资源共享工程建设体系由县级支中心、乡镇基层站点（农民素质教育网络培训学校）和村级服务点三级组成。开远市文化信息资源共享工程建设工作得到了市委、市政府的关心和支持，2009年列入市政府的年度工作计划，由开远市文体广电局具体负责，依托市图书馆实施。开远市共享工程于2008年启动申报工作。2009年至2011年，县级支中心和7个乡镇分别列入2009、2010、2011年度云南省文化信息资源共享工程建设范围。根据省文化厅《关于做好2009年度文化信息资源共享工程县级支中心和乡村基层站点建设的通知》（云文社[2009]21号）精神，开远市文体局召开了专题会议，要求市图书馆、各乡镇文化站按省厅文件精神积极做好实施准备工作，下发了《开远市文体局关于做好文化信息资源共享工程县级支中心乡镇基层站点建设的通知》，制定并上报《开远市文化信息资源共享工程实施方案》。与市电信公司签订了互联网安装协议，县级支中心和乡镇基层站点（农文网培学校）均采用互联网光纤接入，县级支中心带宽10MB，乡镇基层站点（农文网培学校）带宽2MB。成立了以副市长为组长的文化信息资源共享工程工作领导小组，制定了支中心电子阅览室和乡镇基层站点管理办法。

二、网点建设情况

1、县级支中心建设情况

文化信息资源共享工程开远市支中心设置于图书馆内，机房及电子阅览室面积220平方米，提供20个机位，互联网采用光纤接入，带宽10MB，使用中国电信宽带网。在文化共享工程建设工作中，开远市图书馆有专职人员1人，兼职2人负责相关工作，为文化信息资源共享工程提供了人力保障。充分利用文化共享工程设备通过电子阅览室积极为广大人民群众服务。我中心非常重视电子阅览室的日常管理，建立健全了各项规章制度，在为读者服务的过程中，我们用严格的规章制度来规范管理，并引导读者，特别是青少年读者浏览健康内容。并于2012年8月开辟了“未成年人网络绿色通道”从技术上对上网时间和浏览内容做出了限制，杜绝了黄、赌、毒对未成年人的侵蚀。为了方便读者了解和查询全国文化信息资源共享工程资源，图书馆采取黑加白、五加二的服务方式延伸了电子阅览室的开放时间，并向社会承诺全年无休。通过馆内、馆外多渠道向广大人民群众介绍全国文化信息资源共享工程和开远文化共享工程建设的基本情况，利用先进的设备，积极向来查阅资料的读者讲解使用方法，让他们能正确、快捷的查阅到所需内容。同时，还举办文化共享工程基层站点技术骨干培训班，抽调技术骨干深入各乡（镇）基层站点辅导“农文网培学校”建设等工作。而且，我们还积极参加省、州组织的文化共享工程技术骨干培训班，认真组织全市文化共享工程技术人员参加网络视频培训。在加强自身建设的同时，我们依托文化共享工程资源丰富的优势开展丰富多彩的文化服务。2010年6月至今每年举办文化共享工程乡（镇）基层站点（农文网培学校）技术骨干培训班4次、计算机知识培训3次、节假日组织未成年人观看优秀影片20次、播放各类专题讲座50余次、接待上网查询读者1万5千余人次。丰富多彩的文化活动既满足了群众多层次、多样化的文化需求，也增强了图书馆工作的吸引力和生命力。为全力构建开远市公共文化服务体系，进一步加强公共数字文化建设，全面提升公共文化服务能力和服务水平，使人民基本文化权益得到更好保障，让人民共享文化发展成果的需要，2012年度工作计划中，开远市支中心提出了建设开远图书馆网的构想，得到了市文体广电局的重视和支持。于9月完成了网站建设工作。

2、乡镇农民素质教育网络培训学校建设

开远市共有3乡2镇2个办事处，大庄乡、碑格乡、中和营镇、小龙潭镇和灵泉办事处列入2009年工程建设站点，羊街乡列入2010年工程建设站点，乐白道办事处列入2011年工程建设站点，站点均设置于乡镇综合文化站内，使用中国电信宽带网络，带宽2MB，各乡镇基层站点均配备专人管理。

2009—2012年村级服务点建成52个，100%覆盖全市行政村。2012年6月底，全部设备配发到位，已有部分村级服务点结合农村党员远程教育服务工作开始运行，收到了较好的效果。乡（镇）基层站点利用“共享工程”丰富的文化资源，结合农村“忙时抓生产，闲时搞教育”的实际，下载“共享工程”丰富的科技、文化资源，利用共享工程设备举办各种各样的活动，播放电影、戏曲、歌曲、健康知识、种养殖知识、蔬菜大棚种植知识、病虫害防治及环境卫生整治等科教片。向广大农民群众积极宣传党的路线、方针、政策，为他们掌握致富信息和了解党和国家的重大决策，提供了服务平台。各乡（镇）基层站点（农文网培学校）设置教员一至二名，由乡（镇）文化站站长及工作人员担任，有的乡镇由分管领导直接担任，负责农文网学校日常的教学辅导、设备维护等工作；聘请中学计算机教师、司法所、农科站等站所的工作人员为“农文网培学校”授课员，负责相关知识的培训和辅导工作；并会同党校、司法、妇联等部门下到各村，开展互动教学放映活动。2009年以来，各乡（镇）基层站点（农文网培学校）利用文化共享工程资源结合“2131”工程，每年为基层群众放映烤烟生产、畜牧养殖、玉米地膜种植、病虫害防治、无公害农产品生产、案例说法等教学影片300余场次，接待、指导上网查询群众10000余人次，通过培训，农民群众学会了大量科技致富方法，一批科技致富带头人开始涌现出来，带动了一方经济的发展。

农文网培学校充分利用文化资源共享这一载体配合各村委会农家书屋、活动室、文化广场这一有利环境，不断丰富文化信息资源共享工程的服务内容，提高工作水平，开展更加人性化的活动，配合文化信息资源共享工程工作的开展，普遍得到了广大干群的一致好评，从而有利地推动了工作的良性循环。通过文化共享设备和资源对农村业余演出队进行远程专业辅导，带动了当地各族群众的广泛参与，使当地的群众文化生活变得丰富多彩。配合党委、政府中心工作，播放有关党的法律法规及时事政治等老百姓关心的节目，满足了不同人群的需求，不但让群众学到了知识，也丰实了他们的红色文化生活。

三、工作展望

通过各种媒体，进一步加大文化信息资源共享工程的宣传力度，积极争取各级各部门的支持，争取经费购置相关设施设备；加强与省、州、县图书馆的合作与交流，充实我市文化信息资源共享工程相关信息资源，加快图书馆自动化建设步伐，保障我市文化共享工程顺利推进；努力建设、整合具有我市地方特色的数字文化资源，实现全国文化信息资源共享；加强自身建设，建立健全行之有效的工作机制，形成人员、技术、服务保障体系，承担起对乡镇基层站点的管理、资源更新、技术维护和人员培训，不断提高人员素质和服务技能；争取政府支持，建立有效的投入机制；创新服务方式和管理模式，完善机制，探索规范、科学的管理方法，充分发挥共享工程应有的资源作用，确保公共文化的共建共享。

（撰文/开远市支中心）

绿春县支中心

一、基本情况

绿春县全县辖8乡1镇，10个社区（东城、西城、富康、金岔河、坝溜、平东、蒿苔、鑫盛、秀水沙、腊咪民族社区）81个村委会，735个村民小组，769个自然村。全县国土面积3096.86平方公里，县境内居住有哈尼、彝、瑶、傣、拉祜、汉等六种民族，总人口23万人，少数民族人口占全县总人口的98.2%，其中，哈尼族占88.2%。

二、网点建设

县级支中心建设：我县县级支中心建于2010年7月，中心机房面积20平方米，地面加装了抗静电地板，电子阅览室面积90平方米，拥有完善的消防设施，有安全疏散通道。设计装修符合国家相关标准，保证网络设施和公共服务的安全。中心配置有服务器4台、交换机2台、多功能扫描仪、激光网络打印机、单反数码相机、数码摄像机等各1台、业务终端计算机27台、有源音箱1套、网络接入设备1台、高清投影机2台、高清移动播放机2台、资源加工1套，安装了标准机柜等一些附属设施。文化信息资源共享工程电子阅览室现于对外免费开放。

乡镇基层站点：全县共有8乡1镇，每乡镇都于2010年7月建设了基层站点和农民素质教育网络培训学校（9个基层站点和9个农民素质教育网络培训学校），每个乡镇基层站点已配备应用服务器1台、业务终端计算机6台、有源音箱1套、网络接入设备1台、投影机1台、投影幕1套、高清移动播放机1台、资源加工1套、中央控制台1台，课桌椅10套。目前，各乡镇文化信息资源共享工程电子阅览室已对外免费开放。

村级站点建设：全县共有91个村委会和社区（81个村委会、10个社区）。目前，已建设有71个村级站点和71个农民素质教育网络培训学校分校，每个村级站点已配备业务终端计算机1台，还有20个村级站点未建设完成。因受绿春特殊地理环境影响，山高坡陡，村级站点网络线无法拉通。

三、经费投入

我县认真贯彻落实《红河州文化局关于进一步做好2009年度文化信息资源共享工程实施工作的通知》（红文〔2010〕56号）文件精神，县委、政府切实把文化共享工程建设作为当前的一项重要工作任务来抓，在县财政十分困难的情况下，已投入资金32万元，用于县级支中心和8乡1镇基层站点的建设，使文化共享工程顺利建设。

四、技术支持

县级支中心认真指导和督促乡镇基层站点，开展好信息资源共享和农民素质教育网络培训学校工作，安排专人负责各乡镇基层站点共享工程设备的维修和护理。每年都举办1–2次文化信息共享工程业务知识培训。

五、惠民服务

今年来县支中心电子阅览室共开放210天，接待读者5341人（次）；乡镇基层站点电子阅览室共开放856天，接待读者41561人（次），利用共享工程设备外出开展文化服务36次，服务人数62800人次。

六、培训工作

县级支中心每年都针对乡镇基层站点举办1–2次文化信息共享工程业务知识培训；农民素质教育网络培训学校也举办了不同的技术培训和业务培训，如：割胶技术培训、养猪技术培训、大棚蔬菜技术培训、农村文艺骨干培训、电脑操作技术培训、民族民间体育培训、农家书屋管理员培训等，共计培训56次，培训人员达到4869人。

七、管理和队伍建设

为提高我县广大群众思想道德和科学文化素质，发挥文化信息资源在绿春加快经济发展、全面建设小康社会的作用，根据省、州的部署，我县加强文化信息资源共享工程业务人员的培训，每年都派出图书馆同志到省、州参加文化资源共享工程培训，通过专业技能培训，都能够熟练操作工程设备，并指导好乡镇基层站点工作。

（撰文/绿春县支中心）

建水县支中心

一、整体情况

按照云南省文化信息资源共享工程省级分中心的统一部署，2008年，我县纳入了全国文化信息资源共享工程第三批建设单位，2009年，我县支中心正式成立，成立了领导小组，设立了办公室，制定了实施方案。我县支中心设在建水县图书馆内，由图书馆负责与上一级分中心以及我县各基层服务店联系，开展各项业务工作，并安排专人进行资源加工工作。目前，共建设了1个县级支中心；14个乡镇基层服务站点（农文网培学校）；1个社区服务点；1个烟农学校；142个行政村服务点（农文网培学校分校），总投入资金250万元。

二、网点建设

根据省、州文化部门下达我县的文化信息资源共享工程建设任务，我县积极推进全县文化信息资源共享工程网络建设，建成由1个县级支中心、14个乡镇基层服务站点（农文网培学校）；1个社区服务点；1个烟农学校；142个行政村服务点（农文网培学校分校），总投入资金250万元。充分利用卫星接收、网络传送等多种传输方式，加快文化信息资源共享工程基层服务网络建设。县级支中心设在县图书馆，负责指导、协调全县文化信息资源共享工程网络的规划建设及数据资源的传输、加工、技术服务等工作。乡镇、村委会（社区）基层站点，主要依托电子阅览室平台直接向广大群众提供丰富、快捷、高质量的文化信息资源服务。全县文化共享工程坚持“统一规划、统一服务、分级管理、分批建设”的原则，各乡镇因地制宜、创造条件，保障工程建设顺利进行。同时，努力将文化共享工程与农村党员干部现代远程教育试点工程、农村中小学现代远程教育工程、广播电视“村村通”工程和教学电视技术等有机结合起来，最大限度地实现资源共建共享，向广大人民群众提高具有实用性、知识性、娱乐性的文化信息服务，特别是为未成年人提供课外精神食粮，引导其健康成长。使县图书馆和乡镇基层网点成为具有文化娱乐、科技普及、信息服务、教育培训等多功能的文化中心。

三、经费投入

按照《配置标准》的通知精神，县级支中心总投入75万元，其中设备投入65万元；14个乡（镇）总投入84万元，其中设备购置70万元；烟家学校、村委会（社区）共投入经费万91元，其中设备投入75万元。共计：250万元。其中：中央财政投资共计人民币210万元，县级财政承担40万元，主要用于基础设施改造、必备设备的配置、人员培训、日常运行。

四、资源建设

我县支中心由于人员配备、技术支持不足及经费保障不到位等因素的影响，基本没有进行资源接受、制作、发布的工作。今后，县级支中心和各乡镇基层网点要依托工程平台，挖掘、整合建水历史文化、民俗文化、名人文化、儒家文化、佛教文化、生态文化、建筑文化、饮食文化等各种文化资源，以县文化系统各单位资源和各乡镇地方特色文化资源为主，将本地特色文化信息资源（戏曲、歌舞、曲艺、美术、摄影、文博等）按相关标准要求加工处理后交县级支中心整合发布。

五、合作共建

为加强对全县文化信息资源共享工程的领导建设，确保工程的顺利实施，我县成立了由多个单位、部门组成的建水县文化信息资源共享工程建设领导小组，以宏观规划全县文化共享工程建设发展方向，组织、协调、指导资源建设和信息服务。

县级支中心分层次、有重点地做好乡镇基层中心和对村级服务点的建立及人员培训工作；培训、指导基层网点的业务建设。县文化体育局监督好县级支中心、乡镇基层网点和村服务点的运行，开展全县文化信息资源现状调研，提出资源建设方案；负责资金的管理与使用。县财政局根据党中央、国务院的统一部署，积极落实相关专项经费，不断加大投入，充分发挥财政资金和政策的导向作用，拓宽资金来源渠道，引导社会力量加大对工程的投入，努力形成政府主导、社会力量积极参与的投入机制，共同推动文化共享工程建设的顺利实施。县教育局配合文化部门将工程的优秀文化资源传输到农村中小学，推动文化共享工程为农村教育和经济社会发展服务。县广播电视局充分发挥主流媒体的舆论导向作用，加大宣传力度，为文化信息资源共享工程营造氛围，推动共享工程的全面开展。各乡镇加强辖区内工程服务网点的建设和管理，整合当地文化信息资源，通过多种形式组织农村群众收看、传播社会主义先进文化，丰富和活跃群众文化生活，并利用文化共享工程信息资源，为农业生产服务。

六、惠民服务

我县文化信息资源共享工程已实现了14乡镇、142个行政村全覆盖，形成了以县图书馆为中心，以乡镇文化站为中转站、以社区村委会为基础的文化共享工程服务体系。文化共享工程的实施开辟了一条不受地域、时间限制的崭新的文化传播渠道，获得了传统的文化传播手段难以达到的社会效益。2010年至今，我县利用文化共享工程资源免费提供群众在线阅读和上网查询服务近10万人次。利用投影仪、移动播放器、小屏幕等设备开展文化信息资源宣传30余次，播放种植、养殖、病虫害防治等农业科学技术教育培训服务400多次。

七、宣传推广

建水县图书馆充分利用自身阵地、各类媒体、悬挂标语、街头宣传等形式加大宣传力度，并不定期开展免费公益性讲座、展览，吸引读者走进图书馆；同时加强对共享工程基层服务点及基层图书室的业务辅导、培训，做好信息推介及图书流通等服务，形成宣传声势。

八、培训工作

为建立和完善人才培训机制，实现联合共建、规范服务，建水县支中心从计算机应用、网络通讯和多媒体等方面对县级支中心及基层网点负责建设和维护的各类人员进行有计划、分步骤培训。我县利用设备安装中心的有利时机，共组织30余人次到图书馆进行现场培训。通过培训，从领导到技术人员都提高了对共享工程建设的认识，增强了责任感和紧迫感，参训学员基本掌握了共享工程技术的各项操作要求。同时，支中心也派人先

后到省图书馆参观学习，还参加了省图书馆在泸西县举办的“2012年云南省文化信息资源共享工程农民素质教育网络培训学校建设培训班”，对该项工作的重要意义及业务知识进行了系统的学习。

九、管理和队伍建设

为确保文化信息资源共享工程的顺利实施，建水县成立了文化信息资源共享工程建设领导小组，领导小组由分管文化的副县长任组长，县政府办副主任和文体局局长任副主长，县委宣传部、财政局、教育局、广电局、文体局等部门单位领导为成员，具体负责全县文化共享工程建设的组织、协调、监督检查和指导工作。领导小组下设办公室，办公室主任由文体局局长兼任，副主任由文体局分管的副局长、县图书馆馆长兼任。同时，各乡镇也相应地成立文化共享工程领导小组，由乡(镇)长担任组长，指定一名副乡(镇)长具体抓落实，明确了办公室和其它成员的工作职责。(成立了县支中心，组建了领导小组，办公室设在图书馆办。制定了实施方案。)

我县支中心有2名专职工作人员，各乡镇也有专职工作人员1人以上，并获得文化共享工程上岗资格证书。

十、工作展望

2012年，我县初步建立了起以县图书馆为枢纽，各乡镇文化站和村委会（社区）文化活动室为重点，遍及城乡一体化的文化资源服务网络。今后三年，我县将汇集县图书馆、文化馆、文管所、农村电影发行管理站、红河彝族花灯团等机构的各类优秀文化资源以及我县的民族民间传统文化资源，建设具有建水特色的文化资源数据库，实现以电子阅览室和网络管理系统为平台，联合建设、联合服务、协调发展、面向全社会的公共服务体系，达到覆盖城乡和大部分村委会（社区）的目标。

（撰文/建水县支中心）

石屏县支中心

2009年4月，文化信息共享工程石屏县支中心正式挂牌成立，同期建设的宝秀、新城、牛街三个基层站点的设备先后安装完毕。在支中心指导下，三个基层站点先后完成了农文网培学校的建设。2012年，完成全县9个乡镇共享工程设备安装和农民网培学校建设任务。对素有“文献名邦”、“山川东逸无双境，文学南滇第一州”的石屏来说，这无疑是文化发展中的大事。经过三年多的运作，各基层站点、农文网培学校积极依托文化信息资源共享工程先进成熟的网络技术和设施设备，为石屏县的新农村建设、文化产业开发、书香石屏建设创设了培训机会，为农民群众提供了一个学习的大舞台，文化乐民、文化育民、文化富民的战略思路在实践中得以落实。

一、贯彻落实方针政策，设立组织机构

1、落实方针政策

为将文化信息资源共享工程与乡镇综合文化站、村文化活动室建设紧密结合起来，充分发挥共享工程在农村中的功能和作用，支中心首先组织乡镇文化站负责任人认真学习省文化厅、省办公厅《关于加强农村公共文化服务体系建设的意见文件》精神，全面了解全国文化信息共享工程建设情况，深入理解省文化厅提出的“依托文化信息资源共享工程先进成熟的网络技术和设施设备，建设农民素质教育网络培训学校”的意见和建议，从思想上引起对农民网培学校建设的重视，明确工作思路。

2、召开会议，设立机构

为加强沟通协调，2009年4月，石屏县文化体育和广播电视局牵头组织成立石屏县文化信息共享工作指导组，办公室设在石屏县图书馆信息部，该部负责全县文化信息共享业务培训和站点建设指导工作；各文化站负责人担任共享基层站点的主要负责人，同时聘请各乡镇政府主要负责人为所在地农文网培学校校长，所在地的乡镇文化站站长为副校长，负责日常工作。乡镇文化站要积极加强与当地党委政府、各单位的沟通联系，在所在地的农科所、兽医站、水产站、学校等单位物色并聘请专业技术人员担任农文网培学校教师，聘书由县指导组统一制作颁发。支中心及基层站点建设任务完成后，石屏县文化体育和广播电视局及时组织召开农民网培学校筹备和成立会议，首先成立石屏县农民网培学校指导组，县委宣传部领导担任指导组组长，指导组成员包括文化体育主要领导、图书馆馆长，办公室设在图书馆电子信息部，主要负责协调农文网培学校的日常工作，帮助农文网培学校与县级各单位建立密切关系，掌握县级单位农业科技人员、有关行业技术人员的基本信息。各乡镇文化站也抽调人员专门负责农文网培学校的日常工作，收集农民群众的生产、生活信息，掌握农民群众的农业生产信息需求，定期向农民网培学校指导组办公室提供资料，为培训或讲座提供基础信息，根据农民群众需要，邀请有关技术人员、专家开办专题讲座或到现场进行指导。

3、制定规章制度　指导学校开展工作

为加强管理，促进工作的积极开展，基层站点和农文网培学校挂牌成立后，在县文化信息共享工作指导组统一协调下，根据工作实际，文化信息工程县支中心统一制定了分馆、基层站点、农文网培学校、村委会图书室的有关管理制度，并按统一标准制作后下发各站点上墙张贴，如《电子阅览室管理办法》、《石屏县图书馆分馆管理制度》、《石屏县图书馆（乡）镇XX村委会流动图书室图书管理办法》、《 农文网培学校管理制度》《信息中心机房管理制度》、《阅览室文明公约》、《电子阅览室上机办法》、《青少年上网温馨提示》等。完善的管理制度，为开展工作奠定了扎实基础。

二、针对群众需求　开展培训活动

1、免费指导、培训群众使用电脑

为积极拓展工作，宝秀、新城农文网培学校工作人员聘请学校计算机专业教师，组织所在地群众到学校电子阅览室免费学习电脑基础知识，针对群众需求，教会他们上网查阅资料，查找自己需要的农业技术知识、市场信息；牛街镇利用配发的投影仪、移动播放器走村串寨，为群众播放农业科技及文艺节目。

2、结合乡镇党委党建工作，利用信息资源开办讲座。为培养党员致富带头人，针对农村党员家庭实际，新城乡农文网培学校组织讲座，分别讲授了柑桔种植、多花黑麦草种植与养鹅技术；宝秀镇网培学校组织了杨梅果蝇防治讲座，牛街镇网培学校组织了奶牛养殖技术、核桃冬季管理技术管理。授课教师由县支中心与县农业局、科协、科委协商聘请。

3、在共享工程支中心指导下，各站点与所在地中、小学校取得联系，利用周末时间，免费组织学生到电子阅览室，介绍他们认识“云南文化信息资源网”（http://ndcnc.ynlib.cn/）、全国文化信息资源网（http://www.ndcnc.gov.cn/），让学生将信息带回家，教给自己的父母亲友，以多种方式扩大信息资源的共享。

4、在文化体育和广播电视局、文化信息共享工作指导组的努力下，积极整合资源，把烟农学校、农民网培学校设备、文化信息共享工程资源组合起来，针对学校周边村民的需求，搭建实用科技信息和生活服务信息的查询平台。信息平台包涵有全国文化信息资源共享工程内容、云南文化信息资源，又涵盖了烟农学堂、烟农文化、保险业务、气象资讯、移动通信、农业信息等模块，为村民更便捷、更高效地掌握各项科学技术打开了一个全新的窗口，既提高了农民群众的农业科技水平，也丰富了群众的精神文化生活。

5、加强与县委组织部、各乡镇党委、政府的联系，掌握大学生村官及所在村委会的基本情况，县级支中心、基层站点联合，提供相应的设备和信息资源，由大学生村官出面组织、协调，在村民小组、村委会开展计算机操作培训、观看科普知识讲座、农村实用技术咨询、信息资源查询等工作。

6、成立民族文化传承夜校

哨冲镇是石屏花腰歌舞的故乡，民风淳朴，民族文化底蕴深厚，保留着较完整的彝族语言文字，刺绣、歌舞、舞龙特色鲜明，在省内外及至东南亚地区享有较高声誉。为弘扬地方民族文化，切实做好传承工作，2010年5月，完成电子阅览设备的安装后，哨冲文化站与县指导组取得积极联系，了解政策、购置设备。2010年6月，哨冲农文网培学校、民族文化夜校同时挂牌成立，当日，县级支中心工作人员对参加开班仪式的民间艺人进行了计算机基础知识、电子信息资源查询使用培训；哨冲文化站工作人员组织到场的艺人们交流学习花腰歌舞、手工刺绣技术。

7、实用技术光盘翻刻和电影播放

作为最新文化传播渠道，文化信息共享工程还可以解决广大农村群众看电影难、看电视听广播难、学科技难的有效途径。2009—2012年，石屏县级支中心翻刻国家中心下发的春耕、种养殖等农业科技光盘150碟，分发给全县农文网培学校，各基层站点组织技术人员到村委会、村民小组免费播放。为充分发挥农文网培学校设备的作用，各学校利用周末或假期，在基层站点的电子阅览室播放电影、农业科技片；县指导组办公室与2131电影放映队取得联系，借助放映队的设备和资源，到村民小组播放群众喜爱的电影或科教片。

三、加强工作人员的培训

为提高工作人员素质，更好地拓展工作，在县指导组的建议下，2009—2012年，石屏县文化体育和广播电视局组织全县乡镇文化站职工、村委会民兵之家图书室负责人在县级支中心开展培训6次。为提高培训质量和学员们的思想觉悟，使参训学员真正学到实用的知识，县指导组特别邀请了县委党校老师就党的方针政策、新农村建设作了专题讲座。为解决设备使用中出现的问题，邀请文化馆音响师、电脑私营公司的技术人员作了计算机、播放器、投影仪等仪器的基本使用方法及常用问题专题讲座，保证网培学校工作人员学会基本的仪器操作。经过培训，参训人员从思想素质和专业技术上有了较大提高，保证了农文网培学校管理者的素质，使农文网培学校扎根在基层，能够根据农民群众不同的科学文化需求，采用多种教学方式，提供群众所需的各类知识信息服务，切实帮助他们提高思想道德和科学文化素质，为新农村建设培养新型农民。

四、荣誉奖项

素有“文献名邦”之称的石屏，在文化信息共享工程建设中受惠颇多，文化建设成为社会、经济发展的重要推手。为记述全县群众在共享工程建设中的热潮，县级支中心组织创作了《信息进万家》并参加了“颂歌献给党——全中文化信息资源共享工程迎接建党90周年群众歌咏活动”，先后获得云南省二等奖、全国优秀原创作品奖；2011年，荣获“红河州人力资源和综合管理局、红河州文化体育局”先进集体称号；2011年，石屏支中心被红河州委宣传部、石屏县委宣传部命名为“州级学习型党组织建设示范点”、“县级党组织建设学习型示范点”；2012年，石屏支中心被红河州委宣传部命名为“红河州中国特色社会主义普及教育实践基地”。

五、工作展望

在不断的实践探索中，石屏县农文网培学校工作逐步展开，取得了一定的成绩。石屏县各网培学校对未来发展充满信心，各级领导的支持、农民群众的需求，是促进文化信息共享工程工作和农文网培学校发展的重要动力，在以后的工作中，各基层站点和农民网培学校将进一步贯彻落实党和政府的方针政策，按照“文化信息共享工程+农文网培学校”的模式，积极拓展文化信息共享工程传播知识的渠道和乡镇文化站惠民服务的功能，借助文化信息共享工程这个平台，农民需要什么，就对农民提供什么样的培训，使农文网培学校成为农民群众的学校，真正实现文化乐民、文化育民、文化富民。

（撰文/石屏县支中心）

花腰姑娘的新学堂—网培学校

弥勒县支中心

弥勒县国土面积4004平方公里，全县居住着汉、彝、傣、回、苗、壮等21个民族，现有人口54万余人，少数民族人口占全县人口的42%。下辖10镇2乡，7个社区，3个居委会，129个村民委员会。

一、基本情况

弥勒县支中心于2008年9月在弥勒县图书馆建成，内设中控室、电子阅览室、综合业务加工室、播放室等业务部门。中控室内配有“浪潮”服务器3台（分别用于图书馆业务自动化系统（中国专业图书馆网）、日常应用（资源管理与发布）及资源存储）、内存为5TB的“华为”磁盘阵列3组、“华三”交换机1台、“启明星辰”防火墙1台、“江民”杀毒软件1套（现因系统更新而弃用，改用360等杀毒软件）、42U机柜1套、“台达”UPS电源设备1套、用于卫星接收的“联想”服务器1台（自2011年起停用），“海尔”空调1台、“海尔”液晶电视机1台、“惠威”有源音箱1套、4路VGA输入切换器1个等设备；电子阅览室内配有“戴尔”管理电脑1台、“戴尔”业务终端计算机34台、“海尔”空调1台、“美萍”信息浏览监控软件1套等设备；资源加工室内配有“戴尔”日常管理工作站3台（另2台分别配置到本馆馆长办公室及少儿室），Epson多功能扫描仪1台、HP激光网络打印机1台、Sony数码照相机1台，Sony数码摄相机1台、“三星”移动硬盘2块，“戴尔”及HP笔记本电脑各1台，Lenovo及“影居”移动播放器各1台。播放室内配有“优派”投影机1台，“三叶”投影幕布1套及近百套桌椅。

2008年，弥勒县支中心被云南省分中心主任李友仁命名为“共享工程县级示范单位”。

二、基层服务点建设

弥勒县自2009年1月启动基层服务点建设，当年在全县下辖的12个乡镇建立起乡镇基层服务点12个，各服务点分别配置了投影设备1套、笔记本电脑1台、移动播放器1台、卫星接收系统1套等设备，率先在红河州乃至云南省内实现了基层站点的全覆盖。2010年至2012年，弥勒县按照上级的安排和部署分三批在原来基层服务点的基础上建成乡镇农文网培学校12个，每个学校各配备资源存储服务器1台、客户机6台、投影设备1套、移动播放器1台。各农文网校设置了图书室、电子阅览室、培训教室等业务活动室，成立了以乡镇分管领导兼任名誉校长、文化站长担任校长的农文网培学校领导机构、聘请了包含乡镇卫生、林业、农业、中小学教师等部门人员组成的辅导员队伍，至此各农文网校具备了提供资料查询、群众文化娱乐，举办各类文化、科技培训等职能。2011年，弥勒县又在县辖区村委会建立农文网培学校分校129个，各校均配置HP电脑1台；在县城1个社区建立市民素质教育网络培训学校1个，配置服务器1台，业务终端计算机3台，投影设备1套。

三、经费投入

共享工程建设至今，国家和县级财政共计投入资金233万余元，其中本县财政投入76.6万余元。除在基础设施方面的投入外，弥勒县政府还保证了县支中心日常运行经费：其中2009年投入15.7万元，2010年投入10万元，2011年投入17.17万元，2012年投入15.7万元。充足的经费保证了县支中心的有效运行和对各乡镇农网校、分校的有效监督、管理、技术指导和资源支持。

四、资源建设

通过各种途径，弥勒县支中心目前收集到到资源3.9TB，其中国家中心下发来的光盘资源244盘，约870GB；通过外部采购、互联网下载、外地拷贝、卫星下载等途径获取的资源3030GB。这些资源大致包括以下内容：农业种植养殖科技系列视频、养生保健、医疗保健系列视频、人文讲座系列、家庭教育讲座、历史地理类讲座、传统文化讲座或视频、非物质文化遗产、科学发展观宣传片、素质教育（书法培训等）、未成年人教育、少数民族歌舞、2003年至2007年间各界春晚精选、民族风采系列视频、《百家讲坛》系列、云南民族文化、云南舞台艺术、预防艾滋病、职业病防治等。

五、培训工作，惠民服务

自建成至今，弥勒县支中心在馆内外播放各种讲座、电影、专题片216场次，服务群众近9.1万余，发放刻录光盘1322盘，拷贝给合作单位或个人的资源1843GB，电子阅览室共计服务读者3万人余人次。各乡镇农文网培学校电子阅览室、图书室已免费上网、资料查询、图书阅览、刻录光盘等形式服务群众数万人次，开展了包括农业技术培训、消防安全培训、文艺骨干培训、抗旱救灾培训、务工培训、安全生产培训等各类培训及播放各类文化讲座、卫生讲座、政策宣传片、电影等资源570余场次，服务群众12万余人次。

弥勒县支中心现有工作人员3人，其中专职管理人员1人，兼职管理人员2人。12个乡镇农文网培学校共有专兼职工作人员19人，村级分校管理人员129人。截止2012年11月，弥勒县支中心共六次24人次参加由省分中心组织的业务培训，同时5次举办对乡镇农文网培学校、村级分校管理人员的培训，培训学员194人次。工程建成至今，弥勒县支中心共在本县电视台对共享工程进行专题宣传5次，在不同场合播放共享工程专题宣传片18次，撰写共享工程文字信息64条，其中1条被国家中心工作简报摘编，1条曾被云南省分中心采用。

六、工作展望

经过四年多的探索和积累，弥勒县支中心的工作经

举办“福地杯”电子竞技大赛

验日渐丰富，技术力量也得到一定程度上的加强，近年来服务方式屡有创新，工作状态渐入佳境，服务成效不断显现，社会知名度日益提高。目前，凭借着党的“十八大”召开的东风，弥勒县支中心力图在上级分支中心的指导和支持下，锐意进取，不断开创工作新局面，为弥勒县全面建设小康社会做出更多贡献。

（撰文/张永康）

泸西县支中心

泸西县位于云南省东南部，红河州北部，距省会昆明166公里，州府蒙自190公里。全县辖5镇3乡，81个村民委员会、5个社区，总人口41.6万人。

泸西县支中心设在泸西县图书馆内。泸西县图书馆始建于1913年，在今泸西一中操场北面，建立县立图书馆，为一底苏楼式古建筑，建筑面积308平方米。1983年元月，正式建立了“泸西县图书馆”；同年10月，又于钟秀山东南麓新建三楼一底的新图书馆楼，总面积1269平方米。2007年底，在阿庐文化中心新建功能齐备的图书馆，2009年10月竣工，总建筑面积3670.4平方米，2010年1月国家文化部授予一级公共图书馆称号。

自2010年实施文化共享工程以来，我县围绕“两强一堡”战略，紧扣跨越发展目标，把文化软实力作为硬任务来做，把文化共享工程作为文化建设的“一号工程”来抓。三年来，全县总投资326.87万元，建成文化信息资源共享工程1个县级支中心、8个乡(镇)“农文网培学校”81个村和1个社区“农文网培分校”，共配177台电脑、10套放映设备和10套投影设备，形成覆盖县、乡、村三级的公共文化服务体系。

泸西县图书馆作为文化信息资源共享工程县支中心，坚持“以人为本，公益优先”的服务理念，抓住“发展、服务、创新”的工作主线，抓亮点、树品牌、建机制，服务基层站点、服务城镇市民、服务农村群众、服务弱势群体，切实保障人民群众的基本文化权益。

一、创新服务方式　打造阳光品牌

按照“资源共享、优势互补、互惠互利”的原则，加强内外合作，整合各方资源，建立“泸西文化信息资源网”。将全县图书、文化、旅游、艺术、文学、工艺、文物、物产等10余个版块的信息资源及国家中心的30余个资源导航，在该网站上发布。

始终坚持以“群众需求”为第一信号，以“群众满意”为第一标准，开展“菜单式”服务。通过建立网上读者意见箱、安装群众满意度评价器、提前公开服务内容等措施，问需于民，开好“菜单”，追踪服务，满足了群众“口味”，赢得了群众好评。

今年，围绕“农户万元增收行动计划”，立足我县“做稳粮油、做好烤烟、做优生物、做实蔬菜、做强水果、做大畜牧、做活林业”以及“一叶四花一果”产业发展思路，深入各乡镇指导乡(镇)“农文网培学校”流动放映烤烟、蔬菜、万寿菊、灯盏花、除虫菊、玫瑰花、高原水果等种植技术，5000多农户受益。根据山区特色产业发展需要，指导三塘乡农民素质教育网络培训学校，开展三七、草乌、半夏等种植技术培训，打造了三塘“中草药之乡”。

结合我县“旅游二次创业”，指导永宁乡农民素质教育网络培训学校，依托城子古村的历史文化品牌，着力打造党史教育基地和影视拍摄基地。

积极构建学校、家庭、社会“三位一体”的未成年人网络素质教育新格局。县支中心为未成年人免费办理“绿色上网卡”，提供绿色上网场地；与家长签订《未成年人绿色上网联络登记卡》，规定上网时间，明确阅览内容等；与建设小学、二中等中小学校建立学生校外上网互动机制，搭建学生周末上网平台，丰富学生校外文化生活。目前，电子阅览室成了未成年人免费上网阅读的好地方，健康上网、文明上网的好课堂。

各项服务活动的广泛深入开展，丰富了服务内容，拓展了服务领域，文化共享工程服务工作走向了大众化、平民化，文化共享工程成了文化惠民的“阳光品牌”。

二、提高服务质量　促进常态服务

泸西县支中心投资100余万元，对机房、电子阅览室、视频播放室（报告厅）进行装修，并安装了防雷系统、防火器材、防盗设施及电信10MB光纤，配置了50套电脑、74套课桌椅。每年，县财政安排运行经费30万元，创造了一流的办公条件。如何利用这些条件服务人民群众？

图书馆共有12名女职工，3名男职工，馆领导高度重视队伍素质建设，多次组织干部职工外出考察学习，邀请专业人士为职工授课，组织职工每周集中学习。同时，强化内部管理，加强纪律约束，电子阅览室、图书外借室等每天上午开放3.5小时、下午开放3.5小时、晚上开放2小时，全年天天对外开放。

积极组织干部职工定期深入开展文化信息资源进学校、进军营、进社区、进农村、进厂矿“五进”活动，送政策、送科技、送法律、送文化，促进“文化乐民、文化育民、文化富民”，实行了“文化惠民”，受到了基层群众欢迎。

泸西县支中心在广泛深入开展文化信息资源服务群众活动中，积极探索建立服务长效机制，建立了《电子阅览室管理服务制度》、《文化信息资源共享工程年度工作计划》等，按制度抓服务，按计划抓落实。每年举办1期400课时的老年人电脑培训，每周一、三、五、七晚上放映电影，每周二、四、六晚上播放“百家讲坛”专题片等，每月开展1次“五进”活动，每半年举办1次青少年电脑培训，每年开展1次服务进城农民工的主题实践活动。

通过强化工作措施，完善服务制度，求实务实抓落实，推进了县支中心文化信息资源和设施设备服务广大人民群众的常态化长效化。

泸西县文化信息资源共享工程在各级各部门的关心支持下，在全馆干部职工的公共努力下，围绕文化乐民、文化育民、文化富民的“三民”要求，为广大人民群众开辟了一条通向文化殿堂的“绿色长廊”。得到了省、州上级部门的肯定，2010—2012年云南省文化信息资源共享工程培训连续3年在我县举办。

三、工作展望

1、继续加大建设和运行经费投入力度。今后，我们将逐年加大资金投入力度，确保资源加工运行和各项服务活动的正常开展，充分发挥文化共享工程服务人民、服务社会的强劲功能。

2、继续加大本地优势资源建设力度。泸西历史悠久，文化底蕴深厚，民间文化信息艺术多姿多彩，我们在利用国家及省中心已开发的文化信息资源成果的同时，将充分发挥本地资源优势，努力把地方特色的文化信息资源开发出来，积极推进资源加工，促进资源共建，建成独具地方特色的文化信息资源数据库。

3、继续加强高素质人才队伍建设。共享工程是一项采用高新技术推动文化建设的工程，其特点是技术含量高，从事这项工作的人员必须具备相应的知识和技术。针对专业技术人员缺乏的实际，我们将根据工作需要每年组织1至2次专业技术培训，以适应共享工程建设和服务的需求。

4、有针对性地开展各项服务活动。围绕县情、民情，深入调研，广泛宣传，扩大影响，营造氛围，扩大共享工程知名度，提高设备利用率。同时，不断创新服务方式和管理模式，充分发挥资源优势，为全县人民提供方便、快捷的数字资源服务。

（撰文/泸西县支中心）

元阳县支中心

元阳县全县辖2个镇12个乡，138个村（居）委会，1043个自然村，国土面积2189.88平方千米，全县总人口42.43万人，其中农业人口占总人口的94.9%。全县世居哈尼、彝、汉、傣、苗、瑶、壮七种民族，少数民族人口37.6万人，占总人口的88.6%，呈现出“大杂居、小聚居”的民族分布特点。

一、基本情况

自全国文化共享工程实施以来，我县一直把它作为一项文化建设的重点创新工程来抓。在县委、县政府的重视及有关部门的通力合作下，于2009年8月正式启动了文化共享工程建设。2009年8月3日，经县人民政府第20次常务会议上专题研究，决定投入29万元，全面实施元阳县文化信息资源共享工程建设。于2009年8月12日，县政府拨付了10万元专项经费。制定元阳县文化共享工程实施方案，我们在新建的文化站中统一规划、统一设计、整合资源，使乡镇基层服务网点建设一步到位。截止目前，县级总投入301872.30元，14个乡镇“网络无忧”连接已相继接入，文化信息资源共享工程县级支中心正式落成，共配置29台电脑、2台高清晰投影机以及液晶电视等其他相关设备；建成了马街乡、新街镇、攀枝花乡、黄草岭乡、俄扎乡、沙拉托乡、牛角寨乡、小新街乡、嘎娘乡、南沙镇、逢春岭乡等11个乡镇基层站点，各配发了6台电脑、1台高清晰投影机等其他相关设备。2011年完成了2010年度文化共享工程建设任务：南沙镇、逢春岭乡两个农文网培学校的建设，下发了全县各村委会的农文网培学校分校设备。2012年完成了2011年度建设任务：黄茅岭乡、上新城乡和大坪乡三个乡镇农文网培学校的建设。形成了以县、乡、村为重点的元阳县文化信息资源共享工程服务网点，覆盖率达100%。

二、主要做法

自全国文化共享工程实施以来，为推广丰富、实用的文化信息资源、方便和吸引广大人民群众，促进我县政治、经济、文化、教育的全面发展，提高农民科技致富能力、满足农民群众对政策信息的需求等，我们主要开展了以下工作：

1、统筹规划、广泛宣传，充分认识文化信息资源共享工程的重要作用

为使县乡两级文化单位更多的了解文化信息资源共享工程的意义和作用，我们根据省、州的统一部署，明确职责、制定方案、宣传发动。

1.1.设立机构，为推进文化信息资源共享工程建设提供组织保证。成立了由县文体局牵头组成的元阳县文化信息资源共享工程领导小组，以县图书馆为主要技术力量的县级支中心。

1.2.制定规划，明确文化信息资源共享工程建设的目标任务。自2009年文化共享工程建设在我县正式启动，根据省、州的统一部署，我局一手抓统筹规划，一手抓宣传发动。明确工程建设经费渠道，争取政府财力投入、上级补助和自筹资金相结合，制定方案，确立了以县图书馆为支中心，各乡镇文化站为全县文化信息资源共享工程基层站点的网络构架，逐步推进。通过多种形式宣传共享工程在推动基层文化事业跨越发展中的作用，为元阳县文化信息资源共享工程的顺利实施打下基础。

2、合理布局、严格把关，切实推进文化信息资源共享工程建设步伐

文化信息资源共享工程作为一项利用先进高科技手段、有步骤地整合和发布优秀文化信息资源的网络工程，在起步阶段，我们妥善处理好公益性文化项目与经营性网吧的关系，合理布局，严格把关。

2.1.抓好龙头，以点带面，为共享工程开局树立样板。根据实际情况，在全县确定以县图书馆首先作好示范，为我县文化信息资源共享工程基层站点提供学习和借鉴平台。

2.2.统一标准，严格把关，为推进文化信息资源共享工程建设营造环境。针对我县乡镇文化站的实际现状，结合省、州建设要求，我们在抓好示范的基础上，分别进行实地勘察，严格把关。

2.3.加强培训，技术指导，为共享工程建设提供保证。为了保证全县建设任务的顺利完成，我们邀请了相关技术人员来元阳进行技术培训，指导基层站点工程的安装调试等。

3、协调管理、规划运作，着力提高文化信息资源共享工程的服务水平

与电信、公安、工商等部门协调，对业务人员、管理人员进行培训，同时，积极借鉴内地县市的经验和做法。为积极推进文化信息资源共享工程建设的有序实施，提高服务水平。进一步强化管理措施，制定规章制度，及时把文化信息资源共享工程有关管理文件下发到每个基层站点。根据要求制定统一标牌，规范服务手段，逐步走读者凭证查阅资料、接待未成年人要有家长书面意见、并采取实名登记等模式，确保我县文化信息资源共享工程运行情况稳定。

四、工作展望

下一步，我县将进一步加快文化信息资源共享工程建设步伐，以整合、开发优秀文化信息资源，推进思路创新、技术创新和服务创新为工作重点；始终坚持以满足广大人民群众文化信息需求为服务中心，努力把我县的文化信息资源共享工程建设推上一个新台阶。

1、继续推进我县文化信息资源共享工程基层站点建设。目前，我县14个乡镇农文网培学校全面建成，136个村委会设备已全部下发（2个居委会还没有设备），但由于多种因素农文网培学校分校绝大部份的校点网络还无法覆盖。我们将争取在下一步的工作中争取分校点的网络覆盖，完成全县乡镇基层站点建设。

2、发挥优势，整合资源，加大资源建设力度。元阳县历史悠久，文化底蕴深厚，民族民间文化信息艺术多姿多彩。我们在利用国家及各省州已开发的文化信息资源成果的同时，更注重发挥本县资源优势，努力将具有元阳地方特色的文化信息资源开发出来，以供共享。

3、努力建好元阳文化信息网。为充分展示元阳文化，方便读者检索，利用共享工程这个平台，争取在下一步工作中建好元阳文化信息网。

4、加强培训，不断提高队伍素质。文化信息资源共享工程是一项采用高新技术推动文化建设的工程，其特点是技术含量高。要求从事这项工作的人员必须具备相应的知识和技术，根据工作需要，计划每年邀请省、州等相关技术人员，由县级支中心组织1—2次专业技术培训，以适应文化信息资源共享工程建设和服务的需求。

工作人员业务培训

5、健全制度，加强文化信息资源共享工程的管理。在省、州分中心的领导下，我们将不断完善制度，加强管理，稳步推进，深化公共网络，创新服务内容，加快元阳县文化信息资源共享工程建设，实现快速、便捷地共享文化资源成果。把文化信息资源共享工程建设放在更加突出的位置，做到认识再提高，措施再强化，力度再加大，着力推动我县文化信息资源共享工程建设再上新台阶，为把我县建成标准化的文化信息资源共享工程做出新的成绩。

（撰文/元阳县支中心）

金平苗族瑶族傣族自治县支中心

金平苗族瑶族傣族自治县国土面积3677平方公里，其中山区面积占99.72%。全县辖13个乡（镇）、93个村委会、1107个村民小组，世居着苗、瑶、傣、哈尼、彝、汉、壮、拉祜、布郎等9种民族，全县总人口35.62万人，其中少数民族占85.77%。全县农业人口32.5万人。

一、基本情况

根据文化部办公厅《关于开展全国文化信息资源共享工程暨公共电子阅览室建设试点工作的通知》要求，2007年至2012年期间，我县文化共享工程在县委、县政府的高度重视下，在上级有关部门的指导下，我县共享工程建设步入了快速发展期，在网络建设、资源建设、队伍培训、服务惠民等方面取得了一定的成绩，实现了县级建有支中心、乡级建有基层服务点，基层队伍培训有效开展的建设目标，形成了地方党委政府重视、文化主管部门统领、县支中心和基层服务点通力合作的良好的工作局面，全面完成了文化共享工程“十一五”目标任务。

三、基层服务网点建设

我县辖13个乡镇，93个村委会、四个街道社区，根据我省文化信息资源共享工程“十一五”规划，文化信息资源共享工程金平县支中心于2008年8月份建成投入使用。其中：建成电子阅览室60平方米，多媒体室60平方米，主控机房20平方米，共设座席60个，2010年元月18日阿得博乡“信息资源共享工程农民素质教育网络学校”正式挂牌成立，截自2011年至2012年8月分批在我县金河镇等13个乡镇文化站建成“文化信息资源共享”乡级服务点，93个行政村建成“文化信息资源共享”村级基层服务点。39个电信模式接收点和农村党员干部现代远程教育工程建设，由县委组织部负责实施，县图书馆负责指导设备的调试、运行、人员培训、业务开展等工作，目前各基层服务点设备运行良好。

四、经费投入

为认真贯彻上级共享工程会议精神，我县要求各

级财政部门建立长效经费保障机制，加大对文化共享工程的投入。按照中央政策，"十一五"期间，我县成立县支中心和电子阅览室共投入经费10多万元，网络费用（10MB）每月支出1300多元，乡镇"文化共享工程"村级基层服务点建设投入配套资金达4.2万元。

五、开展资源建设活动

"十一五"期间，金平县支中心广泛征集本省历史文化和民间文化资源，通过征集、自建、购买等方式建设了一批集文本、图像、音频、视频于一体的多媒体数字资源库。内容涵盖：中国文学、社会科学、生活博览、英文原著、传世名画、中外童话寓言、法律法规等100000多种各类图书，供广大读者在图书馆电子阅览室阅读。

征集优秀地方戏剧目，是加强特色资源建设的重要内容之一。"十一五"期间，县支中心共征集各类地方戏剧剧目244部、二战经典电影100部。

六、技术支持方式

1、依托电子政务外网，用户可在指定区域（入电子阅览室）浏览和使用电子政务外网上提供服务的资源；

2、使用移动播放终端，如移动播放器、数字电影放映机等，通过与电视机、投影仪、PC机相连接，收看存储在移动播放终端中的资源。

七、人员培训提升队伍素质

拥有一支怎样的专业技术人员队伍，很大程度上决定了文化共享工程的建设质量和服务质量，加强人员培训，是提高队伍素质的重要手段。我县十分重视文化共享工程人员培训工作，"十一五"期间，我县共举办培训班4次，培训人员52人次，三是远程指导培训，利用网络和电视等方式对各乡镇基层服务点技术人员进行远程培训、指导。培训达300多人次。技术人员通过学习培训，了解了设备的功能，掌握了技术支持和资源分发的技能，提高了督促中标商按合同完成设备配置和调试的能力，有效地推进了乡级基层服务点建设，为顺利完成工程建设任务奠定了技术基础和人才保障。

八、管理规范化制度化

1、加强组织领导。成立以分管文化副县长为组长的县文化共享工程领导小组。领导小组下设办公室于图书馆，由图书馆馆长兼任办公室主任，负责处理日常事务。

2、制订规章制度。指导各基层服务点建立完善"文化信息资源共享工程"管理《规章制度》，逐步建立健全文化共享工程各级管理体制和运行机制。每年年末组织人员对各乡镇开展一次专项检查。

九、服务惠民发挥作用

县级支中心将阵地服务和流动服务相结合，开展形式多样的文化惠民服务。文化共享工程走进社区、走进农村、走走进学校，为广大群众播放爱国主义电影和农村科技视频，实现资源共享，服务社会公众。县支中心和基层站点还结合当地经济发展和农业生产实际，利用文化共享工程丰富的科技信息资源，结合"世界读书日"、"图书宣传周"组织图由县委组织部负责实施，县图书馆负责指导设备的调试、运行、人员培训、业务开展等工作书、期刊，为当地人民群众传播农技知识和信息，有力促进由县委组织部负责实施，县图书馆负责指导设备的调试、运行、人员培训、业务开展等工作由县委组织部负责实施，县图书馆负责指导设备的调试、运行、人员培训、业务开展等工作了新农村经济发展。县级支中心和基层服务点利用电子阅览室服务群众达1000多人次。

十、搞好宣传推广工作

在"六一"国际儿童节来临之际，金平县图书馆与和谐幼儿园、双金桥小学共同开展了一系列丰富有趣的庆"六一"联谊活动。5月27日至29日县图书馆与和谐幼儿园以"健康、活泼、爱跳、爱读"为主题。开展了猜谜语、抢板凳、投球等游园活动和文艺汇演。同时，为宣传图书馆免费开放服务的内容和范围、让更多的少年儿童及社会公众了解图书馆、走进图书馆，全面推进我县文化信息资源共享工程工作，图书馆向和谐幼儿园捐赠了500册幼儿读物，即丰富了他们的课外活动，又为他们送去了知识，让他们渡过了一个快乐的节日，此外，县图书馆向参加活动及观众6000余人发放了免费开放宣传单600余份。5月31日县图书馆来到双金桥小学，与师生们在热烈的气氛中举行了"六一"儿童节庆祝活动。本次活动共分为三大部分：1、开展游园活动；2、发展新少先队员，举行新队员入队仪式、对"优秀班干部"、"三好生"、"优秀少先队员"进行表彰奖励；3、文艺节目汇演。

十一、工作展望

1、加强基层文化设施网点网络化、数字化建设；2、加强文化、科技信息资源自动化、网络化建设和专业技术人员的培养；3、加强地方特色资源建设；4、建立完善乡镇培训制度，形成人才支撑体系；5、积极推动全县公共电子阅览室规范化建设；

（撰文/金平县支中心）

河口瑶族自治县支中心

河口瑶族自治县国土面积为1332平方公里，辖4乡2镇，即河口镇、南溪镇、老范寨乡、瑶山乡、莲花滩乡、桥头苗族壮族乡，27个村民委员会，3个社区居委会，275个村民小组。近年来，在上级文化部门的大力扶持下，河口县委、县人民政府高度重视文化基础设施建设工作，先后在四乡两镇新建了文化站业务用房，并配置了相应的设备，乡镇文化工作条件有了极大改善，同时也为文化信息资源共享工程建设奠定了基础。

一、成立机构，加强领导

为了全面贯彻落实《中共中央国务院关于推进社会主义新农村建设的若干意见》文件精神，努力抓好文化信息资源共享工程建设工作，有效传播和繁荣先进文化，极大地满足广大农民群众多层次、多方面精神文化需求。河口县人民政府成立了由分管文化工作的副县长任组长，文化局长任副组长，文化局和各乡镇分管领导、县民族图书馆、乡文化站人员为成员的共享工程建设领导小组，加强对文化共享工程的领导，负责文化信息资源共享工程的各项工作，制定了文化信息资源共享工程

实施方案，组织文化信息资源共享工程建设，确保了文化信息资源共享工程县级支中心和各乡镇基层站点及农文网培学校建设工作的顺利实施。

二、加大投入，标准配置

2007年，河口县委、县政府在县财政资金十分困难的情况下，县政府先后拨付“文化共享工程”专项资金60万元，用于河口文化信息资源共享工程县级支中心建设。按照上级文化部门建设要求，聘请有关专家提出设备配置方案，通过政府招标，为县级支中心配备了IBM服务器1台、电脑37台，接入了10M的光纤，在机房与电子阅览室分别配备了空调。9月份初步建成了县级支中心机房与电子阅览室并对外开放。

2008年4月，河口县被确定为全国文化信息资源共享工程试点县后，我县严格按照《协议》要求对中心机房铺设静电地板，改造供电线路，购置防火器材和安装防盗设施，将县级支中心服务器增至5台，其总容量上升为 5TB。同时增加配置笔记本电脑1台、DELL台式电脑25台、投影仪1台、卫星接受服务器、索尼（Sony）数码摄像机、索尼（Sony）数码照相机、打印机等一系列管理设备，形成了设施较为完备，具有较强接收能力与采编能力的县级支中心服务平台。

在建好县级支中心的同时，为将文化信息资源共享工程服务平台建设进一步推向基层，更好地服务于广大人民群众，我县积极筹措资金30余万元，为四乡两镇文化站配置培训教室课桌椅100套，阅朗室书架15组，阅朗桌15张，音响设备6套，照像机5部，办公桌椅5套，文化信息资源共享工程电脑桌8套，为全面完成乡镇文化信息资源共享工程站点和农文网培学校建设奠定基础。当前，已全面完成四乡两镇文化信息资源共享工程基层站点和农文网培学校以及17个村级服务点的建设任务。

三、面向群众，服务基层

河口县文化信息资源共享工程和农文网培学校建成后，为尽快发挥其平台功能效应，提高公共文化服务水平，缓解农民群众看书难、看戏难、看电影难的实际问题，进一步丰富农民群众的精神文化生活，满足广大农民群众求富裕、求健康、求文明的迫切需要，县乡村三级积极做好服务工作。

1、建章立制，规范管理。管理和服务工作首先从制度建设入手，借鉴外地与其它部门的先进经验，制定了《图书馆电子设备管理制度》、《图书馆各部门上机管理规则》、《图书馆中心机房管理规则》等制度对县支中心进行规范管理。同时，县图书馆还自行设计印制了《设备台帐》、《设备报废清单》、《设备维修登记表》、《设备借用协议书》、《设备事故报告单》、《设备完好普查表》等“共享工程”设备记录本，记录支中心设备使用情况，确保设备的有效管理使用。河口县文广局向各基层站点签订了《河口县乡镇文化信息资源共享工程站点设备管理责任书》，以保证设备的正常投入使用。

2、加强队伍建设，提高服务水平。为有效管理使用文化信息资源共享工程服务平台，提高公共文化服务水平，河口县积极组织县乡管理人员参加省州业务培训6次，受训达18人次。县级自行组织培训2次，受训人员达22人次。

3、加强县、乡、村三级文化信息资源共享工程网络建设，提高网络平台服务质量。本着配强县级支中心，配足乡镇基层站点，配全村级服务点的原则，河口县投入约100万元用于县、乡、村三级公共文化服务基础设施建设。县级支中心服务器增至5台，其总容量上升为5TB，在局域网上提供给读者使用的计算机有42台，其中有6台在外借室供读者浏览、查寻。县级支中心累计接收国家管理中心提供的文化信息资源686GB，4818部视频资料片，加入地方资源数据7GB，整合电子书刊、有声读物226GB，导入文化共享助春耕、共享知识、和谐万家、红色记忆、振奋中国等DVD视频光盘74张。各乡镇网络宽带接入均在2兆以上，其中瑶山乡站点是6兆，县级支中心为各基层站点导入资源285.1GB，现场对管理员进行操作使用培训5次，使其掌握打开窗口浏览资源的步骤和方法。河口县文体局为17个村级服务点配备了电脑桌等相应设备。

4、加大宣传力度，积极引导群众参与和利用网络平台服务。各乡镇站点成立了农民素质网络培训学校，由分管文化的副乡（镇）长担任名誉校长、文化站站长为校长以及相关人员组成的培训机构。通过充分利用所配发的共享工程设备开展农技培训，观看优秀影片和文艺作品等，大力宣传和引导农民群众学会利用共享工程网络平台学科学，查资料，充分发挥共享工程网络平台的服务效应。五是做好网络设备的管理和维护工作。县级支中心每年安排文化资源共享工程网络维护费5万元，各乡镇安排基层站点维护费2万元。河口县支中心累计对客户端主机维护214台次、共享工程服务器维护360余次，更换键盘鼠标56套、显卡8块、耳机40套，维修显示器12台。

四、成效显著、惠及全民

文化信息资源共享工程实施以来，极大地丰富了公共文化服务的方式和手段，为努力构建惠及全民的公共文化服务体系，让广大人民群众充分享受到改革开放的丰硕成果，推动文化大繁荣大发展起到积极作用，主要

表现在：一是推动基层文化设施建设，为广大人民群众提供了文化活动阵地。二是极大缓解人民群众看书难、看戏难、看电影难、学科技难的问题，让人民群众在家门口就能学到知识，看上电影和许多文化艺术精品。三是进一步丰富人民群众精神文化生活，正确引导人民群众开展有利于身心健康的文化活动，有效抵制腐朽没落文化思想，形成文明高尚的乡风气息。四是激发了边境人民群众的爱国热情，使得边境经济发展、边防巩固、边境人民群众的生产生活更加安宁。

五、工作展望

1、完善"农文网培学校"建设。

2、开展形式多样的服务活动，为农村经济发展充当智囊宝库。

3、加强基层文化设施网点网络化、数字化建设，加强文化、科技信息资源自动化、网络化建设和专业技术人员的培养，深入推进共享工程的实施打好基础。

4、努力把文化信息资源共享工程用活、用好。积极采用图书馆成熟技术，借助数字电视和远程教育服务网络，大力开展公益性服务，尤其加强对广大农村地区的扶持力度，将文化共享工程建设成为社会主义新农村建设和构建公共文化服务体系的重要抓手。

5、在实施过程中加强与上级业务部门、县直各部门的沟通与协调，使共享工程服务群众更具针对性和时效性。同时，不断总结经验，改进创新管理体制和运行机制，使'共享工程'真正成为文化创新工程。

河口县文化信息资源共享工程在上级文化部门的关心支持下，在县级各有关部门的支持配合下，现已建成覆盖县、乡和部分行政村的三级网络服务平台，设施设备运转良好。文化信息资源共享工程已经成为老百姓满意的文化信息工程，成为社会主义新农村建设的有力支撑。将为繁荣河口县文化事业，促进农村政治文明、物质文明、精神文明、生态文明协调发展做出积极贡献。

（撰文/陈冬春）

屏边县支中心

屏边苗族自治县全县国土面积1906平方公里，辖6乡1镇，76个村民委员会，4个社区居民委员会，694个自然村，895个村民小组。境内聚居着苗、汉、彝、壮、瑶等17种民族，总人口15万，以苗族为主的少数民族人口占全县总人口的63%，是云南省唯一的苗族自治县，也是全国五个苗族自治县之一。

一、基本情况

共享工程是采用现代信息技术，对文化信息资源进行数字化加工和整合，通过网络最大限度地为社会公众享用的文化工程。

它开辟了一个不受地域、时空限制的崭新的文化传播渠道，这对于迅速扭转我国广大中西部地区特别是贫困地区的信息匮乏和经济、文化落后的状况将起到显著的作用。

因此，它与基层文化设施网点建设、图书馆网络化、数字化建设紧密相关，互为促进。

在省文化厅和省中心的关心支持下，我县于2009年被列为全国文化信息资源共享工程试点县，"文化共享工程"是一项文化乐民、文化育民、文化富民的一项重大民心工程，我县以此次试点为契机，认真开展文化信息资源共享工程建设，工作中坚持政府主管，文体局主抓的原则，以县图书室馆为中心，乡文化站为重点的基层服务网络，扎实实施文化信息资源共享工程。

"共享工程"的实施，成为了新时期建设新农村、培育新农民搭建新的平台，进一步推进了文化创新、完善文化服务体系，提高文化服务水平，促进文化事业健康发展。2009年我县建成全国文化信息资源共享工程屏边县支中心，有35台计算机的电子阅览室，设专、兼职人员3人，多媒体视听室1个，专业级服务器4台、网络前端配备有防火墙、互联网网关。

同步配置了新华、新现、湾塘、白云4个乡共享工程设备，于2009年5月正式进入运行；2010年，省州文化部门对我县和平乡、白河乡两个乡进行了共享工程设备配置，2011年9月已完成安装工作，两个乡建设点已正常运行。

到2012年底止，我县已建成7个农文网培学校76个农文网培学校分校，玉屏镇于2012年8月已安装使用、（全县目前有4个社区尚未配置），建成了100%的乡镇农文网校和100%的行政村农文网培学校（分校），基本实现"村村通"，每个乡镇及相关行政村也能在现有条件下保持工作的运行。

二、加强领导，提高认识

文化信息资源共享工程是一项重要的文化创新工程，对推广先进文化、科技成果都有十分重要的作用。随着我国市场经济体制的不断完善，农业产业结构调整力度的加大，广大农民对科学文化知识尤其是农业科技成果的需求显得尤为迫切。组织实施好信息资源共享工程，对传播科学知识、先进文化，引导农民群众脱贫致富，丰富和活跃农村基层文化生活都有巨大的推动作用。屏边县委、县人民政府十分关注和高度重视文化信息资源共享工程建设工作，由县政府分管文化工作的副县长负总责，采取有力措施，使共享工程建设工作落到实处。

1、完善机构，明确责任。为切实抓好文化信息资源共享工程建设，确保圆满完成工程建设任务，成立了以由县文体局局长担任组长，局党委书记、局办公室主任、县图书馆馆长任副组长，各基层服务点的文化站站长为成员的信息资源共享工程建设领导小组，统一协调和指导全县共享工程建设工作。领导小组下设办公室于文体局办公室，由办公室主任兼任信息资源共享工程办公室主任，负责处理文化信息资源共享工程建设的日常工作。

2、领导重视，加大投入。为确保文化信息资源共享工程顺利实施，县人民政府高度重视，一是县政府下拨启动经费3万元，用于县级中心机房装修，于2009年3月至5月由县文体局组织专业技术人员进行安装前准备工作；二是投入10万元用于各乡镇基层服务点和农文网培学校安装前准备工作；三是先后调入2名事业人员，到县支中心工作。

三、明确责任，精心实施

我县在实施文化信息资源共享工程建设中，严格按照合同要求，精心组织实施。

一是认真制定实施方案。为切实抓好我县文化信息资源共享工程建设试点工作，结合屏边县实际，研究制定了《屏边县文化信息资源共享工程建设实施方案》，明确了建设任务、工作措施、实施步骤等，确保我县文化信息资源共享工程支中心建设的顺利实施。

二是认真装修支中心中控室。按照国家相关标准，设计装修中控室，按标准进行了配电和防雷设施安装，并按规定配置了应用服务器和业务服务器。

三是认真设置了电子阅览室。按每台机器有3平方米以上的空间，光线充足，进出方便的要求，设置了150平方米的电子阅览室。做到网络布线及电源分布合理，消防设施和消防器材设施科学到位，安全疏散通道畅通。电子阅览室到现在已正常开放三年多。

四、加大宣传，整合资源

在实施"文化共享工程"过程中，结合我县图书馆丰富的图书资源优势，开展丰富多彩的文化服务。以建立农村图书室、送书进社区、送书进军营、与学校联谊读书活动等形式，拓宽文化服务方式，丰富群众多层次、多样化的文化需求，增强基层文化工作的吸引力和生命力。同时，以文化下乡为切入点，深入到各单位、各乡镇，积极开展"文化共享工程"工作、消防安全知识、科普知识等宣传活动。

我馆并利用共享工程对全县部份乡镇及农村文化骨干、残疾人、驾驶员、社区农民如何上网、发邮件、文字录入、办公自动化运用、网络基础知识、网络下载等操作步骤进行培训，让广大群众充分认识开展"文化共享工程"的重要性和必要性。让大家了解"文化共享工程"的实施，为宣传党的方针政策开辟了新渠道，为丰富农民群众业余生活、弘扬文明新风开辟了新的阵地，为培养"有文化、懂技术、会经营"的新型农民搭建了新平台，成为一项民心工程、实惠工程。争取电信部门的支持，开通了互联网络，充分利用电信的网络资源优势和技术优势，扩大了信息来源渠道，使文化信息资源共享工程的资源优势得到进一步的发挥。

五、完善机制，加强管理

为充分发挥"共享工程"的功能和作用，进一步规范工作，强化管理，县图书馆结合实际完善制定了《电子阅览室岗位职责》、《电子阅览室规则》、《网络安全与设备维护保养制度》等制度，完善了管理措施。各乡镇还聘请乡主管副书记、副乡长为名誉校长，由文化站站长担任校长，乡属各站所所长或技术人员担任教师，相关行政村有专人负责文化信息共享工作，实现了工作规范化，管理制度化。

六、工作展望

1、进一步扩充文化设施网点。以县图书馆为中心，加强基层文化设施网点网络化、数字化建设，加强文化、科技信息资源自动化、网络化建设和专业技术人员的培养，为深入推进共享工程的实施打好基础。

2、努力把文化信息资源共享工程用活、用好。借助数字电视和远程教育服务网络，大力开展公益性服务。尤其加强对广大农村地区的扶持力度，将文化共享工程建设成为社会主义新农村的重要抓手。以先进文化教育广大群众，提高人民群众的思想道德水平和科学文化素质，最大限度地将信息资源转化为生产力，通过多种形式拓展服务范围、创新服务方式，将地方影视戏曲、音乐歌舞、美术等艺术表现形式纳入共享工程服务内容，以群众喜闻乐见的形式使共享工程更加贴近基层、贴近生活、贴近群众。

3、加强沟通协调。在实施过程中加强与上级业务部门、县直属各部门的沟通与协调，使共享工程服务群众更具针对性和时效性。同时，不断总结经验，改进创新管理体制和运行机制，使"共享工程"真正成为文化创新工程。

4、要加强学习。由于"共享工程"是一项新兴的科技创新工程，在实施过程中，会遇到许多新问题、新困难，这就需要我们在工作中不断学习、不断改进。

我县将在省文化厅、州县文化主管局的大力关心支持下，在下一步的工作中，我们将重点完成玉屏镇及4个社区的文化共享工程配置，在此基础上从抓好基层服务人员队伍建设，加强技术培训和指导，建立比较完善的文化信息资源共享工程的人才培训体系和充分利用共享工程县级中心平台，为广大读者，特别是农村读者提供优秀的文化信息资源，提高网络信息服务水平和利用率两个方面着手，更加努力地探索利用共享工程服务的新路子，更好地发挥共享工程的作用，为把共享工程办成惠民工程、民心工程而不懈努力。

（撰文/屏边县支中心）

文山州支中心

一、基本情况

全国文化信息资源共享工程文山州支中心建于2010年，一直重视自身各项建设与发展。2002年随着全国文化共享工程的实施开展，当时便作为工作重点，积极准备。在2005年作为基层试点单位列入全国文化共享工程建设，并积极参加云南省分中心举办的业务培训班，学习基层示范点建设管理技能知识，逐步对全国文化共享工程建设的目标、实施内容、实施步骤、意义、模式等有了一个初步的认识。

2005年适逢文山州委、州政府立项迁建新的图书馆，为了满足文化共享工程建设的发展需要，内设了400平方米（其中100平方米的主机房）80个阅览坐席的基础设施为文山州支中心的基础设施用房。2008年4月，文山州图书馆迁入新馆后，加大了文山州文化共享工程建设的工作力度，从各方面进行全盘规划准备，并积极着手进行文山州图书馆网站、文山州文化共享工程网站的建设工作。2010年，文化共享工程文山州支中心的建设被列入建设任务，下发设备总投资75万元。文山州委、州人民政府十分关注和重视文化共享工程建设工作，决定以共享工程文山州支中心建设为契机，把为社会主义新农村

2011年举办业务培训班电子阅览室上机培训

建设服务，贯彻落实科学发展观，传播先进文化、普及科学文化知识为目的，建设具有地方民族特色的文化共享工程。并采取有力措施，专门成立文化共享工程文山州支中心建设领导小组，负责各项工作的实施开展，从州图书馆选出五位业务骨干进行文化共享工程建设具体工作。地方政府把共享工程文山州支中心运行经费3万元列入财政预算。4月，文化共享工程文山州支中心建设工作人员参加了文化共享工程云南省分中心的业务培训班，学习了《支中心网点建设》、《农文网培学校建设》、《文化信息资源共享工程资源应用和服务》等知识，对文化共享工程建设工作有了进一步深入的了解，到7月底设备安装人员完成了全部设备的安装调试。10月份，文化共享工程文山州支中心建设工作通过了云南省分中心的检查验收，文山州支中心电子阅览室也作为主要服务窗口正式对公众免费开放服务。

二、工作开展情况

文山州支中心在实施开展共享工程建设工作中，一直是立足自身工作实际，把握共享工程事业科学发展方向，结合"图书馆自动化建设"、"图书馆免费开放工作"，紧紧围绕"文化乐民、文化惠民、文化富民"工作核心，按照省分中心的工作要求，积极努力的进行建设，开展一系列的宣传服务活动。

1、首先注重加强管理和人才队伍建设工作。

为了能够认真做好文山州支中心各项工作，有效发挥其作用，支中心首先结合实际制定了相关规章制度，不断建立健全管理制度，完善管理措施，规范工作标准，遵循工作规范化，管理制度化。

注重人才队伍建设工作，把人员素质的提高放在首位。积极举办全州业务培训班，经常选派业务骨干对全州市县支中心进行指导培训，同时组织工作人员参加省分中心的业务培训班，不断加强业务知识技能的学习。

2010年10月，参加了由文化共享工程云南省分中心举办的"云南省文化共享工程支中心技术骨干培训班"培训学习。2011年7月，参加"'春雨工程'云南省文化共享工程资源建设培训班"学习。2012年4月，参加"云南省文化共享工程'农文网培学校'建设培训班"培训。2011年9月，文山州支中心组织全州市县支中心管理员70多人（学习时间为60个学时）进行了业务培训和业务竞赛。通过培训，学习，有效提高了文山州支中心工作人员的专业水平和服务能力，认识到了开展文化共享工程建设的意义，理清了建设农文网培学校的工作思路，进一步加强了文山州文化共享工程建设的专业技术能力，为支中心建设服务工作的很好开展打下了一定基础。

2、注重特色文化资源建设，注重网站建设。

首先是紧密联系共享工程文献资源建设工作，专门建立地方特色文献室，把文山本地特色民族文献资源进行系统的管理陈列，对公众开放服务。其次把地方特色文化资源的收集、整理、开发作为工作重点分专题进行开展，以图片、视频、文字等形式分专题进行资源的整合加工。目前收集整理了《人民日报上的文山》、《文山日报辑录》（人文•风情•历史）专题资料，将1946年以来在《人民日报》上刊登的反映文山州政治、经济、文化、社会发展等各方面的历史记录概况和在《文山日报》上刊载的反映文山州民族风情、历史等的文章，汇编成册，向公众提供服务，目前总计录入约170万字。

同时把特色文化资源建设同网站建设紧密联系，充分利用互联网平台做好文化共享工程工作，建设完成了《文山州图书馆网站》和《文化共享工程文山州支中心网站》，并于2010年12月正式开通运行。目前，网站对全国文化信息资源共享工程的"电子期刊、红军长征史诗、抗日战争专题库、中国舞蹈、中国国画、中国漫画、中国壁画、古琴"等专题进行重点导航介绍，对文山州特色文化资源进行收集整理和宣传服务。

3、把电子阅览室作为文化共享工程主要服务窗口，积极开展服务

为扎实做好文化共享工程这一惠民工程，把它作为文化共享工程主要的服务窗口，坚持社会效益第一，以提供健康、丰富、文明、安全的网上读书服务和信息服务为主要内容和方式，免费向公众开放，为公众提供便利条件，积极发挥作用。

4.围绕文化共享工程，努力拓展一系列宣传服务活动

4.1.送文化到基层。主要是充分利用各种文化宣传活动，如图书服务宣传周、读书日及各种节日等，积极宣传，细致服务，开展文化下乡、文化进军营、文化进学校等活动。累计至2012年11月份，先后在平远二中、文山县马塘镇、马关都　镇、麻栗坡县公安武警边防大队、马塘镇唐子寨苗族村寨、文山技校等开展了宣传服务活动，文山报社、文山电视台等宣传媒体进行了跟踪采访和报道。

4.2.积极致力于资源共建共享工作。先后与文山农校、文山技工学校、文山县一中、云南省文山监狱、文山武警边防支队等单位建立文献资源共享合作关系，在学校、部队、社区等建立资源共享合作单位9个，不断拓宽服务面。

4.3.积极同相关单位联合开展宣传服务活动。主要如下：2011年4月起，积极组织开展"颂歌献给党：文山州文化信息资源共享工程迎接建党90周年群众歌咏活动"。其中广南县支中心的《壮家热爱共产党》（壮语）、《彝家歌唱共产党》（彝语）、《歌唱党的好政策》（壮语）三个节目入选参加文化部全国文化信息资源建设管理中心举办的群众歌咏活动，并在全国文化信息资源共享工程网站上展播。

2011年6月，协办"文山州纪检监察系统庆祝建党90周年书画摄影展"；2011年7月，积极参与文山州委举办的"文山州庆祝中国共产党成立90周年党建成就展"相关

工作，圆满完成了上级交付的工作任务。2011年10月，协办"文山州组织系统书画摄影展"；2011春节、元宵节期间组织开展"欢乐共享过大年"宣传活动；2012年1月，在追栗街镇和追栗街镇塘子边村，根据当地实际情况，积极开展"文化到基层、温暖送基层"活动。活动紧扣主题，彰显党的"文化惠民工程"，制作了文化共享工程相关宣传资料，积极进行宣传发放，让更多的人民群众了解党的"文化惠民工程"这一重大举措；

2012年5月，参与承办由中国科协、中国科技馆、中国科技馆发展基金会主办的"体验科学、低碳生活"为主题的2012"中国流动科技馆"文山巡展活动；2012年6月，协办"文山州人力资源和社会保障系统迎'七•一'建党节文化成果展"。2012年11月，与武警文山边防支队、文山市一中一同组织开展了"庆祝十八大"专题文化庆祝活动。

三、工作展望

回首昨天，我们总结经验；把握今天，我们任重道远；展望明天，我们豪情激越。如何立足于本地实际，探索建立有效的服务方式和途径，不断努力扩充自身的业务素质，不断加强专业技术人员的培养，不断学习、探索、改进，深入推进共享工程建设的实施开展，把全州的文化共享工程建设工作做好、做活，使文化共享工程真正为人民群众带来实惠，是我们今后的工作目标。

（撰文/文山壮族苗族自治州支中心）

文山市支中心

一、基本情况

文山市属一县级市，市辖15个乡镇，3个办事处，全市有137个社区、村委会。文山市文化信息共享工程工作始于2006年，2009、2011年依托文化信息共享工程和农村党员远程教育工程，我市现已完成了1个市级支中心，8个乡镇基层服务点和119个行政村的共享工程建设，乡镇覆盖率达到47%，村级服务点86.9%覆盖。

2005年，共享工程建设首次进行，文山市图书馆派出两名管理人员到省图书馆参加培训，领取配备设备，1台浪潮服务器、1台投影仪、1个卫星信号接收设备，县馆领导找主管文化的副县长、文化局局长汇报共享工程建设任务，财政给与3万元资金支持，购买了5台电脑，接入拨号上网通讯线路，文山市共享工程电子阅览室可以正式接待读者上网了。2009年，省文化信息共享中心下达文山市要完成一个县级支中心、5个乡镇文化站基层站点的建设任务。县图书馆领导向文化局领导汇报，随即成立共享工程建设领导小组，由文化局领导任组长，负责组织协调，图书馆馆长任副组长，负责具体工作。

当时无经费，通过局领导向主管文化的副县长汇报、沟通，找到财政局长，协调资金15万元用于县级支中心电子阅览室装修改造。

在进行县级支中心建设过程中，督促秉烈、小街、平坝、柳井、东山5个乡镇文化站准备电子阅览室硬件设施建设，图书馆工作人员跟随负责网络建设工作人员到各乡镇，经过努力，按照共享工程电子阅览室技术要求完成硬件建设。

7月设备到位，除了留一名报刊阅览室值班人员外，其他工作人员和老师一起学习安装设备和软件，学习各种设备操作，完成县级支中心和5个乡镇基层站点设备安装、调试。

我馆所有工作人员都可以做简单管理了。2009年共完成1个县级支中心、5个乡基层站点，119个村级点建设任务。无运转维护费用，文化局领导从其它经费中拨3万元做电费和网络通信费用。

2010年，完成追栗街、德厚、红甸3个乡镇文化站基层站建设。

2012年完成对已建8个乡镇站点设备补充，由原来7台客户机增至12台客户机。

我市尚未进行共享工程建设在乡镇和办事处还有9个，分别是新街乡、马塘镇、薄竹镇、坝心乡、古木镇、喜古乡、开化镇开化街道办事处、开化镇新平办事处、开化镇卧龙办事处（正科级单位）。

村级服务点由于大多无网线，没有无线上网的经费，没有配备卫星信号接收设备，因此共享工程工作难开展。

二、经费投入

从2006年我市开始文化信息共享工程建设，一直到2011年，共享工程建设、运行维护、管理所需经费均未纳入预算，所需费用要么是请示报政府批，要么是文化局或图书馆从其它经费中挪出一部分支持。

2011年，省中心拨20万元共享工程工作经费，市级支中心经费是落实了，乡镇文化站每个5万元，足可保证运作支出。

三、技术支持

依托国家骨干通讯网络，采用数字图书馆技术和标准规范研究成果，逐步建设功能完备、技术先进、安全可靠、经济实用的系统网络平台，保障网络平台安全，满足双向互动、按需服务的要求，使市公共图书馆具备提供数字图书馆服务的技术能力。

四、资源建设

文山图书馆工作人员中无计算机专业人才，电子阅览室管理人员的技术和能力仅只能做日常管理，对数字资源加工，开发能力不足，文山市图书馆未自主开发数字

暑期利用共享设备对儿童进行电脑培训

资源信息。

2012年，文山市图书馆将国家共享工程中心发放的光盘刻录，按季发给乡镇文化站、农家书屋共计152个点，共发放4次，4千多张。尽可能多的发放给无上网条件的村，满足农民群众的需求。

下步工作计划培训管理人员专门学习信息资源收集、加工制作的知识技能，促进此项工作的开展。文山市图书馆计划收集文山市本地区民族民间文化，矿产、生物资源等信息资料，加工成数字资源后，上传网络和图书馆网站，让外面的人了解文山，到文山，促进经济文化交流发展。

五、宣传推广

自文化信息共享工程电子阅览室建成以来，我馆极积开展宣传推广，利用报纸、电视多次宣传报道，节假日到街上摆摊设点，利用多媒体放映、发宣传单等方式宣传，让群众了解共享工程内容，意义和其方便、快捷、多元的服务内容，喜欢上共享工程，利用共享工程提供的文化信息发展经济、娱乐身心。

六、惠民服务

支中心将阵地服务和流动服务相结合，日常活动和节庆活动相结合，开展形式多样的文化惠民服务。文化共享工程走进社区、走进农村、走进学校，为广大群众播放舞台艺术、爱国主义电影和农村科技视频，实现资源共享，服务社会公众。

支中心和基层站点还结合当地经济发展和农业生产实际，利用文化共享工程丰富的科技信息资源，为当地人民群众传播农技知识和信息，有力促进了新农村经济发展。支中心和基层服务点利用电子阅览室服务群众达11400人次，参加共享工程服务活动的群众达到2000人次以上。

一些活动如“共享工程迎新春”，中秋、五一“我们的节日”、“喜迎国庆，红歌大家唱”系列服务活动，爱国主义电影放映活动等，学生寒暑假期间举办电脑知识培训班，共举办8期，参加培训学生1000余人次。为学生播放爱国主义教育电影；前后，举办“改革发展成果展览”宣传，发放十八大会议宣传单行本资料，发给老年读者糖尿病治疗保健、心脑血管病等图书，取得了良好的社会效果。

七、管理和队伍建设

拥有一支怎样的专业技术人员队伍，很大程度上决定了文化共享工程的建设质量和服务质量，加强人员培训，是提高队伍素质的重要手段。重视文化共享工程人员培训工作。

一是现场会培训：每年对即将建设的基层站点的主要管理者和技术人员进行集中培训和现场学习。2006、2009、2010、2012年，分别上省图书馆参加三期全省共享工程县级支中心建设现场会暨培训班。技术人员通过学习培训，了解设备的功能，掌握了技术；

二是办班培训：市级支中心共举办培训班2次，培训基层站点技术人员180人次。

三是下乡实地帮扶指导

四是远程指导培训：利用网络和电话等方式对各级技术人员进行远程培训指导。通过电话、网络和到达现场解决了服务器、投影机、移动播放器故障等问题30余次。

八、工作展望

加强地方特色资源建设。加强资源建设的科学规划，重点建设一批主题鲜明、体系完整、质量上乘、特色突出的数字资源库。建设视频数据库、多媒体数据库、图文数据库、文本数据库和专题网页，为进一步建设特色馆藏莫定基础。建立完善的分级培训制度，形成人才支撑体系，加强对社区、乡村服务点的技术指导和管理，完善服务和管理。

（撰文/文山市支中心）

砚山县支中心

砚山县图书馆自2007年开展全国文化共享工程建设工作以来，砚山县支中心得到上级各级各部门的关心和支持，工程得予顺利组织实施，支中心积极配合省管理中心针对乡镇文化共享工程服务网络基站点建设，现建有县级管理支中心一个，乡镇文化信息资源共享工程基站点11个，实现全县全覆盖，设施设备由国家文化部、省文化厅和省管理中心直接全部免费下发，专门有人管、有制度措施、配套资金得到合理配置应用。

2007年建设了砚山县级管理中心一个（县图书馆），设备由国家文化部、省文化厅直接全部免费下发，县级支中心全部设备（包括20台电脑、机房排列管理平台、投影仪、空调等）价值52万元整，砚山县人民政府并于当年下拨三万元用于装修机房静电地板、电源照明、设置规章制度等。并于2009年至2011年县政府将文化共享工程砚山支中心运行经费纳入财政预算2.5万元，又于2012年起追加至每年5万元纳入财政预算专门经费。

文化共享工程乡镇基站点自2007年至今已全在县11个乡镇基站点全部建设安装完毕，每个乡镇基站点全部设备由国家文化部全部免费投入，价值5万元，我县人民政府自2011年起将乡镇基站点运行经费每年每个基站点1万元纳入财政预算，解决了以前有设备无经费的困难局面。

砚山县支中心一直把文化共享工程作为基层文化建设中一项重要工作来抓，稳步推进文化信息资源共享工程建设的开展。一是成立领导机构，制定工作方案，明确职责和任务；二是制定规划，分步实施，逐步推广；三是多方筹资，积极组织共享工程工作人员进行培训；四是制定管理办法，规范管理工作；五是千方百计积极开展活动，例：文化共享工程进学校，寒假、暑假免费为学生进行电脑基础知识培训、文化共享工程进军营、抗旱保民生、文化共享工程进农村科技宣传等，并结合实际，积极开展各类党建、红色教育等宣传活动，多次得到省州县新闻媒体的宣传报道，上级共享工程管理中心及本地党政管理部门也给予了充分的肯定。

砚山县乡镇文化资源共享工程基层点的建成将极大地提高基层文化服务的水平，促进基层文化的繁荣，使优秀文化更好地服务于群众，服务于新农村建设。

（撰文/砚山县支中心）

西畴县支中心

西畴县国土面积1506平方公里，居住着汉、壮、苗、瑶、彝、蒙古等6个民族。全县辖7乡2镇，分别为西洒、兴街2个镇和蚌谷、莲花塘、新马街、柏林、法斗、董马、鸡街7个乡，69个村民委3个社区1778个村民小组。

一、基本情况

文化信息资源共享工程是公共文化服务体系的基础工程，是广大人民群众“求知、求富、求乐”的重要渠道，其手段就是利用数字化技术，把图书、文献资料等文化资源转化成数字化的共享资源，通过公共信息网络无偿传送到城乡基层，面向社会提供文化信息资源服务，县级支中心的建成将让更多的群众享受到更丰富、更便捷的文化服务。

我县的文化信息资源共享工程是2009年正式启动的，在上级部门的关心重视下，按照共享工程云南省分中心的要求，在文化共享工程建设中实行县级支中心、乡镇“农文网培学校”二级架构。

现已建成1个县级支中心，9个乡镇“农文网培学校”，每个基层站点配备共享工程专用服务器1台、教学用电脑5台、投影机及投影布1套、音箱、网络设备、稳压电源、标牌等，装有2MB光纤带宽的互联网接入、桌椅6套等，完成了全县全部覆盖“农文网培学校”的工作目标。

为了推进文化信息资源共享工程（以下简称“文化共享工程”）的建设。2009年3月10日，共享工程云南省分中心举办了全省文化共享工程支中心培训班，来自全省16个地州83个县的129名学员将参加为期三天培训。培训后，西畴县支中心的建设工作全面展开。

经过3年的时间，在各级政府的重视支持下，从2009年新建开始，逐年递增，1个县级支中心，9个乡镇“农文网培学校”全部建成，并完成全县全部覆盖“农文网培学校”的工作目标。为更好地发挥文化信息资源共享工程的社会服务功能，提高农民素质打下了良好的基础。

二、主要做法

1、高度重视，加强对共享工程的领导

为确保全县文化信息资源共享工程建设的顺利实施，根据文化部《关于做好2008年全国文化信息资源共享工程建设工作的通知》（文社图发[2008]17号）和省文化厅《2008年度云南省文化信息资源共享工程建设工作实施方案》等文件以及全省文化信息资源共享工程工作会议精神，及时成立了西畴县文化信息资源共享工程建设工作领导小组，组长为文广体旅局局长，副组长为文广体旅局分管文化的副局长，图书馆、文化馆等部门全体职工为小组成员等。领导小组办公室制定印发了《西畴县文化信息资源共享工程建设实施方案》。

2、学习考察，为工程建设借鉴经验

在建设初期，文广体旅游局组织图书馆和技术人员先后前往文山市图书馆、麻栗坡图书馆等县级支中心进行考察学习，学习借鉴工程建设的好方法、好经验，为建设好县级支中心和乡镇农文网培学校奠定基础。

3、加大投入，认真落实建设任务，确保工程顺利实施

为确保这项民心工程的顺利实施，一是文广体旅局领导高度重视，多次深入图书馆调研，听取工程建设的实施进展情况，解决存在的困难和问题。二是在资金非常吃紧的情况下，局多次召开办公会议专题研究了文化信息资源共享工程建设的有关事项，安排10万元作为工程建设经费，并明确逐年增加运行经费。资金到位后，及时启动县级支中心电子阅览室、多媒体播放室的改造、装修、综合布线、光纤接入等工作，各乡镇农文网培学校的前期建设也同步推进。

4、强化培训，为工程建设培养人才

人才是做好各项工作的重要因素，我们在全馆职工中选派有责任心、业务能力强的技术人员参加考察、学习和培训，承担起工程建设的重任。同时邀请工程技术人员为图书馆全体工作人员和乡镇文广中心主任、技术人员进行共享工程业务培训。

通过培训，从领导到技术人员都增强了责任感和紧迫感，全体技术人员不同程度掌握了共享工程各项技术操作要求。

5、加强监督，稳步推进工程建设

监督工作是保障工程建设顺利推进的重要环节，县委、县人民政府、文广体旅局将文化信息资源共享工程建设项目列为督查项目，对县级支中心和农文网培学校的建设进展情况进行跟踪督查。

6、扩大宣传，提高工程知晓率

印制共享工程宣传材料60000份，结合科普宣传周、全民阅读活动、图书馆服务宣传周等活动，分别在各集镇开展宣传，吸引社会关注文化共享工程建设。

7、相互交流，共同推进工程健康发展

为共同推进共享工程的健康发展，我们先后与麻栗坡县、砚山县、马关县、文山市、丘北县、广南县、富宁县等县支中心的同仁开展相互交流、学习借鉴活动，共同积累宝贵经验。

三、开展活动和管理情况

1、西畴县文化共享工程县级支中心和各乡镇“农文网培学校”紧紧围绕“文化乐民、文化育民、文化富民”的服务宗旨，全免费开展各类活动。并在开放的过程中，加强管理，精心指导9个乡镇农民素质教育网培学校开展各类活动。

2、县图书馆依托文化共享工程资源，充分利用电子阅览室的网络平台和计算机设备，积极开展网上信息资源检索、影视播放、数字传输等丰富多彩的文化服务活动，举办了图书馆宣传周、电脑知识培训和未成年人专题知识讲座等。

3、县级支中心充分利用多媒体播放设备开展服务：一是每周日放映影视作品1场；二是每月举办各类培训或知识讲座1场；三是将国家中心配送的光盘资源复制，送到各乡镇农文网培学校进行播放；2012年，西畴县级支中心联合林业局、农业局和西畴县烟草公司举办了一系列的专业知识技术培训，如杨梅栽培技术、烤烟栽培技术、三七栽培技术等。同时还开展了文化安全、文化产业发长等各类讲座3期，150人次；举办展览1期，2400人次；举办培训班7期，195人次；组织技术人员到各乡镇农文网培学校业务指导8次，24人次。电子阅览室共接待读者12150人次。

四、工作展望

在今后的工作中，我们将积极争取省分中心和昆明市支中心对我县工程建设的支持和服务工作的指导，继续完善县级支中心和各乡镇农文网培学校的服务体系，逐步推进村级服务点的建设。进一步加强队伍建设，采取走出去、请进来等多种形式培养技术人才，建设一支高素质、高水平的队伍。

创新服务方式和管理模式，充分发挥共享工程应有的资源作用，为全县各族人民提供方便、快捷的数字资源服务。不断完善机制，探索规范、科学的管理方法，使我县文化共享工程真正成为文化惠民工程。

（撰文/西畴县支中心）

麻栗坡县支中心

一、基本情况

麻栗坡县辖11个乡镇中，有8个乡镇69个村民委员会1385个村民小组与越南接壤，居住着18.1万人，占全县27.4万人的66.1%，其中距边境线5公里范围内有414个村民小组12522户54038人。2008年4月，麻栗坡县图书馆被列为全国文化信息资源共享工程（以下简称文化共享工程）县级支中心服务网点建设，县委、县人民政府及时成立了由分管副县长任组长，县文化局局长任副组长，县财政局、广电局、电信公司等单位领导和县图书馆馆长为成员的麻栗坡县文化共享工程建设领导小组，切实加强了此项工作的领导，为麻栗坡县文化共享工程建设工作的顺利开展提供了强有力的组织保障。

从2008年开始建设至今，麻栗坡县文化共享工程已建成1个县级支中心，9个乡镇基层服务点（农民文化素质教育网络培训学校）和69个村级服务点。文化共享工程技术人员共13人。

二、克服困难，加大投入

文化共享工程属于政府向社会提供的公共文化服务，是公益性的文化事业，县委、县人民政府高度重视麻栗坡县文化共享工程建设，在财政十分困难的情况下共投入共享工程建设项目经费60万元，为文化共享工程建设工作的顺利进行提供经费保障。

三、规范管理，效果明显

麻栗坡县文化共享工程建设严格按照建设标准，采取行之有效的措施，确保每一分资金都用在刀刃上。经过几年的建设，各级服务点全部投入使用，开展为民服务，取得一定实效，切实做到了“文化育民、文化乐民、文化富民”。得到了广大人民群众的认可，深受人民群众的喜爱和欢迎。此外，麻栗坡县还不断加强规范化管理，制定了各种管理措施，保证文化共享工程的正常运行。

四、宣传推广

（一）充分利用电视、政务网和张贴公告三种形式进行文化共享工程的宣传、预告。

（二）充分利用各种节假日和图书服务宣传周、读书月等有利时机作文化共享工程宣传。

五、惠民服务

文化共享工程是一项崭新的工程，要做好这项工作，需要全社会的共同参与。麻栗坡县不仅加强新闻报道，并且还充分利用文化共享工程移动播放设备走进社区、走进学校、走进军营，扩大文化共享工程的社会影响，做到报纸上有文字，电视上有图像，处处有身影。

麻栗坡县文化共享工程运行四年多来，积极开展广场电影、免费刻录光盘、文艺辅导和资源共享、资源推送等惠民服务，已经接收、加载、加工资源2000GB，对文化共享工程的数字资源进行整理，组织《全国文化信息资源共享工程简介》、《开国大典》、《集结号》、《向我开炮》等视频资源在城乡巡回播放，播放总场次200余场，观众达2万余人。

服务群众10万余人次。为驻军部队拷贝法律法规、科普知识、卫生常识、优秀影片等信息资源，共计500个GB。发放《党员先进性教育》、《温棚蔬菜、瓜果、药材种植技术》、《鱼病防治技术》、《肉牛、肉羊养殖技术》、《科学应对禽流感》等300种科教、实用技术宣传资料20000余份。免费刻录光盘4000张。

通过不断开展活动，麻栗坡县将共享工程的丰富资源与当地特色文化和民间活动相结合，将丰富的文化信息资源源源不断地送到田间地头、校园、军营，让大众充分享受和利用到了中华民族几千年来积淀的文化信息资源精华。

六、业务指导和培训

（一）业务指导

4年来，麻栗坡县文化共享工程支中心在交通条件和技术人员匮乏的不利情况下，迎难而上，坚持深入基层开展业务指导，针对文化共享工程设备等进行维护和技术支持，确保了各基层站点的正常运行。

（二）培训

为充分发挥文化共享工程的作用，麻栗坡县加大各种培训力度，有效地促进了文化共享工程的发展。4年来组织全县文化共享工程开展科普、养殖、技术员等培训60期。惠及全县10余万群众。

七、工作展望

麻栗坡县文化共享工程工作开展四年多来，在各方面的不懈努力下已初见成效，但在资源建设、技术支持、合作共建上还在探索的路上，在管理和队伍建设上投入的力量还不足，下一步政府主导，政策推动，进一步探索

完善文化共享工程管理体制和运行机制，强化对专业技术人才的培养，积极争取引进技术人才，壮大人才队伍，为文化共享工程的健康有序发展提供保障。路漫漫其修远兮，相信在不久的将来，文化共享工程在全社会的共同努力下，一定会以一个全新的面貌展现在群众面前。

（撰文/麻栗坡县支中心）

马关县支中心

一、整体情况

“共享工程”是一项党中央高度重视的文化创新工程，对于迅速扭转边疆贫困县的信息匮乏和经济、文化落后的状况起到了显著的作用，我县共享工程建设实施以来，得到了各级领导的高度重视。

文化信息资源共享工程马关县支中心于2008年建成投入使用，共享工程下发设备总投资58万元，地方政府拨付共享工程县级支中心建设费用9万元。建成电子阅览室100平方米，主控机房15平方米，配置电脑24台，服务器1台，共设坐席24个。

通过10M光纤接入互联网，全馆计算机都可浏览共享工程的信息。2008年至2011年，地方政府把县级支中心共享工程电子阅览室运行经费2万元列入了财政预算内，2012年起运行经费增至5万元。共享工程电子阅览室自成立以来共接待读者57000人次，办理电子阅览证800个，签订未成年人上网家长同意书800份（只有未成年读者才需办理电子阅览证，成人读者凭身份证就可进入电子阅览室上机浏览）。

每周开放达51小时，并于2011年10月向社会全面免费开放。自2009年起至2012年8月底，我县所辖13个乡镇分批已全部建立了基层服务点并接入互联网，并且13个乡镇均建立了“农民素质网络培训学校”，城区乡镇基层点覆盖率达到100%。

目前，13个乡镇基层服务站点已全部正常开展工享工程免费服务工作。

二、培训工作

为规范管理，提高基层点管理人员业务素质，县支中心切实承担起责任，加强对各基层服务网点的业务指导和监督管理，采用集中培训、分区分片培训、发放培训资料、上门指导、电话咨询、光盘教学等方法，多次举办共享工程知识培训班，培训104人次，培训内容有计算机网络基础技术、数字资源检索、病毒防治、分布式视频管理系统、网站建设等。

2011年11月，聘请共享工程文山州支中心老师和电信技术员对乡镇基层点管理员进行为期2天的培训。除集中培训外，县文体局、图书馆领导还分别带队，多次到基层点指导建设与管理。

县级支中心每年到辖区内各基层点上门指导1次以上，解决基层点业务和技术问题。现在每个基层点挂牌显眼、制度上墙、开放时间公示、视频播放提前预告、电子阅览管理规范、活动开展正常，管理人员熟悉国家和省中心资源，并能指导读者利用网络资源。管理运行日益规范。

三、惠民服务

自马关县共享工程县级支中心建成以来，就充分利用共享工程设备向基层百姓进行宣传服务，根据马关县区域内的经济发展情况，马白镇大力发展农民群众种植生姜，共享工程支中心就针对性的到马白镇的野波村委会举办生姜栽培技术视频讲座，培训人次60余人次。

还到大栗树乡开展过烤烟病虫害防治视频讲座。并利用共享工程国家中心下发的光盘资源和学校一起举办过“如何提高学习效率”的视频讲座，接待学生读者350余人次。

为让广大的人民群众认识、了解共享工程，图书馆每举办培训服务活动，都请电视台进行跟踪报导。并利用移动播放设备于街天到人群聚集的街头、节假日到广场所进行视频播放宣传。

并制作了“文化信息资源共享工程介绍、马关县共享工程支中心服务功能”等宣传单到街头、学校、车站等人群聚集的场所进行发放。

四、工作展望

我县自2008年共享工程建设以来得到了大力发展和全面推进，各级政府和领导对共享工程的认识进一步加强，共享工程建设一定程度上由部门行为上升到了政府行为，经费投入大幅增长，城乡网络建成。

今后，我们将重点抓好以下四个方面的工作：

1、进一步争取各级领导重视

共享工程是公共文化服务体系的基础工程，是政府提供公共文化服务的重要手段，是文化创新、科技创新的一个重要的生长点。它对提高文献信息的利用率和价值、推动经济社会进步有重要作用。

今后，我们要加大宣传力度，争取各级领导的进一步重视，建立共享工程发展长效机制，健全工作协调机制，保证共享工程所需的场地、人力、财力、物力、技术。

2、加强共享工程的管理与服务

要始终把为读者服务放在第一位，通过共享工程设备，为广大读者提供信息咨询服务，开展讲座、报告会、读书竞赛等形式多样的公共文化活动，满足广大读者日益增长的多样化、个性化服务需求，全面彰显共享工程在履行公共文化服务职能、推动全民阅读热潮、传播科学文化知识等方面所起的重要作用和影响。

3、努力抓好人才队伍建设

县支中心一定要改变专业人员缺乏的现状，争取吸收一批专业知识扎实、乐于奉献、有经验的管理骨干，建设一支高素质的专业队伍，适应共享工程管理和发展的需要。

针对基层点管理人员不稳定的现状，同我们要加大培训力度，做好基层点的培训辅导，提高其服务能力。

4、大力建设数字地方文化信息资源

文化信息资源共享工程建设是图书馆现代化建设的重要内容。当今，数字地方文化信息资源不仅满足人们对乡土信息的需求，同时也肩负弘扬地方文化和积极创造新文化的重任。

在共享工程的全面推进下，我们应急起直追，争取各级领导重视，增加投入，以文化系统内的文化资源（包括图书、版画、文物、书画等）为重点，大力整合开发全县各单位、各系统的文化资源，把全县共享工程和图书馆数字化工作推向新的发展阶段。

（撰文/马关县支中心）

丘北县支中心

2009年1月，丘北县图书馆被列为“全国文化信息资源共享工程”县级支中心建设点，并配备价值55万元的设备，县领导和局领导对此项工作高度重视，及时成立了以县委常委、副县长为组长的工作领导小组，开展此项工作，具体概况如下：

一、基本建设情况

（一）县支中心建设

丘北县支中心按照省中心要求，制定了《丘北县文化信息资源共享工程建设实施方案》，县政府拨款6万元，装修了108平方米的能坐25人的电子阅览室，内设有中控室，并安装了防静电地板、空调、避雷网、防盗设施等；建立了《电子阅览室管理制度》、《电子阅览室人室须知》等制度，规范电子阅览室的管理；强化网络建设，进一步完善县支中心网络系统，接入10兆通信网络，为广大群众上网查阅相关文化信息提供便利。并于6月5日正式向广大人民群众开放。

（二）“农文网培学校”建设

按照云南省文化厅的要求，2010年，建设了是树皮乡“农文网培学校”；2011年，建设点是腻脚、舍得、平寨、官寨四个乡镇，每个乡镇配备了1台服务器、6台电脑和移动播放设备。

为使此项工作能尽快完成，认真组织县支中心专业人员和此项工程的技术人员深入到各乡镇进行安装，分别于2010年7月5日、2012年9月4日完成了建设工作。并顺利通过省、州领导的检查验收。

2012年11月，丘北县支中心按省厅的安排，对树皮乡、平寨乡、舍得乡、腻脚乡、官寨乡五个已建设好站点进行追加建设工作，县文广体局统一订购电脑桌25张，发放省厅追加的电脑25台（每个点5台），并指导各站点安装使用。

二、宣传推广工作

为让更多的人了解文化信息共享工程，扩大其在基层群众中的影响，广泛宣传其作用和意义，丘北县支中心自2009以来，利用每年的“世界读书日”和“图书馆宣传周”围绕“共享文化资源、促进社会和谐”的主题，开展丰富多彩的宣传活动：

一是制作了“全国文化信息资源共享工程简介”宣传短片和“丘北县图书馆简介”、“共享文化资源，构建和谐社会”、“新馆新貌”等图文并茂的宣传板，组织人员利用街天，多次上街摆摊宣传；

二是印制“全国文化资源共享工程简介”宣传单到街上发放，4年来，共发放宣传单位7000余份；

三是制作“共享工程简介”视频宣传资料上街播放，观众达4000余人；

四是在街道张贴宣传海报；五是2009年6月5日，邀请县委常委、县委宣传部部长朱法飞、县文化局局长朱立、县史志办主任刘金恩、团县委书记王树权等领导和25名读者代表与全体管理员及退休职工共50多人在县图书馆召开了“2009年度读座谈会”，听取读者对“共享工程”建设的意见和建议；六是利用电视台，开展“共享工程”宣传，让广大群众了解和利用这一“惠民工程”。

三、利用共享资源，开展惠民服务

1、2009年9月26、28日晚7：00至10：30，在县城三鑫花园开展组织开展经典革命影片展播活动，播放《建国大业》、《夺标》等优秀影片观众达4000余人。

2、2010年4月23日至5月23日“世界读书日”利用电子阅览室，让广大读者观赏优秀影片，共接待读者504人次。

3、2011年4月23日至24日利用“全国文化信息资源共享工程”设备，在电子阅览室开展《藏书、读书、治学》知识讲座，让更多的人在读书活动中沐浴文化的恩泽，共接待读者90人。

4、2011年“六一”儿童节前夕，利用“全国文化信息资源共享工程资源”设备在电子阅览室开展“童心向党、快乐成长——开国英雄系列”专题片展播。

5、2011年6月27至7月1日晚7：30至10：30，在县城文化宣传中心开展，开展“红色革命电影展播”活动，展出优秀革命影片五部，分别是《建党伟业》、《党员干部楷模杨善洲》、《任长霞》、《秋收起义》、《天安门》，观众达2000余人。

6、2011年3月1起，电子阅览室增设一个新的服务内容，在周末为青少年读者开展知识讲座和专题讲座，一年来，下载资源93GB，共播放《读书与人生》《写好想象作文》、《百家讲坛<评说水浒传>》、《童心向党快乐成

长<开国英雄系列专题片>展播》等讲座、专题片28期，共112场，观众达1982人。

7、2011年利用暑假开展夏日经典影片展播活动。为进一步推动"全国文化信息资源共享工程"为未成年人服务活动的深入开展，继续开辟好青少年的"第二课堂"，引导广大未成年人远离网吧，健康成长，在暑假期间，丘北县图书馆开展了"夏日经典影片展播"活动。展播时间7月1日至7月31日，展播地点丘北县图书馆电子阅览室进行，展播影片《孙文少年行》、《娃娃唱大戏》、《红旗谱》、《井冈山》、《霸王别姬》、《末代皇帝》、《小人物大英雄》、《柠檬少年》等10多部经典影片，观众500余人。

8、2012年，根据"全国文化信息资源共享工程云南省级分中心关于开展'践行雷锋精神，推动惠民服务'系列活动"的通知要求，开展了学习雷锋影片展播，播放了电影《雷锋》、《雷锋之歌》、《离开雷锋的日子》。

9、为进一步推动"全国文化信息资源共享工程"的服务工作，使其发挥应有的职能作用，电子阅览室在开展日常服务的情况下，针对青少年安全上网，正确合理使用网络的问题，在周末开展知识讲座和影片欣赏。

为广大青少年营造良好的学习环境。四年来，播放视频讲座116场，观众达2078人，接待上网查阅资料的读者19098人。

四、加强人员培训，提高人员素质。

(一)队伍建设

为加强专业队伍建设，向县政府申请调入1名专业人员，单位调整兼职人员2名，认真做好电子阅览室的筹建工作，为提高业务素质2009年3月份派出2名同志到省图书馆参加"全国文化信息资源共享工程培训班"学习，2009年3、4月又分别组织6名同志到广南县、弥勒县图书馆参观学习，2009年8月组织1人电脑专业技术人员到宣威参加"全国文化信息资源共享工程业务培训"，2011年9月14至17日组织参加了泸西"农文网培训建设培训班"经过刻苦学习，9月19至30组织全馆职工分批到文山州图书馆进行系统的业务学习，并参加了"第五届图书馆业务技能竞赛"，取得了团体二等奖，个人赛MARC著录二等奖、信息分析方法与运用二等奖、MARC著录优秀奖，文化共享工程地方特色资源建设优秀奖的好成绩，基本掌握了系统的基础知识。

通过一系列的学习，使工作人员的专业素质有了一定的提高，为我馆全面开展"全国文化信息资源共享工程"打下了坚实的理论基础。

(二) 培训工作

1、2011年为使"农文网培学校"建设能够顺利进行，认真组织专业技术人员先后5次对管理员进行培训，培训人数20人，通过培训让"农文网培学校"管理员掌握基本的管理知识，操作流程，为更好地发挥"农文网培学校"的作用做好准备。

2、2012年5月5日—7日在电子阅览室举办了为期三天的"丘北县乡镇文化广播电视服务(中心)站图书室图书管理业务培训"，来自全县12个乡镇文化广播电视服务(中心) 站的主任和图书管理员共19人参加培训。

3、2012年11月1日至11月2日，在电子阅览室举办"丘北县乡镇文化广播电视服务(中心)站图书室图书分类业务培训"，各乡镇中心主任和管理员共25人参加培训，通过培训让管理员掌握基本的管理知识，操作流程，为更好地服务做好准备。

(三) 合作共建

1、2010年9月30日与县文化局合作举办了的"农家书屋"图书管理员培训班，培训人数40余人，让"农家书屋"管理员掌握书刊管理的业务知识，操作流程，为更好地发挥"农家书屋"的作用做好准备。

2、2010年8月19日下午2：30—5：30，中共丘北县委组织部、丘北县文化局、丘北县县支中心联合组织开展了农村党员干部现代远程教育与文化信息资源共享工程终端站点管理人员计算机基础操作培训，各站点及各乡镇文化站参训人员共24人准时到电子阅览室参加培训，，此次培训进一步推进了农村党员干部现代远程教育与文化信息资源共享工程资源整合，提高终端站点人员的计算机操作技能，引导农村党员群众充分利用资源，欣赏文化精品、学习实用技术、广开致富途径，为真正实现"党员经常受教育，群众长期得实惠"。

3、2011年9月18日至19日与文广体局共同举办丘北县"农家书屋"图书管理员培训班，培训人数47人，通过培训让"农家书屋"管理员掌握书刊管理的业务知识，操作流程，为更好地发挥"农家书屋"的作用做好准备。

4、2012年5月30日，在电子阅览室举办了"农家书屋"项目建设暨管理员培训会，县图书馆、各乡镇文化广播服务中心主任和42个农家书屋的图书管理员共62人参加培训。

五、工作展望

1、努力调查、挖掘、整理和制作富有地方特色的文化信息资源充实数据库；2、按省厅要求，认真做好"农文网培学校"建设和指导工作；3、充分利用共享工程平台，为广大读者提供优秀的文化信息资源，提高网络信息服务水平和利用率。

(撰文/丘北县支中心)

富宁县支中心

富宁县国土面积5352平方公里，辖13个乡镇145个村(居)委会，总人口40万人。自2008年确定为全省文化信息资源共享工程试点县以来，富宁县在认真领会文件精神，统一思想、提高认识的基础上，以实施文化共享工程为契机，广泛宣传，精心组织，强化管理，稳步推进。成立了由分管副县长任组长，县文化局、发改局、财政局、审计局、监察局、建设局、国土资源局、环保局等单位为成员的文化信息资源共享工程领导小组，负责文化信息资源共享工程的各项工作，办公室设在县文化局由分管副局长兼任办公室主任，由图书馆具体实施，形成了齐抓共管、协作共建、突出特色、服务群众的局面，进一步提高了文化信息资源共享工程的社会地位和影响力，为全县共享工程建设实施提供了有力的组织和政策保障。

富宁县文化共享工程2009年2月动工建设，至2012年7月，已完成一个县级支中心和13个基层农文网培学校，实现了全国文化信息资源共享工程网络覆盖全县。

2012年富宁县支中心根据上级主管部门的安排，在新华镇牙牌村、剥隘镇那律村、木央镇大坪村建成了3个村级农民素质教育网络培训学校，极大的缓解了农民群众看书难、学知识难的问题。

在开展共享工程建设过程中，主要做法是：

（一）在服务平台建设上，狠抓三个强化。服务平台建设是文化信息资源共享工程的基础工程。富宁县是国家级贫困县，财政基础比较薄弱。富宁县县委、县政府在财政十分困难的情况下，把文化信息资源共享工程作为惠民工程，舍得花本钱，用功夫，下力气。

一是强化县级支中心建设

县财政拿出10万元专款，按照文化共享工程国家管理中心规定的标准要求，对县级支中心进行了改造，建成了80平方米的电子阅览室(含中控室)，安装了防雷设施，严格按照《云南省文化信息资源共享县级支中心暂行管理办法》进行管理。

二是强化基层服务点建设

我们把基层服务点作为文化信息资源共享工程建设的阵地，不断加快建设步伐，形成完善的配套服务网络。文化信息资源共享工程成为了农民学政策、学文化、学法律、学科技的“大课堂”。

三是强化专业队伍建设

配备了政治素质高、业务能力强的专业技术人员，专门从事县级支中心的日常管理，并定期对基层服务点管理人员进行专业技术培训，增强了其业务技能和管理能力。

（二）在活动内容上，突出两个重点。在文化信息资源共享工程建设上，寻求突破口，在全县努力营造“多读书、读好书”的浓厚氛围。

一是面向广大干部群众，突出政策理论教育

针对广大干部群众普遍关心的理论热点问题，结合我县正在开展的贯彻落实十七大五中全会精神和“创先争优”活动和及时收集整理党的方针政策、理论创新成果，中央和省州领导同志的重要讲话精神，广泛开展图书音像资料进农村、进学校、进社区、进农户等一系列活动，进行思想道德、形势教育、理想信念教育、理论教育，通过群众喜闻乐见的形式，把学习党和国家方针政策的热情转化为建设社会主义新农村、构建和谐社会的自觉行动。

二是面向广大青少年，突出思想道德教育

结合青少年身心发展特点，紧密结合学校教育，利用电影、电视、网络等青少年易于接受的形式，大力开展理想教育、爱国主义教育、集体主义教育和社会主义荣辱观教育，寓教于乐，使文化信息资源共享工程成为青少年德育教育的重要渠道。

（三）在工程建设成果上，实现了三方面的变化。

一是丰富了群众文化生活

文化信息资源共享工程利用高科技手段，以最经济、最快捷、最方便的方式为群众提供丰富的精神文化食粮，成为群众接受新事物、学习新知识、享受新生活的新途径。全县干部群众特别是在校学生和青少年从文化共享工程中受益，实现了文化资源的普惠共享。

二是净化了社会环境

文化信息资源共享工程以先进文化的传播占领了农村思想文化主阵地。现在，农村封建迷信、打架斗殴的现象少了，崇尚科学、构建和谐社会蔚然成风。

三是强化了政府文化服务职能

文化信息资源共享工程作为构建和谐社会的重要内容，为政府加强文化建设提供了强有力的保障，政府服务文化建设、推进文化建设的主动性进一步增强。

下一步我们将重点在利用网络平台宣传介绍民间民俗文化的声、像、图等资料上做文章，创造条件，力争将共享工程办成具有特色和活力的民间文化艺术展示、查询、宣传、教育平台。

我们将以全国文化信息资源共享工程网络资源服务平台为依托，充分利用现代高新技术手段，将各种类型的文献信息资源以及贴近大众生活的现代社会文化信息资源，通过支中心、各基层站点、行政村和网络传输系统进行文化信息的传输，使优秀文化信息资源走进社区、走进军营、走进企业、走进校园、走进农村，最大限度的实现优秀文化信息资源在全县范围的共建共享。

（撰文/富宁县支中心）

西双版纳傣族自治州支中心

一、整体情况

西双版纳州“共享工程”建设工作，按照文化部的统一部署，在省、州人民政府及省文化厅、州文化体育和新闻出版局的关心支持下，于2004年2月在西双版纳傣族自治州图书馆正式启动，并建立西双版纳州级“共享工程”支中心。

州级支中心在地方财政财力不足情况下，西双版纳州图书馆统一思想，带领全体职工克服“等、靠、要”思想，积极主动，依靠广大职工的集体力量，克服困难，采取向职工借资的方式，自筹资金65.29万元，购入“共享工程”平台计算机159台、阅览桌椅161套，按照公共电子阅览室标准规范要求，并根据本州少数民族特点，完成了汉、傣两种文字的“共享工程”界面的设计制作（栏目有：全国文化信息资源共享工程；

云南省政府信息公开门户网站；西双版纳州党建；全国农村现代远程教育；应用软件；信息交流、学习应用；多媒体、影视库；休闲娱乐；文献专区）。2005年4月西双版纳州级支中心“共享工程”平台—公共电子阅览室建设全面完成，并正式对读者开放。

2006年3月至2011年5月，全州一市两县县级支中心和31个乡镇文化站及37个村委会“共享工程”基层服务

点建设工作相继完成，并全方位为读者开放。

截止2011年12月，全州共有“共享工程”州级支中心1个共拥有硬件设备：资源存储器2台，容量58TB；服务器5台，平台计算机234台；县级支中心3个（全州共两县一市）：共拥有硬件设备资源存储器3台，服务器3台，平台计算机207台；乡镇点（全州共31个乡镇）服务器31台，平台计算机490台。

全州“共享工程”工作展开后，我们从加强管理力度着手，一是进一步完善规章制度，加强对工作人员的管理；二是及时更新设备，并及时补充网上内容；三是加强网络安全管理，保证网络内容的安全、健康。通过有效的管理，到电子阅览室上网阅览电子图书、电子期刊、电子连环画、资料查询、学习办公软件、休闲娱乐的读者有增无减，真正让广大读者享受到了现代网络技术带来的学习、生活乐趣，特别是为未成年人创造了一个“绿色网络地带”。一个以州级支中心为龙头，以市、县支中心为骨干，以乡镇和村级基层点为终端的“共享工程”服务网络全面建成，实现了西双版纳州“共享工程”网络全覆盖。

二、网点建设

全州各乡镇基层点按照云南省文化厅在全省开展文化信息资源共享工程“农民素质教育网络培训学校”建设工作《指导意见》要求，建立了学校机构设置，制定完善各项规章制度，制定了教学培训方案与计划，并悬挂了“农民素质教育网络培训学校”标牌。从而确保了“农文网培学校”各项工作的开展。

目前，全州各县级支中心及乡镇基层点“农文网培学校”均与州级支中心实现联网服务，并依托多媒体电子阅览室，利用国家“共享工程”现有资源和西双版纳州级支中心数据资源库资源，充分发挥网络的先进作用，采取多种形式，为广大民众特别是为弱势人群和农村广大群众提供资料查询、科普培训、信息浏览、文化娱乐、期刊阅览等优质文化服务，极大的丰富和满足了本州基层广大群众的精神文化需求。

三、经费投入

“十一五”期间，西双版纳州共投入文化共享工程建设经费709万元（其中：国家财政下拨231万元；省级财政投入218万元；单位自筹资金投入260万元）。

四、资源建设

西双版纳州级支中心在充分利用“共享工程”海量数字资源的同时，积极建立本地数字资源和可利用数字资源库。

截止目前，州级支中心已建有各类数字资源：电子图书100万册，数据量共8TB；电子期刊3600种，数据量共18TB；包含民国至今的连环画11000册，连环画图片及文献库138万幅（篇），数据量共500GB；影视1686部，地方少数民族文艺片51部，数据量共1760.7GB；截止2012年12月，本地数字资源和可利用数字资源库数据总量达：28.2607TB。

五、技术支持

为保证各县级支中心共享工程工作和各项惠民活动的正常开展，西双版纳州级支中心自成立以来始终注重对县级支中心进行培训和技术支持，常年派出专业技术人员下到基层对县级支中心和乡镇基层点工作人员、管理干部进行不定期实用网络、电脑技术培训及技术指导，并帮助对网络设施及电脑设备进行检查和维护，共培训“共享工程”专、兼职技术人员累计236人次。

通过努力，使全州县级支中心和各乡镇基层点在总体布局、管理、服务内容上达到了全州的整体一致、标准、规范。

六、惠民服务

自2004年以来，西双版纳州“共享工程”各级支中心和乡镇点充分利用“共享工程”平台—公共电子阅览室和丰富的网络信息资源，积极开展为广大群众提供优秀文化信息资源的优质服务，最大限度地发挥共享工程作用，让广大民众真正享受到共享工程带来的时惠。在认真做好图书馆、文化站内公共电子阅览室工作的同时，各级支中心和乡镇点还利用“共享工程”播放设备和下载的“共享工程”资源视频，走进社区、走进军营，走进农村，免费为部队、城镇居民及农民群众播放法律法规知识、科教片、舞台艺术和知识讲座、优秀影视片、农业技术专题片等。取得了良好的社会效果。

2012年，全州公共电子阅览室共接待各民族读者：447，308人次（其中：州级支中心289,716人次；县级支中心107，692人次；乡镇点49，900人次）。2、参加“共享工程”专场服务活动的群众达到10万余人次。

七、宣传推广

为进一步做好“共享工程”工作，州级支中心及县市支中心充分利用馆内宣传专栏和本州报刊、广播、电视等新闻媒体和通过积极开展“共享工程”进社区、进军营、进学校、文化三下乡等活动，向群众广泛宣传“共享工程”的作用和意义，并引导群众深入了解和充分利用文化信息资源共享工程，使到馆读者和广大群众真正充分认识和了解“共享工程”这一项惠民工程、民心工程。2012年共出“共享工程”专版3期；媒体宣传报道13次，活动24次。

八、培训工作

1、为了更好地发挥图书馆的社会职能，保障公民基本的公共文化权益，提高进城务工人员、下岗人员就业创业能力，州级支中心及各县级支中心除积极组织参加省分中心举办的系列网络讲座直播外，立足本职，采取馆内外结合的方式，不定期在馆内外提供免费电脑培训，并在讲授计算机基础课程的同时，向农民工、下岗职工及到馆读者展示并播放全国文化信息资源共享工程的优秀视频资源。

2、州级支中心为进一步延伸文化活动，利用“共享工程”视频资源采用多媒体、网络与现场教学等方式对景洪城社区、文艺团体及乡镇文化站进行分批次进行培训，让城乡群众文化权益得到保障，群众文化生活不断丰富，“文化乐民、文化育民、文化富民”的和谐文化盛景与全州经济社会的蓬勃发展交相辉映。仅2012年，州级支中心到州老年艺术团、各社区群团、健身点及单位举办《中老年保健常识讲座》、《西双版纳六种少数民族舞特点及基本律动讲座》、《合唱艺术及乐理常识讲座》等合唱艺术指导和各类讲座24次，参加人数共5733人次。

3、景洪市支中心在电子阅览室利用文化共享工程设备举办“暑假青少年电脑知识培训班”2期，培训人数40人；与景洪市电影管理站配合，利用文化共享工程设备和资源到景洪市第四中学，为在校师生播放《长征时代价值与三生、三观主题教育》专题片，参加活动群众达2000余人。

九、队伍建设

西双版纳州级支中心积极采取培养与引进、自有队伍和社会队伍相结合的方式，组建了一支适合文化共享工程建设需要的管理、技术保障和基层服务队伍。截止2012年底，西双版纳州“共享工程”全系统已拥有专、兼职工作人员67人。

为提供队伍的整体素质和服务水准，西双版纳州级支中心和各县级支中心通过集中与分散、面授与远程视频、课堂教学与知识竞赛等方式，对全州各级专、兼职人员进行系统培训，使共享工程”队伍的业务素质和服务能力得到了全面提高。截止2012年底，全州各级（支中心）及乡镇点的专、兼职人员均接受过基础培训2—3次。

十、工作展望

“十二五”期间，西双版纳州级支中心将进一步整合全州数字资源，建立共建共享机制，优化业务流程，完善统计评价体系，从而建立西双版纳州数字图书馆共建共享与联盟管理平台，为我州资源共建共享的可持续发展创造条件。同时建立网络远程服务平台，充分发挥“数字图书馆推广工程”与“共享工程”的整体效能，互为支撑，互相促进，形成合力，共同在公共数字文化建设中发挥重要作用，真正全面实现整体资源的共建共享。

（撰文/西双版纳州支中心）

景洪市支中心

一、基本情况

景洪市图书馆于1990年12月建成，馆舍建筑面积843平方米，人员编制7人，现有职工8人，其中：中级职称1人，初级职称6人，公益性合同工1人；本科学历2人，大专学历4人，中专学历1人；初中以下学历1人；少数民族5人。现有藏书4万余册。馆内设有：外借室、成人阅览室、儿童阅览室、电子阅览室、采编室、资料室六个服务窗口。在全馆职工的共同努力下，2011年达到国家三级公共图书馆标准。

二、建设情况

到校区免费放映青少年教育片

1、文化共享工程景洪市支中心建设情况

根据《云南省文化信息资源共享工程2007年度县级支中心以及基层服务网点建设工作实施协议》的要求，云南省文化厅和景洪市人民政府于2008年4月22日在红河州蒙自县召开的云南省2007年度文化信息资源共享工程建设工作会议上签订了《云南省文化信息资源共享工程2007年度县级支中心以及基层服务网点建设工作实施协议》。

按照《协议》规定，景洪市财政局拨付了6.5万元建设经费，用于景洪市文化信息资源共享工程县级支中心的场地建设。

云南省分中心下发了价值55万元的设备（包括25台电脑，1套服务器，1套投影设备，1套卫星接收设备，1套服务软件，1套电源设备，1台笔记本电脑，1台激光打印机，1台摄像机，1台照相机，1台空调，1台移动播放器等），2008年10月16日，文化信息资源共享工程景洪市支中心正式在景洪市图书馆成立。

文化共享工程是国家文化部依托地方公共图书馆，针对当前我国广大贫困地区文化信息匮乏、经济、文化落后的现状而实施的2号文化惠民工程。这项工程在我市的实施将填补我市基层文化需求的空白，以先进的文化占领基层思想文化阵地，改造落后文化，抵制腐朽文化，丰富、活跃我市基层群众的文化生活。

2、文化共享工程景洪市支中心开展活动情况

自2008年全国文化信息资源共享工程（以下简称“文化共享工程”）在我市正式实施以来，景洪市图书馆的业务范围不断扩大。自此，景洪市支中心就承担起为全市群众提供优质文化服务的责任。

为使这些优秀的文化信息资源更快更多地传播到基层群众中，景洪市图书馆克服各种困难，在人员紧，无交通工具的情况下积极开展各种服务：免费开放公共电子阅览室、举办讲座、开办培训班、开展读书活动、进入村寨利用文化共享工程设备免费为基层群众播放农业技术专题片、宣传党的政策方针、播放优秀影视作品等，受益群众达81703人次。

3、规范管理，加强队伍建设

为进一步提高服务质量、提高管理人员的整体素质，景洪市支中心选派业务骨干参加省级、州级举办的各种培训班，累计参加培训人数达40余人次；为规范管理，景洪市支中心在遵循各级文化信息资源共享工程管理办法的规定外，还制定了《文化信息资源景洪市支中

心设备管理制度》、《文化信息资源景洪市支中心公共电子阅览室管理制度》、《文化信息资源景洪市支中心公共电子阅览室读者须知》、《文化信息资源景洪市支中心公共电子阅览室工作人员岗位职责》等一系列管理制度和管理办法，用制度规范行为，用制度规范管理。

4、景洪市基层点及农文网培学校建设情况

文化共享工程景洪市支中心除了自身开展服务外还承担着景洪市文化共享工程乡镇以及村级基层点的建设和业务上的监督指导重任。

2009年，通过景洪市支中心对我市10个乡镇文化站的实地调研和考察，确定了条件比较成熟的4个乡镇为我市第一批文化共享工程基层点试点，并向文化共享工程云南省分中心进行申报，于2009年6月获得批准，并为每个基层点免费配送了价值5万元的设备，包括6台电脑、1套服务器、1套投影设备和一套移动播放器。

经过1年的试点工作，景洪市支中心又陆续向省分中心进行申报，先后在6个乡镇和1个农场管委会建成了文化共享工程基层点及农文网培学校，并为这7个基层点配送了价值5万元的设备，至此，景洪市10个乡镇和1个农场管委会已建成了文化共享工程基层点，按照国家文化部的要求，在2011年底以前实现了文化共享工程在我市所有乡镇的全覆盖，完成了我市文化共享工程乡镇基层点的建设任务。

目前，所有基层点及农文网培学校均已按照各级文化共享工程管理中心的要求开展各项服务，受益群众达15万人次。

5、村级基层点及农文网培分校建设情况

景洪市村级基层点的建设，是从2008年起，由景洪市委组织部结合我市农村基层党员远程教育工作一起组织实施的，截止2010年，在我市一共建立了75个村级基层点，为每个基层点免费配送了一套专用电脑。

2011年，我市文化共享工程村级点及农文网培分校的建设交由文化共享工程景洪市支中心来实施，2011年5月，由省文化厅核定的我市2011年度共享工程村级点指标一共有12个，8月，由云南省文化厅免费配送给12个村级点的电脑（每个点一台）全部到位，由景洪市支中心验收并下发到各个村级点。

目前，我市文化共享工程村级基层点一共建设了87个。目前，这87个文化共享工程村级基层点及农文网培分校均已在各个村发挥着积极的作用。

（撰文/景洪市支中心）

勐海县支中心

勐海县全县国土面积5511平方公里，辖5乡6镇，85个行政村，947个村民小组，3个社区，常住人口约34万人。共享工程于今年实现了全县11个乡镇85个行政村全覆盖。按照国家的统一部署，勐海县图书馆在县委、县政府和主管局的关心、支持下，于2008年8月正式建立了勐海县图书馆文化信息资源共享工程县支中心，共享工程至今在勐海县已走过5年的发展历程。

为深入贯彻十七届六中全会精神，推动工程在新时期的持续发展，同时在广大基层群众中宣传普及文化共享工程，进一步提高工程的影响力和社会效益。特将勐海县文化信息资源共享工程5年来发展历程作一个梳理总结。

一、整体情况

勐海县支中心于2008年8月正式成立。截止2012年底，共建设县支中心1个、乡镇基层服务点（农民素质教育网络培训学校）11个，行政村基层服务点85个，已实现县建有支中心、乡乡建有基层服务点及村村通，我县文化共享工程依托各乡镇文化站基层站点、村文化室，基本建立了辐射全县的服务网络。

二、网点建设

1、2008年8月建设成立勐海县支中心1个；

2、2009年4月建设第一批乡镇基层服务点3个（勐海镇基层服务点、勐遮镇基层服务点、勐混镇基层服务点）；

3、2010年3月建设第二批乡镇基层站点4个（打洛镇基层服务点、勐宋乡基层服务点、格朗和乡基层服务点、西定乡基层服务点）；

4、2011年8月建设第三批乡镇基层站点4个（勐满镇基层服务点、勐往乡基层服务点、勐阿镇基层服务点、布朗山乡基层服务点）。

全县共享工程县支中心、乡镇基层服务点配有卫星接收设备1套，电视机1台，资源管理服务器11台，PC机121台，路由交换机11台，中央控制台11套，稳压电源11台，系统集成11套，投影设备12套，音箱11对，高清移动播放器12套，资源加工11套，基层服务点标牌11块，数字摄像机10台，数字照相机11台，服务面已覆盖全县。

其中具有较强数据存储能力和服务能力的规范的县支中心包括3台服务器、1套网络交换设备和1套磁盘阵列。

三、经费投入

县委、县政府和主管局非常重视，认真按照省文化厅的会议精神和要求，确实把文化信息资源共享工程项目落到实处，并由分管副县长主抓该项工作。县财政在财力非常困难的情况下，2008年对我县图书馆县支中心按配套已拨款9万元，用于支中心机房、综合加工室、电子阅览室桌椅、电路的建设和购置。成立了以县图书馆为主的领导班子，负责支中心的基础设施建设和设备落实情况。

根据共享工程建设工作验收评估县级标准，2008年我县对图书馆县支中心运行经费已拨30000元。

四、资源建设

目前，我县共享工程资源主要由国家中心、省级分中心下发，总容量达4.5个TB，主要包括农业科技、城镇务工技术、医疗卫生、科普知识、讲座、优秀电影、综艺节目等视频格式资源，以及电子图书、法律法规和综合知识等文本格式资源。

1、2010年4月县支中心电子阅览室安装了“人文电子期刊网”，主要内容如下：期刊、连环画（小画书）。

2、由中国国家图书馆与文化部全国文化信息资源建设管理中心合作，推出“县级数字图书馆推广计划”，为广大读者提供视频资源（100部）：百年守望、馆藏故事、文明与创造；图片资源，书刊资源，网络资源。

勐海县支中心数字资源建设总量4.5TB（其中：接收国家中心、省级分中心资源3634GB；安装县级数字图书馆资源866GB）。其中视频资源数量5050小时；专题资源库数量1个（其中：电子图书5000册、电子期刊200种1800册）。2009年向全县乡镇下发电子光盘读物，内容是农业知识仓库：农民种植养殖技术、农村医疗、城镇务工技能、农村医疗、农业综合知识、青少年读物；2009年共享工程技术培训参考教程，每个乡镇20碟共220碟。

五、技术支持

1、网络服务资源

勐海县支中心及11个乡镇基层服务点都已开通宽带网络，在具备网络服务条件的同时，工程主要通过互联网、FTP下载方式、全国文化信息资源共享工程国家中心网站(http://www.ndcnc.gov.cn/)、文化共享工程培训专栏（ http://huodong.ndcnc.gov.cn/peixun/）、云南文化信息资源网（http://ndcnc.ynlib.cn/Index.html）、勐海县图书馆信息资源数据库（网址：ftp://222.220.55.100.net）提供服务；在开通局域网的村委会，采用镜像方式传输资源，通过局域网，利用电脑终端提供服务；在网络不发达的行政村服务点，通过光盘、移动存储等方式传输资源。截止今年11月底已向全县11个乡镇及部分村基层服务点传送国家中心视频资源830GB、4711个节目；省级分中心视频资源共622GB，6322个视频节目。

我县支中心、各基层站点除依托本单位场地开展室内阵地服务的同时，积极利用投影设备、移动存储设备开展室外服务，派出工作人员深入农村、学校、厂矿等场所为广大群众播放农村养殖技术、种植技术、城镇务工技术、优秀电影、讲座和各类综艺节目，极大地满足了广大农民求知识、求富裕、求健康的需求。

2、其他资源

此外，与农村党员干部现代远程教育工程合作共建基层服务点11个，拓展了文化共享工程服务范围。工程依托县图书馆、乡镇文化站、村文化室等基层服务点，全县建立了约24人的专兼职工作队伍。

六、合作共建

县支中心与勐阿镇南朗和村委会、勐混镇曼召村民小组搞了两次合作共建。

坚持“一村一业、一户一品”的培训思路，推动了主导产业水平的快速提高，扩大了新优技术的辐射面，借助发展地方特色产业和民族服装加工的契机，大力加强了对非公经济发展知识的培训。2009年以勐混曼召村为重点的加工企业增收明显，以傣家纯手工造纸为加工业，形成了一定的规模，向产业化发展，相继成立了曼召傣家手工造纸合作社加工业组织。特色产业已逐渐成为广大农村傣族妇女就业致富增收的新支柱，造纸产业远销国内外及泰国等地。

1、2010年4月县支中心派出技术员向勐阿镇南朗和村委会安装局域网，村委会有20台电脑提供村民上网查询种植、养殖、科普生活、实用技术等资料；县支中心通过光盘、移动硬盘向南朗河村委会传送150GB视频资源，全镇村委会农民工培训工作已在南朗和村委会电子阅览室开展。

2、2011年9月县支中心与勐混乡曼召村农民素质教育网络培训学校召开“五五”普法培训班教学计划、“优质无公害生产技术稻米”培训班教学计划。

七、惠民服务

2008年10月利用共享工程资源在人群较多的县人民广场播放影视72场，844人观看；

2009年1-12月利用共享工程资源播放影视336场，4495人观看；电子阅览室共有电子图书5000余种，电子期刊2000余种，读者点击量4442人次，使用电子书刊用户数2600个，电子书刊阅读950册/篇。

2010年1-7月利用共享工程资源播放影视69场，815人观看（因广场重建图书馆搬迁，此项工作没有开展）；电子阅览室读者点击量8452人次，使用电子书刊用户数4600个，电子书刊阅读1462册/篇。

八、宣传推广

1、开展丰富多彩的活动，积极向当地群众宣传“共享工程”。我县支中心充分利用公共广场、街头向当地群众推荐共享工程知识。比如悬挂横幅，摆放文化共享工程宣传展板，发放宣传资料；播放宣传片、讲座、国产优秀电影等视频资源；开展谜语竞猜活动，以问答填空的知识竞赛形式使人们对共享工程有充分认识，扩大共享工程在当地群众中的影响力。

2、开展“共享工程”进校园和农村。我县支中心主动开展“共享工程”进校园活动。到当地中、小学校特别是农村学校，进行“共享工程”相关的宣传、介绍、培训活动，让师生了解全国文化信息资源共享工程。

在工作过程中，结合学校图书馆建设的情况，以及图书馆开展的各种服务，不断对“共享工程”进行相关宣传与培训，让师生进一步了解怎么去使用共享工程网上的数字信息资源，实现信息资源共享。

我县支中心还经常开展“共享工程”文化下乡活动。到农村发挥共享工程的普及科普知识，引导群众致富奔小康的作用，让农民充分认识到，依托共享工程可以提高自身的科技素质和种养殖技术。

此外，通过全县基层站点电子阅览室，使广大农民足不出户便知天下事，掌握市场行情，及时调整种养殖结构，为农民的增收打下了良好基础。我们播放共享工程推荐科技片，为基层文化综合站图书室赠送“文化共享”系列科普光盘，吸引众多的农民参加利用“共享工程”资源，引导他们利用共享工程网站查询各种科普知识资源。

3、在图书馆内做好宣传“共享工程”活动

我县级图书馆作为公众文化活动的重要平台，在电子阅览室共享工程网站为广大读者免费开放服务，通过各种推荐方式，让人们免费浏览共享工程网站的海量内容。在多媒体阅览室免费播放儿童喜爱的动画片及爱国主义红色经典影片，鼓励广大读者利用共享工程网站查询各种文化资源，并参加网上举办的各种文化活动。我馆通过设立共享工程培训专栏，开展视频点播等方式进行宣传，让更多的读者了解共享工程、走近共享工程、利用共享工程。

九、培训工作

勐海县支中心文化共享工程服务数量39568人次。
勐海县支中心文化共享工程人员培训数量1860人次。

2012年勐海县支中心通过文化共享工程网站“数字学习港”先后进行了11次全县图书馆、文化馆及乡镇基层站点网络培训，共有450人次参加了学习，有力推动了各基层站点队伍建设。2012年7月12日，积极配合局机关在图书馆电子阅览室进行计算机办公培训，参加培训人员为局机关、下属各部门工作人员。

3、10月16日勐海镇在我馆电子阅览室举行计算机基本知识培训及农文网培训学校建设事项情况介绍；培训的学员为勐海镇各村委会负责人及文化站、县电影放映站工作人员等50多人。

十、管理和队伍建设

我县级支中心高度注重人才培养，积极派相关专业技术人员到省分中心学习先进的技术，积极组织相关专业技术人员参加省分中心举办的网上培训班，提升县级支中心数字资源的存储、传输服务能力；利用馆藏资源，编发二次文献是县支中心今后的发展目标；县支中心及时提供文化信息服务，通过文化共享工程国家中心网站、文化共享工程培训专栏、云南文化信息资源网、勐海县图书馆信息资源数据库（网址：ftp://222.220.55.100.net），使农民群众随时接收科技致富、普法知识、卫生保健、影视欣赏等内容丰富、形式多样的信息服务；加强信息交流，实施共享工程支中心与农村党员干部现代远程教育的共建和资源整合。

与此同时，我们也做好对基层服务点的管理、资源更新、日常技术维护、人员培训等，经过5年的快速发展，至2012年底，全县文化共享工程拥有专兼职工作人员24人，成为当地公共文化建设与服务的骨干力量。县支中心通过集中培训与网络培训、远程视频等方式，对乡镇、村基层服务点人员进行系统培训，全面提高了工程队伍的业务素质和服务能力。

十一、工作展望

勐海县支中心共享工程已走过5个年头，“十二五”期间，我县文化共享工程在现有基础上，将着力做好资源丰富、传播高效、分布合理、服务便捷的公共数字文化阵地；实现资源整合、共建共享的要求；完善服务网络、实施公共电子阅览室建设，重点面向未成年人、老年人、残疾人、农民工等特殊群体的服务。

党的十七届六中全会将深入研究深化文化体制改革、推动社会主义文化大发展大繁荣，建设社会主义强国。我国文化建设迎来了历史上最好的发展时期，公共图书馆事业迎来了发展的“春天”。让我们共同期待文化共享工程在提供公共文化服务方面做出新的贡献！

（撰文/勐海县支中心）

勐腊县支中心

勐腊县地处云南省最南端，与老挝、缅甸接壤，毗邻泰国，国境线长达740.08公里，全县辖7镇3乡52个村委会，525个村民小组，总人口近28万人，全县居住着傣、哈尼、彝、瑶、壮、苗等13种世居少数民族，是一个多民族的边境县。

勐腊县图书馆于1985年成立，现有馆房建设面积1500平方米，2007年我县被列为“云南省2007年度全国文化信息资源共享工程县级支中心建设之一”。

2008年6月我县“共享工程”县级支中心工作正式启动。我县的“共享工程”建设工作得到了当地县委、政府的高度重视，由文广旅局组织成立了“共享工程”领导小组，具体事宜由图书馆负责，政府拨专款14.5万元，用于县级支中心场地建设。

“共享工程”工作在我县图书馆开展以来，我们利用共享工程设备在馆内开设了一个多媒体电子阅览室，多媒体电子阅览室配有电脑105台（残疾人电脑1台）；并通过举办农民工电脑培训、青少年署期电脑培训、老年人电脑培训等活动，为当地群众提供公益性上网服务，为未成年人提供绿色上网场所，为残疾人学习提供服务。

“共享工程”的在我县的实施丰富了当地群众的精神文化生活，受到了广大群众的欢迎，现如今到图书馆多媒体电子阅览室上网的读者络绎不绝，特别周末和假期我馆日接待读者达300余人次，改变了图书馆过去门庭冷落的局面，拓展了图书馆的服务手段。

2009年我县乡镇全国文化信息资源共享工程基层站点“农文网培学校”开始启动，2009年我县共享工程共建“农文网培学校”4个点，2010年2个点，2011年4个点，2009年至2011年全县共建设完成“农文网培学校”10个。

同时在省文化厅的关怀下，2011年我县村级文化信息资源共享工程开始启动，我们通过与组织部“农村党员书屋”建设结合在一起，共建村级全国文化信息资源共享工程点56个，社区全国文化信息资源共享工程点4个，目前我县共有村级和社区全国文化信息资源共享工程站点71个，实现了县、乡、村三级网络文化信息资源共享全覆盖。

“共享工程”在我县实施以来，我们通过共享工程资源下载开展共享工程进社区，进军营、进学校，到农村活动，最大限度地发挥共享工程作用，让更多的人了解“共享工程”，享受共享工程带来的时惠。共享工程给我们图书馆和文化工作者搭建了更为广阔的事业平台，我们一定紧紧抓住机遇，进一步深化学习，深刻领会，全面贯彻党的十七届六中全会精神，兢兢业业，开拓创新的，扎实工作，不断延伸服务范围，充分发挥资源共享，为基层群众提供更利的服务，真正将文化共享工程这项惠民工作做到实处。

（撰文/勐腊县支中心）

全国文化信息资源共享工程——

西藏自治区分中心

西藏面积120.223万平方公里，约占全国总面积的八分之一，自然条件复杂多样、区域差异明显。西藏自治区现设6地1市，即：拉萨市、日喀则地区、山南地区、林芝地区、昌都地区、那曲地区、阿里地区；73个县，140个镇，543个乡。全区常住人口约为277.00万人，农牧民群众占总人口的80%以上，由于历史和地理等各方面的因素，广大农牧民群众的精神文化生活相对匮乏。自文化共享工程实施以来，有力地推动了自治区文化事业的发展，进一步提升了公共文化服务水平。文化共享工程促进了广大人民群众的文化生活，同时缓解了西藏和内地发达地区之间数字文化接触上的鸿沟。

一、整体建设情况

2002年全国文化信息资源文化共享工程启动后，2003年西藏图书馆自筹资金3万元建起了第一个文化共享工程卫星三级站，主要用于接收国家管理中心发送的数据和进行中广电信远程教育的播放；2005年西藏自治区人民政府下发了《西藏自治区人民政府办公厅关于成立西藏自治区文化信息资源共享工程领导小组的通知》(藏党办发「2005」18号)，成立了以自治区副主席、文化厅、发展改革委员会、财政厅、西藏图书馆等为成员单位的领导小组及办公室。为我区文化共享工程的顺利开展提供了有力的组织保证。2005年开始为实现我区文化共享工程建设目标，依托地区图书馆、群艺馆、县综合文化活动中心、乡镇文化站等基层文化设施，根据我区实际先后在62个县乡、社区建立了基层服务点（卫星三级站）。

2006年在国家文化部、自治区党委、政府的高度重视下，实施了全国文化信息资源共享工程西藏自治区分中心基础设施建设。2006年在拉萨市曲水县、山南地区洛扎县和日喀则地区南木林三个县进行试点建设，2008年建设了21个县支中心、2009年建设了20个县支中心、2010年建设了29个县支中心。2009年对10个县支中心进行培训并安装了“县级数字图书馆推广计划”资源硬盘，2010年在63个县支培训安装了“县级数字图书馆推广计划”资源硬盘。2011年底前陆续建设完成73个设备较为完善的文化信息资源共享工程县支中心。

2011年按照“统一领导、统筹规划、分级管理、分级负责”的原则实施文化共享工程地（市）中心建设，项目预算150万元。由各地（市）先行垫支，项目完成后由自治区财政向各地（市）拨付100万元的补助经费，不足部分由各地（市）自行承担。2012年6月完成西藏昌都和阿里2个文化共享工程地（市）支中心建设任务。

截止2012年底西藏自治区已先后建成1个自治区分中心、2个（地）市支中心、73个县支中心、103个乡镇服务点、2400多个村级基层服务点，西藏文化共享工程五级服务网络体系框架基本建成。

二、经费投入

2005年中办、国办转发《文化部、财政部关于进一步加强全国文化信息资源文化共享工程建设的意见》（厅字[2005]5号）文件精神，西藏地区加快文化共享工程各级网络体系建设，2006年开始各级网点建设，每个县支中心投入建设资金68万元、乡镇基层点5万元、村基层服务点0.5万元、地方财政向每个地市中心投入100万元，各地市自筹资金50万元，累计投资9201.5万元。

2006年自治区财政拨付380万实施建设文化共享工程西藏分中心基础设施；2010年在文化厅的积极争取下，自治区财政每年下拨8万元作为西藏自治区分中心的运行经费；2011年在文化部的安排下，国家管理中心下拨220万元专项经费实施西藏分中心机房改扩建，开发建设资源发布平台，全面解决资源编目加工、资源管理、资源展示、资源传输等方面的问题，此项目2011年3月正式启动，8月工程竣工，全面开通西藏文化共享工程资源平台与西藏图书馆藏汉双语网站。

三、资源建设

2007年-2009年西藏自治区分中心根据自身条件制作数字资源导航页面用于局域网内资源浏览，结合地域特色收集整理藏文电子图书360册、中文电子图书4万余册、本地特色图片600幅、视频100余部、音频500条等上传至数字资源导航页面供读者查询；2011年西藏文化共享工程双语网站建成，以内、外网两种不同形式向读者提供服务，内网资源主要有：《CNKI法律数据库》《万方视频数据库》《超星电子图书》《博看期刊数据库》和链接的优秀少儿网站、中国图书馆、世界图书馆、西藏优秀双语网站等近4T的局域网资源；外网通过双语网站发布了电子图文300GB以上，在线视频3000多部，有声读物320部等各类双语资源。

2010年和2011年制作完成了国家中心安排的地方资源建设项目《八大藏戏》资源库和《西藏舞蹈艺术》资源库的数字化建设工作。其中《八大藏戏资源》在建设时邀请藏戏专家指导和民间藏戏演出团体演绎的方式把西藏八大藏戏巧妙精简为总时长24小时，内容包含藏戏专题片、藏戏服饰、道具等跟藏戏有关的视频、音频和图文资源、藏戏数据库等；《西藏舞蹈艺术》资源库以舞蹈专家、文化共享工作人员和摄制人员一同到民间舞蹈发源地进行现场拍摄，将每部民间舞蹈的文化内涵用镜头体现的淋漓尽致。该资源包含了西藏宗教舞蹈、宫廷舞蹈、民间舞蹈为主的22部具有代表性的舞蹈。资源库以舞蹈专题片、舞蹈历史、服装道具、演出团体等形式全方位的展示了西藏舞蹈艺术。目前，已经建设特色资源的视频总时长超过32个小时，译制资源视频时长40多个小时，资源总量超过2TB。

2011年在建的地方特色资源建设项目《格萨尔史诗》专题资源库；红色资源《西藏红色歌舞》资源数据库；译制资源300小时。2012年申报拟建资源《藏医药文化》资源专题库和《西藏抗英历史文化》专题库已进入前期准备阶段。《西藏手工艺》《西藏民主改革第一村克松村》等文化项目正在前期调查当中。西藏分中心筹建的资源《西藏民俗文化春耕》、《西藏民间故事》等，视频素材已收集超过100小时。西藏分中心现有资源30TB，自建资源5TB，内容包含：藏汉双语电子图文、歌舞、藏戏、民间故事、讲座、民俗文化等。制作发放各类光盘5000多张，展板60多块，宣传资料3000余份。为加大宣传通过文化厅向各基层发放8500套藏汉双语舞蹈资源光盘。

四、技术支持

西藏文化共享工程自2006年实施建设以来，文化部全国文化信息资源建设管理中心非常关心西藏地区的建设，管理中心领导多次带领专家在西藏开设培训班进行指导，极大提升了文化共享工程在西藏整体开展的技术力量。2007年管理中心张晓星副主任对西藏文化共享工程实际开展情况进行调研。2009年和2010年管理中心张彦博主任曾两次亲自带队，携管理中心培训处、技术处的领导、专家、硬件集成公司、软件开发公司组成的专家队伍，对西藏地区文化共享工程技术业务人员进行培训。2011年管理中心崔建飞副主任、2012年刘惠平副主任都曾带领专家前来西藏进行实地技术培训并到基层调研。西藏地区为增强文化共享工程的技术力量2007年派送西藏分中心专业人员前往文化信息资源建设管理中心进行为期半年的系统学习；2009年西藏分中心向管理中心提出申请，国家中心经与重庆市分中心交流并发函，重庆市分中心积极响应于2009年7月6日—25日派出两名专业技术人员赴西藏分中心进行技术支援。西藏文化共享工程在基础设施建设中，在国家管理中心的大力支持下得到北京百年树人公司、北京中数软件开发有限公司和中国电信西藏分公司等的大力支持。西藏文化共享工程队伍在各级部门的关怀下不断发展壮大，逐步形成了各级技术力量的支撑和相关专家队伍。

五、合作共建

西藏分中心为进一步拓宽服务范围，与自治区文化厅20个驻村工作队合作，为每个驻村点配备投影仪和投影幕布设备，赠送资源光碟，制作文化共享工程基层服务点标识牌。不但增设了服务点数量，利用驻村工作人员进行先进文化的传播，同时丰富基层百姓文化生活。

西藏分中心根据自身实际利用"文化信息资源文化共享工程"资源，进一步开展拥军活动，将优秀的资源送到军营。并根据部队电子阅览室不能访问外网特点，在部队电子阅览室以添加硬盘的方式，拷贝优秀地方电子资源开设了地方电子资源库，结成了军民合作共建单位。为进一步加强未成年人培养教育，西藏分中心积极多方寻求合作，与小主人报拉萨记者站签订合作协议，共同提供师资为未成年人免费提供电脑相关技能等方面的培训。

六、惠民服务、宣传推广

引领群众高尚精神文化生活，多方位了解广大基层群众需求。通过图书宣传周、世界读书日、科技宣传周等一系列文化活动，抓住机遇利用好活动平台大力宣传，让群众加深了解，学会运用文化共享工程。通过举办"国事盛典 文化印证"、"西藏文化共享工程成果展"、"文化共享进万家"、"文化共享走进学校"、"数字文化进寺庙"、文化共享进社区举办"老年人电脑培训班"等活动加大服务与宣传，深受基层群众喜爱并取得了良好的社会效益。西藏图书馆和西藏分中心在贡嘎县甲日村组织"世界读书日、书香飘农家"西藏农民读书活动，当地农民和小学生用藏语、汉语参与朗读比赛，极大的激发了群众读书兴趣，多家媒体争相报道。西藏自治区分中心利用活动向甲日村赠送投影机、投影幕，挑选适合农业种养殖、务工技能藏汉双语舞蹈和动画等方面的资源光盘赠送给当地群众，并作为长期服务点不仅解决了群众农业的知识需求也活跃了当地文化生活。

西藏分中心运用文化资源优势走进校园，利用青少年喜爱电脑的特性，对在校学生进行电脑设计培训指导，在学习过程中加以正确引导，很大程度上培养了学生的电脑设计热情，激发学生对电脑学习兴趣，通过此类活动使得文化共享工程在校园内扎根开花。西藏图书馆为进一步加强自身的宣传推广，邀请西藏卫视藏文频道七彩风栏目，对西藏图书馆专门制作专题片，专题片中给予西藏分中心集中的、深入的报道，形式多样，允许采用多种艺术手段表现了文化信息资源文化共享工程作为一种新型文化传播形式所具有的诱人魅力。

七、培训工作

西藏文化共享工程在管理人员的培养上实现了制度

化和常态化。每年对区内县支中心人员进行1-2期集中培训，并按照不同层次、服务对象不同分级分批进行培训。在各点设备安装时要求工作人员全程跟随安装技术人员，主动参与、多看、多听、多问、多记，在上级对设备进行项目验收时，检查学习笔记也成为对工作人员考核的一种方式，2005年以来共举办各类培训班12期，经过培训的技术管理人员达420余人次。为全区工作的顺利实施，提高基层工作人员的业务水平和服务能力，西藏分中心有计划开展针对性的专题培训会，培养共享工程基层骨干人才，使共享工程能保持快速发展的势头。在培训过程中与实际相结合，选择合理方法确保提高培训效果。

八、管理和队伍建设

西藏文化共享工程日常管理制度规范化。制定自治区分中心、地（市）支中心、县支中心、乡镇、村基层服务点工作职责和制度，实行制度上墙。每年有详细年度工作计划，工作安排要点，年终进行工作总结考核等。

2012年西藏自治区编办正式下发文件批复成立文化共享工程西藏自治区分中心机构，含两个部门：网络部、资源建设部。业务人员增加到8名，其中计算机专业研究生一名，藏文因明学专业研究生一名，西藏分中心人才队伍建设取得了可喜的成绩。截止2012年底建成昌都地区支中心和阿里地区支中心，目前其余地（市）支中心在筹备阶段，每个地（市）支中心人员编制数量为6人。各县支中心现没有配备专职人员，各县都是根据自身情况在县支中心安排1-2名的专、兼职人员管理设备进行日常工作。各乡镇基层点和村基层点的管理服务人员均由相关工作人员兼职管理，没有专职人员。部分县支中心由于人员流动较大，就根据自身情况择优竞聘公益性岗位做为文化共享工程专职管理人员。

九、荣誉奖项

西藏文化共享工程自治区分中心、各支中心、基层服务网点通过努力，圆满的完成了各项工作任务并取得了一定的成绩。历年来获得奖项有：

1、2009年中国文化报社，全国文化信息资源建设管理中心组织举办了全国文化共享工程“好新闻”评选活动，西藏分中心荣获优秀组织奖；边巴片多同志获得“好新闻”三等奖；2、2009年度全国文化信息资源文化共享工程培训工作年终评审三等奖；3、2009年10月举办了主题为“国事盛典，文化印证”活动，被称作“高原上的精简版”展览，展览以第三名的成绩，获得全国文化信息资源文化共享工程优秀组织奖；4、2009年西藏分中心获得“文化共享杯”知识技能竞赛精神文明集体奖，扎西杰保荣获个人优秀选手奖；5、2009年西藏分中心获得“文化共享杯”知识技能竞赛精神文明集体奖，曲水县支中心达松荣获个人优秀选手奖；6、2010年共享之春新年活动拍摄并提交2个节目（欢腾的草原舞蹈、思念独唱），并通过国家中心审核，2010年4月15号进行了网上直播7、2011举办“颂歌献给党—全国文化信息资源文化共享工程群众歌咏活动”，西藏自治区安多县支中心的《安多锅谐》荣获三等奖；8、2011年，文化报通讯员扎西杰保的摄影作品“通过文化共享工程，朗杰乡教学点学生第一次摸到了电脑”在文化共享工程文化报通讯员摄影作品评比中获得三等奖；9、2012年电脑小报设计比赛活动西藏地区一名小学生获得优秀奖。

十、工作展望

西藏文化共享工程历经十年，从最初的几个卫星接收点到今天自治区分中心、地（市）支中心、县支中心、乡镇服务站、村级基层服务点五级网络服务体系的形成。西藏文化共享工程经过十年的发展，在各级网络服务体系建设和服务和宣传方面取得了一定的成绩，但是跟基层群众的基本文化需求和把西藏建设成为文化强区的工作要求相比差距甚远。因此，西藏分中心结合自身的情况制定以下目标：

1、加大建章立制力度，建立高效的运行机制。加强西藏文化共享工程各级组织建设，加快制定一系列适合西藏，对全区文化共享工程具有指导意义的管理办法、规章制度、指导意见等规章制度以完善全区文化共享工程组织协调能力；同时积极向上级部门汇报工作，在钱权责的统一上下功夫，确保西藏文化共享工程健康快速的的发展，促进西藏公共文化服务体系的健康发展。

2、加大地方特色文化资源建设力度。制定资源建设管理办法和资源征集管理办法，加强地方特色资源建设科学管理常态化，积极鼓励让各级支中心参与建设工作，提高资源质量、丰富资源建设内容、全方位提高西藏文化共享工程整体的资源建设能力。

3、加大双语资源发布平台和资源利用力度。整合县支中心资源发布平台，统一建立适合西藏地（市）、县、乡、村级的双语资源发布平台和资源利用，建立起每个地区资源管理平台，在地（市）资源管理平台上开设本地区县支中心资源板块，给每个县支中心提供发布平台分配用户名和密码，各县支中心根据自身特色填充资源内容，最终由各地（市）统一管理并审核通过，以减轻基层支中心的网络和服务器管理维护难度，提高基层各级支中心资源服务能力。

4、建设“西藏数字文化网”，全面提高数字服务能力。文化共享工程西藏分中心网站更名为“西藏数字文化网”，系统全面的打造西藏特色文化宣传，整合特色地域文化、服务培训、文化精品等西藏文化品牌。拓宽西藏文化共享工程网站服务传播范围。整合西藏自治区文化厅系统内部文化资源，征集相关单位或面向社会征集优秀资源，全力打造西藏权威的数字文化网。

5、打造西藏文化惠民服务品牌。针对边境或文化生活贫乏的地区，以资源赠送、举办培训、合作共建等形式开展长期有效的文化服务活动，打造适应西藏实际情况的文化惠民服务品牌。

6、加大培训力度，全面提高西藏文化共享工程人员业务素质。加强系统内部业务人员的培训交流工作，整体提高西藏文化共享工程人员业务素质，争取在三年内培养出自治区级专家师资团队；地（市）资源建设力量和技术维护团队；县级资源服务团队，让文化共享工程工作人员成为西藏数字文化的领头人。

（撰文/西藏自治区分中心）

当雄县支中心

当雄，藏语意为“挑选的草场”，位于西藏自治区中部，藏南与藏北的交界地带，拉萨市北部，距拉萨市170公里。全县面积10036平方公里。东北至西南硕长，长185公里，西北至东南狭窄，宽约65公里，其中最窄处约34公里。当雄县属西藏拉萨市纯牧业县，可利用草场面积1050万亩，北部与班戈县、那曲县接壤，南与林周县、堆龙德庆县交界，东部一隅与嘉黎相连，西南与尼木县毗邻，青藏公路（国道109线）由东向西横贯全境，素有“拉萨北大门”、“藏北明珠”之称。全县辖2个镇、6个乡：当曲卡镇、羊八井镇、格达乡、宁中乡、公塘乡、龙仁乡、乌玛塘乡、纳木错乡。共有28个行政村。县人民政府驻当曲卡镇。总人口4.8万人，平均海拔4300米。气候属高原温带半干旱季风气候。当雄县文化信息资源共享工程在拉萨市文化局、自治区图书馆支持和部署下，逐步推进，稳步发展，在新形势下为繁荣农村基层文化，满足农牧民多层次文化需求，传递中国优秀传统文化资源发挥了重要作用。

一、基本情况

当雄县文化信息资源共享工程在自治区图书馆的大力支持和关心下，于2010年配置了35台电脑并开始展开正常运行工作。在县委、县政府的正确领导和重要指示精神下，2011年成立了当雄县文化信息资源共享工程建设领导小组，由当雄县文广局巴桑加措局长担任组长，负责整体指导、协调全县文化信息资源共享工程建设工作，并制订了《当雄县文化信息资源共享工程实施方案》，每年切实制定年初工作计划和年终工作总结。

目前，全县已建成当雄县文化信息资源县级支中心1个；格达乡、乌玛乡、宁中乡、公塘乡4个乡级文化站支中心。“共享工程”当雄县支中心设在当雄县文化活动中心，负责全面指导当雄县“共享工程”工作的开展及汇报工作。

二、管理和队伍建设

当雄县支中心重视“共享工程”管理和队伍建设工作，制定了《当雄县文化资源信息共享工程管理制度》，应自治区图书馆的要求，每年安排相关工作人员赴区图书馆进行文化资源信息共享工程工作培训；每年制定年初工作计划和年终工作总结，并制订了《当雄县文化信息资源共享工程实施方案》。

当雄县支中心选择有经验或高学历的人员为管理员，并通过组织学习、请资深老师来馆授课、安排管理人员赴其他县区进行工作经验的交流、学习等形式，努力建设一支专业化的“共享工程”管理员队伍，不断提高我县“共享工程”工作人员的管理水平、业务能力和实践能力。

三、资金投入

到2013年初，当雄县文化馆（站）投入经费共计75万元，其中，县级文化活动中心国家每年投入16万、县政府投入4万；4个乡镇文化站国家每年投入4万、县政府投入1万，部分经费用于支持我县、乡文化资源信息共享工程设施设备的日常维护、日常工作开展和免费开放等正常的工作开展。由自治区图书馆统一采购、配发的设施设备已全部配送落实到位且运行正常。

四、合作共建

当雄县开展多种形式的合作共建，推进“共享工程”建设。我县积极争取借助基层党员干部远程教育基层点推进“共享工程”工作，合作建设乡级文化站，与基层党员远程教育对接，与村组织室联合举办党员远程教育对接共享工程基层点培训班，使我县文化资源共享工程在基层得到广大农牧民群众的欢迎和厚爱。

五、惠民服务

当雄县支中心及各乡级文化站通过电子阅览室和网站为读者提供在线信息服务，并通过投影仪播放讲座等视频节目为广大农牧民带去丰盛的文化大餐。利用下乡放映电影的机会，放映文化共享工程的畜牧养殖培训视频，深受广大牧民的欢迎；晚上利用投影仪在文化站内播放视频节目，电影、地方戏剧、科技知识、生活小常识、法律常识等，每晚文化站内都聚集着众多牧民群众观看，是农牧民夜生活的一大亮点。当雄县支中心、各乡级文化站充分发挥“共享工程”在牧区实用人才队伍建设中的积极作用，开展牧区实用人才培训，主要形式是以我县每年“三下乡”活动为契机，举办文化、卫生、科技、法制等各种内容的培训班、视频讲座，不断开创培训工作的新局面，力争促使我县形成文化资源人人共建、文化信息人人共享的良好态势。

六、宣传推广

当雄县支中心利用网站、展板、横幅、宣传资料等各种渠道宣传推广“共享工程”，尤其在每年的服务宣传周、科技活动周等活动中，通过宣传让群众不断了解“共享工程”，走进“共享工程”，利用“共享工程”的丰富资源。同时，结合民族团结月、学习十八大精神等，开展“共享工程”专题资源下乡、专题视频展播等主题活动，使“共享工程”走进牧民群众生活。

七、工作展望

当雄县的文化活动中心存在藏书量少、新书少的情况，须继续大力争取区、市图书馆的支持，不断推进“共享工程”建设，充分利用“共享工程”的丰富资源为广大农牧民群众服务。全面提升当雄县级支中心的设备管理水平、工作水平，进一步提高当雄县“共享工程”的建设水平。针对我县农牧民群众日益增长的精神文化生活需求，更要进一步完善我县文化活动中心的文化设施设备；要进一步扩充文化设施网点，早日实现行政村全覆盖目标。以县文化活动中心为中心，加强基层文化设施网点网络化、数字化建设，加强专业技术人员的培养，为深入推进“共享工程”的实施打好基础。要充分发挥“共享工程”的作用，大力开展公益性数字文化服务，尤其加强对广大牧区的扶持力度。通过多种形式拓展服务范围、创新服务方式，将地方音乐、曲艺、歌舞、美术等优秀非物质文化遗产纳入“共享工程”建设内容，以群众喜闻乐见的形式使“共享工程”更加贴近基层、贴近生活、贴近群众。

（撰文/当雄县支中心）

嘉黎县支中心

嘉黎县地处那曲地区东南部、唐古拉山与念青唐古拉山之间。东连昌都边坝县、林芝波密县，南邻拉萨当雄县、林周县、墨竹贡卡县和林芝贡布江达县，西接那曲县，北依比如县，境内交通网络四通八达的，区位优势较明显。面积 13338平方千米，常住人口3万。现共划有10个乡镇，共有120个行政村。嘉黎县平均海拔 4500米，属于典型的高原山地，高原大陆型气候。南部的忠义乡，气候温和、四季分明、雨水充沛、空气湿润，山顶是终年不化的白雪，山腰是茂密的森林，山脚下是四季常青的山地，素有"藏北小江南"之称。嘉黎县文化资源共享工程在嘉黎县文化局。在上级的支持和部署下，逐步推进，稳步发展，在新形势下为繁荣农村基层文化，满足农民多层次文化需求，传递中国名族优秀文化资源发挥了重要作用。

一、基本情况

嘉黎县文化共享工程建设开始于2003年，最初在10个乡（镇）共建设27个农家书屋，此后陆续在我县4个乡（镇）共建设25个农家书屋、已覆盖我县各乡（镇）行政村，至此嘉黎县所属行政村实现全县共享工程村村全覆盖。嘉黎县文化共享工程支中心是在嘉黎县综合文化活动中心，是嘉黎县共享工程的建设和业务指导单位，负责保障县中心共享工程设配的运行，指导镇（村）级共享工程的开展以及开展全县共享工程管理员的业务培训和指导。

二、管理和队伍建设

为使共享工程真正为民所用为民谋利，嘉黎支中心将共享工程日常管理纳入制度化管理。制度支中心、镇、村基层服务点工作职责和制度，实行制度公开。每年有年度工作计划，月度有工作要点，季度有工作督导，年末有工作总结考核，并推行管理员工作日志管理，收集整理共享工程服务活动的得失，探索共享工程管理和服务新模式。文化资源共享工程作为一个新的农村文化资源获取平台，如何推广好、利用好共享工程丰富的文化资源关键在于是否有一支专业化的共享工程管理员队伍。嘉黎县共享工程支中心在管理员队伍建设上坚持明确职责，明确思路，制度化管理，常态化培训。对于乡镇、村两级基层共享工程管理上择优选取文化层次较高，有一定社会基层管理服务实践经验的大学生村官为管理员，他们工作热情高，有较高的文化水平能尽快熟悉掌握共享工程设备为所在村民服务。

三、培训工作

嘉黎支中心在共享工程管理员的培训上实现了制度化和常态化。根据支中心工作要求，每年乡镇共享工程管理员进行培训。对业务人员的培训力度不断加强。根据文化部就加强文化共享工程建设中人才培训的相关要求，为实现工程建设与业务人员培训"两不误、两促进"。加大了对各级网点人才的培训力度，先后举办多期培训班，其中乡镇级业务人员参训率已达100%。培训力度的不断加强，提高了各级网点业务人员的实际操作技能及业务水平，基本形成了一支适应工程发展需要的工作队伍。

四、经费投入

嘉黎县共享工程实现村村全覆盖以来，加大了对我县文化共享工程建设投入力度。为推动我县共享工程建设，国家和自治区加大了对我县共享工程的经费投入力度。"十二五"期间，国家和自治区共为我县投入了153万元，其中国家投入100万元，自治区投入53万元，投入力度的不断加大，为我区共享工程建设的顺利实施提供了保障。

五、资源建设

嘉黎支中心在历年的工作中，搜集不同的民众文化需求，并发放各类书籍、展板、宣传资料。

六、宣传推广

1、嘉黎支中心利用各种渠道宣传推广共享工程，在嘉黎县每年的文化"四下乡"活动，嘉黎支中心不失时机，以活动为平台，以资料为媒介宣传共享工程，让民众不断了解共享工程，走进共享工程。2、嘉黎支中心在服务中抓住文化的热点与亮点，积极组织群众喜闻乐见的文化服务，使共享工程走进群众生活。例如在"3.28百万农奴解放纪念日"开展一系列的文化活动。

七、工作展望

根据国家有关要求和自治区的文件要求我县共享工程建设实际，我们将认真吸取教训，切实加大工作力度，有效推进工作进度，努力实现共享工程建设目标。

首先加大对共享工程的宣传力度。共享工程的实施，使我县各乡镇文化站呈现出了现代化气息，为丰富和活跃基层广大干部群众的文化生活发挥了积极作用。其次推进乡镇和村基层服务点建设要求，我县将根据上级的投资安排情况，在初步建成的乡镇综合文化站中，安排共享工程乡镇基层点建设，并加大与相关部门的合作共建，切实促进村级基层服务点的共建共享。再次加大文化信息资源的建设力度。按照"满足广大农牧民群众的基本文化权利，促进经济社会协调发展，构建社会主义和谐社会的"宗旨，最后嘉黎县文化资源共享工程在嘉黎已经成为农牧民文化生活的一大支柱，成为繁荣嘉黎文化，丰富嘉黎县人民精神生活，推动了嘉黎人文科技进步的强大动力源泉。今后提升各乡镇文化站的服务水平与能力。为建设科技嘉黎，文化嘉黎做出贡献。

（撰文/嘉黎县支中心）

昌都地区支中心

昌都位于西藏自治区东部，地处横断山脉南段，金沙江、澜沧江、怒江三江上游，是康区腹心区域，西藏、四川、青海、云南四省（区）交界的咽喉部位。全地区辖11县、138个乡镇、1142个村（居）委会，幅员面积10.86万平方公里，平均海拔3500米以上，居住着藏、汉、回、纳西、珞巴等28个民族，人口71万，其中藏族占96.2%。国道317线、318线和省道302线横跨东西，国道214线纵贯南北，邦达机场开通昌都至成都、拉萨两条航线。全地区现有耕地面积4.72万公顷，天然草场面积540万公顷，林地面积375万公顷，经济林木、药材、各种野生菌种类较多。矿产和水能资源十分丰富，现已探明储量的矿产达37种，矿产地96处，有大型矿床54处，中型矿床24处，其中玉龙铜矿是目前我国第二大铜矿。地表和地下水资源量达771亿立方米，水能资源蕴藏量达4000万千瓦以上，是国家"西电东送"接续能源基地和有色金属产业基地的重要组成部分。

昌都历史十分悠久，是青藏高原悠久历史文化的发祥地之一，是中国大香格里拉生态旅游区和茶马古道文化的核心组成部分。卡若遗址距今四五千年，是西藏高原上发现的第一处原始村落遗址。吐蕃时期，昌都在祖国西南边疆各兄弟民族的交往中扮演着重要角色。西藏在元代正式成为中央政府直接治理下的一个行政区域，昌都是西藏与中央政权联系交往的重要纽带。明朝实施"多封众建"的政策，昌都由朵甘卫行都指挥使司管辖。清朝在昌都设置了文武官员和营汛台站，分封僧俗领主。承担内地与西藏主要物资运输的茶马古道由此穿越。直至民国，昌都在增强民族团结、巩固祖国边防方面一直发挥着重要作用。

昌都作为西藏第一面五星红旗升起的地方，解放以来经历了执行和维护"十七条协议"、平叛和民主改革、社会主义改造和社会主义建设、改革开放等历史时期，历届地委、行署班子在党中央的亲切关怀下，在区党委、政府的坚强领导下，在对口援昌省市和中央企业的大力帮助下，团结带领各族人民，励精图治，艰苦奋斗，经济建设取得了巨大成就，现代工业从无到有，产业结构不断调整，特色优势产业加快发展，新农村建设扎实推进，以交通为重点的基础设施显著改善，各项事业全面进步，社会局势和谐稳定。

一、基本情况

全国文化信息资源共享工程昌都支中心建设在地区财政局和文化局的大力支持和部署下建成并投入使用，为全社会免费开放，特别是在指导未成年健康上网和为进城务工人员服务上发挥了积极作用。昌都地区文化信息资源共享工程建设开始于2012年3月，于2012年9月5日举行了起动仪式并投入使用。共享工程昌都支中心设在昌都图书馆内，共有PC机70台，可以同时满足70名读者共同上网。为了进一步丰富网上内容，昌都支中心将重庆市数字图书馆内容通过远程纳入每台PC机上，将国家图书馆2TB数字资源上传至服务器上供广大读者阅读。目前，正在与天津图书馆和少儿图书馆协调于2013年将其数字资源通过远程纳入每台PC机上。

二、管理和队伍建设

为使共享工程发挥作用，昌都支中心积极向社会作宣传，通过昌都图书馆大屏幕24小时向广大市民宣传各项制度及提供免费开放的时间，实现了365天天天免费开放。为了不影响中小学生学习，我们对中小学生实行控制上网，每位中小学生凭借读书卡周六、周日下午3：30至5：30免费上网。因昌都支中心人员少，我们通过聘用的办法，实现管理。机房管理聘请昌都瑞锐科技有限公限维护，阅览室管理通过招收文化义工的方式解决。共享工程作为昌都图书馆的惠民窗口由馆长亲自抓。

三、经费投入

共享工程昌都支中心2012年建设完成，共计投入150万元，另外从图书馆免费开放经费中支出宽带接入费6.6万元，支付服务器维护费2万元，支付阅览室易耗品支出0.6万元。共计支出150.82万元。

四、合作共建

为了进一步丰富共享工程昌都支中心内容，昌都支中心积极与昌都电视台联系，正在着手将昌都新闻联播和西藏新闻联播视频内容加入，目前窗口已作好，正在调试阶段。

为丰富驻昌部队官兵的文化生活，让官兵们与家人通过视频联系，昌都支中心积极与驻昌部队联系，让官兵们定期与家人见面，让昌都支中心成为官兵与家人联系的第二空间。

五、宣传推广

我们积极通过各种手段和载体宣传推广共享工程。一是通过在读书卡上进行宣传，通过将网站名印制在卡上进行宣传；二是通过向读者免费发放读书袋，宣传共享工程；三是通过大屏幕24小向广大市民宣传。

六、工作展望

昌都支中心2012年刚建成，我们正在积极向有关先进的作得好的各中心学习经验。通过积极宣传，通过与有关部门和援藏省市的共建，我们有信心将昌都支中心建设好，使他真正发挥资源共享，真正服务于广大人民群众，为建设和谐昌都、平安昌都作出贡献。

（撰文/昌都地区支中心）

贡觉县支中心

贡觉县地处西藏高原东南部，唐古拉横断山脉北段，金沙江上游西岸，全县幅员面积6268.31平方公里。东与四川境内白玉、巴塘县隔江相望，南连芒康和川藏南线(国道318线)198公里，西邻察雅、昌都，北接江达和川藏公路（国道317线）79公里，西经昌都（254公里）至拉萨1374公里，东越金沙江、康定至成都1196公里。

一、基本情况

贡觉县文化资源共享工程在贡觉县委、县政府、文化局的支持和部署下，逐步推进，稳步发展，在新形势下为繁荣农村基层文化，满足农民多层次文化需求，传递中国民族优秀文化资源发挥了重要作用。

二、管理和队伍建设

为使共享工程真正为民所用为民谋利，贡觉县支中心共享工程日常管理纳入制度化管理。制定支中心、镇、村基层服务点工作制度，实行制度上墙公开。每年有年度工作计划，月度有工作要点，季度有工作督导，年末有工作总结考核，并推行管理员日志管理，收集整理共享工程服务活动的得失，探索共享工程管理和服务新模式。

文化资源共享工程作为一个新的农村文化资源获取平台，如何推广好、利用好共享工程丰富的文化资源关键在于是否有一支专业化的共享工程管理队员伍。贡觉县共享工程支中心在管理员队伍建设上坚持明确职责，明确思路，制度化管理，常态化培育。

对于乡镇、村两级基层共享工程管理上择优选取文化层次较高，有一定社会基层管理服务实践经验的大学生村官为管理员，他们工作热情高，有较高的文化水平能尽快熟悉掌握共享工程设备为所在村民服务。目前贡觉县共享工程管理员70%为大学学历，实现了管理员选取的高起点。

三、培训工作

贡觉县支中心在共享工程管理员的培养上实现了制度化和常态化。根据支中心工作要求，每年对辖区共享工程管理员进行集中培训，2012年年11月份以来举办各类培训班，参加轮训的各级管理员达600多人次。

四、经费投入

贡觉县共享工程自2012年实现村村全覆盖以来，图书馆和群艺馆每年投入40万元的运维经费，用于共享工程设备维护，人员培训和惠民活动的开展。同时，贡觉县政府，贡觉县文化委员会和贡觉图书馆每年也投入大量人力物力之暖共享工程各项活动的正常开展。

五、资源建设

贡觉县支中心在历年的工作中，搜集不同群众区域民众文化需求，选取编辑制作各类题材，每年制作发放各类光盘，展板，各类海报招贴，发放宣传资料。

六、合作共建

以共享工程为依托结合全覆盖的农村数字电影建立电子文献资源服务中心。将各种部门下发的电子文献资源与建立的共享工程服务点结合，根据不同乡镇、存的硬件条件建立形式多样的电子阅览室和媒体中心。比如在莫洛镇等建立拥有多台电脑的多媒体阅读中心，在果巴村等数字电影结合建成电影放映，共享工程宣教授课和电子资源阅读播放为一体的多功能活动室。通过多方不懈努力，共享工程已逐步走入基层村民生活，成为村民获取新知，娱乐身心的新渠道新平台。

七、利民惠众，惠农服务

贡觉县支中心在共享工程服务实践过程中，以民众的需求为导向，积极探索，服务民众生活生产，引导群众高尚精神文化生活，打造群在满意喜爱的文化服务新平台。根据贡觉县农业生产特点，贡觉县支中心每年按节令制作农业生产技术光盘和小册子通过行政村基层服务点村民分发。针对不同农业专业者，贡觉县支中心有针对的选取资源上门指导服务。历年来累计服务专业生产户，长期点对点跟踪服务。

八、宣传推广

贡觉县文化支中心利用各种渠道宣传推广共享工程。在贡觉县文化三下乡活动众，贡觉文化支中心不失时机，以活动为平台，以资源为媒介宣传共享工程，让民众不断了解共享工程，走进共享工程。

1、走进校园

贡觉文化支中心文化服务不断探索，利用支中心电子阅览，组织动员青少年儿童关注共享工程，利用共享工程，收集青少年知识兴趣点整理挖掘，针对集中地知识群和关注点贡觉县文化支中心联合友邻部分聘请专家前来为青少年答疑解惑。

2、专题活动，精彩纷呈

贡觉县文化支中心在服务中抓住文化的热点和亮点，积极组织群众喜闻乐见的文化服务，使共享工程走进群众生活。例如迎接建党90周年之际，贡觉支中心联合其他单位在莫洛等乡镇举办了“品味书香，聆听经典”活动，邀请我区基层群众共享文化。还组织各乡镇等服务点展开“颂歌献给党”群众歌咏活动后上报网上展播。

九、工作展望

贡觉县文化资源共享工程建立后，从单一的资源接收到今天编辑分发和群众广泛认知，广泛参与，文化资源共享工程在贡觉已经成为贡觉人民文化生活的一大支柱，成为繁荣贡觉文化，丰富贡觉人民精神生活，推动贡觉人文科技进步的强大动力源泉。

今后贡觉县支中心希望在各上级部门大力支持下为贡觉共享工程建设一支专业化的服务队伍，建立一个服务更多的形式，服务网点更加宽广，参与群众更加广泛的共享工程文化带动体系，为建设科技贡觉，文化贡觉做出贡献。

（撰文/贡觉县支中心）

林芝县支中心

全国文化信息资源共享工程是新形势下构建公共文化服务体系、惠及千家万户的一项重要文化基础工程，是政府提供公益性服务的重大文化项目，是实现广大人民群众基本文化权益的重要途径，对于打破落后地区信息闭塞的状况，缩小“数字鸿沟”，提高广大人民的科学文化素质，推进社会主义文化大发展大繁荣和建设和谐社会，具有重要作用。

文化共享工程应用现代科学技术，将中华优秀文化信息资源进行数字化加工整合，通过工程网络体系，以互联网、卫星、移动存储、镜像、光盘、有线电视/数字电视网等方式实现优秀文化信息资源在全国范围内的共建共享。

在党中央及其政府的大力支持下我们林芝县综合文化信息资源共享工程2010年4月开始实行文化信息资源工程的共享，我文化局建设了一综合文化活动中心，再次经常举办晚会节目、文艺演出、各项会议等。另外还经常实行文化下乡巡回演出、对我县的各乡镇进行文化宣传及传播在我县的四镇三项设立了文化信息共享室、阅览室等，加强了个个乡镇的文化程度的同时也发扬了中央的十八大精神，习近平主席在主持学习时发表了讲话。他强调，中华民族是爱好和平的民族。消除战争，实现和平，是近代以后中国人民最迫切、最深厚的愿望。走和平发展道路，是中华民族优秀文化传统的传承和发展，也是中国人民从近代以后苦难遭遇中得出的必然结论。中国人民对战争带来的苦难有着刻骨铭心的记忆，对和平有着孜孜不倦的追求，十分珍惜和平安定的生活。中国人民怕的就是动荡，求的就是稳定，盼的就是天下太平。

习近平主席指出，我们的和平发展道路来之不易，是新中国成立以来特别是改革开放以来，我们党经过艰辛探索和不断实践逐步形成的。我们党始终高举和平的旗帜，从来没有动摇过。在长期实践中，我们提出和坚持了和平共处五项原则，确立和奉行了独立自主的和平外交政策，向世界作出了永远不称霸、永远不搞扩张的庄严承诺，强调中国始终是维护世界和平的坚定力量。这些我们必须始终不渝坚持下去，永远不能动摇。

习近平强调，党的十八大明确提出了"两个一百年"的奋斗目标，我们还明确提出了实现中华民族伟大复兴的"中国梦"的奋斗目标。实现我们的奋斗目标，必须有和平国际环境。没有和平，中国和世界都不可能顺利发展;没有发展，中国和世界也不可能有持久和平。我们一定要抓住机遇，集中精力把自己的事情办好，使国家更加富强，使人民更加富裕，依靠不断发展起来的力量更好走和平发展道路。

习近平主席指出，世界潮流，浩浩荡荡，顺之则昌，逆之则亡。纵观世界历史，依靠武力对外侵略扩张最终都是要失败的。这就是历史规律。世界繁荣稳定是中国的机遇，中国发展也是世界的机遇。和平发展道路能不能走得通，很大程度上要看我们能不能把世界的机遇转变为中国的机遇，把中国的机遇转变为世界的机遇，在中国与世界各国良性互动、互利共赢中开拓前进。我们要坚持从我国实际出发，坚定不移走自己的路，同时我们要树立世界眼光，更好把国内发展与对外开放统一起来，把中国发展与世界发展联系起来，把中国人民利益同各国人民共同利益结合起来，不断扩大同各国的互利合作，以更加积极的姿态参与国际事务，共同应对全球性挑战，努力为全球发展作出贡献。

习近平主席是在新华社一份《网民呼吁遏制餐饮环节"舌尖上的浪费"》的材料上作出批示的。批示指出，从文章反映的情况看，餐饮环节上的浪费现象触目惊心。广大干部群众对餐饮浪费等各种浪费行为特别是公款浪费行为反映强烈。联想到我国还有为数众多的困难群众，各种浪费现象的严重存在令人十分痛心。浪费之风务必狠刹!要加大宣传引导力度，大力弘扬中华民族勤俭节约的优秀传统，大力宣传节约光荣、浪费可耻的思想观念，努力使厉行节约、反对浪费在全社会蔚然成风。各级党政军机关、事业单位，各人民团体、国有企业，各级领导干部，都要率先垂范，严格执行公务接待制度，严格落实各项节约措施，坚决杜绝公款浪费现象。要采取针对性、操作性、指导性强的举措，加强监督检查，鼓励节约，整治浪费。(习近平强调，我们要坚持走和平发展道路，但决不能放弃我们的正当权益，决不能牺牲国家核心利益。任何外国不要指望我们会拿自己的核心利益做交易，不要指望我们会吞下损害我国主权、安全、发展利益的苦果。中国走和平发展道路，其他国家也都要走和平发展道路，只有各国都走和平发展道路，各国才能共同发展，国与国才能和平相处。我们要广泛深入宣传我国坚持走和平发展道路的战略思想，引导国际社会正确认识和对待我国的发展，中国发展绝不以牺牲别国利益为代价，我们绝不做损人利己、以邻为壑的事情，将坚定不移做和平发展的实践者、共同发展的推动者、多边贸易体制的维护者、全球经济治理的参与者。在十一五"期间，文化共享工程建设要以数字资源建设为核心，以基层服务网点建设为重点，以多种传播方式为手段，以共建共享为基本途径，到2010年，基本建成资源丰富、技术先进、服务便捷、覆盖城乡的数字文化服务体系，努力实现实现文化寸寸通目标。

（撰文/林芝县支中心）

工布江达县支中心

工布江达县位于林芝地区西北部，泥洋河中上游，是林芝地区的西大门，地处川藏公路交通要道，是林芝通往拉萨的必经之地。全县总面积为12960平方公里，其中耕地面积为5.4万亩。全县辖6乡3镇，79个行政村，总人口约3万人，农牧民人口2.65万人。工布江达县文化资源共享工程在林芝地区文广局、林芝图书馆的支持和部署下，逐步推进，稳步发展，在新形势下为繁荣农村基层文化，满足农民多层次文化需求，传递中国民族优秀文化资源发挥了重要作用。

一、基本情况

工布江达县文化资源共享工程建设开始于2009年，隶属西藏文化信息资源共享工程县级支中心。按照要求，我县严格依照设备配置标准，并请教有关专家结合我县实际提出设备配置方案，配备了曙光天阔服务器1台、笔记本电脑2台、电脑24台、投影仪1台、多功能扫描、移动存储播放器与打印机等设备，并接入了2M的光纤，建成了县级中心机房与电子阅览室。县支中心日常有三名工作人员负责管理。截止2011年年底全县已有5个乡镇完成了电脑的配备（错高乡、巴河镇、加兴乡、江达乡），并接入光纤，有专门工作人员负责日常管理。

二、管理和队伍建设

为切实开展好文化信息资源工享工程工作，加强对文化信息资源共享工程的领导，县委、县政府成立了由县委常委宣传部部长任组长，县政府分管领导任副组长，县委组织部、财政局、发改委、教育局、文广局、电信分公司单位领导及各乡(镇)的乡(镇)长为成员的文化信息资源共享工程领导小组，负责文化信息资源共享工程的各项工作，各乡镇也成立了相应的组织机构。

信息资源共享工程室设有专职人员进行管理，通过网络、影象等资料并借助信息资源共享工程自身特有的形式有效地宣传了党的政策方针，对我中心加强基层文化建设起到了积极的作用。

三、培训工作

根据文化信息资源共享工程工作要求，在支中心建立之初，对2名工作人员进行了专业培训一次，组织工作人员参加自治区培训2次，从而保证了“共享工程”工作在我县的健康发展。

四、经费投入

我县文化信息共享工程总投资为68万元，建筑面积104平方米。此项工程建设工作在自治区文化厅、地区文广局的指导下，在县委、县政府正确领导下，于2009年5月中旬开工建设，目前已完成了各项计划目标和设备初建配套工作，并于2009年6月中旬通过初验，正式投入使用。

五、资源建设

县级分中心成立以来，通过各种途径共刻录发放《党员先进性教育》、《儿童学习能力培养》、《温棚蔬菜、瓜果、药材种植技术》、《蔬菜保存与储藏》、《洪涝灾害与防御》、《种养殖技术》等多种科教、实用技术光盘100余张，宣传资料1000余份。文化信息资源共享工程的实施，为新时期建设新农村、培育新农民搭建了新的平台。

此外，根据目前网点情况，教育、农技、科技、电信等部门为“工程”建设提供信息资源支持，并将相关教育、农牧业生产等与“工程”有机衔接，整合资源，扩大资源总量。

六、合作共建

我县支中心积极加强乡镇、社区文化阵地建设，建立完善乡镇、村级基层服务点管理制度，加强共享工程基层服务点的管理。各乡镇和各行政村都设立了1名专兼职文化干事，明确文化专干职责，指导各基层服务点做好群众需求双向反馈工作。利用文化站现有资源、设施设备为基层服务点提供服务。做到了人员、阵地、牌子、设备、制度“五落实”。

构建遍布全县的基层服务网络，改善基层文化工作手段陈旧落后的状况。充分发挥好村级文化站室服务点依托文化活动站室的便利条件，由县图书馆向服务点提供图书、杂志、音像资料等，满足社广大农牧民群众精神文化生活需要；每个乡镇选择3-5个人员相对集中、种养殖前景较好的行政村作为基层服务点，示教合一，现场指导。为基层服务点配备了农村实用技术图书及其它各类图书、光盘，使共享工程真正起到面向基层、服务大众的作用。

七、利民惠众，惠农服务

通过协调组织、宣传、农牧、林业、卫生和计划生育、公安等部门，将各类信息资源通过业务部门的工作，传播到千家万户，使群众受益。向各乡镇文化站、室直接提供图书、光盘支持，由各服务点直接面向群众服务。利用“三下乡”、读书月、宣传周、节假日等，积极协调驻村工作组成员组织群众向其宣传科普知识，提高群众的生产生活技能。针对种养殖户在种养植过程中遇到的实际问题，对症下药，从文化信息资源共享工程网络资源库中下载相关内容，刻录成实用光盘，送至各乡镇综合文化站，供群众免费借用，使农业科技推广更具有针对性和时效性。

在各乡镇举办农村实用技术培训班，为农民播放农村实用科技及生活小常识方面的科技信息18余场（次），培训农民500余人。此外，县综合文化活动中心还利用图书馆多媒体室播放文化文化信息资源共享工程传送的科技、文化、卫生、少儿科普等方面的视频资料，深受群众欢迎；为中小学生和部队官兵免费提供阅读平台，组织开展了文物、非遗保护等相关知识讲座。

丰富的文化教育资源和科技信息资源，普及到广大农牧区，对打破农牧区地区信息闭塞的状况，积极推广农牧业适用技术、节本增效技术，帮助农牧民及时了解到相关市场、技术信息起到了重要作用。现在不少农牧民都反映，通过“信息文化信息资源共享工程”，他们的眼界更宽了，信息更灵了，增收致富的本领更强了。

八、工作展望

1、进一步扩充文化设施网点，以县图书馆、乡文化站、村级文化室为实施主体。加强基层文化设施网点网络化、数字化建设，加强文化、科技信息资源自动化、网络化建设和专业技术人员的培养，为深入推进文化信息资源共享工程的实施打好基础。

2、努力把文化文化信息资源共享工程用活、用好。积极采用图书馆成熟技术，借助数字电视和远程教育服务网络，大力开展公益性服务。尤其加强对广大农村地区的扶持力度，将文化文化信息资源共享工程建设成为社会主义新农村的重要抓手。以先进文化教育广大群众，提高人民群众的思想道德水平和科学文化素质，最大限度地将信息资源转化为生产力，通过多种形式拓展服务范围、创新服务方式，将西藏影视戏曲、民间文艺、音乐歌舞、美术等艺术表现形式纳入文化信息资源共享工程服务内容，以群众喜闻乐见的形式使文化信息资源共享工程更加贴近基层、贴近生活、贴近群众。

3、在实施过程中加强与上级业务部门、县直各部门的沟通与协调，使文化信息资源共享工程服务群众更具针对性和时效性。同时，不断总结经验，改进创新管理体制和运行机制，使“文化信息资源共享工程”真正成为文化创新工程。

我县文化文化信息资源共享工程中在各方面的不懈努力下已初见成效，但目前的运行状况距离上级领导的要求和人民群众的需要还有很大差距，希望上级领导和业务部门能够在资金、技术等方面能够给予大力支持。相信在不久的将来，文化文化信息资源共享工程一定会以一个全新的面貌展现在群众面前，一定会成为老百姓满意的文化信息工程，成为社会主义新农村建设的有力支撑。

（撰文/工布江达县支中心）

米林县支中心

米林县地处西藏东部、雅鲁藏布江中游、念青唐古拉山与喜马拉雅山之间。面积为9471平方公里。耕地面积4.4万亩，森林面积480万亩。总人口2万，辖8个乡镇（其中一个民族乡），共有66个行政村。米林藏语意为“药洲”。米林县的前身为则拉岗宗。1959年8月成立米林县人民政府，因县府设在米林村而得名，隶属林芝专区管辖。米林县文化资源共享工程在林芝地区文化局，地区图书馆支持和部署下，逐步推进，稳步发展，在新形势下为繁荣农村基层文化，满足农牧民群众多层次文化需求，传递中国民族优秀文化发挥了重要作用。

一、基本情况

米林县文化资源共享工程建设开始于1999年，目前，米林县文化信息资源共享工程服务中心1个，文化信息资源共享工程基层服务点17个。米林县文化信息资源共享工程服务中心设在米林县白鹭文化艺术中心，米林县文广局是米林县共享工程的建设和业务指导单位，负责保障共享工程设备的运行，协调镇村级共享工程设备的维修，指导镇村级共享工程活动的开展以及开展全县共享工程管理员的业务培训和指导。

二、管理和队伍建设

为使文化信息资源共享工程真正做到为民所用，为民谋利，米林县文化信息资源共享工程服务中心将共享工程日常管理纳入制度化管理。制定中心、镇、村基层服务点工作职责和制度，实行制度上墙公示。每年有年度工作计划，月度有工作要点，季度有工作督导，年末有工作总结考核，并推行管理员工作日志管理，收集整理共享工程服务活动的得失，探索共享工程管理和服务新模式。文化共享工程作为一个新的农村文化资源获取平台，推广好、利用好共享工程丰富的文化资源关键在于专业化的文化信息资源共享工程管理员队伍。米林县共享工程中心在管理员队伍建设上坚持明确职责，明确思路，制度化管理，常态化培训。对乡镇、村两级基层共享工程管理上择优选取文化层次较高，有一定社会基层管理服务实践经验的村委委员为管理员，他们工作热情高，能尽快熟悉掌握共享工程设备为所在村民服务。目前米林县共享工程管理员19名。

三、培训工作

米林县在文化信息资源共享工程管理员的培养上实现了制度化和常态化。根据米林县文化信息资源共享工程工作要求，每年对辖区内各文化信息资源共享工程管理员进行4期的集中培训，2010年以来一共举办各类培训班12期，参加轮训的各级管理员12人次。

四、经费投入

米林县自建成共享工程以来，米林县县政府每年投入2万余元用于共享工程设备的维护，人员培训和惠民活动。同时，米林县文广局也投入大量人力物力用于共享工程各项活动的正常开展。

五、资源建设

米林县共享工程中心，在历年的工作中，搜集不同区域民众文化需求，选取、编辑制作各类题材资源，每年制作发放各类光碟50余张，展板4块，各类海报，招贴画15副，发放宣传资料1000余份。

六、利民惠众，惠农服务

在共享工程服务实践过程中，以民众的需求为导向，积极探索，服务民众生活生产，引领群众高尚精神文化生活，打造群众满意喜爱的文化服务新平台。根据米林县农牧业生产的特点，中心每年制作农牧业生产技术光碟和小册子通过行政村基层服务点村民发放。

七、宣传推广

1、利用各种渠道宣传推广共享工程，在每年的“四下乡”活动中，以活动为平台，以资料为媒介宣传文化信息资源共享工程，让民众不断了解共享工程，走进共享工程。2、专题活动，精彩纷呈。抓住文化的热点和亮点，积极组织群众喜闻乐见的文化服务，使共享工程走进群众生活。

八、工作展望

文化资源共享工程在米林县已经成为当地农牧民群众文化生活的重要组成部分，成为繁荣米林文化，丰富人民精神生活，推动人文科技进步的强大动力源泉。今后还将建设一支专业化的服务队伍，增加服务网点的覆盖，使参与群众更加广泛的走进共享工程文化带动体系，为建设科技米林，文化米林做出贡献。

（撰文/米林县支中心）

波密县支中心

波密县位于林芝地区东部，是西藏第一代藏王聂赤赞普的出生地。距八一镇234公里，既是林芝地区东大门、周边邻县的重要中转站和物资集散地，又是318国道川藏线上的交通枢纽和商贸重镇，享有“冰川之乡”、“藏王故里”、“东方瑞士”、“高原氧吧”等美誉。全县平均海拔3300米，县城驻地扎木镇海拔2720米。全县总面积1.7万平方公里，人口3.3万，下辖10个乡（镇）、85个村（居）委会。拥有全国最美冰川—米堆冰川，全国最美原始森林—岗云杉林，中国最美景观大道——318国道波密段，易贡国家地质公园等一大批享誉全国的景区景点。

一、基本情况

全国文化信息资源共享工程波密县支中心总投资68万元，于2010年正式投入使用，共享工程实施3年来，波密县将其纳入了政府工作的重要议事日程，纳入当地经济社会发展的规划，纳入当地文化建设规划、信息化建设规划以及创建文明城市、文明村镇、社区的工作内容。截至目前，已对全县10个乡镇6个村委会建成基层服务点，辐射人群2万余人，服务网络基本形成。

波密县文化信息资源共享工程包括公共电子阅览室、视频点播室、避雷设施、入网等工程，统一配备了电脑桌。与此同时还配备了其他设备，主要包括：投影机、计算机、交换机、UPS电源设备、系统集成、服务器等；具体功能包括电视电话会议、数字电影、知识讲座、电子期刊、上网读书、查阅资料、开展远程教育等。

二、管理和队伍建设

为了更好的服务了全县人民，波密县文广局制定了完善的规章制度并悬挂在显著位置，规范了文化共享工程和公共电子阅览室的标识牌，并成立了“波密县文化信息资源共享工程管理领导小组”明确了职责，做到了管理措施到位，运行经费方面做到了实报实销。

三、培训工作

3年来，波密县文广部门高度重视队伍建设，通过引进人才，加强培训，不断提高队伍素质。截至目前，共选派了18人次前往自治区、地区参加信息资源共享工程培训，使每个基层服务点拥有合格的专业人员，为今后的工作开展提供了可贵的人力保障。

四、资金投入

波密县共享工程自2010年投入使用以来，波密县财政每年投入运维经费一万元，用于共享工程设备的维护，人员培训和惠民活动的开展。

五、惠民服务

1、将"文化共享工程•公共电子阅览室"工程与精神文明创建工作相结合。发挥精神文明创建工作的特长和优势，采取切实有效的措施，积极推动文化共享工程的深入实施。把文化共享工程纳入文明城市、文化村镇、文明行业等各项创建活动之中，作为重要内容和评选标准。继续实施农家书屋（寺庙书屋）建设工程、电视进万家工程，把各项活动的资源充分组织起来，使之相互补充、相互配合、相互支持，做到统筹兼顾、合理配置、资源共享，最大限度地发挥农村基础文化设施的作用，形成规模效应。

2、将"文化共享工程　公共电子阅览室"工程与未成年人思想道德建设相结合。把文化共享工程作为加强和改进未成年人思想道德建设的重要阵地。为广大未成年人创造了健康文明的绿色网上空间，开辟了新的活动阵地。为了引导广大未成年人文明上网、健康上网，接受优秀文化资源的熏陶，健康快乐成长，波密县文广部门先后组织了全县5000余名中小学生，前往信息资源共享工程开展"读书、上网、远程教育"等活动，孩子们反映这种读书，接受教育的方式是他们"愿看、爱看、想看"的方式，赢得了孩子们的广泛欢迎。

六、宣传推广

波密县支中心利用网站、电视等各种渠道宣传推广"共享工程"，尤其在每年的服务宣传周、科技活动周等活动中，通过宣传让群众不断了解"共享工程"，走进"共享工程"，利用"共享工程"的丰富资源。同时，结合文化艺术节、"四下乡"等活动，开展"共享工程"专题资源下乡、专题视频展播等主题活动，使"共享工程"走进群众生活。

七、工作展望

要充分发挥"共享工程"的作用，大力开展公益性数字文化服务，将文化共享工程建设成为社会主义新农村的重要抓手。通过多种形式拓展服务范围、创新服务方式，将地方音乐、曲艺、歌舞、美术等优秀非物质文化遗产纳入"共享工程"建设内容，以群众喜闻乐见的形式使"共享工程"更加贴近基层、贴近生活、贴近群众。波密县文化共享工程将紧紧围绕国家、区、地支中心的工作部署，进一步构建资源优质丰富、技术先进实用、传播高效互动、服务便捷贴近、管理科学规范、体系完整可控的公共数字文化传播服务体系，使文化共享工程真正成为城乡群众参与文化娱乐、获取科普信息、接受教育培训、享受惠民服务的重要平台。

（撰文/波密县支中心）

朗县支中心

朗县位于西藏自治区东南部，林芝地区西南部。地处喜马拉雅山北麓，雅鲁藏布江中下游，东与米林县、北与林芝、工布江达县，西与山南地区加查县相邻，南部与印度接壤，地域面积4200平方公里。县政府驻地朗巴居委会，距拉萨420公里，距八一镇240公里。现辖6个乡镇，51个行政村1个居委会，136个自然村，1.5万人。平均海拔3700米。

一、基本情况

2009年，全国文化信息资源共享工程朗县支中心在朗县福州路消防大队旁建立，支中心以地方特色文化、少数民族文化以及进村入户专项资源为主线，突出重点，注重选题，精心策划，周密实施。建成之初，自治区文化厅为我县配置了价值60万元的设备。支中心建立之后，县委、县政府以及支中心主管单位高度重视这一以最广大农村的基层文化站为纽带，把大量的储备网络资源，传递给农民、农业、农村的桥梁，在每年20万元的经费上，除上级解决的80%，县委政府还相应配套解决其余的20%的经费。县委政府还特此设立"共享工程"专项资金，每年加大督查考核力度。朗县文广局具体负责共享工程的各个项目的实施与落实。

二、经费投入

截至2012年12月，朗县文化共享工程支中心累计投入资金100余万元，建成了拥有24台计算机的电子阅览室，正在或在建的乡镇基层服务点6个，初步实现街道、乡镇文化共享工程全覆盖，使文化共享工程这一惠民工程全面进入到社区、乡村，进入到千家万户，为"惠民工程"的开展打下坚实的基础。

三、活动开展，惠民服务

朗县文化共享工程支中心自建立以来，与县图书馆、县文化活动中心及乡镇文化活动中心建设相结合，开展了丰富多彩的文化共享工程服务活动。活动开展包括放电影活动和科技、农业知识培训，电子阅览室绿色上网，向各乡镇文化站及村文化室发放图书以及举办农牧民群众喜闻乐见的文艺三下乡。支中心以服务"三农"为重点，把群众急需的科学知识、农业技术等信息提供给农民群众。根据城乡居民的需要，利用电子阅览室提供网络资源查询，电子图书推荐，组织播放农民喜闻乐见的藏戏、电影、小品等文艺节目，极大地丰富了群众文化生活，提高了农民文化素质，为构建和谐社会创造了良好氛围。通过一系列高效优质的服务活动，大大增强了文化共享工程的利用率和点击率。

朗县文化共享工程建立以来，在县委、县政府及主管部门的大力支持下，在朗县文化信息资源共享工程领导小组的领导下，全县的文化信息资源共享工程服务工作有了长足发展，增强了文化共享工程在基层的辐射力和影响力，特别是利用国家、区、地区丰富的文化信息资源，服务广大人民群众，满足了广大群众精神生活的需要。目前，支中心日平均接待农牧民群众约50人次，各乡镇文化站基层服务点日平均接待群众约20人次，支中心年开展面向基层群众的培训、讲座、展览、电影播放等服务活动近150场，服务受众近1万人次。

四、管理和队伍建设

目前朗县支中心管理人员实行“一肩挑”，接手共享工程工作后，管理人员不仅负责文化共享工程工作开展，还科学制订学习、活动方案，建立健全各项规章制度，突出整合重点，拓宽服务渠道，逐步加大了实施文化共享工程工作力度。

五、工作展望

朗县文化共享工程紧紧围绕国家、区、地区中心的工作部署，将进一步构建资源优质丰富、技术先进实用、传播高效互动、服务便捷贴近、管理科学规范、体系完整可控的公共数字文化传播服务体系，完善各乡镇文化站的基础设施建设，使文化共享工程真正成为城乡农牧民群众参与文化娱乐、获取科普信息、接受教育培训、享受惠民服务的重要平台。支中心将会结合实际充分了解广大基层农牧民群众对文化共享工程数据资源的需求，明确今后资源投放方向及内容，了解群众需要如电影、讲座、戏曲等内容，做到有的放矢，及时更新网站资源内容，满足群众对文化信息需求的不同需要。实事求是、与时俱进，搭建好我县“文化”与“三农”间的坚固桥梁。

（撰文/朗县支中心）

洛扎县支中心

洛扎县地处西藏南部，外与不丹王国接壤，东北、东南以及北面分别与措美县、错那县、浪卡子相邻。距拉萨市310公里，距山南地区354公里，是山南地区最偏远的一个边境县。县境内最高海拔7538米、最低海拔2310米，总面积333万亩、森里面积135万亩。全县辖2镇5乡、26个村（居）民委员会、100个村（居）民小组，有边境乡（镇）6个、边境村（居）民委员会21个，属于典型的半农半牧的边境县。截至目前，全县已建成26座农家书屋、20座寺庙书屋，县支中心1个，村级试点中心7个（因乡（镇）、村（居）一级基础设施建设相对滞后，没有网络的原因，为7个试点村配发了1台计算机）。

一、基本情况

我县文化信息资源共享工程县支中心在自治区分中心的大力支持和帮助下，于2005年被定为试点县，于2007年正式建成并投入使用，2008年通过自治区文化厅、图书馆的验收，达到了共享工程试点县的建设要求。同时，我县支中心以保证做到“四有”的工作原则，做好各项服务工作。一是有场地。中心面积133平方米，铺设静电地板135平方米。设有电子文献阅览室、中心控制机房、多功能室1间。

地处县城繁华地带，为群众提供了一个方便、舒适的阅览环境；二是有熟练业务工作的工作人员一名。目前，因中心没有人员编制，我局指定了一名熟练掌握共享工程操作系统，工作责任心高的人员，全面负责中心的各项运行、维护等工作；三是有设备。中心现有综合管理服务器、交换机，42U标准机柜，UPS电源，功放，激光打印机、音箱、无线话筒、调音台、投影仪、幕布、百兆防火墙、课桌、电脑桌等，保证了中心的服务质量；四是有制度。为进一步管好用好设施设备，最大限度地发挥好共享工程的社会效益，结合实际，制定了《值机人员工作制度》、《用户上网制度》、《上网客户“十不准”文明公约》、《上网登记》、《图书借阅登记》等各项制度。县支中心的建成，进一步推动了我县图书馆基础建设，实现了图书馆网络化、数字化、自动化管理。

二、开展活动情况

在自治区分支中心的具体业务指导和大力支持下，自2007年至今，通过近6年的运行，县支中心充分利用现有设备，发挥文化共享，为弘扬先进文化，构建和谐社会，建设社会主义新农村，丰富群众文化生活起到了重要的作用。

为了充分发挥共享工程资源在传播先进文化方面的作用，为让更多的城乡群众享受到内容丰富、健康向上的文化信息。几年来，我们集思广益，不断开展各项活动，注重了资源整合工作，把共享工程、党员远程教育、农家书屋进行大力整合，不仅有效的节约了资金，方便了管理，还进一步扩大了服务范围。

县支中心利用共享工程基层服务点配备的设备，采取电影下乡的形式，使偏远山区农牧民群众实现了“不出村观赏影片”的愿望，利用一体机内储存丰富的影片资源，定期放映各种题材、各个年龄段人群喜爱的影片。

一是经常利用学生假期专门举办了电脑应用培训班，提高了当地中小学生的电脑应用能力；

二是技术人员携带播放设备，深入偏远乡村为农牧民播放各类实用技术信息，为群众脱贫致富提供帮助；

三是结合科学发展观、领导干部作风建设年、党员先进性教育等各种主题教育活动，积极组织为基层干部职工、中小学生、偏远山区农牧民群众开展卫生知识讲座10余次，受益人口达500余人。

四是中心电子阅览室免费、舒适、安全的环境为广大青少年的健康成长，提供了绿色上网平台。五是充分利用“三下乡”宣传周等，积极协调有关单位，在县城广场集中向农牧民群众免费发放共享工程光盘和实用技术资料。截至目前，中心累计举办计算机应用技术培训班20余期，受益人口达到345余人，开展下乡播放科教影片活动15余次，观众达到240余人。共享工程作为一项文化创新工程，自实施以来所发挥的作用十分显著，它汇聚了全国的各类优秀文化信息资源，通过互联网络、卫星传输、光盘载体、资源镜像等传输方式，传送到全国各级中心服务站，送到基层用户身边的一项我国基础性、标志性文化创新工程。它开辟了一个不受地域、时空限制的崭新的文化传播渠道，这对于迅速扭转西藏在内广大中西部地区特别是贫困地区的信息匮乏和经济、文化落后的状况将起到显著的作用。无论是促进社会主义和谐社会的构建，还是在促进社会主义新农村建设上，都彰显出了它作为文化创新工程的独特魅力。

三、成效和体会

在6年多的运行中，我县共享工程工作在上级部门的具体业务指导下，通过几年的运行，取得了初步成效，主要表现在：

1、增强了基层文化阵地的凝聚力。文化信息资源共享工程通过丰富的数字化书刊和数据资源，缓解了基层公共文化服务中存在的书刊陈旧、群众看书看戏难、查阅资料难的问题，文化信息网上多姿多彩的影视、电子图书等，极大地丰富了基层群众的精神文化生活，收到了广大基层群众的欢迎和喜爱。充分说明了借助先进科技手段，先进文化就如同插上翅膀，让群众就近享受丰富的文化生活，接受先进文化的熏陶，对于当前加强基层 文化建设工作具有积极意义。

2、充分发挥文化资源的社会价值。在自治区共享工程服务中心的统一领导下，通过现代科技手段，以提供优质、安全、便捷的文化资源信息，展示了文化系统在艺术生产、资源运藏方面的巨大潜能和优势，引起了社会的广泛关注。这对于进一步发挥文化系统所拥有的资源优势，促进加快文化产业的发展，具有积极的意义和长远的实际利益。

3、为县级精神文明建设和党的中心工作提供新的宣传空间和宣传方式，为当地经济建设提供服务。我县支中心结合当地实际，运用先进文化信息资源主动开展活动。一是为满足不同阶层、不同年龄观众的需求，中心免费对外开放，开设了爱国主义题材影片展播，为老年人和群众开设的文艺题材专场，深受好评。同时，还充分利用多媒体设备举办各种培训班。为提供科技信息和再就业信息，帮助他们转变择业观念，为期实现就业再就业提供有用的参考；二是积极克服困难，坚持社会效益和公益性的原则，发挥主阵地作用，用先进文化占领网络阵地，引导健康上网，作出了积极贡献。坚持每周一、三、五实行对外免费开放，每天开放时间不少于6个小时，使之成为了传播社会主义先进文化、群众增收致富的主要途径。三是我县支中心于2008年被文化部全国文化信息资源建设管理中心授予“共享文化在基层、扎实服务群众”的锦旗，多布杰同志于2008年被文化部全国文化信息资源建设管理中心评为“先进个人”荣誉称号。

（撰文/洛扎县支中心）

浪卡子县支中心

浪卡子县文化信息共享工程建立于2008年，在国家文化部的亲切关怀与自治区党委、政府的高度重视以及自治区财政厅等有关部门的大力支持下，我县文化信息共享工程开启这4年来，在资源建设、宣传推广、管理和队伍建设等方面取得了显著的成效。为认真贯彻落实文化部关于《加强文化信息共享工程建设》的指示精神，提高文化共信息共享工程的服务能力和水平，我县专门成立了领导小组，组织了管理人员。从而确保了文化信息共享工程的正常运行及发挥应有的作用。

我县文化信息共享工程现已建成拥有40平方米、4台服务器、20台计算机的电子阅览室。硬件、管理、服务、资源建设等工作较为完善。经过多次的探讨与调整，我县文化信息资源共享工程已满足了县城和周边乡镇人民群众的文化生活需求。初步达到了更好、更全面的把社会主义先进文化传达到广大人民群众生活中的理想成果。我县文化信息资源共享工程主要服务对象为农牧民、学生、机关事业单位等，服务受欢迎程度可以达到80%左右，开展服务期间深受广大人民群众的好评。在文化信息共享工程建设实施方面的具体做法如下：

一、成立领导小组，确保共享工程正常运行。

在县委、县政府、县宣传部等部门的支持与组织下，我县成立了文化信息共享工程的领导小组，主要负责工程的正常运行及组织工程的实施、规划、工作安排等工作。文化信息共享工程是一项发展社会主先进文化的创新工程，是一项广大人民群众学习科学技术、先进文化的一个重要载体。更是一个交流和丰富自身知识的一个良好平台。

经多次研究和探讨，领导小组决定把文化信息共享工程的建设和实施放在首位。并在狠抓工程的实施与协调的同时有力地组织了管理人员及服务体系。确保了文化信息共享工程顺利的进行。

二、做好队伍建设，加强管理规划

队伍建设方面，我县文化信息资源共享有2名工作人员，其中1名兼职人员，未来能更好、更全面地让人民群众参与和了解国家各项优惠政策，我县实现有专人负责机制。在县委、县政府等有关部门的大力支持与关怀下，我县文化信息共享工程建设的领导小组对工作人员进行了简单实用的培训及制定了一系列的规章制度。在此基础上工作人员积极地参加了由自治区及地区举办的各级培训班，并把学到的知识运用到了实际工作中。从而文化信息资源共享在技术、网络畅通、按时对外开放等方面有了较完善的保障。也确保了文化共享工程的持续发展。

管理规划方面，我县按照《浪卡子县文化信息共享工程建设管理条例》进行对文化信息共享工程管理与开放时间、实施方案等方面制定了相关的规章制度，做出了科学的管理规划。为做好管理及服务体系，在加强管理的同时对管理人员提出了较高的工作要求，制定了文化信息资源共享工程开放的时间、各项规章制度、用机人员实名登记表及用机人员意见表。并严格执行有关文化信息共享工程的各项规章制度，确保了文化信息资源共享工程按时对外开放及稳定有序的开展。

三、做好惠民服务、狠抓宣传推广工作

文化信息共享工程正式开放以来，我县在做好惠民服务的同时大力宣传了文化信息共享工程实施的好处及重大义意。我们通过网络，把党的各项方针政策及社会主义先进文化、科学技术等传播到了县城及周边乡镇的群众生活中。并定期对群众进行操作上的指导和宣讲有关计算机的基础知识、查阅资料的方法等方面的知识。

在县宣传部、电视台等部门的合作下，我县通过发传单做宣讲等各种手段开进行展了宣传工作。经过几次的宣传，有更多的群众了解到了此工程的好处。也有更多的群众、学生和工人到文化信息资源共享进行学习党的各项政策及登录西藏文化共享工程的网站查看电子文献、下载软件等。这使促进了文化信息共享工程的正常运行发挥其应有的作用。通过对管理人员的培训，加强服务力度等工作，我县广大人民群众享受到了更好，更全面的学习平台。因大部分农民群众从未接触电脑或接触较晚而导致了一些操难、无法查阅资料等问题。但我们并没有为此放弃文化信息资源共享对外开放的工作。在相关负责部门的指导下，工作人员对这一类的群众进行简单使用的培训及宣讲了有关计算机操作的知识。通过这样的培训，群众对电脑操作有了初步的了解，从而解决了操作上的困难。

四、利用资源，搞好技术工作

近年来，我们积极合理的利用资源的同时抓住了技术工作。在原有的网络资源上我们培育了工作人员及管理人员等员工，为了让人民群众更好、更便捷的了解科学文化及各项高新技术，凡是到我县文化信息资源共享进行学习或查阅资料的人士，我们都会热心服务、并保证网络通畅，尽最大的努力去解决在查阅资料中所遇到的困难。

文化信息共享工程实施以来，在相关部门及工作人员的指导和热心服务下，有不少的群众来到信息资源共享工程进行观看一些爱国主义影片及娱乐节目，学习了有关养殖、种植、市场营销等方面的知识，并运用到了实际生活中，这使丰富了群众在经营方面的文化知识。促进了我区经济、文化的发展。

五、工作展望

1、在服务平台建设上，狠抓四个强化。服务平台建设是文化信息资源共享工程的基础工程。我县是重点帮扶县，财政基础比较薄弱。县委、县政府在财政十分困难的情况下，把文化信息资源共享工程作为惠民工程，舍得花本钱，用功夫，下气力。

2、在组织形式上，搞好四个结合。在文化信息资源共享工程建设中，我们充分发挥电教、党教、科教等教育网络的优势，实现了共建共享、优势互补。

3、在活动内容上，突出四个重点。我们在文化信息资源共享工程建设上，紧紧围绕广大群众对科学文化知识的需求，找准切入点，寻求突破口，在全县努力营造“多读书、读好书”的浓厚氛围。面向广大干部群众，突出政策理论教育。

4、在工程建设成果上，实现了三个方面的变化。一是丰富了群众文化生活。文化信息资源共享工程利用高科技手段，以最经济、最快捷、最方便的方式为群众提供丰富的精神文化食粮，成为群众接受新事物、学习新知识、享受新生活的新途径。全县干部群众从文化信息资源共享工程中受益，实现了文化资源的普惠共享。二是净化了社会环境。文化信息资源共享工程以先进文化的传播占领了农村思想文化主阵地。现在，农村封建迷信、打架斗殴的现象少了，崇尚科学、构建和谐社会蔚然成风。三是提高了农民致富能力。通过文化信息资源共享工程的实施，农民学文化、学科技的积极性空前高涨。

通过近几年以来活动的开展，我县广大人民群众从文化信息资源共享工程学到了许多党的基本方针政策，也学到了很多有关养殖、种植、等方面的技术知识。近年来，我县文化信息共享工程在一定成程度上取得了优越的成就，但我们不会满足于现状。今后我们将在原有的设备、资源的基础上进一步完善服务及对外开放等方面存在的问题。并认真总结经验，改善存在的不足，再接再励，继续加大文化信息共享工程实施的力度。提高管理，加强服务。为确保文化信息共享工程更加完善而制定计划，做好总结及工作安排等工作。尽我们最大的努力去把社会主义先进文化、科学技术等传播给广大人民群众。给群众制造更好，更广阔的学习平台。

（撰文/浪卡子县支中心）

谢通门县支中心

谢通门县位于日喀则地区西北部，雅鲁藏布江北岸，距地区行署驻地83公里，行政区域面积1.4万多平方公里，平均海拔4300米以上，权限辖1镇18乡，95个行政村，属典型的半农半牧县。

一、基本情况

日喀则地区谢通门县文化活动中心于2004年修建，国家总投资103.23万元，建筑面积816.05平方米。为充分发挥综合文化活动中心作用，2011年国家投入50万元对活动中心进行了全面维修，现已免费开放使用，文化活动中心内设：新华书店，棋牌室，电子阅览室，图书阅览室，多功能放映室，健身房等活动室。开放时间：每周星期一至星期五下午4点至晚上10点。新华书店始终坚持“为读者服务”宗旨。2005年，地区新华书店为谢通门县配备了一批图书，保证了谢通门县新华书店的顺利开业。

二、管理和队伍建设

为了充分发挥谢通门县文化活动中心效益，丰富干部群众的精神文化生活，促进机关精神文明建设，结合实际，文化信息资源共享工程各基层中心是公益性的文化信息服务场所，必须坚持社会效益第一的原则，不得实行经济承包，挂靠经营等方式变相经营，不得开展以盈利为目的的经营性活动，不得收取任何费用使共享工程真正为民所用为谋利，谢通门县将共享工程日常管理纳入制度化管理。指定支中心服务点工作职责和制度，实行制度上墙公开，谢通门县共享工程支中心在管理员队伍建设上坚持明确职责，明确思路，制度化管理，常态化培育。

三、培训工作

谢通门县之中心在共享工程管理员的培训上实现了制度化和常态化。根据支中心工作要求，每年对自治区管理员进行至2009年到2011年集中培训三次。参加培训的各级管理员由4人。一年来，利用信息共享工程在电子阅览室举办了万村千乡表彰大会人数达50多人，上网查资料人数达51人次。

四、利民惠众，惠农服务

谢通门县支中心在共享工程服务实践过程中，以民众的需求为导向，积极探索，服务民众省会生产，引领群众高尚精神文化生活，打造群在满意的文化服务新平台。

五、经费投入

谢通门县共享工程自免费对外开放以来，县政府每年投入资金5000多元，为综合文化活动中心图书阅览室征订40多种报刊杂志，内容涵盖文学，政治，时尚，体育，医学等知识。2012年为新华书店购买儿童读物，日历，等图书，合计2100元。据统计2012年全年有800多人在谢通门县文化活动室进行了阅读和健身等活动。借阅杂志409本。

六、工作展望

1、转变观念，增强意识。变文化管理为文化服务，想群众之所想，急群众之所需，以满足群众文化需求为出发点，着眼于提供更多更好的饿免费文化产品和服务。不断提升文化服务质量和水平，不断创新文化服务内容和形式。2、管好，用好文化活动运行经费，做到专款专用，把有限的资金用在刀刃上，确保文化活动中心的各项工作有声有色。3、加强沟通，配齐配强工作人员，加强文化队伍建设与管理，提高工作人员理论，业务素质。挖掘文化服务潜力，增强文化服务能力，服务形式更多样化，服务网点更加宽阔。参与群众更加广泛的共享工程文化带动体系，谢通门县的文化大发展大繁荣提供强有力的人才保障，不断推动文化工作再上新台阶。

（撰文/射通门县支中心）

白朗县支中心

白朗县文化活动中心自2010年成立以来，在上级部门的正确指导下，在相关部门的大力支持下，已对111个行政村配备齐全相关书籍，对书目清单做了详细的登记，对管理制度进行了明确的规定。2012年4月初顺利通过了国家新闻出版总署督察组的检查验收。根据区党委、政府关于推动文化大发展大繁荣的精神要求，大力推进寺庙书屋建设和广播影视进寺庙等各项工作，保障寺庙僧尼享有基本公共文化服务体系的权益，截止目前，已覆盖全县22个寺庙。

县文化活动中心，内设了公共电子阅览室、电子阅览室、文体娱乐室、健身室、图书阅览室等，已配备完所有的硬件设施，其中公共电子阅览室有25台电脑，2012年年初对全县干部职工全面实施免费开放，方便了广大干部职工，得到了广大干部职工的一致好评，丰富了广大干部群众的业余文化生活，也充分发挥了共享工程的重大作用。在一定程度上改变白朗县文化建设的现状，满足了基层群众的文化需求。 乡镇综合文化站2010年在我县实施建设，目前建成的有嘎东镇和巴扎乡两个综合文化站，2012年6月，对建成的两个乡镇综合文化站配备了音响设备、电脑、电脑桌、复印机、打印机、传真机、数码相机等硬件设施，预计2013年4月全面建成其余9个乡镇综合文化站，并进一步完善配套设施。

（撰文/白朗县支中心）

阿里地区支中心

一、基本情况

阿里地区文化信息资源共享工程建设于2009年，最初在普兰、札达、革吉三县试点安装，此后陆续在全地区七个县文化中心开始安装，2012我地区七个县级，一个地支分中心全面覆盖。阿里地支分中心设在阿里地区图书馆，是阿里地区共享工程的建设和业务指导单位，负责保障地支分中心共享工程设备的运行，协调七个县级共享工程设备的维修，指导各县级共享工程活动的开展以及开展地支分中心共享工程管理的业务培训和指导。地支分中心文化资源共享工程在西藏自治区文化厅、地区财政、电信的支持下，逐步推进，稳步发展，在新形势下为繁荣我地区各族干部群众和青少年业余文化生活，满足我地区各族干部群众多层次文化需求，传递民族优秀文化资源发挥了重要作用。

二、管理队伍建设

文化信息资源共享工程作为一个新的文化资源获取平台，如何推广好、利用好共享工程丰富的文化资源关键在于是否有一支专业化的共享管理员队伍，阿里地支分中心在管理员队伍建设上坚持明确职责，明确思路，制度化管理，常态化培育。对于各县级基层共享工程管理上选取文化层次较高，有一定社会基层服务管理经验的文广局干部职工为管理员，他们工作热情高，有较高的文化水平和有较高的技能水平的同志担任。目前我地区七个县的文化信息资源共享工程管理员为各县文广干局部职工兼任，使共享工程真正为民所用、为民谋利，地支中心共享工程日常管理纳入制度化管理。制定地支中心、各县服务点工作职责和制度，实行制度上墙公开，实现了管理员选取的高起点。每年有工作计划，月度有工作要点，季度有工作督导，年末有工作考核，并推行管理员工作日志管理，收集整理共享工程服务活动的得失，探索共享工程管理和服务新模式。

三、培训工作

地支中心在共享管理的培训上实现了制度化和常态化。根据地址中心工作要求，结合各县的实际工作，我地区七个县共享工程管理员进行不定期的集中培训，2009年以来共举办各类培训班3期，参加轮训的各级管理员达360人次。

四、经费投入

阿里地区共享工程自2011年全地区七个县全面覆盖以来，每年各县文化活动等由国家投入经费20万元，免费开放用于共享设备更新，以及水电费、管理人员的费用。

五、利民惠众、惠民服务

地支分中心在共享工程服务实践过程中，以广大农牧民群众的需求为导向，积极探索，服务民生，引领群众高尚精神文化生活，打造广大农牧民群众满意喜爱的文化服务新平台。根据农牧民生产特点，地支分中心特制作农业、畜牧业生产技术光盘盒资料通过进行各县服务点农牧民需求发放，各县共享工程服务点每年夏天对广大干部职工、待业青年以及农牧民群众免费开放每天6至8小时，每天上网人数达16人次，全年累计5万余人次。

六、工作展望

我地区文化信息共享工程已由4年的工作经历，从以前的3个县服务点到现在的7个县服务点，一个地支分中心服务点全面覆盖，从单一的资源接受到现在的分发和广大农牧民群众广泛认知，广泛参与，文化资源共享工程在我地区已经成为阿里人民文化生活的一大支柱，成为繁荣阿里文化，丰富阿里人民精神生活，推动阿里人文化科技进步的强大动力源泉。今后我地区希望在国家、自治区中心大力支持下为阿里文化共享工程建设一支专业化的服务队伍，建立一个地区级知识网络联动服务体制和服务形式更加多样，服务网点更加宽广，参与群众更加广泛的共享工程文化带动体系，为建设科技阿里，文化里做出更大的贡献。

（撰文/阿里地区支中心）

普兰县支中心

普兰县位于西藏自治区西南部、阿里地区南部、喜马拉雅山南侧的峡谷地带及中国、印度、尼泊尔三国交界处。面积12497平方公里，耕地面积1.1万亩。普兰属半农半牧县，粮食产量占阿里粮食总产量的1/3以上。普兰县特产产品主要有酥油、牛羊皮、羊毛、玛旁雍裸裂腹尻鱼、长体裸鲤鱼。全县辖1个镇、2个乡：普兰镇、巴嘎乡、霍尔乡。共有1个居委会、9个行政村。常住人口1万余人。普兰县文化资源共享工程在西藏自治区文化厅，自治区图书馆支持和部署下，逐步推进，稳步发展，在新形势下繁荣农（牧）村基层文化，满足农牧民多层次文化需求，传递中国民族优秀文化资源发挥了重要作用。

一、基本情况

普兰县文化资源共享工程建设开始于2010年，最初在普兰县文广局有电子阅览室和多媒体播放室两个部分组成的文化资源共享工程。此后陆续在全县一个镇政府和两个乡文化中心开始安装，至此普兰县所属1镇2乡实现全县共享工程乡镇全覆盖。共享工程普兰县支中心设在普兰县文化广播影视局，是普兰县支中心建设和业务指导单位，负责保证县支中心设备的运行，协调镇乡级共享工程设备的维修，指导镇乡级共享工程活动的开展以及开展全县共享工程管理员的业务培训和指导。

二、管理和队伍建设

普兰县支中心重视“共享工程”管理和队伍建设工作，制定了相关工作职责和制度，每年有年度工作计划和总结，并制定了《普兰文化信息资源共享工程实施方案》。普兰县支中心选择计算机专业或其他高学历的人员为管理员，并通过出去学习、请老师来馆讲课等形式，努力建设一支专业化的“共享工程”管理员队伍，不断提高业务能力和工作水平。

三、培训工作

普兰县支中心注重抓好“共享工程”管理员培训工作，每年通过集中培训、网络培训和上门辅导等形式开展培训，不断提高管理员的专业水平。2012年组织了5次网络培训，并对1镇、2乡基层服务点进行了上门辅导。

四、经费投入

普兰县支中心自2010年实现普兰县文化信息资源共享工程以来，西藏自治区文化厅2009年下达普兰县支中心共享工程专项经费68万元，自治区文化厅统一采购设备已全部配送落实到位，每年投入共享工程专项经费20元。

五、资源建设

普兰县支中心在理念的工作中，搜集不同区域民众文化需求、选取、编辑制作各类题材资源，展板10多块，各类海报贴画4副，发放宣传资料100多余。

六、合作共建

普兰县开展多种形式的合作共建，推进“共享工程”建设。北海市借助农村党员干部远程教育基层点推进“共享工程”工作。结合县电视台每周播放各类科学知识，结合县电影队到山区，牧区播放各种科技种植、养殖的技术。

七、惠民服务

普兰县支中心及各级服务点通过电子阅览室和网站为读者提供在线信息服务，通过投影仪播放讲座等视频节目。利用下乡放映电影的机会，放映文化共享工程的农村种养培训视频，深受广大农民的欢迎；晚上利用投影仪在文化广场播放视频节目，电影、地方戏剧、科技知识、生活小常识、法律知识等内容都深受居民的喜爱，每晚广场上都聚集着众多的居民观看，是居民夜生活的一大亮点。普兰县支中心、各基层服务点充分发挥“共享工程”在农村实用人才队伍建设中的积极作用，开展农村实用人才培训，主要形式是举办文化、卫生、科技、法制、种养等各种内容的培训班、视频讲座，不断开创培训工作的新局面。

八、宣传推广

普兰县支中心利用网站、电视等各种渠道宣传推广“共享工程”，尤其在每年的服务宣传周、科技活动周等活动中，通过宣传让群众不断了解“共享工程”，走进“共享工程”，利用“共享工程”的丰富资源。结合普兰县的重大节日活动，（如：塔尔钦萨嘎达瓦节、塔尔钦赛马节、藏历春节演出等）拍摄录制，使“共享工程”走进群众生活。

九、工作发展

普兰县的公共图书馆存在藏书量少、新书少的情况，须继续大力推进“共享工程”建设，充分利用“共享工程”的丰富资源为群众服务。要结合“数字图书馆”工程建设，全面提升普兰县级支中心的设备，提高普兰县“共享工程”的建设水平。要进一步扩充文化设施网点，早日实现行政村全覆盖。

以县图书馆为中心，加强基层文化设施网点网络化、数字化建设，加强专业技术人员的培养，为深入推进"共享工程"的实施打好基础。通过多种形式拓展服务范围、创新服务方式，将地方音乐、曲艺、歌舞、美术等优秀非物质文化遗产纳入"共享工程"建设内容，以群众喜闻乐见的形式使"共享工程"更加贴近基层、贴近生活、贴近群众。

（撰文/普兰县支中心）

札达县支中心

札达县文化信息资源共享工程是在2010年5月建立正式投入使用，总面积为569.8平方米，由国家投入资金60万元。共有30台计算机，服务器1台，8兆互联网出口宽带，投影机1台，由自治区文化、财政等相关部门联合共建，并在全县范围内实现共享。

文化信息资源共享工程是一项民心工程，惠民工程。近年来，在各级党委，政府的大力支持下，我县文化共享工程取得了明显的成效。始终以邓小平理论和"三个代表"重要思想为指导，深入贯彻落实科学发展观，为我县文化发展起到桥头堡的作用。其次为了更好的丰富札达县基层人民群众的文化生活。我县文化资源共享工程服务器内存有大量电影、电子图书，优秀的文化民俗资料片，惠民爱国的各类文化资料等。我县共享工程实行全免制，每日开放时间达9个小时，上机人次每日可达到30—45人次。同时，把我县优秀的民间文化信息放入共享资源中，以供大家了解和欣赏。规范管理方面，由于信息工程无人员编制，文广局采取自雇管理人员，同时从文广局抽掉一名科员，进行定期系统维护，为便于管理，札达县文广局还实行办证上机制度，凡在札达县文广局办理电子阅览证的人员，可凭阅览证上机阅览，并按照上级指示，学生和未成年人上机需教师、学生家长签字或陪同下才可上机。同时以制度上墙，管理不疏忽的态度，在信息资源共享室内贴有禁止查看、下载，有损国家名称，诋毁国家形象及淫秽反动的宣传报道。

为了进一步加强社会主义新农村建设，推进农村文化建设，发展和提升农村文化的品位，体现文化为经济建设和为人民服务的宗旨，近来我县在五乡一镇均成立了乡镇文化站，以托林镇、香孜乡为首的两所文化站均配备了全套文化站设备。（由自治区提供）同时也为底雅乡、达巴乡、曲松乡等建立了乡镇文化站场所，但目前未配备设备。同时从各乡镇抽出一名干部职工，对文化站进行管理维护，乡文化站的建设丰富了农牧民群众的文化生活，满足日益增长的文化生活需要，提高乡镇人民群众的道德素质和文化素质，为乡镇经济快速发展和社会全面进步提供强大的思想保障和精神动力。

全国文化信息共享工程是一项公益性的文化工程，在上级领导部门的大力支持下，2011年先后在我县香孜乡、托林镇搭建文化信息资源文化站，且个配备价值5万元的共享设备。并从2011年起，各综合文化站由国家解决免费开放资金4万元和地方财政解决1万元。县城全国文化信息资源共享工程自2010年起投入使用以来，由县政府解决运行经费6万元。2011年开始从综合文化活动中心免费开放资金中每年之处5.6万元作为共享工程运行经费。我县历史悠久，文化底蕴丰富，富有艺术之乡的美称，自文化共享工程投入使用以来，我们在共享素材中放入以文本、图片、视频等形式的民间最为传统的服饰、歌舞可供阅览，深受广大群众的喜爱。

我县共享工程自开展以来，通过丰富的培训、宣传手段，实现惠民惠农政策。利用我县电视台的，对共享工程场所进行拍摄，并以新闻形式在电视中播放，使广大基层的群众了解共享工程，熟悉共享工程，利用共享工程。不断的拓展共享工程的服务方式，充分利用共享工程的载体，开创基层文化工作的新局面。培训首先提高了农牧民的爱国意识和科技意识。既能让他们增强了爱国主义意识又学习到了农牧业方面的科学知识。特别是在畜牧养殖业和蔬菜种植方面，通过共享工程，学习到养殖、种植先进技术。同时为广大学生青年提供了以图书、文本、视频等多元化的学习平台，共享工程提供了大量的文化内容，并丰富了广大干部职工的业余文化生活，使广大干部职工在工作之余，有了娱乐和提高的场所。下一步工作我们将强化"共享工程"对外服务，积极开展面向社会公众的文化信息服务。根据不同用户对象、不同时间或季节合理安排各类活动，充分利用"共享工程"资源开展服务，在服务广度、深度和效益上下功夫。同时在上级的支持帮助下，我们会充分利用这一有利载体，发挥基层作用，利用农村文化阵地，加强对共享工作的监管力度，为更多的人服务。

（撰文/扎达县支中心）

日土县支中心

日土县地处西藏自治区西北边陲，阿里地区最北端、平均海拔四千三百五十米，总面积75400平方公里，西与印度克什米尔接壤，北邻新疆维吾尔自治区，是西藏的一个边境县之一。县总人口为9000余人，县城长居人口1500余人。文化信息资源共享工程的建立丰富了广大干部职工的业余文化生活。

一、基本情况

日土县文化信息资源共享工程始建余2010年。日土县文化信息资源共享工程设立于日土县文化活动中心，实现全县文化共享工程全覆盖，使文化共享工程这一惠民工程全面进入到全县，受利到广大干部群众，为“惠民工程”的开展打下坚实的基础。

二、管理和队伍建设

我县坚持因地制宜，开拓创新，充分发挥文化共享工程和公共电子阅览室服务基层作用，而且服务效益显著，我们将“公共电子阅览”建设免费、“绿色”、安全的公益性上网场所。以未成年人、老年人、进城务工人员等特殊群体为重点服务对象。数字资源建设以农业技术、务工培训、少儿动漫、红色历史、经典影视、文化专题、舞台艺术、知识讲座、医疗卫生、电子书刊、益智游戏为主要内容，重点建设一批未成年人喜爱的动漫故事、益智类游戏、进城务工人员实用技能资源、少数民族语文资源、地方特色资源等，采购一批群众喜闻乐见的电影、电视节目。遵守了文化部制定的《公共电子阅览室管理规范》采用各种新方法、新手段、新形势，开展群众喜闻乐见，丰富多彩且特色突出的数字文化服务。主动为老年人，未成年人和残疾人等弱势群体提供数字文化服务，开展面向农民工的技能与文化培训。形成基层群众普遍欢迎的品牌活动。建立长效运行机制，制定了完善的规章制度，文化共享工程和公共电子阅览室标识规范，公共电了阅览室实行免费开放。开放时间与文化活动室的开放时间保持一致。确保了设备的正常运转。采取了有效的技术手段，防止不良信息侵入。公共电子阅览室配备专人管理，结合用户特点推荐优秀节目，实行实名登记管理，对上机用户的身份证等有效证件进行核对，登记。未成年人上机需经监护人授权同意，为确保未成年人的身心健康没填上网累计不得超过2小时。在电子阅览室里保持清洁、安静、精致在室内吸烟、大声喧哗。乡镇文化室有专人负责服务和设备运行，村基层服务点有兼职人员负责服务和设备运行。专兼职人员素质良好，能够胜任相关工作。在未经管理人员的允许，没人私自使用各种光盘，U盘等存储设备，确有需要者时管理人员登记方可带人使用，严禁访问、传播、散步反动和不健康内容网络。运行时经费不低于文化部规定的图书馆、文化馆、乡镇综合文化站免费开放经费标准以及农村文化建设专项资金标准，公共电子阅览室运行经费保障有力。

三、经费投入

为了更好的利用文化信息共享工程资源，对我县文化活动中心进行了全面的整修和完善，提高了我县广大干部群众的业余文化生活。以及13个行政村文化资源共享工程基层服务站的各种设备已发放到各行政村并全部已安装完成。县文化活动中心，日土镇、日松乡文化站文化信息资源共享工程网络全部已开通，并对外免费开放全年2000多小时，全年接收6000余人次，基本达到了上级要求。今年在东汝乡、多玛乡、热帮乡新建乡镇文化站。国家投资共计230多万元。

四、利民惠众，惠民服务

为充分了解广大基层群众对文化共享工程数据资源的需求，明确今后资源投放方向及内容，日土县中心在全县各干部群众中开展资源需求调查工作，分别了解群众需要如电影、讲座、戏曲、等内容，做到有的放矢，及时查找更新资源内容，满足了群众对文化信息需求的不同需要。日土现支中心还承办了首届“班公湖”文化共享工程全县摄影节，极大地提高了文化共享工程工作的知名度和在群众中的知晓率。

五、工作展望

今后，我单位加大与上级单位的沟通，紧紧围绕上级中心的工作部署多方筹资，将进一步构建资源优质丰富、技术先进实用、传播高效互动、服务便捷贴近、管理科学规范、体系完整可控的公共数字文化传播服务体系，使文化共享工程真正成为城乡群众参与文化娱乐、获取科普信息、接受教育培训、享受惠民服务的重要平台，从而提高广大干部群众的业余文化生活。

（撰文/日土县支中心）

革吉县支中心

革吉县位于西藏西部、狮泉河的源头。面积4.7万平方公里，共设有1镇4乡，19个行政村，总人口1.3万。“革吉”藏语意为“美丽富饶的土地”。革吉县旧时境内曾驻有包括革吉部落在内的7个部落，与藏北其它部落一道被称作藏北十八区，统属阿里噶本所辖。1960年8月合并7部落设立革吉县。1962年春，县址正式确定在那坡。县府现驻革吉镇。

革吉县地处羌塘高原大湖盆区，平均海拔4800米。海拔6000米以上的山峰有11座，5000米以上的有23座。属高原亚寒带干旱气候区，日照充足，昼夜温差大，风大寒冷。县府驻地革吉镇距拉萨1550公里，是全县政治、经济、文化的中心。

县支中心于2008年普及进入我县于年底安装调试完毕，共享工程革吉县支中心设在职工之家，负责保障县中心共享工程设备运行，开展我县、乡级干部培训，多次开展我县乡镇放映员的培训，充分利用现代高新技术手段，国家骨干通讯网络系统，扩大网上文化信息的存储，实现全国文化信息资源的共建共享。围绕与人们日常生活息息相关的内容，以潜移默化的方式传播先进文化。社会文化信息资源包括科普知识、法律常识、生活礼仪、农业科技、卫生保健以及百科知识等资源库，为使共享工程真正为民所用，为民谋利，我县支中心将共享工程日常管理纳入制度化管理制定支中心工作职责和制度实行制度上墙公开，有年度工作总结与计划及考核，并且有专人专管，实行对设备的检修和维护。我县支中心在共享工程的服务实践中，以民众的需求为导向，积极探索服务民众生活生产，引领群众高尚精神文化生活，打造群众满意的文化平台。

（撰文/革吉县支中心）

出版后记

历时年余，几经修改，《全国文化信息资源共享工程概览》（全4卷）终于面世了。作为文化部全国公共文化发展中心编撰出版的第一部大型行业性专业套书，《概览》从组织策划、征集组稿到整理编撰，凝聚了诸多人的心血和勤奋。我们的愿望，通过对文化共享工程10余年建设发展的理论和实践经验进行全面梳理总结，系统地展示工程实施成效，起到鼓舞士气，凝聚力量，促进交流，推动文化共享工程可持续发展的作用。

《概览》套书征集各地文稿800余万字，经反复甄选整理，成书共503万字，4个分卷，第1卷为共享工程国家中心卷，整理了10余年来共享工程发展的重要批示指示、政策文件，建设历程，重大活动等图文资料；2-4卷按地域汇编了33个省级分中心及1798个地（市）、县（市）级支中心建设情况，包括每个分支中心的概况介绍、经费投入、建设成果等。这是文化共享工程服务网络、资源建设、技术支持、合作共建、惠民服务、宣传推广、培训工作、管理和队伍建设、荣誉奖项诸多方面情况的汇总。

《概览》套书通过这些详实的图文资料，全面客观地反映出文化共享工程建设状况，真实准确地记述了文化共享工程发展史实，为总结文化共享工程建设发展规律提供了重要科研资料，将成为系统内和社会各界了解和研究文化共享工程的权威工具书、参考书。同时起到在广大基层群众中宣传普及文化共享工程，进一步提高工程的影响力和社会效益的作用。

本套《概览》由文化部全国公共文化发展中心主任李宏担任主编，邀请了公共文化领域领导、专家，文化共享工程国家中心、省级分中心负责同志共同组成编委会。《概览》编辑过程中，国家中心各处室及全国共享工程系统同仁大力配合，搜集、整理了许多第一手素材资料。《概览》编撰涉及面广，内容繁多，时间跨度大，系统性强，任务艰巨，正是依靠上述各方的大力支持和文化共享工程各级中心的倾力合作，才确保了本套书的品质和质量。借此书籍出版之际，也向大家表示最诚挚的感谢。

谨以此套书献给全国文化信息资源共享工程的建设者们，是你们的执着坚守和不懈努力，共享工程才得以建立、成长、壮大。希望本套《全国文化信息资源共享工程概览》的出版能为促进全国文化共享工程在新形势下的科学发展、推进覆盖全社会公共文化服务体系的构建发挥应有的作用。

由于组稿、编辑和整理时间的局限，本书中难免错谬之处，希望读者批评指正。

《概览》编委会

2013年10月